D1828392

Jauernig
Bürgerliches Gesetzbuch

Jauernig
Bürgerliches Gesetzbuch
mit Rom-I-VO, Rom-II-VO, Rom-III-VO, EG-UnthVO/HUntProt und EuErbVO

Kommentar

Herausgegeben von
Prof. Dr. Dres. h.c. Rolf Stürner

Bearbeitet von

Dr. Christian Berger
o. Professor an der Universität Leipzig
Richter am Oberlandesgericht
Dresden a.D.

Dr. Christine Budzikiewicz
o. Professor an der Universität
Marburg

Dr. Christoph Kern
o. Professor an der Universität
Heidelberg

Dr. Astrid Stadler
o. Professor an der Universität Konstanz

Dr. Heinz-Peter Mansel
o. Professor an der Universität zu Köln

Dr. Dres. h.c. Rolf Stürner
em. o. Professor an der Universität
Freiburg
Richter am Oberlandesgericht
Karlsruhe a.D.

19. Auflage 2023

C.H.BECK

Zitiervorschlag:
Jauernig/Mansel BGB § 611 Rn. 1
Jauernig/Stadler BGB Rom II Vor Art. 1 Rn. 7

www.beck.de

ISBN 978 3 406 79922 8

© 2023 Verlag C.H.Beck oHG
Wilhelmstraße 9, 80801 München
Druck und Bindung: C.H.Beck Nördlingen
(Adresse wie Verlag)

Satz: Meta Systems Publishing & Printservices GmbH, Wustermark
Umschlaggestaltung: Druckerei C.H.Beck Nördlingen

CO_2 neutral
chbeck.de/nachhaltig

Gedruckt auf säurefreiem, alterungsbeständigem Papier
(hergestellt aus chlorfrei gebleichtem Zellstoff)

Alle urheberrechtlichen Nutzungsrechte bleiben vorbehalten.
Der Verlag behält sich auch das Recht vor, Vervielfältigungen dieses Werkes zum Zwecke des Text and Data Mining vorzunehmen.

Vorwort zur 19. Auflage

In der 19. Auflage des Kommentars hat sich im Kreise der Autorinnen und Autoren insoweit eine Veränderung ergeben, als Arndt Teichmann, der seit der ersten Auflage am Kommentar über mehr als vier Jahrzehnte als Autor mitgearbeitet hat, nunmehr auf seinen eigenen Wunsch ausgeschieden ist. Der Verlag sowie alle Verfasserinnen und Verfasser danken Arndt Teichmann für seine langjährige kompetente Mitarbeit. Die seither von Arndt Teichmann bearbeiteten Teile und die Betreuung des Sachverzeichnisses sowie die Kommentierung des neuen Untertitels Verbraucherverträge über digitale Produkte (§§ 327–327u) hat Christoph Kern übernommen.

Die Neuauflage berücksichtigt eine beachtliche Zahl von gesetzgeberischen Neuerungen, die teilweise größere Teile des BGB betreffen, oft eine Folge erforderlicher Implementation von EU-Richtlinienrecht, aber in wichtigen Gebieten auch Ausdruck eines Reformwillens des nationalen Gesetzgebers. Im Schuldrecht und in geringerem Umfange im Allgemeinen Teil hat die fortschreitende Digitalisierung zu europarechtlich bedingten Änderungen und Ergänzungen geführt. Insbesondere das Gesetz zur Umsetzung der Richtlinie über bestimmte vertragliche Aspekte der Bereitstellung digitaler Inhalte und digitaler Dienstleistungen vom 25.6.2021 (BGBl. I – Nr. 37, S. 2123 ff.) hat neben kleineren Änderungen dem Allgemeinen Teil des Schuldrechts den neuen Untertitel §§ 327–327u beschert und im Besonderen Teil des Schuldrechts zu produkttypischen zahlreichen Ergänzungen bei den einzelnen Vertragsarten geführt. Das Gesetz zur Umsetzung der Digitalisierungsrichtlinie vom 5.7.2021 (BGBl. I – Nr. 52, S. 3338 ff. mit ergänzendem Gesetz vom 15.7.2022 BGBl. I – Nr. 26, S. 1146 ff.) hat insbesondere Formvorschriften des Allgemeinen Teils ergänzt. Die Vorschriften der §§ 80–88 zum Stiftungsrecht wurden durch das Gesetz vom 16.7.2021 (BGBl. I – Nr. 46, S. 2947 ff.), das ganz überwiegend der Vereinheitlichung des Stiftungsrechts gewidmet ist, grundlegend verändert und sind in der ab dem 1.7.2023 geltenden Fassung kommentiert. Das Recht der Gesellschaft bürgerlichen Rechts ist vollständig neu kodifiziert (Gesetz zur Modernisierung des Personengesellschaftsrechts – MoPeG – vom 10.8.2021, BGBl. I – Nr. 53, S. 3436 ff.). Die am 1.1.2024 in Kraft tretende Neufassung der §§ 705–740a wird parallel zum alten Recht kommentiert, um der fortgeltenden Bedeutung für Altfälle, der teilweise bestehenden Wahlmöglichkeit der Parteien und dem in weiten Bereichen bleibenden Gewicht der seitherigen Rechtsprechung des BGH Rechnung zu tragen. Der Kommentar ist bemüht, der fortbestehenden Bedeutung der GbR als Rechtquelle auch für handelsrechtliche Personengesellschaften ebenso gerecht zu werden wie den zahlreichen Auswirkungen der Neuregelung auf das Vereinsrecht, das Sachenrecht sowie das Familien- und Erbrecht. Im Familienrecht führt das Gesetz zur Reform des Vormundschafts- und Betreuungsrechts vom 4.5.2021 (BGBl. I – Nr. 21. S. 882 ff.) zu einer vollständigen Neukodifikation und damit einer völligen Neukommentierung des neuen Vormundschafts- und Betreuungsrechts, das am 1.1.2023 in Kraft getreten ist. Das Gesetz enthält aber auch Neuregelungen zur mündelsicheren Geldanlage, zur gegenseitigen Vertretung durch Ehegatten und zur elterlichen Sorge und hat insgesamt Auswirkungen auf alle im Kommentar behandelten Rechtsgebiete, die tunlichst zu berücksichtigen waren.

Rechtsprechung und Literatur sind im Bemühen um eine geglückte notwendige Auswahl ebenso wie die Gesetzeslage bis Ende 2022 berücksichtigt, teilweise entsprechend dem Stand der Drucklegung auch noch spätere Änderungen oder Veröffentlichungen. Verlag und Autoren sind wie immer für Hinweise auf Irrtümer und Unzulänglichkeiten sowie für Anregungen dankbar.

Freiburg, Heidelberg, Köln, Konstanz,
Leipzig, Marburg, München — Verlag, Verfasserinnen und Verfasser

Aus dem Vorwort zur 1. Auflage (1979)

Die vorliegenden Erläuterungen zum BGB sind knapp gefasst. Sie wenden sich an den Juristen in Ausbildung und Praxis, aber auch an den mit Rechtsfragen befassten Nichtjuristen. Allgemeine Übersichten und einleitende Anmerkungen führen in die Hauptprobleme des bürgerlichen Rechts ein. In gestraffter Darstellung werden die für Studium, Ausbildung Prüfung und Praxis wichtigen Fragen behandelt. Schrifttum und Rechtsprechung, insbesondere die des Bundesgerichtshofs, sind in einer Auswahl dargeboten: um Standpunkte und Streitfragen zu kennzeichnen, die Erläuterungen zu verdeutlichen, praktische Anschauung zu vermittteln und vertiefendes Selbststudium zu erleichtern. Die Erläuterung beschränken sich nicht darauf, bloß die „herrschende Meinung" zu referieren. Sie bieten vielmehr, soweit das sachlich angezeigt und im gegebenen Rahmen möglich war, eine eigene Stellungnahme zu den in Judikatur und Literatur vertretenen Ansichten. Auf Übersichtlichkeit der Erläuterungen wurde besonders geachtet. Hervorhebungen in Fett- und Kursivschrift sollen die Lesbarkeit erleichtern. Ihr dient auch der weitgehende Verzicht auf Abkürzungen. Ein umfangreiches Sachregister will helfen, rasch die gesuchten Vorschriften und die einschlägigen Erläuterungen zu finden.

Verzeichnis der Bearbeiter

Prof. Dr. Christian Berger
§§ 243–248, 433–515, 675c–676c, 854–1296

Prof. Dr. Christine Budzikiewicz
§§ 1297–1921, Rom-III-VO, EG-UnthVO/HUntProt

Prof. Dr. Heinz-Peter Mansel
§§ 1–242, 516–534, 598–651, 652–675b, 677–704, Rom-I-VO

Prof. Dr. Astrid Stadler
§§ 256–326, 328–361, 759–822, Rom-II-VO

Prof. Dr. Dres. h. c. Rolf Stürner
§§ 362–432, 705–758, 1922–2385, EuErbVO

Prof. Dr. Christoph Kern
§§ 249–255, 327–327u, 535–597, 651a–651y, 823–853;
Sachverzeichnis

Verzeichnis der ausgeschiedenen Bearbeiter früherer Auflagen

Prof. Dr. Christian Berger
§§ 312–312f. (10. Aufl.); §§ 1297–1921 (9.–13. Aufl.)

Prof. Dr. Dr. h.c. Othmar Jauernig (†)
§§ 1–240 (1.–14 Aufl.); §§ 305–306a, 310, 355–359, 481–487, 598–606, 652–656, 779–782 (10. Aufl.); §§ 854–1296 (1.–13. Aufl.); AGBG §§ 1–7, 23, 24 (3.–10. Aufl.); AGBG § 24a (8.–10. Aufl.); AGG §§ 1–5, 19–22, 31–33 (12. und 13. Aufl.); Herausgeber (1.–14. Aufl.)

Prof. Dr. Heinz-Peter Mansel
§§ 243–248, 488–515, 676–676h (11. und 12. Aufl.); §§ 1297–1921, AGG §§ 1–5, 19–22, 31–33 (14. und 15. Aufl.); AGG §§ 6–18 (11–15. Aufl.)

Prof. Dr. Dr. h.c. Peter Schlechtriem (†)
§§ 611–651, 812–822 (1.–10. Aufl.); §§ 1297–1921 (1.–8. Aufl.)

Prof. Dr. Astrid Stadler
§§ 688–704 (10. Aufl.)

Prof. Dr. Arndt Teichmann
§§ 249–255, 535–597, 651a–651y, 823–853 (1.–18. Aufl.); §§ 307–309, 346–354, 675–676h, 783–808 (10. Aufl.); AGBG §§ 8–11 (3.–10. Aufl.); Sachverzeichnis (1.–19. Aufl.)

Prof. Dr. Max Vollkommer
§§ 241–248, 256–304, 311–311c, 313–345 (1.–10. Aufl.); §§ 305–310, 312, 346–361, 433–534, 598–610, 652–704, 759–811 (1.–9. Aufl.)

Hinweise für den Benutzer

1. **Paragraphen** ohne Angabe eines Gesetzes sind solche des BGB.
2. Eine **römische Zahl** unmittelbar nach einer Paragraphennummer (zB § 123 II) bedeutet den jeweiligen Absatz des angegebenen Paragraphen, eine unmittelbar nachfolgende **arabische Zahl** (zB § 123 II 2) den jeweiligen Satz dieses Absatzes. In den Erläuterungen bedeuten alleinstehende römische Zahlen den Absatz, alleinstehende arabische Zahlen mit einem vorangestellten S. den Satz des erläuterten Paragraphen; Entsprechendes gilt für Zahlenkombinationen (zB II 1).
3. **Alleinstehende Städtenamen** bezeichnen das Oberlandesgericht oder Bezirksgericht mit dem Sitz in der genannten Stadt.
4. **Literaturzitate** mit „aaO" und nachfolgenden Zahlen beziehen sich auf die vor dem jeweiligen Paragraphen angeführte Literatur. Fehlt hinter dem (den) Verfassernamen ein „aaO", so ist das zitierte Werk unter dem (den) Verfassernamen aus dem Abkürzungsverzeichnis ersichtlich.
5. **Entscheidungen** sind in der Regel mit der Seite zitiert, auf die Bezug genommen wird, soweit Randnummern existieren, mit der Anfangsseite und der Randnummer.
6. **Verweisungen** auf die Erläuterungen eines anderen Paragraphen nennen diesen und die bezogene Randnummer (zB → § 883 Rn. 1). Die Verweisungen auf eine andere Randnummer der Erläuterungen zum selben Paragraphen nennt dessen Nummer nicht (zB → Rn. 1).

Inhaltsverzeichnis

Buch 3. Sachenrecht (§§ 854–1296)

Buch 4. Familienrecht (§§ 1297–1921)

Buch 5. Erbrecht (§§ 1922–2385)

Verordnung (EG) Nr. 593/2008 des Europäischen Parlaments und des Rates vom 17. Juni 2008 über das auf vertragliche Schuldverhältnisse anzuwendende Recht (Rom I)

Verordnung (EG) Nr. 864/2007 des europäischen Parlaments und des Rates vom 11. Juli 2007 über das auf außervertragliche Schuldverhältnisse anzuwendende Recht (Rom II)

Verordnung (EU) Nr. 1259/2010 des Rates vom 20. Dezember 2010 zur Durchführung einer Verstärkten Zusammenarbeit im Bereich des auf die Ehescheidung und Trennung ohne Auflösung des Ehebandes anzuwendenden Rechts (Rom III)

Verordnung (EG) Nr. 4/2009 des Rates vom 18. Dezember 2008 über die Zuständigkeit, das anwendbare Recht, die Anerkennung und Vollstreckung von Entscheidungen und die Zusammenarbeit in Unterhaltssachen (EG-UntVO)

Verordnung (EU) Nr. 650/2012 des Europäischen Parlaments und des Rates vom 4. Juli 2012 über die Zuständigkeit, das anzuwendende Recht, die Anerkennung und Vollstreckung von Entscheidungen und die Annahme und Vollstreckung öffentlicher Urkunden in Erbsachen sowie zur Einführung eines Europäischen Nachlasszeugnisses (EuErbVO)

Abkürzungsverzeichnis

aA	anderer Ansicht
aaO	am angegebenen Ort
abgedr.	abgedruckt
AbgG	Gesetz über die Rechtsverhältnisse der Mitglieder des Deutschen Bundestages (Abgeordnetengesetz) v. 18.2.1977
abl.	ablehnend
Abs.	Absatz
Abschlussbericht	Abschlussbericht der Kommission zur Überarbeitung des Schuldrechts, 1992
abw.	abweichend
AcP	Archiv für die civilistische Praxis (Band, Seite)
AdoptionsG	Gesetz über die Annahme als Kind und zur Änderung anderer Vorschriften (Adoptionsgesetz) v. 2.7.1976
Adoptionsr	Adoptionsrecht
ADSp	Allgemeine Deutsche Spediteurbestimmungen
AdVermiG	Gesetz über die Vermittlung der Annahme als Kind und über das Verbot der Vermittlung von Ersatzmüttern (Adoptionsvermittlungsgesetz) v. 2.7.1976
aE	am Ende
AEG	Allgemeines Eisenbahngesetz v. 29.3.1951
AEntG	Gesetz über zwingende Arbeitsbedingungen für grenzüberschreitend entsandte und für regelmäßig im Inland beschäftigte Arbeitnehmer und Arbeitnehmerinnen (Arbeitnehmer-Entsendegesetz) v. 26.2.1996
AEUV	Vertrag über die Arbeitsweise der Europäischen Union v. 9.5.2008
aF	alte Fassung
AG	je nach Zusammenhang: Die Aktiengesellschaft (Jahr, Seite), Aktiengesellschaft, Amtsgericht, Arbeitgeber
AGB	Allgemeine Geschäftsbedingungen
AGBG	Gesetz zur Regelung des Rechts der Allgemeinen Geschäftsbedingungen (AGB-Gesetz) v. 9.12.1976 (aufgehoben)
AGG	Allgemeines Gleichbehandlungsgesetz v. 14.8.2006
AK/(Bearbeiter)	Kommentar zum Bürgerlichen Gesetzbuch, Reihe Alternativkommentare, herausgegeben von Rudolf Wassermann, 1. Aufl. 1979–1990; Bd. 5, 2. Aufl. 1990
AKB	Allgemeine Bedingungen für die Kraftfahrtversicherung
AktG	Aktiengesetz v. 30.1.1937
allg.	allgemein
allgM	allgemeine Meinung
Alt.	Alternative
AltfahrzeugV	Verordnung über die Überlassung, Rücknahme und umweltverträgliche Entsorgung von Altfahrzeugen (Altfahrzeug-Verordnung) v. 4.7.1997
ABl.	Amtsblatt
AN	Arbeitnehmer
AnfG	Gesetz über die Anfechtung von Rechtshandlungen eines Schuldners außerhalb des Insolvenzverfahrens (Anfechtungsgesetz) v. 21.7.1879
Anh.	Anhang

Abkürzungsverzeichnis

AnhörungsrügenG ...... Gesetz über die Rechtsbehelfe bei Verletzung des Anspruchs auf rechtliches Gehör v. 9.12.2004
Anm. .... Anmerkung
AnwBl .... Anwaltsblatt (Jahr, Seite)
AnwGH .... Anwaltsgerichtshof
AnwKomBGB/ (Bearbeiter) .... Anwalt Kommentar, 2002 ff., fortgesetzt als NK-BGB, s. dort
AO .... Abgabenordnung v. 16.3.1976
Ao .... Anordnung
AöR .... Archiv für öffentliches Recht (Band, Seite)
AP .... Arbeitsrechtliche Praxis, seit 1954 Nachschlagewerk des Bundesarbeitsgerichts (Gesetzesangabe, Nummer der Entscheidung; § ohne Gesetzesangabe: § des BGB; ohne Angabe eines §: die Nr. zum erläuterten §; bis 1954 Jahr, Seite)
ArbEG .... Gesetz über Arbeitnehmererfindungen v. 25.7.1957
ArbeitsgerichtsbeschleunigungsG .... Gesetz zur Vereinfachung und Beschleunigung des arbeitsgerichtlichen Verfahrens v. 30.3.2000 (außer Kraft seit 25.4.2004)
1. ArbeitsrechtsbereinigungsG .... Gesetz zur Änderung des Kündigungsrechtes und anderer arbeitsrechtlicher Vorschriften (Erstes Arbeitsrechtsbereinigungsgesetz) v. 14.8.1969 (außer Kraft seit 25.4.2004)
ArbG .... Arbeitsgericht
ArbGG .... Arbeitsgerichtsgesetz v. 3.9.1953
AR-Blattei .... Handbuch für die Praxis. Systematische Darstellungen, Rechtsprechung, Gesetzestexte, aktuelle Kurzberichte (Arbeitsrechts-Blattei)
ArbPlSchG .... Gesetz über den Schutz des Arbeitsplatzes bei Einberufung zum Wehrdienst (Arbeitsplatzschutzgesetz) v. 30.3.1957
ArbR .... Arbeitsrecht bzw. Zeitschrift Arbeitsrecht aktuell (Jahr, Seite)
ArbRB .... Der Arbeits-Rechts-Berater (Jahr, Seite)
ArbRGeg .... Das Arbeitsrecht der Gegenwart (Band, Seite)
ArbSchG .... Gesetz über die Durchführung von Maßnahmen des Arbeitsschutzes zur Verbesserung der Sicherheit und des Gesundheitsschutzes der Beschäftigten bei der Arbeit (Arbeitsschutzgesetz) v. 7.8.1996
ArbStättV .... Verordnung über Arbeitsstätten (Arbeitsstättenverordnung) v. 20.3.1975
ArbuR .... Arbeit und Recht (Jahr, Seite)
ArbZG .... Arbeitszeitgesetz v. 6.6.1994
arg. .... argumentum (s. zum Beweis)
ARS .... Arbeitsrechtssammlung (Band, Seite)
Art. .... Artikel
ArzneiMG .... Gesetz über den Verkehr mit Arzneimitteln (Arzneimittelgesetz) v. 16.5.1961
AT .... Allgemeiner Teil
AtomG .... Gesetz über die friedliche Verwendung der Kernenergie und den Schutz gegen ihre Gefahren (Atomgesetz) v. 23.12.1959
AufenthG .... Gesetz über den Aufenthalt, die Erwerbstätigkeit und Integration von Ausländern im Bundesgebiet (Aufenthaltsgesetz) v. 30.7.2004
Aufl. .... Auflage
AÜG .... Gesetz zur Regelung der gewerbsmäßigen Arbeitnehmerüberlassung (Arbeitnehmerüberlassungsgesetz) v. 7.8.1972
ausdr. .... ausdrücklich
ausf. .... ausführlich
AusglLeistG .... Gesetz über staatliche Ausgleichsleistungen für Enteignungen auf besatzungsrechtlicher oder besatzungshoheitlicher Grundlage, die

	nicht mehr rückgängig gemacht werden können (Ausgleichsleistungsgesetz) v. 27.9.1994
Ausn.	Ausnahme
AVB	Allgemeine Versicherungsbedingungen
AVBFernwärmeV	Verordnung über Allgemeine Bedingungen für die Versorgung mit Fernwärme v. 20.6.1980
AVBWasserV	Verordnung über allgemeine Bedingungen für die Versorgung mit Wasser v. 20.6.1980
AVermV	Verordnung über Arbeitsvermittlung durch private Arbeitsvermittler (Arbeitsvermittlerverordnung) v. 11.3.1994
AVG	Angestelltenversicherungsgesetz v. 20. 12 1911 (außer Kraft seit 1.1.1992)
AVO	Ausführungsverordnung
AWD	Außenwirtschaftsdienst des Betriebs-Beraters (Jahr, Seite); ab 1975 Recht der Internationalen Wirtschaft (RIW)
AWG	Außenwirtschaftsgesetz v. 28.4.1961
BAföG	Bundesgesetz über individuelle Förderung der Ausbildung (Bundesausbildungsförderungsgesetz) v. 26.8.1971
BAG	Bundesarbeitsgericht (mit Ziffern: Entscheidungen des Bundesarbeitsgerichts, Band, Seite)
BAGE	Sammlung der Entscheidungen des Bundesarbeitsgerichts
Bank	Die Bank (Jahr, Seite)
BAnz	Bundesanzeiger
Bamberger/Roth/(Bearbeiter)	Kommentar zum Bürgerlichen Gesetzbuch, herausgegeben von Heinz Georg Bamberger, Herbert Roth, Wolfgang Hau und Roman Poseck, 4. Aufl. 2019
BarwertVO	Verordnung zur Ermittlung des Barwerts einer auszugleichenden Versorgung nach § 1587a Abs. 3 Nr. 2 und Abs. 4 BGB (Barwert-Verordnung) v. 24.6.1977 (außer Kraft seit 1.9.2009)
Bauer/Göpfert/Krieger	Allgemeines Gleichbehandlungsgesetz, herausgegeben von Jobst-Hubertus Bauer und Steffen Krieger, 5. Aufl. 2018
Bauer/Schaub	Grundbuchordnung, herausgegeben von Hans-Joachim Bauer und Bernhard Schaub, 4. Aufl. 2018
BauFordSiG	s. FoSiG
BauGB	Baugesetzbuch v. 23.6.1960
Baumbach	Zivilprozessordnung, begründet von Adolf Baumbach, herausgegeben von Monika Anders und Burkhard Gehle, 78. Aufl. 2020
Baumbach/Hopt	Handelsgesetzbuch, begründet von Adolf Baumbach, herausgegeben von Klaus J. Hopt, Hanno Merkt, Christoph Kumpan, Markus Roth, 39. Aufl. 2020
Baumbach/Hefermehl, WG	Wechselgesetz, Scheckgesetz, Recht der kartengeschützten Zahlungen, begründet von Adolf Baumbach, herausgegeben von Wolfgang Hefermehl, Matthias Casper, 24. Aufl. 2020
Baumgärtel/Laumen/Prütting	Handbuch der Beweislast, Grundlagen, herausgegeben von Gottfried Baumgärtel, Hans-Willi Laumen, Hanns Prütting, 4. Aufl. 2018
BauR	Zeitschrift für das gesamte öffentliche und zivile Baurecht (Jahr, Seite)
Baur/Stürner	Fritz Baur, Jürgen F. Baur, Rolf Stürner, Sachenrecht, 18. Aufl. 2009
Baur/Stürner/Bruns	Fritz Baur, Rolf Stürner, Alexander Bruns, Zwangsvollstreckungsrecht, 14. Aufl. 2022

Abkürzungsverzeichnis

Baur/Stürner InsR	Fritz Baur, Rolf Stürner, Adolf, Schönke, Zwangsvollstreckungs-, Konkurs- und Vergleichsrecht, Bd. II, Insolvenzrecht, 12. Aufl. 1990
BayObLG	Bayerisches Oberstes Landesgericht (mit Ziffern: Entscheidungen des Bayerischen Obersten Landesgerichts in Civilsachen. Alte Folge. Band, Seite)
BayObLGZ	Entscheidungen des Bayerischen Obersten Landesgerichts in Zivilsachen. Neue Folge (Jahr, Seite)
BayVerf	Bayerische Verfassung v. 2.12.1946
BB	Betriebs-Berater (Jahr, Seite)
BBankG	Gesetz über die Deutsche Bundesbank v. 26.7.1957
BBergG	Bundesberggesetz v. 13.8.1980
BBEV	Berater-Brief Erben und Vermögen (Jahr, Seite)
BBesG	Bundesbesoldungsgesetz v. 27.7.1957
BBG	Bundesbeamtengesetz v. 14.7.1953
BBiG	Berufsbildungsgesetz v. 14.8.1969
Bd.	Band (Bände)
BDSG	Bundesdatenschutzgesetz v. 27.1.1977
BeamtStG	Gesetz zur Regelung des Statusrechts der Beamtinnen und Beamten in den Ländern (Beamtenstatusgesetz) v. 17.6.2008
BeamtVG	Gesetz über die Versorgung der Beamten und Richter des Bundes (Beamtenversorgungsgesetz) v. 24.8.1976
BeckOGK/ (Bearbeiter)	Beck'scher Online-Großkommentar zum Bürgerlichen Gesetzbuch, herausgegeben von Beate Gsell, Wolfgang Krüger, Stephan Lorenz, Christoph Reymann, 2020
BeckRS	Beck-Rechtsprechung (Jahr, Nummer)
BEG	Bundesgesetz zur Entschädigung für Opfer der nationalsozialistischen Verfolgung (Bundesentschädigungsgesetz) v. 18.9.1953
BegrRegEntw	Begründung des Regierungsentwurfs
Beil.	Beilage
Bek.	Bekanntmachung
BerlVerfGH	Berliner Verfassungsgerichtshof
bes.	besonder(e)s
Bspr.	Besprechung
betr.	betreffend
BetrAVG	Gesetz zur Verbesserung der betrieblichen Altersversorgung (Betriebsrentengesetz) v. 19.12.1974
BetreuungsG	Betreuungsgericht
BetrKV	Verordnung über die Aufstellung von Betriebskosten (Betriebskostenverordnung) v. 25.11.2003
BetrVG	Betriebsverfassungsgesetz v. 11.10.1952
BeurkÄndG	Gesetz zur Änderung und Ergänzung beurkundungsrechtlicher Vorschriften v. 20.2.1980 (außer Kraft seit 25.4.2006)
BeurkG	Beurkundungsgesetz v. 28.8.1969
BewertungsG	Bewertungsgesetz v. 16.10.1934
BFH	Bundesfinanzhof (mit Ziffern: Entscheidungen des Bundesfinanzhofs, Band und Seite)
BFH/NV	Entscheidungen des Bundesfinanzhofes (Jahr, Seite)
BFinM	Bundesministerium der Finanzen
BGB	Bürgerliches Gesetzbuch v. 18.8.1896
BGB-InfoV	Verordnung über Informations- und Nachweispflichten nach bürgerlichem Recht (BGB-Informationspflichten-Verordnung) v. 2.1.2002

BGBl. I (oder II oder III)	Bundesgesetzblatt Teil I (oder Teil II oder III)
BGHZ	Bundesgerichtshof (mit Ziffern: Entscheidungen des Bundesgerichtshofs in Zivilsachen, Band und Seite)
BGHR	BGH-Report (Jahr, Seite)
BGHSt	Entscheidungen des Bundesgerichtshofs in Strafsachen (Band, Seite)
BImA-Errichtungsgesetz	Gesetz zur Gründung einer Bundesanstalt für Immobilienaufgaben v. 9.12.2004
BImSchG	Gesetz zum Schutz vor schädlichen Umwelteinwirkungen durch Luftverunreinigungen, Geräusche, Erschütterungen und ähnliche Vorgänge (Bundes-Immissionsschutzgesetz) v. 15.3.1974
BinnSchG	Gesetz betreffend die privatrechtlichen Verhältnisse der Binnenschifffahrt (Binnenschifffahrtsgesetz) v. 15.6.1895
bish.	bisher(ig)
BJagdG	Bundesjagdgesetz v. 29.11.1952
BK/(Bearbeiter)	Kommentar zum Bonner Grundgesetz (Bonner Kommentar), herausgegeben von Wolfgang Kahl, Christian Waldhoff und Christian Walter, Loseblattausgabe Stand 2020
BKK	Bundeskindergeldgesetz v. 1.1.1996
BKR	Zeitschrift für Bank- und Kapitalmarktrecht (Jahr, Seite)
Blank/Börstinghaus	Miete, herausgegeben von Hubert Blank, Ulf P. Börstinghaus, 6. Aufl. 2020
BLG	Bundesleistungsgesetz v. 19.10.1956
BlStSozArbR	Blätter für Steuerrecht, Sozialversicherung und Arbeitsrecht (Jahr, Seite)
BMI	Bundesministerium des Innern
BNatSchG	Gesetz über Naturschutz und Landschaftspflege (Bundesnaturschutzgesetz) v. 24.12.1976
BNotO	Bundesnotarordnung v. 13.2.1937
BörsenG	Börsengesetz v. 22.6.1896
bösgl.	bösgläubig
BoSoG	Gesetz über die Sonderung unvermessener und überbauter Grundstücke nach der Karte (Bodensonderungsgesetz) v. 20.12.1993
bp Dienstbarkeit	beschränkte persönliche Dienstbarkeit
BPersVG	Bundespersonalvertretungsgesetz v. 15.3.1974
BRAO	Bundesrechtsanwaltsordnung v. 1.8.1959
BrBp	Baurecht und Baupraxis (Jahr, Seite)
BR-Drs.	Bundesratsdrucksache
Brehm/Berger	Wolfgang Brehm, Christian Berger, Sachenrecht, 4. Aufl. 2022
Breith	Breithaupt, Sammlung von Entscheidungen aus dem Sozialrecht
Brox/Walker, AT	Hans Brox, Wolf-Dietrich Walker, Allgemeiner Teil des Bürgerlichen Gesetzbuchs, 43. Aufl. 2019
Brox/Walker, ErbR	Hans Brox, Wolf-Dietrich Walker, Erbrecht, 28. Aufl. 2018
Brox/Walker I	Hans Brox, Wolf-Dietrich Walker, Allgemeines Schuldrecht, 44. Aufl. 2020
Brox/Walker II	Hans Brox, Wolf-Dietrich Walker, Besonderes Schuldrecht, 44. Aufl. 2020
BRRG	Rahmengesetz zur Vereinheitlichung des Beamtenrechts (Beamtenrechtsrahmengesetz) v. 1.7.1957
BSG	Bundessozialgericht (mit Ziffern: Entscheidungen des Bundessozialgerichts, Band und Seite)

Abkürzungsverzeichnis

BSHG	Bundessozialhilfegesetz v. 30.6.1961 (im Wesentlichen am 1.1.2005 aufgehoben und durch SGB XII – Sozialhilfe – ersetzt, s. dort)
Bsp.	Beispiel
BStBl	Bundessteuerblatt (Jahr, Teil, Seite)
BtÄndG	Gesetz zur Änderung des Betreuungsrechts sowie weiterer Vorschriften (Betreuungsrechtsänderungsgesetz) v. 25.6.1998 (außer Kraft seit 1.7.2004)
2. BtÄndG	Zweites Gesetz zur Änderung des Betreuungsrechts (Zweites Betreuungsrechtsänderungsgesetz) v. 21.4.2005
BtBG	Gesetz über die Wahrnehmung behördlicher Aufgaben bei der Betreuung Volljähriger (Betreuungsbehördengesetz) v. 12.9.1990
BT-Drs.	Bundestagsdrucksache
BtG	Betreuungsgesetz v. 12.9.1990 (außer Kraft seit 25.4.2006)
BtMG	Gesetz über den Verkehr mit Betäubungsmitteln (Betäubungsmittelgesetz) v. 10.12.1929
BtPrax	Betreuungsrechtliche Praxis (Jahr, Seite)
BTR	Der Bauträger (Jahr, Seite)
Btx	Bildschirmtext
Buchst.	Buchstabe
Bülow/Arzt	Peter Bülow, Markus Artz, Verbraucherkreditrecht, 10. Aufl. 2019
Bumiller/Harders	FamFG – Familienverfahren – Freiwillige Gerichtsbarkeit, Ursula Bumiller, Dirk Harders, Werner Schwamb, 12. Aufl. 2019
BUrlG	Mindesturlaubsgesetz für Arbeitnehmer (Bundesurlaubsgesetz) v. 8.1.1963
II. BV	Verordnung über wohnungswirtschaftliche Berechnungen (Zweite Berechnungsverordnung) v. 17.10.1957
BVerfG	Bundesverfassungsgericht (mit Ziffern: Entscheidungen des Bundesverfassungsgerichts, Band und Seite)
BVerfGE	Entscheidungen des Bundesverfassungsgerichts
BVerfGG	Gesetz über das Bundesverfassungsgericht (Bundesverfassungsgerichtsgesetz) v. 12.3.1951
BVerwG	Bundesverwaltungsgericht (mit Ziffern: Entscheidungen des Bundesverwaltungsgerichts, Band und Seite)
BVG	Gesetz über die Versorgung der Opfer des Krieges (Bundesversorgungsgesetz) v. 20.12.1950
BVormVG	Gesetz über die Vergütung von Berufsvormündern (Berufsvormündervergütungsgesetz) v. 25.6.1998 (außer Kraft seit 1.7.2005), s. jetzt das Vormünder- und BetreuervergütungsG (VBVG)
BW	Baden-Württemberg
bw	baden-württembergisch
BWaldG	Gesetz zur Erhaltung des Waldes und zur Förderung der Forstwirtschaft (Bundeswaldgesetz) v. 2.5.1975
bwGemO	Gemeindeordnung für Baden-Württemberg v. 24.7.2000
bwLFGG	Baden-württembergisches Landesgesetz über die freiwillige Gerichtsbarkeit v. 12.2.1975
bwLWaldG	Waldgesetz für Baden-Württemberg (Landeswaldgesetz) v. 31.8.1995
BWNotZ	Mitteilungen aus der Praxis. Zeitschrift für das Notariat in Baden-Württemberg (Jahr, Seite)
bwWG	Wassergesetz für Baden-Württemberg v. 1.1.1999
bzgl.	bezüglich
BZRG	Bundeszentralregistergesetz v. 18.3.1971
bzw.	beziehungsweise

v. Caemmerer GS I	Ernst v. Caemmerer, Gesammelte Schriften, Bd. I, 1968
v. Caemmerer, IPR-Reform	Ernst v. Caemmerer (Herausgeber), Vorschläge und Gutachten zur Reform des deutschen internationalen Privatrechts der außervertraglichen Schuldverhältnisse, 1983
Canaris	Claus-Wilhelm Canaris, Handelsrecht, 24. Aufl. 2006
cic	culpa in contrahendo
CISG	United Nations Convention on Contracts for the International Sale of Goods v. 11.4.1980
CMR	Übereinkommen über den Beförderungsvertrag im internationalen Straßengüterverkehr v. 19.5.1956
COVInsAG	Gesetz zur vorübergehenden Aussetzung der Insolvenzantragspflicht und zur Begrenzung der Organhaftung bei einer durch die COVID-19-Pandemie bedingten Insolvenz (COVID-19-Insolvenzaussetzungsgesetz) BGBl. 2020 I 569
COVMG	Gesetz über Maßnahmen im Gesellschafts-, Genossenschafts-, Vereins-, Stiftungs- und Wohnungseigentumsrecht zur Bekämpfung der Auswirkungen der COVID-19-Pandemie v. 27.3.2020
COVuR	Covid-19 und Recht – Zeitschrift für alle Rechtsfragen zur Corona-Krise
CR	Computer und Recht (Jahr, Seite)
CuR	s. CR
DAngVers	Die Angestelltenversicherung (Jahr, Seite)
DAR	Deutsches Autorecht (Jahr, Seite)
DAV	Der Amtsvormund, Rundbrief des Deutschen Instituts für Vormundschaftswesen (Jahr, Seite)
DB	Der Betrieb (Jahr, Seite)
DDR	Deutsche Demokratische Republik
dementspr.	dementsprechend
Demharter	Grundbuchordnung, Johann Demharter, 31. Aufl. 2018
Denkschrift	Denkschrift zum Entwurf eines BGB nebst 3 Anlagen, 1896
DepotG	Gesetz über die Verwahrung und Anschaffung von Wertpapieren (Depotgesetz) v.4.2.1937
dergl.	dergleichen
ders.	derselbe
desgl.	desgleichen
Dethloff	Nina Dethloff, Familienrecht, 32. Aufl. 2018
DGVZ	Deutsche Gerichtsvollzieher-Zeitung (Jahr, Seite)
dh	das heißt
dies.	dieselbe
DIN	Deutsche Norm; Deutsches Institut für Normung eV
DiskEntw	Diskussionsentwurf
DJT	Deutscher Juristentag
DJZ	Deutsche Juristen-Zeitung (Jahr, Spalte)
DM	Deutsche Mark
DNotZ	Deutsche Notar-Zeitschrift (Jahr, Seite)
DÖV	Die Öffentliche Verwaltung (Jahr, Seite)
DR	Deutsches Recht (Jahr, Seite)
DRiZ	Deutsche Richterzeitung (Jahr, Seite)
DRK	Deutsches Rotes Kreuz
ds	das sind
DStR	Deutsches Steuerrecht (Jahr, Seite)
DtZ	Deutsch-Deutsche Rechts-Zeitschrift (Jahr, Seite), vereinigt mit VIZ (s. dort)

DVBl	Deutsches Verwaltungsblatt (Jahr, Seite)
DVO	Durchführungsverordnung
DWE	Der Wohnungseigentümer (Jahr, Seite)
DWW	Deutsche Wohnungswirtschaft (Jahr, Seite)
DZWiR	Deutsche Zeitschrift für Wirtschafts- und Insolvenzrecht (Jahr, Seite)
ebda.	ebenda
E-Commerce-RiLi	Richtlinie 2000/31/EG („Richtlinie über den elektronischen Geschäftsverkehr") des Europäischen Parlaments und des Rates v. 8.6.2000
EDV	Elektronische Datenverarbeitung
EntgFG (teilw. auch EFG)	Gesetz über die Zahlung des Arbeitsentgelts an Feiertagen und im Krankheitsfall (Entgeltfortzahlungsgesetz) v. 26.5.1994
EntgTranspG	Gesetz zur Förderung der Transparenz von Entgeltstrukturen (Entgelttransparenzgesetz) v. 30.6.2017
EGAO	Einführungsgesetz zur Abgabenordnung v. 14.12.1976
EGBGB	Einführungsgesetz zum Bürgerlichen Gesetzbuche v. 18.8.1896
EGFGB	Einführungsgesetz zum Familiengesetzbuch der DDR v. 20.12.1965 (außer Kraft seit 2.10.1990, aber Übergangsregelungen in Art. 230–233, Art. 235 EGBGB)
EGHGB	Einführungsgesetz zum Handelsgesetzbuch v. 10.5.1897
EGInsO	Einführungsgesetz zur Insolvenzordnung v. 5.10.1994
EGMR	Europäischer Gerichtshof für Menschenrechte
EGZGB	Einführungsgesetz zum Zivilgesetzbuch der DDR v. 19.6.1975 (außer Kraft seit 2.10.1990, aber Übergangsregelungen in Art. 230–233, Art. 235 EGBGB)
EheG	Gesetz zur Vereinheitlichung des Rechts der Eheschließung und der Ehescheidung im Lande Österreich und im übrigen Reichsgebiet (Ehegesetz) v. 6.7.1938
ehem.	ehemalig
EheNÄndG	Gesetz über die Änderung des Ehenamens (Ehenamensänderungsgesetz) v. 27.3.1979
1. EheRG	Erstes Gesetz zur Reform des Ehe- und Familienrechts v. 14.6.1976
EheschlRG	Gesetz zur Neuordnung des Eheschließungsrechts (Eheschließungsrechtsgesetz) v. 4.5.1998 (außer Kraft seit 25.4.2006)
EhfG	Entwicklungshelfer-Gesetz v. 18.6.1969
Einf.	Einführung
Einl.	Einleitung
EinlALR	Einleitung zum Allgemeinen Landrecht für die Preußischen Staaten v. 1.6.1794
EinlSichG	Einlagensicherungs- und Anlegerentschädigungsgesetz v. 16.7.1998
einschl.	einschließlich
einschr.	einschränkend
einstw.	einstweilig(e)
EinV	Vertrag zwischen der Bundesrepublik Deutschland und der Deutschen Demokratischen Republik über die Herstellung der Einheit Deutschlands (Einigungsvertrag) v. 31.8.1990
Einzelnachw	Einzelnachweise
EMRK	Europäische Konvention zum Schutze der Menschenrechte und Grundfreiheiten v. 4.11.1950
EMVG	Gesetz über die elektromagnetische Verträglichkeit von Geräten v. 9.11.1992

Emmerich/ Sonnenschein	Miete, herausgegeben von Volker Emmerich, André Haug, Christian Rolfs, 11. Aufl. 2014
Enneccerus/Lehmann .	Ludwig Enneccerus, Heinrich Lehmann, Recht der Schuldverhältnisse, 15. Bearb. 1958
Enneccerus/Nipperdey	Ludwig Enneccerus, Hans Carl Nipperdey, Allgemeiner Teil des Bürgerlichen Rechts, 15. Aufl., 1. Halbbd. 1959; 2. Halbbd. 1960
EntschG	Gesetz über die Entschädigung nach dem Gesetz zur Regelung offener Vermögensfragen (Entschädigungsgesetz) v. 27.9.1994
entspr.	entsprechend
Entw.	Entwurf
EnWG	Gesetz über die Elektrizitäts- und Gasversorgung (Energiewirtschaftsgesetz) v. 13.12.1935
ENZ	Europäisches Nachlasszeugnis
ErbbauRG	Gesetz über das Erbbaurecht (Erbbaurechtsgesetz) v. 15.1.1919
ErbbauVO	jetzt ErbbauRG, s. dort
ErbR	Zeitschrift für die gesamte erbrechtliche Praxis (Jahr, Seite)
ErbrechtsänderungsG 2015	Gesetz zum Internationalen Erbrecht und zur Änderung von Vorschriften zum Erbschein sowie zur Änderung anderer Vorschriften v. 29.6.2015
ErbStB	Der Erbschafts-Steuer-Berater (Jahr, Seite)
ErbStG	Erbschaftsteuer- und Schenkungsteuergesetz v. 3.6.1906
ErbStRG	Gesetz zur Reform des Erbschaftsteuer- und Bewertungsrechts v. 24.12.2008
ErbVerjÄndG	Gesetz zur Änderung des Erb- und Verjährungsrechts v. 24.9.2009
ErfK/(Bearbeiter)	Erfurter Kommentar zum Arbeitsrecht, begründet von Thomas Dieterich, Peter Hanau und Günter Schaub, herausgegeben von Ulrich Preis, Rudi Müller-Glöge, Ingrid Schmidt, 20. Aufl. 2020
ErgG	Ergänzungsgesetz
ERJuKoG	Gesetz über elektronische Register und Justizkosten für Telekommunikation v. 10.12.2001
Erman/(Bearbeiter)	Handkommentar zum Bürgerlichen Gesetzbuch, herausgegeben von Harm Peter Westermann, Barbara Grunewald, Georg Maier-Reimer, 16. Aufl. 2020
ERVGBG	Gesetz zur Einführung des elektronischen Rechtsverkehrs und der elektronischen Akte im Grundbuchverfahren sowie zur Änderung weiterer grund-buch-, register- und kostenrechtlicher Vorschriften v. 11.8.2009
ErwG	Erwägungsgrund (bei EU-Richtlinien und -Verordnungen)
ESchG	Gesetz zum Schutz von Embryonen (Embryonenschutzgesetz) v. 13.12.1990
Esser/Schmidt I/1, I/2	Josef Esser, Eike Schmidt, Schuldrecht, Allgemeiner Teil, Bd. I/1, 8. Aufl. 1995; Bd. I/2, 8. Aufl. 2000
Esser/Weyers II/1 u 2 .	Josef Esser, Hans-Leo Weyers, Schuldrecht, Besonderer Teil, Bd. II/1, 8. Aufl. 1998; Bd. II/2, 8. Aufl. 2000
EStG	Einkommenssteuergesetz v. 16.10.1934
etc	Et cetera
EU	Europäische Union
EuEheVO	Verordnung (EG) Nr. 2201/2003 des Rates v. 27.11.2003 über die Zuständigkeit und die Anerkennung und Vollstreckung von Entscheidungen in Ehesachen und in Verfahren betreffend die elterliche Verantwortung und zur Aufhebung der Verordnung (EG) Nr. 1347/2000

Abkürzungsverzeichnis

EuErbVO	Verordnung (EU) Nr 650/2012 des Europäischen Parlaments und des Rates v. 4.7.2012 über die Zuständigkeit, das anzuwendende Recht, die Anerkennung und Vollstreckung von Entscheidungen und die Annahme und Vollstreckung Öffentlicher Urkunden in Erbsachen sowie zur Einführung eines Europäischen Nachlasszeugnisses
EuGH	Europäischer Gerichtshof
EuGüVO	Verordnung (EU) 2016/1103 des Rates vom 24.6.2016 zur Durchführung einer Verstärkten Zusammenarbeit im Bereich der Zuständigkeit, des anzuwendenden Rechts und der Anerkennung und Vollstreckung von Entscheidungen in Fragen des ehelichen Güterstands
EuGVVO	Verordnung (EG) Nr. 44/2001 des Rates v. 22.12.2000 über die gerichtliche Zuständigkeit und die Anerkennung und Vollstreckung in Zivil- und Handelssachen
EuPartVO	Verordnung (EU) 2016/1104 des Rates vom 24.6.2016 zur Durchführung der Verstärkten Zusammenarbeit im Bereich der Zuständigkeit, des anzuwendenden Rechts und der Anerkennung und Vollstreckung von Entscheidungen in Fragen güterrechtlicher Wirkungen eingetragener Partnerschaften
EUR	Euro
EuroEG	Gesetz zur Einführung des Euro (Euro-Einführungsgesetz) v. 9.6.1998
EuUnthVO	Verordnung (EG) Nr. 4/2009 des Rates vom 18.12.2008 über die Zuständigkeit, das anwendbare Recht, die Anerkennung und Vollstreckung von Entscheidungen und die Zusammenarbeit in Unterhaltssachen
EuZPR EuIPR	EuZPR/EuIPR – Europäisches Zivilprozess- und Kollisionsrecht, Kommentar, Thomas Rauscher (Hrsg.), 5. Auflage 2020
EuZW	Europäische Zeitschrift für Wirtschaftsrecht (Jahr, Seite)
EV	Eigentumsvorbehalt
eV	eingetragener Verein
EVO	Eisenbahn-Verkehrsordnung v. 8.9.1938
evtl.	eventuell
EWiR	Entscheidungen zum Wirtschaftsrecht
EWIV	Europäische Wirtschaftliche Interessenvereinigung
EWIVV	Verordnung (EWG) Nr. 2137/85 des Rates v. 25.7.1985 über die Schaffung einer Europäischen Wirtschaftlichen Interessenvereinigung (EWIV)
EWR	Europäischer Wirtschaftsraum
EWR-Abkommen	Abkommen über den Europäischen Wirtschaftsraum v. 2.5.1992
EzA	Entscheidungssammlung zum Arbeitsrecht (Gesetzesangabe, Nummer der Entscheidung)
f.	folgend(e)
FamFG	Gesetz über das Verfahren in Familiensachen und in den Angelegenheiten der freiwilligen Gerichtsbarkeit v. 17.12.2008
FamFR	Familienrecht und Familienverfahrensrecht (Jahr, Seite)
FamG	Familiengericht
FamGKG	Gesetz über Gerichtskosten in Familiensachen v. 17.12.2008
familiengerichtl.	familiengerichtlich
FamNamRG	Gesetz zur Neuordnung des Familiennamensrechts (Familiennamensrechtsgesetz) v. 16.12.1993 (außer Kraft seit 30.11.2007)
FamRÄndG	Gesetz zur Vereinheitlichung und Änderung familienrechtlicher Vorschriften (Familienrechtsänderungsgesetz) v. 11.8.1961

FamRefK/(Bearbeiter)	Familienrechtsreformkommentar, herausgegeben von Thomas Wagenitz und Dieter Schwab, 1998
FamRZ	Zeitschrift für das gesamte Familienrecht (Jahr, Seite)
FD-ErbR	Fachdienst Erbrecht – Neuigkeiten zum Erbrecht
FernAbsG	Fernabsatzgesetz v. 27.6.2000 (außer Kraft seit 1.1.2002)
FernAbs-RiLi	Richtlinie 97/7/EG des Europäischen Parlaments und des Rats v. 20.5.1997 über den Verbraucherschutz bei Vertragsabschlüssen im Fernabsatz (zum 13.6.2014 aufgehoben durch die VerbrR-RiLi)
FernUSG	Gesetz zum Schutz der Teilnehmer am Fernunterricht (Fernunterrichtsschutzgesetz) v. 24.8.1976
FeV	Verordnung über die Zulassung von Personen zum Straßenverkehr (Fahrerlaubnis-Verordnung) v. 18.8.1998
FEVS	Fürsorgerechtliche Entscheidungen der Verwaltungs- und Sozialgerichte (Band und Seite)
FF	Forum Familien- und Erbrecht (Jahr, Seite)
ff.	folgende
FG	Festgabe
fG	freiwillige Gerichtsbarkeit
FGB	Familiengesetzbuch der DDR v. 20.12.1965
FGG	Gesetz über die Angelegenheiten der freiwilligen Gerichtsbarkeit v. 17.5.1898 (außer Kraft seit 1.9.2009)
FGG-RG	Gesetz zur Reform des Verfahrens in Familiensachen und in den Angelegenheiten der freiwilligen Gerichtsbarkeit v. 17.12.2008
FGPrax	Praxis der Freiwilligen Gerichtsbarkeit (Jahr, Seite)
FG Wiss I, II, III, IV	50 Jahre Bundesgerichtshof – Festgabe aus der Wissenschaft, Bd. I, II, III, IV, 2000
Fikentscher	Wolfgang Fikentscher, Andreas Heinemann, Schuldrecht, 11. Aufl. 2017
FinanzaufsichtsrechtergänzungsG	Finanzaufsichtsrechtergänzungsgesetz v. 6.6.2017
Firsching/Dodegge	Karl Firsching, Georg Dodegge, Vormundschafts- und Betreuungsrecht (Handbuch der Rechtspraxis, Bd. 5b), 8. Aufl. 2015
Firsching/Graf	Karl Firsching, Hans Lothar Graf, Nachlassrecht (Handbuch der Rechtspraxis, Bd. 6), 10. Aufl. 2014
Firsching/Schmid	Karl Firsching, Jürgen Schmid, Familiensachen (Handbuch der Rechtspraxis, Bd. 5a), 8. Aufl. 2015
FLF	FinanzierungLeasingFaktoring (Jahr, Seite)
Fluggesrechte VO	VO (EG) 261/2004
FluglärmschutzG	Gesetz zum Schutz gegen Fluglärm v. 30.3.1971
Flume I 1, I 2, II	Werner Flume, Allgemeiner Teil des Bürgerlichen Rechts, Bd. I/1, Die Personengesellschaft, 1977; Bd. I/2, Die juristische Person, 1983; Bd. II, Das Rechtsgeschäft, 4. Aufl. 1992
FlurbG	Flurbereinigungsgesetz v.14.7.1953
Fn.	Fußnote
FoSiG	Gesetz zur Sicherung von Werkunternehmeransprüchen und zur verbesserten Durchsetzung von Forderungen (Forderungssicherungsgesetz) v. 23.10.2008
FPR	Familie, Partnerschaft, Recht (Jahr, Seite)
fr.	früher
FS	Festschrift
FS Heidelberg, 1986	Richterliche Rechtsfortbildung. Erscheinungsformen, Auftrag und Grenzen. Festschrift der Juristischen Fakultät zur 600-Jahr-Feier der Ruprecht-Karls-Universität Heidelberg, 1986
FS Köln, 1988	Festschrift der Rechtswissenschaftlichen Fakultät zur 600-Jahr-Feier der Universität zu Köln, 1988

FStrG	Bundesfernstraßengesetz v. 6.8.1953
FuR	Familie und Recht (Jahr, Seite)
Führich	Ernst Führich, Reiserecht, 7. Aufl. 2015
GA	Goltdammer's Archiv für Strafrecht (Jahr, Seite)
Gaier/Wendtland	Reinhard Gaier, Holger Wendtland, Allgemeines Gleichbehandlungsgesetz, 2006
GBBerG	Grundbuchbereinigungsgesetz v. 20.12.1993
GBO	Grundbuchordnung v. 24.3.1897
GbR	Gesellschaft bürgerlichen Rechts
GBV	Verordnung zur Durchführung der Grundbuchordnung (Grundbuchverfügung) v. 8.8.1935
Gebauer/Wiedmann	Europäisches Zivilrecht, herausgegeben von Martin Gebauer, Thomas Wiedemann, 3. Aufl. 2021
GebrMG	Gebrauchsmustergesetz v. 1.6.1891
Geigel/(Bearbeiter)	Robert Geigel, Der Haftpflichtprozess, 28. Aufl. 2020
gem.	gemäß
GemO	Gemeindeordnung
GenDG	Gesetz über genetische Untersuchungen beim Menschen (Gendiagnostikgesetz) v. 31.7.2009
GenG	Gesetz betreffend die Erwerbs- und Wirtschaftsgenossenschaften (Genossenschaftsgesetz) v. 1.5.1889
gerichtl.	gerichtlich
Gernhuber/Coester-Waltjen	Joachim Gernhuber, Dagmar Coester-Waltjen, Lehrbuch des Familienrechts, 7. Aufl. 2020
Gernhuber, Erfüllung	Joachim Gernhuber, Die Erfüllung und ihre Surrogate, 2. Aufl. 1994
Gernhuber, Schuldverhältnis	Joachim Gernhuber, Das Schuldverhältnis. Begründung und Änderung, Pflichten und Strukturen, Drittwirkungen, 1989
Ges.	Gesetz(e)
ges.	gesetzlich
GeschmMG	Gesetz über den rechtlichen Schutz von Mustern und Modellen (Geschmacksmustergesetz) v. 11.1.1876, seit dem 1.1.2014 Designgesetz
GewA	Gewerbearchiv (Jahr, Seite)
GewO	Gewerbeordnung v. 21.6.1869
GewSchG	Gesetz zum zivilrechtlichen Schutz vor Gewalttaten und Nachstellungen (Gewaltschutzgesetz) v. 11.12.2001
GG	Grundgesetz für die Bundesrepublik Deutschland v. 23.5.1949
gg.	gegen
ggf.	gegebenenfalls
ggü.	gegenüber
Giesen	Dieter Giesen, Familienrecht, 2. Aufl. 1997
GKG	Gerichtskostengesetz v. 18.6.1878
GleichberG	Gesetz über die Gleichberechtigung von Mann und Frau auf dem Gebiete des bürgerlichen Rechts (Gleichberechtigungsgesetz) v. 18.6.1957
GmbH	Gesellschaft mit beschränkter Haftung
GmbHG	Gesetz betreffend die Gesellschaften mit beschränkter Haftung v. 20.4.1892
GmbHRdsch	GmbH-Rundschau (Jahr, Seite)
GmS	Gemeinsamer Senat der obersten Gerichtshöfe des Bundes

GNotKG	Gesetz über Kosten der freiwilligen Gerichtsbarkeit für Gerichte und Notare (Gerichts- und Notarkostengesetz) v. 23.7.2013
GOA	Gebührenordnung für Architekten
GoA	Geschäftsführung ohne Auftrag
Göppinger/Wax	Horst Göppinger, Peter Wax, Unterhaltsrecht, 9. Aufl. 2008
GPSG	Gesetz über technische Arbeitsmittel und Verbraucherprodukte (Geräte- und Produktsicherheitsgesetz) v. 6.1.2004
GrdstVG	Gesetz über Maßnahmen zur Verbesserung der Agrarstruktur und zur Sicherung land- und forstwirtschaftlicher Betriebe (Grundstückverkehrsgesetz) v. 28.7.1961
GrESt	Grunderwerbsteuer
GrEStG	Grunderwerbsteuergesetz v. 17.12.1982
GroßkommAktG/(Bearbeiter)	Großkommentar zum Aktiengesetz, herausgegeben von Klaus J. Hopt, Herbert Wiedemann, 5. Aufl. 2018
GroßkommHGB/(Bearbeiter)	Großkommentar zum Handelsgesetzbuch, begründet von Hermann Staub, herausgegeben von Claus-Wilhelm Canaris, Mathias Habersack und Carsten Schäfer, 5. Aufl. 2012
Gruch	Beiträge zur Erläuterung des Deutschen Rechts, begründet von J. A. Gruchot (Band, Seite)
grds.	grundsätzlich
GRUR	Gewerblicher Rechtsschutz und Urheberrecht (Jahr, Seite)
GS	in Verbindung mit RG, BGH oder BAG: Großer Senat; in Verbindung mit nachfolgendem Eigennamen: Gedächtnisschrift; sonst: Gesammelte Schriften
GüKG	Güterkraftverkehrsgesetz v. 22.6.1998
GuT	Gewerberaummiete und Teileigentum (Jahr, Seite)
Gutachten I, II, III	Gutachten und Vorschläge zur Überarbeitung des Schuldrechts (herausgegeben vom Bundesminister der Justiz), Bd. I und II, 1981; Bd. III, 1983
gutgl.	gutgläubig
GVG	Gerichtsverfassungsgesetz v. 27.1.1877
GVO	Grundstücksverkehrsordnung v. 15.12.1977
GWB	Gesetz gegen Wettbewerbsbeschränkungen v. 27.7.1957
H	Heft
hA	herrschende Ansicht
Haager Regeln	Internationales Übereinkommen zur Vereinheitlichung von Regeln über Konnossemente v. 24.8.1924, ergänzt am 23.2.1968 und am 21.12.1979 (Visby-Regeln)
HaagUnterhÜbk	Übereinkommen über das auf Unterhaltsverpflichtungen gegenüber Kindern anzuwendende Recht v. 24.10.1956
Habscheid	Walther J. Habscheid, Freiwillige Gerichtsbarkeit, 7. Aufl. 1983
HaftPflG	Haftpflichtgesetz v. 7.6.1871
HAG	Heimarbeitsgesetz v. 14.3.1951
HausratsVO	Verordnung über die Behandlung der Ehewohnung und des Hausrats v. 21.10.1944 (außer Kraft seit 1.9.2009)
Haustür-RiLi	Richtlinie 85/577/EWG des Rates v. 20.12.1985 betreffend den Verbraucherschutz im Falle von außerhalb von Geschäftsräumen geschlossenen Verträgen (nach Art. 31 der VerbrR-RiLi zum 13.6.2013 aufgehoben)
HdB.	Handbuch
Heck, SaR	Philipp Heck, Grundriss des Sachenrechts, 1930
Heck, SchR	Philipp Heck, Grundriss des Schuldrechts, 1929

HeimarbG .... Heimarbeitsgesetz v. 14.3.1951
HeimG .... Heimgesetz v. 7.8.1974
HeizkostenV .... Verordnung über die verbrauchsabhängige Abrechnung der Heiz- und Warmwasserkosten (Verordnung über Heizkostenabrechnung) v. 23.2.1981
hess. .... hessisch
Hey/Forst .... Kommentar zum AGG, herausgegeben von Thomas Hey und Gerrit Forst, 2. Aufl. 2015
HGB .... Handelsgesetzbuch v. 10.5.1897
Hgb .... Herausgeber
HintO .... Hinterlegungsordnung v. 10.3.1937 (außer Kraft seit 31.11.2010), seit dem 1.12.2011 Hinterlegungsgesetz
HK-AGG .... Handkommentar zum AGG, herausgegeben von Wolfgang Däubler und Martin Bertzbach, 4. Aufl. 2018
HK-BGB .... Handkommentar, herausgegeben von Reiner Schulze, Heinrich Dörner, Ina Ebert u. a., 10. Aufl. 2019
HKK .... Historisch-kritischer Kommentar zum BGB, herausgegeben von Mathias Schmoeckel, Joachim Rückert und Reinhard Zimmermann, 2003 ff.
hL .... herrschende Lehre
hM .... herrschende Meinung
HOAI .... Verordnung über die Honorare für Leistungen der Architekten und Ingenieure (Honorarordnung für Architekten und Ingenieure) v. 17.9.1976
HöfeO .... Höfeordnung v. 24.4.1947
hoheitl. .... hoheitlich
v. Hoyningen-Huene .. Gerrick v. Hoyningen-Huene, Die Inhaltskontrolle nach § 9 AGB-Gesetz,1991
HRefG .... Gesetz zur Neuregelung des Kaufmanns- und Firmenrechts und zur Änderung anderer handels- und gesellschaftsrechtlicher Vorschriften (Handelsrechtsreformgesetz) v. 22.6.1998 (außer Kraft seit 25.4.2006)
HRG .... Hochschulrahmengesetz v. 26.1.1976
HRR .... Höchstrichterliche Rechtsprechung (Jahr, Nummer)
Hrsg. .... Herausgeber
HS .... Halbsatz
Huber/Faust .... Peter Huber, Florian Faust, Schuldrechtsmodernisierung, 2002
Hueck/Nipperdey ...... Alfred Hueck, Hans Carl Nipperdey, Lehrbuch des Arbeitsrechts, 7. Aufl., Bd. I, 1963; Bd. II/1, 1967; Bd. II/2, 1970
Hügel/(Bearbeiter) ..... Stefan Hügel, Grundbuchordnung, 4. Aufl. 2020
HUntProt .... 2009/941/EG: Beschluss des Rates vom 30.11.2009 über den Abschluss des Haager Protokolls vom 23.11.2007 über das auf Unterhaltspflichten anzuwendende Recht durch die Europäische Gemeinschaft
HWiG .... Gesetz über den Widerruf von Haustürgeschäften und ähnlichen Geschäften v. 16.1.1986 (außer Kraft seit 1.1.2002))
HwO .... Gesetz zur Ordnung des Handwerks (Handwerksordnung) v. 17.9.1953

IBR .... Immobilien- und Baurecht (Jahr, Seite)
idF .... in der Fassung
idR .... in der Regel
idS .... in diesem Sinne
ie .... im Einzelnen
iE .... im Ergebnis

ieS	im engeren Sinne
iGgs	im Gegensatz
iHd	In Höhe des/der
IHR	Internationales Handelsrecht – Zeitschrift für das Recht des internationalen Warenkaufs und Warenvertriebs
iHv	in Höhe von
insbes.	insbesondere
InsO	Insolvenzordnung v. 5.10.1994
int.	international
IntErbRVG	Internationales Erbrechtsverfahrensgesetz vom 29.6.2015
IntEuSchR	Internationales und Europäisches Scheidungsrecht
InvG	Investmentgesetz v. 15.12.2003 (außer Kraft seit 22.7.2013)
InVO	Insolvenz und Vollstreckung (Jahr, Seite)
IPR	internationales Privatrecht
IPRax	Praxis des Internationalen Privat- und Verfahrensrechts (Jahr, Seite)
IPRNG	Gesetz zur Neuregelung des Internationalen Privatrechts v. 25.7.1986
IPRspr	Die deutsche Rechtsprechung auf dem Gebiet des Internationalen Privatrechts
iRd	im Rahmen des/der
iSd	im Sinne der (des)
iSv	im Sinne von
ITRB	Der IT-Rechtsberater (Jahr, Seite)
iÜ	im Übrigen
iVm	in Verbindung mit
iwS	im weiteren Sinne
iZw	im Zweifel
JA	Juristische Arbeitsblätter (Jahr, Seite)
Jaeger/(Bearbeiter)	Ernst Jaeger, Insolvenzordnung, 2004 ff.
Jarass/Pieroth	Grundgesetz, herausgegeben von Hans D. Jarass und Bodo Pieroth, 16. Aufl. 2020
JArbSchG	Gesetz zum Schutze der arbeitenden Jugend (Jugendarbeitsschutzgesetz) v. 9.8.1960
Jauernig/Hess, ZPR	Othmar Jauernig, Burkhard Hess, Zivilprozessrecht, 30. Aufl. 2011
Jauernig/Berger	Othmar Jauernig, Christian Berger, Zwangsvollstreckungs- und Insolvenzrecht, 23. Aufl. 2010
JFG	Jahrbuch für Entscheidungen in Angelegenheiten der Freiwilligen Gerichtsbarkeit und des Grundbuchrechts (Band, Seite)
Jh	Jahrhundert
JherJb	Jherings Jahrbücher für Dogmatik des bürgerlichen Rechts (Band, Seite)
JJZRWiss	Jahrbuch Junger Zivilrechtswissenschaftler (Jahr, Seite)
JKomG	Gesetz über die Verwendung elektronischer Kommunikationsformen in der Justiz (Justizkommunikationsgesetz) v. 22.3.2005
JMBlNRW	Justizministerialblatt des Landes Nordrhein-Westfalen (Jahr, Seite)
Johannsen/Henrich/(Bearbeiter)	Familienrecht, begründet von Kurt H. Johannsen, herausgegeben von Dieter Henrich, Christoph Althammer, 7. Aufl. 2020
JR	Juristische Rundschau (Jahr, Seite)
JuMiG	Justizmitteilungsgesetz und Gesetz zur Änderung kostenrechtlicher Vorschriften und anderer Gesetze v. 18.6.1997 (außer Kraft seit 25.4.2006)
1. JuMoG	Erstes Gesetz zur Modernisierung der Justiz (1. Justizmodernisierungsgesetz) v. 24.8.2004

Abkürzungsverzeichnis

2. JuMoG	Zweites Gesetz zur Modernisierung der Justiz (2. Justizmodernisierungsgesetz) v. 22.12.2006
jur.	juristisch
JurA	Juristische Analysen (Jahr, Seite)
JURA	Juristische Ausbildung (Jahr, Seite)
JurBüro	Das Juristische Büro (Jahr, Spalte, ab 1992 Seite)
JuS	Juristische Schulung (Jahr, Seite)
Justiz	Die Justiz (Jahr, Seite)
JVEG	Justizvergütungs- und entschädigungsgesetz v. 5.5.2004
JW	Juristische Wochenschrift (Jahr, Seite)
JZ	Juristenzeitung (Jahr, Seite)
KAGB	Kapitalanlagegesetzbuch v. 4.7.2013
KAGG	Gesetz über Kapitalanlagegesellschaften v. 16.4.1957
KapMuG	Gesetz über Musterverfahren in kapitalmarktrechtlichen Streitigkeiten (Kapitalanleger-Musterverfahrensgesetz) v. 16.8.2005 (außer Kraft ab 1.11.2020)
KapMuGReformG	Gesetz zur Reform des Kapitalanleger-Musterverfahrensgesetzes und zur Änderung anderer Vorschriften v. 19.10.2012
Kegel/Schurig	Gerhard Kegel, Klaus Schurig, Internationales Privatrecht, 9. Aufl. 2004
KEHE	Joachim Kuntze, Rudolf Ertl, Hans Herrmann, Dieter Eickmann, Grundbuchrecht, 6. Aufl. 2006
Kfz	Kraftfahrzeug
KG	Kammergericht; Kommanditgesellschaft
KGaA	Kommanditgesellschaft auf Aktien
KGJ	Jahrbuch für Entscheidungen des Kammergerichts in Sachen der freiwilligen Gerichtsbarkeit, in Kosten-, Stempel- und Strafsachen (Band, Seite)
KGR	Kammergerichtsreport
KGSG	Gesetz zum Schutz von Kulturgut (Kulturgutschutzgesetz) BGBl. 2016 I 1914
Kilger/Schmidt	Joachim Kilger, Karsten Schmidt, Insolvenzgesetze (KO/VglO/GesO), 17. Aufl. 1998 (s. nunmehr K. Schmidt, InsO, 19. Aufl. 2016)
KindRG	Gesetz zur Reform des Kindschaftsrechts (Kindschaftsrechtsreformgesetz) v. 16.12.1997 (außer Kraft seit 2.7.2003)
KindUG	Gesetz zur Vereinheitlichung des Unterhaltsrechts minderjähriger Kinder (Kindesunterhaltsgesetz) v. 6.4.1998 (außer Kraft seit 1.1.2008)
Kipp/Coing	Theodor Kipp, Helmut Coing, Erbrecht, 14. Bearb. 1990
Kissel/Mayer	Otto Rudolf Kissel, Herbert Mayer, GVG, 9. Aufl. 2018
KJHG	Kinder- und Jugendhilfegesetz v. 26.6.1990
KKG	Gesetz zur Kooperation und Information im Kinderschutz v. 22.12.2011
KO	Konkursordnung v. 20.5.1898 (aufgehoben)
KOM	Dokumente der europäischen Kommission (vorher Kommission der europäischen Gemeinschaft)
Köhler	Helmut Köhler, BGB, Allgemeiner Teil, 43. Aufl. 2019
Kolloqu v. Caemmerer	Zum Deutschen und Internationalen Schuldrecht. Kolloquium aus Anlass des 75. Geburtstags von Ernst v. Caemmerer, 1983
KompaktKomSchR/ (Bearbeiter)	Wolfhard Kothe, Das neue Schuldrecht, Kompakt-Kommentar, 2002

KonsG	Gesetz über die Konsularbeamten, ihre Aufgaben und Befugnisse (Konsulargesetz) v. 11.9.1974
Kopp	Ferdinand O. Kopp, Ulrich Ramsauer, Verwaltungsverfahrensgesetz, 20. Aufl. 2019
Kopp, VwGO	Ferdinand O. Kopp, Wolf-Rüdiger Schenke, Verwaltungsgerichtsordnung, 25. Aufl. 2019
KostO	Kostenordnung v. 25.11.1935, s. jetzt Gesetz über Kosten der freiwilligen Gerichtsbarkeit für Gerichte und Notare (Gerichts- und Notarkostengesetz – GNotKG)
KRG	Kontrollratsgesetz
KrG	Kreisgericht
KrInstitut	Kreditinstitut
krit.	kritisch
KritJ	Kritische Justiz (Jahr, Seite)
KrPflG	Gesetz über die Berufe in der Krankenpflege (Krankenpflegegesetz) v. 15.7.1957
KrW-/AbfG	Gesetz zur Förderung der Kreislaufwirtschaft und Sicherung der umweltverträglichen Beseitigung von Abfällen (Kreislaufwirtschafts- und Abfallgesetz) v. 27.9.1994 (außer Kraft seit 1.6.2012), s. seit dem 1.6.2012 Gesetz zur Förderung der Kreislaufwirtschaft und Sicherung der umweltverträglichen Bewirtschaftung von Abfällen (Kreislaufwirtschaftsgesetz – KrWG)
KSchG	Kündigungsschutzgesetz v. 10.8.1951
KTS	Zeitschrift für Insolvenzrecht – Konkurs/Treuhand/Sanierung – (Jahr, Seite)
KUG	Gesetz betreffend das Urheberrecht an Werken der bildenden Künste und Photographie v. 9.1.1907
KultgSchG	Gesetz zum Schutz deutschen Kulturgutes gegen Abwanderung v. 6.8.1955
KUR	Kunst und Recht (Jahr, Seite)
KWG	Gesetz über das Kreditwesen v. 5.12.1934
LAG	Landesarbeitsgericht
LAG	Gesetz über den Lastenausgleich (Lastenausgleichsgesetz) v. 14.8.1952
Lange	Heinrich Lange, Sachenrecht des BGB, 1967
Lange/Schiemann	Hermann Lange, Gottfried Schiemann, Schadensersatz, 3. Aufl. 2003
Lange/Kuchinke	Heinrich Lange, Kurt Kuchinke, Erbrecht, 5. Aufl. 2001
Larenz, AT	Karl Larenz, Manfred Wolf, Allgemeiner Teil des Bürgerlichen Rechts, 9. Aufl. 2004 (s. nunmehr: Jörg Neuner Allgemeiner Teil des Bürgerlichen Rechts, 12. Aufl. 2020)
Larenz, SchR I, II 1, II 2	Karl Larenz, Lehrbuch des Schuldrechts, Bd. I, Allgemeiner Teil, 14. Aufl. 1987; Besonderer Teil, Bd. II/1, 13. Aufl. 1986; Bd. II/2 (Karl Larenz, Claus-Wilhelm Canaris), 13. Aufl. 1994
Laufs/Kern	Adolf Laufs, Rüdiger Kern, Martin Rehborn, Handbuch des Arztrechts, 5. Aufl. 2019
LFBG	Lebensmittel-, Bedarfsgegenstände- und Futtermittelgesetzbuch (Lebensmittel- und Futtermittelgesetzbuch) v. 1.9.2005
LG	Landgericht; Leasinggeber
Lit.	Literatur
lit.	Littera (Buchstabe)
LK/(Bearbeiter)	Leipziger Kommentar zum Strafgesetzbuch, herausgegeben von Heinrich Wilhelm Laufhütte, Ruth Rissing-van Saan, Klaus Tiedemann, 12. Aufl. 2007 ff.

LM	Nachschlagewerk des Bundesgerichtshofs, begründet von Fritz Lindenmaier und Philipp Möhring (Gesetzesangabe, Nummer der Entscheidung; § ohne Gesetzesangabe: § des BGB; ohne Angabe eines §: die Nr. zum erläuterten §)
LMK	LMK kommentierte BGH-Rechtsprechung Lindenmaier-Möhring (Jahr, Seite)
LN	Leasingnehmer
Locher	Horst Locher, Ulrich Locher, Das private Baurecht, 8. Aufl. 2012
Looschelders BT	Dirk Looschelders, Schuldrecht Besonderer Teil, 15. Aufl. 2020
Lorenz/Riehm	Stephan Lorenz, Thomas Riehm, Lehrbuch zum neuen Schuldrecht, 2002
LPachtVG	Gesetz über die Anzeige und Beanstandung von Landpachtverträgen (Landpachtverkehrsgesetz) v. 8.11.1985
LPartG	Gesetz über die Eingetragene Lebenspartnerschaft (Lebenspartnerschaftsgesetz) v. 16.2.2001
LS.	Leitsatz
LSG	Landessozialgericht
LSK	Leitsatzkartei
lSp	linke Spalte
v. Lübtow	Ulrich v. Lübtow, Erbrecht, Bd. 1 und 2, 1971
LuftVG	Luftverkehrsgesetz v. 1.8.1922
LuftVO	Luftverkehrs-Ordnung v. 10.8.1963
LwVG	Gesetz über das gerichtliche Verfahren in Landwirtschaftssachen v. 21.7.1953
LZ	Leipziger Zeitschrift für deutsches Recht (Jahr, Spalte)
MaBV	Verordnung über die Pflichten der Makler, Darlehens- und Anlagenvermittler, Bauträger und Baubetreuer (Makler- und Bauträgerverordnung) v. 20.6.1974
mAnm	mit Anmerkung
Mansel/Budzikiewicz	Heinz-Peter Mansel, Christine Budzikiewicz, Das neue Verjährungsrecht, 2002
Marburger	Peter Marburger, Die Regeln der Technik im Recht, 1979
MarkenG	Gesetz über den Schutz von Marken und sonstigen Kennzeichen (Markengesetz) v. 25.10.1994
Martinek, Eckpfeiler des Zivilrechts	Michael Martinek (Red.), Eckpfeiler des Zivilrechts, 5. Aufl. 2014/2015 (zählt zur Reihe Julius von Staudingers Kommentar zum Bürgerlichen Gesetzbuch; s. unten)
Maßg	Maßgabe
maW	mit anderen Worten
max	maximal
MD	Theodor Maunz, Günter Dürig u. a., Grundgesetz, 90. Aufl. 2020; Loseblattausgabe
MDR	Monatsschrift für deutsches Recht (Jahr, Seite)
MDStV	Staatsvertrag über Mediendienste v. 20. 1./10.4.1997
mE	meines Erachtens
MedGV	Verordnung über die Sicherheit medizinisch-technischer Geräte (Medizingeräteverordnung) v. 14.1.1985 (außer Kraft seit 1.1.2002)
Medicus, AT	Dieter Medicus, Jens Petersen Allgemeiner Teil des BGB, 11. Aufl. 2016
Medicus, BR	Dieter Medicus, Jens Petersen, Bürgerliches Recht, 27. Aufl. 2019
Medicus, SchR I, II	Dieter Medicus, Stephan Lorenz, Schuldrecht I, Allgemeiner Teil, 22. Aufl. 2020; Dieter Medicus, Stephan Lorenz, Schuldrecht II, Besonderer Teil, 18. Aufl. 2018

MedR	Medizinrecht (Jahr, Seite)
MHbeG	Gesetz zur Beschränkung der Haftung Minderjähriger (Minderjährigenhaftungsbeschränkungsgesetz) v. 25.8.1998 (außer Kraft seit 25.4.2006)
MHG	Gesetz zur Regelung der Miethöhe v. 18.12.1974 (außer Kraft seit 1.9.2001)
MHH	Gernod Meinel, Judith Heyn, Sascha Herms, Allgemeines Gleichbehandlungsgesetz, 2. Aufl. 2010
MiLoG	Gesetz zur Regelung eines allgemeinen Mindestlohns (Mindestlohngesetz) v. 11.8.2014
MiLoV2	Zweite Verordnung zur Anpassung der Höhe des Mindestlohns (Zweite Mindestlohnanpassungsverordnung) v. 13.11.2018
Min.	Minute(n)
MitBestG	Gesetz über die Mitbestimmung der Arbeitnehmer (Mitbestimmungsgesetz) v. 4.5.1976
MittBayNot	Mitteilungen des Bayerischen Notarvereins, der Notarkasse und der Landesnotarkammer Bayern (Jahr, Seite)
MittRhNotK	Mitteilungen der Rheinischen Notarkammer (Jahr, Seite); sa RhNK
MüKo-BGB/(Bearbeiter)	Münchener Kommentar zum BGB, herausgegeben von Franz Jürgen Säcker, Roland Rixecker, Hartmut Oetker und Bettina Limperg, 7. Aufl. 2015 ff.
MüKo-HGB/(Bearbeiter)	Münchener Kommentar zum HGB, herausgegeben von Karsten Schmidt, 4. Aufl. 2016
MüKo-ZPO/(Bearbeiter)	Münchener Kommentar zur Zivilprozessordnung, herausgegeben von Wolfgang Krüger und Thomas Rauscher, 5. Aufl. 2016 ff.
MMR	MultiMedia und Recht (Jahr, Seite)
mN	mit Nachweisen
Mot	Motive der 1. Kommission zu dem Entwurfe eines Bürgerlichen Gesetzbuches für das Deutsche Reich
MPG	Medizinproduktegesetz v. 2.8.1994
mR	mit Recht
MRK	Konvention zum Schutze der Menschenrechte und Grundfreiheiten v. 4.11.1950
MSA	Haager Übereinkommen über die Zuständigkeit der Behörden und das anzuwendende Recht auf dem Gebiet des Schutzes von Minderjährigen v. 5.10.1961
MünzG	Münzgesetz v. 8.7.1950
MUnterhVO	Verordnung zur Festlegung des Mindestunterhalts minderjähriger Kinder nach § 1612a Absatz 1 des Bürgerlichen Gesetzbuchs (Mindestunterhaltsverordnung) v. 3.12.2015
MuSchG	Gesetz zum Schutze der erwerbstätigen Mutter (Mutterschutzgesetz) v. 24.1.1952
mwBsp	mit weiteren Beispielen
mwN	mit weiteren Nachweisen
MWSt	Mehrwertsteuer
mWv	mit Wirkung vom
NachlassG	Nachlassgericht
Nachtr.	Nachtrag
Nachw.	Nachweis(e)

NachwG	Gesetz über den Nachweis der für ein Arbeitsverhältnis geltenden wesentlichen Bedingungen (Nachweisgesetz) v. 20.7.1995
NÄG	Gesetz über die Änderung von Familiennamen und Vornamen v. 8.1.1938
NamÄndVwV	Allgemeine Verwaltungsvorschrift zum Gesetz über die Änderung von Familiennamen und Vornamen v. 11.8.1980
nat.	natürlich(e)
NAV	Verordnung über Allgemeine Bedingungen für den Netzanschluss und dessen Nutzung für die Elektrizitätsversorgung in Niederspannung (Niederspannungsanschlussverordnung) v. 1.11.2006
NDAV	Verordnung über Allgemeine Bedingungen für den Netzanschluss und dessen Nutzung für die Gasversorgung in Niederdruck (Niederdruckanschlussverordnung) v. 1.11.2006
NdsRpfl	Niedersächsische Rechtspflege (Jahr, Seite)
neg.	negativ
NEhelG	Gesetz über die rechtliche Stellung der nichtehelichen Kinder v. 19.8.1969
NetzDG	Netzwerkdurchsetzungsgesetz v. 1.9.2017
nF	neue Fassung
nichtehel.	je nach Zusammenhang: nichtehelich; nichteheliche
NJ	Neue Justiz (Jahr, Seite)
NJOZ	Neue Juristische Online-Zeitschrift (Jahr, Seite)
NJW	Neue Juristische Wochenschrift (Jahr, Seite)
NJW-CoR	Computerreport der NJW (Jahr, Seite), vereinigt mit: Anwalt. Das Magazin
NJWE-FER	NJW-Entscheidungsdienst Familien- und Erbrecht (Jahr, Seite)
NJW-RR	NJW-Rechtsprechungs-Report Zivilrecht (Jahr, Seite)
NJW-SH BayObLG	NJW-Sonderheft BayObLG, 2005
NJW-Spezial	NJW-Spezial (Jahr, Seite)
NK-BGB/(Bearbeiter)	NomosKommentar, Bürgerliches Gesetzbuch: BGB, herausgegeben von Barbara Dauner-Lieb, Thomas Heidel, Gerhard Ring, 3. Aufl. 2018
NMV 1970	Verordnung über die Ermittlung der zulässigen Miete für preisgebundene Wohnungen (Neubaumietenverordnung 1970) v. 14.12.1970
NotBZ	Zeitschrift für die notarielle Beratungs- und Beurkundungspraxis (Jahr, Seite)
Nr.	Nummer
NRW	Nordrhein-Westfalen
NStZ	Neue Zeitschrift für Strafrecht (Jahr, Seite)
NuR	Natur + Recht (Jahr, Seite)
NutzEV	Nutzungsentgeltverordnung v. 22.7.1993
NVwZ	Neue Zeitschrift für Verwaltungsrecht (Jahr, Seite)
NZA	Neue Zeitschrift für Arbeitsrecht (Jahr, Seite)
NZA-RR	NZA-Rechtsprechungs-Report Arbeitsrecht (Jahr, Seite)
NZBau	Neue Zeitschrift für Baurecht und Vergaberecht (Jahr, Seite)
NZFam	Neue Zeitschrift für Familienrecht
NZG	Neue Zeitschrift für Gesellschaftsrecht (Jahr, Seite)
NZI	Neue Zeitschrift für Insolvenz- und Sanierungsrecht
NZM	Neue Zeitschrift für Miet- und Wohnungsrecht (Jahr, Seite)
NZS	Neue Zeitschrift für Sozialrecht (Jahr, Seite)
o	oben
OASG	Gesetz zur Sicherung der zivilrechtlichen Ansprüche der Opfer von Straftaten (Opferanspruchssicherungsgesetz) v. 8.5.1998

obj.	objektiv
OEG	Gesetz über die Entschädigung für Opfer von Gewalttaten (Opferentschädigungsgesetz) v. 11.5.1976
Oetker/Maultzsch	Vertragliche Schuldverhältnisse, Hartmut Oetker, Felix Maultzsch, 5. Aufl. 2018
öffentl.	öffentlich
OGH	Oberster Gerichtshof für die Britische Zone (mit Ziffern: Entscheidungen des Obersten Gerichtshofs für die Britische Zone in Zivilsachen, Band und Seite)
OHG	offene Handelsgesellschaft
OLG	Oberlandesgericht; Die Rechtsprechung der Oberlandesgerichte auf dem Gebiete des Zivilrechts (Band, Seite)
OLG-NL	OLG-Rechtsprechung Neue Länder (Jahr, Seite) bis 2006
OLGR	OLG-Report (Ort, Jahr, Seite)
OLGVertrÄndG	Gesetz zur Änderung des Rechts der Vertretung durch Rechtsanwälte vor den Oberlandesgerichten (OLG-Vertretungsänderungsgesetz) v. 23.7.2002
OLGZ	Entscheidungen der Oberlandesgerichte in Zivilsachen (Jahr, Seite), vereinigt mit FGPrax (s. dort)
OR	(schweizerisches) Bundesgesetz über das Obligationenrecht v. 14.6.1811
ordnungsgem.	ordnungsgemäß
örtl.	örtlich
öst OGH	Österreichischer Oberster Gerichtshof
OVG	Oberverwaltungsgericht
OWiG	Gesetz über Ordnungswidrigkeiten v. 24.5.1968
Palandt/(Bearbeiter)	Otto Palandt, Bürgerliches Gesetzbuch, 79. Aufl. 2020
PAngG	Gesetz über die Preisangaben (Preisangabengesetz) v. 3.12.1984
PAngV	Preisangabenverordnung v. 18.9.1969
ParteienG	Gesetz über die politischen Parteien (Parteiengesetz) v. 24.7.1967
PartG	Partnerschaftsgesellschaft
PartGG	Gesetz über Partnerschaftsgesellschaften Angehöriger Freier Berufe (Partnerschaftsgesellschaftsgesetz) v. 25.7.1994
PatG	Patentgesetz v.5.5.1936
PBefG	Personenbeförderungsgesetz v. 21.3.1961
PfandBG	Art. 1 (Pfandbriefgesetz) des Gesetzes zur Neuordnung des Pfandbriefrechts v. 22.5.2005
PfandlV	Verordnung über den Geschäftsbetrieb der gewerblichen Pfandleiher (Pfandleiherverordnung) v. 1.2.1961
PflegeVG	Gesetz zur sozialen Absicherung des Risikos der Pflegebedürftigkeit (Pflege-Versicherungsgesetz) v. 26.5.1994 (= SGB XI, s. dort)
PflegeZG	Gesetz über die Pflegezeit v. 28.5.2008
PflSchG	Gesetz zum Schutz der Kulturpflanzen (Pflanzenschutzgesetz) v. 15.9.1986
PflVG	Gesetz über die Pflichtversicherung für Kraftfahrzeughalter (Pflichtversicherungsgesetz) v. 7.11.1939
PostG	Postgesetz v. 22.12.1997
PreußALR	Allgemeines Landrecht für die Preußischen Staaten v. 1.6.1794
PreußEnteignungsG	Preußisches Gesetz über die Enteignung von Grundeigentum v. 11.6.1874
PrKlG	Gesetz über das Verbot der Verwendung von Preisklauseln bei der Bestimmung von Geldschulden (Preisklauselgesetz) v. 7.9.2007
ProdHaftG	Gesetz über die Haftung für fehlerhafte Produkte (Produkthaftungsgesetz) v. 15.12.1989

ProstG	Gesetz zur Regelung der Rechtsverhältnisse der Prostituierten (Prostitutionsgesetz) v. 20.12.2001
Prot	Protokolle der Kommission für die zweite Lesung des Entwurfs des Bürgerlichen Gesetzbuchs
PrPG	Gesetz zur Stärkung des Schutzes des geistigen Eigentums und zur Bekämpfung der Produktpiraterie v. 7.3.1990
Prütting	Hanns Prütting, Sachenrecht, 36. Aufl. 2017
PStG	Personenstandsgesetz v. 3.11.1937
PStRG	Gesetz zur Reform des Personenstandsrechts (Personenstandsrechtsreformgesetz) v. 19.2.2007
pVV	positive Vertragsverletzung
PWW/Bearbeiter	BGB-Kommentar, herausgegeben von Hanns Prütting, Gerhard Wegen und Gerd Weinreich, 14. Aufl. 2019
RA	Rechtsanwalt
RabelsZ	Zeitschrift für ausländisches und internationales Privatrecht (Jahr, Seite)
RAG	Reichsarbeitsgericht (mit Ziffern: Entscheidungen des Reichsarbeitsgerichts, Band und Seite)
Ramm I	Thilo Ramm, Familienrecht Bd. I, Recht der Ehe, (1985)
Rauscher	Thomas Rauscher, Familienrecht, 2. Aufl. 2008
RAusschuss	Rechtsausschuss
RBerG	Rechtsberatungsgesetz v. 13.12.1935 (aufgehoben)
RBHaftG	Gesetz über die Haftung des Reichs für seine Beamten v. 22.5.1910
RdA	Recht der Arbeit (Jahr, Seite)
RDG	Gesetz über außergerichtliche Rechtsdienstleistungen (Rechtsdienstleistungsgesetz) v. 12.12.2007
RdL	Recht der Landwirtschaft (Jahr, Seite)
Recht	Das Recht (Jahr, Nummer)
REE	Recht der Erneuerbaren Energien (Jahr, Seite)
RegelbetragV	Regelbetrag-Verordnung v. 6.4.1998 (aufgehoben)
RegEntw	Regierungsentwurf
Reinicke/Tiedtke	Dietrich Reinicke, Klaus Tiedtke, Kreditsicherung, 5. Aufl. 2006, 6. Aufl. 2015
RG	Reichsgericht (mit Ziffern: Entscheidungen des Reichsgerichts in Zivilsachen, Band und Seite)
RGBl I (oder II)	Reichsgesetzblatt Teil I (oder Teil II)
RGeschäft	Rechtsgeschäft
RG-FG I–VI	Die Reichsgerichtspraxis im deutschen Rechtsleben, Bd. I–VI, 1929
RGRK/(Bearbeiter)	Das Bürgerliche Gesetzbuch, Reichsgerichtsrätekommentar, herausgegeben von den Mitgliedern des Bundesgerichtshofes, 12. Aufl. 1974–1999
RGZ	Entscheidungen des Reichsgerichts in Zivilsachen (Band, Seite)
RhNK	Mitteilungen der Rheinischen Notarkammer (Jahr, Seite); sa MittRhNotK
RiLi	Richtlinie
RIW	Recht der Internationalen Wirtschaft (Jahr, Seite); bis 1975 Außenwirtschaftsdienst des Betriebs-Beraters (AWD)
RJA	Entscheidungen in Angelegenheiten der freiwilligen Gerichtsbarkeit und des Grundbuchrechts (Band, Seite)
RKEG	Gesetz über die religiöse Kindererziehung v. 15.7.1921
RKnG	Reichsknappschaftsgesetz v. 23.6.1923 (außer Kraft seit 1.1.1992)
Rn.	Randnummer

RNotZ	Rheinische Notar-Zeitschrift (Jahr, Seite)
röm.-kath.	römisch-katholisch
Rom I-VO	Verordnung (EG) Nr. 593/2008 des Europäischen Parlaments und des Rates v. 17.6.2008 über das auf vertragliche Schuldverhältnisse anzuwendende Recht (Rom I)
Rom II-VO	Verordnung (EG) Nr. 864/2007 des Europäischen Parlaments und des Rates v. 11.7.2007 über das auf außervertragliche Schuldverhältnisse anzuwendende Recht
Rom III-VO	Verordnung (EU) Nr. 1259/2010 des Rates v. 20.12.2010 zur Durchführung einer Verstärkten Zusammenarbeit im Bereich des auf die Ehescheidung und Trennung ohne Auflösung des Ehebandes anzuwendenden Rechts
Rosenberg/Schwab/Gottwald	Leo Rosenberg, Karl Heinz Schwab, Peter Gottwald, Zivilprozessrecht, 18. Aufl. 2018
Rpfleger	Der Deutsche Rechtspfleger (Jahr, Seite)
RPflG	Rechtspflegergesetz v. 8.2.1957
RRa	ReiseRecht aktuell (Jahr, Seite)
RRG 1992	Gesetz zur Reform der gesetzlichen Rentenversicherung (Rentenreformgesetz 1992) v. 18.12.1989 (außer Kraft seit 19.8.2006)
r+s	Recht und Schaden (Jahr, Seite)
RSiedlG	Reichssiedlungsgesetz v. 11.8.1919
rSp	Rechte Spalte
Rspr.	Rechtsprechung
RsprN	Rechtsprechungsnachweise
RuS	Recht und Schaden (Jahr, Seite)
RuStAG	s. StAG
RV	Verfassung des Deutschen Reichs v. 16.4.1871
RVG	Gesetz über die Vergütung der Rechtsanwältinnen und Rechtsanwälte (Rechtsanwaltsvergütungsgesetz) v. 5.5.2004
RVGReport	RVGReport (Jahr, Seite)
RVO	Rechtsverordnung
S.	Satz; bei Literaturangaben: Seite
s.	siehe
sa	siehe auch
SaatgutverkehrsG	Saatgutverkehrsgesetz v. 20.8.1985
SachenRÄndG	Gesetz zur Änderung sachenrechtlicher Bestimmungen (Sachenrechtsänderungsgesetz) v. 21.9.1994 (außer Kraft seit 25.4.2006)
SachenRBerG	Gesetz zur Sachenrechtsbereinigung im Beitrittsgebiet (Sachenrechtsbereinigungsgesetz) v. 21.9.1994
sachl.	sachlich
SAE	Sammlung Arbeitsrechtlicher Entscheidungen (Jahr, Seite)
SaRegG	Gesetz zur Errichtung eines Samenspenderregisters und zur Regelung der Auskunftserteilung über den Spender nach heterologer Verwendung von Samen (Samenspenderregistergesetz) v. 17.7.2017
SB	Sonderbeilage
Schapp/Schur	Jan Schapp, Wolfgang Schur, Sachenrecht, 4. Aufl. 2010
Schaub	Günter Schaub, Arbeitsrechts-Handbuch, 18. Aufl. 2019
ScheckG	Scheckgesetz v. 11.3.1908
SchiffsRG	Gesetz über Rechte an eingetragenen Schiffen und Schiffsbauwerken v. 15.11.1940
SchKG	Gesetz zur Vermeidung und Bewältigung von Schwangerschaftskonflikten (Schwangerschaftskonfliktgesetz) v. 27.7.1992

Schlechtriem	Peter Schlechtriem, Vertragsordnung und außervertragliche Haftung, 1972
Schlechtriem I, II	Peter Schlechtriem, Martin Schmidt-Kessel, Schuldrecht, Allgemeiner Teil, 6. Aufl. 2005 (I); Besonderer Teil, 7. Aufl. 2010 (II)
Schlegelberger/ (Bearbeiter)	Franz Schlegelberger, Handelsgesetzbuch, 5. Aufl. 1973–1992
SchlHA	Schleswig-Holsteinische Anzeigen (Jahr, Seite)
Schlüter	Wilfried Schlüter, Erbrecht, 17. Aufl. 2015 (nun Anne Röthel, 18. Aufl. 2020)
Schmalzl	Max Schmalzl, Jürgen Lauer, Christoph Wurm, Die Haftung des Architekten und des Bauunternehmers, 6. Aufl. 2012
SchRegO	Schiffsregisterordnung v. 26.5.1994
Schreiber/(Bearbeiter) .	Klaus Schreiber, Immobilienrecht, 3. Aufl. 2011
SchRModG	Gesetz zur Modernisierung des Schuldrechts v. 26.11.2001
SchutzG	Schutzgesetz
Schwab, FamR	Dieter Schwab, Familienrecht, 27. Aufl. 2019
SchwarzArbG	Art. 1 (Gesetz zur Bekämpfung der Schwarzarbeit und illegalen Beschäftigung – Schwarzarbeitsbekämpfungsgesetz) des Gesetzes zur Intensivierung der Bekämpfung der Schwarzarbeit und damit zusammenhängender Steuerhinterziehung v. 23.7.2004;
SchwZGB	Schweizerisches Zivilgesetzbuch v. 10.12.1907
SeeArbG	Seearbeitsgesetz v. 20.4.2013
SeemannsG	Seemannsgesetz v. 26.7.1957 (aufgehoben und ersetzt durch das Seearbeitsgesetz (SeeArbG)
Serick I, II, III, IV, V, VI	Rolf Serick, Eigentumsvorbehalt und Sicherungsübertragung (Bd. I, 1963; Bd. II, 1965; Bd. III, 1970; Bd. IV, 1976; Bd. V, 1982; Bd. VI, 1986)
Serick, EuS	Rolf Serick, Eigentumsvorbehalt und Sicherungsübertragung. Neue Rechtsentwicklungen, 2. Aufl. 1993
SeuffA	Seufferts Archiv für Entscheidungen der obersten Gerichte in den deutschen Staaten (Band, Nummer)
SG	Sicherungsgeber; sa SoldatenG
SGb	Die Sozialgerichtsbarkeit (Jahr, Seite)
SGB I	Sozialgesetzbuch – Allgemeiner Teil – (Erstes Buch) v. 11.12.1975
SGB II	Sozialgesetzbuch – Grundsicherung für Arbeitsuchende – (Zweites Buch) v. 24.12.2003
SGB III	Sozialgesetzbuch – Arbeitsförderung – (Drittes Buch) v. 24.3.1997
SGB IV	Sozialgesetzbuch – Gemeinsame Vorschriften für die Sozialversicherung – (Viertes Buch) v. 23.12.1976
SGB V	Sozialgesetzbuch – Gesetzliche Krankenversicherung – (Fünftes Buch) v. 20.12.1988
SGB VI	Sozialgesetzbuch – Gesetzliche Rentenversicherung – (Sechstes Buch) v. 18.12.1989
SGB VIII	Sozialgesetzbuch – Kinder- und Jugendhilfe – (Achtes Buch) v. 26.6.1990
SGB IX	Sozialgesetzbauch – Rehabilitation und Teilhabe behinderter Menschen – (Neuntes Buch) v. 19.6.2001
SGB X	Sozialgesetzbuch – Sozialverwaltungsverfahren und Sozialdatenschutz – (Zehntes Buch) v. 18.8.1980
SGB XI	Sozialgesetzbuch – Soziale Pflegeversicherung – (Elftes Buch) v. 26.5.1994 (= PflegeVG, s. dort)
SGB XII	Sozialgesetzbuch – Sozialhilfe – (Zwölftes Buch) v. 27.12.2003
SGG	Sozialgerichtsgesetz v. 3.9.1953

SigG	Gesetz über Rahmenbedingungen für elektronische Signaturen (Signaturgesetz) v. 22.7.1997 (außer Kraft seit 29.7.2017)
SN	Sicherungsnehmer
Soergel/(Bearbeiter)	Hans-Theodor Soergel, Wolfgang Siebert, Bürgerliches Gesetzbuch, 13. Aufl. 1999 ff.
sog.	sogenannt
SoldatenG	Gesetz über die Rechtsstellung der Soldaten (Soldatengesetz) v. 19.3.1956
Söllner	Raimund Waltermann, Arbeitsrecht, begründet von Alfred Söllner, 19. Aufl. 2018
SorgeRG	Gesetz zur Neuregelung des Rechts der elterlichen Sorge v. 18.7.1979 (außer Kraft seit 25.4.2006)
Staudinger/(Bearbeiter)	Julius von Staudingers Kommentar zum Bürgerlichen Gesetzbuch, 12. Aufl. 1978/99; ab der 13. Bearbeitung (Beginn 1993) gibt es keine einheitliche Auflagenzahl für das Gesamtwerk mehr
StaatsV	Vertrag über die Schaffung einer Währungs-, Wirtschafts- und Sozialunion zwischen der Bundesrepublik Deutschland und der Deutschen Demokratischen Republik v. 18.5.1990
StaatsV Leitsätze	Gemeinsames Protokoll über Leitsätze (in Ergänzung des StaatsV)
StAG	Staatsangehörigkeitsgesetz v. 22.7.1913
Stahlhacke	Eugen Stahlhacke, Ulrich Preis, Reinhard Vossen, Kündigung und Kündigungsschutz im Arbeitsverhältnis, 11. Aufl. 2015
StAZ	Das Standesamt (Jahr, Seite)
StB	Der Steuerberater (Jahr, Seite)
StBerG	Steuerberatungsgesetz v. 16.8.1961
StBp	Die steuerliche Betriebsprüfung (Jahr, Seite)
Std.	Stunde(n)
stdg.	ständig(e)
StGB	Strafgesetzbuch v. 15.5.1871
StHG	Staatshaftungsgesetz (der DDR) v. 12.5.1969
Stein/Jonas/(Bearbeiter)	Kommentar zur Zivilprozessordnung, begründet von Friedrich Stein und Martin Jonas, herausgegeben von Reinhard Bork und Herbert Roth, 22. Aufl. 2002 ff., 23. Auflage 2014 ff.
StPO	Strafprozessordnung v. 1.2.1879
str.	streitig
stRspr	ständige Rechtsprechung
StS	Strafsenat
StudGen	Studium Generale (Jahr, Seite)
StudZR	Studentische Zeitschrift für Rechtswissenschaft Heidelberg
StuW	Steuer und Wirtschaft (Jahr, Seite)
StVG	Straßenverkehrsgesetz v. 3.5.1909
su	siehe unten
SÜ	Sicherungsübereignung
subj.	subjektiv
SubvG	Gesetz gegen missbräuchliche Inanspruchnahme von Subventionen (Subventionsgesetz) v. 29.7.1976
SVR	Straßenverkehrsrecht (Jahr, Seite)
TDG	Gesetz über die Nutzung von Telediensten (Teledienstegesetz) v. 22.7.1997 (außer Kraft seit 1.3.2007); ersetzt durch TMG, s. dort
teilw.	teilweise
Thomas/Putzo	Zivilprozessordnung, begründet von Heinz Thomas und Hans Putzo, herausgegeben von Klaus Reichold, Rainer Hüßtege und Christian Seiler, 44. Aufl. 2023

Thüsing	Gregor Thüsing, Arbeitsrechtlicher Diskriminierungsschutz, 2007
TierSchG	Tierschutzgesetz v. 24.7.1972
TierSG	Tierseuchengesetz v. 23.6.1880 (außer Kraft seit 1.5.2014), jetzt Tiergesundheitsgesetz – TierGesG v. 22.5.2013
TKG	Telekommunikationsgesetz v. 25.7.1996
TKV	Telekommunikations-Kundenschutzverordnung v. 11.12.1997 (außer Kraft seit 24.2.2007), s. jetzt Telekommunikationsgesetz – TKG
TMG	Telemediengesetz v. 26.2.2007
Tonner	Klaus Tonner, Der Reisevertrag, 5. Aufl. 2007
TPG	Gesetz über die Spende, Entnahme und Übertragung von Organen und Geweben (Transplantationsgesetz) v. 5.11.1997
Troll	Max Troll, Dieter Gebel, Marc Jülicher, Erbschaftsteuer- und Schenkungssteuergesetz, Loseblattausgabe
v. Tuhr I, II/1, II/2	Andreas v. Tuhr, Der Allgemeine Teil des Deutschen Bürgerlichen Rechts, Bd. I, 1910; Bd II/1, 1914; Bd. II/2, 1918
TVG	Tarifvertragsgesetz v. 9.4.1949
TVöD	Tarifvertrag für den öffentlichen Dienst
Tz	Textziffer
TzBfG	Gesetz über Teilzeitarbeit und befristete Arbeitsverträge (Teilzeit- und Befristungsgesetz) v. 21.12.2000
TzWrG	Teilzeit-Wohnrechtegesetz v. 20.12.1996 (aufgehoben)
u.	unten(r)
ua	je nach Zusammenhang: unter anderem(n); und andere
uä	und ähnlich(e/es)
UÄndG	Gesetz zur Änderung des Unterhaltsrechts v. 21.12.2007
ÜG	Überweisungsgesetz v. 21.7.1999
uH	unerlaubte Handlung
UKlaG	Gesetz über Unterlassungsklagen bei Verbraucherrechts- und anderen Verstößen (Unterlassungsklagengesetz) v. 26.11.2001
Ulmer	Peter Ulmer, Hans Erich Brandner, Horst-Diether Hensen, AGB-Recht, 12. Aufl. 2016
Umfangr.	umfangreich
UMV	Unionsmarkenverordnung (Verordnung (EU) 2017/1001 des Europäischen Parlaments und des Rates vom 14.6.2017 über die Unionsmarke)
UmweltHG	Umwelthaftungsgesetz v. 10.12.1990
UmwG	Umwandlungsgesetz v. 28.10.1994
uneinheitl.	uneinheitlich
unstr.	unstreitig
UnterhaltsVO	Unterhaltsverordnung
UnterhVG/UVG/ UnterhaltsvorschussG	Gesetz zur Sicherung des Unterhalts von Kindern alleinstehender Mütter und Väter durch Unterhaltsvorschüsse oder -ausfallleistungen (Unterhaltsvorschussgesetz) v. 23.7.1979
unwes.	unwesentlich
unzutr.	unzutreffend
uö	und öfter
UrhG	Gesetz über Urheberrecht und verwandte Schutzrechte (Urheberrechtsgesetz) v. 9.9.1965
Ü-RiLi	Richtlinie 97/5/EG des Europäischen Parlaments und des Rates über grenzüberschreitende Überweisungen v. 27.1.1997

USchadG	Art. 1 (Umweltschadensgesetz) des Gesetzes zur Umsetzung der RiLi 2004/35/EG des Europäischen Parlaments und des Rates über Umwelthaftung zur Vermeidung und Sanierung von Umweltschäden v. 10.5.2007
USt	Umsatzsteuer
UStG	Umsatzsteuergesetz 26.6.1918
usw	und so weiter
uU	unter Umständen
UWG	Gesetz gegen den unlauteren Wettbewerb v. 27.5.1896
v.	von/vom
VAHRG	Gesetz zur Regelung von Härten im Versorgungsausgleich v. 21.2.1983 (außer Kraft seit 1.9.2009)
Var.	Variante
VAStrRefG	s. VersAusglG
VAÜG	Gesetz zur Überleitung des Versorgungsausgleichs auf das Beitrittsgebiet – Versorgungsausgleichs-Überleitungsgesetz – v. 25.7.1991 (außer Kraft seit 1.9.2009)
VAwMG	Gesetz über weitere Maßnahmen auf dem Gebiet des Versorgungsausgleichs v. 8.12.1986
VbR	Zeitschrift für Verbraucherrecht (Österreich)
VBVG	Gesetz über die Vergütung von Vormündern und Betreuern (Vormünder- und Betreuungsvergütungsgesetz) v. 21.4.2005
VDE	Verband Deutscher Elektrotechniker
VerbrGüKauf-RiLi	Richtlinie 1999/44/EG des Europäischen Parlaments und des Rates v. 25.5.1999 zu bestimmten Aspekten des Verbrauchsgüterkaufs und der Garantien für Verbrauchsgüter
VerbrKrG	Verbraucherkreditgesetz v. 17.12.1990 (außer Kraft seit 1.1.2002)
VerbrKr-RiLi	Richtlinie 87/102/EWG des Rates v. 22.12.1986 zur Angleichung der Rechts- und Verwaltungsvorschriften der Mitgliedstaaten über den Verbraucherkredit
VerbrR-RiLi	Richtlinie 2011/83/EU v. 25.10.2011 über die Rechte der Verbraucher
VereinsG	Gesetz zur Regelung des öffentlichen Vereinsrechts (Vereinsgesetz) v. 5.8.1964
Verf	Verfasser
Verh DJT	Verhandlungen des Deutschen Juristentages
VerjAnpG	Gesetz zur Anpassung von Verjährungsvorschriften an das Gesetz zur Modernisierung des Schuldrechts v. 9.12.2004
VerjÜ 1980	Übereinkommen über die Verjährung beim internationalen Warenkauf v. 14.6.1974
VerkaufsprospektG	Wertpapier-Verkaufsprospektgesetz v. 13.12.1990 (aufgehoben zum 1 .6. 2012 durch das VermögensanlagenG v. 6.12.2011)
VerlagsG	Gesetz über das Verlagsrecht v. 19.6.1901
5. VermBG	Fünftes Gesetz zur Förderung der Vermögensbildung der Arbeitnehmer (Fünftes Vermögensbildungsgesetz) v. 1.7.1965
VermG	Gesetz zur Regelung offener Vermögensfragen (Vermögensgesetz) v. 23.9.1990
VerpackV	Verordnung über die Vermeidung von Verpackungsabfällen (Verpackungsverordnung) v. 21.8.1998
VersA	Versorgungsausgleich
VersAusglG	Gesetz über den Versorgungsausgleich (Versorgungsausgleichsgesetz) v. 3.4.2009
VerschG	Verschollenheitsgesetz v. 4.7.1939

VersAusglG	Art. 1 (Gesetz über den Versorgungsausgleich [Versorgungsausgleichsgesetz]) des Gesetzes zur Strukturreform des Versorgungsausgleichs (VAStrRefG) v. 3.4.2009
VersR	Versicherungsrecht (Jahr, Seite)
VFGüterstandsG	Gesetz über den ehelichen Güterstand von Vertriebenen und Flüchtlingen
VG	Verwaltungsgericht
VGH	Verwaltungsgerichtshof
vgl.	vergleiche
VGS	Vereinigte Große Senate
VHG	Vertragshilfegesetz v. 26.3.1952
VIZ	Zeitschrift für Vermögens- und Investitionsrecht (Jahr, Seite)
VKauf	Vorbehaltskauf
VKäufer	Vorbehaltskäufer
VO	Verordnung
VOB	Vergabe- und Vertragsordnung für Bauleistungen
VOB/A	Vergabe- und Vertragsordnung für Bauleistungen Teil A: Allgemeine Bestimmungen für die Vergabe von Bauleistungen
VOB/B	Vergabe- und Vertragsordnung für Bauleistungen Teil B: Allgemeine Vertragsbedingungen für die Ausführung von Bauleistungen
vollst.	vollständig
Vorauf1	Vorauflage
Vorb.	Vorbemerkung
VormundschaftsG	Vormundschaftsgericht, aber seit dem 1.9.2009 Zuständigkeit bei Familiengericht gemäß §§ 23a Abs. 1 S. 1 Nr. 1 GVG, 111 Nr. 2, 151 Nr. 4 FamFG
vormundschaftsgerichtl.	vormundschaftsgerichtlich
VRS	Verkehrsrecht-Sammlung (Band, Seite)
VRV	Vereinsregisterverordnung v. 10.2.1999
VSBG	Verbraucherstreitbeilegungsgesetz (Gesetz über die alternative Streitbeilegung in Verbrauchersachen v. 19.2.2016)
VuR	Verbraucher und Recht (Jahr, Seite)
VVaG	Versicherungsverein auf Gegenseitigkeit
VVerkauf	Vorbehaltsverkauf
VVerkäufer	Vorbehaltsverkäufer
VVG	Gesetz über den Versicherungsvertrag (Versicherungsvertragsgesetz) v. 23.11.2007
VwGO	Verwaltungsgerichtsordnung v. 21.1.1960
VwRspr	Verwaltungsrechtsprechung in Deutschland. Sammlung oberstrichterlicher Entscheidungen aus dem Verfassungs- und Verwaltungsrecht (Band, Seite)
VwVfG	Verwaltungsverfahrensgesetz v. 25.5.1976
WA	Abkommen zur Vereinheitlichung von Regeln über die Beförderung im internationalen Luftverkehr (Warschau 1929)
Warn	Warneyer, Rechtsprechung des (Reichsgerichts oder) Bundesgerichtshofs in Zivilsachen (Jahr, Nummer)
WBVG	Wohn- und Betreuungsvertragsgesetz v. 29.7.2009
WE	Wohnungseigentum (Jahr, Seite)
WEG	Gesetz über das Wohnungseigentum und das Dauerwohnrecht (Wohnungseigentumsgesetz) v. 15.3.1951
Weitnauer	Hermann Weitnauer, Bearbeiter, Wohnungseigentumsgesetz, 9. Aufl. 2005

Westermann	Sachenrecht (begründet von Harry Westermann), bearbeitet von Harm Peter Westermann, Karl-Heinz Gursky, Dieter Eickmann, 8. Aufl. 2011
Westermann/ (Bearbeiter)	Harm Peter Westermann (Hgb.), Das Schuldrecht 2002, 2002
WG	Wechselgesetz v. 21.6.1933
wg.	wegen
WHG	Art. 1 (Wasserhaushaltsgesetz) des Gesetzes zur Neuregelung des Wasserrechts v. 31.7.2009
WiB	Wirtschaftsrechtliche Beratung (Jahr, Seite), vereinigt mit NZG (s. dort)
Wieling	Hans Josef Wieling, Sachenrecht, 5. Aufl. 2007
Wieling I	Hans Josef Wieling, Sachenrecht, Bd. I: Sachen, Besitz und Rechte an beweglichen Sachen, 2. Aufl. 2006
Wieser	Eberhard Wieser, Prozessrechtskommentar zum BGB, 2. Aufl. 2002
Windbichler	Christine Windbichler, Gesellschaftsrecht, 24. Aufl. 2017
wiss	wissenschaftlich
WissArbVG	Gesetz über befristete Arbeitsverträge mit wissenschaftlichem Personal an Hochschulen und Forschungseinrichtungen v. 14.6.1985 (seit dem 18.4.2007 WissZeitVG, s. dort)
WissZeitVG	Wissenschaftszeitvertragsgesetz v. 12.4.2007
WiStG	Gesetz zur weiteren Vereinfachung des Wirtschaftsstrafrechts (Wirtschaftsstrafgesetz 1954) v. 9.7.1954
2. WKSchG	Zweites Wohnraumkündigungsschutzgesetz v. 18.12.1974 (außer Kraft seit 25.4.2006)
WM	Zeitschrift für Wirtschafts- und Bankrecht, Wertpapier-Mitteilungen Teil IV (Jahr, Seite)
wN	weitere Nachweise
WoBindG	Gesetz zur Sicherung der Zweckbestimmung von Sozialwohnungen (Wohnungsbindungsgesetz) v. 24.8.1965
WoFG	Gesetz über die soziale Wohnraumförderung (Wohnraumförderungsgesetz) v. 13.9.2001
WoGG	Wohngeldgesetz v. 24.9.2008
Wolf, AT	Ernst Wolf, Allgemeiner Teil des bürgerlichen Rechts, 3. Aufl. 1982
Wolf, SchR I, II	Ernst Wolf, Schuldrecht, Bd. I (Allgemeiner Teil), 1978; Bd. II (Besonderer Teil), 1978
Wolf, SR	Ernst Wolf, Sachenrecht, 2. Aufl. 1979
Wolf/L/P	Manfred Wolf, Walter F. Lindacher, Thomas Pfeiffer, AGB-Recht, 6. Aufl. 2013
Wolf/Neuner	Manfred Wolf, Jörg Neuner, Allgemeiner Teil des Bürgerlichen Rechts, 12. Aufl. 2020
Wolff/Bachof I, II, III	Hans J. Wolff, Otto Bachof, Rolf Stober, Winfried Kluth, Verwaltungsrecht, Bd. I, 13. Aufl. 2017; Bd. II, 7. Aufl. 2010
WolffR	Martin Wolff/Ludwig Raiser, Sachenrecht, 10. Bearb. 1957
WohnimmoKr-RiLi	Richtlinie 2014/17/EU (Richtlinie über Wohnimmobilienkreditverträge für Verbraucher und zur Änderung der Richtlinien 2008/48/EG und 2013/36/EU und der Verordnung (EU) Nr. 1093/2010 des Europäischen Parlaments und des Rates vom 4.2.2014
WohnimmoKr-RiLi-UG	Gesetz zur Umsetzung der Wohnimmobilienkreditrichtlinie und zur Änderung handelsrechtlicher Vorschriften vom 11.3.2016
WoVermG	Gesetz zur Regelung der Wohnungsvermittlung v. 4.11.1971
WpHG	Gesetz über den Wertpapierhandel (Wertpapierhandelsgesetz) v. 26.7.1994

Abkürzungsverzeichnis

WPO	Gesetz über eine Berufsordnung der Wirtschaftsprüfer (Wirtschaftsprüferordnung) v. 24.7.1961
WRP	Wettbewerb in Recht und Praxis (Jahr, Seite)
WRV	Die Verfassung des Deutschen Reichs (Weimarer Reichsverfassung) v. 11.8.1919
WuB	Entscheidungssammlung zum Wirtschafts- und Bankrecht
WuM	Wohnungswirtschaft und Mietrecht (Jahr, Seite)
ZAG	Zahlungsdiensteaufsichtsgesetz
ZAP	Zeitschrift für die Anwaltspraxis (Jahr, Seite)
zB	zum Beispiel
ZBB	Zeitschrift für Bankrecht und Bankwirtschaft (Jahr, Seite)
ZBG	Gesetz zur Beschleunigung fälliger Zahlungen v. 30.3.2000
ZBlJugR	Zentralblatt für Jugendrecht und Jugendwohlfahrt (Jahr, Seite), s. ZfJ
ZBR	Zeitschrift für Beamtenrecht (Jahr, Seite)
ZDG	Gesetz über den Zivildienst der Kriegsdienstverweigerer (Zivildienstgesetz) v. 13.1.1960
ZERB	Zeitschrift für die Steuer- und Erbrechtspraxis (Jahr, Seite)
ZEuP	Zeitschrift für europäisches Privatrecht
ZEV	Zeitschrift für Erbrecht und Vermögensnachfolge (Jahr, Seite)
ZfA	Zeitschrift für Arbeitsrecht (Jahr, Seite)
ZfBR	Zeitschrift für deutsches und internationales Baurecht (Jahr, Seite)
ZFE	Zeitschrift für Familien- und Erbrecht (Jahr, Seite)
ZfIR	Zeitschrift für Immobilienrecht (Jahr, Seite)
ZfJ	Zentralblatt für Jugendrecht (Jahr, Seite), s. auch ZBlJugR
ZfL	Zeitschrift für Lebensrecht
ZfPW	Zeitschrift für die gesamte Privatrechtwissenschaft
ZfRV	Zeitschrift für Rechtsvergleichung (Jahr, Seite)
ZfS	Zeitschrift für Schadensrecht (Jahr, Seite)
ZGB	Zivilgesetzbuch der DDR v. 19.6.1975 (außer Kraft seit 3.10.1990)
ZGB/Komm.	Ministerium der Justiz der DDR (Herausgeber), Kommentar zum Zivilgesetzbuch der DDR v. 19.6.1975 und zum Einführungsgesetz zum Zivilgesetzbuch der DDR v. 19.6.1975, 2. Aufl. 1985
zgDr	zugunsten Dritter
ZGR	Zeitschrift für Unternehmens- und Gesellschaftsrecht (Jahr, Seite)
ZGS	Zeitschrift für das gesamte Schuldrecht (Jahr, Seite)
ZHR	Zeitschrift für das gesamte Handelsrecht und Wirtschaftsrecht (Band, Seite)
Ziff	Ziffer
ZInsO	Zeitschrift für das gesamte Insolvenzrecht (Jahr, Seite)
ZIP	Zeitschrift für Wirtschaftsrecht (Jahr, Seite)
ZIR	Zeitschrift für Immobilienrecht (Jahr, Seite)
zit.	zitiert
ZJS	Zeitschrift für das Juristische Studium (Jahr, Seite)
ZKG	Zahlungskontengesetz
ZMR	Zeitschrift für Miet- und Raumrecht (Jahr, Seite)
ZNotP	Zeitschrift für die NotarPraxis (Jahr, Seite)
Zöllner/Loritz/Hergenröder	Wolfgang Zöllner, Karl-Georg Loritz, Curd Wolfgang Hergenröder, Arbeitsrecht, 7. Aufl. 2015
ZOV	Zeitschrift für offene Vermögensfragen (Jahr, Seite)
ZPO	Zivilprozessordnung v. 12.9.1950
ZPO-RG	Gesetz zur Reform des Zivilprozesses (Zivilprozessreformgesetz) v. 27.7.2001

ZRP	Zeitschrift für Rechtspolitik (Jahr, Seite)
ZS	Zivilsenat
ZSHG	Gesetz zur Harmonisierung des Schutzes gefährdeter Zeugen (Zeugenschutz-Harmonisierungsgesetz) v. 11.12.2001
ZStW	Zeitschrift für die gesamte Strafrechtswissenschaft (Band, Seite)
zT	zum Teil
zust.	zustimmend
ZustErgG	Zuständigkeitsergänzungsgesetz v. 7.8.1952
zutr.	zutreffend
ZVG	Gesetz über die Zwangsversteigerung und die Zwangsverwaltung v. 24.3.1897
ZVglRWiss	Zeitschrift für Vergleichende Rechtswissenschaft
ZVI	Zeitschrift für Verbraucher- und Privat-Insolvenzrecht (Jahr, Seite)
zw.	zweifelhaft
ZwangsvollstrR	Zwangsvollstreckungsrecht
ZWE	Zeitschrift für Wohnungseigentum (Jahr, Seite)
zZ	zur Zeit
ZZP	Zeitschrift für Zivilprozess (Band, Seite)

Bürgerliches Gesetzbuch (BGB)

In der Fassung der Bekanntmachung vom 2. Januar 2002
(BGBl. I S. 42, ber. S. 2909 und BGBl. I 2003, S. 738)
Zuletzt geändert durch Gesetz vom 12.6.2020 (BGBl. I S. 1245)
FNA 400-2

Vorbemerkungen vor §§ 1–2385

Eine Darstellung des BGB aus rechts- und ideengeschichtlicher **Grundlagenperspektive** gibt Haferkamp, Wege zur Rechtsgeschichte: Das BGB, 2022. Kommentierung des aktuellen BGB in **englischer Sprache** bei Dannemann/Schulze, German Civil Code. Bürgerliches Gesetzbuch (BGB) I: § 1–1296 (2020), II: § 1297–2385 (2022).

Buch 1. Allgemeiner Teil

Abschnitt 1. Personen

Titel 1. Natürliche Personen, Verbraucher, Unternehmer

§ 1 Beginn der Rechtsfähigkeit

Die Rechtsfähigkeit des Menschen beginnt mit der Vollendung der Geburt.

Lit.: Hattenhauer, „Person" – Zur Geschichte eines Begriffs, JuS 1982, 405.

1. Allgemeines. § 1 meint die *allg. Rechtsfähigkeit jedes Menschen,* dh überhaupt 1
Träger von Rechten und Pflichten sein zu können. Das BGB setzt sie voraus (zur Entwicklung Haferkamp 16, 79). Über sie kann nicht verfügt werden (Leenen/Häublein § 2 Rn. 3). Daneben steht die *bes. Rechtsfähigkeit,* dh Träger bestimmter Rechte und Pflichten sein zu können; sie ist an bes. Voraussetzungen geknüpft (zB in § 1743: Lebensalter).

2. Rechtsfähigkeit. a) Erwerb. aa) Beim Menschen mit Vollendung der 2
Lebendgeburt, § 1 (zum Begriff § 73 Nr. 18 PStG iVm § 31 PStV; im Strafrecht ist für den Lebensschutz abweichend auf Beginn abzustellen, s. BGH NJW 2021, 645, 647 f. Rn. 21, Rn. 28). Lebensunfähigkeit, Gesundheitszustand etc. sind unerheblich. **bb) Für jur. Personen** → Vor § 21 Rn. 6–9. Zur *„rechtsfähigen Personengesellschaft"* → Vor § 21 Rn. 1, 4. **b) Ende. aa) Beim Menschen** mit dem Herz-Kreis- 3
lauf-Tod, wie aus §§ 1922 I, 1923 I zu schließen ist (Leenen/Häublein § 2 Rn. 6) (beim Einsatz von Herz-Lungen-Maschinen: mit dem – früheren – Hirntod; zur Problematik MüKo-BGB/Leipold § 1922 Rn. 12, 13; Schmidt-Jortzig, Wann ist der Mensch tot?, 1998, passim. – OLG Frankfurt a. M. NJW 1997, 3100 stellt durchweg auf den Gesamthirntod ab, ebenso [mit unzutr. Wiedergabe des Meinungsstandes] BayObLG NJW-RR 1999, 1311). Die Möglichkeit von Organ-, insbes. Herztransplantationen stellt hier neue Probleme (Schettler ua StudGen 1970, 304: „Der Spender soll so tot wie nötig, das Spenderherz aber noch so lebendig

wie möglich sein"; die um 1968 aufgekommene neue Todesdefinition [„Hirntod"] dient ersichtlich diesem Zweck). Das TPG stellt auf den Tod ab, der nach dem aktuellen Stand der medizinischen Wissenschaft (s. § 16 I 1 Nr. 1 TPG) festgestellt ist (§ 3 I 1 Nr. 2 TPG); das ist idR der Hirntod (§ 3 II Nr. 2, § 5 I 1 TPG), uU der Herz-Kreislauf-Tod (§ 5 I 2 TPG), dazu Deutsch NJW 1998, 778. → Vor § 90 Rn. 9. Zur Rechtsnatur der *Leiche* → Vor § 90 Rn. 9. **bb) Für Verein** vgl. Anm.
4 zu §§ 41–44. **c) Vor der Geburt** erlangt der bereits gezeugte Mensch (nasciturus) gewisse Rechtspositionen im Hinblick auf und für den Fall seiner Geburt, zB §§ 844 II 2, 1923 II, ferner 1594 IV, 1595 III, 1912. Gleiches gilt für den noch nicht Gezeugten, zB Zuwendung durch Vertrag zgDr (arg. § 331 II, BGHZ 129, 305) oder durch Vermächtnis (§§ 2162 II, 2178). Sa BGHZ 58, 49 ff.; 93, 351 ff.: Deliktshaftung wegen Verletzung vor der Geburt; zur Vertragshaftung BGHZ 86, 253.

5 **3. Verschollene.** Bei Verschollenem (Begriff § 1 VerschG) ist ungewiss, ob er noch lebt oder schon gestorben ist. Um diese Ungewissheit für den Rechtsverkehr zu beseitigen, kann er im Aufgebotsverfahren für tot erklärt werden, §§ 13 ff. VerschG. Dadurch endet nicht die Rechtsfähigkeit der Person, sondern es wird lediglich widerleglich vermutet, dass die Person in dem im gerichtlichen Beschluss festgestellten Zeitpunkt verstorben ist (§ 9 VerschG) (Grüneberg/Ellenberger Rn. 4). Ist nicht der Tod, sondern nur dessen Zeitpunkt ungewiss, so kann dieser festgestellt werden, §§ 39 ff. VerschG. Das VerschG hat die §§ 13–20 aufgehoben; §§ 13, 14 nF sind durch Art. 2 I Nr. 1 FernAbsG mit neuem Inhalt eingefügt worden.

§ 2 Eintritt der Volljährigkeit

Die Volljährigkeit tritt mit der Vollendung des 18. Lebensjahres ein.

Lit.: Bosch, Teilungsmöglichkeit trotz Volljährigkeit?, FS Schiedermair, 1976, 51.

1 **1. Allgemeines. a) Eintritt** der Volljährigkeit am Geburtstag 0 Uhr, § 187 II 2; damit endet die Minderjährigkeit (zur erforderlichen Altersermittlung im Aufenthaltsrecht s. BGH NVwZ-RR 2021, 229, 230; im Zivilrecht ist ggf. eine Beweislastentscheidung über die Minderjährigkeit zu treffen). **b) Wichtigste Wirkungen:** Unbeschränkte Geschäftsfähigkeit (§§ 104 ff.), Ehemündigkeit (§ 1303 S. 1), Prozessfähigkeit (§ 52 ZPO), Ende der elterlichen Sorge (§ 1626 I 1), unbeschränkte Testierfähigkeit (§ 2247 IV mit § 2229 I), passives Wahlrecht (Art. 38 II Hs 2 GG); aktives Wahlrecht ab Vollendung des achtzehnten Lebensjahres (Art. 38 II Hs 1 GG).

2 **2. § 2 aF.** Bis 31.12.1974 trat Volljährigkeit erst mit Vollendung des 21. Lebensjahres ein. Dem Volljährigen stand gleich, wer für volljährig erklärt war (§ 3 II aF).

§§ 3–6 *(weggefallen)*

§ 7 Wohnsitz; Begründung und Aufhebung

(1) **Wer sich an einem Orte ständig niederlässt, begründet an diesem Orte seinen Wohnsitz.**

(2) **Der Wohnsitz kann gleichzeitig an mehreren Orten bestehen.**

(3) **Der Wohnsitz wird aufgehoben, wenn die Niederlassung mit dem Willen aufgehoben wird, sie aufzugeben.**

§ 8 Wohnsitz nicht voll Geschäftsfähiger

Wer geschäftsunfähig oder in der Geschäftsfähigkeit beschränkt ist, kann ohne den Willen seines gesetzlichen Vertreters einen Wohnsitz weder begründen noch aufheben.

§ 9 Wohnsitz eines Soldaten

(1) [1]**Ein Soldat hat seinen Wohnsitz am Standort.** [2]**Als Wohnsitz eines Soldaten, der im Inland keinen Standort hat, gilt der letzte inländische Standort.**

(2) **Diese Vorschriften finden keine Anwendung auf Soldaten, die nur auf Grund der Wehrpflicht Wehrdienst leisten oder die nicht selbständig einen Wohnsitz begründen können.**

§ 10 *(weggefallen)*

§ 11 Wohnsitz des Kindes

[1]**Ein minderjähriges Kind teilt den Wohnsitz der Eltern; es teilt nicht den Wohnsitz eines Elternteils, dem das Recht fehlt, für die Person des Kindes zu sorgen.** [2]**Steht keinem Elternteil das Recht zu, für die Person des Kindes zu sorgen, so teilt das Kind den Wohnsitz desjenigen, dem dieses Recht zusteht.** [3]**Das Kind behält den Wohnsitz, bis es ihn rechtsgültig aufhebt.**

Anmerkungen zu den §§ 7–11

1. Begriffe. a) Wohnsitz ist der räumliche Schwerpunkt (nicht notwendig: Mit- 1
telpunkt, arg. § 7 II) der gesamten Lebensverhältnisse einer Person (LM Nr. 3 zu
§ 7). Daher ist er regelmäßiger Anknüpfungspunkt für die Rechtsbeziehungen einer
Person und für die Rechtsdurchsetzung, vgl. §§ 269 f., § 13 ZPO. Jur. Personen
haben einen Sitz, keinen Wohnsitz, § 24. Wohnsitz („Ort", § 7 I) ist nicht die Woh-
nung, sondern die kleinste politische Verwaltungseinheit (idR Gemeinde), in der
die Wohnung liegt. **b)** Der **gewillkürte Wohnsitz** wird **begründet** durch die 2
tatsächliche Niederlassung (Realakt), verbunden mit dem rechtsgeschäftsähnlichen
Willen (arg. § 8), den Ort zum räumlichen Schwerpunkt der Lebensverhältnisse zu
machen (BGH NJW 2006, 1809; NJW 2019, 1071, 1073 Rn. 17); kann konkludent
geschehen (BGH NJW 2006, 1808). Die **Aufhebung** erfordert ebenfalls einen nach
außen erkennbaren (BGH NJW 1988, 713) Real- und einen Willensakt, § 7 III
(BGH NJW-RR 1998, 85). Eine Person muss keinen und kann mehr als einen
Wohnsitz haben, vgl. § 7 II. Art. 11 GG garantiert das Recht der gewillkürten
Wohnsitznahme. **c) Ges. Wohnsitz** haben voll geschäftsfähige (§ 8) Berufs- und 3
Zeitsoldaten, § 9, und minderjährige Kinder, § 11 (frühere Ausnahme § 8 II aF
aufgehoben durch Ges. zur Bekämpfung von Kinderehen v. 17.7.2017, BGBl. 2017
I 2429); neben dem ges. (bei §§ 8–11) oder an seiner Stelle (bei § 11) kann gewillkür-
ter Wohnsitz begründet werden (RGZ 126, 9 ff. zu § 9; OLG Köln FamRZ 1996,
860). Das Kind unverheirateter Eltern teilt den Wohnsitz der Mutter, außer bei
gemeinsamer Sorge oder nachträglicher Heirat der Eltern, § 1626a iVm § 11 S. 1.
Leben die personensorgeberechtigten Eltern eines Kindes getrennt, so hat dieses
Doppelwohnsitz, BGH NJW 1984, 971; NJW 1995, 1224 (abw. Wohnsitzbestim-
mung durch die Eltern möglich, BGH NJW-RR 1992, 578; NJW-RR 1994, 322
zum fr. Recht).

2. Abgrenzung. Vom Wohnsitz (als Rechtsbegriff) ist der Ort des vorübergehen- 4
den oder dauernden **Aufenthalts** zu unterscheiden. Hier fehlt es rechtlich oder
tatsächlich am (wirksamen) Willen, sich iSv → Rn. 2 „ständig niederzulassen"
(BGH NJW 1993, 2047).

§ 12 Namensrecht

[1]**Wird das Recht zum Gebrauch eines Namens dem Berechtigten von einem anderen bestritten oder wird das Interesse des Berechtigten dadurch**

verletzt, dass ein anderer unbefugt den gleichen Namen gebraucht, so kann der Berechtigte von dem anderen Beseitigung der Beeinträchtigung verlangen. [2]Sind weitere Beeinträchtigungen zu besorgen, so kann er auf Unterlassung klagen.

Lit.: Johansen, Allgemeines Persönlichkeitsrecht und allgemeines Persönlichkeitsvermögensrecht, 2022; Klippel, Der zivilrechtliche Schutz des Namens, 1985; Raschauer, Namensrecht, 1978 (systematische Darstellung des österreichischen und deutschen Rechts).

1 **1. Allgemeines.** Der Name dient als äußeres Kennzeichen einer Person zu ihrer Unterscheidung von anderen (BVerwG NJW 1987, 2454). Er ist für eine Person „Kennwort, das gesprochen, gehört und geschrieben werden kann" (Hefermehl FS A. Hueck, 1959, 520). Das Namensrecht ist ein absolutes subj. Recht (BGH GRUR 2006, 957). Als bes. Persönlichkeitsrecht des Menschen konkretisiert es dessen allg. Persönlichkeitsrecht (BVerfG NJW 2007, 671 mN; BGH NJW 2000, 2195 ff.). § 12 schützt allein Namen in seiner Funktion als Identitätsbezeichnung, um namensmäßige Zuordnungsverwirrung zu verhindern (BGH NJW 2022, 1676, 1684 Rn. 79). Norm gewährt nur Namensschutz, nicht Schutz der wirtschaftlichen Selbstbestimmung der Person (Johansen 151, 325 ff.).

2 **2. Anwendungsbereich.** S. Krüger-Nieland FS R. Fischer, 1979, 339 ff. **a) § 12 betrifft** nach seiner Stellung im Ges. nur den *bürgerlichen Namen* eines Menschen (Vor- und Nachname), als **Nachnamen** sowohl den Geburts-, Ehe- und Familiennamen (zum Erwerb vgl. insbes. §§ 1355, 1616–1618, 1757, 1767 II; § 3 LPartG; §§ 24 II 1, 25 I 1 HS 2 PStG); ebenso die Legende eines Verdeckten Ermittlers (§ 110a II StPO); Tarnidentität (§ 5 III, IV, auch § 9 ZSHG) und den **Vornamen** (der Vorname ist für sich genommen von § 12 erfasst, sofern ihn – selten – der Verkehr als Unterscheidungsmerkmal einer Person auffasst, s. BGH
3 NJW 1983, 1185 – Uwe Seeler). **b) Der Schutzbereich ist erweitert** worden, insbes. auf **aa) Decknamen** (Aliasname, Pseudonym) eines Menschen (BGHZ 30, 7), sofern der Namensträger mit diesem Namen Verkehrsgeltung erlangt hat (BGHZ 155, 277, str.), zB Künstlernamen (vgl. BGHZ 30, 9; BGH NJW 2022, 1676, 1684 Rn. 78; zu § 2 PartGG s. OLG Frankfurt a. M. NJW 2003, 365); die Legende (→ Rn. 2) ist kein Deckname (arg. § 110a II 2 StPO); **bb) Namen jur. Personen** (BGHZ 124, 178), auch des öffentl. Rechts im Privatrechtsverkehr (BVerwG 44, 353 f.; BGHZ 161, 220 f.; NJW 2007, 683; → Rn. 5) samt Wappen und Siegel (BGHZ 119, 245; NJW-RR 2002, 1402, auch zum Ausgleich fehlender Verkehrsgeltung durch individualisierende Unterscheidungskraft), **nichtrechtsfähiger Vereine** (RGZ 78, 102 ff.), **politischer Parteien** (BVerfG DtZ 1991, 27; erweitert in § 4 ParteienG, s. BGHZ 79, 269 f.), ferner GbR (KG WRP 1990, 38; Grüneberg/Ellenberger Rn. 9), OHG, KG; **cc) Firma** (§ 17 HGB; BGHZ 14, 159; BGH NJW 2022, 1676, 1684 Rn. 78; Köhler FS Fikentscher, 1997, 494 ff.); **dd) Etablissementsbezeichnungen** (Geschäftsbezeichnungen) mit Namenscharakter (zB „Name" eines Restaurants: BGH NJW 1970, 1365; NJW 2022, 1676, 1684 Rn. 78), unterscheidungskräftige Wahrzeichen (BGHZ 126, 291 f.: Rotes Kreuz); **ee) schlagwortartige Bezeichnungen,** insbes. Firmenabkürzungen, **mit Verkehrsgeltung,** dh die im Verkehr als Name des Firmeninhabers, des Geschäfts oder des Vereins angesehen werden (BGHZ 15, 109 f.; LM Nr. 42; NJW 2002, 2031 zu shell.de; NJW 2005, 1504 zu Literaturhaus). Voraussetzung ist die Benutzung im geschäftlichen Verkehr (BGH GRUR 2014, 507 für sr.de; NJW 2005, 1196 für mho.de); Gleiches gilt für Abkürzungen des Firmennamens mit Unterscheidungskraft im Verkehr (BGH GRUR 2014, 507). Als Name geschützt wird auch der bei der DENIC e. G. registrierte Internet-**Domainname** (dh die Adresse im Internet), BGHZ 155, 275; 171, 104, 109 ff.; BGH GRUR 2016, 1093 (zur schuldrechtlichen Gestattung der Namensführung und dem Vorrang des erstregistrierten Gleichnamigen [„Gerechtigkeitsprinzip der Priorität"]);

BGH GRUR 2014, 506 (zum Anspruch auf Löschung); zur verfassungsrechtlichen Sicht BVerfG NJW 2007, 671 f. Zum Domain-Grabbing → § 138 Rn. 18 (jj).

4 **3. Verletzung des Namensrechts. a) Durch Namensbestreitung** *(Namensleugnung).* Wer das Recht eines anderen zum Namensgebrauch ausdr. oder konkludent (zB durch Benennen mit anderem Namen) gegenüber dem Namensträger oder Drittem (BGH NJW 2022, 1676, 1684 Rn. 78) in Frage stellt, verletzt dieses Recht (gefährdet es nicht nur). Ein bes. Interesse des Namensträgers muss nicht verletzt sein (BGHZ 155, 275 f.; anders im Fall → Rn. 5); **b) durch unberechtigte** 5
Namensanmaßung, dh durch unbefugten (= rechtswidrigen) Gebrauch des gleichen Namens für sich oder einen Dritten, wodurch eine namensmäßige Zuordnungsverwirrung eintritt und schutzwürdige Identitätsinteressen des Berechtigten verletzt werden (BGH NJW 2008, 3717 mN; NJW 2022, 1676, 1684 Rn. 78), Namenszusatz hindert im Einzelfall gleichen Namensgebrauch nicht (BGH NJW 2022, 1676, 1684 Rn. 78 mwN). Affektionsinteresse genügt (BGHZ 124, 181; BGH NJW 2022, 1676, 1684 Rn. 80) oder wenn dadurch der Berechtigte mit Einrichtungen, Gütern, Erzeugnissen, mit denen er nichts zu tun hat, in Verbindung gebracht wird (BGHZ 119, 245 f.; BGH NJW 2022, 1676, 1684 Rn. 79). Der unbefugte Gebrauch eines Domainnamens kann schon mit dessen Registrierung einsetzen (BGHZ 171, 104, 108; GRUR 2016, 1093). Bloße **Namensnennung** (zB Inhaltsbeschreibung einer Show mit „Die Tina Turner Story") wird nicht von § 12 erfasst, da kein Namensgebrauch (BGH NJW 2022, 1676, 1684 Rn. 83). Bei Gebrauch eines **Sammelnamens** (Müller, Lehmann; zum Begriff BVerwG NJW 1973, 1057 f.) wird schutzwürdiges Interesse mangels konkreter Verwechselungsgefahr nur selten verletzt sein. **Jur. Personen** genießen Namensschutz nur im Rahmen ihres Funktionsbereichs (BGH NJW-RR 1991, 935; sa BGHZ 149, 197 f. zur Firma).

6 **4. Verletzungsfolgen. a) Anspruch auf Beseitigung.** Er richtet sich inhaltlich nach Art und Ausmaß der Beeinträchtigung. Bei *Namensbestreitung* (Namensleugnung) kommt vor allem Widerruf, uU öffentl., in der Art der Namensbestreitung in Betracht. **b) Anspruch auf Unterlassung** (BGHZ 155, 275, 278). Das Ges. verlangt Wiederholungsgefahr, doch genügt Gefahr erstmaliger Beeinträchtigung, sog. Erstbegehungsgefahr; → § 1004 Rn. 10, 11 gilt entspr. **c) Anspruchsinhaber** ist der Verletzte; dazu BGHZ 124, 183; OLG München NJW-RR 2001, 42. **d) Klageform** bei a und b: idR Leistungsklage. **e) Schadensersatzanspruch** (§§ 823 [Namensrecht als sonstiges Recht], 826) setzt, iGgs zu § 12, *Verschulden* des Verletzers voraus.

7 **5. Konkurrierende Rechtsbehelfe.** Konkurrierende Rechtsbehelfe können sich aus § 37 II HGB, §§ 14, 15 MarkenG (zum Vorrang vor § 12 s. BGH NJW 2008, 3716; GRUR 2014, 506 [zu §§ 5, 15 MarkenG]) ergeben.

§ 13 Verbraucher

Verbraucher ist jede natürliche Person, die ein Rechtsgeschäft zu Zwecken abschließt, die überwiegend weder ihrer gewerblichen noch ihrer selbständigen beruflichen Tätigkeit zugerechnet werden können.

1 **1. Allgemeines.** Die Legaldefinition des Verbrauchers gilt grundsätzlich für das gesamte Zivil- und Zivilverfahrensrecht (BGHZ 162, 256; Jauernig FS Schlechtriem, 2003, 571 f.; zum Verbrauchervertrag → § 310 Rn. 4–9). § 13 wurde zum 13.6.2014 durch das Einfügen des Wortes „überwiegend" geändert (s. BR-Drs. 17/13951, 96, in Umsetzung der RL 2011/83 EU-Verbraucherrechte RL, → Rn. 3)

2 **2. Verbraucher.** Zur Entwicklung des Verbraucherbegriffs Ch. Kern ZGS 2010, 456. **a) Nur natürliche Personen.** Nach BGHZ 149, 84 f. kann „Verbraucher" sein, wer keine jur. Person ist, also auch eine Außen-GbR, zu der sich mehrere

natürliche Personen zusammengeschlossen haben (ebenso BGH NZG 2017, 696, 697 Rn. 25 f. mwN) und die keinen Geschäftszweck iSv → Rn. 3 verfolgt (so auch BeckOK/Martens Rn. 26 f., 45; Wolf/Neuner, BGB AT, § 15 Rn. 5; Grüneberg/Ellenberger Rn. 2; MüKo-BGB/Schürnbrand/Weber § 491 Rn. 16; letztlich auch K. Schmidt JuS 2006, 4 f., da die ges. Beschränkung des § 13 auf natürliche Personen rechtspolitisch verfehlt sei); Außen-GbR mit natürlicher und jur. Person als Gesellschafter ist unabhängig vom verfolgten Geschäftszweck (privat oder gewerblich bzw. selbständig beruflich) nicht Verbraucher iSd § 13 (BGH NZG 2017, 696, 697 Rn. 25 f. mwN mAnm Linardatos/Nordholtz). **WEG** ist rechtsfähig (§ 9a I 1 WEG); WEG wird wie Verbraucher behandelt, wenn **wenigstens ein Mitglied** Verbraucher ist und Vertragsabschluss nicht im Rahmen gewerblicher oder selbständiger Tätigkeit erfolgt (BGH NJW 2015, 3228 Rn. 30). Erfordert die Vermietung oder Verpachtung durch die WEG keinen planmäßigen Geschäftsbetrieb, liegt private Vermögensverwaltung vor, selbst wenn für Umsatzsteuer votiert wurde (näher BGH NZM 2020, 808). Umgekehrt definiert EuGH NJW 2002, 205: Verbraucher kann nur sein, wer eine natürliche Person ist (betr. RL 93/13/EWG 2 lit. b, c, gleichbedeutend mit der vom BGHZ 149, 83 ff. erörterten RL 87/102/EWG 1 II lit. a, b). Danach erfasst die RiLi nicht die nichtkommerzielle **GbR** (MüKo-BGB/Basedow § 310 Rn. 67, 75), was aber nach hM nicht hindern soll, den Anwendungsbereich des nationalen Umsetzungsgesetzes (zB § 310 III) auf nichtkommerzielle GbR auszudehnen, wofür aber die Materialien zu § 310 III keinen Anhalt bieten (MüKo-BGB/Basedow § 310 Rn. 75). Das gilt jedenfalls, sofern umgesetzte RiLi nur Mindestschutz garantiert. – Anders liegt es nur, wenn der Vertragsschluss den Gesellschaftern als natürliche Personen zugerechnet werden kann (K. Schmidt
3 JuS 2006, 4 f.). **b)** Der von der natürlichen Person (→ Rn. 2) verfolgte **Geschäftszweck** muss in ihrer Privatsphäre (zB Kauf von Freizeitkleidung) oder im Bereich ihrer unselbständigen Berufstätigkeit (zB Kauf von Arbeitskleidung) liegen. Der innere Wille allein entscheidet nicht; maßgebend ist der Inhalt des RGeschäfts (Auslegung), es entscheidet die obj. zu bestimmende Zweckrichtung des RGeschäfts (BGH NJW 2005, 1273; NJW 2008, 435, 436 Rn. 6 f.; NJW 2009, 3780 f., dazu Faust JuS 2010, 254 ff.; NJW 2018, 146, 149 Rn. 41; NJW 2018, 150, 153 Rn. 41; NJW 2021, 2281, 2288 Rn. 75; NJW 2021, 2277, 2278 Rn. 16; NJW 2022, 686, 689 Rn. 46). Dabei kommt es maßgeblich auf die jeweiligen Umstände des Einzelfalls, insbes. das Verhalten der Parteien bei Vertragsschluss an (BGH NJW 2018, 146, 149; NJW 2018, 150, 153 Rn. 30 mwN; NJW 2021, 2281, 2288 Rn. 75; NJW 2022, 686, 689 Rn. 46). Zurechnung entgegen dem mit dem rechtsgeschäftlichen Handeln objektiv verfolgten Zweck kommt nur in Betracht, wenn die dem Vertragspartner erkennbaren Umstände zweifelsfrei darauf hinweisen, dass eine natürliche Person in Verfolgung ihrer gewerblichen oder selbständigen beruflichen Tätigkeit handelt (BGH NJW 2009, 3780, 3781 Rn. 11; NJW 2021, 2281, 2289 Rn. 84; NJW 2021, 2277, 2278 Rn. 18; NJW 2022, 686, 689 Rn. 46). Kein Verbraucherstatus bei Verfolgung eines gewerblichen bzw. freiberuflichen Zwecks. Bsp: Erwerb einer Robe durch freiberuflich tätigen (nicht: durch angestellten, da nicht selbständig beruflich tätigen) Anwalt ist kein Verbraucherhandeln. Grund: kein Schutzbedürfnis für Freiberufler. Nach BAG NJW 2005, 3308 (krit. Löwisch BB 2005, 2583) ist der AN „Verbraucher" bei Abschluss des Arbeitsvertrags. Ebenso bei arbeitsbezogenem RGeschäft, was nicht bedeute, dass die Verbraucherschutzvorschriften durchweg anwendbar wären, sie könnten ges. oder aus systematisch-teleologischen Gründen unanwendbar sein (so gilt § 288 II nicht für Ansprüche aus Arbeitsverhältnissen, BAG BB 2005, 1396; NJW 2005, 3308 f.) – Das Merkmal der Selbständigkeit ist europarechtlich nicht gefordert, es war gem. Art. 2, 8 HausTürRiLi aF (Mindestharmonisierung) zulässig, den Kreis der Verbraucher um den der AN zu erweitern. Seit 12.12.2011 gilt die Verbraucherdefinition des **Art. 2 Nr. 1 VerbrR-RiLi** (→ Vor § 241 Rn. 12; „Verbraucher [ist] jede natürliche Person, die bei von dieser Richtlinie erfassten Verträgen zu Zwecken handelt, die außerhalb ihrer gewerblichen, geschäftlichen, handwerklichen oder beruflichen

Tätigkeit liegen"). Art. 4 VerbrR-RiLi erlaubt keine Abweichungen von VerbrR-RiLi (Grundsatz der Vollharmonisierung, → Vor § 241 Rn. 12). Dennoch ist Einbezug der AN in den Verbraucherbegriff des § 13 nicht richtlinienwidrig. Denn die Anwendung verbraucherschützender Normen auf Nichtverbraucher ändert das Schutzniveau der Verbraucher iSv Art. 2 Nr. 1 VerbrR-RiLi nicht. Erwägungsgrund 13 VerbrR-RiLi erlaubt deshalb den Einbezug von juristischen/natürlichen Personen, die keine Verbraucher iSv Art. 2 Nr. 1 VerbrR-RiLi sind. Bei **Doppelverwendung** im privaten und im freiberuflichen oder gewerblichen Bereich, zB des Pkw eines freiberuflichen Anwalts, gilt seit 13.6.2014 infolge des geänderten Normtextes (→ Rn. 1, zum Meinungsstreit hinsichtlich früherer Rechtslage s. 15. Aufl.): Überwiegen des privaten (einschließlich des unselbständigen beruflichen) Zwecks genügt für den Verbraucherstatus sa EuGH NJW 2005, 654 f. zu EuGVÜ Art. 13–15 (sachlich gleich jetzt EuGVVO Art. 17–19): Beruflich-gewerbliche Tätigkeit ist für den Verbraucherstatus dann irrelevant, wenn sie eine ganz untergeordnete Rolle spielt. Bei einem objektiven Verbrauchergeschäft ist im Zweifel § 13 zu bejahen (BGH NJOZ 2012, 887 Rn. 25 zum IPR), zB sind Bank- und Börsengeschäfte eines Ingenieurs zur Pflege des eigenen Vermögens grundsätzlich keine berufliche oder gewerbliche Tätigkeit (BGH NJOZ 2012, 887 Rn. 25 zum IPR). Verbraucher kann auch ein Unternehmer als natürliche Person sein, wenn er rein private Geschäfte tätigt, zB Geburtstagsgeschenke für sein Kind erwirbt.

c) Existenzgründer werden bei Inanspruchnahme von Finanzierungshilfen und Darlehensvermittlung nach Maßgabe der §§ 513, 655e II wie Verbraucher behandelt. 4

d) Bei **Vertreterhandeln** ist auf Vertretenen (nicht Vertreter) abzustellen, auch wenn ein Verbraucher durch einen Unternehmer vertreten wird (BGH NJW 2015, 3228, 3233 Rn. 53 mwN; NJW 2021, 2281, 2290 Rn. 93 mwN; Grüneberg/Ellenberger Rn. 5), es sei denn, relevante verbraucherschützende Norm knüpft wegen Übereilungsschutz an Person des Handelnden und nicht die des Vertragspartners an (BGH NJW 2015, 3228, 3233 Rn. 53 mwN). **Verbraucher** ist – entgegen § 13 – nicht nur, wer ein RGeschäft abschließt, sondern auch, **dem gegenüber** rechtsgeschäft(sähn)lich **gehandelt** wird, zB §§ 241a, 661a, oder der informiert werden muss, zB §§ 312d, 482, 491a. 5

e) Wer **vortäuscht,** einen gewerblichen oder freiberuflichen Geschäftszweck zu verfolgen, kann sich nicht auf Verbraucherschutzvorschriften berufen (§ 242; BGH NJW 2005, 1045 ff.; vgl. auch BGH GRUR 2017, 1140). 6

f) Wer sich auf seinen Verbraucherstatus beruft, trägt dafür die **Darlegungs- und Beweislast** (BGH NJW 2007, 2619, 2621 Rn. 13; NJW 2021, 2281, 2290 Rn. 90; NJW 2021, 2277, 2278 Rn. 18; NJW 2022, 686, 689 Rn. 47). Wegen negativer Formulierung von Hs 2 ist das rechtsgeschäftliche Handeln einer natürlichen Person **im Zweifel** als **Verbraucherhandeln** zu qualifizieren (BGH NJW 2009, 3780, 3781 Rn. 10 f.; NJW 2021, 2281, 2290 Rn. 94; NJW 2021, 2277, 2278 Rn. 18; NJW 2022, 686, 689 Rn. 47). Infolge richtlinienkonformer Auslegung des § 13 wird Vermutung des **§ 344 I HGB** betreffend Rechtsgeschäfte eines Einzelhandelskaufmanns (natürliche Person!) **verdrängt** (BGH NJW 2022, 686, 689 f. Rn. 48 f., Rn. 56; anders bei Rechtsgeschäft juristischer Person wie GmbH: BGH NJW 2011, 3435 Rn. 19 mwN); zum Restanwendungsbereich des § 344 HGB s. Leyens/Hubert JuS 2023, 193, 201. 7

§ 14 Unternehmer

(1) **Unternehmer ist eine natürliche oder juristische Person oder eine rechtsfähige Personengesellschaft, die bei Abschluss eines Rechtsgeschäfts in Ausübung ihrer gewerblichen oder selbständigen beruflichen Tätigkeit handelt.**

(2) **Eine rechtsfähige Personengesellschaft ist eine Personengesellschaft, die mit der Fähigkeit ausgestattet ist, Rechte zu erwerben und Verbindlichkeiten einzugehen.**

1 **1. Allgemeines.** Vgl. zunächst → § 13 Rn. 1. Die Legaldefinition des Unternehmers gilt für das BGB (außer für §§ 631 ff.) und das HGB; s. BeckOK BGB/Martens Rn. 1, 13. Unternehmer iSd § 14 ist nicht identisch mit Unternehmer iSd § 2 UStG (BGH BeckRS 2022, 885; ZIP 2020, 909, 910 Rn. 16), daher lässt Option zur Umsatzsteuer Verbrauchereigenschaft iSd § 13 nicht entfallen (BGH ZIP 2020, 909, 910 Rn. 17). Unternehmer iSd § 14 ist nicht identisch mit Unternehmer iSd § 633 (→ § 633 Rn. 2). Zur Problematik im Versandhandelsrecht Becker/Föhlisch NJW 2005, 3377 ff. Zur Unternehmereigenschaft bei Internet-Auktionen Szczesny/Holthusen NJW 2007, 2586 ff.

2 **2. Unternehmer.** Natürliche oder jur. Person, die in Ausübung ihrer gewerblichen oder selbständigen beruflichen Tätigkeit handelt; eine selbständige bzw. gewerbliche Tätigkeit (BGH NJW 2021, 2281, 2288 Rn. 74) setzt selbständiges (also nicht: angestelltes, BGH NJW 2004, 3040) und planmäßiges, auf eine gewisse Dauer angelegtes Anbieten entgeltlicher Leistungen am Markt voraus, Absicht der Gewinnerzielung ist nicht nötig (BGHZ 167, 45; NJW 2018, 146, 149 Rn. 40; NZM 2020, 764, 765 Rn. 18; NJW 2021, 2281, 2288 Rn. 74); auch bei branchenfremden Nebengeschäften (BGH NJW 2011, 3435 Rn. 19 zu § 474 f.; NJW 2021, 2281, 2288 Rn. 74 mwN für Verbrauchsgüterkauf). Handeln „in Ausübung" der gewerblichen oder der selbstständigen beruflichen Tätigkeit iSd I fordert hinreichend engen, tätigkeitsspezifischen Zusammenhang mit dieser (BGH NJW 2021, 2281, 2288 Rn. 74; NJW 2018, 150 Rn. 38; NJW 2013, 2107). Keine „iZw" Zurechnung entspr. §§ 343, 344 HGB bei Rechtsgeschäft eines Einzelhandelskaufmanns (→ § 13 Rn. 7). Ein Reittrainer, der ein Pferd verkauft, muss nicht Unternehmer sein (BGH NJW 2018, 150). Bank- und Börsengeschäfte eines Ingenieurs zur Pflege des eigenen Vermögens sind grundsätzlich keine berufliche oder gewerbliche Tätigkeit (BGH NJOZ 2012, 887 Rn. 25 zum IPR; vgl. NJW 2018, 1812, 1814 Rn. 21 f.; ZIP 2020, 909 Rn. 12; NZM 2020, 764, 765 Rn. 20: Abgrenzung von privater gegen berufsmäßige Vermögensverwaltung nach dem Umfang der damit verbundenen Geschäfte). Gewerbliche Betätigung, wenn sie einen planmäßigen Geschäftsbetrieb verlangen, zB die Unterhaltung eines Büros oder einer Organisation, die Anzahl der Vorgänge. Nicht relevant: Höhe der verwalteten Werte oder des Kreditbetrags; bei Vermietung oder Verpachtung von Immobilien, so ist nicht deren Größe entscheidend, sondern Umfang, Komplexität und Anzahl der damit verbundenen Vorgänge (BGH NJW 2018, 1812, 1814 Rn. 2; ZIP 2020, 909 f. Rn. 12 f.; NZM 2020, 764, 765 Rn. 19 f.). Im Einzelfall kann auch der erstmalige oder einmalige Abschluss eines entsprechenden Rechtsgeschäfts nach den jeweiligen Umständen auf ein (zukünftiges) unternehmerisches Handeln ausgerichtet sein (BGH NJW 2018, 150, 153 Rn. 34; vgl. etwa zur Unternehmereigenschaft von sog. Existenzgründern BGH NJW 2005, 1273; NJW 2008, 435). Natürlichen Personen iSv **I** gleichgestellt sind rechtsfähige Personengesellschaften; das sind Gesellschaften, die Rechte erwerben und Verbindlichkeiten eingehen können **(II),** eine missglückte Begriffsbildung; denn sie dreht die Definition der Rechtsfähigkeit (Träger von Rechten und Pflichten sein zu können, → § 1 Rn. 1) um (der Träger von Rechten und Pflichten ist rechtsfähig) und landet so bei einer puren Tautologie (Derleder BB 2001, 2487). Sinn hat die Begriffsbildung nur, wenn man zwischen der Rechtsfähigkeit einer jur. Person und derjenigen der in II genannten „rechtsfähigen" Personengesellschaften unterscheidet (vgl. → Vor § 21 Rn. 1). Zu den **Gesellschaften iSv II** gehören GbR, OHG, KG, PartG, EWIV (Ulmer/Brandner/Hensen § 310 Rn. 21: Organisationsform spiele für § 14 keine Rolle; ähnlich MüKo-BGB/Micklitz Rn. 9 f. mwN; → Vor § 21 Rn. 1, 4). Als Unternehmer kommen nicht nur Kaufleute in Betracht, sondern zB auch Freiberufler (Ärzte, Anwälte usw.), Handwerker, Landwirte als Gewerbetreibende, Existenzgründer (ausgenommen der Fall → § 13 Rn. 4, s. BGHZ 162, 256 ff.). „Abschluss" eines RGeschäfts ist wie bei → § 13 Rn. 5 zu eng.

§§ 15–20 *(weggefallen)*

Titel 2. Juristische Personen

Vorbemerkungen

1. Begriff. a) Die jur. Person ist die **rechtstechnische Zusammenfassung** von Personen oder Gegenständen zu einer rechtlich geordneten, rechtsfähigen Organisation (dazu Klingbeil AcP 217, 848, 875). Die Zuerkennung der Rechtsfähigkeit bedeutet *rechtliche Verselbständigung der Organisation,* insbes. gegenüber ihren Mitgliedern. Daher haftet für Schulden der jur. Person idR nur diese, kein Durchgriff auf die Mitglieder (s. BGHZ 102, 103; 125, 368), sog. **Trennungsgrundsatz** (BGH NZG 2008, 670). Durchbrechung (**Durchgriffshaftung**) nur ausnahmsweise, wenn die Ausnutzung der rechtlichen Trennung zwischen der juristischen Person und den hinter ihr stehenden natürlichen Personen rechtsmissbräuchlich ist (BGH NZG 2008, 670, 672). Diese Definition und Bedeutung der Rechtsfähigkeit ist in der neueren Gesetzgebung auf die jur. Person beschränkt worden (zum Folgenden sa Ulmer ZIP 2001, 589). So kreierte § 1059a II aF = § 14 II (sa § 14 I Nr. 2 StGB, §§ 29 I Nr. 3, 30 I Nr. 3 OWiG) die „rechtsfähige Personengesellschaft", deren „Rechtsfähigkeit" auf einer Umkehrung des bisherigen Begriffs der Rechtsfähigkeit beruht: **Rechtsfähigkeit** ist **nicht** die **Voraussetzung, sondern** die **Folge** davon, dass die Gesellschaft Träger von Rechten und Pflichten sein kann. Folglich bedeutet Rechtsfähigkeit der „rechtsfähigen Personengesellschaft" auch nicht mehr die rechtliche Verselbständigung der Organisation gegenüber ihren Mitgliedern mit der Folge, dass ein Haftungsdurchgriff auf die Mitglieder ausgeschlossen ist (sa BGH NJW 2007, 2845). Zu den **Gesellschaften iSv § 14 II** gehören: OHG („rechtsfähig" iSv § 14 II: § 124 HGB, verbunden mit akzessorischer Gesellschafterhaftung gem. § 128 HGB, BGH NJW 2002, 369), ferner KG, PartG und EWIV (die Regelung für diese 3 Gesellschaftsformen stimmt weitgehend mit der für die OHG überein: § 161 II HGB, §§ 7 II, 8 I PartGG, Art. 1 II, 24 I EWIVV [abw. II von § 128 HGB]). Alle genannten Gesellschaften sind registriert. Nach ganz hM gehört, unabhängig von § 14 II und obwohl nicht registrierungsfähig, auch die **Außen-GbR** zu den rechtsfähigen Personengesellschaften; ihr kommt nach BGHZ 146, 341 ff. „beschränkte" Rechtsfähigkeit zu; dazu → Rn. 4. In die Terminologie unterschiedlicher Rechtsfähigkeiten fügt sich **§ 11 InsO** ein: Nach Abs. 1 sind natürliche und jur. Personen gleichgeordnet insolvenzfähig, nach Abs. 2 Nr. 1 „Gesellschaften ohne Rechtspersönlichkeit", nämlich OHG, KG, PartG, GbR, Partenreederei, EWIV; die genannten Gesellschaften sind nicht rechtsfähig wie jur. Personen und daher getrennt von diesen in § 11 II Nr. 1 InsO aufgeführt. Die Terminologie ist verwirrend; so ist zB die OHG nach § 14 II InsO eine „rechtsfähige Personengesellschaft" (→ § 14 Rn. 2), nach § 11 II Nr. 1 InsO aber eine Gesellschaft *ohne* Rechtspersönlichkeit. **Ab 1.1.2024** sieht § 705 II n.F. **rechtsfähige GbR** vor, wenn sie nach dem gemeinsamen Willen der Gesellschafter am Rechtsverkehr teilnehmen soll, und **nicht rechtsfähige GbR,** wenn sie den Gesellschaftern allein zur Ausgestaltung ihres Rechtsverhältnisses untereinander dienen soll (Ges. v. 10.8.2021, BGBl. I S. 3436). **b) Das „Wesen"** der jur. Person wollen *zahlreiche Theorien* erklären, insbes. die Fiktionstheorie (Savigny; dazu vgl. aber Flume I 2 § 1) und die Theorie der realen Verbandspersönlichkeit (O. v. Gierke). Die Theorien sind für die praktische Rechtsanwendung nutzlos, ihr Erklärungswert ist gering (→ § 26 Rn. 1).

1 (Rn. 1) · 2 (Rn. 2)

2. Arten. a) Im privaten und öffentl. Recht gibt es jur. Personen. Zu letzteren Anm. zu § 89. **b) Jur. Personen des Privatrechts** sind *rechtsfähiger Verein und Stiftung* (§§ 21–23, 80). Vereine sind auch AG, KGaA, GmbH, Genossenschaft, VVaG; zur Bedeutung → § 21 Rn. 3. Zur Abgrenzung rechtsfähiger Personengesellschaften von jur. Personen (insbesondere Kapitalgesellschaften) s. Klingbeil AcP 217, 848, 874 ff. 3

3. Abgrenzungen. a) Die BGB-Gesellschaft (§§ 705 ff.) ist nach dem Ges. der wichtigste nichtrechtsfähige Zusammenschluss von Personen. Das gilt unstr. 4

für die sog. **Innengesellschaft.** Hingegen ist die sog. **Außen-GbR** nach hM „beschränkt" rechtsfähig (diesen Begriff ablehnend Klingbeil AcP 217, 848, 874) und folgeweise auch parteifähig (s. das „grundlegende" [BGH NJW 2008, 1379] Urteil BGHZ 146, 341 ff.; zur Entstehung dieses Versäumnisurteils Prütting FS Wiedemann, 2002, 1179 ff.; insbes. zur prozessualen Wirkungslosigkeit 11. Aufl., Vor § 21 Rn. 1, 4). Die Zuerkennung („beschränkter") Rechtsfähigkeit samt Parteifähigkeit überzeugt nicht, da der BGH sich unter Führung seines II. ZS „aus der Rolle des Normanwenders in die einer normsetzenden Instanz begeben und sich damit der Bindung an Recht und Gesetz iSv Art. 20 III GG entzogen" hat (BVerfG NJW 2006, 1340 in einem anderen Problemfall; wortgleich wiederholt in NJW 2011, 837; s. ferner Sondervotum zu BVerfG NJW 2009, 1469 ff. in NJW 2009, 1476 ff.; zur Problematik Rieble NJW 2011, 819 ff.; Rüthers NJW 2011, 1856). Der „Rollenwechsel" vom Gericht zum Normsetzer „hat schwerste Verwerfungen im Immobiliarsachenrecht verursacht" (Kesseler NJW 2011, 1909), verdeutlicht vom V. ZS (BGH NJW 2008, 1379): Auflassung an und Eintragung im Grundbuch von mehreren Personen „als Gesellschafter in GbR" habe nicht diesen, sondern der GbR Eigentum verschafft; weil dem so sei, sei die GbR rechtsfähig, was die Fähigkeit umfasse, Grundstückseigentümerin zu sein (Zirkelschluss). Auf die Frage der Grundbuchfähigkeit der GbR komme es insoweit nicht an, da die GbR (durch die Eintragung der Gesellschafter!) Eigentum erworben habe. Soweit es darauf ankomme, führe die Anerkennung der Teilrechtsfähigkeit dazu, dass das nicht mehr „passende" Verfahrensrecht an das geänderte Verständnis (der Rspr!) vom Wesen der GbR anzupassen sei, und zwar vom Gesetzgeber (!), dem diese Aufgabe „vorbehalten" sei. Umgekehrt wird ein Schuh daraus: Das „Wesen" der (Außen-)GbR nach 100 Jahren grundlegend zu ändern, ist dem Gesetzgeber, nicht den Gerichten vorbehalten; geschieht das, so ist es eine weitere (!) Aufgabe des Gesetzgebers zu entscheiden, ob und welche Folgeänderungen des Verfahrensrechts deshalb notwendig sind. Mit Beschluss v. 4.12.2008 hat der BGH (BGHZ 179, 102 ff.) – V. ZS – die „formelle" Grundbuchfähigkeit der GbR anerkannt, dh sie könne unter ihrem Namen als Grundstückseigentümerin oder Inhaberin eines Grundstücksrechts im Grundbuch eingetragen werden, trage sie keinen Namen, so werde sie als „GbR bestehend aus …" und den Namen ihrer Gesellschafter im Grundbuch eingetragen. Diese Rspr. hat der Gesetzgeber im ERVGBG durch Einfügung von § 47 II 1 GBO (mit Wirkung v. 18.8.2009) dahin korrigiert, dass die Eintragung der GbR allein unter ihrem Namen (ohne Eintragung der Gesellschafter) unzulässig ist, maW die GbR ist (formell) grundbuchunfähig (Böttcher NJW 2010, 1654 f.), offen lassend BGH NJW 2006, 3716 f. – Die Kammerentscheidung des BVerfG (JZ 2003, 43 f. = NJW 2002, 3533) folgt ohne Problemerfassung der Rspr. des BGH (dazu zutr. Stürner Anm. JZ 2003, 44 f.). – **Handelsrechtliche Sonderformen** der GbR sind *OHG* und *KG* (§§ 105, 161 HGB), die aber der jur. Person stark angenähert sind (RGZ 171, 52 f.; Windbichler, GesR, § 12 Rn. 5; dazu ausführlich Klingbeil AcP 217, 848 ff., insbes. zur Abgrenzung von Gesamthandsgemeinschaften und rechtsfähigen Personengesellschaften S. 876); *nicht handelsrechtliche Sonderform,* aber der OHG weitestgehend angeglichen, ist die *PartG* (§§ 7 II, 8 I PartGG). Der *nichtrechtsfähige Verein* unterliegt zwar nach § 54 S. 1 dem Gesellschaftsrecht, ist aber weitgehend dem
5 rechtsfähigen gleichgestellt (→ § 54 Rn. 12–15). **b) Gesamthandsgemeinschaften** sind die in → Rn. 4 genannten nichtrechtsfähigen Gebilde sowie Gütergemeinschaft, § 1416, und Erbengemeinschaft, § 2032. Inhaber des Gesamthandsvermögens sind alle Gesamthänder gemeinsam, nicht eine von ihnen verschiedene jur. Person. Ie bestehen sehr unterschiedliche ges. Regelungen. Die BGB-Gemeinschaft (§§ 741 ff.) ist nicht Gesamthands-, sondern *Bruchteilsgemeinschaft* (§ 741 aE).

6 **4. Entstehung.** Die Entstehung jur. Personen des Privatrechts kann vom Staat unterschiedlich stark beeinflusst werden (rechtspolitische Entscheidung!). Man unterscheidet *drei Systeme,* die praktisch nicht rein, sondern vielfältig vermischt
7 vorkommen. **a) Konzessionssystem.** Staatliche Genehmigung oder Verleihung

nötig (so für Stiftung, § 80: „Anerkennung"); → § 22 Rn. 2 zur Vereinbarkeit mit Art. 9 I GG. **b) System der Normativbestimmungen.** Allg. Erlaubnis bei Einhaltung von Mindestanforderungen, was von Staats wegen überprüft wird. Bei positivem Prüfungsergebnis schließt sich idR konstitutive Registereintragung an. So für AG (§§ 38, 41 I 1 AktG), KGaA (§ 278 III AktG), GmbH (§§ 9c, 11 I GmbHG), für Genossenschaften (§§ 11a, 13 GenG), eingeschränkt für Idealvereine (§§ 21, 55 ff.). **c) System der freien Körperschaftsbildung.** Allg. Erlaubnis wie bei → Rn. 8, aber ohne staatliche Überprüfung. Gilt für die Bundestagsfraktionen (arg. §§ 53, 54 I AbgG): rechtsfähige Vereinigungen; Landtagsfraktionen sind nach OLG Stuttgart (NJW-RR 2004, 620) nichtrechtsfähige Vereine, in der Schweiz für den Idealverein (§ 60 I SchwZGB). 8 9

5. Grenzen der Rechtsfähigkeit. a) Der satzungsgemäße Zweck begrenzt nicht (anders für jur Personen des öffentl. Rechts; BGHZ 20, 126 lässt insoweit offen, sa BGHZ 119, 242 f.; → § 89 Rn. 5), wohl aber der *Regelungsgegenstand* (zB Ehe, Verwandtschaft), *Zweck des betr. Rechtssatzes* (jur. Person kann zB nicht Schiedsrichter sein, arg. § 1036 ZPO [s. Stein/Jonas/Schlosser § 1036 ZPO Rn. 5], aber Prozessbevollmächtigte [Jauernig/Hess ZPR § 20 II 1a; jetzt § 59l BRAO: Rechtsanwaltsgesellschaft mbH]) oder *ausdr. ges. Anordnung* (zB § 56 I InsO für Insolvenzverwalter). **b) Zur Grundrechtsfähigkeit:** Art. 19 III GG. 10

6. Öffentl. Vereinsrecht. a) Es erfasst idR nicht nur Vereine iSd BGB, sondern auch die GbR usw (vgl. Art. 9 I GG). **b) Die Vereinigungsfreiheit** steht allen Deutschen als Grundrecht zu, Art. 9 I GG (zum Inhalt BVerfG NJW 1991, 2626; BGHZ 142, 311 f.), das immanent (BVerfG 30, 243) und durch Art. 9 II GG (dazu VereinsG) begrenzt ist. Ihre bes. Ausprägung ist die *Koalitionsfreiheit,* Art. 9 III GG (dazu BGH NJW 1973, 36; BAG BB 2003, 1130 f.). **c) Politische Parteien** unterstehen ohne Rücksicht auf ihre Rechtsform weithin einer Sonderregelung (Art. 21 GG; ParteienG), dennoch sind sie Vereine. 11

Untertitel 1. Vereine

Kapitel 1. Allgemeine Vorschriften

§ 21 Nicht wirtschaftlicher Verein

Ein Verein, dessen Zweck nicht auf einen wirtschaftlichen Geschäftsbetrieb gerichtet ist, erlangt Rechtsfähigkeit durch Eintragung in das Vereinsregister des zuständigen Amtsgerichts.

Lit.: Arnold, Die Kita-Beschlüsse des BGH – grenzenlose Freiheit im Vereinsrecht?, FS K. Schmidt, Band I, 2019, 37; Klingbeil, Der Begriff der Rechtsperson, AcP 217, 848; Leuschner, Der Zweck heiligt doch die Mittel! – Vereinsklassenabgrenzung nach dem Kita-Beschluss des BGH, NJW 2017, 1919; Möslein, Eine nicht wirtschaftliche Gastwirtschaft, JURA 2022, 645; Reichert, Handbuch des Vereins- und Verbandsrechts, 12. Aufl. 2009; Sauter/Schweyer/Waldner, Der eingetragene Verein, 20. Aufl. 2016; K. Schmidt, Verbandszweck und Rechtsfähigkeit im Vereinsrecht, 1984 (dazu Reuter ZHR 151, 237); Schockenhoff, Der wirtschaftlich tätige Idealverein, NZG 2017, 931; Stöber/Otto, Handbuch zum Vereinsrecht, 12. Aufl. 2021; Uffmann, Statutarische Vertretungsbegrenzung bei Stiftungs- und Vereinsvorständen, NJW 2021, 3085.

1. Allgemeines zu §§ 21–54. a) Begriff. Der Verein ist ein auf Dauer angelegter Zusammenschluss von Personen (natürlichen, jur., auch OHG, KG, nichtrechtsfähiger Verein [→ § 54 Rn. 14], nach hM auch GbR, die als Teilnehmerin am Rechtsverkehr grundsätzlich jede Rechtsposition einnehmen könne, BGHZ 116, 88; 146, 343 [dieses Versäumnisurteil ist beseitigt, → Vor § 21 Rn. 1]) zur Verwirklichung eines gemeinsamen Zwecks mit körperschaftlicher Verfassung (Vorstand, Mit- 1

gliederversammlung als Organe), Gesamtnamen, Auftreten nach außen als Einheit, Unabhängigkeit vom Mitgliederwechsel (LM Nr. 11 zu § 31). Dadurch *unterscheidet* er sich von der *BGB-Gesellschaft* (§§ 705 ff.), die zwar ähnlich wie ein Verein zB Namen und Organe besitzen kann, aber diese Kennzeichen nicht notwendig aufweisen muss. Fließende Übergänge möglich (BGH NJW 1979, 2305: Gesellschaft – nichtrechtsfähiger Verein). Zur GbR → Vor § 21 Rn. 1, 4. Die Bezeichnung, zB als Gesellschaft, Stiftung (OLG Frankfurt a. M. NJW-RR 2002, 176 f.) oder Verein (→ Rn. 5), ist für die Rechtsform nicht entscheidend (Namensbsp. in → Rn. 5). **b) § 2 VereinsG** hat anderen Vereinsbegriff, er erfasst auch die GbR, aber zB nicht
2 eine Ein-Mann-AG. **c) Der Verein iSd BGB** ist rechtsfähig (§§ 21–53) oder nicht rechtsfähig (§ 54). Bei den rechtsfähigen sind inländische (§§ 21 f.) und ausländische, bei den inländischen (auch den nichtrechtsfähigen, → § 54 Rn. 4) sind wirtschaftli-
3 che und nichtwirtschaftliche, sog. Idealvereine, zu unterscheiden. **d) Außerhalb des BGB** gibt es auch Vereine (→ Vor § 21 Rn. 3); für sie gelten §§ 21–53 grundsätzlich ebenfalls, insbes. §§ 29–31, 35, Sonderregelungen (insbes. AktG, GmbHG, GenG, VAG) vorbehalten.

4 **2. Idealverein, § 21. a) Begriff.** Der Idealverein ist die Negation des wirtschaftlichen (§ 22); denn er ist (als inländischer) eintragungsfähig (§ 21), wenn er *nicht* auf einen wirtschaftlichen Geschäftsbetrieb gerichtet ist. **Wirtschaftlichen Geschäftsbetrieb** liegt vor, „wenn der Verein planmäßig, auf Dauer angelegt und nach außen gerichtet, dh über den vereinsinternen Bereich hinausgehend, eigenunternehmerische Tätigkeiten entfaltet, die auf die Verschaffung vermögenswerter Vorteile zugunsten des Vereins oder seiner Mitglieder abzielen" (BGH NJW-RR 2018, 1376 Rn. 15; ferner NJW 1955, 422; NJW 1966, 2007; NJW 1983, 569; NJW 2017, 1943, 1944 Rn. 19; OLG Stuttgart BeckRS 2022, 9730 Rn. 8; grundlegend K. Schmidt Rpfleger 1988, 45 ff. mN; s. auch BVerwG NJW 1998, 1166; BayObLG NJW-RR 1999, 765; OLG Hamm NJW-RR 2003, 899). Absicht, Gewinn zu erzielen, ist nicht erforderlich (OLG Frankfurt a. M. NJW-RR 2006, 1698; → §§ 41–44 Rn. 5); Beispiel: Ein (nicht als gemeinnützig im Sinne der §§ 51 ff. AO anerkannter, s. dazu Möslein JURA 2022, 645) Verein, der Gastwirtschaft („Dorfkneipe") erhalten will und hauptsächlich Getränkekonsum dient, ist wirtschaftlicher Geschäftsbetrieb, auch wenn keine Gewinnausschüttung an Mitglieder vorgesehen (OLG Celle NJW 2022, 555; dazu Möslein JURA 2022, 645). Ein wirtschaftlicher Geschäftsbetrieb ist nicht eintragungshindernd, wenn er nur eine *Nebentätigkeit* gegenüber der nichtunternehmerischen Haupttätigkeit des Vereins darstellt (Nebenzweck-, besser **Nebentätigkeitsprivileg**) (RGZ 83, 232, 237; 133, 170, 176; 154, 343, 354; BGH NJW 1955, 422; NJW 1983, 569 mN; NJW 2017, 1943, 1944 Rn. 19; OLG Stuttgart BeckRS 2022, 9730 Rn. 8; BVerwG NJW 1998, 1166; BVerwG NJW 1979, 2265; dazu krit. Arnold FS K. Schmidt, 2019, 37, 38, 41, 43). Nach welchem (obj. oder subj.) Maßstab eine Tätigkeit als „Neben"-Tätigkeit qualifiziert wird, ist str. (s. Hemmerich BB 1983, 333 mN). BGH (NJW 1983, 569, 571 f. mN; NJW 2017, 1943, 1944 Rn. 19; NJW-RR 2018, 1376 f. Rn. 21 ff.; sa BVerwG NJW 1998, 1166) verwendet obj. (funktionale Unterordnung) *und* subj. Maßstab (idealer Hauptzweck). Werden die erwirtschafteten Mittel für den ideellen Zweck verwendet, liegt ein Idealverein vor (s. Arnold FS K. Schmidt, 2019, 37, 43; OLG Stuttgart BeckRS 2022, 9730 Rn. 14). Wirtschaftliche Betätigung ist weiterhin eintragungsunschädlich, soweit sie zur Verfolgung des ideellen Vereinszwecks eingesetzt wird (OLG Stuttgart BeckRS 2022, 9730 Rn. 10; enger Möslein JURA 2022, 645: Erwirtschaftung der für Betrieb des Unternehmens benötigten Einnahmen bedeutet wirtschaftliche Betätigung). Steuerliche **Gemeinnützigkeit** iSd §§ 51 ff. AO ist ein sehr starkes Indiz für Nebentätigkeitszweck des Geschäftsbetriebs, so dass dann Eintragungsfähigkeit besteht (BGH NJW 2017, 1943, 1944 Rn. 23 ff. mN und Anm. K. Schmidt JuS 2017, 776; dazu näher Leuschner NJW 2017, 1919, 1921 ff.; Schockenhoff NZG 2017, 931, 937 f.; s. auch Möslein JURA 2022, 645). Der absolute Umfang des

Geschäftsbetriebs ist für den Nebenzweck gleich; auch wirtschaftlich tätige Großvereine können eintragungsfähig sein (BGH NJW 2017, 1943, 1945 Rn. 28 ff. [Bsp. Kindertagesstätte]; zu dieser Neujustierung der Rspr. durch die Kindertagesstättenrspr. s. Arnold FS K. Schmidt, 2019, 37, 43; Leuschner NJW 2017, 1919 ff.; OLG Stuttgart BeckRS 2022, 9730 Rn. 10). Das Fehlen eines wirtschaftlichen Geschäftsbetriebs als Haupttätigkeit macht bes. Verkehrsschutz bei Idealverein entbehrlich, seine Existenz beim wirtschaftlichen Verein notwendig (darauf beruhen § 22 und die Bedeutung seiner Abgrenzung von § 21), BVerwG NJW 1998, 1166 mN. Zum Mitglieder- und AN-Schutz sowie zum Verkehrsschutz beim Verein (insbes. seit der Einführung der UG haftungsbeschränkt im Jahr 2008) s. Arnold FS K. Schmidt, 2019, 37, 38 f. mN. Entscheidend für die Einordnung ist nicht nur die Satzung des Vereins, sondern sein tatsächliches Tätigwerden (BGH NJW 2017, 1943, 1944 Rn. 19; BVerwG NJW 1979, 2265; BVerwG NJW 1998, 1166). Verwaltet ein Verein nach seinem Vereinszweck ausschließlich das Vereinsvermögen und zielt dabei auf vermögenswerte Vorteile zugunsten der Mitglieder ab (durch Auskehrungsoptionen an die Mitglieder), liegt kein ideeller Zweck vor (BGH NJW-RR 2018, 1376, Rn. 17, 19). Wirtschaftlich betätigt sich auch ein Verein, dessen Leistungsangebot sich nur an Vereinsmitglieder richtet („Binnenmarkt") (OLG Stuttgart BeckRS 2022, 9730 Rn. 9). **b) Bsp.** für **Idealverein:** Max-Planck- 5
Gesellschaft, Studienstiftung des deutschen Volkes (zur Bezeichnung → Rn. 1), Verein zur unentgeltlichen Mitgliederberatung in Lohnsteuerfragen (OLG Celle NJW 1976, 197, str.), Vereine zur Förderung allg. beruflicher ua Interessen ihrer Mitglieder wie Anwalts-, Ärzte-, Mieter-, Haus- und Grundbesitzervereine (vgl. RGZ 133, 176 f.; OLG Stuttgart OLGZ 1970, 417 f.), Werkskantinenverein (BayObLG MDR 1974, 400), ADAC (BGH NJW 1983, 569), Sportvereine (str. für Fußballgroßvereine mit Profimannschaften und Millionenumsätzen; zur Ausgliederung der Profiabteilungen in AG oder GmbH s. allg. Arnold FS K. Schmidt, 2019, 37, 45 f., der die Gründung von Kapitalgesellschaften als Tochtergesellschaften durch Idealvereine weitgehend als unproblematisch einstuft; Hemmerich BB 1983, 26 ff., auch BGHZ 85, 88 ff.). Bsp. für **wirtschaftlichen Verein:** Versicherungsverein auf Gegenseitigkeit (VVaG) ist wirtschaftlicher Verein im Sinne des § 22 S. 1, auf den, falls nicht auf abschließende Regelungen des Aktien- bzw. Genossenschaftsrechts verwiesen wird, ergänzend die Vorschriften des BGB-Vereinsrechts anzuwenden sind (BGH BeckRS 2013, 10158).

3. Eintragung. a) Eintragung (§§ 55 ff.) wirkt *konstitutiv* (§ 21); Pflicht zur 6
Anmeldung und Registrierung ist mit Art. 9 I GG vereinbar (MD Art. 9, 58, 80). Zu Eintragungsmängeln → Vor § 55 Rn. 2. **b) Vor Eintragung** besteht ein *nicht-* 7
rechtsfähiger Verein, sofern Satzungsbeschluss und Vorstandswahl erfolgten (Vorverein; davor: GbR, s. Grüneberg/Ellenberger Rn. 12). Rechte und Pflichten des Vorvereins treffen mit Eintragung (§ 21) ipso iure den rechtsfähigen Verein; denn beide Vereine sind identisch (hM, vgl. Staudinger/Schwennicke Rn. 97; → BGHZ 17, 387; BGH NZI 2021, 173, 174 f. Rn. 24). – Bes. gelagert ist die Problematik der Vorgesellschaft einer Kapitalgesellschaft (AG, GmbH) oder Genossenschaft (BGHZ 120, 105 ff.: Vor-GmbH).

§ 22 Wirtschaftlicher Verein

[1]Ein Verein, dessen Zweck auf einen wirtschaftlichen Geschäftsbetrieb gerichtet ist, erlangt in Ermangelung besonderer bundesgesetzlicher Vorschriften Rechtsfähigkeit durch staatliche Verleihung. [2]Die Verleihung steht dem Land zu, in dessen Gebiet der Verein seinen Sitz hat.

1. Allgemeines. Zum *Begriff* des wirtschaftlichen Vereins → § 21 Rn. 4. Bes. 1
bundesges. Vorschriften sind zB AktG, GenG, GmbHG. Vereinssitz: § 24. § 22 ist rechtspolitisch umstritten, teilweise wird Streichung verlangt.

2 **2. Bundesges. Vorschriften.** § 22 **setzt voraus,** dass bes. **bundesges. Vorschriften fehlen,** kraft deren ein wirtschaftlicher Verein Rechtsfähigkeit erlangen kann (Subsidiarität der §§ 22 ff.). Sie fehlen praktisch nie, weil Erwerb der Rechtsfähigkeit bei Erfüllung der ges. Normativbestimmungen (→ Rn. 1) stets möglich ist (GmbH, AG, Genossenschaft etc.). BVerwG 58, 31 f.; NJW 1998, 1166 halten § 22 (schon) für anwendbar, wenn die Erfüllung der bundesges. Normativbestimmungen wegen bes. – dh atypischer – Umstände für Vereinigung unzumutbar (zust. BGHZ 85, 89). Da solche Umstände unauffindbar sind, ist § 22 gegenstandslos (vgl. K. Schmidt AcP 182, 36; s. aber Schulze NJW 1991, 3264: GEMA; s. noch Arnold FS K. Schmidt, 2019, 37, 40). Davon abgesehen ist das Konzessionssystem (→ Vor § 21 Rn. 7) des § 22 mit Art. 9 I GG (Vereinigungsfreiheit) vereinbar (hM; iE ebenso BVerwG 58, 33 f.).

§ 23 *(aufgehoben)*

§ 24 Sitz

Als Sitz eines Vereins gilt, wenn nicht ein anderes bestimmt ist, der Ort, an welchem die Verwaltung geführt wird.

Sitz. Entspricht dem Wohnsitz (§§ 7 ff.). Eingetragener Verein muss Sitz in Satzung bestimmen (§ 57 I). *Freie Bestimmung* durch Satzung möglich (hM), § 24 gibt Hilfsregel. Satzungssitz und Verwaltungssitz können auseinanderfallen; ersterer geht vor (RG JW 1918, 305, hM), doch kann Sitzwahl rechtsmissbräuchlich sein (zB: keine Aktivitäten am Sitz), LG Berlin NJW-RR 1999, 335 f. **Mehrfacher Sitz** ist idR ausgeschlossen (MüKo-BGB/Leuschner Rn. 9; str.). Sitzverlegung ist Satzungsänderung (für eV §§ 57 I, 71).

§ 25 Verfassung

Die Verfassung eines rechtsfähigen Vereins wird, soweit sie nicht auf den nachfolgenden Vorschriften beruht, durch die Vereinssatzung bestimmt.

1 **1. Allgemeines. a) Die Verfassung** als „GG" des Vereinslebens muss für dieses die Grundentscheidungen enthalten (BGHZ 105, 313 ff.); was dazugehört, ist str. (vgl. BGH WM 1984, 553; Reuter ZHR 148, 523 ff.), jedenfalls Bestimmungen über Namen, Sitz, Zweck des Vereins, Beitragspflicht, Erwerb und Ende der Mitgliedschaft, Bildung und Kompetenzen der Vereinsorgane. Die Verfassung wird bestimmt durch die Satzung (für eV vgl. §§ 57 f.; BGHZ 105, 313) und durch zwingende und satzungsergänzende ges. Vorschriften (§ 40 mit §§ 26 ff.) sowie dispositives Gesetzesrecht, soweit nicht Satzung spezielle Regelungen trifft. Zwingend ist auch die Gleichbehandlung der Mitglieder (vgl. BGHZ 55, 387 und → § 35
2 Rn. 2). **b) Satzung.** Ihre Rechtsnatur ist str. (Vertrag; obj. Rechtsnorm von Anfang an oder sobald Verein entstanden ist), unbedachte begriffsjur. Ableitung von Rechtsfolgen gefährlich (zB bzgl. § 305 I 1). Satzungsinhalt ist begrenzt durch zwingendes Vereinsrecht (→ Rn. 1), §§ 134, 138. Nichtigkeit ohne weiteres beachtlich (BGH NJW 1971, 880). Bei Nichtigkeit einer Einzelbestimmung bleibt Satzung, wenn möglich, iÜ bestehen, § 139 gilt nicht (BGHZ 47, 180). Auslegung nur einheitlich und aus der Satzung selbst heraus (BGHZ 113, 240) unter Berücksichtigung dessen, was die Satzungsadressaten als solche wissen (BGHZ 63, 290); § 133 anwendbar (BGHZ 96, 250), wegen möglichen Wechsels der Mitglieder entscheidet Empfängerhorizont. Wortlaut ist in seiner typischen Bedeutung, andere Umstände sind nur eingeschränkt auslegungsrelevant; eine teleologische Auslegung hat sich an objektiv bekannten Umständen auszurichten (BGHZ 106, 67 = NJW 1989, 1212; OLG München NJW-RR 2016, 555 Tz. 9). Leitlinien der Auslegung geben Vereinszweck und wohlverstandene Mitgliederinteressen (OLG München NJW-RR 2016, 555

Tz. 9 mwN). Satzungen sozialmächtiger Vereine sind auf inhaltliche Angemessenheit (§ 242) überprüfbar (BGHZ 142, 306 mN). Willensmängel der Gründer berühren Bestand der Satzung nicht (BGHZ 47, 180).

2. Vereinsstrafe. a) Als privatrechtliche Straf- oder Disziplinarmaßnahme richtet sie sich gegen *Verletzung von Mitgliedspflichten.* Sie muss zZ der Pflichtverletzung (BGHZ 55, 385) in der Satzung rechtsgültig (§§ 134, 138!) vorgesehen sein (BGHZ 21, 373) und **Bestimmtheitsgebot** erfüllen (Art. 20 III GG, s. BGH NJW 2022, 245, 250 Rn. 52 mwN), sowohl tatbestandsmäßig (Generalklausel, zB wichtiger Grund, genügt, sofern die Norm hinreichend auslegungsfähig ist, s. BGH NJW 2022, 245, 250 Rn. 52 mwN), als auch der Art nach (zB Verweis, Geldstrafe, [Straf-] Ausschluss, der vom Kündigungsausschluss, dem Gegenstück zum Vereinsaustritt [→ BGHZ 9, 162; str.], zu unterscheiden ist, vgl. Reuter NJW 1987, 2401 ff.). Die Umsetzung einer von einem übergeordneten Dachverband vorgesehenen Disziplinarmaßnahme gegenüber dem Mitglied eines nachgeordneten Vereins, das selbst nicht Mitglied des Dachverbands ist, bedarf entweder einer Grundlage in der Satzung des nachgeordneten Vereins oder einer sonstigen Anerkennung dieser Möglichkeit durch dessen Mitglied (BGH NJW 2017, 402, 405 Rn. 40 f. zum Deutschen Fußballbund eV **[DFB]** und seines Dachverbands Fédération Internationale de Football Association **[FIFA]**). Verhalten Dritter ist dem Mitglied idR nur bei entspr. Satzungsinhalt zurechenbar (BGH NJW 1972, 1893). Verschulden des Mitglieds ist stets erforderlich, § 278 gilt nicht (MüKo-BGB/Leuschner Rn. 72; aA BGHZ 29, 359; NJW 1972, 1893). Vereinsstrafe nur gegen Mitglieder während Mitgliedschaft möglich (BGH MDR 1980, 737; aber vertragliche Unterwerfung eines Nichtmitglieds unter Vereinsgewalt möglich, BGHZ 128, 96 f.; BAG NJW 1980, 470 [dann Vertrags-, nicht Vereinsstrafe]; aA [beide Wege sind eröffnet] BGHZ 128, 93, 96 f.). Satzungsgemäßes Verfahren ist einzuhalten, rechtliches Gehör stets zu gewähren (BGHZ 55, 391). Zur Entscheidung kann kraft Satzung Vorstand (einschr. BGHZ 90, 94 f.), Mitgliederversammlung, Vereins„gericht" (§§ 1025 f. ZPO sind anwendbar, BGHZ 159, 210 f.) berufen sein. **b) Gerichtl. Kontrolle** ist nur durch Bestellung eines (wirklichen) *Schiedsgerichts* abdingbar. Die Schiedsklausel gehört im Wesentlichen in die Satzung (BGHZ 88, 316); § 1066 ZPO gilt bei Freiheit des Ein- und Austritts grundsätzlich entspr. (nach aA: direkt), mangelt es daran, so gilt § 1031 ZPO. Zum fr. Recht (§§ 1027, 1048 aF ZPO) BGHZ 144, 148 ff.; zu §§ 1066, 1031 ZPO im Anschluss an BGHZ 144, 146 ff. differenzierend und verallgemeinernd Stein/Jonas/Schlosser § 1066 ZPO Rn. 10–13; sa BGHZ 159, 211. Mit der Unterzeichnung der Wettkampfmeldung durch Sportler gegenüber einem Sportverband kann im Einzelfall eine Schiedsvereinbarung nach §§ 1025 ff. ZPO zugunsten des Schiedsgerichts **Court of Arbitration for Sport** (CAS) in Lausanne getroffen werden. Es stellt keinen Missbrauch der Marktmacht des Sportverbands dar, wenn er die Teilnahme eines Athleten an einem Sportwettkampf von der Unterzeichnung einer Schiedsvereinbarung abhängig macht, in der gemäß den Anti-Doping-Regeln der CAS als Schiedsgericht vorgesehen ist. Denn die Verfahrensordnung des CAS 2016 enthält ausreichende Garantien für die Wahrung der Rechte der Athleten, und die Schiedssprüche des CAS unterliegen einer Kontrolle durch das SchweizBG (BGHZ 210, 292 = NJW 2016, 2266 Rn. 23 ff. – Fall Claudia Pechstein). – Gerichtl. Kontrolle von Entscheidungen eines *„Vereinsgerichts"* ist grundsätzlich erst möglich, wenn vereinsinterner Instanzenzug durchlaufen (BGHZ 128, 109 f.). Die *Tatsachenermittlung* unterliegt uneingeschränkt gerichtl. Nachprüfung (BGHZ 87, 344 gegen fr.), daher sind jedenfalls im Vereinsstrafverfahren die Strafgründe konkret zu benennen (BGH NJW 1990, 41 f.). IÜ wird nach hM der Strafbeschluss wegen der Vereinsautonomie nur auf Ges- und Sittenwidrigkeit (bei Aufnahmezwang auch das Vorliegen eines sachlichen Grundes zum Ausschluss, BGH NJW 1997, 3370), auf formelle Ordnungsmäßigkeit (dazu gehören ua satzungsmäßige Grundlage, Einhaltung des vorgesehenen Verfahrens und allg. gültiger Verfahrensgrundsätze wie das rechtliche Gehör) und auf offenbare Unbilligkeit geprüft (BGH NJW 1997, 3368; stRspr). **c) Kritik.** Die Strafgewalt des Vereins 5

über seine Mitglieder beruht auf deren *Unterwerfung durch Beitritt* (BGHZ 13, 11; 47, 385; abl. Soergel/Hadding Rn. 38 mN: Vertrags-, nicht Vereinsstrafe). Unterwerfung durch Beitritt kann aber Strafgewalt nur rechtfertigen, wenn Beitritt willkürlich. Willkür als Freiheit von Sachzwängen fehlt, wenn Mitgliedschaft von so erheblicher Bedeutung ist, dass für Verein idR Aufnahmezwang (→ § 38 Rn. 2) besteht. Hier sind Vereinsstrafen unzulässig; es gibt nur tatbestandsabhängige „Vertrags"-Geldstrafe iSv § 343 statt Vereinsgeldstrafe, nur Kündigung aus wichtigem Grund statt Ausschließung, alles gerichtl. voll überprüfbar (zum Zusammenhang von Aufnahmezwang und richterlicher Prüfung sa BGH NJW 1991, 485 [dazu BVerfG NZA 1993, 655]; 94, 43); zur Bestellung eines Schiedsgerichts gem. § 1066 ZPO → Rn. 4. Für verbleibende Vereinsstrafen ist eine erweiterte gerichtl. Kontrolle in tatsächlicher und rechtlicher Hinsicht angebracht (Meyer-Cording JZ 1959, 652 f. mwN; für umfassende
6 Kontrolle Beuthien BB 1968, Beil. 12). **d) Ausschluss aus politischer Partei** richtet sich nach § 10 IV, V, 14 ParteienG (s. BVerfG NJW 2002, 2227 f.), nicht „allg." Vereinsstrafrecht (ungenau BGH NJW 1994, 2611 f.).

7 **3. Sonstige Beschlüsse. Andere als Strafbeschlüsse.** (→ Rn. 3–5) sind nur auf Ges-, Satzungs-, Sittenwidrigkeit und offenbare Unbilligkeit zu prüfen (LM Nr. 2 zu § 35; Ausnahme → § 35 Rn. 3).

§ 26 Vorstand und Vertretung

(1) [1]**Der Verein muss einen Vorstand haben.** [2]**Der Vorstand vertritt den Verein gerichtlich und außergerichtlich; er hat die Stellung eines gesetzlichen Vertreters.** [3]**Der Umfang der Vertretungsmacht kann durch die Satzung mit Wirkung gegen Dritte beschränkt werden.**

(2) [1]**Besteht der Vorstand aus mehreren Personen, so wird der Verein durch die Mehrheit der Vorstandsmitglieder vertreten.** [2]**Ist eine Willenserklärung gegenüber einem Verein abzugeben, so genügt die Abgabe gegenüber einem Mitglied des Vorstands.**

1 **1. Allgemeines.** § 26 ist *satzungsfest,* § 40. Vorstand ist nur, wer den Verein satzungsgemäß nach außen vertritt (I 2). Das ist oft nicht der Vorstand iSd Satzung (vgl. aber § 58 Nr. 3 für eV), sondern ein engerer Personenkreis oder eine Einzelperson. Vertretungsmacht beruht auf Organstellung. Vorstand wird ges. Vertreter genannt (I 2 HS 2; → § 164 Rn. 6), obwohl nicht er für den Verein, sondern der Verein durch ihn handelt, der Verein also handlungsfähig ist (Staudinger/Schwennicke Rn. 17, 18, Vor §§ 21 ff.: Organtheorie, hM; → Vor § 21 Rn. 2; → § 31 Rn. 1). – Wegen **COVID 19-Pandemie** sah § 5 I Nr. 1 COVMG eine temporäre Sonderregelung für ab dem 1.1.2020 bis zum Ablauf des 31.8.2022 ablaufende Bestellungen von Vorständen von Vereinen und Stiftungen (§ 7 V COVMG) vor. Danach bleibt ein Vorstandsmitglied eines Vereins oder einer Stiftung auch nach Ablauf seiner Amtszeit bis zu seiner Abberufung oder bis zur Bestellung seines Nachfolgers im Amt, auch wenn die Satzung dies nicht regeln sollte. Dazu Schmidt, Covid-19, 2020, § 8; krit dazu Segna npoR 2020, 148, 148 f. (pauschale Regelung, die das Bestehen eines ordnungsgemäßen und aktionsfähigen Restvorstands nicht berücksichtige).

2 **2. Bildung und Zusammensetzung.** Wird durch Satzung geregelt. Schweigt sie, so entscheidet die Mitgliederversammlung (§§ 27 I, 40). Vorstandsmitglied muss nicht Vereinsmitglied sein („Drittorganschaft"), Satzung kann es aber vorschreiben.

3 **3. Vertretungsmacht. a) Umfang** ist grundsätzlich nur durch eindeutige (BGH NJW-RR 1996, 866; NJW 2021, 2036, 2040 Rn. 38) Satzungsbestimmung **einschränkbar (I 3),** bei eV gilt § 70. Nach BGH NJW 2021, 2036, 2039 Rn. 32 ff. mwN (zum Stiftungsrecht 2022 ergangen, Erwägungen gelten aber auch für § 26

in direkter Anwendung auf den Verein; ebenso Uffmann NJW 2021, 3085, 3088 f. Rn. 27; BeckOGK/Segna Rn. 26 f., kritisch aber Rn. 33) wird Vertretungsmacht des Vorstands **nicht** generell durch **Satzungszweck beschränkt,** selbst wenn Handeln für Dritte offensichtlich völlig außerhalb des Vereinszwecks liegt (aA noch 18. Aufl. mwN). In diesem Fall liegt aber idR **Missbrauch** der **Vertretungsmacht** vor. – Vertretungsmacht auch gegeben, wenn Vorstand seine organschaftliche Kompetenz durch Eingriff in die **Kompetenz** eines anderen Organs überschreitet (zB durch Verpflichtung zur Satzungsänderung, wofür Mitgliederversammlung zuständig ist) (ebenso BeckOGK/Segna Rn. 28 f.; kritisch Uffmann NJW 2021, 3085, 3088 Rn. 27; aA noch 18. Aufl.; BGH JZ 1953, 475; AG Wuppertal BeckRS 2017, 112189 Rn. 40). Denn die anglo-amerikanischen Rechtskreis entstammende Ultra-vires-Lehre ist deutschem Recht unbekannt (dazu BGH NJW 2021, 2036, 2040 Rn. 35 mwN). **Beachte I 3:** Begrenzung der Vertretungsmacht durch **Satzungsbestimmung,** welche die **Vertretungsmacht** auf gemeinnützigen Satzungszweck ausdrücklich, klar und eindeutig **begrenzt,** ist zulässig (BGH NJW 2021, 2036, 2040 Rn. 37). Gleiches gilt für ebenso klar geregelte Begrenzung der Vertretungsmacht in der Satzung auf satzungsmäßigen Kompetenzbereich des Vorstands. **b) Bei** 4
mehrköpfigem Vorstand gilt das Mehrheitsprinzip, II 1 (zB drei von fünf), sofern Satzung nicht Gesamtvertretung (alle zusammen) oder Einzelvertretung (jeder allein, BGHZ 69, 252 ff.) vorsieht (→ § 167 Rn. 5). **Passivvertretung** ist zwingend (§ 40) Einzelvertretung, II 2; → § 167 Rn. 5 (b). II 2 gilt entspr. für Kenntnis und Kennenmüssen rechtserheblicher Tatsachen (BGHZ 109, 330 f. mN zu § 28 II aF).
c) Im Innenverhältnis (vgl. § 27 III) kann Vertretungsbefugnis eingeschränkt sein. 5
Bei mehrköpfigem Vorstand decken sich der Umfang von Geschäftsführungsbefugnis und Vertretungsmacht (und umgekehrt), außer bei abw. Satzung (BGHZ 119, 381).

§ 27 Bestellung und Geschäftsführung des Vorstands

(1) **Die Bestellung des Vorstands erfolgt durch Beschluss der Mitgliederversammlung.**

(2) **[1]Die Bestellung ist jederzeit widerruflich, unbeschadet des Anspruchs auf die vertragsmäßige Vergütung. [2]Die Widerruflichkeit kann durch die Satzung auf den Fall beschränkt werden, dass ein wichtiger Grund für den Widerruf vorliegt; ein solcher Grund ist insbesondere grobe Pflichtverletzung oder Unfähigkeit zur ordnungsmäßigen Geschäftsführung.**

(3) **[1]Auf die Geschäftsführung des Vorstands finden die für den Auftrag geltenden Vorschriften der §§ 664 bis 670 entsprechende Anwendung. [2]Die Mitglieder des Vorstands sind unentgeltlich tätig.**

1. Allgemeines. a) Bestellung. Sie bedarf der Zustimmung des Bestellten (hM, 1
vgl. BGH NJW 1975, 2101). **I** abdingbar, § 40. Satzung kann Bestellung durch Dritten vorsehen (zB Aufsichtsrat, Kooptation), sofern Mitgliederversammlung andere wichtige Befugnisse behält. Mangels abw. Satzung sind Bestellungs- und Anstellungsorgan identisch (BGHZ 113, 241 ff.). **b) Ende des Amtes.** Widerruf 2
aus wichtigem Grund stets möglich, **II** (satzungsfest: § 40); zuständig: wer bestellt (→ Rn. 1) oder wen Satzung bestimmt (s. BGHZ 90, 95). Widerruf mit Kenntnisnahme durch Vorstand wirksam (BGH NJW 2021, 2360, 2361 Rn. 12), Eintragung ins Vereinsregister nur deklaratorisch (BGH NJW 2021, 2360, 2361 Rn. 13). Bsp. für weitere Endigungsgründe: Ende der Vereinsmitgliedschaft (OLG Celle MDR 1980, 576) oder der Amtszeit (wenn in der Satzung bestimmt), Tod, Amtsniederlegung (sie liegt idR in der Kündigung des Anstellungsverhältnisses und ist bei unentgeltlicher Tätigkeit jederzeit, § 671 I [s. aber dort II], sonst gem. §§ 621 f., 626 f. möglich).

2. Innenverhältnis (III). Im Innenverhältnis gilt Auftragsrecht; abdingbar, § 40. 3
Auskunftspflicht gegenüber einzelnem Mitglied nur in Mitgliederversammlung (KG

NJW-RR 1999, 1486 mN). Entlastung des Vorstands ist Verzicht auf etwaige Ersatzansprüche (vgl. BGHZ 106, 202; anders § 120 II 2 AktG), die bei sorgfältiger Prüfung erkennbar waren (BGH NJW-RR 1988, 748 mN). Zuständig ist das durch die Satzung bestimmte Organ. Anspruch auf Entlastung besteht nicht (OLG Köln NJW-RR 1997, 483). **III 2** ist seit 1.1.2015 in Kraft, wurde durch das Ges. zur Stärkung des Ehrenamts eingeführt (BGBl. 2013 I 556). Entgeltzahlung an Vorstand nur bei entsprechender Satzungsvorschrift zulässig, sonst ist es eine Pflichtverletzung. Pauschalierter, angemessener Aufwendungsersatz (Kommunikations- und Fahrtkosten etc) ist kein Entgelt (Grüneberg/Ellenberger Rn. 5).

§ 28 Beschlussfassung des Vorstands

Bei einem Vorstand, der aus mehreren Personen besteht, erfolgt die Beschlussfassung nach den für die Beschlüsse der Mitglieder des Vereins geltenden Vorschriften der §§ 32 und 34.

Beschlussfassung eines mehrköpfigen Vorstands. Richtet sich nach der Satzung (§ 40), hilfsweise nach § 28 (s. Anm. zu §§ 32, 34). Dazu BGHZ 69, 252 ff.

§ 29 Notbestellung durch Amtsgericht

Soweit die erforderlichen Mitglieder des Vorstands fehlen, sind sie in dringenden Fällen für die Zeit bis zur Behebung des Mangels auf Antrag eines Beteiligten von dem Amtsgericht zu bestellen, das für den Bezirk, in dem der Verein seinen Sitz hat, das Vereinsregister führt.

1 **1. Voraussetzungen.** Ohne beschluss- und vertretungsfähigen Vorstand ist der Verein gelähmt, daher § 29. **a) Fehlen der erforderlichen Mitglieder,** dh der Vorstand ist durch Tod, Amtsniederlegung, längere schwere Krankheit oder sonstige dauernde Verhinderung eines oder mehrerer Mitglieder *beschlussunfähig oder* (genügend im Einzelfall nach §§ 28, 34 oder § 181) *vertretungsunfähig.* Bestellung eines Prozesspflegers (§ 57 ZPO) ist gegenüber § 29 subsidiär. **b) Dringlichkeit** hängt von den Umständen ab (Bsp. in OLG Zweibrücken NJW-RR 2001, 1058; OLG München BB 2007, 2312). **c) Fehlen muss behebbar** sein. Daher darf Verein nicht offenkundig beendet sein (vgl. OLG Frankfurt a. M. JZ 1952, 565 für GmbH).

2 **2. Anwendungsbereich.** Alle jur. Personen des Privatrechts (BGHZ 18, 337: Genossenschaft; OLG München BB 2007, 2312: GmbH), Sondervorschriften vorbehalten (zB § 85 AktG), ferner nichtrechtsfähiger Verein (LG Berlin NJW 1970, 1047 mN; str.); *nicht:* OHG, KG (differenzierend Soergel/Hadding Rn. 3), politische Parteien (OLG Hamm NJW-RR 1989, 1533; aA MüKo-BGB/Leuschner Rn. 6 mN); GbR (BGH NJW 2014, 3779: keine analoge Anwendung von § 29 auf GbR, jedenfalls wenn sie keine Publikumsgesellschaft ist).

3 **3. Verfahren.** Zur Zuständigkeit § 55, § 3 Nr. 1 Buchst. a RPflG, § 377 FamFG. Verfahren: §§ 378 ff. FamFG.

4 **4. Wirkung.** Der Bestellte tritt an die Stelle des fehlenden Vorstands(mitglieds). Eintragung wird mit Vollzug im Register wirksam (§ 384 I mit § 382 I 2 FamFG; Bumiller/Harders/Schwamb § 382 Rn. 13). Wirksame Bestellung darf Prozessrichter nicht nachprüfen (BGHZ 24, 51). Bestellung verpflichtet nicht zur Amtsführung; dazu Annahme nötig. Bestellung **endet** bei befristeter Bestellung mit Fristablauf, sonst mit Behebung des Mangels (zB Bestellung eines neuen Geschäftsführers der GmbH). Der Notvorstand hat Vergütungsanspruch gegen Verein (BayObLG NJW 1981, 996). Das AG kann Bestellung aufheben; ob nur und auf wessen Antrag, ist str.

§ 30 Besondere Vertreter

[1]Durch die Satzung kann bestimmt werden, dass neben dem Vorstand für gewisse Geschäfte besondere Vertreter zu bestellen sind. [2]Die Vertretungsmacht eines solchen Vertreters erstreckt sich im Zweifel auf alle Rechtsgeschäfte, die der ihm zugewiesene Geschäftskreis gewöhnlich mit sich bringt.

1. Allgemeines. § 30 ist *satzungsfest,* § 40. Bedeutung des § 30 folgt aus § 31 1
(Haftung! RGZ 162, 166); er gilt daher wie § 31 auch für jur. Personen des § 89 und nichtrechtsfähige Vereine (→ § 54 Rn. 13). Um § 31 anwenden zu können, nimmt die Rspr. Pflicht zur Bestellung nach § 30 an, bei deren Verletzung Bestellung fingiert wird (dazu → § 31 Rn. 4).

2. Besonderer Vertreter. a) Bestellung nur zulässig, wenn es Satzung erlaubt. 2
Genügend, dass sie Geschäftskreis vorsieht, der bes. Vertreter benötigt (BGH NJW 1977, 2260). Begriff des Vertreters in § 31 ist weiter (→ § 31 Rn. 3). **b) Bes. Ver-** 3
treter ist Vereinsorgan und nach außen im zugewiesenen, örtlich oder sachlich beschränkten Geschäftsbereich selbständig, zB als Zweigstellenleiter (BGH NJW 1977, 2260, aber auch 84, 922 und → § 31 Rn. 3). Keine Eintragung (arg. § 67; aA BayObLG Rpfleger 1981, 310 bei Bestellung in der Satzung). **c) Vertretungs-** 4
macht zur Vornahme von RGeschäften ist „iZw", dh *grundsätzlich, beschränkt* auf übliche Geschäfte des zugewiesenen Bereichs (s. S. 2). Erweiterung unzulässig. Sie kann entspr. § 26 I 3 in der Satzung beschränkt werden. Drittwirksamkeit gem. §§ 70, 68 setzt nach § 64 S. 2 Eintragung ins Vereinsregister voraus (Soergel/Hadding Rn. 10).

§ 31 Haftung des Vereins für Organe

Der Verein ist für den Schaden verantwortlich, den der Vorstand, ein Mitglied des Vorstands oder ein anderer verfassungsmäßig berufener Vertreter durch eine in Ausführung der ihm zustehenden Verrichtungen begangene, zum Schadensersatz verpflichtende Handlung einem Dritten zufügt.

1. Allgemeines. § 31 *gibt nicht selbst Schadensersatzanspruch,* sondern setzt zum 1
Schadensersatz verpflichtende Handlung eines verfassungsmäßigen Vertreters voraus (BGHZ 99, 302). Sie kann schuldlos, zB § 231, sogar rechtmäßig, zB § 904, sein. § 31 **rechnet** der jur. Person die Handlung **als eigene zu** (Unterschied zu § 278) ohne Exkulpationsmöglichkeit (Unterschied zu § 831); die „Organperson" ist weder Erfüllungs- noch Verrichtungsgehilfe. Daher nur entweder §§ 278, 831 oder § 31 (aber möglich Haftung nach § 31 iVm § 831 bei Auswahlverschulden der Organperson) anwendbar (für § 278 hM, vgl. Soergel/Hadding Rn. 4 mN; aA BGH NJW 1977, 2260 f.; Flume I 2 § 11 III 5). § 31 ist *satzungsfest* (§ 40); vertraglich abdingbar nur Haftung für Fahrlässigkeit, § 276 III (§ 278 S. 2 unanwendbar; str., vgl. o). Verfassungsmäßiger Vertreter kann neben jur. Person haften, zB nach § 823 (mit §§ 840, 421 ff.); s. BGH NJW 1996, 1536; einschr. Dreher ZGR 1992, 22 ff.

2. Tatbestand. a) Anwendungsbereich. Gilt für alle jur. Personen, auch des 2
öffentl. Rechts (§ 89), nichtrechtsfähige Vereine (→ § 54 Rn. 13), gewohnheitsrechtlich analog für OHG, KG, entspr. für Partnerschaftsgesellschaft (außer bei Haftungskonzentration gem. § 8 II PartGG: Henssler FS Vieregge, 1995, 361 ff.; Ulmer/Habersack FS Brandner, 1996, 154), EWIV; zur GmbH & Co. KG s. BGH NZG 2018, 220, 221 Rn. 16; ebenso für die Außen-GbR, wenn man sie als „beschränkt" rechtsfähig ansieht (dazu krit. → Vor § 21 Rn. 1, 4), und sie neben einer gewissen Verselbständigung des Gesellschaftsvermögens auch eine solche der für die Gesellschaft handelnden „Organe" (s. MüKo-BGB/Schäfer § 714 Rn. 16, 17) gegenüber den „schlichten" Gesellschaftern aufweist (MüKo-BGB/Schäfer § 705 Rn. 263, 264; K. Schmidt NJW 2001, 998; BGHZ 154, 93 ff.; 172, 173 ff. [für Anwaltssozietät]);

ferner für Insolvenzmasse betr. Handlungen des Verwalters, weil Rechtslage ähnlich wie bei OHG (sa BGH NJW-RR 2006, 696; NJW 2018, 2125, 2128). Zur Haftung einer abordnenden Gesellschaft bei Doppelmandatschaft eines abgeordneten Organwalters s. Frystatzki, § 31 bei **Doppelmandatschaft,** 2019. Unanwendbar auf die natürliche Einzelperson (LM Nr. 34 zu § 164; str.). Keine Haftung einer **WEG** im Innenverhältnis ggü. einzelnem Wohnungseigentümer analog § 31 für Pflichtverletzungen des WEG-Verwalters bei der Durchführung von WEG-Beschlüssen (BGH NJW 2018, 3305, 3306 f. Rn. 8 ff., 11 ff.; anders noch NJW 2015, 613, 616 Rn. 25). Im Außenverhältnis haftet WEG einem Dritten ggü. analog §§ 31, 89 für pflichtwidriges schuldhaftes Handeln des Verwalters (BGH NJW 2012, 2955, 2957 Rn. 18).
3 **b) Ein verfassungsmäßig berufener Vertreter** muss handeln. Ds: Vorstand, dessen Mitglieder, Vertreter nach § 30 (→ § 30 Rn. 3) sowie (in Erweiterung der Organzur Repräsentantenhaftung) solche Vertreter im untechnischen Sinn (→ § 30 Rn. 4), die nicht auf Grund Satzung (anders § 30), sondern nur kraft allg. Betriebsregelung und Handhabung wichtige Aufgabenbereiche selbständig und eigenverantwortlich erfüllen und so die jur. Person usw (→ Rn. 2) repräsentieren (Grund der Ausdehnung: Ausschluss der Exkulpation gem. § 831; sa KG BB 1996, 2427), BGH NJW 1998, 1856 mN. Denn jur. Person kann nicht selbst entscheiden, für wen sie ohne Entlastungsmöglichkeit haften will (BGH NJW 2013, 3366). Bsp: Zweigstellenleiter ohne satzungsmäßige Verankerung (sonst § 30), OLG Nürnberg NJW-RR 1988, 1319 mN (→ § 30 Rn. 3); (Kliniks-, auch Abteilungs-)Chefarzt (BGHZ 101, 218); Sozius einer Anwaltssozietät, auch einer Scheinsozietät (BGHZ 172, 174 f.); Leiter der Entwicklungsabteilung eines großen, weltweit tätigen Automobilherstellers (BGH NJW 2020, 1962, 1966 Rn. 33). Selbständiger Handelsvertreter fällt unter § 31, wenn er über eine entsprechende Abschlussvollmacht und Inkassobefugnis verfügt „oder sonst eine in der Hierarchie des Unternehmens herausgehobene Position als Führungskraft innehat" (BGH NJW 2013, 3366; BeckRS 2013, 141429 mwN). Hat **andere Person**
4 gehandelt, so Haftung nach §§ 278, 831 möglich (→ Rn. 1). **c) Einen Organisationsmangel** nimmt die Rspr. (BGH NJW 1980, 2811; 82, 1145 mN) an, wenn für die Aufgaben mit selbständiger Entscheidung und entspr. Eigenverantwortung in größerem Handlungsbereich kein bes. Vertreter bestellt ist, für den die jur. Person ohne Exkulpationsmöglichkeit (§ 831!) gem. §§ 30, 31 haften würde. Folge: Die unterbliebene Bestellung wird fingiert (BGH NJW 1998, 1857; NJW-RR 1998, 252), führt aber nur bei Kausalität zur („Fiktions"-)Haftung (BGH NJW 1982, 1145). Die Fiktionshaftung ist entbehrlich, wenn und weil die Ausdehnung des Vertreterbe-
5 griffs iSv § 31 (→ Rn. 3) zur Haftung nach § 31 (zumindest analog) führt. **d) In Ausführung,** nicht nur bei Gelegenheit *der ihm zustehenden Verrichtung* muss der Vertreter handeln. Nötig ist enger obj. Zusammenhang zwischen Handlung und Verrichtung, der auch bei Auftragsüberschreitung oder vorsätzlicher unerlaubter Handlung bestehen kann (BGHZ 172, 175; NJW 1998, 1857; für § 89: NJW 1986, 2940). Liegt darin zugleich ein rechtsgeschäftliches Handeln ohne Vertretungsmacht (→ § 164 Rn. 7, 8), so stellt § 179 den Verein usw (→ Rn. 2) von der Haftung frei; str. ist, ob und wieweit der Verein dennoch gem. § 31 für Schadensersatzpflicht des Vertreters aus §§ 179, 823 ff., cic haften muss (nein: Coing FS R. Fischer, 1979, 65 ff.;
6 ja: BGHZ 98, 151 f. für §§ 823 II, 826; allg. ja: Flume I 2 § 11 III 3 mN). **e) Dritter** kann auch ein Mitglied des Vereins sein (BGH NJW 1990, 2878); Vorstandsmitglied dann, wenn es nicht selbst iSv § 31 (mit-)verantwortlich gehandelt hat (BGH NJW 1978, 2390).

§ 31a Haftung von Organmitgliedern und besonderen Vertretern

(1) [1]**Sind Organmitglieder oder besondere Vertreter unentgeltlich tätig oder erhalten sie für ihre Tätigkeit eine Vergütung, die 840 Euro jährlich nicht übersteigt, haften sie dem Verein für einen bei der Wahrnehmung ihrer Pflichten verursachten Schaden nur bei Vorliegen von Vorsatz oder grober Fahrlässigkeit.** [2]**Satz 1 gilt auch für die Haftung gegenüber den Mit-**

gliedern des Vereins. [3]Ist streitig, ob ein Organmitglied oder ein besonderer Vertreter einen Schaden vorsätzlich oder grob fahrlässig verursacht hat, trägt der Verein oder das Vereinsmitglied die Beweislast.

(2) **[1]Sind Organmitglieder oder besondere Vertreter nach Absatz 1 Satz 1 einem anderen zum Ersatz eines Schadens verpflichtet, den sie bei der Wahrnehmung ihrer Pflichten verursacht haben, so können sie von dem Verein die Befreiung von der Verbindlichkeit verlangen. [2]Satz 1 gilt nicht, wenn der Schaden vorsätzlich oder grob fahrlässig verursacht wurde.**

Lit.: Arnold, Die Kita-Beschlüsse des BGH – grenzenlose Freiheit im Vereinsrecht?, FS K. Schmidt, Band I, 2019, 37; Bruschke, Entschärfung von Haftungsrisiken im Idealverein durch das „Ehrenamtsstärkungsgesetz", SteuK 2013, 243; Leuschner, Das Haftungsprivileg der §§ 31a, 31b BGB, NZG 2014, 281; Reschke, § 31a BGB – ein neuer Anwendungsfall der gestörten Gesamtschuld, DZWir 2011, 403; Piper, Die Haftung von ehrenamtlich tätigen Organen und § 31a BGB, WM 2011, 2211; ders., Die Haftung von ehrenamtlich tätigen Vereinsmitgliedern, NJ 2012, 236; Saenger/Tönnies, Die Rechtsfähigkeit der Gemeinschaft der Wohnungseigentümer nach der Neuregelung des § 9a WEG, JA 2022, 617; Unger, Neue Haftungsbegrenzungen für ehrenamtlich tätige Vereins- und Stiftungsvorstände, NJW 2009, 3269.

1. Zweck. Zweck der Haftungsbegrenzung ist die **Förderung ehrenamtlicher Tätigkeit** als Vereinsvorstand oder besonderer Vertreter **(Organperson).** Haftungsbegrenzung ist zentraler Unterschied zu wirtschaftlich tätigen Gesellschaften (Arnold FS K. Schmidt, 2019, 37, 39 f.). Voraussetzung ist nach I (entspr. II) eine unentgeltliche Tätigkeit oder eine jährliche Vergütung von maximal seit 1.4.2021 (Art. 10, 12 Abs. 5 Ges. v. 30.3.2021, BGBl. I 2021 607) 840 Euro (Vergütung ist jede Geld- oder Sachleistung, Gewährung geldwerter Vorteile, zB freier Eintritt zu an sich kostenpflichtigen Veranstaltungen des Vereins). § 31a ist bis auf I 2 (Haftung gegenüber anderen Vereinsmitgliedern) zwingend (§ 40 S. 1; nicht bei weitergehender Privilegierung des Vereinsmitglieds: OLG Nürnberg NJW-RR 2016, 153, 154 f.; ebenso Grüneberg/Ellenberger Rn. 4), wurde mWv 3.10.2009 durch Ges. v. 28.9.2009 (BGBl. I 3161) eingeführt. MWv 29.3.2013 durch Ges. v. 21.3.2013 (BGBl. I 556, → § 27 Rn. 3) neu gefasst. 1

2. Tatbestand. In Wahrnehmung ihrer Organspflichten muss die Organperson den Schaden vorsätzlich oder grob fahrlässig verursacht haben (→ § 31 Rn. 5 gilt entspr.). Organpersonen sind Vorstandsmitglieder (§ 26) und besondere Vertreter (§ 30), aber auch Mitglieder eines fakultativen Vereinsgremiums wie Präsidium, Kuratorium, Bei-, Aufsichts- oder Verwaltungsrat, vereinsinterne Schiedsstellen, sofern sie nach der Satzung (*konstitutionelle* Voraussetzung) bei Leitung des Vereins (*funktionelle* Voraussetzung) mitwirken (str., s. Leuschner NZG 2014, 281, 285; NK-BGB/Heidel/Lochner Rn. 12 mwN), denn Gesetzgeber will Schutz der ehrenamtlich Tätigen. Sofern abweichend der Kreis auf Personen iSv §§ 26, 30 enger begrenzt wird, greift bei Vereinsmitgliedern in solchen Vereinsgremien § 31b, s. dort. Der Schaden muss den Verein bzw. Vereinsmitglieder (§ 31a I 2, abdingbar, s. § 40 S. 1) getroffen haben. § 31a gilt für den eingetragenen Ideal- wie Wirtschaftsverein (§§ 21 f.) (Reuter NZG 2009, 1368, 1369; zustimmend BeckOK BGB/Schöpflin Rn. 2 mwN), wegen des Normzwecks und der gleichgerichteten Normsituation auch für nicht rechtsfähige Vereine (Reuter NZG 2009, 1368, 1369; Wörle-Himmel DStR 2010, 759, 760; abweichend BeckOK BGB/Schöpflin Rn. 2 mwN: nicht für nichtrechtsfähige Wirtschaftsvereine). § 31a ist nach § 86 auch auf Stiftungen **anwendbar,** nicht auf unselbständige Stiftungen (Reuter NZG 2009, 1368, 1370). 2

3. Haftungsfreistellung nach II. Ist die Organperson nach I 1 einem Dritten gegenüber zum Ersatz eines Schadens verpflichtet (keine Haftungsbefreiung nach außen), so kann sie vom Verein Haftungsfreistellung verlangen, wenn sie den Schaden weder vorsätzlich noch grob fahrlässig verursacht hat, **II;** hat sie den Schaden ersetzt, wird aus dem Freistellungsanspruch ein Ersatzanspruch. Wird der Verein in Anspruch genommen, scheidet wegen II Rückgriff bei Organperson aus (Leuschner NZG 2014, 281, 283). 3

§ 31b Haftung von Vereinsmitgliedern

(1) [1]Sind Vereinsmitglieder unentgeltlich für den Verein tätig oder erhalten sie für ihre Tätigkeit eine Vergütung, die 840 Euro jährlich nicht übersteigt, haften sie dem Verein für einen Schaden, den sie bei der Wahrnehmung der ihnen übertragenen satzungsgemäßen Vereinsaufgaben verursachen, nur bei Vorliegen von Vorsatz oder grober Fahrlässigkeit. [2]§ 31a Absatz 1 Satz 3 ist entsprechend anzuwenden.

(2) [1]Sind Vereinsmitglieder nach Absatz 1 Satz 1 einem anderen zum Ersatz eines Schadens verpflichtet, den sie bei der Wahrnehmung der ihnen übertragenen satzungsgemäßen Vereinsaufgaben verursacht haben, so können sie von dem Verein die Befreiung von der Verbindlichkeit verlangen. [2]Satz 1 gilt nicht, wenn die Vereinsmitglieder den Schaden vorsätzlich oder grob fahrlässig verursacht haben.

Lit.: s. bei § 31a

1 Vorschrift wurde mWv 29.3.2013 eingeführt; sie ist zwingend (→ § 31a Rn. 1). Überträgt Verein eine Aufgabe des satzungsgemäßen Vereinszwecks zur unentgeltlichen oder geringfügig (840 Euro jährlich) entgoltenen Wahrnehmung auf ein **Vereinsmitglied,** das keine Organperson iSv § 31a (→ § 31a Rn. 2) ist, wird Vereinsmitglied unter Voraussetzung des § 31b (s. zu entsprechenden Voraussetzungen → § 31a) **haftungsrechtlich** einer Organperson iSv § 31a **gleichgestellt.** I 2 übernimmt Beweislastregelung des § 31a I 3. Anders als § 31a I 2 für Organpersonen sieht § 31b für bloße Vereinsmitglieder keine Haftungsprivilegierung für deren **Haftung gegenüber anderen Mitgliedern** des Vereins vor. Hier gelten die allgemeinen Vorschriften; also Haftung für jede Fahrlässigkeit. Haftendes Vereinsmitglied hat dann aber gegen Verein nach II Freistellung- bzw. Ersatzanspruch (zur Parallelregelung bei Organperson → § 31a Rn. 3).

2 **Vor Einführung** des § 31b hatten Vereinsmitglieder ohne Privilegierung nach § 31a (s. dazu BGH NJW 2005, 981; NZG 2012, 113 mAnm K. Schmidt JuS 2012, 251) und haben weiterhin analog § 670 einen Freistellungsanspruch gegen den Verein, wenn sie sich Dritten gegenüber bei der Wahrnehmung von Satzungsaufgaben wegen der Realisierung einer damit verbundenen typischen Gefahr haftbar machten. Dann bestand ein vollständiger (bei leichter Fahrlässigkeit) oder anteiliger Freistellungsanspruch nach arbeitsrechtlichen Grundsätzen (zu diesen → § 619 Rn. 2 ff., 6 f.). Insoweit ist heute § 31a II analog für das Vereinsmitglied günstiger, da auch bei mittlerer Fahrlässigkeit ein vollständiger Freistellungsanspruch entstünde. Bei Vorsatz und bei gröbster (s. BAG NZA 1998, 310) Fahrlässigkeit bestand analog § 670 kein Freistellungsanspruch, auch bei grober Fahrlässigkeit regelmäßig nicht (BGH NJW 2005, 981; NZG 2012, 113; insoweit Rechtsfolge identisch mit § 31a II analog). Haftungserleichterungen waren bei grober Fahrlässigkeit nur ganz ausnahmsweise im Einzelfall denkbar (s. zur Schadensteilung analog § 670 im Rahmen der ANhaftung BGH NJW 1999, 966 mwN, dazu → § 619 Rn. 6 f.). Insoweit ist analog § 670 günstiger für Vereinsmitglied. Über Umfang der teilweisen Haftungsfreistellung analog § 670 entscheidet eine Gesamtabwägung. Dabei sind die persönlichen Verhältnisse des Haftpflichtigen zu berücksichtigen, sein Lebensalter, seine Familienverhältnisse, sein bisheriges Verhalten, das Verschuldensausmaß, seine wirtschaftlichen Verhältnisse, insbesondere die Frage, ob die Unentgeltlichkeit seines Tuns in einem deutlichen Missverhältnis zum verwirklichten Schadensrisiko der Tätigkeit steht (s. BGH NJW 1999, 966). Ein Freistellungsanspruch analog § 670 wird durch Tod des Vereinsmitglieds und Haftungsbeschränkung der Erben auf unzureichenden Nachlass (§§ 1975, 1990) ebensowenig ausgeschlossen wie durch eine freiwillige Haftpflichtversicherung des Vereins für seine Mitglieder (BGH NJW 2005, 981).

§ 32 Mitgliederversammlung; Beschlussfassung

(1) [1]**Die Angelegenheiten des Vereins werden, soweit sie nicht von dem Vorstand oder einem anderen Vereinsorgan zu besorgen sind, durch Beschlussfassung in einer Versammlung der Mitglieder geordnet.** [2]**Zur Gültigkeit des Beschlusses ist erforderlich, dass der Gegenstand bei der Berufung bezeichnet wird.** [3]**Bei der Beschlussfassung entscheidet die Mehrheit der abgegebenen Stimmen.**

(2) **Auch ohne Versammlung der Mitglieder ist ein Beschluss gültig, wenn alle Mitglieder ihre Zustimmung zu dem Beschluss schriftlich erklären.**

1. Allgemeines. § 32 ist abdingbar, § 40, doch muss die Mitgliederversammlung 1 (bei Großvereinen wenigstens Vertreterversammlung, vgl. § 8 I ParteienG; allg. Säcker, Probleme der Repräsentation von Großvereinen, 1986, 2–37) als notwendiges Vereinsorgan bestehen bleiben (zur Frage der ausschließlichen Satzungshoheit der Mitgliederversammlung OLG Celle NJW-RR 1995, 1273; zur Sonderstellung religiöser und kirchlicher Vereine BVerfGE 83, 356 ff., dazu Flume JZ 1992, 238 ff., Schockenhoff NJW 1992, 1013 ff. und allg. AcP 193, 35 ff.; OLG Naumburg NJW 1998, 3060 ff.; OVG Magdeburg NJW 1998, 3070 ff.; → §§ 41–44 Rn. 2). Nach **I 1** ist für Vereinsangelegenheit iZw die Mitgliederversammlung zuständig. – Wegen der **COVID 19-Pandemie** sahen § 7 V iVm § 5 II, III, IIIa COVMG eine temporäre Sonderregelung für das Jahr 2020 bis zum Ablauf des **31.8.2022** (s. BGBl. 2021 I 4147, 4153) vor (dazu allg. Schmidt, Covid-19, 2020, § 8; Segna npoR 2020, 148; zur virtuellen Mitgliederversammlung Schwenn/Blacher npoR 2020, 154; Horst MDR 2020, 543; s. auch Fisch NZG 2020, 512):

Art. 5 COVMG a.F.

(1) […]

(2) Abweichend von § 32 I 1 BGB kann der Vorstand auch ohne Ermächtigung in der Satzung Vereinsmitgliedern ermöglichen,

1. an der Mitgliederversammlung ohne Anwesenheit am Versammlungsort teilzunehmen und Mitgliederrechte im Wege der elektronischen Kommunikation auszuüben oder
2. ohne Teilnahme an der Mitgliederversammlung ihre Stimmen vor der Durchführung der Mitgliederversammlung schriftlich abzugeben.

(3) Abweichend von § 32 II BGB ist ein Beschluss ohne Versammlung der Mitglieder gültig, wenn alle Mitglieder beteiligt wurden, bis zu dem vom Verein gesetzten Termin mindestens die Hälfte der Mitglieder ihre Stimmen in Textform abgegeben haben und der Beschluss mit der erforderlichen Mehrheit gefasst wurde.

(3a) Die Absätze 2 und 3 gelten auch für den Vorstand von Vereinen und Stiftungen sowie für andere Vereins- und Stiftungsorgane.

2. Berufung. Berufung der Versammlung idR durch Vorstand (KG Rpfleger 1978, 2 133 f.). Für eV § 58 Nr. 4. Alle Mitglieder sind in satzungsgemäßer Form zu laden; zur Folge eines Verstoßes → Rn. 5. Ist **I 2** abbedungen (§ 40), so gilt nach BGHZ 99, 123 f. dennoch sein Grundgedanke (Ermöglichung der Vorbereitung) jedenfalls für Satzungsänderungen. Bestimmt die Satzung eines Vereins ohne nähere Angaben eine Frist für die Einberufung der Mitgliederversammlung, so beginnt sie regelmäßig mit dem Zeitpunkt, zu dem bei normaler postalischer Beförderung mit dem Zugang *bei allen* Mitgliedern zu rechnen ist (OLG München NJW-RR 2016, 555).

3. Beschlussfassung. a) Beschlussfähigkeit besteht schon bei Erscheinen eines 3
einzigen Mitglieds (abdingbar, § 40!). **b) Stimmabgabe** ist Willenserklärung, bedin- 4
gungsfeindlich und empfangsbedürftig (durch Versammlungsleiter); sie kann nichtig oder anfechtbar sein (allgM). Nichtigkeit der Stimmabgabe (zB nach §§ 105 I, 142 I, auch 111 S. 1) ist nur beachtlich, wenn es für Beschlussfassung auf die nichtige Stimme ankam (BGHZ 152, 72 f.); trifft das zu, so zählt sie wie Stimmenthaltung (insoweit ebenso Soergel/Hadding Rn. 39), vgl. → Rn. 5. **c) Beschlussfassung** idR mit ein- 5
facher (Ausnahmen §§ 33, 41 und bei abweichenden Satzungsnormen § 40 S. 1) Mehrheit der abgegebenen Stimmen, **I 3.** Beschluss ist mehrseitiges RGeschäft, kein

Vertrag (→ Vor § 104 Rn. 7; str.). Verfahrensfehler (zB Berufungsmangel [BGH NJW 2008, 73]) bewirkte nach fr. Rspr. Nichtigkeit des Beschlusses nur dann, wenn das Abstimmungsergebnis darauf beruhte (BGHZ 59, 374). Nach BGH NJW 2008, 73 mN entscheidet nicht die Kausalität, sondern ob der Fehler relevant ist für die Ausübung der Mitwirkungsrechte durch ein obj. urteilendes Vereinsmitglied. Eine entspr. Anwendung von §§ 241 ff. AktG lehnt BGH NJW 2008, 72 ab (aA MüKo-BGB/Leuschner Rn. 59 ff., 65 ff.). **d)** Zur **gerichtl. Kontrolle** gefasster Beschlüsse → § 25 Rn. 7.

6 **4. Wirksamkeit ohne Versammlung.** Beschlussfassung ohne Versammlung möglich: **II.**

§ 33 Satzungsänderung

(1) [1]Zu einem Beschluss, der eine Änderung der Satzung enthält, ist eine Mehrheit von drei Vierteln der abgegebenen Stimmen erforderlich. [2]Zur Änderung des Zweckes des Vereins ist die Zustimmung aller Mitglieder erforderlich; die Zustimmung der nicht erschienenen Mitglieder muss schriftlich erfolgen.

(2) Beruht die Rechtsfähigkeit des Vereins auf Verleihung, so ist zu jeder Änderung der Satzung die Genehmigung der zuständigen Behörde erforderlich.

1 **1. Allgemeines.** *Abdingbar* ist I (nicht II trotz § 40), nach Flume JZ 1992, 239 nur bzgl. der geforderten Mehrheiten (krit. MüKo-BGB/Leuschner Rn. 24 ff.). I unterscheidet „einfache" Satzungsänderung und Zweckänderung, die stets „qualifizierte" Satzungsänderung ist; vgl. BGHZ 96, 249 f., zum Vereinszweck S. 251 f.

2 **2. Verfahren.** Zur Beschlussfassung → § 32 Rn. 5. Zur nachträglichen stillschweigenden Zustimmung (I 2) durch langdauernde widerspruchslose Hinnahme des neuen Zustands BGHZ 16, 150 f.; 23, 129 (Fischer Anm. LM Nr. 2 spricht von Verschweigung und anerkennt großzügig eine eigene rechtliche Bedeutung des Faktischen). Zur Eintragung der Satzungsänderung § 71, dazu BGHZ 23, 128 einerseits, 130 andererseits (LS 2 täuscht).

3 **3. II.** Betrifft §§ 22, 23. Nicht abdingbar (→ Rn. 1).

§ 34 Ausschluss vom Stimmrecht

Ein Mitglied ist nicht stimmberechtigt, wenn die Beschlussfassung die Vornahme eines Rechtsgeschäfts mit ihm oder die Einleitung oder Erledigung eines Rechtsstreits zwischen ihm und dem Verein betrifft.

1 **1. Allgemeines.** § 34 ist *satzungsfest* für Mitgliederversammlung (§ 40), auch Vorstandsbeschlüsse sind nach § 40 S. 2 unabdingbar (war vor Vereinsrechtsreform streitig, s. MüKo-BGB/Leuschner § 28 Rn. 3).

2 **2. Anwendungsbereich.** § 34 verbietet nicht die Anwesenheit; auch nicht das Mitstimmen in anderen als den dort genannten Angelegenheiten, zB bei eigener Wahl (RGZ 74, 278), Widerruf eigener Organbestellung (RGZ 104, 186), eigener Bestrafung (OLG Köln NJW 1968, 993; str.).

3 **3. Verstoß.** Macht Stimmabgabe unwirksam, den Beschluss nur entspr. → § 32 Rn. 4, 5.

§ 35 Sonderrechte

Sonderrechte eines Mitglieds können nicht ohne dessen Zustimmung durch Beschluss der Mitgliederversammlung beeinträchtigt werden.

1. Allgemeines. a) § 35 ist **satzungsfest,** § 40. **b) Sonderrechte** für Mitglied oder Mitgliedergruppe beruhen auf der Satzung, gründen auf Mitgliedschaft (daher sind Gläubigerrechte nicht Sonderrechte) und deren Fortbestand (daher sind Gläubigerrechte aus [ehemaliger] Mitgliedschaft, zB Anspruch auf festgestellten Gewinn, nicht Sonderrechte); sie gewähren eine unentziehbare, über das allg. Mitgliedschaftsrecht hinausreichende Rechtsposition (BGH NJW-RR 2020, 1435, 1436 Rn. 12). Bsp: Recht auf Vorstandsbestellung, qualifiziertes Stimmrecht. Geschäftsführungs- und Vertretungsberechtigung eines persönlich haftenden Gesellschafters einer GmbH & Co. KG ist kein Sonderrecht iSd § 35 (BGH NJW-RR 2020, 1435, 1436 Rn. 12). Sonderrecht kann nicht allen zustehen (aA RG HRR 1929 Nr. 1558). **c) Kein Sonderrecht** ist das Recht aller Mitglieder auf *Gleichbehandlung* (KG NJW 1962, 1917). Gleiches muss gleichbehandelt werden (vgl. BGHZ 47, 385 f.). Ungleichbehandlung nur bei sachlichem Grund oder wenn Betroffene einer Ungleichbehandlung zustimmen (LM Nr. 2 zu § 39). → § 25 Rn. 1. 1 2

2. Wirkung. Zustimmungsbedürftiger, weil beeinträchtigender Beschluss ist ohne Einwilligung schwebend, mit Verweigerung der Genehmigung endgültig *unwirksam.* Volle gerichtl. Kontrolle zulässig (LM Nr. 2; sonst enger, → § 25 Rn. 7). UU Schadensersatzanspruch des Mitglieds gegen Verein. 3

§ 36 Berufung der Mitgliederversammlung

Die Mitgliederversammlung ist in den durch die Satzung bestimmten Fällen sowie dann zu berufen, wenn das Interesse des Vereins es erfordert.

§ 37 Berufung auf Verlangen einer Minderheit

(1) **Die Mitgliederversammlung ist zu berufen, wenn der durch die Satzung bestimmte Teil oder in Ermangelung einer Bestimmung der zehnte Teil der Mitglieder die Berufung schriftlich unter Angabe des Zweckes und der Gründe verlangt.**

(2) [1]**Wird dem Verlangen nicht entsprochen, so kann das Amtsgericht die Mitglieder, die das Verlangen gestellt haben, zur Berufung der Versammlung ermächtigen; es kann Anordnungen über die Führung des Vorsitzes in der Versammlung treffen.** [2]**Zuständig ist das Amtsgericht, das für den Bezirk, in dem der Verein seinen Sitz hat, das Vereinsregister führt.** [3]**Auf die Ermächtigung muss bei der Berufung der Versammlung Bezug genommen werden.**

Anmerkungen zu den §§ 36, 37

1. Allgemeines. §§ 36, 37 sind **satzungsfest,** § 40. IdR trifft Berufungspflicht den Vorstand, vgl. → § 32 Rn. 2. 1

2. Minderheitenrecht. § 37 I gibt Minderheitenrecht. Daher muss Satzung das Berufungsverlangen einer *Minderheit* der Mitglieder einräumen (KG NJW 1962, 1917; Staudinger/Schwennicke § 37 Rn. 7 mN: auch BayObLG NJW-RR 2001, 1480: weniger als die Hälfte; aA Soergel/Hadding § 37 Rn. 5; NK-BGB/Heidel/Lochner Rn. 3; BeckOK BGB/Schöpflin Rn. 4: weniger als 1/10; aA MüKo-BGB/Leuschner § 37 Rn. 14: Quorum kann gesenkt wie angehoben werden). 2

3. Nichtbeachtung. Bei Nichtbeachtung von §§ 36, 37 I gibt § 37 II bes. Durchsetzungsverfahren, daneben Klage unzulässig. Verfahren: § 55, § 3 Nr. 1 Buchst. a, 11 RPflG. 3

§ 38 Mitgliedschaft

[1]Die Mitgliedschaft ist nicht übertragbar und nicht vererblich. [2]Die Ausübung der Mitgliedschaftsrechte kann nicht einem anderen überlassen werden.

1 **1. Allg. zur Mitgliedschaft. a) Begriff.** Personenrechtliches Rechtsverhältnis. Treuepflichten der Mitglieder bestehen gegenüber dem Verein (BGHZ 110, 329 f.), aber auch untereinander, zB im Rahmen von Sanierungsbemühungen (sa BGHZ 103, 194 f.: Treuepflicht von Groß- gegenüber Kleinaktionären; ebenso für das umgekehrte Verhältnis BGHZ 129, 142 ff.; dazu Häsemeyer ZHR 160, 109 ff.). Für alle Mitglieder gilt das unentziehbare Recht auf Gleichbehandlung (→ § 35 Rn. 2). Satzung kann abgestufte Mitgliedschaften mit unterschiedlichen Rechten und Pflichten vorsehen. Recht auf Teilnahme an und deren Einberufung gem. § 37 ist zwingend (BGH NJW
2 2021, 1014, 1015 Rn. 19; BAG NJW 1996, 143, 151). **b) Erwerb** durch Mitgründung, danach durch Vertrag mit Verein (Beitrittserklärung [= Aufnahmeantrag] und Aufnahme, BGHZ 101, 196 f.) oder, wenn Satzung es vorsieht (selten!), durch einseitige Beitrittserklärung (keine geborene [„automatische"] Mitgliedschaft, BGHZ 105, 312 f., außer bei religiösen oder kirchlichen Vereinen, OLG Hamm NJW-RR 1995, 120). Aufnahme in Verein kann auch rückwirkend erfolgen (BGH NJW-RR 2015, 1069, 1070, Rn. 10 zu Arbeitgeberverein). Satzung kann bes. Aufnahmevoraussetzungen aufstellen (zB Beruf [dazu su], Alter, Stellung eines Bürgen, „Wahl" durch Mitgliederversammlung). Mitglied eines Verbandsvereins wird zugleich Mitglied des Verbands, wenn Satzungen des Vereins und des Verbands das vorsehen (BGHZ 105, 311 f.; dazu Beuthien ZGR 1989, 255 ff.). **Anspruch auf Aufnahme** besteht selten kraft Satzung (BGHZ 101, 200), sonst nur bei Vereinen mit überragender (nicht notwendig: monopolartiger) Machtstellung im wirtschaftlichen oder sozialen Bereich (Berufs-, Wirtschaftsverbände [sa § 20 VI GWB aF], Gewerkschaften), wenn an der Aufnahme ein fundamentales Interesse besteht, keine obj. berechtigten Vereinsinteressen entgegenstehen und die Nichtaufnahme unbillig wäre (vgl. BGHZ 93, 152 ff.; 102, 276: Groß-Gewerkschaften; 140, 78: regionaler Sportverband; NJW-RR 1986, 583 f.: Landessportbund [sa BVerfG NJW-RR 1989, 636]; LG München I NJW-RR 1993, 890: Frau als Bergwacht-Mitglied); zum Ganzen Kilian AcP 180, 73 f. Zum **Aufnahmezwang** im beruflichen Bereich s. § 18 II AGG iVm § 6 AGG; → Vor § 145 Rn. 11, 12; ferner 15. Aufl. § 21 Rn. 8 AGG. Zum **AGG:** Für die Mitgliedschaft und Mitwirkung in Berufsorganisationen gelten nach § 18 I AGG die Regelungen über die Benachteiligungsverbote und deren Rechtsfolgen entsprechend wie im Beschäftigungsverhältnis (§ 6). Da Berufsvereinigungen eine monopolartige Stellung bei der Wahrnehmung beruflicher Interessen haben, kann – in Abweichung von § 15 VI AGG – eine Benachteiligung regelmäßig nur in der Weise behoben werden, dass den Benachteiligten ein Anspruch auf Aufnahme bzw. auf Inanspruchnahme der satzungsmäßigen Leistungen zugebilligt wird, soweit die übrigen vereinsrechtlichen und satzungsmäßigen Voraussetzungen dafür erfüllt sind (§ 18 II AGG). § 18 AGG ist
3 auch auf öffentl.-rechtliche Körperschaften anwendbar. **c) Verlust** durch Austritt (§ 39), Ausschluss (→ § 25 Rn. 3, 5), Übertragung oder Tod (abdingbar: S. 1, § 40); Satzung kann weitere Gründe vorsehen (zB Verlust durch Wegfall einer persönlichen Eintrittsvoraussetzung [zB Alter], BGH MDR 1979, 32).

4 **2. Abdingbarkeit.** § 38 ist abdingbar, § 40. Ges. Vertreter einer natürlichen Person kann grundsätzlich Mitgliedschaft ausüben, sofern mit Vereinszweck vereinbar, str. Satzung kann Vertretung durch Mitglied (nicht durch Dritten) zulassen.

§ 39 *Austritt* aus dem Verein

(1) **Die Mitglieder sind zum Austritt aus dem Verein berechtigt.**

(2) **Durch die Satzung kann bestimmt werden, dass der Austritt nur am Schluss eines Geschäftsjahrs oder erst nach dem Ablauf einer Kündigungsfrist zulässig ist; die Kündigungsfrist kann höchstens zwei Jahre betragen.**

Voraussetzungen. a) Recht zum Austritt, I, ist *satzungsfest* (§ 40). Bei Zwangsmitgliedschaft kein Austrittsrecht (BGHZ 130, 251). Satzung kann Form des Austritts regeln, zB Schriftform. **b) Wirksam ist Austritt** erst nach Ablauf der Kündigungsfrist, II. Nach BGH NJW 1981, 340 f. muss Frist bei Koalitionen wegen Art. 9 III GG kurz sein (höchstens ½ Jahr); ebenso für AGverbände s. BGH NJW 2014, 3239 = JuS 2015, 353. Bei wichtigem Grund stets fristloser Austritt zulässig (LM Nr. 2). Kurzfristigen Ruhens des Vereinsbetriebs wegen Covid 19-Pandemie ist kein wichtiger Grund (Röcken VB 2020, 8 f.). **c) Erschwerung** des Austritts über II hinaus wirkungslos. Grund: Mitglied soll sich in absehbarer Zeit der Vereinsmacht, insbes. bindenden Mehrheitsbeschlüssen, endgültig entziehen können (BGHZ 48, 210). Daher unwirksam: Beitragspflicht nach Ausscheiden (BGHZ 48, 210), Austrittsverbot nach Einl. eines Vereinsstrafverfahrens (RGZ 108, 162 f.). **d) Zum Ausschluss** → § 25 Rn. 3–5. 1 2 3

§ 40 Nachgiebige Vorschriften

[1]Die Vorschriften des § 26 Absatz 2 Satz 1, des § 27 Absatz 1 und 3,, der §§ 28, 31a Abs. 1 Satz 2 sowie der §§ 32, 33 und 38 finden insoweit keine Anwendung als die Satzung ein anderes bestimmt. [2]Von § 34 kann auch für die Beschlussfassung des Vorstands durch die Satzung nicht abgewichen werden.

Nicht genannte Vorschriften. ZB § 26, sind zwingend („satzungsfest"). 1

§ 41 Auflösung des Vereins

[1]Der Verein kann durch Beschluss der Mitgliederversammlung aufgelöst werden. [2]Zu dem Beschluss ist eine Mehrheit von drei Vierteln der abgegebenen Stimmen erforderlich, wenn nicht die Satzung ein anderes bestimmt.

§ 42 Insolvenz

(1) **[1]Der Verein wird durch die Eröffnung des Insolvenzverfahrens und mit Rechtskraft des Beschlusses, durch den die Eröffnung des Insolvenzverfahrens mangels Masse abgewiesen worden ist, aufgelöst. [2]Wird das Verfahren auf Antrag des Schuldners eingestellt oder nach der Bestätigung eines Insolvenzplans, der den Fortbestand des Vereins vorsieht, aufgehoben, so kann die Mitgliederversammlung die Fortsetzung des Vereins beschließen. [3]Durch die Satzung kann bestimmt werden, dass der Verein im Falle der Eröffnung des Insolvenzverfahrens als nicht rechtsfähiger Verein fortbesteht; auch in diesem Falle kann unter den Voraussetzungen des Satzes 2 die Fortsetzung als rechtsfähiger Verein beschlossen werden.**

(2) **[1]Der Vorstand hat im Falle der Zahlungsunfähigkeit oder der Überschuldung die Eröffnung des Insolvenzverfahrens zu beantragen. [2]Wird die Stellung des Antrags verzögert, so sind die Vorstandsmitglieder, denen ein Verschulden zur Last fällt, den Gläubigern für den daraus entstehenden Schaden verantwortlich; sie haften als Gesamtschuldner.**

§ 43 Entziehung der Rechtsfähigkeit

Einem Verein, dessen Rechtsfähigkeit auf Verleihung beruht, kann die Rechtsfähigkeit entzogen werden, wenn er einen anderen als den in der Satzung bestimmten Zweck verfolgt.

§ 44 Zuständigkeit und Verfahren

Die Zuständigkeit und das Verfahren für die Entziehung der Rechtsfähigkeit nach § 43 bestimmen sich nach dem Recht des Landes, in dem der Verein seinen Sitz hat.

Anmerkungen zu den §§ 41–44

Lit.: Stöber, Die vereinsrechtliche Insolvenzantragspflicht, FS Smid, 2022, 319.

1 **1. Allgemeines.** Rechtsfähiger Verein *endet* durch Auflösung (→ Rn. 2–4), Ende der Rechtsfähigkeit (→ Rn. 5, 6), Erlöschen (→ Rn. 7–9). Zur Eintragung bei eV §§ 74 f.

2 **2. Auflösung. a) Gründe. aa) Selbstauflösung** durch Mitgliederversammlung, § 41; Satzung kann andere Mehrheit (§ 41 S. 2), Zustimmung eines anderen Vereinsorgans oder eines Mitglieds vorsehen (nicht eines Dritten, OLG Stuttgart MDR 1986, 583; anders bei religiösen und kirchlichen Vereinen, OLG Köln NJW 1992, 1048 ff., → § 32 Rn. 1). Selbstauflösung auch durch *Verschmelzung* mit anderem Verein (§§ 1, 2, 3 I Nr. 4, 99 ff. UmwG). **bb) Eintritt satzungsbestimmter Umstände,** zB Zeitablauf. **cc) Auflösung durch Hoheitsakt,** zB durch das BVerfG gem. Art. 18 GG mit § 39 II BVerfGG. **dd) Eröffnung des Insolvenzverfahrens,** § 42 I; zur Wirkung → Rn. 4 (bb). Sonderregelung zur Aussetzung der Pflicht zur Stellung eines Insolvenzantrags in § 1 COVInsAG (Covid-19-Insolvenzaussetzungsgesetz, BGBl. 2020 I 569; dazu jurisPK-BGB/Otto § 42 BGB Rn. 1.1; Nerlich/Römermann/Römermann, InsO Komm., 40 EL. 2020, § 1 COVInsAG,
3 Rn. 1 ff.; Stöber FS Smid, 2022, 319, 325 f.). **b) Kein von selbst wirkender Grund** ist es, dass der Vereinszweck erreicht oder Erreichung unmöglich ist (anders
4 § 726), BGHZ 49, 178 f. Auflösungsbeschluss nötig. **c) Wirkung aa)** in den Fällen → Rn. 2 (aa, bb): Personenvereinigung endet als werbender Verein. Fällt das Vermögen an den Fiskus (§§ 45 III, 46), so erlischt der Verein; sonst findet Liquidation statt (§ 47), bis zu deren Beendigung bleibt der Verein mit verändertem Zweck als rechtsfähiger **Liquidationsverein** bestehen, § 49 II (BGH WM 1986, 145). Während der Liquidation kann Selbstauflösung rückgängig gemacht, Liquidation beendet und alter Verein fortgesetzt werden. Daher steht die Auflösung als solche nicht dem Tod einer natürlichen Person gleich; **bb)** im Fall → Rn. 2 (dd): Das Insolvenzverfahren ist ein bes. Liquidationsverfahren (s. § 47). Wird der aufgelöste Verein (§ 42 I 1) in den Fällen von § 42 I 2 nicht liquidiert, so kann die Mitgliederversammlung seine Fortsetzung als rechtsfähiger Verein beschließen (§ 42 I 2), auch nach Eröffnung des Insolvenzverfahrens (BGH NJW-RR 2021, 769, 770 Rn. 24); das gilt auch, wenn der aufgelöste Verein kraft Satzung als nichtrechtsfähiger fortbesteht (§ 42 I 3). Nach BGH (NJW-RR 2021, 769, 770 Rn. 23, 25 ff.) ist § 42 I 2, § 42 I 3 Hs 1 auf nichtrechtsfähigen Verein entsprechend anwendbar. Gegenstand des Insolvenzverfahrens ist das Vereinsvermögen als Insolvenzmasse (§§ 35, 36 InsO). Insolvenzgründe sind Überschuldung (§ 19 I InsO), Zahlungsunfähigkeit (§ 17 I InsO) und nach Maßgabe von § 18 InsO die drohende Zahlungsunfähigkeit (nur bei dieser besteht für den Vorstand keine Pflicht, die Eröffnung des Insolvenzverfahrens zu beantragen, arg § 42 II) (zur vereinsrechtlichen Insolvenzantragspflicht und Insolvenzverschleppungshaftung und den Besonderheiten im Verhältnis zur allg. Regelung des § 15a InsO s. Stöber FS Smid, 2022, 319 ff.). Für eV s. § 75 (Eintragung).

5 **3. Ende der Rechtsfähigkeit. a) Gründe. aa) Verzicht** (hM). **bb) Entziehung** durch Verwaltungsakt, §§ 43, 44, für eV auch § 73. Entziehung lässt nichtrechtsfähigen Verein fortbestehen (→ Rn. 6). Ist der eV schon satzungs*gemäß* ein wirtschaftlicher (s. § 22), so ist Amtslöschung (§ 395 FamFG) geboten (su). Amtslöschung erfolgt auch, wenn sich eV satzungs*widrig* wirtschaftlich betätigt (BVerwG NJW 1998, 1166 f., hM; aA K. Schmidt NJW 1993, 1225 ff.; 98, 1126, je mN).

Wirtschaftliche Religionsvereine haben bzgl. §§ 21, 22, 43 keinen Sonderstatus auf Grund Art. 4 II GG (BVerwG NJW 1998, 1166 f.). **b) Wirkung.** Verein verliert 6
Rechtsfähigkeit, kann aber als nichtrechtsfähiger weiterbestehen (hM), gleich ob Liquidation stattfindet oder (nach §§ 45 III, 46 oder Verzicht [Kollhosser ZIP 1984, 1434 ff.]) nicht. Findet Liquidation statt (§ 47), so bleibt Verein mit geändertem Zweck als rechtsfähiger **Liquidationsverein** bestehen (§ 49 II), und zwar neben dem fortbestehenden nichtrechtsfähigen Verein.

4. Erlöschen ohne Liquidation. Tritt ein, wenn **a) das Vermögen dem Fis-** 7
kus anfällt (arg. § 47; BGH DtZ 1996, 344), sei es gem. Satzung, Vereinsbeschluss oder Ges. (§ 45); Fiskus ist Gesamtnachfolger wie Erbe, § 46 (dazu §§ 1942 II, 1966, 2011 mit 1994 I 2: beschränkte Haftung); **b) alle Mitglieder fortfallen** (durch 8
Tod, Austritt, mangelnde Betätigung infolge Interesselosigkeit, tatsächliche Aufgabe des Vereinszwecks), weil Personenvereinigung ohne Personen undenkbar (BAG JZ 1987, 421); Abwicklung durch Pfleger, § 1913 (BAG JZ 1987, 421); nach aA bewirkt Fortfall nur Auflösung (K. Schmidt JZ 1987, 394 ff. mN); **c) das Vermögen** des 9
kraft Hoheitsakts aufgelösten Vereins **eingezogen** wird: für Vereine § 11 II 3, 4 VereinsG (ausnahmsweise Liquidation statt Einziehung: 11 IV); für politische Parteien, die zT nichtrechtsfähige Vereine sind, Art. 21 II, III GG, § 46 III BVerfGG, § 32 V ParteienG.

§ 45 Anfall des Vereinsvermögens

(1) **Mit der Auflösung des Vereins oder der Entziehung der Rechtsfähigkeit fällt das Vermögen an die in der Satzung bestimmten Personen.**

(2) [1]**Durch die Satzung kann vorgeschrieben werden, dass die Anfallberechtigten durch Beschluss der Mitgliederversammlung oder eines anderen Vereinsorgans bestimmt werden.** [2]**Ist der Zweck des Vereins nicht auf einen wirtschaftlichen Geschäftsbetrieb gerichtet, so kann die Mitgliederversammlung auch ohne eine solche Vorschrift das Vermögen einer öffentlichen Stiftung oder Anstalt zuweisen.**

(3) **Fehlt es an einer Bestimmung der Anfallberechtigten, so fällt das Vermögen, wenn der Verein nach der Satzung ausschließlich den Interessen seiner Mitglieder diente, an die zur Zeit der Auflösung oder der Entziehung der Rechtsfähigkeit vorhandenen Mitglieder zu gleichen Teilen, anderenfalls an den Fiskus des Landes, in dessen Gebiet der Verein seinen Sitz hatte.**

§ 46 Anfall an den Fiskus

[1]**Fällt das Vereinsvermögen an den Fiskus, so finden die Vorschriften über eine dem Fiskus als gesetzlichem Erben anfallende Erbschaft entsprechende Anwendung.** [2]**Der Fiskus hat das Vermögen tunlichst in einer den Zwecken des Vereins entsprechenden Weise zu verwenden.**

§ 47 Liquidation

Fällt das Vereinsvermögen nicht an den Fiskus, so muss eine Liquidation stattfinden, sofern nicht über das Vermögen des Vereins das Insolvenzverfahren eröffnet ist.

§ 48 Liquidatoren

(1) [1]**Die Liquidation erfolgt durch den Vorstand.** [2]**Zu Liquidatoren können auch andere Personen bestellt werden; für die Bestellung sind die für die Bestellung des Vorstands geltenden Vorschriften maßgebend.**

(2) **Die Liquidatoren haben die rechtliche Stellung des Vorstands, soweit sich nicht aus dem Zwecke der Liquidation ein anderes ergibt.**

(3) **Sind mehrere Liquidatoren vorhanden, so sind sie nur gemeinschaftlich zur Vertretung befugt und können Beschlüsse nur einstimmig fassen, sofern nicht ein anderes bestimmt ist.**

§ 49 Aufgaben der Liquidatoren

(1) [1]**Die Liquidatoren haben die laufenden Geschäfte zu beendigen, die Forderungen einzuziehen, das übrige Vermögen in Geld umzusetzen, die Gläubiger zu befriedigen und den Überschuss den Anfallberechtigten auszuantworten.** [2]**Zur Beendigung schwebender Geschäfte können die Liquidatoren auch neue Geschäfte eingehen.** [3]**Die Einziehung der Forderungen sowie die Umsetzung des übrigen Vermögens in Geld darf unterbleiben, soweit diese Maßregeln nicht zur Befriedigung der Gläubiger oder zur Verteilung des Überschusses unter die Anfallberechtigten erforderlich sind.**

(2) **Der Verein gilt bis zur Beendigung der Liquidation als fortbestehend, soweit der Zweck der Liquidation es erfordert.**

§ 50 Bekanntmachung des Vereins in Liquidation

(1) [1]**Die Auflösung des Vereins oder die Entziehung der Rechtsfähigkeit ist durch die Liquidatoren öffentlich bekannt zu machen.** [2]**In der Bekanntmachung sind die Gläubiger zur Anmeldung ihrer Ansprüche aufzufordern.** [3]**Die Bekanntmachung erfolgt durch das in der Satzung für Veröffentlichungen bestimmte Blatt.** [4]**Die Bekanntmachung gilt mit dem Ablauf des zweiten Tages nach der Einrückung oder der ersten Einrückung als bewirkt.**

(2) **Bekannte Gläubiger sind durch besondere Mitteilung zur Anmeldung aufzufordern.**

§ 50a Bekanntmachungsblatt

Hat ein Verein in der Satzung kein Blatt für Bekanntmachungen bestimmt oder hat das bestimmte Bekanntmachungsblatt sein Erscheinen eingestellt, sind Bekanntmachungen des Vereins in dem Blatt zu veröffentlichen, welches für Bekanntmachungen des Amtsgerichts bestimmt ist, in dessen Bezirk der Verein seinen Sitz hat.

§ 51 Sperrjahr

Das Vermögen darf den Anfallberechtigten nicht vor dem Ablauf eines Jahres nach der Bekanntmachung der Auflösung des Vereins oder der Entziehung der Rechtsfähigkeit ausgeantwortet werden.

§ 52 Sicherung für Gläubiger

(1) **Meldet sich ein bekannter Gläubiger nicht, so ist der geschuldete Betrag, wenn die Berechtigung zur Hinterlegung vorhanden ist, für den Gläubiger zu hinterlegen.**

(2) **Ist die Berichtigung einer Verbindlichkeit zur Zeit nicht ausführbar oder ist eine Verbindlichkeit streitig, so darf das Vermögen den Anfallberechtigten nur ausgeantwortet werden, wenn dem Gläubiger Sicherheit geleistet ist.**

§ 53 Schadensersatzpflicht der Liquidatoren

Liquidatoren, welche die ihnen nach dem § 42 Abs. 2 und den §§ 50, 51 und 52 obliegenden Verpflichtungen verletzen oder vor der Befriedigung der Gläubiger Vermögen den Anfallberechtigten ausantworten, sind, wenn ihnen ein Verschulden zur Last fällt, den Gläubigern für den daraus entstehenden Schaden verantwortlich; sie haften als Gesamtschuldner.

Anmerkungen zu den §§ 45–53

1. Allgemeines. Zum Erlöschen ohne Liquidation → §§ 41–44 Rn. 7–9. Keine 1
Liquidation iSd §§ 47 ff., sofern (§ 47) und soweit (§§ 35, 36 InsO) Liquidation durch ein Insolvenzverfahren erfolgt (vgl. → §§ 41–44 Rn. 4 [bb]). Von diesen Fällen und dem Verzicht auf die Rechtsfähigkeit (→ §§ 41–44 Rn. 6) abgesehen, findet Liquidation statt, § 47; zum Erlöschen nach Liquidation → §§ 41–44 Rn. 4, 6.

2. Grundsätze der Liquidation. a) Als Liquidationsverein bleibt der Verein 2
(trotz Auflösung, trotz Ende der Rechtsfähigkeit) zum Zweck der Liquidation und
bis zu deren Ende *rechtsfähig,* § 49 II. **b) Zweck** der Liquidation ist Verflüssigung 3
(„Liquidation") des Vermögens, Schuldentilgung, Verteilung des Überschusses, § 49
I 1. **c) Anfallberechtigte** (außer Fiskus, vgl. → §§ 41–44 Rn. 7) erwerben nur 4
Anspruch gegen Liquidationsverein. Anmeldung nötig, dazu und zur Auszahlung
§§ 50, 51, 52. **d) Liquidatoren** sind primär die Vorstandsmitglieder, § 48 I. Ihre 5
Vertretungsmacht ist entgegen dem Wortlaut von § 49 I nicht auf Liquidationsgeschäfte beschränkt; darauf kann sich aber ein Dritter, der bei sorgfältiger Prüfung die Ungeeignetheit des Geschäfts für die Liquidation hätte erkennen können, nicht berufen (RGZ 146, 377 f., hM; vgl. K. Schmidt AcP 184, 529 ff. mwN). Liquidatoren haften für Verletzung bestimmter ges. Pflichten, § 53. Für eV Eintragung, § 76. § 29 ist anwendbar.

§ 54 Nicht rechtsfähige Vereine

[1]Auf Vereine, die nicht rechtsfähig sind, finden die Vorschriften über die Gesellschaft Anwendung. [2]Aus einem Rechtsgeschäft, das im Namen eines solchen Vereins einem Dritten gegenüber vorgenommen wird, haftet der Handelnde persönlich; handeln mehrere, so haften sie als Gesamtschuldner.

1. Allgemeines. a) Körperschaftlich organisiert ist der nichtrechtsfähige Ver- 1
ein wie der rechtsfähige und dadurch von der GbR, §§ 705 ff., unterschieden
(→ § 21 Rn. 1). Der obj. Inhalt (Auslegung!) der Gründervereinbarung bestimmt,
ob Verein oder GbR vorliegt (RGZ 74, 373). **b) Der Unterschied zwischen** 2
Verein und GbR wird in S. 1 bewusst aus wirtschaftlichen und insbes. politischen Gründen ignoriert (vgl. Stoll RG-FG II 61 ff.; BGHZ 50, 328 mwN). Die Anwendung des unpassenden Gesellschaftsrechts sollte zur Eintragung, §§ 55 ff., veranlassen und damit Vereine mit politischem, sozialpolitischem oder religiösem Zweck staatlicher Kontrolle unterwerfen, vgl. §§ 61 II, 43 III aF (aufgehoben durch Art. 124 II
WRV). **c) Die Rspr.** hat *S. 1 weitgehend ausgehöhlt* (BGHZ 50, 328 f.; BGH NJW- 3
RR 2021, 769, 770 Rn. 26; s. → Rn. 5–15), doch gibt es fließende Übergänge zwischen nichtrechtsfähigem Verein und GbR (→ § 21 Rn. 1 und u. → Rn. 9 betr. §§ 39, 723). **Gewerkschaften** ohne Registereintrag sind nicht rechtsfähiger Verein (BGH NJW 1965, 29; NJW 1968, 1830; NZA 2020, 134). Auf nicht rechtsfähige Personenvereinigungen, die wie ein rechtsfähiger Verein mit einer körperschaftlichen Verfassung und einem Gesamtnamen ausgestattet sind, ist ungeachtet S. 1 im Zweifel Vereinsrecht anzuwenden (BGH NJW 1979, 2304; NZA 2020, 134, 135 Rn. 16; NJW-RR 2021, 769, 770 Rn. 26). Dies gilt auch für Gewerkschaften, soweit nicht die Vorschriften die Rechtsfähigkeit oder die Eintragung voraussetzen

zen (BGH NZA 2020, 134, 135 Rn. 16; NJW-RR 2021, 769, 770 Rn. 26; BAG NZA 2015, 1319, 1323 Rn. 37; OLG Frankfurt a. M. BeckRS 1984, 110233; NZA-RR 2002, 531, 532 f.). Der *Unterschied* zwischen *rechtsfähigem Verein und (Ideal-)Verein nach § 54* liegt praktisch nicht mehr in der (mangelnden) Rechtsfähigkeit, sondern in der *(fehlenden) Eintragung* gem. §§ 55 ff.: Verein nach § 54 bedarf keiner schriftlichen Satzung (für eV § 59 II), Satzungsänderung ist mit Beschlussfassung wirksam (für eV § 71), statt §§ 68, 70 greifen Grundsätze der Duldungs- und
4 Anscheinsvollmacht (→ § 167 Rn. 8, 9) ein. **d) Der Unterschied zwischen Ideal- und wirtschaftlichem Verein** (dazu → § 21 Rn. 4) ist auch für § 54 beachtlich, vgl. → Rn. 8, 15. Für letzteren scheidet die Angleichung an den rechtsfähigen (Ideal-)Verein praktisch aus (dazu allg. Flume I 1 § 7 I; ZHR 148, 517 ff.).

5 **2. Keine Geltung von Gesellschaftsrecht.** Gesellschaftsrecht gilt heute für den nichtrechtsfähigen Idealverein (→ Rn. 4) weitgehend nicht mehr (überholte Begründung: weitgehende Abdingbarkeit des Gesellschaftsrechts). Entgegen Verweisung in **S. 1** gilt Vereinsrecht, soweit es Eintragung nicht voraussetzt (BGH NJW-RR 2021,
6 769, 770 Rn. 26). **a) Rechte und Pflichten** der Mitglieder bestehen nicht nur ggü. dem Verein (→ § 38 Rn. 1). Nur dieser, nicht das einzelne Mitglied, kann Rechte des Vereins geltend machen (str. sa RGZ 78, 106 betr. Klagerecht bei Verletzung des
7, 8 Vereinsnamens). **b) Haftungsprivileg** des § 708 gilt nicht. **c) Haftung** (rechts- und nichtrechtsgeschäftliche) der Mitglieder ist beim Idealverein auf Vereinsvermögen als Sondervermögen beschränkt (MüKo-BGB/Leuschner Rn. 42 f. mN). Die „Haftungsbeschränkung" folgt aus der Gleichstellung von rechts- und nichtrechtsfähigem Verein; daher keine persönliche Haftung der Mitglieder (BGH NJW-RR 2003, 1265). § 31a gilt entspr. Keine Haftungsbeschränkung beim wirtschaftlichen Verein (Staudin-
9 ger/Schwennicke Rn. 106 mN; hM). **d) Kündigung** ist durch Austritt ersetzt, RGZ 78, 136 (wo die Voraussetzungen den §§ 723 f. entnommen werden; ebenso BGH NJW 1979, 2305 für „Mischform", → Rn. 3; die Grundsätze des § 39 sind vorzuzie-
10 hen). **e) Auflösungsgründe** wie bei rechtsfähigem Verein (→ §§ 41–44 Rn. 2), ferner Eröffnung des Insolvenzverfahrens, Fortfall aller Mitglieder (→ §§ 41–44 Rn. 8);
11 nach hM gilt § 726, vgl. aber → §§ 41–44 Rn. 3. **f) Abbedungen** (aber → Rn. 5) sind §§ 727 f. stets, 738 I 2, 3, II idR (RGZ 113, 135) durch Satzung, uU stillschweigend. **g) Statt Auseinandersetzung,** §§ 730 ff., kann Satzung Liquidation, § 47, vorsehen, str., vgl. BGHZ 50, 329.

12 **3. Angleichung an rechtsfähigen Idealverein. a) Grundsatz:** §§ 25 ff. analog anwendbar, soweit sie nicht Art und Weise der Erlangung und des Verlustes der
13 Rechtsfähigkeit betreffen wie §§ 33 II, 42–44. **b) Analog anwendbar** sind: §§ 25 (auch die Grundsätze der Vereinsstrafe, BGHZ 13, 11; dazu → § 25 Rn. 3–5), 26–29 (→ § 29 Rn. 2), 30, 31 (BAG DB 1988, 2648 mN, hM; Haftung ist auf Vereinsvermögen beschränkt, → Rn. 8), 32, 33 I, 34–39 (→ Rn. 9), 41, 53.
14 **c) Weitere Angleichung. aa)** Er genießt *namensrechtlichen Schutz* nach § 12 (BGHZ 120, 106). Zum Ehrenschutz s. BGHZ 78, 26. **bb)** Er kann *Mitglied eines* rechtsfähigen oder nichtrechtsfähigen *Vereins* sein (Soergel/Hadding Rn. 10; Staudinger/Schwennicke Rn. 82; auch OLG Zweibrücken NJW-RR 2000, 749 f., ausgenommen als nichtrechtsfähiger Verein organisierte politische Partei). **cc)** Er kann im *Grundbuch* nicht nur unter seinem Vereinsnamen eingetragen werden (BGH NZG 2016, 666, Tz. 13 ff.), zur GbR s. Rn. 4 vor § 21. **dd)** Er ist der Sache nach *wechsel-*
15 *und scheckrechtsfähig* (MüKo-BGB/Leuschner Rn. 25). **d) Ges. Angleichung** für *Prozess, Insolvenz und Vollstreckung* (§§ 50 II, 735 ZPO, § 11 I 2 InsO).

16 **4. Persönliche Haftung. Wer rechtsgeschäftlich** gültig im Namen des Vereins **handelt,** dh nach außen verantwortlich hervortritt (zur Person des Handelnden BGH NJW-RR 2003, 1265), haftet immer persönlich, **S. 2.** Haftung abdingbar, stillschweigend nur unter bes. Umständen (LM Nr. 11 zu § 31). Genehmigung nach § 177 lässt Haftung unberührt. § 179 ist durch S. 2 ausgeschlossen. Für den Vorverein (→ § 21 Rn. 7) eingegangene Pflichten gehen auf den eV über, der Handelnde wird frei

(s. OLG Düsseldorf MDR 1984, 489). S. 2 gilt nicht für politische Parteien, § 37 ParteienG.

Kapitel 2. Eingetragene Vereine

Vorbemerkungen

Lit.: bei § 21.

1. Konstitutive und deklaratorische Eintragungen. Publizität. Durch Eintragung wird Idealverein *rechtsfähig,* § 21. Konstitutiv wirkt ferner die Eintragung von Satzungsänderungen, § 71. Andere Eintragungen wirken deklaratorisch (§§ 74–76). Gewisse Umstände genießen negative Publizität, §§ 68, 70; für Bestimmungen iSv § 70, die die Satzung ändern, gilt § 71, nicht § 68 S. 1. 1

2. Verfahren der ersten Eintragung. a) Erfordernisse der Anmeldung, §§ 56–59, sind für Registergericht bindend, arg. § 60. Zurückzuweisen ist auch, wenn die Satzung gegen §§ 134, 138 verstößt. Gegen Zurückweisung Zwischenverfügung, § 382 IV FamFG (dagegen Beschwerde), wenn der Mangel behebbar, sonst entscheidet der Rechtspfleger (dagegen Beschwerde, § 11 RPflG, § 58 FamFG). 2
b) §§ 61–63. Sind bereits mit Wirkung vom 1.6.1998 aufgehoben (11, 37 I JuMiG). Daher gibt es im Eintragungsverfahren seither keine verwaltungsbehördliche Mitwirkung mehr. 3

§ 55 Zuständigkeit für die Registereintragung

Die Eintragung eines Vereins der in § 21 bezeichneten Art in das Vereinsregister hat bei dem Amtsgericht zu geschehen, in dessen Bezirk der Verein seinen Sitz hat.

§ 55a Elektronisches Vereinsregister

(1) [1]**Die Landesregierungen können durch Rechtsverordnung bestimmen, dass und in welchem Umfang das Vereinsregister in maschineller Form als automatisierte Datei geführt wird.** [2]**Hierbei muss gewährleistet sein, dass**
1. **die Grundsätze einer ordnungsgemäßen Datenverarbeitung eingehalten, insbesondere Vorkehrungen gegen einen Datenverlust getroffen sowie die erforderlichen Kopien der Datenbestände mindestens tagesaktuell gehalten und die originären Datenbestände sowie deren Kopien sicher aufbewahrt werden,**
2. **die vorzunehmenden Eintragungen alsbald in einen Datenspeicher aufgenommen und auf Dauer inhaltlich unverändert in lesbarer Form wiedergegeben werden können und**
3. **die nach den Artikeln 24, 25 und 32 der Verordnung (EU) 2016/679 erforderlichen Anforderungen erfüllt sind.**

[3]**Die Landesregierungen können durch Rechtsverordnung die Ermächtigung nach Satz 1 auf die Landesjustizverwaltungen übertragen.**

(2) [1]**Das maschinell geführte Vereinsregister tritt für eine Seite des Registers an die Stelle des bisherigen Registers, sobald die Eintragungen dieser Seite in den für die Vereinsregistereintragungen bestimmten Datenspeicher aufgenommen und als Vereinsregister freigegeben worden sind.** [2]**Die entsprechenden Seiten des bisherigen Vereinsregisters sind mit einem Schließungsvermerk zu versehen.**

(3) [1]**Eine Eintragung wird wirksam, sobald sie in den für die Registereintragungen bestimmten Datenspeicher aufgenommen ist und auf Dauer in-**

haltlich unverändert in lesbarer Form wiedergegeben werden kann. [2]Durch eine Bestätigungsanzeige oder in anderer geeigneter Weise ist zu überprüfen, ob diese Voraussetzungen eingetreten sind. [3]Jede Eintragung soll den Tag angeben, an dem sie wirksam geworden ist.

§ 56 Mindestmitgliederzahl des Vereins

Die Eintragung soll nur erfolgen, wenn die Zahl der Mitglieder mindestens sieben beträgt.

§ 57 Mindesterfordernisse an die Vereinssatzung

(1) Die Satzung muss den Zweck, den Namen und den Sitz des Vereins enthalten und ergeben, dass der Verein eingetragen werden soll.

(2) Der Name soll sich von den Namen der an demselben Orte oder in derselben Gemeinde bestehenden eingetragenen Vereine deutlich unterscheiden.

§ 58 Sollinhalt der Vereinssatzung

Die Satzung soll Bestimmungen enthalten:

1. über den Eintritt und Austritt der Mitglieder,
2. darüber, ob und welche Beiträge von den Mitgliedern zu leisten sind,
3. über die Bildung des Vorstands,
4. über die Voraussetzungen, unter denen die Mitgliederversammlung zu berufen ist, über die Form der Berufung und über die Beurkundung der Beschlüsse.

§ 59 Anmeldung zur Eintragung

(1) Der Vorstand hat den Verein zur Eintragung anzumelden.

(2) Der Anmeldung sind Abschriften der Satzung und der Urkunden über die Bestellung des Vorstands beizufügen.

(3) Die Satzung soll von mindestens sieben Mitgliedern unterzeichnet sein und die Angabe des Tages der Errichtung enthalten.

§ 60 Zurückweisung der Anmeldung

1 Die Anmeldung ist, wenn den Erfordernissen der §§ 56 bis 59 nicht genügt ist, von dem Amtsgericht unter Angabe der Gründe zurückzuweisen.

(2) (weggefallen)

§§ 61–63 *(weggefallen)*

§ 64 Inhalt der Vereinsregistereintragung

Bei der Eintragung sind der Name und der Sitz des Vereins, der Tag der Errichtung der Satzung, die Mitglieder des Vorstands und ihre Vertretungsmacht anzugeben.

§ 65 Namenszusatz

Mit der Eintragung erhält der Name des Vereins den Zusatz „eingetragener Verein".

§ 66 Aufbewahrung von Dokumenten

Die mit einer Anmeldung eingereichten Dokumente werden vom Amtsgericht aufbewahrt.

§ 67 Änderung des Vorstands

(1) [1]**Jede Änderung des Vorstands ist von dem Vorstand zur Eintragung anzumelden.** [2]**Der Anmeldung ist eine Abschrift der Urkunde über die Änderung beizufügen.**

(2) **Die Eintragung gerichtlich bestellter Vorstandsmitglieder erfolgt von Amts wegen.**

§ 68 Vertrauensschutz durch Vereinsregister

[1]**Wird zwischen den bisherigen Mitgliedern des Vorstands und einem Dritten ein Rechtsgeschäft vorgenommen, so kann die Änderung des Vorstands dem Dritten nur entgegengesetzt werden, wenn sie zur Zeit der Vornahme des Rechtsgeschäfts im Vereinsregister eingetragen oder dem Dritten bekannt ist.** [2]**Ist die Änderung eingetragen, so braucht der Dritte sie nicht gegen sich gelten zu lassen, wenn er sie nicht kennt, seine Unkenntnis auch nicht auf Fahrlässigkeit beruht.**

§ 69 Nachweis des Vereinsvorstands

Der Nachweis, dass der Vorstand aus den im Register eingetragenen Personen besteht, wird Behörden gegenüber durch ein Zeugnis des Amtsgerichts über die Eintragung geführt.

§ 70 Vertrauensschutz bei Eintragungen zur Vertretungsmacht

Die Vorschriften des § 68 gelten auch für Bestimmungen, die den Umfang der Vertretungsmacht des Vorstands beschränken oder die Vertretungsmacht des Vorstands abweichend von der Vorschrift des § 26 Absatz 2 Satz 1 regeln.

§ 71 Änderungen der Satzung

(1) [1]**Änderungen der Satzung bedürfen zu ihrer Wirksamkeit der Eintragung in das Vereinsregister.** [2]**Die Änderung ist von dem Vorstand zur Eintragung anzumelden.** [3]**Der Anmeldung sind eine Abschrift des die Änderung enthaltenden Beschlusses und der Wortlaut der Satzung beizufügen.** [4]**In dem Wortlaut der Satzung müssen die geänderten Bestimmungen mit dem Beschluss über die Satzungsänderung, die unveränderten Bestimmungen mit dem zuletzt eingereichten vollständigen Wortlaut der Satzung und, wenn die Satzung geändert worden ist, ohne dass ein vollständiger Wortlaut der Satzung eingereicht wurde, auch mit den zuvor eingetragenen Änderungen übereinstimmen.**

(2) Die Vorschriften der §§ 60, 64 und 66 finden entsprechende Anwendung.

§ 72 Bescheinigung der Mitgliederzahl

Der Vorstand hat dem Amtsgericht auf dessen Verlangen jederzeit eine schriftliche Bescheinigung über die Zahl der Vereinsmitglieder einzureichen.

§ 73 Unterschreiten der Mindestmitgliederzahl

1 Sinkt die Zahl der Vereinsmitglieder unter drei herab, so hat das Amtsgericht auf Antrag des Vorstands und, wenn der Antrag nicht binnen drei Monaten gestellt wird, von Amts wegen nach Anhörung des Vorstands dem Verein die Rechtsfähigkeit zu entziehen.

(2) (weggefallen)

§ 74 Auflösung

(1) Die Auflösung des Vereins sowie die Entziehung der Rechtsfähigkeit ist in das Vereinsregister einzutragen.

(2) [1]Wird der Verein durch Beschluss der Mitgliederversammlung oder durch den Ablauf der für die Dauer des Vereins bestimmten Zeit aufgelöst, so hat der Vorstand die Auflösung zur Eintragung anzumelden. [2]Der Anmeldung ist im ersteren Falle eine Abschrift des Auflösungsbeschlusses beizufügen.

§ 75 Eintragungen bei Insolvenz

(1) [1]Die Eröffnung des Insolvenzverfahrens und der Beschluss, durch den die Eröffnung des Insolvenzverfahrens mangels Masse rechtskräftig abgewiesen worden ist, sowie die Auflösung des Vereins nach § 42 Absatz 2 Satz 1 sind von Amts wegen einzutragen. [2]Von Amts wegen sind auch einzutragen

1. die Aufhebung des Eröffnungsbeschlusses,
2. die Bestellung eines vorläufigen Insolvenzverwalters, wenn zusätzlich dem Schuldner ein allgemeines Verfügungsverbot auferlegt oder angeordnet wird, dass Verfügungen des Schuldners nur mit Zustimmung des vorläufigen Insolvenzverwalters wirksam sind, und die Aufhebung einer derartigen Sicherungsmaßnahme,
3. die Anordnung der Eigenverwaltung durch den Schuldner und deren Aufhebung sowie die Anordnung der Zustimmungsbedürftigkeit bestimmter Rechtsgeschäfte des Schuldners,
4. die Einstellung und die Aufhebung des Verfahrens und
5. die Überwachung der Erfüllung eines Insolvenzplans und die Aufhebung der Überwachung.

(2) [1]Wird der Verein durch Beschluss der Mitgliederversammlung nach § 42 Absatz 1 Satz 2 fortgesetzt, so hat der Vorstand die Fortsetzung zur Eintragung anzumelden. [2]Der Anmeldung ist eine Abschrift des Beschlusses beizufügen.

§ 76 Eintragungen bei Liquidation

(1) [1]Bei der Liquidation des Vereins sind die Liquidatoren und ihre Vertretungsmacht in das Vereinsregister einzutragen. [2]Das Gleiche gilt für die Beendigung des Vereins nach der Liquidation.

(2) [1]**Die Anmeldung der Liquidatoren hat durch den Vorstand zu erfolgen. [2]Bei der Anmeldung ist der Umfang der Vertretungsmacht der Liquidatoren anzugeben. [3]Änderungen der Liquidatoren oder ihrer Vertretungsmacht sowie die Beendigung des Vereins sind von den Liquidatoren anzumelden. [4]Der Anmeldung der durch Beschluss der Mitgliederversammlung bestellten Liquidatoren ist eine Abschrift des Bestellungsbeschlusses, der Anmeldung der Vertretungsmacht, die abweichend von § 48 Absatz 3 bestimmt wurde, ist eine Abschrift der diese Bestimmung enthaltenden Urkunde beizufügen.**

(3) **Die Eintragung gerichtlich bestellter Liquidatoren geschieht von Amts wegen.**

§ 77 Anmeldepflichtige und Form der Anmeldungen

[1]**Die Anmeldungen zum Vereinsregister sind von Mitgliedern des Vorstands sowie von den Liquidatoren, die insoweit zur Vertretung des Vereins berechtigt sind, mittels öffentlich beglaubigter Erklärung abzugeben. [2]Die Erklärung kann in Urschrift oder in öffentlich beglaubigter Abschrift beim Gericht eingereicht werden.**

[ab dem 1.8.2023 geltende Fassung]

§ 77 Anmeldepflichtige und Form der Anmeldungen

(1) [1]Die Anmeldungen zum Vereinsregister sind von Mitgliedern des Vorstands sowie von den Liquidatoren, die insoweit zur Vertretung des Vereins berechtigt sind, mittels öffentlich beglaubigter Erklärung abzugeben. [2]Die Erklärung kann in Urschrift oder in öffentlich beglaubigter Abschrift beim Gericht eingereicht werden.

(2) Die öffentliche Beglaubigung mittels Videokommunikation gemäß § 40a des Beurkundungsgesetzes ist zulässig.

II wurde mWv 1.8.2023 durch Ges. v. 15.7.2022 (BGBl. I S. 1146) angefügt. 1

§ 78 Festsetzung von Zwangsgeld

(1) **Das Amtsgericht kann die Mitglieder des Vorstands zur Befolgung der Vorschriften des § 67 Abs. 1, des § 71 Abs. 1, des § 72, des § 74 Abs. 2, des § 75 Absatz 2 und des § 76 durch Festsetzung von Zwangsgeld anhalten.**

(2) **In gleicher Weise können die Liquidatoren zur Befolgung der Vorschriften des § 76 angehalten werden.**

§ 79 Einsicht in das Vereinsregister

(1) [1]**Die Einsicht des Vereinsregisters sowie der von dem Verein bei dem Amtsgericht eingereichten Dokumente ist jedem gestattet. [2]Von den Eintragungen kann eine Abschrift verlangt werden; die Abschrift ist auf Verlangen zu beglaubigen. [3]Wird das Vereinsregister maschinell geführt, tritt an die Stelle der Abschrift ein Ausdruck, an die der beglaubigten Abschrift ein amtlicher Ausdruck.**

(2) [1]**Die Einrichtung eines automatisierten Verfahrens, das die Übermittlung von Daten aus maschinell geführten Vereinsregistern durch Abruf ermöglicht, ist zulässig, wenn sichergestellt ist, dass**

1. **der Abruf von Daten die zulässige Einsicht nach Absatz 1 nicht überschreitet und**

2. die Zulässigkeit der Abrufe auf der Grundlage einer Protokollierung kontrolliert werden kann.

[2]Die Länder können für das Verfahren ein länderübergreifendes elektronisches Informations- und Kommunikationssystem bestimmen.

(3) **[1]Der Nutzer ist darauf hinzuweisen, dass er die übermittelten Daten nur zu Informationszwecken verwenden darf. [2]Die zuständige Stelle hat (z.B. durch Stichproben) zu prüfen, ob sich Anhaltspunkte dafür ergeben, dass die nach Satz 1 zulässige Einsicht überschritten oder übermittelte Daten missbraucht werden.**

(4) **Die zuständige Stelle kann einen Nutzer, der die Funktionsfähigkeit der Abrufeinrichtung gefährdet, die nach Absatz 3 Satz 1 zulässige Einsicht überschreitet oder übermittelte Daten missbraucht, von der Teilnahme am automatisierten Abrufverfahren ausschließen; dasselbe gilt bei drohender Überschreitung oder drohendem Missbrauch.**

(5) **[1]Zuständige Stelle ist die Landesjustizverwaltung. [2]Örtlich zuständig ist die Landesjustizverwaltung, in deren Zuständigkeitsbereich das betreffende Amtsgericht liegt. [3]Die Zuständigkeit kann durch Rechtsverordnung der Landesregierung abweichend geregelt werden. [4]Sie kann diese Ermächtigung durch Rechtsverordnung auf die Landesjustizverwaltung übertragen. [5]Die Länder können auch die Übertragung der Zuständigkeit auf die zuständige Stelle eines anderen Landes vereinbaren.**

§ 79a Anwendung der Verordnung (EU) 2016/679 im Registerverfahren

(1) **[1]Die Rechte nach Artikel 15 der Verordnung (EU) 2016/679 des Europäischen Parlaments und des Rates vom 27. April 2016 zum Schutz natürlicher Personen bei der Verarbeitung personenbezogener Daten, zum freien Datenverkehr und zur Aufhebung der Richtlinie 95/46/EG (Datenschutz-Grundverordnung) (ABl. L 119 vom 4.5.2016, S. 1; L 314 vom 22.11.2016, S. 72; L 127 vom 23.5.2018, S. 2) werden nach § 79 und den dazu erlassenen Vorschriften der Vereinsregisterverordnung durch Einsicht in das Register oder den Abruf von Registerdaten über das länderübergreifende Informations- und Kommunikationssystem gewährt. [2]Das Registergericht ist nicht verpflichtet, Personen, deren personenbezogene Daten im Vereinsregister oder in den Registerakten gespeichert sind, über die Offenlegung dieser Daten an Dritte Auskunft zu erteilen.**

(2) **Das Recht auf Berichtigung nach Artikel 16 der Verordnung (EU) 2016/679 kann für personenbezogene Daten, die im Vereinsregister oder in den Registerakten gespeichert sind, nur unter den Voraussetzungen und in dem Verfahren ausgeübt werden, die im Gesetz über das Verfahren in Familiensachen und in den Angelegenheiten der freiwilligen Gerichtsbarkeit sowie der Vereinsregisterverordnung für eine Löschung oder Berichtigung von Eintragungen geregelt sind.**

(3) **Das Widerspruchsrecht nach Artikel 21 der Verordnung (EU) 2016/679 ist auf personenbezogene Daten, die im Vereinsregister und in den Registerakten gespeichert sind, nicht anzuwenden.**

Untertitel 2. Stiftungen

Vorbemerkungen

Lit. zur Reform des Stiftungsrechts 2023: Barzen, Das neue Stiftungsrecht, 2022; Beyer, Satzungsänderungen und Stifterwille – Eine Analyse des neuen Stiftungsrechts, ZStV 2021, 161; Blumers, Stiftung von zweckbestimmter Dauer, DB 2021, 2243; Gollan, Stiftungsrechtsreform –

Ende gut, alles gut? Bestandsaufnahme aus Sicht der Gestaltungspraxis, npoR 2021, 277; Hüttemann/Rawart, Das neue Bundesstiftungsrecht – Darstellung und Analyse sowie Vorschläge für notwendige Reformen der Landesstiftungsgesetze, ZIP 2021, Beilage zu Heft 33, 3; Janitzki, Das neue Stiftungsrecht – ein Anfang, ErbR 2022, 15; Lorenz/Mehren, Das neue Stiftungsrecht ist da – Kernpunkte der gesetzlichen Neuregelungen und deren Bedeutung für bestehende und noch zu errichtende Stiftungen, DStR 2021, 1774; Orth, Stiftungsrechtsreform 2021 – Neuregelungen der Ausgestaltung und Entstehung einer Stiftung, ihres Vermögens und des Stiftungsregisters, MDR 2021, 1225; Ponath/Tolksdorf, Was lange währt, wird nicht immer gut: Diskussionsfelder des neuen Stiftungsrechts, ZEV 2021, 605; Pruns, Ein Überblick über das neue Stiftungsrecht, ZErb 2021, 301; Schauer, Grundlagenänderungen nach der Reform des Stiftungsrecht, npoR 2022, 54; Schauhoff/Mehren, Die Reform des Stiftungsrechts, NJW 2021, 2993; Scholz, Vorstandshaftung in der Stiftung und Gesellschaftsrechtsdogmatik: Rezeption und Reflexion, ZIP 2021, 1937; Schuck/Medinger, Stiftungsrechtsreform und Bestandsstiftungen, npoR 2021, 284; Schwalm, Das neue Stiftungsrecht – Ein Kompendium zur Stiftungsrechtsreform (auch) für die notarielle Praxis (Teil 1), NotBZ 2022, 81–90; Zimmermann/Raddatz, Die Entwicklung des Stiftungsrechts 2021, NJW 2022, 517. S. ferner Achilles, Stiftungsrechtsreform und kirchliche Stiftungen, npoR 2021, 161, 242; Baßler/Stöffler/Blecher, Die unternehmensverbundene Familienstiftung nach dem Gesetz zur Vereinheitlichung des Stiftungsrechts. Neuerungen und Handlungsempfehlungen für bestehende Stiftungen, GmbHR 2021, 1125.

1. §§ 80–88. Betreffen **rechtsfähige Stiftungen** des **Privatrechts. a)** Durch das 1
Ges. zur Modernisierung des Stiftungsrechts v. 15.7.2002 (in Kraft seit 1.9.2002) sind die Voraussetzungen, unter denen eine Stiftung Rechtsfähigkeit erlangt, in den §§ 80–89 bundeseinheitlich und abschließend geregelt. Oberstes Prinzip des Stiftungsrechts ist weiterhin die fortwährend konstitutive Bedeutung des Stifterwillens (BGHZ 99, 348). Das Ges. zur Vereinheitlichung des Stiftungsrechts und zur Änderung des Infektionsschutzgesetzes v. 16.7.2021 (BGBl. I S. 2947) regelt das Stiftungsprivatrecht abschließend in den **§§ 80–88,** allerdings jetzt mit übergroßer Regelungsdichte. Sie verdrängen die Landesstiftungsgesetze und enthalten ua neue Vorschriften zum Namen, Sitz und Vermögen der Stiftung, zur Satzungsänderung und Stiftungsfusion. Anpassungen der Stiftungsgesetze der Länder folgen. In das
BGB eingefügt wurden §§ 81a, 82a, 83a–83c, 84a–84c, 86a–86h, 87d. **Inkrafttre-** 2
ten: Die Neufassung der §§ 80–88 trat am **1.7.2023** in Kraft (Art. 1 iVm Art. 11 II Ges.v.16.7.2021, dazu BT-Drs. 19/28173, 107), sofern sie nicht erst am **1.1.2026** in Kraft treten wird. Das sind: §§ 82b–82d, 84d, 85b, 86i, 87d (s. Art. 3 iVm Art. 11 I Ges.v.16.7.2021). Von ihrem Abdruck wird in der Folge noch abgesehen. Sie betreffen das Stiftungsregister (→ Rn. 3). **Intertemporal:** §§ 82a–88 gelten auch für die vor dem 1.7.2023 bestehenden Stiftungen ab diesem Tag in der dann geltenden Fassung. Dabei tritt bei diesen Stiftungen in § 87c I 1–3 an die Stelle der Satzung
die Stiftungsverfassung (Art. 229 § 59 EGBGB). Das Bundesamt für Justiz führt als 3
Registerbehörde ab dem 1.1.2026 ein zentrales **Stiftungsregister** (§ 82b I), das rechtsfähige Stiftungen des bürgerlichen Rechts erfasst. Das **StiftRG** (s. Art. 4 Ges.v.16.7.2021) regelt das **Registerverfahren. Inkrafttreten** am 1.1.2026, nur die Verordnungsermächtigung des § 19 schon am 1.7.2023 (s. Art. 4 iVm Art. 11 I
Nr. 2, III Ges.v.16.7.2021). **b) Begriffsmerkmale** der Stiftung: eigene Rechtsfä- 2
higkeit, keine Mitglieder, Zweckbindung des gewidmeten Vermögens (→ §§ 80–84c Rn. 1).

2. Keine Stiftung iSd §§ 80 ff. a) Die **nichtrechtsfähige** (unselbständige, fidu- 3
ziarische) Stiftung. Sie ist unentgeltliche Zuwendung an natürliche oder, praktisch stets, an jur. Person mit der auf Dauer verbindlichen Bestimmung, mit dem Vermögen bestimmte Zwecke zu fördern. Unter Lebenden oder von Todes wegen möglich (RGZ 88, 339), es gilt Schuld- oder Erbrecht. §§ 80 ff. sind auch nicht analog
anwendbar; **b) Das Sammelvermögen** (vgl. § 1914); eigene Rechtspersönlichkeit 4
fehlt.

3. Stiftungen des öffentl. Rechts. Werden nicht von den §§ 80 ff. BGB erfasst 5
und spielen eine geringe Rolle. Sie können rechtsfähig oder nichtrechtsfähig sein. Schwierig ist ihre Unterscheidung von denen des Privatrechts, denn diese können

auch von jur. Person des öffentl. Rechts mit öffentl. Zweck begründet werden, wie umgekehrt Stifter einer öffentl.-rechtlichen Stiftung eine Privatperson sein kann. Ie MüKo-BGB/Weitemeyer Rn. 303–310.

§ 80 Entstehung einer rechtsfähigen Stiftung

(1) Zur Entstehung einer rechtsfähigen Stiftung sind das Stiftungsgeschäft und die Anerkennung durch die zuständige Behörde des Landes erforderlich, in dem die Stiftung ihren Sitz haben soll.

(2) [1]Die Stiftung ist als rechtsfähig anzuerkennen, wenn das Stiftungsgeschäft den Anforderungen des § 81 Abs. 1 genügt, die dauernde und nachhaltige Erfüllung des Stiftungszwecks gesichert erscheint und der Stiftungszweck das Gemeinwohl nicht gefährdet. [2]Bei einer Stiftung, die für eine bestimmte Zeit errichtet und deren Vermögen für die Zweckverfolgung verbraucht werden soll (Verbrauchsstiftung), erscheint die dauernde Erfüllung des Stiftungszwecks gesichert, wenn die Stiftung für einen im Stiftungsgeschäft festgelegten Zeitraum bestehen soll, der mindestens zehn Jahre umfasst.

(3) [1]Vorschriften der Landesgesetze über kirchliche Stiftungen bleiben unberührt. [2]Das gilt entsprechend für Stiftungen, die nach den Landesgesetzen kirchlichen Stiftungen gleichgestellt sind.

[ab dem 1.7.2023 geltende Fassung]

§ 80 Ausgestaltung und Entstehung der Stiftung

(1) [1]Die Stiftung ist eine mit einem Vermögen zur dauernden und nachhaltigen Erfüllung eines vom Stifter vorgegebenen Zwecks ausgestattete, mitgliederlose juristische Person. [2]Die Stiftung wird in der Regel auf unbestimmte Zeit errichtet, sie kann aber auch auf bestimmte Zeit errichtet werden, innerhalb derer ihr gesamtes Vermögen zur Erfüllung ihres Zwecks zu verbrauchen ist (Verbrauchsstiftung).

(2) [1]Zur Entstehung der Stiftung sind das Stiftungsgeschäft und die Anerkennung der Stiftung durch die zuständige Behörde des Landes erforderlich, in dem die Stiftung ihren Sitz haben soll. [2]Wird die Stiftung erst nach dem Tode des Stifters anerkannt, so gilt sie für Zuwendungen des Stifters als schon vor dessen Tod entstanden.

§ 81 Stiftungsgeschäft

(1) [1]Das Stiftungsgeschäft unter Lebenden bedarf der schriftlichen Form. [2]Es muss die verbindliche Erklärung des Stifters enthalten, ein Vermögen zur Erfüllung eines von ihm vorgegebenen Zweckes zu widmen, das auch zum Verbrauch bestimmt werden kann. [3]Durch das Stiftungsgeschäft muss die Stiftung eine Satzung erhalten mit Regelungen über
1. den Namen der Stiftung,
2. den Sitz der Stiftung,
3. den Zweck der Stiftung,
4. das Vermögen der Stiftung,
5. die Bildung des Vorstands der Stiftung.
[4]Genügt das Stiftungsgeschäft den Erfordernissen des Satzes 3 nicht und ist der Stifter verstorben, findet § 83 Satz 2 bis 4 entsprechende Anwendung.

(2) [1]Bis zur Anerkennung der Stiftung als rechtsfähig ist der Stifter zum Widerruf des Stiftungsgeschäfts berechtigt. [2]Ist die Anerkennung bei der zuständigen Behörde beantragt, so kann der Widerruf nur dieser gegenüber erklärt werden. [3]Der Erbe des Stifters ist zum Widerruf nicht berechtigt,

wenn der Stifter den Antrag bei der zuständigen Behörde gestellt oder im Falle der notariellen Beurkundung des Stiftungsgeschäfts den Notar bei oder nach der Beurkundung mit der Antragstellung betraut hat.

[ab dem 1.7.2023 geltende Fassung]

§ 81 *Stiftungsgeschäft*

(1) Im Stiftungsgeschäft muss der Stifter
1. *der Stiftung eine Satzung geben, die mindestens Bestimmungen enthalten muss über*
   a) *den Zweck der Stiftung,*
   b) *den Namen der Stiftung,*
   c) *den Sitz der Stiftung und*
   d) *die Bildung des Vorstands der Stiftung sowie*
2. *zur Erfüllung des von ihm vorgegebenen Stiftungszwecks ein Vermögen widmen (gewidmetes Vermögen), das der Stiftung zu deren eigener Verfügung zu überlassen ist.*

(2) Die Satzung einer Verbrauchsstiftung muss zusätzlich enthalten:
1. *die Festlegung der Zeit, für die die Stiftung errichtet wird, und*
2. *Bestimmungen zur Verwendung des Stiftungsvermögens, die die nachhaltige Erfüllung des Stiftungszwecks und den vollständigen Verbrauch des Stiftungsvermögens innerhalb der Zeit, für welche die Stiftung errichtet wird, gesichert erscheinen lassen.*

(3) Das Stiftungsgeschäft bedarf der schriftlichen Form, wenn nicht in anderen Vorschriften ausdrücklich eine strengere Form als die schriftliche Form vorgeschrieben ist, oder es muss in einer Verfügung von Todes wegen enthalten sein.

(4) [1]Wenn der Stifter verstorben ist und er im Stiftungsgeschäft zwar den Zweck der Stiftung festgelegt und ein Vermögen gewidmet hat, das Stiftungsgeschäft im Übrigen jedoch nicht den gesetzlichen Anforderungen des Absatzes 1 oder des Absatzes 2 genügt, hat die nach Landesrecht zuständige Behörde das Stiftungsgeschäft um die Satzung oder um fehlende Satzungsbestimmungen zu ergänzen. [2]Bei der Ergänzung des Stiftungsgeschäfts soll die Behörde den wirklichen, hilfsweise den mutmaßlichen Willen des Stifters beachten. [3]Wurde im Stiftungsgeschäft kein Sitz der Stiftung bestimmt, ist im Zweifel anzunehmen, dass der Sitz am letzten Wohnsitz des Stifters im Inland sein soll.

[ab dem 1.7.2023 geltende Fassung]

§ 81a *Widerruf des Stiftungsgeschäfts*

[1]Bis zur Anerkennung der Stiftung ist der Stifter zum Widerruf des Stiftungsgeschäfts berechtigt. [2]Ist die Anerkennung bei der zuständigen Behörde des Landes beantragt, so ist der Widerruf dieser gegenüber zu erklären. [3]Der Erbe des Stifters ist zum Widerruf des Stiftungsgeschäfts nicht berechtigt, wenn der Stifter den Antrag auf Anerkennung der Stiftung bei der zuständigen Behörde des Landes gestellt oder im Falle der notariellen Beurkundung des Stiftungsgeschäfts den Notar mit der Antragstellung betraut hat.

§ 82 Übertragungspflicht des Stifters

[1]Wird die Stiftung als rechtsfähig anerkannt, so ist der Stifter verpflichtet, das in dem Stiftungsgeschäft zugesicherte Vermögen auf die Stiftung zu übertragen. [2]Rechte, zu deren Übertragung der Abtretungsvertrag genügt, gehen mit der Anerkennung auf die Stiftung über, sofern nicht aus dem Stiftungsgeschäft sich ein anderer Wille des Stifters ergibt.

[ab dem 1.7.2023 geltende Fassung]

§ 82 ***Anerkennung der Stiftung***

[1]Die Stiftung ist anzuerkennen, wenn das Stiftungsgeschäft den Anforderungen des § 81 Absatz 1 bis 3 genügt und die dauernde und nachhaltige Erfüllung des Stiftungszwecks gesichert erscheint, es sei denn, die Stiftung würde das Gemeinwohl gefährden. [2]Bei einer Verbrauchsstiftung erscheint die dauernde Erfüllung des Stiftungszwecks gesichert, wenn die in der Satzung für die Stiftung bestimmte Zeit mindestens zehn Jahre umfasst.

[ab dem 1.7.2023 geltende Fassung]

§ 82a ***Übertragung und Übergang des gewidmeten Vermögens***

[1]Ist die Stiftung anerkannt, so ist der Stifter verpflichtet, das gewidmete Vermögen auf die Stiftung zu übertragen. [2]Rechte, zu deren Übertragung eine Abtretung genügt, gehen mit der Anerkennung auf die Stiftung über, sofern sich nicht aus dem Stiftungsgeschäft ein anderer Wille des Stifters ergibt.

§ 83 Stiftung von Todes wegen

[1]Besteht das Stiftungsgeschäft in einer Verfügung von Todes wegen, so hat das Nachlassgericht dies der zuständigen Behörde zur Anerkennung mitzuteilen, sofern sie nicht von dem Erben oder dem Testamentsvollstrecker beantragt wird. [2]Genügt das Stiftungsgeschäft nicht den Erfordernissen des § 81 Abs. 1 Satz 3, wird der Stiftung durch die zuständige Behörde vor der Anerkennung eine Satzung gegeben oder eine unvollständige Satzung ergänzt; dabei soll der Wille des Stifters berücksichtigt werden. [3]Als Sitz der Stiftung gilt, wenn nicht ein anderes bestimmt ist, der Ort, an welchem die Verwaltung geführt wird. [4]Im Zweifel gilt der letzte Wohnsitz des Stifters im Inland als Sitz.

[ab dem 1.7.2023 geltende Fassung]

§ 83 ***Stiftungsverfassung und Stifterwille***

(1) ***Die Verfassung der Stiftung wird, soweit sie nicht auf Bundes- oder Landesgesetz beruht, durch das Stiftungsgeschäft und insbesondere die Satzung bestimmt.***

(2) ***Die Stiftungsorgane haben bei ihrer Tätigkeit für die Stiftung und die zuständigen Behörden haben bei der Aufsicht über die Stiftung den bei der Errichtung der Stiftung zum Ausdruck gekommenen Willen, hilfsweise den mutmaßlichen Willen des Stifters zu beachten.***

[ab dem 1.7.2023 geltende Fassung]

§ 83a ***Verwaltungssitz der Stiftung***

Die Verwaltung der Stiftung ist im Inland zu führen.

[ab dem 1.7.2023 geltende Fassung]

§ 83b ***Stiftungsvermögen***

(1) ***[1]Bei einer Stiftung, die auf unbestimmte Zeit errichtet wurde, besteht das Stiftungsvermögen aus dem Grundstockvermögen und ihrem sonstigen Vermögen. [2]Bei***

einer Verbrauchsstiftung besteht das Stiftungsvermögen aufgrund der Satzung nur aus sonstigem Vermögen.

(2) Zum Grundstockvermögen gehören
1. *das gewidmete Vermögen,*
2. *das der Stiftung zugewendete Vermögen, das vom Zuwendenden dazu bestimmt wurde, Teil des Grundstockvermögens zu werden (Zustiftung), und*
3. *das Vermögen, das von der Stiftung zu Grundstockvermögen bestimmt wurde.*

(3) Der Stifter kann auch bei einer Stiftung, die auf unbestimmte Zeit errichtet wird, im Stiftungsgeschäft abweichend von Absatz 2 Nummer 1 einen Teil des gewidmeten Vermögens zu sonstigem Vermögen bestimmen.

(4) [1]Das Stiftungsvermögen ist getrennt von fremdem Vermögen zu verwalten. [2]Mit dem Stiftungsvermögen darf nur der Stiftungszweck erfüllt werden.

[ab dem 1.7.2023 geltende Fassung]

§ 83c *Verwaltung des Grundstockvermögens*

(1) [1]Das Grundstockvermögen ist ungeschmälert zu erhalten. [2]Der Stiftungszweck ist mit den Nutzungen des Grundstockvermögens zu erfüllen. [3]Zuwächse aus der Umschichtung des Grundstockvermögens können für die Erfüllung des Stiftungszwecks verwendet werden, soweit dies durch die Satzung nicht ausgeschlossen wurde und die Erhaltung des Grundstockvermögens gewährleistet ist.

(2) [1]Durch die Satzung kann bestimmt werden, dass die Stiftung einen Teil des Grundstockvermögens verbrauchen darf. [2]In einer solchen Satzungsbestimmung muss die Stiftung verpflichtet werden, das Grundstockvermögen in absehbarer Zeit wieder um den verbrauchten Teil aufzustocken.

(3) Durch Landesrecht kann vorgesehen werden, dass die nach Landesrecht zuständigen Behörden auf Antrag einer Stiftung für einen bestimmten Teil des Grundstockvermögens eine zeitlich begrenzte Ausnahme von Absatz 1 Satz 1 zulassen können, wenn dadurch die dauernde und nachhaltige Erfüllung des Stiftungszwecks nicht beeinträchtigt wird.

§ 84 Anerkennung nach Tod des Stifters

Wird die Stiftung erst nach dem Tode des Stifters als rechtsfähig anerkannt, so gilt sie für die Zuwendungen des Stifters als schon vor dessen Tod entstanden.

[ab dem 1.7.2023 geltende Fassung]

§ 84 *Stiftungsorgane*

(1) [1]Die Stiftung muss einen Vorstand haben. [2]Der Vorstand führt die Geschäfte der Stiftung.

(2) [1]Der Vorstand vertritt die Stiftung gerichtlich und außergerichtlich; er hat die Stellung eines gesetzlichen Vertreters. [2]Besteht der Vorstand aus mehreren Personen, so wird die Stiftung durch die Mehrheit der Vorstandsmitglieder vertreten. [3]Ist eine Willenserklärung gegenüber der Stiftung abzugeben, so genügt die Abgabe gegenüber einem Mitglied des Vorstands.

(3) Durch die Satzung kann von Absatz 1 Satz 2 und Absatz 2 Satz 2 abgewichen und der Umfang der Vertretungsmacht des Vorstands mit Wirkung gegen Dritte beschränkt werden.

(4) [1]In der Satzung können neben dem Vorstand weitere Organe vorgesehen werden. [2]In der Satzung sollen für ein weiteres Organ auch die Bestimmungen über die Bildung, die Aufgaben und die Befugnisse enthalten sein.

(5) Die §§ 30, 31 und 42 Absatz 2 sind entsprechend anzuwenden.

[ab dem 1.7.2023 geltende Fassung]

§ 84a *Rechte und Pflichten der Organmitglieder*

(1) [1]Auf die Tätigkeit eines Organmitglieds für die Stiftung sind die §§ 664 bis 670 entsprechend anzuwenden. [2]Organmitglieder sind unentgeltlich tätig. [3]Durch die Satzung kann von den Sätzen 1 und 2 abgewichen werden, insbesondere auch die Haftung für Pflichtverletzungen von Organmitgliedern beschränkt werden.

(2) [1]Das Mitglied eines Organs hat bei der Führung der Geschäfte der Stiftung die Sorgfalt eines ordentlichen Geschäftsführers anzuwenden. [2]Eine Pflichtverletzung liegt nicht vor, wenn das Mitglied des Organs bei der Geschäftsführung unter Beachtung der gesetzlichen und satzungsgemäßen Vorgaben vernünftigerweise annehmen durfte, auf der Grundlage angemessener Informationen zum Wohle der Stiftung zu handeln.

(3) [1]§ 31a ist entsprechend anzuwenden. [2]Durch die Satzung kann die Anwendbarkeit des § 31a beschränkt oder ausgeschlossen werden.

[ab dem 1.7.2023 geltende Fassung]

§ 84b *Beschlussfassung der Organe*

[1]Besteht ein Organ aus mehreren Mitgliedern, erfolgt die Beschlussfassung entsprechend § 32, wenn in der Satzung nichts Abweichendes geregelt ist. [2]Ein Organmitglied ist nicht stimmberechtigt, wenn die Beschlussfassung die Vornahme eines Rechtsgeschäfts mit ihm oder die Einleitung oder Erledigung eines Rechtsstreits zwischen ihm und der Stiftung betrifft.

[ab dem 1.7.2023 geltende Fassung]

§ 84c *Notmaßnahmen bei fehlenden Organmitgliedern*

(1) [1]Wenn der Vorstand oder ein anderes Organ der Stiftung seine Aufgaben nicht wahrnehmen kann, weil Mitglieder des Organs fehlen, hat die nach Landesrecht zuständige Behörde in dringenden Fällen auf Antrag eines Beteiligten oder von Amts wegen notwendige Maßnahmen zu treffen, um die Handlungsfähigkeit des Organs zu gewährleisten. [2]Die Behörde ist insbesondere befugt, Organmitglieder befristet zu bestellen oder von der satzungsmäßig vorgesehenen Zahl von Organmitgliedern befristet abzuweichen, insbesondere indem die Behörde einzelne Organmitglieder mit Befugnissen ausstattet, die ihnen nach der Satzung nur gemeinsam mit anderen Organmitgliedern zustehen.

(2) [1]Die Behörde kann einem von ihr bestellten Organmitglied bei oder nach der Bestellung eine angemessene Vergütung auf Kosten der Stiftung bewilligen, wenn das Vermögen der Stiftung sowie der Umfang und die Bedeutung der zu erledigenden Aufgabe dies rechtfertigen. [2]Die Behörde kann die Bewilligung der Vergütung mit Wirkung für die Zukunft ändern oder aufheben.

Anmerkungen zu den §§ 80–84c

Lit.: v. Campenhausen/Richter, Stiftungsrechtshandbuch, 4. Aufl. 2014; Richter, Stiftungsrecht, 2019.

Hinweis: Zur Kommentierung der **Rechtslage vor dem 1.7.2023 s. die 18. Aufl.**

1. Entstehung: Stiftungsgeschäft. § 80 ff. n.F. regeln die **Rechtsform** der rechtsfähigen Stiftung des Privatrechts, nicht andere Stiftungsformen wie die rechtsfähige Stiftung des öffentlichen Rechts oder die unselbständigen Stiftungen (arg. systematische Stellung, s. BT-Drs. 19/28173, 45). Eine Stiftung wird regelmäßig auf unbestimmte Zeit (Regeltypus: **Ewigkeitsstiftung,** s. BT-Drs. 19/28173, 29), befristet nur ausnahmsweise als **Verbrauchsstiftung** errichtet (§ 80 I 2 n.F.). **Legaldefinition:** → § 80 I 1 n.F.; zwingende Stiftungsmerkmale: Verknüpfung von Stiftungszweck und Stiftungsvermögen, Mitgliederlosigkeit. Stiftung entsteht als mitgliederlose jur. Person durch das Stiftungsgeschäft (→ Rn. 2) und ihre staatliche Anerkennung (→ Rn. 3), → §§ 80 II, → § 82 n.F. Für **kirchliche** und ihnen nach Landesrecht gleichgestellten **Stiftungen** des Privatrechts stellt § 88 S. 1 n.F. klar, dass die für sie einschlägigen zusätzlichen landesrechtlichen Vorschriften von den §§ 80 ff. unberührt bleiben. Ebenso unberührt bleiben die landesrechtlichen Vorschriften für Kirchenstiftungen des öffentlichen Rechts (→ vor §§ 80–88 Rn. 3) und nichtrechtsfähige kirchenrechtliche Stiftungen. **a)** Das **Stiftungsgeschäft** ist einseitiges, nicht empfangsbedürftiges RGeschäft unter Lebenden (vgl. → § 81 II, II, III; Form: Schriftform, → § 126) oder von Todes wegen (→ § 83 III, IV n.F.; Form: Testament, Erbvertrag). Durch das Stiftungsgeschäft muss die Stiftung eine **Satzung** erhalten, die mindestens den Zweck, Namen, Sitz, Bildung des Vorstands und gewidmetes Vermögen regelt (→ § 81 I n.F.); Widmung eines Vermögens für Stiftungszweck ist zwingende Voraussetzung (→ § 81 I Nr. 2 n.F.); ergänzende Regelungen zum Stiftungsvermögen und seiner Verwaltung: → § 83b n.F., → § 83c n.F. Zusatzregeln für Verbrauchsstiftungen in → § 80 II n.F. Stifter hat Satzungsautonomie und kann mehr bzw. vom dispositiven Recht Abweichendes vorsehen. Jede dispositive Vorschrift bestimmt ausdrücklich, wieweit die Satzung abweichen kann (BT-Drs. 19/28173, 47). Zur Mangelbeseitigung bei Tod des Stifters s. § 81 IV n.F. **b)** Die **Anerkennung** der Stiftung als rechtsfähig ist auszusprechen, wenn die **Voraussetzungen** des → § 81 I-III n.F., → § 82 n.F. vorliegen: Stiftungsgeschäft (→ Rn. 2); verbindliche Erklärung des Stifters, Vermögen zur Erfüllung eines von ihm bestimmten Zwecks zu widmen; die dauernde und nachhaltige Erfüllung des Stiftungszwecks erscheint gesichert (bei Verbrauchsstiftung gesichert, wenn Vermögen ausreichend groß, um Stiftungszweck für Dauer von 10 Jahren zu erfüllen, → § 81 S. 2 n.F.); keine Gemeinwohlgefährdung (seit 1.7.2023) durch Stiftung (davor hM: durch Stiftungszweck, str., dazu sehr krit. Muscheler NJW 2003, 3161 ff.). Damit vereinbar die Begrenzung des Kreises der Destinatäre ua nach Religion, Ethnie und Geschlecht (zB Stipendien nur für evangelische Studenten aus Siebenbürgen). **c)** Liegen die Voraussetzungen (→ Rn. 3) vor, so hat der Stifter einen **Rechtsanspruch auf Anerkennung,** so deutlich → § 82 S. 1. Zur **Anmeldung** zum Stiftungsregister → Rn. 9.

1 2 3 4

2. Stiftungsverfassung und Stiftungsorgane. Die **Stiftungsverfassung** (→ § 83 n.F.) wird durch zwingendes Bundesrecht und Landesrecht sowie durch das Stiftungsgeschäft (→ § 81 n.F.), insbesondere durch die **Stiftungssatzung** (→ Rn. 2; → § 81 I Nr. 1 n.F.), und nachgiebiges Bundes- und Landesrecht bestimmt. Der erklärte, hilfsweise der mutmaßliche **Stifterwille** hat bei der Verwirklichung des Stiftungszwecks und der Aufsicht über die Stiftung für die Organe der Stiftung und die Aufsichtsbehörde **leitend** zu sein (→ § 81 II n.F.). Die Verweisungen auf das Vereinsrecht gem. bisherigen § 86 werden zur Vereinfachung im reformierten Recht weitgehend durch eigenständige, oft inhaltsgleiche Regelungen ersetzt. Einzelne Verweisungen noch in → § 84 V n.F., 84a III betreffend den Vorstand. Einziges Pflichtorgan der Stiftung ist der **Vorstand** (→ § 84 I 1 n.F.), Satzung kann **weitere Organe** vorsehen (→ § 84 III n.F.), wie etwa Beirat, Kuratorium, besonderer Vertreter (→ § 84 V n.F. iVm → § 30). Satzung muss gem. → § 81 I Nr. 1 lit. d) n.F. zumindest Anzahl und Art und Weise der Bestellung der Vorstandsmitglieder („Bildung des Vorstands") festlegen. Vorstandsmitglieder

5 6

können natürliche und juristische Personen des privaten und öffentlichen Rechts
7 sein: letztere werden durch ihre Organe vertreten (BT-Drs. 19/28173, 59). § 84 II n.F. regelt die **Vertretung** der Stiftung durch den Vorstand (entsprechend → § 26 I 2, II für den Verein). Aktive und passive gerichtliche und außergerichtliche Vertretung der Stiftung obliegt zwingend dem Vorstand (→ § 84 II 1, 3 n.F.). Seine Vertretungsmacht kann nach → § 84 III n.F. wie bisher mit Drittwirkung nur beschränkt, aber nicht ausgeschlossen werden. Danach kann die Satzung anderen Organen etwa Mitwirkungsrechte einräumen (BT-Drs. 19/28173, 59). → § 84a II n.F. enthält besondere Vorschriften für Organmitglieder (Mitglieder des Vorstands oder andere Organe), die **Geschäftsführungsaufgaben** für die Stiftung wahrnehmen. → § 84a II n.F. konkretisiert dafür den **Sorgfaltsmaßstab** und die Pflichten bei der Wahrnehmung von Geschäftsführungsaufgaben. Bei dieser Tätigkeit ist die Sorgfalt eines ordentlichen Geschäftsführers zu beachten (→ § 84a II n.F.). Verletzen Organmitglieder ihre Pflichten bei der Geschäftsführung vorsätzlich oder fahrlässig, sind sie gemäß → § 280 I der Stiftung zum Ersatz des daraus resultierenden Schadens verpflichtet, wenn sie sich nicht auf die Haftungserleichterungen nach → § 84a III 1 n.F. iVm → § 31a I 1 berufen können. Es gilt nach → § 84a III 2 die **Business-Judgement-Rule** (entsprechend → § 93 I 2 AktG).

8 **3. Vermögensübergang.** Ist die Stiftung entstanden, so geht zugesichertes Vermögen auf die Stiftung über: unter Lebenden durch Einzelübertragung und nach → § 82a S. 2 n.F., sonst durch Gesamtnachfolge, → § 1922. Dazu § 80 II n.F. (erfasst Stiftungsgeschäft unter Lebenden und von Todes wegen); BayObLG NJW-RR 1991, 524; KG ErbR 2016, 331. § 80 II 2 n.F. erlaubt (Ausnahme zu → § 1923 I) Erbeinsetzung Stiftung, wenn Stifter vor Stiftungsgenehmigung stirbt, bewirkt aber keine Vorverlegung des steuerlichen Abflusszeitpunkts von Zuwendungen (BFH NJW-RR 2011, 735 Rn. 21).

9 **4. Stiftungsregistrierung und Stiftungsname. Ab** dem **1.1.2026** regeln die §§ 82b–82d, 84d, 85b, 86i und 87d in Verbindung mit dem StiftRG (→ vor §§ 80–88 Rn. 3) die Eintragungen in das neu zu schaffende zentrale Stiftungsregister des Bundes, geführt von dem Bundesamt für Justiz. Die Anmeldung und **Eintragung** sind **deklaratorisch** (BT-Drs. 19/28173, 81). Normen schaffen **Registrierungspflichten** der rechtsfähigen Stiftungen des bürgerlichen Rechts und ihrer Organe. Ab dem 1.1.2026 hat die Stiftung gem. § 82b II 1 n.F. BGB nach ihrer behördlichen **Anerkennung** die Stiftung (→ § 82 n.F.) zur Eintragung in das Stiftungsregister **anzumelden.** § 82b II ist der vereinsrechtlichen Norm des → § 59 I nachgebildet. Stiftungen, die vor dem 1.7.2023 anerkannt wurden, müssen **bis 31.12.2026** zum Register angemeldet werden (§ 20 I 1 StiftRG). Die für die Anerkennung von Stiftungen nach Landesrecht zuständigen Behörden haben der Registerbehörde unverzüglich nach dem 31.12.2026 eine Liste der bestehenden rechtsfähigen Stiftungen des bürgerlichen Rechts, die ihren Sitz im Zuständigkeitsbereich der Behörde haben und vor dem 1. Januar 2026 errichtet wurden, zu übermitteln (§ 20 III StiftRG). §§ 84d, 85b, 86i, § 87d n.F. sehen **weitere Anmeldepflichten** des Vorstands oder der Liquidatoren zu Änderungen im Vorstand oder bei besonderen Vertretern, der Satzung, zu Zulegungen und Zusammenlegungen sowie bei Auflösung oder Aufhebung von Stiftungen vor. Nach §§ 15, 16 StiftRG soll jeweils aktueller **Registerinhalt** in einem automatisierten Verfahren für jedermann **frei**
10 **zugänglich** sein. Entsprechend → § 68 und → § 15 I, II HGB statuiert § 82d n.F. eine **negative Publizitätswirkung** der Eintragung im Stiftungsregister. Das bedeutet nach § 82d I n.F., **nur Tatsachen,** die **einzutragen** sind (wie Personen und Vertretungsmacht bzw. Beschränkungen der Vertretungsmacht des Vorstands gem. § 84 III n.F.; dazu was einzutragen ist, → § 2 StiftRG) und **auch eingetragen** wurden, kann die Stiftung im Geschäftsverkehr Dritten (das sind alle, die nicht selbst Gegenstand der Eintragung sind, also etwa auch ein sonstiger Stiftungsmitarbeiter) entgegenhalten, es sei denn, die anderen Tatsachen sind ihm sonst bekannt. Geschäftsverkehr meint entsprechend § 15 HGB alle Vorgänge des **Zivilrechtsver-**

kehrs, die im Zusammenhang mit rechtsgeschäftlichem Handeln von Stiftungen stehen (BT-Drs. 19/28173, 83), also nicht nur die Abgabe von Willenserklärungen, sondern etwa auch Vornahme von geschäftsähnlichen oder Prozesshandlungen. Kein Vertrauensschutz durch Stiftungsregister in öffentlich-rechtlichen Rechtsverhältnissen. Nach § 82d II n.F. (entspricht § 15 II HGB) muss Dritter aber im Geschäftsverkehr einzutragende Tatsache, die im Register eingetragen ist, gegen sich **gelten lassen,** es sei denn, er kannte die Tatsache nicht und seine Unkenntnis beruhte nicht auf Fahrlässigkeit. Beweislast dafür bei Drittem (BT-Drs. 19/28173, 83). Unterlassen vorheriger Einsicht durch Dritten in das Stiftungsregister hinsichtlich Beschränkungen der Vertretungsmacht kann bei RGeschäft mit erheblichen Aufwendungen aber Fahrlässigkeit begründen (so für § 68 hinsichtlich Vereinsregister OLG Köln BeckRS 1999, 2538). Nach Eintragung muss Stiftung gem. § 82c n.F. (entspricht → § 65) **11**
Namenszusatz „eingetragene Stiftung“ oder „e. S.“ **führen,** Verbrauchsstiftungen: „eingetragene Verbrauchsstiftung“ oder „e. VS“; in Stiftungssatzung kann Name ohne Namenszusatz gebildet werden (arg. Normtext „führen“, BT-Drs. 19/28173, 83).

§ 85 Stiftungsverfassung

Die Verfassung einer Stiftung wird, soweit sie nicht auf Bundes- oder Landesgesetz beruht, durch das Stiftungsgeschäft bestimmt.

[ab dem 1.7.2023 geltende Fassung]

§ 85 *Voraussetzungen für Satzungsänderungen*

(1) [1]Durch Satzungsänderung kann der Stiftung ein anderer Zweck gegeben oder der Zweck der Stiftung kann erheblich beschränkt werden, wenn
1. der Stiftungszweck nicht mehr dauernd und nachhaltig erfüllt werden kann oder
2. der Stiftungszweck das Gemeinwohl gefährdet.
[2]Die Voraussetzungen des Satzes 1 Nummer 1 liegen insbesondere vor, wenn eine Stiftung keine ausreichenden Mittel für die nachhaltige Erfüllung des Stiftungszwecks hat und solche Mittel in absehbarer Zeit auch nicht erwerben kann. [3]Der Stiftungszweck kann nach Satz 1 nur geändert werden, wenn gesichert erscheint, dass die Stiftung den beabsichtigten neuen oder beschränkten Stiftungszweck dauernd und nachhaltig erfüllen kann. [4]Liegen die Voraussetzungen nach Satz 1 Nummer 1 und Satz 3 vor, kann eine auf unbestimmte Zeit errichtete Stiftung auch abweichend von § 83c durch Satzungsänderung in eine Verbrauchsstiftung umgestaltet werden, indem die Satzung um Bestimmungen nach § 81 Absatz 2 ergänzt wird.

(2) [1]Durch Satzungsänderung kann der Stiftungszweck in anderer Weise als nach Absatz 1 Satz 1 oder es können andere prägende Bestimmungen der Stiftungsverfassung geändert werden, wenn sich die Verhältnisse nach Errichtung der Stiftung wesentlich verändert haben und eine solche Änderung erforderlich ist, um die Stiftung an die veränderten Verhältnisse anzupassen. [2]Als prägend für eine Stiftung sind regelmäßig die Bestimmungen über den Namen, den Sitz, die Art und Weise der Zweckerfüllung und über die Verwaltung des Grundstockvermögens anzusehen.

(3) Durch Satzungsänderung können Bestimmungen der Satzung, die nicht unter Absatz 1 oder Absatz 2 Satz 1 fallen, geändert werden, wenn dies der Erfüllung des Stiftungszwecks dient.

(4) [1]Im Stiftungsgeschäft kann der Stifter Satzungsänderungen nach den Absätzen 1 bis 3 ausschließen oder beschränken. [2]Satzungsänderungen durch Organe der Stiftung kann der Stifter im Stiftungsgeschäft auch abweichend von den Absätzen 1 bis 3 zulassen. [3]Satzungsbestimmungen nach Satz 2 sind nur wirksam, wenn der Stifter Inhalt und Ausmaß der Änderungsermächtigung hinreichend bestimmt festlegt.

[ab dem 1.7.2023 geltende Fassung]

§ 85a *Verfahren bei Satzungsänderungen*

(1) [1]Die Satzung kann durch den Vorstand oder ein anderes durch die Satzung dazu bestimmtes Stiftungsorgan geändert werden. [2]Die Satzungsänderung bedarf der Genehmigung der nach Landesrecht zuständigen Behörde.

(2) Die Behörde kann die Satzung nach § 85 ändern, wenn die Satzungsänderung notwendig ist und das zuständige Stiftungsorgan sie nicht rechtzeitig beschließt.

(3) Wenn durch die Satzungsänderung der Sitz der Stiftung in den Zuständigkeitsbereich einer anderen Behörde verlegt werden soll, bedarf die nach Absatz 1 Satz 2 erforderliche Genehmigung der Satzungsänderung der Zustimmung der Behörde, in deren Zuständigkeitsbereich der neue Sitz begründet werden soll.

§ 86 Anwendung des Vereinsrechts

[1]Die Vorschriften der §§ 26 und 27 Absatz 3 und der §§ 28 bis 31a und 42 finden auf Stiftungen entsprechende Anwendung, die Vorschriften des § 26 Absatz 2 Satz 1, des § 27 Absatz 3 und des § 28 jedoch nur insoweit, als sich nicht aus der Verfassung, insbesondere daraus, dass die Verwaltung der Stiftung von einer öffentlichen Behörde geführt wird, ein anderes ergibt. [2]Die Vorschriften des § 26 Absatz 2 Satz 2 und des § 29 finden auf Stiftungen, deren Verwaltung von einer öffentlichen Behörde geführt wird, keine Anwendung.

[ab dem 1.7.2023 geltende Fassung]

§ 86 *Voraussetzungen für die Zulegung*

Durch Übertragung ihres Stiftungsvermögens als Ganzes kann die übertragende Stiftung einer übernehmenden Stiftung zugelegt werden, wenn

1. *sich die Verhältnisse nach Errichtung der übertragenden Stiftung wesentlich verändert haben und eine Satzungsänderung nach § 85 Absatz 2 bis 4 nicht ausreicht, um die übertragende Stiftung an die veränderten Verhältnisse anzupassen, oder wenn schon seit Errichtung der Stiftung die Voraussetzungen für eine Auflösung nach § 87 Absatz 1 Satz 1 vorlagen,*
2. *der Zweck der übertragenden Stiftung im Wesentlichen mit einem Zweck der übernehmenden Stiftung übereinstimmt,*
3. *gesichert erscheint, dass die übernehmende Stiftung ihren Zweck auch nach der Zulegung im Wesentlichen in gleicher Weise dauernd und nachhaltig erfüllen kann, und*
4. *die Rechte von Personen gewahrt werden, für die in der Satzung der übertragenden Stiftung Ansprüche auf Stiftungsleistungen begründet sind.*

[ab dem 1.7.2023 geltende Fassung]

§ 86a *Voraussetzungen für die Zusammenlegung*

Mindestens zwei übertragende Stiftungen können durch Errichtung einer neuen Stiftung und Übertragung ihres jeweiligen Stiftungsvermögens als Ganzes auf die neue übernehmende Stiftung zusammengelegt werden, wenn

1. *sich die Verhältnisse nach Errichtung der übertragenden Stiftungen wesentlich verändert haben und eine Satzungsänderung nach § 85 Absatz 2 bis 4 nicht ausreicht, um die übertragenden Stiftungen an die veränderten Verhältnisse anzupassen, oder wenn schon seit Errichtung der Stiftung die Voraussetzungen für eine Auflösung nach § 87 Absatz 1 Satz 1 vorlagen,*

2. *gesichert erscheint, dass die neue übernehmende Stiftung die Zwecke der übertragenden Stiftungen im Wesentlichen in gleicher Weise dauernd und nachhaltig erfüllen kann, und*
3. *die Rechte von Personen gewahrt werden, für die in den Satzungen der übertragenden Stiftungen Ansprüche auf Stiftungsleistungen begründet sind.*

[ab dem 1.7.2023 geltende Fassung]

§ 86b *Verfahren der Zulegung und der Zusammenlegung*

(1) [1]Stiftungen können durch Vertrag zugelegt oder zusammengelegt werden. [2]Der Zulegungsvertrag oder der Zusammenlegungsvertrag bedarf der Genehmigung durch die für die übernehmende Stiftung nach Landesrecht zuständige Behörde.

(2) [1]Die Behörde nach Absatz 1 Satz 2 kann Stiftungen zulegen oder zusammenlegen, wenn die Stiftungen die Zulegung oder Zusammenlegung nicht vereinbaren können. [2]Die übernehmende Stiftung muss einer Zulegung durch die Behörde zustimmen.

(3) Ist nach Landesrecht für eine übertragende Stiftung eine andere Behörde zuständig als die Behörde nach Absatz 1 Satz 2, bedürfen die Genehmigung eines Zulegungsvertrags oder eines Zusammenlegungsvertrags und die behördliche Zulegung oder Zusammenlegung der Zustimmung der für die übertragenden Stiftungen nach dem jeweiligen Landesrecht zuständigen Behörden.

[ab dem 1.7.2023 geltende Fassung]

§ 86c *Zulegungsvertrag und Zusammenlegungsvertrag*

(1) [1]Ein Zulegungsvertrag muss mindestens enthalten:
1. *die Angabe des jeweiligen Namens und des jeweiligen Sitzes der beteiligten Stiftungen und*
2. *die Vereinbarung, dass das Stiftungsvermögen der übertragenden Stiftung als Ganzes auf die übernehmende Stiftung übertragen werden soll und mit der Vermögensübertragung das Grundstockvermögen der übertragenden Stiftung Teil des Grundstockvermögens der übernehmenden Stiftung wird.*

[2]Wenn durch die Satzung der übertragenden Stiftung für Personen Ansprüche auf Stiftungsleistungen begründet sind, muss der Zulegungsvertrag Angaben zu den Auswirkungen der Zulegung auf diese Ansprüche und zu den Maßnahmen enthalten, die vorgesehen sind, um die Rechte dieser Personen zu wahren.

(2) Ein Zusammenlegungsvertrag muss mindestens die Angaben nach Absatz 1 enthalten sowie das Stiftungsgeschäft zur Errichtung der neuen übernehmenden Stiftung.

(3) Der Zulegungsvertrag oder der Zusammenlegungsvertrag ist Personen nach Absatz 1 Satz 2 spätestens einen Monat vor der Beantragung der Genehmigung nach § 86b Absatz 1 Satz 2 von derjenigen Stiftung zuzuleiten, in deren Satzung die Ansprüche begründet sind.

[ab dem 1.7.2023 geltende Fassung]

§ 86d *Form des Zulegungsvertrags und des Zusammenlegungsvertrags*

Zulegungsverträge und Zusammenlegungsverträge bedürfen nur der schriftlichen Form, insbesondere § 311b Absatz 1 bis 3 ist nicht anzuwenden.

[ab dem 1.7.2023 geltende Fassung]

§ 86e *Behördliche Zulegungsentscheidung und Zusammenlegungsentscheidung*

(1) Auf den Inhalt der Entscheidungen über die Zulegung oder Zusammenlegung von Stiftungen durch die nach Landesrecht zuständige Behörde ist § 86c Absatz 1 und 2 entsprechend anzuwenden.

(2) Die Behörde hat Personen nach § 86c Absatz 1 Satz 2 mindestens einen Monat vor der Entscheidung über die Zulegung oder Zusammenlegung anzuhören und auf die möglichen Folgen der Zulegung oder Zusammenlegung für deren Ansprüche gegen eine übertragende Stiftung hinzuweisen.

[ab dem 1.7.2023 geltende Fassung]

§ 86f *Wirkungen der Zulegung und der Zusammenlegung*

(1) Mit der Unanfechtbarkeit der Genehmigung des Zulegungsvertrags oder der Unanfechtbarkeit der Entscheidung über die Zulegung durch die nach Landesrecht zuständige Behörde geht das Stiftungsvermögen der übertragenden Stiftung auf die übernehmende Stiftung über und erlischt die übertragende Stiftung.

(2) Mit der Unanfechtbarkeit der Genehmigung des Zusammenlegungsvertrags oder der Unanfechtbarkeit der Entscheidung über die Zusammenlegung durch die Behörde entsteht die neue Stiftung, geht das Stiftungsvermögen der übertragenden Stiftungen auf die neue übernehmende Stiftung über und erlöschen die übertragenden Stiftungen.

(3) Mängel des Zulegungsvertrags oder des Zusammenlegungsvertrags lassen die Wirkungen der behördlichen Genehmigung unberührt.

[ab dem 1.7.2023 geltende Fassung]

§ 86g *Bekanntmachung der Zulegung und der Zusammenlegung*

[1] Die übernehmende Stiftung hat die Zulegung oder die Zusammenlegung innerhalb eines Monats nach dem Zeitpunkt, zu dem die Wirkungen der Zulegung oder Zusammenlegung nach § 86f Absatz 1 oder Absatz 2 eingetreten sind, durch Veröffentlichung im Bundesanzeiger bekannt zu machen. [2] In der Bekanntmachung sind die Gläubiger der an der Zulegung oder Zusammenlegung beteiligten Stiftungen auf ihr Recht nach § 86h hinzuweisen. [3] Die Bekanntmachung gilt mit dem Ablauf des zweiten Tages nach der Veröffentlichung im Bundesanzeiger als bewirkt.

[ab dem 1.7.2023 geltende Fassung]

§ 86h *Gläubigerschutz*

Die übernehmende Stiftung hat einem Gläubiger nach § 86g Satz 2 für einen Anspruch, der vor dem Zeitpunkt entstanden ist, zu dem die Wirkungen der Zulegung oder Zusammenlegung nach § 86f Absatz 1 oder Absatz 2 eingetreten sind, und dessen Erfüllung noch nicht verlangt werden kann, Sicherheit zu leisten, wenn der Gläubiger

1. ***den Anspruch nach Grund und Höhe binnen sechs Monaten nach dem Tag, an dem die Zulegung oder Zusammenlegung bekanntgemacht wurde, bei der Stiftung schriftlich anmeldet und***
2. ***mit der Anmeldung glaubhaft macht, dass die Erfüllung des Anspruchs aufgrund der Zulegung oder Zusammenlegung gefährdet ist.***

§ 87 Zweckänderung; Aufhebung

(1) Ist die Erfüllung des Stiftungszwecks unmöglich geworden oder gefährdet sie das Gemeinwohl, so kann die zuständige Behörde der Stiftung eine andere Zweckbestimmung geben oder sie aufheben.

(2) [1]Bei der Umwandlung des Zweckes soll der Wille des Stifters berücksichtigt werden, insbesondere soll dafür gesorgt werden, dass die Erträge des Stiftungsvermögens dem Personenkreis, dem sie zustatten kommen sollten, im Sinne des Stifters erhalten bleiben. [2]Die Behörde kann die Verfassung der Stiftung ändern, soweit die Umwandlung des Zweckes es erfordert.

(3) Vor der Umwandlung des Zweckes und der Änderung der Verfassung soll der Vorstand der Stiftung gehört werden.

[ab dem 1.7.2023 geltende Fassung]

§ 87 *Auflösung der Stiftung durch die Stiftungsorgane*

(1) [1]Der Vorstand soll die Stiftung auflösen, wenn die Stiftung ihren Zweck endgültig nicht mehr dauernd und nachhaltig erfüllen kann. [2]Die Voraussetzungen des Satzes 1 liegen nicht endgültig vor, wenn die Stiftung durch eine Satzungsänderung so umgestaltet werden kann, dass sie ihren Zweck wieder dauernd und nachhaltig erfüllen kann. [3]In der Satzung kann geregelt werden, dass ein anderes Organ über die Auflösung entscheidet.

(2) Eine Verbrauchsstiftung ist aufzulösen, wenn die Zeit, für die sie errichtet wurde, abgelaufen ist.

(3) Die Auflösung einer Stiftung bedarf der Genehmigung der nach Landesrecht zuständigen Behörde.

[ab dem 1.7.2023 geltende Fassung]

§ 87a *Aufhebung der Stiftung*

(1) Die nach Landesrecht zuständige Behörde soll eine Stiftung aufheben, wenn die Voraussetzungen des § 87 Absatz 1 Satz 1 vorliegen und ein Tätigwerden der Behörde erforderlich ist, weil das zuständige Organ über die Auflösung nicht rechtzeitig entscheidet.

(2) Die nach Landesrecht zuständige Behörde hat die Stiftung aufzuheben, wenn

1. ***die Voraussetzungen des § 87 Absatz 2 vorliegen und ein Tätigwerden der Behörde erforderlich ist, weil das zuständige Organ über die Auflösung nicht unverzüglich entscheidet,***
2. ***die Stiftung das Gemeinwohl gefährdet und die Gefährdung des Gemeinwohls nicht auf andere Weise beseitigt werden kann oder***
3. ***der Verwaltungssitz der Stiftung im Ausland begründet wurde und die Behörde die Verlegung des Verwaltungssitzes ins Inland nicht innerhalb angemessener Zeit erreichen kann.***

[ab dem 1.7.2023 geltende Fassung]

§ 87b *Auflösung der Stiftung bei Insolvenz*

Die Stiftung wird durch die Eröffnung des Insolvenzverfahrens und mit der Rechtskraft des Beschlusses, durch den die Eröffnung des Insolvenzverfahrens mangels Masse abgewiesen worden ist, aufgelöst.

[ab dem 1.7.2023 geltende Fassung]

§ 87c *Vermögensanfall und Liquidation*

(1) [1]Mit der Auflösung oder Aufhebung der Stiftung fällt das Stiftungsvermögen an die in der Satzung bestimmten Anfallberechtigten. [2]Durch die Satzung kann vorgesehen werden, dass die Anfallberechtigten durch ein Stiftungsorgan bestimmt werden. [3]Fehlt es an der Bestimmung der Anfallberechtigten durch oder aufgrund der Satzung, fällt das Stiftungsvermögen an den Fiskus des Landes, in dem die Stiftung ihren Sitz hatte. [4]Durch landesrechtliche Vorschriften kann als Anfallberechtigte an Stelle des Fiskus eine andere juristische Person des öffentlichen Rechts bestimmt werden.

(2) [1]Auf den Anfall des Stiftungsvermögens beim Fiskus des Landes oder des Bundes oder bei einer anderen juristischen Person des öffentlichen Rechts nach Absatz 1 Satz 4 ist § 46 entsprechend anzuwenden. [2]Fällt das Stiftungsvermögen bei anderen Anfallberechtigten an, sind die §§ 47 bis 53 entsprechend anzuwenden.

§ 88 Vermögensanfall

[1]Mit dem Erlöschen der Stiftung fällt das Vermögen an die in der Verfassung bestimmten Personen. [2]Fehlt es an einer Bestimmung der Anfallberechtigten, so fällt das Vermögen an den Fiskus des Landes, in dem die Stiftung ihren Sitz hatte, oder an einen anderen nach dem Recht dieses Landes bestimmten Anfallberechtigten. [3]Die Vorschriften der §§ 46 bis 53 finden entsprechende Anwendung.

[ab dem 1.7.2023 geltende Fassung]

§ 88 *Kirchliche Stiftungen*

[1]Die Vorschriften der Landesgesetze über die kirchlichen Stiftungen bleiben unberührt, insbesondere die Vorschriften zur Beteiligung, Zuständigkeit und Anfallsberechtigung der Kirchen. [2]Dasselbe gilt entsprechend für Stiftungen, die nach den Landesgesetzen kirchlichen Stiftungen gleichgestellt sind.

Untertitel 3. Juristische Personen des öffentlichen Rechts

§ 89 Haftung für Organe; Insolvenz

(1) **Die Vorschrift des § 31 findet auf den Fiskus sowie auf die Körperschaften, Stiftungen und Anstalten des öffentlichen Rechts entsprechende Anwendung.**

(2) **Das Gleiche gilt, soweit bei Körperschaften, Stiftungen und Anstalten des öffentlichen Rechts das Insolvenzverfahren zulässig ist, von der Vorschrift des § 42 Abs. 2.**

1 **1. Träger der Haftung, I.** Können **alle jur. Personen des öffentl. Rechts sein:** Gebietskörperschaften (zB Gemeinden, Landkreise), sonstige Körperschaften (zB Rechtsanwaltskammern), rechtsfähige Anstalten (zB Bundesbank) und Stiftungen (zB Preußischer Kulturbesitz) des öffentl. Rechts. **Fiskus** heißt der Staat (Bund, Länder; → Rn. 6) als Privatrechtssubjekt.

2 **2. Bereich der Haftung nach I. a)** I stellt jur. Personen des öffentl. und des Privatrechts haftungsrechtlich gleich. Die Gleichstellung kann sich nur auf den zivilrechtlichen Bereich beziehen. Der Staat usw muss also in privatrechtlicher Form, **„fiskalisch“,** gehandelt haben (→ Rn. 1). Haben die Organe (→ Rn. 4) *in Ausübung eines öffentl. Amtes* schuldhaft Schaden zugefügt, so *gelten §§ 89, 31 nicht*

(ebenso wenig wie §§ 278, 831 für sonstige Personen), sondern Art. 34 GG mit § 839. **b) Bsp.** aus der Rspr. vgl. → § 839 Rn. 7, 8.

3. Verweisung auf § 31. a) I ist wie § 31 **Zurechnungsnorm** (→ § 31 Rn. 1). 3
Er setzt wegen der Gleichbehandlung aller jur. Personen (→ Rn. 2 [a]) die Verwirklichung einer *allg.* Schadensersatznorm voraus. Als solche scheidet § 839 für die Haftung des Fiskus usw (*nicht* des Beamten!) aus, weil diese Norm Sondervorschrift für Beamte im staatsrechtlichen Sinn ist (RGZ 162, 161 f.). **b) Bes. oder verfas-** 4
sungsmäßig berufene Vertreter leiten ihre Funktion unmittelbar aus den betr. Organisationsnormen ab (RGZ 157, 237 [240]; 162, 167 f.). Sie erledigen den zugewiesenen Geschäftskreis nach außen selbstständig und eigenverantwortlich, was interne Oberaufsicht nicht ausschließt (RGZ 157, 236). Vertreter ist nicht iSd §§ 164 ff. gemeint (→ § 30 Rn. 4). Zum sog. **Organisationsmangel** (dh Fehlen eines bes. Vertreters) → § 31 Rn. 4. **c) In Ausführung** der ihm zustehenden Ver- 5
richtung muss der Vertreter handeln (→ § 31 Rn. 5). Handlungen eines Organs jenseits des Wirkungskreises der jur. Person des öffentl. Rechts (also nicht nur in Überschreitung oder Missbrauch der Vertretungsmacht) sind rechtsunwirksam, Zurechnung nach § 89 daher ausgeschlossen (vgl. BGHZ 20, 126; → Vor § 21 Rn. 10 [a]; sa BGH NJW 1986, 2940).

4. Insolvenzunfähigkeit von Bund und Ländern. II nennt nicht den **Fiskus,** 6
da Bund und Länder insolvenzunfähig sind (§ 12 I Nr. 1 InsO). Zur Insolvenzfähigkeit iÜ und deren praktischer Bedeutung Jauernig/Berger ZwangsvollstrR § 40 Rn. 6.

Abschnitt 2. Sachen und Tiere

Vorbemerkungen

I. Rechtssubjekte und -objekte

Rechtssubjekte sind die natürlichen und jur. Personen (BGB Buch 1 Abschnitt 1; 1
zur Rechtssubjektivität von Personenvereinigungen → Vor § 21 Rn. 1, 4; → § 21 Rn. 1). Ihnen dienen die Rechtsobjekte (Gegenstände im Rechtssinne) (zum Begriff in BGB, ZPO und Insolvenzrecht s. Paulus FS K. Schmidt, 2019, 119, 121 f.). Rechtsobjekte sind die körperlichen (§ 90) und unkörperlichen **Gegenstände.** Unkörperliche Gegenstände sind Rechte (zB Forderungen, Immaterialgüterrechte und andere Vermögensrechte) und sonstige Gegenstände (s. zB § 453: mögliche Gegenstände schuldrechtlicher Verpflichtung). Das sind die Gegenstände, die weder Sachen noch Rechte sind, aber nach der Verkehrsanschauung einen Vermögenswert haben und als übertragbar angesehen werden (zB Know-how, nicht rechtlich geschützte Information, zB in Form von Betriebsgeheimnissen, Rezepturen, qualifizierten Adressdaten von Kaufinteressenten usw). Die §§ 90, 91 ff. definieren einige, aber nicht alle Arten von Sachen, insbes. nicht „bewegliche" und „unbewegliche" Sachen (→ Rn. 2, 3). Für Integration von digitalen Gegenständen, insbes. Software, als eigene Kategorie in §§ 90 ff. s. Paulus FS K. Schmidt, 2019, 119, 124 ff.; zu „virtuellen Gegenständen" in Computerspielen S. 128 f.; Lutzi, Aktuelle Rechtsfragen zum Handel mit virtuellen Gegenständen, MR-Int. 2012, 3. **Tiere** sind nach § 90a „keine Sachen" (→ § 90a Rn. 1). Ausgliederungsgegenstand: § 48g II Nr. 1 KWG.

II. Grundbegriffe

1. Bewegliche und unbewegliche Sache. Die wichtigste Unterscheidung 2
ist die zwischen *beweglichen* und *unbeweglichen Sachen* (Grundstücken). **a) Grundstück** ist ein abgegrenzter Teil der Erdoberfläche, der im Grundbuch als selbstständi-

ges Grundstück eingetragen ist (vgl. § 3 I 1 GBO mit Ausnahmen in II–IX). Zum *Untergang* eines Grundstücks OLG Schleswig NJW-RR 2003, 1170 f. *Wie* ein Grundstück (Grundstücks*eigentum*!) wird das Erbbaurecht behandelt (§ 11 Erb-
3 bauRG), nicht das Wohnungseigentum (es *ist* Eigentum, § 3 WEG). **b) Beweglich** sind alle Sachen, die weder Grundstücke noch Grundstücksbestandteile sind (RGZ 158, 368 f.). Dazu gehört auch eine auf Datenträger verkörperte Standardsoftware (BGH NJW 2007, 2394, BGH GRUR 2018, 222, 223 Rn. 15). Noch nicht auf einem geeigneten **Datenträger** verkörperte **Daten** sind keine bewegliche Sachen iSv § 90 BGB; sie können ggf. nur Gegenstand eines Auskunftsanspruchs sein (BGH GRUR 2018, 222, 223 Rn. 15; OLG Brandenburg BeckRS 2009, 29988). Zum rechtlichen Zusammenhang von Datenträger und Software s. Paulus FS K. Schmidt, 2019, 119, 125 ff. **Tiere** sind (bewegliche) Sachen sui generis (→ § 90a Rn. 1).

4 **2. Einzelsache und Sachgesamtheit. a) Einzelsache** kann eine *einfache* (Pflanze, Stein, Geldstück; auch ein Tier, → § 90a Rn. 1) oder eine *zusammengesetzte* (serienmäßig hergestellter Kraftwagen, BGHZ 18, 228 f.; Gebäude) sein (vgl. RGZ 87, 45). Nur die Einzelsache ist „Sache" im sachenrechtlichen Sinn. Ihre *Kennzeichen* sind: **aa) Körperlichkeit** (sie fehlt bei Meereswellen, Wind, Schall, Elektrizität); nach BGH NJW 2019, 47, 49 Rn. 20 gewinnen elektronische Tickets mit dem Ausdruck ihre gegenständliche Verkörperung iSv § 90; zweifelhaft, da das Papier auch ohne Druck Körperlichkeit hat und die Zugangsberechtigung nicht des Ausdrucks bedarf. Die Zugangsberechtigung des elektronischen Tickets ist der vom Medium unabhängige Code (körperlose Information), nicht der Ticketausdruck selbst. **bb) Abgrenzbarkeit** (sie fehlt beim offenen Meer, fließenden Wasser, bei der Luft, nicht beim Luftraum, vgl. § 905); auf den Aggregatzustand (fest, flüssig, gasförmig) kommt es nicht an, sofern Abgrenzbarkeit (Beherrschbarkeit) gegeben ist (Wasser in der Flasche, Gas im Ballon); **cc) nicht** *physikalische Kohärenz;* daher sind Getreide- oder Kohlenhaufen, ein Bienenschwarm, ein Kartenspiel Einzelsachen; → Rn. 4 (dd). **dd) Eine Sacheinheit** ist ebenfalls Einzelsache im Rechtssinn: Faktisch besteht eine Mehrheit einzelner, wirtschaftlich idR wertloser Sachen, die nach der Verkehrsanschauung erst im Verbund relevant sind (ges. Bsp: Bienenschwarm,
5 §§ 961 ff.; sa Bsp. in → Rn. 4 [cc]). **b) Die Sachgesamtheit** besteht aus einer Mehrheit von Einzelsachen, auch wenn sie wirtschaftlich als Einheit erscheint (RGZ 87, 45 f.), zB Bibliothek, Viehherde, Warenlager (vgl. § 92 II: Sachinbegriff). Sie kann Gegenstand eines schuldrechtlichen Geschäfts, zB Miete, Kauf, sein; sachenrechtlich ist nicht sie, sondern jede ihrer Einzelsachen „Sache" (→ Rn. 4), was insbes. für die Übereignung von Warenlagern wichtig ist (vgl. → § 930 Rn. 46).

6 **3. Bestandteile.** Jede zusammengesetzte Einzelsache (→ Rn. 4 [a]) und nur sie hat Bestandteile. Ie Anm. zu § 93.

7 **4. Teilbarkeit.** Ist gegeben, wenn die Sache sich ohne Verminderung ihres Wertes in gleichartige Teile zerlegen lässt, vgl. § 752.

8 **5. Sonstiges. Vertretbare** Sachen: § 91; **verbrauchbare** Sachen: § 92; **Gattungs-** und **Speziessachen** → § 243; Hauptsache und **Zubehör** → §§ 97, 98.

9 **6. Körper(-teile). Keine Sache** ist der **Körper des lebenden Menschen.** Für getrennte Körperteile differenziert BGH 124, 54 f.: Sie sind Sachen bei *endgültiger* Trennung und *nicht* „spender"bezogener Verwendung (zB abgeschnittene Haare, gezogene Zähne; auch gespendete Organe zur Fremdverwendung; § 953 gilt entspr.); fehlt es daran (zB bei vorsorglicher Eigenblutspende vor Operation), so *sind diese* Teile auch während der Trennung nicht Sachen, sondern Körperteile (wichtig für §§ 823 I, 847; iE zust. zu § 847 aF [jetzt § 253 II] Taupitz NJW 1995, 745 ff.). Zum Sonderfall konservierten Spermas BGHZ 124, 56; dazu abl. Laufs/Reiling NJW 1994, 775 f.; sa Taupitz NJW 1995, 745 ff. – Eine Verpflichtung des lebenden Spenders zur Organentnahme zwecks Fremdverwendung verstößt gegen § 138. Zur Rechtslage bzgl. künstlicher Körperteile Gropp JR 1985, 181 ff. Die

Leiche ist nach hM nicht Rückstand der Persönlichkeit, sondern dem Rechtsverkehr entzogene herrenlose Sache (zum Streitstand Zimmermann NJW 1979, 570 f.); doch sind sog. Anatomieverträge gültig (bei Entgeltlichkeit uU § 138). Gültig sind auch Verfügungen des Verstorbenen über Körperteile, bedeutsam für Organtransplantationen vom toten Spender (§ 3 I 1 Nr. 1 TPG).

§ 90 Begriff der Sache

Sachen im Sinne des Gesetzes sind nur körperliche Gegenstände.

1. Sachbegriff. Zum Sachbegriff vgl. → Vor § 90 Rn. 4. 1

2. Bedeutung. Nur an Sachen kann Eigentum iSd BGB (iGgs. zum Eigentum 2 iSv Art. 14 GG, vgl. → Vor § 903 Rn. 11), ein anderes dingliches Recht (Ausnahmen: §§ 1068 ff., 1273 ff.) oder Besitz bestehen. Zuweilen ist Regelungsgegenstand einer nicht-sachenrechtlichen Norm eine Sache, zB §§ 562, 598, 701, 2023; Ausdehnung dieser Normen auf unkörperliche Gegenstände (→ Vor § 90 Rn. 1) ist Frage des Einzelfalls (Bsp: → § 119 Rn. 12).

§ 90a Tiere

[1]Tiere sind keine Sachen. [2]Sie werden durch besondere Gesetze geschützt. [3]Auf sie sind die für Sachen geltenden Vorschriften entsprechend anzuwenden, soweit nicht etwas anderes bestimmt ist.

Begriff. Eingefügt durch Ges. v. 20.8.1990, ebenso der gleichgerichtete § 903 S. 2. § 90a ist symbolische Gesetzgebung, rechtlich funktionslos; hat Rechtslage nicht geändert, sondern ein außerrechtliches Bedürfnis an Explizität des Impliziten gestillt (seit 2002 gibt Art. 20a GG Auftrag zum Tierschutz). Der Sachbegriff umfasste vor Erlass des § 90a lebende (Tiere, Pflanzen) und leblose Sachen. S. 3 lässt zwar alles beim Alten (s. nur BGHZ 170, 41 ff. zu § 474), doch kann S. 1 iVm S. 3 Verwirrung stiften: Ist Tier (Wanze) = Tier (Pferd)? (Differenzierend PflSchG: „Tier" als Schutzobjekt [zB § 1 Nr. 4] und als Schadorganismus [zB § 2 Nr. 7]; § 17 TierSchG schützt nur Wirbeltiere; undifferenziert Art. 20a GG). Unklarheiten des § 90a ist durch seine berichtigende Auslegung zu begegnen (dagegen BeckOK BGB/Fritzsche Rn. 2): Tiere sind *keine leblosen,* sondern *Sachen* sui generis, für die idR die allg. Vorschriften gelten (S. 3). Diese Auslegung fällt umso leichter, als Bienen nach wie vor „Sachen" sind (Überschrift zu Buch 3 Abschnitt 3 Titel 3: Erwerb und Verlust des Eigentums an *beweglichen Sachen,* dazu Untertitel 4: §§ 961 ff.) und nach § 903 S. 2 auch an Tieren „Eigentum" besteht (nicht nur gem. S. 3 ein dem Eigentum „entspr." Recht, das übergeht BeckOK BGB/Fritzsche Rn. 5); sa §§ 324a I Nr. 1, 325 I 1 StGB („Tiere […] oder andere Sachen"); zur Problematik, auch zur eigenständigen Begriffsbildung des Strafrechts, Küper JZ 1993, 435 ff.; Graul JuS 2000, 218 f., je mN. Zu § 251 II 2 dort → § 251 Rn. 10. Literatur: Brüninghaus, Die Stellung des Tieres im Bürgerlichen Gesetzbuch, 1993. Zum Entw. des Ges. karikierend K. Schmidt JZ 1989, 790 ff.; Grunsky FS Jauch, 1990, 93 ff.

§ 91 Vertretbare Sachen

Vertretbare Sachen im Sinne des Gesetzes sind bewegliche Sachen, die im Verkehr nach Zahl, Maß oder Gewicht bestimmt zu werden pflegen.

1. Maßstab. Die Verkehrsüblichkeit bestimmt, was vertretbare Sachen sind 1 (obj. Maßstab). Sie sind nach der Verkehrsanschauung austauschbar.

2. Beispiele. Vertretbar sind zB Geld (Scheine, Münzen), Lebensmittel (auch 2 Spitzenwein, weil in derselben Sorte austauschbar, BGH NJW 1985, 2403), Brennstoffe, serienmäßig hergestellte fabrikneue Maschinen (OLG Hamm BB 1986, 556), See-, Luft- und Landfahrzeuge (idR nicht: gebrauchte Fahrzeuge und Maschinen).

3 **3. Erheblichkeit. Bedeutung** hat die Vertretbarkeit einer Sache insbes. im Schuldrecht (§§ 607 I, 651 S. 3, 700, 706 II, 783) und im Prozess (§§ 592, 884 ZPO).

4 **4. Abgrenzung. Ob Gattungs- oder Speziessache** vorliegt, entscheidet, iGgs zur Vertretbarkeit (→ Rn. 1), der Parteiwille (vgl. → § 243 Rn. 3, 4).

§ 92 Verbrauchbare Sachen

(1) **Verbrauchbare Sachen im Sinne des Gesetzes sind bewegliche Sachen, deren bestimmungsmäßiger Gebrauch in dem Verbrauch oder in der Veräußerung besteht.**

(2) **Als verbrauchbar gelten auch bewegliche Sachen, die zu einem Warenlager oder zu einem sonstigen Sachinbegriff gehören, dessen bestimmungsmäßiger Gebrauch in der Veräußerung der einzelnen Sachen besteht.**

1 **1. Allgemeines. § 92 betrifft nur bewegliche** Sachen. Verbrauchbarkeit ist in I obj., in II subj. bestimmt. ISv I sind zum *Verbrauch* (Abnutzung durch *Gebrauch* ungenügend) bestimmt zB Nahrungsmittel, Heizmaterial; zur *Veräußerung* bestimmt ist insbes. Geld (Begriff: → § 91 Rn. 2). Unter den Voraussetzungen von II kann jede bewegliche Sache zur verbrauchbaren werden.

2 **2. Nutzungsrecht. Einräumung eines Nutzungsrechts** an verbrauchbaren Sachen macht das Recht inhaltlich zum Verbrauchsrecht, vgl. §§ 1067, 1075 II, 1084, 1086 S. 2.

3 **3. Erheblichkeit. Zur Bedeutung** der Verbrauchbarkeit s. §§ 706 II, 1814 S. 2, 2116 I 2, 2325 II 1, → Rn. 2; Miete und Leihe scheiden aus (arg. §§ 546, 604 mit 92).

§ 93 Wesentliche Bestandteile einer Sache

Bestandteile einer Sache, die voneinander nicht getrennt werden können, ohne dass der eine oder der andere zerstört oder in seinem Wesen verändert wird (wesentliche Bestandteile), können nicht Gegenstand besonderer Rechte sein.

Lit.: Wietfeld, Der maßgebliche Zeitpunkt zur Beurteilung der Wesentlichkeit von Bestandteilen, NJW 2022, 1273.

1 **1. Allgemeines.** Nur zusammengesetzte (MüKo-BGB/Stresemann Rn. 3, 4, str.) **Einzelsache** (Begriff → Vor § 90 Rn. 4) hat Bestandteile (→ Vor § 90 Rn. 6). § 93 definiert nur den wesentlichen Bestandteil und ordnet an, dass die dingliche Rechtslage der Sache und ihrer wesentlichen Bestandteile stets übereinstimmt (daher an letzteren vor Trennung kein Eigentumserwerb durch RGeschäft [aber Kauf möglich, BGH NJW 2000, 505]; anders bei Erwerb durch fehlerhaften, aber wirksamen Vollstreckungsakt, Gaul NJW 1989, 2509 ff. gegen BGHZ 104, 303; NJW-RR 2007, 196 f.). Kongruenzgebot wird praktisch, wenn bisher selbstständige Sachen wesentliche Bestandteile einer anderen werden (zur Wirkung vgl. → § 946 Rn. 3; → § 947 Rn. 2–4; → § 948 Rn. 2). Aus § 93 folgt (Umkehrschluss), dass an unwesentlichen Bestandteilen Sonderrechte bestehen können. Nur in der Sonderrechts(un)fähigkeit unterscheiden sich beide Arten von Bestandteilen (RGZ 158, 368 f.). Im allg. teilen die unwesentlichen Bestandteile das rechtliche Schicksal der Sache (RGZ 69, 120).

2 **2. Bestandteile. Keine selbstständigen Sachen,** sondern Teile von solchen. Erst nach Verneinung der Selbstständigkeit ist für §§ 93 f. Raum (wichtig auch für

§ 95, su). Praktisch schwierig ist die Abgrenzung des Bestandteils einer zusammengesetzten Sache (→ Vor § 90 Rn. 4) von einer selbstständigen Sache als Teil einer Sachgesamtheit (→ Vor § 90 Rn. 5), vgl. LM Nr. 2 (Kegelbahn). Feste Verbindung kann für Bestandteil sprechen (RGZ 158, 369 ff. – Wandtäfelung); doch entscheidet stets die Verkehrsanschauung, so dass auch leicht lösbare Verbindung für Bestandteil genügen kann (BGHZ 18, 229: Motor eines Serienkraftfahrzeugs) oder nicht einmal sie nötig ist (Schubkästen eines Schranks). § 95 engt Begriff des Bestandteils ein; daher ist erst § 95, dann § 93 (§ 94) zu prüfen.

3. Wesentliche Bestandteile. Wesentlich ist ein Bestandteil, wenn – bei natürlicher, wirtschaftlicher Betrachtungsweise unter Beachtung der Verkehrsanschauung – er oder die Restsache durch eine Trennung zerstört oder im Wesen verändert würde. Wesentlichkeit hängt davon ab, ob der Bestandteil und die Restsache wie bisher wirtschaftlich genutzt werden können, sei es auch erst nach Verbindung mit neuen anderen Sachen. Zerstörung oder Wesensveränderung des abzutrennenden *Bestandteils* ist daher anzunehmen, wenn es durch Trennung wertlos würde oder nur noch Schrottwert hätte, nicht aber, wenn es nach dem Ausbau in gleicher oder in ähnlicher Weise in eine andere Anlage integriert werden und damit wieder seine Funktion erfüllen kann. Ebenso wird die *Restsache* durch die Trennung nicht zerstört oder in ihrem Wesen verändert, wenn sie nach der Abtrennung des Bestandteils noch in der bisherigen Weise benutzt werden kann, sei es auch erst, nachdem sie zu diesem Zweck wieder mit anderen Sachen verbunden wird (BGH NJW 2022, 614, 617 Rn. 27 ff.; BGH NJW 2012, 778, 779 Rn. 16 mwN; BGH NJW-RR 1990, 586, 587, s. bereits BGH NJW 1956, 788). Ob eine Trennung das Wesen oder den wirtschaftlichen Zweck der *Gesamtsache* (zB des Bootsstegs, Kraftwagens) ändert, ist für § 93 iGgs zu § 94 II (BGHZ 26, 229) unerheblich (BGHZ 61, 81). **Beurteilungszeitpunkt:** Moment der Verbindung (BGH NJW 2022, 614, 617 Rn. 30 f.; BGH NJW 2012, 778, 779 Rn. 23 f., Rn. 28). Abweichend, wenn zu entscheiden, ob Rechte Dritter an einem Bestandteil begründet werden können, der bereits in eine zusammengesetzte Sache eingefügt ist. Dann entscheidet die Lage in dem Zeitpunkt der möglichen Rechtsbegründung (BGH NJW 2022, 614, 617 Rn. 30, Rn. 32; kritisch Wietfeld NJW 2022, 1273). Nachfolgende **Wertveränderungen** (zB durch Abnutzung, Alterung, unvorhersehbare Marktentwicklungen, sonstige gewandelte wirtschaftliche oder rechtliche Rahmenbedingungen etc.) sind bei der Prüfung der Wesentlichkeit grundsätzlich nicht mehr zu beachten, denn es widerspräche der Rechtssicherheit, wenn einmal zugeordnete dingliche Rechte an einem Bestandteil nur aufgrund nachträglicher technischer oder wirtschaftlicher Entwicklungen lediglich deshalb entfallen könnten, dass er seine Sonderrechtsfähigkeit deshalb verliert, weil seine Abtrennung nachträglich unwirtschaftlich geworden ist (BGH NJW 2022, 614, 617 f. Rn. 31, Rn. 34 f.). **Kriterien:** Wertzerstörung oder -minderung durch die Trennung (aber nicht: Aufwand des Besitzers der Restsache für eine Ersatzbeschaffung); unverhältnismäßige Höhe der Trennungskosten im Vergleich zu dem Wert des abzutrennenden Bestandteils; Umstand, ob Bestandteil an Restsache besonders angepasst ist und ob sie durch andere gleichartige ersetzt werden kann (BGH NJW 2012, 778, 779 Rn. 18, Rn. 26). Wesensänderung eines abgetrennten Bestandteils zu verneinen, wenn er in gleicher oder in ähnlicher Weise in eine andere Anlage integriert werden und damit wieder seine Funktion erfüllen kann. **Beispiele:** Neuer oder Austauschmotor eines Serienkraftwagens oder Schiffs idR kein wesentlicher Bestandteil (BGH NJW 1955, 1793; BGH NJW 1973, 1454: Motor und motorloser Wagen können je für sich wesensgemäß benutzt werden, der Wagen nach Einbau eines anderen Motors; abl. Pinger JR 1973, 463 f.); ebenso wenig Serien-Dampfkessel in Fabrikanlage (BGH BeckRS 1986, 31074184). Ob einzelne Photovoltaikmodule und Teile der Unterkonstruktion einer Photovoltaikanlage wesentliche Bestandteile sind, ist danach zu beurteilen, ob sie noch durch zumindest vergleichbare, auf dem Markt verfügbare Modelle in der Restsache hätten ersetzt und ob sie ihrerseits in anderen Anlagen hätten verwendet werden können 3

(BGH NJW 2022, 614, 619 Rn. 43). – Handakte ist Inbegriff von Sachen iSv → § 260, daher sind ihre gehefteten Bestandteile keine wesentlichen Bestandteile. An ihnen können unterschiedliche Eigentumsrechte bestehen (BGH NJW-RR 2019, 637 Rn. 16 f. mN). Nicht genormte Holzteile eines Bootsstegs sind wesentliche Bestandteile (LM Nr. 3 zu § 891).

4 **4. Erweiterung und Ausnahmen. Erweiterung** des wesentlichen Bestandteils in § 94. § 95 I ist auf Bestandteile einer beweglichen Sache im Sinne von § 93 nicht entsprechend anwendbar (BGH NJW 2022, 614, 618 Rn. 41). – **Durchbrechung** der §§ 93, 94 in § 12 ErbbauRG, § 5 WEG (für Gebäude und Teile davon), § 810 ZPO (für Früchte auf dem Halm); ferner → § 95 Rn. 5, 6.

§ 94 Wesentliche Bestandteile eines Grundstücks oder Gebäudes

(1) [1]**Zu den wesentlichen Bestandteilen eines Grundstücks gehören die mit dem Grund und Boden fest verbundenen Sachen, insbesondere Gebäude, sowie die Erzeugnisse des Grundstücks, solange sie mit dem Boden zusammenhängen.** [2]**Samen wird mit dem Aussäen, eine Pflanze wird mit dem Einpflanzen wesentlicher Bestandteil des Grundstücks.**

(2) **Zu den wesentlichen Bestandteilen eines Gebäudes gehören die zur Herstellung des Gebäudes eingefügten Sachen.**

Lit.: Wietfeld, Der maßgebliche Zeitpunkt zur Beurteilung der Wesentlichkeit von Bestandteilen, NJW 2022, 1273.

1 **1. Allgemeines.** § 94 erweitert den Begriff des wesentlichen Bestandteils und setzt voraus, dass die verbundene oder eingefügte Sache nicht mehr selbstständig ist (auch nicht nach § 95), vgl. → § 93 Rn. 2. **Gebäude** sind im allg. Sinne Bauwerke (Begriff weiter als in → § 908 Rn. 3 [a]), zB Häuser, Brücken, Tiefgaragen. Der Begriff des Gebäudes im Sinne von § 94 ist von dem des Bauwerks im Sinne § 634a I Nr. 2 zu unterscheiden (→ § 634a I Nr. 2 Rn. 7 [a]; BGH NJW 2016, 2876, 2877 f. Rn. 22, 29) **Erzeugnisse:** → §§ 99–103 Rn. 2 [a aa].

2 **2. Begriffe. a) Ob feste Verbindung (I 1)** vorliegt, ist Tatfrage (RGZ 158, 374 f.). Sie ist zu bejahen, wenn Trennung entweder unverhältnismäßig teuer wäre oder die verbundenen Teile erheblich beschädigt (OLG Frankfurt a. M. NJW 1982, 654; OLG Nürnberg REE 2016, 225). Ein unterkellertes Fertigwohnhaus ist fest verbunden. Eine auf Schwerkraft beruhende Verbindung kann als feste Verbindung ausreichen, soweit deren Eigengewicht dem Bauwerk die für seinen Verwendungszweck ausreichende Standfestigkeit gewährleistet und damit einer Verankerung gleichwertig ist. Ob ein Mobilheim danach Gebäude sein kann, kann nur nach
3 den Umständen im Einzelfall entschieden werden (BGH NJ 2020, 307 f.). **b) Zur Herstellung eingefügt (II)** ist eine Sache, wenn ohne sie nach der Verkehrsanschauung das Gebäude *als Bauwerk* noch nicht fertiggestellt ist, so dass (neben Baumaterial) nur die bauwerkprägende Ausstattung unter II fällt oder wenn die Teile, da bes. angepasst, mit dem Baukörper eine Einheit bilden (BGH NJW 1992, 1163). Gleichgültig ist, ob die Einfügung vom Zweck erfordert oder Luxus war. Für ein Einfügen einer Hauswand zur Herstellung des Nachbargebäudes als dessen wesentlicher Bestandteil iSv II bedarf es einer unmittelbaren, technischen Inanspruchnahme der Mauer für bauliche Zwecke des Nachbarhauses (z.B. durch Auflegen oder Einlassen von Tragebalken). Bloßes Nebeneinander beider Baukörper reicht nicht aus. *Erforderlich* ist, dass das Nachbargebäude ohne die Mauer an so schwerwiegenden Mängeln litte, dass es seine Selbstständigkeit ein für alle Mal einbüßte, insbesondere keine Standsicherheit besäße (BGH NJW-RR 2022, 301, 303 Rn. 15; BGH NJW 1962, 149). Maßgebender Zeitpunkt ist die Einfügung, gleich, wann sie erfolgt, zB erst bei späterem Umbau (BGHZ 53, 326: Umbau einer Koks- in eine Ölzentralheizung). Fabrikhallen sind idR vielseitig verwendbar, weshalb dort aufgestellte Maschi-

nen nicht zur Herstellung eingefügt sind (RGZ 130, 266), wohl aber eine Heizungsanlage (OLG Koblenz WM 1989, 535 mN), ein Notstromaggregat für modernes Großhotel (BGH NJW 1987, 3178). *Feste Verbindung* ist für II unnötig (BGH NJW-RR 1990, 587).

3. Sonstiges. a) Gebäude (Begriff: → Rn. 1) sind nach I wesentliche Grund- 4
stücksbestandteile; das gilt nicht, wenn feste Verbindung fehlt (vgl. I) oder § 95 eingreift. Zur Herstellung *eingefügte Sachen* sind nach **II** nur wesentliche Bestandteile des *Gebäudes* und erst, sofern für dieses I zutrifft und § 95 ausscheidet, zugleich mittelbar wesentliche Grundstücksbestandteile. § 94 will die Zerschlagung wirtschaftlicher Werte verhindern. Daher setzt der Begriff des Gebäudes iSd § 94 „etwas mit klassischen Baustoffen 'Gebautes, von solcher Größe und Komplexität voraus, dass die Beseitigung, die Zerstörung oder wesentliche Beschädigung den Verlust der Funktionalität der Sache zur Folge hätte" (BGH NJW 2022, 614, 621; NJW 2015,
2489 Rn. 29 f.). **b) Zur Rechtslage bei** unberechtigtem und berechtigtem **Über-** 5
bau, insbes. durch Giebelmauer, s. § 912 Rn. 1, 9 (bb), 10, §§ 919–924 Rn. 2; BGH NZM 2014, 209 (Duldungspflicht erstreckt sich auch auf wesentliche Bestandteile des Bauwerks); KG Rpfleger 2016, 23 (Begründung von Wohnungseigentum bei sog. überhängendem Überbau). Zufahrt zu einem Gebäude ist regelmäßig nicht wesentlicher Bestandteil des Bauwerks, sondern des nicht bebauten Teils des Nach-
bargrundstücks (BGH NZM 2014, 209). **c) II gilt analog** für eingetragene Schiffe 6
(BGHZ 26, 227 ff.: Schiffsmotor als wesentlicher Bestandteil) und eingetragene Luftfahrzeuge (einschr. MüKo-BGB/Stresemann Rn. 38: nur Rumpf, Tragflächen, Leitwerk); zum Grund BGHZ 26, 229, → Rn. 3.

4. Wirkung. Die fest verbundenen oder zur Herstellung eingefügten Sachen 7
verlieren als wesentliche Bestandteile (§ 94) ihre Sonderrechtsfähigkeit (§ 93). Zur Bedeutung → § 93 Rn. 1.

§ 95 Nur vorübergehender Zweck

(1) [1]**Zu den Bestandteilen eines Grundstücks gehören solche Sachen nicht, die nur zu einem vorübergehenden Zweck mit dem Grund und Boden verbunden sind.** [2]**Das Gleiche gilt von einem Gebäude oder anderen Werk, das in Ausübung eines Rechts an einem fremden Grundstück von dem Berechtigten mit dem Grundstück verbunden worden ist.**

(2) **Sachen, die nur zu einem vorübergehenden Zwecke in ein Gebäude eingefügt sind, gehören nicht zu den Bestandteilen des Gebäudes.**

1. Allgemeines. § 95 schränkt §§ 93, 94 ein, weil bei nur vorübergehender Ver- 1
bindung eine Sache ihre Selbstständigkeit behalten, also nicht Bestandteil werden soll. Sie ist bloß **„Scheinbestandteil".** Ist die Verbindung nicht nur vorübergehend, gelten §§ 93, 94. **I** ist auf Bestandteile einer beweglichen Sache iSv § 93 nicht entsprechend anwendbar, denn es fehlt an einer planwidrigen Regelungslücke (BGH NJW 2022, 614, 618 Rn. 32, Rn. 41).

2. Vorübergehender Zweck (I 1, II). Vorübergehender Verbindungszweck 2
dann, wenn die Verbindung nach dem Willen des Einfügenden nicht dauernd, sondern nur zeitweilig bestehen soll. Zeitmoment bezieht sich nicht auf wirtschaftliche Lebensdauer der Sache, sondern auf deren Verbindung mit dem Grundstück; ist nicht deshalb ausgeschlossen, weil die Sache für ihre gesamte (wirtschaftliche) Lebensdauer auf dem Grundstück verbleiben soll (BGH NJW 2017, 2099, 2100 f. Rn. 7, 10 ff., 15 ff. zu **Windkraftanlage** als Scheinbestandteil bei wirtschaftlicher Lebensdauer von 20 Jahren). Maßgebend ist der Wille, sofern er mit dem realen Geschehen vereinbar ist (BGH NJW 1996, 916 f.; 2006, 991, 992; 2017, 2099 f. Rn. 7; NJ 2020, 307 Rn. 8). Spätere Trennung muss zZ der Verbindung oder Einfügung beabsichtigt sein (BGHZ 157, 305; nach BGH NJW 2006, 992 ist spätere

Willensänderung möglich, wenn erst jetzt berechtigtes Interesse an bloß vorübergehender Nutzung besteht). Nachträgliche Zweckänderung allein ändert dingliche Rechtslage nicht (BGHZ 157, 305), auch nicht immer die nachträgliche Vereinigung des Eigentums am Grundstück und am Scheinbestandteil (LM Nr. 18), s. aber BGH NJW 2006, 991 f., dazu → Rn. 4. Bei Verbindung oder Einfügung durch Mieter, Pächter oder sonst schuldrechtlich Berechtigten besteht tatsächliche Vermutung dafür, dass die Sache nur für die Dauer des Vertragsverhältnisses mit dem Grundstück verbunden wurde, da er dabei idR nur in seinem eigenen Interesse handelt und nicht zugleich in der Absicht, die Sache nach Beendigung des Vertragsverhältnisses dem Grundstückseigentümer zufallen zu lassen, (Anscheinsbeweis) (BGH NJW 2022, 614, 615 Rn. 8 mwN; BGH NJW 1996, 917; stRspr) Zeitmoment bezieht sich nicht auf die wirtschaftliche Lebensdauer der Sache, sondern auf deren Verbindung mit dem Grundstück. Vorübergehende Verbindung ist daher auch dann nicht ausgeschlossen, wenn die Sache für ihre gesamte (wirtschaftliche) Lebensdauer auf dem Grundstück verbleiben soll (BGH NJW 2022, 614, 615 Rn. 8 mwN; NJW 2017, 2099).

3 **3. Rechte iSv I 2.** Nur dingliche Rechte wie Erbbaurecht, Nießbrauch, Überbaurecht. Das Recht muss wirklich bestehen, Irrtum gibt kein Recht. Berechtigt sind der Rechtsinhaber und dessen Mieter oder Pächter (LM Nr. 2). Späterer Wegfall des Rechts ändert dingliche Rechtslage (→ Rn. 4) nicht (BGHZ 125, 59 f.).

4 **4. Wirkung.** Scheinbestandteile (→ Rn. 1) sind bewegliche Sachen, Übereignung nach §§ 929 ff. (Bsp. LM Nr. 15); Ausnahme: I 2 mit ErbbauRG 12, 11. Zur möglichen **Umwandlung** eines Schein- in einen wesentlichen Bestandteil und umgekehrt s. BGH NJW 2006, 991 betr. Erwerb/Verlust des Eigentums an unterirdischen Versorgungsleitungen durch den Eigentümer des Straßengrundstücks.

§ 96 Rechte als Bestandteile eines Grundstücks

Rechte, die mit dem Eigentum an einem Grundstück verbunden sind, gelten als Bestandteile des Grundstücks.

Begriff. Rechte, die an ein bestimmtes Grundstück gebunden sind, werden als dessen Bestandteil behandelt (Fiktion). Sie unterfallen § 93, wenn vom Grundstück nicht trennbar (so die subj.-dinglichen Rechte, zB gem. §§ 912 II, 917 II, 1018, 1094 II, 1105 II; OLG Köln NJW-RR 1993, 983).

§ 97 Zubehör

(1) [1]**Zubehör sind bewegliche Sachen, die, ohne Bestandteile der Hauptsache zu sein, dem wirtschaftlichen Zwecke der Hauptsache zu dienen bestimmt sind und zu ihr in einem dieser Bestimmung entsprechenden räumlichen Verhältnis stehen.** [2]**Eine Sache ist nicht Zubehör, wenn sie im Verkehr nicht als Zubehör angesehen wird.**

(2) [1]**Die vorübergehende Benutzung einer Sache für den wirtschaftlichen Zweck einer anderen begründet nicht die Zubehöreigenschaft.** [2]**Die vorübergehende Trennung eines Zubehörstücks von der Hauptsache hebt die Zubehöreigenschaft nicht auf.**

§ 98 Gewerbliches und landwirtschaftliches Inventar

Dem wirtschaftlichen Zwecke der Hauptsache sind zu dienen bestimmt:

1. **bei einem Gebäude, das für einen gewerblichen Betrieb dauernd eingerichtet ist, insbesondere bei einer Mühle, einer Schmiede, einem Brau-**

haus, einer Fabrik, die zu dem Betrieb bestimmten Maschinen und sonstigen Gerätschaften,

2. bei einem Landgut das zum Wirtschaftsbetrieb bestimmte Gerät und Vieh, die landwirtschaftlichen Erzeugnisse, soweit sie zur Fortführung der Wirtschaft bis zu der Zeit erforderlich sind, zu welcher gleiche oder ähnliche Erzeugnisse voraussichtlich gewonnen werden, sowie der vorhandene, auf dem Gut gewonnene Dünger.

Anmerkungen zu den §§ 97, 98

1. Begriff des Zubehörs. Vgl. BGHZ 62, 51 f.; 165, 263 ff. **a) Selbstständige** 1
(→ § 93 Rn. 2) **bewegliche Sache.** Dazu können auch Gebäude iSv § 95 I 2 gehören, aber nicht Sachen, die § 95 I 1, II unterfallen, § 97 II 1, vgl. LM Nr. 10 zu
§ 95. **b) Über- und Unterordnungsverhältnis** zwischen Hauptsache und Zube- 2
hör; denn dieses soll dem wirtschaftlichen Zweck der Hauptsache *dienen.* Zweckdienlichkeit einer Sache bestimmt sich nach der Beschaffenheit der Hauptsache: Werkzeugpresse kann Zubehör einer Fabrik (vgl. § 98 Nr. 1), aber nicht eines unbebauten Grundstücks sein, vgl. BGH NJW 1979, 2514; BGHZ 165, 263 ff.; auf Baugrundstück lagerndes Baumaterial kann Zubehör des Grundstücks sein (BGHZ 58, 311 ff.; aA Kuchinke JZ 1972, 660 f.); „Unternehmenszubehör" ist idR Zubehör des Betriebsgrundstücks, wenn auf dem Grundstück der Schwerpunkt des Betriebs
liegt (BGHZ 124, 393). **c) Die Widmung** der Sache für den Dienst an der Hauptsa- 3
che darf *nicht nur vorübergehend* sein, vgl. § 97 II 1; Widmung auf „Dauer" ist schief, da bei kurzer Lebensdauer der Sache kurze, sogar einmalige Benutzung genügt. Widmen kann, wer über Hauptsache und Zubehör tatsächlich verfügen kann, nicht nur der Eigentümer. Widmung ist Realakt, natürlicher Handlungswille nötig
(→ Vor § 104 Rn. 24), hM. **d) Zweckgemäßes räumliches Verhältnis** von 4
Hauptsache und Zubehör (§ 97 I 1, II 2). Zweckgemäße Benutzung fern von der
Hauptsache ist unschädlich. **e)** Wer sich auf § 97 I 2 beruft, muss Fehlen der **Ver-** 5
kehrsanschauung darlegen und ggf. beweisen (BGH NJW 2009, 1079). **f) Inven-** 6
tar iSv § 98 ist Zubehör nur, wenn die Voraussetzungen von § 97 vorliegen; daher ist
§ 98 überflüssig (MüKo-BGB/Stresemann § 98 Rn. 2, 3). **g) Zubehöreigenschaft** 7
erlischt, wenn eine Voraussetzung (→ Rn. 1–6) entfällt (BGH NJW 1984, 2278; dazu Dilcher JuS 1986, 187 f.).

2. Bedeutung. Zubehör ist selbstständige bewegliche Sache (→ Rn. 1), also son- 8
derrechtsfähig, doch besteht idR für Zubehör und Hauptsache die gleiche Rechtslage (insbes. einheitliches Eigentum). Gleichlauf wird durch ges. Auslegungsregeln unterstützt: §§ 311c, 926, 2164 I. Zur hypothekarischen Haftung von Zubehör vgl. §§ 1120 ff.; solange sie besteht, unterliegt Zubehör der Immobiliarzwangsvollstreckung, § 865 II 1 ZPO. Zur problematischen Konkurrenz von SÜ und Zubehörhaftung gem. §§ 1120 ff. Kollhosser JA 1984, 196 ff.

§ 99 Früchte

(1) **Früchte einer Sache sind die Erzeugnisse der Sache und die sonstige Ausbeute, welche aus der Sache ihrer Bestimmung gemäß gewonnen wird.**

(2) **Früchte eines Rechts sind die Erträge, welche das Recht seiner Bestimmung gemäß gewährt, insbesondere bei einem Recht auf Gewinnung von Bodenbestandteilen die gewonnenen Bestandteile.**

(3) **Früchte sind auch die Erträge, welche eine Sache oder ein Recht vermöge eines Rechtsverhältnisses gewährt.**

§ 100 Nutzungen

Nutzungen sind die Früchte einer Sache oder eines Rechts sowie die Vorteile, welche der Gebrauch der Sache oder des Rechts gewährt.

§ 101 Verteilung der Früchte

Ist jemand berechtigt, die Früchte einer Sache oder eines Rechts bis zu einer bestimmten Zeit oder von einer bestimmten Zeit an zu beziehen, so gebühren ihm, sofern nicht ein anderes bestimmt ist:

1. die in § 99 Abs. 1 bezeichneten Erzeugnisse und Bestandteile, auch wenn er sie als Früchte eines Rechts zu beziehen hat, insoweit, als sie während der Dauer der Berechtigung von der Sache getrennt werden,

2. andere Früchte insoweit, als sie während der Dauer der Berechtigung fällig werden; bestehen jedoch die Früchte in der Vergütung für die Überlassung des Gebrauchs oder des Fruchtgenusses, in Zinsen, Gewinnanteilen oder anderen regelmäßig wiederkehrenden Erträgen, so gebührt dem Berechtigten ein der Dauer seiner Berechtigung entsprechender Teil.

§ 102 Ersatz der Gewinnungskosten

Wer zur Herausgabe von Früchten verpflichtet ist, kann Ersatz der auf die Gewinnung der Früchte verwendeten Kosten insoweit verlangen, als sie einer ordnungsmäßigen Wirtschaft entsprechen und den Wert der Früchte nicht übersteigen.

§ 103 Verteilung der Lasten

Wer verpflichtet ist, die Lasten einer Sache oder eines Rechts bis zu einer bestimmten Zeit oder von einer bestimmten Zeit an zu tragen, hat, sofern nicht ein anderes bestimmt ist, die regelmäßig wiederkehrenden Lasten nach dem Verhältnis der Dauer seiner Verpflichtung, andere Lasten insoweit zu tragen, als sie während der Dauer seiner Verpflichtung zu entrichten sind.

Anmerkungen zu den §§ 99–103

Lit.: Röder, Nutzungsausgleich im Bürgerlichen Recht, 2021.

1 **1. Begriff der Nutzungen (§ 100).** Früchte (§ 99) und Gebrauchsvorteile. Gebrauchsvorteil iSd § 100 Alt. 2 meint den Vorteil des Gebrauchs aus dem Sachbesitz oder der tatsächlichen Nutzungsmöglichkeit selbst. Er ist immateriell, kann nicht selbst herausgegeben werden, sondern ist bei entsprechender Anspruchsgrundlage (→ §§ 346 II 1 Nr 1, 818 II, 987 II) wertmäßig in Geld zu ersetzen (Staudinger/Stieper § 100 Rn. 6). Bemessungsmodelle: fiktives Entgelt nach Marktpreisen bzw. Wert der auf die Gebrauchszeit entfallende Wertminderung (Staudinger/Stieper § 100 Rn. 6 mN; s. auch die wN bei Röder 28 f, kritisch zur hM Röder 632 ff., 650 ff.). Nach Röder ist auf die Produktivnutzung abzustellen und der Nutzungsausgleich für die produktive Nutzung eines Gutes in Höhe der Differenz zwischen Bruttoertrag und nutzungsbedingtem Aufwand (Residuum) zu bemessen (dazu näher Röder 572 ff.)

2 **2. Früchte (§ 99). a) Sachfrüchte** (auch nicht bestimmungsgemäß gewonnene, sog. Übermaßfrüchte), und zwar **aa) unmittelbare** (§ 99 I): organische Erzeugnisse, wie Tier- und Bodenprodukte (Milch, Wolle, Tierjunge, Getreide, Obst), sowie *bestimmungsgemäße Ausbeute* (zB Kohle, Kies); die Sachsubstanz darf nicht zerstört sein (zB durch Töten des Schlachttieres; dessen Fleisch ist keine Frucht des Tieres, s. Knütel JuS 2001, 210). **Elektrizität** über Photovoltaikanlage ist keine unmittelbare Sachfrucht des Grundstücks iSv I, die Ausbeute von Sonnenlicht zählt nicht zum Grundstück selbst; auch keine Rechtsfrucht oder mittelbare Fruchtziehung (BGH NJW 2018, 1540, 1541 Rn. 14 mN); **bb) mittelbare** (§ 99 III), zB Miete für

Wohnhaus. **b) Rechtsfrüchte,** und zwar **aa) unmittelbare** (§ 99 II), zB erlegtes 3
Wild bei Jagdrecht, Getreide bei Nießbrauch oder bei Pachtrecht am Grundstück; **bb) mittelbare** (§ 99 III), zB Überbaurente (§ 912 II; nach hM mittelbare *Sach*früchte), Lizenzgebühr für Überlassung eines Patentrechts.

3. Fruchterwerb. Vgl. §§ 953–957. 4

Abschnitt 3. Rechtsgeschäfte

Vorbemerkungen

1. Allgemeines. Den Inhalt des Abschnitts 3 (§§ 104–185) bilden *allg. Regeln* 1
für das RGeschäft. **a) Der Begriff „des" RGeschäfts** ist im Ges. nicht definiert. Die Rechtsordnung kennt eine große Zahl verschiedenartiger RGeschäftstypen. Mit ihrer Hilfe gestaltet der Einzelne seine Rechtsverhältnisse durch deren Begründung, Aufhebung, Übertragung oder Änderung. Das RGeschäft ist so das Mittel zur Verwirklichung von *Privatautonomie.* Da es auf die *willentliche* Selbstgestaltung von Rechtsverhältnissen zielt, ist notwendiger Bestandteil jedes RGeschäfts eine *Willenserklärung,* dh eine private Willensäußerung, die auf Herbeiführung eines Rechtserfolgs gerichtet ist, und die den Erfolg, weil gewollt und von der Rechtsordnung anerkannt, auch herbeiführt (Mot. I, 126; Enneccerus/Nipperdey § 145 II; BGH NJW 2001, 289, 290). Die Verschaffung von Informationen ist mangels Rechtsfolgeanordnung (und Rechtsfolgewillens) keine Willenserklärung (dazu Regenfus NJW 2018, 2225). Ein RGeschäft kann aus einer oder mehreren Willenserklärungen bestehen (→ Rn. 5). Für *elektronische* und *automatisierte* (sog Computer-)Willenserklärungen gilt insoweit nichts Besonderes (Brehm FS Niederländer, 1991, 233 ff.; Taupitz/Kitter JuS 1999, 839 ff.; MüKo-BGB/Säcker Einl Rn. 186–192). **b) RGe-** 2
schäft und Willenserklärung werden vom BGB idR gleichgesetzt. Beide sind jedoch zu *unterscheiden:* Das RGeschäft kann aus *mehreren Willenserklärungen* bestehen (zB der Vertrag, → Rn. 6); auch gehören zum RGeschäft neben der (den) Willenserklärung(en) oft weitere Tatbestandsmerkmale, zB die Eintragung (§ 873 I) oder Übergabe (§ 929 S. 1), sog. *Doppeltatbestand* (→ § 873 Rn. 13; → § 929 Rn. 4). In der RGeschäftslehre dient die Unterscheidung dazu, die bes. Probleme, die mit der Willenserklärung verknüpft sind, zu verdeutlichen (Flume II § 2, 3d). **c) Die** 3
Wirksamkeitsvoraussetzungen gehören **nicht** zum Tatbestand des RGeschäfts, zB Geschäftsfähigkeit, Zustimmung eines Dritten (was ie hierher zählt, ist str.). Fehlen sie, so mangelt die Wirksamkeit (Gültigkeit), nicht der Tatbestand des RGeschäfts: Das RGeschäft besteht (also kein Nicht-RGeschäft, vgl. → Rn. 16), ist aber unwirksam, kann jedoch zuweilen wirksam werden, wenn die fehlende Voraussetzung, zB die Zustimmung des Dritten, später eintritt.

2. Arten der RGeschäfte. Die Einteilung der RGeschäfte bezweckt, die 4
Vielfalt der Typen überschaubar zu machen. Dabei werden auch Begriffe verwandt, die das Ges. selbst zum Anknüpfungspunkt bestimmter Regeln macht (Bsp: Verfügung in §§ 137, 161, 878 usw, dazu → Rn. 10). **a) Einseitige und mehrseitige** 5
***RGeschäfte.* aa) Einseitig** ist ein RGeschäft, das nicht auf eine andere Willenserklärung bezogen ist (zB Anfechtung, Kündigung, Testament, Auslobung [BGH ZGS 2010, 509]). Daher ist Einseitigkeit auch gegeben, wenn auf der einen Seite des Rechtsverhältnisses mehrere Erklärungen zusammengefasst sind, zB sind in § 351 S. 1 die mehreren Erklärungen zusammen das RGeschäft „Rücktritt". **bb) Der** 6
Vertrag ist der Hauptfall des mehrseitigen RGeschäfts. Er enthält mindestens zwei aufeinander bezogene („korrelierende") Willenserklärungen (Antrag [Angebot] und Annahme). Sie dürfen nicht „übereinstimmen" (dh kongruent oder inhaltlich gleich sein), wie oft (zB Wolf/Neuner BGB AT § 29 Rn. 6; MüKo-BGB/Einsele § 126 Rn. 20) – sprachlich falsch – gesagt wird. Die Erklärungen sind nicht je ein einseitiges RGeschäft, sondern je für sich der unvollständige Tatbestand eines Vertrags

7 (→ Rn. 16). **cc) Der Beschluss** ist ebenfalls mehrseitig. Hier liegen mehrere gleich lautende (nicht: korrelierende) Willenserklärungen vor, sei es der Mehrheit der Beschlussfassenden bei Mehrheitsprinzip (vgl. §§ 32 I 3, 745 I), sei es aller Beschließenden bei Einstimmigkeitsprinzip (vgl. § 33 I 2). Abw. Ulmer FS Niederländer, 1991, 415 ff. für sog Grundlagenbeschlüsse in Personengesellschaften (Problempunkt: Bindung an die Stimmabgabe – ob und ggf. wie lange?): Bei Einstimmigkeitsprinzip Bindung gem. §§ 145 ff. (Beschluss als Vertrag), bei Mehrheitsprinzip entspr. §§ 145 ff. (letzteres nicht überzeugend, da es hier nicht „um die Voraussetzungen der *Einigung* der Gesellschafter als Vertragspartner" geht [so aber Ulmer FS Niederländer, 1991, 415 ff., 430], sondern um die „Unterwerfung" der „uneinigen" Gesellschafter, ähnlich wie beim rechtskräftig bestätigten Insolvenzplan gem. §§ 244, 254 InsO (zu ihm
8 Häsemeyer FS Gaul, 1997, 175 ff.). **b) Empfangsbedürftige und nichtempfangsbedürftige RGeschäfte** unterscheiden sich danach, ob die Willenserklärung einem anderen gegenüber abzugeben ist oder nicht (vgl. § 130 I). Ist der andere eine Behörde, so handelt es sich um eine *amtsempfangsbedürftige* Willenserklärung (Bsp: Aufgabeerklärung gem. § 928 I). IdR besteht Empfangsbedürftigkeit. Ausnahmen zB Testament
9 (§ 2247 I), Bestätigung gem. § 144 (RGZ 68, 399 f.; Flume II § 11 Rn. 4). **c) Verpflichtungs- und Verfügungsgeschäfte. aa) Verpflichtungsgeschäfte** sind RGeschäfte, durch die sich jemand verpflichtet, an einen anderen etwas zu leisten. Damit wird ein Schuldverhältnis begründet; das geschieht idR durch Vertrag, ausnahmsweise
10 durch einseitiges RGeschäft (zB § 657). **bb) Verfügungen** sind RGeschäfte, die unmittelbar auf ein bestehendes Recht einwirken durch dessen Belastung, Inhaltsänderung, Übertragung oder Aufhebung (BGH NJW 2010, 1457 mN). Verfügender ist, auf dessen Recht eingewirkt wird (zB der Veräußerer, nicht der Erwerber). Der Tatbestand der Verfügung kann einen Vertrag (zB dingliche Einigung gem. §§ 873, 929 S. 1) enthalten oder eine einseitige Willenserklärung (zB Eigentumsaufgabeerklärung, § 959, ferner Ausübung von Gestaltungsrechten wie Kündigung, Anfechtung, Aufrechnung, Rücktritt, Widerruf, Minderung; Gestaltungsrechte binden regelmäßig ab Ausübung, s. BGH NJW 2018, 2863, 2365 Rn. 24). Verfügungen gibt es im Schuldrecht (Bsp: Erlass, § 397; Abtretung, §§ 398 ff.), vor allem aber im Sachenrecht („dingliche" Verfügungen). „Letztwillige Verfügung" (§ 1937) und „einstw. Verfügung"
11 (§§ 935 ff. ZPO.) zählen nicht hierher. **d) Zuwendungsgeschäfte** sind RGeschäfte, durch die dem Geschäftsgegner ein Vermögenswert zugewandt wird. Man unterscheidet: abstrakte und kausale, entgeltliche und unentgeltliche. **aa) Kausale RGeschäfte** tragen den Rechtsgrund (die causa) der Zuwendung in sich. Bei einem Vertrag ist er Gegenstand der Einigung. Verpflichtungsgeschäfte sind idR kausale Geschäfte, Aus-
12 nahmen zB §§ 780 f., 784. **bb) Abstrakte RGeschäfte** haben ihren Rechtsgrund außerhalb des Geschäfts in einem davon getrennten ges. oder rechtsgeschäftlich begründeten Schuldverhältnis (Bsp: Kaufvertrag als Rechtsgrund für die Übereignung der gekauften Sache). IdS ist das RGeschäft *inhaltlich* abstrakt. Dazu und zur sog. äußerlichen Abstraktheit → Vor § 854 Rn. 13. Zur Durchbrechung des Abstraktionsprinzips → Vor § 854 Rn. 14–16. **cc) Unentgeltliche Zuwendungen** sind weniger
13 rechtsbeständig als entgeltliche, vgl. §§ 528, 530, 816 I 2, 822, 988. **e) Personen- und vermögensrechtliche RGeschäfte.** Erstere gehören dem Familienrecht an, zB Verlöbnis (§§ 1297 ff.), Eheschließung (§§ 1310 ff.). Für sie passen die §§ 104 ff. viel-
14 fach nicht. Weitgehend gelten Sonderregeln. **f) RGeschäfte unter Lebenden und von Todes wegen.** Zu letzteren zählen: Testament (§§ 1937, 2064 ff.), Erbvertrag (§§ 2274 ff.), Erbverzicht (§§ 2346 ff.), die nicht vollzogene Schenkung von Todes
15 wegen (vgl. § 2301 II). **g) Das Treuhandgeschäft** kann sein: eigennützig (*Sicherungstreuhand;* Prototyp: SÜ, vgl. → § 930 Rn. 21) oder uneigennützig (*Verwaltungstreuhand; Prototyp: Inkassozession,* vgl. → § 398 Rn. 24). **h) Zur Form** der RGeschäfte → § 125 Rn. 1–4.

16 **3. Fehlerhafte RGeschäfte. a) Abgrenzung. aa) Ein Nicht-RGeschäft,** kein nur fehlerhaftes, liegt vor, wenn die Tatbestandsvoraussetzungen eines RGeschäfts mangeln. Es kann als RGeschäft gewollt, aber tatbestandsmäßig unvollendet sein

(Bsp: Antrag ohne Annahme ist unvollendeter Vertrag, → Rn. 6; → § 154 Rn. 2; → § 155 Rn. 2). **bb) Ein scheinbares RGeschäft** (dh ein Nicht-RGeschäft) ist 17
ein Akt, der RGeschäft sein könnte, bei dem aber obj. der Rechtsbindungswille fehlt (BGH NJW 2009, 1142; krit. Flume II § 7 Rn. 7); → Vor § 116 Rn. 11. Bsp: gegenseitige Übernahme der Kinderbeaufsichtigung unter Nachbarn (BGH NJW 1968, 1874 f.; abw. OLG Celle NJW-RR 1987, 1384 bei Einladung zum Kindergeburtstag); Übergabe eines Reitpferdes an Sportkameraden (BGH NJW 1974, 235; sa 92, 2475 f.); Gefälligkeitsfahrt (BGH NJW 1992, 498 f.; OLG Hamm NJW-RR 2007, 1518 f.; anders bei Kfz-Fahrgemeinschaft: BGH NJW 1992, 498 f.); Vermögensverwaltung ohne Rechtsbindungswillen durch einen Ehegatten (BGH NJW 2000, 3200); weitere Rspr. bei Jauernig/Otto JuS 1977, 109 Fn. 7; Willoweit JuS 1986, 96 ff. Praktisch schwierig ist die Abgrenzung von außerrechtlichem Gefälligkeitsgeschäft und unentgeltlichem RGeschäft (→ § 241 Rn. 24; BGH NJW 2009, 1142 mN: Telefonische Mitteilung eines Steuerberaters kann Auskunftsvertrag begründen); bei vereinbartem Entgelt liegt immer ein RGeschäft vor (s. BFH NJW 1984, 1487). BGH 45, 379 mN (unklar NJW 1989, 898 f.) hält RGeschäft, das in Kenntnis seiner Nichtigkeit vorgenommen wird, für ein Nicht-RGeschäft (unrichtig, arg. § 117 I; → § 139 Rn. 13). **b) Nichtig** ist ein RGeschäft, das zwar tatbe- 18
standsmäßig vorliegt (Unterschied zu → Rn. 16; s. BGH WM 1982, 156), dessen bestimmungsgemäße Rechtswirkungen aber von Anfang an nicht eintreten. Andere Rechtsfolgen kann das nichtige RGeschäft herbeiführen, zB Schadensersatzansprüche, § 122. Die Nichtigkeit ist von jedermann ohne weiteres zu beachten; im Prozess geben die ihr zugrundeliegenden Umstände eine rechtshindernde Tatsache ab. Mehrere Nichtigkeitsgründe können zusammentreffen (zB BGH NJW-RR 2017, 114). Ein nichtiges RGeschäft ist grundsätzlich nicht heilbar (Ausnahmen: §§ 311b I 2, 494 II 1, 502 III 2, 518 II, 766 S. 2), es bedarf der Neuvornahme (s. § 141 I), auch wenn die Nichtigkeitsgründe (zB GWB 34 aF mit § 125; BGH NJW-RR 2002, 1406) weggefallen sind. – Ordnet das Ges. Nichtigkeit an, so wird das RGeschäft idR als „nichtig" bezeichnet (vgl. §§ 105, 116–118, 125, 134, 138–142). Die Ausdrücke „unwirksam" und „kann nicht" werden sowohl iSv nichtig (zB in §§ 388 S. 2, 1950 S. 2; §§ 35, 38 S. 2, 137 S. 1) wie iSv schwebend unwirksam gebraucht (zB in § 181). Nach der auch in der Rechtsprechung (s. BGH NJW-RR 2017, 114, 115 Rn. 22 [formnichtiger Immobilienkaufvertrag, AGB-Kontrolle und annahmeverfristetes Angebot] OLG Düsseldorf BeckRS 2016, 21118 Rn. 21; OLG Düsseldorf BeckRS 2016, 17429 Rn. 27; im Ergebnis BGH NJW 2010, 610 [verbraucherrechtliches Widerrufsrecht bei sittenwidrigem Fernabsatzvertrag]) anerkannten Lehre von der **Doppelwirkung** im Recht (Kipp FS v. Martitz, 1911, 211; dazu näher im Zusammenhang mit Widerrufsrechten S. Lorenz GS Wolf, 2011, 77 ff.) bestehen unterschiedliche Nichtigkeitsgründe nebeneinander, auch wenn der eine zur Nichtigkeit ex nunc, der andere hingegen zu ihr ex tunc führt, der eine ipso iure wirkt, der andere die Ausübung eines Gestaltungsrechts (zB eine Anfechtungserklärung) verlangt. **c) Relativ unwirksam** ist eine Verfügung, die nicht allen („absolut"), son- 19
dern nur bestimmten Personen gegenüber („relativ") unwirksam ist (hM, BGH NJW 2009, 356; Staudinger/Kesseler § 883 Rn. 289 ff. mwN; nach aA ist die Verfügung absolut wirksam, aber der Verfügende kann zugunsten der geschützten Personen nochmals verfügen und damit die erste „relativ unwirksame" Verfügung „absolut" unwirksam machen, s. Staudinger/Gursky, Neubearbeitung 2013 § 883 Rn. 221, 224, 239 ff. mN; auch BGHZ 111, 368 f. [dazu → §§ 135, 136 Rn. 6]; weitere Deutungsversuche bei MüKo-BGB/Armbrüster § 135 Rn. 36, 37; widersprüchlich Flume II § 17 Rn. 6d). Hauptfälle: §§ 135 I, 136 (→ § 136 Rn. 6). Von dieser *subj. Begrenzung* der Unwirksamkeit ist deren *obj. Begrenzung* (Bsp: § 883 II) zu unterscheiden (diese wird nicht „relative Unwirksamkeit" genannt!). Obj. und subj. Begrenzung sind verbunden zB in § 883 II mit § 888 I, ferner in § 1124 II. In § 161 I, II ist die Unwirksamkeit nur obj. begrenzt, so dass sie in subj. Hinsicht unbegrenzt eintritt (absolute Unwirksamkeit: → §§ 160, 161 Rn. 3). Relative Unwirksamkeit wird nur beachtet, wenn sich der Geschützte auf sie beruft (vgl.

20 BGH NJW 2009, 357), daher kann er auf sie verzichten. **d) Schwebend unwirksam** ist ein zunächst unwirksames, weil unvollendetes RGeschäft, das bei Nachholung der fehlenden Wirksamkeitsvoraussetzung rückwirkend („ex tunc") wirksam wird. Erst mit Eintritt der Voraussetzung ist das RGeschäft vollendet; daher kommt es zB für das Vorliegen der Bösgläubigkeit auf diesen Zeitpunkt an (vgl. → § 932 Rn. 18). Bis zur Klärung des (Nicht-)Eintritts der fehlenden Wirksamkeitsvoraussetzung besteht ein Schwebezustand. Kann die Voraussetzung nicht (mehr) eintreten, so ist das RGeschäft endgültig unwirksam (nichtig). Hauptfälle: §§ 108 I, 177 I, 1366 I, 1427 I, 1829 I, auch § 181 (BGHZ 65, 125 f.; → Rn. 18 aE), ferner bei Notwendigkeit behördlicher Genehmigung (vgl. BGHZ 76, 245 ff.; ie → § 182
21 Rn. 7). – Ein **aufschiebend bedingtes RGeschäft** ist *nicht* schwebend unwirksam; denn das RGeschäft ist vollendet, nur der Eintritt seiner Wirkungen hinausgeschoben (vgl. → § 158 Rn. 7). Daher ist zB für das Vorliegen der Bösgläubigkeit maßgebend der Zeitpunkt der Geschäftsvornahme, nicht des Bedingungseintritts (vgl.
22 → § 929 Rn. 38). **e) Anfechtbare RGeschäfte** sind gültig bis zur Erklärung der Anfechtung (BGH NJW 2019, 1446, 1447 Rn. 19 mN), danach idR rückwirkend nichtig (§ 142 I). Anfechtungsgründe in §§ 119 f., 123, 2078 f. Auch nichtige RGeschäfte sind anfechtbar (hM, BGH NJW 2010, 611; aA Oellers AcP 169, 67 ff. mN zum Streitstand; zur Doppelwirkung Rn. 18). Das ist praktisch wichtig, weil die Nichtigkeit kraft Anfechtung zuweilen weiter reicht als gewöhnliche Nichtigkeit (Bsp. § 142 II → § 142 Rn. 4). – Zur Einschränkung der (Rückwirkung der) Anfechtung im Arbeitsrecht → Vor § 611 Rn. 5; im Gesellschaftsrecht → § 705 Rn. 19, 20. Im Mietrecht wirkt Anfechtung zurück (KG NJW-RR 2002, 155, str.). – Die Anfechtung nach dem AnfG und § 129 InsO hat mit der Anfechtung nach BGB nur den Namen gemeinsam.

23 **4. Abgrenzungen des RGeschäfts. a) Geschäftsähnliche Handlungen** sind Erklärungen, deren Rechtsfolgen kraft Ges. eintreten. IdR handelt es sich um Aufforderungen oder Mitteilungen (BGHZ 145, 346 f.). Bsp: Mahnung (§ 286 I 1; BGH NJW 1987, 1547), Anspruchsanmeldung gem. § 651g I (BGHZ 145, 346 f.; krit. Tempel NJW 2001, 1906), Erhebung der Verjährungseinrede BGHZ 156, 271), Fristsetzung (§§ 281 II 1, 323 I), Aufforderungen (§§ 108 II, 177 II, 1366 III, 1369 III), Mitteilungen (§ 171; Ladung [→ § 32 Rn. 2; BGHZ 100, 267 steht nicht dagegen]), Anzeigen (§ 149), nicht bloße Benachrichtigung nach § 666 (BGHZ 151, 9 f.). Die allg. Vorschriften für RGeschäfte (Geschäftsfähigkeit, §§ 104 ff.; Willensmängel, §§ 116 ff.; Wirksamwerden, §§ 130 ff.; Auslegung, §§ 133, 157; Stellvertretung, §§ 164 ff.; Zustimmung, §§ 182 ff.) gelten grundsätzlich entspr. (BGHZ 145, 346 f.; NJW 2006, 688); Aufzählung bei Ulrici NJW 2003, 2054 ff. Zur
24 Begründung und Aufhebung des Wohnsitzes vgl. → §§ 7–11 Rn. 2. **b) Realakte** (Tathandlungen) lösen *kraft Ges.* eine Rechtsfolge aus. Die Regeln für RGeschäfte sind daher unanwendbar. Manche Realakte erfordern einen *finalen natürlichen Handlungswillen,* zB Besitzerwerb (außer gem. → § 854 Rn. 12), -übertragung, -aufgabe (→ § 854 Rn. 10, 11; → § 856 Rn. 2), Besitznahme durch Finder (→ Vor § 965 Rn. 2). Hier treten die Rechtsfolgen nur bei einer der jeweiligen Handlung und ihrer Bedeutung angepassten natürlichen Einsichtsfähigkeit ein; sie kann auch ein Geschäftsunfähiger besitzen (str.; für Besitzverlust abw. die hM, vgl. → § 935 Rn. 4). Zuweilen legt das Ges. Altersgrenzen fest, zB § 2 II 3 TPG für Organspende nach dem Tod (Einwilligung ab 16, Widerspruch ab 14), § 8 I 1 Nr. 1 Buchst. a TPG für Organspende vom Lebenden (volljährig und einwilligungsfähig). Andere Realakte erfordern diesen Willen nicht, da das Ges. nur auf deren *Ergebnis* abstellt (zB Verbindung, Vermischung, Verarbeitung, §§ 946 ff.). – Natürliche Einsichtsfähigkeit ist erforderlich und ausreichend auch für die *Gestattung tatsächlicher Eingriffe in immaterielle Rechtsgüter* (dies offenlassend MüKo-BGB/Spickhoff § 105 Rn. 11, 19, 20), zB Einwilligung in Freiheitsberaubung (BGH NJW 1964, 1177 f.), ärztliche Untersuchung (BayObLG FamRZ 1985, 836; abw. FamRZ 1987, 89: idR müsse auch ges. Vertreter einwilligen; ebenso OLG Hamm NJW 1998, 3424 f. für Schwangerschafts-

abbruch), Operation (BGHZ 29, 36 f.; NJW 1998, 1785; 03, 2013; 07, 218 [fehlende Einsichtsfähigkeit wegen Drucksituation kurz vor Operation]; aA obiter BGHZ 90, 101 f.: Willenserklärung, zust. Kohte AcP 185, 105 ff.; abl. Belling FuR 1990, 68 ff.), Herstellung und Verbreitung von Nacktfotos (OLG Karlsruhe FamRZ 1983, 743 mwN mit abl. Anm. Bosch; aA OLG Düsseldorf FamRZ 1984, 1222), gleichgültig, ob man die Einwilligung als geschäftsähnliche oder als Tathandlung qualifiziert. Auslegung wie bei Willenserklärung möglich (BGH NJW 1980, 1904). Ist ein nicht voll Geschäftsfähiger von dem Eingriff betroffen, so ist wegen § 1626 II zweifelhaft, wann an seiner Stelle oder mit ihm zusammen der personensorgeberechtigte ges. Vertreter einwilligungsberechtigt ist (Bsp. BGHZ 29, 37; NJW 2007, 218 f. [bei ausreichender Urteilsfähigkeit hat der Minderjährige uU Vetorecht]; sa BGHZ 105, 47 ff.; variantenreiche Erörterung bei Flume II § 13 Rn. 11 f.; zur religiösen Beschneidung Putzke NJW 2008, 1568 ff.; vgl. → § 823 Rn. 54). Wer die ges. Altersgrenze nach § 2 II 3, 8 I Nr. 1 Buchst. a TPG (so) erreicht hat, entscheidet
allein. **c) Rechtsscheinhaftung eines nicht voll Geschäftsfähigen** kraft Veranlas- 25
sung scheidet aus, da ihm der nach allg. Regeln haftungsbegründende Akt nicht zugerechnet werden kann; denn das BGB (s. §§ 104 ff.) bewertet den Schutz Minderjähriger höher als den Vertrauensschutz im Rechtsverkehr (ie str.).

Titel 1. Geschäftsfähigkeit

§ 104 Geschäftsunfähigkeit

Geschäftsunfähig ist:

1. **wer nicht das siebente Lebensjahr vollendet hat,**
2. **wer sich in einem die freie Willensbestimmung ausschließenden Zustand krankhafter Störung der Geistestätigkeit befindet, sofern nicht der Zustand seiner Natur nach ein vorübergehender ist.**

Lit.: Hergenröder, Minderjährigkeit und finanzielle Überforderung, 2021; Schrader, Datenschutz Minderjähriger: Geschäftsfähigkeit als Grundlage der Einwilligungsfähigkeit im Datenrecht, 2021.

1. Allgemeines. Geschäftsfähigkeit (§§ 104 ff.), Deliktsfähigkeit (§§ 827 f.) und 1
Verantwortlichkeit für Verletzung bestehender Verbindlichkeiten (§ 276 I 1) sind Unterarten der **Handlungsfähigkeit** (kein Begriff des BGB). Sie ist die Fähigkeit zu rechtlich relevantem Verhalten, die im Unterschied zur Rechtsfähigkeit (→ § 1 Rn. 1) nicht jedem Menschen zukommt. Zur Differenzierung bei **Datennutzungseinwilligung** und einem gleichzeitig abgeschlossenen (Nutzungs-)Vertrag s. Knoop NZFam 2016, 966, 968; Schrader 73–132. Keine direkte Anwendung der §§ 104 ff. auf Einwilligung des Minderjährigen zur Nutzung seiner Daten, aber in Anlehnung an die Regelungen zur Minderjährigkeit keine Einwilligungsfähigkeit bis zu einem Alter von 7 Jahren (Knoop NZFam 2016, 966, 968; iE ebenso Schrader 77 ff., dort 89–93 Vorschlag de lege ferenda einer Einwilligungsfähigkeitserklärung, die eine datenschutzrechtliche Emanzipation ab dem 14. Lebensjahr bewirken soll).

2. Geschäftsfähigkeit. a) Begriff. Fähigkeit eines Menschen, RGeschäfte selbst- 2
ständig mit voller Wirksamkeit vorzunehmen. **b) Das BGB unterscheidet:** Unbeschränkte (= volle) Geschäftsfähigkeit, beschränkte Geschäftsfähigkeit, Geschäftsunfä-
higkeit. **c) Zweck.** Die volle oder teilw. Vorenthaltung der Geschäftsfähigkeit dient 3
dem Schutz des nicht voll Geschäftsfähigen ohne Rücksicht auf den rechtsgeschäftlichen Verkehr. *Guter Glaube* an die (volle) Geschäftsfähigkeit wird *nicht geschützt* (BGH
NJW 1977, 623), anders nach hM bei Wechsel- und Scheckveräußerung. **d) Vertre- 4
tung durch ges. Vertreter** (Eltern[teil], Vormund, Pfleger, Betreuer) greift ein, soweit der nicht voll Geschäftsfähige nicht selbstständig handeln kann; Ausnahme: höchstpersönliche Geschäfte (→ § 164 Rn. 9). **e) Bes. Voraussetzungen** bestehen für bestimmte RGeschäfte: Eheschließung §§ 1303, 1304; erbrechtliche Geschäfte

5 §§ 2229, 2233 I, 2247 IV, 2249 I 4, 2250, 2251, 2275, 2347 II 1. **f) Auf geschäftsähnliche Handlungen** sind §§ 104 ff. grundsätzlich entspr. anwendbar (→ Vor § 104 Rn. 23).

6 **3. Gründe der Geschäftsunfähigkeit. a) Nr. 1:** Alter. Absolute Grenze. Geschäftsunfähigkeit des Minderjährigen (s. § 106) endet (soweit nicht § 104 Nr. 2
7 eingreift) um 0.00 Uhr des 7. Geburtstags, vgl. § 187 II 2. **b) Nr. 2:** Ausschluss der freien Willensbestimmung (dh freier Willensbildung und entspr. Handlungsfähigkeit, BGH NJW 1996, 919; NJW-RR 2014, 770; BAG NJW 2009, 3052; sa § 2229 IV; sa zu § 1896 Ia BGH NJW-RR 2016, 643) durch nicht bloß vorübergehende (BGHZ 198, 381; dazu K. Schmidt JuS 2014, 548; OLG München MDR 1989, 361: kurzzeitige) krankhafte Störung der Geistestätigkeit. Begriff der freien Willensbestimmung iSd Nr. 2 und der iSd § 1896 Ia sind im Kern deckungsgleich. Entscheidend ist die Einsichtsfähigkeit und die Fähigkeit, nach dieser Einsicht zu handeln, also, ob freie Entscheidung nach Abwägung des Für und Wider bei sachlicher Prüfung der in Betracht kommenden Gesichtspunkte möglich ist oder ob infolge einer Geistesstörung Einflüsse Dritter den Willen übermäßig beherrschen (BGH WM 2017, 950 Rn. 13; BeckRS 2018, 26275 Rn. 28). Fehlt es an einem dieser beiden Elemente, liegt kein freier, sondern nur ein natürlicher Wille vor (BGH NJW-RR 2016, 643 Rn. 6). IdS kann die Geschäftsfähigkeit auch nur für gegenständlich begrenzten Geschäftskreis (dh „**partiell**") ausgeschlossen (BGH NJW 2021, 63, 65 Rn. 20; BGHZ 143, 125) oder gegeben (zB für Eheschließung, BVerfG NJW 2003, 1383) sein. Krankhafte Störung der Geistestätigkeit betrifft dann nur diesen bestimmten Lebensbereich, während für andere Lebensbereiche Wille frei und unbeeinflusst gebildet und nach zutreffend gewonnener Einsicht gehandelt werden kann (BGH NJW 2021, 63, 65 Rn. 20 f.; BGH BeckRS 2001, 5445 mwN), aber kein („**relativer**") Ausschluss für schwierige Geschäfte (BGH NJW 2021, 63, 65 Rn. 20; BGH NJW 1970, 1680, 1681; BayObLG NJW 1989, 1678 f.; BAG NJW 2009, 3052). Während der Unterbrechung einer dauerhaften Störung (lichter Augenblick; → § 105a Rn. 3) sowie bei bloß vorübergehender Störung keine Geschäftsunfähigkeit nach Nr. 2 (s. aber § 105 II).

8 **4. Folgen der Geschäftsunfähigkeit.** Eigene Willenserklärungen sind nichtig, § 105 I; kein wirksamer Zugang fremder Willenserklärungen, § 131 I. Vgl. ferner §§ 2229, 2247 IV (Testamentserrichtung), §§ 1304, 1314 I, 1315 I (Eheschließung). Zur Haftungsbeschränkung für rechtsgeschäftliche Verbindlichkeiten s. § 1629a und → § 106 Rn. 3. Auch bei Geschäftsunfähigkeit kann unter eigenen Bedingungen des § 1903 I 1 Einwilligungsvorbehalt (→ §§ 1896–1908a Rn. 19) angeordnet werden (BGH NJW 2019, 237, 239).

9 **5. Beweis.** Geschäftsunfähigkeit ist kein medizinischer Befund, sondern ein Rechtsbegriff; seine Voraussetzungen hat das Gericht v. Amts wegen unter kritischer Würdigung des Sachverständigengutachtens festzustellen (BGH NJW 2021, 63, 64 f. Rn. 14, 18). Geschäftsfähigkeit ist die Regel, ihr Fehlen die Ausnahme. Wer sich auf die Ausnahme beruft (auch bei Nr. 1, hM), trägt Beweislast für zugrundeliegende Tatsachen (BGHZ 198, 381; dazu K. Schmidt JuS 2014, 548; BAG NJW 2010, 2682 mN; BGH BeckRS 2015, 20730 Rn. 7). Steht Zustand iSv Nr. 2 fest, so trägt Beweislast für lichten Augenblick (→ Rn. 7), wer sich darauf beruft (BGH NJW 1988, 3011).

§ 105 Nichtigkeit der Willenserklärung

(1) **Die *Willenser*klärung eines Geschäftsunfähigen ist nichtig.**

(2) **Nichtig ist auch eine Willenserklärung, die im Zustand der Bewusstlosigkeit oder vorübergehender Störung der Geistestätigkeit abgegeben wird.**

1 **1. Anwendungsbereich. a) Abgabe** einer Willenserklärung und Vornahme einer geschäftsähnlichen Handlung (→ Vor § 104 Rn. 23) durch Geschäftsunfähigen

(§ 104), **I,** durch (beschränkt oder unbeschränkt geschäftsfähigen [sonst I]) Bewusstlosen oder vorübergehend geistig Gestörten, **II.** Bewusstlosigkeit: gemeint ist nicht Koma, tiefe Ohnmacht (dann fehlt es am Handlungswillen, → Vor § 116 Rn. 4), daher genügt vorübergehende Bewusstseinstrübung, die das Erkennen von Inhalt und Wesen einer Handlung voll oder in bestimmtem Bereich ausschließt (sa § 2229 IV). Störung der Geistestätigkeit: → § 104 Rn. 7, BGH WM 1972, 972; ist sie dauerhaft, so gilt § 104 Nr. 2. – II ordnet nur Nichtigkeit der Willenserklärung, nicht Geschäftsunfähigkeit der dort Genannten an. **b)** Wirksamer **Empfang** einer verkörperten Willenserklärung durch die in II Genannten möglich, nicht durch Geschäftsunfähige (→ § 131 Rn. 1).

2. Nichtigkeit aller Willenserklärungen. Nichtig (Begriff → Vor § 104 2
Rn. 18) sind alle, auch die rechtlich lediglich vorteilhaften oder obj. vernünftigen Willenserklärungen; Genehmigung ausgeschlossen (arg. §§ 106, 108 I, 111), BGH NJW-RR 1987, 1260. Das ist mit dem GG vereinbar (aA Canaris JZ 1987, 993 ff.; 88, 494 ff.; abl. Ramm und Wieser JZ 1988, 489 ff. [493 f.]; die Gegenansicht von Ramm beruht – auch – auf der unzutr. Annahme, die ges. Vertretung durch die Eltern sei überholt und verfassungswidrig, NJW 1989, 1708 ff., sa JZ 1987, 490 [491] [abl. mR K. Schmidt NJW 1989, 1712 ff.]). Bei nichtiger Bevollmächtigung handelt Vertreter ohne Vertretungsmacht, §§ 177, 180 (RGZ 69, 266 f.). Rechtsscheinhaftung des nicht voll Geschäftsfähigen kraft Veranlassung scheidet mangels Zurechenbarkeit aus (→ Vor § 104 Rn. 25); gilt auch für den Erklärenden iSv II (sa BGH NJW 1992, 1504). – II wird durch § 1314 II Nr. 1 verdrängt.

3. Beweislast. Für Beweislast gilt → § 104 Rn. 9 entspr. 3

§ 105a Geschäfte des täglichen Lebens

[1]Tätigt ein volljähriger Geschäftsunfähiger ein Geschäft des täglichen Lebens, das mit geringwertigen Mitteln bewirkt werden kann, so gilt der von ihm geschlossene Vertrag in Ansehung von Leistung und, soweit vereinbart, Gegenleistung als wirksam, sobald Leistung und Gegenleistung bewirkt sind. [2]Satz 1 gilt nicht bei einer erheblichen Gefahr für die Person oder das Vermögen des Geschäftsunfähigen.

1. Allgemeines. a) Willenserklärungen eines Volljährigen, der sich in einem 1
die freie Willensbestimmung ausschließenden Zustand **krankhafter Störung der Geistestätigkeit** befindet, sind ausnahmslos **nichtig** (§ 104 Nr. 2, § 105 I). Diese Rechtsfolge ändert § 105a für **„Geschäfte des täglichen Lebens“.** Die in diese Kategorie fallenden Verträge sollen unter bestimmten Voraussetzungen und in bestimmter Beziehung als **„wirksam gelten“** (zu Voraussetzungen und Bedeutung des „Geltens“ → Rn. 4–6). **b) Die Neuregelung** will es auch im Bereich der 2
Geschäfte des täglichen Lebens bei der Geschäftsunfähigkeit des Volljährigen nach § 104 Nr. 2 belassen, ihn also für diese Kategorie von Geschäften **nicht partiell geschäftsfähig** und dementspr. nicht nur für schwierige(re) Geschäfte, also partiell, geschäftsunfähig machen (zur partiellen Geschäfts[un]fähigkeit → § 104 Rn. 7). Eine partielle Geschäftsunfähigkeit für schwierige(re) Geschäfte verlangt die Abgrenzung dieser Geschäfte von den einfachen Geschäften des täglichen Lebens, was „zu einer für den Rechtsverkehr schwer erträglichen Rechtsunsicherheit führen (würde). Es lässt sich dann keine klare Grenze zwischen Geschäftsfähigkeit und Geschäftsunfähigkeit ziehen“ (BGH NJW 1970, 1681). Eine vergleichbare Unsicherheit besteht in der Abgrenzung der von § 105a S. 1 noch und der nicht mehr erfassten Geschäfte.
c) Die Geschäftsunfähigkeit nach § 104 Nr. 2 besteht **nicht in lichten Augenblicken** (→ § 104 Rn. 7; allgM). Wer nach der Verkehrsauffassung einfache, „vernünftige“ Geschäfte des täglichen Lebens vornimmt, fällt im Rechtsverkehr nicht als geschäftsunfähig iSv § 104 Nr. 2 auf und wird wie ein Geschäftsfähiger behandelt, entweder, weil er nicht geschäftsunfähig ist oder weil er nach seinem Verhalten in 3

einem „lichten Augenblick" handelt und sich damit von einem Geschäftsfähigen in nichts – weder faktisch noch rechtlich – unterscheidet. Wer zB eine Tube Zahnpasta kauft, fällt nicht auf (vgl. das Bsp. zu § 105a BGB-Entw. in BR-Drs. 107/02, 16); wer 100 Tuben kauft, ist auffällig, das Geschäft ist nach der Verkehrsanschauung weder ein Geschäft des täglichen Lebens noch „vernünftig", alles spricht gegen das Vorliegen eines „lichten Augenblicks". Nach diesem Maßstab verfährt die Praxis, ohne dass Störungen des Rechtsverkehrs bekannt geworden wären. Weder die Begründung (BR-Drs. 107/02) noch die Lit. zu § 105a (s. zB V. Lipp FamRZ 2003, 721; Löhnig/Schärtl AcP 204, 25 ff., je mN) kann von Schwierigkeiten berichten. **§ 105a** erscheint damit **funktionslos** (krit. auch etwa Leipold, BGB I 8 Rn. 133; Köhler JZ 2004, 348). Es handelt sich bei dieser Vorschrift um einen Akt symbolischer Gesetzgebung. § 105a übergeht, dass in der Praxis die von ihm erfassten Geschäfte von Geschäftsunfähigen (§ 104 Nr. 2) in lichten Augenblicken uneingeschränkt wirksam vorgenommen werden (können), dies im Streitfall vorab geprüft werden muss und bei Annahme eines wirksamen (→ Rn. 6) Vertrags für die Fiktion eines halbwirksamen Vertrags kein Raum mehr ist, der den Geschäftsunfähigen obendrein schlechter stellen kann als ein wirksamer Vertrag (→ Rn. 6). Da die Begründung zu § 105a-Entw. (BR-Drs. 107/02) die Möglichkeit des Handelns im lichten Moment übergeht, diese Möglichkeit durch § 105a auch nicht ausgeschlossen wird, ist anzunehmen, dass dieser allg. anerkannte Weg rechtswirksamen Handelns eines generell Geschäftsunfähigen vom Gesetzgeber. nicht bedacht worden ist. V. Lipp (FamRZ 2003, 725) räumt zwar ein, dass es naheliege, die von § 105a erfassten „unauffälligen Alltagsgeschäfte" würden in lichten Augenblicken vorgenommen, meint aber (V. Lipp FamRZ 2003, 727), § 105a habe die Rechtslage gegenüber früher verändert, so auch NK-BGB/Kunz/Baldus Rn. 56: Greife § 105a ein, so könne nicht auf den lichten Augenblick „zurückgegriffen" werden. Aber: Im lichten Augenblick besteht Geschäftsfähigkeit (→ § 104 Rn. 7), so dass § 105a nicht eingreift, es sei denn, man nimmt an, § 105a habe die Geschäftsfähigkeit im „lichten Augenblick" abgeschafft, was eine Schlechterstellung des Geschäftsunfähigen bedeutete, die der gut gemeinte § 105a weder herbeiführen wollte noch sollte. Immerhin muss in der Praxis der Nachweis über lichten Moment nicht geführt werden (Wedemann AcP 209, 669, 699 f.), deshalb habe § 105a einen Mehrwert, auch erleichtere die Norm die Annahme der Verfassungsmäßigkeit der Nichtigkeitsfolge des § 105 (Staudinger/Klumpp Rn. 10 unter Hinweis auf Köhler JuS 2010, 665, 666).

4 **2. Voraussetzungen. a) Geschäft des täglichen Lebens.** Eine generelle Bestimmung ist ausgeschlossen (sa Grüneberg/Götz § 1903 Rn. 9 zu § 1903 III 2). Unnötig, dass das Geschäft buchstäblich jeden Tag vorgenommen wird („tägliches" = „gewöhnliches" Leben). Nach der BR-Drs. 107/02, 16 sollen zu diesen Geschäften ua gehören: der Erwerb einfacher, zum alsbaldigen Verbrauch bestimmter Genussmittel (auch „billiger" Tabak, Alkohol?), die nach Menge und Wert das (nach der Verkehrsanschauung?) „übliche" Maß nicht übersteigen, ferner der Erwerb kosmetischer Artikel (zB Zahnpasta, → Rn. 3; Markenparfums gehören nicht hierher), einfache medizinische Produkte (zB Halsschmerztabletten; auch verschreibungspflichtige?). Zu den „einfachen Dienstleistungen" sollen gehören: Friseur (günstiger Haarschnitt, nicht teure Leistungen wie Messerschnitt, Tönen), Fahrten im Personennahverkehr (hier wird aber eher ein lichter Augenblick vorliegen).

5 **b)** Die Leistung muss mit **geringwertigen Mitteln,** idR bar, **bewirkt** werden können. Die Geringwertigkeit soll sich nach dem durchschnittlichen Preis- und Einkommensniveau richten (BR-Drs. 107/02, 16), das es aber für die angesprochenen Geschäfte und die betroffenen Geschäftsunfähigen nicht gibt und jedenfalls auf bundesweit einheitlichem Niveau auch gar nicht geben kann.

6 **3. Rechtsfolge. Kein wirksamer Vertrag** (anders bei Handeln in lichtem Augenblick, → Rn. 3, das durch § 105a nicht ausgeschlossen wird). Vielmehr **„gilt"** der Vertrag – nur – **in Ansehung von Leistung und Gegenleistung als**

wirksam, aber erst **ab** dem Zeitpunkt (ex nunc), in dem Leistung und Gegenleistung **bewirkt** sind, S. **1,** und erfasst daher Verpflichtungs- und Verfügungsgeschäft. Die Fiktion der Wirksamkeit soll nur eine **Rückforderung** von bewirkter Leistung und Gegenleistung **ausschließen.** Das Verpflichtungsgeschäft soll nicht mit Bewirken von Leistung und Gegenleistung von Anfang an wirksam werden (anders §§ 110, 1903 I 2), so dass keine gegenseitigen Vertragspflichten, die dem Schutz des Geschäftsunfähigen zuwiderlaufen könnten, begründet werden (BR-Drs. 107/02, 16). Was als Schutz des Geschäftsunfähigen gewollt ist, kann ihm nachteilig sein. Erhält er zB als Käufer eine sachmängelbehaftete Sache, so ist die Gegenleistung nicht „bewirkt" (§ 362 I; Ulrici JURA 2003, 521; Grüneberg/Grüneberg § 362 Rn. 3, aber aA Grüneberg/Ellenberger Rn. 6), denn geschuldet ist nach § 433 I 2 die Verschaffung einer sachmängelfreien Sache. Fehlt es am Bewirken der (Gegen-)Leistung, so gilt der Vertrag in Ansehung der (Gegen-)Leistung nicht als wirksam; folglich steht dem Geschäftsunfähigen auch kein Anspruch wegen des Sachmangels zu (so iE BeckOK BGB/Wendtland Rn. 7; aA Grüneberg/Ellenberger Rn. 6 mN). Ist der Vertrag, wie in den Fällen des § 105a in aller Regel, in einem lichten Moment geschlossen, so ist er von Anfang an voll wirksam, so dass (auch) Sachmängelansprüche bestehen.

4. Ausnahmen von der Fiktion. Ausnahmen von der Fiktion bestehen nach S. 2 bei einer **erheblichen Gefahr für Person oder Vermögen** des Geschäftsunfähigen. Unter welchen konkreten Umständen ein solcher Schutz des Geschäftsunfähigen vor sich selbst nötig sein könnte, ist schwer zu fassen. Das **Vermögen** könnte erheblich gefährdet werden, wenn der Geschäftsunfähige in zahllosen Geschäften Alkoholika in jeweils kleinen Mengen kauft, die dadurch aufgelaufenen Gesamtausgaben aber erheblich sind (sa Grüneberg/Götz § 1903 Rn. 9 zu § 1903 III 2). Dann stellt sich die Frage, ab dem wievielten Kauf die erhebliche Vermögensgefährdung eintritt. Eine zuverlässige Antwort kann kaum gefunden werden. – Eine erhebliche Gefahr für die **Person** könnte durch den Kauf eines Stricks oder eines Messers durch einen tief depressiven lebensmüden Geschäftsunfähigen gegeben sein. Der von S. 2 angeordnete Ausschluss von S. 1 und damit die Nichtigkeit des Vertrags nach § 105 I vermindert nicht die tatsächliche erhebliche Gefahr. 7

§ 106 Beschränkte Geschäftsfähigkeit Minderjähriger

Ein Minderjähriger, der das siebente Lebensjahr vollendet hat, ist nach Maßgabe der §§ 107 bis 113 in der Geschäftsfähigkeit beschränkt.

1. Allgemeines. a) Ein *Minderjähriger* ist von der Vollendung des 7. Lebensjahrs an (0.00 Uhr des Geburtstags, vgl. § 187 II 2) bis zur Volljährigkeit (§ 2) **nur nach** Maßgabe der **§§ 107–113 beschränkt geschäftsfähig** (bes. Haftungseinschränkung in § 1629a). **Soweit** er gem. §§ 107–113 in der Geschäftsfähigkeit **nicht beschränkt** ist, ist er **unbeschränkt** geschäftsfähig (wichtig für RGeschäfte, die § 107 nicht erfasst, weil sie dem Minderjährigen lediglich einen rechtlichen Vorteil bringen, ferner für §§ 112, 113). Ein *Betreuter* (§ 1896) wird nicht dadurch in der Geschäftsfähigkeit beschränkt, dass ein Einwilligungsvorbehalt angeordnet ist (Folge: §§ 108–113, *131 II*, *206* gelten nur entspr., § 1903 I 2). Er kann aber gem. § 104 Nr. 2 geschäftsunfähig sein (Folge: § 105, auch bei Einwilligung), s. § 1896 I 2; das wird bei einer auf Grund geistiger oder seelischer Behinderung von Amts wegen angeordneter Betreuung (§ 1896 I 1) nicht selten zutreffen (zur Problematik D. Schwab FamRZ 1992, 505). **b) Aufbau der §§ 107–113.** Die §§ 107–111 bezwecken den Schutz des Minderjährigen iSv § 106, indem sie seine Geschäftsfähigkeit (nur!) für die dort genannten RGeschäfte beschränken. Gem. § 107 besteht keine Beschränkung für RGeschäfte, die dem Minderjährigen lediglich einen rechtlichen Vorteil verschaffen (→ Rn. 1). Solche RGeschäfte können ein- oder mehrseitige sein. Rechtlich nachteilige Geschäfte bedürfen der Einwilligung (§ 183) des ges. Vertreters, § 107. Liegt sie vor, so ist das Geschäft wirksam (abw. § 111 S. 2, 3 zum 1 2

Schutz des Gegners bei einseitigen empfangsbedürftigen Willenserklärungen, ferner → § 108 Rn. 3). Fehlt die nach § 107 erforderliche Einwilligung, so ist ein einseitiges Geschäft unwirksam, § 111 S. 1 (Ausnahme: → § 111 Rn. 4); ein Vertrag ist schwebend unwirksam, kann aber durch Genehmigung (§ 184 I) des ges. Vertreters rückwirkend wirksam werden, § 108 I (zum Schutz des Gegners vgl. §§ 108 II, 109). Wirksamkeit des Vertrags von Anfang an kann auch durch Erfüllung eintreten, § 110. Gem. §§ 112, 113 ist der Minderjährige partiell voll geschäftsfähig auch für
3 RGeschäfte, die nicht lediglich rechtlich vorteilhaft iSv § 107 sind. **c) Der ges. Vertreter** kann anstelle des Minderjährigen (iSv § 106) handeln, soweit dieser nach Maßgabe der §§ 107–113 in der Geschäftsfähigkeit beschränkt ist, also weder bei Geschäften, die dem Minderjährigen lediglich einen rechtlichen Vorteil bringen (→ Rn. 1), noch im Rahmen der §§ 112, 113 (→ § 112 Rn. 4; → § 113 Rn. 4), da der Minderjährige insoweit unbeschränkt geschäftsfähig ist. Für Vertreter gilt → § 181. Prozessfähig (§ 52 ZPO) ist der Minderjährige jedoch nur, soweit er sich selbstständig durch Verträge verpflichten kann, also bloß im Rahmen der §§ 112, 113. – Die **Haftung Minderjähriger** für rechtsgeschäftlich begründete Verbindlichkeiten wird durch § 1629a begrenzt (eingefügt durch MHbeG), ausgenommen Verbindlichkeiten im Rahmen von § 112 und zur Befriedigung persönlicher Bedürfnisse. Allg. zur Haftungsbeschränkung de lege lata und de lege ferenda s. Hergenröder Minderjährigkeit und finanzielle Überforderung (2022); s. noch → § 242 Rn. 41.

4 **2. Geschäftsähnliche Handlungen.** §§ 107–111 gelten grundsätzlich entspr. (→ Vor § 104 Rn. 23).

§ 107 Einwilligung des gesetzlichen Vertreters

Der Minderjährige bedarf zu einer Willenserklärung, durch die er nicht lediglich einen rechtlichen Vorteil erlangt, der Einwilligung seines gesetzlichen Vertreters.

Lit.: Schlereth, Die COVID-19-Schutzimpfung Minderjähriger, FamRZ 2022, 688.

1 **1. Allgemeines.** Vgl. zunächst → § 106 Rn. 1–3. § 107 gilt für ein- und mehrseitige RGeschäfte. Soweit eine Einwilligung (§ 183) gem. § 107 nicht erforderlich ist, besteht unbeschränkte Geschäftsfähigkeit (§ 106 und dort → § 106 Rn. 1, 3). Zur Erteilung der Einwilligung § 182 I, II, ferner → § 108 Rn. 3. Ob der Minderjährige einen **Anspruch auf Einwilligung** (ggf. Genehmigung, § 108 I) hat, ist str., aber im Wesentlichen wegen § 1666 III Nr. 5 bedeutungslos.

2 **2. Lediglich rechtlicher Vorteil. a) Das RGeschäft ist einwilligungsfrei** (Umkehrschluss aus § 107). Der Vorteil muss ein rechtlicher sein; größte wirtschaftliche Vorteilhaftigkeit (zB Kauf zu Spottpreis) genügt nicht. Wann „lediglich" ein rechtlicher Vorteil besteht, ist *Wertungsfrage.* Es gibt kein RGeschäft, das nicht für irgendeinen (rechtlichen) Nachteil kausal ist oder sein kann. Genügte die bloße Kausalität, um die uneingeschränkte (rechtliche) Vorteilhaftigkeit des RGeschäfts zu beseitigen, so gäbe es kein einwilligungsfreies Geschäft iSv § 107 (vgl. Fischer Anm. LM Nr. 1; Lange NJW 1955, 1339 ff.). Daher ist eine Grenzziehung zwischen zurechenbaren und nicht zurechenbaren rechtlichen Nachteilen nötig. Wonach sie sich richtet, ist str. (Stürner AcP 173, 402 ff. stellt auf eine wirtschaftliche Betrachtung ab). – Vor- und Nachteile von **Verpflichtungs- und Erfüllungsgeschäft sind stets getrennt zu prüfen.** Nach aA (BGHZ 78, 30 ff.; BayObLG NJW 2003, 1129; Grüneberg/Ellenberger § 181 Rn. 22, § 107 Rn. 6) soll zur Feststellung des Nachteils eine „Gesamtbetrachtung" von (vorteilhaftem) schuldrechtlichem und (nachteiligem) dinglichem Geschäft erfolgen. Das ist mit dem vom Abstraktionsprinzip (→ Vor § 854 Rn. 13) zu unterscheidenden Trennungsprinzip (→ Vor § 854 Rn. 12) unvereinbar (Jauernig JuS 1982, 576). Im umgekehrten Fall eines nachteili-

gen Schuld- und eines vorteilhaften Verfügungsgeschäfts scheidet eine „Gesamtbetrachtung“ ipso iure aus (Jauernig JuS 1982, 576 f.; zust. BGHZ 161, 174 f.; näher → § 181 Rn. 10). **b) Der rechtliche Nachteil** macht das RGeschäft einwilligungsbedürftig, § 107 (zu den Folgen → § 106 Rn. 2). Er kann **aa) im RGeschäft selbst,** im „Typ“ des Geschäfts, liegen, so bei allen gegenseitigen Verträgen iSd §§ 320 ff. Wegen des Anspruchs auf Rückgewähr der Treuhandmittel ist eine **Treuhandvereinbarung** nicht lediglich rechtlich vorteilhaft (BGH NJW 2017, 3516, 3517 Rn. 17 mN). Zur Differenzierung beim **Behandlungsvertrag** (→ § 630a Rn. 3) zwischen minderjährigem Privatpatienten und gesetzlich versichertem Patienten s. Lauf/Birck NJW 2018, 2230, 2235: Nur der Privatpatient schließt einen gegenseitigen Vertrag mit einer Vergütungspflicht als Gegenleistung ab, während der gesetzlich versicherte Patient ohne eigene Vergütungspflicht ein den Behandelnden einseitig verpflichtendes Rechtsgeschäft abschließt. In beiden Fällen aber idR (BGH NJW 2022, 2269, 2270 Rn. 18 ff.; BeckOK BGB/Katzenmeier § 630a Rn. 88) Vertragsschluss zwischen Sorgeberechtigten und Behandelndem als Vertrag zugunsten des Minderjährigen (→ § 630a Rn. 3, 12). Zu beachten: Einer tatsächlichen Einwilligung in die Heilbehandlung des Minderjährigen bedarf es zusätzlich (→ § 630d Rn. 3; Laufs/Katzenmeier/Lipp/Katzenmeier, Arztrecht, 8. Aufl. 2021, Kap. V Rn. 52, 54). Bei Abschluss eines Behandlungsvertrages zur COVID-19 Schutzimpfung keine rechtlichen Nachteile für Minderjährigen, wenn Kostenübernahme etwa durch öffentliche Hand (Schlereth FamRZ 2022, 668, 669 f.). Schutzimpfung selbst verlangt wegen körperlichem Eingriff ferner Einwilligung (näher → § 630d Rn. 3; dazu näher Schlereth FamRZ 2022, 668, 670 f. mN zum Streitstand betreffend die zusätzliche Einwilligung der sorgeberechtigten Person, dazu → § 630d Rn. 3). Zum rechtlichen Nachteil bei der Anmeldung in **sozialen Netzwerken** s. Knoop NZFam 2016, 966, 967 ff. **bb) so mit dem RGeschäft verknüpft** sein, dass er den, der es vornimmt, als solchen trifft. Derartige Verknüpfungen zwischen Vornahme des RGeschäfts und Nachteil bestehen: bei Annahme einer geschuldeten Leistung als Erfüllung, da dadurch der Gläubiger seine Forderung verliert (Bsp: Der beschränkt geschäftsfähige Käufer erwirbt zwar Eigentum an der Kaufsache [→ Rn. 5], verliert damit aber wegen § 107 nicht seine Forderung aus § 433 I gegen den Verkäufer), hM (vgl. Wacke JuS 1978, 80 ff.; Lorenz JuS 2010, 12; → § 362 Rn. 2; BGHZ 205, 90 = NJW 2015, 2497, 2598 Rn. 15; OLG Brandenburg BeckRS 2007, 32583; aA van Venrooy BB 1980, 1017 ff. mN); bei Schenkung unter Auflage (OLG Frankfurt a. M. Rpfleger 1974, 429 f.; sa BayObLG Rpfleger 1974, 310); bei Erbschaftsannahme wegen der Erbenhaftung; bei unentgeltlichem Erwerb eines vermieteten (verpachteten) Grundstücks (BGHZ 162, 140 f.; BGH BeckRS 2022, 12465; BayObLG NJW 2003, 1129, je mN), da der Erwerber in den Miet-(Pacht)vertrag eintritt, §§ 566, 567b, 578, 581 II, 593b, ihn also *rechtsgeschäftlich* begründete Pflichten als Partner eines RGeschäfts (als „Erwerber“, nicht als „Eigentümer“) treffen (→ Rn. 5; der Vertragseintritt ist die ges. Folge des Eigentums*erwerbs,* BGH NJW 1989, 451); bei unentgeltlichem Erwerb eines *entgeltlichen* Erbbaurechts, da *rechtsgeschäftlich* begründete Zahlungspflicht (§ 9 ErbbauRG, § 1108) *durch RGeschäft* übernommen wird (nur iE ebenso BGH NJW 1979, 103); bei unentgeltlichem Erwerb von Wohnungseigentum wegen der den Eigentümer als solchen treffenden ges. Pflichten (§§ 10 ff., 20 ff. WEG), insbes. Haftung nach § 10 VIII 1 HS 1 WEG (BGH NJW 2010, 3643 f.). **c) Lediglich einen rechtlichen Vorteil bringen:** Antrag zum Vertragsschluss an Minderjährigen (v. Tuhr AT II 1 § 61 III 7); Erlass einer Schuld des beschränkt Geschäftsfähigen, § 397; Abtretung (§§ 398 ff.) *an* ihn (nach BGH NJW 1983, 163 auch Abtretung *durch* ihn, wenn Innehabung des Anspruchs „sinnlos“; unzutr.: Auch wer ein sinnloses Recht weggibt, erlangt dadurch einen *rechtlichen* Nachteil); Mahnung (s. § 286 I 1); zu § 1 S. 1 ProstG s. Rautenberg NJW 2002, 652; Kündigung unverzinsten Darlehens durch Minderjährigen als Gläubiger (s. § 488 III); Abschluss eines Schenkungsvertrags als Beschenkter (BGHZ 15, 169 f. bzgl. Grundstückseigentum, auch NJW 2005, 417, nicht abw. BGHZ 78, 30 ff. bzgl. Wohnungseigentum; s. aber OLG München NJW-Spezial

Randnummern: 3 (b) Der rechtliche Nachteil), 4 (bb) so mit dem RGeschäft verknüpft), 5 (c) Lediglich einen rechtlichen Vorteil bringen)

2008, 360: Nachteil im Einzelfall wegen § 10 IV 1, V WEG). Unerheblich ist, ob der Geschäftsgegenstand privatrechtlich belastet ist: Dieser Nachteil liegt weder im RGeschäft selbst (zB der Übereignung) noch trifft er den Erwerber des Gegenstands als solchen; vielmehr knüpft der Nachteil an die Innehabung des Geschäftsgegenstands (zB des Eigentums), dh an einen rechtsgeschäftsneutralen Tatbestand, an. Das gilt grundsätzlich auch für *öffentl.-rechtliche Belastungen.* So trifft zB die Grundsteuer (Sach- oder Realsteuer) den Eigentümer als solchen, die Grunderwerbsteuer (Verkehrsteuer) den Erwerber (nur hinsichtlich dieser Steuer besteht ein „Nachteil", der aber wegen Geringfügigkeit vernachlässigt werden kann; so iE auch BGH NJW 2005, 417 f., aber unter Nichtbeachtung des Unterschieds von Sach- und Verkehrsteuer). Allg.: Der Erwerb von Eigentum an einem bereits belasteten Grundstück ist rechtlich lediglich vorteilhaft (anders bei Eingreifen von §§ 566, 567b, 578, 581 II, 593b; § 10 VIII 1 HS 1 WEG; → Rn. 4). Das gilt auch, wenn das Grundstück mit einem Nießbrauch belastet ist. Ein rechtlicher Nachteil liegt noch nicht darin, dass der Nießbraucher künftig das Grundstück vermietet oder verpachtet und der Minderjährige bei Beendigung des Nießbrauchs mit Pflichten aus dem Miet- oder Pachtvertrag belastet werden kann (s. → § 1056 Rn. 1). Diese doppelte Ungewissheit eines rechtlichen Nachteils genügt für einen Nachteil iSv § 107 nicht (BGH NJW-RR 2022, 1027, 1028 Rn. 13; BGHZ 162, 141 f.). Deshalb auch kein rechtlicher Nachteil wegen möglichem künftigen Anspruch aus § 1049 I (→ § 1049 Rn. 1) selbst bei Fehlen rechtsgeschäftlicher Pflichtenübernahme durch den Nießbraucher. Ist aber das Grundstück bereits zZ der Auflassung vermietet oder verpachtet, ist ein „Nachteil" gegeben, weil dann der Eigentumserwerb wahrscheinlich ist und daher die konkrete Möglichkeit besteht, dass der Minderjährige bei Beendigung des Nießbrauchs mit Pflichten aus dem Miet- oder Pachtvertrag belastet werden kann → § 1056 Rn. 1; diese Pflichten sind *rechtsgeschäftlich* begründet und treffen den Minderjährigen wie in → Rn. 4 als „Erwerber", nicht als „Eigentümer" (s. BGH NJW-RR 2022, 1027, 1028 Rn. 13; BGHZ 162, 141). Die *ges.* Pflichten des Eigentümers ggü. dem Nießbraucher treffen nicht den Erwerber, sondern den Eigentümer als solchen (übergangen in BFH NJW 1981, 142 mit BFHE 125, 505); gleichgültig ist, ob noch der Veräußerer selbst den Nießbrauch bestellt hat (zum Eigentümernießbrauch → § 1030 Rn. 3) oder ob der beschränkt geschäftsfähige Erwerber *vor* dem Erwerb, dh als Nichtberechtigter, mit Einwilligung des Veräußerers als Berechtigten (§ 185 I) die Bestellung bewilligt hat (das ist ein wirksames zustimmungsfreies neutrales RGeschäft, → Rn. 6), und die das Eigentum und den Nießbrauch betr Eintragungsanträge *gleichzeitig* erledigt werden (dann besteht zZ der Nießbrauchseintragung noch die Bewilligungsbefugnis des Veräußerers, sa BGH NJW 2021, 1673; OLG Köln NJW-RR 1998, 363; wohl auch Grüneberg/Herrler § 879 Rn. 7). Vorteilhaft iSv § 107 ist auch der Erwerb eines Nießbrauchs, da die *ges.* Pflichten gegenüber dem Eigentümer den Nießbraucher als solchen treffen (entspr. wie den Eigentümer des nießbrauchbelasteten Gegenstands, so) und daher für den Erwerber nicht durch RGeschäft begründet sind (aA BFH NJW 1981, 142; Soergel/Hefermehl 11). Zum Erwerb von Gesellschaftsanteilen durch Minderjährige differenzierend (nach AG, GmbH, KG) Maier-Reimer/Marx NJW 2005, 3025 ff.; Kaulbach Jura 2020, 641; zur verbandsinternen Beschlussfassung durch minderjährige Gesellschafter → Rn. 7. Die Schenkung einer Photovoltaikanlage durch den Vater an das minderjährige Kind ist, da hierdurch für das Kind Haftungsrisiken und vertragliche Pflichten entstehen, kein lediglich rechtlich vorteilhaftes Rechtsgeschäft (OLG Dresden NJW 2016, 1027).

6 **d) Neutrale RGeschäfte** sind einwilligungsfrei (MüKoBGB/Spickhoff Rn. 54 mN). Sie bringen zwar keinen rechtlichen Vorteil (was § 107 im Wortlaut fordert), aber auch keinen rechtlichen Nachteil. Das genügt für entspr. Anwendung (sa § 165). Bsp: Veräußerung fremder Sachen durch beschränkt Geschäftsfähigen an Gutgläubigen (NK-BGB/Meller-Hannich § 923 Rn. 12; aA Medicus/Petersen Rn. 542; Petersen Jura 2003, 399, 401; zum Streitstand s. Staudinger/Heinze § 932 Rn. 11).

3. Voraussetzungen der Generaleinwilligung. Generaleinwilligung zu einer Reihe von zunächst noch nicht individualisierten Geschäften ist zulässig (str., vgl. Scherner FamRZ 1976, 673 ff.; Lindacher FS Bosch, 1976, 535 ff., je mwN; BGH NJW 1977, 622 f. bejaht Zulässigkeit nach altem Recht für 18- bis 21-jährige Minderjährige). Doch darf sie nicht die Beschränkung der Geschäftsfähigkeit (s. § 106) faktisch beseitigen, das würde dem Zweck der §§ 107 ff. (→ § 104 Rn. 3) zuwiderlaufen. Der minderjährige (§ 106) Schüler im Internat hat idR die Einwilligung seiner Eltern zu den für einen Internatsschüler üblichen RGeschäften (zB Kauf von Schreibmaterial, Zusatzlebensmitteln, Fahrkarte für Heimfahrt), so dass diese Geschäfte nicht erst gem. § 110 wirksam werden (vgl. → § 110 Rn. 1, 2); → § 113 Rn. 6. Ist ges. Vertreter mit Führerscheinerwerb einverstanden (insoweit ist Zustimmung nach BGB unnötig, § 12 I Nr. 2 VwVfG mit § 10 I Nr. 4 FeV; allg. zur Handlungsfähigkeit im öffentl. Recht OVG Bremen NJW 1998, 3583 f., zust. BVerwG NJW 1998, 3583), so liegt darin keine Generaleinwilligung zu allen *kraftfahrzeugbezogenen RGeschäften* (keine sachliche Notwendigkeit), iZw auch nicht Einwilligung zu bestimmtem Geschäft (Auslegungsfrage; verneint für Automiete: BGH NJW 1973, 1790 f. mN; beiläufig anders BGH NJW 1977, 622 ff.). Ebenfalls Auslegungsfrage, ob Einwilligung in bestimmtes Geschäft auch *Folgegeschäfte* erfasst: Einwilligung in Abschluss eines Versicherungsvertrags umfasst idR nicht nachteilige RGeschäfte bei Vertragsabwicklung (BGHZ 47, 359 f.); Einwilligung in Fahrzeugkauf umfasst iZw auch Abschluss der ges. Pflichthaftpflichtversicherung, da sonst Kauf idR unsinnig, s. § 1, 7 Nr. 4 PflVG (vgl. BGH NJW 1977, 622 f.; zweifelnd BGHZ 47, 358). Str., ob Einwilligung zum Vereinsbeitritt regelmäßig auch die Zustimmung zur Stimmabgabe in der Mitgliederversammlung umfasst (bejahend Grüneberg/Ellenberger Rn. 9), idR aber nicht in satzungsändernde Beschlüsse (s. JW Flume NZG 2014, 17, generell zu Gesellschafterbeschlüssen). 7

4. Beteiligung des FamG. Einwilligung bedarf zur Wirksamkeit der **Genehmigung des FamG** (bis 31.8.2009: VormundschaftsG) oder Gegenvormunds, wenn ges. Vertreter zur Vornahme des RGeschäfts selbst deren Genehmigung benötigen würde (vgl. §§ 1643, 1850–1854). 8

§ 108 Vertragsschluss ohne Einwilligung

(1) **Schließt der Minderjährige einen Vertrag ohne die erforderliche Einwilligung des gesetzlichen Vertreters, so hängt die Wirksamkeit des Vertrags von der Genehmigung des Vertreters ab.**

(2) [1]**Fordert der andere Teil den Vertreter zur Erklärung über die Genehmigung auf, so kann die Erklärung nur ihm gegenüber erfolgen; eine vor der Aufforderung dem Minderjährigen gegenüber erklärte Genehmigung oder Verweigerung der Genehmigung wird unwirksam.** [2]**Die Genehmigung kann nur bis zum Ablauf von zwei Wochen nach dem Empfang der Aufforderung erklärt werden; wird sie nicht erklärt, so gilt sie als verweigert.**

(3) **Ist der Minderjährige unbeschränkt geschäftsfähig geworden, so tritt seine Genehmigung an die Stelle der Genehmigung des Vertreters.**

Lit.: Djurein, Schwebende Unwirksamkeit, 2021.

1. Anwendungsbereich. Vgl. zunächst → § 106 Rn. 1–3. Fehlt die erforderliche (→ § 107 Rn. 3) Einwilligung, so ist der *Vertrag schwebend unwirksam,* weil genehmigungsfähig, **I** (→ Vor § 104 Rn. 20) (ausführlich: Djurein 201 ff.). Die Schwebezeit ist grds. unbegrenzt (BGHZ 81, 93; krit. zu den Nachteilen der Schwebezeit für den Gegner des Minderjährigen: Albers AcP 217, 766, 782 ff.), Annahmefristen sind bedeutungslos (→ § 184 Rn. 2). In der Schwebezeit bindet der Vertrag beide Parteien, den Gegner des Minderjährigen (§ 106) nur gem. II, § 109. Mit *Genehmigung* wird Vertrag rückwirkend wirksam, Zwischenverfügungen bleiben 1 bestehen (§ 184 II). Erst die *Verweigerung* der Genehmigung, nicht ihr Fehlen = Nichtvorhandensein, macht den Vertrag endgültig unwirksam (s. II, § 1366 IV). Beide Rechtsfolgen stehen unter Vorbehalt von II 1 HS 2 (→ Rn. 2). Nach Djurein 175 ff. führt Aufhebung der Verweigerung zum Aufleben des Schwebezustands (zw.). Der Vertragspartner hat keinen Anspruch auf Genehmigung (für den Minderjährigen → § 107 Rn. 1). Zu ihrer Erteilung § 182 I, II, aber auch → Rn. 2. *Schlüssige* Genehmigung erfordert nach hM, dass Genehmigender mit schwebender Unwirksamkeit zumindest rechnet (BGH NJW 2005, 1490: idR; dagegen → § 182 Rn. 4); Nichtstun oder Schweigen ist keine Zustimmung (BGH JurBüro 1986, 548).

2 **2. Aufforderung durch den anderen Teil. Beseitigung der** Ungewissheit über Wirksamkeit des Vertrags durch den Vertragsgegner, II. **a) Aufforderung,** sich zu erklären („ja" oder „nein": BGHZ 145, 47 f. zu § 177 II), ist empfangsbedürftige geschäftsähnliche Handlung (→ Vor § 104 Rn. 23). Sie bewirkt: Durch Genehmigung oder deren Verweigerung (jeweils gegenüber dem Minderjährigen) wirksamer oder endgültig unwirksamer Vertrag wird rückwirkend schwebend unwirksam (II 1 HS 2); Genehmigung abw von § 182 I nur an Vertragsgegner (II 1 HS 1); Widerrufsrecht, § 109, besteht wieder; Genehmigungsfrist läuft (II 2 HS 1), bei Ablauf endgültige Unwirksamkeit (II 2 HS 2); Genehmigungsfrist kann der Vertragsgegner einseitig verlängern, Verkürzung nur mit Einverständnis des ges. Vertreters (vgl. RG
3 HRR 1937 Nr. 786 zu § 177). **b) II ist entspr. anwendbar,** wenn erforderliche Einwilligung (§ 107) vorliegt, weil auch dann Wirksamkeit des Vertrags ungewiss sein kann (Grüneberg/Ellenberger Rn. 7; Brox JA 1989, 441, 443; **aA** hM: Flume Rechtsgeschäft 198; NK-BGB/Kunz/Baldus § 108 Rn. 24; Kohler Jura 1984, 349 ff. mN; MüKo-BGB/Spickhoff Rn. 24 mwN; Paal/Leyendecker JuS 2006, 25, 26; Staudinger/Klumpp Rn. 51).

4 **3. Eintritt der Geschäftsfähigkeit. Entfällt Beschränkung** der Geschäftsfähigkeit, weil der Minderjährige volljährig oder partiell geschäftsfähig wird (§§ 2, 112, 113), so liegt Genehmigungszuständigkeit beim nunmehr voll Geschäftsfähigen, **III;** Entspr. gilt bei Beerbung des Minderjährigen (§ 106) durch voll Geschäftsfähigen.

5 **4. Beweislast.** Beweisbelastet ist, wer sich auf die Erteilung (Verweigerung) der Genehmigung beruft (BGH NJW 1989, 1729).

6 **5. Beteiligung des FamG. Genehmigung** bedarf zur Wirksamkeit in den Fällen des → § 107 Rn. 8 der **Genehmigung des FamG** oder Gegenvormunds.

§ 109 Widerrufsrecht des anderen Teils

(1) [1]**Bis zur Genehmigung des Vertrags ist der andere Teil zum Widerruf berechtigt.** [2]**Der Widerruf kann auch dem Minderjährigen gegenüber erklärt werden.**

(2) **Hat der andere Teil die Minderjährigkeit gekannt, so kann er nur widerrufen, wenn der Minderjährige der Wahrheit zuwider die Einwilligung des Vertreters behauptet hat; er kann auch in diesem Falle nicht widerrufen, wenn ihm das Fehlen der Einwilligung bei dem Abschluss des Vertrags bekannt war.**

1 **1. Allgemeines. Widerruf** nur bis zur Genehmigung (§ 108 I) möglich, **I 1.** Er macht Vertrag endgültig unwirksam. Wirksame Genehmigung beseitigt Widerrufsrecht (dann bleibt noch § 108 II, vgl. → § 108 Rn. 2). Widerruf gegenüber Minderjährigem (§ 106) zulässig, I 2 (abw. von § 131 II; gilt entspr. für Widerruf des Antrags an Minderjährigen gem. § 130 I 2; **aA** Staudinger/Klumpp Rn. 21). Widerruf ist auch nach Aufforderung und vor Fristende (§ 108 II 2) zulässig. **Beweisbelastet** ist, wer sich auf den (rechtzeitigen) Widerruf beruft (BGH NJW 1989, 1729).

2. Wegfall des Widerrufsrechts. Kein Widerrufsrecht hat, wer bewusst das Risiko eines genehmigungsbedürftigen Vertrags eingegangen ist, **II.** Notwendig ist Kenntnis; fahrlässige Unkenntnis genügt nicht (zu problematischen Konstellationen Albers AcP 217, 766, 781, 788 f.). 2

§ 110 Bewirken der Leistung mit eigenen Mitteln

Ein von dem Minderjährigen ohne Zustimmung des gesetzlichen Vertreters geschlossener Vertrag gilt als von Anfang an wirksam, wenn der Minderjährige die vertragsmäßige Leistung mit Mitteln bewirkt, die ihm zu diesem Zweck oder zu freier Verfügung von dem Vertreter oder mit dessen Zustimmung von einem Dritten überlassen worden sind.

Lit.: Leenen, Die Heilung fehlender Zustimmung gemäß § 110 BGB, FamRZ 2000, 863; Rodi, Die Rechtsnatur des § 110 BGB, 2021.

1. Voraussetzungen. a) Zum Streit über den Normcharakter (Sonderfall zu § 107 f. oder eigener Wirksamkeitstatbestand) s. Leenen FamRZ 2000, 863 (Regelungstechnik entsprechend den Vorschriften zur Heilung von Formmängeln); Rodi 11 ff., 143 ff.; BeckOGK/Duden Rn. 8 mN. **Schwebend unwirksamer Verpflichtungsvertrag.** Daher ist § 110 unanwendbar, wenn eingewilligt (§ 107) oder vor Leistungsbewirkung (iSv § 110) genehmigt ist. **b) Zusammenwirken** (Unterschied zu §§ 107 ff.) von ges. Vertreter und Minderjährigem (§ 106) macht den Vertrag von Anfang an wirksam, wenn (1) dem Minderjährigen mit Einverständnis des ges. Vertreters bestimmte Mittel zur Verfügung stehen und (2) er mit diesen die vertragsmäßige Leistung bewirkt. Liegt schon in der Mittelüberlassung die Zustimmung zum Verpflichtungsgeschäft (§§ 107, 108 I), zB im Fall einer Generaleinwilligung (→ § 107 Rn. 7, ohne Unterscheidung zwischen Generaleinwilligung und der Überlassung zur freien Verfügung auch BGH NJW 1977, 623 f.), so scheidet § 110 aus (Larenz/Wolf BGB AT, 7. Aufl., § 6 III a 3 mN, str.; ungenau RGZ 74, 235). Die Wirksamkeit des leistungsbewirkenden Erfüllungsgeschäfts (zB Übereignung von Geld) richtet sich nach §§ 107 f.: zweckbestimmte Überlassung von Mitteln als zweckbegrenzte Zustimmung (aA RGZ 74, 235: auch hier § 110 anwendbar). Keine „Überlassung" von Daten als Mittel iSv § 110 durch Eltern bei Anmeldung Minderjähriger in sozialen Netzwerken s. Knoop NZFam 2016, 966, 967. **c)** Auf den erlangten Gegenstand **(Surrogat)** als „Mittel" und auf ein *Folgegeschäft* kann sich das Einverständnis des ges. Vertreters ebenfalls beziehen (nicht auf Autokauf mit dem Gewinn aus einem gem. § 110 gültigen Loskauf: RGZ 74, 236). 1 2 3

2. Bewirken mit eigenen Mitteln. Mittel kann jeder Vermögensgegenstand sein (zB Arbeitslohn, vgl. → § 113 Rn. 6), nicht die Arbeitskraft. Ob ein Zweck bestimmt ist, ist Auslegungsfrage. Überlassung zur freien Verfügung umfasst idR (nur) weit begrenzten, nicht jeden Zweck (vgl. RGZ 74, 235 f.). Bewirken der Leistung: Erfüllung oder Erfüllungssurrogat. Teilleistung macht teilwirksam, soweit Gegenleistung entspr. teilbar ist (ie Schilken FamRZ 1978, 643 f.). 4

§ 111 Einseitige Rechtsgeschäfte

[1]Ein einseitiges Rechtsgeschäft, das der Minderjährige ohne die erforderliche Einwilligung des gesetzlichen Vertreters vornimmt, ist unwirksam. [2]Nimmt der Minderjährige mit dieser Einwilligung ein solches Rechtsgeschäft einem anderen gegenüber vor, so ist das Rechtsgeschäft unwirksam, wenn der Minderjährige die Einwilligung nicht in schriftlicher Form vorlegt und der andere das Rechtsgeschäft aus diesem Grunde unverzüglich zurückweist. [3]Die Zurückweisung ist ausgeschlossen, wenn der Vertreter den anderen von der Einwilligung in Kenntnis gesetzt hatte.

1 **1. Allgemeines.** Vgl. zunächst → § 106 Rn. 1–3; zur verbandsinternen Beschlussfassung durch minderjährige Gesellschafter bzw. Mitglieder s. JW Flume NZG 2014, 17.

2 **2. Einseitige RGeschäfte ohne erforderliche (→ § 107 Rn. 3) Einwilligung. a) Nichtempfangsbedürftige** RGeschäfte sind stets, amtsempfangsbedürftige idR unwirksam, vgl. **S. 1** (Begriffe: → Vor § 104 Rn. 8). Nur Neuvornahme, keine Heilung möglich. Bsp: Auslobung (§ 657). Sonderregeln für Vaterschaftsaner-
3 kennung: § 1596. **b) Für empfangsbedürftige** RGeschäfte gelten zwei Ausnah-
4 men. **aa)** Ist der Geschäftsgegner mit Vornahme des Geschäfts ohne die erforderliche Einwilligung einverstanden, so gelten §§ 108, 109 statt S. 1 (analog § 180 S. 2 Alt. 2;
5 BGHZ 110, 370; hM). **bb)** Ist die erforderliche Einwilligung nur dem Minderjährigen gegenüber erklärt worden (arg. S. 3 mit § 182 I), so ist das RGeschäft unwirksam, wenn die Einwilligung nicht schriftlich (§ 126 I: Original, Ausfertigung, wie → § 174 Rn. 1) vorgelegt oder vom ges. Vertreter mitgeteilt worden ist und der Geschäftsgegner deshalb das Geschäft unverzüglich (§ 121 I 1) zurückweist, **S. 2.** Aus dieser Regelung ergibt sich, dass die Schriftform nicht durch die elektronische Form (§ 126a) ersetzt werden kann (§ 126 III). Zurückweisung auch gegenüber Minderjährigem (entspr. § 109 I 2). Sie ist nach Vorlage oder Mitteilung ausgeschlossen, **S. 3.**

§ 112 Selbständiger Betrieb eines Erwerbsgeschäfts

(1) [1]**Ermächtigt der gesetzliche Vertreter mit Genehmigung des Familiengerichts den Minderjährigen zum selbständigen Betrieb eines Erwerbsgeschäfts, so ist der Minderjährige für solche Rechtsgeschäfte unbeschränkt geschäftsfähig, welche der Geschäftsbetrieb mit sich bringt.** [2]**Ausgenommen sind Rechtsgeschäfte, zu denen der Vertreter der Genehmigung des Familiengerichts bedarf.**

(2) **Die Ermächtigung kann von dem Vertreter nur mit Genehmigung des Familiengerichts zurückgenommen werden.**

1 **1. Allgemeines.** Vgl. zunächst → § 106 Rn. 1–3. – §§ 112, 113 enthalten keine Beschränkung des Minderjährigen in seiner Geschäftsfähigkeit, so dass er damit im Rahmen der §§ 112, 113 (dh partiell) voll geschäftsfähig ist.

2 **2. Voraussetzungen. a) Ermächtigung,** das ist formfreie, an den Minderjährigen gerichtete Willenserklärung des ges. Vertreters. Sie bedarf der Genehmigung des
3 FamG (bis 31.8.2009: des VormundschaftsG), **I 1. b) Sie betrifft** den selbstständigen Betrieb eines Erwerbsgeschäfts, dh jede auf selbstständigen Erwerb gerichtete Tätigkeit, zB gem. § 84 I HGB, nicht II (→ § 113 Rn. 3), als freier Schriftsteller (nicht als angestellter Schauspieler, dann § 113).

4 **3. Wirkung. a)** Unbeschränkte Geschäftsfähigkeit – vorbehaltlich → Rn. 5 – für solche RGeschäfte, die der Geschäftsbetrieb nach der Verkehrsanschauung mit sich bringt, vgl. **I 1** (uU auch außergewöhnliche Geschäfte, sa BGHZ 83, 80, aber nicht die Geschäftsaufgabe). Soweit volle Geschäftsfähigkeit besteht, entfällt ges. Vertretung. Da er sich selbstständig durch Verträge verpflichten kann, ist der Minder-
5 jährige prozessfähig (§ 52 ZPO). **b) Ausgenommen** sind Geschäfte, zu deren Vornahme der ges. Vertreter einer Genehmigung des FamG (§§ 1643, 1850–1854) – bis 31.8.2009 des VormundschaftsG – bedarf, **I 2;** insoweit fehlen volle Geschäfts- und Prozessfähigkeit. Der Kreis dieser Geschäfte ist für Eltern und Vormund verschieden, doch gehören Kreditaufnahme, Eingehung einer Wechselschuld und Prokuraerteilung stets dazu (§§ 1643 I, 1854 Nr. 2, 3, 1852 Nr. 3).

6 **4. Rücknahme der Ermächtigung.** Rücknahme der Ermächtigung ist gegenüber dem Minderjährigen zu erklären, bedarf familiengerichtl. (bis 31.8.2009: vormundschaftsgerichtl.) Genehmigung **(II)** und wirkt ex nunc.

§ 113 Dienst- oder Arbeitsverhältnis

(1) [1]**Ermächtigt der gesetzliche Vertreter den Minderjährigen, in Dienst oder in Arbeit zu treten, so ist der Minderjährige für solche Rechtsgeschäfte unbeschränkt geschäftsfähig, welche die Eingehung oder Aufhebung eines Dienst- oder Arbeitsverhältnisses der gestatteten Art oder die Erfüllung der sich aus einem solchen Verhältnis ergebenden Verpflichtungen betreffen.** [2]**Ausgenommen sind Verträge, zu denen der Vertreter der Genehmigung des Familiengerichts bedarf.**

(2) **Die Ermächtigung kann von dem Vertreter zurückgenommen oder eingeschränkt werden.**

(3) [1]**Ist der gesetzliche Vertreter ein Vormund, so kann die Ermächtigung, wenn sie von ihm verweigert wird, auf Antrag des Minderjährigen durch das Familiengericht ersetzt werden.** [2]**Das Familiengericht hat die Ermächtigung zu ersetzen, wenn sie im Interesse des Mündels liegt.**

(4) **Die für einen einzelnen Fall erteilte Ermächtigung gilt im Zweifel als allgemeine Ermächtigung zur Eingehung von Verhältnissen derselben Art.**

1. Allgemeines. Vgl. zunächst → § 106 Rn. 1–3, → § 112 Rn. 1. 1

2. Voraussetzungen. a) Ermächtigung wie → § 112 Rn. 2, **I 1,** auch still- 2
schweigend (BAG FamRZ 1975, 90 f.), doch ohne Genehmigung des FamG. Dieses kann eine vom *Vormund* verweigerte Ermächtigung ersetzen, **III;** bei Verweigerung durch die *Eltern* gilt § 1666 III Nr. 5 (zuständig: FamG). Ersetzte Ermächtigung nach II nur rücknehm- oder einschränkbar, wenn Ersetzung jetzt ausgeschlossen wäre (aA MüKo-BGB/Spickhoff Rn. 43: Rücknahme oder Einschränkung nur durch FamG). **b) Sie betrifft** Eintritt in Dienst oder Arbeit: Dienste aller Art, auch 3
Herstellung eines Werkes durch Dienstleistung; Wehrdienst auf Zeit (OVG Münster NJW 1962, 758); § 84 HGB (auch I: BAG NJW 1964, 1642 f.); Dienst- oder Arbeitsverhältnis mit dem „ges. Vertreter" (es unterfällt weder direkt noch analog § 181, da der Minderjährige auf Grund der Ermächtigung unbeschränkt geschäftsfähig ist, insoweit daher keine ges. Vertretung besteht, und der „ges. Vertreter" den Vertrag nicht als Insichgeschäft abschließt; abw. MüKo-BGB/Spickhoff Rn. 12, 13 mN). Nicht hierher gehören die Berufsausbildungs- und anderen Ausbildungsverhältnisse (§§ 1, 26 BBiG; §§ 9, 22 KrPflG), da Hauptzweck die Ausbildung, nicht die Leistung von Dienst oder Arbeit ist (BAG NJW 2004, 1405).

3. Wirkung. a) Volle Geschäftsfähigkeit und Prozessfähigkeit (§ 52 ZPO), 4
soweit Ermächtigung reicht (→ Rn. 5). Insoweit entfällt ges. Vertretung. Wird ges. Vertreter im Bereich der Ermächtigung tätig, so liegt darin Beschränkung oder Rücknahme der Ermächtigung (→ Rn. 7). **b) Umfang der Ermächtigung** und 5
damit der Geschäfts- und Prozessfähigkeit. **aa) I 1** erfasst – vorbehaltlich I 2 (→ Rn. 6 [cc]) – alle RGeschäfte bzgl. Eingehung, Aufhebung, Erfüllung eines Dienst- oder Arbeitsverhältnisses. *Eingehung:* umfasst nur verkehrsübliche, nicht außergewöhnliche belastende Arbeitsbedingungen (ie Brill BB 1975, 287; BAG BB 2000, 568); zur Eingehung gehören auch andere, in engem Sachzusammenhang stehende Geschäfte, zB Eröffnung eines Gehaltskontos, Beitritt zur Gewerkschaft (Brill BB 1975, 287 mN; hM), Anmieten eines Zimmers am Arbeitsort, wenn wegen Entfernung zum Heimatort geboten; zu weit gehend BAG BB 2000, 568: Ausübung tarifvertraglich eingeräumten Wahlrechts durch *nicht* tarifgebundenen Minderjährigen. *Aufhebung:* auch Kündigung. *Erfüllung:* auch Schadensersatzleistung. *Dienst- oder Arbeitsverhältnis* (→ Rn. 3): nur der gestatteten, nicht jeder Art; Einzelermächtigung erstreckt sich iZw **(IV)** auf nach der Verkehrsanschauung artgleiche Verhältnisse. **bb) I 1 erfasst nicht** Verfügung über Arbeitslohn. Soweit Lohn 6
belassen wird, liegt Generaleinwilligung vor (→ § 107 Rn. 7) oder greift § 110 ein (BGH NJW 1977, 623 f. unterscheidet nicht); in beiden Fällen bleibt Beschränkung der Geschäftsfähigkeit bestehen (Folge: → § 106 Rn. 3). **cc) Ermächtigung**

umfasst kraft Ges. nicht Verträge, zu deren Vornahme der ges. Vertreter einer
7 Genehmigung des FamG (§ 1643) bedarf, **I 2.** Dazu → § 112 Rn. 5. **dd) Einschränkung und Rücknahme** (jeweils ex nunc) der Ermächtigung sind möglich, **II,** begrenzt durch § 1666 (→ § 107 Rn. 1). Rücknahme und nachträgliche Einschränkung kann der ges. Vertreter (BAG BB 2000, 568 mN: nur) dem Minderjährigen oder (str.) dem Dienstherrn gegenüber erklären (vgl. Feller FamRZ 1961, 420 ff.). Der ges. Vertreter muss nach Sachlage wählen können (aA hM). Erklärt er dem Arbeitgeber die Kündigung des Arbeitsverhältnisses, so liegt darin die Rücknahme oder Beschränkung der Ermächtigung (→ Rn. 4).

§§ 114, 115 *(weggefallen)*

Titel 2. Willenserklärung

Vorbemerkungen

1 **1. Begriff der Willenserklärung.** Vgl. zunächst → Vor § 104 Rn. 1–3. Der Begriff ist stark umstritten, doch hat der Streit dank der ges. Regelung nur geringe praktische Bedeutung. Der nicht verlautbarte Wille ist jedenfalls irrelevant. Rechtlich bedeutsam wird der Wille erst durch seine Erklärung. Mehrere Fragen sind zu unterscheiden: Was gehört zum „Wesen" der Willenserklärung? (→ Rn. 2–6). Liegt in concreto eine Willenserklärung vor und welchen Inhalt hat sie (→ Rn. 7–12)?

2 **2. Das Wesen der Willenserklärung. a) Die Definition** der Willenserklärung betrifft den Normalfall, in dem Wille und Erklärung übereinstimmen. Danach handelt es sich um eine private Willensäußerung, die auf Herbeiführung eines Rechtserfolgs gerichtet ist, und die den Erfolg, weil gewollt und von der Rechtsordnung anerkannt, auch herbeiführt (→ Vor § 104 Rn. 1). In pathologischen Fällen können Wille und Erklärung auseinandergehen. Hier wollte die *Willenstheorie* den Willen bevorzugen und verneinte daher eine gültige Willenserklärung, während die *Erklärungstheorie* auf den Empfängerhorizont abstellte und demgemäß die Gültigkeit der Erklärung favorisierte. Diesen Gegensatz will die Lehre von der Willenserklärung als *„Geltungserklärung"* überwinden: Im Regelfall verwirkliche die Erklärung den in ihr ausgedrückten Rechtsfolgewillen (Wolf/Neuner § 30 Rn. 6 f. mN). Damit ist aber der „Dualismus" von Wille und Erklärung weder überbrückt noch beseitigt, ihr Auseinanderfallen nicht verhindert und, weil ein Faktum, auch nicht verhinder-
3 bar (Flume II § 4 Rn. 7). **b) Diskrepanz von Wille und Erklärung** ist nicht bloße Ausnahme, sondern pathologischer Fall. Daher ist es bedenklich, an ihr das „Wesen" der normalen Willenserklärung zu demonstrieren. Es werden als Voraussetzungen einer mangelfreien Willenserklärung genannt: *Handlungs-*, *Erklärungs-* und *Geschäftswille* (→ Rn. 4–6).

4 **3. Voraussetzungen der Willenserklärung. Drei Arten des Willens** sollen Voraussetzungen mangelfreier Willenserklärungen sein (vgl. → Rn. 3). **a) Der Handlungswille** soll ein beliebiges menschliches Verhalten erst zu einem willentlichen machen. Fehle es daran, so liege der Tatbestand einer Willenserklärung nicht vor. Bsp: Jemand „erklärt" etwas, weil ein anderer ihm gewaltsam die Hand bei der Vertragsunterschrift führt (vis absoluta). Hier war der Schreiber nur der verlängerte Federhalter des Gewalttäters, folglich hat der Gewalttäter, nicht der Schreiber „gehandelt". Das zeigt: Der Tatbestand einer Willenserklärung verlangt einen Handlungswillen, weil ohne Willen keine Handlung, ohne Handlung keine Willenserklärung vorliegt (Ausnahme: → Rn. 10). § 105 II steht nicht entgegen, da dort nicht volle Bewusstlosigkeit gemeint ist (→ § 105 Rn. 1 [a]; sa Dunz JR 1987, 240 zu
5 BGHZ 98, 137 ff.). **b) Der Erklärungswille** (das Erklärungsbewusstsein) soll ein willentliches Verhalten (→ Rn. 4) zu einer rechtlich relevanten Erklärung werden lassen. Fehle dieser Wille *unbewusst,* so soll der Tatbestand einer Willenserklärung

nicht vorliegen (Brehmer JuS 1986, 440 ff. mN; Nachw. in BGHZ 91, 327; Staudinger/Klumpp § 182 Rn. 32). Bsp: Jemand winkt auf einer Auktion einem Freund zu, was nach den Auktionsbräuchen als Gebot erscheint (Lehrbuchfall der „Trierer Weinversteigerung"); Aufziehen einer Lotsenfahne in Unkenntnis ihrer Bedeutung. *Kritik:* § 118 bezeichnet eine Erklärung, die *bewusst* ohne Erklärungswillen abgegeben wurde, als Willenserklärung; dann aber liegt bei *unbewusstem* Fehlen erst recht der Tatbestand einer Willenserklärung vor, nach hM aber nur, wenn sie dem Erklärenden „zugerechnet" werden kann. Die Zurechnungsgründe – Verhalten des Erklärenden, Vertrauen des Empfängers – werden vom BGH nicht einheitlich gewichtet (vgl. BGHZ 91, 330; 109, 177 NJW 2002, 365[jeweils mit krauser Terminologie]; NJW 1991, 2085 f.; 1995, 953; 2010, 862; NJW-RR 2001, 1131; 10, 1129 sa Staudinger/Klumpp § 182 Rn. 30 mN). Der *unbewusste* Mangel führt auch nicht entspr. § 118 (nur) zur generellen Nichtigkeit; denn allein bei *bewusstem* Fehlen des Erklärungswillens ist es berechtigt, dem Erklärenden ohne weiteres den – möglichen – Vorteil einer gültigen Willenserklärung abzuschneiden und ihm die Haftung nach § 122 aufzubürden. Bei unbewusstem Fehlen hat der Erklärende hingegen die Wahl zwischen Stehenbleiben bei der gültigen Erklärung und Anfechtung samt Haftung, §§ 119, 122 (vgl. BGHZ 152, 72; NJW-RR 1996, 194 f.; abw. noch BGH NJW 1995, 953; 2010, 2875: Der Verzicht auf das Erklärungsbewusstsein diene [nur] dem Vertrauensschutz beim Empfänger; gehe es nicht um diesen Schutz [sondern einen Vorteil des „Erklärenden"], so liege keine Willenserklärung vor, dagegen zutr Habersack JuS 1996, 585 ff.). *Ergebnis*: Auch in einem schlüssigen Verhalten ohne Erklärungsbewusstsein liegt eine wirksame, wenn auch nach § 119 anfechtbare Willenserklärung, wenn der Erklärende *ohne Erklärungsfahrlässigeit,* also bei Anwendung der im Verkehr erforderlichen Sorgfalt hätte erkennen und vermeiden können, dass seine Äußerung nach Treu und Glauben und der Verkehrssitte als Willenserklärung aufgefasst werden durfte, und wenn der Empfänger sie auch *tatsächlich so verstanden* hat. Der BGH hat diese Grundsätze anhand von Sachverhalten entwickelt, bei denen der Geschäftsgegner vor den nachteiligen Folgen des fehlenden Erklärungsbewusstseins des Handelnden geschützt werden sollte. Darauf sind diese Grundsätze aber nicht beschränkt. Es kommt nicht darauf an, welche der Vertragsparteien sich darauf beruft (BGH GRUR 2015, 187, 190 Rn. 36 mN). **c) Der Geschäftswille** 6
ist auf die Herbeiführung einer *bestimmten* Rechtsfolge gerichtet. Bsp: Der Mieter hat den Geschäftswillen, die Mietsache zu einem bestimmten Preis zu mieten. *Kritik:* In den §§ 116–118 fehlt dem Erklärenden stets der Geschäftswille, in § 119 I stimmen Geschäftswille und Erklärung nicht überein; dennoch liegt stets der Tatbestand einer Willenserklärung vor. Der Geschäftswille gehört also nicht zum Tatbestand, auch nicht zur Gültigkeitsvoraussetzung einer Willenserklärung (dunkel OLG Düsseldorf OLGZ 1982, 241 ff.). **d)** Zum **Rechtsbindungswillen** → Vor § 104 Rn. 17; Soergel/Hefermehl Vor § 116 Rn. 19 ff.

4. Auslegung der Willenserklärung. Ob eine Willenserklärung vorliegt, ist 7
unter mehreren Gesichtspunkten durch Auslegung zu prüfen. **a)** Ein tatsächlicher **Erklärungsakt** ist Voraussetzung jeder Willenserklärung (Ausnahme: → Rn. 10). Erklärungsakt kann in **schriftlich verkörperter** (schriftlich in jeder Form, insbesondere Text auf Papier, angekreutzter Text auf Papierformular, zB auch auf **Internetseite** [Schaltfläche] eingetragener oder per Mausklick aufgerufener vorformulierter Text (BGH NJW 2021, 3179, 3182 f. Rn. 33, Rn. 42), auch Textnachricht, auch sonst materialgebunden erklärte Aussage, und in **nichtschriftlich verkörperter** (insbesondere per Audio- oder Videoaufnahme aufgezeichnete Erklärung) oder in **nicht verkörperter** Form in Präsenz vor Ort oder mittels direkter Video-Fernkommunikation (mündlich, Gesten und Körperbewegungen wie einem willentlich gesteuerten entsprechenden Augenblinzeln bei entsprechend äußerungseingeschränkten körperbehinderten Personen) erfolgen. Daher ist zB durch **Mausklick** auf die entsprechend definierte Schaltfläche individuell getätigte Aussage, durch die sich zustimmende Person mit der Geltung der Nutzungsbedingung eines bestimmten

Internetangebots einverstanden erklärt, ausreichender Erklärungsakt. In der dadurch ausgelösten elektronischen Übermittlung liegt (bei Vorlage der anderen Voraussetzungen) Abgabe einer **elektronischen Willenserklärung** (BGH NJW 2021, 3179, 3182 f. Rn. 33, Rn. 42), unabhängig davon, ob diese Willenserklärung in Gestalt der Schaltfläche vorformuliert war oder nicht. (Dazu, ob der in dem Mausklick verkörperte Abschlusstatbestand als AGB zu behandeln ist, wenn er in Teilen der ihn ausmachenden Willenserklärung eine vorformulierte Grundlage besitzt, s. zu
8 Recht verneinend BGH NJW 2021, 3179, 3182 f. Rn. 33, Rn. 42. **aa)** Willenserklärung kann **ausdrücklich** oder durch **schlüssiges Verhalten** erklärt werden: Einer positiven Äußerung, die unmittelbar etwas anderes als die Kundgabe einer Willenserklärung bezweckt (zB Einwurf der verlangten Münze in Warenautomat), wird durch Auslegung ein bestimmter Erklärungsgehalt (im Bsp. Annahme des Verkaufs- und Übereignungsangebots) beigelegt. Schlüssige Willenserklärungen sind häufig, aber Vorsicht vor unzulässiger Fiktion einer Erklärung! Für den Erklärenden (uU) ungünstige Erklärungen sind nur bei *bes. Umständen im Einzelfall* anzunehmen; so zB Haftungsbeschränkung oder -verzicht (BGH NJW 1993, 3068; 2009, 1483 [Grundlage: konkludente Willenserklärung oder ergänzende Vertragsauslegung kraft § 242, → § 157 Rn. 4] bei Gefälligkeitsfahrt); BGH NJW 1992, 2475 bei Überlassung eines Reitpferds aus Gefälligkeit; BGH 76, 34 f. bei Gefälligkeitsflug, krit. Weber Anm. LM Nr. 18 zu LuftVG; BGH NJW 1982, 1144 f. bei Verletzung wesentlicher Verkehrssicherungspflichten; bedenklich BGH NJW 1979, 645 [sa 1986, 1099 f.] bei Probefahrt mit Gebrauchtwagen); Rechtsverzicht (BGH NJW 1997, 2111; 2002, 1046; BAG NJW 2008, 462); Vertragsänderung (BGH NJW 2008, 1302); Wahl gem.§ 103 I InsO (BGHZ 81, 92 ff. zu § 17 I KO); sa BGH NJW 1968, 1874 (dazu → Vor § 104 Rn. 17); 1983, 679 (Schuldübernahme). –
9 Zuweilen fordert das Ges. „ausdr" Erklärung, zB in § 48 I HGB. **bb) Stillschweigen** kann kraft Parteiabrede oder auf Grund Auslegung als Erklärungsakt mit rechtlichem Erklärungsgehalt erscheinen: *beredtes Schweigen* (einschr § 308 Nr. 5), dazu → § 147 Rn. 3; → § 149 Rn. 1. Bsp: Nach Parteiabrede gilt Schweigen auf Vertragsangebot in bestimmter Frist als Annahme; wer in einer Mitgliederversammlung weder gegen den Antrag stimmt noch sich der Stimme enthält – auf entspr. Fragen des Versammlungsleiters also schweigt –, stimmt durch sein Schweigen für den Antrag (BGHZ 152, 65 f.); Zustimmung durch Schweigen, wenn Widerspruch
10 geboten wäre (BVerfG NJW 2003, 2375). **cc) Fingierte Willenserklärungen** liegen vor, wenn Stillschweigen Erklärungsgehalt kraft Ges. (*„normiertes Schweigen"*) hat (Bsp: §§ 108 II 2, 177 II 2, 416 I 2, 516 II 2, 612, 1943; §§ 362 I, 377 II, III HGB). Bei Irrtum über die Bedeutung des Schweigens ist Anfechtung (§ 119) ausgeschlossen (str., s. Hanau AcP 165, 223 f.). Darüber hinaus ist Stillschweigen idR kein Erklärungsakt mit rechtlichem Erklärungsgehalt, es gilt insbes. (auch im kaufmännischen Bereich) nicht als Zustimmung (BGHZ 61, 285; JZ 1977, 603); Ausnahmen: Schweigen auf kaufmännisches Bestätigungsschreiben (→ § 147 Rn. 6), ferner
11 → Rn. 9, → § 147 Rn. 4. **b)** Eine **scheinbare Willenserklärung** (scheinbares RGeschäft, ie → Vor § 104 Rn. 17) liegt vor, wenn die Auslegung (§§ 133, 157) ergibt, dass dem Erklärenden obj. der **Rechtsbindungswille** fehlt. Ob das zutrifft, wird vielfach vom Inhalt der Erklärung, der (ebenfalls) durch Auslegung festzustellen ist, abhängen, OLG Hamm NJW-RR 1987, 1110 (Bsp. BGHZ 88, 382 ff.: Architektenwettbewerb; NJW 1974, 1706 f.: Lottospielgemeinschaft; NJW 1992, 498: Gefälligkeitsfahrt; NJW 1995, 3389: Ausstellungsvertrag; NJW-RR 1993, 795: Verkaufs-
12 auftrag; NJW 2009, 1142: Auskunftsvertrag). **c)** Die Auslegung des Erklärungsakts *kann* ergeben, dass er zwar im rechtsgeschäftlichen Bereich liegt, aber dennoch der Tatbestand einer Willenserklärung fehlt. Bsp: Die Erklärung stellt sich als Aufforderung zur Abgabe eines Angebots, nicht als Angebot dar (→ § 145 Rn. 3). Das „Ob" einer Willenserklärung hängt vielfach von dem durch Auslegung ermittelten Inhalt ab. **d)** Der Inhalt einer Willenserklärung ist, wie das „Ob", durch **Auslegung** zu ermitteln. Vgl. ie Anm. zu §§ 133, 157.

5. Wirksamkeitsvoraussetzungen. Gehören **nicht** zum **Tatbestand der Willenserklärung** (→ Vor § 104 Rn. 3). Davon sind die Voraussetzungen für das **Wirksamwerden** einer Willenserklärung zu unterscheiden; s. §§ 130 ff. mit Anm. 13

§ 116 Geheimer Vorbehalt

[1]Eine Willenserklärung ist nicht deshalb nichtig, weil sich der Erklärende insgeheim vorbehält, das Erklärte nicht zu wollen. [2]Die Erklärung ist nichtig, wenn sie einem anderen gegenüber abzugeben ist und dieser den Vorbehalt kennt.

1. Allgemeines. Vgl. → Vor § 116 Rn. 6. 1

2. Voraussetzungen. a) Geheim iSv S. 1 ist der Vorbehalt, wenn er demjenigen verheimlicht wird, für den die Willenserklärung bestimmt ist. Das kann bei empfangsbedürftigen Erklärungen auch ein anderer als der Erklärungsempfänger sein. Dann macht die Kenntnis allein des Empfängers die Willenserklärung nicht nichtig (Einschränkung von S. 2). Bsp: Bei der Innenvollmacht (→ § 167 Rn. 6) kennt zwar der Bevollmächtigte, aber nicht der Geschäftsgegner des Vertretergeschäfts den Vorbehalt (BGH NJW 1966, 1916); bei einer amtsempfangsbedürftigen Willenserklärung (Begriff → Vor § 104 Rn. 8), die nicht nur für die Behörde bestimmt ist, kennt allein der empfangende Beamte den Vorbehalt. Bevollmächtigung und amtsempfangsbedürftige Erklärung sind wirksam. **b) Den „bösen Scherz"**, bei dem der andere auf die nicht ernst gemeinte Erklärung hereinfallen soll, erfasst S. 1 ebenfalls. Für den „guten Scherz" gelten §§ 118, 122. 2 3

3. Kenntnis des anderen Teils. a) S. 2 gilt für amts- und allg. empfangsbedürftige Willenserklärungen. Nichtigkeit setzt abw. vom Wortlaut Kenntnis derjenigen voraus, für die die Erklärung bestimmt ist (→ Rn. 2). Kennenmüssen (§ 122 II) genügt nicht. **b) S. 2 gilt entspr.** für Kenner des Vorbehalts bei Auslobung (hM; aA MüKo-BGB/Armbrüster Rn. 10 mN) und Testament (Wacke FS Medicus, 1999, 651 ff. AA MüKo-BGB/Armbrüster Rn. 10; OLG Frankfurt a. M. FamRZ 1993, 860: S. 2 analogieunfähig). Zur beabsichtigten und zur geschlossenen Scheinehe (Verweigerung der Eheschließung durch den Standesbeamten; geschlossene Ehe ist aufhebbar) §§ 1310 I 2 Hs. 2, 1314 II Nr. 5 (§ 1353 I), 1316 III. **c) Bei erzwungener Erklärung** macht ein erkannter Vorbehalt nichtig, S. 2 geht dem § 123 vor (MüKo-BGB/Armbrüster Rn. 14; hM). **d) Bei Einverständnis** (nicht bloßer Kenntnis iSv S. 2) des Empfängers gilt § 117. 4

§ 117 Scheingeschäft

(1) **Wird eine Willenserklärung, die einem anderen gegenüber abzugeben ist, mit dessen Einverständnis nur zum Schein abgegeben, so ist sie nichtig.**

(2) **Wird durch ein Scheingeschäft ein anderes Rechtsgeschäft verdeckt, so finden die für das verdeckte Rechtsgeschäft geltenden Vorschriften Anwendung.**

1. Anwendungsbereich. a) Betrifft nur empfangsbedürftige Willenserklärungen; amtsempfangsbedürftige (Begriff → Vor § 104 Rn. 8) nur, wenn wahlweise die Abgabe gegenüber einem anderen möglich ist (Soergel/Hefermehl Rn. 2). Keine Anwendung auf familienrechtliche RGeschäfte (ausf. Röthel JURA 2017, 1380 f.) **b) Scheingeschäft** (simuliertes Geschäft), **I,** liegt vor, wenn der Erklärende nur den äußeren Schein einer Willenserklärung hervorrufen, die mit ihr verbundene Rechtswirkung aber nicht eintreten lassen will (BGH NJW-RR 2007, 1210; NJW 2016, 3543, 3544 Rn. 41 f.), und dies nicht nur mit Kenntnis (dann § 116 S. 2), sondern im (faktischen: BGH NJW 1999, 2882) Einverständnis des Erklärungsempfängers geschieht (BGH NJW-RR 2007, 1210; BGHZ 144, 333 f.; zum missglück- 1 2

ten Scheingeschäft → § 118 Rn. 2). Bei mehreren Empfängern ist Einverständnis aller nötig. Bei mehreren Gesamtvertretern eines Empfängers genügt Einverständnis eines Vertreters (BGH NJW 1999, 2882). Ist eine privatrechtliche Regelung von den Parteien nicht ernstlich gewollt, werden aber gegenüber den Finanzbehörden dennoch entsprechende Angaben gemacht, liegt ein Scheingeschäft mit dem Ziel der Steuerhinterziehung vor (BGH DNotZ 2017, 295, 302 Rn. 55 f.). – Die **Beweislast** trägt, wer sich auf den Scheincharakter des Geschäfts beruft (BGH NJW
3 1999, 3481; BAG NJW 2003, 2931). **c) Kein Scheingeschäft** liegt vor, wenn Erklärender zur Erreichung des gewollten Rechtserfolgs eine gültige Willenserklärung für nötig, ein Scheingeschäft für unzureichend hält (BGHZ 67, 338 f.). Gegen Scheingeschäft spricht, dass der ernsthaft gewollte Rechtserfolg nur durch gültige Willenserklärung zu erreichen ist, mag das Geschäft auch die Täuschung Dritter bezwecken, zB bei Handeln eines Strohmanns (BGH NJW 1998, 599; BB 2002, 1563; NJW-RR 2007, 1210; NJW 2016, 3525, 3526 Rn. 13, je mN), beim offenen Treuhandgeschäft (vgl. → § 164 Rn. 12), bei einzelnen falschen Tatsachenangaben über Motiv, Datum uä in beurkundeter Willenserklärung (BGH WM 1986, 1181), bei Umgehungsgeschäften, ds Geschäfte, die den (annähernd) gleichen rechtlichen oder wirtschaftlichen Erfolg erreichen sollen wie ein ges. missbilligtes RGeschäft, BGH NJW-RR 2007, 1210 (zur Gültigkeit → § 134 Rn. 18).

4 **2. Wirkung.** Scheingeschäft ist gegenüber jedermann (dh absolut) **nichtig, I,** aber kein Nicht-RGeschäft (str., → § 139 Rn. 13). Berufung auf die Formnichtigkeit ist kein Verstoß gegen Treu und Glauben; erbrachte Leistung ist rückforderbar, § 812 (dazu Keim JuS 2001, 636; zu § 817 I 2 sa BGH DNotZ 2017, 295 ff.). Dritte werden nach allg. Vorschriften (zB §§ 171 ff., 566e I, 576, 892 f., 932 ff., 823 ff.) oder bes. (zB § 405) geschützt. Wer mit einem Vertreter zum Nachteil des Vertretenen kolludiert hat, kann sich nicht auf I berufen, da er den Vertretenen entspr. § 116 S. 1 täuschen will (BGH NJW 1999, 2882).

5 **3. Verdecktes (dissimuliertes) Geschäft, II.** Ist das von den Beteiligten in Wahrheit gewollte, vom Scheingeschäft verdeckte RGeschäft. Es ist wirksam, wenn seine bes. Wirksamkeitsvoraussetzungen, zB Form, behördliche Genehmigung, vorliegen (BGH NJW 1983, 1844). HauptBsp: Im Grundstückskaufvertrag ist zum Schein ein niedrigerer als der vereinbarte Kaufpreis beurkundet (Schwarzkauf; zu den Gründen Reithmann Anm. LM Nr. 46 zu § 125; Keim JuS 2001, 636); da die damit verbundene Steuerhinterziehung nicht Hauptzweck ist, keine Nichtigkeit gem. § 134 (BGH NJW-RR 2001, 381 zur Schwarzgeldvereinbarung; allg. BGH NJW-RR 2008, 1050; NJW 2011, 219; NJW-RR 2017, 114, 115 Rn. 14 ff.); aber: das Beurkundete ist nicht gewollt und daher nichtig (I), das Gewollte (II) nicht beurkundet und deshalb nichtig (§ 311b I 1, § 125; → § 126 Rn. 7); Heilung möglich (§ 311b I 2; instruktiv BGHZ 89, 43 f.; NJW-RR 1991, 615 = JuS 1991, 690 f. [K. Schmidt]), verhinderbar durch Erwerbsverbot, → § 888 Rn. 8. Nichtigkeit nach §§ 117, 125, 139 tritt auch ein, wenn ein höherer als der vereinbarte Kaufpreis beurkundet wird, damit der Käufer ein scheinbar wertvolleres Sicherungsobjekt erhält (OLG Koblenz NJW-RR 2002, 195).

§ 118 Mangel der Ernstlichkeit

Eine nicht ernstlich gemeinte Willenserklärung, die in der Erwartung abgegeben wird, der Mangel der Ernstlichkeit werde nicht verkannt werden, ist nichtig.

1 **1. Allgemeines.** *Die Vorschrift* hat kaum Bedeutung für die Praxis, wohl aber für das Verständnis der Willenserklärung (vgl. → Vor § 116 Rn. 5, 6).

2 **2. Reichweite. Erfasst wird** jede Art von Willenserklärung, auch notariell beurkundete (BGHZ 144, 334 f., dazu Thiessen NJW 2001, 3026), auch nicht empfangsbedürftige (Begriff → Vor § 104 Rn. 8), zB **Testament** (RGZ 104, 322). Man-

gelnde Ernstlichkeit und die Erwartung des Erklärenden, der Mangel werde erkannt, machen die Erklärung nichtig. Gleichgültig ist, ob ein obj. Beobachter den Mangel erkennen konnte (hM) oder nicht (in diesem Fall wird § 122 praktisch). § 118 betrifft den **„guten Scherz"** (zum „bösen" → § 116 Rn. 3) und umfasst auch das **missglückte Scheingeschäft,** bei dem der Erklärende vergeblich Kenntnis und Einverständnis des Gegners iSv § 117 I erwartet hat (BGH NJW 2006, 2844 mN). Zur Einschränkung von § 118 durch Treu und Glauben RGZ 168, 205 f., sa BGHZ 144, 334; dazu Thiessen NJW 2001, 3026.

3. Schadensersatzpflicht. Bei Nichtigkeit Schadensersatzpflicht: § 122 (wichtig II!). 3

§ 119 Anfechtbarkeit wegen Irrtums

(1) **Wer bei der Abgabe einer Willenserklärung über deren Inhalt im Irrtum war oder eine Erklärung dieses Inhalts überhaupt nicht abgeben wollte, kann die Erklärung anfechten, wenn anzunehmen ist, dass er sie bei Kenntnis der Sachlage und bei verständiger Würdigung des Falles nicht abgegeben haben würde.**

(2) **Als Irrtum über den Inhalt der Erklärung gilt auch der Irrtum über solche Eigenschaften der Person oder der Sache, die im Verkehr als wesentlich angesehen werden.**

1. Allgemeines. a) Begriff des Irrtums: *Unbewusstes Auseinanderfallen von Wille* 1
und Erklärung, BGH BB 2002, 427 (str., ob Wille nur der Geschäfts- oder auch der Erklärungswille ist, vgl. → Vor § 116 Rn. 5, 6). Daher irrt nicht, wer bei Unterschreiben eines Schriftstücks weiß, dass er dessen Inhalt nicht kennt (OLG Hamm NJW-RR 1991, 1141), zB weil er ihn mangels Übersetzung aus dem Fremdsprachlichen nicht verstanden hat. Auch keine Irrtumsanfechtung, wenn die bei Abgabe der Erklärung gehegten Mutmaßungen über den Inhalt falsch waren (BGH NJW 2014, 1242). Denn in solchen Fällen ist Unkenntnis nicht, wie nach § 119 I erforderlich, unbewusst, sondern bewusst (BGH NJW 2014, 1242). Etwas anderes kommt nur in Betracht, wenn sich der Betroffene eine bestimmte, wenn auch unzutreffende andere Vorstellung von ihrem Inhalt gemacht hätte (BGH NJW 2014, 1242); er irrt, wenn er das Schriftstück zwar nicht gelesen, von seinem Inhalt aber eine falsche Vorstellung hat (BGH BB 2002, 427; zum Erklärungswillen → Vor § 116 Rn. 5; zum Missbrauch einer Blankounterschrift → § 126 Rn. 6). Gleichgültig für §§ 119, 120 ist, ob Irrtum verschuldet (RGZ 62, 205). **b) Ob Wille und** 2
Erklärung auseinanderfallen, ist *Auslegungsfrage* (§§ 133, 157; dazu allg. → § 133 Rn. 10). *Auslegung geht Anfechtung vor.* Steht der übereinstimmende Wille der Beteiligten fest (→ § 133 Rn. 9), so ist wegen Willensübereinstimmung eine Anfechtung ausgeschlossen (BGH NJW-RR 1995, 859; → Rn. 8). Entsprechen sich bei einem Vertrag die beiderseitigen (ausgelegten, → § 133 Rn. 10) Erklärungen nicht, so liegt Dissens vor (§§ 154, 155); entsprechen sie sich, so liegt bei unbewusster Diskrepanz zwischen Gewolltem und obj. Erklärtem Irrtum vor. **c) Anfechtungsgegenstand** 3
sind Willenserklärungen (ds einseitige RGeschäfte, Vertragserklärungen [→ § 139 Rn. 5; Staudinger/Roth § 142 Rn. 15, str; aber auch § 142 II–IV]), auch elektronische oder automatisierte (→ Vor § 104 Rn. 1), ferner geschäftsähnliche Handlungen, nicht Realakte (Begriffe: → Vor § 104 Rn. 1, 23, 24), nicht reine Wissenserklärungen wie etwa Informationsbeschaffung (Regenfus NJW 2018, 2225), nicht Prozesshandlungen einer Partei (hM, BGH NJW 1981, 2193, 2194[prozessuales Anerkenntnis]; BGH NJW-RR 2018, 60, 61 Rn. 14 mN [prozessuales Empfangsbekenntnis]). **Unwirksame Willenserklärungen** sind anfechtbar (Köhler BGB AT Rn. 72), ebenso nichtige (→ Vor § 104 Rn. 22), denn Doppelwirkungen, dh auf zwei verschiedene Rechtsgründe gestützte identische Rechtsfolgen, sind dem Recht bekannt (→ Vor § 104 Rn. 18). – Anfechtbarkeit ist für jedes **RGeschäft getrennt**

zu prüfen. Abstraktions- u Trennungsprinzip (→ Vor § 854 Rn. 12 f.) sind zu beachten. Haben Verpflichtungs- wie Verfügungsgeschäft denselben Anfechtungsgrund, liegt ein **Doppelmangel** (sog. **Fehleridentität,** krit. zur Terminologie s. Lieder/Berneith JuS 2016, 673, 676) vor (→ Vor § 854 Rn. 14, → § 123 Rn. 18). Die anfechtbare Willenserklärung ist gültig, aber durch einseitige Erklärung (§ 143 I) idR rückwirkend **vernichtbar** (§ 142 I). Ficht der Berechtigte an, so setzt er seinen wahren Willen nur in negativer Weise durch, indem er die ungewollte Erklärung vernichtet. Zum Ausgleich muss er dem Gegner, der auf den Fortbestand der Erklä-
4 rung vertraut und vertrauen darf, Schadensersatz leisten (§ 122). **d) Einschränkungen der Irrtumsanfechtung. aa)** Unanfechtbar sind Gründungs- und Beitrittserklärungen zu AG, GmbH nach Eintragung der Gesellschaft im Handelsregister (MüKo-BGB/Armbrüster Rn. 16); Beitrittserklärung zu Genossenschaft (BGH DB 1976, 861); Eheschließung und Vaterschaftsanerkenntnis (Köhler BGB AT Rn. 72). **bb)** Bzgl. in Vollzug gesetzten Arbeits- und Personengesellschaftsvertrags vgl. → Vor § 611 Rn. 5; → § 705 Rn. 19–22. **cc)** Zur Einschränkung im Wechselrecht MüKo-BGB/Armbrüster Rn. 22, 23. **dd)** Zum Ausschluss durch §§ 16 ff. VVG aF (jetzt 19 ff.) für den Versicherer s. BGH NJW-RR 1995, 726; NJW 2014, 1452. **ee)** Zum beiderseitigen Irrtum über die Geschäftsgrundlage vgl. § 313. **ff)** Nach hM (MüKo-BGB/Armbrüster Rn. 152 mN) ist Anfechtung ausgeschlossen (§ 242), wenn der Gegner vor einer Anfechtung das RGeschäft so, wie vom Irrenden gemeint, gelten lässt (BGH NJW 1988, 2599 lässt offen). Besser: Das Geschäft gilt ex tunc mit dem nachträglich beiderseits gewollten Inhalt entspr. → § 133 Rn. 9 (s. Flume II § 21 Rn. 6); differenzierend Köhler/Fritzsche JuS 1990, 19. Weiterer Fall des Ausschlusses nach § 242 in → § 142 Rn. 1 f.), sa → § 142 Rn. 3. Zum Fall, dass der Gegner das bereits angefochtene Geschäft gelten lassen will, → § 142 Rn. 3. **gg)** Zur Anfechtung fingierter Willenserklärung → Vor § 116 Rn. 10; zur Bestätigung des anfechtbaren RGeschäfts § 144; zum Ausschluss der Anfechtung
5 gem. § 164 II dort → § 164 Rn. 3. **e) Vorrangige Spezialregelungen** bestehen im Ehe-, Kindschafts-, Erbrecht (vgl. §§ 1313, 1314 II Nr. 2; 1599 ff.; 1949, 1956, 2078–2083, 2308; s. dazu Röthel JURA 2017, 1042 f.).

6 **2. Erklärungsirrtum, I Fall 2.** Irrtum in der Erklärungshandlung; Terminologie schwankt: LM Nr. 21. Der Erklärende will nicht das erklären, was er, äußerlich betrachtet, erklärt (zum Irrtum → Rn. 1). Bsp: versprechen, verschreiben, vertippen (Schreibmaschine, PC; AG Lahr NJW 2005, 991 f.; → § 120 Rn. 2, 6), vergreifen, ferner § 120. Abgrenzung zum Inhaltsirrtum (→ Rn. 7) fließend, aber wegen Gleichheit der Rechtsfolgen unerheblich.

7 **3. Inhaltsirrtum, I Fall 1.** Auch Geschäftsirrtum, Irrtum über den Erklärungsinhalt; Terminologie schwankt: LM Nr. 21. Der Erklärende will erklären, was er, äußerlich betrachtet, erklärt, doch verbindet er mit dem äußerlich Erklärten eine andere rechtliche Bedeutung (BGHZ 177, 65 ff.). Das rechtlich Gewollte und das *im Rechtssinn* Erklärte fallen auseinander (→ Rn. 2). Der Irrtum bezieht sich auf den Inhalt des Geschäfts, dh auf seine wesentlichen Charakteristika („essentialia negotii"), insbes. Art des Geschäfts, Identität von Geschäftsgegenstand oder Gegner.
8 **a) Geschäftsart.** Bsp: Erklärt ist Leihe, gewollt ist Miete. **aa) Auslegung** steht auch hier vor der Prüfung eines Irrtums (→ Rn. 2). Ergibt sich, dass zB „Leihe" gesagt, aber einverständlich „Miete" gemeint ist, oder dass der Gegner das in Wahrheit Gemeinte (Miete) erkannt hat, so scheidet Anfechtung mangels Diskrepanz zwischen Wille und Erklärung aus. **bb) Irrtum über die Geschäftsart** ist oft *Irrtum über die Rechtsfolgen* (dazu allg. BAG NJW 1983, 2958; zum Rechtsfolgenirrtum sa BGHZ 177, 67), im Bsp. Leihe/Miete über die Pflicht zu (un-)entgeltlicher Gebrauchsüberlassung. Er ist beachtlich, wenn er die Art des Geschäfts, dh die gewollten wesentlichen Rechtswirkungen, betrifft (BayObLG NJW 1988, 1271), so bei Leihe/Miete; unbeachtlich, wenn er sich auf nicht erkannte Nebenfolgen
9 bezieht (OLG Hamm MDR 1981, 1018; hM; sa BGHZ 177, 67). **b) Identitätsirrtum** bzgl. Gegenstand oder Gegner des Geschäfts. Hier ist wesentlich die *Abgrenzung*

zum Eigenschaftsirrtum (→ Rn. 13, 15), der gem. II nur eingeschränkt zur Anfechtung berechtigt. Beim Eigenschaftsirrtum sind Gegenstand und Gegner körperlich zutr. identifiziert, doch werden ihnen irrtümlich bestimmte Eigenschaften zugeschrieben. Beim Identitätsirrtum ist schon die körperliche Identifizierung fehlgeschlagen. Bsp: Hält der kreditierende Verkäufer den ihm unbekannten Käufer A für den ihm vom Hörensagen bekannten Millionär gleichen Namens, dann Identitätsirrtum; hält er den ihm bekannten A irrtümlich für reich, dann Eigenschaftsirrtum (→ Rn. 13, 15). Wer ein ihm vorgeführtes Luxusauto irrtümlich für das letzte Fahrzeug eines verstorbenen Staatspräsidenten hält, irrt über eine Eigenschaft des Vertragsgegenstands (vgl. v. Tuhr II 1 § 67 Fn. 26; auch BGHZ 63, 371). **c) Als** 10
„erweiterten Inhaltsirrtum" behandelte das RG einen an sich irrelevanten (→ Rn. 17) *Motivirrtum* in der Berechnung des Preises, wenn diese oder deren Grundlagen dem Erklärungsempfänger mitgeteilt oder jedenfalls erkennbar zum Gegenstand der entscheidenden Vertragsverhandlungen gemacht worden war, sog. *externer* oder **offener Kalkulationsirrtum** (zB RGZ 105, 407 f.: Rubelfall; 116, 17 f. mN: Börsenkurs). Diese Rspr. ist abzulehnen (BGH NJW-RR 1986, 570 lässt offen), denn Wille und Erklärung stimmen überein, Fehlbildung im Willen wird von I nicht erfasst (hM, s. Habersack JuS 1992, 550; abw Singer JZ 1999, 342 ff.). Vielmehr ist zunächst festzustellen, was erklärt ist (falsa demonstratio, obj. Erklärungswert [→ § 133 Rn. 9, 10], einseitiger echter Inhaltsirrtum?); zum möglichen beiderseitigen Irrtum über die Geschäftsgrundlage vgl. BGH NJW 1986, 1349 (Vertragsanpassung), jetzt § 313 II, III. *Interner* oder **verdeckter Kalkulationsirrtum** gibt kein Anfechtungsrecht, auch nicht, wenn ihn der Erklärungsempfänger hätte erkennen können (Nachw. in BGHZ 139, 181) oder positiv erkannt hat (BGHZ 139, 182 ff., str.). Bestehen auf Vertragsschluss kann treuwidrig sein, zB bei erkennbar ruinöser Fehlkalkulation; § 242 kann Pflicht zum Hinweis auf den Irrtum begründen (BGHZ 139, 184 f.; dazu krit. Anm. Chr. Berger LM Nr. 36; Singer JZ 1999, 342 ff.); die Ausnutzung eines von einem grundlegenden Kalkulationsirrtum beeinflussten Angebots kann einen Verstoß gegen die Pflicht zur Rücksichtnahme auf die Interessen des irrenden Vertragspartners (§ 241 II) darstellen, wenn ihm aus Sicht eines verständigen Verkehrsteilnehmers bei wirtschaftlicher Betrachtung schlechterdings nicht angesonnen werden kann, sich mit dem irrig kalkulierten Preis als einer auch nur annähernd äquivalenten Gegenleistung für die zu erbringende Leistung zu begnügen (BGH NZBau 2015, 248 zu einem Fall öffentlicher Auftragsvergabe).

4. Eigenschaftsirrtum, II. Seine Einordnung ist str. Nach hM handelt es sich 11
um einen ausnahmsweise beachtlichen Motivirrtum (Grüneberg/Ellenberger Rn. 23 mN). **a) Person** ist jedermann, auf den sich das Geschäft bezieht, dh die Parteien, ferner in das Geschäft, zB gem. § 328, einbezogene Dritte (sa RGZ 143, 430; Gruch 52, 926 f: „Dritte", die für GmbH oder OHG handeln). **b) Sache** 12
(§ 90) ist in erweiternder Auslegung *auch* ein *unkörperlicher Gegenstand,* zB Grundschuld (RGZ 149, 238) oder anderes Recht (LM Nr. 2 zu § 779). **c) Eigenschaften** 13
einer Person oder eines Gegenstands sind gegenwärtige, prägende Merkmale tatsächlicher oder rechtlicher Art, die in der Person oder dem Gegenstand selbst begründet sind und eine gewisse Beständigkeit aufweisen. Bsp: Lichtechtheit eines Stoffs; Größe, Lage, Bebaubarkeit eines Grundstücks (RGZ 61, 86) sowie seine anderen tatsächlichen und rechtlichen Verhältnisse (vgl. LM Nr. 52 zu § 123 mN); Urheberschaft eines Kunstwerks (BGH NJW 1988, 2599; Flume JZ 1991, 633 ff.); Alter eines Gebrauchtwagens oder Mähdreschers (BGHZ 78, 221; OLG Stuttgart NJW 1989, 2547); Zugehörigkeit von Rechten und Verbindlichkeiten zum Nachlass (KG NJW-RR 2004, 942); Überschuldung des Nachlasses (stets, wenn die Verbindlichkeiten den Wert der Nachlassgegenstände übersteigen, OLG Hamm NJW-RR 2009, 1664); Vorstrafen (s. aber § 51 I BZRG); Zugehörigkeit zu einer politischen Vereinigung; Farbblindheit und sonstige Gesundheitsmängel (vgl. BAG DB 1974, 1531 f.); Beruf; Zahlungsfähigkeit (RGZ 66, 387 ff.); wissenschaftliches Ansehen. **Keine** 14
Eigenschaft, da vorübergehend, ist die Schwangerschaft (BAG NJW 1992, 2174;

übergangen von EuGH NJW 1994, 2077 f.), anders bei befristeter Einstellung (s. Schulte Westenberg NJW 1995, 761 f.; vgl. aber EuGH NJW 2001, 124, 126 f.). Keine Eigenschaft ist der Preis (Wert); er enthält ein Werturteil, das auf Eigenschaften beruht (BGH BB 1963, 285). Daher ist die Wertsteigerung von Nachlassgegenständen, insbes. Grundstücken, nach der Wiedervereinigung kein Anfechtungsgrund
15 (s. BVerfG DtZ 1994, 312). **d) Verkehrswesentlich** müssen die Eigenschaften (→ Rn. 13) sein. Das beschränkt die rechtliche Relevanz des Eigenschaftsirrtums. Beachtlich ist nur der Irrtum über Eigenschaften, auf die im Rechtsverkehr bei Geschäften der fraglichen Art üblicherweise entscheidender Wert gelegt wird (s. BGHZ 88, 245 f.; dazu krit. Anm. Köhler JR 1984, 324 f.: Einbeziehung der Eigenschaft in den Vertragsinhalt genüge). Prüfung im Einzelfall nötig, Schematismus gefährlich. Bsp: Verkehrswesentlich ist Zahlungsfähigkeit bei Kreditgeschäft, nicht bei Barkauf; Farbblindheit für Kraftfahrer, nicht für Kellner; Vorstrafe wegen
16 Untreue für Buchhalter, nicht für Müllarbeiter. **e) Ausgeschlossen ist die Anfechtung** eines (abstrakten) Verfügungsgeschäfts (→ Vor § 854 Lit. vor Rn. 12; Lieder/Berneith JuS 2016, 673, 677 f.; Grigoleit AcP 199, 396 ff., Stadler Gestaltungsfreiheit und Verkehrsschutz durch Abstraktion, 1996, 177 ff.; je mwN zum Meinungsstand; aA MüKo-BGB/Armbrüster Rn. 155). Ausschluss von II (nicht I, § 123), wenn wegen Eigenschaftsirrtums eine Rechts- oder Sachmängelhaftung nach §§ 434, 437 ff. besteht (BGHZ 178, 28 f.; MüKo-BGB/Armbrüster Rn. 29, ferner → § 311a Rn. 3); Käufer und Verkäufer können sich daher nicht der bes. Mängelhaftung entziehen (→ § 437 Rn. 32). **Kein Ausschluss** der Anfechtung nach II durch Recht zur Kündigung aus wichtigem Grund (zB §§ 626, 723); hat Bedeutung nur für noch nicht vollzogenes Dauerschuldverhältnis (vgl. → § 705 Rn. 19, 20).

17 **5. Einseitiger Motivirrtum (Irrtum im Beweggrund).** Betrifft Überlegungen, Gründe, Erwartungen bzgl. der abgegebenen Willenserklärung (zB betr. die politische Stabilität der DDR: OLG Frankfurt a. M. DtZ 1991, 301). Er ist im Interesse des Rechtsverkehrs unbeachtlich (Ausnahmen: § 123 I [Täuschung], § 2078). Bsp: K kauft einen Anzug, weil er, wie er dem Verkäufer mitteilt, in 3 Tagen heiraten werde, doch die Heirat scheitert; enttäuschte Erwartungen bei Spekulations- oder Risikogeschäften (Enneccerus/Nipperdey II § 168 I).

18 **6. Kausalität.** Kausalität des Irrtums für die Abgabe der Willenserklärung ist weitere Voraussetzung des Anfechtungsrechts, I (darauf verweist auch II). Sie liegt vor, wenn der Irrende **subj.** „bei Kenntnis der Sachlage" (dh von seinem subj. Standpunkt aus) und **obj.** „bei verständiger Würdigung des Falles" (dh als vernünftiger Mensch, s. BGH NJW 1995, 191; BAG NJW 1991, 2726) die Erklärung nicht abgegeben hätte.

19 **7. Erklärung.** Die Anfechtung erfolgt durch eine Willenserklärung → § 143 innerhalb der Anfechtungsfrist → § 121.

§ 120 Anfechtbarkeit wegen falscher Übermittlung

Eine Willenserklärung, welche durch die zur Übermittlung verwendete Person oder Einrichtung unrichtig übermittelt worden ist, kann unter der gleichen Voraussetzung angefochten werden wie nach § 119 eine irrtümlich abgegebene Willenserklärung.

1 **1. Allgemeines zur Anfechtung.** → § 119 Rn. 1–5.

2 **2. Anwendungsbereich. a) Fehlerhafte Übermittlung** einer vom Erklärenden korrekt ausformulierten Willenserklärung **durch Übermittler,** zB Deutsche Telekom AG, Deutsche Post AG, Bote, Dolmetscher (idR: BGH BB 1963, 204), Einrichtung zur Übermittlung auf elektronischem Weg als Fax, E-Mail (genügend, dass die Einrichtung nur die Leitung zur Verfügung stellt, daher trifft § 120 nicht nur den falsch übermittelnden Erklärungsboten), vgl. BGH NJW 2005, 977 (fehlerhafter

Datentransfer). *Keine* Übermittlung ist das Überbringen einer vom Erklärenden ausgestellten Urkunde. Erklärungsbote ist nicht der Vertreter (dieser erklärt selbst; zur Abgrenzung Vertreter/Bote → § 164 Rn. 14). Zum Empfangsboten → Rn. 5.
3 **b)** Nur die **unbewusst fehlerhafte** Übermittlung trifft § 120. Der Fehler kann darauf beruhen, dass der Bote schon den Erklärenden falsch verstanden oder dass er die Erklärung inhaltlich falsch oder an den unerkannt falschen Empfänger übermittelt hat.
4 **c) Bewusstes Abweichen** von der aufgetragenen Erklärung fällt nicht unter § 120 („Schein-Bote"). Hier gelten §§ 177 ff. entspr. (hM); der Auftraggeber haftet uU aus cic (§§ 280 I, 241 II, 311 II, III) mit § 278 sowie § 831. Gleiches gilt, wenn jemand *ohne Botenmacht* als Bote auftritt.
5 **d)** Der **Empfangsbote** (Begriff → § 130 Rn. 7) fällt *nicht* unter § 120. Hat er falsch verstanden, so fehlt idR der Zugang, hat er richtig verstanden, so ist zugegangen; falsche Übermittlung von ihm zum Empfänger geht auf dessen Risiko (→ § 130 Rn. 7, 9 aa).

6 **3. Wirkung.** Bei unbewusst falscher Übermittlung besteht Anfechtungsrecht wegen Erklärungsirrtums (BGH NJW 2005, 977), wenn Erklärender die übermittelte Erklärung entspr. → § 119 Rn. 18 nicht abgegeben hätte. **Schadensersatzanspruch** des Erklärungsempfängers gegen den Erklärenden gem. § 122.

§ 121 Anfechtungsfrist

(1) [1]**Die Anfechtung muss in den Fällen der §§ 119, 120 ohne schuldhaftes Zögern (unverzüglich) erfolgen, nachdem der Anfechtungsberechtigte von dem Anfechtungsgrund Kenntnis erlangt hat.** [2]**Die einem Abwesenden gegenüber erfolgte Anfechtung gilt als rechtzeitig erfolgt, wenn die Anfechtungserklärung unverzüglich abgesendet worden ist.**

(2) **Die Anfechtung ist ausgeschlossen, wenn seit der Abgabe der Willenserklärung zehn Jahre verstrichen sind.**

1 **1. Allgemeines.** Betrifft nur §§ 119, 120. Für § 123 vgl. § 124. – Legaldefinition von „unverzüglich" (I 1) gilt im gesamten bürgerlichen Recht (zB § 377 I, III HGB; § 92 I AktG), öffentl. Recht (zB Art. 77 I 2 GG, §§ 216 II, 271 I ZPO, § 25 II Nr. 2 StPO) und Strafrecht (§ 142 II StGB). Kein schuldhaftes Zögern bei schuldlosem Rechtsirrtum über Anfechtungsbedürftigkeit des RGeschäfts (BSG NJW 2005, 3804 mN).

2 **2. Anfechtungsfrist. a) Beginn** mit Kenntnis des Anfechtungsgrundes (Irrtum, § 119; fehlerhafte Übermittlung, § 120) sowie der Person des Anfechtungsgegners iSv § 143 (v. Tuhr II 1 § 67 Fn. 116; RGZ 124, 118). Stellt sich Irrtum erst im Prozess heraus, weil Gericht die Erklärung in bestimmtem Sinn auslegt (vgl. → § 119 Rn. 2), so ist Eventualanfechtung (BGH NJW 1979, 765) geboten, um Frist zu wahren.
3 **b) Länge** der Frist ist vom Einzelfall abhängig (bei Anfechtung eines Arbeitsvertrags gem. § 119 II Höchstfrist entspr. § 626 II zwei Wochen: BAG NJW 1991, 2726). Frist umfasst den Zeitraum, in dem *unverzüglich* – dh ohne schuldhaftes Zögern, I 1, nicht „sofort" (BGH BeckRS 2020, 25444 Rn. 18) (zum Unterschied → § 859 Rn. 2) – angefochten werden konnte. Dazu gehört angemessene Zeit zur Prüfung, Überlegung und Entscheidung unter Berücksichtigung der Interessen des Gegners (vgl. RGZ 124, 118; BGHZ 159, 359). Irrtum darüber, ob Anfechtung notwendig, entschuldigt selten (vgl. RGZ 152, 232 ff.). Zur Fristwahrung genügt unverzügliche Absendung, I 2, sofern sie die Erklärung direkt zum Empfänger bringen soll; idS ungenügend ist Anfechtung in Klageschrift (BGH NJW-RR 1996, 1458). Trotz I 2 wird die Erklärung erst mit Zugang wirksam (BGHZ 101, 52).
4 **c) Ausgeschlossen** ist die Anfechtung, auch bei Unkenntnis von Grund und Gegner, *10 Jahre* nach Abgabe der anfechtbaren Erklärung, **II.** Für II gilt Erleichterung nach I 2 (→ Rn. 3) nicht.
5 **d)** Das **Anfechtungsrecht erlischt** mit Ablauf (→ Rn. 3, 4) der Ausschlussfrist. Als Gestaltungsrecht verjährt es nicht bloß.

§ 122 Schadensersatzpflicht des Anfechtenden

(1) **Ist eine Willenserklärung nach § 118 nichtig oder auf Grund der §§ 119, 120 angefochten, so hat der Erklärende, wenn die Erklärung einem anderen gegenüber abzugeben war, diesem, andernfalls jedem Dritten den Schaden zu ersetzen, den der andere oder der Dritte dadurch erleidet, dass er auf die Gültigkeit der Erklärung vertraut, jedoch nicht über den Betrag des Interesses hinaus, welches der andere oder der Dritte an der Gültigkeit der Erklärung hat.**

(2) **Die Schadensersatzpflicht tritt nicht ein, wenn der Beschädigte den Grund der Nichtigkeit oder der Anfechtbarkeit kannte oder infolge von Fahrlässigkeit nicht kannte (kennen musste).**

1 **1. Allgemeines. a) Zur Funktion** von § 122 vgl. → § 119 Rn. 3. **b) Vorausgesetzt** in § 122 ist Nichtigkeit gem. § 118 oder §§ 119, 120, 142 I. Ist die Erklärung (schon) aus einem anderen Grunde nichtig (vgl. → Vor § 104 Rn. 18, 22), so scheidet § 122 aus. **c) Legaldefinition** von „kennen müssen" (II) gilt im gesamten bürgerlichen Recht (zB § 15 II HGB).

2 **2. Anspruchsteller und -gegner. Verjährung. Berechtigt** ist bei empfangsbedürftigen Willenserklärungen nur der Empfänger, bei nichtempfangs- und bei amtsempfangsbedürftigen (Begriffe → Vor § 104 Rn. 8) jeder Geschädigte. **Verpflichtet** ist derjenige, dessen Erklärung gem. § 118 oder §§ 119, 120, 142 I nichtig ist. Verschulden nicht erforderlich: Veranlassungshaftung (BGH NJW 1969, 1380). **Verjährung:** § 199 III.

3 **3. Umfang. Zu ersetzen** sind alle Vermögensnachteile, die der Geschädigte auf Grund seines Vertrauens in die Gültigkeit der Erklärung erlitten hat (BGH NJW 1984, 1950 f.: **Vertrauensschaden,** sog. negatives Interesse), dh er ist so zu stellen, als wäre die nichtige (§§ 118, 142 I) Erklärung nicht abgegeben worden. Zu ersetzen sind zB Vertragsabschlusskosten, infolge Ablehnung oder Unterlassung anderweiten Geschäfts entgangener Gewinn (OLG Saarbrücken NJW-RR 2010, 126 f.). Oberste Grenze des Schadensersatzes: Erfüllungsinteresse, sog. positives Interesse (wie stünde der Berechtigte bei Gültigkeit der Willenserklärung?).

4 **4. Ausschluss, II. Der Anspruch ist ausgeschlossen,** wenn Geschädigter den Nichtigkeits- (§ 118) oder Anfechtungsgrund (§§ 119, 120) kannte oder fahrlässig nicht kannte. Jede Fahrlässigkeit genügt. Dann bestand kein schutzwürdiges Vertrauen. Liegt II nicht vor, so kann der Anspruch gem. § 254 I analog ausgeschlossen oder gemindert sein, wenn der Geschädigte den Irrtum schuldlos obj. mitveranlasst hat (BGH NJW 1969, 1380); Grund: Erklärender haftet seinerseits kraft bloßer Veranlassung (→ Rn. 2). Haftungsausschluss nach II kann nicht entspr. § 254 I eingeengt werden (RGZ 57, 89 f.).

5 **5. Sonstige Ansprüche. Neben I** kommen Schadensersatzansprüche aus cic (§§ 280 I, 241 II, 311 II, III), §§ 823 ff. in Betracht. Für erbrachte Leistungen gelten neben I die §§ 812 ff.

§ 123 Anfechtbarkeit wegen Täuschung oder Drohung

(1) **Wer zur Abgabe einer Willenserklärung durch arglistige Täuschung oder widerrechtlich durch Drohung bestimmt worden ist, kann die Erklärung anfechten.**

(2) **[1]Hat ein Dritter die Täuschung verübt, so ist eine Erklärung, die einem anderen gegenüber abzugeben war, nur dann anfechtbar, wenn dieser die Täuschung kannte oder kennen musste. [2]Soweit ein anderer als derjenige, welchem gegenüber die Erklärung abzugeben war, aus der Erklä-**

rung unmittelbar ein Recht erworben hat, ist die Erklärung ihm gegenüber anfechtbar, wenn er die Täuschung kannte oder kennen musste.

1. Allgemeines. a) Schutz der Willensfreiheit bei Abgabe von Willenserklä- 1
rungen jeder Art ist Ziel des § 123. Die Erklärung ist gültig, aber vernichtbar (→ Vor § 104 Rn. 22). Zum *Anfechtungsgegenstand* → § 119 Rn. 3. Bes. Regelung von Täuschung und Drohung in § 1314 II Nr. 3, 4, § 1315 I Nr. 4, § 1317. **b) Abgrenzun-** 2
gen. Arglistige Täuschung oder widerrechtliche Drohung gegenüber (Vertrags-) Partner (BGH NJW 1988, 903) machen die Willenserklärung nicht gem. **§ 138 I** nichtig (arg. § 123 I mit § 142 I: Anfechtbarkeit ist nur Vernichtbarkeit). Vielmehr müssen weitere Umstände außer der unzulässigen Willensbeeinflussung vorliegen, die das Geschäft als sittenwidrig erscheinen lassen (BGH NJW 2008, 983); → Rn. 14 (Widerrechtlichkeit der erstrebten Willenserklärung). – Recht zur außerordentlichen Kündigung lässt Anfechtungsrecht unberührt (BAG BB 1997, 843). – Zum Verhältnis zu **§ 116 S. 2** vgl. → § 116 Rn. 4 c). – Zum **Ausschluss** der Anfechtung durch **§ 242** → § 142 Rn. 1 f. Die Anfechtung wegen arglistiger Täuschung und der Schadensersatzanspruch aus **§ 826** weisen unterschiedliche Voraussetzungen auf und bestehen nebeneinander (BGH BeckRS 2020, 10555 Rn. 59 zur VW-Abgaskonstellation).

2. Arglistige Täuschung. a) Täuschung ist bewusstes, dh vorsätzliches Erregen- 3
oder Aufrechterhaltenwollen eines Irrtums durch Vorspiegeln falscher oder Unterdrücken wahrer **Tatsachen** (nicht subj. Werturteile oder marktschreierischer Anpreisungen [BGHZ 169, 115]), um den Getäuschten vorsätzlich zur Abgabe einer bestimmten Willenserklärung zu veranlassen (zur missglückten Täuschung → Rn. 18). Die **objektive Seite** einer arglistigen Täuschung ist zB gegeben, wenn Kellerräume als Wohnraum angepriesen werden, obwohl die für eine solche Nutzung erforderliche baurechtliche Genehmigung fehlt oder die Wohnraumnutzung zwar nicht genehmigungsbedürftig, aber anzeigepflichtig ist (s. BGH NJW 2014, 3296), damit die Baubehörde prüfen kann, ob sie ein Genehmigungsverfahren einleitet. **Subjektiv** genügt *bedingter Vorsatz* bzgl. der Unrichtigkeit angegebener Tatsachen (BGH NJW 1998, 2361 [in BGHZ 138, 199 nicht abgedr.]: vertragswesentliche Erklärung „ins Blaue"), bzgl. der Wahrheit unterdrückter Tatsachen (BGH WM 1983, 990) sowie für den Veranlassungsvorsatz (LM Nr. 42; BGH NJW-RR 2005, 1083). Nicht erforderlich sind Schädigungsvorsatz, Eintritt eines Vermögensschadens (LM Nr. 10), da § 123 die Willensfreiheit und nicht das Vermögen schützt (LM Nr. 35); Verschulden des Getäuschten ist unerheblich (BGH NJW-RR 2005, 1083). Täuschung geschieht idR durch *positives Tun:* durch ausdr. Vorspiegeln von Tatsachen oder durch ein Verhalten, das insgesamt als schlüssige Bekundung von Tatsachen erscheint. Wer zB als Verkäufer eines Pkw über *bestimmte* Unfallschäden Angaben macht, kann damit zugleich vorspiegeln, dass der Wagen iÜ unfallfrei sei. Stimmt das nicht, so liegt darin zugleich ein Unterdrücken wahrer Tatsachen (dh der weiteren Unfallschäden). Sowohl das Ob als auch der Umfang
einer **Pflicht zum Reden** (zwecks Aufklärung des Gegners) werden durch § 242 4
bestimmt. Dafür sind ua Art und Dauer des Geschäfts sowie Stellung und Fähigkeiten der Beteiligten beachtlich (BGH NJW 1992, 302 mN), auch dass bei Vertragsverhandlungen die Parteien idR gegenläufige Interessen verfolgen und entspr. auf eigenen Vor-
teil bedacht sind. Deshalb **keine allg. Aufklärungspflicht** über Umstände, die für den 5
Entschluss des Gegners offenbar relevant sind (BGH NJW 2010, 3362), erst recht nicht bei Risiko- und Spekulationsgeschäften bzgl. der Risiko- und Spekulationsfaktoren. Wird aber in einem Immobilien- und Finanzierungsvermittlungsvertrag eine bestimmte Gesamtprovision für den Vertragspartner aufgeführt, tatsächlich aber eine wesentlich höhere **Provision** gezahlt, so liegt eine arglistige Täuschung der Immobilienerwerber vor (s. dazu bei sog. **Schrottimmobilien** BGH NJW 2011, 2349; BKR 2011, 121; 2012, 281 mwN). **Entscheidend** ist, ob der Gegner auf Grund der konkreten Lage nach Treu und Glauben und nach der Verkehrsauffassung eine Aufklärung über solche Umstände erwarten durfte, die für ihn von entscheidender Bedeutung sind (BGH NJW 2010, 3362), und die gebotene Aufklärung bewusst unterbleibt (→ Rn. 7;

6 BGH NJW-RR 1990, 79). Eine unverlangte **Auskunft** muss auch ohne Auskunftspflicht wahr sein (BGH NJW-RR 1997, 145; BB 2010, 2137). *Zulässige* **Fragen** (ds solche, an denen ein berechtigtes, schutzwürdiges Interesse besteht) sind wahrheitsgemäß zu beantworten, zB Frage nach Wiederverkaufsabsicht (BGH BB 1992, 669). Die Zulässigkeit von Fragen ist bes. bedeutsam bei Begründung von Arbeitsverhältnissen (dazu Thüsing/Lambrich BB 2002, 1146 ff.; zur Zulässigkeit sog. Background Checks Thum/Szczesny BB 2007, 2405 ff.). Uneingeschränkt zulässig ist die Frage nach Tätigkeit für den DDR-Staatssicherheitsdienst (BAG NZA 1998, 1052 mit BVerfG NJW 1997, 2309 f. für Tätigkeit nach 1970; BAG NJW 2001, 702 für schwerwiegende Tätigkeiten vor 1970). Die Zulässigkeit hängt iÜ von der *Tätigkeitsrelevanz* ab: bei der Frage nach Krankheiten (BAG NJW 1985, 645 f.; bzgl. Alkoholismus Künzl BB 1993, 1581 ff.), nach einer akuten AIDS-Erkrankung zB bei Einstellung von OP-Personal (ErfK/Preis § 611a Rn. 274c), Vorstrafen (BAG NJW 1999, 3654; hier gilt iÜ § 53 I BZRG, s. BAG NJW 1991, 2724), Behinderungen (bzgl. der Schwerbehinderteneigenschaft ließ BAG NJW 2001, 1885, stRspr, unbeschränktes Fragerecht zu; überholt durch das Behindertendiskriminierungsverbot in § 81 II SGB IX, s. Düwell BB 2001, 1529 f.; 2006, 1742 f.; Rolfs/Paschke BB 2002, 1261; Jousson NJW 2003, 2857 ff.; differenzierend Gaul/Süßbrich BB 2005, 2815; → Art. 3 III 2 GG; s. unten zum AGG); zulässig ist die Frage, um Behinderte in den Betrieb einzugliedern, allg. um einem positiven rechtmäßigen Zweck zu dienen (s. §§ 5, 8 AGG; Düwell BB 2006, 1743). Fraglich ist, ob die Rspr. des EuGH erlaubt, wenigstens dann nach der Schwangerschaft einer Bewerberin zu fragen, wenn für die Schwangere ein Beschäftigungsverbot für die ganze Dauer des befristeten Arbeitsvertrags (zB als Schwangerschaftsvertretung) besteht (unzulässig nach AGG, s. unten; aA MüKo-BGB/Thüsing § 3 AGG Rn. 21). Unerlaubt ist die Frage bei befristetem Beschäftigungsverbot ab Beginn eines unbefristeten Arbeitsvertrags (EuGH NJW 2000, 1020; 2003, 1107; ebenso BAG BB 2003, 1735 f. gegen fr.); bei befristetem Beschäftigungsverbot für wesentliche Teile der Laufzeit eines befristeten Vertrags (EuGH NJW 2002, 124). Thüsing/Lambrich BB 2002, 1147 verneinen jedes Fragerecht. Jedenfalls besteht keine Redepflicht der AN, auch wenn sie ihre Schwangerschaft und das Beschäftigungsverbot kennt (vgl. EuGH NJW 2002, 124; 2003, 1107; BAG BB 2003, 1735; → § 119 Rn. 14). Die finanziellen Nachteile dieser Rspr. hat zT der AG, nicht allein der Staat zu tragen (EuGH NJW 2003, 1107 f.); darin kann ein „heimliches" Einstellungshindernis für Frauen „im gebärfähigen Alter" liegen und damit deren faktische Diskriminierung (BVerfG NJW 2004, 150; dazu Eichenhofer BB 2004, 382 ff.). Stets unzulässig ist die Frage nach dem letzten Geschlechtsverkehr einer Bewerberin. Zu den Folgen unzulässiger Fragen → Rn. 11. **AGG:** Die Frage nach (bestehender oder erhoffter) Schwangerschaft/Mutterschaft (Benachteiligungsmerkmal gem. § 3 I 2 AGG; bei Männern wäre danach Frage nach Vaterschaft zulässig) oder einem sonstigen Benachteiligungsmerkmal (§ 1 AGG) bei geplanter Einstellung in ein Beschäftigungsverhältnis (§ 6 AGG) oder freien Dienst- oder Organvertrag (§ 6 III AGG) verstößt bereits gegen § 7 I AGG und ist unzulässig, wenn kein Rechtfertigungsgrund iSd §§ 8–10 AGG eingreift. Das gilt bei Schwangerschaft auch dann, wenn die Beschäftigte zum vorgesehenen Beschäftigungsbeginn wegen Mutterschutzes nicht beschäftigt werden darf oder als Schwangere für den vorgesehenen (befristeten oder unbefristeten) Beschäftigungsplatz nicht geeignet sein sollte, und wegen § 3 I 2 AGG auch dann, wenn sich nur Frauen auf den Beschäftigungsplatz beworben haben (zu § 611a BGB aF hinsichtlich Schwangerer bei unbefristeten Arbeitsverhältnissen ebenso: BAG NZA 2003, 848 im Anschluss an die Rechtsprechung des EuGH, zu ihr s. Schulte Westenberg NJW 2003, 490). Wird die Frage wahrheitswidrig verneint, liegt kein Fall des § 123 (so) oder § 119 II vor. Die Nichtverlängerung einer befristeten Beschäftigung wegen Schwangerschaft ist eine unzulässige Benachteiligung auf Grund des Geschlechts (s. ArbG Mainz AuA 2008, 623 = BeckRS 2008, 56479). Auch sind insbes. Fragen nach einer Behinderung nur noch im Rahmen der §§ 3 II, 8–10 AGG zulässig (s. zur bish. Rspr. nach fr. Recht, die von genereller Zulässigkeit ausging, BAG NJW 1985, 645: Körperbehinderung; BAG NJW 1994, 1364; ZIP 1999, 458: Schwerbehinderteneigenschaft). – Ein *Gebrauchtwagenverkäufer* muss ungefragt über solche Unfälle aufklä-

ren, die für den Kaufentschluss üblicher- oder erkennbarerweise relevant sind (also nicht über Bagatellschäden, BGH NJW-RR 1987, 437: Pkw; großzügiger für Lkw: NJW 1982, 1386), sofern der Käufer nicht schon aus den Umständen (zB Aussehen, Preis) die Vergangenheit des Fahrzeugs erkennt (Erkennenkönnen ungenügend, LM Nr. 42).
b) Arglist ist nur (bedingter) Vorsatz (allgM) und somit bereits vom Täuschungsbegriff 7
(→ Rn. 3) umfasst (s. BGH NJW 2000, 2499: „Arglist" = Veranlassungsvorsatz). Eventualvorsatz genügt (so BGH NJW 2013, 2182 Rn. 12; BGHZ 193, 326 = NJW 2012, 2793); leichtfertige oder grob fahrlässige Unkenntnis reicht nicht aus (BGH NJW 2013, 2182 Rn. 12; NJW-RR 2012, 1078 Rn. 24, 28). Ein arglistiges Verschweigen ist nur gegeben, wenn der Verkäufer den Mangel kennt oder ihn zumindest für möglich hält und zugleich weiß oder doch damit rechnet und billigend in Kauf nimmt, dass der Käufer den Mangel nicht kennt und bei Offenbarung den Vertrag nicht oder nicht mit dem vereinbarten Inhalt geschlossen hätte (BGH NJW 2013, 2182 Rn. 12; NJW 2015, 1669). Es genügt nicht, wenn sich dem Verkäufer das Vorliegen aufklärungspflichtiger Tatsachen hätte aufdrängen müssen, denn dann würde die Arglist vom Vorsatz abgekoppelt und der Sache nach durch leichtfertige oder grob fahrlässige Unkenntnis ersetzt (BGH NJW 2013, 2182 Rn. 13). Auch ein bewusstes Sichverschließen ist nicht Arglist (BGH NJW 2013, 2182 Rn. 13). Verwerfliche Gesinnung wird nicht gefordert. Daher ist Arglist (Vorsatz!) auch gegeben, wenn der Täuschende „das Beste" des Getäuschten wollte (MüKo-BGB/Armbrüster Rn. 18 mN; aA LM Nr. 9, 14; s. aber auch BGHZ 109, 333). Die Kenntnis der Tatsachen kann nicht durch wertende Überlegungen ersetzt werden. Nur hinsichtlich des Schlusses von der Tatsachenkenntnis auf die Einschätzung der Rechtslage kommt eine Abmilderung des Erkenntnisgrades in Betracht. Bei der Frage der Arglist ist allein entscheidend, ob der Verkäufer die den Mangel begründenden Umstände kennt. Liegt diese Kenntnis zumindest in der Form des Eventualvorsatzes vor, ist es unerheblich, ob der Verkäufer daraus den Schluss auf einen Sachmangel zieht (BGH NJW 2013, 2182 Rn. 14). – Alleine aus der unrichtigen oder unvollständigen Beantwortung von Gesundheitsfragen kann nicht auf Arglist geschlossen werden. Arglist setzt subj. voraus, dass der Erklärende erkennt und billigt, dass der Erklärungsgegner bei Kenntnis des wahren Sachverhalts gar nicht oder nur zu anderen Konditionen die Willenserklärung angenommen hätte (BGH NJW-RR 2017, 869). **Beweislast:** Behauptet der Verkäufer, den Käufer vor Vertragsschluss über einen offenbarungspflichtigen Umstand aufgeklärt zu haben, muss der Käufer beweisen, dass die Aufklärung nicht erfolgt ist. Das gilt auch dann, wenn der Verkäufer behauptet, einen durch vorheriges aktives Tun bei dem Käufer hervorgerufenen Irrtum durch spätere Aufklärung beseitigt zu haben. Da Beweis negativer Tatsache (keine Aufklärung) schwer zu führen ist, helfen die Grundsätze der sekundären Darlegungslast: Käufer muss nur die zunächst von dem Verkäufer substanziiert darzulegende Aufklärung ausräumen; gelingt das, ist der Beweis negativer Tatsache erbracht (BGH NJW 2014, 3296, 3297 Rn. 13
mwN). **c) Täuschender. aa) Bei nichtempfangsbedürftigen Willenserklärun-** 8
gen (Begriff → Vor § 104 Rn. 8) kann das jedermann sein. **bb) Bei empfangsbe-** 9
dürftigen Willenserklärungen (Begriff → Vor § 104 Rn. 8) muss idR der Empfänger täuschen. Hat ein **Dritter** getäuscht, so genügt das nur, wenn der Empfänger **(II 1)** oder derjenige, der aus der Erklärung unmittelbar ein Recht erworben hat **(II 2),** zB als Dritter iSv § 328, die Täuschung kannte oder fahrlässig (zB wegen gebotener, aber unterlassener Information: BGH NJW-RR 2004, 1126 f.) nicht kannte, II mit § 122 II (s. BGHZ 137, 260 ff.: Bei Vertragsübernahme Täuschung des Zustimmenden durch den ausscheidenden und den übernehmenden Teil [zu dieser Übernahmeform BGHZ 137, 259]). Um die Anfechtungsmöglichkeit nicht unbillig auszuschließen, wird der
Begriff des Dritten eng aufgefasst. **Dritter iSv II ist nicht** derjenige, dessen Täuschung 10
sich der Erklärungsempfänger „nach Billigkeitsgesichtspunkten unter Berücksichtigung der Interessenlage zurechnen lassen muss" (BGH NJW 1990, 1662), weil er „im Lager" des Empfängers steht (BGH NJW 2001, 358: „Hilfsperson"; dazu Niebling, VersR 2018, 1110). Nicht-Dritter iSv II ist: Stellvertreter (§§ 164 ff., Zurechnung über § 166) des Empfängers (auch der vollmachtlose nach Genehmigung: BGH WM 1979, 237), sein Verhandlungsgehilfe (ie BGH NJW 1996, 1051; stRspr), Repräsentant oder sons-

tige Vertrauensperson (BGH NJW 2011, 2874 Rn. 15; NJW-RR 2004, 1126; zu den engen Grenzen von dem Versicherungsnehmer zurechenbaren falschen Angaben in der Gesundheitsselbsterklärung s. NJW 2014, 778 Rn. 23 f.; sa BB 2002, 427). Die Voraussetzungen für Nicht-Dritte iSv § II entsprechen denen des Erfüllungsgehilfen iSv § 278. Sie sind durch eine Gesamtabwägung aller Umstände und Interessen festzustellen (BGH NJW 2011, 2874 Rn. 15 mwN). Keine Zurechnung des von dem Nicht-Dritten arglistig hervorgerufenen Motivirrtums, wenn zwischen seinem Aufgabenkreis und seiner Täuschungshandlung zwar ein kausaler und zeitlicher Zusammenhang, nicht aber ein innerer, sachlicher Zusammenhang besteht (BGH NJW 2011, 2874 Rn. 16 mwN; NJW-RR 1989, 723). Bsp: Hersteller steht nicht im Lager des rechtlich unabhängigen Vertragshändlers, sondern ist Dritter iSv II (OLG Frankfurt BeckRS 2019, 19558 Rn. 17; OLG Düsseldorf BeckRS 2017, 119626 Rn. 10 ff.; OLG Köln BeckRS 2018, 8837 Rn. 15 f.; dazu Witt NJW 2017, 3681, 3685 zu VW-Abgasfällen); Kein Dritter iSv II, wenn Vertragshändler 100 % Konzerntochter des Herstellers ist (BeckRS 2016, 10952 Rn. 21 ff.). Bsp: Wird dem Leasingnehmer vom Lieferanten vorgespiegelt, die Belastungen aus dem Leasingvertrag würden in wirtschaftlicher Hinsicht durch ein mit einem anderen Vertragspartner abzuschließendes Nebengeschäft kompensiert, wird der Lieferant regelmäßig nicht in Ausübung, sondern nur bei Gelegenheit der ihm von der Leasinggeberin übertragenen Aufgaben tätig: Der innere Zusammenhang fehlt, Lieferant ist kein Nicht-Dritter (BGH NJW 2011, 2874 Rn. 17 mwN). – Kein Dritter iSv II, wer als Werkzeug eines mittelbaren Täters einen anderen täuscht (BGH NJW 1990, 1915 mwN; LG Amberg BeckRS 2017, 123953 obiter dictum in Rn. 79). Bsp: Nicht-Dritter iSv II ist der Allein- oder Mehrheitsgesellschafter einer GmbH, wenn er die Möglichkeiten seiner Weisungsbefugnis gegenüber der Geschäftsführung dazu nutzt, in mittelbarer Täterschaft durch die GmbH als Werkzeug deren Geschäftspartner arglistig zu täuschen. – Täuschung durch **Nicht-Dritten iSv II berechtigt gem. I** zur Anfechtung auch ohne Kenntnis oder fahrlässige Unkenntnis des Empfängers. Bsp. für Verhandlungsgehilfen: Beauftragter, der ohne Abschlussvollmacht Vertrag aushandelt (vgl. RGZ 72, 136 f.; zur RG-Rspr. LM Nr. 30, 31); Verkäufer beim finanzierten Kreditkauf bzgl. des Kreditvertrags, wenn er über die Kreditgewährung verhandelt hat
11 (BGHZ 47, 227 ff.). **d) IdR** ist die Täuschung **rechtswidrig** (in I übergangen); anders bei lügenhafter Antwort auf unzulässige Frage (→ Rn. 6; BAG NJW 1999, 3653; BB
11a 2003, 1735). **e)** Vertraglicher Ausschluss der Täuschungsanfechtung ist unwirksam, wenn der Gegner oder ein Nicht-Dritter iSv II täuscht (BGH NJW 2007, 1058 f.).

12 **3. Widerrechtliche Drohung. a) Drohung** ist die vom Gegner ernst genommene Ankündigung eines künftigen Übels, das nach Bekundung des Drohenden und der Ansicht des Gegners vom Drohenden herbeigeführt werden kann und soll, wenn der Bedrohte die angesonnene Willenserklärung nicht abgibt (BAG NJW 1999, 2060 f.). Der Drohende muss sich bewusst sein, auf die Willensentschließung des anderen einzuwirken (BGH NJW-RR 1996, 1282). Das angedrohte Übel muss nicht den Bedrohten in Person treffen (Bsp: Geiselnahme, um Angehörige zu erpressen). **Keine** Drohung ist Hinweis auf ohnehin schon bestehende und vom „Drohenden" nicht beeinflussbare Zwangslage (BGHZ 6, 351) oder deren Ausnutzung (BGH NJW 1988, 2601; sa BGH NJW 2007, 1834). Drohung ist psychischer Zwang (vis compulsiva), nicht körperliche Gewalt (vis absoluta); zur Bedeutung für das Vorlie-
13 gen einer Willenserklärung → Vor § 116 Rn. 4. **b) Widerrechtlichkeit** liegt in drei Fällen vor (BAG NJW 1999, 2061; BGH NJW 2005, 2767 f.): **aa) Das Mittel,** dh das angedrohte Verhalten, ist widerrechtlich. Bsp: Gläubiger droht Schuldner eine Tracht Prügel an, wenn er nicht sofort bezahlt; Bestehen der Schuld unerheblich, weil für Drohung kein Rechtfertigungsgrund, zB gem. §§ 227 ff., gegeben ist.
14 Erzwungene Erklärung kann nichtig sein (→ § 116 Rn. 4 [c]). **bb) Der Zweck,** dh die erpresste Willenserklärung, ist widerrechtlich (LM Nr. 32). Daher ist die Erklärung schon nach §§ 134, 138 nichtig (zur Anfechtung in solchen Fällen vgl.
15 → Vor § 104 Rn. 22). **cc) Inadäquanz von Mittel und Zweck** (BGH NJW 2005, 2771; 10, 1366 f.): Beide sind für sich betrachtet rechtmäßig, aber der Einsatz

dieses Mittels zu *diesem* Zweck ist widerrechtlich, weil die Drohung kein angemessenes Mittel zur Erreichung des erstrebten Erfolgs ist (Mittel-Zweck-Relation). Hauptproblem: Abgrenzung der widerrechtlichen Nötigung vom noch gestatteten, weil noch sozialadäquaten Geschäftsgebaren (BGH NJW 1969, 1627). Anspruch auf erstrebte Willenserklärung schließt Rechtswidrigkeit nur idR aus (BGHZ 25, 219; NJW 2005, 2768), nicht zB bei Drohung mit Strafanzeige wegen Trunkenheit am Steuer, um Erfüllung bestehenden Kaufpreisanspruchs zu erreichen (Strafanzeige ist mangels sachlicher Beziehung zum verfolgten Zweck „unangemessen", dh widerrechtlich). Wegen Sozialadäquanz *keine Widerrechtlichkeit* bei Drohung mit Zahlungsklage, um Schuldbegleichung zu erwirken (BGH NJW 2005, 2768); ebenso bei Drohung mit Betrugsanzeige gegen Schuldner, um dessen am Geschäft mit dem Gläubiger interessierte Ehefrau zur Verbürgung zu veranlassen, auf die kein Anspruch besteht (vgl. BGHZ 25, 217 ff.; sa NJW 1997, 1981; BAG NJW 1999, 2061, je mN); bei Drohung mit (außer)ordentlicher Kündigung, wenn Kündigung aus der Sicht eines verständigen AG vertretbar (BAG NJW 2004, 2402; sa BGH NJW 2005, 2769, 2771: sozialadäquat angedrohte Kündigung des Mandats durch Anwalt). **dd) Irrtum** über die Widerrechtlichkeit der Drohung ist unbeachtlich (BGH NJW 16
1982, 2302). Sind dem Drohenden Umstände, aus denen die Widerrechtlichkeit folgt, schuldlos unbekannt, so soll das die Widerrechtlichkeit und damit die Anfechtbarkeit ausschließen (BGHZ 25, 224 f.; LM Nr. 28). Abzulehnen: Schuldlose Unkenntnis beseitigt nicht die Rechtswidrigkeit (arg. § 231); das damit gegebene Risiko kann nicht vom Drohenden auf den Bedrohten abgewälzt werden mit der Folge, diesem das Anfechtungsrecht vorzuenthalten (MüKo-BGB/Armbrüster Rn. 111 mN). **c) Drohender** kann der Erklärungsempfänger und jeder Dritte sein, 17
II gilt nicht. Deliktsfähigkeit (§§ 827, 828) nicht erforderlich, str.

4. Kausalität. Ohne (erfolgreiche) Täuschung oder Drohung wäre die Willenser- 18
klärung nicht, nicht so oder nicht zu dieser Zeit abgegeben worden (BGH NJW 1998, 1860 [in BGHZ 138, 239 ff. nicht abgedr.]; Mitverursachung genügt, BAG NJW 2000, 2446; BGH NJW-RR 2005, 1083). Ob das zutrifft, ist subj.-konkret, dh für den Erklärenden, zu bestimmen. Durchschaute Täuschung ist nicht kausal für die Abgabe der Willenserklärung (BGH NJW-RR 1989, 1143). Drohung ist nicht kausal, wenn der Anfechtende die Willenserklärung aus eigener, selbstständiger Überlegung abgegeben hat (BAG NJW 2007, 1835). Ist Täuschung oder Drohung für Verpflichtungsgeschäft, zB Kauf, kausal, so ist sie es idR auch für das Erfüllungsgeschäft (anders bei § 119); vgl. Grigoleit AcP 199, 404 (Doppelmangel, sog. Fehleridentität → § 119 Rn. 3). Für Ursächlichkeit gilt **Anscheinsbeweis** (str.; die Rspr. schwankt, s. Jauernig/Hess ZivProzR § 50 V mN).

5. Wirkung. Zur Wirkung der Anfechtung im allg. → Vor § 104 Rn. 22, ferner 19
→ § 142 Rn. 3. Für erbrachte Leistungen gelten §§ 812 ff., ggf. auch §§ 985 ff., nach BGH NJW-RR 1998, 906 bei Vermögensschaden auch §§ 823 ff. für Rückzahlungsanspruch. Der Anfechtungsberechtigte kann idR Vertragsaufhebung als Schadensersatz aus cic (§§ 280 I, 241 II, 311 II, III), §§ 823 ff. verlangen (BGH NJW 2002, 2775), auch ohne Vermögensschaden, da § 311 II Nr. 2 ua das bloße Interesse schützt (str.). Ob Aufhebung auch nach Ablauf der Frist des § 124 verlangt werden kann, ist str. (→ § 124 Rn. 2). Eigene Arglist schließt Ersatzansprüche idR aus (Anfechtungsrecht bleibt, BGHZ 33, 310).

§ 124 Anfechtungsfrist

(1) **Die Anfechtung einer nach § 123 anfechtbaren Willenserklärung kann nur binnen Jahresfrist erfolgen.**

(2) [1]**Die Frist beginnt im Falle der arglistigen Täuschung mit dem Zeitpunkt, in welchem der Anfechtungsberechtigte die Täuschung entdeckt, im Falle der Drohung mit dem Zeitpunkt, in welchem die Zwangslage**

aufhört. [2]Auf den Lauf der Frist finden die für die Verjährung geltenden Vorschriften der §§ 206, 210 und 211 entsprechende Anwendung.

(3) **Die Anfechtung ist ausgeschlossen, wenn seit der Abgabe der Willenserklärung zehn Jahre verstrichen sind.**

1 **1. Allgemeines.** Betrifft nur Anfechtung nach § 123; Sonderregelung in § 318 II 2, 3. Für § 119 vgl. § 121.

2 **2. Anfechtungsfrist (I, III).** Ist Ausschluss-, nicht Verjährungsfrist (→ § 121 Rn. 5). Nur bestimmte Verjährungsregeln (keine anderen) finden entspr. Anwendung, II 2. Jahresfrist (I) *beginnt* gem. II 1 mit Entdeckung der Täuschung, dh mit Erkennen des Irrtums *und* seiner arglistigen Herbeiführung, oder mit Schluss der Zwangslage, dh mit Ende der Angst vor dem angedrohten Übel (gilt auch für Anfechtung eines Arbeitsvertrags, BAG BB 1984, 534). In jedem Fall erlischt Anfechtungsrecht nach 10 Jahren (BGH NJW 2016, 394, für III ist auch die Frist des § 21 III VVG für die Geltendmachung der Rechte des Versicherers aus § 19 II, IV VVG ohne Bedeutung). *Nach Fristablauf* steht dem Getäuschten (Bedrohten) *nicht* allein auf Grund der Anfechtungstatsachen eine *Arglisteinrede* zu, um zB die Vertragserfüllung abzuwehren; anders nur, wenn unerlaubte Handlung (§§ 823, 826, 853) oder sonstige bes. Umstände (§ 242) vorliegen (BGH NJW 1969, 604 f.; Leßmann JuS 1970, 504 ff.). Bei fahrlässiger cic (vgl. § 311 II) Frist des § 121 analog, bei vorsätzlicher cic Frist des § 124 analog (MüKo-BGB/Armbrüster § 123 Rn. 102 mN; Mankowski, Beseitigungsrechte, 2003, 188 f.; aA BGH NJW 1998, 303 f.; NJW-RR 2002, 1133; NJW 2013, 1591 Rn. 9 → § 123 Rn. 19).

§ 125 Nichtigkeit wegen Formmangels

[1]Ein Rechtsgeschäft, welches der durch Gesetz vorgeschriebenen Form ermangelt, ist nichtig. [2]Der Mangel der durch Rechtsgeschäft bestimmten Form hat im Zweifel gleichfalls Nichtigkeit zur Folge.

Lit.: Häsemeyer, Die ges. Form der RGeschäfte, 1971; Köbl, Die Bedeutung der Form im heutigen Recht, DNotZ 1983, 207; Röthel, Familienrechtliche Rechtsgeschäfte: Förmlichkeit, Höchstpersönlichkeit, Bedingungsfeindlichkeit, JURA 2017, 641.

1 **1. Allgemeines. a) Grundsatz:** *RGeschäfte* sind nach BGB *grundsätzlich formfrei* gültig (zur Form im Familienrecht s. Röthel JURA 2017, 641, 642). Zuweilen ist Form ges. vorgeschrieben, sonst rechtsgeschäftliche Bestimmung durch Vertrag oder einseitig (zB in Vollmachtserteilung, Testament) möglich. Formgebundene Erklä-
2 rung kann nicht schlüssig erklärt werden. **b) Ges. Formen:** Schriftform (§ 126 I, II), elektronische Form (§§ 126 III, 126a), Textform (§ 126b), öffentl. Beglaubigung (§ 129), notarielle Beurkundung (§ 6 ff. BeurkG.; sa §§ 127a, 128), gerichtl. Vergleich (§ 127a, § 794 I Nr. 1 ZPO). Die strengere Form ersetzt die mildere (§§ 126 IV, 127 S. 1, 127a, 129 II). Weitere ges. Formen: §§ 925, 1310 I 1, 1311,
3 2231 ff. **c) Hauptfunktionen der ges. Form. aa)** Schutz vor unbedachten Willenserklärungen: *Warnfunktion* (nur bei Verpflichtungsgeschäften praktisch). **bb)** Klarstellung, leichte Beweisbarkeit von Abschluss und Inhalt eines RGeschäfts: *Klarstellungs- und Beweisfunktion.* **cc)** Belehrung der Beteiligten, insbes. durch Einschaltung eines Notars (§§ 17, 30 BeurkG): *Belehrungsfunktion.* – Mehrere Funktionen können zusammentreffen, zB in § 311b I (BGH NJW-RR 2009, 954 zu
4 § 313b). **d) Funktionen der gewillkürten Form.** Formwahrung kann Gültigkeitsvoraussetzung sein oder nur Klarstellungs- und Beweisfunktion haben. Zur
5 Bedeutung → Rn. 11. **e) Keine Erstreckung** des Formzwangs idR auf Bevollmächtigung (§ 167 II) und Zustimmung (§ 182 II). aber → § 167 Rn. 10, → § 182
6 Rn. 6. **f) Vertretungsform der GemOen.** Ihre Verletzung begründet Vertretungs-, nicht Formmangel iSv § 125 (BGHZ 147, 383 f. mN, stRspr; differenzierend Schmidt-Jortzig/Petersen JuS 1989, 28 f.

2. Umfang des ges. Formzwangs. Vgl. zunächst → § 126 Rn. 7–11. **a) Formbedürftig sind** idR auch Nebenabreden. Darüber entscheidet Zweck der Formvorschrift (BGH NJW 1989, 1484; stRspr). Verbindet der Parteiwille mehrere RGeschäfte, von denen eines formbedürftig ist, *rechtlich* zu einem einheitlichen Geschäft (zB Bauvertrag und Grundstückskauf: BGH NJW-RR 2004, 873, auch 2009, 954, je mN), indem nach dem Parteiwillen das formbedürftige vom formfreien RGeschäft abhängt (BGH NJW-RR 2009, 954), so ist das formbedürftige Geschäft nur dann formgerecht abgeschlossen, wenn auch das formfreie Geschäft der Form des formbedürftigen Geschäfts genügt (Maier-Reimer NJW 2004, 3743). Identität der Parteien bei allen Geschäften ist nicht erforderlich (BGH NJW-RR 2009, 954). Es genügt der erkennbare Einheitswille einer Partei, den die andere hinnimmt (BGH NJW-RR 2009, 954; → § 139 Rn. 3). **Anscheinsbeweis** spricht bei getrennt abgeschlossenen Verträgen *gegen,* bei Zusammenfassung in einer Urkunde *für* Einheitswillen (BGHZ 104, 22 f.; 89, 43). **b) Nachträgliche** *Ergänzungen und Änderungen* sind idR formbedürftig (zu Ausnahmen BGH NJW 1998, 1483; 2001, 1933 [dazu Maier-Reimer NJW 2004, 3743 f.]). **c) Aufhebung** des gesamten RGeschäfts ist formfrei, sofern dadurch nicht Pflichten entstehen, deren Begründung formbedürftig ist (Ausnahmen §§ 2290 IV, 2351); zur Aufhebung eines Grundstückskaufvertrags s. BGHZ 127, 173 f. – *Teil*aufhebung, zB Ermäßigung der Vertragspflichten einer Partei, ist formbedürftig, wenn dadurch die formgebundene Rechtsstellung der anderen Partei geschmälert wird. Bsp: Herabsetzung der formgebundenen Verkäuferpflichten schmälert die formgebundene Rechtsposition des Käufers und ist daher im Fall des § 311b I formbedürftig (sa BGH NJW 1982, 882); die Einschränkung der formgebundenen Bürgenpflichten schmälert nur die formfreie Rechtsstellung des Gläubigers (vgl. § 766 S. 1) und ist daher formfrei (RGZ 71, 415 f.). 7 8

3. Umfang des gewillkürten Formzwangs. Ist durch Auslegung (§§ 133, 157) zu ermitteln; gilt auch für die Frage der Formbedürftigkeit des Vorvertrags, wenn Hauptvertrag gewillkürt formbedürftig ist (LM Nr. 4 zu § 154). Klausel, die „schriftlich per Einschreiben" bestimmt, ist, soweit es die Versendung als Einschreibebrief betrifft, regelmäßig nicht als Formbedingung auszulegen, da durch Einschreiben nur Erklärungszugang gesichert werden soll. Erklärung kann daher auch auf andere Weise – zum Beispiel durch Kurier – bewirkt werden (NJW 2013, 1082 Rn. 8f). 9

4. Mangel der ges. Form. Bewirkt *Nichtigkeit* der formwidrigen Erklärung, **S. 1,** teilw. Formnichtigkeit bewirkt idR Totalnichtigkeit, § 139 (BGH NZG 2017, 476 = JuS 2017, 686 mit Anm. Mäsch). Ausnahmen: §§ 550 S. 1, 578 I, teilw. §§ 494 I, 502 III 1. Str. ist, ob bei Geschäftsführung auf Grund formnichtigen Vertrags GoA eingreift (ja: BGH BB 2004, 2709; generell nein → § 677 Rn. 6; → § 134 Rn. 17 f.). 10

5. Mangel der gewillkürten Form. Ob Mangel der gewillkürten Form die formwidrige Erklärung nichtig macht, ist durch Auslegung des formbestimmenden RGeschäfts zu entscheiden. Hat danach die Formwahrung nur Klarstellungs- und Beweisfunktion, so ist die formwidrige Erklärung gültig (BGH NJW-RR 1996, 642; → § 154 Rn. 4); vereinbarte Übermittlungsform, zB Übergabe-Einschreiben, hat iZw nur Beweisfunktion (BGH NJW-RR 2000, 1561). Ist die Form Gültigkeitsvoraussetzung (→ Rn. 4), so ist die Erklärung nichtig, **S. 2.** Letzteres gilt auch, wenn die gewollte Rechtsfolge des Formmangels trotz Auslegung unklar bleibt (S. 2: „iZw": Auslegungsregel). Bei teilw Formnichtigkeit gilt § 139. Von S. 2 abw. Regelung für Verträge in § 154 II (keine Nichtigkeit, sondern mangelnder Vertragsschluss). S. 2 ist praktisch kaum bedeutsam: Die formwidrige, insbes. mündliche Erklärung ist gültig, wenn die Parteien das übereinstimmend und eindeutig wollen (BGHZ 119, 291 mN), mögen sie auch die Formabrede vergessen haben (BAG FamRZ 1984, 692); denn damit wird zugleich das formbestimmende RGeschäft (→ Rn. 1) ganz oder zT aufgehoben (s. Fischer Anm. LM Nr. 28; BGH NJW 2000, 357: Aufhebung kraft einverständlicher Vertragserfüllung, dann ist § 154 II 11 unanwendbar). Formfreie Aufhebung ist ausgeschlossen, wenn auch die Aufhebung dem vereinbarten Formzwang unterliegt (BGHZ 66, 381 f. [dazu BB 1981, 266] nur für Individualvertrag unter Kaufleuten; BAG NJW 2003, 3727; 2009, 317: „doppelte Schriftformklausel"; str.). – Zur *Schriftformklausel in AGB* → § 305b Rn. 3; BAG NJW 2009, 317 ff.; OLG Rostock NJW 2009, 3376 ff. – Zur Rspr. von BGH und BAG Bloching/Ortolf NJW 2009, 3393 ff.

12 **6. Heilung der Formnichtigkeit.** Nur in ges. bestimmten Fällen mit Wirkung für die Zukunft (aber tatsächliche Vermutung für Parteiwillen iSv § 141 II, BGH MDR 1979, 298 mN, hM). Bsp: §§ 311b I 2, 494 II, 502 III 2, 518 II, 766 S. 3, 2301 II, § 1031 VI ZPO, § 15 IV 2 GmbHG. Davon abgesehen gibt es keine Heilung formnichtiger Schuldverträge durch Erfüllung, hM; jeder Heilungstatbestand wirkt nur für sich und kann keine sonstigen Nichtigkeitsgründe heilen (BGH NJW-RR 2017, 114, 115 Rn. 29 f.; NJW 2017, 885 = JuS 2017, 467 mAnm Wellenhofer) einschr. bzgl. möglicher Rückabwicklungsansprüche Flume II § 15 III 4c ff.). **Bestätigung** des nichtigen RGeschäfts ist Neuvornahme (§ 141 I), daher formbedürftig.

13 **7. Formnichtigkeit und Treu und Glauben. a) Bloße Billigkeitserwägungen** (zB wegen Verwirkung, BGH NJW 2004, 1961, 3331) können § 125 nicht verdrängen (allgM; BGH NZG 2017, 476, 478 Rn. 30; krit. Hagen, Deutscher Notartag, 1985, S. 39 f.). Das gilt praktisch nur für ges. Form (zum Grund
14 → Rn. 11). **b) Schlechthin untragbare Rechtsfolgen** der Nichtigkeit (nicht bloß harte Konsequenzen) für die betroffene Partei – insbes. Existenzgefährdung, bes. schwere Treupflichtverletzung (BGH NJW-RR 2017, 596 f. Rn. 12; NJW 2016, 1391 Rn. 15, jeweils mwN; BGH NJW-RR 2008, 1508 mN; für letztere iE Armbrüster NJW 2007, 3318) – verdrängen wegen des Einwands der **unzulässigen Rechtsausübung (§ 242)** nach hM § 125 (BGHZ 149, 331 mN für S. 1; weniger streng BGHZ 66, 383; BAG NJW 2005, 844 f., für S. 2, dazu → Rn. 11); Folge: Das RGeschäft ist trotz Formmangels als gültig anzusehen, aber im Fall der Treuepflichtverletzung nicht gegen den Willen des nach Treu und Glauben Schutzbedürftigen (Armbrüster NJW 2007, 3320). **Anwendungsbereich:** insbes. Verträge gem. § 311b I, auch nach DDR-Recht formbedürftige Verträge (BGH DtZ 1994, 340), ferner Verträge mit Gemeinden bei Mangel reiner Förmlichkeiten wie Schriftform,
15 Amtsbezeichnung, Dienstsiegel (BGHZ 147, 389). **c) Kritik.** Das Problem stellt sich nur, wenn die Nichtigkeit für eine Partei günstig, für die andere ungünstig ist. Daher sind die Belange beider Seiten zu beachten. Ist die Nichtigkeit für die eine Partei schlechthin untragbar, so ist ein Absehen von § 125 für die andere nur zumutbar, wenn ihr eigenes Verhalten bzgl. des Formmangels schlechthin untragbar ist. Dafür genügt obj. Verursachung des Formmangels nicht (BGH NJW 1977, 2072 f.; s. aber Hagen DNotZ 1984, 293); nötig ist vorsätzliche Verhinderung der Form in der Absicht, sich ggf. später durch Berufung auf § 125 rechtsgeschäftlichen Pflichten zu entziehen (ähnlich die ältere Rspr. des RG, vgl. RGZ 96, 315, dazu Flume II § 15 III 4b mwN; weit weniger streng die heute hM, vgl. BGH WM 1981, 492; 1982, 1435; NJW 1996, 1960, 2504; BAG NJW 2005, 844 f.; BGH NJW-RR 2017, 596 f. Rn. 12; NJW 2016, 1391 Rn. 15 je mN; strenger BGHZ 138, 348; 142, 34; 149, 331). § 242 greift nicht, wenn die Vertragspartei, die an dem formnichtigen RGeschäft festhalten will, den Formmangel kannte oder grob fahrlässig nicht kannte (BGH NJW-RR 2017, 596, 597 Rn. 15; ähnlich RGZ 117, 121, 124; BGH NJW 1995, 448 [unter 3a] Rn. 18; NZG 2017, 476, 478 Rn. 33) oder die fehlende Einhaltung der Form auf einem beiderseits gesetzwidrigen Verhalten beruht (BGH NJW 1980, 451 [unter II] Rn. 12; NZG 2017, 476, 478 Rn. 33), es sei denn, es liegen besondere andere Umstände vor. Bei schuldhafter Verhinderung der Form hat der andere Teil, der auf Gültigkeit vertraut, **Schadensersatzanspruch aus cic** (§§ 280 I, 241 II, 311 II, III) auf Ersatz des Vertrauensschadens in Geld, nicht auf Erfüllung, weil sonst das Nichtigkeitsverdikt des § 125 auf dem Wege des Schadensersatzes (§ 249) umgangen würde (wie hier BGH NJW-RR 2017, 596, 598 Rn. 20; anders die hM; zum Streit vgl. RGZ 117, 124 ff.; BGH NJW 1989, 167; Flume II

§ 15 III 4c dd, aber auch cc: bei arglistiger Täuschung über den Formzwang bestehe Erfüllungsanspruch). Wer die Formnichtigkeit kennt, vertraut nicht auf die Gültigkeit des RGeschäfts; cic scheidet aus, § 125 gilt voll (RGZ 117, 124 f.; BGH NJW 1995, 449; NZG 2017, 476, 478 Rn. 33; OLG Jena NJW-RR 1999, 1687 f.; aA BGHZ 48, 397 [dazu OLG Jena NJW-RR 1999, 1687 f.]; WM 1981, 492 mN). – Sind Folgen des Formverstoßes abw. von § 125 S. 1 ges. geregelt, so scheidet Rückgriff auf § 242 aus (BGHZ 149, 88 f. zu § 6 II 1, 2 VerbrKrG = § 494 II 1, 2). **d) Nicht jedes RGeschäft** kann trotz Formmangels entspr. → Rn. 14, 15 als gültig **16** angesehen werden. Zu verneinen für erbrechtliche Geschäfte, zB Erbvertrag (OLG Stuttgart NJW 1989, 2701; anders BGH NJW 1995, 449 für Vertrag gem. § 312 II aF = § 311b V 2; sa OLG Köln NJW-RR 2006, 225 f.). Str. für formgebundene Verfügungen; ja: LM Nr. 1 zu § 105 PreußAllgBergG; nur in krass liegenden Ausnahmefällen: Grüneberg/Ellenberger Rn. 23; nein: Flume II § 15 III 4c aa.

§ 126 Schriftform

(1) **Ist durch Gesetz schriftliche Form vorgeschrieben, so muss die Urkunde von dem Aussteller eigenhändig durch Namensunterschrift oder mittels notariell beglaubigten Handzeichens unterzeichnet werden.**

(2) [1]**Bei einem Vertrag muss die Unterzeichnung der Parteien auf derselben Urkunde erfolgen.** [2]**Werden über den Vertrag mehrere gleichlautende Urkunden aufgenommen, so genügt es, wenn jede Partei die für die andere Partei bestimmte Urkunde unterzeichnet.**

(3) **Die schriftliche Form kann durch die elektronische Form ersetzt werden, wenn sich nicht aus dem Gesetz ein anderes ergibt.**

(4) **Die schriftliche Form wird durch die notarielle Beurkundung ersetzt.**

Lit.: Bei § 125.

1. Allgemeines. a) „Ges." iSv I ist jede Rechtsnorm (Art. 2 EGBGB) des **1** *privaten* Rechts. Zum *öffentl-rechtlichen Vertrag* vgl. §§ 62, 57 VwVfG. *Prozesshandlungen* folgen eigenen Regeln. Verwendet der Gesetzgeber den Begriff „schriftlich" im Zusammenhang mit einer Willenserklärung meint er regelmäßig die Schriftform des § 126 (BAG BeckRS 2017, 123671 Rn. 34; NJW 2016, 2906, 2907 Rn. 17; Lützen NJW 2012, 1627, 1630; s. noch → § 126b Rn. 4). **b) I erfordert** eigenhändige Unterzeichnung der Urkunde (Unterschriftsform; abw. zB § 2247 I: Gesamtschriftform) oder notariell beglaubigtes Handzeichen (→ § 129 Rn. 1). Für Verträge gilt ergänzend II. Zu IV vgl. → § 125 Rn. 2. Die Urkunde kann in jeder Sprache abgefasst sein, die (ggf. durch Übersetzung) allgemeinverständlich gemacht werden kann (OLG Brandenburg NJW-RR 1999, 545). Schriftform eines Vertrags gem. I, II verlangt eigenhändige Unterzeichnung durch alle Vertragsparteien. **c) Unter-** **2** **schrift:** ausreichend ist Schriftzug mit individuellem Charakter, der von objektivem Dritten, der Namen des Unterzeichnenden kennt, dem Schriftbild noch rudimentär (andeutungsweise) zugeordnet werden kann. Unterschrift muss nicht lesbar sein, sondern nur individualisierbar. Mindestens einzelne Buchstaben müssen aber andeutungsweise zu erkennen sein, weil sonst kein *Schriftmerkmal* gegeben. Großzügiger Maßstab, wenn im Übrigen Autorenschaft und Absicht, volle Unterschrift zu leisten, ohne Zweifel. Erforderlich: individuelles Gepräge und charakteristische Identitätsmerkmale. Geschwungenen Linie und Punkt reicht aus, wenn nichts auf bloße Abkürzung hindeutet. Entscheidend: Gesamterscheinungsbild des Schriftzugs, unschädlich, wenn einfach strukturiert und starker Abschleifungsprozess. **Abkürzung** (Handzeichen, Paraphe) ist keine Unterschrift. Ob Unterschrift oder nur Abkürzung, richtet sich nach äußerem Erscheinungsbild. Stark vereinfachter und nicht lesbarer Namenszug kann Unterschrift sein, wenn Unterzeichner auch sonst in gleicher oder ähnlicher Weise unterschreibt (BGH NJW-RR 2021, 801, 803 Rn. 22; BGH NJW-RR 2011, 953 Rn. 21 mwN). **d) Funktionen der Unter-**

schrift (s. Köhler AcP 182, 147 ff.): *Abschlussfunktion* (in zweifachem Sinn: Abgrenzung vom bloßen Entwurf; räumlicher Abschluss durch *Unter*schrift, BGH NJW 1991, 488). *Identitätsfunktion, Echtheitsfunktion* (Erkennbarkeit des Ausstellers und seiner Urheberschaft: BAG NJW 2008, 2521), *Warnfunktion* (Schutz vor unbedachten Erklärungen). **Abschlussfunktion:** Unterschrift muss gesamten Erklärungsinhalt decken und Text räumlich abschließen, also unterhalb des Textes stehen und urkundliche Erklärung auch äußerlich vollenden (BGH NJW-RR 2021, 801, 802 Rn. 14; BGH NJW-RR 2021, 12, 13 Rn. 19 mwN). Unterschrift schließt nicht vollständigen Erklärungsinhalt ab, wenn unterschriebene Vorderseite keinen ausreichenden Verweis auf die zB auf der **Rückseite** des Formulars abgedruckten Vertragsbedingungen enthält und den Schluss erlaubt, die geleisteten Unterschriften deckten auch diese Vertragsbestandteile (BGH NJW-RR 2021, 12, 14 Rn. 22). **„Oberschrift"** auf maschinenlesbaren Überweisungsformularen von Banken usw. ist daher keine Unterschrift iSv I, ihr fehlt die *räumliche Abschlusswirkung* (BGHZ 113, 53 f. [unentschieden NJW 1995, 45; abl. Köhler FS Schippel, 1996, 219 f. mN]; zutr.: Formulare müssen dem Ges. entsprechen, nicht umgekehrt; neuere Formulare entsprechen wieder dem Ges.); entspr. für „Nebenschrift" BGH NJW 1992, 830 (zu §§ 416, 440 II ZPO). **e) Urkunde:** Nicht erforderlich, dass schon die erste Vertragsurkunde selbst alle Schriftformvoraussetzungen erfüllt. Ausreichend, wenn Voraussetzungen durch nachfolgende Änderungsvereinbarung gemeinsam mit der in Bezug genommenen ersten Vertragsurkunde erfüllt werden → Rn. 10.

3 **2. Eigenhändige Namensunterschrift, I.** Zum notariell beglaubigten Handzeichen BeurkG §§ 39, 40 VI. **a) Name** ist die zweifelsfreie Kennzeichnung des Ausstellers. Ausgeschriebener Vor- und Familienname genügt idR, uU auch Vorname allein, Pseudonym; für Kaufmann s. §§ 17, 30 HGB. Ungenügend ist Verwandtschaftsbezeichnung („Eure Mutter" [anders § 2247 III]), Titel, Namensabkürzung (Handzeichen, Paraphe). Ob Abkürzung oder Unterschrift vorliegt, bestimmt das äußere Erscheinungsbild, entscheidend ist großzügig beurteiltes Feststehen der Autorenschaft (BGH NJW-RR 2007, 351; BAG NJW 2008, 2521). Zulässig ist Unterschrift durch **Vertreter** mit eigenem Namen, Vertreterstellung muss aus der Urkunde ersichtlich sein (BGH NJW 2010, 1453; 2013, 1082 Rn. 10, 13; 2015, 2034; BeckRS 2015, 11804; zB ob allein- oder gesamtvertretungsberechtigt). Wird die Vertretung der Vertragspartei durch die den Vertrag unterzeichnende Person auf andere Weise deutlich, ist ein zusätzlicher **Vertretungszusatz** nicht erforderlich (BGHZ 176, 301, 308; NJW 2010, 1453 Rn. 15). Das soll zB schon dann der Fall sein, wenn der Vermieter eine **natürliche Person** ist und eine andere als Vermieter unterschreibt (BGH NJW 2010, 1453 Rn. 16) oder wenn wenn bei einer GmbH der **alleinige Geschäftsführer** ohne Hinweis auf seine Vertreterstellung unterzeichnet (BGH NJW 2005, 2225, 2226; 2007, 3346; 2010, 1453 Rn. 16). Bei Abschluss eines Vertrags durch eine **Kapitalgesellschaft** (insbes. AG) ist zu unterscheiden: Für Fälle, in denen die Vertretungsregelung der Kapitalgesellschaft im Vertrag angegeben ist, ist die Schriftform nur gewahrt, wenn alle genannten Vorstandsmitglieder unterzeichnen oder eine Unterschrift den Hinweis enthält (etwa durch den Zusatz „i.V."), dass das unterzeichnende Vorstandsmitglied auch die nicht unterzeichnenden Vorstandsmitglieder vertreten will (BGH NJW 2010, 1453, 1454 Rn. 18 ff.). Fehlt die Angabe der Vertretungsregelung im Vertrag, dann ist ausreichend, wenn ein Vorstandsmitglied unterzeichnet hat, da dann sein Vertretungswille eindeutig erkennbar ist (BGH NJW 2015, 2034, 2035 Rn. 22). Nach hM darf er mit Namen des Vertretenen unterschreiben (BGH MDR 1976, 570; fraglich, abl. Holzhauer, *Die eigenhändige* Unterschrift, 1973; Köhler FS Schippel, 1996, 212 f.; zurückhaltend BGH WM 1981, 375). Ob die Unterschrift des Vertreters von einer sie tragenden Vertretungsmacht gedeckt ist, ist keine Frage der Schriftform, sondern der Bindungswirkung gegenüber dem Vertretenen nach § 164 (BGH NJW 2013, 1082
4 Rn. 10, 15; 160, 104 f.). **b) Die Unterschrift,** nicht die gesamte Urkunde (→ Rn. 1 [b]), muss *eigenhändig,* dh *handschriftlich* vom Aussteller selbst (BGHZ 140,

171) geleistet sein (daher ungenügend Druck, Schreibmaschine, Namensstempel, Fernschreiben, Telegramm: [s. BGH NJW 1981, 1205], Telefax [BAG NJW 2003, 844]). Individuelles Schriftbild nötig, Leserlichkeit nicht (BGH NJW-RR 2007, 351). *Schreibhilfe* ist zulässig, sofern Unterschrift vom Willen des Unterzeichners abhängig bleibt (BGH NJW 1981, 1901). Einschränkung der Handschriftlichkeit zB in § 793 II 2, § 13 S. 1 AktG (dazu BGH NJW 1970, 1080). Zur Möglichkeit weiterer Einschränkungen Köhler AcP 182, 150 ff.; zu deren Notwendigkeit (Rationalisierung!) R. Schmidt AcP 166, 6 ff. Zur elektronischen Signatur → Rn. 12.

c) Unter der Erklärung muss die *Unter*schrift stehen, sie räumlich abschließen 5 (→ Rn. 2; BGH NJW 1998, 60; zur „Oberschrift" und „Nebenschrift" → Rn. 2); dann sind auch spätere Zusätze/Änderungen im Text gedeckt (OLG Köln NJW-RR 1989, 1336). Gilt auch für **Vertragsurkunden, II 1;** Erleichterung in **II 2** (die ausgetauschten Urkunden müssen den gesamten Vertragstext enthalten). **Austausch** von Antrag und Annahme genügt für § 126 nicht; **anders § 492 I 2** und bei gewillkürter Form, § 127 II 1); anders auch für **§ 550** S. 1 (= § 566 aF), wenn beide Erklärungen auf derselben Urkunde unterschrieben sind (BGHZ 161, 102 ff.; BGH NJW 2015, 2648, 2649 Rn. 32 ff.; BGH NJW 2018, 1540, 1541 Rn. 24; ebenso BAG NJW 2007, 316 f. für § 14 IV TzBfG [Befristung von Arbeitsverträgen]); ausreichend für Form des § 550 S. 1, wenn mehrere gleichlautende Vertragsurkunden aufgenommen werden und jede Partei die für die andere bestimmte Urkunde unterzeichnet, Zugang nicht erforderlich (BGH NJW 2018, 1540, 1541 Rn. 20 ff.). Austausch genügt, wenn nur die Erklärung eines Teils formbedürftig ist (BGH NJW 2001, 222 f.). **d) Blankounterschrift** ist wörtlich Widerspruch in sich, aber 6 gewohnheitsrechtlich zugelassen (nicht für § 2267 S. 1: OLG Hamm NJW-RR 1993, 270). Sie deckt später errichtete Urkunde idR so wie nachträgliche Unterschrift (BGHZ 140, 171). Unter Aufgabe jahrzehntelanger Rspr. lässt BGHZ 132, 122 ff. Blankounterschrift des Bürgen und Ausfüllung formbedürftiger Bürgschaftserklärung durch mündlich vom Bürgen ermächtigten Dritten für § 766 S. 1 nicht genügen (Folge: § 125 S. 1); jetzt hM (BGHZ 140, 171; NJW 2000, 1180, je mN; dazu krit. Benedict JURA 1999, 78 ff.); bedenklich, da (angebliche) Fehlauslegung von § 766 S. 1 Gewohnheitsrecht geworden (allg. BGHZ 37, 224 f.) oder an ihr im Interesse von Rechtssicherheit und Vertrauensschutz festzuhalten sein dürfte (allg. BGHZ 85, 66). Von der Formfrage zu unterscheiden ist, ob die Urkunde eine Erklärung des blanko Unterschreibenden enthält (BGH NJW 1984, 798, dazu abl. Reinicke/Tiedtke JZ 1984, 550 ff.); hierfür gilt § 440 ZPO (BGHZ 132, 126; NJW 2000, 1180 f.; unanwendbar für „Ober"- und „Nebenschrift", BGHZ 113, 50 ff.; NJW 1992, 830, → Rn. 2). Bei Missbrauch eines weggegebenen Blanketts gilt § 172 II entspr. (BGHZ 132, 127 f.; NJW 2001, 2969 mN; gilt nicht für Blankett*oberschrift*, BGHZ 113, 53 f.). Bei Ausfüllen eines abhandengekommenen Blanketts kann Handeln unter fremdem Namen vorliegen (Flume II § 15 II 1d; allg. → § 177 Rn. 8).

3. Urkundeninhalt. Das ganze formbedürftige RGeschäft muss in der 7 Urkunde enthalten sein. **a) Durch Auslegung** sind Inhalt und Umfang des RGeschäfts zu ermitteln (wie beim formfreien Geschäft), **erst dann** wird geprüft, ob die **Form** gewahrt ist (BGH NJW 2011, 219). Formwahrung verlangt: formgültige Urkunde; Erfüllung der Formzwecke; Vorstellung des (der) Erklärenden, dass das Erklärte dem Gewollten entspricht (Häsemeyer JuS 1980, 6 f.; Flume NJW 1983, 2007 ff.; Brox JA 1984, 552 ff.; abl. zum Genügen subj. Vorstellungen BGHZ 142, 165 f.). *Nicht erforderlich* ist, dass der wirkliche (→ § 133 Rn. 9) oder hypothetische Parteiwille (→ § 157 Rn. 4) in der Urkunde *angedeutet* ist. Das gilt für die *Auslegung* (BGHZ 94, 38; 125, 178; NJW 1996, 2793; aA NJW 2000, 1570; 2001, 3328; 2008, 1659; 2011, 219; je mN), aber auch für die *Formwahrung* (aA BGH NJW 1996, 2793 mN), wenn und weil die Formzwecke „Andeutung" nicht erfordern, so beim Testament (Gerhards JuS 1994, 642 ff.; aA BGHZ 94, 38, 42 f.; NJW 2011, 219, hM: „Andeutungstheorie") und Grundstücksvertrag iSv → § 311b Rn. 1 (Bsp.

Parzellenverwechslung: Die übereinstimmend gemeinte, aber *unbewusst* falsch bezeichnete Parzelle ist verkauft und aufgelassen, ferner BGH NJW 2008, 1659: Gewollt ist der Verkauf einer größeren oder kleineren Fläche als obj. beurkundet;
8 → § 133 Rn. 9: **falsa demonstratio non nocet;** ebenso BGH NJW 1986, 1868 mN in ungelöstem Widerspruch zur sonst geforderten „Andeutung zwecks Formwahrung": Bei unbewusster Falschbezeichnung der Parzelle gelte das übereinstimmend Gewollte, wenn das obj. Erklärte der Form genüge; hier scheidet Andeutung des Gewollten zwangsläufig aus [ebenso BGH NJW 2007, 2118; 2008, 1659; inkonsequent NJW-RR 1988, 265]. Zur Grundbucheintragung aber → § 873 Rn. 9). Die falsa-demonstratio-Regel gilt *nicht* für die *bewusst falsche* formbedürftige Erklärung, da der Erklärende nicht annimmt, das förmlich Erklärte entspreche dem
9 Gewollten (Bsp. Schwarzkauf, → § 117 Rn. 3). **b) Der Erfahrungssatz,** dass die Parteiabreden in der Urkunde **vollständig und richtig** niedergelegt sind (keine Vermutung mit Beweislastumkehr: Häsemeyer JuS 1980, 7, sondern tatsächliche Vermutung; aA BGH NJW 2002, 3164 f.), gilt nur für die Parteien (BGHZ 109,
10 244 f.). **c) Mehrere Blätter** sind nur bei entweder körperlicher (fester) oder anderweitig bewirkter eindeutiger Zusammenfassung (zB durch fortlaufende Paginierung) *eine* Urkunde, sog. Einheitlichkeit der Urkunde (BGHZ 142, 160 f.) oder inhaltliche Bezugunahme. Im Einzelfall ausreichend, wenn lediglich **Nachtragsabrede** (BGH NJW 2017, 3772, 3773 Rn. 17 mwN) oder **Anlage** unterschrieben wurde, sofern hinreichend deutlich ist, auf welchen Vertrag sich die Anlage oder Nachtragsabrede bezieht (BGH NJW-RR 2021, 801, 802 Rn. 15; BGH NJW-RR 2021, 12, 13 Rn. 20; BGH NJW 2009, 2195, 2196 Rn. 22, 24 mN; BGH NJW 2008, 2181, 2183; OLG Koblenz NJW-RR 2014, 132; KG BeckRS 1999, 10610; aA BeckOK MietR/Leo, § 550 Rn. 188) (→ Rn. 2). Körperliche Verbindung der unterschriebenen Anlage oder Nachtragsabrede mit dem in Bezug genommenen Vertrag nicht erforderlich. Ausreichend, dass zwischen beiden Schriftstücken **gedankliche Verbindung** besteht, die zweifelsfrei erkennen lässt, dass beide in ihrer Gesamtheit den Vertrag bilden (BGH NJW-RR 2021, 12, 13 f. Rn. 20; BGH NJW 2009, 2195 Rn. 22, 24). Gilt ebenso für in andere Schriftstücke „ausgelagerte" weitere Vertragsbestimmungen (BGH NJW 1999, 3258; zweifelsfreie Bezugnahme der Haupturkunde auf die Anlagen zum Vertrag ist entscheidend, BGH NJW 2003, 1249), wesentliche Änderungen und Ergänzungen (unwesentliche sind formfrei, BGH NJW 2000, 358). Die Zusammenfassung muss dem Willen der Beteiligten entsprechen (BGHZ 50, 42). Für Mietverträge aus mehreren Blättern bzw. mit Anlagen etc. gilt nichts anderes (feste körperliche Verbindung nicht nötig, BGHZ 136, 360 ff. [„AuflockerungsRspr"]; 142, 160 f., je zu § 571 aF = § 578 I mit § 550
11 nF, s. ferner die gerade zuvor zitierte Rspr.) **d) Empfangsbedürftige Willenserklärung** muss in der Form von I–III mit § 126a *zugehen* (BGH NJW 2010, 1519), da die Erklärung nur dann „wirksam" werden kann, wenn sie in der für ihre Abgabe vorgeschriebenen Form zugegangen ist (Urschrift oder Ausfertigung, § 47 BeurkG: BGH NJW 1995, 2347; bei der elektronischen Form ist die Erklärung oder das gesamte Vertragsdokument [→ § 126a] samt elektronischer Signierung der Erklärung bzw. des Vertragsdokuments zuzusenden). Gilt auch für schriftformgebundene Vertragserklärungen (ungenügend ist die Zusendung eines schriftformgebundenen Angebots per Fax, da nur das beim Anbieter verbleibende Original unterzeichnet ist: BGH NJW 1997, 3170; Ausnahme für Annahme in § 151, BGH NJW-RR 1986, 1301; § 152 betrifft nur notarielle Beurkundung, BGH NJW 1962, 1390).

12 **4. Elektronische Form.** Die Schriftform (I, II) kann durch die elektronische Form, III, ersetzt werden, außer sie ist ges. ausgeschlossen (so in §§ 623, 630 S. 3, 761 S. 2 [partiell], 766 S. 2, 780 S. 2, 781 S. 2), → § 111 Rn. 5 und → §§ 170–173 Rn. 8. Zu den Anforderungen der elektronischen Form vgl. § 126a.

13 **5. Notarielle Beurkundung.** Zu IV → § 128 Rn. 1, → § 127a Rn. 2. Anders notarielle Beglaubigung → § 129 Rn. 1 ff.

§ 126a Elektronische Form

(1) **Soll die gesetzlich vorgeschriebene schriftliche Form durch die elektronische Form ersetzt werden, so muss der Aussteller der Erklärung dieser seinen Namen hinzufügen und das elektronische Dokument mit seiner qualifizierten elektronischen Signatur versehen.**

(2) **Bei einem Vertrag müssen die Parteien jeweils ein gleichlautendes Dokument in der in Absatz 1 bezeichneten Weise elektronisch signieren.**

1. Allgemeines. a) I wurde mWv 29.7.2017 durch Ges. v. 18.7.2017 (BGBl I 1
2745) wegen der Durchführung der Verordnung (EU) Nr. 910/2014 vom 23.7.2014 über die elektronische Identifizierung und Vertrauensdienste für elektronische Transaktionen im Binnenmarkt etc. geändert und marginal mWv 1.8.2022 durch das DIRiLi-UG. Die Verwendung der **elektronischen Form** bedarf eines **erheblichen** technischen und (für viele auch intellektuellen) Anwender-**Aufwands, I** mit den einschlägigen Bestimmungen des SigG. Der **Anwender** (Aussteller des elektronischen Dokuments) **benötigt:** geeignete Hard- und Software (§§ 2 Nr. 10; 5 VI SigG), ein qualifiziertes Zertifikat, das bestimmte Angaben enthalten (§ 7 SigG) und eine qualifizierte elektronische Signatur (§ 2 Nr. 3 SigG) tragen muss. Die Signierung des Dokuments erfolgt mit dieser qualifizierten elektronischen Signatur, und zwar durch Eingabe einer Chipkarte (in Form einer Scheckkarte) in den PC (Lesegerät als Zusatzgerät erforderlich) und einer PIN; die Karte enthält (ua, s. § 7 I Nr. 2, 3 SigG) den öffentl. Signaturprüfschlüssel und den privaten, nur dem Signaturschlüssel-Inhaber bekannten Schlüssel. Der Empfänger kann mit Hilfe eines Verzeichnisses des Zertifizierungsdiensteanbieters (§ 2 Nr. 8 SigG) den passenden öffentl. Schlüssel erhalten und damit feststellen, ob das Dokument vom Absender, dessen Namen das Dokument enthält (I), stammt und unverändert zugegangen ist. Dazu Hähnchen NJW 2001, 2833. **b)** Der **Aufwand** (→ Rn. 1) **beschränkt faktisch den Anwen-** 2
derkreis auf Wirtschaftsunternehmen iwS (sa Hähnchen NJW 2005, 2259 zum JKomG; NK-BGB/Noack/Kremer Rn. 7, 8: Expertenwerkzeug). Für den (Normal-)Verbraucher ist die elektronische Form keine reizvolle Alternative zur ges. Schriftform (§ 126 I, II): Um diese Form zu wahren, ist der Aufwand („Stift und Papier") gering, billig, idR sofort und überall zu leisten; die Beteiligten haben die Erklärung sogleich in der Hand, und die Schriftform ist mindestens so sicher wie die elektronische Form (zur Problematik insbes. bzgl. der Identitätsfunktion Boente/Riehm JURA 2001, 797).

2. Schriftformersatz. Die **Schriftform kann** durch die elektronische Form 3
ersetzt werden, § 126 III. Im Gegensatz zur Formulierung in §§ 126 IV, 127a, 129 II, wonach die notarielle Beurkundung automatisch die anderen Formen ersetzt, bietet § 126 III nur eine **mögliche Form anstelle der Schriftform.** Diese ist die **Regel,** ihre **Abbedingung** bedarf des ausdr. oder stillschweigenden Einverständnisses der Beteiligten (idR des Empfängers der Erklärung), zB durch Bekanntgabe der E-Mail-Adresse auf Geschäftsbriefen, Rechnungen und dergl. (ähnliche Problematik bei Bezahlung mit „Buchgeld" statt mit geschuldetem Bargeld, BGHZ 98, 29 f.; → §§ 364, 365 Rn. 4). § 126a I betrifft nur den Fall, dass eigentlich in schriftlicher Form (§ 126) abzufassende Erklärung stattdessen in elektronischer Form abgegeben werden soll. Er regelt aber **nicht** die andere Frage, welche Form bei der **anschließenden elektronischen Übermittlung** dieser Erklärung zu wahren ist. Diese Frage wird von den einschlägigen Vorschriften beantwortet, etwa die nach der elektronischen Übermittlung von Eintragungsanmeldungen an das Registergericht durch § 12 I 1, II 2 HGB, § 39a BeurkG (BGH BeckRS 2021, 17942 Rn. 13, 18 mit in diesem Fall ablehnendem Ergebnis).

3. Voraussetzungen, I. a) Die elektronische Form ersetzt gegenüber der ges. 4
Schriftform der Sache nach nur die Unterschrift. **Anzugeben ist** (nur) der **Name,** aber nicht als Unterschrift. Es genügt, dass er an irgendeiner Stelle der Erklärung

5 hinzugefügt wird. **b) Signierung** des Dokuments mit der zugeteilten (§§ 5, 7 SigG) qualifizierten elektronischen Signatur, die auf einem zum Zeitpunkt ihrer Erzeugung gültigen qualifizierten Zertifikat beruht (§ 2 Nr. 3 Buchst a, Nr. 7 SigG) und mit einer sicheren Signaturerstellungseinheit (§ 2 Nr. 10 SigG) erzeugt wird (§ 2 Nr. 3 Buchst b SigG) (zur qualifizierten elektronischen Signatur → Voigt/Herrmann/Danz NJW 2020, 2991, 2993). **Eigenhändige** Signierung durch den Aussteller (Signaturschlüssel-Inhaber, §§ 2 Nr. 9; 7 Nr. 1–3 SigG) ist **nicht nötig;** mit seiner Zustimmung kann ein Dritter wirksam signieren (ohne Zustimmung: Missbrauch
6 → Rn. 8). **c)** Wie bei der Schriftform gilt der Grundsatz der **Einheitlichkeit der Urkunde** (→ § 126 Rn. 10).

7 **4. Verträge.** Für Verträge enthält **II** entspr. § 126 II 2 (→ § 126 Rn. 5) eine **bes. Regelung.** Wie dort genügt nicht der Austausch von Angebot und Annahme. Die ausgetauschten Dokumente müssen den gesamten Vertrag enthalten, und jede Partei muss das für die andere Partei bestimmte Dokument signieren. Die Parteien müssen nicht von II Gebrauch machen; daher ist Doppelsignierung auf einem Dokument (mit vollständigem Vertragstext) möglich, ebenso Signierung durch eine Partei und handschriftliche Unterschrift durch die andere, jeweils des gesamten Vertrags.

8 **5. § 371a ZPO.** Enthält eine bes. Vorschrift für den **Anscheinsbeweis** der Echtheit einer elektronischen Erklärung (nicht nur wie der aufgehobene § 292a ZPO Willenserklärung). Er kann – entspr. allg. Grundsätzen (Jauernig/Hess ZivProzR § 50 V) – nur durch Tatsachen erschüttert werden, die ernstliche Zweifel daran begründen, dass die Erklärung mit Willen des Signaturschlüssel-Inhabers abgegeben worden ist. Praktisch kann das werden, wenn der Signaturschlüssel-Inhaber behauptet, ein Dritter habe **missbräuchlich** das Dokument signiert (dazu gehört nur der Besitz der Signaturerstellungseinheit (§ 2 Nr. 10 SigG) und die Kenntnis der PIN, ähnlich wie beim Missbrauch einer Kredit- oder EC-Karte); vgl. Roßnagel/Fischer-Dieskau NJW 2006, 806 f.

§ 126b Textform

[1]Ist durch Gesetz Textform vorgeschrieben, so muss eine lesbare Erklärung, in der die Person des Erklärenden genannt ist, auf einem dauerhaften Datenträger abgegeben werden. [2]Ein dauerhafter Datenträger ist jedes Medium, das

1. **es dem Empfänger ermöglicht, eine auf dem Datenträger befindliche, an ihn persönlich gerichtete Erklärung so aufzubewahren oder zu speichern, dass sie ihm während eines für ihren Zweck angemessenen Zeitraums zugänglich ist, und**
2. **geeignet ist, die Erklärung unverändert wiederzugeben.**

1 **1. Allgemeines.** Die **Textform** gibt der Formlosigkeit eine „Form", die keinem der herkömmlichen Formzwecke (→ § 125 Rn. 3, 4, auch → § 126 Rn. 2) entspricht. Textform ist für Mitteilungen, Informationen, Dokumentationen in Fällen gedacht, in denen die Schriftform zu viel, die totale Formlosigkeit (= Mündlichkeit) zu wenig ist. Normtext wurde zum 13.6.2014 geändert (s. Ges. vom 20.9.2013, BGBl. 2013 I 3642; dazu BR-Drs. 17/13951, Ges. dient der Umsetzung der VerbrR-RL). Ges. **vorgeschrieben** zB in §§ 312h, 356a I, 482 I 1, 482a S. 1, 504a I 3, 505 I 1, 510 I 3, 514 II 4, 555c I 1, 558a I, 613a V, 630e II 1, 650i II, 655b I 3, 675a. und in zahlreichen Normen außerhalb des BGB. Zu den Grenzen der **gewillkürten Schriftform in AGB** und zur Bevorzugung der Textform → § 127 Rn. 1.

2 **2. Voraussetzungen.** Die Erklärung muss **lesbar** sein (dauerhafte Wiedergabemöglichkeit in Schriftzeichen nötig [BGH NJW 2009, 3228]); mündliche Erklärung, zB auf Anrufbeantworter, ist mangels Lesbarkeit ungenügend. Seit 13.6.2014 ausdrückliches gesetzliches Erfordernis der Speicherung auf einem **dauerhaften Datenträger.** Begriff wird in S. 2 legaldefiniert. Definition entspricht der in Art. 2

Nr. 10 VerbrR-RL. Datenträger: Papier, elektronische Speichermedien wie CD-Rom, (externe) Festplatte, USB-Stick, Computerfax, E-Mail (BGH NJW 2016, 3713, 3715 Rn. 28; BAG NZA 2010, 401); SMS (BGH NJW 2014, 2857 Rn. 19; OLG München BeckRS 2014, 18401; Grüneberg/Ellenberger Rn. 3), Speicherkarten, Fax (BT-Drs. 18/10822 S. 52, 72, 112 zum Dritten Reiserechtsänderungsgesetz). Bloße Einstellung ins Internet ist ungenügend (so bereits zu § 126b aF: BGH NJW 2014, 2857; KG NJW 2006, 3216; OLG Hamburg NJW-RR 2007, 840). Sie ist nur ausreichend, wenn Empfänger Interneterklärung ausdruckt oder elektronisch (zB auf Festplatte) wieder abrufbar speichert (BGH NJW 2014, 2857, 2858 Rn. 19). Die **Person des Erklärenden** muss bezeichnet (durch Name, andere individualisierte Bezeichnung wie Spitzname oder individualisierte Funktionsbezeichnung, zB „Vermieter" [Erman/Arnold Rn. 5]) und der **Abschluss der Erklärung** erkennbar gemacht werden. Normtext verlangt seit 13.6.2014 Erklärungsabschluss nicht mehr ausdrücklich. Abschluss ist aber begriffsimmanent: „eine Erklärung" liegt nur vor, wenn sie einen Erklärungsabschluss hat, zB durch Nachbildung der Namensunterschrift (kein Unterschriftserfordernis) oder Hinweis, dass vorstehende Erklärung auch ohne Unterschrift rechtsgültig ist. Kein Abschluss, wenn Erklärung in Form einer Datei als Anhang einer E-Mail versendet wird, aber Erklärung selbst keinen Abschluss hat (OLG München BeckRS 2014, 18401 Rn. 13). Die Erklärung muss nicht mit Hilfe automatischer Einrichtungen gefertigt sein. Verlangt eine Norm wie etwa § 651e I eine auf einem dauerhaften Datenträger iSv § 126b S. 2 gespeicherte Erklärung, aber nicht auch die Textform iSv § 126b S. 1, dann genügte auch eine Audio-Datei (BT-Drs. 18/10822 S. 72).

3. Empfangsbedürftige Willenserklärungen. Müssen in der vorgeschriebenen Form dem Empfänger **zugehen.** Dafür genügt, dass die für den Empfang bestimmte Einrichtung das Dokument aufgezeichnet hat, Lesbarkeit auf dem Bildschirm genügt. Für die elektronische Übermittlung und damit für den wirksamen Zugang bedarf es des Einverständnisses entspr. → § 126a Rn. 3. 3

4. Ersatzfähigkeit der Textform. Die Textform kann durch jede strengere Form ersetzt werden, da sie in dieser aufgeht → § 125 Rn. 2. Umgekehrt kann die Textform nicht die Schriftform oder die elektronische Form (→ § 126, 126a) ersetzen. Anderes kann sich ausnahmsweise aus der die Schriftlichkeit anordnenden Norm durch Auslegung ergeben (OLG Braunschweig BeckRS 2016, 106507 Rn. 29 ff.: Auslegung des § 28a I 1 Nr. 4 BDSG „schriftlich" meint auch Textform; mit guten Gründen **aA** Tintemann/Rohrmoser VuR 2016, 388, 391 f. mN, str.). Regelmäßig meint aber „schriftlich" die Form des § 126 (→ § 126 Rn. 1). 4

§ 127 Vereinbarte Form

(1) **Die Vorschriften des § 126, des § 126a oder des § 126b gelten im Zweifel auch für die durch Rechtsgeschäft bestimmte Form.**

(2) [1]**Zur Wahrung der durch Rechtsgeschäft bestimmten schriftlichen Form genügt, soweit nicht ein anderer Wille anzunehmen ist, die telekommunikative Übermittlung und bei einem Vertrag der Briefwechsel.** [2]**Wird eine solche Form gewählt, so kann nachträglich eine dem § 126 entsprechende Beurkundung verlangt werden.**

(3) [1]**Zur Wahrung der durch Rechtsgeschäft bestimmten elektronischen Form genügt, soweit nicht ein anderer Wille anzunehmen ist, auch eine andere als die in § 126a bestimmte elektronische Signatur und bei einem Vertrag der Austausch von Angebots- und Annahmeerklärung, die jeweils mit einer elektronischen Signatur versehen sind.** [2]**Wird eine solche Form gewählt, so kann nachträglich eine dem § 126a entsprechende elektronische Signierung oder, wenn diese einer der Parteien nicht möglich ist, eine dem § 126 entsprechende Beurkundung verlangt werden.**

1 **1. Allgemeines.** Generell zur gewillkürten Form → § 125 Rn. 1, 4, 9, 11. **I** gibt **Auslegungsregel:** Sagt das formbestimmende RGeschäft nicht klar, was unter „Schriftform", „elektronischer Form" oder „Textform" ie verstanden werden soll, so ergibt sich der Inhalt der rechtsgeschäftlichen Formbestimmung aus §§ 126, 126a oder 126b. **II** schränkt diese Verweisung durch dispositive Norm ein. **§ 309 Nr. 13 lit. a), lit. b)** setzt der AGB-gewillkürten Schriftform für **Anzeigen und Erklärungen** des Vertragspartners gegenüber dem Verwender bei Verträgen, die nach dem 30.9.2016 abgeschlossen wurden (Art. 229 § 37 EGBGB), Grenzen zugunsten der Textform → § 309 Rn. 22.

2 **2. Voraussetzungen. a) Soweit §§ 126, 126a oder 126b anzuwenden** ist (vgl. → Rn. 1) sa Anm. dort. **b) II 1** lässt jede Form telekommunikativer Übermittlung genügen (Telefon, Fernschreiben, Teletext, Fax, Computerfax, E-Mail). Entbehrlich ist nicht Schriftform überhaupt, sondern nur die Unterschrift. – **Vertragsschluss** ist **durch Briefwechsel** möglich. II 1 aE modifiziert nur § 126 II und befreit nicht von § 126 I; daher Unterschrift nötig. Nach hM genügt aber als „Briefwechsel" auch der Austausch von Brief und (nicht unterschriebenem) Telegramm, Fax usw. und darüber hinaus der Austausch von (nicht unterschriebenen) Telegrammen usw., so dass das von § 126 I postulierte Unterschriftserfordernis von einem zwingenden Formerfordernis zu einer bloßen Ausstellerangabe mutiert ist. **II 2** betrifft nur nachträgliche Beurkundung des bereits formgültigen RGeschäfts. Bei Verwendung eines Telegramms muss Empfangstelegramm schriftlich zugestellt werden, telefonische Durchsage genügt für *Schrift*form nicht.

3 **3. Durch RGeschäft bestimmte elektronische Form.** Für **elektronische Form, III 1,** genügt eine einfachere Signatur als die nach § 126a, insbes. die einfache oder fortgeschrittene (§ 2 Nr. 1 und 2 SigG). Bei **Verträgen** genügt, abw. von § 126 II, Austausch von Angebot und Annahme, die jeweils signiert sind; → Rn. 2. **III 2** betrifft nur die qualitativ höher angesetzte Form für ein bereits formgültiges RGeschäft.

§ 127a Gerichtlicher Vergleich

Die notarielle Beurkundung wird bei einem gerichtlichen Vergleich durch die Aufnahme der Erklärungen in ein nach den Vorschriften der Zivilprozessordnung errichtetes Protokoll ersetzt.

1 **1. Zur notariellen Beurkundung.** § 128 mit Anm.

2 **2. Protokollierung. Notarielle Beurkundung** (§ 128, daher auch Form der §§ 126 III, 126a, 126b, 129 II) wird durch Protokollierung in einem wirksamen **Prozessvergleich** (§§ 160 ff., 794 I Nr. 1 ZPO) oder Schiedsspruch mit vereinbartem Wortlaut (§ 1053 III ZPO), nicht durch einen Anwaltsvergleich (§ 796a–c ZPO) **ersetzt.** Der Protokollierung gleichwertig ist die gerichtl. Feststellung des Zustandekommens und des Inhalts eines Prozessvergleichs nach § 278 VI ZPO, daher ist § 127a entspr. anwendbar (Baumbach/Lauterbach/Albers/Hartmann/Hartmann, § 278 ZPO Rn. 59; BAG NJW 2007, 1832, str.), und folglich wird so die Schriftform ersetzt (§ 126 IV). Dagegen spricht nicht das Fehlen notarieller Beratung (sie fehlt auch sonst nicht selten zB beim Insolvenzplan, § 925 I 3) oder das Gebot gleichzeitiger Anwesenheit (fehlt beim Insolvenzplan ebenfalls, vgl. ferner → § 925 Rn. 13; daher nicht überzeugend Stein/Jonas/Leipold § 278 ZPO Rn. 89). Gilt für alle Arten von Gerichtsverfahren (BVerwG NJW 1995, 2179 f.), auch vor Rechtspfleger, soweit ihm Verfahren übertragen (zB gem. § 20 Nr. 4 RpflG). Ohne Protokollierung (§ 160 III Nr. 1 ZPO), Aufnahme im Schiedsspruch (§ 1053 III ZPO) oder Feststellungsbeschluss (§ 278 VI 2 ZPO; er ist der Protokollierung gleichzustellen, vgl. Stein/Jonas/Leipold § 278 ZPO Rn. 89) ist materiellrechtliche Form nicht gewahrt, Folge: § 125; fehlender Vermerk nach § 162 I 3 ZPO ist unschädlich (BGHZ 142, 88). **Rechtsfolge** des § 127a auch, wenn Vergleich über

den Streitgegenstand des Prozesses hinausgeht, aber mit ihm ein innerer Zusammenhang besteht (BGH NJW 2011, 3451, 3452 Rn. 16). Daher greift § 127a auch bei einer vor Rechtskraft der Ehescheidung geschlossenen Vereinbarung zum nachehelichen Unterhalt ein, selbst wenn die Vereinbarung in einem anderen Verfahren als der Ehesache protokolliert wird, zB im Verfahren über den Trennungsunterhalt. **Anspruch** gegen Gericht **auf Protokollierung** des Vergleichs (ua wegen Haftungsrisiko) nur soweit, als die Prozessparteien den Streitgegenstand des Verfahrens teilweise oder abschließend regeln. Sonst bei innerem Zusammenhang mit dem Streitgegenstand Anspruch gegen Gericht auf Ausübung pflichtgemäßen Ermessens, ob Einigung als gerichtlicher Vergleich nach § 127a protokolliert wird. Bei Ermessensausübung ist zu berücksichtigen, ob Gericht von Parteien wirksam von seinen gesetzlichen Belehrungspflichten befreit und den Mitteilungspflichten auf andere Weise genügt ist. Denn nur dann kann das Risiko einer Haftung der Anstellungskörperschaft ausgeschlossen werden (BGH NJW 2011, 3451 mAnm Zimmer).

§ 128 Notarielle Beurkundung

Ist durch Gesetz notarielle Beurkundung eines Vertrags vorgeschrieben, so genügt es, wenn zunächst der Antrag und sodann die Annahme des Antrags von einem Notar beurkundet wird.

1. Allgemeines. Für öffentl. Beurkundung sind idR die *Notare* zuständig (§§ 1, 1
56 IV BeurkG). Zum Beurkundungsvorgang §§ 6 ff. BeurkG, BeurkÄndG.

2. Anwendungsbereich. a) Gilt für Verträge, also nicht, wenn die Erklärung 2
nur eines Beteiligten zu beurkunden ist (Bsp. § 518 I). Es genügt sukzessive Beurkundung an verschiedenen Orten durch verschiedene Notare. Mangelnde Angabe von Ort und Tag unschädlich, § 9 II BeurkG. Zum Zustandekommen des Vertrags vgl.
§ 152. **b) Ist gleichzeitige Anwesenheit** der Parteien *bei der Beurkundung* ges. 3
vorgeschrieben (zB in §§ 1410, 2276; nicht § 925, der keine Beurkundung vorschreibt), so gelten §§ 128, 152 nicht. **c) Bei rechtsgeschäftlich bestimmter** Beurkundung gilt iZw § 128.

§ 129 Öffentliche Beglaubigung

(1) [1]**Ist für eine Erklärung durch Gesetz öffentliche Beglaubigung vorgeschrieben, so muss die Erklärung**
1. **in schriftlicher Form abgefasst und die Unterschrift des Erklärenden von einem Notar beglaubigt werden oder**
2. **in elektronischer Form abgefasst und die qualifizierte elektronische Signatur des Erklärenden von einem Notar beglaubigt werden.**

[2]**In dem Gesetz kann vorgesehen werden, dass eine Erklärung nur nach Satz 1 Nummer 1 oder nach Satz 1 Nummer 2 öffentlich beglaubigt werden kann.**

(2) **Wurde eine Erklärung in schriftlicher Form von dem Erklärenden mittels notariell beglaubigten Handzeichens unterzeichnet, so erfüllt die Erklärung auch die Anforderungen nach Absatz 1 Satz 1 Nummer 1.**

(3) **Die öffentliche Beglaubigung wird durch die notarielle Beurkundung ersetzt.**

1. Allgemeines. Norm wurde durch Gesetz zur Umsetzung der Digitalisierungs- 1
richtlinie v. 5.7.2021 gem. Art. 12 Nr. 4 DI-RiLi-UG ab 1.8.2022 (Art. 31 Abs. 1 DI-RiLi-UG) neu gefasst und um öffentl. Beglaubigung von elektronischen Dokumenten (Signaturbeglaubigung) ergänzt (I 1 Nr. 2). Signaturbeglaubigung praxisrelevant insbesondere bei öffentl. beglaubigten Registeranmeldungen (Handels-, Vereins-, Stiftungsregister), die elektronische Anmeldung verlangen (BR-Drs. 144/21,

171). Öffentl. Beglaubigung (Begriff: I 1) bezeugt die Richtigkeit (Echtheit) von **Unterschrift** (I 1 Nr. 1) oder **Handzeichen** (→ § 126 Rn. 3, §§ 39, 40 BeurkG), das nach II einer Unterschrift iSv I 1 Nr. 1 gleichsteht (BGHZ 37, 86), oder von **qualifizierter elektronischer Signatur** (→ § 126a Rn. 1) (I 1 Nr. 2). Form: §§ 39, 40 BeurkG (Unterschrift, Handzeichen); §§ 39a, 40a BeurkG (qualifizierte elektronische Signatur). Zuständig ist idR der Notar (§ 56 IV BeurkG; sa § 63 für abw. Landesrecht). Zur amtlichen Beglaubigung s. §§ 33, 34 VwVfG. Gesetzesnorm, die öffentl. Beglaubigung verlangt, kann gem. I 2 Beglaubigung nur nach I 1 Nr. 1 oder nur nach I 1 Nr. 2 vorschreiben. Beschränkung auf eine Art der Beglaubigung etwa, wenn elektronische Form ausgeschlossen ist (zB § 781) oder wenn (papiergebundene) Urkunde öffentlich zu beglaubigen ist (zB §§ 403, 411, 929a, 1035, 1154, 1155), da dann ebenso Signaturbeglaubigung (I 1 Nr. 2) ausgeschlossen ist (BR-Drs. 144/12, 171 f.).

2 **2. Begriff der Beglaubigung. Voraussetzungen. Beglaubigt wird** nur *Unterschrift* bzw qualifizierte elektronische Signatur (I 1 Nr. 1, 2) bzw. das Handzeichen (II), § 40 VI BeurkG, nicht Urkunde bzw elektronisches Dokument iÜ, für diese genügen § 126 bzw. § 126a. **a) „Beglaubigung"** der Erklärung (zB § 77) oder Urkunde (zB § 403) **heißt:** Beglaubigung der Unterschrift oder des Handzeichens (§§ 39, 40 I BeurkG) des Unterschreibenden (ie BayObLG NJW-RR 1997, 1016) oder Beglaubigung der qualifizierten elektronischen Signatur (§§ 39a, 40a
3 BeurkG). **b) Unterschreibt Vertreter** mit Namen des Vertretenen (→ § 126 Rn. 3), so muss Beglaubigungsvermerk auch Person des Vertreters bezeichnen
4 (§§ 40 III, 40a II BeurkG). **c) Spätere Änderungen** sind durch beglaubigte Unterschrift gedeckt (str.), da beglaubigte Blankounterschrift [→ § 126 Rn. 6] zulässig und § 40 V BeurkG nur Sollvorschrift ist. Nach RGZ 60, 397 ist jedenfalls unwesentliche Änderung formfrei.

5 **3. Folgen, Ersatz der Beglaubigung.** Notarieller Beglaubigungsvermerk auf der Urkunde ist **öffentl. Urkunde** iSv § 415 ZPO, sonstige schriftliche Erklärung ist **Privaturkunde** (§ 416 ZPO) (Grüneberg/Ellenberger Rn. 1). Ersatz öffentl. Beglaubigung durch notarielle Beurkundung (III), protokollierten Prozessvergleich (§ 127a), gerichtl. Vergleich (§ 127a entspr., § 278 VI 2 ZPO) oder Schiedsspruch mit vereinbartem Inhalt (§ 1053 III ZPO), nicht Anwaltsvergleich (§ 796a–c ZPO), nicht Schriftform oder elektronische Form (§ 126), da „weniger".

§ 130 Wirksamwerden der Willenserklärung gegenüber Abwesenden

(1) [1]**Eine Willenserklärung, die einem anderen gegenüber abzugeben ist, wird, wenn sie in dessen Abwesenheit abgegeben wird, in dem Zeitpunkt wirksam, in welchem sie ihm zugeht.** [2]**Sie wird nicht wirksam, wenn dem anderen vorher oder gleichzeitig ein Widerruf zugeht.**

(2) **Auf die Wirksamkeit der Willenserklärung ist es ohne Einfluss, wenn der Erklärende nach der Abgabe stirbt oder geschäftsunfähig wird.**

(3) **Diese Vorschriften finden auch dann Anwendung, wenn die Willenserklärung einer Behörde gegenüber abzugeben ist.**

Lit.: Bachmann, Der rechtzeitige Zugang der Willenserklärung: Zeit für die „Mitternachtstheorie", FS Singer 2021, 45; Boemke/Schönfelder, Wirksamwerden von Willenserklärungen gegenüber nicht voll Geschäftsfähigen (§ 131 BGB), JuS 2013, 7; Bruns, Zugang einer textgebundenen Willenserklärung unter Abwesenden, NJW 2019, 3618; Noack/Uhlig, Der Zugang von Willenserklärungen, JA 2012, 740; Singer, Rechtsunsicherheit beim Zugang von Willenserklärungen, FS Preis 2021, 1267; Wertenbruch, Abgabe und Zugang von Willenserklärungen, JuS 2020, 481.

1 **1. Allgemeines.** Abgabe und Wirksamwerden einer Willenserklärung sind zu unterscheiden. **a) Abgegeben** ist eine Willenserklärung, wenn sie vom Erklärenden mit seinem Willen (und bei empfangsbedürftigen: in Richtung auf den Empfänger,

BGHZ 111, 100) verlautbart worden ist (BGH WM 1983, 712f.). Daran fehlt es, wenn das schriftliche Vertragsangebot ohne Willen des „Anbieters" durch einen Dritten abgesandt wird (vgl. BGHZ 65, 14f.); hier mangelt es zwar obj. an einer Abgabehandlung des „Erklärenden" (→ Vor § 116 Rn. 4), doch ist das dem Empfänger nicht erkennbar und daher „Abgabe" zu bejahen (nach aA nur, wenn Verlautbarung vom „Erklärenden" zu vertreten, Grüneberg/Ellenberger Rn. 4); Anfechtung samt Haftung nach §§ 119, 122 wie bei fehlendem Erklärungswillen (→ Vor § 116 Rn. 5). Nach hM ohne Abgabewillen keine Abgabe; der „Erklärende" haftet nur bei Verschulden (BGHZ 65, 15; NJW 2006, 849: cic, jetzt §§ 280 I, 241 II, 311 II; Wertenbruch, Jus 2020, 481, 483; nach aA [krit. dazu BGH NJW-RR 2006, 850] analog § 122 I [also verschuldensunabhängig], so BT-Drs. 14/4987, 11 für versehentlich abgegebene elektronische Willenserklärung, zB versehentlich abgeschickte E-Mail) auf das negative Interesse. Nur die idS „abgegebene" (dh rechtlich existente) Erklärung kann **wirksam** werden, dh ihre bestimmungsgemäßen Rechtswirkungen entfalten. **b) Empfangs- und nichtempfangsbedürftige Erklärung** werden 2
unterschiedlich abgegeben und wirksam. **aa) Bei nichtempfangsbedürftigen** Erklärungen fallen Abgabe und Wirksamwerden zusammen. Bsp: Das eigenhändige Testament ist mit seiner Errichtung (§ 2247 I) abgegeben und wirksam, daher ein widersprechendes früheres Testament schon jetzt, nicht erst mit dem Tod des Testators, widerrufen (§§ 2253 I, 2254); → § 151 Rn. 1, → § 152 Rn. 1. **bb) Erklärun-** 3
gen unter Abwesenden werden gem. §§ 130–132 wirksam. Entspr. Vorschriften für Erklärungen unter **Anwesenden** fehlen (→ Rn. 11, 12). Voraussetzung des Wirksamwerdens ist auch hier die Abgabe (→ Rn. 1). **c) §§ 130–132 gelten** im gesamten bürgerlichen Recht. **d) Zugang formbedürftiger Erklärungen:** → § 126 Rn. 11. **e)** Für **elektronischen Geschäftsverkehr** stellt § 312i I 2 deklaratorisch klar (ebenso Wertenbruch Jus 2020, 481, 483), dass Bestellung und Empfangsbestätigung iSd § 312i I 1 Nr. 3 zugegangen sind, wenn für Erklärungsempfänger Abrufbarkeit unter gewöhnlichen Umständen (→ Rn. 4).

2. Empfangsbedürftige Willenserklärungen unter Abwesenden. a) Unter 4
Abwesenden fallen Abgabe der Erklärung (→ Rn. 1, 3) und Möglichkeit der Kenntnisnahme durch Empfänger auseinander. Die abgegebene Erklärung wird wirksam mit ihrem **Zugang, I 1.** Dieses Überwechseln aus dem Risikobereich des Erklärenden in den des Empfängers liegt vor, wenn die Erklärung so in den **Machtbereich** des Empfängers gelangt, dass er unter normalen Verhältnissen üblicherweise – nicht zufällig – die Möglichkeit hat, vom Inhalt der Erklärung Kenntnis zu nehmen (BAG NZA 2019, 1490 Rn. 12; NZA 2018, 1157 Rn. 15; BGH NJW 2019, 2469 Rn. 21; NJW 2019, 1151 Rn. 11; NJW 2014, 1010 Rn. 8; NJW-RR 2011, 1184 Rn. 15; NJW 2004, 1320; NJW 2002, 2393, stRspr); maßgebend ist die Verkehrsanschauung. Entscheidend ist die objektive **Möglichkeit zur Kenntniserlangung unter gewöhnlichen Verhältnissen** im abstrakten Sinn; Empfänger hat Risiken seines räumlichen Machtbereichs zu tragen. Willenserklärung geht auch dann zu, wenn der Empfänger durch Krankheit oder durch Urlaub daran gehindert ist, von dem Inhalt der Erklärung Kenntnis zu nehmen (BGH NJW 2004, 1320, 1321 mN). Mit früherer tatsächlicher Kenntnisnahme ist die Erklärung zugegangen (BGH NJW 2019, 2469, 2470 Rn. 21; Grüneberg/Ellenberger Rn. 5). Gleichgültig für den Zugang ist nach hM, ob die Erklärung verkörpert ist oder nicht; das trifft nur idR zu (→ Rn. 9, 10). Möglichkeit der Kenntnisnahme unter normalen Verhältnissen als Element der Zugangsdefinition wird zunehmend in Frage gestellt. Nach „**Mitternachtstheorie**" (s. mit starken Argumenten Singer, FS Preis 2021, 1267, 1270ff., 1277; Bachmann, FS Singer 2021, 45, 50ff.;) soll WE, die vor 24:00 Uhr in eine Empfangseinrichtung des Empfängers gelangt, an diesem Tag zugehen. **b) Zugang verkörperter Erklärungen. aa) Ja:** 5
Stets mit *Aushändigung* an Empfänger (Kenntnisnahme, Verstehen idR gleichgültig; anders uU bei Sprachunkundigkeit [LAG Hamm NJW 1979, 2488, sa BAG NJW 1985, 824; allg. Schlechtriem FS Weitnauer, 1980, 136f.; Spellenberg FS Ferid, 1988, 476ff.]; krit. MüKo-BGB/Einsele Rn. 31, 32). Str. ist, ob ein **Fax** bereits mit der

(Zwischen-)Speicherung (Taupitz/Kritter JuS 1999, 841) oder erst mit dem Ausdruck (BGH NJW 2011, 1184 Rn. 15; 2004, 1320, 1321: grundsätzlich; MüKo-BGB/Einsele Rn. 20) in den Machtbereich des Empfängers gelangt ist und dem Empfänger eine Kenntnisnahme möglich und nach der Verkehrsanschauung zu erwarten ist (zu letztem s. BGH NJW 2011, 1184 Rn. 15; 2004, 1320, 1321). Speicherung genügt, so dass Papierstau oder Papiermangel im Empfangsgerät Zugang nicht hindert (so auch BGH NJW 2007, 2046 für Eingang eines Schriftsatzes bei Gericht). Denn Absender darf nicht Risiko fehlerhafter Pflege des Faxgeräts des Empfängers tragen. Entspr. gilt für E-Mail; es genügt, dass sie abrufbereit in die Mailbox des Empfängers gelangt ist (Taupitz/Kritter JuS 1999, 841; anders beim unmittelbaren Dialog von PC zu PC, → Rn. 12). Vorausgesetzt wird stets, dass der Empfänger zu erkennen gegeben hat, am elektronischen Rechtsverkehr teilnehmen zu wollen (Parallelproblem beim Gebrauch der elektronischen Form, → § 126 Rn. 3); das ist bei Teilnahme am Geschäftsverkehr zu bejahen. – Mit Einwurf in den **Briefkasten** gelangt die Erklärung ebenfalls in den Machtbereich des Empfängers. **Zugegangen** ist sie aber **erst und nur,** sofern und sobald nach der Verkehrsanschauung mit Leerung zu rechnen (BGH NJW 2008, 843), also jedenfalls nicht nachts, sonntags, aber während krankheits-, urlaubs- oder haftbedingter Abwesenheit (BAG NJW 1993, 1093 f., 1095; BGH NJW 2004, 1321; krit. zur Kündigung des beurlaubten AN Nippe JuS 1991, 287 ff. ohne Beachtung von § 132 I), bei Geschäftsbriefkasten nur in gewöhnlicher Geschäftszeit (idR nicht mehr samstags), BGH NJW 2008, 843; die jeweiligen regionalen und aktuellen örtlichen Postregelzustellungszeiten konkretisieren die Verkehrsanschauung (BAG NJW 2019, 3666, 3667 Rn. 12–16; dazu Boemke, JuS 2020, 266 f.; krit., iE aber zust. Markworth, SAE 2020, 80, 87; aA Bruns, NJW 2019, 3618, 3620: High Noon-Regel, wonach eine empfangsbedürftige textgebundene Willenserklärung gegenüber einem Abwesenden am selben Tag zugeht, wenn sie bis 12 Uhr die Empfangsvorrichtung des Adressaten dauerhaft erreicht). **Entspr. Einschränkung** wie beim Briefeinwurf gilt für *Fernschreiben, Telefax* (BGH NJW 2004, 1320), *-brief,* Aufsprechen auf *Anrufbeantworter, E-Mail* (Ernst NJW-CoR 97, 166; Ultsch NJW 1997, 3007 ff.; Taupitz/Knitter JuS 1999, 841 f. mit zutr. Unterscheidung v. Geschäfts- und Privatverkehr), Erklärung im *Btx-Telex-Dienst* (OLG Köln NJW 1990, 1609); bei Einlegen in *Postschließfach* (BAG NJW 1984, 1652; BGH NJW 2003, 3271) oder Bereitstellen einer auf Veranlassung des Empfängers *postlagernd* verwahrten Sendung zur Abholung (RGZ 144, 293), sofern und sobald mit Abholung zu rechnen (bei Einlage kurz vor Geschäftsschluss Zugang erst bei Beginn der nächsten üblichen Geschäftszeit, LM Nr. 2; wichtig, wenn Erklärung, zB Kündigung, bis zu bestimmtem
6 Zeitpunkt zugehen muss). – **Nein:** bei Eingang *verstümmelter Erklärung;* bei *berechtigter Annahmeverweigerung* durch Empfänger (vgl. BGH NJW 1983, 930), zB wegen mehrdeutiger Adressierung (vgl. aber RGZ 125, 75 f.) oder Verlangen von Straf-(Nach-)porto, BGH NJW 2007, 1751 f. (RGZ 110, 36 f. fordert keinen triftigen Verweigerungsgrund, dazu BGH NJW 1983, 930; BAG NJW 1993, 1094: grundlose Annahmeverweigerung durch Empfangsboten); bei Hinterlassung eines **Benachrichtigungszettels** über versuchte Ablieferung eines **Übergabe-Einschreibens,** BGH NJW-RR 2007, 1568; BGH NJW 2017, 68 f. Rn. 12 f. (entspricht dem bisherigen Einschreiben, zu ihm BAG NJW 1997, 147; BGHZ 137, 208, je mN; Franzen JuS 1999, 429 ff.; aA Singer Anm. LM Nr. 27 mwN), doch kann Zugang erreicht werden (→ Rn. 15). Das ebenfalls am 1.9.1997 eingeführte **Einwurf-Einschreiben** geht wie gewöhnlicher Brief zu (BGH NJW 2017, 68 f. Rn. 12 f.); (→ Rn. 5), Posteinlieferung und Einwurf beim Empfänger werden dokumentiert (nicht durch öffentl. Urkunden iSv § 418 ZPO, da § 182 I 2 ZPO nicht eingreift, BGH NJW-RR 2007,
7 1569). **bb) Mit Aushändigung an Empfangsboten** ist die Erklärung dem Empfänger zugegangen, sofern und sobald Empfänger unter normalen Verhältnissen von ihr Kenntnis nehmen konnte (BGHZ 136, 324). Ab Zugang trägt Empfänger das Risiko falscher, verspäteter, unterbliebener Weiterleitung der Erklärung an ihn (BAG DB 1977, 546). Empfangsbote ist, wer vom Empfänger dazu bestellt oder (mangels bes. Anhaltspunkte: nach Verkehrsanschauung) zur Übermittlung geeignet und auch bereit

ist (BGH NJW 2002, 1566). Das sind bei Privatleuten (s. § 178 ZPO; BSG NJW 2005, 1304): zB der Ehegatte (BGH NJW 2014, 1010 Rn. 8; 2011, 2604 Rn. 15; 1994, 2614), andere in der Wohnung lebende Mitmieter (BGHZ 136, 324), Familien- oder Haushaltsmitglieder (BAG NJW 1993, 1094) wie zB der Partner einer nichtehelichen Lebensgemeinschaft (BGH NJW 2014, 1010 Rn. 8); ebenso idR der Mieter gegenüber Untermieter (BAG NJW 1993, 1094); bei Geschäftsleuten: kaufmännische Angestellte (BGH NJW 2002, 1566 f.; sa BAG DB 1977, 546). Bei Aushändigung außerhalb von Haus oder Geschäft hat Empfänger (noch) keine Möglichkeit der Kenntnisnahme, daher (noch) kein Zugang (BGH NJW-RR 1989, 759; aA BAG NJW 2011, 2604 Rn. 17 f. mN: nicht erforderlich, dass sich der Empfangsbote bei der Entgegennahme der Willenserklärung in der Wohnung der Ehegatten aufhält). An welchem Ort eine Willenserklärung gegenüber einem Empfangsboten abgegeben wird, kann für Zeitpunkt des Zugangs der Willenserklärung beim Adressaten von Bedeutung sein. Erst wenn er bei gewöhnlichen Übermittlungsverhältnissen die (theoretische) Möglichkeit der Kenntnisnahme hat, ist die an seinen Empfangsboten abgegebene Erklärung zugegangen. Denn der Empfangsbote hat lediglich die Funktion einer personifizierten Empfangseinrichtung (BAG NJW 2011, 2604 Rn. 18 mN). – Der
Empfangsvertreter (§ 164 III) ist kein Empfangsbote; Erklärung wird wirksam mit 8
Zugang bei ihm (vgl. BGH NJW-RR 1989, 758; NJW 2002, 1042). **c) Für Zugang** 9
nicht verkörperter Erklärungen gilt § 130 nicht uneingeschränkt (str., → Rn. 4). **aa) Empfangsbote.** § 130 gilt, dh Zugang ist durch (fern-)mündliche Erklärung an ihn erfolgt, wenn die Voraussetzungen entspr. → Rn. 7 vorliegen und er die Erklärung akustisch richtig verstanden hat (entspr. → Rn. 12). Zum Risiko falscher usw. Übermittlung nach Zugang gilt → Rn. 7. An Boteneignung sind erheblich höhere Anforderungen als in → Rn. 7 zu stellen, da mündliche Weiterleitung der zugegangenen Erklärung schwieriger ist als Ablieferung eines Briefes (RGZ 60, 336 f.; BGH NJW 2002, 1566). *Empfangsbote ohne Botenmacht* kann Bote des Erklärenden sein (RG JR 1926 Nr. 1602); dann gilt → Rn. 10. – Der **Empfangsvertreter** (§ 164 III) ist kein Empfangsbote. (Fern-)mündliche Erklärung an ihn ist Erklärung unter Anwesen-
den. **bb) Erklärungsbote.** Bei (fern-)mündlicher Übermittlung durch ihn fallen 10
Abgabe der Erklärung durch Erklärenden (an den Boten!) und Möglichkeit der Kenntnisnahme durch Empfänger auseinander. Obwohl idS Erklärung unter Abwesenden vorliegt (→ Rn. 4), ist § 130 unanwendbar, da bei (fern-)mündlicher Erklärung durch den Erklärenden selbst nur die vom Empfänger akustisch richtig verstandene Erklärung wirksam wird (→ Rn. 12), das Risiko der Kenntnisnahme also beim Erklärenden liegt. Dabei muss es trotz Einschaltung eines Erklärungsboten bleiben. Deshalb gilt die Erklärung als solche unter Anwesenden (dazu → Rn. 12). Ebenso Flume II § 14 Rn. 3 f.; aA Grüneberg/Ellenberger Rn. 14.

3. Empfangsbedürftige Willenserklärungen unter Anwesenden. Unter 11
Anwesenden fallen Abgabe der Erklärung und Möglichkeit der Kenntnisnahme zusammen. Das BGB regelt Wirksamwerden nicht bes. **a) Für verkörperte Erklärungen** gilt § 130 entspr. (BGH NJW 1998, 3344), dh Empfänger muss tatsächliche (nicht nötig: dauerhafte, BAG NJW 2005, 1533) Verfügungsgewalt über die Erklärung erlangt haben (RGZ 61, 415); Kenntnisnahme vom Inhalt entbehrlich, muss aber möglich sein (BAG NJW 2005, 1534). Bsp: In Stimmzettel verkörperte Erklärung unter Anwesenden geht zu, wenn sie durch Übergabe in den Herrschaftsbereich des Empfängers gelangt (BGH NZM 2012, 811 Rn. 5; NJW 1998, 3344
mN). **b) Nicht verkörperte,** ds (fern-)mündliche Erklärungen werden wirksam, 12
wenn sie Empfänger akustisch richtig verstanden hat (Vernehmungstheorie: Flume II § 14 Rn. 3 f.; BAG NJW 1983, 2835 mwN; hM). Bsp: Die in der WEG-Eigentümerversammlung unter Anwesenden abgegebene Erklärung wird nach I 1 wirksam, wenn der Versammlungsleiter sie zur Ermittlung des Abstimmungsergebnisses zur Kenntnis nimmt (BGH NZM 2012, 811 Rn. 5; NJW 1989, 1728, 1729 mN). Versteht Erklärungsempfänger die Sprache nicht, ist er bewusstlos oder taub und außerstande, vom Mund abzulesen, so wird eine mündliche Erklärung nicht wirksam

(Neuner NJW 2000, 1825, str). Für Wirksamwerden soll es genügen, wenn nach den Umständen am akustisch richtigen Verstehen kein vernünftiger Zweifel bestehen konnte (Larenz, AT § 26 Rn. 36; LAG BW BB 1980, 630; aA Wolf/Neuner § 33 Rn. 38 f.); aber: „vernünftige Zweifel" sind nur auszuräumen, wenn Empfänger die Erklärung wörtlich wiederholt und Erklärender die Wiederholung akustisch richtig versteht – eine Schraube ohne Ende. Das Fehlen vernünftiger Zweifel hat nur Bedeutung für den *Beweis* des Verstehens. – Willenserklärungen, die bei einem **unmittelbaren Dialog** von Erklärendem und Empfänger „**von PC** (Person) **zu PC** (Person)", s. § 147 I 2, abgegeben werden, können (fast) im selben Moment zur Kenntnis genommen werden, und sind daher Willenserklärungen unter Anwesenden (MüKo-BGB/Säcker Einl Rn. 197; MüKo-BGB/Einsele Rn. 18; → § 147 Rn. 8).

13 **4. Abw. Regelung des Wirksamwerdens.** Durch **Ges.** zB in §§ 151 S. 1, 152 S. 1: Zugang entbehrlich. Entspr. **Vereinbarung** zulässig (BGH NJW-RR 2010, 1434); einschr. § 308 Nr. 6 für Zugangsfiktion in **AGB.**

14 **5. Verurteilung zur Abgabe einer Willenserklärung (§ 894 ZPO).** Ersetzt nicht den Zugang. Für Zugang an Vollstreckungsgläubiger genügt Urteilserlass (hM, vgl. Jauernig/Berger ZwangsvollstrR § 28 Rn. 6 mN). Für Zugang an Dritten ist Vorlage oder Mitteilung des rechtskräftigen Urteils durch Vollstreckungsgläubiger nötig.

15 **6. Zugangsstörungen.** Wird rechtzeitiger Zugang durch Umstände im Bereich des Empfängers verhindert, obwohl mit dem Empfang von Erklärungen konkret oder generell zu rechnen war, so ist gem. § 242 rechtzeitiger Zugang anzunehmen, sofern der Erklärende (ggf. auch nach Fristablauf) alles Erforderliche und Zumutbare unternimmt, um Zugang zu erreichen, BGHZ 137, 209; NJW-RR 2007, 1568 (bei Zugangsvereitelung im Rahmen eines Vertragsverhältnisses ist erneuter Zugangsversuch unnötig, BGHZ 137, 209; wohl auch BAG NJW 1997, 147: *Zugangsfiktion*; Zugangsfiktion ferner bei arglistiger Zugangsverhinderung durch Adressaten, BGHZ 137, 209 f.). Bei befürchteter Zugangsvereitelung empfiehlt sich § 132 I.

16 **7. Vorheriger oder gleichzeitiger Widerruf.** Verhindert Wirksamwerden der Erklärung unter Abwesenden, **I 2.** Zugang, nicht Kenntnis des Widerrufs entscheidet (BGH NJW 1975, 382, 384; BGH NJW-RR 2016, 1473, 1467 Rn. 41; hM); denn schon der Widerruf (nicht erst die Kenntnis von ihm) ändert die Rechtsposition des Empfängers, zB gem. → § 145 Rn. 4. Zum abw. Widerrufsrecht bei Verbraucherverträgen s. § 355. Widerruf kann auch durch Testament erfolgen (BGH NJW-RR 2018, 518, 521 Rn. 19 ff., 33 ff.). BGH NZM 2012, 811 Rn. 8: § 130 gilt für Stimmabgabe bei WEG-Beschluss entsprechend. Daher kann Stimmabgabe nach ihrem Zugang (I 1) bei dem Versammlungsleiter nicht mehr widerrufen werden (I 2, § 145 I).

17 **8. Tod oder Verlust der unbeschränkten Geschäftsfähigkeit nach Abgabe (→ Rn. 1, 3).** Erklärung wird trotzdem wirksam (ggf. für die Erben; vgl. BGH NJW 1978, 2027), **II.** Empfangsbedürftige Erklärung, zB Schenkungswiderruf, ist mit Aufnahme in ein Testament abgegeben, das erst nach dem Tod des Schenkers dem Beschenkten mitzuteilen ist (RGZ 170, 382 ff.). Zur Einschränkung von II durch **§ 2271** vgl. BGHZ 9, 234 ff. – II gilt **nicht** für nachträglichen Wegfall der **Verfügungsbefugnis.** Sie muss zzt. des Wirksamwerdens vorliegen (BGHZ 27, 366). Für Grundstücksgeschäfte s. aber **§ 878.**

18 **9. Amtsempfangsbedürftige Willenserklärungen.** Begriff → Vor § 104 Rn. 8. Sind nicht iSv I „einem anderen", sondern einer Behörde gegenüber abzugeben. Dennoch gelten für Wirksamwerden unter Abwesenden I, II: **III.**

19 **10. Beweis.** Privaturkunden iSv § 416 ZPO über Erklärungen begründen vollen **Beweis** (nur) für deren **Abgabe** (BGH NJW-RR 2003, 384 f.), nicht für den

Zugang. Die Beweislast für den **Zugang** trägt, wer sich auf ihn beruft (BGH NJW 1995, 666). Kein Anscheinsbeweis für Zugang von Briefen, E-Mail, Telefax, Telex (BGH NJW-RR 2014, 683 Rn. 27 mwN; aA OLG Frankfurt a. M. BeckRS 2010, 12526; OLG Karlsruhe VersR 2009, 245; OLG Celle NJOZ 2008, 3072; OLG München BeckRS 1998, 31140901; NJW 1994, 527; Burgard BB 1995, 223 f.; Gregor NJW 2005, 2885 f.; Riesenkampff NJW 2004, 3296, 3297 ff. für Telefax). Anscheinsbeweis für Zugang von Einschreiben mit Rückschein (Grüneberg/Ellenberger Rn. 21, str.) und für Einwurf-Einschreiben bei Vorlage des Einlieferungsbelegs zusammen mit der Reproduktion des Auslieferungsbelegs (BGH NJW 2017, 68, 69 f. Rn. 33; offengelassen noch von BGH NJW-RR 2007, 1567 Rn. 26).

§ 131 Wirksamwerden gegenüber nicht voll Geschäftsfähigen

(1) **Wird die Willenserklärung einem Geschäftsunfähigen gegenüber abgegeben, so wird sie nicht wirksam, bevor sie dem gesetzlichen Vertreter zugeht.**

(2) **[1]Das Gleiche gilt, wenn die Willenserklärung einer in der Geschäftsfähigkeit beschränkten Person gegenüber abgegeben wird. [2]Bringt die Erklärung jedoch der in der Geschäftsfähigkeit beschränkten Person lediglich einen rechtlichen Vorteil oder hat der gesetzliche Vertreter seine Einwilligung erteilt, so wird die Erklärung in dem Zeitpunkt wirksam, in welchem sie ihr zugeht.**

1. Geschäftsunfähige (§ 104). Sind außerstande, Willenserklärungen zu empfangen. Daraus zieht **I** Konsequenzen: Die dem Geschäftsunfähigen gegenüber abgegebene Willenserklärung wird erst wirksam, wenn sie dem ges. Vertreter zugegangen, dh an ihn gerichtet, zumindest für ihn bestimmt und in seinen Herrschaftsbereich gelangt ist (Zugang iSv I und von § 130 I sind sinngleich, BAG NJW 2011, 873 f.). I gilt nicht für die in § 105 II Genannten, so dass verkörperte Erklärung einem Bewusstlosen zugehen kann. 1

2. Beschränkt Geschäftsfähige (§ 106). a) Für sie gilt grundsätzlich I **(II 1).** 2
Soweit §§ 112, 113 eingreifen, gilt II nicht. **b) Ausnahmen** nach **II 2:** Erklärung 3
bringt lediglich rechtlichen Vorteil (→ § 107 Rn. 5); ges. Vertreter hat eingewilligt (Genehmigung ungenügend, BGHZ 47, 358). Ferner für Annahme des Vertragsantrags eines Minderjährigen (hier geht § 108 vor: v. Tuhr II 1 § 61 III 7; die hM übersieht das, zB MüKo-BGB/Einsele Rn. 5; unklar BGHZ 47, 358); für Erklärungen gem. §§ 109 I 2 (entspr. für § 130 I 2, dort → § 130 Rn. 1), 111 S. 2. In den Ausnahmen wird die Erklärung auch wirksam, wenn sie gegenüber dem beschränkt Geschäftsfähigen abgegeben wird und ihm zugeht. **c)** II gilt **entspr.** für einen **Betreuten,** wenn und soweit ein Einwilligungsvorbehalt angeordnet ist, § 1903 I 2 (→ § 106 Rn. 1).

3. Zugang an ges. Vertreter. Erfolgt nach allg. Regeln. Für Gesamtvertretung vgl. → § 167 Rn. 5b). 4

§ 132 Ersatz des Zugehens durch Zustellung

(1) **[1]Eine Willenserklärung gilt auch dann als zugegangen, wenn sie durch Vermittlung eines Gerichtsvollziehers zugestellt worden ist. [2]Die Zustellung erfolgt nach den Vorschriften der Zivilprozessordnung.**

(2) **[1]Befindet sich der Erklärende über die Person desjenigen, welchem gegenüber die Erklärung abzugeben ist, in einer nicht auf Fahrlässigkeit beruhenden Unkenntnis oder ist der Aufenthalt dieser Person unbekannt, so kann die Zustellung nach den für die öffentliche Zustellung geltenden Vorschriften der Zivilprozessordnung erfolgen. [2]Zuständig für die Bewilli-**

gung ist im ersteren Falle das Amtsgericht, in dessen Bezirk der Erklärende seinen Wohnsitz oder in Ermangelung eines inländischen Wohnsitzes seinen Aufenthalt hat, im letzteren Falle das Amtsgericht, in dessen Bezirk die Person, welcher zuzustellen ist, den letzten Wohnsitz oder in Ermangelung eines inländischen Wohnsitzes den letzten Aufenthalt hatte.

1 **1. Zustellung als Zugangsersatz.** Nach I allg. möglich. II regelt Sonderfall.

2 **2. Tatbestand. a) Zustellung nach I** muss vom Gerichtsvollzieher vermittelt sein (BGHZ 67, 277 mN); möglich auch als Ersatzzustellung (§ 191 ZPO mit §§ 178 ff., 193 I 2 ZPO), zB gem. § 181 ZPO, bei der die Erklärung nicht in den Empfängerbereich gelangt (Unterschied zum Zugang, vgl. BGHZ 31, 7; → § 130 Rn. 4). Verfahren: §§ 191, 192 I, II, 170, 177, 193 I 1 (mit 182 II), 194 ZPO. Gem. I 2 verdrängen §§ 191, 170 I ZPO den § 131. Trotz Mängel kann Zustellung als
3 bewirkt angesehen werden, I 2 mit §§ 191, 189 ZPO. **b) Öffentl. Zustellung, II,** ermöglicht Wirksamwerden der Erklärung, wo Zugang praktisch unmöglich. Zwei Fälle: schuldlose Unkenntnis über Person oder unbekannter Aufenthalt des Empfängers. Verfahren: §§ 186–188 ZPO. Erschlichene öffentl. Zustellung ist wirksam; hat das bewilligende Gericht den Mangel der Voraussetzungen (II 1) erkennen können, werden Fristen nicht in Gang gesetzt (BGH NJW 2007, 304). Berufung auf ihre
4 Rechtsfolgen uU gem. § 242 unzulässig (BGHZ 64, 8 f.). **c) Zustellungsgegenstand** (Urschrift, Ausfertigung, beglaubigte Abschrift). Ihn bestimmt das materielle Recht; sa § 47 BeurkG; BGH NJW 1981, 2300. Für Zustellung einer privatschriftlichen Erklärung genügt die einer beglaubigten Abschrift (BGH NJW 1967, 824); für die Zustellung einer öffentlichen Urkunde soll dies auch ausreichend sein (näher Weidlich MittBayNot 2018, 425, 428).

§ 133 Auslegung einer Willenserklärung

Bei der Auslegung einer Willenserklärung ist der wirkliche Wille zu erforschen und nicht an dem buchstäblichen Sinne des Ausdrucks zu haften.

1 **1. Gegenstand, Notwendigkeit und Mittel der Auslegung. a) Im Wortsinn** kommt „Auslegung einer Willenserklärung" nur in Betracht, wenn der Erklärungsinhalt *auslegungsbedürftig und auslegungsfähig* ist. Dieser Begriff ist *zu eng.* Auslegung befasst sich zunächst mit der Frage, *ob* überhaupt eine *Willenserklärung* vorliegt, dh ein tatsächlicher Erklärungsakt mit rechtlichem Erklärungsgehalt (BGH BeckRS 2019, 27039 Rn. 20; BGHZ 21, 102, 106 f.; zur Bedeutung vgl. → Vor § 116 Rn. 7–12). Ist das zu bejahen, so ist durch Auslegung ieS der *Inhalt* der Willenserklärung zu ermitteln. Ob eine Erklärung vorliegt und welchen Inhalt sie hat, lässt sich zwar theoretisch trennen; im praktischen Einzelfall entscheidet aber uU erst der mögliche Inhalt darüber, ob (insoweit) überhaupt eine Willenserklärung vorliegt
2 (Bsp: → Vor § 116 Rn. 11). **b) Klare, eindeutige Erklärungen** sind nach hM nicht auslegungsbedürftig oder -fähig (BGH NJW 2002, 3165; 2005, 2227, 2987; 2007, 1460 f.). Aber Klarheit und Eindeutigkeit sind erst Ergebnis einer Auslegung (BAG NJW 2005, 1144 f.; BGH NJW 2002, 1261). Legt der Wortlaut zwar eine bestimmte Bedeutung nahe, so ist eine andere Auslegung jedoch auch möglich, solange diese mit dem Wortlaut noch vereinbar und auch nicht sonst fernliegend ist (BGH BeckRS 2016, 17983). Zur Vertragsauslegung → Rn. 7. *Widersprüchliche oder widersinnige Erklärungen* sollen nicht auslegungsfähig sein (RG JW 1910, 801; BGH NJW-RR 2006, 282; s. aber NJW 1986, 1035 f.). Das bedeutet nur: Auslegung kann nicht jeder Erklärung einen Sinn geben; bleibt sie sinnlos oder mehrdeutig,
3 so ist sie nichtig (vgl. BGHZ 20, 110 f.). **c) Mittel der Auslegung,** nicht Gegenstand, sind außerhalb des Erklärungsakts liegende Umstände, die das Ob und den Inhalt seines rechtlichen Erklärungsgehalts aufhellen sollen (BGH NJW 2002, 2873). Bsp: Vertragsvorverhandlungen (BGH NJW 2002, 1261); Zeit, Ort und Begleitumstände, unter denen die Erklärung ihren Empfänger erreichte; bes. Beziehungen

zwischen Erklärendem und Empfänger. Ein Katalog der im Einzelfall zu berücksichtigenden Umstände wäre unendlich. **d) Die Verkehrssitte** wird in § 157 als Auslegungsmittel bes. genannt (sa § 346 HGB). Sie ist keine Rechtsnorm, sondern die schon längere Zeit (BGH NJW 1990, 1724) den Verkehr beherrschende tatsächliche Übung (LM Nr. 1 zu § 157 [B]). Sie ist auslegungsrelevant, wenn sie sich in den Kreisen der Beteiligten gleichmäßig und einhellig herausgebildet hat (BGH NJW 2010, 1136); Kenntnis der Parteien unerheblich (LM Nr. 1 zu § 157 [B]). Im Verkehr geübte Unsitte ist kein Auslegungsmittel (vgl. RGZ 114, 13 ff.). Zum **Handelsbrauch** als die Verkehrssitte des Handels BGH NJW 1993, 1798. **e) Formbedürftige Erklärungen** sind ebenfalls durch Umstände aller Art, auch solche außerhalb der Urkunde, auslegungsfähig. Erst die so ausgelegte Erklärung ist auf Einhaltung der Form zu prüfen (→ § 126 Rn. 7). **f) Bei nichtempfangsbedürftigen Willenserklärungen** sind alle Umstände als Auslegungsmittel erheblich, so dass idR der wahre Wille berücksichtigt werden kann (vgl. BGHZ 160, 397 zu § 151). Bei **empfangsbedürftigen** sind (außer im Fall → Rn. 9) nur solche Umstände beachtlich, die dem Empfänger zzt. des Wirksamwerdens (insbes. Zugangs) bekannt oder obj. erkennbar waren (BGH NJW-RR 1993, 946; NJW 1997, 861, je mN; **Maßgeblichkeit des Empfängerhorizonts**). → Rn. 10. 4 5 6

2. § 133 und § 157. Dem Wortlaut nach gilt **§ 133** nur für die Auslegung einer einzelnen Willenserklärung, wird aber auch bei Verträgen und Beschlüssen herangezogen. § 133 verbietet reine Buchstabeninterpretation. Der Rückgriff auf den unerklärt gebliebenen Willen ist aber unzulässig (vgl. § 116 S. 1; Ausnahme → Rn. 9). **§ 157** gilt dem Wortlaut nach nur für Verträge, doch sind auch einseitige RGeschäfte (nicht Testamente: → § 2084 Rn. 2) nach Treu und Glauben mit Rücksicht auf die Verkehrssitte auszulegen. § 133 zielt auf eine subj., § 157 auf eine obj. Auslegung (zu den Unterschieden → BGHZ 160, 92 ff.). In der Praxis werden beide Vorschriften vielfach ungeschieden nebeneinander angewandt (Bsp: RGZ 128, 245; BGH NJW-RR 2005, 1324); das ist unproblematisch. ArbG Ulm NZA-RR 2017, 240 Rn. 34: Die Auslegung nach §§ 133, 157 BGB gilt auch für die Kündigung als einseitige empfangsbedürftige Willenserklärung. 7

3. Auslegungsgrundsätze. a) Ges. Regeln gibt es nur für Einzelfälle (zB §§ 186 ff., 311c, 364 II, 449 I); zu ihrer Unterscheidung vom dispositiven Recht Wolf/Neuner § 3 Rn. 8–10. Allg. Auslegungsregeln kennt das BGB nicht. **b) Die Rechtspraxis** hat zahlreiche Auslegungsregeln als „Erfahrungssätze praktischer Logik" (Flume II § 16 Rn. 3e) entwickelt. Die Auslegung von Willenserklärungen durchläuft *mehrere Stufen.* **aa)** Zwar ist der Wortlaut einer Individualvereinbarung der Ausgangspunkt der Auslegung. In erster Linie ist der von den Parteien gewählte Wortlaut und der dem Wortlaut zu entnehmende objektiv erklärte Parteiwille zu berücksichtigen (BGH RNotZ 2019, 204, 207 Rn. 19; NJW 2018, 146, 147 Rn. 30; NJW 2015, 2584, 2586 Rn. 34). Der **Zweck** der Abrede und die **Interessenlage** der Parteien sind zu berücksichtigen (BGH RNotZ 2019, 204, 207 Rn. 19; NJW 2018, 146, 147 Rn. 30; BeckRS 2011, 24127 Rn. 17; 2014, 21522 Rn. 48; NJW 2016, 3713, 3715 Rn. 27). Es gilt das Gebot der nach beiden Seiten hin gerechten Auslegung und der Berücksichtigung des durch die Parteien beabsichtigten *Vertragszwecks*, wozu auch die sonstigen Begleitumstände des Vertragsschlusses heranzuziehen sind, die den Sinngehalt der gewechselten Erklärungen erhellen können (BGH BeckRS 2014, 21522 Rn. 48; 2014, 10546 Rn. 17; NJW-RR 2013, 51 Rn. 11; GRUR 2011, 946 Rn. 18). Dabei geht ein übereinstimmender Parteiwille dem Wortlaut und jeder anderen Interpretation vor, selbst wenn er im Inhalt der Erklärung keinen oder nur einen unvollkommenen Ausdruck gefunden hat (BGH NJW-RR 2018, 822, 824 Rn. 29; NJW 2015, 409, 410 Rn. 11; BeckRS 2014 Rn. 17; 2007, 06042 Rn. 12; 2006, 13537 Rn. 7). Aus §§ 133, 157 folgt ein Verbot der sich ausschließlich am Wortlaut orientierenden Interpretation. Daher ist eine Auslegung dahin zulässig, die einer Erklärung einen Sinn gibt, der von ihrem nach dem allgemeinen Sprachgebrauch eindeutigen Wortsinn abweicht, wenn aus Be- 8 9

gleitumständen zu schließen ist, dass der Erklärende mit seinen Worten einen anderen Sinn verbunden hat als es dem allgemeinen Sprachgebrauch entspricht (BGH BeckRS 2014, 21522 Rn. 48 mwN). Steht danach der **wirkliche Wille** des Erklärenden zzt. der Erklärung (BGH NJW 1997, 1232; allg. 98, 3269 f.) fest und hat der Erklärungsempfänger ihn idS verstanden (nicht nur: verstehen können), so ist *erklärt,* was *gewollt* ist, mag auch ein Dritter („obj.") die Erklärung anders verstehen (BGHZ 160, 381 mwN; NJW 2008, 1659; BeckRS 2014, 21522 Rn. 48; 2011, 24127 Rn. 17, stRspr): **falsa demonstratio non nocet.** Die Partei, die das Vorliegen einer falsa demonstratio behauptet, ist beweisbelastet (BGH NJW 2001, 145). Für den wirklichen Willen zzt. der Erklärung (s. oben) kann das spätere Verhalten der Parteien Anhaltspunkte liefern **(Selbstinterpretation),** BGH NJW 2007, 1582 f. (insoweit in BGHZ 171, 35 nicht abgedr.); NJW-RR 2004, 924 f.; 2005, 1324, je mN; → § 154 Rn. 3. Auslegung darf der Erklärung keinen abw. Sinn geben (BGH NJW 1999, 487; stRspr). Gleichgültig ist, ob die obj. anders zu verstehende Erklärung bewusst oder irrtümlich gewählt ist, es gilt das Gewollte und als solches Erkannte (für formbedürftige Geschäfte aber → § 126 Rn. 7, 8). Bsp. für unschädliche Falschbezeichnungen: übereinstimmende, aber falsche Bezeichnung der Kaufsache (Haifischfleisch statt Walfischfleisch, RGZ 99, 148; zur Parzellenverwechslung bei Grundstücksveräußerung → § 126 Rn. 7, 8, auch → § 873 Rn. 9); der Verkäufer allein gebraucht den falschen Ausdruck, der Käufer erkennt aber das wirklich Gewollte (LM Nr. 6 zu § 119, auch RGZ 93, 299; 109, 336 f.), oder er gebraucht den vom Verkäufer gewollten, aber nicht verwendeten Ausdruck (Flume II § 21
10 Rn. 2). **bb) Steht der wirkliche Wille** (und das entspr. Verständnis des Erklärungsempfängers) **nicht fest,** so ist durch Auslegung der **obj. erklärte Wille** (nicht der davon abw. innere) zu ermitteln (BGH NJW 2010, 2425). Der obj. Erklärungsgehalt bestimmt, was erklärt ist (BGH NJW 2011, 2499 Rn. 13; 2011, 1434 Rn. 14, jeweils zB konkludenter Genehmigungen bei Lastschriften). Daher gilt die Erklärung so, wie sie zZ des Wirksamwerdens (→ Rn. 6) nach Treu und Glauben und der Verkehrssitte von denen verstanden werden musste, für die sie bestimmt war (BGH NJW 2010, 2425). Eine zusätzlich angenommene Pflicht des Erklärungsempfängers zu prüfen, was der Erklärende gemeint hat (dafür BAG NJW 2008, 462), hätte deshalb keine praktische Bedeutung, zutr. BGHZ 32, 33. Die Auslegung nach §§ 133, 157 gilt nicht nur für den Erklärungsinhalt, sondern auch für die Person des Erklärenden, soweit die Willenserklärung insofern Auslegungsspielräume lässt. *Empfangsbedürftige Erklärungen* sind für den Empfänger bestimmt (BGH NJW 1995, 46); *andere* Erklärungen sind bestimmt für die von ihr Betroffenen (bei Vereinssatzung sind es die wechselnden Mitglieder, daher „obj." Auslegung, BGH NJW-RR 2006, 493 mN, ebenso der Gesellschaftsvertrag einer Publikumsgesellschaft, BGH NJW-RR 2007, 1201; NJW-RR 2018, 665 Rn. 16; NJW 2011, 3087 Rn. 14 mN: Zum Schutz später beitretender Gesellschafter nach dem objektiven Erklärungsbefund nur anhand des schriftlichen Vertrags auszulegen, wobei der Text der Beitrittserklärung Berücksichtigung findet), uU für die Allgemeinheit (zB Auslobung). Ermittlung des obj. Erklärungsgehalts setzt am Wortlaut an (BGH NJW 2009, 2672 mN); aber keine Buchstabeninterpretation (→ Rn. 7), zB kann „Darlehen" als Mietvorauszahlung zu verstehen sein (LM Nr. 1 zu § 57b ZVG), aber nicht vom Anwalt erklärter „Rücktritt" als „Kündigung" (BGH NJW 1996, 2650; anwaltfreundlicher für Prozesserklärungen BGH NJW 1996, 1211 mN, auch NJW 2009, 3163). Beachtlich: allg. Sprachgebrauch (LM Nr. 17 [C]), ggf. derjenige unter den Beteiligten; Zeit (RGZ 148, 44 f.) und Ort der Erklärung; Vorverhandlungen (→ Rn. 3). Auslegung ist stets an Zweck und Ziel des Geschäfts zu orientieren, soweit die hierfür maßgebenden Umstände dem Betroffenen (Empfänger, Dritter, Allgemeinheit) bei Wirksamwerden der Erklärung (so) erkennbar waren (BGH NJW 2006, 3778). Notwendig ist eine möglichst beiderseits interessengerechte (BGH NJW 2019, 1300 Rn. 26; NJW 2018, 391 Rn. 22; NJW-RR 2002, 1614 mN; NJW 2002, 506; BAG NJW 2008, 461, 462 Rn. 20) und am Zweck der Vereinbarungen orientierte Auslegung (BGH-RR 2001, 1105), s. zB BGH NJW 2011, 1666 Rn. 10: Ist persönlich haf-

tende Gesellschafterin in dem im Prospekt abgedruckten Gesellschaftsvertrag nur bevollmächtigt, Aufnahmeverträge im Namen der Mitgesellschafter abzuschließen, spricht das für eine Auslegung der Annahmeerklärung dahin, dass sie im Namen der Mitgesellschafter abgegeben wird. Bei einer **Internetauktion** ist der Erklärungsinhalt eines entsprechenden Verkaufsangebots unter Berücksichtigung der AGB des Unternehmens zu bestimmen, das auf seiner Internetplattform das Forum für die Auktion bietet (BGH NJW 2014, 1292; NJW 2015, 1009; NJW 2017, 1660; NJW 2017, 468; alle zu eBay-Auktionen; BGH NJW 2018, 537, 539 Rn. 30ff; BeckRS 2017, 136005 Rn. 30 ff. zu PayPal-Bestimmungen zur Kaufpreisschuldzahlung). **Maßgebend** ist nicht, was der Richter im Entscheidungszeitpunkt als interessengerecht ansieht, sondern der Einfluss, den das **Interesse der Parteien** auf den obj. Erklärungsgehalt ihrer Äußerungen **bei** deren **Abgabe** hatte (BGH NJW 2001, 1928 f.). Unter mehreren möglichen Interpretationen ist die zu wählen, die zur Rechtswirksamkeit führt (BGH BeckRS 2011, 21186; NJW-RR 1990, 818; sa NJW 1998, 2966; 2005, 2619; ferner 1994, 1538 für Prozesserklärungen) oder der Regelung einen Sinn gibt (BGH NJW 2002, 440). IZw ist gewollt, was vernünftig ist und der wohlverstandenen Interessenlage entspricht (BGHZ 172, 53 f.; NJW 2009, 3163 mN; NJW-RR 2009, 1716), was idR keine Auslegung gegen den Wortlaut rechtfertigt (BGH NJW-RR 2002, 646). Zur Auslegung formbedürftiger Erklärungen → § 126 Rn. 7, 8. **c) Mangelnde Eindeutigkeit** geht nicht generell zu Lasten 11
des Urhebers der Erklärung (vgl. LM Nr. 14 zu § 157 [A]). Anders § 305c II für Verwender von AGB. Sind bei Verkaufsaktionen auf der **eBay**-Internetplattform die Erklärungen der Teilnehmer nicht aus sich heraus verständlich oder lückenhaft und bedürfen sie deshalb der Auslegung, ist grundsätzlich zwar der Aussagegehalt der eBay-AGB ergänzend in die Auslegung der abgegebenen Willenserklärungen einzubeziehen. Rückt jedoch einer der Teilnehmer von den Regelungen der eBay-AGB erkennbar in bestimmter Hinsicht ab, kommt deren Heranziehung insoweit zur Bestimmung des Vertragsinhalts nicht mehr in Betracht. Es ist dann vielmehr das individuell Vereinbarte maßgeblich (BGH NJW 2017, 1660). Zur Auslegung **bei automatisiertem Buchungs- oder Bestellsystem** s. BGH NJW 2013, 598 mN: Entscheidend ist nicht, wie das automatisierte System die Erklärung voraussichtlich deuten und verarbeiten wird, sondern wie der **menschliche Adressat** sie nach Treu und Glauben und der Verkehrssitte verstehen darf. Gibt ein Flugreisender in die Internet-Buchungsmaske eines Luftverkehrsunternehmens, die den Hinweis enthält, dass eine Namensänderung nach erfolgter Buchung nicht mehr möglich sei und der angegebene Name mit dem Namen im Ausweis übereinstimmen müsse, in die Felder für Vor- und Zunamen des Fluggastes jeweils „noch unbekannt" ein, kommt ein Beförderungsvertrag regelmäßig weder durch die Buchungsbestätigung noch durch die Einziehung des Flugpreises zustande.

4. Sonstige Vorschriften. Zur Auslegung von **Grundbucheintragungen** 12
→ § 873 Rn. 35; von **AGB** → § 305b Rn. 1; → § 305c Rn. 5; → § 306 Rn. 3, 5.

§ 134 Gesetzliches Verbot

Ein Rechts*geschäft*, das gegen ein gesetzliches Verbot verstößt, ist nichtig, wenn sich nicht aus dem Gesetz ein anderes ergibt.

1. Allgemeines. Ges. verbotene RGeschäfte sind nicht stets, sondern nur dann 1
nichtig, „wenn sich nicht aus dem (Verbots-)Ges. ein anderes ergibt". Zur Bedeutung → Rn. 8 (b).

2. Abgrenzungen. *Keine VerbotsGes.* sind die ges. Begrenzungen privatautono- 2
mer Befugnisse einer Person. Bei Grenzüberschreitungen ist das RGeschäft grundsätzlich (→ Rn. 7) endgültig oder schwebend unwirksam, weil es jenseits des rechtsgeschäftlichen Könnens (nicht: Dürfens) liegt. Daher stellt sich nicht die Frage, ob das Geschäft erlaubt oder verboten ist. Vgl. Flume II § 17 Rn. 2; BGHZ 13, 184;

3 47, 35 ff. **Bsp: a) Allg. Einschränkung der privatautonomen Gestaltungsbefugnis** („Zuständigkeit", „Kompetenz") in §§ 137 S. 1, 181, 202 (unzutr. BGH NJW 1988, 1260 zu § 225 S. 1 aF: § 134), 276 III, § 112 AktG (BGH NJW 1993, 2308; aA OLG Brandenburg DStR 2015, 1877, das bei einem Verstoß gegen § 112
4 AktG von der Nichtigkeit des RGeschäfts ausgeht). → §§ 135, 136 Rn. 3. **b) Einschränkung der Rechtsmacht von ges. Vertretern,** Vertretungsorganen jur. Personen des öffentl. Rechts (BGHZ 20, 126 f.; 47, 37); von gerichtl. bestellten Vermögensverwaltern wie Testamentsvollstrecker, Insolvenzverwalter, Sequester (BGHZ 118, 379 f.). Zur Nichtigkeit infolge **Insolvenzzweckwidrigkeit** von Vereinbarungen zwischen Insolvenzverwalter und mit einzelnen Beteiligten am Insolvenzverfahren, wenn die Abrede den Verwalter nur diesen gegenüber verpflichteten und berechtigten und die Abrede die erforderliche Unabhängigkeit des Verwalters besei-
5 tigt s. BGH NZI 2016, 824, 826 Rn. 28. **c) Ges. Ausschluss** der *Übertragbarkeit eines Rechts* (zB in § 400 [unzutr. BGH NJW 1988, 820; 1997, 2823; BAG NJW 2001, 1448: § 134]), § 719 I [unzutr. BayObLG NJW-RR 1999, 621: § 134]) sowie *ges. Beschränkung der Rechtstypenwahl,* zB durch numerus clausus der Sachenrechte
6 (→ Vor § 854 Rn. 3), § 1409. **d) Erfordernis behördlicher Genehmigung** macht ungenehmigtes Geschäft idR nur schwebend unwirksam (Begriff → Vor § 104 Rn. 20). Fällt Genehmigungspflicht in der Schwebezeit weg, so ist RGeschäft gültig (BGHZ 127, 375). Behördliche Versagung der Erlaubnis, obwohl kein Erlaubnisvorbehalt besteht, betrifft RGeschäft nicht (BGH NZI 2013, 483). Ie → § 182
7 Rn. 7. **e) Ist obj. zweifelhaft,** ob RGeschäft noch innerhalb der privatautonomen Kompetenz (→ Rn. 3, 4) liegt, sprechen aber ernsthafte obj. Gründe dafür, so ist das Geschäft wirksam. Vgl. BGHZ 65, 150 ff. (wettbewerbsbeschränkende Abrede); WM 1980, 1152 f. (Vergleichsverwalter bei Liquidationsvergleich); BVerwG NJW 1984, 2427 (Konkurs-, jetzt Insolvenzverwalter). **f) § 40 I KGSG** verbietet das Inverkehrbringen (§ 2 I Nr. 9 KGSG) von **nationalem Kulturgut** iSv § 1 I Nr. 10, § 6 KGSG, das abhandengekommen ist, rechtswidrig ausgegraben oder unrechtmäßig eingeführt worden ist. Nach § 40 II KGSG sind **Verpflichtungs- und Verfügungsgeschäfte,** die nach § 40 I KGSG verboten sind, **nichtig.** Auf § 134 ist für die Nichtigkeitsfolge nicht zurückzugreifen (BT-Drs. 18/7456, 96). Gem. § 40 III KGSG sind auch Verpflichtungs- und Verfügungsgeschäfte über Kulturgut verboten, das entgegen § 21 KGSG ausgeführt worden ist. Der Handel mit solchen Kulturgütern wird durch § 83 I Nr. 3 und 4 KGSG bestraft. Zur Dogmatik des § 40 KGSG siehe Jauß NJOZ 2018, 561 f.; BeckOGK/Buchwitz § 937 Rn. 100 ff.; krit. Jayme FS Lynen, 2018, 239; Jayme IPRax 2018, 455.

8 **3. VerbotsGes. a) Begriff** des Ges.: Art. 2 EGBGB (einhellige Ansicht, abw. Wilfinger, AcP 220, 956, 1000 in Einzelfällen auch Verwaltungsakt zugunsten Dritter am Beispiel der Produktintervention gem. Art. 42 Verordnung (EU) Nr. 600/2014 v. 15.5.2014 über Märkte für Finanzinstrumente […] ABl. 2014 L 173, § 15 WpHG). § 134 betrifft **inländische Ges.** (Bundes- und Landesrecht); **EU**-Primärrecht, zB Art. 102 AEUV, nicht Art. 101 AEUV, der selbst Verbot und Nichtigkeit wettbewerbsbeschränkender Vereinbarungen anordnet, so dass ein Rückgriff auf § 134 „überflüssig" ist, vgl. allg. BGHZ 143, 286; Stadler JA 2014, 65 mwN; EU-Verordnungen, da sie gem. Art. 288 II AEUV unmittelbar in Deutschland gelten. **b) Verstoß** gegen ges. Verbot führt nicht immer („wenn sich nicht aus dem Gesetz ein anderes ergibt") zur Nichtigkeit, auch nicht „iZw" (aA Staudinger/Sack/Seibl Rn. 58, 59 mN; Hauser, Auswirkungen der Schuldenbremse im Privatrecht, 2021, 118). Maßgebend ist, ob *Wortlaut* (selten), *Sinn und Zweck* des einzelnen VerbotsGes. *(Auslegungsfrage)* die Nichtigkeit fordern (BGHZ 143, 286). Dafür ist die *Kenntnis* des Verbots idR irrelevant (MüKo-BGB/Armbrüster Rn. 128). Zur Anwendbarkeit von § 134 auf Grundrechtsverstöße (BGH NJW 2004, 1031 mN). Verstoß gegen dispositives Verbot führt nicht zur Nichtigkeit (BGHZ 143, 288). **Zeitpunkt:** Grundsätzlich sind die Verhältnisse bei Vertragsschluss für § 134 maßgebend (Auslegungsregel), wobei aber für jedes einzelne Verbotsgesetz zu prüfen ist, ob nach

seinem „Sinn und Zweck auch eine erst nach Vertragsschluss im Verlauf der Vertragsdurchführung nachträglich eintretende Unvereinbarkeit einer Vertragsbestimmung mit der Verbotsnorm überhaupt und, wenn ja, durch eine rückwirkende Nichtigkeit dieser Bestimmung von Anfang an oder, dem Regelfall entsprechend, durch eine erst für die Zukunft eintretende Nichtigkeit ex nunc – unter Umständen auch nur für die Dauer des verbotswidrigen Zustands – sanktionieren will" (BGHZ 201, 363 = NJW 2014, 3016 Rn. 31 ff. mwN). Umgekehrt wird ein anfänglich nach § 134 nichtiges RGeschäft nicht nachträglich durch veränderte Umstände, sondern allein durch Bestätigung (§ 141) oder konkludenten erneuten Vertragsabschluss wirksam (Büdenbender NJW 2014, 3021). **c) Trifft das Verbot nur die äußeren** 9
Umstände des rechtsgeschäftlichen Handelns, so ist das RGeschäft idR gültig (LM Nr. 70; BGH NJW-RR 2003, 1205). Bsp: Verkauf nach ges. Ladenschlusszeit; Abgabe rezeptpflichtiger Arznei ohne Rezept (BGH NJW 1968, 2286 f.; anders für Betäubungsmittel, da strafbar: §§ 13 II, 29 I Nr. 7 BtMG); Gastaufnahme nach Polizeistunde (RGZ 103, 264 f.); bei bloßem Verstoß gegen gewerbe- oder ordnungspolizeiliche Vorschriften (BGHZ 108, 368); Verbraucherdarlehensverträge im Reisegewerbe können vom Darlehensnehmer (Verbraucher) nur nach §§ 495 I, 355 widerrufen werden, keine Nichtigkeit nach § 134 (BGHZ 131, 389 f. zum fr. Recht: Widerrufsrecht schützt genügend); entgeltliche Darlehensvermittlungsverträge (§ 56 I Nr. 6 GewO) sind nichtig, § 134, da nur dann der Darlehensnehmer genügend geschützt ist (BGH NJW 1999, 1637). Str. ist, ob ein noch nicht erfülltes verbotswidriges, aber nicht gem. § 134 nichtiges Verpflichtungsgeschäft einen Leistungsanspruch gewährt oder ob insoweit § 134 eingreift (für letzteres Flume II § 17 Rn. 4; sa LM Nr. 70); sicher ist, dass die verbotene Vornahme der Leistungshandlung nicht verlangt werden kann (BGH NJW 1986, 2361 f.; sa 1994, 730). Zur Steuerhinterziehung → § 117 Rn. 5. **d) Trifft das Verbot den Regelungsgehalt des RGe-** 10
schäfts, so ist das verbotswidrige Geschäft nichtig (BGH NJW-RR 2004, 1546). Damit soll zugleich dem Abschluss solcher Geschäfte vorgebeugt werden. Deshalb muss Verbot idR bei Geschäftsvornahme bestehen. Späteres Verbot von Dauerschuldverhältnissen, das deren Regelungsgehalt trifft, wirkt idR ex nunc (BGH BeckRS 2022, 21813 Rn. 30 bei landesrechtlicher Nutzungsbeschränkung während COVID-19-Pandemie; OLG Düsseldorf NJW-RR 1993, 250), aber Auslegung: Verbotsnorm entscheidet, ob Nichtigkeit ausnahmsweise nur für die Dauer des verbotswidrigen Zustands (BGH NJW 2014, 3016 Rn. 33 mwN) oder – im Rahmen verfassungsrechtlich zulässiger Rückwirkung – ausnahmsweise ex tunc (BGH BeckRS 2022, 21813 Rn. 30). **aa) Ges. Anordnung der Nichtigkeit** (Unwirksamkeit) als Rechtsfolge eines Verstoßes macht das Ges. nicht schon zum VerbotsGes. (allg. → Rn. 2, ferner zB §§ 105, 125). **bb) Der Gebrauch bestimmter Wendungen** („darf nicht", „darf nur", „soll nicht", „soll nur", vgl. zB §§ 51, 627 II) besagt wenig für die Qualifizierung als VerbotsGes. Im BGB enthält eine Soll(-nicht-)Vorschrift kein Verbot mit Nichtigkeitsfolge. **cc)** Ob **Nichtigkeit als Verbotsfolge** 11
eintritt, bestimmt sich nach der Rspr. (seit RGZ 60, 276 f.; vgl. BGHZ 143, 287) im Wesentlichen danach, ob das Verbot an alle Beteiligten (insbes. **beide** Vertragsparteien) **oder nur an eine Partei** gerichtet ist. **Entspr.** gilt, wenn die Handlung nur für einen oder für beide Beteiligte mit **Strafe oder Bußgeld** bedroht ist (BGHZ 115, 125; *nach* BGH NJW-RR 2004, 1546 mN gibt Strafdrohung gegen beide – nur? – „gewichtigen Hinweis" für ges. Wertung als nichtig). Richtet sich das **Verbot gegen beide Parteien,** so ist das Geschäft idR nichtig, BGHZ 143, 287; NJW 2003, 2742; NJW-RR 2003, 1568; DNotZ 2017, 295, 299 Rn. 36: Verabredung einer **Steuerhinterziehung** [strafbar: § 370 AO] kann Ausführungsvertrag nichtig machen, wenn dessen Hauptzweck Steuerhinterziehung ist. Ist **nur für einen Beteiligten** die Vornahme des RGeschäfts *verboten,* so ist es idR gültig; doch kann auch hier der Zweck des Ges. die Nichtigkeit verlangen (BGH NJW-RR 2011, 1426 Rn. 12; BGHZ 152, 11 f. mN), zB bei verbotener Rechts- (BGH NJW 2005, 1488 mN, auch wenn der Handelnde sich der Hilfe eines Anwalts bedient [BGH NJW 2009, 3244]) oder Steuerberatung (BGH NJW 1996, 1955), Verbot gewerbli-

cher Tätigkeit Steuerberater nach § 57 IV Nr. 1 StBRG (zu differenzieren, s. BGH NJW-RR 2011, 1426 Rn. 11 ff.); Arbeitsvermittlung oder Heilmittelwerbung (BGHZ 78, 271 mN). Bejahend zu haushaltsrechtlichen Grundsätzen mit Außenwirkung s. BGH BeckRS 2003, 2237; zur Frage, ob haushaltsrechtliche sog. „**Schuldenbremse**" (Art. 109 Abs. 3, 115 Abs. 2 GG) Verbotsgesetz sein kann s. Hauser, Auswirkungen der Schuldenbremse im Privatrecht, 118 ff. (zur Frage der Sittenwidrigkeit → § 138 Rn. 19 unter mm). Verträge, die gegen die **berufsrechtlichen Tätigkeitsverbote** des § 46 II Nr. 1 BRAO aF (BGHZ 141, 69, 79), des § 45 I Nr. 1 BRAO (BGH NJW 2011, 373) verstoßen, sind nichtig (BGH NJW 2016, 2561, 2562 Rn. 11). Ein **Anwaltsvertrag,** mit dessen Abschluss der Anwalt gegen das Verbot verstößt, **widerstreitende Interessen** zu vertreten (§ 43a IV BRAO), ist nichtig (BGH NJW 2016, 2561 Rn. 7 ff.). Verstößt Rechtsanwalt gegen das Verbot des § 43a IV BRAO erst, nachdem er die Gebühren bereits verdient hat, so bleiben Anwaltsvertrag und Honoraranspruch gültig (§ 134 unanwendbar; BGH NJW 2009, 3297, 3299 f. Rn. 31 ff.). Verstoß gegen **§ 14 HeimG** (BGHZ 110, 240; OLG Frankfurt a. M. NJW 2001, 1505 zur Gesetzesumgehung; zum Anwendungsbereich s. BGH NJW 2012, 155: Testamentarische Einsetzung des Heimträgers durch Angehörigen eines Heimbewohners ist nicht nichtig). **Anwaltsdienstleistungen:** Vereinbarung von Erfolgshonorar, die nicht § 4a I RVG aF entspricht (zur Teilnichtigkeit → § 138 Rn. 15) wegen Verstoßes gegen § 49b II BRAO aF nichtig, anders infolge gesetzlicher Neuregelung (keine Nichtigkeit, sondern Deckelung auf Höhe des gesetzlichen Gebührenanspruchs) bei Verstoß § 49b II BRAO nF iVm § 4a RVG (BGH NJW 2014, 2653). Nutzung digitalen Rechtsdokumentengenerators zur Erstellung standardisierter Vertragsabreden verstößt nicht gegen § 2 I RDG, daher keine Nichtigkeit des zurgundeliegenden Nutzungsvertrags (BGH NJW 2021, 3125). Nichtigkeit der Abtretung einer Schadensersatzforderung auf Erstattung von Mietwagenkosten bei Verstoß gegen §§ 3, 5 I 1 RDG (BGH NJW 2013, 59; BeckRS 2013, 02007 und 05864, in concreto kein Verstoß); nach §§ 2 II 1 Fall 2, 3 RDG in Verbindung mit § 134 BGB Nichtigkeit der Abtretung einer Forderung durch einen Sachverständigen an ein Factoring-Unternehmen, das nicht über eine Registrierung nach § 10 I 1 Nr. 1 RDG verfügt, wenn das Factoring-Unternehmen nicht das volle wirtschaftliche Risiko der Beitreibung der Forderung übernimmt (BGH NJW 2015, 397 Rn. 6; BGH NJW-RR 2018, 1250 Rn. 41 ff.). Nichtigkeit des Grundgeschäfts nach § 3 RDG mit § 134 erfasst wie nach fr. Recht (Art. 1 § 1 RBerG mit § 134, BGH NJW 2007, 1585; NZG 2011, 672 zur Einziehungsermächtigung der Publikums-Sanierungs-KG im Gesellschaftsvertrag) auch die (ggf. prozessuale) Vollmacht (zB für Urkunde nach § 794 I Nr. 5 ZPO) des vom RDG nicht betroffenen Vollmachtgebers (→ § 167 Rn. 1), aber nicht die vom Rechtsbesorger vermittelten oder als Vertreter geschlossenen Verträge mit Dritten, es sei denn, die Tätigkeit des Dritten stellt sich als Beteiligung an der unerlaubten Rechtsbesorgung dar (BGH NJW 2005, 668; 823 f.; NJW-RR 2005, 1419), daher keine Nichtigkeit der Abtretung mangels Verstoßes gegen § 3 RDG bei Abtretung von Kundenforderungen an Factoring-Bank im Wege des echten und unechten Factorings (BGH BeckRS 2018, 7542 Rn. 24 ff.). Bsp: „Unfallhilfefälle" (BGH NJW 2004, 2092; 2005, 824; NJW-RR 2005, 1420; → § 488 Rn. 9). Digitaler Vertragsdokumentengenerator verstößt nicht gegen das RDG. Zur Heilung des Vollmachtsmangels gem. §§ 171, 172 und den Grundsätzen der Duldungs- und Anscheinsvollmacht → §§ 170–173 Rn. 1, 8, 9; zur Problematik Emmerich JuS 2004, 917 ff. (zu BGH NJW 2004, 2736); Oechsler NJW 2005, 1407; sa BVerfG NJW 2005, 1931 ff.: Rechtsfrage v. grundsätzlicher Bedeutung, daher kein Fall von § 522 II 1 Nr. 2 ZPO. **Schwarzarbeit** bei **Arbeitsvertrag:** Schwarzgeldabrede macht Arbeitsvertrag nur dann gesamtnichtig, wenn ihr Hauptzweck Steuer- und Abgabenhinterziehung ist, sonst ist nur Teilnichtigkeit der Abrede nach §§ 134, 139 iVm § 370 I Nr. 1 AO, §§ 41a I, 41b I EStG, § 28a SGB IV, denn Sozialschutz des AN überwiegt sonst (BAG NZA 2004, 313). Bei selbständigem **Dienst**- oder bei **Werkvertrag** ist der Vertrag nach §§ 134, 139 iVm § 1 II Nr. 2 **SchwarzArbG** nF gesamtnichtig, wenn

er „Regelungen enthält, die dazu dienen, dass eine Vertragspartei als Steuerpflichtige ihre sich aufgrund der nach dem Vertrag geschuldeten Werkleistungen ergebenden steuerlichen Pflichten nicht erfüllt," der Unternehmer dagegen vorsätzlich verstößt und der Besteller den Verstoß des Unternehmers kennt und bewusst zum eigenen Vorteil ausnutzt (BGHZ 198, 141, 150 = NJW 2013, 3167 Rn. 23 ff.; dazu Lorenz NJW 2013, 3132; Stadler JA 2014, 65; Mäsch JuS 2014, 355; OLG Düsseldorf NZBau 2021, 265; ferner BGH NJW 2015, 2406 mAnm Stamm und BGH NJW 2017, 1808, 1809 Rn. 10 zu nachträglicher Schwarzarbeitsabrede). § 1 II Nr. 2 SchwarzArbG nF enthält auch Verbot für die Schwarzarbeit kausalen Auftraggeber (sa BT-Drs. 15/2573, 18; BGHZ 198, 141 Rn. 20; s. ferner Popescu ZfBR 2015, 3). Daher führt ein Verstoß gegen § 1 II Nr. 2 SchwarzArbG nF zur Gesamtnichtigkeit des Vertrags, nicht nur zur Teilnichtigkeit der **„Ohne-Rechnung-Abrede"** nach § 139 (s. BGHZ 198, 141 Rn. 14 ff., 17 ff. zur früheren Gesetzesfassung; dazu sa 15. Aufl. Rn. 15). Denn es liegt einheitliches RGeschäft vor. Infolge Gesamtnichtigkeit bestehen **keine Mängelansprüche** des Bestellers (BGHZ 198, 141 Rn. 27). Auch nach § 242 grundsätzlich keine Ansprüche des Bestellers (BGHZ 198, 141 Rn. 30: § 242 zugunsten des Bestellers allenfalls in engen Grenzen). Ausnahmsweise nach § 139 nur Teilnichtigkeit des Werkvertrages, wenn Teillohn zuzüglich Umsatzsteuer vereinbart und insoweit vertraglich konkrete Einzelleistungen zugeordnet wurden (BGH NJW 2014, 1805 Rn. 13), zB Garagenbau mit Umsatzsteuerabrede (teilwirksam, insoweit auch Mängelansprüche), Garagenzufuhr ohne (teilunwirksam, insoweit keine Mängelansprüche). Ist ein Werkvertrag wegen Verstoßes gegen § 1 II Nr. 2 SchwarzArbG nF nichtig, hat der Unternehmer für erbrachte Bauleistungen keinen Aufwendungsersatzanspruch aus GoA, weil er seine Aufwendungen im Hinblick auf den mit der Ausführung des Geschäfts verbundenen Verstoß gegen das Verbotsgesetz nicht für erforderlich halten durfte (BGH NJW 2014, 1805 Rn. 14; dazu Stadler JA 2014, 623; Mäsch JuS 2014, 1123). Insoweit ist nach § 817 S. 2 auch sein **bereicherungsrechtlicher Anspruch** auf Wertersatz gegen den Besteller ausgeschlossen (BGH NJW 2015, 2406; BGHZ 198, 141 Rn. 19 ff., auch zur zT abweichenden früheren Rechtsprechung). **Nachträgliche Ohne-Rechnung-Abrede** ändert den Vertrag ab. Ist sie nach dem Vorstehenden nach § 134 nichtig, ist nur die Vertragsänderung davon erfasst. Der Ursprungsvertrag (also Zahlungsanspruch mit Umsatzsteuer) bleibt wirksam (Lorenz NJW 2013, 3132, 3134) **Einsei- 12**
tige Verstöße, die zur Nichtigkeit führen, sind für **Ärzte** (§ 203 I Nr. 1 StGB) **Abtretung von Honorarforderungen** (insbes. an Verrechnungsstellen), da der Zedent nach § 402 Auskunft erteilen muss, was ohne Verstoß gegen die ärztliche Schweigepflicht nicht möglich ist (BGH NJW 19, 2156; BeckRS 2013, 03415 Rn. 14; NJW 2010, 2586); Veräußerung von Patientenkartei, jeweils ohne Patientenzustimmung (BGH NJW 1996, 775 [Abtretung]; 1996, 774 [Patientenkartei]); für **Rechtsanwälte** (§ 203 I Nr. 3 StGB) Abtretung und Einziehungsermächtigung von **Gebührenforderungen** ohne ausdr. schriftliche Einwilligung des Mandanten oder die rechtskräftige Feststellung der Forderung (§ 49b IV 2 BRAO, in Kraft nicht erst seit 18.12.2007, sondern in verfassungskonformer Auslegung schon ab 9.9.1994, BGH NJW-RR 2008, 1648 f.); vor der Einwilligung ist der Mandant über die Informationspflicht (§ 402) seines Anwalts gegenüber dem neuen Gläubiger aufzuklären *(§ 49b IV 3 BRAO)*, dieser ist wie der Anwalt zur Verschwiegenheit verpflichtet (§ 49b IV 4 BRAO). Abtretung und Handaktenübergabe (zwecks Information, § 402) sind vor allem für **Praxisverkäufe** relevant (s. BGHZ 171, 258). § 49b IV 1 BRAO schränkt Verschwiegenheitspflicht (§ 43a II BRAO) nur für Abtretung an Rechtsanwälte und rechtsanwaltliche Berufsausübungsgemeinschaften (§ 59a BRAO) ein (keine Mandantenzustimmung nötig). Der BGH hielt Verkauf von Anwaltskanzleien bisher schon an Sozius, angestellten Anwalt (NJW 1995, 2916) und Abwickler (NJW 1997, 188) *ohne* Mandantenzustimmung für zulässig (kein Fall von § 203 I Nr. 3 StGB!), aber nicht an amtlich bestellten Vertreter (NJW 1995, 2027; ebenso KG NJW-RR 2001, 1216 f.; zusammenfassend BGHZ 148, 101 ff.). Diese Differenzierung überzeugt nicht (zutr. Michalski/Römermann NJW 1996,

1308 ff.: Information innerhalb des „Unternehmens Anwaltskanzlei", auch an Käufer, unterfällt nicht § 203 I StGB; ebenso Huffer NJW 2002, 1382 ff.). Sa LG Baden-Baden NJW-RR 1998, 202 f. Zur Vereinbarung eines **Erfolgshonorars** (§ 49b II BRAO) → Rn. 11, → § 138 Rn. 15). Abtretung von Honoraransprüchen des **Steuerberaters** unter Verstoß gegen § 64 II StBerG (BGH NJW 1999, 1546) bzw. § 57 IV StBerG (BGH NJW 2014, 3568 Rn. 15 ff.); BGH NJW 2019, 1519, 1521 Rn. 14 ff., 25; BGH NJW 2015, 1375, 1376 Rn. 23, dazu Bohle MedR 2015, 120: Vergütungsvereinbarung mit anderer Person als nach § 17 III 1 KHEntgG liquidationsberechtigtem **Wahlarzt** ist nach § 134 nichtig. **Gesellschaftsrecht:** Geschäftsführerbestellung kann wegen Verstoßes gegen § 6 II 2 Nr. 2 Alt. 2 GmbHG nach § 134 nichtig sein (BGH NJW-RR 2021, 760, 761 Rn. 13). **Familienrecht:** Nach § 134 iVm §§ 1361 IV 4, 1360a III, 1614 ist **Verzicht** auf **künftigen Unterhalt** nichtig. **Weitere einseitige Verstöße** mit Nichtigkeitsfolge: **„Ersatz-(oder Leih-)Muttervertrag"** (arg. § 1 I 1 Nr. 7, III ESchG, auch § 13c AdVermiG; differenzierend Vieweg FS Stree/Wessels, 1993, 981 ff., aber zu stark auf Ein- oder Beidseitigkeit der Strafdrohung statt auf den Gesetzeszweck abstellend, s. S. 987); einseitiger Verstoß wegen mangelnder **Eintragung in die Handwerksrolle** (Kern FS Gernhuber, 1993, 191 ff.; aA BGH NJW-RR 2002, 557; BAG BB 2003, 1960 [LS.]: gültig; Canaris Anm. BB 2003, 1960: halbseitig gültig); Verstoß gegen § 12 MaBV (BGHZ 146, 257 f.; NJW-RR 2010, 1326); Verstoß gegen § 9 III 2 Verordnung über Bodenabfertigungsdienste auf Flugplätzen (BGBl. I 2885: Verbot der Vereinbarung von Zugangsentgelten zu den Flughafeneinrichtungen, die nicht nach sachgerechten, objektiven, transparenten und nichtdiskriminierenden Kriterien festgelegt sind) (BGH WM 2012, 371 Rn. 18); Verstoß gegen **§ 89 II 1 Hs. 2 HGB** (BGH NJW 2016, 242). Die Abtretung von Darlehensforderungen an eine Nichtbank ist nicht wegen einseitigen Verstoßes gegen **§ 32 I 1 KWG** nichtig (BGH NJW 2011, 3024 Rn. 20: Verbot richtet sich einseitig an Nichtbank). Zum einseitigen Wucherverbot vgl. → Rn. 15, → § 138 Rn. 19. Keine Nichtigkeit nach § 134, wenn Anbieter von Telekommunikationsdiensten nach **§ 97 I 3 TKG** Daten an
13 Zessionar übermittelt (BGH BeckRS 2013, 03415 Rn. 14). **dd) Aus dem Ges.** muss sich das Verbot ergeben (zumindest mittelbar, insbes. aus einer ges. Institution); ausdr. Nennung in einem bestimmten Ges. ist unnötig (BGHZ 51, 262 mN). Ob Teil- oder Gesamtnichtigkeit des RGeschäfts ist nach § 139 durch Auslegung zu ermitteln (dazu BGH NJW 2014, 1101 Rn. 48 ff.; NJW 2016, 3439).

14 **4. Wirkung.** Das verbotene RGeschäft ist *soweit nichtig wie nötig,* um Wortlaut, Sinn und Zweck des VerbotsGes. durchzusetzen. Nach Aufhebung des VerbotsGes. bleibt RGeschäft nichtig (BGH DtZ 1994, 348; allg. → Vor § 104 Rn. 18). § 134 wird durch **lex specialis** verdrängt: §§ 57, 62 AktG sehen bei Verstoß gegen das Verbot der Einlagenrückgewähr keine Nichtigkeit des zugrundeliegenden Verpflichtungs- und Erfüllungsgeschäft vor (BGH BeckRS 2013, 06514 Rn. 15f). **a) Total-**
15 **nichtigkeit** ist die Regel. **b) Soweit Teilnichtigkeit** nach dem Sinn und Zweck des VerbotsGes. genügt, kann sich Totalnichtigkeit aus § 139 ergeben (zB bei vereinbarter Überschreitung der zulässigen Höchstarbeitszeit, BGH NJW 1986, 1487). § 139 ist aber unanwendbar, wenn der Zweck des VerbotsGes. bloße Teilnichtigkeit samt Aufrechterhaltung des verbleibenden RGeschäfts verlangt (→ § 139 Rn. 15); dann hängt das Bestehen bleiben des Restgeschäfts nicht wie nach § 139 vom mutmaßlichen Parteiwillen ab (BGHZ 47, 179; übersehen in 65, 370 ff.). IdS sind Verstöße gegen *Preisvorschriften* zu behandeln (BGH NJW 2008, 56), so dass der Vertrag mit dem ges. normierten zulässigen Preis (BGH NJW 2008, 56) oder Versicherungsbeitrag (LG Freiburg WM 1979, 678 mN) bestehen bleibt. Entspr. gilt für Verstöße gegen *§§ 4, 5 WiStG* (v. Olshausen ZHR 146, 276 f., 288 ff.; zu § 5 WiStG → § 139 Rn. 9), für den *Mietwucher* sowie *sonstige Wuchergeschäfte* iSv § 291 StGB, sofern der angemessene Preis normativ festgelegt oder zu ermitteln ist (ie → § 139 Rn. 9, 10), ferner für bestimmte Kreditverträge (§ 494). Zur Nichtigkeit bei „*Ohne-*
16 *Rechnung-Abrede*" zwecks Steuerhinterziehung → Rn. 11. **c) Nichtigkeit des**

Erfüllungsgeschäfts ist, bei Nichtigkeit des Verpflichtungsgeschäfts, gesondert zu prüfen (BGHZ 122, 122 mN und BAG NJW 1993, 2703 betr. Abtretung; zum Grund → Vor § 854 Rn. 12, 13). Nichtigkeit des Erfüllungsgeschäfts gem. § 134 macht Verpflichtungsgeschäft ebenfalls nach § 134 nichtig (BGH NJW 1995, 2027; aA BGHZ 143, 286; NJW-RR 2005, 1620: § 306 aF, den aber Art. 1 I Nr. 13 SchRModG aufgehoben hat, anfängliche obj. Unmöglichkeit ist kein Nichtigkeitsgrund mehr, vgl. §§ 275, 311a; erbrachte Leistungen sind gem. §§ 812 ff., 817 S. 1 zurückzugewähren (ausgeschlossen gem. §§ 814, 817 S. 2; einschr zu § 817 S. 2 BGH NJW 1990, 2542 f.). Zum Anspruch auf Schadensersatz vgl. § 311 II. **d) Keine Nichtigkeit,** wenn Vertrag *im Hinblick auf Verbotswegfall* **aufschiebend** 17
bedingt (§ 158 I; → §§ 309, 308 I aF) geschlossen ist. **e) Gem. § 242** soll ausnahmsweise die Nichtigkeit außer Acht bleiben (BGHZ 118, 191 f.; 111, 313 [für SchwArbG]; NJW 2006, 296). Abzulehnen, da „Treu und Glauben" nicht ein ges. Verbot verdrängen (BGH NJW-RR 2008, 1050 f. lässt offen, → Rn. 15 aE). Bei beiderseitiger (fast) völliger Erfüllung kann uU Verbotswirkung entfallen; das gilt nicht bei generalpräventiver Funktion von VerbotsGes. und Nichtigkeit (Fenn Anm. ZIP 1983, 466 f.). **f)** Ob bei nichtigem Vertragsverhältnis auf **GoA** zurückgegriffen werden kann, ist str. (dafür BGH BB 2004, 2709, stRspr; dagegen → § 677 Rn. 6; → § 125 Rn. 10).

5. Umgehungsgeschäfte.

Lit.: Benecke, Gesetzesumgehung im Zivilrecht, 2004; Teichmann, Die Gesetzesumgehung, 1962; ders, Die Gesetzesumgehung im Spiegel der Rspr., JZ 2003, 761.

18 Zu fragen ist, *was* umgangen werden soll. Danach bestimmen sich die Rechtsfolgen der Umgehung. Die Umgehung eines *ges. Verbots* ist ausgeschlossen: Entweder wird das Geschäft von Sinn und Zweck (Auslegung!) des VerbotsGes. erfasst oder nicht; stets wird § 134 angewandt und nicht umgangen, die Gesetzesumgehung scheitert (zumindest schief BAG NJW 1999, 2541; 2009, 3261); Kenntnis oder Absicht der Gesetzesumgehung ist unnötig (BGHZ 56, 289; BAG NJW 2008, 939). Die Umgehung eines (zB Verbraucher-)*SchutzGes.* scheitert, weil der Schutzzweck des Ges. seine Anwendung fordert (darauf beruhen zB §§ 306a, 312 f. S. 2, 475 I 2, 487 S. 2, 506 S. 2, 507; → BGH BB 1986, 1877 zu § 313 aF = § 311b I; BAG NJW 1996, 151 zu arbeitsrechtlichen Schutzbestimmungen; BGH BeckRS 2018, 27091 Rn. 12: keine Nichtkeitig bei Umgehung arbeitsrechtlicher Schutzbestimmungen betreffend Kündigungsschutz (§§ 1 ff. KSchG), Entgeltfortzahlung im Krankheitsfall (§ 3 EntgeltFG) sowie Pflicht zur Abführung von Sozialversicherungsbeiträgen und Lohnsteuer (§ 28e SGB IV, § 41a EStG); OLG Oldenburg NJW-RR 1998, 1239 zur Umgehung des Genehmigungsvorbehalts gem. § 144 II BauGB; BAG NJW 2009, 2554 f. zur Umgehung v. § 7 HwO durch scheinbare Bestellung eines Handwerksmeisters zum technischen Leiter eines Handwerkbetriebes). § 162 verhindert treuwidrige (§ 242) Gesetzesumgehung (→ § 162 Rn. 2, 3; BGH NJW-RR 2004, 1435). Zweifelhaft kann sein, ob durch Vermeidung der an sich zutr. Rechtsform und die Wahl einer anderen deren Vorteile in Anspruch genommen werden können (§ 42 AO [BFH NJW 2008, 1616 mN] und § 4 II SubvG: bei Missbrauch *nein,* BAG NJW 2008, 939; sa BGHZ 110, 233 f. zu § 506 aF = § 465; SÜ statt Mobiliarpfandrecht: ja, → § 930 Rn. 20). – Zur Abgrenzung vom Scheingeschäft → § 117 Rn. 3.

§ 135 Gesetzliches Veräußerungsverbot

(1) [1]**Verstößt die Verfügung über einen Gegenstand gegen ein gesetzliches Veräußerungsverbot, das nur den Schutz bestimmter Personen bezweckt, so ist sie nur diesen Personen gegenüber unwirksam.** [2]**Der rechtsgeschäftlichen Verfügung steht eine Verfügung gleich, die im Wege der Zwangsvollstreckung oder der Arrestvollziehung erfolgt.**

(2) **Die Vorschriften zugunsten derjenigen, welche Rechte von einem Nichtberechtigten herleiten, finden entsprechende Anwendung.**

§ 136 Behördliches Veräußerungsverbot

Ein Veräußerungsverbot, das von einem Gericht oder von einer anderen Behörde innerhalb ihrer Zuständigkeit erlassen wird, steht einem gesetzlichen Veräußerungsverbot der in § 135 bezeichneten Art gleich.

Anmerkungen zu den §§ 135, 136

1 **1. Anwendungsbereich.** §§ 135, 136 betreffen *Verfügungsverbote zum Schutz bestimmter Personen,* sog. **relative Verfügungsverbote.** Der Begriff „Veräußerungsverbot" ist zu eng, da auch andere Verfügungen als Veräußerungen erfasst werden.
2 **a) Absolute Verfügungsverbote** bezwecken kraft Ges. den Schutz der Allgemeinheit. Sie fallen unter § 134, nicht §§ 135, 136. Bsp: §§ 290–292 StPO (OLG Düssel-
3 dorf NJW-RR 2004, 468 mN), 443. **b) Verfügungsbeschränkungen** gem. §§ 1365 ff. (Ehegatten), 1643 ff. (Eltern), 1804 ff. (Vormund), 2211 (Erben bei Testamentsvollstreckung), § 6 S. 2 LPartG (eingetragene Lebenspartner) betreffen das rechtliche Können (nicht: Dürfen) und unterfallen daher weder § 134 (vgl. → § 134 Rn. 2) noch §§ 135, 136 (vgl. allg. BGHZ 13, 182 ff.). Das gilt auch für § 719 (BGHZ 13, 183 f.) und § 399 Fall 2 (vgl. BGH WM 1978, 515; → § 137 Rn. 1). **c) Verlust der Verfügungsbefugnis** durch Anordnung nach § 21 II Nr. 2 InsO (§ 24 I InsO) sowie durch Eröffnung des Insolvenzverfahrens (§§ 80, 81 InsO) unterfällt nicht §§ 135, 136, denn unbefugte Verfügungen sind für jedermann („absolut"), nicht nur gegenüber den Insolvenzgläubigern („relativ") unwirksam (Insolvenzver-
4 walter kann aber genehmigen, § 185 II). **d) Praktische Bsp.** *für § 135* gibt es, zumindest im BGB, *nicht* (str.). Jedenfalls gewinnt § 135 Bedeutung erst durch § 136. Die Verweisung begrenzt § 136 auf relative Verfügungsverbote von Behörden und Gerichten. Bsp. für *§ 136:* Beschlagnahme in der *Zwangsvollstreckung* (vgl. §§ 829, 846, 857 I ZPO, zu § 835 ZPO siehe OLG Frankfurt BeckRS 2011, 14425, §§ 23 I 1, 146 I ZVG; gilt auch für bewegliche Sachen). Die mit der Anordnung der Teilungsversteigerung verbundene Beschlagnahme des Grundstücks (§ 180 I iVm § 20 I ZVG) wirkt nicht wie ein Veräußerungsverbot (§ 23 I 1 ZVG; s. BGH NZG 2016, 1307); *einstw. Verfügungen* (dem richterlichen Verfügungsverbot gem. § 938 II ZPO [BGHZ 172, 12; → § 888 Rn. 6, 7] steht das gem. § 938 I ZPO zulässige *Erwerbsverbot* gleich; zum Erwerbsverbot an Grundstückskäufer → § 888 Rn. 8); Anordnungen nach §§ 73e II, 74e III StGB, §§ 111b I, 111c StPO (BGH NJW 2007, 3351 mN); einstw. Anordnung gem. § 32 BVerfGG (BVerfG NJW-RR 1992, 898 f.).

5 **2. Persönlicher Schutzbereich. Wer geschützt** wird, ergibt Ges. (§ 135) oder ges. Grundlage der Verbotsanordnung (§ 136).

6 **3. Wirkung. a) Nur gegenüber den geschützten Personen** (→ Rn. 5), dh relativ, ist die verbotswidrige Verfügung oder Vollstreckungsmaßnahme (§ 135 I 2) unwirksam; → Vor § 104 Rn. 19. Unwirksamkeit ist bloß beachtlich, wenn sich Geschützter auf sie beruft; daher kann er auf sie verzichten. Bsp: Käufer K hat einstw. Verfügung gegen Eigentümer und Verkäufer V erwirkt, die diesem die Veräußerung der von K gekauften Vase verbietet (§ 938 II ZPO); veräußert V dennoch an den D, so ist D gegenüber jedermann Eigentümer, nur nicht gegenüber K (str., → Vor § 104 Rn. 19). Für K ist weiterhin V Eigentümer (vorbehaltlich → Rn. 7), so dass K von V zB Erfüllung (= Übereignung) verlangen kann (also keine nachträgliche subj. Unmöglichkeit bei V durch Veräußerung an D); hat V an K übereignet (durch schlichte Einigung entspr. → § 931 Rn. 10), so kann K gem. § 985 von D Herausgabe fordern, § 986 scheidet aus. Abw. und nur iE zutr. BGHZ 111, 368 f.: „Übereignung" von V an K gem. § 931 scheide aus, da Ansprüche aus einem

Besitzmittlungsverhältnis nicht bestünden und der Anspruch aus § 985 durch das Besitzrecht des K gegenüber V ausgeschlossen, iÜ auch nicht selbstständig abtretbar sei; daher genüge die Übertragung der bei V „verbliebenen Rechtsmacht" auf K, damit dieser gem. § 985 – dh als Eigentümer! – Herausgabe von D verlangen könne. Da K durch die „Übertragung" Eigentum erlangt, kann die bei V „verbliebene Rechtsmacht" selbst nur Eigentum sein; dieses kann – was nicht nur der BGHZ 111, 368 f. übersieht – durch schlichte Einigung übertragen werden (so). – Einer Vollstreckung in die Vase durch Gläubiger des D kann K widersprechen (§§ 772, 771 ZPO). Hat V entspr. dem Verbot nicht veräußert und wird das Insolvenzverfahren eröffnet, so wird Verbot unwirksam (§ 80 II 1 InsO). **b) Zugunsten des Erwerbers** gelten die Vorschriften über den Erwerb vom Nichtberechtigten, insbes. §§ 892 ff., 1138, 1155, 932 ff., nur *entspr.* **(§ 135 II),** da der Verfügende trotz Verbots Rechtsinhaber, also Berechtigter, geblieben ist. Daher muss sich Kenntnis (§ 892) oder böser Glaube (§ 932 II) auf bestehendes Verfügungsverbot beziehen. Bei Forderungen und anderen Rechten (§ 413) wird Erwerber nur ausnahmsweise geschützt (zB § 2366). Schuldnerschutz analog §§ 407, 408 bei verbotswidriger Zahlung an Gläubiger (vgl. BGHZ 86, 338 f.). **c) Wirksamkeit gem. § 185** (I, II) ist möglich. 8

(Margin: 7 beside line "ren eröffnet, … b) Zugunsten des Erwer-")

§ 137 Rechtsgeschäftliches Verfügungsverbot

[1]Die Befugnis zur Verfügung über ein veräußerliches Recht kann nicht durch Rechtsgeschäft ausgeschlossen oder beschränkt werden. [2]Die Wirksamkeit einer Verpflichtung, über ein solches Recht nicht zu verfügen, wird durch diese Vorschrift nicht berührt.

Lit.: Chr. Berger, Rechtsgeschäftliche Verfügungsbeschränkungen, 1998.

1. Anwendungsbereich. Gilt für Rechte aller Art, nicht nur für veräußerliche 1
(zu eng BGHZ 56, 278). Daher erfasst § 137 auch die Abrede, unveräußerlichen (§ 1059 S. 1) Nießbrauch nicht aufzuheben oder inhaltlich zu ändern (Weitnauer FS Weber, 1975, 430 f.; aA MüKo-BGB/Armbrüster Rn. 10). Vertragliches Abtretungsverbot (§§ 399, 413; einschr § 354a HGB) ist keine Ausnahme von S. 1 (so LAG Niedersachsen NZA-RR 2014, 524, 527 Rn. 40), sondern Inhaltsbestimmung des Rechts (BGH NJW-RR 1992, 791; → § 182 Rn. 1). Entspr. gilt für vereinbartes Aufrechnungsverbot (→ §§ 309 Nr. 3, 391 II, 556b II; BGH BB 1984, 496). Ausnahmen von S. 1 in § 5 ErbbauRG, §§ 12 I, 35 WEG.

2. Zweck von S. 1. Schutz der rechtlichen Handlungsfähigkeit, eingeschränkt 2
durch S. 2; zugleich dient S. 1 der Rechtsklarheit und Rechtssicherheit: Vermögensgegenstände können dem Rechtsverkehr nicht durch RGeschäft entzogen werden (nur darauf stellt BGHZ 56, 278 f. ab; zum Streit über S. 1 s. MüKo-BGB/Armbrüster Rn. 2 ff.). Zu vollstreckungsvereitelnden Vereinbarungen durch auflösend bedingte Zuwendungen s. Foerste DNotZ 2017, 583. S. 1 ist *kein VerbotsGes.* iSv § 134 (→ § 134 Rn. 3). Bei Verstoß gegen S. 1 ist Abrede ungültig, abredewidrige Verfügung gültig (BGH BB 1982, 891). S. 1 erfasst auch Abreden, die *mittelbar* eine Verfügung *dinglich* unwirksam machen sollen; Bsp: A veräußert an B ein Recht unter der auflösenden Bedingung, dass B seinerseits über das Recht verfügt; die Bedingung ist ungültig (aA die hM, vgl. BGHZ 134, 187 mN; MüKo-BGB/Armbrüster Rn. 15). Entspr. gilt für den durch Weiterveräußerung bedingten Rückauflassungsanspruch (aA BGHZ 134, 186 f. mN, hM: Anspruch sei vormerkungsfähig, da gültig); zulässiger Weg: §§ 1094 ff.

3. Verpflichtung, nicht zu verfügen. Ist wirksam, S. **2;** § 311b I 1 gilt hierfür 3
nicht (BGHZ 103, 238). Bei Verstoß ggf. Schadensersatzanspruch. In diesem Rahmen ist Vertragsanspruch auf Unterlassung von Verfügungen auch rechtsgeschäftlich sicherbar (zB durch Bürgschaft, Vertragsstrafe). Sicherung auch durch gerichtl. Veräußerungsverbot (§ 938 II ZPO; BGHZ 134, 187 mN). – *Ausnahmen* von S. 2 in §§ 1136, 2302.

§ 138 Sittenwidriges Rechtsgeschäft; Wucher

(1) **Ein Rechtsgeschäft, das gegen die guten Sitten verstößt, ist nichtig.**

(2) **Nichtig ist insbesondere ein Rechtsgeschäft, durch das jemand unter Ausbeutung der Zwangslage, der Unerfahrenheit, des Mangels an Urteilsvermögen oder der erheblichen Willensschwäche eines anderen sich oder einem Dritten für eine Leistung Vermögensvorteile versprechen oder gewähren lässt, die in einem auffälligen Missverhältnis zu der Leistung stehen.**

1 **1. Allgemeines. a) Begrenzung der Privatautonomie** (→ Vor § 104 Rn. 1) durch die guten Sitten ist Aufgabe jeder Rechtsordnung, mag es auch schwierig
2 sein zu bestimmen, was im Einzelfall „gute Sitten" sind (vgl. → Rn. 6, 7). **b) RGeschäfte aller Art** werden von § 138 erfasst. Zur Sittenwidrigkeit von Erfüllungsge-
3 schäften → Rn. 25. **c) Maßgebender Zeitpunkt** für die Sittenwidrigkeit ist die Vornahme des RGeschäfts (BGH NJW 2007, 2841 mN; NJW 2016, 2662, 2664 Rn. 46; NJW-RR 2017, 377, 378 Rn. 17 f., 21; NJW 2018, 3637 Rn. 10; BeckRS 2018, 15308 Rn. 37; BAG NJW 2011, 632; stRspr). Hat sich aber nach diesem Zeitpunkt die Wertung der maßgebenden Umstände *geändert,* so ist zu unterscheiden: **aa) ZZ der Vornahme** war das Geschäft sittenwidrig. Dann bleibt es trotz nachträglichen Wertungswandels nichtig, BGH NJW 2007, 2841 (krit. Mayer-Maly JZ 1981, 801 ff.), aber Bestätigung, § 141, möglich (BGH NJW 2007, 2841). Abw. gilt beim *Testament:* Maßgebender Bewertungszeitpunkt ist der Tod des Erblassers (RG DR 1944, 495; OLG Hamm MDR 1980, 53 f.; Flume II § 18 Rn. 6. – AA
4 BGHZ 20, 73 ff.: maßgebend ist Errichtungszeit). **bb) Das RGeschäft ist noch nicht abgewickelt.** Wird es infolge Wertungswandels während seiner Laufzeit zu einem obj. sittenwidrigen, so können jedenfalls jetzt keine Rechte mehr aus ihm hergeleitet werden (unzulässige Rechtsausübung: BGH DtZ 1996, 82 mN, hM; anders bei „sittengemäßer" rechtskräftiger Verurteilung: BGH NJW-RR 1989,
5 304 f.). **d) Konkurrenzen.** Neben **§§ 3, 4 AnfG, §§ 130 ff. InsO** ist § 138 nur anwendbar, wenn zum Anfechtungstatbestand weitere Umstände hinzutreten, die das Geschäft als sittenwidrig erscheinen lassen (BGH NJW-RR 2002, 1361 mN; Entspr. gilt für **§ 1 UWG** nF, MüKo-BGB/Armbrüster Rn. 8). Zum Verhältnis zu **§ 123** → § 123 Rn. 2, zu **§ 134** → Rn. 19, zu **§ 826** → § 930 Rn. 55. – Das Verhältnis zur ges. **Regelung des Rechts der AGB** (bisher AGBG, dort vor allem §§ 9 ff.; jetzt §§ 305 ff., insbes. §§ 307 ff.) ist str.; daran ändert sich nichts, da der materiellrechtliche Teil des AGBG im Wesentlichen in das BGB übernommen worden ist. Nach §§ 3, 9–11 AGBG (jetzt §§ 305c I, 307 I, II, 308, 309) unwirksame AGB bezog der BGH (s. BGHZ 136, 355 f. mN; NJW 2001, 2468) in die Gesamtwürdigung nach I mit ein; Folge: ggf. Totalnichtigkeit. Eine bloße Vielzahl unangemessener AGB begründet aber nicht die Sittenwidrigkeit nach I des gesamten Vertrags; das wäre mit § 306 unvereinbar (MüKo-BGB/Armbrüster Rn. 5).

6 **2. Begriff der guten Sitten. a) Das Durchschnittsempfinden,** „das Anstandsgefühl aller billig und gerecht Denkenden" (§ 727 Mot. II; BGHZ 179, 218; BGH NJW 2019, 3635 Rn. 24, stRspr seit RGZ 48, 124), ist maßgebend (vgl. aber → Rn. 7). Das subj. Empfinden des Richters ist ebenso unbeachtlich wie Überempfindlichkeit oder Laxheit. „Gute Sitten" meinen nicht Sittlichkeit im gesinnungsethischen Sinne, sondern ein **Minimum von sittlicher Handlungsweise** im Rechtsverkehr (v. Tuhr II 2 § 70 I), dessen Nichtbeachtung ein RGeschäft nichtig macht. Was idS als ethisches Minimum zu beachten ist, ist weitestgehend den *Grundwerten der geltenden Rechtsordnung* zu entnehmen. Hier wirkt insbes. die *obj. Wertordnung des GG* mittelbar über § 138 auf das Privatrecht ein (hierzu und zur sog. Drittwirkung der Grundrechte vgl. allg. BVerfGE 81, 256; NJW-RR 2004, 1710, je mN; BGHZ 140, 128; 142, 307; krit. Canaris AcP 184, 201 ff., 232 ff.; JuS 1989, 161 ff.; Diederichsen AcP 198, 199 ff.; Safoklov DÖV 2017, 99, 109; Überblick bei Guckelberger JuS 2003, 1151 ff.). Das in Art. 2 I GG genannte „Sittengesetz" geht

in der durchnormierten verfassungsmäßigen Ordnung auf (MD Art. 2 I, Rn. 45, 46; Jarass/Pieroth Art. 2 Rn. 15, je mN). – Zur Verschränkung von Rechts- und Sittenmoral BVerfGE 6, 433 f.; zur Materialisierung mittels des Unions-Primärrechts s. Lüttringshaus Vertragsfreiheit und ihre Materialisierung im Europäischen Binnenmarkt 2018). **b) Soweit die guten Sitten in der Rechtsordnung konkretisiert** 7
sind (→ Rn. 6), ist darauf zurückzugreifen; abw. Durchschnittsempfinden ist irrelevant (arg. Art. 20 III GG), → Rn. 7; Grüneberg/Ellenberger Anh zu § 138 Rn. 2. In der Aktie verkörpertes Anteilseigentum wird durch **Art. 14 I GG** geschützt, deshalb ist Schuldvertrag zwischen AG und Aktionär, wonach der Aktionär seine Aktien auf die Gesellschaft unentgeltlich zu übertragen hat, wenn der Vertrag beendet wird, jedenfalls dann sittenwidrig, wenn der Aktionär die Aktien zuvor entgeltlich erworben hat (BGH NJW-RR 2013, 410 Rn. 16). Soweit eine Konkretisierung fehlt, also das „allg" SittenGes. maßgebend ist, muss beachtet werden, dass in einer pluralistischen Gesellschaft sich nur in sehr begrenztem Umfang eine herrschende (Sozial-)Moral feststellen lässt. Das gilt bes. für den sexuellen Bereich. Hier ist besondere Zurückhaltung geboten. **I unterfallen** zB: Vertrag über entgeltlichen Geschlechtsverkehr oder andere sexuelle Handlungen. Daran ändert das ProstG nichts, denn der Vertrag ist zunächst nach I nichtig, weshalb auch (zunächst) ein Anspruch der/des Prostituierten gegen den Freier und umgekehrt nicht besteht (ebenso Grüneberg/Ellenberger Rn. 52). Erst nach Vornahme der sexuellen Handlungen entsteht ex nunc der Entgeltanspruch, § 1 S. 1 ProstG, weil einseitig die Nichtigkeit des Vertrags, aber nicht seine Sittenwidrigkeit entfällt (Majer NJW 2008, 1927; sa BSG NJW 2010, 1629). Nach MüKo-BGB/Armbrüster (Rn. 57; § 1 ProstG Rn. 19) sind die Verträge nach Inkrafttreten des ProstG nicht mehr sittenwidrig, was aus § 1 ProstG nicht ableitbar ist, weil dort nur die Nichtigkeit der Vereinbarung zugunsten der/des Prostituierten eingeschränkt ist (s. BSG NJW 2010, 1629); irgendwelche Ansprüche des Freiers bestehen nicht, wie sich aus I ergibt. Ein „Wandel der Anschauungen in der Bevölkerung", den BGH NJW 2008, 141 konstatiert, ist irrelevant (arg. Art. 1 III GG; zutr. Grüneberg/Ellenberger Anh. zu § 138 Rn. 2 mN, auch BSG NJW 2010, 1630). Sittenwidrig und nichtig ist ein Arbeitsvertrag über die öffentl. Vorführung des Geschlechtsverkehrs (BAG NJW 1976, 1958 f., zust. Grüneberg/Ellenberger Rn. 52a); das ProstG erfasst nicht das öffentl. Vorführen des Geschlechtsverkehrs als kommerzielle Veranstaltung; so dass auch nach der Vorführung kein Entgeltanspruch entsteht, aA MüKo-BGB/Armbrüster Rn. 58: § 1 Rn. 24 ProstG mN). Sittenwidrig ist ferner die Ausbeutung von Prostituierten iSv § 180a StGB durch RGeschäft; Verlöbnis mit Noch-Verheiratetem (OLG Karlsruhe NJW 1988, 3023); sa BGH NJW 2002, 361 f. und → Rn. 17; **mit Einschränkungen:** Miet- und Pachtverträge mit Prostituierten unterfallen I nur bei deren wirtschaftlicher Knebelung oder Ausbeutung (BGH NJW-RR 1988, 1379); ein „Geliebten-Testament" ist nach BGH NJW 1984, 2150 f. nur sittenwidrig, wenn es selbst Ausdruck verwerflicher Gesinnung ist; Zuwendungen in nichtehelicher dauernder Lebensgemeinschaft sind nicht sittenwidrig (BGHZ 112, 262), ebenso wenig Abfindungsvereinbarung für künftige Scheidung (BGH NJW 1991, 914). Entgeltliches Dauerverhältnis mit einer Prostituierten unterfällt nicht mehr I (arg. § 1 S. 2 ProstG). Str. ist, ob ein Vertrag über Erbringung, Vermittlung, Vermarktung von Telefonsexleistungen sittenwidrig ist (nein: BGH NJW 2008, 140 f.; ja: Majer NJW 2008, 1926 ff.); jedenfalls besteht nach dem vermittelten Gespräch entspr. § 1 ProstG ein Entgeltanspruch. Zur schrittweise geänderten Bewertung des Verkaufs einer Arzt- oder Anwaltspraxis vgl. RGZ 153, 284 ff., 296 ff.; 161, 155 und jetzt BGH NJW 1989, 763 mN (statt idR nichtig nunmehr idR gültig), Zuck NJW 1993, 3118 f. (auch zur Verpachtung); aber → § 134 Rn. 12 zur zustimmungslosen Veräußerung von Patientenkartei oder Anwaltshandakten und Abtretung von Anwaltshonoraren. Zur eingeschränkten Veräußerbarkeit einer Kassenarztpraxis § 103 IV SGB V.

3. Begriff der Sittenwidrigkeit. Sittenwidrig ist ein RGeschäft, wenn es 8
nach seinem aus der **Gesamtwürdigung** von Inhalt, Beweggrund und Zweck

zu entnehmenden Charakter mit den grundlegenden Wertungen der Rechts- und Sittenordnung nicht zu vereinbaren ist (BGH NJW 2008, 2027; 2015, 2248, 2255 Rn. 69; 2016, 2662, 2663 Rn. 37; NJW 2019, 3635 Rn. 24; stRspr), wobei **obj. und subj. Momente** zu beachten sind (BGH NJW-RR 1998, 591 [vgl. aber → Rn. 10]. Relevant sind objektive Verhältnisse, unter denen der Vertrag zu Stande gekommen ist, und seine Auswirkungen sowie die subjektiven Merkmale wie der verfolgte Zweck und der zu Grunde liegende Beweggrund (BGHZ 10, 228, 232; NJW 1955, 1272, 1273; WM 1958, 590, 591; 1971, 441, 443; NJW 1991, 353; NJOZ 2013, 260 Rn. 20; NJW 2016, 2662, 2663 Rn. 43). Stets muss positiv bestimmt werden, gegen welche übergeordneten Wertungen das RGeschäft verstößt und weshalb seine Wirksamkeit nicht hingenommen werden kann. Es können alle gesetzlichen Gestaltungsinstrumente einschließlich ihrer Kombinationsmöglichkeiten ausgeschöpft werden, auch bei Belastung der Allgemeinheit, wenn nicht Sittenwidrigkeit positiv festgestellt wird (BGH NJW 2011, 1586 Rn. 18 f. zum Erbrecht). **Darlegungs- und Beweislast** liegen bei dem, der sich auf die Nichtigkeit nach I beruft (BGH NJW 2019, 676 Rn. 11; NJW 2009, 1495). Richterliches Ermessen
9 hat weiten Spielraum (Mot. I 211 f.). Einige *Anhaltspunkte* lassen sich geben. **a) Obj. sittenwidrig** ist **aa) nach dem Inhalt** zB Vertrag über öffentl. Vorführung des Geschlechtsverkehrs gegen Entgelt (→ Rn. 7), über Zahlung von Bestechungsgeld (BGHZ 94, 272 f.). Auffälliges Missverhältnis von Leistung und Gegenleistung allein genügt nicht (BGH NJW 2002, 56 f. mN; → Rn. 16); **bb) nach Motiv oder Zweck:** Darlehensvertrag für Religionswechsel; Kaufvertrag über Gift, um Menschen zu ermorden (Darlehensvertrag, Kaufvertrag sind *inhaltlich* indifferent; krit. Nüßgens FS Stimpel, 1985, 23). **Behindertentestament** (Eltern eines Behinderten ordnen zu dessen Gunsten letztwillig Vor- und Nacherbschaft und Dauertestamentsvollstreckung mit konkreten Verwaltungsanweisungen an) bezweckt, dem Behinderten Vorteile aus dem Nachlass zu verschaffen, ohne dass Sozialhilfeträger auf ihn zugreifen kann. Grundsätzlich nicht sittenwidrig, weil Ausdruck der sittlich anzuerkennenden elterlichen Fürsorge über Tod der Eltern hinaus (stRspr, BGHZ 123, 368; 111, 36; NJW-RR 2005, 369; 2006, 223; NJW 2011, 1586 Rn. 12 ff.; 2013, 1879 Rn. 20 mwN). Im Einzelfall kann testamentarische **Wiederverheiratungsklausel** sittenwidrig sein, wenn gravierende wirtschaftliche Nachteile im Fall einer zweiten Eheschließung nicht abgemildert werden, so dass der durch die Klausel ausgeübte Druck unvermindert wirkt. **Abwägungsmaßstab** geben Art. 6 GG und Art. 14 GG. Im Anschluss an die Hohenzollern-Entscheidung BVerfG DNotZ 2004, 798, stellt das OLG Saarbrücken (DNotZ 2015, 691, 693 ff. Rn. 60 ff.) darauf ab, wie intensiv auf die Entschließungsfreiheit des Bedachten eingewirkt wird. Relevant einerseits, ob die Höhe des zugewandten Vermögensvorteils die Willensentscheidung wirklich zu beeinflussen geeignet ist, wie stark in den Bereich höchstpersönlicher Lebensplanung eingegriffen wird; andererseits, wieweit Motive des Erblassers als rechtfertigende Grundlage seiner Regelung anzuerkennen sind und ob sie das
10 Gewicht der Beeinträchtigung des Betroffenen kompensieren können. **b) Ist der Inhalt des RGeschäfts sittenwidrig,** so ist es ohne weiteres nichtig. Da die die Sittenwidrigkeit begründenden Umstände im Geschäftsinhalt liegen, sind sie den Beteiligten notwendig bekannt; ein (weiterer) *subj. Tatbestand wird nicht gefordert:* Handeln im Bewusstsein der Sittenwidrigkeit wird nicht verlangt (BGH NJW 1994,
11 188; stRspr). **c) Begründet erst Motiv oder Zweck die obj. Sittenwidrigkeit,** so setzt das Nichtigkeitsverdikt nach I einen *subj. Tatbestand* voraus: Kenntnis oder grobfahrlässige Unkenntnis derjenigen Umstände, aus denen sich die obj. Sittenwidrigkeit ergibt (BGHZ 146, 301; NJW 2004, 3710 [vgl. → Rn. 16]; BAG NJW 2011, 632; Flume II § 18 Rn. 3); nicht erforderlich ist Schädigungsabsicht oder Bewusstsein sittenwidrigen Handelns (BGHZ 146, 301). Der subj. Tatbestand muss bei allen Beteiligten vorliegen, wenn sich der **Sittenverstoß gegen die Allgemeinheit oder Dritte** richtet (BGH NJW 2005, 1491). Sonst wäre zB der Kauf eines Brotmessers, um einen Menschen zu ermorden, auch dann nichtig, wenn der Verkäufer vom Mordplan des Käufers nichts wissen konnte. Richtet sich der **Sittenver-**

stoß gegen den Geschäftsgegner, so muss der subj. Tatbestand nur beim sittenwidrig Handelnden vorliegen (BGHZ 50, 70). **d) Fallgruppen der Rspr** (scharfe 12
Abgrenzung fehlt). **aa) Knebelungsverträge** beschränken im Übermaß die persönliche oder geschäftliche Handlungsfreiheit (BGH NJW 2009, 1136; NJW 2016, 2662, 2663 Rn. 39). Sie sind zumindest idR schon dem Inhalt nach sittenwidrig (Folge: → Rn. 10). Bsp: **Franchisevertrag:** Wenn wegen einer Vielzahl der den Franchisegeber einseitig begünstigenden und den Franchisenehmer benachteiligenden Bestimmungen der Franchisenehmer übermäßig in seiner **wirtschaftlichen Bewegungsfreiheit** beeinträchtigt und ihm hierfür kein auch nur annähernd angemessener Ausgleich gewährt wird, dann Gesamtwürdigung aller Umstände, Indizien sind Inkassovollmacht zugunsten des Franchisegebers, durch die der Zahlungsverkehr auf den Franchisegeber umgeleitet wird und Einschränkungen des Franchisenehmers, die über die für ein solches Vertriebssystem typischen hinausgehen. (BGH BeckRS 2018, 27091 Rn. 17; BGH NJW 1993, 1587 Rn. 19). **Bierlieferungsvertrag** auf mehr als 20 Jahre (BGH NJW 1985, 2695 mN; vgl. → § 139 Rn. 11 [dort allg. zur **geltungserhaltende Reduktion überlanger Laufzeit**]); aber keine Sittenwidrigkeit per se bei einer Bindung von 44 Jahren an Angebot zum Ankauf eines Erbbaugrundstücks bei einem für 99 Jahre bestellten **Erbbaurecht** (BGH BeckRS 2013, 5738) oder 13-jähriger Vertragsbindung an Individualmietvertrag, die nur durch außerordentlichen Kündigung vorzeitig beendet werden kann (BGH NJW 2013, 2820). Sittenwidrig: **Wettbewerbsverbot,** das die Berufsausübung übermäßig beschränkt (BGH NJW-RR 1989, 801; 2007, 1258; → § 139 Rn. 11), zB Kundenschutzklauseln zwischen GmbH und einem ihrer Gesellschafter anlässlich seines Ausscheidens aus der Gesellschaft, wenn sie in räumlicher, gegenständlicher und zeitlicher Hinsicht das für den Schutz der Interessen der Beteiligten notwendige Maß überschreiten (BGH NJW 2015, 1012 Rn. 8 ff.). Regelmäßig überschritten bei **Wettbewerbsbeschränkung** von mehr als zwei Jahren nach Vertragsende (BGH NJW 2015, 1012 Rn. 8 ff. mwN). Betriebsführungsvertrag von übermäßiger Dauer (BGH ZIP 1982, 584); Tankstellen-Stationärvertrag ohne Auflösungsrecht (BGHZ 83, 316 ff.). **Mitverplichtung als Knebelungsvertrag:** Als bes. Fall eines Knebelungsgeschäfts (aA Gernhuber JZ 1995, 1088 mN) kommt die **Mitverpflichtung** eines **vermögens- und einkommensschwachen Ehegatten** (Lebensgefährten, BGH NJW 2009, 2672; WM 2014, 989) **oder Kindes** („jungen Erwachsenen"), ausnahmsweise v erwachsenen Geschwistern (BGHZ 137, 334 f.) als Bürge oder Mitschuldner zugunsten des anderen Ehegatten, Lebensgefährten zzt. der Haftungsübernahme (BGHZ 136, 350), der Eltern oder zugunsten von Schwester/Bruder gegenüber einem Kreditinstitut oder einem anderen gewerblichen oder beruflichen Kreditgeber in Betracht (BGH NJW 2002, 747). Entscheidend für die Sonderstellung dieser Fallgruppe ist die **emotionale Bindung** zwischen den Mithaftenden als (Mit-)Ursache für die Eingehung der übermäßigen (su) (Mit-)Verpflichtung als Bürge oder Schuldmitübernehmer. Zur möglichen emotionalen Bindung eines GmbH-**Gesellschafters** an die die GmbH wirtschaftlich beherrschende Person s. BGH NJW 2002, 956 f.; bei **AN-Bürgschaft** fehlt emotionale Bindung, möglich aber „Fremdbestimmung" durch Angst, Arbeitsplatz zu verlieren (BGH NJW 2004, 162). Auch hier verlangt I eine Gesamtwürdigung aller obj. und subj. Umstände *des Einzelfalls* (→ Rn. 11; BGHZ 136, 355). Grundvoraussetzung für I ist (jedenfalls in Zeiten geringer Arbeitslosigkeit) ein krasses Missverhältnis zwischen Leistungsfähigkeit des AN und Umfang seiner Bürgenverpflichtung (hM, BGH NJW 2018, 3637 Rn. 14 ff. mN; OLG Celle NJW-RR 2006, 132; aA OLG Celle BeckRS 2014, 7899 Rn. 23 f.; OLG Karlsruhe BeckRS 2008, 7367 Rn. 10). In diesen Fällen der Mitverpflichtung bedarf es eines solchen **krassen Missverhältnisses** und eines Umstandes der **Fremdbestimmung** (Fremdbestinnung durch Ausnutzung einer Abhängigkeit infolge emotionaler Nähe oder Arbeitsplatzangst bzw. Unternehmenssolidarität etc), denn der leistungsschwache Schuldner wird grundsätzlich nicht durch eine Begrenzung der materiellen Haftung, sondern des Vollstreckungszugriffs (§§ 811 ff., 850 ff. ZPO) geschützt (s. BGHZ 125, 209 f.; krass aA Kothe ZBB 1994,

175: Titulierung und Vollstreckung dürften nur für Forderungen aus fairen und akzeptablen Vereinbarungen erfolgen). Der Schuldnerschutz durch eine (mögliche!) **Restschuldbefreiung** (§§ 286 ff., 305 I Nr. 2 InsO) ist nur schwer in einem langjährigen und komplizierten Verfahren zu erlangen, das seinem Schutzzweck nach nicht dazu dient, eine sittenwidrige und daher nichtige Mithaftungsabrede dem Nichtigkeitsverdikt des I zu entziehen. MaW: Es besteht kein Konkurrenzverhältnis zwischen §§ 286 ff. InsO und I (BGH NJW 2009, 2674 f. mN; Krüger NJW 2009, 3408 ff.). Nach im Wesentlichen übereinstimmender Ansicht des IX. und XI. ZS des BGH (BGH NJW 2003, 968; 2005, 972, 975) ist **entscheidend für I** der **Grad des Missverhältnisses** zwischen Leistungsfähigkeit und Verpflichtungsumfang, es muss **krass** sein. Die wirtschaftliche Leistungsfähigkeit richtet sich allein nach dem Leistungsvermögen des Betroffenen (BGH NJW 2005, 975; sa NJW 2002, 2633 zur Leistungsfähigkeit des Bestellers einer Sicherungsgrundschuld). Für ein krasses Missverhältnis genügt es idR nicht, dass der Betroffene voraussichtlich (dh zzt. der Übernahme der Mitverpflichtung) außerstande ist, die laufenden Zinsen aus seinem pfändbaren Einkommen zu zahlen. Diese Überforderung begründet aber die **widerlegliche** tatsächliche **Vermutung,** dass die Mitverpflichtung allein aus emotionaler Verbundenheit mit dem Kreditnehmer übernommen ist und dass die Bank dies in unsittlicher Weise ausgenützt hat (BGH NJW 2005, 972, 975; 2009, 2672, stRspr; gilt grundsätzlich nicht für mithaftenden oder bürgenden Kommanditisten, BGH NJW 2002, 2635; 2003, 59 mN). Anderweitige Sicherheitsleistungen des Kreditnehmers beseitigen nur dann das krasse Missverhältnis, wenn sie das Haftungsrisiko des Mitverpflichteten, rechtlich abgesichert, auf ein vertretbares Maß beschränkt (BGHZ 151, 319; NJW 2009, 2672; BKR 2014, 285 Rn. 21 f.: Keine krasse finanzielle Überforderung, wenn die Bürgenschuld durch den effektiv verfügbaren Sicherungswert eines dem Bürgen gehörenden Grundstücks abgedeckt ist). Bei Mitabschluss eines Darlehensvertrages keine Sittenwidrigkeit, wenn zwar nur geringes Monatseinkommen, aber erhebliches pfändbares Vermögen besteht (OLG Hamm BeckRS 2013, 3931). Sind die **Eigenmittel des Mitverpflichteten** angesichts der hohen finanziellen Belastung praktisch **bedeutungslos** und hat der Gläubiger kein rechtlich vertretbares Interesse am vereinbarten Haftungsumfang, so kann das Sicherungsgeschäft schon wegen seiner wirtschaftlichen Sinnlosigkeit I unterfallen (BGH NJW 2000, 363); das Abstellen auf wirtschaftlichen (Un-)Sinn ist freilich problematisch. Das Interesse, sich **vor künftigen Vermögensverschiebungen** zwischen Eheleuten (Lebenspartnern) zu **schützen,** soll an der Sittenwidrigkeit einer den Mitverpflichteten krass überfordernden Mitverpflichtung nichts ändern, es sei denn, dass die Mitverpflichtung den vertraglich festgelegten Zweck hat, Vermögensverschiebungen abzuwehren und/oder künftiges Vermögen des Mitverpflichteten zu erfassen. Die Notwendigkeit vertraglicher Haftungsbegrenzung, um das Verdikt der Sittenwidrigkeit zu vermeiden, sollte nach BGH (IX. ZS) NJW 1999, 60 erst für Verträge ab 1.1.1999 gelten. Nach BGHZ 151, 38 f. (XI. ZS, der ab 1.1.2001 anstelle des IX. ZS des BGH für Bürgschaftssachen zuständig ist) gilt das auch für Verträge vor dem 1.1.1999. Eine nur stillschweigend getroffene Beschränkung der Haftung auf eingetretene Vermögensverschiebungen will der BGH (XI. ZS) nur bei bes. vom Kreditgeber darzulegenden und ggf. zu beweisenden Anhaltspunkten anerkennen (NJW 2002, 2230, 2231). Erlangt der mithaftende Ehegatte (Lebenspartner) auf Grund des Kredits unmittelbare und ins Gewicht fallende **eigene geldwerte Vorteile,** so kann das I ausschließen (BGH NJW-RR 2004, 338 mN; zur Abgrenzung siehe NJW-RR 2017, 241); Mitwohnen in dem mit dem Kredit erbauten Haus genügt nicht (BGH NJW 2000, 1184). Ist der Ehegatte usw „echter" *Mitdarlehensnehmer,* weil er an der Kreditaufnahme sachlich und/oder persönlich interessiert ist und über die Auszahlung und Verwendung des Kredits gleichberechtigt mitentscheiden darf, so scheidet I aus (BGH NJW 2009, 2672 mN). Zur Entwicklung der Rspr s. Braun JURA 2004, 474 f.; Emmerich JuS 2000, 494 f.; Tiedtke NJW 2001, 1015 ff., insbes. 1022 ff. **Fehlt krasse finanzielle Überforderung,** so ist Sittenwidrigkeit der Mitverpflichtung nur auf Grund bes. erschwerender und der Bank (Kreditgeber) zurechenbarer Umstände zu bejahen (BGH NJW 2001, 2467, 3331). In Betracht kommen (BGHZ 132, 329 f.; NJW 1999, 136; 2000, 363, je mN): Der Gläubiger verharmlost die übernommenen Pflichten und Risiken, er begründet eine Zwangslage oder nutzt sie oder die Geschäftsunerfahrenheit des dem (Haupt-) Schuldner emotional verbundenen Mitzuverpflichtenden aus, so dass dessen Entscheidungsfreiheit wesentlich eingeschränkt oder ausgeschaltet ist. Eigeninteresse, das I ausschließt, kann durch Verharmlosung des Risikos unbeachtlich werden (BGH NJW-RR 2004, 338 f.). – Den **Anstoß für die Rspr** zur Sittenwidrigkeit der Mitverpflichtung eines vermögens- und einkommensschwachen Ehegatten (Lebensgefährten) oder Kindes **gab das BVerfG** (BverfGE 89, 232; NJW 1994, 2750; 1996, 2021; s. BGHZ 151, 320). Es sah hier eine Kollision der den beiden Vertragsteilen (Gläubiger, Mitverpflichteter) durch Art. 2 I GG gewährleisteten Privatautonomie. Eine etwa notwendige Korrektur soll insbes. Über I erfolgen (BverfG NJW 1996, 2021). Die Annahme kollidierender Grundrechtspositionen und die Lösung der Kollision über I passen nicht zusammen. Für das BverfG ging es nicht um die Begrenzung der „formalen" Privatautonomie des Stärkeren (dem dient I!), sondern um die Durchsetzung der „materialen" Privatautonomie des Schwächeren (dem dient auch der Hinweis auf das Sozialstaatsprinzip [Art. 20 I, 28 I GG: BverfG NJW 1996, 2021], dazu Medicus, Abschied von der Privatautonomie im Schuldrecht?, 1994, 17 f.); Folge: ein Vertrag ist nach I nichtig, wenn er sich als bloßes Mittel der Fremdbestimmung oder als offensichtlich unangemessener Interessenausgleich darstellt (s. BverfG NJW 1996, 2021; OLG Düsseldorf NJW-RR 1996, 620). Die den Zivilgerichten zur Durchsetzung dieser „Privatautonomie" abverlangte Inhaltskontrolle *aller* Verträge (Honsell NJW 1994, 566) mit Hilfe von I, § 242 ist mit der Gewährleistung von Vertragsfreiheit schwer zu vereinbaren (zutr. Canaris FS Lerche, 1993, 887), die auch und gerade im einseitigen Stellen von Bedingungen für Individualverträge besteht (anders nach §§ 307, 310 III; zur Inhaltskontrolle von Individualverträgen im Zuge der Umsetzung der RL 93/13/EWG instruktiv Schulte-Nölke NJW 1999, 3176). Das verschleiert, wer die (angeblich obsolete) „formale" Vertragsfreiheit oder Privatautonomie durch eine „materielle" ersetzt (vgl. Kothe ZBB 1994, 174 f.; Grün WM 1994, 714; unklar Schwenzer AcP 196, 101 f.). Die Fälle einer Mitverpflichtung einkommens- und vermögensschwacher naher Angehöriger sind also nur der **Anlass zu** einer **grundlegenden Umformung von Vertragsfreiheit** (Privatautonomie) hin **zu** einer **materiellen Vertragsfreiheit.** Integration von Verbraucherschutzgesetzen (s. § 2 II Nr. 1 UklaG) in das BGB befördert dies (kritisch zB Ulmer BB 2001/Heft 46 Erste Seite; Adomeit NJW 2002, 1622 f.; inbes. 14. Aufl.), ebenso die weiter durchgreifende Überformung des Zivilrechts durch EU-RL, zB durch die RL 93/13/EWG v 5.4.1993 über missbräuchliche Klauseln in Verbraucherverträgen (so Tonner JZ 1996, 540 f., sa BB 1999, 1772 f., ferner Reich NJW 1999, 2398 in und bei Fn. 12 [zur RL 1999/44/EG]; mR abl. Medicus, Abschied von der Privatautonomie im Schuldrecht?, 1994, 29 ff.). Rechtspolitisch besteht die Aufgabe in der Bewahrung der privatautonomen Selbstbestimmung auf Seiten *beider* Vertragspartner, nicht nur einseitig der des Leistungsanbieters oder der des Leistungsabnehmers. Während jene durch gesetzgeberische Eingriffe bedroht ist, ist diese durch faktische Umstände (Monopolstellung des Anbieters, Angebotsabhängigkeit und Informationsdefizite des Nachfragers) bei Verbrauchern (§ 13) oder kleinen und mittleren Unternehmen (s. Empfehlung der Kommission 2003/361/EG vom 6.5.2003 betreffend die Definition der Kleinstunternehmen sowie der kleinen und mittleren Unternehmen – KMU-Empfehlung) eingeschränkt. – Zur Beschränkung der Vertragsfreiheit durch das **AGG:** Die Problematik des Antidiskriminierungsrechts (in weiterem Erörterungsrahmen grds. dazu Grünberger/Mangold/Markard/Payandeh/Towfigh, Diversität in Rechtwissenschaft und Rechtspraxis, 2021) besteht im Zusammenprall gegenläufiger Prinzipien, die in den Erwägungen 2 und 3 der RL 2004/113/EG (Gleichbehandlungs-RL) angesprochen werden: „Der Schutz vor Diskriminierung ist ein allg. Menschenrecht", aber „durch das Diskriminierungsverbot dürfen andere Grundrechte und Freiheiten nicht beein-

trächtigt werden". So bestimmt Art. 3 II der RL 2004/113/EG, dass die RL die freie Wahl des Vertragspartners durch eine Person nicht berührt, solange diese ihre Wahl nicht von dem Geschlecht des Vertragspartners abhängig macht (unzutr. Wiedergabe in BegrRegEntw BT-Drs. 16/1780, 41). Die RL 2000/43/EG (Antirassismus-RL) schränkt die freie Partnerwahl mit Blick auf „Rasse" und „ethnische Herkunft" weiter ein. Erfasst das Diskriminierungsverbot auch noch die anderen in Art. 19 I AEUV genannten Merkmale, wie es § 19 I, II AGG (mit Ausnahme der Weltanschauung) anordnet, so ist zu klären, was von dem das Zivilrecht „prägenden Institut der Vertragsfreiheit" (BegrRegEntw S. 26) noch übrigbleibt, und welche in den RL angelegten „legitimen Ziele" eine Ungleichbehandlung gestatten. Jedenfalls gestalten die RL, erheblich verstärkt durch das AGG, die Vertragsfreiheit grundlegend um. Es heißt nicht mehr, dass insbes. Die Wahl des Vertragspartners „frei" ist, dh dass die (Aus-)Wahl „willkürlich" erfolgen kann („stat pro ratione voluntas", Flume II § 1 Rn. 5) und nur in Ausnahmefällen eingeschränkt ist (ie → Vor § 145 Rn. 8–15). Vielmehr soll die Vertragsfreiheit nur noch insoweit Differenzierungen erlauben als diese weder „willkürlich" noch „ohne sachlichen Grund" erfolgen; alles andere wird als eine „sozial verwerfliche Diskriminierung" (BegrRegEntw S. 41) gewertet. – **Ist I unanwendbar,** so sind uU Rechte aus §§ 123, 311 II (BGH NJW 1997, 3231 [Verletzung von Aufklärungspflichten; zu diesen Singer ZBB 1998, 141 ff.]; Medicus ZIP 1989, 821 f.; Wagner NJW 2005, 2958 f.; allg. St. Lorenz, Der Schutz vor dem unerwünschten Vertrag, 1997 [dort S. 4–14 auch zur Problematik „Sonderprivatrecht Verbraucherschutz versus allg. Privatrecht"]) oder „nachträglicher" pVV, § 280 (Knütel ZIP 1991, 497 f.) gegeben. Zur BürgschaftsRspr. Des
13 BGH 2001/2002 Tiedtke NJW 2003, 1359, seit 2003 NJW 2005, 2498. **bb) Ausnutzung wirtschaftlicher Macht,** insbes. Einer Monopolstellung. Bsp: Preisvereinbarung mit Monopolunternehmen der Energieversorgung (LM Nr. 4 [Cc]);
14 Haftungsfreizeichnung (LM Nr. 1 [Cc]). **cc) Kreditgewährung und/oder Besicherung.** Stets Gesamtabwägung im Einzelfall (→ Rn. 8) erforderlich, auch bei den anerkannten Fallgruppen (BGH NJW 2016, 2662, 2663 f. Rn. 39, 42 mwN) wie **Knebelung** des Schuldners (BGH NJW 1952, 1169; WM 1971, 441, 442; NJW 1991, 353; BGHZ 138, 291, 303, s. noch → Rn. 7, Rn. 12), **Insolvenzverschleppung,** anderweitigen **Gläubigergefährdung** bzw. **Kredittäuschung** (vgl. BGH WM 1971, 441, 442; NJW 1977, 2261; 1991, 353; 1995, 1668; BGHZ 138, 291, 300 f.). Bsp: Eine Insolvenzverschleppung (BGH NJW 1995, 1668; BGH NJW 2016, 2662, 2663 f. Rn. 40), wenn ein Kreditgeber eigennützig unvermeidliche Insolvenz eines Unternehmens nur hinausschiebt, indem er Kredite gewährt, die nicht zur Sanierung, sondern nur dazu ausreichen, den Zusammenbruch zu verzögern, wenn hierdurch andere Gläubiger über die Kreditfähigkeit des Unternehmens getäuscht und geschädigt werden sowie der Kreditgeber sich dieser Erkenntnis mindestens leichtfertig verschließt. Sonderregelung: § 2 I Nr. 3 **COVID-19**-Insolvenzaussetzungsgesetz (COVInsAG, BGBl. 2020 I 569). Soweit nach § 1 COVInsAG die Pflicht zur Stellung eines Insolvenzantrags wegen der Ausbreitung des SARS-CoV-2-Virus (COVID-19-Pandemie) ausgesetzt ist, sind nach § 2 I Nr. 3 COVInsAG Kreditgewährungen und Besicherungen im Aussetzungszeitraum nicht als sittenwidriger Beitrag zur Insolvenzverschleppung anzusehen; gilt bis zum 30.9.2020 (dazu Nerlich/Römermann/Römermann, InsO Komm., 2020, § 2 COVInsAG Rn. 41–50). Gläubigergefährdung bei übermäßigen Sicherungsgeschäften, die für andere Gläubiger kaum Haftungsobjekte übrig lassen oder, weil Rechtsverlust des Sicherungsgebers idR nach außen nicht erkennbar (Übereignung nach § 930; verdeckte Zession!), über dessen Kreditwürdigkeit täuschen (vgl. → § 930 Rn. 55). Ist das Sicherungsgeschäft schon dem Inhalt nach sittenwidrig, so ist es auch ohne Vorliegen eines subj. Tatbestands nichtig (→ Rn. 10). Eine sittenwidrige **Gläubigerbenachteiligung** zB, wenn das Sicherungsgeschäft, mit dem der Schuldner (fast) sein gesamtes freies Vermögen zur Sicherung auf einen Gläubiger überträgt, unter Umständen abgeschlossen wird, die dazu geeignet und bestimmt sind, andere gegenwärtige oder künftige Gläubiger über die Kreditwürdigkeit des Schuldners zu täu-

schen und dadurch zur Vergabe weiterer Kredite zu verleiten (BGH NJW 2016, 2662, 2663 f. Rn. 41 mwN). Relevant ist primär Sittenwidrigkeit des **schuldrechtlichen Sicherungsvertrags.** Dessen Unsittlichkeit und Nichtigkeit erfasst nur **ausnahmsweise auch** das seiner Umsetzung dienende – abstrakte und damit an sich wertneutrale – **dingliche Erfüllungsgeschäft,** wenn die Unsittlichkeit gerade im Vollzug der Leistung liegt (BGH NJW 1952, 1169, 1170; WM 1962, 818, 819; NJW-RR 2006, 888, 889; NJW 2016, 2662, 2664 Rn. 46). **dd) Standesrecht.** **15**
Erheblicher Verstoß gegen wesentliche Regeln macht nichtig (BGH DB 1984, 611). Alle Umstände des Einzelfalles entscheiden (BGH NJW 2010, 1973). Verstößt Vergütungsvereinbarung zwischen RA und Mandant gegen die Formvorschriften des § 3a I 1, 2 RVG oder die Voraussetzungen für den Abschluss einer Erfolgshonorarvereinbarung nach § 4a I, II RVG, ist sie wirksam; aus ihr kann aber nur die vereinbarte Vergütung bis zur Höhe der gesetzlichen Gebühr gefordert werden (BGHZ 201, 334 = NJW 2014, 2653 Rn. 23 ff. mwN: zur Neuregelung des RVG). Anwalt bleibt der Anspruch auf die ges. Gebühren (§ 4b RVG; BGH NJW 2004, 1171 [zum fr. Recht]). Mandant bleibt Anspruch auf Vertragserfüllung und auf Schadensersatz wegen Schlechtleistung (BGH NJW 2010, 1366): Zur Sittenwidrigkeit einer anwaltlichen Honorarvereinbarung s. BGH NJW 2010, 1367; NJW-RR 2017, 377: Es besteht eine tatsächliche Vermutung, dass ein Honorar unangemessen hoch ist, welches die gesetzlichen Gebühren um mehr als das Fünffache übersteigt. Vermutung kann dadurch widerlegt werden, dass der für die Mandatsbearbeitung erforderliche zeitliche Aufwand letztlich zu einem Stundenhonorar führt, das nicht unangemessen hoch ist (BGH NJW-RR 2017, 377). Entgeltliche Vermittlung von Mandanten an Anwalt, von Patienten an Arzt ist wegen Standeswidrigkeit nichtig (Nachw. In BGH NJW 1999, 2360). **Gesellschaftsvertraglicher Abfindungsausschluss (Verfallklausel)** ist grundsätzlich sittenwidrig, nur in Ausnahmefällen zulässig. Abfindungsausschluss wirksam, wenn dadurch ideeller Zweck der Gesellschaft geschützt oder bei auf Zeit abgeschlossener Mitarbeiter- oder Managerbeteiligungen ohne Kapitaleinsatz. Verfallklausel in GmbH-Satzung nach der im Fall einer (groben) Verletzung von Gesellschaftsinteressen oder Gesellschafterpflichten des Gesellschafters keine Abfindung zu leisten ist, ist sittenwidrig und grundsätzlich auch nicht als Vertragsstrafe zulässig (str. BGHZ 201, 65 Rn. 11 ff. mwN; dazu K Schmidt JuS 2014, 1126). **ee) Wucherähnliches Rgeschäft.** Ein **auffälliges Missverhältnis** **16**
zwischen Leistung und Gegenleistung eines auf Leistungsaustausch gerichteten Vertrags *(obj. Tatbestand)* allein macht nicht sittenwidrig (BGH NJW 2002, 56 f.; NJW-RR 2017, 377, 378 Rn. 17 mwN). Hinzukommen muss idR (zu Ausnahmen BGH NJW 2004, 3555 mN) ein *subj. Tatbestand* als **weitere sittenwidrige Umstände** (BGH NJW 2002, 3166), zB eine verwerfliche Gesinnung des durch den Vertrag Begünstigten (BGH NJW 2004, 3555; 2010, 363; NJW-RR 2017, 377, 378 Rn. 17; BeckRS 2019, 28792 Rn. 40), etwa das Bewusstsein oder leichtfertige Nichterkennen, dass der andere sich nur wegen seiner schwierigen Lage (sa II) auf das Rgeschäft einlässt (BGH NJW-RR 2003, 558, stRspr), oder Ausbeuten der schwierigen Lage oder der Unerfahrenheit des Partners für das eigene unangemessene Gewinnstreben (BGH NJW 2000, 1255; 2002, 56 f.). Entscheidend: Verhältnisse zum Zeitpunkt des Vertragsschlusses (NJW-RR 2017, 377, 378 Rn. 17; → Rn. 3). Ein **bes. auffälliges** (BGH NJW 2004, 3555; NJW-RR 2017, 377), bes. grobes (BGH NJW 2008, 1588) oder grobes, bes. krasses (BGH NJW 2003, 1861) **Missverhältnis** zwischen Leistung und Gegenleistung lässt auf eine verwerfliche Gesinnung des Begünstigten schließen (**tatsächliche Vermutung,** die [nur] den Beweis der subj. Voraussetzungen von I erleichtert, s. BGH NJW 2010, 364; NJW-RR 2016, 692; NJW-RR 2019, 497 Rn. 20; die Vermutung kehrt sich um, wenn der Benachteiligte ein Kaufmann oder Selbstständiger, zB ein Landwirt, ist, BGH NJW 1991, 1811; 2003, 2231, BGH NJW 2002, 57, stRspr). Die tatsächliche Vermutung kann erschüttert sein (allg. BGH NJW 2010, 365), zB wenn der Benachteiligte das Missverhältnis aus freien Stücken akzeptiert (BGH NJW 2007, 2842, auch zur Beweislast) oder beim Grundstückskauf durch das Vertrauen des Verkäufers auf ein Wertgutachten

(BGH NJW 2014, 1652). Ein solches **Missverhältnis** liegt bei **Kaufverträgen** über Grundstücke und ähnlich wertvolle Mobilien idR vor, wenn der Wert der Leistung knapp doppelt so hoch ist wie der Wert der Gegenleistung (BGHZ 160, 11 ff. [dort auch zu unterschiedlichen Ergebnissen korrekt angewandter Wertermittlungsmethoden; zur Methodenauswahl BGH NJW-RR 2008, 1438; BKR 2019, 245 Rn. 18]; NJW 2010, 364; 2014, 1652 nennt eine Verkehrswertüber- bzw.-unterschreitung von 90 % bei Grundstücken als erforderlich; dabei sind die vom Verkäufer übernommenen, jedoch üblicherweise vom Käufer zu tragenden Erwerbsnebenkosten abzuziehen, BGH NJW-RR 2016, 692), die obj. Werte bestimmen sich nach dem Marktpreis zZ. Des Vertragsschlusses (BGHZ 154, 159). Grundstücksnutzungs- und -übertragungsvertrag im Rahmen eines Steuersparmodells ist sittenwidrig, wenn einer Vertragspartei, auch wenn sie mit der anderen verheiratet ist, ein Grundstücksübertragungsanspruch zusteht, ohne dass die Interessen der anderen Vertragspartei, die bis zu einer Übertragung alleine alle Belastungen eingegangen ist und getragen hat, gewahrt sind, indem sie hierfür eine Gegenleistung erhält (BGH NJW 2014, 2177 Rn. 10 ff.). Ist der Wert der Arbeitsleistung (mindestens) doppelt so hoch wie der Wert der Vergütung, lässt dies den tatsächlichen Schluss auf die verwerfliche Gesinnung des Begünstigten zu (BAG NJW 2016, 2359). – Sittenwidrigkeit, wenn die vereinbarte **Miete oder Pacht** um knapp 100% höher ist als der objektive Marktwert der Gebrauchsüberlassung (BGH BeckRS 2019, 28792 Rn. 40 mN). – Sittenwidrigkeit, wenn die versprochene Vergütung das **freiberufliche Honorar** deutlich überschreitet, welches für die zum Zeitpunkt des Vertragsschlusses nach dem konkreten Mandat im Gegenzug zu leistende freiberufliche (zB anwaltliche) Tätigkeit objektiv angemessen ist. Überschreiten der gesetzlichen Gebühren um das 3,8-fache noch angemessen (BGH NJW 2018, 2261, 2263 Rn. 24; NJW 2002, 2774, 2775), nicht mehr aber bei Überschreitung der gesetzlichen Gebühren um mehr als das Fünffache angenommen (BGH NJW 2018, 2261, 2263 Rn. 24; NJW-RR 2017, 377 Rn. 27). – Bei **Kreditverträgen** besteht nach der BGH-Rspr., wenn zwischen Leistung und Gegenleistung ein auffälliges Missverhältnis besteht und der Darlehensgeber die schwächere Lage des anderen Teils bewusst zu seinem Vorteil ausnutzt oder sich leichtfertig der Erkenntnis verschließt, dass der Darlehensnehmer sich nur wegen seiner schwächeren Lage auf die bedrückenden Bedingungen einlässt (BGHZ 80, 153, 160 f.; 104, 102, 104 ff.; NJW 2017, 1018, 1020 Rn. 34). Das ist anzunehmen, wenn der geforderte Zins den marktüblichen um relativ 100 % (BGH NJW 2018, 848 Rn. 25; NJW 2017, 1018, 1020 Rn. 34; NJW-RR 2012, 416; NJW 2000, 2669; NJW-RR 2000, 1432; Richtwert) oder um absolut 12 % übersteigt (BGH NJW 2018, 848 Rn. 25; NJW 2017, 1018, 1020 Rn. 34; NJW-RR 2012, 416; BGHZ 110, 340: Richtwert); dagegen zutr. Canaris AcP 2000, 273, 303 f.: „sozialistische Überregulierung zum Schutz des ‚Schwächeren'" idR überflüssig wegen Verbraucheraufklärung gem. §§ 4, 1 VerbrKrG, jetzt § 492. Die tatsächliche Vermutung macht den subj. Tatbestand praktisch bedeutungslos (s. Nüßgens FS Stimpel, 1985, 23 f.; das bestreitet BGH NJW 2002, 57). **Verträge,** auch **Eheverträge,** sind wegen sittenwidriger **Übervorteilung** bei Fehlen jeglicher kompensatorischer schuldrechtlicher Verpflichtungen einer Vertragspartei nichtig. Das ist zB nicht der Fall, wenn eine Grundstücksübertragung nur Zug um Zug gegen Befreiung von auf den Grundstücken lastenden Darlehensverbindlichkeiten oder gegen Stellung einer werthaltigen Sicherheit zu erfolgen hat (BGH NJW-RR 2014, 653 Rn. 15; NJW 2015, 1668 Rn. 7). – Zu den Anforderungen an die Sittenwidrigkeit eines Ehevertrags bei **Unternehmerehen** BGH NJW 2017, 1883 Rn. 28 ff. – Sittenwidrigkeit eines Ehevertrags mit einem von der **Ausweisung bedrohten Ausländer,** wenn obj. einseitig belastende Regelungen zu den Scheidungsfolgen. Daraus kann auf subj. erforderliche verwerfliche Gesinnung des begünstigten Ehegatten geschlossen werden, wenn sich in dem unausgewogenen Vertragsinhalt eine auf ungleichen Verhandlungspositionen basierende einseitige Dominanz eines Ehegatten und damit eine Störung der subj. Vertragsparität widerspiegelt. Zu bejahen bei von Ausweisung bedrohtem ausländischem Ehepartner, sofern er plant, dauerhaft in

Deutschland erwerbstätig zu sein und das nur unter der, dem anderen Ehegatten bekannten, Voraussetzung der Eheschließung verwirklichen kann. **ff) Kommerzialisierung des Intimbereichs.** Bsp. → Rn. 7; BGH NJW 1984, 1952, auch 1986, 1168 (Elternteil verzichtet auf Umgangsrecht gegen Unterhaltsfreistellung), einschr OLG Frankfurt a. M. FamRZ 1986, 596 f. (zweifelhaft); zum „Ersatz-(oder Leih-)Muttervertrag" → § 134 Rn. 12. „Telefonsex" war (entgegen BGH NJW 1998, 2895 f.) schon vor Inkrafttreten des ProstG (1.1.2002) nicht sittenwidrig und ist es jetzt erst recht nicht mehr (so jetzt auch BGH NJW 2008, 140 f., → Rn. 6b). 17
gg) Abrede, die auf **Vertragsbruch** zielt (BGH NJW 1991, 1952; 1999, 2589 für Globalabtretung künftiger Forderungen, die v. verlängertem EV erfasst sind; allg. BGH NJW 2008, 3438). **hh) Schmiergeldversprechen** (-gewährung) für *künftige* Bevorzugung gegenüber Konkurrenten (BGH NJW 2018, 2412; NJW-RR 1990, 443; BeckRS 2014, 12893 Rn. 33 ff.). Der durch Zahlung von Schmiergeld, zB an den Verhandlungsvertreter, zustandegekommene Hauptvertrag ist idR ebenfalls nichtig (BGH NJW 2001, 1067; 201, 129 = BeckRS 2014, 12893 Rn. 33 ff.). Dazu und zur problematischen Pflicht, Schmiergeldabreden dem Gegner offen zu legen, Kluth/Krauskopf ZGS 2009, 401 ff. **ii) Kopplungsgeschäfte; Ämter-, Titel-, Namenskauf.** Erfüllung amtlicher Aufgaben gegen wirtschaftliche Gegenleistung (BGH NJW 1999, 209). „Kauf" öffentl. Ämter und Titel (BGH NJW 1994, 187 f.) oder von Adelsprädikaten (BGH NJW 1997, 48). **jj)** Überlassung von Internet-Domains (Begriff → § 12 Rn. 3), die vom Veräußerer auf Grund **Domain-Grabbing** (spekulative Domain-Registrierung) berühmter Namen, Firmen usw. mit dem Ziel erlangt sind, dass der Namensträger usw. sich die Benutzung des eigenen Namens usw. (hier: vom Domain-Erwerber) zurückkauft (BGH NJW 2008, 3718 f. mN). **kk)** Kauf eines **Radarwarngerätes,** das zur Begehung einer Ordnungswidrigkeit iSv § 23 I b StVO dienen soll (BGH NJW 2010, 611 mN). **ll) Schneeballsystem.** Es bezweckt, dass die ersten Mitglieder idR sicheren Gewinn erzielen, während spätere Teilnehmer ihren Einsatz verlieren, weil wegen des Vervielfältigungseffekts in absehbarer Zeit keine neuen Teilnehmer mehr gewonnen werden können (BGH NJW 2009, 984). Das verstößt gegen die guten Sitten. Entspr. Gilt für sog. **„Schenkkreise"**, bei denen Neueintretende Geld-„Schenkungen" an frühere Teilnehmer machen in der Erwartung, von neu zu gewinnenden Teilnehmern „beschenkt" zu werden, was wie beim Schneeballsystem ausgeschlossen ist (s. oben), OLG München NJW-RR 2009, 1649; dazu Möller ZGS 2010, 348 ff. Zur Rückforderung des „geschenkten" Geldes (§ 812) und dem Nichteingreifen v § 817 S. 2 s. OLG München NJW-RR 2009, 1649. Nichtigkeit des Vertretergeschäfts bei **Kollusion des Vertreters** mit Vertragspartner zum Nachteil des Vertretenen (BGH DStR 2014, 755 Rn. 10 mwN = K. Schmidt JuS 2014, 646; BeckRS 2016, 15527; BeckRS 2016, 109943); ebenso wenn nach § 181 befreiter Bevollmächtigter seine Vollmacht entsprechend missbraucht bzw. wenn Vertreter arglosen Untervertreter einschaltet oder er aufgrund seiner Vertretungsmacht einen weiteren, arglosen (Mit-)Vertreter zu dem Geschäft veranlasst und so das Insichgeschäft verschleiert (BGH DStR 2014, 755 Rn. 10 mwN = K Schmidt JuS 2014, 646). **mm)** Kreditverträge nur ausnahmsweise wegen Verstoßes gegen haushaltsrechtliche **„Schuldenbremse"** (Art. 109 Abs. 3, 115 Abs. 2 GG) sittenwidrig, so Hauser, Auswirkungen der Schuldenbremse im Privatrecht, 176 ff. (ferner → § 134 Rn. 11). 18

4. Wucher, II. Konkretisiert I. Mit II ist daher auch I erfüllt sa BGH NJW 2003, 1860 f.). **a)** Wuchergeschäfte sind gem. § 291 StGB (nur für den Wucherer) **strafbar** und daher gem. § 134 nichtig. Da § 134 dem § 138 vorgeht (BGH NJW 1983, 869 f.; BAG NJW 1993, 2703) und § 291 StGB sich mit II deckt, ist **II gegenstandslos** (aA MüKo-BGB/Armbrüster Rn. 4). Davon abgesehen, muss die Auslegung von II und § 291 StGB gleich sein (s. § 132 II GVG). 19
b) Voraussetzungen. aa) Ein Austauschgeschäft (Vermögensvorteil als Gegenleistung!). Fehlt bei Bürgschaft (BGH NJW 2001, 2467 mN) und familienrechtlichen Verträgen (BGH NJW 1992, 3165). 20
bb) Missverhältnis ergibt sich aus Vergleich der vereinbarten beiderseitigen 21

Leistungen nach ihrem obj. Wert (BGH NJW 2018, 2261 Rn. 22; NJW 1979, 758). Bei § 779 bestehen die Leistungen im beiderseitigen Nachgeben (BGH NJW 1999, 3113). *Auffällig:* Zum „Richtwert" → Rn. 16; Einzelfallprüfung, zu berücksichtigen ist zB übernommenes Risiko (BGH NJW 1982, 2767; zum groben Missverhältnis im Rahmen einer Internetauktion BGH NJW 2015, 548 Rn. 9) in angemesse-
22 nem Umfang (KG WM 1979, 589). **cc) Zwangslage:** erhebliche Bedrängnis (uU eines Dritten, BGH NJW 1980, 1575) wirtschaftlicher (BGH NJW 1994, 1276), politischer, gesundheitlicher (BGH WM 1981, 1051) oder sonstiger Art (BGH NJW 1991, 1047). **Unerfahrenheit:** fehlende *allg.* Lebens- oder Geschäftserfahrung; unzureichend, dass sie nur auf bes. Gebieten fehlt (BGH WM 1982, 849). **Mangel an Urteilsvermögen:** Unfähigkeit zur Beurteilung der Vor- und Nachteile des Geschäfts (BGH NJW 2006, 3056). **Erhebliche Willensschwäche:** Unfähigkeit, eine zutr. Beurteilung des Geschäfts in die Tat umzusetzen (BGH NJW 2006, 3056).
23 **dd) Ausbeuten:** Betätigung verwerflicher Gesinnung durch bewusstes Ausnutzen der in → Rn. 22 genannten Umstände in Kenntnis des auffälligen Missverhältnisses der beiderseitigen Leistungen (BGH NJW-RR 1990, 1199; stRspr). Bei bes. grobem Missverhältnis (nicht schon bei auffälligem, → Rn. 16) spricht eine tatsächliche
24 Vermutung für Ausbeutung (BGH NJW-RR 2000, 1432 f. mN). **c) Ist II nicht voll erfüllt,** so kann Rgeschäft als **wucherähnlich** nach **I** nichtig sein (BGH NJW 2003, 1861; → Rn. 16).

25 **5. Wirkung des Sittenverstoßes:** ***Nichtigkeit.*** **a) Verpflichtungs- und Erfüllungsgeschäft.** Sittenwidrigkeit und Nichtigkeit des ersteren ergreift nicht ohne weiteres das letztere (BGH NJW 2002, 432; Abstraktionsprinzip, → Vor § 854 Rn. 13). Das Missverhältnis von Leistung und Gegenleistung betrifft nur das Verpflichtungsgeschäft. Das Erfüllungsgeschäft ist *inhaltlich* sittlich indifferent. Nach *Motiv oder Zweck* kann es aber nach hM sittenwidrig sein (vgl. BGH NJW 1997, 860; NJW-RR 2006, 889; OVG Münster NJW 1989, 2834 f.; OLG Stuttgart BB 1996, 2060; → Vor § 854 Rn. 15). Nach II ist auch *Erfüllungsgeschäft des Bewucherten* („gewähren") nichtig, zB Bestellung einer Hypothek oder Grundschuld für Wucherdarlehen (BGH NJW 1994, 1275; abl. Zimmermann JR 1985, 49); das des Wuche-
26 rers ist es nicht (hM). **b) Bei Teilnichtigkeit** gilt grundsätzlich § 139: Der nicht sittenwidrige Teil kann nur bestehen bleiben, wenn das dem mutmaßlichen Parteiwillen entspricht (BGHZ 41, 170; NJW 2009, 838). Vgl. ie → § 139 Rn. 7–12.
27 **c) Gem. § 242 soll** ausnahmsweise die **Nichtigkeit außer Acht** bleiben: BGH NJW-RR 2008, 1050 mN („Treu und Glauben" verdrängt „Sittenwidrigkeit"?!); aA zutr. BAG NJW 1976, 1959. **d)** Ist der Vertrag wegen Benachteiligung des einen Teils nach I nichtig, und hat der andere Teil den Vertragsschluss herbeigeführt, so kann dieser nach BGHZ 99, 106 ff. auf das **negative Interesse** haften (cic). Ebenso, wenn der Benachteiligte an dem wegen überhöhter Leistung nichtigen Vertrag festhält (kein Anspruch auf Erfüllungsinteresse, da Vertrag nichtig), BGH NJW 1996, 1204; zum Wucherkauf → § 139 Rn. 9. **e)** Zur str. Anwendbarkeit der **GoA** bei Nichtigkeit eines Vertrags → § 134 Rn. 17 f.).

§ 139 Teilnichtigkeit

Ist ein Teil eines Rechtsgeschäfts nichtig, so ist das ganze Rechtsgeschäft nichtig, wenn nicht anzunehmen ist, dass es auch ohne den nichtigen Teil vorgenommen sein würde.

1 **1. Allgemeines. a) IdR** erfasst ein Nichtigkeitsgrund das *ganze* Rgeschäft. Dann ist § 139 unanwendbar. Ist aber ein *einheitliches Rgeschäft* (→ Rn. 3, 4) *teilbar* (→ Rn. 5–12) und nur ein *Teil nichtig,* so ist gem. § 139 grundsätzlich auch der Rest nichtig (widerlegliche Vermutung, BGH BB 2000, 1215). Ausnahmen: → Rn. 13 (b), 14–17. **b) Nichtigkeit.** *Begriff:* → Vor § 104 Rn. 18. *Grund* der (Teil-!)Nichtigkeit ist gleichgültig (aA implizit BGHZ 45, 379 für Nichtigkeit gem. §§ 116 S. 2, 117 I; → Rn. 13 [b]). Erfasst werden auch rückwirkende Nichtigkeit (§ 142 I; vgl. LM

Nr. 43), endgültige Unwirksamkeit nach Verweigerung notwendiger Genehmigung gem. §§ 108, 177, 1829 usw. (LM Nr. 24), nachträgliche Teilnichtigkeit infolge Gesetzesänderung. Bei schwebender Unwirksamkeit gilt § 139 entspr: Das restliche Geschäft ist idR (noch) nicht wirksam (vgl. BayObLG MDR 1980, 757; sa BGH NJW-RR 1993, 246). Ein Widerruf nach § 355 macht den Vertrag weder nichtig noch unwirksam, sondern wandelt ihn in ein Rückgewährschuldverhältnis um (§§ 357 I 1, 346, 348). Die Rechtswirkungen des Widerrufs eines von mehreren Darlehensnehmern im Verhältnis zwischen dem Darlehensgeber und den anderen Darlehensnehmern richten sich nach § 139; regelmäßig wandelt sich nach § 139 der Verbraucherdarlehensvertrag im Verhältnis zu allen Darlehensnehmern in ein Rückgewährschuldverhältnis um (dazu BGH NJW 2017, 243, 245 Rn. 22 mwN).

2. Einheitliches Rgeschäft. a) Kein Hindernis ist, dass mehrere Rgeschäfte 2
unterschiedlichen Typs (zB Pachtvertrag, Einräumung eines Vorkaufsrechts) bestehen, die die Beteiligung von zT verschiedenen Personen aufweisen (BGH NJW 1992, 3238; 2011, 2874 mwN; 2016, 3525, 3526 Rn. 18; Lieder/Berneith JuS 2016, 673, 675 mN). Rein äußere Verbindung der mehreren Geschäfte (zB in einer Urkunde) begründet Einheitlichkeit nicht (vgl. aber u); äußere Trennung (zB durch mehrere Urkunden) schließt sie nicht aus. **Entscheidend ist** der unter Berücksichtigung der Interessen aller Beteiligten und ihres erklärten Willens mit Rücksicht auf die Verkehrssitte (§ 157) zu ermittelnde **Einheitlichkeitswille** der Beteiligten zzt. Der Vornahme der mehreren Geschäftsakte, dass diese miteinander „stehen und fallen" sollen (BGH NJW 2016, 3525, 3526 Rn. 16; 2011, 2876 Rn. 24; NJW-RR 2007, 396 Rn. 17 mN, stRspr). Es genügt, dass der Wille des einen Vertragspartners vom anderen erkannt und hingenommen worden ist (BGH NJW 2011, 2876 Rn. 24; NJW-RR 1998, 951). Erforderlich ist Wille zu einer rechtlichen Verknüpfung; ein rein wirtschaftlicher Zusammenhang genügt für sich allein nicht (BGH NJW 2016, 3525, 3526 Rn. 16; 2011, 2876 Rn. 24; NJW-RR 2007, 396 Rn. 17). Der Einheitlichkeitswille der Vertragsparteien ist durch Ermittlung und Auslegung des objektiv erkennbaren Parteiwillens festzustellen (BGH NJW 2016, 3525, 3526 Rn. 16). Nichtigkeit eines der Verträge bedingt dann **Nichtigkeit der Gesamtvereinbarung.** Die Aufnahme in *einer* Urkunde begründet „tatsächliche Vermutung" (BGH NJW-RR 1988, 351) iSd Anscheinsbeweises für vorhandenen (BGH NJW 1987, 2007), die Aufnahme in verschiedene Urkunden für mangelnden Einheitlichkeitswillen (BGH NJW 2011, 2876 Rn. 24; 1992, 3238; Vermutung ist widerlegt bei urkundlicher Verlautbarung des Einheitlichkeitswillens, BGHZ 104, 22 f.). **b) Verpflichtungs- und Erfüllungsge-** 3
schäft sind kein einheitliches Rgeschäft iSv § 139, sonst könnten die Parteien das im Ges. begründete Abstraktionsprinzip (→ Vor § 854 Rn. 13) unterlaufen. Insoweit ist die Parteiautonomie aber begrenzt. Zulässig nur, dass die Parteien bei Zweifeln über das Vorliegen eines gültigen Verpflichtungsgeschäfts dieses zur Voraussetzung des Erfüllungsgeschäfts machen (→ Vor § 854 Rn. 16a). *Gegen* Anwendbarkeit von § 139: Flume II § 12 III 4, § 32 Rn. 2a; Bork BGB AT, 4. Aufl. 2016, Rn. 488; Wilhelm SachenR, 4. Aufl. 2010, Rn. 879; Jauernig JuS 1994, 724; Staudinger/Heinze § 873 Rn. 149; Staudinger/Roth Rn. 54; Erman/Arnold Rn. 14; Grigoleit, AcP 199 379, 414 ff., je mN. *Dafür* (außer für Kausalgeschäfte und Auflassung, BGHZ 161, 175) „theoretisch" der BGH, s. BGH NJW 1960, 621; NJW 1967, 1128, 1130; NJW-RR 2003, 733, 735: „höchst selten"; BGHZ 161, 175: „ausnahmsweise" (Jauernig JuS 1994, 724); Staudinger/Wiegand § 929 Rn. 27 (bei eindeutigem Parteiwillen); Lieder/Berneith JuS 2016, 673, 675 f. mN (aber wegen des Abstraktionsprinzips nur mit „großer Zurückhaltung").

3. Teilbarkeit. a) Der vom Nichtigkeitsgrund nicht betroffene Teil muss 4
als *selbstständiges Rgeschäft* Bestand haben können. Bsp: Pacht und formnichtige Einräumung eines Vorkaufsrechts für die Pachtzeit als einheitliches Rgeschäft; Pacht kann als selbstständiges Geschäft bestehen. An der Selbstständigkeit fehlt es, wenn die Erklärung eines Gesamtvertreters (Begriff: → § 167 Rn. 5) nichtig ist; denn die Erklärungen der anderen können nicht allein bestehen (BGHZ 53, 214 f.). Entspr.

Gilt, wenn bei einem Vertrag (nur) Antrag oder Annahme nichtig ist (zB gem. § 105); die gültige Erklärung ist kein selbstständiges Rgeschäft, daher ist der Vertrag
5 insgesamt nichtig. **b) Nichtigkeit von Einzelbestimmungen.** Es gilt § 139. **c) Mehrere Beteiligte.** Ist das Rgeschäft nur mit einem von ihnen nichtig, so gilt § 139 für das Geschäft mit den anderen (BGH NJW 1994, 1471; 2001, 3328; einschr BGH NJW 1998, 532 f.). Ebenso, wenn jemand im eigenen Namen und zugleich unwirksam als *Vertreter ohne Vertretungsmacht* handelt (BGH NJW 1970, 241).
6 **d) Keine Teilbarkeit** und (mögliche) Teilnichtigkeit gem. § 139, sondern Totalnichtigkeit ist anzunehmen, wenn der aufrechtzuerhaltende Teil entscheidend vom *Charakter des einheitlichen Rgeschäfts abweichen* würde. Daher ist Einsetzung zum Alleinerben des Gesamtvermögens nicht teilbar in Einsetzung zum Miterben eines Vermögensteils (aA BGHZ 53, 381 ff.); die Stellung des Alleinerben unterscheidet
7 sich wesentlich von der des Miterben (vgl. nur §§ 2033 II, 2034, 2038 ff.). **e) Herabsetzung der sittenwidrig überhöhten einheitlichen Leistung** auf einen angemessenen Umfang **(geltungserhaltende Reduktion)** ist zulässig, wenn der sittenwidrige Teil genau bestimmt und ausgesondert werden kann (sog. quantitative Teilbarkeit, BGHZ 179, 226) und der sittengemäße Rest nach dem mutmaßlichen (hypothetischen) Parteiwillen bestehen bleiben soll (BGHZ 107, 358; 146, 47 f.; 179, 226; allg. H. Roth JZ 1989, 411 ff.; generell gegen geltungserhaltende Reduktion Häsemeyer FS Ulmer, 2003, 109 ff.). Problematisch sind die Maßstäbe für die Teilbarkeit in einen sittenwidrigen und einen sittengemäßen Teil (vgl. BGHZ 146, 48 zum teilw sittenwidrigen Schuldbeitritt; ferner BGH NJW 2009, 1136. Allein die „Vernünftigkeit" einer Teilbarkeit genügt nicht für die Ausnahme eines entspr. Hypothetischen Parteiwillens, sonst liefe § 139 leer (BGH NJW 2009, 1136 f.). Bei überlanger Laufzeit (→ Rn. 11) wird von der Rspr. im Einzelfall ein „sittengemäßer Zeitraum" gegriffen (was Flume II [1. Aufl.] § 32 Rn. 2d ablehnte, seit der 2. Aufl. aber mit einer [nebulosen] „bestimmten Bindungsgrenze" bejaht). Bei Wucher und wucherähnlichen Geschäften (→ § 138 Rn. 16, 19) wird Teilbarkeit von der Rspr idR verneint (ie → Rn. 9–12). Ähnliche Ergebnisse wie eine geltungserhaltende Reduktion erzielt zuweilen eine Billigungsprüfung gem. **§ 315 III 2,** die eine Prüfung der Sittenwidrigkeit verdrängt (s. BGH NJW 1998, 3191 f. mN zur Monopolpreiskontrolle; zum Problem Köhler ZHR 137, 237, insbes. 253 ff.; Kronke AcP 183, 124 ff., je mwN). BverfGE 81, 256 sieht in §§ 138, 242, 315 Normen, die als Übermaßverbote wirken; idS wirkt eine geltungserhaltende Reduktion.
8 **aa) Wucher- und wucherähnliche Geschäfte** können nach hM nicht mit angemessener Gegenleistung aufrechterhalten werden (BGHZ 68, 207 mN, stRspr; Soergel/Hefermehl Rn. 29, 31–33 mwN; aA Wazlawik ZGS 2007, 336, 342). Das trifft nur eingeschränkt zu. Wuchergeschäfte iSv § 138 II sind (bereits) gem. § 134 iVm § 291 StGB nichtig. Sinn und Zweck des Wucherverbots (§ 291 StGB) fordern nur die Teilnichtigkeit und verlangen dort die Aufrechterhaltung des Rgeschäfts, wo der zulässige (angemessene) Preis normativ festgelegt oder zu ermitteln ist (→ § 134 Rn. 15); sa BGHZ 107, 358 zur Bedeutung einer vertraglichen oder ges. „Vorregelung"). Das Bestehen bleiben zum zulässigen (angemessenen) Preis folgt somit aus dem VerbotsGes, nicht aus § 139 (er ist hier ausgeschlossen, → Rn. 15). Der **Wucherkauf** ist idR total nichtig (MüKo-BGB/Busche Rn. 13), weil der Kaufpreis zumeist nicht normativ zu ermitteln ist und daher eine Vielzahl von Reduktionsmöglichkeiten besteht (zu einem Ausnahmefall BGH NJW-RR 1995, 11: Kauf eines Eigenheims von gemeinnützigem Wohnungsunternehmen; sa II. BV 1 I Nr. 1, 3). Anders beim **Mietwucher,** soweit Mietpreis normativ feststellbar (Bsp: Wohnungsmiete; sa BGH NJW 2004, 1741 mit § 5 II WiStG nF [BGHZ 89, 321 ist überholt], § 291 StGB); andernfalls tritt gem. § 139 idR Totalnichtigkeit ein. Beim **Lohnwucher** ist nur die Vereinbarung eines „Hungerlohns" gem. §§ 134 (mit § 291 I 1 StGB), 138 nichtig (BAG BB 2004, 1910 ff.); die Lücke wird durch § 612 II gefüllt (Entgelt ist normativ zu ermitteln), § 139 greift nicht ein. Beschäftigung eines angestellten Anwalts ist nur zu angemessenen Bedingungen zulässig (§ 26 I BORA; dazu BGH NJW 2010, 1973: Unangemessenheit ist jedenfalls bei einem auffälligen

Missverhältnis von Leistung und Gegenleistung anzunehmen (→ § 138 Rn. 10). Zur Sittenwidrigkeit von Stundenlohn bei Tarifvertrag Mohr BB 2008, 1065 ff.; sa Bayreuther NJW 2007, 2022 f. Zweifelhaft ist, ob ein **Wucherdarlehen** zum **9** angemessenen Zins aufrechterhalten werden kann. Dafür spricht, dass die auf § 817 S. 2 gestützte Übermaßreaktion der hM (BGH NJW 1989, 3218 [für §§ 134, 138 I]) vermieden wird, wonach der Bewucherte das Darlehen *unentgeltlich* bis zum (unwirksam vereinbarten) Rückzahlungstermin behalten darf. Andere (zB Staudinger/Lorenz § 817 Rn. 12 mN; zur Problematik Bunte NJW 1983, 2676 f.) wollen das Ergebnis der hM so vermeiden, dass § 817 S. 2 seinen Strafcharakter verliert und gem. § 818 II marktgerechter Zins zu zahlen ist. Das ist halbherzig; denn damit hält man am Strafcharakter der *Total*nichtigkeit (BGHZ 68, 207; krit. 107, 358) fest, obwohl sie hier weder von § 134 iVm § 291 StGB noch von § 138 gefordert wird. Bei Nichtigkeit gem. § 134 (→ § 138 Rn. 19) wegen Wuchers ist § 139 ausgeschlossen (s. oben), der angemessene Zins ergibt sich aus § 246 (dafür iVm §§ 819 I, 818 IV, 291: BGH NJW 1989, 3218 [erst] ab Fälligkeit der einzelnen Rate), § 352 I HGB. Bei Nichtigkeit *wucherähnlicher Darlehen* gem. § 138 I (→ § 138 Rn. 16) greift § 139 ein, sa § 494 (aA H. Roth ZHR 153, 440 ff.). Zum Problem → § 817 Rn. 17; Hübner FS Wieacker, 1978, 408 f. **bb) Sittenwidrigkeit wegen überlanger Lauf-** **10** **zeit** hängt von vertragstypischen und von Umständen des Einzelfalls ab (BGHZ 143, 115 f.), zB ob und in welchem Umfang der Nutznießer der Laufzeit Investitionen zugunsten des anderen Teils geleistet hat, etwa Gewährung eines zinsgünstigen Darlehens (BGH NJW-RR 2006, 615 f.). Liegt Sittenwidrigkeit vor, so greift § 139 analog ein (Möglichkeit **geltungserhaltender Reduktion;** s. allg. BGH NJW-RR 2007, 1258 f.; 2009, 1495). So kann überlanger *Bierbezugsvertrag* im Einzelfall auf maximal 20 Jahre begrenzt werden, sofern mutmaßlicher Parteiwille iSv § 139 zu bejahen (BGH NJW-RR 1990, 816 mN und dem Hinweis auf RsprTendenzen, unter 20 Jahre zu gehen; NJW 2000, 1112 f.). Die Laufzeitreduzierung beseitigt das Missverhältnis von Leistung – Gegenleistung, daher bleibt Vertrag iÜ („eigentlich" gegen den Parteiwillen; → Rn. 13) unverändert (BGH NJW 1992, 2146). Laufzeiten aufeinander folgender Verträge werden bei innerem Zusammenhang zusammengerechnet (BGH NJW-RR 1990, 816 f.; aA Götz BB 1990, 1218 ff.). Entspr. Laufzeitbegrenzung gilt für *Tankstellenbelieferungsvertrag* (BGH NJW 1998, 160); für vertragliche Bindung an RA-Sozietät (OLG Düsseldorf NJW-RR 2005, 289, 291); für *vertragliches Wettbewerbsverbot,* sofern es nicht weitergehende belastende Regelungen enthält, zB auch in räumlicher oder gegenständlicher Hinsicht das notwendige Maß übersteigt, wenn etwa Konkurrenz- als Tätigkeitsverbot wirkt (dann keine geltungserhaltende Reduktion, BGH NJW 1997, 3089 f.; NJW-RR 2007, 1259 für Freiberufler-Sozietät); für *Ankaufspflicht* im Rahmen eines Erbbaurechtsvertrags (BGHZ 114, 339); für *Betriebsführungsvertrag* (BGH ZIP 1982, 584); für *Dienstvertrag* (BGH NJW 1997, 2944); für gesellschaftsvertraglich vereinbartes *unbefristetes Kündigungsrecht* (BGHZ 105, 220 ff.; sa 107, 355 ff.); für gesellschaftsvertraglich vereinbartes Hinauskündigungsrecht ohne sachlichen Grund (Reduktion auf maximal 3 Jahre, ie BGH NJW-RR 2007, 1258); nicht ohne weiteres für zeitlich unbegrenzten Werkvertrag (BGH NJW-RR 1993, 1460 f.). Ist die **Laufzeit aus anderen Gründen** **11** **überlang,** so gilt Entspr: für *Miet- oder Pachtvertrag,* der auf eine iSv § 1822 Nr. 5, § 1643 I genehmigungsfreie Zeit herabsetzbar ist (LM Nr. 24); für *Lebensversicherungsvertrag* (BGHZ 28, 83 f. verneint generell nur den hypothetischen Parteiwillen, nicht die Teilbarkeit, zu beidem → Rn. 8), sa § 11 I VVG. Sa ges. Laufzeitbegrenzung (20 Jahre) für Wegenutzungsverträge in § 46 II EnWG.

4. Wirkung. a) IdR Totalnichtigkeit, Hs. 1. Grund: Das als Ganzes gewollte **12** Rgeschäft soll nicht als ungewollter Torso den Parteien aufgedrängt werden (BGH NJW-RR 2002, 1527). **b) Ausnahmsweise** bleibt der vom Nichtigkeitsgrund nicht betroffene Teil bestehen, wenn ihn die Parteien nach ihrem *mutmaßlichen Willen* zzt. der Vornahme des RGeschäfts (BGH NJW-RR 1989, 801), dh in Kenntnis der Nichtigkeit und im Hinblick auf den mit dem RGeschäft erkennbar verfolgten

Zweck, vernünftigerweise vorgenommen hätten (zur Lage bei Beschränkung des sittenwidrigen Übermaßes [→ Rn. 8] s. Lindacher BB 1983, 156). Andernfalls – dh wenn die Aufrechterhaltung des restlichen Geschäfts trotz der salvatorischen Klausel vom Parteiwillen (ermittelt nach §§ 133, 157) nicht getragen wird (BGH NJW 2010, 1661; → Rn. 14) – ist das restliche Geschäft ebenfalls nichtig (vgl. LM Nr. 42). Vermutlicher Parteiwille ist nur relevant, wenn *wirklicher Parteiwille* nicht erkennbar (BGH NJW 1994, 1653). *Wirklicher Wille* ist erkennbar bei Vorsorge für Teilnichtigkeit (salvatorische [Erhaltungs-]Klausel: „Rest soll gelten" wandelt Vermutung der Totalnichtigkeit in die der Restgültigkeit um, mit Verlagerung der Darlegungs- und Beweislast auf die Partei, die das RGeschäft in toto für nichtig hält (BGH NJW 2007, 3203; 2010, 1366; → Rn. 14). Der wirkliche Wille ist auch erkennbar bei Vereinbarung einer Ersetzungsklausel (eine nichtige Bestimmung ist durch eine solche zu ersetzen, die dem wirtschaftlich Gewollten in zulässiger Weise am nächsten kommt, BGH NJW 2005, 2226) oder bei Abschluss in Kenntnis der Teilnichtigkeit (Keim NJW 1999, 2866 ff.). Im letztgenannten Fall aA die hM (RGZ 122, 140 ff.; BGHZ 45, 379 mN; abw. BGH NJW 1976, 238; 1995, 449): § 139 sei unanwendbar, weil kein teilnichtiges, sondern insoweit nur ein Schein-RGeschäft (→ Vor § 104 Rn. 17) vorliege; die Folgen dieser unzutr. Ansicht versuchen BGH NJW 1975, 205 f.; 1985, 2423 zu korrigieren. Bevorzugt die Teilnichtigkeit nur den einen Vertragspartner, so hat der andere die (entspr. § 350 befristet vorzunehmende) Wahl, beim teilgültigen Vertrag stehenzubleiben oder für Totalnichtigkeit zu optieren, sog. *Vorteilsregel* (ie Ulmer FS Steindorff, 1990, 799 ff.; BGH NJW 2009, 1137: Berufung auf § 139 verstieße gegen § 242).

13 **5. Ausschluss. a)** Soll **nach dem wirklichen Parteiwillen** (→ Rn. 2) der Rest bestehen bleiben, so führen nur bes. Umstände zur Totalnichtigkeit, allg. BGH NJW-RR 1997, 685 (Bsp: Teilnichtigkeit wegen Sitten- oder Gesetzwidrigkeit [BGH NJW 1994, 1653; 2000, 1335]; trotz salvatorischer Klausel deckt Parteiwille nicht das Restgeschäft [BGH NJW 1996, 774; 2010, 1661]). Entscheidend ist der Zweck der Verbotsnorm; daher kann trotz Verstoßes das Restgeschäft bestehen bleiben (Bsp: BAG BB 2004, 447 f., entspr. → § 117 Rn. 5; allg. → § 134 Rn. 15).

14 **b) Für Erbrecht** Sonderregeln in §§ 2085, 2298. **c) Wortlaut, Sinn und Zweck** der Nichtigkeitsanordnung können die Aufrechterhaltung des restlichen Geschäfts gebieten (vgl. BGHZ 89, 319 f.; BAG ZGS 2003, 325 f.); dann ist § 139 nur aus anderen Gründen anwendbar (BGHZ 71, 39 f.). Aufrechterhaltung ist geboten bei Verstoß gegen Vorschriften, die den *Schutz eines Vertragsteils* vor bestimmten Vertragsklauseln bezwecken, ihm iÜ aber den Vertrag erhalten wollen (Bsp: §§ 276 III, 444, 475 I, 536d, 547 II, 551 IV, 557a [BGH NJW 2006, 2697], 571 III, 572 II, 573c IV, 574 IV, 639; 611a, 612 III, 612a; § 89 HGB [BGHZ 40, 239]; § 21 IV AGG). Hier tritt an die Stelle des teilnichtigen Geschäfts das zwingende G. Für **AGB** gilt § 306 (→ § 306 Rn. 1, 3, 6), ebenso für **Verbraucherverträge** iSv § 310 III (→ § 310 Rn. 4 ff.). – Zum Ausschluss von § 139 bei *Verstoß gegen Preisvorschriften* vgl. → § 134
15 Rn. 15, bei *Wuchergeschäften* → Rn. 9. **d) Bei autonom geschaffenen normähnlichen Regelungen** lässt Teilnichtigkeit die sinnvolle, in sich geschlossene Restregelung unberührt, so bei *Tarifverträgen* (BAG BB 1986, 1777); *Betriebsvereinbarungen* (BAG DB 1984, 723); Satzungen und anderen körperschaftsrechtlichen *Vereinsnormen,* zB einer Ehrengerichtsordnung (BGHZ 47, 179 ff.); *Gesellschaftsverträgen* (vgl.
16 Ulmer NJW 1979, 85 mN). **e) Gem. § 242** kann die Berufung auf § 139 treuwidrig und unzulässig sein, zB Berufung auf § 139 wegen Nichtigkeit einer Bestimmung, die bei der Vertragsdurchführung irrelevant war (BGH NJW 1991, 107), ferner → Rn. 13.

§ 140 Umdeutung

Entspricht ein nichtiges Rechtsgeschäft den Erfordernissen eines anderen Rechtsgeschäfts, so gilt das letztere, wenn anzunehmen ist, dass dessen Geltung bei Kenntnis der Nichtigkeit gewollt sein würde.

1. Allgemeines. Umdeutung (Konversion) gem. § 140 dient, wie die Aufrechterhaltung eines teilnichtigen Geschäfts (§ 139), der *Durchsetzung des mutmaßlichen Parteiwillens* (LM Nr. 9), begrenzt durch den feststehenden wahren Parteiwillen (→ Rn. 5). Liegen die Voraussetzungen (→ Rn. 2–5) vor, so gilt das umgedeutete RGeschäft kraft Ges., nicht erst auf Grund richterlichen Gestaltungsakts (BAG NJW 2002, 2973; schief BGHZ 19, 273 f.; unentschieden LM Nr. 4). 1

2. Voraussetzungen. a) Nichtigkeit (Begriff: → Vor § 104 Rn. 18) des gesamten RGeschäfts (Unterschied zu § 139: dort [zunächst] *Teil*nichtigkeit; erst wenn sie, wie idR, zur *Total*nichtigkeit wird, ist § 140 anwendbar). § 140 erfasst auch angefochtene (§ 142 I; aA MüKo-BGB/Busche Rn. 14 mN), ferner ehemals schwebend, jetzt endgültig unwirksame Geschäfte (BGHZ 40, 222 f.). Ist das RGeschäft wegen Formverstoßes nichtig, so ist Umdeutung nur möglich, wenn damit der Formzweck nicht vereitelt wird (BGH NJW 1980, 2517 zu § 34 GWB aF). Tritt Nichtigkeit ein, weil der mit dem RGeschäft erstrebte Erfolg von der Rechtsordnung missbilligt wird (Hauptfälle: §§ 134, 138), so ist Umdeutung ausgeschlossen, sonst bliebe die rechtliche Missbilligung praktisch wirkungslos. Einer Umdeutung unzugänglich sind anfechtbare (aber nicht angefochtene), schwebend oder relativ unwirksame sowie bestätigte (§ 141) Geschäfte. **b) Auslegung geht Umdeutung vor.** Daher ist Nichtigkeit erst zu bejahen und Umdeutung möglich, wenn Auslegung (§§ 133, 157) nicht zu einem gültigen, wenn auch uU anfechtbaren Geschäft geführt hat. **c) Das nichtige RGeschäft** muss *alle wesentlichen Merkmale* des anderen, zulässigen (BGH NJW-RR 2004, 874) RGeschäfts, in das umgedeutet werden soll, mit (annähernd) gleichen, aber nicht weitergehenden Wirkungen wie das nichtige aufweisen (BGH NJW 1986, 2945). **d) Das umgedeutete RGeschäft** (→ Rn. 4) muss dem *mutmaßlichen Parteiwillen* zzt. der Vornahme des nichtigen Geschäfts (BGH NJW 1980, 2517) entsprechen. Zu *bejahen,* wenn die Parteien bei Kenntnis der Nichtigkeit und im Hinblick auf den mit dem nichtigen Geschäft verfolgten Zweck das umgedeutete Geschäft vernünftigerweise vorgenommen hätten (vgl. LM Nr. 8); ausschlaggebend ist der Wille der durch die Umdeutung benachteiligten Vertragspartei (BayObLG NJW-RR 1999, 621). Zu *verneinen,* wenn feststeht, dass auch nur eine Partei das umgedeutete Geschäft nicht wollte (BGHZ 19, 273 f.; → 174, 47), insbes. auf Grund eindeutiger Erklärungen bei Abschluss des nichtigen Vertrags (LM Nr. 8), oder dass die Parteien die Nichtigkeit kannten (vgl. BGHZ 125, 364). 2 3 4 5

3. Bsp. Umdeutung bejaht. Pfandrechtsbestellung an Hypothek in vertragliches Zurückbehaltungsrecht am Hypothekenbrief (RGZ 66, 26 f.); Erbschaftskauf (§§ 2371 ff.) in Erbauseinandersetzung gem. § 2042 (RGZ 129, 123); Schuldbeitritt in selbstschuldnerische Bürgschaft (BGHZ 174, 46; BeckRS 2013, 18631 Rn. 22 mwN); OHG-Vertrag in BGB-Gesellschaftsvertrag (BGHZ 19, 272 ff.); Zusage von Grundstücksmit- und Wohnungseigentum in Einräumung eines Dauerwohnrechts (LM Nr. 4); Übertragung des Erbanteils bei Lebzeiten des Erblassers (§ 311b IV) in Erbverzicht zugunsten der ins Auge gefassten Erwerber des Erbanteils (LM Nr. 9); Erbvertrag in Schenkung unter Lebenden (BGH NJW 1978, 423 f.; krit. Schubert JR 1978, 289 f.; Tiedtke NJW 1978, 2572 ff.) oder Testament (BayObLG NJW-RR 1996, 8); Abtretung in Einziehungs- (BGH NJW 1977, 848, 849 f.) oder Kündigungsermächtigung (BGH NJW 1998, 897 f.), → § 894 Rn. 8, → § 985 Rn. 10, → § 1059 Rn. 7; unzulässige Voraus- in zulässige Pauschalzahlung von Betriebskosten (BGH NJW 2011, 1222 Rn. 17); unwirksame außerordentliche in ordentliche Kündigung eines Arbeits- (BAG NJW 2002, 2973 f.; zur materiell- und prozessrechtlichen Problematik Schmidt NZA 1989, 661 ff.), Dienst- (BGH NJW-RR 2000, 988 mN), Gesellschafts- (BGH NJW 1998, 1551) oder Pachtvertrags (BGH NJW 1981, 977), fristlose in ordentliche Kündigung eines Mietvertrags (BGH NJW 2003, 3054; NZM 2018, 515 Rn. 27; nicht bei fester Vertragslaufzeit BGH NJW-RR 2004, 874; → Rn. 4), jeweils bei eindeutig erklärtem Willen, den Vertrag auf jeden Fall aufzulösen. – Gemeinschaftliches Testament in Einzeltestamente (OLG München NJW-RR 2014, 1354). – Entspr. Anwendung im Prozessrecht, zB im 6

Falle einer Umdeutung einer unzulässigen Hauptberufung in unselbstständige
7 Anschlussberufung (BGH NJW-RR 2016, 445). IdR **verneint:** unberechtigte fristlose Kündigung eines Mietvertrags in Angebot eines Aufhebungsvertrags (BGH NJW 1981, 977; NJW-RR 2014, 1423 Rn. 25 f.). Allerdings kann Kündigungserklärung ausnahmsweise in ein Angebot zur Vertragsaufhebung umgedeutet werden, wenn der Erklärung des Kündigenden zu entnehmen ist, dass er mit einer Stellungnahme des Erklärungsgegners rechnet oder wenn eine Umdeutung den beiderseitigen Interessen entspricht (BGH NJW-RR 2014, 1423 Rn. 33 ff.); generell verneint: einseitige formnichtige rechtsgestaltende Willenserklärung (nach § 6 NutzungsentgeltVO aF) in annahmebedürftiges Angebot zum Abschluss einer Vereinbarung (BGH NJW-RR 2007, 1383); nichtige Verschmelzung in Vermögensübertragung (BGH NJW 1996, 660); Umdeutung kann erforderliche Zuständigkeit der Hauptversammlung einer Gesellschaft nicht begründen, daher keine Umdeutung einer entschädigungslosen Ausschlussmöglichkeit durch Kündigung auf Grund einer schuldrechtlichen Abrede (BGH NJW-RR 2013, 410 Rn. 20); → § 1008 Rn. 2. – **Keine Verallgemeinerungen,** jeder Fall ist auf seine Eigenheiten hin zu prüfen.

§ 141 Bestätigung des nichtigen Rechtsgeschäfts

(1) **Wird ein nichtiges Rechtsgeschäft von demjenigen, welcher es vorgenommen hat, bestätigt, so ist die Bestätigung als erneute Vornahme zu beurteilen.**

(2) **Wird ein nichtiger Vertrag von den Parteien bestätigt, so sind diese im Zweifel verpflichtet, einander zu gewähren, was sie haben würden, wenn der Vertrag von Anfang an gültig gewesen wäre.**

1 **1. Allgemeines.** § 141 beruht darauf, dass ein nichtiges RGeschäft bei späterem Wegfall des Nichtigkeitsgrundes nichtig bleibt (vgl. → Vor § 104 Rn. 18).

2 **2. Voraussetzungen. a) Nichtigkeit** (Begriff: → Vor § 104 Rn. 18) des RGeschäfts (Grund gleichgültig, § 142 I genügt). Entspr. Anwendung bei Unwirksamkeit durch Genehmigungsverweigerung, zB nach → § 177 Rn. 6 (BGH NJW 1999,
3 3705). **b) Bestätigung durch Neuvornahme** des nichtigen RGeschäfts seitens derjenigen, die es ursprünglich abgeschlossen haben, I. Neuvornahme bedeutet: **aa) Weder der alte noch ein neuer Nichtigkeitsgrund** darf vorliegen. Bei Nichtigkeit gem. § 134 darf daher das ges. Verbot (BGHZ 11, 60), bei § 138 der Sittenverstoß nicht mehr bestehen (BGH NJW 1982, 1981 f.; aber → § 138 Rn. 3). **bb) Formvorschriften** sind bei Neuvornahme einzuhalten, auch wenn das fr. RGeschäft die vorgeschriebene Form gewahrt hat und deshalb keine Formnichtigkeit vorliegt (BGH NJW 1985, 2580). AA Staudinger/Roth Rn. 16 mit 1, 13, da „Bestätigung" nur die Wirkung einer Neuvornahme habe; insoweit zust. BGH NJW 1999, 3705. **cc) Alle sonstigen Tatbestandsmerkmale** (zB Willensübereinstimmung beim Vertrag, BGH NJW 1999, 3705) und Wirksamkeitsvoraussetzungen
4 des RGeschäfts (→ Vor § 104 Rn. 3) müssen vorliegen. **c) Bestätigungswille** setzt bei allen Beteiligten zumindest Zweifel an der Gültigkeit des RGeschäfts voraus (BGHZ 140, 173; BAG NJW 2005, 2334), nicht nur bei schlüssiger Bestätigung (so aber BGHZ 138, 348). Der Wille muss nach außen erkennbar in Erscheinung treten. Das ist unproblematisch bei *ausdr. Bestätigung* (zB Neuvornahme eines formgebundenen Geschäfts), problematisch bei Bestätigung durch (zulässiges, BGHZ 11, 60) *schlüssiges Verhalten* (Problem: Abgrenzung zum Festhalten an unerkannt nichtigem Geschäft). Hier muss Verhalten für alle Beteiligten eindeutig als Bestätigung des nichtigen RGeschäfts zu verstehen sein (BGH NJW 1971, 1800). Daran fehlt es, wenn das Verhalten anders, zB als bloße Erfüllung des unheilbar nichtigen Geschäfts, erklärt werden kann (RGZ 150, 389 f.).

5 **3. Wirkung. a) Erst ab Neuvornahme** (Bestätigung) wirkt das bestätigte RGeschäft für die Zukunft (BAG NJW 2005, 3596). **b) II gibt Auslegungsregel** für

Verträge, wonach sich die Parteien iZw so zu stellen haben, wie sie bei anfänglicher Gültigkeit stünden (schuldrechtliche Rückwirkung: BAG NJW 2005, 3596).

4. Abgrenzungen. Keine Bestätigung iSv § 141 sind **a) Heilung** durch Erfüllung (§§ 311b I 2, 518 II; vgl. → § 125 Rn. 12), die keinen Bestätigungswillen (→ Rn. 4) verlangt; **b) Bestätigung** eines anfechtbaren, also (noch) nicht nichtigen RGeschäfts (§ 144 mit § 142 I); **c) Genehmigung** schwebend unwirksamer RGeschäfte (§ 184), die idR durch Dritte geschieht (§ 182; abw. zB § 108 III); **d) Ergänzung** eines unvollständigen RGeschäfts, zB nach Entdeckung eines versteckten Dissenses (§ 155). 6

§ 142 Wirkung der Anfechtung

(1) **Wird ein anfechtbares Rechtsgeschäft angefochten, so ist es als von Anfang an nichtig anzusehen.**

(2) **Wer die Anfechtbarkeit kannte oder kennen musste, wird, wenn die Anfechtung erfolgt, so behandelt, wie wenn er die Nichtigkeit des Rechtsgeschäfts gekannt hätte oder hätte kennen müssen.**

1. Allgemeines zur Anfechtung. a) Begriff der Anfechtbarkeit: → Vor § 104 Rn. 22. **b) Teilanfechtung** nur bei Teilbarkeit des RGeschäfts iSv § 139 (→ § 139 Rn. 5, 6) möglich, BGH NJW 2010, 290. Ob Teil- oder Totalnichtigkeit eintritt, bestimmt § 139 (BGH BB 1983, 928). **c)** Zu Irrtum, Täuschung, Drohung bei **Verpflichtungs- und Erfüllungsgeschäft** vgl. → § 123 Rn. 18. **d)** Zur Bedeutung und Durchbrechung des **Abstraktionsprinzips** bei Nichtigkeit des Verpflichtungsgeschäfts gem. I vgl. → Vor § 854 Rn. 13–16. **e) Anfechtbarkeit nichtiger RGeschäfte:** → Vor § 104 Rn. 22. **f)** Anfechtung wegen Irrtums/arglistiger Täuschung ist nach **§ 242** ausgeschlossen, wenn die Rechtslage des Getäuschten zzt. des Anfechtungserklärung durch den Irrtum/die Täuschung nicht (mehr) beeinträchtigt ist (BGHZ 178, 29); → Rn. 3. 1

2. Vor erklärter Anfechtung. Anfechtbares RGeschäft ist gültig (→ Vor § 104 Rn. 22). Anfechtbarkeit gewährt einem (mit-)haftenden Dritten, nicht dem Anfechtungsberechtigten (→ § 143 Rn. 1), ein Leistungsverweigerungsrecht (Einrede), vgl. §§ 770, 1137, 1211; §§ 129 II, 130 I, 161 II, 176 HGB, § 8 I 2 PartGG. Mit Ablauf der Anfechtungsfrist erlöschen Anfechtungsrecht und Einrede. Zum *Ausschluss* der Anfechtung wegen Irrtums (§ 119) nach § 242 → § 119 Rn. 4 ff.; zum Ausschluss der Nichtigkeit(sfolgen) gem. § 242 → Rn. 3. 2

3. Nach wirksamer Anfechtung. RGeschäft ist idR (→ Vor § 104 Rn. 22) als *von Anfang an* (dh rückwirkend, ex tunc) *nichtig* anzusehen, **I.** Das bedeutet: Von nun an ist das RGeschäft so zu bewerten, als sei es seit jeher nichtig. Die Nichtigkeit wirkt absolut; zB verliert der Zessionar die Forderung, wenn der Forderungserwerb seines Zedenten von dessen Zedenten wirksam angefochten wird. Einseitige Wiederherstellung des nichtigen RGeschäfts durch Zurücknahme der Anfechtung ist ausgeschlossen (RGZ 74, 3), möglich aber durch Anfechtung der Anfechtungserklärung. Die **Berufung auf die Nichtigkeit** verstößt gegen **Treu und Glauben,** wenn der Gegner das bereits angefochtene RGeschäft so, wie vom Irrenden (§ 119) gemeint, gelten lässt (das entspricht dem Ausschluss der Anfechtung vor deren Erklärung, → § 119 Rn. 4 ff.). Das gilt nicht, wenn gem. § 123 angefochten ist (sa BGH NJW 2000, 2894 für Wegfall des Anfechtungsgrundes). – Zur Bestätigung des wirksam angefochtenen Geschäfts vgl. § 141. 3

4. Anfechtung von Verfügungsgeschäften. Anfechtung nimmt dem Verfügungsempfänger (zB Zessionar, Eigentumserwerber) rückwirkend die Berechtigung. Verfügt er bereits vor der Anfechtung zugunsten eines Dritten weiter, so ist er in diesem Zeitpunkt Berechtigter, erst ab Anfechtung wird er rückwirkend Nichtberechtigter (→ Rn. 3). Daher kann der Dritte zZ der Verfügung nicht bösgläubig 4 bzgl. der Berechtigung sein. Deshalb macht **II** zum *Gegenstand der Bösgläubigkeit* die Anfechtbarkeit des (später angefochtenen) RGeschäfts. Erwerb ist aber auch über II nur möglich, soweit Erwerb vom Nichtberechtigten vorgesehen ist (zB §§ 892 f., 932 ff., 1138, 1155, 1207 f., 1244), für Forderungen und andere Rechte (§ 413) also nur ausnahmsweise (Bsp: § 2366). Die *subj. Voraussetzungen* der Bösgläubigkeit (Kenntnis, schuldhafte Unkenntnis) bestimmen sich nach den entspr. anzuwendenden Vorschriften über den Erwerb vom Nichtberechtigten, so dass zB bei §§ 892, 2366 nur Kenntnis, bei § 932 auch grobfahrlässige Unkenntnis der Anfechtbarkeit schadet (BGH NJW-RR 1987, 1457).

5 **5. Anfechtung von Verpflichtungsgeschäften. II** hat Bedeutung für §§ 819 I, 818 IV (Mangel des rechtlichen Grundes = Anfechtbarkeit des Verpflichtungsgeschäfts).

§ 143 Anfechtungserklärung

(1) **Die Anfechtung erfolgt durch Erklärung gegenüber dem Anfechtungsgegner.**

(2) **Anfechtungsgegner ist bei einem Vertrag der andere Teil, im Falle des § 123 Abs. 2 Satz 2 derjenige, welcher aus dem Vertrag unmittelbar ein Recht erworben hat.**

(3) [1]**Bei einem einseitigen Rechtsgeschäft, das einem anderen gegenüber vorzunehmen war, ist der andere der Anfechtungsgegner.** [2]**Das Gleiche gilt bei einem Rechtsgeschäft, das einem anderen oder einer Behörde gegenüber vorzunehmen war, auch dann, wenn das Rechtsgeschäft der Behörde gegenüber vorgenommen worden ist.**

(4) [1]**Bei einem einseitigen Rechtsgeschäft anderer Art ist Anfechtungsgegner jeder, der auf Grund des Rechtsgeschäfts unmittelbar einen rechtlichen Vorteil erlangt hat.** [2]**Die Anfechtung kann jedoch, wenn die Willenserklärung einer Behörde gegenüber abzugeben war, durch Erklärung gegenüber der Behörde erfolgen; die Behörde soll die Anfechtung demjenigen mitteilen, welcher durch das Rechtsgeschäft unmittelbar betroffen worden ist.**

1 **1. Allgemeines.** Vgl. zunächst → § 142 Rn. 1. *Anfechtungsberechtigt* ist idR nur der Irrende, Getäuschte, Bedrohte; abw. §§ 166 I, 318 II 1, 2080, 2285. *Anfechtungsfristen:* §§ 121, 124, 318 II 2, 3; 2082, 2283. Sonderregeln in §§ 1955, 2081, 2282, 2308 II.

2 **2. Voraussetzungen. Anfechtungserklärung** ist formfreie, empfangsbedürftige Willenserklärung (Begriff → Vor § 104 Rn. 8), I, die unzweideutig erkennen lässt, dass sie rückwirkend beseitigt werden soll. Die Erklärung muss eindeutig erkennen lassen, dass das RGeschäft *wegen eines Willensmangels* von Anfang an (ex tunc, str.; aA MüKo-BGB/Busche Rn. 3) nicht gelten soll (nur so ist schlüssige Anfechtungs- von schlüssiger Rücktrittserklärung zu unterscheiden, vgl. RGZ 105, 207 f.); das Wort „Anfechtung" muss nicht fallen (BGHZ 91, 331 f.; NJW 2017, 175, 177 Rn. 16). Es kann nach den Umständen genügen, wenn eine Verpflichtung, die nach dem objektiven Erklärungswert der – gegebenenfalls durch schlüssiges Handeln getätigten – Willensäußerung übernommen worden ist, bestritten oder nicht anerkannt wird oder wenn ihr sonst widersprochen wird. Erforderlich ist nur, dass sich unzweideutig der Wille ergibt, das Geschäft gerade wegen des Willensmangels nicht bestehen lassen zu wollen (BGH NJW 2017, 1660, 1663 Rn. 29; BGHZ 88, 240, 245; BGHZ 91, 324, 331 f.; NJW-RR 1995, 859 unter 1 b). Anfechtung ist Ausübung eines Gestaltungsrechts, daher bedingungs- (→ § 158 Rn. 11) und befristungsfeindlich (→ § 163 Rn. 3); Eventualanfechtung zB für den Fall (in eventum), dass das RGeschäft gültig sein sollte, ist zulässig (BGH NJW 1991, 1674; ferner

→ § 121 Rn. 2). Mit Ausübung **erlischt** das Recht. Str. ist, ob die Erklärung nur bei **Angabe des Anfechtungsgrundes** wirksam ist (vgl. MüKo-BGB/Busche 3
Rn. 7 ff.). Bejaht man das, so ist das „Nachschieben" anderer Gründe eine weitere Anfechtung (mit eigener Frist!). Abl. zum Nachschieben mit Rücksicht auf den Anfechtungsgegner bei angegebenen oder erkennbaren Gründen BAG NJW 2008, 940 mN.

3. Anfechtungsgegner. a) Bei einem Vertrag der andere Teil (bei mehreren 4
Personen: alle, vgl. BGHZ 137, 260), Ausnahme bei § 123 II 2: **II. b) Bei einseiti-** 5
gen empfangsbedürftigen RGeschäften der Empfänger, **III 1,** auch wenn RGeschäft wahlweise gegenüber Behörde vorgenommen werden konnte und wurde,
III 2 (Bsp. §§ 875 I 2, 876 S. 3, 1183 S. 2). **c) Für einseitige nicht empfangsbe-** 6
dürftige RGeschäfte (zB § 959) vgl. **IV 1.** Für *amtsempfangsbedürftige* RGeschäfte vgl. **IV 2 Hs. 1;** Mitteilung nach Hs. 2 ist keine Wirksamkeitsvoraussetzung.

§ 144 Bestätigung des anfechtbaren Rechtsgeschäfts

(1) **Die Anfechtung ist ausgeschlossen, wenn das anfechtbare Rechtsgeschäft von dem Anfechtungsberechtigten bestätigt wird.**

(2) **Die Bestätigung bedarf nicht der für das Rechtsgeschäft bestimmten Form.**

1. Allgemeines. Vgl. zunächst → § 142 Rn. 1. Bestätigung betrifft ein *gültiges* 1
RGeschäft, da Anfechtung nicht erfolgt ist (BGH WM 1979, 237). Bestätigung gilt daher (abw. von § 141) nicht als Neuvornahme, → Rn. 2b.

2. Bestätigung. a) Sie ist ein RGeschäft (einseitig; nichtempfangsbedürftig; 2
formfrei, II), das ersichtlich in Kenntnis oder im Bewusstsein der Möglichkeit eines Anfechtungsrechts (BGHZ 129, 377) vorgenommen wird. An die Ersichtlichkeit und damit an das Vorliegen einer Bestätigung sind im Falle *schlüssigen Verhaltens* strenge Maßstäbe anzulegen, jede andere nach den Umständen einigermaßen verständliche Bedeutung des Verhaltens muss ausscheiden (BGH NJW 2010, 3363, str.; → § 141 Rn. 4). Die Bestätigung muss zwar nicht dem Anfechtungsgegner (§ 143) gegenüber erklärt werden (RGZ 68, 399 f., hM; aA MüKo-BGB/Busche Rn. 4 mN), aber ihm, nicht nur einem Dritten, erkennbar sein (sa Windel AcP 199, 442 f.). **b)** Bestätigung als **Ausschluss der Anfechtung** (I) wirkt wie ein Verzicht auf das Anfechtungsrecht (RGZ 68, 400). Das Recht erlischt (LM Nr. 16 zu § 123), soweit Bestätigung reicht (BAG NJW 1991, 2725). Bestätigung als solche schließt etwaige Schadensersatzansprüche des Anfechtungsberechtigten (zB aus cic gemäß §§ 280 I, 241 II, 311 II, nach §§ 437 Nr. 3, 280 I, III, 281 BGB I 3, II, aus § 826 bzw. § 823 II iVm § 263 StGB) nicht aus, wobei jedoch die Bestätigungserklärung regelmäßig als konkludentes Angebot auf Abschluss eines Erlassvertrages im Hinblick auf solche Schadensersatzansprüche auszulegen ist (BGH DNotZ 2016, 265, 269 Rn. 25 f. mAnm Riehm JuS 2016, 739). Jedenfalls wäre ansonsten regelmäßig der Einwand widersprüchlichen Verhaltens (s. → § 242 Rn. 48) gegeben, soweit die anderen Rechtsbehelfe eine Beseitigung des Vertrags zum Ziel haben oder voraussetzen (dazu Thelen LMK 2016, 376390; Riehm JuS 2016, 739, 741).

Titel 3. Vertrag

Vorbemerkungen

1. Anwendungsbereich. Die §§ 145–156 enthalten Vorschriften über das 1
Zustandekommen von Verträgen jeder Art. Zum schrittweisen Vertragsschluss auf Grund von „Letter of Intent" s. Lutter, Der Letter of Intent, 3. Aufl. 1998.

2 **2. Begriff des Vertrags.** Der Vertrag ist der *Hauptfall des mehrseitigen RGeschäfts.* **a) Er besteht** in jedem Fall aus (mindestens) *zwei aufeinander bezogenen* (korrelierenden) *Willenserklärungen* (Antrag, Annahme), die den wesentlichen Vertragsinhalt, sog. essentialia negotii, zumindest bestimmbar machen (durch Rückgriff auf ges. Regelung; § 375 HGB; §§ 315 ff.; ergänzende Vertragsauslegung, § 157). Zum Vertragsschluss bei **Internet-Auktion** → § 156 Rn. 1. Zum Vertrag(sschluss) im **elektronischen Geschäftsverkehr** § 312e; dazu Paal JuS 2010, 954 f.). Grundsätzlich gelten für elektronische Vertragsschlüsse dieselben Regeln wie für gewöhnliche Abschlüsse (MüKo-BGB/Busche Vor § 145 Rn. 37). Zum **Fernabsatzvertrag**
3 §§ 312b, 312c. **b) Weitere Tatbestandsmerkmale** müssen zuweilen hinzutreten, damit der beabsichtigte Rechtserfolg eintritt, zB Übergabe (§ 929 S. 1), Eintragung (§ 873 I); vgl. → Vor § 104 Rn. 2.

4 **3. Vertragstypen.** Die Typen der Verträge lassen sich unter verschiedenen Gesichtspunkten kategorisieren. **a) Nach dem Sachgehalt:** Schuldverträge (vgl. § 311 I), sachenrechtliche (insbes. die dingliche Einigung, → § 873 Rn. 17, → § 929 Rn. 4), familienrechtliche (zB § 1408), erbrechtliche (§§ 1941, 2346). **b)** Zur vertraglichen **Verpflichtung und Verfügung** vgl. → Vor § 104 Rn. 9, 10. Zur Unter-
5 gliederung der Verpflichtungsverträge vgl. → Vor § 433 Rn. 4. **c)** Vom **Hauptvertrag** sind zu unterscheiden (vgl. Henrich, Vorvertrag, Optionsvertrag, Vorrechtsvertrag, 1965), Terminologie schwankt (BGHZ 97, 151 f.): **aa) Der Vorvertrag** (Ritzinger NJW 1990, 1201 ff.): Er verpflichtet zum Abschluss des Hauptvertrags, der Schuldvertrag sein muss (BGH NJW-RR 1992, 977). Vertragliche Verpflichtung zu einer Verfügung ist Hauptvertrag (OLG Karlsruhe NJW 1995, 1562 mN). Ist der Hauptvertrag ges. formbedürftig, um vor Übereilung zu schützen (Warnfunktion: → § 125 Rn. 3 [aa]), so ist es auch der Vorvertrag (BGHZ 61, 48; NJW 2006, 2844; gilt zB nicht für Mietvorvertrag, BGH NJW 2007, 1817 zu § 566 aF = § 550 nF). Für vereinbarte Form gilt § 154 II. Der Inhalt des Hauptvertrags muss auf Grund des Vorvertrags mindestens gem. §§ 133, 157, 315 ff. (str.) bestimmbar sein (vgl. OLG Bremen NJW-RR 1995, 1453), so dass Leistungsklage auf Abschluss des Hauptvertrags (Annahme eines noch abzugebenden Angebots, BGH NJW 2001, 1286) erhoben werden kann und muss (BGH NJW-RR 1994, 1272 f.); ist der Hauptvertrag im Vorvertrag vollständig ausformuliert, so ist auf Annahme des vorgelegten Angebots zu klagen (BGH NJW 2001, 1273). Mit der Klage auf Abschluss des Hauptvertrags kann Klage auf künftige Leistung aus abzuschließendem Hauptvertrag verbunden werden (BGH NJW 2001, 1286). Das alles ist sehr kompliziert (s. nur BGH NJW 2006, 2845) wird aber kaum praktisch, da (Auslegung!) idR sofort der Hauptvertrag, selten ein Vorvertrag geschlossen wird (BGH NJW-RR 1989, 801; 1992, 977). UU können Ansprüche, die sich idR (BGH NJW 1986, 2824) erst aus dem Hauptvertrag ergeben, schon auf Grund des Vorvertrags bestehen (BGH NJW 1972, 1190 f. für Auflassungsanspruch; NJW 1990, 1233 für Erfüllungsinteresse).
6 **bb) Der Optionsvertrag** gewährt ein Gestaltungsrecht, durch einseitige Willenserklärung das vereinbarte Rechtsverhältnis in Wirkung zu setzen oder zu verlängern (BGHZ 94, 31). Das ist ein bes. Vertragstyp, kein durch die Erklärung aufschiebend bedingter Hauptvertrag (→ § 158 Rn. 4). Mangels klarer abw. Abrede erlischt Optionsrecht durch Ausübung (BGH NJW-RR 1995, 714). Die Form des Optionsvertrags richtet sich nach der des Hauptvertrags. Die Gestaltungserklärung ist formbedürftig, wenn es auch die Vertragserklärung des Optionsberechtigten ist, wichtig zB für §§ 518 I, 766 S. 1 (vgl. Larenz, II 1, § 44 IV 3). AA (auf der Grundlage eines formbedürftigen aufschiebend bedingten Hauptvertrags) für die einseitige Erklärung LM Nr. 16 zu § 433 (dazu BGHZ 71, 280); NJW 2006, 2844: formfrei. Vom Optionsvertrag ist *bindendes Vertragsangebot* zu unterscheiden (oft Optionsrecht genannt); Annahme ist formbedürftig, wenn für sie oder den Vertrag Form vorge-
7 schrieben (vgl. BGH NJW 1975, 1170 f. mit abw. Terminologie). **cc) Der Rahmenvertrag** eröffnet auf Dauer angelegte Geschäftsverbindung, legt Einzelheiten künftiger Verträge fest, ohne dass auf deren Abschluss geklagt werden könnte, da

Bestimmtheit idR fehlt, doch kann Nichtabschluss pVV (§ 280 I) des Rahmenvertrags sein (BGH NJW-RR 1992, 978).

4. Der Vertrag in der Privatrechtsordnung. Der Vertrag ist das wichtigste Mittel zur Verwirklichung der **Privatautonomie,** dh zur – hier: einverständlichen – Selbstgestaltung von Rechtsverhältnissen. Das **Grundrecht** auf Selbstbestimmung (Art. 2 I GG: allg. Handlungsfreiheit, BVerfG NJW 2005, 2365) wird in der **Vertragsfreiheit** konkretisiert (BVerfG NJW 2005, 2365; zur Einschlägigkeit von Art. 9 I, 12 I, 14 GG Cornils NJW 2001, 3758 zu BVerfG GRUR 2001, 266 mN). Sie war schon vor dem GG nicht grenzenlos (→ §§ 138, 242, 826). Heute gewährleistet das GG sie (nur) in den Schranken der verfassungsmäßigen Ordnung, zu der für den Bürger jede formell und materiell verfassungsmäßige Rechtsnorm gehört (BVerfGE 6, 38). Rechtsgeschäftliche Privatautonomie wird auch durch das EU-Primärrecht geschützt. Das **Unionsrecht** garantiert die Freiheit des Aushandelns der privaten Rechtspositionen unter den Bürgern (Garantie der Selbstverwirklichungschance). Die Schutzpflichtendimension unionalerVertragsfreiheit führt zu begrenzenden Materialisierungen (Informationspflichten, Schutz vor unbeabsichtigten Verträgen, Klauselkontrolle, Diskriminierungsschutz, Kontrahierungszwang etc. [dazu eingehend Lüttringshaus, Vertragsfreiheit und ihre Materialisierung im Europäischen Binnenmarkt, 2018]). – Die **Selbstbestimmung** durch Vertrag(sschluss) ist notwendig verbunden mit der **Selbstbindung** durch den geschlossenen Vertrag. Zur Problematik der Begrenzung von Vertragsfreiheit (Privatautonomie) → § 138 Rn. 12. Die Kehrseite der Vertragsfreiheit ist die unbeschränkte **Vermögenshaftung** (BGHZ 107, 102). Vertragsfreiheit erscheint als die Freiheit, einen Vertrag (nicht) zu schließen, ihn aufzulösen und inhaltlich zu gestalten: *Abschlussfreiheit und Inhaltsfreiheit.* Beide erfahren *Begrenzungen.* **a) Einschränkungen der Abschlussfreiheit** werden auf mehreren Wegen erreicht. **aa) Unmittelbarer Abschlusszwang** (Kontrahierungszwang). Für wichtige Bereiche der Daseinsvorsorge besteht **kraft Ges.** die Pflicht zum Vertragsschluss, zB im Bereich des Personen- und Gütertransports (§ 10 AEG ; §§ 22, 47 IV PBefG; § 21 II 3 LuftVG), Versorgung mit Strom und Gas (§§ 1, 17, 18, 36 EnWG), Pflichtversicherung (§ 5 II, IV PflVG; § 110 I Nr. 1 SGB XI; §§ 113 ff. VVG), ges. gebotene Vertretung oder Beratung durch Rechtsanwalt (§§ 48 ff. BRAO), Benutzung öffentl. Einrichtungen der Gemeinde durch deren Einwohner (zB § 10 II 2 bwGemO; → Rn. 10). Nach BVerfGE 86, 129 ff. soll an sich nicht bestehender Anspruch auf Arbeitsvertragsschluss durch Art. 5 I 1 GG begründet werden; aA mR Boemke NJW 1993, 2083 ff.; sa § 15 VI AGG (kein Abschlusszwang); Aufnahmezwang nach § 18 II iVm § 7 I AGG (dazu → § 38 Rn. 1); Zwang zur Zugangsöffnung nach § 19 IV Nr. 4 GWB. Weitere Ges. (zT aufgehoben) bei Kilian AcP 180, 53 f. **bb) Unmittelbarer Abschlusszwang** soll über aa hinaus allg. für Unternehmen mit einem **faktischen Monopol** bestehen, die im Rahmen *öffentl. Daseinsvorsorge* (→ Rn. 19) geschaffen oder staatlich konzessioniert sind, um lebensnotwendige Leistungen für die Bevölkerung zu erbringen (ie str., BGH NJW 1990, 762 f.). Grundlage: Gesamtanalogie zu den ges. Regelungen (→ Rn. 9) iVm dem Verfassungsprinzip des sozialen Rechtsstaats. *Abzulehnen:* Der so angestrebte allg. Abschlusszwang besteht weitestgehend kraft bes. Ges. (→ Rn. 9), iÜ ist er zu vage. So ist zB ein allg. Recht zum Besuch städtischer Museen, Theater, Bibliotheken (dafür Grüneberg/Ellenberger Rn. 10) unvereinbar mit den GemOen, die das Recht nur den Einwohnern als Äquivalent für die sie treffenden Gemeindelasten und anderen Aufgaben in der Gemeinde einräumen (vgl. zB § 10 II, V bwGemO). **cc) Mittelbarer Abschlusszwang** besteht, wo Ablehnung des Vertragsschlusses sittenwidrige Schädigung iSv **§ 826** ist und somit gem. § 249 zur Naturalrestitution, dh zum Vertragsschluss, verpflichtet (hM; nach aA begründet die Sittenwidrigkeit einer Ablehnung allein den (unmittelbaren) Abschlusszwang, s. Larenz, AT § 4 I a). So insbes. bei Missbrauch einer *Monopolstellung* oder erheblicher wirtschaftlicher und sozialer Macht (→ Rn. 12), aber, da sittenwidrige Schädigung nötig, nur, soweit es um Güter, Leistungen oder

Margin numbers: 8 (beside "4. Der Vertrag in der Privatrechtsordnung"), 9 (beside "a) Einschränkungen der Abschluss-"), 10 (beside "bb) Unmittelbarer"), 11 (beside "cc) Mittelbarer Abschlusszwang").

Rechtspositionen geht, die für den anderen Teil von (nicht unbedingt: lebens-)wichtiger Bedeutung und anderweit nicht erhältlich sind, und wenn die Ablehnung des Vertragsschlusses willkürlich, zur Erlangung bes. Vorteile oder zwecks Schädigung erfolgt. Bsp: Aufnahmepflicht für Verein mit Monopolstellung (BGHZ 63, 284 f.).
12 Auch Anspruch aus §§ 280 I, 311 II, 249 möglich. **dd) Mittelbarer Abschlusszwang** für Unternehmen gem. §§ 19–22, 33 **GWB** iVm § 249 (hM; krit. zur Schadensersatzkonstruktion Larenz, SchuldR I § 4 I a, vgl. → Rn. 11). Bsp: Ablehnung der Aufnahme durch Berufs- oder Wirtschaftsverband (§ 20 VI GWB; → § 38 Rn. 2), Gewährung des Zugangs zu Infrastruktureinrichtungen (§ 19 IV Nr. 4 GWB), Abschluss eines Liefervertrags (BGHZ 49, 98 f. verurteilt sofort und nur zur Lieferung, wenn Angebot des anderen Teils vorliegt). Zur gebotenen Differenzie-
13 rung von Anbieter und Nachfrager BGHZ 101, 81 ff. **ee) Ges. verfügter Eintritt** in bestehendes Vertragsverhältnis, zB §§ 565, 566, 578, 581 II, 593a S. 1, 593b, 613a. **ff) Diktierter Vertrag,** dh Begründung eines privatrechtlichen Vertragsverhältnisses durch Staatsakt (vgl. LM Nr. 1 zu § 284). Bsp: Mietvertragsübernahme anlässlich
14 Scheidung, § 1568a III, § 17 LPartG. **b) Abschlusszwang kann Auflösungsbefugnis begrenzen.** Bsp: Bei Aufnahmepflicht hat Verein kein Recht zur Ausschlie-
15 ßung, nur zur Kündigung aus wichtigem Grund (→ § 25 Rn. 5). **c) Einschränkungen der Inhaltsfreiheit: aa) durch ges. Typenzwang,** insbes. im Sachenrecht (→ Vor § 854 Rn. 3), Familien- und Erbrecht; **bb) durch zwingendes Recht,** das insbes. dem *Schutz des anderen Teils* dient, insbes. im Wohnungsmiet-, Reise-, Telekommunikationsrecht, Recht der Pflegeversicherung (§§ 23 VI, 110 I Nr. 2 SGB XI), Arbeitsrecht, Recht des Verbraucherkredits und der AGB; hierzu gehören auch die Vorschriften, die den angemessenen Preis einer Leistung normativ festlegen oder bestimmbar machen (zur Problematik → § 134 Rn. 15, → § 139 Rn. 9, 10); **cc) durch staatliche Genehmigungsvorbehalte** (→ § 182 Rn. 7), zB für Beförderungstarife; **dd) allg. Grenzen** in §§ 134, 138 (→ § 138 Rn. 12), 226, 242, 826.

5. Faktische Vertragsverhältnisse.

Lit.: Esser, Gedanken zur Dogmatik der „faktischen Schuldverhältnisse“, AcP 157, 86; Gudian, Inanspruchnahme tarifmäßig zu vergütender Versorgungsleistungen – echter Vertrag oder nicht?, JZ 1967, 303; Haupt, Über faktische Vertragsverhältnisse, 1943; Köhler, Kritik der Regel „protestatio facto contraria non valet“, JZ 1981, 464; Lambrecht, Die Lehre vom faktischen Vertragsverhältnis, 1994; Larenz, Die Begründung von Schuldverhältnissen durch sozialtypisches Verhalten, NJW 1956, 1897; Lehmann, Faktische Vertragsverhältnisse, NJW 1958, 1; Siebert, Faktische Vertragsverhältnisse, 1958; Wieacker, Willenserklärung und sozialtypisches Verhalten, FS OLG Celle, 1961, 263.

16 Unter „faktischen Vertragsverhältnissen“ verstand Haupt, Über faktische Vertragsverhältnisse, 1943, Vertragsverhältnisse, die nicht durch Vertrag, dh rechtsgeschäftlich, sondern durch tatsächliche Vorgänge begründet werden, so dass rechtsgeschäftlich bedingte Nichtigkeits- und Anfechtungsgründe weitgehend ebenso entfallen wie die Problematik der Willensmängel und der Schutz nicht voll Geschäftsfähiger. Die von Haupt erörterten Fragen sind, abgewandelt, heute noch in drei Bereichen
17 aktuell. **a) Beim fehlerhaften Arbeitsvertrag** ist die Relevanz von Nichtigkeits-
18 und Anfechtungsgründen stark eingeengt; vgl. ie vor → § 611 Rn. 5. **b) Bei der vollzogenen fehlerhaften Gesellschaft** (§§ 705 ff.; OHG, KG) führt die Geltendmachung der Nichtigkeit ebenso wie die Anfechtung des Gesellschaftsvertrags idR (BGHZ 75, 217 f. zu § 134) ebenfalls nur zur Beendigung der bis dahin wirksamen
19 Gesellschaft für die Zukunft; vgl. ie → § 705 Rn. 19, 20. **c) Die Daseinsvorsorge** als Sorge für elementare Lebensbedürfnisse ist eine öffentl. Aufgabe (aber mit zunehmender Privatisierung), insbes. in den Bereichen Transport, Verkehr, Nachrichtenübermittlung, Wasser- und Energieversorgung, Entsorgung (zu Aktivitäten der Kommission der EU zur Verrechtlichung der Leistungen der Daseinsvorsorge s. Ruge ZRP 2003, 353 ff.). Soweit das Verhältnis zum Benutzer öffentl-rechtlich organisiert ist, sind privatrechtliche Nichtigkeits- und Anfechtungsgründe weitgehend unbeachtlich. Ein ähnliches Ergebnis (mangelfreier Vertragsschluss) wird heute

idR auch bei privatrechtlicher Organisation des Massenverkehrs erreicht, und zwar durch Objektivierung der „Willens"-Erklärung, Auslegung tatsächlichen Verhaltens als rechtsgeschäftliche Äußerung und Zurückdrängen der Anfechtbarkeit bei Willensmängeln. Weitergehend sollen Vertragsangebote auch durch **sozialtypisches** 20 **Verhalten** angenommen werden können (BGHZ 21, 333 ff.; 23, 177 f.). Damit will der BGH „den bes. Verhältnissen des Massenverkehrs" (NJW-RR 1987, 938; → 1991, 176 f.) und der „öffentl. Daseinsvorsorge" (BGHZ 113, 33) gerecht werden. IdS soll in dem Leistungsangebot des Versorgungsunternehmens für Strom, Gas, Wasser, Fernwärme eine sog. **Realofferte** zum Abschluss eines Versorgungsvertrags mit dem Grundstückseigentümer liegen (sofern nicht der Abnehmer der Versorgungsleistung bereits anderweit feststeht), das von diesem konkludent angenommen werde (BGH NJW 2009, 913; 2014, 3148 ff. Rn. 10 ff.: Empfänger der im Leistungsangebot des Versorgungsunternehmens liegenden Realofferte zum Abschluss eines Versorgungsvertrags ist regelmäßig der, welcher die tatsächliche Verfügungsgewalt über den Versorgungsanschluss am Übergabepunkt ausübt. Das kann Eigentümer, Mieter oder Pächter sein. Auf genaue Kenntnis des Versorgungsunternehmens kommt es nicht an). Es handele sich hier um die „normierende Kraft der Verkehrssitte, die dem sozialtypischen Verhalten der Annahme der Versorgungsleistungen den Gehalt einer echten Willenserklärung zumisst" (BGH NJW-RR 2005, 640 mN). Das ist schon deshalb unzutr, weil Willensmängel und fehlende Geschäftsfähigkeit des Entnehmers unbeachtlich sein sollen (→ Rn. 16 zu Haupt, Über faktische Vertragsverhältnisse, 1943). Insgesamt ist die Lehre vom sozialtypischen Verhalten mit dem BGB unvereinbar. Das gilt auch für die – mit dem sozialtypischen Verhalten eng verknüpfte (Köhler JZ 1981, 464) – Annahme der hM (BGHZ 95, 399 mN), dass die *ausdr.* Erklärung des mangelnden Bindungswillens als *protestatio facto contraria* unbeachtlich und folglich das tatsächliche Verhalten als schlüssige Willenserklärung zu verstehen sei (vgl. BGH NJW-RR 2005, 640, stRspr mN). Die Erklärung ist jedoch mit Rücksicht auf die Privatautonomie beachtlich, wenn sie *ausdr. vor oder gleichzeitig* mit dem tatsächlichen Verhalten erfolgt; dann greifen §§ 812 ff. ein (Köhler JZ 1981, 464, 467 mN; zur Haftung auf die tarifmäßige Vergütung vgl. BGHZ 55, 130 ff.). Für Unbeachtlichkeit der Erklärung eines **Bahn-Schwarzfahrers** Weth JuS 1998, 795 ff. mN; eine klare Unterscheidung der Sachverhalte fehlt. Wer beim Betreten der Bahn lauthals verkündet, entgegen den Beförderungsbedingungen (für Straßenbahnen § 6 VO v 27.2.1970) nicht zahlen zu wollen, hat kein Recht auf Beförderung (§ 22 Nr. 1 PBefG) und wird an die Luft gesetzt (§ 6 V VO v. 27.2.1970). Ein Vertrag kommt nicht zustande (kein Recht auf Beförderung!). Das ist selten und für die Verkehrsbetriebe unproblematisch (verkannt von Weth JuS 1998, 795, 796 sub b); schädlich sind nur die schweigenden, nicht entlarvten Schwarzfahrer, die zwar konkludent einen Beförderungsvertrag geschlossen haben (ihr entgegenstehender Wille ist irrelevant, § 116 S. 1; übergangen von Weth JuS 1998, 795 ff.), aber nicht zahlen (wollen); sa OLG Düsseldorf NJW 2000, 2120 f. und OLG Frankfurt a. M. NJW 2010, 3107 ff., je zu § 265a StGB.

6. AGB. Zu Allgemeinen Geschäftsbedingungen → § 305 Rn. 1. 21

§ 145 Bindung an den Antrag

Wer einem anderen die Schließung eines Vertrags anträgt, ist an den Antrag gebunden, es sei denn, dass er die Gebundenheit ausgeschlossen hat.

1. Vertragsantrag (Angebot, Offerte). a) Er ist notwendig empfangsbe- 1 **dürftige Willenserklärung** (Begriff → Vor § 104 Rn. 8), aber nicht selbst RGeschäft, sondern unvollständiger Tatbestand eines solchen (→ Vor § 104 Rn. 6, 16). **b) Inhalt, Gegenstand und Vertragspartner** müssen im Antrag so *bestimmt* oder 2 gem. §§ 133, 157, 315 ff. so bestimmbar angegeben sein, dass Annahme durch schlichtes „Ja" möglich ist (BGH NJW 2006, 1972; BAG NJW 2008, 937). Sonst

liegt kein Antrag vor; zum Antrag *ad incertas personas* → Rn. 3. **c) Schlüssige**
3 **Erklärung** ist (nur) bei *formfreiem* Antrag möglich. **d) Ob Aufforderung zur Abgabe** eines Antrags (invitatio ad offerendum) **oder Antrag** vorliegt, ist Auslegungsfrage (→ Vor § 116 Rn. 12; ges. Regelung in § 156: Aufforderung zur Abgabe eines Antrags als Bieter, BGHZ 138, 342); Antrag an den jeweiligen Grundstückseigentümer ausreichend bestimmt (BGH BeckRS 2013, 05738 Rn. 13). Antrag kann *ad incertas personas* gerichtet sein (→ § 929 Rn. 4; BGH NJW 2002, 364). Die Art des RGeschäfts bestimmt Grad der erforderlichen **Bestimmtheit.** Bei alltäglicher sofort zu erbringender Massendienstleistung ohne vom Leistungsanbieter abhängige individuelle Merkmale (zB Herstellung Telefonverbindung) reicht es aus, wenn Anbieter (zB der Verbindungsdienstleister) nicht individualisiert ist, aber Leistung angenommen wird (zB durch Bedienen des Telefons) (→ BGH NJW 2006, 1972 Rn. 12). – Versandkataloge, Preislisten, Anzeigen in Zeitungen und auf Plakaten, Theaterspielpläne (RGZ 133, 391), Speisekarten, TV- und Internet-Shopping (Taupitz/Kritter JuS 1999, 840 f.; AG Butzbach NJW-RR 2003, 54 f.; allg: teleshopping, Köhler NJW 1998, 185 ff.) sind idR Aufforderungen, keine Anträge (aA Kimmelmann/Winter JuS 2003, 532 ff.: Auslegungsfrage), da obj. der Bindungswille fehlt (doch können Katalogangaben, zB Maße, durch Bezugnahme im Antrag und unbeschränkte Annahme Vertragsinhalt werden). Prospektangaben von Reiseveranstaltern binden diese idR (§ 4 BGB-InfoV). Bloße Aufforderung ist auch die **Warenauslage im Schaufenster,** die in § 4 I PAngV vorgeschriebene Preisauszeichnung ändert daran nichts (BGH NJW 1980, 1388; hM), auch nicht der Hinweis auf Schlussverkauf oder sonstigen Sonderverkauf (str.). Gleiches gilt für Warenauslage im Regal des **Selbstbedienungsladens:** Antrag liegt erst im Vorzeigen der Ware an der Kasse, Annahme in der Preisfeststellung durch die Registrierkasse, nach aA schon mit Vorzeigen an der Kasse oder erst mit Bezahlung (s. Beckmann NJW-CoR 2000, 45 mN). Zum **Selbstbedienungstanken** → Rn. 7. Im Zweifel Bindungswillen eines Bieters auch hinsichtlich der Nebenangebote, die er mit Hauptangebot ordnungsgemäß iSd Vergabebedingungen (zB § 13 I 1, II VOB/A 2009) vorlegt (BGH NZBau
4 2011, 439 Rn. 6) **e) Antrag ist** mit Wirksamwerden (→ § 130 Rn. 4–12) **bindend** (vorbehaltlich Hs. 2, → Rn. 5), dh nicht einseitig durch Antragenden widerruflich (→ § 873 Rn. 18) oder abänderbar und erlischt erst gem. § 146. Bindung begründet vorvertragliches Vertrauensverhältnis; Verletzung der Sorgfaltspflichten bei Behandlung des Antrags kann schadensersatzpflichtig machen, § 278 anwendbar (RGZ 107, 242 f.). Infolge Bindung des Antragenden liegt es allein am Antragsempfänger, ob durch sein „Ja“ der Vertrag zustande kommt. Diese Rechtsposition des Empfängers ist ein Gestaltungsrecht (str.; Bezeichnung bedeutungslos). Sie kann im Einzelfall (Auslegung, §§ 133, 157) übertragbar (§ 413), pfändbar und vererblich sein; iZw
5 bezieht sich der Antrag nur auf den Empfänger. **f) Ausschluss der Bindung** (Hs. 2) bedeutet idR, dass es sich um eine Aufforderung, nicht um einen Antrag handelt (→ Rn. 3; BGH NJW 1996, 919 f.). Liegt ausnahmsweise ein Antrag vor, so kann er bis zur wirksamen Annahme einseitig widerrufen werden (str., vgl. BGH NJW 1984, 1885 f.; NJW-RR 2004, 953 [auch zu weiteren Modifikationen von Antragswirksamkeit und -dauer], je mN). Ausschluss muss spätestens gleichzeitig mit dem Antrag zugehen, sonst ist Bindung bereits eingetreten.

6 **2. Einzelfälle. a) Zusendung unbestellter Waren** ist idR Antrag auf Abschluss eines Kaufvertrags und – bei Annahme – auf Übereignung. Durch Schweigen kommt idR kein Vertrag zustande (vgl. → Vor § 116 Rn. 9, 10). Der Empfänger ist zu nichts verpflichtet; so § 241a I für den Fall, dass Empfänger ein Verbraucher (§ 13), Lieferant ein Unternehmer (§ 14) ist. Bei Lieferung berufs- oder gewerbebezogener Sachen an Selbstständigen (→ § 13 Rn. 2) hat sich die Rechtslage nicht geändert, sie entsprach und entspricht – entgegen der hM – weitgehend dem § 241a: Der Nicht-Verbraucher ist ebenfalls zu nichts verpflichtet, auch nicht zur Verwahrung (aA LM Nr. 77 zu § 1 UWG; für Haftungsminderung entspr. §§ 300 ff. Flume II § 35 II 3 aE; MüKo-BGB/Raff Vor § 987 Rn. 30, 31 [für §§ 987 ff.]). Zusendung

ist rechtswidriger Einbruch in geschützte Individualsphäre (vgl. LM Nr. 77 zu § 1 UWG; sa BGH NJW 1989, 2820), gegen die sich Empfänger (auch, oft nur) durch Wegwerfen der Ware schützen kann (zust. Windel AcP 199, 448 f.; NK-BGB/Schulze Rn. 7). Dem Recht des Empfängers zum Wegwerfen entspricht auf Seiten des Lieferanten, dass in der Zusendung zugleich sein Angebot auf kostenlose Übereignung liegt, bedingt durch Ablehnung eines Kaufvertrags; nur dann ist die Rechtswidrigkeit der Zusendung eliminiert. Dem entspricht die Praxis seit und wegen LM Nr. 77 zu § 1 UWG. Ein Kaufvertrag (und die Übereignung, so) kommt erst durch Bezahlung der unverlangt gelieferten Sache zustande. Zur ausgeuferten Problematik → § 241a mit Anm, zur strafrechtlichen Sicht Reichling JuS 2009, 111 ff. **b) Zum Aufstellen von Warenautomaten** als Angebot ad incertas personas vgl. → § 929
Rn. 4. **c) Beim Selbstbedienungstanken** liegt in der Freigabe der Zapfsäule das 7
stets zugangsbedürftige Angebot, im Einfüllen die nicht zugangsbedürftige Annahme (→ § 151 Rn. 1) für Kauf und Einigung gem. § 929 S. 1 (BGH NJW 2011, 2871 Rn. 13 = JuS 2011, 929 mAnm Faust; so implizit auch BGH NJW 1984, 501 für den Kaufvertrag; ohne Stellungnahme BGH NJW 1983, 2827; OLG Köln NJW 2002, 1059). Ein EV scheidet aus (aA Westermann § 37 Rn. 4; Lange/Trost JuS 2003, 963 ff.), da ein Bar-, kein Kreditkauf vorliegt und das Benzin zum alsbaldigen Verbrauch bestimmt ist (s. Bunte JA 1982, 325). **d)** Zur **Warenauslage** im Schau-
fenster und Selbstbedienungsladen vgl. → Rn. 3. **e)** Zum Vertragsabschluss durch 8
Buchungseingabe auf Internetseite s. BGH NJW 2013, 598 mN, dazu → § 133 Rn. 11. Das im Rahmen einer **Internetauktion** der online-Plattform eBay abgegebene Verkaufsangebot steht nach den 2012 geltenden AGB von eBay unter dem Vorbehalt einer berechtigten Angebotsrücknahme (BGH NJW 2011, 2643; 2014, 1292 Rn. 18 ff.; 2015, 1009 Rn. 14); zum Angebot bei **eBay** s. BGH NJW 2017, 468. Zur Frage, ob eine datenschutz- oder ePrivacy-rechtliche Einwilligung (zur Notwendigkeit sog. **Cookie-Einwilligungen** – meist im Rahmen von Consent-Management-Plattformen [CMP] – s. BGH MMR 2020, 609, 611 f. Rn. 44 ff.) per Mausklick auf einer Internetseite (zur elektronischen Willenserklärung per Mausklick auf einer Schaltfläche → vor § 104 Rn. 7) zugleich einen **Verbrauchervertrag über die Bereitstellung digitaler Produkte** gem. § 327 III begründet, bei dem der Verbraucher dem Unternehmer als **Gegenleistung personenbezogene Daten** bereitstellt oder sich zu deren Bereitstellung verpflichtet, s. bejahend Nikol/Rost, NJW 2022, 975, 978; ebenso tendenziell Gesetzesbegründung BT-Drs. 19/27653, 36, 40 f.; MüKo-BGB/Metzger, § 327 Rn. 17; ablehnend Spindler, MMR 2021, 451, 453; Wendehorst, NJW 2021, 2913, 2916; für den Regelfall ablehnend
Schreiber/van Nuus, RDi 2022, 246, 247. **f)** Wird öffentl-rechtlich zB für Abfallent- 9
sorgung und Straßenreinigung ein **Anschluss- und Benutzungszwang** angeordnet, dann kommt privatrechtliches Nutzungsverhältnis regelmäßig durch **Realofferte** (tatsächliche Leistungsgewährung) und Annahme (durch die Entgegennahme der Leistungen) zustande (BGH NJW 2012, 1949 Rn. 11 mN).

§ 146 Erlöschen des Antrags

Der Antrag erlischt, wenn er dem Antragenden gegenüber abgelehnt oder wenn er nicht diesem gegenüber nach den §§ 147 bis 149 rechtzeitig angenommen wird.

1. Erlöschensgründe. Antrag erlischt durch Ablehnung (§ 146), Fristablauf 1
(§§ 147–149, 151 S. 2, 152 S. 2), Widerruf des nicht bindenden Antrags (→ § 145 Rn. 5), sa §§ 153, 156 S. 2. Zum Fristenlauf BGH NJW 2010, 2874; → § 148 Rn. 9. **a) Ablehnung** ist formfreies, einseitiges, empfangsbedürftiges RGeschäft; zur Ablehnungsfrist § 308 Nr. 1. Modifizierende Annahme gilt als Ablehnung, § 150 II. Beschränkt Geschäftsfähiger bedarf der Zustimmung des ges. Vertreters (ie → § 111 Rn. 3–5), weil Ablehnung nicht lediglich rechtlichen Vorteil bringt (§ 107;
vgl. → § 145 Rn. 4). **b) Antrag an Abwesenden** erlischt mit Ablauf gesetzter Frist 2

(§§ 148, 151 S. 2, 152 S. 2) oder ges. Normalfrist (§ 147 II). Antrag an **Anwesenden** erlischt, wenn er nicht sofort (§ 147 I) oder in gesetzter Frist (§ 148) angenommen wird.

3 **2. Wirkung.** Mit Erlöschen existiert der Antrag rechtlich nicht mehr (zutr. BGH NJW 2010, 2874; NJW 2016, 2173). Verspätete Annahme gilt als neuer Antrag, § 150 I. Annahme nach Ablehnung kann Antrag sein (§§ 133, 157).

§ 147 Annahmefrist

(1) [1]**Der einem Anwesenden gemachte Antrag kann nur sofort angenommen werden.** [2]**Dies gilt auch von einem mittels Fernsprechers oder einer sonstigen technischen Einrichtung von Person zu Person gemachten Antrag.**

(2) **Der einem Abwesenden gemachte Antrag kann nur bis zu dem Zeitpunkt angenommen werden, in welchem der Antragende den Eingang der Antwort unter regelmäßigen Umständen erwarten darf.**

1 **1. Vertragsannahme. a) Empfangsbedürftige Willenserklärung.** Annahme ist idR empfangsbedürftige Willenserklärung (Begriff → Vor § 104 Rn. 8). Empfangsbedürftigkeit (Zugangsbedürftigkeit), nicht Erklärung der Annahme entfällt gem. §§ 151, 152 (str., vgl. → § 151 Rn. 1). **Beweislast** (auch für **Rechtzeitigkeit** iSv II) hat der, wer den Vertragsschluss behauptet und daraus Rechtsfolgen ableitet. Daran ändert auch die Umkehr der prozessualen Parteirollen nichts, die mit einer negativen Feststellungsklage verbunden ist. Den anderen Vertragspartner kann insoweit allenfalls eine sekundäre Darlegungslast treffen (BGH NJW 2016, 144, 1442
2 Rn. 24 f.; NJW-RR 2013, 948) **b) Inhalt:** uneingeschränkte Bejahung des unverän-
3 derten Antrags, sonst § 150 II. **c) Schlüssige Erklärung** ist (nur) bei *formfreier*
4 Annahme möglich (BGH MDR 1982, 993). **d) Bloßes Schweigen** enthält idR keine Annahme (dazu allg. → Vor § 116 Rn. 9, 10), auch nicht im kaufmännischen Verkehr (BGH NJW 1995, 1281). *Ausnahmen:* **aa) Beredtes Schweigen:** Kraft Auslegung oder Parteiabrede ist Schweigen als Annahme aufzufassen, dazu → Vor § 104 Rn. 9; → § 149 Rn. 1. Bsp: Schweigen auf Vertragsangebot in bestimmter Frist gilt nach Parteiabrede als Annahme (BGH NJW 1975, 40, → aber § 308 Nr. 5); uU ebenso Schweigen durch Antragenden auf verspätete Annahme (§ 150 I; BGH NJW-RR 1999, 819) oder Schweigen auf Antrag nach umfassenden einverständlichen Vorverhandlungen (unklar BGH NJW 1995, 1281 f.; 1996, 920: Schweigen als Annahme oder Annahme gem. § 151 S. 1; s. Scheffer NJW 1995, 3166 ff.; → § 151 Rn. 1). **bb)** Annahme kraft ges. **normierten Schweigens.** Bsp: § 516 II 2, § 362 HGB. **cc) Kontrahierungszwang** macht Annahme unvermeidlich (LM Nr. 1 zu § 284; einschr. Bydlinski JZ 1980, 379). Ie → Vor § 145 Rn. 9–12. **dd) Treu und Glauben** fordern Ablehnung des Angebots (BGH NJW 1981, 44; sa BB 1986, 554; zweifelhaft). **ee) Schweigen auf kaufmännisches Bestätigungsschreiben** (ie → Rn. 5, 6). **ff) Kein Vertragsschluss** gem. § 663, § 44 BRAO, aber Nicht-Annahme (BGH NJW 1984, 867) des Antrags ist unverzüglich (§ 121 I 1) zu erklären, sonst ggf. Schadensersatzpflicht.

5 **2. Kaufmännisches Bestätigungsschreiben. a) Allgemeines.** Unter gewerblich tätigen Unternehmern („Kaufleuten") und anderen Personen (insbes. Freiberuflern), die wie ein solcher Unternehmer in größerem Umfang am Rechtsverkehr teilnehmen (BGH NJW 1987, 1941), ist es Brauch, dass ein mündlich, fernmündlich, telegraphisch, fernschriftlich oder durch Telefax bereits geschlossener Vertrag schriftlich bestätigt wird (zur Bestätigung per E-Mail Ernst NJW-CoR 1997, 167; MüKo-HGB/Maultzsch, § 346 Rn. 171, 172); selten beruht das Schreiben auf einer Formabrede, dann gilt § 154 II (vgl. BGH NJW 1964, 1270). Das Rechtsinstitut beruht auf Gewohnheitsrecht (MüKo-HGB/Maultzsch, § 346 Rn. 142). Die Definitionen der §§ 1 ff. HGB für den Kaufmann (MüKo-HGB/Maultzsch, § 346

Rn. 150) oder der §§ 13 f. der Verbraucher- und Unternehmereigenschaft sind für den personellen Anwendungsbereich des Kaufmännischen Bestätigungsschreibens ohne Bedeutung, da der gewohnheitsrechtliche Satz darauf nicht abstellt. Entscheidend ist die Teilnahme als Unternehmensträger am Rechtsverkehr in einer Weise, bei der nach den Usancen der Verkehrsteilnehmer untereinander üblicherweise mit dem Institut des kaufmännischen Bestätigungsscheibens gerechnet werden kann. Stimmt das Bestätigungsschreiben mit dem abgeschlossenen Vertrag überein, so hat es nur prozessuale Bedeutung als Beweismittel (vgl. BGH NJW 1964, 1270). Weicht es ab, so kann ihm materiellrechtliche Bedeutung zukommen (→ Rn. 6). **b) Ent-** 6
spricht das Schreiben nicht dem Vertrag, so wird dieser grundsätzlich entspr. dem Schreiben abgeändert oder ergänzt, wenn der Empfänger nicht widerspricht (zur nachträglichen Einbeziehung von *AGB* su und → § 305 Rn. 21). Bestand entgegen dem Schreiben in Wahrheit **noch kein** (wirksamer) **Vertrag,** so kommt er bei widerspruchsloser Hinnahme des Bestätigungsschreibens mit dessen Inhalt zustande (BGH NJW 1994, 1288), sofern die ges. (BGH NJW 1981, 2247) oder vereinbarte Form eingehalten ist und andere Gültigkeitsmängel (zB §§ 134, 138) fehlen (BGH NJW-RR 1991, 1290). Das gilt auch, wenn für den Empfänger des Schreibens bei den Vertragsverhandlungen ein vollmachtloser Vertreter gehandelt hat (BGH NJW 2007, 988). Das Bestätigungsschreiben muss sich zeitlich und inhaltlich unmittelbar an (fern-)mündliche, telegraphische, fernschriftliche oder gefaxte Vertragsverhandlungen, die stattgefunden haben (BGH NJW 1990, 386), anschließen (BGH JZ 1967, 575) und eindeutig den (behaupteten) Vertragsschluss wiedergeben (BGH NJW 1972, 820); seine Vollständigkeit wird tatsächlich vermutet (BGH NJW-RR 1986, 393). Das Schreiben darf vom Inhalt der Besprechungen nicht so weit abweichen, dass der Absender vernünftiger- oder redlicherweise nicht mit dem Einverständnis des Empfängers rechnen konnte (BGH NJW 1994, 1288; NJW-RR 2001, 680 f.); das gilt auch für solche AGB, mit deren Hinnahme nicht zu rechnen ist (BGH NJW 1980, 449; 1982, 1751; Ulmer/Schmidt JuS 1984, 20 f.). Erst recht darf es keine bewusst falsche Bestätigung enthalten (BGH JZ 1967, 575; zur Beweislast DB 1984, 2190). Erfüllt das Schreiben diese Anforderungen, so gilt Schweigen nach Zugang (§ 130) als Einverständnis. Das verhindert nur unverzüglicher (§ 121 I 1) Widerspruch. Unverzüglichkeit bestimmt sich nach den Umständen des Einzelfalls (BGH NJW 1962, 246 f.). Eine Woche ist idR zu lang (BGH NJW 1962, 104); RGZ 105, 390 hält 1 bis 2 Tage für angemessen, BGH NJW 1962, 247 uU 3 Tage. Entspricht das Schreiben nicht den Anforderungen, so liegt im Schweigen kein Einverständnis. Das gilt idR auch, wenn Gegenbestätigung erbeten wird (BGH NJW-RR 2007, 327 stellt ganz auf den Einzelfall ab). **c) Auftragsbestätigung** ist 7
Annahme eines Vertragsangebots, zielt also nicht wie das Bestätigungsschreiben auf Fixierung eines bereits geschlossenen Vertrags. Ob Auftragsbestätigung oder Bestätigungsschreiben vorliegt, ist Auslegungsfrage, gebrauchter Ausdruck entscheidet nicht (BGH NJW 1991, 38). Weicht Auftragsbestätigung vom Antrag ab (zB durch Beifügen von AGB), so gilt § 150 II (sog. *modifizierte Auftragsbestätigung*); Schweigen darauf bedeutet auch im kaufmännischen Verkehr grundsätzlich nicht Zustimmung (anders bei widerspruchsloser Entgegennahme der Gegenleistung, BGH NJW 1995, 1672).

3. Antrag unter Anwesenden, I. Zum Begriff: → § 130 Rn. 11. Antrag kann, 8
wenn keine Frist (§ 148) gesetzt ist, nur sofort, dh so schnell wie obj. möglich (→ § 859 Rn. 2) angenommen werden, **I 1.** Mündlicher und fernmündlicher Antrag stehen gleich; dem Fernsprecher sind sonstige technische Einrichtungen gleichgestellt, **I 2.** Entscheidend ist, dass ein „unmittelbarer Dialog“ von Person zu Person stattfindet; das ist zB der Fall bei Videokonferenzen (für den Zivilprozess vgl. § 128a I 2 ZPO), auch bei sog. Chats (BT-Drs. 14/4987, 21), bei denen Abgabe und Kenntnisnahme der Willenserklärung fast zusammenfallen (→ § 130 Rn. 12). Mündlicher, fernmündlicher sowie diesem gleichgestellter (I 2) Antrag durch oder an Vertreter (mit oder ohne Vertretungsmacht, BGH NJW 1996, 1064) ist solcher

unter Anwesenden (→ § 130 Rn. 9). Antrag durch oder an Boten ist solcher unter Abwesenden, I also unanwendbar; aber: (fern-)mündlicher usw. Antrag durch Boten steht für Wirksamwerden (§ 130) einer Erklärung unter Anwesenden gleich (→ § 130 Rn. 10).

9 **4. Antrag unter Abwesenden, II.** Zum Begriff → § 130 Rn. 4. Ohne Fristbestimmung nach § 148. Frist läuft ab Abgabe (BGH NJW 2010, 2874 Rn. 11; NJW 2016, 2173, 2175 Rn. 22), nicht erst ab Zugang (Begriffe → § 130 Rn. 1–3) des Antrags, solange, bis der Antragende das Wirksamwerden einer Annahme unter regelmäßigen Umständen erwarten darf. Die **Frist** bestimmt sich nach obj. Maßstab und besteht aus der Zeit für Übermittlung des Antrags an Empfänger, dessen Übergangs- und Bearbeitungszeit und Zeit für Übermittlung der Antwort an den Antragenden (BGH NJW 2010, 2873 Rn. 12; BAG BB 2003, 1732 ff.). BGH geht bei einem finanzierten und beurkundungsbedürftigen Vertrag, dessen Abschluss eine Bonitätsprüfung vorausgeht, im Falle einer abweichenden Regelung von der Regelfrist von vier Wochen ab Abgabe des Angebots aus (BGH NJW 2010, 2873 Rn. 12 f.; NJW 2016, 2173, 2174 Rn. 7). Das gilt auch für Bauträgervertrag (BGH NJW 2014, 854 Rn. 12; 2016, 2173, 2174 Rn. 7). BGH NJW 2016, 1441, 1443 Rn. 31 geht für Mietverträge von zwei bis drei Wochen aus. Verzögernde Umstände, die dem Antragenden bekannt sind (zB notwendige Rücksprache des Empfängers mit Dritten; Urlaubszeit), wirken fristverlängernd (BGH NJW 2016, 1441, 1442 Rn. 21). Verhalten des Antragenden ist für Fristdauer beachtlich: Telegraphisches Angebot verlangt möglicherweise beschleunigte Annahme, der Gebrauch von Fax oder E-Mail beruht oft auf Bequemlichkeit und Kostenersparnis; erkennbar mangelndes Beschleunigungsinteresse des Antragenden verlängert die Frist (vgl. RGZ 142, 404 f.). Die Angemessenheit dieses Zeitraums unterliegt tatrichterlichem Ermessen (BGH NJW 2016, 1441, 1442 Rn. 22). Nach Fristablauf erlischt das Angebot (→ § 146 Rn. 3).

10 **5. Verspätete Annahme.** §§ 149, 150 I mit Anm.

§ 148 Bestimmung einer Annahmefrist

Hat der Antragende für die Annahme des Antrags eine Frist bestimmt, so kann die Annahme nur innerhalb der Frist erfolgen.

1 **1. Allgemeines.** Zur *Bedeutung* der Annahmefrist vgl. → § 146 Rn. 1–3. *Berechnung:* §§ 186 ff. **Fristsetzung** auch durch schlüssige, insbes. aus den Umständen zu entnehmende Erklärung möglich. Ohne Fristbestimmung in oder mit dem Antrag läuft unter *Abwesenden* ges. Frist der §§ 147 II, 151 S. 2 oder 152 S. 2; unter *Anwesenden* gilt dann § 147 I. Nachträgliche einseitige **Fristverlängerung** (nicht Verkürzung) ist möglich. Auslegungsfrage, ob Frist schon mit Abgabe (so idR) oder erst mit Zugang des Antrags beginnt und ob Abgabe oder (so idR) Zugang der Annahme in die Frist fallen muss. Nach BGH NJW 1973, 1790 muss **Annahme durch vollmachtlosen Vertreter** noch innerhalb der Annahmefrist vom Vertretenen genehmigt werden (§§ 177, 184), da mit Fristablauf keine Bindung an den Antrag mehr bestehe, was die Rückwirkung der Genehmigung nach Fristablauf nicht überwinde; dagegen → § 184 Rn. 2.

2 **2. Unwirksamkeit nach § 308 Nr. 1. Überlange Annahmefristen in AGB** zugunsten des Verwenders als Antragsempfänger sind unwirksam, § 308 Nr. 1 (BGH NJW 2010, 2873 Rn. 8; NJW 2013, 3434, NJW 2014, 854; 2016, 2173, 2174 Rn. 10 ff.). Es gilt § 147 II (§ 306 I, II).

§ 149 Verspätet zugegangene Annahmeerklärung

[1]Ist eine dem Antragenden verspätet zugegangene Annahmeerklärung dergestalt abgesendet worden, dass sie bei regelmäßiger Beförderung ihm

rechtzeitig zugegangen sein würde, und musste der Antragende dies erkennen, so hat er die Verspätung dem Annehmenden unverzüglich nach dem Empfang der Erklärung anzuzeigen, sofern es nicht schon vorher geschehen ist. [2]Verzögert er die Absendung der Anzeige, so gilt die Annahme als nicht verspätet.

Voraussetzungen. Verspätete Annahme gilt als rechtzeitig, wenn Verspätung nur auf unregelmäßiger Beförderung beruht, der Antragende das erkennen musste (zB auf Grund des Poststempels) und dennoch nicht unverzüglich (§ 121 I 1) dem Annehmenden die Verspätung anzeigt. Bei Unterlassen, Verzögern oder anderem Inhalt der Anzeige gilt Annahme als rechtzeitig, Vertrag als geschlossen (RGZ 105, 257), andernfalls greift § 150 I ein. Gem. **§ 242** kann bei Schweigen auf verspätete Annahme ausnahmsweise Vertragsschluss anzunehmen sein (BGH NJW 2016, 1441, 1444 Rn. 39; NJW-RR 1994, 1163, 1165; NJW 1986, 1807, 1809; NJW 1951, 313); s. dazu noch → Vor § 104 Rn. 9; → § 147 Rn. 3. Erstofferenten kann auch im Einzelfall gem. § 242 verwehrt sein, sich auf die Verspätung der Annahme zu berufen (BGH NJW 2014, 854 Rn. 22 ff.), zB wenn er aus dem Vertrag Vorteile gezogen sowie der Vertragspartner im Vertrauen auf die Wirksamkeit des Vertrags Dispositionen getroffen hat und – entspr. dem § 149 zu Grunde liegenden Rechtsgedanken – dem Erstofferenten die verzögerte Geltendmachung der verspäteten Annahme vorwerfbar ist (BGH NJW 2016, 1441, 1444 Rn. 39). 1

§ 150 Verspätete und abändernde Annahme

(1) **Die verspätete Annahme eines Antrags gilt als neuer Antrag.**

(2) **Eine Annahme unter Erweiterungen, Einschränkungen oder sonstigen Änderungen gilt als Ablehnung verbunden mit einem neuen Antrag.**

1. Verspätete Annahme. Ist die Annahme verspätet (§§ 147–149), so scheitert der Vertragsschluss, weil das Angebot rechtlich nicht mehr existiert (→ § 146 Rn. 3). Annahme gilt als *neuer Antrag,* **I** (Auslegungsregel). Bei Schweigen des Gegners kann uU Vertrag zustande kommen (→ § 147 Rn. 4). Annahme des neuen Antrags (I) auch gem. § 151 möglich. 1

2. Abändernde Annahme. Gilt als Ablehnung (daher scheitert Vertragsschluss, s. BGH NJW-RR 1993, 1036) und *neuer Antrag,* **II** (Auslegungsregel); → § 147 Rn. 7. Der Empfänger des „alten" Antrags muss seinen von diesem abw. Willen in der Annahmeerklärung klar und eindeutig ausdrücken, sonst scheidet II aus (BGH NJW 2010, 3438; 2014, 2100, dazu Riehm JuS 2014, 1118). Die Abweichung in unwesentlichen Punkten genügt (BGH NJW-RR 2010, 1128); zur teilweisen Annahmefähigkeit eines Angebots siehe BGH NJW 2015, 2584; Annahme nach I (= Antrag) gilt nicht bei bes. bedeutsamen RGeschäften wie beurkundungsbedürftigen Grundstücksgeschäften (BGH NJW 2010, 2874 f.). IÜ ist es *Auslegungsfrage,* ob Annahme mit Zusatz auf Antragsänderung zielt (dann II) oder ob Antrag unverändert akzeptiert und daneben eine Änderung des eben abgeschlossenen Vertrags angeboten wird (BGH NJW 2015, 2584, 2589 Rn. 51 mwN; 2001, 222; Bsp: Annahme bzgl. einer größeren als der angebotenen Menge bewirkt Vertragsschluss über angebotene Menge und enthält daneben Antrag auf Vertragserweiterung). – Zum Vertragsschluss bei einander widersprechenden AGB → § 305 Rn. 23. – Zur Annahme durch Schweigen vgl. → § 147 Rn. 4, auch BGH NJW 1995, 1672. Annahme des neuen Antrags (II) auch gem. § 151 möglich. 2

§ 151 Annahme ohne Erklärung gegenüber dem Antragenden

[1]Der Vertrag kommt durch die Annahme des Antrags zustande, ohne dass die Annahme dem Antragenden gegenüber erklärt zu werden braucht,

wenn eine solche Erklärung nach der Verkehrssitte nicht zu erwarten ist oder der Antragende auf sie verzichtet hat. ²Der Zeitpunkt, in welchem der Antrag erlischt, bestimmt sich nach dem aus dem Antrag oder den Umständen zu entnehmenden Willen des Antragenden.

1 **1. Allgemeines.** Die Vertragsannahme ist idR empfangsbedürftige Willenserklärung, bedarf also des Zugangs, um wirksam zu werden. Im Fall des § 151 (→ § 152) muss die Annahme nicht „dem Antragenden gegenüber" erklärt werden, sie ist also eine **nichtempfangsbedürftige Willenserklärung,** die bereits mit Abgabe, nicht erst mit Zugang wirksam wird (BGH WM 1977, 1020; allg. → § 130 Rn. 2). Nach BGH (NJW 2006, 3778 mN; 2016, 1441, 1443 Rn. 38; NJW 2019, 1076 Rn. 20; aA BGH NJW 1999, 1328) wird statt einer Willens*erklärung* nur eine Willens*betätigung* („Annahme als solche") verlangt; für eine Annahmeerklärung (!) besteht nach BGH NJW 1990, 1657 kein „Erklärungsbedürfnis" (?), nach BGH NJW 1999, 2179 keine „Erklärungsbedürftigkeit" (vielleicht gemeint: „Empfangsbedürftigkeit", s. BGH NJW 2000, 277), nach BAG BB 2002, 360 ist sogar die „Annahme" entbehrlich. Das schafft Verwirrung; denn die Willensbetätigung unterscheidet sich in nichts von einer nichtempfangsbedürftigen schlüssigen Willenserklärung (zur Auslegung → § 133 Rn. 6, zum Erklärungs- [hier: Annahme-]willen → Vor § 116 Rn. 5 einerseits, BGHZ 111, 101 und NJW 2006, 3778 andererseits). Erforderlich ist jedenfalls nach allen Positionen ein wertendes, nach außen hervortretendes Verhalten des Angebotsempfängers, aus welchem sich der Annahmewille deutlich ergibt (NJW 2006, 3778 mN; 2016, 1441, 1443 Rn. 38; NJW 2019, 1076 Rn. 20). Damit sind aber die Erfordernisse einer Willenserklärung beschrieben. § 151 regelt nur den **Verzicht** auf den **Zugang,** nicht den auf die Willenserklärung selbst. – Auslegung kann ergeben, dass keine Annahme vorliegt (Bsp. BGH NJW 2001, 2324 f. **„Erlassfalle":** Schuldner bietet schriftlich Erlassvertrag für hohe Schuldsumme an, der durch Einlösung des beigefügten Schecks über Minimalbetrag zustande kommen soll; Einlösung ist obj. keine Annahme, sie wäre absurd (BGH NJW 2001, 2325: Angebot von 0,68 % der Hauptforderung obj. absurd); → OLG Koblenz NJW 2003, 758 f.; anders OLG Hamm NJW-RR 1998, 1662 f. für Scheck über 70 % der Schuldsumme; ie Eckardt BB 1996, 1945 ff.). Da bei Annahmeerklärung nach S. 1 der Zugang entfällt, ist § 130 I 2 unanwendbar (str.); für Anfechtung gelten allg. Regeln (hM; aA MüKo-BGB/Busche Rn. 10 mN, differenzierend; BGH NJW 1990, 1658 lässt offen). Die Annahmeerklärung erfolgt zumeist, aber nicht notwendig, **schlüssig.** Bsp: Absenden der bestellten Ware (RGZ 102, 372); kurzfristige Reservierung von Hotelzimmer (kann ausdr. Erklärung sein); Garantievertrag zwischen Hersteller und Endabnehmer (BGHZ 104, 85); weitere Bsp. → § 145 Rn. 6, 7. Von der (idR schlüssigen) Annahmeerklärung gem. § 151 ist die Annahme durch bloßes Schweigen zu unterscheiden (→ § 147 Rn. 4; allg. → Vor § 116 Rn. 8, 9). Bsp. für *praktische Bedeutung* des § 151: Kauf beim Versandhaus kommt schon mit Absendung, nicht erst mit „Zugang" (Empfang) der bestellten Ware zustande (→ Rn. 3), so dass für Transportschäden § 447 eingreifen kann (RGZ 102, 372); das liegt im Verkäuferinteresse. Für den Verbrauchsgüterkauf gilt § 447 nur unter bestimmten Voraussetzungen: § 475 II.

2 **2. Entbehrlichkeit des Zugangs.** Gilt in zwei Fällen. **a) Verzicht** kann stillschweigend erfolgen, sich insbes. aus den Umständen ergeben, BGH NJW-RR 1986, 1301; BeckRS 2019, 11446 Rn. 20 (Bsp: so kurzfristige schriftliche Bestellung eines Hotelzimmers, dass Antwort ausgeschlossen; Verhalten bei früheren Käufen,
3 vgl. LM Nr. 2 zu § 148). **b) Zur Verkehrssitte** allg. → § 133 Rn. 4. Bei entspr. Verkehrssitte liegt obj. stillschweigender Verzicht vor (MüKo-BGB/Busche Rn. 5 f.; abw. Staudinger/Bork Rn. 5); bei unentgeltlicher Zuwendung und bei einem für den Antragsempfänger lediglich vorteilhaftem Geschäft besteht im allg. eine Verkehrssitte (BGH NJW 2019, 1076 Rn. 20; NJW 2004, 288). Im Versandhandel besteht die Verkehrssitte, dass eine gesonderte Annahme vor Absendung der bestellten Ware unterbleibt (→ Rn. 1; LG Gießen NJW-RR 2003, 1206 f.).

3. Erlöschen des Antrags. Antrag erlischt nach **S. 2** mit Ablauf der im Antrag gesetzten Frist, sonst nach dem aus den Umständen zu entnehmenden Willen des Antragenden (obj. Bestimmung entspr. § 147 II gilt nicht, BGH NJW 1999, 2180). 4

§ 152 Annahme bei notarieller Beurkundung

[1]Wird ein Vertrag notariell beurkundet, ohne dass beide Teile gleichzeitig anwesend sind, so kommt der Vertrag mit der nach § 128 erfolgten Beurkundung der Annahme zustande, wenn nicht ein anderes bestimmt ist. [2]Die Vorschrift des § 151 Satz 2 findet Anwendung.

1. Allgemeines. Annahmeerklärung ist wie bei § 151 **nicht empfangsbedürftig** (vgl. → § 151 Rn. 1). Sie wird bereits mit der notariellen Beurkundung ihrer Abgabe, nicht erst mit Zugang wirksam. § 152 gilt nicht für Privatschriftform (vgl. → § 126 Rn. 11). Für die Dauer der Annahmefrist gilt § 151 S. 2 **(S. 2),** vgl. → § 151 Rn. 3, aber auch → Rn. 2. 1

2. Abdingbarkeit. § 152 ist abdingbar. „Anderes bestimmt" ist idR (Auslegungsfrage, RGZ 96, 275; BGHZ 149, 4) konkludent durch Setzen einer Annahmefrist idS, dass in der Frist Zugang oder wenigstens zuverlässige Nachricht von der Annahme erfolgen soll. 2

§ 153 Tod oder Geschäftsunfähigkeit des Antragenden

Das Zustandekommen des Vertrags wird nicht dadurch gehindert, dass der Antragende vor der Annahme stirbt oder geschäftsunfähig wird, es sei denn, dass ein anderer Wille des Antragenden anzunehmen ist.

1. Allgemeines. a) § 153 ergänzt § 130 II: Dieser erhält die Zugangsfähigkeit einer Willenserklärung (→ § 130 Rn. 17); handelt es sich um einen Antrag, so bleibt er nach § 153 idR *annahmefähig,* wenn der Antragende vor der Annahme 1
stirbt oder geschäftsunfähig wird. **b) Wird Antragender beschränkt geschäftsfähig** (vor Zugang oder Annahme), zB durch Rücknahme der Ermächtigung gem. §§ 112 II, 113 II, so bleibt Antrag zugangs- bzw. annahmefähig; § 153 gilt nicht (str.). Zum Zugang der Annahmeerklärung beim beschränkt Geschäftsfähigen vgl. 2
→ § 131 Rn. 3. **c) Bei Eröffnung des Insolvenzverfahrens** über Vermögen des Antragenden gilt § 153 entspr. nur für Antrag auf Abschluss eines verpflichtenden, nicht eines verfügenden (dafür §§ 81, 91 InsO) Vertrags (BGHZ 149, 4 f.). 3

2. Anderer Wille des Antragenden. Ist er – als *hypothetischer* Wille (str.) – zu bejahen (Auslegungsfrage), so entfällt die Annahmefähigkeit; dem Antragsempfänger ist das negative Interesse zu ersetzen (§ 122 analog), hM. Nach aA entfällt Annahmefähigkeit nur, wenn das Angebot obj. personenbezogen ist (Bsp: Kreditgeschäft); folgerichtig wird bei Scheitern des Vertrags Schadensersatz abgelehnt (Flume II § 35 I 4). 4

3. Tod oder Geschäftsunfähigkeit des Antragsempfängers. a) Tod vor Zugang des Antrags verhindert idR Wirksamwerden; anders nur, wenn Antrag auch für die Erben gelten soll (Auslegungsfrage), dann Zugang bei ihnen nötig. **b) Bei Tod nach Zugang** und vor Annahme ist entscheidend, ob Annahmerecht vererblich und damit Annahme noch möglich ist (→ § 145 Rn. 4). **c) Tod nach Abgabe** der Annahmeerklärung hindert nicht deren Wirksamwerden (§ 130 II). Vertrag kommt zustande. **d) Wird Empfänger geschäftsunfähig,** so entfällt Annahmefähigkeit, wenn Geschäftsfähigkeit für das beabsichtigte Vertragsverhältnis nötig ist (zB bei angetragener Einstellung als leitender Angestellter); Auslegungsfrage. Sonst kann ges. Vertreter annehmen. 5

§ 154 Offener Einigungsmangel; fehlende Beurkundung

(1) [1]**Solange nicht die Parteien sich über alle Punkte eines Vertrags geeinigt haben, über die nach der Erklärung auch nur einer Partei eine Vereinbarung getroffen werden soll, ist im Zweifel der Vertrag nicht geschlossen.** [2]**Die Verständigung über einzelne Punkte ist auch dann nicht bindend, wenn eine Aufzeichnung stattgefunden hat.**

(2) **Ist eine Beurkundung des beabsichtigten Vertrags verabredet worden, so ist im Zweifel der Vertrag nicht geschlossen, bis die Beurkundung erfolgt ist.**

1 **1. Allgemeines.** Die in I (Inhalt) und II (Form) geregelten Tatbestände sind unvergleichbar, nur das Ergebnis ist gleich: „IZw" ist der Vertrag nicht geschlossen (Auslegungsregel, BGH NJW 2002, 818 betr. I), nicht etwa ist er nichtig (falsch BGH NJW-RR 2006, 1141). Abw. Parteiwille geht, wenn feststellbar (dann Zweifel ausgeräumt), vor.

2 **2. Offener Dissens, I.** Offener Einigungsmangel; zum versteckten vgl. § 155. **a) Vertragliche Einigung** setzt (mindestens) zwei aufeinander bezogene (korrelierende) Willenserklärungen voraus, die den wesentlichen Vertragsinhalt zumindest bestimmbar machen (→ Vor § 145 Rn. 2). Haben sich die Parteien, wie sie wissen (→ § 155 Rn. 1), über einen *obj. wesentlichen Vertragspunkt,* zB Kaufgegenstand, nicht geeinigt, so ist nach allg. Grundsätzen idR kein Vertrag zustande gekommen (vgl. aber → Rn. 3). Dasselbe gilt **iZw,** wenn nach dem erkennbaren (genügend: schlüssig erklärten) Willen auch nur einer Partei über *irgendeinen Punkt* eine Einigung für den Vertragsschluss nötig, aber (noch) nicht erreicht ist, **I 1;** obj. wesentlich muss der Punkt nicht sein (LM Nr. 2). Einigung über andere Punkte genügt also **iZw** nicht zum Vertragsschluss bzgl. dieser Punkte, auch nicht bei deren Aufzeichnung (sog. Punktation), **I 2.** Die Berufung auf den Einigungsmangel kann aber gegen
3 Treu und Glauben verstoßen (LM Nr. 2). **b) I gilt nicht,** wenn die Parteien trotz in Einzelpunkten fehlender Einigung erkennbar (Selbstinterpretation, zB durch Leistungsaustausch oder durch späteres Prozessverhalten, s. BGH NJW-RR 2014, 1423 Rn. 35) den Vertragsschluss wollen (BGHZ 119, 288; sa NJW 1998, 3196; OLG Stuttgart NJW-RR 2011, 203; → § 133 Rn. 9; → § 305 Rn. 23; s. zum Aufhebungsvertrag BGH NJW-RR 2014, 1423, 1426 Rn. 30 ff.). Dabei kann es sich auch um obj. wesentliche Punkte handeln (zB Kaufpreis [OLG Hamm NJW 1976, 1212], Dienstlohn). Vertragsschluss ist möglich, wenn und weil der wesentliche Vertragsinhalt wenigstens bestimmbar ist durch Rückgriff auf ges. Regelung (BGH NJW 2002, 818), ergänzende Vertragsauslegung (§ 157), §§ 315 ff. (BGH NJW-RR 2000, 1659). Die Parteien können den offenen Punkt, soweit er nicht schon zwingend ges. geregelt ist, aber auch einem weiteren (ergänzenden) Vertrag vorbehalten (vgl. BGH NJW 2006, 2843). Kommt es nicht zum (erwarteten) Vertragsschluss, besteht eine durch ergänzende Vertragsauslegung zu schließende Regelungslücke (BGH NJW 2010, 525). Sind sich die Parteien nur darin einig, dass der Vertrag auf jeden Fall beendet sein soll, können sie sich aber über ihre gegenseitigen Ansprüche nicht verständigen, bestimmen sich ihre Ansprüche nach einer Vertragsaufhebung danach, welche Rechte die jeweilige Partei im Zeitpunkt der einverständlichen Vertragsaufhebung geltend machen konnte (BGH NJW-RR 2014, 1423 Rn. 43).

4 **3. Fehlende Beurkundung, II. Vorab vereinbarte Beurkundung** des Vertrags ist **iZw Abschlussvoraussetzung** (Auslegungsregel, BGH NJW 2009, 434; BAG NJW 1997, 1597; abw. BGHZ 95, 1543: Vermutung). Für Beurkundung genügt entspr. der Vereinbarung Privatschriftform (§§ 126, 126a, 127). II gilt nicht, wenn Form nicht konstitutiv wirken, sondern zB nur Beweiszwecken dienen soll (BGH NJW 2000, 357; NJW 2019, 2615 Rn. 8; zur Beweislast BAG NJW 1997, 1597), oder wenn die Parteien den nicht beurkundeten Vertrag einvernehmlich vollziehen (BGH NJW 2009, 434). Für wichtige oder langfristige Verträge wird

Abrede iSv II vermutet (BGH NJW 2000, 357). Nachträgliche Formvereinbarung zielt idR auf Beschaffung eines Beweismittels, sonst liegt darin Vertragsaufhebung und Abschluss iSv II. → § 125 Rn. 11.

§ 155 Versteckter Einigungsmangel

Haben sich die Parteien bei einem Vertrag, den sie als geschlossen ansehen, über einen Punkt, über den eine Vereinbarung getroffen werden sollte, in Wirklichkeit nicht geeinigt, so gilt das Vereinbarte, sofern anzunehmen ist, dass der Vertrag auch ohne eine Bestimmung über diesen Punkt geschlossen sein würde.

1. Allgemeines. Meinen die Parteien irrtümlich, sich über alle **obj. wesentlichen Vertragspunkte** (sog. essentialia negotii) geeinigt zu haben (zB Kaufpreis), so ist nach allg. Grundsätzen idR kein Vertrag zustande gekommen (RGZ 93, 299). Das Fehlen der Einigung kann auf einem Übersehen oder darauf beruhen, dass die Parteien irrtümlich meinen, sich geeinigt zu haben (Bsp: RGZ 104, 265 f.). Ob Einigung idS besteht, ist Auslegungsfrage. Liegt obj. die Einigung und damit der Vertragsschluss vor, so kann Irrtum gegeben sein, der gem. § 119 zur Anfechtung berechtigt (→ § 119 Rn. 2). 1

2. Versteckter Dissens (verdeckter Einigungsmangel). § 155 erfasst entspr. → Rn. 1 nur Missverständnis über Einigung *in Nebenpunkten* (RGZ 93, 299). Ob Einigung vorliegt, ist auch hier Auslegungsfrage (vgl. BGH WM 1986, 858). Fehlt Einigung über Nebenpunkt, so gilt gem. § 155 das Vereinbarte nur, wenn die Parteien den Vertrag auch ohne den Nebenpunkt geschlossen hätten (andernfalls ist der Vertrag nicht geschlossen, nicht – wie oft gesagt wird (zB KG NJW-RR 2008, 301) – nichtig; zum Unterschied → Vor § 104 Rn. 17, 18). Ein Vertragsschluss ist umso eher anzunehmen, je bedeutungsloser die Lücke ist. Sie ist mit Hilfe ges. Regelung, ergänzender Vertragsauslegung (§ 157) oder §§ 315 ff. zu schließen (vgl. RGZ 88, 379). 2

3. Haftung. Hat die eine Partei den Einigungsmangel und damit das Scheitern des Vertragsschlusses verschuldet, so haftet sie nach hM der anderen aus cic (§§ 280 I, 311 II) auf das **Vertrauensinteresse** (Staudinger/Bork Rn. 17); bei beiderseitigem Verschulden soll § 254 gelten. Haftung ist jedoch abzulehnen; denn „jeder Erklärende (muss) sich beim Wort nehmen und es sich gefallen lassen, dass seine Erklärung so verstanden wird, wie die Allgemeinheit sie auffasst. Andererseits muss jeder Teil die Erklärung des Gegners so gegen sich gelten lassen, wie sie nach Treu und Glauben mit Rücksicht auf die Verkehrssitte zu verstehen ist" (RGZ 165, 198). Folglich ist auch der Dissens jeder Partei gleichermaßen zuzurechnen, was eine Haftung ausschließt (Flume II § 34 Rn. 5). 3

§ 156 Vertragsschluss bei Versteigerung

[1]Bei einer Versteigerung kommt der Vertrag erst durch den Zuschlag zustande. [2]Ein Gebot erlischt, wenn ein Übergebot abgegeben oder die Versteigerung ohne Erteilung des Zuschlags geschlossen wird.

1. Besonderheiten beim Vertragsschluss. Enthält bes. Regelung für **Vertragsschluss in Versteigerungen:** Antrag ist das Gebot, (nichtempfangsbedürftige) Annahme der Zuschlag, S. **1,** BGH NJW 2005, 54 (zum vorherigen schriftlichen „Gebot" BGH WM 1984, 1057). Betrifft nur Verpflichtungs-, nicht Erfüllungsgeschäft (zB Übereignung); § 311b I gilt (BGHZ 138, 341 ff.). Meistbietender hat kein Recht auf den Zuschlag. Gebot (Antrag) erlischt gem. S. **2;** abw. Vereinbarung möglich. Gebot und Zuschlag können auch durch elektronische Übermittlung einer Datei im Internet (online) abgegeben und wirksam werden (BGHZ 149, 133). Eine 1

Internet-„Auktion" (ie NK-BGB/Kremer Anh. zu § 156; Paal JuS 2010, 955; sa BGH NJW 2014, 1292) ist dann keine Versteigerung iSv § 156, wenn die Erklärung des Einlieferers entweder ein Angebot oder die vorweg erklärte Annahme des Höchstgebots darstellt; dann kommt der Kaufvertrag mit dem Höchstgebot zustande (BGHZ 149, 133 ff.). Allg: Fehlt es am Zuschlag, so liegt kein Vertragsschluss iSv § 156 vor, doch kann der Vertrag durch Angebot und Annahme geschlossen sein (so grundsätzlich bei Versteigerungen über eBay, BGH NJW 2017, 468); handelt es sich um einen Fernabsatzvertrag (§ 312c I), so besteht ein Widerrufsrecht nach § 355 (BGH NJW 2005, 53 ff. = JuS 2005, 175 ff. [Emmerich]). Ist der Vertrag gem. § 156 geschlossen worden, so ist ein Widerrufsrecht ausgeschlossen (§ 312g II Nr. 10; dazu BGH NJW 2005, 54, abl. Bernhard ZGS 2005, 226 ff.). Vertrag kommt idR zwischen Einlieferer und Ersteher (Versteigerer als offener Stellvertreter, → § 164 Rn. 3) zustande.

2 **2. Anwendungsbereich. § 156 gilt auch** für ges. geregelte privatrechtliche Versteigerungen: §§ 383, 489, 753, 966, 975, 979, 983, 1219, 1233 ff.; §§ 373, 376, 389 HGB; ferner für Versteigerung gem. § 817 ZPO, nicht für Zwangsversteigerung nach dem ZVG.

§ 157 Auslegung von Verträgen

Verträge sind so auszulegen, wie Treu und Glauben mit Rücksicht auf die Verkehrssitte es erfordern.

1 **1. Allgemeines.** Zur **Auslegung im allg.** vgl. Anm. zu § 133. Zum Begriff der Verkehrssitte → § 133 Rn. 4. Zum Verhältnis von § 133 zu § 157: → § 133 Rn. 7.

2 **2. Ergänzende Vertragsauslegung.** Sie geht einer Bestimmung der Leistungspflicht nach § 242 vor, ebenso einem Rückgriff auf § 313: BGHZ 164, 292. **a) Voraussetzung** ist eine zu füllende **Lücke** der vertraglichen Regelung (BGHZ 9, 277 f., grundsätzlich, BGH NJW 2010, 525), auch in AGB (hier aber Ergänzung nach obj. Kriterien entspr. → § 305b Rn. 1; beruht die Lücke auf Nichteinbeziehung oder Unwirksamkeit von AGB, so gilt § 306 II, → § 306 Rn. 5). Regelungslücke liegt vor, wenn die Parteien einen Punkt übersehen oder wenn sie ihn bewusst offengelassen haben, weil sie ihn im Zeitpunkt des Vertragsschlusses für nicht regelungsbedürftig hielten, sich diese Annahme nachträglich aber als unzutreffend herausstellt. Relevant (BGH: planwidrig) ist eine Regelungslücke, wenn der Vertrag eine Bestimmung vermissen lässt, die erforderlich ist, um den ihm zu Grunde liegenden Regelungsplan der Parteien zu verwirklichen, mithin ohne Vervollständigung des Vertrags eine angemessene, interessengerechte Lösung nicht zu erzielen wäre (BGH NJW 2015, 955 Rn. 27). Daher: Gleichgültig ist, aus welchem Grund die Parteien eine Regelung unterlassen haben (BGHZ 84, 7; 158, 206), zB ob eine Regelung versehentlich (BGHZ 74, 376) oder bewusst (MüKo-BGB/Busche Rn. 42) unterlassen ist. Wegen der „bewussten Lücke" ist es missverständlich, die Lücke allg. als „planwidrige" Unvollständigkeit der rechtsgeschäftlichen Regelung zu bezeichnen (so aber BGH NJW 2015, 955 Rn. 27; 2002, 2310; 2006, 55; BAG NJW 2008, 875). Gleichgültig ist, ob die Lücke von Anfang an bestand oder erst später entstanden ist, weil die Umstände sich anders entwickelt haben als vorgesehen (BGH NJW-RR 1994, 1165), weil eine Klausel der Inhaltskontrolle nach § 307 nicht standhält (BGH NJW 2013, 992 Rn. 22; NJW 2012, 1865 Rn. 20) oder weil eine unvorhersehbare Gesetzesänderung den Regelungsplan der Parteien lückenhaft gemacht hat (BGH NJW-RR 2005, 1422). Aber **keine Lücke,** wenn die getroffene Regelung **bewusst abschließend** sein soll (BGH NJW 2009, 1349; MüKo-BGB/Busche Rn. 43); ebenso, wenn die eindeutige Regelung (insbes. die Risikoverteilung, BGHZ 74, 373 ff.) zu Unbilligkeiten führt (s. BGH BB 1984, 695).
3 **b) Dispositives Ges. und ergänzende Vertragsauslegung.** Nicht jeder unvollständige Vertrag kann gem. § 157 „ergänzt" werden, weil sonst das dispositive Recht praktisch

obsolet würde. Vielmehr: Je größer die Annäherung an einen ges. Vertragstyp, desto stärker ist dessen dispositive Regelung heranzuziehen; je geringer die Annäherung, desto mehr greift § 157 ein (Flume II § 16 Rn. 4b; undifferenziert für Vorrang des dispositiven Rechts BGHZ 146, 261; NJW 2008, 2175; zurückhaltender BGHZ 158, 206). Bei Gesellschaftsverträgen soll aber ergänzende Auslegung (§ 157) dem dispositiven Ges. vorgehen, weil das Ges. idR veraltet sei (BGHZ 107, 355; 123, 286); krit. Stürner NJW 1979, 1230: „Ältere Kodifikationen werden leicht als Prokrustesbett empfunden, dem das Wandeln auf der Lustwiese freier Rechtsschöpfung vorgezogen wird". **c) Grundlage der Lückenfüllung.** Der lückenhafte Vertrag 4
bildet eine Art Normengefüge, in dem sich die Bewertungsmaßstäbe der Parteien sowie Sinn und Zweck der Abrede niedergeschlagen haben. Auch AGB, denen Vertragsparteien vor der Teilnahme an einer Internetauktion (eBay) zugestimmt haben, sind heranzuziehen (BGH NJW 2005, 53; BGHZ 149, 133 ff.; NJW 2011, 2643 Rn. 15; 2015, 1009; 2016, 468). Dieses Gefüge ist gem. § 157 aus sich heraus nach Treu und Glauben mit Rücksicht auf die Verkehrssitte (Begriff → § 133 Rn. 4) folgerichtig weiterzuentwickeln (ähnlich BGHZ 158, 207; NJW-RR 2005, 206). Es kommt also nicht darauf an, wie die Lücke von den konkreten Parteien geschlossen worden wäre (zu welcher Regelung zB die eine die andere überredet hätte). Entscheidend ist, was die Parteien bei einer angemessenen Abwägung ihrer Interessen nach Treu und Glauben als redliche Vertragspartner vereinbart hätten, wenn sie den von ihnen nicht geregelten Fall bedacht hätten (stRspr, BGH NJW 2015, 955 Rn. 28 mwN). Maßstab ist nicht der Wille der jeweiligen konkreten, sondern der von redlichen Vertragsparteien in vergleichbarer Situation. Das bedeutet, dass bei der Verwendung von AGB auf die objektiv-generalisierende Sicht der typischen Vorstellungen der an Geschäften gleicher Art beteiligten Verkehrskreise abzustellen ist (BGH NJW-RR 2013, 1133 Rn. 106; 2011, 625 Rn. 17). Der hier oft genannte **hypothetische Parteiwille** ist deshalb ein *normatives* Kriterium (Flume II § 16 Rn. 4a). Nach ihm ist entscheidend, „welche Regelung die Parteien im Hinblick auf den mit dem Vertrag verfolgten Zweck bei sachgerechter Abwägung ihrer beiderseitigen Interessen nach Treu und Glauben und unter Berücksichtigung der Verkehrssitte getroffen hätten" (BGH NJW-RR 1990, 819), wenn sie den nicht geregelten Fall bedacht hätten (BGHZ 158, 207; NJW-RR 2005, 1621, stRspr; zur bewussten Lücke → Rn. 2). Ergänzende Vertragsauslegung nicht in jedem Fall einer unwirksamen Klausel, sondern nur in eng umgrenzten Ausnahmefällen, wenn sich die mit dem Wegfall einer unwirksamen Klausel entstehende Lücke nicht durch dispositives Gesetzesrecht füllen lässt und dies zu einem Ergebnis führt, das den beiderseitigen Interessen nicht mehr in vertretbarer Weise Rechnung trägt, sondern das Vertragsgefüge völlig einseitig zu Gunsten einer Partei verschiebt; so für Preisabrede bei langjährigen Energielieferungsverträgen, bei denen der Kunde die Preiserhöhung über einen längeren Zeitraum nicht beanstandet hat und sodann die Unwirksamkeit der Preiserhöhung für die Vergangenheit geltend macht (BGH NJW 2016, 1718, 1725 Rn. 67 ff.; 2015, 2566, 2570 Rn. 36 ff.; 2013, 993 Rn. 35 f.; 2012, 1865 Rn. 21 ff.; s. auch BVerfG NJW 2011, 1341), wobei bei einer angemessenen, objektiv generalisierenden Abwägung der Parteiinteressen nach Treu und Glauben von dem aus der ergänzenden Vertragsauslegung folgenden Preisänderungsrecht des Energieversorgungsunternehmens Preiserhöhungen nicht umfasst sind, die über die bloße Weitergabe von (Bezugs-)Kostensteigerungen hinausgehen und der Erzielung eines (zusätzlichen) Gewinns dienen. Etwas anderes gilt – sowohl im Fall der Rückforderung als auch im Fall der Restforderung von Entgelt für Energielieferungen – allerdings unter bestimmten Voraussetzungen dann, wenn bei einem langjährigen Energielieferungsverhältnis der Kunde die Preiserhöhung nicht innerhalb eines Zeitraums von drei Jahren nach Zugang der jeweiligen Jahresabrechnung, in der die Preiserhöhung erstmals berücksichtigt worden ist, beanstandet hat (BGH NJW 2016, 1718, 1726 f. Rn. 85 ff. mwN). **Maßgebender Zeitpunkt** hierfür ist nicht der des Vertragsschlusses (so aber BGHZ 123, 285), sondern die Gegenwart (Flume II § 16 Rn. 4c, d). Die Lücke muss stets innerhalb des gegebenen vertragli-

chen Rahmens liegen (BGHZ 134, 65; insoweit zutr. BAG NJW 2008, 875). Daher kann ergänzende Vertragsauslegung grundsätzlich nicht den Vertragsgegenstand erweitern oder abändern und so einer Partei etwas verschaffen, was sie hat erreichen wollen, aber nicht erzielt oder vergessen hat. Nur „der Vertragsinhalt, nicht aber der Vertragswille darf ergänzt werden" (BGH NJW-RR 2015, 183 Rn. 13 f.; sa BGH NJW 2009, 1484). Bei Nichtexistenz der im Vertrag bestimmten Schiedsorganisation oder deren nachträglichen Wegfall ist zu prüfen, ob die Schiedsklausel im Sinne der Zuständigkeit eines anderen Schiedsgerichts ergänzend ausgelegt werden kann (BGH NJW 2011, 2977 Rn. 1). Bestehen mehrere Gestaltungsmöglichkeiten, aber kein Anhalt, welche die Parteien gewählt hätten, so scheidet § 157 aus (BGHZ 180, 234; NJW 2016, 401, 402 Rn. 29). Ist ein hypothetischer Parteiwille nicht feststellbar, so scheitert eine ergänzende Auslegung (BGHZ 160, 362). Ist die Regelungslücke mangels greifbaren Anhalts im Vertragsgefüge nicht zu schließen, so kann bei beiderseitigem Irrtum über den ungeregelten Punkt ausnahmsweise Anpassung durch Richterspruch gem. § 242 in Frage kommen (BGH NJW 1993, 2936; sa NJW-RR 1990, 602; allg. Larenz Karlsruher Forum 83, 156 ff.).

Titel 4. Bedingung und Zeitbestimmung

§ 158 Aufschiebende und auflösende Bedingung

(1) **Wird ein Rechtsgeschäft unter einer aufschiebenden Bedingung vorgenommen, so tritt die von der Bedingung abhängig gemachte Wirkung mit dem Eintritt der Bedingung ein.**

(2) **Wird ein Rechtsgeschäft unter einer auflösenden Bedingung vorgenommen, so endigt mit dem Eintritt der Bedingung die Wirkung des Rechtsgeschäfts; mit diesem Zeitpunkt tritt der frühere Rechtszustand wieder ein.**

Lit.: Martens, Grundfälle zu Bedingung und Befristung, JuS 2010, 578; Röthel, Familienrechtliche Rechtsgeschäfte: Förmlichkeit, Höchstpersönlichkeit, Bedingungsfeindlichkeit, JURA 2017, 641.

1 **1. Begriff. a) Allgemeines.** Bedingung iSd §§ 158 ff. **(echte Bedingung)** ist die *Nebenabrede innerhalb eines RGeschäfts,* wonach dessen Rechtswirkungen von einem *künftigen, obj. ungewissen Ereignis* abhängen (BGH NJW-RR 2016, 842, Rn. 19). Auch das Ereignis selbst heißt Bedingung (vgl. I aE!); *ob* es eintritt, muss ungewiss sein; *wann* es eintritt, kann gewiss (zB 18. Geburtstag eines Säuglings) oder ungewiss (zB Bezahlung des Kaufpreises, § 449 I) sein. Für die Selbstständigkeit der „Nebenabrede" gegenüber dem RGeschäft ist zwischen aufschiebender und auflösender Bedingung zu unterscheiden (Flume II § 38 Rn. 4c), wie sich ua bei der unmöglichen, unerlaubten oder unsittlichen Bedingung (→ Rn. 13, 14) und bei der Beweislast (→ Rn. 15)
2 zeigt. **b) Aufschiebende (I) und auflösende (II) Bedingung.** Bei der *aufschiebenden* hängt der *Eintritt,* bei der *auflösenden* das *Fortbestehen* der Rechtswirkungen von dem Ereignis ab. Welche Art von Bedingung vorliegt, ist Auslegungsfrage. Das Ges. gibt
3 nur im Einzelfall Auslegungsregeln, zB § 449 I. **c) Potestativbedingung** (Willkürbedingung: BGHZ 151, 122) knüpft Eintritt oder Fortbestehen der Rechtswirkung an ein willkürliches **Verhalten** einer Partei, das sich nicht auf das bedingte RGeschäft bezieht. Sie ist zulässig (Hauptfall § 449 I: Die Zahlung oder Nichtzahlung liegt in der Willkür des Käufers; mit der bedingten dinglichen Einigung hat die [Nicht-]
4 Zahlung nichts zu tun). **d) Wollensbedingung.** Bei der condicio si voluero entscheidet die begünstigte Vertragspartei frei allein nach ihrem subj. **Willen.** Nach einer Ansicht (Nachw. bei Giesen FS Schapp, 2010, 161 f., Fn. 12–17 und bei Staudinger/Bork Vor §§ 158–163 Rn. 17) ist sie unzulässig, wenn Eintritt oder Fortbestehen der Rechtswirkung(en) und damit die Geltung des RGeschäfts selbst vom erklärten bloßen Willen einer Partei abhängt. Der maßgebende Wille bezieht sich auf das RGeschäft

als solches, nicht (nur) auf seine Wirkungen. Es gilt für die Vertragspartei: Ich bin gebunden, wenn ich gebunden sein will. Folgerichtig ist nach dieser Meinung ein Vertrag nicht geschlossen, damit eine Wollensbedingung unzulässig (idS 13. Aufl.). Eine andere Ansicht unterscheidet hingegen zwischen rechtsgeschäftlichem und bedingungsauslösendem Willen (dazu eingehend Giesen FS Schapp, 2010, 159 ff.). Notwendiger Bestandteil eines jeden RGeschäfts ist eine Willenserklärung, die auf Herbeiführung einer Rechtswirkung gerichtet ist (→ Vor § 104 Rn. 1, 2). Der in der Willenserklärung geäußerte rechtsgeschäftliche Wille entscheidet zum Zeitpunkt des Geschäftsabschlusses über das Zustandekommen eines RGeschäfts, aber nicht über den – späteren! – Eintritt oder Ausfall einer Rechtswirkung. Von diesem handelt § 158. Die Norm knüpft damit an einen anderen Willen an als den, der für das RGeschäft konstitutiv ist. Dieser Wille kann Bedingung iSv § 158 sein, da insoweit das Ges. keine Einschränkung enthält. Sowohl eine auflösende wie aufschiebende Wollensbedingung ist zulässig (BeckOGK/Reymann Rn. 35 mN, str.); unzulässig sind sie aber wegen des Bestimmtheitsgrundsatzes bei dinglichen Verfügungen (Staudinger/Ch. Heinze, 2018, § 873 Rn. 123).

2. Keine Bedingungen. Nicht zu Bedingungen zählen **a) Geschäftsbedingungen** (→ § 305 I) als inhaltliche Ausgestaltung eines RGeschäfts; **b) gegenwärtige** 5 6
oder vergangene Ereignisse, sie können nur subj. ungewiss sein, sog. uneigentliche Bedingung, Unterstellung oder Voraussetzung (vgl. Flume II § 38 Rn. 1b). Sie kann zulässig sein, §§ 158 ff. gelten entspr. (ie → § 139 Rn. 4; → Vor § 854 Rn. 16; → § 930 Rn. 41; → § 1191 Rn. 8). **Bedingungszusammenhang:** Bestehen des Erfüllungsgeschäfts wird parteiautonom von der Wirksamkeit des zugrundeliegenden Verpflichtungsgeschäfts abhängig gemacht (condicio in praesens vel praeteritum collata oder relata); ist keine Bedingung, da nur subj. ungewiss. §§ 158 ff. sind entspr. anzuwenden (Flume II § 38 Rn. 1b; Lieder/Berneith JuS 2016, 673, 675 f. mN.). **c) Rechtsbedingungen** als ges. Voraussetzungen für Zustandekommen eines RGeschäfts (BGH NJW 1952, 1331 f.), auch für bedingungsfeindliche Gestaltungserklärung (BGH BeckRS 2013, 12160 = ZBB 2014, 324 Rn. 22: Der „Eintritt" in den Sicherungsvertrag ist eine Vollstreckungsbedingung und keine Rechtsbedingung [hierzu auch → § 162 Rn. 3]; BGHZ 139, 35: behördliche Genehmigung als Rechtsbedingung; BGHZ 158, 76 f.: Rechtskraft des Scheidungsurteils für vorherige Vaterschaftsanerkennung, s. §§ 1594 III, 1599 II 3); zum privaten Genehmigungsvorbehalt (§§ 182 ff.) als Rechtsbedingung BGH NJW 2000, 2273; **Lit.:** Egert, Die Rechtsbedingung usw., 1974; **d) Auflagen** (zB §§ 525 ff.); sie verpflichten den Zuwendungsempfänger zur auferlegten Handlung, berühren aber nicht die Wirksamkeit des RGeschäfts. **e) Befristungen,** s. § 163 mit Anm.

3. Rechtsfolgen der Bedingung. a) Das aufschiebend bedingte RGeschäft 7
ist vollendet (daher keine schwebende Unwirksamkeit: → Vor § 104 Rn. 21), nur treten seine Rechtswirkungen erst später, mit *Eintritt* der Bedingung, unabhängig vom Parteiwillen und ohne Rückwirkung (vgl. I, § 159) ein. Bis zum Eintritt (Ausfall) der Bedingung besteht ein *Schwebezustand,* währenddessen die Vertragsparteien zu vertragstreuem, rücksichtsvollem Verhalten verpflichtet sind (BGH NJW 1992, 2490). Dem bedingt Berechtigten, bei einem Vertrag uU beiden Parteien, *steht ein* **Anwartschaftsrecht** (allg. Definition: BGHZ 125, 338 f.) zu; zur Sicherung des bedingt Berechtigten §§ 160 I, 161 I, 162. Es ist Vorwirkung des Vollrechts. Daher ist der Zeitpunkt der Geschäftsvornahme (nicht erst des Bedingungseintritts) maßgebend für Geschäftsfähigkeit, Verfügungsbefugnis (BGHZ 27, 367), Einhaltung von Formvorschriften, Feststellung der Nichtigkeit nach §§ 134 und 138, Bösgläubigkeit (BGHZ 30, 377). Zu Anspruchsentstehung und Verjährung → § 199 Rn. 2. Mit *Ausfall* der Bedingung endet der Schwebezustand, RGeschäft wird endgültig
unwirksam. **b) Das auflösend bedingte RGeschäft** ist voll wirksam. Mit *Ausfall* 8
der Bedingung wird das RGeschäft *endgültig* voll wirksam; mit *Eintritt* wird ohne weiteres und ohne Rückwirkung (vgl. II, § 159) der Zustand hergestellt, der vor Geschäftsvornahme bestand. Bis zum Eintritt (Ausfall) besteht ein *Schwebezustand,*

währenddessen dem vom Eintritt der Bedingung Begünstigten (vgl. §§ 160 II, 161 II, 162) ein **Anwartschaftsrecht** zusteht (BGH NJW 1972, 160). Bei einer auflösend bedingten Verfügung hat der Verfügende ein Anwartschaftsrecht auf
9 Rückerwerb (vgl. → § 930 Rn. 43). **c) Ausfall** der Bedingung: wenn Eintritt obj. nicht mehr möglich ist; uU durch Zeitablauf (BGH NJW 1985, 1557: nach Fristsetzung entspr. §§ 146, 148). Einseitiger **Verzicht** auf vereinbarte Bedingung soll möglich sein (BGHZ 138, 202); das ist, weil einseitige Vertragsänderung, abzulehnen (→ § 929 Rn. 63; MüKo-BGB/Westermann Rn. 44).

10 **4. Zulässigkeit. a) Sie ist die Regel.** Bei Zuwendungen können Verpflichtungs- und Erfüllungsgeschäft oder eines von beiden (vgl. § 449 I: nur Erfüllungsgeschäft)
11 bedingt sein. **b) Bedingungsfeindlich** ist ein RGeschäft kraft Ges. (zB §§ 388, 925 II, 1311 S. 2, familienrechtliche RGeschäfte sind regelmäßig bedingungsfeindlich, s. Röthel JURA 2017, 641, 647) oder wegen Unerträglichkeit eines Schwebezustands bei einseitigen Gestaltungsgeschäften, zB Rücktritts- oder Anfechtungserklärung (BGH NJW-RR 2004, 953). Schwebezustand ist erträglich, **Bedingung** also **zulässig,** wenn Empfänger mit Bedingtheit einverstanden (RGZ 91, 309) oder nicht in eine ungewisse Lage versetzt wird (s. BGHZ 156, 332 f.), insbes. auf ihn abgestellte Potestativbedingung (→ Rn. 3) vorliegt (BGHZ 97, 267 für Rücktritt; OLG Hamburg NJW-RR 2001, 153 für Mietkündigung; BAG NJW 2001, 3355 f. für Kündigung eines Arbeitsverhältnisses; ferner Änderungskündigung [insoweit unzutr. BAG
12 NJW 1999, 2542] außerhalb von § 2 KSchG). **c) Die Rechtsfolge unzulässiger Bedingtheit** (→ Rn. 11) ergibt sich aus dem Ges. (zB § 925 II: Auflassung unwirksam; § 1314 I Ehe aufhebbar [zum Streitstand Röthel JURA 2017, 641, 648 mwN]; § 134 greift allein wegen der Bedingungsfeindlichkeit nicht ein, aber → Rn. 14), sonst macht Unerträglichkeit eines Schwebezustands das RGeschäft unwirksam (RGZ 91, 308 f.; str.). Beifügung einer Rechtsbedingung (→ Rn. 6 [c]) ist unschädlich (BGHZ 138, 35). Zum Abhängigmachen von einem gegenwärtigen oder vergangenen Ereignis („unechte Bedingung": → Rn. 6 [c]) → Vor § 854 Rn. 16.

13 **5. Mangelhafte Bedingungen. a) Unmögliche** Bedingung, die von Anfang an nie eintreten kann. Als aufschiebende macht sie das RGeschäft endgültig unwirksam
14 (nichtig), als auflösende ist sie bedeutungslos. **b) Sofern gesetzwidrige oder unsittliche** Bedingung das RGeschäft als solches zu einem verbotenen (§ 134) oder sittenwidrigen (§ 138) macht, ist es nichtig. Dasselbe gilt, wenn allein eine *aufschiebende* Bedingung gegen §§ 134, 138 verstößt; bei einer *auflösenden* Bedingung kann das RGeschäft uU gem. §§ 139, 140 als unbedingtes wirksam sein.

15 **6. Beweislast.** Bei Klage auf Erfüllung trägt sie der Kläger, wenn der Beklagte behauptet, das RGeschäft sei von Anfang an aufschiebend bedingt (BGH NJW 2002, 2863); der Beklagte trägt sie für die spätere Vereinbarung einer aufschiebenden sowie Vorliegen und Eintritt einer auflösenden Bedingung (BGH NJW 2000, 363). Beweislast für Bedingungseintritt hat der, wer daraus Rechte herleiten möchte (BGH NJW-RR 2016, 842 Rn. 38).

§ 159 Rückbeziehung

Sollen nach dem Inhalt des Rechtsgeschäfts die an den Eintritt der Bedingung geknüpften Folgen auf einen früheren Zeitpunkt zurückbezogen werden, so sind im Falle des Eintritts der Bedingung die Beteiligten verpflichtet, einander zu gewähren, was sie haben würden, wenn die Folgen in dem früheren Zeitpunkt eingetreten wären.

1 **Allgemeines. Der Eintritt** der Bedingung **wirkt nicht zurück** (zum Begriff der Rückwirkung → § 184 Rn. 2). Rechtsgeschäftlich bestimmte Rückwirkung hat nur schuldrechtliche Folgen. Rückabwicklung bei auflösender Bedingung richtet sich nach Parteiabrede (Auslegung; Staudinger/Bork Rn. 3: idR, str.), hilfsweise nach §§ 812 ff. (LM Nr. 1; str.).

§ 160 Haftung während der Schwebezeit

(1) **Wer unter einer aufschiebenden Bedingung berechtigt ist, kann im Falle des Eintritts der Bedingung Schadensersatz von dem anderen Teil verlangen, wenn dieser während der Schwebezeit das von der Bedingung abhängige Recht durch sein Verschulden vereitelt oder beeinträchtigt.**

(2) **Den gleichen Anspruch hat unter denselben Voraussetzungen bei einem unter einer auflösenden Bedingung vorgenommenen Rechtsgeschäft derjenige, zu dessen Gunsten der frühere Rechtszustand wieder eintritt.**

§ 161 Unwirksamkeit von Verfügungen während der Schwebezeit

(1) **[1]Hat jemand unter einer aufschiebenden Bedingung über einen Gegenstand verfügt, so ist jede weitere Verfügung, die er während der Schwebezeit über den Gegenstand trifft, im Falle des Eintritts der Bedingung insoweit unwirksam, als sie die von der Bedingung abhängige Wirkung vereiteln oder beeinträchtigen würde. [2]Einer solchen Verfügung steht eine Verfügung gleich, die während der Schwebezeit im Wege der Zwangsvollstreckung oder der Arrestvollziehung oder durch den Insolvenzverwalter erfolgt.**

(2) **Dasselbe gilt bei einer auflösenden Bedingung von den Verfügungen desjenigen, dessen Recht mit dem Eintritt der Bedingung endigt.**

(3) **Die Vorschriften zugunsten derjenigen, welche Rechte von einem Nichtberechtigten herleiten, finden entsprechende Anwendung.**

Anmerkungen zu den §§ 160, 161

1 **1. Allgemeines.** §§ 160, 161, auch 162 sollen den vereinbarten Rechtserwerb bei Bedingungseintritt sichern.

2 **2. Anspruch auf vollen Schadensersatz, § 160.** Nur bei Bedingungseintritt. Für bedingte Verpflichtungsgeschäfte hat § 160 nur klarstellende, für bedingte Verfügungen konstitutive Bedeutung (MüKo-BGB/Westermann § 160 Rn. 3, 4 mN).

3 **3. Wirkung von Zwischenverfügungen, § 161. a)** Zwischenverfügungen des (noch) Berechtigten werden mit Bedingungseintritt gegenüber jedermann („absolut“: → Vor § 104 Rn. 19) unwirksam, soweit sie das Recht des Erwerbers vereiteln oder beeinträchtigen, § 161 I, II. Das Ges. beschränkt also die Verfügungsmacht des bedingt Verfügenden; die Beschränkung wird aber erst mit Bedingungseintritt relevant. Die Zwischenverfügung ist und bleibt jedoch bei „redlichem“ rechtsgeschäftlichem Erwerb wirksam, da gem. **§ 161 III** die §§ 892 f., 1138, 1155 (Grundstücksrechte), 932–936 (zur Veräußerung durch den Verkäufer aber → § 929 Rn. 40), 1032, 1207 f. (Fahrnis), §§ 366 f. HGB anwendbar sind; doch gelten diese Vorschriften nur „entspr“, denn der Verfügende ist zzt. der Zwischenverfügung noch Berechtigter, so dass sich der böse Glaube (vgl. § 932 II) oder die Kenntnis (vgl. § 892 I) nicht auf sein fehlendes Recht, sondern nur auf dessen Bedingtheit (= Mangel der Verfügungsmacht) beziehen kann. Den rechtsgeschäftlichen Verfügungen sind gleichgestellt Verfügungen in Zwangsvollstreckung, Arrestvollziehung, Insolvenzverfahren (§ 161 I 2). – Nach BGH NZG 2011, 1268 kann aufschiebend bedingt abgetretener Geschäftsanteil nicht gem. III iVm § 16 III GmbHG vor Bedingungseintritt von einem Zweiterwerber gutgläubig erworben werden (aA mit beachtlichen Gründen Maier-Reimer NZG 2020, 561). **b) Mit Zustimmung** des 4
Begünstigten ist die Zwischenverfügung wirksam oder wird es rückwirkend, § 185 entspr. (BGH NJW-RR 1998, 1067 mN).

§ 162 Verhinderung oder Herbeiführung des Bedingungseintritts

(1) **Wird der Eintritt der Bedingung von der Partei, zu deren Nachteil er gereichen würde, wider Treu und Glauben verhindert, so gilt die Bedingung als eingetreten.**

(2) **Wird der Eintritt der Bedingung von der Partei, zu deren Vorteil er gereicht, wider Treu und Glauben herbeigeführt, so gilt der Eintritt als nicht erfolgt.**

1 **1. Anwendungsbereich. a) Echte Bedingungen** (→ § 158 Rn. 1–4), insbes. keine Rechtsbedingungen (nur ausnahmsweise: BGH NJW 1996, 3340). **b) Bei Potestativbedingungen** (→ § 158 Rn. 3) ist § 162 insoweit unanwendbar, als es um die Willkür der Partei geht (Knütel FamRZ 1981, 1079 mN, hM; grundsätzlich ebenso BGH NJW 1966, 1405, sa 1982, 2553). **c) Bei Wollensbedingungen** (Begriff und Zulässigkeit: → § 158 Rn. 4) erfasst § 162 jedenfalls nicht das Wollen
2 der Partei, das Bedingung ist (BGH NJW 1996, 3340; 2005, 3418). **d) Allg. Rechtsgedanke** des § 162: Wer treuwidrig eine bestimmte Situation herbeiführt, darf aus ihr keinen Vorteil ziehen (BGH NJW-RR 1991, 178; NJW 2005, 3417).

3 **2. Voraussetzungen. a) Treuwidriges Handeln.** § 162 ist Ausfluss v § 242 (hM) und des allg. Grundsatzes, dass niemand sich auf Eintritt oder Nichteintritt eines Ereignisses berufen darf, den er selbst treuwidrig herbeigeführt oder verhindert hat. Wider Treu und Glauben handelt, wer sich anders verhält, als es im Hinblick auf Eintritt oder Nichteintritt der Bedingung dem nach Treu und Glauben ermittelten Sinn und Zweck des RGeschäfts entspricht (BGH BeckRS 2013, 12160 = ZBB 2014, 324 Rn. 22: Verweigerte Annahme des Angebots auf Abschluss eines Sicherungsvertrages und damit Vereitelung der Zwangsvollstreckung durch Vollstreckungsschuldner [hierzu auch → § 158 Rn. 6], Flume II § 40 Rn. 1b; LAG Hamm BeckRS 2022, 5202 Rn. 54: AN musste sich darauf verlassen können, dass AG die in seinem Verantwortungsbereich liegende Übertragung der vom AN erfassten
4 Arbeitszeiten vornimmt). **b) Kausale obj. Treuwidrigkeit** genügt (Staudinger/Bork Rn. 10; OLG Karlsruhe NJW-RR 1996, 80; aA BGH NJW-RR 1989, 802: Verschulden erforderlich); Grund: § 162 ist Ausfluss v § 242 (→ Rn. 3). **Beweisbelastet** ist, wer sich auf Treuwidrigkeit beruft (BGH NJW-RR 1997, 305).

5 **3. Rechtsfolgen.** Bei Verhinderung (I) oder Herbeiführung (II) des Bedingungseintritts wird das jeweilige Gegenteil **fingiert.** Fingierter Nichteintritt kann zum früheren Schwebezustand (→ § 158 Rn. 7) oder zum Bedingungsausfall (→ § 158 Rn. 8) führen. Fiktion des Bedingungseintritts greift ein, sobald feststeht, dass der Eintritt verhindert ist, nicht erst zum Zeitpunkt des mutmaßlichen Eintritts (str, vgl. BGH NJW 1975, 206; differenzierend Staudinger/Bork Rn. 12).

§ 163 Zeitbestimmung

Ist für die Wirkung eines Rechtsgeschäfts bei dessen Vornahme ein Anfangs- oder ein Endtermin bestimmt worden, so finden im ersteren Falle die für die aufschiebende, im letzteren Falle die für die auflösende Bedingung geltenden Vorschriften der §§ 158, 160, 161 entsprechende Anwendung.

1 **1. Allgemeines.** Zeitbestimmung ist wie Bedingung (→ § 158 Rn. 1) *rechtsgeschäftliche Nebenabrede.* Sie macht als **Anfangstermin** (→ aber u) den Eintritt, als **Endtermin** das Ende der Rechtswirkungen von einem zukünftigen gewissen Ereignis abhängig; *wann* das Ereignis eintritt, kann gewiss oder ungewiss sein (LM Nr. 14 zu § 158; BayObLG NJW 1993, 1164 f.). Anfangstermin entspricht der aufschiebenden, Endtermin der auflösenden Bedingung. Kombination von Befristung und Bedingung ist möglich (Bsp. in BGH NJW-RR 2006, 183). § 162 ist entspr. anwendbar, wenn ungewiss, zu welchem Zeitpunkt das gewisse Ereignis

(zB Tod eines Menschen) eintritt und bzgl. des Zeitpunkts manipuliert wird (zB durch Mord). § 159 anwendbar. „Anfangstermin" kann abw. von o. „Betagung" (→ Rn. 4) bedeuten (Auslegungsfrage).

2. Abgrenzung zur Bedingung. Auslegung entscheidet, wenn zweifelhaft ist, ob ein zukünftiges Ereignis nach den Parteivorstellungen ungewiss (dann Bedingung) oder gewiss ist (dann Zeitbestimmung = Befristung). 2

3. Befristungsverbote. Bedingungsfeindliche Geschäfte (→ § 158 Rn. 11) sind zumeist auch **befristungsfeindlich** (BGHZ 156, 332 f.). Ges. und Klarheitsgebot erlauben zB Kündigung mit Anfangstermin. Entspr. der Rechtsbedingung (→ § 158 Rn. 6 [c]) gibt es die **Rechtsbefristung** (Bsp: § 1353 I 1, § 1311 S. 2; LPartG §§ 1 I 1, 2). 3

4. Aufschiebend befristete und betagte Verbindlichkeiten. Aufschiebend befristete Verbindlichkeit entsteht erst (zB Mietzinsforderung, BGHZ 170, 200); **betagte Verbindlichkeit** besteht schon, ist aber noch nicht fällig (zB anfänglich gestundete Kaufpreisforderung, → § 199 Rn. 2; monatlich zu zahlende Leasingrate, str., s. BGH NJW 1997, 157; NJW-RR 2010, 483 f.; Maklerprovision, BGH NJW 1986, 1035); vgl. § 41 InsO. Unterscheidung wichtig für § 813 II (str., s. Staudinger/Bork Rn. 2): Vorzeitig gezahlte Miete nur rückforderbar, wenn sie aufschiebend befristete Verbindlichkeit ist (sa BGH DtZ 1997, 156 f.). Zu § 199 I Nr. 1 → § 199 Rn. 2. 4

Titel 5. Vertretung und Vollmacht

§ 164 Wirkung der Erklärung des Vertreters

(1) [1]**Eine Willenserklärung, die jemand innerhalb der ihm zustehenden Vertretungsmacht im Namen des Vertretenen abgibt, wirkt unmittelbar für und gegen den Vertretenen.** [2]**Es macht keinen Unterschied, ob die Erklärung ausdrücklich im Namen des Vertretenen erfolgt oder ob die Umstände ergeben, dass sie in dessen Namen erfolgen soll.**

(2) **Tritt der Wille, in fremdem Namen zu handeln, nicht erkennbar hervor, so kommt der Mangel des Willens, im eigenen Namen zu handeln, nicht in Betracht.**

(3) **Die Vorschriften des Absatzes 1 finden entsprechende Anwendung, wenn eine gegenüber einem anderen abzugebende Willenserklärung dessen Vertreter gegenüber erfolgt.**

1. Voraussetzungen wirksamer Stellvertretung. Eine wirksame Stellvertretung erfordert: Abgabe oder Empfang einer Willenserklärung (→ Rn. 2) im Namen des Vertretenen (→ Rn. 3–5) mit Vertretungsmacht (→ Rn. 6–8) bei Zulässigkeit einer Vertretung (→ Rn. 9), sog. **offene** (direkte, unmittelbare) **Stellvertretung** (s. D. Paulus JuS 2017, 301, 399). 1

2. Anwendbarkeit der Stellvertretung. Gegenstand der Vertretung sind Willenserklärungen (Abgabe, I, oder Empfang, III) und geschäftsähnliche Handlungen (nicht Tathandlungen, zB Besitzerwerb nach § 854 I, „Ersatz": § 855); Begriffe: → Vor § 104 Rn. 1, 23, 24. Im Rahmen der „rechtlichen Betreuung" (Überschrift von Titel 2 vor § 1896) kann auch in Gesundheitsangelegenheiten Vollmacht erteilt werden (vgl. §§ 1904 V, 1906 V). Zum Institut eines Vollmachtvertrages s. Samari, Entscheidung und Bindung im Stellvertretungsrecht (2022) 178 ff. 2

3. Handeln im Namen des Vertretenen. §§ 164 ff. regeln die *offene* (unmittelbare, direkte) Stellvertretung (weiterführend zum Offenheitsprinzip Schilken FS Schmidt, 2019, 369). **a) Fremdbezogenheit** muss zumindest aus den Umständen 3 erkennbar sein (I 2; obj. Erklärungsgehalt entscheidet: → § 133 Rn. 10; BGH NJW 2014, 1803 Rn. 14: Vertretung des Vermieters durch Hausverwaltung; BGH BeckRS 2013, 19778 Rn. 11: Vertretung Verkäufer durch unabhängigen Vertriebsmitarbeiter; sa BGHZ 125, 178). Abgrenzung: **Eigengeschäft des Handelnden unter falscher Namensangabe** – aus dem der Handelnde selbst verpflichtet wird – ist gegeben, wenn die Benutzung des fremden Namens bei der anderen Vertragspartei keine Fehlvorstellung über die Identität des Handelnden hervorgerufen hat, diese den Vertrag also nur mit dem Handelnden abschließen will. **Geschäft des Namensträgers,** wenn das Auftreten des Handelnden auf den bestimmten Namensträgers hinweist und die andere Partei der Ansicht sein durfte, der Vertrag komme mit dieser Person zustande. In diesem Fall gelten §§ 177 ff. entspr.: Namensträger kann das Geschäft genehmigen, so dass er selbst Vertragspartner wird. Verweigert er die Genehmigung, gilt § 179 I entspr. (Erfüllung oder Schadensersatz) (BGH NJW 2013, 1946 Rn. 7 mwN; dazu Schwab JuS 2014, 265; s. noch → Rn. 14; → § 177 Rn. 8). Beim Abschluss eines auf ein bestimmtes Unternehmen bezogenen RGeschäfts, das nach dem Willen der Beteiligten iZw (Auslegungsregel) für und gegen den Unternehmensinhaber wirken soll, RGeschäft **mit dem Unternehmen,** gleich, ob der Geschäftsgegner den Handelnden als den wahren Inhaber oder als dessen Vertreter ansieht (BGH NJW 2012, 3369 Rn. 10; NJW-RR 2006, 110; NJW 2000, 2985, je mN und unter Vermengung von „Unternehmen" und „Unternehmensinhaber" oder „Betriebsinhaber"; korrekt aber NJW 2008, 1214). Der Vertreter haftet uU daneben aus Rechtsschein, weil er so aufgetreten ist, als betreibe er das vertretene Unternehmen selbst in unbeschränkter persönlicher Haftung, obwohl es sich zB um eine GmbH handelt (BGH NJW 2012, 3369 Rn. 12 ff.; 1998, 2897). Wird irrtümlich (ungewollt) im Namen eines anderen gehandelt, so liegt dennoch Vertretung vor (BGHZ 36, 33 f.), aber Anfechtung (§ 119) durch Vertreter möglich (Flume II § 44 III; str.). Ist die Fremdbezogenheit des Handelns nicht erkennbar, obwohl „Vertreter" das meint (Irrtum!), so ist Anfechtung ausgeschlossen **(II),** das Geschäft ist Eigengeschäft (folgt aus II; BGH NJW 2006, 110); die *Beweislast* für die Fremdbezogenheit liegt beim „Vertreter" (BGH NJW 2000, 2985). Vertreter kann zugleich im eigenen Namen handeln (→ § 181 Rn. 5; BGHZ 104, 100; NJW 2009, 3506). Offen, ob Vertragsschluss durch einen Sozietätsanwalt typischerweise die Sozietät verpflichten soll oder nur Einzelmandat (BGHZ 12, 2435 Rn. 16; NJW 2011, 2301 Rn. 15). Nach BGH **Sozietätsmandat,** wenn es in der Folge von mehreren Sozien und/oder angestelltem Anwalt bearbeitet wird (BGHZ 12, 2435 Rn. 16). – Keine Sonderregeln für **internetbasiert abgegebene Erklärungen.** Wer unter fremdem **eBay-Mitgliedskonto** Erklärungen abgibt, handelt in fremdem Namen des Kontoinhabers. Daher Bindung nur unter Vertretungsvoraussetzungen, zB Anscheins- oder Duldungsvollmacht (BGH NJW 2011, 2421 Rn. 12 mN), noch → § 167 Rn. 8 f. Eine Formularklausel des eBay-Vertrags, wonach Mitglieder grundsätzlich für sämtliche Aktivitäten haften, die unter Verwendung ihres Mitgliedskontos vorgenommen werden, begründet keine Erklärungszurechnung bei fehlender Vertretungsmacht des im Namen des Kontoinhabers die

4 Erklärung abgebenden Dritten (BGH NJW 2011, 2421 Rn. 20 f. mN). **b) Einschränkungen des Offenheitsprinzips.** (D. Paulus JuS 2017, 301, 304 f., 399 ff.) **aa) Offenes Geschäft für den, den es angeht:** Handeln für einen Dritten, dessen Name nicht genannt wird (LM Nr. 10; BFH BB 2000, 1281; Schilken FS Schmidt, 2019, 369, 377) oder der (noch) unbekannt ist (BGH NJW 1998, 63; erst mit nachträglicher Bestimmung des Dritten kommt Geschäft zustande). Das ist unzulässig, wenn der Geschäftstyp Offenlegung fordert, zB Auflassung (AG Hamburg NJW 1971, 102 f.; sa BayObLG MDR 1984, 232). Zur Haftung des Vertreters (§ 179 analog), wenn Namensnennung nötig, aber unterbleibt, s. BGHZ 129, 149 f.;

5 → § 179 Rn. 11. **bb) Verdecktes Geschäft für den, den es angeht:** Vertreter handelt bei Geschäftsvornahme gewollt, aber unerkennbar (sonst I 2), für einen anderen, und dem Geschäftsgegner ist die Person des Kontrahenten gleichgültig (BGHZ 114, 80; NJW-RR 2003, 922). Hauptfall: dinglicher Rechtserwerb bei

Bargeschäften des täglichen Lebens, insbes. Eigentumserwerb an gewöhnlicher Fahrnis (RGZ 140, 229; nach BGHZ 114, 79 f. auch bei Veräußerung unter EV iSv § 455 I aF = § 449 I an Eheleute; → § 929 Rn. 21), nicht an Schecks (OLG Stuttgart ZIP 1980, 861) oder Grundstücken (vgl. BGH WM 1978, 13). Zurückhaltung wegen Durchbrechung von I geboten (LM Nr. 33 für Krankenhaus-Pflegevertrag). Bei schuldrechtlichen Geschäften liegt ein Geschäft für den, den es angeht, nur ausnahmsweise vor, da dem Geschäftsgegner die Person des Kontrahenten idR nicht gleichgültig ist (BGH NJW-RR 2003, 922; OVG Magdeburg BeckRS 2017, 108630 Rn. 22; Schilken FS Schmidt, 2019, 369, 377 ff.). Keine Ausnahme von dem Offenkundigkeitsprinzip schaffen die **Grundsätze der unternehmensbezogenen Geschäfte,** da lediglich Auslegungsgrundsatz zur personellen Zuordnung unternehmensbezogener RGeschäfte: Bei unternehmensbezogenen RGeschäften geht der Wille der Beteiligten im Zweifel dahin, dass der Inhaber des Unternehmens, in dessen Tätigkeitsbereich das rechtsgeschäftliche Handeln fällt, und nicht der für das Unternehmen Handelnde selbst der Vertragspartner werden soll (BGH NJW 2012, 3368, 3369 Rn. 10 mwN; Schilken FS Schmidt, 2019, 369, 374).

4. Vertretungsmacht. a) Grundlage: Ges. (Eltern, § 1629 I [keine Einschrän- 6
kung durch § 1629a, nur Haftungsbegrenzung für den volljährig Gewordenen im Vollzug von BVerfG 72, 167 ff.], zu § 1629 s. EGMR NJW 2010, 501 ff. mit Coester NJW 2010, 482 ff.; Ehegatten, § 1357 I, str. [BGHZ 94, 5: Rechtsmacht zur Verpflichtung; sa 114, 75 ff.: keine „dingliche Wirkung"], zur Problematik von § 1357 Brudermüller NJW 2004, 2267 f., § 1357 ist verfassungsgemäß [BVerfG NJW 1990, 175 f.], registrierte Lebenspartner, § 8 II LPartG mit § 1357 analog; zur Problematik Brudermüller NJW 2004, 2270 Fn. 79), staatliche Bestellung (Vormund, §§ 1789, 1793; Betreuer, § 1902; Pfleger, § 1915), zur ges. Vertretungsmacht von Ehegatten in der Gesundheitsfürsorge → § 1358, Organstellung (Vorstand, § 26) – sog. *ges. Vertreter* – oder RGeschäft (Bevollmächtigung), sog. *gewillkürter Vertreter.* Die Vertretungsmacht wirkt nach außen; davon ist das Innenverhältnis zwischen Vertreter und Vertretenem zu unterscheiden (→ § 167 Rn. 1). **b) Fehlt die Vertretungsmacht,** 7
so gelten die §§ 177–180. Sie fehlt auch, soweit vorhandene überschritten wird. **c) Missbrauch der Vertretungsmacht** (zum Missbrauch bei Insichgeschäft 8
→ § 181 Rn. 13) liegt vor, wenn der Vertreter sie unter Verletzung des Innenverhältnisses (→ § 167 Rn. 1) gebraucht; Vorsatz unnötig (BGH NJW 1988, 3013; stRspr). Von den Fällen der Kollusion abgesehen, muss das Geschäft grundsätzlich nicht notwendig nachteilig für den Vertretenen sein (BGH NZG 2021, 239, 240 Rn. 9; BGH NJW-RR 2018, 222, 224 Rn. 22; BGH NJW 2006, 2776 Rn. 2 f.). Folge: Vertretung ist wirksam; das Missbrauchsrisiko trägt der Vertretene (BGH NZG 2021, 239, 240 Rn. 9; BGH NJW 1999, 2883). Erkennt aber der Geschäftsgegner den Missbrauch oder drängt sich ihm diese Erkenntnis nach den Umständen geradezu auf, so kann er sich nicht auf die Vertretungsmacht berufen (BGH NJW 2008, 75; NJW-RR 2004, 248, je mN); das gilt auch für ges. Vertreter einer jur. Person (BGH NJW 1984, 1462; BGH NZG 2021, 239, 240 Rn. 9; BGH NJW-RR 2018, 222, 224 Rn. 22; BGH 2006, 2776 Rn. 2 f.: GmbH-Geschäftsführer; BGH NJW 1990, 385), Testamentsvollstrecker (BGH NJW-RR 1989, 642 f.) und bei ges. umgrenzter Vertretungsmacht (BGH WM 1981, 67). Hier gelten §§ 177 ff. analog (BGHZ 141, 364); ob auch § 254 für die Verteilung nachteiliger Folgen des Vertretergeschäfts gilt, ist str. (BGH NJW 1999, 2884 lässt offen). Haben Geschäftsgegner und Vertreter bewusst zum Nachteil des Vertretenen zusammengewirkt (**Kollusion;** s. dazu BGH NJW-RR 2008, 978), so ist Vertretergeschäft nichtig, § 138 I (BGH NJW-RR 1989, 642 f. [Testamentsvollstrecker]; 2004, 248 [GmbH-Geschäftsführer]; → § 181 Rn. 13. – Ie besteht über den Missbrauch uferloser Streit (vgl. MüKo-BGB/Schubert Rn. 210–229 mN).

5. Unzulässigkeit. Unzulässig ist *jede* Stellvertretung, wenn das Ges. „persönli- 9
che" Vornahme fordert (Bsp. § 1311 S. 1, gilt für Verlobung entspr.; §§ 2064, 2274; zur Höchstpersönlichkeit familienrechtlicher RGeschäfte s. Röthel JURA 2017,

641, 644 f.); unzulässig ist *gewillkürte* Stellvertretung, wenn Vornahme „durch einen Bevollmächtigten" ausgeschlossen (Bsp. § 1600a I). Vereinbarter Ausschluss gewillkürter Vertretung ist zulässig (BGHZ 99, 94).

10 **6. Wirkung.** Liegen die Voraussetzungen (→ Rn. 1) vor, so wirkt das Geschäft nur für und gegen den Vertretenen (I, III). Der Vertreter haftet daher nicht aus dem Geschäft, doch Haftung aus unerlaubter Handlung möglich; ferner bei starkem eigenem wirtschaftlichem Interesse am Vertragsschluss (§ 311 III 1 mit §§ 241 II, 280 I entspr. der fr. Rspr, su; Interesse an Provision ungenügend, BGH NJW-RR 2006, 110, 944 mN) *oder* bei außerordentlicher Inanspruchnahme persönlichen Vertrauens durch Vertreter, wodurch Vertragsverhandlungen und Vertragsschluss erheblich beeinflusst worden sind (§ 311 III 2 mit §§ 241 II, 280 I entspr. der fr. stRspr; BGH NJW-RR 2006, 110, 944), Entgegenbringen von Vertrauen durch den Gegner ungenügend (BGH NJW-RR 1993, 344, stRspr).

11 **7. Abgrenzung. Keine Stellvertreter** iSd §§ 164 ff. sind: **a) verdeckter** (indirekter, mittelbarer) **Stellvertreter.** Er handelt in fremdem Interesse und in eigenem Namen, seine Geschäfte sind Eigengeschäfte (Hauptfall: Kommissionär, §§ 383 ff.
12 HGB); **b) Treuhänder.** Er handelt wie der verdeckte Stellvertreter (→ Rn. 11) in eigenem Namen, aber iGgs zu diesem regelmäßig in Wahrnehmung eigener Rechte, die ihm durch Ges. oder RGeschäft zugewiesen sind. Auch der **„Strohmann"** ist ein Treuhänder, dessen Treuhänderstellung aber geheim bleiben soll (daher handelt er im eigenen Namen, aber im Interesse und für Rechnung des Hintermanns, BGH
13 NJW 1995, 727 f.); **c) Amtsverwalter** (Insolvenz-, Nachlass-, Zwangsverwalter, Testamentsvollstrecker). Sie sind materiellrechtlich Treuhänder, im Prozess Partei
14 kraft Amtes (str., s. Jauernig/Hess ZivProzR § 18 V 4); **d) Bote.** Er hat die Willenserklärung eines anderen lediglich zu übermitteln (Erklärungsbote) oder zu empfangen (Empfangsbote), → § 130 Rn. 7, 10. Das sind Tathandlungen, daher kann ein Geschäftsunfähiger Bote sein. Ob jemand Bote oder Stellvertreter ist, richtet sich nach den Gesamtumständen, insbes. seinem Auftreten (BGHZ 12, 334 f., hM); die Unterzeichnung mit „iV" („in Vertretung"?) oder „iA" („Bote"?) ist nicht eindeutig (BAG NJW 2008, 1244); **e)** Wer **unter fremdem Namen** handelt, für den gilt § 177 (→ § 177 Rn. 8; → Rn. 3). Tritt der Veräußerer eines unterschlagenen Kraftfahrzeugs unter dem Namen des Eigentümers auf, wird Vertragspartner des Erwerbers grundsätzlich die unter fremdem Namen handelnde Person und nicht der Eigentümer, sofern der Kauf sofort abgewickelt wird (BGH NJW 2013, 1946 f.; dazu M Schwab JuS 2014, 265). **f)** Zu → **§ 185** Rn. 1. Zum Unterschied zwischen § 185 und § 164 BGH NJW-RR 2002, 21 f. **g) GoA.** Hypothetischer Wille des Geschäftsherrn ist keine Grundlage für Vertretungsmacht iSv § 164 (s. Schmidt JZ 2011, 543 ff. mN.)

§ 165 Beschränkt geschäftsfähiger Vertreter

Die Wirksamkeit einer von oder gegenüber einem Vertreter abgegebenen Willenserklärung wird nicht dadurch beeinträchtigt, dass der Vertreter in der Geschäftsfähigkeit beschränkt ist.

1 **1. Beschränkt Geschäftsfähige.** Können (auch ges.) Vertreter sein, da sie aus dem RGeschäft nicht haften (→ § 164 Rn. 10); § 131 II 2 ist für Bevollmächtigung anwendbar. Grundsätzliche Haftungsfreistellung auch bei fehlender Vollmacht: § 179 III 2.

2 **2. Geschäftsunfähige.** Können nicht Vertreter (BGHZ 158, 6), sondern höchstens Bote sein (→ § 164 Rn. 14; → § 130 Rn. 9); das ist verfassungsgemäß (aA Canaris JZ 1987, 998; → § 105 Rn. 2). Zum Ausnahmefall einer Rechtsscheinhaftung des Vertretenen für Vertreterhandeln eines Geschäftsunfähigen BGHZ 115, 80 ff.; K. Schmidt JuS 1991, 1005 (§§ 177, 180, 105 I unanwendbar); → § 167 Rn. 5 (c).

§ 166 Willensmängel; Wissenszurechnung

(1) **Soweit die rechtlichen Folgen einer Willenserklärung durch Willensmängel oder durch die Kenntnis oder das Kennenmüssen gewisser Umstände beeinflusst werden, kommt nicht die Person des Vertretenen, sondern die des Vertreters in Betracht.**

(2) [1]**Hat im Falle einer durch Rechtsgeschäft erteilten Vertretungsmacht (Vollmacht) der Vertreter nach bestimmten Weisungen des Vollmachtgebers gehandelt, so kann sich dieser in Ansehung solcher Umstände, die er selbst kannte, nicht auf die Unkenntnis des Vertreters berufen.** [2]**Dasselbe gilt von Umständen, die der Vollmachtgeber kennen musste, sofern das Kennenmüssen der Kenntnis gleichsteht.**

Lit.: Klingbeil, Stellvertretung als allgemeines Rechtsinstitut – Zu Theorie, Dogmatik und Reichweite des Repräsentationsprinzips, ZfPW 2020, 150; Linke, Digitale Wissensorganisation, 2021; Schilken, Wissenszurechnung im Zivilrecht, 1983.

1. Anwendungsbereich. a) Willensmängel (§§ 116–123) sind grundsätzlich 1
nur in der Person des *Vertreters* beachtlich (I); denn er allein handelt rechtsgeschäftlich und repräsentiert damit den Vertretenen (Repräsentationstheorie) (weiterführend Klingbeil, ZfPW 2020, 150, 153 ff.). **b) Für Kennen oder Kennenmüssen** (fahr- 2
lässige Unkenntnis: § 122 II) gilt das Gleiche, zB bei Erwerb vom Nichtberechtigten entspr. den jeweiligen subj. Voraussetzungen (§§ 892, 932 ff., §§ 366 f. HGB). Darin liegt ein allg. Rechtsgedanke (BGH NJW 1984, 2936). Dementspr. ist bei der *Auslegung* auf den Kenntnisstand des Vertreters abzustellen (BGH BB 1984, 565). Bei Gesamtvertretern genügt Kenntnis usw bei einem (BGH NJW-RR 1990, 1332); ebenso bei Einzelvertretung in OHG, KG, GbR jedenfalls, wenn das Unterlassen der Wissensweitergabe vom Wissenden an den Handelnden eine Organisationspflicht der Gesellschaft verletzt (BGHZ 140, 61 f.; NJW 2001, 360 insbes. zur GbR).
c) § 166 ist Ausdruck **allgemeinen Rechtsgedankens,** „dass sich – unabhängig 3
von dem Vorliegen eines Vertretungsverhältnisses – derjenige, der einen anderen mit der Erledigung bestimmter Angelegenheiten in eigener Verantwortung betraut, das in diesem Rahmen erlangte Wissen des anderen zurechnen lassen muss" (BGH NJW 2014, 1294 Rn. 11 mwN; BeckRS 2016, 109940 Rn. 14 [dort Zitat]). **I gilt für Vertreter** iSv → § 164 Rn. 6, für **Vertreter ohne Vertretungsmacht nach Genehmigung** durch Vertretenen (BGHZ 184, 42), ferner **entspr.** (missverstanden bei Linke, 55) für den, dessen sich der „Vertretene" *wie eines Vertreters* bedient, sog. **Wissensvertreter** (BGHZ 132, 35 ff.; → § 123 Rn. 10; NJW-RR 2001, 128; NJW 2019, 661, 667 Rn. 89; ferner NJW 2000, 1406: Wissensvertreter der einen Vertragspartei kann zugleich Vertreter der anderen sein, I gilt dann insoweit direkt). Die Erlangung der Tatsachenkenntnis, die dem anderen zugerechnet werden soll, muss zu dem Aufgabenkreis des Wissensvertreters gehören. Gleichgültig, ob er die zur Kenntnis genommenen Tatsachen an den anderen („Vertretenen") weitergibt oder nicht (BGH NJW 2014, 2861 Rn. 16; 2014, 1294 Rn. 16 mwN; dazu M. Schwab JuS 2014, 1032, kritisch die gleichbleibende Anwendung der Wissenszurechnungsgrundsätze im Dreipersonenverhältnis nicht nur im Rahmen § 199 I Nr. 2, sondern auch im Rahmen § 819 I anmahnend). Wissensvertreter ist jeder, dessen sich der Geschäftsherr wie ein Vertreter bedient und der nach der **Arbeitsorganisation** des Geschäftsherrn berufen ist, im Rechtsverkehr als dessen **Repräsentant** bestimmte Aufgaben in eigener Verantwortung zu erledigen und die dabei angefallenen Informationen zur Kenntnis zu nehmen sowie ggf. weiterzuleiten (BGH NJW 2019, 661, 667 Rn. 89; Linke, 55 f.). Weil Wissenszurechnung darauf beruht, dass der Geschäftsherr aus einer geschäftsorganisatorisch bedingten Wissensaufspaltung keine Vorteile ziehen soll, findet zwar eine Zurechnung geschäftlich erlangten Wissens, nicht aber privater Kenntnisse statt, sofern nicht ausnahmsweise der Geschäftsherr aus Gründen des Verkehrsschutzes zur Organisation eines innerbetrieblichen Informationsaustauschs verpflichtet ist, der auch privat erlangtes Wissen umfasst.

Danach ist zB einem Verbraucherverband iSd § 8 III Nr. 3 UWG das privat erlangte Wissen seiner Mitarbeiter über Wettbewerbsverstöße Dritter nicht zuzurechnen (BGH NJW 2016, 3445, 3450 Rn. 61 mwN). Hauswart ist regelmäßig kein Wissensvertreter für Vermieter bzw. Hausverwaltung für Schlüsselübergabe des Mieters bei Auszug an den (im Haus wohnenden) Hauswart, denn keine analoge Anwendung § 166 I bei Kenntniserlangung durch Besitzdiener, wenn keine spezielle Aufgabenbetrauung (BGH NJW 2014, 684 Rn. 17f). Bei beurkundungsbedürftigen Verträgen (zB § 311b I) jedoch keine Zurechnung analog I (BGH NJW 2001, 1062). Erweitert ist die Zurechnung des Wissens von Mitarbeitern einer jur Person hinsichtlich solcher Vorgänge, deren spätere Relevanz im Bereich des Wissenden erkennbar sind und die deshalb dokumentiert oder an andere im Organisationsbereich weitergegeben werden müssen (BGH NJW 2001, 2536; 2009, 2299, je mN). Nach § 242 wegen Interessenkollision bei dem Wissensvertreter keine Wissenszurechnung, wenn sich der Anspruch, für dessen Geltendmachung die Wissenszurechnung relevant ist, gerade gegen Wissensvertreter oder gegen einen Dritten richtet, aber mit einem gegen den Wissensvertreter gerichteten Anspruch in einem so engen Zusammenhang steht, „dass auch hier die Befürchtung besteht, der Wissensvertreter werde nicht zu einer sachgerechten Verfolgung des Anspruchs beitragen" (BGH NJW 2014, 1294 Rn. 20f). § 166 **nicht anwendbar:** Handelt nur einer von mehreren Verkäufern arglistig, so folgt bereits aus **§ 444** selbst, dass sich die anderen Verkäufer dieses Wissen im Rahmen des § 444 BGB zurechnen lassen müssen (BGH DNotZ 2016, 918, 920f. Rn. 17ff., 22). Keine Zurechnung des Wissens eines rechtsgeschäftlichen Vertreters nach § 166 im Rahmen des **Verjährungsrechts** (BGH NJW 2014, 1294 Rn. 15; 2016, 3445, 3450 Rn. 60). I bei Übereignung nach § 929 nur auf die rechtsgeschäftliche Einigung, nicht auf die Übergabe des **Besitzes** anwendbar (BGH MDR 2016, 414). Zur Wissenszurechnung gem. § 166 bei **autonomen Systemen** s. Linke, 255ff.

4 **2. Willensmängel in der Person des Vertretenen. a)** Hat der bevollmächtigte (II) Vertreter nach **Weisungen** (Begriff weit zu fassen: BGHZ 50, 368) des Vertretenen gehandelt, so ist dessen Kenntnis oder fahrlässige Unkenntnis neben der des Vertreters (I Fall 2 gilt!) erheblich: **II.** Grund: Der Vertretene soll sich „nicht hinter der Gutgläubigkeit des seine Weisungen befolgenden Vertreters verstecken dürfen"
5 (BGHZ 51, 147). **b) II gilt entspr: aa) für ges. Vertreter,** der wie ein weisungsge-
6 bundener Bevollmächtigter handelt (Staudinger/Schilken Rn. 31); **bb) zugunsten des Vertretenen,** wenn seine Weisung bzgl. des Vertretergeschäfts an Willensmängeln krankt (Bamberger/Roth/Hau/Poseck/Schäfer Rn. 28; „zumindest" für Täuschung auch BGHZ 51, 145ff.); Bsp: Der Geschäftsgegner hat durch Täuschung eine Weisung des Vertretenen veranlasst; das Vertretergeschäft ist anfechtbar, § 123. Willensmängel in Bezug auf die Bevollmächtigung gehören nicht hierher (→ § 167 Rn. 11).

§ 167 Erteilung der Vollmacht

(1) **Die Erteilung der Vollmacht erfolgt durch Erklärung gegenüber dem zu Bevollmächtigenden oder dem Dritten, dem gegenüber die Vertretung stattfinden soll.**

(2) **Die Erklärung bedarf nicht der Form, welche für das Rechtsgeschäft bestimmt ist, auf das sich die Vollmacht bezieht.**

1 **1. Begriff der Vollmacht.** Vollmacht ist die durch einseitiges empfangs-, aber nicht annahmebedürftiges RGeschäft, die *Bevollmächtigung* (vgl. § 172 I), erteilte Vertretungsmacht (§ 166 II; BGH NJW 2004, 2090). Erteilung durch Vertrag mit einem der in I Genannten möglich (Köhler BB 1979, 914; hM). Vollmacht betrifft nur das *Außenverhältnis* zwischen dem Vertreter und einem Dritten. Sie schließt die Verpflichtungs-, Verfügungs- und Erwerbsmacht des Vollmachtgebers nicht aus; eine

sog. **verdrängende** Vollmacht mit „dinglicher" Wirkung ist unzulässig (für unwiderrufliche Vollmacht ebenso BGH WM 1985, 1232 mN; aA Müller-Freienfels FS Hübner, 1984, 637 Fn. 55 mN; Gernhuber JZ 1995, 381 ff.; sa Ulmer ZHR 146, 572 f.); Verpflichtung zum Nichtgebrauch der konkurrierenden Verfügungsmacht usw ist zulässig, arg. § 137 S. 2. – Die Bevollmächtigung (ungenau: Vollmacht) ist zu **unterscheiden von** dem ihr **zugrundeliegenden Rechtsverhältnis** *(Grund- oder Innenverhältnis)* zwischen Vertreter und Vollmachtgeber (das ist idR der Vertretene), zB Auftrag, Geschäftsbesorgungsvertrag, Dienstvertrag (so bahnbrechend, aber nicht als Erster, Laband ZHR 10 [1866], 203 ff., dem das BGB folgt; dazu Himmen JURA 2016, 1345). Bevollmächtigung und Grundverhältnis sind nicht nur getrennt, jene ist zugleich in ihrem Bestand von diesem unabhängig (abstrakt). Das gilt auch für die verliehene Rechtsmacht „Vollmacht", sie ist ebenfalls **abstrakt** (hM; s. aber u.). Folglich bleibt (Innen-)Vollmacht trotz Nichtigkeit des Grundverhältnisses gültig (Staudinger/Schilken Vor § 164 Rn. 33 [nur ausnahmsweise und nur bei der Innenvollmacht gilt § 139], → § 168 Rn. 4; aA Staudinger/Roth § 139 Rn. 56; BGH NJW 1992, 3238: § 139 gilt; nach BGH NJW 2003, 2088, 2089; 2003, 2319, 2320 (weitere Nachw. → § 134 Rn. 11) erfasst Nichtigkeit des Geschäftsbesorgungsvertrags (§ 134, § 3 RDG) unmittelbar die Vollmacht, → § 134 Rn. 11). Dennoch kann und muss zur Ermittlung von Umfang (BGH NJW 1977, 623) und Ende (→ § 168 Rn. 1c) der Vollmacht auf das Grundverhältnis zurückgegriffen werden. Eine **isolierte Vollmacht,** dh ohne (wirksames) Grundverhältnis, ist anzuerkennen (BGHZ 110, 367). Zur **postmortalen Vollmacht** → Vor § 2197 Rn. 2. Zur **Vorsorgevollmacht** MüKo-BGB/Schwab § 1896 Rn. 52 ff. mN.

2. Umfang der Vollmacht. a) Ihn bestimmt grundsätzlich (→ Rn. 3c) der Vollmachtgeber. Man unterscheidet Generalvollmacht (→ Rn. 3b), Art- oder Gattungsvollmacht (für bestimmte Art von Geschäften), Spezialvollmacht (für bestimmte[s] Geschäft[e]). Maßgebend ist die Auslegung (§§ 133, 157) der Vollmachtserteilung nach dem Empfängerhorizont (→ § 133 Rn. 10), unterschieden nach Innen- und Außenvollmacht (BGH NJW-RR 2000, 746; NJW 2010, 1202; NZG 2017, 542 Rn. 30; Begriffe → Rn. 6). Fehlt eine ausdr. Bestimmung, so richtet sich der Umfang nach §§ 133, 157. Auslegung nach Treu und Glauben sowie der Verkehrssitte (BGH NJW 2010, 1204). Maßgebend, wie Erklärungsempfänger das Verhalten des Vollmachtgebers verstehen durfte. Bei einer in einer Urkunde verlautbarten Vollmacht (§ 172) kommt es daher auf die Verständnismöglichkeit des Geschäftsgegners an. Das ist derjenige, demgegenüber die Vollmacht verwendet wird. Inhalt und Zweck des zugrundeliegenden Geschäfts können mitberücksichtigt werden, sofern diese Umstände demjenigen bekannt sind, dem gegenüber von der Vollmacht Gebrauch gemacht wird (BGH NJW-RR 2021, 762, 764 Rn. 20, 22). Eine **„transmortale" Kontovollmacht** für den Ehegatten (Nicht-Erbe) berechtigt diesen idR nicht zur Umschreibung des Kontos auf sich (BGH NJW-RR 2009, 979 ff.). **b) Generalvollmacht** ist unbeschränkte Vollmacht (BGHZ 36, 295). Der Name allein besagt für den Umfang nichts, es gilt → Rn. 2. Zum Generalbevollmächtigten vgl. Grooterhorst/Preuß, Vollmachten im Unternehmen, 6. Aufl. 2014. **c) Ges. Bestimmung** ist selten. Bsp: Prokura und Handlungsvollmacht (§§ 49, 54 ff. HGB). 2 3

3. Untervollmacht. Kann durch Hauptbevollmächtigten erteilt werden, wenn seine Vollmacht soweit reicht (→ Rn. 2). Der Unterbevollmächtigte vertritt den Hauptvollmachtgeber (Geschäftsherrn), nicht den Hauptbevollmächtigten, er ist nicht „Vertreter des Vertreters" (Flume II § 49 Rn. 5; hM. – BGHZ 32, 253 f.; 68, 395 bejahen beide Möglichkeiten). Der Unterbevollmächtigte handelt ohne Vertretungsmacht, wenn Haupt- oder Untervollmacht fehlt; zur Bedeutung → § 179 Rn. 3. 4

4. Mehrere Vertreter. Können für sich allein *(Einzelvertretung)* oder mehrere gemeinsam (Mehrheitsprinzip, zB 3 von 5) oder nur alle gemeinsam *(Gesamtvertre-* 5 *tung)* vertretungsberechtigt sein (BGH NJW 2001, 3183 f.: „echte" bei Vertretern gleichen Ranges, „unechte" zB bei GmbH-Geschäftsführer mit Prokurist). Das bestimmt zuweilen das Ges. (zB § 84 ZPO: Einzelvertretung; §§ 714 [mit 709 I, 710 S. 2], 1629 I 2, § 125 II 1 HGB, § 78 II 1 AktG, § 35 II 2 GmbHG: Gesamtvertretung für aktive Vertretung; für passive → Rn. 5b); eine Bevollmächtigung ist entspr. → Rn. 2 auszulegen. Gesamtvertreter (auch gewillkürte) können einzelne von ihnen begrenzt bevollmächtigen (BGH NJW 2001, 3184 mN; sa LM Nr. 48 zu § 1 GWB). **a) Willensmängel,** Kennen(müssen) eines Gesamtvertreters genügen für § 166 I (→ § 166 Rn. 2). **b) Passivvertretung** ist zwingend Einzelvertretung (vgl. §§ 28 II, 1629 I 2 Hs. 2, § 78 II 2 AktG, § 35 II 3 GmbHG, § 125 II 3 HGB, § 25 I 3 GenG), BGHZ 136, 323, auch bei ges. Gesamtvertretung (vgl. BGH FamRZ 1977, 245); zur GbR BGH 136, 323. **c)** Kein handelnder Gesamtvertreter darf **geschäftsunfähig** sein (einschr OLG Hamm NJW 1967, 1042 f. [mit abl. Anm. Prost]; → § 165 Rn. 2); sonst gelten §§ 177 ff. (BGHZ 53, 214 f.; → § 139 Rn. 5). **d)** Gesamtvertreter können **einzeln und zeitlich getrennt** handeln (als Vertreter, § 164, oder Genehmigende, § 177, BGH NJW 2001, 3183).

6 **5. Bevollmächtigung. a) Begriff** → Rn. 1. Sie erfolgt gegenüber dem zu Bevollmächtigenden *(Innenvollmacht)* oder gegenüber dem Dritten *(Außenvollmacht)* – in beiden Fällen ist sie empfangsbedürftig – oder durch *öffentl. Bekanntmachung.*
7 **b) Ausdr. oder schlüssige** Bevollmächtigung ist möglich (abw. § 48 HGB für Prokura: ausdr). Bevollmächtigung durch *Stillschweigen* (Nichtstun) scheidet praktisch aus. Ob Bevollmächtigung durch schlüssiges Verhalten vorliegt, ist Auslegungsfrage; ges. Bsp: § 56 HGB; Bsp. aus der Rspr.: Überlassung der Geschäftsleitung an einen Angestellten (RGZ 106, 202 f.; aA LM Nr. 9 zu § 164, Nr. 17 zu § 167: nur Anscheinsvollmacht, vgl. → Rn. 9); Bestellung zum Leiter der Depositenkasse einer Großbank erweckt „nicht nur den Schein der Vollmacht", sondern bevollmächtigt „zu allen Geschäften", „wie sie nach der Auffassung des Verkehrs bei den Kassen vorgenommen werden" (RGZ 118, 240; sa BGH NJW 2002, 1041 f.; einschr für
8 Kundenkreditbank BGH NJW 1980, 2410 f.). **c) Duldungsvollmacht.** Ihre Grundlage ist str. Nach stRspr des BGH (BGH NJW 2011, 2422 Rn. 15 mN; 1997, 314) beruht sie auf einem nichtrechtsgeschäftlichen Rechtsscheintatbestand; dh die §§ 164 ff. sind anwendbar, wenn und weil der Geschäftsherr „das Handeln eines anderen, nicht zu seiner Vertretung Befugten kennt und es duldet, falls der Geschäftsgegner diese Duldung dahin wertet und nach Treu und Glauben auch dahin werten darf, dass der Handelnde Vollmacht habe" (LM Nr. 13; BGH NJW 2005, 2987 mN). Wissen und Dulden sind aber ihrem obj. Erklärungsgehalt nach als *schlüssige Bevollmächtigung* (→ Rn. 7) auszulegen (LM Nr. 4; Flume II § 49 Rn. 3; anders BGH NJW 2004, 2746 f., stRspr, → Rn. 7); dafür genügt ein einmaliges Gewährenlassen (OLG Brandenburg NJW-RR 2009, 236, ohne daraus die zutr. Konsequenz – Vorliegen einer Duldungsvollmacht – zu ziehen). Die Vollmacht ist dem Geschäftsgegner gegenüber erteilt (Außenvollmacht, → Rn. 6). Am Tatbestand einer Bevollmächtigung (Willenserklärung) fehlt es auch dann nicht, wenn dem Geschäftsherrn der Erklärungswille fehlt (→ Vor § 116 Rn. 5). Konsequenz dieser rechtsgeschäftlichen Qualifizierung: Bei Irrtum über die Rechtsfolgen des schlüssigen Verhaltens ist die Bevollmächtigung anfechtbar, § 119 I (Flume II § 49 Rn. 2c aE mit 3), während bei Annahme eines Rechtsscheintatbestands eine Willenserklärung fehlt und daher insoweit Anfechtung ausscheidet (für Anfechtung trotz
9 Annahme eines Rechtsscheins MüKo-BGB/Schubert Rn. 151 f.). **d) Anscheinsvollmacht.** Sie beruht (iGgs zur Duldungsvollmacht, → Rn. 8; anders BGH NJW 2011, 2422 Rn. 15 mN; 2003, 2092; NJW-RR 2003, 1204, stRspr, → Rn. 8) auf einem Rechtsscheintatbestand (BGH NJW 1998, 1855). Hier kannte der Geschäftsherr das Verhalten des Vertreters nicht, hätte es aber bei pflichtgemäßer Sorgfalt kennen und verhindern können, während der Geschäftsgegner nach Treu und Glauben, insbes. ohne Verschulden (BGH NJW 1998, 1855), annehmen durfte und angenommen hat, der als Vertreter Handelnde sei bevollmächtigt, weil dem

Geschäftsherrn das Gebaren seines Vertreters bei verkehrsgemäßer Sorgfalt nicht habe verborgen bleiben können (BGH NJW 2011, 2422 Rn. 16ff. mN; NJW-RR 1986, 1169); beides setzt idR eine gewisse Dauer und damit Häufigkeit des Vertreterhandelns voraus, so dass bei erstmaligem Anschein noch keine Anscheinsvollmacht gegeben ist (BGH NJW 2011, 2422 Rn. 16, 18 mN; 2006, 1972). Das gilt auch im Internetverkehr bei Registrierung und individualisierten Zugangsdaten. Die Identifikationsfunktion der Registrierung ersetzt das Merkmal der Dauer und Häufigkeit unter den gegebenen Sicherheitsstandards nicht (BGH NJW 2011, 2422 Rn. 16, 18 mN). Für eine Zurechnung reicht es bei internetbasierten Erklärungen daher nicht bereits aus, dass der Inhaber eines registrierten, passwortgeschützten Internetkontos die Zugangsdaten nicht hinreichend vor dem Zugriff des Handelnden geschützt hat (BGH NJW 2011, 2422 Rn. 16, 19f mN); es muss ein darüber hinausgehender, dem Geschäftsherrn fahrlässig verborgen gebliebener Rechtsanschein durch den Vertreter gesetzt worden sein. – Das so vom Geschäftsherrn veranlasste Vertrauen muss für den Entschluss des Geschäftsgegners in irgendeiner Weise **ursächlich** gewesen sein (BGH WM 1981, 172). Wenn der Geschäftsherr voll geschäftsfähig ist, gelten die Stellvertretungsregeln, nicht §§ 177ff. (BGHZ 86, 275f.; abl. Crezelius ZIP 1984, 794f.; Lieb FS Hübner, 1984, 575ff.: Wahlrecht des Dritten zwischen § 179 und Vertretungswirkung [„Rosinentheorie"], dagegen zutr. K. Schmidt FS Gernhuber, 1993, 435ff.). **Anfechtung** wegen Irrtums über die Rechtsfolgen des Rechtsscheintatbestands ist ausgeschlossen. Gegen Haftung kraft Anscheinsvollmacht (außer im kaufmännischen Verkehr) zutr. Flume II § 49 Rn. 4: Der unwissende Vertreter ohne Vertretungsmacht hafte nur gem. § 179 II, für den unwissend Vertretenen müsse Entsprechendes gelten (Haftung aus cic); zust. Picker NJW 1973, 1800f. mN; Canaris JZ 1976, 133 (zu BGHZ 65, 13ff.: Dort wird Erfüllungshaftung des Geschäftsherrn trotz leichtfertiger Aufbewahrung einer Vollmachtsurkunde, vgl. § 172, abgelehnt!). Zu einer Erweiterung entspr. der Anscheinshaftung → § 165 Rn. 2. **Besonderheiten** im Bereich der **Telekommunikationsdienstleistungen:** Hier reicht die Unterhaltung eines funktionstüchtigen Telefonanschlusses als Vertrauenstatbestand für die (Anscheins-)Vollmacht des jeweiligen Nutzers zwar nicht aus. Doch ergibt sich aus der Abgrenzung der Risikosphären in § 45i IV TKG im Anwendungsbereich des TKG anderes. Beruhend auf dem Grundgedanken der Anscheinsvollmacht – wer am Rechtsverkehr teilnimmt, hat für das seiner Risikosphäre zuzurechnende Verhalten Dritter auch vertraglich einzustehen – ist maßgebend, ob dem Telefonkunden die Nutzung seines Anschlusses durch einen Dritten zugerechnet werden kann (s. § 45i IV 1 TKG iVm § 276 I; näher dazu BGH NJW 2006, 1972f. zu § 1b III 3 TKV iVm § 276 I).

6. Form der Bevollmächtigung. a) IdR formfrei (BGHZ 138, 242ff. zu § 1410), **II. b) Form** ist *erforderlich,* wenn ges. vorgeschrieben (zB §§ 492 IV 1, 1945 III 1); ferner, wenn formlose Bevollmächtigung gegen den Zweck einer ges. Formvorschrift verstieße, so bei unwiderruflicher Vollmacht für Grundstücksveräußerung oder -erwerb (vgl. BGH NJW 2008, 845; stRspr; zum Urkundeninhalt BGH NJW 2001, 3479); ferner → § 126 Rn. 6 sowie Rösler NJW 1999, 1150ff. Zu § 29 GBO → § 925 Rn. 13. Bei **Formnichtigkeit** gelten §§ 177ff.; Genehmigung ist formfrei (str., → § 177 Rn. 6). **II** (wie §§ 164ff. allg) gilt nicht für **Prozessvollmacht;** es gelten §§ 80ff. ZPO als Sonderrecht (BGH NJW 2004, 844f.; → § 174 Rn. 1). 10

7. Anfechtbarkeit. Die Bevollmächtigung ist, weil Willenserklärung, anfechtbar nach §§ 119ff. (BGH NJW 1989, 2880, hM; aA Brox JA 1980, 450ff. mN, wenn Vertretergeschäft bereits getätigt ist). **Anfechtungsgegner:** Vertreter oder Dritter, arg. § 143 III 1, § 168 S. 3 (str., s. Staudinger/Schilken Rn. 79). Ist wirksam angefochten, so hat der Vertreter ohne Vollmacht gehandelt (§ 142 I), es gilt § 179 (Staudinger/Schilken Rn. 81, str.); der Vertretene haftet seinem Gegner gem. § 122 (Soergel/Leptien § 166 Rn. 23; str., s. Staudinger/Schilken Rn. 81– 11

82a). – Zur Anfechtung bei der Duldungsvollmacht → Rn. 8, der Anscheinsvollmacht → Rn. 9. – Zur Anfechtung → §§ 170–173 Rn. 7.

§ 168 Erlöschen der Vollmacht

[1]Das Erlöschen der Vollmacht bestimmt sich nach dem ihrer Erteilung zugrunde liegenden Rechtsverhältnis. [2]Die Vollmacht ist auch bei dem Fortbestehen des Rechtsverhältnisses widerruflich, sofern sich nicht aus diesem ein anderes ergibt. [3]Auf die Erklärung des Widerrufs findet die Vorschrift des § 167 Abs. 1 entsprechende Anwendung.

1 **1. Erlöschensmöglichkeiten.** Erlöschen der Vollmacht: **a) mit Fristablauf** bei zeitlicher Begrenzung; **b) mit Zweckerreichung** der Vollmacht (zB Vertretergeschäft ist vorgenommen). **c)** Scheiden a und b aus, so gilt **S. 1** (→ Rn. 4). Hier zeigt sich die eigentümliche Verbindung von Vollmacht und Grundverhältnis
2 (vgl. → § 167 Rn. 1). Die *isolierte Vollmacht* erlischt gem. → Rn. 1, 5, 6. **d) Bei dauernder Geschäftsunfähigkeit** *des Vertreters* (§ 104 Nr. 2) erlischt die Vollmacht (arg. § 165); aber → § 165 Rn. 2. Eintritt dauernder Geschäftsunfähigkeit des *Vollmachtgebers* lässt Vollmacht nicht erlöschen (OLG Köln NJW-RR 2001,
3 653 f. mit Einschränkungen im Betreuungsfall). **e)** Durch Eröffnung des **Insolvenzverfahrens** über das Vermögen des Vollmachtgebers erlischt die Vollmacht (auch die isolierte, → § 167 Rn. 1), arg. §§ 80, 81 InsO, ausdr. § 117 I (BGH NJW 2003, 2745; Häsemeyer, Insolvenzrecht, 4. Aufl., Rn. 20.69), nicht gem. § 115 InsO iVm § 168 S. 1 (so aber BGH NJW 2000, 739 für Prozessführungsermächtigung: § 168 S. 1, § 23 I 1 KO analog). Analog § 168 S. 1 auch Erlöschen der Ermächtigung zur Prozessführung (BGH BeckRS 2016, 14856 Rn. 9). **f)** Zum Erlöschen durch **Widerruf** → Rn. 5. – Zur **postmortalen Vollmacht** → Vor § 2197 Rn. 2.

4 **2. Erlöschen nach Maßgabe des Grundverhältnisses, S. 2.** Für Auftrag vgl. §§ 671–673 (für § 674: § 169), für Geschäftsbesorgungsvertrag statt § 671: §§ 621 Nr. 5, 626, 627, 675; für Gesellschaft §§ 712, 714, 715, 723 ff., 736 f. Zu § 115 InsO → Rn. 3. Bei Nichtigkeit des Grundgeschäfts ist die Vollmacht nur ausnahmsweise nach § 139 unwirksam (BGHZ 102, 62; 110, 369 f.; unentschieden BGHZ 144, 231); → § 167 Rn. 1.

5 **3. Erlöschen durch Widerruf. a) Grundsätzlich stets** möglich; er wird erklärt wie eine Bevollmächtigung, S. 3 (→ § 167 Rn. 6). Externe Bevollmächtigung kann intern widerrufen werden. Daher sind vertrauende Dritte schutzbedürftig (dazu
6 §§ 170–173). **b) Ausschluss des Widerrufs** nur durch Vertrag (arg. S. 1, 2; hM). Ob Ausschluss vorliegt, ist Auslegungsfrage. Unwiderruflichkeit ist zu bejahen, wenn die Vollmacht einem bes. Interesse des Vertreters dient (BGH NJW-RR 1991, 441 f.; hM). Widerruf aus *wichtigem Grund* aber stets möglich (BGH WM 1985, 647). Generalvollmacht (→ § 167 Rn. 3) und isolierte Vollmacht (→ § 167 Rn. 1) sind immer widerruflich (MüKo-BGB/Schubert Rn. 23, 25; BGHZ 110, 367; hM); Ausschluss des Widerrufs ist nichtig (§ 138 I), Nichtigkeit der Bevollmächtigung ist entgegen § 139 iZw zu verneinen (Staudinger/Schilken Rn. 10, hM).

§ 169 Vollmacht des Beauftragten und des geschäftsführenden Gesellschafters

Soweit nach den §§ 674, 729 die erloschene Vollmacht eines Beauftragten oder eines geschäftsführenden Gesellschafters als fortbestehend gilt, wirkt sie nicht zugunsten eines Dritten, der bei der Vornahme eines Rechtsgeschäfts das Erlöschen kennt oder kennen muss.

1 **Umkehrung des § 168 S. 1 für unredlichen Dritten.** Kennenmüssen: § 122 II.

§ 170 Wirkungsdauer der Vollmacht

Wird die Vollmacht durch Erklärung gegenüber einem Dritten erteilt, so bleibt sie diesem gegenüber in Kraft, bis ihm das Erlöschen von dem Vollmachtgeber angezeigt wird.

§ 171 Wirkungsdauer bei Kundgebung

(1) **Hat jemand durch besondere Mitteilung an einen Dritten oder durch öffentliche Bekanntmachung kundgegeben, dass er einen anderen bevollmächtigt habe, so ist dieser auf Grund der Kundgebung im ersteren Falle dem Dritten gegenüber, im letzteren Falle jedem Dritten gegenüber zur Vertretung befugt.**

(2) **Die Vertretungsmacht bleibt bestehen, bis die Kundgebung in derselben Weise, wie sie erfolgt ist, widerrufen wird.**

§ 172 Vollmachtsurkunde

(1) **Der besonderen Mitteilung einer Bevollmächtigung durch den Vollmachtgeber steht es gleich, wenn dieser dem Vertreter eine Vollmachtsurkunde ausgehändigt hat und der Vertreter sie dem Dritten vorlegt.**

(2) **Die Vertretungsmacht bleibt bestehen, bis die Vollmachtsurkunde dem Vollmachtgeber zurückgegeben oder für kraftlos erklärt wird.**

§ 173 Wirkungsdauer bei Kenntnis und fahrlässiger Unkenntnis

Die Vorschriften des § 170, des § 171 Abs. 2 und des § 172 Abs. 2 finden keine Anwendung, wenn der Dritte das Erlöschen der Vertretungsmacht bei der Vornahme des Rechtsgeschäfts kennt oder kennen muss.

Anmerkungen zu den §§ 170–173

1. Allgemeines. §§ 170–173 schützen einen Dritten, der kraft Rechtsscheins auf Entstehen und Fortbestehen einer *Vollmacht* (nicht: des Grundverhältnisses) vertraut und vertrauen darf (BGH NJW 1985, 730 f.). Der Dritte darf **nicht vertrauen,** wenn sich die Nichtigkeit der Vollmacht aus der bes. Mitteilung, öffentl. Bekanntmachung (§ 171) oder Vollmachtsurkunde (§ 172; OLG Karlsruhe NJW 2003, 2690 f.) ergibt. Begründen andere Umstände als die in §§ 171–173 genannten das Vertrauen, so kann die Vollmacht als Duldungsvollmacht zu behandeln sein (BGH NJW 2002, 2327: Duldungsvollmacht als Rechtsscheinvollmacht; insoweit aA → § 167 Rn. 8). Aus welchen Gründen die Vollmacht nichtig ist, ist für §§ 171, 172 und die Anscheins- und Duldungsvollmacht gleichgültig, andere gesetzgeberische Wertung vorbehalten (BGH [XI. ZS] 167, 232 f.; 171, 4 f.; NJW 2008, 1587, je mN; [V. ZS] 2005, 2984, mN; abw. BGHZ (II. ZS) 159, 300 f., dagegen BGH XI. und V. ZS, BGHZ *167, 232 f.*; *NJW 2005, 2984*; → § 134 Rn. 11). – §§ 171, 172 sind **materiellrechtliche Vorschriften,** finden also auf prozessuale Vollmachten (zB für § 794 I Nr. 5 ZPO) keine Anwendung (BGHZ 169, 118), denn §§ 80, 88, 89 ZPO enthalten abschließende Spezialregelungen (BGH NJW 2005, 2986). 1

2. § 170. Vorschrift betrifft wirksam erteilte (Staudinger/Schilken § 170 Rn. 2) Außenvollmacht (→ § 167 Rn. 6), die der Dritte bei Geschäftsabschluss kennt (MüKo-BGB/Schubert § 170 Rn. 1; → Rn. 5). Gilt zB bei internem Widerruf (§ 168 S. 3). Einschränkung in § 173. 2

3. § 171. a) Bevollmächtigung durch öffentl. Bekanntmachung (→ § 167 3
Rn. 6) meint § 171 *nicht.* **b) Bes. Mitteilung und öffentl. Bekanntmachung** 4

betreffen nach dem Ges. eine bereits erteilte Vollmacht, haben also insoweit nur *deklaratorische Bedeutung* (MüKo-BGB/Schubert § 171 Rn. 1, hM; aA Pawlowski JZ 1996, 126 f.; → Rn. 6). Die Mitteilung usw muss den Vertreter nennen und von einem Geschäftsfähigen ausgehen (Schutz des Minderjährigen, → Vor § 104
5 Rn. 23; BGHZ 158, 7). **c) Der Kundgabeakt** (→ Rn. 4) wirkt bei bes. Mitteilung zugunsten des Empfängers, bei öffentl. Bekanntmachung zugunsten jedes Dritten wie eine wirksame Bevollmächtigung (I), muss also bei Vornahme des RGeschäfts bekannt sein, BGH NJW 2008, 3355 (Begründung des Rechtsscheins, daher genügt Zugang allein nicht); Einschränkung in § 173. Beendigung dieser Wirkung durch
6 **Widerruf** (II). **d) Gleichgültig für den Schutz** ist, ob der Kundgabe eine *wirksame* Bevollmächtigung vorausging oder mit ihr verbunden war oder ob die wirksam erteilte Vollmacht erloschen ist (LM Nr. 1 zu § 173). Aber dient die Vollmacht lediglich dem Abschluss von RGeschäften zwischen dem Vertreter und dem Vertretenen, können sich diese im Verhältnis untereinander nicht auf den Gutglaubens-
7 schutz der §§ 171, 172 berufen (BGH NJW 2012, 3425 Rn. 13 mN). **e) Rückwirkende Beseitigung des Rechtsscheins** des Kundgebungsaktes (→ Rn. 4) *durch Anfechtung,* §§ 119 ff., ist ausgeschlossen; sie widerspräche dem Schutzzweck des § 171 (aA die hM: Staudinger/Schilken Rn. 9 mN). Eine *Bevollmächtigung* durch öffentl. Bekanntmachung iSv → Rn. 3 ist zwar anfechtbar, aber der Kundgebungsakt bleibt auch hier wegen des Schutzzwecks von § 171 bestehen. Unbilligkeiten werden durch §§ 173, 142 II vermieden (vgl. BGH NJW 1989, 2880). → § 167 Rn. 11.

8 **4. § 172.** Es gelten dieselben Grundsätze wie bei bes. Mitteilung einer erfolgten Bevollmächtigung (§ 171). Vgl. → Rn. 4–7. Vollmachtsurkunde muss Urschrift oder (bei notarieller Beurkundung) Ausfertigung (§ 47 BeurkG) sein (BGH NJW-RR 2005, 2985). Sie muss bei Geschäftsabschluss, insbes. Vertragsabschluss, dem Dritten vorliegen (BGH NJW 2008, 3355 f. mN), Bezugnahme auf fr Vorlage genügt (BGH NJW-RR 2005, 1419). Notwendig ist zumindest Schriftform (§ 126 I). Wegen der ges. Regelung in §§ 172, 174 S. 1, 175, 176 ist die elektronische Form (§ 126a) ausgeschlossen, § 126 III aE. Schuldhaft ermöglichte Entwendung der Urkunde beim Geschäftsherrn genügt für § 172 nicht (BGHZ 65, 13 ff.; hM). **II:** Anspruch auf Rückgabe § 175, bei Teilwiderruf nur Anspruch auf entspr. Vermerk (BGH NJW 1990, 508); Kraftloserklärung § 176.

9 **5. § 173.** Vorschrift ergreift trotz des Wortlauts auch den Fall, dass die Vollmacht nicht entstanden ist (BGH NJW 1985, 730). Im Rahmen des § 173 besteht keine allg. Überprüfungs- und Erkundigungspflicht (BGHZ 167, 233 f. mN). Entscheidend ist allein Kenntnis oder Kennenmüssen (§ 122 II) des Mangels der Vertretungsmacht, nicht der sie begründenden Umstände (BGHZ 167, 233 mN).

§ 174 Einseitiges Rechtsgeschäft eines Bevollmächtigten

[1]Ein einseitiges Rechtsgeschäft, das ein Bevollmächtigter einem anderen gegenüber vornimmt, ist unwirksam, wenn der Bevollmächtigte eine Vollmachtsurkunde nicht vorlegt und der andere das Rechtsgeschäft aus diesem Grunde unverzüglich zurückweist. [2]Die Zurückweisung ist ausgeschlossen, wenn der Vollmachtgeber den anderen von der Bevollmächtigung in Kenntnis gesetzt hatte.

1 **1. Voraussetzungen.** § 174 zieht die Konsequenz aus §§ 180 S. 1, 172 II (→ § 111) und sichert, dass die Vollmacht (noch) besteht. **Anwendungsbereich:** Er gilt nur für **einseitige empfangsbedürftige RGeschäfte** (Begriff → Vor § 104 Rn. 8), zB Kündigung (BAG NJW 1981, 2374 f.), ebenso (analog) für Vertragsannahme (nicht: -antrag) durch Vertreter (BGH NJW-RR 2007, 1706; Staudinger/Schilken Rn. 2; hM), Mieterhöhungsverlangen gem. § 558 (OLG Hamm NJW 1982, 2076 f. zu § 2 MHRG; BGH NJW 2003, 964 lässt offen), **geschäftsähnliche**

Handlungen (BGH NJW 2011, 2120 Rn. 13; BGH NJW 1983, 1542 beide zur verzugsbegründenden Mahnung; BGH NJW-RR 2022, 1093, 1094 Rn. 60), allerdings nur soweit, wie den spezifischen Eigenarten und der Interessenlage bei der in Frage stehenden geschäftsähnlichen Handlung jeweils Rechnung zu tragen ist (BGH NJW-RR 2022, 1093, 1094 Rn. 60: § 174 nicht analog bei Rüge nach § 556g II aF; BGH NJW 2001, 289: nicht analog für Anspruchsgeltendmachung nach § 651g I: § 651g I 2). Vollmachtsurkunde muss sich auf dieses RGeschäft beziehen (BAG AnwBl 80, 149). **Vorzulegen** ist Urschrift oder (bei notarieller Beurkundung) Ausfertigung (§ 47 BeurkG; s. BGHZ 102, 63). Beglaubigte Kopie (BGH NJW 1994, 1472) oder Telefax (OLG Hamm NJW 1991, 1185 f.; BGH NJW-RR 2018, 116, 118 Rn. 26) genügt nicht; Schriftform kann wegen der ges. Regelung nicht durch elektronische Form ersetzt werden (s. § 126 III aE; → §§ 170–173 Rn. 8). § 174 gilt für Bevollmächtigte aller Art, auch Anwälte (aber unanwendbar im Bereich von § 651g I 2, ferner für Erklärungen im ges. Umfang der Prozessvollmacht, BGH NJW 2003, 964; 2004, 840, 845). Keine Anwendung auf Abmahnung, die mit einem Angebot zum Abschluss eines Unterwerfungsvertrags verbunden ist, da Vertretererklärung auch nachträglich genehmigt werden kann, §§ 177, 179 (hM, LG Bielefeld BeckRS 2018, 17298 Rn. 23; BGH NJW-RR 2011, 335, 336 Rn. 13 mN; aA). Auch sonst keine Anwendung auf Abmahnung, da Abmahnung Realakt ist. Sie weist Abgemahnten lediglich auf das Bestehen eines bestimmten Unterlassungsanspruchs hin, sie ist nicht auf das Setzen einer Rechtsfolge gerichtet (OLG Köln WRP 1985, 360, 361; OLG Karlsruhe NJW-RR 1990, 1323; OLG Frankfurt a. M. OLGR 2001, 270; aA [§ 174 ist anwendbar, da geschäftsähnliche Handlung OLG Nürnberg, WRP 1991, 522, 523]; OLG Dresden, NJWE-WettbR 1999, 140, 141; OLG Düsseldorf, GRUR-RR 2001, 286, BeckRS 2007, 14118). **Personenkreis:** Unanwendbar auf ges. Vertreter (Begriff → § 164 Rn. 6), RGZ 74, 265; BAG NJW 2008, 1759, grundsätzlich auch nicht auf organschaftlichen Vertreter, wohl aber auf Vertreter einer GbR, BGH NJW 2002, 1195 mN, (jedenfalls entspr.) anwendbar auf (zB gem. § 125 II 2 HGB) ermächtigten ges. Gesamtvertreter (BAG NJW 1981, 2374; BGH NJW 2002, 1195; → § 167 Rn. 5 vor a). **Unverzüglich:** § 121 I 1; schließt Überlegungsfrist nicht stets aus. **Beweis:** Berechtigung zur Zurückweisung hat darzulegen und zu beweisen, wer sich auf deren Rechtzeitigkeit beruft (BGH NJW 2001, 221). Bei Kündigung durch Personalchef ist **S. 1** ausgeschlossen, da (zu kündigende) **Betriebsangehörige** durch Bestellung des Kündigungsberechtigten iSv **S. 2** in Kenntnis gesetzt sind (BAG NJW 1997, 1868; sa OLG Frankfurt a. M. NJW-RR 1996, 10). Zur **Abdingbarkeit:** OLG Köln BeckRS 2019, 8944 Rn. 21.

2. Rechtsfolge der Zurückweisung. Zurückweisung bewirkt die **Unwirksamkeit** des RGeschäfts, **S. 1.** Gleichgültig ist, ob der „Bevollmächtigte" wirksam bevollmächtigt war (Staudinger/Schilken Rn. 12). §§ 177 (Genehmigung), 179 (Haftung) scheiden wegen der Unwirksamkeit aus. 2

§ 175 Rückgabe der Vollmachtsurkunde

Nach dem Erlöschen der Vollmacht hat der Bevollmächtigte die Vollmachtsurkunde dem Vollmachtgeber zurückzugeben; ein Zurückbehaltungsrecht steht ihm nicht zu.

Zweck. Schutz des Vollmachtgebers vor Urkundenmissbrauch, s. § 172 II.

§ 176 Kraftloserklärung der Vollmachtsurkunde

(1) [1]**Der Vollmachtgeber kann die Vollmachtsurkunde durch eine öffentliche Bekanntmachung für kraftlos erklären; die Kraftloserklärung muss nach den für die öffentliche Zustellung einer Ladung geltenden Vorschriften der**

Zivilprozessordnung veröffentlicht werden. [2]Mit dem Ablauf eines Monats nach der letzten Einrückung in die öffentlichen Blätter wird die Kraftloserklärung wirksam.

(2) **Zuständig für die Bewilligung der Veröffentlichung ist sowohl das Amtsgericht, in dessen Bezirk der Vollmachtgeber seinen allgemeinen Gerichtsstand hat, als das Amtsgericht, welches für die Klage auf Rückgabe der Urkunde, abgesehen von dem Wert des Streitgegenstands, zuständig sein würde.**

(3) **Die Kraftloserklärung ist unwirksam, wenn der Vollmachtgeber die Vollmacht nicht widerrufen kann.**

Keine gerichtl. Prüfung der Kraftloserklärung, lediglich gerichtl. Bewilligung der Veröffentlichung (Verfahren der fG). Öffentl. Zustellung: § 185 ZPO. Zur unwiderruflichen Vollmacht (III) vgl. → § 168 Rn. 6.

§ 177 Vertragsschluss durch Vertreter ohne Vertretungsmacht

(1) **Schließt jemand ohne Vertretungsmacht im Namen eines anderen einen Vertrag, so hängt die Wirksamkeit des Vertrags für und gegen den Vertretenen von dessen Genehmigung ab.**

(2) **[1]Fordert der andere Teil den Vertretenen zur Erklärung über die Genehmigung auf, so kann die Erklärung nur ihm gegenüber erfolgen; eine vor der Aufforderung dem Vertreter gegenüber erklärte Genehmigung oder Verweigerung der Genehmigung wird unwirksam. [2]Die Genehmigung kann nur bis zum Ablauf von zwei Wochen nach dem Empfang der Aufforderung erklärt werden; wird sie nicht erklärt, so gilt sie als verweigert.**

1 **1. Anwendungsbereich. a) Die Wirkungen der Stellvertretung** (→ § 164 Rn. 10) treten **nicht** ein, wenn die Vertretungsmacht bei Abgabe (nicht erst bei Zugang, str.) oder Empfang der Willenserklärung fehlt (→ § 164 I 1, III). Ist das Vertretergeschäft ein Vertrag, so gelten die §§ 177–179; ist es ein einseitiges RGeschäft, dann gilt § 180. §§ 177 f., 180 sind den §§ 108 f., 111 nachgebildet; s. Anm. dort. Zur kritischen Auseinandersetzung mit System der §§ 108 f. und §§ 177 f. s.
2 Albers AcP 217, 766 ff. **b) Unzulässigkeit** einer Stellvertretung (→ § 164 Rn. 9) macht die §§ 177–180 unanwendbar.

3 **2. Vertreter ohne Vertretungsmacht. Die Vertretungsmacht fehlt,** wenn und soweit sie **a) nicht wirksam erteilt oder wieder erloschen** ist (und keine
4 Rechtsscheinvollmacht [→ § 167 Rn. 9; → §§ 170–173 Rn. 1] vorliegt); **b) überschritten** wird (bewusst oder unbewusst). Deckt sie einen abgrenzbaren Teil des
5 Vertretergeschäfts, so greift § 139 ein (vgl. BGHZ 103, 278); **c) von ihr kein Gebrauch** gemacht wird, BGH NJW 2009, 3793 mN (muss erkennbar sein). Zum Schicksal der vollmachtlos abgegebenen Erklärungen s. BGH NJW 2009, 3793. **d)** Vgl. ferner → Rn. 7–9.

6 **3. Schwebende Unwirksamkeit. Ein Vertrag** (jeder Art, soweit Vertretung zulässig, → Rn. 2), der ohne Vertretungsmacht geschlossen wird, ist zunächst schwebend unwirksam (ausführlich zum Begriff: Djurein, Schwebende Unwirksamkeit, 2021, 25 ff.; zur Rechtslage während der Schwebezeit: 200 ff.), so dass weder Erfüllung noch Schadensersatz statt der Leistung (§ 283) verlangt werden kann; die Vereinbarung von Leistungspflichten, die hinter den Hauptpflichten zurückbleiben, ist möglich (BGH NJW 1999, 1329; → § 182 Rn. 2). Mit *Genehmigung* (zur Wirkweise und Rechtsnatur der Genehmigung eingehend Klingbeil, ZfPW 2020, 150, 161 f.) wird der Vertrag rückwirkend (§ 184 I) wirksam, mit ihrer *Verweigerung* (→ § 108 Rn. 1) endgültig unwirksam, jeweils vorbehaltlich II 1 Hs. 2. Erklärungsempfänger: § 182 I, modifiziert durch § 177 II 1 Hs. 1. Genehmigung ist stets formfrei (§ 182 II), denn sie erfolgt *nachträglich* (§ 184 I) und ist kraft Ges. unwiderruflich

(arg. e contrario aus § 183 S. 1); das unterscheidet sie von der einwilligungsähnlichen Bevollmächtigung, die *vorher* erfolgt (arg. I) und nur kraft bes. Abrede unwiderruflich ist (→ § 168 Rn. 6), weshalb sie (nur) ausnahmsweise formbedürftig ist (→ § 167 Rn. 10); zutr. Wieling Anm. LM Nr. 5 zu § 183 mit BGHZ 125, 221 ff.; NJW 1998, 1484; 2000, 2274). Einschränkung der Rückwirkung gem. § 184 II. Vertragsgegner kann auf Beendigung des Schwebezustands dringen: **II,** → § 108 Rn. 2, → § 178 Rn. 1. Genehmigung hat dieselbe Wirkung wie Vertragsschluss mit Vertretungsmacht (→ § 164 Rn. 10). Genehmigen kann der Vertretene oder sein Vertreter (das kann auch der vertragschließende Vertreter sein, wenn er nunmehr Vertretungsmacht hat, BGH NJW-RR 1994, 293). Ein Anspruch auf Genehmigung besteht grundsätzlich nicht. Zur Genehmigung durch *Gesamtvertreter* BGHZ 184, 42. Zur *schlüssigen* Genehmigung → § 108 Rn. 1 aE. Zum *Zeitpunkt* → § 184 Rn. 2. Kann sich ein Vertragspartner nach § 242 nicht auf die Unwirksamkeit der Vollmacht des Vertreters der Gegenseite berufen, kann er aus dem gleichen Grund nicht seine Rechte aus § 177 II, 178 geltend machen (BGH NJW 2012, 3424 Rn. 19f mN).

4. Entspr. Anwendung. Entspr. gelten die §§ 177–180 **a) bei Missbrauch** der 7
Vertretungsmacht (BGH BeckRS 2016, 14019 → § 164 Rn. 8); **b) bei Handeln** 8
unter fremdem (falschem) Namen (dh dem Namen einer existierenden anderen Person), wenn für den Geschäftsgegner die Person (gilt entspr. auch im Internetverkehr, OLG Köln NJW 2006, 1676 f.) des Namensträgers entscheidend ist (A gibt sich für den notorisch reichen B aus, um Kredit zu erschwindeln: Täuschung über die Identität). Keine Stellvertretung (BGH NJW 1991, 40), auch kein Eigengeschäft des A (arg. § 164 II); daher §§ 177 ff. entspr. anwendbar (aber auch §§ 164 ff.; zur Bedeutung BGHZ 45, 195 f.; NJW-RR 2006, 702). Kommt es dem Geschäftsgegner auf den Handelnden, nicht auf den Namensträger an, dann liegt Eigengeschäft des Handelnden vor (BGH NJW-RR 2006, 702 mN). Diese Unterscheidung ist auch beim gutgl. Erwerb zu beachten (vgl. Giegerich und Mittenzwei NJW 1986, 1975 f., 2472 ff.; OLG Düsseldorf NJW 1989, 906 f.; zur Gutgläubigkeit bei Kauf eines unterschlagenen Pkw → § 164 Rn. 14 zu BGH NJW 2013, 1946 f.; dazu M. Schwab JuS 2014, 0265); **c) bei Handeln eines Boten,** der bewusst entweder 9
vom erteilten Auftrag abweicht oder ohne Auftrag handelt (→ § 120 Rn. 4). **d)** Zur entspr. Anwendung allein von § 179 vgl. → § 179 Rn. 11.

§ 178 Widerrufsrecht des anderen Teils

[1]Bis zur Genehmigung des Vertrags ist der andere Teil zum Widerruf berechtigt, es sei denn, dass er den Mangel der Vertretungsmacht bei dem Abschluss des Vertrags gekannt hat. [2]Der Widerruf kann auch dem Vertreter gegenüber erklärt werden.

Zweck. Schutz des kenntnislosen Vertragsgegners (bei Kenntnis bleibt nur 1
§ 177 II). Widerruf muss zeigen, dass Vertreterhandeln unwirksam sein soll (BAG NJW 1996, 2595). Er macht den Vertrag endgültig unwirksam.

§ 179 Haftung des Vertreters ohne Vertretungsmacht

(1) **Wer als Vertreter einen Vertrag geschlossen hat, ist, sofern er nicht seine Vertretungsmacht nachweist, dem anderen Teil nach dessen Wahl zur Erfüllung oder zum Schadensersatz verpflichtet, wenn der Vertretene die Genehmigung des Vertrags verweigert.**

(2) **Hat der Vertreter den Mangel der Vertretungsmacht nicht gekannt, so ist er nur zum Ersatz desjenigen Schadens verpflichtet, welchen der andere Teil dadurch erleidet, dass er auf die Vertretungsmacht vertraut, jedoch nicht über den Betrag des Interesses hinaus, welches der andere Teil an der Wirksamkeit des Vertrags hat.**

(3) [1]**Der Vertreter haftet nicht, wenn der andere Teil den Mangel der Vertretungsmacht kannte oder kennen musste.** [2]**Der Vertreter haftet auch dann nicht, wenn er in der Geschäftsfähigkeit beschränkt war, es sei denn, dass er mit Zustimmung seines gesetzlichen Vertreters gehandelt hat.**

1 **1. Allgemeines. a) Haftung nach § 179 I, II** setzt *Verweigerung der Genehmigung* voraus (§ 177 II 2 Hs. 2 genügt), außerdem *Fehlen der Vertretungsmacht* (Beweislast
2 → Rn. 5); weiterer Fall → § 164 Rn. 4. § 179 betrifft Verträge aller Art. **b) Art der fehlenden Vertretungsmacht** (rechtsgeschäftliche, ges; → § 164 Rn. 6) ist
3 gleich (vgl. BGHZ 39, 52). **c) Der Untervertreter** ist Vertreter des Hauptvollmachtgebers (→ § 167 Rn. 4). Von diesem leitet er, vermittelt durch den Hauptvertreter, seine Vertretungsmacht ab. Daher soll er gem. § 179 sowohl bei Fehlen oder Nichterweislichkeit der Haupt- wie der Untervollmacht haften (Soergel/Leptien § 167 Rn. 62 mN). Das ist für den Untervertreter zu hart, für den Geschäftsgegner zu günstig, wenn der Untervertreter vom vollmachtlosen Hauptvertreter bevollmächtigt worden ist und die mehrstufige Vertretung aufgedeckt hat; dann haftet der Unterbevollmächtigte gem. § 179 nur für Bestand und Nachweis der Untervollmacht als solcher, iÜ haftet der Hauptvertreter (BGHZ 68, 394 ff.; iE ebenso Flume II § 49 Rn. 5; trotz anderen Ausgangspunktes – vgl. → § 167 Rn. 4 – auch BGHZ 32, 254 f.; BB 1963, 1193). Ohne Offenlegung sowie bei gültiger Haupt-, aber
4 fehlender Untervollmacht haftet er gem. § 179. **d) § 179 begründet ges. Garantiehaftung (Vertrauenshaftung)** des Vertreters aus von ihm veranlasstem Vertrauen (BGHZ 147, 390; NJW-RR 2005, 268). § 179 setzt voraus, dass nur die Vertretungsmacht fehlt (vgl. RGZ 145, 43); daher keine Haftung bei Widerruf gem. § 178, bei Geschäftsunfähigkeit des Vertreters (arg. § 165), bei Nichtigkeit gem. §§ 125 (BGH NJW-RR 2009, 383), 134, 138, 142 I. UU ist § 179 entspr. anwend-
5 bar (→ Rn. 11). **e) Haftungsschema. aa) Vertreter haftet nicht:** wenn er mit Vertretungsmacht gehandelt hat (*Beweislast* für deren Begründung bei ihm); wenn der Gegner gem. § 178 widerruft oder den Mangel der Vertretungsmacht bei Vertragsschluss kannte oder fahrlässig nicht kannte (**III 1,** § 122 II; Erkundigungspflicht nur bei Anhalt für Fehlen der Vertretungsmacht, BGHZ 147, 385; NJW-RR 2005, 268); wenn der Vertreter geschäftsunfähig war (→ Rn. 4) oder als beschränkt Geschäftsfähiger ohne Zustimmung des ges. Vertreters gehandelt hat **(III 2)** (für eine telelogische Reduktion auf Fälle einer Bevollmächtigung des beschränkt Geschäftsfähigen durch Dritte: Boss, Jura 2022, 10**);** wenn der Vertreter wegen arglistiger Täuschung angefochten hat (BGH NJW 2002, 1868). **bb) Vertreter haftet gem. II** auf das Vertrauensinteresse, wenn ihm der Nachweis nach aa nicht gelingt (*Beweislast* bei ihm), er aber seine Unkenntnis des Mangels nachweisen kann (*Beweislast* bei ihm). **cc) Vertreter haftet gem. I,** wenn ihm auch nicht der Nachweis nach bb (*Beweislast* bei ihm) gelingt.

6 **2. Haftung nach I.** Gem. I haftet der Vertreter auf Erfüllung oder Schadensersatz (zur Haftungsbefreiung und -begrenzung gem. II, III, vgl. → Rn. 5 [aa, bb]).
7 **a) §§ 263 ff.** (Wahlschuld) sind anwendbar (RGZ 154, 61 f.). **b) Erfüllungsverlangen** macht den Vertrag nicht wirksam, den Vertreter rechtlich nicht zur Vertragspartei (BGHZ 68, 360 f.; BAG NJW 2003, 2554). Daher beruht der Erfüllungsanspruch auf Ges. (BGH NJW 1991, 40). Inhalt und Abwicklung bestimmen sich wie bei Wirksamkeit des Vertrags (RGZ 120, 128 f.), zB gem. §§ 320 ff. (wichtig, weil Vertreter vor Erbringen der eigenen Leistung keinen Erfüllungsanspruch hat, BGH
8 NJW 2001, 3185; BAG NJW 2003, 2554). **c) Schadensersatz** umfasst das Erfüllungsinteresse; geht nur auf Geld, da Naturalherstellung (§ 249 S. 1) „Erfüllung" wäre.

9 **3. *Haftung nach II.*** Haftung iSd II geht nur auf Ersatz des Vertrauensinteresses (→ § 122 Rn. 3). Kein Erfüllungsanspruch.

10 **4. Haftungsausschluss. a)** Zum Haftungsausschluss nach **III 1** vgl. → Rn. 5 (aa, auch bb). **b) III 2** schützt den beschränkt Geschäftsfähigen gegen ges. Garantiehaftung (→ Rn. 4). Zustimmung: §§ 183 S. 1, 184 I.

5. Entsprechende Anwendung. Ist der **Vertretene außerstande,** den Vertrag wirksam **zu genehmigen** (zB mangels Existenz, wegen fehlender Rechts- oder Geschäftsfähigkeit), so haftet der Vertreter entspr. § 179 (mit Haftungsausschluss nach III 1, BGH NJW 2009, 216 f.), wenn und weil er zum Ausdruck gebracht hat, eine existente rechts- und geschäftsfähige Person mit Vertretungsmacht zu vertreten (vgl. BGH NJW 1996, 1054). UU besteht Wahlrecht nach I (RGZ 106, 74). 11

6. Verjährung. Sämtliche Ansprüche aus § 179 **verjähren** ab Verweigerung der Genehmigung in der Frist, die für den Erfüllungsanspruch aus dem nicht genehmigten Vertrag gegolten hätte (BGHZ 73, 269 ff.). 12

7. Beweislast. → Rn. 5. 13

§ 180 Einseitiges Rechtsgeschäft

[1]Bei einem einseitigen Rechtsgeschäft ist Vertretung ohne Vertretungsmacht unzulässig. [2]Hat jedoch derjenige, welchem gegenüber ein solches Rechtsgeschäft vorzunehmen war, die von dem Vertreter behauptete Vertretungsmacht bei der Vornahme des Rechtsgeschäfts nicht beanstandet oder ist er damit einverstanden gewesen, dass der Vertreter ohne Vertretungsmacht handele, so finden die Vorschriften über Verträge entsprechende Anwendung. [3]Das Gleiche gilt, wenn ein einseitiges Rechtsgeschäft gegenüber einem Vertreter ohne Vertretungsmacht mit dessen Einverständnis vorgenommen wird.

1. Grundsatz. Einseitige RGeschäfte von oder gegenüber einem machtlosen Vertreter sind nichtig und nicht genehmigungsfähig. Das gilt ausnahmslos für nichtempfangsbedürftige Willenserklärungen (Begriff: → Vor § 104 Rn. 8), zB Auslobung; für empfangsbedürftige → Rn. 2. 1

2. Ausnahmen (S. 2, 3). a) Beanstandung ist unverzügliche (§ 121 I 1) Zurückweisung (→ § 174 Rn. 1; OLG Köln NJW-RR 1995, 1464). S. 3 betrifft Passivvertretung, der Empfänger spielt sich als Vertreter auf. Es gelten §§ 177–179. **b)** Ob weitere Ausnahme für amtsempfangsbedürftige Willenserklärungen (Begriff: → Vor § 104 Rn. 8) gilt, ist str. 2

§ 181 Insichgeschäft

Ein Vertreter kann, soweit nicht ein anderes ihm gestattet ist, im Namen des Vertretenen mit sich im eigenen Namen oder als Vertreter eines Dritten ein Rechtsgeschäft nicht vornehmen, es sei denn, dass das Rechtsgeschäft ausschließlich in der Erfüllung einer Verbindlichkeit besteht.

Lit.: Honsell, Das Insichgeschäft nach § 181 BGB – Grundfragen und Anwendungsbereich, JA 1977, 55; Hübner, Interessenkonflikt und Vertretungsmacht, 1977; Lipp, Das Verbot des Selbstkontrahierens im Minderjährigenrecht, JA 2015, 477; Lobinger, Ein Beitrag zur historisch-systematischen Restriktion von § 181 letzter HS BGB, AcP 2013, 366.

1. Allgemeines. § 181 enthält ges. Begrenzung der – iÜ vorhandenen – Vertretungsmacht. Fehlt diese überhaupt, so scheidet § 181 aus. Die Vorschrift enthält kein ges. Verbot, sondern beschränkt das rechtliche Können (→ § 134 Rn. 3) für sog. **Insichgeschäfte** (→ Rn. 4). 1

2. Persönlicher Geltungsbereich. Gilt für alle Arten von Vertretern iSv → § 164 Rn. 6, außerdem entspr. für Amtsverwalter (→ § 164 Rn. 13): Testamentsvollstrecker (BGHZ 108, 24), Insolvenzverwalter (BGHZ 113, 270 für Konkursverwalter), Zwangsverwalter, Nachlassverwalter. 2

3. Sachlicher Geltungsbereich. a) Erfasst werden RGeschäfte, bei denen Vertretung zulässig ist (→ § 164 Rn. 9) und die einem anderen gegenüber vorzuneh- 3

men sind. Letzteres ist notwendig, weil § 181 **Personenidentität** auf beiden Seiten des RGeschäfts voraussetzt (→ Rn. 5, 6). Ein „Gegenüber" fehlt bei nichtempfangsbedürftigen einseitigen RGeschäften wie Auslobung (§ 657), Eigentumsaufgabe
4 (§ 959). **b) Zwei Arten** des Insichgeschäfts sind erfasst: **aa) Selbstkontrahieren** (Geschäftsvornahme „im Namen des Vertretenen mit sich im eigenen Namen"); Bsp: Vertreter des Verkäufers schließt mit sich als Käufer einen Kaufvertrag oder erklärt als Käufer an sich als Verkäufervertreter die Kaufpreisminderung; **bb) Mehrvertretung** (Geschäftsvornahme „im Namen des Vertretenen mit sich als Vertreter eines Dritten"); Bsp: A vertritt Verkäufer und Käufer beim Kaufabschluss (zu Treu-
5 handvertrag Eltern mit Kind s. BGH NJW 2017, 3516, 3517 Rn. 17). **c) Fehlt Personenidentität** auf beiden Seiten des RGeschäfts, so ist § 181 grundsätzlich unanwendbar (aber → Rn. 8). Sie fehlt (auch), wenn Vertreter das Geschäft zugleich für den Vertretenen und sich selbst einem Dritten gegenüber vornimmt (RGZ 127, 105 f.; → § 164 Rn. 3; Bsp: M kündigt für sich und seine Frau [Mitmieterin] den Mietvertrag). Sie fehlt ferner (auch), wenn der Vertreter mehrere Personen auf einer Seite gegenüber einem Dritten vertritt (BGHZ 50, 10; Bsp: A kündigt im Namen
6 des Mieter-Ehepaars). **d) Nach seinem Wortlaut** unterbindet § 181 Insichgeschäfte im Falle der Personenidentität (→ Rn. 3, 5). Das ist ein leicht feststellbares formales Kriterium und macht § 181 zu einer formalen Ordnungsvorschrift (BGH WM 1981, 66), zumindest im Grundsatz (BGHZ 113, 270 mN). Die mit § 181 verfolgte *Abwehr einer Interessenkollision* ist dann nur gesetzgeberisches Motiv, und für die Anwendung von § 181 ist es weder nötig noch ausreichend, dass im Einzelfall eine Interessenkollision besteht (BGHZ 50, 11 mN; zust. 113, 270; sa BFH NJW-RR 2000, 1196 f.; fr. hM). Dieses Gesetzesverständnis führt zu *unbefriedigenden Ergebnissen:* § 181 ist anwendbar, wenn Personenidentität, aber keine Interessenkollision besteht; er ist unanwendbar, wenn Interessenkollision gegeben ist, aber keine Personenidentität. Daher liegt es nahe, im ersten Fall § 181 einzuschränken (vgl. → Rn. 7), im zweiten auszudehnen (vgl. → Rn. 8). Die Kriterien der Grenzzie-
7 hung sind jedoch fragwürdig. **aa) Personenidentität ohne Interessenkollision.** Fehlt Interessenkollision nur im Einzelfall, so ist § 181 anwendbar (BGHZ 56, 102). Er ist *unanwendbar,* wenn in einem fest umrissenen Rechtsbereich die Gefahr einer Interessenkollision schlechthin, dh ohne Rücksicht auf den Einzelfall, nicht besteht (s. KG NJW 2017, 2358 Rn. 6). Beide Voraussetzungen – *genau abgegrenzter Rechtsbereich, Interessenkollision abstrakt undenkbar* – liegen nach BGHZ 52, 318; 65, 96 ff. vor bei gewöhnlichen Gesellschafterbeschlüssen (zweifelhaft); § 181 aber anwendbar bei Vertragsänderungen (BGH NJW 1961, 724 [OHG-Vertrag]; 89, 169 [GmbH-Satzung]), ebenfalls für Geschäftsführerwahl bei GbR (BGHZ 112, 340 ff.). § 181 ist ferner *anwendbar* bei Insichgeschäften des geschäftsführenden Alleingesellschafters einer GmbH (§ 35 IV GmbHG, dazu Kreutz FS Mühl, 1981, 409 ff.; abw zum alten Recht BGHZ 95, 95 f., dazu krit. BGHZ 94, 236), erst recht bei gewöhnlichem Geschäftsführer; Ausschluss durch Satzung(sänderung) möglich, Eintragung ins Handelsregister nötig (OLG Köln NJW 1993, 1018 mN). § 181 ist ferner anwendbar bei Insichgeschäften, die dem Vertretenen lediglich einen rechtlichen Vorteil bringen, da dieser Rechtsbereich nicht fest umrissen ist (aA BGH NJW 2017, 3516, 3517 Rn. 17; NJW 1989, 2543 mN; BFH NJW 1993, 1415; → § 107 Rn. 2–5), außerdem würde sonst allg. die Möglichkeit aufgedrängter Schenkungen geschaffen (Schubert WM 1978, 291 ff.; übergangen in BGHZ 94, 236). Nicht anwendbar, wenn Prokurist einer Veräußerergesellschaft einerseits für diese Auflassung als Verkäuferin und andererseits als Bevollmächtigter des Erwerbers auch deren Auflassung
8 in deren Namen erklärt (KG NJW 2017, 2358). **bb) Interessenkollision ohne Personenidentität** besteht bei *einseitigen amtsempfangsbedürftigen Erklärungen* (→ Vor § 104 Rn. 8), die der Vertreter gegenüber einer *Behörde* (einem *Gericht*) statt (wie auch möglich) an sich selbst als sachlich Betroffenen abgibt (Bsp: Eigentümer erklärt als Vertreter des Hypothekars die Aufgabe der Hypothek gegenüber dem Grundbuchamt statt an sich, § 875 I 2); hier gilt § 181 (BGHZ 77, 9 f.). Unanwendbar soll er bei einseitigen (privat-)empfangsbedürftigen Erklärungen mit Empfängerwahl

(Hauptfall: § 182 I) sein (BGHZ 94, 137; krit. Anm. Hübner JZ 1985, 745 f.); Bsp: Vertreter schließt Vertrag und erklärt seine notwendige Zustimmung dem Gegner, nicht sich. – § 181 gilt *analog:* Der Vertreter bestellt einen *Untervertreter* (bzw. für sich einen Eigenvertreter) und kontrahiert mit ihm in eigenem (bzw. fremdem) Namen (BGH NJW 1991, 692; aA RGZ 157, 31 f.); ein *Gesamtvertreter einer OHG* (KG) schließt für sich einen Pachtvertrag mit seiner Gesellschaft, die dabei vom anderen Gesamtvertreter auf Grund einer Ermächtigung (§ 125 II 2 HGB) vertreten wird (aA BGHZ 64, 74 ff.); GmbH, vertreten durch zwei Prokuristen, kontrahiert mit eV-Vorstand, der zugleich Geschäftsführer der GmbH ist (aA BGHZ 91, 336 f.). – *Keine Analogie* bei sog. *Interzession* (= Eintreten für die Schuld eines anderen), Bsp: Vertreter schließt in fremdem Namen einen *Bürgschaftsvertrag für eigene Schuld* (BAG NJW 2004, 2613); hier liegt Überschreiten oder erkannter Missbrauch der Vertretungsmacht vor mit den gleichen Folgen wie bei Verstoß gegen § 181 (vgl. → Rn. 14; → § 164 Rn. 7, 8).

4. Erlaubtes Insichgeschäft. a) Gestattung. Verschiedene Möglichkeiten: 9
aa) Die Vollmacht (→ § 167 Rn. 1) kann auch die Vornahme von Insichgeschäften umfassen; das muss eindeutig sein (Auslegungsfrage, vgl. KG DR 43, 802). **bb) Selbstständige Gestattung** durch Einwilligung (§ 183), die selbst § 181 unterfällt (BGHZ 58, 118) und schlüssig erklärt werden kann (BGH BB 1971, 1213; zur konkludenten Genehmigung BGHZ 184, 42; → § 108 Rn. 1 aE); § 108. Sie betrifft meist ein Einzelgeschäft. Ist dem Vertreter das Insichgeschäft nicht gestattet, so kann er es auch nicht einem Untervertreter gestatten, weil ihm insoweit die Vertretungsmacht fehlt (vgl. BGHZ 64, 74); folglich kann er ein Insichgeschäft des Untervertreters auch nicht genehmigen (Harder AcP 170, 302 ff. mN; aA KG DR 41, 997). **cc) Bei ges. Vertretung** (→ § 164 Rn. 6) Gestattung insbes. durch Ges. (zB § 10 III BBiG für Berufsausbildungsvertrag). Nach hM kann das Gericht nicht gestatten (BGHZ 21, 234; OLG Hamm FamRZ 1993, 1124; Staudinger/Schilken Rn. 57); idR ist ein Pfleger zu bestellen, § 1909. **dd) Gestattung durch Verkehrsübung** (Flume II § 48 Rn. 6; fr. hM), zB Geldwechseln durch Kassierer für sich selbst. Hierher gehören auch verkehrsübliche (also nicht alle) Schenkungen von Eltern an geschäftsunfähiges Kind (Flume II § 48 Rn. 6 [zum Vollzug → § 930 Rn. 15]; aA BGHZ 59, 240 f.: § 181 unanwendbar, vgl. → Rn. 7). **b) Erfüllung einer Verbindlichkeit** des Vertre- 10
tenen gegen den Vertreter oder umgekehrt. Nur reines Erfüllungsgeschäft (BGH DNotZ 2016, 115 Rn. 8); nicht: Leistung an Erfüllungs Statt, Erfüllung unter Preisgabe einer Einrede des Vertretenen (MüKo-BGB/Schubert Rn. 84), Aufrechnung, wenn nur Vertretener dazu berechtigt ist (Soergel/Leptien 43; aA MüKo-BGB/Schubert Rn. 95, hM). Die Verbindlichkeit muss wirksam sein und nicht erst, wie bei § 311b I 2 (fr. § 313 S. 2), durch Erfüllung wirksam werden (BGH FamRZ 1961, 475). *Erlaubtes Insichgeschäft* liegt *nicht* vor, wenn der ges. Vertreter seine Verbindlichkeit aus einer nach § 107 wirksamen Schenkung an den beschränkt geschäftsfähigen Vertretenen (Minderjährigen, § 106) durch ein RGeschäft erfüllt oder dieses genehmigt, das für den Vertretenen nachteilig ist (§§ 107, 108 I); Grund: Die ges. Gestattung des Insichgeschäfts darf den Schutz der §§ 107, 108 nicht ausschalten; deshalb bedarf es einer teleologischen Reduktion von § 181 Hs. 2, (Jauernig JuS 1982, 576 f.; zust. MüKo-BGB/Schubert 98; Staudinger/Schilken Rn. 62a; sa BayObLG ZNotP 1997, 114; nur iE ebenso BGHZ 78, 33 ff. und BayObLG NJW 1998, 3575 f. auf Grund einer „Gesamtbetrachtung" von vorteilhafter Schenkung und nachteiligem Erfüllungsgeschäft, → § 107 Rn. 2); Folge: Pflegerbestellung, § 1909, nötig. BGHZ 161, 170 ff. betrifft den umgekehrten Fall: nachteilige Schenkung, vorteilhaftes Erfüllungsgeschäft bei dem eine „Gesamtbetrachtung" wegen schwebender Unwirksamkeit der Schenkung (§§ 107, 108) von vornherein ausscheidet (Jauernig JuS 1982, 576 f.; zust. BGHZ 161, 174 f.). **c) Durch teleologische Reduktion** des § 181 Hs. 1 hat die Rspr. 11
weitere Fallgruppen erlaubter Insichgeschäfte geschaffen (→ Rn. 7). **d) Nach außen** 12
erkennbar muss das Insichgeschäft sein (BGH NJW 1991, 1730). Wichtig insbes. bei dinglichen Verfügungen (vgl. RGZ 116, 202; 140, 230; → § 930 Rn. 18).

13 **e) Bewusster Missbrauch** der Vertretungsmacht beim Selbstkontrahieren (→ Rn. 4 aa) **zum Nachteil** des Vertretenen macht Vertretergeschäft nichtig, § 138 I (BGH NZG 2021, 239, 240 f. Rn. 10; BGH NZG 2018, 221, 223 Rn. 25 = K.Schmidt JuS 2018, 997; BGH NJW-RR 1993, 370; Staudinger/Schilken § 167 Rn. 93; MüKo-BGB/Schubert § 164 Rn. 223); allg. zum Missbrauch der Vertretungsmacht und zu Kollusion → § 164 Rn. 8.

14 **5. Verletzungsfolgen.** § 181 enthält eine ges. Begrenzung der Vertretungsmacht, die der Geschäftsherr durch vorherige Gestattung aufheben kann (→ Rn. 9). Um auch eine nachträgliche Gestattung (= Genehmigung) zuzulassen, ist trotz des Gesetzeswortlauts („kann nicht") das unerlaubte Insichgeschäft nur schwebend unwirksam (→ Vor § 104 Rn. 18, 20); §§ 177–180 sind anwendbar (BGH NJW-RR 1994, 292 f.; NJW 1995, 728). Genehmigung des Geschäfts (§§ 177, 180 S. 2, 3) ist auch durch die Erben des Vertretenen möglich (OLG Hamm MDR 1979, 227 f.), im Fall → Rn. 9 cc durch den jetzt Geschäftsfähigen (arg. § 108 III), aber nicht durch den insoweit unbefugten Vertreter (zum Untervertreter → Rn. 9 bb), → § 177 Rn. 6). Vor Genehmigung ist Vertretener nicht gebunden; den Gegner trifft (noch) keine Leistungspflicht (BGHZ 65, 126 f.).

Titel 6. Einwilligung und Genehmigung

§ 182 Zustimmung

(1) **Hängt die Wirksamkeit eines Vertrags oder eines einseitigen Rechtsgeschäfts, das einem anderen gegenüber vorzunehmen ist, von der Zustimmung eines Dritten ab, so kann die Erteilung sowie die Verweigerung der Zustimmung sowohl dem einen als dem anderen Teil gegenüber erklärt werden.**

(2) **Die Zustimmung bedarf nicht der für das Rechtsgeschäft bestimmten Form.**

(3) **Wird ein einseitiges Rechtsgeschäft, dessen Wirksamkeit von der Zustimmung eines Dritten abhängt, mit Einwilligung des Dritten vorgenommen, so finden die Vorschriften des § 111 Satz 2, 3 entsprechende Anwendung.**

Lit.: Danwerth, Konvaleszenz – Ein (un)bekannter Rechtsbegriff?, Jura 2014, 559; Thiele, Die Zustimmungen in der Lehre vom RGeschäft, 1966.

1 **1. Allgemeines. a) Terminologie.** Vorherige Zustimmung = *Einwilligung* (§ 183), nachträgliche Zustimmung = *Genehmigung* (§ 184 I). Terminologie im Ges. nicht stets beachtet (Bsp: § 709 I; § 1001 [BGH NJW 2002, 2876 f.]; „Genehmigung" durch FamG); was gemeint ist, richtet sich nach dem ges. Zweck (BAG NJW 2004, 2613). – *Zustimmungsbedürftigkeit* besteht idR nur kraft Ges. (Arg § 137 S. 1). Ausn.: Zustimmung zur Vertragsübernahme (BGHZ 137, 258 f.; NJW-RR 2005, 959 mN; zu § 309 Nr. 10 s. BGH NJW 2010, 3708 f.), zum Vertragsbeitritt (BGH NJW-RR 1998, 594), zur Übertragung der Mitgliedschaft (MüKo-BGB/Bayreuther Vor § 182 Rn. 25); in diesen Fällen gelten §§ 182 ff. entspr. Zum privaten Genehmigungsvorbehalt (§§ 182 ff.) als Rechtsbedingung s. BGH NJW 2000, 2273. Bes. gilt für die „Zustimmung" zur Abtretung einer gem. § 399 Fall 2 unabtretbaren Forderung (s. BGH NJW-RR 1991, 764 einerseits, NJW 1997, 3435 andererseits; Staudinger/Klumpp Vor § 182 Rn. 32). Rechtsgeschäftlich angeordnete „Zustimmung"
2 kann Bedingung, §§ 158 ff., sein. **b) Bedeutung der Zustimmung(sbedürftigkeit).** Zustimmungsbedürftiges Geschäft (Vertrag; einseitiges empfangsbedürftiges RGeschäft) ist mit Einwilligung von Anfang an wirksam. Ohne oder bei zuvor verweigerter (aber → § 183 Rn. 3) Einwilligung ist Vertrag schwebend unwirksam (BGHZ 13, 184 f.), ebenso analog § 180 S. 2, 3 einseitiges empfangsbedürftiges

RGeschäft (Staudinger/Klumpp Rn. 83 ff.; str.), soweit nicht §§ 111 S. 1, 180 S. 1, 1367, 1831 eingreifen; die Parteien sind gebunden (Ausn. zB §§ 109, 178), RGZ 64, 154; aber auch → § 184 Rn. 2. Aufgrund schwebend unwirksamen Vertrags kann Leistung (noch) nicht verlangt werden (BGH BB 1979, 191), aber Vereinbarung von Leistungspflichten, die hinter den Hauptpflichten zurückbleiben, zB Hinterlegung des Kaufpreises, ist möglich (BGH NJW 1999, 1329). Schwebezustand endet idR (s. aber u.) mit (unwiderruflicher) Verweigerung oder Erteilung der **Genehmigung.** Erteilung wirkt idR zurück, Rückwirkung ist vertraglich abdingbar, auch stillschweigend (§ 184 I); Verweigerung macht RGeschäft endgültig unwirksam (BGHZ 125, 358; gegen ausnahmslose Endgültigkeit K. Schmidt JuS 1995, 102 ff.; sa §§ 108 II 1, 177 II 1, 1365 II, 1366 III 1, Staudinger/Klumpp Rn. 90).

2. Begriff der Zustimmung. Zustimmung ist einseitiges empfangsbedürftiges RGeschäft (Begriff → Vor § 104 Rn. 5, 8) und abstrakt (Begriff → Vor § 104 Rn. 12). Zustimmung muss sich auf bestimmtes RGeschäft beziehen (Irrtum über dessen Art und Inhalt macht uU Zustimmung – nur – anfechtbar). Erklärungsempfänger ist, soweit das Ges. nichts anderes vorsieht (zB §§ 876, 1178), der zustimmungsbedürftig Handelnde oder sein Geschäftsgegner **(I),** niemand sonst (BGH NJW 1953, 58). 3

3. Form. a) II: Einwilligung ist idR (→ Rn. 6), Genehmigung stets formfrei. 4
Schlüssige Zustimmung möglich (außer bei Formbedürftigkeit). Zustimmender muss Zustimmungsbedürftigkeit weder kennen noch mit ihr rechnen (ebenso [nur?] für ausdr. Genehmigung BGH NJW 1998, 1859 [in BGHZ 138, 239 ff. nicht abgedr.]; aA für konkludente Genehmigung BGH NJW 2002, 2864: [Erklärungs-] Bewusstsein der Zustimmungsbedürftigkeit nötig, so generell BGH NJW 2004, 61; sa Staudinger/Klumpp Rn. 11 f.). Entscheidend ist, wie der Empfänger den Erklärungsakt verstehen muss. **b) Einseitiges RGeschäft** kann nicht zurückgewie- 5
sen werden, wenn Einwilligung in Schriftform (§ 126; Original, Ausfertigung, wie → § 174 Rn. 1) vorgelegt wird, **III** iVm § 111 S. 2, auch 3. Elektronische Form ist ausgeschlossen (wie → §§ 170–173 Rn. 8; → § 174 Rn. 1). **c) Ausnahmsweise** 6
ist Form erforderlich, zB § 1516; § 29 GBO; wenn, insbes. wegen Unwiderruflichkeit der Einwilligung (→ § 183 Rn. 2), das formbedürftige RGeschäft den Einwilligenden binden würde (gilt nicht für Genehmigung, → § 177 Rn. 6).

4. Zustimmung von Behörden zu privaten RGeschäften. Sie regelt sich 7
nach öffentl. Recht (Staudinger/Klumpp Vor § 182 Rn. 115; s. BGH MDR 2021, 996 Rn. 17 ff.: Entgeltgenehmigung durch die Regulierungsbehörde für Postdienstleistungen). Ihr Fehlen führt zur schwebenden Unwirksamkeit (BGHZ 142, 58 f.: genehmigungsbedürftige Bürgschaft eines Landkreises). Erst mit unanfechtbarer Versagung der Genehmigung wird das Geschäft unwirksam (nichtig), BGHZ 127, 377; 142, 59; die Genehmigungsfähigkeit entfällt (K. Schmidt AcP 189, 12 f.). → § 134 Rn. 6. – Kannten die Parteien die Genehmigungsbedürftigkeit, wollten sie aber das RGeschäft von Anfang an ungenehmigt durchführen, so ist es nichtig (BGH WM 1981, 188: wegen § 138 I; sa §§ 308 I, 309 aF). – Entscheidet die zuständige Behörde, dass das ihr mitgeteilte RGeschäft keiner Genehmigung bedarf, so steht dieses sog **Negativattest** einer Genehmigung gleich, wenn der ges. Genehmigungsvorbehalt nur dem Schutz öffentl., nicht (auch) privater Interessen dient (BGH NJW-RR 2010, 145 mN).

§ 183 Widerruflichkeit der Einwilligung

[1]Die vorherige Zustimmung (Einwilligung) ist bis zur Vornahme des Rechtsgeschäfts widerruflich, soweit nicht aus dem ihrer Erteilung zugrunde liegenden Rechtsverhältnis sich ein anderes ergibt. [2]Der Widerruf kann sowohl dem einen als dem anderen Teil gegenüber erklärt werden.

1 **1. Allgemeines.** Zur **Bedeutung, Rechtsnatur** und **Form** der Einwilligung → § 182 Rn. 2–6; zur Terminologie → § 182 Rn. 1.

2 **2. (Un-)Widerruflichkeit der Einwilligung. a) Unwiderruflich** ist die Einwilligung kraft Ges. (zB §§ 876, 880 II), auf Grund des Rechtsverhältnisses zwischen Einwilligendem und Geschäftsgegner oder infolge Verzichts oder Vertrags. Widerruf aus wichtigem Grund möglich, ausnahmsweise nicht (s. BGHZ 77, 397 ff.).
3 **b) Widerruflich** ist sie, von → Rn. 2 abgesehen, bis zur (wirksamen) Vornahme des RGeschäfts (BGH NJW 2017, 3514 Rn. 8). Vorgenommen ist es, wenn RGeschäft bindend geworden (vgl. BGH NJW 1963, 37; LM Nr. 7 zu § 407). Daher grds. unterschiedliche Zeitpunkte der Widerruflichkeit, wenn Verpflichtungs- und Verfügungsgeschäft auseinanderfallen (Ausn. möglich, wenn Ges. Gleichlauf der RGeschäfte bezweckt, so zB bejaht für §§ 5, 6 ErbbauRG in BGH NJW 2017, 3514 und für § 12 WEG in BGH MDR 2019, 731). Widerrufsempfänger s. S. 2. Für widerrufene Einwilligung gelten §§ 170–173 entspr. (Staudinger/Klumpp Rn. 84; § 182 Rn. 20).

4 **3. Einwilligung in Verletzung immaterieller Rechtsgüter.** Fällt nicht unter § 183; vgl. → Vor § 104 Rn. 24, → § 823 Rn. 54.

§ 184 Rückwirkung der Genehmigung

(1) **Die nachträgliche Zustimmung (Genehmigung) wirkt auf den Zeitpunkt der Vornahme des Rechtsgeschäfts zurück, soweit nicht ein anderes bestimmt ist.**

(2) **Durch die Rückwirkung werden Verfügungen nicht unwirksam, die vor der Genehmigung über den Gegenstand des Rechtsgeschäfts von dem Genehmigenden getroffen worden oder im Wege der Zwangsvollstreckung oder der Arrestvollziehung oder durch den Insolvenzverwalter erfolgt sind.**

1 **1. Allgemeines.** Zur **Bedeutung, Rechtsnatur** und **Form** der Genehmigung → § 182 Rn. 2–6; zur Terminologie → § 182 Rn. 1. Genehmigender muss zwar nicht zZ der zu genehmigenden Verfügung (MüKo-BGB/Bayreuther Rn. 23), aber zZ der Genehmigung *verfügungsbefugt* sein (BGHZ 107, 341 f. mN, hM); Bsp. für Ausn.: Der Verfügungsgegenstand ist vernichtet und die Verfügung iSv § 816 soll durch Genehmigung (§ 185 II 1) wirksam werden (BGHZ 56, 133).

2 **2. Voraussetzungen und Rechtsfolgen. a) Rückwirkung.** Wirksame Genehmigung wirkt idR zurück, dh ab Genehmigung wird das RGeschäft so bewertet, als sei es bereits von Anfang an wirksam. Das gilt auch für die eingeklagte Genehmigung (§ 894 ZPO; aA BGHZ 108, 384, dagegen Jauernig FS Niederländer, 1991, 291 ff.; zu Unrecht einschr. Staudinger/Klumpp Rn. 113). Die Rückwirkung kann schuldrechtliche und dingliche Geschäfte (KG NJOZ 2013, 1928, 1929 zur Auflassung; BGH GRUR 2022, 893 Rn. 74; BGH GRUR-RS 2022, 9229 Rn. 70) betreffen; ebenso – unabhängig von der Qualifikation als Verfügung – auch Einräumung einer ausschließlichen Patentlizenz, nach der ausschließlicher Lizenznehmer eine vom Patentinhaber abgeleitete eigenständige Rechtsposition gegenüber Dritten erhält (BGH GRUR 2022, 893 Rn. 74; BGH GRUR-RS 2022, 9229 Rn. 70). Von der Rückwirkung unberührt bleiben Vorgänge, die vor der Genehmigung liegen und nicht unmittelbar zum rückwirkend anders bewerteten RGeschäft gehören, wie zB die vor der Genehmigung erfolgte Löschung einer Grundbucheintragung (BGH MDR 1971, 380). Zur Verjährung → § 199 Rn. 2. Konkludente Genehmigung kann im Einzelfall durch Vertragsausführung bzw. auf ihn gegründete Klage erfolgen (BGH NJW 2015, 2584 Rn. 49). – Abzulehnen sind BGHZ 32, 382 f. (die Ausübung eines Vorkaufsrechts [Gestaltung] durch unberechtigten Vertreter könne gem. § 180 S. 2, § 177 nur vor Ablauf der Ausschlussfrist für die Rechtsausübung genehmigt werden) und NJW 1973, 1790 (die Vertragsannahme durch

einen unberechtigten Vertreter könne nur innerhalb der Annahmefrist, § 148, genehmigt werden); hier werden die §§ 180 S. 2, 177 II (insbes. S. 1 HS 2), 108 II (insbes S. 1 HS 2) weitgehend ausgehöhlt, die Bindung des anderen Teils (→ § 182 Rn. 2; sa BGHZ 65, 126) wird ignoriert und es wird übersehen, dass die Genehmigung (anders als die Ausübung des Vorkaufsrechts, die Vertragsannahme) auch dem unberechtigten Vertreter (beschränkt Geschäftsfähigen) gegenüber erklärt werden kann (§ 182 I; anders nur nach §§ 108 II 1, 177 II 1); ie Jauernig FS Niederländer, 1991, 285 ff.; zust. Staudinger/Klumpp Rn. 65 mN; zutr. für § 147: BGH NJW 1996, 1064; aA für § 148: BeckOK/Eckert § 148 Rn. 9). **b) Zur Verweigerung** 3
→ § 182 Rn. 2. **c) Kein Widerruf** von Erteilung oder Verweigerung der Genehmigung, da sie den Schwebezustand (→ § 182 Rn. 2) beenden (BGHZ 125, 358).
d) Zustimmungsbedürftige einseitige Gestaltungserklärungen vertragen *idR* 4
keinen Schwebezustand und sind daher mangels Genehmigungsfähigkeit nichtig (BGHZ 11, 37; zumindest schief 114, 366; NJW 1998, 3060: [nur?] Rückwirkung entfalle). Ausn: → Rn. 2, → § 182 Rn. 2. **e) Frist** für Entscheidung über Genehmigung besteht idR nicht (anders zB nach §§ 108 II, 177 II, 1366 III; → Rn. 2), doch kann in bes. Ausnahmefällen Recht zur Genehmigung *verwirkt* werden (Zurückhaltung geboten, vgl. OLG Stuttgart NJW 1954, 36).

3. Unwirksamkeit der Genehmigung nach II. Wirksame Zwischenverfügung des Genehmigenden oder Zwangsverfügung gegen ihn wird in **II** vorausgesetzt (BGHZ 70, 302). Dadurch verliert er seine Verfügungs- und Genehmigungsbefugnis (→ Rn. 1), so dass Genehmigung unwirksam, nicht nur (wie II sagt) in der Rückwirkung begrenzt ist (str., s. MüKo-BGB/Bayreuther Rn. 35). 5

§ 185 Verfügung eines Nichtberechtigten

(1) **Eine Verfügung, die ein Nichtberechtigter über einen Gegenstand trifft, ist wirksam, wenn sie mit Einwilligung des Berechtigten erfolgt.**

(2) [1]**Die Verfügung wird wirksam, wenn der Berechtigte sie genehmigt oder wenn der Verfügende den Gegenstand erwirbt oder wenn er von dem Berechtigten beerbt wird und dieser für die Nachlassverbindlichkeiten unbeschränkt haftet.** [2]**In den beiden letzteren Fällen wird, wenn über den Gegenstand mehrere miteinander nicht in Einklang stehende Verfügungen getroffen worden sind, nur die frühere Verfügung wirksam.**

1. Begriff der Verfügung. a) Allgemeines → Vor § 104 Rn. 10. **b) Nur Ver-** 1
fügung in eigenem Namen meint § 185. Bei Verfügung in fremdem Namen liegt Stellvertretung, §§ 164 ff., vor; § 185 ist unanwendbar. **c) Einseitige Verfügungen** 2
wie Aufrechnung, Kündigung können mit Einwilligung (I) vorgenommen werden, es gilt § 182 III. Ohne sie sind sie idR nichtig, so dass II ausscheidet (zu Grund und Ausnahmen → § 184 Rn. 4); iE ebenso BGH NJW 1962, 1345; OLG Köln Rpfleger 1980, 223 f. **d) Reine Verpflichtungsgeschäfte** betrifft § 185 nicht (eine Ver- 3
pflichtungsermächtigung ist abzulehnen, str.; vgl. F. Peters AcP 171, 234 ff. mN), wohl aber schuldrechtliche Verfügungen, zB Abtretung (BGH NJW 1990, 2680). Einwilligung iSv I ist die **Einziehungsermächtigung** (BGH NJW-RR 1989, 317; → § 398 Rn. 26), aber nicht die Einzugsermächtigung des Lastschriftschuldners (BGH NJW 1989, 1673, str.), nicht die Ermächtigung zur **gewillkürten Prozessstandschaft** (BGH NJW-RR 1993, 670 f.; → § 398 Rn. 27; zum Inkassomandat mit Einziehungsermächtigung und zur Inkassozession BGH NJW-RR 2016, 367 Rn. 8; Behr BB 1990, 796 f.). **e) „Gegenstand" der Verfügung** (II 1) muss ein 4
verfügungsfähiges Recht sein. Unübertragbares Vermögensrecht kann gem. I **zur Ausübung überlassen** werden (BGH NJW-RR 1998, 89), → § 140 Rn. 6.

2. Mangel der Berechtigung. Nichtberechtigt handelt, wem die Verfügungs- 5
macht zu der betr. Verfügung fehlt. Nichtberechtigt ist auch der Verfügungsberechtigte, der seine Macht überschreitet (BGHZ 106, 4), ferner der nichtverfügungsbe-

rechtigte Rechtsinhaber. Maßgebend für I ist der Zeitpunkt der Verfügung (→ § 184 Rn. 1; ie Staudinger/Klumpp Rn. 54), für II die Berechtigung zZ der Genehmigung oder des Erbfalls (Staudinger/Klumpp Rn. 55).

6 **3. Wirksamkeit der Verfügung. a) Bei Einwilligung** des Berechtigten (Begriff: Gegenteil des Nichtberechtigten, → Rn. 5) besteht sie von Anfang an, **I.**
7 Zur Einwilligung § 183 mAnm. **b) Bei Genehmigung** durch den Berechtigten (→ Rn. 6) tritt sie rückwirkend ein, **II 1 Fall 1,** § 184 I, auch wenn der Verfügungsgegenstand bereits untergegangen ist (→ § 184 Rn. 1). Zur Genehmigung § 184 mAnm. II 1 Fall 1 gilt entspr. auch für Eintragungsbewilligung gem. § 19 GBO (BGH NJW-RR 2019, 970, 971 Rn. 13); für die Genehmigung einer vormerkungswidrigen Verfügung durch den Vormerkungsgläubiger (hier sollen zusätzlich II 1 Fälle 2, 3 analog gelten, Danwerth Jura 2014, 564); bei relativen Verfügungsverboten
8 gem. §§ 135, 136 (Danwerth Jura 2014, 564). **c) Bei Konvaleszenz** (Begriff: Danwerth Jura 2014, 559) tritt sie *ohne Rückwirkung* (BGH NJW 1962, 1345; Danwerth Jura 2014, 559, 563) durch nachträglichen Erwerb der Verfügungsmacht ein **(II 1 Fälle 2 und 3): aa) bei Erwerb** des Gegenstands durch verfügenden Nichtberechtigten, sofern Erwerb zur betr. Verfügung berechtigt (LM Nr. 9). Zwangsvollstreckung: II 1 Fall 2 analog bei Erwerb einer zunächst unwirksam gepfändeten Sache. Bsp: Vollstreckungsschuldner erwirbt gepfändete, bislang schuldnerfremde Sache (hM, BGHZ 56, 339, 351; s. Staudinger/Klumpp Rn. 130; Danwerth Jura 2014, 559, 564). Keine Konvaleszenz (keine analoge Anwendung II 1 Fall 2, sondern Gläubiger muss Forderung nochmals pfänden) nach hM bei Pfändung einer schuldnerfremden Forderung (BGH NJW 1988, 495; 2002, 755, 757; str.). Zweifelhaft, da Ungleichbehandlung von gepfändeten Sachen und Forderung bei Konvaleszenz nicht sachlich gerechtfertigt (zum Streitstand s. Staudinger/Klumpp Rn. 130). II 1 Fall 2 gilt entspr. auch für Verfügungen eines Berechtigten ohne Verfügungsmacht, sobald er diese wiedererlangt hat (BGH NJW 2019, 2156, 2160 Rn. 40; NZI 2013, 641, 643 Rn. 25; NJW 2006, 1288); **bb) bei Beerbung** des nichtberechtigt Verfügenden durch Berechtigten, sofern Erbe unbeschränkt und unbeschränkbar (OLG Stuttgart NJW-RR 1995, 968) haftet; **cc) von widersprechenden Verfügungen** wird bei aa und bb nur die frühere wirksam, **II 2. dd)** Str. ist, ob Konvaleszenz bei aa und bb voraussetzt, dass der Nichtberechtigte den Verfügungserfolg noch schuldete. *Gegen* solche Rechtsgrundabhängigkeit der Konvaleszenz (Abstraktionsprinzip!) generell mR Staudinger/Klumpp Rn. 109, 117; bei aa wohl hM; bei bb *für* Abhängigkeit BGH NJW 1994, 1471, hM.

Abschnitt 4. Fristen, Termine

Vorbemerkungen

1 **1. Allgemeines.** §§ 187–193 geben nur Auslegungsregeln. **Frist:** Abgegrenzter, dh zumindest bestimmbarer Zeitraum, der (§ 191!) auseinandergerissen sein kann (RGZ 120, 362; BGH ZGS 2009, 505, allgM). **Termin:** Bestimmter Zeitpunkt, an dem rechtlich Relevantes geschehen soll (anders der Termin iSv §§ 214 ff. ZPO).

2 **2. Anwendungsbereich.** §§ 187–193 gelten gem. § 186, Art. 2 EGBGB in allen Rechtsgebieten, sofern keine Sonderregeln, wie zB in § 359 II HGB, sa § 108 AO. Keine Geltung bei § 229 StPO: BGH NStZ 2020, 622 Rn. 5. Zum Vorrang partieller Sonderregel nach § 2 Abs. 3 WissZeitVG s. BAG NJW 2020, 2490, 2492 Rn. 23, dazu krit. Mandler/Wegmann, Ordnung der Wissenschaft 2021, 53.

§ 186 Geltungsbereich

Für die in Gesetzen, gerichtlichen Verfügungen und Rechtsgeschäften enthaltenen Frist- und Terminsbestimmungen gelten die Auslegungsvorschriften der §§ 187 bis 193.

§ 187 Fristbeginn

(1) **Ist für den Anfang einer Frist ein Ereignis oder ein in den Lauf eines Tages fallender Zeitpunkt maßgebend, so wird bei der Berechnung der Frist der Tag nicht mitgerechnet, in welchen das Ereignis oder der Zeitpunkt fällt.**

(2) [1]**Ist der Beginn eines Tages der für den Anfang einer Frist maßgebende Zeitpunkt, so wird dieser Tag bei der Berechnung der Frist mitgerechnet.** [2]**Das Gleiche gilt von dem Tage der Geburt bei der Berechnung des Lebensalters.**

§ 188 Fristende

(1) **Eine nach Tagen bestimmte Frist endigt mit dem Ablauf des letzten Tages der Frist.**

(2) **Eine Frist, die nach Wochen, nach Monaten oder nach einem mehrere Monate umfassenden Zeitraum – Jahr, halbes Jahr, Vierteljahr – bestimmt ist, endigt im Falle des § 187 Abs. 1 mit dem Ablauf desjenigen Tages der letzten Woche oder des letzten Monats, welcher durch seine Benennung oder seine Zahl dem Tage entspricht, in den das Ereignis oder der Zeitpunkt fällt, im Falle des § 187 Abs. 2 mit dem Ablauf desjenigen Tages der letzten Woche oder des letzten Monats, welcher dem Tage vorhergeht, der durch seine Benennung oder seine Zahl dem Anfangstag der Frist entspricht.**

(3) **Fehlt bei einer nach Monaten bestimmten Frist in dem letzten Monat der für ihren Ablauf maßgebende Tag, so endigt die Frist mit dem Ablauf des letzten Tages dieses Monats.**

Ablauf des Tages.
Meint 24 Uhr: Jauernig JZ 1989, 616; BAG NJW 2003, 1828; BGH NJW 2007, 2046; DHS Art. 145 Rn. 11; jetzt auch Jarass/Pieroth Art. 145 Rn. 2; falsch v. Münch NJW 2000, 3 zu GG Art. 145 II: 0 Uhr (das aber ist der Beginn des *nächsten* Tages; BGH NJW 2005, 679). §§ 187 f. folgen der **Zivilkomputation.** Danach beginnt Frist immer am Tagesanfang (0.00 Uhr) und endet am Tagesende (24.00 Uhr). **Rückwärtsfristen** werden von einem Ereignis rückwärts berechnet, Bsp. §§ 123 I S. 1, 125 I S. 1 AktG, § 43 I S. 1 ZVG (sechs Wochen vor dem Termin bekanntgemacht). Für ihre Berechnung gelten § 187 f. analog; aA (für das auf Rechtssicherheit ausgerichtete Fristenrecht aber zu einzelfallbezogen) Effer-Uhe JZ 2016, 770 ff.

§ 189 Berechnung einzelner Fristen

(1) **Unter einem halben Jahr wird eine Frist von sechs Monaten, unter einem Vierteljahr eine Frist von drei Monaten, unter einem halben Monat eine Frist von 15 Tagen verstanden.**

(2) **Ist eine Frist auf einen oder mehrere ganze Monate und einen halben Monat gestellt, so sind die 15 Tage zuletzt zu zählen.**

§ 190 Fristverlängerung

Im Falle der Verlängerung einer Frist wird die neue Frist von dem Ablauf der vorigen Frist an berechnet.

§ 191 Berechnung von Zeiträumen

Ist ein Zeitraum nach Monaten oder nach Jahren in dem Sinne bestimmt, dass er nicht zusammenhängend zu verlaufen braucht, so wird der Monat zu 30, das Jahr zu 365 Tagen gerechnet.

§ 192 Anfang, Mitte, Ende des Monats

Unter Anfang des Monats wird der erste, unter Mitte des Monats der 15., unter Ende des Monats der letzte Tag des Monats verstanden.

§ 193 Sonn- und Feiertag; Sonnabend

Ist an einem bestimmten Tage oder innerhalb einer Frist eine Willenserklärung abzugeben oder eine Leistung zu bewirken und fällt der bestimmte Tag oder der letzte Tag der Frist auf einen Sonntag, einen am Erklärungs- oder Leistungsort staatlich anerkannten allgemeinen Feiertag oder einen Sonnabend, so tritt an die Stelle eines solchen Tages der nächste Werktag.

Anwendungsbereich. § 193 betrifft nur Abgabe (gemeint: Wirksamwerden iSv → § 130 Rn. 1–3; s. v. Tuhr II 2 § 90 IV 5) einer *Willenserklärung,* Vornahme einer *geschäftsähnlichen Handlung* (Begriff → Vor § 104 Rn. 23) und Bewirken einer *Leistung.* § 193 gilt sowohl für Fristen, nach deren Ablauf eine Forderung fällig wird, als auch für solche, nach deren Ablauf Verzug eintritt (BGHZ 171, 35 ff.). Entspr. anwendbar für Verjährungsfrist (BGH NJW 2021, 153 Rn. 17; wichtig für Hemmung, zB durch Einreichen der Klageschrift, § 167 ZPO, BGH NJW 2019, 2461, 2463 Rn. 29; BGH ZGS 2008, 153 f.; NZM 2016, 473 Rn. 9 oder Mahnantrag BGH NJW 2014, 3435 Rn. 10). § 193 gewährt Fristverlängerung, verbietet aber nicht Vornahme der Handlung am Wochenende. Staatlich anerkannte allg. Feiertage werden durch Landesrecht und BundesGes. (s. Art. 2 II EinV: 3.10.) bestimmt. Nach BGHZ 162, 179 ist im Interesse von Rechtsklarheit und -sicherheit § 193 auf Kündigungsfristen weder unmittelbar noch entspr. anwendbar (str., Nachw. in BGHZ 162, 179– Nach allg. und ges. Sprachgebrauch ist der Sonnabend (Samstag) ein Werktag (BGH NJW 2005, 2155 f.).

Abschnitt 5. Verjährung

Titel 1. Gegenstand und Dauer der Verjährung

§ 194 Gegenstand der Verjährung

(1) **Das Recht, von einem anderen ein Tun oder Unterlassen zu verlangen (Anspruch), unterliegt der Verjährung.**

(2) **Der Verjährung unterliegen nicht**

1. **Ansprüche, die aus einem nicht verjährbaren Verbrechen erwachsen sind,**
2. **Ansprüche aus einem familienrechtlichen Verhältnis, soweit sie auf die Herstellung des dem Verhältnis entsprechenden Zustands für die Zukunft oder auf die Einwilligung in die genetische Untersuchung zur Klärung der leiblichen Abstammung gerichtet sind.**

Lit.: Bitter, Aufschub des Verjährungsbeginns bei unklarer und klarer Rechtslage, JZ 2015, 170; Eichel, Verjährung in Dauerschuldverhältnissen, NJW 2015, 3265; Gildeggen, Zur Verfassungswidrigkeit kurzer Gewährleistungsfristen bei langlebigen Produkten, VuR 2017, 203; Gössl, Verjährungshemmung bei grenzüberschreitender Streitbeilegung, MDR 2017, 251; Grüneberg, *Zur Verjährung und Rechtskrafterstreckung* bei mehreren Aufklärungs- und Beratungsfehlern in demselben Kapitalanlagegespräch, WM 2014, 1109; Grunsky, Die Auswirkungen des „urteilsvertretenden Anerkenntnisses" auf die Verjährung, NJW 2013, 1336 ff.; Heinrichs, Entwurf eines Schuldrechtsmodernisierungsgesetzes: Neuregelung des Verjährungsrechts, BB 2001, 1417 ff.; Herresthal, Die Verschiebung des Verjährungsbeginns bei unsicherer und zweifelhafter Rechtslage – Contra legale Rechtsgewinnung im Verjährungsrecht, WM 2018, 401;

Honsell, Das Konzept doppelter Fristen im Verjährungsrecht des BGB, FS Magnus, 2014, 37; Horn, Grenzüberschreitende Musterfeststellungsklage, ZVglRWiss 118 (2019), 314; Kadner Graziano, Kurze Verjährungsfristen in grenzüberschreitenden Haftungsfällen: noch keine Rettung in Sicht (de lege lata) und fünf Lösungsoptionen (de lege ferenda), ZEuP 2021, 668; Kienast, Die Vereinbarkeit des deutschen Verjährungsrechts mit dem Anspruchsschutz nach der EMRK, 2021; Kleinschmidt, Einheitliche Verjährungsfristen für Europa?, AcP 213 (2013), 539; Mansel, Die Reform des Verjährungsrechts, in: Ernst/Zimmermann (Hrsg.), Zivilrechtswissenschaft und Schuldrechtsreform, Tübingen 2001, 333–423; Mansel, Die Neuregelung des Verjährungsrechts, NJW 2002, 89; Mansel, Musterfeststellungsklage: Keine Verjährungshemmung bei Rechtsmissbrauch, WM 2019, 1621; Mansel/Budzikiewicz, Neues VerjährungsR, 2002 (zitiert: Verjährungsrecht); Mansel/Budzikiewicz, VerjährungsanpassungsGes.: Neue Verjährungsfristen, insbes. für die Anwaltshaftung und im Gesellschaftsrecht, NJW 2005, 321; Piekenbrock, Befristung, Verjährung, Verschweigung und Verwirkung, 2006; Piekenbrock, Die Verjährung des Bereicherungsanspruchs im Lichte der Klauselrichtlinie-Anmerkung zu EuGH, Urt. v. 9.7.2020 – C-698/18 u.a., SC Raiffeisen Bank SA, GPR 2020, 304; Piekenbrock, Die Verjährung des Bereicherungsanspruchs im Lichte der Klauselrichtlinie – Fortsetzung-Anmerkung zu: EuGH, Urt. v. 22.4.2021 – C-485/19, Profi Credit Slovakia, GPR 2021, 178; Regenfus, Ungeschriebene Voraussetzungen der Verjährungshemmung durch Rechtsverfolgung, NJW 2016, 2977; Schefe, Modifizierungen der zeitlichen Grenze der Anspruchsverfolgung. Verjährungsbeginn und Lauf der Verjährung im Vergleich, 2019; Stamm, Die Verjährung des zivilprozessualen Kostenerstattungsanspruchs, NJW 2020, 873; Tolani, Verjährungshemmung durch Feststellungsklage, NJW 2019, 2751; Witt, Schuldrechtsmodernisierung 2001/2002 – Das neue Verjährungsrecht, JuS 2002, 105.

1. Allgemeines. a) Neuregelung 2002 der §§ 194–225. Das SchRModG hat das **Verjährungsrecht grundlegend umgestaltet:** Die regelmäßige Verjährungsfrist beträgt 3 (bisher 30) Jahre (§ 195); der Fristbeginn knüpft an obj. und subj. Voraussetzungen an (§ 199 I); ohne Rücksicht auf die subj. Voraussetzungen tritt Verjährung spätestens nach 10 oder 30 Jahren ein (§ 199 II–IV) (sehr krit. zum subjektiven Verjährungsbeginn Honsell FS Magnus, 2014, 37; positiv hingegen Kleinschmidt AcP 213 [2013], 539, 564 f.). Zum Fristensystem I – IV → § 199 Rn. 1. Die Unterbrechungsgründe des fr. Rechts sind Hemmungsgründe geworden (außer bei Anerkennung oder Beantragung/Vornahme einer Vollstreckungshandlung, § 212 I: „Neubeginn der Verjährung"); die Hemmungsgründe sind erweitert (zB verallgemeinert § 203 den fr. § 852 II); Verjährung kann durch RGeschäft erleichtert (einschr. § 202 I) und in Grenzen erschwert werden (§ 202 II). **b) Nachfolgende Änderungen.** Das Ges. zur Änderung des Erb- und Verjährungsrechts v. 24.9.2009, in Kraft getreten am 1.1.2010, beseitigte vor allem die Sonderregelung für familien- und erbrechtliche Ansprüche (§ 197 I Nr. 2 aF), da die lange Verjährungsfrist v. 30 Jahren sich neben der neuen (idR deutlich kürzeren) Regelverjährung (§§ 195, 199) nicht bewährt habe. Die Änderungen des Verjährungsrechts durch dieses ReformGes. betreffen § 197 I Nr. 2, II; § 199 Überschrift, I, III a, IV; § 207 I 2 Nr. 2. Trotz der Reformen (durch das SchRModG, VerjAnpG und das ErbVerjÄndG) gibt es (auch jetzt noch) im BGB Verjährungsfristen unterschiedlicher Dauer: 30 Jahre (zB § 197 I), 10 Jahre (zB § 196), 5 Jahre (zB § 438 I Nr. 2), 4 Jahre (§ 804 I 3), 3 Jahre (zB § 195), 2 Jahre (zB § 438 I Nr. 3), 6 Monate (zB § 548 I 1) – II Nr. 1 wurde mWv 30.12.2021 eingefügt durch Art. 2 Gesetz zur Herstellung materieller Gerechtigkeit v. 21.12.2021 (BGBl. 2021 I 5252); bisheriger II wurde II Nr. 2. **c) Überleitungsrecht (intertemporale Normen).** Zur Überleitung vom alten zum neuen Verjährungsrecht und zur Überleitung der nachfolgenden Änderungen der §§ 193–225 s. Art. 229 §§ 6, 12, 17, 23, 31, 63 EGBGB. 1

2. Gegenstand der Verjährung. Nur **Ansprüche** verjähren. Gemeint ist der **materiell-rechtliche,** nicht „der als Rechtsschutzbegehren oder Rechtsfolgebehauptung aufgefasste eigenständige prozessuale Anspruch" (BGH NJW 2014, 314 Rn. 25); zivilprozessualer Kostenerstattungsanspruch unterfällt mangels spezieller verfahrensrechtlicher Regelung ebenfalls den materiell-rechtlichen Verjährungsregeln (Stamm NJW 2020, 873). Begriffsbestimmungen in **I:** Tun ist jedes Handeln; Unterlassen jedes Nichthandeln, Dulden eingeschlossen. Ansprüche gibt es im gesamten Zivilrecht. Verjährbar ist auch ein *Gesamtanspruch* (Stammrecht) auf kurz- 2 zeitig und laufend wiederkehrende Leistungen (zB auf jährliche Steuererstattung), der idR durch Einfordern der fälligen Einzelleistung realisiert wird (RGZ 136, 430 ff.; sa BGH NJW 1973, 1685; NJW 2019, 1874, 1875 Rn. 13 ff.; krit. Eichel NJW 2015, 3265, 3269 ff.). **Unverjährbar** sind Ansprüche, die aus einem nicht verjährbaren Verbrechen (s. § 78 II StGB; § 5 Völkerstrafgesetzbuch) erwachsen sind (**II Nr. 1**), bestimmte familienrechtliche Ansprüche (**II Nr. 2,** betrifft die Zukunft, zB §§ 1353, 1360, 1632, sowie den Anspruch aus § 1598a) und andere Ansprüche kraft ges. Bestimmung (zB §§ 898, 902, 924) (BGH NJW 2022, 1167, 1168 Rn. 19 ff.: § 902 I 1 gilt analog für Zustimmungsanspruch des Vormerkungsberechtigten gem. § 888 I). Unverjährbar, weil keine Ansprüche, sind *Dauerschuldverhältnisse* als solche (BGH NJW 2008, 2992), zB Mietverhältnisse oder vertragliche Dauerverpflichtung, Grundstücksdurchfahrt zu gewähren (BGH NZM 2016, 640), und *absolute Rechte,* wie Eigentum, Namensrecht, Urheberrecht. Sie sind Grundlage verjährbarer Ansprüche (zB auf Herausgabe, Schadensersatz), uU eines Gesamtanspruchs (so). Unverjährbar sind Gestaltungsrechte (→ Rn. 5 [a]), anspruchsunabhängige *Leistungsverweigerungsrechte* (zB aus § 320); anspruchsabhängige Einreden entfallen mit Anspruchsverjährung (s. Thomale AcP 212 [2012], 920, 960 f.; Ausnahmen zB in §§ 438 IV, 634a IV 2, 821, 853).

3 **3. Voraussetzung.** Verjährung erfordert Vorliegen subj. und obj. Umstände, letzten Endes bloßer Zeitablauf (dazu § 199 II–IV: „Verjährungshöchstfristen").

4 **4. Wirkung.** Der verjährte Anspruch bleibt bestehen, mithin erfüllbar, so dass auch Leistungsabnahme möglich ist (Konsequenz: Verjährung des Erfüllungsanspruchs des Bestellers führt aufgrund der fortbestehenden Erfüllbarkeit nicht zur Fälligkeit des Werklohnanspruchs des Unternehmers, s. BGH NJW 2020, 2270 Rn. 21), und behält seine Durchsetzbarkeit (BGHZ 184, 135 f.). Der Anspruchsgegner erwirbt lediglich ein Leistungsverweigerungsrecht (§ 214 I): die Verjährungseinrede (→ § 214). Sie ist ein Gestaltungsrecht; denn sie wird erst und nur beachtet, wenn der Einredeberechtigte sie erhoben hat, BGHZ 184, 136 (gleich, ob inner- oder außerhalb eines Prozesses, BGHZ 1, 239; OLG Düsseldorf NJW 1991, 2089 f.). Dabei muss klar sein, dass die endgültige Leistungsverweigerung wegen des Ablaufs der Verjährungsfrist erfolgt (BGH NJW-RR 2009, 1043). Werden im Prozess, gleich von welcher Partei, Tatsachen vorgetragen, aus denen sich Berechtigung und erfolgte Erhebung der Verjährungseinrede ergeben, so ist die Verjährung geltend gemacht (Prozesshandlung) und die Klage des Anspruchsinhabers als unbegründet abzuweisen (BGHZ 184, 136); ob der Anspruch besteht, kann offen bleiben (s. BGHZ 153, 341 f.). Der verjährte Anspruch kann erfüllt werden (§§ 214 II, 813 I 2); weitere Abschwächung der Verjährung in §§ 215, 216.

5 **5. Ähnliche Rechtsinstitute. a) Ausschlussfrist** (Präklusivfrist). Mit ihrem Ablauf *erlischt* das Recht (BGH NJW 2006, 904). Ausschlussfristen bestehen für Gestaltungsrechte (zB §§ 121, 124, 532), zuweilen für Ansprüche (zB §§ 556 III 3, 864; § 13, s. aber auch § 12 ProdHaftG). Verjährungsvorschriften sind analog anwendbar, soweit ges. angeordnet (zB § 124 II 2, 1002) oder wenn es Sinn und Zweck der jeweiligen Ausschlussfrist zulassen (BGH NJW 2006, 904 mN; NJW-RR 2018, 394, 396 Rn. 20). Berufung auf Ablauf einer Ausschlussfrist kann rechtsmissbräuchlich sein. **b) Verwirkung,** ein Unterfall des Rechtsmissbrauchs, führt zum Erlöschen des Rechts (str.; ie → § 242 Rn. 63). **c) Rechtserwerb durch Zeitablauf** (gemeinrechtlich: erwerbende Verjährung). Hauptfall: Ersitzung (§§ 900, 927, 937, 1033).

6 **6. Zweck.** Dazu BGH NJW 1998, 1059; 2011, 220; 2019, 1062, 1063 Rn. 24. Zweck der Verjährung sind Schuldnerschutz und Rechtsfriede: Mögliche Verjährung beschleunigt die Abwicklung des Rechtsverhältnisses und damit auch die Prozessökonomie (Mansel, Reform, 333, 343 f.); eingetretene Verjährung schützt den Gegner vor Beweisschwierigkeiten wegen Zeitablaufs (BGHZ 153, 342); bei längerer Untätigkeit des Berechtigten besteht erfahrungsgemäß oft kein Anspruch (mehr). Zu schützen sind zugleich die berechtigten Gläubigerinteressen, da Schutzbereich

des Art. 14 GG eröffnet ist. Art. 14 GG verlangt eine ges. Verjährungsregelung, die die **Interessen von Gläubiger und Schuldner** angemessen **ausgleicht** (BGH NJW 2021, 918, 919 Rn. 10; BGH NJW 2016, 629, 633 Rn. 40; BGH NJW-RR 2005, 1686; Schepe 28; sa Gildeggen VuR 2017, 203 ff., der die verkürzte Verjährungsfrist aus § 438 I Nr. 3 bei langlebigen Produkten als verfassungswidrig erachtet). Ausreichend ist, dass dem Gläubiger innerhalb der maßgeblichen Verjährungsfrist hinreichend Gelegenheit gegeben wird, das Bestehen seiner Forderung zu erkennen, ihre Berechtigung zu prüfen, Beweismittel zusammenzutragen und die gerichtliche Durchsetzung der Forderung ins Werk zu setzen (BT-Drs. 14/6040, 95; BGH NJW 2016, 629, 633 Rn. 40). Verjährungsvorschriften sind im Interesse der Rechtssicherheit grundsätzlich wortlautgetreu **auszulegen** (BGH NJW 2010, 222, 224; Auslegung eng am Wortlaut: BGH NJW 2021, 918, 919 Rn. 10; BGH NJW 2016, 629, 633 Rn. 38–40; abw. Grüneberg/Ellenberger Vor § 194 Rn. 12 mit BGH-Rspr.).

7. EMRK, GRCh, AEUV. Zur Vereinbarkeit der Verjährungsvorschriften des deutschen Rechts mit den **Vorgaben der EMRK** und des **Unionsrechts,** vgl. Kienast (s. Lit. vor → Rn. 1). **a) EMRK.** EGMR misst nationale Verjährungsregeln in erster Linie an **Art. 6 EMRK** und qualifiziert Verjährung verfahrensrechtlich (Kienast 288); Verjährungsvorschriften dürfen Anspruchsinhaber **effektiven gerichtlichen Rechtsschutz** nicht nehmen (Kienast 181). Entscheidend sei die Gewährleistung der zumutbaren Kenntnisnahme der anspruchsbegründenden Umstände (Kienast 189 ff., 192). Bei subjektiv anknüpfenden Fristen müsse diese Möglichkeit bereits im Moment des Fristanlaufs bestanden haben, bei objektiv anknüpfenden Fristen zu irgendeinem Zeitpunkt vor Ablauf der Frist (Kienast 182, 186). Merkmal der zumutbaren Kenntnisnahme bei objektiv beginnenden Verjährungsfristen versubjektiviert die Verjährungsfristen (so Kienast 286). **b) Unionsrecht.** Zum Problem der Kohärenzklausel gem. Art. 53 GRCh, wonach EuGH die Rspr. des EGMR zu Art. 6 EMRK im Rahmen des **Art. 47 GRCh** zu beachten hat, s. Kienast 239 ff., 288. – Nach EuGH sind Verjährungsregelungen im **unionsrechtlichen Anwendungsbereich des Effektivitätsgrundsatzes** des Art. 4 III EUV nach diesem Grundsatz zu beurteilen (dazu näher Kienast 236 f., 240 ff.; Piekenbrock, GPR 2020, 304; ders., GPR 2021, 178). Danach darf die Ausübung der durch die Unionsrechtsordnung verliehenen Rechte nicht praktisch unmöglich sein oder übermäßig erschwert werden (**Effektivitätsprinzip**) (EuGH WM 2021, 1882 Rn. 27 – BNP Paribas). Der EuGH misst dem Verbraucherschutz im Ausgangspunkt keine absolute Geltung zu, sondern erkennt, dass angemessene absolute Fristen im Interesse der Rechtssicherheit mit dem Unionsrecht vereinbar sind (EuGH WM 2021, 1882 Rn. 37 f. – BNP Paribas unter Verweis auf EuGH WM 2020, 1409 Rn. 56 – Raiffeisen; sa EuGH WM 2020, 1477 Rn. 82 – Caixabank SA). Verjährungsfristen von drei Jahren (EuGH C-542/08 BeckRS 2010, 90451 Rn. 28 – Barth) bzw. zwei Jahren (EuGH BeckRS 2011, 81904 Rn. 25 – Banca Antoniana Popolare) hat der EuGH als mit dem Effektivitätsgrundsatz konform angesehen. Nach jüngerer, aber bereits gefestigter EuGH-Rechtsprechung genügt eine Verjährungsfrist jedoch nur dann dem unionsrechtlichen Effektivitätsgrundsatz, wenn gewährleistet ist, dass der Verbraucher vor Fristablauf die Möglichkeit hatte, von seinen Rechten Kenntnis zu nehmen. Entschieden wurde das zur Kenntnis von der Missbräuchlichkeit einer Vertragsklausel [=Rechtsfrage]. Anderenfalls wird die Ausübung der durch die Klauselrichtlinie verliehenen Rechte übermäßig erschwert (EuGH WM 2020, 1409 Rn. 67 – Raiffeisen; EuGH WM 2021, 1882 Rn. 47 – BNP Paribas; vgl. auch EuGH WM 2020, 1477 Rn. 91 – Caixabank SA; EuGH WM 2021, 973 Rn. 63 f. – Profi Credit). Piekenbrock will diese EuGH-Rechtsprechung in der Weise mit § 199 I Nr. 2 in Einklang bringen, dass das Element der zumutbaren Klageerhebung (→ Rn. 5, → Rn. 6) „behutsam fortentwickelt wird". Maßgeblich solle sein, ob ein durchschnittlich informierter, aufmerksamer und verständiger Durchschnittsverbraucher Zweifel an der Wirksamkeit der Klausel haben musste (Piekenbrock GPR 2021, 178, 181). Ein geringerer Eingriff in die lex lata wäre es aber, den 6a entsprechenden Anforderungen des Unionsrechts insbesondere im Verbraucher- und Arbeitnehmerschutz durch den Einwand der **unzulässigen Rechtsausübung** Rechnung zu tragen. So stellt EuGH fest, dass die Anwendung nationalen Verjährungsrechts (genauer: §§ 195, 199 BGB) **Art. 31 II GRCh** (Gerechte und angemessene Arbeitsbedingungen) verletzt, wenn ein Anspruch auf bezahlten Jahresurlaub nach drei Jahren verjährt, wenn der AG den AN nicht tatsächlich in die Lage versetzt hat, seinen Anspruch wahrzunehmen (EuGH C-120/21 NJW 2022, 3207 – LB/TO), weil AG seiner Hinweis- und Aufforderungsobliegenheiten gegenüber dem AN nicht nachkam (ähnlich zum zeitlichen Verfall von Urlaubsansprüchen bei Langzeiterkrankung: EuGH C-518/20, C-727/20 NJW 2022, 3203 – XP/Fraport AG und AR/St. Vincenz-Krankenhaus GmbH). In diesem Fall kann – statt Unionsrechtswidrigkeit der §§ 195, 199 anzunehmen – eine von Amts wegen zu beachtende Einwendung der **unionsrechtlich unzulässigen Rechtsausübung** (→ Rn. 8; → § 242 Rn. 51) vorliegen, wenn sich AG auf Verjährung beruft. Dieses Rechtsinstitut greift sowohl bei subjektivem (z.B. nach I) wie bei objektiven Verjährungs(höchst)fristen des deutschen Rechts (z.B. nach II, III, IIIa, IV → Rn. 1), sofern sie auf dem Unionsrecht unterfallende Sachverhalte anzuwenden sind.

7 **8. Verjährung bei Anspruchskonkurrenz.** Anspruchskonkurrenz liegt vor, wenn einem Berechtigten *mehrere selbstständige Ansprüche auf dieselbe Leistung* zustehen, die alle erlöschen, wenn auch nur einer erfüllt wird. In diesen Fällen verjährt grundsätzlich jeder Anspruch selbstständig (vgl. BGHZ 116, 300; 119, 41), die Verjährungseinrede hat daher erst nach Ablauf der längsten Verjährungsfrist Erfolg. Das war nach fr. Recht insbes. bei Zusammentreffen von Schadensersatzansprüchen aus Vertrag und Delikt relevant (BGHZ 116, 299 f.). Dieser Problemfall ist erledigt, weil jetzt für beide Ansprüche grundsätzlich die Regelfrist (§ 195) gilt. Der **Grundsatz selbstständiger Verjährung** gilt, wenn die Regelfrist (§ 195) mit einer kürzeren oder längeren Frist zusammentrifft, zB Rückgabeanspruch aus Mietvertrag (§ 546 I) und aus Eigentum (§ 197 I Nr. 1, dazu → § 985 Rn. 12 [a]). Verjährt jedoch aus Gründen praktischer Zweckmäßigkeit ein Vertragsanspruch schnell, so verjähren konkurrierende Ansprüche gleich schnell, wenn sonst der Zweck der kurzen vertraglichen Verjährungsfrist vereitelt oder wesentlich beeinträchtigt würde (zum fr. Recht BGHZ 119, 41; 130, 293, je mN; zu § 37a WpHG aF BGH NJW-RR 2015, 365 Rn. 31; 2015, 368, 369 Rn. 8; NJW 2015, 2957, jeweils mN: kein Verjährungsgleichlauf bei vorsatzgetragenen Vertrags- und Deliktsansprüchen). So gilt die kurze Verjährung des § 548 I bei Zusammentreffen von dort genannten Ansprüchen mit entspr. Ersatzansprüchen wegen Veränderung oder Verschlechterung der Mietsache aus Delikt oder einem anderen Rechtsgrund (zum Anspruch aus §§ 281 I, 280 III BGH NJW-RR 2021, 803, 804 Rn. 10 f.; zum deliktischen Anspruch nach fr. Recht BGH NJW 1993, 2798 [unentschieden für § 826]).

8 **9. Unzulässige Rechtsausübung.** Die Erhebung der Verjährungseinrede kann unzulässige Rechtsausübung sein (→ § 242 Rn. 51). Der Hauptfall – Gläubiger vertraute berechtigterweise auf Grund des Verhaltens des Schuldners, dass dieser die Einrede (noch) nicht erheben werde – ist im Wesentlichen durch § 203 ges. geregelt. → §§ 214–217 Rn. 2. Zur **unionsrechtlich unzulässigen Rechtsausübung** → Rn. 6a.

9 **10. Beweislast.** Die Beweislast für Verjährungseintritt trägt, wer sich auf ihn beruft (LM Nr. 27 zu § 249 [Bb]).

10 **11. IPR.** Das Recht, nach welchem ein Anspruch zu beurteilen ist, entscheidet auch über dessen Verjährung. Anspruchsstatut und Verjährungsstatut sind damit identisch. Dieses anerkannte **Anknüpfungsprinzip** ergibt sich für das internationale Vertragsrecht aus Art. 12 I lit. d Rom I-VO (→ Vor Art. 1 Rom I-VO Rn. 43), für das internationale außervertragliche Schuldrecht, insbes. Deliktsrecht, aus Art. 15 lit. h Rom II-VO. Auch wenn eine entsprechende gesetzliche Anordnung fehlen sollte, zählt die Verjährung grundsätzlich zum Anknüpfungsgegenstand des jeweiligen Statuts.

So regelt zB das Sachstatut nach Art. 43 EGBGB auch die Verjährung der dinglichen Ansprüche (Staudinger/Mansel Art. 43 EGBGB Rn. 752 mN; OLG München KUR 2013, 77), das Namensstatut des Art. 10 EGBGB die Verjährung namensrechtlicher Ansprüche etc – Ist das UN-Kaufrecht (**CISG**) anzuwenden, so richtet sich die Verjährung der kaufrechtlichen Ansprüche nicht danach, da das CISG die Verjährung nicht regelt, sondern nach dem durch die Rom I-VO zur Anwendung berufenen nationalen Kaufrecht und den dazugehörigen Verjährungsvorschriften. Ist der Staat, dessen Kauf- und Verjährungsrecht durch die Rom I-VO berufen wird, aber Mitgliedsstaat des Übereinkommens über die Verjährung beim internationalen Warenkauf vom 14.6.1974 in der Fassung des Änderungsprotokolls vom 11.4.1980 (VerjÜ 1980, Text bei Staudinger/Magnus Anhang II zum CISG Rn. 31 ff.), dann haben deutsche Gerichte nach Art. 3 I lit. b VerjÜ 1980 dieses VerjÜ 1980 anzuwenden (s. zur parallelen Rechtsfrage im österreich-polnischen Verhältnis etwa öst OGH IHR 2017, 147). Zur Frage der Berufung besonders kurz bemessener fremder Verjährungsfristen in grenzüberschreitenden Haftungsfällen s. Kadner Graziano, ZEuP 2021, 668, 678 f., 686 ff. mit Lösungsvorschlägen de lege ferenda.

§ 195 Regelmäßige Verjährungsfrist

Die regelmäßige Verjährungsfrist beträgt drei Jahre.

1. Regelfrist. a) Fristdauer. Das SchRModG hat die (in Wahrheit ausgehöhlte) fr. ges. Regelfrist (§ 195 aF) von 30 Jahren auf 3 Jahre herabgesetzt. Das ist dem Gläubiger **zumutbar,** weil der Fristbeginn nicht nur an eine obj. Voraussetzung (Entstehung = Fälligkeit des Anspruchs, → § 199 Rn. 2) anknüpft, sondern auch an eine subj. (Kenntnis oder auf grober Fahrlässigkeit beruhende Unkenntnis von den anspruchsbegründenden Umständen und der Person des Schuldners), § 199 I. **b) (Unionsrechtlich) Unzulässige Rechtsausübung.** Dazu, dass die Berufung auf Verjährungseintritt nach Ablauf der dreijährigen Regelfrist wegen unzulässiger Rechtsausübung im Einzelfall missbräuchlich sein kann → § 242 Rn. 51. Zur unionsrechtlich unzulässigen Rechtsausübung → § 194 Rn. 6a. 1

2. Anwendungsbereich. Die ges. Regelfrist (§§ 195, 199 I) gilt für alle privatrechtlichen Ansprüche, vorbehaltlich abw. Ges. oder rechtsgeschäftlicher (§ 202) Regelung. Ges Sonderregelungen – mit Vorrang vor § 195 – zB in §§ 197, 438, 548, 606, 634a, 852, 1057, 1226. Die ges. Regelfrist erfasst insbes. **Erfüllungsansprüche aus Vertrag** (Asn.: § 196), vertragliche Herausgabeansprüche (zB Anspruch auf Herausgabe der Handakten aus §§ 675 I, 667, dazu BGH NJW 2020, 3725 Rn. 18 ff., dort auch zu § 50 BRAO), **Schadensersatzansprüche** (zB aus Verschulden bei Vertragsschluss), Ansprüche aus **ungerechtfertigter Bereicherung** (besteht die Bereicherung in der Erfüllung eines kürzer verjährenden Anspruchs durch einen Dritten, so gilt die kürzere Frist auch für § 812 gegen den befreiten Schuldner, BGHZ 89, 87; NJW 2000, 3492 gegen BGHZ 32, 15 f.), Ansprüche aus **GoA** (auch bei Bezahlung kürzer verjährender Schuld, BGHZ 47, 375 f.; Staudinger/Peters/Jacoby Rn. 18), Anspruch der Gesellschaft gegen den ausgeschiedenen Gesellschafter aus § 739 (BGH NJW 2011, 2292), **Prozessbürgschaft** (BGH NJW 2015, 351 Rn. 23 ff.), Ausfallhaftung nach § 24 GmbHG (BGH NZG 2018, 1344, 1348 f. Rn. 56 ff.). – Seit 1.1.2010 (Aufhebung § 197 I Nr. 2 aF) grundsätzlich auch Ansprüche aus **Familien- und Erbrecht** (zB Ansprüche aus Verlöbnis, auf Zugewinnausgleich). Zum früheren Recht s. BGH NJW 2015, 1014 Rn. 34; dazu Wellenhofer JuS 2015, 271; fortgeführt in BGH NJW 2016, 629: Rückgewähranspruch der Schwiegereltern aus § 313 ist kein familienrechtlicher Anspruch iSv § 197 I Nr. 2 aF, sondern Anspruch iSv §§ 195, 196, 199, → § 196 Rn. 3. – Verjährung der in einer **Schuldverschreibung** verbrieften Hauptforderung richtet sich nach § 801 I und der in einem Zinsschein verbrieften Zinsforderung nach § 802 II. Verjährung von Zinsansprüchen, die gar nicht oder in einer Globalurkunde verbrieft sind, unterfällt hingegen §§ 195, 199 (BGH NJW 2016, 2806 mN). 2

3 **3. Öffentl-rechtliche Ansprüche.** Für öffentl.-rechtliche Ansprüche gelten mangels eigener Verjährungsvorschriften die §§ 195 ff. entspr. insbes. §§ 195, 199, auch 197 I Nr. 2 (öffentl.-rechtlicher Herausgabeanspruch), Nr. 3–5, sofern sich keine andere Auslegung der öffentl.-rechtlichen Anspruchsgrundlagen ergibt (sa BGH NJW-RR 2019, 528 Rn. 80 ff. entschieden für den unionsrechtlichen Staatshaftungsanspruch.). Stets ist genau zu prüfen, welche der zivilrechtlichen Verjährungsnormen auf öffentl.-rechtliche Ansprüche entsprechend anzuwenden sind.

4 **4. Verjährung bei Anspruchskonkurrenz.** Zur fristrelevanten Anspruchskonkurrenz → § 194 Rn. 7. Ist verletzte Norm sowohl Schutzgesetz iSv § 823 II wie Marktverhaltensregelung (§ 4 Nr. 11 UWG), dann ist für Verjährung entscheidend, ob der Schwerpunkt des Unrechtsgehalts der verletzten Norm im Lauterkeitsrecht liegt. Nur wenn dies der Fall ist, gilt die kurze Verjährungsfrist des § 11 UWG. Die für den wettbewerbsrechtlichen Anspruch geltende kurze Verjährung des § 11 UWG findet daher auf den deliktsrechtlichen Beseitigungsanspruch aus §§ 1004, 823 II iVm Art. 108 III 3 AEUV keine Anwendung (BGH BeckRS 2011, 05635 Rn. 57).

§ 196 Verjährungsfrist bei Rechten an einem Grundstück

Ansprüche auf Übertragung des Eigentums an einem Grundstück sowie auf Begründung, Übertragung oder Aufhebung eines Rechts an einem Grundstück oder auf Änderung des Inhalts eines solchen Rechts sowie die Ansprüche auf die Gegenleistung verjähren in zehn Jahren.

1 **1. Allgemeines.** Die in § 196 genannten Ansprüche (→ Rn. 2–6) unterliegen nicht der ges. Regelfrist des § 195. Grund: Da die Voraussetzungen für den Fristbeginn nach § 199 I idR bei Anspruchsentstehung (= Fälligkeit, → § 199 Rn. 2) vorliegen, würden die Ansprüche schon nach 3 Jahren (gerechnet ab Schluss des Entstehungsjahres) verjähren. Diese Frist ist für eine etwa notwendige Grundstücksvermessung (vgl. → § 925 Rn. 4) und die Beschaffung einer Unbedenklichkeitsbescheinigung des Finanzamts (vgl. → § 925 Rn. 21) zu kurz; die möglichen Verzögerungen liegen nicht im Einflussbereich der Parteien. Ein weiterer Anwendungsfall ist die **„stehengelassene" Sicherungsgrundschuld:** Nach Rückzahlung des gesicherten Darlehens steht dem Eigentümer(schuldner) ein Rückgewähranspruch zu (→ § 1191 Rn. 12), den er aber nicht geltend macht, um die Grundschuld ggf. erneut zu Sicherungszwecken einzusetzen. In 10 Jahren ist der Rückforderungsanspruch verjährt; das gilt entgegen Otte ZGS 2002, 57 f. für den gesamten Inhalt des Anspruchs, auch für den auf Verzicht (→ § 1191 Rn. 15), der auf dem Sicherungsvertrag, nicht auf Eigentum beruht, so dass § 902 nicht eingreift; die Einrede gegen die Geltendmachung der Sicherungsgrundschuld beruht auf dem Rückforderungsanspruch und verjährt als anspruchsabhängige Einrede wie dieser (→ § 194 Rn. 2; übersehen von Otte ZGS 2002, 58).

2 **2. Anwendungsbereich. Erfasst werden Ansprüche a)** auf **Übertragung des Eigentums** an einem Grundstück (Alleineigentum, Miteigentum nach Bruchteilen, Wohnungseigentum [→ Vor § 903 Rn. 5], ferner Erbbaurecht [§ 11 ErbbauRG,
3 → Vor § 90 Rn. 2]); **b) Begründung** (= Belastung des Grundstückseigentums, → Vor § 104 Rn. 10), **Übertragung, Aufhebung, Inhaltsänderung** eines Rechts an einem Grundstück (gemeint: am Grundstückseigentum), ds die beschränkten dinglichen Rechte (→ Vor § 854 Rn. 6), Erbbaurecht (§ 1 I ErbbauRG), Dauerwohn- und Dauernutzungsrecht (§ 31 I 1, II WEG). Erfüllungsanspruch aus Immobiliarkauf verjährt gem. § 196, Nacherfüllungsanspruch bei Rechtsmangel aus §§ 435, 437 Nr. 1 verjährt gem. § 438 I Nr. 1b (BGH NJW 2022, 1167, 1168 Rn. 17). § 196 greift auch ein, wenn ein Grundpfandrecht nach § 1154 I 1, also ohne Eintragung im Grundbuch, übertragen werden soll, da dem Zedenten idR freisteht, die schriftliche Abtretungserklärung durch Grundbucheintragung ersetzen zu lassen (§ 1154 II); Anspruch auf Vertragsanpassung einer Grundstücksschenkung

unterfällt § 196 (BGH NJW 2015, 1014 Rn. 35 ff.; dazu Wellenhofer JuS 2015, 271; fortgeführt in BGH NJW 2016, 629). BGH NJW-RR 2015, 338 Rn. 22: § 196 analog für Bereinigungsanspruch des Nutzers §§ 32 S. 1, 61 I SachenRBerG. **c)** auf die **Gegenleistung,** auch schuldrechtlicher Versorgungsanspruch, der durch 4
Reallast dinglich gesichert ist (Sicherungsreallast), auf Teilauskehrung des erzielten Erlöses, sofern der Übernehmer den Grundbesitz ganz oder teilweise weiterveräußert, (BGH NJW 2014, 1000 Rn. 13 f.). Gegenseitigkeit auch bei ges. Ansprüchen möglich, (BGH NJW-RR 2008, 826; NJW 2011, 219). Für sie gilt die Frist von 10 Jahren unabhängig von der (uU schnellen) Erfüllung der Ansprüche nach → Rn. 2, 3; **d) gleichgültig,** aus welchem Rechtsgrund: zB § 812, § 528, s. BGH 5
NJW-RR 2008, 826; NJW 2011, 219. Denn § 196 stellt allein auf Inhalt, nicht Grund des Anspruchs ab (BGH NJW 2015, 1014 Rn. 36 mN). Erfasst werden **vertragliche wie gesetzliche,** wechselbezügliche Ansprüche (zB Rückabwicklungsansprüche aus einem nichtigen Grundstückskaufvertrag) wie solche ohne Gegenseitigkeitsverhältnis (zB Bereicherungsansprüche) (BGH NJW 2015, 1014 Rn. 36 mN). **e)** Str. ist, ob **Besitzverschaffungsansprüche** einzubeziehen sind, 6
für die sonst die Regelfrist (§§ 195, 199 I) gelten würde mit der Folge einer fr. Verjährung gegenüber den Ansprüchen → Rn. 2–4 (für Einbeziehung Mansel/Budzikiewicz § 4 Rn. 27, 28; NK-BGB/Budzikiewicz Rn. 21; jetzt auch BGH NJW 2021, 2510 Rn. 27; Grüneberg/Ellenberger Rn. 6; aA Staudinger/Peters/Jacoby Rn. 7). Praktische Bedeutung kommt dem Streit kaum zu, da idR die Besitzübertragung der Eigentumsverschaffung vorausgeht.

3. Fristbeginn. Die **10-Jahresfrist beginnt taggenau** (anders § 199 I) mit der 7
Entstehung (= Fälligkeit, → § 199 Rn. 2) des Anspruchs, § 200 S. 1. Maßgebend ist also allein ein obj. Umstand; subj. Voraussetzungen (wie in § 199 I Nr. 2) scheiden aus. Fristberechnung: §§ 187 I, 188.

§ 197 Dreißigjährige Verjährungsfrist

(1) **In 30 Jahren verjähren, soweit nicht ein anderes bestimmt ist,**
1. **Schadensersatzansprüche, die auf der vorsätzlichen Verletzung des Lebens, des Körpers, der Gesundheit, der Freiheit oder der sexuellen Selbstbestimmung beruhen,**
2. **Herausgabeansprüche aus Eigentum, anderen dinglichen Rechten, den §§ 2018, 2130 und 2362 sowie die Ansprüche, die der Geltendmachung der Herausgabeansprüche dienen,**
3. **rechtskräftig festgestellte Ansprüche,**
4. **Ansprüche aus vollstreckbaren Vergleichen oder vollstreckbaren Urkunden,**
5. **Ansprüche, die durch die im Insolvenzverfahren erfolgte Feststellung vollstreckbar geworden sind, und**
6. **Ansprüche auf Erstattung der Kosten der Zwangsvollstreckung.**

(2) **Soweit Ansprüche nach Absatz 1 Nr. 3 bis 5 künftig fällig werdende regelmäßig wiederkehrende Leistungen zum Inhalt haben, tritt an die Stelle der Verjährungsfrist von 30 Jahren die regelmäßige Verjährungsfrist.**

1. Allgemeines. § 197 ist **lex specialis** zu §§ 195, 196, 199 II-IV. Das ErbVer- 1
jÄndG (in Kraft seit 1.1.2010) änderte I Nr. 1 und hob I Nr. 2 auf, wodurch familien- und erbrechtliche Ansprüche in die Regelverjährung (§ 195) einbezogen wurden (zu Grund und Folgen der Aufhebung der bisherigen Regelung für familien- und erbrechtliche Ansprüche Otte ZGS 2010, 15 ff. und 157 ff.); Übergangsrecht: Art. 229 § 23 EGBGB. – Das Ges zur Stärkung der Rechte von Opfern sexuellen Missbrauchs (BGBl. 2013 I 1805) hat mit Wirkung zum 30.6.2013 I Nr. 1 neu gefasst. I Nr. 1 aF wurde I Nr. 2 nF; Übergangsrecht: Art. 229 § 31. I Nr. 6 EGBGB wurde durch das VerjAnpG eingefügt (in Kraft seit 15.12.2004); Übergangsrecht:

Art. 229 § 21 EGBGB. **Verjährungsbeginn:** Bei I Nr. 1 und Nr. 2 gilt § 200 S. 1, bei I Nr. 3–6 gilt § 201, bei II gelten §§ 195, 199.

2 **2. Schadensersatzansprüche wegen Vorsatztaten gegen die Person.** Schadensersatzansprüche (gleich ob deliktisch oder vertraglich) wegen vorsätzlicher Verletzung des Lebens, des Körpers, der Gesundheit, der Freiheit oder der sexuellen Selbstbestimmung (Begriff: § 205–209 Rn. 5; OLG Nürnberg BeckRS 2013, 21137) verjähren nach I Nr. 2 in 30 Jahren. Zweck: Ermöglichung der Rechtsverfolgung insbesondere bei Misshandlungen von Kindern und Jugendlichen, die auch im Erwachsenenalter oft nur unter inneren Schwierigkeiten durch das Opfer angestrengt werden kann (zur Reformdiskussion Franke/Strnad FamRZ 2012, 1535). Zusätzlich besondere Hemmung nach §§ 207, 208 möglich, daher kann Verjährungsfrist deutlich länger sein (bis zum 51. Lebensjahr des Opfers; berechtigte rechtspolitische Kritik bei Staudinger/Peters/Jacoby Rn. 8a). Keine telelogische Reduktion des § 208 bei Vorsatztaten nach I Nr. 1 wegen überlanger Verjährungsdauer (dafür aber BeckOGK/Piekenbrock Rn. 10), denn Gesetzgeber hat sich bewusst gegen Streichung des § 208 entschieden (s. zum Streichungsvorschlag BT-Drs. 17/6261, 20). I Nr. 1 ist lex specialis zu § 199 I, II, soweit Vorsatztaten der durch beide Normen geschützten Rechtsgüter gegeben sind (BeckOGK/Piekenbrock Rn. 9).

3 **3. Herausgabeansprüche. a) aus dinglichem Recht, I Nr. 2** (Begriff → Vor § 854 Rn. 1), insbes. Eigentum (§ 985), Nießbrauch (§ 1036 I), Pfandrecht (§§ 1227, 1231, 1251), auch Vermieter- und Verpächterpfandrecht (§§ 562b II 1, 581 II, 592 S. 4). Beseitigungs- und Unterlassungsansprüche gehen nicht auf Herausgabe; Herausgabeansprüche aus §§ 861, 1007 beruhen nicht auf dinglichem Recht (daher gelten für diese Ansprüche §§ 195, 199). Zu beachten ist, dass § 985 und § 1004 I 1 nebeneinander anwendbar sind (→ § 1004 Rn. 26); dann gilt selbstständige Verjährung (→ § 194 Rn. 7) und Anspruch aus § 1004 I verjährt nach §§ 195, 199 (BGH NJW-RR 2019, 590, 593 Rn. 12 ff. mN. Der Anspruch auf Beseitigung einer Beeinträchtigung der Grunddienstbarkeit, die durch eine Anlage auf dem dienenden Grundstück verursacht wird, verjährt entsprechend I Nr. 2, wenn es Verwirklichung des Rechts selbst betrifft und es nicht nur um eine Störung in der Ausübung geht (BGH NJW
4 2014, 3780 Rn. 13 im Anschluss an BGHZ 187, 185 = NJW 2011, 518). **b) Erbrechtliche Herausgabeansprüche, I Nr. 2,** nämlich des Erben gegen den Erbschaftsbesitzer **(§ 2018),** des Nacherben gegen den Vorerben **(§ 2130),** des wirklichen
5 Erben gegen den Besitzer eines unrichtigen Erbscheins **(§ 2362). c) Hilfsansprüche** zur Geltendmachung der Ansprüche nach a und b (zB §§ 260, 2027, 2130 II, 2362 II, nicht aber – s. OLG Stuttgart BeckRS 2018, 20651 Rn. 4 ff. – Anspruch aus § 2057).
6 **d) Beginn der Verjährung** für die Ansprüche nach a–c: § 200.

7 **4. Sonstige Ansprüche. a)** Nach **formell rechtskräftiger Feststellung** verjährt der Anspruch in 30 Jahren, **I Nr. 3.** Jedes Leistungspflicht ganz allgemein feststellende Urteil genügt (BGH NJW 2016, 1818 Rn. 25). Feststellung kann geschehen durch Endurteil (Leistungsurteil, Feststellungsurteil [BGH NJW 1991, 2015]), Vorbehaltsurteil (§§ 305, 599 ZPO: bedingtes Urteil), Schiedsspruch (§ 1055 ZPO), Vollstreckungsbescheid (vgl. § 700 ZPO), Kostenfestsetzungsbeschluss (§ 104 ZPO) (Stamm NJW 2020, 873, 875 f.: Wegen § 217 verjährt der rechtskräftig festgesetzte Kostenerstattungsanspruch spätestens mit dem Hauptanspruch); genügend ist Sachabweisung negativer Feststellungsklage, wenn sie positive Feststellung des Rechts enthält (BGH NJW 1975, 1321); außergerichtliches, ausdrücklich erklärtes Anerkenntnis mit der vereinbarten Wirkung eines Feststellungsurteils (OLG Oldenburg BeckRS 2014, 12123; gegen ein solches urteilsvertretendes Anerkenntnis Grunsky NJW 2013, 1336). **Ungenügend** Grundurteil, § 304 ZPO (BGH NJW 1985, 792). Eine Entscheidung des einstw. Rechtsschutzes (s. § 204 I Nr. 9) enthält keine Feststellung des Anspruchs (zu diesem → § 204 Rn. 11). Anerkennungsfähige **ausländische Entscheidungen** fallen unter I Nr. 3, wenn nach deutschem IPR deutsches Verjährungsrecht anwendbar und der Anspruch rechtskräftig festgestellt

ist (Mansel/Budzikiewicz Verjährungsrecht § 4 Rn. 102, 103). – **Wirkung:** I Nr. 3 BGB meint prozessualen Anspruch; dh alle materiell-rechtlichen Ansprüche, über die rechtskräftig entschieden wurde, verjähren nach I Nr. 3 (BGH NJW 2016, 1818, 1821 Rn. 25 mN). **b)** Der Feststellung durch eine **Entscheidung stehen gleich,** 8
I Nr. 4, 5: vollstreckbarer Vergleich (vgl. ZPO § 794 I Nr. 1; Vollstreckbarkeit ieS unnötig, gerichtl. Feststellungsvergleich genügt, weil Feststellungsurteil ausreicht, → Rn. 8 und BGH NJW-RR 1990, 665), vollstreckbarer Anwaltsvergleich (ZPO §§ 796a–c), vollstreckbare Urkunde (ZPO § 794 I Nr. 5), Schiedsspruch mit vereinbartem Wortlaut (ZPO § 1053 II mit § 1055), vollstreckbare Feststellung zur Insolvenztabelle (§§ 201 II; 215 II 2, 257 InsO [iVm dem rechtskräftig bestätigten Insolvenzplan]), Schuldenbereinigungsplan (§ 308 I 2 InsO). – **Beginn der Verjährung:** § 201. – Folgen bei **akzessorischer Haftung:** Ergeht rechtskräftiges Urteil gegen Hauptschuldner, führen §§ 768, 197 I Nr. 3 dazu, dass **Bürge** sich gegenüber dem Gläubiger nicht mehr auf den Ablauf der ursprünglichen Regelverjährung der Hauptforderung berufen kann (BGH NJW 2016, 3158, 3159 Rn. 19 f.). **c)** Ansprü- 9
che auf Erstattung der **Kosten der Zwangsvollstreckung, I Nr. 6** (→ Rn. 1). Welche Kosten erstattungsfähig sind, bestimmt § 788 I 1 (Hs. 1), 2 ZPO. Zum Beginn der Verjährung → § 201 Rn. 2. **d)** Bei Ansprüchen auf künftig fällig wer- 10
dende **regelmäßig wiederkehrende Leistungen** geht es charakteristischerweise nur um fortlaufende Leistungen, die zu ges. oder einvernehmlich bestimmten regelmäßig wiederkehrenden Terminen erfolgen; die Höhe kann schwanken (BGH NJW-RR 1989, 215). Die Ansprüche verjähren in ges. Regelfrist (§§ 195, 199 I). Schutzzweck von **II** ist es zu verhindern, dass sich die Einzelforderungen zu hohen Beträgen ansammeln (BGH NJW-RR 2008, 1235; BeckRS 2021, 44348 Rn. 22). Das gilt nicht für titulierte Verzugszinsen als Nebenforderungen beim Verbraucherdarlehen, § 497 III 4, 5; es gilt die 30-Jahre-Frist, **I.**

§ 198 Verjährung bei Rechtsnachfolge

Gelangt eine Sache, hinsichtlich derer ein dinglicher Anspruch besteht, durch Rechtsnachfolge in den Besitz eines Dritten, so kommt die während des Besitzes des Rechtsvorgängers verstrichene Verjährungszeit dem Rechtsnachfolger zugute.

Allgemeines. Dingliche Ansprüche gegen Sachbesitzer erlöschen mit Besitzverlust und entstehen gegen neuen Besitzer. Dennoch gilt bei **abgeleitetem Besitzerwerb** die bereits für erloschenen Anspruch verstrichene Verjährungszeit als solche des neuen Anspruchs (sa BGHZ 98, 241). War der Anspruch vor seinem Erlöschen schon verjährt, so ist es der neue ab Entstehung. Rechtsnachfolge (besser: Besitznachfolge) ist Einzelnachfolge (dann Willenseinigung nötig) oder Gesamtnachfolge.

§ 199 Beginn der regelmäßigen Verjährungsfrist und Verjährungshöchstfristen

(1) **Die regelmäßige Verjährungsfrist beginnt, soweit nicht ein anderer Verjährungsbeginn bestimmt ist, mit dem Schluss des Jahres, in dem**
1. **der Anspruch entstanden ist und**
2. **der Gläubiger von den den Anspruch begründenden Umständen und der Person des Schuldners Kenntnis erlangt oder ohne grobe Fahrlässigkeit erlangen müsste.**

(2) **Schadensersatzansprüche, die auf der Verletzung des Lebens, des Körpers, der Gesundheit oder der Freiheit beruhen, verjähren ohne Rücksicht auf ihre Entstehung und die Kenntnis oder grob fahrlässige Unkenntnis in 30 Jahren von der Begehung der Handlung, der Pflichtverletzung oder dem sonstigen, den Schaden auslösenden Ereignis an.**

(3) [1]**Sonstige Schadensersatzansprüche verjähren**

1. **ohne Rücksicht auf die Kenntnis oder grob fahrlässige Unkenntnis in zehn Jahren von ihrer Entstehung an und**
2. **ohne Rücksicht auf ihre Entstehung und die Kenntnis oder grob fahrlässige Unkenntnis in 30 Jahren von der Begehung der Handlung, der Pflichtverletzung oder dem sonstigen, den Schaden auslösenden Ereignis an.**

[2]**Maßgeblich ist die früher endende Frist.**

(3a) **Ansprüche, die auf einem Erbfall beruhen oder deren Geltendmachung die Kenntnis einer Verfügung von Todes wegen voraussetzt, verjähren ohne Rücksicht auf die Kenntnis oder grob fahrlässige Unkenntnis in 30 Jahren von der Entstehung des Anspruchs an.**

(4) **Andere Ansprüche als die nach den Absätzen 2 bis 3a verjähren ohne Rücksicht auf die Kenntnis oder grob fahrlässige Unkenntnis in zehn Jahren von ihrer Entstehung an.**

(5) **Geht der Anspruch auf ein Unterlassen, so tritt an die Stelle der Entstehung die Zuwiderhandlung.**

1 **1. Allgemeines.** Das ErbVerjÄndG hat die Überschrift (→ Rn. 9) geändert, I ergänzt (→ Rn. 2), für erbfallrelevante Ansprüche eine Verjährungshöchstfrist in III a bestimmt (→ Rn. 12), für andere in IV (→ Rn. 9). **I** bestimmt **Beginn** der ges. Regelfrist des § 195 (3 Jahre). I gilt auch, wenn in anderer Vorschrift die ges. Regelfrist namentlich als solche genannt ist (zB § 197 II); die Einschränkung in I „soweit nicht …" berücksichtigt, dass der Beginn zB in § 604 V nur obj. bestimmt ist, gilt aber nicht, wenn nur eine „Frist von 3 Jahren" vorgesehen ist (zB § 1378 IV 1 Hs. 1), die Frist beginnt dann entweder gem. Sondervorschrift (zB § 1378 IV 1 Hs. 2) oder gem. § 200 (keine Jahresschlussverjährung, anders I); vgl. Mansel/Budzikiewicz § 3 Rn. 64. **System der Fristen** des § 199: II-IV benennen objektive Verjährungsfrist. Verjährung kann aber unter Voraussetzung I früher eintreten, wenn subjektive Voraussetzungen I Nr. 2 erfüllt sind (zur Kritik → § 194 Rn. 1). **I Nr. 2** ist § 852 I aF nachgebildet und ist deshalb auch unter Rückgriff auf dessen Norminhalt und die dazu ergangene Rspr. auszulegen (stRspr, BGH NJW 2019, 1953 f. Rn. 18 mN).

2 **2. Beginn der ges. Regelfrist, I.** Greift, soweit nicht ein anderer Verjährungsbeginn bestimmt ist, vgl. → Rn. 1. Der Beginn knüpft kumulativ an **zwei Voraussetzungen** an, **I Nr. 1, 2: a) Entstehung des Anspruchs, I Nr. 1. aa) Allgemeines:** „Entstanden", dh hier: **fällig** (aber → § 163 Rn. 4), ist der Anspruch, **sobald er geltend gemacht werden kann,** ggf. durch Klage. Feststellungsklage (BGHZ 181, 315; NJW 2013, 1228 Rn. 25; NZG 2017, 753 Rn. 12; NJW 2019, 2461 Rn. 13) und Klage auf künftige Leistung genügen. Fälligkeit ist objektive Voraussetzung iSv I Nr. 1 und IV (BGH NJW 2022, 311, 316 Rn. 63: sie kann daher Feststellungsziel einer Musterfeststellungsklage sein, anders als (Un)Kenntnis iSv I Nr. 2, da diese subjektive Voraussetzung ist, dazu BGH BeckRS 2020, 34138 Rn. 52). Ausreichende Kenntnis bzw. Unkenntnis iSv I Nr. 2 erst, wenn Klageerhebung so erfolgversprechend ist, dass sie Gläubigern auch zumutbar ist (→ Rn. 5 aE). Klage muss daher schlüssig begründbar und genügend erfolgversprechend sein (BGH BeckRS 2012, 21993 Rn. 44; NJOZ 2011, 2089 Rn. 16 mN). Ursprüngliche **Stundung** schiebt die Fälligkeit hinaus (BGH NJW-RR 1992, 255). Anspruch entsteht erst mit **Eintritt aufschiebender Bedingung** (BGH NJW 1987, 2745: frühestens; → § 883 Rn. 7; BGH NZG 2018, 1344 Rn. 66; BGH NJW 2022, 1020, 1021 Rn. 10): mit **Erteilung notwendiger Genehmigung** (vgl. BGHZ 37, 235 f.), so dass Verjährungsfrist nicht rückwirkend in Gang gesetzt wird (RGZ 65, 248 f.; ebenso bei behördlicher Genehmigung, auch wenn sie auf einen früheren Zeitpunkt zurückwirkt: BGH BeckRS 2021, 11166 Rn. 39). Setzt Fälligkeit eines Anspruchs **Kündigung oder Anfechtung** voraus, so entsteht Anspruch erst mit

wirksamer Kündigung oder Anfechtung (anders §§ 199, 200 aF). **Auskunftsanspruch** gem. § 242 verjährt in der Regel nicht vor dem Hauptanspruch (BGH NJW 2021, 765, 770 Rn. 55). **Verhaltener Anspruch** (Qualifikation: BGH NJW 2021, 2112, 2113 Rn. 22) beginnt frühestens mit Erfüllungsverlangen des Gläubigers zu laufen (Mansel/Budzikiewicz § 3 Rn. 88 f.; BGH NJW 2021, 2112, 2113 Rn. 25 f. [zur Bauhandwerkersicherung]). Bürgschaftsanspruch setzt keine Leistungsaufforderung des Gläubigers gegenüber dem Hauptschuldner voraus (BGH NJW 2013, 1228 Rn. 23 ff.). Aufbewahrungsfrist des § 50 BRAO führt nicht dazu, dass der Anspruch auf **Herausgabe** der Handakten aus §§ 675 I, 667 BGB ein verhaltener wäre (BGH NJW 2020, 3725, 3726 Rn. 17 ff.). Fälligkeit dieses Anspruchs auf Herausgabe von Handakten tritt spätestens mit Beendigung des Mandatsverhältnisses ein (BGH NJW 2020, 3725, 3726 Rn. 14 ff.; keine entspr. Anwendung von § 695 S. 2 BGB). Verjährungsfrist des **Befreiungsanspruchs eines Treuhänders** nach § 257 S. 1 beginnt grds. frühestens mit Ablauf des Jahres zu laufen, in dem die Forderungen fällig wurden, von denen zu befreien ist (BGH BeckRS 2020, 19833 Rn. 3; BeckRS 2022, 1390 Rn. 29). Ein Anspruch entsteht auch, wenn er noch nicht beziffert werden kann (BGH NZG 2017, 753 Rn. 12 mN). Bei **Schadensersatzansprüchen** ist nach hM gem. dem sog. **Grundsatz der Schadenseinheit** (BGH NJW-RR 2006, 696; NJW 2019, 1953 Rn. 33; zur Kritik an dem Grundsatz s. Nachweise bei NK-BGB/Budzikiewicz Rn. 26; keine Übertragung des Grundsatzes der Schadenseinheit auf Aufwendungsersatzansprüche aus § 670 BGB bei mehraktiger Geschäftsbesorgung, BGH NJW 2018, 2714, 2717 Rn. 26 ff.) ausreichend, aber auch erforderlich, wenn bei einheitlichem Schadensersatzanspruch bereits ein endgültiger Teilschaden entstanden ist und mit dem Eintritt weiterer adäquat verursachter, **vorhersehbarer** Teilschäden gerechnet werden muss. Anwaltskosten sind Teil des vorhersehbaren Gesamtschadens (BGH NJW-RR 2022, 740, 747 Rn. 76 zum Abgasskandal). – **Kein Schadenseintritt:** Ist aber noch offen, ob ein pflichtwidriges, mit einem **Risiko behaftetes Verhalten** zu einem Schaden führt, ist der Anspruch nicht entstanden (BGH NZG 2018, 1301, 1302 Rn. 17 mN); kein Schadenseintritt (also keine Anspruchsentstehung) bei bloßer **Vermögensgefährdung,** dh „solange nur das Risiko eines Vermögensnachteils besteht, bei der gebotenen wertenden Betrachtung allenfalls eine Vermögensgefährdung vorliegt, es also noch nicht klar ist, ob es wirklich zum Schaden kommt" (IX. Senat BGH NJW-RR 2013, 1212 Rn. 10 mN). Bei Anwaltshaftung verschlechtert sich die Vermögenslage des Mandanten *idR* bereits mit der ersten nachteiligen Gerichtsentscheidung infolge Anwaltfehlers (BGH NJW 2021, 1957, 1958 Rn. 17 im Anschluss an BGH NJW 2019, 2390, 2391 Rn. 17, anders noch fr. Rspr. [danach erst ab Endentscheidung]. Nach stRspr des *III.* und des *IV. Senats* entsteht bei **Beteiligung an einer Fondsgesellschaft** auf Grundlage einer fehlerhaften Beratung der Schaden und damit der Schadensersatzanspruch des Anlegers in einem solchen Fall erst im Zeitpunkt des unwiderruflichen und vollzogenen Erwerbs der Anlage (BGH NJW 2010, 3292 Rn. 23 f.; BGH NJW-RR 2010, 1623 Rn. 10; 2012, 111 Rn. 7; BeckRS 2017, 135253 Rn. 34; NJW 2019, 356 Rn. 15 ff. mAnm Kräft; NJW 2012, 2113; BeckRS 2012, 11161 Rn. 21; NJW 2012, 3647 Rn. 70; offen *II. Senat* BGH NJW 2019, 2461 Rn. 12 ff., 26; aA [bereits mit Abschluss des schuldrechtlichen Beteiligungsvertrags, auch wenn er noch nicht unwiderruflich oder vollzogen ist] *XI. Senat* BGH NJW 2005, 1579; 2013, 1801 Rn. 25; 2014, 2348 Rn. 25; NJW-RR 2015, 1076 Rn. 19 ff.; NJW 2017, 2189 Rn. 18; 2019, 1739 Rn. 13 ff.). Jede Pflichtverletzung durch Handeln oder Unterlassen ist selbständig zu betrachten und verjährt selbständig. Feststellungsklage zur Hemmung der Verjährung möglich, BGHZ 181, 315 zum fr. Recht. Bei **Unvorhersehbarkeit** beginnt Verjährung erst mit Auftreten von Spätschäden (BGH NJW 1997, 2449 zu § 852 aF; NK-BGB/Budzikiewicz Rn. 25, 46). Der nach einem **Widerspruch** gemäß § 5a VVG aF geltend gemachte Bereicherungsanspruch ist nicht schon mit jeder einzelnen Prämienzahlung, sondern erst mit Ausübung des Widerspruchsrechts iSv I Nr. 1 entstanden (BGH NJW 2015, 1818 Rn. 20 ff.; folgend BGH

NJW 2018, 1469 Rn. 13; NJOZ 2016, 1372 Rn. 24; BeckRS 2016, 06528 Rn. 18; BeckRS 2016, 04807 Rn. 24; BeckRS 2015, 17675 Rn. 18; NJOZ 2015, 1723 Rn. 18). – Der Ausgleichsanspruch aus § 426 I 1 entsteht bereits in dem Augenblick, in dem die Gesamtschuldner dem Geschädigten ersatzpflichtig werden, dh mit der Entstehung der **Gesamtschuld** im Außenverhältnis. Zivilprozessualer **Kostenerstattungsanspruch** entsteht mit Eintritt der Rechtshängigkeit der Klage und ist aufschiebend bedingt durch seine Titulierung im Rahmen der Kostengrundentscheidung (Stamm, NJW 2020, 873). Str. aber, ob seine Verjährung an der des Hauptsacheanspruchs ausgerichtet oder selbstständig zu bestimmen ist (dazu NJW 2020, 873, 874 ff.). **Anfechtungsanspruch** gem. § 135 II InsO entsteht frühestens, wenn der Dritte Befriedigung für seine Forderung auf Rückgewähr des Darlehens erlangt hat und die Befreiung des Gesellschafters von der gewährten Sicherheit eintritt (BGH NJW 2022, 1465, 1469 Rn. 35). Anspruch auf Verzinsung des **Veräußerungserlöses** (§ 3 IV 3 VermG) nach §§ 681 S. 2, 668 entsteht in dem Moment, in dem der die Berechtigung feststellende Bescheid in Bestandskraft
3 erwächst (BGH NJW-RR 2021, 1100, 1105 Rn. 35). **bb) Unterlassungsansprüche** verjähren (sofern I Nr. 2 erfüllt und Sonderregeln nicht bestehen) erst ab Zuwiderhandlung, **V,** auch wenn sie vorher schon bestanden. Gilt entspr. für Anspruch auf dauernde positive Leistung (zB Nutzungsüberlassung), BGH NJW 1995, 2549. Bei einer **Dauerhandlung** (oder **Dauerunterlassung**) beginnt die Verjährung erst *mit ihrer Beendigung* (BGH NJW 2019, 596, 597 Rn. 19 mN.; BeckRS 2006, 13445 Rn. 40; NJW 1973, 2285; NJW-RR 1999, 984, 987; 2002, 1256, 1257; EuZW 2009, 865, 866 Rn. 11; OLG Frankfurt VersR 1989, 260, 261). Bei ihr liegt der Schwerpunkt nicht in der Aufnahme der rechtswidrigen Störung, sondern in der andauernden Aufrechterhaltung des rechtswidrigen Zustands (Dauerstörung durch aktives Tun oder Unterlassen). Daher beginnt die Verjährung erst, wenn der rechtswidrige Zustand endet (BGH NJW 2019, 1062 f. Rn. 22 f. [zu Unterlassungsanspruch aus § 541 bei vertragswidrigem Mietgebrauch]; sa BGH NJW-RR 2015, 781 Rn. 8 f. [zu Unterlassungsanspruch aus § 1004 I bzw. § 15 III WEG wegen zweckwidrigen Nutzung einer Teileigentumseinheit]); zur Sicherung des Rechtsfriedens anders bei Beseitigungsanspruch aus § 1004 I wegen herüberwachsender Äste im nachbarschaftlichen Verhältnis, s. BGH NJW-RR 2019, 1356, 1358 Rn. 17; 2019, 590, 592 Rn. 15 mN). Da bei einer rechtsverletzenden Dauerhandlung (zB unbefugte öffentliche Zugänglichmachen von Fotografien im Internet) oder Dauerunterlassung fortlaufend neue Schäden und damit neue Ersatzansprüche erzeugt werden, ist hier die Dauerstörung zur Bestimmung des Beginns der Verjährung gedanklich in Einzelhandlungen (also in Tage) aufzuspalten, für die jeweils eine gesonderte Verjährungsfrist täglich neu beginnt (BGH NJW 2015, 3165 Rn. 23 mN.). Bei **mehreren Pflichtverletzungen,** zB Aufklärungsfehlern, ist jede verjährungsrechtlich **selbständig zu behandeln** (BGH NJW 2017, 248 Rn. 8; 2015, 2956 Rn. 14; 2014, 314 Rn. 24 f., alle mN; vertiefend Grüneberg WM 2014, 1009 mN: Das gilt auch, wenn ein einheitlicher prozessualer Anspruch [Streitgegenstand] vorliegt und die Klageabweisung hinsichtlich einer bestimmten Pflichtverletzung eine neue Klage bezogen auf eine andere, vom gleichen Streitgegenstand aber erfasste Pflichtverletzung wegen der streitgegenstandsbezogenen materiellen Rechtskraft nach § 322 ZPO ausschlösse. Denn der Streitgegenstand kann mehrere materiell-rechtliche, selbständig verjährende Ansprüche umfassen; sa BGH NJW 2015, 2956; 2017, 248 Rn. 8; 2017, 949 mAnm M. Stürner und MedR 2017, 960 mAnm Budzikiewicz). I Nr. 2 ist daher getrennt für jede Pflichtverletzung zu prüfen, auch wenn nicht jede eigenständige oder zusätzliche Schadensfolgen nach sich gezogen hat, sondern nur zum Gesamtschaden beigetragen hat und Schadensersatzanspruch auf mehrere (voneinander abgrenzbare) Pflichtverletzungen gestützt wird (BGH NJW 2014, 314 Rn. 24 f.; NJW-RR 2012, 112 Rn. 9 mN; NJOZ 2011, 2088 Rn. 15 mN; NJW 2008, 507). Diese Rspr. ist nicht auf die Konstellation übertragbar, dass sich die Rechtsgrundlosigkeit einer Leistung iSd § 812 I 1 Fall 1 aus mehreren Gründen ergibt. Die Verjährung läuft daher nicht

erneut an, wenn dem Gläubiger Fehlen desselben Rechtsgrundes aus weiteren Gründen bekannt wird (BGH NJW 2022, 389 Rn. 47). Zum unterschiedlichen Verjährungsbeginn bei Haftung für ärztliche Aufklärungs- und Behandlungsfehler: BGH NJW 2017, 949 mAnm M. Stürner und MedR 2017, 960 mAnm Budzikiewicz → § 630h Rn. 4. **b) Kenntnis oder auf grober Fahrlässigkeit beruhende** 4
Unkenntnis, I Nr. 2. aa) Für beide trägt der Schuldner die Darlegungs- und Beweislast (BGH NJW 2010, 3294; BeckRS 2017, 137435 Rn. 40). Maßgebend ist die Kenntnis (grob fahrlässig begründete Unkenntnis) des **Gläubigers** (BGHZ 171, 10ff.; NJW 2008, 2578 mN). Bei Masseschaden in der Insolvenz ist auf Kenntnis des Insolvenzverwalters abzustellen, da Gemeinschaftsschaden (BGH NJW 2020, 1800, 1803 Rn. 54). – Kenntnis bzw. grob fahrlässige Unkenntnis muss sich auf die Tatsachen beziehen, die den konkreten materiell-rechtlichen Anspruch begründen, nicht aber auf andere mutmaßliche Ansprüche, die nicht Gegenstand des betreffenden Rechtsstreits geworden sind (zu Ansprüchen gegen Insolvenzverwalter: BGH NJW-RR 2014, 1457 Rn. 19; NJW 2015, 3299; NJW-RR 2017, 175 Rn. 8). – Sind mehrere Personen beteiligt, so ist zu prüfen, wer iSv I Nr. 2 Kenntnis (grob fahrlässige Unkenntnis) aufweisen muss (zB bei Drittschadensliquidation ist es der Anspruchsteller, nicht der Dritte). Es kommt für die Kenntnis der für den Beginn der Verjährungsfrist maßgebenden Umstände auf die Person des Anspruchsinhabers selbst (bzw. des mit der Anspruchsverfolgung betrauten Organs bei jur. Personen) an. BGH NJW 2014, 2345 Rn. 25 mN und (zum fr. Recht) NJW 2014, 2492 Rn. 13 mN: Bei kenntnisabhängigem Verjährungsbeginn kommt es für Beginn und Lauf der Verjährung im Falle des **Gläubigerwechsels** – gleich aus welchem Rechtsgrund (zB Individualsukzession nach §§ 412, 404, 426 II; zB Universalsukzession nach § 1922 I) zunächst auf den Kenntnisstand des ursprünglichen Gläubigers an. Hatte dieser die für den Verjährungsbeginn erforderliche Kenntnis, geht der Anspruch „mit in Gang gesetzter Verjährung auf den Rechtsnachfolger über, selbst wenn dieser die Kenntnis nicht mit oder erst nach dem Übergang des Anspruchs auf ihn erhält" (ebenso: BGH NJW-RR 2022, 701, 702 Rn. 14; BGH NJW 2015, 2190, 2191f. Rn. 22). **Wissenszurechnung:** Das Wissen eines Dritten ist dem Gläubiger nur ausnahmsweise zuzurechnen entsprechend §§ 166 I, 242, wenn der Anspruchsinhaber den Dritten mit der Erledigung bestimmter Angelegenheiten in eigener Verantwortung betraut, insbesondere ihm im Zusammenhang mit der Verfolgung des Anspruchs die Kenntnisnahme von bestimmten Tatsachen oder die Vornahme der erforderlichen Tatsachenfeststellungen übertragen hat (*Wissensvertreter* des Gläubigers [BGH NJW 2014, 2861 Rn. 16; 2014, 1294 Rn. 16 mN; 2016, 3445; NJW-RR 2019, 116, 118 Rn. 13f.; NJW 2020, 2534 Rn. 15 → § 166 Rn. 3, dort auch zu Ausnahmen von der Wissenszurechnung]). Auch bei Ehegatten darf die entsprechende Betrauung nicht vermutet, sondern muss positiv festgestellt werden (BGH NJW 2013, 448 Rn. 18f. mN). Keine Wissenszurechnung mangels Schutzbedürftigkeit, wenn Mitarbeiter des Gläubigers hinter dessen Rücken zu dessen Nachteil mit dem Schuldner zusammengewirkt hat (BGH NJOZ 2021, 92 Rn. 42). – Insolvenzverwalter muss sich in Bezug auf Ansprüche gegen Drittschuldner diejenigen Kenntnisse zurechnen lassen, die der Insolvenzschuldner vor Eröffnung des Insolvenzverfahrens hatte, ansonsten würde die Eröffnung des Insolvenzverfahrens zu einem gesetzlich nicht vorgesehenen Neubeginn der Verjährung führen (BGH BeckRS 2022, 9715 Rn. 27; BeckRS 2022, 10294 Rn. 27). – BGH NJW 2014, 2861 Rn. 15ff.: WEG-Verwalterwissen kann einzelnen Wohnungseigentümern bei der Durchsetzung ihrer Ansprüche nur zugerechnet werden, wenn es sich um gemeinschaftsbezogene Ansprüche iSv WEG § 10 VI 3 Fall 1 oder Fall 2 handelt (oder Verwalter gesondert von einzelnem Wohnungseigentümer mit Wahrnehmung entsprechender anderer Aufgaben betraut wurde). – BGH NJW 2012, 1789 mN: Eine Kenntnis iSv I Nr. 2 ist in Regressfällen nicht schon dann gegeben, wenn die Mitarbeiter der Leistungsabteilung bei *arbeitsteiligen Behörden* Kenntnis von den anspruchsbegründenden Tatsachen haben bzw. grob fahrlässig keine Initiativen zur Aufklärung des Schadensgeschehens (→ Rn. 5)

entfalten. Abzustellen ist allein auf die Kenntnis bzw. grob fahrlässige Unkenntnis der mit der Anspruchsverfolgung betrauten Mitarbeiter der Regressabteilung. Denn sie sind als Wissensvertreter betraut (Rn. 13). Ob die fehlende Kenntnis der Regressabteilung darauf beruht, dass sie seitens der Leistungsabteilung nicht die entsprechenden Informationen erhalten hat, ist grundsätzlich unerheblich, jedenfalls hinsichtlich der Verjährung von deliktsrechtlichen Ansprüchen (Rn. 14). Daran hat sich durch die Neuregelung des Verjährungsrechts in § 199 nichts geändert (BGH NJW 2012, 2645 Rn. 13). Entscheidend ist, ob die Mitarbeiter der behördlichen Regressabteilung aufgrund grober Fahrlässigkeit (→ Rn. 6) keine Kenntnis der anspruchsbegründenden Tatsachen erlangten, etwa weil die Mitarbeiter der Leistungsabteilung ganz offenkundig Informationsanweisungen nicht nachkamen
5 (Rn. 22). **bb) Kenntnis der anspruchsbegründenden Umstände** ist *Tatsachenkenntnis* (BGH NJW 2008, 2428, 2578). Grundsätzlich nicht notwendig ist der Schluss von den Tatsachen auf die Anspruchsbegründung (BGHZ 175, 170 f.); daher hindert Rechtsirrtum – Annahme, aus den bekannten Tatsachen ergebe sich kein Anspruch – nicht den Fristbeginn. *Anspruchsbegründend* sind die Umstände, die die Anspruchsnorm ausfüllen, zB die Tatsachen, aus denen sich die schädigende Handlung oder Pflichtverletzung und zB das Verschulden ergibt. Die dem Geschädigten bekannten Tatsachen müssen ausreichen, um den Schluss auf ein schuldhaftes Fehlverhalten des Anspruchsgegners als naheliegend erscheinen zu lassen (BGH BeckRS 2014, 19722 Rn. 15; NJW 2020, 466 Rn. 12; NJW 2020, 2534 Rn. 14; NJW 2021, 918 Rn. 8). Gläubiger muss *konkrete* Anhaltspunkte dafür vortragen, dass verfassungsmäßig *berufener Vertreter* des Schuldnerunternehmens tatbestandsmäßig gehandelt hat (BGH NJW 2021, 918, 920 Rn. 23 mN; bestätigt durch BGH BeckRS 2021, 34797 Rn. 14; BGH BeckRS 2021, 43492 Rn. 14; BGH BeckRS 2022, 4153 Rn. 29; BGH BeckRS 2022, 4168 Rn. 35; BGH NJW 2022, 1311 Rn. 23). – Zur erforderlichen Kenntnis in den sog. Abgas- oder Dieselfällen bei PKW: BGH NJW 2020, 2536 Rn. 25 f., 28; BGH NJW 2021, 918 Rn. 20 ff.; BGH BeckRS 2021, 44353 Rn. 6; BGH NJW 2022, 1311 Rn. 17; BGH BeckRS 2022, 4175 Rn. 17, 27; BGH BeckRS 2022, 4153 Rn. 23; BGH NJW 2022, 238 Rn. 38 f.; BGH NJW-RR 2022, 740 Rn. 36; BeckRS 2022, 10193 Rn. 21 f; BGH BeckRS 2022, 4167 Rn. 30 f.; BeckRS 2022, 4168 Rn. 29 ff.; BGH NJW 2022, 2028 Rn. 14. – Bei Anspruch gegen **Fachmann** (zB Anwalt, Arzt oder Steuerberater) ist die bloße Kenntnis von dessen Fachleistung (zB Inhalt der anwaltlichen Beratung, medizinischen Behandlung, Auskünfte und Empfehlungen des Steuerberaters) und der ihr zu Grunde liegenden tatsächlichen Umstände nicht ausreichend, um den Lauf der Verjährung in Gang zu setzen; erforderlich ist die Kenntnis von Tatsachen, aus denen sich auch für den Gläubiger als Nichtfachmann ergibt, dass der Fachmann von dem üblichen fachmännischen (zB rechtlichen, medizinischen, steuerrechtlichen) Vorgehen abgewichen oder er Maßnahmen nicht eingeleitet hat, die aus fachmännischer (zB rechtlicher, medizinischer, steuerrechtlicher) Sicht zur Vermeidung eines Schadens erforderlich waren (BGH NJW 2014, 993 Rn. 9 ff.; 2014, 1800 Rn. 8 f.; 2014, 2345 Rn. 26 mN; NJW-RR 2019, 116, 117 Rn. 9 f.; OLG Frankfurt a.M. BeckRS 2019, 26115 Rn. 87; OLG Hamm BeckRS 2019, 17245 Rn. 21; BGH NJW 2020, 2534 Rn. 14; NJW 2021, 1957 Rn. 27). Rät zB der Anwalt, der eine Frist versäumt hat, zur Fortsetzung des Rechtsstreits, hat der Mandant in der Regel sogar dann keine Kenntnis von der Pflichtwidrigkeit des Beraters, wenn das Gericht oder der Gegner zuvor auf eine Fristversäumung hingewiesen hat (BGH NJW 2014, 993 Rn. 17). Rät zB der Steuerberater zur Einlegung eines Rechtsbehelfs gegen einen nachteiligen Steuerbescheid, kann vom Mandanten keine Überprüfung der Richtigkeit der Auskünfte und Empfehlungen (etwa durch Beauftragung eines weiteren Steuerberaters) verlangt werden (BGH NJW-RR 2019, 116, 117 Rn. 10). Liegt zB der haftungsauslösende Fehler einer Wirtschaftsprüfungsgesellschaft in einer falschen Rechtsanwendung, beginnt die regelmäßige Verjährungsfrist I Nr. 2 nicht bereits mit dem Schluss des Jahres, in dem der Geschädigte Kenntnis von dieser Rechtsanwendung als solcher erlangt hat; vielmehr muss

der Geschädigte Kenntnis oder grob fahrlässige Unkenntnis davon haben, dass die Rechtsanwendung fehlerhaft gewesen ist. Deshalb reicht zB allein der Umstand, dass dem Geschädigten der Emissionsprospekt und der dort abgedruckte Prüfbericht des Schuldners als solche bekannt waren, er lediglich die rechtliche Unzulässigkeit der vorgesehenen Ausschüttungen nicht erkannt und sich insoweit auf die Prüfung der Prognoserechnung durch den Schuldner verlassen hat, nicht aus, um den Lauf der Verjährungsfrist in Gang zu setzen (BGH NJW 2014, 2345 Rn. 25 f. mN). Auch ist zB bei der Verjährung von Amtshaftungsansprüchen gegen einen **Notar** zu beachten, dass sich der Geschädigte in aller Regel darauf verlässt und auch verlassen darf, dass der Notar amtspflichtgemäß handelt (BGH NJW 2020, 466, 467 Rn. 14 ff., 18, auch zur Arzt- und Anwaltshaftung) und Grundbucheintragungen selbst fachkundig kontrolliert. Es ist dementsprechend grundsätzlich nicht Aufgabe des Geschädigten, die Amtsführung des Notars zu überwachen. Geht es um komplexe, für den Geschädigten schwer überschaubare Grundbuchvorgänge, so kann nicht ohne weiteres davon ausgegangen werden, dass er mit der Übersendung einer Veränderungsmitteilung zugleich auch Kenntnis von einer Amtspflichtverletzung des Notars erlangt oder diesbezüglich fortan grob fahrlässig keine Kenntnis hat. Die Überprüfung solch komplexer Grundbuchvorgänge kann einem juristischen Laien nicht abverlangt und zugemutet werden (BGH BeckRS 2014, 19722 Rn. 20); ebenso für Amtshaftungsansprüche gegen eine **Behörde** bei einer dem Geschädigten günstigen (fehlerhaften) Auskunft, zB über Sozialversicherungspflicht (BGH BeckRS 2015, 13843 Rn. 15 ff.). – Kenntnis oder grobfahrlässige Unkenntnis der Schwiegereltern, die Schenkung zurückfordern, vom tatbestandsbegründenden Scheitern der Ehe spätestens mit Kenntnis oder grobfahrlässiger Unkenntnis von der Zustellung des Scheidungsantrags (BGH NJW 2016, 629). – Bei einer unsicheren und zweifelhaften, durch die Rspr. noch **nicht geklärten Rechtslage,** die selbst ein rechtskundiger Dritter nicht zuverlässig einzuschätzen vermag und die Zweifel für eine schlüssige Klageerhebung schafft, beginnt die Verjährung ausnahmsweise erst mit objektiver Klärung der Rechtslage (stRspr, BGH NJW-RR 2009, 547 mN; NJW 2014, 3713 Rn. 35 mN; 2020, 466 Rn. 12 mN; sehr krit. Herresthal WM 2018, 401, der sich für eine Begrenzung auf die Konstellationen der Amts- und Notarhaftung ausspricht). In diesen Fällen fehlt es an der **Zumutbarkeit der Klageerhebung** als übergreifender Voraussetzung für den Verjährungsbeginn (BGHZ 179, 260 = NJW 2009, 2046 Rn. 47; 2013, 1077 Rn. 48; 2014, 3092 Rn. 23; BGH NJW-RR 2019, 528, 537 Rn. 82). Denn die Verjährung beginnt erst, sobald der Anspruch erfolgversprechend geltend gemacht werden kann (→ Rn. 2). Das fehlt nicht nur, aber erst recht, wenn der Durchsetzung des Anspruchs eine gegenteilige höchstrichterliche Rechtsprechung entgegensteht (BGH NJW 2014, 3713 Rn. 35 mN; aA und sehr krit. Bitter JZ 2015, 170, 173 ff. mN). So begann die Verjährungsfrist für Rückforderungsansprüche wegen unwirksam formularmäßig vereinbarter Bearbeitungsentgelte in *Verbraucherdarlehensverträgen* erst mit dem Schluss des Jahres 2011 zu laufen, da die Erhebung einer Rückforderungsklage zuvor einzelnen Darlehensnehmern nicht zumutbar war (BGH NJW 2014, 3713; BeckRS 2014, 21239; krit. Singbartl/Zintl EWiR 2015, 33). Gleiches gilt für *Bauspardarlehensverträge* (BGH NJW 2019, 2162). Kein solcher Fall bei schenkungsbezogenen *Rückforderungsansprüchen der Schwiegereltern*: Der Beginn der Verjährungsfrist für solche Ansprüche war nicht bis zur Veröffentlichung der Entscheidung vom 3.2.2010 (BGHZ 184, 190) hinausgeschoben (BGH NJW 2016, 629 Rn. 25 ff.). Auch kein solcher Fall bei *Bereicherungsansprüchen nach einem Widerspruch gem. § 5a VVG aF* sowie *Rückabwicklungsansprüchen nach einem Rücktritt gem. § 8 VVG aF*: Der Beginn der Verjährungsfrist für solche Ansprüche war nicht bis zur Entscheidung des EuGH vom 19.12.2013 (EuGH NJW 2014, 452) über die Richtlinienwidrigkeit des § 5a II 4 VVG aF hinausgeschoben (BGH NJW 2018, 1469 Rn. 16 ff. mAnm Gramse; r+s 2018, 189 Rn. 16 ff.). – **Keine Zumutbarkeit** der Klageerhebung, wenn Gläubiger sich mit der Klage zu seinem Vorbringen in einem noch nicht abgeschlossenen Vorprozess **in Widerspruch setzen** müsste

(BGH NJW 2021, 2647, 2648 Rn. 11; NJW 2015, 1948 Rn. 41; BGH NJW 1993, 2303). Klageweise Geltendmachung des Abfindungsanspruchs eines Gesellschafters unzumutbar, wenn in einem Streit über Ausscheiden des Gesellschafters einigermaßen verlässliche rechtliche Einschätzung der Wirksamkeit der Kündigung offensichtlich nicht gegeben ist (BGH NJW 2021, 2647, 2648 Rn. 11; KG NZG 2008, 70, 73; aA Michalski NZG 2008, 57, 59). Die Möglichkeit, die Verjährungshemmung in einem Vorprozess durch **Streitverkündung** herbeizuführen, spielt bei der Beurteilung der Zumutbarkeit der Klageerhebung **keine Rolle** (BGH NJW 2021, 2647, 2649 Rn. 20, 22 mN). – An der **Zumutbarkeit fehlt** es auch, wenn der Schuldner die Anspruchsentstehung **verdunkelt,** etwa ein Notar durch eine fehlerhafte Belehrung über den Inhalt seiner Amtspflichten deren Verletzung gegenüber dem Geschädigten verunklart (BGH NJW 2019, 1953, 1954 Rn. 21; ebenso BGH NJW 2021, 765, 770 Rn. 56: Es wäre widersprüchlich, wenn der Schuldner, der dem Geschädigten gegenüber vorsätzlich verdunkelt hat, dass er seine Auskunftspflichten verletzt hat, sich darauf berufen könnte, dass der Gläubiger die Fehler-
6 haftigkeit der Auskunft ohne grobe Fahrlässigkeit hätte erkennen müssen). Verjährungsregeln sind „mit Rücksicht auf das verfassungsrechtlich geschützte Forderungsrecht (GG Art. 14 I)“ so auszulegen, dass „stets ein **angemessener Ausgleich** zwischen den Interessen des Schuldners und des Gläubigers“ erreicht wird. Der Gläubiger muss dabei eine „**faire Chance** [erhalten], seinen Anspruch geltend zu machen.“ Das gilt insbesondere bei der Auslegung des § 199 I Nr. 2 zur Bestimmung des Verjährungsbeginns (BGH NJW 2014, 3713 Rn. 52 mN; sa BT-Drs. 14/6040, 95; BGH NJW 2021, 918 f. Rn. 10). Der Kenntnis gleichgestellt ist die auf **grober Fahrlässigkeit beruhende Unkenntnis.** Ihr Bezugspunkt sind wie bei der Kenntnis alle Tatbestandsmerkmale der Anspruchsgrundlage einschließlich das Vertretenmüssen des Schuldners im Falle der Verschuldenshaftung (BGH NJW 2020, 2534, 2536 Rn. 20; BeckRS 2022, 4175 Rn. 24). Sie liegt nach stRspr des BGH (NJW 2010, 3295 Rn. 28 mN; sa NJOZ 2011, 2088 Rn. 16 mN; NJW-RR 2012, 1241 Rn. 17 mN; NJW-RR 2012, 112 Rn. 8 mN; BeckRS 2019, 15717 Rn. 15; NJW 2020, 2534 Rn. 19) vor, wenn der Gläubiger *obj. schwerwiegend* und *subj. nicht entschuldbar* die Anforderungen der im Verkehr erforderlichen Sorgfalt missachtet. Dabei darf nicht von dem obj. auf den subj. Vorwurf geschlossen werden; beide sind gesondert festzustellen (BGH NJW 2009, 1485 Rn. 34). Der Standard grober Fahrlässigkeit ist obj. und subj. besonders hoch. Grob fahrlässige Unkenntnis iSv I Nr. 2 ist gegeben, wenn dem Gläubiger die Kenntnis deshalb fehlt, weil er ganz naheliegende Überlegungen nicht angestellt oder das nicht beachtet hat, was im gegebenen Fall jedem hätte einleuchten müssen, wie etwa dann, wenn sich dem Gläubiger die den Anspruch begründenden Umstände förmlich aufgedrängt haben und er leicht zugängliche Informationsquellen nicht genutzt hat (s. BT-Drs. 14/6040, 108; stRspr). Danach muss dem Gläubiger persönlich ein schwerer Obliegenheitsverstoß in seiner eigenen Angelegenheit der Anspruchsverfolgung, eine schwere Form von „Verschulden gegen sich selbst“, vorgeworfen werden können. Ihn trifft generell keine Pflicht oder Obliegenheit, im Interesse des Schuldners an einem möglichst frühzeitigen Beginn der Verjährungsfrist *Nachforschungen* zu betreiben. Geschädigten trifft weder eine Informationspflicht noch besteht für ihn eine generelle Obliegenheit, im Interesse des Schädigers an einem möglichst frühzeitigen Beginn der Verjährungsfrist Initiative zur Klärung von Schadenshergang oder Person des Schädigers zu entfalten (stRspr, BGH NJW 2021, 3250 Rn. 16; BGH NJW-RR 2016, 1187, 1189 Rn. 34). Es besteht somit keine Informationspflicht bzw. -obliegenheit; vielmehr muss das Unterlassen von Ermittlungen nach Lage des Falls als geradezu unverständlich erscheinen, um ein grob fahrlässiges Verschulden des Gläubigers bejahen zu können (stRspr). Daran hat sich durch die Neuregelung des Verjährungsrechts in § 199 nichts geändert (BGH NJW 2012, 1791 Rn. 18; sa BeckOK BGB/Spindler Rn. 21 ff.). Für den Gläubiger müssen *konkrete* Anhaltspunkte für das Bestehen eines Anspruchs ersichtlich sein und sich ihm der Verdacht einer möglichen Schädigung durch den Schuldner aufdrängen

(stRspr, BGH NJW-RR 2022, 740, 743 Rn. 41 mN; BGH NJW 2022, 238, 241 Rn. 38 mN; BGH BeckRS 2022, 4175 Rn. 25). Im Rahmen des I Nr. 2 sind auch nur die sich in der beschriebenen Weise deutlich *aufdrängenden* Ermittlungsmöglichkeiten beachtlich, die *ohne nennenswerte Mühe* und Kosten die relevanten Kenntnisse verschafft hätten (stRspr, BGH NJW-RR 2022, 740, 743 Rn. 41 mN; BGH NJW 2022, 238, 241 Rn. 38 mN; BGH BKR 2009, 374 Rn. 20, 24), sofern Klageerhebung auf ihrer Grundlage ohne weiteres erfolgversprechend und deshalb zumutbar (→ Rn. 5) gewesen wäre (BGH NJW 2020, 2534 Rn. 20). Erst dann beginnt in einem solchen Fall die Frist des § 195. – Eine Obliegenheit oder Pflicht des Gläubigers zur *Presseauswertung* besteht nicht (BGH NJW 2021, 3250, 3251 Rn. 18 mwN). Das Unterlassen eines wenigstens gelegentlichen Nachrichten- und Medienkonsums kann dem Gläubiger nicht zum Vorwurf gemacht werden, denn niemand ist von Rechts wegen gehalten, im Verjährungsinteresse etwaiger deliktischer Schuldner generell die Medien zu verfolgen (BGH NJW 2021, 3250, 3251 Rn. 18 mwN). Zudem gibt es keinen Erfahrungssatz, wonach der Inhalt von Pressemitteilungen stets zeitnah von den Betroffenen zur Kenntnis genommen wird; im Hinblick auf die Frage grob fahrlässiger Unkenntnis von dem Anspruch besteht keine Pflicht, die Presse zu verfolgen. Das gilt auch für Kaufleute und organschaftliche Vertreter von Gesellschaften in Bezug auf unternehmensbezogene Nachrichten des Wirtschaftsteils (KG BeckRS 2009, 88782). Direkter Schluss von einer Veröffentlichung auf die grob fahrlässige Unkenntnis ist unzulässig. Konkrete Wahrnehmung der Berichterstattung muss als Zwischenschritt festgestellt werden (BGH NJW 2021, 3250, 3251 Rn. 18). – Von einem Patienten oder seinem Wissensvertreter kann grundsätzlich nicht erwartet werden, dass er Krankenhausunterlagen auf ärztliche Behandlungsfehler hin überprüft, es sei denn, es handelte sich um Feststellungen, die sich ohne Weiteres treffen lassen, wie etwa die Feststellung der Namen der behandelnden Ärzte. Daher keine grobfahrlässige Unkenntnis bei Unterlassen der Überprüfung von Krankenhausunterlagen (BGH MedR 2020, 1017 Rn. 28 f. mAnm Wever = BGH NJW 2020, 2534, 2537 Rn. 29). In stRspr (vor und nach Neuregelung des § 199): *Aktenüberprüfung* mit dem Ziel einer Feststellung der Voraussetzungen eines deliktischen Schadensersatzanspruchs kann von Gläubiger nicht erwartet werden (BGH NJW 2020, 2534, 2537 Rn. 29 unter Hinweis auf BGH NJW 1996, 2933, 2935). – *Fehlende Marktbeobachtung* begründet ebensowenig grob fahrlässige Unkenntnis bei der Beurteilung der Verjährung des Anspruchs aus § 32a I 1 UrhG (BGH WRP 2020, 1443 Rn. 59 f.) – Eine ausreichende Kenntnis bzw. bei fehlender grober Fahrlässigkeit eine ausreichende mögliche Tatsachenkenntnis ist nicht schon deshalb gegeben, weil ein Anleger nur einen *bloßen Verdacht* einer Pflichtverletzung des Gläubigers oder den Verdacht eines betrügerischen Systems, das auch ihn geschädigt haben könnte, hatte bzw. hätte ohne grobe Fahrlässigkeit gewinnen können. Denn ein solcher Verdacht erlaubt keine schlüssige Klage (OLG Karlsruhe WM 2013, 462; zustimmend BeckOK BGB/Spindler Rn. 24). Die in stRspr herausgebildete Definition grob fahrlässiger Unkenntnis unterscheidet nicht danach, ob der Gläubiger Verbraucher oder Unternehmer ist. Denn auch wenn das zu erwartende Vorwissen des Gläubigers unterschiedlich ist, ist der Standard der groben Fahrlässigkeit selbst immer der des im jeweiligen konkreten Fall obj. schwerwiegenden und subj. nicht entschuldbaren Verhaltens des Gläubigers. Zu beachten ist, dass die konkreten Tatsachenumstände des jeweiligen Einzelfalls bestimmen, ob I Nr. 2 erfüllt ist oder nicht. – BGH NJW-RR 2010, 682 Rn. 6 mN; BGH BKR 2010, 425 Rn. 46: Kenntnis bzw. Unkenntnis iSv I Nr. 2 muss auch *subjektiven Tatbestand* des Anspruchs umfassen. Tatsachen müssen daher Schluss auf schuldhaftes Fehlverhalten als nahe liegend erscheinen lassen (BGH BeckRS 2014, 19722 Rn. 15, dazu → Rn. 5). BGH NJW-RR 2012, 1241 Rn. 15 mN: Von einer Kenntnis oder grob fahrlässigen Unkenntnis kann bei der *Haftung eines Teilnehmers* nur ausgegangen werden, wenn sowohl die Umstände bekannt oder in Folge grober Fahrlässigkeit unbekannt sind, die in Bezug auf die Handlung des Haupttäters einen Ersatzanspruch begründen, als auch die Umstände, aus denen

sich ergibt, dass auch der Teilnehmer als Haftender in Betracht kommt. – BGH NJW 2010, 3295 Rn. 33, WM 2016, 732: Unterlässt ein Anleger die *Lektüre des Anlageprospekts* und damit eine mögliche Kontrolle der Beraterangaben, so weist dies auf das bestehende Vertrauensverhältnis zurück und ist deshalb für sich allein genommen nicht schlechthin subj. und obj. „unverständlich" oder „unentschuldbar". Es liegt insoweit keine grob fahrlässige Unkenntnis vor. Ebenso verhält es sich grundsätzlich mit der unterlassenen Lektüre des Zeichnungsscheins, der dem Anleger nach Abschluss der Anlageberatung zur Unterschrift vorgelegt wird (BGH BeckRS 2018, 32641 Rn. 21). Eine grobe Fahrlässigkeit kann anzunehmen sein, wenn drucktechnisch hervorgehobene Risikohinweise vorhanden sind und die Unterschrift in engem räumlichen Anschluss an die Hinweise zu leisten ist (BGH
7 NZG 2019, 1181, 1182 Rn. 17). **cc) Kenntnis der Person des Schuldners** nach Namen und Anschrift. Auch hier ist die **grob fahrlässige Unkenntnis** gleichge-
8 stellt; es gilt → Rn. 6. **c) Jahresschlussverjährung, I am Anfang.** Die ges. Regelfrist (§ 195) beginnt mit dem Schluss des Jahres, in dem die beiden Voraussetzungen (I Nr. 1 und 2) erstmals *gleichzeitig* vorliegen. Beginn: 31.12., 24 Uhr, Ende 3 Jahre später am 31.12., 24 Uhr (Jauernig JZ 1989, 616; Mansel/Budzikiewicz § 3 Rn. 143; Grüneberg/Ellenberger Rn. 41; → § 188 Rn. 1).

9 **3. Verjährungshöchstfristen, II–IV.** Führt I nicht zur Verjährung, etwa mangels Kenntnis iSv I Nr. 2, dann führen II-IV Verjährung herbei (zum System der Fristen → Rn. 1). Sie sind eingeführt worden, weil sonst bei Nichtvorliegen der subj Voraussetzungen von I Nr. 2 eine Verjährung nicht eintreten könnte. **a) Regelhöchstfrist, IV.** Sie beträgt grundsätzlich **10 Jahre** nach Entstehen des Anspruchs (also keine Jahresschlussverjährung, sondern taggenaue Berechnung; zB Entstehung des Anspruchs am 12.7.2011, Fristablauf 12.7.2021); Verjährung tritt ein ohne Rücksicht auf Kenntnis (grob fahrlässige Unkenntnis). **Ausgenommen** sind Schadensersatzan-
10 sprüche (für sie gelten II, III, → Rn. 10, 11). **b) Höchstfristen für Schadensersatzansprüche. aa) Privilegierte** Schadensersatzansprüche wegen Körperverletzung usw, gleich aus welchem Rechtsgrund, **II.** Sie verjähren in **30 Jahren** von der Begehung der Handlung, der Pflichtverletzung oder dem sonstigen schadensauslösenden Ereignis an; auf Entstehung und Kenntnis (grob fahrlässige Unkenntnis) kommt es nicht an. Das ist zT missverständlich: Ein nicht entstandener Anspruch kann „eigentlich" nicht verjähren (aber → § 194 Rn. 4). Die Formulierung erklärt sich aus der Besonderheit des Schadensersatzanspruchs **(„Grundsatz der Schadenseinheit"):** Ist ein Schaden zwar noch nicht eingetreten, aber vorhersehbar, so besteht ein Ersatzanspruch nur „dem Grunde nach"; er ist nicht bezifferbar, daher Leistungsklage unzuläs-
11 sig, aber Feststellungsklage zulässig (→ Rn. 2). **bb) Andere Schadensersatzansprüche** verjähren ohne Rücksicht auf Kenntnis (grob fahrlässige Unkenntnis) in **10 Jahren, III 1 Nr. 1:** Der Anspruch darf nicht nur „dem Grunde nach" (→ Rn. 10) entstanden sein, es muss also ein Schaden eingetreten sein (stRspr, BGH NJW 2019, 356, 357 f. Rn. 14 mN; → Rn. 2, aber → § 194 Rn. 4). Beispiel: Rechtsgutsverletzung nicht bereits durch die Installation einer Wasserabnahmestelle, sondern erst durch das austretende Wasser (BGH NJW 2021, 1883, 1886). Nach **III 1 Nr. 2** kommt es weder auf die Entstehung (vgl. → Rn. 10) noch auf Kenntnis (grob fahrlässige Unkenntnis) an; die Frist beginnt mit der Begehung der Handlung, der Pflichtverletzung oder dem sonstigen schadenauslösenden Ereignis und läuft **30 Jahre.** Maßgebend ist, welche Frist – III 1 Nr. 1 oder Nr. 2 – in casu fr. endet (nicht, welche kürzer ist), **II 2.** Bsp: Entsteht durch eine Pflichtverletzung im Jahre 2004 erst 2036 ein Schaden und entsteht damit ein Schadensersatzanspruch (so und → Rn. 10), so tritt Verjährung nach III 1 Nr. 1 erst 2046 ein; nach III 1 Nr. 2 ist Verjährung aber schon 30 Jahre nach der Pflichtverletzung, also 2034, eingetreten. Daher ist die 30-
12 Jahre-Frist, obwohl länger, maßgebend. **c)** Für **erbfallrelevante Ansprüche** gibt **III a** bes. Verjährungshöchstfrist. Ihre Durchsetzung ist nur möglich bei Kenntnis des Anspruchsberechtigten vom Erbfall oder von einer Verfügung von Todes wegen und der aus ihr folgenden Anspruchsberechtigung (zB als Erbe, Vermächtnisnehmer,

Pflichtteilsberechtigter). Nicht unter III a fallen zum Nachlass gehörende Forderungen und Verbindlichkeiten des Erblassers, da sie nicht auf dem Erbfall beruhen. Hier kommt eine Ablaufhemmung der Verjährung nach § 211 S. 1 in Betracht. **d)** Nach 13
IV verjähren andere Ansprüche als die nach II bis III a (→ Rn. 12) in einer Höchstfrist von 10 Jahren ab Entstehung.

§ 200 Beginn anderer Verjährungsfristen

[1]Die Verjährungsfrist von Ansprüchen, die nicht der regelmäßigen Verjährungsfrist unterliegen, beginnt mit der Entstehung des Anspruchs, soweit nicht ein anderer Verjährungsbeginn bestimmt ist. [2]§ 199 Abs. 5 findet entsprechende Anwendung.

1. Allgemeines. Der Anwendungsbereich der Vorschrift ist begrenzt. Sie wird 1
insbes. von § 199 I (mit § 195) verdrängt, ferner zB § 548 I 2 (BGH NJW 2006, 1588; NJW 2014, 684 Rn. 12), § 438 II, III (BGH NJW 2014, 845 Rn. 16 ff.). Die Verjährung nach § 200 ist keine Jahresschlussverjährung (wie § 199 I), sondern beginnt taggenau.

2. Anwendungsbereich. Voraussetzungen. Unter § 200 fallen die Ansprü- 2
che aus §§ 196, 197 I Nr. 1. **Entstehung des Anspruchs:** → § 199 Rn. 2 (a, aa); des **Unterlassungsanspruchs:** → § 199 Rn. 3. § 200 erfasst auch Schadensersatzansprüche einer Aktiengesellschaft gegen ein Aufsichtsratsmitglied aus §§ 116 S. 1, 93 II AktG. Pflicht des Aufsichtsratsmitglieds zur vorbeugenden Verhinderung von Verstößen des Vorstands gegen § 93 III Nr. 1 AktG und Pflicht, im Nachgang die hieraus erwachsenden Ansprüche für die Gesellschaft gegen den Vorstand geltend zu machen, verjähren separat (BGH JZ 2020, 96 Rn. 16 ff., 31 f. mAnm Paefgen).

§ 201 Beginn der Verjährungsfrist von festgestellten Ansprüchen

[1]Die Verjährung von Ansprüchen der in § 197 Abs. 1 Nr. 3 bis 6 bezeichneten Art beginnt mit der Rechtskraft der Entscheidung, der Errichtung des vollstreckbaren Titels oder der Feststellung im Insolvenzverfahren, nicht jedoch vor der Entstehung des Anspruchs. [2]§ 199 Abs. 5 findet entsprechende Anwendung.

1. Allgemeines. Die Vorschrift regelt ausdr., was schon bisher galt. 1

2. Satz 1. Verjährung von rechtskräftig festgestellten **Ansprüchen** (§ 197 I 2
Nr. 3) beginnt mit der formellen Rechtskraft der Entscheidung (zu ihr → § 197 Rn. 8–10); von Ansprüchen iSv § 197 I Nr. 4 mit Errichtung des vollstreckbaren Titels (zu ihm → § 197 Rn. 9); von Ansprüchen iSv § 197 I Nr. 5 mit Feststellung im Insolvenzverfahren (dazu → § 197 Rn. 9).

3. Unterlassungsansprüche. Verjährung von Unterlassungsansprüchen beginnt 3
erst mit der Zuwiderhandlung, **Satz 2** mit § 199 V analog (→ § 199 Rn. 3).

§ 202 Unzulässigkeit von Vereinbarungen über die Verjährung

(1) **Die Verjährung kann bei Haftung wegen Vorsatzes nicht im Voraus durch Rechtsgeschäft erleichtert werden.**

(2) **Die Verjährung kann durch Rechtsgeschäft nicht über eine Verjährungsfrist von 30 Jahren ab dem gesetzlichen Verjährungsbeginn hinaus erschwert werden.**

1. Allgemeines. Die Gesetzesüberschrift ist irreführend. **I** bestimmt Unzulässigkeit 1
einer Vereinbarung lediglich für bestimmten Fall (und ergänzt § 276 III, BAG NJW 2006, 796). Kennt Abrede einer Verjährungserleichterung keine Ausnahme für Vor-

satzhaftung, führt dies nur insoweit zur Teilunwirksamkeit der Abrede (BeckOGK/Piekenbrock Rn. 23; sa BAG NJW 2013, 3741 Rn. 21 ff. zu Individual- und AGB-Vereinbarungen bei Vorsatz- und Fahrlässigkeitshaftung). **II** beschränkt nur die vorausgesetzte Vertragsfreiheit („Übermaßverbot“). BGH NJW 2015, 2571: **Verlängerung** der Verjährungsfrist (5 statt 3 Jahre) und obj. Fristbeginn in AGB bei *Bürgschaft* ist wirksam; auch BGH BeckRS 2015, 19758; 2015, 19661. Verlängerung der Verjährungsfrist des § 548 in AGB verstößt gegen § 307 (BGH NJW 2017, 3707, 3708 Rn. 21 ff. [Wohnungsmiete]; AG Dortmund BeckRS 2017, 101697 mN [Automiete]). Erfasst wird nicht nur eine Vereinbarung, sondern auch der einseitige Verzicht (→ Rn. 3). Von der Verjährung unabhängige, kürzere Ausschlussfristen in AGB bezogen auf ein unentgeltliches, freiwilliges Rabattversprechen (im konkreten Fall: Gutschrift von Prämienmeilen bei Flugprämienprogramm) können wesentlichen Grundgedanken der Verjährungsvorschriften (dreijährige Regelverjährung iSv § 195) widersprechen (§ 307 II Nr. 1) (BGH NJW 2018, 1157, 1158 Rn. 14 ff.). Eine **verjährungserleichternde AGB-Klausel** ist bei Verletzung der Klauselverbote des § 309 Nr. 7 lit. a und b insgesamt unwirksam, wenn die in diesen Klauselverboten bezeichneten Schadensersatzansprüche nicht von der Abkürzung der Verjährungsfrist ausgenommen werden (BGH NJW 2013, 2584 Rn. 15 ff.; BKR 2016, 118). Das gilt auch gegenüber einer jur. Person des öffentlichen Rechts s. BGH NJW 2014, 206 Rn. 21, 26 f. **Ausnahme:** Im Geschäftsverkehr zwischen Unternehmern (→ § 310 Rn. 2) indiziert die Wertung des § 309 Nr. 7 lit. a wegen ihres Bezugs auf höchstpersönliche Rechtsgüter nur dann Unangemessenheit der Klausel iSv §§ 310 I, 307, wenn Vertragspartner des Verwenders Einzelunternehmer (natürliche Person) ist (NK-BGB/Kollmann, § 309 Rn. 112). Denn auch nach § 305c II muss Klauselersteller nicht jegliche, entfernt denkbare Ausnahmesituationen antizipieren (Staudinger/Schlosser, § 305c Rn. 109 mN). Verkürzung der Verjährungsfrist ohne Ausnahme für Personenschäden des Vertragspartners des Verwenders kann bei Unternehmerverträgen trotz des nach §§ 310 I, 307 zu berücksichtigenden Indizwerts des § 309 Nr. 7 lit. a wirksam sein, wenn nach dem Gesamtgefüge des Vertrags (s. BGH NJW 1988, 1785 unter 3) der Personenschaden eine höchst selten vorkommende Situation ist, zB bei Agenturvertrag, Beratungsvertrag. Denn Fristverkürzung, die nur in außergewöhnlichen, von Parteien nicht für regelungsbedürftig gehaltenen Fällen das Klauselverbot verletzt, ist wirksam (s. zu § 309 Nr. 7 BAG NJW 2005, 3305, 3306). **Symmetrische Verjährungsfristverkürzung** in Handelsvertretervertrag für beide Vertragsparteien ist wirksam iSv §§ 310 I, 307, da sie beide Parteien gleich belastet und berechtigten beidseitigen Parteiinteresse an zügiger Vertragsabwicklung und schnellen Klärung der beiderseitigen Rechte und Pflichten dient: OLG Düsseldorf BeckRS 2011, 06079 mN. **Verjährungsverzichtserklärung,** die der Schuldner nur im Verhältnis zum Rechtsvorgänger abgegeben hat, wirken ohne Zusatzabrede nicht zugunsten des Rechtsnachfolgers (BGH BeckRS 2014, 17219 Rn. 35 f.).

2 **2. Form und Inhalt der Vereinbarung.** Vereinbarung ist idR **formfrei** (nicht in Grundstückskaufvertrag, da beurkundungsbedürftige Nebenabrede iSv → § 311b Rn. 15; Grüneberg/Ellenberger Rn. 5; aA MüKo-BGB/Grothe Rn. 5 mN, hM). Ihr Inhalt ist in den Grenzen von I, II frei gestaltbar, zB bzgl. Fristbeginn, Fristlänge, auch nach eingetretenem Fristablauf, ausgenommen die Verjährungswirkungen (§§ 214–218).

3 **3. Einredeverzicht.** Einseitiger Verzicht auf die Erhebung der Verjährungseinrede ist – wie bisher – nach Ablauf der Verjährungsfrist zulässig. Entgegen fr. (§ 225 S. 1 aF; BGH NJW 1998, 903: fr. allgM) ebenfalls der **vorhergehende,** da § 225 S. 1 aF aufgehoben ist und der (vorherige) **Verzicht** eine zulässige rechtsgeschäftliche Verjährungserschwerung darstellt (Mansel/Budzikiewicz Verjährungsrecht § 6 Rn. 13; BGH BB 2007, 2592; BGH NJW 2021, 461, 462f Rn. 15). Zeitlich unbegrenzter Verzicht soll idR die Grenze von II einhalten, begründet also keine Unverjährbarkeit (BGH BB 2007, 2592). Ie Lakkis ZGS 2003, 423 ff. Fallenlassen der Verjährungseinrede in erster Instanz und erneute Erhebung in der Berufungsinstanz ist grds. nicht

als materiell-rechtlicher Verzicht auszulegen, wenn nicht besondere Anhaltspunkte vorliegen, die auf einen Verzichtswillen hindeuten (BGH BeckRS 2022, 4168 Rn. 17 ff.; BeckRS 2022, 4167 Rn. 16 ff.; BeckRS 2022, 4153 Rn. 17 ff.). Vom Schuldner erklärter **befristeter Verjährungsverzicht** beeinflusst den Ablauf der Verjährung grds. nicht, sondern schließt die Einrede der Verjährung für den betreffenden Zeitraum aus (BGH NJW 2021, 461, 462 Rn. 15; BGH NJW 2021, 434, 439 Rn. 39; BGH NJW 2016, 1171 Rn. 43; 2014, 2267 Rn. 18; 2009, 1598 Rn. 22 mN). Im Zweifel erstreckt sich der nicht formularmäßige Verjährungsverzicht in Bezug auf einen Anspruch auch auf mit diesem konkurrierende Ansprüche und solche, die wirtschaftlich an dessen Stelle treten (BGH NJW 2021, 234 Rn. 42; BGH GRUR 2021, 721 Rn. 24). Verzicht soll dem Gläubiger im Zweifel **nur** die **gerichtliche Geltendmachung** des Anspruchs vor Ablauf der Verzichtsfrist **ermöglichen.** Es besteht keine Auslegungsregel des Inhalts, der Verzicht solle den Gläubiger im Zweifel so stellen, dass sämtliche während der Verzichtsfrist auftretende Tatbestände für eine Hemmung oder einen Neubeginn der Verjährung sich auch auf den Lauf der Verzichtsfrist auswirken (BGH NJW-RR 2015, 772; sa BGH NJW 2021, 461, 462 Rn. 16). **Klageerhebung** innerhalb der Verzichtsfrist führt dazu, dass dem Schuldner auch nach Ablauf dieser Frist die Berufung auf die Verjährung verwehrt ist; der Verzicht bleibt dann über die Frist hinaus wirksam. Erhebt der Gläubiger nicht innerhalb der Frist Klage (wobei Einreichung der Klage mit Zustellung „demnächst" genügt, § 167 ZPO analog), kann sich der Schuldner direkt nach Ablauf der Frist wieder auf Verjährung berufen und damit die Leistung verweigern. Erhebt der Gläubiger dagegen die Klage vor Ablauf der Frist, bleibt der Verzicht auch nach Fristablauf wirksam. Die Klageerhebung innerhalb der Verzichtsfrist hindert den Schuldner demnach auch über die Frist hinaus an der Erhebung der Verjährungseinrede. Für andere Hemmungstatbestände als die Klage gilt dies vorbehaltlich einer gegenteiligen Erklärung des Schuldners nicht (BGH NJW 2021, 461, 462 Rn. 15 mN). Nur bei besonderen Anhaltspunkten kann Verjährungsverzicht im Einzelfall über den dargestellten regelmäßigen Inhalt hinaus eine größere Reichweite haben. Sie müssen einen über die Ermöglichung der gerichtlichen Geltendmachung **hinausgehenden Verzichtswillen** des Schuldners erkennen lassen. Für die Annahme, der Verjährungsverzicht führe – wie das Anerkenntnis (§ 212 I Nr. 1) – zu einem Neubeginn der Verjährung, besteht mangels Regelungslücke kein Anlass (BGH NJW 2021, 461, 462 Rn. 16 mN). Es bedarf konkreter Anhaltspunkte, um eine Parteiabrede als **Neubeginnsabrede** auszulegen. Im Regelfall liegt sie nicht vor.

Titel 2. Hemmung, Ablaufhemmung und Neubeginn der Verjährung

§ 203 Hemmung der Verjährung bei Verhandlungen

[1]Schweben zwischen dem Schuldner und dem Gläubiger Verhandlungen über den Anspruch oder die den Anspruch begründenden Umstände, so ist die Verjährung gehemmt, bis der eine oder der andere Teil die Fortsetzung der Verhandlungen verweigert. [2]Die Verjährung tritt frühestens drei Monate nach dem Ende der Hemmung ein.

1. Allgemeines. S. 1 übernimmt den Rechtsgedanken von § 852 II aF als allg. Regelung. Daher kann auf die Rspr zu § 852 II aF zurückgegriffen werden (BGH NJW 2009, 1807). Die Hemmungswirkung nach S. 1 ist von Amts wegen zu beachten; es liegt keine Einrede vor (BGH NJW 2020, 3653 Rn. 30). 1

2. Begriffe. Der Begriff **„Verhandlungen"** ist weit zu fassen, BGH NJW-RR 2010, 976 f.; BGH NJW 2020, 3653, 3655 Rn. 28. Sie müssen den Anspruch oder anspruchsbegründende Umstände betreffen. Verhandlung ist daher jeder ernsthafte Meinungsaustausch über den Anspruch und seine tatsächlichen Grundlagen (BGH NJW 2020, 3653, 3655 Rn. 28) bzw. den Schadensfall (BGH NJW 2011, 1595 2

Rn. 14; NJW 2019, 1219, 1220 Rn. 13) zwischen dem Berechtigten und dem Verpflichteten. Nicht erforderlich ist, dass dabei Vergleichsbereitschaft oder Bereitschaft zum Entgegenkommen signalisiert wird oder dass Erfolgsaussicht besteht (stRspr, BGH NJW 2012, 3635 Rn. 36; BGH NJW 2020, 3653 Rn. 28). Korrespondenz über die Richtigkeit einer im Rahmen eines VOB-Bauvertrags erstellten Schlussrechnung kann Verhandlung iSd § 203 S. 1 darstellen (BGH NJW 2020, 3653, 3655 Rn. 29). Aber *keine* Verhandlung, wenn in dem Meinungsaustausch sofort jeder Ersatz oder anderweitige Kompensation abgelehnt wird, *genügend* jedoch Gespräch über (Nicht-)Eintritt der Verjährung oder Abschluss eines Widerrufsvergleichs (BGH NJW 2005, 2006). Verhandlungen **schweben,** wenn der Anspruchsgegner Erklärungen abgibt, die dem geschädigten Anspruchsteller die Annahme gestatten, der andere lasse sich auf Erörterungen über die Berechtigung von Schadensersatzansprüchen ein (ebenso BGH NJW 2020, 3653, 3655 Rn. 28). Dafür kann genügen, dass der Anspruchsgegner mitteilt, er habe die Angelegenheit seiner Haftpflichtversicherung zur Prüfung übersandt (BGH NJW 2011, 1594, 1595 Rn. 14 mN). Verhandlungen können nur Gläubiger und Schuldner selbst führen; es sei denn, Dritter hat entsprechende Verhandlungsvollmacht erhalten (BGH BeckRS 2014, 17219 Rn. 27 mN). Die Verhandlungen eines Vertreters ohne Vertretungsmacht können auch nicht mit verjährungsrechtlicher Rückwirkung genehmigt werden (BGH BeckRS 2014, 17219 Rn. 27 mN). Bei schwebenden Verhandlungen wirkt die Hemmung grundsätzlich auf den Zeitpunkt zurück, in dem der Gläubiger seinen Anspruch gegenüber dem Schuldner geltend gemacht hat (BeckRS 2014, 00822 Rn. 2). Bei einer Rechtsnachfolge tritt eine Hemmung nur ein, wenn in der Person des Rechtsnachfolgers selbst Gründe für die Hemmung vorliegen (BGH MDR 2014, 1201 Rn. 25). **Anspruch** ist nicht eng zu sehen, gemeint ist die Berechtigung auf Grund von Umständen, die die Berechtigung begründen. Wer zB (nur) über Vertragsansprüche spricht, verhandelt idR auch über konkurrierende Deliktsansprüche. Die Verhandlungen über Schadensersatzanspruch wegen primärer Pflichtverletzung hemmt auch die Verjährung der Sekundäransprüche auf Schadensersatz (BGH NJW 2015, 3447 Rn. 90; zur Parallele bei § 204 → § 204 Rn. 3).

3 **3. Ende der Hemmung.** Tritt ein, wenn ein Teil die Fortsetzung der Verhandlung verweigert, **S. 1.** Die Verweigerung muss klar und eindeutig sein (BGH NJW 1998, 2820; NZFam 2019, 170 Rn. 38; OLG Hamm BeckRS 2019, 17245 Rn. 40), zB durch Widerruf des Widerrufsvergleichs (BGH NJW 2005, 2006). Nach S. 1 endet die Hemmung der Verjährung durch das Einschlafen der Verhandlungen. Das ist der Zeitpunkt, in dem spätestens eine Erklärung der jeweils anderen Seite – sei es des Gläubigers oder des Schuldners – zu erwarten gewesen wäre (BGH NJW 2017, 949 mAnm M. Stürner und MedR 2017, 960 mAnm Budzikiewicz). Lässt der Ersatzberechtigte die Verhandlungen einschlafen, so endet die Hemmung zu dem Zeitpunkt, zu dem der nächste Verhandlungsschritt von ihm zu erwarten gewesen wäre (BGH NJW 2009, 1807). Hemmung der Verjährung aufgrund von Verhandlungen endet auch, wenn die Verhandlungen von beiden Seiten nicht fortgesetzt werden. Die Wiederaufnahme abgebrochener Verhandlungen führt nicht zu einer auf den Beginn der Verhandlungen rückwirkenden Hemmung der Verjährung. Feste Fristen, wann Verhandlungen nicht fortgesetzt werden, bestehen nicht. Entscheidend sind im Einzelfall Gegenstand der Verhandlungen und die Verhandlungsumstände; für das Einschlafen von Verhandlungen gilt das Gleiche (BGH ZIP 2017, 236; sa OLG Koblenz MedR 2016, 337 ff. mAnm Budzikiewicz).

§ 204 Hemmung der Verjährung durch Rechtsverfolgung

(1) **Die Verjährung wird gehemmt durch**

1. **die Erhebung der Klage auf Leistung oder auf Feststellung des Anspruchs, auf Erteilung der Vollstreckungsklausel oder auf Erlass des Vollstreckungsurteils,**

1a. die Erhebung einer Musterfeststellungsklage für einen Anspruch, den ein Gläubiger zu dem zu der Klage geführten Klageregister wirksam angemeldet hat, wenn dem angemeldeten Anspruch derselbe Lebenssachverhalt zugrunde liegt wie den Feststellungszielen der Musterfeststellungsklage,
2. die Zustellung des Antrags im vereinfachten Verfahren über den Unterhalt Minderjähriger,
3. die Zustellung des Mahnbescheids im Mahnverfahren oder des Europäischen Zahlungsbefehls im Europäischen Mahnverfahren nach der Verordnung (EG) Nr. 1896/2006 des Europäischen Parlaments und des Rates vom 12. Dezember 2006 zur Einführung eines Europäischen Mahnverfahrens (ABl. EU Nr. L 399 S. 1),
4. die Veranlassung der Bekanntgabe eines Antrags, mit dem der Anspruch geltend gemacht wird, bei einer
   a) staatlichen oder staatlich anerkannten Streitbeilegungsstelle oder
   b) anderen Streitbeilegungsstelle, wenn das Verfahren im Einvernehmen mit dem Antragsgegner betrieben wird;

   die Verjährung wird schon durch den Eingang des Antrags bei der Streitbeilegungsstelle gehemmt, wenn der Antrag demnächst bekannt gegeben wird,
5. die Geltendmachung der Aufrechnung des Anspruchs im Prozess,
6. die Zustellung der Streitverkündung,
6a. die Zustellung der Anmeldung zu einem Musterverfahren für darin bezeichnete Ansprüche, soweit diesen der gleiche Lebenssachverhalt zugrunde liegt wie den Feststellungszielen des Musterverfahrens und wenn innerhalb von drei Monaten nach dem rechtskräftigen Ende des Musterverfahrens die Klage auf Leistung oder Feststellung der in der Anmeldung bezeichneten Ansprüche erhoben wird,
7. die Zustellung des Antrags auf Durchführung eines selbständigen Beweisverfahrens,
8. den Beginn eines vereinbarten Begutachtungsverfahrens,
9. die Zustellung des Antrags auf Erlass eines Arrests, einer einstweiligen Verfügung oder einer einstweiligen Anordnung, oder, wenn der Antrag nicht zugestellt wird, dessen Einreichung, wenn der Arrestbefehl, die einstweilige Verfügung oder die einstweilige Anordnung innerhalb eines Monats seit Verkündung oder Zustellung an den Gläubiger dem Schuldner zugestellt wird,
10. die Anmeldung des Anspruchs im Insolvenzverfahren oder im Schifffahrtsrechtlichen Verteilungsverfahren,
10a. die Anordnung einer Vollstreckungssperre nach dem Unternehmensstabilisierungs- und -restrukturierungsgesetz, durch die der Gläubiger an der Einleitung der Zwangsvollstreckung wegen des Anspruchs gehindert ist,
11. den Beginn des schiedsrichterlichen Verfahrens,
12. die Einreichung des Antrags bei einer Behörde, wenn die Zulässigkeit der Klage von der Vorentscheidung dieser Behörde abhängt und innerhalb von drei Monaten nach Erledigung des Gesuchs die Klage erhoben wird; dies gilt entsprechend für bei einem Gericht oder bei einer in Nummer 4 bezeichneten Streitbeilegungsstelle zu stellende Anträge, deren Zulässigkeit von der Vorentscheidung einer Behörde abhängt,
13. die Einreichung des Antrags bei dem höheren Gericht, wenn dieses das zuständige Gericht zu bestimmen hat und innerhalb von drei Monaten nach Erledigung des Gesuchs die Klage erhoben oder der Antrag, für den die Gerichtsstandsbestimmung zu erfolgen hat, gestellt wird, und
14. die Veranlassung der Bekanntgabe des erstmaligen Antrags auf Gewährung von Prozesskostenhilfe oder Verfahrenskostenhilfe; wird

die Bekanntgabe demnächst nach der Einreichung des Antrags veranlasst, so tritt die Hemmung der Verjährung bereits mit der Einreichung ein.

(2) [1]**Die Hemmung nach Absatz 1 endet sechs Monate nach der rechtskräftigen Entscheidung oder anderweitigen Beendigung des eingeleiteten Verfahrens.** [2]**Die Hemmung nach Absatz 1 Nummer 1a endet auch sechs Monate nach der Rücknahme der Anmeldung zum Klageregister.** [3]**Gerät das Verfahren dadurch in Stillstand, dass die Parteien es nicht betreiben, so tritt an die Stelle der Beendigung des Verfahrens die letzte Verfahrenshandlung der Parteien, des Gerichts oder der sonst mit dem Verfahren befassten Stelle.** [4]**Die Hemmung beginnt erneut, wenn eine der Parteien das Verfahren weiter betreibt.**

(3) **Auf die Frist nach Absatz 1 Nr. 6a, 9, 12 und 13 finden die §§ 206, 210 und 211 entsprechende Anwendung.**

1 **1. Allgemeines.** Geltendmachung des Anspruchs (auch die erfolglose, BGHZ 160, 262 f.) durch den Gläubiger hindert die Verjährung. Was dazu zu tun ist und wie lange die Verjährung gehemmt ist, bestimmt § 204, aber nicht abschließend. Gilt entsprechend für Klagen wegen Amtshaftung, eines sozialrechtlichen Herstellungsanspruchs etc (BGH NJW 2011, 2589 Rn. 35 ff. mN; NZG 2011, 837; BGH BeckRS 2015, 13843 Rn. 14).

2 **2. Klageerhebung, I Nr. 1, Erhebung einer Musterfeststellungsklage I Nr. 1a.** Stimmt mit § 209 I aF – abgesehen von der Rechtsfolge (Unterbrechung statt jetzt Hemmung) – überein. Daher kann Rspr. zu § 209 I aF herangezogen werden (BGH NJW 2005, 2005). – **Hemmung** nur durch Erhebung einer **Klage** (Widerklage). **Klage** muss **wirksam** sein, insbesondere Mindestanforderungen des § 253 II ZPO erfüllen, da sonst keine Klage (BGH BeckRS 2020, 45182 Rn. 28; BGH NJW-RR 1997, 1217; BGH NJW 2017, 886 Rn. 32 ff.; unwirksame Zustellung reicht nicht, BGH NZG 2021, 566, 567 Rn. 7). Wirksame, wenn auch **fehlerhafte** Klage reicht für I Nr. 1 aus, gleich ob sie unzulässig oder unbegründet ist, da auch sie für den Schuldner den Rechtsverfolgungswillen des Gläubigers deutlich macht (BGH BeckRS 2020, 45182 Rn. 28; BGH NJW 2014, 920 Rn. 21 mN). Auf die Schlüssigkeit kommt es insoweit nicht an (BGH BeckRS 2020, 45182 Rn. 28 mN). Individualisierung gem. § 253 II Nr. 2 ausreichend, wenn in Insolvenztabelle angemeldete Forderung schlagwortartig ohne Bezugnahme auf eine konkrete Berechnung oder Leistungszeitraum bezeichnet (BGH BeckRS 2020, 45182 Rn. 28; BGH NZG 2021, 566, 567 Rn. 7 f.). *Zunächst* hemmt daher auch eine unzulässige (BGH NJW 2008, 2430) oder unbegründete Klage; Zulässigkeit und Begründetheit müssen noch nicht zZ der Klageerhebung gegeben sein (BGH NJW 2014, 920 Rn. 21). Gilt auch bei mangelnder Bestimmtheit des Klageantrags; ausreichend, dass der Gläubiger seine Absicht zur Anspruchsdurchsetzung ernsthaft zu erkennen gibt (BGH NJW 2021, 765 Rn. 57). Klage auf Leistung, auch in Stufen (§ 254 ZPO; BGH NJW-RR 1995, 771; NJW 2019, 1219 Rn. 12) oder auf künftige Leistung (§§ 257 ff. ZPO), auf positive Feststellung (§ 256 ZPO) des Anspruchs selbst, nicht nur des zugrundeliegenden Rechtsverhältnisses (BGH NJW 2016, 1310 Rn. 30 mN; 2013, 1081 Rn. 57 mN; BeckRS 2012, 21347 Rn. 45), auf Erteilung der Vollstreckungsklausel (§§ 731, 796, 797, 797a, 800 ZPO), auf Erlass des Vollstreckungsurteils (§ 722 ZPO). Hemmung auch, wenn Anspruch erstmals klageerweiternd im Wege der Anschlussberufung geltend gemacht wird (BGH BeckRS 2018, 35500 Rn. 10; Ende der Hemmung gem. II 1 sechs Monate nach Wegfall der Anschlussberufung (§ 524 IV ZPO). Str. ist, ob substantiierter Antrag auf Sachabweisung einer negativen Feststellungsklage hemmt (nein: BGH NJW 2012, 3633 Rn. 27, stRspr; zustimmend Tolani NJW 2019, 2751 f.; aA Hinz, FG v. Lübtow, 1980, S. 735 ff., da der Berechtigte [= Beklagter] aktiv sein Recht verfolgt, denn mit Rechtskraft der substantiierten Abweisung ist es festgestellt, vgl. BGH NJW

1986, 2508; → § 197 Rn. 7). Nach Stamm (NJW 2020, 873, 875) hemmt I Nr. 1 analog **Kostenfestsetzungsantrag** als „Minus zur Klageerhebung" lediglich die (von der Verjährung des Hauptsacheanspruchs unabhängige) Verjährung des prozessualen Kostenerstattungsanspruchs.

Zum **Zeitpunkt der Klageerhebung** s. §§ 253 I, 261, 495, 498 ZPO; uU ist die Klageeinreichung maßgebend, s. § 167 ZPO; BGH NJW 2017, 78 Rn. 82; 2010, 2272. Erforderlich ist **Klage des materiell Berechtigten** (BGH NJW 2010, 2271). Daher keine Hemmung, wenn Aktiv- oder Passivlegitimation (BGH NJW 1995, 1676) oder die Verfügungsbefugnis (BGH NJW 1983, 454) fehlt. Ein **Parteiwechsel** durch Eintritt des berechtigten Klägers hemmt ex nunc (auch wenn das nicht mehr mit BGH NJW-RR 1989, 1269 auf entspr. Anwendung von §§ 209, 212 aF gestützt werden kann). Klage in **Prozessstandschaft** hemmt erst, wenn diese offengelegt wird oder offensichtlich ist (BGH NJW 2002, 20). Offenlegung von Abtretung und Ermächtigung nicht erforderlich, wenn Schuldner ausreichend geschützt. Das ist der Fall bei Sicherungsabtretung, oder wenn der ursprüngliche Forderungsinhaber (Unternehmer) seine Forderungen gegen den Schuldner (Nachunternehmer) nicht zur Sicherheit an einen Dritten, sondern zur Befreiung von eigenen Gewährleistungsverpflichtungen an seinen Gläubiger (Besteller) abtritt und der Gläubiger den ursprünglichen Forderungsinhaber zur Einziehung und Prozessführung im eigenen Namen ermächtigt (BGH NJW 2022, 1959, 1961 Rn. 30, Rn. 34 f. mit iE zust. Anm Grothe). **Hemmung umfasst grundsätzlich** (nur) die **3**
Ansprüche iSv § 194, die im **Streitgegenstand** der erhobenen Klage aufgehen (BGH NJW 2007, 2561; 2017, 2673 Rn. 20). Denn von der Hemmungswirkung einer Klage nach I Nr. 1 wird der prozessuale Anspruch und damit der Streitgegenstand insgesamt erfasst. Die Hemmungswirkung umfasst alle materiell-rechtlichen Ansprüche, die sich im Rahmen des gestellten Antrags aus dem vorgetragenen Lebenssachverhalt herleiten lassen (zur Bestimmung des Streitgegenstands bei einer Klage auf Feststellung der Pflicht zum Kartellschadensersatz, Pohlmann, NZKart 2020, 55.). Auch hilfsweise geltend gemachte Ansprüche, die als Minus im Hauptantrag enthalten sind, werden von der Hemmungswirkung erfasst (BGH NJW-RR 2020, 1022, 1025 Rn. 30). Auf die rechtliche Begründung des Klägers kommt es nicht an. (BGHZ 198, 294 Rn. 22 = NJW 2014, 314; 2015, 236 Rn. 145; ebenso BGH NJW 2015, 3711 Rn. 9 mN: Zahlungsklage aufgrund Gläubigeranfechtung hemmt auch Verjährung alternativ gegebenen, auf Zahlung gerichteten Bereicherungsanspruchs, wenn Klagesachvortrag ihn stützt. Bloße Änderung der Art der Schadensberechnung lässt die Hemmung unberührt (BGH NJW 2017, 2673 Rn. 23; BGH NJW 2021, 1957, 1960 Rn. 37 mN; sa OLG Brandenburg BeckRS 2019, 708 Rn. 138 ff.: Zahlungsklage auf Vorfinanzierung von Mängelbeseitigungskosten hemmt auch später geltend gemachte Erhöhungen, sofern sie denselben Mangel betreffen). Klage wegen primären Schadensersatzes hemmt auch Verjährung der sekundären Schadensersatzansprüche, auch wenn sie nicht ausdrücklich zum Gegenstand der Klage gemacht worden sind (BGH NJW 2015, 3447 Rn. 90). StRspr, wonach bereits die Erhebung einer Teilklage, mit der mehrere Ansprüche geltend gemacht werden, deren Summe den geltend gemachten Teil übersteigt, die Verjährung aller Teilansprüche hemmt und die Bestimmung, bis zu welcher Höhe bzw. in welcher Reihenfolge die einzelnen Teilansprüche verfolgt werden, nachgeholt werden kann, also „zurückwirkt" (BGH NJW 2014, 3298 Rn. 16; 2015, 236 Rn. 145 f.; 2015, 2113 Rn. 28 f.; 2020, 1800 Rn. 58). Anders beim Mahnbescheidsantrag und zur Forderungsanmeldung im Insolvenzverfahren (BGH NJW 2014, 3298 Rn. 15, 17 f.). Bei **Teilklage** grds. bloß **Teilhemmung** (BGHZ 151, 2 f.; NJW-RR 2008, 521; vgl. BGH NZFam 2019, 170 Rn. 34 für im Zugewinnausgleichsverfahren gestellten Teilantrag; aA Zeuner FS Henckel, 1995, 951 ff., soweit § 265 Nr. 2 ZPO Klageerweiterung zulasse). Auch bei „verdeckter Teilklage" (weder für Beklagten noch für Gericht erkennbar, dass bezifferte Forderung nicht den Gesamtschaden abdeckt) erfasst Hemmung grundsätzlich nur den geltend gemachten Anspruch im beantragten Umfang. **Anderes** bei **Schadensersatzansprüchen,**

wenn mit der Klage von Anfang an ein bestimmter Anspruch erkennbar in vollem Umfang geltend gemacht werden sollte und sich im Verfahren Umfang und Ausprägung des Klageanspruchs ändern, nicht aber der Anspruchsgrund. Der Schadensersatzkläger klagt dann nicht eine Geldsumme, sondern den Schaden ein und hemmt damit die Verjährung der Ersatzforderung in ihrem betragsmäßig wechselnden Bestand. Für die endgültige Bemessung des Schadens ist der Zeitpunkt der letzten mündlichen Verhandlung maßgebend, auf Grund derer das Urteil ergeht, so dass dem Umfang der Verjährungswirkung daher durch den ursprünglich bezifferten bloßen Leistungsantrag keine Grenzen gezogen werden (BGH NJW 2021, 1957, 1960 Rn. 37; BGH BeckRS 2020, 2779 Rn. 5; BGH NJW 2014, 920 Rn. 25; BGH NJW 2002, 2167; sa BGH NJW 2019, 234 Rn. 19). Wichtig: Nach **§ 213** werden – in Anlehnung und Erweiterung der Rspr. (BGH NJW 1993, 2440) und der Regelung in §§ 477 III, 639 I aF – auch **streitgegenstandsfremde Ansprüche** (insoweit keine Rechtshängigkeit!) von der Hemmung erfasst (Henckel JZ 1962, 335 ff.; BGH NJW 1991, 2825; NJW-RR 2006, 738 zum fr. Recht; NJW 2015, 3447 Rn. 90). So hemmt Schadensersatzklage für Ersatzanspruch in jeder Form (so schon zum fr. Recht BGHZ 104, 271 f.; sa Henckel JZ 1962, 338). Unbezifferte Schmerzensgeldklage hemmt idR für gesamten Anspruch, nicht nur in Höhe der vom Kläger anzugebenden Größenordnung; aber keine Hemmung, wenn nur auf Ersatz des Vermögensschadens geklagt wird. Inanspruchnahme des Primärrechtsschutzes im Verwaltungs(gerichts)verfahren hemmt für Anspruch aus Art. 34 GG (BGHZ 138, 250 f.). Erhebung des Leistungsantrags im Zugewinnausgleichsverfahren hemmt Hilfsanspruch auf Auskunft aus § 1379 (BGH NZFam 2018, 260
3a Rn. 27 f. mAnm Löhnig). **I Nr. 1a** gilt seit dem 1.11.2018. Die Vorschrift wurde durch das Gesetz zur Einführung einer zivilprozessualen **Musterfeststellungsklage** (BGBl. 2018 I 1151) in das BGB eingefügt. Verjährung wird gem. I Nr. 1a durch die Erhebung einer Musterfeststellungsklage für den Anspruch (→ prozessualer Anspruch → § 199 Rn. 3) oder ein einschlägiges Rechtsverhältnis aller Gläubiger gehemmt, den bzw. das diese zu dem zu der Musterfeststellungsklage geführten Klageregister angemeldet haben (Anmeldung muss wirksam iSv § 608 II ZPO sein, nur Verbraucher → § 608 I ZPO), wenn dem angemeldeten Anspruch bzw. dem Rechtsverhältnis derselbe Lebenssachverhalt zugrunde liegt wie den Feststellungszielen (Begriff: § 2 I KapMuG) der Musterfeststellungsklage, von denen sie i.S.v. § 608 I ZPO abhängen. Str., ob Hemmungswirkung nur eintritt, wenn Anspruch bei Erhebung der Musterfeststellungsklage *und* **Anmeldung** zum Klageregister unverjährt ist (so Prütting ZIP 2020, 197, 202; HK-BGB/Dörner Rn. 2; BeckOK ZPO/Lutz, § 608 ZPO Rn. 16; Deiß/Graf/Salger BB 2018, 2883, 2885 f. mN.) oder die Anmeldung zum Klageregister – sofern rechtzeitig – **auch nach Verjährung** des Anspruchs erfolgen kann (so **hM,** BGH NJW 2021, 3250, 3251 Rn. 21, 24 ff.; BeckRS 2021, 34797 Rn. 16; NZG 2022, 456 Rn. 11; OLG Köln BeckRS 2021, 45624 Rn. 20; BT-Drs. 19/2701 S. 7, S. 9; BT-Drs 19/2741, S. 23; Stadler ZHR 2018, 623; U. Schmidt WM 2018, 1966, 1970; Tolani NJW 2019, 2751, 2753; Mekat/Nordholtz NJW 2019, 411, 412; Heese JZ 2019, 429, 435; Weinland, Die neue Musterfeststellungsklage, 2019, Rn. 104; BeckOK BGB/Henrich Rn. 20; Staudinger/Peters/Jacoby Rn. 48h; Musielak/Voit/Stadler, § 608 ZPO Rn. 1; *verfassungsrechtliche Bedenken* dagegen Grzeszick NJW 2019, 3269, 3270, 3274; Prütting ZIP 2020, 197, 202). – **Hemmungsende → II 2** → Rn. 17. – Zu grenzüberschreitenden Sachverhalten s. Horn ZVglRWiss 118 (2019), 314, 319 ff.

4 **3. Vereinfachtes Unterhaltsverfahren, I Nr. 2.** Vereinfachte Festsetzung des Unterhalts Minderjähriger nach §§ 249 ff. FamFG.

5 **4. Mahnverfahren, I Nr. 3.** S § 690 I Nr. 3 mit § 693 ZPO (ie BGH NJW 1999, 3718; krit. Vollkommer FS G. Lüke, 1997, 865 ff., dagegen BGH NJW 2001, 306 f. betr. Individualisierung und deren Zeitpunkt; sa BGHZ 172, 39; NJW 2016, 1083). Materiell Berechtigter muss Antrag stellen: BGH NJW 2017, 78 Rn. 79 mN. Zustellung muss grundsätzlich wirksam sein und innerhalb der Verjährungsfrist erfolgen

(BGH NJW-RR 2010, 1439, dort auch zu Ausnahmen). Für Hemmung ist nicht Zulässigkeit, sondern allein **Wirksamkeit** des auf den Mahnantrag erlassenen und zugestellten Mahnbescheids relevant, so dass bei hinreichender Individualisierung des geltend gemachten Anspruchs dessen Verjährung auch dann gehemmt wird, wenn der Mahnantrag an Mängeln leidet oder (zB wegen § 688 II Nr. 2 ZPO) unzulässig ist (s. BGH NJW 1988, 1964; 2007, 1952 Rn. 43; 2012, 995 Rn. 8; 2015, 3160 Rn. 16 mN; 2015, 3162 Rn. 17; NJOZ 2019, 507 Rn. 11 ff.). Ist Schuldner eine Behörde, ist Anspruchsindividualisierung aus der Perspektive des nach dem Behördenaufbau zuständigen Mitarbeiters vorzunehmen (BGH NJW 2020, 3653, 3654 Rn. 20). Bei bewusst falschen Angaben entgegen § 690 I Nr. 4 ZPO (Missbrauch des Mahnverfahrens) ist Berufung auf Hemmung durch Zustellung des Mahnbescheids **rechtsmissbräuchlich** (§ 242) (BGH NJW 2015, 3162 Rn. 18; s. zur Verwehrung der Hemmungswirkung aufgrund von Rechtsmissbrauch auch Regenfus NJW 2016, 2977). – **Hemmung** erfasst prozessualen Anspruch, dh alle **materiell-rechtlichen Ansprüche,** die sich im Rahmen des Rechtsschutzbegehrens aus dem im Mahnantrag hinreichend individualisierten Lebenssachverhalt herleiten lassen, daher zB Verjährung der Ansprüche für jeden einer Anlageentscheidung zugrunde liegenden Beratungsfehler, wenn in unverjährter Zeit wegen eines oder mehrerer Beratungsfehler Mahnverfahren eingeleitet (BGH NJW 2015, 236 Rn. 146; 2015, 2407; 2015, 3162 Rn. 15 ff., jeweils mwN). Zur Hemmung der Verjährung bei der Geltendmachung von Schadensersatz im Mahnverfahren s. BGH NJW 2014, 3298 Rn. 15, 17 ff.; 2014, 3435 ff.; BeckRS 2015, 04823 Rn. 2 ff. **Europäisches Mahnverfahren:** Der Europäische Zahlungsbefehl ist in Nr. 3 dem Mahnbescheid gleichgestellt. Zur Zustellung des Europäischen Zahlungsbefehls s. Art. 12 V, 13–15 VO (EG) Nr. 1896/2006.

5. Streitbeilegungsantrag, I Nr. 4. Regelt die Hemmung aufgrund außergerichtlichen Streitbeilegung; setzt § 209 II Nr. 1a aF fort. I Nr. 4 wurde durch Art. 6 Gesetz zur Umsetzung der Richtlinie über alternative Streitbeilegung in Verbraucherangelegenheiten und zur Durchführung der Verordnung über Online-Streitbeilegung in Verbraucherangelegenheiten vom 19.2.2016 (BGBl. 2016 I 254) mit Wirkung zum 26.2.2016 teilweise neugefasst (dazu BGH BeckRS 2022, 13175 Rn. 32; u.a. Streitbeilegungsstelle statt Gütestelle) und in seinem Anwendungsbereich erweitert. – Streitbeilegungsverfahren s. § 794 I Nr. 1 ZPO, § 15a EGZPO. Dazu Friedrich NJW 2003, 1781 ff.; Staudinger/Eidenmüller NJW 2004, 23 ff.; Greger NJW 2011, 1478. Zur Form des Antrags BGH ZGS 2008, 104 (verfassungsrechtlich nicht zu beanstanden, BVerfG NJW-RR 2009, 1148). Antrag hemmt nur, wenn die formalen Anforderungen der Verfahrensordnung der jeweiligen Streitbeilegungsstelle erfüllt sind (BGH NJOZ 2017, 16; NJW 2019, 356 Rn. 31). „Demnächst“: wie in § 167 ZPO (BGH NJW 2010, 223 f.; 2017, 1879 Rn. 18; dazu Langen/Groß BB 2010, 84). Die Anrufung der durch das Gesetz über Arbeitnehmererfindungen beim Deutschen Patent- und Markenamt eingerichteten Schiedsstelle hemmt die Verjährung nicht nach I Nr. 12 BGB, sondern analog I Nr. 4, denn Schiedsstelle steht insoweit einer durch die Landesjustizverwaltung eingerichteten oder anerkannten Gütestelle gleich (BGH NZA-RR 2014, 305 Rn. 20 ff.). **Hemmungswirkung** erfasst den Streitgegenstand insgesamt (prozessualen Anspruch), dh alle dazugehörigen materiell-rechtlichen Ansprüche. Umfang der Hemmungswirkung hängt von hinreichender **Individualisierung** des Antragsgegenstands ab (BGH NJW 2016, 233; 2015, 2407; BeckRS 2016, 02021; 2016, 20391, jeweils mN). Güteantrag ohne Individualisierung hemmt nicht, sie kann nach Ablauf der Verjährungsfrist auch nicht mehr verjährungshemmend nachgeholt werden (BGH NJW 2021, 153, 154 Rn. 18). Dazu ist Angabe von Einzelheiten, wie sie für die Substantiierung des anspruchsbegründenden Vorbringens erforderlich sind, nicht erforderlich (BGH BeckRS 2016, 06845; BeckRS 2020, 22987 Rn. 16). Nur die im Antrag erwähnten und beigefügten Schriftstücke können zur Individualisierung des verfolgten Anspruchs herangezogen werden (BGH NJW-RR 2016, 372; BeckRS 2016, 21252; 2016, 10403). Bei Fehlberatung eines Versicherungsprodukts 6 genügen Angaben zu Policennummer, Zeichnungssumme, Art und Umfang der behaupteten Aufklärungspflichtverletzungen und des geltend gemachten Schadensersatzanspruches (BGH BeckRS 2016, 21252; 2016, 10403). Bei Kapitalanlage genügen Angaben zu Zeichnungssumme, (ungefährer) Beratungszeitraum, Hergang der Beratung in groben Umrissen (BGH BeckRS 2016, 06845; NJW 2021, 153, 155 Rn. 19 mN). Genaue Bezifferung ist nicht erforderlich (stRspr, BGH NJW 2021, 153, 155 Rn. 19 mN; aA Grüneberg/Ellenberger Rn. 19); ausreichend, wenn Schuldner und Ombudsmann die Größenordnung der geltend gemachten Forderung grob einschätzen können (BGH BeckRS 2020, 22987 Rn. 17). Verfahrensziel muss soweit umrissen sein, dass die Streitbeilegungsstelle auf Art und Umfang der verfolgten Forderung schließen kann (BGH NJW 2021, 153, 155 Rn. 19). Angaben zum Hergang der Beratung sollen dem Antragsgegner eine Prüfung seiner Erfolgsaussichten und damit Entscheidung ermöglichen, ob er in das Güteverfahren eintreten will (BGH NJW 2021, 153, 155 Rn. 21). Nicht ausreichend bei Anlageberatungshaftung, wenn Antrag weder den Namen des Beraters noch den Zeitraum der Beratung und Zeichnung erwähnt und das angestrebte Verfahrensziel (Art und Umfang der Forderung) nicht konkretisiert (BGH BeckRS 2017, 100945). – Gössl MDR 2017, 251: Hemmung tritt auch ein, wenn eine *ausländische Streitbeilegungsstelle* deutsches Recht anzuwenden hat (oder vice versa), sofern die Voraussetzungen einer Substitution vorliegen. Dies ist bei funktioneller Gleichwertigkeit der Stellen der Fall, welche nach unionskonformer Auslegung stets gegeben ist, wenn die Stelle von einem anderen Mitgliedstaat anerkannt wurde.

7 **6. Aufrechnung, I Nr. 5.** Erst die prozessuale Geltendmachung der materiell-rechtlich erklärten Aufrechnung hemmt, vorausgesetzt, der Anspruch ist durch die erklärte Aufrechnung (noch) nicht erloschen (allgM), sei es aus *prozessualen* Gründen (zB bei Prozessabweisung der Klage, bei [unnötiger] Eventualaufrechnung (BGHZ 80, 225 f.), bei prozessual unzulässiger Aufrechnung (§§ 296, 340 III, 530 ZPO; auch § 533 ZPO, denn es geht entgegen dem Gesetzestext nicht um die Erklärung, sondern um die prozessuale Geltendmachung der erklärten Aufrechnung, Jauernig/Hess ZPR § 45 I; ferner § 767 II ZPO, str.), sei es aus *materiell-rechtlichen* Gründen (doch muss der Tatbestand einer Aufrechnung iSv § 387 vorliegen; aA, aber widersprüchlich, BGHZ 80, 222, 226 f. [mR abl. Staudinger/Peters/Jacoby Rn. 70]; undifferenziert BGHZ 83, 270 f., auch 160, 263: jede aus prozessualen oder materiell-rechtlichen Gründen unzulässige Aufrechnung falle unter § 209 II Nr. 3 aF = § 204 I Nr. 5). Hemmung nur in Höhe des gegnerischen Anspruchs (BGH NJW-RR 2009, 1170). Keine Anwendung auf Zurückbehaltungsrecht (BGH NJW 2015, 1007).

8 **7. Streitverkündung, I Nr. 6, Musterklage, I Nr. 6a.** Sie geschieht durch Schriftsatz (§§ 73, 167 ZPO), hemmt unter den Voraussetzungen von § 72 ZPO (dh Zulässigkeit der Streitverkündung, BGH NJW 2008, 520 f., abl. Althammer/Würdinger NJW 2008, 2620 ff.; sa BGHZ 160, 263; NJW-RR 2015, 1058; NJW 2019, 1953 Rn. 29).

I Nr. 6a gilt seit dem 1.11.2012. Die Vorschrift wurde durch das KapMuGReformG (BGBl. 2012 I 2182) in das BGB eingefügt und ist zur Zeit bis 31.12.2023 befristet (§ 28 KapMuG). Dazu Halfmeier DB 2012, 2145 ff. Anspruch eines Kapitalanlegers wegen falscher bzw. irreführender öffentl. Kapitalmarktinformationen bzw. Erfüllungsanspruch aus Vertrag, der auf einem Angebot nach dem Wertpapiererwerbs- und Übernahmegesetz, einschließlich eines Anspruchs nach § 39 III 3 und 4 BörsenG, kann innerhalb von sechs Monaten ab der Bekanntmachung eines Musterverfahrens zum **Musterverfahren** angemeldet werden (§§ 1, 10 Abs. 2 KapMuG). *I Nr. 6a: Zustellung* der Anmeldung kann Verjährung der darin bezeichneten Ansprüche hemmen, s. etwa OLG Frankfurt a.M. BeckRS 2012, 10607.

9 **8. Selbstständiges Beweisverfahren, I Nr. 7.** §§ 485, 487 ZPO. Der Antrag muss vom Berechtigten gestellt sein (wie → Rn. 2; BGH NJW 2009, 2450 zum Antrag in berechtigter Prozessstandschaft). Erst mit Zustellung des Antrags ist

gehemmt, nicht schon mit Anhängigkeit; aber Rückwirkung, wenn Zustellung „demnächst" erfolgt (§ 167 ZPO). Zum Ende des Verfahrens BGH NJW-RR 2009, 1243; die Hemmung endet 6 Monate nach Beendigung des eingeleiteten Verfahrens, II. Denn der Antrag eines Nichtberechtigten auf Durchführung des selbstständigen Beweisverfahrens hemmt Verjährung nicht (BGH NJW 2011, 2193 ff.; OLG Hamm BeckRS 2015, 12511 Rn. 60). Zur Verjährungshemmung mittels selbstständigen Beweisverfahrens bei gewillkürter Prozessstandschaft des WEG-Verwalters ohne schutzwürdiges Eigeninteresse s. LG Düsseldorf BeckRS 2016, 123522 Rn. 55 f. Das Verfahren der *ordonnance de référé* nach französischem Verfahrensrecht entspricht funktional dem selbstständigen Beweisverfahren und führt im Wege der Substitution zur Hemmung der Verjährung nach I Nr. 7; dies gilt auch im Verhältnis zu einem Dritten, der durch eine sogenannte *intervention* in dieses Verfahren einbezogen wurde. Für die Hemmung I Nr. 7 kommt es nicht darauf an, ob das ausländische Gericht, das die Beweiserhebung angeordnet hat, international zuständig ist (OLG München BeckRS 2014, 07253).

9. Begutachtungsverfahren, I Nr. 8. Erfasst werden von den Parteien verein- 10
barte Begutachtungsverfahren. Schiedsgutachtenabrede nach § 18 IV VOB/B stellt ein „vereinbartes Begutachtungsverfahren" iSv I Nr. 8 dar (BGH NJW 2022, 1389 Rn. 25).

10. Arrest, einstw. Verfügung, einstw. Anordnung, I Nr. 9. Dass bereits mit 11
Zustellung oder Einreichung des Antrags die Verjährung gehemmt wird, ist eine praktisch wichtige Neuerung des SchRModG. „Anspruch" ist der durch Arrest, Sicherungsverfügung zu sichernde Anspruch oder der kraft Leistungsverfügung zu befriedigende. Für die Monatsfrist gelten §§ 206, 210, 211 entspr., **III.** Antragsteller muss der Berechtigte sein (wie → Rn. 2).

11. Insolvenzverfahren, I Nr. 10, Sanierungssperre, I Nr. 10a. Zu I Nr. 10: 12
s. §§ 28, 174 ff. InsO. Verfahrenseröffnung hemmt noch nicht. Erfasst werden nur Insolvenzforderungen in der angemeldeten Höhe. Hemmung tritt ein bei Wirksamkeit der Anmeldung; (Nicht-)Bestehen des Anspruchs irrelevant (BGH NJW 2010, 1288). I Nr. 10a wurde eingefügt durch Sanierungs- und Insolvenzrechtsfortentwicklungsgesetz vom 22.12.2020 (BGBl I S. 3256) mit Wirkung ab dem 1.1.2021.

12. Schiedsrichterliches Verfahren, I Nr. 11. Die Hemmungswirkung tritt 13
nur bei Einhaltung der Voraussetzungen des § 1044 S. 2 ZPO ein (BGH NJW 2014, 2574 Rn. 20). Zum Beginn § 1044 ZPO (vorbehaltlich abw. Vereinbarung: § 1044 S. 1 ZPO).

13. Verwaltungsbehördliche Vorentscheidung, I Nr. 12. Ist Zulässigkeitsvo- 14
raussetzung (Prozessvoraussetzung) der Klage.

14. Zuständigkeitsbestimmung durch das höhere Gericht, I Nr. 13. Für 15
die Bestimmung des Gerichts nach § 36 ZPO betr. Klage und Anträge, zB den Mahnantrag. Auch der erfolglose Antrag auf Zuständigkeitsbestimmung hemmt (BGHZ 160, 261).

15. Prozesskostenhilfe, Verfahrenskostenhilfe, I Nr. 14. Der erstmalige An- 16
trag (nicht ein möglicher wiederholter) ist Grundlage. Seine Bekanntgabe an den Gegner des Antragstellers erfolgt nach § 118 I 1 ZPO (damit besteht Gelegenheit für den Gegner zur Stellungnahme) und kann ausnahmsweise unterbleiben. In jedem Fall muss der Antragsteller auf Bekanntgabe hinwirken und sie erreichen (sie „veranlassen"), sonst keine Hemmung; Eingang des Antrags bei Gericht genügt nicht, Hs. 2 (BGH NJW 2008, 1939 f.). Erforderlich: Angabe der korrekten Schuldneranschrift (BGH NJW 2016, 151). Nach Hs. 2 vorgezogener Hemmungseintritt, entspr. § 167 ZPO. Entspr. gilt für die **Verfahrenskostenhilfe** nach § 76 FamFG.

16. Ende der Hemmung. Hemmung endet in allen Fällen von I (außer für 17
Nr. 12, 13) einheitlich in 6 Monaten nach rechtskräftiger Entscheidung oder sonsti-

gem Verfahrensende, **II 1,** bzw. Rücknahme der Anmeldung zum Klageregister, **II 2.** II findet auf § 33 V GWB aF Anwendung; Hemmung endet dann sechs Monate nach der rechtskräftigen Entscheidung oder anderweitigen Beendigung des Bußgeldverfahrens (BGH NJW 2021, 848, 854 Rn. 78). Hemmung iSv II 2 kann aufgrund von Rechtsmissbräuchlichkeit im Einzelfall zu versagen sein (näher Mansel WM 2019, 1621, 1622 ff.; Deiß/Graf/Salger BB 2019, 1674; Mekat/Nordholt NJW 2019, 411, 412; Nordholtz/Mekat/Rohls, Musterfeststellungsklage, 2019, § 5 Rn. 79; zustimmend: LG Köln BeckRS 2019, 38147; grundsätzlich zustimmend, Rechtsmissbrauch geprüft und im Einzelfall abgelehnt: LG Regensburg BeckRS 2020, 6308 Rn. 53 f. mN.; LG Aurich BeckRS 2020, 9299 Rn. 53 f.; LG Ellwangen BeckRS 2019, 33130 Rn. 82–85; aA BGH NJW 2021, 3250, 3253 Rn. 35 ff.; vgl. auch BGH BeckRS 2021, 34797 Rn. 16; BGH NZG 2022, 456, 457 Rn. 13 ff. [grundsätzlich ablehnend] LG Kiel BeckRS 2020, 4178 Rn. 48; LG Schweinfurt BeckRS 2020, 4173 Rn. 52; LG Saarbrücken BeckRS 2019, 33068 Rn. 22f; LG Saarbrücken BeckRS 2020, 329 Rn. 23f; LG Nürnberg-Fürth BeckRS 2019, 26959; BeckOGK/Meller-Hannich, Rn. 114.1; BeckOK BGB/Henrich Rn. 61; Röthemeyer, Musterfeststellungsklage, 2. Aufl. 2020, § 204 Rn. 13.). Indizwirkung, wenn Abmeldung vom Klageregister kurz nach Anmeldung erfolgt (zustimmend LG Köln BeckRS 2019, 38147). Wenn Gesamtbild auf Rechtsmissbrauch schließen lässt, muss Verbraucher Gegenteiliges darlegen. – Gem **II 3** endet die Hemmung (entspr. II 1) 6 Monate nach der letzten Verfahrenshandlung eines Beteiligten (Köper ZGS 2005, 60 ff.; NK-BGB/Mansel Rn. 157), wenn der **Stillstand des Verfahrens** nach außen erkennbar, zB auf Untätigkeit des Klägers (Antragstellers) oder der Parteien (zB nach §§ 251, 251a ZPO), allg.: auf grundloser Untätigkeit beruht (BGH NJW 1999, 3775; 01, 219, je mN; weiterführend W. Lücke FS Gottwald, 2014, 415 ff.), *nicht* bei gerichtl. Untätigkeit (BGHZ 134, 391) oder gerichtl. Aussetzung (BGH NJW-RR 1993, 742), wenn der Grund des Stillstands im Verantwortungsbereich des Gerichts liegt (BGH NJW 1999, 1102). Wird im Mahnverfahren nach Widerspruch des Antragsgegners der Antrag auf Abgabe an Streitgericht nicht gestellt, so ist letzte Verfahrenshandlung der Zugang der gem. § 695 S. 1 ZPO vom Mahngericht zu veranlassenden Widerspruchsmitteilung beim Antragsteller (BGH BeckRS 2020, 19833 Rn. 5). **Kein Fall des II 2,** dh Hemmung endet ebenfalls *nicht,* wenn Verfahrensverzögerung oder Verfahrenserledigung nach außen erkennbar prozesswirtschaftlich vernünftig erscheint (BGH NJW 2000, 132 f.); erforderlich dafür ist entsprechender **triftiger, nach außen erkennbarer Grund** (BGH NJW 2015, 1588 Rn. 13 mN; 2001, 219). Kein triftiger Grund, wenn der Gläubiger nach einer Bezifferung seiner Schadensersatzansprüche im Mahnverfahren zur Reduzierung seines Prozessrisikos diese Ansprüche im Streitverfahren nicht in voller Höhe geltend macht, um das Ergebnis eines Sachverständigengutachtens abzuwarten (BGH NJW 2015, 1588). – **Prozessunterbrechung** aufgrund gesetzlichen Regelung (zB bei Insolvenz §§ 239 ff. ZPO) fällt nicht unter II 2 BGB (BGH NJW 2016, 1592 Rn. 35 ff.). – Unterlässt der Antragsteller im **Mahnverfahren** nach dem Widerspruch des Antragsgegners den Antrag auf Abgabe an das Streitgericht, ist die letzte Verfahrenshandlung iSv II 1 der Zugang der gem. § 695 S. 1 ZPO vom Mahngericht zu veranlassenden Mitteilung des Widerspruchs beim Antragsteller (BGH NJW 2017, 78 Rn. 89; 2019, 2162 Rn. 37 f.). – Entsprechendes gilt bei Untätigkeit der **Streitbeilegungsstelle** (I Nr. 4), zB infolge Arbeitsüberlastung (BGH NJW 2010, 223 f.). Konkrete Beendigung eines Güteverfahrens II 1 richtet sich nach der Verfahrensordnung der Gütestelle (BGH LSK 2016, 10332). Mit Weiterbetreiben nach Stillstand (II 2) beginnt Hemmung erneut, **II 4.**

§ 205 Hemmung der Verjährung bei Leistungsverweigerungsrecht

Die Verjährung ist gehemmt, solange der Schuldner auf Grund einer Vereinbarung mit dem Gläubiger vorübergehend zur Verweigerung der Leistung berechtigt ist.

§ 206 Hemmung der Verjährung bei höherer Gewalt

Die Verjährung ist gehemmt, solange der Gläubiger innerhalb der letzten sechs Monate der Verjährungsfrist durch höhere Gewalt an der Rechtsverfolgung gehindert ist.

§ 207 Hemmung der Verjährung aus familiären und ähnlichen Gründen

(1) **[1]Die Verjährung von Ansprüchen zwischen Ehegatten ist gehemmt, solange die Ehe besteht. [2]Das Gleiche gilt für Ansprüche zwischen**
1. Lebenspartnern, solange die Lebenspartnerschaft besteht,
2. dem Kind und
a) seinen Eltern oder
b) dem Ehegatten oder Lebenspartner eines Elternteils
bis zur Vollendung des 21. Lebensjahres des Kindes,
3. dem Vormund und dem Mündel während der Dauer des Vormundschaftsverhältnisses,
4. dem Betreuten und dem Betreuer während der Dauer des Betreuungsverhältnisses und
5. dem Pflegling und dem Pfleger während der Dauer der Pflegschaft.
[3]Die Verjährung von Ansprüchen des Kindes gegen den Beistand ist während der Dauer der Beistandschaft gehemmt.

(2) **§ 208 bleibt unberührt.**

§ 208 Hemmung der Verjährung bei Ansprüchen wegen Verletzung der sexuellen Selbstbestimmung

[1]Die Verjährung von Ansprüchen wegen Verletzung der sexuellen Selbstbestimmung ist bis zur Vollendung des 21. Lebensjahrs des Gläubigers gehemmt. [2]Lebt der Gläubiger von Ansprüchen wegen Verletzung der sexuellen Selbstbestimmung bei Beginn der Verjährung mit dem Schuldner in häuslicher Gemeinschaft, so ist die Verjährung auch bis zur Beendigung der häuslichen Gemeinschaft gehemmt.

§ 209 Wirkung der Hemmung

Der Zeitraum, während dessen die Verjährung gehemmt ist, wird in die Verjährungsfrist nicht eingerechnet.

Anmerkungen zu den §§ 205–209

1. Hemmung. Die Verjährung ruht, solange der Hemmungsgrund besteht, vgl. § 209. Danach läuft die Verjährungsfrist weiter. Ein Zeitraum, während dessen die Verjährung gehemmt ist, kann nur der nach Verjährungsbeginn verstrichene sein (BGH NJW 2017, 3144, 3145 Rn. 12 ff.). 1

2. Hemmung nach § 205. Vereinbarung: (nur) Abrede, fälligen Anspruch vorübergehend nicht geltend zu machen (*pactum de non petendo,* Stillhalteabkommen, BGH NJW 2000, 2662; NZI 2018, 154, 155 Rn. 12, 14 ff.; OLG Düsseldorf NJW-RR 2007, 14). Eine gleichwohl erhobene Klage ist unzulässig. „Konkurrenz" mit § 203 möglich, da der Vereinbarung vielfach ein Verhandeln iSv → § 203 Rn. 2 vorausgeht. Recht des Leasingnehmers, die Zahlung der Leasingraten vorläufig einzustellen, wenn er ihm übertragene Ansprüche und Rechte gegen den Lieferanten klageweise geltend macht, ist ein leasingvertraglich vereinbartes vorübergehendes Leistungsverweigerungsrecht iSv § 205 (BGH NJW 2016, 397; BeckRS 2016, 00483 mN). Art. 240 § 3 EGBGB stundete die Fälligkeit von Rückzahlungs-, Zins- 2 oder Tilgungsansprüchen aus Verbraucherdarlehensverträgen, die vor dem 15.3.2020 abgeschlossen wurden, dann, wenn diese Ansprüche zwischen dem 1.4.2020 und dem 30.6.2020 fällig wurden, mit Eintritt der Fälligkeit für die Dauer von drei Monaten, sofern der Verbraucher aufgrund der durch Ausbreitung der **COVID-19-Pandemie** hervorgerufenen außergewöhnlichen Verhältnisse Einnahmeausfälle hat, die dazu führen, dass ihm die Erbringung der geschuldeten Leistung nicht zumutbar ist. **§ 205** gilt für diese *gesetzliche* Stundung **nicht.** Es bedarf aber auch keiner entsprechenden Regelung, s. dazu NK-BGB/Illner/Beneke, Art. 240 § 3 EGBGB Rn. 10–14.

3 **3. Hemmung nach § 206.** Grund: höhere Gewalt (dazu gehört auch Stillstand der Rechtspflege, zB durch Naturkatastrophe). Begriff: Der Berechtigte ist auch bei äußerster, nach den Umständen vernünftigerweise zu erwartender Sorgfalt an der Rechtsverfolgung gehindert (maßgebend sind die letzten 6 Monate der Verjährungsfrist; dazu OLG Köln NJW 1994, 3361 mN). Eigenes oder zurechenbares Verschulden Dritter schließt höhere Gewalt aus. Rechtsunkenntnis und -irrtum genügen nur, wenn sie unvermeidbar gewesen sind oder auf Fehler von Behörden oder Gerichten zurückgehen (BGH NJW 1997, 3164; vgl. auch BGH BeckRS 2018, 37884 Rn. 4 ff., wobei offen bleibt, ob das pflichtwidrige Handeln des Grundbuchamts eine Hemmung analog § 206 zur Folge hat). Höhere Gewalt, wenn verjährungshemmende Wirkung einer Zustellung nach § 204 I Nr. 1 infolge eines für den Gläubiger unabwendbaren gerichtlichen Zustellungsfehlers nicht eintritt (BGH NJW 2017, 1735). Abwendbar ist der Zustellungsfehler, wenn der Gläubiger bei der öffentlichen Zustellung zuvor nicht geeignete und zumutbare Nachforschungen über den Aufenthalt des Zustellungsadressaten angestellt hatte und das Gericht aufgrund der wenigen Angaben des Gläubigers die öffentliche Zustellung nicht hätte bewilligen dürfen (NJW 2017, 886 Rn. 41).

4 **4. Hemmung nach § 207.** Die Vorschrift gilt für alle Ansprüche zwischen den genannten Personen, **I.** Die in I 2 Nr. 2) vorgesehene Heraufsetzung des Kindesalters vom 18. (Volljährigkeit, § 2) auf das 21. Lebensjahr steht, wie auch in § 208 (→ Rn. 5), in merkwürdigem Gegensatz zur Einschätzung eines „jungen Volljährigen" in anderen Rechtsvorschriften (→ Rn. 5). Nach § 208 **(II)** kann sich ein längerer Hemmungszeitraum ergeben; Bsp: Bei Beendigung der Vormundschaft (I 2 Nr. 3 mit §§ 1882, 1773), dh bei Beginn der Verjährung, lebt der (ehemalige) Mündel mit dem (ehemaligen) Vormund in häuslicher Gemeinschaft. Hemmung nach I 2 Nr. 2a endet, sobald der Anspruch auf einen Dritten übergegangen ist (BGH NJW 2016, 1818 Rn. 43; NJW-RR 2012, 579 Rn. 20; NJW 2006, 3561 Rn. 14).

5 **5. Hemmung nach § 208.** Sexuelle Selbstbestimmung ist im 13. Abschnitt des StGB geschützt, außerdem in §§ 1, 3 IV, 7 I, 15 I–III AGG (zur Problematik s. Franke FamRZ 2012, 1535). Die **Altersgrenze** des Opfers (21 Jahre), **S. 1,** ist §§ 1 II, 105 JGG nachempfunden, abweichend von §§ 2, 1773 I, Art. 38 II GG, ProstG (zu letzterem → § 107 Rn. 5). Keine teleologische Reduktion im Falle des § 197 I Nr. 1, → § 197 Rn. 2. Zu **S. 2** → Rn. 4. Nach BGH NJW 2017, 37 Rn. 18 ff. gilt § 208 S. 1 nicht entsprechend zur Einschränkung des § 301 I Nr. 1 InsO. Daher ergreift bei vorsätzlicher Verletzung der sexuellen Selbstbestimmung die Restschuldbefreiung des Schädigers auch Schadensersatzforderung des Opfers (zweifelhaft). BGH will über § 826 Opferschutz erreichen, s. BGH NJW 2017, 37 Rn. 29.

§ 210 Ablaufhemmung bei nicht voll Geschäftsfähigen

(1) [1]**Ist eine geschäftsunfähige oder in der Geschäftsfähigkeit beschränkte Person ohne gesetzlichen Vertreter, so tritt eine für oder gegen sie laufende Verjährung nicht vor dem Ablauf von sechs Monaten nach dem Zeitpunkt**

ein, in dem die Person unbeschränkt geschäftsfähig oder der Mangel der Vertretung behoben wird. [2]Ist die Verjährungsfrist kürzer als sechs Monate, so tritt der für die Verjährung bestimmte Zeitraum an die Stelle der sechs Monate.

(2) **Absatz 1 findet keine Anwendung, soweit eine in der Geschäftsfähigkeit beschränkte Person prozessfähig ist.**

§ 211 Ablaufhemmung in Nachlassfällen

[1]Die Verjährung eines Anspruchs, der zu einem Nachlass gehört oder sich gegen einen Nachlass richtet, tritt nicht vor dem Ablauf von sechs Monaten nach dem Zeitpunkt ein, in dem die Erbschaft von dem Erben angenommen oder das Insolvenzverfahren über den Nachlass eröffnet wird oder von dem an der Anspruch von einem oder gegen einen Vertreter geltend gemacht werden kann. [2]Ist die Verjährungsfrist kürzer als sechs Monate, so tritt der für die Verjährung bestimmte Zeitraum an die Stelle der sechs Monate.

Anmerkungen zu den §§ 210, 211

1. Ablaufhemmung (§ 210). Schiebt das Fristende hinaus. 1

2. Anwendungsbereich des § 210 I. Gilt nicht für jur. Personen, nicht im Rahmen der §§ 112 f. 2

3. § 211. Annahme der Erbschaft, § 1943. Ablaufhemmung (§ 211 S. 1 Alt. 1) beginnt bei Miterben bei einer vom Gläubiger erhobenen Gesamtschuldklage (§ 2058) in dem Zeitpunkt, in dem der jeweils in Anspruch genommene Erbe die Erbschaft angenommen hat. Auf den Zeitpunkt der Annahme durch den letzten Miterben kommt es nicht an (BGH NJW 2014, 2574 Rn. 24); Nachlassinsolvenzverfahren, § 315 InsO; Nachlassvertreter sind der Nachlasspfleger (§ 1960), Nachlassverwalter (§ 1975), Testamentsvollstrecker (§ 2197), Abwesenheitspfleger (§ 1911). 3

§ 212 Neubeginn der Verjährung

(1) **Die Verjährung beginnt erneut, wenn**
1. **der Schuldner dem Gläubiger gegenüber den Anspruch durch Abschlagszahlung, Zinszahlung, Sicherheitsleistung oder in anderer Weise anerkennt oder**
2. **eine gerichtliche oder behördliche Vollstreckungshandlung vorgenommen oder beantragt wird.**

(2) **Der erneute Beginn der Verjährung infolge einer Vollstreckungshandlung gilt als nicht eingetreten, wenn die Vollstreckungshandlung auf Antrag des Gläubigers oder wegen Mangels der gesetzlichen Voraussetzungen aufgehoben wird.**

(3) **Der erneute Beginn der Verjährung durch den Antrag auf Vornahme einer Vollstreckungshandlung gilt als nicht eingetreten, wenn dem Antrag nicht stattgegeben oder der Antrag vor der Vollstreckungshandlung zurückgenommen oder die erwirkte Vollstreckungshandlung nach Absatz 2 aufgehoben wird.**

1. Allgemeines. Die Vorschrift übernimmt einen kleinen Teil der fr Unterbrechungstatbestände (§§ 208, 209 II Nr. 5, 216 aF). Wie nach § 217 aF beginnt die Verjährung erneut mit den vorgesehenen Fristen. Denn die ultimo-Regel des § 199 Hs. 1 gilt im Anwendungsbereich des § 212 I nicht (BGH NJW 2012, 3635 Rn. 33). 1

2. Tatbestände des Neubeginns. a) Anerkenntnis, I Nr. 1. Es ist geschäftsähnliche Handlung (Staudinger/Peters/Jacoby Rn. 8), setzt Beginn der Verjährungs- 2 frist voraus (BGH NJW 1998, 2973). Es genügt jedes tatsächliche Verhalten dem Berechtigten gegenüber, aus dem sich das Bewusstsein des Verpflichteten vom Bestehen des Anspruchs unzweideutig ergibt, weshalb der Gläubiger darauf vertraut, dass die Erhebung der Verjährungseinrede unterbleibt (BGH NJW 2019, 1219, 2020 Rn. 15; 2012, 3634 Rn. 29; 2012, 1293 Rn. 10 mN; 2002, 2873). Es bedarf stets der umfassenden Würdigung der Umstände des jeweiligen Einzelfalls (BGH NJW 2015, 1589 Rn. 7; 2019, 1219, 1220 Rn. 15). Kein Anerkenntnis, wenn der Schuldner die Mängel zwar beseitigt, dabei jedoch deutlich macht, dass er nur aus Kulanz und ohne Anerkennung einer Rechtspflicht handelt (BGH NJW 2014, 3368 Rn. 15; BeckRS 2018, 31360 Rn. 10). Je nach Würdigung der Einzelfallumstände kann ein solches tatsächliches Verhalten eines Erben in der Erklärung der Bereitschaft zur Inventarerrichtung (BGH NJW 1975, 1409; 2019, 1219, 1220 Rn. 15) oder in der Auskunftserteilung nach § 2314 auf ein entsprechendes Verlangen des Pflichtteilsberechtigten liegen. Gesamtwürdigung ist entscheidend, räumt etwa Erbe grundsätzlich eine Auskunftspflicht ein, meint er aber, aus anderen Gründen nicht zur Auskunft verpflichtet zu sein, so liegt darin kein Anerkenntnis (BGH NJW 2019, 1219, 1220 Rn. 15 mN). Anerkenntnis kann in der Aufrechnung mit einer bestrittenen Forderung gegen eine unbestrittene Forderung liegen. Entscheidend ist Verhalten des Schuldners (BGH NJW 2012, 3634 Rn. 30). Bei Anerkenntnis eines Einzelanspruchs beginnt auch für den Gesamtanspruch die Verjährung erneut (OLG Köln MDR 1984, 755). Leistung unter Vorbehalt zum Ausschluss von I Nr. 1 ist zulässig (→ § 362 Rn. 3; BGHZ 139, 367 f.). Die Verjährung beginnt an dem Tag, der dem Anerkenntnis folgt (BGH NJW 2012, 3635 Rn. 33). Der Neubeginn einer bereits abgelaufenen Verjährungsfrist ist nicht möglich (BGH NJW 2015, 351 Rn. 40 mN). **b)** Zur **Vollstreckungshandlung, I Nr. 2** vgl. BGH NJW 1998, 1059. Zum rückwirkenden Wegfall des Neubeginns vgl. **II, III.**

§ 212a *(aufgehoben)*

§ 213 Hemmung, Ablaufhemmung und erneuter Beginn der Verjährung bei anderen Ansprüchen

Die Hemmung, die Ablaufhemmung und der erneute Beginn der Verjährung gelten auch für Ansprüche, die aus demselben Grunde wahlweise neben dem Anspruch oder an seiner Stelle gegeben sind.

1 **Allgemeines.** Vgl. → § 204 Rn. 3. **Elektive Konkurrenz (Alt. 1)** dann, wenn Gläubiger mehrere, einander ausschließende Ansprüche zur Auswahl stehen, etwa alle in § 437 aufgeführten Ansprüche, soweit sie auf demselben Mangel beruhen. Das gilt auch dann, wenn wahlweise bestehenden Ansprüche in ihrem Umfang über den mit der Klage geltend gemachten Anspruch hinausgehen (BGH NJW 2015, 2106; 2016, 2793; BeckRS 2020, 34947 Rn. 37).

Titel 3. Rechtsfolgen der Verjährung

§ 214 Wirkung der Verjährung

(1) **Nach Eintritt der Verjährung ist der Schuldner berechtigt, die Leistung zu verweigern.**

(2) [1]**Das zur Befriedigung eines verjährten Anspruchs Geleistete kann nicht zurückgefordert werden, auch wenn in Unkenntnis der Verjährung geleistet worden ist.** [2]**Das Gleiche gilt von einem vertragsmäßigen Anerkenntnis sowie einer Sicherheitsleistung des Schuldners.**

§ 215 Aufrechnung und Zurückbehaltungsrecht nach Eintritt der Verjährung

Die Verjährung schließt die Aufrechnung und die Geltendmachung eines Zurückbehaltungsrechts nicht aus, wenn der Anspruch in dem Zeitpunkt noch nicht verjährt war, in dem erstmals aufgerechnet oder die Leistung verweigert werden konnte.

§ 216 Wirkung der Verjährung bei gesicherten Ansprüchen

(1) **Die Verjährung eines Anspruchs, für den eine Hypothek, eine Schiffshypothek oder ein Pfandrecht besteht, hindert den Gläubiger nicht, seine Befriedigung aus dem belasteten Gegenstand zu suchen.**

(2) [1]**Ist zur Sicherung eines Anspruchs ein Recht verschafft worden, so kann die Rückübertragung nicht auf Grund der Verjährung des Anspruchs gefordert werden.** [2]**Ist das Eigentum vorbehalten, so kann der Rücktritt vom Vertrag auch erfolgen, wenn der gesicherte Anspruch verjährt ist.**

(3) **Die Absätze 1 und 2 finden keine Anwendung auf die Verjährung von Ansprüchen auf Zinsen und andere wiederkehrende Leistungen.**

§ 217 Verjährung von Nebenleistungen

Mit dem Hauptanspruch verjährt der Anspruch auf die von ihm abhängenden Nebenleistungen, auch wenn die für diesen Anspruch geltende besondere Verjährung noch nicht eingetreten ist.

Anmerkungen zu den §§ 214–217

1. Allgemeines. Zur Wirkung der Verjährung → § 194 Rn. 4. Erhebung der Verjährungseinrede ist, ohne Hinzutreten bes. Umstände, nicht treu- oder sittenwidrig (→ Rn. 2). 1

2. § 214. a) Zu **I** → § 194 Rn. 4. **b) II 1** enthält Ausnahme von § 813 I 1 (ie BGH NJW 1993, 3329). **II 2** meint Anerkenntnis iSv § 781 (BGH WM 1986, 430); ungenügend Anerkenntnis iSv § 212 I Nr. 1 (Begriff: → § 212 Rn. 2 [a]). **Einredeerhebung ist treuwidrig** (§ 242), wenn der Gläubiger auf Grund des Schuldnerverhaltens darauf vertraut hat und vertrauen durfte, dass der Schuldner die Einrede nicht erheben werde (strenger Maßstab: BGH NJW-RR 1993, 1061; 2011, 209 [grober Verstoß gegen Treu und Glauben], BAG NZA-RR 2008, 399; BGH NJW-RR 2014, 1020 Rn. 14 ff.); sa BGH NJW 2008, 2779. Nach Wegfall der Vertrauensgrundlage (zB durch Einredeerhebung) muss der Gläubiger in angemessener Frist (idR ein Monat: BGH NJW 1998, 1490, sa 2277; die 3-Monats-Frist des § 203 ist zu lang) seinen Anspruch gerichtl. geltend machen (BGH NJW 1993, 1005), sonst verliert er seinen Einwand aus § 242. Vor dem Rückgriff auf § 242 ist zu prüfen, ob Verjährung nicht gem § 203 gehemmt ist; → § 194 Rn. 8. 2

3. § 215. Die Vorschrift übernimmt entspr. der früheren Rspr. und Lit. (BGHZ 48, 116 ff. mN) den vom SchRModG aufgehobenen § 390 S. 2 und erweitert ihn tatbestandlich um das Zurückbehaltungsrecht. Zur rechtspolitischen Grundlage BGHZ 48, 117; zur Nichtverjährung von Einreden s. Thomale AcP 212 (2012), 920, 961. § 215 begründet kein Zurückbehaltungsrecht, sondern setzt es voraus und regelt dessen Fortbestand bei Verjährung des Gegenanspruchs. Norm ist auch auf Einrede des nicht erfüllten Vertrags anwendbar (BGH NJW 2020, 2270, 2271 Rn. 22). So kann Besteller wegen Werkmangels Leistungsverweigerungsrecht gegenüber dem Unternehmer nach Verjährung der Mängelansprüche gem. § 215 geltend machen, wenn Mangel bereits vor Ablauf der Verjährungsfrist in Erscheinung 3 getreten ist und daher ein darauf gestütztes Leistungsverweigerungsrecht in nicht verjährter Zeit hätte geltend gemacht werden können (nicht erforderlich ist Geltendmachung des Leistungsverweigerungsrecht in unverjährter Zeit). Es liegt dann auch kein Verstoß gegen § 242 vor (BGH NJW 2016, 52 Rn. 10 ff. mN zum Streitstand).

4 **4. § 216.** *Zweck:* Der Gläubiger soll die ihm zustehende Realsicherheit (I, II) trotz Verjährung des gesicherten Anspruchs verwerten können; *Grund:* Verjährter Anspruch besteht (→ § 194 Rn. 4), BGH NJW 2000, 1331 (zur Hinterlegung bei
5 Notar). **a) I lockert Akzessorietät** *dinglicher* Sicherheiten (vgl. §§ 1137, 1211, § 41 SchiffsRG); gilt auch für ges. Pfandrechte (Staudinger/Peters/Jacoby § 216 Rn. 3, hM), aber nicht für schuldrechtliche Sicherheiten, zB Bürgschaft (BGH NJW 1998,
6 982). **b) II 1** gilt für **nichtakzessorische Sicherungsrechte** wie Grundschuld, SÜ und Sicherungsabtretung (BGH NJW 1993, 3320 mit Verwechslung von nichtakzessorisch und abstrakt), analog für notariell beurkundetes abstraktes Schuldversprechen (BGH NJW 2010, 1145 f.); auch **EV, II 2,** er wird durch Verjährung der Kaufpreisforderung nicht unwirksam, trotz Verjährung ist der Rücktritt vom Kaufvertrag
7 möglich, II 2 mit § 218 I 3. **c) III** fordert *nicht* regelmäßige Wiederkehr. BGH NJW 2016, 3231: Betriebskostennachforderungen aus Jahresabrechnungen des Vermieters sind wiederkehrende Leistungen iSv III.

8 **5. Abhängende Nebenleistungen, § 217.** ZB Zinsen, Früchte, Provisionen. Verjährung des Hauptanspruchs unbeachtlich, wenn bereits Klage auf Nebenleistung erhoben (BGHZ 128, 81 ff.). Hilfsanspruch auf Bucheinsicht nach § 87c IV HGB verjährt selbständig. Er wird gegenstandslos, wenn der Provisionsanspruch, dessen Vorbereitung er dienen soll, verjährt ist oder aus anderen Gründen nicht mehr durchgesetzt werden kann (BGH IHR 2016, 124 f., auch zum intertemporalen Verjährungsrecht). Analoge Anwendung auf die Nachhaftungsfrist gem. § 160 HGB (BGH NJW 2022, 57, 61 Rn. 37 ff.).

§ 218 Unwirksamkeit des Rücktritts

(1) [1]**Der Rücktritt wegen nicht oder nicht vertragsgemäß erbrachter Leistung ist unwirksam, wenn der Anspruch auf die Leistung oder der Nacherfüllungsanspruch verjährt ist und der Schuldner sich hierauf beruft.** [2]**Dies gilt auch, wenn der Schuldner nach § 275 Absatz 1 bis 3, § 439 Absatz 4 oder § 635 Absatz 3 nicht zu leisten braucht und der Anspruch auf die Leistung oder der Nacherfüllungsanspruch verjährt wäre.** [3]**§ 216 Abs. 2 Satz 2 bleibt unberührt.**

(2) **§ 214 Abs. 2 findet entsprechende Anwendung.**

1 **1. Allgemeines.** Rücktritt scheitert, wenn der rücktrittsbegründende Anspruch verjährt ist, gleich ob Rücktrittsrecht auf Ges oder RGeschäft beruht. Ausnahme: Rücktrittsrecht des Verkäufers wegen Nichterfüllung des durch EV gesicherten Kaufpreisanspruchs (I 3 mit §§ 216 II 2, 449 II). Keine Anwendung auf Widerruf (BGH NJW 2018, 1390, 1391 Rn. 13; 2018, 225, 226 Rn. 18 mN.) und Kündigung (BGH BKR 2019, 255, 258 Rn. 35; NJW 2018, 1390, 1391 Rn. 13).

2 **2. Voraussetzungen.** *Rücktrittsrecht* aus den in I 1, 2 genannten Gründen; *Verjährung* des in I 1, 2 genannten Anspruchs; *Erhebung der Einrede* (s. BGH NJW 2010, 1287) durch den Schuldner, I 1 (entspr. der Erhebung der Verjährungseinrede, § 214 I). **Wirkung:** Mit Einredeerhebung wird der zunächst wirksame Rücktritt *ex nunc* unwirksam, **I 1.**

3 **3. Zu II.** Vgl. → §§ 214–217 Rn. 2 [b].

§§ 219–225 *(weggefallen)*

Abschnitt 6. Ausübung der Rechte, Selbstverteidigung, Selbsthilfe

§ 226 Schikaneverbot

Die Ausübung eines Rechts ist unzulässig, wenn sie nur den Zweck haben kann, einem anderen Schaden zuzufügen.

1 **1. Allgemeines. a)** § 226 enthält **allg. Grundsatz der Rechtsausübung:** Sie ist unzulässig, dh rechtswidrig (RGZ 58, 216), wenn Schadenszufügung obj. der *einzige* Zweck des Handelns ist, sog **Schikane** (BGH NJW 1975, 1314). Unzulässigkeit, wenn Rechtsausübung ein schutzwürdiges Eigeninteresse des Rechtsausübenden nicht zugrunde liegt, oder wenn die Rechtsausübung nur erfolgt, um ein anderes, vertragsfremdes oder unlauteres Ziel zu erreichen (BGH NJW 2022, 772, 774 Rn. 25 unter Verweis auf BGH NJW-RR 2007, 1676 Rn. 9). Unzulässigkeit auch zu bejahen, wenn nur eine mildere Form der Rechtsausübung gestattet ist (schikanöser Überschuss): Vater verbietet dem Sohn, jemals sein Grundstück zu betreten, auf dem die Mutter beerdigt ist, weil er herzleidend und mit dem Sohn völlig zerstritten ist; hier muss Zugang, aber nur zu bestimmten Zeiten (um ein Zusammentreffen der Parteien zu vermeiden), gestattet werden (RGZ 72, 251 ff.; § 826 hätte zum selben Ziel geführt, → Rn. 2). Wenn stärkere Form der Rechtsausübung zulässig ist, so scheidet Schikane aus (aA OLG Düsseldorf NJW-RR 2001, 162 f. mit der Folge, dass *nur* einem „Schikanierten" ein Nutzungs*recht* erwächst! Dagegen zu Recht BGH BeckRS 2022, 16099 Rn. 18). § 226 gibt keinen Anspruch auf Beseitigung von Hindernissen (BGH BeckRS 2022, 16099 Rn. 18). Ausübung der Ausschließungsbefugnis des Eigentümers ist nicht schikanös; Notwegrecht kann nicht aus § 226 folgen, da § 917 abschließend (BGH BeckRS 2022, 16099 Rn. 17). Dass der Pflichtteilsberechtigte seinen Anspruch aus § 2314 I 2 HS 2 geltend macht, obwohl bereits mehrere Sachverständigengutachten eingeholt wurden, ist jedenfalls dann kein Fall des § 226, wenn die bereits eingeholten Gutachten in ihrer Werteinschätzung weit auseinanderliegen (BGH NJW 2022, 192, 193 Rn. 8). **b) Auch im** 2
Prozessrecht gilt § 226 (BGHZ 100, 35), soweit nicht Sondervorschriften eingreifen wie § 296 ZPO. Ein aus einer besonderen gesetzlichen Regelung folgender Auskunftsanspruch wird – anders als ein aus § 242 hergeleiteter Auskunftsanspruch – durch das Verbot der unzulässigen Rechtsausübung (§ 242) und das Schikaneverbot des § 226 begrenzt (BGH NJW 2011, 921 Rn. 22). **c) § 226 ist SchutzGes.** iSv 3
§ 823 II (Staudinger/Repgen Rn. 37).

4 **2. Praktische Bedeutung.** Die praktische Bedeutung des § 226 ist wegen seines begrenzten Anwendungsbereichs (→ Rn. 1) gering. Die Rechtsausübung wird heute begrenzt durch **§ 826** (sittenwidrige Rechtsausübung ist unzulässig; Schädigungsvorsatz insoweit entbehrlich) und vor allem **§ 242** (obj. treuwidrige Rechtsausübung ist unzulässig). Vermengung v. Schikaneverbot und § 242 in BGH NJW 2008, 3438.

§ 227 Notwehr

(1) **Eine durch Notwehr gebotene Handlung ist nicht widerrechtlich.**

(2) **Notwehr ist diejenige Verteidigung, welche erforderlich ist, um einen gegenwärtigen rechtswidrigen Angriff von sich oder einem anderen abzuwenden.**

1 **1. Notwehr rechtfertigt, I.** Notwehrhandlung ist daher weder verbotene Eigenmacht (§ 858 I) noch Delikt (§§ 823 ff.). „Notwehr" gegen Notwehr ist rechtswidrig.

2 **2. Notwehrvoraussetzungen, II (sa § 32 II StGB). a) Angriff** ist jedes Tun eines Menschen, auch Unterlassen, sofern Rechtspflicht zum Handeln besteht (im Strafrecht hM; aA die hM im Zivilrecht, s. Staudinger/Repgen Rn. 16 mN), das rechtlich geschützte Individualinteressen verletzt oder zu verletzen droht. Für Angriffe durch Sachen (zB Tiere, → § 90a Rn. 1) gilt nur § 228. Ist die Sache
3 *Angriffsmittel* (Katze als „Wurfgeschoss"), so gilt nur § 227. **b) Notwehrfähig** ist jedes Recht oder Rechtsgut eines Einzelnen, nicht nur die in § 823 I genannten, auch Ehre, allg. Persönlichkeitsrecht, mag es dem Verteidiger oder einem angegriffenen Dritten zustehen (hier leistet der Verteidiger *Nothilfe*). Nicht notwehrfähig ist die öffentl. Ordnung (BGHZ 64, 179 f.), wohl aber Lebensinteressen des Staates
4 (MüKoBGB/Grothe Rn. 8). **c) Gegenwärtig** ist der Angriff mit Beginn der konkreten Gefährdung des notwehrfähigen Gutes durch unmittelbares Bevorstehen der Verletzungshandlung (BGH NJW 1973, 255) bis zum endgültigen Ende der Gefährdung. Solange Diebesbeute noch nicht gesichert ist, dauert Angriff fort (RGZ 111,
5 371), Wegnahme der Beute als Notwehr möglich. **d) Rechtswidrig** ist der Angriff, wenn der Angegriffene zur Duldung nicht verpflichtet ist. Hier wird auf den Erfolg des Angriffs abgestellt (*Erfolgsunrecht*; im Zivilrecht hM). Daher Notwehr auch zulässig, wenn Angreifer sich zB bei Befahren einer Straße verkehrsrichtig verhält, seine Handlung also nach BGHZ 24, 25 ff. rechtmäßig ist, und dennoch ein Passant in Gefahr kommt, überfahren zu werden (→ § 823 Rn. 50; hM). In der praktischen Rechtsanwendung gilt ein Angriff solange als rechtswidrig, wie kein Rechtfertigungsgrund dargetan ist; umgekehrt ist bei „offenen Verletzungstatbeständen" (Recht am eingerichteten und ausgeübten Gewerbebetrieb; allg. Persönlichkeitsrecht) die Rechtswidrigkeit darzutun (BGH NJW 1980, 882 mN). Der Angriff muss nicht verschuldet sein; daher Notwehr auch gegen Schuldlose wie Kinder und Geisteskranke möglich (nur wenn zumutbar, ist der Angegriffene auf Ausweichen
6 oder reine Schutzwehr beschränkt, BGH NJW 2008, 572, hM). **e) Verteidigungshandlung. aa)** Sie muss nach hM von einem **Verteidigungswillen** getragen sein (BGHZ 92, 359). **Abzulehnen:** Auch der Angriff erfordert nicht einen entspr. Willen (LK-StGB/Spendel § 32 Rn. 24, 25, 138 mN; Braun NJW 1998, 941 ff.; MüKoBGB/Grothe Rn. 18; Staudinger/Repgen Rn. 51 ff. mN); die obj. Notwehrlage beseitigt den allein relevanten Erfolgsunwert (der nach hM im Strafrecht daneben postulierte Handlungsunwert soll erst durch den Verteidigungswillen beseitigt werden [s. Spendel FS Bockelmann, 1979, 250 f.; Geilen JURA 1981, 308 ff. mN; MüKoBGB/Grothe Rn. 18]; auf den Handlungsunwert kommt es aber im
7 Zivilrecht nicht an, → § 823 Rn. 50). **bb) Die Erforderlichkeit** der Verteidigungshandlung wird von der Intensität des abzuwehrenden Angriffs bestimmt. Eine Abwägung zwischen Art des Angriffsobjekts und Folgen möglicher Abwehr findet, iGgs. zu § 228, nicht statt (hM; sa BGH NJW 2003, 1957). Die mildeste zur sofortigen und endgültigen Gefahrenbeseitigung geeignete Abwehr ist zu wählen (BGH NJW 2008, 572 mN, stRspr). Welche **Handlung geboten** ist, **II,** ergibt sich idR aus ihrer Erforderlichkeit. Doch ist das Notwehrrecht nach hM ua aus sozialethischen Gründen **eingeschränkt** (BSG NJW 1999, 2302). So darf ein (mit-)verschuldeter *provozierter Angriff* nach hM (BGH NJW 2003, 1958; 2008, 572, je mN) jedenfalls zunächst (BGH NJW 2008, 572 f.) nur zurückhaltend abgewehrt werden (zur sog Absichtsprovokation BGH NJW 1983, 2267 [dazu Lenckner JR 1984, 206 ff.]; 2001, 1075 f.; 2003, 1958; zur sog Vorsatzprovokation BGH NJW 1994, 872; zur unabsichtlichen Provokation Loos FS Deutsch, 1999, 233 ff.); enge persönliche Beziehungen, zB Ehe, sollen uU dazu zwingen, Angriff zu ertragen (einschr. BGH NJW 1984, 986 f. = JuS 1984, 563 f. [Hassemer]). Das ist bedenklich: Das Ges stellt nur „Angriff" (Unrecht) und „Verteidigung" (Recht) gegenüber, beachtet weder deren Vorgeschichte („Provokation", „Provokation der Provokation" usw) noch persönliche Beziehungen der Beteiligten. Die abw. hM betont, dass Notwehr (auch) Bewährung der Rechtsordnung sei, der Notwehrende als „Repräsentant und Bewahrer der Rechtsordnung" (Roxin ZStW 75, 567; ebenso BSG NJW 1999, 2302) also eine staatliche Aufgabe erfülle. Dann ist Verteidigung konsequenterweise

nur insoweit „geboten", als sie mit den Zielen staatlicher Kriminalpolitik (zB Verhältnismäßigkeitsprinzip, vorrangiges Interesse am Täter statt am Opfer) vereinbar erscheint. Soweit das nicht der Fall ist, verlangt die hM das Dulden eines rechtswidrigen Angriffs; das widerspricht § 227. Gegen die hM zutr. Hassemer FS Bockelmann, 1979, 225 ff. mN. Art. 2 II Buchst a EMRK (absichtliche Tötung eines Angreifers nur zur Verteidigung von Menschenleben) hat für § 227 nichts geändert (MüKoBGB/Grothe Rn. 17 mN, str).

3. Beeinträchtigung unbeteiligter Dritter. Da diese nicht angreifen 8
(→ Rn. 2), handelt es sich nicht um Notwehr; uU liegt Notstand (zB § 904) vor. Sa BGH NJW 1978, 2029: UU besteht für (noch) nicht Angegriffenen die Pflicht, auf Herbeiführung einer Notwehrlage zu verzichten, um Dritte zu schonen.

4. Putativnotwehr und Notwehrexzess. a) Putativnotwehr. Sie begeht, wer 9
irrtümlich eine Notwehrlage (→ Rn. 2–5) annimmt. Er handelt rechtswidrig. Schadensersatzpflicht (§§ 823 ff.) nur bei Verschulden des Handelnden (BGH NJW 1987,
2509). **b) Notwehrexzess.** Wer bei gegebener Notwehrlage (→ Rn. 2–5) das 10
erforderliche Maß der Abwehr (→ Rn. 7) überschreitet, handelt rechtswidrig. Schadensersatzpflicht (§§ 823 ff.) nur bei Verschulden des Abwehrenden (BGH NJW
1976, 42). **c) Gegen** Putativnotwehr und Notwehrexzess ist, da sie rechtswidrig 11
sind (→ Rn. 9, 10), *Notwehr* zulässig.

§ 228 Notstand

[1]Wer eine fremde Sache beschädigt oder zerstört, um eine durch sie drohende Gefahr von sich oder einem anderen abzuwenden, handelt nicht widerrechtlich, wenn die Beschädigung oder die Zerstörung zur Abwendung der Gefahr erforderlich ist und der Schaden nicht außer Verhältnis zu der Gefahr steht. [2]Hat der Handelnde die Gefahr verschuldet, so ist er zum Schadensersatz verpflichtet.

1. Allgemeines. § 228 behandelt den **Verteidigungsnotstand;** Ergänzung in 1
§ 904 (Angriffsnotstand). Notstandshandlung ist rechtmäßig, Notwehr gegen sie ausgeschlossen. § 228 richtet sich gegen gefahrdrohende, § 904 gegen unbeteiligte Sache; das erklärt die Unterschiede zwischen § 228 und § 904.

2. Notstandsvoraussetzungen. a) Gefahr muss, wenn auch nur mittelbar (RGZ 2
143, 387; abl. Staudinger/Repgen Rn. 17 ff.), durch diejenige fremde oder herrenlose Sache (auch Tier, → § 90a Rn. 1) drohen, gegen die sich die Verteidigung (→ Rn. 2 [d]) richtet. **b) Irgendein Rechtsgut** muss gefährdet sein (entspr. → § 227 Rn. 3). **c) Drohen** der Gefahr genügt, sie muss nicht schon gegenwärtig sein (anders §§ 227, 904). **d) Notwendigkeit der Abwehr** verlangt zweierlei. **aa) Erforderlichkeit;** sie ist obj. zu bestimmen. **bb)** Drohende Gefahr und Abwehrschaden dürfen **nicht außer Verhältnis** stehen. Das ist obj. zu beurteilen, jedoch sind Affektionswerte beachtlich (MüKoBGB/Grothe Rn. 10 mN). Leben und Gesundheit eines Menschen sind höherwertig als Sachen (OLG Düsseldorf NJW-RR 2001, 238), Tiere eingeschlossen (arg. § 90a S. 3). **cc) Verteidigungswille** unnötig (→ § 227 Rn. 6 gilt entspr.; Braun NJW 1998, 942 f.; MüKoBGB/Grothe Rn. 11; Staudinger/Repgen Rn. 33; aA BGHZ 92, 359).

3. Selbstverschuldeter Notstand. Verteidigung in selbstverschuldetem Not- 3
stand ist ebenfalls rechtmäßig, macht aber schadensersatzpflichtig, **S. 2.** Verschulden bezieht sich auf Herbeiführung der Gefahr; §§ 827 f. gelten analog.

4. Notstandsexzess und Putativnotstand. → § 227 Rn. 9–11 gilt entspr. 4
Schadensersatz (§§ 823 ff.) nur bei Verschulden, S. 2 unanwendbar.

5. Zum strafrechtlichen Notstand. Vgl. §§ 34 (rechtfertigender Notstand), 35 5
StGB (entschuldigender Notstand). § 228 geht dem § 34 StGB vor.

§ 229 Selbsthilfe

Wer zum Zwecke der Selbsthilfe eine Sache wegnimmt, zerstört oder beschädigt oder wer zum Zwecke der Selbsthilfe einen Verpflichteten, welcher der Flucht verdächtig ist, festnimmt oder den Widerstand des Verpflichteten gegen eine Handlung, die dieser zu dulden verpflichtet ist, beseitigt, handelt nicht widerrechtlich, wenn obrigkeitliche Hilfe nicht rechtzeitig zu erlangen ist und ohne sofortiges Eingreifen die Gefahr besteht, dass die Verwirklichung des Anspruchs vereitelt oder wesentlich erschwert werde.

§ 230 Grenzen der Selbsthilfe

(1) **Die Selbsthilfe darf nicht weiter gehen, als zur Abwendung der Gefahr erforderlich ist.**

(2) **Im Falle der Wegnahme von Sachen ist, sofern nicht Zwangsvollstreckung erwirkt wird, der dingliche Arrest zu beantragen.**

(3) **Im Falle der Festnahme des Verpflichteten ist, sofern er nicht wieder in Freiheit gesetzt wird, der persönliche Sicherheitsarrest bei dem Amtsgericht zu beantragen, in dessen Bezirk die Festnahme erfolgt ist; der Verpflichtete ist unverzüglich dem Gericht vorzuführen.**

(4) **Wird der Arrestantrag verzögert oder abgelehnt, so hat die Rückgabe der weggenommenen Sachen und die Freilassung des Festgenommenen unverzüglich zu erfolgen.**

§ 231 Irrtümliche Selbsthilfe

Wer eine der im § 229 bezeichneten Handlungen in der irrigen Annahme vornimmt, dass die für den Ausschluss der Widerrechtlichkeit erforderlichen Voraussetzungen vorhanden seien, ist dem anderen Teil zum Schadensersatz verpflichtet, auch wenn der Irrtum nicht auf Fahrlässigkeit beruht.

Anmerkungen zu den §§ 229–231

Lit.: Klingbeil, Selbsthilfe als private Zwangsvollstreckung, Jahrbuch Junge Zivilrechtswissenschaft 2018, 185; Laukemann, Rechtsdurchsetzung zwischen (digitaler) Selbsthilfe und gerichtlichem Schutz, ZfPW 2022, 357; Schünemann, Selbsthilfe im Rechtssystem, 1985; Stamm, Die Rückführung der verbotenen Eigenmacht und der Selbsthilfe des Besitzers in das Gefüge des Bürgerlichen Gesetzbuchs, Liber amicorum Vieweg, 2021, 603.

1 **1. Allgemeines zu §§ 229–231.** Ansprüche auf eigene Faust zu sichern oder durchzusetzen, ist grundsätzlich unzulässig. Der Berechtigte ist auf gerichtl. Hilfe angewiesen. Selbsthilfe ist nur kraft ges. Gestattung erlaubt: §§ 229; 859 II–IV, 860, 865, 1029 (Besitzkehr); ferner §§ 562b, 581, 592, 910, 962 (zu Begründung und **Gesetzeszweck** s. Klingbeil, Jahrbuch Junge Zivilrechtswissenschaft 2018, 185 ff.; ferner Laukemann ZfPW 2022, 358, 360 ff.; Stamm FS Vieweg, 2021, 603).

2 **2. Voraussetzungen erlaubter Selbsthilfe, § 229. a) Vollstreckungs- oder Arrestfähigkeit** des durchzusetzenden oder zu sichernden, wirklich bestehenden Anspruchs (s. § 230 II, III, §§ 916, 936 ZPO). Verjährung allein hindert nicht (Jahr
3 JuS 1964, 299); **b) keine rechtzeitige obrigkeitliche** (insbes. staatliche) **Hilfe.** Daran fehlt es insbes., wenn Arrest oder einstw. Verfügung rechtzeitig zu erlangen ist (RGZ 146, 189); zur polizeilichen Hilfe bei Hausbesetzungen s. Jauernig/Berger/
4 Kern § 26 Rn. 16, 17; **c) Gefährdung der Anspruchsverwirklichung.** Endgültiger Anspruchsverlust ist nicht erforderlich. Ausgleich der unterbliebenen Erfüllung durch einen Schadensersatzanspruch beseitigt die Gefahr nicht. Gefahr wird nicht

begründet durch drohendes Insolvenzverfahren, schlechte Vermögenslage des Schuldners und drohenden Ansturm anderer Gläubiger (Arrestgrund fehlt [Foerste ZZP 106, 143 ff.; str.], hier beachtlich wegen § 230 II).

3. Zulässige Selbsthilfemaßnahmen. a) Der Anspruchsinhaber, sein ges. 5
Vertreter oder ein Beauftragter muss sie ergreifen; es gibt keine Selbsthilfe für Dritte (anders §§ 227, 228). Str, ob (genehmigte) GoA Rechtswidrigkeit ausschließt (ja, falls Anspruchsinhaber später genehmigt: MüKoBGB/Grothe § 229 Rn. 2). **b) Ein-** 6
zelne Maßnahmen. aa) Zerstörung oder Beschädigung einer Sache; **Wegnahme** einer Sache, in die vollstreckt werden kann (arg. § 230 II mit §§ 928, 936, 808, 883 ff. ZPO; Pfändbarkeit der Sache nur nötig bei Sicherung eines Geldanspruchs, nicht bei Durchsetzung eines Herausgabeanspruchs, → Rn. 8). BGH NJW 2010, 3434: Nicht durch gerichtlichen Titel gedeckte eigenmächtige Inbesitznahme einer Wohnung und deren eigenmächtiges Ausräumen durch Vermieter ist unerlaubte Selbsthilfe. Folge: Verschuldensunabhängige Haftung nach § 231 BGB. Zur **digitalen** privaten **Rechtsdurchsetzung** (zB Außerbetriebsetzung internetvernetzter Sachen im „internet of things" durch digitalen Fernzugriff, digitale Sperren einzelner Social-Media-Nutzerkonten etc.) mittels §§ 229 ff., dazu näher Laukemann ZfPW 2022, 358, 372 ff.; im Ergebnis ebenso OLG Düsseldorf VuR 2022, 74, 77 (Recht zur digitalen Aufladesperre des Vermieters einer Autobatterie im Wege der Selbsthilfe gemäß § 229 existiert nicht, wenn der Mieter dem Herausgabeanspruch nicht [sofort] nachkommt. Sperren ist hier verbotene Eigenmacht iSv § 858 I). Zur Sperre der Programmverwaltungssoftware einer Arztpraxis s. OLG Düsseldorf NJW-RR 1993, 59; aA (§ 229 gilt nur für körperliche Gegenstände) Möslein ZHR 183 (2019), 254, 283; Wilhelm WM 2020, 1807, 1811. **bb) Festnahme** des Verpflichteten bei Fluchtverdacht; nur subsidiär zulässig (arg. § 230 III, IV, § 918 ZPO). Sa § 127 StPO. **cc) Beseitigung von Widerstand** entspr. § 892 ZPO. **c) Erforderlichkeit** der Maßnahme, § 230 I (→ § 227 Rn. 7). **d) Selbsthil-** 7
fewille ist wie bei der Notwehr (→ § 227 Rn. 6) nicht erforderlich (aA die hM).

4. § 230 IV. Die Maßnahmen haben grundsätzlich nur **vorläufig** Bestand, 8
§ 230 IV. Zum dinglichen und persönlichen Arrest §§ 916–918 ZPO. Erfolgt die Festnahme zur Sicherung eines vollstreckbaren, aber nicht arrestfähigen Individualanspruchs, zB auf Herausgabe, so ist statt Arrest eine einstw. Verfügung zu beantragen (§§ 935, 938 ZPO). Ist eine Sache weggenommen, die vom Verpflichteten herauszugeben war, dann ist der Anspruch durchgesetzt, einstw. Verfügung unzulässig, § 230 II, IV unanwendbar (einschr. Staudinger/Repgen Rn. 4, je zu § 230; zu II und III: Erman/Wagner Rn. 2). Bei Verletzung von § 230 IV ist Berechtigter schadensersatzpflichtig.

5. Putativselbsthilfe und Selbsthilfeexzess. Für Putativselbsthilfe und Selbst- 9
hilfeexzess gilt → § 227 Rn. 9–11 entspr., doch besteht stets **Schadensersatzpflicht** ohne Verschulden, **§ 231.**

6. Vertragliche Erweiterung des Selbsthilferechts. Vertragliche Erweiterung, 10
zB durch Einräumung eines Wegnahmerechts, ist wegen § 229 unzulässig, jedenfalls könnte ein solches Recht nur gerichtl. durchgesetzt werden (RGZ 131, 222 f.). → § 858 Rn. 4.

Abschnitt 7. Sicherheitsleistung

Vorbemerkungen

Lit.: Kohler, Die Fälle der Sicherheitsleistung im BGB, ZZP 102, 58; Könen, Sicherheit durch Hinterlegung, 2021.

1. Allgemeines zu §§ 232–240. Eine **Pflicht** zur Sicherheitsleistung kann beste- 1
hen kraft RGeschäfts (BGH NJW 1986, 1038), behördlicher Anordnung oder Ges.

(zB §§ 648a I, II, VI, 843 II 2, 1389). Häufig besteht auch ein **Recht** zur Sicherheitsleistung, insbes. zwecks Abwehr von Nachteilen (zB §§ 257, 775 II). Allg. Vorschriften, wann Sicherheit zu leisten ist, fehlen. §§ 232 ff. betreffen nur Sicherheitsleistung aus **materiell-rechtlichen** Gründen. Für prozessuale Sicherheitsleistung vgl. §§ 108 ff. ZPO und Einzelvorschriften, zB §§ 709, 712 ZPO. Vgl. zum Verhältnis der § 232 f. zum Regelungskomplex der §§ 372 ff. sowie zur Hinterlegung als prozessuales Instrument Könen 41 ff., 50 ff., 71 f. et passim.

2 **2. § 232.** Die Vorschrift zählt die **Mittel** der Sicherheitsleistung auf (erweitert in § 648a II. – §§ 1382 IV, 1667 III 2 überlassen es dem FamG, das Mittel zu bestimmen). § 232 begrenzt nicht die Mittel *vereinbarter* Sicherheitsleistungen. Die **Höhe** richtet sich mangels bes. Anordnung nach dem Wert des zu sichernden Rechts. Unter den Mitteln des § 232 I hat der Verpflichtete die **Wahl** (keine Wahlschuld), § 264 I gilt analog. Sicherheitsleistung durch Bürgen kann nur subsidiär angeboten werden, § 232 II (dazu § 239), zuweilen ist sie ausgeschlossen (zB § 273 III 2).

§ 232 Arten

(1) **Wer Sicherheit zu leisten hat, kann dies bewirken**
durch Hinterlegung von Geld oder Wertpapieren,
durch Verpfändung von Forderungen, die in das Bundesschuldbuch oder in das Landesschuldbuch eines Landes eingetragen sind,
durch Verpfändung beweglicher Sachen,
durch Bestellung von Schiffshypotheken an Schiffen oder Schiffsbauwerken, die in einem deutschen Schiffsregister oder Schiffsbauregister eingetragen sind,
durch Bestellung von Hypotheken an inländischen Grundstücken,
durch Verpfändung von Forderungen, für die eine Hypothek an einem inländischen Grundstück besteht, oder durch Verpfändung von Grundschulden oder Rentenschulden an inländischen Grundstücken.

(2) **Kann die Sicherheit nicht in dieser Weise geleistet werden, so ist die Stellung eines tauglichen Bürgen zulässig.**

§ 233 Wirkung der Hinterlegung

Mit der Hinterlegung erwirbt der Berechtigte ein Pfandrecht an dem hinterlegten Geld oder an den hinterlegten Wertpapieren und, wenn das Geld oder die Wertpapiere in das Eigentum des Fiskus oder der als Hinterlegungsstelle bestimmten Anstalt übergehen, ein Pfandrecht an der Forderung auf Rückerstattung.

§ 234 Geeignete Wertpapiere

(1) **Zur Sicherheitsleistung geeignete Wertpapiere sind Inhaberpapiere und Orderpapiere, die mit Blankoindossament versehen sind, wenn sie einen Kurswert haben und zu einer in der Rechtsverordnung nach § 240a aufgeführten Gattung gehören.**

(2) **Mit den Wertpapieren sind die Zins-, Renten-, Gewinnanteil- und Erneuerungsscheine zu hinterlegen.**

(3) **Mit Wertpapieren kann Sicherheit nur in Höhe von drei Vierteln des Kurswerts geleistet werden.**

§ 235 Umtauschrecht

Wer durch Hinterlegung von Geld oder von Wertpapieren Sicherheit geleistet hat, ist berechtigt, das hinterlegte Geld gegen geeignete Wertpa-

piere, die hinterlegten Wertpapiere gegen andere geeignete Wertpapiere oder gegen Geld umzutauschen.

§ 236 Buchforderungen

Mit einer Schuldbuchforderung gegen den Bund oder gegen ein Land kann Sicherheit nur in Höhe von drei Vierteln des Kurswerts der Wertpapiere geleistet werden, deren Aushändigung der Gläubiger gegen Löschung seiner Forderung verlangen kann.

§ 237 Bewegliche Sachen

[1]Mit einer beweglichen Sache kann Sicherheit nur in Höhe von zwei Dritteln des Schätzungswerts geleistet werden. [2]Sachen, deren Verderb zu besorgen oder deren Aufbewahrung mit besonderen Schwierigkeiten verbunden ist, können zurückgewiesen werden.

§ 238 Hypotheken, Grund- und Rentenschulden

(1) Eine Hypothekenforderung, eine Grundschuld oder eine Rentenschuld ist zur Sicherheitsleistung nur geeignet, wenn sie den in der Rechtsverordnung nach § 240a festgelegten Voraussetzungen entspricht.

(2) Eine Forderung, für die eine Sicherungshypothek besteht, ist zur Sicherheitsleistung nicht geeignet.

§ 239 Bürge

(1) Ein Bürge ist tauglich, wenn er ein der Höhe der zu leistenden Sicherheit angemessenes Vermögen besitzt und seinen allgemeinen Gerichtsstand im Inland hat.

(2) Die Bürgschaftserklärung muss den Verzicht auf die Einrede der Vorausklage enthalten.

§ 240 Ergänzungspflicht

Wird die geleistete Sicherheit ohne Verschulden des Berechtigten unzureichend, so ist sie zu ergänzen oder anderweitige Sicherheit zu leisten.

Buch 2. Recht der Schuldverhältnisse

Abschnitt 1. Inhalt der Schuldverhältnisse

Titel 1. Verpflichtung zur Leistung

Vorbemerkungen

1. **Bedeutung und Aufgaben des Schuldrechts.** Das Schuldrecht bildet (zusammen mit dem Allg. Teil und dem Sachenrecht) das Kernstück des bürgerlichen **Vermögensrechts.** Während das Sachenrecht Vermögensgüter (durch Gewährung absoluter Rechte) dem Berechtigten zuordnet, bereitet das Schuldrecht den Güterumsatz und die Erbringung von Leistungen (der verschiedensten Art) vor und dient damit der Befriedigung von materiellen und kulturellen Bedürfnissen aller Art und dem Ausgleich von idR wirtschaftlichen Interessen. Das Schuldrecht regelt keinen einheitlichen, abgeschlossenen Lebensbereich. Den im 2. Buch erfassten Gegenständen ist lediglich die rechtstechnische Struktur als (vertragliches oder ges.) Schuldverhältnis (dazu → § 241 Rn. 1 ff.) gemeinsam. **Hauptaufgaben** des Schuldrechts sind: 1

a) Regelung des rgeschäftlichen Verkehrs. Das Schuldrecht stellt eine umfassende **Vertragsordnung** auf, mit deren Hilfe der Wirtschafts- und Güterverkehr in der Form des Vertrags abgewickelt werden kann. Die Funktionen des Schuldvertrags haben sich im Laufe der Zeiten vor allem in der Akzentuierung gewandelt (rechtsgeschichtlicher Überblick: Kreuzer FS Yamauchi, 2017, 285, 286 ff.). Dabei ist zwischen dem autonomen Interessenausgleich der Vertragsbeteiligten (Individualfunktion: inter-individueller Aspekt) und dem über-individuellen volkswirtschaftlichen Aspekt (Systemfunktion) zu unterscheiden (Kreuzer FS Yamauchi, 2017, 285, 300 ff.). Die Gewährleistung der Abschlussparität ist Voraussetzung beider Aspekte der Funktionserfüllung (Kreuzer FS Yamauchi, 2017, 285, 299 ff.). – Der Gegenstand der zu erbringenden Leistungen ist ges. nicht abschließend bestimmt (kein *numerus clausus* der vertraglichen Schuldverhältnisse). Einzelne Schuldvertragstypen sind im **bes. Teil** und teilweise in **SonderGes.** (HGB; WG; ScheckG; VVG; VerlG ua) ges. geregelt. Seit dem 1.1.2002 ist das AGBG und sind die meisten verbraucherschützenden NebenGes. (VerbrKrG, HWiG, TzWrG, FernAbsG) ins BGB integriert. Der Verbraucherschutz als „schuldrechtsimmanenter Schutzgedanke“ (Begründung BT Drs. 14/6040, S. 91) ergibt sich damit unmittelbar und einheitlich aus dem BGB selbst. Das Schuldrecht ist weitgehend nachgiebiges Ergänzungsrecht, das eingreift, wenn die Parteien nichts Abweichendes vereinbart haben (Vertragsfreiheit). Die Privatautonomie findet ihre Grenzen an ges. Verboten (§§ 248 I, 276 III, 289 S. 1) und dem zwingenden Recht; dazu gehören außer den wenigen (es besteht grundsätzlich Formfreiheit) Formvorschriften (§§ 311b, 492, 494, 518, 550, 766, 780) die zunehmend (halb-)zwingend ausgestalteten Vertragsformen (Verbrauchsgüterkauf, Wohnungsmiete, Verbraucherdarlehen); gegenüber abw. Vereinbarungen in AGB kann auch das dispositive Recht Bestand haben (§ 307 II Nr. 1). Ferner sind durch die Generalklauseln (§§ 138, 242, 313, 826) die Wertentscheidungen des Grundrechtsteils des GG, insbes. auch die Sozialstaatsklausel (Art. 20, 28 GG), im Schuldrecht zu aktivieren (BVerfGE 81, 242, 255; 89, 214, 232; NJW 1994, 2749; 1996, 2021; BGHZ 80, 153, 157 mN; 134, 42, 48; MüKo-BGB/Säcker vor § 1 Einl. Rn. 62 ff.; Staudinger/Honsell Einl. zum BGB Rn. 185 ff. und allg. Staudinger/Looschelders/Olzen § 242 Rn. 145 ff.; zu Gemeinwohlinteressen im Privatrecht s. Croon-Gestefeld, Gemeininteressen im Privatrecht (2022); zur **Konstitutionalisierung** im Zivilrecht s. Leenen Annales de la Faculté de Droit d'Istanbul 2011, 23 ff.). Zur eingeschränkten Vertragsfreiheit im Familienvermögensrecht s. BVerfG DNotZ 2002, 222, 708; s. dazu Bergschneider FF 2002, 70; Rauscher DNotZ 2002, 751 mN. Zur 2

Primärrechtsgarantie der Vertragsfreiheit s. Lüttringhaus, Vertragsfreiheit und ihre
3 Materialisierung im Europäischen Binnenmarkt, 2018. **b) Personen- und Güterschutz.** Durch uH wird eine Schadensersatzpflicht (§§ 823 ff., 249 ff.) und damit ein ges. Schuldverhältnis begründet. Die §§ 823 ff. werden durch zahlreiche Sondergesetze mit Tatbeständen der Gefährdungshaftung ergänzt (→ Vor § 823 Rn. 10).
4 **c) Ausgleichsordnung bei ungerechtfertigten Vermögensverschiebungen** (§§ 812 ff.); soweit es um einen Ausgleich fehlgeschlagener Leistungen geht, ergänzt sie das Vertragsrecht (Leistungskondiktion), iÜ den Rechtsgüterschutz (Eingriffskondiktion); Fälle sog. ges. Schuldverhältnisse. Weiteres Bsp: GoA (§§ 677 ff.).

5 **2. Aufbau.** Der Aufbau von Buch 2 folgt der abstrahierenden und generalisierenden Methode (Ausklammerungsprinzip). Der Abschnitt 8 („Einzelne Schuldverhältnisse“, §§ 433–853) enthält in insgesamt 27 Titeln eine Reihe von verschiedenen Vertragstypen (§§ 433 ff.) sowie das Bereicherungs- (§§ 812 ff.) und Deliktsrecht (§§ 823 ff.). Eingebürgerte Bezeichnung: **Bes. Teil** des Schuldrechts. Die Abschnitte 1–7 (§§ 241–432) beinhalten Regeln für typische, bei allen Schuldverhältnissen mögliche, Situationen (zB Leistungsort und -zeit, Pflichtverletzung und Leistungshindernisse). Ie handelt es sich um Normen von verschiedenem Abstraktionsgrad (zB gelten nur für vertragliche Schuldverhältnisse die §§ 305–359). Eingebürgerte Bezeichnung: **Allg. Teil** des Schuldrechts; er wird durch den Allg. Teil des BGB (insbes. §§ 104 ff.; 116 ff.; 145 ff.; 164 ff.) ergänzt. Konsequenz: Zusammentreffen einer Vielzahl von Normen verschiedener Abstraktionsstufen.

6 **3. Anwendungsbereich.** Die Regeln des allg. Schuldrechts gelten unmittelbar für die Schuldverhältnisse des bes. Schuldrechts, für die Schuldverhältnisse in den übrigen Büchern des BGB und außerhalb des BGB entspr., soweit das mit den Besonderheiten der jeweiligen Regelung vereinbar ist (vgl. zB BGHZ 80, 237; → § 823 Rn. 89 ff.). Art. 240 EGBGB aF (aufgehoben mWv 1.10.2022 durch Ges. v. 27.3.2020, BGBl. I S. 569) schuf temporär bis 30.9.2022 befristete vertragsrechtliche Sonderregelungen aus Anlass der **COVID-19-Pandemie** (→ Art. 240
7 EGBGB). **a) Sachenrecht:** Eigentümer-Besitzer-Verhältnis (§§ 987 ff.); Verhältnis zwischen Verlierer und Finder (§§ 965 ff.); zwischen Nießbraucher und Eigentümer (§§ 1030 ff.); zwischen Pfandgläubiger und Eigentümer (§§ 1215 ff.) – sämtl. ges.
8 Schuldverhältnisse; vgl. auch → Vor § 854 Rn. 13 und 15. **b) Familienrecht:** Unterhaltsanspruch (zB §§ 1360 ff.; 1601 ff.; 1569 ff.; s. zB BGH NJW 2002, 1799); schuldrechtlicher Versorgungsausgleich (§§ 1587f–1587m); vermögensrechtliche Ansprüche aus § 1353 I 2 (zB auf Zustimmung zur gemeinsamen steuerlichen Veranlagung, BGH NJW 2002, 2319; → § 1353 Rn. 4 ff., zum Schadensersatzanspruch s. BGH NJW 1988, 2886, s. Grüneberg/Siede § 1353 Rn. 16); zum Elternverhältnis als Schuldverhältnis s. BGH FamRZ 2002, 1099; dazu zu Recht krit. Schwab FamRZ 2002, 1297. **c) Erbrecht:** Vermächtnis (§ 2174); Pflichtteilsanspruch
9 (§§ 2303 ff.). **d) Öffentl. Recht:** In Frage kommen namentlich öffentl.-rechtliche Benutzungs- und Leistungsverhältnisse der Daseinsvorsorge, bei denen eine nähere Regelung fehlt (BGHZ 63, 172; 135, 344; vgl. auch → § 275 Rn. 2; → § 278 Rn. 4; → § 280 Rn. 2; → § 311 Rn. 42; → Vor § 677 Rn. 8; → § 688 Rn. 6).

10 **4. Abgrenzung zum Sachenrecht.** Das Schuldrecht regelt eine Sonderverbindung zwischen bestimmten Personen (→ § 241 Rn. 1), das Sachenrecht die Beziehung einer Person zur Sache. Strukturelement des Schuldrechts ist das Recht auf die Leistung (Forderung; → § 241 Rn. 4); es handelt sich um ein relatives Recht, das idR nur durch den Schuldner verletzbar ist; das Sachenrecht ist dagegen ein (gegenüber *jedermann* wirkendes) absolutes Recht (§§ 985, 1004; → Vor § 854 Rn. 11). Das Schuldrecht ist „dynamisch“, es zielt auf die Änderung des gegenwärtigen Zustands (Erfüllung durch Erbringung der geschuldeten Leistung, § 362; „Umsatzrecht“); das Sachenrecht ist „statisch“, es ist auf die Zuordnung einer Sache zu einer Person gerichtet und zielt auf die Erhaltung des gegenwärtigen Zustands (Beherrschung der Sache, § 903; „Herrschaftsrecht“). Schuld- und sachenrechtliche Geschäfte sind in

ihrer Wirksamkeit grundsätzlich voneinander unabhängig (**Abstraktionsprinzip,** vgl. → Vor § 854 Rn. 17; dazu Berneith/Lieder JuS 2016, 673). Grundsätzlich sind die Normen des Schuldrecht AT auf Ansprüche, die im 3. Buch geregelt sind, ergänzend anwendbar, sofern das Sachenrecht eine Frage nicht abschließend regelt, → Vor § 854 Rn. 2, 7; M. Stürner FS v. Brünneck, 2011, 360, 369 f.; Baur/Stürner Sachenrecht § 5 Rn. 26 ff.; abw. Picker FS Bydlinski, 2002, 269, 270.

5. Neue Bundesländer. Entstandene Schuldverhältnisse bestehen nach bisheri- **11**
gem Recht fort (Art. 232 EGBGB), bestimmte Nutzungsverhältnisse wurden BGB-konform angepasst; s. SchuldRÄndG und dazu MüKo-BGB/Kramer (4. Aufl. Bd. 2a, 2003) Rn. 114 mN.

6. Europäisches Privatrecht. Das Schuldrecht des BGB wird in den verbrau- **12**
cherschützenden Vorschriften zu weiten Teilen durch den Gemeinschaftsgesetzgeber bestimmt, der durch EU-RiLi zwingende Vorgaben für den deutschen Gesetzgeber macht (näher → § 311 Rn. 2). Infolge überschießender Umsetzung werden auch andere Bereiche des Schuldrechts durch EU-RiLi beeinflusst. Das gilt insbes. für das Leistungsstörungsrecht der §§ 280 ff. und die Gewährleistungsnormen des Kauf- und Werkvertragsrechts, die Strukturvorgaben der **VerbrGüKauf-RiLi** (NJW 1999, 2421, s. Grundmann/Bianca, EU-Kaufrechts-Richtlinie, Kommentar, 2002) verallgemeinern. S. rechtsvergleichend Mansel AcP 204, 356 ff.; zur richtlinienkonformen Auslegung einzelner europarechtlich beeinflusster BGB-Vorschriften Gebauer/Wiedmann/Gebauer, Europäisches Zivilrecht, 3. Aufl. 2021, Kap. 3 Rn. 33 ff.; s. zB Möllers/Möhring JZ 2008, 919 ff. Es kommt fortschreitend zu einer europäischen Privatrechtsangleichung (s. Staudinger/Baldus, Eckpfeiler des Zivilrechts, A Rn. 118, 235, 256 ff., 285 ff.). Am 25.10.2011 wurde die **VerbrR-RiLi** verabschiedet. In Umsetzung der RiLi wurden die §§ 312–312i, §§ 355–361 zum 13.6.2014 neu gefasst, § 312j und §§ 356a–356c, 357a–357c wurden eingeführt. Weitere Normen, vor allem des BGB und des EGBGB, wurden geändert, ebenso § 2 Gesetz zur Regelung der Wohnungsvermittlung (s. dazu Grundmann JZ 2013, 53; Schwab/Giesemann EuZW 2012, 253; Wendehorst NJW 2014, 577). Zu Auswirkungen auf → §§ 13, 126b, § 241a Rn. 1. An Stelle der VerbrGüKauf-RiLi trat seit dem 1.1.2022 die **WK-RiLi,** die Vollharmonisierung vornimmt (Art. 4 WK-RiLi). Abweichende nationale Normen sind daher ausgeschlossen. Zulässig ist aber eine Ausdehnung auf ungeregelte Bereiche, dazu → § 13 Rn. 3. WK-RiLi wurde durch das Ges. zur Regelung des Verkaufs von Sachen mit digitalen Elementen und anderer Aspekte des Kaufvertrags v. 25.6.2021 (BGBl. 2021 I 2133) mWv 1.1.2022 umgesetzt. Sie bringt Änderungen beim Begriff des Sachmangels (→ § 434 Rn. 6, 13), der Nacherfüllung (→ § 439 Rn. 1), dem Verkäuferregress (→ § 445a, → § 445b, → § 478) und beim Verbrauchsgüterkauf (§§ 474 ff.) (Überblick bei Lorenz NJW 2021, 2065). Hinzu trat die DI-RiLi, die mWv 1.1.2022 durch das DI-RiLi-UG umgesetzt wurde und den neuen Titel 2 a über „Verträge über digitale Produkte“ (→ vor § 327 Rn. 1 ff.; §§ 327–327u) schuf (Überblick bei Wendehorst NJW 2021, 2913; Gansmeier/Kochendörfer, ZfPW 2022, 1). – Das schuldrechtsbezogene Gemeinschaftsrecht wird wiedergegeben bei Grundmann/Riesenhuber, Textsammlung Europäisches Privatrecht, 3. Aufl. 2020; Schulze/Zimmermann, Basistexte zum Europäischen Vertragsrecht, 6. Aufl. 2020. Ein systematisch geschlossenes Europäisches Schuldrecht auf positiver gemeinschaftsrechtlicher Grundlage (Primär- und Sekundärrecht) besteht noch nicht (dazu Grundmann JZ 2013, 53). Zur Entwicklung s. Zimmermann, Die Europäisierung des Privatrechts und der Rechtsvergleichung, 2005. Zu den verschiedenen Regelungsvorschlägen und Prinzipien in ihren Entwicklungsstufen: Jansen/Zimmermann, Commentaries on European Contract Laws, Oxford 2018. Zum Rechtsbestand *de lege lata* s. Gebauer/Wiedmann, Europäisches Zivilrecht, 3. Aufl. 2021; Gebauer/Teichmann, Europäisches Privat- und Unternehmensrecht, 2016; Heiderhoff, Europäisches Privatrecht, 5. Aufl. 2020; Langenbucher, Europäisches Privat- und Wirtschaftsrecht, 5. Aufl. 2022; Riesenhuber, Europäisches Vertragsrecht, 3. Aufl. 2014; ders., Europäische

Methodenlehre, 4. Aufl. 2021; Schulze/Zoll, Europäisches Vertragsrecht, 3. Aufl. 2020; M.Stürner, Europäisches Vertragsrecht. Institutionelle und methodische Grundlagen, Materielles Recht, Kollisionsrecht, 2021. Bedeutsame Regelungsvorschläge sind die **Grundregeln des Europäischen Vertragsrechts** der Kommission für Europäisches Vertragsrecht, die in einer deutschen Fassung durch v. Bar und Zimmermann (2002) herausgegeben wurden. Die Mitteilung der Kommission an das Europäische Parlament und den Rat über das weitere Vorgehen bezüglich des Europäischen Vertragsrechts (KOM [2004] 651) nimmt auf das Vorhaben Bezug. Ein durch die Europäische Kommission initiierter gemeinsamer Europäischer Referenzrahmen zum Europäischen Vertragsrecht, der sog. DCFR, wurde 2009 fertiggestellt (v. Bar/Clive/Schulte-Nölke ua (Hrsg.), Principles, Definitions and Model Rules of European Private Law (DCFR), Outline Edition, 2009), vgl. zum Ganzen Ernst AcP 208, 248 ff.; zu den Entwurfsdefiziten s. Eidenmüller/Faust/Grigoleit/Wagner/Zimmermann JZ 2008, 529 ff.; M.-P. Weller JZ 2008, 764 ff.; Sirena ZEuP 2018, 838 ff.; krit. Zimmermann ZEuP 2018, 862, 866 f.). Die Kommission hat 2010 eine Expertengruppe eingesetzt (Beschluss 2010/233/EU, ABl. L 105, 109). Sie soll die Kommission bei der Ausarbeitung eines Vorschlags für einen gemeinsamen Referenzrahmen für das europäische Verbraucher- wie für das Handelsvertragsrecht unterstützen, indem sie auf der Grundlage des DCFR unter Berücksichtigung des Besitzstands der Union (insbes. das auf RiLi beruhende Vertragsrecht) einen Vertragsrechtsentwurf formuliert. Im Juli 2010 hat die Kommission ein **Grünbuch** über die Einführung eines Europäischen Vertragsrechts für Verbraucher und Unternehmen veröffentlicht, das sieben Optionen für die Einführung eines Europäischen Vertragsrechts für Verbraucher und Unternehmen zur Diskussion stellt (Grünbuch KOM [2010] 348 endg.), darunter die Alternative eines wählbaren materiellen Vertragsrechts der Union in grenzüberschreitenden Sachverhalten. Das positive Schuldrecht der EU **(ius communitatis)** ist Gegenstand der European Research Group on Existing EC Private Law **(Acquis Group)** (s. die von Acquis Group herausgegebenen Bände Contract I – Pre-contractual Obligations. Conclusion of Contract. Unfair Terms [2007]; Contract II – General Provisions, Delivery of Goods, Package Travel and Payment Services [2009]; Contract III – General Provisions, Delivery of Goods, Package Travel, Payment Services, Consumer Credit and Commercial Agency Contracts [2013]) (s. dazu Jansen/Zimmermann JZ 2007, 1113 ff.; Jansen/Zimmermann (2008) 71 Modern Law Review 505 ff.; Sirena ZEuP 2018, 838, 846). – Am 11.10.2011 legte die EU-Kommission einen auf dem DCFR und den Acquis Principles beruhenden Vorschlag für eine Verordnung des Europäischen Parlaments und des Rates über ein **Gemeinsames Europäisches Kaufrecht,** KOM(2011) 635 endg. (GEK oder CESL – Common European Sales Law), vor. Dem Kommissionsvorschlag hat das Europäische Parlament am 26.2.2014 zugestimmt (s. Dokument Oral P7_TA-PROV[2014]0159), s. dazu Dannemann/Vogenauer, The Common European Sales Law in Context, 2013; Groß EuZW 2014, 204; Remien/Herrler/Limmer, Gemeinsames Europäisches Kaufrecht für die EU?, 2012; Schulze, Common European Sales Law, 2012; Schulte-Nölke/Zoll/Jansen/Schulze, Der Entwurf für ein optionales europäisches Kaufrecht, 2012, 1 ff. Es sollte eine unionsweite, von den Parteien grenzüberschreitender Kaufverträge wählbare, Vertragsrechtsordnung neben den nationalen mitgliedstaatlichen Kaufrechten werden. Der Entwurf enthält auch Teile einer allgemeinen Rechtsgeschäftslehre, umfasst also Regelungsmaterien des BGB AT, des Verbraucher- und des Handelskaufs. Zu den Grundstrukturen und Regelungsinhalten s. Mansel WM 2012, 1253 (Teil I), 1309 (Teil II); s. zur entsprechenden Sondertagung der Zivilrechtslehrervereinigung Perner ZEuP 2012, 975; die Referate und Diskussionsberichte zum GEK sind veröffentlicht in AcP 212, 467–852; sa Schmidt-Kessel, Der Entwurf für ein Gemeinsames Europäisches Kaufrecht, Kommentar, 2013; abl. Stadler AcP 212, 473 ff. Im Dezember 2014 wurde der Vorschlag zurückgezogen (KOM [2014] 910 endg. Annex 2, Nr. 60). An seine Stelle traten der Vorschlag für eine Richtlinie des Europäischen Parlaments und des Rates über bestimmte vertragsrechtliche Aspekte der Bereitstellung digitaler Inhalte, KOM (2015) 634, endg., und der Vorschlag für eine Richtlinie des Europäischen Parlaments und des Rates über bestimmte vertragsrechtliche Aspekte des Online-Warenhandels und anderer Formen des Fernabsatzes von Waren, KOM (2015) 635, endg.; dazu M. Stürner, Europäisches Vertragsrecht 76 ff.; ferner Metzger JZ 2019, 577 ff.; Pfeiffer GPR 2021, 120; Staudenmayer ZEuP 2016, 801; ders. NJW 2016, 2719; ders. ZEuP 2019, 663; ders. NJW 2019, 2497; Weißensteiner ZfRV 2019, 199; Spindler/Sein MMR 2019, 488; Wendland EuZW 2016, 126; Wendehorst/Zöchling-Jud, Ein neues Vertragsrecht für den digitalen Binnenmarkt?, 2016; Wilke BB 2019, 2434 ff.; Zöchling-Jud GPR 2019, 115 ff. Gesetzesmaterialien: EU-Kommission, Strategie für einen digitalen Binnenmarkt für Europa, KOM (2015) 192 endg.; EU-Kommission, Commission Working Staff Document, A Digital Single Market Strategy for Europe: Analysis and Evidence, SWD (2015) 100 final. Die Umsetzung erfolgte mWv 1.1.2022 durch die WK-RiLi und die DI-RiLi (s.o.). – Über die gemeinsamen Grundstrukturen der nationalen europäischen Vertragsrechtsordnungen **(ius commune)** informieren auf **rechtsvergleichender** Basis: Ranieri, Europäisches Obligationenrecht, 3. Aufl. 2009, und Kötz, Europäisches Vertragsrecht, 2. Aufl. 2015. Zu den römischrechtlichen Wurzeln des modernen anglo-amerikanischen und kontinentaleuropäischen Schuldrechts s. grundlegend Zimmermann, The Law of Obligations, 1995.

7. Internationales Privatrecht. In grenzüberschreitenden Sachverhalten ist das deutsche materielle Schuldrecht nur anwendbar, soweit es durch die sog. Rom I-Verordnung (VO (EG) Nr. 593/2008 des europäischen Parlaments und des Rates vom 17.6.2008 über das auf vertragliche Schuldverhältnisse anzuwendende Recht, ABl. 2008 L 177, 6) bzw. Art. 46b EGBGB (entspricht Art. 29a EGBGB aF) oder für Pflichtversicherungsverträge durch Art. 46c EGBGB berufen wird (→ vor Rom I-VO Rn. 1). Das gilt für Verträge, die ab dem 17.12.2009 abgeschlossen werden (→ vor Rom I-VO Rn. 3). Für sie schafft die Rom I-Verordnung in ihrem Regelungsbereich einheitliches internationales Privatrecht der Europäischen Union. Hinzu tritt für das außervertragliche Schuldrecht die VO (EG) Nr. 864/2007 des europäischen Parlaments und des Rates vom 11.7.2007 über das auf außervertragliche Schuldverhältnisse anzuwendende Recht („Rom II-Verordnung", ABl. 2007 L 199, 40). Beide Verordnungen gelten in allen EU-Staaten mit Ausnahme Dänemarks (→ vor Rom I-VO Rn. 2). Das anwendbare Schuldrecht wird für Verträge, die *vor* dem 17.12.2009 abgeschlossen wurden, durch die heute aufgehobenen Art. 27–34 EGBGB aF (oder spezielle Verweisungsnormen wie etwa die Art. 7 ff. EGVVG für das Versicherungsvertragsrecht, § 32b UrhG für das Urhebervertragsrecht; s. Jayme/Hausmann, Internationales Privat- und Verfahrensrecht, Textsammlung, 19. Aufl. 2018) bestimmt. Die Art. 27–37 EGBGB aF (internationales Vertragsrecht) beruhen – mit Ausnahme des EG-Richtlinien umsetzenden Art. 29a EGBGB aF – auf dem EG-Übereinkommen vom 19.6.1980 über das auf vertragliche Schuldverhältnisse anwendbare Recht (EVÜ) (→ vor Rom I-VO Rn. 5), das auf Grund eines erklärten Vorbehalts für Deutschland zwar völkerrechtlich verbindlich, aber nicht unmittelbar anwendbar war. Bei der Auslegung der Art. 27–37 EGBGB aF ist die Vertragspraxis der Mitgliedstaaten zu beachten (Art. 36 EGBGB). 13

§ 241 Pflichten aus dem Schuldverhältnis

(1) [1]**Kraft des Schuldverhältnisses ist der Gläubiger berechtigt, von dem Schuldner eine Leistung zu fordern.** [2]**Die Leistung kann auch in einem Unterlassen bestehen.**

(2) **Das Schuldverhältnis kann nach seinem Inhalt jeden Teil zur Rücksicht auf die Rechte, Rechtsgüter und Interessen des anderen Teils verpflichten.**

Lit.: Bachmann/Schirmer, Leistungs- und Schutzpflichten in der Zivilrechtsdogmatik. Zum Erfüllungsanspruch aus Schutzpflichten, FS Canaris, 2017, 371; Bucher, „Schuldverhältnis" des

BGB: ein Terminus – drei Begriffe, FS Wiegand, 2005, 93; Faenger, Leistungsunabhängige Nebenpflichten zum Schutz des Integritätsinteresses im deutschen und französischen Recht, 2012; Fliegner, Der Leistungsbegriff des neuen Schuld- und AGB-Rechts, 2006; Gernhuber, Das Schuldverhältnis, 1989; Grigoleit, Leistungspflichten und Schutzpflichten, FS Canaris, 2007, Bd. 1, 275; Grundmann, Leistungsstörungsmodelle im Deutschen und Europäischen Vertragsrecht – insbes. Zurückweisung der charakteristischen Leistung, FS Canaris, 2007, Bd. 1, 307; Heinrichs, Bemerkungen zur culpa in contrahendo nach der Reform – Die Tatbestände des § 311 Abs. 2 BGB, FS Canaris, 2007, Bd. 1, 421; Knoche, Irreale Pflichten im Zivilrecht – Ursachen, Erkennbarkeit, Tendenzen, FS Canaris, 2007, Bd. 1, 571; Koziol, Gedanken zum privatrechtlichen System des Rechtsgüterschutzes, FS Canaris, 2007, Bd. 1, 631; Kramer, Anmerkungen zum Konsenserfordernis bei zweiseitig verpflichtenden Verträgen, FS Canaris, 2007, Bd. 1, 665; Lobinger, Die Grenzen rechtsgeschäftlicher Leistungspflichten, 2004; ders., Rechtsgeschäftliche Verpflichtung und autonome Bindung, 1999; Looschelders, Das Verhältnis von Rechtswidrigkeit, Pflichtverletzung und Verschulden bei der vertraglichen und der deliktischen Haftung, FS Martinek, 2020, 405; Madaus, Abgrenzung der leistungsbezogenen von den nicht leistungsbezogenen Nebenpflichten usw, JURA 2004, 289; Medicus, Zur Anwendbarkeit des Allgemeinen Schuldrechts auf Schutzpflichten, FS Canaris, 2007, Bd. 1, 835; Picker, Nachlieferung beim Stückkauf – Zu Grund, Gegenstand und Umfang der Leistungsverpflichtung, FS H. P. Westermann, 2008, 583; E. Schmidt, Das Schuldverhältnis, 2004; Schmidt-Husson, Was, um Himmels willen, ist eine „Kardinalpflicht"? – Zum Wissentlichkeitsausschluss in der D&O-Versicherung, Usus atque scientia, FS Thümmel, 811; A. Schneider, Vertragsanpassung im bipolaren Dauerschuldverhältnis, 2016; Schulze, Die Naturalobligation, 2008; ders., Nicht erzwingbare Leistungsforderungen im Zivilrecht, JuS 2011, 193; Thiessen, „Ein ungeahnter Erfolg" – zur Rezeptionsgeschichte von Hermann Staubs Kommentaren, FS Staub, 2006, 55; Thomale, Der verdrängte Anspruch – Freie Anspruchskonkurrenz, Spezialität und Subsidiarität im Privatrecht, JuS 2013, 296; M. Weller, Persönliche Leistungen, 2012; M.-P. Weller, Die Struktur des Erfüllungsanspruchs im BGB, common law und DCFR – ein kritischer Vergleich, JZ 2008, 764; ders., Die Vertragstreue, 2009; Wendelstein, Pflicht und Anspruch, 2021; Windel, Typologie der Schuldverträge, FS Schilken, 2015, 153; Winkelmann, Der Anspruch, Funktion, Entstehung, Anknüpfungen, 2021; Witt, Aktive Wahrnehmung der Interessen des anderen Teils als Schuldnerpflicht, NJW 2012, 3130; Zwanzger, Der mehrseitige Vertrag, 2013.

1 **1. Schuldverhältnis. a) Begriff des Schuldverhältnisses.** Es ist eine zwischen (mindestens) zwei bestimmten Personen bestehende **rechtliche Sonderverbindung,** durch die Ansprüche (→ Rn. 4) begründet werden (dazu Winkelmann 141 f. bezogen auf das „Rechtsverhältnis" insgesamt). Sprachgebrauch des BGB ist nicht einheitlich (Bucher FS Wiegand, 2005, 93, 112 ff.), deshalb **Unterscheidung: aa)** Schuldverhältnis **iwS** ist die Gesamtheit der sich aus der Sonderverbindung (vgl. o. a)) ergebenden konkreten Rechtsfolgen (Forderungsrechte bzw. Leistungspflichten, einschließlich der Neben- und Schutzpflichten sowie der Gestaltungsrechte [zB Kündigungs- und Rücktrittsrechte] und Rechtslagen), also das gesamte Rechtsverhältnis. Bildhafte Umschreibungen: Schuldverhältnis als „Organismus", „konstante Rahmenbeziehung", in der Zeit ablaufender „Prozess". Schuldverhältnis iwS meint Überschrift vor § 241 („Recht der Schuldverhältnisse"), vor § 433 („Einzelne
2 Schuldverhältnisse"), §§ 273 I, 425 I, ua. **bb)** Schuldverhältnis **ieS** ist das aus der Sonderverbindung (→ Rn. 1) erwachsende Recht auf eine bestimmte Leistung (§ 241 I 1), also das einzelne Forderungsrecht des Gläubigers (Anspruch, § 194 I), dem eine entspr. Leistungspflicht des Schuldners (Schuld) gegenübersteht (die **einzelne Leistungsbeziehung**). Das Schuldverhältnis iwS kann mehrere Schuldverhältnisse ieS umfassen, deshalb kann im Schuldverhältnis iwS jede Partei zugleich Gläubiger und Schuldner sein. Das BGB meint idR das Schuldverhältnis ieS, so zB in Überschrift vor § 362 („Erlöschen der Schuldverhältnisse"; Schuldverhältnis iwS wird nicht durch Erfüllung, sondern durch Rücktritt oder Kündigung beendet; andererseits kann das Schuldverhältnis iwS auch nach Erfüllung aller Einzelansprüche noch „Nachwirkungen" begründen, dazu → § 242 Rn. 28 ff.), ferner zB §§ 362 I, 364 I, 397 I, 812 II. **cc)** Nach der Schuldrechtsreform kann dem Begriff Schuldverhältnis auf Grund § 311 II, III noch eine dritte Bedeutung beigemessen werden (Bucher FS Wiegand, 2005, 93, 125 ff.). Während die Begriffsinhalte vom Schuldverhältnis iwS und ieS beschreibender Natur sind, wohnt dem in § 311 II, III gebrauchten Terminus ein rechtsbegründender Charakter als Befehlsnorm inne: Für Fälle der

cic werden hier Verhaltenspflichten *ex lege* angeordnet. **b) Arten der Schuldverhältnisse.** Einteilungsgesichtspunkte sind der Entstehungsgrund (su aa)) und die Dauer der zeitlichen Bindung (su bb)). **aa) Rgeschäftliche** (insbes. vertragliche, vgl. § 311 I) und **nichtrgeschäftliche** (ges.) Schuldverhältnisse (zB gem. § 311 II). **bb) Schuldverhältnisse auf einmaligen Leistungsaustausch** (Leistungspflicht erschöpft sich in einmaliger Leistungserbringung) und **Dauerschuldverhältnisse** (dauernde Leistungspflicht ist geschuldet, zB Herstellung eines Zustands, längerwährendes Verhalten, Einzelleistungen über längeren Zeitraum; s. § 314 I 1 mAnm; A. Schneider 5 ff.). Bsp: §§ 535, 488, 607, 611, 705, Sukzessivlieferungsvertrag (vgl. → § 311 Rn. 14 ff.). 3

2. Relativität der Schuldverhältnisse. Die Rechtswirkungen des Schuldverhältnisses (→ Rn. 1 und s. unten a)) sind grundsätzlich auf die an ihm Beteiligten beschränkt (Zweiparteienverhältnis; → Rn. 5); die Rechtsstellung **dritter Personen** wird durch das Schuldverhältnis nicht berührt (Ausn.: → Rn. 6). **a)** Die **Forderung** ist der gegen eine bestimmte Person (Schuldner) auf eine bestimmte (vermögensrechtliche) Leistung gerichtete **schuldrechtliche** („obligatorische") **Anspruch** (§§ 241 I 1, 194) (kritisch zu Identität von Forderung und obligatorischem Anspruch Winkelmann 166 ff.; gegen Identität Wendelstein 96 ff.). Kehrseite des Anspruchs des Gläubigers ist die Leistungspflicht (Schuld) des Schuldners. Als **relatives Recht** unterscheidet sich die Forderung grundlegend von den gegenüber jedermann wirkenden, umfassenden Drittschutz genießenden, **absoluten Rechten** (zu diesen → Vor § 854 Rn. 2 ff. und 11 ff.). **Einzelheiten:** Das relative Recht besteht nur gegenüber dem Schuldner, es kann nur durch den Schuldner (nicht durch Dritte, aber durch dem Schuldner zurechenbares Handeln Dritter) verletzt werden. Auch wenn Leistungsobjekt eine Sache ist (vgl. § 433 I 1), besteht nur ein Recht gegen den Schuldner „auf" die Sache, nicht ein gegenüber Dritten durchsetzbares „Recht zur Sache" (kein *„ius ad rem"*, vgl. RGZ 103, 420; Wieling JZ 1982, 840 f.; Ausn. § 883). Das Forderungsrecht genießt grundsätzlich keinen Dritt-(Delikts-)schutz (BGH NJW 1981, 2185), es ist kein „sonstiges Recht" iSv § 823 I (→ § 823 Rn. 17). Vorsätzliche und sittenwidrige Verleitung des Schuldners zum Vertragsbruch begründet Schadensersatzpflicht gem. § 826, Sittenwidrigkeit aber nur bei Vorliegen bes. Umstände gegeben. Bsp: Freistellung von den Ansprüchen des ersten Käufers bei Doppelverkauf (BGH NJW 1981, 2186; ie → § 826 Rn. 19 mit Bsp.), nicht aber Werbung zum Ankauf von Eintrittskarten, deren Erwerber mit dem Veranstalter ein Weiterveräußerungsverbot vereinbart haben (BGHZ 178, 72 ff.). **b) Zweiparteienverhältnis.** Auf Schuldner- und Gläubigerseite kann eine Mehrheit von Personen stehen (§§ 420 ff.; 428 ff.). Nachträglicher **Wechsel** in der Person des Gläubigers (Übertragbarkeit der aus dem Schuldverhältnis entstandenen Forderung: §§ 398 ff.) und des Schuldners (Schuldübernahme: §§ 414 ff.) ist möglich, desgl. eine Rechtsnachfolge in das Schuldverhältnis im Ganzen; ges. Fälle: §§ 565, 566, 613a, 1922; vertragliche Vertragsübernahme: BGHZ 96, 308 und → § 398 Rn. 32 f.; Schranken: § 309 Nr. 10). Bei Vereinigung von Forderung und Schuld in einer Person (Konfusion) erlischt das Schuldverhältnis (vgl. → § 1922 Rn. 9). **c) Drittwirkungen** bestehen im Allg. nicht (BGHZ 83, 257; → Rn. 4). Ausn.: §§ 565, 566, 581 II; weitere Bsp: Weitnauer FS Larenz, 1983, 712 ff. Durch vertragliche Schuldverhältnisse kann die Rechtsstellung Dritter verbessert (berechtigender Vertrag zgDr: §§ 328 ff.; Vertrag mit Schutzwirkung für Dritte: → § 328 Rn. 19 ff.; Haftungsmilderung(-ausschluss) zgDr: → § 276 Rn. 58; vgl. auch § 618 III), niemals aber verschlechtert werden (kein Vertrag zu Lasten Dritter: → § 328 Rn. 7). Dritte können durch Erbringung der Leistung auf das Schuldverhältnis einwirken (§§ 267, 362). Der Schuldner kann sich aber idR nicht einredeweise auf Rechte Dritter berufen (vgl. Denck JuS 1981, 9). 4 5 6

3. Verpflichtung zur Leistung. Vgl. Titel-Überschrift vor § 241. **a) Begriff der Leistung.** § 241 gibt keine Begriffsbestimmung, wie überhaupt das BGB keinen einheitlichen Leistungsbegriff kennt (vgl. BGHZ 93, 230; → § 812 Rn. 2 ff.). Leis- 7 tungspflichten können je nach ges. Ausgestaltung oder parteiautonomer Abrede Erfolgspflichten (obligations de résultat) oder Handlungspflichten (obligations de moyens) sein (rechtsvergleichend Lobinger, Die Grenzen rechtsgeschäftlicher Leistungspflichten, 2004, 194 ff.; Kleinschmidt, Handwörterbuch des Europäischen Privatrechts, 436 ff.). Unter Leistung kann sowohl das vom Schuldner geschuldete pflichtgemäße Verhalten (die **Leistungshandlung**) als auch das Ergebnis der Leistungshandlung (der **Leistungserfolg**) verstanden werden. Der Leistungserfolg ist eingetreten, wenn das Gläubigerinteresse tatsächlich befriedigt ist. Leistungshandlung und Leistungserfolg können je nach der Art des Schuldverhältnisses zusammen- (tätigkeitsbezogene Schuldverträge; Bsp: §§ 611, 662, 675) oder auseinanderfallen (erfolgsbezogene Schuldverträge; Bsp: §§ 433, 535, 631, 652). Der Eintritt des Leistungserfolgs braucht nicht allein vom Verhalten des Schuldners, er kann auch von weiteren, zusätzlichen Umständen (Mitwirkung des Gläubigers, eines Dritten, einer Behörde) abhängen. Bsp: Bei Grundstücksübereignung besteht die Leistungshandlung in der Auflassung (§ 925), der Eintritt des Leistungserfolgs setzt die (uU von der Erfüllung öffentl.-rechtlicher Voraussetzungen abhängige) Umschreibung im Grundbuch voraus (§ 873). Sa BGH NJW 2009, 2737: sportlicher Erfolg einer Mannschaft als Voraussetzung einer Prämienzahlung an den Trainer. Ob „Leistung" iSv Leistungshandlung (so zB in §§ 269, 271; sa § 243 II) oder Leistungserfolg (so zB in §§ 362, 267) oder iSv beidem (so zB beim Ausschluss der Leistungspflicht gem. § 275) gemeint ist, ist für jede Vorschrift gesondert zu ermitteln. Bei erfolgsbezogenen Schuldverhältnissen schuldet der Schuldner (trotz § 275) iZw nicht nur die ordnungsgemäße Leistungshandlung, sondern auch den darüberhinausgehenden Leistungserfolg. Grund: Solange die Leistungspflicht besteht (kein Ausschluss gem. § 275 I–III) braucht der Gläubiger nicht Schadensersatz „statt der Leistung" zu verlangen (§§ 275 IV, 283). Die Leistung braucht für den Gläubiger keinen Vermögenswert zu haben (ähnlich MüKo-BGB/Ernst, § 275 Rn. 94), jedes rechtlich schutzwürdige Interesse des Gläubigers genügt (zur Abgrenzung zum lediglich außerrechtlichen Interesse vgl. → Rn. 23 f.). Bsp: Verpflichtung zum Widerruf ehrkränkender Behauptung in besonderer Form gegenüber bestimmten Dritten.

8 **b) Inhalt der Leistung.** Als Leistungshandlung (→ Rn. 7) kommt jedes **bestimmte** oder wenigstens **bestimmbare** (§§ 315–317) positive oder negative, (rein) tatsächliche oder rgeschäftliche Verhalten des Schuldners in Frage; ist der Leistungsinhalt (endgültig) nicht bestimmbar, fehlt es an einem Schuldverhältnis überhaupt (Larenz, SchR I § 6 II; BGHZ 55, 250; NJW-RR 1990, 271; KG DNotZ 1987, 104). **Persönliche** Leistungen sind solche, die nur der Schuldner selbst erfüllen kann, s. § 267 (grundlegend jetzt M. Weller), weil es das Gesetz anordnet (zB §§ 613 S. 1, 664 I S. 1, 691 S. 1, 713) oder so verabredet wurde. Eine entsprechende konkludente Abrede ist anzunehmen, wenn der Leistungswert gerade von der Person des Leistungserbringers abhängt und es den Parteien darauf ankam (zB Porträt von der Hand eines bestimmten Malers). Bsp. für positives **Tun:** Zahlung von Geld, Einräumung und Übertragung von Rechten, Einwilligung in die Verarbeitung personenbezogener Daten (Specht JZ 2017, 763), Verschaffung und Herausgabe von Sachen, Gebrauchsüberlassung, Erbringung von Dienstleistungen aller Art, Herbeiführung eines bestimmten Erfolgs (auch einer Schuldbefreiung; zum Befreiungsanspruch vgl. → §§ 256, 257 Rn. 5), Übernahme der Haftung usw. Für **Unterlassen** kommt jede Tätigkeit in Frage, zu der der Schuldner an sich berechtigt wäre; daher **nicht:** allg. Rechtspflicht, Eingriffe in die fremde Rechtssphäre zu unterlassen. Unterlassen kann Haupt- oder Nebenpflicht (→ Rn. 9; → § 242 Rn. 29 f.) sein. Bsp. für Hauptpflichten: Vertragliches Wettbewerbsverbot, vertragliches Bauverbot (vgl. auch Verdinglichung gem. §§ 1018, 1090), vereinbartes Veräußerungsverbot (§ 137), Bieteverbot in Versteigerung, vereinbarte Schweigepflicht. **Lit.:** Kohler AcP 1990, 496; Kähler NJW 2020, 113. Bei **Duldung** verpflichtet sich der Schuldner zur Unterlassung der ihm an sich zustehenden Gegenrechte (zB Beseitigungsanspruch gem. § 1004) (dazu Winkelmann 134). Der **vorbeugenden Unterlassungsklage** liegt kein vertraglicher Unterlassungsanspruch iS einer Haupt-(Neben-)leis-

tungspflicht zugrunde, sondern eine ges. Unterlassungspflicht (ie str., dazu Henckel AcP 174, 120); Voraussetzungen: → Vor § 823 Rn. 6. Der Gläubiger darf bei Teilbarkeit der Leistung in den Grenzen von Treu und Glauben (vgl. → § 242 Rn. 18) Teilleistung fordern (BGH NJW 2010, 1959; → § 266 Rn. 4).

4. Pflichten aus dem Schuldverhältnis. Vgl. Überschrift von § 241. **a) Arten.** **9**
Seit Langem unterschieden werden Leistungs- und Schutz- oder weitere Verhaltenspflichten (zur Abgrenzung Bachmann/Schirmer FS Canaris, 2017, 371; Madaus Jura 2004, 289; sa Weller/Weiner, JURA 2022, 893 mit Bezug zu Canaris Vertrauenshaftung). **Leistungspflichten (I)** sind je nach ihrer Bedeutung für das Schuldverhältnis Haupt- oder Nebenleistungspflichten (sa u. b)). Die **Schutzpflichten** sind ohne ausdr. allg. ges. Grundlage im BGB (aF) erst von Rspr. und Lit. entwickelt worden (→ Rn. 10), zur Unterscheidung Grigoleit FS Canaris, 2007, Bd. 1, 275 ff. Eine entspr. ges. Klarstellung enthält nunmehr **II** (eingefügt durch das SchRModG). Die Hauptbedeutung von **II** liegt im Leistungsstörungsrecht (s. §§ 282, 311 II und III, 324). Weitere Unterscheidungen: → Rn. 11–13. **b)** Die **Hauptleistungspflichten** stehen bei gegenseitigen Verträgen im Synallagma, also Gegenseitigkeitsverhältnis (§§ 320 ff.) (→ § 311 Rn. 13) und bestimmen dann als regelmäßig auch vertragstypische Leistungen den Schuldvertragstyp (zB §§ 433, 631). Sie bedürfen idR ausdr. Vereinbarung (betreffend die *„essentialia negotii"*; sonst §§ 315–319). Der Begriff der Hauptleistungspflicht sollte auf die synallagmatischen Hauptleistungspflichten beim gegenseitigen Vertrag beschränkt bleiben (idS wohl Fikentscher/Heinemann, Rn. 36; Medicus, SchR I § 13 Rn. 10). Er wird aber auch abweichend als allgemeine Bezeichnung für die vertragstypusprägende Pflicht bei allen Verträgen (zu den Vertragsarten → § 311 Rn. 12), also auch für nichtsynallagmatische Pflichten, verwendet (zB von Brox/Walker II § 17 Rn. 24). Die **Nebenleistungspflichten** dienen der Vorbereitung, Unterstützung, Sicherung und vollständigen Erfüllung (Durchführung) der Hauptleistung; sie ergänzen die Hauptleistungspflicht, haben aber neben ihr keine selbstständige Bedeutung (leistungsbezogene Nebenpflichten iGgs zu Schutzpflichten). Erfüllungsanspruch besteht (selbstständig einklagbar); Fortbestand nach Beendigung des Schuldverhältnisses ist möglich (**nachwirkende Nebenpflichten;** dazu BGH NJW 1982, 1808 mN; NZG 2012, 632; und → § 242 Rn. 28 ff.). Rechtsgrundlage: selten ausdr. ges. Vorschrift (zB §§ 402, 666), idR bes. Vereinbarung (zB über Verpackungs-, Versendungs- und Versicherungspflicht), daneben ergänzende Vertragsauslegung (§§ 157, 242; s. BGH NJW 2021, 2023, 2025 Rn. 24; BGH NJW 2018, 2954 Rn. 8 f.) oder allg. Treu und Glauben (§ 242).
c) Schutzpflichten (grundlegend: Canaris FS Larenz, 1983, 84 ff.; sa Gernhuber, **10**
Das Schuldverhältnis, 1989, 22 ff.; Wendelstein 13 ff., 236 ff.). Die (Haupt- und Neben-)Leistungspflichten (→ Rn. 9) bezwecken die Sicherung des Erfüllungsinteresses des Gläubigers, die **Schutzpflichten** (andere Bezeichnungen: **weitere Verhaltens-,** Fürsorge-, Obhuts-, Sorgfalts-, unselbstständige, leistungsunabhängige Nebenpflichten) die des Erhaltungs-(Integritäts-)interesses des „anderen Teils" **(II). Rücksichts- und Schutzpflichten:** Jeder Teil hat sich im Rahmen des Schuldverhältnisses stets so zu verhalten, dass der andere Teil vor (Begleit-)Schäden an anderen (s. Normtext) Rechten, Rechtsgütern und (rechtlich geschützten) Interessen (ein*schließlich* des Vermögens als solchem) nach Möglichkeit bewahrt wird (zur Rücksichtspflicht s. Faenger 38 ff.; Knoche/Höller ZGS 2003, 26; Looschelders FS Martinek, 2020, 415). Die Verhaltenspflichten ergeben sich meist (vgl. aber § 618) unmittelbar aus §§ 241 II, 242 (→ § 242 Rn. 24–26). Die „von den Grundrechten zum Ausdruck gebrachte **Werteordnung der Verfassung**" ist dabei zu beachten (BAG NJW 2011, 1306). Die Verhaltenspflichten gelten sowohl in **vertraglichen** als auch in **ges. Schuldverhältnissen** (zB bei Aufnahme von Vertragsverhandlungen, bei Vertragsanbahnung, § 311 II, und nach Vertragsende, v. Bar AcP 179, 460 f. für nachwirkende Vertragspflichten; zur Bindung im ges. Schuldverhältnis einer Wohnungseigentümergemeinschaft s. BGH NJW 2007, 293 mN). Auch **nach Vertragserfüllung** fortbestehende vertragliche Nebenpflicht, alles zu unterlassen, was

die Erreichung des Vertragszwecks und den Eintritt des Leistungserfolgs gefährden und beeinträchtigen könnte (BGH NJW-RR 2005, 241, 243 mwN; NZM 2020, 854, 855 Rn. 14); auch Pflicht, den Vertragspartner auf bestimmte Umstände hinzuweisen, damit diesem nicht unverhältnismäßige, mit der vorangegangenen Vertragserfüllung zusammenhängende Schäden entstehen (BGHZ 61, 176, 179). Bsp: Vermieter muss Mieter auf zwischenzeitlich entstandene oder bekannt gewordene **Gesundheitsgefahren** hinweisen (BGH NJW-RR 2014, 840 Rn. 15; NZM 2020, 854, 855 Rn. 14). **Keine Informationspflicht,** wenn Umstände in den eigenen Verantwortungsbereich des Vertragspartners fallen und er nach Verkehrsanschauung keine Information erwarten durfte (BGH NZM 2020, 854, 855 Rn. 14). Daher hat Grundstücksverkäufer Käufer grundsätzlich nicht ungefragt über Fehlen oder Beendigung einer **Gebäudeversicherung** zu informieren (BGH NZM 2020, 854, 855 Rn. 14 f.). Anders, wenn der Verkäufer vor oder bei Abschluss des Kaufvertrages erklärt, dass Gebäudeversicherung besteht und dann die Versicherung beendet. Er hat dann die vertragliche Nebenpflicht, den Käufer hierüber unverzüglich zu unterrichten (BGH NZM 2020, 854, 855 Rn. 14, 17). Schutzpflichten können sich auch **auf Dritte erstrecken** (Schuldverhältnis mit Schutzwirkung für Dritte, vgl. → § 328 Rn. 23; BGH NJW 2011, 140; Papadimitropoulos, Schuldverhältnisse mit Schutzwirkung zu Gunsten Dritter, 2007) und gegenüber Dritten bestehen (§ 311 III). Sie hängen nicht vom **Vertragstyp** ab, ihr Inhalt (Rücksichtnahme, Aufklärung, Warnung, Sicherung, Obhut, Fürsorge, vgl. ie → § 242 Rn. 19 ff.) steht nicht von vornherein fest, sondern richtet sich nach der jeweiligen Situation. Bei Schuldverhältnissen mit längerer **zeitlicher Bindung** (Dauerschuldverhältnisse, vgl. → Rn. 3; Bsp: Pflicht des Mieters, alles zu unterlassen, was zu einer über § 538 BGB hinausgehenden Verschlechterung führen kann, s. BGH NZM 2022, 296 Rn. 13) oder **personenrechtlichem Einschlag** (§ 611; § 705; Bsp: Pflicht des Arbeitgebers, bei der Wahrung/Entstehung von Ansprüchen des Arbeitnehmers gegen einen Dritten mitzuwirken, s. BAG NJW 2010, 1099; BAG NZA 2019, 161, 164 Rn. 25) nimmt die Intensität der Verhaltenspflichten zu. Sie sind nicht in das Gegenseitigkeitsverhältnis einbezogen und regelmäßig **nicht selbstständig einklagbar** (hM, s. etwa BGH NJW 2021, 2023, 2025 Rn. 23; aA Motzer JZ 1983, 886; vorbeugende Behelfe: Unterlassungsanspruch und § 935 ZPO, vgl. R. Stürner JZ 1976, 384; Kähler NJW 2020, 113; sa Wendelstein 236 ff.: Anspruch auf Erfüllung von Schutzpflichten besteht, wenn geschütztes subjektives Recht verletzt wird, solange die Verletzung andauert, dann selbständige materiell-rechtlich durchsetzbar [244] und prozessrechtlich einklagbar [250]). Grundsätzlich muss eine Partei ihre gleich- oder höherrangigen Interessen nicht hinter die der anderen Partei zurückstellen (BAG NZA 2019, 161 Rn. 25). Ausnahmsweise kann aber **II** die Partei verpflichten, die Interessen der anderen Partei **gegenüber Dritten aktiv wahrzunehmen,** insbesondere, wenn dies ohne besonderen eigenen Aufwand, Risiko und Mühe möglich ist und sie von der anderen dazu aufgefordert wird. Bsp: Pflicht, Widerspruch gegen Bescheid einzulegen, der die andere, aber nicht widerspruchsberechtigte Partei wirtschaftlich belastet (BGH NJW 2012, 2184 Rn. 23 ff.; dazu Witt NJW 2012, 3130). So folgt aus **Zuschauervertrag** zum Besuch eines Fußballspiels die Nebenpflicht, die **Stadionordnung** (Verbot der Pyrotechnik) einzuhalten, wie die allgemeine Nebenpflicht aus II zur Rücksichtnahme auf die Interessen des Veranstalters, einen ungestörten Spielablauf zu gewährleisten. Bsp: Haftung des Zuschauers eines Fußballspiels, der einen gezündeten Sprengkörper auf einen anderen Teil der Tribüne wirft, auf Schadensersatz für eine dem Verein deswegen vom Deutschen Fußball-Bund e. V. auferlegte Geldstrafe (§§ 280 I, 241 II) (BGH NJW 2016, 3715 f. *Rn. 17 ff.). Ist etwa im* **Mietvertrag** ein Abrechnungsmaßstab vereinbart, der eine höhere Verbrauchsquote als 50 % bestimmt, kann der Vermieter im Einzelfall wegen des **Gebots der Rücksichtnahme** auf die Interessen des Mieters verpflichtet sein, einer vom Mieter geforderten **Vertragsänderung zuzustimmen,** wonach der nach Verbrauch zu berechnende Teil der Kosten zukünftig auf das gesetzliche Mindestmaß von 50 % abzusenken ist, um die Fixkosten bei hohen Leerständen ange-

messen zu verteilen (BGH NJW-RR 2015, 457 Rn. 24). Nebenkostenbelastung muss **Wirtschaftlichkeitsgebot** genügen (BGH NZM 2015, 132 Rn. 10 ff., dazu → § 242 Rn. 27). – Verstoß gegen das Rücksichtnahmegebot aus **II,** wenn im Vergabeverfahren Zuschlag auf ein Angebot hin erfolgt, welches erkennbar auf einem **Kalkulationsirrtum** beruht (BGH BeckRS 2014, 23351), auch bei spekulativem Angebot des Bieters, welches unter nicht gänzlich fernliegenden Umständen überhöhte Nachforderungen nach sich ziehen kann (BGHZ 2019, 108, Ls.); ferner bei Aufhebung einer Ausschreibung ohne Grund iSv § 17 I VOB/A (BGH NZBau 2022, 235, 236 Rn. 11 f.). – Verkäufer muss über eine wesentliche Diskrepanz zwischen der im Kaufvertrag angegebenen Hauptmiete und den tatsächlichen Mieterträgen **aufklären,** wenn Mieteinnahmen für den Käufer erkennbar von Bedeutung für den Kaufentschluss sind (BGH BeckRS 2013, 06243, → § 242 Rn. 19). – Folge bei Verletzung: Schadensersatzpflicht, §§ 280 I, 241 II, s. zB BGH NZM 2015, 132 Rn. 12; 2022, 296 Rn. 13. § 278 gilt auch für Schuldverhältnisse, die sich in Schutzpflichten erschöpfen, selbst wenn diese nicht weiter reichen als die deliktische Verkehrssicherungspflicht (Grüneberg/Grüneberg Rn. 7). Bei Verträgen, die auf die Wahrnehmung von Vermögens- oder Integritätsinteressen gerichtet sind, können **Schutzpflichten** allein den **Vertragsgegenstand** ausmachen (ohne jedoch zu Leistungspflichten zu erstarken). Beispiele sind Bewachungsverträge oder sog. Selbstsperre-Verträge, die auf Wunsch eines potenziellen Spielers mit einer Spielbank zustande kommen und den Schutz des Spielers vor sich selbst bezwecken. Verletzt die Spielbank ihre daraus resultierende Kontrollpflicht, hat sie dem Spieler entstandene Spielverluste auszugleichen (BGH NJW 2006, 362; 08, 840), auch wenn die Spielbank auf Antrag des Spielers die Spielsperre aufhebt, ohne zuvor einen sicheren Nachweis zu haben, dass keine Spielsuchtgefährdung mehr vorliegt (BGH NJW 2012, 48). **d) Primäre und sekundäre Leistungspflichten. Primäre** Leistungs- 11
pflichten sind alle Haupt- und Nebenleistungspflichten (→ Rn. 9). Ihr Leistungsgegenstand ist von Anfang an geschuldet. **Sekundäre** Leistungspflichten entstehen erst aus der Verletzung der primären Leistungspflichten. Bsp: Schadensersatzpflicht bei Leistungsstörungen (§§ 280 ff., 323 ff.); Abwicklungspflichten bei Rücktritt (§§ 346 ff.). Schuldverhältnisse ohne primäre Leistungspflichten sind möglich; Bsp: cic (vgl. § 311 II → § 311 Rn. 34); Vertrauenshaftung gewährt idR nur Schadensersatzanspruch (Weller/Weiner JURA 2022, 893, 898). **e) Gegenseitiges Verhältnis.** 12
Haupt- und Nebenpflichten (Nebenleistungs- und Verhaltenspflichten) schließen sich gegenseitig aus. Dagegen können Nebenleistungspflichten und Verhaltens-(Schutz-)pflichten inhaltlich übereinstimmen. Bsp: Die Verschaffung einer vollständigen Bedienungsanleitung beim Verkauf einer Maschine ist idR zugleich Nebenleistungs- und Schutzpflicht (vgl. BGHZ 47, 315 ff.: Sicherung von richtigem – Verhütung von fehlerhaftem – Einsatz), entspr. Pflicht kann aber auch als Hauptleistungspflicht vereinbart werden (BGH NJW 1989, 3223; 1993, 462 für Computer).
f) Pflichten und Obliegenheiten. Der Leistungspflicht entspricht eine Forderung 13
des Gläubigers (→ Rn. 4). Die Obliegenheit ist keine echte Pflicht (der Gegner hat weder Erfüllungs- noch Schadensersatzanspruch), sondern eine „Last"; ihre Erfüllung liegt im wohlverstandenen eigenen Interesse des „Belasteten", da sonst Rechtsnachteile eintreten („Verpflichtung gegen sich selbst"; s. auch BGH NJW 2022, *1674, 1675 Rn. 18:* Obliegenheitsverletzung ist „Verschulden gegen sich selbst" bzgl. § 254 II 1). Bsp: Schadensabwendungs- und -minderungs„pflicht" (§ 254 II 1); Anzeige„pflicht" (§ 651d II); Untersuchungs- und Rüge„pflicht" beim Handelskauf (§ 377 HGB; vgl. BGHZ 91, 299); Obliegenheiten des Gläubigers im Fall des Leistungsverzugs (vgl. → § 309 Nr. 4) und des Annahmeverzugs (→ § 293 Rn. 2); des Bürgschaftsgläubigers zur Prüfung der ladungsfähigen Anschrift des Bürgen (BGH NJW 2009, 587 f.); der anderen Vertragspartei zur Widerrufsbelehrung (§ 355 II 1); des Drittschuldners (§ 840 I ZPO; vgl. BGHZ 91, 128); des Versicherungsnehmers (§§ 6 I 2, 62, 158i VVG) usw. Obliegenheiten können ges. für die Zeit vor Vertragsschluss angeordnet werden, zB §§ 19 ff. VVG (zur Konkurrenz mit cic vgl. BGH NJW-RR 2007, 826 f.).

14 **5. Zusammentreffen mehrerer Schuldverhältnisse (Konkurrenzen). a) Allgemeines.** Durch denselben Vorgang kann eine Mehrheit (Konkurrenz) von Schuldverhältnissen und damit Ansprüchen (→ Rn. 2) entstehen. Bei **Anspruchskonkurrenz** (Begriff: → § 194 Rn. 7) steht dem Gläubiger eine Mehrheit selbstständiger, im Wesentlichen auf die gleiche Leistung gerichteter Ansprüche gegen denselben Schuldner auf Grund verschiedener (gleichrangiger) Anspruchsgrundlagen aus demselben Sachverhalt zu (Bsp: → Rn. 16), bei **Gesetzeskonkurrenz** nur ein (einziger) Anspruch aus einer vorrangigen Anspruchsgrundlage; die übrigen werden verdrängt (s. zB BGH NJW-RR 2022, 772, 773 Rn. 18; BGHZ 228, 237 Rn. 22). Bei der **Anspruchskonkurrenz** richten sich die verschiedenen Ansprüche nach Voraussetzungen, Inhalt und Durchsetzung grundsätzlich nur (Ausn.: → Rn. 17) nach den für sie maßgeblichen Bestimmungen (**Selbstständigkeitsre-
15 gel;** vgl. → Vor § 823 Rn. 3; → § 194 Rn. 7). **b) Zusammentreffen von Ansprüchen aus Vertrag und Delikt** (**Lit.:** Schlechtriem, Gutachten II, S. 1591; Schwenzer JZ 1988, 525). Vertrags- und Deliktshaftung sind in verschiedener Hinsicht unterschiedlich ausgestaltet. Dies gilt namentlich für die Ersatzfähigkeit von allg. Vermögensschäden (vgl. § 823 I), Gehilfenhaftung (§§ 278, 831), Verschuldensmaßstab (§§ 276, 521, 599, 680, 690, 708), Beweislast (§ 280 I 2) und Gerichtsstand (§§ 29, 32 ZPO). Die früheren Unterschiede beim Umfang der Ersatzpflicht (§§ 253 aF, 847 aF) und bei der Verjährung (bes. deliktische Verjährung gem. § 852 aF) sind praktisch beseitigt (vgl. nunmehr allg. §§ 195, 199; § 253 nF; Streichung von § 847
16 aF; auch → Rn. 17 [1]). **aa) Grundsatz.** Durch Hinzukommen eines Vertrags wird die allg. Rechtspflicht, andere nicht zu schädigen, nicht beseitigt, sondern (idR, vgl. Grüneberg/Grüneberg Rn. 1, 7) verstärkt. Durch Verletzung einer Vertragspflicht kann daher zugleich eine uH begangen werden: vertragliche und deliktische Haftung kommen dann nebeneinander (gehäuft) zur Anwendung (→ Rn. 10). Fall echter **Anspruchskonkurrenz:** BGHZ 101, 343 f.; 116, 299 ff. mN; 123, 398, stRspr und iE allgM, → Vor § 823 Rn. 3. § 203 gilt allg. auch für konkurrierende
17 Ansprüche (BGHZ 93, 69 f. zu § 852 II aF). **bb) Ausnahmen.** Abw. vom Grundsatz der Selbstständigkeit (→ Rn. 14) wirkt uU die Regelung der Vertragshaftung auch auf deliktische Ansprüche ein. **Fallgruppen:** (1) Die regelmäßige Verjährung (→ Rn. 15 aE) wird durch die **kurze Verjährung** bei Gebrauchsüberlassungsverhältnissen verdrängt (vgl. §§ 548, 606, 1057 und Anm. dort); dagegen lässt eine kürzere Verjährung für Mängelansprüche die Regelverjährung deliktischer Ansprüche nach hL (dagegen aber Mansel/Budzikiewicz, Das neue Verjährungsrecht, 2002, § 5 Rn. 152 ff.) unberührt (s. näher §§ 438, 634a und Anm. dort). Umgekehrt schließt § 21 UWG bei konkurrierenden vertraglichen Unterlassungsverpflichtungen § 195 aus (BGHZ 130, 293 ff. zur aF). (2) **Ges. Einschränkungen der Vertragshaftung** können auch Deliktsansprüche ergreifen (Bsp: § 690 mAnm; sa BGHZ 86, 239); in den Fällen von §§ 521, 524, 599 ist dies str.; s. Anm. dort und → Vor § 823 Rn. 4 mN. (3) Inwieweit **vertragliche Haftungsmilderungen (-ausschlüsse)** auch konkurrierende Deliktsansprüche umfassen, ist Frage des Einzelfalls (BGHZ 64, 359; 67, 366; 100, 182 mN). Bei ausdr. (eindeutiger) Erstreckung der Freizeichnung insbes. auf konkurrierende Produzentenhaftung sind die Schranken gem. §§ 307 II Nr. 2, 309 Nr. 7 und § 14 ProdHaftG zu beachten (ie → § 276 Rn. 54, 57).

18 **6. Schuld und Haftung. a) Begriffe. Schuld** bezeichnet die materiell-rechtliche Leistungspflicht des Schuldners (→ Rn. 4), das Leistensollen. **Haftung** wird häufig (untechnisch) gleichbedeutend iS einer Einstandspflicht, insbes. bei einer *Verpflichtung* zum Schadensersatz, gebraucht (zB §§ 179 III, 276 III, 566 II, 767 II, 778, 818 IV, 840 I); in der Gegenüberstellung zur Schuld bedeutet Haftung (technisch) das Unterworfensein des Schuldnervermögens unter den Vollstreckungszugriff
19 des Gläubigers, dh die prozessuale Durchsetzbarkeit der Schuld. **b) Grundsatz. Keine Schuld ohne Haftung.** Jede materiell-rechtliche Forderung ist grundsätzlich **einklagbar** und damit **vollstreckbar** (Ausn. → Rn. 20 ff.; s. auch Konstellationen

des § 888 III ZPO: klagbar, aber nicht vollstreckbar). Gegenstand der Zwangsvollstreckung wegen Geldforderungen (vgl. §§ 803 ZPO ff.) ist (nur) das Schuldnervermögen, die Person des Schuldners unterliegt grundsätzlich nicht dem Vollstreckungszwang. Anders bei unvertretbaren Handlungen (§ 888 I ZPO); Bsp: Auskunft; Unterlassen, vgl. Kähler NJW 2020, 113; Widerruf ehrkränkender Behauptung, vgl. → § 823 Rn. 86; §§ 901, 918 ZPO. IdR erstreckt sich die Haftung auf das gesamte Schuldnervermögen außer den Gegenständen, die dem Vollstreckungsschutz unterliegen (§§ 811, 850–850i ZPO). Ausnahmsweise ist der Vollstreckungszugriff auf bes. Vermögensteile beschränkt. Bsp: Beschränkte Haftung von Erben (§§ 1975, 1990), und von Minderjährigen (§ 1629a).

7. Unvollkommene Verbindlichkeiten, Naturalobligation. a) Allgemeines. Unter unvollkommenen Verbindlichkeiten iwS versteht man Forderungen, die prozessual nicht (bzw. nicht gegen den Willen des Schuldners) durchgesetzt werden können, jedoch einen Erwerbsgrund für die freiwillige Leistung bilden. Terminologie uneinheitlich (auch „natürliche" Verbindlichkeiten, „Naturalobligationen"), Begriff str., abl. Larenz, SchR I § 2 III. Die Begrifflichkeit ist zu überdenken (zum Ganzen grundlegend und differenzierend Schulze, Die Naturalobligation, 2008, 176 ff. [Meinungsüberblick], 262 ff., 431 ff., 652, der das Rechtsinstitut der **Naturalobligation** umfassend behandelt und für neue Anwendungsfälle konturiert hat). Naturalobligation ist das „schuldrechtliche Leistungspflichtverhältnis, das mit rechtlichen Zwangsmitteln einseitig nicht durchsetzbar ist." (Schulze, Die Naturalobligation, 2008, 33, 652 ff.). **b) Fallgruppen. aa) Unklagbare Verbindlichkeiten** sind Forderungen, denen die Prozessvoraussetzung der Klagbarkeit fehlt (ie str. vgl. Rosenberg/Schwab/Gottwald ZivilProzR § 90 III; Schulze, Die Naturalobligation, 2008, 632 f.); Bsp: §§ 1001 (str., vgl. → § 1001 Rn. 1), 1297 (→ Vor § 1297 Rn. 22), § 375 HGB. Vertragliche Vereinbarung zulässig (Staudinger/Olzen Einl. zu § 241 ff. Rn. 248 ff.; Schulze, Die Naturalobligation, 2008, 563 ff., str.), doch iZw nicht als getroffen anzunehmen. **bb)** Das Ges. ordnet in Einzelfällen auch an, dass eine Forderung trotz anderer Parteiabrede nicht entsteht, aber dass als Minus zu einer Forderung ein Rechtsgrund iSv § 812 I 1 begründet ist, wenn die verabredete Leistung erbracht wird. Die Leistungsabrede wird dann kraft Ges. zur **bloßen Rechtsgrundabrede** („unvollkommene Verbindlichkeiten" ieS, vgl. → § 762 Rn. 6 ff.). Bloße Rechtsgrundabreden sind nicht einklagbar. Bsp: §§ 656 (str.; nach aA Fall von → Rn. 21), 762, 764; § 301 III InsO (partiell anders noch 13. Aufl., dazu Schulze JuS 2011, 193, zum Verständnis als Naturalobligation ebda. 447 ff.). **cc) Verjährte Forderungen** (→ § 194 Rn. 4).

20 21 22

8. Gefälligkeitsverhältnis.

Lit.: Hammen FS 400 Jahre Univ Gießen, 2007, 435; Neuefeind, Gefälligkeit und Rechtsbindung – ein Überblick – Teil I, JA 2022, 624; Plander AcP 176, 425; Willoweit JuS 1984, 909; 1986, 96.

a) Begriff: Sonderbeziehung zwischen einem uneigennützig handelnden Teil (Gefälliger) und einem anderen (Begünstigter), die iGgs zu → Rn. 1 **nicht** in einem **Rechtsverhältnis** (Gefälligkeitsvertrag; GoA) besteht. **b)** Die häufig schwierige ***Abgrenzung*** zu den **Gefälligkeitsverträgen** (§§ 516, 598, 662, 690), insbes. zum Auftrag (vgl. → § 662 Rn. 5), ergibt sich aus dem (Nicht-)Vorliegen eines Rechtsbindungswillens (dazu allg. → Vor § 104 Rn. 17; → Vor § 116 Rn. 11), der ggf. aus den Umständen aus der Sicht des Leistungsempfängers (BGH NJW 2012, 3366 mAnm Armgardt) zu erschließen ist (s. BGHZ 97, 381; NJW 1995, 3389 mN). Von Bedeutung sind: Art und Zweck der Gefälligkeit sowie Interessenlage der Beteiligten, erkennbare wirtschaftliche und rechtliche Bedeutung der Angelegenheit (zB Wert der anvertrauten Sache; Aufwendungen und Vorleistungen; dem Begünstigten drohende Gefahren und Schäden bei fehlerhafter Leistung), eigenes wirtschaftliches oder rechtliches Interesse des Gefälligen (dann idR rechtliche Bindung; BGHZ 21, 107; 88, 382 und 384; 92, 168), unverhältnismäßiges Haftungsrisiko (dann idR keine

23 24

rechtliche Bindung; BGH NJW 1974, 1705). **Bsp.** für **Gefälligkeitsverhältnisse** (Einzelfall entscheidend): Gefälligkeitshandlungen und -zusagen des täglichen Lebens, zB Zeitschriftenauslage in Wartezimmern (vgl. BGHZ 92, 55); Hüttenüberlassung (OLG München NJW-RR 1993, 215 f.); „gentlemen's agreement" (vgl. BGH MDR 1964, 570; Schulze, Die Naturalobligation, 2008, 593 ff.); Lottotippgemeinschaft (BGH NJW 1974, 1705, str.; krit. Plander AcP 176, 425); Gefälligkeitsfahrt (BGHZ 30, 46; NJW 1992, 498 f.; NJW 2015, 2880; ie Mersson DAR 1993, 91 mN), -ritt (BGH NJW 1992, 2474; 1993, 2611) und -flug (BGHZ 76, 32); Haftungsübernahme (BGH NJW 1986, 979 f.); nachbarliche etc. Hausbeaufsichtigung, -reinigung (OLG Koblenz NJW-RR 2002, 595 mN); Bewässern der nachbarlichen Pflanzen (BGH r+s 2016, 424). Keine rgeschäftliche Bindung bei Gewinnzusagen, zum ges. Anspruch → § 661a Rn. 2, 4 ff. **Bsp.** für **idR rgeschäftliche Abrede** (Einzelfall entscheidend): Kfz-Fahrgemeinschaften (BGH NJW 1992, 499 mN, dort auch zu einer Ausnahme), Kfz-Überführung (OLG Frankfurt a. M. NJW 1998, 1232), Kfz-Starthilfe (AG Kaufbeuren NJW-RR 2002, 382), Bankauskünfte (§ 675 II mAnm), Auskunft eines Steuerberaters (BGH NJW 2009, 1142), Zusagen im Rahmen von Preisausschreiben (→ § 661 Rn. 1), Gratisbehandlungen zwischen Ärzten (BGH NJW 1977, 2120; zum unentgeltlichen Behandlungsvertrag → § 630a Rn. 11), das Übergeben eines Geldbetrags zur Weiterleitung an einen Dritten in einem Schenkkreis (BGH NJW 2012, 3366 mAnm Armgardt), Zusagen im Rahmen nichtehelicher Lebensgemeinschaft (BGHZ 97, 381), Übernahme von Kinderbeaufsichtigung (OLG Celle NJW-RR 1987, 1384; → Vor § 104 Rn. 17; → § 832 Rn. 4; s. aber BGH NJW 1968, 1874; aA Neuefeind JA 2022, 624, 625 bzgl. „fremden Kindern bei deren besuchsweisem Spielaufenthalt in der eigenen Wohnung") sowie Trainingseinladung durch einen Sportverband (BGH NJW 2021, 1818 Rn. 20 ff.). Zur rgeschäftlichen Bindung (und damit rgeschäftlichen Spielbankhaftung für Spielerverluste) bei Spielsperre durch Spielbank auf Anregung des Spielers (Eigensperre): BGH NJW 2012, 49; 2006, 362 (vgl. → Rn. 10); Peters JR 2002, 177, 180; aA noch BGH NJW 1996, 248; LG Leipzig NJW-RR 2000, 1343; OLG
25 Hamm NJW-RR 2002, 1634; Schulze FS Erik Jayme, 2004, 1577. – **c) Rechtsfolgen. aa)** Ein **Gefälligkeitsverhältnis** ist für die Beteiligten **unverbindlich;** der Belastete kann es jederzeit (nach BGH NJW 1986, 980 bei „einem vernünftigen Grund") beenden, der Begünstigte hat keinen (vertragsähnlichen) **Erfüllungs-,** der Gefällige keinen **Aufwendungsersatz**anspruch. Soweit der Vollzug des Gefälligkeitsverhältnisses „geschäftsähnlichen Kontakt" zwischen den Beteiligten begründet, können den Gefälligen aber Schutzpflichten (→ Rn. 10) aus einem „ges. Schuldverhältnis" (ähnlich cic) treffen (vgl. § 311 II Nr. 3: „ähnliche geschäftliche Kontakte"). § 278 ist anwendbar (→ Rn. 10). Gefälligkeitsverhältnis kann Rechtsgrund iSd § 812 sein (Hammen 437 ff., 439 ff. mwN; Grüneberg/Grüneberg vor § 241 Rn. 8).

26 **bb)** Grundlage für die **Haftung des Gefälligen** sind §§ 823 ff. (BGH NJW 1992, 2475), uU auch ges. Schutzpflichtverletzung (vgl. → Rn. 25), seit 1.8.2002 auch § 7 I StVG (Folge von § 8a StVG nF iVm Übergangsvorschrift gem. Art. 12 § 8 Nr. 4 des 2. Ges. zur Änderung schadensersatzrechtlicher Vorschriften vom 19.7.2002, BGBl. I 2674), ferner § 833 S. 1 (BGH NJW 1993, 2611 mN, str.; aA Hasselblatt NJW 1993, 2579; Westerhoff JR 1993, 497). Eine analoge Anwendung des § 603 S. 2 BGB wegen unerlaubter Gebrauchsüberlassung einer Sache an einen Dritten ist nicht möglich (BGH NJW 2010, 3087). **Haftungsmaßstab** ist grundsätzlich § 276, eine allg. Haftungsmilderung entspr. §§ 521, 599, 690 ist abzulehnen (arg. §§ 662, 680; str., wie hier BGHZ 21, 110; 30, 46; NJW 1992, 2475 mN, stRspr; aA soweit Gefälligkeit Ausdruck erwünschter mitmenschlicher Hilsbereitschaft und Solidarität, Neuefeind JA 2022, 624, 625; Abgrenzung aber zu unklar). Im Einzelfall kann die Haftung unter dem Gesichtspunkt des vertraglichen Haftungsverzichts (→ § 276 Rn. 55) oder des Handelns auf eigene Gefahr (BGHZ 34, 355 und → § 254 Rn. 14 ff.; → § 823 Rn. 55) entfallen oder beschränkt sein. An entspr. stillschweigende Vereinbarungen (selten) sind strenge Anforderungen zu stellen (BGHZ 76, 34 mN; NJW 1992, 2475; ebenso Neuefeind JA 2022, 624, 625;

Mersson DAR 1993, 91 mN; Bsp: Gefälligkeitsbeförderungen, -überlassungen). Verzichtsabrede auf deliktische Schadensersatzansprüche gegen den Gefälligen kann sich aus einer konkludent getroffenen Vereinbarung oder im Wege ergänzender Vertragsauslegung auf der Grundlage des § 242 ergeben, sofern im Einzelfall besondere Umstände gegeben sind (BGH NJW-RR 2017, 272, 273 f. Rn. 10; NJW 2009, 1482 Rn. 13 mN). Entspr. ergänzende Vertragsauslegung dann, wenn Schädiger, wäre die Rechtslage vorher zur Sprache gekommen, einen Haftungsverzicht gefordert und sich der Geschädigte dem ausdrücklichen Ansinnen einer solchen Abmachung billigerweise nicht hätte versagen dürfen. Das ist regelmäßig nur dann der Fall, wenn der Schädiger keinen Haftpflichtversicherungsschutz genießt, für ihn ein nicht hinzunehmendes Haftungsrisiko besteht und darüber hinaus bes. Umstände vorliegen, die im konkreten Fall einen Haftungsverzicht als bes. naheliegend erscheinen lassen (BGH NJW-RR 2017, 272, 273 f. Rn. 10).

9. EinV. Für vor dem 3.10.1990 entstandene Schuldverhältnisse bleibt das bisherige Recht maßgebend (Art. 232 § 1 EGBGB), ggf. mit Modifizierungen, s. mN → § 242 Rn. 11. **27**

§ 241a Unbestellte Leistungen

(1) **Durch die Lieferung beweglicher Sachen, die nicht auf Grund von Zwangsvollstreckungsmaßnahmen oder anderen gerichtlichen Maßnahmen verkauft werden (Waren), oder durch die Erbringung sonstiger Leistungen durch einen Unternehmer an den Verbraucher wird ein Anspruch gegen den Verbraucher nicht begründet, wenn der Verbraucher die Waren oder sonstigen Leistungen nicht bestellt hat.**

(2) **Gesetzliche Ansprüche sind nicht ausgeschlossen, wenn die Leistung nicht für den Empfänger bestimmt war oder in der irrigen Vorstellung einer Bestellung erfolgte und der Empfänger dies erkannt hat oder bei Anwendung der im Verkehr erforderlichen Sorgfalt hätte erkennen können.**

(3) [1]**Von den Regelungen dieser Vorschrift darf nicht zum Nachteil des Verbrauchers abgewichen werden.** [2]**Die Regelungen finden auch Anwendung, wenn sie durch anderweitige Gestaltungen umgangen werden.**

Lit.: C. Berger, Der Ausschluß gesetzlicher Rückgewähransprüche bei der Erbringung unbestellter Leistungen nach § 241a BGB, JuS 2001, 649; Casper, Die Zusendung unbestellter Waren nach § 241a BGB, ZIP 2000, 1602; Deckers, Zusendung unbestellter Waren, NJW 2001, 1474; Hau, Geschäftsführung ohne Verbraucherauftrag, NJW 2001, 2863; Jakobs, Deliktsschutz durch Beschädigung unbestellter Waren durch Dritte, JURA 2004, 490; Jayme/Schulze, Der praktische Fall usw, JuS 2001, 878; Kohler, Aliud und Peius im Konflikt mit § 241a usw, AcP 204, 606; Lienhard, Missbräuchliche Internet-Dialer – eine unbestellte Dienstleistung, NJW 2003, 3592; Link, Ungelöste Probleme bei der Zusendung unbestellter Sachen, NJW 2003, 2811; Löhnung, Zusendung unbestellter Waren usw, JA 2001, 33; S. Lorenz, § 241a BGB und das Bereicherungsrecht – zum Begriff der „Bestellung" im Schuldrecht, FS W. Lorenz, 2001, 193; Mitsch, § 241a BGB und die gestörte Gesamtschuld usw, ZIP 2005, 1017; Müller-Helle, Die Zusendung unbestellter Ware usw, 2005; Otto, Konsequenzen aus § 241a BGB für das Strafrecht, JURA 2004, 389; Riehm, Das Gesetz über den Fernabsatz und andere Fragen des Verbraucherrechts, JURA *2000, 505*; Gebauer/Wiedmann, Europäisches Zivilrecht, 3. Aufl 2021 Kap 8, Rn. 54–65; Sosnitza, Wettbewerbsrechtliche Sanktionen im BGB: Die Reichweite des neuen § 241a BGB, BB 2000, 2317; Thier, Aliud- und Minus-Lieferung usw, AcP 203, 399; Wrase/Müller-Helle, Aliud-Lieferung beim Verbrauchsgüterkauf usw, NJW 2002, 2537.

Zur Neufassung 2014: Förster, Die Umsetzung der Verbraucherrechterichtlinie in §§ 312 ff. BGB – Eine systematische Darstellung für Studium und Examen – Teil II, JA 2014, 801; Jäckel/Tonikidis, Der Anspruchsausschluss im Fall einer unbestellten Leistung – Ist § 241a I BGB richtlinienkonform?, JuS 2014, 1064; Köhler, BGB AT, Unbestellte Leistungen – Die richtlinienkonforme Auslegung am Beispiel des neugefassten § 241a BGB, JuS 2014, 865; ders., Zur richtlinienkonformen Auslegung des neu gefassten § 241a BGB („Unbestellte Leistungen"), FS Gottwald, 2014, 303; Piekenbrock, § 241a BGB und die neue Verbraucherschutzrichtlinie: ein methodologisches Brennglas, GPR 2012, 195.

1 **1. Allgemeines. a) Zweck.** Die Vorschrift dient der (überschießenden, NK-BGB/Krebs Rn. 1 ff.) Umsetzung von zuerst Art. 9 Fernabsatz-RiLi und seit 13.6.2014 dem inhaltsgleichen Art. 27 VerbrR-RiLi (s. dazu Gebauer/Wiedmann/Schinkels Kap. 8 Rn. 54; zu Unterschieden su, ferner Köhler FS Gottwald, 2014, 365 ff.). Art. 27 VerbR-RiLi bestimmt: „Werden unter Verstoß gegen Art. 5 V und Anhang I Nr. 29 der Richtlinie 2005/29/EG unbestellte Waren, Wasser, Gas, Strom, Fernwärme oder digitaler Inhalt geliefert oder unbestellte Dienstleistungen erbracht, so ist der Verbraucher von der Pflicht zur Erbringung der Gegenleistung befreit. In diesen Fällen gilt das Ausbleiben einer Antwort des Verbrauchers auf eine solche unbestellte Lieferung oder Erbringung nicht als Zustimmung." Das Umsetzungsgesetz (→ Vor § 241 Rn. 12) hat § 241a mit Wirkung zum 13.6.2014 geändert. Nach BT-Drs. 17/12637, 37 soll Neufassung des § 241a keine Änderungen zu § 241a aF bewirken, lediglich klarstellenden („erläuternden") Charakter haben. § 241a ist eine systemwidrig in das BGB eingestellte wettbewerbsrechtliche Vorschrift, die anstößige und belästigende Vertriebsformen durch ihren Sanktionscharakter (→ Rn. 5) verhindern soll (BT-Drs. 14/3195, 32). Zur ökonomischen Funktion positiv: G. Wagner AcP 204, 352, 448 f. Die **Einordnung** zwischen den schuldrechtlichen Grundvorschriften der § 241 und § 242 ist ein gesetzgeberischer Missgriff (Flume ZIP 2000, 1427; Standort besser nach § 312 f.). § 241a muss trotz seiner Stellung im BGB nach seinem wettbewerbsrechtlichen Zweck ausgelegt werden (vgl. → Rn. 2, 4, 5, 6). **b) Anwendungsbereich.** § 241a setzt auf der einen Seite Unternehmer, auf der anderen Seite Verbraucher voraus (AG Bad Neustadt 31.3.2015 – 1 C 258/14 –, juris); Norm erfasst nicht Ansprüche des Unternehmers gegenüber Dritten (→ Rn. 5) oder Dritter (zB Vorbehaltseigentümer) gegen den Verbraucher, soweit sie nicht nach **I** tätig geworden sind. Eine **entspr.** Anwendung von § 241a auf den Handelsverkehr scheidet aus (§ 362 HGB gilt). **c) III** stellt klar (BT-Drs. 17/12637, 37: Klarstellungszweck), dass § 241a **einseitig zwingendes** Verbraucherschutzrecht („nicht zum Nachteil") ist und ordnet ein Umgehungsverbot an (dazu Köhler FS Gottwald, 2014, 370).

2 **2. Voraussetzungen. a)** Es bedarf der unbestellten Zusendung von beweglichen Sachen (§ 90, auch Wasser, Gas, Strom, „wenn sie in einem begrenzten Volumen oder in einer bestimmten Menge zum Verkauf angeboten werden") (Art. 2 Nr. 3 VerbrR-RiLi; → § 90 Rn. 4); ebenso bei digitalen Inhalten (s. Art. 27 S. 1 VerbrR-RiLi), wenn in Verkörperung (zB CD-Rom oder auf externer Festplatte) oder leitungsgebunden (zB per Internetverbindung, auch über Wireless Local Area Network [WLAN]) geliefert, ebenso bei leitungsgebundener Lieferung von Fernwärme (s. Art. 27 S. 1 VerbrR-RiLi), sofern die Lieferung nicht auf Grund von Zwangsvollstreckungsmaßnahmen oder anderen gerichtlichen Maßnahmen verkauft werden **(Waren)** oder der Erbringung von sonstigen **Leistungen,** insbes. Werk- oder Dienstleistungen durch (oder für) einen Unternehmer (§ 14) an einen Verbraucher (§ 13). Für die Prüfung der §§ 13 f. ist auf die Rechtslage abzustellen, die gelten würde, wenn der Empfänger die Leistung des Unternehmers tatsächlich bestellt hätte, wobei keine Beschränkung auf Fernabsatzvertragssituationen (§ 312c I) besteht (aA C. Berger JuS 2001, 652). Der Normtext und Normzweck (auch Belästigungsschutz, → Rn. 1) setzen nicht voraus, dass die Zusendung zum Zweck der Vertragsanbahnung erfolgt und mit einer Zahlungsaufforderung verbunden ist (BeckOK BGB/Sutschet Rn. 8; aA Hau NJW 2001, 2865), auch wenn Art. 9 Fernabsatz-RiLi (→ Rn. 1) das vorsieht, denn die Richtlinie legt nur einen Mindestverbraucherschutz fest. Die Leistungserbringung im Rahmen einer berechtigten GoA (§§ 677, 683) fällt nicht in den Anwendungsbereich (Bsp. Arzt, Nothelfer; ie Grüneberg/Grüneberg Rn. 4; Hau NJW 2001, 2863; Gebauer/Wiedmann/Schinkels Kap. 8 Rn. 56), da ihr der belästigende vertriebsbezogene Charakter fehlt. Die Erbringung einer „Leistung" ist der Oberbegriff, der auch die Lieferung einer Sache umfasst. Die von dem Verbraucher unbemerkte (kostenlose) Installation eines Telefoneinwahlprogramms (Dialer) und – in erweiternder Auslegung – auch die dadurch

hergestellten kostenpflichtigen Mehrwerttelefondiensteverbindungen sind Leistungen iSv § 241a (LG Gera CR 2004, 543; Lienhard NJW 2003, 3596 f.; s. aber BGH NJW 2004, 1590, der auf den Rechtsgedanken des § 16 III TKV abstellt, sowie → Vor § 631 Rn. 10); zum Beweis bei strittigem Vertragsschluss s. AG Pinneberg NJW-RR 2004, 270. **b) Unbestellte Leistungen nach I. aa)** Unbestellt ist eine 3
Leistung, wenn sie nicht auf eine dem Verbraucher zurechenbare Anforderung zurückgeht, etwa wenn Einverständnis des Verbrauchers mit der später erfolgten Lieferung/Leistung fehlt. Einverständnis erfasst sowohl den Antrag (§ 145) als auch die „invitatio ad offerendum" des Verbrauchers (Bsp: Bestellung zur Ansicht; Berger JuS 2001, 651). Spätere Anfechtung des Vertrages eröffnet den Anwendungsbereich des § 241a nicht. – Nach III aF lag keine unbestellte Leistung vor, wenn erbrachte Leistung (oder gelieferte Sache, → Rn. 2) nach Qualität und Preis im Vergleich mit der bestellten Leistung gleichwertig waren und die Zusendung einen Hinweis des Unternehmers darauf enthielt, dass keine Verpflichtung zur Abnahme und zur Kostentragung bei Rücksendung besteht. Das gilt auch nach der Neufassung des § 241a, denn eine solche offene ersatzweise Leistung ist keine (wettbewerbswidrige) veranlasste Leistung. Zu Recht weist Köhler FS Gottwald, 2014, 369 darauf hin, dass eine ersatzweise Leistungserbringung ohne einen entsprechenden Unternehmerhinweis eine aliud-Lieferung iSv 2 cc ist. **bb)** Art. 27 VerbrR-RiLi verlangt, dass Warenzusendung bzw. Leistungserbringung gegen Art. 5 V und Anhang I Nr. 29 der Richtlinie 2005/29/EG (Umsetzung durch § 3 III UWG iVm Nr. 29 des Anhangs zum UWG) verstößt. Nach Art. 4 VerbrR-RiLi dürfen Mitgliedstaaten weder strengere noch weniger strenge Rechtsvorschriften zur Gewährleistung eines anderen Verbraucherschutzniveaus aufrechterhalten (Vollharmonisierung). Daher müsste § 241a nur solche unbestellten Warenlieferungen bzw. Leistungserbringungen erfassen, die gegen **§ 3 III UWG** iVm Nr. 29 des Anhangs zum UWG **verstoßen,** also bei einer „Aufforderung [des Verbrauchers durch den Unternehmer] zur Bezahlung nicht bestellter Waren oder Dienstleistungen oder eine[r] Aufforderung zur Rücksendung oder Aufbewahrung nicht bestellter Sachen" (Nr. 29). Diese Einschränkung fehlt im Normtext jedoch. Köhler (FS Gottwald, 2014, 366) will § 241a richtlinienkonform entsprechend auslegen (wegen des klaren Normtextes des § 241a aber zweifelhaft). **cc)** Lieferung **mangelhafter Sachen** fällt nicht unter **I,** sondern führt zur Anwendung von § 437 (Berger JuS 2001, 652). Bei **aliud-Lieferung** im Rahmen eines bestehenden Kaufvertrages besteht **Gesetzeskonkurrenz zwischen §§ 434 III, 439 IV und § 241a** (Kohler AcP 204, 611). Bezüglich der Auflösung der Konkurrenz ist zu differenzieren: Bei **bewusster** aliud-Lieferung greift **I** ein (Aufdrängungsschutz); iÜ wäre ein Rückforderungsanspruch des Unternehmers ohnehin nach § 814 blockiert (Thier AcP 203, 410 mN). Bei **unbewusster** aliud-Lieferung wird **I** entgegen seinem (zu weiten) Wortlaut verdrängt durch § 434 III. Rückgewähransprüche des Verkäufers nach §§ 439 IV, 346 oder §§ 812, 818 III sind hiernach nicht ausgeschlossen (zum fr. Recht Thier AcP 203, 399). Dogmatisch ist dies mit einer richtlinienkonformen, extensiven Interpretation erreichbar; denn bei der versehentlichen Lieferung eines Identitätsaliuds ist der Wettbewerbszweck des **I,** aggressive Vertriebsaktivität des Unternehmers zu unterbinden, nicht berührt (Deckers NJW 2002, 1474; Thier AcP 203, 399, 412 f.); vielmehr hat der Verbraucher die Lieferung durch seine vorausgehende Vertragsaktivität veranlasst. Ob der Verbraucher den Irrtum des Unternehmers erkennen konnte, ist unerheblich (aA Wrase/Müller-Helle NJW 2002, 2538, die nur bei beiderseitigen Irrtum über das Identitätsaliud eine auf **II** gestützte Ausnahme von **I** machen wollen). Denn der Normzweck fokussiert die Vertriebsgesinnung in der Person des Unternehmers, die nicht vom Erkenntnispotential des Verbrauchers abhängen kann (anderer Lösungsansatz bei Kohler AcP 204, 632 ff., der **I** nicht anwendet, wenn Verbraucher Leistung gemäß § 363 als Erfüllung angenommen hat). Das hier vertretene Ergebnis steht mit Europarecht in Einklang: Art. 27 S. 1 VerbrR-RiLi (dazu ErwGr 60 der RiLi) will den Verbraucher vor „Gegenleistung" (dh Zahlung des Preises) für unbestellt zugesandte Ware schützen (sa Gebauer/Wiedmann/Schinkels Kap. 8 Rn. 59); bei unbe-

wusster aliud-Lieferung droht mangels Rechtsbindungswillens keine Gefahr einer Vertragsänderung, die Kaufpreiszahlungspflicht für aliud auslösen würde; vielmehr hat der Verbraucher einen Nacherfüllungsanspruch (§§ 434 III, 439), bis zu dessen
4 Erfüllung er keine Gegenleistung zu entrichten hat (§ 320). **c) Unbestellte Leistungen nach II** werden in zwei Fällen aus dem (nach → Rn. 2–3 eröffneten) Anwendungsbereich des **I** herausgenommen und privilegiert geregelt (→ Rn. 6). Erfasst sind **(1)** Leistungen, die nicht für den tatsächlichen Empfänger bestimmt sind (**II Fall 1:** Fehlleitung durch Unternehmer oder Auslieferer), ohne dass es darauf ankommt, ob der Verbraucher diesen Fehler erkennen kann (aA NK-BGB/Krebs Rn. 45; HK-BGB/Schulze Rn. 4). Hier realisiert sich ein allg. Risiko und kein wettbewerbswidriges Verhalten, vor dem der Verbraucher geschützt werden muss. **(2)** Leistungen, bei denen der Unternehmer irrig annimmt, es gäbe eine entspr. Bestellung des Verbrauchers (Irrtum über „Ob" oder Inhalt der Bestellung) *und* der Verbraucher den Irrtum erkennen kann **(II Fall 2)**. Die Voraussetzung der Erkennbarkeit des Irrtums des Unternehmers durch den Verbraucher verhindert, dass die Regelung des **I** umgangen wird. **II Fall 2** gilt **entspr.,** wenn der Unternehmer bewusst eine höherwertige Sache als bestellt liefert.

5 **3. Rechtsfolgen. a) I** ordnet bei Zusendung unbestellter Leistungen (→ Rn. 3) den vollständigen **Ausschluss von ges. und vertraglichen Ansprüchen** des Unternehmers gegen den Verbraucher an (zur GoA → Rn. 2). Erfasst sind nach str. Ansicht auch Herausgabeansprüche aus §§ 985, 812 (Grüneberg/Grüneberg Rn. 7; Jäckel/Tonikidis JuS 2014, 1064; ebenso zu § 241a aF: BT-Drs. 14/2658, 46: „Sanktion des Wettbewerbsverstoßes"; S. Lorenz JuS 2000, 841; NK-BGB/Krebs Rn. 22; aA Köhler JuS 2014, 865, 869; ders. FS Gottwald, 2014, 367 f.; ebenso zu § 241a aF: Casper ZIP 2000, 1597; insbes. bei Fehlen von Wettbewerbsverstoß aber § 242 beachten; umfassende Nachweise bei Piekenbrock GPR 2012, 196 ff.). Der Verbraucher schuldet keinen Nutzungsersatz (BT-Drs. 14/2658, 46; S. Lorenz JuS 2000, 841; aA Berger JuS 2001, 653); er kann die Sache auch preisgeben oder ohne Haftungsfolgen vernichten (Berger JuS 2001, 653). Der Verbraucher erwirbt an den zugesandten Sachen kein Eigentum (ebenso Staudinger/Olzen Rn. 32 ff.; G. Wagner AcP 204, 352, 369 mN; aA PWW/Kramme Rn. 14) und hat auch kein Besitzrecht (Schwarz NJW 2001, 1452; aA Grüneberg/Grüneberg Rn. 7; Sosnitza BB 2000, 2323). Veräußert der Verbraucher die unbestellt zugesandte Sache, kann der Unternehmer nach § 816 auf den Erlös zugreifen (aA Link NJW 2003, 2811 mN; PWW/Kramme Rn. 14); gegenüber dem bösgläubigen Erwerber gilt § 985. Zu Ansprüchen gegen einen Dritten, der die Sache beschädigt oder zerstört s. Link NJW 2003, 2812 (danach Fall der Drittschadensliquidation; aA Jakobs Jura 2004, 490) und Mitsch (ZIP 2005, 1019 f.: keine Haftung des Dritten). Hinsichtlich **vertraglicher Ansprüche** ordnet **I** an, dass im Schweigen auf die Zusendung und in sonstigen Zueignungs- und Gebrauchshandlungen des Verbrauchers keine Annahme (§ 151) liegt (s. Art. 27 S. 2 VerbrR-RiLi, zu einer richtlinienbezogenen Argumentation s. Lienhard NJW 2003, 3595 f.) und auch kein (stillschweigender) Verwahrungsvertrag geschlossen wird. Die in der Zusendung liegende Offerte des Unternehmers kann vom Verbraucher durch eine eindeutige Annahmeerklärung, zB Rücksendung einer bestätigenden Antwortkarte, angenommen werden. Die Annahmeerklärung ist empfangsbedürftig, dh sie muss dem Unternehmer zugehen. § 151 BGB findet auf Grund gebotener richtlinienkonformer Auslegung keine Anwendung (str. s. Berger JuS 2001, 654; Lienhard NJW 2003, 3595 mN; Grüneberg/Grüneberg Rn. 6; PWW/Kramme Rn. 13; Schwarz NJW 2001, 1451 mN; aA – *zurückhaltende* Anwendung – Casper ZIP 2000, 1607; Lorenz JuS 2000, 841; Riehm Jura 2000, 505); aus Art. 27 S. 2 VerbrR-RiLi (entspricht inhaltlich Art. 9 S. 2 Fernabsatz-RiLi) ergibt sich, dass eine Annahme regelmäßig eine „Antwort", dh eine zielgerichtete Kommunikation des Verbrauchers mit dem Unternehmer erfordert, was einen Zugang der „Antwort" impliziert (Gebauer/Wiedmann/Schinkels Kap. 8 Rn. 59; aA PWW/Kramme Rn. 13: Unternehmerangebot ist gem.

§ 134 iVm 3, 7 UWG nichtig; Vertragsschluss nur bei neuem Verbraucherangebot und Annahmeerklärung des Unternehmers). In der Kaufpreiszahlung liegt idR eine solche Annahme. Bei Vertragsschluss besteht ggf. Widerrufsrecht nach § 312d. **b)** Liegen **Leistungen nach II** vor (→ Rn. 4), stehen dem Unternehmer die ges. 6
Ansprüche aus §§ 985 ff.; 823 ff.; 812 ff. zu; der Verbraucher haftet nur nach den allgemeinen Grundsätzen bei Zusendung unbestellter Ware (→ § 146 Rn. 6; § 300 I gilt); keine Rücksendepflicht. Sendet er die Ware doch zurück, erwirbt er Aufwendungserstattungsanspruch (§§ 677, 683, MüKo-BGB/Finkenauer Rn. 38). Für vertragliche Ansprüche gilt → Rn. 5. **c) Unterlassungs- und Auskunftsansprüche** gegen den Unternehmer: §§ 2 I, II Nr. 1; 13, 13a UKlaG.

§ 242 Leistung nach Treu und Glauben

Der Schuldner ist verpflichtet, die Leistung so zu bewirken, wie Treu und Glauben mit Rücksicht auf die Verkehrssitte es erfordern.

I. Allgemeines

Lit.: Auer, Materialisierung, Flexibilisierung, Richterfreiheit. Generalklauseln im Spiegel der Antinomien des Privatrechtsdenkens, 2005; dies, Good Faith and its German Sources: A Structural Framework for the Good Faith Debate in General Contract Law and under the UCC, 2006, Online-Publikation im Social Science Research Network (http://papers.ssrn.com); Baldus/Müller-Graff, Die Generalklausel im Europäischen Privatrecht, 2006; Canaris, Die Vertrauenshaftung im deutschen Privatrecht, 1971; Chelidonis, Legalität und Legitimation, JURA 2010, 726; Gernhuber, § 242 BGB usw, JuS 1983, 764; Grünberger/Mangold/Markard/Payandeh/Towfigh, Diversität in Rechtwissenschaft und Rechtspraxis, 2021; Haferkamp, Die heutige Rechtsmissbrauchslehre – Ergebnis nationalsozialistischen Rechtsdenkens?, 1995; Heinze, Dieselskandal und Unionsprivatrecht, ZEuP 2021, 497; v. Hoyningen-Huene, Die Billigkeit im Arbeitsrecht, 1978; Kamanabrou, Die Interpretation zivilrechtlicher Generalklauseln, AcP 202, 662; Menezes Cordeiro, Die Dogmatisierung des Systemdenkens durch Treu und Glauben, FS Canaris, 2007, Bd. 1, 857; Neuner, Vertragsauslegung – Vertragsergänzung – Vertragskorrektur, FS Canaris, 2007, Bd. 1, 901; Oestmann, Verkehrssitte, Privatautonomie und spontane Ordnung, KritV 2002, 409; Pawlowski, Verfassungsrechtliche Vorgaben für die Auslegung des § 242 BGB?, JZ 2002, 627; Knops, Die unionsrechtlichen Voraussetzungen des Rechtsmissbrauchseinwands – am Beispiel des Widerrufs von Verbraucherdarlehens- und Versicherungsverträgen, RabelsZ 2021, 505; Stadler, Pkw für 1 EUR: Ein rechtmäßiges eBay-Schnäppchen, JA 2015, 229; Strätz, Treu und Glauben I, 1974; M. Stürner, Der Grundsatz der Verhältnismäßigkeit im Schuldvertragsrecht, 2010; Weber, Entwicklung und Ausdehnung des § 242 BGB usw, JuS 1992, 631; M.-P. Weller, Die Vertragstreue, 2009; Wieacker, Zur rechtstheoretischen Präzisierung des § 242 BGB, 1956; Winkelmann, Der Anspruch, Funktion, Entstehung, Anknüpfungen, 2021.

1. Treu und Glauben als allg. Rechtsgrundsatz. a) Formulierung. Der 1
Rechtsgrundsatz von Treu und Glauben kommt in § 242, der sich seinem Wortlaut und seiner Stellung nach nur auf die Art und Weise der Leistung des Schuldners bezieht (ie → Rn. 16), nur unzulänglich zum Ausdruck. Die heute allg. anerkannte – weite – Interpretation des § 242 (ie → Rn. 5 ff.) entspricht der vorbildlichen Formulierung in § 2 SchwZGB: *„Jedermann hat in der Ausübung seiner Rechte und in der Erfüllung seiner Pflichten nach Treu und Glauben zu handeln. – Der offenbare Missbrauch eines Rechtes findet keinen Rechtsschutz.“* Zur **historischen Entwicklung** des Rechtsgrundsatzes s. HKK/Duve Rn. 4 ff.; Chelidonis JURA 2010, 730 ff.; Weller 304 ff. Das Konzept von Treu und Glauben ist, bei allen Systemunterschieden, in den europäischen Rechtsordnungen und darüber hinaus verbreitet und wirksam (s. Zimmermann, Good Faith in European Contract Law, 2000). Die **Grundregeln des Europäischen Vertragsrechts** (hrsg. durch v. Bar und Zimmermann, 2002) kennen eine § 242 entsprechende Grundregel (Art. 1:201, hierzu Dajczak GPR 2009, 63 ff.; weiterführend zu Treu und Glauben im gesamten Europäischen Vertragsrecht s. M. Stürner 414 ff.). **b) Bedeutung.** Dem Rechtsgrundsatz von Treu 2
und Glauben kommt im gesamten Rechtsleben überragende Bedeutung zu (ie → Rn. 10). Der „königliche“ § 242 (vgl. Weber JuS 1992, 631) ist eine der wich-

tigsten **Generalklauseln** des BGB (→ Rn. 4), der Grundsatz von Treu und Glauben ein **„rechtsethisches Prinzip"** (Larenz, Methodenlehre der Rechtswissenschaft, 1995, S. 421 ff.). Die Gebote von Treu und Glauben sind **zwingend** und der Parteidisposition entzogen (Staudinger/Looschelders/Olzen Rn. 107 ff.; Verhältnis zu sonstigem zwingenden Recht: → Rn. 10). § 242 ist eine Norm des **Billigkeitsrechts** (BGHZ 108, 183; Staudinger/Weber 11. Aufl. A 137), gibt jedoch keine Ermächtigung zu einer allg. Billigkeitsrechtsprechung (ie → Rn. 9). § 242 ist idR (BGHZ 88, 351; 95, 399; 113, 389; Ausnahmen: → §§ 259–261 Rn. 3; → § 906 Rn. 15; → Vor § 1569 Rn. 5) **keine Anspruchsgrundlage,** kann aber mittelbar für eine solche von Bedeutung sein (zB für Haftung bei Verletzung von
3 Neben- und Schutzpflichten, ie → Rn. 16 ff.). **c) Treu und Glauben als obj. Maßstab.** Treu und Glauben (den Begriff verwenden ferner §§ 157, 162, 275 II, 307 I, 320 II, 815) ist *Verhaltensmaßstab* für die an einer Sonderverbindung (→ Rn. 10) Beteiligten und *Entscheidungsmaßstab* für das Gericht (vgl. BGHZ 111, 312 ff. zu § 817 S. 2; BGHZ 132, 130 ff.: rückwirkende Rspr.-Änderung). Sein Inhalt steht nicht von vornherein abschließend fest, sondern bedarf wertender Konkretisierung im Einzelfall. Erste Anhaltspunkte liefert die **Wortinterpretation** (sa M. Stürner, Der Grundsatz der Verhältnismäßigkeit im Schuldvertragsrecht, 390). **Treue** verweist auf Rechtstugenden der Verlässlichkeit (s. BGHZ 94, 354), des Worthaltens und der Loyalität; **Glauben** meint das Vertrauen auf die Treue des anderen Teils (zur sprachlichen Bedeutung näher Strätz, Treu und Glauben I, 1974, 47 f.). „Treu und Glauben" bedeutet damit den Grundsatz des anständigen und rücksichtsvollen Verhaltens, das Gebot der billigen Rücksichtnahme auf die berechtigten Belange des anderen Teils (vgl. Larenz SchuldR AT § 10 I; Soergel/Teichmann Rn. 4; MüKo-BGB/Schubert Rn. 10); er umfasst das Prinzip des *Vertrauensschutzes* (BGHZ 94, 351 f.; MüKo-BGB/Schubert Rn. 10; Canaris, Die Vertrauenshaftung im deutschen Privatrecht, 1971, 266 [dazu Weller/Weiner JURA 2022, 893, 897]). Bei der inhaltlichen Konkretisierung von Treu und Glauben ist nicht nur auf die in § 242 ausdrücklich genannte **Verkehrssitte** (Begriff: → § 133 Rn. 4) zurückzugreifen, sondern vor allem auch auf die in der Rechtsgemeinschaft anerkannten **obj. Werte** (Gernhuber JuS 1983, 764). Auf diese Weise gewinnt die „Wertordnung des Grundgesetzes" (vgl. zB BVerfGE 7, 205; 39, 67, stRspr), wie sie namentlich im Grundrechtsteil des GG ihren Ausdruck gefunden hat, Eingang ins bürgerliche Recht (sog. mittelbare Drittwirkung der Grundrechte, hM und stRspr, zB BVerfGE 7, 206; 73, 269; 81, 254; 89, 231; BVerfG NJW 2003, 125; BGHZ 134, 48; 142, 307; 151, 316, dort auch zur Einwirkungsgrenze und der Autonomie des Sachrechts; NJW 2011, 3319; 2012, 1725 Rn. 26 f.; BeckRS 2013, 02248, dort zum allgemeinen Gleichbehandlungsgrundsatz und dazu, dass er nicht unmittelbar gilt; ie Canaris AcP 184, 201; Hager JZ 1994, 373 ff.; sa Pawlowski JZ 2002, 627; ders. FS Horn, 2006, 1234 ff. Bsp: → Rn. 40; → § 138 Rn. 6; § 311 I mit → Rn. 3 ff.; → § 765 Rn. 4). BGH BeckRS 2013, 02248 = NJW 2013, 1519 Rn. 27: Eine der unmittelbaren Geltung gleichkommende generelle Bindung von Privatrechtssubjekten an den Gleichheitssatz besteht aber nicht, da dies die privatrechtliche Vertragsfreiheit und die grundgesetzlichen Freiheitsrechte aushebelte. Das vom Grundsatz der Privatautonomie beherrschte Bürgerliche Recht kennt keine über eine mittelbare Drittwirkung des allgemeinen Gleichheitssatzes begründbare allgemeine Pflicht zur gleichmäßigen Behandlung sämtlicher Vertragspartner. Die mittelbare Geltung des Art. 3 I GG im Verhältnis einzelner Privatrechtssubjekte zueinander setzt ein soziales Machtverhältnis zwischen ihnen voraus, das sich zB im Verhältnis eines (Fußball-)Stadionbetreibers zu einem Stadionbesucher ergeben kann (BVerfG NJW 2018, 1667 Rn. 41 ff.), nicht jedoch allein aus der kreditwirtschaftlichen Betätigung einer privaten Bank. Zur Grundrechtswirkung im Verwaltungsprivatrecht s. BGH NJW 2003, 1658 (zur Unwirksamkeit der Kündigung der bei einer Sparkasse geführten Girokonten einer als verfassungswidrig eingestuften, aber noch nicht verbotenen Partei; anders für Privatbank hinsichtlich parteizugehörigem Unternehmen BGH BeckRS 2013, 02248 = NJW 2013, 1519 Rn. 27) und BVerfG

NJW 2016, 3153 (zur Geltung des allg. Gleichbehandlungsgrundsatzes beim Betreiben eines kommunalen Schwimmbades). Teil der obj. Werteordnung ist das Ziel der **Diversitätsförderung** und seine zugrundeliegenden Wertungen (insbes. Art. 3 III 1 GG, Art. 2 I, II lit. b Antirassimus-RiLi) (dazu Grünberger et al. 47 ff.). Die *persönlichen* Wertvorstellungen des Urteilenden sind nicht maßgebend (ie → Rn. 4). Dazu, nach welchen Kriterien, insbes. Vertrauensumständen, zu entscheiden ist, ob eine **Rechtsprechungsänderung** rück- oder zukunftswirkend erfolgen kann, s. Klappstein, Die Rechtsprechungsänderung mit Wirkung für die Zukunft, 2009, 378, 383, 397, 403, 412; BAG NZA 2019, 700 Rn. 42 ff.; BeckRS 2019, 12110 Rn. 34 ff. **d) Entscheidung nach Treu und Glauben.** Als „ausfüllungsbedürftige Generalklausel" (BGHZ 77, 69), dh als eine notwendig allg., inhaltlich noch unbestimmte Vorschrift, ist § 242 nicht ohne weiteres subsumierbar (Larenz/Canaris, Methodenlehre der Rechtswissenschaft, 1995, 274 f., 289 f.). Erforderlich ist eine umfassende **Interessenabwägung** im Einzelfall (BGHZ 49, 153; 135, 337; s. auch BGH NJW 2022, 1447, 1449 Rn. 19; MüKo-BGB/Schubert Rn. 126 ff.) am Maßstab von Treu und Glauben (→ Rn. 3). Die danach zu treffende Entscheidung ist keine „lediglich nach dem ‚Rechtsgefühl' oder nach ‚billigem Ermessen' des zur Urteilsfindung jeweils Berufenen, sondern eine Entscheidung nach einem zwar konkretisierungsbedürftigen, aber doch bis zu einem gewissen Grade obj. bestimmbaren Maßstab" (Larenz SchuldR AT § 10 I). Zu reinen Billigkeitsurteilen berechtigt § 242 daher nicht (zur Abgrenzung v. Hoyningen-Huene, Die Billigkeit im Arbeitsrecht, 1978, 91; M. Stürner 392; → Rn. 9). Das durch Konkretisierung eines obj. Maßstabs gefundene Ergebnis ist prozessual Feststellung, nicht Rechtsgestaltung (hM; → Rn. 9). 4

2. Funktionen. Die Tragweite des Grundsatzes von Treu und Glauben wird am besten durch einen Überblick über seine verschiedenen Wirkungsweisen veranschaulicht. Zu unterscheiden ist seine Einwirkung auf das einzelne Schuldverhältnis (→ Rn. 6 ff.) von der Bildung von spezielleren aus § 242 abgeleiteten Rechtssätzen (→ Rn. 9). Die verschiedenen Funktionen können sich im Einzelfall überschneiden. **a) Ergänzungsfunktion.** Treu und Glauben führen zu einer näheren inhaltlichen Ausgestaltung des einzelnen Schuldverhältnisses durch Konkretisierung und Präzisierung der Hauptpflichten (→ Rn. 17). Über diesen unmittelbaren Anwendungsbereich von § 242 (vgl. → Rn. 16) hinaus bildet der Grundsatz von Treu und Glauben die Grundlage für eine Fülle von **ergänzenden** leistungsbezogenen Nebenpflichten und – nicht leistungsbezogenen – Schutz- und Erhaltungspflichten (ie → Rn. 16, 19 ff.); letztere Gruppe von Pflichten setzt keine Leistungsbeziehung voraus (vor- und nachvertragliche Pflichten, vgl. → Rn. 19 f.; 23; 28 ff.). Im Rahmen seiner Ergänzungsfunktion erweitert der Grundsatz von Treu und Glauben die Pflichtenstellung des Schuldners und jedes am Schuldverhältnis Beteiligten (weiterführend Weller 304). Der Erweiterung der Leistungs-(Verhaltens-)pflichten des einen Teils entspricht die Begründung einer entspr. Berechtigung (Begünstigung) des anderen. **b) Schranken-/(Kontroll-)funktion.** Treu und Glauben bilden eine allen Rechten und Rechtspositionen immanente Schranke (ie → Rn. 33). Im Gegensatz zur Ergänzungsfunktion (vgl. → Rn. 6) wendet sich die Schrankenfunktion an den *Rechtsinhaber* und unterwirft ihn bei der Rechtsausübung iwS (vgl. → Rn. 34) einer wirksamen Kontrolle am Maßstab von Treu und Glauben (ie → Rn. 32 ff., 53 ff.). Die Schrankenfunktion von Treu und Glauben findet im Wortlaut des § 242, der nur vom „Schuldner" spricht, keinen Niederschlag (vgl. demgegenüber § 2 SchwZGB, → Rn. 1). Die „unzulässige Rechtsausübung" bildet mit ihren verschiedenen Einzelausprägungen („individueller Rechtsmissbrauch", „venire contra factum proprium", „Verwirkung" usw) einen der wichtigsten Anwendungsbereiche des Grundsatzes von Treu und Glauben. **c) Korrekturfunktion.** Den wichtigsten Anwendungsfall bildeten die von Rspr. und Lehre aus § 242 entwickelten Grundsätze über die Störung der Geschäftsgrundlage (s. 9. Aufl. Rn. 64–103). Der GesGeber hat sie nunmehr in einer offenen Regelung verankert,

5 (beside line "2. Funktionen …"); 6 (beside line "den. a) Ergänzungsfunktion …"); 7 (beside line "anderen. b) Schranken-/(Kontroll-)funktion …"); 8 (beside line "… c) Korrekturfunk-")

ohne der weiteren Rechtsentwicklung vorzugreifen (→ § 313 mAnm). Auch die Kündigung von Dauerschuldverhältnissen aus wichtigem Grund, die von der Rechtsprechung teilweise auf § 242 gestützt wird (BGH NJW 2005, 1360: finanzielle Notlage nicht ausreichend), hat eine Sonderregelung in § 314 erfahren. Allg. zeigt sich die Korrekturfunktion in der Flexibilität der von Treu und Glauben geforderten Rechtsfolge (zB → Rn. 36; → § 313 Rn. 27 ff.). Zu den Folgen für Schuldverträge bei Ausscheiden eines Mitgliedstaats aus dem Euro-Währungsverbund s. Kindler NJW 2012, 1617. Auch im Bereicherungsrecht beansprucht § 242 in besonderem Maße Geltung nach Billigkeitsgesichtspunkten (vgl. etwa BGHZ 132, 198, 215; BGH NJW 2003, 3193). Ähnlich im Schadensrecht: Dort wird von der Rspr. das Korrektiv der Vorteilsausgleichung aus § 242 abgeleitet, die Norm dient hier der Durchsetzung des schadensrechtlichen Bereicherungsverbots (s. zB BGHZ 60, 358; 91, 210; BGH NJW 2007, 2695; BGH NJW 2022, 321, 323 Rn. 38; BGH ZIP 2022, 1281, 1281; vgl. dazu auch → Vor § 631 Rn. 20; beachte: BGH NJW 2020, 1962, 1971 Rn. 76: Grundsätze der Vorteilsausgleichung mit unionsrechtlichem Effizienzgebot vereinbar; zustimmend Heinze ZEuP 2021, 497, 500 f.); ebenso im Versicherungsrecht: **Korrektur des „Alles oder Nichts-Prinzips"** durch Auferlegung strenger Belehrungspflichten (s. zB BGH NJW-RR 2007, 907 mN; bestätigt in BGH NJW-RR 2011, 1329); auch eine aus § 242 abzuleitende Anspruchsbegrenzung ist möglich, zB bei der Wasserkostenverteilung infolge Wohnungsleerständen,
9 BGH NJW-RR 2015, 457. **d) Ermächtigungsfunktion.** Die Generalklausel des § 242 ist eine allg. Ermächtigungsgrundlage zur Entwicklung von Rechtssätzen des Billigkeitsrechts (vgl. → Rn. 2) im Wege richterlicher Rechtsfortbildung (im Grundsatz allg. anerkannt, Grenzen ie str., vgl. MüKo-BGB/Schubert Rn. 22 ff.; M. Stürner 389; Weber JuS 1992, 635 f.; zB BGHZ 108, 179, 186; ablehnend: Krebs, Sonderverbindung und außerdeliktische Schutzpflichten, 2000, 251 ff., 444). **Schranke:** § 242 gibt keine Ermächtigung zu einer Billigkeitsjustiz in dem Sinn, dass der Richter befugt wäre, *anstelle* der aus Ges. oder Vertrag sich ergebenden Rechtslage eine Billigkeitsentscheidung im Einzelfall zu treffen (BGH NJW 1985, 2580; Gernhuber JuS 1983, 767; → Rn. 4 und näher → Rn. 41); vielmehr müssen aus der Generalklausel einzelne (neue) Rechtsinstitute (Pawlowski FS Horn, 2006, 1239: Formulierung von Subnormen) entwickelt werden, die zur Vermeidung „untragbarer Ergebnisse" einen „billigen Interessenausgleich" ermöglichen (BGHZ 102, 105). Ermächtigungsfunktion setzt eine evident zu Tage getretene Unzulänglichkeit der bisherigen rechtlichen Regelung voraus. Es sind zwei Unzulänglichkeitsgründe zu unterscheiden: **(1) Änderung der rechtlichen Rahmenbedingungen:** Durch die Entwicklung einzelner Rechtsinstitute soll die rechtliche Regelung einer Sachfrage an die insgesamt durch neue Gesetze oder durch ein neues Verständnis der ratio legis (Bedeutungswandel) veränderte Gesamtrechtslage (Larenz/Canaris, Methodenlehre der Rechtswissenschaft, 1995, 173: Wandlung im Gefüge der gesamten Rechtsordnung) angepasst werden. **(2)** Die Ermächtigungsfunktion umfasst auch die Anpassung wegen der **Änderung der tatsächlichen Verhältnisse** seit Normerlass (Larenz/Canaris, Methodenlehre der Rechtswissenschaft, 1995, 170: gewandelte Normsituation; aA Pawlowski FS Horn, 2006, 1239: keine Ermächtigung durch § 242 bei bloß gewandelter Normsituation). Wegen der bloß tatsächlichen Veränderung und der gesetzgeberischen Wertungsprärogative sind hier die Anforderungen an die Feststellung der Unzulänglichkeit der bisherigen Rechtslage höher als bei der veränderten Gesamtrechtslage, bei der neue gesetzgeberische Wertungen die Unzuträglichkeit begründen.

Mit deren zunehmender tatbestandlicher Verfestigung wird die Anwendbarkeit der Generalklausel selbst in der Rechtspraxis wiederum erleichtert. § 1 II, III SchwZGB *(„Kann dem Ges. keine Vorschrift entnommen werden, so soll der Richter nach […] der Regel entscheiden, die er als Gesetzgeber aufstellen würde. – Er folgt dabei bewährter Lehre und Überlieferung")* trifft auch auf die „Ausfüllung" von Generalklauseln zu. Bsp: Rechtsinstitute des Rechtsmissbrauchs, der Verwirkung, des Vertrags mit Schutzwirkung für Dritte (ie → Rn. 32 ff., 53 ff., → § 328 Rn. 19 ff.). Richterrechtliche Rechtsgrundsätze bilden ihrerseits wiederum den Gegenstand **„nachzeichnender" Gesetzgebung.** Bsp: Schutzpflichten (§ 241 II), cic (§ 311 II), Kündigung von Dauerschuldverhältnissen aus wichtigem Grund (§ 314); zurückgenommene Rechtsfolgen bei Obliegenheitsverletzungen des Versicherungsnehmers im reformierten §§ 26, 28 VVG; auch → Rn. 8.

3. Anwendungsbereich. a) Allgemeines. § 242 enthält einen allg. Rechtsgedanken mit umfassendem Anwendungsbereich. Der Grundsatz von Treu und Glauben beherrscht die gesamte Rechtsordnung (BGHZ 85, 48; 118, 191; → Rn. 11 [c]); Rechtsgebiete, in denen er generell ausgeschlossen wäre, gibt es nicht (BGHZ 68, 304; vgl. aber → Rn. 11), insbes. bilden auch die Vorschriften des *zwingenden Rechts* für die Gebote von Treu und Glauben keine unüberwindliche Schranke (BGH NJW 1985, 2580; 1995, 2923 Nr. 9; Staudinger/Looschelders/Olzen Rn. 334 ff., hM, ie str.), kein § 242, wenn der betreffende Interessenkonflikt im Gesetz geregelt ist (BGH BeckRS 2012, 03002); § 242 gilt auch im Rahmen nichtiger Rechtsgeschäfte (BGHZ 111, 313; NJW 1981, 1439; Tiedtke NJW 1983, 713; DB 1990, 2307; sa BGHZ 183, 242; Einzelfragen zB → Rn. 50, 52; → § 125 Rn. 13 ff.). **Allg. Anwendungsvoraussetzung** für den Grundsatz ist das Bestehen einer *rechtlichen Sonderbeziehung* (Larenz SchuldR AT § 10 I; Staudinger/Looschelders/Olzen Rn. 125 ff.; BGHZ 95, 279; NJW 1989, 390; 96, 2724; NZI 2009, 722; offenlassend für „irgendwelche Rechtsbeziehungen" BGHZ 102, 102); dafür genügt bereits qualifizierter sozialer Kontakt (MüKo-BGB/Schubert Rn. 122 f.; ie Weber JuS 1992, 635 mN; aA BGH WM 1983, 1189, 1192), ein bereits vorhandenes (vertragliches oder ges.) Schuldverhältnis (→ § 241 Rn. 1) ist nicht notwendig (allgM; zu einzelnen Anwendungsfällen vgl. zB → Rn. 35). **b) Einzelne Rechts-** 10
gebiete. Der Grundsatz von Treu und Glauben gilt nicht nur im Schuld-, sondern im gesamten Privatrecht, namentlich im Sachen- (vgl. BGHZ 88, 351; 96, 376; 101, 293; BGH NJW-RR 2003, 1313; 2008, 611; 2012, 1160; BeckRS 2013, 02148 Rn. 10; näher M. Stürner FS vBrünneck, 2011, 360, 370), Familien- (BGH NJW 1985, 733; BGHZ 115, 135 f.; BGH NJW 2003, 510; FamRZ 2002, 949; BGH NJW 2012, 1211 mAnm Born; NJW 2013, 383; 2013, 459; s. zu ehebedingten Zuwendungen → § 1372 Rn. 6) und Erbrecht (BGHZ 4, 91; BeckRS 2013, 02148 Rn. 10), im Arbeits- (→ § 611 Rn. 23 ff., 38 ff.; zum Kündigungsschutz über § 242 s. Lettl NZA-RR 2004, 57) und Gesellschaftsrecht (→ § 705 Rn. 3), ferner im Kartell- (BGH NJW-RR 2008, 425), Versicherungs- (BGHZ 100, 64) und Verfahrensrecht (BGHZ 43, 292; 112, 349; NJW 1997, 3379; NJW-RR 2011, 959; BeckRS 2013, 00534; NJW 2018, 3581 Rn. 37; NJW 2021, 2436 Rn. 14), im Kostenrecht (BGH NJW 2013, 1369; zur Rechtsmissbräuchlichkeit eines Kostenfestsetzungsverlangens s. BGHZ 14, 2285 Rn. 6) sowie im öffentl. (BVerfGE 59, 167; BGHZ 95, 113 f.; BVerwG NJW 1998, 329; im Anwendungsbereich des Informationsfreiheitsgesetzes nur, wenn positiv festgestellt wird, dass es dem Antragsteller in Wirklichkeit nicht um die begehrte Information geht s. BVerwG NVwZ 2021, 646 Rn. 10; zu den Grenzen s. BGH NVwZ 2004, 377), Sozial- (BSG NJW 1987, 2039) und Steuerrecht (BFH NJW 1990, 1251; BFH BeckRS 2011, 95271), im Urheberrecht (BGH BeckRS 2013, 00843; BGH GRUR 2020, 1191, 1192 Rn. 27). Im Rahmen der gebotenen Abwägung sind die *Eigenarten* des jeweiligen Rechtsgebiets und etwa bestehende öffentl. Interessen zu berücksichtigen (BFH DB 1984, 332; MüKo-BGB/Schubert Rn. 126 ff.; Bsp: → Rn. 62); dies kann ie zu Modifikationen und Einschränkungen gegenüber den allg. Grundsätzen (→ Rn. 16–63) führen (vgl. BGH NJW 1978, 426 betr. das Prozessrecht). **c) EinV.** § 242 gilt als überges. Rechtssatz auch, soweit (→ § 241 Rn. 27) bisheriges Recht anwendbar ist (Leitsätze A I Nr. 2 S. 2 StaatsV; BGHZ 121, 391; 126, 104 f.; 128, 329 f.; 131, 214 mN; 136, 242). 11

4. Abgrenzung. a) Die **ergänzende Auslegung** (→ § 157 Rn. 2 ff.) dient der 12
Schließung von Vertragslücken; dabei geht es nicht ausschließlich um die Aufhellung eines nur undeutlich zum Ausdruck gekommenen („hypothetischen") Parteiwillens,

sondern um eine normative Ergänzungstätigkeit (→ § 157 Rn. 4); der maßgebliche Wertungsmaßstab (vgl. § 157) stimmt mit dem des § 242 überein. § 242 ermöglicht demgegenüber uU eine Kontrolle und Korrektur von Verträgen mit feststehendem Inhalt (Fälle des – namentlich institutionellen – Rechtsmissbrauchs; vgl. → Rn. 32 ff.). § 157 und § 242 überschneiden sich dagegen in den Anwendungsfällen der Begründung von ergänzenden Rechten und Pflichten (→ Rn. 16 ff.). Allg. geht die Vertragsauslegung der Vertragskontrolle(-korrektur) gem. § 242 vor (s. zB
13 BGHZ 164, 292). **b) Sittenverstoß.** Die Maßstäbe in § 138 I und § 242 stimmen nicht überein. Sittenwidrigkeit (strenge Anforderungen; ie → § 138 Rn. 6 f.) ist immer zugleich auch ein grober Verstoß gegen Treu und Glauben (häufig Fall der unzulässigen Rechtsausübung, → Rn. 32 ff.), umgekehrt ist nicht jede Treuwidrigkeit zugleich ein Sittenverstoß. § 138 führt idR zur Totalnichtigkeit (aber → § 138 Rn. 26 mit → § 139 Rn. 7, 8–12). Eine Vereinbarung kann zunächst an § 138 (Abschlusskontrolle) gemessen werden und bei Verneinung der Sittenwidrigkeit einer **Ausübungskontrolle** gem. § 242 (→ Rn. 41) unterfallen (BGH NJW 2012, 1211 mAnm Born; NJW 2013, 383; NJW 2013, 459; NJW 2015, 52, 53 f. Rn. 22 ff.); § 242 kann keine Nichtigkeit, sondern nur weniger einschneidende Rechtsfolgen auslösen, zB Ausübungsschranken des Rechts, inhaltliche Korrektur des Vertrags (→ Rn. 8; 32–63) zB durch Anordnung derjenigen Rechtsfolge, die „den berechtigten Belangen beider Parteien in der eingetretenen Situation in ausgewogener Weise Rechnung trägt" (BGH NJW 2011, 2970 mAnm Mayer; NJW
14 2013, 383). § 138 geht als „folgenschwerere" Norm dem § 242 vor. **c) Schikane** (§ 226; Abgrenzung zu § 242: → § 226 Rn. 4) und **sittenwidrige Rechtsausübung** (Abgrenzung zur Sittenwidrigkeit: → Rn. 13; Fallgruppen: → § 826 Rn. 22, 23) sind Sonderfälle unzulässiger Rechtsausübung (→ § 226 Rn. 1 und 4; u. → Rn. 35); sie setzen keine bestehende rechtliche Sonderverbindung voraus (vgl. demgegenüber → Rn. 10) und begründen uU eine Schadensersatzpflicht des
15 „Rechts"-Inhabers (→ § 226 Rn. 3 f.). **d) Inhaltskontrolle.** Bei AGB-Verträgen gehen die §§ 307 ff. als spezielle Vorschriften mit geringerer Kontrollschwelle („unangemessene Benachteiligung", K. P. Berger NJW 2010, 467 f.) der Inhaltskontrolle dem § 242 vor (zur Verletzung vorvertraglicher Rücksichtnahmepflichten durch Verwendung unwirksamer AGB s. BGH NJW 2009, 2590); dies gilt auch bei Verbraucherverträgen für Vertragsbedingungen, die keine AGB (sondern vorformulierte Einzelverträge) sind (§ 310 III Nr. 2 mAnm dort). § 242 ist aber neben § 307 ff., die grds. vorgehen, bei der Kontrolle von AGB dann anzuwenden, wenn Leistungs- und Schutzpflichten gemäß § 242 im Hinblick auf den Vertragszweck so bedeutsam sind, dass eine Freizeichnung des Verwenders die angemessene Risikoverteilung empfindlich störte (BGH BeckRS 2013, 02248 = NJW 2013, 1519 Rn. 18). Bei (ausgehandelten) Individualvereinbarungen ist § 242 Grundlage der Inhaltskontrolle von Verträgen (BGHZ 101, 353 ff. mN; BGH NJW-RR 2012, 940 Rn. 45 f., ie str.). Bsp: allg. formelhafte notarielle Individualverträge (BGHZ 108, 168 ff. mN; einschr. NJW 1991, 844; ie Brambring DNotZ 1990, 99); Abfindungsklauseln in Gesellschaftsverträgen (s. Hülsmann NJW 2002, 1673); Gesellschaftsvertrag einer Publikums-KG (BGHZ 102, 177; 104, 53; Nassall BB 1988, 286); wobei BGH NJW-RR 2012, 940 Rn. 45 offen lässt, ob die §§ 307 ff. anzuwenden sind, weil die Bereichsausnahme des § 310 IV im Hinblick auf die Klausel-RiLi nicht eingreift, wenn sich Verbraucher an Publikumsgesellschaften beteiligen (s. OLG Frankfurt a. M. NJW-RR 2004, 992), oder ob Gesellschaftsverträge von Publikumsgesellschaften weiterhin einer Inhaltskontrolle nach § 242 (wie AGB außerhalb des Anwendungsbereichs der §§ 307 ff.) unterliegen (so BGH NJW 2006, 2410 Rn. 9; krit. zur verschärften Inhaltskontrolle in solchen Fällen MüKo-HGB/Grunewald § 161 HGB Rn. 130 f.). **WEG-Gemeinschaftsordnungen** sind nach § 242 zu kontrollieren, grundsätzlich keine (entsprechende) Anwendung der §§ 307 ff., nur ausnahmsweise doch im Anwendungsbereich der unionsrechtlichen Klauselrichtlinie (BGH NZM 2021, 278 Rn. 18 ff., zur Ausnahme obiter dictum Rn. 32). Zur Inhaltskontrolle bei Eheverträgen s. Sanders, Statischer Vertrag und dynamische

Vertragsbeziehung, 2008; Rauscher DNotZ 2002, 751 mN. Der Inhaltskontrolle unterliegen auch Verbandsnormen (BGHZ 142, 306 mN, stRspr). Auch im Anwendungsbereich der §§ 307–310 kommt Treu und Glauben als *Maßstab* der Inhaltskontrolle entscheidende Bedeutung zu (vgl. § 307 I). Uneingeschränkt auf AGB-Verträge anwendbar geblieben sind die übrigen Anwendungsfälle des § 242, insbes. das Verbot des individuellen Rechtsmissbrauchs (→ Rn. 37 ff.; vgl. BGHZ 105, 88 mN).

II. Erweiterung und Begründung von Pflichten

Lit.: v. Bar, „Nachwirkende" Vertragspflichten, AcP 179, 452; Strätz, Über sog. „Nachwirkungen" des Schuldverhältnisses und den Haftungsmaßstab bei Schutzpflichtverstößen, FS Bosch, 1976, 999; R. Stürner, Anspruch auf Erfüllung von Treue- und Sorgfaltspflichten, JZ 1976, 384.

1. Allgemeines. Die **Begründung von Nebenpflichten** ist der erste Hauptan- 16
wendungsfall des § 242 (→ Rn. 6). Seinem Wortlaut und seiner Stellung nach betrifft § 242 allerdings nur Nebenpflichten im Zusammenhang mit der Erbringung der Hauptleistung („Leistung so …, wie") und führt damit zu einer Konkretisierung und ggf. Erweiterung der Hauptleistungspflicht. In seinem unmittelbaren Anwendungsbereich regelt § 242 damit die Art und Weise der Leistung (→ Rn. 17 f.) und ergänzt insoweit die §§ 243–274. Von ungleich größerer praktischer Bedeutung ist die Herleitung von **ergänzenden** (selbstständigen und unselbstständigen) **Nebenpflichten** aus Treu und Glauben (s. § 241 II und → § 241 Rn. 9, 10). Diese sind nicht unmittelbar auf die Erbringung der Leistung selbst, sondern auf deren Vorbereitung, Unterstützung, Sicherung und vollständige Durchführung gerichtet und setzen zT keinerlei primäre Leistungspflicht voraus (einzelne Nebenpflichten: → Rn. 19 ff.; zu ihrer Einteilung vgl. auch → § 241 Rn. 9 ff.; zur Beweislast BGHZ 97, 193). Die Nebenpflichten sind – zT – nicht auf Vertragsschuldverhältnisse beschränkt, sondern gelten auch im Rahmen von ges. Schuldverhältnissen (BGHZ 106, 350 f.), zB bei der Vertragsanbahnung (§ 311 II, III; zu Aufklärungs- und Schutzpflichten → Rn. 19 f., 24 ff.); sie bestehen zT nach Vertragsende fort (→ Rn. 28 ff.). Die Entwicklung von Nebenpflichten (insbes. v. Schutzpflichten) ermöglicht die Zurechnung von Schäden im Zusammenhang mit der Anbahnung und Durchführung von Schuldverhältnissen (vgl. §§ 280 I 1, 282; → § 328 Rn. 19 ff.).

2. Art und Weise der Leistung. a) Rücksichtspflicht des Schuldners. Der 17
Schuldner hat bei der Erbringung der Leistung auf die Interessen des Gläubigers Rücksicht zu nehmen (vgl. § 241 II, → § 241 Rn. 10); er schuldet die Erfüllung nicht nur dem „Buchstaben", sondern auch dem „Geist" des Schuldverhältnisses nach (Larenz SchuldR AT § 10 II). Bsp: Der Schuldner darf nicht zur Unzeit leisten (vgl. § 358 HGB) oder versenden; ist die Leistung am (vertraglichen oder ges.) Erfüllungsort unmöglich oder für den Gläubiger nicht zumutbar, ist an einem angemessenen anderen Ort zu leisten (RGZ 107, 122; OGH NJW 1949, 465); der Schuldner hat auch bei Abtretungsausschluss an einen vom Gläubiger verschiedenen Dritten zu leisten, dem die Leistung bestimmungsgemäß zugutekommen soll (BGHZ 93, 400); eine Teilaufrechnung ist unzulässig, soweit sie zu einer unzumutbaren Belästigung für den Gläubiger führt (→ § 266 Rn. 3); eine laufende Geschäftsverbindung kann zur Übernahme üblicherweise stets übernommener Zusatzdienstleistungen (Verladung) verpflichten (BGH NJW-RR 2008, 1209). **b) Rücksichtspflicht** 18
des Gläubigers. Der Gläubiger muss mit seinem Leistungsverlangen auf die Belange des Schuldners Rücksicht nehmen (vgl. § 241 II: „jeder Teil", → § 241 Rn. 10); vielfach handelt es sich dabei nicht um eine echte Pflicht, sondern um eine inhaltliche Beschränkung seiner Berechtigung (vgl. → Rn. 42). Unerhebliche Abweichungen in der Leistungsabwicklung hat der Gläubiger hinzunehmen, wenn sachliche Interessen nicht entgegenstehen und der gleiche wirtschaftliche Erfolg herbeigeführt wird. Bsp: Hingabe von (gedecktem) Scheck statt Barzahlung (RGZ 78, 142); Gutschrift

auf einem anderen Konto des Empfängers (BGH NJW 1969, 320; → § 665 Rn. 8); zumutbare Teilleistungen darf der Gläubiger entgegen § 266 nicht zurückweisen (→ § 266 Rn. 10); er kann uU zu bestimmten Schonungsmaßnahmen gegenüber dem Zahlungsschuldner (Bewilligung von Teilzahlung; Stundung) verpflichtet sein (BGH NJW 1977, 2358; → § 266 Rn. 4; weitere Bsp: → Rn. 40–42); nicht geschuldete Leistung darf er nicht verlangen, nicht bestehende Gestaltungsrechte nicht ausüben (BGH NJW 2009, 1263). Stellt die Erstattung von Beiträgen für eine Vertragspartei lediglich einen reinen Durchlaufposten dar, der wirtschaftlich von der anderen Vertragspartei zu tragen ist, so kann sich ausnahmsweise sogar die weitergehende Pflicht der einen Vertragspartei ergeben, im Vermögensinteresse der anderen Partei Rechtsmittel gegen Dritte (zB wegen falscher Beitragsbescheide) einzulegen (BGH NJW 2012, 2184). Zur beiderseitigen Rücksichtnahmepflicht im nachbarschaftlichen Gemeinschaftsverhältnis s. BGH NJW-RR 2003, 1313; 2008, 611; 2012, 1162, im Verhältnis unter Mietern in einem Mehrfamilienhaus auf der Grundlage des § 241 II (→ § 241 Rn. 9, 10; BGH NJW 2015, 1239, 1240 f. Rn. 13, 16; BGH NJW-RR 2021, 1093, 1094 Rn. 19). Eine Duldungspflicht kann bei Änderungen des oder Arbeiten am Vertragsobjekt(s), zu denen der Gläubiger öffentlich-rechtlich verpflichtet ist, bestehen (BGH NJW 2009, 1736: Baumaßnahmen in Mietwohnung; Pflicht offen gelassen BGH NJW-RR 2021, 737, 738 Rn. 17).

19 **3. Einzelne Nebenpflichten.** Allg. → § 241 Rn. 9, 10. **a) Informations-** (Aufklärungs-, Anzeige-, Hinweis-, Mitteilungs-, Offenbarungs-, Informations-)**pflichten** (**Lit.:** Blaurock FS Horn, 2006, 697; Breidenbach, Die Voraussetzungen von Informationspflichten beim Vertragsschluss, 1989; Lang, Aufklärungspflichten bei der Anlageberatung, 1995; ders., Informationspflichten bei Wertpapierdienstleistungen, 2002; Regenfus, Informationsbeschaffung und Rechtsfolgen falscher Informationen, NJW 2018, 2225). Zur Begründung von Informationsnebenpflichten bei der Darlehensvergabe → § 488 Rn. 12. **aa)** Jede Partei ist nach Treu und Glauben (§ 242) verpflichtet, die andere über (ihr bekannte) Umstände aufzuklären, die für das Zustandekommen des Vertrags (zB Form-, Genehmigungs- oder sonstige bes. Erfordernisse), seine ordnungsmäßige Durchführung (entgegenstehende Erfüllungshindernisse) oder überhaupt für die Erreichung des Vertragszwecks erkennbar von entscheidender Bedeutung sind (BGH NJW-RR 2021, 1068, 1069 Rn. 12; NJW 2010, 3362; ZfIR 2002, 975; NJW 2001, 2021; BGHZ 114, 91; NJW 1996, 452; NJW-RR 1990, 432 mN; BGHZ 60, 221). Die **Aufklärungspflicht** entsteht, wenn der eine Teil Kenntnis von Tatsachen hat oder sich unschwer beschaffen kann, die dem anderen Teil unbekannt und für ihn nicht ohne Weiteres feststellbar, aber von wesentlicher Bedeutung sind, und der andere Teil redlicherweise die Mitteilung der Tatsachen erwarten darf (BGH NJW 2021, 2023, 2024 Rn. 23 unter Hinweis auf MüKo-BGB/Bachmann § 241 Rn. 134–137). Ist nicht selbstständig einklagbare Verhaltenspflicht (→ § 241 Rn. 10) und löst bei Verletzung Schadensersatzanspruch nach § 280 aus (BGH NJW 2021, 2023, 2024 Rn. 23 unter Hinweis auf MüKo-BGB/Bachmann § 241 Rn. 125; differenzierend Grüneberg/Grüneberg § 242 Rn. 37). Kann bereits vor Vertragsschluss bestehen (s. zB BGH NJW 2007, 3057: vorvertragliche Pflicht zur Aufklärung über bestimmtes Erfordernis v. bes. Sachkunde; BGHZ 173, 33: vorvertragliche Vertrauensverhältnis zu den Bietern einer Ausschreibung; BGH BeckRS 2022, 885 Rn. 22 ff.: vorvertragliche Aufklärungspflicht wegen Überschreitens der Kreditgeberrolle des Darlehensgebers) und richtet sich nach den Umständen des Einzelfalls (BGH NJW-RR 2009, 1102; zur typisierenden Betrachtungsweise des zugrunde liegenden Vertragsverhältnisses bei der Anlageberatung s. aber BGH BeckRS 2011, 06089 Rn. 18; zur Aufklärungspflicht einer kreditgebenden Bank BGH BeckRS 2022, 885 Rn. 23, 26 f.); keine allg. Aufklärungspflicht: BGH NJW 1983, 2494; 87, 2084; NJW-RR 1991, 170; insbes. nicht über die Unangemessenheit des Kaufpreises, BGH WM 2004, 173 f., oder den allg. Nutzen und Vorteilhaftigkeit eines Vertragsabschlusses, s. zB BGH NJW-RR 2007, 298, oder einer Bank über die Risiken des finanzierten Geschäfts,

BGH BeckRS 2022, 885 Rn. 23). Aufklärungspflicht aus §§ 241 II, 242 zB wenn Mieteinnahmen für den Käufer erkennbar von Bedeutung für den Kaufentschluss sind, über eine wesentliche Diskrepanz zwischen der im Kaufvertrag angegebenen Hauptmiete und den tatsächlichen Mieterträgen (BGH BeckRS 2013, 06243; → § 241 Rn. 10); Art des Geschäfts (Umsatzgeschäft oder Dauerschuldverhältnis; Bar- oder Kreditgeschäft; sicheres oder Risikogeschäft, vgl. BGHZ 124, 151, dazu Grün NJW 1994, 1330; [Kapital-]Anlagegeschäft, vgl. Köndgen NJW 1996, 569 f.; → § 488 Rn. 12; → § 764 Rn. 4); Geschäftsgegenstand (Grundstück, Unternehmen, Maschine, Anlage, vgl. BGH NJW-RR 1987, 1306 mN; neu hergestellter oder gebrauchter Gegenstand; Denkmalschutz bei Gebäude, vgl. BGB NJW-RR 2021, 1068, 1069 Rn. 12); Bindungsdauer; bes. Unerfahrenheit der anderen (BGHZ 80, 85; BGH NJW 1992, 302: bei Jugendlichen; 2008, 3644: Hausratsversicherer muss auf Erforderlichkeit einer Stehlgutliste hinweisen); bestehende (BGH NJW 1991, 693 f.) bzw. (jedenfalls bei Treuhandverhältnis) potenzielle Interessenkonflikte, die geeignet sind, Vertragszweck zu gefährden (BGH NJW 2020, 3451, 3452 Rn. 21 ff.), bes. Gefahren bei der Vertragsdurchführung (BGHZ 116, 382 ff.; NJW 1978, 42, zB Risiken einer neuen Bauweise: BGH NJW-RR 1993, 26 mN); Erkennbarkeit des Umstands (vgl. BGHZ 132, 34: Bodenverunreinigung); bestehende Informationsmöglichkeiten (idR keine Aufklärung über die Marktlage, RGZ 111, 234); im Einzelfall uU Aufklärung über Täter einer Urheberrechtsverletzung (BGH NJW 2021, 2023, 2026 Rn. 28), bes. Sach- und Fachkunde (BGH NJW-RR 1987, 665; NJW 2007, 3057) und konkretem Wissensvorsprung einer Partei (BGH NJW 1989, 2881; 1994, 997; 1998, 306; NJW-RR 2010, 270; 2013, 167; NJOZ 2012, 375; OLG München ZIP 1999, 1751; → § 488 Rn. 12; → § 665 Rn. 7). Ein solcher Wissensvorsprung ist zB dann anzunehmen, wenn die Bank positive Kenntnis davon hat, dass der Kreditnehmer von Dritten über das finanzierte Geschäft gemäß § 123 arglistig getäuscht wurde (BGH NJW-RR 2013, 167) oder wenn die Bank positive Kenntnis von der Sittenwidrigkeit eines Kaufvertrages eines von ihr finanzierten Objekts hatte (BGH NJW 2017, 1313, 1315 Rn. 34). Doch trifft die Bank keine Pflicht, sich einen Wissensvorsprung erst zu verschaffen: BGH NJW 2017, 1313, 1315 Rn. 34; BGH WM 2004, 173; sa Kluth/Krauskopf ZGS 2009, 404 ff. zur Aufklärung über eine Schmiergeldabrede). Bloße Erkennbarkeit von aufklärungspflichtigen Tatsachen – zB sittenwidrigen Überteuerung eines Wohnungskaufpreises – steht ganz ausnahmsweise der positiven Kenntnis gleich, wenn sie sich einem zuständigen Bankmitarbeiter nach den Umständen des Einzelfalls aufdrängen musste; er ist dann nach Treu und Glauben nicht berechtigt, seine Augen vor solchen Tatsachen zu verschließen (BGH NJW 2017, 1313, 1315 Rn. 34; NJW-RR 2014, 653, 654 f. Rn. 21). **Grenzen** der Aufklärungspflicht: Eigene Kalkulation (BGHZ 114, 90); Vertragsrisiko des anderen Teils (BGHZ 117, 284 ff.; BGH NJW 2004, 2674), doch darf dieses nicht verschleiert werden (vgl. BGHZ 79, 344; 80, 84 f.; BGH NJW 1991, 834 mAnm Grün JZ 1991, 834; → § 765 Rn. 18 ff.); Verkehrsauffassung (vgl. BGHZ 114, 91 mN; NJW 1996, 452). Aufklärungspflicht verpflichtet nur zur Offenbarung. Auch bei **fehlender** Aufklärungspflicht darf keine positive Falschinformation gegeben werden (BGH NJW-RR 1991, 178). **Prospektangaben** dürfen nicht irreführend sein (BGH NJW-RR 1991, 1247 f.). **bb) Einzel-** 20
fragen: Die **vorvertragliche Aufklärungspflicht** (dazu BGHZ 71, 396; 85, 77; 95, 175 f.; 116, 211 ff. mN), ist bedeutsam für arglistige Täuschung (→ § 123 Rn. 3), arglistiges Verschweigen von Sach- und Rechtsmängeln (§§ 434, 435, 442 I 2) und Haftung aus cic (§ 311 II, III, vgl. BGH NJW 2006, 2618; 2007, 1447, 2181, 2759; VersR 2008, 267, 269; BeckRS 2022, 885 Rn. 22 ff.) mit Ersatz des Vertrauensschadens (negatives Interesse); ausnahmsweise kann der Geschädigte auch so zu stellen sein, als habe er mit dem anderen Teil einen für ihn besseren Vertrag geschlossen (positives Interesse). Das setzt aber voraus, dass ein solcher Vertrag bei erfolgter Aufklärung zustande gekommen wäre, was der Geschädigte darzulegen und zu beweisen hat, BGH WM 2006, 1536. **Aufklärungsgehalt:** Die Aufklärung kann die **persönlichen Verhältnisse** der Vertragspartei (zB Vermögensverhältnisse

bei Kreditgeschäft, BGH NJW 1984, 2286 mN; drohende Zahlungsunfähigkeit bei Kreditkauf, BGH MDR 2008, 871; BGHZ 87, 34 mN, uU Vorstrafen bei Arbeitsvertrag, BAG NJW 1958, 516), die **Vertragsgestaltung** (zB gefährliche Klausel; BGHZ 47, 207; 68, 127; bes. Vertragsrisiken: BGHZ 80, 82; 95, 176; 124, 154; steuerliche Absetzbarkeit: BGH NJW-RR 1988, 350; Erfordernis einer Baugenehmigung: BGH ZfIR 2002, 975; Erfordernis eines zusätzlichen Versicherungsabschlusses: BGH NJW-RR 2007, 298) oder den **Vertragsgegenstand** (umfassende Aufklärungspflichten gegenüber dem Anlageinteressenten, BGH NJW 2005, 1784; NJW-RR 2019, 747, 748; Aufklärung bei Überlassung wertvoller Gegenstände über den fehlenden **Versicherungsschutz** gegen Verlust oder Diebstahl, wenn Versicherung branchenüblich, BGH NJW-RR 2016, 859 Rn. 15; Aufklärung eines Neugesellschafters durch Altgesellschafter über bestehende Verbindlichkeiten, aber keine der Gesellschaft zurechenbare Pflicht, BGH NJW 2021, 394 Rn. 10) und dessen beabsichtigte Verwendung (Aufklärung über Warensortiment, dessen Verkauf durch den Mieter beabsichtigt ist, bei Gewerberaummiete: BGH NJW 2010, 3362) betreffen. Nach BGHZ 185, 185; BGH BeckRS 2011, 06089; NJW 2012, 2427 (str., s. ebenda → Rn. 12) müssen **Anlageberater** dann über ihnen zufließende **Provisionen** unaufgefordert aufklären, wenn die Anlageberatung im Rahmen eines Bankvertrags (typischerweise entgeltliches Geschäftsbesorgungsverhältnis von gewisser Dauer und Beständigkeit) erfolgt, da dann schützenswertes Kundenvertrauen besteht. Aber keine generelle Pflicht des freien, nicht bankmäßig gebundenen Anlageberaters – soweit nicht § 31d WpHG eingreift – unaufgefordert über ihm zufließende Provisionen aufzuklären, wenn er von dem Anleger selbst kein Entgelt erhält und offen ein Agio oder Kosten für die Eigenkapitalbeschaffung ausgewiesen werden, aus denen ihrerseits die Vertriebsprovisionen aufgebracht werden (BGH BeckRS 2011, 13871; 2012, 03298; NJW-RR 2012, 372); im Hinblick auf die Aufklärungspflicht wie ein freier Anlageberater zu behandeln ist eine 100%ige Anlageberatungs-Tochtergesellschaft einer Bank (BGH NJW 2012, 2952). Bei Abschluss eines Unterbeteiligungsvertrags zu Anlagezwecken besteht eine Aufklärungspflicht der Bank im Hinblick auf die Zahlung von Vertriebsprovisionen an einen Anlagevermittler nur unter besonderen Voraussetzungen (BGH BeckRS 2011, 24538; NJW-RR 2012, 567). Keine allgemeine Aufklärungspflicht einer kreditgebenden Bank ohne Beratungsvertrag, nur ausnahmsweise aufgrund besonderer Umstände, etwa im Einzelfall bei Überschreitung der Kreditgeberrolle durch zusätzlich übernommene Funktionen nach außen erkennbar besonderer Vertrauenstatbestand (BGH BeckRS 2022, 885 Rn. 23, Rn. 26). Auf die Aufklärungspflichtverletzung berufender Darlehensnehmer muss Kenntnis von besonderem Verhalten der kreditgebenden Bank haben, da andernfalls kein Vertrauenstatbestand (BGH BeckRS 2022, 885 Rn. 30). Zu Aufklärungspflichten einer Bank beim Erwerb von Basketzertifikaten durch ihre Kunden BGH NJW-RR 2012, 43; beim Vertrieb von Indexzertifikaten BGH NJW 2012, 66; 2012, 2873; bei Einflussnahme auf die Werbung für die Investition in einen Solarpark BGH BeckRS 2022, 885; keine Aufklärungspflicht im Hinblick auf eigene Gewinnerzielungsabsicht bei der Empfehlung von Anlageprodukten (BGH NZG 2013, 184); keine Aufklärungspflicht des finanzierenden Kreditinstituts, mit dem kein Anlageberatungsvertrag geschlossen wurde über an den Vertrieb gezahlte „versteckte Innenprovision" (BGH NJW-RR 2013, 167). Grundsätze zu Aufklärungspflichten einer Bank sind auf Versicherungsverein auf Gegenseitigkeit übertragbar (BGH BeckRS 2022, 885 Rn. 24). – Bei Einschaltung von Hilfskräften ist **Klarstellung der Vertretungsverhältnisse** geboten (sonst uU Organisationsverschulden: BGH NJW 1980, 2410). UU (vom Vertragsgegenstand ausgehende typische Gefahren) kann die Aufklärungspflicht zur **Warnpflicht** werden (Bsp: BGHZ 116, 65 f.; BGH NJW 1987, 318; 2010, 863; Warnpflicht aus §§ 241 II, 242 einer kundenferneren Direktbank bei einer für sie erkennbaren Fehlberatung des Kunden bei dem in Auftrag gegebenen Wertpapiergeschäft: BGH NJW 2013, 3293 Rn. 25 ff.; wenn Fehlberatung aufgrund massiver Verdachtsmomente obj. evident ist: BGH BKR 2016, 341 Rn. 25), uU (bes. Ver-

trauensverhältnis, bes. Sachkunde) zur **Beratungspflicht** (zB für Arzt, BGH NJW 1996, 778 f., Bank (→ § 488 Rn. 12), BGHZ 100, 120 ff.; → § 276 Rn. 32; § 675 II mAnm, **RA,** BGH NJW 2018, 2476, 2477; BGHZ 89, 181; NJW 1992, 1160 mN, Steuerberater, BGHZ 128, 361; NJW 1998, 1221, Gewerkschaft; LG Essen NJW-RR 1990, 1180). **Ges. Fälle** von Mitteilungs-, Anzeige- und Belehrungspflichten: §§ 355 II, 469, 536c, 568 II, 663; 673, 681, 694; § 6 I VVG; § 12a I 2 ArbGG. Ein zur Aufklärung verpflichtendes ges. Schuldverhältnis begründet die berechtigte **Abmahnung** iSd UWG (vgl. BGH NJW 1995, 716 mN). Eine Mängelanzeigepflicht (wie § 377 HGB) kann bei Vorliegen besonderer Umstände (bzgl. der Ware/des Geschäfts) auch gefordert sein, auch wenn § 377 HBG nicht einschlägig ist, aber die Gegenseite begründeten Anlass hat, auf eine baldige Mängelanzeige vertrauen zu können (BGH NJW-RR 2019, 1202). **b) Auskunftspflich- 21**
ten. Die Parteien sind unter bestimmten Voraussetzungen zur Erteilung von Auskünften und Rechenschaftslegung verpflichtet (selbstständig einklagbare Nebenpflicht, uU auch als nachwirkende Vertragspflicht – → Rn. 28 ff. – möglich). Über die ges. bestimmten Fälle (s. Lorenz JuS 1995, 569) hinaus besteht bei Unkenntnis über den Umfang eines Rechts ein unmittelbar aus Treu und Glauben hergeleiteter **Auskunftsanspruch,** ggf. im besonderen Einzelfall auch Rechnungslegungsanspruch (BGH NZG 2016, 983; NJW 2016, 708; 2005, 1492; BB 2002, 1490; BGHZ 126, 109, 113; näher → §§ 259–261 Rn. 3 ff.; zur Übertragung der Grundsätze des § 242 auf den Auskunftsanspruch aus §§ 1389, 1375 II 1 s. BGH NJW 2012, 450 mAnm Maurer). „Ob" und „Wie" der Auskunftserteilung unterliegen einer **umfassenden Zumutbarkeits- und Interessenabwägung** (s. zB BGH NJW 2007, 1806 ff.; 2014, 381, 382; 2022, 772 Rn. 26); Auskunftsanspruch zur Vorbereitung der Durchsetzung eines Leistungsanspruchs setzt voraus: Sonderverbindung, in entschuldbarer Weise Informationsdefizit des Anspruchstellers, leichte Auskunftsmöglichkeit des Anspruchsgegners, begründeter Verdacht einer Vertragspflichtverletzung und Wahrscheinlichkeit eines daraus resultierenden Schadens bzw. bei gesetzlichen Ansprüchen Bestehen des Leistungsanspruchs dem Grunde nach (BGH BeckRS 2021, 6631 Rn. 44). **Subsidiarität:** Auskunftsanspruch nur, wenn keine eigene Informationsmöglichkeit besteht. Auskunftssuchender muss zunächst alle ihm zumutbaren Anstrengungen unternehmen, die Auskunft auf andere Weise zu erlangen. Vorrangig: Berechtigter kann sich aus ihm zugänglichen Unterlagen informieren, hat unmittelbaren, nicht auf § 242 gestützten, gesetzlichen oder vertraglichen Auskunftsanspruch gegen Dritten oder Behörde (BGH BeckRS 2021, 6631 Rn. 46). Zur Fälligkeit Winkelmann 430. **Einzelfälle:** Grundsätzlich besteht eine Korrespondenz- und Auskunftspflicht aus §§ 241 II, 242 des Versicherers gegenüber einem vom Versicherungsnehmer eingeschalteten Versicherungsmakler, s. BGH NJW 2013, 2354; WM 2016, 1247, Rn. 17. Zur Auskunftspflicht eines Klinikträgers über die Privatanschrift eines angestellten Arztes, um die Geltendmachung eines Hauptanspruchs zu ermöglichen s. BGH BeckRS 2015, 02837; zum Auskunftsanspruch gegen den Handelsvertreter über verbotswidrige Konkurrenzgeschäfte s. BGH NJW 2014, 381; zum Auskunftsanspruch eines mittelbar an einer Publikumsgesellschaft beteiligten Anlegers über die Mitanleger s. BGH NJW 2013, 2190. Kein Auskunftsanspruch des Reisenden gegen den Reiseveranstalter bei Rücktritt vor Reisebeginn, s. BGH NJW 2022, 1808 Rn. 30; DAR 2022, 338 Rn. 18 ff.; ebenso wenig für den Reiseversicherer, s. BGH BeckRS 2022, 4724 Rn. 18 ff. Zum Anspruch des mittels **heterologer Insemination** nach anonymer Samenspende gezeugten Kindes gegen den Reproduktionsmediziner auf Auskunft über die Identität des Samenspenders (Behandlungsvertrag ist Vertrag mit Schutzwirkung zu Gunsten des Kindes): BGH NJW 2015, 1098. § 242 kann auch Auskunftsansprüche **im Rahmen gesetzlicher Schuldverhältnisse** begründen (vgl. BGH NJW 2014, 2651 Rn. 6: Auskunftsanspruch bei einem ges. Schuldverhältnis aus §§ 823, 1004; BGH GRUR 2007, 879: Auskunftsanspruch „nach § 242"; BGH NJW 2005, 1492: Auskunft unter Ehegatten auf illoyale Vermögensminderungen außerhalb § 1379 I) und ausgestalten (vgl. BGH NJW 2008, 1002; BGH NJW 2010, 2357 f.: Auskunft

bei Verletzung von Urheberrechten); Auskunft des Krankenhauses über die Identität eines Mitpatienten zur Geltendmachung von Schadensersatzansprüchen (BGH NJW 2015, 2652). Gegen die gerichtliche Begründung von Auskunftsansprüchen in Sonderverbindungen auf Grund der Generalklausel des § 242 erhebt das BVerfG keine grundsätzlichen **verfassungsrechtlichen Einwände.** Nach BVerfG NJW 2015, 1506 mAnm Reuß; Löhning NZFam 2015, 359; Pfeiffer LMK 2015, 368605; dazu → §§ 1606–1608 Rn. 14) schützt das aus Art. 2 I iVm Art. 1 I GG folgende allg. Persönlichkeitsrecht mit der Privat- und Intimsphäre auch das Recht, selbst darüber zu befinden, ob, in welcher Form und wem Einblick in die Intimsphäre und das eigene Geschlechtsleben gewährt wird. Dies umschließt das Recht, **geschlechtliche Beziehungen** zu einem bestimmten Partner nicht offenbaren zu müssen. Im Wege richterlicher Rechtsfortbildung kann daher eine Pflicht der Mutter zur Auskunft über die Person des mutmaßlichen Vaters des Kindes nicht angenommen werden, sofern die Auskunft allein dem ökonomischen Regressinteresse des Scheinvaters dienen soll. Eine solche ökonomisch motivierte Auskunftspflicht kann grundsätzlich nur gesetzlich begründet werden. Für diesen Zweck genügt § 242 den Anforderungen an eine hinreichend deutliche Grundlage im geschriebenen Recht nicht (s. BVerfG NZFam 2015, 355 Rn. 30, 36, 44, 46). Ausn. (BVerfG NZFam 2015, 355 Rn. 30): Obwohl das Interesse, selbst darüber zu befinden, ob und wem Einblick in das Geschlechtsleben gewährt wird, verfassungsrechtlich schwer wiegt, kann das Geheimhaltungsinteresse einer Mutter gegenüber dem finanziellen Regressinteresse eines Scheinvaters in bestimmten Konstellationen weniger schutzwürdig sein, sodass ihr die Auskunftserteilung auf der Grundlage des § 242 ohne spezielle ges. Regelung im Hinblick auf den Regressanspruch aus § 1607 III des Scheinvaters verfassungsrechtlich zumutbar ist, zB wegen ihres früheren Verhaltens (bejahend, wenn der Scheinvater von der Mutter zur Vaterschaftsanerkennung veranlasst worden war, s. BGHZ 191, 259 = NJW 2012, 450; sa BGH NJW 2014, 2571 mAnm Löhnig; bejahend, wenn die Mutter aufgrund ihres Verhaltens dem Scheinvater wegen seiner dem Scheinkind erbrachten Leistungen nach § 826 BGB schadenersatzpflichtig ist, s. BGHZ 196, 207 = NJW 2013, 2108 mN). Zu unterscheiden ist die Konstellation, in der ein Kind von seiner leiblichen Mutter Auskunft über die Person seines leiblichen Vaters verlangt, wobei die Anspruchsgrundlage nicht § 242 BGB, sondern § 1618a BGB ist (BGH NJW 2022, 1088, 1089 f. Rn. 13 ff.). – Kein Auskunftsanspruch eines Elternteils gegen den anderen, wenn dieser aus freien Stücken Unterhalt leistet und daher keine rechtfertigende Unklarheit über bestehende Rechte besteht
22 (BGH NJW 2013, 1740). **c) Vorlegungs- und Einsichtsgewährungspflichten.** Entstehen bei Vertragsdurchführung bestimmungsgemäß bei einer Partei Unterlagen, an deren Kenntnis die andere ein schutzwürdiges Interesse hat, so hat diese einen – ggf. beschränkten – Anspruch auf Vorlegung und Einsicht (vgl. Anm. zu § 667; §§ 809–811); Bsp: Anspruch auf Einsicht in Vertrags- (BGH NJW-RR 1992, 1073) und Krankenunterlagen (BGHZ 85, 331 ff., 342; 106, 147; Gitter GS Küchenhoff, 1987, 323); uU auf Vertragskopie (LG Köln NJW-RR 1990, 1074). Zur Herausgabe aller ärztlichen Aufzeichnungen, auch Röntgenaufnahmen und Patientenkartei, in gut lesbarer Kopie gegen Kostenersatz beim Arztvertrag s. noch LG Köln MedR 2011, 168, auch zur Frage des Beweises der Unmöglichkeit der Herausgabe. **Ges. Fälle:** §§ 492 III, 716, 810, 1799 II; §§ 87c IV, 118 HGB; § 51a GmbHG; § 111 AktG. Zur Verpflichtung eines Mieters aus § 242, die vom Voreigentümer an den Mieter zurückgegebene Kaution an den Erwerber als neuen Ver-
23 mieter zu leisten, s. BGH NJW-RR 2012, 214. **d) Mitwirkungspflichten. (Lit.:** Hüffer, Leistungsstörungen durch Gläubigerhandeln, 1976, 41 ff., 202 ff., 221 ff., 245 ff. – einschr.; Nicklisch BB 1979, 533). Die Parteien (insbes. auch der Gläubiger: → § 293 Rn. 10) sind verpflichtet, zur Erreichung des Vertragszwecks (Leistungserfolgs) zusammenzuwirken und entgegenstehende Hindernisse zu beseitigen (BeckRS 2018, 5181, Ls.; BGH WM 1989, 1679 mN; selbstständig einklagbare Nebenpflicht). Bsp: Ist für den Vertrag oder die Vertragsdurchführung **behördliche Genehmigung** (zB § 51 BauGB) erforderlich, müssen die Parteien die Voraussset-

zungen für die Genehmigung schaffen und dürfen deren Erteilung nicht vereiteln (RGZ 129, 376, stRspr). Im Rahmen des Zumutbaren ist der Vertrag so zu ändern, dass er genehmigungsfähig wird (BGHZ 67, 35 mN). Bei Versagung der Genehmigung kann eine Verpflichtung zum Neuabschluss des (ganz oder teilweise unwirksam gewordenen) Vertrags bestehen (BGHZ 87, 165). Einen Fluggast trifft gegenüber der Fluggesellschaft die Pflicht, bei einem Auslandsflug die notwendigen Einreisedokumente für den Zielstaat mitzuführen (BGH NJW 2018, 2954, 2955). Bei **Formnichtigkeit** (§ 125) wird idR der Formzweck einer Pflicht zum Neuabschluss entgegenstehen (→ Rn. 41, 50; vgl. BGH NJW 1975, 43; BeckRS 2013, 02148 Rn. 15). § 242 kann nur unter ganz besonders strengen Voraussetzungen auf formunwirksame erbrechtliche Vereinbarungen angewendet werden, etwa wenn der Treuwidrige arglistig handelt oder ihm eine besonders schwere Treuwidrigkeit zur Last fällt (BeckRS 2013, 02148 Rn. 15, 18 mwN). Dass die Nichtigkeit den einen Vertragsteil hart trifft, reicht nicht aus, um eine Berufung auf § 242 gegenüber der Formunwirksamkeit eines Rechtsgeschäfts zu gestatten, vielmehr muss für diesen Vertragspartner das Ergebnis schlechthin untragbar sein (→ Rn. 41, ferner BGH NJW 2011, 2686 Rn. 17 mwN). Eine Pflicht zur Mitwirkung eines Vertragspartners an der Beurkundung eines Grundstückkaufvertrags besteht nicht schon, wenn es an einem triftigen Grund für die Verweigerung fehlt, sondern nur, wenn eine besonders schwerwiegende, in der Regel vorsätzliche Treuepflichtverletzung vorliegt, wie sie beispielsweise beim Vorspiegeln einer tatsächlich nicht vorhandenen Abschlussbereitschaft gegeben ist. Ansonsten liefe eine Mitwirkungspflicht dem Zweck der Formvorschrift des § 311b zuwider, nach der wegen der obj. Eigenart des Vertragsgegenstandes eine Bindung ohne Einhaltung der Form verhindert werden soll (BGH BeckRS 2013, 01755 Rn. 8). Echte Mitwirkungspflichten bestehen ferner immer dann, wenn einverständlich eine Leistung oder überhaupt die Vertragsgrundlagen an veränderte Umstände angepasst werden sollen. Bsp: Einverständliche Preisanpassung auf Grund eines Leistungsvorbehalts (BGHZ 71, 284; sa allg. → §§ 244, 245 Rn. 20 f.); Anpassung von Gesellschaftsverträgen an veränderte Umstände (BGHZ 98, 279 f.); Vertragsanpassung bei Wegfall der Geschäftsgrundlage (§ 313 I). **e) Schutzpflichten** 24
(§ 241 II). Die Parteien haben sich bei der Anbahnung und Durchführung des Schuldverhältnisses, insbes. der Leistungserbringung, so zu verhalten, dass Person, Eigentum und sonstige Rechtsgüter (auch das Vermögen als solches) des anderen Partners nicht verletzt werden (BGH NJW 1983, 2814; NJW-RR 1995, 1242; NJW 2018, 2956; 2021, 1818, 1820 Rn. 24). Diese Verhaltenspflichten (vgl. → § 241 Rn. 10) bestehen bereits im Verhandlungsstadium vor Vertragsschluss (BGH NJW 1977, 376; ges. Schuldverhältnis, vgl. § 311 II). Auch soweit sie sich inhaltlich mit den deliktischen Verkehrssicherungspflichten (→ § 823 Rn. 35 ff.) decken, stellen sie doch echte Schuldnerpflichten dar (vgl. RAusschuss BT-Drs. 14/7052, 11, 182 zu § 241 II nF). Interne Leitlinien **des öffentlichen Rechts** begründen Schutzpflichten im Außenverhältnis nur bei entsprechender ständiger Praxis der adressierten Stelle iVm Art. 3 I GG (BGH BeckRS 2021, 11578 Rn. 9 ff., im Zusammenhang mit den Privatisierungrundsätzen 2010 der bundeseigenen Bodenverwertungs- und -verwaltungs GmbH). IÜ gilt: Im Schuldverhältnis muss sich eine Partei häufig in den Gefahrenbereich der anderen begeben oder ihr ihre Rechtsgüter anvertrauen; dem entspricht eine Steigerung der Pflichtenstellung des Schuldners *(„alteram partem non laedere")* im Vergleich zu der eines Dritten *(„neminem laedere")*; zustimmend und weiterführend Weller 303 ff. **Einzelnes: aa) Schutzpflichten gegenüber der** 25
Person des Vertrags-(Verhandlungs-)partners: Dienst-, Miet-, Geschäftsräume müssen sich in einem für den Arbeitnehmer (Mieter, Kunden) gefahrlosen Zustand befinden (vgl. §§ 535 I, 618; § 62 HGB; § 311 mAnm). Durch an seiner Person ausgeführte Dienst- und Werkleistungen darf der Partner nicht in seiner Gesundheit geschädigt werden (Bsp: Heilbehandlung; Personenbeförderung; vgl. § 611, § 631 mAnm, insbes. §§ 618, 619). Organisiert ein Sportverband ein Training, ist er als Vertragspartner zur Erste-Hilfe-Leistung gegenüber den Teilnehmern verpflichtet (BGH NJW 2021, 1818, 1820 Rn. 24 ff.). Ferner besteht Pflicht eines Heimträgers

als Vertragspartner zu besonderen Sicherungsmaßnahmen bei erkannter oder erkennbarer, jederzeit realisierbarer Selbstschädigungsgefahr eines Heimbewohners (BGH NJW 2021, 1463, 1464 Rn. 14 ff.). Auch die Pflicht zur Einhaltung von Hygiene-, Desinfektions- und Abstandsregeln infolge von allg. Infektionsgeschehen wie zB der **Covid 19-Pandemie** (2019-nCoV) zählt zu den Schutzpflichten des Vertragspartners iSv II, aber ebenso die Pflicht zur Einhaltung von behördlichen oder ges. Quarantänemaßnahmen (dazu Weller/Lieberknecht/Habrich NJW 2020, 1017, 1019 f.). Umgekehrt haben AN nach II und § 618 einen Anspruch auf angemessene Infektionsprävention (dazu Weller/Lieberknecht/Habrich NJW 2020, 1017, 1018; zum Anspruchscharakter s. Weller Vertragstreue 254, 265 ff.)

26 **bb) Schutzpflichten gegenüber Eigentum und Vermögen** des Vertrags-(Verhandlungs-)partners: *Obhut* für die dem Vertragspartner gehörende Sache während Reparatur, Verwahrung (vgl. Anm. zu §§ 631, 688), Miete (vgl. BGHZ 66, 353; BGH NZM 2022, 296 Rn. 13); für die geschuldete Sache vor (§ 433 I 1) und – bei Beanstandung – nach der Versendung (vgl. § 379 I HGB; BGH NJW 1979, 812), während der Beförderung, während des Annahmeverzugs (RGZ 108, 343; → § 300 Rn. 3); *Sicherung* fremden Vermögens vor Schädigung durch Schlechtlieferung oder durch fehlerhafte Erfüllungshandlung (§ 280 I 1); Verschwiegenheit bei Kreditvertrag (vgl. OLG München ZIP 2004, 19 für eine entsprechende Vertragsvereinbarung; zur Verschwiegenheitspflicht bei der Unternehmensberatung s. Weimar/Grote StuW 2002, 657); Geheimhaltung von Geschäftsgeheimnissen (ggf. nach GeschGehG, s. Burghardt-Richter/Bode BB 2019, 2697). Anlageberatungsgesellschaft hat die vorvertragliche Pflicht (§§ 241 II, 242), ihre Handelsvertreter nur dann mit der Anlageberatung zu betrauen, wenn sie sich zuvor auf der Grundlage eines polizeilichen Führungszeugnisses von deren Zuverlässigkeit überzeugt hat, s. BGH NJW 2013, 3366. Pflicht iSv § 31 I 1 WpÜG eines Bieters gegenüber den Aktionären der Zielgesellschaft begründet keine Schutzpflicht (BGH NJW 2022, 1007, 1008 Rn. 17). **cc) Schutzpflichten gegenüber Dritten:** → § 328 Rn. 24 ff.

27 **f) Leistungstreuepflicht.** Es handelt sich um eine Zusammenfassung verschiedener Einzelpflichten, bei denen der Treue-, Fürsorge- und Rücksichtsgedanke bes. ausgeprägt ist (ähnlich Weller 303, 309 ff.; PWW/Kramme Rn. 80). Die Parteien haben danach (negativ) alles, was den Vertragszweck oder Leistungserfolg beeinträchtigen, gefährden oder vereiteln könnte, kurz jedes vertragsstörende Verhalten zu unterlassen; der Schuldner hat insbes. (positiv) alles zu tun, um den Leistungserfolg vorzubereiten, herbeizuführen und zu sichern (BGH BeckRS 2018, 38607 Rn. 37; BGHZ 93, 39; 136, 298 f.; NJW 1995, 1954, 1955; 1978, 260; 1983, 998; Weller 302 ff., 309 ff.; ders. ZHR 175 [2011] 110, 117 f.). IdR geht es um – zeitlich uU über die Vertragsbeendigung fortwirkende (→ Rn. 28 ff.) – Nebenpflichten (→ § 241 Rn. 9), uU sogar um Hauptpflichten (bei § 618, vgl. → § 611 Rn. 23 ff. und 38 ff.; ferner → § 705 Rn. 1 ff.). Bsp: Der Vermieter muss den Mieter vor Konkurrenz (OLG Karlsruhe NJW-RR 1990, 1235) und gegen von Dritten ausgehende Störungen des vertragsmäßigen Gebrauchs schützen (BGHZ 99, 191). Bei Gewerbemiete stützt BGH eine vertragliche Nebenpflicht des Vermieters, den Mieter nur mit Nebenkosten zu belasten, die erforderlich und angemessen sind (entsprechend § 556 III 1 Hs. 2 bei der Wohnraummiete) auf § 242 BGB. Auch ein Vermieter von Geschäftsräumen darf nach § 242 nur solche Kosten auf den Mieter umlegen, die dem **Wirtschaftlichkeitsgebot** genügen (BGH NZM 2015, 132 Rn. 10 ff., auch zur Haftung nach §§ 280 I, 241 II). Der Verkäufer hat uU **Vermögensinteressen seines Vertragspartners** gegenüber Dritten zu wahren (zB im Fall des § 447); eine Bank hat bei nachträglicher Übersicherung Sicherheiten freizugeben (BGHZ 137, 212); der Leistende hat dem Leistungsempfänger uU eine Rechnung gem. § 14 I UStG zu erteilen (BGHZ 103, 287, 297). Bei **Vertragsbeendigung** hat die handelnde Partei die gebotene **Rücksicht** walten zu lassen: Keine Kündigung zur Unzeit (§§ 671 II, 675, 723 II); Kündigung (Rücktritt) uU erst nach Abmahnung (§ 314 II 1; → Rn. 40); unberechtigte Kündigungen von Dauerschuldverhältnissen (zB Miete) sind gegen die Treuepflicht verstoßendes vertragswidriges Verhalten

(§§ 280, 282). Kündigung eines Heimversorgungsvertrags zwischen Apotheker und Altenheimträger unter Verstoß gegen vereinbarte Kündigungsfrist verletzt Rücksichtnahmepflicht (§§ 280 I 1, 241 II, → § 241 Rn. 10) (BGH NJOZ 2017, 790, 792 Rn. 16). Kündigung (eines Geschäftsbesorgungsvertrages wie Girovertrag) ist mit § 242 unvereinbar, wenn Kündigender seine marktbeherrschende Stellung unzulässig ausnutzt; in diesem Fall ist eine AGB-Klausel, die eine solche Kündigung ermöglicht, iSv § 307 II Nr. 1 dann auch unangemessen (BGH BeckRS 2013, 02248 = NJW 2013, 1519 Rn. 18). Bes. intensiv ist die **Treuepflicht des Gesellschafters** (BGHZ 129, 142 ff.; Flume ZIP 1996, 161 ff.). Der Alleingesellschafter ist auch persönlich an das von der GmbH vereinbarte Wettbewerbsverbot gebunden (BGH WM 2005, 391).

4. Nachwirkende Vertragspflichten. Nach vollständiger Abwicklung des Vertragsverhältnisses können noch Nachwirkungen der vertraglichen Bindung bestehen (vgl. BGH NJW-RR 1990, 141 f. mN; OLG Zweibrücken NJW-RR 2003, 1600; für das Arbeitsverhältnis ausdr. § 2 Nr. 3c ArbGG). Nachwirkende Hauptpflichten (→ Rn. 29) ergeben sich aus dem insoweit noch nicht erfüllten (§ 362) Vertrag, nachwirkende Neben- und Schutzpflichten (→ Rn. 30 f.) aus der auch nach Austausch der Hauptleistungen fortbestehenden Leistungstreuepflicht (→ Rn. 27). 28

a) Nachvertragliche Haupt-(leistungs-)pflichten sind vielfach selbstständige **Unterlassungspflichten,** die dem durchgeführten Vertrag im Wege ergänzender Auslegung (§§ 157, 242) entnommen werden. Bsp: Wettbewerbsbeschränkungen bei Unternehmensveräußerung (RGZ 117, 179; BGHZ 84, 127); Rückkehrverbot bei Praxistausch zweier Ärzte (BGHZ 16, 77); Verbot beeinträchtigender Bebauung des Restgrundstücks nach Verkauf von Baugrundstück (RGZ 161, 339). 29

b) Nachvertragliche Nebenpflichten können auf Unterlassung, Duldung, Vornahme bestimmter (Mitwirkungs-)Handlungen, uU sogar auf Neuabschluss eines Vertrages gerichtet sein. Bsp: Verschwiegenheitspflicht des Dienstverpflichteten nach Beendigung des Dienstverhältnisses (BGHZ 80, 28; sa § 90 HGB, § 17 UWG, § 203 StGB); Pflicht des Vermieters zur Duldung eines Umzugsschildes (OLG Düsseldorf NJW 1988, 2545) oder zur Erbringung von Versorgungsleistungen nach Mietvertragsbeendigung (BGH NJW 2009, 1948); des Verkäufers langlebiger Industrieprodukte zu Vorhaltung und Lieferung von Ersatzteilen für angemessene Dauer (Kühne BB 1986, 1528 mN); des AG zur Wiedereinstellung des AN nach Wegfall bestimmter Kündigungsgründe (ie str., vgl. BAG NJW 1997, 2257; einschr. MDR 1998, 422), uU zur Nachsendung von Arbeitspapieren (BAGE 79, 258); jedoch kein Anspruch des Mieters auf Mietschuldenfreiheitsbescheinigung (BGH NJW 2010, 1137). § 242 kann im Einzelfall nachvertragliche **Neuverhandlungspflicht** begründen oder ges. Pflichten dieser Art begrenzen. Ausdrückliche Begründung häufiger in grenzüberschreitenden Verträgen. (**Lit.:** Nelle, Neuverhandlungspflichten zur Vertragsanpassung und Vertragsergänzung als Gegenstand von Pflichten und Obliegenheiten, 1994; ferner Berger RIW 2000, 1; Horn AcP 181, 255, 256; ders. BGH NJW 1985, 1118; Martinek AcP 98, 329; Steindorff BB 1983, 1127; M. Stürner 264 ff., 438; sa A. Schneider 123 ff., 279 ff., 418 ff.); regelmäßig geht aber Anpassung nach § 313 einer Neuverhandlungspflicht gem. § 242 vor (M. Stürner 265 f.). 30

c) Nachvertragliche Schutzpflichten sind idR Aufklärungs-, Mitteilungs-, Warn-, Obhuts- und Sorgfaltspflichten. Bsp: Die Bank oder den Arbeitgeber trifft nach Auskunftserteilung uU eine nachträgliche Berichtigungspflicht (BGHZ 61, 179; 74, 285; sa § 675 II mAnm), den Unternehmensberater trifft eine Treue-, Verschwiegenheitspflicht (s. Weimar/Grote StuW 2002, 657); den Architekten uU nach Abschluss des Architektenwerks eine Untersuchungs- und Beratungspflicht (BGHZ 92, 258 mN; entspr. zum RA vgl. BGH NJW 1985, 1152 mN; 96, 842); den Werkunternehmer eine Hinweispflicht auf die eingeschränkte Wintertauglichkeit einer von ihm erstellten Bodenplatte, wenn diese ungeplant dem Winterwetter ausgesetzt sein wird (BGH NJW 2011, 3291 Rn. 25 ff. mAnm Kapellmann); den Arzt nach Abschluss der Behandlung eine Pflicht zur Gewährung von Einsicht in 31

Krankenunterlagen sowie zur Information über bedrohliche Befunde (BGH NJW 2018, 3382, 3383 f. → Rn. 22), den Produzenten zur Produktbeobachtung (BGHZ 99, 173) und uU zum Rückruf (vgl. BGHZ 80, 202 mN), den Mieter zur Objektsicherung (BGHZ 86, 208), den Vermieter zur schonenden und rücksichtsvollen Verwertung eingebrachter Sachen (Fall der *culpa post contrahendum,* vgl. OLG Frankfurt a. M. OLGZ 1979, 339 ff.; v. Bar AcP 179, 452 f., 463; zur Obhutspflicht bei nachvertraglicher Inbesitznahme durch verbotene Eigenmacht BGH NJW 2010, 3435).

III. Unzulässige Rechtsausübung

Lit.: P. Eichenhofer, Rechtsmissbrauch. Zu Geschichte und Theorie einer Figur des Europäischen Privatrechts, 2019; Guski, Rechtsmissbrauch als Paradoxie, 2019; Hergenröder, Minderjährigkeit und finanzielle Überforderung, 2022, 346 ff.; Singer, Das Verbot widersprüchlichen Verhaltens, 1993.

32 **1. Allgemeines. a) Begriff.** Unzulässige Rechtsausübung ist jede Geltendmachung eines „an sich" gegebenen Rechts und jede Ausnutzung einer „an sich" bestehenden günstigen Rechtsposition oder Rechtslage im Widerspruch zu den Anforderungen von § 242. Unzulässige Rechtsausübung kann im Kern auf den Widerspruch des Handelns des Rechtsinhabers zu seinem eigenen (früheren, gegenwärtigen oder späteren) inkonsistenten Verhalten zurückgeführt werden, das eine **Paradoxie** begründet (Guski 203 ff.). BGH NJW 2012, 3424 Rn. 16: Die Berufung auf die Nichtigkeit eines Rechtsgeschäfts kann in besonders gelagerten Ausnahmefällen eine unzulässige Rechtsausübung iSv § 242 darstellen. Da der Grundsatz von Treu und Glauben das gesamte Rechtsleben beherrscht, gilt dies auch für die sich
33 aus einem Verstoß gegen § 1 RBERG ergebende Nichtigkeitsfolge. **b) Bedeutung.** Nach der in Rspr. und Lit. herrschenden **Innentheorie** bilden Treu und Glauben eine allen Rechten, Rechtsstellungen, Rechtslagen, Rechtsinstituten und Rechtsnormen **immanente Inhaltsbegrenzung** (vgl. MüKo-BGB/Schubert Rn. 165; Enneccerus/Nipperdey BürgerlR AT I/II § 239 III 6; M. Stürner 391 f.; BGHZ 30, 145; 229, 139 Rn. 81; BAGE 77, 128, 135; BGH NJW 1997, 2258; 11, 2686; 2012, 3424 Rn. 16; NJW-RR 2015, 457 Rn. 28; 2016, 3518, 3520 Rn. 18; NJW 2018, 1756 Rn. 20, mN, hM). Die Geltendmachung eines „an sich" bestehenden Rechts, die Ausnutzung einer „an sich" gegebenen Rechtsstellung im Widerspruch zu Treu und Glauben ist **Rechtsüberschreitung** und damit missbräuchlich („unzulässig"; BGHZ 12, 157; BAGE 77, 133). Treu und Glauben setzt der (ges. zulässigen) „Rechtsausübung dort Schranken, wo sie zu untragbaren, mit Recht und Gerechtigkeit offensichtlich unvereinbaren Ergebnissen führt, [insbes.], wenn die Anwendung der gesetzlichen Vorschriften einen im Einzelfall bestehenden Interessenkonflikt nicht hinreichend zu erfassen vermag und für einen der Beteiligten ein unzumutbar unbilliges Ergebnis zur Folge hätte" (BGH NJW-RR 2015, 457 Rn. 28 mN, sa BGHZ 229, 139 Rn. 81, hM). Die Innentheorie hat einen bedeutenden Aufschwung durch die nationalsozialistisch geprägten Arbeiten von W. Siebert erfahren, die – befreit von dem nationalsozialistischen Vokabular – heute noch weiterwirken (s. dazu und zum Folgenden Haferkamp, Rechtsmissbrauchslehre; HKK/Haferkamp Rn. 24 ff., 70 ff., 74 ff., 77; sa P. Eichenhofer 113 ff.). Die Innentheorie kann den Richter von den Fesseln des Gesetzes befreien und ihm die Rechtsfortbildung eröffnen, ohne dass er methodenehrlich seinen rechtsfortbildenden Eingriff in das Gesetzesrecht offenlegt. Insoweit erweitert sie die richterlichen Gestaltungsmöglichkeiten. Weiter erlaubt sie, privatrechtsheteronome Wertungen in das BGB zu transportieren. Sie hat damit eine Transmissionsfunktion (s. HKK/Haferkamp Rn. 89 ff.). Auch hat sie daher ein hohes Missbrauchspotential und birgt die Gefahr der nicht im demokratischen Gesetzesprozess verankerten richterlichen Ersatzgesetzgebung
34 (sa Staudinger/Looschelders Rn. 104). **c) Anwendungsbereich.** Unzulässige Rechtsausübung umfasst in ihrem Kernbereich die Fälle der missbräuchlichen Geltendmachung von subj. Rechten und Einreden (individueller „Rechtsmissbrauch"

und „Rechtsfehlgebrauch“), ferner aber auch die missbräuchliche Ausnutzung von Rechtsstellungen und Rechtslagen jeder Art, von Rechtsinstitutionen und rechtlichen Gestaltungsformen (insoweit zT „Normenmissbrauch“ oder „institutioneller Rechtsmissbrauch“ genannt; Terminologie uneinheitl., vgl. Soergel/Teichmann Rn. 13 f.; BAG NZA 1984, 199). Bsp: Missbrauch der Vertragsfreiheit durch AGB (Inhaltskontrolle nach § 307 iVm § 242), Missbrauch von Gestaltungsformen des bürgerlichen oder Arbeitsrechts zB bei finanzierten RGeschäften (Einwendungsdurchgriff gem. § 359, früher Fall von § 242), bei Verwendung der Rechtsform der jur. Person (Haftungsdurchgriff gem. § 242; vgl. BGHZ 68, 315 mN; ie Coing NJW 1977, 1793) und allg. in den Fällen des „schuldrechtlichen Durchgriffs“ (vgl. BGHZ 102, 103). **d) Voraussetzungen im Allg.** Der Inhalt des (konkretisierungs- 35
bedürftigen) Tatbestands der „unzulässigen Rechtsausübung“ ergibt sich aus den einzelnen Anwendungsfällen, die sich in stRspr herausgebildet haben (→ Rn. 37 ff.; 53 ff.); den Auffangtatbestand bildet die Fallgruppe des rücksichtslosen Eigennutzes (→ Rn. 43). Allg. Voraussetzung für die Anwendung der Grundsätze ist das **Bestehen einer Sonderbeziehung** zwischen den Beteiligten (vgl. → Rn. 10, 14), deren Entstehen mit der gleichzeitigen Begrenzung durch die Grundsätze unzulässiger Rechtsausübung zusammenfallen kann (s. MüKo-BGB/Schubert Rn. 164, Bsp: Rechtsscheinhaftung). Außerhalb einer Sonderverbindung gelten nur die allg. Schranken der Rechtsausübung gem. §§ 138, 226, 826. Bejahung unzulässiger Rechtsausübung setzt nicht notwendig **Verschulden** der handelnden Partei voraus (BGHZ 64, 9; MDR 1986, 733; NJW 2009, 1346; hM, vgl. Staudinger/Looschelders/Olzen Rn. 222 mN; ie → Rn. 37, 44, 48), umgekehrt setzt die Schutzwürdigkeit der Gegenpartei nicht notwendig fehlendes Verschulden voraus (uU dann aber Abwägung gem. § 254 entspr., vgl. BGHZ 50, 114; 76, 217); es genügt, dass die Rechtsausübung **obj.** gegen Treu und Glauben verstößt (BGHZ 12, 157; → Rn. 37, 44). Vorhandensein und Schwere eines Verschuldens sind jedoch im Rahmen der gebotenen umfassenden Interessenabwägung gebührend zu berücksichtigen (MüKo-BGB/Schubert Rn. 130, allgM; Bsp: BGHZ 122, 168). Bei Fehlen eines zielgerichteten treuwidrigen Verhaltens hat eine umfassende Abwägung der maßgeblichen Umstände des Einzelfalls zu erfolgen; das muss umso mehr gelten, wenn beiden Seiten ein Rechtsverstoß zur Last fällt (BGH NJW 2012, 3426; 2011, 3149 Rn. 8). **e) Rechtsfolgen.** Die „unzulässige“ Rechtsausübung (Rechtsmiss- 36
brauch, Rechtsformfehlgebrauch usw, vgl. → Rn. 34) genießt keinen Rechtsschutz (vgl. § 2 II SchwZGB, dazu → Rn. 1), dh von der „an sich“ bestehenden Rechtslage ist zum Nachteil der sich „unzulässig“ verhaltenden Partei *(Rechtsbeschränkung)* und zu Gunsten der Gegenpartei *(Rechtsbegünstigung)* abzuweichen. Ie kann die Abweichung in der Versagung der Durchsetzbarkeit von Rechten, der Nichtberücksichtigung „an sich“ erheblicher Umstände oder der „Ersetzung“ (vgl. Canaris, Die Vertrauenshaftung im deutschen Privatrecht, 1971, 268) „an sich“ fehlender Erfordernisse bestehen. Bsp: Missbräuchlich geltend gemachte Rechte sind – zeitweilig oder auf Dauer – nicht durchsetzbar (→ § 273 Rn. 1); uU (zB bei Verwirkung) tritt endgültiger Rechtsverlust ein (→ Rn. 63); ein missbräuchlich ausgeübtes Gestaltungsrecht (Kündigung, Rücktritt, Anfechtung, Aufrechnung, Prozesshandlung) führt die erstrebte Rechtsfolge nicht herbei (vgl. BGHZ 20, 206; 94, 246; BAGE 77, 133; Gegenbeispiel: BGH NJW 2010, 290 f.) oder löst anspruchsbegründende Wirkungen aus (BAG NJW 1997, 2258 f.), eine missbräuchlich erhobene Einrede bleibt unbeachtet (BGHZ 91, 134; → Rn. 51); bei missbräuchlicher Berufung auf eine günstige Rechtslage (Ablauf einer Ausschlussfrist; (Form-)Nichtigkeit (BGH WM 2009, 1273 f.: Berufung auf Nichtigkeit von Zwischendarlehensverträgen bei sog. Bauherrenmodell); Gesetzwidrigkeit) können rechtsvernichtende Umstände unbeachtet bleiben (befristetes Recht wird trotz Ablaufs der Ausschlussfrist als fortbestehend behandelt, vgl. → Rn. 52) oder fehlende rechtsbegründende Merkmale „ersetzt“ werden (Erfüllungsanspruch der Gegenpartei trotz Formmangels oder Gesetzesverstoßes; vgl. → Rn. 10, 23, 41, 50; → § 125 Rn. 14). Über § 242 können Ablöseverträge in ihrer Wirkung begrenzt werden, dient zB ein Kreditver-

trag der Ablösung eines nichtigen, aber von den Parteien für wirksam gehaltenen früheren Kreditvertrages, dann stehen dem Kreditgeber aus dem neuen Vertrag nur die Ansprüche zu, die ihm bei Kenntnis und Berücksichtigung der Nichtigkeit des früheren Vertrages billigerweise auch eingeräumt worden wären (BGH ZIP 2002, 701). BGH NJW 2012, 3424: Kann sich ein Vertragspartner nach Treu und Glauben nicht auf die Unwirksamkeit der Vollmacht des Vertreters der Gegenseite berufen, ist es ihm auch verwehrt, seine Erklärungen nach § 178 zu widerrufen oder die Gegenseite gem. § 177 II zu einer Genehmigung des Vertrags aufzufordern. Zur Anwendung der Grundsätze der unzulässigen Rechtsausübung ist die Erhebung einer **Einrede** nicht erforderlich (MüKo-BGB/Schubert Rn. 167), ihre Berücksichtigung erfolgt im Prozess **von Amts wegen** (BGH NJW 2018, 3581 Rn. 37; BGH NJW 2011, 3150 Rn. 7; Folge der Inhaltsbegrenzung, vgl. → Rn. 33; anders aber im Fall von § 313 I). **Beweislast:** Die begünstigte Partei (BGH NJW 1983, 1736; BAGE 77, 137; BVerfG NJW 1988, 2233 mN) bzw. Darlegungs- und Beweislast hat diejenige Partei, die den Einwand erhebt (BAG NJW 2017, 1409 Rn. 45).

37 **2. Missbräuchliche Rechtsausübung. a) Allgemeines.** Die Ausübung eines Rechts kann im Einzelfall unzulässig sein, wenn der Berechtigte kein schutzwürdiges Eigeninteresse verfolgt oder überwiegende schutzwürdige Interessen der Gegenpartei entgegenstehen und die Rechtsausübung im Einzelfall zu einem grob unbilligen, mit der Gerechtigkeit nicht mehr zu vereinbarenden Ergebnis führen würde **(individueller Rechtsmissbrauch).** Der Tatbestand des Rechtsmissbrauchs ist aus der Einrede der gegenwärtigen Arglist *(exceptio doli praesentis)* hervorgegangen (zur historischen Ablösung der römischrechtlichen Arglisteinrede durch die Rechtsmissbrauchslehre, die Siebert aus nationalsozialistischer Rechtslehre heraus betrieb, s. Haferkamp AcP 10, 307 f.; HKK/Haferkamp Rn. 74 ff.), überschneidet sich teilweise mit dem der Schikane (§ 226) und der sittenwidrigen Schadenszufügung (§ 826), setzt aber iGgs zu diesen weder ein Verschulden noch eine Pflichtwidrigkeit notwendig voraus (BGH NJW 2016, 3518, 3519 Rn. 20: obj. Gesamtbild → Rn. 48); auch auf die Willensrichtung des Berechtigten kommt es nicht an (BGH NJW-RR 2009, 26: Vorstellung rechtsmissbräuchlichen Handelns begründet keinen Rechtsmissbrauch); maßgebend ist die obj. Interessenabwägung im Einzelfall (BGH NJW 2010, 291; BGH BeckRS 2022, 2311 Rn. 49 mN; Soergel/Teichmann Rn. 290; v. Olshausen JZ 1983, 290) im Zeitpunkt der letzten mündlichen Tatsachenverhandlung (BGH NJW-RR 2018, 301 Rn. 17). Nach dem **unionsrechtlichen Missbrauchsverbot** (BGH BeckRS 2022, 2311 Rn. 58 ff. mN -Vorlagebeschluss nach Art. 267 I lit. a, II – zu den unionsrechtlichen Anforderungen sa Knops RabelsZ 85 [2021] 505, 517 ff.) liegt Missbrauch nur vor, wenn (1) **objektiv** sich aus Gesamtheit objektiver Umstände ergibt, dass trotz formaler Einhaltung der unionsrechtlichen Bedingungen das Ziel der unionsrechtlichen Regelung nicht erreicht wird und (2) **subjektiv** Absicht, sich einen unionsrechtlich vorgesehenen Vorteil dadurch zu verschaffen, dass dessen Voraussetzungen willkürlich geschaffen werden (EuGH NJW 2022, 40, 48 Rn. 122 ff. mN – C-33/20, C-155/20, C-187/20 –
38 UK ua/Volkswagen Bank GmbH ua). **b) Fallgruppen. aa) Fehlendes schutzwürdiges Eigeninteresse des Berechtigten.** Unzulässig ist die Rechtsausübung, mit der der Berechtigte kein sachliches – dauerndes – Eigeninteresse verfolgt, die Rechtsausübung vielmehr nur Vorwand zur Erreichung rechts-(vertrags-)fremder oder unlauterer Zwecke ist (vgl. BGHZ 5, 186; 134, 330; NJW 1980, 451; 91, 1947; 93, 2042 mN; BGH NJW-RR 2021, 485, 486 Rn. 17). Dies gilt auch bei der Ausübung prozessualer Befugnisse (BGHZ 74, 15; Schneider NJW 1980, 2384; BGH NJW 2018, 3581, 3584 Rn. 37). **Bsp:** Missbrauch von Informationsrechten *zur Ausspähung* von Kunst- und Gewerbegeheimnissen (BGHZ 93, 206, 211; → §§ 259–261 Rn. 5 f.; → §§ 809–811 Rn. 4); Ausübung eines ges. Vorkaufsrechts aus sachfremden (vgl. § 24 II BauGB) Gründen (BGHZ 29, 116; 36, 157 f.); Rücktritt vom Kauf nach Wegfall des Mangels (BGHZ 90, 205; sa BGH NJW 2009, 509); missbräuchliche Verweigerung einer zu erteilenden Genehmigung (BGHZ

108, 385); missbräuchliche Aufklärungsrüge des Patienten (OLG Köln NJW 1990, 2940; LG Bückeburg NJW-RR 1990, 1505); missbräuchliche Kündigung eines Mietvertrags nach § 540 I 2 bei fehlendem Nutzungsinteresse des benannten Untermieters (BGH NJW-RR 2010, 307); Kündigung aus Willkür (BGH NJW 1987, 2808), unter Machtmissbrauch (BGHZ 81, 268) oder zur Disziplinierung für private Lebensführung (BAGE 77, 136 f.); missbräuchliches Hausverbot; Stimmrechtsmissbrauch (BGHZ 88, 328 f.); missbräuchliche Einleitung und Durchführung eines gerichtl. Verfahrens zu verfahrensfremden Zwecken (vgl. BGHZ 74, 15; 95, 19), zB „räuberische" Aktionärsklage (BGHZ 107, 309; 112, 23 ff.); missbräuchliche Mehrfachverfolgung (BGHZ 144, 165); Beantragung der Festsetzung von Mehrkosten, die durch die missbräuchliche Verfolgung zusammengehörender Ansprüche in getrennten Prozessen entstanden sind (BGH BeckRS 2013, 00534); missbräuchliche Mehrfachabmahnung (BGHZ 149, 371); von gewerblichem Prozessfinanzierer finanzierte Gewinnabschöpfungsklage eines Verbraucherverbands, der im Falle des Obsiegens einen Anteil am abgeschöpften Gewinn erhalten soll (BGH NJW 2018, 3581, 3582 ff. Rn. 24 ff.); zur Frage der missbräuchlichen Geltendmachung einer Vertragsstrafe s. BGH NJW 2012, 3577; zur missbräuchlichen Abmahnung einer Urheberrechtsverletzung s. BGH BeckRS 2013, 00843; missbräuchliche Geltendmachung des Leistungsverweigerungsrechts gem. § 410 I 1 (BGH NJW 2012, 3426); zu den Voraussetzungen an die missbräuchliche Geltendmachung einer Entschädigung wegen einer AGG-Verletzung BAG NJW 2017, 1409, 1413 Rn. 43 ff., BAG NZA 2019, 527, 533 Rn. 46ff; Klage auf Herausgabe der Bürgschaftsurkunde nach Verjährung der Bürgschaftsforderung (BGH NJW-RR 2009, 426); missbräuchliches Unterlassen von den Verjährungsbeginn begründenden Gläubigerhandlungen (BGH VersR 2002, 698 mN), dabei ist wegen der formalen Strenge des Verjährungsrechts ein strenger Maßstab anzulegen; zur treuwidrigen Berufung auf einen Fristablauf s. BGH NJW 2012, 3185; zur treuwidrigen Berufung auf eine Ausschlussfrist s. BGH NJW 2011, 1957; zu den Kriterien eines treuwidrigen „Dulden und Liquidieren" iSv § 198 III GVG s. BGH NJW 2021, 859 Rn. 29 f. (keine Typisierung auf 6 Monatszeitraum). **bb) Pflicht zur alsbaldigen Rückgewähr.** Die Forderung **39**
einer Leistung ist unzulässig, wenn sie aus einem anderen Rechtsgrund dem Schuldner alsbald zurückgewährt werden muss (BGHZ 110, 33; 115, 137; 117, 155; 140, 223; NJW-RR 2021, 294 Rn. 18; *dolo agit, qui petit, quod statim redditurus est*; dazu sa Winkelmann 159, 237 f.). Ges. Ausprägung: §§ 387, 273, ferner (Winkelmann 237 f.) § 821. Bsp: Der Schuldner kann nicht auf Erfüllung in Anspruch genommen werden, wenn ihm das als Erfüllung Geleistete als Schadensersatz (BGH NJW 2017, 386, 387 Rn. 16; 2012, 1792, 1793 Rn. 13; 2010, 1192, 1194 Rn. 23; BGHZ 66, 305; 116, 203; OLG Frankfurt NJW 2016, 647, 648 Rn. 25) oder ungerechtfertigte Bereicherung (BGHZ 74, 293, 300; sa Winkelmann 238) zurückerstattet werden müsste. Vom unrichtig Eingetragenen kann nicht Grundbuchberichtigung (§ 894) verlangen, wer ihm schuldrechtlich zur Bestellung des eingetragenen Rechts verpflichtet ist (BGH NJW 1974, 1651). Der Vermieter kann nicht aus § 541 die Beseitigung einer vom Mieter angebrachten Parabolantenne verlangen, wenn er dem Mieter angesichts dessen allgemeinen Informationsgrundrechts aus Art. 5 I 1 Hs. 2 GG die Errichtung hätte gestatten müssen, BGH NJW 2006, 1062; NZM 2007, 598 f. Der Vermieter kann nach einer Kündigung nicht die Herausgabe der Mietsache verlangen, wenn er aufgrund einer Vereinbarung unmittelbar dazu verpflichtet ist, das durch die Kündigung beendete Mietverhältnis zu den vereinbarten Konditionen erneut zu begründen, BGH BeckRS 2019, 19652 Rn. 3 f. Ein Mieter kann sich nicht auf die ges. Mietminderung berufen, wenn und soweit dem Vermieter ein Schadensersatzanspruch gemäß § 536c II 1 wegen Verletzung der den Mieter treffenden Pflicht zur (rechtzeitigen) Anzeige von Mängeln der Mietsache (§ 536c I) zusteht (BGH BeckRS 2013, 01338 Rn. 17). Ein Ingenieur kann nicht sein Honorar für einen Planungsfehler verlangen, wenn er dies im Wege des Schadensersatzes selbst erstatten muss (BGH NJW 2012, 1792 mAnm Preussner). Man kann nichts herausverlangen, was man gem. § 143 InsO zurückgewähren muss (BAG

NZA 2012, 208). Allg. handelt unzulässig, wer *obj. Zweckloses* verlangt (BGHZ 93, 350). Ein Schadensersatzanspruch gegen eine Gemeinde geht ins Leere, wenn sogleich Kostenersatz aus öffentl.-rechtlichem Erstattungsanspruch gefordert werden
40 kann (BGH NJW-RR 2007, 823). **cc) Geringfügigkeit und Unverhältnismäßigkeit (Übermaßverbot). Lit.:** Canaris JZ 1987, 993; Medicus AcP 192, 35; M. Stürner 392 ff., 442 ff. Unzulässig ist eine Rechtsverfolgung, die geringfügige, dem Berechtigten im Einzelfall unschädlich gebliebene Verfehlungen oder Mängel zum Anlass nimmt, weitreichende Rechtsfolgen geltend zu machen. Ges. Ausprägungen: §§ 259 III, 320 II, 323 V 2, 439 III 1, 543 II Nr. 2 und Nr. 3a, 569 III Nr. 1, § 50 III 2 BRAO. Allg. darf sich die Rechtsausübung nicht als eine *unverhältnismäßige* Reaktion auf das Verhalten des anderen Teils darstellen (vgl. BGHZ 88, 95; NJW 1985, 267 mN; 1988, 699; WM 2009, 1666; BAG NZA 1992, 690 mN; allg. Canaris JZ 1987, 1002; Buß NJW 1998, 343; grundlegend jetzt M. Stürner 392 ff., 442 ff.). Der Verhältnismäßigkeitsgrundsatz und das aus ihm folgende Übermaßverbot wirken auch in den Privatrechtsbereich hinein (BVerfGE 81, 256; BGHZ 109, 312 f.; 118, 343; 123, 378; BAG GS NJW 1993, 1734; für öffentl.-rechtliche Gläubiger bereits BGHZ 93, 381 ff.; ie str., s. Medicus AcP 192, 35 ff.). Ges. Ausprägungen: §§ 251 II, 275 II, 635 III; § 50 III 2 BRAO. Bsp: Bei Überschreitung der **Opfergrenze** kann der Schuldner seine Leistung verweigern (§ 275 II, dazu, dass die Norm eine Ausprägung des allgemeinen Rechtsmissbrauchsverbots ist, s. M. Stürner FS v. Brünneck, 2011, 360, 371 ff.); ein Rücktritt wegen Überschreitung der vereinbarten Frist ist uU dann unzulässig (unwirksam), wenn die Verspätung (rückständige Leistung) ganz geringfügig ist und unter Würdigung des sachlichen Interesses des Berechtigten an der Einhaltung der Frist als unwesentlich erscheint (vgl. BGH NJW 1985, 267); das Gleiche gilt für die Geltendmachung von Vertragsstrafen und Verfallklauseln bei ganz geringfügigen Zahlungsrückständen (BGHZ 95, 374), die Ausübung von Zurückbehaltungsrechten (BGH ZIP 2016, 2420; BAG NZA 1985, 356; LG Düsseldorf NJW-RR 1995, 906) und die Kündigung von Dauerschuldverhältnissen wegen geringfügiger Verfehlungen ohne vorherige Abmahnung (BGH NJW 1992, 497; BAG NZA 1992, 1030 f. mN; vgl. auch § 314 II 1); bei geringfügiger Obliegenheitsverletzung des Versicherungsnehmers kann sich der Versicherer nicht auf Leistungsbefreiung berufen (BGHZ 100, 64 f.; 130, 176; Canaris JZ 1987, 1003 f., vgl. jetzt die abgestufte Regelung des § 26 I VVG nF), desgl. nicht der Verkäufer auf geringfügige, unschädlich gebliebene Überschreitung der Rügefrist (OLG Karlsruhe WM 1987, 113) oder der Besteller auf ganz unbedeutende und leicht zu behebende Mängel (BGH NJW 1996, 1281 mN). Auch bei der Rechtsausübung muss der Berechtigte den Verhältnismäßigkeitsgrundsatz beachten (BGH WM 2009, 1666; → § 859 Rn. 1; zu den Grundlagen der vom öffentl. Recht getrennten privatrechtlichen Verhältnismäßigkeitsprüfung M. Stürner zusammenfassend 442 ff.). Anspruch eines Wohnungseigentümers gegen die anderen auf erstmalige Herstellung eines den Plänen entsprechenden Bauzustands kann nach § 242 ausgeschlossen sein, wenn die plangerechte Herstellung tiefgreifende Eingriffe in das Bauwerk erfordert oder Kosten verursacht, die auch unter Berücksichtigung der berechtigten Belange der von der abweichenden Bauausführung unmittelbar betroffenen Wohnungseigentümer unverhältnismäßig sind (BGH NJW 2016, 473, 475 Rn. 22 f. mN). – Der Käufer kann bei behebbaren Mängeln, auch wenn sie geringfügig sind, grds. ein Zurückbehaltungsrecht geltend machen und die Annahme der Sache bis zur Beseitigung des Mangels verweigern (BGH NJW 2017,
41 1100). **dd) Überwiegendes schutzwürdiges Interesse der Gegenpartei.** Der Gläubiger braucht zwar nicht schon deshalb von der Durchsetzung von Rechten abzusehen, weil die Rechtsausübung den Gegner hart treffen würde (kein Verbot *bloß „unbilliger Rechtsausübung“*; vgl. BGHZ 19, 75; JZ 1980, 767; MüKo-BGB/Schubert Rn. 617); stets müssen Umstände hinzukommen, die die Rechtsausübung im Einzelfall als eine grob unbillige, mit der Gerechtigkeit nicht zu vereinbarende Benachteiligung des Schuldners erscheinen lassen (zB BGH NJW 1991, 974; ähnlich BGHZ 68, 304: „schlechthin unzumutbares“ Ergebnis). Bsp: Aufhebung der der

gemeinsamen Berufsausübung zugrundeliegenden Bruchteilsgemeinschaft als besondere Härte (BGH NJW-RR 2005, 308; 2008, 612); Aufrechnungsverbot bei nachträglichem Vermögensverfall des Gläubigers (BGH NJW-RR 1991, 972 mN) und gegen Geldentschädigungsanspruch eines Strafgefangenen (BGHZ 182, 304 ff., wobei die Entscheidung statt über § 242 auch direkt mittels des Schutzauftrags der Grundrechte aus Art. 1 II, Art. 2 I GG begründet werden könnte); zweckwidrige Inanspruchnahme von Ehegatten-Bürgschaft (BGHZ 134, 330; → Rn. 42; § 765 mAnm); in der Rspr wird die Haftungsreduktion aus Gründen des Minderjährigenschutzes über § 242 diskutiert (Berliner VerfGH NJW 2010, 1141; wN und Diskussion bei Hergenröder 346–348); Inanspruchnahme eines ausgleichsberechtigten Gesamtschuldners nach Aufgabe von Sicherheiten (BGH NJW 1983, 1424; 2010, 863; Regressbehinderung); Berufung auf Unterhaltsverzicht ohne Rücksicht auf die spätere Entwicklung (BGH NJW 1992, 3165 f. mN; → § 1585c Rn. 11); Berufung auf individualvertraglichen Gewährleistungsausschluss für Sachmangel bei Erwerb neu errichteter Häuser ohne ausführliche Belehrung und Erörterung (BGHZ 101, 353; NJW-RR 2007, 895); Beschränkung der Ausübung des Käuferwahlrechts gem. § 439 I (BGH NJW 2019, 292, 296 Rn. 54 f.); Inanspruchnahme eines Darlehensnehmers als Gesellschafter eines Kapitalanlagefonds, der sein Darlehen wegen Verstoßes gg. Art. 1 § 1 RBerG gekündigt hat (BGH ZIP 2008, 1317); Sperre bereicherungsrechtlicher Rückabwicklung der Treuhändervergütung bei nichtigem Treuhändervertrag (BGH NJW 2007, 1130 f.); Geltendmachung einer ärztlichen Honorarforderung trotz fehlender höchstpersönlicher Leistung oder Aufklärung des Patienten (BGHZ 175, 76 f.); Berufung auf § 537 II trotz Nichtbenutzung der Mietsache (BGH NJW 2008, 1149 f.). Verbraucher kann Widerrufsrecht frei ausüben. Keine Motivkontrolle (BGH NJW 2016, 3518, 3520 Rn. 20). Ausschluss des Widerrufsrechts wegen Rechtsmissbrauchs oder unzulässiger Rechtsausübung nur ausnahmsweise – unter dem Gesichtspunkt besonderer Schutzbedürftigkeit des Unternehmers – etwa bei arglistigem oder schikanösem Verhalten des Verbrauchers (BGH NJW 2016, 1951); Ausübung des Widerrufsrechts ist nicht allein deshalb rechtsmissbräuchlich, weil sie nicht durch den Schutzzweck des Verbraucherwiderrufsrechts motiviert ist (BGH NJW 2016, 3512, 3517 Rn. 43 ff.; 2016, 3518, 3521 f. Rn. 38 ff.; BGH BeckRS 2022, 2311 Rn. 50); auch erheblicher Zeitablauf zwischen Vertragsschluss und Widerruf allein begründet Rechtsmissbrauch nicht (BGH BeckRS 2022, 2311 Rn. 50 mN); ebenso wenig eine Erklärung des Widerrufs erst nach Vertragsbeendigung (BGH BeckRS 2022, 2311 Rn. 50 mN) (diese Entscheidung erging als Vorlagebeschluss nach Art. 267 I Nr. 1 lit. a, II AEUV); s. näher zum Missbrauchseinwand im Zusammenhang mit Verbraucherwiderrufen unter Berücksichtigung unionsrechtlicher Anforderungen Knops RabelsZ 85 (2021), 505, 507 ff., 529 ff. – Eigentümer hat auf § 242 gestützten Anspruch auf Löschung eines dinglichen Wohnrechts, falls erhebliche Nachteile, welche das dienende Grundstück durch Bestehenbleiben oder Ausübung der betreffenden Dienstbarkeit erleide, in keinem vernünftigen Verhältnis mehr zu einem bloß geringfügigen Nutzen stünden, den sie für den Berechtigten haben (BGH NJW-RR 2017, 140 Rn. 14 mN). Kein Löschungsanspruch, sondern Verpflichtung, Wohnrecht auf Verlangen des Grundstückeigentümers nicht mehr selbst, sondern durch Überlassung an Dritte auszuüben, wenn der Grundstückseigentümer oder eine diesem nahestehende Person mit dem Berechtigten des Wohnungsrechts nicht mehr auf dem belasteten Grundstück zusammenleben will, weil dieser an einem von ihnen ein vorsätzliches Tötungsdelikt begangen hat (BGH NJW-RR 2017, 140 Rn. 16). – Bei ***Ehevereinbarungen*** ist im Rahmen der Ausübungskontrolle zu prüfen, ob die abbedungene Scheidungsfolge zum Zeitpunkt des Scheiterns der Lebensgemeinschaft nicht zu einer evident einseitigen, unzumutbaren Lastenverteilung führt (BGH NJW 2021, 1752, 1754 Rn. 28; ferner BGHZ 158, 81; BGH NJW 2005, 1370; 2005, 2386; NJW 2007, 2849; 2008, 1083; 2013, 383; 2013, 459; 2013, 2753; 2015, 52, 53 ff.; FamRZ 2018, 1415; KG BeckRS 2017, 115385 Rn. 16). Das liegt idR vor, wenn einvernehmliche Gestaltung der ehelichen Lebensverhältnisse durch beide Ehegatten von der

ursprünglichen, dem Vertrag zugrundeliegenden Lebensplanung grundlegend abweicht und dadurch bei belastetem Ehegatten ehebedingte Nachteile entstanden sind, die durch den Ehevertrag nicht angemessen kompensiert werden (BGH NJW 2021, 1752, 1754 Rn. 28; FamRZ 2018, 1415 Rn. 20, 31 mN). *Beurteilungszeitpunkt:* Erstmalige Bewertung bezogen auf Zeitpunkt des Ehescheiterns. Bei wesentlicher Änderung der zugrundeliegenden tatsächlichen oder rechtlichen Verhältnisse ist auf diesen Änderungszeitpunkt abzustellen, etwa bei künftig geschuldetem Unterhalt (Berücksichtigung iRv § 238 FamFG grundsätzlich möglich) (BGH NJW 2021, 1752, 1754 Rn. 29 mN). Rechtsfolge der richterlichen Ausübungskontrolle von Ehevereinbarungen sind weder automatische Unwirksamkeit der Abrede noch Geltung des dispositiven Gesetzesrechts. Denn Gericht hat im Einzelfall die Rechtsfolge anzuordnen, welche die berechtigten Belange beider Parteien in der eingetretenen Situation in ausgewogener Weise berücksichtigt (stRspr, grundlegend BGHZ 158, 81, 101; NJW 2013, 1359, 1361 Rn. 21; 2013, 457, 460 Rn. 34; 2015, 52, 54 Rn. 25). Auch § 313 kann dabei auf Ehevereinbarungen Anwendung finden, wenn und soweit die tatsächliche Gestaltung der ehelichen Lebensverhältnisse von derjenigen ursprünglichen Lebensplanung abweicht, welche die Ehegatten dem Ehevertrag zu Grunde gelegt haben (BGH NJW 2013, 457, 461 Rn. 34). – Keine Berufung auf *Abfindungsvergleich,* wenn zwischen den von den Parteien unvorhergesehenen Schadensspätfolgen und der Vergleichssumme ein so krasses Missverhältnis besteht, dass ein Festhalten am Vergleich für den Geschädigten eine außergewöhnliche und unzumutbare Härte bedeutete (BGH NJW 1991, 1535; OLG Oldenburg VersR 2004, 65 mN; → § 779 Rn. 21). Die *Formnichtigkeit* kann dann nicht berücksichtigt werden, wenn dies für eine Partei im Ergebnis „schlechthin untragbar" ist (BGH NJW 2011, 2977 Rn. 9; bereits → Rn. 23, 50). Die *Unzumutbarkeit der Leistung* kann ausnahmsweise iVm weiteren Umständen zur Leistungsbefreiung (Einrede; Kündigungsrecht) führen (BGH NJW 1988, 700; ie Henssler AcP 190, 546 ff.; → Rn. 40). Bsp: Fälle echter unverschuldeter Gewissensnot (→ § 276 Rn. 14; strenge Anforderungen geboten, vgl. MüKo-BGB/Schubert Rn. 141 f. mN, ie str.; im Fall sog. Stromzahlungsboykotts zu verneinen, OLG Hamm NJW 1981, 2475 mN; → § 273 Rn. 11 aE); Fälle nachträglicher „überobligationsmäßiger Leistungserschwerung" (vgl. § 275 II).
42 **ee)** Unzulässig ist die **Ausnutzung formaler Rechtspositionen** im Widerspruch zu den zugrundeliegenden Rechtsbeziehungen (BGHZ 100, 105; 227, 253 Rn. 27). Bsp: Geltendmachung von Sicherungsrechten nach Wegfall (BGHZ 100, 105; WM 2001, 947, dazu krit. Kupisch WM 2002, 1626) oder vor Eintritt (BGHZ 134, 330) des Sicherungszwecks, von Rechten aus Akkreditiv bei Lieferung von zur Vertragserfüllung gänzlich ungeeigneter Ware (BGHZ 101, 91 f. mN; NJW 1989, 160), von Vertragsstrafenansprüchen eines Kennzeichenrechtsinhabers, der eine Vielzahl von Marken zum Zwecke der Geltendmachung von Unterlassungs- und Schadensersatzansprüchen anmeldet, ohne bzgl. der Marken ernsthaften Benutzungswillen zu haben (BGH MMR 2020, 178 Rn. 6 f.); Inanspruchnahme von Garantie ohne Vorliegen eines „materiellen" Garantiefalls (BGHZ 90, 292); Festhalten an durch wirksam erklärtem Rücktritt erlangter Rechtsposition, wenn die durch Austausch des defekten Kupplungsgeberzylinders gegen ein Neuteil erfolgte Mängelbeseitigung durch den gerichtl. bestellten Sachverständigen mit Zustimmung der zurücktretenden Partei erfolgt wäre (BGH NJW 2017, 153, 155 f. Rn. 31 f.). Berufung auf Unwirksamkeit einer Unterwerfung unter sofortige Zwangsvollstreckung bei gleichzeitiger Inanspruchnahme des durch die Unterwerfung „gesicherten" Darlehens (BGH WM 2003, 2375 ff., NJW 2004, 59; NJW-RR 2008, 67 f.); diskriminierende Kündigung in der Probezeit (BAGE 77, 133 ff.); Berufung auf eine öffentliche Zustellung (BGHZ 149, 323) oder (uU) auf die Rechtskraft (BGH NJW 1993, 3205); Verweigerung der Genehmigung zur Erhebung einer Widerklage im Berufungsverfahren (vgl. BGH NJW-RR 2008, 176 f. mwN); Berufung auf missbräuchlich herbeigeführte Verjährungshemmung (BGH NJOZ 2016, 1648; NJW 2016, 233; 2015, 3162; 2012, 995) → § 199 Rn. 8; → § 204 Rn. 17; zur Musterfeststellungsklage: → § 204

Rn. 3a. Zum **Arglisteinwand** gegen die Verjährungseinrede: Nicht erforderlich ist Schuldnerabsicht, Gläubiger von der rechtzeitigen Klageergebung abzubringen. Bei der Beurteilung, ob ein Verstoß gegen Treu und Glauben vorliegt, gilt ein strenger Maßstab. Gläubiger muss bei begründetem Arglisteinwand seinen (bereits verjährten) Anspruch innerhalb einer nach Treu und Glauben angemessenen Frist gerichtlich geltend machen (BGH NJW 2021, 1957 Rn. 32 unter Verweis auf BGH NJW-RR 2014, 1020 Rn. 15, 18 f.). **Dieselskandal**-Rspr.: Die nach klägerischem Erachten bagatellisierende Mittelungspraxis im Jahr 2015 rechtfertigt keine Einstufung der Verjährungseinrede als unzulässige Rechtsausübung (BGH BeckRS 2022, 4168 Rn. 39; BeckRS 2022, 4153 Rn. 33). Aufspielen von Software-Updates und das in Abrede Stellen von Schadenersatzverpflichtung/Vorstandsverantwortlichkeit begründet kein berechtigtes Vertrauen des Gläubigers, der Schuldner werde die Verjährungseinrede nicht erheben (BGH NJW-RR 2022, 740 Rn. 48 ff.).

ff) Rücksichtsloser und übermäßiger Eigennutz. Hierher gehören die Fälle, 43
in denen der Gläubiger seine eigenen Interessen unter gröblicher Verletzung der ihm dem Schuldner gegenüber obliegenden Rücksichtspflicht (→ Rn. 18) durchsetzt. Es handelt sich um den Auffangtatbestand des Rechtsmissbrauchs. Bsp: Übermäßig belastende zeitliche Bindung bei Verträgen mit Ausschließlichkeits- oder Ankaufsbindung (vgl. BGHZ 68, 5) bzw. einseitig belastenden, starren Regelungen (vgl. BGH NJW 2007, 215); Stimmrechtsausübung unter Missachtung berechtigter Belange der anderen Gesellschafter (BGHZ 88, 328 f.); Geltendmachung von Rechten aus einer Pauschalierungsabrede, die im groben Missverhältnis zu dem tatsächlich entstandenen Schaden stehen (vgl. BGHZ 12, 157); Bestehen auf sofortiger Leistung nach jahrelanger vertragswidriger Nichtabnahme (BGH WM 1987, 1497); „Schaffung vollendeter Tatsachen" durch Bebauung eines Grenzbereichs, dessen Zuordnung umstritten ist (NJW-RR 2008, 611); trotz „Schnäppchenpreis" ist das Bestehen auf Erfüllung eines im Wege einer eBay-Auktion abgeschlossenen Kaufvertrags kein Rechtsmissbrauch (BGH MMR 2022, 292, 293 Rn. 10 ff.; NJW 2015, 548 Rn. 11 f. = MMR 2015, 103 mAnm Wagner/Zenger; dazu Lorenz LMK 2015, 365443; Riehm JuS 2015, 355; Stadler JA 2015, 229); anders, wenn der Bieter den angebotenen Gegenstand gar nicht erwerben will, sondern auf den Abbruch der Auktion abzielt, um daraufhin Schadensersatzansprüche geltend machen zu können (sog. Abbruchjäger, BGH NJW 2019, 2475; BeckRS 2016, 16409; s. zur Differenzierung zwischen „Schnäppchenjäger" und „Abbruchjäger" ferner BGH MMR 2022, 292 Rn. 6 ff.: MMR 2022, 292, 293 Rn. 10 ff.: Bloßes Ausnutzen der Chancen und Risiken einer Internetauktion [etwa durch die Abgabe einer Vielzahl von niedrigen Geboten] ohne hinzukommende besondere Umstände reicht nicht aus, um ein Bieterverhalten in der Gesamtwürdigung als rechtsmissbräuchlich einzustufen); weitere Einzelfälle: Soergel/Teichmann Rn. 311; MüKoBGB/Schubert Rn. 264 ff.

3. Unredliches früheres Verhalten. a) Allgemeines. Die Ausübung eines 44
Rechts ist unzulässig, wenn das Recht durch das ges.-, sitten- oder vertragswidrige Verhalten des „Berechtigten" begründet worden ist; das Gleiche gilt für die Schaffung von günstigen Rechtslagen und deren Ausnutzung sowie umgekehrt von der Vereitelung von Rechten des Gegners und ihm günstigen Rechtslagen. Grund: Niemand darf aus seinem eigenen unredlichen Verhalten rechtl. Vorteile ziehen (BGHZ 94, 131; 122, 168; NJW 1985, 1826 mN). Bsp: Gegenüber dem Rückforderungsanspruch des Leistenden kann der sittenwidrig handelnde Empfänger nicht aufrechnen (BGHZ 94, 131). Beim gegenseitigen Vertrag unterliegt die Rechtsausübung Schranken, wenn der Gläubiger im inneren Zusammenhang mit dem geltend gemachten Recht stehende Vertragspflichten gröblich verletzt oder den Vertragsgegner vorsätzlich geschädigt hat (→ Rn. 47). Der Tatbestand der „früheren Unredlichkeit" ist aus der alten „Einrede der früheren Arglist" *(exceptio doli praeteriti)* hervorgegangen, setzt aber (iGgs zu dieser) ein arglistiges oder doch vorwerfbares Verhalten nicht notwendig voraus; idR genügt obj. Pflichtwidrigkeit (BGH LM Nr. 5 Cd; ie

45 Hohmann JA 1982, 113 mN). **b) Fallgruppen. aa) Unredlicher Erwerb von Rechten und unredliche Schaffung von Rechtsstellungen.** Wer die Voraussetzungen einer vertraglichen oder ges. Rechtsgrundlage oder einer sonstigen günstigen Rechtsstellung in missbilligenswerter Weise selbst geschaffen hat, kann aus ihr **keine Rechte** oder Rechtsvorteile herleiten (→ Rn. 44). Grund: Niemand darf sich zur Begründung seines Rechts auf sein eigenes unredliches Verhalten berufen (*turpitudinem suam allegans non auditur;* vgl. Wieacker, Zur rechtstheoretischen Präzisierung des § 242 BGB, 1956, 31; BVerfGE 83, 86). Ges. Ausprägung: § 162 II. Unzulässig ist deshalb die Geltendmachung oder Durchsetzung von Rechten aus Verträgen, die in missbilligenswerter Weise zustande gekommen sind. Bsp: Vertragsschluss bei erkanntem Missbrauch der Vertretungsmacht (BGH BeckRS 2016, 15526 Rn. 26; NJW 2002, 1497; BGHZ 94, 138; ie → § 164 Rn. 8); Rechtserwerb durch arglistige Täuschung, auch wenn die Frist des § 124 verstrichen ist (→ § 124 Rn. 2; ges. Ausprägung: § 853; dazu Winkelmann 239); vorwerfbare Herbeiführung der eigenen Leistungsunfähigkeit durch den Unterhaltsschuldner (BGH NJW 1988, 2241; OLG Bamberg NJW-RR 1988, 1096). Unzulässig ist die Geltendmachung einzelner vertraglicher oder ges. Rechte, wenn der Berechtigte die Voraussetzungen für ihre Entstehung in missbilligenswerter Weise herbeigeführt hat (BGHZ 72, 322; 94, 131 mN; 122, 168; NJW 2013, 1676; BAG NZA 2013, 376; BVerwG NJW 1994, 955; s. jetzt Staudinger/Looschelders/Olzen Rn. 239). Bsp: Pflichtwidrige Herbeiführung einer Vindikationslage durch den Eigentümer (BGH NJW-RR 2005, 743); Geltendmachung von Eigenbedarf nach Vermietung von Alternativwohnung (BVerfGE 83, 86; BGH NJW-RR 2017, 72, 73 Rn. 17) oder ohne Anbieten einer vorhandenen Alternativwohnung führt zur Unwirksamkeit der Kündigung (BGH NJW 2003, 2604; NJW 2010, 3776; aufgegeben durch BGH NJW 2017, 547, 555 Rn. 54 ff.: Danach allein Schadensersatzanspruch gerichtet auf Geldzahlung aus §§ 280 I, 241 II); Geltendmachung von Schadensersatz nach gezielter Herbeiführung der Mangelhaftigkeit der Gegenleistung (BGHZ 127, 384); Inanspruchnahme von Sicherheit nach treuwidriger Herbeiführung des Garantiefalls (BGH WM 1984, 586; MDR 1980, 561); Geltendmachung treuwidrig selbst herbeigeführter Erstattungskosten (BGHZ 100, 310 f.). Unzulässig ist die **Ausnutzung unredlich erworbener Rechtspositionen.** Bsp: Erschleichung der öffentl. Zustellung (→ § 132 Rn. 3); Berufung auf erschlichene unanfechtbare Gesellschaftsbeschlüsse (BGHZ 101, 120 ff.) oder Urteile (→ § 826 Rn. 22 f.), auf die durch grobe eigene Vertragsverletzung herbeigeführte Weitervermietung im Fall des § 537 II (BGHZ 122, 168); Verhinderung rechtzeitiger Klageerhebung (BGH MDR 1981, 737; → Rn. 51).

46 **bb) Vereitelung von Rechten der Gegenpartei und ihr günstiger Rechtslagen.** Wer die Entstehung eines Rechts der Gegenpartei oder einer ihr günstigen Rechtslage treuwidrig vereitelt, muss sich so behandeln lassen, als sei das Recht (die Rechtslage) entstanden (Rechtsgedanke gem. §§ 162 I, 815). Bsp: Hat eine Partei den Zugang oder die Zustellung einer an sie gerichteten Willenserklärung verhindert oder verzögert, so muss sie sich so behandeln lassen, als sei die Erklärung in dem entspr. Zeitpunkt zugegangen (BGHZ 137, 209 ff.; BGH NJW 2019, 2942 Rn. 11 mN, stRspr; ie → § 130 Rn. 15); Berufung auf unwirksame öffentl. Zustellung nach bewusster Vereitelung des Zustellversuchs (BGH FamRZ 2008, 1520); hat der Verkäufer das formgültige Zustandekommen des Vertrags verhindert, um sich später auf den Formmangel berufen zu können, so ist der Vertrag als wirksam zu behandeln (RGZ 96, 315; ie → § 125 Rn. 13 ff.; s. ferner BGH NZM 2008, 496, 497 – Mängelhaftung trotz nichtigen Vertrags bei „Ohne-Rechnung-Abrede"). Eine Prozesspartei kann sich nicht darauf berufen, dass der nach § 278 VI 2 ZPO gerichtlich festgestellte Vergleich prozessual nicht wirksam zu Stande gekommen ist, wenn sie den Mangel verursacht und länger nicht gerügt hat (BGH NJW 2015, 2965, 2967 Rn. 28 ff. mit krit. Anm. Skamel). Hat eine Partei in zu missbilligender Weise die Verschlechterung der Beweislage zum Nachteil der anderen Partei verschuldet, muss sie mit beweisrechtlichen Nachteilen bis hin zur Umkehr der Beweislast rechnen

47 (BGHZ 72, 139; 85, 217 f.; NJW 1986, 60 f. mN). **cc) Eigene Vertragsuntreue**

des Gläubigers. Die Geltendmachung von Rechten aus einem Vertrag kann uU unzulässig sein, wenn sich die handelnde Partei selbst vertrags-(rechts-)untreu verhalten hat (**tu quoque**-Einwand; s. BGH NJW 1999, 352). Zu weit geht aber der allg. Satz, wonach nur die selbst vertragstreue Partei von der anderen Vertragstreue verlangen könne (ebenso BGH NJW 2000, 506; Grüneberg/Grüneberg Rn. 46; Soergel/Teichmann Rn. 287; MüKo-BGB/Schubert Rn. 413 ff., str.; aA Wieacker, Zur rechtstheoretischen Präzisierung des § 242 BGB, 1956, 31). Wechselseitige Vertragsverletzungen sind vielmehr nach den Grundsätzen der Leistungsstörung (ggf. iVm §§ 273, 387) abzuwickeln. Die Geltendmachung bes. weitreichender Befugnisse (Rücktritt, Kündigung, Leistungsbefreiungsvorbehalt) ist allerdings der selbst vertragstreuen Partei vorbehalten (BGH NJW 1999, 352; NJW-RR 2007, 1274). Bsp: Der Lieferant, der den Ausfall der Selbstbelieferung selbst verschuldet hat, kann sich auf den Befreiungsvorbehalt (→ § 433 Rn. 8) nicht berufen (BGHZ 92, 403); der Vermieter, der zur Erteilung einer vom Mieter rechtzeitig erbetenen Untermieterlaubnis vertraglich verpflichtet ist, kann das Mietverhältnis nicht wegen unerlaubter Untervermietung kündigen (BGH BeckRS 2011, 4189); Mieter hat gegen Vermieter, der Mieter Belegeinsicht iSv § 259 unberechtigterweise nicht gewährt, Leistungsverweigerungsrecht gegen Zahlungsverlangen aufgrund einer Betriebskostenabrechnung (BGH NZM 2022, 373 Rn. 13). Verhindert ein Mieter pflichtwidrig die Mängelbeseitigung durch den Vermieter, kann er ab dem Zeitpunkt keine Minderung mehr geltend machen, ab dem die Mängelbeseitigung ohne sein verhinderndes Verhalten nach dem gewöhnlichen Lauf der Dinge voraussichtlich abgeschlossen gewesen wäre (BGH NJW 2015, 2419). Die Partei, die sich selbst grundlos vom Vertrag losgesagt hat, kann nicht wegen Leistungsverzögerung der Gegenpartei zurücktreten (BGH NJW 1999, 352 f.; 2002, 1789); die Partei, die nach fehlgeschlagener Zustellung keinen erneuten Zustellungsversuch unternimmt, kann sich nicht auf Zugangsvereitelung (→ Rn. 46) berufen (BGHZ 137, 209). Vertragsuntreue kann sein: Leugnung der Vertragsbindung zB durch Berufung auf mangelnden Vertragsschluss, unberechtigte Anfechtung (BGH NJW 1999, 352), unberechtigte Kündigung, unberechtigter Rücktritt (BGH WM 1982, 399). **Voraussetzung:** Unerheblich, ob Vertragsuntreue des Gläubigers der Sach- (BGH NJW 1999, 352) oder Geldleistung (BGH NJW 2002, 1789; WM 1982, 399); gilt auch bei Dauerschuldverhältnis (zB Handelsvertretervertrag, s. BGH NJW 1966, 347). **Innerer Zusammenhang** zwischen den **beiderseitigen Pflichtverletzungen** (BGH WM 1982, 399; NJW-RR 1994, 372) grundsätzlich erforderlich, dh Nichtleistung des Schuldners muss Reaktion auf eine den Vertragszweck gefährdende Pflichtverletzung des Gläubigers oder sonst durch sie beeinflusst worden sein (BGH NJW-RR 1994, 372). Ausreichend, wenn Zahlungsgläubiger durch Verhalten gegenüber Dritten verhindert, dass der Schuldner einen Kredit aufnehmen kann, den er zur Erfüllung seiner Zahlungspflicht gegenüber dem Gläubiger benötigt (BGH WM 1982, 399). Verletzt der Gläubiger heimlich (ohne Kenntnis des Schuldners) die Vertragspflicht (zB Missachtung Alleinbezugsrecht des Schuldners), so ist innerer Zusammenhang nicht erforderlich, da der Gläubiger sonst Vorteile aus Heimlichkeit ziehen könnte. – Wer den tu quoque-Einwand erhebt, hat die Vertragslossagung durch die andere Partei darzulegen und zu **beweisen.** Diese hat die Berechtigung ihrer Lossagung (Fehlen der Vertragsverletzung) darzulegen und zu beweisen (BGH NJW 1999, 353). Ihr Rechtsirrtum oder fehlendes Verschulden hindert den tu quoque-Einwand nicht (BGH NJW 1999, 352). Berufung auf Vertragsuntreue der anderen Partei erst im Prozess genügt (MüKo-BGB/Ernst § 323 Rn. 284). **Ausnahmen** vom tu quoque-Grundsatz: (1) Schuldner erklärt, selbst bei Beseitigung der Vertragsuntreue des Gläubigers den Vertrag nicht erfüllen zu wollen (BGH NJW 1977, 581). (2) Schuldner legt auf Erfüllung der Gläubigerpflicht keinen Wert (MüKo-BGB/Ernst § 323 Rn. 283). (3) Pflichtverletzung des Gläubigers ist so geringfügig, dass sie keine Auswirkungen auf die Erreichung des Vertragszwecks hat (BGH NJW 1987, 253; NJW-RR 1994, 372) und Vertragsfortsetzung zumutbar (BGH NJW-RR 2006, 616). Weitergehend kann die **vorsätzliche Schädigung des Vertragsgegners**

oder die **Verletzung von Vertragspflichten,** die mit den Rechten des Gläubigers in innerem Zusammenhang stehen, zu einer Beschränkung seiner Rechtsstellung, uU sogar zu einem **Rechtsverlust („Verwirkung" durch Treueverstoß)** führen (vgl. BGHZ 55, 280; NJW 1993, 1646; ges. Anwendungsfall: § 654). Bsp: Verwirkung von Unterhaltsansprüchen durch Verschweigen eigener Einkünfte (OLG Schleswig NJW-RR 1987, 1482); von Zinsansprüchen bei Erschwerung der Finanzierung durch Verzögerung der Enthaftung des Grundstücks von Grundpfandrechten (BGH NJW 1978, 1482); uU von Versicherungsleistungen bei Falschangaben über den Schaden (BGH NJW-RR 1991, 1371; sa § 6 III VVG) oder von Bürgschaftsansprüchen bei bes. gröblicher Verletzung von Bürgeninteressen (s. OLG Frankfurt a. M. WM 1996, 716 f.); des Maklerlohnanspruchs durch grob leichtfertige Verletzung der Treuepflicht (BGH BeckRS 2012, 10402); zur Verwirkung des Vergütungsanspruchs eines Steuerberaters nach Treueverstoß s. BGH NJW-RR 2011, 1426; Verwirkung von Versorgungsansprüchen nur ausnahmsweise bei besonders groben Verfehlungen des Berechtigten s. zB BAG BeckRS 2014, 72449; NZA 2018, 1066, 1070 Rn. 42 ff.; auf einen vertraglichen oder ges. Ausschluss der Aufrechnung (Zurückbehaltung) kann sich eine Partei gegenüber einem Anspruch aus vorsätzlicher uH nicht berufen (RGZ 60, 296; BGHZ 30, 38, stRspr; Frage des Einzelfalls bei vorsätzlicher Vertragsverletzung: BGH NJW 1966, 1452; → § 394 Rn. 4).

48 **4. Widersprüchliches Verhalten. a) Allgemeines.** Die Rechtsausübung kann unzulässig sein, wenn sich der Berechtigte mit ihr in Widerspruch zu seinem eigenen Vorverhalten setzt *(venire contra factum proprium)*. Eine Rechtsausübung kann unzulässig sein, wenn sich **obj.** das **Gesamtbild** eines widersprüchlichen Verhaltens ergibt, weil das frühere Verhalten mit dem späteren sachlich unvereinbar ist und die Interessen der Gegenpartei im Hinblick hierauf vorrangig schutzwürdig erscheinen (BGH BeckRS 2020, 42398 Rn. 26; NJW 2016, 3518, 3520 Rn. 20; 2014, 2646 Rn. 40; NJW-RR 2013, 757 Rn. 12; NJW 2009, 1346). Der Treueverstoß liegt bei diesem Anwendungsfall in der sachlichen Unvereinbarkeit der Verhaltensweisen des Berechtigten, idR auch im Widerspruch zu einem geschaffenen Vertrauenstatbestand (BGHZ 118, 191 f.; 136, 9; WM 2004, 1219; NJW 2009, 436; BGH BeckRS 2014, 23587; BeckRS 2020, 42398 Rn. 26; einschr. in „Ausnahmefall" BGHZ 131, 375 mit krit. Anm. Martinek JZ 1996, 470). Das frühere Verhalten ist als solches (Unterschied zu → Rn. 44 ff.) nicht zu missbilligen. Ein Verschulden des „Berechtigten" ist nicht erforderlich (BGH NJW 2014, 2723 Rn. 37 f.; MüKo-BGB/Schubert Rn. 370). Durch das Verhalten des Rechtsinhabers muss nur ein ihm erkennbares, schutzwürdiges Vertrauen der Gegenseite auf eine bestimmte Sach- oder Rechtslage hervorgerufen worden sein, etwa durch jahrelange Vertragsabwicklung trotz Belehrung über die Möglichkeit, dass der Vertrag nicht zustandegekommen ist oder durch Vertragsänderungsantrag, da daraus geschlossen werden kann, dass die Vertragspartei selbst den Vertrag durchführen, ihn als wirksam behandeln und erfüllen und am Bestehen des Vertrags – auch für die Vergangenheit – festhalten wolle (BGH NJW 2014, 2723 Rn. 37 f. mN). Das widersprüchliche Verhalten kommt auch bei unverzichtbaren Rechten in Frage (BGHZ 129, 301, ie str.) und bildet iGgs zum **Verzicht** keinen rgeschäftlichen Tatbestand (zutr. MüKo-BGB/Schubert Rn. 375 f., abw. Wieling AcP 176, 334), dem Zeitablauf kommt – im Gegensatz zu dem Sonderfall der **Verwirkung** (→ Rn. 59 f.) – keine entscheidende Bedeutung zu. **Rechtsfolge:** Der Berechtigte hat sich an seinem Vorverhalten festhalten zu lassen mit der Konsequenz, dass er sich nicht auf ein ihm eigentlich – unter Ausblendung des Vorverhaltens – zustehendes Recht berufen kann (BGH ZIP 2005, 1361; BGH NJW 2005, 1715: *Mieter, der Zustimmung* zur Entlassung des Mitmieters verweigert, obgleich er die Wohnung allein weiter nutzt, muss sich so behandeln lassen, als habe er der Fortsetzung des Mietverhältnisses mit sich allein zugestimmt; er kann sich nicht darauf berufen, Kündigung sei unwirksam, da nicht auch an Mitmieter gerichtet).

49 **b) Fallgruppen. aa) Unlösbarer Selbstwiderspruch (s. BGHZ 130, 375).** Bsp:

Wer sich im Schiedsgerichtsverfahren auf die Zuständigkeit des ordentlichen Gerichts berufen hat, kann im Verfahren vor dem ordentlichen Gericht nicht mehr die Einrede des Schiedsverfahrens erheben (BGHZ 50, 191) und umgekehrt (BGH NJW 2017, 2115 Rn. 36 f.; zuvor 1968, 1928; NJW-RR 1987, 1195; 2009, 1582 (Antrag nach § 1032 II ZPO); zur vorprozessualen Berufung auf die Schiedseinrede Schütze FS Bucher, 2009, 702 ff.); Widerspruch auch, wenn im Schiedsverfahren und im ordentlichen Gerichtsverfahren unterschiedliche Standpunkte zur Schiedsvereinbarung und deren Reichweite eingenommen wurden (BGH NJW 2021, 791 Rn. 18 mN); desgl. kann eine Partei die Schiedseinrede nicht erheben, wenn das Schiedsverfahren wegen der eigenen finanziellen Leistungsunfähigkeit nicht durchgeführt werden kann (BGHZ 102, 202; zur widersprüchlichen Gestaltung von Vertragsbedingungen mit Schiedsklausel BGH NZG 2010, 1351 f.). Wenn die Annahme einer sittenwidrigen Vergütung daran scheitert, dass der Auftragnehmer einen Berechnungsfehler nachweist und es damit an der verwerflichen Gesinnung fehlt, kann er sich nicht im Nachhinein auf den wucherähnlichen Preis berufen, denn er würde sonst seinen Berechnungsfehler, der sein sittlich verwerfliches Gewinnstreben ausschließt, ausnutzen, um den unangemessenen, wucherähnlichen Preis dennoch durchzusetzen (BGHZ 196, 355 = NJW 2013, 1953 Rn. 35). Der Bürgschaftsgläubiger verwirkt seinen Anspruch gegen den Bürgen, wenn er den wirtschaftlichen Zusammenbruch des Hauptschuldners herbeiführt (BGH NJW 2004, 3779). Wer ein Anlagegeschäft abschließt, obwohl im Beratungsgespräch erklärt wurde, dass die Höhe der an die Bank fließenden Rückvergütung nicht mitgeteilt wird, kann keinen Schadensersatz wegen fehlender Aufklärung über die Rückvergütung verlangen (BGH NJW 2014, 2348 Rn. 15 ff.). Wer als freier Mitarbeiter tätig sein will und deshalb keinen Arbeitsvertrag abschließt, kann sich nicht nachträglich darauf berufen, AN gewesen zu sein (BAG NJW 1997, 2619; sa 2618). Wer jahrelang einen Vertrag als eigene Angelegenheit abgewickelt hat, kann nicht nachträglich seine Passivlegitimation bestreiten (BGH NJW 1996, 2724 f. mN: unzuständiger Haftpflichtversicherer); wer einen AN nach intensiver Prüfung in eine Vergütungsgruppe rückgruppiert hat, kann ihn nicht erneut (ohne Änderung der Tarif- bzw. Rechtslage) umgruppieren (BAG NZA 2007, 516 f.). Wer definitiv eine Kündigung ausgesprochen hat, kann sich nicht nachträglich auf die Unwirksamkeit seiner eigenen Erklärung berufen (BAG BB 1998, 53). Wer eine Klausel verwendet, kann sich nicht auf deren Unwirksamkeit berufen (BGH NJW 2016, 2878; 2016, 1572). Wer eine freiwillige Hilfeleistung in einer gefährlichen Lage erbittet, bei welcher der Helfer dann zu Schaden kommt, kann einen Mitverschuldenseinwand nicht allein darauf stützen, dass der Helfer der Bitte nachgekommen ist (BGH NJW 2005, 421). Die Vertragspartei, die sich bei der Abgabe ihrer Erklärung im Irrtum befunden hat, kann ihre Erklärung nicht anfechten, wenn die Gegenpartei dazu bereit ist, sie so gelten zu lassen, wie sie gemeint war (Flume II § 21 Rn. 6; so ausdr. Art. 25 II schweiz. Obligationenrecht); hierher gehören auch die Fälle der „unbeachtlichen Verwahrung" bei verkehrstypischem Verhalten (*protestatio facto contraria*, vgl. BGHZ 95, 399 mN). Ges. Anwendungsfall: § 814. **bb) Widerspruch zu begründetem** 50 **Vertrauenstatbestand im Allg.** Der Berechtigte hat durch sein früheres Verhalten bei dem Verpflichteten den Eindruck erweckt, er werde sein Recht nicht in dieser Form, nicht zu dieser Zeit oder überhaupt nicht geltend machen und dieser hat sich im Vertrauen darauf in einer Weise eingerichtet, dass ihm eine Anpassung an eine veränderte Rechtslage nach Treu und Glauben nicht mehr zugemutet werden kann (BGHZ 94, 351 f. mN; NJW 1985, 2590; 1986, 2107; OLG Frankfurt a. M. NJW 2016, 647; Canaris 301 f.). BGH BeckRS 2013, 02148 Rn. 10 mN; BAG NZA 2014, 613 Rn. 26 mN: Widersprüchliches Verhalten ist nicht ohne weiteres treuwidrig. Die Beteiligten dürfen ihre Rechtsansichten ändern; ihnen steht es grundsätzlich frei, sich auf die Unwirksamkeit der von ihnen früher abgegebenen Erklärungen zu berufen. Ohne das Hinzutreten weiterer Umstände fehlt es an dem erforderlichen Vertrauenstatbestand, die Partei wolle die Willenserklärung oder das Rechtsgeschäft trotz der Unwirksamkeit gegen sich gelten lassen. Rechtsmissbräuchlich wird ein solches Verhalten nach ständiger Rechtsprechung daher erst dann, wenn dadurch für den anderen Teil ein Vertrauenstatbestand geschaffen worden ist oder wenn andere besondere Umstände die Rechtsausübung als treuwidrig erscheinen lassen. – Der verstrichene Zeitraum zwischen Anspruchsentstehung und Geltendmachung als solcher ist unerheblich (BGH NJW 2009, 436). Er kann aber unter dem Gesichtspunkt der Verwirkung (→ Rn. 53 ff.) relevant sein. Beispiele: Die Ausübung des Rücktrittsrechts aus § 323 I kann uU unwirksam sein, wenn sie zur Unzeit geschieht, zB wenn der Gläubiger kurz zuvor erneut die Primärleistung angefordert hat, BGH WM 2006, 1534. Der Erbe, unter dessen Mitwirkung ein geschäftsunfähiger Erblasser ein Grundstück verkauft hat, kann nicht später die Nichtigkeit des Vertrags geltend machen (BGHZ 44, 367). Der Architekt, der in Kenntnis der für die Berechnung maßgebenden Umstände Schlussrechnung erteilt oder eine Pauschale unter den Mindestsätzen der HOAI vereinbart hat, kann mit Nachforderungen ausgeschlossen sein (BGHZ 120, 135 ff. mN; 136, 9 f.; NJW 2009, 436; 2012, 848; OLG Köln NJW-RR 2007, 455). Zu den Voraussetzungen einer rechtsmissbräuchlichen Eigenbedarfskündigung, s. BGH NJW 2015, 1087. Ein Markeninhaber kann für den Zeitraum, in dem er eine Vermarktung durch einen Parallelimporteur nicht beanstandet hat, nicht nachträglich aus anderen Gesichtspunkten Schadensersatz verlangen (BGH GRUR 2008, 156, 614). Insolvenzverwalter kann Rechtshandlung nicht anfechten, wenn Empfänger der Leistung infolge Handelns des Verwalters darauf vertrauen durfte, ein nach Insolvenzeröffnung nicht mehr entziehbares Recht erhalten zu haben (BGH NZI 2021, 637 Rn. 43 ff.: Zustimmung zu einer gegen das Verzichts- und Vergleichsverbot verstoßenden Vereinbarung). Ein Architekt oder Ingenieur kann nicht nach den Mindestsätzen der HOAI (aF) abrechnen, wenn er zuvor eine Pauschalvereinbarung unterhalb der Mindestsätze der HOAI (aF) abgeschlossen hat (BGH NJW 2021, 2328 Rn. 15) (Zur Unionsrechtswidrigkeit der HOAI aF s. EuGH NZBau 2019, 511 – C-377/17, allerdings keine unmittelbare Geltung zwischen Privaten, s. EuGH NVwZ 2022, 314 – C-261/20.). Wichtige Anwendungsfälle des widersprüchlichen Verhaltens sind: Geltendmachung von Rechten im Widerspruch zu erteilten (vgl. auch § 38 VwVfG) oder zu erteilenden Auskünften (BGH NJW 2009, 1140: Vermietung von Wohnraum auf unbestimmte Zeit bei nicht offengelegter Absicht, alsbald Eigenbedarf geltend zu machen. Aber s. BGH NJW 2015, 1087 mN: keine Pflicht zur Bedarfsvorschau, dh vorausschauenden Prüfung eines evtl. künftig entstehenden Eigenbedarfs), Mitteilungen und – uU auch formlosen – Zusicherungen (Soergel/Teichmann Rn. 317 mN; BGH NJW 1973, 1494) oder nach (unwirksamem) Verzicht unter Berufung auf strikte Ordnungsvorschriften (vgl. Spickhoff AcP 197, 413 ff., abw. BGHZ 129, 305 f. zu § 1593 aF); missbräuchliche Erhebung der Einrede der Verjährung (→ Rn. 51), missbräuchliche Berufung auf den Ablauf von Ausschlussfristen (→ Rn. 52), auf **Formmängel** (→ Rn. 23, 41, ferner zB BGHZ 48, 398; 85, 318; 124, 324; 140, 173; 149, 331 mN; NJW 2011, 2877; NJW-RR 2017, 596 f. Rn. 12 mN; 2021, 266 Rn. 28, aber nur wenn das Ergebnis für eine Partei untragbar wäre; → § 125 Rn. 13 ff.; → § 311b Rn. 32), **Gesetzwidrigkeit** (§ 134; zB BGHZ 111, 311; 118, 191; Tiedtke NJW 1983, 713; → Rn. 10), auf Mängel der **Geschäftsfähigkeit** (BGHZ 44, 371), der **Vertretungsbefugnis** (BGHZ 108, 385; WM 1960, 803, 805; NJW 2012, 3426; aA für öffentl.-rechtliche Körperschaft BGHZ 92, 174 mN; NJW 1994, 1528) und allg. auf **Vertragsnichtigkeit** (BGH WM 2009, 1274; NJW 2012, 3426). Ein beidseitiger Sittenverstoß mit Nichtigkeitsfolge nach § 138 I BGB genügt jedoch nicht (BGHZ 183, 242: Widerrufsrecht bei Kauf eines Radarwarngeräts). Bes. Ausprägungen sind: Verwirkung (→ Rn. 53 ff.), Handeln auf eigene Gefahr (→ § 254 Rn. 18) und Einschränkung des Rücktrittsrechts *gem § 323 VI*.

51 ***cc) Missbräuchliche Geltendmachung der Verjährungseinrede.*** Einrede des § 214 kann Arglisteinwand entgegengesetzt werden, wenn der Schuldner den Gläubiger absichtlich von der Erhebung der Klage abgehalten hat, aber auch, wenn der Schuldner durch sein Verhalten obj. – sei es auch unabsichtlich – bewirkt, dass die Klage nicht rechtzeitig erhoben wird und die spätere Verjährungs-

einrede unter Berücksichtigung aller Umstände des Einzelfalls mit dem Gebot von Treu und Glauben unvereinbar wäre. Insoweit ist ein strenger Maßstab anzulegen (BGH NJW-RR 2014, 1020 Rn. 15 mN; NJW 2002, 3110; BGHZ 126, 104 f. mN stRspr). Hat der Schuldner den Gläubiger von der Hemmung der Verjährung abgehalten, ist die Ausübung der Verjährungseinrede ebenso unzulässig und damit unbeachtlich (BGHZ 93, 66 f. mN; 123, 400 f.). Bsp: Führung von Verhandlungen über den Grund oder die Höhe des Anspruchs durch den Schuldner oder seinen Haftpflichtversicherer (§ 203); jedenfalls bis Höhe der Versicherungssumme muss der versicherte Schädiger Verjährungsverzichtserklärungen seines Versicherers gegen sich gelten lassen (BGH VersR 2003, 1547); Abwarten von Entscheidung in Parallelsache (BGH NJW 1985, 1152); uU pflichtwidrige Unterlassung der Belehrung (→ Rn. 19 f.) über den Lauf der Verjährungsfrist (vgl. BGH NJW 1990, 2465); uU kann schuldlose Versäumung sehr kurzer Verjährungsfrist ausreichen (vgl. BGHZ 77, 223 zu § 477 aF; BGH NJW-RR 1989, 1271 zu §§ 414, 439 HGB); Steuerberater erweckt Eindruck, dass der anzufechtende Feststellungsbescheid noch anfechtbar ist (BGH NJW-RR 2014, 1020 Rn. 15). Zum (zeitweisen) Verjährungsverzicht s. § 202. Die Vereinbarung über die Führung eines Musterprozesses schließt die Verjährungseinrede in den einzelnen Parallelsachen idR aus (BAG BB 1975, 881).

dd) Missbräuchliche Berufung auf den Ablauf von Ausschlussfristen. Ist der 52
Berechtigte durch das (nicht vorwerfbare) Verhalten des Verpflichteten von der Wahrung einer (ges. oder vertraglichen) Ausschlussfrist abgehalten worden, so ist die Berufung auf den Ablauf der Ausschlussfrist unzulässig (BGH NJW-RR 1987, 157; BeckRS 2012, 25152). Mit Wegfall des Hindernisses beginnt keine neue Frist zu laufen, jedoch hat der Berechtigte in angemessener Zeit die versäumte Handlung nachzuholen (BGH NJW 1993, 1005). Ie ist zwischen den verschiedenen Ausschlussfristen zu unterscheiden (BGHZ 31, 83; NJW 1975, 1698). Bsp: Auf den Ablauf der Frist gem. § 12 III VVG kann sich der Versicherer nicht berufen, wenn der Versicherungsnehmer die Frist ohne Verschulden versäumt hat (BGHZ 43, 235); zur Unzulässigkeit der Berufung auf den Ablauf der Frist gem. § 626 II bei erbetener Bedenkzeit vgl. → § 626 Rn. 19 ff.; zur Anwendung auf § 2 VBVG (BGH NJW-RR 2013, 519); zur Unzulässigkeit der Fristberufung, wenn zuvor kleinere Fristenverstöße unbeanstandet blieben (BGH NJW 2003, 2448). Vermieter kann sich nicht auf den Einwendungsausschluss gem. § 556 III 5, 6 berufen, soweit er abgerechnete Betriebskosten ausdrücklich als nicht umlagefähig bezeichnet (BGH NJW 2016, 2254, 2256 Rn. 28).

IV. Verwirkung

Lit.: Haertlein, Die Verwirkung von Ansprüchen, FS Schilken, 2015, 35; Kegel, Verwirkung, Vertrag und Vertrauen, FS Pleyer, 1986, 513; Klinkhammer, Zur Verwirkung rückständigen Elternunterhalts, FamRZ 2002, 1702; Knops, Neue EuGH-Vorlage zur Verwirkung von Widerrufen bei Verbraucherkrediten, WM 2020, 2249; Piekenbrock, Befristung, Verjährung, Verschweigung, Verwirkung, 2006; Schimmel/Jenal, Verwirkung bei Gestaltungsrechten, JA 2002, 619; Stauder, Die Verwirkung zivilrechtlicher Rechtspositionen, 1995.

1. Allgemeines. a) Zweck. Der Verwirkung ist der *Ausschluss der illoyalen Verspätung der Rechtsausübung* (BGHZ 92, 187 mN; 105, 256; BGH NJW-RR 2003, 727; BAG 2016, 2679; s. noch Knops WM 2020, 2249, 2256). Die Verwirkung begründet damit – ggf. in Ergänzung zu bestehenden Verjährungs- und Ausschlussfristen – 53
eine flexible Ausübungsschranke für Rechte in zeitlicher Hinsicht. **b) Begriff.** Ein 54
Recht (→ Rn. 56) ist verwirkt, wenn es der Berechtigte über einen *längeren Zeitraum* hinweg *nicht geltend macht,* obwohl er dazu in der Lage wäre („Zeitmoment"), und der Verpflichtete sich mit Rücksicht auf das *gesamte Verhalten des Berechtigten* darauf *einrichten durfte* und *eingerichtet hat,* dass dieser sein Recht auch in Zukunft nicht geltend machen werde („Umstandsmoment"; vgl. BGHZ 84, 281; 103, 70; 122, 315; 146, 220 mN; BGH NJW 2003, 128; 2010, 3715; 2014, 1230; 2016, 3512, 3516 Rn. 37 mN; 2016, 3518, 3521 f. Rn. 40; 2021, 2112 Rn. 32; dazu ie → Rn. 59 ff.; sa Winkelmann 484 f.). Eine infolge Unkenntnis verspätete Geltend-

machung eines Rechtsmittels kann nicht als ein Verstoß gegen Treu und Glauben betrachtet werden; Verwirkung wird dadurch nicht begründet (BGH MDR 2011,
55 62). **c) Grundgedanken.** Die Verwirkung ist ein Unterfall der unzulässigen Rechtsausübung wegen widersprüchlichen Verhaltens (BGH BKR 2021, 773 Rn. 2; NJW 2016, 3512 Rn. 37 mN; 2016, 3518 Rn. 40; BGHZ 84, 284; Kegel FS Pleyer, 1986, 523; vgl. → Rn. 58); sie beruht auf dem Gedanken des Vertrauensschutzes (MüKo-BGB/Schubert Rn. 440; Canaris 266; BGH BeckRS 2020, 2244 Rn. 13 f.; → Rn. 61). Verwirkung knüpft daher nicht an eine ausdrückliche oder stillschweigende Willenserklärung an, sondern an eine gesetzliche Wertung anderweitiger Umstände (BGH NJW 2016, 3512, 3516 Rn. 35 mN). Der Verwirkungseinwand ist ein „außerordentlicher Rechtsbehelf", der nicht zur Aushöhlung bestehender Verjährungs- und Ausschlussfristen führen darf; er muss auf Ausnahmefälle beschränkt bleiben (BGH NJW-RR 1992, 1241; BAG NJW 2015, 2061; Soergel/
56 Knopp, 10. Aufl., Rn. 293; Erman/Böttcher/Hohloch Rn. 104). **d) Anwendungsbereich.** Der Verwirkung unterliegen grundsätzlich alle (auch rechtskräftig festgestellten) Rechte, Rechtsstellungen und (prozessualen) Befugnisse. Anspruch auf Mindestlohn kann nach § 3 S. 2 MiLoG nicht verwirkt werden (→ § 611 Rn. 49). Dazu, ob Rechte, die auf EG-VerbraucherschutzRiLi beruhen, verwirkt werden können, s. Vorlagebeschluss OLG Stuttgart NJW 2007, 379 (nicht entschieden von EuGH NJW 2008, 1865). Ob Einwendungen der Verwirkung zugänglich sind, hat der BGH offengelassen; jedenfalls greift der Verwirkungseinwand nicht bei der Verletzung ges. Formvorschriften (NJW 2004, 3330). Weitere Ausnahme: Unterlassungsansprüche gem. § 1 UKlaG (vgl. BGH NJW 1995, 1489). Die Grundsätze der Verwirkung gelten in allen Gebieten des Privatrechts (BGH NJW-RR 2014, 1043 Rn. 17 mN; einschr. BGH NJW 1992, 3295: § 1587c), auch im Miet- und Pachtrecht (BGH NJW 2006, 219; auch neben der Geltung der neu eingeführten Frist gem. § 556 III 2, 3, s. NJW-RR 2012, 1227), im Familienrecht (BGH FamRZ 2002, 1698, dazu Klinkhammer 1702; NJW 2010, 3715; KG NJW-RR 2010, 880 f.), im Sachenrecht (zu den bes. hohen Anforderungen an die Verwirkung des dinglichen Herausgabeanspruchs s. BGH NJW-RR 2014, 1043 Rn. 17 mN; BGH NJW 2007, 2183 f.; NZG 2012, 1190: Der Einwand rechtsmissbräuchlichen Verhaltens kann einem Anspruch aus Eigentum regelmäßig nicht entgegengehalten werden; insbesondere verliert Eigentümer, der die Inanspruchnahme seines Grundstücks durch einen Nachbarn (hier: durch unterirdisch verlegte Leitungen) jahrzehntelang gestattet hat, nicht das Recht, die Gestattung zu widerrufen und anschließend seine Ansprüche aus § 1004 geltend zu machen, jedoch können Ansprüche auf Störungsbeseitigung nach § 1004 I 1 grundsätzlich verwirkt werden (BGH NJW-RR 2014, 1043 Rn. 17 mN). Eine Versagung des Herausgabeanspruchs oder eines Grundbuchberichtigungsanspruchs wegen Fehlens eines schutzwürdigen Eigeninteresses kommt nur in Ausnahmefällen in Betracht, etwa wenn der Bucheigentümer oder Herausgabeschuldner einen Anspruch auf Eigentumsübertragung beispielsweise auf Grund eines Anwartschaftsrechts hat oder der Eigentümer Erwerbsaussichten des Besitzers geweckt und der Besitzer oder Bucheigentümer erhebliche Vermögensdispositionen getroffen hat. Verwirkung greift auch im Arbeitsrecht (Bsp: BAG BB 1988, 978 f.; NZA 2011, 411; 11, 1166; Ausn.: § 4 IV 2 TVG) und im Immaterialgüterrecht (BGH BeckRS 2012, 15773; im Urheberrecht s. BGH NJW 2014, 1888), ferner auf dem Gebiet des öffentl. Rechts (Bsp: OVG Münster NJW 1981, 598) einschl. des Sozial- (BSG NJW 1969, 767) und Prozessrechts (stRspr BGH NJW 2015, 2965, 2966 f. Rn. 25 mN); auch die Verwirkung des Rechts auf gerichtlichen Rechtsschutz ist möglich (BGH NJW 2012, 2578). Bei der Anwendung der Verwirkung ist den Besonderheiten des jeweiligen Rechtsgebiets Rechnung zu tragen; speziellere Begrenzungsregelungen mit gleicher Regelungsfunktion haben Vorrang (zB BGH NJW 2007, 2481: Härtefallklausel des § 1587c). Den Hauptanwendungsbereich der Verwirkung bildeten bish. Ansprüche, für die übermäßig lange Verjährungsfristen galten, sowie unbefristete Gestaltungsrechte und Rechtsbehelfe

(ie → Rn. 59). Zeitliche Schranke für die Verwirkung ist die Erfüllung (BGHZ 92, 187).

2. Abgrenzung. a) Verjährung und Ablauf einer Ausschlussfrist. Durch das Bestehen einer Verjährungs- oder Ausschlussfrist wird die Verwirkung nicht ausgeschlossen (→ Rn. 53, 59 f.). Bei der Verjährung (Befristung) entscheidet allein der Ablauf der fristbestimmten Zeit; dagegen genügt „längerer Zeitablauf" allein für die Verwirkung niemals, stets müssen bes. Umstände hinzutreten, die die spätere Geltendmachung des Rechts als gegen Treu und Glauben verstoßend erscheinen lassen (AG Bielefeld BeckRS 2017, 109814 Rn. 33 f.; BGHZ 146, 220, 225; NJW 2010, 1076); ist Verjährung schon längere Zeit eingetreten, sind an Verwirkung nur noch geringe Anforderungen zu stellen (OLG Frankfurt a. M. MDR 1980, 755). Die Rechtsfolgen von Verjährung (§ 214), Befristung (Erlöschen des Rechts) und Verwirkung stimmen nicht überein (→ Rn. 63). **b)** In der *bewussten* langdauernden Nichtausübung eines Rechts kann ein stillschweigend erklärter **Verzicht** liegen (§ 157; strenge Anforderungen: BGH NJW 1996, 588 mN; NJW-RR 1996, 237); demgegenüber ist die Verwirkung kein rgeschäftlicher Tatbestand (BGHZ 82, 282) und damit vom Willen des Berechtigten unabhängig (BGHZ 25, 52); auch die Kenntnis des Rechts (Voraussetzung für einen Verzichtswillen) ist für die Verwirkung nicht unerlässlich (→ Rn. 61 f.); maßgebend ist das in der verspäteten Rechtsausübung liegende widersprüchliche Verhalten (→ Rn. 55). **c)** Das Rechtsinstitut der **Erwirkung** bewirkt umgekehrt, dass an sich nicht bestehende Ansprüche zur Entstehung gelangen (vgl. OLG Nürnberg NJW 1997, 2197). **d)** IGgs zur Verwirkung durch Zeitablauf knüpft die **„Verwirkung"** wegen schwerer Verfehlung an ein früheres missbilligtes Verhalten **(Treueverstoß)** an (→ Rn. 47). 57 58

3. Voraussetzungen. a) Zeitmoment. aa) Zeitablauf. Seit der Möglichkeit der Geltendmachung des Rechts und seiner tatsächlichen Ausübung muss eine längere Zeitspanne liegen, während der der Berechtigte untätig geblieben ist (→ Rn. 60). Die Verwirkung eines Forderungsrechts setzt Fälligkeit der Forderung voraus (KG NJW-RR 2010, 881). Die erforderliche **Dauer des Zeitablaufs** richtet sich nach den Umständen des Einzelfalls (BGHZ 146, 224 f.; BGH NZA-RR 2003, 253; NJW 2011, 212). Von Bedeutung sind insbes.: Art und Bedeutung des Rechts, Art des Rechtsverhältnisses, Intensität des vom Berechtigten geschaffenen Vertrauenstatbestands (→ Rn. 61) und Ausmaß der „Vertrauensinvestitionen" der Gegenpartei (→ Rn. 62). Je kürzer eine bestehende Verjährungs-(Ausschluss-)frist (→ Rn. 57) ist, desto weniger ist idR Raum für eine Verwirkung (BGH NJW-RR 2012, 1228 Rn. 9; BGHZ 103, 68; NJW 1992, 1756); jedoch braucht auch bei (noch) dreißigjähriger Verjährung ein Anspruch nach 28 Jahren noch nicht verwirkt zu sein (BGH WM 1971, 1086); Anspruch auf Auskunft und Rechenschaft bei rein geschäftlicher Beziehung nach 5 Jahren noch nicht verwirkt (BGH NJW 2012, 60); titulierter Darlehensrückzahlungsanspruch nach 18 Jahren verwirkt, jedenfalls wenn Titel heute wegen krasser finanzieller Überforderung des mithaftenden Schuldners nicht mehr erwirkt werden könnte (Umstandsmoment, → Rn. 61) (OLG Frankfurt a. M. BKR 2003, 200); andererseits ist bei Ansprüchen mit 6-monatiger Verjährung (vgl. § 548 I 1, insbes. vor Beginn gem. § 548 I 2) Verwirkung nicht ausgeschlossen (BGH JZ 1965, 682). Auch vor Ablauf der regelmäßigen Verjährungsfrist ist eine Verwirkung denkbar, wenn das Verhalten des Gläubigers stillschweigenden Verzicht nahekommt (OLG Düsseldorf NJW-RR 2016, 85). Insbes. bei Rechten aus Dauerschuldverhältnissen kann eine kurzfristige Verwirkung in Frage kommen. Bsp: Ansprüche des Vermieters auf Nebenkosten nach Ablauf der Abrechnungsperiode (vgl. BGHZ 91, 71 f. mN; 101, 251; NJW 1984, 1684 f.; zum Zusammenspiel von Zeit- und Umstandsmoment BGH NJW 2011, 446 f.; OLG Düsseldorf NJW-RR 2016, 85); zur Verwirkung neben der neu eingeführten Frist gem. § 556 III 2, 3 s. BGH NJW-RR 2012, 1228; Unterhaltsansprüche (BGH NJW 2010, 3715; → § 1361 Rn. 18 f.); allg. Gestaltungsrechte (Bsp: § 121; sa § 626 II). BGH NJW 2012, 58 Rn. 24: Bestanden Beziehungen mit familiärem oder sonstigem personalem 59

Einschlag, dann kann die besondere persönliche Bindung der Beteiligten untereinander das schützenswerte Vertrauen eines Auftragnehmers begründen, er brauche sich nicht darauf einzurichten, künftig einmal im Detail Rede und Antwort stehen und Nachweise führen zu müssen, wenn der Geschäftsherr eine Rechnungslegung über einen längeren Zeitraum nicht verlangt hat. Andernfalls würden wünschenswerte Hilfeleistungen im engen persönlichen Umfeld mit unvertretbaren Risiken für den Helfer belastet und auf Vertrauen gründende zwischenmenschliche Beziehungen rechtlichen Notwendigkeiten (Quittungserfordernissen etc) unterworfen, die im täglichen Leben weder üblich sind noch von juristischen Laien zu überblicken wären. – Die für die Beurteilung des Zeitmoments maßgebliche Frist beginnt bei mehrfachen, zeitlich unterbrochenen Störungen absoluter Rechte mit jeder Einwirkung neu zu laufen, BGH NJW 2016, 53; NJW-RR 2015, 781; NJW-RR 2006, 235; zum Neubeginn der Verwirkungsfrist des markenrechtlichen Unterlassungsan-
60 spruchs s. BGH BeckRS 2012, 15773. **bb) Untätigbleiben des Berechtigten.** Während der Zeitspanne gem. → Rn. 59 darf der Berechtigte sein Recht nicht geltend gemacht haben. Jede in Ausübung des Rechts vorgenommene und zur Rechtswahrung geeignete Handlung schließt **Untätigkeit** (und damit Verwirkung) aus, eine Hemmungshandlung iSv § 204 ist nicht erforderlich. Bsp: Widerspruch, Abmahnung, Rechtsverwahrung (ie MüKo-BGB/Schubert Rn. 459 ff., 475 ff.), Beharren auf Rechtsstandpunkt nach Scheitern von Verhandlungen (BGH NJW 1980, 880). Die Untätigkeit ist dem Berechtigten **zuzurechnen,** wenn ihm Schritte zur Rechtswahrung möglich und zumutbar waren und auch von ihm erwartet werden konnten (BGH NZA-RR 2003, 253 mN; vgl. BVerfGE 32, 308 f.). Das ist nur dann der Fall, wenn dem Berechtigten sein Recht (die Rechtsbeeinträchtigung des Verletzers) **bekannt** oder in Folge von **Fahrlässigkeit** unbekannt war (BGHZ 146, 222 mN, 224, 225; insoweit allgM; sa Knops AöR 2018, 554); uU kann für bestimmte Gestaltungsrechte stets Kenntnis des Rechts bzw. seines Grundes erforderlich sein (so für fristlose Kündigung BAG NJW 1978, 723; insoweit zustimmend Knops WM 2020, 2249, 2259; ebenso für Anspruch aus § 826 BGH NJW-RR 1989, 1259). Bei unverschuldeter Unkenntnis des Berechtigten von seinem Recht scheidet dagegen eine Verwirkung idR aus (BGH MDR 2011, 62 zum Prozessrecht; Knops WM 2020, 2249, 2259 mN; aA wohl hM, vgl. Grüneberg/Grüneberg Rn. 94; Staudinger/Looschelders/Olzen Rn. 309); Ausnahmen können bei sehr langem Zeitablauf und bes. schutzwürdigen Vertrauenspositionen des Gegners anzuerkennen sein (BGH NJW 1966, 645 obiter; sa BGH NZA-RR 2003,
61 253). **b) Umstandsmoment. aa) Schutzwürdiges Vertrauen der Gegenpartei.** Die Gegenpartei muss tatsächlich darauf vertraut haben und auch bei verständiger Würdigung aller Umstände darauf vertraut haben dürfen, der Berechtigte wolle und werde sein Recht nicht mehr geltend machen (BGH NJW 2016, 3512 Rn. 37; BGHZ 146, 222 f.) (→ Rn. 59). Bloße Gläubigeruntätigkeit reicht grundsätzlich nicht als Umstandsmoment aus; berechtigtes Schuldnervertrauen benötigt einen darüber hinausgehenden Anknüpfungspunkt im Gläubigerverhalten (BGH NJW 2018, 1013 Rn. 14 ff.; 2019, 1062 Rn. 29 f.; Haertlein FS Schilken, 2015, 35, 42; ders. DGVZ 2019, 74). Allein aufgrund eines laufend vertragstreuen Verhaltens der einen Partei kann die andere ein schutzwürdiges Vertrauen nicht bilden (stRspr, BGH NJW 2016, 3512 Rn. 39 mN). Zwischen den Umständen und dem erforderlichen Zeitablauf besteht eine **Wechselwirkung** insofern, als der Zeitablauf umso kürzer sein kann, je gravierender die sonstigen Umstände sind, und dass umgekehrt an diese Umstände desto geringere Anforderungen gestellt werden, je länger der abgelaufene Zeitraum ist, BGH NJW 2006, 219, 220. Ein schutzwürdiges Vertrauen kann bei längerer (uU genügt schon ein Jahr) Nichtgeltendmachung von Unterhalt vorliegen (BGHZ 103, 70; 105, 256 f.; BGH NJW-RR 2018, 579 Rn. 18); das Unterhaltsrecht als solches kann jedoch nicht verwirkt werden (BGHZ 84, 284). Auch rechtskräftige Anspruchsfeststellung schließt Entstehung eines Vertrauenstatbestands nicht notwendig aus (OLG Hamm NJW 1982, 342 für Räumungsanspruch). Rechnet der Berechtigte damit, die Gegenpartei werde aus dem Unterlassen der

Rechtsverfolgung Schlüsse ziehen, so genügt es idR für die Zurechenbarkeit der vertrauensbegründenden Umstände, wenn sie in die Risikosphäre des Berechtigten fallen (BGH NZA-RR 2003, 253); anders hingegen, wenn ein titulierter Anspruch 13 Jahre lang unbeachtet blieb, weil „die Angelegenheit bei der Gläubigerin außer Kontrolle geraten ist" (BGH NJW-RR 2014, 195, 196). Zum Umstandsmoment für das Vertrauen in die Nichtausübung des Widerspruchsrechts nach § 613a VI BGB s. BAG NJW 2014, 2461; BGH NJW 2016, 3512 Rn. 39, 41 mN: laufend vertragstreues Verbraucherverhalten reicht nicht aus für schutzwürdiges Unternehmervertrauen darauf, Verbraucher werde seine auf Abschluss des Darlehensvertrags gerichtete Willenserklärung nach § 495 nicht widerrufen, auch wenn unbefristetes Widerrufsrecht besteht, denn Bank wird nicht unbillig belastet, da Bank durch Nachbelehrung des Verbrauchers Widerrufsfrist in Gang setzen könnte. Nicht schutzwürdig ist das Vertrauen der Gegenpartei, wenn sie sich selbst unredlich verhalten und dadurch die verspätete Geltendmachung des Rechts veranlasst hat (BGHZ 25, 53); ebenso wenig schutzwürdig ist eine Partei, welche ihre Belehrungspflicht beim Widerrufsrecht nicht erfüllt hat (BGH NJW 2014, 2646; 2016, 3512; 2016, 3518; OLG Schleswig BKR 2016, 472; aA OLG Düsseldorf NJW 2014, 1599; Hölldampf WM 2014, 1659). Bei allein auf nationalem Recht basierendem – in Abgrenzung zu **unionsrechtlich geprägtem – Widerrufsrecht** sieht der BGH keinen Grund, weitere höchstrichterliche Grundsätze zur Verwirkung aufzustellen, zuletzt BGH BKR 2022, 394, 395. Bei unionsrechtlich geprägtem Widerrufsrecht gilt das in → Rn. 37, 39 Gesagte. Löst der Verbraucher ein Verbraucherdarlehen unter Zahlung einer Vorfälligkeitsentschädigung ab, liegt darin regelmäßig ein Umstandsmoment (tatsächliche Vermutung), sofern nach Darlehensablösung erneut eine gewisse Zeit (ca. 6 Monate) verstreicht (OLG Schleswig BKR 2016, 472). Doch reicht zB allein der Umstand, dass ein Versicherungsnehmer seine Ansprüche aus einem im Policenmodell abgeschlossenen Versicherungsvertrag zur Kreditsicherung eingesetzt hat – ohne engen zeitlichen Zusammenhang mit dem Vertragsabschluss – als Umstandsmoment für Verwirkung seines Widerspruchsrechts nicht aus (BGH BeckRS 2016, 09884). – Der ordnungsgemäß belehrte Versicherungsnehmer, der über Jahre hinweg die Prämie gezahlt hat, kann sich nicht auf sein Widerspruchsrecht berufen (BGH BeckRS 2016, 15928 Rn. 10; 2020, 13591 Rn. 14); anders idR bei nicht ordnungsgemäßer Belehrung über Widerspruchsrecht (BGH NJW-RR 2018, 161 Rn. 15; BGH BeckRS 2016, 09884; unter Vorbehalt „besonders gravierender Umstände des Einzelfalles", s. BGH BeckRS 2021, 30581 Rn. 17 mN); gleiches gilt bei nicht ordnungsgemäßer Belehrung über Widerrufsrecht (OLG Frankfurt NJW-RR 2015, 1460; s. zum Widerruf nach § 495 bei Darlehen BGH NJW 2016, 3512, 3518; BGH ZIP 2020, 69, 70 Rn. 14 ff.; zur rechtmissbräuchlichen Ausübung so → Rn. 41). **bb) Unzumutbarkeit der verspäteten Rechts- 62 ausübung für die Gegenpartei.** Die verspätete Inanspruchnahme muss unter Berücksichtigung aller Umstände des Einzelfalls als eine mit Treu und Glauben nicht zu vereinbarende Belastung erscheinen (MüKo-BGB/Schubert Rn. 456). Dies ist idR der Fall, wenn die Gegenpartei im Vertrauen auf den Fortbestand des bestehenden Zustands Vermögensdispositionen getroffen hat oder sich sonst auf ihn eingerichtet hat (BGHZ 67, 68; 122, 315; 137, 76; 146, 223; BGH NJW 2003, 824; 2014, 1230). Bsp: Bisheriger Zustand als Kalkulationsbasis im Mietrecht (LG Mannheim MDR 1968, 417); Nichterfüllung der versprochenen Mangelbeseitigung bei dauerhafter Duldung der von anderer Seite vorgenommenen Minderung; (BGH NJW-RR 2003, 727); Schaffung eines „wertvollen Besitzstands" im Patent-, Kennzeichen- und Wettbewerbsrecht (vgl. BGHZ 126, 294 f.; 146, 222 mN). Sondervorschrift: § 21 I–III MarkenG. Im Rahmen der gebotenen umfassenden Abwägung (Bsp: BGHZ 146, 224 ff.) können auch *öffentl. Interessen* zu berücksichtigen sein, so die Gewährleistung des Rechtsschutzes (keine Verwirkung des Klagerechts: BGH NJW-RR 1990, 887 mN; MüKo-BGB/Schubert Rn. 57; aA BAG ZIP 1988, 1597 mN; OLG Hamm NJW-RR 1997, 989) und der Rechtsklarheit (Einschränkung der Verwirkung in Grundbuchsachen: BGHZ 48, 351; bejahend für § 894 BGHZ

122, 314 ff.), aber auch der Erhaltung des Rechtsfriedens (Verwirkbarkeit unbefristeter Rechtsbehelfe: BVerfGE 32, 308 f.; BGHZ 43, 292; befristeter Rechtsbehelfe: BGH NJW-RR 1989, 768) sowie überragende Allgemeininteressen (BGHZ 126, 295).

63 **4. Rechtsfolgen.** Die Verwirkung begründet eine inhaltliche Begrenzung des Rechts (BGHZ 67, 68; BeckRS 2013, 02148; vgl. allg. → Rn. 33), die iE einem *Rechtsverlust* gleichkommt (vgl. Canaris 3; Soergel/Teichmann Rn. 343), nicht nur eine „Einrede" (Soergel/Teichmann Rn. 343, hM; krit. MüKo-BGB/Schubert Rn. 493 f.); aber: Rechtsfolge der Verwirkung nach § 242 BGB ist im Immaterialgüterrecht allein, dass ein Schutzrechtsinhaber seine Rechte im Hinblick auf bestimmte konkrete bereits begangene oder noch andauernde Rechtsverletzungen nicht mehr durchzusetzen vermag (BeckRS 2012, 15773). Im Prozess ist sie *von Amts wegen* zu berücksichtigen (BGH NJW 2018, 3581, 3584 Rn. 37; BGH NJW 1966, 345; OLG Celle FamRZ 1989, 1194; → Rn. 36). Verwirkt wird der jeweilige Anspruch, nicht eine allgemeine Rechtslage wie das Vorliegen eines Schuldnerverzugs (vgl. BGH NJW 2007, 1273); die Verwirkung wirkt auch gg. Rechtsnachfolger (OLG Celle NJW-RR 2007, 234). Die **Beweislast** für ihre Voraussetzungen, insbes. die längere Untätigkeit des Berechtigten, trifft die Gegenpartei (BGH NJW 1958, 1188), den Berechtigten eine gesteigerte Darlegungs-(nicht Beweis-)last hinsichtlich rechtswahrender Handlungen (Baumgärtel/Laumen/Prütting/Strieder 10).

§ 243 Gattungsschuld

(1) **Wer eine nur der Gattung nach bestimmte Sache schuldet, hat eine Sache von mittlerer Art und Güte zu leisten.**

(2) **Hat der Schuldner das zur Leistung einer solchen Sache seinerseits Erforderliche getan, so beschränkt sich das Schuldverhältnis auf diese Sache.**

Lit.: Blum, Konkretisierung der Gattungsschuld beim minderjährigen Gläubiger, JuS 2018, 838; Canaris, Die Bedeutung des Übergangs der Gegenleistungsgefahr im Rahmen von § 243 II BGB und § 275 II BGB, JuS 2007, 793; ders, Die Einstandspflicht des Gattungsschuldners und die Übernahme eines Beschaffungsrisikos nach § 276 BGB, FS Wiegand, 2005, 179; ders, Der Vertrag mit ersetzbarer Primärleistung als eigenständige Rechtsfigur und die Zentralprobleme seiner Ausgestaltung, FS Westermann, 2008, 137; Ernst, Die Konkretisierung in der Lehre vom Gattungskauf, GS Knobbe-Keuk, 1997, 49; Lemppenau, Gattungsschuld und Beschaffungspflicht, 1972.

1 **1. Allgemeines. a) Bedeutung.** Teilregelung der häufig vorkommenden **Gattungsschuld** (**I:** → Rn. 7; **II:** → Rn. 9 ff.); ergänzend greifen (noch) ein: §§ 300 II, 524 II, 2155, 2182 f.; HGB 360, 373 ff.; durch das SchRModG aufgehoben wurden die §§ 279, 480 aF. Beim Kauf hat die Abgrenzung zur Stückschuld (→ Rn. 4) nach der Rechtsangleichung (→ Rn. 7) an Bedeutung verloren.
2 **b) Anwendungsbereich.** § 243 gilt **unmittelbar** bei Sachleistungsschulden, insbes Gattungskauf und Handelskauf (§ 373 HGB); **entspr** bei Rechtsverschaffung (Bsp: Abtretung von Kundenforderungen), Gattungsmiete (Bsp: Bestellung eines Hotelzimmers; Leasingvertrag), Dienst-, Werk- (Bsp: Schönheitsreparaturen, BGHZ 105, 78; ie Staudinger/Schiemann Rn. 46 ff.) und Reiseleistungen (BGHZ 100, 174).

3 **2. Gattungsschuld. a) Begriff:** Schuldverhältnis, bei dem der Leistungsgegenstand (idR eine Sache oder eine Mehrheit von Sachen, I; vgl aber → Rn. 2) nur **gattungsmäßig** festgelegt, ein konkretes Leistungsobjekt aber noch nicht geschuldet ist (*Schuld* mit unbestimmtem Leistungsgegenstand; zur Konkretisierung vgl → Rn. 9 ff.). **Gattung** *(genus)* ist die durch gemeinschaftliche Merkmale (zB Sorte, Type, Serie, sonstige **Qualifikation**) zusammengefasste Sachgruppe. Bsp für Gattungsschuld: Lieferung eines fabrikneuen Pkw eines bestimmten Typs (vgl OLG München NJW-RR 2019, 249). Die Bestimmung der Gattung und ihres Umfanges

(dazu → Rn. 8) obliegt den Parteien (subj Maßstab; BGH NJW 1989, 219); sonst entscheidet die Verkehrsauffassung (BGH NJW 1984, 1955). Die Gattungsschuld ist idR auf die Leistung vertretbarer Sachen (§ 91) gerichtet (Bsp: Lieferung von Handelsware), jedoch nicht notwendig, da die Vertretbarkeit einer Sache eine Frage der Verkehrsüblichkeit ist (obj Maßstab entscheidet, → § 91 Rn. 1 ff.). Bsp einer Gattungsschuld über nicht vertretbare Sache: Beschaffung von Grundstücksparzelle in X „mit Seeblick". **b) Abgrenzung.** Gegensatz zur Gattungs- ist die **Stück-** 4
(Spezies-)**schuld,** bei der ein individuell bestimmter einzelner Gegenstand oder eine Sachgesamtheit geschuldet ist. Bsp: Gebrauchter Pkw nach Besichtigung; gesamter Vorrat (→ Rn. 8); Auslegungsfrage bei „rollender" Ware (vgl OLG München NJW 1957, 1801). Übergang der Gattungs- in Stückschuld: → Rn. 9 ff. Bei der **Wahlschuld** (§§ 262–265) sind mehrere unterschiedliche Leistungen, die auch gattungsmäßig bestimmt sein können (→ § 262 Rn. 1), geschuldet, während die Gattungsschuld auf eine gleichartige Leistung gerichtet ist (→ Rn. 7). Die **Geldschuld** (§§ 244, 245) ist reine Wertschuld (vgl → §§ 244, 245 Rn. 6). Zum Teil werden Verträge, bei denen bei vereinbarter Stückschuld eine Nachlieferung zulässig sein soll, als eigene Kategorie (Vertrag mit ersetzbarer Primärleistung) zwischen Stück- und Gattungsschuld eingeordnet (s. Canaris FS Westermann, 2008, 137 ff.; vgl zum Ganzen → § 439 Rn. 24, MüKoBGB/Westermann § 439 Rn. 12). **c) Arten.** 5
aa) Die **marktbezogene Gattungsschuld** (dazu Ballerstedt FS Nipperdey, 1955, 272) ist **Beschaffungsschuld** (s. BGH BKR 2003, 954). Befreiung des Schuldners idR nur, wenn die gesamte Gattung untergeht (selten: *„genus perire non censetur"* = „Von einer Gattung wird nicht angenommen, dass sie untergeht"); Grund: Übernahme des Beschaffungsrisikos (s. § 276 I 1 aE; → § 276 Rn. 46). **bb)** Bei der **beschränkten Gattungsschuld** (Vorratsschuld) hat der Schuldner (anders als bei → Rn. 5 [aa]) nur aus einem bestimmten Vorrat zu leisten (ie → Rn. 8).
d) Inhalt. aa) Allgemeines. Der Gattungsschuldner hat ein Auswahlrecht (Gren- 6
zen: → Rn. 7) und bis zur Erfüllung ein Dispositionsrecht hinsichtlich des konkreten Leistungsgegenstandes (→ Rn. 11); andererseits wird er bis zur Konkretisierung (II) bei zufälligem Untergang der zur Erfüllung vorgesehenen Sache nicht frei, da es noch an einem geschuldeten bestimmten Leistungsobjekt fehlt
(→ Rn. 3, 10). **bb) Leistungspflicht (I).** Der Schuldner hat aus der vereinbarten 7
Gattung mangelfreie Sachen mittlerer Art und Güte auszuwählen (sa § 360 HGB). Abw. Qualitätsvereinbarungen sind möglich, zB „prima Ware", „Ramschware" uä. Bei Abweichung von Gütemerkmalen nach unten wie auch von Gattungs-(Qualifikations-)merkmalen liegt keine vertragsmäßige Leistung vor (OLG Köln MDR 1998, 1469); Rechte des Gattungskäufers bei Qualitäts- oder Qualifikationsmangel: §§ 434 III, V, 437 Nr. 1, 439 I Alt. 2. Der Anspruch auf Lieferung mangelfreier Ware besteht auch nach Annahme in Unkenntnis des Mangels (vgl BGHZ 142, 39). Grund: Keine Konkretisierung (→ Rn. 9). Zur Rechtslage beim Gattungsvermächtnis s. Amend ZEV 2002, 228 f.

3. Die beschränkte Gattungsschuld. Die beschränkte Gattungsschuld (Vor- 8
ratsschuld; → Rn. 5 [bb], s. zu versch Begrenzungsgestaltungen Canaris FS Wiegand, 2005, 191 ff.) ist Gattungsschuld iSv → Rn. 3, doch ist der Umfang der Gattung, aus der der Schuldner zu leisten hat, in dem Verpflichtungsgeschäft auf einen bestimmten Vorrat beschränkt (kein Fall von § 276 I 1 aE). IZw anzunehmen, wenn der Produzent Schuldner der Ware ist (RGZ 88, 288). Bsp: Kohlen aus einer bestimmten Zeche (OLG Karlsruhe JZ 1972, 121), landwirtschaftliche Erzeugnisse eines bestimmten Gutes, Produkte mit Markennamen (-zeichen) oder einer Unternehmensgruppe (vgl Westermann JA 1981, 599), ferner erlaubte Sammelsendungen (Hönn AcP 177, 396, 416, str). **Keine** beschränkte Gattungsschuld liegt vor, wenn der gesamte Vorrat geschuldet ist (Speziesschuld über Sachgesamtheit) oder wenn empfangene Geldbeträge oder Gutschriften auf Girokonten (zB gem §§ 667, 818 I, II) herauszugeben sind (reine Herausgabeschuld, zT verkannt in BGHZ 83, 301; → § 270 Rn. 2). Bsp: Verkauf der gesamten Ernte. Bei **Untergang** des gesamten

Vorrats wird der Schuldner frei (§ 275 I), ein Beschaffungsrisiko (vgl § 276 I 1 aE) trifft ihn nicht. **Genügt der Vorrat nicht für alle Gläubiger,** soll der Schuldner nach § 242 berechtigt (und verpflichtet) sein, seine Gläubiger anteilig zu befriedigen (RGZ 84, 125; Lemppenau, Gattungsschuld und Beschaffungspflicht, 1972, S. 81; Kainer NJW 2021, 816, Rn. 6 f. [Impfstoffe]); diese außerinsolvenzliche Gleichbehandlung ist mangels Rechtsbeziehung der Gläubiger untereinander abzulehnen; vielmehr kann der Schuldner entscheiden, an wen er leistet; iü gilt § 275 (MüKoBGB/Emmerich Rn. 17; unklar BeckOGK/Beurskens, BGB, § 243 Rn. 54 [Einzelfallabwägung]).

9 **4. Konkretisierung (II). a) Voraussetzungen.** Unerlässlich sind Auswahl, Aussonderung und Angebot einer den Anforderungen des I (→ Rn. 7) entspr Sache. IÜ ist nach der erforderlichen Leistungshandlung des Schuldners (→ § 269 Rn. 1) zu unterscheiden: bei Bringschuld ist körperliches Angebot beim Gläubiger erforderlich, bei Schickschuld (§ 447) Versendung der Sache (OLG Köln NJW 1995, 3128; BGH NJW 2003, 3341), bei Holschuld Aussonderung und Benachrichtigung oder Aufforderung des Gläubigers zur Abholung (Larenz SchR I § 11 I; arg § 300 II, krit Ernst GS Knobbe-Keuk, 1997, 49, 83 ff.: Annahmeverzug erforderlich).
10 **b) Rechtsfolgen. aa) Gefahrübergang.** Mit der Konkretisierung wird die Gattungsschuld (vorläufig: → Rn. 11) zur Stückschuld, dh die **Leistungsgefahr** geht gem § 275 I auf den Gläubiger über. Spätester Zeitpunkt des Gefahrübergangs, auch bei noch nicht eingetretener Konkretisierung (→ § 300 Rn. 4), ist Annahmeverzug,
11 § 300 II. Für Gegenleistungs-(Preis-)gefahr gelten §§ 326 I, 447. **bb) Rückgängigmachung.** Die Konkretisierung wirkt nur zugunsten des Schuldners, bindet ihn aber nicht (Staudinger/Schiemann Rn. 42 f.; Hager AcP 190, 332; iE auch Ernst GS Knobbe-Keuk, 1997, 49, 97, 102 ff., str; aA OLG Köln NJW 1995, 3129; van Venrooy WM 1981, 890 ff. mN; offengeblieben in BGH BB 1965, 349). Verfügt der Schuldner abw über die ausgeschiedene und konkretisierte Ware, lebt Gattungsschuld idR wieder auf (Staudinger/Schiemann Rn. 39 ff.; iE auch Ernst GS Knobbe-Keuk, 1997, 49, 97), er macht sich aber uU (zB nach Versandanzeige) ersatzpflichtig (vgl §§ 280, 282, 241 II).

§ 244 Fremdwährungsschuld

(1) **Ist eine in einer anderen Währung als Euro ausgedrückte Geldschuld im Inland zu zahlen, so kann die Zahlung in Euro erfolgen, es sei denn, dass Zahlung in der anderen Währung ausdrücklich vereinbart ist.**

(2) **Die Umrechnung erfolgt nach dem Kurswert, der zur Zeit der Zahlung für den Zahlungsort maßgebend ist.**

§ 245 Geldsortenschuld

Ist eine Geldschuld in einer bestimmten Münzsorte zu zahlen, die sich zur Zeit der Zahlung nicht mehr im Umlauf befindet, so ist die Zahlung so zu leisten, wie wenn die Münzsorte nicht bestimmt wäre.

Anmerkungen zu den §§ 244, 245

1 **1. Allgemeines. a) Bedeutung.** Die am häufigsten vorkommende **Geldschuld** ist im BGB nicht allg geregelt. §§ 244, 245 betreffen nur die Fremdwährungsschuld (→ Rn. 12–17) und Geldsortenschuld (→ Rn. 6). Das SchRModG hat ohne sachliche Änderung § 244 an die Euro-Umstellung (→ Rn. 5) angepasst. Weitere Vorschriften enthalten zB §§ 251, 253, 270, 288, 488; §§ 803 ff. ZPO; § 45 InsO und
2 PrKlG, welches PaPkG und PrKV ablöste (dazu → Rn. 18–25). **b) Geld. aa) Begriff.** Geld iSd **Geldschuld** (→ Rn. 6–11) ist in Währungseinheiten ausgedrückte abstrakte Vermögensmacht (Soergel/Teichmann § 244 Rn. 4). Verkörpertes

Geld *(Bargeld)* sind die Geldzeichen (Banknoten, Münzen) der Euro- oder einer anderen Währung (vgl → § 244), nicht verkörpertes Geld jederzeit verfügbare Bankguthaben **(Buchgeld).** Letzteres wird dem verkörperten weitgehend gleichbehandelt (vgl zB → § 270 Rn. 4 und allg Larenz SchR I § 12 I aE; BGH WM 1984, 946). **Geld** iSd **Währungsrechts** sind nur diejenigen (verkörperten) Geldzeichen, die kraft staatlicher Anordnung zur Schuldtilgung angenommen werden müssen (**gesetzliches Zahlungsmittel;** dazu → Rn. 5). Gesetzliches Zahlungsmittel ist auch Elektronisches Geld iSv § 1 II 3 ZAG, zukünftig mglw auch eine digitale Form des Euro (MüKoBGB/Grundmann § 245 Rn. 10), nicht aber „Bitcoins" (dazu Spindler/Bille WM 2014, 1357; Omlor JZ 2017, 754) und andere Formen „virtuellen" oder „digitalen" Geldes ohne Anbindung an eine Währungseinheit, die in Computerspielen und sozialen Netzwerken vorkommen (Beck NJW 2015, 580, 582). **bb) Wirtschaftliche Bedeutung.** Geld ist **allg Tauschmittel** zur Erlangung 3
von Gütern und Dienstleistungen aller Art und damit zugleich **allg Wertmaßstab** und allg Wertausdrucksmittel (Rechnungseinheit). Im Rahmen von Geldgeschäften iwS (zB § 488) ist das Geld Mittel der Wertbewahrung und Wertübertragung, bei Erfüllung ges Geldschulden (zB Unterhalt, Schadensersatz) **Zahlungsmittel ieS.** Prägung, Umgang mit und Annahmepflicht von Münzgeld regelt das MünzG. **cc) Wert.** Der **Nennwert** ist nur staatliche Kennzeichnung des Geldzeichens 4
(→ Rn. 2), kein Wert im wirtschaftlichen Sinn. Der **Außenwert** des Geldes ergibt sich aus seinem Verhältnis zu anderen Zahlungsmitteln **(Valutakurs),** der **Binnenwert** des Geldes im Währungsgebiet entspricht seiner **Kaufkraft.**

2. Euro-Währung. Seit dem 1.1.2002 ist der Euro in der Bundesrepublik (und 5
den Ländern der Währungsunion) ges Zahlungsmittel. Die Euro-Währung gilt bereits seit dem 1.1.1999; in der Übergangszeit bis zum 31.12.2001 galt die DM als eine (nicht-dezimale) Untereinheit des Euro. **Rechtsgrundlagen** der Euro-Einführung sind: Die VO (EG) Nr. 1103/97 vom 17.6.1997 über bestimmte Vorschriften im Zusammenhang mit der Einführung des Euro **(Euro-VO I);** die VO (EG) Nr. 974/98 vom 3.5.1998 über die Einführung des Euro **(Euro-VO II);** die VO (EG) Nr. 2866/98 vom 31.12.1998 über die Umrechnungskurse zwischen dem Euro und den Währungen der Mitgliedstaaten, die den Euro einführen **(Euro-VO III);** hinzu kommen (ab 9.6.1998) zahlreiche EuroEG (zuletzt das 10. EuroEG vom 15.12.2001, BGBl. I 3762). Alle auf DM lautenden „Rechtsinstrumente" (Gesetze, Verträge, Urteile usw) wurden zum 1.1.2002 auf Euro umgerechnet (Art. 14 Euro-VO II). Der Umrechnungskurs beträgt 1,95583 DM = 1 Euro (Euro-VO III). Die Anpassung des deutschen Rechts an den Euro ist durch die Euro-Einführungsgesetze im Wesentlichen abgeschlossen. Als bloße Währungsumstellung begründet die Einführung des Euro keinen Wegfall der Geschäftsgrundlage (→ § 313 Rn. 38), es gilt der Grundsatz der **Vertragskontinuität** (Art. 3 Euro-VO I). Auswirkungen der Euro-Umstellung auf die **Wertsicherung** von Geldforderungen: → Rn. 18.

3. Geldschuld. a) Allgemeines. aa) Begriff. Geldschuld ist das auf Geld 6
(→ Rn. 2) als Leistungsobjekt gerichtete Schuldverhältnis. **bb) Rechtsnatur.** Die Verpflichtung des Geldschuldners besteht in der Verschaffung der durch das Geld vermittelten abstrakten Vermögensmacht (vgl → Rn. 2), die Geldschuld ist daher **Wert-**(verschaffungs-)**schuld** (auch im Fall der → Rn. 9 ff.), nicht Sachschuld und damit auch **keine** Gattungsschuld (Larenz SchR I § 12 III; Staudinger/Omlor, Vorb. B2, str; teilw aA Fülbier NJW 1990, 2797; unklar BGHZ 83, 300). Die *unechte Geldsortenschuld* (§ 245) ist echte Geldschuld mit der Besonderheit, dass die Erfüllung in einer bestimmten Geldsorte zu erfolgen hat (vgl aber → Rn. 10). **cc) Abgren-** 7
zung. Keine Geldschuld liegt vor, wenn individuell (dann Stückschuld) oder der Art nach (dann Gattungsschuld; sog echte Münzsortenschuld) bestimmte Münzen oder Banknoten geschuldet sind. Bsp: Ankauf bestimmter Münzen oder Münzen bestimmter Sorte durch Sammler; auf Geld (Guthaben) gerichtete Herausgabeansprüche, zB gem §§ 667, 818 I, II (→ § 270 Rn. 2; anders für §§ 818 IV, 819 I BGHZ 83, 300, krit Wilhelm AcP 183, 10 f.). **dd) Arten.** Nach der Art der betrags- 8

mäßigen Fixierung unterscheidet man die *Geldsummen-* (→ Rn. 9 ff.) und die *Geldwertschuld* (→ Rn. 11), nach der Art der geschuldeten Währung Euro- und *Fremd-*
9 *währungsschulden* (→ Rn. 12 ff.). **b) Geldsummenschuld** (Geldbetragsschuld). **aa)** Bei ihr (normale Geldschuld) ist die geschuldete Geldleistung ausschließlich summen-(betrags-)mäßig in Währungseinheiten festgelegt. Bsp: Kaufpreis- (§ 433 II) oder Darlehensschuld (§ 488 I) sowie ges Rückzahlungspflichten (BGHZ 101, 306 f. mN). Gegensatz: Bestimmung des Schuldbetrags durch *außermonetäre* Faktoren (dazu → Rn. 11). Die Leistungspflicht des Geldsummenschuldners richtet sich nur nach dem **Nennbetrag** der Schuld (Grundsatz des schuldrechtlichen **Nominalismus;** vgl BGHZ 79, 194 mN; Staudinger/Omlor Vorb C6; → Rn. 18), **nicht** nach dem (zZ der Tilgung uU veränderten) inneren Wert des Geldbetrags (dafür der – nur ausnahmsweise für einzelne Geldschulden anzuerkennende – **Valorismus;** dazu neigend v. Maydell, Geldschuld und Geldwert, 1974, S. 105 ff.). Konsequenz: Der Geldgläubiger trägt das Entwertungsrisiko; Abhilfe: Vertragliche Wertsicherung von Geldschulden (→ Rn. 18 ff.), uU Anpassung gem § 313.
10 **bb) Rechtliche Behandlung:** Die Vorschriften über Sachschulden (Wegfall der Leistungspflicht) sind unanwendbar, auch bei der unechten Geldsortenschuld (Nebenbestimmung entfällt: § 245); aus dem Grundsatz der unbeschränkten Vermögenshaftung (vgl → § 241 Rn. 19) folgt, dass der Schuldner für seine finanzielle Leistungsfähigkeit stets einzustehen hat (§ 276 I 1: „Inhalt des Schuldverhältnisses"). Zahlungsverzug ist daher immer zu vertreten (§ 286 IV). Auf Geldschuld entspr
11 anwendbar ist § 300 II (Larenz SchR I § 25 II b). **c) Geldwertschuld.** Bei ihr wird nicht ein bestimmter Nennbetrag, sondern eine auf Grund anderer Faktoren (zB Lebensbedarf des Gläubigers; Wert von Gegenständen oder Vermögenskomplexen) zu ermittelnde Geldsumme geschuldet. Bsp: Unterhaltsansprüche, Ansprüche auf Schadensersatz, Wertersatz (zB gem § 818 II), Aufwendungsersatz, Entschädigung wegen Enteignung (Art. 14 III GG) oder enteignungsgleichen Eingriffs (BGHZ 11, 165), Pflichtteil (BGHZ 65, 75) und Zugewinnausgleich. Geldwertschulden sind bis zu ihrer betragsmäßigen Fixierung (Vertrag, Urteil) – uU auch darüber hinaus (§§ 323, 313 ZPO) – von Natur aus wertbeständig (vgl BGHZ 79, 194; Kollhosser JA 1983, 51).

12 **4. Fremdwährungsschuld.** Auch **Valutaschuld (§ 244).** S. zu ihr umfassend Grothe, Fremdwährungsverbindlichkeiten usw, 1999. **a) Allgemeines. aa) Begriff:** Geldschuld (→ Rn. 6 ff.), bei der die geschuldete Leistung nach dem **Inhalt des Vertrags** in anderer Währung als Euro bezeichnet ist (BGHZ 101, 302). Bloße Abrede über die **Art der Zahlung** genügt nicht. Seit dem 1.1.2002 ermöglicht § 244 I eine Zahlung von Geldschulden anderer Währung (→ Rn. 16) in Euro-
13 Währung. **bb) Arten.** Danach, ob die ausländische Währung effektives Zahlungsmittel oder nur Bestimmungsmaßstab der Schuld ist, unterscheidet man (eingehend Staudinger/Omlor § 244 Rn. 17 ff.) echte (→ Rn. 15) und unechte Valutaschulden
14 (→ Rn. 16 f.). **cc) Abgrenzung.** Sicherung durch sog Fremdwährungsklausel (sa u [dd]) ändert an reiner Euro-Schuld nichts. **dd) Schranken.** Eine Genehmigungspflicht für die Eingehung von Fremdwährungsschulden besteht seit dem Wegfall von § 3 S. 1 WährG (vgl Art. 9 § 1 EuroEG) am 1.1.1999 nicht mehr. Vor dem 1.1.1999 geschlossene, ungenehmigte Verträge sind nach dem Wegfall des Genehmigungserfordernisses endgültig wirksam (→ § 134 Rn. 6). Wurde die Genehmigung vor dem 1.1.1999 versagt, so bleiben die Verträge ungültig. **ee) Umwandlung** durch Vereinbarung in Euro-Schuld ist möglich, uU durch ergänzende Vertragsaus-
15 legung, → § 157 Rn. 2 ff. **b) Echte (effektive) Valutaschuld.** Sie ist nicht nur in ausländischer Währung ausgedrückt, sondern auch nur durch Zahlung in ausländischer Währung zu erfüllen. Echte Valutaschuld ist iZw anzunehmen, wenn die Schuld außerhalb der Währungsunion gezahlt werden soll (Erfüllungsort dort), oder bei ausdrücklicher Vereinbarung, zB der Klauseln „effektiv", „zahlbar in". § 244 I
16 ist insoweit unanwendbar. **c) Unechte (einfache) Valutaschuld. aa) Begriff (§ 244 I).** Sie lautet zwar auf eine andere Währung, kann aber wahlweise (Erset-

zungsbefugnis nur des Schuldners: BGHZ 104, 272; OLG Köln WM 1997, 2031) in ausländischer oder Euro-Währung getilgt werden (BGHZ 104, 274), auch durch Aufrechnung (KG NJW 1988, 2181). IZw ist eine unechte Valutaschuld anzunehmen, wenn die Schuld im Inland (§ 244 I) oder im Gebiet der Währungsunion zu zahlen ist. Maßgebend ist der Erfüllungsort (LG Braunschweig NJW 1985, 1169). Zum Inlandsbegriff s. Grothe ZZB 2002, 1 ff. **bb) Umrechnung (§ 244 II).** Maß- **17**
gebend ist der Kurswert am Zahlungsort zZ der **tatsächlichen** Zahlung (BGH WM 1993, 2012), nicht der Fälligkeit (RGZ 101, 313), bei der Aufrechnung der zZ des Zugangs der Aufrechnungserklärung (RGZ 167, 63; Staudinger/Omlor § 244 Rn. 126 ff. mN), im Insolvenzverfahren der am Tag der Verfahrenseröffnung (OLG Köln WM 1988, 1650). § 244 II gilt **nicht** für Wertschulden (→ Rn. 11). **Besonderheiten** gelten bei der Umrechnung von Unterhaltsschulden s. BGH FamRZ 1987, 372; LG Düsseldorf DGVZ 1989, 140; Staudinger/Omlor § 244 Rn. 76 ff.

5. Wertsicherung von Geldschulden. a) Begriff. Wertsicherungsklauseln **18**
sind Vereinbarungen, durch die eine Geldschuld (→ Rn. 6 ff.) wertbeständig gemacht werden soll (BGH NJW 1975, 105). **Preisklauseln** iSd PrKlG sind grundsätzlich verbotene Wertsicherungsklauseln. **b) Bedeutung.** Wertsicherungsklauseln dienen der Absicherung des Geldgläubigers (insbes einer Nennbetragsschuld) gegen Verluste aus einem Kaufkraftschwund der Währung (ie → Rn. 21–25). **c) Zulässigkeit.** Der – durch Art. 9 § 1 EuroEG aufgehobene – § 3 S. 2 WährG enthielt aus währungspolitischen Gründen ein Indexierungsverbot mit Erlaubnisvorbehalt. Da solche Klauseln auch Auswirkungen auf die nationale Wirtschaft, die Preisstabilität und den Verbraucherschutz haben können, stellte danach das Preisangaben- und Preisklauselgesetz (PaPkG) bestimmte Wertsicherungsklauseln unter ein repressives Verbot mit (in der Preisklauselverordnung ausgestaltetem behördlichem) Ausnahmevorbehalt (Indexierungsverbot). MWv 14.9.2007 wurden § 2 PaPkG (s. 12. Aufl.) und die Preisklauselverordnung durch das Preisklauselgesetz (PrKlG) außer Kraft gesetzt (G v 7.9.2007, BGBl. I 2247 [2257, 2262], zum Übergangsrecht → Rn. 25). Es erhält das **Preisklauselverbot** (§ 1) und **Ausnahmen** (§§ 2–7) aufrecht, sieht jedoch kein behördl Genehmigungsverfahren mehr vor (Verbot mit Legalausnahmen, PWW/Schmidt-Kessel Rn. 19). **d) Preisklauselverbot.** Nach § 1 PrKlG ist **19**
jede Klausel unwirksam, bei welcher der Betrag der Geldschuld unmittelbar und selbsttätig durch den Preis oder Wert von anderen Gütern oder Leistungen bestimmt wird, die mit den vereinbarten Gütern oder Leistungen nicht vergleichbar sind. Nur solche Klauseln fallen in den Anwendungsbereich des PrKlG, durch die der Schuldbetrag unmittelbar durch eine andersartige (vertragsfremde) Bezugsgröße (zB Index, Beamtengehalt) fest „bestimmt“ wird, so dass bei Änderung der Vergleichsgröße sich der Schuldbetrag automatisch „selbsttätig“, dh ohne Zutun der Parteien ändert (**Gleitklausel;** vgl BGHZ 53, 318; 63, 134; 105, 246). Preisklauseln müssen zur **automatischen Anpassung** führen. § 1 PrKlG nimmt BGH-Rechtsprechung zu § 3 S. 2 WährG auf (vgl auch schon § 2 I PaPkG). **e) Verbotsfolge: § 8 PrKlG –** **20**
Keine **Unwirksamkeit** ipso iure. Unwirksam wird eine Klausel erst im Zeitpunkt der Feststellung (ex nunc, str ob Rückwirkung auf Zeitpunkt der Rechtshängigmachung – so PWW/Schmidt-Kessel Rn. 27, oder mit Erwachsen der Entscheidung in Rechtskraft – so Grüneberg/Grüneberg § 8 Rn. 1 PrKlG). Parteien können aber frühere Unwirksamkeit vereinbaren (§ 8 S. 1 PrKlG aE). Feststellung der (Un-)Wirksamkeit nur gerichtlich durch F-Klage Grüneberg/Grüneberg § 8 Rn. 1 PrKlG; abw PWW/Schmidt-Kessel Rn. 27: Nichtigkeitsklage mit Gestaltungswirkung – aber zweifelhaft im Fall eines Negativattests). Keine Behördenzuständigkeit (selbst für Negativauskünfte, deren Bindungswirkung für Gerichte aber auch nach altem Recht str ist, s. PWW/Schmidt-Kessel Rn. 19 mN; Kirchhoff DNotZ 2007, 914). Aus anderen Gründen kann eine Behörde zu speziellen Zwecken zwingend mit der Prüfung der Zulässigkeit der Klausel befasst sein (vgl OLG Celle NJW-RR 2008, 896 f.: Grundbuchamt/Registergericht; zT wird Prüfung durch Grundbuchämter als unzulässig erachtet, wenn Zeitpunkt nach § 8 S. 1 PrKlG nicht vorverlegt

wurde, s. Reul MittBayNot 2007, 452). Nichtigkeit einer Preiskl führt iZw nicht zur **Gesamtnichtigkeit** des Vertrags (Grüneberg/Grüneberg § 8 Rn. 1 PrKlG), denkbar Ersetzung durch Leistungsvorbehaltsklausel (Bsp OLG Rostock NZM 2005, 506). **Anpassung** durch ergänzende Vertragsauslegung (PWW/Schmidt-Kessel Rn. 28), ist diese nicht möglich, dann nach § 313 II (anders Grüneberg/Grüneberg § 8 Rn. 1 PrKlG). Zum Rechtsmissbrauchseinwand bei Berufung auf Nichtigkeit s. BGH NJW 1983, 1910. Unwirksamkeit nach hM nur bei **Rechtskraft** entfaltender Feststellung, nicht, wenn Klausel nur als Vorfrage (zB im Rahmen einer Leistungsklage, s. Gerber NZM 2008, 154) behandelt wird; Klagegegner muss dann Feststellungswiderklage erheben (Grüneberg/Grüneberg § 8 Rn. 1 PrKlG).

21 **6. Anwendungsbereich. Nicht** vom Preisklauselverbot erfasst sind **Wertsicherungsklauseln,** die eine Anpassungsverpflichtung oder ein Anpassungsrecht begründen (§ 1 II Nr. 1 PrKlG) oder deren Bezugsmechanismen einen gerechtfertigten, engen Rahmen bilden (§ 1 II Nr. 2, 3 PrKlG) oder nicht nachteilig wirken können (§ 1 II Nr. 4 PrKlG; krit dazu Kirchhoff DNotZ 2007, 919). Weitere Ausnahme: Eine Anpassung ohne vertragliche Vereinbarung ist möglich bei Betriebsrenten nach der Sondervorschrift des § 16 BetrAVG sowie allg nach § 313. Im verbleibenden Anwendungsbereich definieren §§ 3 ff. PrKlG weitere Ausnahmen (→ Rn. 24 f.). **a) Leistungsvorbehaltsklauseln. aa) Begriff:** Wirksam sind Klauseln, die hinsichtlich des Ausmaßes der Änderung des geschuldeten Betrags einen Ermessensspielraum lassen, der es ermöglicht, die neue Höhe der Geldschuld nach Billigkeitsgrundsätzen zu bestimmen (§ 1 II Nr. 1 PrKlG). Der Inhalt des Leistungsvorbehalts (Voraussetzung, Maßstab) ist ggf durch Auslegung zu bestimmen (BGH NJW 1992, 2088). **Abgrenzung:** IGgs zur verbotenen Preisklausel iSd PrKlG fehlt eine Anpassungsautomatik (BGHZ 63, 136; NJW 1967, 830). Zur Änderung der Leistungspflicht bedarf es (formell) eines bes bestimmenden Rechtsakts; auch muss bei der Anpassung der geschuldeten Leistung (materiell) ein ausreichender Ermessensspielraum bestehen, der die Berücksichtigung von „Billigkeitsgrundsätzen" zulässt (BGH MDR 1976, 571). **bb) Anpassungsvoraussetzungen.** Die Änderung der Bezugsgröße darf nur die Voraussetzung der Neufestsetzung, nicht aber alleiniger Anpassungsmaßstab sein (BGH BB 1977, 619). „Erhebliche" oder „wesentliche Veränderung der wirtschaftlichen Verhältnisse" ist idR bei einem Ansteigen der Lebenshaltungskosten um mehr als 10 % anzunehmen (BGH NJW 1995, 1360), „nachhaltige" bei entspr Änderung um mehr als 20 % (BGH NJW 1992, 2088). **cc) Zeitpunkt der Anpassung.** IZw (§§ 157, 242) Zugang der Anpassungserklärung (BGHZ 81, 146; NJW 1978, 154) oder Erlass des sie ersetzenden Urteils (§ 319; BGHZ 81, 146 mN); zu den Anforderungen an die Bestimmtheit der Erklärung: BGH NJW 1974, 1464 mit Anm Bilda NJW 1974, 1947. Haben die Parteien einem Sachverständigen die Anpassung übertragen, so ist dieser iZw Schiedsgutachter, nicht Schiedsrichter (Bulla BB 1976, 389; JuS 1976, 20; → § 317
22 Rn. 5). **b) Spannungsklauseln. Begriff:** Wirksam sind Klauseln, bei denen die in ein Verhältnis zueinander gesetzten Güter oder Leistungen im Wesentlichen gleichartig oder zumindest vergleichbar sind (§ 1 II Nr. 2 PrKlG). **Abgrenzung** zur verbotenen Preisklausel iSd PrKlG: Verknüpfung der Geldschuld mit dem Preis oder Wert von „anderen", dh **andersartigen** Gütern und Leistungen. **Bsp:** Wirksam ist die Bindung von Gehalt oder Ruhegehalt an die Entwicklung der Beamtenbesoldung (BGH NJW 1974, 273; 1980, 1741) oder der Tarifgehälter (BAG DB 1977, 503); Bindung des Gaspreises an den für Heizöl (BGH NJW 2010, 2789: allerdings Verstoß gegen §§ 307 ff.); Bindung von Miet- und Pachtzinsen an die Preisentwicklung für vergleichbare Räume (BGH NJW 1976, 422), **nicht** aber an die Entwicklung eines Beamtengehalts (BGH NJW 1983, 1010). **Auslegung:** Die vereinbarte Vergleichsgröße (zB Beamtengehalt, Tariflohn) ist idR auch dann maßgebend, wenn ihre spätere Veränderung mit dem tatsächlichen Kaufkraftschwund nicht überein-
23 stimmt (BGH NJW 1971, 835; 1974, 274; 1975, 105). **c) Kostenelementeklauseln. Begriff:** Klauseln, nach denen der geschuldete Betrag insoweit von der Ent-

wicklung der Preise oder Werte für Güter oder Leistungen abhängig gemacht wird, als diese die Selbstkosten (zB Lohn- und Materialkosten) des Gläubigers bei der Erbringung der Gegenleistung unmittelbar beeinflussen (§ 1 II Nr. 3 PrKlG). Sie sind **wirksam,** soweit lediglich eine Überwälzung von effektiv entstandenen Mehrkosten auf den Schuldner vereinbart ist. IÜ sind bei Vereinbarung von Preisvorbehalten in AGB die Schranken gem §§ 309 Nr. 1, 310 iVm § 307 zu beachten (ie Matusche/Beckmann ZIP 1989, 1198 ff.).

7. Zulässige Preisklauseln (Bereichsausnahmen). Das PrKlG macht einzelne 24
Bereichsausnahmen vom Verbot des § 1 PrKlG: **a) Geld- und Kapitalverkehr.** Ausdrücklich ausgenommen vom Indexierungsverbot sind der Geld- und Kapitalverkehr, einschließlich der Finanzierungsinstrumente iSd § 1 XI KWG sowie die hierauf bezogenen Pensions- und Darlehensgeschäfte (§ 5 PrKlG). Indexierungsklauseln sind zB zulässig in Schuldverschreibungen, Schatzbriefen und ähnlichen Finanzierungsinstrumenten (Schmidt-Räntsch NJW 1998, 3166). Kreditverträge mit Verbrauchern iSv § 491 werden gem §§ 2 I 1, 2 I 2 Nr. 2, 5 PrKlG vom Verbot nicht erfasst, sofern die Preisklausel inhaltlich hinreichend bestimmt ist u keine Vertragspartei unangemessen benachteiligt. **b) Außenhandelsgeschäfte.** Keiner Genehmigung bedürfen Klauseln in Verträgen von gebietsansässigen Kaufleuten mit Gebietsfremden (§ 6 PrKlG). Grund: Verhinderung von Wettbewerbsnachteilen. Gebietsfremd sind alle jur und natürlichen Personen mit Sitz außerhalb Deutschlands (Staudinger/Omlor § 6 PrKlG Rn. 7). Der Begriff „Kaufmann" ist weit auszulegen; erfasst werden auch Nichtkaufleute, die gewerblich tätig werden, und Freiberufler. **c) Wohnraummietverträge.** Vgl § 24 AVBFernwärmeV: Indexmiete (§ 557b, sa § 1 III PrKlG). **d) Langfristige Verträge.** Unter den Voraussetzungen des § 3 PrKlG sind Preisklauseln in langfristig angelegten Verträgen wie bspw. Mietverträgen über sonstige Gebäude oder Räume (die nicht von § 557b erfasst werden) zulässig. „Langfristig" ist – entspr den früheren Grundsätzen der BBank – eine Zahlung zu erbringen, wenn der Gläubiger für mindestens zehn Jahre auf das Recht zur ordentlichen Kündigung verzichtet oder der Schuldner die Vertragsdauer auf mindestens zehn Jahre verlängern kann (sa § 3 I Nr. 1 PrKlG, weitere erfasste Gestaltungen s. dort). Eine solche Preisklausel ist nur dann wirksam, wenn sie sich auf eine der in § 3 PrKlG genannten Bezugsgrößen bezieht. **e) Weitere Bereichsausnahmen.** In Verträgen zur Deckung des Bedarfs der **Streitkräfte** werden wegen der staatl Einfluss- u Kontrollmöglichkeiten Preisklauseln als unbedenklich eingestuft (§ 7 PrKlG). Klauseln in **Erbbaurechtsverträgen** mit Laufzeit über 30 Jahren erfasst § 4 PrKlG neben den dort genannten weiteren ges Einschränkungen. Der Verweis auf „ErbbauVO" ist nach deren Umbenennung (BGBl. 2007 I, 2617) als „ErbbauRG" zu
lesen. **f) Alte Genehmigungen, Übergangsrecht.** Nach der Preisklauselverord- 25
nung bis 13.9.2007 erteilte Genehmigungen gelten nach dem 14.9.2007 fort (§ 9 I PrKlG). IÜ werden nicht erledigte, aber bis 13.9.2007 gestellte Genehmigungsanträge unter Anwendung der alten Rechtslage durch das Bundesamt für Wirtschaft bearbeitet (§ 9 II PrKlG).

§ 246 Gesetzlicher Zinssatz

Ist eine Schuld nach Gesetz oder Rechtsgeschäft zu verzinsen, so sind vier vom Hundert für das Jahr zu entrichten, sofern nicht ein anderes bestimmt ist.

1. Allgemeines. Der nur subsidiär eingreifende („sofern nicht …") ges Zinssatz 1
hat durch die eigenständige Regelung des Verzugszinses (§§ 288, 291, 497) mit dem periodisch anzupassenden *Basiszinssatz* (§ 247) als Bezugsgröße erheblich an **Bedeutung verloren.** § 246 gilt für Zinsschulden aus ges oder rechtsgeschäftlich begründeten Geldschulden (→ Rn. 6) außer Verzug und Rechtsverfolgung (→ Rn. 7), für rechtsgeschäftliche Zinsschulden bei (ausnahmsweise) fehlender Vereinbarung über die Zinshöhe (→ Rn. 8).

2 **2. Zinsbegriff. a) Zins** ist die laufzeitabhängige, gewinn- und umsatzunabhängige, in Geld oder anderen vertretbaren Sachen zu entrichtende Vergütung für den Kapitalgebrauch (Canaris NJW 1978, 1892; Staudinger/Omlor Rn. 23; BGH NJW-RR 1992, 592). Wiederkehrende Entrichtung ist kein Begriffsmerkmal der Zinsen, deshalb war der früher in der Rspr verwendete Zinsbegriff (zB RGZ 168, 285; BGH WM 1963, 318) zu eng (zur Zinsbegriffentwicklung sa Mülbert AcP 192, 459). Auch einmalige Zuschläge oder Abzüge können Zins („Vorauszins") sein (ie → Rn. 4). Rechtlich erfolgt die Kapitalgebrauchsüberlassung zumeist in der Form des § 488; → Rn. 6. **b) Abgrenzung. aa)** Ob eine Leistung Zins darstellt oder nicht, richtet sich nicht nach ihrer Bezeichnung („Gebühr", „Provision", „Spesen" usw, vgl → Rn. 4), sondern nach ihrem wahren wirtschaftlichen Zweck. Grund: Verhinderung der Umgehung der zwingenden Zinsvorschriften (§§ 248, 289 S. 1;
3 489). **bb) Keine Zinsen** sind: *Selbstständige Hauptleistungen,* Bsp: Renten (LM Nr. 2 zu § 248: Kaufpreisrente; sa § 759); Vergütungen für eine *ungleichartige Gegenleistung,* Bsp: Miet-, Pacht- und Erbbau„zinsen"; Entschädigung für Nutzungsentzug (BGH NJW 1964, 294); der *Tilgung der Hauptschuld* (→ Rn. 5) dienende Leistungen; Bsp: Tilgungsraten, Amortisationsquoten (RGZ 91, 299); *erfolgsabhängige Vergütungen,* Bsp: Gewinn- und Umsatzbeteiligungen (BGHZ 85, 63 f.), Dividenden, Tantiemen; Vergütungen für *bes Leistungen (Aufwendungen) bei der Kapitalbeschaffung und -auszahlung,* Bsp: Bereitstellungs„zinsen" (BGH NJW-RR 1986, 469); echte Bearbeitungs- und Verwaltungsgebühren (BGH WM 1986, 9); Kosten der Kreditvermittlung (BGHZ 80, 166) und Restschuldversicherung (BGHZ 80, 167); sonstige Kreditnebenkosten (vgl BGHZ 80, 166; 124, 257, 261); uU handelt es sich aber um verschleierte Zinsen (→ Rn. 4); unabhängig davon sind Kreditkosten beim „effektiven Jahreszins" zu berücksichtigen (→ Rn. 10); inwieweit einmalige Vorabzüge *(Disagio, Damnum)* Kreditnebenkosten sind, ist Auslegungsfrage (BGHZ 133, 358 mN; iE BGH NJW 2000, 352; ferner BeckOK/Grothe Rn. 2 mN; ie hier → Rn. 4; s. noch § 288). Früher sog *Strafzinsen* (vgl Gotthardt WM 1987, 1382 mN) sind idR
4 Vertragsstrafe oder Schadenspauschalierung (ie → § 288 Rn. 2). **cc) Zinsen sind:** *Kreditgebühren* beim Teilzahlungskredit (BGH NJW 1979, 806 mN, jetzt stRspr und allgM); ihre Einbeziehung in den Darlehensbetrag stellt in Wahrheit nur eine bes Zahlungsabrede dar (Canaris NJW 1978, 1893; sa BGH NJW 1989, 223); zur effektiven Zinshöhe vgl → Rn. 10; *Überziehungsentgelte* (BGHZ 118, 126). Einmalige Sonderleistungen (→ Rn. 3) sind dann *verschleierte Zinsen,* wenn es sich in Wahrheit um Kapitalüberlassungsvergütung handelt (Canaris NJW 1978, 1892). Bsp: Einmalige *Bearbeitungsgebühr* von 2 % beim Teilzahlungskredit (BGHZ 104, 105 mN); idR zur Senkung des Nominalzinses führendes *Disagio* (BGHZ 133, 358); Folge: Bei vorzeitiger Vertragsbeendigung anteilige (Zinsfestschreibungsdauer entscheidet: BGH NJW 1995, 2778) Erstattung gem § 812, außer bei rechtlich geschützter (zB gem § 249) Zinserwartung des Kreditgebers (unterscheidend BGHZ 133, 358 ff.).

5 **3. Zinsschuld. a) Begriff:** Schuldverhältnis, das auf Leistung von Zinsen (→ Rn. 2, 4) gerichtet ist. **b) Verhältnis zur Hauptschuld.** Die Zinsschuld ist eine sich ständig erneuernde **Nebenschuld** (LM Nr. 2 zu § 248). In der **Entstehung** ist sie von der Hauptschuld abhängig (Ausnahme: § 803); Sicherungen der Hauptschuld gelten auch für die Zinsschuld, §§ 1118, 1192, 1210, 1289. Hinsichtlich des **Fortbestandes** ist die Zinsschuld **selbstständig;** sie ist (allein) abtretbar, pfändbar und verpfändbar und kann gesondert eingeklagt werden. Sie unterliegt grundsätzlich (Einschränkung: § 217) der regelmäßigen Verjährung (§§ 195, 197 II). Ihre **Berechnung** richtet sich nach der tatsächlich noch bestehenden Kapitalschuld; abw AGB-Vereinbarung ist bei hinreichender Transparenz möglich (BGHZ 116, 2 ff. mN; *NJW 1995, 2287 mN*; sa OLG Köln NJW-RR 1995, 1014; zum ganzen Metz NJW
6 1991, 668). **c) Arten.** Einteilung nach dem Entstehungsgrund: **aa) Vertraglich begründete Zinsschulden.** Bsp: § 488. Vereinbarte Höhe des Zinses: → Rn. 8. **bb) Ges begründete Zinsschulden.** Sie sind nur bei (vertraglichen oder ges) Geldschulden möglich. **Fälle** (Bsp): §§ 256 (Aufwendungen), 288 (Verzugszinsen),

290 (Wertersatz), 291 (Prozesszinsen), 501 (vorzeitige Zahlung des Verbrauchers), 641 IV (Werklohn), 668, 698, 819 I, 820 II, 849 (Ersatzsumme), 1834, 1915; §§ 353, 354 II HGB. **d) Zinshöhe. aa)** Der **ges Zinssatz** beträgt grundsätzlich **4 %** 7
(§ 246); Ausnahmen: **5 %** bei beiderseitigem Handelsgeschäft (§ 352 HGB), bei inländischen Wechsel- und Scheckverbindlichkeiten **2 %** über dem Basiszinssatz, mindestens aber **6 %** (§§ 28, 48, 49 WG; §§ 45, 46 ScheckG). Der ges Zinssatz gilt bei ges Zinsschulden (→ Rn. 6) außer bei Verzug und Rechtsverfolgung (dazu sogleich [bb]) sowie bei mangelnder Festlegung bei vertraglichen Zinsschulden (auch → Rn. 8). **bb)** Der **Verzugszins** beträgt idR 5 %, uU 8 % über dem Basiszinssatz 8
(§§ 288 I, II, 291, 497 I; s. auch § 104 ZPO). **cc)** Durch **Vereinbarung** kann der Zinssatz in den Schranken von §§ 138, 134 iVm § 291 I 1 Nr. 2 StGB, auch §§ 248, 289 festgelegt werden. Vereinbarung *bestimmter* Höhe ist nicht erforderlich. Bsp: vereinbarter Gleitzins (vgl § 489 II). Vereinbart sind iZw Jahreszinsen (OLG Saarbrücken OLGZ 1979, 308; OLG Frankfurt a. M. Rpfleger 1980, 18 mN). Vereinbarung innerhalb gewisser Schranken auch bei ges Zinspflicht möglich (vgl § 288 III); Bsp: vertragliche Verzugszinsen (→ § 288 Rn. 9). **dd)** Bei Vereinbarung von **„Kredit-** 9
gebühren" (→ Rn. 4) entspricht die *effektive* Zinshöhe (Berechnung: → Rn. 10) nicht dem rechnerisch zugrunde gelegten Monatszinssatz. Bei Würdigung der Zinshöhe gem **§ 138 I und II** sind auch alle Nebenleistungen und Kosten (zB für *Vermittlung* [BGHZ 101, 391 f.; NJW 1987, 181; NJW-RR 1989, 304, stRspr; nicht bei Vermittlertätigkeit allein im Interesse des Kreditnehmers: BGH NJW-RR 1989, 303]), nicht dagegen Kosten für *Restschuldversicherung* (BGHZ 99, 336; NJW 1988, 1662 mN; anders bei → Rn. 10) des Zinsschuldners ohne Rücksicht auf ihre Zinsnatur (dazu → Rn. 2 ff.) mitzuberücksichtigen (so BGH stRspr, zusammenfassend BGHZ 80, 166 ff. mN, str; krit Reifner NJW 1988, 1948). **e) Effektiver Jahreszins** 10
(Begriff: Art. 247 § 3 II 3 EGBGB iVm § 6 PAngV) ist die in einem Prozentsatz des Nettodarlehensbetrags anzugebende Gesamtbelastung pro Jahr. Gesamtbelastung ist die Summe aus Zinsen und sonstigen Kosten des Darlehens; einzubeziehen sind die vom Darlehensnehmer zu tragenden Vermittlungskosten sowie eine notwendige Restschuldversicherung. Der effektive Jahreszins ist mit banküblicher Genauigkeit zu berechnen (mathematische Formel: § 6 II PAngV iVm § 6 Anh.).

§ 247 Basiszinssatz

(1) [1]**Der Basiszinssatz beträgt 3,62 Prozent.** [2]**Er verändert sich zum 1. Januar und 1. Juli eines jeden Jahres um die Prozentpunkte, um welche die Bezugsgröße seit der letzten Veränderung des Basiszinssatzes gestiegen oder gefallen ist.** [3]**Bezugsgröße ist der Zinssatz für die jüngste Hauptrefinanzierungsoperation der Europäischen Zentralbank vor dem ersten Kalendertag des betreffenden Halbjahrs.**

(2) **Die Deutsche Bundesbank gibt den geltenden Basiszinssatz unverzüglich nach den in Absatz 1 Satz 2 genannten Zeitpunkten im Bundesanzeiger bekannt.**

1. Allgemeines. Der „Basiszinssatz nach § 247 BGB" ist zentrale Bezugsgröße 1
für Zinsen (vgl 1. und 2. VO zur Ersetzung von Zinssätzen vom 5.4. und 13.5.2002, BGBl. I 2002, 1250 und 1582), insbes den Verzugszins (vgl §§ 288 I, II, 291, 497 I; §§ 45 Nr. 2, 46 Nr. 2 ScheckG; §§ 48 I Nr. 2, 49 Nr. 2 WG; § 104 ZPO; auch → § 246 Rn. 7), aber auch für den Zugang zum Mahnverfahren (§ 688 II Nr. 1 ZPO). Ein zT abw bestimmter Basiszinssatz ist ab 1.1.1999 an die Stelle des Diskontsatzes der Deutschen Bundesbank getreten (§ 1 DÜG iVm Basiszins-Bezugsgrößen-VO vom 10.2.1999, BGBl. I 139). Die Regelung wurde (mit Änderungen) durch das SchRModG mit Wirkung vom 1.1.2002 als (neuer) § 247 ins BGB eingefügt und damit die seit 1987 (durch Aufhebung des § 247 aF) entstandene Lücke wieder geschlossen. **Einführungs- und Übergangsrecht:** Überleitungsvorschrift: Art. 229 § 7 EGBGB. Das DÜG und die Basiszins-usw-VO sind zum

4.4.2002 aufgehoben worden; vgl Ges vom 26.3.2002, BGBl. I 1219; zum ganzen näher Petershagen NJW 2002, 1455.

2 **2. Höhe und Anpassung des Basiszinssatzes. I 1** bezeichnet nur die Ausgangs-Berechnungsgröße des Basiszinssatzes bei Inkrafttreten des SchRModG zum 1.1.2002. Er passt sich halbjährlich jeweils zum 1.1. und 1.7. an **(I 2).** Bezugsgröße für den Basiszinssatz ist der Zinssatz der EZB für Hauptrefinanzierungsgeschäfte **(I 3).** Die amtliche Bekanntgabe des jeweiligen Basiszinssatzes nach **II** durch die Deutsche Bundesbank im Bundesanzeiger hat nur deklaratorische Bedeutung. Sa die Mitteilungen der jeweils gültigen Basiszinssätze auf *www.bundesbank.de.*

3 **3. Verzugszinsen und Prozentpunkte über dem Basiszinssatz.** Die Höhe des Zinssatzes in Abhängigkeit vom Basiszinssatz bestimmt sich nach der jeweiligen Berechnungsperiode. Begehrt der Gläubiger einer Geldschuld im Fall des Verzuges Zinsen in Höhe von „5 Prozent" über dem Basiszinssatz, ist dies zu seinen Gunsten regelmäßig so zu verstehen, dass er in Anlehnung an § 288 I 2 „5 Prozent*punkte*" über dem Basiszinssatz begehrt, Führ JuS 2005, 1095; OLG Hamm NJW 2005, 2238.

§ 248 Zinseszinsen

(1) **Eine im Voraus getroffene Vereinbarung, dass fällige Zinsen wieder Zinsen tragen sollen, ist nichtig.**

(2) [1]**Sparkassen, Kreditanstalten und Inhaber von Bankgeschäften können im Voraus vereinbaren, dass nicht erhobene Zinsen von Einlagen als neue verzinsliche Einlagen gelten sollen.** [2]**Kreditanstalten, die berechtigt sind, für den Betrag der von ihnen gewährten Darlehen verzinsliche Schuldverschreibungen auf den Inhaber auszugeben, können sich bei solchen Darlehen die Verzinsung rückständiger Zinsen im Voraus versprechen lassen.**

Lit.: Bezzenberger, Das Verbot des Zinseszinses, WM 2002, 1617.

1 **1. Allgemeines. a) Bedeutung.** Das **Zinseszinsverbot** (vgl auch § 289 S. 1; § 353 S. 2 HGB) ist Schuldnerschutzvorschrift; ergänzend gelten §§ 138, 309 Nr. 6, 339 ff. (vgl Belke BB 1968, 1220). **b) Zweck:** Verhinderung übermäßiger, schwer durchschaubarer Zinskumulation (vgl OLG Köln OLGZ 1992, 473; Reifner NJW 1992, 339; Staudinger/Omlor Rn. 2).

2 **2. Anwendungsbereich. a)** Gilt für vertragliche und ges Zinsen (vgl → Rn. 1; → § 246 Rn. 2). Auch wenn die Disagioabrede – wie idR – als Zinsvereinbarung auszulegen sein sollte (vgl → § 246 Rn. 3, 4), so verstößt die Verzinsung auch des einbehaltenen Disagios nicht gegen § 248 (teleologische Reduktion), denn es fehlt hier an der von § 248 vorausgesetzten intransparenten Bestimmung der Zinsschuld (BGH NJW 2000, 352; Bezzenberger WM 2002, 1623 f.; BeckOK/Grothe Rn. 4 mN; Grüneberg/Grüneberg Rn. 1); bei Anwendung auf *Kreditgebühren* (→ § 246 Rn. 4, 9) ist Trennung von Tilgungs- und Zinsanteil erforderlich (Emmerich WM 1986, 542). Nicht ausgeschlossen ist die Vorwegabrede einer Zinsfußerhöhung bei unpünktlicher Zahlung (K. Schmidt JZ 1982, 832 mN; vgl auch → § 246 Rn. 3
3 aE). **b) Ausnahmen** bestehen nach **II** für bestimmte Bankgeschäfte (Einlagen bei – Darlehen von – Kreditanstalten iSd KWG) und **§ 355 HGB** (Zinsen vom Kontokorrentüberschuss). **c) Einschr Auslegung von I:** Im Rahmen von → Rn. 1 (b) möglich (OLG Köln OLGZ 1992, 472 ff.; allg krit Reifner NJW 1992, 335 ff.).

Vorbemerkungen zu den §§ 249–253

Lit.: Brand, Schadensersatzrecht, 3. Aufl. 2021; Knobbe-Keuk, Vermögensschaden und Interesse, 1972; Lange/Schiemann, Schadensersatz, 4. Aufl. 2021; Mertens, Der Begriff des Vermögensschadens im Bürgerlichen Recht, 1967; Schiemann, Argumente und Prinzipien bei der Fortbildung des Schadensrechts, 1981.

I. Allgemeines

1. Funktion der §§ 249 ff. Die Bestimmungen über den Schadensersatz (das *Schadensersatzrecht*) stellen keine Anspruchsgrundlagen dar, sondern regeln, soweit keine Sonderbestimmungen bestehen (zB §§ 7–9 ProdHaftG, s. Anh. § 823), zentral Art, Inhalt und Umfang der Schadensabwicklung, nachdem die Verpflichtung zum Schadensersatz selbst aus anderen Normen innerhalb und außerhalb des BGB, aus Vertrag oder anderen Rechtsverhältnissen begründet worden ist. Die §§ 249 ff. werden durch Einzelbestimmungen ergänzt, zB durch die summenmäßige Begrenzung des Ersatzes im Rahmen der Gefährdungshaftung (zB § 12 StVG, § 37 LuftVG). 1

2. Prinzipien des Ersatzrechts. Aus dieser Funktion folgt, dass die Entscheidung, ob, aus welchem Anlass und zu welchem Zweck Schadensersatz geleistet werden muss, nicht hier getroffen wird, sondern in den die Haftung begründenden Normenkomplexen (dem *Haftungsrecht*) zu fällen ist. Allg. bestimmt werden kann hier zum einen die **Ausgleichsfunktion:** Der Ersatz soll allein zur Wiedergutmachung (*Restitution* bzw. *Kompensation*) führen. Das Ausgleichsprinzip wird von Elementen umlagert, die auf *Prävention* oder Sanktion des Täters zielen (Wagner, Gutachten 66. DJT, Bd. I, S. A20 f.); eigenständige Bedeutung hat die Prävention aber nur dort, wo dies aus der Haftungsnorm oder dem Zweck der Ersatzpflicht folgt (BGH ZIP 2020, 323 Rn. 33). Daraus folgt die häufig bemängelte Verworrenheit oder Widersprüchlichkeit des Schadensersatzrechts (zB Schiemann, Argumente und Prinzipien bei der Fortbildung des Schadensrechts, S. 145 ff.). Ein neuerer Ansatz versucht, insbesondere den Umfang des Schadensersatzes mit Hilfe *ökonomischer Modelle* zu bestimmen, und gewichtet die Prävention stärker (s. zB Schäfer/Ott, Lehrbuch der ökonomischen Analyse des Zivilrechts, 6. Aufl. 2020, Kap. 4). – Der Ausgleich geschieht nach dem BGB **individuell.** Es stehen sich Geschädigter als Anspruchsberechtigter und Schädiger als Anspruchsverpflichteter gegenüber, ohne dass zunächst die sozialen Sicherungssysteme auf beiden Seiten in das Blickfeld treten (Bsp: Der Verletzte hat nach § 3 EFZG, § 616 gegen seinen Arbeitgeber einen Anspruch auf Lohnfortzahlung trotz zeitweiliger Arbeitsunfähigkeit; er ist bei dauernder Arbeitsunfähigkeit sozialversichert; der Schädiger ist freiwillig oder als Kfz-Fahrer gesetzlich haftpflichtversichert). Demzufolge wird der Umfang des Schadensersatzes idR auch ohne Reflexion über die Verteilungsauswirkungen innerhalb der sozialen Sicherungssysteme (dazu zB Weyers, Unfallschäden, 1971, S. 481 ff., 534 ff.; Brüggemeier AcP 182, 385, 402 ff.) festgelegt. Die Träger der sozialen Sicherung machen, sofern sie den Schaden des Verletzten ausgeglichen haben, ihre Ansprüche aus abgeleitetem Recht (zB gem. §§ 116 I, 119 SGB X) geltend (iE → Rn. 42). – Für die *Höhe* des Ersatzes gilt das Prinzip der sog. **Totalreparation** („Alles-oder-Nichts-Prinzip"): Der Schädiger hat alle Schäden, auch außergewöhnlich hohe, ohne Abstufung etwa nach dem Grad des Verschuldens oder den Vermögensverhältnissen der Beteiligten zu ersetzen (zu Reformbestrebungen s. Wagner, Gutachten 66. DJT, Bd. I, S. A35 ff.; Spindler AcP 207, 283 ff.). Möglich ist allein die systematisch anders gelagerte Berücksichtigung eines Mitverschuldens gem. § 254. 2

II. Der Begriff des Vermögensschadens

1. Problemstellung: Der Dualismus des ges. Schadensbegriffs. Soweit Schadensersatz in Geld zu leisten ist (§§ 250, 251), trennt das BGB, anders als andere Rechtsordnungen, scharf zwischen dem zu ersetzenden **Vermögensschaden** und dem sog. **Nichtvermögensschaden,** für den gem. § 253 nur unter bestimmten Voraussetzungen Ersatz verlangt werden kann. Damit muss der Bereich des Vermögensschadens genau gekennzeichnet werden. Dies führt zu großen Schwierigkeiten. Bsp: Ein Unternehmer ist längere Zeit dienstunfähig, ohne dass der Umsatz seines Unternehmens sinkt (BGHZ 54, 45); ein beschädigtes Kfz kann während der Repa- 3 raturzeit nicht benutzt werden, ohne dass Mehrkosten für einen Mietwagen entstehen (→ Rn. 10); der Wagen einer Fahrschule fällt infolge der Beschädigung aus, die Fahrstunden können aber nachgeholt werden (BGHZ 55, 329). Zur Abgrenzung beider Schadenskategorien sind verschiedene Theorien entwickelt worden (Mertens, Der Begriff des Vermögensschadens, S. 17 ff., 50 ff.).

4 **2. Lehre vom „natürlichen" oder realen Schaden.** Danach wird entspr. dem allg. Sprachgebrauch als Schaden jede Einbuße verstanden, die jemand an seinen Lebensgütern wie Gesundheit, Ehre oder Vermögen erleidet (s. PreußALR I 6 § 1). Ein solcher, auch im Strafrecht geltender Schadensbegriff (Schulbeispiel: Wegen Tötung wird bestraft, wer auf einem sinkenden Schiff einen unrettbar Ertrinkenden erschießt) hat die *Sicherung von Rechtsgütern* zum Ziel. Er ist, wenn man dem Ersatzrecht lediglich eine *Ausgleichsfunktion* zuweist, nicht verwertbar. Die Lehre vom realen Schaden hat deshalb für das BGB wohl als Ausgangspunkt gedient (Prot. I 296), jedoch im Ergebnis keinen Eingang gefunden.

5 **3. Lehre vom Interesse.** Sie geht auf Mommsen (Zur Lehre vom Interesse, 1855, S. 3) zurück, ist von den Verfassern des BGB im Wesentlichen aufgenommen worden und bildet auch heute noch die Basis für die Schadensberechnung. Zu vergleichen ist die tatsächliche Vermögenssituation des Ersatzberechtigten nach dem schädigenden Ereignis mit der – hypothetischen – Situation, die bestehen würde, wenn es zur Rechtsgutsverletzung nicht gekommen wäre (sog. **Differenzschaden,** BGHZ 193, 297 Rn. 42; BGH NJW 2018, 537 Rn. 18 mwN). Bsp. bei einer Körperverletzung oder Sachbeschädigung (iE → § 249 Rn. 3 ff.): Sonst nicht anfallende Kosten einer Heilbehandlung, Mehraufwendungen infolge der Verletzung (→ § 843 Rn. 2), Verdienstausfall, entgangener Gewinn, Umschulungskosten, Aufwendungen für die Rechtsverfolgung, Reparaturkosten, technischer und merkantiler Minderwert (s. Vuia NJW 2012, 3057). Verglichen werden dabei obj. Werte, also der jeweilige Verkehrs- oder Marktwert. Der bes. Erinnerungswert einer Sache oder der persönliche Liebhaberwert eines Tieres (sog. **Affektionsinteresse**) bleiben außer Betracht. Die rein rechnerische Ermittlung der Differenz führt jedoch teilw. zu *unbefriedigenden Ergebnissen* und erfordert insoweit eine **Modifikation.** So kann etwa eine Verschlechterung der tatsächlichen Vermögenssituation im Vergleich zur hypothetischen nicht festgestellt werden, wenn der Geschädigte das beeinträchtigte Rechtsgut *nicht hätte nutzen können* (Bsp: Der Eigentümer eines selbst gefahrenen Taxis, das beschädigt wurde, erkrankt; der von einem Schwarzfahrer besetzte Platz wäre frei geblieben), wenn derselbe Schaden auch auf andere Weise eingetreten wäre (sog. *hypothetische Kausalität,* vgl. die Bsp. in → Rn. 3, → Rn. 50 ff.), wenn der auf Grund einer Täuschung geschlossene („unerwünschte") Vertrag werthaltig ist (BGHZ 161, 361, 368) oder wenn das schadenstiftende Ereignis auch *Vorteile* auslöst (Bsp: eine Baubeschränkung entfällt durch die Zerstörung, BGH NJW 1988, 1835, 1837, iE bedenklich). Das bloße Berücksichtigen einer Vermögensdifferenz würde sonst dazu führen, dass der Schädiger von Zufällen in der Geschädigtensphäre profitiert oder Verletzter bzw. Dritte „in die Tasche des Schädigers sparen".

6 **4. Lehre vom normativen Schaden.** Diese und andere Unbilligkeiten will die auf Neuner und Wilburg zurückgehende Lehre vermeiden. Der Schaden wird hier nicht wirtschaftlich als Differenz zweier Vermögenslagen verstanden, sondern er soll aus dem Normzweck, dem Schutzzweck der Haftung sowie aus Funktion und Ziel des Schadensersatzes (dazu BGHZ 163, 226) entwickelt werden. Normzweck könne aber neben dem Ausgleich uU die **Sanktion** sein, so dass der Schädiger, falls es die Norm gebiete, auch dann Ersatz leisten müsse, wenn der Geschädigte keine *Vermögenseinbuße* erleidet. Als ges. Beispiel zählt § 843 IV. Vermögensschaden ist dann nicht eine „natürlich" festzustellende Wirtschaftseinbuße, sondern es geht um einen *rechtlich ersatzfähigen* Vermögensschaden. Dieser Schaden lässt sich zB beschreiben als der Verlust des obj. Wertes eines Gutes, das im Verkehr gegen Geld erworben und veräußert wird (Neuner AcP 133, 277, 290), und zwar ohne Rücksicht darauf,

ob der Geschädigte den Verlust spürt. Umgekehrt kann der Geschädigte keinen Ersatz verlangen, wenn ihm das entgangene Vermögensgut aus Rechtsgründen nicht zukommt. Der Verlust einer tatsächlichen oder rechtlichen Position, die ihm materiellrechtlich nicht zusteht oder nicht zu realisieren wäre (BGH NJW 2005, 1935, 1936: Versäumen eines Rechtsmittels, das eine Vermögenseinbuße hinausgezögert, aber mangels Aussicht nicht verhindert hätte), ist nicht als Schaden zu werten (BGH NJW 2018, 541, Rn. 24). – Die Einzelheiten sind auch innerhalb der Anhänger eines normativen Schadensbegriffs kontrovers (zur Kritik s. zB Knobbe-Keuk, Vermögensschaden und Interesse, S. 43 ff., insbes. gegen die Annahme, das Schadensersatzrecht habe eine Rechtsverfolgungsfunktion).

III. Einzelprobleme des Vermögensschadens

1. Allgemeines. Zwischen den Lehren vom Differenzschaden und vom normativen Schaden sind bes. einige Bereiche kontrovers geworden, die sich in einem etwas groben Verfahren in zwei Gruppen einteilen lassen. Zum einen geht es um Fälle, in denen der Geschädigte einen **Schadensausgleich** von Dritten erhält und damit rechnerisch selbst keine Vermögenseinbuße erfährt (→ Rn. 8, 9). Trotz grundsätzlichen Festhaltens am traditionellen Schadensbegriff (s. zB BGH NJW 2012, 50) hat sich der BGH hier ausdrücklich auf den normativen Schaden bezogen und zunächst gleichzeitig die Anwendung des Begriffs auf diesen Bereich beschränkt (BGHZ 54, 45, 50 f.; zur Analyse der Rspr. sa Baur FS L. Raiser, S. 128 f.). Ähnlich gelagert sind Fälle, in denen eine Vorteilsausgleichung systemwidrig wäre (vgl. BSG NJW 1996, 3102, 3103: kein Ausgleich unrechtmäßiger ärztlicher Verordnungen durch insgesamt zurückhaltende Verordnungspraxis eines Arztes). Auch im Dieselskandal wird der Begriff bemüht (vgl. BGH WM 2022, 742 Rn. 12). Eine zweite Gruppe umfasst Beeinträchtigungen, die sich nicht unmittelbar im Vermögen niederschlagen, die aber heute nach einer schlagwortartig als **„Kommerzialisierung"** bezeichneten Wertvorstellung von einem Großteil der Meinungen als entschädigungspflichtig empfunden werden. Ein Beispiel dafür ist der zeitweilige *Ausfall von Kraftfahrzeugen* (→ Rn. 10 ff.) und anderen Gütern (→ Rn. 13 ff.). Schließlich wird der Begriff eingesetzt, wenn der Geschädigte den Verlust von Vermögen geltend macht, das ihm *rechtlich nicht zusteht* (BGH WM 2012, 2242). 7

2. Verletzung des Arbeitnehmers. Wird ein unselbständig Beschäftigter (Arbeitnehmer, Angestellter, Beamter) verletzt, so erleidet er häufig keine Vermögenseinbuße, weil ihm seine Vergütung trotz seiner Arbeitsunfähigkeit weitergezahlt wird. Dem Arbeitgeber steht gegen den Schädiger kein eigener Anspruch zu. Wegen der Subjektbezogenheit des Schadens (→ Rn. 18) kann der Arbeitnehmer seinerseits den Schaden des Arbeitgebers nicht geltend machen. Zudem steht nicht fest, ob der Arbeitgeber einen Schaden erleidet; denn möglicherweise fangen Arbeitskollegen den Arbeitsausfall auf. Um den Schädiger nicht zu Lasten anderer frei ausgehen zu lassen, hat der BGH mehrfach in einer „am Gesetzeszweck orientierten Betrachtung" und damit normativ als Schaden *des Beschäftigten* auch angesehen, was er vom Arbeitgeber trotz seiner Arbeitsunfähigkeit weiter erhält bzw. was zu seinen Gunsten weiter geleistet wird: Bruttogehalt, Zusatzleistungen wie Arbeitgeberanteile zur Sozialversicherung einschließlich der dafür gebildeten Rücklagen (BGHZ 139, 167, 173 f.), anteiliges Weihnachts- und Urlaubsgeld (BGHZ 133, 1, 4 ff.), Ergebnisbeteiligung (BGH VersR 2017, 304 Rn. 15). Diese Ansprüche kann der Arbeitgeber aus abgeleitetem Recht infolge ges. Forderungsübergangs (zB § 6 EFZG) oder einer Abtretung (Verpflichtung zB aus § 285) geltend machen. 8

3. Verletzung des im Haushalt tätigen Ehepartners etc. Die Rspr. hat einen eigenen (normativen) Schaden des Verletzten darin gesehen, dass er seiner Aufgabe im Haushalt nicht nachkommen kann. Gleichgültig ist damit für den Ersatzanspruch, ob eine Haushaltshilfe beschäftigt wird oder ob die übrigen Familienmitglieder die 9 notwendigen Arbeiten selbst tun, → § 843 Rn. 4 (Verletzung) und → § 844 Rn. 6 ff. (Tötung). Zu einem systematisch ähnlichen Fall → § 249 Rn. 4.

4. Nutzungsausfall für privat genutzte Kraftfahrzeuge.

Lit.: Bitter, Wertverlust durch Nutzungsausfall, AcP 205, 744.

10 **a) Grundsatz.** Nutzt jemand Kfz zB als Handwerker **gewerblich,** so kann (und muss) er nach gegenwärtiger Rspr. (s. BGHZ 220, 270 Rn. 29 ff.) einen über die Sachbeschädigung hinausgehenden Vermögensschaden konkret darlegen (zu Vorhaltekosten → § 249 Rn. 13). Kann eine **Privatperson** ihren Pkw in der Reparaturzeit nach einem Verkehrsunfall nicht nutzen oder erhält ihn ein Käufer nicht rechtzeitig ausgehändigt (BGHZ 85, 11, 13; desgl. zum Kfz-Brief BGHZ 88, 11, 14), so entsteht zwar weiterhin unproblematisch ein Schaden durch die Kosten für einen gleichwertigen (s. KG NJW 2019, 3390 Rn. 13 ff., Luxus-Limousine) **Mietwagen** (iE s. BGH NJW 2013, 1870 Rn. 26). Nimmt der Geschädigte aber stattdessen zB öffentl. Verkehrsmittel in Anspruch, so hat er geringere Ausgaben als für seinen Pkw auch im Blick auf die weiterlaufenden sog. Fixkosten. In stRspr hat der BGH dennoch einen Vermögensschaden bejaht (s. zB BGH NJW 2013, 1149 Rn. 13, 27; ausf. zutr. OLG Düsseldorf NJW-RR 2019, 1119 Rn. 22) und dafür faktisch auf einen normativen Schadensbegriff zurückgegriffen: Unabhängig von den tatsächlichen Kosten wurde im Blick auf das eigene Kfz – auch Motorrad (BGHZ 217, 218 Rn. 9 ff.) – die *Verfügungsmöglichkeit selbst* als Vermögenswert bezeichnet. Damit ergibt sich ein Vermögensschaden, wenn diese Gebrauchsmöglichkeit auf Zeit entfällt (ob dies bei gewerblicher Nutzung grds. anders ist, erscheint sehr zweifelhaft).

11 **b) Einschränkungen.** Die Rspr. hält an einzelnen Elementen der Lehre vom Interesse (→ Rn. 5) insoweit fest, als sie verlangt, dass der Nutzwert für den Eigentümer auch tatsächlich entfallen ist. Wollte oder konnte er das Kfz während des Nutzungsentzugs nicht oder nicht in fühlbarem Umfang nutzen (BGH VersR 2018, 490 Rn. 10), stand ihm ein anderes Fahrzeug zur Verfügung (OLG Koblenz VersR 2018, 1275) oder sollte der Pkw nicht regelmäßig eingesetzt werden (OLG Karlsruhe NJW-RR 2012, 548, Oldtimer), so soll für ihn keine „fühlbare" und damit auch keine ersetzbare Vermögenseinbuße vorliegen. Dem Grundgedanken des § 843 IV entspr. (→ § 843 Rn. 6) ist es unschädlich, wenn ein Dritter (zB Familienangehöriger) ein Ersatzfahrzeug unentgeltlich zur Verfügung stellt (BGH NJW 2013, 1151 Rn. 23; OLG Saarbrücken NJW-RR 2017, 1374 Rn. 22). Wirtschaftlich – nicht systematisch – damit im Zusammenhang steht das aus der **Subjektbezogenheit des Schadens** (→ Rn. 18) folgende Erfordernis, der Nutzungsausfall müsse den Eigentümer selbst, nicht einen Dritten treffen (BGH NJW 1974, 33 mwN). Der BGH hat jedoch einen eigenen Schaden des Eigentümers auch dann angenommen, wenn er den Wagen Dritten zur (Mit-) Benutzung überlassen hatte und diese auf ihn verzichten müssen (BGH NJW 2011, 669). Damit ist das Erfordernis der Sub-
12 jektbezogenheit faktisch unterlaufen. **c)** Die **Höhe der Nutzungsentschädigung** liegt bei einem Tagessatz, der die gebrauchsunabhängigen Gemeinkosten (zB für Steuer, Versicherung, zeitbedingte Abschreibung) maßvoll überschreitet und 35 % bis 40 % der Mietkosten für einen gleichartigen Ersatzwagen entspricht (BGHZ 161, 151, 155). Damit soll der Nutzungswert über die frustrierten Aufwendungen hinaus aufgefangen werden (krit. Hadding FS Koziol, 1973, S. 649, 665). Für ältere Fahrzeuge kann ein Abschlag vorgenommen werden (s. BGH NJW 2005, 1044). Der Geschädigte muss idR (zu Ausnahmen s. LG Hamburg NJW 2012, 3191) die Schadensbehebung in angemessener Frist durchführen (BGH NJW 2010, 2429, iE s LG Saarbrücken NJW-RR 2020, 275 Rn. 11; AG Wiesbaden NJW-RR 2022, 320 *Rn. 17 ff.); er ist aber nicht* verpflichtet, den eigenen Kaskoversicherer in Anspruch zu nehmen, um den Nutzungsausfall zu verkürzen (BGH NJW 2021, 694 Rn. 9 ff.).

13 **5. Nutzungsausfall für andere privat genutzte Gegenstände.** Die Argumente zum Nutzungsausfall für Pkw lassen sich auch auf andere Vermögensgegenstände übertragen. Nach mehrfachem Schwanken hat der GS (BGHZ 98, 212, dazu

Schiemann JuS 1988, 20) nach einem Vorlagebeschluss des V. ZS (BGH NJW 1986, 2037 mwN, sehr ausf.; dazu Zeuner JZ 1986, 395; Rauscher NJW 1986, 2011) den Ausgleich des entgangenen Nutzungswerts als wirtschaftlichen Schaden grundsätzlich für möglich gehalten, einschränkend allerdings nur dann, wenn er **„fühlbar"** ist und wenn es sich um eigengenutzte Güter handelt, auf deren jederzeitige Verfügbarkeit die eigenwirtschaftliche Lebenshaltung **typischerweise angewiesen** ist (Bsp: Eigentumswohnung, BGHZ 200, 203, 208 mwN; nicht: Garage, BGH WM 1993, 1256; Keller, BGH NJW 2022, 2328 Rn. 28; Baum, BGH NJW 2006, 1424; Fahrrad, KG NJW-RR 1993, 1438, dazu krit. Bitter AcP 205, 743, 769 ff.). Der BGH hat diese Rspr. auf die Nutzbarkeit neuer Kommunikationsmittel (insbes. Internet) ausgedehnt, wobei freilich dank der Austauschmöglichkeit der Wege ein Ersatz nur in zeitweilig höheren Kosten liegen dürfte (BGH NJW 2013, 1072 mAnm Jäger NJW 2013, 1031). Dem ist trotz der auftretenden Abgrenzungsschwierigkeiten zuzustimmen.

6. Vertaner Urlaub. a) Die Frage nach dem Charakter der vertanen Urlaubszeit **14**
als Vermögenswert stellt sich zum einen als Problem des **Folgeschadens,** wenn zB wegen einer Körperverletzung oder der Beschädigung des Pkws der Urlaub nicht angetreten werden konnte. Hier hat die Rspr. einen Anspruch abgelehnt, die entgangene Urlaubsfreude aber bei der Höhe des Schmerzensgeldes gem. § 253 II berücksichtigt (s. BGHZ 86, 212 mwN). **b)** Gesetzlich besteht ein Anspruch gegen den **15**
Reiseveranstalter bei einer Vereitelung oder erheblichen Beeinträchtigung der Reise, § 651n II. Dieser Schaden wird als immaterieller Schaden verstanden (EuGH NJW 2002, 1255; BGH JZ 2005, 731; MüKoBGB/Tonner § 651n Rn. 3).

7. Vertane (Frei-) Zeit. Ein Freizeitverlust tritt idR allein als Folge einer ande- **16**
ren Rechtsgutsverletzung ein, so dass parallel zur Urlaubszeit (→ Rn. 15) eine Entschädigung nur im Rahmen des § 253 II möglich ist (s. BGHZ 127, 348, 351 mwN). Die Mühewaltung zB für die **Abwicklung eines Schadensfalls** sei im Rahmen des Üblichen dem Pflichtenkreis des Geschädigten zuzuordnen (BGHZ 66, 112, 114; BGH NJW 2012, 2267 Rn. 10; Domisch/Scharnetzki VersR 2022, 411). Diese Argumentation kennzeichnet den Schutzbereich im Rahmen der haftungsausfüllenden Kausalität (→ Rn. 31 ff.); entspr. hat der BGH auch finanzielle Aufwendungen zur Schadensabwicklung als nicht ersatzfähig behandelt (BGHZ 75, 230, 231 ff., dazu Klimke VersR 1981, 1115).

IV. Ersatzberechtigter, Drittschadensliquidation

1. Grundsatz. a) Ausgangspunkt. Die Frage, wessen Schaden zu ersetzen ist, **17**
beantwortet sich nach dem *Haftungsrecht* (→ Rn. 2). Das Ges. hat den Kreis der Ersatzberechtigten eng gezogen: Im Rahmen eines **Vertragsverhältnisses** steht der Anspruch grundsätzlich nur dem Vertragspartner selbst zu; Schadensersatz kann derjenige verlangen, bei dem der Schaden tatsächlich eingetreten ist und dem er rechtlich zur Last fällt (BGH NJW-RR 2017, 52 Rn. 8; 2022, 1236 Rn. 13 f.: Gesellschaft und Gesellschafter). Ausnahmsweise sind bei einem Vertrag zgDr der begünstigte Dritte (→ § 328 Rn. 16) und bei einem Vertrag mit Schutzwirkung für Dritte der in den Schutzkreis Einbezogene berechtigt (→ § 328 Rn. 29). Eine sog. konsolidierte Schadensberechnung (Gesamtbetrachtung) ist allerdings erforderlich, wenn zB bei einer Beratung auch die Vermögensinteressen Dritter (zB von Familienangehörigen) mitberücksichtigt werden sollen (BGH NJW-RR 2017, 52 Rn. 9 f.). Im Bereich der **unerlaubten Handlung** ist die Berechtigung ebenfalls einengend festgelegt (iE → Vor §§ 844–846 Rn. 1). Zweck dieser Eingrenzung ist die Reduktion des Risikos (Hagen, Die Drittschadensliquidation im Wandel der Rechtsdogmatik, 1971, S. 96 ff.): Der Schädiger soll nicht mit Ersatzansprüchen einer Kette von wirtschaftlich beeinträchtigten Personen überzogen werden. Dadurch würde letztlich seine Entschluss- und Handlungsfreiheit gebremst. Erträglicher schien es dem Gesetzgeber, dass die nur „mittelbar" Betroffenen ihren Schaden

18 als Lebensrisiko selbst tragen. **b) Auswirkungen.** Will das Schadensersatzrecht diesen Grundsatz des Haftungsrechts nicht aushöhlen, so darf es seinerseits auch nur die Schäden des Berechtigten selbst als ersetzbar ansehen (sog. **Subjektbezogenheit des Schadens**). Im Einzelnen ergeben sich freilich **Abgrenzungsschwierigkeiten.** So hat zB der BGH bei einem Kfz einen Schaden des Eigentümers auch dann bejaht, wenn andere den Wagen in seinem Einverständnis nutzen (→ Rn. 11), und in der Beeinträchtigung des Vermögens einer GmbH bzw. einer AG einen Schaden ihres Alleingesellschafters gesehen (BGH ZIP 1989, 98, 99; NJW-RR 1995, 861, 864; zutr. krit. Schulte BB 1989, 376 mwN). Die Steuerberatung kann auch die Vermögensinteressen von Familienangehörigen, die einer GbR auch die Interessen der Gesellschafter mit umfassen (BGH NJW-RR 2017, 566 Rn. 13). Zu berücksichtigen ist weiter, dass die Verwendung des normativen Schadensbegriffs durch den BGH in einigen Fällen (→ Rn. 6, 7) auch dazu dient, wirtschaftlich die bei Dritten entstandenen Schäden durch den Berechtigten liquidieren zu lassen. Immerhin halten sich die Erweiterungen, die das Prinzip der Subjektbezogenheit des Schadens erfährt, in engen Grenzen.

2. Ausnahme: Drittschadensliquidation.

Lit.: v. Caemmerer, Das Problem des Drittschadensersatzes, ZHR 127, 241; Hagen, Die Drittschadensliquidation im Wandel der Rechtsdogmatik, 1971; Lorenz, Grundwissen – Zivilrecht: Drittschadensliquidation, JuS 2022, 13; Petersen, Drittschaden und Drittschadensliquidation, Jura 2020, 17; Stamm, Rechtsfortbildung der Drittschadensliquidation, AcP 203 (2003), 366; Stamm, Die Auflösung der Drittschadensliquidation im Wege der Gesamtschuld, AcP 217 (2017), 166; Tägert, Die Geltendmachung des Drittschadens, 1938; Weiss, Die Drittschadensliquidation – alte und neue Herausforderungen, JuS 2015, 8.

19 **a) Begründung.** Hat der Grundsatz von der Subjektbezogenheit des Schadens den Sinn, personale Anspruchskumulierungen zu verhindern, so verfehlt er seinen Zweck, wenn ein Schaden in bestimmten Fallkonstellationen typischerweise *nur bei einem Dritten* entstehen kann. Hier würde der Schädiger ungerechtfertigt frei ausgehen. Wegen dieser **Schadens-** oder **Gefahrverlagerung** (Interessenverlagerung) hält es ein Teil der Lit (insbes. Tägert, Geltendmachung des Drittschadens, S. 36; Fikentscher/Heinemann Rn. 611 ff.; Staudinger/Höpfner Vor § 249 Rn. 67 ff.) und die stRspr für möglich, dass der zum Ersatz Berechtigte den Schaden des Dritten geltend machen darf (BGHZ 51, 91, 93; BGH DB 2015, 739; NJW 2016, 1089; dazu krit. Stamm AcP 217, 166, 199 ff. [Gesamtschuld – zweifelhaft, da die jeweiligen konkreten Forderungen nicht identisch sind]; BGH NJW 2019, 150 Rn. 19). Dabei finden sich für die dogmatische Basis unterschiedliche Begründungen (zB RGZ 170, 246, 249; BGHZ 15, 224, 228: ergänzende Auslegung des Vertrages zwischen Schädiger und Berechtigtem; Berg JuS 1977, 363, 366: § 843 IV). Andere halten die Schadensverlagerung nicht für ein zutr. Kennzeichen der behandelten Fallgruppen (→ Rn. 20), sie verneinen die Zulässigkeit der Drittschadensliquidation und gelangen idR zu denselben Ergebnissen auf andere Weise (Hagen, Die Drittschadensliquidation im Wandel der Rechtsdogmatik, Zusammenfassung S. 285 ff.;
20 Stamm AcP 203, 366, 386 ff.: § 844 I analog, sonst keine Anwendung). **b)** Als **Fallgruppen** haben sich bisher herausgebildet (s. zB BGHZ 181, 12, 15 ff.): **aa) Mittelbare Stellvertretung.** Schließt jemand zB für einen anderen ein RGeschäft, ohne seine Vertreterfunktion offenzulegen, so wird idR er Vertragspartner (→ § 164 Rn. 3 ff.). Er soll dann den Schaden des Hintermannes geltend machen können. Dies gilt auch für vergleichbare Konstellationen (zB Lizenznehmer, BGH MDR 2012, 791, 792; WRP 2021, 50 Rn. 27). **bb) Obligatorische Gefahrentlastung.** Der Vertragspartner des Schädigers war verpflichtet, die beschädigte oder zerstörte Sache einem Dritten zu übereignen; er wird seinerseits gem. § 275 I frei und behält auf Grund bes. Gefahrtragungsregelungen (zB §§ 447, 644 II) den Anspruch gegenüber dem Dritten (BGH MDR 2010, 1198, 1999: Anspruch des Verkäufers für Käufer gegen Frachtführer). Teilw. wird angenommen, in Wirklichkeit handele es sich um den eigenen Schaden des Verletzten (Medicus, Unmittelbarer und mittelba-

rer Schaden, 1977, S. 18 mwN; offengelassen in BGHZ 49, 356, 361). **cc) Obhut.** Hat jemand eine fremde Sache in Obhut und wird sie im Rahmen eines Vertragsverhältnisses mit dem Schädiger zerstört, so fehlt es am Schaden des vertraglich zum Ersatz Berechtigten, wenn dieser seinerseits dem Eigentümer – mangels Vertretenmüssens – keinen Ersatz zu leisten braucht (der unmittelbare Anspruch des Eigentümers gegen den Schädiger kann an § 831 I 2 scheitern). Bsp: Treuhänder, BGH WM 1987, 581, 582; Sicherungsnehmer, BGH NJW 2006, 1662 Rn. 11. **dd)** In anderen Fallkonstellationen hat die Rspr. bisher die Grundsätze der Drittschadensliquidation für **nicht anwendbar** gehalten (BGHZ 51, 91, 95, Produzentenhaftung).
c) Anwendungsbereich. Gemeinsam ist den geschilderten Fällen, dass **vertragliche Beziehungen** zwischen Schädiger und Ersatzberechtigtem bestehen. Eine Ausnahme hat der BGH bei einem Anspruch aus **Amtspflichtverletzung** für möglich gehalten (BGH NJW 1991, 2696, 2697, dazu zutr. krit. Hagen, Die Drittschadensliquidation im Wandel der Rechtsdogmatik, S. 230). **d)** Der **Umfang des Schadens** richtet sich nach den Verhältnissen beim Dritten (BGH VersR 1972, 1140; v. Caemmerer, Das Problem des Kausalzusammenhangs im Privatrecht, GS I, S. 262). Im Gegenzug muss ein **Mitverschulden des Vertragspartners** und seiner Hilfspersonen berücksichtigt werden, da der Dritte sonst die Vorteile eines vertraglichen Anspruchs gegen den Schädiger hätte, nicht aber dessen Nachteile (OLG München NJW 2011, 3375, 3378). **e) Prozessuales.** Der Schaden ist, solange der Anspruch nicht an den geschädigten Dritten abgetreten wurde, vom Ersatzberechtigten geltend zu machen; der Ersatzberechtigte kann den Dritten auch zur Geltendmachung im eigenen Namen ermächtigen (BGHZ 25, 250).

21 22 23

V. Das Ausmaß des zu ersetzenden Schadens (haftungsausfüllende Kausalität)

Lit.: v. Caemmerer, Das Problem des Kausalzusammenhangs im Privatrecht, GS I, S. 395; Heinrich Lange, Herrschaft und Verfall der Lehre vom adäquaten Kausalzusammenhang, AcP 156, 114; Hermann Lange, 43. DJT, Gutachten I 1, S. 5; Scholz, Haftungsbegründende und haftungsausfüllende Kausalität im Zivil- und Zivilprozessrecht, JuS 2021, 914; Träger, Der Kausalbegriff im Straf- und Zivilrecht, 1904; Wilburg, Die Elemente des Schadensrechts, 1941.

1. Abgrenzung zwischen haftungsbegründender und haftungsausfüllender Kausalität. a) Allgemeines. Hat der Schädiger zurechenbar ein geschütztes Rechtsgut des Geschädigten verletzt (→ Rn. 17), so ist er nach dem Grundsatz der Totalreparation (→ Rn. 2) zum Ersatz allen Schadens verpflichtet, der aus diesem Ereignis entsteht, auch wenn der Schädiger auf dessen Ausmaß keinen Einfluss hat. Zu unterscheiden sind also zwei Kausalketten: Die systematisch zum *Haftungsrecht* (→ Rn. 2) zählende sog. **haftungsbegründende Kausalität** (→ § 823 Rn. 22, 23 und 29 ff.) erstreckt sich von der Handlung des Schädigers bis zur *ersten Rechtsgutsverletzung bei demselben Rechtsträger* (sog. Primärschaden, BGH NJW 2019, 2092 Rn. 12). Die für das *Schadensersatzrecht* maßgebliche sog. **haftungsausfüllende Kausalität** meint den ursächlichen Zusammenhang zwischen der ersten Rechtsguts- bzw. Normverletzung und den daraus entstehenden weiteren (Folge-)Schäden (sog. Sekundärschaden, BGH NJW 2019, 2092 Rn. 12). Die Zuordnung kann im Einzelfall schwierig sein, sie wirkt auch teilw. willkürlich. Führt zB die Beschädigung eines Pkw zu einer nicht erkannten Verkehrsuntauglichkeit des Wagens und zu einem späteren Unfall und der Verletzung von Insassen, so liegt die Körperverletzung des Eigentümers im Rahmen der haftungsausfüllenden Kausalität (der Sachbeschädigung), die eines Mitfahrers im Rahmen der haftungsbegründenden Kausalität (eigenständige Gesundheitsverletzung). Unterschiedliche Schnittpunkte ergeben sich beim Zusammentreffen von Ansprüchen aus Rechtsguts- und aus Normverletzungen. Verursacht zB jemand durch Nichtbeachtung der Vorfahrt (§ 8 StVO) einen Verkehrsunfall, so reicht unter dem Aspekt des § 823 I (Verletzung des Eigentums am Pkw) die haftungsbegründende Kausalität bis zum Zusammenstoß, unter dem Blickwinkel des § 823 II iVm § 8 StVO jedoch nur bis zum Nichtbeachten der 24

Vorfahrt. Die Verletzung des Eigentums ist Folgeschaden der Schutzgesetzverletzung
25 (zum Sinn dieser Haftungsvorverlagerung → § 823 Rn. 40). **b) Beweislast.** Haftungsbegründende Kausalität § 286 ZPO, haftungsausfüllende Kausalität § 287 ZPO (BGH NJW 2008, 2647, stRspr).

26 **2. Ausgangspunkt: Äquivalente Kausalität.** Folgeschäden können dem Verursacher nur dann zugerechnet werden, wenn die Erstverletzung im naturwissenschaftlichen Sinn kausal ist. Als kausal gilt jede Ursache, die nicht hinweggedacht werden kann, ohne dass der Geschehensablauf ein anderer gewesen, das Ereignis nicht oder nicht zu diesem Zeitpunkt eingetreten wäre (Theorie der conditio sine qua non; zB Staudinger/Höpfner § 249 Rn. 9 ff.). Bsp. für eine fehlende Kausalität: Der Verlust des **Schadensfreiheitsrabatts** in der Haftpflichtversicherung ist auch bei einem Mitverschulden des am Unfall Beteiligten nicht Folge der Beschädigung des eigenen Pkws durch den anderen (BGHZ 66, 398, 400; VersR 1977, 767; zust. Honsell JuS 1978, 745); spätere Sicherungsmaßnahmen zum Eigentumsschutz sind nicht durch den Diebstahl verursacht (BGHZ 75, 230, 237). Die eher pragmatisch zu verstehende Formel zur äquivalenten Kausalität versagt gelegentlich, ohne dass die Ersatzpflicht daran scheitert. Haben zB zwei Handelnde ein Grundstück mit Schadstoffen verunreinigt (BGH MDR 2004, 1051), so haften beide auch dann, wenn die Schadstoffe des jeweils anderen den gesamten Folgeschaden herbeigeführt haben könnten, die Erstverletzung des einen also hinweggedacht werden kann, allgemein gesagt, wenn ein Rechtsgut durch mehrere gleichzeitig oder nebeneinander wirkende Umstände verletzt wird, die jeder für sich den Schaden hätten auslösen können (sog. **Doppelkausalität,** BGHZ 199, 237, 263).

27 **3. Einschränkung: Adäquate Kausalität. a) Zweck.** Kausalitätsketten können endlos sein, sie können auch durch zufälliges Zusammentreffen unglücklicher Umstände weitergeführt werden. Dann mag es unbillig erscheinen, dem Schädiger derartige Folgerisiken aufzuerlegen. Durch den „im deutschen Deliktsrecht anerkannten Maßstab adäquater Kausalität" (BGHZ 190, 145, 158) wird versucht, den „Kreis der rein logischen Folgen im Interesse billiger Ergebnisse auf die zurechenbaren Folgen einzuschränken" (BGHZ 3, 261, 265 ff.; 18, 286, 288). Das Haftungsrisiko soll also begrenzt, die hier ausgeklammerten Schäden sollen dem Lebensrisiko des Geschädigten zugewiesen werden. Es geht damit nicht um die Bestimmung einer anderen Kausalität, sondern um ein *juristisches Korrektiv* zum Ausfiltern unbilliger Schadensersatzansprüche. Somit kommt es auch auf die Art des Anspruchs an, zB aus Gefährdungshaftung oder aus § 826 (BGHZ 79, 259; BGH NJW 1983, 232). Das von dem Naturwissenschaftler v. Kries gewählte und an ein naturwissenschaftliches Ereignis, nämlich die Wahrscheinlichkeit anknüpfende Kriterium lässt den Wer-
28 tungscharakter nicht deutlich genug erkennen. **b) Formeln.** Die Adäquanz wird in verschiedenen Formeln umschrieben. **Positiv** muss, wenn der Folgeschaden dem Schädiger zugerechnet werden soll, die Schadensursache „die objektive Möglichkeit eines Erfolges generell in nicht unerheblicher Weise erhöht" haben (zB Träger, Der Kausalbegriff im Straf- und Zivilrecht, S. 159; RGZ 69, 57, 59; grundlegend BGHZ 3, 261). **Negativ** formuliert soll derjenige Folgeschaden nicht zugerechnet werden, der nur auf Grund einer ganz ungewöhnlichen Verkettung von Umständen eintreten konnte (OLG München VersR 2005, 89 mwN). Teilw. werden beide Formulierungen **gemischt:** Das Ereignis müsse im Allgemeinen und nicht nur unter bes. eigenartigen, unwahrscheinlichen und nach dem gewöhnlichen Verlauf der Dinge außer Betracht zu lassenden Umständen geeignet sein, einen Erfolg (den Folgeschaden) dieser Art herbeizuführen (BGH NJW 2018, 944 Rn. 16). Die geforderte Prognose soll nach dem maximalen Erfahrungswissen und unter Berücksichtigung derjenigen Umstände gestellt werden, die einem erfahrenen (Lange/Schiemann, S. 92) oder optimalen (Träger, Der Kausalbegriff im Straf- und Zivilrecht, S. 159; BGHZ 3, 261) Beobachter zum Zeitpunkt des schadenstiftenden Ereignisses bekannt sind,
29 zusätzlich aller dem Schädiger selbst bekannten Umstände. **c)** Die **Kritik** an der Adäquanzlehre wird grundsätzlich und praktisch geführt (iE s zB v. Caemmerer, Das

Problem des Kausalzusammenhangs im Privatrecht, GS I, S. 402; Hermann Lange JZ 1976, 198, 199 mwN). Sie verdecke nicht nur ihren Wertungscharakter (→ Rn. 27), sondern verschiebe die Zurechenbarkeit auf das rein quantitative Merkmal der statistischen Häufigkeit bestimmter Folgeschäden. Durch das Abstellen auf einen optimalen, also fast alles wissenden Beobachter komme sie faktisch der unbegrenzten Haftung für äquivalente Schäden nahe, die ursprüngliche Begrenzungsfunktion sei verlorengegangen. **d) Bejaht** hat die Rspr. idR die Adäquanz etwa in folgenden **30**
Fallgruppen: **(1)** Schäden, weil durch die **Verletzung ein erhöhtes Risiko** eingetreten ist. Bsp: Eintritt eines Operationsrisikos bei notwendigem Zweiteingriff (OLG München VersR 2011, 1012), Eintritt eines weiteren Schadens, weil ein Pkw-Fahrer nach seinem Unfall eine vereiste Straße betreten musste (BGH NJW 2013, 1679 f.), Entstehen schwererer Schäden, weil der Verletzte infolge der Erstverletzung eine geschwächte Konstitution hatte (RGZ 155, 37, 41; BGHZ 7, 198, 206; BGH NJW 1974, 1510, stRspr); Schäden aus erneuten Unfällen auch nach längerer Zeit, wenn die Erstverletzung Schwächen zurückgelassen hatte (RGZ 119, 204, 207, Beinprothese; anders BGH NJW 1952, 1010, Beinamputierter und Artilleriebeschuss, s. dazu zB Kramer JZ 1976, 338, 344 mwN). **(2)** Schäden durch das **rechtmäßige Eingreifen Dritter,** die dazu durch die Handlung **veranlasst** worden sind. Bsp: Pyrotechnik im Stadion und Bestrafung des Vereins durch den DFB (BGH VersR 2017, 308 Rn. 13; Nees, Verbandsstrafenregress, 2019, S. 84 ff.). **(3)** Schäden durch **unsachgemäßes auch grob fahrlässiges Handeln Dritter,** es sei denn, der Dritte handelt nicht nachvollziehbar (BGH NJW-RR 2017, 566 Rn. 20), bes. leichtfertig (BGH VersR 1977, 519, Brandschaden bei Autoreparatur) und außerhalb der eigenen Erfahrung (RGZ 102, 230, 231: Arzt; 140, 1, 9: Anwalt; BGH VersR 1977, 325: Schiffsführer). Bsp. für eine Zurechnung: fehlerhafte ärztliche Nachbehandlung (BGH NJW 2003, 2311, 2313; OLG Koblenz VersR 2008, 1071 mwN; Wertenbruch NJW 2008, 2962); Brandschaden in Werkstatt nach Abschleppen des geschädigten Kfz (BGH NJW 2019, 2227 Rn. 12 f.), Unterlassen eines später beauftragten Anwalts oder Steuerberaters (BGH NJW-RR 2017, 566 Rn. 20). **(4)** Schäden durch **rechtswidriges Eingreifen Dritter,** wenn **der Verletzer Sicherungseinrichtungen zerstört** oder die **Gefahrenquelle geschaffen** hat. Bsp: beschädigter Weidezaun und Diebstahl (BGH NJW 1979, 712); Unfall eines Geldtransporters (BGH NJW 1997, 865, 866); Verkauf von Streichhölzern an Kinder (OLG Stuttgart JZ 1984, 101). **e) Verneint** wurde die Kausalität zB bei der ungewöhnlichen Häufung **30a**
unglücklicher Umstände (BGHZ 3, 261, Schleusenfall) oder bei einer von der Schädigung unabhängig getroffenen Entscheidung des Betroffenen, die ein neues Risiko ausgelöst hat (BGH VersR 2018, 226 Rn. 20 ff., dort konkret verneint), weiter bei einem „nicht herausgeforderten" Eingreifen des Geschädigten (BGH NJW 1997, 250, 253) bzw. eines Dritten (BGHZ 25, 86, zusätzlicher Eingriff gelegentlich einer unfallbedingten Operation).

VI. Lehre vom Schutzbereich

1. Grundlegung. a) Systematik. Wegen der systembedingten Schwäche der **31**
Adäquanztheorie, die äquivalente Kausalität als Verknüpfung zwischen Pflichtverletzung und zu ersetzendem Schaden auf ein sachgerechtes Maß zurückzuführen (→ Rn. 29), wird *zusätzlich* (zum Verhältnis beider Lehren → Rn. 32) Entstehen und Ausmaß einer Ersatzpflicht aufgrund eines völlig anderen Ansatzes bestimmt, und zwar durch Auslegung der die Haftung begründenden Norm (s. zB BGH VersR 2012, 195, 197). Geltend gemacht werden kann nur derjenige (Substanz- oder Folge-) Schaden, vor dessen Eintritt die Norm schützen will (BGHZ 186, 335, 339; OLG Stuttgart NJW-RR 2013, 539). In einem weiteren gedanklichen Schritt ist ein Schaden nur dann ersetzbar, *„wenn die Rechtsordnung ihn als solchen anerkennt"* (BGH NJW 2019, 1741 Rn. 14). Es kommt darauf an, ob die Bestimmung etwa überhaupt den Schutz Einzelner bezweckt, der Verletzte zum geschützten Personenkreis gehört, die Norm das konkret betroffene Rechtsgut des Einzelnen schützt und

das geschützte Rechtsgut auch vor der Art der vorgenommenen Schädigung geschützt werden soll. Entsprechendes gilt für vertragliche Ansprüche. So wird bei einer Rechtsgutsverletzung gem. §§ 241 II, 280 I (BGHZ 116, 209, 212), beim Kauf (BGHZ 50, 200, 205, Zusicherung), bei Ansprüchen aus § 536a (Dritte im vertraglichen Schutzbereich, → § 536a Rn. 3), § 634 Nr. 4 (BGHZ 65, 107, 112) und § 675 (BGH WM 1997, 2085, 2086) auf den durch Vertragsauslegung gewonnenen Schutzzweck der Vereinbarung zurückgegriffen (zum Problem iE mit Differenzierungen Lange, 43. DJT, Gutachten S. 46 f.). Die Schutzzwecklehre will damit in *offengelegter Wertung* das Schadensersatzrecht an das Haftungsrecht ankoppeln, dh, das Ob und das Wie des zu leistenden Ausgleichs dem Haftungsgrund (Norm bzw. Vertrag) selbst entnehmen. Die im Wesentlichen von Rabel (Das Recht des Warenkaufs, Bd. 1, S. 459 ff.), Wilburg (Die Elemente des Schadensrechts, 1941, S. 244) und v. Caemmerer (Das Problem des Kausalzusammenhangs im Privatrecht, GS I, S. 402 ff.) entwickelte Lehre hat großen Anklang gefunden und ist weiter ausgebaut worden (s. zB Staudinger/Höpfner § 249 Rn. 28 ff. mwN). Sie ist auch auf Kritik gestoßen, und zwar mit der Argumentation, dass den haftungsbegründenden Normen idR nicht entnommen werden könne, welche Art von Folgeschäden zu ersetzen sei (Knobbe-Keuk, Vermögensschaden und Interesse, 1972, S. 224 ff.). Dies verweist auf eine systembedingte Unschärfe, bedeutet aber keinen grundsätzlichen Ausschluss
32 (MüKoBGB/Oetker § 249 Rn. 125 f.). **b) Verhältnis von Schutzzwecklehre und Adäquanztheorie.** Obwohl die Schutzzwecklehre historisch zur Eingrenzung der Adäquanztheorie entwickelt wurde und damit auf den ersten Blick eine adäquate Kausalität zwischen Verletzung und Schaden voraussetzt, steht sie wegen des anderen methodischen Ansatzes *unabhängig* neben der Adäquanztheorie. Verwandt wird dafür häufiger die Formel, beide Methoden seien nebeneinander anwendbar, soweit sie sich ergänzen (hM, BGH NJW-RR 2008, 1004; iE mit Differenzierungen Deutsch/Ahrens Rn. 122; aA noch v. Caemmerer, Das Problem des Kausalzusammenhangs im Privatrecht, GS I, S. 4: Die Lehre vom Normzweck habe die Adäquanztheorie verdrängt). Genauer hat sie wegen ihres materiellrechtlichen Inhaltes systematisch Vorrang: Steht fest, dass der geltend gemachte Schaden vom Schutzzweck nicht gedeckt wird, braucht eine Kausalität (und in der Praxis eine Verletzungshandlung, s. BGH NJW 2019, 1741) nicht geprüft zu werden. Fällt ein Schaden in den Schutzbereich, so ist er, wenn die Norm entsprechend auszulegen ist, uU auch zu ersetzen, wenn sein Eintritt auf außergewöhnlichen Umständen beruht (BGH NJW 1982, 572, Beurkundungsfehler des Notars und anschließendes Fehlurteil eines OLG).

33 **2. Beispiele. a) Bedeutung** hat die Lehre in einer grundlegenden Zuspitzung für eine *fundamentale Lebenssituation* gefunden: in Fällen, in denen – möglicherweise aufgrund eines medizinischen Fehlers – Leben verlängert wurde und das (Weiter-) Leben mit schwerwiegendem Leiden verbunden ist. Den Betroffenen wurde ein Ersatzanspruch versagt. Nach dem BGH ist staatlicher (gerichtlicher) Gewalt **untersagt** zu urteilen, dass ein solches **Leben ein Schaden** sei. Es entziehe sich auch menschlicher Fähigkeit zu erkennen, ob ein leidensbehaftetes Leben gegenüber dem Tod ein Nachteil ist (BGHZ 221, 352 Rn. 20; s. dazu zB Bach NJW 2019, 1915; Omlor JuS 2019, 577, 579). Es fehlt also danach an einer Norm, die *vor dem (Weiter-) Leben* schützt. Demgemäß kann hier wegen des Fehlens eines *schützenswerten* (materiellen oder immateriellen) Schadens auch kein Schmerzensgeld für das erlebte Leiden gefordert werden (BGHZ 221, 352 Rn. 14 ff.). Auch ein Ersatz für höhere Aufwendungen infolge der Krankheit sei nicht zu leisten. Eine etwaige vertraglich übernommene Verpflichtung, das Leben nicht zu verlängern, beziehe sich nicht auf die durch *die Lebensverlängerung* ausgelösten Aufwendungen (BGHZ 221, 352 Rn. 30). Diese auf Art. 1 I GG gestützte, in ihren Konsequenzen freilich problematische Auffassung ist jedenfalls zu akzeptieren (krit. Überlegungen bei Spickhoff/Deuring JZ 2019, 815). Sie wird auch nicht durch die Entscheidung des BVerfG zur Verfassungswidrigkeit des § 217 StGB (BVerfGE 153, 182) berührt. Jene Entscheidung

bejaht die individuelle Freiheit zum Beenden des Lebens, stellt aber dessen Grundwert, seine Unverfügbarkeit durch andere, nicht in Frage. **b)** Die Rspr. des BGH 34 hat ihren Ausgang genommen in der Behandlung der Problematik zum **sog. nicht gewünschten Kind** (dazu ausführlich Neuner AcP 214, 459, 460; Ziegler MedR 2021, 34). Danach soll ein *Kind,* das bei ordnungsgemäßer genetischer Beratung (BGH NJW 1997, 1635, 1638), hinreichenden Sterilisierungs- oder anderen ärztlicher Verhütungsmaßnahmen nicht geboren worden wäre („wrongful life", BGHZ 129, 178, BGH NJW 2008, 2846, 2847), aus den genannten Gründen keine Ansprüche haben (BGH VersR 2002, 192; iE s. Reinhart VersR 2001, 1081). Für die *Eltern* 35 hat die Rspr. anders entschieden (und dies in den jüngsten Entscheidungen bestätigt): Wegen des Eingriffs in ihre Lebensplanung lägen die Aufwendungen für das Kind im Schutzbereich des zwischen ihnen und dem Behandler geschlossenen Vertrages (iE zust. Mörsdorf-Schulte NJW 2007, 964; grundsätzliche Bedenken zB bei Picker AcP 195, 483), nicht jedoch der Verdienstausfall infolge der Pflege des Kindes (BGH NJW 1997, 1638, 1640). Der Schadensersatz soll bis zu 270 % des Regelsatzes (135 % als Barunterhalt, 135 % als Pflegeaufwand) betragen (BGH NJW 2007, 992; OLG Celle NJW 2007, 1000). Bei unterbliebener Abtreibung trotz der Möglichkeit nach § 218 II StGB (s. dazu BGH NJW 2006, 1657, 1660) („wrongful birth", s. Picker, Schadensersatz für das unerwünschte eigene Leben, 1995) sollen den Eltern – bei recht unklarer Abgrenzung – die Mehraufwendungen für das kranke Kind als Schadensersatz zustehen, wenn sich der Behandlungsvertrag während der Schwangerschaft auch auf die Entscheidung über die Abtreibung bezog (BGHZ 143, 389, 393 mwN; 151, 133, 146) oder eine Abtreibung nahe lag (BGHZ 149, 236, 239; 151, 133, dazu ausführlich G. Müller NJW 2003, 697 mwN; krit. Stürner JZ 2003, 155). Bei einem auf § 218a StGB gestützten missglückten Schwangerschaftsabbruch kann zivilrechtlich nicht anders entschieden werden (anders OLG Nürnberg NJW 2009, 1756, 1757). **c) Weitere Bsp:** Auf psychischen Folgeerkrankungen beru- 36 hende Schäden (Bsp: eingetretene Arbeitsunfähigkeit) sind zu ersetzen (BGH NJW 2000, 862, 863 mwN; iE Brandt VersR 2005, 616). Beruht die Arbeitsunfähigkeit auf einer sog. *Begehrensneurose,* steht ein neurotisches Streben nach Versorgung und Sicherheit ggü. dem Gesundungswillen im Vordergrund (OLG Brandenburg VersR 2016, 1391, 1393; sa OLG Brandenburg VersR 2006, 237 zur Abgrenzung ggü. der *Konversionsneurose,* einer Auslösung vorhandener psychischer Konflikte durch die Verletzung, die zur Arbeitsunfähigkeit führen), stehen Anlass und Erkrankung in einem nicht nachvollziehbaren Verhältnis, so wird die Schutzwürdigkeit verneint (BGH NJW 2012, 2964, 2966 mzustAnm Mergner VersR 2012, 1136). Anwaltskosten im Zivilverfahren sind zu ersetzen (BGHZ 190, 353, 360 mwN, auch zur Überlagerung durch den prozessualen Erstattungsanspruch), Strafverteidigerkosten aus Anlass eines Verkehrsunfalls jedoch nicht (BGHZ 27, 137), desgl. nicht die Kosten eines Privatklageverfahrens (OLG Düsseldorf VersR 1972, 52) oder einer Nebenklage (BGHZ 190, 353, 359 f.). Zeit- und Verwaltungsaufwendungen für die Schadensabwicklung zählen zur Risikosphäre des Geschädigten (→ Rn. 16). Schließt der Verletzte mit einem Drittbetroffenen einen Vergleich, so ist der Verzicht auf Ansprüche ein zu ersetzender Folgeschaden, wenn dies auf Grund einer vertretbaren Würdigung der Sach- und Rechtslage geschieht (BGH NJW 1993, 1587, 1589 mwN; zum Handeln des Verletzten → § 823 Rn. 28). – Der spätere Unfall eines getäuschten Kfz-Käufers soll in den Schutzbereich fallen (BGHZ 57, 137, 142; aA v. Caemmerer FS Larenz, 1973, S. 621, 641; Huber JuS 1972, 441; Lieb JZ 1972, 442, 443). **d)** Bei **speziellen Schutzgesetzverletzungen** sind idR zwei häufig 37 nicht auseinandergehaltene Problemkreise zu unterscheiden (zutr. Huber FS E. Wahl, 1973, S. 320 ff.): Zunächst muss im Rahmen des **Haftungsrechts** gefragt werden, ob die betr. Norm überhaupt den Schutz des verletzten Rechtsguts bezweckt, das Rechtsgut also in den Schutzbereich fällt (→ § 823 Rn. 45). Im Rahmen des **Schadensersatzrechts** tauchen dann dieselben Probleme wie in → Rn. 32 auf. Bsp: Der bei einem Verkehrsunfall Verletzte kann zwar Ersatz dafür verlangen, dass ein Prüfungstermin nicht wahrgenommen werden konnte, nicht aber dafür, dass ein späterer Prüfungstermin wegen eines studentischen Boykotts ausfällt (Lange JZ 1976, 198, 205 mN).

VII. Schadensmindernde Faktoren

1. Bereicherungsverbot, Vorteilsausgleich.

Lit.: Gregor, Das Bereicherungsverbot, 2012, S. 145 ff.; Selb, Schadensbegriff und Regressmethoden, 1963, S. 21.

38 **a) Allgemeines.** Bereits an dem Text des § 249 I – es sei wirtschaftlich der Zustand vor dem schädigenden Ereignis (wieder-) herzustellen – wird deutlich, dass bei einem Ausgleich neben dessen schädlichen Auswirkungen grds. auch die nützlichen Folgen, die das Ereignis ausgelöst hat, mit zu berücksichtigen sind. Beides dürfe, so die Motive, nicht voneinander getrennt werden. Bei der Schadensberechnung sei auf das Gesamtresultat abzustellen (Mot II 19). Andererseits leuchtet unmittelbar ein, dass etwa eine spontane Sammlung für den Geschädigten schon nach dem Willen der Spender nicht durch Anrechnung auf den Ersatzanspruch dem Schädiger zugutekommen soll. Der Gesetzgeber hat eine Lösung der Wissenschaft und Praxis überlassen (Mot II 19). Die intensiv geführte Diskussion, die an den allgemeineren Begriff des Bereicherungsverbots und den etwas spezielleren des Vorteilsausgleichs anknüpft, hat zu weitgehend akzeptierten Grundregelungen und zur Bildung typisierter Fallgruppen geführt, die an Strukturen anknüpfen und die natur-
39 gemäß stark von Elementen der Billigkeit geprägt sind. **b)** Das **Bereicherungsverbot** wird zB dahin umschrieben, dass der Geschädigte „nicht in unangemessener Art und Weise (§ 242 BGB)" zu Lasten des Schädigers besser gestellt werden dürfe, als er ohne das Schadensereignis stehen würde (BGH NJW 2010, 196 Rn. 30; BGH MDR 2019, 1437 Rn. 8). Einen Ausdruck hat der Grundsatz in § 255 gefunden (→ § 255 Rn. 1). Im Zusammenhang mit dem sog. **Dieselskandal** (→ § 826 Rn. 14) ist sehr str., ob sich der Käufer anrechnen lassen muss, dass er den Pkw eine geraume Zeit unbeeinträchtigt genutzt hat (iE Bruns NJW 2020, 508; Staudinger NJW 2020, 641). Im Ergebnis ist dies grds zu bejahen (s. nur BGH NJW-RR 2022, 850 Rn. 16; NJW 2022, 3150; DB 2022, 2447). Der Käufer hat subj. keinerlei Beeinträchtigungen, die Manipulation hat sich allein auf die Umwelt ausgewirkt (BGHZ 225, 316 Rn. 80 f.); das „wirtschaftliche Selbstbestimmungsrecht" der Käufer ist nicht geschützt (BGH BeckRS 2022, 4565). Ob der Minderwert dem Nutzer bekannt war, ist mithin nicht relevant. Die Nutzungsvorteile berechnen sich nach der Formel „Fahrzeugpreis mal Fahrstrecke geteilt durch Laufleistungserwartung" (BGHZ 226, 322 Rn. 12 f. mwN); bei geleasten Pkw entsprechen die Nutzungsvorteile den Leasingraten (BGH NJW 2022, 321 Rn. 40 ff.). Allerdings darf die Vorteilsanrechnung einen „angemessenen Schadenersatz" nicht verhindern (EuGH 21.3.2023, C-100/21, Rn. 91 ff.). Was dies bedeutet, ist noch unklar. Zur Verzin-
40 sung → § 849 Rn. 3.) **c) Vorteilsausgleich. aa) Umschreibung, Abgrenzung.** „Vorteilsausgleich", aus dem Bereicherungsverbot abgeleitet, erscheint als ein Sammelbegriff für Fallkonstellationen, in denen die zum Schaden führende Handlung, vorhersehbar oder nicht vorhersehbar, Maßnahmen Dritter oder auch des Geschädigten selbst auslöst, die den Schaden des Betroffenen mindern oder auf anderem Weg dessen Vermögen mehren. Auch hier kann im Einzelfall zweifelhaft sein, ob der Geschädigte nach Treu und Glauben den vollen Wert der Rechtsgutsbeeinträch-
41 tigung verlangen kann. **bb) Formeln.** Das RG hat zunächst parallel zur Ermittlung des Schadensumfangs (→ Rn. 27 ff.) mindernd berücksichtigt, was adäquat durch das schadenstiftende Ereignis verursacht worden ist (RGZ 80, 155; 84, 386, 388). Der BGH verwendet eine den Wertungscharakter stärker betonende Formel: Ein Vorteil sei dann auf den Schaden anzurechnen, wenn er adäquat durch das schadenstiftende Ereignis verursacht wurde, die vorteilhaften Umstände mit dem schädigenden Ereignis in einem qualifizierten Zusammenhang stehen, eine Anrechnung dem Sinn und Zweck des Schadensersatzes entspricht und weder der Geschädigte unzu-

mutbar belastet noch der Schädiger unbillig entlastet wird (BGH NJW 2019, 215 Rn. 17 u NJW 2022, 321 Rn. 38 mwN, stRspr). **cc)** Dies muss durch **Fallgruppen** 42
konkretisiert werden. Bei **Leistungen Dritter (1)** auf Grund einer **gesetzlichen** oder **vertraglichen Verpflichtung** (zB Versorgungsbezüge bei Invalidität, Sterbegeld) liegt häufig überhaupt kein Problem des Vorteilsausgleichs vor. Vielmehr kann der Dritte die Ansprüche des Geschädigten aus ges. übergegangenem oder abgetretenem Recht geltend machen (→ Rn. 2). Ist keine Abtretung vorgesehen, so muss darauf abgestellt werden, welcher Zweck mit der Verpflichtung des Dritten verfolgt wird (Cantzler AcP 156, 29, 57 f.; Staudinger/Höpfner § 249 Rn. 154 ff.); idR soll dem Geschädigten geholfen, nicht aber der Schädiger entlastet werden, so dass keine Anrechnung geschieht (BGHZ 153, 223, 233 f. mwN). Der Bezug von Vorruhestandsgeld mindert allerdings den Schaden (BGH NJW 2001, 1274; krit. v. Koppenfels-Spies VersR 2005, 1511). Ähnliche Grundsätze gelten für Versicherungen. Schadensversicherungen erwerben den Ersatzanspruch des Geschädigten gem. § 86 VVG. Fragen des Vorteilsausgleichs entstehen nicht. Eine Unfallversicherung des Geschädigten soll nicht dem Schädiger zugutekommen, es erfolgt keine Anrechnung (vgl. BGHZ 73, 109). Auch bei einer Lebensversicherung findet kein Vorteilsausgleich statt (BGHZ 73, 109, 111 mwN; sa OLG München VersR 2001, 1429, 1430, private Berufsunfähigkeitsrente). Besteht eine Unfallversicherung des Schädigers (zB Kfz-Insassenversicherung), so kann der Schädiger die Anrechnung der an den Geschädigten ausgezahlten Versicherungssumme verlangen, ohne dass die Grundsätze der Vorteilsausgleichung anwendbar sind (BGHZ 64, 260; Staudinger/Höpfner § 249 Rn. 165). **Freiwillige Leistungen Dritter (2)** werden nicht angerechnet, 43
wenn der Dritte die Zuwendungen (idR) dem Geschädigten, nicht dem Schädiger zugutekommen lassen will (BGH NJW 1970, 1120, 1121 f., Nutzungsausfallentschädigung, obwohl ein Dritter einen Ersatzwagen zur Verfügung stellt; BGH NJW 1970, 95, 96, Mehrarbeit eines Mitgesellschafters). Schadensmindernde Leistungen des Geschädigten selbst sind zu berücksichtigen, soweit sie nach § 254 II geboten waren, iÜ nicht (BGH NJW 1974, 602; BGHZ 55, 329). **Ersparte Aufwendun-** 44
gen (3) werden angerechnet (zur dogmatischen Einordnung s. zB Staudinger/Höpfner § 249 Rn. 171 ff.). Bsp: Verpflegungskosten bei Krankenhausaufenthalt oder Heim (OLG Saarbrücken NJW 2011, 933, 935); Wegekosten zur Arbeitsstelle, Reinigungskosten für Berufskleidung bei Dienstunfähigkeit (OLG München NJW-RR 2019, 1046 Rn. 14 mit Pauschalierung); Generalunkosten für den eigenen Pkw bei der Geltendmachung von Nutzungsausfall (→ Rn. 10) während der Reparaturzeit (BGH NJW 1963, 1399, grundlegend); entfallene Versicherungsbeiträge (BGH VersR 2008, 513); Unterhaltsaufwendungen bei Tod des Ehepartners (→ § 844 Rn. 6). Das **Ersparen immaterieller Belastungen (4)** wird, da sie kein Vermögensvorteil sind, nicht berücksichtigt (BGH NJW 2016, 1385, 1386). Da bei **Steu-** 45
ern (5) idR der geleistete Ersatz ebenfalls zu versteuern ist, kann davon ausgegangen werden, dass keine Ersparnis eintritt (BGHZ 200, 98 Rn. 12). Eine nähere Berechnung sei nur dann erforderlich, wenn Anhaltspunkte dafür bestünden, dass der Geschädigte Steuervorteile erzielt habe, die ihrem Sinn nach nicht dem Schädiger zugutekommen sollen (BGHZ 200, 98, 110 Rn. 13). Nutzungsvorteile (BGH NJW 2006, 1582; NJW-RR 2006, 890) und verbleibende Steuervorteile (BGH NJW 2010, 2506) sind zu berücksichtigen. Wenig glücklich als Fall der Vorteilsausgleichung bezeichnet der BGH auch die Selbstverständlichkeit, dass dem zum Vorsteuerabzug berechtigten Geschädigten keine Mehrwertsteuer zu erstatten ist (BGH NJW 1972, 1460; BeckRS 2022, 21807 Rn. 9). **Wertsteigerungen (6)** führen grundsätz- 46
lich zum Ausgleich (BGH NJW 1980, 2187), nicht jedoch ein über dem Verkehrswert liegender Erlös bei einem Deckungsverkauf. Dieser steht, da auf die eigene Aktivität zurückzuführen, dem Verkäufer zu (BGH NJW 1997, 2378; zust. Schubert JR 1998, 238). Ein **Ausgleich neu für alt (7)** für die den ursprünglichen Zustand 47
überschießende Lebensdauer ist vorzunehmen (s. iE BGHZ 102, 322, 331; nicht bei Pkw mit weniger als 1.000 km, bei denen „auf Neuwagenbasis" abgerechnet werden darf, BGH VersR 1983, 658; vgl. schon BGH VersR 1976, 732). Erfasst

werden jedoch nur Reparaturen, die sich erfahrungsgemäß während der Lebensdauer der Sache auswirken (OLG München VersR 1970, 261, Ganzlackierung eines sechs Jahre alten Pkw). Hätte das ursprüngliche Teil die Lebensdauer ebenfalls erreicht, liegt keine Wertsteigerung vor (OLG Düsseldorf MDR 2022, 164). Gegen-
48 über dem Anspruch aus § 844 I ist eine **vorzeitig erlangte Erbschaft (8)** in dem Ausmaß anzurechnen, als aus ihr bzw. ihren Erträgnissen der Unterhalt bestritten
49 worden wäre (OLG Frankfurt VersR 1991, 595 mwN). **d)** Die **Beweislast** für einen Vorteil trägt der Schädiger (BGH VersR 2007, 702; aA Ganter NJW 2012, 801, 806: teilw. der Geschädigte). **e) Durchgeführt** wird der Ausgleich bei Gleichartigkeit von Schaden und Vorteil (Geld) durch Abzug, bei Verschiedenheit durch Herausgabe des Vorteils Zug um Zug (BGH NJW 2013, 450, 451).

2. Überholende und hypothetische Kausalität.

Lit.: v. Caemmerer, Das Problem des Kausalzusammenhangs im Privatrecht, GS I, S. 411; Chelidonis, Hypothetische und überholende Kausalität, Jura 2021, 227; Gebauer, Hypothetische Kausalität und Haftungsgrund, 2007; Grunsky, Hypothetische Kausalität und Vorteilsausgleichung, FS Hermann Lange, 1992, S. 469 ff.; Lange, Zum Problem der Überholenden Kausalität, AcP 152, 153 ff.

50 **a)** Als **Problem** stellen sich zwei (Niederländer AcP 153, 41 f.) Fallkomplexe: **(aa)** Nach einer Rechtsgutsverletzung wäre es davon unabhängig zu ders. Rechtsgutsverletzung gekommen. Diese „Reserveursache" (v. Caemmerer, Das Problem des Kausalzusammenhangs im Privatrecht, GS I, S. 434) schlägt aber ins Leere, sie bleibt „hypothetisch". Bsp: Der gestohlene und vom Dieb beschädigte Pkw wäre in derselben Nacht bei einem Garagenbrand zerstört worden. **(bb)** Eine bestimmte (Reserve-)Ursache hatte die Rechtsgutsverletzung bereits eingeleitet, sie wird jedoch von dem tatsächlichen Schadensereignis „überholt". Bsp: A wäre in zwei Jahren wegen einer Krankheit dienstunfähig geworden; er wird jetzt durch B verletzt und ist sofort arbeitsunfähig. Zu fragen ist in beiden Fällen, ob der Schädiger für den gesamten Schaden aufkommen muss; denn er braucht nach der Differenzlehre (→ Rn. 5) den Geschädigten nur so zu stellen, als hätte er die Schädigung nicht herbeigeführt. Dann aber wäre es durch die Reserveursache zu demselben oder einem ähnlichen Schaden gekommen. An dieser Fragestellung wird deutlich, dass es nicht um die haftungsbegründende Kausalität geht, die von dem eigentlichen Schädiger unzweifelhaft in Gang gesetzt wurde, sondern um eine Schadensberech-
51 nung (BGHZ 168, 352, allgM). **b)** Die methodischen **Lösungsversuche** sind vielfältig. Das RG hatte hypothetische Schadensursachen als unbeachtlich angesehen, da ein Ersatzanspruch mit der tatsächlichen Verletzung in voller Höhe entstanden sei und als Geldanspruch nicht mehr beeinträchtigt werden könne (RGZ 141, 365, 367 f.; 144, 80, 84; anders für sog. Anlagefälle, s. zB RGZ 148, 48, 56; 169, 117, 120). Nach einer anderen Auffassung ist von unterschiedlichen Ansatzpunkten aus der Schaden zu gliedern in die Beschädigung des Rechtsgutes einerseits, Folgeschäden, idR Geldschäden, andererseits (zB Larenz NJW 1950, 487, 491 f.; VersR 1963, 1; Neuner AcP 133, 277, 286; Wilburg JherJb 82, 51, 130; Gebauer S. 221 ff., 232 ff. unter starker Bezugnahme auf ein in § 287 S. 2 niedergelegtes allg. Prinzip; insgesamt krit. Schmidt AcP 152, 112, 121; v. Caemmerer I S. 417). Der obj. Wert des Rechtsguts setze sich im Anspruch auf Schadensersatz fort und könne durch Reserveursachen nicht mehr beeinträchtigt werden. Bei den übrigen Schäden wirkten Reserveursachen iSd Differenzlehre entlastend, es sei denn, dies widerspreche dem Schutzzweck der durch die Handlung verletzten Norm (Staudinger/Höpfner § 249 Rn. 95). Im Einzelnen wird eine Aufgliederung nach typischen Fallgruppen vorgenommen (s. zB v. Caemmerer, Das Problem des Kausalzusammenhangs im Privatrecht, GS I, S. 411 ff.; Zeuner AcP 157, 441, 450 ff.; gefolgt wird hier im
52 Wesentlichen v. Caemmerer). **c) Grundsätze. aa) Ausgangspunkt.** Die überholte Kausalität der Reserveursache führt relativ unproblematisch zur Reduktion des Schadensersatzanspruchs in den sog. **Anlagefällen,** in denen der Schaden später eingetreten wäre (nicht zu verwechseln mit der Verletzung einer schwachen Konstitution,

s. BGH NJW 1996, 2425). Bsp: Brandgasse (BGHZ 20, 275); Vorerkrankung (BGH NJW 2016, 3785 Rn. 9; OLG Hamm, NJW-RR 2018, 984 Rn. 21); nicht lebensfähiger Betrieb (BGH BB 1968, 1307, 1308); Fortsetzung einer bereits schädlichen Fehlinjektion (BGHZ 78, 209 m. krit. Bespr. Backhaus). Hier haftet der Schädiger nur für die Verkürzung der Zeitspanne bis zum Eintritt des Schadens. Gleichzustellen sind die ähnlichen Sachverhalte der **konkreten Gefahrbedrohung,** in denen die hypothetisch gebliebene Ursache für einen obj. Beobachter erkennbar bereits auf dem Gegenstand, bildlich gesprochen, lastete (RGZ 156, 187, 191, Schleusenfall; BGHZ 20, 275, 280: Brandgasse; BGHZ 29, 207, 215: Hausabbruch). Neue Gefährdungen, die später zur Beeinträchtigung des Rechtsgutes geführt hätten, beeinträchtigen nicht mehr den Anspruch auf den Substanzwert, können aber den zeitlichen Nutzungswert begrenzen (str., s. iE Gebauer S. 161 ff.). **bb) Einschränkungen.** In 53
den Fällen der hypothetisch gebliebenen Gefahr bleibt die Reserveursache jedoch außer Betracht, wenn der **Schutzzweck der Norm** das Leisten von Schadensersatz gebietet (OLG Koblenz ZIP 2007, 120, 123: Verstoß gegen § 826). Hätte die Reserveursache zur Einstandspflicht eines Dritten (des potentiellen Schädigers, einer Versicherung) geführt, wird sie nicht berücksichtigt; sonst ginge der Geschädigte, da sich jene Haftung ja nicht realisiert hat, leer aus (v. Caemmerer, Das Problem des Kausalzusammenhangs im Privatrecht, GS I, S. 433 mit weiteren Ausnahmen; BGH NJW 1958, 705; 1967, 552). **d) Prozessuales.** Die Tatsache, dass ein an sich beste- 54
hender Schadensersatzanspruch nachträglich reduziert oder weggefallen ist, muss auch hier der **Schädiger beweisen** (BGH NJW 2016, 3518 Rn. 14). Maßgebend – iS einer prozessualen Festlegung (→ Rn. 63) – ist nach hL der **Zeitpunkt** der letzten mündlichen Verhandlung vor dem Tatsachengericht (v. Caemmerer, Das Problem des Kausalzusammenhangs im Privatrecht, GS I, S. 437; Schmidt AcP 152, 121, 134 f.; aA Grunsky, Aktuelle Probleme zum Begriff des Vermögensschadens, 1968, S. 65; Lemhöfer JuS 1966, 337, 344: Zeitpunkt der Leistung).

3. Rechtmäßiges Alternativverhalten (rmAV).

Lit.: v. Caemmerer, Das Problem des Kausalzusammenhangs im Privatrecht, GS I, 445; Deutsch/Ahrens, Deliktsrecht, 6. Aufl. 2014, Rn. 72 ff.; Gotzler, Rechtmäßiges Alternativverhalten im haftungsbegründenden Zusammenhang, 1977; Hanau, Die Kausalität der Pflichtwidrigkeit, 1971; Holle/Mörsdorf, Rechtmäßiges Alternativverhalten beim Verstoß gegen Kompetenz- und Verfahrensvorschriften, NJW 2018, 3555; Paefgen, Organhaftung und rechtmäßiges Alternativverhalten, WM 2022, 253; Schütz/Dopheide, Kausalität und rechtmäßiges Alternativverhalten bei ärztlichen Behandlungsfehlern, VersR 2009, 475; Scholz, Rechtmäßiges Alternativverhalten bei der Verletzung von Zustimmungsvorbehalten und Berichtspflichten, AG 2020, 453; Ziegler, Der plausible Entscheidungskonflikt im Rahmen rechtmäßigen Alternativverhaltens, VersR 2021, 1271.

a) Beschreibung. Typologisch steht dem Einwand der hypothetischen Kausalität 55
die Argumentation nahe, bei einem möglichen rechtmäßigen (ähnlichen) Vorgehen des Schädigers wäre es ganz oder teilw. zu den gleichen Folgen für den Betroffenen gekommen. Bsp: Ein Lkw überholt einen nicht erkennbar betrunkenen Radfahrer in zu dichtem Abstand, der Radfahrer gerät unter den Anhänger und wird verletzt. Derselbe Unfall wäre vermutlich geschehen, wenn der Lkw-Fahrer den vorschriftsgemäßen Abstand eingehalten hätte (nach BGHSt 11, 1); der Vorstand einer AG führt ohne die ges. erforderliche Zustimmung des Aufsichtsrats eine Maßnahme durch, die einen Schaden auslöst; bei Befragung hätte der Aufsichtsrat zugestimmt (BGH NJW 2018, 3574). **b) Systematische Einordnung.** Die dogmatischen 56
Unterschiede zur sog. hypothetischen Kausalität sind jedoch erheblich: Es wird zur Schadensermittlung nicht der tatsächliche Vorgang mit einer realen, aber hypothetisch gebliebenen bzw. überholten Kausalkette verglichen (→ Rn. 50), sondern der Verletzungshandlung wird ein rein theoretisches Verhalten des Schädigers selbst als gerechtfertigte Schädigungsmöglichkeit gegenübergestellt. Es geht also nicht um die Kausalität zwischen pflichtwidriger Handlung und Schaden, sondern um die *Wertung,* ob trotz bestehender Kausalität ein Anspruch auf Schadensersatz abzulehnen

ist (aA zB Hanau, Die Kausalität der Pflichtwidrigkeit, S. 84 ff.; Holle/Mörsdorf NJW 2018, 3555, 3556). Methodisch stellt sich die Frage nach dem **Schutzbereich** (→ Rn. 31, → § 823 Rn. 26) der verletzten Norm (Staudinger/Höpfner § 249 Rn. 103; BGH VersR 2019, 484 Rn. 42 mwN, stRspr): Schützt eine Bestimmung ein generelles Rechtsgut (Vermögen, Person), ist der Einwand, die Verletzung wäre auch bei einem rechtmäßigen Handeln eingetreten, zulässig. Soll ein konkretes Handeln verhindert, ein spezielles Rechtsgut geschützt werden, kann sich der Schädiger auf ein rmAV nicht berufen. Bsp: Ein unter Nichtbeachtung von Verfahrensregeln ausgelöster Streik macht aus Gründen des Einhaltens der Friedensregelungen auch dann ersatzpflichtig, wenn es beim Einhalten dieser Regeln ebenfalls zum Streik gekommen wäre (BAGE 6, 321, aA Hanau, Die Kausalität der Pflichtwidrigkeit, S. 115). Nimmt bei einem sog. Chefarztvertrag ein anderer Arzt den Eingriff vor, so greift der Einwand, dieser sei fehlerfrei vorgenommen, wegen der Verletzung der Patientenautonomie nicht durch (BGH NJW 2016, 2522 Rn. 7). Werden bei einer Transplantation die bes. Bestimmungen zur Aufklärung nicht beachtet, kommt es nicht darauf an, ob eine Einwilligung bei deren Einhalten erteilt wäre (BGH JZ 2019, 517 Rn. 48, zust. Spickhoff JZ 2019, 522, 523). Bei dem Übergehen des Aufsichtsrats durch den Vorstand in einer AG (→ Rn. 55) ist der Einwand zulässig; denn § 93 I AktG schützt die Gesellschaft allg. vor Pflichtverletzungen durch den Vorstand, nicht aber die Kompetenzverteilung zwischen den Organen. Hat der Vorstand, von der Nichtbefragung abgesehen, pflichtgemäß gehandelt, entfällt ein Anspruch (BGH NJW 2018, 3574 Rn. 44); das Fällen eines Baums auf einer Grundstücksgrenze gegen den Willen des Nachbarn macht nicht ersatzpflichtig, wenn der Nachbar gem. § 923 II hätte zustimmen müssen (OLG Schleswig NZM 2018, 247
57 Rn. 16). **c)** Die **Beweislast** für den Einwand trifft den Schädiger (allgM; BGH NJW 2012, 2024 Rn. 12: ärztliche Fehlbehandlung; BGH NJW 2018, 3574 Rn. 45: Übergehen des Aufsichtsrats).

VIII. Art und Zeitpunkt der Schadensberechnung

58 **1. Schadensberechnung. a) Konkrete Schadensberechnung.** Der Geschädigte ist grundsätzlich verpflichtet, seinen erlittenen Schaden „konkret“ zu berechnen (Lange/Schiemann S. 353). Maßgebend ist damit die tatsächliche, sich aus der eingetretenen Verminderung des Vermögens *(damnum emergens)* und seiner ausbleibenden Vermehrung *(lucrum cessans)* zusammensetzende Einbuße in der individuellen Situation des Geschädigten. Die für den Schadensumfang relevanten Einzelheiten hat der Geschädigte darzulegen und zu beweisen, wobei ihm eine Erleichterung
59 durch § 287 ZPO zugutekommt. **b) Abstrakt-typisierende Berechnung. aa) Grundsatz.** Die konkrete Schadensberechnung kann den Geschädigten trotz § 287 ZPO in Beweisschwierigkeiten bringen; sie würde ihn vor allem, etwa bei Wettbewerbsverletzungen oder auch ausgebliebenen Warenlieferungen, zwingen, im Prozess mit dem Schädiger Geschäftsinterna offenzulegen. Gestützt auf § 252 S. 2 hat die Rspr. deshalb für den entgangenen Gewinn die „abstrakte“ Schadensberechnung zugelassen (BGH NJW 2001, 1640; Staudinger/Höpfner § 252 Rn. 20 ff.). Systematisch handelt es sich dabei um eine Anwendung des *prima-facie-Beweises,* wonach bei typischen Geschehensabläufen nach der Lebenserfahrung von einem eingetretenen Erfolg auf bestimmte Ursachen (s. dazu Thomas/Putzo/Seiler § 286 Rn. 12 ff.; Rosenberg/Schwab/Gottwald § 113 Rn. 16 ff.) oder hier von der eingetretenen Rechtsgutsverletzung auf bestimmte Folgeschäden geschlossen wird. Bei der abstrakten Schadensberechnung kann der Geschädigte zB die übliche Gewinnspanne (BGH MDR 1960, 668; WM 2006, 544) oder den üblichen Zins bei vermuteter Kapitalanlage (BGH NJW 1992, 1223, 1224 mwN) als Schaden verlangen. Der Anschein ist durch Tatsachen zu entkräften, aus denen die ernsthafte Möglichkeit eines vom gewöhnlichen Verlauf abweichenden Geschehens folgt (aA Baumgärtel/Luckey § 252 Rn. 7: Beweis des Gegenteils erforderlich). Dann ist der Geschädigte wie-
60 derum zur konkreten Schadensberechnung genötigt. **bb) Anwendungsbereich.**

Die abstrakte Schadensberechnung wird auf Kaufleute und auf ihre jeweils typischen Geschäfte begrenzt (BGHZ 62, 103, 106; 104, 337), weil nur dort ein bestimmter Gewinn als wahrscheinlich erwartet werden kann (vgl. BGH NJW-RR 2006, 243 Rn. 9). Sie sollte jedoch auch dort möglich sein, wo typische Geschehensabläufe ein starkes Indiz für dieselbe Entwicklung beim Geschädigten sind (s. BGH NJW 1995, 557, uU Grundstückspreise in demselben Erschließungsgebiet). **c) Abstrakt-** 61
normative Schadensberechnung. aa) Terminologie. Als „abstrakte" Schadensberechnung wird zT auch die Möglichkeit bezeichnet, in Einzelfällen Ansprüche geltend zu machen, obwohl eine Einbuße nicht eingetreten ist (iE Lange/Schiemann S. 353 ff.). Mit Mertens (Der Begriff des Vermögensschadens im Bürgerlichen Recht, S. 76 Anm. 76) sollte man den systematischen Unterschied zur typisierenden Betrachtung und die Nähe zum normativen Schadensbegriff (→ Rn. 6) auch terminologisch kennzeichnen. **bb)** Eine Begründung fehlt, die Bsp. tragen bisher nur 62
eher zufälligen Charakter. Bei der **Verletzung von Immaterialgüterrechten** und vergleichbaren Leistungspositionen gewährt die Rspr. als Ersatz wie gem. § 97 II UrhG statt des schwer nachweisbaren konkreten Schadens einen Anspruch auf Herausgabe des Gewinns oder eine angemessene (übliche) Lizenzgebühr (Grundsatz der **Lizenzanalogie,** BGH NJW-RR 2009, 1053, 1054 mwN, stRspr). Nicht entscheidend ist, ob der Geschädigte eine Lizenz erteilt hätte. Mehrfach hat der BGH der GEMA bei **unberechtigten Musikaufführungen** im Blick auf die hohen allg. Überwachungskosten einen Anspruch auf doppelte Lizenzgebühr zugesprochen (BGHZ 17, 376, 383; 59, 286; zur Unübertragbarkeit auf andere Vervielfältigungen s. BGHZ 97, 37). Ohne Nachweis wird zT ein **pauschalierter Mindestschaden** gewährt, so dass der Geschädigte zur konkreten Berechnung erst dann gezwungen ist, wenn er höhere Beträge geltend machen will. Als ges. Bsp. zählen § 288 I 2 (s. BGHZ 74, 235, 238) und § 376 II HGB (ausf. Unger, Gesetzlich pauschalierter Schadensersatz, 2022).

2. Zeitpunkt für die Schadensberechnung. Leistet der Schädiger freiwillig, so 63
ist der Zeitpunkt der Zahlung maßgeblich. Es liegt dann im Risiko des geschädigten Gläubigers, wie er mit dem Geldbetrag umgeht; bei einem Rechtsstreit ist grundsätzlich die letzte mündliche Verhandlung vor der Tatsacheninstanz entscheidend (BGH NJW 1999, 136; 2022, 543 Rn. 13). Künftige, den Schaden erkennbar beeinflussende Umstände sind zu berücksichtigen (BGH NJW-RR 2001, 1450, 1451). Bei unübersehbarer Entwicklung ist eine Feststellungsklage gem. § 256 ZPO möglich. Treten spätere Umstände auf, die nicht berücksichtigt werden konnten, ist eine neue Klage zulässig (Grüneberg/Grüneberg v § 249 Rn. 127). Sind wiederkehrende Leistungen zu erbringen (zB Rente), so besteht bei wesentlicher Veränderung der Umstände die Möglichkeit einer Abänderungsklage nach § 323 ZPO. Zum Einfluss neuer Umstände im Rahmen der sog. hypothetischen Kausalität → Rn. 53.

§ 249 Art und Umfang des Schadensersatzes

(1) **Wer zum Schadensersatz verpflichtet ist, hat den Zustand herzustellen, der bestehen würde, wenn der zum Ersatz verpflichtende Umstand nicht eingetreten wäre.**

(2) [1]**Ist wegen Verletzung einer Person oder wegen Beschädigung einer Sache Schadensersatz zu leisten, so kann der Gläubiger statt der Herstellung den dazu erforderlichen Geldbetrag verlangen.** [2]**Bei der Beschädigung einer Sache schließt der nach Satz 1 erforderliche Geldbetrag die Umsatzsteuer nur mit ein, wenn und soweit sie tatsächlich angefallen ist.**

Lit.: Wolter, Das Prinzip der Naturalrestitution in § 249 BGB, 1985; Würthwein, Schadensersatz für Verlust der Nutzungsmöglichkeit einer Sache oder für entgangene Gebrauchsvorteile? 2001.

I. Tatbestand

1 **1. Funktion der Norm.** § 249 ist Ausdruck des Gedankens, dass der Geschädigte primär in seinem **Integritätsinteresse** geschützt werden soll. Er kann daher in erster Linie **Naturalrestitution fordern** (I) bzw. sie **selbst** auf Kosten des Schädigers **vornehmen** (II 1). Fordert er zunächst Herstellung durch den Schädiger, so sollte bei einem Übergang auf II § 637 III entspr. angewandt werden (desgl. iE OLG Düsseldorf NJW-RR 1996, 1370). Geschieht die Wiederherstellung nicht rechtzeitig (§ 250), ist sie unmöglich oder nur unter sehr erschwerten Bedingungen durchzuführen, so besteht *sekundär* ein Anspruch auf Geldersatz, sog. **Kompensation** (→ § 251 Rn. 1). Im **Aufbau** ist zwischen § 249 iVm § 252 einerseits und §§ 250–253 andererseits zu unterscheiden. Derselbe Sachverhalt kann herstellbare und nicht wieder herstellbare Schädigungen auslösen (s. „soweit" in § 251 → § 251 Rn. 2).

2 **2. Schadensersatz als tatsächliche Wiederherstellung durch den Schädiger (I).** In diesem Fall besteht *keine* Trennung zwischen einer vermögenswerten und einer immateriellen Beeinträchtigung. Bsp: Reparatur einer Sache, Widerruf einer beleidigenden Äußerung (BGHZ 37, 187), Entfernen einer ungerechtfertigten Abmahnung aus der Personalakte (ArbG Freiburg KirchE 55 [2010], 17), Herausgabe unberechtigt angefertigter Kopien (s. RGZ 94, 1, 4). Kann (und will) der Verletzte die Herstellung selbst vornehmen (Bsp: Anzeige in Presse), so ist II anwendbar.

3. Leisten der Wiederherstellungskosten bei Verletzung einer Person (II 1).

Lit.: Jahnke/Burmann, Handbuch Personenschadensrecht, 2. Aufl. 2022; Küppersbusch/Höher, Ersatzansprüche bei Personenschaden, 13. Aufl. 2020.

3 **a) Inhalt. aa) Kosten zur Wiederherstellung** der Gesundheit sind alle Aufwendungen, die der Verletzte für erforderlich halten durfte. Bsp: Operation einschl. erforderlicher kosmetischer Operation (BGHZ 63, 295), uU privatärztliche Behandlung eines Kassenpatienten (BGHZ 160, 26, 31), Inanspruchnahme eines dem Lebensstandard entspr. Zwei- oder Einbettzimmers im Krankenhaus (s. BGH VersR 1970, 129, 130; OLG Hamm VersR 1977, 151), Kur (OLG Celle VersR 1975,
4 1103). **bb)** Als **Begleitkosten** sind erstattungsfähig die Kosten für eine Hilfe im Haushalt (OLG Celle VersR 1983, 40), für eine Umschulung im Rahmen des Angemessenen (BGH NJW 1987, 2741, 2742). Zu den eigenen Kosten des Verletzten zählen in Anwendung des normativen Schadensbegriffs (s. das Parallelbeispiel in → Vor §§ 249 ff. Rn. 9) die Aufwendungen der Angehörigen für Besuche im Krankenhaus (OLG Naumburg NJW 2015, 261, 264), auch dadurch veranlasste notwendige Babysitter-Kosten (BGH VersR 1989, 1308, 1309). Weiter zu ersetzen sind die Aufwendungen, die dem Geschädigten im Zusammenhang mit der Wiederherstellung des bisherigen Zustandes entstehen, wie zB die erforderlichen Rechtsverfolgungskosten für einen Anwalt (BGH VersR 2012, 998, 999 zu Sachschaden) sowie die Kosten für ein erforderliches Sachverständigengutachten (BGH NJW 2014, 3151 Rn. 9). Aus der Obliegenheit zur Schadensminderung folgert der BGH zutr., dass der Geschädigte eine Plausibilitätskontrolle im Blick auf die geforderten Kosten und Nebenkosten vornehmen muss (BGH NJW 2016, 3092 Rn. 13 für Kfz-Sachverständigen, krit. Ullenboom NJW 2017, 849). Eigene Aufwendungen im Zuge der Schadensabwicklung gehören zum allg. Lebensrisiko und fallen nicht
5 in den Schutzbereich (BGHZ 127, 348, 351; → Vor §§ 249 ff. Rn. 16 aE). **b) Verwendung der erhaltenen Mittel.** Der Verletzte kann nach der insoweit zutr. Rspr. Erstattung nur derjenigen Kosten fordern, die er tatsächlich für die Wiederherstellung verwendet. II 2 bezieht sich nicht auf diese Fallgruppe.

6 **4. Leistung der Wiederherstellung bei der Beschädigung einer Sache allg. (II 1). a) Funktion der Norm.** Nach dem Ges. soll der Geschädigte nicht genötigt werden, die Sache gem. § 249 I dem Schädiger zur Reparatur zu überlassen (Prot. I S. 296, 297; keine Wahlschuld, sondern *Ersetzungsbefugnis des Gläubigers,* BGH NZM

2022, 806 Rn. 17). Ist dies allein Sinn der Bestimmung, so folgt daraus, dass der Geschädigte die Entschädigung, die zur Befriedigung seines Integritätsinteresses geleistet wird, wie bei der Verletzung einer Person (→ Rn. 5) auch *tatsächlich für die Restitution verwenden* muss. Davon ist die Rspr. auch bisher – außerhalb der (fiktiven) Reparatur von Kfz (→ Rn. 12) – ausgegangen (s. BGH NJW 2001, 2250, Veräußerung eines geschädigten Grundstücks). Der V. Senat hat nun die Bestimmung allg. dahin interpretiert, sie räume dem Geschädigten einen Anspruch auf Naturalrestitution ein und sehe „als eine bes. Form des Naturalersatzanspruchs" einen Zahlungsanspruch vor. Er könne damit seinen Schaden konkret nach dem erforderlichen Aufwand oder fiktiv unabhängig davon berechnen, ob er den Schaden überhaupt nicht oder selbst (ohne eigenen Geldaufwand) beseitige (BGH NJW-RR 2017, 527). Damit ist der Begriff der Naturalrestitution wohl missverstanden (zur Geschichte des § 249 II s. HKK/Jansen, §§ 249–253 Rn. 38f) und entgegen dem Willen des Ges. der systematische Unterschied zur Kompensation gem. § 251 I bis auf die Fälle einer nicht wieder herstellbaren Zerstörung von Einzelstücken faktisch aufgehoben. **b) Umfang der Kostenerstattung.** Entscheidend sind die objektiven, 7
nicht die bekannten, Eigenschaften der beschädigten Sache (BGH NJW-RR 2022, 401 Rn. 8, 10). Bei der **Vernichtung von Daten** sind die Kosten ihrer Wiedergewinnung einschließlich des eigenen Aufwandes zu ersetzen (BGH NJW 2009, 1066, zust. Schiemann JZ 2009, 744). Die Beschädigung von **Bäumen** führt zum Ersatz der Kosten für Erhaltungsmaßnahmen (BGH NJW 2006, 1424, zur Wertminderung → § 251 Rn. 5). Vorkehrungen zur **Diebstahlsabwehr** (Fernsehkameras, Einstellen von Hausdetektiven) sind als allg., nicht dem konkreten Diebstahl zuzurechnende Sicherungsmaßnahmen nicht erstattungsfähig (vgl. BGH NJW 2014, 3727 Rn. 18). Die sog. **Fangprämie** (idR zwischen 25 EUR und 50 EUR) soll demgegenüber als Anreiz für das Personal und konkret durch den Diebstahl ausgelöst zu erstatten sein (BGH NJW 2014, 3727 Rn. 32; BGHZ 75, 230, 238); zu den **Rechtsverfolgungskosten** etc. → Rn. 4.

5. Heilungskosten (II 1) bei Verletzung eines Tieres. → § 251 Rn. 9. 8

6. Ersatz nutzlos gewordener Aufwendungen bei nicht ordnungsgemäßer Vertragserfüllung (II 1). Ergeben sich Schadensersatzansprüche aus einem 9
Vertrag (zB nach Rücktritt iVm § 325, gem. §§ 280, 281 I, 282, 283, aber auch aus § 179), so sind nutzlos gewordene Aufwendungen dann ersetzbar, wenn sie bei ordnungsgemäßer Erfüllung wieder erwirtschaftet worden wären. Bsp: Vertragskosten, (nicht überteuerte) Aufwendungen auf die Sache, Versicherungskosten. Eine – vom Verletzer widerlegbare – „Rentabilitätsvermutung" spricht dafür, dass den Aufwendungen eine entspr. Amortisationserwartung gegenübersteht (BGHZ 114, 193, 197; BGH NJW 1999, 2269 mwN, stRspr); iÜ → § 284.

II. Sonderfrage: Kosten der Wiederherstellung bei der Beschädigung eines Kraftfahrzeugs

Lit.: Sanden/Völtz, Sachschadenrecht des Kraftverkehrs, 9. Aufl. 2011; Wellner, BGH-Rechtsprechung zum Kfz-Sachschaden, 5. Aufl. 2020.

1. Kosten für die durchgeführte Reparatur eines Kfz. Bei der tatsächlich 10
vorgenommenen Reparatur eines Pkw, Motorrades, Lkw, auch Anhängers (OLG Celle NJW-RR 2010, 600) ist im Ausgang der für die Reparatur erforderliche Geldbetrag zu leisten (sog. **konkrete Schadensberechnung,** s. zB BGH NJW-RR 2010, 377). Dabei dürfen wegen der Interessen des Schädigers an „seinem" Kfz die durch einen Sachverständigen zu ermittelnden Reparaturkosten den Wiederbeschaffungswert (Preis für einen gleichwertigen Gebrauchtwagen) bis zu 30 % übersteigen (BGH NJW 2015, 2958 mwN, stRspr; krit. Kappus NJW 2008, 2184; weiterführende Fragen bei Wittschier NJW 2008, 898; zu Einzelheiten im Fall der tatsächlichen Unterschreitung s. BGH NJW 2012, 50, 51). Das Fahrzeug muss tatsächlich ordnungsgemäß repariert (BGH NJW 2015, 2958) und mindestens

6 Monate weiter benutzt werden (BGH NJW 2008, 2183 m. Zusatzfragen Kappus zB für den Fall der Erkrankung). Auf die Fälligkeit soll dies allerdings keine Auswirkungen haben (BGHZ 178, 338, 341; krit. Hirsch VersR 2009, 756). Vereinzelt hat der BGH in die Vergleichsberechnung den Minderwert mit einbezogen (BGH NJW 1992, 302, 304). Der Schädiger trägt das Prognoserisiko, dh es sind auch die Mehrkosten ersatzfähig, die durch unwirtschaftliche oder unsachgemäße Maßnahmen der Werkstatt entstanden sind (BGH NJW 1992, 302, 304; 2022, 2840 – *„Werkstattrisiko"*). Bei der Beschädigung eines Pkw bis 1.000 km Laufleistung oder innerhalb eines Monats nach Zulassung können gleichwertig die Kosten für einen Neuwagen gefordert werden (s. zB OLG Nürnberg NJW-RR 1995, 919; → Vor §§ 249 ff. Rn. 47), sofern dieser tatsächlich erworben wurde (BGH NJW 2020, 3591 Rn. 8, 10 ff.). Zu ersetzen sind weiter die **Finanzierungskosten,** falls die Herstellung dem Geschädigten nur durch Aufnahme von Fremdmitteln möglich oder zumutbar ist (iE BGHZ 61, 346; Himmelreich NJW 1974, 1897); zum Ersatz des **Minderwerts** → § 251 Rn. 3. Die Grundsätze über den Ersatz von Kosten für die **Rechtsverfolgung** und die Einholung eines **Sachverständigengutachtens** (→ Rn. 4) gelten in gleicher Weise.

11 **2. Kosten für die Anschaffung eines (gleichwertigen) Ersatzfahrzeugs.** Der Erwerb eines gleichwertigen (älteren; zu Neuwagen → Rn. 10 aE) Ersatzfahrzeugs soll nach stRspr ebenfalls ein Akt der *Naturalrestitution* sein. Dem ist zu folgen. Trotz aller Individualisierungen steht die Fortbewegung in einem Kfz bestimmten Standards im Vordergrund. Gefordert werden kann die Differenz zwischen dem Wiederbeschaffungswert und dem Restwert für den Unfallwagen (BGH NJW 2010, 2724, 2725 mwN). Dem Bestreben der Versicherer, einen möglichst hohen Restwert (durch Einschaltung von zB Online-Händlern) festzulegen, ist der Senat zutr. entgegengetreten: Zugrunde zu legen seien die Preise, die auf dem allgemeinen regionalen Markt bestehen. Sie könnten auch durch ein Gutachten eines Sachverständigen mit drei Angeboten belegt werden (BGH NJW 2010, 2722, 2723; 2017, 953; sa OLG Hamm NJW-RR 2009, 320: einfacher Zugriff auf Internet-Anbieter mit doppeltem Preis). „In Ausnahmefällen" soll allerdings der Geschädigte eine ihm vom Versicherer angebotene Verwertungsmöglichkeit wahrnehmen müssen (BGH NJW 2010, 2722, 2723).

3. „Fiktive Schadensberechnung" auf Reparaturkostenbasis.

Lit.: Engel/Ehlscheid, Die fiktive Abrechnung nach einem Verkehrsunfall, DAR 2020, 321; Schulz, Konkrete und fiktive Abrechnung der Reparaturkosten, NJW 2022, 994.

12 **a) Allgemeines. aa) Grundsätze.** „Bei einem Schaden an einem Kraftfahrzeug" (BGH NJW 2017, 2401 Rn. 7) hat der 6. Zivilsenat die These entwickelt, dass der Berechtigte in der Verwendung der erhaltenen Mittel frei sein soll (*„Dispositionsfreiheit"*). Naturalrestitution könne auch rein wirtschaftlich als Wiederherstellung des früheren Vermögensstandes verstanden werden (zB BGHZ 154, 395, 397 f.; BGH NJW 2017, 2401 mwN, stRspr; zust. zB Chr. Huber MDR 2003, 1205; zutr. krit. Schiemann/Herzig VersR 2006, 160). Er könne demgemäß den Schaden im Rahmen des § 249 auch fiktiv berechnen. Grds. habe er einen Anspruch auf Ersatz der in einer markengebundenen Vertragswerkstatt anfallenden Reparaturkosten unabhängig davon, ob er den Wagen tatsächlich voll, minderwertig oder überhaupt nicht reparieren lässt (BGH NJW 2014, 535). Bei der Beschädigung eines **Neuwagens** ist wegen der Geltung eines *„Wirtschaftlichkeitsgebots"* (s. BGH NJW 2013, 1151) eine fiktive Abrechnung auf Neuwagenbasis bei Weiterbenutzung nicht möglich (BGHZ 181, 242, 251 f.; BGH NJW 2020, 3591 Rn. 8, 10 ff.). Nicht möglich ist des Weiteren eine Kombination aus fiktiver und konkreter Schadensberechnung (BGH NJW 2022, 543 Rn. 21 ff., auch → Rn. 14). **bb) Kritik.** Diese Regel mit ihren Ausnahmen hat angesichts der Phantasie der Geschädigten und entspr. Gegenstrategien der Versicherer kaum beherrschbare Folgeprobleme ausgelöst und den BGH zu vielfältigen, in sich nicht stringenten Einschränkungen (s. zB BGHZ 181,

242) veranlasst. Sie führt auch bei späteren Schädigungen uU zu erheblichen Beweisschwierigkeiten über den Umfang des neuen Schadens und zum aktuellen Wiederbeschaffungswert (Almeroth NJW 2017, 1664, 1665). Rechtssystematisch stößt die Rspr. auf Bedenken (sa Staudinger/Höpfner § 249 Rn. 237 ff.). Die Leistung von Reparaturkosten hat als Variante der Naturalrestitution die Funktion, dem Geschädigten die Wiederherstellung zu ermöglichen. Macht er davon nicht Gebrauch, so führt dies in ausdehnender Anwendung des § 251 I zum Ausschluss der Restitution (U. Picker, Die Naturalrestitution durch den Geschädigten, 2003, S. 34). Dem Geschädigten bleibt dann (nur) der Ausgleich des Wertverlustes als Kompensation. **cc) Jüngere Entwicklungen.** Der 7. Zivilsenat des BGH hat dieser Kritik jüngst unter Aufgabe der früheren Rspr. für den kleinen Schadensersatz wegen Werkmängeln gem. **§ 634 Nr. 4** Rechnung getragen (BGHZ 218, 1 Rn. 31 ff.; zust. U. Picker JZ 2018, 676, 678 f.; bestätigt auf Anfrage des 5. Senats in NJW 2021, 53; krit. Seibel MDR 2021, 78). Der 5. Zivilsenat hat demgegenüber eine Übertragung dieser neuen Rechtsprechung auf den Schadensersatzanspruch bei Kaufmängeln gem. **§ 437 Nr. 3** abgelehnt (BGHZ 229, 115 Rn. 9 ff.), was allerdings vereinzelt auf instanzgerichtlichen Widerstand gestoßen ist (LG Darmstadt MDR 2019 [dagegen OLG Frankfurt DAR 2020, 33], 47; LG Oldenburg DAR 2020, 37; LG Darmstadt NJW-RR 2021, 1605; sa LG Duisburg BeckRS 2020, 50764 zum Schadensersatzanspruch des Vermieters nach Veräußerung der Mietsache). Die Entwicklung bleibt abzuwarten; mit einer Abkehr von der fiktiven Schadensberechnung im Bereich der deliktischen Verkehrsunfallhaftung ist aber derzeit nicht zu rechnen.

b) Beispiele in der Rechtsprechung. Veräußern des beschädigten Pkw und Gel- 13
tendmachen der Reparaturkosten, die bei einer Werkstatt (mit Beschränkung durch den Wiederbeschaffungswert ohne Zuschlag von 30 %, → Rn. 10), entstehen würden, allerdings nicht Kosten einer markengebundenen, sondern nur gem. § 242 einer „mühelos und ohne Weiteres zugänglichen freien Fachwerkstatt" gleicher Qualität, wenn der Pkw nicht ständig dort gewartet wurde (BGH VersR 2017, 504, stRsp; zur Geltendmachung noch im Prozess s. BGH NJW 2014, 3226; aA OLG Koblenz NJW-RR 2020, 349 Rn. 29 f: keine fiktive Berechnung bei Veräußerung ohne Reparatur); Geltendmachen der vom Sachverständigen ermittelten Reparaturkosten einschließlich fiktiver Sozialabgaben und Lohnnebenkosten (BGH NJW 2013, 1732) auch bei selbst vorgenommener Ausbesserung (BGH NJW 2017, 1664); *aber:* Berücksichtigung eines Großkundenrabatts, den das geschädigte Unternehmen konkret in Anspruch nehmen könnte (BGH NJW 2020, 144 Rn. 14; aA AG Aachen DAR 2021, 697: „unerfindlich"); Ersatz nur der tatsächlichen Kosten bei durchgeführter preiswerterer Reparatur in Markenwertstatt (BGH NJW 2014, 535), was sich allerdings dadurch vermeiden lassen soll, dass der Geschädigte eine günstigere Reparaturrechnung nicht vorlegt (OLG Düsseldorf DAR 2021, 199). Bei dem Totalschaden eines alten Taxis können, wenn ein Markt für vergleichbare Taxis nicht mehr existiert, (bei Einhaltung der Verhältnismäßigkeit gem. § 251 I) die Kosten für einen gleichartigen Pkw zuzüglich der Umrüstungskosten auch dann gefordert werden, wenn diese Kosten bereits abgeschrieben waren und der Eigentümer sein Gewerbe aufgegeben hat (BGH NJW 2017, 2401). Ein rechnerischer Totalschaden trotz Weiterbenutzung kann nur gefordert werden, wenn die Nutzungszeit idR 6 Monate überschreitet (BGH NJW 2008, 439). Bei einer Veräußerung innerhalb der Sechsmonatsfrist soll nur der Wiederbeschaffungsaufwand (Wiederbeschaffungswert abzüglich Restwert) gefordert werden können (BGH NJW 2011, 668). Bei der Beschädigung eines **Neuwagens** ist wegen der Geltung eines „Wirtschaftlichkeitsgebots" (s. BGH NJW 2013, 1151) eine Abrechnung auf Neuwagenbasis bei Weiterbenutzung nicht möglich (BGHZ 181, 251 f.).

4. Ersatz geleisteter Umsatzsteuer (II 2).

Lit.: Freymann, Umsatzsteuersatz nach § 249 Abs. 2 Satz 2 BGB in der Rechtsprechung des BGH, DAR 2019, 429; Lang, Das „Neue Schadensersatzrecht 2002" – was ist daraus geworden?, ZfSch 2020, 64; Sterzinger, Schadensposition Umsatzsteuer bei Unfällen mit Kraftfahrzeugen,

NJW 2011, 2181; Tomson, Ersatz von Umsatzsteuer bei der Abrechnung eines Totalschadens, NJW 2013, 3690.

14 Ausgangspunkt der fiktiven Schadensberechnung sind die üblicherweise anfallenden Reparaturkosten. Diese umfassen freilich auch „durchlaufende Posten" (Steuern, Abgaben, Lohnnebenkosten), die den fiktiv abrechnenden Geschädigten nicht treffen. Der Gesetzgeber hat in **II 2** aus diesen Posten die Umsatzsteuer (USt) herausgegriffen und angeordnet, dass diese dem Geschädigten nur dann zusteht, wenn er sie tatsächlich zahlen muss (Ges. v. 25.7.2002, dazu BT-Drs. 14/7752; 14/8780). Insoweit ist „die Dispositionsfreiheit begrenzt" (BGH NJW 2013, 3719). Bsp: Baut der Geschädigte Ersatzteile selbst ein, so kann er USt nur auf den für die Ersatzteile ausgewiesenen Betrag fordern; erwirbt er einen Ersatzwagen zu einem höheren Preis, so kann er bei konkreter Schadensberechnung eine anteilige, auf den Mehrpreis bezogene USt verlangen (vgl. BGHZ 164, 397; BGH VersR 2017, 115), nicht aber konkrete und fiktive Schadensberechnung kombinieren und bei fiktiver Abrechnung mit Verweis auf eine Ersatzbeschaffung die dort angefallene Umsatzsteuer verlangen (BGH NJW 2022, 543 Rn. 18 ff.). Der Geschädigte erhält keine USt, wenn er keine Ersatzbeschaffung vornimmt (BGHZ 158, 390 f.), einen Pkw von einer Privatperson kauft (BGH NJW 2013, 3720) oder soweit ein Händler von § 25a UStG Gebrauch macht (str, anders BGHZ 162, 274 m. zust. Besprechung Heinrich NJW 2005, 2749; sa BGH NJW 2013, 1152). Hat ein Händler seinerseits das Fahrzeug von einer Privatperson erworben, so entsteht Umsatzsteuer nur für seine Händlerspanne. Sie kann mit 2 % vom Gesamtpreis pauschaliert werden (OLG Köln NJW 2004, 1465). Die **Beweislast** liegt beim Geschädigten.

15 **5. Begleitkosten.** Zu den Herstellungskosten zählen auch Aufwendungen für einen erforderlichen **Mietwagen,** uU auch für Angehörige (OLG Düsseldorf NJW-RR 2012, 30), während der Zeit der Nicht-Benutzbarkeit. Dabei ist gem. § 254 das unproblematisch erreichbare günstigste Angebot eines (soliden) Mietwagenunternehmens zu wählen (BGH NJW 2019, 2385 Rn. 21). Die angenommene Regelfrist von 14 Tagen kann sich verlängern, wenn der Geschädigte eine Reparatur nicht finanzieren kann und ihm Mittel nicht zur Verfügung gestellt werden (OLG Düsseldorf VersR 2012, 120). Erhöhte **Unfallersatztarife** sind nach der Rspr. nur erstattungsfähig, wenn der Geschädigte nicht „ohne Weiteres" einen günstigeren Tarif erhält und im Tarif zusätzliche Leistungsanteile (zB Vorfinanzierung, Inkasso, Rückgriffsrisiko) enthalten sind (BGH NJW 2010, 2569 mwN; krit. zur Rspr. Schiemann JZ 2005, 1058; Wagner NJW 2007, 2149). Zur Ermittlung der Angemessenheit kann gem. § 287 ZPO im Ausgang (zu Abweichungen s. BGH NJW 2013, 1540) sowohl auf die *Schwacke-Liste* (BGH NJW 2012, 2027; sa Wittschier NJW 2012, 13) oder auch auf den idR niedrigeren *Fraunhofer-Mietpreisspiegel* (für dessen Bevorzugung eingehend OLG Düsseldorf VersR 2015, 1396; iE Richter VersR 2009, 1438; krit. Gilch VersR 2012, 1465) zurückgegriffen werden. Davon sind ggf. Zu- oder Abschläge vorzunehmen (BGH NJW 2011, 1948 mwN). Das Bilden eines rechnerischen Mittelwertes (u.a. OLG Celle BeckRS 2019, 37131 Rn. 13 ff.; OLG Düsseldorf NJW-RR 2019, 731 Rn. 25 mwN) ist wegen der formalen Mittelung unterschiedlich verwandter Kriterien weniger überzeugend. Zu ersetzen sind auch die erforderlichen **Versicherungen** (iE BGHZ 61, 325 mwN). Zur **Nutzungsentschädigung** → Vor §§ 249 ff. Rn. 10. Hat der Geschädigte einen größeren Wagenpark und setzt er ein **Ersatzfahrzeug** ein, so sind die **Vorhaltekosten** ersatzfähig, wenn die unterhaltene Betriebsreserve auch nach dem Risiko von Ausfällen infolge fremdverschuldeter Unfälle bemessen ist, insgesamt also höher liegt, als sie ohne Berücksichtigung derartiger Ausfälle hätte kalkuliert werden müssen (OLG Koblenz NJW-RR 2015, 85). Eine Nutzungsentschädigung ist, da der Ausfall durch die Vorhaltung kompensiert wird, daneben nicht möglich (wohl auch [aber offengelassen] BGH DAR 2014, 144).

§ 250 Schadensersatz in Geld nach Fristsetzung

[1]Der Gläubiger kann dem Ersatzpflichtigen zur Herstellung eine angemessene Frist mit der Erklärung bestimmen, dass er die Herstellung nach dem Ablauf der Frist ablehne. [2]Nach dem Ablauf der Frist kann der Gläubiger den Ersatz in Geld verlangen, wenn nicht die Herstellung rechtzeitig erfolgt; der Anspruch auf die Herstellung ist ausgeschlossen.

1. Funktion. Die Bestimmung sollte verhindern, dass der Geschädigte bei einer gerichtlichen Durchsetzung des Herstellungsanspruchs in Vollstreckungsschwierigkeiten geriet; er sollte deshalb einseitig auf den Zahlungsanspruch wechseln können (Staudinger/Höpfner § 250 Rn. 1). Da aber der Herstellungsanspruch kaum eine praktische Bedeutung hat (→ § 249 Rn. 6), ist der Anwendungsbereich des § 250 entsprechend gering; zur Anwendung bei einem Freistellungsanspruch s. BGH NJW 2004, 1868. 1

2. Fristsetzung. Ihrer bedarf es nicht, wenn sie sinnlos wäre, weil zB der Verpflichtete zu erkennen gibt, er könne oder wolle keine Naturalrestitution oder überhaupt keinen Ersatz leisten (BGH NJW 2004, 1869). Hat der Geschädigte eine zu kurze Frist gesetzt, so ist sie auf eine angemessene Spanne zu verlängern (hM, s. Staudinger/Höpfner Rn. 5 mwN). Nach fruchtlosem Fristablauf kann der Gläubiger nur noch Geldersatz verlangen; der Herstellungsanspruch ist dann ausgeschlossen (BGH MDR 2022, 168 Rn. 14). 2

§ 251 Schadensersatz in Geld ohne Fristsetzung

(1) **Soweit die Herstellung nicht möglich oder zur Entschädigung des Gläubigers nicht genügend ist, hat der Ersatzpflichtige den Gläubiger in Geld zu entschädigen.**

(2) **[1]Der Ersatzpflichtige kann den Gläubiger in Geld entschädigen, wenn die Herstellung nur mit unverhältnismäßigen Aufwendungen möglich ist. [2]Die aus der Heilbehandlung eines verletzten Tieres entstandenen Aufwendungen sind nicht bereits dann unverhältnismäßig, wenn sie dessen Wert erheblich übersteigen.**

Lit.: Küppersbusch/Höher, Ersatzansprüche bei Personenschaden, 13. Aufl. 2020.

1. Funktion. § 251 sieht in drei Konstellationen als Rechtsfolge statt der Naturalrestitution die „Entschädigung" vor, die geringer ausfallen kann als die Wiederherstellung – und damit auch die Wiederherstellungskosten, die der Geschädigte nach § 249 S. 2 verlangen könnte. Nach **I** ist dies der Fall, wenn die Wiederherstellung unmöglich ist oder ungenügend wäre; nach **II** kann Schädiger bei Unverhältnismäßigkeit die bloße Entschädigung – typischerweise Wertersatz – wählen. 1

2. Geldentschädigung gem. § 251 I. a) Allgemeines. Die Bestimmung fordert kein strenges Entweder-Oder, sondern lässt, wie der Wortlaut („soweit") verdeutlicht, zu, dass teilw. Wiederherstellung gem. § 249, teilw. Wertersatz verlangt wird. Bsp: Neben den Reparaturkosten für einen Pkw nach § 249 sind gem. § 251 der Nutzungsausfall (→ Vor §§ 249 ff. Rn. 10) und der merkantile Minderwert zu ersetzen. **b) Voraussetzungen. aa)** Die (anfängliche oder nachträgliche) **Unmöglichkeit der Herstellung** kann auf tatsächlichen und rechtlichen Gründen beruhen (vgl. § 275). Bsp: Minderung der Erwerbsfähigkeit (s. § 842), Erhöhung von Aufwendungen (auch Versicherungsprämien, BGH NJW 1984, 2627) bei *Verletzung einer Person*; Zerstörung einer *nicht vertretbaren Sache* (BGH NJW 1985, 2414) wie Individualanfertigung (BGHZ 92, 85), getragene Kleidung; Bäume (OLG Düsseldorf VersR 2005, 1445); idR nicht Haus (BGHZ 102, 325 ff.), Gartenmauer (BGH NJW 1992, 2884); *Veräußerung* der geschädigten Sache (es sei denn, der Anspruch aus § 249 S. 2 werde mit abgetreten, BGH NJW 2001, 2250); *Löschung* einer Hypo- 2 3

thek, wenn zwischenzeitlich wirksam ein Recht für einen Dritten eingetragen worden ist (RG Recht 12 Nr. 181); *Abtretung* einer nicht bestehenden Forderung (RG JR 1925 Nr. 1622); Verlust nicht wiederherstellbarer Daten (LG Heilbronn CR 2022, 31); Verstöße gegen *Verhaltenspflichten* wie §§ 7, 9 TzBfG (BAG NZA 2021, 1022); *Steuerschaden* wegen unberechtigter Kündigung eines Auslandsarbeitsvertrags (LAG Düsseldorf BeckRS 2020, 44532). Hat eine Sache (zB Pkw, BGHZ 35, 397; Gebäude, BGHZ 55, 198; DB 1978, 1590), die nicht zu alt ist (bei Pkw wohl bis ca. 10 Jahre, s. BGHZ 161, 160), Schäden von einigem Gewicht erlitten und wird sie trotz technisch ordnungsgemäßer Reparatur im Verkehr niedriger als eine unbeschädigte Sache bewertet, so ist auch der **merkantile Minderwert** zu ersetzen. Bei der Zerstörung *vertretbarer Sachen* (zu neuwertigen und gebrauchten Pkw → § 249 Rn. 10 ff.) liegt idR keine Unmöglichkeit der Herstellung vor; der Geschädigte kann gem. § 249 S. 1 die Lieferung eines gleichen Gegenstandes verlangen.
4 **bb) Ungenügend** ist die Wiederherstellung zB bei einer Unsicherheit über die Dauerhaftigkeit des Erfolges (RGZ 76, 149) oder dann, wenn sie dem Geschädigten nicht zugemutet werden kann (Reparatur einer praktisch neuen Sache bei empfindli-
5 cher Beschädigung, OLG Frankfurt a. M. NJW-RR 1989, 857). **c) Rechtsfolgen.** Die Geldentschädigung erfolgt bei Nichtpersonenschaden idR (BGH NJW-RR 2022, 401 Rn. 9) in Höhe des **Wiederbeschaffungswertes,** des Betrages also, der zum Ankauf einer objektiv (BGH NJW-RR 2022, 401 Rn. 8, 10) gleichwertigen Sache bei einem seriösen Händler erforderlich ist (ca. 15 % bis 20 % über dem Zeitwert, zur Berücksichtigung der Händlerspanne einschl. der Nebenkosten s. zB OLG Bamberg NJW 1972, 828; iE Giesen NJW 1979, 2067). Davon ist bei einer Veräußerung der beschädigten Sache (Unfallwagen) der realistischer Weise (BGH NJW 2009, 1265 f.) zu erzielende **Restwert** abzuziehen. Sowohl bei der Wiederbeschaffung als auch bei der Veräußerung muss der Geschädigte im Rahmen des Zumutbaren den wirtschaftlichsten Weg gehen (BGHZ 163, 365 mwN). Bei einem kommerziell zu nutzenden **Recht** spielt für den Wiederbeschaffungswert der **Ertragswert** eine wesentliche Rolle (BGHZ 150, 323). Bei **Bäumen** und Gehölz geht die Rspr. zunächst wegen § 94 I vom Grundstück selbst aus, ermittelt dann aber nicht die Minderung des Verkehrs- oder Ertragswerts, sondern sieht als Einbuße die Kosten an, die für die Wiederbeschaffung und Pflege bis zur Funktionserfüllung erforderlich sind. Diese Kosten werden auf den Zeitpunkt der letzten mündlichen Verhandlung kapitalisiert („Methode Koch", BGH VersR 2013, 636; OLG München BeckRS 2020, 51066 Rn. 22 ff.; anders wegen § 95 I der unmittelbare Baumschaden, wenn die Bäume umgesetzt oder veräußert werden sollen). Zum zeitweiligen **Nutzungsausfall** → Vor §§ 249 ff. Rn. 12; zur **Geldrente** bei Erwerbsunfähigkeit → § 843 Rn. 3; zu sog. **Begleitkosten** als Folgeschäden → § 249 Rn. 4, 15.

6 **3. Geldentschädigung gem. § 251 II 1. a) Allgemeines.** § 251 II gilt für beide Formen der Restitution nach § 249, also sowohl für den Herstellungs- wie
7 auch für den Gelderstattungsanspruch (BGH VersR 1989, 2415). **b) Tatbestand.** Für die *Unverhältnismäßigkeit* von Aufwendungen zur Wiederherstellung des früheren Zustandes können sehr unterschiedliche Gesichtspunkte eine Rolle spielen (s. zur Miete für ein Ersatztaxi BGH NJW 1993, 2321; LG Stuttgart VersR 2021, 517; LG Lübeck NJW-RR 2021, 754 Rn. 36 f.; Rebler MDR 2021, 590; zur Grundstückskontaminierung BGH NJW 2010, 242; zu Planungsfehlern eines Architekten OLG Düsseldorf BeckRS 2020, 54362: Abriss und Neubau). Die Kosten für die Herstellung einer **Sache** (nach Abzug „neu für alt", BGH NJW 1988, 1836, dazu → Vor §§ 249 ff. Rn. 47) sind nur dann zu hoch, wenn sie erheblich (idR nicht unter 30 %, BGHZ 115, 371; OLG Hamm NJW-RR 2001, 1390) über dem Wiederbeschaffungswert liegen; die 130 %-Grenze bei Kfz-Schäden lässt sich nicht „schablonenhaft" übertragen, vielmehr bedarf es eines „krassen Missverhältnisses" (OLG Hamm BeckRS 2021, 3860). Dabei trägt der Schädiger grundsätzlich das Prognoserisiko (BGH NJW 1972, 1801). Bei immateriellen Beeinträchtigungen

einer **Person** (zB Gesundheitsverletzungen) ist die Norm wegen der Unvergleichbarkeit einer Wiederherstellung mit dem „Wert" eines belassenen Verletzungszustandes nicht anwendbar. Allerdings hat die Rspr. (BGHZ 63, 300 f.; krit. Jochem JR 1975, 329) in Ausnahmefällen bei ganz geringfügigen Verletzungen (kleine Narbe) zugelassen, dass der Schädiger den Geschädigten auf das Schmerzensgeld verweist. Zu den Heilungskosten für ein Tier → Rn. 9). Die **Beweislast** liegt beim Schädiger (BGH NJW 2009, 1067) **c) Einschränkungen.** Da § 251 II eine Ausprägung von 8
§ 242 darstellt, kann dem Schädiger das Berufen auf diese Norm etwa in Fällen bes. schweren Unrechts versagt bleiben (hM; BGH NJW 1970, 1181).

4. Einschränkung der Kompensation bei der Verletzung eines Tieres 9 (II 2). Die Bestimmung trägt der Auffassung Rechnung, die das Tier als zu schützendes Lebewesen versteht und auch das Affektionsinteresse berücksichtigt. Obergrenzen für die Entscheidung, ob eine Heilung – oder eine Tötung – geschehen soll, bleiben unvermeidbar. Die Grenzen werden in der Rspr. relativ hoch angesetzt (s. BGH NJW 2016, 1590: zu erstattender Behandlungsbetrag bis zu Unterhaltskosten für drei Jahre; AG Düsseldorf BeckRS 2022, 3545 Rn. 23: „Vielfaches des Marktwerts"). Entscheidet sich der Eigentümer für eine Behandlung, die die Obergrenzen überschreitet, ist der zulässige Teil zu leisten. § 251 Abs. 1 ist nicht anwendbar (BGH NJW 2016, 1590).

§ 252 Entgangener Gewinn

[1]Der zu ersetzende Schaden umfasst auch den entgangenen Gewinn. [2]Als entgangen gilt der Gewinn, welcher nach dem gewöhnlichen Lauf der Dinge oder nach den besonderen Umständen, insbesondere nach den getroffenen Anstalten und Vorkehrungen, mit Wahrscheinlichkeit erwartet werden konnte.

1. Entgangener Gewinn als Teil der Totalreparation (S. 1). S. 1 stellt klar, 1 dass entspr. dem Grundsatz der Totalreparation (→ Vor §§ 249 ff. Rn. 2) der Geschädigte **unabhängig von der Art des Schadensersatzanspruchs** Ersatz des entgangenen Gewinns fordern kann (zB auch bei Anspruch aus §§ 989, 990, BGH NJW 2021, 1088). Dies gilt jedoch nicht, wenn der Gewinn auf gesetzeswidrige Weise erzielt worden wäre (BGH NJW 1986, 1486; iE Stürner VersR 1976, 1012 mit Differenzierungen und wN).

2. Beweiserleichterung (S. 2). S. 2 erleichtert die Bestimmung und damit auch 2 den Beweis (§ 287 ZPO!) des entgangenen Gewinns, indem nur bewiesen werden muss, dass ohne das Schadensereignis ein Gewinn „wahrscheinlich" war; diese abgesenkte materiellrechtliche Anforderung wirkt wie eine Herabsetzung des Beweismaßes. Der Geschädigte muss nur **Anknüpfungstatsachen** darlegen und beweisen, aus denen sich die **Wahrscheinlichkeit der Gewinnerzielung** ergibt; hiervon ist er aber nicht enthoben (vgl. BGH NJW 2012, 2266 Rn. 13 ff.). So kann sich ein geschädigter Anleger auf die allgemeine Lebenserfahrung berufen, dass Eigenkapital ab einer gewissen Höhe erfahrungsgemäß nicht ungenutzt liegen bleibt, sondern zu einem allgemein üblichen Zinssatz angelegt wird, dessen Höhe der Tatrichter gem. § 287 I ZPO schätzen kann; der geschädigte Anleger muss aber dartun, für welche konkrete Form der Kapitalanlage er sich ohne das schädigende Ereignis entschieden hätte (BGH NJW 2012, 2427 Rn. 64; WM 2019, 1203 Rn. 30 f.). Für den Verdienstausfallschaden eines selbständig Tätigen muss die hypothetische Entwicklung des Geschäftsbetriebs idR anhand von Angaben über Geschäftsentwicklung und Geschäftsergebnisse in den letzten Jahren vor dem Unfall bestimmt werden; dabei dürfen aber keine zu strengen Maßstäbe angelegt werden (BGH NJW 2018, 864 Rn. 13 ff.). Kann der Geschädigte die Wahrscheinlichkeit dartun, obliegt es dem Schädiger zu beweisen, dass der Gewinn aus bestimmten Gründen dennoch nicht entstanden wäre. Zur abstrakten bzw. konkreten Berechnung → Vor § 249 Rn. 58, zum maßgeblichen Zeitpunkt → Vor §§ 249 ff. Rn. 63; zum entgangenen künftigen Einkommen des Verletzten → § 842 Rn. 3.

§ 253 Immaterieller Schaden

(1) **Wegen eines Schadens, der nicht Vermögensschaden ist, kann Entschädigung in Geld nur in den durch das Gesetz bestimmten Fällen gefordert werden.**

(2) **Ist wegen einer Verletzung des Körpers, der Gesundheit, der Freiheit oder der sexuellen Selbstbestimmung Schadensersatz zu leisten, kann auch wegen des Schadens, der nicht Vermögensschaden ist, eine billige Entschädigung in Geld gefordert werden.**

1 **1. Funktion des I.** Eine generelle Geldentschädigung für immaterielle Schäden soll ausgeschlossen werden. „Durch das Ges. bestimmte Fälle" sind zB § 651n II, § 844 III; § 97 II 4 UrhG, § 21 II 3 AGG (dazu OLG Karlsruhe MDR 2022, 565); Art. 82 DSGVO (dazu LG Karlsruhe ZD 2019, 511; LG Hamburg ZD 2021, 99; LG Landshut CR 2021, 253; LG Essen CR 2022, 97), Art. 50 EMRK. Nicht ausgeschlossen wird der Wiederherstellungsanspruch des § 249, so dass ein entspr. Geldanspruch auch ohne Vermögensschaden möglich ist (Bsp: Veröffentlichungskosten für eine Widerrufserklärung). Zur Abgrenzung zwischen Vermögensschäden und Nichtvermögensschäden → Vor §§ 249 ff. Rn. 3 ff.

2. Schmerzensgeld (II).

Lit.: Behr, Schmerzensgeld und Hinterbliebenengeld im System des Schadensrechts, 2020; Demuth/Ehret, Schmerzensgeldtabelle Arzthaftung, 2015; Hacks/Wellner/Häcker/Offenloch, SchmerzensgeldBeträge 2022, 40. Aufl. 2021; Jaeger/Luckey, Schmerzensgeld, 11. Aufl. 2022; E. Lorenz, Immaterieller Schaden und „billige Entschädigung in Geld", 1981; Schwintowski/Schah Sedi/Schah Sedi, Handbuch Schmerzensgeld, 2. Aufl. 2020; Slizyk, Schmerzensgeld, 19. Aufl. 2022.

2 **a) Zweck.** Das Schmerzensgeld hat verschiedene Funktionen und Unterfunktionen (BGHZ [GS] 18, 154 f.; 128, 120 mwN, BGHZ 169, 307): Der Geschädigte soll primär einen ***Ausgleich*** für körperliche Schmerzen und psychische Leiden erfahren. Ihm soll auch die Beeinträchtigung seiner Lebensführung durch Mittel ausgeglichen werden, die ihm diese beeinträchtigte Lebensführung über die Erstattung der Mehrbedürfnisse hinaus (→ § 843 Rn. 2) erleichtern. Darüber hinaus soll das Schmerzensgeld ***Genugtuung*** für das verschaffen, was ihm der Schädiger insbes. bei grob fahrlässigen oder vorsätzlichen Handlungen angetan hat. Die sog. Genugtuungsfunktion ist teilw. auf erhebliche Kritik gestoßen (zB Pecher AcP 171, 70 ff.; Unterreitmeier JZ 2013, 433; sa OLG Köln NJW-RR 1998, 1405). Sie ist vor allem dann problematisch, wenn der Geschädigte sein Leid wegen einer Schwerstschädigung nicht mehr zu spüren vermag. Die Rspr. hat hier zutr. nicht mehr auf die Genugtuung zurückgegriffen, sondern einen Ausgleich für die *Einbuße der Persönlichkeit selbst* ohne Rücksicht darauf gewährt, ob der Geschädigte dies als Leid empfindet (BGHZ 120, 4 ff.; BGH BeckRS 2022, 8564 Rn. 9; Jäger VersR 2018, 1206 mit Darstellung der in der Rspr. zugesprochenen Beträge). Nach dem Erstrecken des Anspruchs auf Vertragsverletzungen (Art. 2 Nr. 2, 7 Ges. v. 19.7.2002, BGBl. I, S. 2674) sprechen systematische Argumente gegen die Genugtuungsfunktion, vor allem in Fällen der Gefährdungshaftung. Dennoch ist es weiterhin möglich, bei schwer schuldhaft verursachten Rechtsgutsverletzungen einen erhöhten Betrag zuzusprechen (BT-Drs. 14/7752, 14 f.; OLG Bremen NJW-RR 2012, 858), und zwar auch in Arzthaftungssachen (BGH BeckRS 2022, 5498 Rn. 13). Unter geltendem Recht kaum begründen lässt sich die Zuerkennung von Schmerzensgeld allein zum Zweck der ***Prävention*** künftiger Verletzungshandlungen (so wohl aber BGHZ 169, 307, Veröffentlichung von Fotos eines Kleinkindes; zu Art. 82 I DS-GVO Tonikidis ZD 2022, 139; zur Eingriffskondiktion als Alternative → Rn. 14).

b) Voraussetzungen. aa) Bestehen eines Anspruchs auf **Schadensersatz** (deshalb keine Anwendung bei § 906, BGH VersR 2011, 892) wegen Körperverletzung etc. Die Voraussetzungen iE richten sich nach der den Ersatz zusprechenden Norm. Danach entscheidet sich auch, ob der Schädiger schuldhaft gehandelt haben muss und wer die Beweislast für ein Verschulden trägt (s. zB § 280 I 2, § 651n I). Relevante Verträge sind insbes. ärztl. Behandlungsverträge (zB BGH BeckRS 2022, 8564; s. aber etwa auch LG Bielefeld FamRZ 2022, 230: Gesundheitsschäden der Witwe bei vertragswidriger Seebestattung in Ost- statt Nordsee). Zum Schadensersatz wegen unerlaubter Handlungen (Verletzung von Körper, Gesundheit, Freiheit) → § 823 Rn. 3 f., 5. Die sexuelle Selbstbestimmung wird bei Verstößen gegen § 825 sowie gegen die deren Schutz dienenden Normen der §§ 174 ff. StGB verletzt (zB LG Bonn BeckRS 2021, 30438). Bei vertraglichen Ansprüchen muss die Körperverletzung etc im Schutzbereich der Vertragspflicht liegen (iE zutr. abgelehnt für Anwaltsberatung wegen Geldforderungen, BGH NJW 2009, 3027, krit. Schiemann JZ 2011, 526). **bb)** Die das Schmerzensgeld auslösende Beeinträchtigung der Lebensführung muss sich als **Folgeschaden der Rechtsgutsverletzung** darstellen (→ Vor §§ 249 ff. Rn. 24 ff.). **cc)** Nach überzeugender hM ist ungeschriebene Voraussetzung des Ersatzes immaterieller Schäden das Überschreiten einer **Geringfügigkeitsschwelle;** in Bagatellfällen ist der Anspruch daher ausgeschlossen (BGH NJW 1992, 1043; LG Hannover BeckRS 2021, 22869 Rn. 16 ff.; BeckOGK/Brand § 253 Rn. 105 ff. mwN). 3

c) Rechtsfolge: Entschädigung in Geld. aa) Grundsätze. Die gem. § 287 ZPO festzulegende und vom Revisionsgericht nur eingeschränkt zu überprüfende (BGH NJW 2015, 2246) Höhe richtet sich zum einen nach den Umständen (1) beim ***Geschädigten*** wie Art, Schwere und Dauer des durch die Verletzung ausgelösten Leidens und der Beeinträchtigung der Lebensführung (BGH NJW 2006, 1069), insoweit sind auch Alter (OLG Celle NJW 2021, 2124 Rn. 39: junger Mensch) bzw. Lebenserwartung (OLG Koblenz BeckRS 2021, 17327 Rn. 64) relevant. Eine Schadensanfälligkeit kann anspruchsverringernd zu berücksichtigen sein (OLG Hamm NJW-RR 2018, 1181 Rn. 14). Auch die Wahrnehmungsmöglichkeit durch den Verletzten ist bedeutsam (BGHZ 138, 391 mwN). Dies führt wohl – anders als im Fall einer Persönlichkeitszerstörung (→ Rn. 13) – zu einer Reduktion in der Höhe, wenn der Verletzte in ein künstliches Koma versetzt wird (BGH NJW 2006, 1069). Stirbt der Verletzte, so wird das Schmerzensgeld auch dann auf die Lebenszeit begrenzt, wenn Todesursache die Schädigungshandlung selbst war (BGH NJW 2006, 1069 mwN; OLG Düsseldorf VersR 2001, 1384). Auf der Seite (2) des ***Schädigers*** können Art und Weise des Verletzungshandelns, insbes. sein Verschulden (OLG Saarbrücken NJW-RR 2015, 1119: grobe Fahrlässigkeit), seine Vermögensverhältnisse und seine Leistungsfähigkeit einschließlich einer Haftpflichtversicherung (OLG Hamm VersR 2008, 1411) bedeutsam sein; das Bestreben eines Arztes, dem Patienten zu helfen, schließt eine Berücksichtigung der Genugtuung nicht aus (BGH NJW 2022, 1443). Wegen der zusätzlichen psychischen Belastung für den Geschädigten kann eine Verzögerung bei der Regulierung mitberücksichtigt werden (OLG Naumburg NJW 2015, 263; OLG München BeckRS 2022, 319 Rn. 59 f.). Bei einem Anspruch (nur) aus Gefährdungshaftung ist die Höhe nicht grundsätzlich herabzusetzen (OLG Celle NJW 2004, 1185). Die **wirtschaftlichen Verhältnisse der Beteiligten** sind entgegen der Auffassung des 2. Strafsenats des BGH (RuS 2015, 94) zu beachten (BGH VersR 2017, 180 Rn. 29, VGS). Sonst könnte ua den nun einmal bestehenden jeweils unterschiedlichen Lebensverhältnissen nicht Rechnung getragen werden. Ein **Mitverschulden** gem. § 254 I einschließlich der zu berücksichtigenden Gefährdungstatbestände (BGHZ 20, 262), aber auch gem. § 254 II 1 Alt. 2 (BGH NJW 1970, 1037) führt zu einer Reduktion schon in der Bemessung des Schmerzensgelds, nicht erst im Wege einer Anspruchskürzung (BGH VersR 1970, 624; OLG Saarbrücken NJOZ 2021, 1351 Rn. 62 mwN; Spindler BeckOK Rn. 64). 4

bb) Umfasster Schadenszeitraum. Nach stRspr sind alle den Schadensfall prägenden Umstände unter Einbeziehung der absehbaren künftigen Entwicklung des Schadensbilds zu berücksichtigen. Es sollen 5

also alle Schadensfolgen erfasst werden, die entweder bereits eingetreten und objektiv erkennbar waren oder deren Eintritt jedenfalls vorhergesehen und bei der Entscheidung berücksichtigt werden konnte. Nur soweit später auftretende Folgen nicht einbezogen werden konnten, ist ein weiterer (Leistungs- oder Feststellungs-) Antrag möglich (BGH NStZ-RR 2021, 347; NJW-RR 2018, 1426 Rn. 6 mwN; OLG
6 Düsseldorf VersR 2022, 326). **cc) Berechnung.** Die an Präjudizien orientierten oder diese ablehnenden Entscheidungen, in Kommentaren und Tabellen zusammengestellt (→ Rn. 3), kommen auch in parallel gelagerten Fällen zu sehr unterschiedlichen Ergebnissen. Dies stößt auf wachsende Kritik (s. zB OLG Frankfurt NJW 2019, 442 Rn. 65). Der Ansatz, die Auswirkungen der Verletzung taggenau nach Zeitabschnitten zu gliedern und für diese jeweils auf den Grad der Schädigungsfolgen (Anl. zu § 2 der VersMedV) abzustellen (OLG Frankfurt NJW 2019, 442 Rn. 60 ff. im Anschluss an Schwintowski ua, aaO, S. 54 ff.; OLG Frankfurt VersR 2021, 127), wurde vom BGH indes verworfen. Es sei eine **einheitliche Entscheidung** für den konkreten Einzelfall zu treffen, „die sich jedoch **nicht streng rechnerisch** ermit-
7 teln" lasse (BGH BeckRS 2022, 6623 Rn. 13; BeckRS 2022, 8564 Rn. 8). **dd)** Bei der **Zahlungsweise** – einmaliger Betrag, Rente oder Mischform – wird idR von einem Festbetrag ausgegangen; bei dessen Bemessung sind eine hohe Inflationsrate sowie niedrige Anlagezinsen oder gar Negativzinsen anspruchserhöhend zu berücksichtigen (OLG Schleswig RuS 2021, 656 Rn. 59, 70). Eine Rente *statt* des Festbetrags kommt nach der Rspr. bei lebenslangen, schweren Dauerschäden (OLG Brandenburg NJW 2011, 2220, dort zu eng), aber auch dann in Betracht, wenn sie den Schädiger derzeit nicht so entscheidend belastet (BGHZ 20, 262). Eine Rente *neben* dem einmaligen Betrag soll nur dann möglich sein, wenn „schwerste Schäden" mit Dauerwirkung vorliegen (BGH NJW 1994, 1592, bedenklich; OLG Hamm RuS 2021, 541 Rn. 27 ff.; weiter, aber in anderer Hinsicht nicht ganz überzeugend,
8 OLG Frankfurt VersR 2022, 439 m. krit. Anm. Jaeger). **ee) Übertragbarkeit, Vererblichkeit.** Der Anspruch ist ohne Einschränkungen übertragbar, pfändbar und
9 vererblich, er fällt damit ggf. in die Insolvenzmasse (BGHZ 189, 74). **ff) Anpassung.** Eine Schmerzensgeldrente sollte gem. § 323 ZPO idR bei einer Geldentwertung von 10 % angepasst werden können (enger BGH NJW 2007, 2475 m. krit. Anm. Teichmann: nur bei Funktionslosigkeit des gezahlten Betrages, nicht bei einer Entwertung unter 25 %).

10 **3. Geldentschädigung bei Verletzung des Persönlichkeitsrechts. a) Grundlagen.** In stRspr (seit BGHZ 26, 349, Herrenreiter; sa BVerfG 34, 269) hat der BGH eine Geldentschädigung bei einer schwerwiegenden Persönlichkeitsverletzung (→ § 823 Rn. 65 ff.) zuerkannt. Zunächst als immaterieller Schadensersatz („Schmerzensgeld") aus § 847 I aF (jetzt in geänderter Fassung § 253 I) entwickelt, versteht die Rspr. den Anspruch nun als einen auf den „Schutzauftrag aus Art. 1 und 2 I GG gestützten eigenständigen Rechtsbehelf" (zB „Anspruch aus § 823 I BGB iVm Art. 1 I, 2 I GG", s. BGHZ 199, 247). Er soll bei Verletzungshandlungen insbes. durch die Medien über die Genugtuungsfunktion hinaus eine effektive (zivilrechtliche) Sanktion realisieren und damit auch präventiv wirken (BGHZ 199, 257 mit plastischer Wiedergabe der Rspr.; zust. Schlechtriem JZ 1995, 362; Körner NJW 2000, 241 [244]; krit zB Seitz NJW 1996, 2848). Diese Rspr. sollte durch die Neufassung des II nicht beeinträchtigt werden (BT-Drs. 14/7752, 49, 55).
11 **b) Voraussetzungen.** Der Eingriff muss **schwerwiegend** sein. Dabei sind Bedeutung und (geschätzte) Anzahl von Kenntnisnahmen einer Äußerung (zB Bezug auf Auflagenhöhe bei einer Zeitschrift, Text oder Titelseite, Zahl der Abrufe im Internet), die Fortdauer der Beeinträchtigung, Anlass und Beweggrund des Handelnden sowie der Grad seines Verschuldens zu berücksichtigen (BGHZ 199, 257; zur Verfassungsmäßigkeit s. BVerfG VersR 2016, 1324; sa OLG Düsseldorf BeckRS 2021, 17768 Rn. 76 ff., Täuschungsvorwurf in Bridge-Turnier). Abzuwägen ist auch, ob die Beeinträchtigung **in anderer Weise** (zB durch Unterlassung, Widerruf) **befriedigend aufgefangen** werden kann (BGHZ 183, 232 ff., „Esra"; BGH NJW 2016,

793, stRspr). Eine bereits geschehene Verurteilung zu Ordnungsgeldern kann als Sanktion ausreichen (EGMR NJW 2017, 2891 Rn. 68 ff.). **c)** Bei der **Höhe der Entschädigung** sind die Elemente des Eingriffs (→ Rn. 11) im Einzelnen zu bewerten, außerdem – ohne eigentliche Gewinnabschöpfung – der vom Schädiger erzielte oder beabsichtigte Gewinn. Die Höhe darf andererseits die Wirtschaftlichkeit des Schädigers nicht gefährden (s. BGHZ 199, 257). Bei **Verletzungen im Internet** werden wie bei Presseveröffentlichungen wegen des weiten Verbreitungsgrades relativ hohe Beträge zugesprochen (s. Hofmann/Fries NJW 2017, 2369 mit der Forderung zur tendenziellen Erhöhung). **d) Übertragbarkeit, Vererblichkeit.** Der Anspruch auf Entschädigung wegen der Verletzung ideeller Anteile des Persönlichkeitsrechts (→ § 823 Rn. 68) ist, weil auf Verletztenseite ausschließlich durch die Person des Betroffenen geprägt, höchstpersönlich und damit **nicht abtretbar** (BGH NJW 1969, 1111; 2014, 2872) Nach dem BGH folgt aus der Genugtuungsfunktion der Entschädigung, dass der Anspruch **auch nicht vererblich** ist. Nach dem Tode sei eine Genugtuung nicht mehr möglich (BGHZ 201, 51 ff.; BGH NJW 2017, 800 Rn. 4; zust. Stender-Vorwachs NJW 2014, 2438; krit. Schubert JZ 2014, 1058 f.). Dem Ergebnis ist insoweit zu folgen, als die Entscheidung, auf die Verletzung der eigenen Persönlichkeit rechtlich zu reagieren, vom Verletzten selbst getroffen werden muss und nicht durch die der Erben (allein zu ihrem Nutzen) ersetzt werden kann. Hat sich der Betroffene aber entschieden, die Verletzung nicht sanktionslos zu lassen, sollte der Anspruch zumindest ab Zustellung der Klage vererblich gestellt werden (aA BGHZ 215, 117 Rn. 13 ff.: erst ab Rechtskraft, zu Recht krit. Schack JZ 2018, 44; BGH NJW 2022, 868, krit. Schack JZ 2022, 249). **e)** In der Lit. wird zutr. darauf hingewiesen, dass der Anspruch – uU auch zusätzlich – besser aus **Eingriffskondition** (→ § 812 Rn. 50 ff.) begründet werden kann (Canaris, FS Deutsch, S. 85 [87 ff.]; Vollkommer FS Leisner, S. 599 [604 f.]; Siemes AcP 201, 202 [228 ff.]), der iÜ vererblich ist. Auch wäre für postmortale Persönlichkeitsverletzungen ein besserer Ansatz gefunden (anders iE BGHZ 165, 206 ff.).

12 (Rn. 12 beginnt bei „c)“) · 13 (bei „d)“) · 14 (bei „e)“)

§ 254 Mitverschulden

(1) **Hat bei der Entstehung des Schadens ein Verschulden des Beschädigten mitgewirkt, so hängt die Verpflichtung zum Ersatz sowie der Umfang des zu leistenden Ersatzes von den Umständen, insbesondere davon ab, inwieweit der Schaden vorwiegend von dem einen oder dem anderen Teil verursacht worden ist.**

(2) [1]**Dies gilt auch dann, wenn sich das Verschulden des Beschädigten darauf beschränkt, dass er unterlassen hat, den Schuldner auf die Gefahr eines ungewöhnlich hohen Schadens aufmerksam zu machen, die der Schuldner weder kannte noch kennen musste, oder dass er unterlassen hat, den Schaden abzuwenden oder zu mindern.** [2]**Die Vorschrift des § 278 findet entsprechende Anwendung.**

1. Allgemeines. a) Rechtsgrund. Die Norm wird als eine Ausprägung des Grundsatzes von Treu und Glauben (§ 242) verstanden. Zwar bestehe keine Verpflichtung, sich nicht selbst zu gefährden oder zu verletzen. Es müsse aber den Verlust oder die Kürzung seiner Ansprüche hinnehmen, wer die Sorgfalt außer Acht lässt, die erforderlich ist, um sich vor Schaden zu bewahren (s. zB BGH NJW-RR 2015, 1057). In diesem Zusammenhang wird teilw. von der Verletzung einer Obliegenheit (BGH NJW 2014, 2494; NJW 2021, 3656 Rn. 10) oder von einem „Verschulden gegen sich selbst" als einer Verpflichtung minderer Intensität gesprochen (zB BGH NJW-RR 2010, 90). Diese Obliegenheit sei verletzt, wenn jemand in zurechenbarer Weise gegen sein eigenes wohlverstandenes Interesse handelt (BGHZ 57, 145). Parallel dazu wird § 254 zutr. als ein. Verbot des venire contra factum proprium (→ § 242 Rn. 48 ff.) verstanden: Der Geschädigte handle widersprüchlich, wenn er den Schaden zurechenbar mit ausgelöst habe und dennoch den 1

2 vollen Schadensersatz ersetzt haben wolle (zB BGH NJW 2010, 929). **b) Anwendungsbereich.** Da die Bestimmung das Prinzip der Totalreparation (→ Vor §§ 249 ff. Rn. 2) zugunsten einer *Schadensabwägung* durchbricht, wird der Anwendungsbereich sehr weit gezogen: § 254 gilt bei allen Schadensersatzansprüchen – innerhalb und außerhalb des BGB – und zwar aus *Verschuldenshaftung*, etwa aus Vertrag einschließlich vorvertraglicher Ansprüche, aus §§ 823–839, §§ 989, 990, § 1833, § 2219, aus *Gefährdungshaftung*, zB § 701 (BGH VersR 1974, 1204), § 833 S. 1 (BGH MDR 2009, 749), sa § 9 StVG, § 4 HPflG, § 34 LuftVG, § 27 AtomG, aus *Vertrauenshaftung*, zB aus § 122 (BGH NJW 1969, 1380). Die Norm wird entspr. angewandt, wenn ein *beiderseitiges Verschulden gegeneinander abzuwägen* ist, zB beim Rücktritt gem. §§ 323, 326 V, beim Vollmachtsmissbrauch (BGHZ 50, 114), bei einem Beseitigungsanspruch gem. § 1004 (BGH NJW 1997, 1235; zust. Herrmann JR 1998, 242; krit. Roth JZ 1998, 94). Im Rahmen des Bereicherungsrechts (BGHZ 57, 152) und bei § 546a (BGHZ 104, 290 f.) hat der BGH die Anwendung der Bestimmung abgelehnt, dieselbe Abwägung jedoch direkt unter § 242 vorgenommen. **Nicht** anwendbar ist § 254 auf *Erfüllungsansprüche.* Bei dem Anspruch einer jur. Person gegen ein Organ ist das Verschulden eines anderen Organs nicht zu berücksichtigen, da die Organe intern nicht die jur. Person vertreten (→ Rn. 13). Bestehen **Sonderregelungen** (zB § 439 II, § 442 I [Picht JZ 2017, 807, 813], § 736 HGB; §§ 9, 17 StVG), so wird § 254 verdrängt. Diese Sonderregelungen gelten jedoch nur für Ansprüche aus ihrem Bereich. Für andere Ansprüche wegen desselben
3 Sachverhalts bleibt § 254 weiterhin anwendbar (BGH NJW 1965, 1274). **c)** Der **Aufbau** des § 254 ist kompliziert: Im **Tatbestand** wird zunächst zwischen Tun **(I)** und Unterlassen **(II 1)** differenziert (Mot. II 23). Da diese Unterscheidung aber wenig aussagekräftig ist, werden in der Praxis grds. alle Fälle der Mitverursachung unter I geprüft (s. zB BGH NJW 2020, 766 Rn. 12 → Rn. 5). II 1 wird nur für die ges. Sondertatbestände der unterlassenen Warnung (→ Rn. 8), Schadensabwendung und Schadensminderung (→ Rn. 9) herangezogen. Die gemeinsame **Rechtsfolge** ist in I Hs. 2 formuliert („… so hängt die Verpflichtung … davon ab, inwieweit … verursacht worden ist.“). **II 2** regelt das Einstehenmüssen des Geschädigten für das Verhalten Dritter, wobei der Anwendungsbereich dieses Komplexes sehr str. ist
4 (→ Rn. 11). **d)** Zum Mitverschulden bei der Verletzung durch **mehrere Schädiger** → § 840 Rn. 4.

5 **2. Zurechenbare Mitverursachung (I). a) Grundsatz, Elemente.** Eine zurechenbare Mitverursachung (**„Mitverschulden“**) ist anzunehmen, wenn diejenige Sorgfalt außer Acht gelassen wird, die ein ordentlicher und verständiger Mensch zur Vermeidung eigenen Schadens anzuwenden pflegt (BGH NJW 2014, 2494, stRspr). Dies gilt zum einen für alle Formen von **Vorsatz** und **Fahrlässigkeit,** bezogen auf den Schutz der eigenen Rechtsgütersphäre, wenn eine entspr. ges. Verpflichtung (zB Anlegen von Gurten im Pkw, § 21a StVO) oder ein „allg. Verkehrsbewusstsein“ besteht, dass man sich vor Gefährdungen selbst schützen müsse (BGH NJW 2014, 2494 f., für Helmpflicht für Fahrradfahrer „jedenfalls im Jahr 2011“ abgelehnt; krit. Meier/Jocham VersR 2014, 1168; iE zust. Morell JZ 2014, 1168; ausführl. ders. AcP 214, 387 zur Vorinstanz). Zurechenbar ist auch ein Verhalten, das der **Risikosphäre** des Geschädigten zuzurechnen ist (zB unterlassene Überwachung des eigenen Bankkontos, BGH NJW 1968, 743; Beauftragen eines Nichtfachmannes, BGH WM 1974, 311; nächtliches Offenlassen einer Balkontür im Hotel, OLG Koblenz VersR 1955, 440; Mitfahrt bei einem erkennbar fahruntauglichen Fahrer, BGH NJW-RR 2006, 1264; OLG Naumburg NJW-RR 2011, 897; unterlassene Inanspruchnahme angebotener besonderer Vorkehrungen bei Transport wertvollen Guts; nicht: bes. Vertrauen gegenüber Freund, BGH NJW 2002, 1335). Eine abstrakte Gefahrerhöhung reicht nicht aus (BGH NJW 2007, 507), ebenso nicht eine ges. Verschuldensvermutung (BGH NJW 2012, 2426). Der Risikosphäre zuzuordnen sind ursächliche **Sach- und Betriebsgefahren** (s. zB §§ 7, 17 StVG; § 1 I HPflG, zur Tiergefahr OLG München BeckRS 2021, 284 Rn. 8 ff.; OLG Koblenz BeckRS 2021, 4489; AG Düsseldorf

BeckRS 2022, 3545), sofern sie dem Geschädigten auch im Einzelfall zurechenbar sind (zB nicht dem Leasinggeber eines Kfz, da außerhalb seiner Risikosphäre, BGHZ 173, 188). **b) Schrittfolge bei der Prüfung.** Da die genannten Elemente unter- 6
schiedliches Gewicht haben und im gleichen Sachverhalt gekoppelt auftreten können, muss die Prüfung, auch im Hinblick auf den Wortlaut des § 254, strukturiert werden. Sie geschieht zweckmäßigerweise zweistufig, wobei freilich Überschneidungen bestehen. **aa)** In erster Linie (s. „insbesondere") ist das **Gewicht der Kausalität** zu ermitteln, dh, mit welchem Grad an Wahrscheinlichkeit die jeweiligen Verhaltensweisen die Rechtsgutsverletzung herbeigeführt haben (stRspr, zB BGH NJW 1994, 379; Staudinger/Höpfner § 254 Rn. 112). Auf die zeitliche Reihenfolge der Ursachenketten kommt es grundsätzlich nicht an. Weiter ist der Schutzbereich der Norm (→ Vor §§ 249 ff. Rn. 31) zu beachten (BGH NJW-RR 2006, 965). **bb)** In zweiter Stufe ist der **Grad des Verschuldens** (uU von Organen, BGH ZIP 1984, 160; auch von Hilfspersonen, dazu → Rn. 11) zu berücksichtigen (OLG Karlsruhe WM 1975, 462, Überprüfung eines Schecks auf Fälschung). Dies gilt selbst dann, wenn eine Haftung auch ohne Verschulden eintreten würde (BGH NJW 1969, 789 zu § 701; BGH NJW 1976, 2131 zu § 833). Die Betriebsgefahr wird durch das Verschulden erhöht (s. KG VersR 1976, 371; OLG Düsseldorf DAR 1977, 188). **Abwägung:** Gegenüber einem Vorsatz bleibt Fahrlässigkeit grds. außer Betracht (zu Ausnahmen s. BGH NJW 2002, 1646 mwN; weiter AG Hamburg NJW-RR 2021, 1497 Rn. 40: kein Mitverschulden durch Inanspruchnahme eines staatlichen „Rettungsflugs" bei unterlassener Mitteilung über eine Umbuchung seitens der Fluggesellschaft; sa OLG Stuttgart BeckRS 2022, 6326 Rn. 60: „strenger Maßstab" gegenüber Abschlussprüfer), gegenüber einer sittenwidrigen Schädigung generell (BGHZ 213, 1 Rn. 42); bei beidseitiger Fahrlässigkeit kann krasses Überwiegen der Fahrlässigkeit des Geschädigten („leichtfertig und grob fahrlässig") ebenfalls einen Anspruch ausschließen (BGH NJW-RR 1991, 1240; OVG Münster BeckRS 2022, 9598 Rn. 10 f.). **c)** Die **Ver-** 7
schuldensfähigkeit (§§ 827, 828) des Geschädigten muss, abgesehen von den Fällen der Sach- und der Betriebsgefahr, nach hL gegeben sein (BGH VersR 1975, 133; Wieling AcP 176, 354). Die Rspr. wendet allerdings auch § 829 in Sonderfällen an (→ § 829 Rn. 1).

3. Bes. Unterlassenstatbestände (II 1). a) Als **Maßstab** für die Relevanz eines 8
Unterlassens (→ § 823 Rn. 29) wird entspr. der allg. Formel (→ § 254 Rn. 5) darauf abgestellt, dass jemand Maßnahmen unterlassen hat, die ein ordentlicher und verständiger Mensch zur Abwehr oder Minderung des Schadens ergreifen würde (BGH WM 2011, 1529). **b)** Das **Unterlassen einer Warnung (II 1 Var. 1)** ist ein 9
Unterfall der Schadensabwendung. Angeknüpft wird an einen „außergewöhnlich" hohen Schaden, mit dem der Vertragspartner aufgrund seiner Erfahrungen nicht rechnen muss. Er soll die Möglichkeit haben, geeignete Maßnahmen zur Verhinderung zu ergreifen, uU eine erhöhte Versicherung abzuschließen oder auch seine Haftung zu beschränken. Von dem genannten Grundsatz aus ist weitere Voraussetzung, dass der Geschädigte die Gefahr erkannt hat oder hätte erkennen können, und zwar besser als der Schädiger (BGH VersR 2014, 336). Die Warnung muss nach Möglichkeit konkret erfolgen (BGH NJW 2006, 1426, Wertangabe bei Pakettransport). Hätte die Warnung die Rechtsgutsverletzung nicht verhindert, so tritt keine Kürzung ein (Beweislast beim Geschädigten, BGH TranspR 2008, 249). **c) Unter-** 10
lassen der Schadensabwendung (II 1 Var. 2). Die Fälle des möglichen Verhütens einer bevorstehenden Rechtsgutsschädigung durch Handeln sind neben der (Mit-) Verursachung gem. I selten (vgl. BGH VersR 2022, 385 – Nichtaufspielen des Software-Updates – und BGH VersR 2022, 391 – Nichtausüben eines Rückgaberechts – lassen Schaden des Dieselkäufers schon nicht entfallen; OLG München RuS 2022, 228 Rn. 39: Fußgänger trifft keine „Beleuchtungspflicht"; NJW-RR 2021, 895: trotz Hinweises kein Mitverschulden bei unterlassenem Nachziehen der Radmuttern nach Reifenwechsel). Bsp: Einlegung eines Rechtsmittels, § 839 III (verallgemeinerbar, OVG Münster BeckRS 2021, 10695 Rn. 44 ff.). **d)** Ein **Unter-**

lassen der Schadensminderung (II 1 Var. 3) kann berücksichtigt werden, wenn es dem Geschädigten zumutbar ist, durch geeignete Maßnahmen Entstehensrisiko und Umfang eines Schadens in engeren Grenzen zu halten. Notwendig ist damit eine Interessenabwägung im Einzelfall. Bsp: Tragen von Schutzkleidung (s. OLG München, NJW 2017, 2838 mAnm Schroeder: Bei Mopedfahrer für Tragen von Turnschuhen abgelehnt; zweifelhaft); Hinnahme einer ärztlichen Behandlung (BGH VersR 1961, 1125) oder einer Operation, wenn sie einfach und gefahrlos ist, zu keinen bes. Schmerzen führt, hinreichend aussichtsreich ist und der Schädiger für die damit verbundenen Kosten und Aufwendungen aufkommt (BGH NJW 1994, 1593; 2021, 3656 Rn. 12 f.); Übernahme einer zumutbaren Tätigkeit (BGH VersR 2007, 76 mwN – sonst Anrechnung der fiktiven Einkünfte, keine quotale Kürzung, BGH NJW 2021, 3656 Rn. 14); Umschulung bei Arbeitsunfähigkeit im erlernten Beruf (BGHZ 10, 18; zur Beweislast BGH NJW 1979, 2142); Aufnahme von Arbeit außerhalb des Wohnortes (BGH VersR 1962, 1100); Aufnahme eigener Berufstätigkeit durch den gem. § 844 II berechtigten Hinterbliebenen (BGH NJW 1976, 1502); Nachholen ausgefallener Arbeiten (BGHZ 55, 332; BGH NJW 1974, 603); Kostenkontrolle bei Compliance-Untersuchung, für die Arbeitnehmer wegen schwerwiegender Regelverstöße haftet (vgl. BAG NJW 2021, 3483 Rn. 27 ff. mwN); zügige Entscheidung über Reparatur oder Neuanschaffung einer Ersatzsache (OLG Hamm NJW 1964, 407; OLG Oldenburg VersR 1967, 362, Pkw), idR nicht Kreditaufnahme zur Schadensbeseitigung (BGH VersR 1988, 1178; NJW-RR 2006, 394 Rn. 37) oder Inanspruchnahme der eigenen Kaskoversicherung (BGH NJW 2021, 694 Rn. 9 ff., → Vor §§ 249 ff. Rn. 12), aber ggf. gem. II 1 Var. 1 Anzeige erforderlich, dass ohne Vorschuss keine zeitnahe Schadensbeseitigung möglich (LG Hagen BeckRS 2021, 45091 Rn. 5 mwN).

11 **4. Einstehen für das Verhalten Dritter (II 2). a) Interpretation.** Die Norm gilt nicht nur für das Unterlassen, sondern auch für das Tun gem. I (**Redaktionsfehler;** RGZ 62, 107; BGHZ 1, 248). Rspr. und hL verstehen den Verweis auf § 278 als **Rechtsgrundverweisung,** so dass die Norm einen „Schuldner“, also eine rechtliche *Sonderbeziehung* voraussetzt (BGHZ 116, 74; desgl. Staudinger/Höpfner § 254 Rn. 95 ff.). Eine Sonderbeziehung entsteht auch durch eine Vindikationslage oder eine unerlaubte Handlung, wobei es zeitlich genügt, dass durch die Handlung eine Verletzung auf den Weg gebracht, aber nicht vollendet wurde (BGH VersR 2018, 108 Rn. 39). Die gesamtschuldnerische Haftung mehrerer dehnt die Sonderbeziehung auf alle Beteiligten aus (BGH VersR 2018, 108 Rn. 39). Liegt *keine Sonderbeziehung* vor, so wird § 831 entspr. angewandt (RGZ 142, 359; 164, 269; BGHZ 1, 248). Eine Mindermeinung rechnet das Handeln von Erfüllungsgehilfen – eingeschränkt der ges. Vertreter – dem Geschädigten als zu dessen Sphäre gehörend zu
12 (Gernhuber AcP 152, 82 f.). **b) Erfüllungsgehilfe** ist auch nach der Rspr. wegen der Zielrichtung des § 254 über den Tatbestand des § 278 hinaus derjenige, den der Geschädigte mit der Obhut seiner auf den Rechtsgüterschutz bezogenen Interessen betraut hat (BGH NJW-RR 2005, 1428). Bsp: Bei einem Anspruch aus einem Vertrag mit Schutzwirkung für Dritte (BGH NJW 1975, 868) oder aus Drittschadensliquidation (BGH NJW 1972, 289) muss sich der Verletzte ein Verschulden des auf seiner Seite stehenden Vertragspartners zurechnen lassen. Die mit der Herstellung gem. § 249 I 2 beauftragte Person wird nicht als Erfüllungsgehilfe angesehen (BGHZ
13 63, 186, Kfz-Werkstatt). **c)** Der **ges. Vertreter** muss in Ausübung seiner Verpflichtung tätig geworden sein (BGHZ 33, 142, Vormund). Bei Ansprüchen einer jur. Person **gegen einen ihrer ges. Vertreter** wird ein Mitverschulden anderer Organe nicht berücksichtigt; denn die Organe stehen nicht gegeneinander mit unterschiedlichen Interessen, sondern erfüllen gleichgerichtete Aufgaben für die jur. Person (BGH JZ 2015, 627, zust. HW Lange JZ 2015, 632).

5. Sonderproblem: Handeln auf eigene Gefahr (HaeG).

Lit.: Hans Stoll, Das Handeln auf eigene Gefahr, 1961; ders., Handeln des Verletzten auf eigene Gefahr, FG 50 Jahre BGH, S. 223.

a) Beschreibung. Nach dem historisch gewachsenen Verständnis handelt auf eigene Gefahr, wer sich – ohne triftigen rechtlichen, beruflichen (zB Tierarzt, OLG Celle MDR 2012, 1162; Hufschmied, OLG Hamm NJW-RR 2021, 536), auch ethischen Grund – in eine Situation drohender Eigengefährdung begibt, obwohl er die bes. Umstände kennt, die für ihn eine konkrete Gefahrenlage begründen (BGH VersR 2012, 1529; sa OLG Nürnberg NJW-RR 2017, 1173 Rn. 28: nur bei Risiken, die über „gewöhnliche Reitgefahr" hinausgehen, zB Zureiten, Springreiten [kurios: auch Dressurreiten]). Beschrieben wird also ein bestimmtes tatsächliches Verhalten, das keine eigene jur. Denkfigur darstellt (Stoll, Handeln des Verletzten auf eigene Gefahr, S. 345 ff., 365 ff.). Es ist vielmehr unter verschiedene, zueinander abgestufte Konstruktionen einzuordnen (zT wird das HaeG allein als analog zu § 254 zu behandelnder Fall verstanden, zB Deutsch/Ahrens Rn. 215 ff.). **b) Systematische Kategorien. aa)** Dringt jemand in ein hinreichend gesichertes und durch ein Warnschild („Betreten verboten") gekennzeichnetes Grundstück ein oder ist ges. geregelt, dass ein Betreten auf eigene Gefahr geschieht (zB § 14 I BWaldG), so wird nach hier vertretener Auffassung (→ § 823 Rn. 29 und 36a) bereits der **Tatbestand** einer Verletzungshandlung durch den Eigentümer nicht verwirklicht (desgl. „ausnahmsweise" BGHZ 195, 30: keine Sicherungspflicht gegen waldtypische Gefahren). Nach aM fehlt es an der Rechtswidrigkeit. **bb)** Das HaeG kann sich als eine die **Rechtswidrigkeit** ausschließende (→ § 823 Rn. 54 ff.) Einwilligung in die potentielle Verletzung darstellen. Eine solche Einwilligung wird man allerdings nur sehr selten feststellen können, etwa bei Sportarten, die auf Verletzung des Gegners zielen (Boxen, BGH VersR 2006, 663). **cc)** HaeG kann eine Form der **Mitverursachung** gem. § 254 sein. Bsp: Motorradfahren in einer Gruppe ohne Sicherheitsabstand (OLG Frankfurt NJW 2015, 3523, dort mit Fällen in Rn. 18 gleichgesetzt); Mitfahren im Auto eines anderen, dessen Fahruntüchtigkeit erkannt wurde (Alkohol, OLG Naumburg NJW-RR 2011, 897 mwN; noch keine Fahrerlaubnis, BGHZ 34, 355; nicht, wenn die Fahrerlaubnis auf Zeit entzogen ist) oder ohne eigene Alkoholisierung erkannt worden wäre (OLG Schleswig NJW-RR 2021, 893), zu weitgehend aber OLG Braunschweig DAR 2022, 88 mAnm Zur: Unterlassene Äußerung von Bedenken wegen überhöhter Geschwindigkeit durch Beifahrer; Eindringen in einen als – zB durch das Schild „Betreten auf eigene Gefahr" – gefährlich erkannten, technisch nicht genügend gesicherten Bereich (OLG Zweibrücken NJW 1977, 111, Besteigen eines Hochspannungsmastes; sa Stoll, Handeln des Verletzten auf eigene Gefahr, S. 266). **dd)** Bei bestimmten körperbetonten **sportlichen Spielen** lassen sich Verletzungen eines anderen selbst beim Einhalten der Spielregeln nicht stets vermeiden: Regeln selbst können rasch aus Unachtsamkeit oder mangelnder körperlicher Kontrolle nicht beachtet werden. Bsp: Fußball (OLG Koblenz NJW-RR 2016, 537 mwN), Hallenhandball, Eishockey, Tennis (OLG Düsseldorf VersR 2006, 1267), Segelwettfahrten (BGH VersR 2003, 77); auch legale (OLG Karlsruhe NJW 2012, 3447) Auto-, Motorrad- und Radrennen (BGH JZ 2008, 998 mAnm Heermann). Hier wäre es unbillig, wenn der Verletzte, der sich freiwillig in dieses Risiko begeben hat, Ansprüche gegen den eher zufälligen Verletzer geltend machen würde. Die stRspr schließt deshalb eine Haftung des Schädigers aus, wenn er sich regelgerecht verhalten oder die Regeln geringfügig, noch im Rahmen der Fairness überschritten hat (BGH NJW 2010, 538). Systematisch wird dabei teilw. die Rechtswidrigkeit einer solchen Verletzung unter Berufen auf eine anzunehmende Einwilligung des Verletzten in das Risiko (→ § 823 Rn. 55) oder auf die Sozialadäquanz der Verletzung verneint (Stoll, Handeln des Verletzten auf eigene Gefahr, S. 263 ff.; zur Theorie vom regelgerechten Verhalten → § 823 Rn. 49), teilw. ein Verschulden des Schädigers abgelehnt (OLG Koblenz NJW-RR 2016, 537). Richtiger erscheint es, eine solche Verletzung weiterhin als rechtswidrig, damit auch als durch eine Notwehrhandlung verhinderbar und uU als schuldhaft verursacht anzusehen, damit ein Anspruch nicht grds. entfällt (s. OLG Hamburg VersR 2002, 500: Härte beim Fußballspiel). Dem Verletzten steht jedoch nach den Grundsätzen des **venire contra factum proprium** (→ § 242 Rn. 48 ff.) ein Ersatzanspruch nicht oder nur teilw.

Randnummern: 14 (a) Beschreibung), 15 (b) Systematische Kategorien), 16 (bb)), 17 (cc)), 18 (dd)) zu. Etwas anderes mag gelten, wenn Versicherungsschutz besteht (BGH NJW 2008, 1591; OLG München NJW-RR 2013, 801; aA OLG Celle VersR 2009, 1236 mzustAnm. Seybold/Wendt; s. dazu BGH VersR 2009, 1678). Die Regeln über das HaeG können auch die Überwälzung des **Unfallrisikos** auf den Gegner ausschließen (BGH JZ 1980, 275 und Ströfer NJW 1979, 2554: Der Händler trägt das Risiko einer Probefahrt).

19 **6. Prozessuales.** Die Einwendung des Mitverschuldens ist von Amts wegen zu berücksichtigen (BGH NJW 2000, 219; NJW-RR 2018, 714 Rn. 28 mwN), und zwar idR als Quote (anders bei Ansprüchen auf Schmerzensgeld, → § 253 Rn. 4 aE) bereits in einem Feststellungsurteil (BGH NJW 2000, 725, 727). Nach uneingeschränktem Grund- oder Feststellungsurteil kann eine Verletzung der Schadensminderungspflicht nur noch auf Tatsachen nach der letzten mündlichen Verhandlung gestützt werden (BGH VersR 2021, 851). Die **Beweislast,** dass ein Mitverschulden vorgelegen hat und dies für den Schaden auch in der Höhe kausal war, trifft idR den Schädiger (BGH VersR 2014, 81 mwN, NJW-RR 2018, 714 Rn. 29). Hinsichtlich der in seiner Sphäre liegenden Umstände muss der Geschädigte an der Aufklärung mitwirken (BGHZ 91, 260; BGH WuM 2006, 25). Für die Höhe eines Abzugs gilt § 287 ZPO. Im **Revisionsverfahren** ist nur zu überprüfen, ob das Tatsachengericht alle in Betracht kommenden Umstände vollständig und richtig berücksichtigt und der Abwägung rechtlich zulässige Erwägungen zugrunde gelegt hat (BGH NJW 2014, 2493, stRspr).

§ 255 Abtretung der Ersatzansprüche

Wer für den Verlust einer Sache oder eines Rechts Schadensersatz zu leisten hat, ist zum Ersatz nur gegen Abtretung der Ansprüche verpflichtet, die dem Ersatzberechtigten auf Grund des Eigentums an der Sache oder auf Grund des Rechts gegen Dritte zustehen.

Lit.: Roth, Zessionsregreß nach § 255 BGB und gesamtschuldnerischer Ausgleich, FS Medicus, 1999, S. 495; Selb, Entstehungsgeschichte und Tragweite des § 255, FS Larenz, 1973, S. 517.

1 **1. Allgemeines. a) Funktion.** Dem Entstehen der Bestimmung liegt keine klare Konzeption zugrunde (Selb, aaO, S. 523 ff.). Man sieht in ihr einen Ausdruck des allg. Grundsatzes des Schadensrechts, ein Anspruch werde regelmäßig nicht dadurch ausgeschlossen, dass sich der Geschädigte auch an einen Dritten halten kann (BGH NJW-RR 1996, 694; VersR 2022, 171 Rn. 18; OLG Düsseldorf WM 2013, 1744). Der in der Norm geregelte Anspruch auf Abtretung seinerseits wird als Ausdruck des im allg. Schadensrecht durchweg geltenden **Bereicherungsverbotes** bzw. des Vorteilsausgleichs (→ Vor §§ 249 ff. Rn. 40) verstanden: Der Geschädigte solle nicht in unangemessener Art und Weise [wegen des Gewinnens von unabhängigen Ersatzansprüchen gegen mehrere] zu Lasten des Schädigers besser gestellt werden, als er ohne das Schadensereignis stehen würde (BGH NJW 2010, 1961 mwN; BGH NJW
2 2014, 3092. **b) Anwendungsbereich.** Der enge **Tatbestand** mit den begrenzten Rechtsfolgen erfasst nur wenige Fälle (→ Rn. 4, 5). Unter dem Obersatz des Bereicherungsverbots (→ Rn. 1) wendet die Rspr. die Norm **analog** allg. auf schädigende Pflichtverletzungen an, die dem Verletzten gleichzeitig einen Anspruch gegen einen Dritten bringen oder die ihm einen Anspruch erhalten, der bei pflichtgemäßem Verhalten des Schädigers entfallen wäre. Bsp: Anspruch des Käufers gegen den Tierarzt wegen fehlerhaften Gutachtens und Mängelgewährleistung ggü. Käufer (OLG Celle MDR 2010, 372); nichtbeachteter Widerruf einer Bevollmächtigung *für das Bankschließfach* und unberechtigte Entnahmen durch den Bevollmächtigten (OLG Düsseldorf WM 2013, 1744); Anspruch des Geschädigten ggü. Schädiger und Werkstatt oder Abschleppunternehmer wegen überhöhter/unnötiger Kosten (OLG Düsseldorf NZV 2009, 42); Anspruch des Grundstückskäufers nach Anfechtung ggü. Verkäufer auf Ersatz des Vertrauensschadens und Makler und Fiskus auf

Rückerstattung (BGH VersR 2022, 171 Rn. 19, 21); Anspruch des Neugläubigers ggü. dem Geschäftsführer des Schuldners aus § 823 II iVm § 15a I InsO und Insolvenzforderung ggü. Insolvenzschuldner (BGH ZRI 2021, 763 Rn. 51). **c) Vorrangige Regelungen.** Als ges. Abtretungsregelung tritt § 255 einmal in Konkurrenz zu den Fällen **ges. Forderungsüberganges** (zB § 86 VVG; § 4 EFZG; §§ 116 I, 119 SGB X). Sie gehen als weiterreichende Regelungen – Legalzession statt Anspruch auf Abtretung – vor. Insbes. wird dasselbe rechtspolitische Ziel durch die Regeln über die **Gesamtschuld** erreicht, die ebenfalls eine Mehrfachleistung an den Geschädigten verhindern und für die Rechtsverhältnisse zwischen den Schädigern in den §§ 426 I, 840 II, III eine differenziertere Regelung als § 255 anbieten. Auch jener Normenkomplex verdrängt wegen der Möglichkeit gerechteren Ausgleichs die Anwendung. 3

2. Tatbestand. Der **Verlust der Sache** beim Schädiger umfasst den Untergang (Lange/Schiemann S. 687) sowie den Verlust des Besitzes (zB durch Diebstahl) und des Eigentums (zB infolge gutgläubigen Erwerbs, infolge Genehmigung der Veräußerung durch den Eigentümer gem. § 185). Ein **Verlust des Rechts** liegt auch vor, wenn der Geltendmachung eine dauernde Einrede entgegensteht oder das Recht beim Schuldner faktisch, zB wegen dessen Zahlungsunfähigkeit, nicht durchgesetzt werden kann (MüKoBGB/Oetker § 255 Rn. 11). Andere Rechtsgutsverletzungen (zB nicht zerstörerische Beschädigungen) werden nicht erfasst. Die **Schadensersatzverpflichtung,** die durch den Verlust ausgelöst sein muss, kann auf verschiedenen Grundlagen beruhen. Bsp: Vertrag, §§ 823 ff., Gefährdungshaftung, §§ 989 ff., § 678. Bsp: Anspruch gegen den Mieter, der fahrlässig einen Diebstahl der Sache ermöglicht hat. 4

3. Rechtsfolgen. a) Abzutreten sind alle Ansprüche, die auf Grund des Eigentums- oder Rechtsverlustes entstanden sind, zB aus §§ 989 ff., § 823 I, wohl auch § 823 II, soweit sich das SchutzGes. auf das Eigentum bzw. den Rechtsbestand bezieht, § 812 (OLG Hamm BeckRS 2022, 8845 Rn. 65 ff.), § 816 (BGHZ 59, 102). **b)** Weiter steht dem Schädiger, wenn die Möglichkeit einer Ersatzforderung gegen Dritte gegeben ist (BGH WM 1990, 725), dem Geschädigten gegenüber ein **Zurückbehaltungsrecht** zu (s. BGH WM 1997, 1062: Klage auf Leistung gegen Abtretung der Ansprüche; BGH ZRI 2021, 763 Rn. 51; OLG Hamm aaO). Hat er bereits Schadensersatz geleistet, so wird § 255 über den Wortlaut hinaus als **Anspruchsgrundlage** hinsichtlich der Abtretung verstanden (BGHZ 52, 42). 5 6

§ 256 Verzinsung von Aufwendungen

[1]Wer zum Ersatz von Aufwendungen verpflichtet ist, hat den aufgewendeten Betrag oder, wenn andere Gegenstände als Geld aufgewendet worden sind, den als Ersatz ihres Wertes zu zahlenden Betrag von der Zeit der Aufwendung an zu verzinsen. [2]Sind Aufwendungen auf einen Gegenstand gemacht worden, der dem Ersatzpflichtigen herauszugeben ist, so sind Zinsen für die Zeit, für welche dem Ersatzberechtigten die Nutzungen oder die Früchte des Gegenstands ohne Vergütung verbleiben, nicht zu entrichten.

§ 257 Befreiungsanspruch

[1]Wer berechtigt ist, Ersatz für Aufwendungen zu verlangen, die er für einen bestimmten Zweck macht, kann, wenn er für diesen Zweck eine Verbindlichkeit eingeht, Befreiung von der Verbindlichkeit verlangen. [2]Ist die Verbindlichkeit noch nicht fällig, so kann ihm der Ersatzpflichtige, statt ihn zu befreien, Sicherheit leisten.

Anmerkungen zu den §§ 256, 257

Lit.: Hilgard, Der Freistellungsanspruch beim Unternehmenskauf, BB 2016, 1298; Görmer, Die Sicherheitsleistung des Befreiungsschuldners, NJW 2012, 263; Muthorst, Der Anspruch auf Befreiung von der Eventualverbindlichkeit, AcP 209, 212; Rohlfing, Wirksamkeit und Umfang von Freistellungsverpflichtungen, MDR 2012, 257; v Sanden/Friedmann, Vorgerichtliche Rechtsanwaltskosten in der zivilprozessualen Fallbearbeitung, JuS 2021, 1030; Schütt, Streitigkeiten über Freistellungsansprüche in Unternehmenskaufverträgen, NJW 2016, 980; Wiesbrock/Frank, Vertragliche Freistellungsansprüche beim Unternehmenskauf, BB 2018, 3014.

1 **1. Voraussetzungen. a)** Der Aufwendungserstattungsanspruch (→ Rn. 3) **entsteht** durch Vertrag oder Ges **Fälle** (Bsp): §§ 284, 304, 347 II, 459, 526, 536a II, 539, 634 Nr. 2 und 4, 670 (auch bei Darlehenshaftung nach Trennung von mithaftenden Ehegatten, s. OLG Hamm BeckRS 2021, 32056), 683, 684 S. 2, 693, 850, 970, 994 ff., 1648, 1835, 2022, 2124, 2185, 2381. – §§ 256, 257 (keine selbstständigen Anspruchsgrundlagen) regeln nur die inhaltliche Ausgestaltung des Anspruchs
2 (→ Rn. 4 f.) mit dem Ziel umfassender Ausgleichsgewährung. **b) Aufwendung:** Freiwillige Aufopferung von Vermögenswerten im Interesse eines anderen (vgl → § 670 Rn. 2) einschließlich der Übernahme (Eingehung) von Verbindlichkeiten (aber nicht bloßes Bestehen ges Verpflichtung, OLG Karlsruhe NJW-RR 2016, 390 Rn. 18); mit umfasst sind einer bestimmten Sache zugute kommende „Verwendungen" als Unterfall der Aufwendung (Begriff: → § 951 Rn. 22; Bsp: §§ 994 ff.), dagegen idR (Ausnahme: → § 670 Rn. 8 ff.) nicht Schäden, da nicht freiwilliges Opfer; zur Abgrenzung im allg s. MüKoBGB/Krüger § 256 Rn. 3; BGHZ 131, 224 ff.; ebensowenig der Anspruch auf Gerichtskostenerstattung (OLG München NJW-RR 2017, 437), aber ggf. vorgerichtliche Rechtsverfolgungs- und Beratungskosten (zB BGH BeckRS 2020, 18883; BeckRS 2020, 16446; BeckRS 2022, 7988; BeckRS 2022, 3910; BAG NZA 2021, 657; OLG Koblenz BeckRS 2020, 25486)

3 **2. Rechtsfolgen. a) Ersatzpflicht** zielt auf Erstattung bzw Wertersatz, nicht auf Naturalersatz; deshalb Leistung idR in Geld (BGHZ 5, 199), anders nur in
4 wirtschaftlichen Ausnahmefällen (OLG Braunschweig MDR 1948, 112). **b) Verzinsung (§ 256).** Zum Zinsbegriff und zur Höhe mangels besonderer Bestimmung vgl → § 246 Rn. 2, 7 ff. Zinspflicht beginnt mit Zeitpunkt der Aufwendung (BGH VIZ 2000, 109) und ist vom Verzug unabhängig (allgM). Zu Nutzungen und Früchten vgl §§ 99, 100. Keine Zinspflicht bei schuldhaft versäumter Fruchtziehung durch
5 Berechtigten (zB § 993). **c) Befreiung (§ 257).** Eingehung der Verbindlichkeit muss Aufwendung (→ Rn. 2) sein, sonst Befreiungsanspruch zB über § 249 oder § 775. Erlangte Vorteile sind nicht notwendig anzurechnen (BAGE 43, 246 f.; aA BGH MDR 1955, 286). Der **ges** Befreiungsanspruch ist nach hM (BGH NJW 18, 1873; MüKoBGB/Krüger § 257 Rn. 8; Grüneberg/Grüneberg § 257 Rn. 1; aA Mayer ZfPW 2015, 226) sofort fällig (auch bei erst künftiger Fälligkeit der Drittforderung): arg §§ 257 S. 2, 738 I 3, 775 II. Da dies seit der Verkürzung der allg Verjährungsfrist auf 3 Jahre jedoch dazu führen konnte, dass der Befreiungsanspruch vor dem Drittanspruch verjährt, lässt der BGH die regelmäßige Verjährungsfrist des Befreiungsanspruchs nach § 199 I Nr. 1 erst mit dem Schluss des Jahres beginnen, in dem die Drittforderung fällig wird (BGHZ 185, 318; NJW 2018, 1873 Rn. 21; OLG Bremen BKR 2018, 435; abl Rutschmann DStR 2010, 559 f.). Wandelt sich der Befreiungsanspruch vor Fälligkeit der Drittforderung in einen Zahlungsanspruch, beginnt die Verjährung mit Ende des Jahres der Umwandlung (BGH NJW 2018, 1873 Rn. 22; BeckRS 2022, 1390; für strenge Handhabung OLG Celle NJW-RR 2021, 1200, s. ferner OLG Düsseldorf NZI 2021, 3922020, 320). Es ist Auslegungsfrage, ob auch der **vertragliche Befreiungsanspruch sofort fällig wird** (BGHZ 91, 77 ff., NJW 2010, 2198; für Gleichbehandlung Link BB 2012, 856; ausdrückliche Regelung ratsam Hilgard BB 2016, 1298, 1231 f.; Wiesbrock/Frank BB 2018, 3021). Art und Weise der Erfüllung des Befreiungsanspruchs bestimmt der Schuldner (BGHZ 91, 77); sie erfolgt zB nach § 267 oder §§ 414, 415, ggf. auch durch Erlassvertrag zugunsten des Schuldners (PWW/Jöching-Jud Rn. 3). Anspruch auf Zah-

lung des zur Tilgung erforderlichen Betrages besteht grds nicht, Ausnahme: Erfüllung oder drohende Inanspruchnahme (BGH WM 2017, 2234 Rn. 22 f.; WM 2015, 186 Rn. 13, 15; WM 2011, 505 Rn. 21). **Abtretung** des Befreiungsanspruchs ist wegen § 399, 1. Var nur ausnahmsweise an den Gläubiger des Ersatzberechtigten (dann Umwandlung in Zahlungsanspruch: stRspr, BGH BeckRS 2020, 18883 Rn. 10; NJW 2018, 1873 mwN), nicht an Dritte zulässig (BGHZ 96, 149). Mangels Gleichartigkeit kann mit dem Freistellungsanspruch **nicht** gegen eine Geldforderung **aufgerechnet** werden (BGHZ 208, 372 Rn. 26; OLG Nürnberg WM 2014, 2364). Abwendungsbefugnis durch **Sicherheitsleistung:** S. 2 iVm §§ 232 ff.; bei Insolvenz des Ersatzverpflichteten: § 45 InsO (Umwandlung in Zahlungsanspruch, so auch für den Fall der Insolvenz des Ersatzberechtigten BGH NJW 1994, 49; s. aber OLG Hamm ZIP 2008, 1880). Nichtinanspruchnahme des Dritten auf Freistellung kann Insolvenzanfechtung begründen, OLG Brandenburg ZIP 2009, 1732. Zur analogen Anwendung von S. 2 auf vertraglichen Anspruch s. BGH NJW-RR 2006, 1719. Der Übergang vom Freistellungs- zum Zahlungsanspruch ist keine Klageänderung (BGH NJW-RR 2011, 1093).

§ 258 Wegnahmerecht

[1]Wer berechtigt ist, von einer Sache, die er einem anderen herauszugeben hat, eine Einrichtung wegzunehmen, hat im Falle der Wegnahme die Sache auf seine Kosten in den vorigen Stand zu setzen. [2]Erlangt der andere den Besitz der Sache, so ist er verpflichtet, die Wegnahme der Einrichtung zu gestatten; er kann die Gestattung verweigern, bis ihm für den mit der Wegnahme verbundenen Schaden Sicherheit geleistet wird.

1. Voraussetzungen. a) Das Wegnahmerecht (→ Rn. 2) **entsteht** durch Ver- 1
trag oder Ges **Fälle** (Bsp): §§ 539 II, 581 II, 601 II 2, 997, 2125 II. **b) Einrichtung** ist eine Sache, die mit einer anderen zu deren wirtschaftlichem Zweck körperlich verbunden ist. Verbindung zu vorübergehendem Zweck genügt, Eigenschaft als wesentlicher Bestandteil (§ 93) steht nicht entgegen (vgl § 997 I 1). Bsp: Anbau (BGHZ 81, 146), Heizung (RGZ 106, 52), Pflanzen (OLG Düsseldorf NJW-RR 1999, 160).

2. Rechtsfolgen. a) Wegnahmerecht. Solange der Wegnahmeberechtigte die 2
Sache besitzt, hat er ein Trennungs- und im Falle seines Eigentumsverlustes (bei wesentlichen Bestandteilen, §§ 946, 93, 94) daraus folgend auch ein Aneignungsrecht nach **S. 1** (BGHZ 81, 150; NJW 1987, 2861). Nach Besitzübergang besteht ein dinglicher (BGH NJW 1987, 2861 mN) Gestattungsanspruch **(S. 2 Hs. 1);** kein Herausgabeanspruch. Mietrechtliche Verjährung gilt auch für S. 1 u 2 (OLG Bamberg NJW-RR 2004, 227). **b) Instandsetzungspflicht.** Der Wegnahmeberechtigte 3
hat den vor der Hinzufügung der Einrichtung bestehenden Sachzustand wiederherzustellen (BGH NJW 1970, 754). Ist dies unmöglich, ist bei gleichwohl bestehendem Wegnahmerecht Geldentschädigung zu leisten (arg S. 2 Hs. 2; RGZ 106, 149; MüKoBGB/Krüger Rn. 8). **c)** Dem Gestattungsverpflichteten steht als aufschiebende **Einrede** bis zur Sicherheitsleistung (§§ 232 ff.) ein Leistungsverweigerungsrecht (§ 273) zu **(S. 2 Hs. 2).** Nimmt der Insolvenzverwalter des Mieters die Wegnahme vor, ist der Instandsetzungsanspruch Masseverbindlichkeit (KG NZI 2019, 379).

§ 259 Umfang der Rechenschaftspflicht

(1) **Wer verpflichtet ist, über eine mit Einnahmen oder Ausgaben verbundene Verwaltung Rechenschaft abzulegen, hat dem Berechtigten eine die geordnete Zusammenstellung der Einnahmen oder der Ausgaben enthaltende Rechnung mitzuteilen und, soweit Belege erteilt zu werden pflegen, Belege vorzulegen.**

(2) **Besteht Grund zu der Annahme, dass die in der Rechnung enthaltenen Angaben über die Einnahmen nicht mit der erforderlichen Sorgfalt gemacht worden sind, so hat der Verpflichtete auf Verlangen zu Protokoll an Eides statt zu versichern, dass er nach bestem Wissen die Einnahmen so vollständig angegeben habe, als er dazu imstande sei.**

(3) **In Angelegenheiten von geringer Bedeutung besteht eine Verpflichtung zur Abgabe der eidesstattlichen Versicherung nicht.**

§ 260 Pflichten bei Herausgabe oder Auskunft über Inbegriff von Gegenständen

(1) **Wer verpflichtet ist, einen Inbegriff von Gegenständen herauszugeben oder über den Bestand eines solchen Inbegriffs Auskunft zu erteilen, hat dem Berechtigten ein Verzeichnis des Bestands vorzulegen.**

(2) **Besteht Grund zu der Annahme, dass das Verzeichnis nicht mit der erforderlichen Sorgfalt aufgestellt worden ist, so hat der Verpflichtete auf Verlangen zu Protokoll an Eides statt zu versichern, dass er nach bestem Wissen den Bestand so vollständig angegeben habe, als er dazu imstande sei.**

(3) **Die Vorschrift des § 259 Abs. 3 findet Anwendung.**

§ 261 Änderung der eidesstattlichen Versicherung; Kosten

(1) **Das Gericht kann eine den Umständen entsprechende Änderung der eidesstattlichen Versicherung beschließen.**

(2) **Die Kosten der Abnahme der eidesstattlichen Versicherung hat derjenige zu tragen, welcher die Abgabe der Versicherung verlangt.**

Anmerkungen zu den §§ 259–261

Lit.: Drasdo, Die Jahresabrechnung unter modernisiertem WEG, NJW-Spezial 2021, 737; Gottwald, Testamentsvollstreckung: Die Klage des Erben auf Rechnungslegung gegen den Testamentsvollstrecker, EE 2021, 188; Lorenz, Auskunftsansprüche, JuS 1995, 569; Osterloh-Konrad, Der allgemeine vorbereitende Informationsanspruch, 2007; Stadler, FS Leipold 2009, 201; Stürner, Die Aufklärungspflicht der Parteien des Zivilprozesses, 1976, §§ 19–22; Tilmann, Der Auskunftsanspruch, GRUR 1987, 251; Volmer, Die Rechenschaftspflicht des Vorsorgebevollmächtigten, LSK 2016, 37404981; Weiss/Brückerhoff, Der Auskunftsanspruch im unternehmerischen Verkehr, ZIP 2021, 885.

1 **1. Allgemeines. a) Zweck und Bedeutung.** Die Ansprüche auf Auskunft und Rechenschaftslegung dienen der Unterrichtung des Berechtigten eines Hauptanspruchs (zB auf Herausgabe, Schadensersatz, Provision, Pflichtteil). Die §§ 259–261 sind idR keine selbstständige Anspruchsgrundlage (OLG Düsseldorf OLGZ 1985, 376; vgl → Rn. 3, 7). Die Pflicht zur Rechenschaftslegung (→ Rn. 7 f.) ist ein spezieller und weitergehender Unterfall der Auskunftspflicht (→ Rn. 3 ff.; zum gegenseitigen Verhältnis s. BGHZ 93, 329 f.). Beide werden durch die Pflicht zur
2 Abgabe einer eidesstattlichen Versicherung gesichert (→ Rn. 9 ff.). **b) Abhängigkeit vom Hauptanspruch.** Als (selbstständiger) Nebenanspruch (→ § 241 Rn. 9) ist der Anspruch auf Auskunft (Rechenschaftslegung) idR nur zusammen mit dem Hauptanspruch **abtretbar** (BGHZ 107, 110 mN). Dessen Abtretung erstreckt sich iZw auch auf den Auskunftsanspruch (BGHZ 108, 399; für Girovertrag u Pfändung s. BGH NJW 2006, 217). Der Anspruch ist aktiv und passiv **vererblich** (BGHZ 104, 371 f.; gilt auch für § 259 II), jedoch kann die Auskunftspflicht des Erben uU eingeschränkt sein (vgl BGHZ 104, 373; zur Auskunftspflicht der Rechtsnachfolgerin der Vorerbin OLG Karlsruhe BeckRS 2017, 104787). **Verjährung:** drei Jahre (§ 195), spätestens jedoch mit dem Hauptanspruch (BGHZ 108, 399 – gilt nicht

für kurze Verjährungsfrist zB nach § 548 – str; für Gleichlauf der Fristen MüKoBGB/Krüger § 259 Rn. 19; keine Verjährung des Hilfsanspruchs vor dem Hauptanspruch (BGH WM 2017, 2158 – für § 242); bei Verjährung des Hauptanspruchs kann Auskunftsinteresse entfallen, BGH WM 2017, 2158 Rn. 8 mwN). **Klage** auf Auskunft (Rechnungslegung) kann gem § 254 ZPO mit der Klage auf Abgabe der eidesstattlichen Versicherung und Hauptleistung verbunden werden. Die **Zwangsvollstreckung** aus Urteil auf Auskunft (Rechnungslegung) erfolgt grundsätzlich als nicht vertretbare Handlung gem § 888 ZPO (BGH NJW 2022, 393 Rn. 18; NJW 2019, 231; NJW 2008, 917 Rn. 13; zur Differenzierung nach § 28 WEG neuer Fassung BGH NZM 2021, 510).

2. Auskunftspflicht (§ 260 I). a) Voraussetzungen. Auskunftspflicht kann sich 3 aus Vertrag (idR als Nebenpflicht, → Rn. 2) oder Ges ergeben, eine allg Auskunftspflicht besteht nicht (BGHZ 95, 1223; BAG NJW 1990, 3293; Stürner, Die Aufklärungspflicht der Parteien des Zivilprozesses, S. 325). § 260 ist selbstständige Anspruchsgrundlage nur, soweit ein **Inbegriff** von Gegenständen (→ Rn. 4) herauszugeben ist (vgl BGHZ 86, 26 f.). **Fälle** ges Auskunftspflicht: §§ 402, 666, 681 S. 2, 687 II, 713, 740 II, 1361 IV 4, 1379, 1435, 1580, 1587e und k, 1605, 2127, 2218 I, 2314; 74c II, 87c HGB; 131 AktG; 51a GmbHG, 34 VVG; 836 III ZPO (nicht auch § 840: BGHZ 91, 128), 97 InsO; sowie weiteren Sondergesetzen. Der Auskunftsanspruch aus Art. 15 DS-GVO folgt allein den europarechtlichen Regelungen. Erweiterte Auskunftsansprüche hat das Gesetz zur Verbesserung der Durchsetzung von Rechten des geistigen Eigentums (v 7.7.2008) geschaffen: §§ 140b PatG, 24b GebrMG, 19 MarkenG, 101 UrhG, 46 DesignG, 37b SortenschutzG, ferner folgt Anspruch ausnahmsweise aus **§ 242,** wenn es die zwischen den Parteien bestehenden Rechtsbeziehungen (vgl → § 242 Rn. 10) mit sich bringen, dass der Anspruchsberechtigte in entschuldbarer Weise über das Bestehen oder den Umfang seines Rechts im Ungewissen ist, sich die Auskunft nicht auf zumutbare Weise selbst beschaffen kann, der Verpflichtete aber in der Lage ist, sie unschwer zu erteilen (stRspr; Einzelheiten → § 242 Rn. 21); erforderlich ist der begründete Verdacht einer (Vertrags-)Verletzung und die Wahrscheinlichkeit eines Schadens (BGH WM 2017, 2296 Rn. 24; WM 2016, 1533 Rn. 17; NJW 2014, 381 Rn. 14). Ein Vorlageanspruch nach § 810 steht ggf. eigenständig neben dem Auskunftsanspruch (OLG Düsseldorf BeckRS 2020, 46952). **b) Inhalt, Umfang und Gren- 4 zen. aa)** Vorlegung eines schriftlichen **Bestandsverzeichnisses (**ggf mehrerer Teilverzeichnisse, OLG Karlsruhe FamRZ 2004, 206, str) bei Pflicht zur Herausgabe eines **Inbegriffs** von Gegenständen oder bei Bestehen entspr Auskunftspflicht. Darunter versteht man jede Mehrheit von Sachen und Rechten, die unter einheitlicher Bezeichnung zusammengefasst sind, zu deren einzelner Bezeichnung der Herausgabeberechtigte nicht in der Lage ist und die auf Grund eines einheitlichen Verpflichtungsgrundes herauszugeben sind (RGZ 90, 139). Bsp: Nachlass, Unternehmen, Bibliothek. **bb)** Erfüllt ist der Anspruch, wenn nach dem erklärten Willen des Schuldners eine Auskunft im geschuldeten Umfang erteilt wurde, auf die inhaltliche Richtigkeit kommt es nicht an (BGH NJW 2021, 765; NJW 2014, 3647, – so auch für Art. 15 DS-GVO, BGH NJW 2021, 2726); sie ist im Verfahren nach § 131 AktG grds nicht zu prüfen (OLG München NZG 2022, 118). **Materielle Mängel** des Verzeichnisses begründen lediglich einen Anspruch gem → Rn. 9 ff. (BGHZ 104, 373 f.), bei offenbarer **Unvollständigkeit** besteht aber Anspruch auf Ergänzung (BGHZ 89, 140; NJW 1984, 2822; zur Abgrenzung Reischl JR 1997, 405 f.); erst dann Anspruch auf eidesstattliche Versicherung (OLG Hamburg NJW-RR 2002, 1292). **cc)** Allg. muss die **Auskunft so weit** gehen, wie zur Durchsetzung 5 des Anspruchs des Gläubigers erforderlich, ohne den Verpflichteten unbillig zu belasten (BGHZ 95, 280; NJW 1986, 1247; OLG Nürnberg NJOZ 2021, 151); uU ist Auskunft in beschränktem Umfang („Grundauskunft") zu erteilen (BGH NJW 1987, 1247, 1248) oder (gem § 242 bei Verlust gegen Kostenerstattung) zu wiederholen (Kontoauszüge: BGH NJW-RR 1988, 1073). Sie muss eine Nachprüfung

ermöglichen (→ Rn. 8), ggf aus Gründen des Wettbewerbs lediglich durch einen zur Verschwiegenheit verpflichteten Dritten (§ 87c IV HGB entspr, vgl BGHZ 126, 116 mN; NJW 2000, 3780); der Anspruch kann dann uU auch ganz entfallen (BGH NJW 1966, 1119). Teilauskünfte genügen, soweit sie insgesamt eine ausreichende
6 Auskunft darstellen (LM Nr. 14 zu § 260). **dd) Grenzen.** Der **Anspruch entfällt,** wenn feststeht, dass keinesfalls etwas zu fordern ist (BGHZ 85, 29; einschr Stürner, Die Aufklärungspflicht der Parteien des Zivilprozesses, S. 336; Bsp: Verjährung des Hauptanspruchs, OLG Düsseldorf NJW 1988, 2390) oder durch die Auskunft erst das Material für die Geltendmachung eines Anspruchs (auch gegen einen Dritten) gewonnen werden soll (BGHZ 74, 383; 97, 193; NJW-RR 1989, 450; Stürner JZ 1976, 320; anders bei der Ermittlung des Umfangs eines entstandenen Schadens: BGH NJW 1990, 1358; NJW 1996, 2098; teilweise weitergehend auch die auf die Enforcement-RL [2004/48/EG] zurückgehenden Ansprüche für Schutzrechtsinhaber [→ Rn. 3]), nicht aber schon dann, wenn der Schuldner sich einer strafbaren Handlung bezichtigen müsste (BGHZ 41, 322). Der zur Erteilung erforderliche Arbeits- und Zeitaufwand, auf dessen Ersatz der Schuldner keinen Anspruch hat (BAG NJW 1985, 1182), darf nicht unverhältnismäßig sein (BGHZ 70, 91). Der Anspruch kann bei einem zwischen den Parteien bestehenden Wettbewerbsverhältnis eingeschränkt sein (BGH NJW 2012, 58 Rn. 20 f. mN); grds sind die gegenläufigen Interessen abzuwägen (BGHZ 107, 161; NJW 2014, 381 Rn. 19); im Falle berechtigter Geheimhaltungsinteressen (zum Bankgeheimnis im Erbfall BGH NJW 1989, 1601, 1602) gerade gegenüber dem Berechtigten kann der Schuldner zB bestimmte Teile schwärzen (KG NJW-RR 2015, 663 Rn. 22) oder diesen auf eine Einsichtnahme in Geschäftsunterlagen durch einen zur Verschwiegenheit verpflichteten neutralen Dritten, zB Steuerberater, verweisen (→ Rn. 5; BGH NJW 2000, 3779 f.; sa §§ 167 II 2 InsO, 140c I 3 PatG und die Parallelvorschriften für andere Schutzrechteinhaber). § 242 kann dem Anspruch ausnahmsweise entgegenstehen, wenn er längere Zeit nicht geltend gemacht wurde und ein entsprechendes schützenswertes Vertrauen für den Verpflichteten entstanden ist (BGH NJW 2012, 58 Rn. 23–25: 5 Jahre ungenügend). **c) Form.** Die Auskunft muss durch eigene, schriftlich verkörperte Erklärung erfolgen, ohne dass § 126 (Unterschrift) eingehalten sein muss (OLG Brandenburg BeckRS 2020, 17755 für § 2314); Übermittlung durch Boten ist zulässig, s. zum Ganzen mN BGH NJW 2008, 917; OLG Nürnberg NJW-RR 2005, 808.

7 **3. Pflicht zur Rechenschaftslegung (§ 259 I). a) Voraussetzungen.** Vgl zunächst → Rn. 3. Fälle ges Pflicht zur Rechenschafts-(Rechnungs-)legung: §§ 556 III, 666, 675, 681 S. 2, 713, 1214, 1698, 1890, 2130 II, 2218; 2314; 28 III und IV WEG a.F. (jetzt 666, 259 II BGB verpflichtet ist der bei Fälligkeit der Abrechnung amtierende Verwalter, OLG Zweibrücken MDR 2007, 1067; die Einsichtnahme in Verwaltungsunterlagen ist in den Geschäftsräumen des Verwalters auszuüben, BGH NJW 2011, 1137; nur Abrechnung im Hinblick auf § 28 II WEG ist vertretbare Handlung, BGH NZM 2021, 510), §§ 87c HGB, 8 MaBV. Diesen ausdr geregelten Fällen ist iVm § 242 der Grundsatz zu entnehmen, dass rechenschaftspflichtig jeder ist, der **fremde Angelegenheiten** besorgt oder solche, die zugleich fremde und eigene sind (BGH NJW 1979, 1305 mN, stRspr). Durch einen unerlaubten Eingriff in fremde Rechte wird (arg § 687 II) eine Rechenschaftslegungspflicht begründet, wenn durch die schädigende Handlung obj ein Geschäft des Geschädigten besorgt worden ist und dieser ein schutzwürdiges Interesse an der Rechenschaftslegung
8 besitzt (BGHZ 92, 64 f., 67). **b) Inhalt und Grenzen.** Rechnungslegung ist die Bekanntgabe der Einnahmen und Ausgaben in verständlicher, übersichtlicher, eine Nachprüfung ermöglichender Form (BGHZ 93, 330; NJW 1995, 386; NJW-RR 2014, 76); bei Betriebskostenabrechnung nach § 556 III (Einzelheiten dort → Rn. 6–7) sind dem Mieter auch (nicht umlagefähige) Gesamtkosten mitzuteilen (BGH NJW 2007, 1059; NJW-RR 2014, 76), der Verteilerschlüssel muss verständlich sein (BGH NJW 2008, 2259; NJW 2010, 3570; NJW-RR 2014, 76, ggf.

auch Einsichtnahme in Verbrauchsdaten anderer Nutzer des gemeinsam versorgten Objekts BGH NJW 2018, 1599); die Flächenermittlung muss sich nicht im Einzelnen aus der Nebenkostenabrechnung ergeben (BGH NJW-RR 2020, 587 [Wohnraum]; BGH NJW-RR 2021, 1904 [Gewerberaum]). Die Abrechnung muss für den durchschnittlich Gebildeten gedanklich und rechnerisch nachvollziehbar sein (BGH NJW 2008, 2259; NJW 2010, 3570; NJW-RR 2014, 76 – aber insoweit aufgegeben von BGH NJW 2016, 866, 867 als für § 556 die Abrechnung „bereinigter Gesamtkosten" genügt; einzelne Rechenschritte sind nicht darzulegen). Zur formellen Ordnungsgemäßheit muss sie nur aus sich heraus verständlich sein, Erläuterungen zu Abweichungen von früheren Abrechnungsperioden sind nicht geschuldet (BGH NJW 2008, 2260 → § 556 Rn. 5). Ein allg Anspruch auf Überprüfung durch einen Sachverständigen besteht nicht (BGHZ 92, 68 f.). Der **Umfang** bemisst sich nach der Zumutbarkeit (BGHZ 126, 117; NJW 1982, 574). Wichtige **Belege** sind idR mit vorzulegen (BGHZ 126, 116; nur ausnahmsweise Anspr auf Kopien BGH NJW 2006, 1421; NJW 2011, 1138), bei der Betriebskostenabrechnung hat der Mieter auch ein von einem bes Interesse unabhängiges Einsichtsrecht in Originale der Abrechnungsunterlagen (BGH NJW 2022, 772 – Papier- oder Digitialoriginal, selbst gefertigte Kopien nicht ausreichend) einschl. Zahlungsbelegen (BGH NJW 2021, 693; ggf auch in Verträge mit Dritten, BGH NJW-RR 2022, 157; NJW-RR 2022, 151); bei Schätzungen sind die Schätzungsgrundlagen anzugeben (BGHZ 92, 69), beim Bauträgervertrag ist Gesamtabrechnung über die Verwendung der erhaltenen Vermögenswerte vorzulegen (vgl § 8 MaBV). Vorlage von Belegen nur mit Offerte mündlicher Erläuterungen genügt nicht (OLG Saarbrücken NJW-RR 2000, 229). Bei der Rechenschaftslegung über (vom Beauftragten in eigenem Namen) vorgenommenen Vermietung von Ferienwohnungen stehen datenschutzrechtliche Belange der Mieter ihrer namentlichen Nennung nicht entgegen (BGH NJW 2012, 58). Mieter haben keinen Anspruch gegen den Vermieter auf Vorlage der einem Contractor von dessen Vorlieferanten ausgestellten Rechnungen (BGH NJW 2013, 3234). **Zur Belegvorlagepflicht des Erben** gegenüber dem Pflichtteilsberechtigten → § 2314 Rn. 3–5 (grds keine Pflicht, OLG München NJW-RR 2021, 1376; § 1379 I 2 trifft Sonderregelung für Zugewinn; zur Auskunft von Versicherern bei rechtsgrundlosen Beitragszahlungen OLG Schleswig BeckRS 2021, 36256; OLG Dresden VuR 2022, 280). **Handelsrechtliche Sondervorschriften** über die Art der Rechnungslegung gehen vor. Zu Ansprüchen auf zusätzliche Information, falls Auskunft gem § 260 genügt oder schon erteilt ist: BGHZ 93, 330 mN. Vgl iÜ auch → Rn. 4 ff.

4. Eidesstattliche Versicherung (§§ 259 II, 260 II, 261). a) Voraussetzungen: Es ist Rechnung gelegt bzw Auskunft erteilt und es besteht Grund (Unvollständigkeit, Unrichtigkeit) zur Annahme mangelnder Sorgfalt (BGHZ 89, 139; 92, 64 f.; WM 2014, 2004 Rn. 11). Bei offensichtlicher Unvollständigkeit ist zunächst Ergänzung zu verlangen (→ Rn. 4 aE), nicht aber bei ursprünglicher Verweigerung der Auskunft (BGH NJW 1966, 1117; s. aber OLG Frankfurt a. M. NJW-RR 1993, 1483). Die Einlassung des Rechnungslegungspflichtigen im Prozess kann berücksichtigt werden (BGH WM 1956, 31), ebenso frühere Unrichtigkeit als Ausdruck unzuverlässigen Gesamtverhaltens. Die Tatsachen, die den **Verdacht mangelnder Sorgfalt** begründen, sind zu **beweisen,** bloße Glaubhaftmachung genügt nicht. Einschaltung eines Anwalts kann dem Verpflichteten uU nicht verwehrt werden (BGH NJW-RR 2013, 1033); bei der Beurteilung, ob es ihm nicht zuzumuten ist, die eidesstattliche Versicherung ohne Anwalt abzugeben, wird ein großzügiger Beurteilungsmaßstab zugebilligt (BGH NJW-RR 2014, 1211). § 260 II gilt auch für Erben, wenn notarielles Nachlassverzeichnis erteilt wurde (BGH NJW 2022, 695; ausnahmsweise auch Anspr auf Ergänzung des Verzeichnisses, BGH NJW 2020, 2187; OLG Hamm ZEV 2021, 576). **b) Umfang.** Die eidesstattliche Versicherung erstreckt sich bei der **Rechenschaftslegung** idR nur auf die Vollständigkeit der Einnahmen (vgl § 259 II; BGHZ 92, 66), beim **Bestandsverzeichnis** uU auch auf

9

10

die der Passiva (BGHZ 33, 375), ebenso bei der ges nicht geregelten Informationspflicht nach Schutzrechtsverletzungen (BGHZ 92, 67 f.). Keine Verpflichtung besteht in Angelegenheiten von geringer Bedeutung, **§§ 259 III, 260 III** (dazu BGHZ 89, 141). Bsp: Nachträgliche Ergänzung und Berichtigung durch den Erben
11 (BGHZ 104, 374). **c) Prozessuales.** § 261 gilt nur für eidesstattliche Versicherung nach materiellem Recht (s. sonst §§ 807, 836 III, 883 II ZPO). Die Zuständigkeit ergibt sich aus §§ 410 Nr. 1, 411 Nr. 1 FamFG (AG); aber Abgabe vor Vollstreckungsgericht nach Verurteilung, § 889 ZPO, § 20 Nr. 17 RPflG. **Kosten:** § 261 II gilt auch in diesen Fällen (BGH NJW 2000, 2113). Besteht Bucheinsichtsrecht, kann für Klage gem § 259 II das Rechtsschutzinteresse fehlen (BGH NJW 1998, 1636). Ein Urteil auf Abgabe der Versicherung wird gem § 889 ZPO vollstreckt, eine Verweigerung nach § 889 II ZPO liegt nur vor, wenn die Erklärung in ungerechtfertigter Weise abgelehnt wird (hierzu BGH WM 2014, 2004 Rn. 8). Flexible Fassung der Formel der Offenbarungsversicherung ist möglich (BGHZ 104, 373; NJW 2022, 695), uU deren Änderung noch nach rechtskräftiger Festlegung im Urteil, um falsche Versicherung zu verhindern (vgl § 261 I; für Vollstreckungsgericht s. BGH NJW-RR 2005, 221; aA MüKoBGB/Krüger § 261 Rn. 5 mN).

§ 262 Wahlschuld; Wahlrecht

Werden mehrere Leistungen in der Weise geschuldet, dass nur die eine oder die andere zu bewirken ist, so steht das Wahlrecht im Zweifel dem Schuldner zu.

Lit.: Büdenbender, Der Nacherfüllungsanspruch des Käufers – Wahlschuld oder elektive Konkurrenz?, AcP 205 (2005), 386; Pika, Harte Patronatserklärung und Wahlschulden nach EuGVVO und Rom I VO, IPRax 2022, 159; Pöschke, Die elektive Konkurrenz, JZ 2010, 349; Samhat, Die Abgrenzung der Wahlschuld von der elektiven Konkurrenz nach dem BGB, 2012; Stamm, Der Mythos von der elektiven Konkurrenz, JZ 2015, 520; Wiese, Alternativität in Schuldverhältnissen, 2017; Ziegler, Die Wertlosigkeit der allgemeinen Regeln des BGB über die sog. Wahlschuld (§§ 262–265 BGB), AcP 171, 193.

1 **1. Wahlschuld (Alternativobligation). a) Begriff:** Schuldverhältnis, bei dem mehrere verschiedene Leistungen in der Weise geschuldet werden, dass je nach Wahl idR (→ Rn. 2 f.) einer Partei nur die eine oder die andere zu erbringen ist (einheitlicher Anspruch [→ § 241 Rn. 2] mit alternativem Inhalt iG zu elektiver Konkurrenz mit verschiedenen, sich ausschließenden Ansprüchen, BGH NJW-RR 2017, 415 Rn. 14.). Wahlschuld kann auch eine bestimmte Leistung sein (BAGE 138, 68; NJW 2013, 2540), da Unterschied in den Leistungsmodalitäten (Zeit, Ort usw) genügt (BGH NJW 1995, 464, hM), auch gattungsmäßige Bestimmung (§ 243)
2 der verschiedenen Leistungen möglich (BGH NJW 1960, 674). **b) Arten:** Wahlschuld mit **Wahlrecht. aa) des Gläubigers.** Bsp: Entrichtung von Pachtzins in Geld oder Naturalien nach Wahl des Verpächters (BGH NJW 1962, 1568); Rechte des Eigentümers gegen den Inhaber einer Grundschuld auf Abtretung, Aufhebung (Löschung) oder Verzicht (BGHZ 108, 244; BGH NJW 2018, 3098 [Klagantrag muss Art der Rückgewähr spezifizieren] → § 1191 Rn. 15); Wahl des Mandanten zwischen Pauschalvergütung des RA und Stundenhonorar (KG NJ 2019, 351); Rechte des Käufers aus einer Gutschrift für zurückgenommene Ware (AG Hamburg NJW 1990, 125). Ges Wahlschulden: §§ 179 (dort → § 179 Rn. 6), 311a II, § 546a; § 61 HGB; **nicht: 439 I** (BGH NJW 2019, 292 Rn. 45 → § 439 Rn. 17 mN; ausf Stamm JZ 2015, 520 mN); nicht § 415 II HGB (BGH NJW-RR 2017, 416 str).
3 **bb) des Schuldners.** Nach der **Auslegungsregel** des § 262 (str) iZw der Fall (nicht: § 232, OLG Saarbrücken NJW-RR 2015, 1206, nicht bei § 3 I 1 WGÜbfG, BGH NJW-RR 2019, 11158); zB Freigabe einzelner Sicherheiten durch SN zur Vermeidung einer Übersicherung (BGHZ 137, 219; WM 2002, 1643); Ausgleich für Nachtarbeit (§§ 2 V, 6 V ArbZG; BAG NZA 2021, 44; NZA 2022, 707); im Geschäftsverkehr herrscht sonst Gläubigerwahlrecht vor. **cc)** eines Dritten (zulässig,

arg § 2154 I 2, § 317 – „billiges Ermessen" – passt nicht; str). **c) Entstehung:** Durch RGeschäft (auch letztwillige Verfügung, § 2154) oder Ges (→ Rn. 2). **d) Abgrenzung** zur (beschränkten) Gattungsschuld (§ 243): Verschiedenartigkeit der Leistungen bei der Wahlschuld; Bestimmungs-(Spezifikations-)kauf (§ 375 HGB; OLG München GWR 2016, 400) ist (nur) Gattungsschuld; zur **Ersetzungsbefugnis** (→ Rn. 5 ff.): Nur die Primärleistung ist geschuldet. Zur **alternativen oder elektiven Konkurrenz:** mehrere (alternativ konkurrierende) Ansprüche oder Gestaltungsrechte mit unterschiedlichem Inhalt. Bsp: §§ 281, 323 (BGH NJW 2006, 1198); 285 II, 325; 340 (dort → § 340 Rn. 4; Grüneberg/Grüneberg § 340 Rn. 4; BeckOK/Janoschek § 340 Rn. 2) nach teilw vertretener Ansicht, § 439 I (→ Rn. 2); § 415 II 1 HGB (BGH WM 2017, 1567 Rn. 14). 4

2. Ersetzungsbefugnis (alternative Ermächtigung, *facultas alternativa*). 5
a) Begriff: Recht einer Partei, anstelle der geschuldeten Leistung eine andere **erbringen** (→ Rn. 6 f.) oder **verlangen** zu können (→ Rn. 8 f.). Häufig gewollt bei vertraglicher Begründung von „Wahlrechten", keine ges Regelung; die §§ 262–265 sind idR **nicht** entspr **anwendbar. b) Ersetzungsbefugnis des Schuldners.** 6
aa) Ges Anwendungsfälle: §§ 244 I; 251 II; 528 I 2; 775 II; 2170 II 2 ua Begründung durch Individualvertrag möglich. Bsp: Ersetzungsbefugnis des Käufers bei Inzahlungnahme von Gebrauchtwagen (so BGHZ 89, 128 mN, str; aA Behr AcP 185, 412 ff.), soweit der Neuwagenverkäufer nicht nur als Vermittler tätig wird (→ § 365 Rn. 2). Bei Vereinbarung mittels **AGB** bestehen Schranken gem § 308 Nr. 4, → § 308 Rn. 6, → § 315 Rn. 6. **bb)** Nicht zu vertretende **Unmöglichkeit** der Primärleis- 7
tung führt zur gänzlichen Leistungsbefreiung des Schuldners (vgl §§ 275 I, 280 I 2, 283), auch wenn die Ersatzleistung noch erbringbar ist (grundlegender Unterschied zu § 265); Untergang der Ersatzleistung lässt Leistungspflicht des Schuldners unberührt (RGZ 94, 60). **c) Ersetzungsbefugnis des Gläubigers** (Abfindungsan- 8
spruch). Unterschied zur Wahlschuld mit Gläubigerwahlrecht (→ Rn. 2) gering. **aa)** Ges Anwendungsfälle: §§ 249 II; 285 II; 340 I; 843 III; 915; 1585 II. Bsp für vertragliche Begründung: Gläubiger kann statt Zahlung in Geld Lieferung von Naturalien verlangen (BGHZ 81, 137). **bb)** Bei zufälliger **Unmöglichkeit** der Pri- 9
märleistung entfällt auch die Wahlberechtigung; abw Auslegung möglich.

§ 263 Ausübung des Wahlrechts; Wirkung

(1) **Die Wahl erfolgt durch Erklärung gegenüber dem anderen Teil.**

(2) **Die gewählte Leistung gilt als die von Anfang an allein geschuldete.**

Bis zum Beginn der Zwangsvollstreckung (→ § 264 Rn. 1) durch einseitige, rechtsgestaltende, unwiderrufliche (aber ggf anfechtbare), empfangsbedürftige Erklärung im Rahmen von § 242 (BGH WM 1983, 928). Konkludent möglich (durch Angebot, Annahme, Klage). **Rechtsfolgen** der Wahl **(II):** Rückwirkende Konzentration des Schuldverhältnisses auf die gewählte Leistung, das Wahlrecht erlischt (Wahlberechtigter hat kein *jus variandi,* es kann jedoch vertraglich vereinbart werden, RGZ 136, 130); eine Geldschuld ist ggf (zB gem § 353 HGB) rückwirkend zu verzinsen (OLG München NJW-RR 1998, 1189).

§ 264 Verzug des Wahlberechtigten

(1) **Nimmt der wahlberechtigte Schuldner die Wahl nicht vor dem Beginn der Zwangsvollstreckung vor, so kann der Gläubiger die Zwangsvollstreckung nach seiner Wahl auf die eine oder auf die andere Leistung richten; der Schuldner kann sich jedoch, solange nicht der Gläubiger die gewählte Leistung ganz oder zum Teil empfangen hat, durch eine der übrigen Leistungen von seiner Verbindlichkeit befreien.**

(2) [1]**Ist der wahlberechtigte Gläubiger im Verzug, so kann der Schuldner ihn unter Bestimmung einer angemessenen Frist zur Vornahme der Wahl auffordern. [2]Mit dem Ablauf der Frist geht das Wahlrecht auf den Schuldner über, wenn nicht der Gläubiger rechtzeitig die Wahl vornimmt.**

Keine Wahlpflicht des wahlberechtigten Teils, der Verzug führt als solcher nicht zum Verlust des Wahlrechts. Bei Verzug des wahlberechtigten Dritten (→ § 262 Rn. 3) ist § 319 I 2 entspr anzuwenden. Bei **Schuldnerverzug** kann der Gläubiger Leistungsklage mit alternativem Klageantrag erheben und anschließend die Zwangsvollstreckung in die eine oder die andere Leistung betreiben **(I Hs. 1).** Der Übergang des Wahlrechts gilt nach I analog für Sicherheitsleistung nach § 232 (OLG Saarbrücken NJW-RR 2015, 1206). Nach **Beginn** der Zwangsvollstreckung (§§ 750; 803 ff.; 829 ZPO) kann der Schuldner die Wahl nur noch durch entsprechende Leistungserbringung ausüben (**I Hs. 2;** sa BGH NJW 1995, 3190; bei allgemein gefasster Urteilsformel (zB bei Beseitigungsanspruch) kommt der Rechtsgedanke des § 264 ebenfalls zu Anwendung, s. OLG Frankfurt NJW-RR 2022, 929). Sobald der Gläubiger (teilw) befriedigt ist, erlischt das Wahlrecht **(I Hs. 2).** Bei **Annahmeverzug** (§ 295) des wahlberechtigten Gläubigers kann der Schuldner durch Fristsetzung **(II 1)** Übergang des Wahlrechts auf sich herbeiführen **(II 2).**

§ 265 Unmöglichkeit bei Wahlschuld

[1]**Ist eine der Leistungen von Anfang an unmöglich oder wird sie später unmöglich, so beschränkt sich das Schuldverhältnis auf die übrigen Leistungen. [2]Die Beschränkung tritt nicht ein, wenn die Leistung infolge eines Umstands unmöglich wird, den der nicht wahlberechtigte Teil zu vertreten hat.**

1 **1. Bedeutung.** Dispositive Sondervorschrift für die **Konzentration** (Beschränkung) der Wahlschuld bei anfänglicher oder nachträglicher, von keinem Teil oder vom wahlberechtigten Teil zu vertretender Unmöglichkeit **einer** Leistung **vor** Wahlausübung.

2 **2. Anwendungsbereich.** Bei Unmöglichkeit **aller** Leistungen und bei Unmöglichkeit **nach** Wahlausübung gelten die allg Vorschriften (§§ 311a I, II; 263 II; 275 I–III, 280 I, 283). **Entspr** anwendbar bei Nichtigkeit einer Leistungspflicht gem §§ 125, 134 (OLG Köln VersR 1993, 323 mN).

3 **3. Fortbestehen der Wahlschuld.** Keine Konzentration, wenn die Unmöglichkeit vom nicht wahlberechtigten Teil zu vertreten ist **(S. 2);** der wahlberechtigte Teil kann dann auch die unmöglich gewordene Leistung wählen und (als Schuldner) sich dadurch von der Leistungspflicht befreien (§ 275, ggf mit § 326 I) bzw (als Gläubiger) Schadensersatz verlangen (§§ 280 I, III, 283).

§ 266 Teilleistungen

Der Schuldner ist zu Teilleistungen nicht berechtigt.

1 **1. Allgemeines. a) Zweck.** Schutz des Gläubigers vor Belästigung (RGZ 79, 361). **b) Bedeutung** gering, § 266 wird ausgeschlossen durch zahlreiche Sondervorschriften (→ Rn. 4) und eingeschränkt durch den Grundsatz von Treu und Glauben
2 (→ Rn. 10). **c) Abdingbar** (in AGB nur im Rahmen von §§ 307, 308 Nr. 4, 309 Nr. 8a; OLG Stuttgart NJW-RR 1995, 116), auch konkludent und durch die Natur des Schuldverhältnisses. Bsp: Sukzessivlieferungsvertrag; Teilzahlungsgeschäft.
3 **d) Anwendungsbereich.** § 266 gilt entspr für die **Hinterlegung** (BGH MDR 1962, 120; → Rn. 8, 10) und die (fälligkeitsbegründende) **Kündigung** (RGZ 111, 401), **nicht** dagegen für die **Aufrechnung;** zulässig ist nicht nur Aufrechnung mit der (ganzen) niedrigeren Gegenforderung, sondern auch Aufrechnung mit Teilbeträ-

gen, soweit dem Gläubiger zumutbar (vgl RGZ 79, 361, str). Kein Zurückweisungsrecht enthalten: §§ 497 III 2; 39 II, 77 I WG; 34 II ScheckG; 757 I ZPO; 187 II InsO. Teilzahlungsbewilligung durch den Richter: §§ 1382, 2331a; 813a, 900 ZPO; 60 ZVG; ferner gem § 242, → Rn. 10, → § 242 Rn. 18; § 313 I 1. § 266 gilt nur für den **Schuldner.** Das Recht des Gläubigers, Teilleistungen zu verlangen, insbes (im Kosteninteresse) Teilklagen zu erheben, wird durch § 266 nicht berührt; ebenso wenig ist eine Teilvollstreckung ausgeschlossen. Erst recht kann er unter Vorbehalt den mindestens geschuldeten Betrag verlangen (BGHZ 80, 278). Höchstbeträge **zulässiger** Teilleistungen bestimmt § 3 II MaBV. In AGB kann die Inanspruchnahme von Teilleistungen (Flug) durch den Gläubiger nicht ohne weiteres ausgeschlossen werden (BGH VuR 2010, 311). 4

2. Voraussetzung des Zurückweisungsrechts: Teilleistung. a) Begriff: 5
Eine gemessen an der geschuldeten Leistung unvollständige Leistung (obj Betrachtungsweise, vgl → Rn. 8); von der zu bewirkenden Gesamtleistung darf sie sich ihrem Wesen und Wert nach nicht unterscheiden und setzt damit **Teilbarkeit** voraus (Bsp: Geld- und Gattungsschuld; aber auch Stückschuld, soweit der Leistungsgegenstand selbst teilbar (zB Grundstück), nicht teilbar: Herstellung von Werk einschließlich Nacherfüllung (OLG Düsseldorf BauR 2019, 1317). **b) Abgrenzung. aa)** Die 6
Aliudleistung unterscheidet sich von der geschuldeten Leistung qualitativ; im Hinblick auf § 434 III Var. 1 stellt behebbarer Sachmangel Teilverzug, nicht behebbare qualitative (Teil-)Unmöglichkeit dar (Lorenz JZ 2001, 743; Jud JuS 2004, 842, → § 275 Rn. 9); dies bedeutet aber kein automatisches Zurückweisungsrecht des Gläubigers (hierzu Jansen ZIP 2002, 877; Jud 2004, 842; str). **Vollständige Erfüllung** (keine Teilleistung) eines Einzelanspruchs (oder mehrerer) kann vorliegen, wenn der Schuldner bei Konkurrenz mehrerer selbstständiger Ansprüche den Gläubiger nicht auf einmal befriedigt. Bsp: Zusammentreffen von **mehreren Raten** einer Forderung; von selbstständigen Haupt- und **Nebenansprüchen** wie vertragliche Zinsen, Vertragsstrafen, Verzögerungsschaden (anders aber Anspruch nach § 281 I 1, s. MüKoBGB/Krüger Rn. 6), Prozesskosten. **bb)** Liegen bei **Teilunmöglichkeit** 7
(vgl § 275 I: „soweit") die Voraussetzungen für Schadensersatz statt der ganzen Leistung oder Rücktritt vom ganzen Vertrag (§§ 281 I 2, 283 S. 2, 323 V) nicht vor, ist Erbringung des möglichen Leistungsteils keine Teilleistung iSv § 266 (s. Dötsch ZGS 2003, 359 f.; Lorenz NJW 2013, 1342, 1344). **cc) Teilleistung** liegt aber vor, wenn 8
der Schuldner, insbes bei **streitiger Höhe** des geschuldeten Betrags, mit einer obj zu geringen Leistung die Forderung in vollem Umfang erfüllen will (OLG Dresden NJW-RR 2020, 1410; vgl → Rn. 5, str). Dies gilt nicht, wenn der Schuldner in entschuldbarer Weise über die Höhe der Forderung in Unkenntnis ist, insbes wenn diese von einer Schätzung (zB §§ 254, 847; § 287 ZPO) oder Festsetzung (Bsp: Schmerzensgeld; Enteignungsentschädigung, s. BGH NJW 1967, 2011) abhängt (str).

3. Rechtsfolgen. a) Allgemein. Unzulässige Teilleistung kann Gläubiger ableh- 9
nen (bei Annahme ist § 363 zu beachten; eine Anfechtung nach § 131 I Nr. 2 InsO kommt bei Annahme nicht in Betracht, OLG Saarbrücken MDR 2009, 52; zur Beschränkung des Vollstreckungsauftrags BGH WM 2018, 1701); er kommt nicht in Annahmeverzug (§ 293), für den Schuldner treten hinsichtlich der **Gesamt**leistung die Nichterfüllungsfolgen ein (§§ 286, 320, 326). Der Schuldner gibt Veranlassung zur Klage iSv § 93 ZPO (KG NJW-RR 2019, 1087; zu Einschränkungen BAG NZA 2012, 469). **b) Einschränkung gem § 242.** → Rn. 9 gilt nicht, wenn 10
dem Gläubiger die Annahme bei verständiger Würdigung der Lage des Schuldners und seiner eigenen schutzwürdigen Interessen **zuzumuten** ist (OLG Karlsruhe FamRZ 1985, 956; stRspr), zB bei nur geringfügigem offenem Betrag (OLG Bremen NJW-RR 1990, 6 f.), bei fehlender weitergehender Leistungsfähigkeit des Schuldners, aber idR auch dann, wenn der Schuldner annehmen durfte, er leiste alles, was er schulde (vgl → Rn. 8). Dies trifft auf Teilleistungen von Haftpflichtversicherern meist zu (OLG Düsseldorf NJW 1965, 1763; OLG Hamm VersR 1967,

383; Baumgärtel VersR 1970, 971; str); anders jedoch, wenn die Annahme als Verzicht auf die Mehrforderung gedeutet werden könnte (KG VersR 1971, 966; OLG Stuttgart VersR 1972, 448). Rücktrittsbeschränkung des § 323 V 2 kann nicht auf § 242 übertragen werden (Lorenz NJW 2013, 1343). Zu § 242 vgl auch → Rn. 4.

§ 267 Leistung durch Dritte

(1) [1]**Hat der Schuldner nicht in Person zu leisten, so kann auch ein Dritter die Leistung bewirken.** [2]**Die Einwilligung des Schuldners ist nicht erforderlich.**

(2) **Der Gläubiger kann die Leistung ablehnen, wenn der Schuldner widerspricht.**

Lit.: Meier, Drittleistung und fingierter Forderungskauf, ZGS 2011, 551; Geiger, Die Drittzahlung im Recht der Anfechtung nach der InsO, NZI 2014, 585; Lorenz, Gläubiger, Schuldner, Dritte und Bereicherungsausgleich, AcP 168, 286.

1 **1. Allgemeines. a) Grundgedanke** von **I:** regelmäßig fehlendes Interesse des Gläubigers an der Person des Leistenden (Ausnahmen: → Rn. 3). Ist Leistung durch einen Dritten an sich zulässig, trägt **II** abw Interessenlage im Einzelfall Rechnung.
2 **b) Anwendungsbereich:** Alle Schuldverhältnisse (Hauptanwendungsfall: Geld- und Sachleistungsschulden [auch die Aktualisierungspflicht nach § 327f kann vom Softwarehersteller als Dritten vorgenommen werden, Gesmann-Nuis/Kanert BB 2022, 1603, 1604]; aber auch Grundschulden: BGH NJW-RR 1989, 1036; auch Schulden aus öffentl-rechtlichen Schuldverhältnissen, vgl § 48 I AO), ausgenommen solche, bei denen der Schuldner **in Person** (dh persönlich) zu leisten hat. Zu
3 letzteren gehören **folgende Fälle: aa) Parteivereinbarung** und **Natur des Schuldverhältnisses,** zB Unterlassungsanspruch; Geldstrafe (RGSt 30, 232); **bb) Gesetz,** zB §§ 27 III, 613, 664 I 1, 691, 713, 2218 I (Auslegungsregeln); **cc) Besonderheiten in der Person** des in Aussicht genommenen Dritten (§ 242).
4 **c) Abgrenzung.** § 267 gilt **nicht** bei Zahlung vermeintlich eigener Schulden durch den **Putativschuldner** (vgl → Rn. 6 [4]); hier (iGgs zu → Rn. 9 [a]) keine Schuldtilgung, der Bereicherungsausgleich erfolgt im Verhältnis zum Gläubiger (hM, s. Grüneberg/Grüneberg Rn. 8; vgl BGHZ 137, 95; ie → § 812 Rn. 74 f.).

5 **2. Voraussetzungen. a) Dritter. aa) Fremdtilgungswille.** Dritter ist, wer (zumindest auch, vgl BGHZ 70, 396) **zur Erfüllung der Verbindlichkeit des Schuldners** leistet, also auf fremde Schuld eine eigene Leistung erbringt (BGHZ 70, 397; 137, 95 mN, hM); maßgeblich ist nicht der innere Wille des Leistenden, sondern, wie der Gläubiger das Verhalten des Dritten verstehen durfte (BGHZ 105, 369; NJW-RR 2014, 873 Rn. 7; NJW 1995, 129 mN; OLG Köln NJW 2000, 1044; str; → § 812 Rn. 26). Aus einem nichtigen (Darlehens-)Vertrag lässt sich keine Tilgungsbestimmung ableiten (BGH WM 2008, 1706). Eine nachträgliche Änderung der Tilgungsbestimmung ist nach der Rspr in den Grenzen des § 242 auch rückwirkend möglich (vgl BGH NJW 1986, 2700 f.; NJW 1983, 814; NJW 1964, 1899, str; offenlassend BGHZ 137, 95 mN; gegen jede nachträgliche Änderung mit guten Gründen MüKoBGB/Krüger Rn. 11 ff. mN zum Streitstand; offen lassend BGHZ 106, 168; → § 812 Rn. 76); zur Anfechtbarkeit → Rn. 6 (4).
6 **bb) Abgrenzung.** Dritter iSd § 267 ist **nicht: (1)** Wer im Namen des Schuldners (OLG Hamburg MDR 2008, 554) oder als seine Hilfsperson (§ 278) oder auf seine Rechnung als Leistungsmittler (→ § 812 Rn. 32 ff.) leistet; **(2)** wer **in Ausübung eines ges Ablösungsrechts** gem §§ 268, 1142 (für Grundschuld OLG Koblenz WM 2008, 2294 – nur Zahlung des nichtschuldenden Eigentümers auf die persönliche Forderung fällt unter § 267), 1150, 1249 leistet (RGZ 150, 60) oder auf Grund einer Abtretungsvereinbarung (BGH NJW 1997, 731 mN); **(3)** wer ausschließlich **zur Erfüllung einer eigenen Verbindlichkeit leistet,** wie idR der Bürge, § 774

(BGH NJW 1986, 251), Gesamtschuldner, § 426, Drittschuldner bei §§ 829, 835 ZPO (hM), Forderungskäufer (BGH Rpfleger 1982, 412; OLG München WM 1988, 1847; ähnlich BGH NJW 1997, 730), die einen Wechsel einlösende Bank (BGHZ 67, 79), *nicht dagegen* der Erfüllungsübernehmer gem §§ 415 III, 328 (BGHZ 72, 246, 250) oder der eintretende Haftpflichtversicherer (BGHZ 113, 62) – beide sind Dritte; **(4)** wer nur vermeintlich eigene Schulden tilgen will (→ Rn. 4); jedoch ist irrtümliche Tilgungsbestimmung anfechtbar (BGHZ 106, 166). **b)** Nur 7
die geschuldete **Leistung selbst** kann der Dritte bewirken, **nicht** dagegen **Erfüllungssurrogate** vornehmen (RGZ 119, 4) wie Leistung an Erfüllungs statt (LG Düsseldorf NJW-RR 1991, 311), Aufrechnung (OLG Celle WM 2001, 2444) und Hinterlegung (hM, str). **c) Fehlen** entgegenstehenden Widerspruchs von Gläubiger 8
und Schuldner **(II).** Ein Widerspruch des Schuldners ist nicht bindend; er kann gegenüber dem Dritten oder dem Gläubiger erklärt werden.

3. Rechtsfolgen. a) Tilgung der Hauptschuld gem § 362, auch sichernde akzes- 9
sorische Rechte (zB Bürgschaft) erlöschen (BGH NJW-RR 2004, 983; → Rn. 11 f.). Bei Schlechtleistung haftet der Dritte nicht (für eingeschränkte Haftung Rieble JZ 1989, 830; Kreße VersR 2007, 452); Zahlung ist idR kein konkludenter Schuldbeitritt des Dritten (OLG München MDR 2005, 387). Keine Tilgung bei vom Insolvenzschuldner nach Verfahrenseröffnung vorgenommener Leistungsbestimmung; sie fällt unter § 81 I InsO (BGH NJW-RR 2014, 874). Arbeitsentgeltleistungen Dritter sind nach § 142 II 3 InsO denen des Schuldners gleichgestellt und regelmäßig nicht anfechtbar (BGH BeckRS 2022, 4968). **b)** Verweigert der Gläubiger die Annahme, gerät er in Annahmeverzug (§§ 293 ff.), falls der Schuldner nicht widersprochen hat **(II). c) Ausräumung des Widerspruchsrechts des** 10
Schuldners im Falle einer unter EV vom Gläubiger an den Schuldner gelieferten Sache (oder einer auflösend bedingten Sicherungsübereignung [OLG Celle NJW 1960, 2196]) ist möglich durch Pfändung des Anwartschaftsrechts gem § 857 ZPO (vgl BGHZ 75, 228). **d)** Das **Rückgriffsrecht** des Dritten wird bestimmt durch 11
sein Rechtsverhältnis zum Schuldner (zB Auftrag, GoA [zB OLG Koblenz WM 2008, 2293], Gesellschaft, oder ungerechtfertigte Bereicherung [BGHZ 137, 95 mN]; § 818 III gilt idR nicht [BGH NJW 1996, 926] → Rn. 13, → § 812 Rn. 72 ff.); kein Forderungsübergang kraft Ges wie in § 268 (dort → § 268 Rn. 8).
e) Bestand die zu tilgende Schuld nicht, haftet dem Dritten der **Scheingläubiger** 12
gem § 812 I 1 Var. 1 unmittelbar (BGHZ 113, 69 mN; Jakobs NJW 1992, 2524, hM; zT abw Canaris NJW 1992, 868; → § 812 Rn. 72). **f)** War die Leistung im 13
Verhältnis zum Schuldner **rechtsgrundlos,** erfolgt der Ausgleich nach § 812 I 1 Var. 1 nur zwischen Drittem und Schuldner (BGHZ 72, 248; 70, 396); kein Bereicherungsanspruch gegen den Gläubiger.

§ 268 Ablösungsrecht des Dritten

(1) [1]**Betreibt der Gläubiger die Zwangsvollstreckung in einen dem Schuldner gehörenden Gegenstand, so ist jeder, der Gefahr läuft, durch die Zwangsvollstreckung ein Recht an dem Gegenstand zu verlieren, berechtigt, den Gläubiger zu befriedigen.** [2]**Das gleiche Recht steht dem Besitzer einer Sache zu, wenn er Gefahr läuft, durch die Zwangsvollstreckung den Besitz zu verlieren.**

(2) **Die Befriedigung kann auch durch Hinterlegung oder durch Aufrechnung erfolgen.**

(3) [1]**Soweit der Dritte den Gläubiger befriedigt, geht die Forderung auf ihn über.** [2]**Der Übergang kann nicht zum Nachteil des Gläubigers geltend gemacht werden.**

1. Allgemeines. a) Zweck: Schutz des am Gegenstand der Zwangsvollstreckung 1
berechtigten Dritten vor Rechtsverlusten. **b) Bedeutung:** Eigenes Befriedigungs-

recht des Dritten (iGz § 267, hM) ohne Widerspruchsrecht des Schuldners (vgl → Rn. 3). Die Befriedigung kann bei Vorliegen der entspr Voraussetzungen (außer Gegenseitigkeit bei § 387) auch durch Hinterlegung und Aufrechnung erfolgen
2 (**II;** vgl demgegenüber → § 267 Rn. 7). **c) Anwendungsbereich:** Gilt auch bei Ablösung **öffentl-rechtlicher** Forderungen (RGZ 146, 319; BGH NJW 1956, 1197); **Sondervorschriften** enthalten: §§ 1142, 1143, 1150, 1223 II, 1224, 1249.
3 **d) Abgrenzung:** § 267 ist unanwendbar (vgl → Rn. 1 [b], 8). Ist der Vollstreckungsgegenstand nicht Schuldnereigentum (vgl → Rn. 5), kann Dritter gem § 771 ZPO vorgehen.

4 **2. Voraussetzungen. a) Beginn der Zwangsvollstreckung** (außer Zwangsverwaltung) wegen einer Geldforderung (§§ 803 ff. ZPO). Nach ihrer Beendigung besteht kein Ablösungsrecht mehr (vgl RGZ 123, 340 für das Verteilungsverfahren nach Zuschlag). Vorverlegung des Schutzes durch Sondervorschriften: → Rn. 2.
5 **b)** Vollstreckung in einen dem **Schuldner gehörenden Gegenstand** (→ Rn. 3).
6 **c) Drohender Rechts-(Besitz-)verlust** bei Zwangsvollstreckung für den **Dritten** (vgl insbes §§ 1242 II; 91 ZVG). **Rechte** am Vollstreckungsgegenstand **(I 1):** grds nur dingliche (OLG Köln Rpfleger 1988, 32; §§ 44, 52 I 2 ZVG); auch Zwangshypothek und Vormerkung (§ 883; BGH NJW 1994, 1475). Ausreichend ist auch **Besitz** am Vollstreckungsgegenstand **(I 2):** unmittelbarer und mittelbarer; wichtig
7 für Pächter und Mieter wegen §§ 57, 57a, 57b ZVG. **d) Nicht** erforderlich ist die **Absicht der Abwendung der Zwangsvollstreckung** durch die Ablösung (BGH NJW-RR 2010, 1314, 1315; WM 2011, 2366 [unschädlich, wenn Ablösender selbst Vollstreckung betreibt]), auf die Willensrichtung des Ablösenden und sein Verhältnis zum Schuldner kommt es ebenso wenig an wie auf seine Vorstellung, ob er mit einer Befriedigung aus dem Versteigerungserlös rechnen kann (BGH NJW-RR 2010, 1314, 1315), unerheblich ist ein Widerspruch (vgl § 267 II) des Schuldners (s. BGH NJW 1996, 2792).

8 **3. Rechtsfolgen. a) Ges Forderungsübergang (III 1)** samt allen Sicherungs-, Neben- (§§ 412, 401) und Vorrechten (→ § 401 Rn. 7) auf den Dritten; Unterschied zu § 267: dort → § 267 Rn. 11. Bei Ablösung von Grundschuld erfolgt, da ges Erwerb, kein gutgläubiger einredefreier Erwerb des Ablösenden (BGH NJW 2005, 2399). Der Ablösende muss nur den Betrag ablösen, wegen dem die Zwangsvollstreckung betrieben wird, nicht Forderungen, die der vollstreckende Gläubiger gem § 9 Nr. 2 ZVG angemeldet hat (BGH WM 2011, 2366). In Zwangsversteigerungsverfahren braucht sich der Inhaber eines Zwischenrechts die Rangänderungen, die erst nach der Eintragung seines Rechts in das Grundbuch wirksam geworden sind, nicht entgegenhalten zu lassen; er kann das vorrangige Recht insgesamt ablösen
9 (BGHZ 196, 243). **b) Einschränkung:** Der Gläubiger darf durch den Übergang nicht schlechter gestellt werden, als wenn der Schuldner geleistet hätte **(III 2);** Rangfolge bei **Teilbefriedigung:** Das dem Gläubiger verbliebene Restgrundpfandrecht geht dem Recht des Dritten vor (BGH WM 1990, 861 f.), dies gilt auch für akzessorische Sicherungsrechte (Grüneberg/Grüneberg Rn. 7 mwN; zum Ganzen Herpers AcP 166, 454). Bei berechtigter Teilleistung gehen Sicherheiten anteilig über; reicht die Sicherheit nicht für alle Ansprüche, dient sie primär der Absicherung des Altgläubigers (BAG NZA 2021, 940).

§ 269 Leistungsort

(1) **Ist ein Ort für die Leistung weder bestimmt noch aus den Umständen, insbesondere aus der Natur des Schuldverhältnisses, zu entnehmen, so hat die Leistung an dem Orte zu erfolgen, an welchem der Schuldner zur Zeit der Entstehung des Schuldverhältnisses seinen Wohnsitz hatte.**

(2) **Ist die Verbindlichkeit im Gewerbebetrieb des Schuldners entstanden, so tritt, wenn der Schuldner seine gewerbliche Niederlassung an einem anderen Orte hatte, der Ort der Niederlassung an die Stelle des Wohnsitzes.**

(3) **Aus dem Umstand allein, dass der Schuldner die Kosten der Versendung übernommen hat, ist nicht zu entnehmen, dass der Ort, nach welchem die Versendung zu erfolgen hat, der Leistungsort sein soll.**

Lit.: Borges, Der Leistungsort (Erfüllungsort) beim Versandhandel, DB 2004, 1815; Brors, Die Bestimmung des Nacherfüllungsorts vor dem Hintergrund der Verbrauchsgüterkaufrichtlinie, NJW 2013, 3329; Cziupka, Käuferirrtum bei der Bestimmung des Nacherfüllungsorts, NJW 2013, 1043; Gsell, Nacherfüllungsort beim Kauf und Transportlast des Käufers, JZ 2011, 988; Jansen, Das Verbringen der Kaufsache an einen anderen Ort nach Ablieferung und dadurch ausgelöste Mehrkosten im Nacherfüllungsfall – Lieferantenschutz (B2B) durch AGB-Klausel?, WM 2019, 1246; Köhler, Der Leistungsort bei Rückgewährschuldverhältnissen, FS Heinrichs, 1998, S 367; Prechtel, Der Gerichtsstand des Erfüllungsortes bei anwaltlichen Gebührenforderungen, NJW 1999, 3617; Ringe, Der Nacherfüllungsort im Kaufrecht, NJW 2012, 3393; Schack, Der Erfüllungsort usw, 1985; Simon, Der Gerichtsstand für anwaltliche Honorarklagen, MDR 2002, 366; Unberath/Cziupka, Der Leistungsort bei der Nacherfüllung, JZ 2008, 867.

1. Allgemeines. a) Leistungs-(Erfüllungs-)ort ist der Ort, an dem der Schuldner die (abschließende) **Leistungshandlung vorzunehmen** hat. Der Leistungsort kann mit dem Ort, an dem der Leistungserfolg (Erfüllung, § 362) eintritt (Erfolgsort), zusammenfallen (so bei Hol- und Bringschuld), muss es aber nicht (so bei Schickschuld). Bei der Holschuld ist Leistungsort der Wohnsitz des Schuldners, bei der Bringschuld idR der Wohnsitz des Gläubigers; ein Unterfall der Holschuld ist die Schickschuld, bei welcher der Schuldner zur Vornahme der Absendung an den Bestimmungs-(Ablieferungs-)ort verpflichtet ist (Nebenpflicht, → § 241 Rn. 9; vgl § 447 I). **Ges Regelfall** ist die Holschuld (→ Rn. 9); Bring- und Schickschulden sind idR zu vereinbaren (→ Rn. 5). Ges Fall der Schickschuld ist die Geldschuld, § 270 I, IV; vereinbarte Schickschuld: Versendungskauf, § 447; uU kann Nebenpflicht (→ § 242 Rn. 16 ff.) zur Ver-(Nach-)sendung bestehen (s. BAGE 79, 258 für Arbeitszeugnis). Bestimmung des Leistungsorts: → Rn. 4 f. und 6 ff. **b) Bedeutung.** Ob der Schuldner die Leistungshandlung am „richtigen" Ort vorgenommen hat, ist bedeutsam für den Schuldner- (§§ 286 ff.) und Annahmeverzug (§§ 293 ff.), insbes bei Geldschulden auch für die Rechtzeitigkeit der Leistung (→ § 270 Rn. 7), das Zurückbehaltungsrecht des anderen Vertragsteils, §§ 273, 320, die Konkretisierung von Gattungsschulden, § 243 II, und die Frage des Gefahrübergangs, §§ 447, 644 II. Der Erfüllungsort ist bei Verträgen Anknüpfungspunkt für den **Gerichtsstand** (§ 29 I ZPO, zu berücksichtigen aber auch § 29 II ZPO) und die **internationale Zuständigkeit** (dort mit autonomer, vertragseinheitlicher Bestimmung des Erfüllungsortes in Art. 7 Nr. 1b EuGVVO; bei Vertragsstreitigkeiten mit gleichrangigen Hauptpflichten, die in verschiedenen Staaten zu erfüllen sind, entfällt ein einheitlicher Gerichtsstand für die gesamte Klage, BGHZ 185, 250), nicht mehr unmittelbar für das **anwendbare Recht** (vgl Art. 4 ff. Rom I-VO; s. Buchwitz IHR 2013, 108). **c) Anwendungsbereich.** § 269 gilt für alle Schuldverhältnisse, auch für sachenrechtliche (→ § 985 Rn. 7); er ist auch auf Unterlassungspflichten anzuwenden (→ Rn. 8). Zur entspr Anwendung im Platzverkehr → Rn. 9. Auch der Ort der Nacherfüllung im Kaufrecht richtet sich nach § 269 I (BGH NJW 2017, 2758; NJW 2013, 1074 Rn. 23); → Rn. 8 aE.

1 (Rn. 1) · 2 (Rn. 2, at „b) Bedeutung") · 3 (Rn. 3, at „c) Anwendungsbereich")

2. Der vertraglich vereinbarte Leistungsort gilt in erster Linie. a) Abschluss der Leistungs-(Erfüllungs-)ortsvereinbarung. Vertragliche Einigung (nicht in AGB gegenüber Verbraucher; vgl OLG Frankfurt a. M. NJW-RR 1995, 439, aA BeckOGK/Beurskens Rn. 19 [aber nur materiellrechtliche Wirkung]) ist erforderlich, einseitige Erklärungen nach Vertragsschluss genügen nicht. Die Vereinbarung kann ausdr (zB schriftliche Erfüllungsortsklausel; Zahlungsort bei Domizilwechsel, § 4 WG), oder **konkludent** getroffen werden. Bsp: Wiederholungsgeschäft bei lang andauernder Geschäftsbeziehung (einschr RGZ 52, 135); Erfüllungsort kraft Handelsbrauchs und Verkehrssitte, vgl §§ 157, 346 HGB. **b) Inhalt.** Die Vereinbarung muss sich auf den Leistungsort (→ Rn. 1) beziehen. Durch Vereinbarung eines „Erfüllungsorts" werden aber häufig lediglich Gerichtsstand und anwendbares

Recht festgelegt. Die materiellrechtliche Vereinbarung hat nicht automatisch prozessuale Wirkung (str, hM s. OLG München MDR 2009, 1062). Der ges Leistungsort (→ Rn. 6 ff.) muss abgeändert, also zB anstelle der regelmäßigen Hol- eine **Bringschuld** begründet werden. Bsp: vereinbarte Anlieferung durch Verkäufer (zB Möbel – OLG Oldenburg NJW-RR 1992, 1527); zum Versandhandel → Rn. 8. Dafür genügt es aber nicht, dass die Parteien einen Bestimmungs-(Ablieferungs-)ort für Ware oder Geld festlegen (nur Schickschuld, vgl → Rn. 1). Der Leistungsort wird daher nicht geändert durch die Vereinbarung eines **Zahlungsorts** („zahlbar in X"; nur Wiederholung von § 270 I, arg § 270 IV), durch die Bestimmung einer Akkreditivbank (BGH NJW 1981, 1905), durch die **Übernahme der Versendungskosten (III)** und der grds beim Gläubiger liegenden (§ 447 I) Versendungsgefahr (RGZ 114, 408; sa § 270 I). Bloße **Kostenklauseln** sind idR „bahnfrei", „franko X" und „frei Haus X" (OLG Saarbrücken NJW 2000, 671), anders uU „frei … Bestimmungsort" (BGHZ 134, 207). Bei der handelsrechtlichen **cif-Klausel** (cost, insurance, freight) ist der (überseeische) Abladehafen Erfüllungsort (BGH WM 1983, 1238; Folge für Gegenleistung: → § 320 Rn. 21), bei der **fob-Klausel** (free on board) das Schiff (BGHZ 55, 342; 60, 6); DDP-Klausel (delivered duty paid) weist auf Bringschuld hin (BGH NJW-RR 2013, 309). Wird für einen gegenseitigen Vertrag ein Leistungsort vereinbart, ist iZw ein **gemeinsamer Leistungsort** gewollt (vgl aber → Rn. 8 f.).

6 **3. Bestimmung des Leistungsortes.** Der ges Leistungsort gilt, wenn eine wirksame vertragliche Vereinbarung (→ Rn. 4 f.) fehlt. Er entspricht, soweit sich nicht aus ges Sondervorschriften (→ Rn. 7) oder aus der „Natur des Schuldverhältnisses" (→ Rn. 8–9) etwas anderes ergibt, dem Wohnsitz des Schuldners zurzeit der Entste-
7 hung des Schuldverhältnisses (→ Rn. 10). **a) Ges Sonderregeln** für den Leistungsort enthalten die §§ 261, 374, 604 I (Bringschuld, BGH NJW-RR 2002, 1028), 697, 700, 811, 1194, 1200; § 36 VVG; § 2 II und III ScheckG; §§ 2 III, 75 Nr. 4,
8 76 III WG. **b) Gegenseitige Verträge** haben regelmäßig keinen einheitlichen Leistungsort (BGH WM 2010, 1145 [Vergleich]), auch nicht bei Zug-um-Zug Leistung (BGH NJW 1995, 1546; NJW 2010, 2426). Auch der Ort der vertragstypischen Leistung spielt nur ausnahmsweise eine Rolle zur Bestimmung eines einheitlichen Leistungsortes (MüKoBGB/Krüger Rn. 19; Grüneberg/Grüneberg Rn. 11; → Rn. 8a). Während bei Ladengeschäften ein einheitlicher Erfüllungsort besteht (→ Rn. 8a), ist dies im **Versand- und online-Handel** nicht der Fall. Hier liegt idR f. Verkäufer Schickschuld vor (BGH BB 2019, 2317 Rn. 20 mN; NJW 2003, 3341, 3342; BeckOK/Lorenz Rn. 31; str, für Bringschuld: OLG Stuttgart NJW-RR 1999, 1577; ebenso MüKoBGB/Krüger Rn. 20 mN; Grüneberg/Grüneberg Rn. 10). Bei harten **Patronatserklärungen** ist Erfüllungsort der Wohnsitz des Patrons (BGH BeckRS 2021, 31628); für **Darlehens**rückzahlungsanspruch der Sitz des Schuldners (BayObLG BeckRS 2020, 5680; OLG Oldenburg BeckRS 2020, 27575; OLG Schleswig BeckRS 2020, 46076; OLG Stuttgart BeckRS 2020, 15985); für Verpflichtung des Beauftragten der Ausführungsort (BayObLG NJW-RR 2020, 1143); bei **Flugreisen** mit Hin- und Rückbeförderung sowohl der Abflugs- als auch der Ankunftsort (OLG Frankfurt a. M. NJW-RR 2013, 59; BGH NJW 2011, 2056; keine getrennte Betrachtung von Teilstrecken (EuGH EuZW 2018, 465 Rn. 73; BGH NJW-RR 2019, 432; BeckRS 2018, 35811 je für Art. 7 Nr. 1 EuGVVO). Für Aufwendungsersatzansprüche kommt es auf den Wohnsitz des Schuldners an, nicht auf die Belegenheit seiner Konten (OLG München BeckRS
8a 2021, 15669). Allerdings kann sich aus den **Umständen,** insbes aus der **Natur des Schuldverhältnisses** ein von → Rn. 10 abw – ggf **einheitlicher** – Leistungsort ergeben bei bes Ortsgebunden- oder -bezogenheit der Leistung. Zu den erheblichen Umständen gehört die Verkehrssitte, soweit diese nicht bereits zu einer stillschweigenden vertraglichen Festlegung geführt hat (→ Rn. 4). **Bsp:** Ort des **Bauwerk**s für beiderseitige Verpflichtungen aus dem Bauvertrag (BGH NJW 1986, 935; KG BeckRS 2017, 126014; OLG Schleswig MDR 2000, 1453 mN; BayObLG MDR

2002, 942, hM) und zT aus dem Architektenvertrag (BGH NJW 2001, 1936; nicht bei bloßer Planungsleistung, KG BauR 1999, 940; iE BeckOK/Lorenz Rn. 20); das Ladenlokal für **Ladenverkäufe** des täglichen Lebens (BGH NJW-RR 2003, 193); zum Versandhandel → Rn. 8; der Klinikort beim Krankenhausaufnahmevertrag (BGH NJW 2012, 860 mN zum Streitstand); der Internatsort beim Internatsschulvertrag (OLG Hamm NJW-RR 1989, 1530 f.); der Betriebsort für sämtliche Ansprüche aus **Arbeitsvertrag** (BAGE 41, 131; 79, 260; Einzelheiten bei BeckOK/Lorenz Rn. 19), wie allgemein bei Dienstverträgen ein einheitlicher Erfüllungsort am Ort der Dienstleistung gegeben ist (BGH NJW 1981, 752); bei Reisetätigkeit jedoch der Wohnsitz des AN (BAG NJW-RR 1988, 483 f.; Bergwitz NZA 2008, 448); die Werkstatt ist gemeinsamer Erfüllungsort für Verpflichtungen aus **Reparatur**aufträgen für Kfz (OLG Düsseldorf MDR 1976, 496; generell für Zahlungspflicht, wenn Werkleistung Vertrag maßgeblich prägt, MüKoBGB/Krüger Rn. 47); der Beherbergungsort für Verpflichtungen aus Gastaufnahmevertrag (BGH NJW-RR 2007, 777); Ort der Abnahme bei Energie- und Wasserlieferungsvertrag (BGH NJW 2003, 3418); der Versteigerungsort bei Aushändigung gegen Barzahlung (BGH NJW-RR 2003, 193 m. abw Besonderheit). **Nicht** ist aber der Ort des Mietgrundstücks Erfüllungsort für die Mietzinszahlung (RGZ 140, 67; abw OLG Hamm OLGZ 1991, 80 für Pacht), das Geschäftslokal der kreditgewährenden Bank Erfüllungsort für den Darlehensanspruch (OLG Stuttgart WM 1993, 18 mN; BayObLG NJW-RR 1996, 956), nicht der Sitz der Anwaltskanzlei für die Zahlung des Honorars (BGH NJW 2004, 54; MDR 2004, 765), vielmehr gilt → Rn. 9 (vgl auch Leible EuZW 2007, 373), idR nicht der Ort der Werkleistung für den Werklohnanspruch (OLG Schleswig NJW-RR 1993, 314; sa o. für Werkstatt). Leistungen eines Mobilfunkanbieters sind an jedem Ort seines Funknetzes zu erbringen; ein einheitlicher Erfüllungsort mit der Zahlungspflicht besteht nicht (KG ZGS 2008, 116). **c)** 9
Sonstige Fälle: Akzessorische Verbindlichkeiten sind hinsichtlich des Leistungsorts selbstständig (Bsp: Bürgschaftsschuld, vgl BGH NJW 1995, 1546; BayObLG MDR 2003, 1103), bloße **Nebenpflichten** nicht (hM); Bsp: Vorlage von Nebenkostenabrechnungen bei Wohnungsmiete (str, s. Kleffmann ZMR 1984, 109; Korff ZMR 1986, 7 mN). **Gemeinsamer Leistungsort** ist beim gesetzlichen **Rücktritt** (§§ 437 Nr. 2, 440) nach vielfach vertretener und richtiger Ansicht der Ort, an dem sich die Sache vertragsgemäß (dagegen Erman/Röthel/Metzger § 346 Rn. 5) befindet (BGHZ 87, 104, 109; OLG Jena BeckRS 2020, 6866 mwN; OLG Hamm BeckRS 2019, 34977 Rn. 52; NJW-RR 2016, 177; OLG Stuttgart NJOZ 2016, 771; OLG München BeckRS 2014, 01992; OLG Schleswig NJOZ 2013, 1255; OLG Düsseldorf BeckRS 2013, 12957; MüKoBGB/Gaier § 346 Rn. 91 [sofern keine ausdr oder konkludente Vereinbarung, keine Unterscheidung zwischen ges und vertragl Rücktritt]), nach der Gegenmeinung gem § 269 der Wohnsitz des Schuldners (BeckOK/Lorenz Rn. 36); bei **vertraglichem Rücktrittsrecht** wird teilweise auf den **ursprünglichen Leistungsort** abgestellt und ein einheitlicher Erfüllungsort abgelehnt (OLG Hamm MDR 1982, 141; Grüneberg/Grüneberg Rn. 14; BeckOK/Lorenz Rn. 37; MüKoBGB/Krüger Rn. 42; Staud/Bittner/Kolbe, 2019, Rn. 32). Ein einheitlicher Erfüllungsort ist wegen des mangelnden Vertretenmüssens (bei ges Rücktritt bleibt zumindest die Leistung nach § 323 aus!) des *Darlehens*gebers/Verkäufers auch bei **Widerruf** und Rückabwicklung verbundener Verträge **abzulehnen** (§§ 355 ff.; OLG Brandenburg BeckRS 2020, 5526 Rn. 34; BeckRS 2021, 1102 Rn. 51–54; OLG Braunschweig BeckRS 2021, 16202 u BeckRS 2022, 9398 [4. Senat]; OLG Stuttgart MDR 2021, 1403; Grüneberg/Grüneberg Rn. 14; Staud/Kaiser, 2012, § 357 Rn. 9–11; aA [gemeinsamer Leistungsort wie bei ges Rücktritt] OLG Braunschweig BeckRS 2021, 15609 Rn. 82–84 [11. Senat]; OLG Dresden BeckRS 2020, 32026; OLG Frankfurt NJOZ 2021, 1337; OLG Köln BeckRS 2020, 13047; OLG Hamm BeckRS 2019, 34977 Rn. 53 f; OLG Saarbrücken BeckRS 2020, 22237 Rn. 107 ff.). Für den **Nacherfüllungsanspruch** gilt § 269, dh vorrangig sind Parteivereinbarungen, dann die Umstände des Einzelfalls. IZw liegt der Erfüllungsort am Erfüllungsort der Primärleistung bzw

am Wohnsitz oder der Niederlassung des Verkäufers zZ des Vertragsschlusses (BGHZ 189, 196 mN zur aA, allerdings ua mit Vorbehalt für Fälle, in denen der Verkäufer die Sache auf- oder eingebaut hat [Vorgriff auf EuGH NJW 2011, 2269]; BGH NJW 2017, 2758 Rn. 18 ff. mN [Anspruch auf Transportkostenvorschuss bei b2c], NJW 2013, 1074 Rn. 23; OLG Düsseldorf NJW-RR 2017, 821 (Kfz-Werkstatt als aktueller Belegenheitsort); krit Schnell BB 2017, 2389; zum Ganzen → § 439 Rn. 11). Bei anderen Rückgewährschuldverhältnissen, zB aus Bereicherung nach Anfechtung des Kaufvertrags, ist idR der Empfangsort maßgebend (so BeckOK/Lorenz Rn. 37; Köhler, FS Heinrichs, S. 377 ff. mwN, str). Der **Eigentumsherausgabeanspruch** (§ 985) ist am jeweiligen Belegenheitsort zu erfüllen, es sei denn der bösgläubige Besitzer hat den Lageort der Sache verändert (dann ursprünglicher Lageort; BGHZ 79, 211, 214). § 546 begründet für **Miet- und Leasingverträge** keine Bringschuld, es gilt § 269 (BGHZ 213, 303 Rn. 20 ff. gegen die bislang hM, aber ggf Bringschuld aus § 269). Bei **Gewinnzusagen** (§ 661a) ist Leistungsort der Wohnsitz des Adressaten (BGHZ 165, 183, der damit einen Klägergerichtsstand für Verbraucher ermöglicht); der Ort der Zuwiderhandlung Erfüllungsort für Unterlassungspflichten (vgl BGH NJW 1974, 410; mit speziell prozessualer Argumentation im Erg auch EuGH NJW 2002, 1409). Bei einer deliktischen Haftung aus **§ 826** ist die Rücknahme der infolge Täuschung erworbenen Sache eine Holschuld des

10 Schädigers (OLG Oldenburg BeckRS 2020, 29576). **d) Regelfall.** Regelmäßig ist ges Leistungsort der **Ort des Wohnsitzes** (bei Gewerbeschulden der gewerblichen Niederlassung, **II**) **des Schuldners bei Entstehung des Schuldverhältnisses (I).** Bei bedingten (befristeten) Geschäften ist der Abschlusszeitpunkt entscheidend (OLG Stuttgart NJW-RR 1987, 1076). Ort meint die (politische) Gemeinde (BGHZ 87, 110). Für Platzgeschäfte innerhalb eines Ortes gilt § 269 entspr (RGZ 78, 141). Leistungsstelle ist dann iZw die Wohnung (das Geschäftslokal des Gewerbebetriebes) des Schuldners (sa BGHZ 87, 111). Nachträgliche Wohnsitzänderung (Sitzverlegung) ist bedeutungslos (BGHZ 36, 15; BayObLG MDR 2003, 1103), auch bei Dauerschuldverhältnissen (BGH NJW 1988, 1914; s. aber für jeweiligen Gesellschaftssitz OLG Jena NZG 1999, 34). Spätere Vereinbarung des Leistungsortes ist hingegen jederzeit möglich.

§ 270 Zahlungsort

(1) **Geld hat der Schuldner im Zweifel auf seine Gefahr und seine Kosten dem Gläubiger an dessen Wohnsitz zu übermitteln.**

(2) **Ist die Forderung im Gewerbebetrieb des Gläubigers entstanden, so tritt, wenn der Gläubiger seine gewerbliche Niederlassung an einem anderen Orte hat, der Ort der Niederlassung an die Stelle des Wohnsitzes.**

(3) **Erhöhen sich infolge einer nach der Entstehung des Schuldverhältnisses eintretenden Änderung des Wohnsitzes oder der gewerblichen Niederlassung des Gläubigers die Kosten oder die Gefahr der Übermittlung, so hat der Gläubiger im ersteren Falle die Mehrkosten, im letzteren Falle die Gefahr zu tragen.**

(4) **Die Vorschriften über den Leistungsort bleiben unberührt.**

Lit.: Freitag, Die Geldschuld im europäischen Privatrecht, AcP 2013, 128; Gal, Erstprämienzahlung und Einlösungsklausel – wirklich ein Fall der Zahlungsverzugsrichtlinie?, VersR 2021, 414; Herresthal, Das Ende der Geldschuld als qualifizierte Schickschuld, ZGS 2008, 259; Heyers, Rechtsnatur der Geldschuld und Überweisung, JZ 2012, 398; Jacobs, Gesetzgebung im Banküberweisungsrecht, JZ 2000, 641; Meier, Der Leistungs- und Erfüllungsort der Geldschuld, JuS 2018, 940; Schön, Prinzipien des bargeldlosen Zahlungsverkehrs AcP 198, 401; Schwab, Geldschulden als Bringschulden? NJW 2011, 2833.

1 **1. Allgemeines. a)** Nach der **Auslegungsregel** des **I** sind Geldschulden (→ Rn. 2) **qualifizierte Schickschulden.** Geld hat der Schuldner iZw auf seine

Gefahr (→ Rn. 6 f.) und Kosten (→ Rn. 8) an den (jeweiligen) Wohnsitz des Gläubigers zu übermitteln (→ Rn. 4 f.). Dadurch wird der Leistungsort (→ § 269 Rn. 1) nicht berührt **(IV),** der iZw dem Schuldnerwohnsitz zurzeit der Entstehung des Schuldverhältnisses entspricht (→ § 269 Rn. 10). Ort der Leistungshandlung und des Leistungserfolgs fallen auseinander (BGHZ 212, 140 Rn. 23 mwN). Wichtig namentlich für Gerichtsstand (§ 29 ZPO) und Rechtzeitigkeit der Geldzahlung (→ Rn. 7). Abw. Vereinbarungen: → § 269 Rn. 5. **b) Anwendungsbereich.** 2
§ 270 gilt für alle Geld-(Zahlungs-)schulden (→ §§ 244, 245 Rn. 9 f., 11), nicht aber für auf Geld gerichtete Herausgabeansprüche, zB gem § 667 (BGHZ 143, 378; str) oder § 818 I, II (→ §§ 244, 245 Rn. 7). Anwendbar sowohl im Distanz- als auch im Platzverkehr (RGZ 78, 141). **c) Abgrenzung.** Eine Lastschriftabrede 3
begründet eine Holschuld (BGH NJW 1984, 872; WM 1985, 462; OLG Köln NJW-RR 1986, 390). Vom Begriff des „Geldes" sind Kryptowährungen wie **Bitcoins** mangels Anerkennung als Universaltauschmittel und normativer Anerkennung de lege lata ausgenommen (Einzelheiten bei Omlor JZ 2017, 754).

2. Geldübermittlung. a) Die **Art und Weise der Übermittlung** bestimmt der 4
Schuldner. Unmittelbare Geldübermittlung (zB Geldbrief) ist bei Distanzzahlung selten. In Frage kommen: Banküberweisung, (Verrechnungs-) Scheck, Postanweisung, mobile Zahlungssysteme (s. Söbbing WM 2016, 1066); nicht hierher gehört das Lastschriftverfahren (→ Rn. 3). Die Übermittlung ist mit Erfüllung (§ 362) beendet, also mit Auszahlung – Empfang – des Geldbetrags im Barzahlungsverkehr oder Gutschrift bei bargeldloser Zahlung (BGHZ 6, 122; bei Nutzung von PayPal mit Gutschrift auf dem PayPal-Konto des Verkäufers, BGHZ 217, 33; krit. Ulrici JZ 2018, 785). In der Bekanntgabe von Konto liegt Einverständnis mit dieser abw Erfüllungsart (→ §§ 364, 365 Rn. 4, hM, str; nach aA Fall von § 362); Leistungsempfänger ist der Gläubiger, nicht die Bank (BGHZ 72, 318). Übersendung von Scheck erfolgt iZw erfüllungshalber (§ 364 II; vgl BGHZ 85, 349), Erfüllung tritt erst mit Auszahlung oder (vorbehaltsloser) Gutschrift ein (s. allg BGHZ 103, 146 ff.; ie Häuser/Welter WM 1994, 780 ff.). Zur Rechtzeitigkeit der Leistung bei (bargeldloser) Zahlung am Leistungsort → Rn. 7. **b) Zahlungsort.** Zu übermitteln ist an den 5
jeweiligen Wohnsitz des Gläubigers (I), bei Gewerbeforderung an den Ort seiner **Niederlassung (II).** Dies gilt auch bei Verlegung des Wohnsitzes (der Niederlassung) des Gläubigers nach Entstehung des Schuldverhältnisses (Abweichung zu → § 269 Rn. 10). Eine Verschlechterung der Rechtslage des Schuldners hinsichtlich der Gefahr- und Kostentragung tritt dadurch nicht ein (**III** und → Rn. 6, 8).

3. Gefahrtragung. „Gefahr" iSd **I** ist nur die Verlust-, nicht die Verzögerungsge- 6
fahr (→ Rn. 7). **a)** Die **Verlustgefahr** (Transportgefahr) trägt der Schuldner, dh er muss bei Geldverlust nochmals leisten (RGZ 78, 140). Damit unterscheidet sich die Geldschuld von der gewöhnlichen Schickschuld, bei der der Gläubiger die Gefahr trägt (zB bei Gattungsschuld, §§ 243 II, 275 I) und ähnelt insoweit der Bringschuld (→ § 269 Rn. 1). Zur Verlust- gehört auch die Geldentwertungsgefahr (vor Leistungshandlung vgl → §§ 244, 245 Rn. 9 aE). Bei Gefahrerhöhung infolge nachträglicher Wohnsitz- (Niederlassungs-)änderung des Gläubigers entfällt die Gefahrtragung des Schuldners gänzlich **(III).** Dasselbe gilt bei Verlustgründen aus der Sphäre des Gläubigers (zB Insolvenz der Empfängerbank, s. Canaris, Bankvertragsrecht Rn. 478). **b)** Die **Verzögerungsgefahr,** dh die Gefahr verspäteten Eingangs trotz 7
rechtzeitiger Leistungshandlung fällt nach bish hM nicht unter § 270; sie trägt der Gläubiger (BSG NJW 1988, 2501). Grund: Mit Absendung des Geldes am Leistungsort (§§ 270 IV, 269 I) hatte der Schuldner die ihm obliegende Leistungshandlung vorgenommen (→ Rn. 1). Der Schuldner hatte daher **rechtzeitig geleistet,** wenn er das Geld vor Fristablauf am Leistungsort bei der Post auf Postanweisung oder Zahlkarte eingezahlt hatte (RGZ 78, 140). Im Überweisungsverkehr musste der (angenommene: § 676a) Überweisungsauftrag beim Geldinstitut (Bank, Postgiroamt) bei vorhandener Kontodeckung vor Fristablauf eingehen, nicht erforderlich war die Abbuchung des überwiesenen Betrags vom Schuldnerkonto, erst recht nicht

Gutschrift auf dem Gläubigerkonto (BSG NJW 1988, 2501 mN; OLG Karlsruhe FamRZ 2003, 1763). Für den Anwendungsbereich der Zahlungsverzugs-RL (2000/35/EG) entschied der EuGH (EuGH NJW 2008, 1935), dass die RL (Art. 3 I lit. a–c) hinsichtlich der Zahlung von Verzugszinsen auf den Eingang der Zahlung beim Gläubiger – bei Überweisungen also der Gutschrift – abstelle. Zumindest im Anwendungsbereich der RL (Rechtsgeschäfte zwischen Unternehmen, Entgeltforderungen für Lieferung von Gütern bzw Dienstleistungen) sind Abs. 1, 4 daher richtlinienkonform auszulegen. Um eine divergierende Beurteilung rechtzeitiger Zahlung im Rechtsverkehr zu vermeiden, sollten Geldschulden (auch bei Beteiligung von Verbrauchern) nun grds als **modifizierte Bringschuld** eingeordnet werden, bei denen der Schuldner Verlust- und Verzögerungsgefahr bis zum Eingang (Gutschrift) beim Gläubiger trägt (so auch OLG Karlsruhe WM 2014, 1424; Staudinger/Bittner Rn. 3; Soergel/Foerster Rn. 1; Grüneberg/Grüneberg Rn. 5; PWW/Zöchling-Jud Rn. 1; Herresthal ZGS 2008, 259 mwN; Gsell GPR 2008, 165; Fehrenbach ZZP 129 (2016), 295 ff., 312; aA Schwab NJW 2011, 2833). BGH NJW 2017, 1596 mwN lehnt nunmehr eine Ausdehnung der modifizierten Bringschuld über den Anwendungsbereich der Zahlungsverzugs-RL ab. **Mietzahlungen** müssen nicht bis zum 3. Werktag auf dem Konto des Vermieters eingegangen sein (BGH aaO, dort auch zu AGB-Rechtzeitigkeitsklauseln); zur Vereinbarkeit mit § 676b I Jacobs JZ 2000, 641, 645 f. Das Risiko verzögerter Bearbeitung kann § 676b den Schuldnern nur abnehmen, wenn ges vorgeschriebene Bearbeitungszeiten überschritten sind (Scheuren-Brandes ZIP 2008, 1463). Für Zahlungen bei Skontovereinbarungen soll es nach OLG Stuttgart NJW 2012, 2362 wegen der gegenüber Verzugsfolgen anderen Zielsetzung bei der Rspr des BGH (NJW 1998, 1302) bleiben, wonach auf die rechtzeitige Absendung des Verrechnungsschecks abzustellen sei. Eine Klarstellung durch den Gesetzgeber (Ernst ZIP 2012, 751) tut Not, denn der Preis einer einheitlichen Auslegung als modifizierte Bringschuld wäre neben einer faktischen Ausweitung von § 278 ein Klägergerichtsstand für Geldschulden. Letzteres könnte mit einer Neudefinition der Verzugsvoraussetzungen verhindert werden, die grds an den Leistungserfolg anknüpfen (vgl Heyers JZ 2012, 398).

8 **4. Kostentragung.** Die Pflicht des Schuldners zur Kostentragung **(I)** entspricht der (einfachen) Schickschuld (vgl § 269 III). Mehrkosten im Falle des **III** treffen den Gläubiger. Nicht zu den Kosten iSd **I** gehören die Kontoführungsgebühren bei (zulässiger) bargeldloser Lohnzahlung (idR aber tarifvertragliche Regelung; vgl BAGE 46, 309). Zur möglichen analogen Anwendung von III auf Mehrkosten des Schuldners bei Teilabtretung Valdini ZGS 2010, 442.

§ 270a Vereinbarungen über Entgelte für die Nutzung bargeldloser Zahlungsmittel

[1]Eine Vereinbarung, durch die der Schuldner verpflichtet wird, ein Entgelt für die Nutzung einer SEPA-Basislastschrift, einer SEPA-Firmenlastschrift, einer SEPA-Überweisung oder einer Zahlungskarte zu entrichten, ist unwirksam. [2]Satz 1 gilt für die Nutzung von Zahlungskarten nur bei Zahlungsvorgängen mit Verbrauchern, wenn auf diese Kapitel II der Verordnung (EU) 2015/751 des Europäischen Parlaments und des Rates vom 29. April 2015 über Interbankenentgelte für kartengebundene Zahlungsvorgänge (ABl. L 123 vom 19.5.2015, S. 1) anwendbar ist.

Lit.: Omlor, Entgelte im Zahlungsverkehr nach Umsetzung der Zweiten Zahlungsdiensterichtlinie, WM 2018, 937; Spitzer, Gesetz zur Umsetzung der Zweiten Zahlungsdiensterichtlinie, MDR 2018, 561; Zahrte, Neuerungen im Zahlungsdiensterecht, NJW 2018, 337.

1 **1. Voraussetzungen.** Die Vorschrift wurde eingefügt durch das Gesetz zur Umsetzung der Zweiten Zahlungsdienste-RL und dient der Umsetzung von Art. 62 IV der RL. Sie ergänzt § 312a IV, wonach Unternehmer schon bisher bestimmte

Zahlungsmittelentgelte nicht verlangen durften und ist eine Marktverhaltensregelung iSv § 3a UWG (BGH NJW-RR 2021, 975). Die Vorschrift gilt für alle Schuldverhältnisse, die ab dem 13.1.2018 begründet wurden und solche, die nach diesem Datum zu erfüllen sind – wichtig für Dauerschuldverhältnisse – (EuGH NJW 2022, 529 auf Vorlage v OLG München BeckRS 2020, 26155; zust Casper EwiR 2022, 33; zu den Auswirkungen Augenhofer NJW 2022, 529). Ziel ist es, auch bei gängigen Methoden bargeldloser Zahlung zu verhindern, dass – auch kostendeckende – Zuschläge vereinbart werden. **Entgelt** ist jeder Aufschlag, der in den Preis einfließt (weite Auslegung – Omlor WM 2018, 937, 942). Von dem Verbot erfasst werden Überweisungen und Lastschriften in Euro, auf welche die SEPA-VO Anwendung findet (insoweit gilt das Verbot auch gegenüber **Unternehmern** – Spitzer MDR 2018, 561); ebenso Zahlungen durch Zahlungskarten nach der MIF-VO – (ABl. L 123 vom 19.5.2015, S. 1), welche sich auf alle Debit- und Kreditkarten bezieht, die **Verbrauchern** im sog **Vier-Parteien-Kartenzahlverfahren** ausgestellt werden (Verbot nur gegenüber Verbrauchern). Bei diesen wirken Karteninhaber, kartenausgebende Bank (Emittent), der die Karte akzeptierende Unternehmer und ein Zahlungsdienstleister, der dem Händler die Akzeptanz der Karte anbietet, zusammen. Betroffen sind damit die gängigsten Kartenzahlverfahren (Debit- und Kreditkarten wie Visa und Mastercard) in Deutschland (BT-Drs. 18/11495, S. 83). Erfasst werden dabei auch Drei-Parteien-Verfahren, welche nach § 1 MIF-VO als Vier-Parteien-Zahlverfahren gelten (zB American Express; EuGH WM 2018, 321; Grüneberg/Grüneberg Rn. 3; Jungmann WuB 2018, 269). **Nicht** unter die Vorschrift fallen hingegen Zahlungsmöglichkeiten wie „Sofortüberweisung" oder „PayPal", weil die Entgelte hier nicht für die Überweisung als solche erhoben werden (BGH NJW-RR 2021, 975; zust Fritzsche/Wild LMK 2021, 810663; abl Omlor JuS 2021, 787 für Sofortüberweisung, zust. für PayPal-Zahlung; Einzelheiten BeckOK/Schmalenbach, 2021, Rn. 3 f.). Diese können daher an die Verbraucher weitergereicht werden, wenn eine andere gängige Zahlungsmethode angeboten wird (zu den PayPal AGB, s Nittmann GRUR-Prax 2021, 289). § 270a regelt nur das Verhältnis zwischen Schuldner und Gläubiger der Geldforderung. Nicht betroffen sind §§ 675c ff., 675 f. VI (Grüneberg/Grüneberg Rn. 1).

2. Rechtsfolgen. Unwirksam ist nur **die** Entgeltvereinbarung, der restliche Vertrag bleibt wirksam (§ 139 – Spitzer MDR 2018, 561). Rückforderung erfolgt über Leistungskondiktion. 2

§ 271 Leistungszeit

(1) **Ist eine Zeit für die Leistung weder bestimmt noch aus den Umständen zu entnehmen, so kann der Gläubiger die Leistung sofort verlangen, der Schuldner sie sofort bewirken.**

(2) **Ist eine Zeit bestimmt, so ist im Zweifel anzunehmen, dass der Gläubiger die Leistung nicht vor dieser Zeit verlangen, der Schuldner aber sie vorher bewirken kann.**

1. Allgemeines. **a) Bedeutung aa)** von **I:** Dispositive Ergänzungsnorm bei fehlender (ges oder vertraglicher) Leistungszeitbestimmung (dazu → Rn. 6 ff.); sofortige Fälligkeit der Leistung ist Regeltatbestand (Folgen: → Rn. 16). **bb)** von **II:** Auslegungsregel für vertragliche Leistungszeitbestimmung (→ Rn. 15); zwingende Ausgestaltung beim Verbraucherkredit (→ Rn. 5). **b) Begriffe. aa) Fälligkeit** einer Forderung bezeichnet den Zeitpunkt, zu dem der Gläubiger die Leistung verlangen (insbes Leistungsklage erheben) kann (s. aber § 259 ZPO); Rechtsfolgen bei Nichtleistung: → Rn. 16. **bb) Erfüllbarkeit** bezeichnet den Zeitpunkt, von dem ab der Schuldner die Leistung bewirken darf; bei Nichtannahme der Leistung kommt der Gläubiger in Verzug → Rn. 16. **cc) Verhältnis zueinander.** Beide Zeitpunkte fallen idR zusammen (**I** → Rn. 14). Abweichung von II muss sich aus

(Margin numbers: 1 beside "1. Allgemeines", 2 beside "b) Begriffe. aa) Fälligkeit", 3 beside "bb) Erfüllbarkeit", 4 beside "cc) Verhältnis zueinander")

Ges, vertraglicher Vereinbarung oder den (für beide Parteien erkennbaren) Umständen ergeben (BAG NJW 2017, 104 Rn. 17 ff.). Die Erfüllbarkeit kann dann auch vor (**II** → Rn. 15) bzw erst nach der Fälligkeit eintreten (sog verhaltener Anspruch; Bsp: §§ 695, 696 S. 2; Ersatzherausgabeanspruch gem § 285 [str, dort → § 285
5 Rn. 10, aA Grüneberg/Grüneberg Rn. 1]). **c) Anwendungsbereich:** Gilt für alle Schuldverhältnisse (auch ges), II nicht für dingliche Rechte (→ Rn. 15). Sonderregelung für Verbrauchsgüterkauf in § 474 III (s. dort). Bei Verbraucherdarlehen (§ 491) und Teilzahlungsgeschäften (§ 506) ist vorzeitige Erfüllbarkeit für den Verbraucher **unabdingbar** (§§ 500 II, 512 iVm § 506 I – s. aber § 506 II 2); ansonsten Rückzahlung ohne Kündigung nur bei zinslosen Darlehen oder Vereinbarung von Sondertilgungsrecht (§ 488 III 3; BGH NJW 2012, 445).

6 **2. Bestimmung der Leistungszeit.** Eine (von I abw) Leistungszeit kann sich ergeben aus **Ges, vertraglicher Vereinbarung** (→ Rn. 7–12) oder **den Umständen** (→ Rn. 13). **a)** Fälle **ges Leistungszeitbestimmung** enthalten zB §§ 488 II, 556b I, 579, 587, 609, 614, 641 I, 695, 721, 1361 IV, 1585 I, 1612 III, 2181 (sämtlich
7 dispositiv); Sonderregelung im Insolvenzverfahren: § 41 I InsO. **b)** Vertragliche **Leistungszeitvereinbarungen** können Termin oder Frist festlegen; Auslegungsregeln: §§ 187–193 sowie allg §§ 157, 242 (billiges Ermessen), ggf unter Berücksichtigung des Leistungsgegenstandes. Auch bei Fälligkeit von Teilleistungen (etwa bei Werkverträgen) kann mangels Terminangabe Auslegung notwendig sein (KG BeckRS 2022, 9016). Bsp: Lieferung von Möbeln „baldigst" meint uU spätestens innerhalb von 6–8 Wochen (OLG Nürnberg NJW 1981, 1104), „schnellstmöglich" uU 12 Wochen (OLG Köln NJW-RR 1992, 561), „zügige" Bauwerkherstellung uU ca. 8 Monate (BGH NJW-RR 2001, 806). Schranken bei Verwendung von **AGB:** §§ 307, 308 Nr. 1 (unzulässig zB einseitige Verlängerung der Lieferfrist um 6 Wochen, BGHZ 92, 26 ff.), Leistungszeitbestimmungen müssen es dem Vertragspartner ermöglichen, die Fälligkeit ohne Aufwand zu ermitteln; dies ist nicht der Fall, wenn die Fälligkeit von einem Ereignis in der Sphäre des Verwenders abhängt (BGH NJW 2022, 701; zur Unbestimmtheit auch OLG Bamberg BeckRS 2020, 37743); ferner § 309 Nr. 2a, soweit Zug-um-Zug-Leistung betroffen (→ § 320 Rn. 21). Typische **Klauseln:** „Netto Kasse gegen Rechnung" bedeutet Fälligkeit mit Empfang der Rechnung vor Übergabe der Ware (BGH BB 1988, 1210; f. Energielieferung OLG Hamburg BeckRS 2020, 34890); „Zahlung gegen Dokumente" bedeutet Fälligkeit (erst) mit Vorlage der Verladungsnachweise (BGHZ 55, 342), jedoch unabhängig von der Beschaffenheit der Ware (BGH NJW 1987, 2435 f.). Eine im Versicherungsvertrag geregelte unterjährige Zahlung von Jahresprämien (mit Ratenzahlungszuschlag) ist vertragliche Fällligkeitsvereinbarung und kein entgeltlicher Zahlungsaufschub zugunsten des Versicherungsnehmers (BGHZ 196, 150; OLG Celle NJW 2012, 3446; OLG Hamburg VersR 2012, 41). In Prämiensparverträgen wird Auszahlung von Sparguthaben und jährlich gutgeschriebener kapitalisierter Zinsen erst nach Beendigung des Sparvertrages fällig (BGHZ 231, 215 Rn. 65 mit wenig überzeugender Begr.; aA die hM – Nw BGH aaO Rn. 65 – etwa Omlor BKR 2022, 38, 50; Herresthal WM 2020, 1997, 2004; Edelmann WuB 2021, 291, 292). Leistungszeitbestimmung liegt auch in Schiedsgutachtenvereinbarung ieS bis zur Vorlage des Gutachtens, das Betrag oder Bemessungsgrundlage ermitteln soll (BGH NJW-RR 2014,
8 493; NJW 1990, 1232). **c)** Möglich ist auch, dem Schuldner oder Gläubiger (vor allem bei Abrede der Leistung auf **Abruf**) die Zeitbestimmung zu überlassen (vgl § 315) oder durch **Kündigung** die Fälligkeit herbeizuführen (vgl § 488 III 1). **Rechnungserteilung** ist grds nicht Fälligkeitsvoraussetzung (BGHZ 103, 285; NJW-RR 2002, 376; zur fehlenden Angabe von Steuernummer Heesler BB 2006, 1137, → § 273 Rn. 19). Bei Geltung von VOB/B tritt Fälligkeit 2 Monate nach Schlussrechnung ein, wenn keine Einwendungen gegen Prüffähigkeit erhoben werden (BGH NJW-RR 2006, 455); für ärztliches Honorar genügt formal der GOÄ entsprechende Rechnung für Fälligkeit (BGH NJW-RR 2007, 494), Entgelt für allg Krankenhausleistungen wird ohne Rechnungserteilung fällig (OLG Oldenburg MDR

2009, 370). **d) Stundung. aa) Begriff.** Hinausschieben der Fälligkeit einer Forderung über den an sich üblichen Zeitpunkt hinaus (BGH DNotZ 2005, 376: keine Stundung bei Zug-um-Zug-Leistung) bei bestehenbleibender Erfüllbarkeit durch Vertrag (vgl BGHZ 95, 369; NJW 2003, 2675 mN). Vertragliche Bestimmung eines Zahlungsziels ist Regelung der Leistungszeit, nicht Stundung (BGH NJW 2007, 1582). Keine Stundung durch den Richter; Ausnahmefälle: §§ 1382, 2331a; → § 242 Rn. 18; → § 266 Rn. 4. Auch keine Stundung durch Zahlungsverbot der BaFin nach § 46a I 1 Nr. 1 KWG aF (BGHZ 197, 21). **bb) Zustandekommen.** Die Stundungs-(Teilzahlungs-)abrede kann anfängliche Nebenbestimmung des Vertrags (Bsp: §§ 449 I, 506 ff.) oder nachträglich vereinbart sein (dann Vertragsänderung). Bsp für **konkludenten** Abschluss: Annahme von Leistung erfüllungshalber (§ 364 II) mit hinausgeschobener Fälligkeit (zB Dreimonatsakzept; vgl BGHZ 96, 193). IZw aber **keine** Stundung, wenn Gläubiger verspricht, aus dem Titel bis zur Rechtskraft nicht zu vollstrecken (Bürck ZZP 1985, 402). Die Vereinbarung eines Zinses für eine später mögliche Stundung ist auch in AGB zulässig (BGHZ 95, 370). **cc) Widerruf** der Stundung ist idR möglich, wenn der Schuldner den Anspruch bestreitet (BGH NJW 1981, 1667 mN) oder wenn sich die Verhältnisse des Schuldners nachträglich wesentlich verschlechtern (BGH WM 1974, 839; NJW-RR 2007, 1848 und § 321) oder sonst ihre Geschäftsgrundlage entfällt (BGH NJW-RR 1992, 1141). **Fälligstellungsklauseln** sind nur bei Verzug (§ 286) wirksam (BGHZ 96, 192 → § 339 Rn. 8). **dd) Abgrenzung.** (1) **Pactum de non petendo** (echte Einrede) ist das Versprechen des Gläubigers, die schon fällige Forderung zeitweise nicht geltend zu machen; Wirkung: § 205; zu **Vollstreckungsvereinbarungen** vgl → Rn. 10 aE. (2) Durch eine **Zeitbestimmung** iSd **§ 163 (Befristung)** wird das Wirksamwerden der Verpflichtung hinausgeschoben (zur Abgrenzung von der betagten Verbindlichkeit vgl → § 163 Rn. 4). (3) Eine **Skontoabrede** bedeutet idR keinen Fälligkeitsaufschub (s. Nehls WM 1995, 1657, offener Grüneberg/Grüneberg § 271 Rn. 4; für Fälligkeitsaufschub auch BGH WM 2010, 1129). **e) Aus den Umständen** sich ergebende Leistungszeit (Abgrenzung zur stillschweigenden Vereinbarung fließend). Dazu gehören wie bei § 269 die Natur des Schuldverhältnisses, der mutmaßliche Wille der Beteiligten und die Beschaffenheit der Leistung. Bsp: Für Erstellung einer Werkleistung (§ 631) erforderlicher Zeitraum; Erteilung der Genehmigung bei genehmigungsbedürftiger Leistung (BGH NJW 1974, 1080 für Baugenehmigung); behördliche Festsetzung von Entschädigungsleistung (vgl BGHZ 44, 58); Abrechnungsmöglichkeit bei Erschließungskosten (BGH NJW 1990, 1171); Prüfung der Einstandspflicht des Kfz-Haftpflichtversicherers (OLG Saarbrücken NJW-RR 2017, 733 mwN).

Margin numbers: 9 (line 1), 10 (at "bb) Zustandekommen"), 11 (at "cc) Widerruf"), 12 (at "dd) Abgrenzung"), 13 (at "e) Aus den").

3. Zeitpunkt der Fälligkeit. a) Sofortige Fälligkeit bei fehlender Leistungszeitbestimmung **(I).** „Sofort" bedeutet (anders als „ohne schuldhaftes Verzögern" iSv § 121 I) so schnell als der Schuldner nach den objektiven Umständen (§ 242 → Rn. 13) leisten kann (ie OLG München OLGZ 1992, 341 mN; keine angemessene Überlegungsfrist: OLG München GRUR-RS 2021, 47469 Rn. 32). In den Fällen des § 249 I und II tritt Fälligkeit idR sofort mit Eintritt der Rechtsgutsverletzung ein (BGHZ 226, 161 Rn. 26 f Sachbeschädigung); Mangelbeseitigungsansprüche werden mit Entstehung des Mangels fällig (OLG Rostock BeckRS 2020, 19657). Hinsichtlich des genauen Leistungszeitpunkts (Tageszeit) gilt allg § 242, sofern nicht ohnehin die Sonderbestimmung § 358 HGB eingreift. **b) Hinausgeschobene Fälligkeit (II).** Die Leistungszeitbestimmung (→ Rn. 6 ff.) wirkt iZw nur **zu Gunsten des Schuldners,** dh dieser darf bereits vorher leisten bzw kann in Annahmeverzug begründender Weise anbieten. Eine **Ausnahme** besteht, wenn der Gläubiger durch die vorzeitige Tilgung ein vertragliches Recht verliert (uU genügt rechtlich geschütztes Interesse), wie zB beim verzinslichen Darlehen (arg § 488 III 3; sa BGH NJW 1970, 603; die Vorfälligkeitsentschädigung kann auf den Zeitpunkt der Kündigung berechnet werden, denn mit ihr wird der Schadensersatzanspruch der Bank nach I fällig, OLG Frankfurt a. M. WM 2012, 2284; BGHZ

170, 3 ff.: vorzeitige Lieferungsberechtigung bei Einbauküche in AGB unzulässig). Kein Recht zur vorzeitigen Leistung besteht auch bei Wechsel-, Hypotheken- und Grundschuldforderungen (→ Rn. 5). Beim Ruhegehalt ist Vorauszahlung nur für eine angemessene Zeit (6 Monate) zulässig (BGH NJW 1972, 154; gilt auch für Aufrechnung, BGH NJW-RR 2006, 1185). **Sondervorschriften** beim Verbraucherkredit: → Rn. 3, 5.

16 **4. Rechtsfolgen. a)** Nichteinhaltung der Leistungszeit führt (uU ohne Mahnung, vgl § 286 II, III) zum **Schuldnerverzug** (§ 286), beim absoluten Fixgeschäft (→ § 275 Rn. 14, zu Dauerschuldverhältnissen BGH BeckRS 2021, 16517) zur dauernden Unmöglichkeit (BGHZ 60, 16; NJW 2013, 380, ggf. Teilunmöglichkeit bei Dauerschuldverhältnis), beim einfachen Fixgeschäft uU zur Vertragsauflösung (§ 323 II Nr. 2). Erfüllbarkeit der geschuldeten Leistung genügt für Annahmeverzug begründendes Angebot (→ § 294 Rn. 3), Erfüllbarkeit der Gegenforderung für Aufrechnungslage (§ 387). Zu den Rechtsfolgen vorzeitiger Kreditrückzahlung iSv
17 → Rn. 3 s. §§ 501, 502. **b)** Die **Beweislast** für eine abw von **I** vereinbarte hinausgeschobene Fälligkeit trägt idR der Schuldner (BGH NJW-RR 2004, 209; MüKoBGB/Krüger Rn. 38); das Gleiche gilt für die nachträglich gewährte Stundung (RGZ 68, 306, allgM); anders (Beweislast des Gläubigers/Verkäufers), wenn die Teilzahlungsabrede (wie bei § 502 I, III 1) zugleich die Wirksamkeit des Vertrags betrifft (BGH NJW 1975, 207, str).

§ 271a Vereinbarungen über Zahlungs-, Überprüfungs- oder Abnahmefristen

(1) **[1]Eine Vereinbarung, nach der der Gläubiger die Erfüllung einer Entgeltforderung erst nach mehr als 60 Tagen nach Empfang der Gegenleistung verlangen kann, ist nur wirksam, wenn sie ausdrücklich getroffen und im Hinblick auf die Belange des Gläubigers nicht grob unbillig ist. [2]Geht dem Schuldner nach Empfang der Gegenleistung eine Rechnung oder gleichwertige Zahlungsaufstellung zu, tritt der Zeitpunkt des Zugangs dieser Rechnung oder Zahlungsaufstellung an die Stelle des in Satz 1 genannten Zeitpunkts des Empfangs der Gegenleistung. [3]Es wird bis zum Beweis eines anderen Zeitpunkts vermutet, dass der Zeitpunkt des Zugangs der Rechnung oder Zahlungsaufstellung auf den Zeitpunkt des Empfangs der Gegenleistung fällt; hat der Gläubiger einen späteren Zeitpunkt benannt, so tritt dieser an die Stelle des Zeitpunkts des Empfangs der Gegenleistung.**

(2) **[1]Ist der Schuldner ein öffentlicher Auftraggeber im Sinne von § 99 Nummer 1 bis 3 des Gesetzes gegen Wettbewerbsbeschränkungen, so ist abweichend von Absatz 1**
1. **eine Vereinbarung, nach der der Gläubiger die Erfüllung einer Entgeltforderung erst nach mehr als 30 Tagen nach Empfang der Gegenleistung verlangen kann, nur wirksam, wenn die Vereinbarung ausdrücklich getroffen und aufgrund der besonderen Natur oder der Merkmale des Schuldverhältnisses sachlich gerechtfertigt ist;**
2. **eine Vereinbarung, nach der der Gläubiger die Erfüllung einer Entgeltforderung erst nach mehr als 60 Tagen nach Empfang der Gegenleistung verlangen kann, unwirksam.**

[2]Absatz 1 Satz 2 und 3 ist entsprechend anzuwenden.

(3) **Ist eine Entgeltforderung erst nach Überprüfung oder Abnahme der Gegenleistung zu erfüllen, so ist eine Vereinbarung, nach der die Zeit für die Überprüfung oder Abnahme der Gegenleistung mehr als 30 Tage nach Empfang der Gegenleistung beträgt, nur wirksam, wenn sie ausdrücklich getroffen und im Hinblick auf die Belange des Gläubigers nicht grob unbillig ist.**

(4) **Ist eine Vereinbarung nach den Absätzen 1 bis 3 unwirksam, bleibt der Vertrag im Übrigen wirksam.**

(5) **Die Absätze 1 bis 3 sind nicht anzuwenden auf**
1. **die Vereinbarung von Abschlagszahlungen und sonstigen Ratenzahlungen sowie**
2. **ein Schuldverhältnis, aus dem ein Verbraucher die Erfüllung der Entgeltforderung schuldet.**

(6) **Die Absätze 1 bis 3 lassen sonstige Vorschriften, aus denen sich Beschränkungen für Vereinbarungen über Zahlungs-, Überprüfungs- oder Abnahmefristen ergeben, unberührt.**

Lit.: Faust, Das Gesetz zur Bekämpfung von Zahlungsverzug im Geschäftsverkehr, DNotZ 2015, 644; Spitzer, Das Gesetz zur Bekämpfung von Zahlungsverzug im Geschäftsverkehr, MDR 2014, 933; Verse, Das Gesetz zur Bekämpfung von Zahlungsverzug im Geschäftsverkehr, ZIP 2014, 1809.

1. Allgemeines. a) Bedeutung. § 271a wurde mit Ges vom 22.7.2014 neu eingeführt und dient der Umsetzung der RL 2011/7/EU zur **Bekämpfung von Zahlungsverzug im Geschäftsverkehr;** gleichzeitig wurden §§ 308 Nr. 1a, 1b eingefügt, 310 angepasst und in § 286 ein neuer Absatz eingefügt (→ § 286 Rn. 1, 42, → § 308 Rn. 3a). Primäres Ziel der RL ist es, im Geschäftsleben mehr Zahlungsdisziplin sicherzustellen und insbes kleine und mittlere Unternehmen vor langen Zahlungsfristen und Zahlungsverzug zu schützen (BT-Drs. 18/1309, 8). § 271a stellt eine Verbotsnorm dar und bezieht sich nur auf vertraglich (individualvertraglich und in AGB) vereinbarte Fristen; iÜ verbleibt es bei § 271 (BT-Drs. 18/1309, 13, 15). § 271a ändert für die AGB-Inhaltskontrolle auch nichts an der Leitbildfunktion des § 271 I (Faust DNotZ 2015, 644, 656). Vereinbarungen, die den Erfordernissen der Regelung entsprechen, sind nicht automatisch immer wirksam, sondern müssen weiterhin dem Maßstab der allgemeinen Vorschriften genügen **(VI). b) Anwendungsbereich** 2 **(V).** In Umsetzung von Art. 5 der RL nimmt **V Nr. 1** in sachlicher Hinsicht Ratenzahlungsvereinbarungen vom Anwendungsbereich der I-III aus. Von Nr. 1 erfasst werden auch Vereinbarungen über Abschlagszahlungen nach § 16 I Nr. 1 VOB/B und die Zahlungsfrist nach § 16 I Nr. 3 VOB/B. Die Ratenzahlungsvereinbarung muss nicht zwingend entgeltlichen Charakter aufweisen (Faust DNotZ 2015, 644, 648). Stundungen und die Vereinbarung eines Skontos, durch welche die Leistungszeit nicht bestimmt wird, stehen Ratenzahlungsvereinbarungen nicht gleich (BT-Drs. 18/1309, 15). Nach **V Nr. 2** finden in persönlicher Hinsicht die I–III keine Anwendung auf Schuldverhältnisse, an denen ausschließlich Verbraucher (§ 13) oder auf der Seite des Zahlungsschuldners ein Verbraucher beteiligt sind. Anwendbar aber, wenn allein auf Seite des Zahlungs*gläubigers* ein Verbraucher steht. 1

2. Höchstfristen (I). Mit I wird Art. 3 V der RL umgesetzt und erstmals eine 3 Höchstgrenze für vereinbarte Zahlungsfristen für **Entgeltforderungen** normiert. Der Begriff der Entgeltforderung entspricht demjenigen in § 286 III 1 (BT-Drs. 18/1309, 14; Faust DNotZ 2015, 644, 646). **a) Wirksamkeitsvoraussetzungen** (I 1). 4 Vereinbarungen über eine Frist von mehr als 60 Tagen sind nur wirksam, wenn sie *ausdrücklich* getroffen und im Hinblick auf die Belange des Gläubigers nicht grob unbillig sind. **aa) Ausdrücklich** getroffen ist eine Vereinbarung, wenn sie nicht nur 5 konkludent erfolgt (BT-Drs. 18/1309, 14; – ohnehin selten; für eine engere Auslegung Verse ZIP 2014, 1811 mN). Bei Vereinbarung in AGB des Schuldners muss Gläubiger der konkreten Klausel gesondert zustimmen (Faust DNotZ 2015, 644, 654). **bb)** Für die Bestimmung der **groben Unbilligkeit** ist neben etwaigen Nach- 6 teilen für den Entgeltgläubiger auch ein legitimes Interesse des Entgeltschuldners an einer längeren Frist zu berücksichtigen (BT-Drs. 18/1309, 14). Bei der Beurteilung sind die in Art. 7 I 1a)-c) der RL aufgeführten Kriterien einzubeziehen. Bsp für zulässige Überschreitung: Unternehmen möchten ihren Kunden Handelskredite gewähren (Erwägungsgrund 13 der RL). **b) Beginn der Höchstfrist.** Nach I 1 ist 7

für den Beginn der 60-Tages-Grenze zunächst auf den Empfang der Gegenleistung abzustellen. Geht dem Schuldner *später* eine Rechnung oder gleichwertige Zahlungsaufstellung zu, tritt nach **I 2** der Zeitpunkt des Zugangs an die Stelle des Empfangs der Gegenleistung. Geht die Rechnung früher zu, bleibt es bei dem Zeitpunkt des Empfangs der Gesetzentwurf (BT-Drs. 18/1309, 14). Die Begriffe *Rechnung, Zahlungsaufstellung* und *Empfang der Gegenleistung* entsprechen den Begrifflichkeiten in § 286 III (s. dort). Besteht die Gegenleistung in einem Werk, ist unter *Empfang der Gegenleistung* nicht die Abnahme, sondern die **Erbringung des abnahmereifen Werkes** zu verstehen (BT-Drs. 18/1309, 15). Eine Vereinbarung der Parteien, wonach die Rechnung nicht vor Ablauf einer bestimmten Frist gestellt werden darf, stellt eine Umgehung dar und sollte nur entspr den Voraussetzungen des I zulässig sein (die Lösung im Gesetzentwurf BT-Drs. 18/1309, 15 scheint unnötig
8 kompliziert). **c) Darlegungs- und Beweislast.** Bei Abweichungen von § 271 trägt der Schuldner die Darlegungs- und Beweislast für das Vorliegen der Wirksamkeitsvoraussetzungen einer entspr Vereinbarung. Ist der Zugang oder der Zeitpunkt des Zugangs einer Rechnung streitig, stellt I 3 die widerlegbare Vermutung auf, dem Schuldner sei die Rechnung zugleich mit der Gegenleistung oder zu einem vom Gläubiger bestimmten späteren Zeitpunkt zugegangen. Gelingt dem Schuldner der Beweis der Wirksamkeit der Vereinbarung nicht, findet § 271 Anwendung.

9 **3. Öffentliche Auftraggeber (II).** II dient der Umsetzung von Art. 4 III und VI der RL und enthält eine Sonderregelung für Geschäfte mit öffentlichen Auftraggebern. Die Befugnis, Vereinbarungen über die Fälligkeit zu treffen, wird noch weitergehend eingeschränkt als bei I. Grund: Öffentliche Stellen können mit sichereren Einkünften rechnen und haben grds günstigere Finanzierungsmöglichkeiten als Unternehmen (Erwägungsgrund 23 der RL). I 2 und 3 sind entsprechend anzuwen-
10 den. **a)** Zur Bestimmung der öffentlichen Auftraggeber verweist die Regelung auf
11 die Legaldefinition in § 98 Nr. 1–3 GWB. **b)** Beträgt die Zahlungsfrist mehr als 30 Tage, ist die Vereinbarung nach II 1 Nr. 1 nur wirksam, wenn sie ausdrücklich getroffen (→ Rn. 5) und aufgrund der besonderen Natur oder der Merkmale des Schuldverhältnisses sachlich gerechtfertigt ist. Sachlich gerechtfertigt ist eine längere Frist, wenn die grds für kürzere Zahlungsfristen bei öffentlichen Auftraggebern sprechenden Gründe nicht vorliegen; Bsp: Öffentlicher Auftraggeber legt Wert auf eine dauerhafte Vertragsbeziehung (BT-Drs. 18/1309, 16; aA Verse ZIP 2014, 1812); Aufwand zur Prüfung einer Rechnung erhöht sich aufgrund der Komplexität des
12 Vertragsgegenstandes (BT-Drs. 18/1309, 16). **c)** II 1 Nr. 2 enthält eine absolute Höchstgrenze von 60 Tagen, die nicht abdingbar ist.

13 **4. Abnahme- und Überprüfungsfristen (III).** Mit der Regelung in III werden Art. 3 IV und Art. 4 V der RL umgesetzt. Ist eine Überprüfung oder Abnahme der Ware oder Dienstleistung erforderlich und die Entgeltleistung erst im Anschluss zu erfüllen, so ist eine Vereinbarung, die eine Überprüfungs- und Abnahmefrist von mehr als 30 Tagen enthält, nur wirksam, wenn sie ausdrücklich getroffen und im Hinblick auf die Belange des Gläubigers nicht grob unbillig ist (→ Rn. 5 f.). Eine längere Prüffrist kommt etwa bei umfangreichen oder komplexen Werken in Betracht (BT-Drs. 18/1309, 17). Die 30-Tagesfrist beginnt zu demselben Zeitpunkt wie die in I bestimmte Frist (BT-Drs. 18/1309, 17). Der Begriff *Empfang der Leistung* entspricht ebenfalls dem des I (→ Rn. 7). Die in I und III aufgeführten Fristen dürfen nicht addiert werden; dies stellt eine unionsrechtlich zulässige Verschärfung gegenüber der Richtlinie dar.

14 **5. Rechtsfolgen (IV). a)** Verstöße gegen I-III führen nur zur Unwirksamkeit der entspr Fristvereinbarung. Der übrige Vertrag bleibt nach IV wirksam; § 139 findet keine Anwendung. Dem Interesse des Gläubigers einer Entgeltforderung entspricht es, dass er im Falle der Unwirksamkeit der Fristvereinbarung die sofortige
15 Erfüllung (§ 271) verlangen kann. **b)** Der Entgeltgläubiger hat uU einen Anspruch
16 auf Fälligkeitszinsen nach § 353 HGB. **c)** Zudem kommt der Entgeltschuldner spä-

testens 30 Tage nach Empfang der Gegenleistung und Zugang der Rechnung gem § 286 III in Verzug.

§ 272 Zwischenzinsen

Bezahlt der Schuldner eine unverzinsliche Schuld vor der Fälligkeit, so ist er zu einem Abzug wegen der Zwischenzinsen nicht berechtigt.

1. Bedeutung. Kein Ausgleich des Zinsvorteils, den der Gläubiger einer unverzinslichen Geldforderung dadurch erlangt, dass der Schuldner (uU auch nur irrtümlich, s. § 813 II) vor Fälligkeit erfüllt; Grund: Zahlung beruht auf freiem Willen. 1

2. Begriff. Zwischenzins (Interusurium, Diskont) ist der auf den gezahlten Betrag vom Zeitpunkt der Zahlung bis zur Fälligkeit entfallende Zins. Zur **Berechnung** nach der sog Hoffmann'schen Methode (§§ 41 II InsO, 111 ZVG) vgl BGHZ 115, 310. 2

3. Ausnahmen. durch **Ges:** §§ 1133 S. 3, 1217 II S. 2; 41 II InsO, 46, 111 ZVG; durch **Parteivereinbarung** (→ § 271 Rn. 12 [3]) – ein entspr allg Handelsbrauch besteht nicht; oder bei vorzeitiger (zB gem § 252) **Verurteilung** zu Schadensersatz (BGHZ 115, 310). 3

§ 273 Zurückbehaltungsrecht

(1) **Hat der Schuldner aus demselben rechtlichen Verhältnis, auf dem seine Verpflichtung beruht, einen fälligen Anspruch gegen den Gläubiger, so kann er, sofern nicht aus dem Schuldverhältnis sich ein anderes ergibt, die geschuldete Leistung verweigern, bis die ihm gebührende Leistung bewirkt wird (Zurückbehaltungsrecht).**

(2) **Wer zur Herausgabe eines Gegenstands verpflichtet ist, hat das gleiche Recht, wenn ihm ein fälliger Anspruch wegen Verwendungen auf den Gegenstand oder wegen eines ihm durch diesen verursachten Schadens zusteht, es sei denn, dass er den Gegenstand durch eine vorsätzlich begangene unerlaubte Handlung erlangt hat.**

(3) [1]**Der Gläubiger kann die Ausübung des Zurückbehaltungsrechts durch Sicherheitsleistung abwenden.** [2]**Die Sicherheitsleistung durch Bürgen ist ausgeschlossen.**

Lit.: Hinz/Lützenkirchen, Die Kaution in der Zwangsverwaltung und Vermieterinsolvenz, MDR 2021, 723; Hüttemann/Jacobs, Zurückbehaltungsrecht bei unterlassener oder fehlerhafter Rechnungsausstellung, MDR 2007, 1229; H. Roth, Die Einrede des Bürgerlichen Rechts, 1988, 183 ff.; Stege, Das kaufmännische Zurückbehaltungsrecht – ein vernachlässigtes Sicherungsmittel im Transportrecht?, NZV 2021, 458; Thomale, Die Einrede als materielles Gestaltungsrecht, AcP 212, 921, 946 ff.

1. Allgemeines. a) Begriff. Vgl die Legaldefinition in **I.** Danach setzt das (allg) **Zurückbehaltungsrecht** voraus: Gegenseitigkeit der Forderungen (→ Rn. 7), *Fälligkeit* der Gegenforderung (→ Rn. 8) und Konnexität von Forderung und Gegenforderung (→ Rn. 9). **b) Bedeutung.** Bes Rechtsbehelf des Schuldners, der es ihm ermöglicht, die rechtlich gemeinsame Behandlung von Zusammengehörigem herbeizuführen (vgl → § 274 Rn. 1 ff.). Ausprägung von § 242 (BGHZ 91, 83 mN; NJW 2014, 55 Rn. 36 → Rn. 9, 17; → § 242 Rn. 36). 1
c) Zweck: Sicherung des Schuldners im Hinblick auf seine Gegenforderung (vgl **III,** BGH NJW 2014, 55 Rn. 33; NJW 1987, 3255); zugleich mittelbarer Erfüllungsdruck auf den Gläubiger (MüKoBGB/Krüger Rn. 3), daher keine rückwirkende Geltendmachung (BAG NJW 2009, 2908 f.). **d) Rechtsnatur:** → Rn. 19. 2
e) Anwendungsbereich. Gilt auch gegenüber dinglichen (BGHZ 41, 30; 87, 277; ZIP 2002, 860; Bsp: → § 894 Rn. 10; sa u → Rn. 13 aE) und erbrechtlichen Ansprüchen (Ausnahmen: BGHZ 3

92, 198) sowie für die Tätigkeit eines Schiedsgerichts (BGHZ 94, 95: Ausbleiben des Vorschusses), mit Einschränkungen auch bei familienrechtlichen Ansprüchen vermögensrechtlicher Art (ie Diederichsen, FS Heinrichs, S. 181; bejahend BGHZ 171, 30 f. Anspruch aus § 1476 II 2) und öffentl-rechtlichen Ansprüchen (KG OLGZ 1991, 21 mN), **nicht** gegenüber nicht vermögensrechtlichen Ansprüchen (MüKoBGB/Krüger Rn. 4; → Rn. 7) oder gegenüber Feststellungs- (RGZ 163, 63) und Rechtsgestaltungsklagen (BGHZ 71, 22 [Vollstreckungsgegenklage]). Der BGH wendet aber im Mietrecht den Rechtsgedanken des § 273 I an, wenn der Mieter einen Anspruch auf Instandhaltungsmaßnahmen hat, sich aber wegen einer Besserstellung gegenüber dem vertraglich geschuldeten Zustand an den Kosten beteiligen muss (BGH NJW 2020, 3523). **f)** In AGB nur beschränkt **abdingbar**
4 (→ Rn. 18), vertragliche **Erweiterung** möglich (→ Rn. 27). **g) Abgrenzung. aa) Sonderfälle** des Zurückbehaltungsrechts enthalten **II,** §§ 359, 1000 (wegen fehlender Fälligkeit des Verwendungsersatzanspruchs, § 1001) 2022; §§ 369 ff. HGB (dazu → Rn. 25 ff.), §§ 50 III BRAO; 66 IV StBerG (OLG Köln NJW-RR 2009, 1724), 51b III WirtschaftsPrüferO. § 14 AGG gibt dem AN ein Leistungsverweigerungsrecht, wenn AG Maßnahmen zur Unterbindung von Belästigungen am
5 Arbeitsplatz unterlässt. **bb)** Die **Einrede des nichterfüllten Vertrages** (§ 320) ist kein Unterfall des § 273 (vgl MüKoBGB/Krüger Rn. 101; Roth, Die Einrede des Bürgerlichen Rechts, S. 183 f., str; aA hM). Sie gilt nur beim gegenseitigen Vertrag, kennt keine Abwendungsbefugnis durch Sicherheitsleistung (dazu → Rn. 23) und muss nicht erhoben werden, um Verzug auszuschließen (→ § 320 Rn. 18). § 273 kann auch im gegenseitigen Vertrag für Verpflichtungen, die nur Nebenpflicht sind (OLG Rostock BeckRS 2019, 33899) oder solche, die nicht vom Synallagma erfasst
6 sind, zum Zuge kommen (BGH NJW 2018, 1599). **cc)** Die **Aufrechnung** (§ 387) ist RGeschäft mit unterschiedlichen Voraussetzungen (Gleichartigkeit, keine Konnexität) und führt zur Befriedigung. Fehlgeschlagene Aufrechnung kann Ausübung (→ Rn. 21) von Zurückbehaltungsrecht sein (BGH NJW-RR 2022, 802 Rn. 11; NJW 1983, 2438).

7 **2. Voraussetzungen des allgemeinen Zurückbehaltungsrechts (I). a) Gegenseitigkeit.** Der zurückhaltende Schuldner der Forderung muss Gläubiger der Gegenforderung sein, deren Schuldner wiederum der Gläubiger ist (beiderseitige persönliche und rechtliche Identität von Gläubiger und Schuldner). Deshalb idR kein Zurückbehaltungsrecht der Kfz-Werkstatt gegenüber dem Herausgabeanspruch des Eigentümers, wenn der Werkvertrag mit einem Dritten geschlossen wurde (OLG Karlsruhe NJW-RR 2012, 1442 [zum fehlenden Unternehmerpfandrecht → § 647 Rn. 3]). Es genügt, dass dem Schuldner die Gegenforderung in Gemeinschaft mit anderen zusteht (BGHZ 38, 125; NJW-RR 2005, 375, 377) oder (wie bei der Sicherungsabtretung), dass der Schuldner klagebefugt ist (BGH NJW 2000, 278). Das Zurückbehaltungsrecht wirkt gegenüber dem Zessionar nach § 404 (BGHZ 58, 327), gegenüber dem Dritten beim Vertrag zgDr gem § 334 (BGH NJW 1980, 450), in dreiseitigen Rechtsverhältnissen uU gegenüber beiden Vertragspartnern (Sonderfall: § 359). Bei der schadensrechtlichen Rückabwicklung einer mittelbaren Fondsbeteiligung ist der Kapitalanleger nur gehalten, dem Schädiger die Abtretung seiner Rechte aus der Beteiligung anzubieten. Eine Übertragung Zug-um-Zug kann auch dann nicht verlangt werden, wenn diese der Zustimmung Dritter bedarf, da letzteres in die Risikosphäre des Schädigers fällt (BGH NJW 2012, 2951). Die Forderungen müssen **vermögensrechtlicher Natur** sein; nicht erforderlich sind Gleichartigkeit (dann idR § 387, BGH BeckRS 2014, 21812 Rn. 10; Ausnahmefall: BGHZ 38, 126; NJW 2000, 279; → Rn. 12 ff.) und sofortige Beweisbarkeit der
8 Gegenforderung (verkannt in BGH NJW 1981, 2802). **b) Vollwirksamer, fälliger Gegenanspruch.** Die Gegenforderung muss vollwirksam entstanden und durchsetzbar sein. Bedingte, künftige (BGH NJW-RR 1986, 543) oder unvollkommene (§§ 656, 762) Ansprüche scheiden daher idR aus, ferner Ansprüche, denen eine Einrede entgegensteht (vgl § 390; Ausnahme bei Zurückbehaltungsrecht des Gläubi-

gers gegenüber dem Gegenanspruch: → § 274 Rn. 2). Es genügt, dass der Gegenanspruch spätestens bis zum Zeitpunkt der Erbringung der geschuldeten Leistung entsteht und fällig wird (BGHZ 73, 319; 116, 247 f. mN; NJW 1990, 2067; hM; Bsp: §§ 371, 1223 I); Verzug ist nicht erforderlich (BAG NZA 1985, 356). Besonderheiten bei **§ 1000** (dazu → Rn. 25 [bb]) und beim vertraglichen Zurückbehaltungsrecht → Rn. 27. Gem. § 215 begründet eine **verjährte Gegenforderung** dann ein Zurückbehaltungsrecht, wenn die Verjährung in dem Zeitpunkt noch nicht eingetreten war, in dem erstmals die Leistung verweigert werden konnte. Ein Freistellungsanspruch kann dann kein Zurückbehaltungsrecht begründen, wenn der ihm zu Grunde liegende Schadensersatzanspruch gegen den Freistellungsgläubiger verjährt ist (BGHZ 208, 372 Rn. 28 f., zust Sohn NJW 2016, 1996, 1997). **c) Kon-** 9
nexität. Beide Forderungen beruhen auf „demselben rechtlichen Verhältnis" (Wortlaut von I zu eng, weite Auslegung geboten), wenn sie aus demselben Rechtsverhältnis entspringen, aber auch wenn ihnen ein **innerlich zusammengehöriges, einheitliches Lebensverhältnis** zugrunde liegt. Dafür genügt ein solcher natürlicher und wirtschaftlicher Zusammenhang, dass es gegen Treu und Glauben verstieße, wenn der eine Anspruch ohne Rücksicht auf den anderen geltend gemacht werden könnte (BGHZ 92, 196; 115, 103 f., stRspr; zur Fallgruppenbildung MüKoBGB/Krüger Rn. 14–29). Bsp: Konnexität ist idR zu **bejahen** bei Ansprüchen aus verschiedenen Verträgen im Rahmen einer stdg Geschäftsverbindung (BGHZ 54, 250; OLG Düsseldorf NJW 1978, 703; krit MüKoBGB/Krüger Rn. 16); bei beiderseitigen Ansprüchen aus nicht zustande gekommenen oder nichtigen (angefochtenen) Verträgen (RGZ 108, 336; BGH NJW-RR 1990, 848), soweit nicht bereits die Saldotheorie (→ § 818 Rn. 40 ff., BGH NJW 2000, 3562) eingreift; bei § 826, soweit der Anspruch auf Rückzahlung des Kaufpreises eines vom Abgasskandal betroffenen Dieselfahrzeugs (ggf. unter Anrechnung von Nutzungsvorteilen) geht und das betroffene Fahrzeug an den Hersteller zurückgegeben werden muss (statt vieler OLG Brandenburg BeckRS 2020, 11365); bei Ansprüchen aus Wechsel (Scheck) und Grundgeschäft (BGHZ 57, 300; 85, 348 f.; NJW 1986, 1873; ie str); bei vermögensrechtlichen Ansprüchen aus Auflösung (Auseinandersetzung) einer Ehe (BGHZ 92, 196; NJW-RR 1990, 133; NJW 2014, 2177 Rn. 29 f.), Gemeinschaft (BGH NJW-RR 1990, 134) oder Gesellschaft (BGH NJW 1990, 1172); verneint für insolvenzrechtliche Rückgewähransprüche (BGH NJW-RR 2013, 880 Rn. 39); ges Anwendungsfall: **II** (vgl → Rn. 25 [bb]); sie wurde zB **verneint** für Ansprüche gegen einen Gesellschafter aus dem Gesellschaftsverhältnis und aus gesellschaftsfremden RGeschäften (RGZ 118, 300; sa BGH NJW-RR 1990, 134 zu § 749 I); Miete und Anspruch auf Nebenkostenabrechnung (OLG Koblenz NJW-RR 1995, 394). **d) Negative Voraussetzungen:** Kein **Ausschluss** (vgl **I:** „… 10
sofern nicht aus dem Schuldverhältnis sich ein anderes ergibt …" und dazu → Rn. 11 ff.) und keine **Abwendung** des Zurückbehaltungsrechts (vgl **III** und → Rn. 23).

3. Ausschluss des Zurückbehaltungsrechts. a) auf Grund Ges Fälle: §§ 175, 11
570, 578 I, 580, 581 II; 596 II; 19 II GmbHG; **Einschränkung:** §§ 88a HGB; 11 II BBesG; 66 IV StBerG (OLG Düsseldorf MDR 2005, 600); ferner § 23 NAV *und NDAV,* § 30 AVBWasserV und AVBFernwärmeV (Zurückbehaltungsrecht für Kunden nur bei offensichtlichen Fehlern und nur bei Geltendmachung innerhalb von zwei Jahren nach Zugang der fehlerhaften Rechnung – vgl OLG Hamm GWF/Recht und Steuern 2001, 33, für Versorgungsunternehmen nur unter Wahrung der Verhältnismäßigkeit). In den Fällen des Strom-Teilzahlungsboykotts fehlt es aber bereits an einem Gegenanspruch iSd → Rn. 8 (zutr OLG Hamm NJW 1981, 2475); Stromsperre bei Zahlungsverzug ist uU Rechtsmissbrauch (BGHZ 115, 102; nicht so Versorgungssperre in Wohnungsgemeinschaft bei erheblichem Zahlungsrückstand, BGH NJW 2005, 2623; sa BayObLG NJW-RR 2004, 1382). **b) aus der Natur** 12
des Schuldverhältnisses. Grenzen des Zurückbehaltungsrechts ergeben sich aus seinem beschränkten Zweck (→ Rn. 2), der bes Schutzwürdigkeit des Gläubigers

und der mangelnden Schutzwürdigkeit des Schuldners. Die Ausübung des Zurückbehaltungsrechts darf nicht zu einer dauernden und gänzlichen Vereitelung des Gläubigerrechts führen (BGHZ 91, 83; deshalb idR keine Leistungsverweigerung gegenüber Unterlassungsanspruch, BAG DB 1983, 834 zu § 320; sa dort → § 320 Rn. 7 und 15) und darf die Befriedigung durch den Gläubiger nicht vorwegnehmen oder verhindern. Gegenüber einem Geldanspruch ist die Zurückbehaltung ausgeschlossen, soweit die Zurückbehaltung bei **Aufrechnungsverbot** einer unzulässigen Aufrechnung gleichkäme (BGHZ 38, 129; NJW 1987, 3254; vgl aber auch → Rn. 7). Fallgruppen für **Ansprüche,** denen gegenüber die **Zurückbehaltung** idR **ausge-**
13 **schlossen** ist: **aa) Hilfsansprüche zum Zweck der Rechtsverfolgung und Rechtswahrung:** Ansprüche auf Auskunft und Rechnungslegung (BGH NJW 1978, 1157; OLG Frankfurt a. M. NJW 1985, 3083 mN; ie Diederichsen, FS Heinrichs, S. 192 ff.); auf Erteilung einer Quittung (§ 368), Rückgabe des Schuldscheins (§ 371) oder Hypothekenbriefs und der zur Löschung der Hypothek erforderlichen Urkunden (§ 1144; BGHZ 71, 22); auf Aushändigung eines Wechsels gegen Zahlung (§ 39 WG) oder bei Nichtbestehen der Wechselschuld (BGH MDR 1984, 47); ausnahmsweise auf Grundbuchberichtigung (§ 894); Bsp: Eintragung beruht auf Geschäftsunfähigkeit (BGH NJW 1988, 3261; idR abw aber BGH NJW
14 1990, 1171 mN; NJW 2000, 278 und allg → Rn. 3). **bb) Ansprüche, die der Sicherung oder der Existenzgrundlage des Gläubigers dienen:** Ansprüche auf Sicherheitsleistung (BGH WM 2007, 1189: Mietkaution); ges Unterhaltsansprüche (vgl BGH NJW 1980, 450; einschr OLG Hamm NJW-RR 1996, 5: uU § 242); Ansprüche auf unpfändbaren Lohn und Gehalt (§§ 394 entspr iVm 850 ff. ZPO; RGZ 85, 110; sa § 84 II BBG); Ansprüche des übergangenen Ehegatten nach § 1368 (→ Vor §§ 1365–1368 Rn. 16). Auch gegenüber Ansprüchen aus §§ 1004 I 1 iVm 922 S. 3 im Nachbarschaftsverhältnis kommt ein Zurückbehaltungsrecht nicht in
15 Betracht (BGH NJW-RR 2021, 401). **cc)** Bestimmte **Ansprüche aus Treuhand- und sonstigen Vertrauensverhältnissen** (vgl RGZ 160, 59), wie Ansprüche auf Herausgabe von Buchhaltungsunterlagen (str; s. ie Zeiler DB 1987, 2136 mN; aA OLG Nürnberg MDR 1990, 820; einschr BGH NJW 1988, 2608), Geschäftspapieren (BGH NJW 1997, 2945), Belegen (OLG Stuttgart ZIP 1982, 81), Krankenunterlagen (AG Freiburg NJW 1990, 770) usw (→ § 667 Rn. 4). Sondervorschriften:
16 §§ 88a II HGB; 50 III 2 BRAO. **dd) Schadensersatzansprüche, die auf einer vorsätzlich rechtswidrigen Handlung des Schuldners beruhen** (§ 393 entspr; BAG NJW 1968, 565); über **II** hinaus auch Ansprüche auf Herausgabe eines Gegenstandes, der durch uH erlangt worden ist (vgl → Rn. 25). **ee) Anspruch auf Aufhebung einer Gemeinschaft** (§ 749 I) darf nicht durch gemeinschaftsfremde Gegenrechte beeinträchtigt werden (BGHZ 63, 348; 199, 79; 214, 146 Rn. 30 ff.).
17 **c) nach Treu und Glauben.** Die Ausübung des Zurückbehaltungsrechts kann im Einzelfall unzulässige Rechtsausübung (→ § 242 Rn. 32 ff.) sein (BGH NJW 2014, 57). Bsp (→ Rn. 11): Zurückbehaltung gegenüber nach Grund und Höhe unbestrittener Forderung wegen Gegenforderung, deren Klärung schwierig und zeitraubend ist (BGHZ 91, 83; NJW 1990, 1172 mN; gilt nicht bei schwer aufklärbaren Baumängeln, BGH NJW-RR 2005, 969); bei Gefährdung einer erb-, güter- oder gemeinschaftsrechtlichen Auseinandersetzung (BGHZ 92, 198 f. mN; NJW-RR 1990, 134); Zurückhaltung der Arbeitsleistung wegen geringfügigen Lohnanspruchs (BAG NJW 1997, 275 f., allg bei geringfügiger Gegenforderung BGH NJW 2004, 3485); Verweigerung trotz anderweitiger hinreichender Sicherung des Schuldners (arg III; BGHZ 7, 127; BAG NZA 1985, 356); Belieferungsstopp für Tankstelle bei gleichzeitigem Verbot des Vertriebs von Konkurrenzprodukt (BGH NJW-RR 2006, 616); zulässig aber Zurückbehaltung an Hund wegen tierärztlicher Honorarforderung (LG Mainz NJW-RR 2002, 1181; aA AG Bad Homburg NJW-RR 2002, 895) und Zurückbehaltung versehentlich vom Werklohn nicht einbehaltener Bauabzugssteuer wegen Gegenforderung auf ordnungsgemäße Abrechnung nach § 48a II EStG (BGH NJW 2014, 57; aA OLG München BeckRS 2013, 18201); zur Versorgungsperre → Rn. 11. Keine Treuwidrigkeit, wenn der Inhaber des Zurück-

behaltungsrechts eine Forderung (auch über einen langen Zeitraum hinweg) nicht erfüllt, obwohl er einen wesentlichen Teil der Forderung für begründet hält (BGH NJW 2014, 57). **d) auf Grund von Vereinbarung.** Schranken: §§ 307, 309 **18**
Nr. 2b, 556b II und allg § 242 (→ Rn. 17); zu Einschränkungen im kaufmännischen Verkehr s. OLG Hamburg NJW-RR 1998, 586. Ausschluss des Zurückbehaltungsrechts zB unwirksam bei zweifelsfreier Gegenforderung (BGHZ 92, 316 mN; sa NJW-RR 1993, 520) oder bei eigener schwerer Vertragsverletzung des Gläubigers (BGHZ 48, 270). Stillschweigender Ausschluss liegt in Vereinbarung der Vorleistungspflicht des Schuldners; Auslegungsfrage bei vertraglichem Einwendungsausschluss (vgl BGHZ 92, 197; zum Aufrechnungsausschluss s. BGH NJW 1987, 3255; MüKoBGB/Krüger Rn. 80 mN). **e) Eigenart des Gegenstandes.** **18a**
Ein Zurückbehaltungsrecht scheidet aus bei Urkunden, die der Rechtswahrung des Gläubigers dienen (vgl §§ 175, 368, 371, 1144 usw; auch Reisepass: LG Baden-Baden NJW 1978, 1750; vgl ferner → Rn. 13, 19); ebenso, wenn die betroffene Urkunde (zB Equidenpass/Tierzuchtbescheinigung eines Pferdes) stets vom Tierhalter mitzuführen ist (Unterschied zu Kfz-Brief) und ein vom Pferd losgelöstes Besitzrecht ausscheidet (OLG Stuttgart BeckRS 2017, 109654 Rn. 48 f.; ähnlich für Führerschein: LG Limburg NJW-RR 1990, 1080; Lebenslaufakte eines Flugzeugs, OLG Köln NJW-RR 1997, 57). Zurückbehaltung möglich an Kundenkartei des Handelsvertreters (BGH WM 1983, 864), Handakten des Rechtsanwaltes (§ 50 BRAO, BGH BeckRS 2014, 22130 = WM 2015, 455) und Steuerberaters (§ 66 II 2 StBerG, Grüneberg/Grüneberg Rn. 15), nicht aber an Originalbuchungsunterlagen des Mandanten durch Beraterunternehmen (OLG München BeckRS 2017, 102680).

4. Rechtsfolgen. a) Wesen. Das Zurückbehaltungsrecht ist **Leistungsverweigerungsrecht;** es begründet eine aufschiebende **Einrede.** **b) Gegenstand** des **19** **20**
Zurückbehaltungsrechts (→ Rn. 13, 18a). Jede Leistung in den Schranken der → Rn. 11 ff.; neben **Sachen** und Gegenständen (→ Rn. 25) auch Geld, Wert- und Legitimationspapiere (zB Hypotheken- und Grundschuldbriefe, RGZ 66, 24; Versicherungsscheine), unabhängig von ihrer selbstständigen Pfändbarkeit; ferner **Handlungen jeder Art,** zB Dienst- und Arbeitsleistungen (BAG NJW 1997, 275; BGHZ 55, 347), Anspruch auf Befreiung von Drittschulden (BGHZ 91, 76), idR **nicht** aber Unterlassungen (→ Rn. 12). Bei unterlassener oder fehlerhafter Rechnung (entgegen § 14 UStG) darf die Entgeltzahlung in voller Höhe, nicht nur in Höhe des USt-Anteils verweigert werden (Hüttemann/Jacobs MDR 2007, 1229 mN, str). **c) Geltendmachung. aa) Außerprozessual.** Ausdr. oder stillschwei- **21**
gende (Gegenanspruch muss erkennbar sein, arg III; vgl → Rn. 23) Verweigerung der Leistung bis zur Bewirkung der Gegenleistung; die Ausübung hat rechtsgestaltende Wirkung (BGH NJW-RR 1986, 992). **bb) Im Prozess** wird nur das *ausgeübte* Zurückbehaltungsrecht berücksichtigt. Gleichgültig ist, welche Partei Geltendmachung vorträgt. Für (erstmalige) Geltendmachung im Prozess genügt der Klageabweisungsantrag allein nicht (uU aber dessen Begründung: OLG Hamm MDR 1978, 403), bes Antragstellung ist nicht erforderlich, wohl aber genaue Bezeichnung der Gegenleistung (OLG Koblenz NJW 2014, 1186); wirksame Geltendmachung wirkt *in der höheren Instanz fort* (BGH NJW-RR 1986, 992). In der Berufungsinstanz hindert § 531 ZPO bei unstreitigem Sachverhalt die erstmalige Geltendmachung nicht (str, Grüneberg/Grüneberg § 274 Rn. 1; aA BeckOK/Lorenz § 274 Rn. 5), in der Revision ist sie nicht mehr möglich, wenn sie auf einen vom Tatrichter noch nicht gewürdigten Sachverhalt gestützt wird (BGH NJW-RR 1993, 776). Ein nur hilfsweise geltend gemachtes Zurückbehaltungsrecht führt, anders als die Hilfsaufrechnung, nicht zur Erhöhung des Streitwertes (BGH NJW 2022, 1626). **d) Mate-** **22**
riellrechtliche Wirkungen. Geltendmachung (→ Rn. 21) schließt Schuldnerverzug (§ 286) und Anspruch auf Prozesszinsen nach § 291 aus (→ § 280 Rn. 36; → § 286 Rn. 13; → § 291 Rn. 5). Zur Heilung bereits eingetretenen Verzuges ist Angebot der eigenen Leistung des Schuldners Zug-um-Zug gegen Erfüllung des

Gegenanspruchs erforderlich (→ § 280 Rn. 36, 45). Dagegen beseitigt das Zurückbehaltungsrecht nicht die Fälligkeit des Anspruchs (OLG Hamburg WM 1986, 386; aA KG NJW-RR 1990, 553) und hemmt nicht seine Verjährung (kein Fall von § 205). Das Zurückbehaltungsrecht begründet nach hM (s. MüKOBGB/Krüger Rn. 92 mN) **kein Recht zum Besitz** iSd § 986 (hierzu → § 986 Rn. 8 str; aA BGHZ 64, 124; NJW-RR 1986, 283) oder Gebrauch (BGHZ 65, 59); im **Insolvenzverfahren** des Gegners ist es idR anders als § 320 (Ausnahmen: § 51 Nr. 2 und 3 InsO) nicht durchsetzbar (BGHZ 150, 145 f.; 161, 241; 210, 321 Rn. 98; NJW 2009, 1414; NJW 2013, 1244; Henckel ZZP 1999, 421 ff.; die Gegenansicht von HK-InsO/Marotzke § 103 InsO Rn. 107 lehnt BGH NJW 2013, 1244 erneut ab); auch für die Rückabwicklung nach Vertragsrücktritt ergibt sich kein insolvenzfestes Zurückbehaltungsrecht aus §§ 103, 55 I Nr. 2 InsO analog. Hingegen kann der Mieter wegen nicht angelegter Kaution sein Zurückbehaltungsrecht auch gegenüber dem Zwangsverwalter ausüben (§ 152 II ZVG, BGH NJW 2009, 3505; sa NJW 2013, 1244). Wird es von einem AN zu Unrecht geltend gemacht, ohne dass ein unvermeidbarer Rechtsirrtum vorlag, kann darin eine zur außerordentlichen Kündi-
23 gung berechtigende Arbeitsverweigerung liegen (BAG NJW 2016, 1754). **e) Prozessuale Wirkungen:** § 274 mit Anm. **f) Abwendung durch Sicherheitsleistung: III** iVm §§ 232 ff. (§ 232 II ist ausgeschlossen durch III 2); Erbieten genügt nicht (vgl BGH NJW 1988, 484), Erfüllungsverweigerung des Schuldners macht Sicherheitsleistung nicht entbehrlich (BGH NJW 1988, 484, 485). Die Absicht, das Zurückbehaltungsrecht geltend zu machen, muss daher bekannt gegeben werden, ansonsten Schuldnerverzug. Abw. Regelung bei § 320 (dort → § 320 Rn. 18); § 376 ist auf Hinterlegung zur Sicherheitsleistung nicht anwendbar (BGH NJW-
24 RR 2005, 712, 714; BVerfG NJW-RR 2016, 1266 Rn. 14 f.) **g) Erlöschen:** Mit Beendigung des Gegenseitigkeitsverhältnisses (→ Rn. 1 [a]), also mit der Leistung des Schuldners, auch der erzwungenen (RGZ 109, 105), im Fall des **II** mit dem Besitzverlust. Ist irrtümlich geleistet, besteht kein Anspruch auf Rückgewähr nach § 813.

25 **5. Sonderfälle des Zurückbehaltungsrechts. a) Zurückbehaltung von Sachen und Gegenständen wegen bestimmter Gegenansprüche (II). aa) Voraussetzungen:** (1) Der Schuldner hat auf einen herauszugebenden Gegenstand (auch Recht, Buchrecht, vormerkungswidrige Rechtsposition) Verwendungen (Begriff: → § 951 Rn. 22; Abgrenzung: → § 256 Rn. 2) gemacht (zum Ganzen BGHZ 75, 293 f.; Bsp: § 459) oder (2) dem Schuldner ist durch den herauszugebenden Gegenstand ein Schaden entstanden. (3) Der Schuldner darf den Gegenstand nicht durch eine vorsätzlich begangene uH erlangt haben; nach OLG Schleswig WM 1972, 1259; WM 1972, 1478 gilt dies entspr bei vorsätzlicher Vertragsverletzung (str). **bb) Sonderfall:** Zurückbehaltungsrecht nach § 1000; dafür ist im Gegensatz zu **II** Fälligkeit des Gegenanspruchs nicht erforderlich (vgl § 1001 S. 1).
26 **b) Kaufmännisches Zurückbehaltungsrecht** (§§ 369 ff. HGB). Besonderheiten: Konnexität nicht erforderlich, auch an eigener Sache möglich; gibt Befriedigungsrecht (§ 371 HGB) und im Insolvenzverfahren Absonderungsrecht (§ 51 Nr. 3
27 InsO). **c) Vertragliches Zurückbehaltungsrecht.** Bedeutung: Erweiterung des Zurückbehaltungsrechts auf nicht fällige und nicht konnexe Gegenforderungen (vgl BGH NJW 1991, 2563). Folge für Verjährung: § 205. Unangemessene AGB-Erweiterung: uU § 307. Ausgestaltung mit dinglicher Wirkung **nicht** möglich (RGZ 66, 26).

§ 274 Wirkungen des Zurückbehaltungsrechts

(1) **Gegenüber der Klage des Gläubigers hat die Geltendmachung des Zurückbehaltungsrechts nur die Wirkung, dass der Schuldner zur Leistung gegen Empfang der ihm gebührenden Leistung (Erfüllung Zug um Zug) zu verurteilen ist.**

(2) **Auf Grund einer solchen Verurteilung kann der Gläubiger seinen Anspruch ohne Bewirkung der ihm obliegenden Leistung im Wege der Zwangsvollstreckung verfolgen, wenn der Schuldner im Verzug der Annahme ist.**

1. Urteil (I). Das Zurückbehaltungsrecht begründet eine **Einrede** (vgl → § 273 Rn. 1 [b], 7, 19, 21 [bb]). Es führt **nicht** zur Klageabweisung, sondern nur zur **Zug-um-Zug-Verurteilung** des Schuldners (BGHZ 92, 197), auch dann, wenn der Kläger eine uneingeschränkte Verurteilung begehrt oder wenn der Schuldner sich bereits im Annahmeverzug (§§ 293 ff., → Rn. 3) befindet (BGHZ 90, 358 mN; OLG Köln NJW-RR 1996, 500). Gegenüber der uneingeschränkten Verurteilung liegt ein Minus, kein Aliud vor, bei unbeschränktem Klageantrag erfolgt Zurückweisung im Übrigen mit Kostenteilung nach § 92 ZPO (BGHZ 117, 3). Ausnahmsweise kommt nach § 242 statt § 274 Klageabweisung in Betracht (BGH NJW 2018, 1599 Rn. 26: Nachforderungsklage des Vermieters trotz verweigerter Belegeinsicht). Das Bestehen des Zurückbehaltungsrechts gehört nicht zum Grund des Anspruchs iSv § 304 ZPO (RGZ 123, 7); Ergänzungsurteil nach § 321 ZPO ist unzulässig (BGHZ 154, 1). Die Entscheidung über die Gegenforderung entfaltet keine Rechtskraftwirkung (§ 322 II ZPO unanwendbar: BGHZ 90, 197 mN). Ist die vom Gläubiger „Zug um Zug" zu erbringende (Gegen-) Leistung ihrerseits von einer Gegenleistung des Schuldners abhängig, ergeht **„doppelte Zug-um-Zug-Verurteilung"** (BGHZ 90, 358 ff.). Zur Geltendmachung des Zurückbehaltungsrechts in Berufung und Revison → § 273 Rn. 21. 1

2. Zwangsvollstreckung (II). Das Zug-um-Zug-Urteil ist Titel nur für den Gläubiger. Die Vollstreckung setzt entweder die Befriedigung des Schuldners wegen der Gegenforderung oder (nachgewiesenen) Annahmeverzug des Schuldners (II; gem § 256 ZPO bereits im Zug-um-Zug-Urteil feststellbar: BGH NJW 2000, 2281 → § 293 Rn. 7; Feststellungsurteil grds. zulässig BGH NJW 2010, 2503 Rn. 24; Grüneberg/Grüneberg Rn. 4) oder gleichzeitiges Angebot der (Gegen-)Leistung des Gläubigers voraus (vgl §§ 726 II, 756, 765 ZPO; BGHZ 90, 359; ie Schilken AcP 181, 355). 2

Vorbemerkungen zu den §§ 275–292

Lit.: Benicke/Hellwig, Das System der Schadensersatzhaftung wegen Leistungspflichtverletzung, NJW 2014, 1697; Canaris, Zur Bedeutung der Kategorie der „Unmöglichkeit" für das Recht der Leistungsstörungen, in: Die Schuldrechtsreform vor dem Hintergrund des Gemeinschaftsrechts, 2001, S 43; ders, Die Reform des Rechts der Leistungsstörungen, JZ 2001, 499; Freitag, Rechtsfolgen der Unmöglichkeit und Unzumutbarkeit der Leistung, NJW 2014, 113; Haberzettl, Verschulden und Versprechen – Zur Haftung des Schuldners für die Verzögerung der Leistung, 2005; Hirsch, Schadensersatz statt der Leistung, Jura 2003, 289; U. Huber, Schadensersatz statt der Leistung, AcP 210, 319; Looschelders, Pflichtverletzung als Prüfstein der Privatrechtsdogmatik, FS Canaris 2017, 403; Lorenz, Schadensersatz wegen Pflichtverletzung usw, JZ 2001, 742; Magnus, Der Tatbestand der Pflichtverletzung, in: Die Schuldrechtsreform vor dem Hintergrund des Gemeinschaftsrechts, 2001, S. 67; Riehm, Pflichtverletzung und Vertretenmüssen, FS Canaris 2007, S. 1079; Schlüter, Leistungsbefreiung bei Leistungserschwerungen, ZGS 2003, 346; Schwab, Schadensersatzverlangen und Ablehnungsandrohung nach der Schuldrechtsreform, JR 2003, 133; Teichmann, Strukturveränderungen im Recht der Leistungsstörungen usw, BB 2001, 1485; Wieser, Gleichzeitige Klage auf Leistung und Schadensersatz aus § 281 BGB, NJW 2003, 2432; Wilhelm, Die Pflichtverletzung nach dem neuen Schuldrecht, JZ 2004, 1055.

1. Überblick über die Leistungsstörungen. Als Leistungsstörungen (kein ges Begriff) werden die Tatbestände zusammengefasst, bei denen es nicht zu einer ordnungsgemäßen Abwicklung des Schuldverhältnisses (Erbringung der Leistung zur rechten Zeit am rechten Ort in der richtigen Art und Weise) kommt. Folge der Leistungsstörung ist eine inhaltliche Umgestaltung des Schuldverhältnisses; die ursprüngliche Leistungspflicht kann entfallen, sich verändern oder durch eine zusätz- 1

2 liche Schadensersatzpflicht ergänzt werden. – Das BGB stellt die **Pflichtverletzung** (→ Rn. 6) als Grundtatbestand in den Mittelpunkt der Regelung (§ 280 I). Das Merkmal der Pflichtverletzung verlangt nur den obj Verstoß gegen eine Pflicht aus dem Schuldverhältnis. Es kommt nicht darauf an, dass dem Schuldner die Pflichtverletzung vorgeworfen werden kann, auf welchen Gründen sie beruht oder welche Folgen sie hat. Der Begriff der Pflichtverletzung umfasst damit die beiden Grundtypen der Leistungsstörung, die Nicht- und die Schlechterfüllung, einschließlich der Verletzung von Nebenpflichten. Die früheren Haupttypen der Leistungsstörung (Unmöglichkeit, Verzug und die bis zur Schuldrechtsreform nicht gesondert geregelte pVV) gehen in diesem Tatbestand auf. Insbes ist die Unmöglichkeit nur noch eine Erscheinungsform der Pflichtverletzung. Bei Mängeln der Kaufsache oder des Werkes haftet der Schuldner nach den allg Regelungen des Leistungsstörungsrechts (§§ 437, 634a), die aber teilw modifiziert werden (→ Rn. 15). Geblieben sind aber die Sonderregelungen bei der Miete, Leihe und im Reisevertrag (§§ 536 f., 600, 651c ff.), die in ihrem Anwendungsbereich den §§ 275 ff., 280 ff., 311a vorgehen. –
3 **Kein** Fall der Leistungsstörung ist die **bloße** Nichterfüllung; solange nicht Verzug (§ 280 II) oder sonstiges vertragsgefährdendes Verhalten (vgl → § 280 Rn. 17 ff.; → § 281 Rn. 9) hinzukommt, hat der Gläubiger nur den Erfüllungsanspruch.

4 **2. Erfüllungsanspruch und Grenzen der Leistungspflicht.** Das SchRModG trennt klar zwischen der Verpflichtung des Schuldners zur Erbringung der (primären) Leistung und Sekundäransprüchen des Gläubigers, wenn es zu Störungen bei der Vertragsabwicklung kommt. Aus § 275 I (obj und subj Unmöglichkeit) und den Tatbeständen der § 275 II und III, die I näher definieren, ergibt sich, bis zu welcher Grenze der Schuldner die Leistung erbringen muss und wann er von seiner primären Leistungspflicht befreit ist. **Anfängliche** (obj und subj) **Leistungshindernisse** lassen die Wirksamkeit des Vertrages und der Vertragspflicht unberührt; sie schließen lediglich gem § 275 den Anspruch auf die Leistung aus (Huber AcP 210, 334). In diesem Fall beschränkt sich das Schuldverhältnis von vorneherein auf sekundäre
5 Ansprüche (zB auf Herausgabe des Surrogats oder auf Schadensersatz). – Welche **Rechte** dem Gläubiger bei Vorliegen eines Leistungshindernisses zustehen, ergibt sich aus den Tatbeständen der §§ 280, 283–285, 311a, 326. Sie bilden lediglich einen Unterfall der Haftung wegen Pflichtverletzung: Bei nachträglicher obj und subj Unmöglichkeit gelten §§ 280, 283, bei anfänglicher obj und subj Unmöglichkeit § 311a II. Das Schicksal der Gegenleistung ergibt sich aus § 326 I, II.

6 **3. Der Tatbestand der Pflichtverletzung. a)** Die Pflichtverletzung ist der **Grundtatbestand des Leistungsstörungsrechts.** Sie ist sowohl Anknüpfungspunkt für Ansprüche auf Schadensersatz (§ 280 I), als auch für den Rücktritt (§§ 323, 326 V). Erfüllt der Schuldner zurechenbar (§§ 276–278) eine Pflicht aus dem Schuldverhältnis nicht oder nicht wie geschuldet (Pflichtverletzung), kann der Gläubiger Ersatz des hieraus entstehenden Schadens verlangen (§ 280 I). Der Begriff der Pflichtverletzung ist trotz seiner zentralen Bedeutung bis heute str, wie insbes die mit § 275 I zusammenhängende Frage nach der „Pflichtverletzung ohne Pflicht" zeigt (vgl hierzu etwa die Debatte um die Anwendbarkeit der §§ 434 ff. (→ Rn. 15) bei unbehebbarem Mangel. Hinsichtlich des Ersatzes des Verzögerungsschadens und des Schadens, der statt der Leistung begehrt wird, müssen neben dem Tatbestand des § 280 I die weiteren Voraussetzungen des § 280 II (zB Mahnung) und des § 280 III (idR erfolglose Fristsetzung) erfüllt sein. Nach § 280 III iVm § 283 stellen (nachträgliche) Leistungshindernisse eine Pflichtverletzung dar, die dem Gläubiger einen Anspruch auf Schadensersatz statt der Leistung ohne vorherige Fristsetzung gewähren. Einen eigenen Haftungstatbestand haben lediglich anfängliche (obj und subj) Leistungshindernisse mit § 311a II gefunden. Der Verschuldensvorwurf gegenüber dem Schuldner bezieht sich hier nicht auf die Herbeiführung des anfänglichen Leistungshindernisses, sondern darauf, den Vertrag in Kenntnis (oder vorwerfbarer
7 Unkenntnis) seiner fehlenden Leistungsfähigkeit geschlossen zu haben. **b) Vertretenmüssen.** Der Schuldner ist nur zum Schadensersatz verpflichtet, wenn er die

Pflichtverletzung gem §§ 276–278 zu vertreten hat. Beim Vertretenmüssen geht es um das „warum" der nach § 280 I obj vorliegenden Pflichtverletzung und ob dem Schuldner deshalb ein Vorwurf zu machen ist.

4. Rechtsfolgen der Pflichtverletzung. a) Systematik und Anwendungsbereich. Ansprüche auf Schadensersatz wegen Pflichtverletzung ergeben sich für sämtliche Schuldverhältnisse aus §§ 280–283, 286, 311a II. Sonderregelungen für den gegenseitigen Vertrag bestehen noch für das Rücktrittsrecht des Gläubigers bei einer Pflichtverletzung des Schuldners (§ 323), das Schicksal der Gegenleistung bei Leistungshindernissen (§ 326) und für die Abwicklung im Synallagma (§§ 320 ff.). Bei der Prüfung von Schadensersatzansprüchen ist von der begehrten Rechtsfolge (Verzögerungsschaden usw) auszugehen. Aufgrund der Rechtsfolge ist dann die vollständige Anspruchsnorm zu ermitteln. Zur Anwendung im **Sachenrecht** → Vor § 853 Rn. 9; insbes problematisch ist mangels Regelungslücke die analoge Anwendung von § 281 auf die Nichterfüllung des Beseitigungsanspruchs nach § 1004 für den Fall, dass der Eigentümer eine Selbstvornahme nicht vorfinanzieren möchte (danach Rückgriffskondiktion oder §§ 670, 683) oder für die Duldung der Beeinträchtigung quasi ein Entgelt möchte (bejahend aber OLG Karlsruhe NJW 2012, 1520). § 1004 sieht gerade weder einen Kostenersatz (schon gar keinen Vorschuss) noch eine Entschädigung für die Beeinträchtigung (BGH NJW 1989, 1476) vor; zu Recht bejaht die hM (s. BGH NJW 2010, 2341 mN) die Anwendung von § 275 II auf den Beseitigungsanspruch. – **b) Ersatz des Begleitschadens (§ 280 I).** 9 8
§ 280 I enthält den Grundtatbestand, der für jede zu vertretende Pflichtverletzung im vertraglichen oder ges Schuldverhältnis eine Schadensersatzpflicht anordnet. Nach § 280 II und III sind allerdings für Verzögerungsschäden und Schadensersatz statt der (primären) Leistung zusätzliche Voraussetzungen erforderlich. Für diese Schadensposten muss der Grundtatbestand des § 280 I um die zusätzlichen Voraussetzungen der §§ 281–283 ergänzt werden. – **c) Ersatz des Verzögerungsschadens** 10
(§ 280 II). Obwohl die Nichtleistung trotz Fälligkeit eine Pflichtverletzung darstellt, löst dies noch keinen Schadensersatzanspruch aus. Erst wenn die zusätzlichen Voraussetzungen des Verzuges vorliegen (§ 280 II iVm § 286), kann der Gläubiger den Verzögerungsschaden ersetzt verlangen. – **d) Schadensersatz statt der Leistung** 11
(§ 280 III). Der Anspruch auf Schadensersatz statt der Leistung tritt an die Stelle der (Primär-)Leistung, wenn zusätzlich zu den Erfordernissen des § 280 I auch die §§ 281, 282 oder 283 erfüllt sind. Den wichtigsten Fall regelt § 281, wenn die Leistung (jeder Art) nicht oder nicht wie geschuldet erbracht wird. Der Gläubiger muss regelmäßig zuvor erfolglos eine angemessene Nachfrist setzen; eine damit verbundene Ablehnungsandrohung ist nicht erforderlich. Die Fristsetzung sichert den Vorrang des Erfüllungsanspruchs. Bei der Verletzung von Pflichten nach § 241 II muss die Leistungserbringung für den Gläubiger unzumutbar sein (§ 282). Bei nachträglicher Unmöglichkeit gilt § 283.

5. Ersatz vergeblicher Aufwendungen. Nach § 284 kann der Gläubiger 12
anstelle des Schadensersatzes statt der Leistung Ersatz seiner Aufwendungen verlangen, die er im Vertrauen auf den Erhalt der Leistung gemacht hat und billigerweise machen durfte. Diese Regelung ersetzt auch den weggefallenen Anspruch des Käufers auf Ersatz der Vertragskosten bei Mängeln, verlangt aber das Vertretenmüssen des Mangels durch den Verkäufer.

6. Rücktritt und Schicksal der Gegenleistung bei Leistungshindernissen. 13
a) Der **Rücktritt** setzt, gleichgültig ob die Pflichtverletzung in der Nicht- oder nicht rechtzeitigen Leistung oder in der Verletzung einer Pflicht nach § 241 II besteht, nicht voraus, dass der Schuldner die Pflichtverletzung zu vertreten hat (§§ 323, 324). Bei der Verletzung einer Leistungspflicht muss grds eine Fristsetzung erfolgen (§ 323 I); einer Ablehnungsandrohung bedarf es nicht. Die Rücktrittserklärung hindert den Gläubiger nicht, Schadensersatz statt der Leistung zu verlangen (§ 325). Das Rückgewährschuldverhältnis führt zur Rückgewähr der ausgetauschten

Leistungen (§ 346 I) oder zur Rückabwicklung dem Werte nach (§ 346 II, III). Der Rücktrittsberechtigte haftet beim ges Rücktritt privilegiert (§ 346 III Nr. 3). –

14 **b) Schicksal der Gegenleistung bei Leistungshindernissen.** Soweit der Schuldner nach § 275 nicht zu leisten braucht, entfällt nach § 326 I 1 beim gegenseitigen Vertrag sein Anspruch auf die Gegenleistung. Daneben kann der Gläubiger (bei Zweifeln am Vorliegen eines Leistungshindernisses) nach § 326 V zurücktreten. Bes Gefahrtragungsregeln enthält § 326 II.

15 **7. Mängelhaftung.** Die Haftung für Sach- und Rechtsmängel beim Kauf- und Werkvertrag folgt den allg Regeln der §§ 280, 281, 283, 311a und 326. Ein selbstständiges Gewährleistungsrecht gibt es nicht mehr (Einzelheiten Looschelders FS Canaris 2017, 403, 417 ff.). Die bes Regelungen der §§ 437 ff., 634a ff. gelten erst **ab Gefahrübergang** (§§ 446, 447, 640; s. Kulke NJW 2012, 2697). Unterschiede bestehen bei der Verjährung (§§ 195, 199 einerseits, § 438 andererseits) und (weniger bedeutend) bei den Grenzen der Leistungspflicht (§ 275 und §§ 439 III, 635 III). Die allg Rechtsbehelfe werden durch bes Rechtsfolgen ergänzt: Minderung (§§ 441, 638 – nach ausgeübter Minderung daher kein Anspruch auf großen Schadensersatz [§§ 437 Nr. 3, 434, 280 I, III, 281 I 3] BGHZ 218, 320 mAnm Markworth JZ 2018, 897), Selbstvornahme (§ 637). Im Reisevertragsrecht verdrängen §§ 651c ff. das allg Leistungsstörungsrecht weitgehend (→ Vorbem. 651c–651f Rn. 1).

16 **8. Kodifizierung. a)** Das SchRModG hat bish ungeschriebene Rechtsinstitute im BGB kodifiziert. Die **cic** hat in § 311 II und III eine normative Grundlage gefunden, ohne dass subsumtionsfähige Tatbestände vorliegen. Anspruchsgrundlage für Schadensersatz wegen vorvertraglicher Pflichtverletzungen ist § 280 I. **b)** Das Institut der **Störung der Geschäftsgrundlage** ist in § 313 kodifiziert worden. Die Vorschrift übernimmt die in der Rspr anerkannten Tatbestände; eine notwendige Anpassung tritt aber nicht mehr kraft Gesetzes ein, vielmehr steht der benachteiligten Partei ein Anspruch auf Vertragsanpassung zu (wie § 60 VwVfG). **c)** Die **fristlose Kündigung von Dauerschuldverhältnissen** aus wichtigem Grund übernimmt in § 314 die Ergebnisse der bish Rspr

§ 275 Ausschluss der Leistungspflicht

(1) **Der Anspruch auf Leistung ist ausgeschlossen, soweit diese für den Schuldner oder für jedermann unmöglich ist.**

(2) [1]**Der Schuldner kann die Leistung verweigern, soweit diese einen Aufwand erfordert, der unter Beachtung des Inhalts des Schuldverhältnisses und der Gebote von Treu und Glauben in einem groben Missverhältnis zu dem Leistungsinteresse des Gläubigers steht.** [2]**Bei der Bestimmung der dem Schuldner zuzumutenden Anstrengungen ist auch zu berücksichtigen, ob der Schuldner das Leistungshindernis zu vertreten hat.**

(3) **Der Schuldner kann die Leistung ferner verweigern, wenn er die Leistung persönlich zu erbringen hat und sie ihm unter Abwägung des seiner Leistung entgegenstehenden Hindernisses mit dem Leistungsinteresse des Gläubigers nicht zugemutet werden kann.**

(4) **Die Rechte des Gläubigers bestimmen sich nach den §§ 280, 283 bis 285, 311a und 326.**

Lit.: Arnold, Die vorübergehende Unmöglichkeit nach der Schuldrechtsreform, JZ 2002, 866; ders. Sachmangel und Ersatzlieferung im Diesel-Abgasskandal, JuS 2019, 489; Canaris, Die Behandlung nicht zu vertretender Leistungshindernisse nach § 275 Abs. 2 beim Stückkauf, JZ 2004, 214; Dubovitskaya, Absolute Fixgeschäfte, AcP 215, 581; Feldmann/Schuhmann, Ansprüche von Konzertbesuchern bei Leistungsstörungen, JuS 2019, 848; Heckel, Anspruch und Einrede im „neuen" Leistungsstörungsrecht, JZ 2012, 1094; Kaiser, Zeitweilige Unmöglichkeit, FS Hadding 2004, S 121; Kohler, Bestrittene Leistungsunmöglichkeit und ihr Zuvertretenhaben bei § 275 – Prozesslage und materielles Recht, AcP 05, 93; Krüger/Binder, Infiziert: Das Virus in der Lieferkette, BC 2020, 155; Latzel, Rückbewirkte Leistungsstörungen, AcP 216, 674; Longree/Podann, Fitnessstudio-Verträge während der COVID-19 Pandemie, MDR 2022, 798; Riehm, Rechtsgrund- Pflicht – Anspruch, FS Canaris 2017, 345; Sagan/Brockfeld, Arbeitsrecht in Zeiten der Corona-Pandemie, NJW 2020, 1112; Stürner, Faktische Unmöglichkeit (§ 275 II BGB) und Störung der Geschäftsgrundlage (§ 313 BGB) – unmöglich abzugrenzen?, Jura 2010, 721; Weller/Lieberknecht/Habrich, Virulente Leistungsstörungen – Auswirkungen der Corona-Krise auf die Vertragsdurchführung, NJW 2020, 1017; Wertenbruch, Die Anwendung von § 275 auf Betriebsstörungen beim Werkvertrag, ZGS 2003, 53

1. Allgemeines. a) Bedeutung. Das allg Schuldrecht unterscheidet zwischen 1
der Primärleistung („Leistung") und den Sekundäransprüchen, die sich aus einer Pflichtverletzung des Schuldners ergeben. § 275 regelt die Grenzen der *primären* Leistungsverpflichtung und führt zur **Leistungsbefreiung** des Schuldners, bei der es idR nicht auf das fehlende Vertretenmüssen des Leistungshindernisses durch den Schuldner ankommt. Die (sekundären) Ansprüche des Gläubigers bei Vorliegen eines Leistungshindernisses nach § 275 auf Schadensersatz, auf Herausgabe eines Surrogates oder das Recht zum Rücktritt ergeben sich aus §§ 280, 283–285, 311a, 326 V. Es gilt der Grundsatz, dass eine nicht zu vertretende Unmöglichkeit den Schuldner sowohl von Erfüllungs- als auch Schadensersatzpflichten befreit (Huber AcP 210, 319, 325). Das Schicksal der Gegenleistung beim gegenseitigen Vertrag
bestimmt sich nach § 326 I, II. **b) Anwendungsbereich.** § 275 gilt für alle vertrag- 2
lichen und ges Schuldverhältnisse. Die Vorschrift findet auf Geldschulden keine Anwendung, da der Schuldner für seine finanzielle Leistungsfähigkeit immer einstehen muss (BGHZ 83, 300; NJW 1989, 1278). Bei der Herausgabepflicht hinsichtlich bestimmter Banknoten oder eines in Geld bestehenden Surrogats nach § 285 (BGHZ 140, 239 f.) liegt keine Geldschuld vor (→ §§ 244, 245 Rn. 7), weshalb § 275 anwendbar ist. Für den Reisevertrag bildet § 651h III eine Sonderregelung (Tonner VuR 2022, 1). Auf Schuldverhältnisse außerhalb von Buch 2 und außerhalb des BGB bedarf die Anwendbarkeit des § 275 jeweils der Einzelprüfung (zB BGHZ 53, 33 betr dinglichen Anspruch); gem § 62 S. 2 VwVfG zu bejahen für den öffentl-
rechtlichen Vertrag (§ 54 VwVfG). **c) Abgrenzung. aa)** Der Maßstab des **II** wird 3
für den Nacherfüllungsanspruch wegen des Vorliegens von Mängeln im Kauf- und Werkvertrag durch die **Sonderregelungen** der § 439 III bzw § 635 III näher bestimmt (zur eventuellen Unmöglichkeit der Nachbesserung im VW-Dieselskandal → Rn. 9). Bei Schadensersatzansprüchen geht § 251 II 1 vor, dem Beseitigungsanspruch aus § 1004 kann jedoch II entgegengehalten werden (BGH NJW 2008, 3123; NJW 2008, 3124; NJW 2010, 2341; krit Kolbe NJW 2008, 3618). **bb) Geschäftsgrundlage (§ 313).** In seinem Anwendungsbereich geht § 275 dem § 313 vor. Störungen des Äquivalenzverhältnisses (Verknappung von Bezugsmöglichkeiten, Geldentwertung, Fehler in der Kalkulation) werden nach § 313 behandelt (ie → § 313 Rn. 16 ff., 26). Überschneidungen können sich in den Fällen des II ergeben (→ Rn. 11). Soweit grobe Unverhältnismäßigkeit iSv II vorliegt, die gleichzeitig als Umstandsveränderung nach § 313 I anzusehen ist, wird teilweise ein Wahlrecht des Schuldners bejaht (MüKoBGB/Ernst Rn. 24 ff.; Schwarze Jura 2002, 78), richtigerweise gibt II dem Schuldner zunächst ein Leistungsverweigerungsrecht, das durch Vertragsanpassung gem § 313 entfallen kann (PWW//Kramme Rn. 20; Kindl WM 2002, 1316). Ergänzende Vertragsauslegung geht §§ 275 und 313 vor (BGH NJW-RR 2002, 1081 f. Übergabevertrag).

2. Grenzen der Leistungspflicht (Unmöglichkeit). a) Überblick. § 275 4
kennt drei Tatbestände, welche die primäre Leistungspflicht des Schuldners entfallen lassen. Die Fälle der **II** und **III,** die dem Schuldner lediglich ein Leistungsverweigerungsrecht gewähren, sollen die (obj und subj) Unmöglichkeit des **I** bei normativ geprägten Leistungshindernissen näher präzisieren (Canaris JZ 2001, 504 f.). Ihre rechtliche Einordnung folgt den Fällen des **I.** Das fehlende Vertretenmüssen des Leistungshindernisses durch den Schuldner ist keine Voraussetzung für das Eingreifen des § 275; ein vorwerfbares Verhalten des Schuldners kann aber bei der Bestimmung
der Opfergrenze nach **II** verschärfend wirken **(II 2). b)** Die drei Leistungsbefrei- 5

ungstatbestände des § 275 (im Folgenden „Unmöglichkeit" stellvertretend für alle in § 275 geregelten Leistungshindernisse) erfassen folgende **Anwendungsfälle: aa)** Sowohl **nachträgliche als auch anfängliche Unmöglichkeit (I: „unmöglich ist").** Auch bei anfänglicher obj Unmöglichkeit ist der Vertrag gültig (§ 311a I), jedoch braucht (kann) der Schuldner die (primäre) Leistung nicht zu erbringen.
6 **bb) Obj und subj** Unmöglichkeit werden gleichbehandelt. **cc) Vollständige, teil-**
7 **weise und qualitative** Unmöglichkeit. **(1)** Bei **teilw Unmöglichkeit** tritt nur eine auf den unmöglich gewordenen Leistungsteil beschränkte (teilw) Leistungsbefreiung ein, hinsichtlich des noch möglichen Teils bleibt die Leistungspflicht bestehen (**I: „soweit",** idS zur Mangelbeseitigung um den Preis neuer Mängel BGH NJW 2013, 1365 Rn. 12; Horn NJW 2017, 289; → § 439 Rn. 26**).** Die Verpflichtung zur
8 Gegenleistung ist entspr herabgesetzt (§ 326 I 1 Hs. 2). **(2) Ausnahmsweise** steht teilw Unmöglichkeit vollständiger gleich in folgenden Fällen: **(a)** Teilunmöglichkeit bei unteilbarer Leistung (oder Gegenleistung, s. BGH NJW 2000, 1256: Übergabe und Eigentumsverschaffung beim Kauf). Bsp: Das verkaufte Haus brennt teilw ab; anders bei verpachtetem Hof: BGHZ 116, 337; **(b)** nach dem bes Inhalt und Zweck des Vertrags ist dem Gläubiger nur mit der vollen Leistung gedient, eine Teilleistung für ihn dagegen sinnlos (BGH NJW-RR 1995, 854 mN; Erman/Ulber Rn. 26 mN). Bsp: Einheitlicher Vertrag über Mehrheit von Gegenständen, zB Tod eines
9 Pferdes bei Kauf eines Gespanns. **(3) Qualitative Unmöglichkeit.** Kann die Leistung nicht in der vertragsmäßigen Beschaffenheit (§§ 434, 435, 633) erbracht werden (insbes unbehebbare Sach- oder Rechtsmängel beim Kauf nicht vertretbarer Sachen), liegt sog **qualitative Unmöglichkeit** vor (Bsp: der als „unfallfrei" verkaufte Gebrauchtwagen war in einen schweren Unfall verwickelt; der Reparaturaufwand übersteigt die Opfergrenze des II), soweit nicht Sondervorschriften über die Gewährleistung (zB §§ 536 f.) eingreifen. Der Vertrag ist wirksam (§ 311a I), der Schuldner (Verkäufer, Werkunternehmer) aber von der primären Leistungspflicht (bzw von der Pflicht zur Nacherfüllung gem §§ 439 I, 635 I) nach § 275 frei (Lorenz JZ 2001, 743). Zur str Frage, inwieweit bei **Stückschulden Nacherfüllung** gem § 439 I unmöglich ist bzw ein vergleichbarer Leistungsgegenstand beschafft werden muss, → § 439 Rn. 24 (nicht grds Unmöglichkeit: BGHZ 168, 64 – gleichwertige Ersatzbeschaffung aber bei persönlicher Besichtigung des ursprünglich geschuldeten Pkw idR nicht möglich; keine Unmöglichkeit bei Einstellung der Produktionsreihe, BGH NJW 2019, 1133 [Hinweisbeschl] – aber ggf § 439 I [BGH BeckRS 2018, 27605]; Ersatzlieferung möglich, wenn durch interessengerechte Auslegung des Parteiwillens bei Vertragsschluss auch Beschaffung gleichartiger und funktionell gleichwertiger Sache gewollt, BGHZ 224, 195; 230, 296; OLG Frankfurt NJW-RR 2020, 1057; aA OLG Thüringen BeckRS 2018, 19634; OLG Bamberg DAR 2018, 143 je für VW Dieselskandal; s. auch Horn NJW 2017, 289). Die Rechte des Gläubigers bestimmen sich nach §§ 326 V, 323 (Rücktritt), §§ 280, 283, 311a II (Schadensersatz), § 285 (Surrogat); beim Kauf- und Werkvertrag auch Minderung (§§ 441, 638).
10 **dd) Dauernde** (obj oder subj) Unmöglichkeit ist erforderlich (BT-Drs. 14/7052, 183), vorübergehende (zeitweilige) Leistungshindernisse (zB vorübergehendes Exportverbot) begründen, soweit zu vertreten, idR nur Verzug (str, vgl Arnold JZ 2002, 868 f.; Einzelheiten → § 286 Rn. 5, s. für das Vermächtnis die ges Sonderregelung in § 2171 II), sie suspendieren nicht nach I (Kaiser FS Hadding, 121, 134; BGHZ 174, 67; aA hM etwa Medicus FS Heldrich, 347; Grüneberg/Grüneberg Rn. 10 mN). Bei Zweifeln am Vorliegen eines dauernden Leistungshindernisses muss der Gläubiger nach §§ 280, 281 oder § 323 (Nachfrist) vorgehen. Maßgebender **Zeitpunkt** für die Unterscheidung ist idR der des **Eintritts** des Leistungshindernisses (BGHZ 96, 390 mN; einschr BGH NJW-RR 1994, 1357). An danach anzunehmender dauernder Unmöglichkeit ändert auch späteres Wiedermöglichwerden der Leistung nichts; uU kann aber für die Parteien Pflicht zum Neuabschluss bestehen (§ 242; RGZ 158, 331). Mit Ablauf des Erfüllungszeitraumes wird vorübergehendes Leistungshindernis (allg) zum endgültigen (RGZ 107, 159; → § 286 Rn. 5). **Ausnahmsweise** steht ein **vorübergehendes Leistungshindernis** einem dauernden

gleich, wenn die Erreichung des Vertragszwecks durch die vorübergehende Unmöglichkeit in Frage gestellt wird und dem Gegner deshalb nach Treu und Glauben die Einhaltung des Vertrags bis zum (ungewissen) Wegfall des Leistungshindernisses nicht zugemutet werden kann (BGHZ 83, 200; OLG Karlsruhe MDR 2005, 444). Bsp: Kriegsausbruch; politische Unruhen am Ort der Leistung; durch die Corona-Krise verursachte Störungen in Lieferketten (kann in endgültige Unmöglichkeit umschlagen [Weller/Lieberknecht, Habrich NJW 2020, 1017, 1020]). Handels- und Finanzsanktionen bilden auch nach ihrer Aufhebung ein dauerndes Leistungshindernis (vgl House of Lords bei Vorpeil RIW 2002, 314 zu Art. 2 EG-VO 3541/92: Irak-Sanktion). Bei Dauerschuldverhältnissen werden diese Voraussetzungen idR vorliegen (LM Nr. 3, 4). Ein Rücktrittsrecht des Gläubigers folgt nun aber schon regelmäßig aus § 323, die Berufung auf I käme daher insbes dem Schuldner zugute. Da für ihn meist nur Leistungserschwerung vorliegt, passt § 313 besser (Arnold JZ 2002, 871 mN). – **ee) Nicht** unter § 275 fällt die sog **wirtschaftliche Unmöglichkeit,** bei der die Leistung zwar möglich, für den Schuldner aber mit solchen („überobligationsmäßigen“) Schwierigkeiten verbunden ist, dass sie für ihn unzumutbar ist (Fälle der „übermäßigen Leistungserschwerung“). Bsp: Unverhältnismäßige Erschwerung des Leistungsaufwands infolge völliger Veränderung der wirtschaftlichen Verhältnisse. Diese Fälle fallen nicht unter die Befreiungstatbestände des § 275 II oder III (Canaris JZ 2001, 501; terminologisch missverständlich BGH ZIP 2013, 322 [§ 439 III]), da sich idR Aufwand des Schuldners und Leistungsinteresse des Gläubigers proportional im gleichen Ausmaß erhöhen (Unterschied zu → Rn. 23 ff.; BGH NJW-RR 1991, 205; bei Störung von Lieferketten wegen der Corona-Epidemie kann das Gläubigerinteresse gering zu veranschlagen sein, wenn in Zuliefernetzwerken auch andere Zulieferer ausfallen und daher die Produktion ohnehin zum Erliegen kommt (Weller/Lieberknecht/Habrich NJW 2020, 1017, 1020); soweit Gläubigerinteresse nicht in gleichem Maß steigt, → Rn. 3). Die richtige Rechtsfolge liegt regelmäßig nicht in der Befreiung von der Leistungspflicht, sondern in der Vertragsanpassung. Daher handelt es sich um Fälle des Wegfalls der Geschäftsgrundlage (→ Rn. 3 [bb], für Coronafälle Einzelheiten bei Weller/Lieberknecht/Habrich NJW 2020, 1017, 1021 ff.; Krepold WM 2020, 726; Schall JZ 2021, 455; Sagan/Brockfeld NJW 2020, 1112), uU der ergänzenden Vertragsauslegung oder des Rechtsmissbrauchs (→ § 242 Rn. 40). Zur faktischen Unmöglichkeit, die von der wirtschaftlichen zu unterscheiden ist und unter § 275 II fällt, → Rn. 24 ff. 11

3. Obj Unmöglichkeit (I Fall 2). a) Begriff: Obj Unmöglichkeit liegt vor, wenn die Erfüllbarkeit der Leistung aus sachlichen Gründen ausgeschlossen ist, die Leistung also von niemandem (den Schuldner selbst eingeschlossen) bewirkt werden kann. **b) Fallgruppen.** Nach den Gründen der Unmöglichkeit lassen sich unterscheiden (für die Rechtsfolgen belanglos): **aa) Naturges** (physische) **Unmöglichkeit** („Unerbringlichkeit“): Die Hauptleistung kann nach den Naturgesetzen oder nach dem Stand von Wissenschaft und Technik nicht erbracht werden. Bsp: Bei Lieferverpflichtung **Untergang** der geschuldeten Speziessache, aber auch **Verschlechterung** in einem solchen Maß, dass es sich wirtschaftlich um eine andere Sache handelt (OLG Oldenburg NJW 1975, 1788: verrotteter Gebrauchtwagen; OLG Frankfurt a. M. NJW 1998, 84: zwischenzeitlich veraltete Software; auch → Rn. 9); Verpflichtung zum Einsatz magischer Kräfte zu Problemlösungen (LG Kassel NJW 1985, 1642; LG Aachen MDR 1989, 63); Lebensberatung durch Kartenlegen (BGHZ 188, 76 [aber Vergütungsanspruch, da § 326 I 1 vertraglich konkludent abbedungen, sofern nicht Sittenwidrigkeit anzunehmen ist; Bedenken gegen Sittenwidrigkeit bei beiderseitigem Bewusstsein der Sinnlosigkeit bei Bartels ZGS 2011, 355 mwN]). Bei Gattungsschulden, wenn die ganze Gattung untergeht oder den gleichen unbehebbaren Mangel aufweist. Beim Rechtskauf **Erlöschen** des zu verschaffenden Rechts. **Unausführbarkeit** der geschuldeten Dienst- oder Werkleistung infolge einer Veränderung der Umstände (Fälle des Untergangs des Leistungs- 12 13

substrats). Bsp: Wegfall des Gegenstands an (mit) dem die Leistung auszuführen ist: Das zu streichende Haus brennt ab, das zu bergende Schiff sinkt; Mitwirkungshindernisse in der Person, (an) der die Leistung erbracht werden soll: Zu unterrichtendes Kind stirbt; ähnlich aber str Tod des AN f. Urlaubs(abgeltungs)anspruch (BAG NJW 2012, 634; aA EuGH NJW 2014, 2415; Worm/Thelen NJW 2016, 1764); der Fluggast unterliegt einem Ein- oder Durchreiseverbot (OLG München NJW-RR 2020, 1061). **Anderweitiger Eintritt des Leistungserfolgs** (früher Fälle der Zweckerreichung). Bsp: Zu bergendes Schiff wird flott; zu behandelnder Patient wird gesund; dem Hauptunternehmer geschuldete Werkleistung des Nachunternehmers wurde gegenüber Auftraggeber des ersteren bereits erbracht (BGH NJW 2007, 3488; NJW 2010, 1283); höchstpersönlich geschuldete Leistung ist von Dritten erbracht (OLG Koblenz NJW 2008, 1679: chirurg Eingriff). Es kommt somit nicht darauf an, ob Leistungshandlung noch möglich ist, vielmehr ist allein auf den geschuldeten Erfolg abzustellen (OLG Saarbrücken NJW-RR 2006, 1602). Stets ist der Inhalt der Leistungspflicht maßgebend; deshalb Verpflichtung zur Erstellung eines astrologischen Gutachtens nicht ohne weiteres „unmöglich" (vgl Voss NJW 1953, 1553
14 gegen OLG Düsseldorf ebenda). **bb) Unmöglichkeit** durch Zeitablauf tritt beim **absoluten Fixgeschäft** (im Gegensatz zum relativen) ein, bei dem die Einhaltung der vereinbarten Leistungszeit für den Gläubiger so wesentlich ist, dass spätere Leistung nach Zweck und Interessenlage nicht mehr als Erfüllung angesehen werden kann. Hierunter fallen auch zeitgebundene Dauerschuldverhältnisse (BGH BeckRS 2021, 16571; OLG Hamm BeckRS 2020, 24327 Rn. 43) mit nicht nachholbaren, nach Zeitabschnitten zu erbringenden Leistungen wie beim Arbeitsvertrag (BAGE 161, 198; OLG Düsseldorf NJW-RR 2022, 495; OLG Nürnberg BeckRS 2021, 7538 [Sponsoring-Vertrag]; s. aber Latzel AcP 221 [2021] 881). **Beispiele** für Fixgeschäft: fehlende Nachholbarkeit zB bei Hotelzimmerreservierung; Vermietung oder Bestellung von Leistungen für bestimmte Veranstaltung (vgl BGHZ 99, 189; OLG Düsseldorf NJW-RR 2002, 633); Flugreise (BGH NJW 1974, 1046; offener BGH NJW 1983, 1322; relativierend NJW 2009, 2743, 2744; NJW 2013, 378 [Pflicht der Fluggesellschaft, bei Nichtbeförderung für Hotelunterkunft der Passagiere bis zur Weiterbeförderung zu sorgen]; OLG Frankfurt a. M. NJW-RR 2014, 1275 [Ersatzrückflug]); einmal jährlich stattfindendes Rockkonzert (OLG Hamburg BeckRS 2021, 32628). **Kein absolutes Fixgeschäft** liegt vor, wenn innerhalb eines bestimmtes Zeitraums eine festgelegte Zahl von Leistungen vorgenommen werden soll (BGH NJW 2001, 2878: Musikproduktion; OLG Hamm BB 2014, 1236 f., jährliche Mindestmenge Bierbezug). Die traditionellen Grenzen zwischen absolutem und relativem Fixgeschäft werden in Frage gestellt durch Verbraucherrechte – RL
15 ErwG 52 (Dubovitskaya AcP 215, 581, 583). **cc) Rechtliche Unmöglichkeit:** Die Leistung kann aus rechtlichen Gründen nicht erbracht werden. **Fälle:** Die Leistung ist auf Herbeiführung eines Rechtszustands gerichtet, der von der Rechtsordnung nicht anerkannt wird (Bsp: Herbeiführung einer unbekannten Rechtsfolge, zB von besitzlosem Pfandrecht; Lieferung von Aktien, deren Handel eingestellt wurde, OLG München WM 2012, 649); der herbeizuführende Rechtszustand besteht bereits (Bsp: Verkauf der dem Gläubiger schon gehörenden Sache; Befreiung von Arbeitspflicht durch Urlaub wird durch nachträgliche Betriebsvereinbarung über Kurzarbeit „Null" unmöglich, BAG MDR 2009, 990), tritt ohne Zutun des Schuldners ein (Erfolgserreichung, → Rn. 13) oder ist **aus Rechtsgründen dauernd ausgeschlossen** (Bestellung von Erbbaurecht auf unbebaubarem Grundstück: BGHZ 96, 388; Enteignung des herauszugebenden Grundstücks: BGHZ 90, 292; DtZ 1996, 28; Insolvenz des Schuldners macht Zahlung grds nicht unmöglich, BAG NJW 2012, 3390; MüKoBGB/Ernst Rn. 13); Leistungserbringung ist **ges verboten** (§§ 138, 134 etwa iVm Art. 30, 30a Iran-VO aF oder einem personen- oder länderbezogenen EU-Finanzsanktionsregime, s. Spoerr/Schlösser WM 2016, 1323; für EU-Sanktionen gegen Russland s Martens/Fischer BB 2020, 707, 712); ggf. auch aufgrund ausländischer Importverbote bzw. – beschränkungen BGH NJW 2013, 152 – ob darin rechtliche oder tatsächliche Unmöglichkeit liegt, spielt praktisch

keine Rolle (Bender JA 2021, 541, 544). Auch **vorübergehende** rechtliche Hindernisse führen zur Unmöglichkeit, wenn die Behebung nicht absehbar und ein Zuwarten angesichts des Vertragszwecks nicht zumutbar ist (BGH NJW 2007, 3778; Weller/Lieberknecht/Habrich NJW 2020, 1017, 1020). **„Covid-19-Fälle“:** In 15a
Betracht kommen behördliche Untersagung von Veranstaltungen, Dienstleistungen sowie behördliche Schließung von Unternehmen oder Beschränkungen des Personen- und Warenverkehrs infolge Coronakrise (§ 32 IfSG iVm LandesVO; Weller/Lieberknecht/Habrich NJW 2020, 1017; Longree/Podann MDR 2022, 798 u Englisch/Weinert NJW 2022, 1987 [je zu Fitnessstudios]; Burbulla/Schneider MDR 2022, 465), Beherbergungsverbot (OLG Köln NJW-RR 2021, 1218 (iErg offenlassend). Wird nur das Zur-Verfügung-Stellen von Räumlichkeiten vertraglich geschuldet, nicht die Durchführung einer Veranstaltung (zB Hochzeit) begründen behördliche Auflagen zur zulässigen Personenzahl, keine Unmöglichkeit (OLG Celle MDR 2022, 296); Unmöglichkeit aber bei Verbot, Räume zur Verfügung zu stellen (OLG Hamm BeckRS 2022, 14910). Berufliches Tätigkeitsverbot nach § 31 IfSG begründet idR **subjektive Unmöglichkeit** → Rn. 20; pandemiebedingte behördliche Ladenschließungen führen hingegen nicht zur Unmöglichkeit (oder Mietmangel) für Gewerberaumiete, sondern zur Anwendung von § 313 (BGH NJW 2022, 1370 Rn. 40; NJW 2022, 1378; NJW 2022, 1382 (verlegbare Hochzeitsfeier); OLG Karlsruhe NZM 2021, 224; OLG München NZM 2021, 2226 u NJW 2021, 948; OLG Dresden BeckRS 2021 2461; OLG Frankfurt BeckRS 2021, 4994 und BeckRS 2021, 29627; OLG Schleswig NZM 2021, 605; KG BeckRS 2021, 8005; OLG Hamm BeckRS 2021, 30476; Arnold JuS 2022, 540; Schall JZ 2021, 455 mwN; Weber/Discher, COVuR 2022, 205); ebenso für Beherbergungsverträge infolge Zweckwegfalls (Messeabsage) OLG Köln NJW-RR 2021, 1218; s. → § 313 Rn. 18a. **Sonstige Fälle:** Importverbot: BGH NJW 1983, 2874; absolutes Veräuße- 15b
rungsverbot; Abtretungsverbot: BGHZ 122, 117; NJW 1995, 2026 – RA-Honorarforderung), **ausländische Verbotsgesetze** begründen rechtliche Unmöglichkeit, wenn sie aufgrund von Art. 9 III Rom I-VO anwendbar sind (Mayer/Albrecht WM 2015, 1226). I greift auch ein, wenn eine für das Erfüllungsgeschäft erforderliche **Genehmigung versagt** wird. Ein Fall nachträglicher Unmöglichkeit liegt vor, wenn bei **Genehmigungsbedürftigkeit** nur des *Erfüllungsgeschäfts* (Bsp: § 2 I 1 Var. 1; II GrdstVG) die Genehmigung endgültig versagt wird (BGH NJW-RR 1997, 688 mN, stRspr und hM, str) oder nicht mehr zu erlangen ist (BGH WM 1994, 1250 f.: GVVO-DDR) und auch eine ggf abgeänderte Leistung nicht in Frage kommt (BGHZ 38, 149; 67, 36). Besteht das Genehmigungserfordernis dagegen für das *Verpflichtungsgeschäft* (Bsp: §§ 2 PaPkG; 2 I 1 Var. 1 GrdstVG), ist der Vertrag zunächst schwebend unwirksam (→ § 134 Rn. 6) und wird bei (endgültiger) Versagung der Genehmigung endgültig unwirksam (BGH JZ 1972, 368). Während des Schwebezustands bestehen bereits Mitwirkungspflichten (BGHZ 67, 35; 87, 165; → § 242 Rn. 23). – Die Erfüllung einer **Unterlassungspflicht** wird mit Zuwider- 16
handlung unmöglich (vgl BGHZ 52, 398 mN), jedoch wird eine bestehende (sonstige) Leistungspflicht nicht schon deshalb unmöglich, weil der Schuldner mit ihrer Erfüllung gegen eine vertragliche (auch rechtskräftig festgestellte) Unterlassungspflicht verstieße (BAG DB 1965, 1141).

4. Subj Unmöglichkeit (I Fall 1). a) Begriff: Subj Unmöglichkeit liegt vor, 17
wenn zwar der Schuldner die Leistung nicht (allein) erbringen kann, sie aber von einem Dritten erbracht werden könnte (ausschließlich in der Person des Schuldners liegendes Leistungshindernis). **Kein Fall** des **I,** sondern uU des **II,** wenn der Schuldner auf den Dritten, von dessen Willen die Leistung abhängt, rechtlich oder tatsächlich einwirken kann (BGHZ 131, 183 mN; für Nachbesserung unter Einbeziehung Dritter, OLG München NJW-RR 2012, 826). Bsp: Verschaffung von Berichtigungsbewilligung (§ 19 GBO) eines eingetragenen Eigentümers (BGH NJW 1986, 1676), von Löschungsbewilligung eines gem § 883 I eingetragenen Berechtigten (BGH NJW 1988, 700); Einwirkung des ausgezogenen (Mit-)Mieters auf die Rück-

gabe der Mietsache durch den noch besitzenden Mitmieter (vgl BGHZ 131, 183 f.). Anders als beim Doppelverkauf liegt auch beim Abschluss zweier wirksamer Domainverträge keine subj Unmöglichkeit des Providers vor, der den Domainnamen technisch zwar nur einmal vergeben, aber auch nach Vergabe grds noch entscheiden kann, an wen; nach BGHZ 195, 205 ff. ist auf die Priorität der schuldrechtlichen
18 Verträge abzustellen. **b) Bedeutung** des **I Fall 1** ist neben **II** gering: Der wichtigste Fall des auf mangelnder finanzieller Leistungsfähigkeit beruhenden nachträglichen Unvermögens ist rechtlich unerheblich (→ Rn. 2), ebenso banktechnische Auszah-
19 lungsprobleme (OLG München WM 2015, 335). **c) Fallgruppen. aa) Tatsächliche Leistungshindernisse:** Schuldner ist aus tatsächlichen Gründen an der Erbringung der Leistung gehindert. Bsp: Erkrankung des Dienstverpflichteten (BAG NZA 2021, 1541: wegen Unmöglichkeit auch keine Urlaubsgewährung); Eingehung mehrerer Arbeitsverhältnisse für den gleichen Zeitraum (sa BGH NJW-RR 1988, 420; Unmöglichkeit steht aber erst fest, wenn AN einen der Verträge erfüllt, BGH MDR 2018, 230 Rn. 14); die geschuldete Sache ist gestohlen, der Verbleib nicht zu ermitteln (Abgrenzung zu **II:** die Leistung ist dem Schuldner hier schon theoretisch nicht möglich, BT-Drs. 14/6040, 128). Ist für die Leistungserbringung (Mängelbeseitigung) die Mitwirkung des Vertragspartners erforderlich, tritt Unmöglichkeit frühestens ein, wenn diese ernsthaft und endgültig verweigert wird (OLG Stuttgart BeckRS 2021, 41917). Beschaffungsschwierigkeiten bei der **Gattungs-**
20 **schuld,** fallen unter **II** (→ Rn. 26; → § 276 Rn. 49, 51). **bb) Rechtliche Leistungshindernisse:** Dem Schuldner fehlt die zur Leistungserbringung erforderliche Rechtsmacht (Eigentum, Rechtszuständigkeit, Verfügungsbefugnis, BGH NJW-RR 2005, 954). Bsp: Verkauf einer fremden (dem Eigentümer gestohlenen) Sache, wenn der Eigentümer zu der erforderlichen Genehmigung (§ 185 II 1) nicht bereit ist (BGHZ 8, 231); Weiterverkauf der Sache vor Erfüllung an Erstkäufer (OLG Hamm BeckRS 2020, 18650); im Diesel-Skandal führt der Weiterverkauf des Fahrzeugs nicht zur Unmöglichkeit der Naturalherstellung (§ 249: Rückzahlung des Kaufpreises [ggf mit Nutzungsentgelt-Abzug] gegen Rückgabe des Fahrzeugs), der Erlös tritt an Stelle des Fahrzeugs (BGH NJW 2021, 3594 Rn. 22 ff). Kann der Käufer eines Miteigentumsanteils die übrigen Miteigentümer nicht oder nur durch Klage zur Zustimmung und anteiligen Kostentragung für eine Mängelbeseitigung durch den Verkäufer bewegen, ist ein Zuwarten bis zu einer gerichtlichen Entscheidung dem Verkäufer nicht zumutbar, daher Unmöglichkeit (BGHZ 225, 1 – Verkäufer wird von Mängelbeseitigungspflicht frei, die Mängeleinrede bleibt jedoch bestehen, sa → § 326 Rn. 26). Ist Genehmigung (Rückerwerb; Löschungsbewilligung, vgl → Rn. 18) an sich möglich, haftet der Verkäufer nach **II** bis zur Opfergrenze („indiskutabler Aufwand": BT-Drs. 14/6040, 129; → Rn. 25 f.) auf Erfüllung; Veräußerung (Zwangsversteigerung) der bereits verkauften Sache an Dritten (abw BGH NJW-RR 1990, 651: Unmöglichkeit), Bestehen eines Arbeitsverbotes (BAG NJW 1995, 1775; BT-Drs. 14/6040, 129); behördliche Verbote beruflicher Tätigkeit in der **Covid-19-Krise** (§ 31 IfSG bzw landesrechtliche Vorschriften), zB Fitnessstudio (BGH NJW 2022, 2024 – auch zur Gutscheinlösung); daher auch kein Annahmeverzug des Patienten, wenn Therapeut wegen Corona-Regeln medizinisch verzichtbare Behandlungsleistung nicht erbringen durfte (BGH NJW 2022, 2269 Rn. 21); zu Lohnfortzahlungspflichten BAG NZA 2022, 182; NZA 2022, 1113; Eufinger BB
21 2021, 504; Schürers/Marski BB 2022, 308. **d) Abgrenzung. aa)** Zu obj Unmöglichkeit führt persönliches Leistungshindernis bei höchstpersönlichen Leistungspflichten. Bsp: Die allg menschliche Leistungsfähigkeit überschreitendes Arbeitspen-
22 sum (BAG NJW 1982, 2142: Krankenhaus-Bereitschaftsdienst). **bb) Verzug** liegt vor, wenn fehlende Leistungsfähigkeit auf mangelnder finanzieller Leistungsfähigkeit
23 beruht (→ § 276 Rn. 40 und 45). **cc)** Ein Fall des **II** ist gegeben, wenn das Leistungshindernis nur durch überobligatorische Anstrengungen (→ Rn. 24 ff.) überwunden werden kann.

24 **5. Faktische Leistungshindernisse oder (faktische) Unmöglichkeit („Unerreichbarkeit"; II).** Die Leistung ist zwar theoretisch noch erbringbar, doch

stünde der damit verbundene Aufwand (obj) in keinem Verhältnis zu ihrem Wert (BGH NJW 1983, 2874). Bsp: Verschaffung von Ring auf dem Meeresboden; Wiederherstellung nach wirtschaftlichem Totalschaden (BGH NJW-RR 1991, 205); Veräußerung einer einem Dritten abhanden gekommenen Sache (dazu → Rn. 20). Das Leistungshindernis muss wertungsmäßig den Fällen des **I** gleichstehen; die Vorschrift ist daher eng auszulegen (Lorenz/Riehm Neues SchuldR Rn. 310). Das Leistungshindernis nach **II** kann sich, wie bei **I,** auf die ganze Leistung, einen Teil der Leistung oder auf die vertragsmäßige Beschaffenheit (Sach- oder Rechtsmangel, Bsp: Verkauftes Hausgrundstück wird durch einen Brand stark beschädigt) beziehen. Das Vorliegen des Leistungshindernisses ist durch eine Verhältnismäßigkeitsprüfung zu ermitteln: **a)** Bezugspunkt der nach **II** gebotenen Abwägung des gesamten 25 (MüKoBGB/Ernst Rn. 97) vom Schuldner zu erbringenden Aufwandes (Aufwendungen in Geld, Tätigkeiten, sonstige persönliche Anstrengungen, s. OLG München NJW-RR 2013, 1036: Verkürzung einer Gewerbehalle um 18 cm durch Abriss u Neubau) ist das obj **Leistungsinteresse des Gläubigers.** Das Interesse des Gläubigers ergibt sich aus dem Inhalt des Vertrages, dem darin vereinbarten oder vorausgesetzten Zweck der Leistung und kann auch ideelle/immaterielle Motive verfolgen (zB optischer Eindruck des Bauwerks, Besuch einer Theateraufführung; für Rückabwicklung verbundener Verträge OLG Stuttgart BeckRS 2021, 32938 Rn. 42). Die eigenen Interessen des Schuldners (zB die Höhe des vereinbarten Entgelts) spielen keine Rolle. Daher fallen die Fälle der **wirtschaftlichen Unmöglichkeit nicht** unter **II** (Canaris JZ 2001, 502; MüKoBGB/Ernst Rn. 109). Die rechtlichen Folgen, die sich aus der Leistungsbefreiung ergeben können, sind nicht mit zu berücksichtigen. Der Gläubiger kann sich am Aufwand des Schuldners beteiligen und dadurch seinen Anspruch auf die Leistung aufrechterhalten (MüKoBGB/Ernst Rn. 99). **b)** Zwischen dem Aufwand und dem Gläubigerinteresse muss ein **grobes Missverhältnis** bestehen. Diese Grenze wird nur überschritten, wenn einem obj geringen 26 Interesse des Gläubigers ein ganz erheblicher und deshalb unangemessener Aufwand des Schuldners gegenübersteht. Die Vorschrift ist auf **Extremfälle** zugeschnitten. Der Aufwand des Schuldners muss regelmäßig über dem Leistungsinteresse des Gläubigers (→ Rn. 25) liegen (Frage des Einzelfalls, allenfalls Faustregel: 110–150 %, Huber/Faust SchuldRMod § 275, 2/67 ff.). Prozentsätze können grobe Richtwerte sein, häufig wird die Frage, ob ein vernünftiger Mensch unter Berücksichtigung der gegebenen Umstände des Einzelfalls bereit wäre, den erforderlichen Aufwand zu betreiben, schon helfen (MüKoBGB/Ernst Rn. 103). Bei der Frage zumutbarer Sanierungskosten eines Mietobjektes geht der BGH davon aus, dass ein auffälliges Missverhältnis die Überschreitung der Zumutbarkeitsgrenze indiziere (BGH NJW 2010, 2050). Bei der Abwägung ist die allg Risikoverteilung des Vertrages (Bsp: Erfüllungsrisiko des Werkunternehmers), eine bes Risikoübernahme (Bsp: Bergungsvertrag) oder eine vertragliche Milderung (Bsp: Selbstbelieferungsklausel) zu berücksichtigen. Bei **Beschaffungsschulden** ergibt die Vertragsauslegung, welche Risiken der Schuldner mit ihr übernommen hat (**II 2** iVm → § 276 Rn. 50; für Begrenzung auf Kaufpreis bei Stückschulden Huber, FS Schlechtriem, S. 548, 566; Ackermann JZ 2002, 383; aA Canaris JZ 2004, 218). Es kann auch von Bedeutung sein, ob der Gläubiger seinen Anspruch ersatzlos verliert oder eine andere Kompensation erhält (*Canaris* JZ 2001, 502). Grds. trägt der Schuldner nach der Gesetzessystematik das Risiko, dass das Leistungshindernis trotz zumutbaren Aufwandes nicht beseitigt werden kann (Canaris JZ 2004, 217 gegen Picker JZ 2003, 1035). Auch bei der gewöhnlichen Gattungsschuld muss im Einzelfall grobes Missverhältnis von Schuldneraufwand und Gläubigerinteresse vorliegen. **c)** Ein **Verschulden des** 27 **Schuldners** hinsichtlich des Leistungshindernisses kann die von ihm zu erwartenden Anstrengungen über → Rn. 26 hinaus erhöhen (**II 2;** BGH NJW 2008, 3122; NJW 2008, 3125; NJW 2010, 2340; NJW 2010, 2050; OLG München NJW-RR 2013, 1036; Huber/Faust SchuldRMod § 275 2/68; Bsp: Doppelverkauf einer Sache). Aber auch ohne ein Verschulden kann der Schuldner gehalten sein, dem Dritten einen über dem Marktpreis liegenden Preis zu bezahlen, um die Sache wiederzuer-

28 langen (BT-Drs. 14/6040, 131). **d) Verantwortlichkeit des Gläubigers** an der Leistungserschwerung entlastet den Schuldner (arg §§ 323 VI, 326 II; MüKoBGB/
29 Ernst Rn. 102). **e) Abgrenzung.** Gegenüber dem Nacherfüllungsanspruch sehen §§ 439 III, 635 III (nach Gefahrübergang) schon bei unverhältnismäßigen Kosten (und nicht erst bei einem groben Missverhältnis) ein Leistungsverweigerungsrecht des Schuldners vor (ähnlich §§ 651 II, 251 II 1, für Mietvertrag BGH NJW 2010, 2050). Bei Störungen des Äquivalenzverhältnisses greift § 313 ein (→ Rn. 3).

30 **6. Unzumutbarkeit.** Für **faktische Leistungshindernisse bei persönlicher Leistungspflicht** durch den Schuldner etwa bei Arbeits-, Dienst- oder Werk- oder Gesellschaftsvertrag trifft **III** eine Sonderregelung, die **II** vorgeht („Unzumutbarkeit“). Für Umstände, die subj Unmöglichkeit begründen (zB Krankheit, → Rn. 19), verbleibt es bei **I Fall 1.** Anders als **II** stellt **III** (wegen der auf die Person des Schuldners ausgerichteten Leistung) bei der gebotenen Abwägung auch auf seine persönlichen Umstände ab (BT-Drs. 14/6040, 130). Irrelevant ist im Gegensatz zu II, ob der Schuldner das Leistungshindernis zu vertreten hat (für Berücksichtigung *fehlenden* Vertretenmüssens MüKoBGB/Ernst Rn. 132). **III** greift beispielsweise ein bei Tod oder schwerer Erkrankung eines nahen Angehörigen, Arbeitsverhinderung wegen strafbewehrter Ableistung des Wehrdienstes im Heimatstaat (BAG NJW 1983, 2872), wegen nicht aufschiebbaren Arztbesuches (zurückhaltend MüKoBGB/Ernst Rn. 133), Suizidversuch eines Beteiligten im Profisport (Hauck/Stephan JuS 2012, 585) oder Terrorgefahr (Erman/Ulber Rn. 84); bei erheblicher Gesundheitsgefährdung des AN bei Leistungserbringung, str für Pandemie (vgl Falter BB 2009, 1980; Schmidt/Novara DB 2009, 1820; ggf. Anspruch aus § 313 auf Homeoffice, Weller/Lieberknecht/Habrich NJW 2020, 1018 [Corona]). Bei einer Leistungsverweigerung aus **Glaubens- oder Gewissensgründen** soll nach der Gesetzesbegründung ein Fall des § 313 vorliegen (BT-Drs. 14/6040, 130). Das BAG hält entgegen der hA in der Literatur, welche zu Recht **III** anwenden will, an seinem Weg über § 106 GewO fest (BAG NJW 2011, 3319; Nachw. zum Streitstand s. Scholl BB 2012, 53; ggf. ist auch Weisung des AG, die zu Pflichtenkollision führt, unwirksam, BAG NJW 2011, 3319; PWW/Kramme Rn. 30). Bei wirtschaftlichen Leistungserschwerungen gilt § 313, dort → § 313 Rn. 17. Zur Unzumutbarkeit der Nacherfüllung bei Werkvertrag → § 635 Rn. 7–10; beim Kaufvertrag → § 439 Rn. 21 ff.

31 **7. Rechtsfolgen. a)** In den Fällen des **I** ist der **Erfüllungsanspruch kraft Ges ausgeschlossen** (rechtshemmende oder rechtsvernichtende Einwendung), gleichgültig, ob das Leistungshindernis vor oder nach Vertragsschluss aufgetreten ist und ob der Schuldner es zu vertreten hat. IÜ bleibt das Schuldverhältnis im Ganzen bestehen (→ § 241 Rn. 1). Statt des Anspruchs auf die Leistung können Ansprüche des Gläubigers aus § 285 (Surrogat) oder auf Schadensersatz (§§ 280, 283, 311a)
32 bestehen. Aus § 242 folgt uU Anzeigepflicht. **b)** In den Fällen des **II** und **III** steht dem Schuldner ein **Leistungsverweigerungsrecht** zu. Der Schuldner wird von seiner primären Leistungspflicht erst frei, wenn er die Einrede erhebt. Er kann wählen, ob er im Einzelfall auch eine überobligationsmäßige Leistung erbringen will. Sekundäransprüche des Gläubigers wegen eines Leistungshindernisses nach **II** oder **III** entstehen erst, wenn sich der Schuldner auf die Einrede berufen hat. Bis dahin muss der Gläubiger mit Fristsetzung nach §§ 280, 281 oder § 323 vorgehen (vgl auch § 326 V mit → Rn. 29). Die Erhebung der Einrede wirkt auf den Zeitpunkt des Auftretens des Leistungshindernisses zurück (dann ggf Ansprüche des Gläubigers aus §§ 280, 283 oder aus § 311a II). Im Prozess muss die vom Schuldner erhobene Einrede vorgebracht werden, um die Verurteilung zur Erbringung der primären Leistung auszuschließen (vgl → § 322 Rn. 2; MüKoBGB/Ernst Rn. 110;
33 aA Teichmann BB 2001, 1487). **c) Beweislast.** Der Schuldner trägt für die Voraussetzungen des § 275 die Beweislast. Ist die Unmöglichkeit streitig, muss über sie Beweis erhoben werden. Im Fall des non liquet erfolgt etwa Verurteilung auch der Mutter als Auskunftsschuldnerin für Vaterschaft des klagenden Kindes, ggf. kann

Unmöglichkeitseinwand im Vollstreckungsverfahren nach §§ 120 FamFG, 888 ZPO dazu führen, dass unverhältnismäßiger Grundrechtseingriff vorliegt (BGH FamRZ 2022, 298). Zum Schadensersatzanspruch → § 283 Rn. 11. **d) Rechte des Gläubigers und Gefahrtragung. aa)** Die **Rechte des Gläubigers** bestimmen sich bei Vorliegen eines Leistungshindernisses nach § 275 nach **§§ 280, 283, 285, 311a und 326 (IV).** Hat der Schuldner das Leistungshindernis zu vertreten, steht dem Gläubiger ein Schadensersatzanspruch statt der Leistung bei nachträglichen Leistungshindernissen aus §§ 280, 283 und bei anfänglichen Leistungshindernissen aus § 311a II zu. Das Schicksal der Gegenleistung bestimmt sich (unabhängig vom Vertretenmüssen des Schuldners) nach § 326. Schließlich kann dem Gläubiger noch ein Anspruch auf Herausgabe des Surrogates nach § 285 zustehen. **bb)** § 275 enthält eine **Gefahrtragungsregel** (Gläubiger trägt Leistungsgefahr), die im gegenseitigen Vertrag durch § 326 I 1 für die Gegenleistung ergänzt wird (Preis- oder Gegenleistungsgefahr beim Schuldner, OLG Celle NJW-RR 2009, 315 f. Werkleistung). 34 35

§ 276 Verantwortlichkeit des Schuldners

(1) [1]**Der Schuldner hat Vorsatz und Fahrlässigkeit zu vertreten, wenn eine strengere oder mildere Haftung weder bestimmt noch aus dem sonstigen Inhalt des Schuldverhältnisses, insbesondere aus der Übernahme einer Garantie oder eines Beschaffungsrisikos, zu entnehmen ist.** [2]**Die Vorschriften der §§ 827 und 828 finden entsprechende Anwendung.**

(2) **Fahrlässig handelt, wer die im Verkehr erforderliche Sorgfalt außer Acht lässt.**

(3) **Die Haftung wegen Vorsatzes kann dem Schuldner nicht im Voraus erlassen werden.**

I. Allgemeines

1. Bedeutung und Überblick. Die §§ 276–278 enthalten ergänzende Vorschriften, die immer dann eingreifen, wenn das BGB den Begriff des Vertretenmüssens („vom Schuldner zu vertreten“) verwendet. Bsp: §§ 275 II 2, 280 I 2, 286 IV, 309 Nr. 8a, 311a II 2, 536a I und 651 f. iVm **I 1.** Das SchRModG hat § 276 redaktionell überarbeitet, ohne seinen Regelungsgehalt inhaltlich anzutasten (BT-Drs. 14/6040, 131). **a) I 1** bestimmt als grundlegende Zurechnungsnorm die Verantwortlichkeit des Schuldners; er ist Ausdruck des das BGB beherrschenden **Verschuldensprinzips** (BGH NJW 2008, 1587; Mot I 279; Prot. I 287, 303 → Rn. 8 ff.). IE legt **I 1** nur den „Haftungsmaßstab“ der (selbstständig zu begründenden) Verschuldenshaftung fest, enthält aber **keine selbstständige Anspruchsgrundlage** (hM s. Grüneberg/Grüneberg Rn. 1/2). **b) I 2** regelt die **Verschuldensfähigkeit** (→ Rn. 12) durch Verweisung auf das Deliktsrecht. **c) III** stellt **zwingende Schranken** für die Haftungsfreizeichnung auf. 1 2 3

2. Anwendungsbereich. a) I 1 setzt ein bestehendes oder angebahntes **Schuldverhältnis** (→ *§ 241 Rn. 1 f.*; § 311a II, III) voraus (**I 1:** „Schuldner“), der Entstehungsgrund (vgl → § 241 Rn. 3) ist gleichgültig (→ Rn. 7). **b)** Die in **II** enthaltene Begriffsbestimmung der Fahrlässigkeit (→ Rn. 23, 28 ff.) gilt – weitergehend als **I 1** – für das **gesamte bürgerliche Recht** (→ § 823 Rn. 57) und auch außerhalb des BGB (nicht: StGB; dazu → Rn. 23); das Gleiche gilt für den Begriff des im BGB nicht definierten Vorsatzes (→ Rn. 15). **c) I 2** hat nur für das Vertragsrecht (Sonderverbindungen) Bedeutung (unmittelbare Geltung der §§ 827, 828 im Deliktsrecht). **d)** Die Schranken der Freizeichnung **(III)** gelten (umfassend) auch für die deliktische Haftung (BGHZ 9, 306; → § 241 Rn. 17 aE). **e)** § 276 gilt entspr für **öffentl-rechtliche Verhältnisse,** soweit diese schuldrechtliche Verpflichtungen begründen und die Eigenart des öffentl Rechts nicht entgegensteht (§§ 62 S. 2 4 5 6 7

VwVfG; 61 S. 2 SGB X; BGHZ 61, 11; 135, 341, stRspr; iE → § 280 Rn. 2; → § 278 Rn. 4).

8 **3. Verschuldensprinzip. a) Inhalt:** Verantwortlichkeit des Schuldners (nur) für sein (eigenes) schuldhaftes Verhalten (BGHZ 119, 168). Das Verschuldensprinzip liegt vielen kontinentalen Rechten (anders zB Art. 79 CISG) zugrunde, ist rechtsethisch fundiert und beruht auf der Anerkennung der frei handelnden sittlichen Persönlichkeit (vgl Larenz SchR I § 20 I). Das SchRModG hat es ausdr anerkannt und bestätigt (BT-Drs. 14/6040, 131). Im **BGB** ist der Grundsatz nicht streng durchgeführt und wird durch Haftungsprinzipien, die eine „obj Verantwortlichkeit" (Larenz) des Schuldners begründen (Garantie-, Vertrauenshaftung; Risikozurech-
9 nung), eingeschränkt. **b) Durchbrechungen. aa) Vertragsrecht.** Fälle der Haftung des Schuldners ohne eigenes (persönliches) Verschulden: Einstandspflicht für die eigene Leistungsfähigkeit (Übernahme einer Garantie oder eines Beschaffungsrisikos, → Rn. 41 ff.); Haftung für fremdes Verschulden (§ 278); Vertrauens-, Erklärungs- und Garantiehaftung (§§ 122 I, 179 II; 311 III 2; 437 Nr. 1, 2; 536 f.; 634 Nr. 1–3; 651c ff.; § 24 LFGB – BGHZ 203, 98 mAnm Matusche-Beckmann LMK 2015, 369823); Zufallshaftung (→ Rn. 11); Sphärenhaftung (BGHZ 114, 243 ff.; 115, 45; 119, 169); Objektivierung des Fahrlässigkeitsmaßstabs (→ Rn. 23, 29); Umkehrung der Beweislast (§§ 280 I 2, 286 IV, 311a II 2, 630h). **bb) Deliktsrecht.** Gefährdungshaftung (→ Vor § 823 Rn. 9 f.); Beweislastumkehr bei Einzeltatbeständen und bei Produkthaftung (→ § 823 Rn. 134 und § 1 IV ProdHaftG).

10 **4. Verschulden. a) Begriff. aa) Verschulden** iSd **BGB** ist „ein auf Vorsatz oder Fahrlässigkeit beruhendes Verhalten" (Mot. I 281). Es bildet damit den Oberbegriff für die beiden „Schuldformen" Vorsatz und Fahrlässigkeit. Für „Verschulden" genügt damit (leichte) Fahrlässigkeit. IE setzt Verschulden **Verschuldensfähigkeit** („Zurechnungsfähigkeit"; → Rn. 12) und Vorliegen einer **Schuldform** (→ Rn. 15 ff., 23 ff.) voraus. Die Lehre vom Verhaltensunrecht (→ Rn. 13) rechnet demgegenüber die obj Fahrlässigkeit zur Rechtswidrigkeit (so Nipperdey NJW 1957, 1780; Esser/Schmidt § 25 IV 1c). Konsequenzen für den Fahrlässigkeitsmaßstab (dazu → Rn. 29) dürfen aus dieser Einordnung nicht gezogen werden (zutr BGHZ [GS] 24, 27; s. Stathopoulos FS Larenz, 1983, 634 ff.). **bb)** Die Rechtslehre versteht unter Verschulden das obj rechts-(pflicht-)widrige und subj vorwerfbare Verhalten eines Zurechnungsfähigen (vgl Larenz SchR I § 20 I; Grüneberg/Grüneberg Rn. 5). Im Rahmen der Haftung für einfache Fahrlässigkeit ist aber Verschulden iS individueller Vorwerfbarkeit nicht notwendig erforderlich (→ Rn. 23,
11 29). **b) Abgrenzung.** Fehlt ein Verschulden, so ist das Ereignis im Rechtssinn „zufällig". Arten des Zufalls: Gewöhnlicher Zufall und höhere Gewalt (Begriff: → §§ 205–209 Rn. 3; sa zu § 651j I). Die **Zufallshaftung** (zB gem §§ 287 S. 2, 701, 848) erfasst idR nur den einfachen Zufall (aA Knütel NJW 1993, 900 für § 287 S. 2), grds besteht keine Haftung für höhere Gewalt (vgl zB §§ 701 III; 454
12 HGB; 1 II HPflG; 7 II StVG). **c) Verschuldensfähigkeit.** Ihre Voraussetzungen ergeben sich aus §§ 827, 828, die im Rahmen der Vertragshaftung **entspr** gelten (**I 2** → Rn. 5 [c]). Unanwendbar sind der nicht angeführte § 829 (str; aA Staudinger/Caspers Rn. 109 mN) sowie die §§ 104 ff. (allgM). Bei fahrlässigem Handeln von Minderjährigen ist zwischen Verschuldensfähigkeit (insbes § 828 II) und – obj – Verschulden zu unterscheiden (LM Nr. 2 [Be]; Nr. 1 zu § 828; dazu
13 → Rn. 29; → § 828 Rn. 2). **d)** Verschulden setzt **Rechtswidrigkeit** voraus (allgM, BGH NJW 2015, 2419). Rechtswidrig ist ein Verhalten, durch das rechtlich geschützte Interessen eines anderen im Widerspruch zur Rechtsordnung verletzt werden. Im Rahmen des **Vertragsrechts** deckt sich die Rechtswidrigkeit im Wesentlichen mit der Verletzung der durch das Schuldverhältnis begründeten Leistungs-(Verhaltens-)pflicht, dh mit der obj **Pflichtverletzung** iSv § 280 I (→ § 280 Rn. 1, 8 ff.; so iE; Grüneberg/Grüneberg Rn. 8; Löwisch AcP 165, 422). Der im Deliktsrecht bestehende Streit, ob für die Rechtswidrigkeit maßgeblich an der Rechtsbeeinträchtigung des Verletzten (so die Lehre vom **Erfolgsun-**

recht, hM; zB BGHZ 118, 201; MüKoBGB/Grundmann Rn. 13 ff. mN) oder an das pflichtwidrige Verhalten des Handelnden (so die Lehre vom **Verhaltensunrecht;** zB Enneccerus/Nipperdey I/2 S. 1317 ff.; Schmidt, Grundlagen des Vertrags- und Schuldrechts, 1972, 496 ff.; Kötz/Wagner, Deliktrecht Rn. 103 ff.) anzuknüpfen ist (dazu eingehend → § 823 Rn. 47 ff.), ist für das Vertragsrecht nur von untergeordneter Bedeutung (MüKoBGB/Grundmann Rn. 15 ff.). § 93 I 2 AktG enthält ges Sonderregelung für unternehmerische Entscheidungen, die auf andere Gesellschaften grds übertragbar ist (BGH NJW 2016, 2585; Lutter ZIP 2007, 842; s. auch Schäfer ZIP 2005, 1253), auch für leitende Angestellte, nicht aber für Insolvenzverwalter (Grüneberg/Grüneberg Rn. 8). **e) Schuldausschlie-** 14
ßung. Bes Entschuldigungsgründe sind dem Zivilrecht nicht bekannt, jedoch ist allg ein Verschulden zu verneinen, wenn dem Schuldner in der konkreten Situation ein anderes (richtiges) Verhalten **nicht zumutbar** gewesen ist (MüKoBGB/Grundmann Rn. 169, str). **Einzelfragen** (Behandlung ie umstr, Schuldausschließung iZw zu verneinen): Irrtum (→ Rn. 21, 30; → § 280 Rn. 42); Pflichten-(Staudinger/Caspers Rn. 13 mN) und Rechtsgüterkollision (Henssler AcP 190, 538); übergesetzlicher Notstand und Kollision von Rechtspflicht und Gewissen (s. MüKoBGB/Grundmann Rn. 166–170); Arbeitskampf (Richardi JuS 1984, 828 ff.; LG Frankfurt a. M. NJW 1980, 1696 zu Hotelstreik); Entlastungsvoraussetzungen nach Art. 79 CISG. **Abgrenzung** zur Leistungsbefreiung bei persönlichen Leistungshindernissen: § 275 II, III und dort → § 275 Rn. 25–30.

II. Vorsatz

Lit.: Deutsch, Vorsatz und Fahrlässigkeit in § 276 BGB – ihre Beziehung zueinander, Liber amicorum Henckel, 2015, 41 ff.; Kähler, Mittelbare und unmittelbare Einschränkungen der Vorsatzhaftung, JZ 2007, 18 ff.

1. Allgemeines. a) Begriff. Eine Legaldefinition fehlt. Vorsatz ist Wissen und 15
Wollen des rechtswidrigen Erfolgs im Bewusstsein der Rechts-(Pflicht-)widrigkeit. IGgs zu der im Strafrecht geltenden Schuldtheorie (vgl § 17 StGB; BGHSt [GS] 2, 206 [208]) bildet im Bereich des Zivilrechts (vgl → Rn. 5) das Bewusstsein der Rechts-(Pflicht-)widrigkeit einen Bestandteil des Vorsatzes – sog Vorsatztheorie (BGHZ 115, 299; stRspr; Staudinger/Caspers [2014] Rn. 25 ff.; Larenz SchR I § 20 II; nach Normzweck diff. MüKoBGB/Grundmann Rn. 158 ff. mN.). Bei Verletzung eines strafrechtlichen SchutzGes (vgl § 823 II) wird jedoch Vorliegen von Vorsatz iSd Strafrechts genügen (so BGH GZ 2018, 253 – auch f. Verbotsirrtum u unter Einbeziehung strafbewehrter öffentl-rechtl. Aufsichtsregelungen → § 823 Rn. 61); Einschränkungen ergeben sich auch für § 826 (dort → § 826 Rn. 4; Grüneberg/Grüneberg § 826 Rn. 11). An das Bewusstsein der Rechts-(Pflicht-)widrigkeit sind keine zu hohen Anforderungen zu stellen; wer einer elementaren Verhaltenspflicht zuwiderhandelt, braucht sich der Verletzung der (mitumfassten) bes Vertragspflicht nicht bewusst zu sein (BGH NJW 1970, 1082), auch → Rn. 13.
b) Arten. aa) Bei der **Absicht** ist die Herbeiführung des Erfolgs Handlungsmotiv 16
(nicht notwendigerweise Endzweck); sie ist für den Vorsatz grds nicht erforderlich (RGZ 57, 241; Ausnahmen: zB §§ 123, 1375 II Nr. 3), aber stets ausreichend.
bb) Beim **direkten Vorsatz** *(dolus directus)* sieht der Handelnde den Erfolg als **not-** 17
wendige (sichere) Folge seines Handelns voraus und handelt trotzdem. **cc)** Beim 18
bedingten Vorsatz *(dolus eventualis)* sieht der Handelnde den Erfolg als möglich voraus und nimmt ihn für den Fall seines Eintritts billigend in Kauf (BGHZ 7, 313; 117, 368; VersR 2018, 311; an billigender Inkaufnahme fehlt es, wenn Täter ernsthaft auf ein Ausbleiben des Erfolges vertraut, OLG München BeckRS 2017, 112607; str., ob Gleichgültigkeit gegenüber dem als wahrscheinlich betrachteten Erfolg genügt, MüKoBGB/Grundmann Rn. 161 mwN). Abgrenzung zur bewussten Fahrlässigkeit: → Rn. 24. Verletzung bei Sportausübung unter grober Regelmissachtung (Foul im Fußball) kann etwa dann Rückschluss auf bedingten Vorsatz zulassen, wenn die Verletzung angedroht war (OLG Karlsruhe NJW-RR 2013, 596). Allgemein

liegt Billigung nahe bei starker Gefährdung eines fremden Rechtsgutes, wenn Täter nicht auf glücklichen Ausgang vertrauen kann bzw dies dem Zufall überlässt (OLG
19 München BeckRS 2017, 112607). **c) Umfang.** Der Vorsatz muss sich nur auf den **Haftungstatbestand** (Vertragsrecht: Pflichtverletzung; Deliktsrecht: Rechtsguts-[SchutzGes-; Amtspflichts-]verletzung) erstrecken, **nicht** auch auf den eingetretenen (weiteren) **Schaden** (BGHZ 75, 329; NJW 2001, 3115; Staudinger/Caspers Rn. 24; → § 823 Rn. 58f.; → § 839 Rn. 15). Besonderheiten gelten beim Schmerzensgeldanspruch (→ § 253 Rn. 5), bei § 826 (dort → § 826 Rn. 9) und beim Rück-
20 griff gem § 110 SGB VII. **d)** Die **Abgrenzung zur Fahrlässigkeit** hat im Hinblick auf die umfassende Fahrlässigkeitshaftung nur geringe Bedeutung. Ausnahmen: Ges Vorsatzhaftung (zB § 826); ges oder vertragliche Haftungsausschlüsse (zB §§ 104 SGB VII; 103 VVG; § 276 III; sa § 309 Nr. 7 und → Rn. 54ff.).

21 **2. Ausschluss des Vorsatzes. a) Irrtumsfälle.** Sowohl der Irrtum über tatsächliche Umstände (vgl § 16 StGB; insoweit allgM) als auch der Rechts-(Verbots-)irrtum (insoweit aA die Schuldtheorie, vgl → Rn. 15) schließt den Vorsatz aus. War der Irrtum **vermeidbar,** greift Fahrlässigkeitshaftung ein (→ Rn. 30), war er **unvermeidbar,** entfällt jede Verschuldenshaftung. **Unerheblich** ist der Irrtum über unwesentliche Einzelheiten des Kausalverlaufs (Erman/Ulber Rn. 13, es kommt jedoch Fahrlässigkeitshaftung in Betracht) und der reine Rechtsfolgeirrtum.
22 **b) Beweislast:** Verletzter für Vorsatz, Schädiger für ihn ausschließenden Irrtum (BGHZ 69, 143; NJW 2009, 2298).

III. Fahrlässigkeit

Lit.: Deutsch, Die Fahrlässigkeit als Außerachtlassung der äußeren und inneren Sorgfalt, JZ 1988, 993; ders, Die Fahrlässigkeit im neuen Schuldrecht, AcP 202, 889; Druey, Sorgfaltspflicht als Selbstbindung, FS Köndigen 2016, 149; Gomille, Herstellerhaftung für automatisierte Fahrzeuge, JZ 2016, 76; U. Huber, Zivilrechtliche Fahrlässigkeit, FS E. R. Huber, 1973, S 253; Köhler, Die bewußte Fahrlässigkeit, 1982; Looschelders, Das Verhältnis von Rechtswidrigkeit, Pflichtverletzung und Verschulden bei der vertraglichen und deliktischen Haftung, FS Martinek, 2020, 405; Mäsch, Umkehr der Kausalitätsbeweislast bei einem groben Pflichtenverstoß, NJW 2017, 2080; Sailer, Prävention im Haftungsrecht, 2005; Wagner, Produkthaftung für autonome Systeme, AcP 217, 707.

23 **1. Allgemeines. a) Begriff.** Fahrlässigkeit ist nach der Legaldefinition des **II** die **Außerachtlassung der im Verkehr erforderlichen Sorgfalt.** IE setzt Fahrlässigkeit Voraussehbarkeit (→ Rn. 28) und Vermeidbarkeit des rechtlich missbilligten Erfolgs, beides bei Anwendung der gebotenen Sorgfalt voraus; dabei kann der Fahrlässigkeitsvorwurf darin bestehen, dass die vorausgesehene Schädigung nicht vermieden (→ Rn. 24) oder der Eintritt der Schadensverwirklichung nicht vorausgesehen und damit nicht abgewendet wurde (→ Rn. 25). Infolge des zu Grunde zu legenden obj Sorgfaltsmaßstabs (→ Rn. 29) bedeutet die Bejahung eines Verstoßes nicht notwendig einen persönlichen Schuldvorwurf (BGHZ 113, 303; NJW 2001, 1786; vgl → Rn. 8; anders bei grober Fahrlässigkeit → Rn. 33); der bürgerlichrechtliche Fahrlässigkeitsbegriff unterscheidet sich damit vom strafrechtlichen, der individuelle
24 Schuldfeststellung voraussetzt. **b) Arten. aa) Bewusste Fahrlässigkeit:** Der Handelnde hat die Gefahrenlage zwar erkannt, handelt aber unter Außerachtlassung der gebotenen Sicherungsvorkehrungen im Vertrauen auf den Nichteintritt des Schadens. **Abgrenzung** zum bedingten Vorsatz (→ Rn. 18): keine bewusste Inkaufnahme (Billigung) des Erfolgseintritts (LM Nr. 2 zu § 152 VVG; BAG VersR 1971,
25 528); zur groben Fahrlässigkeit: → Rn. 34. **bb) Unbewusste Fahrlässigkeit:** Der Handelnde sieht die Erfolgsmöglichkeit nicht voraus, hätte sie aber bei Anwendung gehöriger Sorgfalt voraussehen und sich entspr anders verhalten können und müssen.
26 **c) Grade (Stufen). aa) Grobe Fahrlässigkeit** liegt vor, wenn die Sorgfaltsverletzung als bes schwere erscheint (ie → Rn. 33); nicht identisch mit „bewusster“
27 Fahrlässigkeit (→ Rn. 34). **bb) Einfache** („leichte“, gewöhnliche) **Fahrlässigkeit** ist jede andere (iE → Rn. 28ff.). Dem BGB unbekannt ist die **leichteste Fahrläs-**

sigkeit (Mayer-Maly AcP 163, 118). Zur Haftung des AN und ihren Haftungsmaßstäben → § 619a Rn. 2 ff. **cc) Konkrete Fahrlässigkeit:** → § 277 Rn. 3.

2. Einfache Fahrlässigkeit. a) Vorhersehbarkeit. Die Fahrlässigkeit muss sich (nur) auf den Haftungstatbestand beziehen (wie → Rn. 19). IdR genügt allg Vorhersehbarkeit des Erfolgseintritts; nicht erforderlich ist, dass der Handelnde die Folgen seines Verhaltens in allen Einzelheiten, insbes Art und Umfang des eingetretenen Schadens als möglich vorausgesehen hat (BGHZ 93, 357; NJW 1993, 2234 mN; Grüneberg/Grüneberg Rn. 20 mN, allgM). Bei Verwirklichung eines entfernteren („sozialadäquaten"; „erlaubten") Risikos kann uU bereits der adäquate Kausalzusammenhang (→ Vor § 249 Rn. 27 ff.; → § 823 Rn. 23 ff., 33) oder die Rechtswidrigkeit (vgl Nipperdey NJW 1957, 1777; sehr str; zum ganzen → § 823 Rn. 49) zu verneinen sein. Bsp: Verletzungen bei Spiel und Sport (→ Rn. 29 aE). **b) Sorgfaltsmaßstab.** Abw. vom Strafrecht (vgl → Rn. 23 aE) gilt im BGB (→ Rn. 5) ein **obj-abstrakter** (typisierender) **Sorgfaltsmaßstab** (stRspr s. BGHZ 24, 27; 39, 283 mN; 106, 330; 113, 303 mN; 129, 232; NJW 2001, 1786; hM; aA Nipperdey NJW 1957, 1781). Gründe: Im Rahmen der Vertragshaftung verlangt der Vertrauensschutz, dass der Schuldner dafür einsteht, dass er die nach der Verkehrserwartung zur Leistungserbringung erforderlichen Kenntnisse und Fähigkeiten besitzt; im Rahmen der außervertraglichen Haftung ermöglicht der obj Sorgfaltsmaßstab einen angemessenen Schadensausgleich. Nur soweit diese Gesichtspunkte nicht zutreffen, gilt **ausnahmsweise** ein subj Maßstab; Bsp: § 254; Handeln im Fremdinteresse (vgl Larenz SchR I § 20 III; Deutsch, Fahrlässigkeit und erforderliche Sorgfalt, S. 337, 361, 385). Dabei können im Einzelfall auch subj Stärken haftungsverschärfend wirken (s. unten). Wegen der groben Fahrlässigkeit vgl → Rn. 33. Der obj Sorgfaltsmaßstab ist konkretisierungsbedürftig. Ie gilt: Die **im Verkehr** erforderliche Sorgfalt *(obj Maßstab)* meint diejenige Sorgfalt, die nach dem Urteil besonnener und gewissenhafter Angehöriger des in Betracht kommenden Verkehrskreises zum Zeitpunkt des zu beurteilenden Verhaltens zu beachten ist (Maßstab nach Berufs- und Verkehrskreisen, unabhängig von individuell mangelnden Kenntnissen oder Erfahrungen; BGHZ 113, 303 f.; NJW 1988, 909 mN; NJW 2003, 2024; Taupitz NJW 1991, 1506, für die Arzthaftung → § 630a II Rn. 16 ff.; f. medizinische Kenntnisse des Sporttrainers s BGH NJW 2021, 1818); dazu gehört idR die Einhaltung der allg anerkannten Regeln der Technik, einschließlich DIN-Normen (BGH NJW-RR 2006, 386; strenger OLG Düsseldorf NJW-RR 2004, 963), berufstypische Regelungen wie die *business judgment rule* (§ 93 I 2 AktG) modifizieren ggf Haftungsmaßstab (zur entspr Anwendung von §§ 116, 93 AktG bei fakultativem Beirat in GmbH Schnorbus/Ganzer BB 2017, 1795). Der engere Verkehrskreis entscheidet („gruppentypische" Bestimmung des Fahrlässigkeitsmaßstabs). Bsp: Sorgfalt eines „ordentlichen" Kaufmanns (§§ 347, 408 HGB; BGHZ 92, 402), Frachtführers (§ 429 HGB), Geschäftsleiters (§§ 93 I, 116 AktG; 43 I GmbHG; 34 GenG), Insolvenzverwalters (vgl § 60 I 2 InsO), Kraftfahrers (BGH NJW 1988, 909), Gewerbetreibenden (BGHZ 31, 358), Bauherrn (BGH NJW 1994, 2233), Prozesspartei (§ 282 I ZPO), einer Hausfrau (OLG Hamm NJW 1985, 332), Auktionator (OLG München NJW 2015, 81), usw (Einzelheiten: → § 280 Rn. 60). Die **erforderliche** Sorgfalt *(normativer Maßstab) entspricht* nicht notwendig der „üblichen" (BGHZ 8, 140; NJW 1986, 1100). Eingerissene Verkehrsunsitten (BGHZ 30, 15), Nachlässigkeiten (BGH NJW 1971, 1882; OLG Köln OLGZ 1993, 202) und Unzulänglichkeiten im organisatorischen Bereich (BGHZ 89, 271) entschuldigen nicht. Bsp: Personelle Unterversorgung im ärztlichen Dienst einer Klinik (BGHZ 95, 73). Die persönliche Eigenart des Handelnden, seine Fähigkeiten, Kenntnisse, Erfahrungen und der Grad seiner Einsicht, wirken nicht entlastend (*abstrakter, objektiv-typisierender Maßstab;* BGHZ 24, 27; NJW 1994, 2233; NJW 1995, 1151), insbes kann sich der Schuldner nicht darauf berufen, dass er für die übernommene Leistung nicht die erforderliche Fachkunde besitzt (BGHZ 106, 330; sonst *Übernahmeverschulden:* BGHZ 88, 259 f.; NJW 1988, 2299; NJW 1993, 2989 – Berufsanfänger; zum Arzt in Ausbildung ie

MüKoBGB/Grundmann Rn. 59 mN); wohl aber können **bes Fähigkeiten** und Kenntnisse zur Begründung einer höheren Sorgfaltspflicht führen (BGH NJW 1987, 1480 mit zust Anm Deutsch; NJW 1994, 2233; OLG Nürnberg NJW-RR 2006, 1170; MüKoBGB/Grundmann Rn. 56 mN). Zulässig ist die Berücksichtigung von **Altersgruppen** (BGH NJW-RR 1997, 1111), der Besonderheiten der jeweiligen **Situation** und des **Geschäftstyps** und der typischerweise daran **Beteiligten** (Staudinger/Caspers Rn. 30, 38; Reitunterricht: OLG Koblenz MDR 2007, 92; zur Anlageberatung und Vermittlung inbes → § 675 Rn. 9 u → § 311 Rn. 65). Den **Zwischenhändler** trifft idR keine Prüfungspflicht gegenüber dem Abnehmer hinsichtlich der weiterveräußerten Ware (BT-Drs. 14/6040, 210; BGH NJW 2008, 2837; NJW 2009, 2674; Grüneberg/Grüneberg § 280 Rn. 19, str; krit U. Huber AcP 177, 301; → § 278 Rn. 16; → § 433 Rn. 25 aE). Bei **Jugendlichen** ist abw von der Deliktsfähigkeit kein individueller Maßstab zugrunde zu legen. Entscheidend ist, was ein normal entwickelter Jugendlicher dieses Alters hätte voraussehen müssen (BGH NJW 2005, 354; NJW 1984, 1959; OLG Koblenz NJW 2004, 1025; → Rn. 12; → § 278 Rn. 13). Kindlicher Übereifer beim **Spiel** ist uU keine Fahrlässigkeit (LM Nr. 1 zu § 828; OLG Düsseldorf MDR 1976, 755). Ein **Sportler** haftet nur für regelwidriges Verhalten (idR muss bei einfacher Fahrlässigkeit grober Regelverstoß vorliegen, BGH NJW 1976, 2161; NJW 2010, 537, 538; MüKoBGB/Grundmann Rn. 79 mwN → § 254 Rn. 18; OLG Celle BeckRS 2021, 14185 überträgt dies auf Beschädigung von Equipment des Vermieters von Tennisplatz bei regelgerechtem Spiel, aA zu Recht die Revisionsentscheidung BGH NJW-RR 2022, 590, die auf Vertragszweck des Mietvertrags abstellt; zust Schrader JA 2022, 689). Unsachgemäßes Verhalten in nicht verschuldeten und nicht vorhersehbaren Gefahrenlagen ist nicht notwendig schuldhaft (BGH NJW 1976, 1504). Aus der Art des geschlossenen Geschäfts kann sich ergeben (**I 1 Hs.** 2: „Inhalt des Schuldverhältnisses"; §§ 157, 242), dass nur ein geringes Maß an Sorgfalt geschuldet ist (BGH NJW 1971, 151); andererseits kann ein bes Vertragsrisiko bei Beteiligung eines idR unerfahrenen Personenkreises zu gesteigerter Sorgfalt führen (**I 1 Hs.** 2: „Inhalt des
29a Schuldverhältnisses"; → § 280 Rn. 60 „Bank"). **c) Vermeidbarkeit.** Der eingetretene Erfolg musste vermieden werden können (hM, MüKoBGB/Grundmann Rn. 77 ff.; BGH NJW 2007, 762); Es gilt ein obj Maßstab, der vom Umfang des zu erwartenden Schadens und der Wahrscheinlichkeit seines Eintritts abhängt. Es ist nur ein Sicherheitsgrad zu gewähren, den die in dem entsprechenden Bereich herrschende Verkehrsauffassung für erforderlich erachtet (keine Vermeidung um jeden Preis, BGH NJW 2021, 818 (Sporttraining); NJW 2008, 3778; 2007, 762; zu Sicherungsmaßnahmen im Pflegeheim BGH NJW 2021, 1463; Grenze: Unzumutbarkeit (Frage des Einzelfalls), ggf. zumindest Hinweispflicht (Grüneberg/Grü-
30 neberg Rn. 21). **d) Ausschluss.** Vermeidbarer **Irrtum** schließt Fahrlässigkeit nicht aus (→ Rn. 21), unvermeidbarer Irrtum ist dagegen Entschuldigungsgrund (BGHZ 36, 346; 101, 292 f.). Rechts- und Tatsachenirrtum stehen gleich (Deutsch HaftungsR I Rn. 409). Bei **Rechtsirrtum** sind an die Entschuldbarkeit strenge Anforderungen zu stellen (BGHZ 89, 303; 100, 62 f.; 131, 354; NJW 2001, 3115; WM 2008, 1587; 2008, 394; BAG NZA 2021, 1488; großzügiger BGH NJW 2008, 842 bei Vertrauen auf alte Rspr; s. auch § 286 IV und dort → § 286 Rn. 40). Der Schuldner muss die Rechtslage unter Einbeziehung höchstrichterlicher Rechtsprechung geprüft haben und darf bei sorgfältiger Analyse nicht mit abw Beurteilung rechnen dürfen (BGH NJW 2017, 2268). Fehlerhafte Rechtsauskünfte von Rechtsanwälten und Gutachtern können über § 278 zurechenbar sein (BGH WM 2008,
31 394). Wegen weiterer Entschuldigungsgründe vgl → Rn. 14. **e) Prozessuales.** ***Beweislastumkehr:*** § 280 I 2, dort → § 280 Rn. 23 f.; § 286 IV, dort → § 286 Rn. 40; § 311a II 2, dort → § 311a *Rn.* 9; → § 823 Rn. 132. Zur Sonderregelung im Arbeitsverhältnis s. § 619a. **Anscheinsbeweis:** Abhebung mit ec-Karte unter Verwendung der persönlichen PIN an Geldautomat spricht für pflichtwidrige Verwahrung der Geheimnummer oder selbst veranlasste Abhebung des Kunden, wenn die Originalkarte eingesetzt wurde (BGH NJW 2012, 1277; NJW 2004, 3623;

NJW 2007, 593; OLG Frankfurt a. M. WM 2009, 102 [f. Kreditkarte]); einen atypischen Umstand, der der Vermutung entgegensteht, stellt es aber dar, wenn die Karte nie in den Besitz des Kontoinhabers gelangt war (BVerfG NJW 2010, 1129); kein Anscheinsbeweis bei Kreditkartenmissbrauch ohne Verwendung von PIN (OLG Celle VuR 2009, 470); **Revisibilität:** → Rn. 35. **f) Einzelfälle** von Pflicht- 32
verletzungen → § 280 Rn. 60.

3. Grobe Fahrlässigkeit. a) Begriff: Außerachtlassung der verkehrserforderli- 33
chen Sorgfalt in bes schwerem, ungewöhnlich hohem Maß (sa § 45 II 3 Nr. 3 SGB X); der Fall, wenn einfachste ganz naheliegende Überlegungen nicht angestellt werden und dasjenige unbeachtet bleibt, was unter den gegebenen Umständen jedem einleuchten musste (BGHZ 77, 276; 89, 161; NJW 1994, 2094, stRspr). Die Bestimmung muss allgemein, nicht nach der konkreten (Verkehrs-) Situation erfolgen (BGH NJW 2007, 2989). Grobe Fahrlässigkeit setzt in obj Hinsicht eine das gewöhnliche Maß der Fahrlässigkeit erheblich übersteigende Schwere des Sorgfaltsverstoßes (Bsp: BGHZ 74, 169) und in subj Hinsicht persönliche Vorwerfbarkeit voraus (BGH NJW 2007, 2989 – „unentschuldbares Fehlverhalten" –, BGH NJW 2009, 1485; NJW 1992, 317; BAG NJW 1989, 2076 f.). Abw. von der leichten Fahrlässigkeit (→ Rn. 29) sind daher auch in der Person des Handelnden liegende subj Umstände zu berücksichtigen (BGHZ 119, 149; NJW 2001, 2092), zB verminderte Einsichtsfähigkeit (BGH NJW 1989, 1612); das Bewusstsein der Gefährlichkeit ist idR erforderlich (BGH WM 1989, 1183; aA OLG Karlsruhe NJW-RR 1988, 669); es gilt aus Präventionsgründen **kein ausschließlich obj Maßstab** (BGHZ 119, 149; Erman/Ulber Rn. 29, hM; weitergehend Röhl JZ 1974, 527: subj Maßstab). Im Arzthaftungsrecht begründet daher ein **grober Behandlungsfehler** nur einen objektiv groben Pflichtenverstoß, der für sich alleine noch nicht für die Annahme grober Fahrlässigkeit genügt (BGH NJW 2022, 1443; Müller VersR 1993, 909), grds. hat der objektiv grobe Pflichtenverstoß auch keine Indizwirkung für die subjektive Unentschuldbarkeit (BGH aaO; OLG Celle NJW-RR 2020, 1485).
b) Abgrenzung. aa) Grobe Fahrlässigkeit ist nicht identisch mit *bewusster Fahrlässig-* 34
keit (→ Rn. 24); diese braucht nicht zugleich grobe zu sein (BayObLG VersR 1976, 33; Larenz SchR I § 20 V; aA – idR Gleichstellung – Röhl JZ 1974, 526). **bb)** Die 35
Abgrenzung zur *einfachen Fahrlässigkeit* ist als Frage rechtlicher und tatsächlicher Wertung uU schwierig (BGHZ 129, 163), die Entscheidung ist nur auf Verkennung des Rechtsbegriffs der – groben – Fahrlässigkeit revisibel (BGHZ 89, 160 f.; 131, 296). Wegen der Bedeutung der subj Umstände (→ Rn. 33) sind die Grundsätze des Anscheinsbeweises idR nicht anwendbar (BGH VersR 1986, 254 mN; BAG BB 1973, 1396; OLG Düsseldorf NJW-RR 1996, 220). Bsp: Grobe Fahrlässigkeit idR gegeben bei Steuern eines Kfz unter Alkoholeinfluss (BGH NJW 1985, 2648; NJW 1992, 119: 1,1‰; sa Berger VersR 1992, 169), Ampelverstößen (BGHZ 119, 148; einschr OLG München NJW-RR 1996, 407), Missachtung von Durchfahrtshöhe bei Brücke (OLG Dresden NJW-RR 2004, 388); Pilotenfehler bei Berechnung des Treibstoffs (OLG Düsseldorf MDR 2010, 504); **nicht** stets bei Verstoß gegen Unfallverhütungsvorschrift (BGH NJW 1988, 1266 mN; NJW-RR 1989, 340), „Sekundenschlaf" am Steuer (OLG Celle NJW-RR 2020, 1291; OLG Thüringen OLG-*NL 2003, 80*; OLG Düsseldorf NJW-RR 2002, 1456) oder bei Belassen des Kfz-Scheins im (später gestohlenen) Kfz (BGH NJW-RR 1996, 734); sie entfällt nicht schon bei sog Augenblicksversagen (BGHZ 119, 149 ff.; OLG Düsseldorf NJW-RR 2010, 695; Roemer VersR 1992, 1187); reflexartiges Ausweichen im Straßenverkehr bei Auftauchen von Wild ist nicht grob fahrlässig, solange kein unkontrolliertes und abruptes Ausweichmanöver vorliegt (BGH NJW 2007, 2989), ebenso wenig Verstoß gegen Linksfahrgebot im Ausland (BGH NJW 2009, 1485).
c) Bedeutung. Nur für grobe Fahrlässigkeit haftet der Schuldner in den Fällen ges 36
Haftungserleichterungen (§§ 277 [dort → § 277 Rn. 2], 300 I, 521, 599, 680, 968; 44, 45 I BörsG; § 18 I 2 NAV, NDAV; § 6 I Nr. 2, 3 AVBFernwärmeV, AVBWasserV), der *gerichtliche Sachverständige* (§ 839a I), der *AN* (uU aber nicht voll)

in Ausführung einer betrieblichen Tätigkeit (→ Rn. 27; → § 619a Rn. 4 ff.; BAG BB 2003, 528) und die *Prozesspartei* bei unberechtigter Verfahrenseinleitung (BGHZ 95, 19 ff. für Einstellungsantrag gem § 771 III ZPO); **kein** entspr Haftungsprivileg besteht allg in den Fällen altruistischen Handelns (→ § 241 Rn. 26). Die grobe Fahrlässigkeit bildet ferner die **Schranke** bei **vertraglicher Freizeichnung** durch AGB (§ 309 Nr. 7b; sa §§ 651h I Nr. 1, 702a I 2). **Sonstige Fälle** (Bsp): §§ 932 II; 16 II WG (Ausschluss gutgläubigen Erwerbs; → § 932 Rn. 17); 21 ScheckG (dazu BGH NJW 1996, 657); 81 VVG (Leistungsfreiheit des Versicherers; dazu BGHZ 119, 147; NJW-RR 1996, 734; Roemer VersR 1992, 1187); Art. 34 S. 2 GG (Rückgriffshaftung des Beamten); **Beginn der Verjährung** nach § 199 I Nr. 2 bei grob fahrlässiger Unkenntnis von den den Anspruch begründenden Umständen und der Person des Schuldners.

IV. Haftungserweiterungen und Haftungsbeschränkungen

Lit.: Arnold, Freizeichnungsklauseln für leichte Fahrlässigkeit in AGB, ZGS 2004, 16; Faust, Garantie und Haftungsbeschränkung in § 444 BGB, ZGS 2002, 271; Derleder, Beschaffungsrisiko, Lieferungsengpass und Leistungsfrist, NJW 2011, 113; Kamm, Zur Nichtigkeit einer pauschalen Ausschlussklausel in einem Arbeitsvertrag, DB 2021, 1609; Medicus, Zur Reichweite ges Haftungsmilderungen, FS Odersky, 1996, S 589; Weller, Die Verantwortlichkeit des Händlers für Herstellerfehler, NJW 2012, 2312; v Westphalen, Nach der Schuldrechtsreform: Neue Grenze für Haftungsfreizeichnungs- und Haftungsbegrenzungsklauseln, BB 2002, 209; ders, Freizeichnungsverbote in AGB-Klauseln, ZGS 2002, 392; Witschen, Haftung und Versicherung bei Gefälligkeiten, AcP 219, 300.

37 **1. Allgemeines. a) Haftungserweiterungen** verschlechtern die Rechtsstellung des Schuldners gegenüber der Verschuldenshaftung. Formen: Haftung ohne Verschulden; sonstige Haftungsverschärfung durch Beseitigung von (im Interesse des Schuldners an sich erforderlichen) Haftungsvoraussetzungen. Die **ges** Haftungserweiterungen entsprechen den Ausnahmen vom Verschuldensprinzip (→ Rn. 9). **Vertragliche** Haftungsverschärfungen können in Individualvereinbarungen erfolgen (**I 1:** „strengere Haftung bestimmt"; Bsp: vertragliche Garantiehaftung, dazu → Vor § 765 Rn. 13 ff.; selbstständige Garantie des Verkäufers oder eines Dritten, dazu → § 443 Rn. 2, 7) oder sich auch aus dem sonstigen Inhalt des Schuldverhältnisses ergeben (Bsp: Übernahme eines Beschaffungsrisikos oder einer Garantie). Es gelten die Grenzen der §§ 138, 242 (BGHZ 115, 43 ff.; 119, 168); weitergehende Schranken gelten für den Verwender von AGB und im Verbrauchervertrag; s. § 307 II Nr. 1 iVm § 276 (Bsp: BGHZ 119, 168 f.; NJW 1992, 1761); §§ 309
38 Nr. 4–6; 11 Nr. 15. Einzelheiten: → Rn. 40 ff. **b) Haftungsausschlüsse und -beschränkungen (Freizeichnungen)** verbessern die Rechtsstellung des Schuldners gegenüber der Verschuldenshaftung, führen also zu einem Ausschluss oder einer Einschränkung der Haftung bei eigenem Verschulden des Schuldners und (oder) Verschulden seiner Hilfspersonen. Formen: Beschränkung der Haftung auf bestimmte **Schuldgrade** (Haftung nur für eigenes grobes Verschulden, bei Gehilfenhaftung nur für eigenes Auswahlverschulden), nicht für eigenen Vorsatz (III, zB BGH NJOZ 2019, 1338 [„Schwundklausel"] von Lagerhalter beinhaltet keinen Haftungsausschluss für Vorsatz); auf bestimmte **Arten von Schäden** (Haftung nur für Personen- und „unmittelbare" [Sach-]Schäden, nicht für „mittelbare" oder „Folgeschäden") oder auf bestimmte **Höchstbeträge** (summenmäßige Begrenzung; Bsp: § 651h I); Schaffung zusätzlicher Haftungsvoraussetzungen (zB Anzeigepflichten und Fristen); Abkürzung der Verjährung (vgl §§ 202 I; 307 II Nr. 1 [Bsp: BGHZ 64, 241]; 309 Nr. 8b ff.).

39 **2. Haftungserweiterungen durch den Inhalt des Schuldverhältnisses (I 1 Hs. 2).** Haftungsverschärfungen können sich außer aus ges oder rechtsgeschäftlichen Bestimmungen auch im Wege der Auslegung aus dem sonstigen Inhalt des Schuldverhältnisses ergeben (BT-Drs. 14/6040, 131). Die Erwähnung dieser Möglichkeit
40 in **I 1 Hs. 2** führt zu keiner Änderung der Rechtslage. **a) Geldschulden.** Die

Geldschuld ist Wertschuld (→ §§ 244, 245 Rn. 6), nach § 245 befreit selbst der Untergang der gesamten Geldsorte den Schuldner nicht. Die Haftung für **finanzielle Leistungsunfähigkeit** folgt aus allg Grundsätzen (BT-Drs. 14/7052, 184; → Rn. 45). Im Übrigen ist zwischen Beschaffenheitsvereinbarungen (§ 434 I 1), Beschaffenheits- u Beschaffungsgarantien nach § 276 I 1 und der unselbständigen reinen Beschaffenheitsgarantie nach § 443 zu unterscheiden (→ § 443 Rn. 3).
b) Übernahme einer Beschaffenheitsgarantie kann eine Haftungsverschärfung **41**
für den Schuldner bedeuten. Sie ersetzt im Kaufvertrag die weggefallene Haftung des Verkäufers für zugesicherte Eigenschaften (BGHZ 170, 86, zu Begriff und Abgrenzung → § 443 Rn. 2 ff.). **aa) Voraussetzungen:** Inhalt, Umfang und Rechtsfolgen der Garantie sind im Wege der Auslegung zu ermitteln; sie kann Haftungsobergrenzen enthalten (MüKoBGB/Grundmann Rn. 176 mN) oder bestimmte Rechtsfolgen (zB Rücktritt) ausschließen. Zu Besonderheiten des **Unternehmenskaufs** s. Jakobs/Thiel BB 2016, 1987 f. Managementerklärungen;
Hermanns ZIP 2002, 696; Triebel/Hölzle BB 2002, 521. **bb) Anwendungsfälle.** **42**
Beim **Kaufvertrag** bewirkt die Übernahme einer Garantie nach §§ 276 I 1, 442–444, dass der Verkäufer die im Sach- oder Rechtsmangel (§§ 434, 435) liegende Pflichtverletzung unabhängig von einem Verschulden zu vertreten hat (§ 280 I 2). Es bedarf daher konkreter Anhaltspunkte für die Übernahme (BGHZ 174, 40). Der Verkäufer muss zB seine Bereitschaft erkennen lassen, für alle Folgen des Fehlens einer bestimmten Beschaffenheit einzustehen (BGHZ 170, 92); Angaben zu Laufleistungen sind beim Privatverkauf eines Kfz idR nur Angabe nach § 434 I 1, nicht Beschaffenheitsgarantie (BGHZ 170, 92, 94). Beim Rechtskauf kann uU Garantie für das anfängliche Bestehen des verkauften Rechts vorliegen (Folge: Anspruch § 311a II besteht verschuldensunabhängig, BT-Drs. 14/6040, 242; abl. BGH NJW 2022, 2830 Rn. 37 ff. für Ticketverkauf durch Vorverkaufsstelle). Von der Garantie nach **I 1** zu unterscheiden ist die unselbstständige (Beschaffenheits- oder Haltbarkeits-)Garantie nach § 443, die neben die Rechte aus § 437 tritt (BT-Drs. 14/6040, 236). Beim Werk- und Mietvertrag ist die praktische Bedeutung der Garantieübernahme nach **I 1** gering, den Vermieter trifft eine Besitzverschaffungsgarantie, die jedoch nicht mit der Erhaltungspflicht deckungsgleich sein muss (BGH
NJW 2015, 2177 Rn. 37, krit Ghassemi-Tabar NJW 2015, 2849). **c) Übernahme** **43**
eines Beschaffungsrisikos bedeutet eine Haftungsverschärfung für den Schuldner einer Beschaffungsschuld, den eine **verschuldensunabhängige Einstandspflicht** (→ Rn. 9) für sein Leistungs-(Beschaffungs-)vermögen trifft (OLG Koblenz NJW
2004, 1671). **aa) Grund:** Der Schuldner übernimmt die Gewähr für die Beschaf- **44**
fungsmöglichkeit und trägt damit das **Beschaffungsrisiko.** Zur Sonderregelung (Moratorium) für Dauerschuldverhältnisse infolge der Corona-Krise s. Art. 240 § 1 EGBGB (ab 1.4.2020; hierzu Schmidt-Kessel/Möllnitz NJW 2020, 1103).
bb) Abgrenzung. Hängt die Beschaffungsmöglichkeit nur von der finanziellen **45**
Leistungsfähigkeit des Schuldners ab, so folgt dessen Einstandspflicht bereits aus dem **allg Rechtsgrundsatz,** dass Zahlungsunfähigkeit nicht von der Leistungspflicht befreit (BGHZ 107, 102 mN; 140, 240; Medicus AcP 188, 501 [507],
iErg allgM; → Rn. 40), s. auch die Anm zu § 275 II. **cc) Anwendungsbereich.** **46**
(1) Beschaffungsschuld ist die nicht konkretisierte (sonst Stückschuld: → § 243 Rn. 10) marktbezogene **Gattungsschuld** (→ § 243 Rn. 5 [aa]), **nicht** dagegen die **Vorratsschuld** (→ § 243 Rn. 8) und **ges Geld-(herausgabe-)schulden** (Bsp Art. 233 § 11 III 4 EGBGB, dazu BGHZ 140, 239 f.); Grund: Bei diesen obliegt dem Schuldner keine Beschaffungspflicht (vgl → § 243 Rn. 5 [bb]), so dass der Grund der gesteigerten Einstandspflicht (→ Rn. 37, 43 f.) nicht zutrifft (Larenz
SchR I § 21 I d, str; aA Staudinger/Caspers Rn. 146 ff.). **(2)** Bei **Stückschuld,** **47**
wenn der Schuldner durch Aufwendung von Geldmitteln einen bestimmten Gegenstand zu verschaffen hat (**Beschaffungsschuld ieS;** Coester-Waltjen AcP 183, 289; aA OLG Karlsruhe MDR 2005, 444). **(3)** Bei der Haftung gem §§ 818 IV, 819 I (→ § 818 Rn. 46 f.) trifft Schuldner das Beschaffungsrisiko (BGHZ 83, 300;
NJW 1985, 1829; krit Wilhelm AcP 183, 12 ff.; Medicus JuS 1983, 902). **dd)** Der **48**

Umfang der Risikoübernahme umfasst alle vertragstypischen Leistungs-(Lieferungs-)erschwernisse ohne Rücksicht auf ein Verschulden, dagegen nicht die Qualität (Mangelfreiheit) des zu beschaffenden Gutes (Lorenz NJW 2002, 2502; aA v. Westphalen ZIP 2002, 548; Canaris DB 2001, 1815 f.). Jedoch befindet sich der Schuldner einer Gattungsschuld ab Geltendmachung des Nachlieferungsanspruchs (§ 439 I Fall 2) regelmäßig im Verzug (§§ 280 II, 286, 276 I 1). Bsp: Mangel von persönlichen Kenntnissen und Fähigkeiten, an den erforderlichen Sach-(Geld-)mitteln (vgl → Rn. 40), Geschäftsverbindungen usw als Beschaffungshindernis. Im Rahmen der Risikoübernahme kann sich der Schuldner auch nicht auf § 275 II berufen (arg § 275 II 2). Beschaffungsschwierigkeiten, die mit der Eigenart der Gattungsschuld nicht zusammenhängen (Bsp: Krankheit; unverschuldete Freiheitsbeschränkung), und idR arbeitskampfbedingte Beschaffungsschwierigkeiten (ie
49 Kreissl MDR 1994, 958) sind dem Schuldner jedoch **nicht** zuzurechnen. – **Grenzen des Beschaffungsrisikos:** Die Beschaffungspflicht bezieht sich nur auf Waren, die sich auf dem – ggf räumlich begrenzten – Markt befinden und einen Marktpreis haben; aus den Händen der Verbraucher – aus dem nichteuropäischen Ausland bei reinem Binnenmarktgeschäft – braucht sich der Schuldner Handelsware nicht zu beschaffen (vgl früher RGZ 57, 118; 88, 174; 107, 158; BGH NJW 1972, 1703, hM). Unvorhersehbare Verweigerung der Belieferung durch den Hersteller entlastet nicht ohne weiteres (BGH NJW 1994, 516 mit Anm Hübner/Beckmann JZ 1994, 627: zusätzliche Anstrengungen noch erforderlich; voraussehbare Engpässe führen zur Verschuldenshaftung bei vorbehaltlosem Vertragsschluss, Derleder NJW 2011, 116). Dagegen sind Leistungshindernisse nach § 275 I Fall 2 vom Beschaffungsrisiko üblicherweise nicht erfasst. Ie ergeben sich die **Grenzen** der Einstandspflicht aus dem sonstigen **Vertragsinhalt** (§ 157; MüKoBGB/Grundmann Rn. 179 mN) und **Treu und Glauben** (→ § 242 Rn. 12, 17 f.). Die bloße Kenntnis des Gläubigers von der bestimmten Bezugsquelle des Schuldners rechtfertigt idR nicht die Annahme einer entspr Beschränkung des Beschaffungsrisikos (BGH NJW 1972, 1702; NJW 1994, 516), bei nur gattungsmäßiger Umschreibung muss der Schuldner eine gewollte Einschränkung auf einen Bezugskanal offenlegen (Derleder NJW
50 2011, 113, 115). Die **vertragliche Begrenzung** der Einstandspflicht erfolgt idR durch Verwendung bestimmter Klauseln. **Bsp:** Die Klausel: „richtige und rechtzeitige Selbstbelieferung vorbehalten" befreit den Schuldner, wenn ihn sein Lieferant nicht beliefert (BGHZ 92, 399; → Vor § 433 Rn. 8; zur strengen Auslegung des Selbstbelieferungsvorbehaltes auch Derleder NJW 2011, 113, 115); enger wirkt „Lieferungsmöglichkeit vorbehalten" (BGH NJW 1958, 1628); zur Bedeutung von „Höhere Gewalt-", insbes von Arbeitskampfklauseln vgl LG Frankfurt a. M. NJW-RR 1987, 824 f.; Corona-Epidemie kann als höhere Gewalt gelten (Krüger/Binder BC 2020, 155). Bei Befreiungsvorbehalten in AGB sind § 308 Nr. 3 und Nr. 8a zu
51 beachten (s. Anm dort und BGHZ 92, 398 f.; Salger WM 1985, 625). **ee) Rechtsfolgen. (1) Erfüllungsanspruch.** Untergang der zur Erfüllung bestimmten Gegenstände vor Konkretisierung berührt den Erfüllungsanspruch nicht (Konsequenz von § 243 II, dort → § 243 Rn. 6). **Leistungshindernisse nach § 275 I** (→ § 275 Rn. 13) sind bei Gattungsschuld selten. Bsp: Geschuldete Ware ist gänzlich vom Markt verschwunden; Beschlagnahme der gesamten Gattung. Die sog **wirtschaftliche Unmöglichkeit** (→ § 275 Rn. 11) fällt auch nicht unter § 275 II, jedoch sind die dazu gerechneten Fälle (wesentliche Warenverknappung, ungewöhnliche Preissteigerung als Folge grundlegender Veränderung der wirtschaftlichen Verhältnisse) unter dem Gesichtspunkt des Fehlens der Geschäftsgrundlage (insbes Äquivalenzstörung, → § 313 Rn. 16) zu berücksichtigen (hM, vgl BGH NJW 1994, aA 516; Staudinger/Caspers § 275 Rn. 117 ff. mN). In den Fällen der → Rn. 49 kann der
52 Leistungsanspruch nach **§ 275 II** erloschen sein (→ § 275 Rn. 26). **(2) Schadensersatzanspruch.** Leistet der Beschaffungsschuldner (idR nach erfolgloser Fristsetzung) nicht oder verspätet, so hat der Gläubiger einen Schadensersatzanspruch nach §§ 280, 281, 286 wegen Pflichtverletzung, wenn sich das Beschaffungsrisiko verwirklicht (arg **I 1** „hat zu vertreten").

3. Gesetzliche Haftungsbeschränkungen. Die ges Haftungsbeschränkungen betreffen idR den Schuldgrad (→ Rn. 36), in den Fällen der Gefährdungshaftung (→ Vor § 823 Rn. 9 f.) besteht idR eine Begrenzung nach **Höchstsummen** (sa §§ 702; 9, 10 HPflG; 10 ProdHaftG; 15 UmweltHG; dazu BGHZ 138, 123 ff.), um das Risiko kalkulierbar und versicherbar zu machen. Aus dem **Inhalt des Schuldverhältnisses** ergibt sich die richterrechtlich anerkannte Haftungsbeschränkung des **AN** gegenüber dem AG (nicht im Außenverhältnis gegenüber Dritten: BGHZ 108, 308 ff.; NJW 1994, 854) allg bei **betrieblicher Tätigkeit** (→ § 619a Rn. 2 ff.), dagegen besteht keine generelle Haftungsmilderung im Rahmen sog **Gefälligkeitsverhältnisse,** wie zB bei der **Gefälligkeitsfahrt** (→ § 241 Rn. 26; BGH NJW 2010, 3087 [Probefahrt]; 1992, 2475 [kein stillschweigender Haftungsausschluss]; str, für unentgeltlichen Architektenvertrag konkludente Haftungsbeschränkung verneinend OLG Frankfurt a. M. NJW-RR 2011, 459) oder bei familienrechtlichen Beziehungen (BGHZ 75, 135; → § 277 Rn. 2); zur Probefahrt → Rn. 55. Soweit bei entsprechender rechtlich verbindlicher Vereinbarung Haftungsprivilegierung bestünde (§§ 521, 599, 690), bietet sich für Gefälligkeit aber ein „erst-Recht"-Schluss an (Medicus/Petersen, BGB AT Rn. 188 ff., 194 [Mitfahrgelegenheit]; Stadler Allgemeiner Teil § 17 Rn. 21; für Analogie von Haftungsprivilegien typenäquivalenter Verträge, Witschen AcP 2019, 300, 324 f.). 53

4. Vertragliche Haftungsbeschränkungen (Freizeichnungen). a) Allgemeines. Durch die **vor Schadenseintritt** getroffene Vereinbarung wird das Entstehen der Schadensersatzforderung von vornherein gehindert oder der Anspruch in der Entstehung begrenzt (BGHZ 22, 119); es handelt sich weder um den Ausschluss einer künftigen Forderung noch um ein bloßes *pactum de non petendo* (Vereinbarung, bestehende Forderung nicht geltend zu machen; s. BGH NJW 1998, 2277). **Schranken:** Haftungsausschlüsse (-beschränkungen) sind nur in gewissen Grenzen zulässig (bes ges Ermächtigung: §§ 651h; 52 iVm 51a BRAO [s Esser MDR 2015, 741]; 8 II, III PartGG); **Verbote** enthalten: §§ 8a II StVG; 7 HPflG; 49 LuftVG, 2 V Nr. 3 FernUSG. Allg. Schranken für individuell vereinbarten Haftungsausschluss: **III** (einschließlich betragsmäßiger Begrenzung, Grüneberg/Grüneberg Rn. 35, großzügiger Kähler JZ 2007, 27), § 278 S. 2, ferner §§ 138, 242, 202 (**III** darf nicht durch Verjährungserleichterung ausgehöhlt werden, BAG BeckRS 2020, 15570; BeckRS 2020, 45539); sa §§ 618, 619, 651h I iVm 651k, 702a. Freizeichnung mittels **AGB und im Verbrauchervertrag** ist weitergehend nur im Rahmen von §§ 307, 309 Nr. 7 ff. zulässig; Schadensersatzansprüche wegen Körper- bzw Gesundheitsverletzungen können nicht ausgeschlossen werden (BGH NJW-RR 2015, 738; iE → Rn. 57); Haftungsbeschränkungen in der Höhe müssen anhand eines tauglichen, sachbezogenen Maßstabes erfolgen (nicht gegeben bei Beschränkung in Textilreinigungsverträgen auf 15-fachen Bearbeitungswert, BGH NJW 2013, 2502). Sondervorschriften für RA: §§ 51a BRAO, 8 II PartGG. Freizeichnung auch für leichtes Verschulden kann gegen § 307 II Nr. 1 oder Nr. 2 verstoßen, wenn dadurch eine für die Erreichung des Vertragszwecks wesentliche Pflicht (sog Kardinalpflicht) ausgehöhlt wird (BGHZ 95, 183; 103, 322; 108, 351; NJW 1994, 2229; einschr BGHZ 138, 125). Bsp: leichtfahrlässige Verletzung von Berufspflichten durch Arzt (Deutsch NJW 1983, 1352 f.); Stellung eines (von Anfang an) fahr- oder ladungsuntüchtigen *Schiffs* (BGHZ 82, 168 f. mN; Nichterreichen der erforderlichen Kühltemperatur durch Kühlhaus (vgl BGHZ 89, 368 f.); Beschädigung in vollautomatischer Waschanlage (KG NJW-RR 1991, 698); Verzögerungen beim Scheckinkasso (BGH NJW-RR 1988, 561 mN); falsche Auskunft der Bausparkasse (KG NJW-RR 1990, 556); Haftung des Vermieters bei Wohnungsmietvertrag (BGH NJW 2002, 673); verneinend für Unterbrechung der Stromversorgung: BGHZ 138, 123 ff. Verzicht auf **entstandene** Schadensersatzansprüche ist ohne die genannten Schranken gem § 397 zulässig (Larenz SchR I § 31 III). 54
b) Zustandekommen: nur durch Vereinbarung, idR als Bestandteil eines bestimmten Schuldvertrags, aber auch selbstständiger Vertrag möglich, nie durch einseitigen Vorbehalt des Schuldners (BGH NJW 1982, 55

1144). Der Abschluss erfolgt idR **ausdr,** ist aber auch konkludent möglich (selten: BGHZ 96, 28; Schild „auf eigene Gefahr" genügt nicht OLG Bamberg becklink 113734) bzw im Wege ergänzender Vertragsauslegung (BGH NJW 2009, 1482, idR nicht anzunehmen bei bestehender Haftpflichtversicherung des Schuldners; Medicus/Petersen, BGB AT, Rn. 194). Bsp: Probefahrt bei Kfz-Händler (für leichte Fahrlässigkeit BGH NJW 1972, 1363; streng BGH NJW 2010, 3087; OLG Koblenz NJW-RR 2003, 1186 mN; einschr für Sonderfall OLG Köln NJW 1996, 1289, str; → § 599 Rn. 3), wechselseitiger Haftungsverzicht für leichte Fahrlässigkeit bei gemeinsamer Nutzung gemieteten Kfz im Ausland mit Linksfahrgebot (BGH NJW 2009, 1482); privates Autorennen (OLG Hamm NZV 1997, 515), mietvertragliche Übernahme von Gebäudefeuerversicherung (BGHZ 131, 292 f.; NJW-RR 2007, 684; Armbrüster ZfIR 2006, 821), nicht ohne weiteres bei **Gefälligkeitshandlungen** (BGHZ 76, 34; BGH NJW 1992, 2475; im Einzelfall bejahend LG Bonn NJW-RR 1994, 798 mN: Mithilfe bei privatem Umzug; → Rn. 53), bei Trunkenheitsfahrt (OLG Bamberg NJW-RR 1986, 252) oder bei Bestehen ungestörter ehelicher Gemeinschaft (BGHZ 75, 135; OLG Frankfurt a. M. VersR 1987, 912). Kein Fall eines stillschweigenden Haftungsverzichts, sondern nach § 254 zu würdigen ist das sog **Handeln auf eigene Gefahr** (→ § 254 Rn. 14 ff.). AGB müssen gem § 305 II, III, § 305a einbezogen sein, Aushang (zB an Garderobe) genügt nur unter den Voraussetzungen von § 305 II Nr. 1 aE (s. BGH NJW 1982, 1144).
56 **c) Auslegung.** Haftungsausschlüsse (-beschränkungen) sind **eng** und **gegen** den Begünstigten auszulegen (BGHZ 22, 96; 88, 231; NJW 1986, 2758, stRspr, sog Restriktionsprinzip), bei AGB gilt § 305c II. Haftungsbeschränkungen im Rahmen der Gewährleistung erstrecken sich deshalb iZw nicht auf Ansprüche aus uH (BGHZ 67, 367; NJW 1992, 2017; → § 241 Rn. 17). Eine **geltungserhaltende Reduktion** von umfassenden Ausschlüssen scheidet aus (BGHZ 96, 25; NJW 1996, 1407 f. mN; s. aber BGH NJOZ 2019, 1338 [„Schwundklausel"] von Lagerhalter schließt
57 Haftung für Vorsatz nicht aus). **d) Gegenstand der Freizeichnung.** In den Schranken von → Rn. 54 die vertragliche Haftung (arg **III:** „Schuldner"), uU auch die mit ihr konkurrierende deliktische Haftung (vgl BGHZ 100, 182 mN; ie → § 241 Rn. 17; § 309 Nr. 7, dort → § 309 Rn. 8); eine isolierte Freizeichnung der Deliktshaftung dürfte jedenfalls für Schäden an Leib und Leben ausscheiden (M. Wolf NJW 1980, 2440 und für AGB und Verbrauchervertrag nunmehr ausdr § 307 Nr. 7a und
58 § 310 III). **e) Parteien:** Außer den Parteien des Schuldvertrags **Dritte,** soweit sie in den Schutzbereich des Vertrags mit einbezogen sind, wie Erfüllungsgehilfen (AN, abhängige Subunternehmer) des Schuldners beim Miet-, Dienst- und Werkvertrag (vgl → § 328 Rn. 32 ff., sog **Haftungsfreizeichnung zgDr,** BGHZ 49, 280; 108, 319; 130, 228 ff. mN). **Ges Erstreckung** der Freizeichnung beim Frachtgeschäft: §§ 436, 437, 461 HGB. Vereinbarung in den Schranken des 309 Nr. 7 auch in AGB zulässig (BGHZ 130, 230 mN). Bei Eigenhaftung des Abschlussvertreters (§ 311 III 2) kommt ihm vertragliche Freizeichnung zugute (s. Anm dort).

§ 277 Sorgfalt in eigenen Angelegenheiten

Wer nur für diejenige Sorgfalt einzustehen hat, welche er in eigenen Angelegenheiten anzuwenden pflegt, ist von der Haftung wegen grober Fahrlässigkeit nicht befreit.

1 **1. Allgemeines. a) Bedeutung.** Bes Fahrlässigkeitsgrad, der Pflichtenmaßstab reduziert (→ § 276 Rn. 26 f.) und uU zu einem Haftungsausschluss für leichte oder doch sehr leichte Fahrlässigkeit führt. Grund: Enge Beziehung zwischen den Beteiligten oder ges Privilegierung des Schuldners im Rückgewährschuldverhältnis (§§ 346 III Nr. 3, 357), der für die Rückabwicklung nicht verantwortlich ist. Indem der kraft Ges zum Rücktritt (§ 346) oder Widerruf (§ 357) Berechtigte bis zur Kenntnis vom Rücktrittsgrund (vgl → § 346 Rn. 8 [e]) nur nach § 277 haftet, hat das SchRModG den Anwendungsbereich dieser systemwidrigen Haftungsmilderung (vgl → § 276

Rn. 29) erheblich erweitert. Sie gilt auch für konkurrierende deliktische Ansprüche.
b) Anwendungsbereich. Ges Fälle eigenüblicher Sorgfalt: §§ 346 III Nr. 3, 347 I 2, 357 I, 690, 708 (nicht auch § 741: BGHZ 62, 245), 1359, 1664, 2131; 4 LPartG. Die Haftungserleichterung gilt entspr im Rahmen einer nichtehelichen Lebensgemeinschaft (OLG Oldenburg FamRZ 1986, 676 mit zust Anm Bosch). Bei **gemeinsamer Teilnahme am Straßenverkehr** ist die Haftungserleichterung **unanwendbar** (BGHZ 46, 313; 53, 352; 90, 301 f.; NJW 1988, 1208; einschr OLG Hamm NJW 1993, 543), ebenso bei der gemeinsamen Ausübung von risikoreichem Freizeitsport (Wasserski – BGH NJW 2009, 1876), Grund: teleologische Reduktion. Str ist, ob dieser Ausschluss für § 1664 auch gilt, wenn die Eltern nicht durch verkehrswidriges Verhalten als *Kraftfahrer* ihr Kind schädigen (für Anwendung von § 1664 OLG Karlsruhe NJW 2012, 3043; OLG Bamberg NJW 2012, 1820 [Fußgänger] mN u abl Anm Werkmeister; Grüneberg/Götz § 1664 Rn. 4; offen BGHZ 103, 346). Vertragliche Vereinbarung möglich, sie hat jedoch etwa bei Beschränkung der Haftung des Nießbrauchers keine dingliche Wirkung und kann nicht im Grundbuch eingetragen werden (OLG Nürnberg NJW-RR 2022, 391). 2

2. Konkrete Fahrlässigkeit *(diligentia quam in suis).* Die Begriffe der groben (→ § 276 Rn. 33 ff.) und der eigenüblichen Sorgfalt werden vorausgesetzt. Bei letzterer ist der Umfang der Sorgfaltspflicht nach einem subj (individuellen) Maßstab (BGHZ 103, 346) bestimmt und begrenzt („nur"). Maßgebend sind gewohnheitsmäßiges Verhalten und Eigenarten bzw Veranlagung (gegen deren Berücksichtigung Deutsch JuS 1967, 497) des Verpflichteten (MüKoBGB/Grundmann Rn. 3 mN). Allein der Umstand, dass Betroffener selbst geschädigt wurde, reicht für Entlastung nach § 708 nicht aus (BGH NJW 2013, 3572); anzulegen ist ein strenger Maßstab für den Nachweis, in eigenen Angelegenheiten geringere als die sonst im Verkehr erforderliche Sorgfalt anzuwenden (BGH NJW 2013, 3572, 3573); Beweislast hierfür trifft den Handelnden (OLG Karlsruhe NJW 1994, 1966). **Grenze** der Haftungsbeschränkung: Grobe Fahrlässigkeit (vgl → Rn. 1; → § 276 Rn. 36). 3

§ 278 Verantwortlichkeit des Schuldners für Dritte

[1]Der Schuldner hat ein Verschulden seines gesetzlichen Vertreters und der Personen, deren er sich zur Erfüllung seiner Verbindlichkeit bedient, in gleichem Umfang zu vertreten wie eigenes Verschulden. [2]Die Vorschrift des § 276 Abs. 3 findet keine Anwendung.

Lit.: Altmeppen, „Wissen" des rechtsfähigen Verbandes nach dem Urteil im „Dieselskandal", NJW 2020, 2833; Bachmann, Die Dogmatik des § 278, in: Drygala/Wächter, Verschuldenshaftung, Aufklärungspflichten … bei MoLA Transaktionen, 2020, 125; v Caemmerer, Verschulden von Erfüllungsgehilfen, FS Hauß, 1978, S. 33 ff.; Köndgen, § 278 – (k)ein universales Haftungsmodell für arbeitsteilige Vertragserfüllung?, FS W-H. Roth, 2015, S. 311 ff.; Lohmann/Preßler, Die Rechtsfigur des Erfüllungsgehilfen im digitalen Zeitalter – RDi 2021, 538; Lorenz, Die Haftung für Erfüllungsgehilfen, FG BGH I, 2000, S. 329 ff.; Möslein, Die normative Kraft des Ethischen – ein Fallbeispiel zur Effektivität von Leitlinien für Künstliche Intelligenz, RDi 2020, 34; Mühlbock/Taupitz, Haftung für Schäden durch KI in der Medizin, AcP 221 (2021), 179; Riehm, Nein zur ePerson! – Gegen die Anerkennung einer digitalen Rechtspersönlichkeit, RDi 2020, 42; E. *Schmidt*, Zur Dogmatik des § 278, AcP 170, 502 ff.; Spindler, Die Haftung für autonome Systeme – ein Update, Festgabe zum 10jährigen Bestehen der Forschungsstelle RobotRecht, 2020, 255; Wagner, Haftung für Künstliche Intelligenz – Eine Gesetzesinitiative des Europäischen Parlaments, ZeuP 2021, 545.

1. Allgemeines. a) Überblick und Bedeutung. Bei der **Gehilfenhaftung** ist zwischen Schädigung innerhalb und außerhalb bestehender Schuldverhältnisse zu unterscheiden (ie → Rn. 3 ff.). Der „Schuldner" haftet für Verschulden von Erfüllungsgehilfen (→ Rn. 6 ff.) und ges Vertretern (→ Rn. 17 ff.), der Geschäftsherr für vermutetes eigenes Verschulden bei Schädigung Dritter durch Verrichtungsgehilfen (§ 831). Die Unterscheidung spielt keine Rolle für die Zurechnung des Verschuldens von Organen im Verhältnis zur jur Person (§§ 31, 89; → § 31 Rn. 1). Die als unbefrie- 1

digend empfundene Regelung der Gehilfenhaftung im Deliktsrecht (vgl → § 831 Rn. 4) ist ein entscheidender Grund für die starke Ausdehnung der vertraglichen Haftung und damit des Anwendungsbereichs von § 278 (vgl → § 280 Rn. 8 ff., 14 ff., 16 ff.; § 311 II, III [dort → § 311 Rn. 35]; → § 328 Rn. 20, 28; iE → Rn. 3). § 278 enthält **keine** selbstständige **Anspruchsgrundlage,** sondern füllt nur (wie § 276, → § 276 Rn. 2) das Merkmal des „Vertretenmüssens" in einem Haftungstatbestand aus (→ Rn. 14) oder einer sonst auf das Vertretenmüssen abstellenden Norm (zB
2 § 89a I HGB, BGH NJW 2007, 3068). **b) Grundgedanken. aa)** Die **Garantiehaftung** für Erfüllungsgehilfen (Durchbrechung des Verschuldensprinzips, vgl → § 276 Rn. 9) beruht auf der Erwägung, dass der Schuldner mit der Gehilfeneinschaltung im eigenen Interesse seinen Geschäftskreis erweitert und daher das mit der Arbeitsteilung verbundene „Personalrisiko" tragen muss (BGHZ 131, 204; NJW 1996, 451). **bb)** Die Einstandspflicht für ges Vertreter ist ein Fall der **Repräsentationshaftung,** durch die den ges Vertretenen erst die uneingeschränkte Teil-
3 nahme am Rechtsverkehr ermöglicht wird. **c) Anwendungsbereich.** § 278 setzt ein **bereits bestehendes Schuldverhältnis** voraus (**S. 1:** „Schuldner"; stRspr seit BGHZ 1, 248; ferner 16, 262; hL MüKoBGB/Grundmann Rn. 15). Sämtliche Arten von Schuldverhältnissen (→ § 241 Rn. 1 f.) kommen in Frage: **aa)** Vertragliche Beziehungen im Verhältnis zwischen den vertragsschließenden Parteien und der in den „Schutzbereich" des Vertrags einbezogenen Dritten (→ § 328 Rn. 23 ff.); vorvertragliche Sonderbeziehungen (§§ 311 II, 241 II, BGH NJW-RR 2017, 1117 mwN) bzw ges Schuldverhältnisse (BGHZ 93, 284), zB aus rechtsgeschäftlichem (§ 311 II, III [→ § 311 Rn. 34] u. „sozialem" (→ § 241 Rn. 25) – Kontakt oder aus ungerechtfertigter Zwangsvollstreckung (BGHZ 58, 215; Henckel JZ 1973, 32); aus ges Schuldverhältnissen außerhalb von Buch 2, zB zwischen Eigentümer und Besitzer (→ Vor § 985 Rn. 1; → Vor § 987 Rn. 1), Finder und Verlierer (→ Vor § 965 Rn. 3), uU Grundstückseigentümern (→ §§ 1020–1022 Rn. 1), Wohnungseigentümern (BayObLGZ 1992, 150; OLG Saarbrücken NJW 2008, 81: Mieter ist Erfüllungsgehilfe), Massegläubiger und Insolvenzverwalter (BGHZ 93, 283 f.). Handlungen, die erst ein Schuldverhältnis begründen, wie die Inbesitznahme für §§ 985, 987 ff. oder eine unerlaubte Handlung erfolgen noch nicht im Rahmen einer für § 278 notwendigen Sonderverbindung (ausreichend aber, wenn Schaden bereits
4 ursächlich gesetzt war, BGHZ 213, 1 Rn. 38 mwN). **bb)** § 278 gilt **entspr** für **öffentl-rechtliche Verträge** (§§ 62 S. 2 VwVfG; 61 S. 2 SGB X) und sonstige öffentl-rechtliche Sonderbeziehungen (BGHZ 131, 204 mN; BGH BeckRS 2017, 105307: Schulzweckverband von Kommunen (Haftung des ehrenamtlichen Vorsitzenden); aber Obdachloser nicht Erfüllungsgehilfe der Einweisungsbehörde, BGH NJW-RR 2006, 802; Pflegeeltern nicht Erfüllungsgehilfe des Jugendamtes BGH NJW 2006, 1121), zB Benutzungsverhältnisse (BGHZ 61, 11; NJW 1984, 617) oder Anschluss an gemeindliche Abwasserkanalisation (BGH NJW 2007, 1062); Registereinsicht durch Hilfsperson von Notar (BGHZ 131, 205 ff.; iE Preuß DNotZ 1996,
5 508 ff.; Grziwotz JR 1996, 461). **cc) Kein** Schuldverhältnis begründen die schlichte Rechtsgemeinschaft (BGHZ 62, 246, str; iE → § 741 Rn. 1), das **nachbarrechtliche Gemeinschaftsverhältnis** (BGHZ 42, 374, 380; NJW 2006, 992 Rn. 5; NJW 2011, 3294 Rn. 6 f.; MüKoBGB/Grundmann Rn. 18; str; iE → § 909 Rn. 3; anders OLG Hamm BeckRS 2017, 126643 für gemeinsame Grenzeinrichtung), reine **Gefälligkeitsbeziehungen** ohne Rechtscharakter (BGHZ 21, 102, 107; MüKoBGB/Grundmann Rn. 16), Unterlassungspflichten gem UWG (OLG Hamburg GRUR 1985, 473) und vor allem genügt nicht die allg Rechtspflicht, andere nicht zu schädigen, sowie bestehende Verkehrssicherungspflichten (s. BGHZ 103, 342 f.; § 831 gilt; vgl → Vor § 823 Rn. 1; → § 823 Rn. 35; → § 831 Rn. 2); erst die Verletzung dieser Verpflichtungen begründet ein Schuldverhältnis zwischen Schädiger und Verletztem (→ Rn. 3aE; §§ 249 ff.; zu § 254 II 2 s. BGHZ 103, 344; → § 254 Rn. 11 ff. sowie → Rn. 14 aE). Beim Rückgriffsanspruch nach § 110 **SGB VII** findet eine Zurechnung nach § 278 über § 111 S. 1 SGB VII für dritte Personen, die den Versicherungsfall verursacht haben, nicht statt (BGH BeckRS 2021, 44686).

2. Haftung für Erfüllungsgehilfen. a) Person des Erfüllungsgehilfen. aa) Begriff. Erfüllungsgehilfe ist, wer nach den rein tatsächlichen Umständen mit dem Willen des Schuldners bei der Erfüllung einer diesem obliegenden Verbindlichkeit als seine Hilfsperson tätig wird (BGHZ 13, 113; 98, 334; 100, 122; 152, 383; stRspr). Die Gehilfentätigkeit muss sich damit als eine vom Schuldner gewollte und gebilligte Mitwirkung bei der Vertragserfüllung darstellen (**S. 1:** „sich … bedient"). Für die reine **Wissenszurechnung** wendet die Rspr überwiegend § 166 analog, nicht § 278 an (BGHZ 117, 104, 106; NJW 2014, 2861; NJW 2014, 681; 1996, 1205; anders jedoch BGH NJW 2011, 2874 Rn. 17; BeckRS 2016, 11505; Einzelheiten → § 166 Rn. 3). Nicht maßgebend ist, in welchen Beziehungen der Gehilfe zum Schuldner (BGHZ 95, 180; 152, 383; NJW-RR 1988, 243, rein tatsächliche Zusammenarbeit genügt, Grüneberg/Grüneberg Rn. 7; OLG Schleswig NJW 2005, 440) oder zum Gläubiger steht (BGHZ 98, 334; sa BayObLG NJW-RR 2005, 101: eigener Vertrag zwischen Gläubiger u Hilfsperson), insbes muss die Hilfsperson (iGgs zu § 831, vgl dort → § 831 Rn. 5 ff.) weder den Weisungen des Schuldners unterliegen (BGHZ 100, 122; NJW 1996, 451) noch in einem sozialen Abhängigkeitsverhältnis zu ihm stehen; unerheblich ist auch, ob der Erfüllungsgehilfe weiß, dass er eine Verbindlichkeit eines anderen erfüllt (BGHZ 13, 111; 98, 334, unbewusster Erfüllungsgehilfe). Dass der Schuldner die Leistung nicht selbst erbringen kann und sich *notwendig* der Hilfe eines Dritten bedienen muss, dem gegenüber ihm jede Einwirkungsmöglichkeit fehlt, schließt § 278 nicht aus (BGHZ 62, 124); jedoch ist sorgfältig zu prüfen (§ 157), ob der vom Dritten erbrachte Leistungsteil zum Pflichtenkreis (→ Rn. 11) des Schuldners gehört; idR zu verneinen bei notwendiger Mitwirkung von Behörden und Amtsträgern (Lüderitz NJW 1975, 6; Lorenz, FG BGH I, 2000, S. 329, 369 f.); zu Recht verneint BGH (BeckRS 2017, 114795) daher Erfüllungsgehilfeneigenschaft des Vorbehaltskäufers für Unterlassungspflichten des Verkäufers aus Vertragsstrafeversprechen und des WEG-Verwalters für mietvertragliche Abrechnungspflichten des Wohnungseigentümers (BGH BeckRS 2017, 6

100554). – **bb) Beispielsfälle.** Als Erfüllungsgehilfen kommen in Frage (Einzelfallprüfung! iE → Rn. 16): **Hilfskräfte** im Unternehmen und Haushalt des Schuldners, wie gewerbliche Arbeiter, Angestellte und Auszubildende (BGHZ 31, 358) von Gewerbetreibenden (vgl § 431 HGB: „Leute"); Reitlehrer in Reitschule (OLG Hamm NJW-RR 2013, 1038); Familienangehörige, Hausgehilfen und Gäste des Mieters; **leitende Angestellte** mit weisungsfreiem Aufgabenbereich, zB Chefarzt eines Krankenhauses und nachgeordneter ärztlicher Dienst (→ Rn. 16); Rennfahrer im Verhältnis zum Veranstalter (RGZ 127, 313); Orchester im Verhältnis zu Konzertveranstalter (OLG München NJW-RR 2005, 616); **Verhandlungsgehilfen** (BGH FamRZ 1989, 612) und **Vermittler** (BGH NJW-RR 2017, 1118 [Prospekthaftung]; OLG Karlsruhe WM 2009, 2118; für Versicherungsmakler BGH WM 2017, 846); **selbstständige Beauftragte des Schuldners,** wie **RA** (BGHZ 58, 207; 74, 281; NJW 2014, 2717 Rn. 37; 2011, 2138 [Zweitanwalt]; 2007, 428 Rn. 15 [Mieterschutzverein]; WM 2016, 617 [RA Erfüllungsgehilfe des Insolvenzverwalters]; NJW 2018, 608 [RA als Erfüllungsgehilfe eines Beraters]); uU **selbstständige Unternehmer,** wie zB Bahn (dazu BGHZ 50, 37; mit der rechtlichen internen Aufspaltung von Fahrbetrieb und Infrastruktur der Bahn in selbständige Bereiche sind Infrastrukturunternehmen der DB Erfüllungsgehilfe des Verkehrsunternehmens [BGHZ 193, 65]); Postdienste (BGH NJW-RR 2002, 1027); Frachtführer und Spediteur bei Bringschuld (→ Rn. 11); Bank bei Überweisungsauftrag des Geldschuldners (→ Rn. 16); Subunternehmer des Schuldners (BGHZ 66, 43; OLG Karlsruhe NJW-RR 1997, 1240; OLG Hamm MDR 2007, 712); Vermittler (BGHZ 95, 178 f.; NJW 1996, 451 f.; NJW-RR 1997, 116; u → Rn. 16; → Vor § 652 Rn. 4); Leistungsträger im Verhältnis zum **Reiseveranstalter** (→ Rn. 16); **Lieferant der Leasingsache** im Verhältnis zum Leasinggeber, wenn er mit dessen Willen Verhandlungen mit dem Leasingnehmer führt (OLG Dresden WM 2013, 1092; nicht, wenn Fehlverhalten eigenständigen Vertrag des Lieferanten betrifft u er über Verbindung der RGe falsch informiert, BGH NJW-RR 2014, 622); Verlag 7

im Verhältnis zum Anzeigenkunden (BGH NJW 1998, 3342); selbstständige Vertriebsgesellschaft (und deren Vermittler) sind bzgl Aufklärungspflichten Erfüllungsgehilfe der Gründungsgesellschafter eines Anlagefonds (BGH WM 2012, 1298); ebenso selbständige Vermittler für eine Lebensversicherung (BGHZ 194, 39; WM 2012, 1577, 1579) idR aber **nicht** Hersteller und Lieferanten im Verhältnis zum Verkäufer oder Werkunternehmer (→ Rn. 16); nur ausnahmsweise Amtsträger, wie Notar (BGHZ 62, 124; NJW 1993, 652 mN; abl OLG Rostock WM 2005, 1226; sa § 1 BNotO); für Zivildienstleistende → Rn. 16 aE. Erfüllungsgehilfen sind auch die vom Erfüllungsgehilfen mit ausdr oder stillschweigendem Einverständnis des Schuldners zugezogenen **weiteren Hilfspersonen** (BGH NJW 1988, 1908 mN; mittelbare Erfüllungsgehilfen); Bsp: Arzthelferin im Verhältnis zum angestellten Krankenhausarzt (→ Rn. 16); AN des selbstständigen Unternehmers; Unterfrachtführer des Hauptfrachtführers (s. BGHZ 130, 227 ff.); Untervertreter (auch wenn er gleichzeitig Makler des Gläubigers ist, OLG Celle ZIP 2005, 201); vom Verwalter einer Wohnanlage angestellter Hausmeister (OLG Karlsruhe NJW-RR 2009, 882); Nachtportier des Hotelbetreibers, auch ohne eigenes Anstellungsverhältnis (OLG Nürnberg BeckRS 2017, 120826). Ist Zuziehung nicht gestattet, liegt idR Verschul-
8 den (§ 276) des Geschäftsherrn oder ersten Erfüllungsgehilfen vor. **cc) Abgrenzung. Nicht** Erfüllungsgehilfen sind Dritte, die freiwillig (GoA) oder im Auftrag des Gläubigers (möglich: § 267 I) die Aufgaben des Schuldners wahrnehmen (Einschaltung *ohne* den Willen des Schuldners). Bsp: Deckungsgeschäft des Gläubigers während des Schuldnerverzugs; beim Reparaturauftrag des Geschädigten trägt aber der Schädiger das „Werkstattrisiko" (→ Rn. 16). **Nicht** Erfüllungsgehilfe ist der vom Schuldner (berechtigt) zugezogene Ersatzmann (**Substitut;** §§ 664 I 2; 691 S. 2; iE → § 664 Rn. 2 ff.); bei unberechtigter Zuziehung gilt § 276. Bei mehreren Erfüllungsgehilfen mit selbstständigem Aufgabenkreis gilt im Verhältnis untereinander § 278 nicht; Bsp: Verkehrsanwalt und Hauptbevollmächtigter (BGH NJW 1988, 1082); nacheinander tätige RAe (BGH NJW 1993, 1781; anders bei § 254 II 2: BGH NJW 1994, 1212; sa BGH WM 2005, 1902); planender und bauüberwachender Architekt (BGH NJW-RR 1989, 89; OLG Karlsruhe NJW-RR
9 2004, 815). **b) Voraussetzungen der Haftung:** Schuldhaftes Fehlverhalten (→ Rn. 12 f.) einer vom Schuldner (→ Rn. 3) im Rahmen seines Pflichtenkreises (→ Rn. 11) zur Erfüllung einer Verbindlichkeit (→ Rn. 10) mit seinem Wissen und Wollen eingesetzten Hilfsperson (→ Rn. 6 ff.). Daher kommt die Zurechnung von Fehlverhalten autonomer Systeme und Roboter über § 278 nicht in Betracht (Günther/Böglmüller BB 2017, 53, 55; vorbehaltlich künftiger ges Sonderregelung ist idR nur menschlicher Programmierungsfehler zuzurechnen, für echte autonome Entscheidungen selbstlernender Systeme kommt Haftung des Einsetzenden für das
10 übernommene Risiko in Betracht. **aa) Verbindlichkeit des Schuldners.** Jede Schuldnerverbindlichkeit kann durch Hilfspersonen wahrgenommen werden: Hauptleistungs-, Neben- und Schutzpflichten (Bsp: Aufklärungs- und Hinweispflichten: BGHZ 95, 179 mN), Handlungs- und Unterlassungspflichten (BGH NJW 1987, 3253; NJW 1988, 1908; Staudinger/Caspers Rn. 42 f., str), also das geschuldete Gesamtverhalten (RGZ 160, 314). Der Schuldner haftet daher nicht nur für Verschulden seiner Erfüllungsgehilfen bei der eigentlichen Leistungserbringung, sondern auch im **gesamten Schutzpflichtbereich** (§ 241 II → § 280 Rn. 16). Der Erfüllungsgehilfe kann ausnahmsweise auch vor Abschluss des Vertrages mit dem Gläubiger tätig werden (BGH JZ 2009, 263 mAnm Eisele 266; PWW/Kramme Rn. 18). Bsp: Obliegt dem Mieter eine vertragliche Schutz- und Obhutspflicht (§§ 536c, 541, 543 II 1 Nr. 2), bedient er sich aller Personen als Erfüllungsgehilfen, denen er die Einwirkung auf die Sache ermöglicht. Erfüllungsgehilfen sind daher außer Familienangehörigen, Haus- und Bürogehilfen (→ Rn. 7), Untermietern (§ 540), auch seine Patienten, Privatschüler (BGH NJW 1964, 35), Gäste und Möbelspediteure (RGZ 106, 133); beim gewerblichen Mieter Arbeitnehmer, Lieferanten und Handwerker (BGHZ 66, 354); für vertragliche Schutzpflichten des Vermieters können auch von ihm beauftragte Baufirmen Erfüllungsgehilfe sein (Thürin-

gen OLG-NL 2002, 152); zu Unrecht verneint OLG München (NJW-RR 2016, 472) daher Zurechnung sexueller Übergriffe durch Therapeut auf Patienten in Reha-Einrichtung, ohne Schutzpflicht zu erörtern. Zu den Schuldnerverbindlichkeiten gehören auch bestimmte **Obliegenheiten,** zB die Schadensminderungs„pflicht" (§ 254 II 2 und dort → § 254 Rn. 12; abl für Ersatzunternehmer des geschädigten Bauherrn OLG Celle NJW-RR 2004, 527), **nicht** aber erfolgt eine Zurechnung von Drittverschulden für den Versicherungsnehmer gem § 81 VVG (BGHZ 11, 123; stRspr; Staudinger/Caspers Rn. 47; anders im Fall der sog „Repräsentantenhaftung" vgl BGH NJW 2009, 2882; NJW 1989, 1861). **bb) Pflichten-** 11
kreis des Schuldners. Sein Umfang richtet sich nach Art und Inhalt des konkreten Schuldverhältnisses (BGH VuR 2012, 224 Rn. 19: obj Empfängerhorizont des Gläubigers für konkrete Bestimmung). Innerhalb eines Vertrages kann ein Dritter für bestimmte Verpflichtungen Erfüllungsgehilfe sein, für andere nicht (BGH NJW 1978, 2295 f.). Ein Handeln im Pflichtenkreis des Schuldners liegt aber nicht vor, wenn der Dritte *ausschließlich* eigene Verpflichtungen erfüllt (wie idR Lieferanten oder selbstständige Vermittler, vgl → Rn. 16). Fehlt es bereits an einer entspr Schuldnerverbindlichkeit, ist für eine Gehilfeneinschaltung kein Raum. Bsp: Schuldet der Verkäufer die Transportleistung (Bringschuld), ist die Transportperson (-anstalt) Erfüllungsgehilfe des Verkäufers; schuldet er dagegen lediglich Versendung der Ware (§ 447), ist sie es nicht (BGHZ 50, 32; vgl → § 447 Rn. 9). BGH NJW 2009, 2198 bejaht Gehilfeneigenschaft der Post auch für Zusendung einer Betriebskostenabrechnung des Vermieters, wo fristgerechter Zugang geschuldet ist. Geht die Verpflichtung des Schuldners nur auf **Auswahl** (Zuziehung) eines Dritten, ist dieser nicht Erfüllungsgehilfe des Schuldners. Bsp: Eltern ziehen für Kind einen Arzt zu, dem Kunstfehler unterläuft. Der Pflichtenkreis des Schuldners findet seine **Grenze** am *eigenen Verantwortungsbereich des Gläubigers* (BGHZ 95, 132 f.). Einzelfälle: → Rn. 16. **cc) Fehlverhalten des Gehilfen „bei Erfüllung", nicht nur „bei** 12
Gelegenheit". Die schuldhafte Gehilfenhandlung (-unterlassung genügt, BAG BeckRS 2015, 72639 Rn. 46; Kaiser/Rieble NJW 1990, 218, PWW/Kramme Rn. 14; str) muss in **unmittelbarem inneren Zusammenhang** mit den Aufgaben stehen, die ihm im Hinblick auf die Vertragserfüllung zugewiesen waren (BGHZ 23, 323; 31, 366; 114, 270, stRspr). Auch Straftaten des Erfüllungsgehilfen können zugerechnet werden, wenn ein unmittelbarer sachlicher Zusammenhang gegeben ist (BGH WM 2012, 839 [Veruntreuung durch Handelsvertreter]; anders BGHZ 196, 340: selbständiger Anlageberater schließt völlig andere als von seiner Vermittlungsaufgabe erfasste Verträge in eigenem Namen und betrügt Kunden; ebenso BGH NJW-RR 2013, 1513 [als Verrichtungsgehilfe kommt Handelsvertreter hingegen nur ausnahmsweise in Betracht]). Umgekehrt ist Verschulden bei der Erfüllungshandlung selbst (Bsp: Schädigung von Rechtsgütern des Gläubigers bei der Leistungserbringung) nicht erforderlich; es genügen bereits vorbereitende Handlungen vor dem Vertragsschluss, die im Zeitpunkt der Erfüllung noch fortwirken (Bsp: Herstellungsfehler vor Abschluss des Liefervertrags, RGZ 108, 221; sa Staudinger/Caspers Rn. 35). Innerer Zusammenhang mit der Erfüllungshandlung ist nach der Rspr auch dann zu **bejahen,** wenn der Gehilfe seinen Auftrag überschreitet (BGHZ 31, 358), seine Befugnisse missbraucht (BGH NJW 1993, 1705; NJW 1997, 1234 f.) *oder den Interessen* des Schuldners zuwider handelt (BGH NJW-RR 1989, 1184 f.); bei entspr Aufgabenkreis können auch deliktische Handlungen des Gehilfen „in Erfüllung" der Schuldnerverbindlichkeit begangen sein. Bsp: Diebstahl des angestellten Wachpersonals (LM Nr. 15 zu § 459 ZPO); Schwarzfahrt des Hotelangestellten (BGH NJW 1965, 1709); Versicherungsbetrug des Verhandlungsgehilfen (BGH NJW-RR 1989, 1183); strafbarer Vollmachtsmissbrauch des Bankangestellten (BGH NJW 1991, 3209 f.); Veruntreuung von Kundenvermögen (BGH WM 2012, 837; sa OLG Karlsruhe WM 2011, 1172); Fälschung von Überweisungsauftrag durch Mitarbeiter (BGH NJW 1994, 3345, konkret verneinend); uU Brandstiftung durch AN des Mieters (OLG Düsseldorf NJW-RR 1997, 1098); idR zu **verneinen** bei Zeugenaussage des gesetzlichen Vertreters einer jur Person (OLG Düsseldorf NJW-

RR 2012, 21); bei reinen Gelegenheitsdelikten des Gehilfen, die jedoch schwer abgrenzbar sind (s. BGHZ 123, 14; BAG NJW 2000, 3369; krit Staudinger/Caspers Rn. 52 ff.), da innerer Zusammenhang wegen weitgehender Schutzpflichten des Schuldners teilw großzügig bejaht wird. Es dürfte nicht grds genügen, dass dem Gehilfen eine Schädigung durch die übertragene Tätigkeit nur erheblich erleichtert wurde (so aber OLG München MDR 2007, 81; Grüneberg/Grüneberg Rn. 22). Insbes im Falle des Verstoßes gegen konkrete Weisungen des Schuldners sollte Zurückhaltung geboten sein, da er damit den Wirkungskreis des Erfüllungsgehilfen bewusst beschränkt („sich … bedient"; anders BGH NJW-RR 2005, 756; NJW 1997, 1234; – stRspr, hM, s. Erman/Ulber Rn. 25; MüKoBGB/Grundmann
13 Rn. 47; wie hier BAG NJW 1961, 622). **dd) Verschulden.** Da Verschulden des Gehilfen zugerechnet wird, muss dessen Verschuldensfähigkeit (§§ 276 I 2, 827, 828; → § 276 Rn. 12) gegeben sein (BayObLG NJW 1970, 1554; Lorenz, FG BGH I, 2000, S. 329, 377 f., hM; aA Kupisch JuS 1983, 821); für einen verschuldensunfähigen Gehilfen haftet aber der Schuldner idR bereits nach § 276 (Auswahlverschulden). Maßgeblicher Sorgfaltsmaßstab ist idR der des Schuldners, nicht des Gehilfen (BGHZ 31, 367, hM), bei Auftreten des Gehilfen als Fachmann aber der strengere des Fachmanns (BGHZ 114, 272). Auch etwaige Haftungserleichterungen (zB § 277) richten sich nach der Person des Schuldners (**S. 1:** „in gleichem Umfang"). Bei Haftungsverschärfung (zB § 287 S. 2) kommt es ohnehin nicht auf ein Verschul-
14 den an. **c) Rechtsfolgen. aa)** Haftung des **Schuldners** nach Maßgabe der jeweiligen Anspruchsgrundlage, die durch § 278 ergänzt wird (vgl → Rn. 1), zB § 280 I (dort → § 280 Rn. 7 ff.; → § 328 Rn. 19 ff.) ggf iVm §§ 241 II, 311 II (→ § 311 Rn. 36, 50, 51) usw. Der **Erfüllungsgehilfe** selbst haftet grds nur aus Delikt (§§ 823 ff.) auch dann, wenn Vertragspartner des Geschäftsherrn ihn selbst mit ausgewählt hat oder sich mit Einsatz einverstanden erklärt hat (BGH NJW 2018, 608 Rn. 16); ausnahmsweise auch aus § 280 I (iVm § 311 III), uU auch aus „nachvertraglicher" cic (BGHZ 70, 344, str, im Einzelfall verneinend BGH NJW-RR 1990, 460; vgl → § 311 Rn. 48 f.). Für den **Gläubiger** führt § 278 im Fall des § 254 II 2 zu Anspruchsbeschränkung, uU -verlust (BGHZ 103, 343; iE → § 254 Rn. 11 ff.).
15 **bb) Freizeichnung (S. 2).** Die Haftung des Schuldners für Erfüllungsgehilfen kann in vollem Umfang (über § 276 III hinaus) nur durch **Individualvereinbarung** ausgeschlossen werden, durch **AGB** im nichtkaufmännischen Rechtsverkehr und im Verbrauchervertrag nur für leichte Fahrlässigkeit (§§ 309 Nr. 7b; 310 III Nr. 2; Bsp: BGHZ 71, 230; 101, 324), nicht aber für Körper- und Gesundheitsschäden (§§ 309 Nr. 7a; 310 III Nr. 2). Weitergehend im *kaufmännischen Rechtsverkehr* (Umfang iE str), nicht aber für grobes Verschulden (auch) nicht leitender Erfüllungsgehilfen hinsichtlich von ihnen verletzter Hauptpflichten (BGHZ 89, 365 ff.; 95, 182 f.; iE Koller ZIP 1986, 1098 ff.; zur Verletzung nicht wesentlicher Pflichten s. BGHZ 103, 328). Die im Widerspruch zu den Tatsachen stehende Erklärung, eine Hilfsperson sei nicht Erfüllungsgehilfe (Bsp: Verkäufer beim finanzierten Kauf, BGHZ 47, 234; Lieferant beim Leasingvertrag, BGH NJW-RR 1988, 242; vgl → Rn. 16), stellt eine – uU unwirksame – Freizeichnung dar (BGHZ 61, 281). Haftet der Erfüllungsgehilfe selbst (→ Rn. 14), wirkt eine Haftungsbeschränkung auch zu seinen Gunsten (→ § 311 Rn. 49, 51 aE). **cc) Beweislast:** §§ 280 I 2 (→ § 280 Rn. 24), 286 IV
16 (→ § 286 Rn. 40) gelten. **d) Einzelfälle. Architekt/Bauverträge** – hier kommt es entscheidend darauf an, für welche Pflicht er eingesetzt ist und wem gegenüber diese bestehen (grds BGHZ 95, 131; 197, 252; NJW 2016, 3022 [gegenüber nachfolgendem Architekten für fehlerhafte Planungsvorleistung]; NJW 1987, 645; nicht für Bauleitung gegenüber ausführenden Unternehmen [BGH NJW 2009, 582]. Der planende (nicht aufsichtsführende) Architekt kann gegenüber dem Auftragnehmer Erfüllungsgehilfe des Bauherrn/Auftraggebers sein (BGH NJW-RR 2002, 1175; OLG Hamm NJW-RR 2021, 268; OLG Karlsruhe NJW-RR 2005, 250 für § 254; keine Zurechnung, wenn Unternehmer Planungsfehler des Architekten erkannte [OLG Stuttgart NJW 2014, 2658]; aber auch gegenüber dem aufsichtsführenden Architekten. Ob planender Architekt oder Gutachter Erfüllungsgehilfen des Bauherrn (gegenüber dem ausführen-

den Unternehmen) sind, hängt daher vom Einzelfall ab, bejahend BGHZ 197, 252; 179, 55, 67, wo auf Obliegenheit des Bauherrn, mangelfreie Pläne zu liefern, abgestellt wird; s. auch BGH NJW 2016, 3022; OLG Karlsruhe NJW-RR 2017, 788 Rn. 33; OLG Saarbrücken NJW 2021, 2219; 197, 252; OLG Hamm NJW 2017, 268; ebenso f. Gutachter OLG Köln NJW-RR 2022, 814 im Rahmen des Mitverschuldens; OLG Stuttgart NJW-RR 2022, 392; ebenso OLG Oldenburg NJW 2022, 73 f. vom Bauherrn zugezogenen Glasbauer). Architekt und Gutachter sind bei selbstständiger Beauftragung idR nicht Erfüllungsgehilfen des Bauherrn im Verhältnis zu jeweils anderen (BGH NJW-RR 2003, 1454); ebenso wenig der Statiker im Verhältnis zum Architekten (OLG Hamm NJW 2010, 318). Bei Koordinierungspflicht gegenüber Unternehmen können mit Prüfung betraute Fachleute Erfüllungsgehilfen sein (OLG Karlsruhe NJW 2016, 2961; 2016, 1829). In **Arbeitsverhältnissen** muss sich der AG in Mobbingfällen das Verhalten von Mitarbeitern und Vorgesetzten im Verhältnis zum AN zurechnen lassen (BAG MDR 2008, 512). Bei dem idR geschlossenen (vgl BGHZ 95, 68 ff.) „totalen Krankenhausaufnahmevertrag" (vgl jetzt allg → § 630a Rn. 2) sind die behandelnden **Ärzte** und das gesamte Klinikpersonal Erfüllungsgehilfen des Krankenhausträgers (BGHZ 95, 70 f.; 96, 368; OLG München BeckRS 2020, 39322). Dies gilt auch beim Abschluss eines Arztzusatzvertrags (BGHZ 95, 70 f.). Beim „aufgespaltenen Arzt-Krankenhaus-Vertrag" (BGHZ 5, 321; selten: BGHZ 95, 68; krit und abl Kramer NJW 1996, 2398) sind die beiderseitigen Pflichtenkreise gegeneinander abzugrenzen (LM Nr. 24). Der Arzt ist nicht Erfüllungsgehilfe des Krankenhauses (Daniels NJW 1972, 305), der nachgeordnete ärztliche Dienst des Krankenhauses nicht Erfüllungsgehilfe des Arztes (LG Aachen NJW 1976, 1155). Bsp: Vertrag mit Belegkrankenhaus und Belegarzt (BGHZ 129, 13 f.; OLG Oldenburg MDR 2011, 361). Im Überweisungsverkehr ist die vom (Zahlungs-)Schuldner beauftragte **Bank** dessen Erfüllungsgehilfin (bei gewöhnlicher Geldschuld auch hinsichtlich der Rechtzeitigkeit der Übermittlung, soweit Schuldner das Verzögerungsrisiko trägt; nicht Erfüllungsgehilfe des Schuldners ist aber die Empfängerbank, Herresthal ZGS 2008, 264; → § 270 Rn. 7); weitere zwischengeschaltete Banken sind idR Erfüllungsgehilfen der erstbeauftragten Bank (vgl § 676c I 3); im Lastschriftverfahren sind die beteiligten Banken Erfüllungsgehilfen des Gläubigers (LG Berlin WM 1975, 530; einschr Hadding WM 1978, 1379). Zur Anlageberatung → Rn. 7; im Verhältnis zur Depotbank ist ein Wertpapierhandelshaus nicht Erfüllungsgehilfe für Beratungspflichten gegenüber dem Anleger, weil solche ersterer nicht obliegen (OLG München WM 2013, 170). Beim *finanzierten Kauf* (allg → § 358 Rn. 2 ff.) ist der Verkäufer idR Erfüllungsgehilfe der Bank beim Zustandekommen des Darlehensvertrags (s. § 358 III 2); das Gleiche gilt für den Kreditvermittler (BGH NJW 1978, 2295; sa u „Makler"); bei weisungsgemäßer Entgegennahme der Darlehensvaluta ist dieser aber Erfüllungsgehilfe des Darlehensnehmers (BGH NJW 1978, 2294 [2296]; OLG Frankfurt a. M. WM 1989, 1462, str). Bei **Bauverträgen** ist der Vorunternehmer idR nicht Erfüllungsgehilfe des Auftraggebers im Verhältnis zum Nachfolgeunternehmer (BGHZ 95, 130 ff.; 174, 36; abl Grieger BauR 1990, 406). Der **Gebrauchtwagenhändler** ist Erfüllungsgehilfe des privaten Verkäufers (OLG Karlsruhe VuR 2020, 1321). Beim **Internatsvertrag** ist uU das Kind Erfüllungsgehilfe seiner Eltern (BGH NJW 1984, 2093 f.; OLG Karlsruhe OLGZ 1988, 200). Der **Hersteller oder Lieferant** *des Verkäufers* ist **grds nicht** Erfüllungsgehilfe des Verkäufers (BGHZ 48, 120; NJW 2020, 3312; 2009, 2674; NJW 2008, 2837; hM). Grund: Er erfüllt idR nur seine eigene Verpflichtung gegenüber dem Verkäufer, nicht zugleich die des Verkäufers gegenüber dem Käufer. Die Neukonzeption des Kaufrechts hat daran nichts geändert (Grüneberg/Grüneberg Rn. 13 mwN). Str ist der Umfang der Zurechnung von Herstellerfehlern nach EuGH (EuZW 2011, 631) aber beim Verbraucherkauf, dort gilt de facto im Rahmen der Nacherfüllung eine Einstandspflicht des Verkäufers für vom Hersteller verursachte Schäden, s. → § 437 Rn. 26, § 439 Rn. 20; zum Ganzen auch Lorenz NJW 2013, 207; Weller NJW 2012, 2313; MüKoBGB/Grundmann Rn. 31; bejahend auch PWW/Kramme Rn. 21); Entspr gilt für die **Zulieferer** des Unternehmers beim **Werkvertrag** (BGH NJW 1978, 1157; abw OLG Karlsruhe

NJW-RR 1997, 1240; Lorenz FG BGH I, 2000, S. 329, 350 ff.; → § 823 Rn. 125) und eingeschaltete Dritte beim **Werklieferungsvertrag** (BGH NJW 2014, 2183). Besonderheiten: Tritt der Lieferant in unmittelbare Beziehungen zum Käufer, kann er diesem gegenüber Erfüllungsgehilfe des Verkäufers für die Lieferung sein, nicht jedoch für andere Pflichten des Verkäufers (so RGZ 108, 223; OLG Frankfurt a. M. BB 1977, 13; Grüneberg/Grüneberg Rn. 13). Trifft den Verkäufer hinsichtlich des Kaufgegenstandes eine Unterweisungspflicht und bedient er sich dafür der Bedienungsanleitung des **Herstellers,** so ist dieser insoweit sein Erfüllungsgehilfe (BGHZ 47, 316; OLG Düsseldorf NJW-RR 2004, 673). Gleiches gilt, wenn sich der Verkäufer bei der **Nacherfüllung** (§ 439 I) zur Beseitigung des Mangels der Hilfe des Herstellers bedient. Obliegt dagegen dem Verkäufer als bloßem **Zwischenhändler** keine eigene Untersuchungspflicht (→ § 276 Rn. 29), so kann auch der **Hersteller** nicht sein Erfüllungsgehilfe sein (BT-Drs. 14/6040, 210; BGH MDR 1977, 390); andererseits wird der Hersteller nicht deswegen zum Erfüllungsgehilfen des Händlers, weil dessen eigene Untersuchungspflicht infolge seines berechtigten Vertrauens auf die Zuverlässigkeit des Herstellers entfällt (LM Nr. 2 zu § 276 [H b]). Beim **Leasingvertrag** sind Erfüllungsgehilfen des Leasinggebers der Leasingnehmer im Verhältnis zum Lieferanten (BGHZ 90, 309; 110, 138) und der Lieferant im Verhältnis zum Leasingnehmer (BGHZ 95, 179; 104, 397; NJW 1989, 288 mN; aber nicht für Entgegennahme der Übernahmebestätigung, da Pflicht des Leasingnehmers: BGH NJW 2005, 366). Allerdings muss sich der Leasinggeber eine Verletzung von Aufklärungspflichten seitens des Lieferanten nur zurechnen lassen, wenn dieser mit Wissen und Wollen des Leasinggebers Vorverhandlungen führte (BGH NJW 2011, 2877). Beim **Leiharbeitsverhältnis** (→ § 611 Rn. 3) ist der „überlassene" AN nur Erfüllungsgehilfe des „Entleihers" (BGH NJW 1975, 1696; Becker NJW 1976, 1827). Entspr gilt beim **Dienstverschaffungsvertrag** (→ Vor § 611 Rn. 12; Bsp: Stellung von Baumaschine mit Bedienungspersonal); der Verpflichtete haftet (nur) für eigene sorgfältige Auswahl (BGH NJW 1971, 1129; OLG Hamm VersR 1978, 548; abw Gestaltung möglich, vgl OLG München BB 1997, 1918: §§ 631, 278). Zum **Mietvertrag** s. schon → Rn. 10. Erfüllungsgehilfe des **Vermieters** gegenüber dem Mieter kann auch ein Käufer des Mietobjektes sein, den er ermächtigt hat, bereits Modernisierungsmaßnahmen durchzuführen (BGH NJW 2008, 1220); nicht aber Verwalter der WEG für Jahresabrechnung im Verhältnis zu einzelnem Eigentümer/Vermieter (BGH NJW 2017, 2608 Rn. 42 ff.; zum Verhältnis WEG-Gemeinschaft-Verwalter für Ansprüche einzelner Eigentümer BGHZ 218, 60). Erfüllungsgehilfe des **Mieters** können alle Personen sein, die auf seine Veranlassung mit der Mietsache in Berührung kommen („Bewahrungsgehilfen"); regelmäßig nicht Angestellte des Vermieters (OLG München MDR 2012, 758); nicht das die Mietkosten überweisende Sozialamt (BGH NJW 2009, 3782; aA zu Recht Rieble NJW 2010, 816). Beim Vertrag mit einem **RA** sind dessen Sozien Erfüllungsgehilfen (BGH NJW 1985, 1153). Die Rechtsschutzversicherung ist bei Deckungszusagen nicht Erfüllungsgehilfin im Pflichtenkreis des Mandanten zu seinem Anwalt (OLG Koblenz NJW-RR 2011, 761). Beim **Reiseveranstaltungsvertrag** (vgl § 651a I) ist der Leistungsträger (zB Hotel; Ferienhauseigentümer; Beförderungsunternehmen; Fluggesellschaft) – trotz § 651h I Nr. 2 – Erfüllungsgehilfe des Reiseveranstalters (BGHZ 93, 274 f.; 119, 166 f.; OLG Köln VuR 2009, 233; → § 651f Rn. 2); das gilt auch für das Reisebüro, sobald Kunde bestimmte Reise gewählt hat (BGH NJW 2006, 2321; OLG Düsseldorf NJW-RR 2005, 645), bei der **Prospekthaftung** die Publikums-KG im Verhältnis zum Treuhandkommanditisten (BGHZ 84, 143), die Anlagevermittler im Verhältnis zu den Gründungsgesellschaftern (BGH NJW-RR 1991, 804; OLG Bremen NZG 2022, 273; auch → Rn. 7); Stimmrechtsvertreter iSv § 135 AktG (BGHZ 129, 151, str; krit Lamprecht ZIP 1996, 1372). In Vertragsverhandlungen eingeschaltete selbstständige **Vermittler (Makler)** sind idR nicht Erfüllungsgehilfe des Auftraggebers (BGH NJW 2017, 2268 Rn. 23 ([Versicherungsmakler – Lebensversicherung als Anlagegeschäft]; NJW 2014, 1452 Rn. 22; NJW-RR 1997, 116; → Vor § 652 Rn. 4); etwas anderes kann gelten, wenn ihm die Führung der wesentlichen Verhandlungen überlassen ist (OLG Stuttgart NJW-

RR 2011, 918; KG NJW-RR 2003, 1137; OLG Hamm NJW-RR 2003, 486) oder er zB beim Erwerb einer Lebensversicherung mit Wissen und Wollen des Versicherers Aufgaben übernimmt, die typischerweise letzterem obliegen (BGH NJW 2017, 2268). Die vom Geschädigten mit der Instandsetzung beauftragte **Werkstatt** ist nicht Erfüllungsgehilfe des Geschädigten (BGHZ 63, 186; 115, 370; OLG Saarbrücken MDR 2012, 581 [auch für Kfz-Sachverständigen], → § 254 Rn. 12). Keine Erfüllungsgehilfen des Arbeitgebers sind **Werkunternehmer,** die auf dem Firmenparkplatz Arbeiten ausführen und dabei den PKW des AN beschädigen (BAG NJW 2000, 3369; Kamanabrou NJW 2001, 1187). **Zivildienstleistende** waren trotz des hoheitlichen Dienstcharakters Erfüllungsgehilfen der Beschäftigungsstelle gegenüber deren Vertragspartnern (Heimbewohner; BGHZ 152, 382); Bundesrepublik und Beschäftigungsstelle haften daher ggf als Gesamtschuldner (§ 839 – §§ 280, 278).

3. Die Haftung für ges Vertreter. a) Der **Begriff** des ges Vertreters ist iwS zu 17
verstehen; er umfasst alle Personen, die auf Grund ges Vorschriften mit Wirkung für andere handeln können (BGH NJW 1958, 670). Ges Vertreter sind: Eltern (§§ 1626 ff.), Vormund (§§ 1793 ff.), Betreuer (§§ 1896 ff.), Pfleger (§ 1915), Jugendamt als Beistand (§§ 1716, 1915 I, 1793 S. 1), der Ehegatte bei § 1357 und im Rahmen des fortgeltenden FGB 15, der verwaltungsberechtigte Ehegatte bei Gütergemeinschaft (§§ 1422 ff.), ferner die sog Parteien kraft Amtes (BGH NJW 1958, 670); Bsp: Testamentsvollstrecker (RGZ 144, 402), Nachlass-, Insolvenz- (BGHZ 100, 351) und Zwangsverwalter. **Keine** ges Vertreter iSd § 278 sind die Organe jur Personen und die ihnen Gleichgestellten (persönlich haftende Gesellschafter von OHG und KG; Vorstand des nichtrechtsfähigen Vereins: → § 31 Rn. 3; → § 54 Rn. 13), auch soweit diese als „ges Vertreter" gelten (vgl § 26 II); Grund: Haftung für *Eigen*verschulden gem §§ 31, 40, 89, 276 (beachte III) geht vor und schließt § 278 (wichtig wegen **S. 2**) aus (→ § 31 Rn. 1 mN, str, vgl Staudinger/
Caspers Rn. 124 mN). **b) Voraussetzungen.** Wegen des Handelns in Erfüllung 18
einer Verbindlichkeit des Schuldners gilt → Rn. 9 ff. **Besonderheiten:** Das **Verschulden** ist ausschließlich aus der Person des ges Vertreters zu bestimmen (Abweichung gegenüber → Rn. 13; ebenso E. Schmidt AcP 170, 515; Staudinger/Caspers Rn. 62 ff.). Bei Gesamtvertretung (zB § 1629 I) genügt das Verschulden eines Vertreters (RGZ 110, 146). Im Rahmen eines Mitverschuldens (§ 254 II 2) für ein schädigendes Ereignis bedarf es ebenfalls eines bestehenden Schuldverhältnisses oder einer schuldrechtsähnlichen Beziehung bei Eintritt des schädigenden Ereignisses zwischen dem Haftenden und dem Geschädigten (BGHZ 1, 249). Der ges Vertreter muss dabei gegen eine Pflicht im Zusammenhang mit der haftungsbegründenden Norm verstoßen. Ein solcher Zusammenhang kann aus Vertrag folgen oder auf der besonderen Pflicht, im Interesse des Haftenden einen Schaden des Vertretenen zu vermeiden (OLG Frankfurt a. M. NJW 2009, 896 [verneinend für Reitbeteiligung zwi-
schen Vertretenem und Tierhalter]; BGHZ 24, 325). **c) Rechtsfolgen:** wie 19
→ Rn. 14 f. Nach hM besteht die Haftung des Schuldners auch im Fall der Schutzpflichtverletzung des ges Vertreters (Staudinger/Caspers Rn. 128; aA Esser/Schmidt
§ 27 II 1b: insoweit *nur* Eigenhaftung gem § 278 Rn. 20). **d) Eigenhaftung von** 20
ges Vertretern: IdR nur aus Delikt (§§ 823 ff.), ausnahmsweise als Sachwalter (→ § 311 Rn. 64) aus cic (s. § 311 III mAnm). UU greift Amtshaftung (Art. 34 GG, § 839) ein (so BGHZ 100, 313 für früheren Amtsvormund).

§ 279 *(weggefallen)*

§ 280 Schadensersatz wegen Pflichtverletzung

(1) [1]**Verletzt der Schuldner eine Pflicht aus dem Schuldverhältnis, so kann der Gläubiger Ersatz des hierdurch entstehenden Schadens verlangen.** [2]**Dies gilt nicht, wenn der Schuldner die Pflichtverletzung nicht zu vertreten hat.**

(2) **Schadensersatz wegen Verzögerung der Leistung kann der Gläubiger nur unter der zusätzlichen Voraussetzung des § 286 verlangen.**

(3) **Schadensersatz statt der Leistung kann der Gläubiger nur unter den zusätzlichen Voraussetzungen des § 281, des § 282 oder des § 283 verlangen.**

Lit.: Altmeppen, Schadensersatz wegen Pflichtverletzung, DB 2001, 1131; Bachmann/Schirmer, Leistungs- und Schutzpflichten in der Zivilrechtsdogmatik, FS Canaris 2017, 371; Grigoleit/Riehm, Kategorien des Schadensersatzes im Leistungsstörungsrecht, AcP 203, 727; Grigoleit/Bender, Die Schadenskategorien des Leistungsstörungsrechts, ZfPW 2018, 385; Haberzettl, Verschulden und Versprechen – Zur Haftung des Schuldners für die Verzögerung der Leistung, 2005; Looschelders, Pflichtverletzung als Prüfstein der Privatrechtsverletzung, FS Canaris 2017, 403; Lorenz, Schadensersatz wegen Pflichtverletzung, JZ 2001, 724; ders, Schadensarten bei der Pflichtverletzung, JuS 2008, 203; Katzenstein, Der Schadensersatz statt der Leistung nach §§ 280 Abs. 1 und 3, 281 bis 283 BGB, Jura 2005, 217; Lehmann, Die Swap Malaise, NJW 2016, 2913; Mühlbock/Taupitz, Haftung für Schäden durch KI in der Medizin, AcP 221 (2021), 179; Rieländer, Leistungsstörungen im Digitalvertragsrecht, Teil I GPR 2021, 257 und Teil II GPR 2022, 28; Skauradszun, Schadensersatzanspruch bei Zuwiderhandlung gegen eine Gerichtsstandsvereinbarung, DB 2020, 100; Wagner, Mangel- und Mangelfolgeschäden im neuen Schuldrecht, JZ 2002, 475.

I. Allgemeines

1 **1. Bedeutung.** § 280 I ist die einzige Anspruchsgrundlage bei zu vertretenden Pflichtverletzungen. Die **Pflichtverletzung** erfasst alle Arten von Leistungsstörungen. **I** gilt gleichermaßen für die Verletzung von Leistungs-, Nebenleistungs- und sonstigen Schutzpflichten (§ 241 II). Im Tatbestand des § 280 I gehen sowohl die bish pVV als auch die Haftung wegen Verzuges und Unmöglichkeit auf. Auch das Recht zum Rücktritt steht dem Gläubiger nur zu, wenn dem Schuldner eine Pflichtverletzung zur Last fällt (§ 323).

2 **2. Anwendungsbereich.** § 280 gilt für alle Schuldverhältnisse. Nicht nur **vertragliche,** sondern auch **ges Schuldverhältnisse** (→ § 241 Rn. 3; BAGE 149, 47 – Auftrag –; OLG Bremen NJW 2015, 495 f. vermögensrechtliche Pflichten im Rahmen von § 1353; BGHZ 191, 259; 196, 216 f. Auskunftsanspruch gegenüber geschiedenem Ehemann nach Anfechtung der Vaterschaft, über mögliche Erzeuger für Durchsetzung der Unterhaltsregressforderung [zust Löhnig/Preisner NJW 2013, 2080 mN zur familienrechtl Lit, die „Verschuldrechtlichung" teilw grds ablehnt]); Auskunft nach § 666 (BGH NJW 2021, 765); vertragsähnliche Sonderverbindungen (cic, § 311 II, III), grds auch soweit **öffentl-rechtlicher** Natur (BGHZ 61, 11; 135, 344 ff. mN; BSG NJW 2008, 2524); nicht nachbarliches Gemeinschaftsverhältnis (OLG Hamm NJW-RR 2009, 1616). Auch im Rahmen des Eigentümer-Besitzer-Verhältnisses kann § 280 (bzw § 281 → § 281 Rn. 3) für nicht von § 990 erfasste Fälle herangezogen werden, wenn Besitzer verschärft haftet (zB Vorenthaltungsschaden, BGHZ 209, 270 = NJW 2016, 3235 Rn. 15 ff.). Das AGG enthält in §§ 15, 21 eigene Anspruchsgrundlagen für Schadensersatz bei Verstoß gegen Benachteiligungsverbote (zur Beweislast s. § 22 AGG). Zur Sonderbeziehung aus Vollstreckungseingriff s. BGH NJW 1985, 3081. Die vom Tatbestand des **I** vorausgesetzte Pflicht ist dem jeweiligen Schuldverhältnis (ggf durch Auslegung) zu entnehmen. Der Anspruch kann auch neben einem Rückabwicklungsanspruch (§§ 357, 346, 358 [aF]) geltend gemacht werden (BGHZ 211, 189).

3 **3. Verhältnis des Abs. I zu II und III.** Die Abgrenzung erfolgt nach der Art des Schadens, nicht nach der Art der Pflichtverletzung (PWW/Kramme Rn. 5; Grigoleit/Riehm AcP 203, 730; Lorenz JuS 2008, 203; aA Medicus/Petersen BürgerlR Rn. 279). **a)** Die Rechtsfolge des **I** ist die Verpflichtung des Schuldners zum Schadensersatz (§§ 249 ff.). Im Umkehrschluss zu **II** und **III** ergibt sich, dass damit nicht der Verzögerungsschaden und der Schaden statt der Leistung erfasst sind. Um diese Schäden ersetzt verlangen zu können, müssen zusätzlich zum Tatbestand des **I** noch die Voraussetzungen des § 286 **(II)** oder der §§ 281–283 **(III)** vorliegen.

Auch soweit der Anspruch von diesen zusätzlichen Voraussetzungen abhängt, enthält **I** die zum Schadensersatz verpflichtende Haftungsanordnung und die Entlastungsmöglichkeit für den Schuldner **(I 2). b)** Die Abgrenzung der verschiedenen **Schadensarten** erfolgt nach den geltend gemachten Schadensposten und ist daher letztlich eine Frage der Schadensberechnung (sa Benicke/Hellwig NJW 2014, 1702). Der Schadensersatz **statt der Leistung (III)** erfasst – unter Anwendung eines zeitlichen Kriteriums – alle Posten, die durch ordnungsgemäße Erfüllung noch verhindert oder behoben werden können, zB mangelbedingter Minderwert, Deckungskauf, entgangener Gewinn aus Weiterverkauf. Der Verzögerungsschaden **(II)** umfasst Posten, die durch die verspätete Leistung entstanden sind und auch mit der späteren (ordnungsgemäßen) Erfüllung nicht mehr verhindert werden können, zB Zinsaufwendungen, Wert-(Kurs-)Verluste. Der Verzögerungsschaden und der Schadensersatz statt der Leistung überschneiden sich zeitlich nicht. Unter **I** fallen alle sonstigen Posten, die weder durch eine spätere korrekte Leistungserbringung zu vermeiden gewesen wären, noch alleine auf der Verzögerung der Leistung beruhen, dh alle typischen **Mangelfolge- und Begleitschäden** (BGH NJW 2009, 3504; BGHZ 07, 2619; BGHZ 231, 365 Rn. 21 stellt darauf ab, dass es sich um Schäden handelt, die durch Nacherfüllung nicht beseitigt werden); für eher funktionale Abgrenzung BGHZ 197, 357 mAnm Hilbig-Lugani NJW 2013, 2961; Ostendorf NJW 2010, 2833; Lorenz JuS 2008, 204). Bei sich fortlaufend erneuernden Schadensposten (zB Betriebsausfall bei mangelhafter Lieferung, BT-Drs. 14/6040, 225 und → Rn. 12) kann zunächst ein Fall des **I,** später aber des **II** (soweit Schaden durch Nacherfüllung hätte abgewendet werden können) vorliegen. Eine mangelbedingte verspätete **Nutzungsmöglichkeit** des Leistungsobjekts fällt nach BGH unter I (BGHZ 181, 317; 174, 293; NJW 2010, 2426; KG NJW-RR 2011, 556), die Verzugsvoraussetzungen nach II müssen nicht vorliegen (aA → § 437 Rn. 17). Zwar steht der Verkäufer einer (behebbar) mangelhaften Sache damit schlechter als derjenige, der gar nicht liefert. Der BGH rechtfertigt dies aber vertretbar mit der Überlegung, der Mangel werde – im Gegensatz zur kompletten Nichtleistung – häufig erst entdeckt, wenn ein Nutzungsausfall nicht mehr zu verhindern ist; → § 281 Rn. 19.

(Randnummer 4 neben „Schadensarten")

4. Abgrenzung. a) Bei **anfänglichen,** nicht behebbaren (auch „qualitativen") Leistungshindernissen (→ § 275 Rn. 9) ergibt sich der Schadensersatzanspruch statt der Leistung nicht aus § 280, sondern nur aus § 311a II. **b)** Die ges geregelten Fälle der Haftung für **Mängel** in §§ 536a, 600, 651 f. und § 2376 regeln die Haftung des Schuldners eigenständig und ohne Rückgriff auf § 280. Bei diesen Verträgen kommt § 280 nur für Pflichtverletzungen zur Anwendung, die nicht mit einem Mangel begründet sind. Dagegen verweisen §§ 437 und 634 für die Haftung wegen Mängeln im Kauf- und Werkvertrag auf §§ 280 ff. Zur Frage, ob Besteller nach Ausübung des Minderungsrechts wegen desselben Mangels Schadensersatz nach §§ 634 Nr. 4, 281 I 1, 280 verlangen kann, BGH NJW 2017, 1607; Einzelheiten → § 638 Rn. 7.

II. Schadensersatz nach § 280 I

1. Schuldverhältnis. Im Zeitpunkt der schädigenden Handlung muss zwischen dem Schuldner und dem Geschädigten ein Schuldverhältnis (→ Rn. 2) bestehen. 7

2. Pflichtverletzung. a) Eine **Pflichtverletzung** liegt vor (allg → Rn. 1), wenn das (wirksame) Leistungsversprechen nicht wie geschuldet erfüllt oder eine sich aus dem (ggf ges) Schuldverhältnis ergebende (Neben-)Pflicht (vgl §§ 242, 241 II) nicht eingehalten wird. Daher liegt auch bei Nichterfüllung wegen eines Leistungshindernisses nach § 275 eine Pflichtverletzung vor (BT-Drs. 14/6040, 125; Canaris JZ 2001, 512). Einzelfälle von Pflichten bzw Pflichtverletzungen → Rn. 60. Im Einzelnen lassen sich folgende Fallgruppen von Pflichtverletzungen unterscheiden: **b)** Die **Nichterfüllung** und **verspätete Erfüllung** einer Leistungspflicht stellt eine Pflichtverletzung dar. Sie begründet aber nach **I** noch keine Schadensersatzpflicht, sondern nur unter den weiteren Voraussetzungen der **II, III.** Ausnahme:

10 → Rn. 17. **c) Schlechterfüllung** einer Leistungspflicht. Durch die vom Schuldner schuldhaft mangelhaft erbrachte (bei → Rn. 12 idR gegenständliche) Leistung erleidet der Gläubiger einen uU über das Erfüllungsinteresse hinausgehenden Schaden an seinem Vermögen oder sonstigen Rechtsgütern (Begleitschaden, BGH NJW 2006, 2549). Ie ist wegen → Rn. 6 zwischen Schuldverhältnissen ohne und mit bes
11 Mängelhaftung zu unterscheiden. **aa)** Fehlt Mängelhaftung (Bsp: §§ 611 ff.; 662 ff., 675; 688 ff.; 705 ff.), wird Schlechtleistung (vorbehaltlich §§ 823 ff.) nur von **I** erfasst (Grüneberg/Grüneberg Rn. 16). Bsp für Verletzung von vertraglichen Hauptpflichten: Arzt begeht Kunstfehler oder berät Patienten falsch (BGHZ 124, 138); RA führt Prozess schuldhaft schlecht oder berät den Mandanten falsch; Bank erteilt unrichtige Auskunft (zum Umfang der Prüfungspflicht bei (Anlage-)Beratervertrag BGHZ 178, 156 [Plausibilitätskontrolle von Kapitalanlangen genügt nicht (anders bei Auskunftsvertrag), Auswertung von Wirtschaftspresse, aber keine Hinweispflicht auf vereinzelt gebliebene Meinung]), Kunde erleidet dadurch Schaden (vgl zu § 675 II); Gesellschafter kommt ihm obliegender Vertriebspflicht nicht ordnungsgemäß nach (BGH NJW 1983, 1188) oder überschreitet seine Geschäftsführungsbefugnis (OLG Köln NJW-RR 1995, 548); Treuhänder eines Bauherrenmodells vernachlässigt Vermögensinteressen des Bauherrn (BGH NJW-RR 1991, 661; NJW-RR 1991, 663; NJW-RR 1991, 1121); Netzwerkanbieter löscht vertragswidrig
12 einen eingestellten Beitrag (Freischaltung!, BGHZ 230, 347). **bb)** Beim **Kauf- und Werkvertrag** kommt bei Sach- und Rechtsmängeln **I** zur Anwendung (bis zum Gefahrübergang unmittelbar, danach kraft Verweisung in §§ 437 Nr. 3, 634 Nr. 4, Grüneberg/Grüneberg Rn. 17, zu Fällen vorsätzlicher Aufklärungspflichtverletzung über Sachmangel → § 311 Rn. 38). Bei anfänglichen, nicht behebbaren Sach- und Rechtsmängeln gilt § 311a II (→ Rn. 5, → § 437 Rn. 18), nicht Sachmängelrecht da es an einem Primärleistungsanspruch fehlt (§ 275 I; aA Erman/Grunewald Vorb. § 437 Rn. 8). Die Pflichtverletzung liegt – auch beim Stückkauf – in der Lieferung der mangelhaften Sache. Bei verschuldeter (→ § 276 Rn. 29; keine allg Prüfungs- und Untersuchungspflicht des Händlers → § 433 Rn. 25 aE) Schlechtleistung sind **Begleitschäden** nach **I** zu ersetzen. Die Abgrenzung des **I** zu **II** und **III** richtet sich nach den in → Rn. 3 f. genannten Kriterien. Bsp für Begleitschäden: Pferde gehen an geliefertem vergifteten Pferdefutter ein (vgl RGZ 66, 289); infiziertes Zuchttier steckt andere an, so dass Behandlung erforderlich (BGH NJW 2007, 2619); Motorschaden infolge Lieferung verunreinigten Treibstoffs (vgl BGH NJW 1968, 2238), Außenputzschäden durch Lieferung von verunreinigtem Mörtel (BGH NJW-RR 1994, 602); Verderb von Wein durch mangelhafte Korken (BGHZ 101, 337); Verletzung von Kfz-Käufer bei Unfall infolge mangelhafter Bremsen (BGH JZ 1971, 29); Vermögensverluste durch Gebrauch eines fehlerhaften Gutachtens (BGHZ 67, 1); erhöhte Baukosten (abzüglich Wertsteigerung des Objektes) bei Fehlberechnung durch Architekten (OLG Hamm NJW-RR 2013, 795); Einbruchsschaden wegen fehlerhafter Sicherungsanlage (BGHZ 115, 32; dazu Ackmann JZ 1992, 671); Schaden bei Notlandung wegen fehlerhafter Tankanzeige (BGH NJW 1993, 924). Im Schaden kann sich aber auch die Minderwertigkeit der Kaufsache oder des Werkes abbilden; Bsp: Gutachterkosten (BGH NJW 2002, 141); Schäden an dem vom Käufer auf dem erworbenen Grundstück errichteten Bauwerk infolge Altlasten (vgl BGH NJW 2001, 1347 f. zu § 823); Unbrauchbarkeit des Endprodukts infolge mangelhafter Zulieferteile (vgl BGHZ 117, 183; 138, 230; sog weiterfressende Schäden); **Abgrenzung zu III:** Nur unter den Voraussetzungen der §§ 281, 283 sind Schäden zu ersetzen, die die Kaufsache (das Werk) betreffen und durch Nacherfüllung zu beseitigen sind (Grigoleit ZGS 2002, 78; vgl BGHZ 67, 359; 86, 256). Nach EuGH ZIP 2011, 1265 ist die VerbrKRL so zu verstehen, dass der Ausbau der mangelhaften Sache und der Einbau der nachgelieferten Sache vom Verkäufer als Nacherfüllung geschuldet werden (überholt damit BGHZ 177, 230; krit hierzu Skamel NJW 2008, 2820). **Verjährungsfrist:** §§ 438, 634a (2 oder
13 5 Jahre). **cc)** Neben einer **abschließenden besonderen Schadensersatzhaftung**
14 **wegen Mängeln** kommt **I** nicht zur Anwendung (→ Rn. 6). **d) Verletzung von**

leistungsbezogenen Nebenpflichten. aa) Die erbrachte Leistung als solche ist mangelfrei, jedoch erleidet der Gläubiger zB infolge fehlerhafter (unterbliebener) Anweisung Schaden. Die Haftung aus **I** wird insoweit durch bes Mängelhaftung (zB §§ 437, 438, 634, 634a) nicht berührt. Der Schadensersatzanspruch tritt nicht an Stelle einer Leistungspflicht, sondern ergibt sich unmittelbar aus **I.** Bsp: unvollständige Bedienungsanleitung (BGHZ 47, 312), s. aber § 434 II 2: uU Sachmangel; Weiterbelieferung mit Ware ohne Hinweis auf geänderte Beschaffenheit (BGHZ 107, 336 ff.); Nichtaufklärung über von der Kaufsache ausgehende typische Gefahren; unwirtschaftliche Betriebsführung bei Zeithonorarvereinbarung (BGHZ 180, 249 [Architekt], NJW 2009, 3427). Bei realkreditfinanzierten Immobilienfondbeteiligungen schuldet die finanzierende Bank ggf Risikoaufklärung auch → § 311 Rn. 65; die Freigabe einer Grundschuld darf nicht von der Erfüllung von Forderungen abhängig gemacht werden, die von Sicherungsabrede nicht erfasst sind (OLG Karlsruhe WM 2013, 1072). Zur Verletzung der Mitwirkung an der Vertragsanpassung nach § 313 dort → § 313 Rn. 27. **bb) Abgrenzung:** Bezieht sich die (nach 15
I 2 zu vertretende) Nebenpflichtverletzung dagegen auf einen Mangel oder lässt sie diesen erst entstehen, haftet der Schuldner (nur) wegen der im Mangel liegenden Pflichtverletzung. Ein von §§ 437, 280 bzw §§ 634, 280 zu unterscheidender Schadensersatzanspruch entsteht nicht; insbes greifen die kurzen Verjährungsvorschriften der §§ 438, 634a ein. Bsp: Weiterbelieferung ohne Hinweis auf geänderte Beschaffenheit führt zu verstecktem Mangel (vgl BGHZ 132, 178); schuldhafte Falschberatung über Eigenschaften des Kaufgegenstands; unterbliebener Hinweis auf nicht vollständig erbrachte Werkleistung (vgl BGH WM 2002, 875). auch → § 311 Rn. 38. **cc)** Unter § 280 fallen auch unterlassene Mitwirkungspflichten, die zur Erreichung von Vertragszweck und Leistungserfolg erforderlich sind (BGHZ 174, 70). **e) Verletzung von Schutzpflichten (§ 241 II):** Schädigung der Rechtsgüter 16
des Gläubigers anlässlich (gelegentlich) der Leistungserbringung, unterschieden wird zwischen erfolgs- und verhaltensbezogenen Nebenpflichten (MüKoBGB/Ernst Rn. 148), bei erfolgsbezogenen Pflichten aus dem Gefahrenbereich des Schuldners kann bereits im Erfolgseintritt Pflichtverletzung liegen. Asbestschäden, die anlässlich allgemeiner Demontagearbeiten auftreten, fallen idR in den Gefahrenbereich des Auftraggebers (OLG Köln NJW 2013, 3454). Anspruch nach **I** erfährt insoweit keine Einschränkung durch bes Vorschriften der Mängelhaftung (§§ 438, 634a). Bsp: Sachbeschädigung durch unvorsichtiges Hantieren des Handwerkers bei Werkleistung (ie → § 631 Rn. 15); durch Nichtentfernen eines Farbsicherungsetiketts (OLG Düsseldorf NJW 1997, 3320); Schädigung bei Einfüllen von Kraftstoff (BGHZ 107, 254); Brandschaden infolge unsachgemäßer Verpackung und Versendung (BGHZ 66, 208); Verletzung von Kunden und Gästen infolge nicht gefahrfreier Zu- und Abgänge in Kauf- und Gasthäusern (BGHZ 66, 51; NJW 1994, 2617); Gesundheitsgefahren für Angestellte des Werkunternehmers durch schadhafte Vorrichtungen beim Besteller (§ 618 analog, OLG Köln NJW-RR 2014, 275; BGHZ 56, 269); die werkvertragliche Fürsorgepflicht des Bestellers besteht grds nur in **Zumutbarkeitsgrenzen** (zB muss Landwirt nicht großes Rapsfeld auf Gegenstände untersuchen, um Schäden am Mähdrescher des Unternehmers zu verhindern, BGH NJW-RR 2013, 534; auch Parkplatzmieter muss bei erkennbarer Gefahr von Dachlawinen *nicht durch zusätzliches Schild* gewarnt werden, OLG Düsseldorf NJW-RR 2013, 1491); Ladendiebstahl gelegentlich eines Einkaufs (OLG Hamburg NJW 1977, 1347, str; aA: cic); Verstoß gegen Interessenwahrungs- und Loyalitätspflicht gegenüber Kreditnehmer aus Darlehensvertrag (Fall Kirch: BGH NJW 2006, 830; OLG München ZIP 2013, 558). Pflichtverletzung auch, wenn Geschäftsführer gesetzwidrig, aber in der Absicht, der Gesellschaft Nutzen zu bringen, handelt (Prozessbetrug – OLG Karlsruhe ZIP 2013, 1768); keine Schutzpflicht verletzt Betreiber einer Sauna, der keine regelmäßige Kontrollen über Wohlbefinden der Besucher vornimmt, da Gesundheitsrisiko allein beim Nutzer liegt (OLG Hamm NJW-RR 2013, 397). Nach BGH (NJW 2008, 1147) kann ein **unbegründetes Mängelbeseitigungsverlangen** des Käufers pflichtwidrig sein. Da das Risiko, ob ein Mangel vorliegt,

vom Verkäufer zu tragen ist, trifft den Käufer aber nur eine Evidenzkontrolle, ob die Defektursache aus dem eigenen Verantwortungsbereich kommt; ersatzfähig sind ggf nur Untersuchungs-, nicht Beseitigungskosten des Verkäufers (insoweit aA BGH NJW 2008, 1147, zu Recht anders Kaiser NJW 2008, 1709). Grds bejaht der BGH jedoch nun allg in Sonderverbindungen die Möglichkeit einer schuldhaften Pflichtverletzung (zB **bei unbegründetem Rücktritt** oder unberechtigter **Kündigung,** BGHZ 89, 296; 211, 201; NJW 2009, 1262; NJW 2005, 2395; BGH NJW 2021, 1232 – unberechtigte Eigenbedarfskündigung oder fehlende Aufklärung über Wegfall des Eigenbedarfs bis Ablauf der Kündigungsfrist), wenn dem geltend gemachten Gestaltungsrecht oder Anspruch keine vertretbare rechtliche Beurteilung zu Grunde liegt (Plausibilitätskontrolle im Rahmen des Verschuldens, BGHZ 179, 238; OLG Karlsruhe NJW 2015, 418 Rn. 55; OLG Naumburg NJW-RR 2015, 51). Hingegen stellt die **gerichtliche Geltendmachung** (auch von zweifelhaften Ansprüchen) grds keine Pflichtverletzung dar. Das Verfahrensrecht bietet hier regelmäßig hinreichenden Schutz durch die förmliche Beteiligung des zu Unrecht Inanspruchgenommenen (insbes vor Kostennachteilen); vgl BGHZ 20, 169; 36, 20; NJW 2009, 1262 Rn. 12–14; NJW 2008, 1147; NJW-RR 2005, 316; Grüneberg/Grüneberg Rn. 27); die Verletzung einer wirksamen **Gerichtsstandsvereinbarung** kann aber zum Schadensersatz (nicht ersetzter Anwalts- und Prozesskosten) verpflichten (BGH NJW 2020, 399 mAnm Wais). Auch die **Verletzung von Rücksichtnahme- und Fürsorgepflichten** kann Anspruch nach **I** auslösen. Bsp: Vom Hersteller durch „Schockwerbung" bei den Vertragshändlern (Vertriebsmittlern) herbeigeführte Umsatzeinbußen (dazu BGHZ 136, 295); Zuschauervertrag verpflichtet zur Einhaltung der Stadionordnung und Rücksichtnahme auf ungestörten Spielablauf (BGHZ 211, 375 Rn. 18; OLG Rostock NJW 2006, 1819). In Mobbingfällen kommt Haftung des AG wegen Verletzung der Fürsorgepflicht in Betracht
17 (Bieszak/Sadtler NJW 2007, 3382 mN). **f) Erfüllungsverweigerung und Vertragsaufsage. aa) Erfüllungsverweigerung:** Ernsthafte und endgültige Verweigerung der – auch noch nicht fälligen – Leistung oder Abhängigmachen von unberechtigten zusätzlichen Bedingungen (BGHZ 65, 375; 89, 375 f.; 99, 189; NJW 1988, 252 mN; NJW 1994, 1654) ist Pflichtverletzung; die Rspr stellte bish zu Recht strenge Anforderungen (BGH NJW 1986, 661); gleiches gilt für die **Vertragsaufsage:** Unberechtigte Lossagung vom (unerfüllten) Vertrag (RGZ 67, 317; BGH NJW 1977, 581). Formen: Bestreiten eines wirksamen Vertrags (BGHZ 50, 177); unberechtigte „Annullierung" durch einseitige Erklärung (RGZ 57, 113), zB Anfechtung, „beharrlicher" Rücktritt (BGH NJW 1986, 842; NJW 1987, 253) oder (fristlose) Kündigung (BGHZ 89, 302; NJW 1988, 207); Vertragsbruch (BAG NJW 1981, 2430; NZA 1984, 122 f.; NZA 1985, 25) und Verleiten dazu (BGH WM 1994, 808 f.). auch → § 281 Rn. 9; gesetzliche Umschuldungsregelung bei Staatsanleihen (BGHZ 217, 153 aber keine Klage wegen Staatenimmunität)
18 **bb) Rechtsfolgen:** Ersatz des **Begleitschadens** ergibt sich unmittelbar aus I. Der **Schadensersatz statt der Leistung** ergibt sich aus §§ 280, 281, ohne dass es einer Fristsetzung bedarf (§ 281 II, → § 281 Rn. 9). Ist zur Bezifferung des Schadens Auskunft des Schuldners notwendig, muss ggf stufenweise vorgegangen werden (BGHZ 196, 207 [218 f.]: Schadensersatz des Scheinvaters gegen geschiedende Ehefrau). Auch bei ernsthafter und endgültiger **Erfüllungsverweigerung usw vor Fälligkeit der Leistung** ergibt sich der Anspruch auf Schadensersatz statt der Leistung aus **I iVm § 281 I,** da der Schuldner dann „nicht wie geschuldet" erfüllt (→ § 281 Rn. 5): Der Schuldner verletzt seine Leistungspflicht schon durch die Erfüllungsverweigerung (U. Huber § 51 II 2; aA Lorenz/Riehm Neues SchuldR 361: Fall des § 282, → § 282 Rn. 4; sa Grüneberg/Grüneberg Rn. 25). Das Abwarten der Fälligkeit der Leistung nach § 281 wäre wie eine Fristsetzung leere Förmlichkeit (arg §§ 281 II, 323 IV). Weitere Fälle: → § 281 Rn. 9. Anspruch auf die Leis-
19 tung erlischt erst mit Erklärung gem § 281 IV. **g) Unbegründete Kündigung von in Vollzug gesetzten Dauerschuldverhältnissen.** Da die unwirksame Kündigung nicht zur Vertragsbeendigung führt, verstößt der unberechtigt Kündigende gegen

die fortbestehende Pflicht zur ungestörten Vertragsdurchführung (BGHZ 89, 302; 99, 62; NJW 1988, 1269; NJW-RR 2002, 730; NJW 2009, 1263 [Vermieter missachtet Besitzüberlassungspflicht mit unberechtigter Kündigung] ie str; s. Klinkhammer NJW 1997, 221 mN; zur unberechtigten Eigenbedarfskündigung s. BGH NJW 2021, 1232). Ein Schadensersatzanspruch statt der Leistung ergibt sich aus §§ 280, 281 (→ Rn. 18); allg BGH NJW 2009, 1262 (Rn. 16).

3. Vertretenmüssen der Pflichtverletzung (I 2). Erforderlich ist Verschulden, eigenes oder das von Erfüllungsgehilfen (§§ 276, 278); zur Beweislast → Rn. 23 ff. Bedeutung hat diese Einschränkung der Haftung des Schuldners (dazu → § 276 Rn. 9) insbes bei erfolgsbezogenen Leistungspflichten (Fälle der nicht oder nicht ordnungsgemäßen Leistung). Dagegen fallen bei der Verletzung von Nebenpflichten (insbes bei Schutzpflichtverletzungen, vgl → Rn. 14 ff.) die obj Pflichtverletzung nach **I 1** und das Vertretenmüssen praktisch zusammen (Canaris JZ 2001, 512; KG MDR 2007, 1258; aber auch → § 276 Rn. 13). Leistungsstörungen infolge hoheitlicher Anordnungen in der Corona-Krise hat der Schuldner grds nicht zu vertreten (Weller/Lieberknecht/Habrich NJW 2020, 1017, 1020). 20

4. Rechtsfolgen. a) Überblick. I begründet **stets** einen Anspruch auf Ersatz des **Begleitschadens;** iÜ bleibt das Schuldverhältnis unverändert. Weitergehende Folgen hat nur der Schadensersatz statt der Leistung. **(III). Verjährung** des Ersatzanspruchs: Grds (insbes in den Fällen der → Rn. 11, 13 ff.) gelten §§ 195, 199, soweit nicht kürzere vertragliche Verjährung besteht (zB gem §§ 558, 606; 12 I VVG [dazu OLG Hamm NJW-RR 1989, 1302]; 51b BRAO [dazu BGH NJW 1996, 661]); bei verschuldeten Mängeln beim Kauf- und Werkvertrag greift auf Grund Verweisung in §§ 437 Nr. 3, 634 Nr. 4 die Verjährung nach §§ 438, 634a (Grüneberg/Grüneberg Rn. 17, 33). **Anspruchskonkurrenz** mit deliktischen Ansprüchen möglich (→ Rn. 15; → § 241 Rn. 15 ff.). **Freizeichnung** in AGB und im Verbrauchervertrag für vorsätzlich oder grobfahrlässig begangene Pflichtverletzung ist unwirksam, für Körper- und Gesundheitsschäden scheidet jede Freizeichnung aus, §§ 307 Nr. 7, 310 III Nr. 2. Eigenes Schadensbeseitigungsrecht des wegen Planungs- oder Überwachungsfehlern haftenden Architekten in AGB verstößt gegen § 307 I 1 (BGH NJW 2017, 1669); es besteht jedoch Anspruch auf Vorfinanzierung der Mängelbeseitigungskosten (BGHZ 218, 1; OLG Hamm NJW-RR 2021, 675). Bei andauernder Vertragsverletzung und vor voller Schadensverwirklichung kommt auch ein **Unterlassungsanspruch** in Betracht (BGHZ 178, 68; BGH NJW-RR 2022, 625 [Sperrung von Nutzerkonten]); dies gilt jedoch nur für das konkrete Vertragsverhältnis, nicht im Hinblick auf künftige Verträge (BGH MDR 2012, 1224). **Schmerzensgeldansprüche** (§ 253 II) kommen bei der Haftung für Verletzung vertraglicher Hauptpflichten auch nur in Frage, wenn sie vom Schutzzweck der verletzten Norm erfasst sind. Dies ist bei der Anwaltshaftung regelmäßig zu verneinen, wenn nicht gerade die Wahrung der körperlichen Integrität oder der Freiheit Inhalt des Mandats war (BGH NJW 2009, 3027). **b) Ersatz des durch die Pflichtverletzung verursachten Schadens.** S auch → Rn. 10–12. Der Schadensersatzanspruch besteht **neben** dem Erfüllungsanspruch (BGHZ 11, 84). Umfang der Ersatzpflicht: §§ 249 ff. gelten. Ist eine fehlerhafte Leistung für den Gläubiger völlig unbrauchbar, besteht der (Mindest-)Schaden in der Befreiung von der Vergütungspflicht (BGHZ 219, 298). Vorgerichtliche Rechtsanwaltskosten sind (sofern nicht Verzugsschaden) nur zu ersetzen, wenn sie zweckentsprechender Rechtsverfolgung dienen (OLG Frankfurt WM 2017, 642; grds. Freistellungsanspruch, s. BGH NJW 2022, 197 (Fluggastrechte-VO, keine Anrechnung); → §§ 255, 257 Rn. 2); beim Immobilienkauf gehören Maklerprovision und Grunderwerbsteuer zu möglichen Schadensposten bei Pflichtverletzung des Verkäufers und Vertragsauflösung (BGH BeckRS 2021, 34461). Eigene Vertragsverletzung des Gläubigers steht dem Anspruch nicht entgegen (BGH NJW 1971, 1747). Grund: Vertragswidriges Verhalten einer Partei gibt der anderen kein Recht zur Pflichtverletzung (BGH NJW 1962, 2199). Mitverschulden des Gläubigers, der **due diligence** Prüfung durchgeführt hat, entfällt, wenn

21 (Rn. 21 beginnt bei „4. Rechtsfolgen“; Rn. 22 bei „b) Ersatz des durch die Pflichtverletzung“)

Schuldner vertragswidrig Unterlagen vorenthielt (BGH NJW 2013, 1807). Der Umfang des Schadens richtet sich auch nach dem Schutzzweck der Pflichtverletzung (OLG Rostock NJW 2006, 1820 bejahend für Ersatz von DFB-Vereinsstrafe durch störenden Zuschauer, der Strafe auslöste; BGH NJW 2009, 1590 für fehlerhafte Beratung des RA bei Vergleich). Besteht die Pflichtverletzung in **unterlassener Aufklärung** ist der Schadensersatzanspruch, der sich nicht gegen den Vertragspartner, sondern einen Dritten richtet, regelmäßig auf das **negative Interesse** beschränkt (BGH NJW 2013, 1807; NJW 2011, 1962; BeckRS 2008, 15504; NJW 2006, 3139; OLG München NJW-RR 2015, 692 f. Maklerhaftung). Bei schuldhaft unrichtiger Auskunftserteilung kann der Schaden im unterbliebenen Herausgabeanspruch bestehen (BGH NJW 2021, 765 Rn. 50).

23 **5. Beweislast. a) Obj Pflichtverletzung.** Die **Beweislast** trägt grds der Gläubiger (Grüneberg/Grüneberg Rn. 34 ff.), auch wenn die Pflichtverletzung in einem Unterlassen besteht (BGH NJW-RR 1990, 1423 mN); Bsp: Verletzung von Beratungs- und Aufklärungspflicht (BGHZ 166, 60; OLG Bamberg NJW-RR 2016, 1299 Rn. 31). Insoweit kann auch die bish Rspr zur **Beweislastverteilung nach Gefahrenbereichen** (BGHZ 8, 241; 48, 312; 126, 124; NJW 2000, 2812; durch AGB nicht abdingbar, § 309 Nr. 12a und BGH NJW 1985, 3017 mN) herangezogen werden. Folge: Beweislastumkehr zugunsten des Gläubigers, die den Schluss von der Schädigung auf eine (verhaltensbezogene) Pflichtverletzung gestattet, wenn Ursache allein aus Gefahrenbereich des Schuldners kommen kann (BGH NJW 2009, 142; nicht zB wenn Brandursache ungeklärt OLG Celle NJW-RR 2010, 308). Der Schuldner muss nicht nur fehlendes Vertretenmüssen beweisen, sondern auch, dass Schädigung nicht auf objektiver Pflichtverletzung beruht. Dies gilt jedoch nicht, wenn ein maßgeblicher Verursachungsbeitrag eines Dritten in Frage kommt (BGH NJW 2018, 2956 Rn. 15; NJW 2021, 550 Rn. 16). Zum Anscheinsbeweis für Pflichtverletzung des Kunden bei ec- und Kreditkartenmissbrauch → § 276 Rn. 31. § 22 AGG enthält eine eigene Beweislastregelung für Schadensersatzansprüche nach §§ 15, 21 AGG. Prozessual können dem beweisbelasteten Gläubiger die Grundsätze über die sekundäre Darlegungslast helfen, wenn er außerhalb des Geschehensablaufs steht und ihm wesentliche Tatsachen nicht zugänglich sind (BGH WM 2008, 112 ff.: iE abl für obj Pflichtverletzung durch Vermögensverwalter, da Informationen allg
24 zugänglich). **b)** Für **Schaden und Kausalität** trägt der Gläubiger die Beweislast. Der BGH nimmt aber bei besonderen Organisations- oder Berufspflichten, die dem Schutz von Leben und Gesundheit dienen, großzügig in Anlehnung an das Arzthaftungsrecht eine **Beweislastumkehr** hinsichtlich der Schadensverursachung vor. Wer diese Pflichten grob vernachlässigt, muss die Nichtursächlichkeit des festgestellten und allgemein als geeignet angesehenen Fehlers, einen Schaden der eingetretenen Art zu verursachen, beweisen (BGH NJW 2017, 2108 Rn. 23 f. [Hausnotruf]; NJW 1962, 959 [Schwimmmeister]; NJW 1971, 241 [Krankenpflege]; zur Beweislast bei Sturz von Heimbewohnern in Pflegeheim KG MDR 2007, 1258; zu den Obhutspflichten bei Sturzgefahr OLG Koblenz NJW-RR 2014, 458; Verletzung durch heißen Tee, OLG Schleswig NJW-RR 2014, 204). Eine generelle Beweislastumkehr bei schwerer Pflichtverletzung außerhalb klar definierter Fallgruppen (wie zB Arzthaftung → § 630h) ist aber abzulehnen (OLG Düsseldorf WM 2013, 1744; Mäsch NJW 2017, 2080 [Umkehrschluss aus § 630h]). Nach der Rspr. gilt auch bei Verletzung von Aufklärungspflichten im Zuge der **Anlageberatung** (→ Rn. 60) infolge der tatsächlichen **Vermutung aufklärungsrichtigen Verhaltens** eine echte Beweislastumkehr zugunsten des Anlegers (BGHZ 193, 159; 126, 222; 124, 159; 123, 311; NJW-RR 2015, 158; NGZ 2014, 432; NJW 2011, 3227, 3229; zust Baumgärtel JR 1994, 466, teilw krit Teske JZ 1995, 473 – offenlassend ob Anscheinsbeweis oder Beweislastumkehr BGHZ 211, 216 Rn. 21): die beratende Bank bzw. der Verkäufer der Kapitalanlage muss beweisen, dass der Kunde auch bei korrekter Aufklärung dieselbe Anlageentscheidung getroffen hätte und somit der Schaden ebenso eingetreten wäre. Diese

Vermutung entfiel nach stRspr jedoch bei einem Entscheidungskonflikt des Anlegers, wofür die beratende Bank die Beweislast trug (BGH NJW 2011, 3227, 3231). Hieran hält der BGH nicht länger fest, die tatsächliche Vermutung greift unabhängig von Entscheidungskonflikten mit feststehender Aufklärungspflichtverletzung (BGHZ 211, 216; 193, 170 in Abkehr von BGHZ 124, 159; NJW 2011, 3227; NJW 2011, 3231). Die Vermutung kann jedoch durch entsprechendes Folgeverhalten des Anlegers widerlegt sein (Zeichnung von Fonds in Kenntnis des Gewinninteresses des Beraters, OLG Frankfurt a. M. WM 2013, 1857). Verletzt RA Aufklärungspflichten anlässlich Vergleichsabschluss, gibt es keine Beweislastumkehr oder Erleichterung durch Anscheinsbeweis, wenn bei korrekter Beratung mehrere obj vernünftige Handlungsalternativen bestanden (OLG Karlsruhe WM 2013, 1959, → Rn. 60). Ist Schaden typische Folge einer (feststehenden) Pflichtverletzung, eines Mangels oder eines Zustands der Verkehrswidrigkeit, kommt dem Geschädigten beim Beweis der Ursächlichkeit der **Anscheinsbeweis** zugute (BGH WM 2009, 789; NJW 2010, 1079 [mangelhafte Prospektdarstellung für Anlageentscheidung]; NJW 1978, 2197; NJW 1989, 2946); weitergehend gilt Beweislastumkehr entspr → Rn. 23, wenn mehrere nur aus dem Gefahrenbereich des Schuldners stammende Schadensursachen in Frage kommen (BGH NJW 1980, 2187; insoweit krit Baumgärtel Anh. § 282 Rn. 29, 38 ff.; → § 282 Rn. 8).
c) Vertretenmüssen der Pflichtverletzung. aa) Nichtvertretenmüssen. 25
Umfang: → § 276 Rn. 19, 28. Der Schuldner muss nachweisen, dass weder ihn selbst noch seinen Erfüllungsgehilfen ein Sorgfaltsverstoß trifft (§§ 276, 278, **I 2**). An den Entlastungsbeweis dürfen aber keine zu hohen Anforderungen gestellt werden (vgl BGHZ 116, 337); hinsichtlich der Darlegungslast wird nicht zwischen vorsätzlichem oder fahrlässigem Verhalten differenziert (BGH NJW 2009, 299 mwN). Erforderlich, aber auch ausreichend, ist im allg die Darlegung überwiegender Wahrscheinlichkeit (nicht nur die Möglichkeit), dass die Pflichtverletzung nicht auf vom Schuldner zu vertretenden Umständen beruht (BGH NJW-RR 1992, 1338). Die Grundsätze des Anscheinsbeweises können zugunsten des Schuldners eingreifen (vgl → Rn. 6). Besteht eine Haftungsmilderung (vgl → § 276 Rn. 36, 53), hat sich der Schuldner nur im Rahmen des beschränkten Sorgfaltsmaßstabs zu entlasten. Bei (obj) Verstoß gegen anerkannte Regeln der Technik scheidet Entlastung aus (OLG Brandenburg NJW 2021, 78). **bb) Kausalität.** Der Schuld- 26
ner muss beweisen, dass die von ihm zu vertretenden Umstände für die Pflichtverletzung **nicht kausal** sind. Fällt die (nicht näher bekannte) Schadensursache in den Gefahrenbereich des Schuldners, ist dieser zu deren Aufklärung verpflichtet; ein non liquet geht zu seinen Lasten (BGHZ 59, 309; 66, 351; NJW 1980, 2187; Stoll AcP 176, 153, str; aA Musielak AcP 176, 478). **d) Beweislastverteilung in** 27
Sonderfällen. aa) Zur **Arzthaftung** → Kommentierung zu § 630h. **bb)** Bei 28
einer **groben Verletzung sonstiger Berufspflichten,** die dem Schutz von Leben und Gesundheit dienen, gilt die Beweislastumkehr nach den Grundsätzen der Arzthaftung entspr, → Rn. 24; abl für Vermögensschäden BGHZ 126, 223 f. mN betr RA (aA Heinemann NJW 1990, 2352 f.). Die Verletzung von Dokumentationspflichten kann nach Anscheinsbeweisgrundsätzen zur Vermutung der Pflichtverletzung führen (OLG Schleswig NJW-RR 2017, 16 [Motorradfahrunterricht]).
cc) *Bei* **Verletzung einer vertraglichen Aufklärungs- oder Beratungspflicht** 29
greifen beim Nachweis der Ursächlichkeit für den eingetretenen Schaden Beweislasterleichterungen bis hin zur Beweislastumkehr ein (s. Grunewald ZIP 1994, 1162; Vollkommer FS Baumgärtel, 1990, 585). Die neuere Rspr unterscheidet (wenig überzeugend) nach Fallgruppen. Bei Verträgen mit rechtlichen Beratern kommt dem Mandanten der Anscheinsbeweis „aufklärungsrichtigen" Verhaltens zugute; → Rn. 24. Dagegen wird eine *Beweislastumkehr* zu Lasten des Aufklärungspflichtigen bejaht bei Terminoptionsgeschäften (BGHZ 124, 159; krit Grün NJW 1994, 1332) sowie bei Kauf- und Werkverträgen (BGHZ 61, 122; 64, 51; 72, 106; 111, 81; NJW 1996, 2503; NJW 1998, 303). **dd)** Entspr Beweiserleichte- 30
rungen einschließlich einer Beweislastumkehr (BGHZ 104, 333; NJW 1993, 529

mN) gelten auch bei der **Deliktshaftung des Produzenten** (→ § 823 Rn. 134; sa § 4 IV ProdHaftG; iE Kullmann NJW 1994, 1704 ff.) und Emittenten (BGHZ 92, 147 ff.; sa zur Kausalitätsvermutung gem §§ 6, 7 UmweltHG: Hager NJW
31 1991, 137 ff.; Schmidt-Salzer VersR 1992, 391 ff.). **ee)** Im **Arbeitsrecht** ist die Beweisverteilung des **I 2** nur auf den AG anwendbar; gegenüber dem AN muss der AG nach § 619a auch nachweisen, dass der AN die Pflichtverletzung zu vertreten hat. Bsp: Mankohaftung (so schon BAGE 90, 9).

III. Schadensersatz wegen Verzögerung der Leistung (II iVm § 286)

Lit.: Haberzettl, Verschulden und Versprechen – Zur Haftung des Schuldners für die Verzögerung der Leistung, 2005; Kohler, Das Vertretenmüssen beim verzugsrechtlichen Schadensersatz, JZ 2004, 961.

32 **1. Überblick.** Die **Pflichtverletzung nach I** liegt in der nicht rechtzeitigen Leistung (→ Rn. 33 ff.); die **zusätzlichen Voraussetzungen** gegenüber **I** für den Ersatz des Verzögerungsschadens sind § 286 zu entnehmen. Dies ist grds die Mahnung (§ 286 I), soweit diese nicht entbehrlich ist (§ 286 II). Bei **Entgeltschulden** kann Verzug nach § 286 III durch Rechnungsstellung und Zeitablauf eintreten (Einzelheiten: → § 286 Rn. 31 ff.). Bes Bedeutung gewinnt die Haftung nach **II** im Kauf- und Werkvertrag, wenn der Schuldner zwar schuldlos eine mangelhafte Leistung erbringt, hinsichtlich des Nacherfüllungsanspruchs (§§ 439, 635) aber in Verzug kommt (→ Rn. 41; → § 276 Rn. 48).

33 **2. Verzug nach II iVm § 286.** Pflichtverletzung ist die Nichterfüllung des fälligen und durchsetzbaren Anspruchs. **a) Vollwirksamkeit** des Anspruchs und **Fälligkeit** der **Leistung. aa)** Der Anspruch muss **vollwirksam** entstanden (nicht der Fall bei fehlender Zustimmung gem §§ 182 ff., vgl OLG Karlsruhe NJW-RR 1986, 57, ferner bei §§ 656, 762, vgl → § 241 Rn. 22) und **durchsetzbar** sein, dh ihm darf keine dauernde (zerstörende) oder aufschiebende (hemmende) Einrede (→ §§ 205–209 Rn. 2) entgegenstehen. Bereits das bloße Bestehen des Einrederechts schließt die Pflichtverletzung idR (→ Rn. 34 f.) aus, ausnahmsweise ist Geltendmachung
34 erforderlich (→ Rn. 36). **(1) Dauernde oder aufschiebende Einreden** (§§ 214 I, 275 II, III, 439 III, 636 III, 771, 821, 853, 986, 2014) hindern den Verzugseintritt (BGHZ 104, 11, hM, str; vgl Roth, Die Einrede des bürgerlichen Rechts, S. 151 f. mN), wenn sich der Schuldner spätestens im Prozess auf die Einrede beruft (vgl § 218 I für den Rücktritt nach § 323); andernfalls bleibt sie unberücksichtigt (so zutr Larenz SchR I 23 I c mN; Roth, Die Einrede des bürgerlichen Rechts, S. 157 ff.,
35 str; offen lassend BGHZ 113, 236 mAnm Grün JZ 1992, 157 mN). **(2) Einrede des nichterfüllten Vertrags** (§ 320 I 1). Beim gegenseitigen Vertrag kommt keine Partei in Leistungsverzug, solange nicht die andere die ihr obliegende Leistung in einer den Annahmeverzug begründenden Weise anbietet (so Roth, Die Einrede des bürgerlichen Rechts, S. 174; BGHZ 116, 249; NJW 1996, 923 mN; NJW-RR 1998, 124, hM; einschr OLG Schleswig NJW-RR 1992, 1161; sa §§ 293 ff.;
36 → § 320 Rn. 18). **(3)** Ein **Zurückbehaltungsrecht** (§ 273) muss der Schuldner ausüben, um den Eintritt des Verzugs zu verhindern (RGZ 77, 438, hM; offen gelassen in BGHZ 60, 323; arg §§ 273 III, 274 I, vgl → § 273 Rn. 22). Geltendmachung des Zurückbehaltungsrechts nach Eintritt des Verzugs beseitigt diesen nicht; der Schuldner hat vielmehr seine Leistung anzubieten (BGH NJW 1971, 421; NJW-RR 1995, 565 mN [zu § 320], str; aA Roth, Die Einrede des bürgerlichen Rechts,
37 S. 187; → Rn. 45). **(4)** Bestehende **Aufrechnungslage** (§ 387) mit Aufrechnungsbefugnis des Schuldners schließt Verzug aus, soweit der Schuldner die Aufrechnung
38 erklärt (arg § 389). **bb) Fälligkeit:** → § 271 Rn. 2; Beweislast trägt Gläubiger. Verbindung der fälligkeitsbegründenden Handlung mit der Mahnung ist möglich (→ § 286 Rn. 20). Während einer Stundungsfrist ist die Fälligkeit hinausgeschoben (RGZ 147, 381; → § 271 Rn. 9), nicht aber während einer Räumungsfrist gem § 721 ZPO (BGH NJW 1953, 1586; OLG Celle MDR 1967, 1013; vgl auch § 571 II). Verweigert der Gläubiger die zur Leistung notwendige **Mitwirkung,**

kommt der Schuldner nicht in Verzug (BGH NJW 1996, 1746; → Rn. 32 ff.).
b) Voraussetzungen des Verzugs (§ 286). Mahnung (§ 286 I 1) oder ein Surrogat 39
(§ 286 I 2): → § 286 Rn. 15, 21. Die Mahnung ist unter den Voraussetzungen des § 286 II entbehrlich (→ § 286 Rn. 27 ff.). Bei Entgeltforderungen tritt Verzug zusätzlich unter den Voraussetzungen des § 286 III ein (→ § 286 Rn. 31 ff.). **c) Ver-** 40
tretenmüssen der Pflichtverletzung (I 2). aa) Voraussetzungen. Pflichtverletzung ist die nicht rechtzeitige Leistung (→ Rn. 32). Zum Vertretenmüssen zunächst → Rn. 20, ferner bei **Beschaffungsschulden** auch unverschuldete Verzögerungen, soweit sie in seiner wirtschaftlichen Leistungs-(un-)fähigkeit ihren Grund haben (vgl → § 276 Rn. 44 ff.; BGHZ 36, 345; WM 1982, 400). Allg. schließt der Mangel der zur Erfüllung erforderlichen Geldmittel Verzug nicht aus (→ §§ 244, 245 Rn. 10; → § 276 Rn. 45; BGH NJW 2015, 1296 [nicht rechtzeitig bewilligte Sozialhilfe für Mieter]). **Abgrenzung:** Vom **Gläubiger** zu vertretende Leistungsverzögerung schließt Verzug aus (BGH NJW 1996, 1746). **bb)** Als **Entschuldigungs-** 41
gründe kommen in Frage: **(1)** Vorübergehende Leistungshindernisse **tatsächlicher Art.** Bsp: Schwere Erkrankung, insbes bei Verpflichtung zur Leistung in Person; schuldlose Unkenntnis der (zB nach Erbfall) geänderten Anschrift des Gläubigers (BGH MDR 1973, 404); Durchführung einer Wertermittlung zur Feststellung der Forderungshöhe (BGHZ 80, 277) oder einer Sachverhaltsaufklärung (OLG München NJW-RR 1990, 1433 f.); bei Räumungsverpflichtung uU Schwierigkeiten bei der Beschaffung von Ersatzraum (OLG Braunschweig NJW 1963, 1110; OLG Celle MDR 1967, 1013); auf „höherer Gewalt" (zB Kriegseinwirkungen, Naturereignisse) beruhende Betriebsstockung, Transportbehinderung uä Erfährt der Schuldner erst durch die Mahnung von der fälligen Verbindlichkeit (zB beim Nacherfüllungsanspruch gem § 439 I), tritt Verzug erst ein, wenn eine angemessene Frist verstrichen ist (BGH NJW 2006, 3272), sofern keine verschuldensunabhängige Haftung eingreift (→ § 276 Rn. 43 ff.). **(2)** Vorübergehende Leistungshindernisse **rechtlicher** 42
Art. Bsp: Verzögerung einer rechtzeitig beantragten behördlichen Genehmigung (uU ist aber schon Fälligkeit [→ § 286 Rn. 13 f.] hinausgeschoben, vgl BGH NJW 1974, 1080; abw BGH NJW 2002, 1569; → § 271 Rn. 13); vorübergehende Einfuhrbeschränkungen oder Beschränkungen des internationalen Zahlungsverkehrs (RGZ 161, 105); Unkenntnis der genauen Tatumstände bei Ansprüchen aus uH (OLG Celle NJW 1963, 1205; → § 286 Rn. 25) oder auf Freistellung (BGH NJW 1983, 1730). **(3) Unverschuldeter Rechtsirrtum** über die Leistungspflicht oder 43
Einrederechte (bestehen sie wirklich, fehlt es bereits an den Voraussetzungen des Verzugs, vgl → Rn. 32 ff.). An den Entlastungsbeweis sind strenge Anforderungen zu stellen (BGHZ 114, 103; 131, 354; NJW 2001, 3115; → § 276 Rn. 30). Der Schuldner muss die Rechtslage sorgfältig prüfen (BGHZ 131, 354 f.) und ggf Rechtsrat einholen (BGHZ 140, 239; NJW 2001, 3115; OLG Karlsruhe NJW 2013, 473 [Sachverständigengutachten zur Klärung von Mangel einer Bauleistung]); unrichtige anwaltliche Auskunft ist aber nicht stets Entschuldigungsgrund (vgl BGHZ 74, 281; LAG Düsseldorf BB 1993, 1149), uU Zurechnung gem § 278 möglich; wird die selbstschuldnerische Bürgschaft mit der Hauptschuld ohne Aufforderung oder Mahnung fällig, ist zu berücksichtigen, dass der Bürge uU nicht über die Unterlagen zur Hauptschuld verfügt, um seine Leistungspflicht zu prüfen (BGH NJW 2011, 2120). Muss der Schuldner mit einer abw Beurteilung durch das zuständige Gericht rechnen, verweigert er die Leistung auf sein Risiko (BGHZ 89, 303; NJW-RR 1990, 161). Bsp: Kein Verzug bei Vertrauen auf den Fortbestand einer hM bei Änderung einer feststehenden Rspr (BGH NJW 1972, 1045; BAG DB 1993, 1037).

3. Verzögerung der Leistung. a) Beginn des Schuldnerverzugs: Tag des 44
Zugangs der Mahnung bei § 286 I 1, der Zustellung der Klage oder des Mahnbescheids bei § 286 I 2, der Erklärung der Erfüllungsverweigerung oder kalendermäßig bestimmter (berechneter) Tag bei § 286 II (Einzelheiten → § 286 Rn. 15 ff.). Für die Rechtzeitigkeit der Leistung kam es bislang auf den Zeitpunkt der Vornahme

der **Leistungshandlung,** nicht den des Eintritts des **Leistungserfolgs** an (BGH
NJW 1969, 875; → § 241 Rn. 7). Bsp: Bei Schickschuld entscheidet Absendung
(wie → § 281 Rn. 7; auch → § 269 Rn. 2; → § 270 Rn. 7). Nach neuerer EuGH-
45 Rspr ist dies für Geldschulden zweifelhaft (→ § 286 Rn. 38). **b) Beendigung** (Hei-
lung) **des Schuldnerverzugs** tritt ein (ex nunc): **aa)** durch **Leistung** des Schuld-
ners (auch zur Abwendung der Zwangsvollstreckung: BGH NJW 1981, 2244; Krü-
ger NJW 1990, 1211 ff., str) oder **Angebot** der Leistung in Annahmeverzug
begründender Weise (OLG Düsseldorf NJW-RR 1999, 1396; Grund: → § 293
Rn. 9). Str, ob das Angebot Verzugsschaden und -zinsen (§§ 280 II, 288) mitumfas-
sen muss (verneinend Eisenhardt JuS 1970, 492; Scherner JR 1971, 441 gegen hM;
46 iE ebenso BAG BB 1975, 1578); **bb)** durch Entstehung eines dauernden Einrede-
rechts (→ Rn. 34). Bsp: Eintritt der **Verjährung** während des Verzugs (BGHZ
104, 11 mN; Roth, Die Einrede des bürgerlichen Rechts, S. 161). Nachträgliche
Geltendmachung eines Zurückbehaltungsrechts (§ 273) beseitigt den bereits einge-
47 tretenen Verzug nicht (→ Rn. 36); **cc)** durch **Stundung** (RGZ 113, 56; BGH
NJW-RR 1991, 822) und nachträgliches **Leistungshindernis (§ 275)** (→ Rn. 33,
38); **dd)** durch **Rücknahme** der Mahnung (BGH NJW 1987, 1547; OLG Hamm
48 FamRZ 1990, 521). **c) Rückgängigmachung** bereits eingetretener Verzugsfolgen
verlangt idR **Erlassvertrag** (BGH NJW 1995, 2033 mN). Die Insolvenzeröffnung
über das Vermögen des Schuldners beendet den Verzug nicht (BGHZ 206, 1
Rn. 45), es handelt sich um ein nach § 287 zu vertretendes Leistungshindernis.

49 **4. Verzögerungsschaden. a) Allgemeines.** Der Anspruch besteht **neben** dem
Leistungsanspruch, setzt aber dessen Fortbestand nicht voraus. Ist die Leistung wäh-
rend des Verzugs aus einem vom Schuldner zu vertretenden Umstand (vgl § 287)
unmöglich geworden, kann neben dem bis zum Untergang entstandenen Verzugs-
schaden auch Schadensersatz statt der Leistung gem §§ 280, 283 geltend gemacht
werden. Der gleiche Schadensfaktor kann aber nur einmal berücksichtigt werden.
Der Anspruch unterliegt selbstständiger **Verjährung** (§§ 195, 199), die sich nach
dem jeweiligen Vertrag richtet (BGH MDR 1959, 910). Vertragliche Beschränkun-
50 gen und Erweiterungen: → Rn. 55. **b)** Der Verzögerungsschaden umfasst alle Ver-
mögensnachteile, die dadurch entstehen, dass der Schuldner nicht rechtzeitig, son-
dern verspätet erfüllt; verzögerungsbedingte Vorteile sind anzurechnen (BGH NJW
1983, 2138). Zwischen Verzug und Schaden muss ursächlicher Zusammenhang
(→ Vor § 249 Rn. 24 ff.) bestehen (Bsp: Nichtzustandekommen von Risikolebens-
versicherung wegen verspätetem ärztlichen Attests, BGH NJW 2006, 687; zum
Kausalitätsproblem bei Geltendmachung des „Insolvenzschadens" als Verzugsfolge
Haas/Keller, FS Schilken 2015, 19 ff.). Deckungsgeschäfte, die der Gläubiger nach
Fälligkeit, aber vor Mahnung/Fristsetzung tätigt, sind daher nicht ersatzfähig (str, iE
Haberzettl NJW 2007, 1329 mN). Für Inhalt und Umfang des Schadensersatzan-
spruchs gelten §§ 249–255; vgl ie u → Rn. 51–55. Er ist idR auf Geld gerichtet
(BGH NJW 1986, 987 f. mN), geht uU aber auch auf Herstellung (§ 249 S. 1;
Bsp: Freistellungsanspruch bei verzugsbedingtem Haftungsschaden). Bei Abtretung
(§ 398) richtet sich der zu ersetzende Schaden idR nach der Person des Zessionars
(BGHZ 128, 376; Junker AcP 195, 12; Ausnahme: Sicherungszession, mN; WM
2006, 1105; → § 398 Rn. 3). Sind Hauptschuldner und Garant der Hauptverbind-
lichkeit in Verzug, so kann der Gläubiger nur einmal seinen Verzugsschaden verlan-
51 gen (BGH NJW-RR 2012, 373). **c) Fallgruppen: aa) Besondere Aufwendun-
gen** (Ausgaben), insbes die **Kosten** der **außergerichtlichen Rechtsverfolgung**
(BGH NJW 1990, 1905 f.; sonst §§ 91, 103 ff. ZPO; vgl BGHZ 66, 114; NJW-
RR 2001, 170; bei der Berechnung ist Nr. 3100 RVG zu beachten, wonach sich
die Verfahrens-, nicht die Geschäftsgebühr durch Anrechnung mindert, BGH NJW
2007, 3500; sa BGH NJW-RR 2022, 707; NJW-RR 2019, 1332) soweit sie erfor-
derlich und zweckmäßig sind (BGH NJW 2015, 3793 – auch in einfach gelagerten
Fällen; BGH NJW 2014, 939; NJW 2011, 296 und NJW 2011, 1222), ebenso
Kosten des Antrags auf Eröffnung des Insolvenzverfahrens (LG Essen MDR 1983,

753). Weitere Bsp: Aufwendungen für Miete einer Ersatzwohnung bei verspäteter Fertigstellung von Wohnhaus (Zurverfügungstellung der gemieteten Wohnung vgl BGHZ 66, 281; zur Frage des Ersatzes von **Nutzungsausfallschaden** vgl → Rn. 53), nicht aber nutzlos gewordene Aufwendungen, die auch bei rechtzeitiger Leistung angefallen wären (BGHZ 71, 239; insoweit krit E. Schmidt JuS 1980, 639 f.); nach Verzugseintritt entstandene vorprozessuale **Mahnkosten** (vgl BGHZ 52, 398; MüKoBGB/Ernst § 286 Rn. 184, 185); dazu können die Kosten der sachlich gebotenen Zuziehung eines RA (BGHZ 30, 154) und die eines **Inkassounternehmens** gehören (§ 4 RDGEG, OLG München BeckRS 2016, 11825; Petershagen NJW 2018, 1782, 1785; einschränkend AG Bremen VuR 2015, 316; AG Kehl BeckRS 2013, 16892 je für Großunternehmen); ferner **Bearbeitungsgebühren** (Unkostenpauschalen), soweit wirksam vereinbart (str, s. Wilhelm ZIP 1987, 1503 f.). Die Kosten der verzugsbegründenden Mahnung selbst sind nicht ersatzfähig (BGH NJW 1985, 324), eine anderslautende AGB-Klausel verstößt gegen § 309 Nr. 4 (vgl BGH NJW 1985, 324 zur aF); ersatzfähig sind aber aufgewendete Sollzinsen (→ § 288 Rn. 9 [b]) und sonstige Kreditkosten (→ § 288 Rn. 9) bei Zahlungsverzug sowie **Finanzierungskosten** bei Bauverzögerung (ie BGHZ 121, 213; sa u → Rn. 53), ferner die Kosten einer erforderlichen **Ersatzvornahme** (BGHZ 87, 109 ff., str; aA Rupp/Fleischmann NJW 1984, 219 f.; Baier NJW 1984, 2931), idR nicht Mehrkosten eines **Deckungskaufs** (BGHZ 197, 362 ff. mN; abl Nietsch NJW 2014, 2385; grds diff Faust, FS Huber, 2006, 239; Klöhn JZ 2010, 46; Ausnahme: vorübergehende Deckungsgeschäfte, zB Miete von Ersatzsache), sonst – im Hinblick auf das Nachfristerfordernis – nur gem § 281, dort → § 281 Rn. 19). Der **Zeit-** (Freizeiteinbuße) und **Arbeitsaufwand** für Mahnschreiben und -reisen sind idR nicht erstattungsfähig (vgl OLG Frankfurt a. M. NJW 1976, 1320 mAnm Stoll JZ 1977, 96; AG Berlin-Wedding NJW-RR 1991, 687; sa BGHZ 66, 112; BGHZ 75, 231; krit R Wilhelm WM 1988, 281 ff.; J Wilhelm ZIP 1987, 1500 ff.; iE → Vor § 249 Rn. 16). Verzögerungsschaden sind aber sonstige **Mehrkosten** des Verzugsgläubigers, wie zB eigener Haftungsschaden (BGH NJW 1989, 1215), nicht ohne weiteres aber eine verwirkte Vertragsstrafe (OLG Dresden NJW-RR 1997, 83). **bb) Entgangener Gewinn** ist ersatzfähig 52
(§ 252). Bsp: Sinken des Wiederverkaufspreises während des Lieferverzugs; entgangene Anlagezinsen bei Zahlungsverzug (→ § 288 Rn. 9 [a]); entgangener Gewinn aus Spekulationsgeschäften in Aktien (BGH NJW 2002, 2553), nicht aber der auf den Verzugszeitraum entfallende Zinsanteil bei rechtzeitig erbrachter Gegenleistung (BGHZ 71, 236; insoweit zust E. Schmidt JuS 1980, 638); entgangener Mietzins abzüglich des Erhaltungsaufwands bei verspäteter Fertigstellung eines Mietshauses (vgl BGH NJW 1993, 2675 f. mN). **cc) Entgangene Nutzungsmöglichkeiten** 53
sind ersatzfähiger Vermögens-(Verzögerungs-)Schaden (sa §§ 292, 987 II), wenn sie Wirtschaftsgüter von allg, zentraler Bedeutung für die eigenwirtschaftliche Lebenshaltung betreffen (BGH GSZ, 1998, 220 ff. für deliktische Haftung; verallgemeinernd für Vertragshaftung BGHZ 117, 262 mN; 196, 10 [mAnm Spindler JZ 2013, 894]; iE → Vor § 249 Rn. 10–13). Bei verzögerter Herstellung einer Eigentumswohnung besteht Anspruch auf Nutzungsentschädigung, wenn kein gleichwertiger Wohnraum zur Verfügung steht (BGHZ 200, 203 = JZ 2015, 100 m. zust Anm Oetker). Zu mangelbedingten Nutzungsausfallschäden beim Kauf → § 280 Rn. 4 (Ersatz bei Vertretenmüssen des Verkäufers nach § 280 I); → § 437 Rn. 17.
dd) Wert- und Kursverluste. Beim Verzug mit der *Rückgabe einer Sache* ist die 54
verzugsbedingte Entwertung zu ersetzen (BGH NJW 2001, 3115), andererseits auch eine im Verzugszeitraum eingetretene Wertsteigerung schadensmindernd anzurechnen (BGHZ 77, 154 f.; → Vor § 249 Rn. 35 ff.). Geldentwertungsschäden durch währungsbedingte Entwertung von *Geld-(summen-)schulden* (→ §§ 244, 245 Rn. 9 ff.) sind idR konkret nachzuweisen (vgl Grunsky, GS Bruns, 1980, 24 f.; OLG Frankfurt a. M. MDR 1981, 1016; OLG München RIW 1988, 299; zur Ersatzfähigkeit des Entwertungsschadens allg → § 313 Rn. 31), doch dürfte in bestimmten Fallgruppen (Unterhalts-, Lohn- und Gehaltsforderungen; Kaufmann

als Gläubiger) abstrakte Berechnung zuzulassen sein (so überzeugend Grunsky, GS Bruns, S. 29 ff.). Nachteile aus verzögerungsbedingten Kursverlusten sind Verzögerungsschaden (BGH MDR 1976, 661; OLG Frankfurt a. M. NJW-RR 1988, 1109; OLG Düsseldorf WM 1989, 57; iE v. Maydell, Geldschuld und Geldwert, 1974, S. 138 ff.; 334). **ee) Mehrwertsteuer** fällt auf Verzögerungsschaden nicht an und
55 bildet damit selbst keinen weiteren Verzugsschaden (→ § 288 Rn. 9). **d) Vertragliche Beschränkungen** (allg Grenzen: → § 276 Rn. 54 ff.) sind möglich, in AGB zugunsten des Verwenders und in Verbraucherverträgen zugunsten des Unternehmers jedoch nur in den Schranken von §§ 308 Nr. 3 (s. BGH NJW 1983, 1321); 309 Nr. 8a iVm Nr. 7. In der vorbehaltslosen Annahme der (verspäteten) Leistung (oder eines Teils) liegt iZw kein **Verzicht** auf den Verzugsschaden (RGZ 43, 268). **Vertragliche Erweiterungen** der Verzugsfolgen durch Vereinbarung von bes Mahn-, Inkasso-, Bearbeitungsgebühren, Stundungs- u Verzugszinsen (→ § 288 Rn. 4), Unkostenpauschalen und Fälligkeitsklauseln (→ § 339 Rn. 8) sind nur noch in engen Grenzen möglich (vgl §§ 248 I, 289, 497 und näher → § 286 Rn. 9; → § 288 Rn. 8).

IV. Schadensersatz statt der Leistung (III)

56 **1. Überblick über die §§ 281–283.** Der zu ersetzende Schaden umfasst das **Erfüllungsinteresse** und besteht stets in Geld, zB entgangenem Gewinn, zusätzlichem Aufwand für ein Deckungsgeschäft (→ Rn. 4; anders BAG NJW 2017, 2638 für nicht rechtzeitig gewährten Urlaub: Schadensersatz auf Ersatzurlaub, sa § 7 IV BUrlG). Der Schadensersatzanspruch tritt an die Stelle des Anspruchs auf die Leistung. Anspruchsgrundlage ist **I,** der um **zusätzliche Voraussetzungen** aus § 281, § 282 oder § 283 erweitert wird. Einzelheiten s. bei den jeweiligen Vorschriften.

57 **2. Schadensersatz statt der Leistung wegen Ausschluss der Leistungspflicht (§ 283).** Braucht der Schuldner nach § 275 nicht zu leisten, ergibt sich seine Pflicht zum Schadensersatz statt der Leistung aus § 280 iVm § 283, wenn er das Leistungshindernis zu vertreten hat.

58 **3. Schadensersatz statt der Leistung wegen nicht oder nicht wie geschuldet erbrachter Leistung (§ 281).** Voraussetzungen: Die fällige Leistung wird nicht oder nicht wie geschuldet erbracht. Grds erforderlich ist die erfolglose Fristsetzung gem § 281 I (Zweck: → Vor § 275 Rn. 11), soweit sie nicht nach § 281 II entbehrlich ist, so idR bei schwerer Vertragsgefährdung (BGHZ 11, 86; NJW 1978, 260 [261]; NJW-RR 1995, 243; strenge Anforderungen: BGH NJW 1977, 37; MDR 1976, 393) oder bei endgültiger Erfüllungsverweigerung (BGH NJW 1986, 661 mN; → § 281 Rn. 16 f.).

59 **4. Schadensersatz statt der Leistung wegen Verletzung einer Pflicht nach § 241 II (iVm § 282).** Voraussetzungen: Schwere **Nebenpflichtverletzungen** (§ 241 II), die das Vertragsverhältnis so schwerwiegend stören (die Erreichung des Vertragszwecks so gefährden), dass dem vertragstreuen Teil nach § 282 ein Festhalten am Vertrag unzumutbar gemacht wird. **Anwendungsfälle:** Unzumutbarkeit der Vertragsfortsetzung wegen vertragswidrigen Verhaltens eines Vertragspartners (BGHZ 11, 84), zB schwerwiegender Unzuverlässigkeit bei der Vertragsabwicklung (BGH MDR 1977, 40; BayObLGZ 1985, 67). **Abgrenzung:** Unter §§ 280, 281 fallen alle leistungsbezogenen (Neben-)Pflichtverletzungen wie Vertragsaufsage und Erfüllungsverweigerung vor Fälligkeit (→ Rn. 16 f.), Schlechtleistung beim Sukzessivlieferungsvertrag mit uU bereits einer Teillieferung (→ § 281 Rn. 23).

V. Einzelfälle von Pflichtverletzungen

Lit.: Buck-Heeb, Aufklärungspflichten beim Vertrieb von Zertifikaten, DB 2011, 2825; Heusel, Die Haftung für fehlerhafte Anlageberatung, JuS 2013, 101; Lehmann, Die Swap Malaise, NJW 2016, 1913; Schwab, Die Vermutung aufklärungsrichtigen Verhaltens bei mehreren hypothetischen Entscheidungsmöglichkeiten, NJW 2012, 3274.

1. Einzelfälle von Pflichtverletzungen nach I. Arbeitgeber darf an einer rechtmäßigen unternehmerischen Entscheidung festhalten, auch wenn sie zur Unmöglichkeit der Beschäftigung eines AN führt (BAG NZA 2021, 1625); Verletzung der Verpflichtung des AG, für best Zeitperiode gemeinsam mit AN Zielvereinbarung zu treffen, verpflichtet zum Schadensersatz (BAG NZA 2021, 1034). Der **Architekt** hat im Rahmen seines Aufgabengebiets nicht nur die vereinbarte Beschaffenheit des Bauwerks durch Planung und ggf. Überwachung zu gewährleisten (BGHZ 218, 1; OLG Hamm NJW-RR 2021, 675), sondern auch Mängel des eigenen Architektenwerks unverzüglich zu offenbaren (BGH NJW 1996, 1279 mN); Brandschutzvorschriften sind auch bei Einschaltung eines Sonderfachmanns zu beachten (OLG Saarbrücken NJW 2021, 2219). Ist im Architektenvertrag vertraglich ein fester Kostenrahmen vereinbart (geschuldete Beschaffenheit), stellt die Überschreitung einen Werkmangel dar (OLG Brandenburg NJW-RR 2011, 1315, sa OLG Frankfurt a. M. NJW 2012, 1739). Bei besonders schadensträchtigen Leistungen (zB Abdichtung) trifft ihn gesteigerte Überwachungspflicht (OLG Hamm NJW 2017, 268). Unzureichendes Baugrundgutachten seitens des Bauherrn kann Haftung nach §§ 254, 278 reduzieren (OLG Hamm NJW 2017, 268 Rn. 137). Zur **Arzthaftung** → §§ 630a ff. Für **Aufsichtsratsmitglieder,** die eine Versammlung fehlerhaft leiten, liegt in der Regel keine Verletzung ihrer spezifischen Organpflichten vor (LG Ravensburg ZIP 2014, 1632; Theusinger/Schilha BB 2015, 131). Eine **Bank** treffen im **Giro- und Kreditkartenverkehr** Kontrollpflichten (zB zum Schutz vor Kartenmissbrauch, BGHZ 157, 267; korrekte Bonitätsauskunft, OLG Karlsruhe WM 2009, 512), sie trifft idR keine Pflicht zur Warnung vor gefährlichen Kreditgeschäften (BGHZ 72, 102 mN; NJW 1991, 693; vgl aber auch → § 665 Rn. 7; → § 666 Rn. 2 ff.); ist aber erkennbar, dass das Geschäft den unerfahrenen Kunden ungewöhnlich stark belastet, treffen die Bank Aufklärungs-, Hinweis- und Auskunftspflichten; sie darf ihre Interessen nicht auf Kosten des strukturell unterlegenen Vertragsteils einseitig durchsetzen (BVerfGE 89, 231, 235 f.; NJW 1994, 2750). Eine **Anlageberatung der Bank** auf Grund eines **Beratungsvertrages** muss „anleger-“ und „objektgerecht“ sein und grds über allgemeine und anlagebezogene Risiken aufklären, die für die Anlageentscheidung wesentliche Bedeutung haben und für eine eigenverantwortliche Entscheidung notwendig sind. Dies schließt allgemeine Risiken, wie Konjunkturlage und Entwicklung des Kapitalmarktes, sowie anlagespezifische Risiken ein (s. ie BGHZ 189, 13 [bei hochkomplexen Anlageprodukten muss Anleger bezüglich des Risikos auf Kenntnis- u Wissensstand der beratenden Bank gebracht werden]; ebenso OLG Karlsruhe ZIP 2014, 867 zu „Cobold-Anleihe“; zur anlagespezifischen Beratung bei Zinssatz-Swaps OLG München WM 2014, 1581; zur Unterscheidung zwischen „konservativen“ und „spekulativen“ Anlagen, OLG Stuttgart ZIP 2014, 213; str ist die Aufklärungspflicht über mögliche Aussetzung der Anteilsrücknahme bei offenen Immobilienfonds bis 2008, verneinend OLG Dresden ZIP 2013, 1211; aA OLG Frankfurt a. M. ZIP 2013, 1214); entscheidend ist bei Handeln des ges Vertreters für Kind der **Anlegerhorizont des Vertreters** (OLG Nürnberg WM 2013, 2219); Übergabe eines umfangreichen Prospektes im Beratungsgespräch, in dem Kapitalanlage gezeichnet wird, genügt nicht (OLG Saarbrücken MDR 2013, 612). Zur anleger- und objektgerechten Beratung gehört: Aufklärung über negativen Marktwert von Swaps (BGHZ 189, 13; 205, 117; NJW 2015, 1095; NJW 2016, 2949; abl Lehmann NJW 2016, 2913); es sei denn dieser entspricht üblicher Gewinnmarge (BGH NJW 2015, 1095, 1098); Ausnahmen lässt der BGH für Swaps zu, die der Absicherung eines bereits bestehenden Risikos des Kunden dienen (konnexes Grundgeschäft: BGHZ 205, 117; NJW 2016, 2949); *Aufklärung über Rückvergütungen* (Ausgabeaufschläge, Agio, Verwaltungsgebühren) der **anlageberatenden Bank** bei Immobilien-, Aktien- und Medienfonds (BGH BeckRS 2013, 13527; NJW 2013, 3574 [Vertriebsvergütung bei Kommissionsgeschäft]; NJW 2007, 1876; NJW 2009, 1416 und NJW 2009, 2298; aber ggf unverschuldeter Rechtsirrtum für Altfälle nur vor 1990 BGH NJW 2010, 2339; BGHZ 193, 159; nunmehr akzeptiert BGH NJW 2014, 2951 Altfälle nur noch bis 60

1984). Die lange str Frage, ob die Aufklärungspflicht auch im Anlagebetrag versteckte Vertriebsprovisionen (sog *Innenprovisionen*) erfasst, hat der BGH (NJW 2014, 2947) dahin entschieden, dass ab dem 1.8.2014 *unabhängig von der Höhe* aufzuklären ist (teilweise war in Lit und Rspr erst ab 15 % eine solche angenommen worden, zum Streitstand BGH NJW 2014, 2947); in Altfällen fehlt es am Verschulden (BGH NJW 2014, 2947). *Verjährungsbeginn* setzt weder Kenntnis über Höhe der Rückvergütung voraus, noch Kenntnis der Aufklärungspflicht darüber (BGH NJW 2013, 1801; OLG Frankfurt a. M. WM 2014, 2369). Widersprüchlich verhält sich Anlageinteressent, dem auf ausdrücklicher Nachfrage Auskunft über Rückvergütung verweigert wird, wenn er das Anlagegeschäft tätigt und später wegen unterlassener Aufklärung klagt (BGH NJW 2014, 2348). Die einer Anlageentscheidung vorausgehende Beratung ist im Regelfall ein einheitlicher Lebensvorgang iSd prozessualen
60a Streitgegenstandes (BGHZ 198, 299). Die Grundsätze der Anlageberatung sind auf die **finanzierungsberatende Bank nicht übertragbar,** da Gewinnerzielungsinteresse offensichtlich (BGH NJW-RR 2012, 416; NJW 2014, 3360: Provision für Versicherungsvermittlung entspricht Handelsbrauch). **Freie Anlageberater** (außerhalb von § 31d WpHG) müssen im Gegensatz zu bankengebundenen nicht ungefragt über Vertriebsprovisionen aufklären (BGH NJW 2011, 3228 f.; NJW-RR 2012, 372; aA OLG Düsseldorf WM 2010, 1934). Nach den beiden **„Lehman Brothers"** Entscheidungen des BGH (BGHZ 191, 119 = NJW 2012, 66; NJW-RR 2012, 43) ist aufzuklären über das generelle **Ausfallrisiko des Emittenten** (sog allg Emittentenrisiko), über ein konkretes Insolvenzrisiko nur, wenn die Insolvenz schon vorhersehbar ist (hierzu auch Witte/Mehrbrey ZIP 2009, 746; Nichtanmeldung von Ansprüchen in der Insolvenz verstößt gegen Schadensminderungspflicht BGH NJW 2015, 398); nicht aufklären muss die Bank über Provisionszahlungen, wenn sie als **Versicherungsvermittlerin** auftritt (für den Anleger offensichtlich, so OLG KarlsruheWM 2017, 772) sowie über Gewinnmargen beim **Verkauf eigener Produkte** (so bereits BGHZ 189, 13 = NJW 2011, 1949 „CMS Spread Ladder Swap"; OLG Frankfurt a. M. WM 2012, 1826) oder beim Verkauf fremder Anlageprodukte (zB Indexzertifikate, BGH JZ 2014, 252) im Wege des **Eigengeschäfts** (§ 2 III WpHG; auch keine Aufklärung über Vorliegen eines Eigengeschäfts: BGH NJW-RR 2013, 245; NJW 2012, 2873; BGHZ 191, 119; insoweit kein Verstoß gegen Art. 3 GG: BVerfG NJW 2013, 2957; zur früheren Rspr der Instanzgerichte Buck-Heeb DB 2011, 2828). Der BGH verneint im Einklang mit dem EuGH (ZIP 2013, 1417) einen zivilrechtlichen Individualschutzcharakter der §§ 31 ff. WpHG, insbes § 31d WpHG (BGH JZ 2014, 252; krit zu Differenzierung zwischen Eigen- und Kommissionsgeschäft Maier VuR 2013, 466). Zu Informationen über Einlagensicherung (BGH NJW 2009, 3429; Hinweispflicht entfällt, wenn über allg Emittentenrisiko aufgeklärt wurde, BGHZ 191, 119; sa OLG Dresden WM 2010, 1403). Zur Beweislastumkehr für die Kausalität der fehlerhaften Beratung für den Erwerb der Kapitalanlage → Rn. 23. Haftung des Anlageberaters aus cic auch bei Einschaltung eines einschlägig vorbestraften selbständigen Handelsvertreters, ohne polizeiliches Führungszeugnis von ihm eingefordert zu haben (BGH NJW-RR 2013, 1513). Für **private Anlageberatung** im Familienkreis gelten weniger strenge Regeln, BGH WM 2007, 1020; daraus ergeben sich uU auch Pflichten zu Rückfragen (zB zu Anlageziel u Risikobereitschaft) Nachforschung, eigener Prüfung (Plausibilitätskontrolle genügt nicht, BGH NJW 2008, 3701; ZIP 2010, 527; zum Prognoserisiko BGH ZIP 2009, 2378) und Beobachtung und zur Offenbarung (BGHZ 123, 128 ff.; einschr bei schon bestehender Vermögensbetreuung: BGH NJW 1996, 1744; sa zu § 675 II). Der **Anlagevermittler** unterliegt im Rahmen eines Auskunftsvertrages geringeren Pflichten als der Berater (BGH NJW 2011, 3229), er darf das Anlageobjekt grds nur einer Plausibilitätsprüfung unterziehen (BGH NJW 2008, 3701; ausf Grüneberg/Grüneberg Rn. 52); zur Abgrenzung zwischen Anlagevermittlung und -beratung BGH NJW 2017, 2268 Rn. 32: Beratung, wenn Kapitalanleger keine ausreichenden wirtschaftlichen Kenntnisse besitzt und daher nicht nur Information, sondern fachkundige Bewertung erwartet. Anlageempfehlung eines **Börsendiens-**

tes darf nicht unrichtig sein (vgl BGHZ 70, 361 ff.). Der Vermögensberater muss auch über besondere Risiken beim Handel an Computerbörsen aufklären (BGH ZIP 2002, 797 [NASDAQ]). Die von einer Anlagegesellschaft in Verkehr gebrachten Werbe-(Emissions-)prospekte für Kapitalanleger müssen vollständig und richtig sein (BGHZ 84, 143 mN; 123, 109; NJW-RR 2013, 561; NJW 1995, 130; OLG Frankfurt a. M. NJW-RR 1994, 946; zum Bauherrenmodell: BGH NJW 2001, 436; ggf besteht Pflicht zur nachträglichen Prospektergänzung: BGH WM 2004, 379; → § 311 Rn. 65 allg zur Prospekthaftung). Der **Frachtführer** haftet über § 425 HGB hinaus bei eigenmächtiger Verladung nach § 280 (BGH NJW 2014, 997). Beim **Heimvertrag** treffen den Betreiber vertragliche Obhutspflichten (BGHZ 163, 55; OLG Koblenz NJW-RR 2014, 458 [Zumutbarkeitsgrenzen bei Sturzgefahr]; OLG Dresden FamRZ 2005, 1174). Einem **Kfz-Betrieb** obliegt Sicherung gegen Schäden (BGH NJW 1983, 113), einem **Kfz-Händler** bei Annahme eines Vermittlungsauftrags eine Versicherungspflicht (BGH NJW 1986, 1100). Der **Makler** muss den Auftraggeber so aufklären, dass keine unzutreffende Vorstellung über Objekt vermittelt wird (zB Größe des Objektes: OLG München MDR 2005, 1221; fehlende Unterkellerung: OLG München NJW-RR 2015, 692; mangelnde Bonität des Mieters: BGH NJW-RR 2003, 702; NJW-RR 2000, 3642); finanzielle Schwierigkeiten des nachgewiesenen Grundstückskäufers (OLG Dresden MDR 2007, 1251). Im **Mietvertrag** sind Substanzschäden vom Mieter nach §§ 280, 241 II (ohne Fristsetzung) zu ersetzen (BGH NJW 2018, 1746 mAnm Schermaier JZ 2019, 950), zur Obhutspflicht des **Mieters** gehört auch die ordnungsgemäße Aufbewahrung des Schlüssels zum Mietobjekt (KG MDR 2008, 1029); in neutraler Dekoration übernommene Wohnung darf nicht in grellen Farben gestrichen zurückgegeben werden (BGH NJW 2014, 143); Einzelheiten → § 535 Rn. 24 ff. Seitens des **Vermieters** ist das Verlangen einer gesetzwidrigen Miete (§§ 556d ff.) pflichtwidrig, regelmäßig besteht Schaden jedoch nur in Überzahlung (zur Rückforderung s. § 556g II, vgl Abramenko MDR 2015, 921); auch die unberechtigte Eigenbedarfskündigung oder fehlender Hinweis auf Wegfall des Eigenbedarfs innerhalb der Kündigungsfrist sind pflichtwidrig (BGH NJW 2021, 1232). Der **Rechtsanwalt** ist zu umfassender Rechts- und Interessenwahrung gegenüber seinem Auftraggeber verpflichtet (BGHZ 89, 181 mN; NJW 1994, 1212; NJW 1994, 1472 f.; NJW 1996, 2649; iE Henssler JZ 1994, 178), zB zu sorgfältiger Prüfung von Verjährungs- (BGH NJW 1992, 820; NJW 1993, 1780) und Ausschlussfristen (BGH NJW 1983, 1665; NJW-RR 1995, 253); ihn trifft die Pflicht zu genauer Sachverhaltsaufklärung (BGH NJW 1998, 2049; NJW 2000, 730) und uU eine erschöpfende Belehrungspflicht (BGH NJW 1993, 1322; NJW 1993, 2045; NJW 2008, 371; NJW 2007, 2332 [Hinweis auf Vergütung nach Gegenstandswert vor Mandatsübernahme, § 496 V BRAO]; BGH NJW 2013, 3725 [gebühren- und vertretungsrechtliche Folgen „einvernehmlicher Scheidung"]); er muss mit der allg Lehre und der höchstrichterlichen Rspr vertraut sein (BGHZ 97, 376 f., 380), auch auf einem Spezialgebiet (Bsp: BGH NJW 2001, 675) und hat stets den sichersten Weg zu wählen (BGHZ 85, 260; NJW 1993, 332 f.; NJW 1995, 52; NJW 1995, 2552; OLG Düsseldorf MDR 2005, 1292); insbes die Erfolgsaussicht von Rechtsbehelfen sorgfältig zu prüfen (BGH NJW 2003, 2022); uU sind Änderungen in der höchstrichterlichen Rspr in Betracht zu ziehen (BGH NJW 1993, 3324 f.; dazu Ernst ZIP 1994, 605; Henssler JZ 1994, 506); er hat Fehlern des Gerichts entgegenzuwirken (BGH NJW 2010, 73; NJW 1988, 3016) auch beim Vergleichsabschluss (BGH NJW 2002, 292); bei Vergleich ist Mandant über alle Umstände, die für seine Entscheidung wesentlich sind, aufzuklären (Fortsetzungsrisiko, Kosten etc, OLG Karlsruhe WM 2013, 1759), im Rahmen seiner umfassenden Aufklärungs- und Beratungspflicht hat er seinen Mandanten ggf auch auf einen gegen ihn selbst gerichteten Regressanspruch hinzuweisen (BGHZ 94, 385 ff. mN; NJW 1994, 2824; NJW 1996, 662); er haftet auch für eine verspätete Deckungsanfrage bei der Rechtschutzversicherung (OLG Schleswig NJW 2008, 3292). Kann der Schaden des Mandanten noch durch einen weiteren Rechtsstreit beseitigt werden, muss RA diesen auf eigene Kosten und

Risiko führen (BGH NJW 2000, 3560). **Verjährungsbeginn** des Regressanspruchs nicht schon mit Kenntnis der Beratung und ihrer Umstände, sondern erst mit Tatsache des Pflichtverstoßes (BGH NJW 2014, 1800 u NJW 2014, 993). Im Prozess greift der Grundsatz aufklärungsrichtigen Verhaltens iS eines Anscheinsbeweises (BGH NJW 2014, 2795; nicht jedoch, wenn Deckungszusage des Rechtsschutzversicherers vorliegt, KG NJW 2014, 397). Entsprechende Pflichten treffen den **Steuerberater** (BGHZ 128, 361; BGHZ 129, 391 ff.; NJW 1996, 313; NJW 1998, 1487); er hat insbes bei verschiedenen steuerrechtlichen Wegen den Auftraggeber auf die Möglichkeiten mit ggf unterschiedlichen Folgen hinzuweisen, so dass dieser eigenverantwortlich entscheiden kann (OLG Koblenz WM 2013, 945); zu ermessenslenkenden Verwaltungsvorschriften im Regressprozess BGH WM 2014, 858. Der **Sachverständige** muss die tatsächlichen Grundlagen seines Gutachtens selbst überprüfen (BGH NJW 1998, 1061). Ein **Wirtschaftsprüfer** haftet seinem Auftraggeber (idR nicht auch Dritten) für die Richtigkeit des geprüften Abschlusses (BGH NJW 1973, 321; WM 2013, 1560 [Kosten erneuter Prüfung ersatzfähiger Schäden, auch wenn Nichtigkeit des Abschlusses geheilt]; OLG Düsseldorf NJW-RR 1986, 522; sa OLG Bamberg WM 2006, 960). Der **Zedent** kann sich bei Verstoß gegen Verschwiegenheitspflichten gegenüber dem Schuldner (zB Bankgeheimnis) schadensersatzpflichtig machen; die Abtretung ist jedoch idR wirksam (s. BGHZ 171, 180; Kessler/Herzberg BB 2009, 1145). Zur Prüfungspflicht des **Zwischenhändlers** bei weiterveräußerter Gattungsware → § 276 Rn. 29.

2. Verletzung von Nebenpflichten → § 241 Rn. 10; → § 282 Rn. 4.

§ 281 Schadensersatz statt der Leistung wegen nicht oder nicht wie geschuldet erbrachter Leistung

(1) [1]**Soweit der Schuldner die fällige Leistung nicht oder nicht wie geschuldet erbringt, kann der Gläubiger unter den Voraussetzungen des § 280 Abs. 1 Schadensersatz statt der Leistung verlangen, wenn er dem Schuldner erfolglos eine angemessene Frist zur Leistung oder Nacherfüllung bestimmt hat.** [2]**Hat der Schuldner eine Teilleistung bewirkt, so kann der Gläubiger Schadensersatz statt der ganzen Leistung nur verlangen, wenn er an der Teilleistung kein Interesse hat.** [3]**Hat der Schuldner die Leistung nicht wie geschuldet bewirkt, so kann der Gläubiger Schadensersatz statt der ganzen Leistung nicht verlangen, wenn die Pflichtverletzung unerheblich ist.**

(2) **Die Fristsetzung ist entbehrlich, wenn der Schuldner die Leistung ernsthaft und endgültig verweigert oder wenn besondere Umstände vorliegen, die unter Abwägung der beiderseitigen Interessen die sofortige Geltendmachung des Schadensersatzanspruchs rechtfertigen.**

(3) **Kommt nach der Art der Pflichtverletzung eine Fristsetzung nicht in Betracht, so tritt an deren Stelle eine Abmahnung.**

(4) **Der Anspruch auf die Leistung ist ausgeschlossen, sobald der Gläubiger statt der Leistung Schadensersatz verlangt hat.**

(5) **Verlangt der Gläubiger Schadensersatz statt der ganzen Leistung, so ist der Schuldner zur Rückforderung des Geleisteten nach den §§ 346 bis 348 berechtigt.**

Lit.: Althammer, Jus variandi und Selbstbindung des Leistungsgläubigers, NJW 2006, 1179; Ballhausen, Der Vorrang der Nacherfüllung beim Behandlungsvertrag, NJW 2011, 2694; Dubovitskaya, Fristsetzung im Schuldrecht: Neue Obliegenheit für den säumigen Schuldner, JZ 2012, 328; Gsell, Kaufvertragliche Nacherfüllung in der Schwebe, FS Huber 2006, S 229; Jacobs, Erfüllungsverlangen und Erfüllbarkeit nach Ablauf der Nachfrist, FS Otto 2008, S 137; Haberzettl, Der Ersatz von Schäden aus Deckungsgeschäften während der Leistungsverzögerung, NJW 2007, 1328; Hirsch, Schadensersatz statt der Leistung, Jura 2003, 289; Huber, Schadensersatz statt der Leistung, AcP 210, 319; Kohler, Schadensersatz durch Vindikationspreisgabe nach § 281 Abs. 4 BGB, AcP 220 (2020), 141; Lorenz, Schadensersatz statt der Leistung, Rentabilitätsvermutung und Aufwendungsersatz, NJW 2004, 26; Schroeter, Befriedigung des Leistungsinteresses in Geld – Der „Statt der Leistung" verlangte Schadensersatz, AcP 220 (2020), 234; Schwab, Schadensersatzverlangen und Ablehnungsandrohung nach der Schuldrechtsreform, JR 2003, 133; Weiss, Das Verhältnis von Rücktritt und Schadensersatz statt der Leistung – Autonomie statt künstlicher Parallelität, NJW 2015, 3393; Wieser, Gleichzeitige Klage auf Leistung und Schadensersatz aus § 281 BGB, NJW 2003, 2432.

1. Allgemeines. a) Zweck. Der Gläubiger kann mit § 281 den fälligen Leistungsanspruch durch Fristsetzung (Ausnahmen **II,** § 283) in einen Schadensersatzanspruch umwandeln (aber → Rn. 14). § 281 ist nur auf Schäden anwendbar, die durch Erbringung der geschuldeten Leistung noch hätten verhindert werden können (→ § 280 Rn. 3 f.; → Rn. 16 ff.). Anspruchsgrundlage ist § 280 I iVm § 281 (§ 280 III). **b) Anwendungsbereich.** § 281 gilt für alle Schuldverhältnisse und unabhängig von ihrem Inhalt (Tun oder Unterlassung), auch für Vorenthaltungsschaden des Eigentümers bei § 985, wenn Besitzer verschärft haftet (BGHZ 209, 270 = NJW 2016, 3235 Rn. 15 ff.). Erfasst sind (vorbehaltlich § 242) auch vertragliche Rückgabeansprüche (§§ 346, 546). Hier kann der Gläubiger uU aber nur Schadensersatz Zug um Zug gegen Übereignung der (nicht mehr, IV) zurückzugewährenden Sache verlangen (Grüneberg/Grüneberg Rn. 4 [§ 255 analog]). Anwendbar auf Ansprüche auf Geld (MüKoBGB/Ernst Rn. 10; aA Grüneberg/Grüneberg Rn. 5); praktische Bedeutung hat § 281 hier aber nur im gegenseitigen Vertrag (insbes in Kombination mit Rücktritt, § 325); eher abl für Anwendung auf Beseitigungsanspruch nach § 1004, BGH NJW-RR 2021, 1166 Rn. 10. **c) Überblick.** § 281 ist die Grundnorm für Schadensersatz statt der Leistung. Sie ist anwendbar, wenn der Schuldner eine Leistungspflicht nicht oder nicht wie geschuldet erbringt. Beruht die Nichterfüllung auf einem Leistungshindernis des § 275, befreit § 283 von der Fristsetzung nach § 281. Verletzt der Schuldner eine Pflicht nach § 241 II, ergibt sich der Schadensersatzanspruch statt der Leistung aus § 282 iVm § 280 I. §§ 280, 249 (nicht § 281) sind auch bei Beschädigung der Sachsubstanz durch den Mieter anwendbar (BGH NJW 2018, 1746).

1

2

3

4

2. Voraussetzungen (I 1). a) Pflichtverletzung. § 281 I 1 setzt voraus, dass der Schuldner die Leistung nicht oder nicht wie geschuldet (dh mangelhaft oder unter Verletzung leistungsbezogener Nebenpflichten) erbringt. Der (Nacherfüllungs-)Anspruch muss **vollwirksam** entstanden und **durchsetzbar** sein, dh ihm darf bis zum Ablauf der Nachfrist keine dauernde (zerstörende) oder aufschiebende (hemmende) Einrede (Bsp: §§ 275 II, III, 439 III, 635 III) entgegenstehen. Bereits das bloße Bestehen des Einrederechts schließt **I** idR (vgl Verjährung beim Rücktritt, § 218 I) aus (BGHZ 104, 11; Herresthal Jura 2008, 564), ausnahmsweise ist Geltendmachung erforderlich; Einzelheiten: → § 280 Rn. 33 ff. Um die Einrede des nichterfüllten Vertrags (§ 320) auszuschließen, muss der Gläubiger selbst iSv §§ 294 ff. leistungsbereit und -fähig sein (BGH NJW 1996, 923 f.) und seine Leistung in einer den Annahmeverzug begründenden Weise anbieten (BGHZ 116, 249). Zur Fälligkeit → § 280 Rn. 37. **b)** Die **Fristsetzung gem I 1** (Zweck: → Vor § 275 Rn. 11) ist die Aufforderung zur Bewirkung der genau bezeichneten Leistung (keine Einzelheiten zu Defiziten notwendig, BGH NJW 2010, 2201; „Bitte" kann nachdrücklich und ernsthaft genug sein, BGH NJW 2016, 3654; s. auch Soergel/Gsell § 323 Rn. 72) binnen einer hinreichend (nicht notwendig nach Zeiteinheiten, zB Tagen usw, BGH NJW 2016, 3654; NJW 2015, 2564; NJW 2009, 3153; zu Recht krit Höpfner NJW 2016, 3633 [für klare Differenzierung zwischen Leistungsaufforderung und Fristsetzung] und bereits Schollmeyer ZGS 2009, 491) bestimmten Frist. **Zeitpunkt: nach** Fälligkeit (ggf zusammen mit Fälligkeitsbegründung, Derleder/Zänker NJW 2003, 2778), noch **vor** Undurchsetzbarkeit des Anspruchs. Fristsetzung **vor** Fälligkeit ist unwirksam; **Ablehnungsandrohung** nicht erforderlich; soweit sie in AGB als Erfordernis des Schadensersatzanspruchs wieder begründet werden soll, widerspricht dies dem (neuen) ges Leitbild und verstößt im Regelfall gegen § 307 II

5

6

Nr. 1 (Jacobs, FS Otto, S. 140; Schwab JR 2003, 138 f.; aA Huber in Ernst/Zimmermann, Zivilrechtswissenschaft u Schuldrechtsreform, 31/153). Fristsetzung ist geschäftsähnliche Handlung (wie → § 286 Rn. 16), kann gem § 255 ZPO auch durch Urteil bestimmt werden; nach Sicherungsabtretung kann sie vom Zedenten wirksam erklärt werden (BGH NJW 2002, 1568 zu § 326 aF). Die gesetzte Frist muss **angemessen** sein; Angemessenheit bestimmt im Streitfall das Gericht (§ 242) nach obj Maßstäben (BGH NJW 1985, 2641). Dabei ist zu berücksichtigen, dass die Nachfrist dem Schuldner die Leistung nicht erst ermöglichen, sondern ihm eine letzte Gelegenheit geben soll, die in die Wege geleitete (vorbereitete) Erfüllung zu vollenden (BGH NJW 1985, 2640 mN; NJW 1995, 323); die Nachfrist ist keine „Ersatzleistungsfrist". Bei mangelhafter Leistung hängt Frist im Einzelfall davon ab, binnen welchen Zeitraums Nacherfüllung erfolgen kann. Angabe eines bestimmten Zeitabschnitts nicht unbedingt nötig, uU (zB bei bes Dringlichkeit) kann Aufforderung zu „unverzüglicher" Leistung genügen (BGH NJW 2009, 3153; BeckRS 2015, 07407). Eine zu kurz bemessene Nachfrist ist nicht wirkungslos, sondern setzt eine angemessene Frist in Lauf (BT-Drs. 14/6040, 138; BGH NJW 1996, 1814; aA Dubovitzkaya JZ 2012, 328 [Widerspruchsobliegenheit des Schuldners bei zu kurzer Frist]); dies gilt nicht bei Unterschreitung der nach den eigenen AGB einzuhaltenden Mindestfrist (OLG Hamm NJW-RR 1995, 503). **Schranken:** Vorbehalt unangemessen langer oder nicht hinreichend bestimmter Nachfristen in AGB zugunsten des Verwenders sind unwirksam (§ 308 Nr. 2; Bsp dort → § 308 Rn. 4), desgl über (einfache) Schriftform hinausgehende Formerfordernisse zu Lasten des Kunden
7 (§ 309 Nr. 13). **c) Versäumung der Nachfrist.** Die Frist ist **gewahrt,** wenn der Schuldner innerhalb des bestimmten Zeitraums (→ Rn. 9) die Leistungshandlung vollständig vorgenommen hat (BGHZ 12, 269; LG Stuttgart MDR 1979, 139), mag auch der Leistungserfolg erst nach Fristablauf eingetreten sein (→ § 280 Rn. 44; anderes gilt nur bei abw Vereinbarung, vgl BGHZ 12, 269 f.). Bei berechtigt zurückgewiesenem Teilangebot (§ 266) ist die Frist hinsichtlich der ganzen Leistung versäumt (bei Annahme gelten → Rn. 21 ff.); fehlt nur geringfügiger Rest, ist Frist gewahrt (§ 242; RGZ 76, 153). Der Schuldner muss vollständig und in der **geschuldeten Qualität** leisten (sonst Zurückweisungsrecht des Gläubigers); nimmt der Gläubiger die Leistung gleichwohl vorbehaltlos an, kann er erst nach nochmaliger Fristsetzung Schadensersatz statt der Leistung verlangen (Grüneberg/Grüneberg Rn. 12; Altmeppen DB 2001, 1332 u DB 2001, 1822; aA Canaris DB 2001, 1816; AnwKomBGB/Dauner-Lieb Rn. 15). Für **Versäumung** genügt idR schon geringfügige Überschreitung der Frist (BGH NJW 1974, 360; Ausnahme: § 242). Tritt der Gläubiger während des Fristlaufs seinerseits vom Vertrag zurück, fehlt es an
8 Fristversäumung (BGH NJW 2021, 464). **d) Abmahnung (III)** ist die ernsthafte Aufforderung (→ § 286 Rn. 18 f.) an den Schuldner, weitere Zuwiderhandlungen zu unterlassen. Sie tritt an die Stelle der Fristsetzung, wo diese unpraktikabel ist (Bsp: Unterlassungspflichten [soweit nicht der Verstoß ohnehin zur Unmöglichkeit führt → § 275 Rn. 16]; Dauerschuldverhältnisse, → Rn. 25), setzt also eine vorangegangene Pflichtverletzung voraus (bei drohenden Zuwiderhandlungen → Rn. 9
9 und → § 280 Rn. 17 f.). **e) Entbehrlichkeit der Fristsetzung (II).** Der weitgehende **Gleichlauf zwischen II und § 323 II** wurde mit der Neufassung von § 323 II Nr. 2, 3 in Umsetzung von Art. 18 Verbraucherrechte-RL vom Gesetzgeber unnötiger Weise Preis gegeben. Zu Wertungswidersprüchen kann dies führen, weil § 323 II Nr. 3 nur noch auf Schlecht-, nicht auf Nichtleistung anwendbar ist (hierzu → § 323 Rn. 1). Nach teilweise vertretener Ansicht soll wegen der Vollharmonisierung durch Art. 18 Verbraucherrechte-RL Abs. 2, 2. Fall („besondere Umstände") richtlinienkonform reduziert werden und auf Verbraucherverträge keine Anwendung mehr finden (Riehm NJW 2014, 2065, 2067; Grüneberg/Grüneberg Rn. 15; PWW/M. Stürner § 323 Rn. 38; aA PWW/Kramme Rn. 23; Weiss NJW 2016, 3393, 3396 f. wegen Art. 18 IV Verbraucherrechte-RL und weil § 281 nicht „Rücktrittserfolg" beinhalte). Umgekehrt muss richtigerweise Abs. 2, 2. Fall außerhalb des Anwendungsbereichs der RL analog auf § 323 angewendet werden (Jerger/Bühler

NJW 2017, 1639, 1641; PWW/Kramme Rn. 23). Für Schadensersatz wegen Mängeln beim **Verbrauchsgüterkauf** (§§ 437 Nr. 3, 280 I, III iVm 281) hat § 475d II (seit 1.1.2022) eine Angleichung zu den in § 475d I geregelten Rücktrittsvoraussetzungen vorgenommen: in den Fällen von § 475d I ist eine Fristsetzung nach § 281 oder § 440 nicht erforderlich (Lorenz NJW 2021, 2065, 2071). **aa)** Bei **ernsthafter und endgültiger Erfüllungsverweigerung** des Schuldners (vgl BGHZ 115, 297; strenge Anforderungen: BGHZ 104, 13; NJW 2006, 1195; JZ 2009, 2533) ist Fristsetzung überflüssig (BGH NJW 2002, 1573; bei Sachmangel nur, wenn Verweigerung vor Mängelbeseitigung durch Käufer erfolgte, BGH MDR 2009, 675). Bei sonstigen den Vertragszweck gefährdenden Pflichtverletzungen des Schuldners (Bsp: Erwecken von begründeten Zweifeln an seiner Leistungsbereitschaft oder -fähigkeit zzt. der Fälligkeit ohne endgültige Leistungsverweigerung) kann der Gläubiger dem Schuldner uU bereits vor Fälligkeit der Leistung **entspr I 1** eine **Erklärungsfrist** bestimmen (vgl → Rn. 5 f.; BGH NJW 1983, 990; OLG Hamm NJW-RR 1995, 1519). Nach fruchtlosem Fristablauf (Schuldner stellt seine Erfüllungsbereitschaft nicht klar) kann der Gläubiger nach §§ 280, 281 Schadensersatz statt der Leistung verlangen. Gleiches gilt bei endgültiger **Erfüllungsverweigerung vor Fälligkeit** (→ § 280 Rn. 16 f.; Erman/Ulber Rn. 21; aA MüKoBGB/Ernst Rn. 75; Münch Jura 2002, 371). Zum Schadensersatz statt der Leistung wegen künftiger Raten beim Sukzessivlieferungsvertrag → Rn. 24 f. Bei berechtigter Leistungsverweigerung nach § 275 II, III ist § 283 einschlägig. **bb)** Nach **II** ist eine Fristsetzung ferner **10**
entbehrlich, wenn **besondere Umstände** vorliegen, die unter Abwägung der beiderseitigen Interessen die sofortige Geltendmachung des Schadensersatzanspruchs rechtfertigen; zur fehlenden Parallelität mit § 323 nach Umsetzung der Verbraucherrechte-RL → Rn. 9. Diese können sein: arglistiges Verschweigen von Mängeln der Kaufsache (BGH NJW 2007, 837; JZ 2009, 2533); „Just in time"-Verträge (BT-Drs. 14/6040, 140); wenn mit Sicherheit feststeht, dass der Schuldner auch innerhalb der Nachfrist nicht leisten kann (Huber/Faust SchuldRMod § 281 3/143); polizeilich angedrohte Schließung des Geschäftsbetriebs (vgl BGH WM 2002, 881); Fälle, bei denen früher nach § 326 II aF ein Interessewegfall angenommen wurde (zB bei Lieferung von Saisonware; BT-Drs. 14/6040, 186; BGH NJW 2007, 837), Eingehen einer gebotenen anderweitigen Exklusivbindung des Künstlers beim Musikproduktionsvertrag (BGH NJW 2001, 2879), uU Übernahme einer Garantie (→ § 276 Rn. 42) des Schuldners für bestimmte Beschaffenheit der Ware, nachträgliche Leistungshindernisse (§ 283). Nicht ausreichend ist **(relatives) Fixgeschäft** (Umkehrschluss aus § 323 II Nr. 2 – MüKoBGB/Ernst Rn. 72; Grüneberg/Grüneberg Rn. 15 [sofortiges Rücktrittsrecht, aber nicht sofortiger Schadensersatz]; Weiss NJW 2015, 3393; s. aber abw Gesetzesbegr für „Just in time"-Lieferung; für Berücksichtigung von Fixgeschäft und gegen Differenzierung von relativen und absoluten Fixgeschäften PWW/Kramme Rn. 20). **cc)** Beim **Kauf- und Werkvertrag,** wenn der **11**
Verkäufer/Werkunternehmer die Nacherfüllung nach § 439 III, § 635 III verweigern darf oder die Nacherfüllung für den Käufer/Besteller **unzumutbar** ist (§§ 440, 636). Sonst besteht beim Kauf (und Tausch) grds kein Ersatzanspruch des Käufers bei Selbstvornahme der Mangelbeseitigung ohne Fristsetzung (BGHZ 162, 219; NJW 2006, 1195; NJW 2005, 3211: gilt auch bei Erwerb von Tieren). **f) Vertreten- 12**
müssen (*§ 280 I 2*). Wie → § 280 Rn. 25 f. Bezugspunkt ist das Vorliegen der Pflichtverletzung bei Fristablauf (oder dem nach II maßgeblichen Ereignis, OLG Celle NJW-RR 2007, 354; Grüneberg/Grüneberg Rn. 16). Den Schuldner muss nach §§ 276, 278 der Vorwurf treffen, seine Leistung bis zum Fristablauf nicht ordnungsgemäß erbracht zu haben; § 287 ist dabei zu beachten (dort → § 287 Rn. 1). Unerheblich ist, ob der Schuldner die Nicht- (nicht ordnungsgemäße) Leistung schon bei Fristsetzung zu vertreten hatte (Huber/Faust SchuldRMod Rn. 3/153). Bsp: Hat der Verkäufer ohne Verschulden eine mangelhafte Sache geliefert, schuldet er gleichwohl Schadensersatz statt der Leistung, wenn er innerhalb der Nachfrist den Nacherfüllungsanspruch (§ 439 I) nicht erfüllt und *diese* Pflichtverletzung zu vertreten hat (MüKoBGB/Ernst Rn. 58; zum Ganzen Ludes/Lube ZGS

13 2009, 259). **g) Eigene Vertragstreue des Gläubigers** ist anders als bei § 326 aF **keine** selbstständige Voraussetzung des Anspruchs aus § 281. Dies ergibt sich im Umkehrschluss aus § 323 VI (AnwKomBGB/Dauner-Lieb Rn. 28; aA Erman/Ulber Rn. 34 mN) und daraus, dass § 281 nicht nur für den gegenseitigen Vertrag gilt (→ Rn. 1, Grüneberg/Grüneberg Rn. 35). Vorangegangene Pflichtverletzungen des Gläubigers können aber einer Pflichtverletzung des Schuldners entgegenstehen (Bsp fehlende Mitwirkungsbereitschaft, vgl → § 280 Rn. 38), den Schuldner nach § 280 I 2 entlasten oder zu einer Kürzung des Anspruchs führen (§ 254).

14 **3. Erlöschen des Leistungsanspruchs (IV). a) Bedeutung.** Nach Ablauf der Nachfrist (oder bei Vorliegen des **II**) bestehen Schadensersatzanspruch und Leistungsanspruch nebeneinander (hM, BGH NJW 2018, 786 Rn. 10; Jacobs, FS Otto, S. 137, 139; zur Frage, ob Wahlschuld oder elektive Konkurrenz (hM) vorliegt, Schwab JR 2003, 134 f. mN; Faust JZ 2021, 106; MüKoBGB/Ernst Rn. 82 ff.; Althammer NJW 2006, 1179, 1180; Gsell, FS Huber, S. 229, 308 ff.) – § 263 II gilt nicht. Erst das (**begründete** – BGH NJW 2021, 464, zust Faust JZ 2021, 106 mwN) **Verlangen** des Schadensersatzes (geschäftsähnliche Handlung mit Gestaltungswirkung, wie Mahnung, vgl → § 286 Rn. 16; Staudinger/Schwarze Rn. D8) führt mit Zugang zum (endgültigen; BGH NJW 1999, 3115) Untergang des Leistungsanspruchs (und von Fälligkeitszinsen, BGH NJW 2000, 72; JZ 2010, 45). Im gegenseitigen Vertrag entfällt der Anspruch auf die Gegenleistung (§ 326 I entspr, aber → Rn. 18). Ist kein Schaden entstanden oder liegen die sonstigen Voraussetzungen der §§ 280, 281 nicht vor, geht das Verlangen ins Leere und der Leistungsanspruch besteht weiter (BT-Drs. 14/6857, 50; BGH NJW 2021, 464 Rn. 15 ff.: I–III müssen für IV und V vorliegen, auf Schaden kommt es nicht an). Nicht ausgeschlossen ist der Anspruch aus § 649 S. 2, der keinen „Anspruch auf die Leistung"
15 darstellt (OLG Frankfurt a. M. NJW-RR 2012, 719; MDR 2012, 571). **b) Einzelheiten.** Die Erklärung des Gläubigers muss eindeutig den Willen erkennen lassen, sich auf den Schadensersatzanspruch zu beschränken und die Erfüllung abzulehnen. Sie kann erst nach Entstehen des Schadensersatzanspruchs abgegeben werden. Ein mit der Fristsetzung bereits verbundenes – aufschiebend bedingtes – Schadensersatzverlangen nach IV kann wegen der Bedingungsfeindlichkeit von Gestaltungserklärungen nur zugelassen werden mit dem Inhalt, dass der Schuldner keine Erfüllungsanstrengung mehr unternimmt (Derleder/Zänker NJW 2003, 2777; großzügiger Wieser NJW 2003, 2433); beantragt allerdings der Gläubiger, den Schuldner zur Herausgabe zu verurteilen, diesem dafür eine Frist zu setzen und weiter ihn nach deren Ablauf zu Schadensersatz statt der Leistung zu verurteilen, liegt bereits in diesem Antrag ein Verlangen auf Schadensersatz statt der Leistung, wenn der Gläubiger nicht deutlich macht, sein Wahlrecht erst künftig ausüben zu wollen (BGH NJW 2018, 786). Bis zur Erklärung nach **IV** kann der Schuldner die Leistung noch in annahmeverzugsbegründender Weise anbieten und dadurch die Schwebelage beenden (str, s. Jacobs, FS Otto, S. 139, 142 ff. zur Frage eines Zurückweisungsrechts des Gläubigers; für vorherige Ankündigung der Leistung Gsell, FS Huber, S. 229, 317). Der Gläubiger kann die Leistung dann nicht durch Erklärung nach **IV** zurückweisen. **IV** gilt reziprok, wenn der Gläubiger nach Fristablauf statt Schadensersatz (doch wieder) Erfüllung verlangt. Er muss erneut nach **I** vorgehen, um wieder Schadensersatz statt der Leistung verlangen zu können (aA BGH JZ 2006, 1028 [wie hier Vorinstanz: OLG Celle NJW 2005, 2094 u m. abw Begr. Schwab JZ 2006, 1020], MüKoBGB/Ernst Rn. 155 f.; Althammer NJW 2006, 1179, 1180: Korrekturen im Einzelfall über § 242; Schroeter AcP 207, 43 ff.).

16 **4. Schadensersatz statt der Leistung (I 1). a) Überblick.** Nach **I 1** schuldet der Schuldner Schadensersatz statt der Leistung, **soweit** er die geschuldete Leistung nicht oder nicht wie geschuldet erbringt. Der Anspruch ist auf das Erfüllungsinteresse (in Geld) gerichtet und tritt an Stelle der Primärleistung (BGH JZ 2010, 45). Der Anspruch erfasst den Schaden aus der Nichtleistung bei Fristablauf (Zeitpunkt des **II** → § 280 Rn. 4). Der Gläubiger ist so zu stellen, wie er bei dann ordnungsgemäßer

Leistung des Schuldners stehen würde (§§ 249 ff.; verfallene Ansprüche auf Urlaubstage wandeln sich in Anspruch auf Gewährung von Ersatzurlaub in gleichem Umfang um, BAG NJW 2019, 250 Rn. 34). Ersparnisse des Gläubigers sind abzuziehen (Beweislast: Schuldner, BGH NJW 2001, 3537). Der **Verzögerungsschaden** (zB Mietausfall, BGH NJW 1998, 1304) wird ausschließlich nach §§ 280 I, II, 286 ersetzt. Er kann nicht in den Schadensersatz nach §§ 280, 281 einbezogen werden (Grigoleit/Riehm AcP 203, 750 mN; Lorenz JuS 2008, 203; Grüneberg/Grüneberg Rn. 17 mwN; anders noch Erman/Westermann 15. Aufl. Rn. 26 für Verzögerungsschäden, die nach Schadensersatzverlangen eintreten), da der Verzug keine Voraussetzung des Anspruchs aus **I 1** ist. Im Einzelnen ist bei der Schadensberechnung danach zu unterscheiden, ob der Schuldner bei Fristablauf (im Zeitpunkt des **II**) vollständig (dazu 17) oder teilw nicht erfüllt (dazu → Rn. 21–26) oder nicht ordnungsgemäß (dazu → Rn. 27–31) erfüllt hat. **b) Vollständige Nichterfüllung** der Leistungs- 17
pflicht führt zum Schadensersatzanspruch nach **I 1.** Er tritt gem **IV** an die Stelle des untergegangenen Anspruchs auf die Leistung. Andere Ansprüche in zweiseitigen Schuldverhältnissen bleiben bestehen. Bsp: Geht der Auftraggeber wegen seines Anspruchs aus § 667 nach §§ 280, 281 vor, bleibt der Anspruch des Beauftragten aus § 670 unberührt. Zu Rückgabeansprüchen → Rn. 2. **c) Besonderheiten bei** 18
gegenseitigem Vertrag. aa) Arten der Schadensberechnung. Der Gläubiger, der seine Leistung noch nicht vollständig erbracht hat, kann wählen, ob er im Falle des **I 1** seine eigene Leistung noch erbringt und den vollen Wert der Gegenleistung liquidiert (Surrogationstheorie, zu Bedenken im Hinblick auf § 326 I ua MüKoBGB/Ernst § 326 Rn. 14, → § 326 Rn. 5) oder sich darauf beschränkt, die Differenz der Vermögenswerte von Leistung und Gegenleistung zu verlangen (Differenztheorie). Das **Wahlrecht** ergibt sich aus der Möglichkeit der Kombination von Rücktritt und Schadensersatz in § 325, die entwertet wäre, wenn der Gläubiger nur nach der Differenztheorie abrechnen könnte (BGH NJW 2013, 1431; MüKoBGB/Ernst vor § 281 Rn. 17; Grüneberg/Grüneberg Rn. 20; s. auch OLG Naumburg NJW 2016, 1102). Hat der Gläubiger umgekehrt seine Gegenleistung schon erbracht, kann er diese nach Rücktritt zurückverlangen (§§ 346, 323) und seinen weitergehenden Schaden nach der Differenztheorie berechnen (Grüneberg/Grüneberg Rn. 22; Anspruchskonkurrenz zu § 346: PWW/Kramme Rn. 36). Regelmäßig bietet es sich an, den Schaden nach der Differenztheorie zu ermitteln. Die einzelnen Leistungen werden dann Rechnungsposten eines einseitigen stets auf Geld lautenden Anspruchs des Gläubigers auf Ersatz seines Interesses an der Erfüllung des **ganzen** Vertrags (BGH NJW 2001, 3535; NJW 1999, 3625). Ergibt sich wegen erbrachter Leistungen des Schuldners ausnahmsweise ein Überschuss zu dessen Gunsten, kann sie der Schuldner gem § 346 herausverlangen (arg §§ 281 V, 323, 325; Grüneberg/Grüneberg Rn. 20; BGH NJW 2000, 278 [§ 821]); im Übrigen kann der Gläubiger zurücktreten und damit den für ihn ungünstigen Leistungsaustausch beenden (§ 325). **bb) Berechnung des Schadensersatzes** statt der Leistung: Stets **konkret** 19
möglich, dann ist die gesamte Schadensentwicklung zu berücksichtigen, vom Fristablauf (Ereignis nach **II**) bis zum Schluss der mündlichen Verhandlung (BGHZ 136, 55; NJW 1998, 2902 f.); daneben kann ein Anspruch aus §§ 280 II, 286 wegen des Verzögerungsschadens bestehen. **Bsp:** Bish entstandene Vertragskosten (BGH NJW 1985, 2697 f.) und nutzlose Aufwendungen zur Vertragsdurchführung (BGHZ 99, 197 mN; 123, 99 ff., zB Finanzierungskosten, Werbungsaufwand); bei Lieferverzug Mehrkosten eines Deckungskaufs (→ § 280 Rn. 51); Nutzungsausfallschäden (BGHZ 174, 293; NJW 2010, 2426; 2009, 2675) oder Haftungsschäden gegenüber Abnehmern (OLG Köln MDR 1993, 318); Mängelbeseitigungskosten – beim *Kaufvertrag* auch auf der Basis **fiktiver Kosten** (BGHZ 229, 115 (V. Senat) Rn. 10 ff. [keine Vorlage an GS, Rn. 14]; NJW 2022, 686; anders für *Werkvertrag* im Hinblick auf Selbstvornahmerecht mit Vorschussanspruch BGHZ (VII. Senat) 218, 1 Rn. 31 ff; auf Anfrage des V. Senats: NJW 2021, 53) – aber samt Umsatzsteuer nur, wenn diese tatsächlich aufgewendet und keine Erstattung iR eines Vorsteuerabzugs (BGHZ 229, 115; 186, 330); zur Aufgabe der Schadensberechnung nach fiktiven Mängelbe-

seitigungskosten für Werkvertragsrecht U. Picker JZ 2018, 676; krit. Schwenker MDR 2018, 640; Seibel NZBau 2019, 81 – die Änderung gilt für ab dem 1.2.2002 geschlossene Verträge, BGH NJW 2019, 421 Rn. 73; krit zur fehlenden Einheitlichkeit von Kauf- und Werkvertrag und gegen Besonderheiten wegen Selbstvornahmerecht Riehm NJW 2021, 27; ähnl. Lorenz JZ 2021, 630; sa Looschelders NJW 2021, 1501). Da §§ 280, 281 nur kraft Verweises zur Anwendung kommen, sind Unterschiede des Kauf- und Werkvertragsrechts aber berücksichtigungsfähig, ein vollständiger Gleichlauf war durch die Schuldrechtsreform nicht intendiert (Looschelders NJW 2021, 1501, 1503 f.). Bei Abnahme-(Zahlungs-)verzug liegt der Schaden im Unterschied zwischen Vertragspreis und niedrigerem Einkaufs-(Herstellungs-)preis (BGHZ 107, 69) bzw Deckungsverkaufspreis (BGHZ 126, 134; trotz fehlender Preisdifferenz uU entgangener Gewinn: BGHZ 126, 308; krit Pohlmann NJW 1995, 3169), bei Darlehen Zinsverlust bis zum nächstmöglichen Kündigungstermin (BGH NJW 1991, 1817 mN); **Vorteile** sowie ersparte Kosten (dazu BGHZ 107, 69 f.) sind **anzurechnen;** Bsp: Beim Deckungsverkauf erzielter Mehrerlös bis zum Verkehrswert (ie BGHZ 136, 54 ff.); Nutzungsvorteile (BGH NJW 1982, 1280); zur eingeschränkten Anwendbarkeit des Abzugs „neu für alt" beim kaufrechtlichen Nacherfüllungsanspruch BGH BeckRS 2022, 13964). Soweit **abstrakte** Schadensberechnung zulässig (vgl §§ 252 S. 2; 309 Nr. 5a und BGHZ 62, 105; 126, 308; allg → Vor § 249 Rn. 51 f.), ist als **maßgebender Stichtag der Fristablauf** (bzw Zeitpunkt des **II**) heranzuziehen (aA Grüneberg/Grüneberg Rn. 34: Wahlweise auch Zeitpunkt der Pflichtverletzung). Grund: Die schlichte Nichterfüllung ist zwar Pflichtverletzung, führt aber nicht zu einem Schadensersatzanspruch des Gläubigers (→ § 280 Rn. 9). Der Zeitpunkt des Erlöschens des Erfüllungsanspruchs hängt von der Erklärung des Gläubigers nach **IV** ab; der Gläubiger darf aber nicht auf Kosten des Schuldners spekulieren. Die zwischenzeitliche Minderung des entgangenen Gewinns ist Verzögerungsschaden (§ 280 II iVm § 286; → § 280 Rn. 52). Bsp: Bei Handelsgeschäft Differenz zwischen Vertragspreis und Marktpreis am Stichtag (BGH NJW 1998, 2902); sa §§ 376 II HGB; 104 III InsO. Übergang von der
20 einen zur anderen Berechnungsart möglich (BGH NJW 1953, 337). **cc) § 254** ist anwendbar (BGH NJW 1997, 1232), doch kommt allein das Verhalten des Gläubigers nach Vertragsschluss in Frage (BGH NJW 1987, 253 mN).

21 **5. Teilweise Nichterfüllung der Leistung (I 2). a) I 2** setzt **Teilbarkeit** der Leistung (und Gegenleistung) voraus, auch bei technischer oder vereinbarter Unteilbarkeit gilt **I 1** (BGH NJW 2000, 1256: lastenfreie Eigentumsverschaffung und Übergabe beim Kauf). Vgl die Parallelvorschrift des § 323 V für den Rücktritt.
22 **b)** Im Falle einer nur teilw erbrachten (und vom Gläubiger angenommenen, § 266, sonst **I 1**) Leistung bezieht sich der Schadensersatzanspruch nach **I 1** auf die bei Fristablauf noch ausstehende Teilleistung („soweit"; **kleiner Schadensersatz**); der Gläubiger muss die Teilleistung behalten. Bei **Interesse** des Gläubigers an teilw Vertragserfüllung führt Geltendmachung von Schadensersatz statt der Leistung zur Vertragstrennung (Aufrechnung des Schadensersatzanspruchs gegen den anteiligen Vergütungsanspruch aus dem bestehen bleibenden Teil möglich, BGHZ 36, 318). Hat der Gläubiger an teilw Vertragserfüllung **kein Interesse** (vgl BGH NJW 1990, 3013), so kann er **großen Schadensersatz** (statt der ganzen Leistung) unter Rückgabe der schon erhaltenen Teilleistung **(V)** verlangen **(I 2).** Gilt nicht bei geringfügigen Leistungsrückständen (§ 242). In AGB des Schuldners können diese Rechte nicht zum Nachteil des Kunden (Verbrauchers) ausgeschlossen werden (§ 309 Nr. 8).
23 **c)** Kommt beim **Sukzessivlieferungsvertrag** (Begriff: → § 311 Rn. 14) der Schuldner mit einer oder mehreren Teilleistungen (Raten) in Verzug, stehen dem
24 Gläubiger nach **I** folgende Rechte zu: **aa)** Anspruch auf Erfüllung der Restleistung und Ersatz des Verzögerungsschadens (§§ 280 II, 286); **bb)** nach Fristsetzung Schadensersatz statt der Leistung hinsichtlich der verzögerten Teilleistung (**I 1;** BGH
25 NJW 1986, 126); **cc)** der Gläubiger kann Schadensersatz statt der Leistung wegen des ganzen noch nicht erfüllten Vertrages einschließlich der noch nicht fälligen

Raten nach § 280 iVm §§ 281 I, IV verlangen, wenn er den Schuldner bei Fristsetzung entsprechend **III** abgemahnt hat; der schon abgewickelte Teil des Vertrages bleibt unberührt. Eine Rückabwicklung des gesamten Vertrages (einschließlich der schon fehlerfrei erbrachten Teile) ist nur unter den Voraussetzungen des **I 2** (§ 323 V 1) möglich. **d)** Bei **Kauf- und Werkvertrag** ist im Hinblick auf §§ 434 III, 633 **26**
II 3 zu unterscheiden: Sollte mit der erbrachten Leistung vollständig erfüllt werden, liegt nach §§ 434 III, 633 II 3 eine nicht ordnungsgemäße Leistung vor (Folge: **I 3** anwendbar, → Rn. 27). Liegt dagegen ausdr eine Teilerfüllung (§ 266) vor (Bsp: Verkäufer liefert 90 der bestellten 100 Kisten und kündigt den Eingang der fehlenden 10 für einen späteren Termin an), liegt ein Fall des **I 2** vor (str; Grüneberg/Grüneberg Rn. 36–38; Huber/Faust SchuldRMod § 281 3/164: immer **I 3;** keine Anwendung der §§ 434 III, 633 II 3 in §§ 281, 323 V: Canaris ZRP 2001, 335).

6. Nicht ordnungsgemäße Leistung (I 3). Sie erfasst vor allem die (bei Fristab- **27**
lauf, sonst **II,** §§ 440, 636) mangelhaft erbrachte (Sach-)Leistung (§§ 434, 435, 633). Lehnt der Gläubiger die Annahme der Leistung wegen des Mangels ab, gilt **I 1** (Grenze: § 242). Bes Gewährleistungsregelungen (§§ 536a, 651f) gehen vor, → § 280 Rn. 6, 13. Zur nicht ausdr geregelten Teil- und Schlechtleistung s. BT-Drs. 14/6040, 187; nach → Rn. 26 ist **I 3** anwendbar. Im Einzelnen: **a) Kleiner** **28**
Schadensersatz. Der Gläubiger behält nach **I 1** die mangelhafte Sache und macht lediglich Ersatz des Wertunterschieds zwischen mangelfreier und mangelhafter Sache (Minderwert) geltend (kleiner Schadensersatz); der Anspruch kann neben der Minderung gem § 634 Nr. 3 geltend gemacht werden (BGHZ 213, 319); Bsp: Reparaturaufwand (BGHZ 108, 156), Mindererlös bei Weiterverkauf. **b)** Beim **großen** **29**
Schadensersatz stellt der Gläubiger die abgenommene Sache (das Werk) zur Verfügung (Rückabwicklung nach **V**) und verlangt Schadensersatz statt der *ganzen* Leistung (großer Schadensersatz). Dieser berechnet sich wie nach **I 1** (→ Rn. 17 f.).
c) Grenzen des Wahlrechts (I 3). aa) Der Gläubiger kann den großen Schadenser- **30**
satz nicht verlangen, wenn die Pflichtverletzung (dh der Mangel) **unerheblich** ist (auch kein Rücktritt möglich, § 323 V 2). Es handelt sich zunächst um Mängel unterhalb der Bagatellgrenze (vgl §§ 459 I 2, 634 III aF); im Einzelnen ist eine auf der Grundlage des Vertrages zu treffende umfassende Interessenabwägung (Beseitigungsaufwand, Beeinträchtigungen, uU Garantie usw) erforderlich (Grüneberg/Grüneberg Rn. 47). BGH (BeckRS 2011, 19050) stellt die Regel auf, dass Unerheblichkeit vorliegt, solange die Beseitigungskosten 1 % des Kaufpreises nicht übersteigen. Bsp für erhebliche Mängel: fehlendes Benutzerhandbuch bei Lieferung von Hard- und Software (BGH NJW 1993, 462); unterbliebene Montage (BGH NJW 1998, 3197); gefälschtes Kunstwerk [Schadensersatz statt der ganzen Leistung dann gem § 311a II, dort → § 311a Rn. 5], Kraftstoffmehrverbrauch bei Neuwagen von mehr als 10 % (BGHZ 136, 94). **bb)** Werden beim **Sukzessivlieferungsvertrag** **31**
eine oder mehrere Teilleistungen mangelhaft erbracht, gelten Rechtsfolgen nach → Rn. 24 f. Eine Rückabwicklung des gesamten Vertrages einschließlich der schon erbrachten Teile ist nur unter den strengeren Voraussetzungen des **I 2** möglich. Die mangelfrei erbrachten Teile lassen sich beim Sukzessivlieferungsvertrag klar von der mangelhaften Teilleistung abtrennen, was eine teleologische Reduktion von **I 3** rechtfertigt (vgl BT-Drs. 14/6040, 187).

7. Anwendung von Rücktrittsrecht (V). Macht der Gläubiger den Scha- **32**
densersatzanspruch statt der ganzen Leistung (großer Schadensersatz) geltend (→ Rn. 22, 30), muss er die empfangene Leistung nach den Vorschriften über den Rücktritt zurückgeben **(V).** Auf die Schadensberechnung hat das keinen Einfluss; der Schadensersatzanspruch erfasst ggf. auch Nutzungsersatz (BGHZ 215, 157 Rn. 20; Kaiser ZfPW 2015, 129; Höpfner NJW 2010, 127, 130; aA Gesell JZ 2004, 643, 646; Lieder Jura 2010, 612, 616). Der große Schadensersatz führt zu einer Kombination von Rücktritt und Schadensersatz (BT-Drs. 14/6040, 141). Will der Gläubiger auch die *von ihm erbrachte Leistung* vom Schuldner zurückverlangen, muss er zusätzlich noch den Rücktritt erklären (§ 325; Gsell JZ 2004, 643; aA PWW/

Kramme Rn. 36; die Erklärung kann ggf konkludent in Schadensersatzforderung liegen, Grüneberg/Grüneberg Rn. 20).

33 **8. Beweislast.** Die Beweislast für die Voraussetzungen des § 281 trägt der Gläubiger, insbes nach Gefahrübergang für das Vorliegen eines Mangels (§ 363; Ausnahme: § 476). Für das Nichtvertretenmüssen der Pflichtverletzung zum maßgeblichen Zeitpunkt (→ Rn. 12) trägt der Schuldner die Beweislast (§ 280 I 2); auch → § 283 Rn. 11.

§ 282 Schadensersatz statt der Leistung wegen Verletzung einer Pflicht nach § 241 Abs. 2

Verletzt der Schuldner eine Pflicht nach § 241 Abs. 2, kann der Gläubiger unter den Voraussetzungen des § 280 Abs. 1 Schadensersatz statt der Leistung verlangen, wenn ihm die Leistung durch den Schuldner nicht mehr zuzumuten ist.

1 **1. Allgemeines. a) Zweck.** § 282 ist anwendbar, wenn der Schuldner zwar seine Leistung ordnungsgemäß erbringt oder noch nicht erbringen muss, dem Gläubiger aber die weitere Vertragsdurchführung wegen erheblicher „leistungsbegleitender Pflichtverletzungen" (BT-Drs. 14/7052, 186) des Schuldners nicht mehr zumutbar ist. Der Gläubiger kann dann ausnahmsweise (Canaris JZ 2001, 513) nach § 280 I iVm § 282 Schadensersatz statt der (Primär-)Leistung verlangen, wenn der Schuldner
2 die Nebenpflichtverletztung zu vertreten hat (§ 280 I 2). **b) Anwendungsbereich.** Erfasst sind alle Schuldverhältnisse mit (primären) Leistungspflichten, daher nicht das vorvertragliche Schuldverhältnis (BT-Drs. 14/7052, 186). Praktische Bedeutung kommt der Vorschrift nur bei vertraglichen Schuldverhältnissen zu. Schaffen Nachbesserungen des Verkäufers einen neuen Mangel, liegt eine Nebenpflichtverletzung iSv § 241 II vor, Gewährleistungsrecht ist nicht anwendbar (OLG Zweibrücken
3 VuR 2021, 311). **c) Abgrenzung zu §§ 280, 281.** Von §§ 280, 281 erfasst sind Störungen der (fälligen) Leistungspflicht, sowie die Verletzung von leistungsbezogenen Nebenpflichten, die eine „nicht wie geschuldete Leistung", § 281 I 1 darstellen (dazu → § 280 Rn. 14 f.; → § 281 Rn. 4). Begleitschäden durch eine Pflichtverletzung nach § 241 II (dazu → § 280 Rn. 10 ff.) sind unmittelbar nach § 280 I zu ersetzen (→ § 280 Rn. 4, 10).

4 **2. Voraussetzungen. a) Pflichtverletzung.** Der Schuldner muss eine Pflicht nach § 241 II (nicht leistungsbezogene Schutzpflicht, BT-Drs. 14/7052, 186) verletzt haben. Bsp: Eigentumsbeschädigung bei der Vertragsausführung, Beleidigungen und Kränkungen; Anstiftung von AN des Gläubigers zu illoyalem Verhalten. Der Anwendungsbereich ist gering. Nach dem Wortlaut kommen nur Pflichtverletzungen *vor* Erbringen der Hauptleistung in Betracht (für analoge Anwendung bei nachträglicher Verletzung Knoche/Höller ZGS 2003, 26 ff.). **Abgrenzung:** Verstöße gegen die allg Leistungstreuepflicht fallen unter §§ 280, 281 (aA Lorenz/Riehm Neues SchuldR 361; Knoche/Höller ZGS 2003, 26 ff.). Bsp: Vertragsaufsage vor Fälligkeit der Leistung (vgl § 323 IV zum Rücktritt), Störungen im Sukzessivlieferungsvertrag, soweit sie Einfluss auf die weitere Vertragsdurchführung haben (→ § 281 Rn. 25).
5 **b) Unzumutbarkeit.** Die Leistungserbringung muss für den Gläubiger unzumutbar sein. Dies setzt regelmäßig eine vorherige Abmahnung voraus (§ 314 II analog; s. BGH DB 1968, 1575), insbes, wenn die Pflichtverletzung Bezug zur Leistungserbringung hat. Die Unzumutbarkeit muss daneben aber besonders festgestellt werden (BT-Drs. 14/7052, 186). Die durch die Pflichtverletzung ausgelöste Störung des
6 Schuldverhältnisses muss den Fällen des § 281 entsprechen. **c) Vertretenmüssen (§ 280 I 2).** Wie → § 280 Rn. 25. Bezugspunkt des Verschuldensvorwurfs ist die in → Rn. 4 genannte Pflichtverletzung.

7 **3. Rechtsfolgen.** Wie bei § 281, dort → § 281 Rn. 16 ff. Geschuldet ist Schadensersatz statt der noch ausstehenden Leistung. Für Schadensersatz statt der *ganzen*

Leistung müssen die Voraussetzungen des § 281 I 2, 3 vorliegen (dann § 281 V). Der Leistungsanspruch erlischt erst mit dem Verlangen des Schadensersatzes (§ 281 IV). Im gegenseitigen Vertrag kann der Gläubiger auch zurücktreten (§§ 324, 325).

4. Beweislast. Der Gläubiger trägt die Beweislast für die Voraussetzungen des 8
§ 282; der Schuldner muss beweisen, dass er die Pflichtverletzung (→ Rn. 4) nicht zu vertreten hat.

§ 283 Schadensersatz statt der Leistung bei Ausschluss der Leistungspflicht

[1]Braucht der Schuldner nach § 275 Abs. 1 bis 3 nicht zu leisten, kann der Gläubiger unter den Voraussetzungen des § 280 Abs. 1 Schadensersatz statt der Leistung verlangen. [2]§ 281 Abs. 1 Satz 2 und 3 und Abs. 5 findet entsprechende Anwendung.

1. Allgemeines. a) Bedeutung. Anspruchsgrundlage für Schadensersatz statt 1
der Leistung bei **nachträglichen** Leistungshindernissen gem § 275 I–III ist § 280 I iVm § 283. Die Vorschrift hat klarstellende Bedeutung, indem sie bestimmt, dass bei Vorliegen eines nachträglichen Leistungshindernisses nach § 275 eine Pflichtverletzung im Sinne des § 280 I vorliegt (→ § 280 Rn. 8). Dies ergibt sich aber schon zwanglos daraus, dass auch in diesem Fall die Leistung nicht so erbracht wird (werden kann), wie sie geschuldet war. Die Pflichtverletzung liegt in der Nichtleistung, nicht in der Herbeiführung des Leistungshindernisses (insoweit würde § 280 I 2 nicht gelten); hM (MüKoBGB/Ernst Rn. 4, ausf Looschelders, FS Canaris 2017, 403, 412 mwN; aA Schwab JuS 2002, 1). Im Übrigen verzichtet § 283 auf eine Nachfrist nach § 281 I 1. Auch dies leuchtet ohne weiteres ein, da ein fälliger Anspruch auf die Leistung wegen des Leistungshindernisses nicht besteht. **b) Abgrenzung zu** 2
§ 311a II. Anspruchsgrundlage auf Schadensersatz statt der Leistung wegen **anfänglichen Leistungshindernissen** ist § 311a II. **c) Anwendungsbereich.** § 283 gilt 3
für alle (vertragliche wie ges) Schuldverhältnisse.

2. Voraussetzungen. a) Zwischen dem Schuldner und dem Gläubiger muss ein 4
wirksames Schuldverhältnis bestehen. **b)** Der Schuldner muss nach **§ 275** von 5
der Leistungspflicht nach Entstehen des Schuldverhältnisses befreit sein **(S. 1),** für die zunächst mögliche Leistung muss also vor der Erfüllung ein Leistungshindernis nach § 275 entstanden sein. In den Fällen des § 275 II, III dürfen die obj Voraussetzungen der Leistungserschwerung noch nicht bei Vertragsschluss vorgelegen haben (OLG Karlsruhe NJW 2005, 989 [§ 311a II für anfängliche Unmöglichkeit]; Erman/Ulber Rn. 7; Grüneberg/Grüneberg Rn. 3; aA PWW/Kramme Rn. 3); der Zeitpunkt der Erhebung der Einrede spielt keine Rolle. § 283 ist aber erst anwendbar, wenn der Schuldner die Einrede nach § 275 II, III erhoben hat (bis dahin: § 281).
c) Bei einem **teilweisen Ausschluss** der Leistungspflicht **(S. 2)** entsteht der Scha- 6
densersatzanspruch statt der Leistung bei teilbaren Leistungen (→ § 281 Rn. 21, ausf zur Teilbarkeit Staudinger/Schwarze Rn. 36–40) soweit die Leistungspflicht nach § 275 entfällt (→ § 275 Rn. 7 f.). Schadensersatz statt der *ganzen* Leistung **(großer Schadensersatz)** kann der Gläubiger bei schon teilw erbrachter Leistung unter den Voraussetzungen des § 281 I 2 (Gläubigerinteresse), bei nicht wie geschuldet erbrachter Leistung nach § 281 I 3 (Erheblichkeit des nicht behebbaren Mangels) verlangen. Hatte der Schuldner bei Eintritt des Leistungshindernisses noch nicht geleistet, kann der Gläubiger die nicht vertragsgemäße Leistung ablehnen (Bsp: Der verkaufte PKW wurde nach Vertragsschluss, aber vor Gefahrübergang irreparabel beschädigt) und Schadensersatz statt der ganzen Leistung verlangen (Grenze: § 242, → § 281 Rn. 22, 27). **d)** Der Schuldner muss das Leistungshindernis (Pflichtverlet- 7
zung) gem §§ 276 ff., 287 S. 2 zu vertreten haben (wie → § 280 Rn. 20).

3. Rechtsfolgen. a) Schadensersatz statt der Leistung. Wie → § 281 8
Rn. 16 ff.; **Zeitpunkt:** Eintritt des Leistungshindernisses; in den Fällen des § 275 II,

III das Vorliegen der obj Voraussetzungen des Leistungshindernisses (aA Grüneberg/Grüneberg Rn. 6: Erheben der Einrede; dies hängt aber vom Zufall ab, → Rn. 5
9 und → § 311a Rn. 3). Zu teilw Leistungshindernissen: → Rn. 6. **b) Wegfall der Gegenleistung** nach § 326 I (auch wenn der Schuldner das Leistungshindernis nicht
10 zu vertreten hat); der Gläubiger kann auch nach §§ 326 V, 323 zurücktreten. **c)** Die **beiderseits** zu vertretende Unmöglichkeit ist nicht geregelt (→ § 326 Rn. 22; aA Grüneberg/Grüneberg Rn. 4: immer § 254).

11 **4. Beweislast.** Die Beweislast für das Vorliegen des Leistungshindernisses trägt der Gläubiger; der Schuldner muss den Entlastungsbeweis führen (§ 280 I 2). Weiß der Gläubiger nicht, warum der Schuldner nicht leistet oder hat er Zweifel am Vorliegen eines Leistungshindernisses, muss er nach § 281 I 1 (Fristsetzung; ggf im Urteil zu bestimmen, § 255 ZPO) vorgehen. Dann muss der Schuldner beweisen, dass ein von ihm nicht zu vertretendes Leistungshindernis vorlag (→ § 281 Rn. 33). Misslingt dies, ist die Prüfung der §§ 275, 283 überflüssig und der Anspruch aus §§ 280, 281, 283 gegeben; die Rechtslage entspricht damit im Wesentlichen der gem § 283 aF (→ § 287 Rn. 1; Gsell JZ 2004, 110).

§ 284 Ersatz vergeblicher Aufwendungen

Anstelle des Schadensersatzes statt der Leistung kann der Gläubiger Ersatz der Aufwendungen verlangen, die er im Vertrauen auf den Erhalt der Leistung gemacht hat und billigerweise machen durfte, es sei denn, deren Zweck wäre auch ohne die Pflichtverletzung des Schuldners nicht erreicht worden.

Lit.: Fleck, Begriff und Funktion der „Billigkeit" bei § 284 BGB, JZ 2009, 1045; Lorenz, Schadensersatz statt der Leistung, Rentabilitätsvermutung und Aufwendungsersatz im Gewährleistungsrecht, NJW 2004, 26; Stoppel, Der Ersatz frustrierter Aufwendungen nach § 284 BGB, AcP 204, 81 ff.; Tröger, Der Individualität eine Bresche: Aufwendungsersatz nach § 284 BGB, ZIP 2005, 2238; Weitemeyer, Rentabilitätsvermutung und Ersatz frustrierter Aufwendungen unter der Geltung von § 284 BGB, AcP 205, 275.

1 **1. Zweck.** § 284 ist iVm §§ 280 I, III, 281–283, 311a II **Anspruchsgrundlage** auf Ersatz vergeblicher Aufwendungen. Verfolgt der Gläubiger einen ideellen oder konsumptiven Zweck, erleidet er regelmäßig durch die Pflichtverletzung keinen Vermögensschaden (§ 253 I). Er kann seine im Hinblick auf den Vertrag getätigten (frustrierten) Aufwendungen auch nicht als Mindestschaden nach der Rentabilitätsvermutung verlangen, da diese bei solchen Fallgestaltungen widerlegt ist (BGHZ 99, 198: abgesagte Parteiveranstaltung). Dieses Ergebnis korrigiert § 284, indem er dem Gläubiger anstelle des Schadensersatzes statt der Leistung einen Aufwendungserstattungsanspruch gewährt. § 284 geht jedoch weiter als die bish Rentabilitätsvermutung, die nur Aufwendungen, die direkt mit dem Erwerb zusammenhingen, erfasste. Damit wird die Unterscheidung zwischen Aufwendungen für kommerzielle und ideelle Zwecke hinfällig (BGHZ 163, 386 mN zur hM, OLG Stuttgart ZGS 2004, 434), ohne dass die Rentabilitätsvermutung gänzlich obsolet wäre (Althammer NZM 2003, 132; Klink Jura 2006, 485; Weitemeyer, AcP 205, 275, 278; aA Stoppel, AcP 204, 81 ff.; Wankerl ZGS 2009, 22). Der Anspruch entfällt aber, wenn der verfolgte Zweck auch ohne Pflichtverletzung des Schuldners nicht erreichbar gewesen wäre (BGHZ 163, 386, 387 Rn. 7); ebenso wenn der Gläubiger die Nutzung des mangelhaften Kaufgegenstands selbst unmöglich macht (BGH NJW 2011, 142 [Gebäudeabriss mit Folge verlorenen Bestandsschutzes]). **Abw. Vereinbarungen** in AGB und im Verbrauchervertrag sind in den Grenzen der §§ 308 Nr. 7, 307 möglich (Grigoleit ZGS 2002, 124).

2 **2. Anwendungsbereich.** Erfasst sind sämtliche Schuldverhältnisse (wie → § 281 Rn. 2 f.). **Entspr Anwendung** bei Gewährleistungsregelungen (§§ 523 II 1, 524 II 2, 536a, 651f, für direkte Anwendung PWW/Kramme Rn. 4), wenn (wie bei

§ 280 III) Schadensersatz wegen des positiven Interesses geschuldet wird (Huber/Faust SchuldRMod Rn. 4/9), da diese Regelungen hinsichtlich des neuen § 284 nachträglich lückenhaft geworden sind (Bsp BGHZ 99, 198: Partei muss die angemietete Halle wegen schwerer Mängel umgehend wieder räumen). Im Falle des mangelbedingten Rücktritts vom Kaufvertrag wird § 284 nicht von § 347 II verdrängt oder begrenzt (BGHZ 163, 385).

3. Voraussetzungen. a) Sämtliche Voraussetzungen (insbes auch Vertretenmüssen des Schuldners) eines **Anspruchs auf Schadensersatz statt der Leistung** (§§ 280 I, III, 281–283, 311a II) müssen vorliegen (OLG Schleswig NJW-RR 2011, 993; OLG Frankfurt BeckRS 2020, 17861). Zum Schadensersatz „neben" der Leistung steht § 284 nicht in einem Alternativverhältnis (BGHZ 163, 387). **b) Aufwendungen** iSv § 284 sind freiwillige Vermögensopfer des Gläubigers. Hierunter fallen insbes Vertragskosten (§ 467 S. 2 aF, Notarkosten) und sonstige Aufwendungen zum Erhalt der Leistung, zB Maklerkosten (auch → Rn. 5) oder Kosten für Überführung und Zulassung gekauften Kfz (BGHZ 163, 387), Einbaukosten (OLG Köln NJW-RR 2006, 677), Abschluss von Versicherungen, die Beauftragung von Transportunternehmen, Kosten für die Inempfangnahme der Leistung (zB Reise- und Übernachtungskosten für Konzertbesuch, LG Lüneburg NJW 2002, 614; Grigoleit ZGS 2002, 123), Darlehensaufnahme zur Kaufpreisfinanzierung (vgl BGHZ 114, 197); Aufwendungen für die künftige Verwendung der Leistung des Schuldners (BT-Drs. 14/6040, 143: Umbaukosten, Werbung; BGHZ 163, 381: Zubehörteile) sind ersatzfähig, soweit sie dem im Vertrag vereinbarten oder vorausgesetzten Verwendungszweck entsprechen (Huber/Faust SchuldRMod § 284 4/24 f.). Die eigene Arbeitskraft ist entspr § 1835 III (wie → § 683 Rn. 6) ersatzfähig. Entgangener Gewinn aus einem anderen Geschäft fällt nicht unter § 284 (BT-Drs. 14/6040, 144). Zur erbrachten Gegenleistung: → Rn. 8 aE. **c)** Die Aufwendungen müssen **im Vertrauen** auf den Erhalt der Leistung getätigt worden sein, dh *nach* wirksamer Begründung des Schuldverhältnisses (Grüneberg/Grüneberg Rn. 6; beachte: Rückwirkung der Genehmigung § 184 I, BGH NJW 1999, 2269; großzügiger PWW/Kramme Rn. 7; Staudinger/Schwarze Rn. 32; MüKoBGB/Ernst Rn. 23 f.) erfolgt oder durch den Vertragsschluss bedingt (Bsp: § 652 I) sein. Nicht ersatzfähig: Kosten der Vertragsverhandlungen und solche zur Vorbereitung des Vertragsschlusses (OLG Hamm NJW-RR 2016, 1501: Gutachten zum Verkehrswert einer Immobilie). **d)** Die Aufwendungen müssen nach Grund und Höhe der **Billigkeit** entsprechen. Dies ist nicht der Fall, wenn sie außer Verhältnis zum Wert der Leistung stehen (Wert des geschuldeten Bildes: 1.000, Wert des dafür hergestellten Rahmens: 8.000; hM, MüKoBGB/Ernst Rn. 25; aA Tröger ZIP 2005, 2238, 2247), gänzlich unüblich sind oder zu einem Zeitpunkt getätigt werden, an dem die Leistungsstörung bereits absehbar ist (vgl § 254 II 1 Fall 1; str Stopppel, AcP 204, 81, 99; Grigoleit ZGS 2002, 124; gegen Vorhersehbarkeit Canaris JZ 2001, 517; Weitemeyer, AcP 205, 275, 284).

3 4 5 6

4. Anspruchsausschluss. Der Anspruch ist **ausgeschlossen (letzter Hs.),** wenn der vom Gläubiger mit dem Schuldverhältnis verfolgte Zweck aus anderen Gründen als der Pflichtverletzung nicht erreicht worden wäre (Zweckverfehlung). Insoweit sind *hypothetische* Ursachen (→ Vor § 249 Rn. 42) ausdr beachtlich (Weitemeyer, AcP 205, 275, 285). Handelt der Gläubiger erwerbswirtschaftlich, besteht kein Anspruch aus § 284, wenn er aus dem Geschäft ohnehin keinen Gewinn gezogen hätte, da die Leistungsstörung für ihn nicht zum „Glücksfall" werden darf (BT-Drs. 14/6040, 144). Im Gesetzgebungsverfahren wurde ein wahlweise bestehender Anspruch auf das negative Interesse ausdrücklich abgelehnt (BT-Drs. 14/6040, 143). Bei konsumptiven, spekulativen, ideellen oder marktstrategischen Zwecken (BT-Drs. 14/6040, 144) kommt es darauf an, ob dieser Zweck unabhängig von der Pflichtverletzung des Schuldners verfehlt worden wäre (Bsp BGHZ 98, 198: Die Parteiveranstaltung wäre ohnehin abgesagt worden). Nach BGH (BGHZ 163, 388) besteht die Ersatzpflicht unabhängig davon, ob die Aufwendungen ausnahmsweise 7 nicht frustriert sind (Bsp: Zubehörteile für mangelhaftes Kfz können anderweitig verwendet werden; krit Faust NJW 2009, 3698), es kommt nur darauf an, ob die Aufwendungen auch im Fall der Mangelfreiheit ihren Zweck verfehlt hätten (s. auch BGH NJW 2011, 142: Vergeblichkeit von Aufwendungen wegen Gebäudeabriss, nicht wegen Mangel).

8 **5. Rechtsfolge.** Der **Aufwendungserstattungsanspruch** besteht wahlweise (aA Weitemeyer AcP 205, 275, 290 ff.) zum Anspruch auf Schadensersatz statt der Leistung (insoweit kann Rentabilitätsvermutung fortgelten, str, Weitemeyer AcP 205, 275, 278; aA Tröger ZIP 2005, 2238, 2243 mN zum Streitstand); neben dem Anspruch auf kleinen Schadensersatz (§ 281 I 2, 3), soweit die Aufwendungen ausschließlich die nicht erhaltene Leistung betreffen. Nicht ersetzt wird das negative Interesse (Grüneberg/Grüneberg Rn. 8). Der Gläubiger kann bei der Berechnung seines Anspruchs auch noch später (im Rechtsstreit) von Schadensersatz statt der Leistung auf Aufwendungsersatz übergehen und umgekehrt. Der Anspruch kann analog § 254 gekürzt werden (aA [direkt] PWW/Kramme Rn. 2); uU § 255, ebenso ist er bei Rückabwicklung des Kaufvertrages um die Nutzungsdauer der Kaufsache anteilig zu kürzen (BGHZ 163, 388). Kombination mit § 285 möglich (Huber/Faust SchuldRMod § 284 4/53). Die schon erbrachte Gegenleistung kann nach §§ 346, 323, 326 V, 325 zurückverlangt werden.

§ 285 Herausgabe des Ersatzes

(1) **Erlangt der Schuldner infolge des Umstands, auf Grund dessen er die Leistung nach § 275 Abs. 1 bis 3 nicht zu erbringen braucht, für den geschuldeten Gegenstand einen Ersatz oder einen Ersatzanspruch, so kann der Gläubiger Herausgabe des als Ersatz Empfangenen oder Abtretung des Ersatzanspruchs verlangen.**

(2) **Kann der Gläubiger statt der Leistung Schadensersatz verlangen, so mindert sich dieser, wenn er von dem in Absatz 1 bestimmten Recht Gebrauch macht, um den Wert des erlangten Ersatzes oder Ersatzanspruchs.**

Lit.: Eichel/Fritzsche, Gewinnabschöpfung im Rückgewährschuldverhältnis, NJW 2018, 3409; Löwisch, Herausgabe von Ersatzverdienst, NJW 2003, 2049; Wackenbarth, Die Reichweite des § 285 im Rahmen der Gewährleistung am Beispiel von Käuferketten, ZGS 2008, 341.

1 **1. Allgemeines. a) Bedeutung:** Anspruchsgrundlage (→ Rn. 10 ff.) iVm § 275
2 (vgl → Rn. 6). **b) Grundgedanke:** Nach dem (fortbestehenden) Schuldverhältnis gebührt im Verhältnis der Parteien dem Gläubiger, dessen Anspruch auf die Leistung nach § 275 nicht besteht, was im Vermögen des Schuldners an deren Stelle getreten ist (vgl BGH NJW-RR 1988, 903; Lobinger JuS 1993, 456 ff.); Fall der **„schuldrechtlichen Surrogation“;** er entspricht idR dem mutmaßlichen Parteiwillen (BGHZ 99, 388; 135, 289: ges geregelter Fall ergänzender Vertragsauslegung).
3 **c) Anwendungsbereich:** Gilt für alle vertraglichen und ges Schuldverhältnisse (→ § 241 Rn. 3) auf Leistung bestimmter Gegenstände (→ Rn. 5), soweit die „allg Vorschriften“ eingreifen, also zB im Fall der Haftung für Mängel im Kauf- und Werkvertrag (§§ 437, 634, dazu → Rn. 6), der gem §§ 818 IV, 819 verschärften Bereicherungshaftung (BGHZ 75, 207), des Rücktritts (BGH NJW 1983, 930; Lorenz NJW 2015, 1725; offen gelassen in BGH NJW 2015, 1748 Rn. 21; Eichel/Fritzsche NJW 2018, 3409; § 346 IV), Vermächtnis (KG ZEV 1999, 494) und bei aufschiebend bedingter Verpflichtung (BGHZ 99, 388 f.), **nicht** dagegen für die einfache Bereicherungshaftung (Sonderregelung des § 818 II, III gilt, vgl BGHZ 75, 206; ie → § 818 Rn. 10 f.), ferner nicht für den dinglichen Herausgabeanspruch
4 gem § 985 (vgl dort → § 985 Rn. 4 ff. mN). **d) Abgrenzung. aa) Sondervorschriften** enthalten §§ 816 I; 687 II, 681, 667; S 384 II HGB. **bb)** Ergänzende

Vertragsauslegung (§§ 157, 242) kann zu entspr (auch weitergehender) Nebenpflicht führen (BGHZ 25, 10; OLG Dresden NJW-RR 1998, 373; auch → Rn. 9).

2. Voraussetzungen. a) Schuldverhältnis Auf Leistung eines bestimmten Gegenstandes (→ Vor § 90 Rn. 1) gerichtetes Schuldverhältnis. „Gegenstand" umfasst auch einen kraft Ges übergehenden Annex der Leistung (BGHZ 135, 288 f.). Bsp für Schuldverhältnisse: Vertrag, zB gem § 433, wegen § 535 vgl → Rn. 9; uH; GoA. Nicht hierher gehören die in → Rn. 3 ausgenommenen Schuldverhältnisse, Gattungsschulden (§ 243 I) vor Konkretisierung (anders bei Untergang der ganzen Gattung, → Rn. 6), auf Handlung oder Unterlassung gerichtete Schuldverhältnisse (zu Dienstleistungen mit abw Ansicht Löwisch NJW 2003, 2049). **b) Leistungshindernis.** Erfasst sind sowohl **anfängliche** als auch **nachträgliche** Leistungshindernisse gemäß § 275 (hM, s. etwa MüKoBGB/Emmerich Rn. 3 mN; aA Wackenbarth ZGS 2008, 341, 347). Gleich bleibt, ob der Schuldner das Leistungshindernis des § 275 zu vertreten hat oder nicht (arg **II**); in den Fällen des § 275 II, III muss die Einrede erhoben sein (→ § 275 Rn. 32, sonst §§ 280, 281). **Quantitative** oder **qualitative** (dazu → § 275 Rn. 9) Unmöglichkeit genügt (BGHZ 114, 36 f.; 129, 103); Anspruch auf das **Mangelsurrogat** besteht auch bei (anfänglichen oder nachträglichen) unbehebbaren Mängeln der Kaufsache oder des Werkes (Bsp: Das verkaufte Haus brennt vor Gefahrübergang ab oder wird schwer beschädigt, vgl auch Tiedtke NJW 1995, 3084; Eckardt JR 1996, 400 f.) oder wenn der Schuldner die **Nacherfüllung gem §§ 439 III, 635 III verweigert** (arg → § 275 Rn. 29; PWW/Kramme Rn. 2). § 285 gilt **entsprechend,** wenn die Sachmangelhaftung vertraglich ausgeschlossen ist oder soweit die Pflichtverletzung (§ 280 I) zur dauernden Entwertung der Leistung führt. Bsp: Einziehung der abgetretenen Forderung durch den Abtretenden mit der Folge des § 407 (RGZ 111, 303). **c) Erlangung von Ersatz oder Ersatzanspruch. aa) Allgemeines.** Sog **stellvertretendes commodum** ist jeder Vermögensvorteil, der wirtschaftlich im Schuldnervermögen an die Stelle der nach § 275 weggefallenen Leistung tritt; **Surrogat** im wirtschaftlichen Sinn genügt. Bsp: Schadensersatzleistung durch den Drittschädiger bei uH (entspr Schadensersatzanspruch); Entschädigungsleistung bei Enteignung; Restitutionsanspruch nach VermG (KG ZEV 1999, 494); Versteigerungsübererlös in der Zwangsvollstreckung (BGH WM 1987, 988); Versicherungssumme bei Zerstörung (Beschädigung) der geschuldeten Sache (dazu BGHZ 99, 388 f.; 114, 34 ff.; 129, 106 [insoweit krit Tiedtke NJW 1995, 3084 f.; Eckardt JR 1996, 399]; sog **commodum ex re**); rechtsgeschäftlicher Gegenwert (Veräußerungserlös) bei anderweitiger Verfügung (sog **commodum ex negotiatione;** → Rn. 8; Staudinger/Caspers Rn. 37). 5 6 7

8 **bb) Kausalzusammenhang** zwischen dem Leistungshindernis (→ Rn. 6) und der Ersatzerlangung (→ Rn. 7; **I: „infolge"**). Adäquater Kausalzusammenhang (→ Vor § 249 Rn. 27 ff.) genügt (BGH LM Nr. 1); wirtschaftlich Zusammengehöriges gilt als Einheit. Bsp: Der *Veräußerungserlös* (→ Rn. 7) ist herauszugeben, obwohl er auf dem schuldrechtlichen Vertrag beruht und nicht auf der erst zum Leistungshindernis führenden dinglichen Veräußerung (BGHZ 46, 260, 264; 75, 203, 206; NJW 1983, 930: ZIP 2005, 1138; hM Staudinger/Caspers Rn. 37; MüKoBGB/Emmerich Rn. 22 mN); auch wenn er Wert des Gegenstandes oder der Gegenleistung *übersteigt (str., Eichel*/Fritzsche NJW 2018, 3409; aA Staudinger/*Caspers Rn.* 41; Löwisch NJW 2003, 2049). **cc) Identität zwischen geschuldetem und ersetztem Gegenstand (I:** Ersatz **„für"** den geschuldeten Gegenstand). Ein Eigentumssurrogat ist nur dann herauszugeben, wenn die Eigentumsverschaffung, nicht aber, wenn (nur) Besitzverschaffung (Gebrauchsüberlassung) geschuldet war. Bsp: Bei Untergang einer vermieteten (verpachteten) Sache hat der Mieter (Pächter) keinen Anspruch auf Mieteinräumung am Ersatzgegenstand oder auf Zinsen aus der Entschädigung (BGHZ 25, 10; vgl aber → Rn. 4 [bb]). Bei der Veräußerung eines zu belastenden Grundstücks hat der Gläubiger keinen Anspruch auf den infolge der fehlenden Belastung erzielten Mehrerlös (BGHZ 46, 266); bei Doppelvermietung steht dem Erstmieter der Erlös aus der Zweitvermietung nicht zu, wenn 9

er die Mietsache nicht wie der Zweitmieter hätte nutzen dürfen (BGHZ 167, 312). Eine Abfindung, die dem Hauptmieter für eine vorzeitige Auflösung des Hauptmietverhältnisses gewährt wird, gebührt dem Untermieter (BGH NJW-RR 1986, 235 f.). Führt eine Neuwertversicherung des Leasingnehmers dazu, dass die Versicherungsleistung über dem Ersatz des Wiederbeschaffungswertes des Leasinggutes liegt, steht dieser „Übererlös" dem Leasingnehmer zu und ist nicht an den Leasinggeber herauszugeben (BGH BeckRS 2020, 29265; BeckRS 2020, 36328; BeckRS 2020, 32016).

10 **3. Rechtsfolge: Anspruch auf Ersatzherausgabe (Abtretung des Ersatzanspruchs). a) Allgemeines.** Der Anspruch ist kein Schadensersatzanspruch, kann aber mit einem solchen zusammentreffen (**II** und → Rn. 13), auch kein Bereicherungsanspruch. Er **entsteht** nicht kraft Ges, sondern erst mit dem Verlangen des Gläubigers („verhaltener Anspruch"); zum **Wahlrecht** des Gläubigers in zeitlicher
11 Hinsicht vgl → Rn. 13. **b) Inhalt.** Alles Erlangte ist herauszugeben; maßgebend ist, was dem Schuldner tatsächlich zugeflossen ist (BGHZ 114, 39; NJW 2015, 1748: abl für Versicherungsanspruch, der noch nicht anerkannt und nicht abtretbar ist). Ein Veräußerungserlös (→ Rn. 7 f.) ist in voller Höhe herauszugeben einschließlich des erzielten Geschäftsgewinns (RGZ 138, 48; Larenz SchR I § 21 I, hM) und des gezogenen Zinsertrags (BGH NJW 1983, 930; Knütel JR 1983, 356). Eigene Aufwendungen des Schuldners können dem Gläubiger nur entgegengehalten werden, soweit sie zu einem aufrechenbaren Gegenanspruch führen (BGH DtZ 1997,
12 226 mN). **c) Abwicklung.** Die Herausgabeschuld, deren Verjährung und der Verschuldensmaßstab richten sich nach dem (fortbestehenden) ursprünglichen Schuldverhältnis (BGHZ 140, 240; BGH NJW-RR 1988, 904 mN); der Anspruch auf das Mangelsurrogat (→ Rn. 6) unterliegt nach Gefahrübergang der Verjährungsfrist der §§ 438, 634a. §§ 275, 283 gelten (auch bei Herausgabe von Geld), nicht § 818 III.

13 **4. Verhältnis zum Schadensersatzanspruch (II).** Der Herausgabeanspruch gem → Rn. 10 ff. schließt einen bestehenden Schadensersatzanspruch nicht aus, führt aber zu wertmindernder **Anrechnung;** Grund: Keine Besserstellung des Gläubigers (Fall der Vorteilsausgleichung). Der Gläubiger, der Ersatzherausgabe verlangt hat (→ Rn. 10), kann bis zu deren Leistung auf seine Forderung nach vollem Schadensersatz zurückkommen (RGZ 108, 187). Der Schuldner kann den Gläubiger, der Schadensersatz verlangt, nicht auf die Ersatzherausgabe verweisen (RGZ 105, 155). Für die Gegenleistung gilt § 326 III.

§ 286 Verzug des Schuldners

(1) [1]**Leistet der Schuldner auf eine Mahnung des Gläubigers nicht, die nach dem Eintritt der Fälligkeit erfolgt, so kommt er durch die Mahnung in Verzug.** [2]**Der Mahnung stehen die Erhebung der Klage auf die Leistung sowie die Zustellung eines Mahnbescheids im Mahnverfahren gleich.**

(2) **Der Mahnung bedarf es nicht, wenn**
1. **für die Leistung eine Zeit nach dem Kalender bestimmt ist,**
2. **der Leistung ein Ereignis vorauszugehen hat und eine angemessene Zeit für die Leistung in der Weise bestimmt ist, dass sie sich von dem Ereignis an nach dem Kalender berechnen lässt,**
3. **der Schuldner die Leistung ernsthaft und endgültig verweigert,**
4. **aus besonderen Gründen unter Abwägung der beiderseitigen Interessen der sofortige Eintritt des Verzugs gerechtfertigt ist.**

(3) [1]**Der Schuldner einer Entgeltforderung kommt spätestens in Verzug, wenn er nicht innerhalb von 30 Tagen nach Fälligkeit und Zugang einer Rechnung oder gleichwertigen Zahlungsaufstellung leistet; dies gilt gegenüber einem Schuldner, der Verbraucher ist, nur, wenn auf diese Folgen in**

der Rechnung oder Zahlungsaufstellung besonders hingewiesen worden ist. [2]Wenn der Zeitpunkt des Zugangs der Rechnung oder Zahlungsaufstellung unsicher ist, kommt der Schuldner, der nicht Verbraucher ist, spätestens 30 Tage nach Fälligkeit und Empfang der Gegenleistung in Verzug.

(4) **Der Schuldner kommt nicht in Verzug, solange die Leistung infolge eines Umstands unterbleibt, den er nicht zu vertreten hat.**

(5) **Für eine von den Absätzen 1 bis 3 abweichende Vereinbarung über den Eintritt des Verzugs gilt § 271a Absatz 1 bis 5 entsprechend.**

Lit.: Bergmann, Purgatio morae – Verzug und Verzugsbereinigung im (Wohnraum-)Mietrecht, AcP 222 (2022), 104; Eberl-Borges, Leistungsverzögerung bei mehrseitigen Vertragsverhältnissen, AcP 203, 633; Canaris, Grundprobleme des Schuldnerverzugs nach dem BGB, FS Koziol, 2010, 45; Gsell, Mängelleistung und verzögerte Nacherfüllung als einheitliche Pflichtverletzung im neuen Schuldrecht, FS Canaris 2007, Bd 1, S. 337; Goebel, Erstattungsfähige Rechtsverfolgungskosten bei Inkasso durch Rechtsdienstleister, NJW 2016, 3332; Haas/Keller, Haftung für den durch Schuldnerverzug verursachten „Insolvenzschaden", FS Schilken 2015, 19; Haberzettl, Der Ersatz von Deckungsschäden während der Leistungsverzögerung, NJW 2007, 1328; Hunecke, Ersatzfähigkeit außergerichtlicher Rechtsanwaltskosten, NJW 2015, 3745; Oepen, Probleme des modernisierten Verzugstatbestandes, ZGS 2002, 349; Weber, Verzugszinsen: Entschuldbarer Rechtsirrtum und Geltendmachung durch Bestandsschutzklage, DB 2021, 3035.

1. Allgemeines. a) Systematik. Verspätungsschäden können nach § 280 II nur 1
unter den zusätzlichen Voraussetzungen von § 286 ersetzt werden. V wurde mit Wirkung zum 29.7.2014 durch das Ges zur Bekämpfung von Zahlungsverzug im Geschäftsverkehr (BGBl. I 1218) zur Umsetzung der entspr RL 2011/7/EU neu eingefügt. **b) Begriff.** Schuldner-(Leistungs-)**verzug** ist die pflichtwidrige vom 2
Schuldner zu vertretende Verzögerung der (noch möglichen) Leistung. **c) Rechts-** 3
natur: Verletzung einer Leistungspflicht; ges geregelter (Unter-)fall der **Leistungsstörung** (→ Vor § 275 Rn. 1). **d) Anwendungsbereich** umfasst auch Schuldver- 4
hältnisse außerhalb von Buch 2 (→ Vor § 241 Rn. 6 ff.), zB sachenrechtliche (§ 990 II [BGH NJW 2021, 1088]; § 888 – so BGHZ 208, 133 Rn. 5–8, in Abkehr von BGHZ 49, 265; BGH NJW-RR 1987, 74, 76), nicht jedoch allg öffentl-rechtliche Rechtsverhältnisse (BGH NJW 1982, 1277 f. mN); ie sehr str, stets Einzelprüfung geboten (BGHZ 108, 270 f.); gilt auch bei Schuldübernahme durch Sozialhilfeträger (BGHZ 205, 260) **e) Abgrenzung. aa) Leistungshindernisse nach** 5
§ 275 schließen Schuldnerverzug aus; in den Fällen des § 275 II, III aber erst, wenn der Schuldner die Einrede erhoben hat. Die Leistung muss **nachholbar** sein (BGH NJW 1988, 252; MüKoBGB/Ernst Rn. 51), was bei vorübergehenden Leistungshindernissen der Fall ist (→ § 275 Rn. 10; BGHZ 84, 248; hM). Lieferung einer mangelhaften Sache ist keine Nichtleistung iSv § 286 (Gsell, FS Canaris 2007, Bd 1, S. 337, 341 mN zur Gegenansicht). Während des Schuldnerverzugs kann ein Leistungshindernis nach § 275 entstehen (vgl §§ 287 S. 2; 290; vgl hierzu → § 287 Rn. 4). UU kann auch die bloße Leistungsverzögerung die Unmöglichkeit (§ 275 I) herbeiführen. Fälle: Verzögerung bei zeitlich begrenzter **Dauerverpflichtung** (Bsp: Bei Miete vom 1.8.–30.9. wird Mietobjekt erst am 1.9. zur Verfügung gestellt: Teilunmöglichkeit); beim **absoluten Fixgeschäft** (→ § 275 Rn. 14); bei Nichtbeschäftigung des AN während bestehender **Beschäftigungspflicht** (BAG NJW 1986, 1832); bei zeitlich begrenzten und dauernden **Unterlassungspflichten** (nur Unmöglichkeit; vgl → § 275 Rn. 16); allg bei Ablauf des Erfüllungszeitraums (Larenz SchR I § 21 I a). **bb) Gläubigerverzug:** → § 293 Rn. 9. **cc) Pflichtver-** 6
letzung. Die nicht rechtzeitige Leistung stellt eine Pflichtverletzung dar, die unter 7
den Voraussetzungen der §§ 280 I, 286 zum Ersatz des Verzögerungsschadens verpflichtet. Lediglich obj Leistungsverzögerung begründet keine Schadensersatzpflicht (→ § 280 Rn. 9), wohl aber uU die Verletzung von Anzeige-(Mitteilungs-)pflichten (→ § 242 Rn. 19 f.) bei unverschuldeter Verzögerung der Leistung (RGZ 68, 194); ferner die vor oder nach Eintritt der Fälligkeit erklärte ernsthafte und endgültige, die Erreichung des Vertragszwecks gefährdende Erfüllungsverweigerung (→ § 280

8 Rn. 17 f.; → § 281 Rn. 9). **f) Prozessuales.** Das Vorliegen des Schuldnerverzuges kann nicht Gegenstand einer Feststellungsklage sein (BGH NJW 2000, 2281 mAnm Schilken JZ 2001, 198; vgl demgegenüber → § 293 Rn. 7 [d]).

9 **2. Überblick. a) Grundsatz.** Allg. **Regelung** des Schuldnerverzugs: §§ 286–290. **Nicht zwingend,** doch bestehen bei Verwendung von **AGB** Schranken, wenn die Haftung des Kunden verschärft oder die des Verwenders gemildert werden soll (§ 308 Nr. 1, 2; 309 Nr. 4, 5a, b, 7, 8); zur vertraglichen Verzugsfolgenregelung ie → § 280 Rn. 55; → § 288 Rn. 8. **Sondervorschriften:** §§ 339, 536a II Nr. 1,
10 543 II Nr. 3, 546a, 775 Nr. 3 ua. **b) Voraussetzung** des Schuldnerverzugs (§ 286) ist schuldhafte Nichtleistung trotz Mahnung nach Fälligkeit (geläufige Kurzformel, aber ungenau). Ie ist erforderlich: **Vollwirksam** entstandener und **fälliger** Anspruch; **obj Verzögerung** der (geschuldeten) Leistung (Pflichtverletzung, vgl → § 280 Rn. 33 ff.); **Mahnung des Schuldners** (→ Rn. 15 ff.), soweit diese nicht ausnahmsweise entbehrlich ist (→ Rn. 24 ff.); kein Fall von **Nichtvertretenmüssen** des Schuldners **(IV); Annahme-**(Mitwirkungs-)**bereitschaft** des Gläubigers
11 (§ 297 entspr; Gursky AcP 173, 450). **c) Rechtsfolgen (§§ 280 II, 287–290). aa) Schadensersatz.** Der Gläubiger kann den **Verzögerungsschaden** ersetzt verlangen (§ 280 II und dort → § 280 Rn. 49 ff.). Für den Schadensersatz statt der Leistung nach §§ 280, 281 und das Rücktrittsrecht im gegenseitigen Vertrag (§ 323) ist der Verzug keine selbstständige Anspruchsvoraussetzung; er wird aber regelmäßig zusammen mit der Fristsetzung eintreten (Grüneberg/Grüneberg § 281 Rn. 7 mN).
12 **bb) Verschärfte** und **erweiterte Haftung** des Schuldners (§§ 287, 290), **Verzinsungspflicht** bei der Geldschuld (§§ 288 f.).

13 **3. Pflichtverletzung. Vollwirksamkeit** und **Fälligkeit** der **Leistung** (→ § 280 Rn. 33). **a)** Der Anspruch muss **vollwirksam** entstanden (nicht der Fall bei fehlender Zustimmung gem §§ 182 ff., vgl → § 280 Rn. 33) und **durchsetzbar** sein, dh ihm darf keine dauernde oder aufschiebende Einrede entgegenstehen. Bereits das bloße Bestehen des Einrederechts schließt idR Verzugseintritt aus (f. § 320: BGH NJW-RR 2003, 1318; BGHZ 113, 236), ausnahmsweise ist Geltendmachung erfor-
14 derlich (→ § 280 Rn. 34 ff.). **b) Fälligkeit** setzt grds Bestimmtheit voraus (BayObLG FamRZ 2004, 1995; → Rn. 25; iü → § 271 Rn. 2; für Vergütung von Nachlasspfleger, Insolvenzverwalter etc trifft dies erst ab gerichtlicher Festsetzung zu, BGH WM 2004, 697; BayObLG FamRZ 2004, 1995); Beweislast trägt Gläubiger. Verbindung der fälligkeitsbegründenden Handlung mit der Mahnung ist möglich (→ Rn. 20). Verweigert der Gläubiger die zur Leistung notwendige **Mitwirkung,** kommt der Schuldner nicht in Verzug (BGH NJW 1996, 1746; → § 280 Rn. 38; er muss die Leistung jedoch gerade im Hinblick auf die fehlende Mitwirkung verweigern, OLG Stuttgart NJW 2020, 3526).

15 **4. Mahnung (I 1). a) Allgemeines. aa) Begriff:** An den Schuldner gerichtete Aufforderung des Gläubigers, die das bestimmte Verlangen zum Ausdruck bringt,
16 die geschuldete Leistung nunmehr unverzüglich zu bewirken. **bb) Rechtsnatur:** Einseitige empfangsbedürftige (§§ 130–132) geschäftsähnliche Handlung (BGH NJW 1987, 1547 mN, hM), Vorschriften über Willenserklärungen gelten jedoch grds entsprechend (§ 107: OLG Köln NJW 1998, 320; §§ 164 ff.: BGH NJW 2006, 688 mN); aufschiebende Befristung möglich (allgM), Bedingung nicht (RGZ 75,
17 335, hM; str). **cc) Zweck:** Warnfunktion. **dd)** Notwendiger **Inhalt:** Die Aufforde-
18 rung muss hinreichend bestimmt (→ Rn. 25) und eindeutig sein (BGH NJW 1998, 2133); sie muss erkennen lassen, dass das Ausbleiben der Leistung Folgen haben werde (klarstellend dazu BGH NJW 1998, 2133). Nicht erforderlich ist die Ankündigung bestimmter Folgen (vgl BGHZ 174, 82 mN) oder eine Rechtsfolgenbeleh-
19 rung (Ausnahme: **III** u § 37 II VVG). **ee) Formlos** möglich, damit auch durch schlüssiges Verhalten, soweit es → Rn. 15 genügt. Bsp: Vorlage von Wechsel zur Zahlung (BGHZ 96, 194); Übersendung von ausgefüllter Zahlkarte, uU einer „zweiten Rechnung", auch Zahlungsaufforderung in Versform (LG Frankfurt a. M.

NJW 1982, 650); berechtigtes Nachlieferungsverlangen (§ 439 I), **nicht** dagegen schon mit der ersten Rechnung (arg **III,** OLG Saarbrücken NJW-RR 2013, 852), einer Rechnung mit Zahlbarkeitsfrist (LG Paderborn MDR 1983, 225; OLG Saarbrücken NJW-RR 2013, 852; aA Wilhelm ZIP 1987, 1500) oder einem bloßen (Kulanz-)Erinnerungsschreiben (Abgrenzung zur Aufforderung in höflicher Form: BGH NJW 1998, 2133). Schranken für gewillkürten Formzwang: § 309 Nr. 13.
ff) Zeitpunkt: nach Fälligkeit (→ Rn. 14) des **entstandenen** Anspruchs, *vorher* **20**
ist (und bleibt) eine Mahnung wirkungslos (BGHZ 103, 66; BGH NJW 1986, 842; NJW 1992, 1956); jedoch wird **Verbindung** von fälligkeitsbegründender Handlung (BGH NJW-RR 2021, 737 [abl f. Aufforderung nach § 555a]; NJW 2017, 1823) und Mahnung zugelassen (idR aber nicht mit erstmalig zugesandter, so wenig überzeugend BGHZ 174, 82 mN mit insoweit krit Anm Gsell NJW 2008, 52; BGH NJW 2001, 3115; NJW 2006, 3271; OLG Frankfurt NJW-RR 2019, 1138 für unmissverständliche Kündigung von Kreditkonto; MüKoBGB/Ernst Rn. 69 mN, hM, str; zurückhaltend u.a. OLG Frankfurt NJW-RR 2013, 566; OLG Hamm NJOZ 2018, 930 → Rn. 22). Bsp: Abruf einer Leistung als Mahnung. Eintritt des Verzugsbeginns: → Rn. 38; Mängelanzeige kann hinreichend klare Aufforderung zur Beseitigung und damit Mahnung sein, da Fälligkeit schon mit Entstehen des Mangels eintritt (OLG Rostock BeckRS 2020, 19657). **b)** Der Mahnung **gleichge-** **21**
stellte Fälle (I 2): aa) Erhebung der **Leistungsklage** (§ 253, 254 ZPO [BGHZ 80, 277], 281, auch 33); nicht §§ 256, 257 ff. ZPO; 174 InsO. **bb)** Zustellung von **Mahnbescheid** (§§ 688 ff. ZPO). **cc)** Zustellung eines Antrags nach § 251 FamFG (BGH NJW 2008, 2710 [§ 647 aF]; Grüneberg/Grüneberg Rn. 21); einstweilige Anordnung (BGH NJW 1983, 2320); Prozesskostenhilfegesuch (BGH NJW-RR 1990, 323; NJW 2008, 2713). **dd)** Zugang von Prozesskostenhilfeantrag gem §§ 114, 118 I ZPO (**I 2 entspr;** BGH NJW-RR 1990, 325; krit OLG Bamberg NJW-RR 1990, 904). **ee)** Zustellung von **Urteil,** wenn die Leistung erst in diesem Zeitpunkt fällig wird **(I 2 entspr).** Bsp: Urteil über Weiterbeschäftigung des gekündigten AN (so iE auch BAG NJW 1986, 1832). Bei Gestaltungsurteil nach § 315 III 1 Verzugseintritt erst mit Rechtskraft (BGHZ 167, 149 mN → § 315 Rn. 12).
c) Einzelfragen. aa) Gegenseitiger Vertrag (§ 320). Der mahnende Teil muss **22**
seine Gegenleistung iSv §§ 293 ff. anbieten (→ § 280 Rn. 35; → § 320 Rn. 18).
bb) Hat der Gläubiger bei der Leistung **mitzuwirken** (zB Holschuld), ist die Mah- **23**
nung nur wirksam, wenn der Gläubiger die erforderliche Mitwirkungshandlung vornimmt oder sich zu ihr bereit erklärt (BGH NJW-RR 1990, 444; → Rn. 14).
cc) Zuvielmahnung (auch durch Klageerhebung usw) ist wirksam, wenn sie der **24**
Schuldner als Aufforderung zur Bewirkung der *tatsächlich geschuldeten* Leistung verstehen muss und der Gläubiger zur Annahme der Leistung im tatsächlich rückständigen Umfang bereit ist (BGHZ 146, 35; NJW 1999, 3116; BGH NJW-RR 2020, 1175: Einzelfallbetrachtung). Nicht unverhältnismäßig überhöhte Zuvielforderung ist idR unschädlich (§ 242; BGH NJW-RR 1987, 682; NJW 1991, 1823 mN; abw für qualifizierte Mahnung gem § 39 I aF VVG (jetzt § 38): BGH VersR 1985, 533). **Zuwenigmahnung** begründet nur hinsichtlich des geltend gemachten Betrags Verzug (BGH NJW 1982, 1985). Anmahnung eines **hilfsweise** geltend gemachten Anspruchs genügt (BGH NJW 1981, 1732). **dd)** Bei betragsmäßig **unbestimmter** **25**
Forderung (*Bsp: Schmerzensgeld*) müssen ausreichende konkrete Tatsachen zur Höhe vorgebracht sein (BGHZ 80, 276); Verzug tritt dann idR erst nach angemessener Prüfungsfrist ein (Grund: → § 280 Rn. 41); ist der Schuldner auskunftspflichtig (→ §§ 259–261 Rn. 3), genügt unbestimmte Mahnung entspr § 254 ZPO (BGH NJW-RR 1990, 325 mN). Beim *Unterhaltsanspruch* genügt unbestimmte Mahnung (arg Erleichterung in § 1613 I; bish schon Gießler FamRZ 1984, 955) und damit Auskunftsverlangen (vgl die Gleichstellung in § 1613 I); bei Unterhaltsvereinbarung kann Mahnung gem **II Nr. 1, 4** überhaupt entbehrlich sein (vgl BGHZ 105, 254; → Rn. 26); Mahnung für nachehelichem Unterhalt bereits vor Scheidungsrechtskraft ist unwirksam (→ Rn. 13 mN). Bei Gläubigermehrheit ist für jeden Einzelanspruch Mahnung erforderlich (vgl OLG Hamm NJW-RR 1997, 962). **ee)** Bei **26**

Ansprüchen auf **wiederkehrende Leistung** (Bsp: Unterhaltsanspruch) genügt **einmalige** Mahnung (BGHZ 103, 66); periodische Wiederholung ist nicht erforderlich (s. aber BGHZ 103, 67; 105, 256).

27 **5. Verzugseintritt ohne Mahnung (II). a) Kalendermäßig bestimmt (II Nr. 1)** ist die Leistungszeit **nur,** wenn sie durch Rechtsgeschäft, Gesetz oder Urteil getroffen wurde (BGHZ 174, 82) und ein Kalendertag (wenigstens mittelbar) bezeichnet ist (BGH NJW 1992, 1629; WM 1995, 440 f. mN; OLG Frankfurt a. M. NJW-RR 2012, 375 [Flugreise]), bloße Berechenbarkeit nach dem Kalender (→ Rn. 28) genügt für **II Nr. 1** nicht (aber uU nach **II Nr. 2**). Die Bestimmung der Leistungszeit kann durch Vertrag (vgl § 315) auch dem Gläubiger vorbehalten sein (BGHZ 110, 76); ansonsten genügt einseitige Festlegung durch Gläubiger nicht (BGHZ 174, 80) – hierin kann Mahnung liegen (BGH NJW 2006, 3271). Der Fristbeginn kann auch einvernehmlich während der Vertragsdurchführung festgelegt werden (BGHZ 149, 288). Die Genehmigungsbedürftigkeit des Vertrages schadet nicht, wenn der Vertrag vor dem Leistungszeitpunkt voll wirksam wird (BGH NJW 2001, 365). Bsp: Verzug tritt **ohne** Mahnung ein bei Vereinbarung zB „spätestens am 10. April"; „noch im Laufe des April" (dann 30.4., vgl § 192); „Ende Februar" (BGH NJW 1982, 1279); „1. Dekade des Monats Juli" (BGH NJW 1984, 49); „8. Kalenderwoche" (BGH WM 1996, 1598); Ratenzahlung „jeweils am 15. eines jeden Monats, beginnend mit dem 15.2.1986" (KG WM 1986, 285); „14 Tage ab (feststehendem) Bestelldatum" (BGH NJW 1992, 1629); „4 Wochen nach (feststehender) Beurkundung" (BGH WM 1995, 441) oder „binnen 20 Tagen ab Beurkundung" (BGH NJW 2001, 365); „8 Monate nach (einvernehmlich später festgelegtem) Baubeginn" (BGHZ 149, 288). Bei rückwirkend wirksam werdender Mieterhöhung tritt Verzug bezüglich des erhöhten Mietzinses aber erst durch Mahnung nach Rechtskraft der Verurteilung ein (str, BGH NJW 2005, 2311 mN); **nicht** ausreichend zB Angabe des Fristbeginns für 90 tägige Bauarbeiten „in ca 4 Wochen" (OLG Koblenz NJW-RR 2013, 730). Erschwerung des Verzugs des Verwenders in **AGB und im Verbrauchervertrag** über **II Nr. 1** hinaus kann gegen § 307 II Nr. 1 verstoßen. Liegen im Zeitpunkt von **II Nr. 1** die allg Verzugsvoraussetzungen (→ Rn. 9 ff.) noch nicht vor, ist Mahnung erforderlich (BGH NJW 2001, 365; OLG Karlsruhe NJW-RR 1986, 57); kommt der Schuldner daher mit Fristablauf mangels Verschulden nicht in Verzug, muss der Gläubiger mahnen (BGH DB 2003,
28 2224; BauR 1999, 648). **b)** Bei **Anknüpfung an ein vorausgehendes Ereignis** ist Mahnung entbehrlich **(II Nr. 2),** wenn der Leistung ein bestimmtes Ereignis vorauszugehen hat und eine angemessene Zeit (dazu Hertel DNotZ 2001, 915) für die Leistung in der Weise bestimmt ist, dass sie sich von dem Ereignis an nach dem Kalender berechnen lässt **(kalendermäßig berechenbare Zeiten);** Entschädigungszahlung nach Fluggastrechte-VO ist weder selbst kalendermäßig bestimmt, noch stellt der verspätete Flug ein vorausgehendes Ereignis iSv Nr. 2 dar (BGH NJW 2016, 2883). Ereignis und Frist müssen durch Gesetz, Urteil oder im Vertrag erfolgen. Ist die Frist zu kurz bemessen, wird automatisch eine angemessene in Lauf gesetzt. Die Mahnung ist **nicht erforderlich** wenn ein Abruf, eine Lieferung, der Zugang einer notariellen Fälligkeitsmitteilung oder eine Kündigung zum Ausgangspunkt der kalendermäßigen Fristberechnung gemacht wird. Bsp: „2 Wochen nach Lieferung"; „1 Monat nach Abrechnung"; „3 Wochen nach Abruf"; „160 Arbeitstage ab Arbeitsbeginn" (BGH NJW 1986, 2050). Nicht ausreichend ist eine Regelung, nach der „sofort" nach Lieferung gezahlt werden muss, da hier keine Frist nach dem Kalender gesetzt wird (Heinrichs BB 2001, 157 f.; Grüneberg/Grüneberg Rn. 23; aA Huber JZ 2000, 961; Gsell ZIP 2000, 1868: Verstoß gegen RL 2000/35/EG). Zur Fälligkeit des Grundstückkaufpreises und Verzugseintritt bei Ausübung
29 von Vorkaufsrecht (BGH DNotZ 2017, 949). **c) Erfüllungsverweigerung (II Nr. 3).** Eine Mahnung ist (da offensichtlich zwecklos) entbehrlich, wenn der Schuldner ernstlich und endgültig die Erfüllung des Vertrags verweigert (s. bislang BGH NJW 1986, 842; NJW 1988, 485, jeweils mN). Eine solche liegt nur vor,

wenn der Gläubiger eine Weigerung als „letztes Wort" des Schuldners auffassen durfte (BGH NJW 2012, 3714; OLG Frankfurt a.M. NJW-RR 2016, 1070: fehlt bei bloßer Rücktrittserklärung mit erstmaliger Beanstandung von Mängeln); ausreichend grundlose Einstellung jeder Unterhaltsleistung (OLG Schleswig FamRZ 1985, 735). **d) Besondere Gründe (II Nr. 4):** Sich aus dem Vertragsinhalt erge- 30
bende Dringlichkeit der Leistung (RGZ 100, 43). Bsp: Zusage „schnellstmöglicher Reparatur" (BGH NJW 1963, 1823; nicht ausreichend „dringende Kontrolle", BGH NJW 2008, 1217) oder die Zusage einer Direktbank zur unverzüglichen Ausführung von Kundenorder (LG Itzehoe MMR 2001, 833); das Verlassen der SB-Tankstelle, ohne den Kraftstoff zu bezahlen (BGH NJW 2011, 2871). In einer Terminzusage des Schuldners kann Verzicht auf die Mahnung liegen (BGH NJW-RR 1997, 623: „Selbstmahnung"). Bei durch Vereinbarung oder Urteil geregelten Unterhaltsansprüchen ist (wiederholte) Mahnung entbehrlich, wenn (nur) die betragsmäßige Höhe der Veränderung unterliegt (BGHZ 105, 254 f.; weitergehend OLG Bamberg NJW-RR 1990, 903 für ges Unterhaltsanspruch). Deliktische Sachentziehung (§§ 848, 849; s. auch BGH WM 2008, 450: Entzug von Gesellschaftsmitteln zu betriebsfremdem Zweck). Kein Fall von **II** liegt vor, wenn Vergütung durch Urteil nach § 315 III 2 festgesetzt wird (anders BGH NJW 2006, 2474: Verzug ab Rechtskraft wegen Warnfunktion; → Rn. 14); BGH NJW 2016, 2883 Rn. 18 ff. verneint auch Ersatzfähigkeit von außergerichtlichen Anwaltskosten für erstmalige Geltendmachung von Entschädigungszahlung nach Fluggastrechte-VO.

6. Verzug bei Entgeltforderung (III). a) Zweck und Bedeutung. III setzt 31
die **RL 2000/35/EG** (→ Rn. 1) um. In seinem Anwendungsbereich ist zu unterscheiden, ob der Schuldner der Forderung Verbraucher (§ 13) ist oder nicht. **III** tritt neben **I, II,** die bei einer Entgeltforderung auch schon zu einem früheren Zeitpunkt den Verzug begründen können (III: „spätestens"). **b) Anwendungsbe-** 32
reich. Erfasst sind nur rechtgeschäftliche **Entgeltforderungen** für die Lieferung von Waren oder die Erbringung von sonstigen (Dienst-)Leistungen (im weiten, europarechtlichen Sinne – BGH NJW 2008, 1872), nicht Schadensersatz-, Bereicherungs- oder Rückzahlungsansprüche aus § 346 (aber → Rn. 37, BFH NJW 2014, 3600), Ansprüche aus GoA, Ansprüche auf die Versicherungsleistung, Zustimmung zur Mieterhöhung (LG Duisburg NJW-RR 1999, 12); Einzelheiten → § 288 Rn. 6.
c) Rechnung ist die nicht schon in der Vertragsurkunde enthaltene, gegliederte 33
Aufstellung über eine Entgeltforderung, die dem Schuldner eine Überprüfung ermöglichen soll. Auf ihre Bezeichnung kommt es nicht an (dann: **Zahlungsaufstellung**). Wegen ihres Schutzzwecks ist die Rechnung wenigstens in Textform und nicht formlos (mündlich) zu erteilen (§ 126b; Schimmel/Buhlmann MDR 2000, 737; Grüneberg/Grüneberg Rn. 28; MüKoBGB/Ernst Rn. 106; offen BGH NJW 2009, 3227); sie muss Angaben zum Schuldgrund, zur Höhe und ggf Fälligkeitsvereinbarung enthalten (OLG Saarbrücken NJW-RR 2012, 539). Eine an die falsche Adresse gesandte Rechnung genügt nicht (OLG Hamm NJW-RR 2021, 408). Auch soweit die Rechnung ausnahmsweise Fälligkeitsvoraussetzung ist (§ 14 UStG; HOAI, VOB/B), beginnt die 30-Tagesfrist mit Rechnungszugang zu laufen (OLG Naumburg NJW-RR 2010, 1180). Verzug tritt nur ein, wenn die übrigen Verzugsvoraussetzungen (→ Rn. 13 ff.) vorliegen. **d) Zugang der Rechnung** setzt die 30-Tages- 34
frist in Lauf, wenn der Schuldner **kein Verbraucher** (§ 13) ist. Der Schuldner muss aber nicht Unternehmer (§ 14) oder Kaufmann (§ 1 HGB) sein (zB rechtsfähiger Idealverein; Fiskus). Geht die Rechnung vor Fälligkeit oder vor Durchsetzbarkeit der Entgeltforderung zu, beginnt die Frist erst mit diesem Zeitpunkt (BT-Drs. 14/2752, 16). Bei Unsicherheit über den Zugangszeitpunkt enthält **III 2** eine Ersatzregelung (dazu Heinrichs BB 2001, 159). Ist str, ob die Rechnung überhaupt zugegangen ist, kommt III 2 nach dem Wortlaut nicht zur Anwendung (Oepen ZGS 2002, 351). Ein Bestreiten des vom Gläubiger vorgetragenen Zeitpunkts des Rechnungszugangs hat für einen Schuldner, der die Gegenleistung schon erhalten hat, jedoch keinen Sinn, wenn der behauptete Zugang nach Empfang der Gegenleistung liegt.

Der Verzugsbeginn würde dann ggf vor dem behaupteten Rechnungszugang liegen (s. Grüneberg/Grüneberg Rn. 30). **Fristberechnung:** ab Fälligkeit; Beginn: § 187; Fristende: §§ 188 I, 193: Tagesfrist (BGH NJW 2007, 1581; OLG München BeckRS 2020, 2231 Rn. 59; aA U Huber JZ 2000, 744: kein § 193). Tritt Fälligkeit nicht schon mit Zugang der Rechnung ein, läuft Frist erst mit sonstigem Fälligkeitseintritt (BGH NJW 2007, 1581; OLG München BeckRS 2020, 2231 Rn. 59).
35 **e) Gegenüber einem Verbraucher** (§ 13) gilt **III 1** nur, wenn dieser in der Rechnung/Zahlungsaufstellung auf die Rechtsfolgen des **III** bes hingewiesen worden ist (BGHZ 174, 81 f.). Früherer (zB im Vertrag) oder späterer erfolgter Hinweis genügen nicht (Folge: Verzug nur nach **I, II**). Der Gläubiger muss den Rechnungszugang
36 und den Hinweis beweisen (**III 2** gilt nicht). **f) Abw Vereinbarungen** (der Frist oder des Fristbeginns) sind auch in AGB und in Verbraucherverträgen möglich (Grenze: § 307 II, Erhöhung auf 90 Tage unangemessen, OLG Köln NJW-RR 2006, 670). Beim Individualvertrag gilt § 138 (RL 2000/35/EG Art. 3 III–V verlan-
37 gen eine Inhaltskontrolle zum Schutz der Gläubiger). **g) Entspr Anwendung** auf Rückzahlungsansprüche des Verbrauchers, wobei die 30-Tagesfrist mit dem Zugang
37a des Widerrufs/Rückgabeerklärung beim Unternehmer beginnt (§ 357 I 2). **h) Ende des Verzugs.** Der EuGH (JZ 2008, 990) leitet aus RL Art. 3 ab, dass der Verzug erst endet, wenn der Gläubiger die Leistung erlangt hat (bei Überweisung: Gutschrift). Im Anwendungsbereich der RL ist daher die Geldschuld nunmehr Bringschuld, der Schuldner trägt entgegen bish hM bis zur Erfüllung Verlust- und Verzögerungsgefahr (→ § 270 Rn. 7; aA Schwab NJW 2011, 2833 der im Rahmen von § 286 bei Geldschulden nur auf den Leistungserfolg abstellen will ohne ihren Charakter als Schickschuld aufzugeben).

38 **7. Verzögerung der Leistung. a) Beginn des Schuldnerverzugs:** Tag des Zugangs der Mahnung bei **I 1** (BGH NJW-RR 1990, 324 mN; OLG Düsseldorf NJW-RR 2020, 1310; hM, str) bzw der Erklärung der Erfüllungsverweigerung gem **II Nr. 3** (→ Rn. 29 und BGH NJW 1985, 488; OLG Hamm NJW-RR 1994, 1515), der Zustellung der Klage oder des Mahnbescheids bei **I 2** (Göhner NJW 1980, 570), kalendermäßig bestimmter (berechneter) Tag bei **II Nr. 1, 2** (→ Rn. 27 ff.). Für die Rechtzeitigkeit der Leistung **(I)** kommt es nach bish hM auf den Zeitpunkt der Vornahme der **Leistungshandlung,** nicht den des Eintritts des **Leistungserfolgs** an (BGH NJW 1969, 875; → § 241 Rn. 7). Abweichendes gilt nun im Anwendungsbereich der RL 2000/35/EG (→ Rn. 37a); dies sollte
39 zumindest für Geldleistungen verallgemeinert werden. **b) Beendigung** (Heilung) **des Schuldnerverzugs** (ex nunc), → § 280 Rn. 45 ff.; Verzug endet, wenn Schuldner berechtigt wird, Leistung zu verweigern (OLG Schleswig NJW-RR 2021, 209). **c) Rückgängigmachung** bereits eingetretener Verzugsfolgen verlangt idR Erlassvertrag (BGH NJW 1995, 2033 mN). Bei **Gesamtschuld** hat Verzug keine Gesamtwirkung (§ 425 II); Verzug des Haftpflichtversicherers wirkt jedoch auch gegen den Versicherten, wenn Regulierungsvollmacht erteilt ist (§ 425 I „ein anderes"; OLG Hamm NJW-RR 2022, 213).

40 **8. Entlastungsbeweis des Schuldners (IV).** Entspricht § 280 I 2 für Schadensersatz (→ § 280 Rn. 40), musste wegen der Rechtsfolgen der §§ 287 ff. erneut angeordnet werden. Die (negative) Fassung als **Ausnahmevorschrift** stellt klar, dass dem Schuldner die Beweislast für das Nichtvertretenmüssen der obj Leistungsverzögerung obliegt, er sich also bei Vorliegen der Voraussetzungen des § 286 **entlasten** muss (BGHZ 32, 222). Kann der Schuldner die geschuldete Leistung nicht alleine berechnen, entfällt Verschulden (BGH NJW-RR 2020, 1175; NJW 2006, 3271); an einen unverschuldeten Rechtsirrtum sind strenge Anforderungen zu stellen (BAG NZA 2021, 1488); zu weiteren Entschuldigungsgründen: → § 280 Rn. 40 ff. Maßgeblicher Zeitpunkt ist das Vorliegen der obj Voraussetzungen der **I–III;** Feststellung des Verschuldens erfolgt einheitlich für alle Verzugsfolgen (BAG NZA 2021, 1488).

41 **9. Rechtsfolgen. a)** Der Verzug ist Grundlage für den Anspruch des Gläubigers auf **Ersatz des Verzögerungsschadens** (§ 280 I iVm II). Der Anspruch tritt neben

den Erfüllungsanspruch; er bleibt bestehen, wenn sich der Erfüllungsanspruch in einen Schadensersatzanspruch statt der Leistung umwandelt (§ 281 IV → § 281 Rn. 16) oder der Gläubiger im gegenseitigen Vertrag zurücktritt (§ 325). Zu Inhalt und Umfang des Anspruchs: → § 280 Rn. 49 ff. **b) Geldschulden** sind nach 42
§§ 288 f. zu verzinsen; gezahlte Prozesszinsen sind anzurechnen (BGH NJW 2021, 3261). **Verzinsung des Wertersatzes:** § 290; **Haftungsverschärfung:** § 287; Verzug mit Einhaltung von Zwischenfristen kann außerordentlicher Kündigungsgrund sein, § 648 (OLG Stuttgart NJW 2021, 1167).

10. Abweichende Vereinbarungen. V wurde zur Umsetzung der RL 2011/ 43
7/EU zur Bekämpfung von Zahlungsverzug im Geschäftsverkehr einfügt und soll verhindern, dass die neue Verbotsnorm des § 271a von den Parteien durch eine Vereinbarung über die Voraussetzungen des Verzugseintritts umgangen wird (BT-Drs. 18/1309, 19). Anwendbar: im Geschäftsverkehr, nicht auf Verträge zwischen Verbrauchern; erfasst sind aber Fälle, in denen ein Verbraucher Zahlungsgläubiger ist (der gegenüber Unternehmern insoweit nicht schlechter gestellt werden soll, Spitzer MDR 2014, 937).

§ 287 Verantwortlichkeit während des Verzugs

[1]Der Schuldner hat während des Verzugs jede Fahrlässigkeit zu vertreten. [2]Er haftet wegen der Leistung auch für Zufall, es sei denn, dass der Schaden auch bei rechtzeitiger Leistung eingetreten sein würde.

Lit.: Hirsch, Zufälliges Unmöglichwerden während des Schuldnerverzugs, Jura 2003, 42.

1. Verschärfte Verantwortlichkeit (S. 1). Der Verzugsschuldner hat auch bei 1
ges Haftungserleichterung (→ § 276 Rn. 53; → § 277 Rn. 2) **leichte Fahrlässigkeit** zu vertreten (Gegenstück zu § 300 I). Praktische **Bedeutung** hat **S. 1** wegen → Rn. 2 bei Pflichtverletzungen, die nicht zum Untergang (zur Verschlechterung) des Leistungsgegenstands führen, also in den Fällen der Verzögerung und sonstigen Pflichtverletzungen nach § 241 II (str, PWW/Kramme Rn. 2; aA Erman/Hager Rn. 2; Staudinger/Löwisch/Feldmann Rn. 6). Das SchRModG hat **S. 2** redaktionell angepasst. § 287 übernimmt iVm § 281 I Aufgaben, die früher § 283 aF zukamen. **Nicht zwingend;** gilt nicht, soweit Verzugshaftung für leichte Fahrlässigkeit (zulässig) ausgeschlossen ist (vgl § 309 Nr. 8 iVm Nr. 7, → § 280 Rn. 41 ff. und allg → § 276 Rn. 54).

2. Zufallshaftung (S. 2). a) Bedeutung. Zufällig ist ein Ereignis nur, wenn 2
es weder vom Schuldner noch vom Gläubiger verschuldet ist (Hirsch Jura 2003, 42, 45). Der Verzugsschuldner haftet für von ihm **verschuldete** Leistungshindernisse (§ 275 I–III) gem § 280 I, III iVm § 283, **ohne** Verschulden, wenn das Leistungshindernis durch den Verzug **verursacht** ist (§§ 280 II, III, 283, 286); Grund: Eintreten des Leistungshindernisses gehört zur haftungsausfüllenden Kausalität, auf die sich das Verschulden nicht zu erstrecken braucht (vgl allg → Vor § 249 Rn. 24 f.). **S. 2 Hs. 1** enthebt in diesem Fall den Gläubiger des Kausalitätsbeweises. **Selbstständige** Bedeutung hat **S. 2 Hs. 1** nur, wenn kein Kausalzusammenhang zwischen Verzug und dem Leistungshindernis besteht (allgM, s. MüKoBGB/Ernst Rn. 3). Die **Ausnahme** des **S. 2 Hs. 2** gestattet dem Schuldner die Berufung auf hypothetisches Schadensereignis (vgl allg → Vor § 249 Rn. 42 ff.) beim Gläubiger. Bsp: Das Schiff, mit dem die Sache bei rechtzeitiger Versendung befördert worden wäre, ist gesunken.
b) Anwendungsbereich ist auf die **Leistung** beschränkt, **S. 2** gilt nicht zB für 3
Abnahmeverzug (RGZ 57, 406) und die Pflichten aus § 241 II (BT-Drs. 14/6040, 148; Erman/Hager Rn. 4). **c) Voraussetzungen:** Vollständiger oder teilw vom 4
Schuldner nicht zu vertretender **Wegfall der Leistungspflicht** gem § 275 I–III während des Verzugs (ursächlicher Zusammenhang mit Verzug nicht erforderlich, → Rn. 2) und weitergehend alle sonstigen **Störungen der Leistung,** wie vorüber-

gehendes Leistungshindernis (zB Insolvenz, BGH NJW 2015, 3087) oder das Entstehen eines Sach- oder Rechtsmangels (arg „wegen der Leistung"; BT-Drs. 14/6040, 148; zB Beschädigung der Sache). Führt die Leistungsstörung nicht zur Befreiung
5 des Schuldners, bleibt es bei den Verzugsfolgen (§§ 280 II, 286). **d) Rechtsfolge:** Schadensersatz statt der Leistung bei Leistungshindernissen nach § 275 (§§ 280, 283); iü gem §§ 280, 281.

§ 288[1] Verzugszinsen und sonstiger Verzugsschaden

(1) **[1]Eine Geldschuld ist während des Verzugs zu verzinsen. [2]Der Verzugszinssatz beträgt für das Jahr fünf Prozentpunkte über dem Basiszinssatz.**

(2) **Bei Rechtsgeschäften, an denen ein Verbraucher nicht beteiligt ist, beträgt der Zinssatz für Entgeltforderungen neun Prozentpunkte über dem Basiszinssatz.**

(3) **Der Gläubiger kann aus einem anderen Rechtsgrund höhere Zinsen verlangen.**

(4) **Die Geltendmachung eines weiteren Schadens ist nicht ausgeschlossen.**

(5) **[1]Der Gläubiger einer Entgeltforderung hat bei Verzug des Schuldners, wenn dieser kein Verbraucher ist, außerdem einen Anspruch auf Zahlung einer Pauschale in Höhe von 40 Euro. [2]Dies gilt auch, wenn es sich bei der Entgeltforderung um eine Abschlagszahlung oder sonstige Ratenzahlung handelt. [3]Die Pauschale nach Satz 1 ist auf einen geschuldeten Schadensersatz anzurechnen, soweit der Schaden in Kosten der Rechtsverfolgung begründet ist.**

(6) **[1]Eine im Voraus getroffene Vereinbarung, die den Anspruch des Gläubigers einer Entgeltforderung auf Verzugszinsen ausschließt, ist unwirksam. [2]Gleiches gilt für eine Vereinbarung, die diesen Anspruch beschränkt oder den Anspruch des Gläubigers einer Entgeltforderung auf die Pauschale nach Absatz 5 oder auf Ersatz des Schadens, der in Kosten der Rechtsverfolgung begründet ist, ausschließt oder beschränkt, wenn sie im Hinblick auf die Belange des Gläubigers grob unbillig ist. [3]Eine Vereinbarung über den Ausschluss der Pauschale nach Absatz 5 oder des Ersatzes des Schadens, der in Kosten der Rechtsverfolgung begründet ist, ist im Zweifel als grob unbillig anzusehen. [4]Die Sätze 1 bis 3 sind nicht anzuwenden, wenn sich der Anspruch gegen einen Verbraucher richtet.**

Lit.: Coen, Der negative Basiszinssatz nach § 247 BGB, NJW 2012, 3329; Ernst, Negativzinsen aus zivilrechtlicher Sicht, ZfPW 2015, 250; Kollmann, Negative Zinsen, 2016; Korch, Zur (Un-)Anwendbarkeit des § 288 V BGB auf Rückzahlungsansprüche des Verbrauchers, NJW 2015, 2212; Reifner, Zinsberechnung im Recht, AcP 214, 695; Spitzer, Das Gesetz zur Bekämpfung von Zahlungsverzug im Geschäftsverkehr, MDR 2014, 933; Stöber/Petanidis, Die Verzugspauschale nach § 288 Abs. 5 BGB im Lichte der EU-Zahlungsverzugsrichtlinie, AG/Spezial 2017, 1 ff.; Witschen/Röleke, Die 40-Euro-Pauschale nach § 288 V als Impulsgeber, NJW 2017, 1702.

1 **1. Allgemeines. a) Zweck.** Der Gläubiger einer Geldschuld (→ Rn. 4; → §§ 244, 245 Rn. 6 ff.; Freigabeanspruch hinterlegten Geldbetrages steht gleich, BGH NJW 2018, 1006) hat nach **I** als Verzugsfolge Anspruch auf Verzugszinsen iHv 5 Prozentpunkten über dem Basiszinssatz (§ 247 I), um den Schuldner zur alsbaldigen Erfüllung anzuhalten und um die aus der Pflichtverletzung des Schuldners typischerweise entstehende Vorteile abzuschöpfen (BT-Drs. 14/1246, 10 f.). Der

[1] **Amtl. Anm.:** Diese Vorschrift dient zum Teil auch der Umsetzung der Richtlinie 2000/35/EG des Europäischen Parlaments und des Rates vom 29. Juni 2000 zur Bekämpfung von Zahlungsverzug im Geschäftsverkehr (ABl. EG Nr. L 200 S. 35).

höhere Zinssatz des **II** beruht auf der RL 2000/35/EG (→ § 286 Rn. 1) und hat im unternehmerischen Rechtsverkehr generalpräventiven Abschreckungscharakter. Tatsächlich ist auch die Inanspruchnahme von „Justizkrediten" durch Verfahrensverzögerung ökonomisch unattraktiv geworden (Wolf NJW 2015, 1656, 1658). **b)** Der 2
Zinssatz der **I, II** steht dem Gläubiger als Ersatz seines **obj Mindestschaden** zu. Gleichgültig ist, ob er tatsächlich einen entsprechenden Schaden erlitten hat (BAG DB 2001, 2196). Die Regelung lässt keinen Gegenbeweis zu, dass dem Gläubiger tatsächlich ein niedriger Schaden entstanden ist (Ausnahme: § 497 I 2 für den **Verbraucherdarlehensvertrag,** → Rn. 10). **c)** Eine **Sonderregelung** trifft § 503 I, 3
II idF des Verbraucherkredit-RL für Immobiliardarlehensverträge. Mit der Umsetzung der RL 2011/7/EU durch das Gesetz zur Bekämpfung von Zahlungsverzug im Geschäftsverkehr (BGBl. 2014 I 1218) wurden II geändert (9 statt 8 Prozent) und **V** und **VI neu eingefügt** (→ Rn. 6, 11, 12). Obwohl die RL für Rechtsgeschäfte mit Verbrauchern nicht gelten sollte, hat der deutsche Gesetzgeber in V überschießend umgesetzt, um Verbraucher-Gläubiger nicht zu benachteiligen.

2. Verzugszinsen aus I. a) Die Zinspflicht des **I** besteht bei **Geldschulden** 4
(→ §§ 244, 245 Rn. 6 ff.) jeder Art, auch für Kostenvorschusspflicht zur Mängelbeseitigung (§§ 637 III; 13 Nr. 5 VOB/B; BGHZ 77, 62; 94, 332), Schadensersatz- (vgl. OLG Karlsruhe NJW-RR 2021, 474 f. Dieselskandal), Bereicherungs-, Rückforderungsansprüche (§ 346) sowie die Unterhaltsschuld (BGH NJW 2008, 2712 mN; → § 291 Rn. 2); ebenso bei dem auf Geld gerichteten Herausgabeanspruch nach § 667 Var. 2 (BGH NJW 2005, 3710), sowie bei Anspruch auf Einwilligung in die Auszahlung hinterlegten Geldes (BGH WM 2017, 2324), nicht jedoch bei Anspruch auf Erstellung von Betriebskostenabrechung gegen Vermieter (verzinsbarer, fälliger Zahlungsanspruch erst mit Abrechnung, BGHZ 196, 1, 4). Mit erfasst ist der im Rechnungsbetrag der Vergütungsforderung mit enthaltene Mehrwertsteueranteil (Delcker NJW 1986, 2936); bei Gehaltsansprüchen ist der Bruttobetrag maßgebend (BAG NJW 2001, 3570; aA Löwisch RdA 2002, 182; → § 291 Rn. 6). **I** gilt **nicht** bei Schenkung (§ 522), Erbbauzins (→ § 289 Rn. 1), Darlehenszinsen (vgl aber § 289 S. 2) und allg bei der **Zinsschuld** (→ § 289 Rn. 1); zu öffentlrechtlichen Ansprüchen vgl → § 286 Rn. 4). Bei Betriebskostenguthaben des Mieters entsteht eine Geldschuld erst mit der (uU auch verspäteten) Betriebskostenabrechnung durch den Vermieter (BGH NJW 2013, 859). Der Anspruch auf Gerichtskostenerstattung ist vor dem Kostenfestsetzungsverfahren nicht zu verzinsen, weil Verzug allenfalls mit der Klageforderung vorliegt (OLG München NJW-RR 2017, 437; OLG Frankfurt BeckRS 2017, 108457 Rn. 65). **b)** Die **Zinshöhe** ist nach 5
Maßgabe des Basiszinssatzes variabel (→ § 247 Rn. 2). Der Klageantrag lautet „Zinsen in Höhe von 5%-Punkten über dem jeweiligen Basiszinssatz seit dem …"; die Formulierung in Klagantrag (und Titel) „5% Zinsen über dem Basiszinssatz" ist idR im Sinne von I auszulegen (OLG Hamm NJW 2006, 2238 mN). Bei **negativem Basiszinssatz** (seit 1.1.2013) ist die Berechnung str, die hM zählt dem Wortlaut entsprechend die 5 % dem negativen Wert hinzu und kommt so zu Werten unter 5 % (PWW/Kramme Rn. 4; Grüneberg/Grüneberg Rn. 7; letztlich auch Coen NJW 2012, 3329), nach aA soll der Gläubiger Verzugszinsen mindestens in der Höhe, wie sie ab Fälligkeit geschuldet werden, verlangen können (für §§ 352, 353 *HGB also* mindestens 5 %, OLG München ZIP 2014, 1073). Nach Entstehung u Sinn sowie Zweck der Norm lässt sich einerseits nicht leugnen, dass der Gesetzgeber diesen Fall nicht bedacht hat, andererseits nur eine Pauschalierung des ohnehin zu erwartenden Verzugsschadens vornehmen wollte (ausf Coen NJW 2012, 3329, 3332). Auch das pauschale Argument der Abschreckung (Erwägungsgrund 16 bzw 12 der RL 2000/35/EG u RL 2011/7/EU) hilft über den Wortlaut kaum hinweg, so dass ein Mindestzinssatz abzulehnen ist (er ergibt sich allerdings daraus, dass der Basiszinssatz nicht unter 0,88 % fallen kann, Coen NJW 2012, 3329, 3332).

3. Verzugszinsen aus II. Erfasst sind nur **Entgeltforderungen** (zum Begriff 6
→ § 286 Rn. 32, nicht Entschädigung BFH NJW 2014, 3600; auch nicht kartell-

rechtliche Schadensersatzansprüche – trotz § 33a IV GWB –, BGHZ 199, 1 Rn. 69 ff.; OLG Hamm NJW 2016, 332 Rn. 30, oder bereicherungsrechtliche Rückforderungen, OLG Braunschweig NJW-RR 2016, 1493 Rn. 25) aus Rechtsgeschäften, an denen **kein Verbraucher** (§ 13) beteiligt ist. Zur Umsetzung der RL 2011/7/EU Art. 2 Nr. 6 wurde mit Wirkung zum 29.7.2014 der Prozentsatz von acht auf neun erhöht (BT-Drs. 18/1309, 19). Der Begriff der Entgeltforderung erfasst auch Abschlagszahlungen; einer synallagmatischen Verknüpfung bedarf es nicht (BGH NJW 2010, 3227). Bsp: Kaufpreis, Werklohn, Mietzins und Nutzungsentschädigung gem § 546a (OLG Köln ZMR 2006, 773); Anspruch auf Mietgarantiezahlungen (BGH NJW 2010, 1872); Ausgleichsanspruch des Handelsvertreters (§ 89b HGB; BGH NJW 2010, 3226 mN; OLG München MDR 2009, 339; aA Schnabl NJW 2009, 95; KG GWR 2009, 446); nicht erfasst Minderwertausgleichsanspruch des Leasinggebers (BGH NJW 2014, 1171). Gewollt ist damit eine Einschränkung des Anwendungsbereichs des II auf den Geschäftsverkehr zwischen Unternehmern (§ 14) unter Einschluss jur Personen des öffentl Rechts oder öffentlrechtl Sondervermögen (RL 2000/35/EG Art. 2 Nr. 1). Geboten ist daher eine teleologische Reduktion: Nicht von II erfasst sind rückständige Ansprüche des AN (BAG ZIP 2005, 876 mN zur hM) oder Rechtsgeschäfte unter Beteiligung von nicht unternehmerisch tätigen Idealvereinen (BT-Drs. 14/6040, 149); bei „dual use" Verträgen greift II nur ein, wenn der unternehmerische Zweck überwiegt (OLG Düsseldorf NJW 2022, 336). Eine ungenaue Bezeichnung im Urteil („8 % Zinsen
7 über Basiszinssatz") ist unschädlich (BGH NJW-RR 2013, 511). **Andere Geldforderungen** aus dem Schuldverhältnis fallen unter die Verzinsungspflicht des I. Bsp: Kostenvorschüsse (§ 637 III), Vertragsstrafe (OLG Hamburg ZGS 2004, 237), Schadensersatz, Anspruch auf Versicherungsleistung, Darlehensforderung (§ 488 I 2); Abfindungsanspruch ausscheidender Gesellschafter (OLG Karlsruhe ZIP 2005, 1599). Wegen der einschneidenden Rechtsfolge ist II eng auszulegen: Wandelt sich ein Entgeltanspruch gem § 281 IV in einen Schadensersatzanspruch statt der Leistung um, kann der Gläubiger die Zinsdifferenz zwischen II und I auch nicht als weiteren Schaden (IV) ersetzt verlangen. Bei Gesamtschuldnern gilt ggf gespaltener Zinssatz (§ 425 I).

8 **4. Höhere Zinsen (III).** Solche können sich nur aus einer **Individualabrede** (BGHZ 104, 339; NJW 2000, 1408) ergeben, insbes kann die Fortzahlung eines Vertragszinses in AGB und im Verbrauchervertrag nicht vereinbart werden (BGHZ 104, 339 f.; 115, 269; s. §§ 307 II Nr. 1, 309 Nr. 5a und 6; 310 III Nr. 2; 497, 506 S. 1), ebenso wenig wie die eines (verzugsbedingt) überhöhten Überziehungszinses (OLG Düsseldorf NJW 1991, 2431; sa BGHZ 118, 126). Bei vertraglicher Zinsvereinbarung entspr I muss bei Grundschulden kein Höchstzinssatz angegeben werden (BGH DNotZ 2006, 526). Andere **ges Zinssätze** (vgl § 676b I 2, § 352 HGB) stimmen mit **I 2** überein oder sind niedriger (§§ 48 I Nr. 2, 49 Nr. 2 WG; 45 Nr. 2, 46 Nr. 2 ScheckG).

9 **5. Zinsschaden (IV).** Einen über **I 2** (→ Rn. 5 f.) hinausgehenden Zinssatz kann der Gläubiger unter dem Gesichtspunkt des **Verzugsschadens** (Anspruchsgrundlage: § 280 I, II iVm § 286) geltend machen (Mankowski WM 2009, 921); zur Frage der Verzinsung von Gerichtskosten Lüttringhaus NJW 2014, 3745 und → Rn. 11 zur Schadenspauschale wegen Beitreibungskosten. Mit der Neuregelung des ges Verzugszinses in **I** ist die Bedeutung des **IV** gering. **Schranken** bestehen beim **Verbraucherkredit** (→ Rn. 11). Zinsschaden kann bestehen **a)** im Verlust von Anlagezinsen (vgl BGHZ 104, 344 f.; iE Kindler WM 1997, 2017) und **b)** in der Aufwendung von Kreditzinsen (vgl BGHZ 121, 213). §§ 249 ff., insbes § 252 gelten. Grds hat der Gläubiger seinen Zinsschaden darzulegen und ggf nachzuweisen (sog konkrete Schadensberechnung, vgl zB BGH NJW 1983, 1423), doch ergeben sich Erleichterungen aus der allg Lebenserfahrung (Anlage von Großbeträgen) und § 287 ZPO (BGHZ 80, 279). Im **Fall b** ist zur Kausalität zwischen Verzug und Schaden (→ § 280 Rn. 50) verzugsbedingte Kreditaufnahme nicht erforderlich

(BGH NJW 1984, 372 mN); es genügt, dass der Gläubiger im Zeitpunkt des Verzugbeginns Bankkredit in einer den rückständigen Betrag übersteigenden Höhe in Anspruch genommen hat (BGH NJW-RR 1991, 794 [für Kaufleute]). IÜ können dem Gläubiger die Erleichterungen des Anscheinsbeweises zu Hilfe kommen (so wohl BGHZ 80, 279; NJW 1983, 1423, str; aA bei Privatgläubiger LG Koblenz NJW-RR 1991, 172). Bei Verzug des Kreditschuldners kann die **Bank** den Schaden abstrakt als institutsspezifischen Durchschnittszinssatz unter Zugrundelegung der zurzeit des Verzuges marktüblichen Wiederanlagezinsen berechnen (BGHZ 104, 344 ff.; 115, 271; NJW 1992, 1621; NJW 1993, 1261; dazu Bruchner ZHR 153, 101 ff.; → Rn. 11). Den *Vertragszins* kann sie bei Fehlen einer Vereinbarung (vgl → Rn. 9) nur beim vom Darlehensnehmer verschuldeter vorzeitiger Fälligkeit der Schuld entspr §§ 314 II, 628 II verlangen, jedoch zeitlich begrenzt durch die ursprüngliche vertragliche Laufzeit bzw den nächsten Kündigungstermin nach § 489 (BGHZ 104, 342 f.; NJW 1988, 1971; krit Nassall WM 1989, 705, dazu abl BGHZ 115, 269). Da auf Verzugszinsen keine **Mehrwertsteuer** zu entrichten ist (EuGH NJW 1983, 505), scheidet diese als weiterer Verzugsschaden aus (BGHZ 88, 230; 90, 206; → § 280 Rn. 55). **Prozessuales:** Die hM lässt im **Fall b** die Verurteilung zu „Zukunftszinsen" zu (krit Gottwald MDR 1996, 980 mN); Geltendmachung gesunkenen Zinsniveaus über § 323 ZPO (BGHZ 100, 213, str; nach aA: § 767 ZPO); keine Verzinsung von Gerichtskostenvorschuss vor Eingang des Kostenfestsetzungsantrags (= Fälligkeitszeitpunkt, OLG München NJW-RR 2017, 437; OLG Frankfurt NJW 2013, 473; aA OLG Bremen BeckRS 2010, 15250; OLG Hamm BeckRS 2012, 04710; OLG Brandenburg NJW-RR 2013, 23; im Einzelne Lüttringhaus NJW 2014, 3745 mwN)

6. Verbraucherkreditvertrag. Beim Verbraucherdarlehensvertrag (§§ 491 ff.) 10
kann der Kreditgeber beim Zahlungsverzug ohne Schadensnachweis die Verzinsung nach **I** des „geschuldeten Betrags" (Hauptleistung, vor Eintritt des Verzugs angefallene Zinsen, Kosten der Rechtsverfolgung, sonstige Kosten) gem → Rn. 4 f. geltend machen (§ 497 I 1); dies gilt im Anwendungsbereich des Verbraucherdarlehens (bei Immobiliardarlehensverträgen s. § 503) auch für (vor dem 1.1.1991 geschlossene) Altkredite durch Banken (BGHZ 115, 272 ff.; NJW 1992, 1621). Der bei Vertragsschluss geltende Verzugszins muss nach Art. 10 VerbrkrRL/§ 492 II grundsätzlich in Form eines konkreten Prozentsatzes angegeben werden, der EuGH lässt jedoch für die Anpassung des Zinssatzes zu, dass diese in Abhängigkeit von einem veränderlichen Referenzzinssatz berechnet wird, wenn dieser so zugänglich ist, dass der Durchschnittsverbraucher den Zinssatz selbst berechnen kann (EuGH NJW 2022, 40 Rn. 94; zu den Folgen für das Widerrufsrecht s Aßfalg GPR 2022, 77; Lakkis/Herberger MDR 2022, 206). Weitergehender Schaden muss insgesamt konkret („im Einzelfall") berechnet werden (§ 497 I 2), die sonst mögliche abstrakte Schadensberechnung und zeitweilige Fortentrichtung höheren Vertragszinses (→ Rn. 9) sind ausgeschlossen (vgl LG Stuttgart NJW 1993, 209). Wegen der idR gegebenen Refinanzierungsmöglichkeit wird nur selten eine verzugsbedingt unterbliebene Neuvergabe (Anlagemöglichkeit) nachgewiesen werden können. Die Möglichkeit des Nachweises eines niedrigeren Schadens durch den Verbraucher ist praktisch bedeutungslos. Weitergehende Schranken bestehen für Zinsschaden bei Verzugszinsen (→ *§ 289* Rn. 2).

7. Entschädigung für Beitreibungskosten (V, VI). V und VI wurden zur 11
Umsetzung der RL 2011/7/EU zur Bekämpfung von Zahlungsverzug im Geschäftsverkehr mit Wirkung zum 29.7.2014 eingefügt und erweitern den gesetzlichen Verzugsschaden durch Einführung einer **Schadenspauschale** für **Rechtsverfolgungskosten** (insbes interner Verwaltungsaufwand des Gläubiger [RL 2011/7/EU Erwägungsgrund 19]. Es handelt sich um Nebenforderung, die nach § 4 I ZPO nicht in Streitwertberechnung einfließt (BAG NZA 2021, 44). Art 6 III der RL ist dabei so auszulegen, dass der Pauschalbetrag von 40 Euro auf den sonstigen Schadensersatz anzurechnen ist, **V 3** ist richtlinienkonform (EuGH NJW 2019,

1933 auf Vorlage von BGH NJW 2018, 1324 konkret zur Anrechnungsfähigkeit bei Beauftragung von externem RA oder Inkassobüro [für Richtlinienkonformität BT-Drs. 18/1309, 19; MüKoBGB/Ernst Rn. 33; Weller/Harms WM 2012, 2305; BGH aaO; gegen Vereinbarkeit von V 3 mit RL Stöber NJW 2018, 1326 mwN]; kein Strafschadensersatz, sondern Kompensation von Verzugsschaden, BAG NZA 2021, 127; NZA 2019, 121). Die Pauschale ist unabhängig vom Nachweis eines Schadens und von einer erneuten Mahnung; Fälligkeit mit Verzug der Entgeltforderung. Der Wortlaut nimmt Verbraucher als Schuldner von der Zahlung der Pauschale aus, umgekehrt kann – über die RL-Vorgaben hinaus – Verbraucher aber Gläubiger sein (BT-Drs. 18/1309, 19). **V 2** stellt klar, dass die Pauschale für jede Abschlags- oder Ratenzahlung anfällt. Infolge des engen Begriffs der **Entgeltforderung** (= Gegenleistung in Geld für eine vom Gläubiger zu erbringende oder erbrachte Waren- oder Dienstleistungen) ist die Anwendung auf **Rückzahlungsansprüche** zu verneinen (Soergel/Pfeiffer, § 357 Rn. 10; Soergel/Benicke/Nalbantis, § 286 Rn. 117; Korch NJW 2015, 2212 f. Rückerstattungspflicht des Unternehmers nach §§ 355 II, 357 I mN); ebenso scheidet die Anwendung von **V** aus, wenn der Schuldner mit der Pauschale selbst in Verzug kommt (Stöber/Petanidis AG/Spezial 2017, 1, 3). Str., aber abzulehnen ist – im Hinblick auf § 12a I ArbGG – die Anwendung im **Arbeitsrecht** auf Lohnzahlungen (so auch BAG NZA 2021, 127; Diller NZA 2015, 1095; Anwendung bejahend noch LAG Köln BeckRS 2016, 74899; LAG Baden-Württemberg BeckRS 2016, 73949; LAG Berlin-Brandenburg BeckRS 2017, 110569; zust Färber/Pipoh DB 2017, 67; diff Weigert NZA-RR 2017, 337;
12 krit. Witschen/Röleke NJW 2017, 1702). VI setzt Art. 7 I der RL 2011/7/EU um und regelt die Unwirksamkeit von Vereinbarungen über **Ausschluss oder Beschränkung** von Verzugszinsen. **VI 1** regelt den vollständigen Ausschluss des Verzugszinses, VI 2 seine Beschränkung. Nicht erfasst werden **nachträgliche Vereinbarungen** dieser Art (zB Prozessvergleich, s. BT-Drs. 18/1309, 20). VI 3 stellt eine widerlegbare Vermutung für die grobe Unbilligkeit auf. „Belange des Gläubigers“ u „grobe Unbilligkeit“ sind wie in § 271a zu verstehen (dort → § 271 Rn. 6).

§ 289 Zinseszinsverbot

[1]Von Zinsen sind Verzugszinsen nicht zu entrichten. [2]Das Recht des Gläubigers auf Ersatz des durch den Verzug entstehenden Schadens bleibt unberührt.

1 **1. Anwendungsbereich.** Bei der **Zinsschuld** (→ § 246 Rn. 5 ff.) gilt **§ 288 I 1 nicht** (**S. 1,** Erweiterung von § 248 I; entspr anwendbar auf dingliche Erbbauzinsen [§§ 1107; 9 I ErbbauRG], nicht auf die nur schuldrechtlich vereinbarten, BGH NJW-RR 1992, 592 mN; NJW 1990, 2380 str; Ausnahme: § 355 HGB); dagegen besteht gem **S. 2** der Anspruch auf Ersatz des nachweislich entstandenen weiteren **Verzugsschadens** gem § 288 IV (dort → § 288 Rn. 9; iE BGH NJW 1993, 1260 mN; teilw abw Reifner NJW 1992, 342 f.). Hinsichtlich der Zinsforderung müssen aber die Verzugsvoraussetzungen (§ 286 I–III) selbstständig vorliegen (BGH NJW 1993, 1261). Bsp: Verzinsliche Anlage von Zinsen (vgl BGH NJW-RR 1986, 207 mN); da die abstrakte Berechnung des Zinsschadens in Höhe eines Durchschnittszinssatzes zugelassen wird (→ § 288 Rn. 9) und die Einstellung in ein Kontokorrent (§ 355 HGB) nicht verboten ist, läuft das Verbot gem **S. 1** in der Bankpraxis weitgehend leer (vgl BGH NJW 1993, 1261 mN).

2 **2. Sonderregeln.** Beim **Verbraucherdarlehensvertrag** (§§ 491 ff.) ist **S. 2** dahingehend eingeschränkt, dass Zinsschaden nur bis zur Höhe von **4 %** geltend gemacht werden kann (§ 497 II 2 iVm § 246). Ein für Verzugszinsen (§ 497 I) bestehendes Saldierungsverbot (§ 497 II 1) schützt gegen Umgehung von **S. 1** und sichert die abw Tilgungsanrechnung gem § 497 III.

§ 290 Verzinsung des Wertersatzes

[1]Ist der Schuldner zum Ersatz des Wertes eines Gegenstands verpflichtet, der während des Verzugs untergegangen ist oder aus einem während des Verzugs eingetretenen Grund nicht herausgegeben werden kann, so kann der Gläubiger Zinsen des zu ersetzenden Betrags von dem Zeitpunkt an verlangen, welcher der Bestimmung des Wertes zugrunde gelegt wird. [2]Das Gleiche gilt, wenn der Schuldner zum Ersatz der Minderung des Wertes eines während des Verzugs verschlechterten Gegenstands verpflichtet ist.

Sondervorschrift für die Verzinsung (wie § 288) der **Wertersatzschuld** bei Untergang **(S. 1)** oder Verschlechterung **(S. 2)** eines Gegenstands während des Herausgabeverzugs; vgl → § 280 Rn. 49, § 287 Rn. 2 ff.

§ 291 Prozesszinsen

[1]Eine Geldschuld hat der Schuldner von dem Eintritt der Rechtshängigkeit an zu verzinsen, auch wenn er nicht im Verzug ist; wird die Schuld erst später fällig, so ist sie von der Fälligkeit an zu verzinsen. [2]Die Vorschriften des § 288 Abs. 1 Satz 2, Abs. 2, Abs. 3 und des § 289 Satz 1 finden entsprechende Anwendung.

1. Allgemeines. Die Vorschrift ist Ausdruck des Risikos des Schuldners, sich im 1
Prozess mit seinem Verteidigungsvorbringen nicht durchzusetzen (BGHZ 226, 161 Rn. 22; NJW-RR 1987, 386). Die praktische **Bedeutung** der selbstständigen Anspruchsgrundlage ist aber beschränkt, da wegen § 286 I 2 idR (spätestens) mit Rechtshängigkeit (→ Rn. 4) auch Verzug eingetreten ist (dann § 288). Selbstständige Bedeutung hat S. 1 in den Fällen des § 286 IV (zB bei entschuldbarer Unkenntnis vom Bestehen der Schuld, vgl → § 286 Rn. 40) und bei der Klage auf künftige Leistung (S. 1 Hs. 2; → Rn. 3 ff. und → § 286 Rn. 21). Bei der Insolvenzanfechtung kommt die Vorschrift auf Grund des Verweises in § 143 I 2 InsO auf § 819 I zum Zuge (BGHZ 171, 43; NJW 2016, 403 mwN: Verzinsung ab Insolvenzeröffnung; OLG Köln WM 2007, 2153; OLG Hamm ZIP 2007, 243). Auf **öffentlrechtliche** Geldansprüche ist S. 1 idR **entspr** anwendbar (BVerwG NJW 1995, 3135 mN und → § 286 Rn. 4).

2. Voraussetzungen. a) Geldschuld (→ §§ 244, 245 Rn. 6 ff.), umfasst auch 2
Unterhaltsschuld (BGH NJW-RR 1987, 386; Grüneberg/Grüneberg Rn. 3), desgl Rückgewähransprüche (§§ 346, 357, 437 Nr. 2); Bezifferung ist nicht notwendig
(BGH NJW 1965, 531 für Schmerzensgeldanspruch); **b)** Geltendmachung durch 3
Leistungsklage (§ 253 ZPO), Hilfsantrag genügt (BGH NJW-RR 1990, 519); ebenso Stufenklage (BGHZ 80, 277); bei Klage auf künftige Leistung vgl → Rn. 5; nicht: Feststellungsklage, (BGHZ 93, 186 f., 226, 161; 228, 57; BGH NJW-RR
2022, 34) oder **Mahnantrag** (§ 690 ZPO, BGHZ 226, 161 Rn. 20); **c)** Eintritt der 4
Rechtshängigkeit (§§ 253, 261 I, II; 696 III, 700 II ZPO), bloße Anhängigkeit
(vgl § 693 ZPO) genügt nicht; **d) Fälligkeit** und **Durchsetzbarkeit** des Anspruchs. 5
Bei späterem Eintritt der Fälligkeit besteht Verzinsungspflicht erst von da an **(S. 1 Hs. 2);** Bsp: Zeitpunkt des Eintritts des (späteren) Gewinnentgangs bei Anspruch gem §§ 249, 252 (BGHZ 115, 309). Bestehen eines (geltend gemachten [BGH NJW-RR 2005, 171 mN]) Zurückbehaltungsrechts (§ 273) oder der Einrede des nichterfüllten Vertrags (§ 320) steht mangelnder Fälligkeit der Forderung gleich (BGHZ 55, 198; NJW-RR 2005, 171; sa Böttcher MDR 2008, 480). Gleiches gilt, wenn Schadensersatz nach allgemeinen Prinzipien nur Zug-um-Zug gegen Vorteilsausgleichung zu zahlen ist (BGH NJW-RR 2005, 171; BGHZ 13, 826), enthält Klagantrag schon entspr Einschränkung wird Anspruch mit Klagerhebung fällig.

6 **3. Rechtsfolge.** Anspruch auf **Prozesszinsen;** Höhe: idR 5 %-Punkte über dem Basiszinssatz (S. 2 iVm § 288 I 2; § 497 I 1), bei gewerblichen Entgeltforderungen 8 %-Punkte über dem Basiszinssatz (S. 2 iVm § 288 II), uU aus anderem Rechtsgrund geschuldete höhere Zinsen (S. 2 iVm § 288 III und dort → § 291 Rn. 8); keine Zinseszinsen (S. 2), auch nicht als Schaden (Nichtzitat von § 289 S. 2, s. BGH NJW 1993, 1261); liegt auch Verzug (§ 286) vor, mehrfach begründeter einheitlicher Anspruch (Geltendmachung nebeneinander nicht möglich, BGH NJW 2021, 3261; NJW 2019, 2851; RGZ 92, 283, 285). Bei Verurteilung zu Bruttobetrag sind Zinsen aus diesem geschuldet (BAG NJW 2001, 3570; ferner → § 288 Rn. 4).

§ 292 Haftung bei Herausgabepflicht

(1) **Hat der Schuldner einen bestimmten Gegenstand herauszugeben, so bestimmt sich von dem Eintritt der Rechtshängigkeit an der Anspruch des Gläubigers auf Schadensersatz wegen Verschlechterung, Untergangs oder einer aus einem anderen Grunde eintretenden Unmöglichkeit der Herausgabe nach den Vorschriften, welche für das Verhältnis zwischen dem Eigentümer und dem Besitzer von dem Eintritt der Rechtshängigkeit des Eigentumsanspruchs an gelten, soweit nicht aus dem Schuldverhältnis oder dem Verzug des Schuldners sich zugunsten des Gläubigers ein anderes ergibt.**

(2) **Das Gleiche gilt von dem Anspruch des Gläubigers auf Herausgabe oder Vergütung von Nutzungen und von dem Anspruch des Schuldners auf Ersatz von Verwendungen.**

1 **1. Allgemeines.** Begründet **Mindesthaftung** des verklagten **Herausgabeschuldners.** Eine bestehende weitergehende Haftung wegen Verzugs (§ 287) oder nach der Art des Schuldverhältnisses (zB § 848; auch § 819 I: ab Zeitpunkt der Kenntniserlangung) bleibt unberührt (**I** aE). Da bei Klageerhebung (wie bei § 291) idR bereits Verzug vorliegt (Ausnahmen: → § 291 Rn. 1), ist die praktische Bedeutung gering. Bedeutsam aber als **Verweisungsnorm,** zB im Fall des § 818 IV.

2 **2. Voraussetzungen. a)** Schuldrechtlicher Herausgabeanspruch (zum dinglichen → Rn. 3 f.). **Herausgabe** umfasst auch Verpflichtung zur Rückgabe (zB § 604; §§ 546, 546a, BGH NJW-RR 2009, 1522), zur Rückauflassung gem § 883 II (BGHZ 144, 325) oder zur Übergabe (§ 433 I 1) einer **bestimmten** Sache (nicht: Gattungssache), **Gegenstand** auch Vermögensrechte (vgl → Vor § 90 Rn. 1). **b) Eintritt der Rechtshängigkeit:** wie → § 291 Rn. 4 außer §§ 696 III, 700 II ZPO.

3 **3. Rechtsfolgen.** Die (beim dinglichen Herausgabeanspruch unmittelbar anwendbaren) Vorschriften über das Eigentümer-Besitzer-Verhältnis nach Rechtshängigkeit gelten kraft ausdr Verweisung **(I).** Dies bedeutet ie: **a) Haftung des Schuldners für jedes Verschulden,** durch das die geschuldete Sache verschlechtert wird, untergeht oder aus einem sonstigen Grund nicht herausgegeben werden kann
4 (I, § 989); **b) Haftung des Schuldners** für gezogene und schuldhaft nicht gezogene Nutzungen (II, 987); **c)** Beschränkung des **Verwendungsersatzanspruchs** des Schuldners (§§ 994 II, 995; 683, 684; nur notwendige Verwendungen, diese nur unter den Voraussetzungen der GoA); § 1000 ist anwendbar.

Titel 2. Verzug des Gläubigers

§ 293 Annahmeverzug

Der Gläubiger kommt in Verzug, wenn er die ihm angebotene Leistung nicht annimmt.

Lit.: Fuhlrott/Oltmanns, Arbeitgeber im Annahmeverzug – Risiken und Haftungsoptionen, BB 2017, 2677; Grunewald, Der Umfang der Haftungsmilderung für den Schuldner im Annahmeverzug des Gläubigers, FS Canaris 2007, S 329; Hüffer, Leistungsstörungen durch Gläubigerhandeln, 1976; Kohler, Rücktrittsrechtliche Abwicklung und Sachrisiko im Annahmeverzug, AcP 218, 67.

1. Allgemeines. a) Begriff. Gläubiger- (Annahme-)**verzug** ist die Verzögerung der Erfüllung einer (noch möglichen) Leistung, die darauf beruht, dass der Gläubiger eine seinerseits erforderliche Mitwirkung, insbes die Annahme der Leistung, unterlässt. **b) Rechtsnatur:** Gläubigerverzug ist als solcher **keine Verletzung einer** (Leistungs-)**Pflicht** (→ § 241 Rn. 9 ff.), denn der Gläubiger ist zur Annahme der Leistung nur berechtigt, nicht verpflichtet (BGH NJW-RR 1988, 1266); Entgegennahme der Leistung und Vornahme der Mitwirkungshandlung sind bloße Gläubiger**obliegenheiten** (Larenz SchR I § 25 I; hM; krit Hüffer, Leistungsstörungen durch Gläubigerhandeln, S. 224). Wichtige Ausnahmen: Echte Abnahmepflichten bei bestimmten Schuldverhältnissen (→ Rn. 9), echte Mitwirkungspflichten gem § 242 (→ Rn. 10). **c) Anwendungsbereich:** Alle Leistungspflichten, zu deren Erfüllung Mitwirkung des Gläubigers erforderlich ist; **nicht:** Pflichten auf Unterlassung, Abgabe von Willenserklärungen, uU Neben- und Sorgfaltspflichten. 1 2 3

2. Überblick. a) Voraussetzungen des Annahmeverzugs im allg (§§ 293–299): **aa) Leistungsvermögen des Schuldners** (§ 297; → Rn. 8). **bb) Ordnungsgemäßes Angebot** der Leistung durch den Schuldner (§§ 294–296). **cc) Nichtannahme der Leistung** oder Unterlassen der erforderlichen Mitwirkung auf Seiten des Gläubigers (§§ 293, 295, 296, 298). **dd) Keine** Voraussetzung des Gläubigerverzugs ist, dass der Gläubiger oder seine Hilfsperson die Nichtannahme oder die Nichtmitwirkung **zu vertreten** (verschuldet) hat, fehlendes Verschulden schließt Annahmeverzug nicht aus (BGH NJW-RR 1994, 1470; → § 299 Rn. 1). Daher ist auch ein Rechtsirrtum bei Zurückweisung der Leistung irrelevant (BGH NJW-RR 2011, 22). Grund: Keine Pflichtverletzung des Gläubigers (→ Rn. 2). **ee)** Der **Annahmeverzug endet** mit Wegfall seiner Voraussetzungen, insbes mit der Erklärung des Gläubigers, die Leistung des Schuldners als die vertraglich geschuldete anzunehmen (konkludent genügt: BGH NJW-RR 2004, 1462) oder eine Mitwirkungshandlung nachholt (MüKoBGB/Ernst Rn. 23; zB Abholung bei Holschuld, OLG Stuttgart BeckRS 2018, 20977); Annahmebereitschaft unter Vorbehalt oder unter Bedingungen genügt nicht (BAG NJW 1986, 2847 f. mN; auch → § 304 Rn. 1). War der Annahmeverzug **ohne** ein Leistungsangebot des AN eingetreten (vgl → § 296 Rn. 3), ist zu seiner Beendigung eine Arbeitsaufforderung des AG erforderlich (BAGE 90, 314). **b) Rechtsfolgen. aa) Allgemeines.** Der Gläubigerverzug gibt dem Schuldner weder einen Schadensersatzanspruch (vgl aber § 304) noch ein Recht zur Vertragsauflösung. Der Schuldner bleibt weiterhin zur Leistung verpflichtet (s. aber § 615). Grund: → Rn. 2. Abw. gilt nur bei Sondervorschriften (Anm 7 [c]). Die Rechtsfolgen sind in §§ 300–304 nur zT enthalten. Außerhalb von Titel 2 geregelt ist das **Recht zur Hinterlegung** (§§ 372 ff.) und zur **Versteigerung** (zum Selbsthilfeverkauf) nicht hinterlegungsfähiger Gegenstände (§§ 383 ff.; 373 HGB), ferner die Durchsetzung der Gegenleistung bei gegenseitigen Verträgen (*§§ 320, 322 II; 274 II*). Weitere Rechtsfolgen: **bb)** Haftungserleichterung für den Schuldner (§ 300 I); **cc)** Übergang der Leistungs- (§ 300 II) und der Preisgefahr (§ 326 II 1) auf den Gläubiger; **dd)** Wegfall der Verzinsungspflicht (§ 301) und Beschränkung auf Herausgabe von tatsächlich gezogenen Nutzungen (§ 302); **ee)** Recht zur Besitzaufgabe (§ 303); **ff)** Aufwendungsersatz (§ 304 – einzige Anspruchsgrundlage); **gg)** bei Annahmeverzug des Bestellers ist eine Fristsetzung seinerseits zur Mängelbeseitigung großzügiger zu bestimmen, da ständige Bereitschaft des Unternehmers für Restwerkleistung nicht erwartet werden kann (BGH NJW 2007, 2762). **c) Sondervorschriften:** §§ 264 II, 615 (zu 615 S. 2 BAG NJW 2021, 2135; NZA 2021, 1324), 642 (BGHZ 216, 319), 643, 644; 373 HGB; 11 KSchG (zu Nr. 2: BAG NJW 2022, 643); 726 II, 756, 765, 894 I 2 ZPO. **d) Prozes-** 4 5 6 7

suales. Das Vorliegen des Annahmeverzuges kann gem § 256 ZPO festgestellt werden (BGH NJW 2000, 2281; vgl demgegenüber → § 286 Rn. 8). Die Zwangsvollstreckung einer an sich Zug-um-Zug zu bewirkenden Leistung darf ohne Angebot der eigenen Gegenleistung beginnen, wenn sich der Vollstreckungsschuldner nachweislich im Annahmeverzug befindet, § 756 ZPO.

8 **3. Abgrenzung. a) Unmöglichkeit der Leistung** (§ 275 I) und geltend gemachte Leistungshindernisse gem § 275 II, III schließen Annahmeverzug aus (BAG NJW 1987, 2838; NJW 1992, 933; arg § 297, s. dort). Für die Abgrenzung (wichtig wegen der unterschiedlichen Rechtsfolgen für die Gegenleistung) ist entscheidend, ob die Leistung noch **nachholbar** ist; darauf, aus welcher „Sphäre" (Gläubiger, Schuldner, neutraler Bereich) das Leistungshindernis stammt, kommt es nicht an. **Annahmeverzug** liegt daher (nur) dann vor, wenn der Gläubiger zur Annahme nicht bereit oder vorübergehend daran (oder an der Mitwirkung) verhindert ist, dagegen Unmöglichkeit immer dann, wenn der Annahme der Leistung ein **dauerndes Mitwirkungshindernis** entgegensteht (neuere Ansicht, vgl Rückert ZfA 1983, 8 mN; BGHZ 60, 17; MüKoBGB/Ernst Rn. 9; Erman/Hager Rn. 6; aA die früher hM, vgl BGHZ 24, 96). Bsp: Unmöglichkeit liegt vor bei Nichtdurchführbarkeit einer Reise wegen des Gesundheitszustands des Bestellers (BGHZ 60, 17); bei Unausführbarkeit langfristiger Unternehmensberatung nach Einstellung des zu beratenden Betriebs (aA BGHZ 24, 96); bei witterungsbedingter Nichterbringbarkeit der Dienstleistung (BAGE 41, 132; sa § 275 III und dort → § 275 Rn. 30; ferner § 615 S. 3); eine unberechtigte Kündigung führt im Streitfall schon bei wörtlichem Angebot zum Annahmeverzug (OLG München NJW-RR 2021, 1045). Mit dem Unmöglichwerden der Leistung **endet** der Annahmeverzug (vgl § 326 II 1).

9 **b) Schuldner-(Leistungs-) verzug** kann mit Annahmeverzug in der Person des Gläubigers **zusammentreffen,** wenn die Annahme („Abnahme") der Leistung (Vornahme der Mitwirkungshandlung) ausnahmsweise (→ Rn. 2) eine echte **Rechts-** und damit **Schuldnerpflicht** darstellt. Ges Fälle: §§ 433 II, 640 I; 375 HGB Beschäftigungspflicht des AG (BAG NJW 1986, 1832). Bsp für vereinbarte Mitwirkungspflicht: Kauf auf Abruf (RGZ 57, 109; BGH NJW 1972, 99). Abnahmepflicht gem § 433 II ist idR Nebenpflicht (vgl aber → § 433 Rn. 29), im Fall der §§ 640; 375 HGB Hauptpflicht. Rechtsfolgen bei Verzug (§§ 286) mit Abnahmepflicht: §§ 280 I, II, 286 und §§ 300 ff. gelten nebeneinander, bei Hauptpflicht kommt auch §§ 280 III, 281 zur Anwendung. Annahmeverzug des Gläubigers und Leistungsverzug des Schuldners **schließen sich gegenseitig aus** (Gursky AcP 173, 454). Folge: Leistungsverzug endet, sobald Gläubiger in Annahmeverzug gerät; mit dessen Beendigung (BGH NJW 2007, 2762, → Rn. 5) ist Leistungsverzug wieder möglich. Mahnung kann in der den Annahmeverzug beseitigenden Handlung des

10 Gläubigers liegen. **c) Pflichtverletzung** (§ 280 I) kann mit Annahmeverzug zusammentreffen, wenn der Gläubiger **schuldhaft** (§§ 276, 278) einer ihm obliegenden **Mitwirkungspflicht** (→ § 242 Rn. 23; → § 281 Rn. 13) zuwiderhandelt und dadurch die Erreichung des Vertragszweckes ernstlich gefährdet (BGHZ 11, 80; 50, 178; eingehend Hüffer, Leistungsstörungen durch Gläubigerhandeln, S. 41 ff., 220 ff., 232 ff.; Nicklisch BB 1979, 543). Hierfür genügt bloße Passivität des Gläubigers idR nicht (dann nur §§ 293 ff.), erforderlich ist ein weiteres Verhalten, aus dem sich die Unzuverlässigkeit des Gläubigers ergibt (Bsp: wiederholt falsche Angaben bei der Mitwirkung) oder seine Absicht, sich durch die Annahme-(Mitwirkungs-)verweigerung seinen eigenen Leistungspflichten zu entziehen (Fall der sog Erfüllungsverweigerung, → § 280 Rn. 17 f., 58). Rechtsfolgen: Schadensersatz gem § 281 und Rücktritt (§ 323 I, II Nr. 1).

§ 294 Tatsächliches Angebot

Die Leistung muss dem Gläubiger so, wie sie zu bewirken ist, tatsächlich angeboten werden.

1. Allgemeines. Präzisierung des bereits in § 293 enthaltenen Erfordernisses des Leistungsangebots in zweierlei Richtung: **a)** Grundsatz des **tatsächlichen** Angebots (→ Rn. 2; Ausnahmen: §§ 295, 296). **b)** Klarstellung, dass nur ein zur Erfüllung taugliches Angebot („so, wie die Leistung zu bewirken ist") ausreicht (**ordnungsgemäßes** Angebot, → Rn. 3). 1

2. Tatsächliches Angebot. Es ist der Beginn der Leistungshandlung des Schuldners („Anleistung"); seiner **Rechtsnatur** nach ist es **Realakt,** §§ 130 ff. gelten nicht entspr (BAG NJW 2017, 3804). Der Schuldner muss die ihm obliegenden Leistungshandlungen (→ § 241 Rn. 7) so weit vornehmen, dass der Gläubiger durch seine Mitwirkung (idR: Annahme) den Leistungserfolg herbeiführen kann (RGZ 109, 329: Gläubiger braucht „nichts als zuzugreifen und die angebotene Leistung anzunehmen"; ähnlich BGHZ 90, 359; 116, 249; NJW 1996, 924 mN). Bloßes Bereiterklären zur Leistung genügt nicht, andererseits sind weitere Erklärungen (zB Ankündigung) idR (Ausnahme: § 299) nicht erforderlich. **Bsp:** Bei Bring- und Schickschulden (auch beim Versendungskauf, § 447 betrifft nur den Gefahrübergang) genügt Absendung nicht, Andienung am Bestimmungsort ist erforderlich; zur Holschuld vgl → § 295 Rn. 3. Beim zurückzuübereignenden Grundstück muss ein Notar-Termin mitgeteilt werden (BGH NJW 2010, 1289; NJW 1997, 581). Beim Dauerschuldverhältnis muss das Leistungsangebot von dem ernstlichen Willen begleitet sein, die angebotene Leistung in dem geschuldeten zeitlichen Umfang zu erbringen (BAG NJW 1973, 1949), bei bestehendem Arbeitsverhältnis muss AN Arbeitsleistung tatsächlich (am rechten Ort, zur rechten Zeit) anbieten, dh sich leistungsbereit am Arbeitsplatz einfinden (BAG NJW 2017, 3804; NJW 2016, 1977 Rn. 19; NZA 2015, 442). 2

3. Ordnungsgemäßes Angebot. Ein solches setzt voraus: Angebot zur rechten Zeit am rechten Ort (§§ 269–271; auch § 299) von der richtigen Beschaffenheit, in der **rechten Weise, vollständig** (§ 266) und **vorbehaltslos** (BAG NJW 2017, 3804; NJW 1986, 864). Bietet der Käufer (im Dieselskandal) die Herausgabe des Fahrzeugs an, so darf er diese nicht an eine unberechtigte Bedingung (Schadensersatz, der Ersatzpflicht um mehr als 30% übersteigt) knüpfen (BGH NJW-RR 2021, 952; ebenso BGH NJW-RR 2021, 1387 f. Nichtberücksichtigung von Nutzungsvorteilen). Wer Entgelt nur bargeldlos entrichten darf, macht mit Bargeldzahlung kein ordnungsgem Angebot (OLG Karlsruhe NJW-RR 2020, 1180 [Rundfunkbeitrag]). Beim widerrufenen Verbraucherdarlehen muss der Darlehensnehmer den Rückzahlungsbetrag selbst berechnen und anbieten, um den Darlehensgeber in Annahmeverzug zu versetzen, BGH BeckRS 2018, 4774 Rn. 19; KG BeckRS 218, 32772; s. auch → § 295 Rn. 2). Für den AN bestimmt sich die zu bewirkende Leistung entweder nach dem Arbeitsvertrag oder bei nur rahmenmäßiger Umschreibung nach dem wirksam ausgeübten Direktionsrecht des AG (BAG NJW 2012, 2606; NJW 2010, 3112; → Rn. 2). Er muss daher eine Tätigkeit anbieten, die dem Vereinbarten entspricht (BAG NZA 2021, 406). „Erfüllbarkeit" (§ 271 II) genügt, verspätete Leistung kann aber nur unter den Voraussetzungen der §§ 281 IV, 323 I abgelehnt werden. Gattungsware von nicht vertragsgemäßer Beschaffenheit (vgl § 243 I) kann der Gläubiger (Käufer) auf seine Gefahr ablehnen (RGZ 106, 297; *OLG Frankfurt a. M. MDR 1984*, 585). Eine mangelhafte Sache kann der Käufer zurückweisen und Nacherfüllung verlangen (§§ 437 Nr. 1, 439; OLG Celle NJW 2009, 315 [auch wenn ausnahmsweise kein Nacherfüllungsanspruch entsteht]; Jud JuS 2004, 841 [Ausnahme: Mangel nicht behebbar oder unerheblich iSv § 326 V]). Der Vermieter darf Rücknahme der Mietsache in verschlechtertem Zustand nicht ablehnen (BGHZ 86, 209 f.); der Mieter muss die mangelhafte Mietsache nicht abnehmen, solange eine Beseitigungspflicht des Vermieters besteht (arg § 536a II Nr. 1: „Verzug"). Ein ausreichendes Angebot liegt hingegen mangels Erfüllungstauglichkeit nicht vor, wenn der Urteilsschuldner (wegen Einlegung eines Rechtsmittels) nur unter Vorbehalt der Rückforderung Zahlung anbietet und damit weitere Verzugszinsen zu vermeiden sucht, § 301 (BGH NJW 2012, 1717 gegen OLG Karls- 3 ruhe WM 2011, 855; anderes gilt bei Zahlungsangeboten zur Abwendung der Zwangsvollstreckung).

§ 295 Wörtliches Angebot

[1]Ein wörtliches Angebot des Schuldners genügt, wenn der Gläubiger ihm erklärt hat, dass er die Leistung nicht annehmen werde, oder wenn zur Bewirkung der Leistung eine Handlung des Gläubigers erforderlich ist, insbesondere wenn der Gläubiger die geschuldete Sache abzuholen hat. [2]Dem Angebot der Leistung steht die Aufforderung an den Gläubiger gleich, die erforderliche Handlung vorzunehmen.

1 **1. Allgemeines. S. 1** enthält Durchbrechung des Erfordernisses eines **tatsächlichen** Angebots (→ § 294 Rn. 1 [a]) in zwei Ausnahmefällen (→ Rn. 2 und 3). Das dann grds **erforderliche** (hM, trotz Wortlaut: „genügt") **wörtliche Angebot** (→ Rn. 4 ff.) ist außer den Fällen des § 296 ausnahmsweise auch dann **entbehrlich,** wenn es nur „leere Form" oder „unzumutbar" wäre, weil Gläubiger Annahme beharrlich verweigert (str, BGH NJW 2001, 288; zum Arbeitsrecht → § 615, dort ua Rn. 2). Die Unterausnahme des § 296 zum Fall der → Rn. 3 (→ § 296 Rn. 1) hat die neuere Rspr zu einer weiteren Fallgruppe der Entbehrlichkeit eines Angebots für den Annahmeverzug ausgebaut (→ § 296 Rn. 3).

2 **2. Ausnahmefälle. a) Früher erklärte ernstliche Annahmeverweigerung des Gläubigers (S. 1 Fall 1).** In Frage kommen insbes Vertragsaufsage und Erfüllungsverweigerung (vgl § 281 II und dort → § 281 Rn. 9), Rückzahlungsangebot des Darlehensnehmers wird nicht deshalb zurückgewiesen, weil Darlehensgeber die Wirksamkeit des Widerrufs des Verbraucherdarlehens bezweifelt (OLG Köln BeckRS 2019, 1854; OLG Frankfurt BeckRS 2019, 15433, sa → § 294 Rn. 3); ausreichend ist bei der Rückabwicklung die Verweigerung der *selbst* zu erbringenden Leistung (BGH NJW 1997, 581), auch unberechtigte fristlose Kündigung durch den Dienstberechtigten (BGH NJW 1988, 1201) oder den AG (BAG NJW 1992, 933; iE → § 296 Rn. 3; BAG NZA 2013, 1076; NJW 2016, 1977 Rn. 19; OLG München NJW-RR 2021, 1045: wörtliches Angebot des AN genügt bei bestehendem Streit über (Fort-)Bestehen des Arbeitsverhältnisses). Erklärt sich der Gläubiger nachträglich zur Annahme bereit, muss der Schuldner nunmehr tatsächlich anbieten
3 (→ § 294 Rn. 2), andernfalls endet der Annahmeverzug. **b) Unterbleiben einer erforderlichen Mitwirkungshandlung des Gläubigers (S. 1 Fall 2).** Vgl allg zur Gläubigermitwirkung → § 293 Rn. 2, 9 f. Bsp für Mitwirkungshandlungen: Abholung bei **Holschulden** (S. 1 aE; BGH NJW-RR 2021, 251 Rn. 12); Abnahme bei Werkvertrag (§ 640 I); Koordination von Bauarbeiten durch Besteller, so dass Baugrundstück für einzelnen Auftragnehmer aufnahmebereit zur Verfügung steht (BGH NJW 2000, 1336; NJW 2003 1601); Übernahme der Mieträume; Bereitstellung von Verpackungsmaterial; Bestimmung von Leistung und Leistungsmodalitäten (Spezifikation, § 375 HGB; Auswahl aus Sortiment: BGH NJW 2002, 3542); Abruf; Gläubigerwahl bei § 262; Erteilung von Rechnung; Entgegennahme von Auflassung (vgl BGHZ 116, 250); auch Zurverfügungstellung von funktionsfähigem Arbeitsplatz und Zuweisung von Arbeit (BAGE 65, 102 f.; 90, 333, → § 615 Rn. 4, 7, 8; idR Fall von § 296, dort → § 296 Rn. 3).

4 **3. Wörtliches Angebot. a)** Es ist die Mitteilung der Bereitschaft des Schuldners (Dritten nur im Fall der §§ 268, 1150, 1249) an den Gläubiger, die vertragsgemäße *Leistung* (→ § 294 Rn. 3) zu erbringen (Fall der → Rn. 2) oder des Vorliegens der Voraussetzungen für die Vornahme der Mitwirkungshandlung (Fall der → Rn. 3). Die **Aufforderung** zur Vornahme der Mitwirkungshandlung steht dem wörtlichen Angebot gleich (**S. 2,** s. BGH NJW 2002, 3542). **Zeitlich** muss das Angebot im
5 Fall der → Rn. 2 der Weigerung **nach**folgen (BGH NJW 1988, 1201). **b) Formlos** möglich, auch stillschweigend. Bsp: In der Erhebung der Kündigungsschutzklage

gem KSchG 4 liegt zugleich ein Dienstangebot (vgl BAGE 46, 238; 65, 104; NJW 1992, 933; vorsichtig BAG DB 2004, 2107; → § 296 Rn. 3), ebenso in eindeutigem Widerspruch gegen die Kündigung (BGH MDR 1986, 751; OLG Koblenz NJW-RR 1994, 1059); ferner in Antrag auf Zug-um-Zug-Verurteilung ein Leistungsangebot (BGH NJW 1997, 581, Grund: Titelgläubiger muss Leistung nicht erneut anbieten, wenn Annahmeverzug gerichtlich festgestellt, § 765 I ZPO, hierzu genügt wörtliches Angebot; str, ob auch überhöhte Zug-um-Zug-Klage Annahmeverzug begründet, bejahend OLG Saarbrücken NJW-RR 2021, 843; OLG Köln BeckRS 2012, 12431; KG BeckRS 2010, 00251; ausf Niemeyer/König NJW 2013, 3213; abl MüKoBGB/Ernst Rn. 4); bei Werkvertrag genügt es, wenn der Auftragnehmer seine Arbeiter auf der Baustelle erkennbar zur Leistungserbringung verfügbar hält (BGH NJW 2003, 1602). **c)** Angebot und Aufforderung sind **zugangsbedürftige** 6
geschäftsähnliche Handlungen (§§ 130 ff. gelten entspr, BGH ZIP 1999, 441; MüKoBGB/Ernst Rn. 2, hM). **d)** Das Angebot ist nur wirksam, wenn die Leistungs- 7
bereitschaft tatsächlich vorliegt (§ 297; vgl BGH NJW 2003, 1601; BAGE 65, 103; DB 2004, 2107), auch wenn die Leistungsfähigkeit (zunächst) noch fehlt (BAG NJW 1992, 933; dazu Stephan NZA 1992, 585); Aussonderung bei Gattungsschuld nicht erforderlich (BGH WM 1975, 920; Staudinger/Feldmann Rn. 18) Das Angebot darf keine (unberechtigten) Vorbehalte und Bedingungen enthalten (→ § 294 Rn. 3). Im Fall der → Rn. 3 muss der Schuldner entspr Leistungsvorbereitungshandlungen erbracht haben, im Fall der → Rn. 2 genügt bei Lieferverträgen, dass sich der Schuldner die Ware jederzeit beschaffen kann (RGZ 50, 260; BGH MDR 1958, 335); bei Gattungsschulden ist eine Aussonderung (vgl § 243 II) nicht erforderlich (allgM; anders für Gefahrübergang nach § 300 II, vgl dort → § 300 Rn. 5 [bb]).

§ 296 Entbehrlichkeit des Angebots

[1]Ist für die von dem Gläubiger vorzunehmende Handlung eine Zeit nach dem Kalender bestimmt, so bedarf es des Angebots nur, wenn der Gläubiger die Handlung rechtzeitig vornimmt. [2]Das Gleiche gilt, wenn der Handlung ein Ereignis vorauszugehen hat und eine angemessene Zeit für die Handlung in der Weise bestimmt ist, dass sie sich von dem Ereignis an nach dem Kalender berechnen lässt.

1. Allgemeines. Ausnahme vom Fall des → § 295 Rn. 3 bei **termingebunde-** 1
ner Mitwirkungshandlung des Gläubigers (→ § 295 Rn. 1).

2. Fälle. a) Kalendermäßige Bestimmtheit **(S. 1)** und Berechenbarkeit **(S. 2),** 2
entspricht dem geänderten § 286 II Nr. 1, 2 (dort → § 286 Rn. 27 f.). Bsp: Erscheinen zum Übergabe- (BGH NJW-RR 1991, 268) oder Beurkundungstermin (BGHZ 116, 250); Nichterscheinen des Patienten zu fest vereinbartem Behandlungstermin (str, BGH NJW 2022, 2269 verlangt Gesamtabwägung; s. §§ 615 iVm 630a; AG Mehldorf NJW-RR 2003, 102; AG Ludwigsburg NJW-RR 2003, 1695; Muthorst ZGS 2009, 409 mN; aA AG Stuttgart NJW-RR 2007, 1214); Stellung von Geräten; Zuweisung von Diensten (→ Rn. 3). Die übrigen Voraussetzungen außer dem Angebot (der Aufforderung), namentlich die gem → § 295 Rn. 7, müssen vorliegen. **b) Arbeits- und Beschäftigungsverhältnisse.** Einzelheiten s. 3
§ 615. AG muss als Mitwirkungshandlung iSv S. 1 („nach dem Kalender bestimmt") Arbeitsplatz zur Verfügung stellen (hM, BAG MDR 2006, 877; NZA 2001, 288 mN), ggf Arbeitseinsatz konkretisieren (BAG NJW 2001, 92; LAG SchlH MDR 2004, 516), um Annahmeverzug zu vermeiden. Ruft der AG eine konkrete festgelegte Arbeitsleistung vertragswidrig nicht ab, bedarf es keines Angebots seitens des AN (BAG NJW 2011, 1693). Hat der AN einer unwirksamen Kündigung widersprochen (zB durch Klage gem § 4 KSchG), kommt der AG ohne Rücksicht auf ein (weiteres) Angebot des AN in Annahmeverzug, wenn er nicht seinerseits den AN zur geschuldeten Leistung auffordert (BAG NJW 2016, 1977; BAGE 46, 244; 65, 100; 90, 333; Grüneberg/Grüneberg Rn. 2); entspr gilt bei Abberufung als

Geschäftsführer einer GmbH (BGH NJW 2001, 287); → § 293 Rn. 5; → § 297 Rn. 1. Ohne Kündigung gilt § 294, nicht § 295 (s. BAG MDR 1994, 77). **c) Weitere** Ausnahme: → § 295 Rn. 1.

§ 297 Unvermögen des Schuldners

Der Gläubiger kommt nicht in Verzug, wenn der Schuldner zur Zeit des Angebots oder im Falle des § 296 zu der für die Handlung des Gläubigers bestimmten Zeit außerstande ist, die Leistung zu bewirken.

Klarstellung, dass Leistungsvermögen und -bereitschaft des Schuldners zum maßgeblichen Zeitpunkt (Vornahme des tatsächlichen, Erklärung des wörtlichen Angebots bei §§ 294, 295; Termin der Gläubigerhandlung bei § 296) Voraussetzung des Annahmeverzugs sind (vgl BAG NJW 2012, 2605; NJW 2012, 2905 [keine Reaktion des AN binnen Wochenfrist des § 12 KSchG]; BAGE 65, 101; iE → § 293 Rn. 4 f. und 8; → § 294 Rn. 2 aE; → § 295 Rn. 7). Der Arbeitgeber trägt bei staatlich verordneter, coronabedingter Betriebsschließung nicht das Betriebsrisiko nach § 615 S. 3 (BAG NJW 2022, 560; Einzelheiten s. → § 615 Rn. 8; Vor § 611 Rn. 2). Der AN ist leistungsunfähig, wenn er aus in seiner Person liegenden Gründen die vereinbarte Tätigkeit nicht ausführen kann (zB gesundheitliche oder rechtliche Gründe [eindeutiges ges Beschäftigungsverbot], BAG NJW 2009, 2907; NJW 2016, 1977 Rn. 23: „Einsatzverbot" durch Mitspracherecht des Auftraggebers/Kunden nicht ausreichend; wohl aber Hausverbot des Kunden, das aus Sphäre des AN resultiert, BAG BeckRS 2016, 110310 Rn. 25; zurückhaltend für fehlende Eignung nach § 25c KWG, OLG Hamm BeckRS 2017, 135406 Rn. 44); zu pandemiebedingten Nachweispflichten des AN Kleinebrink DB 2022, 392). Leistungsunwilligkeit liegt auch bei Beteiligung an Streik vor (BAG NJW 2012, 3676 [auch wenn AN – unwirksam – außerordentlich gekündigt war]). War im Fall von → § 296 Rn. 3 der AN zur Zeit der Kündigung (zB krankheitsbedingt) arbeitsunfähig, tritt Annahmeverzug erst mit Wiedergenesung (dann unabhängig von entspr Anzeige des AN) ein (BAGE 65, 100 ff.; NJW 1992, 933; NJW 1993, 2638, neuere Rspr, str; → § 615 Rn. 2 ff.); desgl gerät der AG nicht in Annahmeverzug, wenn (solange) der AN von der Arbeitspflicht befreit ist (BAG NJW 2001, 1964). Aus der Fassung folgt, dass der Gläubiger die **Beweislast** für das Leistungsunvermögen und die fehlende Leistungsbereitschaft des Schuldners trägt (BAG NJW 2022, 103; NJW 2012, 2605 mwN), doch steht dem Gläubiger ein Untersuchungsrecht zu (sa BAG NJW 1968, 2316).

§ 298 Zug-um-Zug-Leistungen

Ist der Schuldner nur gegen eine Leistung des Gläubigers zu leisten verpflichtet, so kommt der Gläubiger in Verzug, wenn er zwar die angebotene Leistung anzunehmen bereit ist, die verlangte Gegenleistung aber nicht anbietet.

Ergänzung von § 294 für **Zug-um-Zug-Leistungen** (zB §§ 274, 320, 348, 368, 371; gilt entspr bei Vorleistungspflicht des Gläubigers). Der nicht zur Gegenleistung bereite Gläubiger lehnt das ordnungsgemäße (→ § 294 Rn. 3) eingeschränkte Angebot des Schuldners (Leistung nur gegen Gegenleistung) ab; Folge: Gläubiger gerät in Gläubigerverzug hinsichtlich der Leistung, idR aber auch in Schuldnerverzug hinsichtlich der Gegenleistung (Mahnung liegt im eingeschränkten Angebot); kein Leistungsverzug des Schuldners (→ § 293 Rn. 9 aE; → § 286 Rn. 22).

§ 299 Vorübergehende Annahmeverhinderung

Ist die Leistungszeit nicht bestimmt oder ist der Schuldner berechtigt, vor der bestimmten Zeit zu leisten, so kommt der Gläubiger nicht dadurch

in Verzug, dass er vorübergehend an der Annahme der angebotenen Leistung verhindert ist, es sei denn, dass der Schuldner ihm die Leistung eine angemessene Zeit vorher angekündigt hat.

Einschränkung des Grundsatzes, dass Eintritt des Annahmeverzugs vom Verschulden des Gläubigers unabhängig ist (→ § 293 Rn. 4 [dd]). **Grund:** keine Obliegenheit ständiger Annahmebereitschaft des Gläubigers bei unbestimmter Leistungszeit. Annahmeverzug tritt daher erst ein, wenn Schuldner die Leistung angeboten und angekündigt hat. Die Vorschrift ist Ausprägung von § 242. Hinderungsgrund darf nicht vom Gläubiger absichtlich herbeigeführt sein (MüKoBGB/Ernst Rn. 4; Soergel/Schubel Rn. 2). **Ankündigung** ist geschäftsähnliche Mitteilung, § 130 gilt (Larenz SchR I § 25 I d). Trotz Ankündigung kein Verzug zB bei angekündigter Lieferung zur Unzeit, Todesfall in Familie oder unerwarteter Erkrankung des Gläubigers (§ 242, MüKoBGB/Ernst Rn. 5; Staudinger/Feldmann Rn. 3; PWW/Zöchling-Jud Rn. 4).

§ 300 Wirkungen des Gläubigerverzugs

(1) **Der Schuldner hat während des Verzugs des Gläubigers nur Vorsatz und grobe Fahrlässigkeit zu vertreten.**

(2) **Wird eine nur der Gattung nach bestimmte Sache geschuldet, so geht die Gefahr mit dem Zeitpunkt auf den Gläubiger über, in welchem er dadurch in Verzug kommt, dass er die angebotene Sache nicht annimmt.**

1. Rechtsfolgen. Über die Rechtsfolgen des Annahmeverzugs im Allg. vgl → § 293 Rn. 6 f. 1

2. Haftungserleichterung für den Schuldner (I). a) Bedeutung: Einschränkung der allg Verschuldenshaftung (→ § 276 Rn. 8 f.) zugunsten des Schuldners während des Annahmeverzugs; **Erweiterung** der dem Gläubiger bei der Stückschuld obliegenden **Leistungsgefahr** (§ 275 I iVm §§ 300 I, 276). **b) Anwendungsbereich.** Die Haftungserleichterung gilt **nur** bei **Untergang oder Verschlechterung** des Leistungsgegenstandes während des Annahmeverzugs (OLG Saarbrücken NJW-RR 2002, 528), dagegen **nicht** bei Verletzung von nicht auf den Leistungsgegenstand bezogenen sonstigen Neben- und Sorgfaltspflichten (zB bei Durchführung eines Selbsthilfeverkaufs); insoweit haftet der Schuldner für jede zu vertretende Pflichtverletzung (§ 280; OLG Saarbrücken NJW-RR 2002, 529; MüKoBGB/Ernst Rn. 2; PWW/Zöchling-Jud Rn. 3; aA RGZ 57, 105, 107; ausf Grunewald FS Canaris, 2007, 329). **I** erfasst auch konkurrierende Ansprüche aus uH (OLG Köln NJW-RR 1995, 54; → § 241 Rn. 17). 2 3

3. Gefahrübergang auf den Gläubiger bei Gattungsschulden (II). a) Allgemeines. II betrifft nur die Leistungsgefahr (→ § 275 Rn. 35), den Übergang der **Gegenleistungs-(Preis-)gefahr** regelt § 326 II 1. Da die Leistungsgefahr bereits idR gem § 243 II iVm § 275 auf den Gläubiger übergegangen ist, kommt **II** nur geringe selbstständige **Bedeutung** zu (vgl Hönn AcP 177, 390; abw v. Caemmerer JZ 1951, 744), so etwa in den Fällen der §§ 295, 296, wenn Konkretisierung noch nicht eingetreten ist (zB bei Bring- und Schickschuld, vgl → § 243 Rn. 9), ferner (in **entspr** Anwendung) bei Geldschulden (vgl § 270 I und → §§ 244, 245 Rn. 10; Staudinger/Feldmann Rn. 18; aA MüKoBGB/Ernst Rn. 4: keine praktische Bedeutung). **b) Voraussetzungen: aa)** Annahmeverzug des Gläubigers mit Gattungsschuld, gleich wie begründet, auch gem § 295 (allgM) oder § 296. **bb) Aussonderung** der zur Erfüllung bestimmten Sache (auch soweit dies sonst für Annahmeverzug nicht erforderlich), auch soweit kein tatsächliches Angebot (§ 294) erfolgt (BGH WM 1975, 920; hM). **cc) Aussonderungsanzeige** an den Gläubiger ist nach hM nicht erforderlich (Grüneberg/Grüneberg Rn. 4; Staudinger/Feldmann Rn. 22; Erman/Hager Rn. 6; PWW/Zöchling-Jud Rn. 7; aA noch RGZ 57, 404). 4 5

6 c) **Rechtsfolgen:** Übergang der Leistungsgefahr, dh Befreiung des Schuldners, wenn die ausgesonderte Sache durch Zufall oder leichte Fahrlässigkeit des Schuldners oder seiner Hilfspersonen untergeht oder verschlechtert wird (II iVm I, §§ 276, 278).

§ 301 Wegfall der Verzinsung

Von einer verzinslichen Geldschuld hat der Schuldner während des Verzugs des Gläubigers Zinsen nicht zu entrichten.

Zur Geldschuld → §§ 244, 245 Rn. 6 ff. Endgültige **Befreiung** von der Zinspflicht, nicht nur Stundung. Gilt für **vereinbarte** und ges Zinsen (→ § 246 Rn. 6; OLG Rostock MDR 2009, 133); Voraussetzungen von § 288 entfallen schon wegen → § 293 Rn. 9. Tatsächlich **gezogene** Zinsen sind gem § 302 herauszugeben (BGH NJW 1958, 137). § 301 begründet keine Pflicht zur Weiterzahlung des Vertragszinses (über den Fälligkeitszeitpunkt hinaus) **bis zum Eintritt** des Annahmeverzugs (BGHZ 104, 341; 115, 269, str).

§ 302 Nutzungen

Hat der Schuldner die Nutzungen eines Gegenstands herauszugeben oder zu ersetzen, so beschränkt sich seine Verpflichtung während des Verzugs des Gläubigers auf die Nutzungen, welche er zieht.

Einschränkung bestehender (idR weitergehender: §§ 292 II, 347, 987 II, 990) Herausgabepflicht auf die tatsächlich gezogenen Nutzungen (§ 100; → § 301 Rn. 1).

§ 303 Recht zur Besitzaufgabe

[1]Ist der Schuldner zur Herausgabe eines Grundstücks oder eines eingetragenen Schiffs oder Schiffsbauwerks verpflichtet, so kann er nach dem Eintritt des Verzugs des Gläubigers den Besitz aufgeben. [2]Das Aufgeben muss dem Gläubiger vorher angedroht werden, es sei denn, dass die Androhung untunlich ist.

Ergänzung der nur bei beweglichen Sachen bestehenden Hinterlegungsmöglichkeit (→ § 293 Rn. 6). Nur Recht zur **Besitz-** (§ 856), nicht auch Eigentumsaufgabe (vgl § 928). Folge der Aufgabe: Befreiung von Pflicht zur Besitzübertragung, Auflassungspflicht besteht ggf weiter. Die Androhung nach S. 2 kann mit der den Annahmeverzug begründenden Erklärung zusammen erfolgen (OLG Naumburg BeckRS 2018, 41025 – bei Mietobjekt ist keine Übergabe des Schlüssels an Vermieter erforderlich, Zurücklassen im Objekt oder Entledigung durch Übergabe an Dritte genügt). Bei Besitzaufgabe ohne erforderliche Androhung haftet Schuldner ggf nach §§ 300 I, 280 I; III, 283 (MüKoBGB/Ernst Rn. 3).

§ 304 Ersatz von Mehraufwendungen

Der Schuldner kann im Falle des Verzugs des Gläubigers Ersatz der Mehraufwendungen verlangen, die er für das erfolglose Angebot sowie für die Aufbewahrung und Erhaltung des geschuldeten Gegenstands machen musste.

Anspruchsgrundlage für **notwendige** (arg: „machen musste") **Mehraufwendungen.** Bsp: Mahn-, Transport-, Aufbewahrungs- und Erhaltungskosten (OLG München BeckRS 2020, 27213 f.; BeckRS 2020, 27215; Grüneberg/Grüneberg

Rn. 2), uU auch Versicherungsprämien, **nicht** aber die Aufwendungen für die Wiederbeschaffung einer *vor* Aussonderung untergegangenen Gattungssache (Folge der beim Schuldner verbliebenen Leistungsgefahr; aA Hönn AcP 177, 412 [417]) oder Lohnmehrkosten des Werkunternehmers, die durch spätere Ausführung wegen Annahmeverzugs entstehen (BGHZ 216, 319 Rn. 39). Folgen: §§ 256, 257; 273. Zur Beendigung des Annahmeverzugs (allg → § 293 Rn. 5) hat der Gläubiger außer seiner Annahme (Mitwirkung) auch Erstattung der verlangten Mehraufwendungen anzubieten. **Weitergehende Ansprüche:** Sonstige Mehraufwendungen (vgl § 670) nur unter den Voraussetzungen der GoA (§§ 677, 683; allgM); weitergehende Sonderregelung in § 642 (Entschädigung für Bereithaltung der zur Herstellung des Werkes notwendigen Mittel während des Annahmeverzugs, BGHZ 216, 319 Rn. 31); **Schadensersatz** gem §§ 280 II, 286 **nur** (vgl → § 293 Rn. 6), wenn sich der Gläubiger zugleich im Leistungs-(Abnahme-)verzug befindet (→ § 293 Rn. 9); ferner bei zu vertretender Pflichtverletzung (→ § 293 Rn. 10).

Abschnitt 2.[1] Gestaltung rechtsgeschäftlicher Schuldverhältnisse

§ 305 Einbeziehung Allgemeiner Geschäftsbedingungen in den Vertrag

(1) [1]**Allgemeine Geschäftsbedingungen sind alle für eine Vielzahl von Verträgen vorformulierten Vertragsbedingungen, die eine Vertragspartei (Verwender) der anderen Vertragspartei bei Abschluss eines Vertrags stellt.** [2]**Gleichgültig ist, ob die Bestimmungen einen äußerlich gesonderten Bestandteil des Vertrags bilden oder in die Vertragsurkunde selbst aufgenommen werden, welchen Umfang sie haben, in welcher Schriftart sie verfasst sind und welche Form der Vertrag hat.** [3]**Allgemeine Geschäftsbedingungen liegen nicht vor, soweit die Vertragsbedingungen zwischen den Vertragsparteien im Einzelnen ausgehandelt sind.**

(2) **Allgemeine Geschäftsbedingungen werden nur dann Bestandteil eines Vertrags, wenn der Verwender bei Vertragsschluss**
1. **die andere Vertragspartei ausdrücklich oder, wenn ein ausdrücklicher Hinweis wegen der Art des Vertragsschlusses nur unter unverhältnismäßigen Schwierigkeiten möglich ist, durch deutlich sichtbaren Aushang am Orte des Vertragsschlusses auf sie hinweist und**
2. **der anderen Vertragspartei die Möglichkeit verschafft, in zumutbarer Weise, die auch eine für den Verwender erkennbare körperliche Behinderung der anderen Vertragspartei angemessen berücksichtigt, von ihrem Inhalt Kenntnis zu nehmen,**

und wenn die andere Vertragspartei mit ihrer Geltung einverstanden ist.

(3) **Die Vertragsparteien können für eine bestimmte Art von Rechtsgeschäften die Geltung bestimmter Allgemeiner Geschäftsbedingungen unter Beachtung der in Absatz 2 bezeichneten Erfordernisse im Voraus vereinbaren.**

Lit.: Dauner-Lieb/Axer, Quo vadis AGB-Kontrolle im unternehmerischen Geschäftsverkehr?, ZIP 2010, 309; Heydn, Die AGB-Kontrolle im unternehmerischen Geschäftsverkehr – ein Hindernis für die Digitalisierung, BB 2021, 1420; Janal, Die AGB-Einbeziehung im „M-Commerce", NJW 2016, 3201; Kappus, Der „steinige Weg" des AGB-Verwenders zur Individualvereinbarung, NJW 2016, 33; Kötz, Der Schutzzweck der AGB-Kontrolle, JZ 2003, 209; Kessel/Stomps, Haftungsklauseln im Geschäftsverkehr zwischen Unternehmen – Plädoyer für eine Änderung der Rechtsprechung, BB 2009, 2666; Krüger, Richterliche Kontrolle von Ban-

[1] **Amtl. Anm:** Dieser Abschnitt dient auch der Umsetzung der Richtlinie 93/13/EWG des Rates vom 5. April 1993 über missbräuchliche Klauseln in Verbraucherverträgen (ABl. EG Nr. L 95 S. 29).

kentgelten nach Umsetzung der Zahlungsdiensterichtlinien, VuR 2020, 123; Leuschner, Gebotenheit und Grenzen der AGB-Kontrolle, AcP 207, 490; ders., AGB-Recht und notarielle Praxis im unternehmerischen Rechtsverkehr, NJW 2022, 1193; Müller/Pfeil, Für eine maßvolle AGB-Kontrolle im unternehmerischen Geschäftsverkehr, BB 2009, 2658; Niebling, AGB-Verwendung bei Geschäftsbeziehungen zwischen Unternehmen (b2b), MDR 2013, 1399; Oetker, AGB-Kontrolle im Zivil- und Arbeitsrecht, AcP 212, 202; Omlor, AGB-Änderungsmechanismus im Zahlungsdiensterecht, NJW 2021, 2243; Schäfer, Vertragsschluss unter Einbeziehung von AGB gegenüber Fremdmuttersprachlern, JZ 2003, 879; Schmidt, Einbeziehung von AGB im Verbraucherverkehr, NJW 2011, 1633; ders, Einbeziehung von AGB im unternehmerischen Geschäftsverkehr, NJW 2011, 3329; v Westphalen, AGB-rechtliche Schutzschranken im unternehmerischen Verkehr – Rückblick und Ausblick, BB 2011, 195; ders, 30 Jahre AGB-Recht – Eine Erfolgsbilanz, ZIP 2007, 149; ders, Stellen vs. Aushandeln von AGB-Klauseln im unternehmerischen Geschäftsverkehr, ZIP 2010, 1110; ders., Nutzungsbedingungen von Facebook – Kollision mit europäischem und deutschem AGB-Recht, VuR 2017, 323; ders, b2b-Plattform-Verordnung: Das AGB-Recht vor weitreichenden Veränderungen, BB 2020, 579.

1 **1. Allgemeines.** Das Vertragsrecht des BGB enthält, insbes im Schuldrecht, in erheblichem Maße dispositives Recht. In diesem Bereich können die Parteien ihre Vertragsbeziehungen abw vom Ges regeln (→ Vor § 145 Rn. 8). Das geschieht in großem Umfang durch AGB. Durch sie werden Verträge des Massenverkehrs abw vom BGB standardisiert, ihre Abwicklung rationalisiert und vereinfacht; sie gestalten neue, dem BGB unbekannte Vertragstypen und machen Geschäftsrisiken besser kalkulierbar. Ihre praktische Bedeutung ist immens. Dabei verbessern AGB häufig die Rechtsstellung des Verwenders (I 1) oft zu Lasten des Vertragspartners, indem sie die ausgewogene, aber dispositive ges Regelung verdrängen. Diese Verschlechterung bleibt dem nichtkaufmännischen Kunden zumeist verborgen. Wissen hilft idR aber auch nicht weiter (weder dem Privat- noch dem Kaufmann), weil häufig die gleichen AGB in der gesamten Branche verwendet werden. Die Rechtfertigung der Inhaltskontrolle ist bis heute str. Im Vordergrund steht der Schwächerenschutz (diff. Hellwege JZ 2015, 1130: Kompensation von Marktversagen). Eine unübersehbare Hinwendung zum primären Verbraucherschutz brachte die Umsetzung der RL 93/13/EWG über **missbräuchliche Klauseln in Verbraucherverträgen** 1996. Umstritten ist heute insbes die AGB-Kontrolle im **unternehmerischen Geschäftsverkehr (b2b).** Obwohl ein konkretes Machtungleichgewicht zwischen Verwender und Kunde im konkreten Fall nach der Rspr und geltender Gesetzeslage nicht erforderlich ist (BGHZ 183, 220; 184, 264; abw BGH NJW 2010, 1278), fordert die Lit zunehmend und zu Recht eine solche Abgrenzung als Voraussetzung der Inhaltskontrolle von AGB im b2b-Bereich (MüKoBGB/Fornasier § 310 Rn. 24 mN zum Streitstand; vgl auch ausf Oetker AcP 212, 202, Berger NJW 2010, 470; Müller/Griebler/Pfeil BB 2009, 2661; Dauner-Lieb/Axter ZIP 2010, 314; dagegen v. Westphalen BB 2010, 195 und BB 2011, 195; NJW 2009, 2977; Leuschner JZ 2010, 878; diff Niebling MDR 2013, 1399; zu Abbedingungsstrategien Pfeiffer NJW 2012, 1169; zum möglichen Maßstab „guter unternehmerischer Praxis" Kondring BB 2013, 73. Andere versuchen die Beschränkung der AGB-Kontrolle nicht an der Einstufung Unternehmer-Verbraucher zu verorten, sondern anhand einer Transaktionskosten-Vertragswert-Relation (Leuschner AcP 207, 490) oder festen Wertgrenzen (mit guten Gründen Becker JZ 2010, 1104). Zum Maßstab des Aushandelns bei b2b-Geschäften → Rn. 9; gegen die Indizwirkung der §§ 308, 309 (→ § 307 Rn. 1) Kessel/Stomps BB 2009, 2666.

2 **2. Geltungsbereich.** Der Anwendungsbereich des Abschnitts 2 des Buches 2 (§§ 305 ff.) ist in I 1 bestimmt, erweitert durch § 310 III (sachlich) und eingeschränkt durch §§ 310 IV (sachlich), 310 I (persönlich). Vertragsbedingungen in der Form von Rechtsnormen unterfallen nicht dem Abschnitt 2 (zB die auf Grund Art. 243
3 EGBGB erlassenen VOen wie die AVBWasserV, s. BGHZ 100, 4). **a) Vertragsbedingungen** iSv I 1 sind alle Vertragsklauseln, auch nichtrechtsgeschäftlicher Art (BGH NJW 1990, 2314: Einwilligung in Obduktion), die nach ihrer obj Erscheinung den Eindruck erwecken, den Inhalt eines vertraglichen Rechtsverhältnisses zu bestimmen (BGHZ 162, 297). Äußeres Erscheinungsbild kann tatsächliche Vermu-

tung für Vorliegen einer AGB begründen (BAG NJW 2018, 250). Piktorgramme können dabei Teil von AGB sein (BGH NJW 2019, 757 Rn. 38). Einseitige sportliche Regelwerke (zB zum äußeren Ablauf eines Turniers) sind keine AGB (BGHZ 128, 101 ff.), weil sie nicht in vertragliche Gestaltungsmacht anderer eingreifen (anders für Haftungsausschluss bei Reitturnier [Auslobung] BGHZ 187, 86). Abgrenzung zwischen gewollter Vertragsgestaltung und unverbindlichen Empfehlungen („Abwicklungsrichtlinien" zB f. Leasinggeschäft) erfolgt nach allg Auslegungsregeln gem Empfängerhorizont (wirtschaftliche Bedeutung, Interessenlage, Sinn u Zweck; BGH NJW 2014, 2269: keine weitere Kontrolle anhand von Transparenzgebot, § 307 I 2; Pressemitteilung von Verkehrsunternehmen über Beförderungsausschluss von E-Scootern weder AGB noch deren Ankündigung, OLG Hamm BeckRS 2017, 104885). AGB sind auch Emmissionsbedingungen (Gottschalk ZIP 2006, 1122; aA Assmann WM 2005, 1057; gegen Anwendung von II zu Recht BGHZ 163, 311). AGB können auch sein: abschlussregelnde Klauseln (OLG Düsseldorf NJW 2005, 1515; aA BGH NJW 1985, 1394; unentschieden BGHZ 104, 98 f.), Aushandlungsbestätigung (BGHZ 99, 376 f.), ferner die in den Vertrag eingebundenen vom Verwender vorformulierten einseitigen Erklärungen des anderen Teils (materiellrechtliche [zB Bevollmächtigung, BGH NJW 1987, 2011; Einverständnis mit Telefonwerbung, BGH NJW 2000, 2677], oder verfahrensrechtliche [zB gem § 19 GBO; § 794 I Nr. 5 ZPO; BGH NJW 2002, 139]), allg OLG Koblenz NJW-RR 1994, 59; zur Abgrenzung zwischen AGB und Werbeaussagen: OLG Hamm WM 2008, 499. Das gilt auch für einen im Emissionsprospekt abgedruckten, individuell ausgehandelten Mittelverwendungskontrollvertrag zwischen Gesellschaft und Wirtschaftsprüfer, wenn dieser als Vertrag zugunsten Dritter Teil des Gesamtkonzepts der Anlage ist (BGHZ 183, 220). Höfliche Formulierung schließt Rechtscharakter als AGB nicht aus (BGHZ 133, 187 ff. gegen BGHZ 124, 44 f.). Auch bei *öffentl-rechtlich genehmigten* AGB ist Abschnitt 2 anwendbar (s. § 8 II Nr. 2 UKlaG, BGHZ 86, 291; Teilausnahmen in § 310 II). Für *öffentl-rechtliche Verträge* gilt der Abschnitt 2 entspr (arg § 59 I VwVfG); zur Anwendbarkeit des Rechts der AGB auf sog Private-Public-Partnerships: Kunkel/Weigelt NJW 2007, 2433. **b) Vielzahl** 4
von Verträgen (abw § 310 III Nr. 2: Einmalklausel genügt; zu Recht für eine Verallgemeinerung dieser Regelung Kaufhold DB 2012, 1235). Für sie müssen die AGB aufgestellt sein, gleich ob vom Verwender oder einem Dritten (BGH MDR 2006, 510; MüKoBGB/Fornasier Rn. 17; krit v. Westphalen NJW 2006, 2228). Der Verwender muss die **Absicht der Mehrfachverwendung** zZ des Vertragsschlusses haben (BGH NJW-RR 2002, 14); daran scheitert idR die Einordnung von Bestimmungen in Unternehmenskaufverträgen als AGB trotz gewisser Vorformulierung (Kirchner/Giessen BB 2015, 515 mN; Maier-Reimer/Niemeyer NJW 2015, 1713, 1716). Ob „Vielzahl" vorliegt, ergeben die Umstände (ie BGH NJW 1998, 2287; NJW 2000, 1111). Genügend ist die einmalige Verwendung eines Vertragsformulars (Mustervertrags), zB eines Mietvertragsformulars, wenn das Formular generell für eine Vielzahl von Fällen gedacht ist (BGHZ 184, 263 [Gebrauchtwagenmustervertrag]; BGH NJW-RR 2017, 137 [Mietvertrag]; ZIP 2005, 1604 [Bauvertrag], → Rn. 6). AGB sind die vom Verwender für eine *unbestimmte* Zahl von Fällen vorformulierten Klauseln (BGH NJW 1998, 2600). Gleiches gilt für die beabsichtigte Verwendung in einer *bestimmten* Zahl von Fällen (mindestens 3: BGHZ 150, 230; NJW 2002, 139 mN); schon bei der ersten Verwendung handelt es sich um AGB (BGH NJW 2004, 1454); die Absicht mehrfacher Verwendung ist bei Unternehmern häufig indiziert (s. BGH WM 2001, 2347); abstrakt-formelhafte Formulierungen können vom Verwender zu widerlegenden Anschein der Mehrfachverwendung begründen (BGHZ 157, 106; 118, 238). Die beabsichtigte Verwendung gegenüber einer Vielzahl von *Vertragspartnern* ist nicht erforderlich (BGH NJW 2004, 1454). **c) Vorformuliert** (dh vorbereitet, zumindest „im Kopf", nicht notwendig 5
schriftlich fixiert, BGHZ 141, 108; NJW 2001, 2636; str, s. Borges ZIP 2005, 186 mN) für eine Vielzahl von Verträgen (→ Rn. 4), also nicht der schriftliche Entw eines Individualvertrags. Inhalts-, nicht Wortgleichheit ist gefordert (BGH NJW

2000, 1110); handschriftliche Zusätze können genügen (BGHZ 181, 188), ebenso
6 Stempelaufdrucke (OLG Stuttgart VuR 2011, 156). **d) Stellen durch den Verwender.** Verwender ist, auf wessen Veranlassung die Einbeziehung zurückgeht (BGH NJW-RR 2013, 1029) und wer sie sich zu eigen macht; bloßes Besorgen eines Vertragsmusters genügt nicht (BGH NJW-RR 2018, 843); abw erfasst § 310 III Nr. 1 auch Drittklauseln). Verwender ist auch, wessen AGB die andere Partei in vorauseilendem Gehorsam in ihr Angebot aufnimmt, weil sonst erfahrungsgemäß Vertragsschluss nicht zu erwarten ist (BGH NJW 1997, 2044; PWW/Berger Rn. 8). Der Verwender muss die Einbeziehung *einseitig* und *diskussionslos veranlasst* haben (so iE BGH NJW-RR 2014, 937 [kein Stellen bei freier Wahl eines Vertragsmusters]; NJW-RR 2013, 1028, 1029); bloße Günstigkeit einer Klausel für Vertragspartei genügt nicht (BGHZ 130, 57). Kein „Stellen", wenn der Vertragspartner in der Auswahl der in Betracht kommenden Vertragstexte frei ist und Gelegenheit hat, eigene Textvorschläge einzubringen (BGH NJW 2016, 1230). Bloße Verhandlungsbereitschaft schließt I 1 nicht aus (→ Rn. 9). Kein „Stellen" liegt mangels Einseitigkeit vor, wenn beide Parteien Einbeziehung (zB der VOB/B) fordern. I scheidet auch aus, wenn ein **unbeteiligter Dritter,** zB (neutraler) Notar, beiden Parteien die Benutzung eines Vertragsmusters vorschlägt (BGH NJW-RR 2002, 14 mN). I gilt aber, wenn sich eine Partei die von Drittem formulierten Klauseln **zurechnen** lassen muss (BGH NJW-RR 2013, 1029; NJW 2017, 1540), sie ist dann („mittelbare") Verwenderin (Bsp: auf ihr Geheiß hat ihr „Hausnotar" vorformuliert, BGHZ 118, 239). Wird ein von Dritten formulierter Mustervertrag verwendet, muss sich der Verwender dies als „Stellen" von AGB zurechnen lassen, wenn sie einseitig auferlegt sind, nicht aber wenn der andere Teil den Verwendungsvorschlag freiwillig akzeptiert (Möglichkeit alternativer Textgestaltung, BGHZ 184, 267; krit Niebling ZMR 2010, 509; zust v. Westphalen ZIP 2010, 1112; zur praktischen Umsetzung
7 Schiffer/Weichel BB 2011, 1283). **e) Klarstellungen in I 2** (überflüssig). *Formularverträge,* die den → Rn. 3–6 entsprechen, sind AGB. – Der *Umfang* ist gleichgültig (ein Satz kann AGB sein, s. BGH NJW 1983, 1603), ebenso die *Schriftart* (zB Druck, Schreibmaschine, Handschrift) und *Form* (zB notarielle Beurkundung → Rn. 6).

8 **3. Individualabrede. I 3** schränkt die AGB-Definition (I 1, 2) und damit den Anwendungsbereich des Abschnitts 2 (→ Rn. 2–7) ein. Die „ausgehandelte" Vertragsbedingung und nur sie („soweit") unterfällt nicht dem Abschnitt 2 (sa § 310 III Nr. 2). Wegen des Verlusts des Klauselkontrollrechts legt die Rspr die Hürde für ein „Aushandeln" recht hoch. Dies gilt auch für **nachträgliche Änderungen** der AGB, die nur dann der Inhaltskontrolle entzogen sind, wenn sie die Anforderungen an eine wie von Beginn an getroffene Individualabrede erfüllen (BGH NJW 2013,
9 1431). **a) Aushandeln** ist für jede Klausel einzeln zu prüfen (BGH NJW 2019, 2080 Rn. 15 [Änderung anderer Vertragsbedingungen erlaubt keinen Rückschluss auf damit nicht zusammenhängende Klauseln]). Es ist mehr als Verhandeln (OLG Thüringen OLG-NL 2005, 5) und liegt vor, wenn der Verwender die gesetzesändernden oder -ergänzenden Klauseln seiner AGB **ernsthaft und vom anderen Teil erkannt zur Disposition stellt** und diesem eine reale Möglichkeit zur Klauseländerung zwecks Wahrung eigener Interessen einräumt (BAG NZA 2008, 219; BGH BeckRS 2017, 121112; BGHZ 153, 321; NJW 2005, 2543; zu Recht krit gegenüber dem Erfordernis der Dispositionsbereitschaft Miethaner NJW 2010, 3127). Bleibt es nach konkreter Einzelerörterung beim vorformulierten Text, weil er vom anderen Teil aus Sachgründen ausdr akzeptiert wird, so genügt das für I 3 (BGH NJW 2000, 1111 f.; NJW-RR 2001, 195, je mN; auf eine „Erörterung" kommt es nach BGHZ 184, 267 nicht an bei freiwilliger Einigung auf Formularvertrag, → Rn. 6). Ob dies eine Ausnahme ist (idR führt Aushandeln zu Abänderung: BGH NJW 2004, 1454; NJW 2000, 1112), erscheint fraglich. **Abzulehnen** ist es jedoch, wenn der BGH (BeckRS 2015, 18772 Rn. 25 f. = NZBau 2016, 213; sowie bereits NJW 2013, 856) sogar bei einer aufgrund von Verhandlungen modifizierten Klausel (Absenkung des zu zahlenden Preises für Fehlmengenlieferung an Müllver-

brennungsanlage – „bring or pay") eine Individualabrede verneint, nur weil die Klausel weiterhin für den Vertragspartner nachteilig blieb. Er stellt darauf ab, dass im Zuge der Verhandlungen die Klausel nur abgeschwächt, der „gesetzesfremde Kerngehalt der Klausel vom Verwender jedoch nicht ernsthaft zur Disposition gestellt" wurde. Auf das Ergebnis kommt es aber für ein „Aushandeln" nicht an (zutr Maier-Reimer NJW 2017, 1, 2). Die Dispositionsbereitschaft muss im Prozess konkret dargelegt werden, unzureichend ist der Verweis, dass alle Vertragsbedingungen zur Disposition standen oder bloßer Hinweis auf Individualabrede, nach der über alle Klauseln „ernsthaft und ausgiebig" verhandelt wurde (BGHZ 200, 334; ebenso gemeinsames „Durchgehen" der Klauseln, BGH NJW 2005, 1574; OLG Saarbrücken NJW-RR 2016, 53; Kappus NJW 2016, 33, 34). Bei komplizierten Klauseln kann Aufklärung des Kunden notwendig sein, damit er sie in seinen „rechtsgeschäftlichen Gestaltungswillen" aufnimmt (BGH NJW 2005, 2544). Diese hohen Anforderungen gelten nach bish Rspr auch im **kaufmännischen Verkehr,** was zu Recht zunehmend kritisiert wird (Müller/Schilling BB 2012, 2319; Günes/Ackermann ZGS 2010, 454; Kessel/Jüttner BB 2008, 1350; Lischek/Mahnken ZIP 2007, 158; Berger NJW 2010, 465; → Rn. 1; zu streng etwa BGH BeckRS 2017, 121112 für Aushandeln von Bearbeitungsgebühr; zu Recht krit v Westphalen BB 2017, 2051 mN). Hier wird häufig eine Klausel nach Erörterung im ursprünglichen Text akzeptiert, zB wenn Verwender dafür an anderer Stelle nachgibt, so dass ein Aushandeln durchaus vorliegt); richtiger wäre es, das Problem dadurch zu entschärfen, dass bei b2b Geschäften die Kontrolldichte reduziert und der Maßstab der Inhaltskontrolle nach § 307 modifiziert wird, indem stärker auf die Dominanz des Verwenders abgestellt wird (→ Rn. 1); hierzu → § 307 Rn. 5. Änderungen iS einer Erschwerung, eine ausgehandelte Klausel anzunehmen, ergeben sich ggf aus der ab Juli 2020 geltenden VO 2019/10 – b2b-Plattform Verordnung – (v. Westphalen BB 2020, 579, 580). **b) Beispiele:** Nicht genügend ist bloßes Erörtern (BGH NJW 10
1992, 2760; BGHZ 153, 322: auch nicht gemeinsames Erörtern von Alternativen, wenn keine ernsthafte Änderungsbereitschaft); Verlesen und Belehrung durch Notar (BGH NJW 1990, 576 f.; 2005, 2543); wahlweises Ankreuzen unterschiedlich, aber suggestiv vorformulierter Klauseln (s. BGH NJW-RR 1997, 1000 f.; aber bei Ausfüllen einer Leerstelle, zB für Vertragsdauer, ohne vorformulierten Entscheidungsvorschlag liegt idR Individualabrede vor, BGH NJW 1998, 1067 f., anders BGH NJW-RR 2017, 137 f. Kündigungsverzicht); ebensowenig formularmäßige Aufforderung zur Streichung von einzelnen Klausel(teile)n (BGH NJW 1987, 2011); nicht ausreichend ist die vorgegebene Wahl zwischen zwei Varianten (zB bei Darlehen Wahl, ob mit oder ohne Bearbeitungsgebühr und entspr anderem Zinssatz, BGH WM 2018, 1046 [Gelegenheit für eigene Textvorschläge muss bestehen]); schriftliche Erklärung der anderen Partei, ausgehandelt zu haben (BGH NJW 1977, 625 f.); bloße Verhandlungsbereitschaft (→ Rn. 9; BGHZ 98, 28); „kollektives Aushandeln" von Musterverträgen zwischen Verbänden für ihre Mitglieder. Ausreichend kann Auswahl zwischen echten Vertragsalternativen sein, auch wenn sie zu unterschiedlichen Entgeltregelungen führen (BGHZ 153, 151 f.). **c) Inhaltskontrolle** 11
vorformulierter Individualabreden ist nach hM zulässig (BGHZ 108, 168 ff. mN; Grundlage: § 242).

12 **4. Einbeziehungsvereinbarung (II). a)** Geltungsgrund von AGB im konkreten Vertrag ist eine besondere Geltungs- oder Einbeziehungsvereinbarung (II, der hier von §§ 145 ff. abweicht), nicht bloße einseitige Unterwerfung. Kennen oder Kennenmüssen der AGB genügt für Vereinbarung nicht. Auch bei Unternehmern und in den anderen Fällen, in denen II nicht gilt (§§ 305a I Nr. 1, 2 Buchst a, b, 310 I), ist eine Vereinbarung nötig, → Rn. 18 ff. II gilt nicht für Formularverträge (→ Rn. 7, BGH NJW 1995, 190), hier ist mit Unterschrift ohnehin gesamter Vertrag akzeptiert. Die Voraussetzungen nach II müssen grds bei Vertragsschluss vorliegen. Eine *nachträgliche* Einbeziehung oder Änderung einbezogener Klauseln ist jedoch entsprechend II möglich (BGH NJW 1987, 114; OLG Hamm BB 1979, 1789); Zustim-

13 mung des Vertragspartners kann unter § 308 Nr. 5 fallen. **b) Die Einbeziehungsvereinbarung** erfordert *kumulativ:* **aa) Ausdr. Hinweis** (II Nr. 1) bei, dh im Zusammenhang mit dem Vertragsschluss (BGH NJW-RR 1987, 114). Er muss deutlich erkennbar erfolgen: schriftlich oder (fern-)mündlich (für Internetgeschäfte s. auch → Rn. 14). Bei Abdruck auf Rückseite des Vertrages muss Hinweis auf Vorderseite erfolgen (OLG Düsseldorf VersR 1982, 872; sa BGH NJW 1987, 2432). *Ungenügend* ist Hinweis nach Vertragsschluss, zB in Rechnung oder auf Eintrittskarte, die nach vertraglicher Einigung ausgehändigt wird. Statt des Hinweises genügt ausnahmsweise deutlich sichtbarer (ins Auge springender) **Aushang** am Ort des Vertragsschlusses (s. II Nr. 1, nicht an Ort, den Vertragspartei erst danach im Rahmen der Vertragsabwicklung aufsucht, zB Parkhauskasse). Unverhältnismäßige Schwierigkeiten sind insbes begründet bei Massenverträgen, fehlendem persönlichen Kontakt und relativer Geringwertigkeit des Vertragsobjekts (Bsp: Vertragsschluss im Selbstbedienungsladen, am Waren- oder Billettautomaten, Reinigung, Schließfach), auch bei Versteigerungsverträgen wegen der Art ihres Zustandekommens (BGH NJW 1985, 850). Nach dem Wortlaut muss Aushang die AGB selbst umfassen, nicht nur Hinweis darauf (aA Grüneberg/Grüneberg Rn. 29; PWW/Berger Rn. 20).

14 **bb) Möglichkeit zumutbarer Kenntnisnahme,** II Nr. 2, muss der Verwender *verschaffen.* Das Transparenzgebot spielt daher schon bei der Einbeziehung von AGB eine wichtige Rolle (zur Inhaltskontrolle → § 307 Rn. 6). Bei Vertragsschluss unter *Abwesenden* sind AGB idR zu übersenden (Angebot der Übersendung genügt nicht, BGH NJW-RR 1999, 1246). Unter *Anwesenden* genügt idR Auslage zur Einsicht (zum Aushang → Rn. 13); auf eine dem Verwender erkennbare körperliche Behinderung des anderen Teils ist angemessen Rücksicht zu nehmen (zB durch Zurverfügungstellen einer Lupe bei Sehbehinderung; durch unverlangte Zusendung der AGB bei Hörbehinderung am Telefon). Nicht ausreichend ist bei fehlender Aushändigung in Sparverträgen der Hinweis, dass Verzinsung der Einlage zu den „in den Geschäftsräumen der kontoführenden Stellen bekannt gegebenen Zinssätzen" erfolgt (BGH NJW-RR 2017, 942; zur Kalkulierbarkeit von Zinsanpassungsklauseln s. → § 308 [Nr. 4] Rn. 6. Bei Internet-Geschäften genügt es, wenn die Geschäftsbedingungen über einen auf der Bestellseite gut sichtbaren Link aufgerufen und ausgedruckt werden können (BGH NJW 2006, 2976); längere Texte müssen zum Herunterladen zur Verfügung stehen (Mehrings BB 1998, 2373). Erkennt bzw ermöglicht der Unternehmer, dass ein Kunde über ein mobiles Endgerät auf sein Leistungsangebot zugreift, muss auch die Möglichkeit der Kenntnisnahme von AGB darauf angepasst sein (kürzere Texte für Displaygröße, keine Druckoption; s. Janal NJW 2016, 3201 mwN). Weitergehende Anforderungen folgen ggf aus § 312i I 1 Nr. 4, sie sind aber unabhängig von Einbeziehung nach II (→ § 312i Rn. 8). Am Telefon (s. § 147 I 2) reicht zunächst ausdr Hinweis (→ Rn. 13), da er Informationsmöglichkeit eröffnet (zB durch Vorlesen kurzer AGB; bei Anfordern sind §§ 147 II 2, 148 zu beachten); auf sie kann der Kunde ausdr verzichten, um sofortigen Vertragsschluss mit AGB zu erreichen (allg zum Verzicht Janal NJW 2016, 3203 [Vertragsschluss über mobile Endgeräte]; Grüneberg/Grüneberg Rn. 35; MüKoBGB/Fornasier Rn. 73). Bei Verweisung auf andere AGB („Staffelverweisung") gilt für diese II Nr. 2 (BGH NJW 1990, 3198; BGHZ 162, 47). **Reisevertrags-AGB** sind idR vor Vertragsschluss vollständig zu übermitteln (§ 6 III–V BGB-InfoV; BGH NJW 2009, 1486). Formularmäßige Bestätigung AGB zu kennen, genügt alleine nicht (PWW/Berger Rn. 22) – **Zumutbarkeit** der Kenntnisnahme, sog **Transparenzgebot,** verlangt (sa § 307 I 2): AGB müssen für den Durchschnittskunden ohne Anstrengung lesbar (OLG Saarbrücken NJW-RR 2009, 989; BGH NJW 1983, 2772), verständlich (idR Laienhorizont! Daher abgeschwächt im kaufmännischen Verkehr, BGH NJW 1999, 944) und einigermaßen übersichtlich sowie der Bedeutung des Geschäfts umfangmäßig angepasst sein. Das Transparenzgebot idS bezieht sich auf die „Lesbarkeit" des gesamten Klauselwerkes; die fehlende Verständlichkeit einzelner Klauseln fällt unter § 307 I 2 (dort → § 307 Rn. 6 ff.). **Übermäßige Länge** kann schon für Einbeziehung zu Intransparenz führen, wenn AGB nicht angesichts der Bedeutung des

Rechtsgeschäfts verhältnismäßig sind, insbes wenn AGB für Verbraucher und Unternehmen gemeinsam abgefasst sind und Verbraucher sich Relevantes selbst erschließen muss (Hoffmann/Bierlein JZ 2022, 745; aA für 83 DINA4 Seiten AGB von PayPal OLG Köln MMR 2020, 709); Übersetzung in fremde **Sprache** ist nicht schon erforderlich, weil der Kunde Ausländer ist. Ausdr Hinweis oder Aushang (→ Rn. 13) in der Verhandlungssprache nötig, aber auch ausreichend (BGH NJW 1995, 190; Schäfer JZ 2003, 879 mN zur Gegenansicht; krit Spellenberg FS Ferid, 1988, 480 f.). Dies gilt auch bei Internet-Vertragsschluss, englische Fassung unabhängig von Vertragssprache nicht ausreichend, da Beherrschung außerhalb von Unternehmen nicht allg vorausgesetzt werden darf (OLG Frankfurt a. M. NJW-RR 2003, 706 gegenüber Verbraucher). Bei inhaltlich abw Sprachfassungen gilt im kaufmännischen Verkehr diejenige der Verhandlungssprache (BGH NJW 1996, 1819). **cc) Einverständnis** des Kunden (ausdr oder schlüssig), formlos möglich. Liegen 15
Voraussetzungen nach II Nr. 1, 2 erst nach Vertragsschluss vor, zB bei Anlieferung, kann im Geschäftsverkehr Entgegennahme der Ware, konkludente Zustimmung zu AGB bedeuten (BGH NJW-RR 2000, 1154; NJW-RR 2003, 754, 755). Formularmäßige Einverständniserklärung unterliegt der Inhaltskontrolle (Hensen ZIP 1984, 146 f.; aA BGH NJW 1982, 1389, da abschlussregelnde, daher kontrollfreie Klausel [dagegen → Rn. 3]). Einverständnis gilt grds nicht für Folgeverträge (BGHZ 117, 190; v Westphalen NJW 2015, 2233, 2234; anders für laufende Geschäftsbeziehungen und Rahmenvertrag BGH NJW-RR 2015, 114). An Einbeziehungsvoraussetzungen fehlte es bei Facebook-Regelung zu „Gedenkzustand", da nicht Bestandteil der Nutzungsbedingungen (BGH NJW 2018, 3178 → zur Unangemessenheit der Klausel § 307 Rn. 11a).

5. Rahmenvereinbarungen (III). Rahmenverträge begründen Dauerschuld- 16
verhältnis eigener Art und legen Vertragsrahmen für künftige Einzelverträge fest (BGH NJW 2014, 2273: Abwicklungsrichtlinien für Leasingvermittlung durch Vertragshändler). Sie nehmen entspr II (→ Rn. 13–15) Einbeziehung vorweg, beschränkt auf bestimmte Art von RGeschäften und bestimmte (nicht: die jeweils gültigen) AGB. Zur nachträglichen Einbeziehung → Rn. 13.

6. Gescheiterte Einbeziehung. Nichtbeachtung von II Nr. 1, 2 lässt Vertrag 17
ohne die (uU nur zT betroffenen, weil zB bloß teilw unverständlichen) AGB entstehen; an ihre Stelle tritt das dispositive Recht (§ 306 I, II). Wird *Einverständnis verweigert* oder besteht bzgl Einbeziehung versteckter oder offener Dissens (§§ 154, 155), so scheitert der Vertragsschluss; verhalten sich die Parteien aber vertragsgemäß, so ist Vertrag ohne die betroffenen AGB (§ 306 I, II) geschlossen, → Rn. 23 und → § 154 Rn. 3.

7. Einbeziehung unter Unternehmern (Begriff: § 14). Erfasst werden nicht 18
nur gewerblich Tätige, sondern auch sog Freiberufler. II und III gelten nicht, § 310 I 1. Grds bedarf es einer ausdrücklichen oder konkludenten Einigung über die AGB gem allg Regeln (§§ 145 ff.; BGHZ 117, 194; 102, 304). Nicht ausreichend ist die bloße Branchenüblichkeit von AGB ohne Einbeziehungsvereinbarung (BGH NJW 2014, 1296). **a) Weiß der Vertragspartner,** dass der Verwender nur zu seinen klar *bezeichneten* (BGH NJW-RR 1989, 1104) AGB abschließen will, und lässt er sich darauf ein, so ist Einbeziehung zu bejahen (§§ 133, 157; 346 HGB), BGH NJW 1995, 666, sa NJW 2000, 1155. Dies gilt auch, wenn Vertragspartner Geltungswillen des Verwenders aus vorhergehender Abmahnung wegen Verstoßes gegen die AGB kennt, deren Einbeziehung in der Vergangenheit irrelevant ist (OLG Hamburg NJW 2005, 3003 für Weiterverkauf v Bundesligakarten). Beifügen der AGB oder Einzelkenntnis ist unnötig bei Verzicht auf Kenntnisnahme (BGH NJW 1976, 1887; sa II Nr. 2) oder Möglichkeit, sich Kenntnis zu verschaffen (BGH NJW 2002, 372). Bei grenzüberschreitendem Vertrag verlangt BGH NJW 2002, 370 zu Recht, dass Verwender AGB zugänglich macht. **b) Wissenmüssen** steht dem Wissen 19
(→ Rn. 18) gleich, wenn *laufende Geschäftsverbindung* besteht, in der wiederholt

(daran fehlte es in BGHZ 117, 195 f.) und unbeanstandet auf die AGB hingewiesen worden ist (BGH NJW 2000, 3778), uU genügend in Rechnungen (BGH NJW-RR 1991, 571), ungenügend in Lieferscheinen (BGH NJW 1978, 2244). Auch *branchenübliche Verwendung* von AGB begründet (ohne Hinweis, Geschäftsverbindung) Wissenmüssen für branchentypisch tätige Unternehmen (BGH NJW 2002, 370; NJW 1998, 1141; NJW-RR 2004, 555 für verlängerten Eigentumsvorbehalt [Handelsbrauch]). Wird nicht widersprochen, so sind AGB einbezogen (BGH NJW-
20 RR 1991, 571; WM 2004, 1177 für bankinternen Verkehr). **c) Kenntnisnahme** muss in zumutbarer Weise möglich sein. Das setzt klare Bezeichnung der AGB voraus (→ Rn. 18). Verschaffen der Möglichkeit iSv II Nr. 2 (→ Rn. 14) ist nicht gefordert (→ Rn. 18). Außer bei üblichen, leicht beschaffbaren AGB besteht (nur) ein *Anspruch* auf Einsicht oder Überlassung. Ihn muss der Verwender nicht von sich aus, sondern nur auf Verlangen erfüllen (vgl BGH NJW 1982, 1750). **Zumutbarkeit** entspr → Rn. 14 nötig (zur Lesbarkeit BGH NJW-RR 1986, 1311; zur „salvatorischen Klausel" BGH NJW 1996, 1408), doch ist vom (Durchschnitts-)Unternehmer mehr als vom Nicht-Unternehmer zu verlangen (zB an Rechtskenntnis,
21 Verstehenkönnen). **d) Kaufmännisches Bestätigungsschreiben** kann AGB entspr → § 147 Rn. 6 nachträglich einbeziehen (nur bei Unternehmern, sonst gilt
22 II). **e) Rahmenvereinbarungen** können, abw von III, die jeweils gültige Fassung von AGB einbeziehen. Verweis auf noch unbestimmte AGB („jeweils geltende Fassung") ist nicht möglich (PWW/Berger Rn. 42; ders ZGS 2004, 334; Ausnahmefall
23 BGH NJW-RR 2015, 114). **f) Verweisen beide Teile auf ihre einander widersprechenden AGB,** so gilt nicht die „Theorie des letzten Worts" (§ 150 II; früher hM), sondern die Kongruenzlehre. Die AGB des einen Teils werden nur bei eindeutigem, idR ausdr Einverständnis des anderen (Schweigen, Leistungsempfang ungenügend) Vertragsbestandteil. Fehlt es daran, so ergibt nachfolgendes vertragsgemäßes Verhalten, dass der Vertrag geschlossen ist (→ Rn. 17), die AGB werden aber nur einbezogen, soweit sie sich inhaltlich decken, kongruent sind (BGH NJW 1991, 1606). Enthalten die AGB des Bestellers eine strikte Abwehrklausel, so sollen nicht nur inhaltlich widersprechende, sondern auch zusätzliche AGB des Verkäufers nicht gelten (BGH NJW-RR 2001, 485; krit v. Westphalen NJW 2002, 1689); → § 929
24 Rn. 34: kollidierende AGB und EV). **g) Kraft Handelsbrauchs** (§ 346 HGB) geltende AGB werden Vertragsbestandteil ohne Einverständnis und Kenntnis des Betroffenen. Handelsbrauch selbst ist keine AGB (BGH NJW-RR 1987, 95).

§ 305a Einbeziehung in besonderen Fällen

Auch ohne Einhaltung der in § 305 Abs. 2 Nr. 1 und 2 bezeichneten Erfordernisse werden einbezogen, wenn die andere Vertragspartei mit ihrer Geltung einverstanden ist,

1. die mit Genehmigung der zuständigen Verkehrsbehörde oder auf Grund von internationalen Übereinkommen erlassenen Tarife und Ausführungsbestimmungen der Eisenbahnen und die nach Maßgabe des Personenbeförderungsgesetzes genehmigten Beförderungsbedingungen der Straßenbahnen, Obusse und Kraftfahrzeuge im Linienverkehr in den Beförderungsvertrag,

2. die im Amtsblatt der Bundesnetzagentur für Elektrizität, Gas, Telekommunikation, Post und Eisenbahnen veröffentlichten und in den Geschäftsstellen des Verwenders bereitgehaltenen Allgemeinen Geschäftsbedingungen

a) in Beförderungsverträge, die außerhalb von Geschäftsräumen durch den Einwurf von Postsendungen in Briefkästen abgeschlossen werden,

b) in Verträge über Telekommunikations-, Informations- und andere Dienstleistungen, die unmittelbar durch Einsatz von Fernkommunikationsmitteln und während der Erbringung einer Telekommuni-

kationsdienstleistung in einem Mal erbracht werden, wenn die Allgemeinen Geschäftsbedingungen der anderen Vertragspartei nur unter unverhältnismäßigen Schwierigkeiten vor dem Vertragsschluss zugänglich gemacht werden können.

1. Allgemeines. Die Vorschrift regelt Ausnahmen von § 305 II für amtlich genehmigte bzw veröffentlichte AGB. Die Neufassung stärkt das **Konsensualprinzip** des § 305 II letzter HS insbes durch Wegfall von § 23 III AGBG, der die AGB von Bausparkassen, Versicherungen (vgl § 8 VVG) und Kapitalanlagegesellschaften dadurch privilegierte, dass diese Bedingungen auch ohne Vorliegen von § 305 II Vertragsbestandteil wurden. 1

2. Privilegierung. Die AGB bestimmter Bereiche (Nr. 1, 2) sind privilegiert: Zwar gelten die Einbeziehungsvoraussetzungen des § 305 II Nr. 1 und 2 nicht, aber Einverständnis der anderen Vertragspartei ist erforderlich (§ 305a am Anfang, → Rn. 1). **a) Nr. 1:** Wegen öffentl Kundgabe der Tarife usw ist § 305 II insoweit überflüssig (vgl § 39 VII PBefG). Sind Tarife Rechtsnormen (s. Art. 243 EGBGB), so ist Abschnitt 2 (§§ 305 ff.) unanwendbar, → § 305 Rn. 2. **b) Nr. 2 Buchst a:** Betrifft nur Beförderungsverträge, die außerhalb von Geschäftsräumen des Beförderungsunternehmens (zZ praktisch nur für die Deutsche Post AG) durch Einwurf von Postsendungen in Briefkästen abgeschlossen werden, also – buchstabengetreu – nicht bei Einwurf in einen Briefkasten innerhalb des Post„amts". Vertragsschluss durch Briefeinwurf, auch durch Geschäftsunfähige und Minderjährige (§ 106), eröffnet dem totgesagten Vertragsschluss durch sozialtypisches Verhalten ein nicht ganz neues Anwendungsgebiet (vgl Jauernig NJW 1972, 2; → Vor § 145 Rn. 20). **c) Nr. 2 Buchst b:** Betrifft nur das Erbringen von Dienstleistungen, die *unmittelbar* durch ein Fernkommunikationsmittel (Definition: § 312b II) und *während* einer Telekommunikationsdienstleistung „in einem Mal" (dh *abschließend,* zB Telefonauskunft; nicht telefonische Warenbestellung, die eine Vertragsabwicklung in Gang setzt) erbracht wird, wenn die AGB der anderen Vertragspartei nur unter unverhältnismäßigen Schwierigkeiten vor dem Vertragsschluss zugänglich gemacht werden können, wie das idR der Fall ist. Überdies wird dem Kunden die schnelle Abwicklung des einmaligen Kontakts (zB Telefonauskunft) wichtiger sein als die vorherige Kenntnis der AGB. Hierunter fallen auch „call-by-call"-Leistungen und 0900-Mehrwertdienste. 2 3 4 5

§ 305b Vorrang der Individualabrede

Individuelle Vertragsabreden haben Vorrang vor Allgemeinen Geschäftsbedingungen.

1. Allgemeines zur Auslegung von AGB. AGB sind für eine Vielzahl von Verträgen vorformuliert (§ 305 I 1), weshalb sie nach ihrem typischen Sinn einheitlich so auszulegen sind, wie sie von verständigen, redlichen, rechtsunkundigen (BGHZ 108, 60), durchschnittlichen Vertragspartnern unter Abwägung der Interessen der normalerweise beteiligten Kreise verstanden werden: *Obj Auslegung* iGgs zur einzelfallbezogenen Auslegung (BGH NJW 2001, 2166; NJW 2000, 1196, stRspr); *die Entstehungsgeschichte* der AGB ist irrelevant (BGH NJW-RR 2000, 1342). Erst nach Feststellung des Klauselinhalts durch Auslegung folgt die **Inhaltskontrolle** (BGH NJW 1999, 1634); bei der Überprüfung sind die obj Grundentscheidungen des GG (zB in Art. 3 I, 12 I GG) zu berücksichtigen (BVerfG NJW 2000, 3342). – Zum Restriktionsprinzip → § 305c Rn. 8; zur **geltungserhaltenden Reduktion** → § 305c Rn. 2, → § 306 Rn. 3; zur ergänzenden Auslegung → § 306 Rn. 5, → § 157 Rn. 2. § 305c enthält eine Rangregelung bei inhaltlichem Widerspruch. 1

2. Individualabrede. Begriff → § 305 Rn. 8, 9. **a) Sie enthält** eine ausdr oder stillschweigend (BGH NJW-RR 1996, 674) *bes ausgehandelte* Regelung, die vor oder nach Vertragsschluss wirksam vereinbart wurde. Änderungen nach Vertragsschluss 2

sind der Inhaltskontrolle nur entzogen, wenn sie wie eine von vorneherein getroffen Individualabrede erfolgen, zB nicht bei fehlender (Mit-)Gestaltungsfreiheit des Vertragspartners (BGH NJW 2013, 1431). Die Beteiligten müssen Widerspruch zu AGB-Klausel nicht erkennen (BGHZ 164, 136; NJW 1987, 2011). Individualabrede hat daher Vorrang und verdrängt die widersprechende Klausel. Das ist unproblematisch bei *direktem Widerspruch* (zB in AGB Gewährleistungsausschluss/in bes Abrede Gewährleistung nach BGB), problematisch bei *indirektem,* wenn AGB und bes Abrede wortlautmäßig vereinbar sind, aber fraglich ist, ob letztere „nur" oder „auch" (dh ergänzend) gilt (Bsp: Kreditsicherung durch bes vereinbarte Übereignung bestimmter Sachen ist mit Forderungspfandrecht kraft AGB vereinbar [„auch"], außer bei Ausschließlichkeit [„nur"]; sa BGH NJW 1981, 1959 f.: Skontogewährung
3 und Vorauszahlung). **b) Schriftformklausel** („Vereinbarungen, Zusicherungen, Änderungen sind nur in schriftlicher Form gültig"; „Mündliche Absprachen sind ohne schriftliche Bestätigung des Verwenders ungültig") verstößt nicht schlechthin gegen § 307; dafür maßgebend sind Inhalt und Geltungsbereich der konkreten Klausel (BGH NJW 1986, 1810); zum Formerfordernis für einseitige Erklärungen s. § 309 Nr. 13. Da § 305b für Individualabrede keine Form verlangt, geht mündliche bes Abrede bei oder nach Vertragsschluss, die sich über Schriftformklausel hinwegsetzt, dieser vor (BGHZ 164, 136 f.; 104, 396); eines bewussten Abweichens von der Schriftformklausel bedarf es nur bei zuvor individuell vereinbartem Formerfordernis (BGHZ 164, 138; NZM 2017, 189 Rn. 17; WM 2005, 2407); **„doppelte Schriftformklauseln",** die für Abweichung von der vereinbarten Schriftform ihrerseits eine solche vorsehen, verstoßen gegen §§ 305c, 307 I (Nachw bei BGH NJW 2017, 1017 Rn. 15) bzw es geht auch hier eine spätere Individualvereinbarung vor (BGH NJW 2017, 1017; KG BeckRS 2016, 09687; OLG München BeckRS 2016, 06798; aA OLG Frankfurt ZfIR 2013, 584); zu deren Verwendung in Arbeits-
4 verträgen MüKoBGB/Fornasier Rn. 16. **c) Auslegung** der Individualabrede nach allg Regeln (BGHZ 84, 273), nicht nach bes für AGB (zB §§ 305c II, 306). Zur **Inhaltskontrolle** → § 305 Rn. 11.

§ 305c Überraschende und mehrdeutige Klauseln

(1) **Bestimmungen in Allgemeinen Geschäftsbedingungen, die nach den Umständen, insbesondere nach dem äußeren Erscheinungsbild des Vertrags, so ungewöhnlich sind, dass der Vertragspartner des Verwenders mit ihnen nicht zu rechnen braucht, werden nicht Vertragsbestandteil.**

(2) **Zweifel bei der Auslegung Allgemeiner Geschäftsbedingungen gehen zu Lasten des Verwenders.**

1 **1. Allgemeines.** I schützt den Vertragspartner vor überraschenden AGB, da § 305 II die wirksame Einbeziehung unabhängig von tatsächlicher Kenntnisnahme anordnet. Erfasst werden nur **„ungewöhnliche" Klauseln,** die von „unangemessenen" und „unbilligen" Klauseln zu unterscheiden sind. Doch sind ungewöhnliche Klauseln oft auch unangemessen (s. BGH NJW 1985, 55; Schlosser ZIP 1985, 465 f.). I gilt jedoch auch für gem § 307 III der Inhaltskontrolle entzogene AGB (BeckOK/H. Schmidt Rn. 3; PWW/Berger Rn. 2). Im unternehmerischen Geschäftsverkehr ist I anwendbar, die Anforderungen an Überraschungsmoment können jedoch höher sein (BGHZ 102, 162). Die **Unklarheitenregel** ist in II funktionell eingeschränkt (→ Rn. 7); auch sie gilt im unternehmerischen Verkehr (BGH NJW-RR 1988, 113).

2 **2. Überraschende Klauseln.** „Überraschend" ist eine Klausel, mit der der Vertragspartner vernünftigerweise nicht rechnen musste. Dies lässt sich ggf erst nach Auslegung feststellen, im Zweifel gilt II. **a)** Maßgebend sind die gesamten Umstände, insbes der Grad des *inhaltlichen Abweichens* vom dispositiven Ges (BGH NJW-RR 2001, 196) oder das *äußere Bild* des Vertrags wie Unübersichtlichkeit und „Verste-

cken" einer Klausel im Gesamtwerk an Stelle ohne systematischen Zusammenhang (BGHZ 102, 158; NJW-RR 2016, 498 Rn. 31; NJW-RR 2012, 1261 [Entgeltklausel für Eintrag in Branchenverzeichnis]; NJW 2011, 3719; NJW 2010, 3154; NJW 2010, 671; BAG NJW 2008, 2279). Ob ein Überrumpelungseffekt besteht, richtet sich generell nach dem zu erwartenden Kundenkreis (BGHZ 130, 154; → § 305b Rn. 1); doch können Umstände des Einzelfalls die Überraschung erst begründen (zB war nach den Vorverhandlungen das Fehlen der an sich nicht ungewöhnlichen Klausel zu erwarten, vgl BGH NJW-RR 2002, 485 mN) oder verhindern (zB bei ausdr Hinweis auf die an sich ungewöhnliche Klausel (BGH NJW 1997, 2677; BB 2001, 2020, je mN), str. Bei *notariellen Urkunden* wirken §§ 13, 17 BeurkG idR überraschungshindernd (BGH NJW-RR 2001, 1422; anders bei formularmäßiger Bezugnahme auf nicht verlesene Urkunde, s. BGHZ 75, 20 ff.). Eine (klare) ungewöhnliche Klausel kann nicht durch einengende Auslegung zu einer gewöhnlichen werden (BGH NJW 1985, 971): **Verbot geltungserhaltender Reduktion;** abw BGHZ 103, 80 (dazu H Roth JZ 1989, 414 f.); → Rn. 3, → § 306 Rn. 3, 5.

b) Bsp für I: Stoffpreisgleitklausel in Bauvertrag (BGH NJW-RR 2018, 337); formularmäßige Erstreckung der dinglichen Haftung bei Sicherungsgrundschulden auf alle bestehenden und künftigen Ansprüche „aus Anlass" der **Grundschuld**bestellung für eine bestimmte Darlehensforderung gegen den in Kreditgeschäften unerfahrenen oder unberatenen (BGH NJW 1991, 3142 [zulässig bei Unternehmen]) und vom SG verschiedenen Darlehensnehmer (ie BGH NJW-RR 2017, 334 [formularmäßige Erweiterung des Sicherungszwecks nach 2 Jahren nicht ohne weiteres überraschend]; BGH NJW 2001, 1416 [bei mehreren Sicherungsabreden ist jüngste und Anlass ihrer Abgabe maßgebend]; BGH NJW 1992, 1822 f. [Zweckgebundenheit des Darlehens irrelevant]; „Anlassrechtsprechung", s. zur Bürgenhaftung BGHZ 130, 27; hierzu auch → § 765 Rn. 18); ferner entspr für formularmäßige Ausdehnung eines Schuldbeitritts (BGH NJW 1996, 249 f.); in den Fällen der „Anlassrechtsprechung" liegt Verstoß auch gegen § 307 vor. Für die **Sicherungsgrundschuld** ist aber trotz § 1192 Ia daran festzuhalten, dass es kein ges Leitbild gibt (zB BGH NJW 2002, 2710; Heinze DNotZ 2016, 255; aA Knops NJW 2015, 3121), so dass eine Einschränkung auf die Anlassverbindlichkeit nicht besteht (s. auch → Rn. 4); zu Garantie und **Bürgschaft** auf erstes Anfordern s. BGH NJW 2002, 367; → Vor § 765 Rn. 12; zur entspr formularmäßigen Verpflichtung des Geschäftsführers einer Factoringgeberin s. BGH NJW 2002, 3628. Überraschend ist es regelmäßig auch, wenn Miteigentümer für eine gemeinsame Verbindlichkeit an ihren Anteilen je eine Grundschuld bestellen und diese auch alle künftigen und bestehenden Verbindlichkeiten *des anderen Miteigentümers* sichern soll (BGH NJW 2002, 2710). Unwirksam ist auch Stoffpreisgleitklausel, die Vertragspartner zwingt, von üblichen Kalkulationsgrundsätzen abzuweichen (BGH NJW 2015, 49) und Abtretungsklausel für Schadensersatzansprüche an Kfz-Sachverständigen (BGH NJW-RR 2017, 501). Ungewöhnlich ist Klausel, die Generalunternehmer für schlüsselfertige Errichtung dazu bevollmächtigt, Unterverträge im Namen des Auftraggebers zu vergeben (BGH NJW-RR 2002, 1312). Die drucktechnische Gestaltung nimmt das Überraschungsmoment nicht, wenn sich der Hinweis nicht nur auf die ungewöhnliche Erweiterung bezieht (BGH NJW 2002, 2710). **Haftungsbegrenzung** für Anlageberater, -vermittler etc im Immobilienfond (BGH NJW-RR 2004, 781); Begrenzung der Auftragssumme bei Einheitspreisvertrag (BGH NJW 2005, 246); Erstreckung von Pfandrecht auf Ansprüche des Verwenders gegen Dritte, für die Kunde persönlich haftet (OLG Schleswig ZIP 2006, 1196); Verpflichtung von Leasingnehmer, Vollkaskoversicherung abzuschließen, bei der Berufung auf § 81 VVG nF ausgeschlossen ist (OLG Düsseldorf MDR 2005, 618); versteckte Einschränkungen von Gewinnzusage iSv § 661a (OLG Celle MDR 2004, 867); Leistungskürzung des Versicherers (statt Prämienerhöhung) bei Überschreiten der Jahreskilometerleistung (LG Dortmund NJW-RR 2009, 249). 3

c) Nicht ungewöhnlich bzw überraschend ist jedenfalls der einfache EV, nach hM auch der erweiterte und verlängerte (Begriffe: → § 929 Rn. 27, 28); Restwertausgleich bei Leasingvertrag (BGHZ 201, 278), 4 ebenso Überwälzung von Überführungs- und Zulassungskosten (BGH NJW 2017, 1388); **Vollstreckungsunterwerfung** des mit dem Kreditschuldner identischen Grundschuldbestellers (zum fehlenden Leitbild s. → Rn. 3; stRspr BGH [XI. Senat] 185, 133 = NJW 2010, 2044 [klarstellend zum Prüfungsumfang im Klauselerteilungsverfahren jedoch [VII. Senat] NJW 2011, 2803; NJW 2008, 3208 mN; OLG Schleswig WM 2009, 1196; Bork ZIP 2009, 1261; aA LG Hamburg NJW 2008, 2784 [hier gegen BGH NJW 2009, 1887]; Schimansky WM 2008, 1049 – „drucktechnische Hervorhebung" iSd Übersichtlichkeit nicht notwendig, BGH NJW-RR 2006, 491). Abzulehnen ist BGH [V. Senat] NJW 2012, 2354, der erneut ohne weiteres davon ausgeht, die formularmäßige Vollstreckungsunterwerfung sei nach II so auszulegen, dass sie nur für treuhänderisch gebundenen Gläubiger gelte (wohl im Sinne einer konkludenten Vollstreckungsbedingung, abl Piekenbrock LMK 2011, 323694). **Ungewöhnlich** ist formularmäßige Bevollmächtigung an Notariatsangestellte, die die Zwangsvollstreckungsunterwerfung bei Grundschuldbestellung mit umfasst (BGH WM 2003, 65). Str ist die Behandlung von **Mediationsklauseln** (zu Recht abl für AGB eines Rechtsschutzversicherers OLG Frankfurt VersR 2016, 188; grds für Zulässigkeit nach §§ 305c, 307 Unberath NJW 2011, 1323; diff BeckOGK/Fehrenbach BGB § 307 Rn. 39–44). Nachdem § 309 Nr. 14 im Zuge der Umsetzung der ADR-RL den Klageverzicht zugunsten von außergerichtlicher Streitbeilegung verbietet, gilt dies im Wege des erst-Recht-Schlusses auch für die vorgeschaltete obligatorische Mediation, die noch weniger rechtlich orientiert ist als die Streitschlichtung und beide Verfahrensgestaltungen ermöglicht. **Nicht überraschend** sind Konzernverrechnungsklausel (OLG Frankfurt a. M. NJW-RR 2004, 56; s. aber BGH WM 2005, 1801 und → § 307 Rn. 12); Umlageklausel für Hausverwaltungskosten bei Gewerbemiete (BGHZ 183, 302; NJW 2010, 739); Verpflichtung von Mieter in Einkaufszentrum, Werbegemeinschaft beizutreten (BGH NJW 2016, 2489). Ausschluss, dass Angaben in Versteigerungskatalogen als Garantie oder Beschaffenheitsvereinbarung sind (OLG Köln NJW 2012, 2667; anders aber für Klausel, die bei Mängeln nicht vorsieht, dass der Ersteigerer an der Schadloshaltung des Verkäufers beim Einlieferer beteiligt wird [OLG München NJW 2012, 2891]); Abgeltungsklauseln in Aufhebungsverträgen (BAG NJW 2009, 1019). Widerrufsvorbehalte zur Flexibilisierung von Vergütungsansprüchen sind in Arbeitsverträgen üblich und daher nicht überraschend (zur Inhaltskontrolle BAG NZA-RR 2010, 457; BB 2007, 109 und BB 2007, 1624; zum Ganzen Gaul/Kaul BB 2011, 181).

5 **3. Mehrdeutige Klauseln. a)** Die Einbeziehung mehrdeutiger Klauseln kann bereits an § 305 II Nr. 2 (Unverständlichkeit) scheitern, weil zB die Zahl der Auslegungsmöglichkeiten sich nicht in „vernünftigem Rahmen" hält (BGH NJW 1985,
6 56). **b)** Die **Unklarheitenregel, II,** setzt **Zweifel** infolge **nicht behebbarer Mehrdeutigkeit** der Klausel voraus (mindestens zwei unterschiedliche vertretbare Auslegungen, von denen keine klar vorzugswürdig ist, BGHZ 185, 310; NJW 2012, 2270 mwN; NJW-RR 2016, 526; NJW-RR 2017, 992; BAG NZA 2021, 1478; NZA 2021, 1346; NZA 2021, 783 mehrdeutig auch sog „Spaßbieter-Klauseln" bei eBay: OLG Frankfurt NJW-RR 2016, 1070). Auslegungsmaßstab muss der obj Inhalt und typische Sinn einer Klausel sein, „wie sie von verständigen und redlichen Vertragspartnern unter Abwägung der Interessen der normalerweise beteiligten Kreise verstanden werden" (BGH NJW-RR 2016, 572; NJW-RR 2005, 920; NJW-RR 2001, 2166 mN; BAG NJW 2017, 1895; NJW 2007, 3228). Damit kommt es nicht auf die Interessenlage im Einzelfall an, sondern auf typisierte Interessen und das Verständnis des durchschnittlichen Vertragspartners (BGH BeckRS 2022, 14595; WM 2003, 1242; NJW 2001, 2166; NJW 1999, 1714; → § 305b Rn. 1). Formularklauseln sind im Kontext des gesamten Formularvertrags auszulegen (BGH BeckRS 2022, 14595). Zu Recht hat der BGH es abgelehnt, eine (nicht erforderliche) den ges Anforderungen nicht genügende Widerrufsbelehrung in ein Angebot auf ein vertragliches Widerrufsrecht auszulegen (BGH NJW 2012, 1066, 1070; bestätigt von BGH NJW 2019, 1739 [XI. Senat] gegen BGH NJW 2019, 356 [III. Senat],

diff Maier VuR 2019, 260; sa OLG Jena BeckRS 2021, 38228). II greift nicht ein, wenn die Parteien die AGB übereinstimmend verstehen (BGH NJW 2002, 2103 mN) oder wenn mit ihrer Hilfe überhaupt festgestellt werden soll, wer Verwender ist (BGH NJW-RR 2003, 926 mkritAnm Gsell EWiR 2004, 101). Bei gleichrangigen, einander widersprechenden Klauseln ist die für den Gegner ungünstigere unbeachtlich (BGHZ 150, 230). Sind mehrere Klauselwerke wirksam in den Vertrag einbezogen, die sich teilweise inhaltlich widersprechen und lässt sich durch Auslegung ein Rangverhältnis nicht ermitteln, so kann keine Bestimmung angewendet werden; es gelten ges Vorschriften (BGH JA 2006, 732). Bezugnahme in Arbeitsvertrag auf für den Arbeitgeber geltende (Flächen-)Tarifverträge (dynamische Verweisung) ist weder überraschend noch unklar (BAG NZA 2021, 1478 [auch zur Einbeziehung später geschlossener Haustarifverträge in die Klausel]); für Verträge bis 31.12.2001 galt Auslegung als „Gleichstellungsabrede" (Gleichstellung tarifgebundener und nicht gebundener AN; aufgegeben in BAG NJW 2006, 2571). Allgemeine Ausschluss- und Verfallsklauseln im ArbeitsV sind bei uneingeschränktem Wortlaut so auszulegen, dass sie auch Ansprüche wegen vorsätzlichen Verhaltens erfassen und damit gegen §§ 202, 134 verstoßen (BAG NJW 2021, 1975; s BAG NJW 2021, 3276, wenn nur deliktische Haftung ausgeschlossen wird). **c) Wirkung.** II hilft nur **7**
bei Auslegung, besagt aber zunächst nichts über die Wirksamkeit einer Klausel. Auslegung geht der Inhaltskontrolle stets voraus, → § 305b Rn. 1. Eine unklare Klausel kann jedoch nach § 307 I 2 – Transparenzgebot – unwirksam oder nicht wirksam einbezogen (§ 305 II Nr. 2, → § 307 Rn. 6) sein. Sind mehrere Auslegungen rechtlich möglich, so gilt II. Im **Verbandsprozess** (§ 1 UKlaG) ist dabei in Umkehrung von II zunächst von der scheinbar *kundenfeindlichsten* Auslegung der unklaren Klausel auszugehen (zB BGHZ 158, 155; NJW 2017, 3649; MüKoBGB/Fornasier Rn. 50). Da die nachfolgende Inhaltskontrolle, §§ 307–309, der so ausgelegten Klausel zu deren Unwirksamkeit führen kann, ist die Auslegung nur *scheinbar* kundenfeindlich; damit wird dem Verwender die Möglichkeit abgeschnitten, sich „nach Bedarf" auf die eine oder andere Auslegungsalternative zu berufen. Auch im **Individualprozess** ist grds von der scheinbar *kundenfeindlichsten* Auslegung auszugehen, wenn eine Klausel obj mehrdeutig ist; hält die Klausel dieser Kontrolle stand, folgt die *kundenfreundlichste* Auslegung nach, wie es II anordnet (BGHZ 176, 244 = NJW 2008, 2172; NJW 2015, 1594 Rn. 22; BeckRS 2022, 14595; Grüneberg/Grüneberg Rn. 18; MüKoBGB/Fornasier Rn. 51). Es ist daher stets diejenige von mehreren Auslegungsmöglichkeiten zu Grunde zu legen, die zur Unwirksamkeit der Klausel führt (BGH BeckRS 2020, 16797). Sofern alle Auslegungsalternativen einer Inhaltskontrolle standhalten, ist die kundenfreundlichste zu wählen. Völlig fernliegende Auslegungsmöglichkeiten bleiben in beiden Prozessen außer Betracht (BGH NJW 1994, 1779). BGHZ 201, 230 wendet den Grundsatz auch an auf die Frage, ob kontrollfreie Preishauptabrede oder kontrollfähige Preisnebenabrede vorliegt.

4. Restriktionsprinzip. Systematische Einordnung und praktische Bedeutung **8**
sind str (MüKoBGB/Fornasier Rn. 41). Es besagt: Klauseln, die den Verwender abw vom dispositiven Recht begünstigen (zB bzgl Haftung, Gewährleistung), werden zugunsten des *Kunden eng ausgelegt* (sa BGHZ 93, 75 f.; 97, 217; WM 2002, 2081). Problematisch daran ist, dass im Wege enger Auslegung verdeckte Inhaltskontrolle betrieben werden kann, obwohl das Ges beide systematisch trennt. Weder durch Restriktion noch durch Anwendung von II darf einer an sich nach §§ 307 ff. unwirksamen Klausel zu einem ges noch zulässigen Inhalt verholfen werden.

§ 306 Rechtsfolgen bei Nichteinbeziehung und Unwirksamkeit

(1) **Sind Allgemeine Geschäftsbedingungen ganz oder teilweise nicht Vertragsbestandteil geworden oder unwirksam, so bleibt der Vertrag im Übrigen wirksam.**

(2) **Soweit die Bestimmungen nicht Vertragsbestandteil geworden oder unwirksam sind, richtet sich der Inhalt des Vertrags nach den gesetzlichen Vorschriften.**

(3) **Der Vertrag ist unwirksam, wenn das Festhalten an ihm auch unter Berücksichtigung der nach Absatz 2 vorgesehenen Änderung eine unzumutbare Härte für eine Vertragspartei darstellen würde.**

Lit.: Fervers/Gsell, Ergänzende Vertragsauslegung in der AGB-Kontrolle im unionsrechtlichen Kontext, NJW 2019, 2569; Gsell, Grenzen des Rückgriffs auf dispositives Gesetzesrecht zur Ersetzung unwirksamer Klauseln in Verbraucherverträgen, JZ 2019, 751; Herresthal, Unionsrechtskonformität der ergänzenden Vertragsauslegung bei unwirksamen AGB-Klauseln, NJW 2021, 589; Ostendorf, Partiell unwirksame Preisänderungsklauseln für Fernwärmelieferung und ihre Rechtsfolgen, NJW 2022, 1916; v Westphalen, Ersetzung einer missbräuchlichen Klausel durch dispositives nationales Recht? – Spannungsverhältnis zwischen EuGH- und BGH-Judikatur, BB 2019, 67; Wendehorst/v Westphalen, Auswirkungen neuerer EuGH-Urteile auf § 306 II BGB, EuZW 2021, 229; Wilfinger, Unwirksame AGB-Klauseln, dispositives Recht und EuGH, VuR 2021, 18; Wittebol/Choi, Vertragslücke ade? Der EuGH zum Rückgriff auf dispositives Recht bei unwirksamen AGB, WM 2021, 1734.

1 **1. Allgemeines.** I schaltet §§ 155, 139 für AGB aus. II zieht aus der Wirksamkeit des Vertrags Konsequenzen. Ausnahmsweise ist der Vertrag unwirksam, III. I bezweckt den Schutz der anderen Vertragspartei, die regelmäßig Interesse an der Aufrechterhaltung des Vertrages hat (BGH NJW 1992, 897). Ausnahmsweise kann statt I § 139 zum Zuge kommen, wenn dies dem Schutz des Kunden und damit dem Zweck von I entspricht (offen BGHZ 128, 166). Die Verwendung unwirksamer AGB verstößt gegen vorvertragliche Rücksichtnahmepflichten und fällt daher – bei Verschulden – unter §§ 280 I, 241 II, 311 II (BGHZ 99, 107; 181, 182 [Schadensersatz für Aufwendungen wegen unwirksamer Klausel über Schönheitsreparatur]; Ersatzpflicht nach Schutzzweck der Norm beschränkend BGH NJW 2010, 2873). Zur Anwendung wettbewerbsrechtlicher Ansprüche → Vor §§ 307–309 Rn. 2. Klauseln, die gegen §§ 307–309 verstoßen, sind insgesamt unwirksam und dürfen nicht – idR auch nicht bei Verträgen zwischen Unternehmen – durch Auslegung auf ein noch vertretbares Maß reduziert werden (**Verbot geltungserhaltender Reduktion,** stRspr (BGHZ 120, 122; 114, 342 mN und → Rn. 3, hM s. Grüneberg/Grüneberg Rn. 6). Das Verbot greift erst, wenn die Vertragslücke nicht durch ges Regelungen geschlossen werden kann und es einer ergänzenden Vertragsauslegung bedarf (BGH NJW 2012, 2503, s. krit sogleich → Rn. 3). Das BAG wendet bei Verstoß einer AGB-Klausel gegen Antidiskriminierungsvorschriften § 7 II AGG iS einer geltungserhaltenden Reduktion an (BAG NZA 2020, 1397 Rn. 55 ff.). Bei erfolgreicher Unterlassungsklage nach § 1 UKlaG muss Klausel nicht nur in Neuverträgen unterbleiben, sondern darf auch bei bestehenden Verträgen nicht mehr angewendet werden (BGH NJW 2017, 87 Rn. 58).

2 **2. Fortbestand des Vertrages.** Wirksam bleibt der Vertrag, **I** (vorbehaltlich III): **a) trotz Nichteinbeziehung** (ganz oder teilw) der AGB (§§ 305 II, III, 305c I; Zurücktreten nach § 305b gehört nicht hierher). Nur ganz ausnahmsweise scheitert der Vertragsschluss wegen Nichteinbeziehung (→ § 305 Rn. 17). Zur gescheiterten
3 Einbeziehung widersprechender AGB → § 305 Rn. 23; **b) trotz Unwirksamkeit** (ganz oder teilw) der AGB. Grund der Unwirksamkeit spielt keine Rolle (zB §§ 307–309; 134, 138 [zu § 138 s. aber dort → § 138 Rn. 5]). Unwirksamkeit einer Klausel ist zT vermeidbar, wenn inhaltlich und sprachlich ein zulässiger Regelungsteil abspaltbar ist, der eine eigenständige, sinnvolle Regelung enthält (BGH NJW 2005, 2225; MDR 2004, 1410; NJW 2001, 292). Diese **geltungserhaltende Klauselabgrenzung (Teilbarkeit)** ist oft der Sache nach *eine* **geltungserhaltende Reduktion** → Rn. 5. Der BGH lehnt zwar in stRspr eine solche Reduktion grds ab (BGH NJW 1998, 2286 mN für Individual-, BGHZ 124, 262 für Verbandsprozess), idR auch im kaufmännischen Verkehr (BGH NJW 1996, 1407 f.), weil sonst der Verwender gefahrlos Übermaßklauseln verwenden könne, denn das Gericht führe

sie auf das gem §§ 307–309 zulässige Maß zurück (BGHZ 143, 119). Doch lässt er Ausnahmen zu, so für die Bereiche der ADSp und AGNB (BGHZ 129, 327; Grund: Zustandekommen dieser AGB; abw BGH NJW-RR 2000, 1342); bei Teilbarkeit von Klauseln (außer Entgeltklauseln – BGH NJW 2014, 922 Rn. 27) sind BGH und BAG großzügig bei partieller Aufrechterhaltung (BGH NJW 2015, 938 Rn. 23; BAG NJW 2016, 679); zur geltungserhaltenden Reduktion durch ergänzende Vertragsauslegung → Rn. 5.

3. Geltung dispositiven Rechts. Anstelle der nicht geltenden AGB gilt das dispositive Ges (zum Begriff sa BGH NJW 1983, 1672; zur Richtlinienkonformität → Rn. 5–6). **II.** Fehlt es an einer gesetzlichen Regelung, entfällt die Klausel ersatzlos, wenn dies zu einer angemessenen, interessengerechten Lösung führt (BGH NJW 2022, 1314 Rn. 59 ff.), zur ergänzenden Vertragsauslegung → Rn. 5, 5a. Der EuGH untersagt jedenfalls die Heranziehung nicht vertragstypischer allgemeiner Billigkeitsvorschriften zur Lückenfüllung (EuGH NJW 2019, 1663 Rn. 35; NJW 2021, 611 Rn. 35). **a) Abdingbar** ist II nur durch Individualabrede (§ 305b), nicht durch formularmäßige *salvatorische Klausel,* wonach bei Unwirksamkeit statt II eine (noch nicht konkretisierte) Regelung gelten soll, die der inkriminierten Klausel wirtschaftlich möglichst entspricht (sog Ersetzungsklausel; hM, s. Erman/Roloff/Looschelders Rn. 22; iE BGH NJW 2005, 2225); s. aber zur geltungserhaltenden Reduktion → Rn. 3 und 5. **b) Ergänzende Auslegung** zur Schließung von Lücken, die durch *Nichteinbeziehung* von AGB entstanden sind, ist im Individualprozess möglich, wenn konkrete ges Regelung fehlt. Entspr verfährt der BGH (vgl BGHZ 117, 98; 137, 157; NJW 1998, 451; NJW 2000, 1110) bei *Unwirksamkeit* von AGB, wenn mangels konkreter ges Regelung die ersatzlose Streichung der Klausel den Interessen beider Parteien widerstreiten würde, insbes das Vertragsgefüge einseitig zu Gunsten des Kunden verschiebt (für Preisänderungsklauseln insbes BGHZ 11, 1342; 182, 59; NJW 2010, 54 und NJW 2010, 997; BGH NJW-RR 2017, 557 Rn. 16); für Kaufpreiszuzahlung bei Verträgen gem § 10 II BauGB, BGH NJW 2010, 3507; BAG NJW 2017, 1628 Rn. 44 [Vermeidung unzumutbarer Härte für Verwender]. Damit tendiert der BGH dazu, die Ergänzung gerade bei Preisanpassungsklauseln nur noch bei einem für den Verwender ansonsten unzumutbarem Ergebnis vorzunehmen (hierzu Uffmann NJW 2011, 1313 u NJW 2015, 1215). Ergänzende Auslegung führt dann im Ergebnis zu geltungserhaltender Reduktion. Zur fristgemäßen Beanstandung von Preiserhöhungen („Dreijahreslösung") bei unwirksamen Preiserhöhungsklauseln im Wege der Auslegung BGHZ 192, 372 = NJW 2012, 1865; BGHZ 209, 337 [§ 306 II und daraus folgende Dreijahreslösung mit Klausel-RL vereinbar, da Gesamtnichtigkeit des Versorgungsvertrages vermieden wird]; BGH NJW-RR 2017, 557 [der nach Dreijahreslösung maßgebliche Preis ersetzt endgültig Anfangspreis]; NJW 2016, 1718 Rn. 86 f. [Dreijahresfrist gilt f. Rückforderung nach § 812 ff. und f. Ausschluss von Restforderung des Energielieferanten]; ebenso bereits BGH BeckRS 2015, 08621; BeckRS 2015, 08619; BeckRS 2012, 07968 Rn. 29). Bes deutlich idS BGHZ (GS) 137, 218 ff.: Formularmäßiger ermessensabhängiger Anspruch des SG auf Freigabe von Sicherungsgut (→ § 930 Rn. 58) ist unwirksam (§ 307 II Nr. 2); an seine Stelle tritt ein ermessensunabhängiger Anspruch, der gem *§ 157 insbes aus dem Treuhand*charakter der Sicherungsabrede zu entnehmen ist (→ § 930 Rn. 58). Statt der unwirksam abbedungenen Klausel gilt also die weniger weitgehende, deren Geltung aber ebenfalls auf dem Sicherungsvertrag (§ 157) statt auf Ges beruht, wie II es fordert. Die Gleichsetzung von § 157 und ges Regelung, wie sie BGHZ (GS) 137, 221 f. suggeriert, widerspricht der Vertragsbezogenheit ergänzender Auslegung (→ § 157 Rn. 4) und verschleiert, dass die ergänzende Auslegung auf eine **geltungserhaltende Reduktion** hinausläuft. – Nach BGHZ 90, 81 f. unterscheiden sich beide Methoden: Letztere suche nach der Grenze des gem §§ 307–309 „gerade noch Zulässigen" (ebenso BGHZ [GS] 137, 221), während ergänzende Auslegung einen beiden Seiten soweit als möglich gerecht werdenden Ausgleich bezwecke. Zulässige Teilaufrechterhaltung liege vor, wenn eine verständli-

che Restregelung verbleibe (blue-pencil-Test, vgl BAG NJW 2017, 1628 Rn. 44); die Gegenüberstellung ist fragwürdig, da auch die §§ 307–309 auf Herbeiführung von Vertragsgerechtigkeit durch einen Interessenausgleich hinwirken will (BGHZ 96, 25; 97, 143; NJW 1985, 622 f.); Folge: Ergänzende Auslegung und Reduktion sind hier austauschbar (vgl H Roth, Vertragsänderung bei fehlgeschlagener Verwendung von AGB, S. 58 ff. [Rn. 3]). Ähnlich BGHZ 151, 234 f.: unwirksame Verpflichtung zu Bürgschaft auf erstes Anfordern führt dazu, dass Vertragspartner selbstschuldnerisch bürgen muss. Im Falle einer nicht vorbehaltlosen und damit unwirksamen Abtretung von Gewährleistungsansprüchen des **Leasing**gebers kommt BGH WM 2003, 800 im Wege der Umdeutung (§ 140) zur Ermächtigung des Leasingnehmers die Ansprüche in eigenem Namen geltend zu machen. Eine ergänzende Auslegung scheidet jedoch aus, bei Unwirksamkeit von Vertragsstrafenregelung (BAG NJW 2018, 418) und wenn hypothetischer Parteiwille keinen Anhaltspunkt für eine von mehreren Anpassungsmöglichkeiten liefert (BGH BB 2005, 2207). Geltungserhaltende Reduktion einer formularmäßigen **Schönheitsreparatur**klausel scheidet aus (BGH NJW 2006, 2915; NJW 2010, 667); unwirksame Klauseln führen zur Geltung von § 535 I 2 (BGHZ 226, 208; 177, 186; 204, 302; NJW 2020, 3523); Einzelheiten zu Schönheitsreparaturen → § 535 Rn. 30 ff. Für Altverträge (Art. 229 § 5 EGBGB) im Arbeitsrecht nimmt BAG (ZIP 2005, 635 f.) ergänzende Vertragsauslegung vor (→ § 308 Rn. 6), um Rückwirkung von II ver-
5a fassungskonform einzuschränken. **c) Europarechtswidriger Rückgriff auf dispositives Recht?** Der EuGH hielt schon in der Rs *Dzibuak* (unter Verweis auf Rs Kásler, NJW 2014, 2335) die Ersetzung einer unwirksamen Klausel durch dispositives Recht nach Art. 6 I RL 93/13/EWG nur für zulässig, wenn es sich um Fälle handelt, „in denen der Verbraucher durch die Nichtigerklärung des Vertrags insgesamt besonders nachteiligen, ihn bestrafenden Konsequenzen ausgesetzt wäre“ (EuGH NJW 2019, 1663 Rn. 54; sa schon EuGH EuZW 2017, 148 Rn. 73; NZM 2018, 1029). Damit war nicht nur der Rückgriff auf vorhandenes dispositives Recht streitig geworden (weiterhin grds zulässig nach Wilfinger VuR 2021, 18), sondern vor allem, ob bei Fehlen einer einschlägigen gesetzlichen Ersatznorm der übliche Rückgriff auf die ergänzende Vertragsauslegung nach §§ 306 II, 157 noch Anwendung finden darf (zweifelnd etwa v Westphalen NJW 2019, 2214; Gsell JZ 2019, 751). Auf das dispositive Recht kann nach der EuGH Rspr in richtlinienkonformer Auslegung von II nur noch zur Vermeidung einer Gesamtnichtigkeit zurückgegriffen werden, welche den Verbraucher *belastet*. (Gsell JZ 2019, 751, 753 mwN, zulässig: Anwendung von begünstigendem Verbraucherrecht; EuGH BeckRS 2022, 22721 Rn. 67, 71). Der BGH hält bislang allerdings nur die geltungserhaltende Reduktion für ausgeschlossen, nicht die ergänzende Vertragsauslegung (zB BGHZ 231, 215 Rn. 47 ff. = NJW 2022, 311; NJW 2013, 991; NJW 2017, 320, NJW 2019, 2602; aber zur schwierigen Abgrenzung schon → Rn. 5 und Leidner MittBayNot 2020, 79 – krit zu BGH NJW 2019, 2602; krit zur Richtlinienformität des *blue pencil* Tests Wendehorst/v Westphalen EuZW 2021, 229). Eine Vorlage an den EuGH (vgl Fervers/Gsell NJW 2019, 1569) lehnte er mehrfach ab, weil sich ein unionsrechtliches Problem nicht stelle (BGHZ 231, 215 Rn. 48 ff. mwN zum Streitstand; NJW 2019, 2602; NJW-RR 2017, 557 Rn. 23 ff. mwN; NJW 2013, 991). In einer weiteren Entscheidung machte der EuGH (NJW 2021, 611 – *Banca B*) inzwischen weitere Vorgaben, die aber nicht eindeutig klären, ob die ergänzende Vertragsauslegung automatisch entfällt oder wenigstens dann zulässig bleibt, wenn der „Vertragstorso“ den Verbraucherinteressen widerspricht. Der EuGH betont nur, dass wenn die zur Abschreckung an sich gebotene Gesamtnichtigkeit des Vertrages *für den* Verbraucher „besonders nachteilig“ ist, das Gericht „alle zur Abwendung erforderlichen Maßnahmen“ ergreifen muss (Rn. 43) und erwähnt entspr der Vorlagefrage die Aufforderung zur Nachverhandlung der Parteien (Rn. 45). Von dem Verbot einer ergänzenden Vertragsauslegung auf der Basis einer Interessenabwägung anhand des hypothetischen Parteiwillens aus *Dzibuak*, distanziert er sich nicht (s. Wendehorst/v Westphalen EuZW 2021, 229; s. aber Herresthal NJW 2021, 589;

Grüneberg/Grüneberg Rn. 14). Für ein klares Verbot der Lückenfüllung EuGH NJW 2021, 1447 Rn. 63 (Dexia, so auch Wittebol/Choi WM 2021, 1734; unbeeindruckt weiterhin BGHZ 231, 215 Rn. 50 = NJW 2022, 311) und EuGH BeckRS 2022, 22721 Rn. 79 ff. (allerdings mit der Einschränkung, dass Verbraucher Vertragsnichtigkeit akzeptiert). Weitere Vorlagen an den EuGH sind dringend geboten, insbesondere um die breiten Auswirkungen seiner Rspr zB auf das Versicherungsrecht zu klären, wo Alternativen zur ergänzenden Vertragsauslegung fehlen und Kündigung oft nicht möglich ist.

4. Totalnichtigkeit (III). Sie ist Ausnahme (s. BGH NJW-RR 2002, 1137: bei grundlegender Störung des Vertragsgleichgewichts und Unvorhersehbarkeit der Klauselunwirksamkeit, BeckOK/H. Schmidt Rn. 33 ff.). Bereits EuGH (NJW 2012, 1770, ebenso BGH NJW 2019, 2602 Rn. 19 f.) betont für Verbraucherverträge, dass nach KlauselRL Art. 6 I bei der Abwägung, ob eine Totalnichtigkeit eintreten soll, die Interessen *beider* Parteien zu berücksichtigen III ist daher jedenfalls richtlinienkonform auszulegen, da der Wortlaut nur auf Unzumutbarkeit einer Partei abstellt, er muss aber im Kontext des Streits über den Rückgriff auf das dispositive Recht und ergänzende Vertragsauslegung gesehen werden; → Rn. 5a. Für *Verwender* ist Festhalten am Vertrag selten unzumutbar („Verwenderrisiko“, so auch Gsell JZ 2019, 751, 758); für den *Vertragspartner* dann, wenn Vertrag ohne AGB inhaltsleer oder ganz unklar ist. Maßgebender Zeitpunkt für III ist das Geltendmachen von Vertragsrechten („Festhalten“ am Vertrag), BGHZ 130, 115; NJW 1996, 2094. Im Falle der Nichtigkeit nach III kommt Schadensersatz aus §§ 241, 311 II in Betracht. 6

§ 306a Umgehungsverbot

Die Vorschriften dieses Abschnitts finden auch Anwendung, wenn sie durch anderweitige Gestaltungen umgangen werden.

Zum Umgehungsgeschäft bei Gesetzesverboten → § 134 Rn. 18. § 306a hat keinen eigenen Anwendungsbereich soweit „Umgehungsversuche“ bzgl §§ 308, 309 von § 307 erfasst werden (BGHZ 100, 161; 112, 217). Für §§ 305–306 kann sich in seltenen Fällen die Anwendung anbieten. Eine Umgehung liegt vor, wenn zB durch bankinterne Anweisungen (Gebührenerhebung bei Rückgabe einer Lastschrift), die keine Vertragsbedingungen gem § 305 darstellen, aber in der Absicht ergehen, solche Regelungen mit Außenwirkung gegenüber Kunden gerade zu vermeiden, um wirtschaftlich dieselbe Wirkung zu erreichen (BGHZ 162, 298 ff.; krit Borges ZIP 2005, 186). Umgehung auch, wenn gewerblicher Verkäufer Verbraucher als Strohmann einschaltet, um Mängelhaftung auszuschließen (Niebling MDR 2016, 629 für Sachverhalt in BGH NJW-RR 2013, 687). Einer Umgehungsabsicht bedarf es nicht (BGHZ 162, 298 ff.)

Vorbemerkungen zu den §§ 307–309

1. Allgemeines. a) Zweck der Normen. Die Normen über die *Inhaltskontrolle sind* das Kernstück des Abschnitts zu den AGB. Sie schränken die Gestaltungsfreiheit bei der Abfassung erheblich, weit über die Schranken des § 138 hinaus ein und schaffen damit einen Ausgleich dafür, dass dem Kunden typischerweise die Möglichkeit genommen ist, von sich aus interessengerechte vertragliche Regelungen im Verhandlungswege zu erreichen (→ § 305 Rn. 1). Ziel der Inhaltskontrolle ist es, eine *unangemessene Benachteiligung* des Kunden infolge der vorherigen Abfassung der AGB und gleich zu behandelnder Klauseln in Einzelverträgen (s. § 310 III Nr. 2) zu verhindern (§ 307). Dieser allg Grundsatz wird durch Einzelfälle in § 308 und § 309 teilw konkretisiert. Für die **Auslegung** ist zu berücksichtigen, dass die §§ 307 ff., bis auf § 307 I 2 (dazu → § 307 Rn. 4 ff.) weitgehend der Umsetzung der RL 93/13 EWG (s. NJW 1993, 1838 ff.) dienen und damit, soweit sie sich auf 1 die RL beziehen, einer **richtlinienkonformen Auslegung** (mit uU der Vorlagepflicht zum EuGH) unterliegen. Der EuGH überlässt die Missbrauchskontrolle konkreter Klauseln anhand materiellrechtlicher Maßstäbe zu Recht weitgehend den nationalen Gerichten (EuGH NJW 2004, 1647; die Klauseln im Anhang zu Klausel-RiLi 93/13/EWG Art. 3 III sind nicht abschließende Beispiele EuGH EuZW 2012, 786). Bei grenzüberschreitenden Sachverhalten richtet sich die Inhaltskontrolle nach dem Vertragsstatut (BGHZ 182, 24 mBespr Stadler VuR 2010, 83). Betroffen sind neben dem Begriff der unangemessenen Benachteiligung in § 307 I zahlreiche Fälle der §§ 308 und 309 wegen der in Anh zu Art. 3 III der RL erwähnten Beispielsfälle und das sog Transparenzgebot (§ 307 I 2). EuGH EuZW 2012, 786 verlangt eine amtswegige Berücksichtigung der in Verbandsunterlassungsverfahren festgestellten Missbräuchlichkeit einer Klausel im Individualprozess. Daraus wird überwiegend die Europarechtswidrigkeit der Einredelösung von § 11 UKlaG abgeleitet (str, v Westphalen ZIP 2012, 2469 mN; aA Lindacher EWiR 2012, 678). Zu den **Auslegungszielen** im Individualprozess und im Verbandsprozess → § 305c Rn. 6.

2 **b) Konkurrenzen.** Die §§ 307 ff. haben dadurch erheblich an Bedeutung verloren, dass die ges Mängelgewährleistungsrechte des Käufers im Rahmen des Verbrauchsgüterkaufs auch bei einer Individualvereinbarung zwingend sind, §§ 475–477. Die Rspr praktiziert weiter in Einzelfällen, ua in Notarverträgen über die Veräußerung neuer Häuser oder Eigentumswohnungen, eine Inhaltskontrolle bei der Freizeichnung von Gewährleistungsrechten (BGHZ 101, 350; 108, 164; NJW-RR 2007, 895; krit zB Habersack AcP 189, 416 mwN); dazu besteht freilich kein Raum, soweit nicht § 310 III eingreift. Nicht anwendbar sind die Regeln der Inhaltskontrolle beim Verkauf von Grundstücken im Rahmen sog „Einheimischenmodelle", hier geht § 11 I Nr. 2 BauGB vor (offen BGHZ 153, 99 mN; BGH NJW 2010, 2505 nimmt aber eine solche vor). Die Verwendung unwirksamer AGB kann gleichzeitig auch wettbewerbsrechtliche Sanktionen nach sich ziehen (BGH NJW 2011, 76; NJW 2012, 3577: §§ 307, 308 Nr. 1, 309 Nr. 7 sind Marktverhaltensregeln).

3 **2. Anwendungsbereich. a) Seite des Verwenders.** Von der Inhaltskontrolle werden alle AGB iSd § 305 I 1 (→ § 305 Rn. 3), einschließlich vorformulierter Verbraucherverträge (§ 310 III Nr. 2) erfasst; sie ist im Falle des § 310 II auf die Anwendung des § 307 beschränkt. Bei gesetzeswiederholenden oder die Hauptleistung bestimmenden Klauseln erfolgt die Inhaltskontrolle (s. § 307 III 1) nur anhand des Transparenzgebotes (BGHZ 165, 20). Zu den Ausnahmen bei bestimmten Vertragstypen s. § 310 IV (→ § 310 Rn. 10 ff.). VOB/B unterfallen als AGB grds der Inhaltskontrolle; werden hiervon jedoch als „privilegiert" ausgenommen, wenn sie – in der Praxis selten – als Ganzes vereinbart sind (§ 23 II Nr. 5 AGBG aF, jetzt nur noch „Einzelprivileg" gem §§ 309 Nr. 8b ff., 308 Nr. 5; BGHZ 178, 1), da insoweit ein billiger Interessenausgleich besteht. Schon geringfügige vertragliche Abweichungen eröffnen jedoch die Kontrolle (BGHZ 157, 346, Aufgabe der „Kernbereichs"-Rspr). **b) Seite des Vertragspartners.** Die Inhaltskontrolle ist insoweit gem § 310 I eingeschränkt (→ § 310 Rn. 2).

4 **3. Prüfungsschritte bei der Inhaltskontrolle. a) Vorstufe: Einbeziehen des Klauselwerks als Ganzes.** Vor der eigentlichen Inhaltskontrolle (außer im Verfahren nach §§ 1, 3 ff. UKlaG) ist zunächst zu prüfen, ob die AGB insgesamt Vertragsbestandteil geworden sind. Dies setzt die Qualifikation des Textes als AGB iSd § 305, die nicht unter § 310 IV fallen, voraus. Es ist danach zu unterscheiden, ob der Vertrag mit einem Verbraucher (§ 13) geschlossen wird (s. §§ 305, 305a) oder mit einem Unternehmer (§ 14) bzw einer der in § 310 I genannten jur Personen. Weiter ist zu fragen, ob eine Individualabrede vorgeht (§ 305b) und ob die Klausel als überraschend nicht Vertragsbestandteil geworden ist (§ 305c I). **b) Auslegung.** Steht fest, dass die betr Klausel Vertragsbestandteil ist, so muss der Inhalt, evtl unter
5 Berücksichtigung des § 305c II (Unklarheitenregel), ermittelt werden. **c)** Das Verfahren der Inhaltskontrolle gestaltet sich unterschiedlich je nachdem, wer Vertragspartner des Verwenders ist. **aa)** Stärker kontrolliert werden **Geschäfte mit Ver-**

brauchern (s. § 13) und Verträge mit einem eV bzw einer GbR, die sich nicht auf gewerbliche Zwecke beziehen (Umkehrschluss aus § 310 I). Hier ist zunächst § 309 (Ausnahmen in § 310 II) als die gegenüber § 307 speziellere und gegenüber § 308 strengere Norm (ohne Wertungsmöglichkeit) heranzuziehen. Greift § 309 nicht ein, so ist zunächst § 308 (Ausnahmen nur in § 310 II), dann die Auffangnorm des § 307 zu prüfen, wobei gesetzestechnisch § 307 II (vgl „im Zweifel") eine Konkretisierung von § 307 I darstellt und damit vorgeht. In der Praxis wird allerdings weitgehend innerhalb des § 307 nicht mehr differenziert. **bb)** Handelt es sich um einen Vertrag mit einem **Unternehmer** (s. § 14), mit einer jur Person des öffentlichen Rechts bzw einem entspr Sondervermögen oder einem Versorgungsunternehmen (§ 310 I, II), so findet nur § 307 Anwendung.

4. Rechtsfolge. Bei Verstoß ist die betr Klausel unwirksam (s. jeweils den Einleitungssatz der §§ 307–309). Zu den Auswirkungen auf den Vertrag selbst s. § 306. 6

§ 307 Inhaltskontrolle

(1) [1]**Bestimmungen in Allgemeinen Geschäftsbedingungen sind unwirksam, wenn sie den Vertragspartner des Verwenders entgegen den Geboten von Treu und Glauben unangemessen benachteiligen.** [2]**Eine unangemessene Benachteiligung kann sich auch daraus ergeben, dass die Bestimmung nicht klar und verständlich ist.**

(2) **Eine unangemessene Benachteiligung ist im Zweifel anzunehmen, wenn eine Bestimmung**
1. **mit wesentlichen Grundgedanken der gesetzlichen Regelung, von der abgewichen wird, nicht zu vereinbaren ist oder**
2. **wesentliche Rechte oder Pflichten, die sich aus der Natur des Vertrags ergeben, so einschränkt, dass die Erreichung des Vertragszwecks gefährdet ist.**

(3) [1]**Die Absätze 1 und 2 sowie die §§ 308 und 309 gelten nur für Bestimmungen in Allgemeinen Geschäftsbedingungen, durch die von Rechtsvorschriften abweichende oder diese ergänzende Regelungen vereinbart werden.** [2]**Andere Bestimmungen können nach Absatz 1 Satz 2 in Verbindung mit Absatz 1 Satz 1 unwirksam sein.**

Lit.: Berger/Kleine, AGB-Gestaltung und Transparenzgebot, NJW 2007, 3526; Furche/Götz, Zinsanpassung bei länger angelegten Sparverträgen am Beispiel des Prämiensparen flexibel (PSF), WM 2019, 2290; Gottschalk, Das Transparenzgebot und allgemeine Geschäftsbedingungen, AcP 206, 555; Günes/Ackermann, Die Indizwirkung der §§ 308 und 309 im unternehmerischen Geschäftsverkehr, ZGS 2010, 400; Kaeding, Die Inhaltskontrolle von Geschäftsbedingungen im unternehmerischen Geschäftsverkehr, BB 2016, 450; Leuschner, Die Kontrollstrenge des AGB-Rechts, NJW 2016, 1222; Leyens/Schäfer, Inhaltskontrolle allgemeiner Geschäftsbedingungen, AcP 210, 771; Maier-Reimer, AGB-Recht im unternehmerischen Rechtsverkehr – Der BGH überdreht die Schraube, NJW 2017, 1; Müller/Schmitt, Verlängerungsklauseln in der AGB-Kontrolle, NJW 2017, 1991; Niebling, AGB-Recht – Aktuelle Entwicklungen bei einzelnen Vertragstypen und -klauseln, MDR 2015, 616 und MDR 2017, 742; Schinkels, Konditionenverschlechterung durch modifizierte Verlängerungsklauseln bei Dauerschuldverhältnissen, NJW 2015, 1473; Schörnig, Unwirksamkeit von Klauseln, die die Zustimmung des Kunden bei Änderung der AGB der Bank fingieren, MDR 2021, R149; Thomas, Preisfreiheit im Recht der Allgemeinen Geschäftsbedingungen, AcP 209, 84; Wendehorst/v Westphalen, Das Verhältnis zwischen Datenschutz-Grundverordnung und AGB-Recht, NJW 2016, 3745; v Westphalen, Zustimmungsfiktion zur Vertragsänderung im Verbraucher- und Unternehmerverkehr, NJW 2021, 3145; ders., Unwirksamkeit von Änderungsklauseln in Banken-AGB … BB 2021, 2700.

I. Kriterien der Inhaltskontrolle (I, II)

1. Allgemeines. a) Funktion. Die Norm legt in Übereinstimmung mit der RL 93/13 den allg Wertmaßstab und damit den Schutzzweck der **Inhaltskontrolle** fest, 1

der dann in **II** und in den §§ 308, 309 konkretisiert wird. Gleichzeitig ist § 307 Auffangnorm, soweit die §§ 308, 309 gem § 310 I, II nicht anwendbar sind. Im Einzelfall kann auch eine nach §§ 308, 309 wirksame Klausel nach § 307 unwirksam sein (BGH NJW 2018, 2042). Die Rspr neigt dazu, Verstößen gegen die §§ 308, 309 bei AGB von Gewerbetreibenden im Rahmen von § 307 **Indizwirkung** für die ungemessene Benachteiligung beizumessen und damit faktisch denselben Schutz wie für Verbraucher aufzubauen (→ § 305 Rn. 1 und 8; zu Recht krit Pfeiffer NJW 2017, 913, 917 mN). § 307 ist weiter Auffangnorm, wenn die §§ 308, 309 deshalb nicht einschlägig sind, weil Anwender jenen Tatbeständen ausweichen und andere Ausgestaltungen wählen. § 307 bildet deshalb in der faktischen Realisierung der Inhaltskontrolle den eindeutigen Schwerpunkt. Die §§ 307 ff. ermöglichen eine **richterliche** Kontrolle, eine Überprüfung im Klauselerteilungsverfahren (§ 732 ZPO) scheidet aus (→ § 305c Rn. 3). Nach dem Schutzzweck der Inhaltskontrolle kann sich **ausschließlich der Vertragspartner,** nicht der Verwender selbst auf die Unwirksamkeit der von ihm gestellten AGB berufen (BGH NJW 2016, 1572; NJW-
2 RR 2016, 1143). **b)** Die **Konkretisierung** des genannten Wertmaßstabes orientiert sich daran, dass bei einem von einer Seite vorformulierten Vertrag die Gerechtigkeitsgarantie des Aushandelns fehlt und damit der Verwender einseitig Bedingungen setzen kann, die beim Aushandeln auf Widerstände stoßen würden. Da die Kundenfreundlichkeit von AGB idR kein Wettbewerbsparameter ist, werden weitgehend gleichartige Klauseln verwendet, so dass dem Kunden kaum realistische Alternativen verbleiben. Der durch die Inhaltskontrolle geschaffene Rechtsschutz – insbes durch die Verbandsklage gem §§ 1, 3 ff. UKlaG – soll also die Vertragsgerechtigkeit unter Berücksichtigung der gegenseitigen Interessen herstellen, die von den Parteien selbst wegen der tatsächlichen Situation nicht geschaffen wird. Ein solches Ziel entzieht sich freilich einer Systematisierung. Entstanden ist im Grunde reines Fallrecht, das in seiner Fortentwicklung schwer prognostizierbar ist und das idR alphabetisch aufgelistet wird. Aus Raumgründen kann hier nur eine allg Übersicht mit Beispielen gegeben werden, die eine Orientierung am Tatbestand versucht.

3 **2. Unangemessene Benachteiligung (I 1). a) Benachteiligung.** Sie ist im Individualrechtsstreit vom Vertragspartner des Verwenders zu beweisen (BGHZ 153, 155). Maßgeblicher Beurteilungszeitpunkt ist die Einbeziehung in den Vertrag, nachträgliche „Heilung" kommt nicht in Betracht (BGH NJW 2022, 1314; NJW 2000, 1110). **aa) Allgemeines.** Eine Schlechterstellung des Vertragspartners durch AGB kann nur im Vergleich festgestellt werden. Dafür bieten sich zwei Maßstäbe an, die bereits in II genannt sind. **bb)** Sie kann sich zum einen daraus ergeben, dass von der ges Aufteilung der gegenseitigen Rechte und Pflichten **(ges Leitbild)** abgewichen wird (s. II Nr. 1). Bsp: Maklerprovision unabhängig von Vermittlungserfolg entgegen § 652 (BGHZ 99, 374; ebenso für pauschale Reservierungsentgeltklauseln außerhalb von Maklerverträgen BGH NJW 2010, 3568) bzw erfolgsunabhängige Provision im Gewande von Aufwendungsersatz (OLG Oldenburg MDR 2005, 1287); unbegrenztes Hinausschieben der Fälligkeit eines Anspruchs des Vermieters, so dass § 548 faktisch nicht eingreift (BGH NJW 1994, 1788). Einzelheiten
4 → Rn. 10. **cc)** Des Weiteren – bei häufigen Überschneidungen – kann eine Benachteiligung des Vertragspartners daraus folgen, dass das **Gleichgewicht der Verpflichtungen zwischen den Parteien** in eine Schieflage gerät. So hat die Rspr bei den sog Tagespreisklauseln im Kfz-Neuwagenhandel und auch bei anderen Gütern beanstandet, dass sich der Verwender bei einer Lieferzeit von mehr als vier Monaten (zur kürzeren Frist s. § 309 Nr. 1) das Recht zur einseitigen, nicht begrenzten Preiserhöhung vorbehalten hat, ohne dem Käufer die Möglichkeit einzuräumen, sich vom Vertrag zu lösen (BGHZ 82, 24; NJW 1986, 3135; einseitige Entgelterhöhung ist auch in Wohn- und Betreuungsverträgen des Heimträgers unzulässig, BGHZ 210, 233). Bei der Abwägung ist der **gesamte Vertragsinhalt,** also nicht nur die einzelne Klausel zu betrachten (BGHZ 86, 142; 106, 263). Ergibt sich bei mehreren Klauseln erst aus einer Gesamtwirkung eine unangemessene Benachteili-

gung, dann sind alle Klauseln unwirksam (BGH NJW 2011, 2125 [Erfüllungsbürgschaft und Einbehaltsmöglichkeit bei Abschlagszahlungen bei Bauvertrag]). Ein Vorteil in einem Bereich kann also uU andere Nachteile ausgleichen. Ein niedrigerer Preis rechtfertigt allerdings eine Benachteiligung durch AGB grds nicht (BGHZ 22, 98; 33, 219; krit Tettinger AcP 205, 28); denn der **Preisvorteil** ist nicht nachprüfbar; auch darf der Kunde dadurch nicht schutzlos werden. Ausnahmen: (echte) Wahlmöglichkeit zwischen mehreren unterschiedlich gestalteten Tarifen (s. BGHZ 153, 151), Freizeichnung von hohen, für den Kunden berechenbaren oder versicherbaren Risiken bei relativ geringwertigen Wirtschaftsgütern (vgl BGH NJW 1968, 1720, Parkplatzgebühr; BGHZ 64, 355, Stromversorgungsbedingungen). Hingegen kann der Gedanke der **Risikobeherrschung** eine Rolle spielen, wenn AGB bestimmte Risiken auf den Kunden abwälzen („cheapest cost avoider", s. hierzu MüKoBGB/Wurmnest Rn. 52 f.); der Kunde muss dann auch die Möglichkeit haben, die Realisierung des Risikos zu verhindern. Drittinteressen bleiben bei der Abwägung grds unberücksichtigt (MüKoBGB/Wurmnest Rn. 52). Auch **Bearbeitungsgebühren** für Tätigkeiten, zu denen Verwender ges oder nebenvertraglich verpflichtet ist, widersprechen ges Leitbild (OLG Düsseldorf WM 2016, 1983 f. b2b Kontokorrentvertrag; zu Bearbeitungsgebühren beim Verbraucher- und Unternehmerdarlehen → Rn. 11; zulässig aber Bearbeitungsentgelt, wenn Darlehen zweckgebunden und bes Förderungsbedingungen unterliegt, BGHZ 209, 71 = NJW 2016, 1875). **dd)** Die Benachteiligung muss von **einigem Gewicht** sein (BGH NJW 2001, 3407). Im Verbandsprozess ist in Rechnung zu stellen, dass es um den Schutz des Rechtsverkehrs insgesamt, nicht um einzelne Kunden geht (BGH NJW 1994, 318).

b) Unangemessenheit entgegen dem Gebot von Treu und Glauben. Das Ges **5**
knüpft an die von der Rspr gem § 242 praktizierte Inhaltskontrolle an. Die Formel zielt auf den Verwender in einer bestimmten sozialen Rolle (zB als Verkäufer, Nachfrager, Vermieter, Dienstleistungsunternehmen), der als vertrauenswürdiger Geschäftspartner bei der Formulierung der AGB die verständigen Interessen des anderen mit bedenkt und sie im Vertragswerk berücksichtigt. Erforderlich ist eine umfassende Interessenabwägung (BGH NJW 2016, 1875 Rn. 43). Dabei ergeben sich unterschiedliche Maßstäbe gegenüber Verbrauchern oder Kaufleuten, so dass im **kaufmännischen Verkehr** der Beurteilungsmaßstab großzügiger sein sollte. Die bish praktische Weichenstellung im b2b Bereich, ob eine Klausel „ausgehandelt" ist, sollte durch einen am konkreten Verhandlungs(un)gleichgewicht orientierten Kontrollmaßstab ersetzt werden (→ § 305 Rn. 8 f. mN zum Streit). Auch der BGH wandte bei Preisanpassungsklauseln für Gas, die an den Preis für Heizöl gekoppelt waren, **unterschiedliche Maßstäbe** an im **b2b**-Bereich (BGH NJW 2014, 2708 Rn. 42 ff. – Klausel wirksam, da Unternehmen Angemessenheit selbst beurteilen können) und im **b2c**-Bereich (BGH NJW 2010, 2793 – Klausel unangemessen; hierzu Kaeding NJW 2016, 450). Unangemessenheit liegt idR dann vor, wenn der Verwender einseitig und missbräuchlich eigene Interessen auf Kosten des anderen Teils durchzusetzen versucht, ohne ihm einen angemessenen Ausgleich zuzubilligen (BGHZ 120, 118; NJW 2000, 1110; NJW 2003, 887). Obwohl im Text nicht enthalten, kann auch die Verkehrsüblichkeit (BGHZ 92, 368) oder die Anschauung der beteiligten Kreise eine Rolle spielen, ohne selbstverständlich die Unangemessenheit von vornherein auszuschließen (BGHZ 91, 319). Sind die AGB bereits von den gegenseitigen Interessengruppen gemeinsam formuliert, so sieht die Rspr erheblich geringere Gefahren und misst den Text idR nicht mehr an § 307 (BGH JZ 1988, 39 mit zust Anm Peters, anders jedoch bei der Übernahme nur einzelner Bestimmungen, s. BGH NJW 1988, 55; vom Normzweck her bedenklich). Für **Sicherungsabreden** in **Bau- und Anlagenbauverträgen** kann sich die Unangemessenheit insbes aus Einschränkungen der Bürgenrechte bei einer Bürgschaft auf erstes Anfordern ergeben oder bei Vertragserfüllungs- und Gewährleistungsbürgschaften aus der Übersicherung des Auftragnehmers (Einzelnachw bei Nossek NJW 2015, 1985 und → Rn. 5a). Kaution iHv 1000 Euro als Darlehen an Kinderkrippe ist unangemessen (BGHZ 209, 52). **Bsp für unangemessene Klauseln** (→ Rn. 11): **5a**

Ausschluss der Wirksamkeit mündlicher Nebenabreden auch für bevollmächtigte Personen nach Vertragsschluss (BGH NJW 1986, 1810 mwN zur sog Schriftformklausel allg, → § 305c Rn. 3); Aufbürden von Rechtsverfolgungskosten, die über die ges begründeten hinausgehen (BGH NJW 1985, 324 f.); Fälligstellen der Restschuld auch bei einer unverschuldeten Nichtzahlung (BGH NJW 1985, 1705; NJW 1985, 2329; NJW 1986, 426); in **Architektenvertrag** ist Selbsteintrittsklausel bei Mängeln, die Geldersatz ausschließt, unangemessen (BGH NJW 2017, 1669 [nach Rspr schuldet Architekt grds Schadensersatz in Geld ohne Möglichkeit der Nacherfüllung, BGH NJW 2016, 2032], → sa § 650 t); bei **Arbeitsverträgen:** grds sind Rückzahlungsklauseln für Ausbildung bei Ausscheiden innerhalb bestimmter Fristen zulässig (BAG BeckRS 2018, 42670 Rn. 24 [bei unverschuldeter Eigenkündigung ggf Unwirksamkeit]), unwirksam ist aber die Verpflichtung des AN, dem AG Ausbildungskosten bei Beendigung des Arbeitsverhältnisses ohne Rücksicht auf den Beendigungsgrund und eine angemessene Bindungsfrist zu erstatten (BAG DB 2013, 2152; NJW 2010, 550; NJW 2006, 3083; BGH NJW 2010, 58; Maier/Mosig NZA 2008, 1168; zur Rückzahlungspflicht bei Sonderzahlungen und Aktienoptionen BAG ZIP 2008, 1394 mBspr Lembke NJW 2010, 257 ff. [321 ff.]). Grds zulässig ist es, wenn AG die weitere Gewährung eines AN-Darlehens vom Fortbestand des Arbeitsverhältnisses abhängig macht, dies darf aber nicht jede Kündigung (zB vom AG veranlasste Eigenkündigung) erfassen (BAG NJW 2014, 2138); zulässig aber Festlegung Entgeltkomponenten (Boni) nach billigem Ermessen im Hinblick auf § 315 Abs. 1 (auch f. reguläre Lohnbestandteile in signifikanter Höhe: BAG NZA 2012, 450, 453; sa Pfrogner BB 2018, 757, 759); zur Inhaltskontrolle von Befristungen einzelner Vertragsbedingungen (Arbeitszeiterhöhung – BAG NJW 2018, 2815). Beim **Bauvertrag:** unangemessen Festpreisklausel des Auftraggebers (BGH NJW 2017, 2762), Abschlagszahlungspflicht unabhängig vom Baufortschritt (BGH DB 1986, 2176); Ausschluss jeglicher Nachforderungen, sofern sie nicht auf schriftlichen Nachtragsaufträgen beruhen (BGH NJW 2004, 502); zu „Abschmelzungsklauseln" für Bürgschaft bei Bauträgervertrag BGH NJW 2010, 1284; Sienz/Vogel NJW 2010, 2703; Sicherungseinbehalt bzw Verpflichtung zu Bürgschaft auf erstes Anfordern für Vertragserfüllungs- bzw Gewährleistungsanspruch nach Abnahme gegen Bauunternehmer (BGH NJW-RR 2020, 1219 unzulässig 8 % der Auftragssumme; BGHZ 151, 299, 234; s. auch BGH NJW 2014, 3642 [unzulässig 7 % von Auftragssumme]; NJW 2011, 2195 und NJW 2016, 1945 [10 % keine Abweichung von Leitbild des § 632a III 1]; NJW 2016, 2801 [unangemessen 20 % Gesamtbelastung bei Einbehaltungsrecht + Erfüllungsbürgschaft]; WM 2011, 1697 [5 % – keine Auslegung als Bürgschaft ohne Einredeverzicht nach § 768]; NJW-RR 2004, 880 auch gegenüber öffentl Auftraggeber; OLG Celle BeckRS 2017, 111363 [Übersicherung durch zeitliche Überlappung von Vertragserfüllungs- und Gewährleistungsbürgschaft]; zur Kombination von Bürgschaft und Gewährleistungseinbehalt OLG Stuttgart WM 2011, 27) oder Sicherheitseinbehalt mit entsprechender Ablösung (BGHZ 157, 29; WM 2005, 1189, aber nicht, wenn Ablösung davon abhängig, dass keine wesentlichen Mängel vorhanden sind, BGH NJW 2017, 1941; zulässig Ablösung des Einbehalts ohne Zusatz „auf erstes Anfordern" BGH WM 2004, 719; unzulässig unbefristeter Einbehalt BGHZ 154, 386); Einzelheiten mN auch Wittler/Kupczyk NJW 2015, 1922. Beim **Kauf:** Ausschluss der Leistungspflicht bei Gebrauchtwagengarantie bei geringfügiger Überschreitung der Wartungsintervalle (BGH NJW 2008, 214) oder bei notwendiger Wartung in Vertragswerkstatt (BGH NJW 2014, 209, anders bei Herstellergarantie für Neuwagen (BGH BB 2008, 469) oder Abhängigkeit von Vorlage einer Reparaturrechnung (BGH NJW 2009, 3714); uneingeschränkte Rückgabepflicht des Kfz-Vertragshändlers für Lagerware bei Vertragsbeendigung (BGHZ 164, 34 f.); beim verbilligten Kauf von Bauland von der Gemeinde ist 30jährige Bindungsfrist für Wiederkauf nur angemessen, wenn Preisnachlass mehr als 29% des Verkehrswerts beträgt (BGH NJW 2019, 2602); unzulässig auch vorteilsunabhängige Nachzahlungspflicht bei Weiterverkauf (BGH NJW 2018, 3012). Kfz-Garantie, die von Wartungsobliegenheit des Käufers abhängt, muss Kausalität der

Obliegenheit für Schaden bei Garantieausschluss berücksichtigen (BGH NJW 2011, 3510). Im **Leasingvertrag** einseitiges Bestimmungsrecht für Rückgabeort (BGH NJW 2017, 1301 mAnm v. Westphalen NZM 2017, 412; s. auch → Rn. 11, 15; § 305 Rn. 9); im **Mietvertrag:** Zustimmungsvorbehalt des Wohnungsvermieters hinsichtlich Kleintierhaltung (BGH MDR 2008, 134); die Verpflichtung des Wohnraummieters zu *Schönheitsreparaturen* ist Gegenstand umfangreicher Rspr, s. zu Einzelheiten → § 535 Rn. 30 ff. Anbieter **sozialer Netzwerke** dürfen Einhaltung objektiver, überprüfbarer Kommunikationsstandards vorgeben und bei Verstoß mit Löschung und Sperrung des Zugangs sanktionieren; Klausel ist aber nichtig, wenn sich Anbieter nicht dazu verpflichtet, über Löschung unverzüglich und über Sperrung vorab zu informieren (BGHZ 230, 347). Eine interne „Klarnamenpflicht" in AGB wie bei Facebook gegenüber dem Plattformbetreiber ist wirksam, nicht jedoch eine externe im Außenverhältnis zu Dritten bei der Nutzung der Plattform (BGH NJW 2022, 1314 zur Rechtslage nach § 13 VI TMG aF; unter Geltung der DS-GVO und § 19 II TTSG (wortgleich wie TMG) wird man im Hinblick auf Art. 5 GG zu demselben Ergebnis kommen können, so auch Hoeren EwiR 2022, 242; Stadler/Franz NJW 2022, 1282; aA OLG München MMR 2021, 245; offenlassend BGH aaO). **Sonstige Fälle der Unwirksamkeit: Abtretungsbeschränkungen,** die bislang an § 307 zu messen waren, fallen nun unter § 308 Nr. 9 → § 308 Rn. 11–12. Cross-ticketing Klauseln in der Luftbeförderung, die teilweise Inanspruchnahme von Leistungen ausschließen (BGH NJW 2010, 1960; VuR 2010, 311; Purnhagen/Hauzenberger VuR 2009, 131; aA OLG Köln VuR 2009, 437; → § 309 Rn. 7); eBay-Formularklausel, wonach Kontoinhaber für sämtliche Aktivitäten unter Verwendung seines Kontos (auch gegenüber Dritten) haftet (BGHZ 189, 346); Verbot in **Fitnessstudio,** mitgebrachte Getränke zu verzehren (OLG Brandenburg OLG-NL 2004, 49); (schadensersatzbewehrte) Pflicht, Kind regelmäßig in **Kinderkrippe** zu bringen (BGHZ 209, 52; zulässig aber Kündigungsverbot für Sommermonate, BGH NJW 2018, 2788); unbegrenztes Kündigungsrecht für **Krankentagegeldversicherung** (BGH NJW 2017, 1543) Begrenzung der Gültigkeit eines Geschenkgutscheins auf ein Jahr (OLG München NJW-RR 2008, 1233); zu Mobilfunkverträgen (auch mit Prepaidkarten) s. BGH NJW-RR 2011, 1618; zeitlich begrenzt unzulässig noch die *ausschließliche* Online-Rechnung bei Mobilfunk-Service-Provider (BGH NJW 2009, 3227); **Paketlieferdienste** dürfen Weisungen des Auftraggebers, die nach Übergabe erfolgen, nur in wenigen Fällen einschränken; bei Abstellgenehmigung muss Information des Empfängers vorgesehen sein, damit baldige Hereinnahme möglich. Das Recht, Pakete zu öffnen, darf wegen des Postgeheimnisses allenfalls in den § 39 IV 1 PostG vergleichbaren Fällen vorbehalten werden (BGH BeckRS 2022, 8774). Zu Ausschlussklauseln in AVB einer **Pensionskasse** (BAG NZA 2022, 193), bei Hinterbliebenenversorgung des Arbeitgebers (BAG NZA 2022, 481), und in **Rechtsschutzversicherungs**verträgen (insbes für Kapitalanlagestreitigkeiten s. BGH NJW 2019, 2172; NJW 2017, 2268; NJW 2013, 273). In **Smart Contracts** ist Klausel, die Fernsperrung des Gerätes zB bei Zahlungsverzug erlaubt, im Hinblick auf § 858 unzulässig (OLG Düsseldorf VuR 2022, 74 mAnm Möslein RDi 2022, 296; krit Fries JZ 2022, 359; Klauselverbot bestätigt von BGH becklink 2024144, Besitzschutzansprüche offenlassend). **Nicht unangemessen** ist **5b**
in unbefristetem Arbeitsvertrag saisonale Begrenzungen der Hauptleistungspflichten (BAG NJW 2020, 946 [Bademeister]); in **Bauvertrag** insolvenzbezogenes Lösungsrecht des Auftraggebers wie in § 8 II Nr. 1, 2. Var VOB/B 2009 (BGHZ 210, 1 Rn. 47 ff.); Pflicht privater Bauherrn, Unternehmer durch vorherige Bürgschaft zu sichern (BGH NJW 2010, 2272); sa Nachw → § 305c Rn. 4; bedenklich jedoch Zulässigkeit der Verlängerung von Verjährungsfrist für **Bürgschaft**sforderung (BGH NJW 2015, 2571 mit abl Anm Peters); bei **Geschäftsbesorgung** (Erbenermittlung) darf Tätigkeit und Auskunft von Vollmacht aller Erben abhängig gemacht werden (BGH NJW-RR 2016, 842); bei **Gerichtsstandsklauseln** muss das prorogierte Gericht grds keinen Bezug zum Inhalt des Streits haben (anders OLG Braunschweig BeckRS 2021, 560); in einem **Heimvertrag** eine dynamische Verweisung auf Rah-

menverträge nach § 75 SGB XI (BGHZ 149, 146); Verlangen von Sicherheitsleistung für Selbstzahler bei Wohn- und Betreuungsvertrag (BGH NJW 2018, 1808); Fotografierverbot in Museum (gemischter **Miet-/Dienstvertrag** – BGH NJW 2019, 757); auch Betriebs- und Offenhaltungspflichten sowie Sortimentbindung in **gewerblichem Mietvertrag** (BGH NJW-RR 2022, 162 [unzulässig aber in Kombination mit Ausschluss von Konkurrenzschutz]; NJW-RR 2010, 1018; NJW 2000, 1714); langjährige Bindung an Futtermittellieferanten (BGH WM 2012, 1928 s. auch → § 309 Rn. 18); nicht grds unzulässig sind Vertragsübernahmeklauseln gegenüber Unternehmer (BGH NJW 2010, 3709). Im **Pauschalreisevertrag** (→ Rn. 11d) ist idR 20% Anzahlung zulässige Klausel (BGH NJW 2015, 1444; Rechtfertigung für höhere Anzahlung ausnahmsweise möglich BGH NJW-RR 2015, 618), ebenso Restfälligkeit 30 Tage vor Reisebeginn (BGH NJW 2015, 1444; NJW-RR 2015, 618, s. → § 651a Rn. 19; für **Personenbeförderung** zu Flugzeitklauseln Schmidt NJW 2015, 1854. Bei *Flugbuchung* ist volle Zahlung bei Vertragsschluss nicht unangemessen (BGHZ 209, 20); ebenso zulässig ist der Ausschluss des freien Kündigungsrechts für bestimmte Tarife der Flugbeförderung (BGH NJW 2108, 2039 [keine Leitbildfunktion von § 649], krit Schwab JuS 209, 59); Vorbehalt, Prämienprogramm („Miles & More") jederzeit zu ändern, sofern es notwendig erscheint und Teilnehmer nicht wider Treu und Glauben benachteiligt (OLG Köln NJW 2013, 1454; → Rn. 5a). Zulässig ist in **Stromversorgungsvertrag** Einwendungsausschluss wie nach § 17 I 2 StromGV auch gegenüber Sonderkunden (BGH BeckRS 2021, 30598); wirksam ist in **Unterrichtsverträgen** Vorfälligkeitsklausel für Restbetrag im Verzugsfall (BGH NJW-RR 2019, 1072). Im **Zahlungsverkehr** zulässig ist auch eine Lastschriftklausel in Form von *Einzugsermächtigung,* wenn genügend Zeit für Rechnungsprüfung bleibt (BGH NJW 2003, 1237); unzulässig hingegen Abbuchungsverfahren mangels Korrekturmöglichkeit (hM, BGH NJW 2010, 1276 mN; NJW 2008, 2495; MüKoBGB/Fornasier Rn. 245) sowie der formularmäßige Verzicht auf Kontonummer-Namensabgleich bei Überweisungsaufträgen im Wege elektronischer Kontoführung (BGH NJW 2006, 503); zulässig Formpflicht für Einwendungen gegen Rechnungsabschluss der Sparkasse (BGHZ 200, 121 = NJW 2014, 1441).

6 **3. Transparenzgebot (I 2). a) Funktion.** AGB dürfen die Rechtspositionen des Vertragspartners (insbes des Verbrauchers) nicht verschleiern und damit die Gefahr auslösen dürfen, dass der Vertragspartner seine Rechte nicht wahrnimmt (BGH NJW 2013, 219) oder Gegenansprüche nicht abwehrt (s. schon BGHZ 104, 93 f.; 106, 49). Seine Rechte und Pflichten müssen so klar und präzise wie möglich umschrieben sein; es gilt auch zwischen Unternehmen (BGH NJW-RR 2018, 198). Voraussetzungen und Rechtsfolgen müssen im Rahmen des Möglichen (BGHZ 164, 16) so genau umrissen sein, dass dem Verwender keine ungerechtfertigten Spielräume bleiben (BGH NJW 2004, 1738; NJW 2008, 1438; anders im Rahmen des Weisungsrechts nach § 106 GewO, BAG NJW 2008, 780; Erkennbarkeit wirt-
7 schaftlicher Folgen: EuGH NJW 2014, 2335 Rn. 41 ff.). Ein weiteres Gefährdungspotential kann zB darin liegen, dass der Vertragspartner Risiken, auch preiserhöhende Bestandteile nicht erkennt und deshalb zu einem sonst nicht geschlossenen Vertrag verleitet wird. RL 93/13 EWG Art. 5 S. 1 ordnet an, dass schriftlich niedergelegte Klauseln „stets klar und verständlich abgefasst" sein müssen, und nimmt in Art. 5 S. 2 die Unklarheitenregelung auf. Ausdruck des Transparenzgebotes sind daher auch §§ 305c, 305 II Nr. 2 (Zumutbarkeitskontrolle), → Rn. 7. Ein Verstoß gegen das Transparenzgebot kann schon aus systematischen Gründen nicht immer die Unwirksamkeit der Klausel zur Folge haben; auch würde der Vertragspartner uU bei einer Unwirksamkeit schlechter stehen als bei einer ihm günstigen Auslegung. Die Bestimmung ist daher so gefasst, dass – ohne Vermutungsregelung – die Intransparenz als eine zur Unwirksamkeit führende treuwidrige Benachteiligung gewertet werden „kann" (BT-Drs. 14/7052, 18, 188). Fehlende Transparenz alleine kann jedoch nicht zur Unwirksamkeit führen (BGH NJW 2016, 2670: nur bei

unangemessener Benachteiligung des Kunden). **Vorrang** vor der Inhaltskontrolle gem I 1 haben §§ 305 II Nr. 2, 305c. **b)** Als **Maßstab** für die gebotene Deutlichkeit **8**
einer Klausel ist auf den Zeitpunkt des Vertragsschlusses abzustellen (BAG BeckRS 2019, 36993 zur Irrelevanz von Gesetzesänderungen) und auf die Kenntnismöglichkeit eines typischerweise bei Verträgen der geregelten Art zu erwartenden durchschnittlichen Vertragspartners (BGHZ 115, 185 mwN) abzustellen. Damit sind zB an einen Reisenden (BGHZ 108, 57) geringere Anforderungen zu stellen als an einen Vertreter eines kaufmännischen Unternehmens bei einer Globalzession (BGHZ 133, 32). Von der Aufgabe, selbst mögliche Schlussfolgerungen für die eigene Position zu ziehen oder auch Einzelberechnungen vorzunehmen, wird der Vertragspartner nicht entlastet (BGHZ 118, 131). Im Arbeitsrecht ist Maßstab der durchschnittliche, nicht rechtskundige AN (BAG NJW 2017, 1895 [zur Abweichung der AGB von in Bezug genommenen tariflichen Bestimmungen]). Trotz des Transparenzgebots muss dem Verwender jedoch auch die notwendige Flexibilität verbleiben, künftige Entwicklungen zu erfassen; es müssen nicht alle Eventualitäten zweifelsfrei geregelt werden (BGH BeckRS 2021, 30598 Rn. 55). **c) Fallgruppen:** **9**
(1) Fehlende Erklärung von **Schlüsselbegriffen oder Berechnungsfaktoren** („Rentenbarwertformel" BGH NJW 1996, 456; „Kardinalpflichten" BGH NJW-RR 2005, 1505 – obwohl Begriff der Rspr entnommen!; BGH WM 2013, 2084: Übernahme von „Nebenkosten für Versicherungen" durch Vermieter); Bezugnahme auf „Prospekthaftung" für Ausschluss in Rechtsschutzversicherung (BGH DB 2013, 1482); „Nettoeinkommen" als Bezugspunkt für Krankentagegeld (BGH NJW 2017, 388 Rn. 32 ff.); unklarer Bezugspunkt vertraglicher Ausgestaltung von „Reise" von Reisekostenrücktrittsversicherung (BGH NJW-RR 2017, 992); fingiertes Berufsbild für Berufsunfähigkeitsversicherung (BGH NJW 2017, 2346). **(2) Fehlende Bestimmtheit** hinsichtlich Überstundenregelung in Arbeitsvertrag (BAG NZA 2011, 575; BeckRS 2012, 71099; NJW 2012, 552; hierzu Bauer/Arnold DB 2012, 1986 mwN); Regelung zur Kommanditistenhaftung bzw Freistellungsverpflichtung bei Veräußerung von Schifffonds-Anteilen auf dem Sekundärmarkt, die wirtschaftliche Nachteile und Belastungen nicht klar erkennen lässt (BGH NJW-RR 2019, 811); vermittelter und eigener Reiseleistung (BGHZ 156, 230); Schadensminderungspflicht (OLG München NJW 2012, 1664); Videoüberwachung „in Teilbereichen" v Fitnessstudio (LG Koblenz VuR 2014, 159); AGB-Einwilligung in **E-Mail Werbung** muss deutlich machen, wer wofür werben darf (BGH NJW 2017, 2119; NJW 2013, 2683 f. Telefonwerbung); Einräumung eines nicht näher spezifizierten „Vorpachtrechts" in Pachtvertrag (BGH WM 2018, 922); Bezugnahme auf „Rechtshandlung" in Vorerstreckungsregelung (BGH NJW 2018, 2710) und unklare Schadensminderungsklausel bei Rechtsschutzversicherung (BGH NJW 2019, 3582); unzulässig auch Preiserhöhungsklausel ohne Konkretisierung der Voraussetzungen und der Grenzen der Erhöhung (BGHZ 179, 191 [Gaspreiserhöhungsklausel]; zur Frage der Transparenz BGH NJW 2013, 3647 Rn. 56 ff.; NJW-RR 2008, 134 – zum Erg → Rn. 15); hingegen soll eine formularmäßige Bestimmung, welche die Festlegung eines „erhöhten Parkentgelts" bei widerrechtlicher Parkplatznutzung dem Gläubiger überlässt (§ 315), zulässig sein (BGH NJW 2020, 755 [Mindestbetrag von 30 Euro angegeben] – dies steht im Widerspruch zur sonstigen *Rspr, welche* genauere Konkretisierung verlangt, Rodi NJW 2020, 758). Unwirksam auch unklare Mietpreisgleitklausel (BGH NJW 2004, 1738) oder unbestimmte Mietzusatzkosten (BGH NJW-RR 2006, 85); zu „Verwaltungskosten" in Miet-AGB BGH NJW 2012, 54; unklare Kündigungsklausel („soweit keine zwingenden Vorschriften entgegenstehen") in Sparkassen-AGB (BGH NJW 2015, 2412); zur Spezifikation von Insolvenzgründen bei qualifizierter Nachrangvereinbarungen und vorinsolvenzrechtlicher Durchsetzungssperre s. BGH NJW 2019, 1446; sa NJW-RR 2020, 292. Hingegen ist eine Haftungsbeschränkung auf „vorhersehbare" und „vertragstypische" Schäden nach Ansicht des BGH für den durchschnittlichen Vertragspartner eines Energieversorgers hinreichend verständlich (BGHZ 194, 130 ff.); ebenso Nachforderungsklausel in prepaid-Vertrag, wenn Rechtslage klar

dargestellt ist (BGH NJW 2015, 152). Bei Fotografierverbot in Museum müssen Ausnahmetatbestände nicht spezifiziert sein (BGH NJW 2019, 757 Rn. 50). **(3) Fehlende Verständlichkeit:** Bsp: sog salvatorische Klauseln „soweit gesetzlich zulässig" (BGH NJW 2013, 1668; NJW-RR 2015, 738; NJW 2015, 2412 [Kündigungsrecht in Sparkassen-AGB]); dynamische Verweisung auf Berechnungsverordnung (BGH WM 2008, 313); Beförderungsausschluss von Paketdienstleister für „verderbliche und temperaturempfindliche Güter", nicht hingegen für „unzureichend verpackte Güter" (Einzelheiten s. BGH BeckRS 2022, 8774 Rn. 45 ff.); unklare bzw widersprüchliche Abtretungsregelung (BGH NJW 2019, 51 [Sachverständigenauftrag]); unklare Berechnungsmethode einer Abgeltungsquote für Schönheitsreparaturen (BGH NJW 2007, 3632 [hierzu auch → Rn. 5a]); unvollständige Angaben zu Rückkaufswert von Lebensversicherung (BGH NJW 2001, 2012); zweideutiger Bezugspunkt für Erhöhung von Reisepreis (BGH NJW 2003, 507 und NJW 2003, 746); unklare Abrechnungsklauseln im Leasingvertrag (BGHZ 97, 73); Verweisungskette (BGH NJW 2016, 1646); unklare Klausel über das mögliche Erlöschen einer Mietbürgschaft bei Abtretung der Miete (BGHZ 115, 185); Gesellschafterhaftung in Franchisevertrag (BGHZ 165, 23 f.); „Kosten des Center-Managements" (BGH NJW 2014, 3722 mAnm Ludley – auch bei b2b-Vertrag; NJW 2013, 41; NJW 2012, 54); zu Intransparenz bei Rückkaufswert und Stornoabzug in Lebensversicherungs- und Rentenverträgen BGH NJW 2012, 3023 mit Bespr Armbrüster ebenda 3001; arbeitsrechtliche Verfallklauseln, die gegen § 3 S. 1 MiLoG verstoßen, sind intransparent (BAG NZA 2018, 1619; hierzu Lingemann/Chakrabarti, NJW 2019, 978; s. auch BAG NJW 2018, 250). **(4) Gefahr der Irreführung** (BGH NJW 2001, 1205). Nicht notwendig ist aber in Preisanpassungsklausel ein ausdrücklicher Hinweis auf die Überprüfbarkeit nach § 315 III (BGH NJW 2016, 936).

10 **4. Tatbestand des II Nr. 1 (Verstoß gegen das ges Leitbild). a) Grundgedanke.** Im Anschluss an die fr Rspr nimmt II Nr. 1 den Leitbildcharakter gesetzlicher Regelungen (insbes eines bestimmten Vertragstyps) zum Maßstab der Unangemessenheitskontrolle (zur Leitbildfunktion der AVBGasV [bis 2006] BGHZ 176, 252; BGHZ 179, 193). Damit gewinnen die dispositiven ges Bestimmungen wie auch allgemein anerkannte Rechtsgrundsätze (BGH NJW 1986, 180; zB Schutz der Privatsphäre, BGH NJW 1999, 1864) eine gewisse Verbindlichkeit. Bei Verträgen ohne ges Leitbild sind die von der Rspr entwickelten Rechtsgrundsätze heranzuziehen (→ Rn. 12). Allerdings kann die durch II Nr. 1 begründete Vermutung widerlegt werden („im Zweifel"). Zu beachten ist, dass sich das ges Leitbild durch die Schuldrechtsreform teilw geändert hat, etwa im Kaufrecht, bei Leistungsstörung allgemein sowie bei der Verjährung (Westermann JZ 2001, 535; Roth JZ 2001, 489; BGH ZIP 2006, 235; → § 309 Rn. 11). Auch allgemeine Vorschriften wie § 302 Nr. 1 InsO beinhalten Grundgedanken, von dem zB nicht durch Verzicht auf die Restschuldbefreiung in AGB abgewichen werden kann (BGH NZI 2015, 858 mzustAnm Stephan). Str ist, wie sich im Bankrecht die AGB-Kontrolle zum **Zahlungsdienstleistungsrecht** (§§ 675c ff.) verhält. Der BGH sieht in diesen Vorschriften kein neues ges Leitbild (BGH NJW 2012, 2571, 2572; BGHZ 229, 344 Rn. 12 ff. unter Hinweis auf EuGH MMR 2021, 229 Rn. 62–64), vielmehr sollen sie die grundsätzliche Unzulässigkeit von Entgelten für Nebenleistungen der Banken bestätigen (aA Grundmann WM 2009, 115 [neues Leitbild]; weitergehend Fournasier WM 2013, 207, der im Anwendungsbereich der §§ 675c ff. §§ 307–309 nicht mehr anwenden will und der Vollharmonisierung anders als der BGH weite Wirkung zugesteht; nach Omlor NJW 2021, 2243 bedarf es einer normspezifischen Prüfung, ob Klauselkontrolle noch eröffnet, iZw Vorrang der Zahlungsdienste-RL). Nach BGH NJW 2019, 3771 enthält § 675f V 1 kein Verbot der Entgeltkontrolle (Barein- und -auszahlungen können grds entgeltpflichtig sein [Aufgabe von BGHZ
11 206, 305; 124, 254; 133, 10, 13]). **b) Beispiele: Architekt** darf sich nicht über § 25 UrhG hinaus Zutrittsrechte in AGB sichern (BGH NJW 2022, 782). *Klageaus-*

schlussfrist von weniger als 3 Monaten ist trotz Besonderheiten des **Arbeitsvertrages** unangemessen (BAG NJW 2005, 3307). Klausel über freiwillige, variable Vergütung in Bonusform nach billigem Ermessen des Aufsichtsrats ist im Vorstandsdienstvertrag zulässig (BGH NJW 2020, 679; anders für Regelung f AN, BAG NZA 2014, 595). Verpflichtung des **AN,** Arbeitsmittel selbst mitzubringen, verstößt gegen den Grundgedanken des § 611a I, wonach AN nur seine Arbeitskraft zur Verfügung stellen muss (BAG NJW 2022, 1119 – Fahrradlieferdienst); bei Autovermietung verstößt Haftungsausschluss des Mieters für grobe Fahrlässigkeit gegen § 81 II VVG (OLG Hamm NJW-RR 2022, 541). Für die AGB von **Banken** dürfen (trotz § 675g) Änderung der Geschäftsbedingungen nicht auf Zustimmungsfiktion des Vertragspartners gründen (BGHZ 229, 344 gegen die bisher hM, Nachw. bei Omlor NJW 2021, 2243), dies führt zu millionenfachen Rückzahlungsansprüchen der Bankkunden wegen unzulässigen Entgelterhöhungen (zu den Folgen u.a. Rodi WM 2021, 1357). Weiterhin dürfen Banken-AGB zum **Erbnachweis** durch Erbschein keine **11a**
zu strengen Anforderungen gestellt werden, denn das ges Leitbild der §§ 2366, 2367 sieht einen solchen generellen Nachweis gerade nicht vor (BGH NJW 2013, 3716 [unzulässig Klausel, die nur Erbschein zum Nachweis zulässt]; OLG Hamm WM 2013, 221), es dürfen ferner nicht auf den Kunden überwälzt werden das Fälschungsrisiko bei Schecks (BGH WM 1997, 910); unzulässig sind zusätzliche Entgelte für Tätigkeiten auf Grund von ges oder vertraglicher Nebenpflicht (→ Rn. 15). Zum (fehlenden) Leitbild bei der *Sicherungsgrundschuld* → § 305c Rn. 3. Zur Zulässigkeit von (pauschalen) Aufwendungsvergütungen bei Investmentverträgen (BGH NJW-RR 2016, 1385 und 1387). Für **Bearbeitungs- und Bankgebühren** ist die Abgrenzung zwischen kontrollfähigen Preisnebenabreden und kontrollfreien Preishauptabsprachen schwierig, (→ Rn. 15); der BGH wendet für die Abgrenzung § 305c II an (BGH NJW 2017, 1018; BeckRS 2019, 4991 Rn. 17 ff.). Nach der Rspr gehören beim **Darlehensvertrag** (§ 488 I 2) nach dem ges Leitbild nur Zinszahlungen zu den Hauptpflichten des Darlehensnehmers, nicht laufzeitunabhängige Bearbeitungsentgelte etc. (BGHZ 201, 168; 212, 363 – auch bei Unternehmerdarlehen: BGH NJW 2017, 2986 Rn. 38 und für Bausparvertrag, BGH NJW 2017, 1461 u Herresthal LMK 2017, 386901; s. auch Casper/Möllers, BKR 2014, 59). Zuatzvereinbarungen stellen daher tendenziell eine kontrollfähige Nebenabrede dar (BGH NJW 2022, 1086 [Verwaltungskosteneinbehalt]; BGH NJW 2012, 2572; NJW 1986, 1807 [Bereitstellungszins-Klausel, aA OLG Stuttgart VuR 2020, 106 mablAnm Tiffe]; OLG Düsseldorf ZIP 2012, 1749). Der Inhaltskontrolle steht eine Genehmigung des Klauselwerkes durch die *BaFin* nicht entgegen (BGH NJW 2017, 1461). **Unzulässig ist im Einzelnen:** Vereinbarung mit Unternehmen, dass Bewertung in sozialen Medien nur einvernehmlich erfolgen darf (OLG Koblenz BeckRS 2021, 39311); Entgelt f Bearbeitung einer Pfändung (BGH NJW 2000, 651), Schätzgebühr für Sicherheit (OLG Düsseldorf WM 2010, 215) oder für Depotübertragung (BGHZ 161, 189); die Benachrichtigung über die Nichteinlösung eines Schecks oder von anderen Aufträgen mangels Deckung (BGH NJW 2001, 1420); unzulässig auch Nichtberücksichtigung von Sondertilgungsrechten bei Vorfälligkeitsentschädigung (BGH NJW 2016, 1382); zulässig aber Zeichnungsgebühr für Aktienneuemission (BGHZ 153, 344). Entgelt für nicht zu vertretende Rücklastschriften ist unzulässig (BGHZ 150, 274 ff.; s. auch OLG Schleswig MDR 2016, 12), ebenso für sämtliche Buchungsvorgänge (auch gegenüber Unternehmern – BGH NJW 2015, 3025) oder iS einer Schadenspauschalierung (BGH NJW 2009, 3570 [f. Luftbeförderungsvertrag]); Kontoführungsgebühren für Darlehen (BGHZ 190, 66); Buchungsgebühren bei Privatkonto (BGH ZIP 2015, 517); Auslagenersatzklauseln, für Aufwendungen im „mutmaßlichen" Interesse des Bankkunden (BGH NJW 2012, 2337; NJW 2012, 2342); unwirksam Entgelt für „smsTan" bei Verbrauchervertrag über Zahlungsdienste (BGH BeckRS 2017, 122790 gegen OLG Frankfurt WM 2015, 1709); pauschale Entgelte für Überziehungskredite, falls Sollzinsen darunterbleiben (BGH NJW 2017, 1018 und WM 2017, 84) und Entgeltklauseln für Ersatz-Zahlungsverkehrskarten (BGH NJW 2016, 560); Entgelte für Unterrichtungen über

die Ablehnung von Zahlungsaufträgen müssen nach § 675f V 2 kostenorientiert sein (vgl BGH NJW 2017, 3649 [Maßstab nur Kosten der Unterrichtung, nicht der Ablehnung – krit Hingst NJW 2017, 3656); zur Unwirksamkeit von laufzeitunabhängigen Zinscap-Prämien und Zinssicherungsgebühren im Verbraucherdarlehen BGH NJW 2018, 2950. Unzulässig auch AGB-Entgelte für Pfändungsschutzkonten (da ges Pflicht § 850k VII ZPO, BGHZ 195, 298 = JZ 2013, 196 mAnm Fest JZ 2013, 202; zust Fournasier WM 2012, 211; OLG Frankfurt a. M. NJW 2012, 2121; WM 2012, 1911; OLG Schleswig WM 2012, 1914; zum Ganzen Ahrens NJW 2013, 975). **Zulässig** sind Bereitstellungsprovisionen bzw -zinsen in Einzel- und Konsortialkreditverträgen (hM, s. Becker/Dreyer ZIP 2014, 2059; zur Begrenzung der Höhe BGH ZIP 1986, 360; ZIP 1994, 528), Risikoprämien für außerplanmäßiges Tilgungsrecht (BGH NJW 2016, 1875 Rn. 23 ff.); Formvorgabe von Bank für Widerruf von Verfügungen zugunsten Dritter (OLG Dresden NJW-RR 2021,
11b 1573); Bearbeitungsgebühren unterliegen auch für **Verbraucherdarlehen** der Inhaltskontrolle (BGHZ 201, 168 = NJW 2014, 2420 mN [unwirksam, wenn Kosten erfasst sind für Tätigkeiten, die im eigenen Interesse der Bank erbracht werden oder auf Grund bestehender eigener Rechtspflichten zu erbringen waren]; ausf Billing WM 2013, 1829; Inhaltskontrolle auch im **b2b**-Bereich (str) v. Westphalen NJW 2016, 2223, 2228, diff Lang/Schulz WM 2015, 2173; für Gleichbehandlung formularmäßiger Bearbeitungsentgelte in Verbraucher- und Unternehmerdarlehen: BGH NJW 2017, 2986 Rn. 19 ff. mN zum Streitstand; WM 2017, 1652 [f. Kontokorrentkredit]; WM 2018, 1356 [Avalkredit]; WM 2018, 2183; OLG Bremen BeckRS 2017, 110538; aA etwa noch KG BeckRS 2017, 108510). Bei zinslosem Studienkredit entspricht Verwaltungsentgelt nicht ges Leitbild, ist aber nicht grds unangemessen (BGH NJW 2022, 1086); bei Verbraucherkredit stellt Sondertilgungsrecht keine entgeltfähige Sonderleistung dar (BGH NJW 2016, 1879). Überprüfbar und unzulässig auch laufzeitunabhängige Darlehensgebühren bei **Bausparvertrag** (BGH NJW 2017, 1461 Rn. 14 ff. mN [da Entgelt für Überlassung der Darlehensvaluta; zust Artz NJW 2017, 1467; Servais BKR 2017, 69; krit Herresthal LMK 2017, 386901]); OLG Düsseldorf WM 2017, 664; ebenso Kontogebühren f. Bauspardarlehen (BGH NJW 2017, 2538); anders für Kosten der Kollektivsteuerung des Bausparens, OLG Karlsruhe WM 2015, 2039); hingegen ist der Kontrolle entzogen eine laufzeitabhängige Agio-Klausel (BGH BeckRS 2018, 18297). Eine **Bürgschaft** für künftige Forderungen ohne summenmäßige Begrenzung verstößt gegen § 767 I 3 (Einzelheiten → § 765 Rn. 18); § 776 darf nicht pauschal ausgeschlossen werden (→ § 776 Rn. 4); ebenso wenig die Einrede der Aufrechenbarkeit (§ 770 II) bei unbestrittener oder rechtskräftig festgestellter Gegenforderung des Hauptschuldners (hM, auch BGH NJW 2018, 857 im Anschluss an BGHZ 156, 302; 181, 278; 153, 293, 299 [gegen BGHZ 95, 359 ff.]); Auftragnehmer ist unangemessen benachteiligt, wenn er Bürgschaft zur Ablösung von Gewährleistungseinbehalt stellen muss mit
11c unzulässigem Regelungsinhalt (BGH NJW 2018, 857 Rn. 23). Bei **Dauerschuldverhältnissen** ist unwirksam der *Ausschluss des Kündigungsrechts* gem § 627 bzw § 314 (BGH NJW 2010, 151 mN – Partnerschaftsvermittlung, hierzu Niebling MDR 2015, 6) und Klauseln zur außerordentlichen **Kündigung** ohne wichtigen Grund oder Grund unabhängig von § 314 (BGH NJW-RR 2003, 1635; MDR 2005, 1285); unwirksam auch Schadensersatzregelung von Reha-Klinik bei Abbruch, die Kündigungsrecht nach § 627 unterläuft (BGH NJW 2021, 1392); s. aber ggf zeitliche Beschränkung der Inanspruchnahme von Flugprämienpunkten nach Kündigung oder Beendigung des Programms (BGH NJW 2010, 2046; streng BGH NJW 2018, 1157 [Verfallszeit von 20 Monaten zu kurz], zur Abtretung an *Dritte* → Rn. 5a). Beim Pferdepensionsvertrag widerspricht Kündigungsklausel (Frist 3 Monate) nicht dem Grundgedanken von § 695 S. 2, die Kündigung nur Vergütungs-, nicht Rückforderungsanspruch bzgl des Pferds betrifft und Verwahrer Planungssicherheit benötigt (BGH BeckRS 2020, 4025). Keinen Ausschluss der Rechte aus §§ 326, 314 bedeutet Leistungsbefreiungsklausel des Energieversorgers bei Störungen des Netzbetriebs (BGH NJW-RR 2012, 1333). Bei Nutzungsvertrag

mit *Social Media Plattform* verstößt Klausel zur „Unvererblichkeit" gegen den Grundgedanken von § 1922 (BGH NJW 2018, 3178 Rn. 30 [Facebook]). Laufzeit von Fernüberwachungsvertrag von 72 Monaten ist auch gegenüber Unternehmer unangemessen (BGH BeckRS 2018, 4246). Im Fitnessstudiovertrag darf außerordentliche Kündigung auch nicht von Vorlage eines *begründeten* ärztlichen Attests abhängig gemacht werden (BGH NJW 2012, 1431); kein Sonderkündigungsrecht bei berufsbedingtem Wohnortwechsel (BGH NJW 2016, 3718); Änderungsklausel für Krankenversicherungsvertrag bei Rspr-änderung (BGH NJW-RR 2008, 834). Zulässig ist die Beschränkung auf *bargeldlose Zahlung* bei **Fernabsatz,** nicht aber damit verbundene Gebühren auf Kredit- oder Zahlkartenzahlungen, wenn keine zumutbare andere Zahlungsmöglichkeit besteht (BGHZ 185, 359 = NJW 2010, 2719 [Luftverkehrsunternehmen], s. hierzu jetzt die ges Regelung in § 312a IV allg f. Verbraucherverträge); in Gaslieferungsverträgen mit Sonderkunden kann Vorgabe der *Zahlungsweise* gegen § 4 EnWG verstoßen (BGH NJW 2013, 2814). „Standgeld" des **Frachtführers** entgegen § 412 III HGB (BGH MDR 2010, 1405). Unwirksam ist die Begrenzung von § 89b HGB für Altersvorsorge von Versicherungsvertreter (BGHZ 153, 16), die Vorfinanzierung der Erlösherausgabe durch den **Handelsvertreter** (BGH NJW-RR 2005, 340) und nachvertragliche Wettbewerbsverbote bei Verstoß gegen Transparenzgebot (BGH NJW 2016, 401). § 87b II HGB verlangt hingegen nicht Provisionsabrechnung für Reisebüro unter Einschluss von Landegebühren für vermittelte Flüge (BGH NJW-RR 2004, 1206). Die Klausel in einem **Heimvertrag,** bei kurzfristiger Abwesenheit sei das volle Betreuungsgeld weiterzuzahlen, verstößt angesichts § 5 VIII HeimG (seit 1.1.2002) nicht mehr gegen §§ 537, 615 (BGH NJW 2005, 3632; anders noch BGH NJW 2001, 2971); ebenso Ausschluss von Entgeltreduzierung bei Sondennahrung (BGHZ 157, 309); die Koppelung von Miet- und Servicevertrag bei „betreutem Wohnen" ist zulässig (BGH NJW 2006, 1276). Beim **Kaufvertrag** verstößt die Verlängerung der kaufrechtlichen Verjährungsfrist auf 3 Jahre im kaufmännischen Verkehr nicht gegen Nr. 1 (BGHZ 164, 196), unwirksam hingegen der Neubeginn der Frist mit jeder Art von (Teil-)Neulieferung oder Nachbesserung; die Selbstvornahme der Mangelbeseitigung ohne Fristsetzung sowie die verschuldensunabhängige Rechtsmängelhaftung (BGHZ 164, 196); gegen § 346 (jetzt § 355 III) verstößt *Gutschriftregelung* bei Widerruf im Online-Warenhandel (BGH NJW 2006, 213); unwirksam ist Klausel, die Mängelrüge des § 377 HGB von einer vollständigen Untersuchung auch bzgl nicht sofort feststellbarer Mängel abhängig macht oder zur Begutachtung durch neutralen Sachverständigen verpflichtet (BGH NJW 2018, 1957). Verkäufer kann nicht vollständige Bezahlung verlangen, bevor mit geschuldeter *Montage* begonnen wurde (BGH NJW 2013, 1432); ebenso kann in AGB verschuldensunabhängig entstandener Mehraufwand für Mangelbeseitigung vom Verkäufer verlangt werden (BGH NJW 2018, 291 [Qualitätssicherungsvereinbarung] – Verstoß gegen § 439 II). Der **11d**
Leasinggeber darf nicht bei vorzeitigem Vertragsende 10 % des Verwertungserlöses einbehalten (BGHZ 151, 192) oder eine von § 546a abw Nutzungsentschädigung festlegen (BGH WM 2004, 1190). Zulässig ist die Überwälzung der Preis- und Sachgefahr auf den Leasingnehmer, da er auch ohne bes Vereinbarung Anspruch darauf hat, dass ihm Leistungen aus einer vom Leasinggeber abgeschlossenen Versi*cherung zu Gute kommen* (BGH NJW 2004, 1042), zur Überwälzung des Insolvenzrisikos des Lieferanten auf den Leasingnehmer, BGHZ 178, 227; für zulässig erachtet die Rspr auch umfassende Renovierungsklausel bei Immobilienleasing (BGH NZM 2015, 251). Ein Verstoß gegen Nr. 1 liegt auch vor für erfolgsunabhängige **Makler**provision (BGHZ 99, 382; → Rn. 3); „Hinzuziehungsklauseln" (BGHZ 88, 73; NJW 1985, 2478), „Alleinauftragsklauseln" (BGHZ 60, 377), „Vorkenntnisklauseln" (BGH DB 1976, 1711), „Folgegeschäftsklauseln" (BGHZ 60, 245) und Verbotsklauseln für Eigengeschäfte (BGH NJW 1986, 1173). **Mietverträgen** verstoßen bestimmte Klauseln zur Schönheitsreparatur gegen das ges Leitbild (→ Rn. 5a); unwirksam ist auch ein Kündigungsausschluss in Staffelmietvertrag über Frist nach § 557a III hinaus (BGH NJW 2009, 353; NJW 2006, 1056, 1059);

ebenso der 2-jährige Kündigungsausschluss bei einem Studentenwohnheim (BGH NJW 2009, 3507), regelmäßig ein über 4 Jahre hinausgehender Ausschluss bei Wohnungsmiete, weil er Mobilität des Mieters zu stark einschränkt (BGH NJW 2015, 3780), nicht hingegen Ausschluss auf 60 Monate bei Anmietung zur Flüchtlingsunterbringung (BGH NJW 2020, 331); Verwaltungskostenpauschalen bei Wohnraummiete sind mit dem Leitgedanken des § 556 IV unvereinbar (BGH NJW-RR 2019, 721); unwirksam ist auch Verjährungsverlängerung entgegen § 548 selbst bei symmetrischer Regelung für beide Parteien (BGH NJ 2017, 3707). Verzicht auf **Reiseveranstalter** (sa → Rn. 5 aE) darf im Hinblick auf § 320 bzw nur im Verhältnis zu seinen Vorleistungen (insoweit zu Recht krit Tonner NJW 2017, 3300 mNw) angemessene Anzahlung verlangen (BGH NJW 2006, 313; NJW 2015, 1444; NJW-RR 2015, 618 [je grds. 20%]; NJW 2017, 3297 (großzügiger, reiseabhängig 20–40%); nicht 30 % Anzahlung und Restfälligkeit 40 Tage vor Reiseantritt (OLG Düsseldorf NJW 2015, 175), hingegen ist vollständige Zahlung bei Flugbuchung bei Luftverkehrsunternehmen im Hinblick auf die bes ges Absicherung des Fluggastes zulässig (BGHZ 209, 20). Im **Werkvertrag** verstößt die formularmäßige Vergütung für Kostenvoranschläge gegen § 623 III (OLG Karlsruhe MDR 2006, 1035); es können Wegezeiten nicht als Arbeitszeiten angesehen werden (BGHZ 91, 320). § 648 darf, jedenfalls soweit keine entspr Sicherheiten eingeräumt werden, nicht ausgeschlossen werden (BGHZ 91, 145); desgl nicht § 649 S. 2 für den Fall grundloser Kündigung (BGHZ 92, 249). Unwirksam sind ferner: Festpreisklauseln, welche Rückgriff auf § 313 ausschließen (BGH NJW 2017, 2762); Risikoverteilung zulasten des Auftraggebers entgegen §§ 644, 645 bei Kraneinsatz (BGH NJW-RR 2016, 498); „bring or pay" Klauseln, welche die Vollauslastung von Abfallentsorgungsanlagen zulasten des Kunden sichern (BGH NJW 2013, 856; NZBau 2016, 213, insoweit zur Frage der Individualvereinbarung → § 305 Rn. 9); der Ausschluss ges Ansprüche für zusätzliche oder geänderte Leistungen ohne schriftlichen Nachtragsauftrag (BGHZ 157, 102), Festlegung des Verjährungsbeginns mit Übergabe statt Abnahme (BGH ZIP 2004, 1555) sowie „Musterprozessklausel", nach der Bauhandwerker nur einen vom Baubetreuer zu bestimmenden Bauherrn verklagen darf (BGHZ 92, 15); unwiderrufliche Vollmacht des Erwerbers in Bauträgervertrag zur Abnahme für vom Bauträger ernannten Sachverständigen (OLG Karlsruhe NJW 2012, 239). In

11e **Telekommunikationsverträge:** Für das Deaktivieren eines Telefonanschlusses kann kein Entgelt gefordert werden, da Verwender eigene Interessen wahrnimmt (BGH NJW 2002, 2387). Unwirksam ist *Guthabenverfall* auf Telefonkarte nach Gültigkeitsablauf ohne Ausgleichsmöglichkeit (BGH NJW 2001, 2635; OLG München NJW 2006, 2416; ebenso Auszahlungsgebühr OLG Frankfurt aM VuR 2010, 111; zum Ganzen Lorenz VuR 2009, 330); Im Telefondienstvertrag kann die Entgeltpflicht des Kunden auf die zu vertretende Nutzung durch Dritte erweitert werden (BGHZ 188, 351); bei *Mobilfunkverträgen* ist ein „Pfand" für die Überlassung der SIM-Karte als pauschalierter Schadensersatz unzulässig (BGH NJW 2015, 328); ebenso Entgelt f. Papierrechnung, es sei denn Produkt wird nur über Internet vertrieben (BGH NJW 2015, 328; BeckRS 2015, 19181; OLG Düsseldorf NJOZ 2015, 604). Der Inhaltskontrolle entzogen ist als Leistungsbeschreibung Klausel über automatische Erweiterung von Datenvolumen (BGH NJW 2018, 534). In Provisionsvereinbarung mit **Versicherungsmakler** ist Klausel über Fortdauer der Provisionszahlung unabhängig von weiterem Vertragsschicksal zulässig (BGHZ 162, 74). Zur Zulässigkeit von **Vertragsstrafen** *im kaufmännischen Verkehr* → § 309 Rn. 7.

11f **Sonstige Beispiele:** Unwirksam sind Regelungen, die trotz Entbehrlichkeit einer **Nachfristsetzung** nach ges Regelungen (insbes § 323 II) eine solche vorsehen (BGH NJW 2013, 3022; → § 323 Rn. 11–13). Die formularmäßig von Verbraucher erklärte **Einwilligung in Werbeanrufe** ist nicht grds wegen Verstoß gegen § 7 II Nr. 2 UWG unwirksam, setzt aber voraus, dass sie nur für konkret umschriebene Werbemaßnahmen und bestimmte Unternehmen erteilt wird (BGH VuR 2013, 224, sa → Rn. 9). Die Anrechnung von Tilgungsleistungen nur im Jahresrhythmus verstößt gegen § 362 (desgl iE Löwe NJW 1987, 937; aA OLG Stuttgart NJW

1987, 2021; Kollhosser ZIP 1986, 1429; Canaris NJW 1987, 2409); § 366 kann abbedungen werden (BGHZ 91, 380). Unzulässig sind Konzernverrechnungsklauseln (BGH WM 2005, 1801; aA OLG Frankfurt a. M. NJW-RR 2004, 54). Beim Vertrieb von Veranstaltungstickets verstoßen Zusatzgebühren für „Premiumversand“ oder „print@home“ gegen das Leitbild des Versendungskaufs, § 448 (BGH NJW 2019, 47 Rn. 24 f.); in Erbbaurechtsvertrag kann Ausschluss der Anwendungsbefugnis gegen § 27 III ErbbauRG verstoßen (BGH WM 2019, 140).

5. Tatbestand des II Nr. 2 (Einschränkung von Rechten des Kunden oder Pflichten des Verwenders). Erfasst werden sollen insbes Verträge, die kein ges Leitbild haben (zB Leasing-, Sicherungsvertrag). Angeknüpft wird an die stRspr, nach der sich der Verwender nicht von der Nichterfüllung sog **„Kardinalpflichten“** freizeichnen bzw seine Haftung wesentlich einschränken kann (BGHZ 49, 363; 50, 20; 72, 208; NJW-RR 2005, 1496, 1505; NJW-RR 2004, 900; krit zu den Maßstäben des BGH Renner AcP 213, 677). Es kommt daher auf die Natur des Vertrages an. Nicht beschränkt werden dürfen Pflichten, mit denen die ordnungsgemäße Durchführung des Vertrages „steht und fällt“, auf deren Erfüllung der Vertragspartner berechtigterweise vertraut (BGHZ 149, 60, 89 [Erfolgsbezug des Werkvertrages]; BGHZ 145, 203; TranspR 2002, 448). Davon werden auch bedeutsame Nebenregelungen erfasst (BGHZ 83, 308; NJW 1985, 322; NJW 1985, 915). Zusätzlich erforderlich ist eine **Gefährdung des Vertragszwecks** (BGHZ 103, 324). Bei Versicherungsverträgen wird der Vertragszweck erst gefährdet, wenn der Vertrag durch Aushöhlung in Bezug auf das versicherte Risiko zwecklos wird (BGH BeckRS 2017, 119229 Rn. 15 [Begriff des Leitungswasserschadens]; BGH NJW 2017, 2346 [Berufsunfähigkeitsversicherung für 90% sitzende Tätigkeit]). **Bsp unwirksamer Klauseln:** Subsidiaritätsklausel für Haftung des Bauträgers (BGHZ 150, 232 mN); zeitlich unbegrenztes Kündigungsrecht bei einer Krankenhaustagegeldversicherung (BGHZ 88, 78; s. aber BGHZ 152, 263 f. zulässige Begrenzung der Leistungspflicht); Abhängigkeit von Fortbestand der Krankentagegeldversicherung des AN von ununterbrochenem Arbeitsverhältnis (BGHZ 175, 329); Ausschluss der Auslandsreise-Krankenversicherung für den Staat, dessen Angehöriger der Reisende ist (BGH NJW 2001, 1133); Ausschluss erforderlicher nicht ärztlicher Leistungen in Krankheitskostenversicherungsvertrag (OLG Hamm NJW 2012, 321); bei Wohngebäudeversicherung (Leitungswasserversicherung) ist Leistungsbegrenzung für alle „Schimmelschäden“ zu weitgehend (BGH NJW 2017, 2831; abgrenzend zu BGH NJW 2012, 3238 [Ausschluss von Schwammschäden zulässig]); verschuldensunabhängiges Rückbelastungsrecht von Kreditkartenunternehmen gegenüber Vertragsunternehmen bei missbräuchlichem Karteneinsatz (BGH NJW 2002, 2234 mN zur Gegenansicht); Recht der Brauerei in einem Bierlieferungsvertrag, bei Vertragsverletzungen des Gastwirts die Rückgabe des überlassenen Inventars bei fortbestehender Bezugsverpflichtung zu verlangen (BGH DB 1985, 1684); Beratungspflicht des Versicherungsmaklers (BGHZ 162, 78); dreimonatige Verfallsfrist für Überstundenvergütung (BAG NJW 2006, 795); zehnjährige Mindestehedauerklausel bei Hinterbliebenenversorgung durch AG (BAG BeckRS 2019, 2813, zust Jesgarzewski, BB 2019, 1408). **Freizeichnungsklauseln** unterliegen zunächst einer bes Regelung in § 309 Nr. 7 und 8. § 307 II Nr. 2 greift zusätzlich (zB beim Ausschluss der Haftung für leichte Fahrlässigkeit) ein, wenn sich die – völlige oder teilweise – Freizeichnung auf den Kernbereich der zugesagten Leistung bezieht (BGH NJW 1999, 1031; NJW 2002, 673), wenn vorhersehbare, vertragstypische Schäden betroffen sind (BGH NJW 2001, 292; NJW-RR 2001, 342). Dasselbe gilt, wenn für die Vertragserfüllung ein **bes Vertrauen** im Blick auf die fachliche Kompetenz und Sorgfalt in Anspruch genommen wird oder wenn der Vertragspartner vertraglich Einflussmöglichkeiten auf seine Lebensgüter oder auch auf erhebliche Vermögenswerte gewähren muss (Bsp: Krankenhausträger für ärztliche Leistung, BGH NJW 1990, 761; Treuhänder bei einem Bauherrenmodell, BGH ZIP 1985, 623; NJW-RR 1998, 1426). Kann der Verwender relativ problemlos eine **Haftpflichtversicherung** abschließen oder 12 ist dies ges bzw standesrechtlich vorgeschrieben, so ist eine Freizeichnung ebenfalls unangemessen. Im Mietvertrag verstößt eine Freizeichnung des Vermieters für leicht fahrlässig verursachte, mangelbedingte Sachschäden gegen II Nr. 2, wenn Schäden erfasst sind, gegen die sich der Mieter typischerweise nicht versichern kann (BGHZ 149, 96 f.). **Zulässig** ist die Vereinbarung ordentlichen Kündigungsrechts bei Dienstvertrag (BGHZ 175, 107 für Schuldvertrag).

II. Der Inhaltskontrolle unterliegende Klauseln (III)

13 **1. Normzweck.** Von dem Ansatz her, dass die §§ 307 ff. – vom Transparenzgebot abgesehen – die rechtliche *Gestaltungsfreiheit* der Beteiligten unter den in den einzelnen Normen genannten Kriterien begrenzen sollen, kann sich die Inhaltskontrolle nur auf eine vertragliche Regelung beziehen, die die ges **Rechtsstellung** der Beteiligten gegenüber der sonst („objektiv") bestehenden (dispositiven) Rechtslage **verändert** (zB Modifikation des Ausgleichsanspruchs nach § 89b HGB [BGHZ 152, 132]; BAG NJW 2008, 3372 [Aufhebungsvertrag]) oder in einem auch durch die Rspr **nicht geregelten** Bereich festlegt. Aus diesem Grundsatz ergeben sich verschiedene Teilaspekte und Fallgruppen. **III 2** erstreckt das Transparenzgebot (→ Rn. 6 ff.) auf alle (zB preisregulierende, das Ges wiederholende) AGB, weil mangelnde Transparenz eine Benachteiligung in sich darstellen kann (BGHZ 165, 21; BAG NJW 2011, 331).

14 **2. Tatbestand des III 1. a) Grundsatz.** AGB sind Vertragsgestaltung, keine Rechtsnormen (daher werfen sie nach BAG NJW 2022, 1402 Rechtsfragen von grds. Bedeutung iS des Revisionsrechts nur auf, soweit Auslegungsgrundsätze betroffen sind). Sog deklaratorische Klauseln, die eine auf den Sachverhalt anwendbare **ges Bestimmung** bzw einen allg, etwa aus § 242 entwickelten Rechtsgrundsatz (BGHZ 150, 272, 274 f.) lediglich **wiederholen,** haben keinen eigenen Regelungsgehalt und fallen damit nicht unter die **Inhaltskontrolle** (BGHZ 182, 50 für Preisanpassungsklausel entspr GasGVV; BAG NJW 2011, 331 für § 106 GewO; OLG München NJW-RR 2011, 1359 für Verfallklausel bei verlorenen Veranstaltungstickets, die unter § 807 fallen). Gibt das Ges lediglich eine Ermächtigung zu einer die Rechtslage abändernden Vereinbarung wie zB in § 399 Alt. 2, so unterliegt die von dieser Ermächtigung Gebrauch machende Klausel der Inhaltskontrolle (BGHZ 81, 232 für Preisspielräume einer Gebührenordnung). Das gilt auch, wenn ges Bestimmungen und allg Regeln für einen bestimmten Vertragstyp durch AGB auf andere Verträge übertragen werden. Bsp: Anwendung des § 367 auf Kreditgebühren, die mit jeder monatlichen Rate anteilig getilgt werden sollen (BGHZ 91, 57). **b)** Bestimmungen zur (Sach-)Leistung **(Leistungsbeschreibungen)** sind kontrollfrei, soweit keine ges Vorgabe besteht und damit eine rechtliche Veränderung (→ Rn. 13) ausscheidet (BGH NJW 2001, 2014; NJW 2014, 2273: Rückkaufsverpflichtung; KG BeckRS 2017, 111509 Rn. 58 für Facebook-Regelung über „Gedenkzustand" von Accounts im Todesfall). Bsp: Kataloge, Prospekte, Erläuterungen in einer Baubeschreibung im Rahmen eines Ausschreibungsverfahrens, DIN-Normen, Beschreibungen des versicherten Risikos im Kernbereich (Hadding VersR 1998, 627; aA Schünemann VersR 2000, 144 mwN), Baukostenobergrenze in Architektenvertrag (BGH NJW 2019, 2997, ggf fehlt es schon an „Vorformulierung" bei konkret einzusetzender Summe, Rn. 32 ff.). Sobald jedoch *im Ges* festgelegte Hauptpflichten oder auch zB aus §§ 241 II, 242 folgende Nebenverpflichtungen modifiziert werden, greifen die §§ 307–309 wieder ein (BGH NJW 2019, 757: Fotografierverbot in Museum; BGH NJW 2003, 2015: Nutzungsumfang bei Softwarelizenz; BGHZ 153, 16: Beschränkung von § 89b HGB). Bsp: Regelungen über den EV, die Lieferzeit, die Abnahme gem §§ 640 ff. Dasselbe gilt, wenn Klauseln die *vertragliche* (als solche nicht kontrollfähige) *Leistungszusage* einschränken oder modifizieren. Bsp: Deckungsausschluss in der Reise-Krankenversicherung für „akut behandlungsbedürftige" Erkrankungen (BGH NJW 1993, 1134); Leistungsausschlüsse in der Lebensversicherung (BGH NJW 2001, 2014);

zur Bestimmung des Hauptgegenstandes bei Versicherungsverträgen allg Armbrüster NJW 2015, 1788 mN. Das BAG sieht auch Ausgleichsklauseln im Zuge von Aufhebungsverträgen als kontrollfähige Nebenabrede an (BAG NJW 2012, 103), nicht aber Arbeitszeit und Höhe der Vergütung (BAG ZIP 2013, 474). **c) Preise oder Entgelt für die Hauptleistung** sind mangels ges Fixierung nicht überprüfbar (BGHZ 201, 281 [Restwert bei Leasingvertrag]; NJW 2014, 209 [nicht Hauptleistung, daher überprüfbar: Garantie gegen Entgelt]; NJW-RR 2015, 181; NJW-RR 1999, 126; BGHZ 116, 120; BGHZ 106, 46; OLG Hamm WM 2010, 702 [Abschlussgebühr für Bausparverträge]; zur Abgrenzung von Bearbeitungsentgelt und Disagio OLG Bamberg WM 2010, 2072; BAG NJW 2012, 2683 [Vergütungsregelung für Überstunden]). Dies gilt auch für die in Nutzungsverträgen der DB Netz AG mit Nutzern der Eisenbahninfrastruktur enthaltene Verweisung auf eine „Entgeltliste" im Hinblick auf die speziellen ges Rahmenbedingungen (BGH NJW-RR 2015, 114). Soweit im Einzelnen ges Regelungen bestehen (Bsp: HOAI, GOÄ) oder taxmäßige Vergütungen etc als Maßstab herangezogen werden (s. zB § 632 II), unterliegen Modifikationen wiederum der Inhaltskontrolle (BGHZ 115, 391); zum Verhältnis der §§ 675c ff. bei Zahlungsdiensten zur AGB-Kontrolle → Rn. 11; grundlegend zum Entgeltbegriff v Westphalen BB 2021, 2700. Klauseln zu **Preis- und Zahlungsmodifikationen und -vorbehalten** fallen unter die richterliche Kontrolle (§ 309 Nr. 1). Der BGH (BGHZ 201, 230; BeckRS 2017, 110516 = DB 2017, 721) wendet den Grundsatz der kundenfeindlichsten Auslegung auch auf Frage, ob kontrollfreie Preishauptabrede oder kontrollfähige Preisnebenabrede vorliegt, an. Preisanpassungsklauseln, die mit dem PrKG vereinbar sind, unterliegen wegen des unterschiedlichen Normzwecks § 307 (BGHZ 185, 96); Bsp: Preisberechnungsklauseln, die eigene Faktoren einführen (BGHZ 93, 358), Klauseln zur Preisbestimmung bzw -abänderung durch den Verwender oder einen Dritten (BGHZ 82, 26; NJW 2008, 360), Erhöhungsklausel in Ausfüllung von § 651a (BGH NJW 2003, 508); zur Überprüfung und Unwirksamkeit von **Preisanpassungsklauseln** bei Gaslieferverträgen insbes auch in Sonderkundenverträgen BGH NJW 2014, 2708 (b2b); NJW 2010, 2793 (b2c); NJW 2013, 3647 (klar und verständliche Klauselbestimmung uneingeschränkt auch in Sonderkundenverträgen notwendig, keine Leitbildfunktion von § 4 AVBGasV mehr – Folge von EuGH NJW 2013, 2253 [auf Vorlage von BGH WM 2011, 850]; Sonderkündigungsrecht gleicht idR unangemessene Benachteiligung nicht aus, BGH WM 2017, 969); s. ferner BGH NJW 2011, 1342; NJW 2011, 2501; NJW 2011, 2508; BGHZ 186, 180; 182, 59; Grün/Ostendorf BB 2014, 259; Preisanpassungsklauseln bei Fernwärmelieferung (BGHZ 189, 131; NJW 2022, 1944). Weitere Bsp: Kontrollfähig zusätzliche Freistellungsverpflichtungen (BGH WM 2004, 1355); sog Tagespreisklauseln, Skonti, Rabatte (BGH NJW 1994, 1063), Regelungen zur Fälligkeit (BGHZ 81, 242), Kappungsklauseln (NJW-RR 2008, 251). Bei arbeitsvertraglichen Vergütungsregelungen ist (auch im Hinblick auf einen „Freiwilligkeitsvorbehalt") zwischen Sonderleistungen und laufendem Entgelt zu unterscheiden (Lembke NJW 2010, 257 und NJW 2010, 321 mN zur Rspr; Niebling NJW 2013, 3011). **Zinsanpassungsklauseln** unterliegen nach stRspr des BGH als Preisnebenabrede der Inhaltskontrolle (→ § 308 [Nr. 4] Rn. 6), der Anfangszins ist nach § 307 III 1 nicht kontrollfähig; Einzelheiten zur Entwicklung bei v Westphalen BB 2021, 2700). Fixierungen von **Preisbestandteilen für Neben- und Zusatzleistungen** sind **nicht überprüfbar,** wenn sie sich auf rechtlich nicht festgelegte Leistungsbestandteile oder vertragliche Sonderleistungen beziehen (→ Rn. 11; zB kontrollfähig aber Entgelte ohne konkrete Gegenleistung, die nur allgemeine Betriebskosten abdecken, BGH NJW 2016, 1875 Rn. 23; OLG Bremen BeckRS 2017, 113338 [Gebühren für Ticketversand]). Bsp für unzulässige Inhaltskontrolle: Klauseln zu Transport- und Verpackungskosten, Kosten für die Anfahrt (BGHZ 116, 119), Gebühren für die Benutzung der Kreditkarte im Ausland (BGHZ 137, 30). Ist hingegen der Verwender **ges oder zB aus § 242 vertraglich zur Nebenleistung verpflichtet** und wird diese damit grds vom Preis für die Hauptleistung erfasst, so

(Rn. 15 am Rand neben „c) Preise")

unterliegen darauf bezogene **Preisnebenabreden** der Inhaltskontrolle. Sie dienen typischerweise dazu, allgemeine Betriebskosten oder Erfüllungsaufwendungen des Verwenders bzw. für sonstige Tätigkeiten auf den Vertragspartner überzuwälzen (BGH NJW 2019, 47 Rn. 15 [bejaht für Entgeltregelung zu Premiumversand und „print@home"-Klausel bei Ticketverkauf – unzulässige Abweichung von § 448; BGH NJW 2022, 1986 Verwaltungskosten bei zinslosem Studiendarlehen, obwohl einzige Gegenleistung [iE aber keine unangemessene Benachteiligung]). Einer Inhaltskontrolle hält die Klausel dann regelmäßig nicht stand, wenn die Tätigkeit, für die das Entgelt erhoben wird, vorwiegend oder ausschließlich im Interesse des Verwenders liegt (so für Kontoführungsgebühren bei Darlehensvertrag BGHZ 190, 74); für Bearbeitungsgebühren für Verbraucher- und Unternehmerdarlehen → Rn. 11 ff.; Buchungskosten bei Privatkonto (BGH ZIP 2015, 517); Gebühren f. Nacherstellen von Kontoauszügen (BGHZ 199, 281: ges Regelung in § 675d III); zur Schwierigkeit der Abgrenzung → Rn. 11.

3. Zum Transparenzgebot (III 2) → Rn. 6 ff..

§ 308 Klauselverbote mit Wertungsmöglichkeit

In Allgemeinen Geschäftsbedingungen ist insbesondere unwirksam

1. (Annahme- und Leistungsfrist)
eine Bestimmung, durch die sich der Verwender unangemessen lange oder nicht hinreichend bestimmte Fristen für die Annahme oder Ablehnung eines Angebots oder die Erbringung einer Leistung vorbehält; ausgenommen hiervon ist der Vorbehalt, erst nach Ablauf der Widerrufsfrist nach § 355 Absatz 1 und 2 zu leisten;

1a. (Zahlungsfrist)
eine Bestimmung, durch die sich der Verwender eine unangemessen lange Zeit für die Erfüllung einer Entgeltforderung des Vertragspartners vorbehält; ist der Verwender kein Verbraucher, ist im Zweifel anzunehmen, dass eine Zeit von mehr als 30 Tagen nach Empfang der Gegenleistung oder, wenn dem Schuldner nach Empfang der Gegenleistung eine Rechnung oder gleichwertige Zahlungsaufstellung zugeht, von mehr als 30 Tagen nach Zugang dieser Rechnung oder Zahlungsaufstellung unangemessen lang ist;

1b. (Überprüfungs- und Abnahmefrist)
eine Bestimmung, durch die sich der Verwender vorbehält, eine Entgeltforderung des Vertragspartners erst nach unangemessen langer Zeit für die Überprüfung oder Abnahme der Gegenleistung zu erfüllen; ist der Verwender kein Verbraucher, ist im Zweifel anzunehmen, dass eine Zeit von mehr als 15 Tagen nach Empfang der Gegenleistung unangemessen lang ist;

2. (Nachfrist)
eine Bestimmung, durch die sich der Verwender für die von ihm zu bewirkende Leistung abweichend von Rechtsvorschriften eine unangemessen lange oder nicht hinreichend bestimmte Nachfrist vorbehält;

3. (Rücktrittsvorbehalt)
die Vereinbarung eines Rechts des Verwenders, sich ohne sachlich gerechtfertigten und im Vertrag angegebenen Grund von seiner Leistungspflicht zu lösen; dies gilt nicht für Dauerschuldverhältnisse;

4. (Änderungsvorbehalt)
die Vereinbarung eines Rechts des Verwenders, die versprochene Leistung zu ändern oder von ihr abzuweichen, wenn nicht die Vereinbarung der Änderung oder Abweichung unter Berücksichtigung der Interessen des Verwenders für den anderen Vertragsteil zumutbar ist;

5. (Fingierte Erklärungen)
eine Bestimmung, wonach eine Erklärung des Vertragspartners des Verwenders bei Vornahme oder Unterlassung einer bestimmten Handlung als von ihm abgegeben oder nicht abgegeben gilt, es sei denn, dass
a) dem Vertragspartner eine angemessene Frist zur Abgabe einer ausdrücklichen Erklärung eingeräumt ist und
b) der Verwender sich verpflichtet, den Vertragspartner bei Beginn der Frist auf die vorgesehene Bedeutung seines Verhaltens besonders hinzuweisen;

6. (Fiktion des Zugangs)
eine Bestimmung, die vorsieht, dass eine Erklärung des Verwenders von besonderer Bedeutung dem anderen Vertragsteil als zugegangen gilt;

7. (Abwicklung von Verträgen)
eine Bestimmung, nach der der Verwender für den Fall, dass eine Vertragspartei vom Vertrag zurücktritt oder den Vertrag kündigt,
a) eine unangemessen hohe Vergütung für die Nutzung oder den Gebrauch einer Sache oder eines Rechts oder für erbrachte Leistungen oder
b) einen unangemessen hohen Ersatz von Aufwendungen verlangen kann;

8. (Nichtverfügbarkeit der Leistung)
die nach Nummer 3 zulässige Vereinbarung eines Vorbehalts des Verwenders, sich von der Verpflichtung zur Erfüllung des Vertrags bei Nichtverfügbarkeit der Leistung zu lösen, wenn sich der Verwender nicht verpflichtet,
a) den Vertragspartner unverzüglich über die Nichtverfügbarkeit zu informieren und
b) Gegenleistungen des Vertragspartners unverzüglich zu erstatten;

9. (Abtretungsausschluss)
eine Bestimmung, durch die die Abtretbarkeit ausgeschlossen wird
a) für einen auf Geld gerichteten Anspruch des Vertragspartners gegen den Verwender oder
b) für ein anderes Recht, das der Vertragspartner gegen den Verwender hat, wenn
aa) beim Verwender ein schützenswertes Interesse an dem Abtretungsausschluss nicht besteht oder
bb) berechtigte Belange des Vertragspartners an der Abtretbarkeit des Rechts das schützenswerte Interesse des Verwenders an dem Abtretungsausschluss überwiegen;

Buchstabe a gilt nicht für Ansprüche aus Zahlungsdiensterahmenverträgen und die Buchstaben a und b gelten nicht für Ansprüche auf Versorgungsleistungen im Sinne des Betriebsrentengesetzes.

1. Allgemeines. Neu eingefügt wurden 2014 Nr. 1a und 1b zur Umsetzung 1
der RL 2011/7/EU *zur Bekämpfung von* Zahlungsverzug im Geschäftsverkehr als Sonderregelung für AGB zu § 271a neu (BT-Drs. 18/1309, 21). Zum **Anwendungsbereich** → Vor § 307 Rn. 4, zum **Verhältnis zu § 309 und § 307** → § 307 Rn. 1.

2. Unangemessene Fristen für die Vertragsannahme und für die Leistung 2
(Nr. 1, 1a u 1b). a) Funktion und Unangemessenheit. Durch den Vorbehalt einer **Annahmefrist** erreicht der Verwender eine einseitige Bindung des Vertragspartners gem § 145, welche dessen Dispositionsfreiheit erheblich einengen kann. **Unangemessen** lange ist eine Frist, die ohne schutzwürdiges Interesse des Verwenders über den Tatbestand des § 147 II einschließlich einer sachlich gebotenen Überlegungszeit (uU mit dem Einholen notwendiger Informationen, Bearbeitungs- u Prüfungszeit) wesentlich hinausgeht (s. BGH NJW 2013, 291 [Wiedergabe der ges

Regelung unproblematisch]; NJW 2001, 303 [3 Wochen zu lang bei Kauf vorrätiger Ware auf Kredit]; NJW 2010, 2873 [nicht mehr als 4 Wochen bei finanziertem Kauf von fertiggestellter Eigentumswohnung], hierzu Herrler/Suttmann DNotZ 2010, 883; BGH NJW 2014, 857 und NJW 2016, 2173 [max 4 Wochen bei Bauträgerkaufvertrag]). Der BGH hat auch die str Frage, ob sich Verwender die jederzeitige Annahme eines unbefristet fortbestehenden, aber **widerruflichen Angebots** in AGB vorbehalten kann, verneint (erst-Recht-Argument aus Nr. 1: BGH NJW 2013, 3434 mN zum Streitstand; NJW-RR 2017, 114; zur entsprechenden Aufklärungspflicht des Notars bei sukzessiver Beurkundung von Angebot und Annahme über mögliches Erlöschen des Angebots BGH NJW 2016, 1324; NJW 2017, 3161 [Hinweispflicht bei nicht aufklärbare Rechtslage]) und grundsätzliche Bedenken gegen **befristete Fortgeltungsklauseln** unabhängig von ihrer Dauer geäußert (hiergegen Herrler DNotZ 2013, 887 und NJW 2014, 19). Ihre Verwendung durch Notar im Jahre 2008 war jedenfalls angesichts befürwortender Literaturmeinungen nicht schuldhaft (BGH NJW 2017, 3161). Grds muss anhand der vertragstypischen Gegebenheiten eine Interessenabwägung erfolgen. Für Kreditgeschäfte wird als zulässig erachtet ein Monat (BGH NJW 1988, 2107), für die Bestellung eines neuen Kfz 4 Wochen (BGHZ 109, 363), ebenso für individuelle Einbauküche (BGHZ 170, 1), 6 Wochen für Lebensversicherung (Prüfung medizinischer Befunde notw, OLG Hamm VersR 1986, 1808); 10 Wochen sind hingegen trotz notwendiger Finanzierungsgespräche zu lang für Kauf einer Eigentumswohnung (OLG Dresden OLG-NL 2005, 4: max 6 Wochen); LG Bremen erachtet 10 Tagefrist für Gebrauchtwagenkäufer als zu lang, wenn kein Kreditgeschäft vorliegt (str, NJW 2004, 1050 mN; idR aber 14 Tage für Alltagsgeschäfte s. PWW/Berger Rn. 5). **b) Nicht hinreichend bestimmt** ist eine Frist, wenn sie nicht rasch und ohne weitere Ermittlungen festgestellt werden kann. Dies gilt insbes, wenn der Anfangszeitpunkt der Laufzeit von einem noch nicht zeitlich genau fixierten oder in die Sphäre des Verwenders fallenden Ereignis abhängig gemacht wird (BGH NJW 2022, 701 [f. Fälligkeitsbestimmung durch Inbetriebnahme von Anlage durch Vermieter]; NJW 1985, 856; VuR 2005, 156: Unterschrift der Bank). IdR ist die Annahmefrist nach Tagen,
3 Wochen usw zu berechnen. **c)** Die Unangemessenheit der **Leistungsfrist** (dh Fälligwerden) hängt sehr vom zu leistenden Gegenstand ab (zB im Handel frei erhältliche Konsumartikel, Anfertigung auf Bestellung, Eigentumswohnung im Hochhaus), uU auch davon, ob sich der Verwender die Ware selbst erst auf Anfrage beschaffen muss. Abzustellen ist darauf, wann die Leistung unter durchschnittlichen, auf dem Markt üblichen Bedingungen und unter Berücksichtigung einer angemessenen Sicherheitsreserve erbracht werden kann (BGHZ 92, 28). Unzulässig sind zB im Möbelhandel ohne Differenzierungen vier Wochen (BGH NJW 1985, 323 mwN). Zur unzulässigen **Unbestimmtheit** → Rn. 2. **d) Ausnahme bei Verträgen mit Widerruf (HS 2).** Kann der Verbraucher gem § 355 I, II seine zum Vertragsschluss führende Willenserklärung widerrufen, so muss es dem Verwender möglich sein, das Erbringen der Leistung vom Verstreichen der Widerrufsfrist abhängig zu machen (BT-Drs. 14/2658, 51). Das Rückgaberecht des § 356 ist mit der Umsetzung der Verbraucherrechte-RL entfallen. **e)** Bei **Verträgen zwischen Unternehmern** dürften die Maßstäbe in vergleichbarer Weise gelten (Grüneberg/Grüneberg Rn. 10); Branchenüblichkeit kann kürzere Fristen rechtfertigen (PWW/Berger
3a Rn. 14). **Nr. 1a und b** (eingefügt mit Wirkung zum 29.7.2014, → Rn. 1) bekämpfen **überlange Zahlungsfristen, Überprüfungs- und Abnahmefristen,** wenn der Verwender nicht Verbraucher ist. Eine § 286 V entsprechende Norm, die Umgehungen durch Vereinbarungen über den Verzugseintritt verhindern soll, war im Hinblick auf das **Umgehungsverbot** des § 306a nicht notwendig (BT-Drs. 18/1309, 21). Für Abschlags- oder Ratenzahlungen ist zunächst das ges Leitbild (§ 271) maßgebend (BT-Drs. 18/1309, 21). Bes Gründe f. die Angemessenheit eines längeren Zeitraums muss der Verwender darlegen („im Zweifel", s. § 307 II). Im Hinblick auf die Strenge der AGB-Kontrolle betragen die Zeiträume nur die Hälfte der in § 271a genannten Fristen. Da sich Nr. 1a, 1b vor allem gegen Klauseln richten,

welche gegenüber Unternehmern, juristischen Personen des öffentlichen Rechts oder öffentlich-rechtlichen Sondervermögen verwendet werden, nimmt der ebenfalls neu gefasste **§ 310 I 1, 2** diese Personen *nicht* von der Anwendung der neuen Klauselverbote aus. § 310 I 3 nF stellt hingegen sicher, dass es bei Verträgen mit Einbeziehung von VOB/B beim Ausschluss der Anwendung von Nr. 1a, 1b bleibt (BT-Drs. 18/1309, 21).

3. Unangemessenheit einer Nachfrist für die Leistung (Nr. 2). a) Unangemessene Dauer. Nr. 2 gilt soweit Kundenrechte von einer Nachfrist abhängen (zB §§ 281, 323, 637, 651c III). Da die eigentliche Leistungszeit (s. § 308 Nr. 1) bereits vorausgeht, ist die *Verlängerungsfrist,* die allein den Interessen des Verwenders Rechnung trägt, relativ kurz festzusetzen. Richtschnur sind branchenübliche Fabrikations- und Beschaffungszeiten zuzüglich eines Sicherheitszuschlags. Bsp: Unzulässig sind 4 Wochen beim Möbelkauf (BGH NJW 1985, 323); zulässig 6 Wochen bei Neuwagenkauf (BGH NJW 2001, 294); 6 Wochen bei Lieferung von Fenstern (OLG Stuttgart NJW 1981, 1106; sa Seifert BB 1984, 863 mwN). Zur unzulässigen **Unbestimmtheit** → Rn. 2. **b)** Für **Verträge zwischen Unternehmern** gilt dieselbe Wertung. 4

4. Sachlich nicht gerechtfertigtes Rücktrittsrecht (Nr. 3). a) Funktion. Der Rücktrittsvorbehalt des Verwenders für die Zeit *nach Vertragsschluss* führt zu einer einseitigen Bindung des Kunden; er kann nicht frei disponieren. Im Sinne eines allg Lösungsrechts fallen auch Kündigung, Widerruf und Anfechtung hierunter, ebenso die auflösende, nicht aber die aufschiebende Bedingung (BGH NJW 2011, 1215). Der Verwender darf deshalb in AGB nur bestimmte, bei Vertragsschluss erkennbare Störungsrisiken überwälzen. **b)** Die **Rücktrittsgründe** müssen für Durchschnittskunden hinreichend deutlich **gekennzeichnet** sein (s. zB BGH NJW 1983, 1321: „Betriebsstörungen jeder Art" ist unzulässig, ebenso „zwingender Grund" OLG Köln NJW-RR 1989, 926). **Sachlich angemessene** (RL 93/13 EWG: „triftige") **Gründe** sind seitens des **Vertragspartners** zB ein Insolvenz- oder Vergleichsverfahren, fehlende Kreditwürdigkeit (BGH NJW 2001, 298: eidesstattl Versicherung), falsche, für die Kreditwürdigkeit relevante Auskünfte über die eigenen Vermögensverhältnisse (BGH NJW 1985, 2271), erhebliche, für den Vertrag bedeutsame Verletzungen (BGH ZIP 1985, 1204); auf Seite des **Verwenders** die Beschränkung auf den vorhandenen Vorrat, Ausbleiben der *nicht betriebsbezogenen* Selbstbelieferung (BGH NJW 1983, 1321). Ein Widerrufsvorbehalt für Weihnachtsgeldzuwendung unter 25% des Gesamtverdienstes im Fall „wirtschaftlicher Notlage" des AG ist transparent und zulässig (BAG NJW 2017, 3181). **Unangemessene** Gründe sind zB die eigene kurzfristige Betriebsstörung (BGH NJW 1983, 1321 mwN), ein zeitweiliger Arbeitskampf (BGH NJW 1985, 857); Beförderungsausschluss bei fehlender Vorlegung der Kreditkarte, mit der Flugreise gebucht wurde (OLG Frankfurt a. M. NJW-RR 2012, 51). Für **Dauerschuldverhältnisse** und **Wiederkehrschuldverhältnisse** (→ § 311 Rn. 14, 15), die häufig ein Recht zur ordentlichen Kündigung kennen, gilt § 308 Nr. 3 nicht. **c)** Bei **Verträgen zwischen Unternehmern** sind an den „sachlich angemessenen" Grund nicht so hohe Anforderungen zu stellen (kaufmännische Verkehrssitte entscheidend); Rücktrittsgründe dürfen allgemeiner gefasst sein (BGH NJW 1985, 738; Grüneberg/Grüneberg Rn. 23; PWW/Berger Rn. 30). 5

5. Unzumutbare Befugnis zur Leistungsänderung (Nr. 4). Hier akzeptiert der Kunde spätere Abweichungen als vertragsgemäß, so dass etwa nach dem subj Fehlerbegriff (→ § 434 Rn. 2 u 8 ff.) kein Mangel vorliegt. § 308 erlaubt deshalb nur, diejenigen Änderungen vertraglich zu fixieren, die der Kunde auch gem § 242 akzeptieren müsste (→ § 242 Rn. 18). Der Begriff der Zumutbarkeit ist hier wenig aussagekräftig. Er ist dahin zu konkretisieren, dass der **konkrete Vertragszweck** sichergestellt bleiben muss und die Interessen des Verwenders an der Änderung diejenigen des Vertragspartners an vereinbarter Leistung idR überwiegen (BGHZ 158, 154, 6 abl für einseitige *Zinssatzbestimmung* bei langfristigen Sparverträgen; BGH WM 2017, 808 [Mindestmaß an Kalkulierbarkeit der Zinsänderungsklausel], BGH NJW 2010, 1742 [Mindestmaß an Kalkulierbarkeit möglicher Zinsänderungen erforderlich; zur ggf fehlenden Einbeziehung BGH NJW-RR 2017, 942 → § 305 Rn. 14], zu den Besonderheiten des PSF-Modells [Prämiensparen flexibel] Furche/Götz WM 2019, 2290 und die vom OLG Dresden entschiedenen Musterfeststellungsklagen, Urteil v 22.4.2020, Az.: 5 MK 1/19; 17.6.2020, Az.: 5 MK 1/20, die die Zinsanpassungsklauseln für unwirksam erklärt haben (bestätigt durch BGHZ 231, 215 = NJW 2022, 311 Rn. 28 ff.; zum Ganzen v Westphalen BB 2021, 2700, der wegen der Rechtsnatur des Prämiensparvertrags als unregelmäßige Verwahrung Zinszahlung zu Recht als Hauptleistung ansieht und nach § 307 II 1 Variabilität insgesamt für nichtig hält, weil Anpassung über Zustimmungsfiktion nicht mehr möglich ist nach BGHZ 229, 344). Folge der Unwirksamkeit der Zinsanpassungsklausel: ergänzende Vertragsauslegung mit präzisen Parametern für Zinsanpassung, nicht §§ 315, 316, BGH NJW 2022, 311 Rn. 41 ff. [auch im Rahmen v Musterfeststellungsklage; s. aber → § 306 Rn. 5a]; NJW 2010, 1742). Grds müssen Anlass wie Ausmaß der Abweichung vorher abgeschätzt werden können. Für die Änderung muss grds ein triftiger Grund vorliegen (BGH NJW 2005, 3421). **Bsp:** Unzulässig ist der pauschale Vorbehalt der Leistung durch andere Unternehmen und Fluggeräte sowie abw Zwischenlandungspunkte im Linienflugverkehr (BGH NJW 1983, 1324; OLG Köln WRP 2004, 124), ebenso unzulässig Klausel, die endgültige Festlegung der Flugzeiten dem Veranstalter überlässt, ohne Rahmen f. voraussichtliche Zeit zu nennen (BGH NJW 2014, 1170). Bei Reisevertrag darf sich Veranstalter Leistungsänderung für unvorhergesehene Umstände nur vorbehalten, wenn sie zumutbar sind und den Gesamtcharakter der Reise nicht verändern (BGH NJW 2018, 1534). Unzulässig ist die Erweiterung von Kfz-Reparaturen in nicht nur geringfügigem Umfang (BGHZ 101, 311 f.), der Vorbehalt der Lieferung eines „Nachfolgemodells" (OLG Koblenz ZIP 1981, 509), pauschaler Vorbehalt eines Pay-TV-Anbieters zur Änderung des Programmpaketes (BGH NJW 2008, 360) und der Lieferung gleichwertiger Ersatzartikel im Versandhandel (BGH NJW 2005, 3569); bei ärztlicher Wahlleistungsvereinbarung (Chefarztbehandlung) ist eine Vertreterklausel unwirksam, wenn sie Fälle vorhersehbarer Verhinderung einschließt (BGH NJW 2008, 987); zulässig ist jedoch der Vorbehalt „handelsüblicher Abweichungen in Farbe und Struktur" im Möbelhandel, soweit es sich um Naturprodukte handelt (BGH NJW 1987, 1886) wie allg handelsübliche Qualitätstoleranzen. Für **Verträge zwischen Unternehmern** gilt dieselbe Wertung. Im **Arbeitsvertrag** ist der unbeschränkte Widerrufsvorbehalt für übertarifliche Löhne unwirksam (BAG NJW 2005, 1820); zulässig sofern der Anteil am Gesamtverdienst unter 25 % bzw 30 % liegt und der Tariflohn nicht unterschritten wird (BAG NJW 2017, 3181; NJW 2007, 536), allerdings ist dann ggf § 315 zu beachten (BAG NJW 2017, 3181; Reinecke BB 2008, 554); zulässig ist Klausel, die AG einseitiges Bestimmungsrecht zur Höhe jährlicher Weihnachtsgratifikation gibt (BAG NJW 2013, 1020: auch kein Verstoß gegen Transparenzgebot; sa BAG NJW 2013, 3051 zur Bezeichnung als „freiwillige Leistung", gegen Inhaltskontrolle nach AGB-Recht Niebling NJW 2013, 3011); unwirksam ist sachgrundloser Widerrufsvorbehalt für Privatnutzung eines Firmenwagens (BAG NZA 2007, 809). Weitere Fälle: → § 307 Rn. 5a und → § 307 Rn. 11 ff.

7 **6. Fingierte Erklärungen (Nr. 5). a) Normzweck.** Kraft ihrer Autonomie können Parteien grds bestimmen, in einer konkreten Situation sei Schweigen als Willenserklärung zu verstehen (→ Vor § 116 Rn. 9). Die Gefahr, dass sich der Kunde der Tragweite einer solchen Vereinbarung nicht bewusst wird, ist sehr groß. Nr. 5 sieht Schutzinstrumente für den Kunden vor. Unzulässige Erklärungsfiktion liegt vor, wenn Umbuchungswunsch als Rücktritt mit Neuanmeldung gewertet wird (BGH NJW 1992, 3161), nicht aber bei automatischer Verlängerung der BahnCard, wenn Verlängerung auf mangelnder Kündigung beruht (BGH NJW 2010, 2943; aA Woitkewitsch MDR 2006, 542). Zur Abgrenzung der Zustimmungsfiktion von einseitigem Änderungsrecht, BGH BeckRS 2021, 30598. **b) Ausnahme: Ver-**

einbarung der VOB/B insgesamt. Da die VOB/B teilw Erklärungsfiktionen kennt, die Übernahme der VOB/B ihrerseits als Ganzes, dh ohne ins Gewicht fallende Einschränkungen, in stRspr als eine angemessene vertragliche Regelung angesehen wird (→ Vor § 307 Rn. 3), hat der Gesetzgeber diese Rechtsfrage unter Modifikation des früheren § 23 II Nr. 5 AGBG ausdrücklich festgelegt (BR-Drs. 338/01, 354). **c)** Im **Verkehr zwischen Unternehmern** gilt grds dieselbe Wertung. Zu beachten ist freilich, dass ein Handelsbrauch über ein Schweigen gem § 362 HGB oder ein kaufmännisches Bestätigungsschreiben Wirkungen entfaltet und insoweit eine Fixierung in AGB zulässig ist. Ähnliches gilt iE für § 377 HGB (wiederholende Klausel ist kontrollfrei, s. § 307 III 1); nach teilw vertretener Ansicht soll Hinweispflicht entfallen (PWW/Berger Rn. 44).

7. Zugangsfiktion (Nr. 6). a) Normzweck. Die Bestimmung erlaubt in 8
Abweichung von § 309 Nr. 12 die Beweislast für den Zugang (§ 130) bestimmter Erklärungen (ohne bes Bedeutung) dem Vertragspartner als Empfänger aufzuerlegen. Die Beweislast für die *Absendung* muss weiter beim Verwender bleiben. Unerheblich ist, ob der Zugang als solcher oder auch der Zeitpunkt fingiert wird. Nr. 6 greift nach seinem Zweck auch ein für **Zugangsvermutungen,** die dem Vertragspartner den Gegenbeweis eröffnen, weil sie sonst dem strengeren § 309 Nr. 12 unterfallen würden (MüKoBGB/Wurmnest Rn. 4; Bsp: „Eine Erklärung gilt 3 Tage nach Absendung als zugegangen, sofern sie nicht als unzustellbar zurückkommt"). Bei völligem **Zugangsverzicht** wird idR § 307 II Nr. 1 eingreifen (MüKoBGB/Wurmnest Rn. 5); formularmäßige Empfangsvollmachten fallen nicht unter Nr. 6, können aber einer Zugangsfiktion zulasten des Vertretenen gleichkommen und von § 307 erfasst sein (BGH NJW 1989, 2383; sa NJW 1997, 3437; ausf zu Vollmachten in Grundschuldformularen Voran DNotZ 2005, 887). **b) Bes Bedeutung** kommt einer Erklärung zu, wenn sie für den Vertragspartner nachteilige Rechtsfolgen hat. Bsp: Mahnung, Fristsetzung, Kündigung, Ladung zur Eigentümerversammlung (OLG München NJW-RR 2008, 1182); Genehmigung gem §§ 177, 182. Übrig bleiben Anzeigen und Mitteilungen (zB über den Kontostand, Tagesauszüge, BGH NJW 1985, 2699). **c)** Für **Verträge zwischen Unternehmern** gelten die Wertungen der Norm entspr.

8. Unangemessen hohe Abwicklungsvergütungen (Nr. 7). a) Allgemei- 9
nes. Die Bestimmung steht in engem Zusammenhang mit § 309 Nr. 5 und 6 (pauschalierter Schadensersatz, Vertragsstrafe); denn die juristische Qualifikation des vom Verwender nach Beendigung geforderten Betrages ist häufig eine Frage der Formulierung. Dies muss eine einheitliche Interpretation der drei Bestimmungen auslösen. **b) Voraussetzungen.** Festlegung der Vergütung im Fall der Kündigung, des Rücktritts, auch der Anfechtung, also nach Umwandlung des Vertrages in ein Rückgewährschuldverhältnis; nicht erfasst wird zB eine Restzahlung. **Entgelt** nach Nr. 7a oder b sind unabhängig von der Formulierung, zB Storno-, Annullierungs-, Bearbeitungsgebühr (s. OLG Hamm NJW 1974, 1951), ges Aufwendungsersatzansprüche. Die **Angemessenheit der Höhe** ist an einem generellen Maßstab zu überprüfen und zwar daran, was ohne Klausel geschuldet wäre (zu Sicherungsabreden bei Bau- und Anlagebauverträgen → § 307 Rn. 5a); umfasst sie zB den üblichen Unternehmergewinn, so ist sie zulässig (BGH NJW 1983, 1489 u NJW 1983, 1492; iE s. § 309 Nr. 5). Des Weiteren darf nicht der **Gegenbeweis** abgeschnitten werden, dass die (generell angemessene) Pauschalierung im Einzelfall tatsächlich wesentlich unterschritten worden ist; § 309 Nr. 5b gilt entspr (BGH NJW 1997, 260 mN). Ist Pauschale im Einzelfall ausnahmsweise für Vertragspartner günstiger, darf sich Verwender nicht auf Unwirksamkeit berufen (BGH NJW-RR 1998, 594). **c)** Für **Verträge zwischen Unternehmen** gelten die Wertungen der Norm entspr (BGH DB 2005, 827: volle Vergütung für Inkassobüro trotz Kündigung widerspricht § 628 I 1).

9. Nichtverfügbarkeit der Leistung (Nr. 8). Die in Umsetzung der Fern- 10
AbsRL eingeführte Bestimmung ergänzt Nr. 3 in dem Fall, dass die AGB ein Rücktrittsrecht bei Nichtverfügbarkeit der vereinbarten Leistung enthalten (zB Liefer- oder

Vorratsvorbehalt, → Rn. 5). Eine solche Klausel muss also durch eine Verpflichtung entspr dem Gesetzestext (zur Unverzüglichkeit s. § 121) ergänzt werden. Hauptzweck ist, dass der Vertragspartner bereits geleistete Zahlungen möglichst bald, in jedem Fall binnen 30 Tagen zurückerhält (BT-Drs. 14/2658, 51). Die in der Norm getroffene Wertung ist für Verträge zwischen Unternehmern nicht übertragbar.

11 **10. Abtretungsausschluss (Nr. 9).** Mit Wirkung zum 1.10.2021 (geltend für Schuldverhältnisse, die ab diesem Tag geschlossen wurden, Art. 229 § 60 S. 1 EGBGB) unterliegen Abtretungsausschlüsse in AGB einer strengen Reglementierung. Die Norm differenziert zwischen Geldzahlungsansprüchen (lit a) und sonstigen Ansprüche (lit b), krit hierzu Stamm JZ 2022, 1093. Während für Geldforderungen in lit. a die Unwirksamkeit des Abtretungsverbots die Regel ist, verlangt lit. b eine Interessenabwägung, welche die Rspr. bislang im Rahmen von § 307 vornahm. Hintergrund von **lit a** (Geldforderungen) ist ua der Versuch von Verwendern, mit Abtretungsverboten die Durchsetzung von Ansprüchen durch **Inkassounternehmen** – insb. der Legaltech-Branche – zu verhindern, die mit Hilfe des Zessionsmodels auf Honorarbasis (Verbraucher-)Ansprüche ohne Prozess- und Kostenrisiko für den Zedenten durchsetzen (BT-Drs. 19/26915 S. 11). Solche Abtretungen haben vor allem bei Ansprüchen aus der FluggastrechteVO zu einer erheblichen Steigerung geltend gemachter Ansprüche geführt und zu entsprechenden Abwehr-AGBs mancher Fluggesellschaften. Die Rspr hatte solche Klauseln bislang schon überwiegend nach § 307 I 1 für unzulässig gehalten, vor allem soweit Sekundär(zahlungs-)ansprüche erfasst waren oder die Übertragung an Mitreisende, weil es an einem berechtigten Interesse des Verwenders an einem solchen Ausschluss fehlte (BGH NJW 2012, 2107; NJW 1997, 3434; NJW 1990, 608; LG Nürnberg-Fürth VuR 2019, 28; AG Hannover BeckRS 2012, 1257; für Wirksamkeit AG Bremen 1.6.2017, 9 C 63/17- juris). Der BGH hatte jedoch das Interesse an einer übersichtlichen Vertragsabwicklung durch den Verwender durchaus berücksichtigt. Mit der Einfügung der gesetzlichen Neuregelung in den Kanon des § 308 und der Regelung in Nr. 9a ohne Einschränkung durch die Interessen des Verwenders (anders in lit b) besteht nur eine klare gesetzgeberische Wertung zugunsten von Verbrauchern, die damit auch Hindernisse für die Digitalisierung der Rechtsdurchsetzung behebt (Wais NJW 2021, 2833). Nr. 9 soll nicht nur Abtretungsverbote erfassen, sondern auch Regelungen, welche die Abtretbarkeit **beschränken** (BT-Drs. 19/26915, 13; Wais NJW 2021, 2833, 2834; krit Kulke MDR 2022, 129, 130). Diese Auslegung ist trotz des Wortlauts zu begrüßen. §§ 400, 399, 2 Var. bleiben unberührt. Geldforderungen iSv lit a sind dabei nicht auf Sekundäransprüche beschränkt (Kulke MDR 2022, 129, 130; aA Kalisz WM 2022, 65, 68). Die Ausnahme in Nr. 9, 2. Halbs. soll nach der Gesetzesbegründung gewährleisten, dass **Banken und Sparkassen** Abtretungsausschlüsse gegenüber Bankkunden beibehalten können, was primär dem Schutz der Kunden vor unbedachten Abtretungen künftiger Ansprüche, die sie für ihren Lebensunterhalt benötigen, dienen soll (BT-Drs. 19/30840, S. 14). Dies wird im Hinblick auf den ausreichenden Schutz nach §§ 400 iVm 850k ZPO zu Recht kritisiert (Kulke MDR 2022, 129, 131; Wais NJW 2021, 2833, 2834), zumal zB auch Rückforderungen von Bankkunden aus ungerechtfertigter Bereicherung (zB wegen unzulässiger Entgelterhöhung infolge von BGHZ 229, 344) erfasst werden, die typischerweise nicht individuell durchgesetzt werden. Die Ausnahme für **Betriebsrenten** soll ebenfalls verhindern, dass AN über künftige Ansprüche disponieren, ohne die Tragweite absehen zu können (BT-Drs. 19/30840 S. 14). Von der grds Anwendbarkeit der Wertung von Nr. 9 im unternehmerischen Verkehr ist
12 auszugehen (so auch Kulke MDR 2022, 129, 130). **Lit. b** gilt für **andere Rechte** gegen den Verwender. Insoweit kann auf die bisherige Rspr zu Abtretungsverboten und -beschränkungen nach § 307 zurückgegriffen werden, die ebenfalls Interessenabwägung vornahm. Zulässig ist Abtretungsverbot bei personalisierten Fußballtickets aus Gründen der Stadionsicherheit, wenn private Weitergabe ohne Gewinnerzielung bei Verhinderung erlaubt bleibt, Verbot kommerzieller Weiterveräußerung wirksam

(OLG Hamburg NJOZ 2007, 1588; LG München Spurt 2017, 258; ähnlich BGH NJW 2009, 1504 Rn. 33; AG Frankfurt SpuRT 2006, 122; für Wirksamkeit bei Zustimmungsvorbehalt Gutzeit BB 2007, 113; sa Kraus SpuRT 2006, 109); zulässig aber Beschränkung bei „Miles&More" Prämien (BGH NJW 2015, 687; ferner BGH BeckRS 2015, 07583); Abtretungsverbot bei Ansprüchen, die nicht die Hauptleistung des Verwenders betreffen (BGH NJW 2012, 2107; BGHZ 110, 241; zulässig Abtretungsverbot für Gewährleistungsansprüche bei Gebrauchtwagenkauf, OLG Karlsruhe BeckRS 2017, 104887); unzulässig Abtretungsverbot für Auskunftsanspruch gegen Fluggesellschaft (AG Bühl NZV 2020, 47).

§ 309 Klauselverbote ohne Wertungsmöglichkeit

Auch soweit eine Abweichung von den gesetzlichen Vorschriften zulässig ist, ist in Allgemeinen Geschäftsbedingungen unwirksam

1. (Kurzfristige Preiserhöhungen)
eine Bestimmung, welche die Erhöhung des Entgelts für Waren oder Leistungen vorsieht, die innerhalb von vier Monaten nach Vertragsschluss geliefert oder erbracht werden sollen; dies gilt nicht bei Waren oder Leistungen, die im Rahmen von Dauerschuldverhältnissen geliefert oder erbracht werden;

2. (Leistungsverweigerungsrechte)
eine Bestimmung, durch die
a) das Leistungsverweigerungsrecht, das dem Vertragspartner des Verwenders nach § 320 zusteht, ausgeschlossen oder eingeschränkt wird oder
b) ein dem Vertragspartner des Verwenders zustehendes Zurückbehaltungsrecht, soweit es auf demselben Vertragsverhältnis beruht, ausgeschlossen oder eingeschränkt, insbesondere von der Anerkennung von Mängeln durch den Verwender abhängig gemacht wird;

3. (Aufrechnungsverbot)
eine Bestimmung, durch die dem Vertragspartner des Verwenders die Befugnis genommen wird, mit einer unbestrittenen oder rechtskräftig festgestellten Forderung aufzurechnen;

4. (Mahnung, Fristsetzung)
eine Bestimmung, durch die der Verwender von der gesetzlichen Obliegenheit freigestellt wird, den anderen Vertragsteil zu mahnen oder ihm eine Frist für die Leistung oder Nacherfüllung zu setzen;

5. (Pauschalierung von Schadensersatzansprüchen)
die Vereinbarung eines pauschalierten Anspruchs des Verwenders auf Schadensersatz oder Ersatz einer Wertminderung, wenn
a) die Pauschale den in den geregelten Fällen nach dem gewöhnlichen Lauf der Dinge zu erwartenden Schaden oder die gewöhnlich eintretende Wertminderung übersteigt oder
b) dem anderen Vertragsteil nicht ausdrücklich der Nachweis gestattet wird, ein Schaden oder eine Wertminderung sei überhaupt nicht *entstanden oder* wesentlich niedriger als die Pauschale;

6. (Vertragsstrafe)
eine Bestimmung, durch die dem Verwender für den Fall der Nichtabnahme oder verspäteten Abnahme der Leistung, des Zahlungsverzugs oder für den Fall, dass der andere Vertragsteil sich vom Vertrag löst, Zahlung einer Vertragsstrafe versprochen wird;

7. (Haftungsausschluss bei Verletzung von Leben, Körper, Gesundheit und bei grobem Verschulden)
a) (Verletzung von Leben, Körper, Gesundheit)
ein Ausschluss oder eine Begrenzung der Haftung für Schäden aus der Verletzung des Lebens, des Körpers oder der Gesundheit, die

auf einer fahrlässigen Pflichtverletzung des Verwenders oder einer vorsätzlichen oder fahrlässigen Pflichtverletzung eines gesetzlichen Vertreters oder Erfüllungsgehilfen des Verwenders beruhen;

b) (Grobes Verschulden)
ein Ausschluss oder eine Begrenzung der Haftung für sonstige Schäden, die auf einer grob fahrlässigen Pflichtverletzung des Verwenders oder auf einer vorsätzlichen oder grob fahrlässigen Pflichtverletzung eines gesetzlichen Vertreters oder Erfüllungsgehilfen des Verwenders beruhen;

die Buchstaben a und b gelten nicht für Haftungsbeschränkungen in den nach Maßgabe des Personenbeförderungsgesetzes genehmigten Beförderungsbedingungen und Tarifvorschriften der Straßenbahnen, Obusse und Kraftfahrzeuge im Linienverkehr, soweit sie nicht zum Nachteil des Fahrgasts von der Verordnung über die Allgemeinen Beförderungsbedingungen für den Straßenbahn- und Obusverkehr sowie den Linienverkehr mit Kraftfahrzeugen vom 27. Februar 1970 abweichen; Buchstabe b gilt nicht für Haftungsbeschränkungen für staatlich genehmigte Lotterie- oder Ausspielverträge;

8. (Sonstige Haftungsausschlüsse bei Pflichtverletzung)

a) (Ausschluss des Rechts, sich vom Vertrag zu lösen)
eine Bestimmung, die bei einer vom Verwender zu vertretenden, nicht in einem Mangel der Kaufsache oder des Werkes bestehenden Pflichtverletzung das Recht des anderen Vertragsteils, sich vom Vertrag zu lösen, ausschließt oder einschränkt; dies gilt nicht für die in der Nummer 7 bezeichneten Beförderungsbedingungen und Tarifvorschriften unter den dort genannten Voraussetzungen;

b) (Mängel)
eine Bestimmung, durch die bei Verträgen über Lieferungen neu hergestellter Sachen und über Werkleistungen

aa) (Ausschluss und Verweisung auf Dritte)
die Ansprüche gegen den Verwender wegen eines Mangels insgesamt oder bezüglich einzelner Teile ausgeschlossen, auf die Einräumung von Ansprüchen gegen Dritte beschränkt oder von der vorherigen gerichtlichen Inanspruchnahme Dritter abhängig gemacht werden;

bb) (Beschränkung auf Nacherfüllung)
die Ansprüche gegen den Verwender insgesamt oder bezüglich einzelner Teile auf ein Recht auf Nacherfüllung beschränkt werden, sofern dem anderen Vertragsteil nicht ausdrücklich das Recht vorbehalten wird, bei Fehlschlagen der Nacherfüllung zu mindern oder, wenn nicht eine Bauleistung Gegenstand der Mängelhaftung ist, nach seiner Wahl vom Vertrag zurückzutreten;

cc) (Aufwendungen bei Nacherfüllung)
die Verpflichtung des Verwenders ausgeschlossen oder beschränkt wird, die zum Zweck der Nacherfüllung erforderlichen Aufwendungen nach § 439 Absatz 2 und 3 oder § 635 Absatz 2 zu tragen oder zu ersetzen;

dd) (Vorenthalten der Nacherfüllung)
der Verwender die Nacherfüllung von der vorherigen Zahlung des vollständigen Entgelts oder eines unter Berücksichtigung des Mangels unverhältnismäßig hohen Teils des Entgelts abhängig macht;

ee) (Ausschlussfrist für Mängelanzeige)
der Verwender dem anderen Vertragsteil für die Anzeige nicht offensichtlicher Mängel eine Ausschlussfrist setzt, die kürzer ist als die nach dem Doppelbuchstaben ff zulässige Frist;

ff) (Erleichterung der Verjährung)
die Verjährung von Ansprüchen gegen den Verwender wegen eines Mangels in den Fällen des § 438 Abs. 1 Nr. 2 und des § 634a Abs. 1 Nr. 2 erleichtert oder in den sonstigen Fällen eine weniger als ein Jahr betragende Verjährungsfrist ab dem gesetzlichen Verjährungsbeginn erreicht wird;

9. bei einem Vertragsverhältnis, das die regelmäßige Lieferung von Waren oder die regelmäßige Erbringung von Dienst- oder Werkleistungen durch den Verwender zum Gegenstand hat,
a) eine den anderen Vertragsteil länger als zwei Jahre bindende Laufzeit des Vertrags,
b) eine den anderen Vertragsteil bindende stillschweigende Verlängerung des Vertragsverhältnisses, es sei denn das Vertragsverhältnis wird nur auf unbestimmte Zeit verlängert und dem anderen Vertragsteil wird das Recht eingeräumt, das verlängerte Vertragsverhältnis jederzeit mit einer Frist von höchstens einem Monat zu kündigen, oder
c) eine zu Lasten des anderen Vertragsteils längere Kündigungsfrist als einen Monat vor Ablauf der zunächst vorgesehenen Vertragsdauer;
dies gilt nicht für Verträge über die Lieferung zusammengehörig verkaufter Sachen sowie für Versicherungsverträge;

10. (Wechsel des Vertragspartners)
eine Bestimmung, wonach bei Kauf-, Darlehens-, Dienst- oder Werkverträgen ein Dritter anstelle des Verwenders in die sich aus dem Vertrag ergebenden Rechte und Pflichten eintritt oder eintreten kann, es sei denn, in der Bestimmung wird
a) der Dritte namentlich bezeichnet oder
b) dem anderen Vertragsteil das Recht eingeräumt, sich vom Vertrag zu lösen;

11. (Haftung des Abschlussvertreters)
eine Bestimmung, durch die der Verwender einem Vertreter, der den Vertrag für den anderen Vertragsteil abschließt,
a) ohne hierauf gerichtete ausdrückliche und gesonderte Erklärung eine eigene Haftung oder Einstandspflicht oder
b) im Falle vollmachtsloser Vertretung eine über § 179 hinausgehende Haftung
auferlegt;

12. (Beweislast)
eine Bestimmung, durch die der Verwender die Beweislast zum Nachteil des anderen Vertragsteils ändert, insbesondere indem er
a) diesem die Beweislast für Umstände auferlegt, die im Verantwortungsbereich des Verwenders liegen, oder
b) den anderen Vertragsteil bestimmte Tatsachen bestätigen lässt;
Buchstabe b gilt nicht für Empfangsbekenntnisse, die gesondert unterschrieben oder mit einer gesonderten qualifizierten elektronischen Signatur versehen sind;

13. (Form von Anzeigen und Erklärungen)
eine Bestimmung, durch die Anzeigen oder Erklärungen, die dem Verwender oder einem Dritten gegenüber abzugeben sind, gebunden werden
a) an eine strengere Form als die schriftliche Form in einem Vertrag, für den durch Gesetz notarielle Beurkundung vorgeschrieben ist oder
b) an eine strengere Form als die Textform in anderen als den in Buchstabe a genannten Verträgen oder
c) an besondere Zugangserfordernisse;

14. **(Klageverzicht)**
eine Bestimmung, wonach der andere Vertragsteil seine Ansprüche gegen den Verwender gerichtlich nur geltend machen darf, nachdem er eine gütliche Einigung in einem Verfahren zur außergerichtlichen Streitbeilegung versucht hat;
15. **(Abschlagszahlungen und Sicherheitsleistung)**
eine Bestimmung, nach der der Verwender bei einem Werkvertrag
a) für Teilleistungen Abschlagszahlungen vom anderen Vertragsteil verlangen kann, die wesentlich höher sind als die nach § 632a Absatz 1 und § 650m Absatz 1 zu leistenden Abschlagszahlungen, oder
b) die Sicherheitsleistung nach § 650m Absatz 2 nicht oder nur in geringerer Höhe leisten muss.

1 **1. Allgemeines.** Zum **Anwendungsbereich** → Vor § 307 Rn. 4, zum Verhältnis zu §§ 308 und 307 → § 307 Rn. 1.

2 **2. Preiserhöhung bei Lieferung innerhalb von vier Monaten (Nr. 1). a)** Generell zur Kontrolle von Preishaupt- und -nebenklauseln → § 307 Rn. 15. Eine unzulässige **Preiserhöhung** liegt vor, wenn ein anderer (höherer) Preis als der zum Zeitpunkt des Vertragsschlusses geltende gezahlt werden soll. Bsp: Gleitklauseln in jeder Form (dazu → §§ 244, 245 Rn. 23), Überwälzung möglicher Erhöhungen der Lohnkosten (BGH NJW 1985, 856), der Mehrwertsteuer (BGHZ 77, 79), öffentl-rechtlicher Transporttarife (OLG Frankfurt a. M. NJW 1982, 2198); unzulässig sind auch sog Tagespreisklauseln wie „Verkaufspreis ist der am Liefertag gültige Listenpreis" (zu Tagespreisklauseln bei mehr als vier Monaten Lieferzeit → § 307 Rn. 4). Keine Preiserhöhung stellt es dar, wenn der Kunde die tatsächlichen (und damit uU später höheren) Nebenkosten, etwa für Verpackung oder Transport, als solche übernehmen muss. **b)** Die **Lieferung innerhalb von vier Monaten** ergibt sich idR aus der Individualabrede, die gem § 157 auszulegen ist; der ausdrücklichen Erwähnung einer Lieferzeit bedarf es nicht. Auf die tatsächliche Lieferung kommt es, da auf den Vertragsschluss abzustellen ist, nicht an, es sei denn als Auslegungselement. Die Vereinbarung einer längeren Frist und die „vorzeitige" Lieferung kann eine Umgehung (§ 306a) darstellen. **c)** Zu den **Dauerschuldverhältnissen** (s. § 314) zählen auch Wiederkehrschuldverhältnisse und Sukzessivlieferungsverträge (BGH NJW-RR 1986, 212). Hier kann grds eine Anpassung an das jeweilige Preisniveau, soweit ges zulässig (zu Mietverhältnissen über Wohnraum s. § 557a), vereinbart werden. Zu den aus § 307 folgenden Grenzen s. BGH NJW 2008, 2172. **d)** Für **Verträge zwischen Unternehmern** kann die Wertung nicht generell übernommen werden; zB sind Anpassungen an den jeweiligen Umsatzsteuersatz üblich und zulässig; im Einzelnen Hilber BB 2011, 2691.

3 **3. Leistungsverweigerungs- oder Zurückbehaltungsrecht (Nr. 2).** Die Bestimmung macht § 320 und § 273, Normen wegen ihrer Sicherungs- und Druckfunktion mit einem hohen Gerechtigkeitswert (→ § 320 Rn. 2, → § 273 Rn. 3), für AGB zum zwingenden Recht, geht aber nicht darüber hinaus. Damit bleibt auch die Vereinbarung einer Vorleistungspflicht (s. § 320 I 1, „es sei denn …") in den Schranken des § 307, also bei sachlicher Angemessenheit, zulässig (BGH NJW 2002, 141 mwN; str); möglich sind auch – wiederum im Rahmen des § 307 – Regelungen über Gegenansprüche, die nicht unter § 273 und § 320 fallen (sa § 309 Nr. 3). In Bauträgervertrag ist Klausel, die Zahlung der letzten Rate auf Notaranderkonto vor Übergabe verlangt, unwirksam, weil Leistungsverweigerungsrecht bzgl Baumängel eingeschränkt wird (OLG Hamburg NJW-RR 2021, 90). Für **Verträge zwischen Unternehmern** ist ein Abbedingen der §§ 320, 273 grds zulässig (BGHZ 115, 327); es bestehen freilich Ausübungsschranken (s. zB BGHZ 92, 316: Zurückbehaltungsrecht des Vertragspartners bei zB unbestrittenen oder rechtskräftig festgestellten Gegenforderungen; bestätigend BGH NJW 2011, 514).

4. Aufrechnung (Nr. 3). Aufrechnungsverbote (auch konkludent, zB Barzahlungsgebot) können den Kunden erheblich belasten, weil sie ihm Liquidität entziehen und ihn in die Klägerrolle mit allen Risiken der Verzögerung und Vollstreckung drängen. Nr. 3 verbietet deshalb, ein Aufrechnungsverbot bei zweifelsfreien Gegenforderungen zu vereinbaren; ebenso einen Zustimmungsvorbehalt des Verwenders (BGH NJW 2007, 3421). IGgs zum Leistungsverweigerungs- und Zurückbehaltungsrecht (Nr. 2) ist ein Aufrechnungsverbot also nicht generell ausgeschlossen (für nicht von Nr. 3 erfasste Fälle bleibt Prüfung nach § 307). Zulässig ist zB Schriftformerfordernis für Aufrechnungserklärung (BGH NJW 1995, 254). Ein Verstoß gg Nr. 3 liegt vor, wenn Aufrechnung für den Vertragspartner in den von Nr. 3 erfassten Fällen erschwert (OLG Celle NJW-RR 1998, 586) oder für den Verwender erleichtert wird (PWW/Berger Rn. 17); Aufrechnungsverbote entgegen § 215 fallen nicht unter Nr. 3, sie sind an § 307 zu messen (OLG Hamm NJW-RR 1993, 1082; OLG Nürnberg WM 2016, 2300 [Aufrechnung mit verjährter Forderung muss daher nicht ausdrücklich vorbehalten werden]; PWW/Berger Rn. 17; aA Bamberger/Becker Rn. 13). Unbestritten bedeutet, dass weder Grund noch Höhe der Forderung angegriffen werden (BGH NJW 1978, 2244). Auf **Verträge zwischen Unternehmern** ist die Wertung grds übertragbar (BGH NJW 1994, 658; NJW 2007, 3421; BGHZ 92, 312). Lässt im Gewerberaummietvertrag der Vermieter nur Aufrechnungen mit unbestrittenen oder rechtskräftig festgestellten Forderungen „aus dem Mietverhältnis" zu, liegt darin unangemessene Benachteiligung (BGH NZM 2016, 585). Während der BGH zunächst Nr. 11 I AGB Sparkassen (Aufrechnungsverbot, es sei denn Forderung ist unbestritten oder rechtskräftig festgestellt) für wirksam hielt (BGH NJW 2002, 2779; BeckRS 2004, 6074), nimmt BGH NJW 2018, 2042 (s. schon BGH NJW 2017, 2101 Rn. 21) nunmehr Verstoß gegen § 307 I 1, II Nr. 1 an, weil auch Rechtsfolgen des Widerrufs nach §§ 355 III, 357a erfasst sind. 4

5. Freistellung von Mahnung oder Fristsetzung (Nr. 4). Der Vertragspartner wird schwerwiegend benachteiligt, wenn der ges Schutz, den § 286 bzw die §§ 323 I, 281 I gewähren, vertraglich beseitigt wird; eine solche Regelung in AGB ist deshalb unzulässig. Wirksam bleiben Bestimmungen, die an § 286 II bzw an §§ 323 II, 281 II anknüpfen (s. § 307 III 1; zur unzulässigen Ausübung s. BGH NJW 1995, 1488). Auf **Verträge zwischen Unternehmern** ist die Wertung übertragbar (BGHZ 110, 97; diff OLG Karlsruhe NJW-RR 1989, 331; OLG Köln NJW 1991, 301). 5

6. Pauschalierung von Schadensersatzansprüchen (Nr. 5). Will der Verwender den ihm durch eine Leistungsstörung des Kunden entstandenen Schaden nicht im Einzelfall berechnen, sondern vorher eine Schadenspauschale festlegen (zu den Abgrenzungsschwierigkeiten → § 308 Rn. 9), so darf er in seiner Formulierung die nach dem gewöhnlichen Lauf der Dinge zu erwartenden Beträge nicht (auch nicht geringfügig!) überschreiten (es darf nicht auf max Einzelfallschaden abgestellt werden, BGH NJW-RR 2015, 690 [Verlust von Chip-Armband f. Schwimmbad]). Die Beweislast für die Angemessenheit obliegt ihm. Die Einbeziehung nichtersatzfähiger Schäden macht die Pauschale insgesamt unwirksam (BGH BeckRS 2020, 16797: Inkassopauschale enthält selbst zu tragenden Aufwand). Bsp: **Unzulässig** *sind:* pauschaler Schadensersatz für alle Fälle des Verzuges (OLG Düsseldorf WM 1985, 770; BGH NJW 1988, 1968, pauschalierte Verzugszinsen; zu Nr. 18 AGB-Sparkassen 1993, BGH NJW 2003, 1802); am Kaufpreis orientierte Lagergebühren im Möbelhandel (OLG Karlsruhe BB 1981, 1168); Bearbeitungsgebühr für Nichteinlösung einer Lastschrift, wenn sie den Aufwand für die Durchsetzung der Forderung mitumfasst (OLG Hamm WM 2008, 1217; BGH NJW 2009, 3570 [Rücklastschriftgebühr von 50 EUR bei Luftbeförderung]). **Zulässig** sind angesichts des Arbeitsaufwandes Mahnkosten (nach Eintritt des Verzugs, BGH NJW 1985, 324) bis zu 15,– EUR (s. BGH NJW-RR 2000, 719); Schadensersatz von 5 % beim Werkvertrag (Fertighaus, BGH NJW 1985, 632); 15 % im Kfz-Neuwagenhandel (BGH NJW 2012, 3230); im Gebrauchtwagenhandel 20 % (LG Oldenburg BB 6

1998, 1280 mwN) bzw 10 % (BGHZ 185, 178 = NJW 2010, 2122); 30 % im Möbelversandhandel (OLG Frankfurt a. M. NJW 1982, 2564); 3 % des Darlehensnennbetrags bei Nichtabnahme (BGH WM 1990, 9 f.); Bereitstellungszinsen, auch wenn das Darlehen später nicht in Anspruch genommen wird (Güngör VuR 2013, 410 mN – dort auch zur Kontrollfähigkeit als Preisnebenabrede; Kontrolle abl Becker/Dreyer ZIP 2014, 2059 → § 307 Rn. 11 ff.); zu Kartellschadenpauschalierungen Dallmann/Künstner BB 2016, 2191. Die AGB müssen ausdrücklich (s. Gesetzestext, Buchst b) dem Vertragspartner den Gegenbeweis einer fehlenden oder wesentlich niedrigeren Belastung des Verwenders gewähren (BGHZ 230, 140 – Nichtabnahmeentschädigung in Sparkassen -AGB). Dabei muss nicht der exakte Gesetzeswortlaut gewählt werden, solange der Hinweis dem Rechtsunkundigen die Möglichkeit des Gegenbeweises ohne weiteres deutlich macht (BGH WM 2010, 1330). In Verträgen zwischen Unternehmern kann auf ein ausdrückliches Gestatten eines Gegenbeweises verzichtet werden; er darf lediglich nicht ausgeschlossen sein (BGH NJW 1994, 1068; krit Lindacher FS Birk, S. 515, 519).

7. Vertragsstrafe (Nr. 6).

Lit.: s. bei § 339

7 Der Gesetzgeber hat die für den Vertragspartner gefährliche Vertragsstrafe nicht völlig, sondern nur für bestimmte Fallgruppen unterbunden; möglich bleibt sie bei der Erschleichung von Leistungen (das erhöhte Entgelt bei Schwarzfahrten in öffentl Verkehrsmitteln fällt nicht unter das AGB-Recht, da es auf einer ges Vorschrift, § 9 der VO vom 27.2.1970 [BGBl. I 230] beruht, s. Weth JuS 1998, 800), als „erhöhtes Parkentgelt" in Parkbedingungen für widerrechtliches Parken (BGH NJW 2020, 755 [keine Zahlungspflicht des Halters]); des Weiteren bei Ansprüchen gegen den Vertragspartner aus §§ 241 II, 280. Nr. 6 gilt, wenn der Vertragspartner die Geldleistung (Regelfall) oder die Sachleistung schuldet. Auf die gewählte Bezeichnung kommt es nicht an, sondern allein auf die Funktion der vom Kunden zu erbringenden Leistung (→ § 308 Rn. 9); Vertragsstrafe kann auch die Verfallsklausel bei Cross-ticketing Klauseln bei Flugreisen sein (OLG Frankfurt a. M. VuR 2009, 72, → § 307 Rn. 5a), nicht aber Vorfälligkeitsklauseln, die nur vertraglich vereinbarten Restbetrag betreffen (BGH NJW-RR 2019, 1072). Auf **Verträge zwischen Unternehmern** (§ 307) ist die Wertung eines absoluten Verbots von Vertragsstrafen nicht übertragbar (BGH NJW 1976, 1887). Die Vertragsstrafen müssen **angemessen** sein, dh sie dürfen in ihrer Höhe nicht über die Sicherung des Interesses des Verwenders an rechtzeitiger und vertragsgemäßer Leistung und des Schutzes seiner Sphäre gem § 241 hinausgehen (s. zB BGH NJW 2017, 3145; NJW 1997, 3233; ZIP 1998, 1159; OLG Celle NJW-RR 2013, 887). Insbes darf die Vertragsstrafe nicht außer Verhältnis zum Gewicht des Verstoßes und dessen Folgen sein (BGH NJW 2017, 3145; WM 2014, 1682). Der vereinbarte Betrag muss auch für den denkbar geringsten Verstoß angemessen sein (BGH WM 2014, 1682; KG BeckRS 2020, 40938) Unzulässig ist demnach Höchstgrenze von 5 % der Auftragssumme bei Bauvertrag (BGHZ 153, 311; NJW 2013, 1363 [f. Zwischenfrist] OLG Brandenburg NJW-RR 2012, 983; großzügiger für Mietverträge aber BGHZ 154, 184; zur Bemessung nach Tagessätzen bei Bauverträgen BGH BauR 2002, 790; NJW 2000, 2106; OLG Nürnberg NJW-RR 2010, 1242, KG MDR 2017, 878: Prozentsatz der Auftragssumme als Vertragssumme muss sowohl Tagessatz als auch Gesamtbetrag nach oben begrenzen). Bei **Unterlassungserklärungen mit Vertragsstrafe** im gewerblichen Rechtsschutz und Wettbewerbsrecht kann die Vertragsstrafe höher sein, wenn Schwere und Ausmaß begangener Zuwiderhandlungen und die Gefährlichkeit einer Wiederholung für den Gläubiger dies gebieten (Einzelfallbetrachtung, s. BGH WM 2014, 1682). Grds unzulässig auch Bestimmung, die Verwirkung ohne Verschulden vorsieht (s. § 339; OLG Hamm NJW-RR 2004, 58); nur für den Fall bes wichtiger Gründe darf das Verschuldenserfordernis abbedungen werden (BGH NJW 1999, 2663). Abbedingen des § 341 III ist unzulässig (BGH WM 1983, 87); sie darf nicht

für den Fall vorgesehen werden, dass der Vertrag einverständlich aufgehoben wird (BGH NJW 1985, 57). Im Hinblick auf § 888 III ZPO sind nach Ansicht des BAG Vertragsstrafen auch in formularmäßigen Arbeitsverträgen grds zulässig und unterliegen der Kontrolle nach § 307 (BAG NJW 2011, 408; NJW 2008, 458; BB 2005, 2822; sa Thüsing/Leder BB 2004, 42; grds keine Anwendung von § 309 Nr. 6 wegen arbeitsrechtlicher Besonderheiten BAG NJW 2018, 418).

8. Anspruchsbegrenzung auch für den Fall der Verletzung von Leben, Körper und Gesundheit (Nr. 7a). a) Anwendungsbereich. Die Bestimmung bezieht sich **sachlich** auf alle möglichen Schadensersatzansprüche aus Vertrag (§§ 241 II, 280) und zwar auch dann, wenn die Rechtsgutsverletzung die Folge eines Mangels ist (BR-Drs. 338/01, 357 f.), aus Vorvertrag (§§ 241 II, 311 II). Ansprüche aus unerlaubter Handlung sind im Zweifel vom Ausschluss nicht erfasst, wenn sie ausnahmsweise einbezogen sind, greift Nr. 7a, falls in der Vertragsverletzung auch die unerlaubte Handlung liegt (MüKoBGB/Wurmnest Rn. 9). Nr. 7a betrifft nur die Haftung des Verwenders, schränkt also den Haftungsausschluss von Vertretern oder Erfüllungsgehilfen nicht ein – hier gilt § 307 (MüKoBGB/Wurmnest Rn. 10; aA Grüneberg/Grüneberg Rn. 40; BGHZ 96, 18); auf Seiten des Vertragspartners dürfen auch Ansprüche von Personen, die in den Schutzbereich einbezogen sind, nicht begrenzt werden (OLG Düsseldorf WM 1982, 575). Erfasst sind auch Klauseln, die durch Abkürzung der Verjährung die Durchsetzbarkeit begrenzen (BGH BeckRS 2022, 10458 Rn. 33 ff.). **b) Umfang.** Unzulässig sind Klauseln, die „jede Haftung" ausschließen (BGH NJW 2010, 141); das gilt auch dann, wenn sie den Zusatz „soweit gesetzlich zulässig" enthalten (BGH NJW-RR 2015, 738); auch summenmäßige Begrenzungen; bei ges Höchstsummen für eine Gefährdungshaftung liegt in der Wiederholung keine Begrenzung vor (s. § 307 III 1); ges Erlaubnisse (zB § 651a II) können auch in AGB realisiert werden. Eine unzulässige Einschränkung stellt auch die Verkürzung der Verjährungsfrist dar (BGHZ 170, 31; NJW 2014, 211 [gilt auch für Verträge zwischen Unternehmen]; NJW 2015, 2244 [Verstoß von Verjährungsregelungen gegen Transparenzgebot]). **c)** Die in der Norm zum Ausdruck gekommene Wertung gilt auch für **Verträge zwischen Unternehmern** (BGH NJW 2007, 3774). **d)** Zu arbeitsvertraglichen Ausschlussklauseln: BAG NZA 2008, 293 mN; Matthiessen NZA 2007, 361. 8

9. Anspruchsbegrenzung für den Fall groben Verschuldens (Nr. 7b). Die Bestimmung erfasst personell wie sachlich in Umfang und Höhe dieselben Schadensersatzansprüche wie Nr. 7a, allerdings nicht auf die Rechtsgüter, sondern auf den Verschuldensmaßstab bezogen. Ausschluss oder Beschränkung der Haftung auch für einfache Fahrlässigkeit kann gegen § 307 II Nr. 2 verstoßen (→ § 307 Rn. 12). In Textilreinigungsverträgen mit Verbrauchern Haftungsbegrenzungen, die so verstanden werden können, dass Haftung für grobe Fahrlässigkeit und Vorsatz beschränkt wird (BGH NJW 2013, 1502); auch Paketdienstleister dürfen gegenüber Verbrauchern nicht uneingeschränkt (abweichend von § 435 HGB) die Haftung für Folgeschäden bei Verlust oder Beschädigung für Vorsatz und Leichtfertigkeit ausschließen (BGH BeckRS 2022, 8774). In **Verträgen zwischen Unternehmern** ist die Freizeichnung von eigenem Verschulden und dem leitender Angestellter (BGH WM *1989, 855*) wie auch von einem groben Organisationsverschulden (BGH NJW 1974, 900) ebenfalls unzulässig. Die Freizeichnung von einem groben Verschulden – auch von Erfüllungsgehilfen – benachteiligt den Vertragspartner im unternehmerischen Geschäftsverkehr unangemessen und ist nach § 307 II Nr. 2 unwirksam, weil der Vertragszweck gefährdet wird (BGH NJW-RR 2015, 738; NJW 2007, 759; NJW 2007, 3774 mN). Zur Haftungsbeschränkung bei einfacher Fahrlässigkeit: Langer WM 2006, 1233. 9

10. Ausschluss des Rechts, sich vom Vertrag zu lösen (Nr. 8a). Die Bestimmung ist an das System des SchRModG angepasst worden und schützt vor Einschränkungen (nicht nur ausdrücklichen, BGH NJW-RR 2003, 1059) eines 10 ges Lösungsrechts des Kunden bei schuldhafter Pflichtverletzung des Verwenders außerhalb der Mängelgewährleistung (→ Rn. 11 ff.), zB nach §§ 323, 324, 326 V, 281, 282 sowie § 314. Erfasst werden auch vergleichbare Leistungserschwerungen zB durch Ausschlussfristen, zusätzliche Nachfristen, Verpflichtung zu Abstandszahlungen, Heraufsetzen des Haftungsmaßstabes (etwa nur bei grober Fahrlässigkeit, BeckOK/Becker Rn. 13 oder höherer Gewalt). Der Ausschluss des Lösungsrechts für den Fall nicht zu vertretender Pflichtverletzungen (zB gem §§ 323, 649) ist, vorbehaltlich der Anwendung des § 307 II Nr. 2 zulässig. Zu den **Ausnahmen im Beförderungsverkehr** s. Gesetzestext. Die Wertung gilt auch für **Verträge zwischen Unternehmern** (BGH NJW-RR 2003, 1060; NJW 1986, 3134; → § 307 Rn. 11).

11 **11. Gewährleistung (Nr. 8b). a) Funktion.** Die innerhalb der Inhaltskontrolle zentrale Bestimmung versucht, im Detail zu vermeiden, dass dem Kunden wesentliche Gewährleistungsrechte durch AGB abgeschnitten werden und dadurch das Äquivalenzverhältnis iSd § 307 verzerrt wird. Angesichts dessen, dass für den Verbrauchsgüterkauf die Gewährleistung zwingend auch für Individualvereinbarungen ausgestaltet ist (§ 475 I) und Werkverträge über neu herzustellende bewegliche Sachen gem § 651 auch von den §§ 474 ff. erfasst werden, ist die Bedeutung der Norm stark eingeschränkt (Verträge zwischen Verbrauchern!). Wesentlich bleibt die Ausstrahlung auf die Leitbildfunktion gem § 307 Nr. 1 insbes für Verträge zwischen Unternehmern (→ § 307 Rn. 10). **b) Voraussetzungen.** Die **Lieferung** bezieht sich auf Leistungen im Kauf (einschließlich der Verträge gem § 651) außerhalb der Anwendung des § 474 (dh auf Verträge zwischen Unternehmern, Verträge zwischen Verbrauchern, Veräußerung von Gebäuden und Eigentumswohnungen, s. OLG Oldenburg NJW-RR 2004, 1499), bei Tausch und Schenkung. Gebrauchsüberlassungsverträge (Miete, Leasing) werden nicht erfasst. **Neu hergestellt** (für gebrauchte Sachen gilt § 307, beachte f Verbrauchsgüterkauf § 476 I-III, wonach Gewährleistungsausschluss nur für Schadensersatzansprüche möglich ist) ist eine Sache, die ohne zu lange Wartezeit (Ladenhüter!), von kurzfristigen Erprobungen abgesehen, faktisch unbenutzt ist (wohl nicht mehr Vorführwagen). Zu **Sachen** zählen auch pflanzliche Produkte, auf Tiere soll die Norm dann anwendbar sein (§ 90a), wenn sie bald nach der Geburt veräußert werden (BGH NJW-RR 1986, 52 mit zweifelhafter Differenzierung); BGH NJW 2020, 759 stellt bei Pferd nicht nur auf die nutzungsbedingte, sondern auch rein lebensalterbedingte Steigerung des Sachmängelrisikos ab (2 ½- jähriger Hengst, der weder geritten noch zur Zucht verwendet wurde, ist als „gebraucht" anzusehen; nicht hingegen 6 Monate altes Hengstfohlen, BGH NJW 2007, 674).

12 **12. Ausschluss der Gewährleistung unter Verweisung auf Dritte (Nr. 8b, aa). a) Systematik.** Die Bestimmung untersagt drei Gruppen der Gewährleistungsbeschränkung in unterschiedlicher Intensität. Sie muss weiter im Zusammenhang gesehen werden mit Nr. 8b, bb. **b)** Der **völlige Ausschluss** der Ansprüche aus §§ 437 ff., 634 ff., bezogen auf die ganze Sache oder einzelne Teile (Bsp: Elektronik, Reifen beim Kfz, Zubehör) ist unzulässig (BGH NJW 2007, 3275). Dem Vertragspartner muss mindestens *eine* Rechtsposition (zB ein Anspruch auf Nacherfüllung, iÜ → Rn. 13) verbleiben (BGH NJW-RR 1990, 1141). Auch ein bedingter Ausschluss, etwa für den Fall des Eingriffs durch einen Dritten, fällt unter diese Bestimmung (OLG Hamm NJW-RR 2000, 1224). Eine Klausel, die den Zustand des Kaufgegenstandes als „wie besichtigt" beschreibt, schließt die Gewährleistung nur bzgl wahrnehmbarer, insb sichtbarer Mängel aus (BGH 2016, 2495), → § 444 Rn. 7. **c)** Ein **Gewährleistungsausschluss, verbunden mit der Abtretung von Ansprüchen gegen Dritte** (Zulieferer, Produzenten) stellt den Vertragspartner zwar besser, beschwert ihn aber mit der Notwendigkeit, sich mit einem idR unbekannten Nicht-Vertragspartner auseinanderzusetzen. Eine solche Regelung ist deshalb ebenfalls unzulässig (anders im Leasingvertrag, da § 309 Nr. 8 insgesamt nicht eingreift, → Rn. 11; vgl BGHZ 109, 143; WM 2003, 799). **d)** Eine **nur subsidiäre Eigenhaftung** ist zulässig; jedoch darf sie keine Verpflichtung umfassen (oder deren

Anschein erwecken), den Anspruch gerichtlich geltend zu machen (BGH NJW 1998, 904). Dem Vertragspartner muss deshalb das Recht eingeräumt werden, nach vergeblicher Aufforderung des Dritten und dem Verstreichen einer angemessenen Frist den Verwender mit dem ihm nach → Rn. 13 verbliebenen Gewährleistungsrecht in Anspruch zu nehmen. Eine Klausel, die die eigene Haftung erst für den Fall der Insolvenz oder Geschäftsaufgabe des Dritten aufleben lässt, ist unzulässig (OLG Düsseldorf NJW-RR 1997, 660). Die Norm gilt auch im unternehmerischen Geschäftsverkehr (BGH NJW-RR 1993, 561; NJW 1990, 856).

13. Beschränkung der Gewährleistung auf Nacherfüllung (Nr. 8b, bb). 13
Die nach § 309 Nr. 8b, aa zunächst möglich erscheinende Beschränkung auf eine Ersatzlieferung oder Nachbesserung kann in Wirklichkeit nur als *Subsidiaritätsklausel* gestaltet werden. Das Recht zur Herabsetzung der eigenen Leistung und zum Rücktritt muss dem Kunden für den Fall verbleiben, dass Mängel nicht zu beheben sind oder ihre Behebung ungerechtfertigt verweigert/verzögert wird (BGH NJW 1998, 678). Notwendig ist dabei ein ausdr Hinweis. Ausgenommen sind Verträge über Bauleistungen, da hier idR das Werk zerstört werden müsste. Bauträgerverträge fallen nicht unter die Ausnahme (BGH WM 2002, 129). Ein Fehlschlagen der Nachbesserung ist außer in den Fällen des § 440 S. 2 gegeben bei fehlender Zumutbarkeit nach Treu und Glauben (BGH NJW 1998, 678), Unmöglichkeit und unberechtigter Verweigerung (s. BGH NJW 1994, 1004; NJW 1985, 630). Die in der Norm getroffene Wertung gilt auch für **Verträge zwischen Unternehmern** (BGH NJW 1998, 677).

14. Überwälzen von Nacherfüllungskosten (Nr. 8b, cc). Die Vorschrift 14
wurde mit dem Gesetz zur **Reform des Bauvertragsrechts** (BGBl. 2017 I, 969) an die Neufassung der §§ 439, 635 zum 1.1.2018 angepasst. Durch die Bestimmung sind §§ 439 II, III und 635 II in AGB unabdingbar. Das Klauselverbot wurde dahingehend ergänzt, dass auch die Verpflichtung des Verkäufers zur Vornahme von Aus- und Einbauleistungen bzw der Anspruch des Käufers auf einen entsprechenden Aufwendungsersatz für solche Leistungen erfasst wird. Die Neuregelung in § 439 erstreckt die Erweiterung entgegen bish BGH-Rspr (BGH NJW 2013, 220; NJW 2014, 2184) auf b2b-Verträge und nimmt in §§ 445a, 478 Rücksicht auf die Regressansprüche. Nr. 8b cc hat aber vor allem eine mittelbare Wirkung: Für den Verbrauchsgüterkauf gilt ohnehin § 476 I nF, der die Abdingbarkeit ausschließt. § 478 II erstreckt den Schutz auf Unternehmer-Käufer, wenn die Lieferkette in einem Verbrauchsgüterkauf endet. Ist das letzte Glied in der Veräußerungskette aber kein Verbrauchsgüterkauf, sondern ein Werkvertrag, den ein Handwerker oder Bauunternehmer typischerweise abschließt, fällt dieser nicht unter den Schutz des § 478. Unter Unternehmern kann die Mängelhaftung zwar grds durch Individualvereinbarung abbedungen werden. Ein AGB-rechtlicher Schutz des Handwerkers schien dem Gesetzgeber aber notwendig. Wegen der Indizwirkung von § 309 **unter Unternehmern** (zu Nr. 8b aF: BGH NJW 1981, 1510; NJW 1996, 389) soll der AGB-Ausschluss von Ein- und Ausbauleistungen sowie des Aufwendungsersatzes grds auch im unternehmerischen Bereich unzulässig sein. Die nähere Konkretisierung wird bewusst der Rechtsprechung überlassen (BT-Drs. 18/8486 S. 37; zu *Recht krit* zu der Gesetzgebungstechnik, die der Neufassung primär nur indirekte Wirkung zukommen lässt Faust, ZfPW 2017, 256).

15. Abhängigmachen der Mängelbeseitigung von der Zahlung des 15
gesamten Kaufpreises/Werklohnes (Nr. 8b, dd). Die Bestimmung verbietet nicht die generelle Vorleistungspflicht des Kunden (dazu → Rn. 3). Ist der Kunde aber nicht vorleistungspflichtig und nach Nr. 2 gegen eine einseitige Inanspruchnahme geschützt, so soll ihm nicht für den Fall, dass er seinerseits (Beseitigungs-)Ansprüche geltend machen will, durch eine bes Klausel eine faktische Vorleistungspflicht aufgezwungen werden können (so bereits BGHZ 48, 268). Nr. 8b, dd sichert also das durch Nr. 2 erreichte Ziel für eine andere prozessuale Rollenver-

teilung ab. Für **Verträge zwischen Unternehmern** gilt dieselbe Wertung (MüKoBGB/Wurmnest Rn. 17 ff.).

16 **16. Fristen für Mängelanzeige (Nr. 8b, ee).** Der Verwender darf für nicht offensichtliche Mängel keine kürzeren Anzeigefristen als die Verjährungsfristen vorsehen, faktisch also keine eigenständige Rügepflicht einführen; zum Reisevertrag s. § 651g I. Für die Festlegung der Anzeigefristen bei **offensichtlichen Mängeln,** dh solchen, die auch ohne sachkundige Untersuchung dem durchschnittlichen Kunden auffallen (BT-Drs. 7/3919, 35) gilt mangels einer speziellen Norm § 307 I. Der Vertragspartner ist hier durch eine Zweiwochenfrist, bezogen auf das Absenden der Anzeige (BGHZ 139, 196), hinreichend geschützt (Grüneberg/Grüneberg Rn. 78). In **Verträgen zwischen Unternehmern** gilt § 377 HGB, für formularmäßige Festlegung von Rügefristen kann § 307 herangezogen werden (BGH NJW-RR 2005, 247; zu AGB-Regelungen bezüglich des Umfangs der Untersuchung BGH NJW 2018, 1957).

17 **17. Verkürzung von Verjährungsfristen (Nr. 8b, ff.).** Beim Verbrauchsgüterkauf gilt § 475 II. Eine Verkürzung kann auch in der Vorverlegung des Fristbeginns oder der Modifizierung der Hemmung liegen (BGH NJW 2016, 1572 und NJW 2016, 2878 Rn. 49 für Abnahmeklausel; NJW 1992, 2759 u NJW 1992, 1236); zur Neufassung der Verjährung für Mängel an Bauwerken durch VOB/B BGH NJW 2002, 511; Kiesel NJW 2002, 2064.

18 **18. Automatische Vertragsverlängerungen (Nr. 9).** In Nr. 9 wurden mit Wirkung zum 1.3.2022 die Modalitäten der Vertragsverlängerung und Kündigung neu gefasst (zur Entwicklung Wais NJW 2021, 2833, 2835); zur alten Rechtslage s Vorauflage; Übergangsregelung: Art. 229 § 60 S. 2 EGBGB (hierzu Wais NJW 2021, 2833, 2836). Nr. **9 gilt für** Lieferungs- (auch Werklieferungs-), Werk- und Dienstverträge (auch Kinderkrippe: BGH NJW 2016, 1578, 1581), nicht Gebrauchsüberlassungsverträge wie Miete (BGH MMR 2022, 560 [offenlassend für Wohnraummiete mit Kabel-TV Anschluss]; NJW 2012, 1431; DB 1985, 1388; bei Fitnessstudioverträgen entscheidet daher konkrete Vertragsgestaltung, BGH NJW 2012, 1431 [zu Recht krit Blattner MDR 2012, 744] oder Leasing. Bsp: Verträge über den regelmäßigen Bezug von Zeitschriften, Büchern, auch als Mitglied eines „Buchrings"; Bierlieferungsverträge, Unterrichtsverträge (OLG Köln NJW 1983, 1002; zum Fernunterricht s. § 5 FernUSG), Verträge über die Lieferung von Energie, zeitlich bestimmte Werbeverträge (BGHZ 84, 113 f.), Treuhandverträge mit vorwiegend dienstvertraglichem Charakter (BGH NJW 2009, 1739); Maklerverträge und Partnervermittlungsverträge, jedoch nicht bei einmaliger Vermittlungsleistung (BGHZ 226, 20 Rn. 25: Verlängerung um je 3 Monate bei Alleinauftrag nach § 307 zulässig). *Nicht erfasst* werden zB Verträge eines Zeitschriftenzirkels (Mietvertrag!), Verträge iSd Nr. 9, 2. HS (insbes über Sachgesamtheiten wie mehrbändiges Lexikon); Vertrag über „Fan-BahnCard 25" als Rahmenvertrag (BGH NJW 2010, 2942). Zulässig bleibt es, in AGB eine Mindestlaufzeit von max. 2 Jahren zu vereinbaren. Die **Laufzeit** beginnt, da es auf die Bindung des Kunden an die Leistung ankommt, uU nicht mit dem Vertragsschluss, sondern mit dem vertraglich vorgesehenen Zeitpunkt der ersten (vom Verwender oder Kunden zu erbringenden) Leistung (aA BGHZ 122, 63; MüKoBGB/Wurmnest Rn. 12). In jedem Fall muss der Ablauf von Kündigungsfristen eindeutig geregelt sein (BGH NJW 2018, 1811 für § 307 I). Nr. 9b und c erfassen dabei nur Kündigungsfristen, die eine stillschweigende Vertragsverlängerung hindern (BGH NJW 2018, 2788). Während nach altem Recht **stillschweigende Verlängerung** bis zu einem Jahr zulässig war (für Verlängerung unter 1 Jahr galt § 307 [BGH NJW 2010, 2942 – keine Unangemessenheit, wenn Erstlaufzeit kürzer als Verlängerungsfrist]; BGH NJW 1997, 739: max 6 Monate bei Fitnessstudioverträgen, weniger als 6 Monate bei Partnervermittlung, OLG Düsseldorf NJW-RR 1995, 369), modifiziert die Neuregelung dies deutlich und soll den Wechsel zu anderen Anbietern erleichtern (BT-Drs. 19/26915 S. 1; Wais NJW 2021, 2833, 2835). Stillschweigende Vertragsverlängerungen sind nur

noch zulässig, wenn sie auf unbestimmte Zeit angelegt sind und dem Vertragspartner ein jederzeitiges Kündigungsrecht von höchstens einem Monat einräumen. Beides muss kumulativ gegeben sein (so auch Kulke MDR 2022, 129, 131). Für zulässig erachtet werden teilweise Regelungen, die eine Verlängerung über einen bestimmten Zeitraum auf Verlangen des Vertragspartners vorsehen (Kulke MDR 2022, 129, 133). Hingegen wird man auch bei anfänglicher Vereinbarung einer Laufzeitverlängerung auf einen bestimmten Zeitraum, eine unter lit b fallende Regelung sehen müssen (anders Kulke aaO). **Nr. 9c** erlaubt weiterhin die Regelung von Kündigungsfristen, diese darf allerdings nicht mehr als einen Monat (bislang 3 Monate) vor Ablauf der zunächst vorgesehenen Vertragsdauer betragen. Im Gegensatz zur Monatsfrist nach lit. b („jederzeit"), hängt nach lit c der Kündigungstermin von der Vertragsdauer ab. Zur Möglichkeit über einen Kündigungsbutton zu kündigen s. § 312k I 1 n.F. In **Verträgen zwischen Unternehmern** konnten schon nach der aF längere Fristen vereinbart werden (s. BGH NJW 2003, 886; NJW 2000, 1110: idR keine längere Bindung als zehn Jahre; ähnlich BGH NJW-RR 2012, 626 im Hinblick auf hohe Anfangsinvestitionen, ebenso OLG Frankfurt BeckRS 2015, 09452 [5 Jahre Verlängerung bei Franchisevertrag]; zum Ganzen Müller/Schmitt NJW 2017, 1991, 1993). Da der Gesetzgeber Änderungen von Nr. 9 vor allem mit einem größeren Verbraucherschutz begründet (BT-Drs. 19/26915, 1; BT-Drs. 19/30840, 14), kommt eine Übertragung auf Unternehmer nur ausnahmsweise in Betracht.

19. Auswechseln des Vertragspartners auf Verwenderseite (Nr. 10). Die Bestimmung untersagt bei Kauf-, Darlehens-, Dienst- und Werkverträgen (ebenso Werklieferungs- und Geschäftsbesorgungsvertrag, OLG Saarbrücken NJW 1999, 139) die Ermächtigung des Verwenders zur Vertragsabgabe (→ § 398 Rn. 32 ff.) und zum befreienden Schuldnerwechsel (→ Vor § 414 Rn. 1). Für Gebrauchsüberlassungverträge kommt § 307 zur Anwendung (BGH NJW 2010, 3708). Nr. 10 bezieht sich nicht auf die ohne Zustimmung des Schuldners zulässige Abtretung und den Schuldbeitritt (→ Vor § 414 Rn. 2 ff.); Neuregelung für DarlehensV durch das RisikobegrenzungsG beschränkt Abtretbarkeit nicht. **Zulässig** ist die Auswechslung, wenn (Buchst **a**) der Dritte mit Adresse (BGH NJW 1980, 2518 mwN) in den AGB oder individuell (s. § 305b) benannt wird oder wenn (Buchst **b**) dem Kunden gestattet ist, sich ohne Sanktion vom Vertrag zu lösen. 19

20. Einbeziehen des Abschlussvertreters des Vertragspartners in die Haftung (Nr. 11). Der mit Vollmacht (Buchst a) handelnde (rechtsgeschäftliche oder ges) Vertreter darf nicht mit einer Einstandspflicht (Bsp: Bürgschaft, BGH NJW 2001, 3186) oder einer Garantiezusage (→ Vor § 765 Rn. 11 ff.) belegt werden (Ausnahme: Er ist gleichzeitig auch Vertragspartner, BGHZ 104, 88). Zulässig ist, dass der Vertreter durch eine gesonderte und ausdrückliche Erklärung verpflichtet wird. Die Erklärung muss keine Individualvereinbarung sein und braucht auch nicht auf einem bes Blatt zu geschehen (BGHZ 104, 236). Sie muss jedoch deutlich vom Hauptvertrag abgesetzt sein; Text und Unterschriften müssen erkennen lassen, dass der Vertreter eine eigene Verpflichtung eingeht (BGH NJW 2001, 3186). Durch Buchst b soll im Wesentlichen das Abbedingen von § 179 III verhindert werden. Die Wertung der Norm gilt auch für **Verträge zwischen Unternehmern.** 20

21. Beweislast, Vorformulierung von Tatsachenbestätigungen (Nr. 12). **a)** Der Verwender darf die ges (s. zB §§ 280 I 2, 311a II 2; 1 IV ProdHaftG) oder von der Rspr (s. zB → § 823 Rn. 63; 118 ff., 132 ff.) getroffene **Beweislastverteilung** nicht zum Nachteil des Vertragspartners *abändern* (Ausnahme: Zugang nicht bedeutsamer Mitteilungen, § 308 Nr. 5; Entstehen eines geringeren als des pauschalierten Schadens, § 309 Nr. 5; gesetzeswiederholende Klauseln sind nach § 307 III 1 wirksam, BGH NJW-RR 2005, 1498). Dies gilt wegen desselben Schutzzwecks auch für die Regeln des **prima-facie-Beweises** (BGH NJW 1988, 258; zum Begriff → Vor § 249 Rn. 51). **b)** Unzulässige vorformulierte (beweislast*ändernde*) **Tatsachenbestätigungen** sind zB die Erklärung, die Sache besichtigt, sie in Emp- 21 fang genommen (BGH NJW 1988, 2108), eine Abrechnung oder Skizze als richtig überprüft (BGH NJW 1986, 2575), die Vertragsbestandteile ausgehandelt zu haben (BGHZ 99, 377 ff.), die Risikohinweise in einem Emissionsprospekt zu Kenntnis genommen zu haben (BGH WM 2019, 304), gesund zu sein (BGH WM 1989, 952); Bestätigung, dass bestellte Ware durch Treppenhaus und Wohnungstüren transportiert werden kann (OLG Stuttgart VuR 2011, 157). Zulässig, da die Beweislast nicht verändernd, ist die Klausel, mündliche Nebenabreden seien nicht getroffen (BGH NJW 2000, 207). Eine Vermutungsregel für das Vorhandensein kaufrechtlicher Mängel bei Gefahrübergang für eine nachfolgende Frist von 12 Monaten verändert die Beweislast zulasten des Lieferanten und ist zu lang (BGHZ 164, 196). **c)** Die beweislaständernde **Empfangsbestätigung** (→ §§ 368, 369 Rn. 1) ist als gesonderte Formulierung in AGB zulässig, sie gewinnt ihre Wirksamkeit durch die zusätzliche Unterschrift des Kunden. Zur gesonderten elektronischen Signatur s. § 126b. **d)** Die in der Norm enthaltene Wertung gilt auch für **Verträge zwischen Unternehmern** (BGHZ 164, 196).

22. Anzeigen und Erklärungen des Kunden (Nr. 13).

Lit.: Johnson, Arbeitsrechtliche Fallstricke infolge der Neufassung von § 309 Nr. 13, BB 2017, 2805.

22 Nr. 13 wurde neugefasst durch Ges zur Verbesserung der zivilrechtlichen Durchsetzung von verbraucherschützenden Vorschriften des Datenschutzrechts v 17.2.2016 (BGBl. I 233). Der Verbraucher soll nicht durch Erschwerungen gehindert werden, seine Rechte angemessen wahrzunehmen. Die Bestimmung bezieht sich allein auf **einseitige Erklärungen,** gleichgültig, ob rechtsgeschäftlicher oder tatsächlicher Art; nicht erfasst: Vertragsänderung oder -ergänzung (Wagner/Wagner BB 2016, 707). Im Blick auf die Form sind die Anforderungen erheblich verändert und erfordern in der Praxis die Änderung vieler AGB-Klauseln (zu den Auswirkungen auf Arbeitsverträge etwa Lipinski/Kaindl BB 2016, 2487). Für seit dem 1.10.2016 geschlossene Verträge ist es nach Nr. 13b nicht mehr möglich, eine strengere Form als Textform, also zB Schriftform (Unterschrift!) oder elektronische Form nach § 126a in AGB zu vereinbaren (zum alten Recht schon BGH NJW 2016, 2800 bei rein elektronischer Vertragsdurchführung). Der Gesetzgeber ging davon aus, dass eine Warnfunktion für Verbraucher (durch Unterschrift) regelmäßig nicht notwendig sei und für den Unternehmer kein Beweisbedürfnis bestehe (BT-Drs. 18/4631, 13). Schriftform (ersatzweise § 126a) ist nach Nr. 13a nur noch zulässig, wenn der zugrunde liegende Vertrag kraft Gesetzes der notariellen Beurkundung unterliegt. Für den **b2b-Bereich** ergeben sich keine Änderungen, da nach hM schon die aF insoweit keine Indizwirkung im Rahmen von § 307 entfaltete (PWW/Berger Rn. 103; Wagner/Wagner BB 2016, 707, 710; BeckOK/Becker Rn. 15; MüKoBGB/Wurmnest Rn. 11). Hinsichtlich **des Zugangs (Nr. 13c)** gelten die Voraussetzungen der §§ 130, 131 (→ § 130 Rn. 4 ff.) als strengste mögliche Anforderung. Unzulässig zB: Notwendigkeit einer Abgabe von Anzeigen und Erklärungen nur als Einschreibbrief (BGH NJW 1985, 2587); hingegen ist die Beschränkung des Kreises empfangsberechtigter Personen keine unzulässige Erschwerung, da der Zugang in den persönlichen Herrschaftsbereich ohnehin von der entspr Ermächtigung abhängt (BGH NJW 1999, 1635 str, aA MüKoBGB/Wurmnest Rn. 10 mN).

23 **23. Obligatorische außergerichtliche Streitschlichtung (Nr. 14).** Nr. 14 wurde eingefügt durch Ges v 19.2.2016 (BGBl. I 254) im Zuge der Umsetzung der ADR-RL und dem Inkrafttreten des Verbraucherstreitbeilegungsgesetzes (VSBG). Obwohl von der RL nicht ausdrücklich vorgeschrieben, soll Nr. 14 die freiwillige Inanspruchnahme der außergerichtlichen Schlichtung sichern (auch wenn Unternehmer seinerseits Klageverzicht erklärt, Hau MDR 2017, 583). Das zwangsweise Vorschalten eines Schlichtungsverfahrens könnte sonst den Verbraucher vom Beschreiten des Rechtsweges abhalten (BT-Drs. 18/6904, 74). Nicht erfasst und verboten ist jedoch eine entsprechende Klausel in Vertragsbedingungen von Rechts-

schutzversicherung (s. schon BGH BeckRS 2016, 04378 = VersR 2016, 1113 wg § 125 VVG). Das Verbot gilt unabhängig davon, ob der Klageverzicht vor oder nach Entstehung des Konflikts vereinbart wird (Hau MDR 2017, 853). Erst recht unwirksam ist in AGB der völlige Ausschluss des Rechtswegs (Hau MDR 2017, 583). Für Schiedsklauseln gegenüber Verbrauchern gilt § 1031 ZPO, obligatorische Mediationsklauseln sind ebenfalls unwirksam, da ADR-Verfahren als Schlichtung oder Mediation ausgestaltet sein können (§ 18 VSBG; → § 305c Rn. 4 mN). Zulässig bleibt ein vorübergehender Klageverzicht für den Fall eines Musterprozesses vor staatlichem Gericht (Hau MDR 2017, 853).

24. Abschlagszahlungen und Sicherheitsleistungen (Nr. 15). Nr. 15 wurde 24
mit Wirkung zum 1.1.2018 neu eingefügt durch das Gesetz zur Reform des **Bauvertragsrechts** (BGBl. 2017 I, 969). Damit soll verhindert werden, dass die Bestimmungen des geänderten § 632a und des neu eingefügten § 650m bei Verbraucherverträgen zulasten des Verbrauchers eingeschränkt werden können. Während § 650o für einige der neu eingefügten Vorschriften (§§ 640 II 2, 650i bis 650l, 650n) generell abw Vereinbarungen verbietet, sollte dem Verbraucher hinsichtlich der Abschlagszahlungen ein Verhandlungsspielraum (etwa gegen sonst günstigere Vertragsbedingungen) erhalten bleiben, daher nur Ausschluss der entsprechenden Regelungen in AGB (BT-Drs. 1878486 S. 37). Das Verbot erfasst die Höhe der Abschlagszahlungen (§ 632a: im Verhältnis zum Wert der erbrachten bzw geschuldeten Leistung des Unternehmers) sowie die, die 90% der Gesamtvergütung nicht überschreiten darf.

§ 310 Anwendungsbereich

(1) [1]**§ 305 Absatz 2 und 3, § 308 Nummer 1, 2 bis 9 und § 309 finden keine Anwendung auf Allgemeine Geschäftsbedingungen, die gegenüber einem Unternehmer, einer juristischen Person des öffentlichen Rechts oder einem öffentlich-rechtlichen Sondervermögen verwendet werden.** [2]**§ 307 Abs. 1 und 2 findet in den Fällen des Satzes 1 auch insoweit Anwendung, als dies zur Unwirksamkeit von in § 308 Nummer 1, 2 bis 9 und § 309 genannten Vertragsbestimmungen führt; auf die im Handelsverkehr geltenden Gewohnheiten und Gebräuche ist angemessen Rücksicht zu nehmen.** [3]**In den Fällen des Satzes 1 finden § 307 Absatz 1 und 2 sowie § 308 Nummer 1a und 1b auf Verträge, in die die Vergabe- und Vertragsordnung für Bauleistungen Teil B (VOB/B) in der jeweils zum Zeitpunkt des Vertragsschlusses geltenden Fassung ohne inhaltliche Abweichungen insgesamt einbezogen ist, in Bezug auf eine Inhaltskontrolle einzelner Bestimmungen keine Anwendung.**

(2) [1]**Die §§ 308 und 309 finden keine Anwendung auf Verträge der Elektrizitäts-, Gas-, Fernwärme- und Wasserversorgungsunternehmen über die Versorgung von Sonderabnehmern mit elektrischer Energie, Gas, Fernwärme und Wasser aus dem Versorgungsnetz, soweit die Versorgungsbedingungen nicht zum Nachteil der Abnehmer von Verordnungen über Allgemeine Bedingungen für die Versorgung von Tarifkunden mit elektrischer Energie, Gas, Fernwärme und Wasser abweichen.** [2]**Satz 1 gilt entsprechend für Verträge über die Entsorgung von Abwasser.**

(3) **Bei Verträgen zwischen einem Unternehmer und einem Verbraucher (Verbraucherverträge) finden die Vorschriften dieses Abschnitts mit folgenden Maßgaben Anwendung:**
1. **Allgemeine Geschäftsbedingungen gelten als vom Unternehmer gestellt, es sei denn, dass sie durch den Verbraucher in den Vertrag eingeführt wurden;**
2. **§ 305c Abs. 2 und die §§ 306 und 307 bis 309 dieses Gesetzes sowie Artikel 46b des Einführungsgesetzes zum Bürgerlichen Gesetzbuche finden auf vorformulierte Vertragsbedingungen auch dann Anwendung, wenn diese nur zur einmaligen Verwendung bestimmt sind und soweit der**

Verbraucher auf Grund der Vorformulierung auf ihren Inhalt keinen Einfluss nehmen konnte;

3. **bei der Beurteilung der unangemessenen Benachteiligung nach § 307 Abs. 1 und 2 sind auch die den Vertragsschluss begleitenden Umstände zu berücksichtigen.**

(4) [1]**Dieser Abschnitt findet keine Anwendung bei Verträgen auf dem Gebiet des Erb-, Familien- und Gesellschaftsrechts sowie auf Tarifverträge, Betriebs- und Dienstvereinbarungen.** [2]**Bei der Anwendung auf Arbeitsverträge sind die im Arbeitsrecht geltenden Besonderheiten angemessen zu berücksichtigen; § 305 Abs. 2 und 3 ist nicht anzuwenden.** [3]**Tarifverträge, Betriebs- und Dienstvereinbarungen stehen Rechtsvorschriften im Sinne von § 307 Abs. 3 gleich.**

1 **1. Allgemeines.** Entgegen der Überschrift regelt § 310 nicht den Anwendungsbereich des Abschnitts 2 (§§ 305 ff.), sondern schließt umgekehrt die Anwendung bestimmter Vorschriften des Abschnitts 2 in sachlicher und persönlicher Beziehung aus. Der Wortlaut von **I** wurde mit Ges zur Bekämpfung des Zahlungsverzugs im Geschäftsverkehr mit Wirkung zum 29.7.2014 (zur Umsetzung der RL 2011/7/EU) angepasst und stellt sicher, dass die neu eingefügten Nr. 1a und 1b des § 308 nicht vom Anwendungsbereich ausgenommen werden (→ § 308 Rn. 3a).

2 **2. Begrenzung.** I verbindet persönliche mit sachlicher Begrenzung des Anwendungsbereichs. Sachliche Begrenzung: Abschnitt 2 gilt, außer §§ 305 II, III, 308, 309 – anwendbar bleiben § 308 Nr. 1a, 1b (→ § 308 Rn. 3a); **persönliche** Begrenzung: die sachliche Begrenzung greift nur gegenüber Unternehmern (Begriff: § 14), jur Personen des öffentl Rechts (→ § 89 Rn. 1) und nichtrechtsfähigen öffentl-rechtlichen Sondervermögen. **Bedeutung des Ausschlusses von § 305 II, III:** Er erleichtert die Einbeziehung (→ § 305 Rn. 18–20); **von §§ 308, 309:** Er befreit von zT starren Begrenzungen und bindet die allg Inhaltskontrolle (§ 307 I, II) an die Beachtung von Handelsgewohnheiten und -gebräuchen (I 2 Hs. 2). Der **Ausschluss von § 309** ist weitgehend **irrelevant,** da die Klauselverbote iSv § 309 idR ein Indiz für unangemessene Benachteiligung (§ 307 I, II) auch unter Unternehmern sein sollen (s. BGH NJW 1998, 677 f.; s. die Nachw in §§ 308, 309, zur Kritik → § 305 Rn. 1, → § 307 Rn. 1).

3 **3. Ver- und Entsorgungsbedingungen, II.** Die NAV, AVBFernwärmeV, NDAV, AVBWasserV sind RechtsVOen (sa Art. 243 EGBGB), unterliegen also nicht dem Abschnitt 2 (→ Vor § 145 Rn. 19). Bes Bedingungen für Sonderabnehmer bedürfen der Einbeziehung. Die daher an sich mögliche Inhaltskontrolle gem §§ 308, 309 ist zwecks Gleichbehandlung von Sonder- und Tarifabnehmern grds ausgeschlossen, solange kein Abweichen iSv II vorliegt; Kontrolle gem § 307 I, II bleibt (BGH NJW-RR 2012, 1333 mN; NJW 2022, 1944). Die vom BGH angenommene Leitbildfunktion von § 4 I, II AVBGasV und als zulässig angesehene Übernahme in Sonderkundenverträge (BGH NJW 2009, 2662; NJW 2009, 630; NJW 2011, 50, WM 2011, 850 [Vorlage an EuGH] wird aufgrund der EuGH Entscheidung (NJW 2013, 2253) nicht mehr aufrechterhalten, BGH NJW 2013, 3653). In Fernwärmeverträgen sind AGB, die gegenüber Normkunden verwendet werden, nur an AVBFernwärmeV zu messen, nicht an §§ 305 ff. (BGHZ 189, 131; zu Preisanpassungsklauseln BGH NJW 2022, 1944 [anwendbar bleibt § 306]).

4. Verbraucherverträge, III.

Lit.: Borges, Inhaltskontrolle von Verbraucherverträgen 2000.

4 Diese Vorschrift entspricht § 24a AGBG, der zur Umsetzung der RL 93/13/EWG in das AGBG eingefügt worden war. Er erfasste Klauseln, die keine AGB sind (Nr. 1: Drittklauseln, → § 305 Rn. 6; Nr. 2: Einmalklauseln, → § 305 Rn. 4). Dazu allg → § 305 Rn. 1.

5. Begriff des Verbrauchervertrags. III am Anfang. **Beteiligte:** Unternehmer auf der einen, Verbraucher auf der anderen Seite. Daher kein Verbrauchervertrag: Vertrag nur zwischen Unternehmern oder nur zwischen Verbrauchern. **a) Unternehmer.** Begriffsbestimmung: § 14, vgl Anm dort. **b) Verbraucher.** Begriffsbestimmung: § 13, vgl Anm dort. Die als Außengesellschaft rechtsfähige GbR, deren Gesellschafter u.a. eine juristische Person ist, kann unabhängig von ihrem Zweck nicht als Verbraucher eingeordnet werden (BGH NJW 2017, 2752). **c) Der Vertragsgegenstand** ist nicht auf Warenkäufe und Dienstleistungen beschränkt (str, ob von RL [→ Rn. 4] 4 I iVm Erwägung dazu Nr. 2, 5–7, 9 vorgesehen, zu Recht zurückhaltend MüKoBGB/Fornasier Rn. 56; ein verstärkter Verbraucherschutz ist gem RL 8 jedoch zulässig) und erfasst zB auch Gesellschaftsverträge zum Zweck privater Vermögensanlage (MüKoBGB/Fornasier Rn. 54), nicht aber Existenzgründungsverträge (vgl EuGH Slg. 1997, I-3767; MüKoBGB/Fornasier Rn. 79); zum Arbeitsvertrag als Verbrauchervertrag → Rn. 16. Auch der zwischen Verwalter und WEG-Gemeinschaft geschlossene Verwaltervertrag ist regelmäßig Verbrauchervertrag und unterliegt der AGB-Kontrolle, wenn der Gemeinschaft wenigstens ein Verbraucher angehört (BGH NJW 2020, 988 Rn. 21; NJW 2015, 3228). Fraglich aber, ob Inhaltskontrolle nicht schon bei Anfechtung des Ermächtigungsbeschlusses zum Abschluss des Verwaltervertrages erfolgen muss (so v. Westphalen NZM 2020, 240 gegen BGH NJW 2020, 988 [erst bei Anwendung von Vertrag im Verhältnis zur WEG]).

5 (Rn. 5 begins at line 1; Rn. 6 at "nehmer. Begriffsbestimmung…")

6. Besonderheiten für Verbraucherverträge. Die Vorschrift dient dem besonderen Schutz von Verbrauchern. § 17 IIa 2 Nr. 2 BeurkG sieht außerdem vor, dass der Notar dem Verbraucher den Vertragsentwurf zwei Wochen vor Beurkundung zusenden soll (zu Ausnahmen Weber NJW 2015, 2619). **a) III Nr. 1.** Klauseln, die nicht vom Verwender „gestellt" werden, sondern von einem unbeteiligten Dritten, sind nach § 305 I 1 keine AGB. Abw davon gelten gem III Nr. 1 **Drittklauseln** in Verbraucherverträgen grds als AGB. Betroffen sind vor allem Klauseln bzw Formularverträge, die auf Vorschlag eines unbeteiligten Dritten, zB eines Maklers oder eines neutralen Notars (nicht: „Hausnotars"), verwendet werden, sofern es sich um Standardverträge mit „Massencharakter" handelt (MüKoBGB/Fornasier Rn. 94; aA Ulmer FS Heinrichs, 1998, 560 ff.: keine „Vielzahl" [→ § 305 Rn. 4], wenn der Notar Formulierungen aus seiner stdg benutzten Mustersammlung benutze; zurückhaltend Heinrichs NJW 1998, 1449). Drittklauseln gelten dann **nicht als AGB,** wenn entweder der Verbraucher selbst sie in den Vertrag eingeführt hat (zB Klauseln seines „Hausnotars") oder es sich um eine Individualabrede gem § 305 I 3 handelt (→ § 305 Rn. 8–10). **b) III Nr. 2.** Nach § 305 I 1 müssen AGB für eine Vielzahl von Verträgen vorformuliert sein. Abw davon unterfallen gem III Nr. 2 Klauseln, die zur *einmaligen* Verwendung in Verbraucherverträgen vorformuliert sind **(Einmalklauseln),** grds den §§ 305c II, 306, 307–309. Gleichgültig ist, ob die Klausel vom Unternehmer oder einem unbeteiligten Dritten stammt (hM, vgl Heinrichs NJW 1998, 1449 f.). Die genannten Vorschriften greifen nur ein, wenn der Verbraucher infolge der Vorformulierung der Klausel keinen Einfluss auf ihren Inhalt nehmen konnte; die Beweislast liegt beim Verbraucher (BGH NJW 2008, 2250). Ob er Einfluss nehmen konnte, bestimmt sich entspr III Nr. 1 aE (dann fehlt schon die *Vorformulierung) und entspr* den Voraussetzungen einer Individualabrede gem § 305 I 3 (BAG NJW 2010, 2828; NJW 2905, 3305; MüKoBGB/Fornasier Rn. 105). – Außer den in III Nr. 2 genannten Bestimmungen sind auch § 305 II Nr. 2 (Transparenzgebot, → § 305 Rn. 14) und § 305c I (Schutz vor überraschenden Klauseln) anzuwenden (Grüneberg/Grüneberg Rn. 18; aA MüKoBGB/Fornasier Rn. 106). **c) Die Unangemessenheit** wird gem § 307 I, II nach einem abstrakt-generalisierenden Prüfungsmaßstab kontrolliert. Abw davon sind in einem zweiten Schritt bei Verbraucherverträgen außerdem die den **Vertragsabschluss begleitenden Umstände** zu berücksichtigen, **III Nr. 3** (hierzu ausf mwN v. Westphalen VuR 2019, 93). Das ist nur im Individualprozess möglich. Die Unangemessenheit einer Vertragsklausel wird namentlich danach bestimmt, ob sich der Unternehmer dem

Verbraucher gegenüber „loyal und billig" verhalten hat (RL [→ Rn. 4] 4 I iVm Nr. 16 der Erwägungen dazu). Eine entspr Berücksichtigung von Umständen des Einzelfalls, die sich für und gegen den Verbraucher auswirken kann (OLG Jena BeckRS 2014, 11854), findet gem § 305c I statt (→ § 305c Rn. 2). Nach der Rspr des EuGH (EuGH BeckRS 2017, 125240 und BeckRS 2018, 22282) trifft die Gerichte für die Missbräuchlichkeit eine amtswegige Ermittlungs- und Prüfungspflicht.

10 **7. Bereichsausnahmen (IV 1) betreffen Verträge bestimmter Rechtsgebiete. a) Familien- und Erbrecht.** Da nur selten Formularverträge verwandt werden (ggf für Erbschaftskauf), ist der Ausschluss des Abschnitts 2 kaum von praktischer Bedeutung. Schuldrechtliche Verträge zwischen Eheleuten, Verwandten, Lebens-
11 partnern gehören nicht hierher. **b) Gesellschaftsrecht.** Zu den Gesellschaften zählen: Handelsgesellschaften, stille Gesellschaft (BGHZ 127, 183 ff.), BGB-Gesellschaft, Genossenschaft (BGHZ 103, 224 ff.), Verein (BGH NJW 1998, 454 f., auch zu Vertragsbedingungen für Mitglieder als unechter Satzungsteil eines VVaG). Anleihen bilden kein Beteiligungsrecht iS eines Mitgliedschaftsrechts (Gottschalk ZIP 2006, 1121 mN). I gilt nicht für Abreden über Ausübung von Gesellschaftsrechten (zB Stimmrecht), Satzungsbestimmung über Rechtsbeziehungen zu Dritten. Gesellschaftsverträge körperschaftlich strukturierter Publikumsgesellschaften unterliegen der Inhaltskontrolle, § 242 (BGHZ 104, 53; stRspr); unentschieden zur Genossenschaftssatzung BGHZ 103, 226. Schuldverschreibungen sind nicht von IV erfasst, da sie keine gesellschaftsrechtlich spezifischen Mitgliedschaftsrechte verkörpern (BGH BeckRS 2020, 1047 [dort auch zur Transparenz von Beschlussfassungsregelungen
12 für Gläubiger]). **c) Arbeitsrechtliche Kollektivvereinbarungen.** Tarifverträge, Betriebs- und Dienstvereinbarungen sind ausgenommen, „da andernfalls das System der Tarifautonomie konterkariert würde" (Gegenäußerung der Bundesregierung zur Stellungnahme des Bundesrats, BT-Drs. 14/6857, 54). Diese Begründung trifft für Tarifverträge zu, aber nicht für die anderen Vereinbarungen (Annuß BB 2002, 459). Betriebsvereinbarungen unterliegen nicht (mehr) einer gerichtl Billigkeitskontrolle (BAG NJW 2006, 2062; Annuß BB 2002, 459, je mN; anders hingegen kirchliche Arbeitsvertragsregelungen (BAG NZA 2006, 872).

8. Arbeitsrechtliche Besonderheiten, IV 2, 3.

Lit.: Benedict, Der Maßstab der AGB-Kontrolle – oder die Suche nach dem „indispositiven Leitbild" im Arbeitsvertragsrecht, JZ 2012, 172; Hansen, Die Anwendung der §§ 305 ff. BGB auf vorformulierte Arbeitsverträge, ZGS 2004, 21; Joost, Vertragsstrafen im Arbeitsrecht – Zur Inhaltskontrolle von Formularverträgen im Arbeitsrecht, ZIP 2004, 1981; Lobinger, Betriebliche Bündnisse für Arbeit vor der AGB-Kontrolle?, FS Reuter 2010, 663; Oetker, AGB-Kontrolle im Zivil- und Arbeitsrecht, AcP 212, 202 ff.; Tiedemann/Triebel, Warum dürfen sich Arbeitgeber nicht auf die Unwirksamkeit ihrer AGB-Vertragsklauseln berufen?, BB 2011, 1723; Straube, AGB-Kontrolle von Entsendeverträgen DB 2012, 2808; Thüsing/Leder, Neues zur Inhaltskontrolle von Formulararbeitsverträgen, BB 2004, 42; dies, Gestaltungsspielräume bei der Verwendung vorformulierter Arbeitsvertragsbedingungen – Besondere Klauseln, BB 2005, 1563; Tödtmann/Kaluza; Anforderungen an allgemeine Geschäftsbedingungen in arbeitsrechtlichen Verträgen, DB 2011, 114; Zundel, Wirksamkeit arbeitsvertraglicher Klauseln insbes unter dem Aspekt der AGB-Kontrolle, NJW 2006, 1237.

13 **a)** Vgl zunächst → Rn. 12. **b)** Die **Einbeziehung** von AGB in Arbeitsverträge erfolgt nicht gem § 305 II **(IV 2 Hs. 2).** Grund: Der AN werde durch das NachwG (betr Nachweis der Arbeitsbedingungen, s. Grüneberg/Weidenkaff § 611 Rn. 3) hinreichend geschützt, was nicht zutrifft, da das NachwG nur den Nachweis der Bedingungen eines *wirksamen* Arbeitsvertrags regelt (Annuß BB 2002, 460). Die falsche Begründung des Ges ist für die Unanwendbarkeit von § 305 II irrelevant.
14 **c)** Nach **IV 3** stehen die Tarifverträge, Betriebs- und Dienstvereinbarungen den **Rechtsvorschriften** iSv § 307 III gleich (→ Rn. 12). Eine Freistellung von der Inhaltskontrolle setzt voraus, dass die arbeitsvertragliche Regelung mit Regelungen in Tarifverträgen usw übereinstimmt, die ohnehin für den Arbeitsvertrag relevant

sind. **Abweichung** liegt daher vor bei Bezugnahme auf sachlich nicht einschlägige Tarifverträge oder auf einzelne Bestimmungen eines einschlägigen, aber nicht normativ verbindlichen Tarifvertrags (Annuß BB 2002, 460; Hromadka NJW 2002, 2526 f.; Reinecke BB 2005, 378); entspr gilt für Betriebs- und Dienstvereinbarungen. Das entspricht der Rspr zu § 307 III: Inhaltskontrolle findet statt, wenn ges Bestimmungen und allg Regeln für einen bestimmten Vertragstyp durch AGB auf andere Verträge übertragen werden (zB BGHZ 74, 269; sa BGH NJW 2004, 1597 zur Teilübernahme von VOB/B). Soweit die Abweichungen reichen, ist Inhaltskontrolle zulässig (§ 307 III 2). **15**

d) Die **Besonderheiten des Arbeitsrechts** sind bei Anwendung des Abschnitts 2 auf Arbeitsverträge (einschl kirchlicher Arbeitsregelungen, die wie Tarifverträge nur eingeschränkt zu kontrollieren sind, BAG NZA 2022, 55) angemessen zu berücksichtigen, **IV 2 Hs. 1.** Was das konkret heißt, ist dunkel (Hromadka NJW 2002, 2528) und bedarf der Konkretisierung durch die Rspr Praktisch wichtig ist die Frage, ob ein AN arbeitsrechtlich „Verbraucher" iSv III ist. Im Rahmen des § 13, dh ohne Berücksichtigung arbeitsrechtlicher Besonderheiten, ist der AN „Verbraucher", zB bei Erwerb von Dienstkleidung (→ § 13 Rn. 3), aber nicht iSv III, weil arbeitsrechtlich „AG" und „AN" nicht mit „Unternehmer" und „Verbraucher" deckungsgleich sind (Bsp: Anstellung einer Pflegekraft als AN durch pflegebedürftige Privatperson, die nach § 14 kein „Unternehmer" ist; s. aber sehr allg BAG NJW 2011, 408); str insbes bei Abschluss, Änderung oder Aufhebung des Arbeitsvertrages (bejaht durch BAG NJW 2005, 3305; BVerfG NJW 2007, 286; zust Bayreuther NZA 2005, 1337; aA Hromadka NJW 2002, 2524 mN); zu Vertragsstrafeversprechen → § 309 Rn. 7; für Zulässigkeit von Klauseln über Kostenerstattung von Aus- und Fortbildung (BAG NJW 2013, 410; MDR 2011, 1240); zum Verhältnis von Arbeitsvertragsbedingungen zur Arbeitszeiterhöhung zum Teilzeit- und BefristungsG s. BAG NJW 2016, 3050; zur befristeten Übertragung höherwertiger Tätigkeiten BAG NJW 2016, 826. Für Gesamtzusagen im Betriebsrentenrecht ist § 306 nicht anwendbar (BAG NZA 2021, 347). **16**

Abschnitt 3. Schuldverhältnisse aus Verträgen

Titel 1. Begründung, Inhalt und Beendigung

Untertitel 1. Begründung

§ 311 Rechtsgeschäftliche und rechtsgeschäftsähnliche Schuldverhältnisse

(1) **Zur Begründung eines Schuldverhältnisses durch Rechtsgeschäft sowie zur Änderung des Inhalts eines Schuldverhältnisses ist ein Vertrag zwischen den Beteiligten erforderlich, soweit nicht das Gesetz ein anderes vorschreibt.**

(2) **Ein Schuldverhältnis mit Pflichten nach § 241 Abs. 2 entsteht auch durch**
1. **die Aufnahme von Vertragsverhandlungen,**
2. **die Anbahnung eines Vertrags, bei welcher der eine Teil im Hinblick auf eine etwaige rechtsgeschäftliche Beziehung dem anderen Teil die Möglichkeit zur Einwirkung auf seine Rechte, Rechtsgüter und Interessen gewährt oder ihm diese anvertraut, oder**
3. **ähnliche geschäftliche Kontakte.**

(3) [1]**Ein Schuldverhältnis mit Pflichten nach § 241 Abs. 2 kann auch zu Personen entstehen, die nicht selbst Vertragspartei werden sollen.** [2]**Ein solches Schuldverhältnis entsteht insbesondere, wenn der Dritte in besonde-**

rem Maße Vertrauen für sich in Anspruch nimmt und dadurch die Vertragsverhandlungen oder den Vertragsschluss erheblich beeinflusst.

I. Allgemeines

1 Die §§ 311 I–311c, §§ 313–319 ergänzen die Regeln des AT über **Verträge** (§§ 145–157); sie gelten für **alle Schuldverträge,** als Ausdruck allg Rechtsgedanken in gewissem Umfang auch **entspr** für öffentl-rechtliche Verträge (vgl §§ 54 S. 2 VwVfG; 61 S. 2 SGB X; Grüneberg/Grüneberg Rn. 35 ff. vor § 311). Nach der grundlegenden Bestimmung des § 311 I ist zur **rechtsgeschäftlichen** Begründung eines Schuldverhältnisses (→ § 241 Rn. 1 ff.) grds („soweit nicht") der Abschluss eines **Vertrags** erforderlich; das Gleiche gilt für die Inhaltsänderung (→ Rn. 18) und (in § 311 I nicht erwähnt) die Aufhebung eines Schuldverhältnisses (→ Rn. 19). Durch **einseitiges** RGeschäft (Begriff: → Vor § 104 Rn. 5) oder Leistungsversprechen wird nur ausnahmsweise ein rechtsgeschäftliches Schuldverhältnis begründet. Bsp: Stiftung (§ 82); Auslobung (§ 657); Vermächtnis (§§ 1939, 2147 ff.); zweifelhaft sind die Fälle des § 783 (vgl → § 784 Rn. 2) und § 793 (dort → § 793 Rn. 11). Einseitige Leistungsversprechen können aber uU die Grundlage für eine ges Vertrauenshaftung bilden (sa **II Nr. 2** und → Rn. 61; § 675 II mit Anm). Nicht ausdr ausgesprochen sind die der Regelung zu Grunde liegenden Grundsätze der **Vertragsfreiheit** (→ Rn. 3 ff.) und der **Formfreiheit** (→ Rn. 7 f.).

II. Grundlagen rechtsgeschäftlicher Schuldverhältnisse (I)

2 **1. Grundsatz der Vertragsfreiheit.** Die Vertragsfreiheit bildet ein grundlegendes, ungeschriebenes, verfassungsrechtlich gewährleistetes (Art. 2 I GG; s. BVerfGE 74, 151 f.; BGHZ 70, 324; 130, 376; 137, 220 f.), aber auch begrenztes (→ Rn. 6)
3 Prinzip unserer Rechtsordnung. § 311 I setzt sie voraus. **a) Inhalt.** Vertragsfreiheit ist das Recht der einzelnen Rechtssubjekte, ihre Rechtsbeziehungen zueinander einverständlich zu regeln. Sie ist der wichtigste Bestandteil der **Privatautonomie** (vgl BVerfG 81, 254; → Vor § 145 Rn. 8 ff.). Dem Recht auf rechtsgeschäftliche Selbstbestimmung entspricht das Einstehenmüssen für das mit dem Vertrag übernommene Risiko (BGHZ 107, 98, 102]). Die Vertragsfreiheit umfasst:
4 **aa) Abschlussfreiheit.** Die Parteien können bestimmen, ob sie überhaupt einen Schuldvertrag abschließen wollen (Ablehnungsfreiheit), mit wem (Partnerwahlfreiheit), ferner, ob sie an einen geschlossenen Schuldvertrag noch gebunden sein
5 wollen (Lösungsfreiheit). Zu den Schranken → Rn. 6. **bb) Gestaltungs-(Inhalts-)freiheit.** Der Parteibestimmung unterliegt weiter die inhaltliche Ausgestaltung des Schuldvertrags (Bestimmung von Leistungsgegenstand, Preis, Bedin-
6 gungen; aber auch **Typenfreiheit,** vgl dazu → Rn. 23 ff., 28 ff.). **b) Schranken.** Die Vertragsfreiheit ist nicht unbegrenzt (BVerfGE 81, 254 ff.; 89, 231 ff.; NJW 1996, 2021; BGHZ 120, 274 ff.; BAGE 77, 135 f.; 78, 66). Schranken der Abschlussfreiheit bestehen in den Fällen des **Kontrahierungszwangs** (ie → Vor § 145 Rn. 9 ff.). Die Abschlussfreiheit wird nun deutlich beschränkt durch das **AGG** für Beschäftigungs- und Arbeitsverhältnisse (§ 2 AGG) sowie für die Begründung von Massengeschäften (Legaldefinition in § 19 I Nr. 1 AGG) und private Versicherungsverhältnisse. Das AGG begründet zwar keinen Kontrahierungszwang (str, aA für § 21 AGG Wagner/Potsch JZ 2006, 1085, 1099), belegt eine nicht diskriminierungsfreie Auswahl des Vertragspartners jedoch mit einer Schadensersatzpflicht (§§ 15, 21 AGG; s. früher § 611a). Auch die Inhaltsfreiheit unterliegt vielfältigen Beschränkungen durch zwingendes Recht und richterliche Inhaltskontrolle am Maßstab der ges Generalklauseln (ie → Vor § 145 Rn. 15; → Vor § 241 Rn. 2). IdR keine (selbstständigen) Einschränkungen der Vertragsfreiheit begründen die Grundrechte (außer Art. 9 III 2 GG); sie wirken aber als Wertordnung über die Generalklauseln mittelbar auf das Privatrecht ein (BVerfGE 7, 205; 81, 256; 89, 231 ff.; NJW 1994, 36; stRspr; BGHZ 142, 307; BAGE 70, 343 ff.; sog mittelbare Drittwirkung; Larenz SchR I § 4 IV 3; Diederichsen Jura 1997, 57;

Zöllner AcP 196, 1; → § 242 Rn. 3); das Gleiche gilt auch für das **Sozialstaatsprinzip** (Art. 20, 28 GG; zB BVerfGE 81, 255; → Vor § 241 Rn. 2). Bei **Verbraucherverträgen** kann von den gesetzlichen Schutzbestimmungen idR nicht zum Nachteil des Verbrauchers abgewichen werden (so → Rn. 2); vorformulierte Klauseln unterliegen einer verschärften richterlichen Inhaltskontrolle (§ 310 III).

2. Grundsatz der Formfreiheit. Schuldverträge können formfrei (und damit auch stillschweigend) geschlossen werden, sofern nicht ausnahmsweise aus bestimmten Gründen (→ § 125 Rn. 3) **Formgebote** aufgestellt sind. **a)** Fälle ges **Schriftform:** §§ 484 I, 492 I, 550, 578 I, 761, 766, 780, 781, 793; 3 I FernUSG, die idR durch die **elektronische Form** (§ 126a) ersetzt werden kann (§ 126 III). Die **Textform** (§ 126b) schließt nicht verkörperte Erklärungen aus: zB §§ 312c II, 355 I 2, II, 357 III, 477 II, 492 VI, 560 I 1, 651g II 3, 655b I 3; AktG 109 III, § 3a RVG. **b)** Fälle **notarieller Beurkundung:** §§ 311b I, III, 518, 2371. **c)** Ausdehnung des Formzwangs durch **entspr Anwendung** von Formvorschriften ist unzulässig (BGHZ 82, 359 f.; 125, 223; Kanzleiter FS Hagen, 1999, 310 f., str; aA BGHZ 82, 403; Köbl DNotZ 1983, 213 ff.), zu Formerfordernissen in AGB → § 309 Nr. 13. 7

3. Grundsatz des Verbraucherschutzes. Er ergibt sich nach der Integration der Verbraucherschutzgesetze durch das SchRModG jetzt unmittelbar aus dem BGB selbst (vgl → Rn. 2, 6; → Vor § 241 Rn. 2). 8

III. Arten von rechtsgeschäftlichen Schuldverhältnissen (schuldrechtlichen Verträgen)

1. Verpflichtungs- und Verfügungsverträge. Verpflichtungsverträge sind schuldbegründende Verträge; sie begründen die Verpflichtung zu einer Leistung (→ § 241 Rn. 8); schuldrechtliche, „obligatorische" iSv verpflichtende (Schuld-)verträge (ges Regelfall). Einteilung der Verpflichtungsverträge: → Rn. 12 f. **Verfügungsverträge** sind Verträge, die auf den Bestand eines Rechts (Rechtsverhältnisses) durch Übertragung, Inhaltsänderung, Belastung oder Aufhebung unmittelbar einwirken (→ Vor § 104 Rn. 10). Verfügungsverträge sind für das Sachenrecht typisch. Die schuldrechtlichen Verfügungsverträge setzen ein bestehendes Schuldverhältnis als Gegenstand der Einwirkung (Änderung, Aufhebung) voraus. Bsp: Abänderungs- und Aufhebungs-(Befreiungs-)vertrag (ie → Rn. 18 ff.); Erlassvertrag (§ 397); Abtretung (§ 398); befreiende Schuldübernahme (§ 414); uU Vergleich (→ § 779 Rn. 2, 13). 9

2. Kausale und abstrakte Verträge. Kausale Verträge enthalten außer der Einigung über das Leistungsversprechen die Einigung über den Rechtsgrund (causa) der geschuldeten Leistung(en). Die sog Zweckvereinbarung ist nicht zu verwechseln mit dem (einseitigen) Motiv einer Partei oder der Geschäftsgrundlage des Vertrages (dazu → § 313 Rn. 4). Kausale Verträge sind alle Verpflichtungsverträge (→ Rn. 11). Bei **abstrakten Verträgen** ist der Rechtsgrund der Vereinbarung (obwohl idR im zu Grunde liegenden Kausalvertrag vorhanden) nicht Bestandteil des Vertrages; sie sind unabhängig („losgelöst") vom Rechtsgrund gültig („zweckunempfindlich"). Fehlt der Rechtsgrund, besteht Anspruch auf Rückgängigmachung, § 812. Abstrakte Verträge sind die Verfügungsverträge (→ Rn. 9), Verpflichtungsverträge nur, soweit es sich um einseitige Schuldversprechen handelt („selbstständig" verpflichtende vertragliche Leistungsversprechen). Bsp: §§ 780, 781, 784, 793; 350 HGB; Wechsel und Scheck. 10

3. Entgeltliche und unentgeltliche Verträge. Bei **entgeltlichen Verträgen** stellt die Leistung der einen Partei den Ausgleich für eine Leistung der anderen dar (zum Austauschverhältnis → Rn. 13). Bsp: §§ 312 I (dazu BGHZ 131, 4); 433, 480, 488 I, 535, 581, 611, 631. Bei **unentgeltlichen Verträgen** wird durch die Leistung der einen Partei der anderen ein Vorteil erbracht, dem kein Gegenwert gegenübersteht (unentgeltliche Zuwendung). Bsp: §§ 516, 598, 662, 690, unverzinsliches Dar- 11 lehen (§ 488 III 3); zur Abgrenzung von Gefälligkeitsverhältnissen (Unentgeltlichkeit ohne vertragliche Bindung) → Vor § 104 Rn. 17; → § 241 Rn. 23 f.

12 **4. Einseitige, zweiseitige und gegenseitige Verträge. a) Einseitige Verträge** (einseitig verpflichtende Verträge) erzeugen (Hauptleistungs-)Pflichten notwendig nur für eine Vertragspartei. Bsp: §§ 518, 765. **b) Zweiseitige Verträge** (zweiseitig verpflichtende Verträge) sind: **aa) unvollkommen zweiseitige Verträge;** bei ihnen trifft notwendig eine Partei eine (vertragstypische) Leistungspflicht, uU kann aber auch die andere zu einer Leistung verpflichtet sein; diese Leistung stellt aber kein Entgelt für die notwendige Leistung dar. Es handelt sich idR um unentgeltliche Verträge. Bsp: Leihe (§§ 598, 601–604, 606); unverzinsliches Darlehen (§ 488 III 3); Auftrag (§§ 662–670); unentgeltliche Verwahrung (§§ 688–690,
13 693 ff.). **bb) gegenseitige Verträge** (vollkommen zweiseitige Verträge); beide Parteien treffen notwendig Hauptleistungspflichten, dh jede Partei ist stets Gläubiger und Schuldner zugleich. Jede Leistung ist Entgelt oder Gegenleistung für die andere, jede Leistung wird um der anderen willen geschuldet („*do ut des*"-Verknüpfung; vgl BGHZ 15, 105; 77, 363). Gegenseitige Verträge sind immer entgeltliche Verträge (zB: §§ 433, 535, 611, 631; nicht: § 652), idR Austauschverträge (BGH NJW 1986, 126; aber nicht nur: vgl § 705). Das **Abhängigkeitsverhältnis** zwischen Leistung und Gegenleistung wirkt sich in verschiedener Hinsicht aus: α) Kommt eine Leistungspflicht nicht zur Entstehung (zB bei Leistungshindernis, § 275), so entsteht auch die andere nicht (sog **genetisches Synallagma,** § 326 I). β) Sind beide Leistungspflichten wirksam entstanden, so kann die eine nicht ohne Rücksicht auf die andere geltend gemacht werden („Leistung Zug um Zug"; Einrede des nicht erfüllten Vertrags; §§ 320, 322; sa § 103 InsO). γ) Treten bei einer Leistungspflicht nachträglich Störungen ein (zB nachträgliche Leistungshindernisse, § 275), so wirkt sich dies auf die Verpflichtung zur Gegenleistung aus (§§ 326, 323; β und γ: **funktionelles Synallagma**). Im Gegenseitigkeitsverhältnis stehen nur die Hauptleistungspflichten (→ § 241 Rn. 9), nicht aber Neben-(leistungs-)pflichten, zB die Abnahmepflicht des Käufers beim Kauf (§ 433 II); Rückgabepflicht des Mieters nach Beendigung der Miete (§ 546 I).

14 **5. Verträge auf einmalige, dauernde oder wiederkehrende Leistungen. a) Begriffe. aa)** Bei Verträgen auf einmalige Leistung erschöpft sich die Leistungspflicht in einer einmaligen Leistungserbringung. **bb)** Bei **Dauerverträgen** ist eine dauernde Leistung (zB Herstellung eines Zustands für bestimmte Dauer; längerwährendes Verhalten, sich über längeren Zeitraum erstreckende Einzelleistungen) geschuldet. Bsp: §§ 488, 535, 581, 598, 611, 705; Factoring (BGH NJW 1980, 44); Franchising (BGH NJW 1999, 1177); sa § 309 Nr. 9, § 314, Art. 229 § 5 S. 2 EGBGB. Unterfall des Dauervertrags ist der **Sukzessiv- (Teil-)lieferungsvertrag.** Begriff: Einheitlicher Vertrag, gerichtet auf die entgeltliche Lieferung einer (nicht notwendig abschließend festgelegten) Gesamtmenge vertretbarer Sachen in zeitlich aufeinander folgenden Raten zu fest bestimmten Terminen oder auf Abruf (BGH NJW 1981, 679; WM 1986, 75 mN; MüKoBGB/Gaier § 314 Rn. 12). Bsp: Bierlie-
15 ferungsvertrag (→ Rn. 25 mN); Bausatzvertrag (BGHZ 78, 380). **cc)** Das **Wiederkehrschuldverhältnis** ist (iGgs zu bb) kein einheitliches Vertragsverhältnis, sondern durch ständige Wiederholung des Vertragsschlusses für bestimmte Abrechnungszeiträume gekennzeichnet (RGZ 148, 330). Bsp: Früher allg Versorgungsverträge über Strom, Gas, Wasser, Fernwärme usw (vgl OLG Köln NJW 1981, 1105, str). Die mit Tarifkunden geschlossenen Versorgungsverträge sind einheitliche Dauerlieferungsverträge (str; vgl MüKoBGB/Gaier § 314 Rn. 11; offen BGHZ 83, 362; 91,
16 307). **b) Rechtsfolgen.** Das BGB setzt den Dauervertrag voraus und regelt allg nur das Kündigungsrecht aus wichtigem Grund (§ 314). Im Übrigen fehlen allg Vorschriften (vgl aber §§ 308 Nr. 3; 309 Nr. 1, 9; 505). Ges und anerkannte Grundsätze sind: **aa) Dauerverträge** können aus wichtigem Grund gekündigt werden (§ 314), dessen Voraussetzungen in den bes Vertragstypen näher geregelt werden (vgl zB §§ 543, 569, 626, 723). Das Kündigungsrecht ist idR nicht durch AGB

abdingbar (BGHZ 133, 320). Längerfristige Bindung bedarf der Individualvereinbarung (§ 309 Nr. 9a; iE dort). **bb)** Nach **Vollzug** des Dauervertrags ist die **Rückwirkung** von Anfechtung und Rücktritt **eingeschränkt** (BGH NJW 1976, 1354 mN). 17
Durch Leistungsstörungen hinsichtlich einer Rate werden abgewickelte Teile grds nicht berührt (→ § 281 Rn. 25; → § 323 Rn. 18). **cc)** Gesteigerte Treuepflicht: → § 242 Rn. 27 aE.

6. Änderungs- und Aufhebungsverträge. a) Änderungsvertrag: Verfügender, uU verpflichtender, zwischen den Parteien eines bestehenden Schuldverhältnisses geschlossener, frei zulässiger (→ Rn. 3 ff.) Vertrag, durch den dieses unter Wahrung seiner Identität (sonst Fall der → Rn. 20) inhaltlich abgeändert wird. Die Änderung kann die Leistungsmodalitäten (Bsp: Stundung [→ § 271 Rn. 9 ff.]; veränderte Zahlungsweise und Abrechnungsart), die Hauptleistungen (Bsp: Austausch von Mietobjekt [s BGH NJW 1992, 2284 f.]; Anpassung des Mietzinses an veränderte Umstände) oder auch den Schuldgrund betreffen (Bsp: Kaufpreisschuld als Gegenstand eines Vereinbarungsdarlehens, → Vor § 488 Rn. 6 ff.). Ges **Formzwang** für den geänderten Vertrag gilt idR auch für den Änderungsvertrag (→ § 125 Rn. 8; vgl aber → § 311b I Rn. 21); iÜ ist Vertragsänderung auch stillschweigend möglich (BAG BB 1976, 1128; BGH NJW 1996, 1680). Bei jahrelanger abw Vertragsdurchführung besteht eine tatsächliche Vermutung für entspr Vertragsänderung (BGH MDR 1978, 1011). Gewillkürte Form steht formlosem Änderungsvertrag nicht notwendig entgegen (BGHZ 71, 164; Tiedtke MDR 1976, 367; iE → § 125 Rn. 9, 11). Eine **Pflicht** zum Abschluss eines Änderungsvertrags kann vertraglich übernommen werden (Bsp: Leistungsvorbehalte, vgl → §§ 244, 245 Rn. 21; Neuverhandlungsklauseln) und sich uU aus Ges ergeben (Bsp: § 557 III; auch § 242, zB bei Abschluss von nicht genehmigungsfähiger Wertsicherungsabrede). Die Vertragsänderung lässt das Schuldverhältnis (→ § 241 Rn. 1) als solches unberührt, Sicherungsrechte bleiben im bish Umfang bestehen (§§ 767 I 3; 1210 I 2). **Zeitpunkt** der Änderung: wie → Rn. 19. Rechtsgeschäftliche Abänderung erfordert grds einen **Vertrag** (→ Rn. 1), eine **einseitige Änderung** ist nur möglich, soweit ges zugelassen (Bsp: §§ 263 I; 281 I, IV) oder vertraglich vereinbart. Bsp: Anpassungsklauseln. Verzicht auf einzelne Rechte richtet sich nach § 397; einseitiger Verzicht auf Einreden: → §§ 214–217 Rn. 2; → § 397 Rn. 1. **b)** Der 19
jederzeit frei zulässige (Lösungsfreiheit: → Rn. 3) **Aufhebungsvertrag** (contrarius consensus) bedarf idR auch dann keiner Form, wenn er sich auf einen formbedürftigen Vertrag bezieht (BAG BB 1977, 94 für § 1 II TVG; → § 125 Rn. 8, § 311b I → Rn. 20; MüKoBGB/Emmerich Rn. 20). Auslegungsfrage, inwieweit die Aufhebung ex tunc oder ex nunc (dann Bestehen bleiben entstandener Rechte, zB auf Ersatz von Verzugsschaden) wirkt (BGH NJW 1978, 2198). Beweislast für Rückwirkung (Wegfall bereits entstandener Rechte) trägt der Schuldner (BGH NJW 1978, 2198). Rechtsfolgen: iZw §§ 346 ff. entspr (BGH NJW-RR 1996, 337). Rechtsgeschäftliche Vertragsaufhebung erfordert grds einen **Vertrag** (→ Rn. 1), **einseitige** ist möglich bei Bestehen von Rücktritts-, Kündigungs- (zur Abgrenzung BGHZ 52, 16) und Anfechtungsrechten. **c) Novation:** Verbindung der vertraglichen Auf- 20
hebung eines Schuldverhältnisses mit der Neubegründung eines anderen in der Weise, dass das *Neue an die Stelle* des Alten treten soll („Schuldersetzung"). Die ges Form des neuen Schuldvertrags (zB §§ 780, 781, vgl → Vor § 488 Rn. 9, aber auch u) ist einzuhalten, iÜ gilt → Rn. 19. Das alte Schuldverhältnis erlischt, darauf gestützte Einwendungen sind ausgeschlossen, bestehende Sicherungsrechte entfallen (Unterschied zu → Rn. 18). Bsp: Kaufmännisches Saldoanerkenntnis bei § 355 HGB (vgl aber § 356 HGB). **Kausale** Novation liegt vor, wenn das neue Schuldverhältnis vom Bestand des alten abhängig sein soll; im Falle **abstrakter** Novation bildet das fehlende alte Schuldverhältnis keine Einwendung des Schuldners (BGHZ 28, 166; MüKoBGB/Emmerich Rn. 16 ff.). Novation ist im Hinblick auf die weitgehenden Rechtsfolgen iZw nicht gewollt, sondern lediglich ein Abänderungsvertrag (BGH NJW 1987, 3126 mN; NJW 1992, 2284 f.). Ein neu begründetes Schuld-

verhältnis dient vielmehr idR nur der Schuldverstärkung (vgl § 364 II). **Keine** Novation liegt idR in einem Vereinbarungsdarlehen (→ Vor § 488 Rn. 6 ff.), Schuldanerkenntnis (→ §§ 780, 781 Rn. 10), Vergleich (→ § 779 Rn. 11) oder in der (nicht beanstandeten) Übersendung von Konto-Tagesauszügen (BGHZ 50, 280; 73, 210; vgl dazu → §§ 780, 781 Rn. 21).

21 **7. Haupt- und Vorverträge.** Hauptverträge sind alle unmittelbar auf eine Hauptleistung (→ § 241 Rn. 9) gerichteten Schuldverträge (→ Rn. 9), Vorverträge sind auf den Abschluss eines Hauptvertrags gerichtet; zur Unterscheidung vgl → Vor § 145 Rn. 5, zum Kauf-Vorvertrag insbes → § 463 Rn. 6, zum Vormiet- und Vorpachtvertrag → § 463 Rn. 4; zum Mindestinhalt von Haupt- und Vorvertrag hinsichtlich der Leistungsbestimmung → § 241 Rn. 8; Prozessuales: BGHZ 97, 150; 98, 130.

22 **8. Rahmenverträge.** Solche regeln den Inhalt künftig erst abzuschließender (Einzel-) Verträge (BGH NJW 2014, 2273). Bsp: Rahmenvereinbarung über die Geltung von AGB (§ 305 III und dort → § 305 Rn. 16; BGH NJW-RR 1987, 112); über die Zusammenarbeit von Bank und Verkäufer bei Finanzierungsgeschäften (vgl BGHZ 33, 309; s. auch § 358 III); Leasingrahmenvertrag (BGH NJW-RR 1987, 306); Eigenhändlervertrag (BGH NJW 1982, 2432 mN; → Vor § 433 Rn. 11 [h]; → § 456 Rn. 4); Kreditkartenvertrag (BGHZ 114, 241 mit Anm Salje JR 1992, 374); Just-in-Time-Rahmenliefervertrag (Nagel DB 1991, 319); Architektenrahmenvertrag (BGH NJW-RR 1992, 978).

IV. Typische und atypische Schuldverträge

Lit.: Stoffels, Gesetzlich nicht geregelte Schuldverträge, 2001.

23 **1. Allgemeines.** Das Vertragsrecht des BGB kennt **keinen Typenzwang** (→ Rn. 5). Die **ges normierten Vertragstypen** (→ Rn. 24) werden ergänzt durch die (ges nicht geregelten) **verkehrstypischen Verträge** (→ Rn. 25) und die **atypischen Verträge** (→ Rn. 26). Die Terminologie ist dabei nicht immer einheitlich. Die Einordnung eines konkreten Vertragsverhältnisses unter einen bestimmten Vertragstyp ist von Bedeutung für das anzuwendende Recht (→ Rn. 27). Dabei ist nicht die Bezeichnung durch die Parteien (vgl BGHZ 101, 352; 106, 345), sondern der obj Gesamtinhalt des Vertrags maßgebend (BGHZ 74, 207; 74, 268 f.; 75, 301 f.; 87, 117 mN). Die im ges Vertragstyp zum Ausdruck kommende Risiko- und Lastenverteilung entspricht idR einem bes Gerechtigkeitsgehalt, der bei Abänderungen (insbes durch AGB und im Verbrauchervertrag, vgl §§ 307 II Nr. 1, 310 III Nr. 2) zu beachten ist (sog **Leitbildfunktion** des dispositiven Rechts; stRspr, → § 307 Rn. 10; → Vor § 652 Rn. 11).

24 **2. Ges normierte Verträge.** Vertragsinhalt ist Gegenstand einer speziellen ges Regelung, die den Vertrag zugleich mit einem bestimmten Namen bezeichnet. Sie sind geregelt im Abschnitt 7 des Buchs 2 (→ Einf. Vor § 433 Rn. 2), ferner in zahlreichen Sondergesetzen außerhalb des BGB (zB HGB, VVG, VerlagsG, FernUSG usw). Die ges Vertragstypen kommen nicht nur in Reinform vor, sondern sind Gegenstand vielfacher Abänderungen und **Vermischungen** (→ Rn. 28 ff.).

25 **3. Verkehrstypische Verträge.** Dies sind ges nicht normierte Verträge, die sich im Rechts- und Wirtschaftsverkehr auf Grund eines entspr Verkehrsbedürfnisses als selbstständige Vertragstypen herausgebildet haben. Ihre Ausgestaltung ergibt sich häufig aus AGB. Teils handelt es sich um Neubildungen (zB Garantievertrag), teils um Abwandlungen und Vermischungen normierter Verträge (ie → Rn. 28 aE; 30 ff.). **Bsp** (in alphabetischer Reihenfolge): **Access-Provider-Vertrag** (BGH NJW 2005, 2076); **Alleinvertriebsvertrag** (BGH NJW 1986, 125 f.); **Altenheimvertrag** (BGH NJW 1981, 342 mN; sa u „Heimverträge" sowie → Rn. 30); **Arbeitnehmerüberlassungsverträge** (BGH NJW 2002, 3317); **Baubetreuungsvertrag** (BGHZ 85, 42 mN; → Vor § 631 Rn. 5; → § 675 Rn. 12); **Bauträger-**

vertrag (BGHZ 96, 277 f.; 118, 238; Doerry WM Sonderbeil Nr. 8/91, 4 mN; → Vor § 631 Rn. 5); **Beherbergungsvertrag** (BGHZ 77, 116); **Belegarztvertrag** (BGH NJW-RR 2006, 1427); **Bierlieferungsvertrag** (BGHZ 129, 371 ff.; → Rn. 14, 29; → § 433 Rn. 8; → Vor § 488 Rn. 14); **Energieversorgungsvertrag** im Sonder- und Tarifkundenbereich vgl → Rn. 15; **Factoring-Vertrag** (echtes Factoring – Forderungskauf –: BGHZ 76, 125; ie → § 398 Rn. 30; unechtes Factoring – Kreditgewährung –: BGHZ 82, 61; ie → § 398 Rn. 31; → Vor § 488 Rn. 13); **finanzierte RGeschäfte:** §§ 358, 495 mit Anm; sa u → Rn. 29; **Franchisevertrag** (BGHZ 97, 351; 128, 160 ff.; Haager NJW 1999, 2081); **Garantievertrag** (BGH NJW-RR 2001, 1611; Grützner/Schmidl NJW 2007, 3610); **Heimverträge** (vgl § 5 HeimG; → Rn. 30); **Hofübergabevertrag** (BGHZ 3, 211; → § 311b Rn. 24); **Hotelaufnahmevertrag** (BGHZ 71, 177; NJW 1963, 1449; → Rn. 30; → § 701 Rn. 3); **Inzahlungnahme** von Gebrauchtwagen bei Neuwagenkauf, in unterschiedlichen Formen möglich (BGHZ 83, 337 f.); früher üblich: Ersetzungsbefugnis (BGHZ 46, 340, str; vgl BGHZ 89, 128 f. mN; aA OLG Oldenburg NJW-RR 1995, 690; LG Wuppertal NJW-RR 1997, 1416: Gemischter Vertrag – Kauf/Tausch); neuere Praxis: Agenturvertrag (BGH NJW 1982, 1699 mN; vermittelnd Behr AcP 185, 410 ff.; → § 675 Rn. 12 „Agenturverträge“); **Krankenhausaufnahmevertrag** (→ § 278 Rn. 16; → Vor § 611 Rn. 24); **Kreditkartengeschäft** (BGHZ 114, 241; 125, 349); **Leasingvertrag** (→ Vor § 535 Rn. 5 ff.); **Lizenzvertrag** (BGHZ 105, 377 f.); **Optionsvertrag** (→ § 463 Rn. 8); **Partnerschaftsvermittlung** (BGHZ 112, 122; → § 656 Rn. 3); **Poolvertrag** (BGH NJW 1989, 896; Wenzel WM 1996, 561); **Schiedsgutachtenvertrag** (→ § 317 Rn. 3 ff.); **Schiedsrichtervertrag** (BGHZ 98, 34 f.); **Schiedsvertrag** (→ § 317 Rn. 8); **Schuldmitübernahmevertrag** (kumulative Schuldübernahme; → Vor § 414 Rn. 2; → Vor § 765 Rn. 18); **Software-Verträge** (BGHZ 102, 139 ff. mN); **Sponsoringvertrag** (BGH NJW 1992, 2690); **Swap-Verträge** (Lehmann NJW 2016, 2913); **Telekommunikationsdienstleistungen** (BGH NJW 2007, 438; NJW 2007, 1949); **Ticketkauf** bei Vorverkaufsstelle: Rechtskauf (BGH NJW 2022, 2830); **Time-Sharing-Verträge** (BGHZ 125, 227 f.; 130, 150; für nach dem 1.1.1997 geschlossene Verträge gilt das TzWrG bzw ab dem 1.1.2002 die §§ 481 ff.); **Treuhandvertrag** (BGHZ 101, 393; NJW 1966, 1116; → § 675 Rn. 12); **Veranstaltungsverträge** (Oper – AG Aachen NJW 1997, 2058; Konzert – AG Herne NJW 1998, 3651); **Versteigerungsvertrag** (BGH ZIP 1985, 551); **Werbeagenturvertrag** (OLG München BB 1995, 2290); **Zeitungsbezugs-**(Abonnements-) **vertrag** (BGHZ 70, 358); **Zuschauervertrag** (BGHZ 211, 375).

4. Atypische Verträge. Das Schuldverhältnis kann weder einem ges Vertragstyp 26
(→ Rn. 24) noch einem verkehrstypischen Vertrag (→ Rn. 25) zugeordnet werden. Es hat lediglich individuellen Charakter. Bsp: Unentgeltliche Theaternutzung (BGH NJW 1992, 496); Dienstleistungen zwischen nahen Verwandten (BGH NJW-RR 1986, 155); Unterhaltsvereinbarung in sog Stiefkindfällen (s. OLG Hamm NJW 1988, 830); Aufstellen von Leitungs- oder Sendemasten auf Grundstücke (BGH LM Nr. 11 § 241); uU Vereinbarung nichtehelicher Lebensgemeinschaft (idR kein Vertrag: BGHZ 97, 378 mN; → Rn. 27).

5. *Rechtliche Behandlung.* Bei den ges normierten Verträgen (→ Rn. 24) gilt 27
in erster Linie die Spezialregelung des entspr Vertragstyps, daneben allg Schuldrecht und AT; bei atypischen Verträgen (→ Rn. 26) ist neben dem AT lediglich das allg Schuldrecht anwendbar; uU kann aber auch das Recht ähnlicher, ges geregelter Vertragstypen herangezogen werden. Bei den verkehrstypischen Verträgen (→ Rn. 25) kommt über § 157 („Verkehrssitte“) die Verkehrsgewohnheit und -auffassung ergänzend zur Anwendung. IÜ ist zu berücksichtigen, dass die Parteien an sich anwendbares dispositives Recht eines bestimmten Vertragstyps ausdr oder stillschweigend (ganz oder teilw) abdingen können. Dadurch werden die „Reinformen“ der ges oder verkehrsüblichen Vertragstypen mehr oder weniger stark abgewandelt und vermischt (→ Rn. 28 ff.). Das anwendbare Recht richtet sich dann

nach dem „nächsten" Vertragstyp (ie → Rn. 30 ff.). Dies gilt jedoch nur für Individualvereinbarungen. Durch AGB kann der ges Vertragstyp nicht abgeändert werden (BGHZ 74, 269; → Rn. 23).

V. Vertragsverbindungen und gemischte Verträge

28 **1. Vertragsverbindung.** Es handelt sich um mehrere Verträge zwischen idR den gleichen Parteien, wobei zwischen den Verträgen ein tatsächlicher oder wirtschaftlicher Zusammenhang besteht. Die Verträge sind rechtlich selbstständig, doch kann die Durchführung des einen die Geschäftsgrundlage (§ 313) des anderen sein. Bsp: Kauf- und Leasingvertrag (BGHZ 94, 48; 114, 67); Inzahlungnahme von Altgerät und Neugeschäft (vgl BGHZ 83, 336; 89, 129), namentlich Neuwagenkauf und Agenturvertrag über Gebrauchtwagen (→ § 675 Rn. 12); Dienstvertrag und Mietvertrag über Werkwohnung (dazu §§ 576 ff.).

29 **2. Zusammengesetzte (gekoppelte) Verträge.** Solche liegen vor, wenn mehrere Verträge (nicht notwendig: BGHZ 101, 396; NJW-RR 1993, 1421 mN) zwischen den gleichen Parteien nach dem Parteiwillen lediglich Bestandteile eines einheitlichen Gesamtvertrages bilden, so dass sämtliche Geschäfte miteinander „stehen und fallen" sollen (BGHZ 76, 49; 101, 396; 112, 378). Anhaltspunkte für Vertragseinheit: Gleichzeitiger Abschluss, einheitliche Urkunde (BGHZ 89, 43; NJW 1987, 2007), rechtlicher Zusammenhang zwischen den verschiedenen Vertragsbestandteilen (zB Bedingungsverhältnis; „wirtschaftliche Einheit" ist nur Indiz: BGHZ 101, 297; NJW-RR 1988, 351; weitergehend § 358 III). Abschluss äußerlich getrennter Verträge kann für rechtliche Selbstständigkeit sprechen (BGHZ 101, 396), nicht schon Aufteilung in mehrere Vertragsformulare (BGHZ 67, 394). **Bsp:** Brauereidarlehen und Bierbezugsvertrag (OLG München NJW 1968, 1881); Miete/Pacht und Getränkebezugsvertrag (OLG München BB 1995, 329); Franchisevertrag, Überlassungs- und Mietvertrag (BGH BB 1986, 1116); Finanzierungsbearbeitung und Finanzierungsvermittlung (BGH NJW 1983, 986); Grundstückskauf und Bauvertrag (BGHZ 78, 349; 79, 105: Bauträgervertrag; uU anders aber bei Hausbauauftrag in Erwartung des Grundstückskaufs, BGHZ 76, 49, uU überhaupt unzulässig, s. u); Vertragswerk in Form des sog Ersterwerbermodells (BGH NJW-RR 1988, 351); uU Vertrag über Hard- und Software (BGH NJW 1987, 2007); Kreditvertrag und finanzierter Vertrag mit Verbraucher (vgl § 358 III und dort → § 358 Rn. 2 ff.). **Koppelungsverbote** bestehen uU beim Kauf von Baugrundstücken für Architektenbindung (Ges zur Regelung von Ingenieur- und Architektenleistungen v 4.11.1971 [BGBl. I, 1749], § 3), bei der Wohnungsvermittlung für Bezug von Waren oder Inanspruchnahme von Dienst- oder Werkleistungen (§ 3 IV WoVermRG; dazu → Vor § 652 Rn. 13) und nach § 2 V 2 FernUSG. **Rechtliche Behandlung** zusammengesetzter Verträge: Mangel eines Einzelvertrags (zB gem §§ 125, 311b I) hat iSd §§ 139, 326, 346 Gesamtwirkung (BGHZ 71, 39 f.; NJW 1976, 1931 für Rücktritt; iE → § 139 Rn. 3 und → § 311b Rn. 19).

30 **3. Gemischte Verträge:** In einem einzigen Vertrag sind Bestandteile mehrerer Vertragstypen zu einer Einheit verbunden. Einteilung (sa Larenz/Canaris, SchR II/2, § 63 I): **a) Typenkombinationsvertrag:** Die von einer Partei geschuldete Gesamtleistung setzt sich aus mehreren Hauptleistungen zusammen, die verschiedenen Vertragstypen zugehören. Bsp: Eigenheimerwerbsvertrag (Kauf und Werkvertrag, BGH NJW 1982, 2243 mN; krit Köhler NJW 1984, 1321); Bausatzvertrag (Kauf-, Dienst- und Werkvertrag, BGHZ 78, 377); Hotel-(Gast-)aufnahmevertrag (Miete und Kauf-, Dienst- und Werkvertrag, → § 701 Rn. 3); Bewirtungsvertrag (Ramrath AcP 189, 559); Altenheimvertrag (Miet- und Dienst- und Kaufvertrag, BGHZ 73, 351; NJW 1981, 342; vgl § 5 HeimG); Abonnementsvertrag über Börsendienst (Liefer- und Beratungsvertrag, BGHZ 70, 360, str); vertragliche Nutzung von Datenbank (Pacht und Kaufvertrag, Mehrings NJW 1993, 3105, str); Bauträgervertrag (Werk- bzw Werklieferungs-, Kauf-, Geschäftsbesorgungsvertrag bzw Auf-

trag; BGHZ 96, 277 f.); Franchisevertrag (Kauf-, Pacht-, Dienst-/Werkvertrag; ie str, vgl abw Emmerich JuS 1995, 762 f.: Lizenzvertrag iSv Rechtspacht); Gestellung von Maschine und Bedienungsmann (idR Miete und Dienstverschaffungsvertrag, → § 278 Rn. 16); Zuschauervertrag (BGHZ 211, 375). Im Regelfall lässt sich hier für die jeweils zu beurteilende vertragliche Leistung auf den ihr entsprechenden Vertragstyp zurückgreifen (Kombinationstheorie, vgl Erman/Dieckmann vor § 311 Rn. 17). Die ggf gebotene Gesamtbetrachtung des einheitlichen Vertrags bzw Treu und Glauben können eine abw Beurteilung nach der Interessenlage rechtfertigen (→ Rn. 33). Sind die Leistungspflichten untereinander nicht gleichwertig, bildet vielmehr eine eindeutig einen Schwerpunkt im Leistungsgefüge, so handelt es sich um einen typischen Vertrag (→ Rn. 24 f.) mit andersartiger Nebenverpflichtung. Beim Kauf begründet aber zB die „vereinbarte" Montage uU eine Hauptleistungspflicht (vgl § 434 II 1 und dort → § 434 Rn. 18). **b) Austauschvertrag mit** 31
anderstypischer Gegenleistung: Die Parteien tauschen Leistungen aus, die verschiedenen Vertragstypen angehören. Bsp: Hausmeistervertrag (Wohnungsüberlassung gegen Dienstleistung); Dienstleistung gegen Sozietätszusage (BAG BB 1976, 139). **c) Typenverschmelzungsvertrag:** Die (einheitliche) Leistung des Schuld- 32
ners ist wertmäßig (nicht in real trennbaren Teilen) verschiedenen Vertragstypen zugeordnet. Bsp: Gemischte Schenkung (einheitliche Sachleistung ist zT unentgeltlich [insoweit Schenkung], zT entgeltlich [insoweit Kauf]; dazu ie → § 516 Rn. 17 f.). **d) Rechtliche Behandlung:** Schematische Lösungen sind nicht mög- 33
lich (→ Rn. 30). Auszugehen ist vom (mutmaßlichen) Parteiwillen (§§ 133, 157), der nach der Interessenlage zu ergänzen ist (BGH NJW 2002, 1337: Sinn und Zweck gesetzlicher Regelung für im Gesamtvertrag enthaltenen Vertragstyp sowie Interessenlage). Iü ist nicht zwingend auf das Recht der *Hauptleistung* abzustellen (uU aber im Einzelfall, so BGHZ 71, 177; 72, 232 f.; 74, 275 für die Verjährung; weitergehend die Absorptionstheorie: stets). Häufig wird eine sachgerechte Lösung darin bestehen, auf das Recht des gestörten Vertragsbestandteils abzustellen (so allg die Kombinationstheorie, im Einzelfall zB BGH NJW 2002, 1337: Gebot, sachnächste Vorschriften anzuwenden, soweit nicht Widerspruch zum Gesamtvertrag für Verjährung; → Rn. 30; BGH WM 1984, 942 für Gewährleistung; BAG BB 1976, 139 für Zuständigkeit), soweit im Einzelfall möglich, ist das Recht sämtlicher Vertragstypen zu berücksichtigen.

VI. Rechtsgeschäftsähnliche Schuldverhältnisse, Verschulden bei Vertragsverhandlungen (culpa in contrahendo) – II, III

Lit.: Canaris, Vertrauenshaftung im Lichte der Rechtsprechung, FG Wiss I 2000, 129 ff.; Brors, Vertrauen oder Vertrag – gibt es eine Haftung für Wertgutachten nach § 311 Abs. 3 BGB? ZGS 2005, 142 ff.; Dauner-Lieb, Kodifikation von Richterrecht, in: Zivilrechtswissenschaft und Schuldrechtsreform, 2001, S 305–328; Fleischer, Konkurrenzprobleme um die cic, AcP 200, 91 ff.;Grigoleit, Vorvertragliche Informationshaftung, 1997; Hasselbach/Ebbinghaus, Vorvertragliche Pflichtverletzung als Haftungsfalle beim Unternehmenskauf, DB 2012, 216; Hauck/Blaut, Die (quasi-)vertragliche Haftung von Plattformbetreibern, NJW 2018, 1425; Hübner, Schadensersatz wegen Täuschung beim Unternehmenskauf, BB 2010, 1483; Keller, Schuldverhältnis und Rechtskreisöffnung, 2007; Koch, § 311 Abs. 3 als Grundlage einer vertrauensrechtlichen Auskunftshaftung, AcP 204, 59; Köndgen, Die Positivierung der culpa in contrahendo als Frage der Gesetzgebungsmethodik, in: Die Schuldrechtsreform vor dem Hintergrund des Gemeinschaftsrechts, 2001, S 231–242; Krebs, Sonderverbindung und außerdeliktische Schutzpflichten, 2000; Maier, Die Aufklärungspflicht des Anlageberaters über vereinnahmte Provisionen, VuR 2010, 25; Singer, Vertrauenshaftung beim Abbruch von Vertragsverhandlungen, in: Kontinuität im Wandel usw, Beiträge für C. W. Canaris, 2002, S 135.

1. Allgemeines. a) Grundlagen. Das SchRModG hat das gewohnheitsrechtlich 34
anerkannte, bislang ungeschriebene Rechtsinstitut des Verschuldens bei Vertragsverhandlungen (culpa in contrahendo, cic) in § 311 II, III kodifiziert. Es handelt sich um ein **ges Schuldverhältnis** ohne primäre Leistungspflichten, das für die Beteiligten bestimmte (vorvertragliche) Verhaltenspflichten nach § 241 II (zu Aufklärung, Mitteilung, Obhut, Sorgfalt) begründet. Grund: Einfaches, uU gesteigertes Vertrauen

(grundlegend Larenz SchR I § 9 I und FS Ballerstedt, 1975, 399 ff.; BGHZ 60, 223,
35 226; 71, 393; NJW-RR 1988, 786: „enttäuschtes Vertrauen"). **b) Bedeutung.** Das Schuldverhältnis nach **II, III** erstreckt die strengere Vertragshaftung (Schutz bei fahrlässiger Vermögensschädigung; § 280 I 2 und § 278) auf das Stadium der Vertragsanbahnung und schließt damit die zwischen dem Vertrags- und dem (insoweit unzulänglichen) Deliktsrecht bestehende Haftungslücke. Da seit 2002 bei Verletzung der in § 253 II genannten Rechtsgüter auch außerhalb deliktischer Ansprüche ein Schmerzensgeld verlangt werden kann, gewinnt die Haftung aus dem vorvertraglichen Schuldverhältnis zusätzlich an Bedeutung. **§ 311 II** nennt drei Tatbestände, in denen ein Schuldverhältnis mit den Pflichten des § 241 II entsteht (→ Rn. 43–45). **III** stellt klar, dass das Schuldverhältnis auch die Haftung eines Dritten begründen
36 kann, der selbst nicht Vertragspartner werden soll (→ Rn. 49). **c) Anspruchsgrundlage** ist § 280 I; vorvertragliche Pflichtverletzungen begründen kein Rücktrittsrecht nach § 324 und keinen Anspruch auf Schadensersatz statt der Leistung nach §§ 282, 280 (→ § 323 Rn. 5; → § 281 Rn. 4). Das Pflichtenprogramm, das mit dem Schuldverhältnis nach **II** und **III** begründet wird, wird in § 241 II nur umschrieben, aber nicht im Einzelnen festgelegt. Die bislang anerkannten Fallgruppen (dazu → Rn. 60 ff.) behalten ihre Gültigkeit. **Wichtigste Fälle der Haftung** sind: Das angebahnte Vertragsverhältnis kommt nicht (wirksam) zustande, infolge der Pflichtverletzung kommt ein dem anderen Teil nachteiliger, sonst nicht geschlossener Vertrag zustande oder der andere Teil wird in sonstiger Weise in seinen Rechtsgütern
37 geschädigt. **d) Abgrenzung. aa)** Cic ist anwendbar neben §§ 119, 123 (→ Rn. 62) und §§ 823 ff. (→ Rn. 63), s. BGH NJW 2006, 847; NJW-RR 2002, 309; auch
38 nach erfolgter Anfechtung (OLG München NJW 2013, 946). **bb) Mängelhaftung.** Der Anspruch aus § 280 iVm **§ 311 II** wird im **Kauf- und Werkvertrag** durch die ges Regelungen für Sach- und Rechtsmängel (§§ 437 ff., 634a ff.) ausgeschlossen, wenn sich die Aufklärungspflichtverletzung auf einen Umstand bezieht, der zur Verletzung der Pflichten des Verkäufers/Werkunternehmers nach §§ 433, 434 (beachte: I 3), 435 bzw §§ 631, 634 führt. Die Aufklärungspflichtverletzung begründet lediglich das Vertretenmüssen des Mangels (dh der Pflichtverletzung gem § 280 I) nach §§ 276, 278, geht aber iÜ in der weitergehenden Pflichtverletzung auf und begründet keinen selbstständigen Schadensersatzanspruch. Zwar könnte mit Wegfall des Vorsatzerfordernisses nach § 463 aF (jetzt Haftung auch für Fahrlässigkeit: § 437 Nr. 3, 276) Parallelität bejaht werden, ein Bedürfnis hierfür besteht angesichts des ausdifferenzierten Gewährleistungsrechts und der geänderten Verjährung (§ 438) jedoch nicht. Die bish Rspr, welche bei Vorsatz eine zur Sachmängelhaftung konkurrierende cic bejahte (BGH NJW 1995, 2160; NJW-RR 1998, 1132), sollte nach der Schuldrechtsreform ebenso aufgegeben werden wie die Annahme, bei Rechtsmängeln komme cic neben Kaufrecht zur Anwendung (BGH NJW 2001, 2875; s. jetzt §§ 435, 437 ff.). BGHZ 180, 214 (mwN zum Streitstand; zust Roth JZ 2009, 1174) hält nunmehr jedoch daran fest, den Vorrang kaufrechtlicher Regelungen bei vorsätzlichen Falschangaben des Verkäufers zu durchbrechen (so auch → § 437 Rn. 34). Soweit §§ 434, 633 nicht eingreifen, ist cic anwendbar (BGH NJW 2002, 211 mN; OLG Stuttgart NJW-RR 2019, 628 für Haftung des Dritten wegen falscher vorvertraglicher Angaben). Die Mängelhaftung im **Mietvertrag** gem § 536 f.
39 schließt Haftung nach § 311 II ebenfalls aus (vgl BGHZ 136, 106). Bei **selbstständigen Beratungspflichten** (BGH NJW 1997, 3228; NJW 1999, 3192) und **sonstigen Beratungspflichten** (vgl BGH NJW 1985, 2472), deren Verletzung nicht zu einem Mangel führt (vgl aber § 434 II 2), tritt der Anspruch aus § 280 iVm **II** neben
40 die Ansprüche aus dem Kaufvertrag. **cc)** Sonstige Fälle des Ausschlusses der cic:
41 *§§ 19 ff. VVG nF.* **dd)** Mit dem Zustandekommen eines wirksamen Vertrags sind diesem die Pflichten nach *§ 241 II* zu entnehmen, sofern nicht ein Dritter
42 (→ Rn. 64) haftet. **e) Anwendungsbereich:** Umfasst auch das öffentl Recht (BGHZ 71, 392 mN; NJW 1986, 1109 f.; NJW-RR 1992, 1436; Jäckle NJW 1990, 2521) und das fiskalische Handeln (BGH MDR 2000, 1248; vgl → § 280 Rn. 2); Geltendmachung erfolgt vor Verwaltungsgerichten, soweit öffentl-rechtliche Ver-

träge betroffen sind und Sachnähe der Pflichtverletzung zum Vertrag überwiegt (BVerwG NJW 2002, 2894; OVG Weimar NJW 2002, 386; OVG Koblenz NJW 2002, 3724).

2. Vorvertragliches Schuldverhältnis (II). a) Entstehung: aa) Aufnahme 43
von Vertragsverhandlungen (II Nr. 1) bildet den Grundtatbestand des vorvertraglichen Schuldverhältnisses. Kein vorvertragliches Schuldverhältnis entsteht bei unbestellt zugesandter Ware an Verbraucher (§ 241a I). Einseitige Kontaktaufnahme genügt nicht (anders Nr. 2). Genaue Abgrenzung zu **II Nr. 2** schwierig, aber unerheblich. **bb) Anbahnung eines Vertrages (II Nr. 2).** Tatsächliche Begründung 44
eines „rechtsgeschäftlichen Kontakts" genügt (BGHZ 66, 54; Larenz SchR I § 9 I; zum Letter of intent Bergjan ZIP 2004, 395), Aufnahme der eigentlichen Vertragsverhandlungen ist nicht erforderlich. Bsp: Betreten von Verkaufsräumen (einschließlich Parkplatz) als möglicher Kunde, wenn auch noch ohne festen Kaufentschluss, nicht aber von sonstigen Besuchern (Ladendieb, sich unterstellender Passant, vgl BGHZ 66, 55; OLG Saarbrücken WM 2012, 152); Beteiligung an einem Ausschreibungsverfahren nach VOB/A oder VOL/A (BGHZ 190, 92 f. [dort auch zur Aufgabe des zusätzlichen Vertrauenselementes auf Seiten des Bieters, BGHZ 190, 92, 94 mAnm Bitterich JZ 2012, 316]; BGHZ 173, 33, 38; NJW 2000, 661; NJW 2001, 3698), jedoch nicht für Bieter, dessen Angebot zwingend auszuschließen ist (BGH WM 2005, 2063). Bei Zusendung von unbestellter Ware ist § 241a zu beachten. Zur Verletzung von **Verkehrssicherungspflichten** allg → § 823 Rn. 39: richtet sich je nach Gefahrenpotenzial u. Aufwand; regelmäßige Sichtkontrollen im Kassenbereich auch bei Baumarkt notwendig (OLG Hamm NJW-RR 123, 1242); auch in Discountmarkt gefahrloses Gehen und Entnehmen von Ware (OLG Frankfurt a. M. NJW-RR 2013, 804). **cc) Ähnliche geschäftliche Kontakte (II Nr. 3)** 45
bilden einen Auffangtatbestand, der klarstellt, dass die in **Nr. 1** und **2** beschriebenen Situationen nicht abschließend sind (BT-Drs. 14/6040, 163). Der Kontakt muss aber ein bes Vertrauensverhältnis rechtfertigen. Dies kann der Fall sein, wenn ein mit dem wahren Schuldner verflochtenes Unternehmen den Gläubiger zu Vermögensdispositionen veranlasst (BGH NJW 2001, 2717); uU Auskünfte im Rahmen beruflicher Tätigkeit bei wesentlicher Bedeutung für den Empfänger (Canaris JZ 2001, 520); Hinweispflichten bei nichtigem Vertrag (BGH NJW 2005, 3209). Nicht ausreichend sind bloße soziale Näheverhältnisse ohne Bezug zu einem rechtsgeschäftlichen Handeln. Daher kann Nr. 3 in reinen Gefälligkeitsverhältnissen keine Haftung begründen (BGH NJW 1992, 2472; OLG Frankfurt a. M. VersR 2006, 918; Krebber VersR 2004, 156; aA Canaris JZ 2001, 520; Erman/Dieckmann Rn. 22; weitere Nachw. bei BGH NJW 2010, 3087). Eine hinreichende Sonderbeziehung wird auch nicht durch die Geltendmachung eines unberechtigten oder gerichtlich nicht weiterverfolgten Anspruchs begründet (BGH NJW 2007, 1459). **dd)** Das ges 46
Schuldverhältnis **endet** mit (dem Verhandlungspartner erkennbarer) Aufgabe des geschäftlichen Kontakts und geht bei wirksamem Abschluss des angebahnten Vertrags (andernfalls Fortbestand) im vertraglichen Schuldverhältnis auf (Larenz SchR I § 9 II; hM); beim nichtigen Vertrag (Bsp §§ 134, 138) besteht Haftung aus **II** fort; wegen „nachvertraglicher" cic vgl → Rn. 48. **b) Inhalt:** Nur Verhaltenspflichten 47
(§ 241 II, dort → § 241 Rn. 10), keine primären Leistungspflichten. **c) Parteien** 48
sind die Verhandlungspartner, bei Einschaltung von Vertretern (Hilfspersonen) grds der Vertretene (Partei des angebahnten Vertrags; BGHZ 71, 286; 88, 68; 103, 313; NJW-RR 1988, 161), ausnahmsweise auch **„bes" Vertreter** und in die Vertragsverhandlungen (-durchführung) einbezogene Hilfspersonen (**III;** ie → Rn. 49 f.), auch wegen eines Verhaltens **nach** Zustandekommen des Vertrags (BGHZ 70, 344: „nachvertragliche" Vertrauenshaftung). Der aus cic Verpflichtete (nicht der Berechtigte) muss geschäftsfähig sein (Grüneberg/Grüneberg Rn. 26 → Rn. 51). Auch als **Berechtigte** können Dritte in den „Schutzbereich" des ges Schuldverhältnisses einbezogen sein (vgl → § 328 Rn. 24). Bsp: Verletzung von Angehörigen (BGHZ 66, 57) und sonstigen Begleitpersonen (Dahm JZ 1992, 1170 ff.).

49 **3. Schuldverhältnis mit Dritten (III). a) Entstehung. III** stellt klar, dass ein ges Schuldverhältnis mit den Pflichten aus § 241 II ausnahmsweise auch zu Dritten bestehen kann, die nicht Vertragspartei werden sollen. Dies durchbricht den Grundsatz der Relativität von Schuldverhältnissen. Das SchRModG greift die von Rspr und Lehre entwickelte Haftung Dritter aus cic auf, ohne nähere Vorgaben für das Entstehen des Schuldverhältnisses aufzustellen. Lediglich beispielhaft nennt **III 2** die Inanspruchnahme bes persönlichen Vertrauens durch den Dritten als Anwendungsfall. Daneben („insbes") gelten die bish anerkannten Fallgruppen der Haftung Dritter, insbes die des eigenen wirtschaftlichen Interesses des Dritten und der Sachwalterhaftung fort (→ Rn. 64). Dies gilt auch für die Fälle der **Gutachterhaftung,** die teilweise schon bish als Sachwalterhaftung nach cic betrachtet wurden (zB BGHZ 111, 319; WM 2011, 911; BGH JZ 1995, 441; sa Finn NJW 2004, 3752), überwiegend jedoch über die Figur des **Vertrages mit Schutzwirkung für Dritte** nach eigenen, teilweise strengeren Voraussetzungen (zB Vorhersehbarkeit der Verwendung des Gutachtens gegenüber Dritten, Einzelheiten → § 328 Rn. 19–40) gelöst werden (Krebs, Sonderverbindung und außerdeliktische Schutzpflichten, S. 387 ff.; Schwab JuS 2002, 872; BGH NJW 2004, 3035; NJW 2004, 3420; zu einer Annäherung an Sachwalterhaftung iS eigenständiger Dritthaftung vgl MüKoBGB/Emmerich Rn. 212 f. mN; Koch AcP 204, 59 für Auskunftshaftung). Trotz der Intention des Gesetzgebers (BT-Drs. 14/6040, 163) Abs. 3 anzuwenden, sollte an der Lösung über vertragliche Schutzwirkung festgehalten werden (str, wie hier Grüneberg/Grüneberg Rn. 60 mN, iE auch BGHZ 127, 378; OLG Hamm NJW-RR 2013, 1522;
49a OLG Düsseldorf WM 2009, 2375). **b) Inhalt. Nur** Verhaltenspflichten (§ 241 II;
49b keine Leistungspflichten). **c) Wirkung.** Nach **III** wird nur die Haftung des Dritten begründet; die Berechtigung Dritter aus einem vorvertraglichen Schuldverhältnis ergibt sich aus dessen Einbeziehung in den Schutzbereich (vgl → § 328 Rn. 24; BT-Drs. 14/6040, 163; aA Canaris JZ 2001, 520; Teichmann BB 2001, 1492). Einzelheiten → Rn. 64, 65.

50 **4. Voraussetzungen der Haftung aus § 280. a) Pflichtverletzung (§ 280 I 1 iVm § 241 II).** Jede Verletzung einer vorvertraglichen Verhaltenspflicht (→ Rn. 36) kommt in Frage, insbes einer Pflicht zu **Aufklärung, Hinweis, Beratung, Schutz, Obhut, Fürsorge** (ie → § 241 Rn. 10; → § 242 Rn. 19 ff., 24 ff.). Dabei muss der anderen Vertragspartei nicht ihr Vertragsrisiko abgenommen werden, denn die Vorteilhaftigkeit des Vertrages muss jede Partei eigenständig prüfen. Gleichwohl kann für Umstände, die erkennbar ausschlaggebend für die Willensbildung des anderen Teils sind, im Rahmen der Zumutbarkeit, eine Aufklärungspflicht bestehen. Bestehen und Umfang sind im Einzelfall zu bestimmen (zB BGH NJW 2017, 2403 Rn. 18, → Rn. 60 ff.). Für die Begründung der Pflicht ist häufig ein Vertrauenstatbestand entscheidend. Bei der Anbahnung von Verbraucherverträgen gelten zahlrei-
51 che ges Aufklärungspflichten. **b) Vertretenmüssen (§ 280 I 2):** Eigenes Verschulden (§ 276) oder das von Hilfspersonen (→ § 278 Rn. 3), im Fall der → Rn. 61 weitergehend uU Garantieübernahme (→ § 276 Rn. 41) und im Fall der → Rn. 62 auch das aller „Nichtdritten" iSv § 123 II (BGH NJW 1990, 1662; krit Medicus JZ 1990, 342). **Beweislastverteilung:** → § 280 Rn. 25; Sondervorschrift mit teilw Beweislastumkehr: § 37d IV 2 WpHG. **Geschäftsunfähige** (§ 104) und **beschränkt Geschäftsfähige** (§§ 106, 114) haften nicht (arg §§ 107, 108), werden aber berechtigt (BGH NJW 1973, 1791; aA Erman/Dieckmann Rn. 24: Haftung § 179 III 2 analog mit § 828). **Haftungsmaßstab:** IdR § 276 I 1, ges Haftungserleichterungen können sich uU aus dem angebahnten Geschäft ergeben (zB §§ 521, 690, str; vgl BGHZ 93, 27 ff. [diff]; Strätz, FS Bosch, 1976, 1008), ferner bei betrieblicher Tätigkeit (→ § 276 Rn. 53; → § 619 Rn. 2 ff.). Vertragliche **Freizeichnung** bei wirksamem Vertragsschluss umfasst iZw nicht die cic-Haftung (BGH NJW 1981, 1035 f.; WM 1991, 10). Haftung für grob fahrlässige cic ist durch AGB nicht abdingbar (§§ 309 Nr. 7b; 310 III Nr. 2), Haftung für einfache Fahrlässigkeit auch nicht im Hinblick auf Verletzung von Leben-, Körper und Gesundheit (§§ 309

Nr. 7a; 310 III Nr. 2). Wirksame Haftungsbeschränkung kommt dem *persönlich* haftenden Dritten (→ Rn. 64) idR zu Gute (BGHZ 79, 287). **c)** Der **Schaden** kann 52
in Personen- und Sachschäden bestehen (→ Rn. 63; Erhaltungsinteresse), bei Nichtzustandekommen des Vertrags (→ Rn. 60 f.) in Aufwendungen und entgangenen Geschäftsvorteilen (Vertrauensinteresse), uU auch im Interesse an der Wirksamkeit des Vertrags (Erfüllungsinteresse), bei Zustandekommen eines wirksamen Vertrags (→ Rn. 62) in der vertraglichen Bindung, sofern diese zu einer Verschlechterung der Vermögenslage geführt hat (→ Rn. 56).

5. Rechtsfolgen. a) Allgemeines. Der **Schadensersatzanspruch** richtet sich 53
ie nach der Art des eingetretenen Schadens (§§ 249 ff.). Vergeblicher Zeit- und Arbeitsaufwand sowie entgangene Geschäftsvorteile (→ Rn. 52) sind als entgangener Gewinn (§ 252) ersatzfähig (BGHZ 69, 36; NJW 1988, 2236). § 254 ist anzuwenden (BGHZ 99, 108 f. mN), nicht jedoch der Ausschluss nach §§ 122 II, 179 III (BGH WM 1987, 136). Mitverschulden wurde von BGH NJW 2002, 1335 jedoch verneint, wenn der Geschädigte in bes Maße auf den ihm freundschaftlich verbundenen Schädiger vertraute. **Verjährung** nach §§ 195, 199, soweit nicht kürzere Fristen des angebahnten Vertrags eingreifen oder Geltung beanspruchen, zB §§ 127 V InvG (→ Rn. 65); 51b BRAO; 68 StBerG; 51a WPO (BGHZ 100, 136); zur Prospekthaftung → Rn. 65. Dem persönlich haftenden Vertreter (→ Rn. 64) kommt bei wirksamem Vertragsschluss eine kurze vertragliche Verjährung zugute (ie BGHZ 87, 37). § 124 ist in den Fällen von → Rn. 62 nicht entspr anwendbar (BGH NJW 1979, 1984; aA Reinicke JA 1982, 6). Die Haftung wegen Verletzung von vorvertraglichen Aufklärungspflichten nach Art. 246, 247 EGBGB darf nicht zur Umgehung der Frist des § 355 II führen, soweit echtes Verhandlungsverschulden fehlt. **b) Anspruch auf Ersatz des Verletzungs-** und **Vertrauensschadens** ist 54
regelmäßige Folge aus cic; der Anspruch ist der Höhe nach nicht durch das Erfüllungsinteresse (§§ 122 I, 179 II) aus dem angebahnten Geschäft beschränkt (BGHZ 69, 56; 136, 105 f.; hM; allg zur Berechnung s. BGH NJW 1981, 2051; MDR 2000, 1248; OLG Dresden NJW 2002, 523). Korrekturen können jedoch anhand des Schutzzwecks der verletzten Pflicht erfolgen (zB BGH WM 2007, 878); beim Schadensersatz des Anlegers wegen Aufklärungspflichtverletzung durch Anlageberater sind außergewöhnliche Steuervorteile einer Fondsbeteiligung grds anzurechnen (OLG Celle WM 2009, 1797; OLG Schleswig WM 2010, 1071; dort auch zum Teilausgleich durch Besteuerung des Schadensersatzanspruchs). **c)** Ein **Anspruch** 55
auf Ersatz des Erfüllungsinteresses besteht ausnahmsweise, wenn der Vertrag ohne die cic wirksam (mit dem erstrebten Inhalt) mit dem Vertragspartner oder mit einem Dritten zustande gekommen wäre (BGHZ 108, 207 f.: unterbliebene Zusatzversicherung; BGHZ 120, 284: fehlerhafte Auftragsvergabe; BGH NJW 1998, 2900: unrichtiger Verteilungsschlüssel; BGH NJW 2001, 2875: falsche Angaben zu Mietvertrag bei Grundstückskauf; BGH NJW 2004, 2165 mN: Aufhebung von Ausschreibung, wenn Bieter bei Fortsetzung Zuschlag erhalten hätte) oder wenn ein bestehender, aber verjährter Anspruch sonst rechtzeitig geltend gemacht worden wäre (BGH NJW 2001, 2718). Bestand Pflichtverletzung in unterbliebener Aufklärung (→ Rn. 62), kommt Erfüllungsschaden nur in Betracht, wenn im Fall erfolgter Aufklärung *ein günstigerer* Vertrag geschlossen worden wäre (BGHZ 167, 40); Vertragsanpassung ist nicht möglich. Der Geschädigte kann auch am ungünstigen Vertrag festhalten und „Restvertrauensschaden" liquidieren (zB Mehrbetrag des zu teuer erworbenen Kaufgegenstandes → Rn. 57). Bei Formmangel des Vertrags (insbes gem § 311b I) geht der nur ausnahmsweise bei Erwecken eines Vertrauens in einen wirksamen Vertragsschluss bestehende Anspruch (vgl MüKoBGB/Emmerich Rn. 71) nicht auf Vertragsabschluss oder -erfüllung (→ § 242 Rn. 36), sondern auf das Erfüllungsinteresse in Geld, wenn bei korrektem Verhalten Vertrag zustande gekommen wäre (BGH NJW 1965, 814; str; aA MüKoBGB/Emmerich Rn. 219 ff.; Häsemeyer, Die ges Form der RGeschäfte, 1971, S. 64 ff.; BGHZ 92, 175 f. mN: je grds nur Vertrauensinteresse). Bei Versicherungsverträgen kann cic Erfüllungshaf-

56 tung des Versicherers begründen (BGH NJW 1989, 3096 mN). **d) Anspruch auf Rückgängigmachung (Aufhebung) des nachteiligen Vertrags** besteht bei Vermögensschaden in den Fällen von → Rn. 62, 65. Gegenüber dem Erfüllungsanspruch des anderen Teils begründet der Anspruch ein dauerndes Leistungsverweigerungsrecht (BGH NJW 1979, 1983). Bei Rückabwicklung besteht Pflicht zum
57 Aufwendungsersatz (s. BGHZ 115, 220 f.; 126, 173). **e) Anspruch auf Rückzahlung der überhöhten Gegenleistung.** Bleibt die geschädigte Partei in den Fällen der → Rn. 62 beim Vertrag stehen (stets zulässig: BGHZ 111, 82 mN, str), kann sie im Wege des Schadensersatzes Rückzahlung der geleisteten Vergütung verlangen, soweit diese den ohne cic angemessenen Betrag übersteigt. Dabei wird auf den Nachweis, dass der Vertragspartner auch zu diesen Konditionen den Vertrag geschlossen hätte, verzichtet (str, bejahend BGHZ 168, 35; 145, 382 f.; 114, 94; mN; Theisen NJW 2006, 3102; krit Kersting JZ 2008, 714; schadensersatzrechtliche *Minderung* nicht § 441 analog – BGHZ 168, 35); dies gilt auch im Falle der Sachwalterhaftung (BGH NJW-RR 1989, 151 mN). Krit zur Vertragsanpassung in diesen
58 Fällen Lorenz NJW 1999, 1001. **f) Anspruch auf Ersatz von Mehraufwendungen.** Ist die Vergütung selbst angemessen, entstehen aber bei → Rn. 62 zusätzliche Kosten, kann der Geschädigte deren Erstattung verlangen (BGHZ 111, 83; NJW-RR 1991, 601; NJW 1994, 664: unnötiger zusätzlicher Aufwand; ähnlich BGHZ
59 173, 39). **g)** Einen **Anspruch auf Erhöhung der Vergütung** hat die geschädigte Partei, wenn sie ihre Leistung infolge der cic nur unter erhöhten Aufwendungen erbringen konnte (schadensersatzrechtliche *Vertragsanpassung,* → § 313 Rn. 28), sonst grds keine Vertragsanpassung (BGH BB 2006, 1653).

60 **6. Fallgruppen. a) Haftung bei nicht zu Stande gekommenem (unwirksamen) Vertragsschluss.** Die Vertragsverhandlungen führen zwar (scheinbar) zu einem Vertragsschluss, der Vertrag ist aber in Wahrheit nicht zustande gekommen (nichtig, unwirksam); bei pflichtgemäßem Verhalten (klarer Ausdrucksweise; Aufklärung über bestehende Form- und Genehmigungserfordernisse, Abschlusshindernisse usw) wäre entweder ein wirksamer oder überhaupt kein Vertrag geschlossen worden. Bsp: schuldhaft verursachter Dissens (RGZ 104, 267) oder Vertretungsmangel (BGHZ 92, 175); schuldhafte Herbeiführung eines formnichtigen (BGHZ 116, 257 f. mN), gesetz-(sitten-)widrigen (BGHZ 99, 107 mN) oder nicht genehmigungsfähigen (BGH MDR 1982, 463) Vertrags; Verwendung unwirksamer AGB (BGHZ 99, 107; NJW 1988, 198); fehlender Hinweis auf (kommunal-)aufsichtliches Zustimmungs- oder Genehmigungserfordernis (BGH MDR 2000, 1248); Haftung kommunaler Gebietskörperschaften für Organe, die Kompetenzvorschriften missachten, kann nicht zu rechtsgeschäftlicher Bindung führen, aber zu sonstiger Schadenersatzpflicht (BGHZ 142, 51; OLG Düsseldorf NJW-RR 2013, 924). Ausübung des Widerrufsrechts gem § 355 ist kein Fall von cic (BGHZ 131, 7 für § 312 I aF). Im Bereich von **§ 311b I 1** kommt eine Schadensersatzpflicht idR nur bei bes schwerwiegender (vorsätzlicher) Treuepflichtverletzung in Frage (BGH DStR 2001, 802; NJW 1996, 1885; LG Heidelberg NJW-RR 2010, 1469; krit Singer, Beiträge
61 für C. W. Canaris, S. 135 [vor § 311b Rn. 34] S. 148 ff.). **b) Haftung bei Abbruch (Scheitern) von Vertragsverhandlungen.** Die die Vertragsverhandlungen ohne triftigen Grund (aus sachfremden Erwägungen) abbrechende Partei hat bei der anderen zurechenbar (§ 276 I gilt: BGH NJW 1979, 915; OLG Köln NJW-RR 1987, 801 mN, hM, abw Larenz SchR I § 9 I: § 122 entspr; diff. Weber AcP 192, 407 ff.) das Vertrauen auf das Zustandekommen des (idR formlos möglichen; für formbedürftige Verträge s. Kaiser JZ 1997, 448) Vertrags erweckt und sie dadurch zu Vermögensdispositionen veranlasst, die sie andernfalls nicht getroffen hätte (BGHZ 76, 349; DStR 2001, 802; NJW 2004, 2165; MDR 2018, 205). Bei gescheiterten Unternehmenskäufen entstehen im Vorfeld häufig hohe Kosten, die regelmäßig nicht über den hier umschriebenen Haftungstatbestand ersetzt werden können, da der Abbruch nicht grundlos erfolgt. Üblich ist daher die Vereinbarung sog „break-up fees" (s. Hilgard BB 2008, 286) zugunsten des Verkäufers. Wurde der Vertrags-

schluss als sicher hingestellt, ist Verschulden des Abbrechenden nicht erforderlich (so BGH NJW-RR 1989, 629; DtZ 1996, 144 mN, – jetzt: stillschweigende Garantieübernahme gem § 276 I, str; aA Kaiser JZ 1997, 449). Strenge Anforderungen, cic darf nicht zur Aushöhlung der Entschließungsfreiheit oder des **Formzwecks** führen (zutr BGHZ 92, 176; MDR 2018, 205; OLG Stuttgart WM 2007, 1743), daher löst die verweigerte Mitwirkung an der Beurkundung eines Grundstücksverkaufs oder die verweigerte Genehmigung vollmachtloser Vertretung nur in bes schwerwiegenden Fällen, etwa bei vorsätzlicher Treuepflichtverletzung, Schadensersatzansprüche aus (BGH NJW 2013, 928; OLG Saarbrücken NJW-RR 2014, 1331).

c) Haftung bei unlauterer Bestimmung zum Vertragsschluss. Die Vertragsver- **62**
handlungen führen zu einem (wirksamen) Vertragsschluss, bei pflichtgemäßem Verhalten (ausreichender Aufklärung, richtiger Belehrung, zutr Unterrichtung usw) wäre ein Vertrag dieses Inhalts aber nicht zustande gekommen; das vorvertragliche Verschulden beeinträchtigt die Willensbildung des anderen Teils und führt zu einem für ihn (iSv § 249) nachteiligen Vertragsschluss (BGH NJW 1998, 302; und NJW 1998, 898: Vermögensschaden erforderlich; nach richtiger aA bedarf es keines Vermögensschadens für Vertragsaufhebung als Naturalrestitution: Fleischer AcP 200, 111; Grigoleit NJW 1999, 900; MüKoBGB/Emmerich Rn. 78; auch nach BGH kann Schaden schon im „lästigen" Vertragsabschluss liegen). Bsp: Verheimlichung einer Schmiergeldzahlung an den Verhandlungsvertreter des Vertragspartners (BGH NJW 2001, 1066); fehlender Hinweis auf eine Provisionsabrede mit dem Vermögensverwalter des Vertragspartners (BGH NJW 2001, 963); Haftung für fahrlässig gemachte unrichtige Angaben („fahrlässige Täuschung") bei den Vertragsverhandlungen (BGHZ 71, 101, 105; 96, 311 f.; 111, 80; NJW 1998, 302) oder Verletzung einer Aufklärungspflicht (BGH NJW 2017, 3586 [Nichtaufklärung über weitere potenzielle Schadensursachen]). Zu Recht betont der BGH in stRspr, dass bei steuersparenden Bauherren-, Bauträger- und Erwerbermodellen eine Risikoaufklärung der nur **finanzierenden Bank** eine vorvertragliche Aufklärungspflicht im Rahmen des **Darlehensvertrages** nur ausnahmsweise (BGH ZIP 2009, 1054; ZIP 2005, 481; OLG München ZIP 2010, 1746) bestehe (aber uU konkludenter Beratungsvertrag: BGH NJW 2004, 1869; OLG Frankfurt a. M. NJW-RR 2015, 47; für Zurückhaltung insoweit Krüger NJW 2013, 1845). Aber strengere Haftung der Kredit gewährenden Bank bei **konkretem Wissensvorsprung:** etwa über sittenwidrige Übervorteilung, wenn Kaufpreis zB 100 % über Verkehrswert liegt (BGH NJW 2003, 2088); Kenntnis der finanzierenden Bank von deutlich überhöhtem Kaufpreis, der keine sittenwidrige Übervorteilung darstellt, begründet allein noch keine Aufklärungspflicht (BGH NJW 2000, 2352; NJW 2003, 424; NJW 2003, 2530 mN; dazu Stöhr WM 2017, 1288); Kenntnis von Altlastenproblematik bei Grundstückskauf (OLG Karlsruhe WM 2008, 1870); Kenntnis der Bank von arglistiger Täuschung des Kreditnehmers durch Fondsprospekt (BGH WM 2011, 2089; sa OLG München ZIP 2010, 1744 [Kenntnis einer von Prospektbeschreibung abw Fondsverwendung]; OLG München WM 2012, 168; OLG Karlsruhe WM 2010, 1408) und institutionellem Zusammenwirken mit Vertreiber des finanzierten Objektes (BGHZ 169, 22; 169, 109; ZIP 2010, 1482; ZIP 2010, 2140; NJW 2008, 2577; OLG Schleswig WM 2010, 258). Auf unzweckmäßige Kredittilgung durch Kapitallebensversicherung muss *nicht* hingewiesen werden (BGH NJW 2003, 2531). Bei Wertpapierdienstleistungen hat das Kreditinstitut strenge ges „Verhaltensregeln" zu beachten (§§ 31 ff. WpHG; zB kein Tätigwerden bei Interessengegensatz, iE Gaßner/Escher WM 1997, 93): dabei sind Erfahrungen und Kenntnisse des Kunden für das beabsichtigte Geschäft und seine finanziellen Verhältnisse zu berücksichtigen (BGH NJW 2004, 3629). Unterbliebene **Belehrung über Widerrufsrecht des Verbrauchers** bei verbundenen Geschäften kann zu Schadensersatzanspruch führen (EuGH NJW 2005, 3551), aber nur, wenn bei Abschluss des Darlehensvertrags noch keine Bindung an Kaufvertrag bestand (BGH WM 2006, 1195 [zweifelnd zum Verschulden im konkreten Fall]; OLG Celle NJW 2006, 1817; f. verschuldensunabhängige Haftung OLG Bremen WM 2006, 758). Von der **Haftung aus cic** zu unterscheiden

ist die Haftung von Vermittlern und Beratern aufgrund eines **eigenständigen Beratungsvertrages** (hierzu → § 280 Rn. 60). Ein solcher wird häufig konkludent geschlossen (s. BGH NJW 2011, 1949, nicht bei „execution only"-Auftrag an Direktbank: BGHZ 196, 370), bedarf jedoch wie jeder Vertrag zweier Willenserklärungen, so dass bloßes Angebot nicht genügt (OLG Frankfurt a. M. NJW-RR 2013, 374). Zu irreführenden Prospektangaben gegenüber Kapitalanlegern ie → Rn. 65 oder im Warenterminhandel und Optionshandel (BGH NJW 1981, 2810; NJW-RR 1998, 1271; BGHZ 124, 154 [dazu Grün NJW 1994, 1330]; BGH ZIP 2004, 1138; → Rn. 64); unvollständige Darstellung von steuerlichen Vorteilen beim Vertrieb von Ferienwohnungen (OLG Köln NJW-RR 1994, 144: Time-Sharing-Modell; sa nunmehr § 485 I); pflichtwidrig sind unterbliebener Hinweis auf Leerstand bei Verkauf von Wohnungs- oder Teileigentum als Anlageobjekt (BGH NJW 2008, 3699 [auch bei Mietgarantie des Verkäufers]); unrichtige Zuteilungsprognose beim Bausparvertrag (BGH NJW 1991, 695); unterbliebener Hinweis des Mieters, dass er in den Gewerberäumen ausschließlich Waren einer (politisch einschlägigen) Marke anbieten will (BGH NJW 2010, 3362; NZM 2010, 788; OLG Dresden NJW-RR 2012, 1295; zum Ganzen Emmerich NJW 2011, 2321). Der **RA** muss grds von sich aus über Mandatsbeziehungen der Kanzlei und Grenzen seiner Vertretungsbereitschaft aufklären (BGHZ 174, 186), Androhung mit Mandatsniederlegung zur Unzeit kann Drohung bzw Pflichtverletzung iSv §§ 123, 311 II sein: BGH NJW 2013, 1591. Zur Haftung führen auch falsche und irreführende **Werbeangaben** (vgl aber auch § 434 I 3); „Überrumpeln" des Kunden (OLG Bamberg NJW-RR 1997, 694; s. allg Lorenz NJW 1997, 2579); fahrlässige Falschberatung des Käufers über die Verwendbarkeit des Kaufgegenstands (BGH NJW 1962, 1197; → § 433 Rn. 23); unterlassene Aufklärung über spezielle Risiken trotz erkennbaren konkreten Wissensvorsprungs (OLG München NJW 1994, 667: Franchise-Vertrag, aber keine Aufklärung über allg Existenzgründungsrisiken durch Franchisegeber; OLG Schleswig NJW-RR 2009, 65); unterlassene Aufklärung des **Gebrauchtwagenverkäufers** über eigenen Erwerb von nicht im Kfz-Brief eingetragenen Zwischenhändler (BGH NJW 2010, 858). Im Anwendungsbereich der §§ 437, 634, 536a geht die Haftung wegen des Mangels vor (→ Rn. 38); dies gilt auch für den Unternehmenskauf (Redeker NJW 2012, 2471; Gaul ZHR 166 [2002], 65 ff.; aA wohl MüKoBGB/Emmerich Rn. 85 mN; sa Hasselbach/Ebbinghaus DB 2012, 216). Die **Anfechtungsregelung** der §§ 119 II, 123 f. lässt die cic-Haftung (auch für fahrlässige Täuschung) unberührt (BGH NJW 1998, 303 f.; NJW 1998, 898; NJW-RR 2002, 308; OLG München NJW 2013, 946; hM, str); Frist gem § 124 I gilt nicht (BGH NJW-RR 1988, 745 mN; NJW-RR 2004, 630; aA Fleischer AcP 200, 91 [119]; Schwab JuS 2002, 775; OLG Hamm NJW-RR 1995, 205). Zum Verhältnis
63 cic und Gewährleistung → Rn. 38 u → § 437 Rn. 34. **d) Haftung bei Verletzung von Schutzpflichten.** Bei (bzw gelegentlich von) Vertragsverhandlungen kommt es zu Personen- und Sachschäden. Unerheblich dabei ist, ob es (noch) zum Vertragsschluss kommt. Bsp: Unfälle von Kaufhauskunden durch umfallende Gegenstände (RGZ 78, 239) oder durch nicht verkehrssichere Fußbodenbeschaffenheit (BGHZ 66, 51; BB 1986, 1185 f.); Beschädigung der vor Erteilung eines Reparaturauftrags übergebenen Sache (BGH NJW 1977, 376); Beschädigung des Vorführwagens auf der Probefahrt (BGH NJW 1968, 1472; zum Haftungsmaßstab
64 → Rn. 51). Haftung aus cic trifft hier idR mit §§ 823 ff. zusammen. **e) Eigenhaftung von Vertretern und sonstigen Verhandlungsgehilfen („Sachwalterhaftung").** Ist der Tatbestand einer „fahrlässigen Täuschung" (→ Rn. 62) von einem Vertreter oder einer sonstigen in die Vertragsverhandlungen eingeschalteten Hilfsperson (Erfüllungsgehilfe, ges Vertreter, Vermittler, Garant; sämtliche „Sachwalter" [zu diesem Begriff: BGH NJW 1989, 294]) begangen worden, so haften diese (ausnahmsweise) selbst, wenn sie am Abschluss des Vertrags ein unmittelbares **eigenes wirtschaftliches Interesse** haben (BGHZ 56, 83; 79, 286; 103, 313 mN; 126, 183; 129, 170; zB Gesellschafter-Geschäftsführer; allg Interesse am Erfolg des Unternehmens genügt nicht, insbes nicht, wenn keine konkrete Beteiligung am Vertrags-

schluss, BAG NJW 2014, 2669 – „Karstadt") **oder** für sich persönlich bes **Vertrauen** in Anspruch genommen (zum „typisierten Vertrauen" gegenüber Garanten eines Anlageprospekts → Rn. 65) und dadurch die Vertragsverhandlungen oder die Vertragsdurchführung beeinflusst haben (BGHZ 63, 382; 70, 337; 103, 313; 126, 189; dazu auch → Rn. 48, 51). Im letztgenannten Fall muss der Vertreter sozusagen eine persönliche Gewähr für die erfolgreiche Vertragsdurchführung übernehmen (s. BGH NJW-RR 2006, 994; Emmerich JuS 2003, 402; OLG Stuttgart NJW-RR 2019, 628 (Inanspruchnahme des Dritten nur gerechtfertigt, wenn er höheres Vertrauen schafft, als es ohnehin zu erwarten wäre). Für das wirtschaftliche Eigeninteresse genügt ein nur mittelbares Interesse (zB Provision) nicht (Provisionsinteresse plus Zugang zu Daten können für Internet-Plattformbetreiber ausreichen, Hauck/Blaut NJW 2018, 1425, 1429). **Bsp für Eigenhaftung:** Gebrauchtwagenhändler als Vermittler oder Abschlussvertreter für den nicht in Erscheinung tretenden Verkäufer (BGHZ 79, 281; 87, 304; OLG Köln NJW-RR 1990, 1144 mN); „Vertreter", der bis zum Notartermin als Grundstückseigentümer und Verkäufer auftritt (OLG Stuttgart NJW-RR 2019, 628 Rn. 22); Auktionator im Kunsthandel (OLG Düsseldorf OLGZ 1978, 318); Vermittler im Handel mit (Waren-)Terminoptionen (BGHZ 80, 82; 124, 154 ff. mN; NJW-RR 1996, 947) und -direktgeschäften (BGH NJW 1992, 1880 mN); Unternehmensberater bei Übernahme der Geschäftsführung (BGH NJW 1990, 1908), uU Vertreiber von Nutzungsrechten im Time-Sharing-Modell (OLG Köln NJW-RR 1995, 1333; sa nun §§ 482, 484, 485), Verhandlungsführer von Franchisegeber (BGH NJW-RR 2006, 993); **nicht** aber schon Angestellte (Handelsvertreter) eines Handelsgeschäfts (BGHZ 88, 69 f.; NJW 1990, 506), Versicherungsagenten (BGH NJW-RR 1991, 1242 mN), der an einer AG selbst beteiligte Vorstand (BGH BB 1985, 352), der zu Vertragsverhandlungen hinzugezogene RA (BGH NJW 1989, 294), Steuerberater (BGH NJW 1992, 2083) oder Ehegatte (BGH NJW 1987, 2512), der Betreuer (BGH NJW 1995, 1214), der Sicherheiten zur Verfügung stellende Gesellschafter/Geschäftsführer einer GmbH (BGHZ 126, 181 ff.; uU aber Garantiehaftung: BGH NJW-RR 2001, 1611), der Stimmrechtsvertreter von Aktionären (BGHZ 129, 136 [170 f.]); der für die Masse handelnde Insolvenzverwalter (BGH ZIP 2005, 1328; BGHZ 100, 351; aA OLG Schleswig NJW 2004, 1257). **f) Prospekthaftung.** 65

Lit.: Barta, Der Prospektbegriff in der neuen Verkaufsprospekthaftung, NZG 2005, 305; Benecke, Haftung für Inanspruchnahme von Vertrauen – Aktuelle Fragen zum neuen Verkaufsprospektgesetz, BB 2006, 2597; Hutter/Kaulano, Transparenzrichtlinie – Umsetzungsgesetz, NJW 2007, 550; Kiethe, Anlageprospekte – Die Haftung des Emittenten für Richtigkeit und Vollständigkeit, MDR 2006, 843; Renner/Seidel, Prospekthaftung nach dem Schwarmfinanzierungs-Begleitgesetz, BKR 2022, 176; Schmidt, Anspruchskonkurrenz im Prospekthaftungsrecht, WM 2022, 1207; Schneider, Anlegerschutz – Haftung aus Prospekt und Verschulden bei Vertragsverhandlungen, MDR 2016, 496.

aa) Voraussetzungen. Die Prospekthaftung hatte mit §§ 8f, 13, 13a VerkProspG 2004 erstmals eine ges Regelung für den sog „grauen" Kapitalmarkt erfahren, die neben §§ 44, 45 BörsenG (nur für Wertpapiere; seit 1.6.2012 ersetzt durch §§ 21 f. WpPG) und neben § 127 InvG (für Investmentvermögen) trat. Die Regelung deckte die Haftung von **Emittenten und Prospektverantwortlichen** (für grobe Fahrlässigkeit) ab, die bis dato nach den von der Rechtsprechung entwickelten Grundsätzen der „Prospekthaftung im engeren Sinne" als typisierte Vertrauenshaftung erfasst war (BGHZ 123, 110; 71, 291, zu den Voraussetzungen BGHZ 191, 310) und ersetzte diese (Benecke BB 2006, 2597, 2600; Klöhn WM 2012, 101; Grüneberg/Grüneberg Rn. 68, str). Das seit 1.6.2012 in Kraft getretene Vermögensanlagengesetz **(VermAnLG)** ersetzt das VerkProspG und enthält in § 20 die (inhaltlich kaum veränderte) Haftungsgrundlage für die Verantwortlichen des Verkaufsprospektes (Überblick: Leuering NJW 2012, 1905). Ergänzt werden die Regelungen durch das am 22.7.2013 in Kraft getretene **KAGB,** das für den Vertrieb von geschlossenen und offenen Investmentfonds gilt und in § 306 KAGB die Prospekthaftung regelt. Zur 65a

Prospektrichtigkeit (für welche die Rspr zum fr Recht weitgehend übertragen werden kann) s. ua BGH WM 2013, 734; NJW-RR 2014, 1075; NJW-RR 2013, 561 mN. Neben den spezialges Regelungen kommt für Gründungsgesellschafter als Prospektveranlasser eine Haftung aus §§ 311 II, 280 I nicht mehr in Betracht (so jetzt BGHZ 228, 237 = NJW 2021, 1318 Rn. 22 ff., 26 für § 44 I 1 Nr 2 BörsenG aF; demfolgend NJW-RR 2022, 1058; NZG 2022, 923 Rn. 17; NZG 2022, 673 mzustAnm Dieckmann BRK 2022, 395; BGHZ 220, 100 f. § 127 InvG aF; wegen der kurzen Verjährungsfrist der spezialges Prospekthaftung hat dies erhebliche Auswirkungen auf Haftungsklagen für Prospekte, die zwischen 2005 und 2012 herausgegeben wurden, Ott NJW 2021, 1321; s. auch Klöhn NZG 2021, 1063). §§ 280 I, 311 II bleiben daher nur außerhalb des Anwendungsbereichs der spezialges Regelungen und soweit diese eine Konstellation nicht erfassen anwendbar für die **„Prospekthaftung im weiteren Sinne" (uneigentliche Prospekthaftung),** dh von Personen, welche Vertragspartner wurden oder hätten werden sollen, oder Personen, die bei Vertragsverhandlungen als Vertreter oder Vermittler besonderes persönliches Vertrauen in Anspruch genommen haben oder ein eigenes wirtschaftliches Interesse haben, insbes also Sachwalter und ausnahmsweise auch Anlagevermittler (zur Haftung des Plattformbetreibers beim Crowdfunding und § 22 VermAnlG Renner/Seidel BKR 2022, 176; zur Haftung für mündliche Erklärungen der Vertriebsgesellschaft, die nicht spezialges erfasst ist, OLG Bremen NZG 2022, 273). Zur Haftung bei **Anlageberatungsverträgen** bzw nach § 675 II → § 675 Rn. 9 u 13. Nachweise zur Rechtslage vor BGHZ 228, 237 s Vorauflage. Soweit Haftung nach §§ 311, 280 noch eingreift, wird Gründungsgesellschaftern das Fehlverhalten im Vertrieb eingeschalteter Personen und Unternehmen nach § 278 zugerechnet (BGH NJW-RR 2012, 1316 Rn. 11; BeckRS 2018, 22543 Rn. 9; OLG Bremen NZG 2022, 273). Eine vorvertragliche Beziehung, welche die Haftung begründen kann, besteht beim Gesellschaftsbeitritt eines Anlegers auch zu den Gründungsgesellschaftern, wenn der Anleger über einen **Treuhandkommanditisten** beitritt und wie ein unmittelbar beitretender Kommanditist behandelt werden soll (BGH NJW 2017, 3001 mwN; NJW-RR 2012, 937). Der Treuhandkommanditist muss Interessenten vor dem Abschluss des Treuhandvertrages über alle für die Beurteilung des Treugutes wichtigen Tatsachen informieren, etwa regelwidrige Auffälligkeiten der Anlage (BGH NJW-RR 2017, 750 Rn. 18, zur Aufklärung bei Beteiligung an Schiffspool OLG Hamburg WM 2017, 1096). Auch diese Haftung nach §§ 280, 311 kommt nach BGH NZG 2022, 673 nur noch in Betracht, wenn sie nicht auf die Verwendung des Prospekts gestützt ist. Der BGH legt einen **weiten Prospektbegriff** zu Grunde (erfasst werden auch äußerlich getrennte Prospektbestandteile) und erweitert die Prospekthaftung ieS auf **berufsmäßige Sachkenner** (BGH NJW 2012, 758: Spitzenpolitiker und Finanzrechtswissenschaftler) als Prospektverantwortliche. Bei diesen Personen, wie etwa auch Rechtsanwälten (BGH NJW 2012, 758 Rn. 19), Wirtschaftsprüfern (BGH NJW 2010, 1280 [dort auch zur möglichen Haftung aus Vertrag zugunsten Dritter], sa → § 328 Rn. 39), Steuerberatern und Personen, welche die Betreuung des Kapitalanlegers übernehmen (BGH ZIP 2004, 1138; Schnauder JZ 2007, 1009) muss die Mitwirkung am Prospekt nach außen erkennbar und im Einzelfall eine Vertrauensgrundlage für Anlageentscheidungen geschaffen worden sein (zurückhaltend BGH NJW-RR 2019, 61 Rn. 26 ff. für schuldübernehmende Bank – Werbung mit „gutem Namen" genügt nicht); sa OLG Koblenz WM 2012, 316; zur Haftung der Finanzierungsbank s. BGHZ 93, 266; NJW 2004, 1868 – konkludenter Beratervertrag; zurückhaltend BGH NJW 2008, 2576 mwN Haftung aus (konkludent geschlossenem) Auskunftsvertrag erfordert im Gegensatz zu Prospekthaftung ieS Kontakt der Parteien (BGH WM 2009, 401). Maßgeblicher Empfängerhorizont für den Vertrauenstatbestand ist der durchschnittliche Anleger, der den Prospekt sorgfältig und eingehend liest (BGH NJW-RR 2019, 621 Rn. 20;
65b ferner zB BGH BeckRS 2018, 3833; BeckRS 2013, 10423). **bb) Rechtsfolgen.** Da Fall der Haftung für Verletzung vorvertraglicher Aufklärungspflichten vorliegt, geht Anspruch grds auf das negative Interesse. Geschädigter kann Rückabwicklung

der Beteiligung verlangen oder im Rahmen von kleinem Schadensersatz an Vertrag festhalten und Mehraufwendungen ersetzt verlangen (BGH NJW 2018, 1675 Rn. 12f. mN – als kleiner Schadensersatz kann Betrag zustehen, um den die vom Geschädigten für die Beteiligung geleistete Summe den tatsächlichen Wert seiner Beteiligung übersteigt). Erfüllungsinteresse ist nur ausnahmsweise ersatzfähig, zB wenn ohne Pflichtverletzung Vertrag zu günstigeren Bedingungen mit Drittem oder Vertragspartner zustande gekommen wäre (BGH NJW 2018, 1675 Rn. 9; BGHZ 168, 35 Rn. 23).

§ 311a Leistungshindernis bei Vertragsschluss

(1) **Der Wirksamkeit eines Vertrags steht es nicht entgegen, dass der Schuldner nach § 275 Abs. 1 bis 3 nicht zu leisten braucht und das Leistungshindernis schon bei Vertragsschluss vorliegt.**

(2) [1]**Der Gläubiger kann nach seiner Wahl Schadensersatz statt der Leistung oder Ersatz seiner Aufwendungen in dem in § 284 bestimmten Umfang verlangen.** [2]**Dies gilt nicht, wenn der Schuldner das Leistungshindernis bei Vertragsschluss nicht kannte und seine Unkenntnis auch nicht zu vertreten hat.** [3]**§ 281 Abs. 1 Satz 2 und 3 und Abs. 5 findet entsprechende Anwendung.**

Lit.: Canaris, Zur Bedeutung der Kategorie der „Unmöglichkeit" für das Recht der Leistungsstörungen, in: Die Schuldrechtsreform vor dem Hintergrund des Gemeinschaftsrechts, 2001, S 43; ders, Reform des Rechts der Leistungsstörungen, JZ 2001, 499; Grunewald, Vorschläge für eine Neuregelung der anfänglichen Unmöglichkeit und des anfänglichen Unvermögens, JZ 2001, 432; Tettinger, Anfänglich oder nachträglich? – Das zwischen Angebot und Vertragsschluss eingetretene Leistungshindernis, ZGS 2006, 452; s. auch Lit vor §§ 275–292.

1. Allgemeines. Das SchRModG hat § 306 aF abgeschafft und die Rechtsfol- 1
gen bei anfänglichen obj und subj sowie anfänglichen und nachträglichen Leistungshindernissen nach § 275 vereinheitlicht (**II,** §§ 280, 283, 284, 326). Die Garantiehaftung alten Rechts bei anfänglicher subj Unmöglichkeit wird von einer Verschuldenshaftung **(II 2)** abgelöst (OLG Karlsruhe NJW 2005, 989; abw Sutchet NJW 2005, 1404); bei anfänglichen obj Leistungshindernissen (obj Unmöglichkeit) ist der Vertrag nicht mehr wie nach altem Recht nichtig, vielmehr besteht jetzt unter den Voraussetzungen des **II** ein Anspruch auf das positive Interesse. Aus der Änderung folgt auch, dass der rückwirkende Abschluss von Verträgen grds möglich ist (BAG NJW 2010, 1100; NJW 2009, 393; NJW 2007, 1613). II ist eine eigenständige Anspruchsgrundlage (PWW/Stürner Rn. 8; Grüneberg/Grüneberg Rn. 6).

2. Anwendungsbereich. a) § 311a gilt für alle schuldrechtlichen Verträge (f. 2
Vermächtnisse s. § 2171). Die Regelung gilt entspr auch für Schuldverhältnisse aus einseitigen Rechtsgeschäften (Bsp § 657), mangels Leistungspflicht nicht für dingliche Verträge. Nach Übergabe der Sache gilt II bei Kauf- und Werkvertrag auf Grund Verweisung (§§ 437 Nr. 3, 634 Nr. 4); bei Mietverträgen Sonderregelung in § 536a; nicht für verbraucherrechtlichen Widerrufsfall, da kein Leistungsversprechen des
Widerrufenden erfolgt (Schneider/Stein NJW 2020, 1918, 1922). **b) Anfängliches** 3
Leistungshindernis. Das Leistungshindernis nach § 275 I–III (dazu → § 275 Rn. 12 ff.) muss schon **bei Vertragsschluss** bestanden haben und noch fortbestehen (MüKoBGB/Ernst Rn. 32); in den Fällen des § 275 II, III müssen die obj Voraussetzungen der Leistungserschwerung vorgelegen haben, auf den Zeitpunkt der Einredeerhebung kommt es nicht an (str, → § 283 Rn. 5); auch Fälle der qualitativen Unmöglichkeit (→ § 275 Rn. 9) sind erfasst (nicht behebbarer Sachmangel), Bsp: Fälschung wird als Original verkauft (s. BGH NJW 1993, 2103). Genehmigungsbedürftige Rechtsgeschäfte → § 275 Rn. 15.

4 **3. Wirksamkeit des Vertrages (I).** Bei anfänglichen Leistungshindernissen nach § 275 entsteht ein Vertrag ohne primäre Leistungspflicht (Canaris JZ 2001, 506; BGHZ 163, 244); im gegenseitigen Vertrag entfällt die Gegenleistung nach § 326 I. **I** hat nur klarstellende Bedeutung; das wirksame Schuldverhältnis ist Grundlage des Schadensersatzanspruchs nach **II** und eines Anspruchs auf das Surrogat gem § 285. Bestehen andere Wirksamkeitsmängel (§§ 104, 125, 134, 138, 142, 311b II–IV), ist Vertrag nichtig; Rechtsfolge: Haftung aus §§ 311 II, 241 II, 280, 254, kein Anspruch aus § 311a II (→ § 311 Rn. 60; BT-Drs. 14/6040, 165). Das Anfechtungsrecht aus § 119 II ist eingeschränkt, wenn sich der Irrtum auf das anfängliche Leistungshindernis bezieht (zB nicht realisierbare Qualitätszusage des Verkäufers, ausf MüKoBGB/Ernst Rn. 26; Löhnig JA 2003, 519).

5 **4. Schadensersatz bei anfänglichen Leistungshindernissen (II). a) Bedeutung. II** enthält **eigene Anspruchsgrundlage** für Schadensersatz statt der Leistung bei anfänglichen Leistungshindernissen (→ Rn. 3). Grundlage für die Haftung des Schuldners auf das Erfüllungsinteresse ist das nach **I** wirksame Leistungsversprechen (Erman/Dieckmann Rn. 9 mN), aber kein Fall des § 280 I, da den Schuldner vor Vertragsschluss noch nicht die Pflicht trifft, sein Leistungsvermögen zu erhalten. Daher ersetzt **II** das Vertretenmüssen der Pflichtverletzung (des Leistungshindernisses) in § 280 I 2 durch den Vorwurf, den Vertrag unter Verletzung vorvertraglicher Informationspflichten in Kenntnis oder vorwerfbarer Unkenntnis des Leistungshindernisses geschlossen zu haben. In Aufbau, Struktur und Rechtsfolgen entspricht
6 Anspruch aus **II** dem des §§ 280 I, 283. **b) Voraussetzungen** des Anspruchs aus **II** sind: **aa)** das Vorliegen eines **wirksamen Schuldverhältnisses** (→ Rn. 4) und
7 **bb)** eines **anfänglichen Leistungshindernisses** (→ Rn. 3). **cc)** Der Schuldner muss das Leistungshindernis **gekannt** oder seine **Unkenntnis zu vertreten** haben (zB BGHZ 163, 245 abl f. Übersehen genetisch bedingter Störung bei Tierverkauf). Für das Vertretenmüssen gelten die §§ 276 ff. Der Schuldner ist danach für die „Zulänglichkeit seines eigenen Geschäftskreises" verantwortlich; die Zurechnung der Kenntnis (fahrlässigen Unkenntnis) Dritter erfolgt nach § 278 (nicht § 166), da es sich um die Verletzung vorvertraglicher Pflichten handelt (→ Rn. 5; BGH NJW 2005, 2852; Grüneberg/Grüneberg Rn. 9; u § 278 Rn. 12). Eine verschuldensunabhängige Haftung kann sich nur noch aus der **Übernahme einer Garantie** (→ § 276 Rn. 41 f.) ergeben (Bsp: Bestehen der Forderung beim Rechtskauf). Hierfür bedarf es konkreter Anhaltspunkte (BGH NJW 2007, 3780). Die Übernahme eines Beschaffungsrisikos erfasst dagegen nicht anfängliche Leistungshindernisse
8 (→ § 276 Rn. 49). **c) Rechtsfolgen: aa)** Schadensersatz statt der Leistung (→ § 281 Rn. 16 ff.) oder **bb)** wahlweise Aufwendungsersatzanspruch (→ § 284 Rn. 3 ff.). **cc)** Ist der Schuldner nur **teilweise** von seiner Leistungspflicht befreit oder liegt ein Fall **qualitativer Unmöglichkeit** vor, gelten § 281 I 2, 3 und V
9 (dazu → § 281 Rn. 21 ff.). **d) Beweislast.** Schuldner muss sich, wie bei § 280, hinsichtlich des subj Tatbestandes (→ Rn. 7) entlasten. Ist das Vorliegen eines Leistungshindernisses unklar, muss Gläubiger nach §§ 280, 281 vorgehen (→ § 283 Rn. 11).

10 **5. Weitere Rechtsfolgen. a)** Der Gläubiger kann nach **§ 285** die Herausgabe des Ersatzes verlangen und im **gegenseitigen Vertrag** nach **§§ 326 V, 323** zurücktreten.
11 **b)** Anspruch aus cic **(§ 311 II)** geht im Anspruch aus **II** auf, soweit sich die vorvertragliche Pflichtverletzung auf das Leistungshindernis bezieht (Grüneberg/Grüne-
12 berg Rn. 14). Anzeigepflicht → § 275 Rn. 31. **c)** Gelingt dem Schuldner der Entlastungsbeweis nach **II 2,** trifft ihn auch keine Haftung entspr § 122 I (aA Canaris *JZ 2001*, 507 f.). Praktisch kann eine Analogie wegen § 122 II nur bei einem gemeinsamen Irrtum beider Vertragsteile werden, der aber nach § 313 zu behandeln
13 ist (Dötsch ZGS 2002, 164). **d)** Bei Lieferung einer unbehebbar mangelhaften Sache (→ Rn. 3) haftet der Schuldner neben dem Anspruch auf Schadensersatz statt der Leistung aus **II** wegen des Begleitschadens (→ § 280 Rn. 4, 12) uU nach § 280 I (Dötsch ZGS 2002, 161).

§ 311b Verträge über Grundstücke, das Vermögen und den Nachlass

(1) [1]**Ein Vertrag, durch den sich der eine Teil verpflichtet, das Eigentum an einem Grundstück zu übertragen oder zu erwerben, bedarf der notariellen Beurkundung.** [2]**Ein ohne Beachtung dieser Form geschlossener Vertrag wird seinem ganzen Inhalt nach gültig, wenn die Auflassung und die Eintragung in das Grundbuch erfolgen.**

(2) **Ein Vertrag, durch den sich der eine Teil verpflichtet, sein künftiges Vermögen oder einen Bruchteil seines künftigen Vermögens zu übertragen oder mit einem Nießbrauch zu belasten, ist nichtig.**

(3) **Ein Vertrag, durch den sich der eine Teil verpflichtet, sein gegenwärtiges Vermögen oder einen Bruchteil seines gegenwärtigen Vermögens zu übertragen oder mit einem Nießbrauch zu belasten, bedarf der notariellen Beurkundung.**

(4) [1]**Ein Vertrag über den Nachlass eines noch lebenden Dritten ist nichtig.** [2]**Das Gleiche gilt von einem Vertrag über den Pflichtteil oder ein Vermächtnis aus dem Nachlass eines noch lebenden Dritten.**

(5) [1]**Absatz 4 gilt nicht für einen Vertrag, der unter künftigen gesetzlichen Erben über den gesetzlichen Erbteil oder den Pflichtteil eines von ihnen geschlossen wird.** [2]**Ein solcher Vertrag bedarf der notariellen Beurkundung.**

I. Verpflichtung zur Veräußerung oder zum Erwerb eines Grundstücks (I)

Lit.: Hennemann/Nemeczek, Die Formbedürftigkeit von Vertragsänderungen gem § 311b Abs. 1 BGB, ZGS 2011, 157; Hermanns, Beurkundungspflichten im Zusammenhang mit Unternehmensverträgen und – umstrukturierungen, ZIP 2006, 2296; Herrler, Dingliches Vorkaufsrecht, Form und Heilung, FS Krüger, 2017, 165; Keim, Falsch beurkundete Vorauszahlungs- und Verrechnungsabreden in Grundstückskaufverträgen, NJW 2012, 119; Keim/Scholz, Reichweite der notariellen Beurkundungspflicht bei zusammengesetzten Verträgen, NJW 2022, 1486; Lickleder, Die Verpflichtung, das Eigentum an einem Grundstück zu erwerben, AcP 199, 629; Müller, Beurkundungspflicht verbundener Verträge bei Grundstücksgeschäften, NJW 2021, 2477; Pohlmann, Die Heilung formnichtiger Verpflichtungsgeschäfte durch Erfüllung, 1992; Steinbrecher, Beurkundungspflicht von Änderungen eines Grundstückskaufvertrags mit Vorlagesperre der Auflassung, NJW 2018, 1214; Weber, Beurkundungspflichten nach § 311b Abs. 1 BGB bei zusammengesetzten Verträgen – Versuch einer Systematisierung und Typisierung, RNotZ 2016, 377; Wolf, Rechtsgeschäfte im Vorfeld von Grundstücksübertragungen, DNotZ 1995, 179.

1. Allgemeines. a) Bedeutung. Der Formzwang hat (vgl → Rn. 5) den 1
Zweck, beide Vertragspartner vor übereilten und unüberlegten, meist folgenreichen Verpflichtungen zu schützen, sowie eine sachgemäße Beratung (§ 17 I BeurkG) zu gewährleisten und Streitigkeiten vorzubeugen (Warn-, Schutz-, Beweis- und Gewährsfunktion; vgl BGHZ 87, 153 f. mN). Die Vorschrift gilt auch, wenn die Formzwecke uU auf andere Weise erreicht worden sind (BGHZ 127, 172 f. mN).
b) Anwendungsbereich. § 311b gilt **aa) sachlich:** nur für den schuldrechtlichen 2
Vertrag (→ Rn. 8 ff.; zu unterscheiden vom – ebenfalls formbedürftigen, § 925 – dinglichen Verfügungsgeschäft); *auch für* den **öffentl-rechtlichen Vertrag** (BGHZ 58, 392; 61, 365; BVerwGE 70, 255), soweit nicht Sonderbestimmungen eingreifen (§§ 110 II, 159 II 2 BauGB), ferner **entspr** für bestimmte einseitige RGeschäfte (vgl → Rn. 9, 29); **bb) gegenständlich:** unmittelbar für Grundstücke und Mitei- 3
gentumsanteile (→ Rn. 16), **entspr** für Erbbaurecht (§ 11 II ErbbauRG, aber nicht die nachträgliche Erhöhung des Erbbauzinses: BGH NJW 1986, 933) und Sondereigentum (§ 4 III WEG; vgl BGH NJW 1984, 613 mN); **cc) örtlich: I 1** gilt für 4
alle Verträge über im Inland belegene Grundstücke bei inländischem Vertragsstatut (Art. 11 V Rom I-VO); bei Abschluss im Ausland genügt Wahrung der Ortsform.

2. Voraussetzungen des Formzwangs. Formbedürftig sind alle schuldrechtli- 5
chen Verträge (→ Rn. 8 ff., 22 ff.), die für mindestens eine Partei eine vertragliche

Verpflichtung zur Übertragung oder zum Erwerb (→ Rn. 11 ff.) eines Grundstücks
6 (→ Rn. 16) neu begründen. **a) Schuldvertrag über Grundstück.** Vertrag iSd **I 1** ist nur der **schuldrechtliche Verpflichtungsvertrag,** durch den eine Partei eine Verpflichtung gem → Rn. 11 ff. übernimmt. Bsp: Kauf, Tausch, Schenkung (**I 1** weitergehend als § 518 I 1, dort → § 518 Rn. 3), einseitige Erwerbsverpflichtung (vgl BGHZ 57, 394 zur aF); vgl ferner → Rn. 24, 26, 27. **Abgrenzung: Nicht**
7 unter I 1 (formfrei möglich) fallen daher: **aa) einseitige** auf Grundstücksverträge bezogene **RGeschäfte** wie die Veräußerungs- oder Erwerbsvollmacht (vgl § 167 II; uU aber entspr Anwendung von **I 1** geboten), Genehmigung/Zustimmung (§ 182 II; BGHZ 125, 220 mN; krit Einsele DNotZ 1996, 838 ff.), Fristsetzung (§ 281 I 1), Ausübung von Gestaltungs- und Ankaufsrechten (BGH NJW-RR 1996, 1167; ie Wolf DNotZ 1995, 184 ff.; teilw abw Einsele DNotZ 1996, 854 ff., 861 ff.); Bsp: §§ 315 II; 349; 456 I 2; 464 I 2; 577 (BGH NJW 2000, 2665; aA Hammen DNotZ 1997, 543); 1098 I 1; 1477 II; Stiftungsgeschäft (§ 81; OLG Schleswig DNotZ 1996, 770; aA Wochner DNotZ 1996, 773; MüKoBGB/Ruhwinkel
8 Rn. 32); → Rn. 15, 18 und 20. **bb) schuldrechtliche Verfügungsverträge** (zu dinglichen vgl → Rn. 2) wie die **Abtretung** des Auflassungsanspruchs (BGHZ 89, 46 mN, str; aA Ertl DNotZ 1976, 81), der Rechte aus einem Meistgebot (RGZ 150, 404) oder des Anspruchs aus einem ausgeübten Vorkaufsrecht (RGZ 155, 176); der **Verzicht** auf einen Eigentumsverschaffungsanspruch (BGHZ 103, 179;
9 → Rn. 21). Zur Formfreiheit entspr Verpflichtungsverträge vgl → Rn. 16. **b) Vertraglich übernommene Veräußerungs- und (oder) Erwerbspflicht. aa) Begriff und Abgrenzung.** Veräußerungs-(Erwerbs-)pflicht ist jede Verpflichtung, die auch nur mittelbar darauf gerichtet ist, die bestehenden **Eigentumsverhältnisse** an einem Grundstück zu verändern. **Nicht** unter **I 1** fallen daher die Verpflichtung zur **Belastung** eines Grundstücks (Ausnahmen: → § 1094 Rn. 1, 4; §§ 11 II ErbbauRG), die Verpflichtung, nicht oder nicht an bestimmte Personen zu veräußern (BGHZ 103, 238 mN), bzw nicht oder nicht von diesen zu erwerben. Anders als die Vollmacht ist der **treuhänderische Auftrag,** im eigenen Namen, aber für Rechnung des Auftraggebers ein Grundstück zu erwerben, wegen der Erwerbspflicht des Auftragnehmers formpflichtig (BGH BeckRS 2021, 5400 – Heilung mit Erwerb durch den Auftragnehmer, Pflicht zur Weiterübertragung an den Auftraggeber folgt aus § 667 und führt nicht zur Formpflicht (Rn. 13 f. mwN).
10 **bb) Arten.** Die Veräußerungs-(Erwerbs-)pflicht kann **Haupt-** (Bsp: Veräußerungsverträge) oder **Neben**pflicht des Vertrags sein (zB Einbringung in Gesellschaft, → Rn. 25); die Veräußerungspflicht kann sich auf ein **eigenes** oder ein **fremdes** Grundstück beziehen (OLG München NJW 1984, 243), dem **Vertragspartner** oder einem **Dritten** gegenüber bestehen (BGHZ 92, 170), zB bei Makler- oder
11 Parzellierungsvertrag (→ Rn. 25). **cc) Mittelbare Bindung** des Verpflichteten genügt (BGH NJW 1992, 3238 mN; zur Abgrenzung s. BGH NJW 2002, 1792), zB die Abhängigkeit der Verpflichtung von einer **Bedingung,** auch (soweit überhaupt zulässig: → § 158 Rn. 4) einer sog Wollensbedingung (BGH NJW-RR 1996, 1167; Wolf DNotZ 1995, 185, str). **Fälle:** Eine bedingte Veräußerungs-(Erwerbs-)pflicht begründen insbes der **Vorvertrag** (BGHZ 69, 263; 82, 403; 97, 154 f.; ie Wolf DNotZ 1995, 182 f.; → § 463 Rn. 6), die Vereinbarung eines **Wiederkaufs-(/verkaufs-)rechts** (→ § 456 Rn. 6) oder eines **Optionsrechts** (Ankaufs- und Kaufanwärtervertrag, BGH NJW 1987, 1069; Abgrenzung zur formfreien Ausübung: → Rn. 9; Optionsentschädigung, BGH NJW 1986, 246), die einen indirekten Erwerbszwang begründende **Reservierungsvereinbarung** (BGHZ 103, 239 bejahend bei 10 % der üblichen Maklergebühr übersteigender Reservierungsgebühr; *weiter*gehend OLG Hamburg NJW-RR 1992, 21 bei hohem Absolutbetrag), ferner die **Ausbietungsgarant*ie*** (BGHZ 110, 321). Soweit die Ausgestaltung der **Vollmacht** bereits zu einer Bindung des Vollmachtgebers führt, gilt **I 1** auch für diese entspr. Hingegen gibt BGH NJW 2016, 2035 (zust Wais NJW 2016, 2037) die frühere Rspr zur Formpflicht der Bestellung des **dinglichen Vorkaufsrechts** auf (BGH DNotZ 2003, 426; NJW-RR 1991, 206 mN; aA Einsele DNotZ 1996,

855 ff.; richtig: erst-Recht Schluss aus § 925). **dd)** Die Übernahme **abhängiger** 12
Verpflichtungen fällt unter **I 1,** wenn den Verpflichteten eine eigene Veräußerungs-(Erwerbs-)pflicht trifft (BGH NJW 1996, 2504 mN: Vertragseintritt) oder der Veräußerer (Erwerber) in seiner Entschließungsfreiheit beeinträchtigt wird. **I 1** gilt daher für die **Schuld-(mit-)übernahme** der Veräußerungs- (RGZ 103, 156, hM) oder Abnahmepflicht beim Grundstückskauf, nicht aber der Kaufpreiszahlungspflicht (MüKoBGB/Ruhwinkel Rn. 21), desgl nicht für die **Bürgschaft** auf Veräußerer- (RGZ 140, 219) oder Erwerberseite, es sei denn die Bürgschaft ist wesentlicher Bestandteil des Veräußerungsvertrags (BGH NJW 1962, 586; → Rn. 21). Formbedürftig sind grundstücksbezogene **Vertragsstrafversprechen** (vgl § 344), desgl wegen ihres mittelbaren Zwangs zum Abschluss **uneigentlicher Strafgedinge** (§ 343 II) für den Fall der Nichtveräußerung oder des Nichterwerbs eines Grundstücks (BGHZ 76, 47; OLG Düsseldorf NJW-RR 1993, 668), idR aber nicht formbedürftige Verträge lediglich **vorbereitende** RGeschäfte (BGH NJW 1990, 391 für Anlagevermittlung, im Einzelfall I 1 entspr bejahend; verneinend OLG Köln NJW-RR 1990, 1112 für Architektenvertrag). **ee) Vertraglich neu geschaffene** 13
Verpflichtung. Daran fehlt es, wenn in der Vereinbarung nur eine **kraft Ges** bestehende Verpflichtung zur Übertragung oder zum Erwerb eines Grundstücks bestätigt wird (BGHZ 92, 171). Formfrei gültig sind daher die Erklärung des **Rücktritts** (§ 349) vom Grundstückskauf (Wufka DNotZ 1990, 354; → Rn. 20) und die Abtretung auf Rückübertragung aus § 280 (BGH NJW 2019, 1596 Rn. 18); die **Auseinandersetzung** einer **Gemeinschaft** gem § 752 (OGH NJW 1949, 64) oder einer **Gesellschaft** (Miterbengemeinschaft) durch Ausscheiden eines Gesellschafters (Miterben) gem § 738 I 1 (BGHZ 138, 11); der **Auftrag** zum Grundstückserwerb (vgl § 667), sofern nicht für den Auftraggeber eine Erwerbspflicht (arg § 670) begründet wird (dazu näher → Rn. 22). **c) Gegenstand** des Vertrags muss ein 14
Grundstück oder Grundstücksteil (vgl → Rn. 16) sein; gleichgestellt ist der Miteigentumsanteil (vgl ferner → Rn. 3) und die Auflassungsanwartschaft (→ Rn. 21), nicht aber der Auflassungsanspruch (→ Rn. 8); Verpflichtungsverträge, über diesen zu verfügen, fallen nicht unter **I 1** (→ Rn. 21). Nicht erforderlich ist, dass sich die Verpflichtung nur oder speziell auf ein Grundstück bezieht; Verpflichtung zur **Veräußerung eines Handelsgeschäfts,** zu dem ein Grundstück gehört, daher formbedürftig (BGH MDR 1979, 469, hM), nicht dagegen der Verkauf von Anteilen einer Personengesellschaft, mag auch das Gesellschaftsvermögen im Wesentlichen aus Grundstücken bestehen (iE → Rn. 23).

3. Umfang des Formzwangs. a) Allgemeines. Dem Beurkundungserfordernis (**I 1,** § 128; § 9 BeurkG) unterliegt nicht nur die Veräußerungs- und Erwerbspflicht, sondern der **ganze** Vertrag (BGH NJW 1974, 271; → § 126 Rn. 7 f.). Formbedürftig sind daher alle Vereinbarungen, aus denen sich nach dem Willen der Parteien das gesamte schuldrechtliche Veräußerungsgeschäft zusammensetzt (BGHZ 85, 317; 89, 43; NJW 1989, 899 mN; allgM; → Rn. 17). Zu beurkunden sind insbes alle **Haupt-** und **Nebenabreden** (vgl BGHZ 116, 254 f.; NJW 1997, 252 mN), soweit von den Parteien für wesentlich gehalten (andernfalls: § 139 Hs. 2, vgl → Rn. 34). Die willkürliche Aufspaltung eines einheitlichen Grundstücksgeschäfts in formbedürftige und nicht formbedürftige Teilgeschäfte ist nicht möglich (OLG Stuttgart JZ 1970, 289). Die Beurkundung muss so **bestimmt** sein, dass der rechtsgeschäftliche Wille wenigstens andeutungsweise in der Urkunde zum Ausdruck kommt (BGHZ 87, 154 mN; NJW 1996, 2792 f., str; zur sog Andeutungstheorie → § 126 Rn. 7 f.). **Auslegung** (§§ 133, 157) und damit Berücksichtigung von außerhalb der Urkunde liegenden Umständen ist möglich (BGHZ 87, 154; → § 133 Rn. 5); maßgebend ist der Kenntnisstand der an der Beurkundung beteiligten Vertragspartei (OLG München NJW-RR 1993, 1169). Das übereinstimmend Gewollte gilt auch bei versehentlicher Falschbeurkundung (→ Rn. 34). Schriftstücke (öffentl und private Urkunden) sowie Karten, Zeichnungen und Abbildungen (zB Baupläne, Baubeschreibungen – BGHZ 162, 157) werden nur bei **Mitbeurkundung** (vgl 15

§§ 9 I 2 und 3, 13, 13a BeurkG) Vertragsbestandteil, bloße **Bezugnahme** genügt nicht (iE BGH NJW-RR 2001, 953; ZIP 2002, 860; Abgrenzung zu nicht beurkundungsbedürftigen lediglich identifizierenden Unterlagen: BGH NJW 1998, 3197; BB 2006, 1707; → Rn. 15); formfrei sind zB auch Gutachten über den Leistungsgegenstand, soweit sie keine vertragliche Beschaffenheitsvereinbarung darstellen (für Bodengutachten: BGH NJW-RR 2003, 1136); wegen der vor dem 27.2.1980 abge-
16 schlossenen Verträge vgl → Rn. 44 f.). **Einzelheiten:** → Rn. 20 ff. **b) Beurkundung der Leistungen.** Das Grundstück (→ Rn. 16) ist in der Urkunde hinreichend bestimmt zu bezeichnen (OLG Brandenburg NJW-RR 2008, 254 [auch für Vorvertrag], Anforderungen bei nicht vermessener Teilfläche: BGHZ 74, 120 f. mN; NJW 1989, 898; WM 2002, 2468; bei noch nicht gebildeten Wohnungseigentum: BGH NJW-RR 2002, 415, → § 925 Rn. 4; zur Falschbezeichnung → Rn. 36), die Gegenleistung, insbes der Preis, ist richtig und vollständig anzugeben (BGHZ 85, 318; 116, 254 f. [„Überverbriefung"]; NJW 1986, 248); ebenso die Verrechnung von Gegenforderungen (BGH NJW 2000, 2100). Soll die Leistung (Grundstück, Preis) durch eine Vertragspartei oder einen Dritten bestimmt werden (§§ 315, 317), ist (nur) die Bestimmungsvereinbarung zu beurkunden (BGHZ 63, 364; NJW 1986, 845), die Leistungsbestimmung selbst ist dagegen formfrei (BGHZ 97, 154 mN, stRspr). Nicht beurkundungsbedürftig ist der *Inhalt* einer mitübernommenen (beste-
17 henden) Verpflichtung (BGHZ 125, 238). **c)** Bei **zusammengesetzten Verträgen** (zum Begriff vgl → § 311 Rn. 29) erstreckt sich der Formzwang auf die mit dem Grundstücksveräußerungs-(erwerbs-)geschäft in *rechtlichem Zusammenhang* stehenden Vereinbarungen und RGeschäfte (BGHZ 104, 22), auch soweit sie einzeln formfrei abgeschlossen werden könnten (BGH NJW 1984, 613; NJW 1986, 845; NJW-RR 1993, 1421 mN). Zusammenfassung in einer Urkunde ist nach BVerwG DNotZ 2010, 549 nicht erforderlich. Dies sollte aber die Ausnahme bilden und die Trennung dann in den Urkunden verlautbart werden (Grziwotz DNotZ 2010, 554); bei fehlender Bezugnahme kann Nichtigkeit vorliegen (BGH NJW 2000, 2017). Maßgeblich ist das Vorliegen einer rechtlichen Einheit und ein Verknüpfungswille der Parteien (Keim/Scholz NJW 2022, 1486), beides liegt typischer Weise bei Bauverträgen oder dem Unternehmenskauf vor. Ein formbedürftiger einheitlicher **Gesamtvertrag** liegt demnach vor, wenn die verschiedenen Vereinbarungen (RGeschäfte) nach dem Parteiwillen derart voneinander abhängen, dass sie miteinander „stehen und fallen" sollen (schon RGZ 97, 219, ferner BGHZ 101, 396 mN; WM 2010, 1817 [stRspr]; BGH NJW-RR 2009, 953 [einseitiger, aber vom Vertragspartner erkannter und akzeptierter Wille genügt], → § 311 Rn. 29); tatsächlicher oder wirtschaftlicher Zusammenhang ist nicht ausreichend (OLG Hamm DNotZ 1996, 1049); zeitliche Abfolge (zB von Bau-/Baubetreuungs- und Grundstückskaufvertrag) irrelevant (BGHZ 186, 345 Rn. 10; OLG Koblenz NJW-RR 2014, 983); gegen die Ausweitung des Formzwangs auf verbundene Verträge durch die wechselseitige Abhängigkeit (auch bei Parteiverschiedenheit etwa von Bauvertrag und Grundstückskaufvertrag Maier-Reimer NJW 2015, 273: insbes keine Formnichtigkeit, wenn es nicht mehr zum Grundstückskauf kommt). Der BGH verlangt für den Fall, dass der Grundstückskaufvertrag von Bedingungseintritt (Bebauungsplan und Durchführungsvertrag) abhängig ist, zusätzlich auch eine inhaltliche Verknüpfung der Verträge für einen Gesamtvertrag (BGHZ 228, 338; sehr weitgehende Rückschlüsse bei Müller NJW 2021, 2477; dagegen zu Recht Keim/Scholz NJW 2022, 1486, 1488). Künftig wird man aber zurückhaltend sein, bei selbstständig denkbaren Vereinbarungen, die in *einer* Urkunde niedergelegt sind, die Vermutung für die Einheitlichkeit des RGeschäfts abzuleiten (so aber BGHZ 89, 43; WM 1985, 324). Keine Erstreckung des Formzwangs auf *einseitig* von der Veräußerung des Grundstücks abhängige nicht formbedürftige Abrede (BGH NJW 2000, 951; NJW 2001, 227). Bei getrennter Beurkundung muss der rechtliche Zusammenhang („Verknüpfungswille") urkundlich zum Ausdruck kommen (BGHZ 104, 22 f.; NJW-RR 1993, 1421; EWiR § 311b 2/03 mAnm Mues). **Bsp** (Umstände des Einzelfalls entscheiden, zit Rspr iE zT verneinend): Kauf mit vorgeschaltetem Mietvertrag (OLG München

NJW-RR 1987, 1042); Grundstücksveräußerung mit gleichzeitiger Rückmiete (RGZ 97, 220); Pacht mit Ankaufsrecht (RGZ 169, 188); Grundstücksverkauf und Sicherungsabrede (BGH NJW 1983, 565); Grundstückskauf und Treuhandvertrag bei Bauherrenmodell (BGHZ 101, 397; NJW-RR 1990, 340 mN); Grundstückskauf und Übertragung der Rechte aus Baugenehmigungsplanung (BGH NJW 1998, 3197); Bauvertrag und Grundstückserwerb (BGH WM 2010, 1817; NJW 1994, 722); Fertighaus-(bau-)vertrag und noch abzuschließender Grundstückskauf (so OLG Koblenz NJW-RR 2014, 983; OLG Köln NJW-RR 1996, 1484 f.; OLG Hamm NJW-RR 1995, 1045; aA OLG Koblenz NJW-RR 1994, 296); uU Baubetreuungsvertrag und Grundstückskaufvertrag bei engem Bezug (BGH WM 2009, 1338; KG BeckRS 2021, 3782 [auch bei Personenverschiedenheit, wenn Baubetreuer maßgeblichen Einfluss auf Durchführung v Kaufvertrag hat]); Verkauf von Grundstücken als zusammengehörig in getrennten Urkunden (BGH NJW 2000, 2017; KG NJW-RR 1991, 688). IdR rechtlich **selbstständig** sind dagegen Bauverträge ohne konkreten Grundstücksbezug (OLG Naumburg NJW-RR 2011, 743); die im Veräußerungsvertrag mitbeurkundete Auflassungsvollmacht (einschr BGH NJW-RR 1988, 351; 89, 1100; → Rn. 29) und Auflassung (RGZ 104, 104; → Rn. 35) sowie der nur in der Form von § 1031 ZPO für das Grundstücksgeschäft geschlossene **Schiedsvertrag** (BGHZ 202, 168; NJW 2014, 3654 [selbständige, nicht beurkundungspflichtige Schiedsabrede, wenn Auslegung ergibt, dass Schiedsgericht iZw auch über Hauptvertrag entscheiden soll]; BGHZ 69, 260, str zum Ganzen MüKoZPO/Münch § 1031 Rn. 11). **Vereinbarungen mit Dritten** sind idR nicht in den rechtlichen Zusammenhang einbezogen (vgl BGH NJW-RR 1991, 1032 mN; s. auch Maier-Reimer NJW 2015, 273, 277; Müller NJW 2021, 2477, 2479). Bsp für Ausnahme: BGHZ 186, 345 Rn. 10; BGH NJW 1989, 899 mN; KG NJW-RR 1991, 688. **d)** Bei der **Vertragsaufhebung** (→ § 125 Rn. 8) ist zu **18**
unterscheiden (ie str, s. Eckardt JZ 1996, 934): Sie ist formlos möglich, solange Vertrag weder vollzogen noch der Erwerber ein Anwartschaftsrecht hat (allgM, vgl BGH NJW-RR 2005, 242; Grüneberg/Grüneberg Rn. 39). Formzwang gilt für die **Rückkauf**svereinbarung nach vollzogenem Kaufvertrag (BGHZ 104, 277; Grund: Erwerbspflicht gem **I 1** wird für den früheren Verkäufer begründet); eine formunwirksame Rückkaufsverpflichtung wird nicht durch Abschluss eines Kaufvertrags mit einem Dritten geheilt, auch wenn der Dritte auf Veranlassung des Rückkaufs„verpflichteten" handelt (BGH MDR 2012, 1222). Formfrei ist aber die Aufhebung bei (selten) Rückabwicklung ausschließlich gem §§ 812 ff. (BGHZ 127, 173 f.; krit Eckardt JZ 1996, 937 ff.). Formbedürftig ist die Vertragsaufhebung **nach** Erklärung der Auflassung und Stellung eines Eintragungsantrags (§ 13 GBO) durch den Auflassungsempfänger oder Eintragung einer Vormerkung – Antrag des Erwerbers genügt auch insoweit (MüKoBGB/Ruhwinkel Rn. 68 und § 925 Rn. 33) – (BGHZ 83, 399 ff.; NJW 1999, 352; OLG Köln NJW-RR 1995, 1107; str; aA Müller/Michaels NJW 1994, 2743 mN; Tiedtke DB 1991, 2273). Grund: **I 1** gilt entspr (auch **I 2:** → Rn. 39) bei Aufhebung von entstandener Anwartschaft (BGHZ 103, 179, str); formfrei ist aber die Vereinbarung bei Mitaufhebung auch der Auflassung (BGH NJW 1993, 3325 f.; krit Ernst ZIP 1994, 608 f.; Eckardt JZ 1996, 940 ff.; → § 925 Rn. 18; → § 873 Rn. 17 [e]). **Vor** erklärter Auflassung ist Aufhebung mangels *Anwartschafts*recht (→ § 873 Rn. 20) formfrei möglich, auch wenn für den Erwerber eine Vormerkung eingetragen ist (BGHZ 89, 44 f.; 103, 179). Formfrei sind der **Rücktritt** kraft Vertrags oder Ges (→ Rn. 15) sowie der **Erlass** des Auflassungsanspruchs. **e) Vertragsänderungen,** die anstelle der ursprünglichen **19**
Vereinbarung treten, sind grds wie diese (→ Rn. 7–16) formbedürftig, wenn sie *vor* Auflassung getroffen werden (BGHZ 56, 163; 66, 271; NJW 1988, 3263, hM; → § 125 Rn. 7 f.). Eine Ausnahme besteht nach hM für Vereinbarungen, die lediglich der Vertragsabwicklung und -durchführung dienen und die den wesentlichen Vertragsinhalt nicht ändern (BGHZ 140, 221; NJW 2001, 1932; Hagen DNotZ 1984, 277, str; aA MüKoBGB/Ruhwinkel Rn. 66 ff. unter Hinweis auf Wortlaut: Vertrag an sich formpflichtig). Bsp f. formfreie Änderungen: Verlängerung der

Rücktrittsfrist (BGHZ 66, 270); nachträgliche Vereinbarung der Baubeginnfrist und eines Rücktrittsrechts, um beim Erwerbervertrag einen unvorhersehbaren Umstand zu regeln (BGH NJW 2001, 1933); Regelung von Modalitäten der Kaufpreiszahlung, zB nachträgliche Stundung; anders uU bei teilw Erlass (s. BGH NJW 1982, 435). **Nach der Auflassung** sind Änderungen nach Ansicht des BGH formfrei möglich, weil der Formzweck erreicht sei (BGH NJW 2018, 3523; BGHZ 104, 277; NJW 1985, 266); dies missachtet jedoch das in I 2 niedergelegte Prinzip, Stadler JA 2019, 545; Staudinger/Schumacher (2012) Rn. 107 ff.; MüKoBGB/Ruhwinkel Rn. 66 mwN: Formfreiheit erst nach Auflassung und Eintragung entspr I 2; OLG Düsseldorf NJW 1998, 2225); für Formpflicht von Änderungen auch Steinbrecher NJW 2018, 1214 vor allem bei Vorlagesperre von Auflassung bis zur „Entsperrung".

20 **4. Formbedürftigkeit in Einzelfällen. a) Abänderung** und **Aufhebung** des Vertrags (→ Rn. 18f). **Ankaufsrecht** s. „Vorvertrag" (→ Rn. 11, 37). **Anrech-**
21 **nungsabrede** betr Vorauszahlung (BGH NJW 1986, 248). **b)** Der **Auflassungsanspruch** ist formlos abtretbar (BGH NJW 2019, 1596 Rn. 17); formfrei möglich ist auch die entspr *Verpflichtung* hierzu (BGHZ 89, 45 mN); bei der **Eigentumsanwartschaft** gilt für die Übertragung § 925 (→ § 873 Rn. 21 [aa]), für das zugrundeliegende Verpflichtungsgeschäft I 1 entspr (BGHZ 83, 400; 103, 179). **Auflassungs-**
22 **vollmacht:** → Rn. 1, 27. **c) Auftrag** (oder **Geschäftsbesorgungsvertrag,** § 675) sind nur (immer) dann formbedürftig, wenn Beauftragter oder Auftraggeber zur Veräußerung oder zum Erwerb von Grundstückseigentum verpflichtet werden (BGHZ 127, 170; NJW 1996, 1960). Für den **Beschaffungs-(Erwerbs-)auftrag** besteht kein Formzwang gem **I 1 Var. 1,** wenn der Beauftragte das Grundstück im eigenen Namen, aber für Rechnung des Auftraggebers zu erwerben hat (BGHZ 82, 294 mN, hM); Grund: (Weiter)Übereignungspflicht des Beauftragten ist dann nur ges Folge (s. §§ 667, 675) des Auftrags (BGHZ 82, 294, 296; 85, 248 f.; 127, 170 f. mN; WM 2002, 2468; aA Schwanecke NJW 1984, 1586). Jedoch greift Formbedürftigkeit gem **I 1 Var. 2** ein, wenn für den Beauftragten oder Auftraggeber eine (auch mittelbare) **Erwerbspflicht** begründet wird (BGHZ 127, 171 mN; NJW 1996, 1960). Keine Erwerbspflicht besteht, wenn das Grundstück an Dritte übertragen werden soll (BGH NJW 1987, 2071). Auf den Formmangel wegen einer Erwerbsverpflichtung des Auftraggebers gem I 1 Alt. 2 kann sich jedoch der sonst zur Herausgabe verpflichtete Beauftragte uU wegen § 242 nicht berufen (BGHZ 85, 251 f.; NJW 1996, 1960 f.: Einzelfallabwägung). Bsp für Erwerbspflicht des Auftraggebers: Baubetreuungs- und Verwaltungsauftrag (BGH NJW 1985, 730 mN); von Auftraggeber und -nehmer: Ersteigerungsauftrag (BGHZ 85, 250, 251). Beim **Bauherrenmodell** ist für den Formzwang zwischen den verschiedenen Einzelverträgen zu differenzieren (ie str); der Treuhand-(betreuungs-)vertrag ist idR formbedürftig (BGHZ 101, 397 f.; NJW 1992, 3238). Der **Auftrag zur Veräußerung** eines Grundstücks ist formfrei, soweit er noch keine Bindung zur Veräußerung begründet (vgl § 671 I; sa BGHZ 82, 403; NJW 1970, 1916 sowie → Rn. 29); anders, wenn der beauftragte Eigentümer verpflichtet ist, an einen vom Auftraggeber benannten Dritten zu veräußern (BGHZ 92, 171) oder für den Grundstücksinteres-
23 senten eine Erwerbspflicht begründet wird (BGH NJW 1987, 2071 f.). **d) Ausbietungsgarantie** (→ Rn. 11). **Bürgschaft** (→ Rn. 12). **e) Gemeinschaftsauseinandersetzung** (→ Rn. 15). **f) Gesellschaftsverträge.** Ist ein Gesellschafter zur **Einbringung** eines Grundstücks verpflichtet (zB bei Gründung, Beitritt), gilt **I 1,** wenn es auf die Gesellschaft übertragen werden soll (allgM), dagegen nicht, wenn der Grundbesitz nur zur Nutzung überlassen (RGZ 109, 383) oder nur dem Wert *nach* eingebracht wird (OLG Hamburg NJW-RR 1996, 804). Formfrei ist die Gründung einer **Innengesellschaft,** wenn das eingebrachte Grundstück dem nach außen auftretenden Gesellschafter gehört, soweit *nicht* Verwertung vorgesehen (RGZ 166, 165, hM). Die Gründung einer **Gesellschaft** zum Zweck des Erwerbs und der Veräußerung von Grundstücken (zB Parzellierungsgesellschaft) ist (nur) formbedürftig, wenn eine (konkrete) Erwerbspflicht für einen (die) Gesellschafter

begründet wird (vgl BGH NJW 1996, 1280; NJW 1998, 376, str). Formfrei ist die Verpflichtung, in eine Personengesellschaft mit Grundbesitz einzutreten, aus ihr auszuscheiden oder Anteile an ihr zu übertragen oder zu erwerben (Grund: § 738 I 1; vgl BGHZ 138, 11; 140, 182); dies gilt auch dann, wenn das Gesellschaftsvermögen im Wesentlichen aus Grundbesitz besteht (BGHZ 86, 370 f., str; einschr in Umgehungsfällen Ulmer/Löbbe DNotZ 1998, 718 ff.; K. Schmidt ZIP 1998, 6). Formbedürftig ist die Verpflichtung zur rechtsgeschäftlichen Grundstücksübertragung von einer Gesamthand auf eine personengleiche andere (RGZ 136, 406, hM).
g) Hofübergabevertrag, uU bindet auch formlose Bestimmung des Übernehmers 24
(iE BGHZ 119, 388 ff. mN). **h) Maklervertrag.** Formbedürftig ist die Verpflich- 25
tung gegenüber dem Makler, ein Grundstück an von diesem nachgewiesenen Interessenten zu verkaufen (BGHZ 82, 403; NJW 1983, 1545) oder von diesem zu erwerben (BGHZ 89, 47; NJW 1981, 2293; → § 654 Rn. 11 aE), ebenso eine Provisionsabrede unabhängig vom Erfolg, wenn dies die Entschlussfreiheit beeinträchtigt (s. BGHZ 103, 239; NJW 1990, 391 mN; OLG Koblenz NJW-RR 2010, 780) oder ein Vertragsstrafeversprechen für den Fall des Unterlassens des Vertragsschlusses (BGHZ 76, 46 f. mN; NJW 1987, 54; OLG München NJW 1984, 243) sowie überhöhte „Reservierungsgebühr" (BGHZ 103, 239; → Rn. 11). Die Vereinbarung bloßen Aufwendungsersatzes ist nicht formpflichtig (BGHZ 76, 48; iE → § 652 Rn. 32, 42) wenn sie über eine „Unkostenpauschale" nicht hinausgeht (BGH NJW 1980, 1622; NJW 1987, 54 f.; OLG Dresden BB 1998, 2342; krit Wolf DNotZ 1995, 200 ff.: Inhaltskontrolle). Besonderheiten bei der Heilung: → Rn. 39, 43. Für Maklerklauseln in Grundstücksverträgen gilt **I 1** (→ Vor § 652 Rn. 8). **i) Öffentl-rechtlicher Vertrag** (→ Rn. 2; für Erschließungsvertrag OVG Schleswig NJW 2008, 601). **j) Reservierungsvertrag** (→ Rn. 11). **k) Rückkauf** 26
(→ Rn. 18), **Rücktritt** (→ Rn. 18). **l)** Für die **Satzung** einer Genossenschaft, die zur Grundstücksverschaffung an ihre Mitglieder verpflichtet ist, gilt **I 1** nicht (BGHZ 15, 182; 73, 394 f.; NJW 1978, 2505; krit MüKoBGB/Ruhwinkel Rn. 41); dies gilt auch für die Grundstückszuweisung (OLG Karlsruhe OLGZ 1980, 447).
m) Schiedsvertrag (→ Rn. 17). **n) Schuld-(mit-)übernahme (→ Rn. 14);** 27
Sicherungsabrede (BGH NJW 1983, 565). **o) Unternehmenskauf.** Grds gelten → Rn. 15, 17. III wird durch §§ 1, 6, 13 III, 125, 176 UmwG verdrängt. Soweit nicht schon I zu Formpflicht führt, ist Anwendung von III str, Einzelheiten s. Hermanns ZIP 2006, 2296; Kiem NJW 2006, 2363; Klöckner DB 2008, 1083; → Rn. 54. **p) Vollmacht und Genehmigung.** Veräußerungs- und Erwerbsvollmacht (für das Verpflichtungsgeschäft) sind idR formfrei (§ 167 II), desgl die Genehmigung (§§ 182 II, 184 I; BGHZ 125, 220 ff. mN, str; iE → Rn. 9). Ausnahmsweise besteht Formzwang bei Begründung einer tatsächlichen Bindungswirkung, wie bei **unwiderruflicher** Vollmacht (BGHZ 89, 47; 132, 124 mN; auch für das Grundgeschäft: BayObLG NJW-RR 1996, 849 mN) und auch bei widerruflicher Vollmacht mit Recht zum Selbstabschluss (§ 181; BGHZ 132, 124 f. mN; iE auch Wolf DNotZ 1995, 199; iE → § 167 Rn. 10; zur Ersteigerungsvollmacht OLG Frankfurt a. M. NJW-RR 2013, 722; OLG Brandenburg NJW-RR 2010, 1169); iÜ kann die Vollmacht uU auch dann formbedürftig sein, wenn sie Bestandteil (vgl § 139) eines einheitlichen Veräußerungsgeschäfts ist (BGH NJW 1992, 3238 mN; Korte DNotZ 1984, 84 ff.; *vgl aber auch* → Rn. 19 und 35). Die gleichen Grundsätze gelten nach hA für die **Auflassungsvollmacht** (vgl BGH DNotZ 1963, 672; OLG Schleswig DNotZ 2000, 775; Korte DNotZ 1984, 88; Grüneberg/Grüneberg Rn. 22). Dies ist abzulehnen, da der dingliche Vollzug – trotz seiner „Gefährlichkeit" – von Wortlaut und Schutzzweck von I 1 nicht erfasst ist (MüKoBGB/Ruhwinkel Rn. 38); Ausnahme: Auflassungsvollmacht ist unselbstständiger Bestandteil formbedürftigen Grundgeschäfts, aber → Rn. 19. **q) Verfallklausel** (BGH NJW 1979, 307) und 28
Vertragsstrafeversprechen (BGHZ 82, 403; NJW 1987, 54; iE → Rn. 12). **r) Verzicht** auf **Auflassungsanspruch** (→ Rn. 8). **s) Vorkaufsrecht** (→ Rn. 11).
t) Vorvertrag, Ankaufsrecht und Ausübung (→ Rn. 11). **u) Wohnungseigen-** 29
tum. Der (zulässige) Bestimmungsvorbehalt des Verkäufers zur einseitigen Ausge-

staltung der Teilungserklärung (Gemeinschaftsordnung) unterliegt **I 1** (BGH NJW 1986, 845; → Rn. 16). **v) Widerruf** innerhalb einer Annahmefrist ist nicht beurkundungsbedürftig (BGH DB 2004, 2156). **w) Zusammengesetzte** und **verbundene Verträge** (→ Rn. 17).

30 **5. Rechtsfolgen des Formmangels. a) Allgemeines.** Die heilbare (→ Rn. 38 ff.) Nichtigkeit (§ 125) iZw (§ 139 Hs. 1) des vollständigen Vertrags ist von Amts wegen zu beachten, auch wenn die Parteien auf den Einwand der Formnichtigkeit verzichtet haben (BGH NJW 1969, 1169). Erwerbsschutz durch Vormerkung (§ 883) nicht möglich wegen Akzessorietät der Vormerkung (BGHZ 54, 63); uU besteht Anspruch auf Ersatz des Vertrauensschadens wegen Verschuldens bei Vertragsschluss (→ § 311 II Rn. 60, 61); ganz ausnahmsweise kann Berufung auf Formnichtigkeit durch **Treu und Glauben** (§ 242) ausgeschlossen sein (dazu BGHZ 85, 251 f.; 85, 318 f.; 127, 175; 149, 331 mN; weitergehend BGH ZIP 1993, 710: auch auf andere Mängel; Armbrüster NJW 2007, 3317; → § 125 Rn. 13 ff.; → § 242 Rn. 50). Bis zur Eintragung (→ Rn. 41) kann Geleistetes (zB mitbeurkundete oder später erteilte Auflassung) **kondiziert** werden, § 812 I 1, wenn nicht § 814 entgegensteht – nur bei positiver Kenntnis von Nichtigkeit –; sonst § 812 I 2 Var. 2, dem nur § 815 entgegengehalten werden kann (vgl BGH NJW 1976, 238; Kanzleiter DNotZ 1986, 261 ff.). Nutzlos aufgewendete Erwerbskosten (zB für Grundbuch, Finanzierung) kann der Käufer uU als Schadensersatz (→ § 311 II Rn. 54, 56), idR aber nicht als „Entreicherung" geltend machen (s. BGHZ 116, 255 ff.; dazu Canaris JZ 1992, 1115; abl Eckert JR 1992, 507; → § 818 Rn. 34, 39). Auflassung, die mit formnichtigem Vertrag verbunden wurde, ist idR wirksam (BGH NJW 1976, 237; NJW 1979, 1496; MüKoBGB/Ruhwinkel Rn. 83). **Fallgruppen** nach der Art des Formmangels:
31 → Rn. 31–35. **b) Fehlende Beurkundung.** Ist ein formbedürftiger Vertrag überhaupt nicht oder nicht formgerecht beurkundet, ist er **insgesamt** nichtig; mit ihm verbundene nicht formbedürftige Vereinbarungen (RGeschäfte) sind aber gültig, soweit § 139 HS 2 eingreift (vgl → Rn. 17) oder den Parteien die Formnichtigkeit
32 der formbedürftigen Abrede bekannt war (vgl RGZ 79, 437; 122, 141). **c) Unvollständige Beurkundung.** Ist ein formbedürftiger Vertrag unvollständig beurkundet, ist der nicht beurkundete **Teil** nichtig, die Gültigkeit des formgemäßen Teils richtet sich – soweit nicht Unvollständigkeit zur Unrichtigkeit führt – nach § 139 (BGH NJW 1981, 222; NJW 1989, 899; NJW 2000, 2101; aA Maier-Reimer NJW 2004, 3741 [§ 140]); bei Kenntnis der Parteien von der Nichtigkeit des nicht beurkundeten Teils ist der übrige Teil iZw gültig (vgl BGHZ 45, 379 mN). Bei einer formnichtigen Kaufpreisverrechnungsabrede ist der Vertrag iÜ gültig, wenn der Käufer die Begleichung des Kaufpreises beweisen kann (BGH NJW 2000, 2101). Hinsichtlich des
33 formnichtigen Teils kann Heilung gem **I 2** in Frage kommen. **d) Unrichtige Beurkundung. aa)** Bei **bewusst unrichtiger Beurkundung** (insbes „Unter- oder Überverbriefung" des Kaufpreises) ist der beurkundete Vertrag als Scheingeschäft nichtig (§ 117 I), der gewollte Vertrag (trotz § 117 II) wegen Formmangels ungültig (§ 125; BGHZ 54, 62; 89, 43; NJW 1986, 248, hM; zur Beweislast: BGH MDR 1978, 567). Die in einem solchen Vertrag enthaltene Auflassung oder Auflassungsvollmacht ist nach § 139 nichtig, und nur dann wirksam, wenn sie unabhängig vom beurkundeten Vertrag (zB zur Sicherung der Vollziehung) erteilt wurde (BGH NJW-RR 2020, 962; NJW-RR 1989, 1099, 1100). Im Hinblick auf Heilung nach I 2, die eine wirksame Auflassung voraussetzt, wird dies meist anzunehmen sein (str, MüKoBGB/Ruhwinkel
34 Rn. 83 mN). Unrichtige Beurkundung über angeblich erfolgte Kaufpreiszahlung macht Vertrag nicht nichtig (da nicht beurkundungspflichtig) und ist auch kein Scheingeschäft (BGH NJW 2011, 2785), sondern Vorausquittung (zust Böttcher DNotZ 2012, 51; krit im Hinblick auf die Beurkundungspflicht von Vorauszahlungen und
35 Verrechnungen, Keim NJW 2012, 119). **bb)** Bei **unbewusst unrichtiger Beurkundung** ist im Fall übereinstimmenden Parteiwillens der Vertrag mit dem gewollten Inhalt gültig zustandegekommen (falsa demonstratio, → § 119 Rn. 2, → § 133 Rn. 9; BGH NJW 2002, 1039 mN; Hagen DNotZ 1984, 283; Bsp: irrtümliche

Falschbezeichnung des Grundstücks, vgl BGHZ 87, 152 f. mN, hM); versehentliche Beurkundung nicht vereinbarter Klausel (BGH NJW-RR 1988, 971); **nicht** aber: Beurkundung von Kauf eines Miteigentumsanteils, wenn übereinstimmend Kauf einer Teilfläche gewollt war (BGH NJW-RR 1988, 265: S. 1, § 125 gilt).

6. Heilung (I 2). a) Allgemeines. aa) Bedeutung: Einschränkung des Formzwangs. Der **Grund** liegt nicht nur in der Erledigung (Erreichung) der Formzwecke (so BGHZ 32, 13, hM; krit Häsemeyer, Die ges Form der RGeschäfte, S. 89 ff.), sondern auch in der Aufrechterhaltung sachenrechtlich abgeschlossener Verhältnisse im Interesse der Rechtssicherheit (BGHZ 127, 137; 160, 370); deshalb darf das Grundbuchamt eine Eintragung wegen Formmangels des Grundgeschäftes nicht verweigern. Veräußerer kann bei nichtigem Vertrag jedoch Heilung durch gerichtliches **Erwerbsverbot** (einstw Verfügung) verhindern; verbotswidrige Eintragung hat analog §§ 135, 136 keine Heilungswirkung (RGZ 120, 120; OLG Hamm DNotZ 1970, 662; Grüneberg/Grüneberg Rn. 51). **I 2** ist kein Anwendungsfall von § 141 I (BGHZ 32, 13). Eine dem **I 2** nachgebildete **Sondervorschrift** enthält § 3 I 2 Hs. 4 VermG (→ Rn. 49). **bb) Anwendungsbereich:** Wegen § 925a Formmängel gem → Rn. 34 ff. Entspr Anwendung wird in Einzelfällen zur Minderung von Härten (Hagen DNotZ 1985, Sonderheft S. 39) bejaht, doch lehnt hM Ableitung eines allg Heilungsprinzips aus I 2, §§ 518 II, 766 S. 2; 15 IV GmbHG ab (BGH NJW 1967, 1131; krit Häsemeyer, Die ges Form der RGeschäfte, S. 105 ff., 259 ff.). **Bsp** für Formheilung durch Erfüllung **entspr I 2:** formungültiger Vorvertrag durch formgemäßen Abschluss des Hauptvertrags (BGHZ 82, 404; NJW 1987, 1628; einschr NJW-RR 1993, 522; allg Hagen DNotZ 1984, 289 ff. mN); formungültige Verpflichtung zur Veräußerung an einen Dritten (→ Rn. 27) durch formgültigen Abschluss des Kaufvertrags mit dem Dritten (BGHZ 82, 403 ff.; NJW 1994, 720; s. aber BGHZ 160, 372 f.: Auflassung an Dritten heilt nicht Mangel des Kaufvertrages mit ursprünglichem Käufer, hierzu Keim DNotZ 2005, 324; ebenso wenig wird formunwirksame Rückkaufsverpflichtung durch [Rück-]kauf eines Dritten geheilt, BGH MDR 2012, 1222); formungültiger Maklervertrag durch notariellen Kaufvertrag (BGH NJW 1987, 1628); formungültiger Kaufvertrag über ausländisches Grundstück (→ Rn. 4) durch Eigentumserwerb nach lex rei sitae (BGHZ 52, 243; 73, 396 f.); formungültige Vertragsaufhebung (→ Rn. 20) durch Aufhebung entstandener Anwartschaft (OLG Düsseldorf DNotZ 1990, 371; Pohlmann DNotZ 1993, 359: Löschung der Auflassungsvormerkung; offenlassend OLG Saarbrücken NJW-RR 1995, 1106). **b) Voraussetzungen. aa) Formwidrig geschlossener** 38
Grundstücksveräußerungsvertrag oder formwidrige *sonstige* dem Formzwang unterliegende Vereinbarung (zB iSv → Rn. 27). **bb)** Die **Willensübereinstim-** 39
mung der Parteien muss bis zur Auflassung (→ Rn. 40) **fortbestehen** (BGHZ 127, 137 mN, NJW-RR 2017, 114 Rn. 28). Kenntnis der Parteien vom Formmangel schließt tatsächlichen Bindungswillen nicht aus (BGH NJW 1985, 2423; OLG Oldenburg DNotZ 1985, 713). Sonstige Unwirksamkeitsgründe dürfen nicht vorliegen (BGH DNotZ 1969, 350; → Rn. 43 ff.); daher keine Heilung, wenn formnichtiges Angebot bei Annahme bereits erloschen (BGH NJW-RR 2017, 114 Rn. 28 [Fall der Doppelnichtigkeit]). Nach bindender (→ § 925 Rn. 16) Auflassung ist einseitiger *Widerruf* bedeutungslos (arg § 873 II); Möglichkeiten des Veräußerers zur Verhinderung der Heilung: → Rn. 40. **cc) Wirksame Auflassung.** Zu den 40
allg Wirksamkeitsvoraussetzungen, insbes Form- und Genehmigungserfordernissen vgl → § 925 Rn. 3 ff., 11 ff., 21. Ist die Auflassung in der **gleichen Urkunde** wie der formungültige Veräußerungsvertrag erklärt (häufig), führt dies idR nicht zu ihrer Formungültigkeit (→ Rn. 17); das Gleiche gilt für die mitbeurkundete Auflassungsvollmacht (→ Rn. 19). Durch Klage auf **Kondiktion** der Auflassung (→ Rn. 30) oder Eintragung eines Widerspruchs (RGZ 109, 334) kann die heilende Eintragung nicht verhindert werden (RGZ 109, 354). Der Veräußerer kann aber – auch noch nach Eingang des Eintragungsantrags – **Erwerbsverbot** erwirken (→ Rn. 38).
dd) Die **vollzogene Eintragung** muss das veräußerte Grundstück betreffen; bei 41

Fehleintragung keine Heilungswirkung (RGZ 60, 340; 61, 265; OLG Hamm NJW-RR 2016, 27 [falsa demonstratio-Grundsatz findet auf Eintragung keine Anwendung – Eintragung und Auflassung müssen sich decken]). Werden mehrere Grundstückskaufverträge als einheitliches Geschäft abgeschlossen, tritt Heilung mit der letzten Eintragung ein (BGH NJW 2000, 2017). Bewilligung und Eintragung einer
42 Auflassungsvormerkung genügen nicht (LM Nr. 19). **c) Rechtsfolgen: Wirksamwerden des Vertrags. aa) Zeitpunkt:** Der wegen Formmangels nichtige Veräußerungsvertrag **wird** mit dem Zeitpunkt gültig, in dem Auflassung *und* Eintragung erfolgt sind. Die Heilung hat keine Rückwirkung (BGHZ 54, 63; 82, 406, hM, ebenso BGHZ 138, 203 für § 15 IV 2 GmbHG, str; aA Larenz SchR I § 5), jedoch führt entspr Anwendung von § 141 II (vgl BGHZ 32, 13) im Verhältnis zwischen den Parteien zu ähnlichem Ergebnis; vorher eingetragene Auflassungsvormerkung ist aber wirkungslos (BGHZ 54, 63; NJW 1983, 1545, hM, str), für früheren Verzug ist idR kein Raum (BGH WM 1979, 253), eine Vertragsstrafe ist nicht verwirkt (zutr Reinicke/Tiedtke NJW 1982, 1434 ff. gegen BGHZ 82, 406). Im Rahmen der **entspr Anwendung** des **I 2** (→ Rn. 37) kann für die Heilung auch ein früherer Zeitpunkt in Frage kommen; Bsp: Abschluss des Hauptvertrags (vgl BGHZ 82, 404) oder des Veräußerungsvertrags mit dem Dritten (BGHZ 82, 406); Zuschlag gem
43 § 90 ZVG (Eintragung offenlassend BGHZ 85, 251). **bb) Umfang.** Geheilt werden nur **Formmängel,** außer Verletzung von **I 1** auch Verstöße gegen andere Formvorschriften, die keinen weitergehenden Schutzzweck verfolgen (BGH NJW 1978, 1577 für § 761), nicht aber sonstige Mängel (BGHZ 124, 323 f.; DNotZ 1969, 350; OLG Zweibrücken OLGZ 1985, 47 für § 15 IV 1 GmbHG; → Rn. 40). Die Heilung umfasst den gesamten Inhalt des Vertrags (→ Rn. 17) einschließlich aller Neben- und Änderungsvereinbarungen (BGHZ 59, 272; NJW 1985, 2423), auch soweit sie für sich allein nicht formbedürftig waren, aber wegen des Zusammenhangs (→ Rn. 17) zu beurkunden waren (BGHZ 89, 48; NJW 1994, 720); eine formnichtige Wiederkaufsabrede wird daher bereits mit Auflassung und Eintragung des Erwerbers wirksam (BGH NJW 1975, 206; → § 456 Rn. 6), **nicht** jedoch weitere den (nicht gem I 2 eingetragenen) Veräußerer treffende Übereignungspflichten gegenüber dem Erwerber (BGHZ 59, 273), desgl nicht formunwirksame Nebenabreden, die *nach der Auflassung* getroffen wurden (BGHZ 104, 278) oder Abreden im Zusammenhang mit Grundstückserwerb, die nicht im Verhältnis zwischen Veräußerer und Erwerber des formnichtigen Geschäfts wirken (BGH WM 2002, 2468: Teilungsvereinbarung unter Erwerbern, die mangels Bestimmtheit formungültig,
44 wird nicht durch Erwerb des Miteigentums geheilt). **cc)** Die **Verjährung** aller vertraglicher Ansprüche beginnt erst mit der Heilung (RGZ 134, 87).

II. Vertrag über künftiges Vermögen (II)

45 **1. Allgemeines. a) Bedeutung:** Selbstständiger Nichtigkeitsgrund, Ausprägung von § 138 I. Das SchRModG hat § 310 aF ohne inhaltliche Änderung in **II** über-
46 nommen. **b) Zweck:** Schutz der freien Persönlichkeit vor übermäßiger Beeinträch-
47 tigung ihrer wirtschaftlichen Bewegungsfreiheit. **c) Anwendungsbereich.** Betrifft nur schuldrechtliche Verpflichtungsverträge (vgl → Rn. 56), nicht dagegen familien- (insbes §§ 1408 ff.) und erbrechtliche Verträge (§§ 1941, 2274 ff.; sa § 2302). Für verfügende (insbes dingliche) Verträge gilt ohnehin der Bestimmtheitsgrundsatz (vgl → § 929 Rn. 5; → § 930 Rn. 16), doch ist auf die Abtretung sämtlicher künftiger Geschäftsforderungen **II** entspr anwendbar (RGZ 67, 168). Gilt auch für **jur Personen** (RGZ 169, 83), doch bestehen für sie zT Sondervorschriften; für Verschmelzungsverträge gilt **II** nicht (vgl § 4 I 2 UmwG; → Rn. 55 [b]). Auf Verträge, die eine Geldschuld begründen (zB Darlehen, Bürgschaft), ist **II** auch bei Vermögenslosigkeit des Schuldners **nicht** entspr anwendbar (BGHZ 107, 100 f.; NJW 1991, 2016 mN; Medicus ZIP 1989, 818; aA OLG Stuttgart NJW 1988, 833).
48 **d)** Die **Voraussetzungen** entsprechen, abgesehen davon, dass sich **II** auf **künftiges** Vermögen bezieht, denen des III; vgl → Rn. 54 ff.

2. Rechtsfolgen. a) Nichtigkeit des (schuldrechtlichen: → Rn. 56) Vertrages, uU Umdeutung (§ 140) in Erbvertrag (BGHZ 8, 34). Erfüllungsgeschäfte sind idR (Ausnahmen: → § 138 Rn. 25; → § 139 Rn. 4) nicht nichtig; §§ 812 ff. (814!) finden Anwendung. **b) Haftung für Vertrauensschaden** aus cic (§§ 280, 311 II) nur, wenn Vertrag im Einzelfall nicht (auch) gegen § 138 verstößt; kein Anspruch aus § 311a II (dort → § 311a Rn. 4). 49 50

III. Vertrag über gegenwärtiges Vermögen (III)

1. Allgemeines. a) Zweck des Formzwangs: Übereilungsschutz und Sicherung der Fachberatung (§§ 128; 17 BeurkG) wegen der bes Gefährlichkeit und Tragweite der übernommenen Verpflichtung. Das SchRModG hat § 311 aF unverändert in **III** übernommen. **b) Anwendungsbereich.** Betrifft nur schuldrechtliche Verpflichtungen (→ Rn. 57; → Rn. 51). **Sondervorschriften** bestehen für gesellschaftsrechtliche Verschmelzungsverträge, vgl § 6 UmwG (→ Rn. 27); Umwandlung von Gesellschaften nach dem UmwG ist keine Vermögensübertragung. Für Unternehmenskäufe („asset deals"), die nicht schon unter I fallen, wird Anwendung teilweise verneint (Kiem NJW 2006, 2363: keine Anwendung auf jurist Pers; Klöckner DB 2008, 1083: keine Anwendung bei Aufzählung aller Gegenstände auch über „catch-all"-Klauseln; aA OLG Hamm ZIP 2010, 2304 mN; Morshäuser WM 2007, 337). **c) Abgrenzung.** § 1365 (Schutz der Familiengrundlage) gilt nicht für Vermögensbruchteil, beschränkt auch die Verfügungsbefugnis (vgl BGHZ 106, 257 f.). 51 52

2. Voraussetzungen. a) Schuldrechtlicher Vertrag. Art des Vertrags und der Gegenleistung sind gleichgültig (zB Kauf, Schenkung, Gesellschaftsvertrag, Leibrentenversprechen uä), verpflichtete Partei kann auch eine jur Person sein (RGZ 137, 348, abl für Gesamtvermögensübertragung durch jur Person [zB asset deals] Kiem NJW 2006, 2363). **b) Gegenwärtiges Vermögen oder Bruchteil. Vermögen** iSd **II, III** ist das Aktivvermögen (RGZ 69, 285 und RGZ 69, 418, hM) als solches (Gesamtheit oder Bruchteil; krit – weitergehend – Behr JA 1986, 521 f.: auch wesentliche Substanzstücke), Ausnahme von Vermögensstücken unbedeutenden Werts aber unschädlich (RGZ 137, 349). Nicht unter **II, III** fallen Verträge über Sondervermögen (BGHZ 25, 4) oder über fremdes Vermögen (RGZ 79, 285); ferner Verträge, die sich nur auf **einzelne Vermögensgegenstände** beziehen (BGHZ 25, 5; WM 1976, 745), mögen diese auch das ganze Vermögen ausmachen (BGH NJW 1991, 355; Klöckner DB 2008, 1083 [für Unternehmenskauf mit „catch-all"-Klauseln], str; aA Knieper MDR 1970, 979; Grund: Warnzweck gem → Rn. 55 ist erreicht). Auslegungsfrage (§§ 133, 157), ob sich bei Aufzählung im Einzelnen die Verpflichtung auf das gesamte Vermögen erstreckt (dann **II, III;** vgl RGZ 76, 3). **c) Verpflichtung** zur Eigentums-(Rechts-)übertragung (auch zur Sicherung) oder Nießbrauchsbestellung. Formfrei zulässig ist dagegen die Verpflichtung zur Verpfändung oder zur Übertragung der Verwaltung auf einen Treuhänder der Gläubiger (RGZ 72, 118). 53 54 55

3. Rechtsfolgen. Bei Formmangel Nichtigkeit des Verpflichtungsvertrags (§ 125 S. 1). Nach hM keine Heilung durch Erfüllung (BGH DNotZ 1971, 38; Grüneberg/Grüneberg Rn. 68; für **I 2,** §§ 518 II, 766 S. 2 analog aber Knieper MDR 1970, 982), *uU* jedoch bei einzelnen Gegenständen Umdeutung (§ 140) in entspr Einzelrechtsgeschäfte (RGZ 76, 3; arg **I 2,** § 139). 56

IV. Vertrag über den Nachlass eines noch lebenden Dritten (IV)

1. Erbschaftsverträge (IV). a) Bedeutung: Das SchRModG hat § 312 I aF in **IV** unverändert übernommen. Er enthält einen selbstständigen Nichtigkeitsgrund; Ausprägung von § 138 I, sittliche Anstößigkeit im Einzelfall jedoch unerheblich (BGHZ 26, 326; 37, 324; NJW 1995, 448). **Zweck:** Verhinderung von gefährlichen Geschäften unter Ausbeutung des Leichtsinns und von leichtfertiger Vermögensverschleuderung (BGHZ 104, 281; DNotZ 1997, 122). **b) Anwendungsbereich:** 57 58

Betrifft nur Verpflichtungsgeschäfte (→ Rn. 63), **Verfügungen** über den Nachlass eines lebenden Dritten sind ohnehin rechtlich nicht möglich (dazu BGHZ 37, 324). Für Verträge des Erblassers selbst gelten erbrechtliche Vorschriften (§§ 1941, 2274 ff.; 2346 ff.).

59 **2. Voraussetzungen. a) Schuldrechtlicher Vertrag.** Art und Rechtsgrund (zB Kauf, Rentenversprechen) gleichgültig (BGHZ 26, 326), zum Inhalt vgl → Rn. 64. Mindestens eine der vertragsschließenden Parteien darf nicht zum Personenkreis gem → Rn. 68 gehören (andernfalls gilt **V**), Beteiligung des **Erblassers** unerheblich
60 (vgl aber → Rn. 66; auch § 2302). **Zeitpunkt:** → Rn. 60. **b) Vertrag über den Nachlass:** Jeder Vertrag, der irgendeine Verpflichtung in Bezug auf den künftigen Nachlass (Erbanteil: §§ 1922 II, 2033 I 1), Pflichtteil **(IV 2)** oder ein Vermächtnis **(IV 2)** – im Ganzen oder hinsichtlich eines Bruchteils – zum Gegenstand hat. Bsp: Verpflichtung zur Erbteilsübertragung (BGHZ 104, 280 f.), zur Erbausschlagung oder zur Nichtgeltendmachung des Pflichtteils; Abfindungsvereinbarungen zwischen Schlusserben eines Berliner Testaments (BGHZ 37, 323); Rentenversprechen (auch aus dem Eigenvermögen des Versprechenden), deren Umfang sich nach dem (künftigen) Nachlass richtet (BGHZ 26, 324 [327], str; aA Meincke JuS 1976, 501); Erteilung einer unwiderruflichen Vollmacht durch den zukünftigen Erben an einen Dritten kann Umgehungsgeschäft sein (Grüneberg/Grüneberg Rn. 71). **Nicht** unter **IV** fallen dagegen Verträge über das Anwartschaftsrecht des **Nacherben** (BGHZ 37, 326), ferner Verträge über **einzelne Nachlassgegenstände** (BGH LM § 312 Nr. 3), soweit sie nicht im Wesentlichen den Nachlass erschöpfen; Versprechen
61 einer festen Rente aus dem Nachlass (BGHZ 26, 325). **c) Lebender Dritter:** Maßgebend ist die Vorstellung der Parteien (RGZ 93, 299, hM), nicht die obj Sachlage.

62 **3. Rechtsfolgen:** Abgesehen von **V** stets Nichtigkeit, auch bei Zustimmung des lebenden Dritten (BGH NJW 1995, 448 mN), dann aber uU Umdeutung gem §§ 140, 2352 (BGH NJW 1974, 43).

V. Erbschaftsverträge (V)

63 **1. Erbschaftsverträge.** Er enthält eine Ausnahme zu **IV**, die dem Bedürfnis vorzeitiger Auseinandersetzung Rechnung trägt.

64 **2. Voraussetzungen.** Alle Vertragsschließenden müssen zzt. des Vertragsschlusses zu den gem §§ 1924 ff. berufenen möglichen (nächsten oder weiteren) Erben gehören (BGH NJW 1956, 1152, hM, str; offen BGHZ 104, 281 f.), ein Erbverzicht (§ 2346) steht nicht entgegen (BGH NJW 1995, 448). Vertrag muss sich idR auf ges Erbteil beziehen; gleich steht Pflichtteilsanspruch, ferner testamentarischer Erbteil und Vermächtnis im Umfang des ges Erbteils (BGHZ 104, 284 f. mN; Kuchinke JZ 1990, 601; str) und Pflichtteilsvermächtnis (Erman/Grziwotz Rn. 96 mN). Einhaltung der Beurkundungsform (**V 2;** § 128), auch bei Zustimmung des Erblassers (BGH NJW 1995, 448 f.).

65 **3. Rechtsfolgen.** Nur schuldrechtliche (keine unmittelbar erbrechtliche) Wirkung, zB nach Erbfall Übertragung gem § 2033 erforderlich. Der zur Verfügung über seinen Erbteil (Pflichtteil) Verpflichtete muss überhaupt Erbe (auch testamentarischer: BGHZ 104, 284) oder Pflichtteilsberechtigter werden, sonst wird die übernommene Verpflichtung gegenstandslos.

§ 311c Erstreckung auf Zubehör

Verpflichtet sich jemand zur Veräußerung oder Belastung einer Sache, so erstreckt sich diese Verpflichtung im Zweifel auch auf das Zubehör der Sache.

Auslegungsregel des **Inhalts,** dass bei Belastungs- und Veräußerungsverträgen (Kauf, Tausch, auch Schenkungsversprechen; vgl auch § 2164) sich die schuldrechtliche Verpflichtung (keine dingliche Wirkung; dazu vgl §§ 926, 1031) iZw auf das (auch schuldnerfremde: OLG Düsseldorf MDR 1993, 144) Zubehör (Begriff: §§ 97, 98) im Zeitpunkt des Vertragsschlusses (sofern nicht anders vereinbart) erstreckt. Auflistung des Zubehörs (Inventars) für Wahrung der Form nicht erforderlich (BGH NJW 2000, 357). **Entspr anwendbar** auf Miete (BGH NJW 2000, 357), Pacht, Leihe (hM), str, ob bei wirtschaftlicher Einheit mit dem veräußerten Gegenstand auch auf Rechte (dagegen Kohler DNotZ 1991, 364 ff.; Uhlig DNotZ 1991, 670 ff.; MüKoBGB/Ruhwinkel Rn. 5; offen lassend BGHZ 111, 116 mN). Für Vermächtnisse s. § 2164.

Untertitel 2. Grundsätze bei Verbraucherverträgen und besondere Vertriebsformen

Vorbemerkungen zu den §§ 312–312k

Lit.: Armbrüster, Kapitalanleger als Verbraucher, ZIP 2006, 406; Bisges, Schlumpfbeeren für 3000 Euro – Rechtliche Aspekte von In-App-Verkäufen an Kinder, NJW 2014, 183; Bittner/Clausnitzer/Föhlisch, Das neue Verbrauchervertragsrecht, 2014; Brinkmann/Ludwigkeit, Neuerungen des situativen Anwendungsbereichs besonderer Vertriebsformen, NJW 2014, 3270; Brönneke/Schmidt, Der Anwendungsbereich der Vorschriften über die besonderen Vertriebsformen nach Umsetzung der Verbraucherrechterichtlinie, VuR 2014, 3; Czajkowski/Müller-ter Jong, Datenfinanzierte Premiumdienste und Fernabsatzrecht, CR 2018, 157; Ehmann/Forster, Umsetzung der Verbraucherrechterichtlinie, GWR 2014, 163 und 211; Fischinger/Werthmüller, Der Aufhebungsvertrag im Irish Pub, Widerruflichkeit arbeitsrechtlicher Aufhebungsverträge, NZA 2016, 193; Grundmann, Die EU-Verbraucherrechte-Richtlinie, JZ 2013, 53; Hilbig-Lugani, Neuerungen im Außergeschäftsraum- und Fernabsatzwiderrufsrecht – Teil 1, ZJS 2013, 441; v Loewenich, Einbeziehung von Finanzdienstleistungen in das Gesetz zur Umsetzung der Verbraucherrechterichtlinie, NJW 2014, 1409; Maume, Der umgekehrte Verbrauchervertrag, NJW 2016, 1041; Micklitz/Joost/Reisch/Zander-Hayat, Verbraucherrecht 2.0 – Verbraucher in der digitalen Welt, 2017; Rodi, Der neue § 312a Abs. 3 S. 1 BGB – das Ende des erhöhten Beförderungsentgelts?, VuR 2015, 14; Rolfs/Möller, Widerrufsrechte im Wohnraummietrecht, NJW 2017, 3275; Schinkels, Verbraucherbürgschaft und Verbraucherverkauf als Außergeschäftsraum- oder Fernabsatzvertrag i.S.d. Verbraucherrechte-Richtlinie?, WM 2017, 113; Schwab/Hromek, Alte Streitstände im neuen Verbraucherprivatrecht, JZ 2015, 271; Strobl, Neue Vorgaben für den Kunst- und Kulturgüterhandel durch die Umsetzung der Verbraucherrechterichtlinie, NJW 2015, 721; Tamm, Informationspflichten nach dem Umsetzungsgesetz zur Verbraucherrechterichtlinie, VuR 2014, 9; von Loewenich, Zum Anwendungsbereich der Verbraucherrechte-Richtlinie als Hintergrund der Auslegung des § 312 Abs. 1 BGB, WM 2016, 2011; Wendehorst, Das neue Gesetz zur Umsetzung der Verbraucherrechterichtlinie, NJW 2014, 577; dies, Ist das neue Verbraucherecht noch zu retten, GPR 2015, 55.

1. Allgemeines. a) §§ 312–312h und 312k wurden ebenso wie der Verbraucherbegriff (§ 13), die Textform (§ 126b), das Widerrufsrecht (355 ff.) und die entspr Informationspflichten im EGBGB (insbes Art. 245 ff.) durch das Ges zur Umsetzung der Verbraucherrechte-RL (2011/83/EU) und zur Änderung des Ges zur Regelung der Wohnungsvermittlung komplett neu gefasst. Die Klarstellung des „dual use“ Problems in § 13 (Schwerpunktbetrachtung) folgt Erwägungsgrund 17 Verbraucherrechte-RL, nimmt aber eine Diskrepanz zur Definition des Verbrauchervertrags in der EuGVVO in Kauf (Musielak/Voit/Stadler EuGVVO Art. 17 Rn. 1; Loacker JZ 2013, 234 ff.). Die Neuregelung ist zum 13.6.2014 in Kraft getreten. In der RL wurden die bish Haustürgeschäfte-RL und Fernabsatz-RL zusammengeführt und überarbeitet. Sie setzt – von wenigen Öffnungsklauseln abgesehen – den Grundsatz der Vollharmonisierung um, der es den Mitgliedstaaten verbietet, ein höheres Schutzniveau als in der RL vorgesehen zu verwirklichen (krit Grundmann JZ 2013, 62 f.). Folge: Gebot richtlinienkonformer Auslegung (Art. 288 III AEUV, ggf Rechtsfortbildung hierzu Höpfner JZ 2012, 473; Pötter/Christensen JZ 2011, 387) und ggf Vorlage gem Art. 267 AEUV. In Bereichen, die von der RL nicht erfasst 1 sind, ist der Gesetzgeber nach wie vor frei, Regelungen zu treffen. Nur geringfügig geändert wurden die §§ 312i, 312j, die der Umsetzung der E-Commerce-RL dienen. **b)** Auf vor dem 13.6.2014 entstandene Schuldverhältnisse ist grds das bish geltende Recht anwendbar (Art. 28 II Verbraucherrechte-RL; Art. 229 § 32 I EGBGB); Sonderregelungen in Art. 229 § 32 II–IV EGBGB.

2 **2. Bedeutung. a)** Die **§§ 312–312m** dienen in erster Linie dem **Verbraucherschutz.** Schutzinstrumente sind Informationspflichten (§ 312d iVm Art. 246a, 246b EGBGB) und Widerrufsrechte (§ 312g iVm §§ 355 ff.), welche die Entscheidungsfreiheit des Verbrauchers unterstützen sollen, abgesichert durch Beschränkungen der Privatautonomie und ein Umgehungsverbot (§ 312m). Neu eingeführt bzw erweitert wurden insbes die Informationspflichten im stationären Handel (§ 312a II) und Außergeschäftsraumvertrieb (§ 312d), s. Möller BB 2014, 1411. Kaum durchschlagen dürften die Bedenken zur Grundrechtskonformität (Wendehorst GPR 2015, 55) im Hinblick auf den Verlust des Vergütungsanspruchs des Unternehmers bei Verstoß gegen Informationspflichten. **b) § 312i** entfaltet ebenfalls verbraucherschützende Wirkung, ist aber auch im Geschäftsverkehr **zwischen Unternehmern** (§ 14) anwendbar. Die bislang von einem Unternehmer im elektronischen Geschäftsverkehr **gegenüber Verbrauchern** zusätzlich zu beachtenden Pflichten, sind im neuen § 312j zusammengefasst. Europaweit einheitliche Formulare für die Belehrung über das Widerrufsrecht und die Ausübung des Widerrufs bei Fernabsatz und Direktvertrieb erhöhen die Rechtssicherheit.

3 **3. Systematik. a) §§ 312, 312a** enthalten nunmehr einen allgemeinen Teil, der unabhängig v den drei **„besonderen Vertriebsformen“** (außerhalb v Geschäftsräumen geschlossene Verträge [sog Direktvertrieb], Fernabsatzverträge, Verträge im
4 elektronischen Geschäftsverkehr) Anwendung findet. **b) § 312b** über außerhalb v Geschäftsräumen geschlossene Verträge tritt an die Stelle des bish in § 312 aF geregelten Haustürgeschäfts und geht – ohne dass der Schutzzweck dies teilweise gebieten würde – über dessen Anwendungsbereich hinaus. Die bislang in § 312b aF definierten Fernabsatzverträge finden sich nun in **§ 312c** und der neue **§ 312i** über Verträge im elektronischen Geschäftsverkehr entspricht in Teilen dem ehem. § 312g aF. Aufgenommen wurden ausdrückliche Regelungen zu Verträgen über **digitale Inhalte** (Definition in § 312f. III, iÜ §§ 356 V, 357 IX). Die Verbraucherrechte-RL will digitale Inhalte wie Waren behandelt wissen, sofern sie auf einem körperlichen
5 Datenträger geliefert werden (Erwägungsgrund 19). **c)** Die Informationspflichten und Widerrufsrechte bei Fernabsatzverträgen und außerhalb v Geschäftsräumen geschlossenen Verträgen wurden weitgehend angeglichen. Die Neuregelung ordnet auch die Rückabwicklung widerrufener Verträge systematisch neu und regelt sie in den **§§ 355–360** abschließend ohne Bezugnahme auf das Rücktrittsrecht.

Kapitel 1. Anwendungsbereich und Grundsätze bei Verbraucherverträgen

§ 312 Anwendungsbereich

(1) **Die Vorschriften der Kapitel 1 und 2 dieses Untertitels sind auf Verbraucherverträge anzuwenden, bei denen sich der Verbraucher zu der Zahlung eines Preises verpflichtet.**

(1a) [1]**Die Vorschriften der Kapitel 1 und 2 dieses Untertitels sind auch auf Verbraucherverträge anzuwenden, bei denen der Verbraucher dem Unternehmer personenbezogene Daten bereitstellt oder sich hierzu verpflichtet.** [2]**Dies gilt nicht, wenn der Unternehmer die vom Verbraucher bereitgestellten personenbezogenen Daten ausschließlich verarbeitet, um seine Leistungspflicht oder an ihn gestellte rechtliche Anforderungen zu erfüllen, und sie zu keinem anderen Zweck verarbeitet.**

(2) **Von den Vorschriften der Kapitel 1 und 2 dieses Untertitels ist nur § 312a Absatz 1, 3, 4 und 6 auf folgende Verträge anzuwenden:**
1. **notariell beurkundete Verträge**
   a) **über Finanzdienstleistungen, die außerhalb von Geschäftsräumen geschlossen werden,**
   b) **die keine Verträge über Finanzdienstleistungen sind; für Verträge, für die das Gesetz die notarielle Beurkundung des Vertrags oder einer Vertragserklärung nicht vorschreibt, gilt dies nur, wenn der Notar darüber belehrt, dass die Informationspflichten nach § 312d Absatz 1 und das Widerrufsrecht nach § 312g Absatz 1 entfallen,**
2. **Verträge über die Begründung, den Erwerb oder die Übertragung von Eigentum oder anderen Rechten an Grundstücken,**
3. **Verbraucherbauverträge nach § 650i Absatz 1,**
4. *(aufgehoben)*
5. *(aufgehoben)*
6. **Verträge über Teilzeit-Wohnrechte, langfristige Urlaubsprodukte, Vermittlungen und Tauschsysteme nach den §§ 481 bis 481b,**
7. **Behandlungsverträge nach § 630a,**
8. **Verträge über die Lieferung von Lebensmitteln, Getränken oder sonstigen Haushaltsgegenständen des täglichen Bedarfs, die am Wohnsitz, am Aufenthaltsort oder am Arbeitsplatz eines Verbrauchers von einem Unternehmer im Rahmen häufiger und regelmäßiger Fahrten geliefert werden,**
9. **Verträge, die unter Verwendung von Warenautomaten und automatisierten Geschäftsräumen geschlossen werden,**
10. **Verträge, die mit Betreibern von Telekommunikationsmitteln mit Hilfe öffentlicher Münz- und Kartentelefone zu deren Nutzung geschlossen werden,**
11. **Verträge zur Nutzung einer einzelnen von einem Verbraucher hergestellten Telefon-, Internet- oder Telefaxverbindung,**
12. **außerhalb von Geschäftsräumen geschlossene Verträge, bei denen die Leistung bei Abschluss der Verhandlungen sofort erbracht und bezahlt wird und das vom Verbraucher zu zahlende Entgelt 40 Euro nicht überschreitet, und**
13. **Verträge über den Verkauf beweglicher Sachen auf Grund von Zwangsvollstreckungsmaßnahmen oder anderen gerichtlichen Maßnahmen.**

(3) **Auf Verträge über soziale Dienstleistungen, wie Kinderbetreuung oder Unterstützung von dauerhaft oder vorübergehend hilfsbedürftigen Familien oder Personen, einschließlich Langzeitpflege, sind von den Vorschriften der Kapitel 1 und 2 dieses Untertitels nur folgende anzuwenden:**
1. **die Definitionen der außerhalb von Geschäftsräumen geschlossenen Verträge und der Fernabsatzverträge nach den §§ 312b und 312c,**
2. **§ 312a Absatz 1 über die Pflicht zur Offenlegung bei Telefonanrufen,**
3. **§ 312a Absatz 3 über die Wirksamkeit der Vereinbarung, die auf eine über das vereinbarte** *Entgelt für* **die Hauptleistung hinausgehende Zah***lung* **gerichtet ist,**
4. **§ 312a Absatz 4 über die Wirksamkeit der Vereinbarung eines Entgelts für die Nutzung von Zahlungsmitteln,**
5. **§ 312a Absatz 6,**
6. **§ 312d Absatz 1 in Verbindung mit Artikel 246a § 1 Absatz 2 und 3 des Einführungsgesetzes zum Bürgerlichen Gesetzbuche über die Pflicht zur Information über das Widerrufsrecht und**
7. **§ 312g über das Widerrufsrecht.**

(4) [1]**Auf Verträge über die Vermietung von Wohnraum sind von den Vorschriften der Kapitel 1 und 2 dieses Untertitels nur die in Absatz 3 Num-**

mer 1 bis 7 genannten Bestimmungen anzuwenden. [2]Die in Absatz 3 Nummer 1, 6 und 7 genannten Bestimmungen sind jedoch nicht auf die Begründung eines Mietverhältnisses über Wohnraum anzuwenden, wenn der Mieter die Wohnung zuvor besichtigt hat.

(5) **[1]Bei Vertragsverhältnissen über Bankdienstleistungen sowie Dienstleistungen im Zusammenhang mit einer Kreditgewährung, Versicherung, Altersversorgung von Einzelpersonen, Geldanlage oder Zahlung (Finanzdienstleistungen), die eine erstmalige Vereinbarung mit daran anschließenden aufeinanderfolgenden Vorgängen oder eine daran anschließende Reihe getrennter, in einem zeitlichen Zusammenhang stehender Vorgänge gleicher Art umfassen, sind die Vorschriften der Kapitel 1 und 2 dieses Untertitels nur auf die erste Vereinbarung anzuwenden. [2]§ 312a Absatz 1, 3, 4 und 6 ist daneben auf jeden Vorgang anzuwenden. [3]Wenn die in Satz 1 genannten Vorgänge ohne eine solche Vereinbarung aufeinanderfolgen, gelten die Vorschriften über Informationspflichten des Unternehmers nur für den ersten Vorgang. [4]Findet jedoch länger als ein Jahr kein Vorgang der gleichen Art mehr statt, so gilt der nächste Vorgang als der erste Vorgang einer neuen Reihe im Sinne von Satz 3.**

(6) **Von den Vorschriften der Kapitel 1 und 2 dieses Untertitels ist auf Verträge über Versicherungen sowie auf Verträge über deren Vermittlung nur § 312a Absatz 3, 4 und 6 anzuwenden.**

(7) **[1]Auf Pauschalreiseverträge nach den §§ 651a und 651c sind von den Vorschriften dieses Untertitels nur § 312a Absatz 3 bis 6, die §§ 312i, 312j Absatz 2 bis 5 und § 312m anzuwenden; diese Vorschriften finden auch Anwendung, wenn der Reisende kein Verbraucher ist. [2]Ist der Reisende ein Verbraucher, ist auf Pauschalreiseverträge nach § 651a, die außerhalb von Geschäftsräumen geschlossen worden sind, auch § 312g Absatz 1 anzuwenden, es sei denn, die mündlichen Verhandlungen, auf denen der Vertragsschluss beruht, sind auf vorhergehende Bestellung des Verbrauchers geführt worden.**

(8) **Auf Verträge über die Beförderung von Personen ist von den Vorschriften der Kapitel 1 und 2 dieses Untertitels nur § 312a Absatz 1 und 3 bis 6 anzuwenden.**

Lit.: Fritz, Der Verbraucher als Bürge, NJW 2020, 3629; Kehl, Kreditsicherheiten und Außergeschäftsraumrecht, WM 2017, 113; Kulke, Sicherheiten als Haustürgeschäfte, MDR 2021, 526; Leitmeier, Die unwiderrufliche Bürgschaft des Verbrauchers, VuR 2021, 92; Kaiser, Belastet mit Sack und Pack …, FS Koch (2019), 185; Rolfs/Möller, Widerrufsrecht im Wohnraummietrecht, NJW 2017, 3275; Schinkels, Verbraucherbürgschaft und Verbraucherverkauf als Außergeschäftsraum- oder Fernabsatzvertrag iSd Verbraucherrechte-Richtlinie, WM 2017, 113; Seidenberg, Senkrechtlift und andere Schnäppchen: Widerruf bei Bauverträgen, NJW 2019, 1254.

1 **1. Anwendungsbereich. a) Allgemein.** Die §§ 312 ff. dienen primär der Umsetzung der Verbraucherrechte-RL. § 312 I normiert den Anwendungsbereich v Kapitel 1 und 2 dieses Untertitels (§§ 312a–312h) und hat inzwischen die systematisch verunglückte Verweisung auf § 310 III aufgegeben. Der Begriff der Entgeltlichkeit ist entfallen und ersetzt durch die Zahlung eines **Preises** iSv § 327 I 2; → Rn. 5. Die Vorschrift folgt Art. 3 Verbraucherrechte-RL unter zulässiger Erweiterung (Erwägungsgrund 13) auf den Wohnraummietvertrag (s. aber IV). **II Nr. 3** wurde durch das Gesetz zur Reform des Bauvertragsrechts neu gefasst und verweist nun auf die Definition des Verbraucherbauvertrages in § 650i. Der neue **VIII** dient der
2 Umsetzung v Art. 3 III lit. k Verbraucherrechte-RL. **b) Persönlicher Anwendungsbereich. aa)** Voraussetzung ist ein Vertrag zwischen einem Verbraucher (§ 13) und einem Unternehmer (§ 14). Aufgrund des Schutzzwecks nicht erfasst sind Verträge, in denen der Verbraucher sich gegenüber einem Unternehmer zur Lieferung einer Ware verpflichtet (vgl BT-Drs. 17/12637, 45; Grüneberg/Grüneberg Rn. 2;

aA für Außergeschäftsraumverträge MüKoBGB/Wendehorst Rn. 29; Maume NJW 2016, 1041 [anders für §§ 312d, 312g]). Bei sowohl privater als auch beruflicher Nutzung des Vertragsgegenstandes entfällt der Schutzbereich nur, wenn die gewerbliche/selbständige Nutzung überwiegt (→ § 13 Rn. 3). Der Verbraucherbegriff des BGB geht über die Verbraucherrechte-RL zulässigerweise (da insoweit nicht vom Bereich der RL erfasst) hinaus, als er unselbständige Tätigkeiten (wie Arbeitnehmer) unter § 13 fallen lässt. Aufhebungsverträge eines Arbeitnehmers, die am Arbeitsplatz geschlossen werden, geben – im Erg mit bish Rspr des BAG [BAGE 109, 22] übereinstimmend – kein Widerrufsrecht, da der Vertrag nach neuem Recht nicht außerhalb von Geschäftsräumen geschlossen ist (Schwab/Hromek JZ 2015, 272; aA Brinkmann/Ludwigkeit NJW 2014, 3270 wegen Erwägungsgrund 22, → § 312b Rn. 16: kein einschlägiger Vertragstyp). **bb)** Es genügt, wenn für den *Unternehmer* 3
ein **Vertreter** oder eine dritte Person in seinem Namen oder für seine Rechnung handelt, ohne dass es auf eine Zurechnung nach § 123 I (so noch BGH NJW 2003, 425; NJW 2005, 2545) ankäme (EuGH NJW 2005, 3555; zust Staudinger NJW 2005, 3522, Limbach ZGS 2006, 67, dem folgend BGH NJW 2006, 497 und NJW 2006, 1340). Dies umfasst zB Handelsvertreter, Partyverkäufer, Nachbarn und Angehörige, soweit sie auf Veranlassung des Unternehmers handeln und „werbend tätig werden" (BGH NJW 1996, 3414; NJW-RR 2006, 1715 [je zu HWiG], bloße Überbringung eines Bürgschaftsformulars durch Verwandten des Verbrauchers genügt idR nicht, OLG Düsseldorf WM 2014, 793). Art. 2 Nr. 2 Verbraucherrechte-RL stellt anders als die Haustürgeschäfte-RL darauf ab, dass der Unternehmer *durch* eine Person, die im Namen oder Auftrag des Unternehmers handelt und kann iS einer Autorisierung durch den Unternehmer interpretiert werden (§ 312b I 2 verzichtet auf ein „durch", das eine solche allgemeine Autorisierung zum Ausdruck bringen könnte, krit daher Schwab/Hromek JZ 2015, 275). Ob eine Rückkehr zur alten Rspr des BGH (§ 123 I) daher richtlinienkonform wäre, erscheint jedoch fraglich (so aber Schwab/Hromek JZ 2015, 271; aA PWW/Stürner § 312b Rn. 10: rein obj Betrachtung genügt weiterhin). Wird der *Verbraucher* durch einen Unternehmer vertreten, finden die §§ 312 ff. keine Anwendung; handelt für ihn ein Verbraucher, ist nach dem Rechtsgedanken des § 166 I für das Vorliegen der Voraussetzungen der jeweiligen besonderen Vertriebsform und das Widerrufsrecht bzgl der Willenserklärung auf den Vertreter abzustellen (BGH NJW 2000, 2268; NJW 2003, 2090; NJW 2004, 155; NJW 2006, 2118). Bei Weisungsgebundenheit des Vertreters kommt analog § 166 II Widerrufsrecht in Betracht (unentschieden BGH NJW 2000, 2269; NJW 2003, 2091). Umstr ist, ob die im Rahmen eines Verbrauchervertrags erklärte Vollmacht bzw der zugrundeliegende (Geschäftsbesorgungs-)Vertrag widerruflich sein kann (BGH NJW 2000, 2269 lässt offen; bejahend Hoffmann JZ 2012, 1161; aA Edelmann/Mackenroth DB 2007, 730); Schutz des Unternehmers ggf gem §§ 172 f. (BGH NJW 2000, 2269). **c) Sachlicher Anwendungsbereich** 4
aa) Vertragsschluss. Wer Angebot bzw Annahme erklärt, ist unerheblich; erfasst werden auch formgebundene Willenserklärungen. **bb) Zahlungsverpflichtung.** 5
Der Verbraucher muss sich zu einer Gegenleistung verpflichten. Dies kann in der Zahlung eines Preises bestehen oder im Zur-Verfügung-Stellen von Daten (**Ia S. 1**). Nach § 327 I 2 ist **„Preis"** unabhängig von der Bezeichnung im Vertrag **Geld** *(Art. 2 Nr. 7 Digitale Inhalte RL)* oder die **digitale Darstellung eines Wertes** (zB virtuelle Währung, elektronische Gutscheine, Grüneberg/Grüneberg Rn. 3a). Statt oder neben der Zahlung eines Preises erfasst die RL über Digitale Inhalte auch digitale Dienstleistungen, die mit personenbezogenen Daten bezahlt werden (§ 327 III). Ausnahmen hiervon trägt der neue **Ia S. 2** Rechnung (BT-Drs. 19/27655 S. 19); zu Anpassungen beim Widerrufsrecht → § 356 IV nF. Für das Bereitstellen von Daten genügt kausaler Zusammenhang mit unternehmerischer Leistung, Synallagma nicht erforderlich (Grüneberg/Grüneberg Rn. 3b). Ausreichend ist, wenn Unternehmer auf Daten selbständig zugreifen darf (zB in Form von Cookies). „Personenbezogene Daten" sind solche iSv Art. 4 Nr. 1 DS-GVO. Schon bislang genügte jedwede Gegenleistung des Verbrauchers, eine pekuniäre Verpflichtung war nicht

erforderlich (grds auch Überlassung personenbezogener Daten, von Loewenich WM 2016, 2011; Brönneke/Schmidt VuR 2014, 33). Bsp: Kauf (§ 433) einschließlich Verbrauchsgüterkauf (§ 474); Werkvertrag (§ 631); Miete und Pacht beweglicher und unbeweglicher Sachen (BGH BeckRS 2017, 112883 Rn. 12 für Wohnraummiete); Leasing; Makler- (nach altem Recht noch str, OLG Düsseldorf MDR 2014, 1067, s. aber BVerfG WM 2013, 1619: Zulassung der Revision wegen grds Bedeutung; nunmehr klar erfasst: Erwägungsgrund 26 Verbraucherrechte-RL; Fischer NJW 2014, 3281; Lange/Werneburg NJW 2015, 193), Reisevertrag; typengemischte Verträge wie Franchising, „Schlüssel-Funddienst" (BGH NJW 1995, 324); Beitritt zu einer Gesellschaft (BGH NJW 1996, 3414; insbes wenn Kapitalanlage bezweckt, wie bei Anlage- u Publikumsgesellschaft BGH NJW-RR 2012, 1197; NJW-RR 2005, 180; BGH NJW 2008, 2464 [geschlossener Immobilienfonds], auch mittelbar über Treuhänder (BGHZ 148, 201 mAnm Schäfer JZ 2002, 249 [Anteilserwerb an geschlossenem Immobilienfond]; PWW/Stürner Rn. 6; Schwab JZ 2015, 644, 652 [keine Bereichsausnahme nach II Nr. 2]). Erfasst sind auch Vereinbarungen, mit denen die Vertragsparteien ein bestehendes Rechtsverhältnis modifizieren (zB Einräumung eigener Mängelbeseitigung des Unternehmers statt Kostenvorschuss gem Urteil, LG Münster NJW 2008, 2858). Arbeitsrechtliche Aufhebungs- oder Änderungsverträge fallen nicht unter I (BAG NJW 2019, 1966;
6 Grüneberg/Grüneberg Rn. 2). **cc) Sicherungsgeschäfte. Bürgschaften** wurden nach altem Recht (Haustürgeschäfte) erfasst, weil der Bürge Kreditgewährung an den Schuldner erwartet (BGH NJW 2006, 845; zur Entwicklung Piekenbrock GPR 2021, 18). Wegen der fehlenden Gegenleistung des Bürgen verneint der BGH nun die Anwendbarkeit von § 312 (auch keine Analogie oder richtlinienkonforme Auslegung) und damit ein Widerrufsrecht des Bürgen bei Übernahme in einer Fernabsatz- oder Außergeschäftsräumekonstellation (BGHZ 227, 72 = NJW 2020, 3649; zust Omlor JuS 2020, 1209; Schinkels LMK 2020, 434762; so bereits zuvor Loewenich WM 2015, 113; ders. WM 2016, 2011; anders die zuvor hM, s. etwa PWW/Stürner Rn. 7; Hoffmann ZIP 2015, 1365; Meier ZIP 2015, 1156). Die Bürgschaft ist auch keine Finanzdienstleistung iSv V (s jedoch Fritz NJW 2020, 3629, der Hinweis auf die Bürgschaft in Anlage 3 zu Art. 246b § 2 ist aber inzwischen entfallen). Ein Widerrufsrecht entfällt auch bei Verbürgung für die Schuld eines Verbrauchers (BGHZ 165, 363 mN für Verpfändung und Bürgschaft, insoweit gegen BGHZ 139, 21 [→ § 765 Rn. 12a], BGH WM 2007, 1210; zust Enders JZ 2006, 573; BGH NJW 1996, 55 – Grundschuld). Trotz der besonderen Schutzwürdigkeit entfällt damit auch beim **Schuldanerkenntnis** die Anwendung von § 312 (Grüneberg/Grüneberg Rn. 6; anders noch Kannowski VuR 2010, 410); für den **Schuldbeitritt** verneinte der BGH (WM 2016, 968) die Anwendung von Fernabsatzrecht schon nach fr Recht, weil nur eine einseitige Haftungsübernahme vorliegt (und keine Finanzdienstleistung; aA Hoffmann ZIP 2015, 1365, 1370). (**Verpflichtung zur Grundschuldbestellung** ist entgeltlich, wenn für den SG damit irgendein Vorteil verbunden ist (zB Sicherungsgrundschuld: BGH NJW 1996, 55; OLG Hamm WM 1999, 73); nicht die Verfügung selbst (OLG Koblenz NJW-RR 1999, 1178), Einzel-
7 heiten Tiedtke/Szczesny WM 2006, 1661. **dd)** Regelmäßig **nicht Vereinsbeitritt** (OLG Naumburg BKR 2006, 250; OLG Karlsruhe NJW 1991, 433; Grüneberg/Grüneberg Rn. 7); anders bei Vertriebsverträgen zwischen Verein und Mitglied (Grüneberg/Grüneberg Rn. 7 mN) und wenn der Zweck eines Beitritts primär in der Kapitalanlage besteht (BGH NZG 2008, 460; EuGH NJW 2010, 1511). Auch **Vollmachterteilung** als einseitiges abstraktes RGeschäft unterfällt nicht dem Verbraucherwiderruf (zum bish Recht OLG München BeckRS 2008, 08714; OLG Frankfurt a. M. NJOZ 2007, 4993; Edelmann/Mackenroth DB 2007, 731 f.; aA Hoffmann JZ 2012, 1161).

8 **2. Ausnahmen. a)** Nach **II** (sa Art. 3 III, IV Verbraucherrechte-RL) finden §§ 312a II, V, 312b–312h keine Anwendung auf die dort genannten Verträge. Allerdings bleiben wichtige Pflichten (§ 312a I, III, IV, VI) unabhängig vom Vertragstyp

anwendbar. Eingeschränkt werden – meist im Hinblick auf andere Schutzmechanismen – die Pflichten für **aa)** bestimmte **notariell beurkundete Verträge (Nr. 1),** Verträge nach Nr. 1a werden von der Verbraucherrechte-RL ohnehin nicht erfasst, für Fernabsatzverträge über Finanzdienstleistungen s. aber § 312g II Nr. 13; Beurkundungspflichtigkeit iSv Nr. 1b kann sich aus Ges (zB §§ 311b, 518) oder aus Rspr (zB BGHZ 101, 396; NJW 2002, 142) ergeben; bei freiwilliger Beurkundung muss Notar über Wegfall der Informationspflicht (§ 312d I) und des Widerrufsrechts (§ 312g I) belehren. **bb) Immobilienverträge (Nr. 2),** betrifft nur Verträge, die auf direkte dingliche Berechtigung des Verbrauchers abzielen, nicht Beitritt zu Gesellschaft, die ihrerseits Immobilien hat (Schwab JZ 2015, 644, 652). (Verbraucher-)Schutz ua durch § 311b; § 17 IIa Nr. 2 BeurkG; für mit Finanzierung verbundene Verträge gilt § 312d II (BT-Drs. 7/12637, 46). **cc) Verträge über den Bau v neuen Gebäuden oder erhebliche Umbaumaßnahmen (Nr. 3),** nur solche Umbaumaßnahmen, die Bau eines neuen Gebäudes vergleichbar sind, nicht zB Anbauten, Renovierung (BT-Drs. 17/12637, 46); **dd) Verträge über Pauschalreisen (Nr. 4)** unter den in a) und b) genannten Voraussetzungen; Verbraucherschutz durch Pauschalreise-RL, §§ 651a ff.; Informationspflichten sind insoweit weiterhin in § 6 BGB-InfoVO geregelt; **ee) Verträge über die Beförderung v Personen (Nr. 5)** entspricht § 312b III Nr. 6 aF; Verbraucherschutz aufgrund anderer EU-VO (zB VO 261/2004/EG über Fluggastrechte); beachte für Ausschluss des Widerrufsrechts (zB bei Autoanmietung) § 312g II Nr. 9; **ff) Verträge über Teilzeit-Wohnrechte usw (Nr. 6),** Verbraucherschutz nach §§ 481 ff.; (s. Anm zur Neufassung ab 2011 dort); **gg) Behandlungsverträge (Nr. 7),** (Verbraucher-)Schutz durch §§ 630c, 630e, 630f; Verträge über Arzneimittel und Medizinprodukte sind nicht erfasst; **hh) Verträge über Lebensmittel und Bedarfsgegenstände (Nr. 8),** Schutz durch §§ 474 ff.; Unternehmer muss häufig und regelmäßig selbst liefern (nicht: versenden), zB „Essen auf Rädern“, langfristiger Bezug sog Biokisten (BT-Drs. 17/13967, 3); Zeitschriften und Zeitungen fallen nicht darunter (BGH WM 2012, 221 [arg ex § 312d IV Nr. 3 aF]); Lieferung v Heizöl nicht erfasst (Grüneberg/Grüneberg Rn. 16), zum Begriff des Haushaltsgegenstandes Kaiser, FS Koch, 185; **ii) Automatenverträge (Nr. 9),** Leistungen werden sofort ausgetauscht; **jj) Nutzung öffentl Münz- und Kartentelefone (Nr. 10),** entspr bei öffentl Telefaxgeräten und E-Mail-Stationen (MüKoBGB/Wendehorst Rn. 92); **kk) Verträge zur Nutzung einzelner Telefon-, Internet- oder Telefaxverbindungen (Nr. 11),** sofortiger Leistungsaustausch erforderlich, insbes sog Call-by-Call-Dienstleistungen; nicht erfasst sind Verträge zur Erbringung telekommunikationsgestützter Dienste iSd § 3 Nr. 25 TKG (Bittner/Clausnitzer/Föhlisch Rn. 42; Föhlisch/Dyakova MMR 2013, 6; Referentenentwurf 73); **ll) sofort vollzogene Bagatellgeschäfte (Nr. 12),** beruht auf der Öffnungsklausel von Art. 3 IV Verbraucherrechte-RL, erforderlich ist vollständige Erfüllung im unmittelbaren Anschluss an Verhandlungen; Entgelt darf inklusive Nebenkosten 40 Euro nicht übersteigen, Spaltung eines einheitlichen Geschäfts in mehrere unter der Grenze liegende Verträge ist Umgehung iSd § 312m; **mm) Verträge über Verkauf im Wege der Zwangsvollstreckung (Nr. 13)** geht auf den Ausschluss nach Art. 2 Nr. 3 Verbraucherrechte-RL zurück und erfasst nur bewegliche Sachen. **b)** Auf **Verträge über** 9
soziale Dienstleistungen (III) finden v den Kapiteln 1 und 2 nur die in § 312 III Nr. 1–7 genannten Vorschriften Anwendung. Grund: Soziale Dienstleistungen unterliegen bes rechtlichen Anforderungen außerhalb des BGB, sodass die Informationspflichten grds nicht passen (vgl BT-Drs. 17/12637, 48). Weitere Bsp für soziale Pflegedienste: Dienstleistungen für Kinder und Jugendliche, zur Unterstützung v Familien, Alleinerziehenden, älteren Menschen, Migranten, häusliche Pflegedienste, betreute Wohnformen, auch Sozialleistungen privater Anbieter (vgl Erwägungsgrund 29 Verbraucherrechte-RL). **c)** Bei **Wohnraummietverträgen (IV),** bieten 10
die §§ 535 ff. schon ein hohes Schutzniveau, das durch die Anwendbarkeit bestimmter Vorschriften der §§ 312 ff. gem § 312 IV iVm § 312 III Nr. 1–7 für die gewerbliche Vermietung nun ergänzt wird. Widerrufsrecht besteht nur, wenn die Mietsache

nicht zuvor v Mieter besichtigt wurde (IV 2). IV erfasst nicht spätere Vertragsänderungen (zB Abreden über Mieterhöhungen [BGH NJW 2019, 303 mN Rn. 28 ff.; Fervers NZM 2018, 640, 647; BeckOGK/Fleindl, § 558b Rn. 13; aA zB Rolfs/Möller NJW 2017, 3275 f.], Aufhebungsverträge), bei Vornahme im Fernabsatz oder außerhalb von Geschäftsräumen besteht Widerrufsrecht und Informationspflicht.

11 **d) Versicherungsverträge (VI),** sind mit Ausnahme des § 312a III, IV, VI vollständig v den §§ 312–312h ausgenommen; die Ausnahme erfasst auch Dienstleistungen im Zusammenhang mit einer Versicherung (VI geht V vor). Schutz gewährt das VVG.

12 **3. Keine Wiederholungspflicht. V** soll verhindern, dass die weitgehenden Informationspflichten stdg wiederholt werden müssen (zB bei Girovertrag; Erstvereinbarung: Kontoeröffnung); V 4 trägt dem Verbraucherschutz Rechnung, wenn die „Vertragskette" länger als ein Jahr unterbrochen wird.

§ 312a Allgemeine Pflichten und Grundsätze bei Verbraucherverträgen; Grenzen der Vereinbarung von Entgelten

(1) **Ruft der Unternehmer oder eine Person, die in seinem Namen oder Auftrag handelt, den Verbraucher an, um mit diesem einen Vertrag zu schließen, hat der Anrufer zu Beginn des Gesprächs seine Identität und gegebenenfalls die Identität der Person, für die er anruft, sowie den geschäftlichen Zweck des Anrufs offenzulegen.**

(2) **[1]Der Unternehmer ist verpflichtet, den Verbraucher nach Maßgabe des Artikels 246 des Einführungsgesetzes zum Bürgerlichen Gesetzbuche zu informieren. [2]Der Unternehmer kann von dem Verbraucher Fracht-, Liefer- oder Versandkosten und sonstige Kosten nur verlangen, soweit er den Verbraucher über diese Kosten entsprechend den Anforderungen aus Artikel 246 Absatz 1 Nummer 3 des Einführungsgesetzes zum Bürgerlichen Gesetzbuche informiert hat. [3]Die Sätze 1 und 2 sind weder auf außerhalb von Geschäftsräumen geschlossene Verträge noch auf Fernabsatzverträge noch auf Verträge über Finanzdienstleistungen anzuwenden.**

(3) **[1]Eine Vereinbarung, die auf eine über das vereinbarte Entgelt für die Hauptleistung hinausgehende Zahlung des Verbrauchers gerichtet ist, kann ein Unternehmer mit einem Verbraucher nur ausdrücklich treffen. [2]Schließen der Unternehmer und der Verbraucher einen Vertrag im elektronischen Geschäftsverkehr, wird eine solche Vereinbarung nur Vertragsbestandteil, wenn der Unternehmer die Vereinbarung nicht durch eine Voreinstellung herbeiführt.**

(4) **Eine Vereinbarung, durch die ein Verbraucher verpflichtet wird, ein Entgelt dafür zu zahlen, dass er für die Erfüllung seiner vertraglichen Pflichten ein bestimmtes Zahlungsmittel nutzt, ist unwirksam, wenn**
1. **für den Verbraucher keine gängige und zumutbare unentgeltliche Zahlungsmöglichkeit besteht oder**
2. **das vereinbarte Entgelt über die Kosten hinausgeht, die dem Unternehmer durch die Nutzung des Zahlungsmittels entstehen.**

(5) **[1]Eine Vereinbarung, durch die ein Verbraucher verpflichtet wird, ein Entgelt dafür zu zahlen, dass der Verbraucher den Unternehmer wegen Fragen oder Erklärungen zu einem zwischen ihnen geschlossenen Vertrag über eine Rufnummer anruft, die der Unternehmer für solche Zwecke bereithält, ist unwirksam, wenn das vereinbarte Entgelt das Entgelt für die bloße Nutzung des Telekommunikationsdienstes übersteigt. [2]Ist eine Vereinbarung nach Satz 1 unwirksam, ist der Verbraucher auch gegenüber dem Anbieter des Telekommunikationsdienstes nicht verpflichtet, ein Entgelt für den Anruf zu zahlen. [3]Der Anbieter des Telekommunikationsdienstes**

ist berechtigt, das Entgelt für die bloße Nutzung des Telekommunikationsdienstes von dem Unternehmer zu verlangen, der die unwirksame Vereinbarung mit dem Verbraucher geschlossen hat.

(6) **Ist eine Vereinbarung nach den Absätzen 3 bis 5 nicht Vertragsbestandteil geworden oder ist sie unwirksam, bleibt der Vertrag im Übrigen wirksam.**

1. Allgemeines. Regelung v Informationspflichten und bes Anforderungen an 1
die Vereinbarung v Zusatzentgelten. § 312a ist grds auf **alle Verbraucherverträge** anwendbar, keine Beschränkung auf im Fernabsatz und außerhalb v Geschäftsräumen geschlossene Verträge (s. Erwägungsgrund 13 S. 4 Verbraucherrechte-RL, zulässige überschießende Umsetzung, Omlor NJW 2014, 1706). Insoweit wird nur hinsichtlich der Informationspflichten in Abs. 2 entsprechend der Aufteilung in Art. 246, 246a und 246b EGBGB differenziert. Mit der Vorschrift erfolgte eine Umsetzung einzelner Bestimmungen der Verbraucherrechte-RL (Art. 5, 8 V, 19, 21, 22) und der Fernabsatz-Finanzdienstleistungs-RL (Art. 3 II).

2. Telefonanrufe durch Unternehmer (I). a) I erweitert die bislang nur für 2
Fernabsatzverträge bestehenden Offenlegungspflichten bei Telefonanrufen durch einen Unternehmer gegenüber einem Verbraucher (§ 312c II aF) auf alle Verbraucherverträge. IGgs zur alten Regelung gilt I nicht mehr bei allen Anrufen, sondern nur noch, wenn der Anruf zum Zwecke eines Vertragsschlusses erfolgt. Erfasst werden auch Anrufe des Verbrauchers auf Grund einer Aufforderung des Unternehmers (Grüneberg/Grüneberg Rn. 2). „Anrufer" iSv I ist nur das Unternehmen selbst, daher muss nach BGH NJW 2018, 3242 nur die Identität des Unternehmens, nicht des anrufenden Mitarbeiters offengelegt werden. Der BGH leitet dies trotz des Wortlautes aus einer richtlinienkonformen Auslegung anhand des Normzwecks ab
(vgl Rn. 18 ff.). **b) Rechtsfolge einer Verletzung** ist nicht ausdr geregelt. In 3
Betracht kommt: Schadensersatz gem §§ 280 I, 311 II, Unterlassungsanspruch gem § 2 I, II Nr. 1 UKlaG und UWG (da Marktverhaltensregel, BGH NJW 2018, 3242 Rn. 11).

3. Informationspflichten (II). a) Anwendungsbereich. II iVm Art. 246 4
EGBGB regelt nur Informationspflichten, die der Unternehmer gegenüber dem Verbraucher **im stationären Handel** erfüllen muss (II 3). Für Fernabsatzverträge, außerhalb v Geschäftsräumen geschlossene Verträge und Verträge im elektronischen Geschäftsverkehr normieren die §§ 312d I, II iVm Art. 246a, 246b EGBGB und § 312i iVm Art. 246c EGBGB eigene Informationspflichten. Eine mangels Bestehens eines ges Widerrufsrechts zu Unrecht erteilte Widerrufsbelehrung ist regelmäßig nicht als Angebot auf Vereinbarung eines vertraglichen Widerrufsrechts ohne nähere Voraussetzungen auszulegen (BGH NJW 2019, 1739 → § 305c Rn. 6).
b) Inhalt. Die Informationspflichten aus Art. 246 EGBGB entsprechen in weiten 5
Teilen den bislang für Fernabsatz- und Haustürgeschäfte bestehenden Regelungen (§ 360 aF, Art. 246 EGBGB aF). **aa) Vor Abgabe der Vertragserklärung des Verbrauchers (II iVm Art. 246 I EGBGB).** Grds sind vor Abgabe der Vertragserklärung des Verbrauchers die sich aus Art. 246 I EGBGB ergebenden vorvertraglichen *Informationen (8 Punkte)* zur Verfügung zu stellen. Die Information muss „klar und verständlich" (s. § 307 I 2 Transparenzgebot) in der Sprache der Vertragsverhandlungen erfolgen. Eine bes Form ist bei Art. 246 I EGBGB nicht vorgesehen. Nicht erforderlich ist, dass Verbraucher die Informationen bei Bestellung automatisch passieren muss (str, offen BGH NJW 2006, 212). Zur Anbieterkennzeichnung im Internet genügen leicht verständliche Links („Impressum", „Kontakt") auf Startseite (BGH NJW 2006, 3635; strenger bzgl Widerrufsbelehrung OLG Frankfurt a. M. NJW-RR 2007, 483). Die Informationspflicht nach Art. 246 I EGBGB besteht nicht bei sofort vollzogenen Geschäften des täglichen Lebens (Art. 246 II
EGBGB). **bb) Informationspflichten bei Widerrufsrecht (II iVm EGBGB** 6
Art. 246 III). Steht dem Verbraucher ein Widerrufsrecht zu (geringer Anwendungs-

bereich, da Fernabsatz und Direktvertrag gesondert geregelt, s. aber § 510 II), muss der Unternehmer ihn darüber belehren. Dies muss in **Textform** (§ 126b) erfolgen und die in Art. 246 III 3 EGBGB vorgeschriebenen Angaben enthalten. Diese entsprechen – außer der weggefallenen Möglichkeit des Widerrufs durch Rückgabe (→ § 355 Rn. 6) – den Vorgaben von § 360 aF, so dass die hierzu ergangene Rspr weiter Bedeutung hat (s. 15. Aufl. § 360 Rn. 3). Angabe v Postfach genügt für „ladungsfähige Adresse" nicht (OLG Hamburg NJW 2004, 1114; anders aber zur Angabe der bloßen Widerrufsadresse nach altem Recht BGH MDR 2012, 268 = BeckRS 2012, 04257; Einzelheiten zur Widerrufsbelehrung → § 312d Rn. 8).

7 **c) Rechtsfolge einer Informationspflichtverletzung. aa)** Der Unternehmer kann Fracht-, Liefer- oder Versandkosten und sonstige Kosten v dem Verbraucher nur verlangen, soweit er ihn diesbzgl entspr belehrt hat (II 2); auf die Voraussetzungen einer cic kommt es daher nicht an (PWW/Stürner Rn. 4, zum Ganzen Schom-
8 burg VuR 2014, 18). **bb) Anspruch** des Verbrauchers auf Erfüllung (formgerechte Mitteilung der Informationen), ggf Schadensersatz gem §§ 280 I, 311 II (uU auf
9 Vertragsaufhebung). **cc) Widerrufsfrist** beginnt bei Ratenlieferungsverträgen, die weder im Fernabsatz noch außerhalb v Geschäftsräumen geschlossen werden, nicht zu laufen (§ 356c), wenn nicht Informationen gem Art. 246 III EGBGB erteilt sind;
10 Art. 246 I EGBGB ist für Beginn der Widerrufsfrist unerheblich. **dd) Unterlassungsanspruch** gem § 2 I, II Nr. 1 UKlaG. Falsche und unzureichende Belehrung ist unlauter nach § 4 Nr. 11 UWG (stRspr, zB BGH NJW 2002, 3398; OLG Stuttgart ZGS 2008, 197 mN; KG NJW 2006, 3215). Hierunter fallen auch formlose Widerrufsbelehrungen nach II iVm Art. 246 III EGBGB, die suggerieren, dass die Frist bereits mit dieser Erklärung (nicht erst mit Belehrung in Textform, § 356c) beginne (zur fr Rechtslage OLG Hamm NJW-RR 2010, 700; VuR 2009, 353).

11 **4. Zusatzentgelte (III). a) Zweck** des III ist mehr Preistransparenz für und
12 Schutz der Verbraucher vor dem Kauf ungewollter entgeltlicher Extras. **b)** Hauptleistung iSd **III 1** ist nur die den Vertrag prägende Leistung (zB Kaufpreis, Abo-, Telefonkosten). Über das Entgelt für die Hauptleistung hinausgehende Zahlungen können einer Nebenleistung des Unternehmers gegenüberstehen (zB Upgrades, Versicherungen), müssen dies aber nicht (zB Bearbeitungs- und Verwaltungsgebühren). Vereinbarung muss ausdr getroffen werden; nicht zulässig sind stillschweigende oder konkludente Vereinbarungen (Grüneberg/Grüneberg Rn. 4). § 675g II 1 geht III 1 vor (BT-Drs. 17/12637, 53; Rodi VuR 2015, 16). III 1 steht der Erhebung eines öffentlich-rechtlich vorgegebenen erhöhten Beförderungsentgelts nicht entgegen (Grund: Art. 4 EV-VO iVm Art. 9 I a CIV und keine Überrumpelungsgefahr, Rodi VuR 2015, 16 ff.). Erfasst werden aber regelmäßig die bei Bus und Bahn verlangten Bearbeitungsentgelte für die nicht fristgemäße Begleichung des erhöhten Beförde-
13 rungsentgelts (Rodi VuR 2015, 18 f.). **c) III 2** ist richtlinienkonform nicht nur auf den elektronischen Geschäftsverkehr anzuwenden. Voreinstellungen sind zB automatisch gesetzte Häkchen (sog pre-ticked-box), die der Verbraucher aktiv herausnehmen muss (opt-out). Zulässig sind Zusatzangebote, die der Verbraucher aktiv anklicken muss (opt-in). Die nach § 312d iVm Art. 246a I Nr. 4 EGBGB erforderlichen
14 Angaben sind keine Voreinstellung iSd III 2. **d)** Die **Beweislast** für das Vorliegen einer ausdr Vereinbarung trägt der Unternehmer (Bittner/Clausnitzer/Föhlisch
15 Rn. 66 mN). **e) Rechtsfolge** eines Verstoßes gegen III 1 ist die Unwirksamkeit der Vereinbarung über die Zusatzleistung. Ein Verstoß gegen III 2 lässt die mittels Voreinstellung vereinbarte Leistung nicht Vertragsbestandteil werden. IÜ bleibt der Vertrag wirksam (VI).

16 **5. Entgelte für Nutzung v Zahlungsmitteln (IV). a) IV Nr. 1** bezweckt dem Verbraucher eine Möglichkeit zu sichern, ohne Zusatzkosten zu bezahlen (Art. 19 Verbraucherrechte-RL, zur Abgrenzung zur Zahlungsdienste-RL Omlor NJW 2014, 1703). Nr. 1 geht iGz Nr. 2 über Verbraucherrechte-RL hinaus. Er deckt sich mit der zuvor durch die Rspr (BGH NJW 2010, 2719) geschaffenen Rechtslage bei AGB und ist richtlinienkonform, soweit man ihn als AGB-Regelung ansieht

(Omlor NJW 2014, 1706; s. auch BGH NJW-RR 2021, 1576 Rn. 13). Zahlungsmittel ist jede Art der Zahlung, die der Schuldner mit dem Gläubiger für die Erfüllung einer Geldschuld vereinbaren kann (BT-Drs. 17/12637, 52; zB Lastschrift, Kartenzahlung, Überweisung, Barzahlung). Die angebotenen Zahlungsmöglichkeiten müssen nicht zwingend solche nach § 270a sein (OLG Hamburg MMR 2021, 425). Ein zusätzliches Entgelt wird auch dann verlangt, wenn der Anbieter bei einer Flugbuchung den zunächst angezeigten Preis nur für eine voreingestellte Kreditkartenzahlung anbietet, bei Auswahl eines anderen Zahlungsmittels jedoch eine „Servicegebühr" anfällt, auch wenn der ursprünglich angezeigte Preis mit einem entsprechenden „Rabatt" versehen ist (BGH NJW-RR 2021, 1576). Der Unternehmer ist grds verpflichtet, eine gängige bargeldlose Zahlungsmöglichkeit anzubieten. Das ist nicht der Fall, wenn es sich um eine Zahlung mit einer Kreditkarte handelt, über die ein Großteil der Kunden nicht verfügt (BGH NJW-RR 2021, 1576 Rn. 24; NJW 2010, 2719). Unzumutbar iSd Nr. 1 ist auch ein Zahlungssystem, das Kunden ein gegenüber ihrer Bank vertragswidriges Verhalten abverlangt (BGH NJW 2017,
3289 – Nutzung von Pin und Tan bei „Sofortüberweisung"). **b)** Zweck des **IV Nr. 2** 17
ist die Förderung der Nutzung effizienter Zahlungsmittel und die Ankurbelung des Wettbewerbs (Erwägungsgrund 54 Verbraucherrechte-RL; Grüneberg/Grüneberg Rn. 5). Von den Kosten des Zahlungsmittels werden neben den v Zahlungsdiensteanbieter erhobenen Kosten auch interne Verwaltungskosten des Unternehmers umfasst. Der Unternehmer trägt die Beweislast für die Kosten des Zahlungsmittels.

6. Vereinbarung über kostenpflichtige Hotline (V). a) Zweck des V ist es, 18
Verbraucher nicht durch gesondert anfallende Kosten v einem telefonischen Kontakt zum Unternehmer wegen Fragen oder Erklärungen zu einem zwischen den Parteien geschlossenen Vertrag abzuhalten und zusätzliche Gewinne des Unternehmers aus
dem Betrieb einer Hotline zu verhindern (BT-Drs. 17/12637, 52). **b)** V erfasst zB 19
Geltendmachung v Gewährleistungsrechten, Auskunftsersuchen über den Status der Bestellung, Rüge einer Rechnung des Unternehmers (BT-Drs. 17/12637, 52).
c) Unwirksam ist sowohl die Vereinbarung eines Zusatz-Entgelts an den Unterneh- 20
mer als auch die Verwendung eines sog Premium-Dienstes (idR Vorwahl 0900). Ist Entgeltvereinbarung nach I unwirksam, muss Verbraucher nach S. 2 auch nicht den üblichen Tarif zahlen. S. 3 gewährt dem Anbieter dafür einen Anspruch gegen den
Unternehmer. **d)** V setzt einen bereits geschlossenen Vertrag voraus. Er findet **keine** 21
Anwendung, wenn sich ein Verbraucher erst über Produkte oder Services informieren oder eine generelle Auskunft zum Händler einholen möchte; auch nicht anwendbar, wenn der Unternehmer die eigentliche Leistung telefonisch erbringt (zB Rechtsberatung durch einen Anwalt, BT-Drs. 17/12637, 52); V gilt nicht für
Warteschleifen, Schutz gewährt § 66g TKG. **e)** Nach V 3 hat der Anbieter des 22
Telekommunikationsdienstes gegen den Unternehmer einen ges Anspruch auf das Entgelt der bloßen Telekommunikationsdienstleistung.

7. Teilunwirksamkeit. Nach **VI** bleibt der Vertrag bei einer Vereinbarung, die 23
nach den III–V nicht Vertragsbestandteil wird, iÜ wirksam. Geschützt ist primär der Verbraucher. Eine Härtefallregelung wie in § 306 III gibt es nicht.

Kapitel 2. Außerhalb von Geschäftsräumen geschlossene Verträge und Fernabsatzverträge

§ 312b Außerhalb von Geschäftsräumen geschlossene Verträge

(1) [1]**Außerhalb von Geschäftsräumen geschlossene Verträge sind Verträge,**
1. die bei gleichzeitiger körperlicher Anwesenheit des Verbrauchers und des Unternehmers an einem Ort geschlossen werden, der kein Geschäftsraum des Unternehmers ist,

2. für die der Verbraucher unter den in Nummer 1 genannten Umständen ein Angebot abgegeben hat,
3. die in den Geschäftsräumen des Unternehmers oder durch Fernkommunikationsmittel geschlossen werden, bei denen der Verbraucher jedoch unmittelbar zuvor außerhalb der Geschäftsräume des Unternehmers bei gleichzeitiger körperlicher Anwesenheit des Verbrauchers und des Unternehmers persönlich und individuell angesprochen wurde, oder
4. die auf einem Ausflug geschlossen werden, der von dem Unternehmer oder mit seiner Hilfe organisiert wurde, um beim Verbraucher für den Verkauf von Waren oder die Erbringung von Dienstleistungen zu werben und mit ihm entsprechende Verträge abzuschließen.

[2]Dem Unternehmer stehen Personen gleich, die in seinem Namen oder Auftrag handeln.

(2) **[1]Geschäftsräume im Sinne des Absatzes 1 sind unbewegliche Gewerberäume, in denen der Unternehmer seine Tätigkeit dauerhaft ausübt, und bewegliche Gewerberäume, in denen der Unternehmer seine Tätigkeit für gewöhnlich ausübt. [2]Gewerberäume, in denen die Person, die im Namen oder Auftrag des Unternehmers handelt, ihre Tätigkeit dauerhaft oder für gewöhnlich ausübt, stehen Räumen des Unternehmers gleich.**

1 **1. Allgemeines. a) Zweck.** Informationspflicht (§ 312d) und Widerrufsrecht (§ 312g) zum **Schutz der Entscheidungsfreiheit des Verbrauchers,** der außerhalb eines Geschäftsraums bei Anbahnung und Abschluss v Verträgen nicht selten zu unüberlegten Geschäftsabschlüssen gedrängt (vgl BGH NJW 1992, 1889) oder überrumpelt („situativer Übereilungsschutz", BGH NJW 2000, 2268) wird; Beeinflussung der Willensbildung ist freilich nicht Tatbestandsvoraussetzung, ebenso wenig eine Drucksituation (OLG Celle BeckRS 2022, 442). Der Verbraucher soll sich durch Widerruf seiner Willenserklärung (s. § 312g iVm § 355 I 1) v Vertrag lösen
2 können. **b) I 1** bestimmt die Merkmale eines außerhalb v Geschäftsräumen geschlossenen Vertrages und damit die Voraussetzungen des Widerrufsrechts (§ 312g). Die Aufzählung ist abschließend. II definiert den zentralen Begriff des Geschäftsraumes. Näheres zur Regelung des Widerrufs(-rechts) und der Rechtsfolgen s. §§ 312g,
3 355 ff., zu den bes Informationspflichten s. § 312d. **c)** § 312b tritt an die Stelle des bish Haustürgeschäfts iSd § 312 aF. Erfasst werden nun alle außerhalb v Geschäftsräumen geschlossene Verträge; damit ist der Anwendungsbereich weiter als § 312 aF: Verkehrsmittel, öffentl Verkehrsflächen waren von § 312 I aF nur bei „überraschendem" Ansprechen erfasst, Freizeitveranstaltungen nur, wenn sie vom Unternehmer oder von Dritten in seinem Interesse durchgeführt waren. Nach neuem Recht gilt jeder Ort, der nicht iSv II Geschäftsraum des betreffenden Unternehmers ist, als situativ ausreichend (→ Rn. 8–9). Wenig überzeugend soll es auf die Bestellung des Verbrauchers (zB von Architekten, Handwerkern etc in seine Wohnung) nicht mehr ankommen, Ausnahme: § 312g II 1 Nr. 11. Eine Überrumpelung ist dann aber im Regelfall unwahrscheinlich und ein Schutz nicht zwingend erforderlich (krit Grundmann JZ 2013, 53 ff.; Eidenmüller, Revision des Verbraucheracquis, S. 142; Unger ZEuP 2012, 279; aA Schwab EuZW 2012, 254). Das Problem provozierter Bestellung hat sich damit weitgehend erledigt, und dürfte (außer für § 312g II 2, Schwab/Hromek JZ 2015, 276) auch für § 312g Nr. 11 keine praktische Relevanz haben. **c)** Abw. Vereinbarungen zu Lasten des Verbrauchers sind **unwirksam,**
4 § 312m. **d) Prozessuales:** Gerichtsstand s. [terminologisch angepasst] § 29c ZPO (auch für Klagen des Verbrauchers aus cic/Delikt gegen Vertreter, BGH DB 2003, *2120); Art. 17–19* EuGVVO. Die Beweislast für die Voraussetzungen des § 312b richtet sich nach allg Regeln, dh sie obliegt dem Verbraucher (zum alten Recht
5 BGH NJW 2009, 432). **e) Konkurrenzen** s. für Widerrufsrecht § 312g III.

6 **2. Anwendungsbereich.** § 312b setzt einen entgeltlichen Vertrag zwischen einem Unternehmer (§ 14) und einem Verbraucher (§ 13) voraus (§ 312 I); keine

Anwendbarkeit bei Verträgen nur zwischen Verbrauchern oder nur zwischen Unternehmern. Näher zum Anwendungsbereich s. § 312.

3. Geschäftsräume (II). a) Zweck: Schutz vor Überrumpelung, psychischem Verkaufsdruck, Überraschungsmoment. Zweck ist bei der Auslegung des Merkmals „Geschäftsraum" zu berücksichtigen. **b)** Entscheidend ist, ob eine Räumlichkeit obj bzw für den verständigen Verbraucher erkennbar zumindest auch für Geschäfte genutzt wird (OLG Nürnberg NJW 2018, 1390). Erfasst werden sowohl unbewegliche Geschäftsräume, in denen Unternehmer seine Tätigkeit dauerhaft ausübt, als auch bewegliche Geschäftsräume, in denen er seine Tätigkeit für gewöhnlich ausübt. Bsp für Geschäftsräume: Ladengeschäfte, Stände, Verkaufswagen, regelmäßig Verkaufsstätten, in denen der Unternehmer seine Tätigkeit saisonal ausübt (zB Fremdenverkehrssaison an einem Ski- oder Seebadeort), **Stände auf Messen** und Ausstellungen iSd §§ 64, 65 GewO, wenn der Unternehmer sein Gewerbe dort „für gewöhnlich" ausübt (s. EuGH VuR 2018, 431 auch für Erwerb v „themenfremdem" Gegenstand; f. „Grüne Woche" s. OLG Karlsruhe NJW-RR 2017, 46; Klocke EuZW 2016, 411), Wochenmarkt, an dem dieselben Händler ihre Marktstände aufbauen und für einen Wochenmarkt typische (wichtig: kein Überraschungsmoment: OLG Karlsruhe NJW-RR 2017, 46)) Waren verkaufen (ebenso: Weihnachtsmarkt); vgl BT-Drs. 17/12637, 50). **c) Keine** Geschäftsräume sind der Öffentlichkeit zugängliche Orte; Bsp: öffentl Verkehrsflächen, Grünanlagen (aber geringe praktische Bedeutung, da gewöhnliche Verkaufsstände und -wagen bewegliche Geschäftsräume sind, evtl noch relevant für „Bauchladen" [s Grundmann JZ 2013, 53 ff.]), Freiflächen von Einkaufszentren, Strände (s. aber saisonale Verkaufsstände!), Sportanlagen, öffentl Verkehrsmittel, aber auch Privatwohnungen (uU ist aber „Geschäftsraum" die Privatwohnung des Unternehmers, in der er auch gewerblich tätig ist, Brinkmann/Ludwigkeit NJW 2014, 3270), Arbeitsplätze, Geschäftsräume anderer Unternehmer, in denen der Unternehmer nur einmalig oder sporadisch einen Stand aufstellt (BT-Drs. 17/12637, 50); die besichtigte Wohnung beim Maklervertrag (Fischer NJW 2014, 3281). Str bei nur wenige Stunden dauerndem Verkauf v Sonderposten in einem sonst leerstehenden Ladengeschäft (vgl Grüneberg/Grüneberg Rn. 2). Offen, aber nach Sinn u Zweck zu bejahen ist, ob die erste Teilnahme in der Absicht einer regelmäßigen Teilnahme ausreicht. **d) II 2** erweitert die Definition aus II 1 auf Gewerberäume, die keine Räume des Unternehmers sind, wenn die Person, die im Namen oder Auftrag des Unternehmers handelt, ihre Tätigkeit dauerhaft oder für gewöhnlich dort ausübt. Dies erfasst die Räume eines selbstständigen Handelsvertreters, der für das Unternehmen handelt (OLG Nürnberg NJW 2018, 1390 Rn. 131 ff. gegen MüKoBGB/Wendehorst Rn. 26 f. [II 2 nicht richtlinienkonform, da das Widerrufsrecht einengend und von RL nicht vorgegeben]).

7 8 9 10

4. Voraussetzungen. a) Vertragsschluss außerhalb eines Geschäftsraumes (Nr. 1). Gilt nur bei außerhalb des Geschäftsraums *des Unternehmers* geschlossenen Verträgen; erfasst werden etwa: Verträge in Privatwohnung, am Arbeitsplatz, im Restaurant (wenn nicht Geschäftsraum des Unternehmers), Partyverkäufe in der Wohnung eines Dritten (vgl Grüneberg/Grüneberg Rn. 4). Erforderlich ist in Abgrenzung zum Fernabsatz die **gleichzeitige persönliche Anwesenheit** des Verbrauchers und Unternehmers oder seines Vertreters/Gehilfen (I 2); ein telefonischer Vertragsschluss wird nicht erfasst (möglich aber § 312c). **b) Abgabe eines bindenden Angebots durch den Verbraucher außerhalb eines Geschäftsraums (Nr. 2).** Unerheblich ist, ob auch der Unternehmer seine Vertragserklärung außerhalb seiner Geschäftsräume abgegeben hat. Unternehmer oder sein Gehilfe muss bei Angebotsabgabe körperlich anwesend sein (Grüneberg/Grüneberg Rn. 5). Das Vertragsangebot kann schon vor Vertragsschluss gem § 312g widerrufen werden. **c) Ansprache außerhalb eines Geschäftsraumes (Nr. 3).** Erforderlich ist eine persönliche und individuelle Ansprache; nicht erfasst ist die bloße Übergabe v Werbeflyern (keine „Ansprache") und Marktschreier (nicht „persönlich und individu-

11 12 13

ell"). Nicht ausreichend auch, dass der Unternehmer vor Vertragsschluss unverbindlich in der Wohnung des Verbrauchers zB Maße aufgenommen oder eine Schätzung vorgenommen hat (Erwägungsgrund 21 Verbraucherrechte-RL, BT-Drs. 17/12637, 49). Vertragsschluss muss der Ansprache *unmittelbar* nachfolgen; nicht der Fall, wenn dem Verbraucher in Abwesenheit des Unternehmers ausreichend Zeit zur Verfügung stand, um seine Entscheidung zu überdenken (Grund: keine Überrumpelung oder
14 Drucksituation mehr). **d) Ausflug (Nr. 4).** Relevant nur, wenn Verträge innerhalb v Geschäftsräumen geschlossen werden, sonst greift bereits Nr. 1. Bei Ausflügen steht der Erlebniswert für den Verbraucher im Vordergrund, der ihn in eine unbeschwerte Stimmung versetzt und es ihm uU erschwert, sich dem Geschäftsschluss zu entziehen (für „Freizeitveranstaltung" iSd § 312 aF BGH NJW 2004, 363), während der Vertriebszweck in den Hintergrund tritt. Bsp: Kaffeefahrten, Ausflugsfahrten zu Sporterеignissen oder einer Weinprobe etc. Auch ein Dritter kann Veranstalter des Ausflugs sein („oder mit seiner Hilfe"), sofern Dritter weiß und duldet, dass Unternehmer Werbe- und Verkaufsbemühungen entfaltet (BGH NJW-RR 1991, 1524). Dritter muss keinen eigenen wirtschaftlichen Vorteil erstreben (Grüneberg/Grüneberg Rn. 7). Da es nicht mehr allg auf „Freizeitveranstaltungen" ankommt, hat sich die Frage, ob ein nach Probetraining im Fitnessstudio geschlossener Fitness-Vertrag widerrufen werden kann (Bsp bei Schwab/Hromek JZ 2015, 277) erledigt: Der Vertrag ist
15 in den Geschäftsräumen geschlossen. **e) Zeitlicher und ursächlicher Zusammenhang.** Die Situationen der Nr. 1–4 (mit Ausnahme v Nr. 3), müssen im Zeitpunkt des Vertragsschlusses noch andauern. Anders als fr (zum alten Recht BGH NJW 1994, 262; NJW 1996, 3416) genügt es nicht, wenn der Verbraucher in einer der aufgezählten Situationen zum Vertragsschluss „bestimmt worden ist", den Vertrag aber erst später abschließt. Weggefallen ist auch das nach § 312 aF erforderliche Kausalitätserfordernis zwischen Überrumpelungssituation und Abgabe der Willenserklärung (aA
16 PWW/Stürner Rn. 19). **f) Arbeitsverträge.** Arbeitsrechtliche Aufhebungs- oder Änderungsverträge werden v § 312b nicht erfasst (s. zum fr Recht BAG ZGS 2004, 232; LAG Hamm NZA-RR 2003, 401; str). Grund: Keine „bes Vertriebsform" (s. Überschrift Untertitel 2) und außerhalb des Schutzzwecks des § 312b, → § 312 Rn. 1 (aA Fischinger/Werthmüller NZA 2016, 193).

17 **5. Vertreter und Gehilfe.** Bei Vertragsschlüssen durch Vertreter oder Gehilfen des Unternehmers ist deren persönliche Anwesenheit entscheidend (I 2). Beteiligt sich der Verbraucher in einer der Situationen der Nr. 1–3 über einen Treuhänder mittelbar an einer Publikums-BGB-Gesellschaft, ist § 312b anwendbar (zum HWiG: BGH NJW 2001, 2718). Näher zu Vertretern v Unternehmern und Verbrauchern → § 312 Rn. 3.

18 **6. Rechtsfolgen.** § 312b definiert lediglich den Außergeschäftsraumvertrieb, die daraus folgenden Konsequenzen ergeben sich aus §§ 312d und 312e (Informationspflicht des Unternehmers), 312f (Abschriften und Bestätigungen) sowie für den Verbraucher aus § 312g (Widerrufsrecht). § 312g II und III nehmen eine ganze Anzahl von Verträgen nur vom Widerrufsrecht, nicht generell vom Anwendungsbereich der außerhalb von Geschäftsräumen geschlossenen Verträge aus.

§ 312c Fernabsatzverträge

(1) **Fernabsatzverträge sind Verträge, bei denen der Unternehmer oder eine in seinem Namen oder Auftrag handelnde Person und der Verbraucher für die Vertragsverhandlungen und den Vertragsschluss ausschließlich Fernkommunikationsmittel verwenden, es sei denn, dass der Vertragsschluss nicht im Rahmen eines für den Fernabsatz organisierten Vertriebs- oder Dienstleistungssystems erfolgt.**

(2) **Fernkommunikationsmittel im Sinne dieses Gesetzes sind alle Kommunikationsmittel, die zur Anbahnung oder zum Abschluss eines Vertrags**

eingesetzt werden können, ohne dass die Vertragsparteien gleichzeitig körperlich anwesend sind, wie Briefe, Kataloge, Telefonanrufe, Telekopien, E-Mails, über den Mobilfunkdienst versendete Nachrichten (SMS) sowie Rundfunk und Telemedien.

1. Allgemeines. a) Überblick. Zur neuen Regelungssystematik s. Vor zu 1
§§ 312–312i. Insbes die §§ 312c, 312d und § 312g regeln den **Verbraucherschutz bei Fernabsatzverträgen.** Schutzinstrumente sind Informationspflichten (§ 312d) und ein Widerrufsrecht (§ 312g). § 312c bestimmt die Merkmale des Fernabsatzvertrags (I, II). Die Beschränkung auf Waren und Dienstleistungen aus § 312b aF ist aufgrund von Art. 2 Nr. 7 Verbraucherrechte-RL entfallen (zu Beschränkungen s. § 312 II). Die Definition der Fernkommunikationsmittel ist im Grunde unverändert, aber um Bsp ergänzt (SMS), der § 1 TMG entsprechende Begriff der Telemedien wird statt „Tele- und Mediendienste" verwendet. Die früheren Ausnahmen von den Regeln des Fernabsatzes aus § 312b III finden sich teilweise (Nr. 2, 4, 5, 7) jetzt –
mit allgemeinem Anwendungsbereich – in § 312 II und VI nF. **b) Zweck:** Fernab- 2
satzverträge sind für den Verbraucher bes risikoreich, weil der Vertragspartner (oder sein Vertreter) und der Vertragsgegenstand beim Vertragsschluss idR nicht physisch präsent sind. Vertragsschluss erfolgt daher in einer bes Ungewissheitssituation. Anknüpfungspunkt des Verbraucherschutzes ist daher nicht der Vertragsgegenstand, sondern die Abschlusssituation. **c) Abw. Vereinbarungen** zu Lasten 3
des Verbrauchers sind **unwirksam,** § 312m. **d) Konkurrenzen.** Widerrufsrechte 4
gem §§ 506 ff. genießen Vorrang, vgl § 312g III.

2. Persönlicher Anwendungsbereich. Vertragsschluss zwischen **Unternehmer** (§ 14, Beweislastumkehr für Ebay „Powerseller", OLG Koblenz WM 2006, 303) und **Verbraucher** (§ 13); nicht bei Verträgen nur zwischen Verbrauchern oder nur zwischen Unternehmern. Unternehmer muss Anbieter (nicht Abnehmer) der Ware oder Dienstleistung sein (so auch Maume NJW 2016, 1041). Wird der Verbraucher vertreten, muss die bes Situation des Vertragsschlusses für den Stellvertreter vorliegen; § 166 II gilt entspr bei persönlichem Kontakt des Vertretenen mit dem Unternehmer und lässt seine Schutzwürdigkeit entfallen (MüKoBGB/Wendehorst Rn. 14, 21 ff.; PWW/Stürner Rn. 7). Auch → § 312 Rn. 3. 5

3. Fernabsatzverträge (I). Voraussetzungen: a) Vertragsschluss. Charakte- 6
ristisch für den Fernabsatz ist nicht der Vertragsgegenstand, sondern die Art des Vertragsschlusses. §§ 145 ff. gelten, auch § 147 I 2. Nicht selten liegt Vertragsschluss gem § 151 vor. Internet-Versteigerungen fallen grds in den Anwendungsbereich und geben ein Widerrufsrecht (ausdrückliche Ausnahme für echte Versteigerungen,
§ 312g II Nr. 10). **b) aa)** Vertragsverhandlungen und Zustandekommen des Vertrags 7
nur durch **Fernkommunikationsmittel.** Nach **II** fallen darunter alle Kommunikationsmittel, die einen Vertragsschluss (oder seine Anbahnung) ohne gleichzeitige körperliche Anwesenheit der Vertragsschließenden am selben Ort erlauben (BGH NJW 2021, 304 Rn. 10). II Hs. 2 nennt – nicht abschließend – Bsp Unter I fällt nicht nur der elektronische Geschäftsverkehr (s. § 312i), sondern auch der herkömmliche Versandhandel, ferner **Internet-Auktionen,** bei denen der Vertrag nicht gem § 156, sondern zugunsten des zum Ende eines festen Gebotszeitraums höchsten Gebots zustande kommt (BGH NJW 2005, 54). Hingegen verstoßen sog Versteigerungen „in umgekehrter Richtung" mit fallendem Kaufpreis pro Zeiteinheit schon gegen § 1 UWG, weil sie den Käufer unter erheblichen Zeitdruck setzen und seine Spiellust ausnutzen (OLG Hamburg NJW-RR 2002, 1043); erfasst auch **Maklervertrag** [Angebot per E-Mail + telefonische Vereinbarung von Besichtigungstermin] BGH NJW 2017, 1024 Rn. 32 (zum alten Recht); ebenso BGH NJW-RR
2017, 368 [persönliche Durchführung irrelevant]). **bb)** Beim Vertragsschluss sowie 8
den Vertragsverhandlungen dürfen **ausschließlich** Fernkommunikationsmittel verwendet werden, auch unterschiedliche, zB Angebot per E-Mail, Annahme per Brief, Einsatz v **Boten,** wenn dieser trotz persönlichen Kontaktes über Vertragsinhalt etc

keine näheren Auskünfte geben kann und soll (BGHZ 160, 398, „stummer Bote“: zust Lorenz EWiR 2005, 158 anderes gilt daher für Boten, Verhandlungsgehilfen oder Repräsentanten, die den Verbraucher informieren können, BGHZ 160, 398, OLG Saarbrücken NJW-RR 2014, 1523; BGH NJW 2018, 1387 zu § 312b aF). Erfasst werden v Unternehmer genutzte Online-Plattformen (Erwägungsgrund 20 Verbraucherrechte-RL) *Nicht:* Vertragsschluss durch persönliche Anwesenheit v Vertretern und Webseiten, die nur Informationen über den Unternehmer, seine Waren oder Dienstleistungen und Kontaktdaten anbieten. **„Mischfälle“:** (1) Telefonische Vertragsanbahnung, persönlicher Vertragsschluss (zB bei **Arzt** usw) erfüllen I nicht (so bei **RA:** BGH NJW 2018, 690 zu § 312b aF [im konkreten Fall genügte System aber Fernabsatzanforderungen]; Bürger NJW 2002, 466; Härtling NJW 2016, 2937); telefonische „Hotline“-Bestellung mit anschließender Warenversendung (§ 151) genügt (OLG Schleswig NJW 2004, 231); (2) Persönlicher Kontakt bei Vertragsanbahnung (auch Vertreterbesuch), Vertragsschluss per Fernkommunikationsmittel fällt u I, es sei denn der Verbraucher hat im Rahmen des persönlichen Kontaktes bereits alle vertragsrelevanten Informationen erhalten (OLG Hamburg WM 2014, 1538; Grüneberg/Grüneberg Rn. 4; Erwägungsgrund 20 Verbraucherrechte-RL; diff PWW/Stürner Rn. 10 aE; sehr großzügig OLG Hamm NJW-RR 2022, 423; hingegen OLG Schleswig NJW-RR 2022, 341: Ortsbesichtigung zur Vertragsanbahnung schließt Fernabsatzvertrag aus). Entscheidend ist, ob die für Fernabsatz und die Schutzbedürftigkeit des Verbrauchers typische Ungewissheit über den Vertragspartner bzw Ware oder Dienstleistung bei Vertragsabschluss noch gegeben ist. Nicht von I erfasst sind daher auch alle Fälle, in denen die Vertragsleistung nach fernmündlicher Anbahnung im persönlichen Gespräch konkretisiert werden (zB Arzt, Friseur, RA [aA AG Offenbach BeckRS 2013, 19026 für vorausgegangene Massenwerbung des RA], persönliche Kontaktaufnahme *nach* Vertragsschluss lässt Fernabsatzgeschäft nicht entfallen (BGH NJW 2018, 690 Rn. 22; NJW 2017, 1024 Rn. 53; s. auch BGH NJW 2021, 304: Art und Weise der Leistungserbringung nach Vertragsschluss irrelevant); erfasst wird auch „Anwalts-Hotline“ da Fernabsatzsystem iSv → Rn. 9, MüKoBGB/Wendehorst § 312c Rn. 19). Nicht von I erfasst werden Verträge, die durch die faktische Inanspruchnahme der Leistung zustande kommen, wie Wasser,
9 Fernwärme, Energie (BT-Drs. 17/12637, 50). **c) Fernabsatzvertriebssystem.** Unternehmer muss die personellen, sachlichen und organisatorischen Voraussetzungen schaffen, um regelmäßig Geschäfte im Fernabsatz zu betreiben (BGH NJW 2017, 1014; NJW 2018, 690; NJW 2019, 303 [keine hohen Anforderungen]). Planmäßige Werbung für telefonische Bestellung und Versendung genügt; Briefe müssen nicht als Serienbrief ausgestaltet sein (BGH NJW 2019, 303 Rn. 21); im Gebrauchtwagenhandel genügt systematische Nutzung von Fahrzeugvermittlungsportalen, wenn das System auf Vertragsschluss im Fernabsatz ausgerichtet ist (Zahl tatsächlich so geschlossener Verträge irrelevant), OLG Celle NJW 2020, 2341. Gelegentliche telefonische Vertragsschlüsse fallen nicht u I. Keine hohen Anforderungen im Interesse des Verbraucherschutzes (BGH NJW 2021, 304 Rn. 13), aber nicht ausreichend Angabe von Informationen über Waren und Kontaktdaten auf Homepage (BGH NJW 2018, 690); Vertragsschluss mit Fernkommunikation, wenn Angebot regelmäßig Ortstermin vorausgeht (OLG Schleswig NJW-RR 2022, 341 [Gartenbau]. Das Fehlen eines für den Fernabsatz orientierten Dienstleistungssystems muss der Unternehmer beweisen (BGH NJW 2021, 304 [RA]; dabei kann große Zahl deutschlandweiter Anfragen pro Monat für ein solches System sprechen). Vertrags*abwicklung* per Fernkommunikationsmittel nicht erforderlich (und vielfach nicht möglich). Beweislast trifft den Unternehmer („es sei denn“, BGH NJW 2018, 690;
10 NJW *2019, 303;* BT-Drs. 17/12637, 50). **d) Vertragsgegenstand.** Keine Begrenzung mehr auf Waren und Erbringung v Dienstleistungen (vgl → Rn. 1, § 312b I aF); Einschränkung nur noch gem § 312.

11 **4. Rechtsfolgen.** § 312c definiert lediglich den Fernabsatzvertrag, Rechtsfolgen ergeben sich aus den §§ 312d, 312e (Informationspflicht), 312f II (Bestätigung des

Vertragsinhalts), 312i und 312j (Pflichten im elektronischen Rechtsverkehr) sowie für den Verbraucher aus § 312g (Widerrufsrecht- mit zahlreichen Ausnahmen in II und III).

§ 312d Informationspflichten

(1) [1]**Bei außerhalb von Geschäftsräumen geschlossenen Verträgen und bei Fernabsatzverträgen ist der Unternehmer verpflichtet, den Verbraucher nach Maßgabe des Artikels 246a des Einführungsgesetzes zum Bürgerlichen Gesetzbuche zu informieren.** [2]**Die in Erfüllung dieser Pflicht gemachten Angaben des Unternehmers werden Inhalt des Vertrags, es sei denn, die Vertragsparteien haben ausdrücklich etwas anderes vereinbart.**

(2) **Bei außerhalb von Geschäftsräumen geschlossenen Verträgen und bei Fernabsatzverträgen über Finanzdienstleistungen ist der Unternehmer abweichend von Absatz 1 verpflichtet, den Verbraucher nach Maßgabe des Artikels 246b des Einführungsgesetzes zum Bürgerlichen Gesetzbuche zu informieren.**

1. Regelungssystematik und Allgemeines. a) Hinsichtlich der Informations- 1
pflichten des Unternehmers trennen §§ 312 ff. und Art. 246–246c EGBGB konsequent zwischen allg Verbraucherverträgen (Art. 246 EGBGB), außerhalb von Geschäftsräumen geschlossenen Verträgen und Fernabsatzverträge mit Ausnahme von Finanzdienstleistungen (Art. 264a EGBGB), solchen Verträgen über Finanzdienstleistungen (Art. 246b EGBGB) und dem elektronischen Geschäftsverkehr (Art. 246c EGBGB). Damit sind wie nach altem Recht die einzelnen Informationspflichten aus dem BGB ausgelagert. Die Regelungen des EGBGB enthalten aber nicht nur Details zum Informationsinhalt, sondern auch zu den formalen Anforderungen. Die Vorschriften sind im Anschluss an § 312m abgedruckt. **b)** § 312d enthält 2
die Regelung der Informationspflichten des Unternehmers bei außerhalb v Geschäftsräumen geschlossenen Verträgen gem § 312b und Fernabsatzverträgen gem § 312c und verweist auf Art. 246a EGBGB. Es handelt sich dabei um **Marktverhaltensregeln** iSv § 4 Nr. 11 aF/3a nF UWG (BGH GRUR 2021, 84); zur Frage, wann über eine Herstellergarantie informiert werden muss BGH MMR 2021, 475 (Vorlagebeschl.) u EuGH NJW 2022, 1871 (nur wenn Garantie zentraler Bestandteil des Angebots). Er wird ergänzt durch Informationspflichten über Kosten nach § 312e. Sofern die Parteien nicht ausdr etwas anderes vereinbaren, werden die Angaben des Unternehmers **Inhalt des Vertrages** (I 2). Die Regelung passt nicht in das Gefüge der §§ 145 ff.; sie erklärt sich daraus, dass die vorvertraglichen Informationen eine Reihe von essentialia negotii (zB Produktbeschreibungen) enthalten. Diese werden nun kraft ges Anordnung unabhängig von einer rechtsgeschäftlichen Einigung Vertragsbestandteil. Der intendierte Verbraucherschutz kann nur erreicht werden, wenn die „ausdrückliche" Abweichung streng ausgelegt wird (krit Kramme NJW 2015, 279 zur möglichen Abweichung in AGB-Klauseln). II enthält eine Spezialregelung für Verträge über Finanzdienstleistungen und verweist für die Informationspflichten auf Art. 246b EGBGB. **c)** § 312d dient der **Umsetzung der Ver-** 3
***braucherrechte-RL und der* Fernabsatz-Finanzdienstleistungs-RL.** Die Informationspflichten bei außerhalb v Geschäftsräumen geschlossenen Verträgen wurden deutlich ausgeweitet. Durch die Ausweitung gewinnt die schon bish vorgebrachte Kritik am „information overkill", der dazu führt, dass Verbraucher im Zweifel die vielen Einzelinformationen gar nicht mehr wahrnehmen, noch an Gewicht (grundlegend mwN Kieninger 69. DJT 2012 Bd. II/1 S. 29 ff.; Bittner/Clausnitzer/Föhlisch Rn. 97). Die Hervorhebung einzelner Informationen (Art. 8 II Verbraucherrechte-RL) hilft hiergegen wenig. **d) Konkurrenzen.** § 312d ist grds neben 4
anderen Vorschriften über Informationspflichten (zB § 312i; §§ 482 ff.; § 492; § 651a; FernUSG; TKG) anwendbar; ein Spezialitätsverhältnis besteht grds nicht (Ausnahme: § 312a II 3).

5 **2. Informationspflichten. a)** Bei außerhalb v Geschäftsräumen geschlossenen Verträgen und Fernabsatzverträgen sind grds vor Abgabe der Vertragserklärung des Verbrauchers (§ 312d I iVm Art. 246a § 4 I EGBGB) die sich aus Art. 246a § 1 I EGBGB ergebenden **vorvertraglichen Informationen** (16 Punkte) zur Verfügung zu stellen (Einzelheiten hierzu bei Bittner/Clausnitzer/Föhlisch Rn. 94–129). Bei außerhalb v Geschäftsräumen geschlossenen Verträgen über sofort vollzogene Reparatur- und Instandhaltungsarbeiten im Bagatellbereich (nicht mehr als 200 EUR) (Art. 246a § 2 EGBGB), sowie bei Fernabsatzverträgen mit begrenzten Darstellungsmöglichkeiten (Art. 246a § 3 EGBGB) sind die Informationspflichten reduziert.
6 **b)** Die Information muss „klar und verständlich" (s. § 307 I 2 Transparenzgebot) in der Sprache der Vertragsverhandlungen erfolgen. Art. 246 § 1 I 1 Nr. 3 EGBGB verlangt bei den Angaben zur Identität des Unternehmers über Art. 6 Verbraucherrechte-RL zwingend die Angabe der Telefonnummer und E-Mail-Adresse (s. f. Widerrufsbelehrung auch EuGH NJW 2020, 2389; darauf BGH MMR 2021, 328 [Angabe auf Webseite, die Kontaktaufnahmemöglichkeit suggeriert]), von anderen Online-Kommunikationsmitteln nur „gegebenenfalls", dh soweit vorhanden und geschäftlich genutzt. Nach Art. 246 § 4 II EGBGB muss bei außerhalb v Geschäftsräumen geschlossenen Verträgen die Information **auf Papier** oder, mit Zustimmung des Verbrauchers, auf einem anderen **dauerhaften Datenträger** (§ 126b S. 2) lesbar zur Verfügung gestellt werden. Bei sofort vollzogenen Reparatur- und Instandhaltungsarbeiten im Bagatellbereich kann das **Formerfordernis** mit Einverständnis des Verbrauchers gelockert werden (Art. 246 § 4 II 4 EGBGB). Für Fernabsatzverträge ist das Transparenzgebot gem Art. 246 § 4 III EGBGB eingeschränkt. Nicht erforderlich ist, dass Verbraucher die Informationen bei Bestellung automatisch passieren muss (str, offen BGH NJW 2006, 212). Unternehmer, die mit vorvertraglichen Informationen zugleich ihre AGB in den Vertrag einbeziehen wollen, müssen die §§ 305 ff. beachten; auf die Einhaltung v §§ 312d, 312f kommt es für die Einbeziehung nicht an. Zur Anbieterkennzeichnung im Internet genügen leicht verständliche Links („Impressum", „Kontakt") auf Startseite (BGH NJW 2006, 3635; strenger
7 bzgl Widerrufsbelehrung OLG Frankfurt a. M. NJW-RR 2007, 483). **c)** Bei **Finanzdienstleistungen** (Sonderregelung für telefonischen Vertragsschluss, Art. 246b § 1 II EGBGB) hat der Unternehmer rechtzeitig vor Abgabe der Vertragserklärung des Verbrauchers die Informationen nach II iVm Art. 246b EGBGB zur Verfügung zu stellen; keine Mindestfrist, sondern Umstände des Einzelfalls beachtlich). Keine Finanzdienstleistung idS liegt vor, wenn nur der Zinssatz eines bereits bestehenden Darlehensvertrags geändert wird (EuGH BeckRS 2020, 12786). Die in Art. 246b § 2 I EGBGB aufgezählten Informationen sind auf einem **dauerhaften Datenträger** (§ 126b S. 2) mitzuteilen. Art. 246b § 2 II EGBGB gibt dem Verbraucher ein während der Vertragsdauer fortwährendes Recht, Vertragsbedingungen und AGB in **Papierform** zu erhalten. Unterschrift nicht erforderlich (Rott BB 2005, 59); Ausübung soll nach Grüneberg/Grüneberg EGBGB Art. 246b § 2 Rn. 5 (ebenso BT-Drs. 15/2946, 37) wegen § 242 auf ein einziges Mal beschränkt sein, bei Verlust sollte der Verbraucher aber erneut ggf gegen Kostenübernahme anfordern dürfen. Analogie für andere Verträge scheidet aus. Angabe v Postfach genügt für „ladungsfähige Anschrift" iSv Art. 246b § 1 I Nr. 4 EGBGB nicht (OLG Hamburg NJW 2004, 1114; anders aber zur Angabe der bloßen Widerrufsadresse schon nach altem Recht BGH BeckRS 2012, 04257; NJW 2016, 3512 Rn. 16). Als AGB können die Angaben gem Art. 246b § 1 I EGBGB gem § 305 II Vertragsbestandteil werden (Einhaltung v §§ 312d, 312f weder notwendig noch hinreichend). Unwirksamkeit gem §§ 307–309 steht Erfüllung der Informationspflicht nicht entgegen
8 (Ausnahme: § 307 I 2). **d)** Steht dem Verbraucher ein **Widerrufsrecht** zu, sind gem Art. 246a § 1 II, III Nr. 2, § 2 II Nr. 2, § 3 Nr. 4; Art. 246b § 1 Nr. 12, II Nr. 5 EGBGB weitere Informationen zu liefern. Privilegiert ist der Unternehmer, wenn er dazu die in Anlagen 1, 3 zu Art. 246a und Art. 246b EGBGB vorgesehenen europaweit **einheitlichen Muster** für die Widerrufsbelehrung zutr ausgefüllt (insbes Kontaktdaten, Telefonnummer nur, wenn für Kundenkontakt gedacht, s EuGH

NJW 2020, 2389; Birk GRUR-Prax 2020, 315) in Textform übermittelt (Art. 246a § 1 II 2, Art. 246b § 2 III EGBGB – Möglichkeit des Downloads von Webseite des Unternehmers genügt nicht, BT-Drs. 17/12637, 75, so schon BGH NJW 2014, 2857; NJW 2010, 3566 zur aF); der Verbraucher kann dann keine Einwände gegen die Vereinbarkeit der Widerrufsbelehrung mit den Anforderungen der Art. 246a und 246b EGBGB geltend machen. In den Fällen der Art. 246a § 1 III Nr. 1; Art. 246b § 1 I Nr. 12, II Nr. 5 EGBGB muss der Unternehmer auch über das Nichtbestehen eines Widerrufsrechts belehren. Der Praxis ist die Verwendung unbedingt anzuraten, da selbst formulierte Belehrungen fehlerhaft sein können und dann zur verlängerten Widerrufsfrist führen. Wie nach fr Recht verliert die Widerrufsbelehrung ihre „Gesetzlichkeitsfunktion", wenn sie verändert wird (BGH WM 2016, 968 Rn. 18; NJW 2014, 2023 mwN; uU auch bei Europarechtswidrigkeit, wenn das Muster autonom vom deutschen Gesetzgeber formuliert wurde, s. Schürnbrand JZ 2015, 976); jedenfalls muss Verwender mit striktem Formalismus (vgl BGH WM 2016, 968 Rn. 18; OLG Stuttgart BeckRS 2015, 17276 mN) rechnen, so dass jede, nicht nur substantielle Abweichungen die Privilegierung verspielen, da eine sichere Abgrenzung kaum möglich erscheint (s. OLG Frankfurt BeckRS 2016, 02801 [Fußnote unschädlich] insoweit aA BGH NJW 2016, 3512 Rn. 25 – im Übrigen aber großzügig bei rein formalen Änderungen, Rn. 23; zum Streitstand Schürnbrand aaO; Peters WM 2014, 2145). Als problematisch kann es sich erweisen, die richtige Alternative der Musterbelehrung auszuwählen (Hoeren/Föhlisch CR 2014, 242, Hinweise zur Handhabung bei Bittner/Clausnitzer/Föhlisch Rn. 167–186a). **e)** Die 9
Beweislast für die Erfüllung der Informationspflichten trägt der Unternehmer, § 312m II.

3. Rechtsfolgen der Informationspflichtverletzung. a) Fernabsatzvertrag ist 10
nicht unwirksam bei Verstoß gegen I, II. Die Einbeziehung v AGB richtet sich allein nach § 305 (→ Rn. 5). **b) Anspruch** des Verbrauchers auf Erfüllung (formge- 11
rechte Nachholung der Informationen, s. Tamm VuR 2014, 16), ggf Schadensersatz gem §§ 280 I, bei den vorvertraglichen Pflichten iVm 311 II (uU auf Vertragsaufhebung, wenn Verletzung kausal für Vertragsschluss) mit längerer Verjährungsfrist als Widerrufsfrist (PWW/Stürner Rn. 15) **c) Widerrufsfrist** beginnt nicht zu laufen, 12
bevor Verbraucher nicht entspr Art. 246a § 1 II 1 Nr. 1 bzw Art. 246b § 2 I EGBGB unterrichtet worden ist (§ 356 III 1); Verletzung anderer Informationspflichten haben keine Auswirkung auf den Beginn der Widerrufsfrist. Das Widerrufsrecht erlischt nach der Neuregelung nunmehr, außer bei Finanzdienstleistungen (§ 356 III 3), spätestens nach 12 Monaten und 14 Tagen (§ 356 III 2). Ein nach bish Recht entstandenes ewiges Widerrufsrecht erlischt nach Art. 229 § 32 II EGBGB. **d)** Bei 13
Verletzung v Informationspflichten über **Kosten** trifft § 312e eine gesonderte Regelung. **e) Unterlassungsanspruch** gem § 2 I, II Nr. 1 UKlaG. Falsche und unzurei- 14
chende Belehrung ist unlauter nach § 4 Nr. 11 UWG (stRspr, zB BGH NJW 2002, 3398; OLG Stuttgart ZGS 2008, 197 mN; KG NJW 2006, 3215).

§ 312e Verletzung von Informationspflichten über Kosten

***Der Unternehmer* kann von dem Verbraucher Fracht-, Liefer- oder Versandkosten und sonstige Kosten nur verlangen, soweit er den Verbraucher über diese Kosten entsprechend den Anforderungen aus § 312d Absatz 1 in Verbindung mit Artikel 246a § 1 Absatz 1 Satz 1 Nummer 7 des Einführungsgesetzes zum Bürgerlichen Gesetzbuche informiert hat.**

Der völlig neu gefasste § 312e regelt in Umsetzung von Art. 6 VI Verbraucherrechte-RL und ergänzend zu § 312d die Folgen eines Verstoßes gegen die Informationspflichten über Fracht-, Liefer- oder Versandkosten und sonstige Kosten. § 312e I aF ist ersatzlos entfallen (II aF findet sich modifiziert in § 357 VIII), da nach der Neuregelung bei Widerruf kein Wertersatz für Nutzungsersatz mehr verlangt werden kann (nur noch für Verschlechterungen gelieferter Waren, s. § 357 VII. § 312e gilt nur für außerhalb v Geschäftsräumen geschlossene Verträge und Fernabsatzverträge (arg: Bezug auf § 312d I, ebenso PWW/Stürner Rn. 2); für die übrigen Verbraucherverträge gilt § 312a II 2, für Verträge über Finanzdienstleistungen greift § 312d II. Zu beachten ist, dass der Anspruch des Unternehmers auf entspr Kosten zusätzlich eine **ausdr Vereinbarung** gem § 312a III 1 voraussetzt. Die Informationspflicht nach § 312e besteht jedoch auch, wenn sich die Kostentragungspflicht lediglich durch entsprechende Vertragsauslegung ergibt (PWW/Stürner Rn. 5). Was unter **„sonstige Kosten"** fällt, erhellt aus Art. 246a § 1 I Nr. 7 nur bedingt. Für die **Rücksendekosten** gelten ausschließlich §§ 357 VI, 357c. Wird die Informationspflicht **nicht erfüllt,** können die Kosten nicht verlangt werden bzw sind sie zurückzuerstatten (BT-Drs. 17/12637, 54).

§ 312f Abschriften und Bestätigungen

(1) [1]**Bei außerhalb von Geschäftsräumen geschlossenen Verträgen ist der Unternehmer verpflichtet, dem Verbraucher alsbald auf Papier zur Verfügung zu stellen**
1. **eine Abschrift eines Vertragsdokuments, das von den Vertragsschließenden so unterzeichnet wurde, dass ihre Identität erkennbar ist, oder**
2. **eine Bestätigung des Vertrags, in der der Vertragsinhalt wiedergegeben ist.**

[2]**Wenn der Verbraucher zustimmt, kann für die Abschrift oder die Bestätigung des Vertrags auch ein anderer dauerhafter Datenträger verwendet werden.** [3]**Die Bestätigung nach Satz 1 muss die in Artikel 246a des Einführungsgesetzes zum Bürgerlichen Gesetzbuche genannten Angaben nur enthalten, wenn der Unternehmer dem Verbraucher diese Informationen nicht bereits vor Vertragsschluss in Erfüllung seiner Informationspflichten nach § 312d Absatz 1 auf einem dauerhaften Datenträger zur Verfügung gestellt hat.**

(2) [1]**Bei Fernabsatzverträgen ist der Unternehmer verpflichtet, dem Verbraucher eine Bestätigung des Vertrags, in der der Vertragsinhalt wiedergegeben ist, innerhalb einer angemessenen Frist nach Vertragsschluss, spätestens jedoch bei der Lieferung der Ware oder bevor mit der Ausführung der Dienstleistung begonnen wird, auf einem dauerhaften Datenträger zur Verfügung zu stellen.** [2]**Die Bestätigung nach Satz 1 muss die in Artikel 246a des Einführungsgesetzes zum Bürgerlichen Gesetzbuche genannten Angaben enthalten, es sei denn, der Unternehmer hat dem Verbraucher diese Informationen bereits vor Vertragsschluss in Erfüllung seiner Informationspflichten nach § 312d Absatz 1 auf einem dauerhaften Datenträger zur Verfügung gestellt.**

(3) **Bei Verträgen über digitale Inhalte (§ 327 Absatz 2 Satz 1), die nicht auf einem körperlichen Datenträger bereitgestellt werden, ist auf der Abschrift oder in der Bestätigung des Vertrags nach den Absätzen 1 und 2 gegebenenfalls auch festzuhalten, dass der Verbraucher vor Ausführung des Vertrags**
1. **ausdrücklich zugestimmt hat, dass der Unternehmer mit der Ausführung des Vertrags vor Ablauf der Widerrufsfrist beginnt, und**
2. **seine Kenntnis davon bestätigt hat, dass er durch seine Zustimmung mit Beginn der Ausführung des Vertrags sein Widerrufsrecht verliert.**

(4) **Diese Vorschrift ist nicht anwendbar auf Verträge über Finanzdienstleistungen.**

Lit.: Bierekoven, Neuerungen für Online-Shops nach Umsetzung der Verbraucherrechterichtlinie – ein erster Überblick, MMR 2014, 283; Janal/Jung, Spezialregelungen für Verträge über digitale Inhalte in Theorie und Praxis, VuR 2017, 332; Starke, Der herausgeschobene

Beginn der Widerrufsfrist – eine europarechtskonforme Alternative zur sog. „Bestätigungslösung" für telefonisch geschlossene Verbraucherverträge? VuR 2018, 211.

1. Allgemeines. a) Regelung v Informationspflichten, die der Unternehmer 1 dem Verbraucher **nach Vertragsschluss** zur Verfügung stellen muss. Die Vorschrift dient dem Schutz des Verbrauchers durch eine umfassende Information (BT-Drs. 17/12637, 55). **b)** § 312f setzt die Art. 7 II, 8 VII Verbraucherrechte-RL um 2 und sieht als eine v wenigen Vorschriften unterschiedliche Regelungen für außerhalb v Geschäftsräumen geschlossene Verträge (I, III) und Fernabsatzverträgen (II, III) vor. Bei elektronisch geschlossenem Fernabsatzvertrag gelten überdies §§ 312i und 312j. **c) Keine Anwendung** findet § 312f auf Verträge über Finanzdienstleistungen 3 (IV), s. insoweit aber § 312d II, 491 ff.

2. Abschriften oder Bestätigungen. a) Außerhalb v Geschäftsräumen ge- 4 **schlossene Verträge (I). aa)** Der Unternehmer kann seine Rechtspflicht durch Vertragsabschrift (Nr. 1) oder Vertragsbestätigung (Nr. 2) erfüllen. Das gem Nr. 1 in Abschrift zur Verfügung zu stellende Vertragsdokument muss einen Hinweis auf die Vertragsschließenden enthalten (zB Namensunterschrift oder sonstiges Handzeichen; BT-Drs. 17/12637, 55). Wurde kein schriftlicher Vertrag geschlossen oder eine beiderseits unterschrieben Abschrift angefertigt, kann der Unternehmer seine Pflicht ohnehin nur durch eine Vertragsbestätigung gem Nr. 2 erfüllen. Sonst hat er Wahlfreiheit. **bb)** Abschrift bzw Bestätigung ist dem Verbraucher nur dann „zur 5 Verfügung gestellt", wenn sie ihm **zugeht;** ein Verweis auf die Webseite des Unternehmers genügt nicht (BT-Drs. 17/12637, 55). Der Zugang muss alsbald nach Vertragsschluss, also in einem engen zeitlichen Zusammenhang erfolgen. Grds muss die Abschrift oder Bestätigung **auf Papier** erfolgen (I 1); nur mit Zustimmung des Verbrauchers kann ein anderer **dauerhafter Datenträger** (§ 126b S. 2) verwendet werden (I 2). **cc)** Die **Bestätigung** nach Nr. 2 muss grds alle in Art. 246a EGBGB 6 genannten Angaben enthalten. Davon kann aber abgesehen werden (obwohl diese Vertragsbestandteil sind, § 312d I 2), wenn der Unternehmer dem Verbraucher diese Informationen bereits vor Vertragsschluss nach § 312d I auf einem dauerhaften Datenträger zur Verfügung gestellt hat (I 3); erforderlich ist dabei ein konkreter Bezug auf den später geschlossenen Vertrag (nicht ausreichend: Werbeprospekte oder Kataloge, ohne konkreten Bezug zum Vertrag; Grüneberg/Grüneberg Rn. 2; PWW/Stürner Rn. 7; BT-Drs. 17/13951, 99). Nach § 305 I 1 wirksam in den Vertrag einbezogene AGB sind in die Bestätigung aufzunehmen (BT-Drs. 17/12637, 55). Für die **Abschrift** (Nr. 1) gilt I 3 nach seinem eindeutigen Wortlaut nicht, so dass trotz vorvertraglicher Information auf einem dauerhaften Datenträger nicht von einer erneuten Information in der Abschrift abgesehen werden dürfte. Hierfür ist ein sachlicher Grund nicht ersichtlich, da beide Formen den Vertragsinhalt an sich wiedergeben sollen, PWW/Stürner Rn. 8 erwägt daher zu Recht analoge Anwendung. **b) Fernabsatzverträge (II). aa)** Bei Fernabsatzverträgen ist der Unterneh- 7 mer verpflichtet, dem Verbraucher eine Vertragsbestätigung auf einem dauerhaften Datenträger (§ 126b S. 2 – schließt Papierform ein!) zur Verfügung zu stellen – auf Abschriften, die regelmäßig ohnehin nicht existieren werden, nimmt II gar nicht erst Bezug. Der dauerhafte Datenträger erfasst auch Webseiten, auf die ausschließlich *der Verbraucher Zugriff* hat (EuGH MMR 2012, 730; Föhlisch/Dyakova MMR 2013, 6). Auch hier keine Pflicht, die in Art. 246a EGBGB genannten Angaben in die Bestätigung aufzunehmen, wenn Unternehmer vor Vertragsschluss diese Informationen bereits nach § 312d auf einem dauerhaften Datenträger zur Verfügung gestellt hat. **bb)** Die Bestätigung muss innerhalb angemessener Frist, spätestens bei 8 der Lieferung der Ware oder bevor mit der Ausführung der Dienstleistung begonnen wird, zur Verfügung gestellt werden. **cc)** IÜ kann auf die Ausführungen zu I verwie- 9 sen werden. **c) Digitale Inhalte (III).** III enthält eine Sonderregelung für Verträge 10 über digitale Inhalte. Der Begriff der digitalen Inhalte ist legaldefiniert und umfasst etwa Computerprogramme, Anwendungen (Apps), Spiele, Musik, Videos oder digitale Texte (BT-Drs. 17/12637, 55). Unerheblich ist, ob die Daten heruntergeladen, gespeichert und danach sichtbar gemacht oder während des Herunterladens in Echtzeit sichtbar gemacht werden (Streaming). Das beim Erwerb digitaler Inhalte zunächst bestehende Widerrufsrecht erlischt vorzeitig, wenn der Unternehmer die Ausführung des Vertrags mit vorheriger ausdr Zustimmung des Verbrauchers und der Bestätigung v dessen Kenntnisnahme, dass er hierdurch sein Widerrufsrecht verliert, begonnen hat (§ 356 V). Diese Tatsachen werden gem III auf der Abschrift oder in der Bestätigung dokumentiert und ermöglichen dem Unternehmer den Beweis der vorherigen Zustimmung des Verbrauchers zur vorzeitigen Ausführung in Kenntnis der Folgen. Kann der Unternehmer den Beweis nicht anderweitig führen, verbleibt es bei der regulären Widerrufsfrist (BT-Drs. 17/12637, 56; Grüneberg/Grüneberg Rn. 4).

11 **3. Rechtsfolgen einer Verletzung. a)** Ggf Anspruch des Verbrauchers auf
Schadensersatz gem §§ 280 I, 241 II, gegebenenfalls im Einzelfall auch **Rück-
trittsrecht** nach § 324, falls dem Verbraucher ein Festhalten an dem Vertrag auf
Grund der Pflichtverletzung nicht mehr zuzumuten ist (BT-Drs. 17/12637, 55).
12 **b)** Zu den Folgen eines Verstoßes gegen III → Rn. 10). **c)** Bei **Abweichungen**
13 der Vertragsbestätigung v dem tatsächlich geschlossenen Vertrag gilt die für den
Verbraucher günstigere Regelung; insbes die Grundsätze über das kaufmännische
Bestätigungsschreiben finden keine Anwendung (BT-Drs. 17/12637, 55; PWW/
14 Stürner Rn. 16). **d)** Ggf **Unterlassungsanspruch** gem § 2 I, II Nr. 1 UKlaG und
§ 8 UWG.

§ 312g Widerrufsrecht

(1) **Dem Verbraucher steht bei außerhalb von Geschäftsräumen geschlossenen Verträgen und bei Fernabsatzverträgen ein Widerrufsrecht gemäß § 355 zu.**

(2) **Das Widerrufsrecht besteht, soweit die Parteien nichts anderes vereinbart haben, nicht bei folgenden Verträgen:**

1. **Verträge zur Lieferung von Waren, die nicht vorgefertigt sind und für deren Herstellung eine individuelle Auswahl oder Bestimmung durch den Verbraucher maßgeblich ist oder die eindeutig auf die persönlichen Bedürfnisse des Verbrauchers zugeschnitten sind,**
2. **Verträge zur Lieferung von Waren, die schnell verderben können oder deren Verfallsdatum schnell überschritten würde,**
3. **Verträge zur Lieferung versiegelter Waren, die aus Gründen des Gesundheitsschutzes oder der Hygiene nicht zur Rückgabe geeignet sind, wenn ihre Versiegelung nach der Lieferung entfernt wurde,**
4. **Verträge zur Lieferung von Waren, wenn diese nach der Lieferung auf Grund ihrer Beschaffenheit untrennbar mit anderen Gütern vermischt wurden,**
5. **Verträge zur Lieferung alkoholischer Getränke, deren Preis bei Vertragsschluss vereinbart wurde, die aber frühestens 30 Tage nach Vertragsschluss geliefert werden können und deren aktueller Wert von Schwankungen auf dem Markt abhängt, auf die der Unternehmer keinen Einfluss hat,**
6. **Verträge zur Lieferung von Ton- oder Videoaufnahmen oder Computersoftware in einer versiegelten Packung, wenn die Versiegelung nach der Lieferung entfernt wurde,**
7. **Verträge zur Lieferung von Zeitungen, Zeitschriften oder Illustrierten mit Ausnahme von Abonnement-Verträgen,**
8. **Verträge zur Lieferung von Waren oder zur Erbringung von Dienstleistungen, einschließlich Finanzdienstleistungen, deren Preis von Schwankungen auf dem Finanzmarkt abhängt, auf die der Unternehmer keinen Einfluss hat und die innerhalb der Widerrufsfrist auftreten können, ins-**

besondere Dienstleistungen im Zusammenhang mit Aktien, mit Anteilen an offenen Investmentvermögen im Sinne von § 1 Absatz 4 des Kapitalanlagegesetzbuchs und mit anderen handelbaren Wertpapieren, Devisen, Derivaten oder Geldmarktinstrumenten,

9. **Verträge zur Erbringung von Dienstleistungen in den Bereichen Beherbergung zu anderen Zwecken als zu Wohnzwecken, Beförderung von Waren, Kraftfahrzeugvermietung, Lieferung von Speisen und Getränken sowie zur Erbringung weiterer Dienstleistungen im Zusammenhang mit Freizeitbetätigungen, wenn der Vertrag für die Erbringung einen spezifischen Termin oder Zeitraum vorsieht,**
10. **Verträge, die im Rahmen einer Vermarktungsform geschlossen werden, bei der der Unternehmer Verbrauchern, die persönlich anwesend sind oder denen diese Möglichkeit gewährt wird, Waren oder Dienstleistungen anbietet, und zwar in einem vom Versteigerer durchgeführten, auf konkurrierenden Geboten basierenden transparenten Verfahren, bei dem der Bieter, der den Zuschlag erhalten hat, zum Erwerb der Waren oder Dienstleistungen verpflichtet ist (öffentlich zugängliche Versteigerung),**
11. **Verträge, bei denen der Verbraucher den Unternehmer ausdrücklich aufgefordert hat, ihn aufzusuchen, um dringende Reparatur- oder Instandhaltungsarbeiten vorzunehmen; dies gilt nicht hinsichtlich weiterer bei dem Besuch erbrachter Dienstleistungen, die der Verbraucher nicht ausdrücklich verlangt hat, oder hinsichtlich solcher bei dem Besuch gelieferter Waren, die bei der Instandhaltung oder Reparatur nicht unbedingt als Ersatzteile benötigt werden,**
12. **Verträge zur Erbringung von Wett- und Lotteriedienstleistungen, es sei denn, dass der Verbraucher seine Vertragserklärung telefonisch abgegeben hat oder der Vertrag außerhalb von Geschäftsräumen geschlossen wurde, und**
13. **notariell beurkundete Verträge; dies gilt für Fernabsatzverträge über Finanzdienstleistungen nur, wenn der Notar bestätigt, dass die Rechte des Verbrauchers aus § 312d Absatz 2 gewahrt sind.**

(3) **Das Widerrufsrecht besteht ferner nicht bei Verträgen, bei denen dem Verbraucher bereits auf Grund der §§ 495, 506 bis 513 ein Widerrufsrecht nach § 355 zusteht, und nicht bei außerhalb von Geschäftsräumen geschlossenen Verträgen, bei denen dem Verbraucher bereits nach § 305 Absatz 1 bis 6 des Kapitalanlagegesetzbuchs ein Widerrufsrecht zusteht.**

Lit.: Seidenberg, Senkrechtlift und andere Schnäppchen: Widerruf bei Bauverträgen, NJW 2019, 1254; Sesing/Baumann, Der Ausschluss des Widerrufsrechts für versiegelte Hygieneartikel, VuR 207, 415; Specht, Wertersatz nach Verbraucherwiderruf im Fernabsatz – Was kommt nach den Entscheidungen „Wasserbett“ und „Katalysatorkauf“? VuR 2017, 363.

1. Allgemeines. a) Zweck. Widerrufsrecht bezweckt bei außerhalb v Geschäftsräumen geschlossenen Verträgen vor allem Schutz vor Überrumpelung und psychischem Verkaufsdruck; bei Fernabsatzverträgen Ausgleich für schwierige Überprüfbarkeit des Vertragsgegenstandes vorab und Schutz vor unüberlegten Bestellungen im Internet. Das Motiv des Verbrauchers spielt jedoch keine Rolle; **Rechtsmissbrauch** liegt nur ganz ausnahmsweise bei schikanösem oder arglistigen Verhalten vor (BGH NJW 2016, 1951 [zum fr Recht]; uU wenn Verbraucher erkennen musste, dass Widerrufsbelehrung falsch war oder Ausübung des Widerrufsrechts nur erfolgt, um Kaufsache möglichst lange ohne Wertersatzpflicht nutzen zu können, BGHZ 227, 253 Rn. 28; OLG Brandenburg BeckRS 2021, 5526 Rn. 85 ff; BeckRS 2021, 1102; BeckRS 2021, 10379; OLG Hamm NJW-RR 2022, 131; OLG Karlsruhe NJW-RR 2021, 1137); s. zu § 242 und insbes zur Verwirkung → § 356 Rn. 8. **b) I** verweist für Wirkung, Frist, Ausübung und Rechtsfolgen des Widerrufs auf die 1 2

§§ 355 ff. **II** enthält einen Ausnahmekatalog (die Informationspflichten gem § 312d
3 bleiben uneingeschränkt anwendbar!), **III** eine Subsidiaritätsregelung.

4 **2. Widerrufsrecht (I). a) Voraussetzungen.** Außerhalb v Geschäftsräumen geschlossener Vertrag iSv § 312b oder Fernabsatzvertrag iSv § 312c; nicht notwendig ist ein wirksamer Vertragsschluss. Der BGH (BGHZ 183, 235; zust Peters JZ 2010, 315; Skamel ZGS 2010, 106) hat – dogmatisch fragwürdig – auch bei nichtigem [konkret sittenwidrigem] Vertrag den Widerruf zugelassen, um dem Verbraucher die gegenüber § 812 günstigere Rückabwicklung nach §§ 355 aF, 346 ff. zu gewähren (ebenso MüKoBGB/Fritsche § 355 Rn. 40; Erman/Koch § 355 Rn. 6; aA Staudinger/Thüsing 2005 § 312d Rn. 10; Ludwig ZGS 2010, 490). § 242 soll nur bei Arglist des Verbrauchers greifen; die Abschreckungswirkung v § 817 S. 2 läuft damit ins Leere – bedenklich! Das Widerrufsrecht besteht nicht, wenn schon § 312 den Anwendungsbereich von § 312g nicht eröffnet (so für Bürgen BGHZ 227, 72,
5 → § 312 Rn. 6). **b) Ausnahmen (II).** Im Gegensatz zu § 312 II-VI betreffen die Bereichsausnahmen nur das Widerrufsrecht. Die für beide Vertriebsformen gemeinsam geregelten Ausnahmen gehen für den Direktvertrieb deutlich über § 312 III aF hinaus (erfasst waren nur bestellte Besuche, Bagatellgeschäfte und notariell beurkundete Willenserklärungen des Verbrauchers). Für Fernabsatzverträge wird der Ausnahmekatalog in Nr. 5, 11 erweitert, Nr. 3 und 4 bringen eine Präzisierung bish Regelungen. Bagatellgeschäfte und Versicherungsverträge fallen schon nicht in den Anwendungsbereich des Direktvertriebs (§ 312 II Nr. 12, VI). „Anderweitige Vereinbarung" iSv II 1 und damit Widerrufsrecht trotz Bereichsausnahme kann vorliegen, wenn Verbraucher über Widerrufsrecht belehrt wird und dieses Angebot annimmt (OLG Saarbrücken BeckRS 2021, 29631) → § 355 Rn. 4 mwN. **aa) Waren nach Kundenspezifikation (Nr. 1).** Beschränkt sich auf Kauf- und Werklieferungsverträge (BGH NJW-RR 2022, 121 Rn. 18), nicht anwendbar auf Werkverträge (hier gilt § 357 VIII 1; BGH NJW 2018, 3380 Rn. 21 ff.; NJW-RR 2022, 122 Rn. 22 f.– Werkherstellung ist Dienstvertrag iSv Verbraucherrechte-RL, Abgrenzung danach, ob Warenumsatz oder Montage- und Bauleistung Schwerpunkt bildet; OLG Celle BeckRS 2022, 442 Rn. 31). Vertrag über Lieferung u Montage eines Kurventreppenlifts mit individuell angepasster Laufschiene ist Werkvertrag, für den II nicht gilt. Kundenspezifische Waren sind nach Rücknahme für den Verkäufer häufig wertlos. Maßgeblich ist daher, ob der Unternehmer die Waren (nach Rückgabe) noch anderweitig zu einem angemessenen Preis absetzen könnte. Die Bestimmung ist eng auszulegen. Individuelle Auswahl oder Bestimmung liegt nicht vor, wenn Unternehmer gleichartige Spezifikationen allen Kunden anbietet (zB Sonderausstattung bei Pkw, anders: individuell gefertigtes Behindertenfahrzeug) ebenso wenig, wenn Ware auf Bestellung des Kunden aus vorgefertigten Standardbauteilen zusammengefügt wird und diese ggf ohne großen Aufwand und Funktionsverlust wieder getrennt werden können (Notebook, s. BGHZ 154, 244 f.; Bücker VuR 2009, 71 mN; Reifen auf Felge, AG Marienberg VuR 2014, 322; Grüneberg/Grüneberg Rn. 4; offen: Hilbig-Lugani ZJS 2013, 451; str). Kein Fall von Nr. 1 ist Gebrauchtwagenkauf über Suchanfrage mit vom Käufer festgelegten Fahrzeugparametern (OLG Celle NJW 2020, 2341), da weiterhin „Serienartikel"; ebensowenig Vertrag über vorgefertigte Luftbildaufnahmen v Immobilien, die ohnehin nicht anderweitig vertrieben werden können (OLG Koblenz GRUR 2021, 171 Rn. 44). Das Widerrufsrecht ist auch dann ausgeschlossen, wenn der Unternehmer mit der Individualisierung noch nicht begonnen hat (EuGH NJW 2020, 3707; krit Mandl
6 VuR 2021, 110). **bb) Schnell verderbliche Waren (Nr. 2).** Folgt § 312d IV Nr. 1 Var. 4 und 5 aF. Erfasst sind zB Lebensmittel, Schnittblumen, Arzneimittel. **cc) Gesundheitsschutz oder Hygiene (Nr. 3).** Spezifizierung des § 312d IV Nr. 1 Var. 3 aF, der darauf abstellte, dass die Ware aufgrund ihrer Beschaffenheit „nicht zur Rücksendung geeignet" war. Erfasst werden zB Arzneimittel, die aus Sicherheitsgründen nicht mehr abgegeben werden können, fertig verpackte Lebensmittel (Grube/Karsten LMuR 2012, 129), benutzte Hygieneartikel (zB Zahnbürste)

oder Kosmetika, Erotikartikel (OLG Hamm GRUR-RR 2017, 277; obiter dictum auch BGH NJW 2018, 453 Rn. 9). Entfernung der Versiegelung (zum Begriff Sesing/Baumann VuR 2017, 415, 417 f.) entspricht nicht „entsiegeln" iSd § 312 IV Nr. 2 aF; bloße Cellophanhülle ohne bes Warnhinweise ist hier ausreichend (Hilbig-Lugani ZJS 2013, 450; Sesing/Baumann VuR 2017, 415, 418 mN). In Schutzhülle verpackte Matratzen fällt nicht unter Nr. 3, da nach Reinigung wieder verkehrsfähig (EuGH NJW 2019, 1507; so auch schon Vorlage des BGH NJW 2018, 453 Rn. 11; nun BGH NJW 2019, 2842; krit. Wilke VuR 2019, 312). **dd) Untrennbare Vermischung (Nr. 4).** Fr v § 312d IV Nr. 1 Var. 3 aF erfasst. Bsp: Heizöl, wenn Tank bei Befüllung nicht „leer" war (BeckOGK/Busch Rn. 31, 51; BT-Drs. 17/12637, S. 56; zu den notwendigen Mengenverhältnissen für Eigentumserwerb bei Vermischung BeckOGK/Schermaier § 948 Rn. 7 „wertende Betrachtung"; für deutliches quantitatives Übergewicht, Staudinger/Heinze, 2020, § 948 Rn. 8; Grüneberg/Herrler § 948 Rn. 4); *nicht*: elektronische Computerbausteine (zu § 3 II Nr. 1 FernAbsG: OLG Dresden MMR 2002, 172; kein Widerrufsrecht nach fr Recht für sog „in-apps", s. Bisges NJW 2014, 183, jetzt Widerrufsrecht beim Datendownload, aber mögl Verlust nach § 356 V u keine Wertersatzpflicht [§ 357 IX], allg Schmidt/Brönneke VuR 2013, 449 mN). Bislang war bei der leitungsgebundenen Abnahme **v Strom, Gas und Wasser** wegen des idR sofortigen Verbrauchs str, ob ein Widerrufsrecht nach der nun abgeschafften Ausnahme des § 312d IV Nr. 1 Var. 3 ausgeschlossen war (hierzu 16. Aufl. Rn. 2). Die Ausnahme passt nicht, weil Strom, Gas und Wasser typischerweise nicht gelagert, sondern kurz nach Lieferung verbraucht werden. Nach der Verbraucherrechte-RL liegt nun schon keine „Wareneigenschaft" iSv Art 9 II vor, so dass Art. 16 mit seinen Ausschlusstatbeständen nicht greift. Widerruf ist daher möglich, aber es besteht ggf. die Ersatzpflicht nach § 357 VIII S. 1, wenn Voraussetzungen nach § 357 VIII S. 2 vorliegen (BeckOGK/Busch Rn. 31.1). **ee) Alkoholische Getränke (Nr. 5).** Ausnahme zielt vor allem auf Verträge über Wein, der erst lange nach Abschluss eines Vertrags spekulativer Art geliefert wird und dessen Wert dabei v Schwankungen der Marktpreise abhängt („vin en primeur", Erwägungsgrund 49 Verbraucherrechte-RL). **ff) Datenträger (Nr. 6),** falls Verbraucher eine tatsächlich vorhandene Versiegelung gebrochen hat; bloße Cellophanhülle ohne bes Warnhinweis ist keine Versiegelung (OLG Hamm VuR 2010, 350); ausreichend ist elektronische Versiegelung, die zwingend zu bestätigen ist, bevor Software nutzbar wird (Staudinger/Thüsing 2005 § 312d Rn. 58). Grund: Verbraucher soll daran gehindert werden, Inhalt des Datenträgers zu kopieren und das Widerrufsrecht auszuüben. Etwas anderes gilt, wenn die Software installiert werden muss, um Hardware zu testen (AG Schönebeck VuR 2008, 356). Die Ausnahme entspricht § 312d IV Nr. 2 aF. **gg) Zeitungen, Zeitschriften, Illustrierte (Nr. 7).** Grund: Aktualität, daher keine analoge Anwendung auf Bücher (bei Ingebrauchnahme vor Widerruf s. § 357 VII). Rückausnahme für Abonnement-Verträge. **hh) Preisschwankungen (Nr. 8).** Unterliegt der Vertragsgegenstand den in Nr. 8 genannten möglichen Preisschwankungen soll das Spekulationsrisiko nicht dem Unternehmer überbürdet werden; daher weite Auslegung des Begriffs „Preis" (BGHZ 195, 381 = NJW 2013, 1223). Neben Finanzdienstleistungen kann zB der Handel mit Edelmetallen betroffen sein. Der Ausschluss greift auch ein für Inhaberschuldverschreibungen („Lehman-Zertifikate"), wenn diese v der Entwicklung bestimmter Börsenindizes abhängig sind (BGHZ 195, 375 ff. = NJW 2013, 1223; OLG Düsseldorf ZIP 2012, 419; OLG Karlsruhe WM 2012, 216; die Bereichsausnahme greift nicht, wenn faktisch ein Spekulationsgeschäft ausgeschlossen ist, OLG Saarbrücken BeckRS 2021, 29631). Für Widerruf trotz Preisschwankungen für Heizöl (BGH NJW 2015, 2959 noch zu § 312d IV Nr. 6 aF; zu Recht aA BeckOGK/Busch Rn. 51; BT-Drs. 19/27655, sa Kohler JZ 2016, 198).

7 (dd) · 8 (ee) · 9 (gg)

10 **ii) Dienstleistungen im Zusammenhang mit Freizeitbetätigungen (Nr. 9).** Zum weiten Begriff des Dienstleistungsvertrags s EuGH NJW-RR 2022, 219 Rn. 31 f mwN: Ticketverkauf für Freizeitveranstaltung durch Vermittler (Rechtskauf) wird erfasst, ebenso BGH NJW 2022, 2830 Rn. 43 ff.). § 312 II Nr. 7 erfasst

nur noch Beförderung v Personen, bei den übrigen Verträgen entfällt nach Nr. 9 nur Widerrufsrecht, nicht Informationspflicht. Grund: Unternehmer stellt Kapazitäten für einen bestimmten Termin oder Zeitraum bereit. Nr. 9 erfasst zB Anmietung v Ferienwohnung (Rolfs/Möller NJW 2017, 3275, 3276), Hotelzimmern und Mietwagen, Bestellung v Catering, Erwerb v Theater- oder Kinokarten bzw sonstigen Eintrittskarten (auch Vermittlung von Konzertkarten durch Dritten in eigenem Namen auf Rechnung des Veranstalters, wenn Veranstalter Ausfallrisiko bzgl Kapazität trägt, EuGH NJW-RR 2022, 219 Rn. 33 f. – CTS Eventim; zu Recht zweifelnd bzgl Ausfallrisiko-Argumentation Huber GPR 2022, 171). Der Begriff der „Ware" setzt u Berücksichtigung der in § 241a enthaltenen Legaldefinition nicht voraus, dass die bewegliche Sache handelbar ist (BT-Drs. 17/12637, 57). Bei **Reiseverträgen gem § 651a** steht dem Verbraucher ein Widerrufsrecht zu, wenn es sich nicht um einen bestellten Vertreterbesuch handelt, II 2. **jj) Öffentl zugängliche Versteigerung (Nr. 10).** Gilt nur für echte Versteigerungen gem § 156. Grund: Widerrufsrecht würde den einer Versteigerung eigenen Preisfindungsprozess untergraben; „Internet-Auktionen" (Vertragsschluss kommt nicht gem § 156, sondern zugunsten des zum Ende eines festen Gebotszeitraums höchsten Gebots zustande, BGH NJW 2005, 54) werden nicht erfasst (ausdr jetzt Erwägungsgrund 24 Verbraucherrechte-RL) und bilden keine „Umgehung" iSv § 312m I 2 (aA Heiderhoff MMR 2001, 642 [zu HWiG 5 I]); Widerruf daher möglich (BGH NJW 2005, 54 f.; aA Braun JZ 2008, 330; Mankowski JZ 2005, 444; Bernhard ZGS 2005, 226). Kaufvertrag gegen Höchstgebot (Anbieter behält sich Ausnahme vor) ist keine Versteigerung iSv § 156. Zu sog Versteigerungen „in umgekehrter Richtung" → § 312c Rn. 7.
11 **kk) Bestellung für dringende Reparatur- oder Instandsetzungsarbeiten (Nr. 11).** Aufforderung ist geschäftsähnliche Handlung (→ Vor § 104 Rn. 23). Aufforderung muss ausdr erfolgen. Ausschluss erfasst nur dringende Arbeiten, also solche, bei denen der Verbraucher auf die Wiederherstellung der Funktionsfähigkeit angewiesen ist und zu denen der Unternehmer aufgefordert wurde, nicht zusätzliche Leistungen oder Warenlieferungen (Seidenberg NJW 2019, 1254, 1255; MüKoBGB/Wendehorst Rn. 50 ff.). Fraglich ist, ob bei Türöffnung durch Schlüsseldienst „Reparatur" vorliegt, wenn nur Schlüssel fehlt (bejahend LG Köln BeckRS 2015, 117961 wegen Dringlichkeit; aA Klocke NJW 2017, 2151). Einbau neuer Heizungsanlage fällt nicht unter Nr. 11 (OLG Celle BeckRS 2022, 442 Rn. 32). **ll) Wett- und Lotteriedienstleistungen (Nr. 12).** Grund: Gegenstand des RGeschäfts war die Chance auf Gewinn. Entspricht weitestgehend § 312d IV Nr. 4 aF. Ausnahme erfasst nur Fernabsatzverträge (Nr. 12 aE) und Widerrufsrecht bleibt erhalten, wenn der Verbraucher seine Vertragserklärung telefonisch abgegeben hat. Konkrete Bezeichnung der Dienstleistung ist unerheblich; entscheidend ist, ob der Verbraucher als Gegenleistung für seinen Einsatz eine Gewinnchance erhält, die sich zu einem bestimmten Zeitpunkt in einen Anspruch auf Gewinn umwandeln kann (MüKoBGB/Wendehorst § 312g Rn. 53 ff.); nur staatlich
12 genehmigte Verträge erfasst. **mm) Notariell beurkundete Verträge (Nr. 13).** Grund: Keine Notwendigkeit wegen verbraucherschützender Wirkung der notariellen Beurkundung (BT-Drs. 17/12637, 57). Ausnahme hat grds nur für Verträge Bedeutung, die notariell beurkundet werden, obwohl keine entspr Pflicht besteht, da beurkundungspflichtige Verträge schon nach § 312 II Nr. 1 v Anwendungsbereich der Vorschriften der §§ 312a ff. ausgeschlossen sind. Anderes gilt für Verträge über Finanzdienstleistungen; solche die im Direktvertrieb geschlossen sind, fallen unter § 312 II Nr. 1a; für im Fernabsatz abgeschlossenen Verträge über Finanzdienstleistungen aber Ausschluss des Widerrufsrechts gem Nr. 13 Hs. 2 bei entsprechender notarieller Bestätigung.

13 **3. Subsidiarität (III).** Vorrang genießen Widerrufsrechte nach §§ 495, 506–512, § 305 KAGB. Für den Vorrang dieser Rechte kommt es allein auf das Bestehen und die Möglichkeit ihrer Ausübung an. Erlischt das anderweitige Widerrufsrecht infolge Nichtausübung innerhalb der Fristen des § 355, lebt das Widerrufsrecht des

§ 312g nicht auf. Der Widerruf nach § 312g I ist nur ausgeschlossen, wenn ein anderweitiges Widerrufsrecht nach dem konkreten Vertrag **tatsächlich gegeben** ist. Bsp: Nimmt der Verbraucher außerhalb v Geschäftsräumen u den Voraussetzungen des § 312b ein Kleindarlehen v 200 Euro Nettodarlehensbetrag auf, entfällt gem § 491 II Nr. 1 das Widerrufsrecht aus § 495. Das Widerrufsrecht nach I ist in diesem Fall nicht durch III ausgeschlossen. Belehrung nach Verbraucherkreditrecht genügt aber nicht, um Widerrufsfrist nach § 312g beginnen zu lassen (zur fr Rechtslage BGH NJW 2004, 2744; NZM 2007, 170; aA OLG Schleswig ZIP 2005, 1132). Ein Konkurrenzverhältnis zu Teilzeitwohnrechten, § 485, besteht nicht, da diese gem § 312 II Nr. 6 gar nicht in den Anwendungsbereich der Direktvertrieb- und Fernabsatzverträge fallen.

§ 312h Kündigung und Vollmacht zur Kündigung

Wird zwischen einem Unternehmer und einem Verbraucher nach diesem Untertitel ein Dauerschuldverhältnis begründet, das ein zwischen dem Verbraucher und einem anderen Unternehmer bestehendes Dauerschuldverhältnis ersetzen soll, und wird anlässlich der Begründung des Dauerschuldverhältnisses von dem Verbraucher

1. **die Kündigung des bestehenden Dauerschuldverhältnisses erklärt und der Unternehmer oder ein von ihm beauftragter Dritter zur Übermittlung der Kündigung an den bisherigen Vertragspartner des Verbrauchers beauftragt oder**
2. **der Unternehmer oder ein von ihm beauftragter Dritter zur Erklärung der Kündigung gegenüber dem bisherigen Vertragspartner des Verbrauchers bevollmächtigt,**

bedarf die Kündigung des Verbrauchers oder die Vollmacht zur Kündigung der Textform.

1. Allgemeines. Die Norm wurde durch das Ges zur Bekämpfung unlauterer Telefonwerbung etc (v 29.7.2009) eingefügt und ist im Zuge der Umsetzung der Verbraucherrechte-RL, welche die §§ 312 ff. grds neu gefasst hat, in der Zählung sowie inhaltlich unverändert geblieben. Sie soll unseriösen Geschäftspraktiken entgegenwirken, die vor allem bei Energieversorgungsverträgen und Telekommunikationsdienstleistungen zu beobachten waren. Denn um neue Kunden zu gewinnen, muss oftmals ein Altvertrag gekündigt werden (BT-Drs. 16/10734, 11). Die Kündigung oder Vollmacht zur Kündigung des alten Vertrages bedarf in den Fällen v Nr. 1 und 2 grds der Textform (§ 126b). Dem Verbraucher soll damit deutlich gemacht werden, dass er bei Widerruf des neuen Vertrages an die Kündigung des alten gebunden bleibt (Grüneberg/Grüneberg Rn. 1; Köhler NJW 2009, 2571). 1

2. Voraussetzungen. Erfasst werden Fälle, in denen der Unternehmer (oder je ein Dritter) als Bote der Kündigungserklärung eingesetzt werden (Nr. 1) oder als Vertreter des Verbrauchers selbst kündigen (Nr. 2). Formbedürftig sind bei Nr. 1 nur die Kündigung des Verbrauchers, bei Nr. 2 die Vollmacht (sonst jeweils Nichtigkeit gem § 125 S. 1), *nicht jedoch die Kündigung* durch den Unternehmer oder Dritten. 2

Kapitel 3. Verträge im elektronischen Geschäftsverkehr; Online-Marktplätze

§ 312i Allgemeine Pflichten im elektronischen Geschäftsverkehr

(1) [1]**Bedient sich ein Unternehmer zum Zwecke des Abschlusses eines Vertrags über die Lieferung von Waren oder über die Erbringung von**

Dienstleistungen der Telemedien (Vertrag im elektronischen Geschäftsverkehr), hat er dem Kunden

1. **angemessene, wirksame und zugängliche technische Mittel zur Verfügung zu stellen, mit deren Hilfe der Kunde Eingabefehler vor Abgabe seiner Bestellung erkennen und berichtigen kann,**
2. **die in Artikel 246c des Einführungsgesetzes zum Bürgerlichen Gesetzbuche bestimmten Informationen rechtzeitig vor Abgabe von dessen Bestellung klar und verständlich mitzuteilen,**
3. **den Zugang von dessen Bestellung unverzüglich auf elektronischem Wege zu bestätigen und**
4. **die Möglichkeit zu verschaffen, die Vertragsbestimmungen einschließlich der Allgemeinen Geschäftsbedingungen bei Vertragsschluss abzurufen und in wiedergabefähiger Form zu speichern.**

[2]**Bestellung und Empfangsbestätigung im Sinne von Satz 1 Nummer 3 gelten als zugegangen, wenn die Parteien, für die sie bestimmt sind, sie unter gewöhnlichen Umständen abrufen können.**

(2) [1]**Absatz 1 Satz 1 Nummer 1 bis 3 ist nicht anzuwenden, wenn der Vertrag ausschließlich durch individuelle Kommunikation geschlossen wird.** [2]**Absatz 1 Satz 1 Nummer 1 bis 3 und Satz 2 ist nicht anzuwenden, wenn zwischen Vertragsparteien, die nicht Verbraucher sind, etwas anderes vereinbart wird.**

(3) **Weitergehende Informationspflichten auf Grund anderer Vorschriften bleiben unberührt.**

1 **1. Allgemeines. a) Bedeutung.** Gestaltungs-, Informations- und Mitteilungspflichten des Unternehmers, der Waren oder Dienstleistung im elektronischen Geschäftsverkehr absetzt. Keine (reine) Verbraucherschutzvorschrift (→ Rn. 4). Ein eigenständiges Widerrufsrecht begründet § 312i nicht. Die Vorschrift wurde zunächst redaktionell angepasst in I 1 Nr. 2 und III 2 durch das Ges zur Umsetzung der Verbraucherkredit-RL. Mit Wirkung zum 1.8.2012 wurden II–IV neu eingefügt, die sich nunmehr aus Gründen der Übersichtlichkeit in § 312j finden. I entspricht § 312g I aF; II entspricht dem bish § 312g V; III entspricht § 312g VI 1 aF.
2 **b) Umsetzung** Art. 10 f. E-CommerceRL. Leider übernimmt die Vorschrift einige Unklarheiten der RL (zu Recht krit MüKoBGB/Wendehorst Rn. 7; PWW/Stür-
3 ner Rn. 2). **c) Konkurrenzen (III).** Mit einem Verbraucher geschlossener Vertrag im elektronischen Geschäftsverkehr erfüllt idR zugleich § 312c; Informationspflichten gem § 312d bleiben unberührt. Folge: Unternehmer muss zahlreiche Informationen erteilen, insb Art. 246a und Art. 246b EGBGB. Unberührt bleiben auch § 5 TMG und PAngV.

4 **2. Anwendungsbereich. a) Persönlicher.** Anbieter muss Unternehmer (§ 14) sein; Kunde kann Verbraucher, aber auch Unternehmer sein. Bei Fernabsatzvertrag zwischen Unternehmern unter Einsatz von Telemedien gilt nur § 312i nF; wird ein solcher Vertrag hingegen mit einem Verbraucher geschlossen, kommen §§ 312 ff. neben §§ 312i, 312j zur Anwendung. Fehlt es schon am Einsatz von Telemedien
5 gelten ausschließlich §§ 312 ff. **b) Sachlicher. Vertrag im elektronischen Geschäftsverkehr** liegt vor, wenn Vertragsschluss u Einsatz von Telemedien (elektronische Kommunikationsmittel) erfolgt, nicht per Brief oder Telefon. Die E-commerceRL enthält keine Definition der Telemedien (Erwägungsgründe 17, 18 verweisen auf Online-Abwicklung). Erfasst sind daher insb **Teledienste** über das Internet zB Telebanking, Datendienste (Verkehrs-, Wetter-, Umwelt-, Börsendaten), Telespiele, interaktive Datenbanknutzung. § 1 TMG nimmt ebenfalls Übertragung durch Rundfunk iSv § 2 RundfunkstaatV aus. Nur der Vertragsschluss, nicht die Erbringung der Leistung (Versandhandel) muss mittels elektronischer Kommunikationsmittel erfolgen.

3. Rechtsfolgen. a) Unternehmerpflichten (I 1). aa) Berichtigung v Eingabefehlern (Nr. 1): Unternehmer hat das elektronische Kommunikationsmittel so auszugestalten, dass der Kunde Eingabefehler vor Abgabe der Bestellung erkennen und berichtigen kann. Liegt bereits seitens des Anbieters ein Eingabefehler vor (zB zu niedriger Preis), kann er nach § 120 anfechten (OLG Hamm NJW 2004, 2601). Kunde kann fehlerhafte Eingabe ebenfalls nach §§ 119, 120 **anfechten,** wenn Korrektur nicht mehr rechtzeitig erfolgte. Anspruch aus § 122 kann entfallen (§ 242), wenn Anbieter den Bedienungsfehler mitverursacht hat (MüKoBGB/Wendehorst Rn. 106). **bb) Informationspflichten (Nr. 2)** gem Art. 246c EGBGB. **cc) Zugangsbestätigung (Nr. 3):** Empfang der Bestellung (auch: invitatio ad offerendum) des Kunden ist unverzüglich (§ 121 I) zu bestätigen. Dies ist geschäftsähnliche Handlung. **I 2** regelt (in wörtlicher Übernahme v Art. 1 E-CommerceRL als Fiktion, mR krit Grüneberg/Grüneberg Rn. 7, da Zugang nach allg Regeln tats vorliegt) den Zugang v Bestellung und Bestätigung entspr den allg Zugangskriterien (→ § 130 Rn. 4); maßgeblich ist Abrufbarkeit u gewöhnlichen Umständen. Für Annahmeerklärung des Angebotsempfängers gilt nichts Anderes. Zugangsbestätigung wird häufig gleichzeitig Annahmeerklärung sein, insb wenn Lieferung konkret angekündigt wird (Einzelfallprüfung nach allg Auslegungskriterien notw, OLG Düsseldorf NJW-RR 2016, 1073 Rn. 30 mN; str s. Brodenstedt EWiR 2004, 739 mN; abl OLG Nürnberg NOZ 2010, 1733). Nr. 3 erfordert nur eine einfache Zugangsbestätigung, die (nicht verschlüsselte) Wiedergabe des gesamten Bestellungsinhalts mit persönlichen Daten in einfacher E-Mail verstößt ggf gegen §§ 3, 9 BDSG (hierzu Bergt NJW 2012, 3544). 6

7

dd) Abruf und Speicherung der vertraglichen Abreden (Nr. 4). Unternehmer hat das elektronische Kommunikationsmittel so auszugestalten, dass der Kunde bei Vertragsschluss den gesamten Vertragsinhalt einschließlich der AGB abrufen und wiedergabefähig speichern kann. IdR liegen damit Voraussetzungen gem § 305 II Nr. 1 und 2 vor. Die Pflichten sind aber auch erfüllt, wenn AGB nicht gem § 305 II Vertragsbestandteil werden. Unwirksamkeit gem §§ 307–309 steht Erfüllung der Pflicht gem I 1 Nr. 4 nicht entgegen. 8

4. Ausnahmen (II 1). Die Pflichten gem I 1 Nr. 1–3 sind auf v Unternehmer vorstrukturierte Kommunikationsabläufe ausgerichtet, die dem Kunden insoweit keinen wesentlichen Gestaltungsspielraum belassen. Bei **Individualkommunikation** (zB: Vertragsschluss allein durch E-Mail anstelle Telefax, sa Art. 10 IV, 11 III E-CommerceRL) gilt dies **nicht.** II 1 stellt den Unternehmer daher v den entspr Pflichten frei, *nicht* aber v der Mitteilung gem I 1 Nr. 4, die dem Kunden Kenntnis und jederzeitigen Zugriff auf den Vertragsinhalt ermöglicht. 9

5. Rechtsfolgen einer Pflichtverletzung. a) Fernabsatzvertrag ist **nicht unwirksam** wegen Verletzung v I 1 (BT-Drs. 14/6040, 173). **b) Anspruch** des Verbrauchers auf Erfüllung (formgerechte Mitteilung der Informationen), ggf Schadensersatz gem §§ 280 I, 311 II (uU auf Vertragsaufhebung oder -anpassung). **c) Unterlassungsanspruch** gem §§ 2 I, II Nr. 1 UKlaG; ggf § 4 Nr. 11 UWG. 10

6. Vertragsgestaltung. a) Gegenüber einem **Verbraucher** sind die Pflichten gem I 1 und I 2 (→ Rn. 4 f.) unabdingbar, **§ 312k. b)** Gem. **II 2** können gegenüber einem **Unternehmer** (insbes in Rahmenvereinbarungen) die Pflichten gem I 1 Nr. 1–3 abbedungen oder modifiziert und das Zugangsrisiko abw v I 2 verteilt werden. 11

§ 312j Besondere Pflichten im elektronischen Geschäftsverkehr gegenüber Verbrauchern

(1) **Auf Webseiten für den elektronischen Geschäftsverkehr mit Verbrauchern hat der Unternehmer zusätzlich zu den Angaben nach § 312i Absatz 1 spätestens bei Beginn des Bestellvorgangs klar und deutlich anzugeben,**

ob Lieferbeschränkungen bestehen und welche Zahlungsmittel akzeptiert werden.

(2) **Bei einem Verbrauchervertrag im elektronischen Geschäftsverkehr, der den Verbraucher zur Zahlung verpflichtet, muss der Unternehmer dem Verbraucher die Informationen gemäß Artikel 246a § 1 Absatz 1 Satz 1 Nummer 1, 5 bis 7, 8, 14 und 15 des Einführungsgesetzes zum Bürgerlichen Gesetzbuche, unmittelbar bevor der Verbraucher seine Bestellung abgibt, klar und verständlich in hervorgehobener Weise zur Verfügung stellen.**

(3) **[1]Der Unternehmer hat die Bestellsituation bei einem Vertrag nach Absatz 2 so zu gestalten, dass der Verbraucher mit seiner Bestellung ausdrücklich bestätigt, dass er sich zu einer Zahlung verpflichtet. [2]Erfolgt die Bestellung über eine Schaltfläche, ist die Pflicht des Unternehmers aus Satz 1 nur erfüllt, wenn diese Schaltfläche gut lesbar mit nichts anderem als den Wörtern „zahlungspflichtig bestellen" oder mit einer entsprechenden eindeutigen Formulierung beschriftet ist.**

(4) **Ein Vertrag nach Absatz 2 kommt nur zustande, wenn der Unternehmer seine Pflicht aus Absatz 3 erfüllt.**

(5) **[1]Die Absätze 2 bis 4 sind nicht anzuwenden, wenn der Vertrag ausschließlich durch individuelle Kommunikation geschlossen wird. [2]Die Pflichten aus den Absätzen 1 und 2 gelten weder für Webseiten, die Finanzdienstleistungen betreffen, noch für Verträge über Finanzdienstleistungen.**

1 **1. Allgemeines.** Die Vorschrift normiert Pflichten, die der Unternehmer zusätzlich zu § 312i im elektronischen Geschäftsverkehr mit Verbrauchern erfüllen muss; iGgs zu § 312i damit **reine Verbraucherschutzvorschrift.** Sie dienen der Umsetzung der RL 2011/83/EU und regeln die sog „Button-Lösung" für den Vertragsschluss im Fernabsatz und sollen Verbraucher vor „Kostenfallen" im Internet schützen, bei denen die Entgeltlichkeit der Leistung des Anbieters bislang häufig bewusst verschleiert wurde.

2 **2. Webseiten für den elektronischen Geschäftsverkehr (I).** Unternehmer muss zusätzlich zu den Angaben nach § 312i I etwaige Lieferbeschränkungen und die akzeptierten Zahlungsmittel angeben. Mitzuteilen sind die nach dem Geschäftsmodell des Unternehmers im Allgemeinen akzeptierten Zahlungsmittel (zB Kauf auf Rechnung, Lastschrift, Kreditkartenzahlung). Unerheblich ist, ob der Unternehmer bereit ist, dem Kunden jedes der angegebenen Zahlungsmittel im konkreten Einzelfall vorbehaltlos einzuräumen; zB soll eine vorherige Bonitätsprüfung möglich sein (BT-Drs. 17/12637, 58).

3 **3. „Button-Lösung".** Die II–IV verschärfen die Informationspflichten und stellen zusätzliche formale Anforderungen an den Vertragsschluss. Die Informationen nach II müssen unmittelbar vor Abgabe der Bestellung gegeben werden, wobei es nicht immer möglich sein wird, dass diese alle auf einer Bildschirmseite erscheinen – Scrollen muss daher zulässig sein (Berg NJW 2012, 3541; BT-Drs. 17/7745, 10; strenger auch OLG Nürnberg MMR 2021, 348 Rn. 41). Zugänglichkeit der Information nur über einen Link genügt nicht (OLG München MMR 2019, 249; OLG Hamburg MMR 2014, 818; OLG Köln NJW-RR 2015, 1453). Der Verbraucher soll vor allem auf die Entgeltlichkeit des Angebots deutlich hingewiesen und so vor Kosten- oder Abofallen im Internet besser geschützt werden. Vor Einfügung dieser Regelungen kam nur ein Widerruf (sofern nicht ges ausgeschlossen) und bei Irrtum über die Entgeltlichkeit eine Anfechtung in Betracht (Alexander NJW 2012, 1985). Ein (Fernabsatz-)Vertrag kommt jetzt nach IV nur zu Stande, wenn der Unternehmer seiner Pflicht nach III nachgekommen ist und eine entspr Bestätigung erfolgt ist. Nicht erfasst werden Verträge des elektronischen Geschäftsverkehrs, die über individuelle Kommunikationsformen wie E-Mail geschlossen werden (BT-Drs. 17/7745, 7). Die Schaltfläche muss gut lesbar (bei normaler Bildschirmauflösung) und **eindeutig**

beschriftet sein, Symbole wie Dollar oder Euro-Zeichen reichen nach dem Wortlaut nicht aus („Wörtern"). Die Gestaltung muss so gewählt werden, dass aus ihr allein – ohne Einbeziehung der Gesamtumstände – eindeutig hervorgeht, dass Verbraucher Zahlungspflicht eingeht (EuGH NJW 2022, 1439 Rn. 27 – offenlassend ob, „Buchung abschließen" genügt, das ist eher zu verneinen; vorzugswürdig „… kostenpflichtig abschließen", so auch Stiegler NJW 2022, 1421; zust auch Sesing-Wagenpfeil VuR 2022, 253). Unzureichend: „mit Kreditkarte bestellen" (da ggf nur Sicherheit, s. Bergt NJW 2012, 3543) oder „anmelden" (LG Berlin VuR 2013, 474); weit. Bsp bei Stiegler NJW 2022, 1421 Rn. 10. Entgeltlichkeit liegt auch vor und muss entspr gekennzeichnet sein, wenn Gratis-Abonnement vorgeschaltet ist, aber automatisch zu kostenpflichtigem Folgevertrag führt (LG München VuR 2013, 393). Daher darf bei einem „jetzt kaufen"-Button nicht durch Anklicken gleichzeitig Kaufvertrag und kündigungsbedürftige Mitgliedschaft eingegangen werden (OLG Nürnberg MMR 2021, 348). Anwendbar, aber nicht passend ist die „Button-Lösung" für online geschlossene Maklerverträge, da die Zahlungspflicht nicht auf dem Vertragsschluss an sich beruht, sondern erst bei erfolgreicher Vermittlung eintritt (Ausweichen auf V möglich, Lange/Werneburg NJW 2015, 195). Die strenge Sanktion in IV, die vollkommene Unwirksamkeit des Vertrages anordnet (und nicht nur fehlende Bindung des Verbrauchers wie die RL) dürfte gegen RL 2011/83/EU Art. 4 (Vollharmonisierung) verstoßen (Alexander NJW 2012, 1989); Abhilfe kann evtl über § 242 geschaffen werden (Grüneberg/Grüneberg Rn. 8, allg Weiss JuS 2013, 590).

4. Ausnahmen (V). Die Pflichten gem II–IV sind auf v Unternehmer vorstrukturierte Kommunikationsabläufe ausgerichtet, die dem Kunden insoweit keinen wesentlichen Gestaltungsspielraum belassen. Bei **Individualkommunikation** (zB: Vertragsschluss allein durch E-Mail anstelle Telefax, sa Art. 10 IV, 11 III E-Commerce-RL) gilt dies **nicht.** V 1 stellt den Unternehmer daher v den entspr Pflichten frei, *nicht* aber v den Angaben gem I. I und II gelten bei Finanzdienstleistungen nicht (V 2). 4

5. Rechtsfolgen einer Pflichtverletzung. a) Bei einem Verstoß gegen III kommt der Vertrag nicht zustande (→ Rn. 3). **b) Anspruch** des Verbrauchers auf Erfüllung (formgerechte Mitteilung der Informationen), ggf Schadensersatz gem §§ 280 I, 311 II, 241 II (uU auf Vertragsaufhebung oder -anpassung). **c) Unterlassungsanspruch** gem §§ 2 I, II Nr. 1 UKlaG; ggf § 4 Nr. 11 UWG. 5

§ 312k Kündigung von Verbraucherverträgen im elektronischen Geschäftsverkehr

(1) [1]**Wird Verbrauchern über eine Webseite ermöglicht, einen Vertrag im elektronischen Geschäftsverkehr zu schließen, der auf die Begründung eines Dauerschuldverhältnisses gerichtet ist, das einen Unternehmer zu einer entgeltlichen Leistung verpflichtet, so treffen den Unternehmer die Pflichten nach dieser Vorschrift.** [2]**Dies gilt nicht**
1. **für Verträge, für deren Kündigung gesetzlich ausschließlich eine strengere Form als die Textform vorgesehen ist, und**
2. **in Bezug auf Webseiten, die Finanzdienstleistungen betreffen, oder für Verträge über Finanzdienstleistungen.**

(2) [1]**Der Unternehmer hat sicherzustellen, dass der Verbraucher auf der Webseite eine Erklärung zur ordentlichen oder außerordentlichen Kündigung eines auf der Webseite abschließbaren Vertrags nach Absatz 1 Satz 1 über eine Kündigungsschaltfläche abgeben kann.** [2]**Die Kündigungsschaltfläche muss gut lesbar mit nichts anderem als den Wörtern „Verträge hier kündigen" oder mit einer entsprechenden eindeutigen Formulierung beschriftet sein.** [3]**Sie muss den Verbraucher unmittelbar zu einer Bestätigungsseite führen, die**

1. den Verbraucher auffordert und ihm ermöglicht Angaben zu machen
a) zur Art der Kündigung sowie im Falle der außerordentlichen Kündigung zum Kündigungsgrund,
b) zu seiner eindeutigen Identifizierbarkeit,
c) zur eindeutigen Bezeichnung des Vertrags,
d) zum Zeitpunkt, zu dem die Kündigung das Vertragsverhältnis beenden soll,
e) zur schnellen elektronischen Übermittlung der Kündigungsbestätigung an ihn und
2. eine Bestätigungsschaltfläche enthält, über deren Betätigung der Verbraucher die Kündigungserklärung abgeben kann und die gut lesbar mit nichts anderem als den Wörtern „jetzt kündigen" oder mit einer entsprechenden eindeutigen Formulierung beschriftet ist.
[4]Die Schaltflächen und die Bestätigungsseite müssen ständig verfügbar sowie unmittelbar und leicht zugänglich sein.

(3) **Der Verbraucher muss seine durch das Betätigen der Bestätigungsschaltfläche abgegebene Kündigungserklärung mit dem Datum und der Uhrzeit der Abgabe auf einem dauerhaften Datenträger so speichern können, dass erkennbar ist, dass die Kündigungserklärung durch das Betätigen der Bestätigungsschaltfläche abgegeben wurde.**

(4) **[1]Der Unternehmer hat dem Verbraucher den Inhalt sowie Datum und Uhrzeit des Zugangs der Kündigungserklärung sowie den Zeitpunkt, zu dem das Vertragsverhältnis durch die Kündigung beendet werden soll, sofort auf elektronischem Wege in Textform zu bestätigen. [2]Es wird vermutet, dass eine durch das Betätigen der Bestätigungsschaltfläche abgegebene Kündigungserklärung dem Unternehmer unmittelbar nach ihrer Abgabe zugegangen ist.**

(5) **Wenn der Verbraucher bei der Abgabe der Kündigungserklärung keinen Zeitpunkt angibt, zu dem die Kündigung das Vertragsverhältnis beenden soll, wirkt die Kündigung im Zweifel zum frühestmöglichen Zeitpunkt.**

(6) **[1]Werden die Schaltflächen und die Bestätigungsseite nicht entsprechend den Absätzen 1 und 2 zur Verfügung gestellt, kann ein Verbraucher einen Vertrag, für dessen Kündigung die Schaltflächen und die Bestätigungsseite zur Verfügung zu stellen sind, jederzeit und ohne Einhaltung einer Kündigungsfrist kündigen. [2]Die Möglichkeit des Verbrauchers zur außerordentlichen Kündigung bleibt hiervon unberührt.**

Lit.: Güster/Booke, Kündigungsbutton-Pflicht bei Dauerschuldverhältnissen, MMR 2022, 450; Kulke, Neue Regelungen für faire Verbraucherverträge, MDR 2022, 129; Stiegler, Der Kündigungsbutton, VuR 2021, 443; Wais, Das Gesetz für faire Verbraucherverträge – Weitere Reaktionen auf die Digitalisierung, NJW 2021, 2833; Halm/Neumann, Der Kündigungsbutton – eine erste Bewertung der Umsetzung!, VuR 2023, 83.

1. Allgemeines. Die Vorschrift wurde durch das Ges über faire Verbraucherverträge v. 10.8.2021 eingeführt. Die seit 1.7.2022 geltende Regelung soll Defizite bezüglich der Transparenz und Rechtssicherheit bei der Kündigung von Dauerschuldverhältnissen beseitigen. Europarechtliche Vorgaben bestehen nicht (BT-Drs. 19/27655 S. 45). Der Aufwand für die Kündigung soll durch einen dem Bestellvorgang (§ 312j) nachgebildeten **„Kündigungsbutton"** deutlich verringert werden; zur Rechtssicherheit für den Verbraucher ist eine Bestätigung der Kündigung und des Auslauftermins in IV durch den Unternehmer vorgesehen. § 312k soll die Kündigungsmöglichkeiten erweitern, nicht einschränken. Verbraucher dürfen daher nicht gehalten werden, nur noch über diese Möglichkeit zu kündigen; in AGB Verstoß gegen § 309 Nr. 13 lit c (Güster/Booke MMR 2022, 450). Da § 312k letztlich eine Kündigung nicht einfacher macht als Erklärung per E-Mail, kann man trotz begrüßenswerter Intention bezweifeln, ob der Aufwand für Unternehmen gerechtfertigt ist (so auch Güster/Booke MMR 2022, 450, 452: ständig verfügbare elektronische Kontaktadresse f. Kündigung hätte genügt).

2. Anwendungsbereich. Es muss ein entgeltlicher Verbrauchervertrag (§ 310 III) im elektronischen Geschäftsverkehr (§ 312j I 1) vorliegen, der ein Dauerschuldverhältnis darstellt und der über eine (eigene oder fremde [BT-Drs. 19/30840 S. 16) Webseite geschlossen werden kann. Der Begriff der „Webseite" ist weit auszulegen und erfasst alle graphischen Benutzeroberflächen, über die ein Vertragsschluss möglich ist. Wegen der Beschränkung auf Dauerschuldverhältnisse (zum Begriff → § 311 Rn. 14), findet die Vorschrift keine Anwendung auf Online-Verbrauchsgüterkäufe (Stiegler VuR 2021, 443), erfasst werden zB Abonnementverträge, Online-Gameverträge, Telekommunikations- und Energielieferverträge. Im Hinblick auf Entgeltlichkeit genügt es, wenn ein kostenpflichtiges Abonnement mit einer kostenlosen Testphase beginnt (Stiegler VuR 2021, 443, 445). Als Entgelt kommen nicht nur Geldzahlungen, sondern Leistungen mit Marktwert, insb das Zur-Verfügungstellen von persönlichen Daten (§ 312 Ia) in Betracht. Daher wird auch Mitgliedschaft in Sozialen Medien erfasst (aA Wais NJW 2022, 2833 Rn. 18 mangels Entgeltlichkeit). **Ausnahmen** von der erleichterten Kündigungsmodalität sind I 2 geregelt u erfassen zB Finanzdienstleistungen (Wais NJW 2022, 2833 Rn. 25).

3. Kündigungsbutton und Kündigungsbestätigung. a) Kündigungsschaltfläche. Die Schaltfläche (zur Def. s. BT-Drs. 17/7745 S. 12) für die Kündigung („Kündigungsbutton") muss wie der Bestellbutton (→ § 312j Rn. 3) gut lesbar sein und in seiner Beschriftung ganz deutlich auf die Kündigung hinweisen (**II 2**). Dem Verbraucher muss dabei klar gemacht werden, dass die Betätigung unmittelbar (ggf. noch nach Zeitablauf) zur Beendigung des Vertrages führt. Die Pflicht beschränkt sich auf darauf, dem Verbraucher die Kündigung (ordentliche/außerordentliche) zu erleichtern und gilt nicht für andere Willenserklärungen wie etwa gewährleistungsrechtliche Kündigung (Güster/Booke MMR 2022, 450; Wais NJW 2022, 2833 Rn. 19). **II 3** nennt im Einzelnen Anforderungen für die Bestätigungsseite, auf die der Button führen muss (hier zu im Einzelnen Stiegler VuR 2021, 443, 447 ff.). II 3 Nr. d (Zeitpunkt der Vertragsbeendigung) bezieht sich auf den aus Verbrauchersicht gewünschten Endtermin, der Unternehmer muss keine Informationen zu Kündigungsfristen angeben. Aus V folgt, dass eine fehlende Zeitangabe die Kündigung **nicht unwirksam** macht (alle anderen Angaben sind Pflicht!), sondern den Vertrag auf den frühestmöglichen Zeitpunkt beendigt. Die Kündigungsmöglichkeit muss nach II 4 rund um die Uhr verfügbar und leicht zugänglich sein. Sie darf daher nicht auf der Webseite des Unternehmer schwer auffindbar verborgen sein; die Notwendigkeit vor Kündigung ein eigenes Account zu eröffnen, ist mit der Regelung nicht vereinbar (so auch Stiegler VuR 2021, 443, 450; Wais NJW 2022, 2833 Rn. 27).

b) Bestätigung. Der Verbraucher muss die Kündigung nicht nur nach III speichern können, der Unternehmer ist nach IV auch verpflichtet, eine dort näher beschriebene Bestätigung in Textform elektronisch zu übermitteln. Dies muss „sofort" geschehen, man wird dem Unternehmer aber Gelegenheit geben, die Kündigungsfrist zu prüfen (großzügig auch Stiegler VuR 2021, 443, 449 f.). IV 2 vermutet einen unmittelbaren Zugang der elektronischen Kündigungserklärung.

4. Rechtsfolgen bei Verstoß. Verstößt der Unternehmer gegen I–II (III und IV sind als der Kündigung nachfolgende Pflichten ausgenommen) hat dies erhebliche Auswirkungen auf die Kündigungsmöglichkeit des Verbrauchers. Dieser kann nach **VI** ungeachtet der sonst geltenden Kündigungsfristen „jederzeit und ohne Einhaltung einer Kündigungsfrist" kündigen. Fraglich ist, ob der Verbraucher den Verstoß beweisen muss (so Rechtsausschuss BT-Drs. 19/30840 S. 18; Wais NJW 2022, 2388 Rn. 31), vorzugswürdig ist die Anwendung von § 312m II (so auch Stiegler VuR 2021, 443, 451).

§ 312l Allgemeine Informationspflichten für Betreiber von Online-Marktplätzen

(1) **Der Betreiber eines Online-Marktplatzes ist verpflichtet, den Verbraucher nach Maßgabe des Artikels 246d des Einführungsgesetzes zum Bürgerlichen Gesetzbuche zu informieren.**

(2) **Absatz 1 gilt nicht, soweit auf dem Online-Marktplatz Verträge über Finanzdienstleistungen angeboten werden.**

(3) **Online-Marktplatz ist ein Dienst, der es Verbrauchern ermöglicht, durch die Verwendung von Software, die vom Unternehmer oder im Namen des Unternehmers betrieben wird, einschließlich einer Webseite, eines Teils einer Webseite oder einer Anwendung, Fernabsatzverträge mit anderen Unternehmern oder Verbrauchern abzuschließen.**

(4) **Betreiber eines Online-Marktplatzes ist der Unternehmer, der einen Online-Marktplatz für Verbraucher zur Verfügung stellt.**

Lit.: Schmidt, Neue Anforderungen für Online-Marktplätze und Bewertungsplattformen im Zivil- und Lauterkeitsrecht, VuR 2022, 131.

1 Die Vorschrift wurde eingefügt durch G v. 10.8.2021 (BGBl. 2021 I, 3483) und führt allgemeine Informationspflichten für die Betreiber von Online-Marktplätzen ein. Einzelheiten zu den Informationspflichten ergeben sich aus Art. 246d EGBGB. Insbesondere soll die Transparenz der virtuellen Marktplätze dadurch erhöht werden, dass Informationen über wirtschaftliche Verflechtungen und die Marktabdeckung zur Verfügung gestellt werden müssen, welche für die Entscheidung des Verbrauchers, einen solchen Marktplatz zu nutzen, von Bedeutung sein können (BT-Drs. 19/27655 S. 20). Für Finanzdienstleistungen **(II)** enthält Art. 246d EGBGB spezifische Informationspflichten; die Verbraucherrechte-RL gilt nicht für Finanzdienstleistungen. **III** definiert wie Art. 2 Nr. 17 Verbraucherrechte-RL den Online-Marktplatz möglichst technikneutral als Software einschließlich einer Webseite, die es ermöglicht, **Fernabsatzverträge** abzuschließen (b2b Geschäfte sind damit nicht erfasst, Schmidt VuR 2022, 131). Die Begriffe „Online-Markplatz" und „Software" sollen weit ausgelegt werden (BT-Drs. 19/27655 S. 28). Der Online-Marktplatz ist nicht auf die Vermittlung fremder Produkte beschränkt, sondern erfasst auch den Vertrieb eigener Produkte des Marktbetreibers. Nicht erfasst werden Plattformen zur **Zwangsversteigerung** beweglicher Sachen, weil im Hinblick auf den hoheitlichen Charakter keine Fernabsatzverträge iSv III geschlossen werden (BT-Drs. 19/27655 S. 29).

Kapitel 4. Abweichende Vereinbarungen und Beweislast

§ 312m Abweichende Vereinbarungen und Beweislast

(1) [1]**Von den Vorschriften dieses Untertitels darf, soweit nichts anderes bestimmt ist, nicht zum Nachteil des Verbrauchers oder Kunden abgewichen werden.** [2]**Die Vorschriften dieses Untertitels finden, soweit nichts anderes bestimmt ist, auch Anwendung, wenn sie durch anderweitige Gestaltungen umgangen werden.**

(2) **Der Unternehmer trägt gegenüber dem Verbraucher die Beweislast *für die Erfüllung* der in diesem Untertitel geregelten Informationspflichten.**

1 **1. Allgemeines.** Früher § 315i. Beschränkung der Privatautonomie: **Verbraucherschutz** bei bes Vertriebsformen steht weder durch abw Abreden (I 1) noch durch Umgehung (I 2) zur Disposition. Vereinbarungen im elektronischen Geschäftsverkehr zwischen *Unternehmern* sind gem § 312i II 2 wirksam.

2. Unabdingbarkeit (I 1). a) V den („halbzwingenden“) §§ 312 ff. kann nicht zum **Nachteil des Verbrauchers** vertraglich abgewichen werden. Entspr Vereinbarungen sind **unwirksam,** der Vertrag iÜ wirksam. Zulässig sind den Verbraucher begünstigende Vereinbarungen. **b)** Unwirksam ist auch ein in Kenntnis des Widerrufsrechts erfolgter **Verzicht** hierauf, *nicht* aber ein angesichts der Sach-, Rechts- und Beweislage angemessener Vergleich (Grüneberg/Grüneberg Rn. 2; MüKoBGB/Wendehorst Rn. 3 ff.). 2

3. Umgehungsverbot (I 2). Umgehung liegt vor, wenn eine ges verbotene Regelung iE durch eine andere rechtliche oder tatsächliche Gestaltung erreicht werden soll und Verbraucher in gleicher Weise gefährdet (abl BGHZ 165, 363 wenn Verbraucher für Abgabe v Erklärung aus Wohnung [§ 312 I Nr. 1 aF] in Geschäftsräume gerufen wird; aA Kulke NJW 2006, 2223; krit auch Enders JZ 2006, 573). Obj Umgehung genügt, Umgehungsabsicht nicht erforderlich; → § 134 Rn. 18, (str) Anwendungsfall → § 312g Rn. 10 (jj). Ausf Zerres MDR 2004, 1334 ff. 3

Anhang: Art. 246–246c EGBGB

Art. 246 Informationspflichten beim Verbrauchervertrag

(1) **Der Unternehmer ist, sofern sich diese Informationen nicht aus den Umständen ergeben, nach § 312a Absatz 2 des Bürgerlichen Gesetzbuchs verpflichtet, dem Verbraucher vor Abgabe von dessen Vertragserklärung folgende Informationen in klarer und verständlicher Weise zur Verfügung zu stellen:**

1. **die wesentlichen Eigenschaften der Waren oder Dienstleistungen in dem für den Datenträger und die Waren oder Dienstleistungen angemessenen Umfang,**
2. **seine Identität, beispielsweise seinen Handelsnamen und die Anschrift des Ortes, an dem er niedergelassen ist, sowie seine Telefonnummer,**
3. **den Gesamtpreis der Waren und Dienstleistungen einschließlich aller Steuern und Abgaben oder in den Fällen, in denen der Preis auf Grund der Beschaffenheit der Ware oder Dienstleistung vernünftigerweise nicht im Voraus berechnet werden kann, die Art der Preisberechnung sowie gegebenenfalls alle zusätzlichen Fracht-, Liefer- oder Versandkosten und alle sonstigen Kosten oder in den Fällen, in denen diese Kosten vernünftigerweise nicht im Voraus berechnet werden können, die Tatsache, dass solche zusätzlichen Kosten anfallen können,**
4. **gegebenenfalls die Zahlungs-, Liefer- und Leistungsbedingungen, den Termin, bis zu dem sich der Unternehmer verpflichtet hat, die Waren zu liefern oder die Dienstleistungen zu erbringen, sowie das Verfahren des Unternehmers zum Umgang mit Beschwerden,**
5. **das Bestehen eines gesetzlichen Mängelhaftungsrechts für die Waren *oder die digitalen* Produkte sowie gegebenenfalls das Bestehen und die Bedingungen von Kundendienstleistungen und Garantien,**
6. **gegebenenfalls die Laufzeit des Vertrags oder die Bedingungen der Kündigung unbefristeter Verträge oder sich automatisch verlängernder Verträge,**
7. **gegebenenfalls die Funktionalität der Waren mit digitalen Elementen oder der digitalen Produkte, einschließlich anwendbarer technischer Schutzmaßnahmen, und**
8. **gegebenenfalls, soweit wesentlich, die Kompatibilität und die Interoperabilität der Waren mit digitalen Elementen oder der digitalen Produkte, soweit diese Informationen dem Unternehmer bekannt sind oder bekannt sein müssen.**

(2) **Absatz 1 ist nicht anzuwenden auf Verträge, die Geschäfte des täglichen Lebens zum Gegenstand haben und bei Vertragsschluss sofort erfüllt werden.**

(3) [1]**Steht dem Verbraucher ein Widerrufsrecht zu, ist der Unternehmer verpflichtet, den Verbraucher in Textform über sein Widerrufsrecht zu belehren.** [2]**Die Widerrufsbelehrung muss deutlich gestaltet sein und dem Verbraucher seine wesentlichen Rechte in einer dem benutzten Kommunikationsmittel angepassten Weise deutlich machen.** [3]**Sie muss Folgendes enthalten:**
1. **einen Hinweis auf das Recht zum Widerruf,**
2. **einen Hinweis darauf, dass der Widerruf durch Erklärung gegenüber dem Unternehmer erfolgt und keiner Begründung bedarf,**
3. **den Namen und die ladungsfähige Anschrift desjenigen, gegenüber dem der Widerruf zu erklären ist, und**
4. **einen Hinweis auf Dauer und Beginn der Widerrufsfrist sowie darauf, dass zur Fristwahrung die rechtzeitige Absendung der Widerrufserklärung genügt.**

Art. 246a Informationspflichten bei außerhalb von Geschäftsräumen geschlossenen Verträgen und Fernabsatzverträgen mit Ausnahme von Verträgen über Finanzdienstleistungen

§ 1 Informationspflichten

(1) [1]**Der Unternehmer ist nach § 312d Absatz 1 des Bürgerlichen Gesetzbuchs verpflichtet, dem Verbraucher folgende Informationen zur Verfügung zu stellen:**
1. **die wesentlichen Eigenschaften der Waren oder Dienstleistungen in dem für das Kommunikationsmittel und für die Waren und Dienstleistungen angemessenen Umfang,**
2. **seine Identität, beispielsweise seinen Handelsnamen, sowie die Anschrift des Ortes, an dem er niedergelassen ist, sowie gegebenenfalls die Identität und die Anschrift des Unternehmers, in dessen Auftrag er handelt,**
3. **seine Telefonnummer, seine E-Mail-Adresse sowie gegebenenfalls andere von ihm zur Verfügung gestellte Online-Kommunikationsmittel, sofern diese gewährleisten, dass der Verbraucher seine Korrespondenz mit dem Unternehmer, einschließlich deren Datums und deren Uhrzeit, auf einem dauerhaften Datenträger speichern kann,**
4. **zusätzlich zu den Angaben gemäß den Nummern 2 und 3 die Geschäftsanschrift des Unternehmers und gegebenenfalls die Anschrift des Unternehmers, in dessen Auftrag er handelt, an die sich der Verbraucher mit jeder Beschwerde wenden kann, falls diese Anschrift von der Anschrift nach Nummer 2 abweicht,**
5. **den Gesamtpreis der Waren oder der Dienstleistungen, einschließlich aller Steuern und Abgaben, oder in den Fällen, in denen der Preis auf Grund der Beschaffenheit der Waren oder der Dienstleistungen vernünftigerweise nicht im Voraus berechnet werden kann, die Art der Preisberechnung,**
6. **gegebenenfalls den Hinweis, dass der Preis auf der Grundlage einer automatisierten Entscheidungsfindung personalisiert wurde,**
7. **gegebenenfalls alle zusätzlich zu dem Gesamtpreis nach Nummer 5 anfallenden Fracht-, Liefer- oder Versandkosten und alle sonstigen Kosten, oder in den Fällen, in denen diese Kosten vernünftigerweise nicht im Voraus berechnet werden können, die Tatsache, dass solche zusätzlichen Kosten anfallen können,**

8. **im Falle eines unbefristeten Vertrags oder eines Abonnement-Vertrags den Gesamtpreis; dieser umfasst die pro Abrechnungszeitraum anfallenden Gesamtkosten und, wenn für einen solchen Vertrag Festbeträge in Rechnung gestellt werden, ebenfalls die monatlichen Gesamtkosten; wenn die Gesamtkosten vernünftigerweise nicht im Voraus berechnet werden können, ist die Art der Preisberechnung anzugeben,**
9. **die Kosten für den Einsatz des für den Vertragsabschluss genutzten Fernkommunikationsmittels, sofern dem Verbraucher Kosten berechnet werden, die über die Kosten für die bloße Nutzung des Fernkommunikationsmittels hinausgehen,**
10. **die Zahlungs-, Liefer- und Leistungsbedingungen, den Termin, bis zu dem der Unternehmer die Waren liefern oder die Dienstleistung erbringen muss, und gegebenenfalls das Verfahren des Unternehmers zum Umgang mit Beschwerden,**
11. **das Bestehen eines gesetzlichen Mängelhaftungsrechts für die Waren oder die digitalen Produkte,**
12. **gegebenenfalls das Bestehen und die Bedingungen von Kundendienst, Kundendienstleistungen und Garantien,**
13. **gegebenenfalls bestehende einschlägige Verhaltenskodizes gemäß Artikel 2 Buchstabe f der Richtlinie 2005/29/EG des Europäischen Parlaments und des Rates vom 11. Mai 2005 über unlautere Geschäftspraktiken im binnenmarktinternen Geschäftsverkehr zwischen Unternehmen und Verbrauchern und zur Änderung der Richtlinie 84/450/EWG des Rates, der Richtlinien 97/7/EG, 98/27/EG und 2002/65/EG des Europäischen Parlaments und des Rates sowie der Verordnung (EG) Nr. 2006/2004 des Europäischen Parlaments und des Rates (ABl. L 149 vom 11.6.2005, S. 22; L 253 vom 25.9.2009, S. 18), die zuletzt durch die Richtlinie (EU) 2019/2161 (ABl. L 328 vom 18.12.2019, S. 7) geändert worden ist, und wie Exemplare davon erhalten werden können,**
14. **gegebenenfalls die Laufzeit des Vertrags oder die Bedingungen der Kündigung unbefristeter Verträge oder sich automatisch verlängernder Verträge,**
15. **gegebenenfalls die Mindestdauer der Verpflichtungen, die der Verbraucher mit dem Vertrag eingeht,**
16. **gegebenenfalls die Tatsache, dass der Unternehmer vom Verbraucher die Stellung einer Kaution oder die Leistung anderer finanzieller Sicherheiten verlangen kann, sowie deren Bedingungen,**
17. **gegebenenfalls die Funktionalität der Waren mit digitalen Elementen oder der digitalen Produkte, einschließlich anwendbarer technischer Schutzmaßnahmen,**
18. **gegebenenfalls, soweit wesentlich, die Kompatibilität und die Interoperabilität der Waren mit digitalen Elementen oder der digitalen Produkte, soweit diese Informationen dem Unternehmer bekannt sind oder bekannt sein müssen, und**
19. **gegebenenfalls, dass der Verbraucher ein außergerichtliches Beschwerde-** ***und Rechtsbehelfsverfahren*****, dem der Unternehmer unterworfen ist, nutzen kann, und dessen Zugangsvoraussetzungen.**

[2]Wird der Vertrag im Rahmen einer öffentlich zugänglichen Versteigerung geschlossen, können anstelle der Angaben nach Satz 1 Nummer 2 bis 4 die entsprechenden Angaben des Versteigerers zur Verfügung gestellt werden.

(2) **[1]Steht dem Verbraucher ein Widerrufsrecht nach § 312g Absatz 1 des Bürgerlichen Gesetzbuchs zu, ist der Unternehmer verpflichtet, den Verbraucher zu informieren**

1. **über die Bedingungen, die Fristen und das Verfahren für die Ausübung des Widerrufsrechts nach § 355 Absatz 1 des Bürgerlichen Gesetzbuchs sowie das Muster-Widerrufsformular in der Anlage 2,**

2. gegebenenfalls darüber, dass der Verbraucher im Widerrufsfall die Kosten für die Rücksendung der Waren zu tragen hat, und bei Fernabsatzverträgen zusätzlich über die Kosten für die Rücksendung der Waren, wenn die Waren auf Grund ihrer Beschaffenheit nicht auf dem normalen Postweg zurückgesendet werden können, und
3. darüber, dass der Verbraucher dem Unternehmer bei einem Vertrag über die Erbringung von Dienstleistungen, für die die Zahlung eines Preises vorgesehen ist, oder über die nicht in einem bestimmten Volumen oder in einer bestimmten Menge vereinbarte Lieferung von Wasser, Gas, Strom oder die Lieferung von Fernwärme einen angemessenen Betrag nach § 357a Absatz 2 des Bürgerlichen Gesetzbuchs für die vom Unternehmer erbrachte Leistung schuldet, wenn der Verbraucher das Widerrufsrecht ausübt, nachdem er auf Aufforderung des Unternehmers von diesem ausdrücklich den Beginn der Leistung vor Ablauf der Widerrufsfrist verlangt hat.

[2]Der Unternehmer kann diese Informationspflichten dadurch erfüllen, dass er das in der Anlage 1 vorgesehene Muster für die Widerrufsbelehrung zutreffend ausgefüllt in Textform übermittelt.

(3) Der Unternehmer hat den Verbraucher auch zu informieren, wenn
1. dem Verbraucher nach § 312g Absatz 2 Nummer 1, 2, 5 und 7 bis 13 des Bürgerlichen Gesetzbuchs ein Widerrufsrecht nicht zusteht, dass der Verbraucher seine Willenserklärung nicht widerrufen kann, oder
2. das Widerrufsrecht des Verbrauchers nach § 312g Absatz 2 Nummer 3, 4 und 6 sowie § 356 Absatz 4 und 5 des Bürgerlichen Gesetzbuchs vorzeitig erlöschen kann, über die Umstände, unter denen der Verbraucher ein zunächst bestehendes Widerrufsrecht verliert.

§ 2 Erleichterte Informationspflichten bei Reparatur- und Instandhaltungsarbeiten

(1) Hat der Verbraucher bei einem Vertrag über Reparatur- und Instandhaltungsarbeiten, der außerhalb von Geschäftsräumen geschlossen wird, bei dem die beiderseitigen Leistungen sofort erfüllt werden und die vom Verbraucher zu leistende Vergütung 200 Euro nicht übersteigt, ausdrücklich die Dienste des Unternehmers angefordert, muss der Unternehmer dem Verbraucher lediglich folgende Informationen zur Verfügung stellen:
1. die Angaben nach § 1 Absatz 1 Satz 1 Nummer 2 und 3 sowie
2. den Preis oder die Art der Preisberechnung zusammen mit einem Kostenvoranschlag über die Gesamtkosten.

(2) Ferner hat der Unternehmer dem Verbraucher folgende Informationen zur Verfügung zu stellen:
1. die wesentlichen Eigenschaften der Waren oder Dienstleistungen in dem für das Kommunikationsmittel und die Waren oder Dienstleistungen angemessenen Umfang,
2. gegebenenfalls die Bedingungen, die Fristen und das Verfahren für die Ausübung des Widerrufsrechts sowie das Muster-Widerrufsformular in der Anlage 2 und
3. gegebenenfalls die Information, dass der Verbraucher seine Willenserklärung nicht widerrufen kann, oder die Umstände, unter denen der Verbraucher ein zunächst bestehendes Widerrufsrecht vorzeitig verliert.

(3) Eine vom Unternehmer zur Verfügung gestellte Abschrift oder Bestätigung des Vertrags nach § 312f Absatz 1 des Bürgerlichen Gesetzbuchs muss alle nach § 1 zu erteilenden Informationen enthalten.

§ 3 **Erleichterte Informationspflichten bei begrenzter Darstellungsmöglichkeit**

[1]Soll ein Fernabsatzvertrag mittels eines Fernkommunikationsmittels geschlossen werden, das nur begrenzten Raum oder begrenzte Zeit für die dem Verbraucher zu erteilenden Informationen bietet, ist der Unternehmer verpflichtet, dem Verbraucher mittels dieses Fernkommunikationsmittels zumindest folgende Informationen zur Verfügung zu stellen:
1. die wesentlichen Eigenschaften der Waren oder Dienstleistungen,
2. die Identität des Unternehmers,
3. den Gesamtpreis oder in den Fällen, in denen der Preis auf Grund der Beschaffenheit der Waren oder Dienstleistungen vernünftigerweise nicht im Voraus berechnet werden kann, die Art der Preisberechnung,
4. gegebenenfalls die Bedingungen, die Fristen und das Verfahren für die Ausübung des Widerrufsrechts nach § 355 Absatz 1 des Bürgerlichen Gesetzbuchs und
5. gegebenenfalls die Vertragslaufzeit und die Bedingungen für die Kündigung eines Dauerschuldverhältnisses.
[2]Die weiteren Angaben nach § 1 hat der Unternehmer dem Verbraucher in geeigneter Weise unter Beachtung von § 4 Absatz 3 zugänglich zu machen.

§ 4 **Formale Anforderungen an die Erfüllung der Informationspflichten**

(1) **Der Unternehmer muss dem Verbraucher die Informationen nach den §§ 1 bis 3 vor Abgabe von dessen Vertragserklärung in klarer und verständlicher Weise zur Verfügung stellen.**

(2) **[1]Bei einem außerhalb von Geschäftsräumen geschlossenen Vertrag muss der Unternehmer die Informationen auf Papier oder, wenn der Verbraucher zustimmt, auf einem anderen dauerhaften Datenträger zur Verfügung stellen. [2]Die Informationen müssen lesbar sein. [3]Die Person des erklärenden Unternehmers muss genannt sein. [4]Der Unternehmer kann die Informationen nach § 2 Absatz 2 in anderer Form zur Verfügung stellen, wenn sich der Verbraucher hiermit ausdrücklich einverstanden erklärt hat.**

(3) **[1]Bei einem Fernabsatzvertrag muss der Unternehmer dem Verbraucher die Informationen in einer den benutzten Fernkommunikationsmitteln angepassten Weise zur Verfügung stellen. [2]Soweit die Informationen auf einem dauerhaften Datenträger zur Verfügung gestellt werden, müssen sie lesbar sein, und die Person des erklärenden Unternehmers muss genannt sein. [3]Abweichend von Satz 1 kann der Unternehmer dem Verbraucher die in § 3 Satz 2 genannten Informationen in geeigneter Weise zugänglich machen.**

Art. 246b Informationspflichten bei außerhalb von Geschäftsräumen geschlossenen Verträgen und Fernabsatzverträgen über Finanzdienstleistungen

§ 1 **Informationspflichten**

(1) **Der Unternehmer ist nach § 312d Absatz 2 des Bürgerlichen Gesetzbuchs verpflichtet, dem Verbraucher rechtzeitig vor Abgabe von dessen Vertragserklärung klar und verständlich und unter Angabe des geschäftlichen Zwecks, bei Fernabsatzverträgen in einer dem benutzten Fernkommunikationsmittel angepassten Weise, folgende Informationen zur Verfügung zu stellen:**

1. seine Identität, anzugeben ist auch das öffentliche Unternehmensregister, bei dem der Rechtsträger eingetragen ist, und die zugehörige Registernummer oder gleichwertige Kennung,
2. die Hauptgeschäftstätigkeit des Unternehmers und die für seine Zulassung zuständige Aufsichtsbehörde,
3. die Identität des Vertreters des Unternehmers in dem Mitgliedstaat, in dem der Verbraucher seinen Wohnsitz hat, wenn es einen solchen Vertreter gibt, oder die Identität einer anderen gewerblich tätigen Person als dem Anbieter, wenn der Verbraucher mit dieser Person geschäftlich zu tun hat, und die Eigenschaft, in der diese Person gegenüber dem Verbraucher tätig wird,
4. die ladungsfähige Anschrift des Unternehmers und jede andere Anschrift, die für die Geschäftsbeziehung zwischen diesem, seinem Vertreter oder einer anderen gewerblich tätigen Person nach Nummer 3 und dem Verbraucher maßgeblich ist, bei juristischen Personen, Personenvereinigungen oder Personengruppen auch den Namen des Vertretungsberechtigten,
5. die wesentlichen Merkmale der Finanzdienstleistung sowie Informationen darüber, wie der Vertrag zustande kommt,
6. den Gesamtpreis der Finanzdienstleistung einschließlich aller damit verbundenen Preisbestandteile sowie alle über den Unternehmer abgeführten Steuern oder, wenn kein genauer Preis angegeben werden kann, seine Berechnungsgrundlage, die dem Verbraucher eine Überprüfung des Preises ermöglicht,
7. gegebenenfalls zusätzlich anfallende Kosten sowie einen Hinweis auf mögliche weitere Steuern oder Kosten, die nicht über den Unternehmer abgeführt oder von ihm in Rechnung gestellt werden,
8. gegebenenfalls den Hinweis, dass sich die Finanzdienstleistung auf Finanzinstrumente bezieht, die wegen ihrer spezifischen Merkmale oder der durchzuführenden Vorgänge mit speziellen Risiken behaftet sind oder deren Preis Schwankungen auf dem Finanzmarkt unterliegt, auf die der Unternehmer keinen Einfluss hat, und dass in der Vergangenheit erwirtschaftete Erträge kein Indikator für künftige Erträge sind,
9. gegebenenfalls eine Befristung der Gültigkeitsdauer der zur Verfügung gestellten Informationen, beispielsweise die Gültigkeitsdauer befristeter Angebote, insbesondere hinsichtlich des Preises,
10. Einzelheiten hinsichtlich der Zahlung und der Erfüllung,
11. alle spezifischen zusätzlichen Kosten, die der Verbraucher für die Benutzung des Fernkommunikationsmittels zu tragen hat, wenn solche zusätzlichen Kosten durch den Unternehmer in Rechnung gestellt werden,
12. das Bestehen oder Nichtbestehen eines Widerrufsrechts sowie die Bedingungen, Einzelheiten der Ausübung, insbesondere Name und Anschrift desjenigen, gegenüber dem der Widerruf zu erklären ist, und die Rechtsfolgen des Widerrufs einschließlich Informationen über den Betrag, den der Verbraucher im Falle des Widerrufs nach 357b des Bürgerlichen Gesetzbuchs für die erbrachte Leistung zu zahlen hat,
13. die Mindestlaufzeit des Vertrags, wenn dieser eine dauernde oder regelmäßig wiederkehrende Leistung zum Inhalt hat,
14. gegebenenfalls die vertraglichen Kündigungsbedingungen einschließlich etwaiger Vertragsstrafen,
15. die Mitgliedstaaten der Europäischen Union, deren Recht der Unternehmer der Aufnahme von Beziehungen zum Verbraucher vor Abschluss des Vertrags zugrunde legt,
16. gegebenenfalls eine Vertragsklausel über das auf den Vertrag anwendbare Recht oder über das zuständige Gericht,

17. die Sprachen, in welchen die Vertragsbedingungen und die in dieser Vorschrift genannten Vorabinformationen mitgeteilt werden, sowie die Sprachen, in welchen sich der Unternehmer verpflichtet, mit Zustimmung des Verbrauchers die Kommunikation während der Laufzeit dieses Vertrags zu führen,
18. den Hinweis, ob der Verbraucher ein außergerichtliches Beschwerde- und Rechtsbehelfsverfahren, dem der Unternehmer unterworfen ist, nutzen kann, und gegebenenfalls dessen Zugangsvoraussetzungen,
19. gegebenenfalls das Bestehen eines Garantiefonds oder anderer Entschädigungsregelungen, die weder unter die Richtlinie 2014/49/EU des Europäischen Parlaments und des Rates vom 16. April 2014 über Einlagensicherungssysteme (ABl. L 173 vom 12.6.2014, S. 149; L 212 vom 18.7.2014, S. 47; L 309 vom 30.10.2014, S. 37) noch unter die Richtlinie 97/9/EG des Europäischen Parlaments und des Rates vom 3. März 1997 über Systeme für die Entschädigung der Anleger (ABl. L 84 vom 26.3.1997, S. 22) fallen.

(2) [1]Bei Telefongesprächen hat der Unternehmer nur folgende Informationen zur Verfügung zu stellen:
1. die Identität der Kontaktperson des Verbrauchers und deren Verbindung zum Unternehmer,
2. die Beschreibung der Hauptmerkmale der Finanzdienstleistung,
3. den Gesamtpreis, den der Verbraucher dem Unternehmer für die Finanzdienstleistung schuldet, einschließlich aller über den Unternehmer abgeführten Steuern, oder, wenn kein genauer Preis angegeben werden kann, die Grundlage für die Berechnung des Preises, die dem Verbraucher eine Überprüfung des Preises ermöglicht,
4. mögliche weitere Steuern und Kosten, die nicht über den Unternehmer abgeführt oder von ihm in Rechnung gestellt werden, und
5. das Bestehen oder Nichtbestehen eines Widerrufsrechts sowie für den Fall, dass ein Widerrufsrecht besteht, auch die Widerrufsfrist und die Bedingungen, Einzelheiten der Ausübung und die Rechtsfolgen des Widerrufs einschließlich Informationen über den Betrag, den der Verbraucher im Falle des Widerrufs nach § 357b des Bürgerlichen Gesetzbuchs für die erbrachte Leistung zu zahlen hat.

[2]Satz 1 gilt nur, wenn der Unternehmer den Verbraucher darüber informiert hat, dass auf Wunsch weitere Informationen übermittelt werden können und welcher Art diese Informationen sind, und der Verbraucher ausdrücklich auf die Übermittlung der weiteren Informationen vor Abgabe seiner Vertragserklärung verzichtet hat.

§ 2 Weitere Informationspflichten

(1) [1]Der Unternehmer hat dem Verbraucher rechtzeitig vor Abgabe von dessen Vertragserklärung die folgenden Informationen auf einem dauerhaften Datenträger mitzuteilen:
1. die Vertragsbestimmungen einschließlich der Allgemeinen Geschäftsbedingungen und
2. die in § 1 Absatz 1 genannten Informationen.

[2]Wird der Vertrag auf Verlangen des Verbrauchers telefonisch oder unter Verwendung eines anderen Fernkommunikationsmittels geschlossen, das die Mitteilung auf einem dauerhaften Datenträger vor Vertragsschluss nicht gestattet, hat der Unternehmer dem Verbraucher abweichend von Satz 1 die Informationen unverzüglich nach Abschluss des Fernabsatzvertrags zu übermitteln.

(2) Der Verbraucher kann während der Laufzeit des Vertrags vom Unternehmer jederzeit verlangen, dass dieser ihm die Vertragsbedingungen ein-

schließlich der Allgemeinen Geschäftsbedingungen in Papierform zur Verfügung stellt.

(3) [1]**Zur Erfüllung seiner Informationspflicht nach Absatz 1 Satz 1 Nummer 2 in Verbindung mit § 1 Absatz 1 Nummer 12 über das Bestehen eines Widerrufsrechts kann der Unternehmer dem Verbraucher das jeweils einschlägige, in der Anlage 3, der Anlage 3a oder der Anlage 3b vorgesehene Muster für die Widerrufsbelehrung bei Finanzdienstleistungsverträgen zutreffend ausgefüllt in Textform übermitteln.** [2]**In Fällen des Artikels 247 § 1 Absatz 2 Satz 6 kann der Unternehmer zur Erfüllung seiner Informationspflicht nach Artikel 246b § 2 Absatz 1 Satz 1 Nummer 2 in Verbindung mit Artikel 246b § 1 Absatz 1 Nummer 12 über das Bestehen eines Widerrufsrechts dem Verbraucher das in der Anlage 6 vorgesehene Muster für das ESIS-Merkblatt zutreffend ausgefüllt in Textform übermitteln.** [3]**Zur Erfüllung seiner Informationspflichten nach den Sätzen 1 und 2 kann der Unternehmer bis zum Ablauf des 31. Dezember 2021 auch das Muster der Anlage 3 in der Fassung von Artikel 2 Nummer 7 des Gesetzes zur Umsetzung der Verbraucherrechterichtlinie und zur Änderung des Gesetzes zur Regelung der Wohnungsvermittlung vom 20. September 2013 (BGBl. I S. 3642) verwenden.**

Art. 246c Informationspflichten bei Verträgen im elektronischen Geschäftsverkehr

Bei Verträgen im elektronischen Geschäftsverkehr muss der Unternehmer den Kunden unterrichten
1. **über die einzelnen technischen Schritte, die zu einem Vertragsschluss führen,**
2. **darüber, ob der Vertragstext nach dem Vertragsschluss von dem Unternehmer gespeichert wird und ob er dem Kunden zugänglich ist,**
3. **darüber, wie er mit den nach § 312i Absatz 1 Satz 1 Nummer 1 des Bürgerlichen Gesetzbuchs zur Verfügung gestellten technischen Mitteln Eingabefehler vor Abgabe der Vertragserklärung erkennen und berichtigen kann,**
4. **über die für den Vertragsschluss zur Verfügung stehenden Sprachen und**
5. **über sämtliche einschlägigen Verhaltenskodizes, denen sich der Unternehmer unterwirft, sowie über die Möglichkeit eines elektronischen Zugangs zu diesen Regelwerken.**

Art. 246d Allgemeine Informationspflichten für Betreiber von Online-Marktplätzen

§ 1 Informationspflichten

Der Betreiber eines Online-Marktplatzes muss den Verbraucher informieren
1. **zum Ranking der Waren, Dienstleistungen oder digitalen Inhalte, die dem Verbraucher als Ergebnis seiner Suchanfrage auf dem Online-Marktplatz präsentiert werden, allgemein über**
   a) **die Hauptparameter zur Festlegung des Rankings und**
   b) **die relative Gewichtung der Hauptparameter zur Festlegung des Rankings im Vergleich zu anderen Parametern,**
2. **falls dem Verbraucher auf dem Online-Marktplatz das Ergebnis eines Vergleichs von Waren, Dienstleistungen oder digitalen Inhalten präsentiert wird, über die Anbieter, die bei der Erstellung des Vergleichs einbezogen wurden,**

3. gegebenenfalls darüber, dass es sich bei ihm und dem Anbieter der Waren, Dienstleistungen oder digitalen Inhalte um verbundene Unternehmen im Sinne von § 15 des Aktiengesetzes handelt,
4. darüber, ob es sich bei dem Anbieter der Waren, Dienstleistungen oder digitalen Inhalte nach dessen eigener Erklärung gegenüber dem Betreiber des Online-Marktplatzes um einen Unternehmer handelt,
5. falls es sich bei dem Anbieter der Waren, Dienstleistungen oder digitalen Inhalte nach dessen eigener Erklärung gegenüber dem Betreiber des Online-Marktplatzes nicht um einen Unternehmer handelt, darüber, dass die besonderen Vorschriften für Verbraucherverträge auf den Vertrag nicht anzuwenden sind,
6. gegebenenfalls darüber, in welchem Umfang der Anbieter der Waren, Dienstleistungen oder digitalen Inhalte sich des Betreibers des Online-Marktplatzes bei der Erfüllung von Verbindlichkeiten aus dem Vertrag mit dem Verbraucher bedient, und darüber, dass dem Verbraucher hierdurch keine eigenen vertraglichen Ansprüche gegenüber dem Betreiber des Online-Marktplatzes entstehen, und
7. falls ein Anbieter eine Eintrittsberechtigung für eine Veranstaltung weiterverkaufen will, ob und gegebenenfalls in welcher Höhe der Veranstalter nach Angaben des Anbieters einen Preis für den Erwerb dieser Eintrittsberechtigung festgelegt hat.

§ 2 Formale Anforderungen

(1) Der Betreiber eines Online-Marktplatzes muss dem Verbraucher die Informationen nach § 1 vor Abgabe von dessen Vertragserklärung in klarer, verständlicher und in einer den benutzten Fernkommunikationsmitteln angepassten Weise zur Verfügung stellen.

(2) Die Informationen nach § 1 Nummer 1 und 2 müssen dem Verbraucher in einem bestimmten Bereich der Online-Benutzeroberfläche zur Verfügung gestellt werden, der von der Webseite, auf der die Angebote angezeigt werden, unmittelbar und leicht zugänglich ist.

Art. 246e Verbotene Verletzung von Verbraucherinteressen und Bußgeldvorschriften

§ 1 Verbotene Verletzung von Verbraucherinteressen im Zusammenhang mit Verbraucherverträgen

(1) Die Verletzung von Verbraucherinteressen im Zusammenhang mit Verbraucherverträgen, bei der es sich um einen weitverbreiteten Verstoß gemäß Artikel 3 Nummer 3 oder einen weitverbreiteten Verstoß mit Unions-Dimension gemäß Artikel 3 Nummer 4 der Verordnung (EU) 2017/2394 des Europäischen Parlaments und des Rates vom 12. Dezember 2017 über die Zusammenarbeit zwischen den für die Durchsetzung der Verbraucherschutzgesetze zuständigen nationalen Behörden und zur Aufhebung der Verordnung (EG) Nr. 2006/2004 (ABl. L 345 vom 27.12.2017, S. 1), die zuletzt durch die Richtlinie (EU) 2019/771 (ABl. L 136 vom 22.5.2019, S. 28) geändert worden ist, handelt, ist verboten.

(2) Eine Verletzung von Verbraucherinteressen im Zusammenhang mit Verbraucherverträgen im Sinne des Absatzes 1 liegt vor, wenn
1. gegenüber dem Verbraucher ein nach § 241a Absatz 1 des Bürgerlichen Gesetzbuchs nicht begründeter Anspruch geltend gemacht wird,

2. von einem Unternehmer in seinen Allgemeinen Geschäftsbedingungen eine Bestimmung empfohlen oder verwendet wird,
   a) die nach § 309 des Bürgerlichen Gesetzbuchs unwirksam ist oder
   b) deren Empfehlung oder Verwendung gegenüber Verbrauchern dem Unternehmer durch rechtskräftiges Urteil untersagt wurde,

3. eine Identität oder der geschäftliche Zweck eines Anrufs nicht nach § 312a Absatz 1 des Bürgerlichen Gesetzbuchs offengelegt wird,

4. der Verbraucher nicht nach § 312a Absatz 2 Satz 1 oder § 312d Absatz 1 des Bürgerlichen Gesetzbuchs informiert wird,

5. eine Vereinbarung nach § 312a Absatz 3 Satz 1, auch in Verbindung mit Satz 2, des Bürgerlichen Gesetzbuchs nicht ausdrücklich getroffen wird,

6. eine nach § 312a Absatz 4 Nummer 2 oder Absatz 5 Satz 1 des Bürgerlichen Gesetzbuchs unwirksame Vereinbarung abgeschlossen wird,

7. von dem Verbraucher entgegen § 312e des Bürgerlichen Gesetzbuchs die Erstattung der Kosten verlangt wird,

8. eine Abschrift oder eine Bestätigung des Vertrags nach § 312f Absatz 1 Satz 1, auch in Verbindung mit Satz 2, oder nach Absatz 2 Satz 1 des Bürgerlichen Gesetzbuchs nicht zur Verfügung gestellt wird,

9. im elektronischen Geschäftsverkehr gegenüber Verbrauchern
   a) eine zusätzliche Angabe nicht nach den Vorgaben des § 312j Absatz 1 des Bürgerlichen Gesetzbuchs gemacht wird,
   b) eine Information nicht nach den Vorgaben des § 312j Absatz 2 des Bürgerlichen Gesetzbuchs zur Verfügung gestellt wird oder
   c) die Bestellsituation nicht nach den Vorgaben des § 312j Absatz 3 des Bürgerlichen Gesetzbuchs gestaltet wird,

10. der Verbraucher nicht nach § 312l Absatz 1 des Bürgerlichen Gesetzbuchs informiert wird,

11. eine Sache bei einem Verbrauchsgüterkauf nicht innerhalb einer dem Unternehmer nach § 323 Absatz 1 des Bürgerlichen Gesetzbuchs gesetzten angemessenen Frist geliefert wird,

12. nach einem wirksamen Widerruf des Vertrags durch den Verbraucher
   a) Inhalte entgegen § 327p Absatz 2 Satz 1 in Verbindung mit § 357 Absatz 8 des Bürgerlichen Gesetzbuchs genutzt werden,
   b) Inhalte nicht nach § 327p Absatz 3 Satz 1 in Verbindung mit § 357 Absatz 8 des Bürgerlichen Gesetzbuchs bereitgestellt werden,
   c) eine empfangene Leistung dem Verbraucher nicht nach § 355 Absatz 3 Satz 1 in Verbindung mit § 357 Absatz 1 bis 3 des Bürgerlichen Gesetzbuchs zurückgewährt wird oder
   d) Ware nicht nach § 357 Absatz 7 des Bürgerlichen Gesetzbuchs auf eigene Kosten abgeholt wird,

13. im Falle eines Rücktritts des Verbrauchers von einem Verbrauchsgüterkauf eine Leistung des Verbrauchers nicht nach § 346 Absatz 1 des Bürgerlichen Gesetzbuchs zurückgewährt wird,

14. der Zugang eines Widerrufs nicht nach § 356 Absatz 1 Satz 2 des Bürgerlichen Gesetzbuchs bestätigt wird oder

15. eine Sache dem Verbraucher nicht innerhalb der nach § 433 Absatz 1 Satz 1 in Verbindung mit § 475 Absatz 1 Satz 1 und 2 des Bürgerlichen Gesetzbuchs maßgeblichen Leistungszeit übergeben wird.

(3) **Eine Verletzung von Verbraucherinteressen im Zusammenhang mit Verbraucherverträgen nach Absatz 1 liegt auch vor, wenn**

1. eine Handlung oder Unterlassung die tatsächlichen Voraussetzungen eines der in Absatz 2 geregelten Fälle erfüllt und

2. auf den Verbrauchervertrag das nationale Recht eines anderen Mitgliedstaates der Europäischen Union anwendbar ist, welches eine Vorschrift enthält, die der jeweiligen in Absatz 2 genannten Vorschrift entspricht.

§ 2 Bußgeldvorschriften

(1) **Ordnungswidrig handelt, wer vorsätzlich oder fahrlässig entgegen § 1 Absatz 1 Verbraucherinteressen im Zusammenhang mit Verbraucherverträgen nach § 1 Absatz 2 oder 3 verletzt.**

(2) **[1]Die Ordnungswidrigkeit kann mit einer Geldbuße bis zu fünfzigtausend Euro geahndet werden. [2]Gegenüber einem Unternehmer, der in den von dem Verstoß betroffenen Mitgliedstaaten der Europäischen Union in dem der Behördenentscheidung vorausgegangenen Geschäftsjahr mehr als eine Million zweihundertfünfzigtausend Euro Jahresumsatz erzielt hat, kann eine höhere Geldbuße verhängt werden; diese darf 4 Prozent des Jahresumsatzes nicht übersteigen. [3]Die Höhe des Jahresumsatzes kann geschätzt werden. [4]Liegen keine Anhaltspunkte für eine Schätzung des Jahresumsatzes vor, beträgt das Höchstmaß der Geldbuße zwei Millionen Euro. [5]Abweichend von den Sätzen 2 bis 4 gilt gegenüber einem Täter oder einem Beteiligten, der im Sinne des § 9 des Gesetzes über Ordnungswidrigkeiten für einen Unternehmer handelt, und gegenüber einem Beteiligten im Sinne von § 14 Absatz 1 Satz 2 des Gesetzes über Ordnungswidrigkeiten, der kein Unternehmer ist, der Bußgeldrahmen des Satzes 1. [6]Das für die Ordnungswidrigkeit angedrohte Höchstmaß der Geldbuße im Sinne von § 30 Absatz 2 Satz 2 des Gesetzes über Ordnungswidrigkeiten ist das nach den Sätzen 1 bis 4 anwendbare Höchstmaß.**

(3) **Die Ordnungswidrigkeit kann nur im Rahmen einer koordinierten Durchsetzungsmaßnahme nach Artikel 21 der Verordnung (EU) 2017/2394 geahndet werden.**

(4) **Verwaltungsbehörde im Sinne des § 36 Absatz 1 Nummer 1 des Gesetzes über Ordnungswidrigkeiten ist das Umweltbundesamt.**

Untertitel 3. Anpassung und Beendigung von Verträgen

§ 313 Störung der Geschäftsgrundlage

(1) **Haben sich Umstände, die zur Grundlage des Vertrags geworden sind, nach Vertragsschluss schwerwiegend verändert und hätten die Parteien den Vertrag nicht oder mit anderem Inhalt geschlossen, wenn sie diese Veränderung vorausgesehen hätten, so kann Anpassung des Vertrags verlangt werden, soweit einem Teil unter Berücksichtigung aller Umstände des Einzelfalls, insbesondere der vertraglichen oder gesetzlichen Risikoverteilung, das Festhalten am unveränderten Vertrag nicht zugemutet werden kann.**

(2) **Einer Veränderung der Umstände steht es gleich, wenn wesentliche Vorstellungen, die zur Grundlage des Vertrags geworden sind, sich als falsch herausstellen.**

(3) **[1]Ist eine Anpassung des Vertrags nicht möglich oder einem Teil nicht zumutbar, so kann der benachteiligte Teil vom Vertrag zurücktreten. [2]An die Stelle des Rücktrittsrechts tritt für Dauerschuldverhältnisse das Recht zur Kündigung.**

Lit.: Beuthien, Zweckerreichung und Zweckstörung im Schuldverhältnis, 1969; Burbulla/Schneider, „Coronamieten" als Fall der Störung der Geschäftsgrundlage, MDR 2022, 465; Englich/Weinert, Der Rückzahlungsanspruch bei Schließung von Fitnessstudios wegen Covid-19, NJW 2022, 1987; Fikentscher, Die Geschäftsgrundlage als Frage des Vertragsrisikos, 1971; Jung, Systemkrisen und das Institut der (großen) Geschäftsgrundlage, JZ 2020, 715; dies., Coronabedingte Geschäftsschließungen als Störung der Geschäftsgrundlage, BB 2021, 329; Köhler, Die Lehre von der Geschäftsgrundlage als Lehre von der Risikobefreiung, FG Wiss I, 2000, S 295; Kues/Simlesa, Schwierige Zeiten für Bauverträge aufgrund von Sanktionen und Krieg,

NZBau 2022, 319; Kumkar/Voß, Covid-19 und das Institut der Geschäftsgrundlage, ZIP 2020, 893; Kuntz, Auswirkungen der Finanzmarktkrise auf Unternehmenskaufverträge aus Sicht des Käufers, WM 2009, 1257; Leinemann/Steffen, Ukraine-Krieg: Vertragsanspassung bei Materialpreiserhöhung? NJW-Spezial 2022, 236; Loyal, Vertragsaufhebung wegen Störung der Geschäftsgrundlage, NJW 2013, 417; ders, Ansprüche auf Vertragsanpassung – eine Dekonstruktion, AcP 214, 746; Lührrmann/Egle/Thomas, Störung der Geschäftsgrundlage: Preisanpassung durch Ukraine-Krieg? NZBau 2022, 251; Lüttringhaus, Verhandlungspflichten bei Störung der Geschäftsgrundlage, AcP 213, 266; Mann/Waschkowski, Vertragsstörungen in Krisenzeiten, BB 2022, 1283; Roth, G, Vom Wegfall der Geschäftsgrundlage zur richterlichen Vertragsanpassung, FS Krejci 2001, S 1251; ders, Anpassung von Gesellschaftsverträgen, FS Honsell 2002, S 575; Schall, Corona-Krise: Unmöglichkeit und Wegfall der Geschäftsgrundlage bei gewerblichen Miet- und Pachtverträgen, JZ 2020, 388; Scholz, Das Verhältnis von Entschädigung und Störung der Geschäftsgrundlage, NJW 2020, 2209; Scholz/Tüngler, Dauerschuldverhältnisse in der Energiekrise, EnZW 2020, 201; Sittner, Mietrechtspraxis unter Covid-19, NJW 2020, 1169; Thole, Renaissance der Lehre von der Neuverhandlungspflicht bei § 313 BGB, JZ 2014, 443; Thume, Auswirkungen der Covid-19 Pandemie auf nationale und grenzüberschreitende Vertriebsverträge, BB 2020, 1419; Weber/Discher, Zur Entwicklung der „Corona-Rechtsprechung" im Bereich des gewerblichen Mietrechts, COVuR 2022, 205; Weidt/Schiewek, Geschäftsschließungen wegen Corona – mietrechtlich ein Fall des § 313 BGB? NJOZ 2020, 481; Weller/Lieberknecht/Habrich, Virulente Leistungsstörungen – Auswirkungen der Corona-Krise auf die Vertragsdurchführung, NJW 2020, 1017; Wieser, Der Anspruch auf Vertragsanpassung wegen Störung der Geschäftsgrundlage, JZ 2004, 654.

I. Allgemeines

1 **1. Regelung und Bedeutung. a)** Mit § 313 „verankert" das **SchRModG** das wichtige, von Rspr und Lehre entwickelte Rechtsinstitut der Störung der Geschäftsgrundlage im BGB (vgl → Vor § 275 Rn. 16). Es handelt sich allerdings mehr um die Aufnahme eines „Merkpostens" als um eine Kodifikation der Rspr-Grundsätze. Die Einordnung als § 313 statt – besser – im Anschluss an § 242 ändert nichts daran, dass es sich um eine Ausprägung des Grundsatzes von Treu und Glauben (so ausdr BT-Drs. 14/6040, 174) und damit der in ihm aufgegangenen (→ Rn. 2) *clausula rebus sic stantibus* handelt. Eine Änderung der bish Rechtslage ist durch § 313 (abgesehen von Randkorrekturen) nicht beabsichtigt, der Fort- und Weiterentwicklung des Rechtsinstituts sollen keine Grenzen gezogen werden. In **I** und **II** greift der GesGe-
2 ber vorgefundene Unterscheidungen auf. **b)** Das positivierte **Rechtsinstitut** der Störung der Geschäftsgrundlage ermöglicht unter bestimmten Voraussetzungen (→ Rn. 14 ff.) eine Anpassung des Vertragsinhalts an die veränderten Verhältnisse (→ Rn. 16) und schränkt insoweit den Grundsatz der Vertragstreue *(pacta sunt servanda)* ein. Die gemeinrechtliche Lehre der *clausula rebus sic stantibus* (vgl BGHZ 61, 160) kehrt nunmehr in der „schwerwiegenden Veränderung der Umstände" in **I** wieder (sa § 323 I, IV ZPO). Die ges anerkannten Grundsätze zur Störung der Geschäftsgrundlage sind Grundlage verschiedener Rechte und Rechtsbehelfe (→ Rn. 27 ff.) und stellen damit eine **Ergänzung** des allg Vertragsrechts, insbes des Rechts der Leistungsstörungen dar (→ Rn. 14 ff.). Die Eingliederung im Zusammenhang mit der Reform des Leistungsstörungsrechts erweist sich damit als folgerichtig. Zur höchst problematischen Abgrenzung von § 275 II und § 313 → Rn. 11.

3 **2. Begriffe und Arten. a) Störung** der Geschäftsgrundlage ist der Oberbegriff; er umfasst sowohl den (nachträglichen) **Wegfall (I)** als auch das anfängliche **Fehlen** der Geschäftsgrundlage **(II). Geschäftsgrundlage** sind die *„zur Grundlage des Vertrags gewordenen Umstände"* (vgl **I Hs. 1, II**); sie kann sowohl „subj" (dh durch die Parteien) bestimmt werden als sich auch „obj" aus sachlichen Kriterien ergeben
4 (→ Rn. 4–5). **b) Subj und obj Geschäftsgrundlage.** Nach der bish vom BGH in stRspr und der hM vertretenen sog **subj Formel** wird die Geschäftsgrundlage eines Vertrages gebildet durch die nicht zum Vertragsinhalt erhobenen, aber bei Vertragsschluss zutage getretenen gemeinschaftlichen Vorstellungen beider Vertragsparteien oder die dem Geschäftsgegner erkennbaren und von ihm nicht beanstandeten Vorstellungen der einen Vertragspartei vom Vorhandensein, künftigen Eintritt oder Fortbestand gewisser Umstände, auf denen der Geschäftswille der Parteien

aufbaut (BGHZ 129, 252 mN; 131, 214; 135, 338; mR krit Köhler, FG Wiss. I, S. 298). Demgegenüber war hauptsächlich im Schrifttum auch die **obj Geschäftsgrundlage** anerkannt; darunter waren alle Umstände zu verstehen, deren Vorhandensein oder Fortdauer obj erforderlich ist, damit der Vertrag iSd Intentionen beider Vertragsparteien noch als eine sinnvolle Regelung bestehen kann (Larenz SchR I § 21 II; BGHZ 61, 161). Das **SchRModG** regelt in **I** die obj Geschäftsgrundlage und erwähnt in **II** nur einen Sonderfall der subj Geschäftsgrundlage (ie → Rn. 14); mit der „mehr auf obj Merkmale abstellenden Formulierung" will sich das Ges aber nur gegen die abw Begründung der iErg gebilligten Rspr wenden (vgl BT-Drs. 14/6040, 176). Die subj Formel verliert durch § 313 damit weitgehend an Bedeutung.
c) Große und kleine Geschäftsgrundlage. Erstere umfasst Einwirkungen von 5 „Veränderungen in der Sozialexistenz" auf Vertragsverhältnisse, zB wesentlicher Währungsverfall, Krieg, kriegsähnliches und politisches Geschehen (zB Revolution im Iran: BGH NJW 1984, 1746 f.; Golfkrieg: OLG Karlsruhe NJW 1992, 3177); Ukrainekrieg (Rn. 17); Coronapandemie 2 (→ Rn. 18a); nicht allg Wechsel der Wirtschaftsordnung 1990 in der DDR (iE str, s. BGHZ 121, 393; 128, 329; 131, 214); nicht Finanzmarktkrise 2008 mit verschärften Bedingungen für Bankbürgschaft (KG NJW 2013, 478); uU aber Wiedervereinigung bei urheberrechtlichen Nutzungsverträgen (s. BGHZ 133, 293 mN) oder bei monatlichen Zahlungen für die Nichtausübung eines Wohnrechts (OLG Naumburg DtZ 1997, 363); allg Natur- und Umweltkatastrophen (zB Ölpest) und ähnliche „Massenkalamitäten" (Flume II § 26, Rn. 6; Esser/Schmidt § 24 II). Zur Euro-Umstellung → Rn. 38. Die **kleine Geschäftsgrundlage** umfasst alle übrigen Fälle.

3. Anwendungsbereich. Die Grundsätze über das Fehlen (den Wegfall) der 6 Geschäftsgrundlage finden auf alle **schuldrechtlichen Verträge** Anwendung, ohne Rücksicht darauf, ob es sich um auch beiderseits voll erfüllte (→ Rn. 27) gegenseitige, unvollkommen zweiseitige oder einseitig verpflichtende Verträge (zB Bürgschaft, Schuldanerkenntnis, abstrakte Schuldversprechen [BGH NJW 2014, 3365]) handelt (vgl → Rn. 22), auch auf Vorverträge (BGHZ 47, 393; NJW 1958, 1531), nur mit Einschränkungen auf die normativen Regelungen in Tarifverträgen (BAGE 46, 317); modifiziert auf dem DDR-Recht unterliegende Schuldverhältnisse (→ Rn. 5; → § 242 Rn. 11 [c]). Die Vorschrift ist auch auf Prozessvergleiche anwendbar, eine inhaltliche Anpassung kommt jedoch nur in einem neuen Rechtsstreit in Betracht, da sie prozessbeendende Wirkung nicht beseitigt (BAG NJW 2014, 3743; BGH NJW 1986, 1348); dagegen **nicht** auf einseitige RGeschäfte (BAG NJW 1992, 2175: Kündigung; BGH NJW 1993, 850: letztwillige Verfügung, str), auf ges Ansprüche und Schuldverhältnisse, auch nicht auf das ges Schuldverhältnis der Vertragsverhandlungen (→ § 311 Rn. 34; vgl BGH NJW 1956, 1275).

4. Sonderregelungen. Sonderregelungen der Geschäftsgrundlage enthalten 7 §§ 321, 490, 519, 527 (dort → § 527 Rn. 10 [cc]), 528, 530, 558 (BGHZ 208, 18 f. sich nachträglich als größer herausstellende Wohnfläche); 593, 594e, 605, 626 (dazu BAG NJW 1987, 919), 651j (vgl BGHZ 85, 57), 723, 775, 779 I, 1301, 1612a, 2077, 2079; 323 ZPO; 240 FamFG; 36 UrhG (dazu BGHZ 115, 66); 12 VI ArbEG (dazu BGHZ 61, 160); VHG; 79 CISG; 60 VwVfG; 59 SGB X; 32 II DMBilG (dazu *BGHZ 122, 40 ff.*; 131, 33); 2 III, VII VOB/B (BGH NJW-RR 2011, 886; MDR 2011, 1099); für Betriebsrenten → Rn. 31. Lediglich im Anwendungsbereich der Sondervorschriften ist die Anwendung der Grundsätze gem § 313 ausgeschlossen (BGH WM 1995, 2143; BAG MDR 1988, 805; BayObLGZ 1989, 481), sie bleiben aber anwendbar, soweit die (nicht abschließende) Sonderregelung nicht eingreift.

5. Abgrenzung. a) Die Geschäftsgrundlage ist nicht **Vertragsinhalt** (zB iS einer 8 Bedingung oder eines vereinbarten Rechtsgrundes). Führt die (ggf ergänzende) **Vertragsauslegung** (§ 157) zu einer vertraglichen Regelung des betreffenden Umstands, scheidet § 313 aus (BGHZ 90, 74; NJW-RR 1995, 854; iE Köhler, FG Wiss. I, S. 301 ff., 304 ff.). Bsp: Berichtigende Auslegung bei gemeinsamem Irrtum über

Umrechnungskurs (so Flume II § 26, Rn. 4a gegen RGZ 105, 406: § 119 I); Neube-
9 rechnung einer gesellschaftsvertraglichen Abfindung (BGHZ 126, 242). **b) Anfechtung.** Irrtum über die Geschäftsgrundlage (→ Rn. 26) ist weder (unbeachtlicher) Motivirrtum noch nur durch Anfechtung (Folge: § 122) geltend zu machender Geschäfts- oder Eigenschaftsirrtum (§ 119 I, II), sondern ein Fall der subj Geschäftsgrundlage (vgl Larenz AT § 38 Rn. 4 f. und SchR I § 21 II, str); zum beiderseitigen
10 Motivirrtum als Fall von § 313 → Rn. 26. **c) Haftung für Mängel.** Im Anwendungsbereich der Mängelhaftung (§§ 437 ff., 536 ff., 634 ff., 651c ff.) ist § 313 ausgeschlossen (BGH NJW 2022, 2350 Rn. 58; BGHZ 220, 19; 117, 162). Dies gilt auch dann, wenn die Voraussetzungen der Mängelhaftung im Einzelfall (zB wegen Verjährung, Ausschließung) nicht eingreifen (BGHZ 117, 163 f.); nicht jedoch dann, wenn der betreffende Umstand von vornherein nicht geeignet ist, Sachmängelansprüche auszulösen (BGH NJW 2022, 2830 Rn. 59 [Fehlvorstellung über künftige Gegebenheiten]; BGHZ 191, 143 [Grundstücksgröße von vereinbarter Beschaffenheit,
11 daher kein Sachmangel]). **d) Leistungshindernisse und -erschwerungen.** Die sog wirtschaftliche Unmöglichkeit (Begriff: → § 275 Rn. 11) bildet einen Fall des Wegfalls der Geschäftsgrundlage (→ Rn. 17) und soll nach der gesetzgeb Intention nicht von § 275 II erfasst sein (zur Unhaltbarkeit dieser Differenzierung zu Recht Picker JZ 2003, 1035 ff.). Das Gleiche gilt für die Fälle der Zweckstörungen (→ Rn. 18), soweit nicht der Zweck Vertragsinhalt ist (sonst Fall von Unmöglichkeit: vgl → § 293
12 Rn. 8). **e) Kündigung von Dauerschuldverhältnissen aus wichtigem Grund.** Durch das gleichzeitig eingeführte Kündigungsrecht aus wichtigem Grund (§ 314) wird § 313 verdrängt, soweit es um die Auflösung des Vertrages geht (→ § 314 Rn. 2); liegt zugleich eine Störung der Geschäftsgrundlage vor, kann auch Vertragsanpassung
13 verlangt werden (vgl → § 314 Rn. 2). **f) Nichteintritt des mit der Leistung bezweckten Erfolgs** (§ 812 I 2 Fall 2). Bildet der – fehlgeschlagene – Leistungszweck die Geschäftsgrundlage (→ Rn. 4) eines vertraglichen Schuldverhältnisses, so scheidet ein Bereicherungsanspruch wegen Nichterreichung des Leistungszwecks gem § 812 I 2 Fall 2 aus; Grund: Vorrang der vertraglichen Ansprüche, zu denen auch die Rechtsbehelfe aus gestörter Geschäftsgrundlage gehören, vor Bereicherungsansprüchen (BGHZ 84, 10 f.; 108, 149; NJW 1992, 2690; BAG NJW 1987, 919; iE → § 812 Rn. 15 ff.). Die condictio ob rem erfordert dabei eine konkrete Zweckabrede (stRspr s. BGH MDR 2011, 1110, → § 812 Rn. 19).

II. Voraussetzungen der Störung der Geschäftsgrundlage (I, II)

14 **1. Überblick.** Als Störungstatbestände sind der (nachträgliche) Wegfall der Geschäftsgrundlage und ihr (anfängliches) Fehlen zu unterscheiden. Ein **Wegfall** kommt sowohl bei obj als auch subj Geschäftsgrundlage (dazu → Rn. 4) in Frage; beide Fälle regelt **I.** Anfängliches Fehlen ist nur bei der subj Geschäftsgrundlage möglich (→ Rn. 4); es ist in **II** geregelt. Die drei Störungstatbestände unterscheiden sich bei den Merkmalen der Umstandsveränderung (→ Rn. 16) und des (anfänglichen) Fehlens der Geschäftsgrundlage (→ Rn. 25); im Übrigen stimmen sie dagegen in Voraussetzungen und Rechtsfolgen überein (→ Rn. 19–22).

15 **2. Wegfall der obj Geschäftsgrundlage (I). a) Allgemeines.** Eine Anknüpfung an (Fehl-)Vorstellungen der Parteien über nachträglich veränderte Umstände (vgl → Rn. 4) scheidet hier aus. Die erforderlichen obj Kriterien liegen bei der großen Geschäftsgrundlage (→ Rn. 5) stets vor und ergeben sich iÜ aus allg anerkannten Fallgruppen wie „Äquivalenzstörungen", „Leistungserschwernissen", „Zweckstörungen" usw (vgl BT-Drs. 14/6040, 174). IE setzt der Wegfall der obj Geschäftsgrundlage nach **I** voraus: Schwerwiegende Veränderung der Verhältnisse nach Vertragsschluss (→ Rn. 16–19), durch welche die Risikoverteilung zum Nachteil einer Vertragspartei gestört wird (→ Rn. 20) mit der Folge, dass dem „benachteiligten Teil" (s. **III**) ein Festhalten am unveränderten Vertrag unzumutbar ist
16 (→ Rn. 23 – „neue" *clausula rebus sic stantibus*). **b) Schwerwiegende Veränderung der Umstände nach Vertragsschluss.** Sie ist bei Vorliegen einer der folgenden

Fallgruppen idR gegeben. **aa) Wesentliche Äquivalenzstörung.** Infolge der unvorhergesehenen Änderung der Verhältnisse ist zwischen den beiderseitigen vertraglichen Leistungspflichten ein grobes Missverhältnis entstanden. Bsp: Wesentliche **Entwertung von Geldansprüchen** durch **Währungsverfall** erheblichen Ausmaßes (BGHZ 90, 227 ff.; 111, 215 f.; iE: → Rn. 31); wesentliches Missverhältnis von Leistung und Gegenleistung bei DDR-Wirtschaftsverträgen infolge der Währungsunion (→ Rn. 5). **bb) Übermäßige Leistungserschwerungen.** Hierher gehören die **17**
(nicht unter § 275 II, III fallenden) Fälle der sog *wirtschaftlichen Unmöglichkeit* (→ § 275 Rn. 11), bei denen die Leistung für den Schuldner nur mit „überobligationsmäßigen" Anstrengungen möglich wäre (zur Abgrenzung → Rn. 11, → § 275 Rn. 24 ff.). Bsp: Erhebliche Beschaffungshindernisse für den Sach-(Werk- usw)leistungsschuldner infolge unvorhergesehener Verknappung von Bezugsmöglichkeiten (vgl dazu BGH NJW 1994, 515 f.) oder tiefgreifender wirtschaftlicher Veränderungen, zB durch wesentliche Änderung des Preisgefüges (vgl aber auch → Rn. 20 ff.); Bsp: Stahlpreiserhöhung 1969 (vgl Fikentscher, Die Geschäftsgrundlage als Frage des Vertragsrisikos, S. 50, 74 ff.), Ölpreiserhöhung 1973 (vgl BGH JZ 1978, 235); unverhältnismäßige Mehrkosten von Bauleistungen unter unvorhergesehenen Erschwerungen (vgl Köhler FG Wiss. I S. 314 ff. mwN); für Preissteigerungen infolge des **Ukrainekriegs** ist eine Störung der Geschäftsgrundlage für Bauverträge tendenziell anzunehmen (grds für Annahme einer Störung der großen Geschäftsgrundlage Kues/Simelsa NZBau 2022, 319), auch wenn die hM dem Auftragnehmer das Risiko der Preissteigerung für Baustoffe zuweist (OLG Hamburg BeckRS 2005, 31369775). Für extreme Preissteigerungen muss man dies anders sehen, da das übernommene Risiko nicht unbegrenzt sein kann und sich nur auf erwartbare Preisschwankungen bezieht; letztlich muss anhand des einzelnen Vertrags und des gesamten Leistungsgefüges entschieden werden (so auch Lührmann/Egle/Thomas NZBau 2022, 251, 252; → Rn. 21); dies gilt insb für Frage der Unzumutbarkeit. Auch Auswirkungen des Ukrainekriegs auf die Strompreise in 2022 können grds. eine Anpassung der Verträge, sofern keine vertragliche Preisgarantie besteht, erlauben (vgl zu zulässigen Preisanpassungen das Gesetz zur Änderung des Energiewirtschaftsrecht im Zusammenhang mit dem Klimaschutz-Sorfortprogramm und zu Anpassungen im Recht der Endkundenbelieferung, BGBl. I 2022, 1214). Abgelehnt wurde Anwendung von § 313 für Verschärfung von Bankkonditionen in Finanzmarktkrise (KG NJW 2013, 478); abl auch für Finanzierungsschwierigkeiten bzgl Monatsmiete infolge der Corona-Krise (Weidt/Schiewek NJOZ 2020, 481, 483); zur Covid-19 Pandemie → Rn. 18a. **cc) Zweckstörungen.** (1) **18**
Grundfälle: Infolge der nicht absehbaren Veränderung der Verhältnisse ist der Vertragszweck durch die Erbringung der (an sich möglichen) Leistung endgültig nicht mehr erreichbar. Hauptanwendungsfälle sind „zweckbezogene" Miet- und Werkleistungen. Bsp: Fensterplatzmiete für Festzug, der ausfällt; Hotelzimmermiete in Badeort, wenn Ölpest Strand verseucht (vgl BGHZ 85, 57). Nicht hierher gehören idR Lieferverträge, da bei ihnen Zweckverfehlungen meist in die Risikosphäre des Käufers fallen (→ Rn. 20 ff.); desgl idR nicht die vertragliche Übernahme der Haftung für fremde Schuld. Bsp: Ausscheiden aus der Gesellschaft bei Gesellschafterbürgschaft (vgl BGHZ 130, 22 f.); anders bei Ehescheidung im Fall von (zinslosen) Verwandtendarlehen (vgl Köhler FG Wiss. I S. 313 mN). Zum Ausgleichsanspruch wegen Zweckstörung kann auch der Abschluss eines Beherrschungs- und Gewinnabführungsvertrages nach Begebung von Genussscheinen führen (BGH ZIP 2013, 1570). (2) **Pandemiebedingte** **18a**
Störungen: Covid-19 Pandemie kann grds Störung der großen Geschäftsgrundlage sein (BGH NJW 2022, 1370; ausf. MüKoBGB/Finkenauer, Rn. 318 ff.). Dabei liegt die Störung nicht nur in öffentlich-rechtlichen Verboten, sondern kann bereits dann eintreten und eine außerordentliche Kündigung nach III rechtfertigen, wenn aus objektiver ex ante Sicht, eine solche Entwicklung hinreichend wahrscheinlich ist (KG NJW-RR 2022, 64 f. Absage von Geburtstagsfeier im März 2020). Problematisch ist, dass § 313 auf Lösungen im Zwei-Personenverhältnis zugeschnitten ist, die Pandemie aber gesamtgesellschaftliche Lösungen erfordert, die nur vom Gesetzgeber geleistet werden können. Notgedrungen hat die Rspr diese Aufgabe übernommen. Im Einzel-

nen: Anwendung von § 313 bejaht für Vermietung von Räumen zu gewerblicher Nutzung, die infolge allg behördlichen Verbots nicht mehr möglich ist – weder Sachmangel noch Unmöglichkeit (BGH NJW 2022, 1370 Rn. 42 ff. mwN; NJW 2022, 1378; Arnold JuS 2022, 540). Behördliche Geschäftsschließungen in der Coronakrise bilden danach einen Fall der Zweckstörung, weil sie nicht von vorneherein zu Lasten des Mieters, sondern über das grds. von ihm zu tragende Verwendungsrisiko hinausgehen (BGH NJW 2022, 1370 Rn. 51, 54 f.; anders bei vertragl Vereinbarung, OLG Hamm BeckRS 2021, 34799; OLG Karlsruhe NJW 2021, 945). Zu berücksichtigen sind aber im Rahmen der Zumutbarkeitsprüfung und -abwägung sämtliche Umstände des Einzelfalls wie die Dauer der Schließung, Höhe des Umsatzrückgangs, mögliche Gegenmaßnahmen des Mieters [zB Take Away in der Gastronomie; Click & Collect] und staatliche Ausgleichsmaßnahmen mit Ausnahme von Darlehen (BGH NJW 2022, 1370 Rn. 58 f. mwN; NJW 2022, 1378; KG BeckRS 2022, 9023; OLG Frankfurt BeckRS 2021, 29627). Man hätte angesichts umfangreicher staatlicher Hilfe (mwN MüKoBGB/Finkenauer Rn. 318) auch erwägen können, das Festhalten am Vertrag für zumutbar zu halten. So erwog etwa das BAG (→ § 297 Rn. 1) bei der pandemiebedingten Nichterfüllung von Arbeitsverträgen die Anwendung von § 313 erst gar nicht, sondern kam zum völligen Wegfall des Lohnanspruchs des AN, verweist jedoch auf Sozialleistungen wie Kurzarbeitergeld (BAG NJW 2022, 560) mit Verpflichtung des ArbG, Kurzarbeit zu beantragen (zur Diskrepanz in der Argumentation der obersten Gerichte Köndgen JZ 2022, 990). Für die Anwendung von § 313 ist eine **Gefährdung der wirtschaftlichen Existenz** des Gewerbemieters nicht notwendig (BGH NJW 2022, 1370 Rn. 59; OLG Köln BeckRS 2021, 40681; OLG Dresden NJW 2021, 953; KG BeckRS 2021, 37377 [keine Reduzierung von Entschädigung nach § 546a; für § 584b s. OLG Köln BeckRS 2022, 8819]; Römermann NJW 2021, 265, 268; Streyl NZM 2020, 817, 824; Sittner NJW 2022, 1349 – auch zur Relevanz der Umsatzentwicklung). IE kommt die Rspr meist zu einer Mietherabsetzung um 50% (zB KG BeckRS 2021, 800; [aber keine „pauschalierte" Reduktion OLG Hamm BeckRS 2021, 30476]; so auch für Hotelstornierung OLG Köln NJW-RR 2021, 1218). Bei Anmietung von **Veranstaltungsräumen** und pandemiebedingtem (Teil-)Ausfall der Veranstaltung, kann kostenloses bzw. zumutbares Verlegungsangebot angemessene Vertragsanpassung sein (so BGH NJW 2022, 1382 für Hochzeitsfeier, die ohnehin nicht unmittelbar nach standesamtl Trauung geplant war; KG BeckRS 2022, 15300; zum Kündigungsrecht nach III OLG Celle BeckRS 2021, 37280). Auch ein **Ticketkauf** über eine Vorverkaufsstelle (Rechtskauf) kann bei pandemiebedingter Absage der Veranstaltung nicht über § 313 rückgängig gemacht werden. Bietet der Veranstalter als Ersatz Wertgutscheine (s. Art. 240 § 5), ist das Festhalten am Vertrag zumutbar (BGH NJW 2022, 2830). Da das allg sog Corona-Moratorium aus Art 240 § 1 EGBGB auf Mietverträge keine Anwendung findet (→ Vorbem. §§ 323–326 Rn. 4 ff.; KG BeckRS 2021, 37379), sondern Art. 240 § 2 nur die Kündigung bei Verzug ausschließt, ging auch der Gesetzgeber von Weiterzahlungspflicht des Mieters aus (Schall JZ 2020, 388, 392 [soweit finanzielle Leistungsfähigkeit betroffen, nicht Verwendungsrisiko]; s. BT-Drs. 19/18110 S. 4); das Moratorium schließt Anwendung von § 313 nicht aus (KG BeckRS 2021, 8005). Die vom BGH geforderte Einzelfallabwägung (s. auch BGH NJW 2022, 1382 Rn. 37 ff.) ist richtig, führt aber zu Rechtsunsicherheit (hierzu Bork BB 2022, 333). Soweit **Unmöglichkeit** eines Anbieters vorliegt, wie beim coronabedingten Betretensverbot von Kunden für Fitnessstudio (BGH NJW 2022, 2024 Rn. 29 ff.), kommt ein Rückgriff auf § 313 nicht in Betracht (keine Laufzeitverlängerung; Einzelheiten bei Stöber NJW 2022, 987). Spezialregelungen wie Art. 240 § 5 II EGBGB (Gutscheinlösung zur Abmilderung der Folgen von Unmöglichkeit und Störung der Geschäftsgrundlage) gehen einer Vertragsanpassung
19 nach § 313 vor (BGH NJW 2022, 2024 Rn. 33 ff.). **dd)** Als weitere Fallgruppen kommen in Frage: **Änderung der Gesetzeslage** und **verfassungskonforme Auslegung** einer Norm durch das BVerfG (BGHZ 148, 376). Bsp: Einführung neuer Steuern oder Steuersätze (einschr BGH WM 1994, 1214 zum UStG 1990 DDR; Wegfall der Wohnungsgemeinnützigkeit BGH NJW-RR 2006, 1383); Wegfall der

Liquidationsbefugnis des Chefarztes eines Krankenhauses (BAGE 42, 343); Aufhebung von Berufs- und Gewerbebeschränkungen (BGH NJW 1960, 91: Apothekenkonzession); Nichtigerklärung (BGH NJW 1983, 1552) oder abw verfassungskonforme Auslegung einer Norm durch das BVerfG (BGH NJW 1990, 3022) bzw für verfassungswidrig erklärte Unterhaltsberechnung (BGH NJW 2013, 1530; BVerfG NJW 2011, 836); Erlass staatlicher wirtschaftslenkender Maßnahmen (dazu Ulmer AcP 174, 167); Beschränkung der Klagebefugnis (BGHZ 133, 319, 335: § 13 II Nr. 2 UWG nF); für Vertragsanpassung einer Rentenversicherung mit Versorgung in Form einer „Witwenrente" zugunsten des Lebenspartners nach Einführung des LPartG, BGH NJW 2017, 2191 (krit, ob der für das Äquivalenzverhältnis irrelevante Fortbestand der Rechtslage wirklich Geschäftsgrundlage war, Becker NJW 2017, 2195); bejahend für Änderung von Steuer- u Sozialversicherungsrecht nach Schaffung eines Versorgungswerkes (BAG BeckRS 2020, 42086). **Änderung einer stRspr** (BGHZ 148, 377 ff.; OLG Schleswig NJW-RR 2004, 223). Bsp: Änderung der Anrechnungsmethode bei nachehelichem Unterhalt (BGHZ 148, 105 ff. und BGHZ 148, 380 f.).

c) Störungen außerhalb der vertraglichen Risikozuweisung. Durch Umstände, 20
die in den Risikobereich einer Vertragspartei fallen, wird die Geschäftsgrundlage des Vertrags grds nicht berührt (BGHZ 74, 373; 120, 24; 121, 392; 129, 253, je mN, stRspr). Nicht zur Geschäftsgrundlage gehören daher Störungsereignisse, in denen sich Risiken verwirklichen, die eine Partei übernommen hat (Bsp: Übernahme des Planungsrisikos durch den Verkäufer, BGHZ 76, 25), die auf sie übergegangen sind (zB gem §§ 446 f.) oder die zu ihrem allg Vertragsrisiko gehören (BGHZ 83, 289; NJW 1991, 1479). Vorbehaltlich vertraglicher Besonderheiten liegt die **Corona-Krise** grds im Risikobereich *keiner* Vertragspartei (→ Rn. 18a; zB gehören Absatzschwierigkeiten dennoch zum Käuferrisiko solange nicht ganze Absatzmärkte komplett entfallen, Krüger/Binder BC 2020, 155, 156). **aa)** Eine (stillschweigende) **Risi-** 21
koübernahme liegt in der Vereinbarung eines Festpreises (BGHZ 129, 253 mN); auch erhebliche Lohn- und Kostensteigerungen führen grds nicht zum Wegfall der Geschäftsgrundlage (OLG München DB 1983, 2619 f.); allerdings ist das übernommene Risiko nicht unbegrenzt (Kunth BB 1978, 179; → Rn. 16). Bei **Risikogeschäften** scheidet im Rahmen des übernommenen Risikos die Berufung auf den Wegfall der Geschäftsgrundlage aus (BGHZ 74, 374 mN). Bsp: Kauf von noch ungeschützter Erfindung (BGHZ 83, 288 ff.); Durchführung eines steuerlichen Konzepts bei Beteiligung an Abschreibungsgesellschaft (BGH NJW-RR 1986, 708); Erwerb nicht börsennotierter Aktien bei Scheitern des Börsengangs (BAG ZIP 2007, 140).

bb) Die zum normalen **Vertragsrisiko** gehörenden Störungen gehen zu Lasten der 22
jeweils betroffenen Vertragspartei. Bsp: Beim **Kauf-** und **Werkvertrag** trägt (innerhalb gewisser Grenzen, → Rn. 16) das Beschaffungs-(Herstellungs-)risiko der Verkäufer (Unternehmer; BGH NJW 1972, 1702; OLG Stuttgart NJW-RR 1988, 313), das Verwendungs- und Absatzrisiko der Käufer (Besteller; BGHZ 71, 295; NJW 1984, 1747; Wieling JuS 1986, 274), der Käufer von Bauerwartungsland idR das Risiko der Bebaubarkeit (BGHZ 74, 374; 101, 151 f.); das Finanzierungsrisiko trägt idR der Käufer und Besteller (BGHZ 120, 24 mN); der Verkäufer das Risiko, dass der Käufer auf der SDN-Liste von US Behörden steht (zum Konflikt mit Art. 5 EU-Blocking VO, OLG Frankfurt BeckRS 2021, 33003); beim **Mietvertrag** das Risiko der Gebrau*chstauglichk*eit des Mietobjekts der Vermieter (zum Sonderfall des Konzessionsrisikos für Spielhalle KG MDR 2014, 952), ebenso das einer unwirksamen Schönheitsreparaturklausel (BGHZ 177, 192); das der nutzbringenden Verwendung des Mietobjekts der Mieter (BGH NJW 1981, 2406 mN; OLG Koblenz NJW-RR 2019, 1103 [Rn. 42 ff. für Gewerberaummiete mit Betriebspflicht]; eingehend Joachim BB 1988, 779 ff.; uU einschr bei Ladenmiete in Einkaufszentrum: BGH NJW 2000, 1716 f.; NJW-RR 2000, 1535; strenger BGH WM 2010, 996; NJW 2006, 901 – Überwälzung auf Vermieter nur durch ausdrückliche Vereinbarung); beim längerfristigen **Pachtvertrag** das Ertragsrisiko der Pächter (BGH NJW 1978, 2390; einschr BGH NJW 1990, 569); zu Folgen der Corona-Epidemie → Rn. 18 aE; beim **Darlehen** das Risiko der (weiteren) Verwendbarkeit der Darlehensnehmer

(BGHZ 136, 164 mN), nicht aber die Gewährung eines marktüblichen Zinssatzes für ein zur Sicherheit verpfändetes Guthaben (BGH NJW 2002, 3697); bei der **Bürgschaft** (Haftungsübernahme) trägt das Risiko der Bonität des Hauptschuldners der Bürge (BGHZ 104, 242 mN; FamRZ 1987, 569). Rückgang von Mieteinnahmen des **Erbbau**berechtigten sind irrelevant für Erbbauzins und keine Störung der obj Geschäftsgrundlage; bei vertraglicher Risikoübernahme des Verwendungsrisikos durch den Ausgebenden kann § 313 anwendbar sein (BGH NJW 2016, 3100).

23 **d) Unzumutbarkeit der unveränderten Vertragsdurchführung.** Die Störung ist nur **erheblich,** wenn der von der Störung betroffenen Partei die unveränderte Vertragserfüllung nicht zugemutet werden kann. Das ist idR nur der Fall, wenn das Festhalten am Vertrag zu untragbaren, mit Recht und Gerechtigkeit nicht mehr zu vereinbarenden Ergebnissen führen würde (BGHZ 84, 9; 131, 216; 133, 321, stRspr, str). Das Merkmal der Unzumutbarkeit ist nicht nur selbstständige Voraussetzung für die Beachtlichkeit der Grundlagenstörung, sondern auch im Rahmen der Rechtsfol-
24 genbestimmung zu berücksichtigen (vgl **III** und dazu → Rn. 29). **e) Keine Voraussehbarkeit.** Voraussehbare Risiken und Gefahren gehören idR nicht zur Geschäftsgrundlage (Heimunterbringung infolge Pflegebedürftigkeit idR vorhersehbarer Umstand bei Vereinbarung dinglichen Wohnrechts, BGH NJW 2009, 1348 [offenlassend noch BGH NJW 2007, 1886]; OLG Hamm NJW-RR 2008, 607; OLG Schleswig NJW-RR 2008, 1706); Vertragsschluss ohne Sicherung ist dann Risikogeschäft, bei dem die Berufung auf die Geschäftsgrundlage ausgeschlossen, zumindest das Festhalten am Vertrag nicht unzumutbar ist. Gleichwohl enthält **I** bewusst keine allg (negative) Voraussetzung der Nichtvoraussehbarkeit der Änderung der Umstände (vgl BT-Drs. 14/6040, 175); so kann Besonderheiten des Einzelfalls Rechnung getragen werden (s. zB BGHZ 112, 261).

25 **3. Wegfall der subj Geschäftsgrundlage (I).** Es gelten die gleichen Voraussetzungen wie beim Wegfall der obj Geschäftsgrundlage mit dem Unterschied, dass sich die Änderung der wesentlichen Verhältnisse auf die subj Geschäftsgrundlage (→ Rn. 4) bezieht, mithin auf die übereinstimmenden oder erkannten und hingenommenen einseitigen **Vorstellungen der Parteien.** IE gilt: gegenseitiges Vertrauen der Parteien bei Grundstücksübertragung mit Pflegevereinbarung (BGH NJW-RR 2021, 1382: Berufung auf § 313 scheidet zwar aus, wenn die Partei nicht schutzwürdig ist, dafür reicht es aber nicht aus, dass sie zu einem Zerwürfnis mit dem anderen Teil beigetragen hat, wenn das Vertrauensverhältnis Geschäftsgrundlage war, Rn. 13). Gegenstand der gemeinsamen Fehlvorstellungen sind der Eintritt künftiger oder der Fortbestand gegenwärtiger Verhältnisse; in Kenntnis der Unrichtigkeit dieser Erwartungen hätten die Parteien den Vertrag (mit diesem Inhalt) nicht geschlossen oder doch der Gegenpartei den Abschluss redlicherweise nicht angesonnen. Bsp: Bestand ges Krankenversicherung bei Krankenhausvertrag (BGHZ 163, 48, widersprüchlich da Versicherungsschutz Risiko des Patienten, BGHZ 163, 48, 49); Nichtgenehmigungsfähigkeit von zu errichtendem Fertighaus (BGH JZ 1966, 409; → Rn. 18); Nichtzustandekommen (Scheitern) eines weiteren in rechtlichem oder wirtschaftlichem Zusammenhang stehenden Vertrages (BGH DNotZ 1970, 540; OLG Hamm NJW 1975, 1521, → § 311 Rn. 28); Unterlassen von Konkurrenztätigkeit nach Verkauf von Geschäftsanteil (BGH WM 2006, 828); Nichterrichtung (Aufhebung) einer zugesagten Erbeinsetzung (BGH NJW 1977, 950); Fortbestand (Änderung) der bestehenden Gesetzeslage (BGHZ 89, 23; für Unterhaltsverträge BGH NJW 2012, 1209) oder einer dem Vertrag als feststehend zugrundegelegten Rspr (BGHZ 58, 362; → Rn. 19); ausnahmsweise Wegfall von Subvention (Erneuerbare-EnergienG) bei entspr Risikovereinbarung (OLG Saarbrücken NJW 2012, 3731). Früher war ein Anwendungsfall von I auch gegeben, wenn beim Finanzierungsleasing der Kaufvertrag zwischen Lieferant und Leasinggeber rückgängig gemacht bzw gewandelt wurde (so BGHZ 109, 142 ff.; 114, 61); hier hat nun nach III 2 die Kündigung des Leasingvertrages als Dauerschuldverhältnis den Vorrang, allerdings kann auf III 2 zurückgegriffen werden, wenn ein berechtigtes

Interesse an einer Rückabwicklung ex tunc besteht (OLG Frankfurt a. M. MDR 2009, 497; sa Dauner-Lieb/Dötsch NJW 2003, 922 mN; Gebler/Müller ZGS 2002, 113; Reinking ZGS 2002, 233; → Rn. 29 und § 314). In Eheverträgen mit Unterhaltsverzicht kann ausnahmsweise die Relation bestimmter Einkommensverhältnisse und deren Fortbestand Geschäftsgrundlage sein (BGH NJW 2005, 2390).

4. Fehlen der Geschäftsgrundlage (II). Insoweit tritt an die Stelle des Merkmals der (nachträglichen) Veränderung der Umstände in **I** das (anfängliche) Fehlen der (subj) Geschäftsgrundlage (→ Rn. 4); bei den übrigen Voraussetzungen (Störung der vertraglichen Risikoverteilung, → Rn. 20, Unzumutbarkeit, → Rn. 23) ergeben sich keine Änderungen. **II** betrifft die Fälle des beiderseitigen Irrtums über das Vorliegen der Geschäftsgrundlage, also des Irrtums über eine wesentliche Voraussetzung des Geschäfts (BGH NJW 1993, 1641; NJW 1996, 1479). Darüber hinaus soll **II** auch die Fälle des gemeinschaftlichen Motivirrtums erfassen sowie die Fälle, in denen sich nur eine Partei falsche Vorstellungen macht, die andere Partei aber diesen Irrtum ohne eigene Vorstellungen hingenommen hat (BT-Drs. 14/6040, 176; sa BGH NJW 2002, 294; Grüneberg/Grüneberg Rn. 38). Bsp: beiderseitiger Irrtum über den Umrechnungskurs (vgl → Rn. 8); Umsatzsteuerpflicht (OLG Nürnberg NJW 1996, 1479 f.); Sittenwidrigkeit eines abgelösten Kredits (BGHZ 99, 337; NJW-RR 1988, 363 f. mwN; krit zur Methode der Vertragsanpassung Münstermann WM 1987, 745 ff.); Zulässigkeit einer Enteignung (BayObLGZ 1993, 27); uU Bierumsatz bei Gaststättenpacht (BGH NJW 1990, 699); die Tragweite eines Abfindungsvergleichs (BGH NJW 2002, 294); uU beiderseitiger Rechtsirrtum (vgl BGH NJW 1986, 1349: über Verjährung; BAG NJW 1987, 918: über Gesellschaft statt Arbeitsverhältnis; → Rn. 25 aE). IdR **kein** Fall von **II** ist der beiderseitige Kalkulationsirrtum beim Kauf (BGHZ 182, 224 f. [zum Kalkulationsirrtum im Vergabeverfahren]; NJW 1981, 1552; WM 1995, 2000 f.; s. aber BGH NJW 1986, 1349 und → § 119 Rn. 10); ein **beiderseitiger Eigenschaftsirrtum** nach § 119 II fällt zur Vermeidung von Zufallsergebnissen nur unter § 313, wenn beide Parteien an der Anfechtung ein Interesse hätten (idR aber Anfechtung nur durch die Partei, die aus dem Irrtum benachteiligt ist, PWW/Stürner Rn. 43; Stadler BGB AT § 25 Rn. 95 ff.); nicht erfasst wird ein Irrtum, dem Gläubiger und Schuldner (Emittent) einer Schuldverschreibung gemeinsam unterliegen, wenn der Gläubiger nur Folgeerwerber der Schuldverschreibung ist und nicht Vertragspartner des Emittenten (BGH NJW 2014, 3362). Wollten die Parteien eine Ungewissheit durch Vergleich nach **§ 779** beseitigen, ist diese Vertragsgegenstand und nicht Geschäftsgrundlage (BGH NJW-RR 2021, 84; zur Abgrenzung s OLG Koblenz BeckRS 2020, 54411). 26

III. Rechtsfolgen der Störung der Geschäftsgrundlage (III)

1. Allgemeines. Fehlen bzw Wegfall der Geschäftsgrundlage führt idR nicht zur Auflösung des Vertragsverhältnisses (BGHZ 47, 52; NJW 1984, 1747; NJW 1991, 1480), sondern verpflichtet die Vertragspartner in erster Linie zur Anpassung des Vertrages an die geänderten Verhältnisse (BGHZ 89, 238 f.; 109, 229; 120, 26; 133, 296; 135, 339). Der vom SchRModG eingeführte „Anspruch" auf die Vertragsanpassung (**I:** „kann … verlangt werden") soll eine „Verhandlungslösung" fördern. Str war, ob der Anspruch auf Vertragsanpassung zu einer echten vertraglichen **Mitwirkungspflicht** führt, deren Verletzung unter § 280 I fällt (PWW/Stürner Rn. 23; bejahend nun BGHZ 191, 149; Riesenhuber BB 2004, 2697; Lüttringhaus AcP 213, 266 – praktische Relevanz: §§ 280 II, 286 für vorgerichtliche Anwaltskosten; abl Thole JZ 2014, 443; Dauner-Lieb/Dötsch NJW 2003, 921, 925). Zwar kann die Mitwirkung an der Anpassung nicht direkt eingeklagt werden, der BGH sieht jedoch in der (zulässigen) Klage auf das sich nach Ansicht des Klägers ergebende Anpassungsergebnis eine Durchsetzung des Anspruchs auf und aus der Anpassung (fraglich!). Im Streitfall hat das Gericht den Vertragswillen der Parteien zu berücksichtigen (vgl BGH NJW 1984, 1747) und sich auf den schonendsten Eingriff in den Vertrag zu beschränken (BGHZ 135, 337). Bei Zuwendungen findet uU ein 27

Billigkeitsausgleich statt (BGHZ 84, 368 mN; 119, 396 f. Bsp: → Rn. 34). Bei beiderseits bereits vollständig erfüllten Verträgen soll eine Anwendung von § 313 idR nicht in Betracht kommen (BGHZ 131, 216 mN; NJW 2001, 1206); die Störung ist jedoch zu berücksichtigen, wenn sie sich erst nach der Vertragsdurchführung herausstellt (Köhler, FG Wiss. I, S. 318 ff.; Bsp: Zahlung von Vertragsstrafe nach zwischenzeitlicher Verbotsaufhebung). Eine Berufung auf Fehlen oder Wegfall der Geschäftsgrundlage scheidet für die Partei aus, die diesen Umstand **selbst vorsätzlich herbeigeführt** hat (BGHZ 161, 105).

28 **2. Vertragsanpassung.** Durch die Vertragsanpassung soll die Beeinträchtigung des „benachteiligten Teils" (vgl **III**) ausgeglichen werden, ohne durch eine Mehrbelastung des „anderen Teils" den Rahmen des geschlossenen Vertrags zu überschreiten (sonst → Rn. 29). Vertragsanpassung scheidet grundsätzlich bei vollständig erfülltem Vertrag aus, der BGH macht jedoch Ausnahmen, wenn sich eine gemeinsame Vorstellung vom Eintritt eines künftigen Ereignisses, das nach Erfüllung liegt, nicht verwirklicht (BGH NJW 2022, 2830 Rn. 61: Ticketkauf bei Vorverkaufsstelle und coronabedingter Absage der Veranstaltung). Im Rahmen der *primär* geschuldeten Vertragsanpassung kommen als Rechtsfolgen in Betracht: Herabsetzung oder (vollständige oder teilw) Aufhebung einer Verbindlichkeit (BGHZ 132, 332 ff.: Ehegattenbürgschaft), Erhöhung der (entwerteten) Gegenleistung (Bsp: → Rn. 32 [2]), Begründung von Ansprüchen (zB auf Rückübertragung von Vermögensgegenständen: → Rn. 34; auf Erweiterung des räumlichen Geltungsbereichs von urheberrechtlichen Nutzungsrechten: BGHZ 133, 281), insbes Zubilligung eines **Ausgleichsanspruchs** für den (namentlich durch Äquivalenzstörungen) beeinträchtigten Vertragsteil (BGH NJW 1958, 906; NJW 1962, 30), eines Anspruchs auf (uU teilw) Ersatz von Aufwendungen für eine zwecklos gewordene Leistung (BGH NJW 1992, 2282 f.) unter entspr Änderung der Risikoverteilung (BGHZ 109, 229; WM 1995, 2072 f.), uU auch auf Ersatz des entgangenen Geschäftsgewinns (OLG Frankfurt a. M. MDR 1974, 401) und allg auf Aufteilung eingetretener Verluste (vgl Köhler, FG Wiss. I S. 323); Stundung einer Verbindlichkeit, Teilzahlungsbewilligung (→ Rn. 18 aE). Beim **Vertrag zgDr** steht der Anspruch auf die angepasste Leistung dem Dritten zu (BGH NJW 1972, 152). Bei **Dauerverträgen** ist die Anpassung idR auf die Zukunft beschränkt (BGH NJW 1983, 2144; → § 314 Rn. 2). Zu den Kriterien der Vertragsanpassung bei Zweckstörungen durch die COVID 19 Pandemie → Rn. 18a.

29 **3. Vertragsauflösung.** Eine Vertragsauflösung kommt als *subsidiärer* Rechtsbehelf nur dann in Frage, wenn eine Anpassung *nicht möglich* oder *nicht zumutbar* ist. Sie erfolgt durch rechtsgestaltende Rücktrittserklärung der benachteiligten Partei (**III 1** iVm §§ 346 ff.); bei Dauerschuldverhältnissen tritt an die Stelle des Rücktrittsrechts ein Recht zur Kündigung **(III 2).** Diese ist im Gegensatz zur Kündigung nach § 314 (anders Begr. BT-Dr 14/6040, S. 176, wonach III 2 auf 314 verweise) auf die Ausnahmefälle des § 313 zugeschnitten u unterliegt damit strengeren Voraussetzungen als diejenige nach § 314 (BGH ZIP 2014, 1383). § 313 wird daher auch für die Vertragsauflösung nicht von § 314 verdrängt (OLG Dresden BeckRS 2017, 106456 f. Mietrecht; Feldhahn NJW 2005, 3381; aA MüKoBGB/Gaier § 314 Rn. 22; Grüneberg/Grüneberg Rn. 14; BGH ZIP 1997, 257 [ohne Begründung]). Eine Vertragsauflösung kraft Ges oder durch (gestaltenden) Richterspruch hat das SchRModG ausdr abgelehnt (BT-Drs. 14/6040, 174, 176).

30 **4. Prozessuales.** Die Störung der Geschäftsgrundlage ist nicht mehr von Amts wegen, sondern nur noch auf Einrede der benachteiligten Partei zu berücksichtigen (BT-Drs. 14/6040, 175); sie trägt für das Vorliegen der tatsächlichen Voraussetzungen die Beweislast (BGHZ 128, 134). Der Richter hat die in Frage kommenden Anpassungsmöglichkeiten mit den Parteien zu erörtern (§ 139 ZPO) und auf sachgerechte Antragstellung hinzuwirken (BGH NJW 1978, 695). Ein auf § 313 gestützter Klageantrag geht unmittelbar auf die nach dem geänderten Vertragsinhalt geschuldete (zB erhöhte) Leistung, nicht erst auf Zustimmung zu einer Vertragsänderung (schon bish

BGHZ 91, 36 f.; allg BT-Drs. 14/6040, 176 – neuer Fall der „Herstellungstheorie"; Massing/Rösler ZGS 2008, 374 [f. unbezifferten Klagantrag]; Wieser JZ 2004, 654; aA Schmidt-Kessel NJW 2002, 2077; Dauner-Lieb/Dötsch NJW 2003, 924 [Stufenklage analog § 254 ZPO mit zunächst unbeziffertem Klagantrag]); grds gegen die Zustimmungskonstruktion und für Ersetzungsbefugnis: Loyal AcP 214, 746 ff.

IV. Einzelfragen von Störungen der Geschäftsgrundlage

1. Geldentwertung. a) Allgemeines. Inflationsbedingte Äquivalenzstörungen 31
(→ Rn. 16) sind unter den gegenwärtigen Verhältnissen nur in beschränktem Umfang beachtlich: Grds trägt der Geldgläubiger das Inflationsrisiko, soweit der (vorhersehbare) Inflationsgrad gewisse Grenzen nicht übersteigt („schleichende" Inflation) und der Gläubiger sich durch Wertsicherungsklauseln (→ §§ 244, 245 Rn. 18 ff., 21 ff.) schützen konnte. Iü wäre eine allg richterrechtliche (§ 313) Dynamisierung von Geldforderungen mit dem grundlegenden Nominalprinzip (→ §§ 244, 245 Rn. 9, 18) unvereinbar (BGHZ 61, 31, 38; 61, 392; BAG NJW 1973, 960; einschr BGHZ 79, 194). Ausnahmsweise ist die Geldentwertung jedoch zu berücksichtigen bei **Verträgen mit Versorgungscharakter** (BGHZ 61, 31, 37; 85, 67; 105, 245 f.; → Rn. 32; nicht jedoch, wenn Geldentwertung absehbar, BGHZ 183, 297 [Morgengabe in iranischer Währung]) und uU bei **Verträgen mit sehr langer Laufzeit** (BGHZ 90, 227; 91, 33 ff.), bei der Berechnung bestimmter **Ausgleichsansprüche** (BGHZ 61, 385; 101, 67; 109, 94) und bei **Schadensersatzansprüchen** (BGHZ 79, 194; → § 280 Rn. 54). Weitergehende „Aufwertung" gem § 313 kommt nur bei akutem Währungsverfall in Frage (grundlegend: RGZ 107, 87). Das Ausmaß des erforderlichen Kaufkraftschwundes kann nicht allg angegeben werden (bejahend BGHZ 96, 375 bei Geldwertschwund um 60%; sa die → Rn. 32 genannte Rspr). **Ges Regelungen** bestehen für die Anpassung von **Betriebsrenten** (§ 16 BetrAVG; dazu BAG NJW 1982, 957; DB 2003, 2607; iE Schaub ZIP 1983, 23), zT für die Anpassung von **Erbbauzinsen** (§ 9a ErbbauRG; dazu BGHZ 87, 198; NJW 1992, 2088 f.; daneben uU Anpassung gem § 313 möglich, dazu → Rn. 32) sowie für den **Minderjährigenunterhalt** (§ 1612a) und die **Mieterhöhung bei Wohnraum** (§§ 558–558e sowie § 559 I [Modernisierungsmaßnahmen]). **b) Fallgruppen.** (1) **Anpassung** gem § 242 (nunmehr § 313) 32
wurde **bejaht** bei Ansprüchen aus Ruhegeldvereinbarungen von Vorstandsmitgliedern (BGHZ 61, 31); Unterhaltsvereinbarungen (→ Rn. 33) und sonstigen langfristigen Verträgen mit Versorgungscharakter (→ §§ 759–761 Rn. 8), bei *Erbbaurechtsverträgen* ohne Anpassungsklauseln im Falle einer wesentlichen Äquivalenzstörung (BGHZ 111, 215 f. mN; 119, 222 ff.: Kaufkraftschwund des Entgelts um mehr als 60%; zum Anpassungsmaßstab s. näher BGHZ 146, 280 und → §§ 244, 245 Rn. 21). (2) Dagegen wurde eine **Anpassung verneint** in folgenden Fällen: Vergütungs(„Zins"-)anspruch bei Kaliabbauverträgen (BGH NJW 1959, 2203; NJW 1966, 105); langfristige gewerbliche Mietverträge (BGH NJW 1976, 142); langfristige Lieferverträge (Kunth BB 1978, 179 mN; für Fernwärmevertrag Anpassung verneinend BGH BB 1977, 1574; eingehend zum Problem: Baur, Vertragliche Anpassungsregelungen, 1983).

2. Unterhaltsverträge. Sie unterliegen in bes Maße der Anpassung an veränderte 33
Verhältnisse (s. BGHZ 85, 67; 105, 245; 128, 329; 129, 309; → Rn. 2, 15 aE), insbes bei Kaufkraftminderung; auch die Neufassung von § 1570 kann ein überraschender Umstand für Unterhaltsverträge unter altem Recht sein (OLG Schleswig MDR 2009, 633; s. BGH NJW 2013, 1530 für die vom BVerfG beanstandete Bedarfsermittlung). Besonderheiten bei Altenteilsleistungen (OLG Düsseldorf NJW-RR 1988, 326); die Sondervorschriften gem §§ 323 ZPO, 240 FamFG gelten auch für vertragliche Titel (s. § 323 IV, V ZPO), ausgenommen § 323 II 1, III ZPO (BGHZ 85, 74 f.; NJW-RR 1991, 1155). Abgrenzung zum Unterhaltsverzicht: → Rn. 36, → Rn. 25. **Dauerschuldverhältnisse:** → Rn. 12.

34 **3. Unbenannte Zuwendungen und Schenkungen.** Bei sog unbenannten Zuwendungen **unter Ehegatten** handelt es sich um ehebezogene RGeschäfte eigener Art mit Ausgleichspflicht gem § 242 (nunmehr: § 313) nach Scheitern der Ehe, insbes bei Gütertrennung (vgl BGH NJW 1997, 2747 mN; ausnahmsweise im ges Güterstand: BGH NJW 1997, 2747; OLG Oldenburg NJW-RR 2008, 596; OLG Düsseldorf NJW-RR 2003, 794 verneinend für verjährten Anspruch auf Zugewinnausgleich); der Übertragung von Vermögenssubstanz steht die überobligationsmäßige Erbringung von Arbeitsleistungen für den anderen Ehegatten gleich (stRspr, s. BGHZ 128, 133 mAnm Jaeger DNotZ 1994, 674, jeweils mN; → § 516 Rn. 20; → § 1372 Rn. 6; → § 1374 Rn. 9; → § 1380 Rn. 2 ff.). Entspr gilt auch bei vorehelichen Leistungen unter Verlobten (BGHZ 115, 264 f.; OLG Oldenburg NJW-RR 2009, 938). Für (ehebezogene) **elterliche Zuwendungen** an die Ehegatten (nach BGH als Schenkung einzuordnen, → § 516 Rn. 20) kommt ebenfalls § 313 in Betracht (BGHZ 184, 190 = NJW 2010, 2202 [für Schenkung an Schwiegerkind unter Aufgabe von BGHZ 129, 259; NJW-RR 2006, 664]; NJW 2015, 690; NJW 2012, 523; zur Verjährung BGHZ 208, 210 [3 Jahre, bei Grundstücksschenkung § 196 – Beginn idR Scheidungsantrag]; OLG Bremen NJW 2016, 83). Geschäftsgrundlage ist Bestand der Ehe und dauerhaftes Zugutekommen der Schenkung für das eigene Kind (fehlt bei Beiträgen zum Lebensunterhalt und Hilfe zur Bedienung des Zinsanteils v Immobilienkredit) aber auch die Zweckverfehlungskondiktion (§ 812 I 2 Var. 2; BGHZ 184, 190; NJW 2010, 2884; NJW 2012, 525; → Vorb § 812 Rn. 12). Lebensgemeinschaft Kind-Partner bis zum Tod ist idR nicht Geschäftsgrundlage, wohl aber Erwartung bei Schenkung, dass eine gemeinsame Nutzung für längeren Zeitraum erfolgt (BGH NJW 2019, 3511 – Wegfall bei gemeinsamer Nutzung von unter zwei Jahren; OLG Frankfurt BeckRS 2021, 44415; nicht wenn Wohnung als Anlageobjekt geschenkt wird, OLG Oldenburg BeckRS 2020, 40800). Der Ausgleich setzt voraus, dass die Beibehaltung der Vermögensverhältnisse unzumutbar und unbillig wäre (Umstände des Einzelfalls entscheidend, zu den Krit s. BGH NJW 2012, 3374; NJW 2015, 692; OLG Frankfurt BeckRS 2021, 44415 Rn. 24 [keine Anpassung bei dinglicher Absicherung der Eltern bei Immobilienschenkung]; OLG Bremen NJW 2016, 83). Bei teilweiser Zweckerreichung erfolgt ein Abschlag, der sich nach dem Verhältnis der Dauer der Ehe von der erfolgten Zuwendung bis zum Scheitern zur Dauer der sog Eheerwartung bestimmt (BGH NJW 2015, 690; OLG Bremen NJW 2016, 83 Rn. 26). Zuwendungen im Zuge der Trennung können ihre Geschäftsgrundlage in der Ehelichkeit eines Kindes haben, wenn dessen Unterhalt durch die Zuwendung mit gesichert werden sollte (BGH NJW 2012, 2728). Auch bei Zuwendungen zwischen den Partnern einer gescheiterten **nichtehelichen Lebensgemeinschaft** kommt ein Ausgleich gem § 313 in Frage (die frühere abl Rspr ausdrücklich aufgebend BGHZ 177, 202 ff. [zust Dethloff JZ 2009, 418]; nunmehr stRspr BGH NJW 2014, 2683; NJW 2013, 2187; KG NJW-RR 2010, 295; zum Ganzen v Proff NJW 2008, 3266; Grädler/Nitze ZGS 2009, 36); gemeinsamer Grundstückserwerb idR keine GbR, Ausgleichspflicht auch bei Miteigentum, wenn ein Partner erhebliche höhere Beiträge leistet (OLG Hamm NJW-RR 2022, 957); kein Ausgleich bei Zuwendungen, die dem täglichen Zusammenleben dienen und nicht ohne Erwartung des Fortbestands der Gemeinschaft erfolgen (BGH NJW 2012, 2188), grds ausgleichspflichtig aber Zuwendungen, die einen Teil im Fall des Versterbens des anderen absichern sollen, wenn dieser Fall bis zum Scheitern der Lebensgemeinschaft nicht eingetreten ist (BGH NJW 2014, 2638; wechselseitiges Bezugsrecht aus Lebensversicherung: Abwägung im Einzelfall, BGH NJW-RR 2013, 404). Kein Ausgleich, wenn Zuwendung im Vertrauen auf den Bestand der Lebensgemeinschaft erfolgte und diese durch den Tod des Zuwendenden (nicht durch Scheitern) beendet wird (BGHZ 183, 250 f.; zust v. Proff NJW 2010, 980). Zur Zweckverfehlungskondiktion s. BGH NJW 2013, 2189; NJW 2010, 998; → § 1372 Rn. 6 – die Abgrenzung bleibt unklar, für ausschließliche Anwendung von § 812 I 2 Var. 2 mit guten Gründen Scherpe JZ 2014, 659; aA Leitmeier NJW 2010, 2006; Sorge JZ 2011, 660.

4. Abfindungsvergleiche. Bei Abfindungsvergleichen ist bei Fehlbeurteilung der künftigen Schadensabwicklung die Berufung auf den Wegfall der Geschäftsgrundlage idR ausgeschlossen (BGH NJW 1984, 115; MDR 2008, 563); Grund: Risikogeschäft (vgl → Rn. 20 ff.); eine Ausnahme gilt bei unvorhersehbaren Spätschäden (vgl BGH NJW 1991, 1535; näher → § 779 Rn. 20 f.). § 313 bleibt auch anwendbar bei anfänglich fehlender Geschäftsgrundlage (soweit keine Korrektur durch Auslegung möglich; BGH NJW-RR 2008, 1716). Insolvenz des Schuldners führt nicht zum Wegfall der Geschäftsgrundlage, wenn im Zeitpunkt des (Prozess-)Vergleichs das Risiko beiden Parteien bekannt war (BAG NJW 2012, 3390). 35

5. Unterhaltsverzicht. Beim Unterhaltsverzicht scheidet ein Wegfall der Geschäftsgrundlage idR aus (BGH FamRZ 1984, 172; OLG Hamm FamRZ 1993, 973; OLG Düsseldorf FamRZ 1986, 172 f. mN); Geltendmachung kann aber uU treuwidrig sein, → § 242 Rn. 41; → §§ 1585–1585c Rn. 9 ff.; Grüneberg/Grüneberg Rn. 54; → Rn. 25; zum Verzicht auf **Versorgungsausgleich** bei geänderter Lebensplanung BGH NJW 2013, 1359. 36

§ 314 Kündigung von Dauerschuldverhältnissen aus wichtigem Grund

(1) [1]**Dauerschuldverhältnisse kann jeder Vertragsteil aus wichtigem Grund ohne Einhaltung einer Kündigungsfrist kündigen.** [2]**Ein wichtiger Grund liegt vor, wenn dem kündigenden Teil unter Berücksichtigung aller Umstände des Einzelfalls und unter Abwägung der beiderseitigen Interessen die Fortsetzung des Vertragsverhältnisses bis zur vereinbarten Beendigung oder bis zum Ablauf einer Kündigungsfrist nicht zugemutet werden kann.**

(2) [1]**Besteht der wichtige Grund in der Verletzung einer Pflicht aus dem Vertrag, ist die Kündigung erst nach erfolglosem Ablauf einer zur Abhilfe bestimmten Frist oder nach erfolgloser Abmahnung zulässig.** [2]**Für die Entbehrlichkeit der Bestimmung einer Frist zur Abhilfe und für die Entbehrlichkeit einer Abmahnung findet § 323 Absatz 2 Nummer 1 und 2 entsprechende Anwendung.** [3]**Die Bestimmung einer Frist zur Abhilfe und eine Abmahnung sind auch entbehrlich, wenn besondere Umstände vorliegen, die unter Abwägung der beiderseitigen Interessen die sofortige Kündigung rechtfertigen.**

(3) **Der Berechtigte kann nur innerhalb einer angemessenen Frist kündigen, nachdem er vom Kündigungsgrund Kenntnis erlangt hat.**

(4) **Die Berechtigung, Schadensersatz zu verlangen, wird durch die Kündigung nicht ausgeschlossen.**

1. Allgemeines. a) Anwendungsbereich. Die für einzelne Vertragsverhältnisse 1
bestehenden **Sonderregelungen** der Kündigung aus wichtigem Grund gehen als leges speciales § 314 vor. Dies gilt insb für §§ 490, 543, 569 (→ Rn. 7), 626 (hierzu Koch ZIP 2005, 1621; BGH NJW 2008, 364), 723; 89b HGB, die in ihrem Anwendungsbereich eine abschließende Sonderregelung enthalten; zu § 648 s OLG Köln NJW-RR 2022, 199 (Kündigung Reisevertrag wegen Tod eines Angehörigen). Neben VOB/B *ist* Rückgriff auf § 314 aber möglich (OLG Düsseldorf NJW 2015, 3663; allg für Bauverträge idS OLG Hamm NJW 2015, 2970). Die Kündigung aus wichtigem Grund verdrängt § 313 auch nicht, soweit es um die Auflösung des Vertrages geht (→ § 313 Rn. 29). Der nach § 314 zur Kündigung Berechtigte kann nach § 313 I Vertragsanpassung verlangen, wenn auch eine Störung der Geschäftsgrundlage vorliegt und den Parteien die Fortsetzung des Vertrages zumutbar ist. Dies gilt, obwohl nach BGH (NJW 1997, 1703; ZIP 2014, 1383 u → § 313 Rn. 29) die Anforderung an die Unzumutbarkeit für Kündigung weniger streng als im Rahmen von § 313 sein sollen. Gegenüber § 323 geht § 314 vor. **b) Abdingbarkeit.** 3
Individualvertragliche Abweichungen sind nur eingeschränkt möglich; Ausschluss möglich für einzelne Gründe (OLG Frankfurt a. M. ZIP 2014, 2177). In AGB (vgl

→ § 309 Rn. 10, → § 307 Rn. 11) und im Verbrauchervertrag kann § 314 nicht insgesamt ausgeschlossen oder eingeschränkt werden (aA OLG Frankfurt a. M. ZIP 2014, 2177, 2178: begrenzter Ausschluss für einzelne Kündigungsgründe möglich); auch die Erweiterung außerordentlicher Kündigungsgründe zugunsten des Verwenders verstößt gegen den Grundgedanken von § 314 (BGH NJW 2008, 364). Bei Versicherungsverträgen ist § 206 I 1 VVG dahingehend teleologisch zu reduzieren, dass § 314 anwendbar bleibt (Einzelheiten s. BGH NJW 2012, 376; NJW 2012, 1365; OLG Celle NJW-RR 2011, 767). Zum vorübergehenden Ausschluss des Kündigungsrechts durch das sog Corona-Moratorium, Art. 240 § 1 EGBGB → Vorbem. §§ 323–326 Rn. 4–9.

4 **2. Voraussetzungen. a) Dauerschuldverhältnis:** Begriff → § 311 Rn. 14. Wegen → Rn. 2 hat § 314 in erster Linie Bedeutung für atypische und ges nicht normierte Dauerschuldverhältnisse: Architektenvertrag (OLG Oldenburg NJW-RR 2013, 463); Automatenaufstellvertrag (OLG Hamburg MDR 1976, 577); Belegarztvertrag; Franchisevertrag (BGH NJW 1999, 1177; Hansen ZGS 2006, 376); Inhaberschuldverschreibung (BGHZ 210, 263 Rn. 33 ff. [§ 490 unanwendbar]); Leasingvertrag (→ § 313 Rn. 25); Lizenzvertrag; Projektsteuerungsvertrag (BGH NJW 2000, 202); Telekommunikationsvertrag (zB DSL – BGH NJW-RR 2011, 916); Rahmenlieferungsvertrag (OLG Celle BeckRS 2020, 34921); Versicherungsvertrag (BGH NJW-RR 2009, 1191; OLG Hamm BeckRS 2021, 34278); wettbewerbsrechtlicher Unterlassungsvertrag (BGHZ 133, 331 f. presserechtlichen Unterlassungsvertrag s. BGH NJW 2010, 1874 [abw rechtliche Beurteilung in Parallelverfahren kein Kündigungsgrund]); str für Vereinbarung nachvertraglicher Wettbewerbsverbote, die selbständiges Dauerschuldverhältnis begründen (bejahend Bauer/Diller NJW 2002, 1609 – idR aber Vorrang von §§ 74 ff. HGB, aA BAG BeckRS 2018, 1313 kein Anwendungsvorrang von § 314 vor Rücktrittsrecht) oder Konkurrenzklauseln (BGH NJW-RR 2008, 1155); zu Gelddarlehen, Bürgschaft und Schuldbeitritt → § 488 Rn. 1; → § 765 Rn. 10; → Vor § 414 Rn. 3. **Nicht:** Bestellung eines dinglichen Wohnrechts (BGH NJW-RR 1999, 376); beim Nießbrauch nur zugrundeliegendes Kausalgeschäft [Rechtskauf/Schenkung], nicht ges Schuldverh zwischen Eigentümer und Nießbraucher (BGH NJW 2022, 2394); ebenso für Dienstbarkeit BGH NJW-
5 RR 2014, 1423). **b) Wichtiger Grund (I 2)** sind schwere Störungen der Vertrauensgrundlage, wie der Verletzung von Pflichten aus dem Vertrag, einschließlich der Verletzung von Schutzpflichten (§ 241 II; dazu → Rn. 6) und sonstige Umstände, die die Fortsetzung bis zum Ablauf der vereinbarten Zeit oder der Frist für eine ordentliche Kündigung unter Berücksichtigung aller Umstände und unter Abwägung der beiderseitigen Interessen für den Gläubiger **unzumutbar** machen. Der Begriff deckt sich weitgehend mit dem in § 626 I (BGH NJW 2013, 2022; NJW-RR 2011, 916). **Verschulden** des anderen Teils ist weder erforderlich noch in jedem Fall ausreichend (BT-Drs. 14/6040, 178). § 314 greift idR nicht ein, wenn der Kündigungsgrund auf Umstände aus der *Risikosphäre des Kündigenden* gestützt wird (BGHZ 133, 320; NJW 2010, 1875; ZIP 2005, 534 f.; NJW-RR 2011, 916 [DSL-Anschlussinhaber zieht in Ort ohne DSL-Leitungstechnik, s. aber § 46 III 3 TKG] mAnm Jakl JZ 2011, 529; BGH NJW 2016, 3718 [kein Sonderkündigungsrecht – auch nicht entspr § 46 VIII 3 TKG – für Vertrag mit Fitnessstudio bei berufsbedingtem Wohnortwechsel]; hierzu Diekmann/Lube MDR 2016, 69; keine Kündigung von Inhaberschuldverschreibung bei Vermögensverschlechterung des Emittenten, BGHZ 210, 263 Rn. 37). Lässt sich der Zerrüttungsgrund nicht mehr aufklären, haben beide Parteien das Recht zur fristlosen Kündigung (OLG Dresden BeckRS 2021, 55500). Der wichtige Grund kann auch schon bei Vertragsschluss vorgelegen haben, wenn er dem Berechtigten erst nachträglich bekannt wird (BAG NJW 2002, 163; abl OLG München NJW-RR 2009, 57 f. Kündigung von Werbevertrag, wenn durch aktuelle Berichte über Vorleben des Werbeträgers Imageschaden des Auftraggebers droht), grds ist auf den Zeitpunkt der Kündigung abzustellen (BGH NJW-RR 2008, 1155). Bei der gebotenen Interessenabwägung sind die Umstände des Einzelfalles und die Besonderheiten des jeweili-

gen Vertragsverhältnisses zu berücksichtigen (dazu BT-Drs. 14/6040, 178). Wird Fitnessvertrag wegen Risikoschwangerschaft gekündigt, muss für das „Vertretenmüssen" der Schwangeren die Wertung von Art. 6 IV GG berücksichtigt werden (BVerfG NJW 2005, 2383; Kündigung bei Schwangerschaftsbeschwerden AG München NJW-RR 2011, 67). Der wichtige Grund kann insbes auch in einer vertraglichen **Pflicht-** 6
verletzung (→ Vor § 275 Rn. 6; → § 280 Rn. 60) liegen. Das Vertragsverhältnis muss so schwerwiegend gestört (die Erreichung des Vertragszwecks so gefährdet) sein, dass dem vertragstreuen Teil ein Festhalten am Vertrag nicht zugemutet werden kann (stRspr BGH NJW-RR 2009, 1189 mN); § 280 I 2 gilt analog, wenn Kündigender objektive Pflichtverletzung nachweist (OLG Rostock BeckRS 2022, 264). **Anwendungsfälle: Vertragsaufsage** und **Erfüllungsverweigerung** (→ § 280 Rn. 17 f.); Unzumutbarkeit der Vertragsfortsetzung wegen vertragswidrigen Verhaltens eines Vertragspartners (BGHZ 11, 84), zB schwerwiegender Unzuverlässigkeit bei der Vertragsabwicklung (BGH MDR 1977, 40; BayObLGZ 1985, 67), erhebliche Ehrverletzungen (BAG DB 2006, 1567); Erschleichen von Versicherungsleistungen berechtigt zur Kündigung des Versicherungsvertrages (BGH NJW-RR 2009, 1191; NJW-RR 2007, 1624; OLG Hamm BeckRS 2021, 34278; OLG Nürnberg MDR 2020, 1124); wesentliche Verletzung der **Pflichten nach § 241 II** (→ § 324 Rn. 4). IdR ist eine erfolglose vorherige **Abmahnung** erforderlich (**II;** BGH WM 2000, 533; NJW-RR 1999, 539; Bsp: Zweifel an der Erfüllungsbereitschaft; vgl BGH NJW 1977, 35; MDR 1977, 390 betr Sukzessivlieferungsvertrag; → § 281 Rn. 25, 31). Eine bes Androhung von ganz konkreten Rechtsfolgen ist nicht erfordert, es muss aber über eine bloße Rüge hinaus deutlich werden, dass die vertragliche Zusammenarbeit in Frage gestellt wird (BGH NJW 2012, 53). Unter den Voraussetzungen des § 323 II ist die Abmahnung entbehrlich; so bei endgültiger Erfüllungsverweigerung (§ 323 II Nr. 1; BGH NJW 1986, 661), idR auch bei schwerer Vertragsgefährdung (§ 323 II Nr. 3; BGHZ 11, 86; NJW 1978, 261; NJW-RR 1995, 243; OLG Saarbrücken NJW-RR 2006, 467; OLG Frankfurt a. M. NJW-RR 2013, 1272 [Kündigung eines Gastschulvertrags bei Drogenkonsum]; strenge Anforderungen: BGH NJW 1977, 37; MDR 1976, 393). Str ist das Abmahnungserfordernis bei außerordentlicher Kündigung von Organmitgliedern einer Kapitalgesellschaft, hierzu Koch ZIP 2005, 1621 u → § 626 Rn. 9. Die stRspr verneint es unter Hinweis auf II iVm § 323 II Nr. 3 (s. BGH NJW-RR 2007, 1520). Str ist, ob bei qualifzierter Pflichtverletzung trotz (nicht notwendiger, aber erfolgter) Abmahnung noch Kündigung erfolgen darf oder in Abmahnung wie im Arbeitsrecht Verzicht liegt (für Zulässigkeit zu Recht Bonitz/Schramm WM 2013,
1637). **c) Angemessene Frist (III).** Die Kündigung unterliegt nicht der Verjährung 7
(kein Anspruch!), muss aber innerhalb angemessener Frist ausgeübt werden (Verjährung eines aus demselben Grund bestehenden Schadensersatzanspruchs beeinflusst Kündigungsrecht daher nicht, BGH WM 2019, 16 Rn. 34). Für die Fristlänge kann § 626 II *nicht* entsprechend herangezogen werden (BT-Drs. 14/6040, 179; BGH NJW 2011, 1438; OLG Nürnberg MDR 2009, 737 u WM 2013, 979). Umgekehrt findet III (mangels Verweises) keine Anwendung auf die fristlose Kündigung nach §§ 543, 569 (BGH NJW 2016, 3720, 3721; OLG Hamm BeckRS 2020, 44534 115 mwN). Die Erklärungsfrist des III beginnt erst mit Kenntnis des Berechtigten vom Kündigungsgrund zu laufen (BGH NJW-RR 2007, 887 grobe Fahrlässigkeit [vgl § 199 I Nr. 2] genügt *nicht*). *Angemessenheit* bestimmt sich nach Einzelfall (OLG Nürnberg WM 2013, 979 für verzögerte Kündigung von Sicherungsvertrag wegen Krankheit des Geschäftsführers des SG), zB bei Landpacht zulässig 3 Monate (BGH NJW-RR 2010, 1500), bei Mietvertrag auch 2–6 Monate (BGH NJW-RR 2007, 886; OLG Düsseldorf NZM 2009, 281; MDR 2010, 1447 [5 Jahre zu lang]); wettbewerbsrechtlicher Unterlassungsvertrag 1 Monat (BGHZ 133, 331); für ehebedingten Auftrag sind 8 Jahre zu lang (OLG Saarbrücken NJW-RR 2010, 1441). **Kündigungsgrund** muss nicht angegeben, aber ggf auf Verlangen mitgeteilt werden (§ 626 II 3 analog, Grüneberg/Grüneberg Rn. 10).

3. Rechtsfolgen. a) Kündigung (I 1). Die Kündigung wirkt ex nunc, im Ein- 8
zelfall kann eine Auslauffrist notwendig sein (Erman/Böttcher Rn. 17; Grüneberg/

9 Grüneberg Rn. 10). **b) Schadensersatz (IV).** Der zu ersetzende Schaden umfasst das **Erfüllungsinteresse** (§§ 280–282; die ggf erforderliche Nachfristsetzung bzw Abmahnung fällt mit **II** zusammen) und besteht stets in Geld. Der zu ersetzende Schaden beschränkt sich auf die Zeit bis zum nächsten ordentlichen Kündigungstermin (BGHZ 95, 147; BAG BB 2002, 832). Begleitschäden sind unabhängig von der Kündigung gem **I 1** nach § 280 I, Schäden wegen Verzögerung der Leistung nach §§ 280 I, II, 286 zu ersetzen.

Untertitel 4. Einseitige Leistungsbestimmungsrechte

§ 315 Bestimmung der Leistung durch eine Partei

(1) **Soll die Leistung durch einen der Vertragschließenden bestimmt werden, so ist im Zweifel anzunehmen, dass die Bestimmung nach billigem Ermessen zu treffen ist.**

(2) **Die Bestimmung erfolgt durch Erklärung gegenüber dem anderen Teil.**

(3) [1]**Soll die Bestimmung nach billigem Ermessen erfolgen, so ist die getroffene Bestimmung für den anderen Teil nur verbindlich, wenn sie der Billigkeit entspricht.** [2]**Entspricht sie nicht der Billigkeit, so wird die Bestimmung durch Urteil getroffen; das Gleiche gilt, wenn die Bestimmung verzögert wird.**

Lit.: Büdenbender, Die Bedeutung der Preismissbrauchskontrolle nach § 315 BGB in der Energiewirtschaft, NJW 2007, 2945; v Westphalen, Das faktische Ende von Preisanpassungsklauseln, MDR 2008, 424; ders, Preisanpassungsklauseln in Energielieferverträgen mit Normsonderkunden, ZIP 2008, 669; Kolbe, Schweigen auf einseitige Preiserhöhungen, BB 2010, 2322; Linsmeier, Gesetzliches Leistungsbestimmungsrecht bei Netznutzungsentgelten, NJW 2008, 2162; Kleinlein/Schubert, Kontrolle von Entgelten monopolistischer und marktbeherrschender Anbieter, NJW 2014, 3191; Piekenbrock, Das Zeitregime von § 315 BGB am Beispiel der Elektrizitätsnetznutzung, ZIP 2010, 1925; Wensing/Boensch, § 315: Das Instrument zur Flexibilisierung arbeitsvertraglicher Sonderzahlungen, BB 2014, 2358; Uffmann, Informationspflichten und ergänzende Auslegung von Preisanpassung in Energielieferverträgen, NJW 2015, 1215; Wollenschläger/Lerbinger, Zur gerichtlichen Kontrolle der Flughafenentgelte, EuZW 2020, 95.

1 **1. Allgemeines. a) Überblick: I** gibt eine **Auslegungsregel** für den Inhalt der Bestimmungsvereinbarung (→ Rn. 7; → § 316 Rn. 1). **II** regelt die Ausübung des **Bestimmungsrechts** (→ Rn. 8 ff.), **III** die Rechtsfolgen bei **fehlerhafter** oder **ver-**
2 **zögerter** Bestimmung nach billigem Ermessen (→ Rn. 11 ff.). **b)** Die nachträgliche Ergänzung des Vertragsinhalts durch einseitigen Gestaltungsakt einer Vertragspartei ist von Bedeutung bei längerfristigen Verträgen (Änderung der Kalkulationsgrundlagen) und Verträgen mit anfänglich noch unbestimmtem Leistungsumfang (zB technische, künstlerische, ärztliche Leistungen). Ist die Leistung **nicht bestimmbar,** ist das
3 Schuldverhältnis unwirksam (BGH NJW 1986, 845; → § 241 Rn. 8). **c)** §§ 315 ff. sind **nicht anwendbar,** soweit die nicht abschließend festgelegte Leistung (notfalls) durch **ergänzende Vertragsauslegung** (→ § 157 Rn. 2 ff.) bestimmt werden kann (§§ 133, 157; BGH NJW 2019, 2298; BGHZ 185, 166 [Zinsanpassungsklauseln in Sparverträgen; sa BGH ZIP 2011, 317]; NJW 2010, 1742; NJW-RR 2007, 56; NJW-RR 2007, 105; NJW 2006, 2472; OLG Hamm MDR 2022, 146). Auch bei Fehlen entspr Auslegungsregeln (zB §§ 612 II, 632 II, 653 II) wird häufig stillschweigend ein obj Bestimmungsmaßstab vereinbart sein (→ Rn. 6). Bsp: Kauf vertretbarer Sachen zu Ladenpreis, Tageskurs, Markt- oder ortsüblichem Preis; von Grundstück zum „Verkehrswert"; Vereinbarung eines „angemessenen" Mietzinses (BGH NJW-RR 1992, 517). Schranken enthält § 9a ErbbauRG; str für Werklieferungsvertrag
4 (OLG Köln NJW-RR 2012, 1520 verneint Anwendung von § 632). **d) I** und **III** sind **entspr** anwendbar bei *einseitiger* Pauschalpreisfestlegung durch (staatliche) Unternehmen mit Monopolstellung (BGH NJW 1993, 1129; NJW-RR 1997, 1019 mN); dies gilt auch im Bereich der Daseinsvorsorge (BGHZ 115, 316 ff.; OLG Düsseldorf

NJW-RR 1997, 890; str, vgl Halfmeier VuR 2006, 419 mN; hierzu auch → Rn. 6). Die Anwendung scheidet aus, soweit behördliche Aufsicht und Genehmigung dem Leistenden keinen Spielraum für die Festsetzung der Gegenleistung belassen (BGH NJW 2007, 3345 f. Netzzugang Telekommunikation [§ 29 I iVm § 39 TKG]; Eine Billigkeitskontrolle kommt auch nur in Betracht, soweit der (überhöhte) Tarif nicht schon Gegenstand vertraglicher Einigung war (BGH NJW 2007, 1673; hier kann § 19 GWB iVm § 134 eingreifen → Rn. 5). III findet Anwendung auf individualrechtliche Unterwerfungsbedingungen in Sportligaverbund (OLG München BeckRS 2021, 25004). **e) Sondervorschriften:** §§ 558 I; 14 RVG; 106 GewO (Weisungs- 5
recht des AG – § 315 III anwendbar, BAG NZA 2011, 631; NJW 2012, 331); 16 BetrAVG (dazu BAG MDR 1993, 208 mAnm Langohr-Plato); § 76a BetrVG (dazu BAG ZIP 1993, 527); DMBilG (dazu BGHZ 122, 38); 153 VVG (BGHZ 207, 172). Str ist, ob bei Missbräuchlichkeit iSv § 19 GWB die Leistungsbestimmung nichtig ist (§ 134) und eine Billigkeitskontrolle ausschließt (Wielsch JZ 2008, 68; Kühne NJW 2006, 2520 gegen BGHZ 164, 336; NJW-RR 2006, 915 je mN), jedenfalls wird ein Missbrauch nicht vermutet und muss daher von demjenigen bewiesen werden, der ihn behauptet (BGH NJW 2008, 2173 f. – Gaspreiserhöhung). Für **Flughafenentgelte** nahm die Rspr an, dass eine Kontrolle nach III auch bei behördlich genehmigten vertraglichen Entgeltregelungen möglich ist; der EuGH hält dieses Vorgehen mit der RL 2009/12/EG für nicht vereinbar (EuGH BeckRS 2019, 28576 Rn. 67 ff.) und zwingt zur Aufgabe des zweigleisigen öffentlich-rechtlichen und privatrechtlichen deutschen Ansatzes (hierzu ausführlich Wollenschläger/Lerbinger EuZW 2020, 95). Auch bei Infrastrukturnutzungsentgelten im **Eisenbahnverkehr** scheidet eine solche Kontrolle aus (EuGH EuZW 2018, 74; BGH BeckRS 2021, 34721; BeckRS 2021, 32278; BeckRS 2021, 32275 u BeckRS 2021, 31929 je Rn. 9; NJW-RR 2021, 992 Rn. 16).

2. Vereinbarung des Bestimmungsrechts. a) Zustandekommen idR durch 6
ausdr vertragliche Einigung oder durch **Gesetz** (BGH NJW 2007, 2540; MüKoBGB/Würdinger Rn. 1); bei vertraglicher Einräumung muss Vertrag bestehen und Einigung über Leistungsbestimmung enthalten (OLG Brandenburg BeckRS 2021, 19036). **Stillschweigende** Vereinbarung genügt (Erleichterung: § 316 und dort → § 316 Rn. 3: Rückgriff auf §§ 315 ff., wenn im gegenseitigen Vertrag eine Gegenleistung vereinbart wurde, BGH NJW-RR 2011, 203; wenn Reiseveranstalter Flugzeit mit „noch nicht bekannt" angibt, BGH NJW 2014, 3721 [Rahmenvorgaben notw]; „voraussichtliche Abflugzeit" ist annähernd einzuhalten, BGH NJW 2014, 1168 [auch → § 308 Rn. 6]) liegt idR nicht in der Festlegung eines obj Bestimmungsmaßstabs (vgl → Rn. 3), auch nicht bei dessen Unwirksamkeit (BGH NJW-RR 1992, 142). **Einzelfälle:** Bestimmungsrecht verneinend für Vereinbarung zwischen privater **Krankenkasse** und Krankenhaus (BGH NJW-RR 2020, 1106; NJW-RR 2020, 851); BGH NJW-RR 2010, 1130 (wettbewerbsrechtliche Unterlassungsverpflichtung nach „Hamburger Brauch"); Anpassungspflicht nach § 315 aus **tarifvertraglicher** Regelung (BAG NZA 2006, 107), aber nicht aus bloßer Überprüfungsklausel in AGB (BAG NJW 2019, 2491); bei der nach **Betriebsvereinbarung** zulässigen einseitigen Bestimmung erfolgsabhängiger Vergütung ist bei Ermessenausübung ggf Selbstbindung des ArG zu beachten (BAG BB 2022, 371); Bestimmung kann nur für individuelles Arbeitsverhältnis vorgenommen werden (BAG NJW 2021, 1772); BGHZ 163, 119 (GEMA). Bei **Strom-/Gasverträgen** bejahte der BGH für Tarifkunden aufgrund der bis zum 7.11.2006 geltenden Regelungen von AVBGasV (AVBStromV) ein einseitiges u gerichtlich überprüfbares Leistungsbestimmungsrecht (BGH NJW 2009, 2667 [§ 4 AVBGasV]; BGH NJW 2007, 1672; NJW 2016, 3592 [AVBStromV]; EuGH NJW 2015, 849 hielt dies für unzulässig für Zeit seit 1.7.2004 [dazu Scholtka/Martin EuZW 2015, 108]; zu zulässigen Vertragsanpassungsklauseln des Stromversorgers in Sonderkundenverträgen s BGH BeckRS 2021, 30598. Ein einseitiges Leistungsbestimmungsrecht besteht auch nicht für den **Fernwärme**versorger (§ 4 I, II; 24 IV AVBFernewärmeV, BGH NJW 2022, 1935 Rn. 31 ff – nur

Preisgleitklauseln zulässig); jedoch für den **Wasserversorger** (BGH NJW 2015, 3564; NJW 2018, 46, zum Ganzen Dibbern/Wollenschläger CuR 2011, 148) sowie für **Netznutzungsentgelte:** BGHZ 164, 336 („Stromnetznutzungsentgelt I" – für anfänglich vereinbartes Entgelt) u NJW-RR 2006, 915 („Stromnetznutzungsentgelt II", ergänzende Vertragsauslegung; hierzu Gunther NJW 2006, 654); sa BGH NJW 2008, 2175 (Bestimmungsrecht aus § 6 I 1 EnWG 1998, hierzu Linsmeier NJW 2008, 2162); BGH NJW 2008, 2175 („Stromnetznutzungsentgelt III" mwN); BGH NJW 2012, 3098 („Stromnetznutzungsentgelt V" für Entgelte nach EnWG 2005); zur Verjährung von Rückzahlungsansprüchen („Stromnetznutzungsentgelt VII", BGH NJW 2014, 3092). In **AGB** und im Verbrauchervertrag sind **Leistungs- und Preisbestimmungsvorbehalte** (Bsp: Preis freibleibend; Preis vorbehaltlich endgültiger Festsetzung; Tagespreis bei Lieferung; Zinsanpassung usw) nur **eingeschränkt zulässig** (vgl §§ 307, 308 Nr. 4, 309 Nr. 1, 310 III und die Anm dort; ferner → § 433 Rn. 16), in AGB-Preisanpassungsklauseln im Stromversorgervertrag mit einem Endverbraucher muss nicht ausdrücklich auf die Billigkeitskontrolle nach III verwiesen werden (BGHZ 208, 52); bei Mietanpassung für Wohnraum bestehen Schranken gem §§ 557, 557b (für gewerblichen Mietvertrag BGH NJW 2012, 2187); bei Preisanpassung für ein Grundstück ist § 311b I zu beachten (→ § 311b Rn. 19). Sind (Gas-)Preisanpassungsklauseln in AGB nichtig, kommt einseitiges Bestimmungsrecht weder nach § 315 noch durch ergänzende Vertragsauslegung in Betracht, wenn in absehbarer Zeit Kündigung möglich ist (BGH WM 2010, 228; WM 2010, 481; WM 2011, 306; sa BGH NJW 2010, 1742 für unwirksame Zinsänderungsklausel). Im Einzelfall kann statt einseitigen Bestimmungsrechts auch nur das Recht vereinbart sein, vom Vertragspartner Mitwirkung an einer Anpassungsvereinbarung zu verlangen (Auslegungsfrage, BGH NJW 2002, 1424). Das **Direktionsrecht des AG** ist, soweit nicht in Tarif-, Einzelvertrag oder Betriebsvereinbarung eingeschränkt, nach I auszuüben (stRspr, BAG NZA 2001, 790); im Einzelfall Frage der Auslegung, ob „Zielvereinbarung" getroffen oder „Zielvorgabe" (§ 315) gewollt (BAG NZA 2021, 1034). Zu Zinsanpassungsklauseln bei Sparverträgen Furche/Götz WM 2019, 2290 und
7 → § 308 Rn. 6). **b) Inhalt. Bestimmungsmaßstab** ist bei Individualvereinbarung **iZw (I;** → Rn. 1) **billiges Ermessen,** bei AGB-Vereinbarung und im Verbrauchervertrag **stets** (sonst Verstoß gegen § 307 I und II Nr. 1 iVm § 315 I, 310 III), dabei aber so präzise wie möglich (vgl BGHZ 118, 130 f.). „Billig" ist die den Umständen des Einzelfalls angemessene Leistung. Was „der Billigkeit entspricht" (vgl III 1), ist unter Abwägung des Vertragszwecks und der Interessenlage **beider** Parteien sowie Berücksichtigung des in vergleichbaren Fällen Üblichen festzustellen (BGHZ 41, 279; 62, 316; BAG ZIP 2014, 1241 [zu Bonuszahlungen in Abhängigkeit von Ertragslage und Leistung des AN]; DB 2005, 559 [Berücksichtigung familiärer Belange des AN bei Arbeitszeitbestimmung]; BAG ZIP 2014, 1093 [keine einseitige nachträgliche Änderung von Zielen oder Berechnungsgrundlagen bei Zielvereinbarung]; BGH NJW 2015, 3564 [Grundpreisgestaltung von Wasserpreisen]; OLG Hamm MDR 2022, 40 [Härteklausel bei Versagung von Witwenrente]. Dabei muss sich das Gericht am Grundgefüge des Vertrages und dessen vertragstypologische Einordnung orientieren und darf diese nicht grundlegend ändern (unzulässig daher beim Einlagevertrag Wechsel von Positivzinsen auf Negativzins, Tröger NJW 2015, 659). Individuelle Interessen (eines AN) müssen jedoch zB bei mit dem Betriebsrat ausgehandelten Dienstplanschemata zurücktreten (LAG Köln MDR 2002, 765). Bei der Bestimmung sind auch Grundrechte (zB gem Art. 4 GG) zu berücksichtigen (BAG NJW 1990, 204 f. mN; NJW 2003, 1686 f.; iE Henssler AcP 190, 546 ff.). Bsp: Bei Gutachten ist Umfang und Schwierigkeit der geleisteten Tätigkeit und der wirtschaftliche Wert für den Auftraggeber maßgebend (BGH NJW-RR 2007, 58 mN; NJW 2006, 2472: Orientierung an Schadenshöhe daher zulässig); bei Ausübung des Direktionsrechts (s. ie Hromadka DB 1995, 1609 ff.) darf der AG den AN nicht in einen vermeidbaren Gewissenskonflikt bringen (BAGE 62, 67 ff. mN; krit Henssler AcP 190, 543 ff.) oder seine Religionsausübung behindern, solange nicht die praktische Konkordanz mit Art. 12 GG (Unternehmensfreiheit) dies erfordert (BAG NJW 2003, 1687). Im

Bereich der Daseinsvorsorge kann die einseitige Tariferhöhung unbillig sein, weil bereits der zuvor (einseitig festgesetzte) geltende Tarif überhöht war (→ Rn. 6). Zu den Maßstäben der Kontrolle (Bezugskostensteigerung kann ggf durch Kostenrückgang in anderen Bereichen ausgeglichen werden, aber kein Zwang zur Quersubventionierung, s. iE BGHZ 178, 378 f. Die **Beweislast** für die Billigkeit trägt die bestimmende Partei (BGHZ 178, 374 mwN; 115, 322; BAG BeckRS 2021, 43601); fordert die nicht bestimmungsberechtigte Partei aus Bereicherungsrecht das festgesetzte Entgelt zurück, obliegt ihr auch der Beweis unbilliger Bestimmung (BGHZ 154, 8 f.); nicht jedoch bei Zahlung unter Vorbehalt (BGH NJW 2011, 212; NJW 2008, 2175; NJW 2006, 684). **Andere Bestimmungsmaßstäbe** (zB „freies Ermessen") können individuell vereinbart werden (§§ 307 ff. gelten nunmehr auch im Arbeitsverhältnis, s. § 310 IV 1 und 2 sowie dort → § 310 Rn. 16), gegen die Leistungsbestimmung durch eine Vertragspartei (vgl dagegen § 319 II) nach „freiem Belieben" bestehen jedoch Bedenken (arg §§ 138, 241; mR krit Köndgen/König ZIP 1984, 133 f.).

3. Bestimmungsrecht. a) Berechtigte Partei. Ob Gläubiger oder Schuldner, ergibt sich aus der Bestimmungsvereinbarung (→ Rn. 6 f.). Auslegungsregel für gegenseitige Verträge: § 316. Ist ein nach § 328 Begünstigter bestimmungsberechtigt, so gilt § 315, nicht §§ 317 ff. (BGH WM 2004, 188). **b) Gegenstand** des Bestimmungsrechts kann sein: Die Leistung (Bsp: Leistungsvorbehalte, → Rn. 6; Spezifikation gem § 375 HGB), die Gegenleistung (Preisvorbehalte, → Rn. 6) oder die Modalitäten der Leistung (Zeit, Ort, Art und Weise); **nicht** Vertragsinhalt und -dauer als solche (BGHZ 89, 213 für AGB; allg Köndgen/König ZIP 1984, 133 f.). **c) Ausübung:** Durch einseitige, empfangsbedürftige, rechtsgestaltende (hM, str), stets formlos gültige (BGHZ 97, 154), bestimmte (BGH NJW 1974, 1465), idR ausdr (OLG Saarbrücken NJW 1988, 3211) Erklärung der berechtigten Partei gegenüber dem Gegner **(II).** §§ 116 ff., 130–132 gelten; abw Vereinbarung möglich (BGH NJW-RR 1986, 165; allg → § 130 Rn. 13). Grds ist die Bestimmung unwiderruflich (BGH WM 2005, 1045 mN; BAG DB 2004, 603), das Recht erlischt mit Ausübung; die Parteien können jedoch Abweichendes (zB gestuftes, fortlaufendes Anpassungsrecht) vereinbaren (MüKoBGB/Würdinger Rn. 36, offen lassend BGH WM 2004, 186). Bei Festsetzung im Rahmen der Billigkeit wird Forderung fällig (BGH NJW-RR 2007, 58; für III 2 → Rn. 12). 8 9 10

4. Unverbindlichkeit und Ersetzung der Bestimmung nach billigem Ermessen. a) Unverbindlich ist die nach billigem Ermessen (→ Rn. 7) zu treffende Bestimmung, wenn sie nicht der Billigkeit entspricht (**III 1;** keine Nichtigkeit: BGH NJW 2015, 3564). Die Gestaltungswirkung (→ Rn. 2, 10) tritt nicht ein und damit weder Leistungs- noch Annahmeverzug. Das Bestimmungsrecht ist verbraucht. **b)** Die **Ersetzung** durch rechtsgestaltendes **Urteil (III 2 Hs. 1)** setzt voraus: **Unbilligkeit** der getroffenen Bestimmung (→ Rn. 11) oder **Verzögerung** (Verzug iSd § 286 nicht erforderlich: BGH NJW 1998, 1390) der Leistungsbestimmung **(III 2 Hs. 2).** Dabei genügt es nicht, dass das Gericht selbst eine andere Festsetzung für billig hält; die Grenzen der Billigkeit müssen tatsächlich überschritten sein (BGH NJW-RR 2007, 58; OLG Düsseldorf GRUR-RS 2020, 3130 [bei Vertragsstrafe Unangemessenheit erst, wenn das Doppelte der angemessenen Strafe überschritten wird]; OLG Celle *MMR 2015, 408; OLG Karlsruhe* GRUR-RR 2016, 92); der Kläger muss dabei allgemein eine Größenordnung angeben (BAG BeckRS 2021, 43601, zur Bestimmung von Vertragsstrafe nach neuem Hamburger Brauch OLG Brandenburg GRUR-RS 2020, 4287). Klage unmittelbar auf (die bestimmte) Leistung ist möglich (BGH NJW 2000, 2986); in diesem Fall kann die Unverbindlichkeit gem III 1 als Einwand geltend gemacht werden (BGH NJW 1983, 1778). Daneben besteht kein Anspruch auf Ausübung des Bestimmungsrechts, ferner kein Rücktrittsrecht (§ 323) wegen Verzögerung der Bestimmung (BGH MDR 1971, 836), uU aber Anspruch auf Schadensersatz gem §§ 280, 281, 286 (Bestimmung ist Schuldnerpflicht, str bei Gläubiger). Fälligkeit tritt idR erst mit rechtskräftiger Leistungsbestimmung ein (BGH NJW-RR 2007, 58; NJW 1996, 1058); danach richtet sich auch Verjährungsbeginn und 11 12

Möglichkeit des Schuldnerverzugs (BGH NJW 1996, 1056; anders aber BGH NJW-RR 2007, 58; NJW 2006, 2474: Verzug ohne weiteres mit Rechtskraft – kein Fall des § 286 II!). Die Vereinbarung rückwirkender Festsetzung ist möglich (BGH NJW 1996, 1748). Eine **Frist** für die Klageerhebung besteht nicht, uU tritt aber Verwirkung (→ § 242 Rn. 53 ff.) ein (BGH NJW 2011, 212 [„Stromnetznutzungsentgelt IV"]; NJW-RR 2010, 1164 mN [nicht bereits nach knapp 6 Monaten]; hierzu Piekenbrock, ZIP 2010, 1925). Bleibt Jahresabrechnung des Versorgungsunternehmens nach einseitiger Tariferhöhung unbeanstandet, so liegt im Weiterbezug Einverständnis und damit „Preisvereinbarung" (BGH NJW 2007, 2544; OLG Hamm NJW-RR 2007, 853). **c)** Bei anderem Bestimmungsmaßstab (→ Rn. 7) ist **III entspr anwendbar** (aA OLG Hamburg JZ 1990, 443). Die „maßstabwidrig" getroffene Leistungsbestimmung ist gem §§ 138, 242 endgültig unwirksam, Klage auf Leistungsbestimmung möglich.

§ 316 Bestimmung der Gegenleistung

Ist der Umfang der für eine Leistung versprochenen Gegenleistung nicht bestimmt, so steht die Bestimmung im Zweifel demjenigen Teil zu, welcher die Gegenleistung zu fordern hat.

1 **1. Bedeutung.** Auslegungs-(Ergänzungs-)regel (BGHZ 94, 101 mwN) in zweifacher Hinsicht: **a)** ergänzt fehlende Bestimmungsvereinbarung (→ § 315 Rn. 6; insoweit Einschränkung von § 154); **b)** bestimmt bestimmungsberechtigte Partei (→ § 315 Rn. 8; insoweit Ergänzung von § 315 I).

2 **2. Voraussetzungen. a) Entgeltlicher** – nicht notwendig gegenseitiger (§§ 320 ff.) – **Vertrag** (BGHZ 94, 100 f. mwN; → § 653 Rn. 3); **b)** die eine (Haupt-)**Leistung** ist im Vertrag (voll) bestimmt, der Umfang der (der Art nach festgelegten) **Gegenleistung** ist nicht (auch nicht stillschweigend, vgl → § 315 Rn. 3) bestimmt.

3 **3. Rechtsfolgen.** Bestimmungsrecht des Gläubigers der Gegenleistung; Bestimmungsvereinbarung wird vermutet, sofern sich kein entgegenstehender Wille ergibt („im Zweifel", insb bei langjähriger abw Übung, BGH NJW-RR 2011, 203). Bei Vereinbarung einverständlicher Preisanpassung kann § 316 ausgeschlossen sein (vgl BGHZ 71, 284; NJW 1995, 1360). Für den Inhalt und die Ausübung des Bestimmungsrechts gelten → § 315 Rn. 7, 8 ff. und 11 f. unmittelbar.

§ 317 Bestimmung der Leistung durch einen Dritten

(1) **Ist die Bestimmung der Leistung einem Dritten überlassen, so ist im Zweifel anzunehmen, dass sie nach billigem Ermessen zu treffen ist.**

(2) **Soll die Bestimmung durch mehrere Dritte erfolgen, so ist im Zweifel Übereinstimmung aller erforderlich; soll eine Summe bestimmt werden, so ist, wenn verschiedene Summen bestimmt werden, im Zweifel die Durchschnittssumme maßgebend.**

Lit.: Habersack/Tröger, Preisfeststellung durch Schiedsgutachten beim Unternehmenskauf, DB 2009, 44; Joussen, Das Gestaltungsrecht des Dritten nach § 317 BGB, AcP 203, 429.

1 **1. Allgemeines. a) Überblick:** Auslegungsregel des **I** entspr § 315 I (dort → § 315 Rn. 7); unterschiedliche Verbindlichkeit bei fehlerhafter Bestimmung: §§ 315 III 1, 319 I 1. **II** gibt Auslegungsregeln bei Mehrheit von Dritten (→ Rn. 11). **b) Bedeutung:** Zur Leistungsbestimmung ist **bes Sachkunde** erforderlich, über die die Parteien nicht verfügen; Einschaltung des (unparteiischen)
2 Dritten gewährleistet **Neutralität** der Leistungsfestsetzung. **c) Anwendungsbereich.** Die §§ 317–319 gelten **aa) unmittelbar** für die Leistungsbestimmung durch rechtsgestaltende Vertragsergänzung des Dritten (entspr → § 315 Rn. 9; Schieds-

gutachtenvertrag iwS, → Rn. 5), **bb) entspr** bei bindenden Vertragsklarstellungen und Tatsachenfeststellungen durch einen Dritten (**Schiedsgutachtenvertrag ieS,** → Rn. 6 f.). Maßgebender **Zeitpunkt** für die Leistungsbestimmung ist iZw der des Zugangs des Änderungsverlangens an die andere Partei (BGH NJW 1978, 154; → §§ 244, 245 Rn. 21). Fälligkeit der Forderung erst mit gerichtlicher Festsetzung nach § 319 I 2 entspr, wenn Tatsachenfeststellung aufgrund von Schiedsgutachten ieS als Bemessungsgrundlage vorausgehen muss (BGH NJW-RR 2014, 492).

2. Schiedsgutachtenvertrag. a) Zustandekommen. IdR durch ausdr Vereinbarung (Form von § 1031 ZPO gilt nicht, vgl → Rn. 8) und als Teil eines Schuldvertrags (Schiedsgutachtenklausel), aber auch als isolierte (nachträglich getroffene) Abrede möglich (zB zur Beseitigung eines entstandenen Streits über den Inhalt der Leistung); als **AGB**-Vereinbarung idR unwirksam (so BGHZ 101, 318 f. für Kfz-Reparaturbedingungen; BGHZ 115, 331 ff. für Fertighausvertrag; LG Frankfurt a. M. NJW-RR 1988, 1132 für Kfz-Leasingbedingungen; uU abw Beurteilung möglich). 3
b) Inhalt: Die Person des **Dritten** (idR Sachverständiger, auch Stelle, Behörde [soweit nicht ges zur Bestimmung zuständig: BGHZ 73, 116] oder Schiedsgericht, idR nicht staatliches Gericht [im Einzelfall aber bejahend: BGH NJW 1998, 1390 mN], vgl auch §§ 315 III, 319 I 2) braucht nicht bestimmt zu sein, **Bestimmbarkeit** genügt (Auswahl durch bestimmte Behörde, zB Industrie- und Handelskammer, vgl BGH DNotZ 2005, 709). Nähere Festlegung von Bestimmungsmaßstab (iZw gilt I; vgl → Rn. 1 [a]) und zu berücksichtigenden Umständen zweckmäßig; fehlt es an dem zur Leistungsbestimmung erforderlichen Mindestinhalt, ist die Vereinbarung unwirksam (BGHZ 55, 250). **c) Arten.** Unterscheidungsmerkmal ist die jeweilige Aufgabe des Schiedsgutachters. **aa) Rechtsgestaltende Vertragsergänzung.** Das Schiedsgutachten ersetzt insoweit die fehlende Parteivereinbarung und schafft erst den Inhalt der Leistung – **unmittelbarer Anwendungsfall** der §§ 317–319 (→ Rn. 2c [aa]). Bsp: Ausfüllung einer Vertragslücke (zB offen gebliebener Preis); Anpassung von Dauerschuldverhältnis an veränderte Umstände nach billigem Ermessen (vgl BGHZ 62, 314; NJW 1991, 2761) oder vorgegebenen Kriterien (BGH NJW 1996, 453 f.). Daher ist idR Einholung des Schiedsgutachtens idR Voraussetzung für Anspruchskonkretisierung und muss vor Klageerhebung auf Leistung eingeholt werden (BGH NJW 2021, 764: Klagabweisung als derzeit unbegründet oder Vorgehen nach §§ 356, 431 ZPO). **bb) Vertragsklarstellung.** Verbindliche Feststellung eines obj feststehenden, dem Unkundigen zwar verborgenen, dem Sachkundigen aber auffindbaren Leistungsinhalts. Obj Maßstab gilt, Aufgabe des Sachverständigen entspricht der des Gerichts bei „ergänzender Vertragsauslegung" (→ § 315 Rn. 3). Bsp: Ermittlung der „ortsüblichen" (BGH NJW 1965, 150) oder „angemessenen" Miete (BGH NJW 1975, 1557), des „Verkehrswerts" eines Grundstücks (BGH WM 1975, 256), eines Auseinandersetzungsguthabens (BGH NJW 1957, 1834) – **Schiedsgutachtenvertrag ieS** (→ Rn. 2 [bb]). **cc) Bindende Feststellung von Tatsachen und Entscheidungselementen.** Ermittlung und bindende Feststellung der für die Bestimmung der Vertragsleistung erst mittelbar maßgebenden Tatsachen und Tatbestandsmerkmale. Obj Maßstab gilt. Bsp: Feststellung von Schaden (BGH NJW 1971, 1455), Kausalzusammenhang, Verschulden; Wertermittlungen und Schätzungen (zB von Kfz; dazu BGH NJW 1983, 1855 mN; LG Frankfurt a. M. NJW-RR 1988, 1132); Qualitätsfeststellung (zB von mangelhafter Werkleistung; dazu BGHZ 101, 318); Unternehmenswert (BGH NJW-RR 2014, 492). Ebenfalls **Schiedsgutachtenvertrag ieS** (→ Rn. 2 [bb]). Während der Erstattung des Gutachtens ist (festzusetzende) Forderung noch **nicht fällig** (BGH NJW-RR 2014, 493; NJW 1990, 1232). **d) Abgrenzung. aa) Schiedsvereinbarung** (§ 1029 ZPO). Der Schiedsrichter entscheidet abschließend (vgl §§ 1055, 1059 ZPO) über das gesamte Rechtsverhältnis anstelle des ordentlichen Gerichts (BGHZ 98, 36); dem Schiedsgutachter kann zwar die bindende Entscheidung über Vorfragen übertragen werden (BGHZ 48, 30; NJW 1975, 1556), jedoch unterliegt das Schiedsgutachten der inhaltlichen Kontrolle des Gerichts gem § 319 I 2. §§ 1025 ff. ZPO sind auf den Schiedsgutachten-

Margin numbers: 4 (b) Inhalt), 5 (unwirksam … c) Arten), 6 (bb) Vertragsklarstellung), 7 (cc) Bindende Feststellung), 8 (d) Abgrenzung).

vertrag unanwendbar (BGHZ 6, 341, stRspr, hM, str; aA zB Stein/Jonas/Schlosser Vorb § 1025 Rn. 56 ff.). Abgrenzung im Einzelfall schwierig (grundlegend BGHZ 6, 338; MDR 1982, 36 f. mN; OLG Brandenburg NJW-RR 2014, 405; sa MüKoZPO/Münch Vor § 1025 Rn. 75 ff.), iZw ist Schiedsgutachtenvertrag anzunehmen (BGH MDR 1982, 37). Grund: Geringerer Eingriff in den Rechtsschutz der Partei, die Abgrenzung ist wichtig, wo Schiedsfähigkeit fehlt wie im Arbeitsrecht (§ 101 ArbGG,
9 hierzu BAG DB 2004, 1049). **bb) Schiedsgutachtervertrag** ist der idR zwischen beiden Parteien (RGZ 87, 194; BGHZ 22, 346) und Schiedsgutachter geschlossene Vertrag (Geschäftsbesorgungsvertrag, vgl § 675 I); wird Vertrag ausnahmsweise nur von *einer* Partei geschlossen, besteht trotzdem Pflicht zur ordnungsgem Erfüllung gegenüber allen Parteien der Schiedsgutachtensabrede und ggf Schadensersatzpflicht (BGH NJW 2013, 1297). Der Schiedsgutachter haftet nur bei offenbarer Unbilligkeit (Unrichtigkeit) und damit Unbrauchbarkeit (arg § 319 I 1) des Gutachtens (BGHZ 43, 374, str), soweit es dann nicht schon an einem Schaden fehlt (s. OLG Schleswig
10 NJW 1989, 175). **cc) Wertsicherungsabreden.** Schiedsgutachtenverträge kommen als sog **Leistungsvorbehalte** in Frage (→ §§ 244, 245 Rn. 21).

11 **3. Mehrheit von Bestimmungsberechtigten.** IZw **Einstimmigkeit** erforderlich **(II Hs. 1);** genügt Mehrheit (vgl II Hs. 2), uU Pflicht des überstimmten Schiedsgutachters, auf grobe Unbilligkeit des Mehrheitsgutachtens hinzuweisen (BGHZ 22, 343); Grund: Ermöglichung von Kontrolle gem § 319 I. Durchschnittssumme **(II Hs. 2)** nicht maßgebend bei offenbarer Unrichtigkeit eines Gutachtens (BGH NJW 1964, 2401: Fall des § 319 I).

§ 318 Anfechtung der Bestimmung

(1) **Die einem Dritten überlassene Bestimmung der Leistung erfolgt durch Erklärung gegenüber einem der Vertragschließenden.**

(2) [1]**Die Anfechtung der getroffenen Bestimmung wegen Irrtums, Drohung oder arglistiger Täuschung steht nur den Vertragschließenden zu; Anfechtungsgegner ist der andere Teil.** [2]**Die Anfechtung muss unverzüglich erfolgen, nachdem der Anfechtungsberechtigte von dem Anfechtungsgrund Kenntnis erlangt hat.** [3]**Sie ist ausgeschlossen, wenn 30 Jahre verstrichen sind, nachdem die Bestimmung getroffen worden ist.**

Bestimmungserklärung: I entspricht § 315 II (vgl dort → § 315 Rn. 10). **Anfechtbarkeit (II):** Besonderheiten: Anfechtungsberechtigt sind nur die Parteien. Grund: Sie treffen die Rechtsfolgen der Bestimmung. Erklärung stets unverzüglich (§ 121 I; § 124 ist ausgeschlossen); § 123 II ist nicht anwendbar.

§ 319 Unwirksamkeit der Bestimmung; Ersetzung

(1) [1]**Soll der Dritte die Leistung nach billigem Ermessen bestimmen, so ist die getroffene Bestimmung für die Vertragschließenden nicht verbindlich, wenn sie offenbar unbillig ist.** [2]**Die Bestimmung erfolgt in diesem Falle durch Urteil; das Gleiche gilt, wenn der Dritte die Bestimmung nicht treffen kann oder will oder wenn er sie verzögert.**

(2) **Soll der Dritte die Bestimmung nach freiem Belieben treffen, so ist der Vertrag unwirksam, wenn der Dritte die Bestimmung nicht treffen kann oder will oder wenn er sie verzögert.**

1 **1. Allgemeines. a) Überblick. I 1** entspricht regelungsmäßig § 315 III 1 (dort → § 315 Rn. 11), der Unterschied in der Verbindlichkeit erklärt sich aus der größeren Richtigkeitsgarantie der Bestimmung durch einen Dritten (→ § 317 Rn. 1 [b]). Prüfungsmaßstab bei Schiedsgutachten ieS ist die offenbare Unrichtigkeit (entspr Anwendung; → Rn. 4). **II** regelt den Fall, dass Bestimmungsmaßstab „freies Belieben"

(→ Rn. 5). **b) I 1** enthält **nachgiebiges Recht** (aber strenge Anforderungen für abw Vereinbarungen), Zuständigkeit gem **I 2** kann einem Schiedsgericht (§ 1029 ZPO) übertragen werden (BGHZ 6, 339). **c) Sondervorschriften:** §§ 84, 189 VVG. 2

2. Unverbindlichkeit von Leistungsbestimmungen und Schiedsgutachten ieS. a) Leistungsbestimmungen nach billigem Ermessen sind für die Parteien unverbindlich, wenn sie offenbar unbillig sind **(I 1). Offenbare Unbilligkeit** (Beweislast: der sie Behauptende [LG Frankfurt a. M. NJW-RR 1988, 1132], anders → § 315 Rn. 7) ist gegeben, wenn die Bestimmung die Grundsätze von Treu und Glauben in grober Weise verletzt und sich ihre offenbare Unrichtigkeit, wenn auch nicht jedermann, so doch einem sachkundigen und unbefangenen Beurteiler sofort aufdrängt (BGH MDR 2013, 337; NJW-RR 2001, 3775; NJW-RR 2004, 760). Eine Beweisaufnahme zur Feststellung der offenbaren Unbilligkeit (nicht nur: Unrichtigkeit) ist nicht ausgeschlossen (RGZ 96, 62). Das sachliche Gesamtergebnis ist entscheidend (BGH NJW 1991, 2762), aber auch mögliche Verfahrensfehler (BAG DB 2004, 1049). Bsp: Außerachtlassung des Vertragsinhalts und einseitige Berücksichtigung der Interessen einer Partei (BGHZ 62, 316; NJW-RR 1994, 1315), Nichtangabe von Berechnungsmaßstäben bei Mieterhöhung (BGH NJW 1975, 1556), Nichtberücksichtigung wesentlicher Umstände (BGHZ 62, 319), nicht schon Fehleinschätzungen innerhalb der Toleranzgrenze (ie OLG Frankfurt a. M. NJW-RR 1995, 80 mN). **b) Schiedsgutachten ieS** (→ § 317 Rn. 6 f.) sind für 4 die Parteien unverbindlich, wenn sie **offenbar unrichtig** sind (**I 1 entspr;** BGH MDR 2013, 337; BGHZ 101, 318, 320; NJW-RR 1991, 228; hM, I 2 entsprechend: BGH NJW-RR 2014, 492). Das ist der Fall, wenn sich die Unrichtigkeit dem sachkundigen Betrachter sofort aufdrängt (BGH NJW-RR 2014, 492, str) oder wenn das Schiedsgutachten in seinem Ergebnis nicht nachprüfbar ist (BGH NJW 1977, 801; NJW-RR 1988, 506 mN). **Bsp:** Außerachtlassung anerkannter, vertraglich vorgegebener oder Zugrundelegung unrichtiger Bewertungsmaßstäbe (BGHZ 9, 198; 146, 285 f.) oder -faktoren (BGH NJW 1991, 2698); wesentliche Irrtümer und grobe Verstöße gegen die Regeln der Sachkunde (Annahme von Konstruktions- statt Bedienungsfehler, BGH MDR 1973, 210); Häufung von Unrichtigkeiten in Einzelpunkten; schwerwiegende Begründungsmängel, auch wenn iE richtig (BGHZ 146, 285); schwerwiegende Ermessensfehler (BGHZ 146, 287 f.). Beweislast: wie → Rn. 3. **c) Leistungsbestimmungen nach freiem Belieben (II)** sind auch bei 5 offenbarer Unbilligkeit verbindlich (Unterschied zu → Rn. 3), jedoch bei Verstoß gegen §§ 134, 138, 242 unwirksam. Die Einhaltung dieser Grenzen kann das Gericht bei getroffener Bestimmung überprüfen; unterbleibt die Bestimmung (wegen Nichtkönnens, Nichtwollens oder Verzögerung), scheidet eine gerichtliche Ersetzung mangels eines obj Maßstabs aus und der Vertrag ist **unwirksam (II).** 3

3. Gerichtliche Kontrolle (Ersetzung) der Bestimmung. a) Voraussetzungen (alternativ): **aa) Unverbindlichkeit** einer nach billigem Ermessen getroffenen Leistungsbestimmung oder eines Schiedsgutachtens ieS (→ Rn. 3 f.; **I 2 Hs. 1**); **bb) Ausfall** der Leistungsbestimmung (Gutachtenserstattung; **I 2 Hs. 2**). Fälle des 7 **„Nichtkönnens"** sind der Wegfall des Dritten (BGHZ 57, 47), Verlust seiner Eignung (BGH NJW-RR 1994, 1315: Parteilichkeit) oder Nichteinigung bei mehreren Dritten (BAG BB 1969, 579); Scheitern des Verfahrens zur Benennung des Dritten (BGHZ 146, 285; NJW-RR 2014, 492 [§ 319 I 2 analog f. Schiedsgutachten ieS]); **Verzögerung** (Begriff: → § 315 Rn. 12) kann auch auf Nichternennung des Dritten durch eine Partei (BGHZ 74, 345; NJW-RR 2014, 492; NJW-RR 2011, 1061; BeckRS 2021, 51656 Rn. 26 u ua BeckRS 2021, 49299 [Verschulden irrelevant]), Nichteinigsein der Parteien (BGH BeckRS 2021, 51656); Verfahrensverschleppung (BGH NJW 1990, 1232) uä beruhen (BGH NJW 1998, 1390); ist ein Vermittlungsverfahren zwingend vorgeschaltet, so genügt die Untätigkeit des Vermittlers (BGH NJW 1978, 631). **b) Rechtsfolgen.** Das Gericht trifft, soweit 8 die Bestimmung (das Gutachten) nicht bindend ist (→ Rn. 3 f.), notfalls unter Zuziehung von Sachverständigen, die Entscheidung, die der Billigkeit oder dem 6 etwa in Frage kommenden obj Maßstab entspricht (BGH WM 1984, 64; WM 1985, 174). Klage und Entscheidung iÜ wie → § 315 Rn. 12.

Titel 2. Gegenseitiger Vertrag

§ 320 Einrede des nicht erfüllten Vertrags

(1) [1]**Wer aus einem gegenseitigen Vertrag verpflichtet ist, kann die ihm obliegende Leistung bis zur Bewirkung der Gegenleistung verweigern, es sei denn, dass er vorzuleisten verpflichtet ist.** [2]**Hat die Leistung an mehrere zu erfolgen, so kann dem einzelnen der ihm gebührende Teil bis zur Bewirkung der ganzen Gegenleistung verweigert werden.** [3]**Die Vorschrift des § 273 Abs. 3 findet keine Anwendung.**

(2) **Ist von der einen Seite teilweise geleistet worden, so kann die Gegenleistung insoweit nicht verweigert werden, als die Verweigerung nach den Umständen, insbesondere wegen verhältnismäßiger Geringfügigkeit des rückständigen Teils, gegen Treu und Glauben verstoßen würde.**

Lit.: Ernst, Die Einrede des nichterfüllten Vertrages, 2000; Ernst, Die Gegenseitigkeit im Vertragsvollzug, AcP 199, 485; Kaiser, Unsicherheitseinrede des Vorleistungspflichtigen nach § 321 I BGB, NJW 2010, 1254; Looschelders, Leistungsverweigerungsrecht des Käufers bei Mängeln, NJW 2020, 2074; Muthorst, § 348 in der Insolvenz – zum Anwendungsbereich von § 103 InsO, KTS 2009, 467; Oesterle, Die Leistung Zug um Zug, 1980; H Roth, Die Einrede des Bürgerlichen Rechts, 1988; Zwanzger, Der mehrseitige Vertrag, 2013.

1 **1. Allgemeines. a) Begriff.** Die **Einrede des nicht** (nicht vollständig, nicht wie geschuldet) **erfüllten (gegenseitigen) Vertrags** ist das dem Schuldner zustehende Recht, die eigene Leistung bis zur (idR vollständigen) Erbringung der ihm gebüh-
2 renden Gegenleistung zu verweigern (I 1; iE → Rn. 15). **b) Bedeutung. I 1** ist Ausprägung des funktionellen Synallagmas (→ § 311 Rn. 13). Danach kann der Gläubiger einer im Gegenseitigkeitsverhältnis stehenden Forderung (vgl → Rn. 7) nicht Leistung schlechthin, sondern nur Leistung „Zug um Zug" gegen Erbringung der ihm obliegenden „Gegenleistung" (vgl § 322 I), also nur **Leistungsaustausch** verlangen (iE Roth, Die Einrede des Bürgerlichen Rechts, S. 173 f. mN). Durchbrechung des Synallagmas ist auch in **werkvertraglichen Leistungsketten** nicht möglich: Hauptunternehmer hat daher gegen Subunternehmer auch dann Einrede nach § 320 wegen Mängeln, wenn er seinerseits nicht entsprechender Geltendmachung
3 oder Ansprüchen seines Bestellers ausgesetzt ist (BGH NJW 2013, 3297). **c) Zweck:** Nicht nur Sicherung der Gegenforderung (vgl § 103 InsO), namentlich Erfüllungszwang gegenüber dem Gläubiger (BGHZ 141, 114; NJW 2017, 1100 Rn. 23 → Rn. 17). **d) Rechtsnatur:** Keine echte materiellrechtliche Einrede (vgl → § 273 Rn. 5; iE → Rn. 15), sondern prozessualer Rechtsbehelf (Roth, Die Einrede des Bürgerlichen Rechts, S. 178, str). Schon das Bestehen, nicht erst das Erheben schließt die Durchsetzbarkeit der Forderung, Schuldnerverzug und Rücktritt
4 nach § 323 aus (BGHZ 225, 1; NJW 1992, 556). **e) Anwendungsbereich.** §§ 320–322 gelten für **alle** gegenseitigen Verträge (→ § 311 Rn. 13), nicht nur im Durchführungs-, sondern auch im Abwicklungsstadium nach Rücktritt (§§ 348, 323) oder bei Leistungsstörung (→ Rn. 6, 11), insbes für alle (ges geregelten oder atypischen) **Austauschverträge** (Bsp: Kaufverträge; Bürgschaft gegen Entgelt, → § 765 Rn. 18; partiarisches Gelddarlehen, → Vor § 488 Rn. 18), auch soweit zwischen **mehr als zwei Parteien** geschlossen, mit Einschränkungen auch für die Gesellschaft (→ § 705 Rn. 18). Beim Dienstvertrag steht dem Berechtigten bei nicht wie geschuldeter Leistung des Dienstverpflichteten kein Recht aus § 320 zu (Ulrich NJW 1984, 588 mN; offenlassend OLG Koblenz NJW-RR 2003, 274), demgegenüber ist ein AN bei erheblichen Lohnrückständen berechtigt, seine Arbeitsleistung zurückzuhalten (ie → § 611 Rn. 21). Die §§ 320 ff. erfassen auch die **Ansprüche**

auf Nacherfüllung im Kauf- und Werkvertrag (§§ 439 I, 635 I; vgl → § 437 Rn. 29; → § 635 Rn. 6). Der Käufer darf daher auch bei geringfügigem Mangel (Grenze: § 242) die Zahlung verweigern; für die Verweigerung der Abnahme der Kaufsache gilt § 273 (BGH NJW 2017, 1100). Gleiches gilt für die dem Mieter wegen Mängeln gem §§ 536 ff. zustehenden Rechte (BGHZ 84, 45 f.; 206, 1 [Gesamtwürdigung des Einzelfalls notwendig, wenn Mieter geminderte Miete zurückbehält]; NJW-RR 2011, 447; NJW 1989, 3224; str; → § 536 Rn. 1, → Rn. 2 zum Fall der Weiterveräußerung); zT gelten Sonderregelungen, Bsp § 641 III (OLG Bamberg NJW-RR 2008, 1471). Die Einrede nach § 320 kann auch erhoben werden, wenn der Käufer damit seinen Anspruch auf lastenfreie Übereignung geltend macht, obwohl er selbst die Belastung nach § 888 beseitigen könnte (BGH NJW-RR 2004, 1135). **f) Abdingbarkeit:** Nur durch Individualvereinba- 5
rung, insbes durch Übernahme einer Vorleistungspflicht (→ Rn. 21 f.) möglich, idR nicht dagegen durch AGB und im Verbrauchervertrag (§ 309 Nr. 2a und 8b dd; vgl BGHZ 92, 316; 118, 241; NJW 1993, 3265; zur Begründung einer Vorleistungspflicht s. BGHZ 141, 114; NJW 2002, 140 und → § 309 Rn. 3). Einseitiger **Verzicht** ist nach Entstehen möglich, aber strenge Anforderungen an konkludente Erklärung (BGH NJW 2002, 1790). Zur besonderen Einrede aufgrund des sog **Corona-Moratoriums** → Vorbem. §§ 323–326 Rn. 4–9.

2. Voraussetzungen. a) Gegenseitiger Vertrag (→ Rn. 4): Dieser muss wirk- 6
sam abgeschlossen sein (für Leistungen in Erwartung des Zustandekommens gilt § 273) und muss – zumindest als Abwicklungsverhältnis (vgl § 348 und → Rn. 4) – noch bestehen. Die Einrede entsteht bereits mit Vertragsschluss und kann daher dem Zessionar auch dann entgegengehalten werden, wenn die Umstände, welche sie bedeutsam werden lassen, erst nach Abtretung eintreten (BGH NJW-RR 2004, 1136). Nach Anfechtung findet nur § 273 Anwendung (RGZ 94, 310). Auf Pflichten, die erst durch Beendigung des Vertragsverhältnisses entstehen sollen, ist § 320 nicht anwendbar (RGZ 54, 125 betr Dienstvertrag, str). **b) Bestehende Gegenfor-** 7
derung. aa) Gegenseitigkeitsverhältnis. Zwischen der vom Schuldner geforderten Leistung und der ihm zu erbringenden Gegenleistung muss **synallagmatische Abhängigkeit** bestehen (sonst ggf § 273, so BGH NJW 2017, 1100 Rn. 29 für Abnahme bei Kauf). Derartiger Zusammenhang (dazu → § 311 Rn. 13) besteht nicht zwischen allen Forderungen aus gegenseitigen Verträgen, sondern nur zwischen sog Hauptleistungspflichten (→ § 241 Rn. 9), idR nicht dagegen zwischen diesen und Nebenleistungs- und Schutzpflichten gem § 241 II (→ § 241 Rn. 9 f.). **Bsp** für **Hauptleistungspflichten:** Pflicht zur vertragsgemäßen Herstellung des Werks (BGH NJW 1997, 50); Abnahmepflicht des Bestellers (→ § 640 Rn. 5) oder des Darlehensnehmers (BGH NJW 1991, 1818); Pflicht zur Spezifikation gem § 375 HGB; zur Bestellung eines Akkreditivs (OLG München NJW 1958, 752); zur Aushändigung des Kfz-Briefs bei Kfz-Kauf, des Benutzerhandbuchs für Hard- und Software bei Leasing/Kauf (BGH NJW 1989, 3223; NJW 1993, 462); zur Vornahme der vom Mieter (wirksam) übernommenen Schönheitsreparaturen (BGHZ 77, 305; 92, 367); zur Wiederherstellung des früheren Zustands der Miet- oder Pachtsache (BGHZ 104, 10; 107, 183); Anspruch auf Nacherfüllung gem §§ 439, 635 (BGH MDR 2017, 83). **Nebenpflicht** ist idR die Pflicht des Verkäufers zur Montage der Kaufsache (→ § 433 Rn. 22; uU aber Hauptpflicht: BGH NJW 1998, 3198 f.; sa § 434 II 1 und dort → § 434 Rn. 18), die Abnahmepflicht des Käufers gem § 433 II (zu Ausnahmen → § 433 Rn. 29); idR auch die Pflicht zum **Abruf** der Ware (BGH NJW 1972, 99); anders aber zB bei Bierlieferungsvertrag (OLG München NJW 1968, 1881). Beim **Sukzessivlieferungsvertrag** (→ § 311 Rn. 14) besteht Gegenseitigkeit auch zwischen Forderungen aus verschiedenen Teillieferungen (BGH WM 2007, 306; OLG Saarbrücken NJW 1996, 3086). Der Einbeziehung von **Unterlassungsansprüchen** in das Gegenseitigkeitsverhältnis kann § 242 entgegenstehen (vgl BAG DB 1983, 834; → Rn. 17; → § 273 Rn. 12 ff.). An der **Gegenseitigkeit** der Ansprüche (Mängelbeseitigung – Zahlung Mietzins) **fehlt** es

nach Veräußerung der Mietsache; gegenüber dem Zahlungsanspruch des früheren Vermieters kann wegen fortbestehender Mängel die Einrede nach § 320 nicht mehr erhoben werden (BGH MDR 2007, 141). Auch keine Gegenseitigkeit von Anspruch auf vertragsgem Anlage der Mietkaution und rückständiger Miete (nur Berufung auf den – nicht insolvenzfesten – § 273: BGH NJW 2013, 1244 mN; NJW 2011, 59; NJW 2009, 3505; NJW 2008, 1152); zur Zurückhaltung der gemin-
8 derten Miete s. BGHZ 206, 1. **bb) Parteien.** Der Leistungsaustausch muss nicht gerade zwischen den Vertragsschließenden gewollt sein, Vereinbarung gem § 328 ist möglich. Die Gegenforderung kann **abgetreten** sein (BGHZ 55, 356; 85, 348; WM 2007, 2023; NJW 1995, 188) und kann dem Schuldner uU auch gegenüber einem **Dritten** zustehen. Bsp: Fallen beim Bauträgervertrag infolge der Ausgestaltung der Rechte des Bestellers/Käufers wegen Mängeln (§§ 437, 634) die Rollen des Vergütungsgläubigers (Bauträger = Gläubiger) und des Verpflichteten der Rechte aus §§ 437, 634 (Bauhandwerker = Dritter) auseinander, so berechtigen die dem Schuldner (Käufer) gegenüber dem Dritten zustehenden Mängelrechte jedenfalls dann dem Gläubiger gegenüber zur Einbehaltung der Vergütung, wenn dieser seinerseits dem Dritten gegenüber die Leistung verweigert (BGHZ 70, 193; NJW 1984, 726 – Einwendungsdurchgriff im Dreiecksverhältnis). Fallen Kaufpreisschuldner (Leasinggeber) und Gläubigers der Rechte wegen Mängeln (Leasingnehmer) beim leasingtypischen Dreiecksverhältnis auseinander, berechtigt allein das Vorliegen des Mangels den Leasingnehmer nicht zur Zurückhaltung der Leasingraten (str, BGH NJW 2010, 2798 mN); dies gilt auch bei Besitzverlust zum Zweck der Nacherfüllung (Tavakoli NJW 2010, 2768); im Fall des Rücktritts kann die Zahlung an den Leasinggeber erst eingestellt werden, wenn er gegen den Lieferanten klageweise vorgeht (BGH NJW 2010, 2798 mN bestätigt insoweit die Rechtslage wie vor dem SchRMoG); allg zum Einwendungsdurchgriff bei **verbundenen Verbraucherver-**
9 **trägen** (§§ 358, 359). **cc) Fortbestehen der Gegenforderung.** Der Gläubiger (Kläger) darf nicht von seiner eigenen Leistungspflicht frei geworden sein (sonst §§ 275, 326 I; bei Umwandlung in Ersatzforderung → Rn. 11). Solange aber Leistungsbefreiung gem § 275 nicht feststeht oder die Einrede nach § 275 II, III oder §§ 439 III, 635 III nicht erhoben ist, ist Einrede aus § 320 zulässig. Entspr gilt auch bei teilw Leistungsbefreiung (hM). Auch **verjährter Gegenanspruch** begründet Einrede gem § 320 (RGZ 149, 328; Roth, Die Einrede des Bürgerlichen Rechts, S. 56; BGH NJW 2022, 2270 Rn. 22; NJW 2006, 2773; einschr BGHZ 53, 125; → § 273 Rn. 8 und § 215). Im Kauf- und Werkvertrag steht dem Käufer/Besteller bei unbehebbaren Mängeln (→ § 275 Rn. 9) oder bei berechtigter Leistungsverweigerung des Schuldners (§§ 439 III, 635 III) auch keine allg Mängeleinrede zu; der Käufer/Besteller muss gegenüber dem fortbestehenden Entgeltanspruch (§ 326 I 2) seine Gestaltungsrechte (Minderung, Rücktritt) ausüben (auch → § 438 Rn. 10 f.).
10 **dd) Fälligkeit der Gegenleistung** (Erfordernis folgt aus dem Gegenseitigkeitsverhältnis), idR nicht gegeben, wenn Schuldner vorleistungspflichtig (→ Rn. 21 f.).
11 **ee) Inhaltsänderung.** Durch Umwandlung der Gegenforderung in eine Ersatzforderung wird das Leistungsverweigerungsrecht nicht berührt (hM). Bsp: Sekundäre Ansprüche (→ § 241 Rn. 11) auf Ersatzherausgabe (§§ 326 III, 285), Schadensersatz, Nacherfüllung (§§ 439, 635) oder Mängelbeseitigung (BGHZ 61, 45). Bei Schadensersatzansprüchen statt der Leistung ist bei Berechnung des Schadens nach der Differenzmethode (→ § 281 Rn. 18) idR kein Raum für ein Leistungsverweige-
12 rungsrecht (vgl aber RGZ 149, 328). **c) Keine (vollständige) Leistung des anderen Teils.** Die Gegenleistung darf weder vollständig bewirkt sein noch gleichzeitig bewirkt werden. Die Gründe des Ausbleibens sind gleichgültig, insbes ist kein Verschulden des Gläubigers erforderlich (RGZ 145, 282, hM). Zum Annahmeverzug des Schuldners → Rn. 14 (cc). Ihrem **Umfang** nach umfasst die Gegenleistung auch uU bestehende weitere Ansprüche zB gem §§ 280, 286, 288. **Unvollständig** ist auch die **nicht wie geschuldet erbrachte** insbes die **mangelhafte** Leistung (§§ 434, 435, 633; → § 437 Rn. 29; BGHZ 85, 348 und NJW 1985, 852 für Werkvertrag). Bei Mangelhaftigkeit der Leistung ist § 320 aber zT durch Sonderre-

geln verdrängt (→ Rn. 4); überhaupt kommen nur behebbare Mängel in Frage (BGH NJW 2017, 1100), sonst tritt Leistungsbefreiung ein, dazu → Rn. 17 und → § 275 Rn. 9). Bei Dienstverträgen kann eine völlig unbrauchbare Dienstleistung die Einrede nach § 320 begründen (OLG Koblenz NJW-RR 2007, 997 und NJW-RR 2007, 769). Bei unvollständiger Leistung kann das Zurückbehaltungsrecht nach II eingeschränkt sein (→ Rn. 17, vgl zur Zurückbehaltung der geminderten Miete BGHZ 206, 1). **d) Eigene Vertragstreue. aa)** Voraussetzung der Einrede ist **Fest- 13
halten am Vertrag** durch den verweigernden Teil (Grund: § 320 gibt nur aufschiebende Einrede, Druckmittel; vgl → Rn. 3); bei endgültiger Ablehnung der eigenen Leistung muss der Schuldner andere Rechtsbehelfe (zB §§ 280, 281, 323) geltend machen (BGHZ 50, 177; NJW-RR 2013, 1458; NJW 2002, 3541). **bb)** Es darf 14
kein Leistungsverzug des Schuldners vorliegen, dieser kann ein Leistungsverweigerungsrecht nicht auf Umstände stützen, die nach eigener Vertragsuntreue eingetreten sind (BGH NJW-RR 1995, 565 mN, hM; missverständlich OLG Oldenburg NJW-RR 2011, 480, 481. Mängeleinrede schließt schon Verzug des Käufers aus (BGH NJW 2006, 3059) → Rn. 18). **cc) Annahmeverzug** des Verweigernden schließt die Einrede des § 320 nicht aus; die Interessen des anderen Teils sind durch §§ 372 ff., 322 III, 274 II gewahrt (BGH NJW 2002, 1262; BGHZ 116, 248; OLG Hamm NJW-RR 1996, 87 mN; Roth, Die Einrede des Bürgerlichen Rechts, S. 187 zu § 273).

3. Rechtsfolgen und II. a) Das **Leistungsverweigerungsrecht (I 1;** § 322 I) 15
begründet **keine** echte aufschiebende (dazu → § 280 Rn. 34) **Einrede** (→ Rn. 3 [d]; aA hM) gegenüber dem (unbedingten, → Rn. 2) Gläubigeranspruch bis zur Bewirkung der Gegenleistung (Leistungshandlung, nicht -erfolg), sondern führt nur zur Durchsetzung der bereits bestehenden Anspruchsbeschränkung im Prozess (→ Rn. 2). Durch die Leistungsverweigerung darf der Anspruch nicht vereitelt werden (BAG DB 1983, 834). **b) Umfang. aa)** Sowohl die Einrede des nicht, 16
wie die des nicht vollständig (wie geschuldet) erfüllten Vertrags (vgl → Rn. 12) berechtigt grds zur **vollen** Verweigerung der Gegenleistung (BGH MDR 2003, 801 für Mietzins bei Mängeln, → Rn. 17). **Folgen:** Sind **mehrere Gläubiger** anteilig (§ 420) forderungsberechtigt, braucht Schuldner nur gegen die ganze Gegenleistung zu leisten **(I 2).** Bei teilw Ausbleiben der Gegenleistung (soweit nicht Teilleistung schon gem § 266 zurückgewiesen) kann der Schuldner die eigene Leistung voll zurückhalten, nicht nur zu einem dem rückständigen Teil der Gegenleistung entspr Teil (BGHZ 54, 249, hM). Bsp: Liefersperre bei Strom-Teilzahlungsboykott (OLG Hamm NJW 1981, 2474, hierzu auch → § 273 Rn. 11, 17). **bb)** Eine **Ausnahme** 17
besteht dann, wenn bei teilw Leistung die volle Verweigerung der Gegenleistung gegen Treu und Glauben (§ 242) verstieße (BGH BB 1974, 671; BGHZ 180, 300; 204, 346; 206, 1; NJW-RR 2011, 1618; NJW 2017, 1100), insbes bei verhältnismäßiger Geringfügigkeit des rückständigen Teils **(II).** Grds besteht Zurückbehaltungsrecht bzgl der vollen Gegenleistung aber auch bei Teilleistung (BGH NJW 1997, 939). Greift **II** ein, kann der Schuldner nur einen entspr Teil seiner Leistung zurückbehalten („insoweit"). Bei der Bemessung des Umfangs des zulässigen Einbehalts (vgl BGHZ 56, 316) sind der Zweck der Einrede (Druckmittel, → Rn. 3) und Umstände des *Einzelfalls* zu berücksichtigen (BGHZ 201, 290; Zurückbehaltungsrecht bejaht für kleinen Lackkratzer an Neuwagen – BGH NJW 2017, 1100). Für **Mängel** der Werkleistung enthält § 641 III eine Sonderregelung, auf die auch für den Nachbesserungsanspruch beim Kauf nach § 439 I Fall 1 zurückgegriffen werden kann. §§ 442, 536b S. 3 sind entspr zu beachten (BGH NJW 1989, 3224); im Mietrecht hat Gericht Beurteilungsspielraum im Rahmen von Gesamtwürdigung aller Umstände, wann Mangel der Mietsache zur Zurückbehaltung der (anteiligen) Miete berechtigt, s. BGHZ 206, 1; BGH NJW 2011, 670; NJW-RR 2007, 1021; NJW 2019, 1745). Zweck der Einrede (Druck zur Mangelbeseitigung) entfällt, wenn Mieter Mangelbeseitigung verweigert oder nach Beendigung des Mietverhältnisses, nicht mit bloßer Behauptung des Vermieters, Mangel sei beseitigt (BGH

NJW 2019, 1745 Rn. 23 f.), einbehaltener Betrag muss im Verhältnis zu Mangel
18 angemessen sein (BGHZ 206, 1 Rn. 62 ff.). **c) Materiellrechtliche Wirkungen.** Das bloße (obj) Bestehen der Einrede schließt **Schuldnerverzug** aus (BGHZ 116, 249; NJW 1999, 53 mN; ie → § 280 Rn. 33; anders bei § 273, dort → § 273 Rn. 22 und → § 280 Rn. 36). Die Schuld ist nicht nach § 291 S. 1 zu verzinsen (dort → § 291 Rn. 5). Die **Verjährung** des Anspruchs, dem gegenüber die Einrede des § 320 besteht oder erhoben wird, ist nicht gehemmt. Durch **Sicherheitsleistung** kann das Leistungsverweigerungsrecht (iGgs zum Zurückbehaltungsrecht, § 273 III) nicht abgewendet werden **(I 3);** Grund: → Rn. 2 f. Es gibt daher ein Recht zum Besitz iSv § 986 (iE Seidel JZ 1993, 184 f.; s. demgegenüber → § 273
19 Rn. 22). **d) Prozessuale Wirkungen.** Geltendmachung (eine ausdrückliche Berufung auf § 320 ist nicht notwendig, BGH NJW 2008, 2254) führt im Prozess zu eingeschränkter Verurteilung (BGH NJW 1999, 53; ie § 322). Auswirkungen im **Insolvenzverfahren:** § 103 InsO (Unterschied zu § 273). Der Gemeinschuldner, gegen den Prozess nach Insolvenzeröffnung fortgeführt wird, kann sich trotz § 80 I InsO auf § 320 mit der Folge berufen, dass die Gegenleistung in die Insolvenzmasse zu zahlen ist (BGH NJW-RR 2013, 1318). Zur Geltendmachung im Urkundenpro-
20 zess bei Wohnraummiete, BGH NJW 2007, 1061. **e) Beweislast.** Wird die Einrede beim beiderseits nichterfüllten Vertrag erhoben, so hat der Kläger, will er eingeschränkte Verurteilung (§ 322 I) vermeiden, Erfüllung der Gegenforderung oder Vorleistungspflicht des Beklagten (Schuldners) zu beweisen (hM). Sondervorschrift: § 363.

21 **4. Vorleistungspflicht. a) Begriff.** Fälligkeit (→ § 271 Rn. 2) der Leistung des Vorleistungspflichtigen vor der des anderen Teils. **b) Entstehung:** Kraft Ges (jedoch abdingbar) gem §§ 556b, 579 II, 614, 641 I (dazu BGHZ 61, 44), 699 oder auf Grund vertraglicher Vereinbarung, durch AGB und im Verbrauchervertrag nur im Rahmen von § 307 (BGHZ 100, 161 f.; 119, 174 ff.; NJW 2001, 294), § 309 Nr. 2a (→ § 309 Rn. 3). Soweit die Angemessenheit von Vorleistungsklauseln (allein) von § 320 abhängig sein soll (BGH NJW 2006, 3134 für Pauschalreise m. krit Anm Staudinger), birgt dies die Gefahr eines Zirkelschlusses; es ist auf die Äquivalenz zwischen Anzahlung und Vorleistung abzustellen. **Einzelfälle** zB Zusendung unter „Nachnahme", „Zahlung gegen Dokumente" (BGH NJW 1987, 2436), „nach Erhalt der Rechnung" (BGH WM 1987, 1497; BB 1988, 1210; → § 271 Rn. 7), „nach Übernahmebestätigung" (BGH NJW 1993, 1383), Versendungskauf gem § 447 (BGHZ 74, 142) und mit „cif"-Klausel (→ § 269 Rn. 5); teilw „Vorkasse" des Reisenden bei Reiseveranstaltungsvertrag (BGHZ 100, 161 ff.; 119, 174 ff., str; OLG Dresden NJW-RR 2012, 1134 [40% nicht mehr „verhältnismäßig geringfügig"]; → § 651a Rn. 14). Auskunft durch den Karenzentschädigung fordernden AN (§ 74c II HGB; BAG NJW 1978, 2215). Zur Vorleistungspflicht des Werkunternehmers: BGH NJW 2022, 2270; KG MDR 2020, 1314 (bei übergabefähigem
22 Werk idR nur Zug-um-Zug Verpflichtung). **c) Rechtsfolgen:** Für den Vorleistungspflichtigen entfällt die Einrede gem § 320; zum Prozess: → § 322 Rn. 3 aE. Schuldnerverzug des anderen Teils kann nur durch Bewirkung oder Angebot der Vorleistung bei Fälligkeit der Gegenleistung herbeigeführt werden (BGH NJW-RR 1996, 754). In Dauerschuldverhältnissen (zB Mobilfunkvertrag) kann trotz Vorleistungspflicht des Anbieters ein Zurückbehaltungsrecht für noch zu erbringende Teilleistungen bestehen, wenn der andere Teil für zeitlich nicht korrespondierende vorangegangene Abschnitte fällige Zahlungen nicht erbracht hat (BGHZ 188, 360; zu Sperrklauseln in Mobilfunk-AGB, BGH NJW-RR 2011, 1618). **Vorleistungspflicht entfällt** (idR mit Folge der Rückkehr zur Zug-um-Zug-Leistung), wenn und solange der andere Teil (grundlos) erklärt, die eigene Leistung nicht mehr erbringen zu können oder zu wollen (vgl auch → § 280 Rn. 17; BGHZ 88, 96; 88, 247 f.; NJW 1997, 939; NJW 1995, 957 mN; → Rn. 13 f.) oder wenn auch die Leistung des Vorleistungsberechtigten inzwischen fällig geworden ist (BGH NJW-RR 1989, 1357; DB 2005, 1001), es sei denn, es handelt sich um eine bestän-

dige Vorleistungspflicht (BGH NJW 1986, 1164). Ein **Leistungsverweigerungsrecht trotz Vorleistungspflicht** (durch Sicherheitsleistung abwendbar) besteht unter den Voraussetzungen des § 321 I.

§ 321 Unsicherheitseinrede

(1) [1]**Wer aus einem gegenseitigen Vertrag vorzuleisten verpflichtet ist, kann die ihm obliegende Leistung verweigern, wenn nach Abschluss des Vertrags erkennbar wird, dass sein Anspruch auf die Gegenleistung durch mangelnde Leistungsfähigkeit des anderen Teils gefährdet wird.** [2]**Das Leistungsverweigerungsrecht entfällt, wenn die Gegenleistung bewirkt oder Sicherheit für sie geleistet wird.**

(2) [1]**Der Vorleistungspflichtige kann eine angemessene Frist bestimmen, in welcher der andere Teil Zug um Zug gegen die Leistung nach seiner Wahl die Gegenleistung zu bewirken oder Sicherheit zu leisten hat.** [2]**Nach erfolglosem Ablauf der Frist kann der Vorleistungspflichtige vom Vertrag zurücktreten.** [3]**§ 323 findet entsprechende Anwendung.**

1. Allgemeines. Die Unsicherheits**einrede (I 1)** wurde durch das SchRModG 1 neu gefasst. Sie erfasst jetzt **nachträgliche** und **anfängliche,** für den Vorleistungspflichtigen nicht erkennbare Gefährdungen seines Anspruchs auf die Gegenleistung; ergänzend sieht **II** uU ein Rücktrittsrecht des Vorleistungspflichtigen vor. Die Gefährdung muss nicht unbedingt auf einer Verschlechterung der Vermögenslage beruhen (BGH NJW 2010, 1273). Sie dient dem Vorleistungspflichtigen zum Zweck der Sicherung des eigenen Anspruchs aus demselben Vertrag (BGH NJW 1985, 1221); die Erweiterung dieses Rechts in AGB für „alle offenen" Forderungen aus einer laufenden Geschäftsverbindung ist unzulässig (BGH NJW 1985, 1221; → Rn. 8). Ausprägung des Grundsatzes der *clausula rebus sic stantibus* (vgl → § 313 Rn. 1, 7); ähnlich für das Gelddarlehen § 490 I. Zu **II:** → Rn. 10.

2. Voraussetzungen. a) Gegenseitiger Vertrag (→ § 320 Rn. 4) mit **Vor- 2 leistungspflicht** eines Vertragsteils (→ § 320 Rn. 21 f.); verneinend für Besteller des Werkvertrages (OLG Hamm NJW-RR 1997, 1242). **b) Gefährdung des 3 Anspruchs auf die Gegenleistung.** Sie durfte dem Vorleistungspflichtigen bei einer gebotenen Überprüfung der Leistungsfähigkeit des Vorleistungsberechtigten bei Vertragsschluss nicht erkennbar sein (BT-Drs. 14/6040, 179, → Rn. 1). Eine Gefährdung muss tatsächlich gegeben sein und nicht bloß der Anschein bestehen (zur Fehlbeurteilung des Vorleistungspflichtigen → Rn. 9). Maßgeblicher **Beurteilungszeitpunkt** ist der des Fälligwerdens der Vorleistung. **Fallgruppen: aa) Wesentliche Vermögensverschlechterung** des Vorleistungsberechtigten. 4 Insoweit ist eine wirtschaftliche Betrachtungsweise geboten (hM); gegeben bei Eröffnung des Insolvenzverfahrens, wenn Insolvenzverwalter Erfüllung wählt, Masse aber für Erbringung der Gegenleistung nicht ausreicht (§§ 103, 55 I Nr. 2 InsO; BGH WM 1960, 377; OLG Düsseldorf MDR 1970, 1009; MüKoBGB/Emmerich Rn. 11; Kornmeier BB 1983, 1312), auch Einzelzwangsvollstreckung (*BGH NJW 1964, 100*), ferner Ablehnung eines aussichtsreichen Kredits (BGH NJW 1964, 100), Hingabe ungedeckter Schecks (BGH WM 1961, 1372). Allg. Veränderungen der Wirtschaftslage bleiben außer Betracht. **bb) Andere dro- 5 hende Leistungshindernisse** können sein: Export- oder Importverbote, Kriegsereignisse, Zusammenbruch von Zulieferern, krankheitsbedingter Ausfall zur Leistung notwendiger Mitarbeiter oder des Schuldners selbst (BT-Drs. 14/6040, 179). Ausreichend sind alle (drohenden) Pflichtverletzungen, zB auch Vorliegen von (erheblichen) Mängeln. Str ist, ob ein voraussichtlich nur vorübergehendes Leistungshindernis für I genügt (bejahend [arg ex II] BGH NJW 2010, 1274; Grüneberg/Grüneberg Rn. 4; aA Kaiser NJW 2010, 1255 [Vorleistungspflichtiger muss leisten und kann dann nach §§ 286 I, II oder § 323 I vorgehen]). **cc) Keine** 6

Gefährdung liegt vor bei Vorhandensein ausreichender Sicherheit (RGZ 53, 246).
7 **c)** Das Leistungsverweigerungsrecht **entfällt,** wenn Gegenleistung bewirkt (§ 362) oder Sicherheit (auch durch Bürgen, § 232 II) für sie geleistet wird **(I 2)** sowie bei nachträglichem Wegfall der Gefährdung (hM), jedoch erst ab Kenntnis des Vorleistungspflichtigen (str, aA Grüneberg/Grüneberg Rn. 7 unter Verweis auf § 286 IV). Die Einrede nach **I 1** entfällt **nicht,** weil der Vorleistungspflichtige das Leistungshindernis des Vorleistungsberechtigten zu vertreten hat (BT-Drs. 14/6040, 180; aA MüKoBGB/Emmerich Rn. 19 [§ 326 II analog]). Bei **Verzug** des Vorleistungspflichtigen ist zu unterscheiden. Tritt Verzug ein, bevor die Voraussetzungen nach I vorliegen, gilt → Rn. 9. Sind zunächst die Voraussetzungen nach I gegeben, schließt dies den Verzugseintritt aus (BGH NJW 2010, 1273). Str ist, ob eine Berufung auf § 321 notwendig ist oder wie nach hM bei § 320 der Bestand der Einrede genügt (für letzteres BGH NJW 2010, 1274 mN zum Streitstand). Auf Nachfrage ist aber Grund der Leistungsverweigerung zu offenbaren, um Abwendung nach I 2 zu ermöglichen (sonst kann Vorleistungsberechtigter nach § 323 I vorgehen, ohne dass nachträgliche Berufung auf § 321 I möglich sei, BGH
8 NJW 2010, 1274; dagegen mR Kaiser NJW 2010, 1254, 1255). **d) Abw. Regelungen** zum Nachteil des Vorleistungsberechtigten in **AGB** können wegen Widerspruchs zu → Rn. 2 f. unwirksam sein. Bsp: Rücktrittsvorbehalt des Vorleistungspflichtigen wegen falscher Angaben der Gegenpartei über ihre Vermögensverhältnisse (iE ebenso BGH NJW 1985, 2272); Wegfall der Vorleistungspflicht bereits bei begründeten Zweifeln an der Zahlungsfähigkeit oder Kreditwürdigkeit der anderen Partei (BGH NJW 1985, 1221); fristloses Kündigungsrecht bei Vorliegen von die Vermögensgefährdung anzeigenden „sonstigen Umständen" (BGHZ 112, 285); Umkehr der Vorleistungspflicht (OLG Oldenburg NJW-RR 1991, 633).

9 **3. Rechtsfolgen. a)** Nach **I 1** besteht ein vorübergehendes **Leistungsverweigerungsrecht.** Der Vorleistungspflichtige kann schon auf dem Transport befindliche Ware zurückrufen. Befindet er sich bei Eintritt der Voraussetzungen des § 321 bereits im Verzug, ist **Heilung des Verzugs** möglich, wenn er nunmehr seine Leistung gegen Bewirkung der Gegenleistung anbietet (BGH NJW 1968, 103; MüKoBGB/Emmerich Rn. 24). Liegen die Voraussetzungen gem → Rn. 3 ff. nicht vor, liegt in der unberechtigten Berufung auf I 1 eine (uU aber nicht zu vertretende) Pflicht-
10 verletzung des Vorleistungspflichtigen. **b) Rücktrittsrecht (II). aa) Bedeutung.** Das (wegen der fehlenden Pflichtverletzung des Vorleistungsberechtigten von § 323 I zu unterscheidende, → Rn. 11 aE) Rücktrittsrecht des Vorleistungspflichtigen nach **II** verhindert den Eintritt einer Schwebelage nach Erhebung der Einrede gem I 1. Nach Aufforderung kann der Vorleistungsberechtigte (Zug-um-Zug) durch fristgerechte Erbringung der Leistung oder einer Sicherheit die Durchführung des Vertra-
11 ges sichern. **bb) Voraussetzungen.** Der Vorleistungspflichtige muss eine angemessene Frist setzen, in welcher der Vorleistungsberechtigte nach seiner Wahl die Gegenleistung oder entsprechende Sicherheit Zug um Zug gegen die Vorleistung zu bewirken (leisten) hat. Nach erfolglosen Fristablauf entsteht das Rücktrittsrecht unter den Voraussetzungen des § 323 V, VI **(II 3);** Fristsetzung uU entbehrlich (§ 323 II, III). **Rechtsfolgen:** Rücktrittsrecht des Vorleistungsverpflichteten. **Kein** Anspruch auf Schadensersatz statt der Leistung (§§ 280, 281), da keine Pflichtverletzung des Vorleistungsberechtigten (dh Nichtleistung trotz Fälligkeit des Anspruchs, → § 281 Rn. 5 f.) vorliegt (→ Rn. 9).

§ 322 Verurteilung zur Leistung Zug-um-Zug

(1) **Erhebt aus einem gegenseitigen Vertrag der eine Teil Klage auf die ihm geschuldete Leistung, so hat die Geltendmachung des dem anderen Teil zustehenden Rechts, die Leistung bis zur Bewirkung der Gegenleistung zu verweigern, nur die Wirkung, dass der andere Teil zur Erfüllung Zug um Zug zu verurteilen ist.**

(2) **Hat der klagende Teil vorzuleisten, so kann er, wenn der andere Teil im Verzug der Annahme ist, auf Leistung nach Empfang der Gegenleistung klagen.**

(3) **Auf die Zwangsvollstreckung findet die Vorschrift des § 274 Abs. 2 Anwendung.**

1. Allgemeine Bedeutung. Regelung der verfahrens- und vollstreckungsrechtlichen Folgen der Erhebung der Einrede gem § 320 unter Berücksichtigung der gegenseitigen Abhängigkeit der beiden Forderungen (vgl → § 320 Rn. 2, 7 ff.). 1
Die Einrede nach § 320 wird im Fall der Leistungsklage nicht von Amts wegen berücksichtigt (BGH NJW 2006, 2839). Die Erhebung **im Prozess** (→ § 320 Rn. 19; Form ist gleichgültig, uU genügt Klageabweisungsantrag: BGH NJW 1999, 53 f.; auch unwirksame Aufrechnungserklärung, OLG Stuttgart NJW 2013, 699) führt stets (auch bei Teilklage, BGH NJW 1962, 628) zur Verurteilung des Schuldners zur Leistung Zug-um-Zug gegen Erhalt der vollen Gegenleistung **(I).** Die Regelung entspricht § 274 I (iE dort → § 274 Rn. 1). Erhebung der Einrede erst in der Revisionsinstanz ist unzulässig; möglich ist sie (uU) noch mit der Vollstreckungsgegenklage (vgl BGH NJW-RR 1997, 1272). Für die **Zwangsvollstreckung** verweist **III** auf § 274 II (dort → § 274 Rn. 2). 2

2. Vorleistungspflicht des Klägers. Bei Vorleistungspflicht des einen Teils ist dessen Klage ohne Bewirkung der Vorleistung oder deren Angebot mangels Fälligkeit des Anspruchs abzuweisen (BGHZ 61, 44; BAG NJW 1978, 2215); bei Annahmeverzug des Vorleistungsberechtigten ist (nur) Klage auf „Leistung nach Empfang der Gegenleistung" möglich **(II);** bei mangelhafter Vorleistung gelten die §§ 320, 322 (BGHZ 73, 144). Vollstreckung erfolgt gem **III** nach § 274 II (BGHZ 149, 292, str; iE Schilken AcP 181, 381 ff.). Insoweit kann berechtigtes Feststellungsinteresse für Annahmeverzug bestehen, obwohl kein Rechtsverhältnis iSv § 256 ZPO (OLG Stuttgart MDR 2021, 311 Rn. 17; für § 274 BGH NJW 2010, 2503 Rn. 24). **I** und **II** sind unanwendbar, wenn der Vorleistungsberechtigte endgültig unberechtigt die Leistungsannahme verweigert; dann ist er unbedingt zu verurteilen (arg § 162 I; vgl BGHZ 88, 247 f.; bei Mitwirkungsverweigerung iE auch Hartmann BB 1997, 328 f. arg II, III, aber unter Verkennung von § 756 ZPO). Auf Klage des Vorleistungsberechtigten ergeht uneingeschränktes Urteil (vgl → § 320 Rn. 22). 3

Vorbemerkungen zu den §§ 323–326

Lit.: Bassler/Büchler, Die Reform des Rücktrittsrechts, AcP 214, 888; Gutzeit, Der arglistig täuschende Verkäufer, NJW 2008, 1359; Hanau, Der Schuldner in der Hand des Gläubigers?, NJW 2007, 2806; Heiderhoff/Skamel, Teilleistung im Kaufrecht, JZ 2006, 383; Jaensch, Schadensersatz beim vorweggenommenen Vertragsbruch und relativem Fixgeschäft, ZGS 2005, 134; Lorenz, Arglist und Mangel – Zum Begriff der Pflichtverletzung in § 323 V 2 BGB, NJW 2006, 1925; Looschelders, Leistungsverweigerungsrechte des Käufers bei Mängeln, NJW 2020, 2074; Mossler, Rücktrittsrecht vor Fälligkeit bei solvenzbedingten Zweifeln an der Leistungsfähigkeit des Schuldners, ZIP 2002, 1831; Müller/Matthes, Notwendigkeit einer richtlinienkonformen Bestimmung der Leistung in § 323 V BGB bei Teilschlechtleistung und Teilleistung, AcP 204, 732; Peters, Die ernsthafte und endgültige Annahmeverweigerung des Gläubigers, JZ 2012, 125; Riehm, Irrungen und Wirrungen zur Fristsetzung und ihrer Entbehrlichkeit, NJW 2014, 2065; Ring, Abgas-Manipulationssoftware und Gewährleistungsrechte der Käufer, NJW 2016, 3121; Schmitt, Die Änderungen beim Rücktrittsrecht nach § 323 BGB durch das Gesetz zur Umsetzung der Verbraucherrechterichtlinie, VuR 2014, 90; Stöber, Fitnessstudio-Verträge in Zeiten von Corona, NJW 2022, 897; Weiss, Neujustierung im Rücktrittsrecht, NJW 2014, 1212; Witt, Der Dieselskandal und seine kauf- und deliktsrechtlichen Folgen, NJW 2017, 3681; iÜ vgl das vor § 275 genannte Schrifttum.

1. Überblick. Vgl zunächst → Vor § 275 Rn. 1, 13 f. §§ 323–326 ergänzen die allg Regelungen über Pflichtverletzungen in §§ 280 ff., 311a um Sondervorschriften für den gegenseitigen Vertrag. Sie sind nach der neuen Systematik des allg Schuld- 1 rechts nur noch notwendig, soweit es um das **Rücktrittsrecht** des Gläubigers bei Pflichtverletzungen des Schuldners und um das **Schicksal der Gegenleistung** bei Leistungshindernissen nach § 275 geht. Nach § 325 wird das Recht des Gläubigers, Schadensersatz zu verlangen, durch den Rücktritt nicht mehr ausgeschlossen. Zur Terminologie: Das SchRModG hat die Terminologie vereinfacht und spricht nur noch vom „Gläubiger" und „Schuldner" der gestörten Leistung.

2 **2. Bedeutung und Aufbau der Vorschriften.** § 323 enthält die zentrale Rücktrittsvorschrift bei Pflichtverletzungen im gegenseitigen Vertrag, die für Schutzpflichtverletzungen nach § 241 II in § 324 ergänzt wird. § 323 II Nr. 2 und 3 mussten in Umsetzung von Art. 18 II Verbraucherrechte-RL neu gefasst werden, der ein unionsrechtliches Fristsetzungserfordernis für den Verbrauchsgüterkauf regelt; die Umsetzung erfolgt richtlinienüberschießend, da keine Begrenzung auf Verbrauchsgüterkauf erfolgt ist (→ § 323 Rn. 1). Bei Leistungshindernissen nach § 275 gewährt § 326 V (teils ergänzend teils an Stelle der Rechtsfolgen nach § 326 I, dort → § 326 Rn. 27) ein ohne Fristsetzung auszuübendes Rücktrittsrecht. In Aufbau und Struktur entspricht § 323 dem § 281, § 324 dem § 282 und § 326 V dem § 283, wobei das Rücktrittsrecht aber kein Vertretenmüssen der Pflichtverletzung durch den Schuldner voraussetzt. Bei Leistungshindernissen nach § 275 regelt § 326 I–IV das Schicksal der Gegenleistung.

3 **3. Anwendungsbereich. a) Sämtliche Fälle der Leistungsstörung.** Die Regelung gilt für alle Pflichtverletzungen (auch soweit die Ansprüche nicht im Gegenseitigkeitsverhältnis stehen) und sämtliche (anfängliche und nachträgliche, obj
4 und subj) Leistungshindernisse nach § 275. **b)** §§ 323–326 gelten für **alle gegenseitigen Verträge,** soweit nicht Sondervorschriften eingreifen (wie zB für Reise-, Dienst- und Mietverträge; → § 323 Rn. 4; → § 326 Rn. 2). Im Kauf- und Werkvertrag finden bei Mängeln der Sache oder des Werkes die §§ 323, 326 auch nach Gefahrübergang Anwendung (§§ 437, 634), wobei deren Voraussetzungen zT modifiziert werden (§§ 440, 636); beim Verbrauchsgüterkauf regelt § 475d abschließend die Fristsetzungsregeln.

4. Corona-Moratorium nach Art. 240 EGBGB.

5 **Art. 240 § 1 EGBGB Moratorium**

(1) [1]Ein Verbraucher hat das Recht, Leistungen zur Erfüllung eines Anspruchs, der im Zusammenhang mit einem Verbrauchervertrag steht, der ein Dauerschuldverhältnis ist und vor dem 8. März 2020 geschlossen wurde, bis zum 30. Juni 2020 zu verweigern, wenn dem Verbraucher infolge von Umständen, die auf die Ausbreitung der Infektionen mit dem SARS-CoV-2-Virus (COVID-19-Pandemie) zurückzuführen sind, die Erbringung der Leistung ohne Gefährdung seines angemessenen Lebensunterhalts oder des angemessenen Lebensunterhalts seiner unterhaltsberechtigten Angehörigen nicht möglich wäre. [2]Das Leistungsverweigerungsrecht besteht in Bezug auf alle wesentlichen Dauerschuldverhältnisse. [3]Wesentliche Dauerschuldverhältnisse sind solche, die zur Eindeckung mit Leistungen der angemessenen Daseinsvorsorge erforderlich sind.

(2) [1]Ein Kleinstunternehmen im Sinne der Empfehlung 2003/361/EG der Kommission vom 6. Mai 2003 betreffend die Definition der Kleinstunternehmen sowie der kleinen und mittleren Unternehmen (ABl. L 124 vom 20.5.2003, S. 36) hat das Recht, Leistungen zur Erfüllung eines Anspruchs, der im Zusammenhang mit einem Vertrag steht, der ein Dauerschuldverhältnis ist und vor dem 8. März 2020 geschlossen wurde, bis zum 30. Juni 2020 zu verweigern, wenn infolge von Umständen, die auf die COVID-19-Pandemie zurückzuführen sind,
1. das Unternehmen die Leistung nicht erbringen kann oder
2. dem Unternehmen die Erbringung der Leistung ohne Gefährdung der wirtschaftlichen Grundlagen seines Erwerbsbetriebs nicht möglich wäre.

[2]Das Leistungsverweigerungsrecht besteht in Bezug auf alle wesentlichen Dauerschuldverhältnisse. [3]Wesentliche Dauerschuldverhältnisse sind solche, die zur Eindeckung mit Leistungen zur angemessenen Fortsetzung seines Erwerbsbetriebs erforderlich sind.

(3) [1]Absatz 1 gilt nicht, wenn die Ausübung des Leistungsverweigerungsrechts für den Gläubiger seinerseits unzumutbar ist, da die Nichterbringung der Leistung die wirtschaftliche Grundlage seines Erwerbsbetriebs gefährden würde. [2]Absatz 2 gilt nicht, wenn die Ausübung des Leistungsverweigerungsrechts für den Gläubiger unzumutbar ist, da die Nichterbringung der Leistung zu einer Gefährdung seines angemessenen Lebensunterhalts oder des ange-

messenen Lebensunterhalts seiner unterhaltsberechtigten Angehörigen oder der wirtschaftlichen Grundlagen seines Erwerbsbetriebs führen würde. [3]Wenn das Leistungsverweigerungsrecht nach Satz 1 oder 2 ausgeschlossen ist, steht dem Schuldner das Recht zur Kündigung zu.

(4) Die Absätze 1 und 2 gelten ferner nicht im Zusammenhang
1. mit Miet- und Pachtverträgen nach § 2, mit Darlehensverträgen sowie
2. mit arbeitsrechtlichen Ansprüchen.

(5) Von den Absätzen 1 und 2 kann nicht zum Nachteil des Schuldners abgewichen werden.

Lit.: Römermann, Mietrechtliche „Blitzgesetzgebung" in Pandemiezeiten, NJW 2021, 265; Rüfner, Das Corona-Moratorium nach Art. 240 EGBGB, JZ 2020, 443; Schmidt-Kessel/Möllnitz, Coronavertragsrecht- Sonderregeln für Verbraucher und Kleinstunternehmer, NJW 2020, 1103; Sittner, Mietrechtspraxis unter Covid-19, NJW 2020, 1169; Wagner/Holtz/Dötsch, Auswirkungen von COVID-19 auf Lieferverträge, BB 2020, 845.; Schmidt-Kessel/Möllnitz, Coronavertragsrecht – Sonderregeln für Verbraucher und Kleinstunternehmer, NJW 2020, 2985. Weit. Nachw. bei MüKoBGB/Gaier EGBGB Art. 240 § 1 u. BeckOK/Martens, Art. 240 § 1 Vor Rn. 1.

a) Zweck und Anwendungsbereich. Die Norm galt bis 30.9.2022. Mit Begrenzung auf den Zeitraum vom 1.4.2020–30.6.2022 hatte der Gesetzgeber eine Einrede sui generis geschaffen, welche den Besonderheiten der Corona-Krise bei bestimmten gegenseitigen Verträgen Rechnung tragen soll und als lex specialis gegenüber allgemeinen Vorschriften anzusehen ist (BGBl. I, 569; MüKoBGB/Finkenauer, § 313 Rn. 319: § 313 bleibt anwendbar; Sonderregelung für subjektive Unmöglichkeitsfälle: BeckOK/Martens, Art. 240 § 1 Rn. 8). Art. 240 § 1 (zur Gewerbemiete und -pacht § 2 → § 543 Rn. 4a, zu Verbraucherdarlehen § 3 → Vor §§ 491–513 Rn. 6–9). Es handelt sich um die Einräumung eines Rechts zur vorübergehenden Verweigerung der Erfüllung bestimmter Verbindlichkeiten, mit dem Liquiditätsengpässen der Betroffenen entgegengewirkt werden soll. Die vertraglichen Pflichten bleiben bestehen und müssen nach Ende des Moratoriums erfüllt werden (BeckOK/Martens, Art. 240 § 1 Vor Rn. 1). Die Einrede greift nicht ipso iure, sondern muss vom Schuldner geltend gemacht werden (bloße Nichtleistung ist nicht ausreichend, Schmidt-Kessel/Möllnitz NJW 2020, 1103, 1105). Verhindert werden soll, dass entsprechende Leistungen eingeklagt werden können. Entsprechende Leistungsklagen für den fraglichen Zeitraum waren als derzeit unbegründet abzuweisen (Rüfner JZ 2020, 443, 447). Soweit schon Titel vorhanden, kann Moratorium über § 767 ZPO geltend gemacht werden. Iü ist es der Zweck des Moratoriums, Sanktionen wegen Nichterfüllung abzuwenden. Hierzu gehören der Eintritt des Verzugs, Schadensersatz statt der Leistung und Rücktritt nach § 323 (BT-Drs 19/18110 S 34). Nicht in der Gesetzesbegründung erwähnt, aber nach Sinn und Zweck ausgeschlossen sein muss auch die Kündigung nach § 314 (so auch Rüfner JZ 2020, 443, 447), dasselbe gilt für § 320, soweit für die betroffenen Verträge nicht ohnehin eine gesetzliche Sonderregelung gilt (§§ 19 II StromGV, 19 IIf GasGVV, 45k II TKG). **Miet- und Pachtverträge** iSv Art. 240 § 2 werden von Art. 240 § 1 EGBGB nicht erfasst (IV Nr. 1), insoweit sieht § 2 nur einen Ausschluss der außerordentlichen und ordentlichen Kündigung vor (für Miete beweglicher Sachen gilt I, BeckOK/Martens, Art. 240 § 1 Rn. 15). Zur Anwendung von § 313 wegen Wegfalls der (großen) Geschäftsgrundlage sa → § 313 Rn. 18a. Art. 240 § 7 enthielt bereits eine entsprechende Vermutung für die Gewerberaummiete und -pacht. Auch Verbraucherdarlehen (→ Art. 240 § 3) und Arbeitsverträge (IV Nr. 2) fallen nicht in den Anwendungsbereich von § 1. **b) Regelungssystematik.** Die Neuregelung unterscheidet zwischen Leistungsverweigerungsrechten von Verbrauchern (§ 13, aber keine richtlinienkonforme Auslegung, BeckOK/Martens, Art. 240 § 1 Rn. 9) **(I)** und Kleinstunternehmern **(II). III** schließt die Anwendung von I und II aus, wenn die Ausübung des Leistungsverweigerungsrechts für den Gläubiger des Verbrauchers bzw Kleinstunternehmers unzumutbar ist. Ausgeschlossen ist die Anwendung von I und II für Miet- und Pachtverträge (insoweit Sonderregelung in Art. 240

Randnummern: 6 (bei „a) Zweck und Anwendungsbereich"), 7 (bei „b) Regelungssystematik")

§ 2), Darlehensverträge und arbeitsrechtliche Ansprüche (**IV**). Von I und II abw Vereinbarungen zulasten des Schuldners sind unwirksam (**V**). Die Voraussetzungen von I und II sind jeweils vom Schuldner zu beweisen. Nicht anwendbar ist I auf gesetzliche Verpflichtung des Wohnungseigentümers nach § 16 WEG (BeckOK/Martens, Art. 240 § 1 Rn. 10, aber für Verweigerungsrecht gegenüber Versorgungs-
8 unternehmen, wenn nur ein Verbraucher-Wohnungseigentümer gefährdet ist). **c) Voraussetzungen nach I.** Verbrauchern steht das Leistungsverweigerungsrecht gegenüber dem Unternehmer (§ 14) nach I nur zu, wenn (1) es sich um ein wesentliches Dauerschuldverhältnis (Verbrauchervertrag iSv § 310 III, BeckOK/Martens, Art. 240 § 1 Rn. 11) handelt, (2) das vor dem 8.3.2020 eingegangen wurde, (3) die Leistungserbringung seinen angemessenen Lebensunterhalt oder den von unterhaltsberechtigten Angehörigen gefährden würde, (4) diese Gefährdung auf einen Umstand zurückzuführen ist, der auf die Ausbreitung der Covid-19-Pandemie zurückzuführen ist, und (5) kein Fall von I 1 vorliegt. **Wesentliche Dauerschuldverhältnisse** sind in I 3 als solche definiert, die zur Eindeckung mit Leistungen zur angemessenen Daseinsvorsorge erforderlich sind. Mit dem unbestimmten Rechtsbegriff der Daseinsvorsorge lehnt sich der Gesetzgeber an denjenigen des öffentlichen Rechts an; erfasst werden eben *nicht* alle Geschäfte zur Deckung des Lebensbedarfs, sondern nach der Gesetzesbegründung nur die klassische Daseinsvorsorge (Strom, Gas, Telekommunikation, Wasser sowie Pflichtversicherungen, vgl Rüfner JZ 2020, 443), so dass regelmäßig als Leistungserbringer nur Großunternehmen oder staatliche Unternehmen betroffen sein sollten, die einerseits einem Kontrahierungszwang unterliegen (BeckOK/Martens, Art. 240 § 1 Rn. 19), andererseits das Moratorium wirtschaftlich verkraften. Es gilt ein obj Maßstab (Schmidt-Kessel/Möllnitz NJW 2020, 1103). Nicht wesentlich iSv I dürften Schuldverhältnisse sein, die eher zufällig in Form eines Dauerschuldverhältnisses eingegangen werden, um keiner Ungleichbehandlung mit dem ebenso gut möglichen Einzelerwerb Vorschub zu leisten (zB Fahrkartenerwerb im öffentlichen Nahverkehr, Leasingvertrag über privaten Pkw statt Kauf – vgl Rüfner JZ 2020, 443, 444 mwN). Eine Analogie für punktuelle Austauschverträge (auch wenn sie der Daseinsvorsorge dienen, zB Heizölkauf, scheidet aus, BeckOK/Martens, Art. 240 § 1 Rn. 18). Nicht der Grundversorgung dienen Verträge mit Fitnessstudios, Medienverträge (Zeitungsabonnement), wohl aber Alten- und Krankenpflegeverträge, s. BeckOK/Martens, Art. 240 § 1 Rn. 20; abl. für Kfz-Leasing Rüfner JZ 2020, 443, 444; aA soweit Nutzung öffentlicher Verkehrsmittel nicht zumutbar, BeckOK/Martens, Art. 240 § 1 Rn. 20 aE. Für die Voraussetzung des gefährdeten Lebensunterhalts (allgemeine Lebenshaltungskosten u. Wohnkosten) → §§ 519, 528, 1581, 1603 I, 1608. Die **zeitliche Begrenzung** auf Verträge, die vor dem 8.3.2020 geschlossen wurden, erklärt sich daraus, dass der Gesetzgeber Verbraucher, die ein Dauerschuldverhältnis in Kenntnis möglicher bevorstehender gravierender Veränderungen eingehen, nicht als schutzwürdig ansieht (BT-Drs. 19/18110, 34, zu Recht krit Rüfner JZ aaO, da unvereinbar mit sozialpolitischer Zielrichtung der Regelung). Vertragsänderungen nach dem 8.3.2020 sind unschädlich, wenn sie die Hauptleistungspflichten im Kern unangetas-
9 tet lassen. **d) Voraussetzungen nach II.** Kleinstunternehmer (zum Begriff Empfehlung 2003/361/EG: weniger als 10 Beschäftige und weniger als 2 Mio Euro Jahresumsatz) erhalten ebenso ein vorübergehendes (bis 30.6.2020) Leistungsverweigerungsrecht für Ansprüche aus einem wesentlichen Dauerschuldverhältnis, das vor dem 8.3.2020 begründet wurde, wenn die Voraussetzungen nach Nr. 1 oder 2 vorliegen. Der Begriff des wesentlichen Dauerschuldverhältnisses wird in II 3 abw von I 3 definiert: erfasst sind die zur Eindeckung mit Leistungen zur angemessenen Fortsetzung des Erwerbsbetriebs notwendigen Dauerschuldverhältnisse (zu Recht für enge Auslegung BeckOK/Martens, Art. 240 § 1 Rn. 23). Dies umfasst jedoch wie in I 3 Pflichtversicherung, Lieferung von Gas, Wasser, Strom, Telekommunikation, EC- und Kreditkartenlesegeräte, die privatrechtlich geregelte Wasserver- und -entsorgung (BT-Drs. 19/18110 S 35). Str, aber abzulehnen ist es, auch Waren- und Rohstofflieferungen unter II zu fassen (führt zu Ungleichbehandlung von einzelnem

Kaufvertrag und Bezug in Dauerschuldverhältnis, zutreffend Rüfner JZ 2020, 443, 445). Die Covid-19 Pandemie muss im Einzelfall entweder zur subj Unmöglichkeit der vertraglichen Leistung des Kleinstunternehmers (Nr. 1) führen oder dazu, dass die Leistung nur unter Gefährdung der wirtschaftlichen Grundlagen des Erwerbsbetriebs möglich wäre. Str ist die Anwendbarkeit von Nr. 1 auf Zahlungsverpflichtungen des Kleinstunternehmers (grds keine subj Unmöglichkeit bei Geldschuld) mit der Folge, dass er seinen Anspruch auf die Gegenleistung behielte. Nach Sinn und Zweck (Abhilfe bei Liquiditätsproblemen) wird dies teilweise bejaht (Schmidt-Kessel/Möllnitz NJW 2020, 1103, 1104, da sich Kleinstunternehmer sonst am Markt Geld besorgen müsste (für nachholbare Sachleistungen); Thole ZIP 2020, 650, 660; MüKoBGB/Gaier Art. 140 § 1 Rn. 35), die Gegenansicht verweist darauf, dass Kunden des Unternehmens damit nicht zur Kreditgewährung gezwungen werden dürfen (BeckOK/Martens, Art. 240 § 1 Rn. 24; Rüfner JZ 2020, 443, 446). **e) Ausschluss der Einrede nach III.** Im Sinne eines angemessenen Interessenausgleichs entfällt das Moratorium nach I oder II, wenn die Leistungsverweigerung des Verbrauchers die wirtschaftliche Grundlage seines Erwerbsbetriebs gefährdet (S. 1) oder im Falle von II die Ausübung für den Vertragspartner des Kleinstunternehmers zu einer Unzumutbarkeit wegen Gefährdung des angemessenen Lebensunterhalts führt. S. 1 wird selten eingreifen, wenn nur ein einziger Verbraucher die Leistung verweigert, man wird daher zulassen müssen, dass Unternehmer sich auf S. 1 beruft, wenn erst in der Kumulation einer Vielzahl von Berufungen auf das Moratorium ihm die wirtschaftliche Grundlage entzogen wird. **10**

§ 323 Rücktritt wegen nicht oder nicht vertragsgemäß erbrachter Leistung

(1) **Erbringt bei einem gegenseitigen Vertrag der Schuldner eine fällige Leistung nicht oder nicht vertragsgemäß, so kann der Gläubiger, wenn er dem Schuldner erfolglos eine angemessene Frist zur Leistung oder Nacherfüllung bestimmt hat, vom Vertrag zurücktreten.**

(2) **Die Fristsetzung ist entbehrlich, wenn**
1. **der Schuldner die Leistung ernsthaft und endgültig verweigert,**
2. **der Schuldner die Leistung bis zu einem im Vertrag bestimmten Termin oder innerhalb einer im Vertrag bestimmten Frist nicht bewirkt, obwohl die termin- oder fristgerechte Leistung nach einer Mitteilung des Gläubigers an den Schuldner vor Vertragsschluss oder auf Grund anderer den Vertragsabschluss begleitenden Umstände für den Gläubiger wesentlich ist, oder**
3. **im Falle einer nicht vertragsgemäß erbrachten Leistung besondere Umstände vorliegen, die unter Abwägung der beiderseitigen Interessen den sofortigen Rücktritt rechtfertigen.**

(3) **Kommt nach der Art der Pflichtverletzung eine Fristsetzung nicht in Betracht, so tritt an deren Stelle eine Abmahnung.**

(4) **Der Gläubiger kann bereits vor dem Eintritt der Fälligkeit der Leistung *zurücktreten*, wenn offensichtlich ist, dass die Voraussetzungen des Rücktritts eintreten werden.**

(5) [1]**Hat der Schuldner eine Teilleistung bewirkt, so kann der Gläubiger vom ganzen Vertrag nur zurücktreten, wenn er an der Teilleistung kein Interesse hat.** [2]**Hat der Schuldner die Leistung nicht vertragsgemäß bewirkt, so kann der Gläubiger vom Vertrag nicht zurücktreten, wenn die Pflichtverletzung unerheblich ist.**

(6) **Der Rücktritt ist ausgeschlossen, wenn der Gläubiger für den Umstand, der ihn zum Rücktritt berechtigen würde, allein oder weit überwiegend verantwortlich ist oder wenn der vom Schuldner nicht zu vertre-**

tende Umstand zu einer Zeit eintritt, zu welcher der Gläubiger im Verzug der Annahme ist.

1 **1. Allgemeines. a)** Die Regelung trägt der synallagmatischen Verknüpfung der durch die Pflichtverletzung gestörten Leistungspflicht mit der Gegenleistungspflicht des Gläubigers Rechnung. Da diesem nicht zuzumuten ist, die eigene Leistung auf unbestimmte Zeit bereitzuhalten, wird ihm in I das Recht eingeräumt, durch Rücktritt die Beendigung des Leistungsaustausches herbeizuführen und die seinerseits schon erbrachte Leistung zurückzuverlangen (§ 346 I). Daneben ist Anspruch auf
2 Schadensersatz (§§ 280, 281) möglich (§ 325). **b)** § 323 ist als Parallelvorschrift zu § 281 gedacht, verzichtet aber auf das Vertretenmüssen der Pflichtverletzung durch den Schuldner und auf eine Ablehnungsandrohung. Der Gleichlauf mit der Formulierung in **§ 281 II** wurde mit der Neufassung des § 323 II Nr. 2 und 3 jedoch (unbewusst?) aufgegeben. Bezüglich der Fristsetzung decken sich die Voraussetzungen des Übergangs von der Erfüllung auf Schadensersatz statt der Leistung und die Rücktrittsvoraussetzungen nicht mehr. Zu Wertungswidersprüchen kann dies führen – weil die schadenersatzrechtliche Restitution die Rücktrittsfolgen mitumfassen kann – in den Fällen des § 323 II Nr. 3, der nur noch Schlechtleistungen erfasst. Bei völliger **Nichtleistung** besteht (vorbehaltlich II Nr. 1, 2) kein Rücktrittsrecht mehr wegen Interessenfortfall, es kann aber Schadensersatz verlangt werden. Im Anwendungsbereich der Verbraucherrechte-RL müsste daher richtlinienkonforme Anpassung von § 281 II erfolgen, damit die Rücktrittsfolgen nicht über Schadensersatz eintreten (Riehm NJW 2014, 2065, → § 281 Rn. 9) oder entspr großzügige Handhabung von II Nr. 2 (s. hierzu Bassler/Büchler AcP 214, 921 f.). Für Fälle außerhalb der Verbraucherrechte-RL wird vorgeschlagen, § 281 II Var. 2 zur Erleichterung des Rücktritts analog anzuwenden (Riehm NJW 2014, 2065 unter Berufung auf BT-Drs. 17/12637, 59; aA Weiss NJW 2014, 1215). Die Fälle des **VI** finden in § 281 keine Entsprechung (→ § 281 Rn. 13). Praktisch wichtig ist § 323 als Voraussetzung für den Rücktritt der Käufers/Bestellers wegen Mängeln nach Gefahrübergang (§§ 437 Nr. 2, 634 Nr. 3); bei nicht behebbaren Mängeln ergibt
3 sich das Rücktrittsrecht aus § 326 V iVm § 323 V, VI. **c)** § 323 ist **nicht zwingend,** jedoch Leitbild iSv § 307 II Nr. 1; durch AGB und im Verbrauchervertrag können das Erfordernis der Fristsetzung nicht (§ 309 Nr. 4) und die Rechte des Gläubigers nur sehr eingeschränkt (§ 309 Nr. 8) zum Nachteil des Kunden/Verbrauchers abbedungen werden. Zur Begründung eines Rücktrittsrechts: § 308 Nr. 3. **d) Verbrauchsgüterkauf-RL.** Das Frist*setzungs*erfordernis verstößt nach teilweise vertretener Ansicht gegen Art. 3 V (MüKoBGB/Ernst § 323 Rn. 55; Lorenz NJW 2007, 5; Unberath ZEuP 2005, 28 ff.); richtlinienkonforme Handhabung nach II Nr. 3 vertretbar; praktisch geringe Bedeutung im Hinblick auf geringe Anforderungen der Rspr an Nachfristsetzung (Müller NJW 2022, 471 unter Hinweis auf BGH NJW 2015, 2564).

4 **2. Anwendungsbereich. a)** Die Vorschrift gilt grds für sämtliche **gegenseitigen Verträge** mit Ausnahme von in Vollzug gesetzten Dauerschuldverhältnissen (im Arbeitsrecht aber anwendbar für nachvertragliches Wettbewerbsverbot, BAG BeckRS 2018, 1313); bei diesen sind die Rechtsfolgen des **I** idR durch ein Recht zur fristlosen Kündigung aus wichtigem Grund ersetzt (vgl → § 314 Rn. 2). Zum Teil-(Sukzessiv-)lieferungsvertrag vgl → Rn. 23 f.; zum Rücktritt von Erbvertrag verbunden mit lebzeitigen Pflegeleistungen s. BGH DNotZ 2012, 146. **Sondervor-**
5 **schriften:** § 498 iVm § 503 II; §§ 37, 38 VVG. **b) Verhältnis zu §§ 324, 326.** § 323 erfasst die Nicht- oder Schlechterfüllung der Leistungspflicht; bei Verstößen gegen sonstige Verhaltenspflichten (§ 241 II) sind die Voraussetzungen für das Rücktrittsrecht **§ 324** zu entnehmen (→ § 282 Rn. 7, → § 324 Rn. 4). Ist der Schuldner nach § 275 von seiner Leistungspflicht ganz oder teilweise befreit, erlischt der Anspruch auf die Gegenleistung (ggf teilweise) nach § 326 I 1, II. Bei **qualitativer Unmöglichkeit** (unbehebbare Mängel, → § 275 Rn. 9) bleibt der Anspruch auf die Gegenleistung bestehen (§ 326 I 2); der Gläubiger kann aber gem **§ 326 V** iVm

§ 323 V 2, VI ohne Fristsetzung vom Vertrag zurücktreten. Das Rücktrittsrecht aus § 326 V iVm § 323 V, VI steht dem Gläubiger ergänzend bei allen anderen Leistungshindernissen nach § 275 zu.

3. Voraussetzungen (I). a) Gegenseitiger Vertrag. Nicht erforderlich ist, dass die verletzte Pflicht (sub b) synallagmatisch ist (Bsp: Abnahme gem § 433 II; Abruf von Ware [BGH NJW 1972, 99]; Montage der Kaufsache; Zahlung der Grunderwerbsteuer durch Käufer [§ 448, hierzu Förster/Herrler NJW 2010, 2090]). Es müssen für den Rücktritt dann jedoch zusätzlich die Voraussetzungen des V 2 vorliegen (Grüneberg/Grüneberg Rn. 1, 32; aA MüKoBGB/Ernst Rn. 13: kein Rücktritt): Nichterfüllung von Nebenpflicht und Schlechterfüllung von Hauptpflicht sind gleich zu behandeln. Nichterfüllung von fälligen Teilleistungen genügt, ohne dass es auf IV ankommt (KG BeckRS 2022, 9016). **b) Pflichtverletzung** durch Nicht- oder Schlechterfüllung einer Leistungspflicht (→ § 280 Rn. 8 ff.). Schutz- und Rücksichtnahmepflichten gem § 241 II fallen unter § 324 (→ Rn. 5). **c)** Der (Nacherfüllungs-)Anspruch muss **vollwirksam** entstanden und **durchsetzbar** (fällig) sein, dh ihm darf keine dauernde (zerstörende) oder aufschiebende (hemmende) Einrede entgegenstehen (BGH NJW 2013, 1431; hM Grüneberg/Grüneberg Rn. 11, § 281 Rn. 6; BeckOK BGB/H. Schmidt Rn. 5; MüKoBGB/Ernst Rn. 49 f.; diff. v Reichenberg NJW 2015, 2833). Bereits das bloße Bestehen des Einrederechts schließt **I** idR (für Verjährung: § 218 I 1) aus (aA Staudinger/Schwarze Rn. B28; Soergel/Gsell Rn. 53; BeckOK BGB/H. Schmidt Rn. 5), ausnahmsweise ist Geltendmachung erforderlich (→ § 280 Rn. 33 ff.). Um die Einrede des nichterfüllten Vertrags (§ 320) auszuschließen, muss der Gläubiger selbst iSv §§ 294 ff. leistungsbereit und -fähig sein (BGH NJW 1996, 923 f.) und seine Leistung in einer den Annahmeverzug begründenden Weise anbieten (BGHZ 116, 249); Einzelheiten: → § 280 Rn. 33 ff. Zur Fälligkeit → § 280 Rn. 38. **d)** Die **Fristsetzung gem I** (sa → § 281 Rn. 6) ist die Aufforderung zur Bewirkung der Leistung binnen einer hinreichend (nicht notwendig nach Zeiteinheiten, zB Tagen usw) bestimmten Frist (Endtermin notwendig, OLG München NJW-RR 2010, 1716; Koch NJW 2010, 1636; aA BGH NJW 2016, 3654; NJW 2015, 2564; NJW 2009, 3153 für § 281 I, krit hierzu auch Schollmeyer ZGS 2009, 491; Höpfner NJW 2016, 3633); „Bitte" kann nachdrücklich und ernsthaft genug sein (BGH NJW 2016, 3654; aA Müller MDR 2017, 10, 11); bei Sicherungszession auch durch den Zedenten möglich (BGH NJW 2002, 1569); uU ist mangels klarer vertraglicher Abreden Konkretisierung der Leistung notwendig (BGH NJW 2011, 224 f. Pflegeleistungen). **Zeitpunkt: nach** Fälligkeit, noch **vor** Undurchsetzbarkeit des Anspruchs (zB nicht mehr nach eigener Mangelbeseitigung durch Käufer, BGH MDR 2009, 675); auch noch in Berufungsinstanz (BGH MDR 2009, 996; diff Skamel NJW 2010, 271). Fristsetzung **vor** Fälligkeit ist unwirksam (BGHZ 193, 315 = NJW 2012, 3715); Ablehnungsandrohung nicht erforderlich. Fristsetzung ist geschäftsähnliche Handlung (wie → § 286 Rn. 16). Die gesetzte Frist muss **angemessen** sein; Angemessenheit bestimmt im Streitfall das Gericht (§ 242) nach obj Maßstäben (BGH NJW 1985, 2641) bzw nach Vereinbarung der Parteien (BGH NJW 2016, 3654). Dabei ist zu berücksichtigen, dass die Nachfrist dem Schuldner die Leistung nicht erst ermöglichen, sondern ihm eine letzte Gelegenheit geben soll, die in die Wege geleitete (vorbereitete) Erfüllung zu vollenden (BGH NJW 1985, 2640 mN); die Nachfrist ist keine „Ersatzleistungsfrist" (BGH NJW 1985, 857; s. OLG Karlsruhe NJW-RR 2012, 504 [„bereits in Angriff genommene Leistung" muss vollendet werden können]; OLG Köln NJW-RR 2018, 1141; im VW-Dieselskandal muss Frist Rücksprache des Verkäufers mit dem Hersteller ermöglichen OLG Köln NJW-RR 2018, 373). Angabe eines bestimmten Zeitabschnitts nicht unbedingt nötig, uU (zB bei bes Dringlichkeit) kann Aufforderung zu „unverzüglicher" Leistung genügen (RGZ 75, 357). Eine **zu kurz** bemessene Nachfrist ist nicht wirkungslos, sondern setzt eine angemessene Frist in Lauf (BGH NJW 1985, 2640; NJW 1996, 1814; OLG Köln NJW-RR 2018, 1141) eine vom Schuldner selbst angegebene Frist ist ange-

messen, auch wenn obj zu kurz, BGH NJW 2016, 3654); dies gilt nicht bei Unterschreitung der nach den eigenen AGB einzuhaltenden Mindestfrist (OLG Hamm NJW-RR 1995, 503). **Schranken:** Vorbehalt unangemessen langer oder nicht hinreichend bestimmter Nachfristen in AGB und im Verbrauchervertrag zugunsten des Verwenders/Unternehmers sind unwirksam (§ 308 Nr. 2; Bsp dort → § 308 Rn. 4), desgl über (einfache) Schriftform hinausgehende Formerfordernisse zu Lasten des Kunden/Verbrauchers (§ 309 Nr. 13). Bei noch erforderlicher Mitwirkungshandlung des Gläubigers gilt → § 286 Rn. 23; im Synallagma muss Gläubiger die ihm
9 obliegende Leistung in Annahmeverzug begründender Weise anbieten. **e) Versäumung der Nachfrist.** Die Frist ist **gewahrt,** wenn der Schuldner innerhalb des bestimmten Zeitraums (→ Rn. 8) die Leistungshandlung vollständig und ordnungsgemäß vorgenommen hat (BGHZ 12, 269; MüKoBGB/Ernst Rn. 86 mN), mag auch der Leistungserfolg erst nach Fristablauf eingetreten sein (wie → § 286 Rn. 38; anderes gilt bei abw Vereinbarung, vgl BGHZ 12, 269 f.). Bei Versendungskauf und Geldschulden genügt daher rechtzeitiges Absenden. Bei Mangelbeseitigung nach § 439 verlangt der BGH im Interesse des Käufers eine Fristsetzung, die Beseitigung des Mangels ermöglicht und sieht die Frist nur gewahrt, wenn der Erfolg eintritt (BGHZ 227, 15 Rn. 24 f. = BeckRS 2020, 25907). Bei zurückgewiesenem Teilangebot (§ 266) ist die Frist hinsichtlich der ganzen Leistung versäumt (bei Annahme gelten → Rn. 20 ff.); fehlt nur geringfügiger Rest, ist Frist gewahrt (§ 242; RGZ 76, 153). Der Schuldner muss vollständig und in der **geschuldeten Qualität** leisten (BGH NJW 2001, 2025; sonst Zurückweisungsrecht des Gläubigers); nimmt der Gläubiger die Leistung gleichwohl an, kann er erst nach nochmaliger Fristsetzung Schadensersatz statt der Leistung verlangen (Grüneberg/Grüneberg § 281 Rn. 12; aA Canaris DB 2001, 1816, zum Erfüllungsverlangen nach Fristablauf → § 281 Rn. 15, abw BGH NJW 2006, 1195 [gegen OLG Celle NJW 2005, 2094]). Weist die fristgerecht erfolgte Leistung andere Mängel als die für die Fristsetzung ausschlaggebende auf, muss erneut eine Nachfrist gesetzt werden. Für **Versäumung** genügt idR schon geringfügige Überschreitung der Frist (BGH NJW 1974, 360; NJW 2001, 2025; Ausnahme: § 242). Nach Fristablauf muss Gläubiger Nachbesserung nicht mehr annehmen (BGHZ 154, 122 f.). Zur Frage, ob das Rücktrittsrecht nach I erlischt, wenn Gläubiger nach Fristablauf wieder Erfüllung verlangt BGH JZ 2006,
10 1028 und → § 281 Rn. 15. **f) Abmahnung (III)** ist die ernsthafte Aufforderung (→ § 286 Rn. 15, 18 f.) an den Schuldner, weitere Zuwiderhandlungen zu unterlassen. Sie tritt an die Stelle der Fristsetzung, wo diese unpraktikabel ist (Bsp: Unterlassungspflichten, → § 281 Rn. 8), setzt also eine vorangegangene Pflichtverletzung
11 voraus (bei drohender Pflichtverletzung gilt **IV** und → § 280 Rn. 17 f.). **g) Entbehrlichkeit der Fristsetzung (II).** Nr. 2 und 3 wurden zur Umsetzung von Art. 18 Verbraucherrechte-RL neugefasst (→ Rn. 1); aufgrund der WK-RL regelt § 475d abschließend die Fristsetzung bei Mängeln beim Verbrauchsgüterkauf, kein Rückgriff auf II (wohl aber III-VI, Grüneberg/Weidenkaff § 475d Rn. 2). Im Anwendungsbereich beider RiLi darf wegen der **Vollharmonisierung** darüber hinaus keine Entbehrlichkeit mehr angenommen werden. **AGB-Bestimmung,** wonach Fristsetzung trotz ges Entbehrlichkeit notwendig, ist unangemessene Benachteiligung (BGH NJW 2013, 3022); Beweislast trägt der Gläubiger (BGHZ 231, 149). **aa)** Bei **ernsthafter und endgültiger Erfüllungsverweigerung des Schuldners** ist Fristsetzung entbehrlich (**II Nr. 1;** sa die Sonderregelung in § 475 I Nr. 4 [auf eine „ernsthafte und endgültige" Verweigerung kommt es nicht an; Lorenz NJW 2021, 2065, 2071]). Es gelten strenge Anforderungen: BGHZ 115, 297; 104, 13; NJW 1997, 51 f.; NJW 1998, 535; OLG Düsseldorf NJW 2014, 1115 (Bestreiten des Mangels genügt nicht, es muss ausgeschlossen erscheinen, dass Unternehmer sich von Nachfrist noch umstimmen lässt; ebenso OLG Koblenz BeckRS 2021, 25489); großzügiger OLG Naumburg NJW 2004, 2024; BGH NJW 2017, 153 (Weigerung sicherheitsrelevante Mängel eines Kfz zu prüfen); Klageabweisungsantrag genügt (BVerfG ZGS 2006, 470; diff Müller MDR 2015, 1394). Der Wortlaut von Nr. 1 blieb im Zuge der Umsetzung der Verbraucherrechte-RL

unverändert, obwohl Art. 18 II Verbraucherrechte-RL nur von einer Weigerung spricht (Erwägungsgrund 52 ergänzt: „unmissverständlich"). Ein Umsetzungsdefizit (so Riehm NJW 2014, 2066) liegt wohl nicht vor, da „ernsthaft und endgültig" iSv „unmissverständlich" interpretiert werden kann (so auch Bassler/Büchler AcP 214, 895); dies erfordert aber ggf beim Verbrauchsgüterkauf eine richtlinienkonforme, großzügigere Auslegung. Eine ernsthafte Weigerung *vor* Fälligkeit genügt, wenn es das „letzte Wort" des Schuldners zu seiner Leistungsbereitschaft war (BGH NJW 2012, 3716). Bloßes Bestreiten eines Mangels genügt nicht (BGH NJW 2011, 3436); auch der Verkäufer, der in AGB einen unwirksamen Gewährleistungsausschluss verwendet, darf sich auf Notwendigkeit der Fristsetzung berufen (BGH NJW 2011, 3437 in Abkehr von BGH NJW 2007, 674; zust Bach JZ 2012, 152). Bei sonstigen den Vertragszweck gefährdenden Pflichtverletzungen des Schuldners (Bsp: Erwecken von begründeten Zweifeln an seiner Leistungsbereitschaft oder -fähigkeit zZ der Fälligkeit ohne endgültige Leistungsverweigerung) kommt Rücktritt gem **IV** in Betracht (→ § 281 Rn. 9). Endgültige Weigerung kann je nach Einzelfall auch vorliegen, wenn diese erkennbar auf einem **Rechtsirrtum** beruht (BGH NJW 2013, 1432). **bb) Nr. 2** regelt das **relative Fixgeschäft** (II Nr. 2) und gewährt dem 12
Gläubiger ein ges Rücktrittsrecht bei Terminüberschreitung. Das Geschäft muss mit der zeitgerechten Leistung „stehen und fallen" (BGHZ 110, 96 f. mN; NJW-RR 1989, 1373; bloße kalendermäßige Bestimmung genügt nicht, OLG Stuttgart NJW-RR 2012, 251; auch nicht Anfangs- und Endtermin in Ausschreibung elektronischer Kommunikationsdienste, OLG Düsseldorf BeckRS 2012, 2835). Übliche Klauseln: „genau", „präzis", „fix", „prompt", „spätestens" iVm bestimmter Leistungszeit (vgl BGH MDR 1983, 307 zu „fix-Klausel"); idR genügen dagegen nicht: „ohne Nachfrist", „cif" (vgl BGH NJW 1959, 933); (datumsmäßig) genau bestimmte Leistungszeit (BGH DB 2001, 1553; BGHZ 110, 96 f.). Bejaht auch für berufsbezogenes Seminar für Erwerbstätige mit festgelegtem Termin (OLG Celle BeckRS 2021, 36407; uU anders für Umschulungsmaßnahme, wenn mit zeitl Flexibilität des Gläubigers gerechnet wird). Bish setzte II Nr. 2 eine *Vereinbarung* über die bes Bedeutung des Leistungstermins voraus, im Einzelfall konnte sich ein Fixgeschäft aber auch schon ohne Klausel aus Vertragsnatur ergeben, zB Flugbeförderung/-reise: OLG Frankfurt a. M. NJW-RR 1997, 1136 (→ § 275 Rn. 14: absolutes Fixgeschäft); Aktienoptionsgeschäft: BGHZ 92, 321. Letzteres wird durch die **Neufassung von II Nr. 2** (→ Rn. 1) von II Nr. 2 Var. 2 ausdrücklich abgedeckt. Var. 1 lässt aber nun eine *einseitige Mitteilung* des Gläubigers vor Vertragsschluss genügen (dies gilt nicht für die bislang parallellaufende Vorschrift des § 281 II). Damit sind die Anforderungen an das relative Fixgeschäft abgesenkt (Schmitt VuR 2014, 92; Bassler/Büchler AcP 214, 922). Verwirkung des Rücktrittsrechts: → Rn. 31. **Sondervorschriften:** §§ 376 HGB; 104 InsO. Beim **absoluten Fixgeschäft** führt Nichteinhaltung der Leistungszeit weitergehend zur Unmöglichkeit, da verspätete Leistung für Gläubiger keine Erfüllung mehr darstellt (→ § 275 Rn. 14); **Rechtsfolgen:** §§ 275, 326 I 1.
cc) II Nr. 3 wurde zur Umsetzung v Art. 18 II Verbraucherechte-RL neu gefasst 13
(→ Rn. 1). Die fr Fassung ließ bei Vorliegen **bes Umstände** eine Fristsetzung entbehrlich werden. Das Rücktrittsrecht musste sich unter Abwägung der beiderseitigen Interessen ergeben (Hauptanwendungsfall: sog **Interessenfortfall**). Dies gilt nunmehr nur noch für Schlechtleistungen, nicht jedoch für die Nichterbringung fälliger Leistung (iE hierzu Bassler/Büchler AcP 214, 909 ff.). Hier bedarf es – vorbehaltlich II Nr. 1, 2 – grds der Nachfristsetzung (zust Bassler/Büchler AcP 214, 909 ff., da so nur dem Schuldner erkennbare Umstände einen Interessenfortfall begründen). Die – richtlinienüberschießende – Umsetzung wird zu Recht kritisiert (Weiss NJW 2014, 1212 mN, wenig hilfreich der Verweis des Gesetzgebers auf § 242, BT-Drs. 17/12637, 59) und führt zu Wertungswidersprüchen (→ Rn. 1). Typische Anwendungsfälle, die gerade auf die Nichtleistung zugeschnitten waren, waren „Just in time"-Verträge ohne Fixabrede (BT-Drs. 14/6040, 140); Fälle, bei denen früher nach § 326 II aF ein Interessewegfall angenommen wurde; Bsp: Lieferung von Saisonware, Eingehen einer wirtschaftlich gebotenen anderweitigen

Exklusivbindung des Künstlers beim Musikproduktionsvertrag (BGH NJW 2001, 2879), polizeilich angedrohte Betriebsschließung (BGH WM 2002, 881). Weiterhin relevant bleibt III für die Übernahme einer Garantie (→ § 276 Rn. 42) u für best Beschaffenheit der Ware und Vorliegen einer Vielzahl von Mängeln („Montagsauto", s. Def BGH NJW 2013, 1523 Rn. 26; OLG Düsseldorf NJW-RR 2011, 1276; Erger NJW 2013, 1485), sowie das Verschweigen von Mängeln durch den Verkäufer (BGH NJW 2007, 837 mN; NJW 2008, 1371; sa Lorenz NJW 2006, 1927). Lässt sich der Käufer nach erfolglos verstrichener Mängelbeseitigungsfrist doch noch auf eine Nachbesserung ein, ist eine erneute Fristsetzung entbehrlich (Schwab JuS 2021, 689). Im **Dieselskandal** wurde Nachbesserungsfrist nur teilweise für unzumutbar gehalten wegen vorsätzlicher Täuschung, Vertrauensverlust oder weil Software-Update nur aus Kulanz angeboten wurde (vgl Harriehausen NJW 2018, 3137; gegenüber dem Händler fehlt es jedoch im Prinzip an Zurechenbarkeit dieser Umstände, Jagusch/Thiede JA 2020, 175, 177; Witt NJW 2017, 3681, 3683; darauf weist auch hin BGHZ 231, 149 Rn. 29 = NJW 2022, 463); für Notwendigkeit der Fristsetzung – vor allem weil zunächst Software-Update als zumutbar galt (beurteilt sich im Zeitpunkt der Rücktrittserklärung, OLG Rostock BeckRS 2020, 27173), zB OLG Koblenz BeckRS 2020, 7065; OLG München BeckRS 2021, 33374; OLG Saarbrücken BeckRS 2020, 62; OLG Dresden BeckRS 2019, 19560; OLG Frankfurt BeckRS 2018, 26326; gegen Fristsetzung, wenn angebotene Nachbesserung Fahrzeugleistung beeinträchtigt, OLG München NJW-RR 2017, 1238 Rn. 21 und OLG Hamm BeckRS 2020, 41423, wenn nur Hersteller zur Nachbesserung in der Lage und zu ihm kein Vertrauensverhältnis mehr besteht; ähnlich OLG Hamm BeckRS 2020, 41423; OLG Karlsruhe BeckRS 2021, 30248. Auch der BGH hält es grds für möglich, dass Vertrauensgrundlage zum Verkäufer auch bei dessen einwandfreien Verhalten bei Vertragsabschluss erschüttert ist, wenn das vom Verkäufer angebotene Software-Update für Käufer unzumutbar ist bzw. die Gefahr erneuter Täuschungshandlungen durch den Hersteller besteht (BGHZ 231, 149 Rn. 27 ff = NJW 2022, 463). In weiteren Entscheidungen hielt er Fristsetzung zum Aufspielen eines Software-Updates für **unzumutbar,** wenn dargelegt wird, dass dieses zwar ursprünglichen Mangel behebt, aber zu weiteren Mängeln führen kann (Thermofenster bzw. Folgeschäden für Fahrzeug), s. BGH BeckRS 2022, 2329; BeckRS 2021, 44341; BeckRS 2021, 38393 (merkantiler Minderwert nicht auszuschließen); BeckRS 2021, 31936 (zu Substantiierung der Unzumutbarkeit) → § 440 Rn. 4. Einverständnis mit Software-Update hindert nicht daran, an Rücktritt festzuhalten, weil es idR nur zur Weiternutzung des Fahrzeugs erfolgt (OLG München BeckRS 2021, 33910). Zur Kündigung ohne vorherige Abmahnung von Organvertretern
14 einer Kapitalgesellschaft → § 314 Rn. 6. **dd)** Im **Kauf- und Werkvertrag** kann der Käufer/Besteller bei Mängeln der Sache oder des Werkes auch unter den Voraussetzungen der §§ 440, 636 ohne vorherige Fristsetzung zurücktreten, zB bei sicherheitsrelevanten Mängeln von Kfz (BGH NJW 2017, 153). Für den **Verbrauchsgüterkauf** trifft § 475d allerdings seit 1.1.2022 eine abschließende Regelung zur Fristsetzung als Rücktrittsvoraussetzung bei Mängeln, die §§ 440, 323 II vorgeht. Einer Nacherfüllungsfrist steht ein zuvor vom Käufer erklärter Rücktritt nur entgegen, wenn im Zeitpunkt der Rücktrittserklärung alle Voraussetzungen für einen wirksamen Rücktritt vorlagen (BGH BeckRS 2020, 42398).

15 **4. Rücktritt vor Fälligkeit (IV).** Abw von **I** kann der Gläubiger nach **IV** (wie Art. 72 CISG) vor Fälligkeit der Leistung (wie → Rn. 7) zurücktreten, wenn mit an Sicherheit grenzender Wahrscheinlichkeit feststeht, dass die Voraussetzungen des **I** (Leistung bleibt bis Ablauf einer angemessenen Nachfrist aus – Erfüllungsgefährdung) oder **II** eintreten werden. Bsp: ernsthafte und endgültige Erfüllungsverweigerung vor Fälligkeit. Ist Fälligkeit eingetreten, grds nur noch Rücktritt nach I mit Fristsetzung (BGHZ 193, 315, 321 = NJW 2012, 3714). Der Gläubiger kann daneben (§ 325) unter den Voraussetzungen der §§ 280, 281 Schadensersatz statt der Leistung verlangen (→ § 280 Rn. 17 f.; → § 281 Rn. 9); abw von IV muss jedoch

Fälligkeit vorliegen (nach hM Abhilfe durch analoge Anwendung von IV [s Jaensch NJW 2003, 3613 mN] oder § 281 I, II analog, dort → § 281 Rn. 9). Erklärt der Gläubiger zu Unrecht den Rücktritt, so liegt darin seinerseits eine Erfüllungsverweigerung (vgl BGHZ 90, 308 zu § 76 EKG). Bei (drohender) Insolvenz des Schuldners wird Gläubiger idR abwarten müssen, wie Wahlrecht nach § 103 InsO ausgeübt wird (Einzelheiten MüKoBGB/Ernst Rn. 146; Mossler ZIP 2002, 1831).

5. Teilleistung (V 1). a) Anwendungsbereich. V 1 setzt **Teilbarkeit** der Leistung (und Gegenleistung, BGH NJW 2010, 147; BAG MDR 2016, 595) voraus, vgl die Parallelvorschrift des § 281 I 2 (dort → § 281 Rn. 21) für den Anspruch auf Schadensersatz statt der Leistung. **b)** Im Falle einer nur teilw erbrachten (und vom Gläubiger angenommenen, § 266, sonst **I**) Leistung erfasst der Rücktritt nur die bei Fristablauf noch ausstehende Teilleistung **(Teilrücktritt).** Bei **Interesse** des Gläubigers an teilw Vertragserfüllung führt der Rücktritt zur Vertragstrennung; Gläubiger muss entspr Gegenleistung erbringen, die im Übrigen erlischt. Hat der Gläubiger an teilw Vertragserfüllung **kein Interesse** (vgl BGH NJW 1990, 3013; NJW 1990, 2550), so kann er **vom ganzen Vertrag** zurücktreten **(V 1).** Gilt nicht bei geringfügigen Leistungsrückständen (§ 242). In AGB des Schuldners und im Verbrauchervertrag können diese Rechte nicht zum Nachteil des Kunden/Verbrauchers (Gläubigers) ausgeschlossen werden (§ 309 Nr. 8). **c)** Beim **Sukzessivlieferungsvertrag** (Begriff: → § 311 Rn. 14) erfasst der Rücktritt zunächst nur die gestörte Teilleistung. Der Gläubiger kann nach Abmahnung (**III,** § 314 II) den Sukzessivlieferungsvertrag auch hinsichtlich der gesamten noch ausstehenden Leistungsteile außerordentlich kündigen (Lorenz/Riehm Neues SchuldR 250 f.) und Schadensersatz statt der Leistung wegen der noch nicht fälligen Raten nach § 280 iVm § 281 I 1 verlangen (§ 325, → § 281 Rn. 25). Eine Rückabwicklung des gesamten Vertrages (einschließlich der schon fehlerfrei erbrachten Teile) findet auch bei mangelhafter Teilleistung nur unter den Voraussetzungen des **V 1** statt (Einzelheiten: → § 281 Rn. 21, 32). **d)** Die Gleichstellung von Zuwenig- und Schlechtleistung (§§ 434 III, 633 II 3) kann für V nicht ohne weiteres übernommen werden, sonst läuft V 1 nahezu leer (Grigoleit/Riehm ZGS 2002, 117; Heiderhoff/Skamel JZ 2006, 384; OLG Celle ZGS 2004, 74). Zur Anwendung des **V 1** neben §§ 434 III, 633 II 3 beim **Kauf- und Werkvertrag** → § 281 Rn. 21, 26.

16 17 18 19

20 **6. Nicht ordnungsgemäße Leistung (V 2).** Diese erfasst vor allem die (bei Fristablauf, sonst **II**) mangelhaft erbrachte (Sach-)Leistung (§§ 434, 435, 633). Lehnt der Gläubiger die Annahme der Leistung wegen des Mangels ab, gilt **I** (Grenze: § 242). Vgl → § 281 Rn. 27 f. Das idR bestehende Rücktrittsrecht erfasst (anders als bei **V 1**) immer den ganzen Vertrag. Der **Rücktritt ist ausgeschlossen,** wenn die Pflichtverletzung (dh der Mangel) **unerheblich** ist (aber Minderung möglich, §§ 441 I 2, 638 I 2; Beweislast für Unerheblichkeit: Schuldner, zB Verkäufer). Dies ist der Fall bei Mängeln unterhalb der Bagatellgrenze; entscheidender **Zeitpunkt** ist der der Rücktrittserklärung (BGH NJW 2011, 3708 [stellt sich erst nachträglich Geringfügigkeit heraus, bleibt Rücktritt wirksam]; NJW 2011, 1664; NJW 2009, 508). IE ist eine auf der Grundlage des Vertrages zu treffende umfassende Interessenabwägung (Beseitigungsaufwand, Beeinträchtigungen, uU Garantie usw) erforderlich (→ § 281 Rn. 30). Verstoß gegen Beschaffenheitsvereinbarungen bei Kauf indiziert dabei die Erheblichkeit (BGH NJW-RR 2013, 1366; NJW-RR 2010, 1291 [Kfz in anderer Farbe], OLG Saarbrücken NJW-RR 2015, 49). Arglistige Täuschung des Verkäufers steht einer Unerheblichkeit idR entgegen (BGHZ 167, 19, mR krit Lorenz NJW 2006, 1926; Roth JZ 2006, 1024). Stimmt der Käufer der Beseitigung des Mangels zu, ist Festhalten am Rücktritt treuwidrig (BGH NJW 2009, 508). Bsp für **erhebliche** Mängel: fehlendes Benutzerhandbuch bei Lieferung von Hard- und Software (BGH NJW 1993, 462); unterbliebene Montage (BGH NJW 1998, 3197); gefälschtes Kunstwerk; Kraftstoffmehrverbrauch bei Neuwagen von mehr als 10% (BGHZ 136, 94); um mehr als 8% höhere Laufleistung von Gebrauchtwagen (OLG Rostock MDR 2007, 1309); Feuchtigkeit im Wageninnern (BGH NJW 2009, 509);

„ruckelndes" Automatikgetriebe (OLG Düsseldorf NJW-RR 2008, 1230); fehlende Zulassungsfähigkeit von Kfz (OLG Hamm NJW-RR 2010, 930); Bremsgeräusche bei gehobener Fahrzeugkategorie (OLG Schleswig NJW-RR 2009, 1065); fehlende Verkehrsfähigkeit von Fleischprodukten (auch ohne Gesundheitsgefährdung, OLG Karlsruhe MDR 2009, 134); str war dies für die Manipulationssoftware in vom **VW-Dieselskandal** betroffenem Kfz, da ein Software-Update mit geringem Aufwand aufgespielt werden kann. Der BGH verneint zu Recht Geringfügigkeit, solange nicht feststehe, ob das Software-Update zu einer ordnungsgem Nachbesserung führt (BGHZ 231, 149 Rn. 46 f); ebenfalls Erheblichkeit bejahend OLG Köln NJW-RR 2018, 373 offenlassend OLG Dresden, 1.3.2018, 10 U 1561/17, s. auch → Rn. 13. **Unerheblicher** Mangel: Kraftstoffmehrverbrauch von Pkw von weniger als 10% als angegeben (BGH MDR 2007, 1128); unerheblich ist geringfügiges Unterschreiten angegebener Kfz-Höchstgeschwindigkeit (OLG Düsseldorf NJW 2005, 3504); gestörte TV-Funktion bei Pkw (OLG Saarbrücken NJW-RR 2015, 48); geringfügiger Wassereintritt bei Nutzung der Autowaschanlage (OLG Brandenburg NJW-RR 2007, 928), ebenso KG MDR 2007, 1412 für kleinere optische Mängel. Unerheblich auch **merkantiler Minderwert** von Unfallwagen (unbehebbarer Mangel!) von weniger als 1% des Kaufpreises (BGH NJW 2008, 1517 abw von BGH NJW 2008, 53 [unbehebbarer Mangel immer erheblich]); von unter 5 % des Kaufpreises (OLG Rostock BeckRS 2020, 21988 [überträgt Regel zum Reparaturaufwand]); **Mangelbeseitigungsaufwand** von weniger als 5 % des Kaufpreises (BGH NJW 2014, 3229; weniger als 3% des Kaufpreises OLG Düsseldorf NJW-RR 2004, 1060; BGH MDR 2011, 906 [1%]; anders aber bei Beeinträchtigung der Sicherheitsfunktion [Verbrennungsaussetzer], BGH NJW 2011, 3708; OLG Stuttgart NJW-RR 2010, 415 [fehlerhafte Bremsflüssigkeitsanzeige]). **Entspr Anwendung** des **V 2** bei Nichterfüllung von leistungsbezogenen Nebenpflichten, → Rn. 5a; zur Nichtzahlung der Grunderwerbsteuer durch den Käufer s. Förster/Herrler NJW 2010, 2090.

21 **7. Ausschluss des Rücktrittsrechts (VI). a) Bedeutung.** VI erweitert die Regelung über die in § 326 II geregelte Unmöglichkeit (→ Rn. 23) auf alle Pflichtverletzungen durch Einschränkung des Rücktrittsrechts nach **I.** Die Regelung ist erforderlich, da der Rücktritt (anders als Schadensersatzanspruch) nicht gekürzt werden kann und der Schuldner den Rücktrittsgrund nach **I** nicht zu vertreten haben muss. **VI** ist § 326 II 1 nachgebildet; entsprechend wird **VI Fall 2** um weitere Fälle des **vorzeitigen Gefahrübergangs** ergänzt (→ Rn. 30). Die Tatbestände regeln
22 sehr unterschiedliche Fälle von Leistungsstörungen. **b) Rücktrittsgrund vom Gläubiger (überwiegend) zu vertreten (VI Fall 1) aa)** Zum **Rücktritt berechtigender Umstand:** Rücktrittsgrund ist die nicht rechtzeitige oder nicht ordnungsgemäße Leistung des Schuldners bei Fristablauf (I) bzw dem nach II maßgebenden Ereignis. Oft wird es schon an einer Pflichtverletzung fehlen (→ Rn. 6), iü gilt: Der Rücktritt ist gem **VI Fall 1** ist ausgeschlossen, wenn der Gläubiger die zur Leistungserbringung notwendigen Mitwirkungshandlungen nicht oder unzureichend erbracht hat (zB falsche Informationen erteilt), den Mangel selbst verursacht hat (Bsp: Käufer beschädigt die verkaufte Sache) oder die eigene Vertragstreue des Gläubigers fehlt. Das Verhalten des Gläubigers muss mitursächlich für die Pflichtverletzung des Schuldners nach I sein (BGH NJW-RR 1994, 372). Zur Weigerung des Käufers eines Dieselfahrzeugs, ein Software-Update aufspielen zu lassen (BGHZ
23 231, 149 Rn. 48 f. (kein Fall v VI 1. Var); BGH NJW 2021, 464). **bb) Keine Unmöglichkeit.** Führt das Gläubigerverhalten dazu, dass dem Schuldner die Leistung unmöglich wird, gilt § 326 II (MüKoBGB/Ernst Rn. 278; Einzelheiten
24 → § 326 Rn. 326, → Rn. 13 ff.). **cc)** Zum Vertretenmüssen des Gläubigers → § 326 Rn. 14. **Überwiegende Verantwortlichkeit** des Gläubigers liegt vor, wenn sie im Falle des § 254 einen Schadensersatzanspruch ausschließen würde (BT-Drs. 14/6040, 187; ab ca. 90%; OLG Brandenburg BeckRS 2020, 22446 [einfache/leichte Fahrlässigkeit genügt idR nicht]; OLG Naumburg NJW-RR 2011, 64). Leichtes Verschulden des Schuldners steht Ausschluss des Rücktrittsrechts nicht

entgegen, wenn überwiegende Verantwortung des Gläubigers gegeben ist (auch Umkehrschluss zu **VI Fall 1**). Die Mitverantwortlichkeit des Schuldners kann sich auch daraus ableiten, dass er bis zum Ablauf der Nachfrist die vom Gläubiger hervorgerufene Pflichtverletzung nicht beseitigt. Zur Mangelbehebungsverweigerung des Patienten Kohler AcP 2015, 165. **dd) Rechtsfolgen:** Ausschluss des Rücktritts- 25
rechts für den Gläubiger. Schuldner muss Leistung erbringen, sofern er nicht nach § 275 befreit ist; er hat daneben uU einen Anspruch auf Schadensersatz gem § 280 I.
ee) Nicht unter V Fall 1 fällt der von Gläubiger und Schuldner *gleichermaßen* zu 26
vertretende Rücktrittsgrund. Dieser berechtigt den Gläubiger zum Rücktritt; ebenso der weit überwiegend vom Schuldner zu vertretende Rücktrittsgrund. Dem Schuldner steht wegen der Pflichtverletzung des Gläubigers uU aber ein nach § 254 zu kürzender Schadensersatzanspruch gem § 280 I zu (vgl näher → § 326 Rn. 22).
c) Rücktrittsgrund tritt **während des Annahmeverzuges** ein **(VI Fall 2).** 27
aa) Bedeutung und Anwendungsbereich: Bietet der Schuldner vor Ablauf der Nachfrist seine Leistung in Annahmeverzug begründender Weise an, liegen schon die Voraussetzungen des **I** nicht vor (→ Rn. 6 f.). **VI Fall 2** greift ein, wenn sich die Leistung während des Annahmeverzugs verschlechtert; Bsp: Nachträgliches Entstehen eines Rechtsmangels (§ 435) oder Sachmangels beim Werkvertrag (§ 633 I).
Rechtsfolgen: Der Schuldner muss den behebbaren Mangel nicht mehr beseitigen 28
(Ausnahme zu §§ 433 I 2, 633 I, arg Übergang der (Preis- und) Leistungsgefahr, s. §§ 446 S. 3, 644 I 1), soweit nicht Sonderregelungen eingreifen (zB § 535 I 2). Der Gläubiger hat kein Rücktrittsrecht und muss die Sache abnehmen; Schuldner kann die volle Gegenleistung verlangen (§ 326 II). Für den Sachmangel beim Kauf ergibt sich dieses Ergebnis schon aus §§ 434 I 1, 446 S. 3. **Voraussetzungen: bb) Annah-** 29
meverzug: s. §§ 293 ff. **cc) Kein Vertretenmüssen** des Schuldners hinsichtlich der Pflichtverletzung (→ Rn. 6): §§ 276, 278, 300 I (leichte Fahrlässigkeit schadet nicht!). Hat Schuldner die Pflichtverletzung zu vertreten, gilt: Gläubiger kann nach **I** (idR nach erneuter Fristsetzung, da Schuldner seine Leistung zunächst rechtzeitig angeboten hatte, → Rn. 27 und 9) zurücktreten. **dd) Ergänzt wird VI Fall 2** 30
durch weitere Fälle des vorzeitigen Gefahrübergangs, Bsp: §§ 446, 447, 644 II, 645 I. Daher kein Rücktrittsrecht gem § 326 V, 323, wenn Leistungshindernis gem § 275 nach Gefahrübergang entsteht. IÜ fehlt es idR an einer zum Rücktritt berechtigenden Pflichtverletzung des Schuldner gem **I,** wenn der Mangel erst nach Gefahrübergang entsteht, arg § 434 I 1 „bei Gefahrübergang" iVm §§ 446, 447. Folge: Kein Rücktrittsgrund gem I, § 326 I, V, auch → Rn. 27 aE. Der Gläubiger hat uU Anspruch auf Schadensersatz gem § 280 I bzw §§ 280, 283; **Bsp:** Ware wird beim Versendungskauf durch eigene Leute des Verkäufers (§ 278 gilt; str, vgl → § 447 Rn. 12 mN, auch zur aA) beschädigt bzw vernichtet; Schicksal der Gegenleistung: §§ 326 I, 446, 447.

8. Rechtsfolgen. Ges **Rücktrittsrecht,** für das §§ 346–352 gelten; bis zur Erklä- 31
rung (§ 349) bestehen die Erfüllungsansprüche fort (zur Beendigung des Schwebezustands → § 281 Rn. 14 f.). Verbliebene Privilegierung des zurücktretenden Gläubigers nach Gleichstellung von vertraglichem und ges Rücktrittsrecht: § 346 III Nr. 3 S. 1 (krit hierzu Kaiser JZ 2001, 1064, → § 346 Rn. 8). § 350 gilt nicht; ggf aber Verwirkung des Rücktrittsrechts (→ § 242 Rn. 56; BGH NJW 2002, 670). Zur *Verjährung:* § 218 (und → Rn. 7). Bei vollzogenen Dauerschuldverhältnissen tritt an die Stelle des Rücktritts die Kündigung (§ 314 II), wenn nicht eine vollständige Rückabwicklung unschwer möglich und nach der Interessenlage der Beteiligten sachgerecht ist (BGH NJW 2002, 1870 für § 326 aF).

§ 324 Rücktritt wegen Verletzung einer Pflicht nach § 241 Abs. 2

Verletzt der Schuldner bei einem gegenseitigen Vertrag eine Pflicht nach § 241 Abs. 2, so kann der Gläubiger zurücktreten, wenn ihm ein Festhalten am Vertrag nicht mehr zuzumuten ist.

1 **1. Allgemeines. a) Zweck.** Unter denselben Voraussetzungen, die § 282 an den Schadensersatzanspruch statt der Leistung stellt, kann der Gläubiger bei der Verletzung der Pflichten aus § 241 II zurücktreten. Der Unterschied zwischen beiden Vorschriften besteht darin, dass der Rücktritt nach § 324 kein Vertretenmüssen der
2 Pflichtverletzung durch den Schuldner voraussetzt. **b) Anwendungsbereich.** § 324
3 gilt in allen gegenseitigen Verträgen. **c) Abgrenzung zu §§ 323, 314.** Rücktritt nach § 323 verlangt die nicht oder nicht ordnungsgemäße Erfüllung einer Leistungspflicht (Haupt- oder leistungsbezogene Nebenpflicht), während das Rücktrittsrecht nach § 324 an die Verletzung einer nicht leistungsbezogenen Verhaltenspflicht nach § 241 II anknüpft. Bei Dauerschuldverhältnissen tritt an die Stelle des Rücktritts die Kündigung aus wichtigem Grund nach § 314.

4 **2. Voraussetzungen. a) Pflichtverletzung.** Der Schuldner muss *nach* Vertragsschluss (arg *bei;* auch → § 282 Rn. 2; aA AnwKomBGB/Krebs Rn. 38) eine Pflicht nach § 241 II (Verhaltenspflicht) verletzt haben; insbes berechtigen vom Schuldner nicht zu vertretende vorvertragliche (Aufklärungs-)Pflichtverletzungen den Gläubiger nicht zum Rücktritt nach § 324 (mR ebenso für zu vertretende vorvertragliche Täuschung Mankowski ZGS 2003, 91); uU aber Anspruch auf Vertragsaufhebung gem §§ 280 I, 311 II (→ § 311 Rn. 56). **Bsp für § 324:** Nichtzahlung von Prämien für Gebäudeversicherung trotz Käuferpflicht in Grundstückskaufvertrag (OLG Koblenz BeckRS 2020, 19341), Beschädigung des Eigentums des Gläubigers bei der Vertragsausführung, Beleidigungen und Kränkungen; erhebliche Unannehmlichkeiten bei Nachbesserung (Unberath ZEuP 2005, 25); Verursachung neuer Mängel bei Nachbesserung (OLG Zweibrücken MDR 2021, 860), unrichtige Informationen bei Internet-Anwaltsuchdienst (AG Frankfurt NJW-RR 2007, 137). Abgrenzung: Die Vertragsaufsage *vor* Fälligkeit der Leistung fällt unter § 323 IV
5 (→ § 280 Rn. 17 f.; → § 281 Rn. 9). **b) Unzumutbarkeit.** Die weitere Leistungserbringung muss dem Gläubiger unzumutbar sein. Dies setzt regelmäßig eine erfolglose Abmahnung voraus (§ 314 II analog), insbes wenn die Pflichtverletzung Bezug zur Leistungserbringung hat. Die durch die Pflichtverletzung ausgelöste Störung des Schuldverhältnisses muss den Fällen des § 323 I entsprechen. Das fehlende Verschulden des Schuldners, aber auch das Mitverschulden des Gläubigers (vgl § 323 VI) kann die Abwägung beeinflussen.

6 **3. Rechtsfolgen.** Rücktrittsrecht des Gläubigers. Ausübung: § 314 III analog. Daneben (§ 325) Anspruch auf Schadensersatz statt der Leistung gem §§ 280, 282.

§ 325 Schadensersatz und Rücktritt

Das Recht, bei einem gegenseitigen Vertrag Schadensersatz zu verlangen, wird durch den Rücktritt nicht ausgeschlossen.

Lit.: Canaris, Reform des Rechts der Leistungsstörungen, JZ 2001, 499/514; Dötterl, Die Verantwortlichkeit des Gläubigers, ZGS 2011, 115; Herresthal, Der Ersatz des Verzugsschadens beim Rücktritt vom Vertrag, JuS 2007, 798; Höpfner, Der Rücktrittsausschluss wegen „unerheblicher" Pflichtverletzung, NJW 2011, 3693; Stöber, Das Verhältnis der Minderung zu Rücktritt und Schadensersatz im Kaufgewährleistungsrecht, NJW 2017, 2785.

1 **1. Bedeutung.** Der Gläubiger kann Rücktritt und Schadensersatz miteinander kombinieren (hM, s. BGH NJW 2010, 2426; einschränkend Faust JZ 2008, 474). Die Erklärung des Rücktritts hindert den Gläubiger nicht, seinen entgangenen Gewinn aus dem Vertrag zu realisieren (vgl Art. 45 II, 81 I 1 CISG; BT-Drs. 14/6040, 188). Praktische Bedeutung hat der Rücktritt, wenn der Gläubiger seine Leistung schon erbracht hat und diese zurückbekommen möchte; besteht die Gegenleistung in Geld kann der Gläubiger diese nach §§ 323, 346 zurückverlangen und daneben Ersatz vergeblicher Aufwendungen (insbes der Vertragskosten) verlangen (→ § 284 Rn. 4). Das vertragliche Austauschverhältnis bleibt mit dem Schadensersatzanspruch wertmäßig aufrechterhalten; der daneben erklärte Rücktritt hat

die Funktion, den Austausch der Naturalleistungen zu verhindern bzw rückgängig zu machen.

2 **2. Anwendungsbereich. a) Gegenseitiger Vertrag** → § 320 Rn. 4. **b) Rücktritt.** Der Gläubiger kann die Reihenfolge der Rechtsbehelfe (Rücktritt/Schadensersatz) frei kombinieren (Grenze: § 242). Der erklärte Rücktritt (§ 349) kann als Gestaltungsrecht nicht widerrufen werden (OLG Naumburg NJW 2016, 1102). Er hat zur Folge, dass die Erfüllungsansprüche und für diese bestellte Sicherheiten (Bsp: § 883 I) erlöschen. Der voreilig erklärte Rücktritt hindert den Gläubiger aber nicht, Schadensersatz zu verlangen. Hingegen hat sich der BGH gegen die analoge Anwendung von § 325 bei ausgeübter Minderung entschieden und Anspruch auf großen Schadensersatz verwehrt [§§ 437 Nr. 3, 434, 280 I, III, 281 I 3] BGHZ 218, 320 mAnm Markworth JZ 2018, 897; Grüneberg/Grüneberg § 281 Rn. 41; Lögering MDR 2009, 665; diff OLG Stuttgart ZGS 2008, 479; Althammer/Löhnig AcP 205, 540; aA 17. Aufl.; Stöber NJW 2017, 2785, 2788).

3 **3. Rechtsfolgen.** Neben dem Rücktritt kann der Gläubigers folgende Ansprüche geltend machen: **a) Schadensersatz statt der Leistung (§§ 280 III, 281, 282, 283, 311a II).** Bei der Schadensermittlung ist der durch Rücktritt erfolgte Wegfall der Gegenleistungspflicht im Rahmen der schadensrechtlichen Differenzhypothese zu berücksichtigen; die Schadensberechnung erfolgt nach der Differenztheorie (→ § 281 Rn. 18; OLG Naumburg NJW 2016, 1102; Lorenz/Riehm Neues SchuldR 237); in die Differenz ist einzustellen, was der Gläubiger auf Grund des Rücktritts erhält. Zu ersetzen sind: entgangener Gewinn, Folgeschäden und Schäden, die im Rahmen der Rückabwicklung entstanden sind. Gegenansprüche des Schuldners aus §§ 346 f. sind abzuziehen; die §§ 346, 347 stellen keine abschließende Regelung dar (BGHZ 174, 290; NJW 2010, 2427 → Rn. 5). **b) Aufwendungsersatz (§ 284),** insbes Erstattung der Vertragskosten (→ § 284 Rn. 4). **c)** Da § 325 keine Einschränkung enthält, hindert der Rücktritt den Gläubiger nicht, Ersatz des bis zum Rücktritt entstandenen **Verzögerungsschadens** (§§ 280 II, 286) oder angelaufene Verzugszinsen (§ 288) zu verlangen (MüKoBGB/Ernst Rn. 2; überholt BGH NJW 1998, 3269). Der Gläubiger kann auch den Ersatz des effektiven Nutzungsausfalls (Bsp: Anmietung eines Ersatzfahrzeugs; Produktionsausfall) verlangen, obwohl er nach § 346 I zur Herausgabe der gezogenen Nutzungen verpflichtet wäre (BGH NJW 2010, 2427; NJW 2008, 911 m. zust Anm Gsell; Faust JZ 2008, 471). **d)** Ersatz von **Begleitschäden** (**§ 280 I** → § 280 Rn. 10, 12, 21; Gsell JZ 2004, 643). 4 5 6

§ 326 Befreiung von der Gegenleistung und Rücktritt beim Ausschluss der Leistungspflicht

(1) **[1]Braucht der Schuldner nach § 275 Abs. 1 bis 3 nicht zu leisten, entfällt der Anspruch auf die Gegenleistung; bei einer Teilleistung findet § 441 Abs. 3 entsprechende Anwendung. [2]Satz 1 gilt nicht, wenn der Schuldner im Falle der nicht vertragsgemäßen Leistung die Nacherfüllung nach § 275 Abs. 1 bis 3 nicht zu erbringen braucht.**

(2) **[1]Ist der Gläubiger für den Umstand, auf Grund dessen der Schuldner nach § 275 Abs. 1 bis 3 nicht zu leisten braucht, allein oder weit überwiegend verantwortlich oder tritt dieser vom Schuldner nicht zu vertretende Umstand zu einer Zeit ein, zu welcher der Gläubiger im Verzug der Annahme ist, so behält der Schuldner den Anspruch auf die Gegenleistung. [2]Er muss sich jedoch dasjenige anrechnen lassen, was er infolge der Befreiung von der Leistung erspart oder durch anderweitige Verwendung seiner Arbeitskraft erwirbt oder zu erwerben böswillig unterlässt.**

(3) **[1]Verlangt der Gläubiger nach § 285 Herausgabe des für den geschuldeten Gegenstand erlangten Ersatzes oder Abtretung des Ersatzanspruchs, so**

bleibt er zur Gegenleistung verpflichtet. [2]Diese mindert sich jedoch nach Maßgabe des § 441 Abs. 3 insoweit, als der Wert des Ersatzes oder des Ersatzanspruchs hinter dem Wert der geschuldeten Leistung zurückbleibt.

(4) **Soweit die nach dieser Vorschrift nicht geschuldete Gegenleistung bewirkt ist, kann das Geleistete nach den §§ 346 bis 348 zurückgefordert werden.**

(5) **Braucht der Schuldner nach § 275 Abs. 1 bis 3 nicht zu leisten, kann der Gläubiger zurücktreten; auf den Rücktritt findet § 323 mit der Maßgabe entsprechende Anwendung, dass die Fristsetzung entbehrlich ist.**

Lit.: Peukert, § 326 Abs. 1 S. 2 BGB und die Minderung als allgemeiner Rechtsbehelf, AcP 205, 431; Stöber, Das Verhältnis der Minderung zu Rücktritt und Schadensersatz im Kaufgewährleistungsrecht, NJW 2017, 2785; Witt, Der Dieselskandal und seine kauf- und deliktsrechtlichen Folgen, NJW 2017, 3681; van Lück, Kaufrechtliche Ansprüche des Käufers im Diesel-Abgasskandal, VuR 2019, 9.

1 **1. Allgemeines. a) Bedeutung. I** enthält eine Gefahrtragungsregel: Ist der Schuldner nach § 275 von seiner Leistungspflicht befreit, trägt er die Gegenleistungs-(Vergütungs-)gefahr; Folge des gegenseitigen Abhängigkeitsverhältnisses der Leistungen (→ § 320 Rn. 2), Ergänzung zu § 275 (dort → § 275 Rn. 35 auch zur Leistungsgefahr des Gläubigers). **II** ist **Ausnahme von I.** Grund für den Fortbestand der Gegenleistung-(Vergütungs-)pflicht: Hat der Gläubiger den Wegfall der Leistungspflicht zu vertreten (→ Rn. 14 f.), muss er sich so behandeln lassen, als habe der Schuldner erfüllt. Ein Anwendungsfall von I und II liegt vor, wenn der Besteller wegen Verzögerung der Werkleistung durch den Unternehmer diese von einem – ohnehin vom Unternehmer beauftragten – Subunternehmer durchführen lässt. Je nach Einzelfall kann nur eine Leistung des Subunternehmers an den Besteller, nicht aber (mit Erfüllungswirkung) an den Unternehmer vorliegen. Dann entfällt Werklohnanspruch des Unternehmers gegen den Besteller und des Subunternehmers gegen den Unternehmer je nach I, im zuletzt genannten Verhältnis kann II eingreifen
2 (BGH NJW 2010, 1282; NJW 2007, 3488 mAnm Lorenz). **b) Anwendungsbereich. I** wird bei verschiedenen gegenseitigen Verträgen (→ § 311 Rn. 13) modifiziert durch **Sondervorschriften.** Bsp: §§ 446, 447, 644, 646; weitergehend wird § 326 bei verschiedenen Vertragstypen (teilw) eingeschränkt bzw verdrängt, so beim Werkvertrag durch § 645 I (BGHZ 60, 18; 83, 203), beim Reisevertrag durch §§ 651c ff., 651j (allg BGHZ 97, 258 ff. mN; 100, 180 f.; 119, 163 f.; → Vor § 651c Rn. 1), beim Mietvertrag durch § 536, beim Dienstvertrag durch § 242 (so BGHZ 10, 192; NJW-RR 1988, 420), § 615 und § 616 entspr (so Larenz SchR I § 21 I c). Im Arbeitsverhältnis ist § 326 weitgehend durch die Betriebsrisikolehre ersetzt (s. § 615 S. 3 und dort → § 615 Rn. 7), bleibt aber grds anwendbar (BAG NJW
3 2016, 1530; NJW 2016, 1608 je für II 1). **c) Abdingbarkeit.** § 326 ist nicht zwingend, abw vertragliche Gefahrtragungsvereinbarungen sind möglich (→ Rn. 15 aE; zur Abgrenzung von Erfüllungsortsklauseln vgl → § 269 Rn. 5). Bei einer obj nicht erbringbaren Leistung (Lebensberatung durch Kartenlegen) kann – wenn beiden Parteien bewusst ist, dass sie den Boden gesicherter wissenschaftlicher Erkenntnisse verlassen – Abs. 1 abbedungen und eine Entgeltpflicht gewollt sein (BGHZ 188, 71, aber unter Hinweis auf mögliche Sittenwidrigkeit; iErg zust Scherrmaier JZ 2011, 633). Zu Einschränkungen aufgrund des sog **Corona-Moratoriums** → Vorbem. §§ 323–326 Rn. 4–10.

4 **2. Befreiung von der Gegenleistungspflicht (I 1). a) Gegenseitiger Vertrag.** Die nach § 275 weggefallene Leistung muss im Gegenseitigkeitsverhältnis stehen (→ § 320 Rn. 7). § 326 ist auf Umsatzgeschäfte zugeschnitten und passt häufig nicht bei geschuldeten Dienst- und Werkleistungen sowie Gebrauchsüberlassungen (→ Rn. 2). Eine analoge Anwendung von I 1 in Fällen des Weiterverkaufs des Dieselfahrzeugs durch den Käufer (womit Schaden entfalle) und Wegfall des Kaufpreiserstattungsanspruchs, sofern nicht Hersteller nicht im Annahmeverzug (so Pete-

rek NJW 2021, 1425) lehnt BGH NJW 2021, 3594 ab [kein Wegfall des Schadens, statt Fahrzeug ist marktgerechter Kauferlös herauszugeben). **b) Vollständiger Weg-** 5
fall der Leistungspflicht nach § 275 (I 1 Hs. 1). Anfängliches oder nachträgliches Leistungshindernis gem § 275 (→ § 275 Rn. 5). (Fehlendes) Vertretenmüssen des Schuldners ist unerheblich. In den Fällen des § 275 II, III greift **I** erst ein, wenn der Schuldner die Einrede erhebt. In Tauschfällen soll dem Gläubiger der unmöglich gewordenen Leistung aber ein Vorgehen nach der Surrogationstheorie (→ § 281 Rn. 18) möglich sein (BeckOK/H. Schmidt § 326 Rn. 5; Erman/Ulber § 326 Rn. 9; Schmidt-Recla ZGS 2007, 181 mN). **c) Rechtsfolgen. aa) Rechtsstellung** 6
des Schuldners. Mit dem Wegfall der Leistungspflicht (§ 275) verliert der Schuldner den Anspruch auf die Gegenleistung (**I 1;** nach aA typisierte vertragl Gefährdungshaftung: Müller JZ 2016, 1099); er hat auch keinen Anspruch auf Aufwendungsersatz für Vorbereitungshandlungen, jedoch kommt bei bestimmten Vertragstypen (→ Rn. 2) in den Fällen der Unerreichbarkeit oder des anderweitigen Eintritts des Leistungserfolgs ein Anspruch auf **Teilvergütung** in Frage (Grüneberg/Grüneberg Rn. 7). Trotz Wegfalls der (Gegen-)Leistungspflicht bleibt das Schuldverhältnis als solches bestehen (arg **III** und → § 275 Rn. 31). **bb) Rechte des Gläubi-** 7
gers. (1) Anspruch auf Herausgabe des Erlangten gem § 285. Bei Geltendmachung bleibt der Gläubiger entspr dem Wertverhältnis zur Gegenleistung verpflichtet; Einzelheiten: **III.** (2) Anspruch auf Rückgewähr der (vorgeleisteten) **Gegenleis-** 8
tung (IV), → Rn. 25. (3) (V); → Rn. 27 ff.; hat der Gläubiger Zweifel, ob Leistungshindernis vorliegt, muss er nach § 323 I vorgehen (→ § 275 Rn. 32). (4) Schadensersatz statt der Leistung (§§ 280, 283, 311a II). **d) Teilweises Leis-** 9
tungshindernis (I 1 Hs. 2, V). aa) Voraussetzungen: wie → § 275 Rn. 7 f. 10
bb) Rechtsfolgen: Pflicht zur Erbringung des möglichen Leistungsteils (§ 275: 11
„soweit") gegen die verhältnismäßig zu mindernde (§ 441 III) Gegenleistung (Vergütung). Hat der Gläubiger an der Teilleistung kein Interesse, kann er nach **V iVm § 323 V 1, VI** zurücktreten. **e)** Bei **unbehebbaren Mängeln** (qualitative 12
Unmöglichkeit, → § 275 Rn. 9) entfällt die Gegenleistung gem I 1 nicht automatisch **(I 2).** Gläubiger kann gem **V iVm § 323 V 2, VI** zurücktreten (→ Rn. 27).

3. Bestehenbleiben der Gegenleistungspflicht (II). a) Gegenseitiger Ver- 13
trag und **Leistungshindernis** wie → Rn. 4, 5. In den Zweckstörungsfällen liegt regelmäßig ein Leistungshindernis nach § 275, kein Annahmeverzug vor (→ § 293 Rn. 8). Bedeutung: Abw. Gefahrtragungsregel zu **I. b) (Überwiegende) Verant-** 14
wortlichkeit des Gläubigers (II Fall 1). Der Gläubiger ist grds für jedes schuldhafte, vertragswidrige Verhalten verantwortlich, das ursächlich für das Leistungshindernis geworden ist. Sowohl § 276 (obj Sorgfaltsverletzung genügt) als auch § 278 sind entspr anwendbar (BAG NJW 2016, 1530 Rn. 24; NJW 2015, 3678 Rn. 26 ff.). Eine Erweiterung des Vertretenmüssens auf sämtliche Leistungshindernisse, die aus der Risikosphäre des Gläubigers stammen („Sphärentheorie": dafür zB Beuthien, Zweckerreichung und Zweckstörung im Schuldverhältnis, 1969, S. 87; Kronke JuS 1984, 760) ist im Rahmen des **II** abzulehnen (ebenso MüKoBGB/Ernst Rn. 59–66: Übernahme von Verantwortung im Vertrag erforderlich), kann jedoch für (uU entspr) anwendbare Sondervorschriften geboten sein (vgl BGHZ 60, 20; 83, 205 zu *§ 645 und dazu mN → Rn. 2*). Ausreichend ist, wenn Verantwortlichkeit des Gläubigers weit überwiegt. Dies ist der Fall, wenn bei einem Schadensersatzanspruch der Anspruch des Gläubigers nach § 254 entfiele (BT-Drs. 14/6040, 187: mindestens 90%, auch → § 323 Rn. 24). **Fallgruppen** für (überwiegende) Verantwortlichkeit 15
des Gläubigers: Herbeiführung der Leistungsunmöglichkeit durch schuldhaftrechtswidrige Handlung des Gläubigers (§§ 823 ff.); Verstoß des Gläubigers gegen vertragliche Verhaltenspflichten, zB zu Schutz und Obhut; Bsp: Vom AG zu vertretende Arbeitsunfähigkeit des AN (Bühnenoberschiedsgericht OLG Hamburg NJW 1995, 904); Untergang der Mietsache durch unsorgsame Behandlung des Mieters (vgl BGHZ 66, 349); Verletzung vertraglicher Mitwirkungspflichten oder von Obliegenheiten, deren Erfüllung dem Schuldner erst die Leistung ermöglicht

(BGHZ 38, 192; RGZ 166, 147); Leistungsvereitelnde eigene Vertragsuntreue des Gläubigers (Bsp: RGZ 66, 348); unberechtigte Abkehr vom Vertrag (BGH NJW 1987, 1693); Leistungshindernis fällt in den vom Gläubiger vertraglich übernom-
16 menen Risikobereich (BGH NJW 2002, 595). **c) Leistungshindernis während des Annahmeverzuges (II Fall 2). aa) Bedeutung:** Mit dem Annahmeverzug geht die Gegenleistungs-(Vergütungs-)gefahr auf den Gläubiger über (→ Rn. 1). Sondervorschriften: §§ 615, 644 I 2, 645. Rechtsgedanke des **II** gilt gem § 323 VI auch bei Verschlechterung der Leistung, ohne dass Leistungshindernis nach § 275
17 vorliegen muss (→ § 323 Rn. 27). **bb) Anwendungsbereich. II Fall 2** gilt auch für Gattungsschulden, jedoch ist auf jeden Fall (auch soweit für Annahmeverzug ausnahmsweise nicht erforderlich, → § 300 Rn. 4) Konkretisierung der Leistung nötig (hM; aA MüKoBGB/Ernst Rn. 75); Ausnahme: Untergang der ganzen
18 (beschränkten) Gattung (RGZ 103, 15). **cc) Voraussetzungen: (1)** Annahmeverzug: §§ 293 ff., bei Gattungsschulden notwendig Konkretisierung (→ Rn. 17). **(2)** Leistungshindernis gem § 275 während des Annahmeverzuges (→ Rn. 16). Im Arbeitsrecht ist ein bestehendes und erfüllbares Arbeitsverhältnis Voraussetzung, rückwirkend begründetes genügt nicht (BAG NJW 2015, 3678; sa BAG NJW 2016, 1530 zur Verantwortlichkeit des AG. **(3)** Nichtvertretenmüssen des Schuld-
19 ners: Erleichterung: § 300 I. **d) Rechtsfolgen: aa)** Für die **Leistungspflicht** gilt § 275. **bb)** Der Schuldner behält das Recht auf die uU zu kürzende Gegenleistung (Vergütung; **I 1**). Die Anrechnung **(II 2)** ist auf Einwand des Gläubigers zu berücksichtigende Minderung, § 387 gilt nicht; eigenständiger Ausgleichsanspruch entsteht nur, wenn Gegenleistung ausnahmsweise nicht Geldleistung (MüKoBGB/Ernst Rn. 89 mN). „Böswilligkeit" verlangt keine Schädigungsabsicht, treuwidriges und vorsätzliches Unterlassen genügt (Grüneberg/Grüneberg Rn. 13). Bei **Selbstvornahme der Mängelbeseitigung** ohne Fristsetzung kann der Käufer auch nicht aus II 2 analog iVm IV Herausgabe der vom Verkäufer ersparten Aufwendungen verlangen (hierzu → § 439 Rn. 16 mN); hingegen kommt II 2 analog für Käufer in Betracht, wenn Nachbesserung wegen von ihm zu vertretendem Umstand (Zerstörung der Kaufsache) unmöglich wird und Verkäufer daher Aufwendungen erspart (OLG München ZGS 2007, 80; Löhnig ZGS 2007, 134).
20 **cc)** Weitergehende **Rechte des Schuldners:** Anspruch auf Schadensersatz unter
21 den Voraussetzungen von §§ 823 ff. oder § 280 I. **dd)** Der **Gläubiger** hat
22 Anspruch auf Ersatzherausgabe gem § 285 (arg **III**). **e) Sonderfälle.** Leistungshindernisse, die Gläubiger und Schuldner gleichermaßen zu vertreten haben **(beiderseitig zu vertretende Leistungshindernisse)** sind nicht ausdrücklich geregelt (vgl Canaris JZ 2001, 511; vgl → § 323 Rn. 26). Die Behandlung ist str: Teilw wird vertreten, die bish geltende Rechtslage fortzuschreiben. Danach ergeben sich die Rechtsfolgen aus einer kombinierten Anwendung von §§ 326 II, 280, 283, 254. Nach einer Auffassung ist der um § 254 zu kürzende Schadensersatzanspruch des Gläubigers aus §§ 280, 283 nach der Surrogationstheorie zu berechnen und mit dem ungekürzten Anspruch auf die Gegenleistung zu verrechnen (Lorenz/Riehm Neues SchuldR 350). Nach der Gegenauffassung ist sowohl der nach der Differenztheorie berechnete Schadensersatzanspruch als auch der Anspruch auf die Gegenleistung nach § 254 zu kürzen (Nachw. zum Streitstand Schulze/Ebers JuS 2004, 368). **Stellungnahme:** Die beiderseitig zu vertretende Unmöglichkeit kann wegen der Verweisung nach **V Hs. 2** nicht anders behandelt werden als andere beiderseitig zu vertretende Pflichtverletzungen (dazu → § 323 Rn. 26). Fehlt es an einem weit überwiegenden Verschulden des Gläubigers, erlischt der Anspruch auf die Gegenleistung gem **I 1** bzw **V** iVm §§ 323 VI, 349. Dem Schuldner steht aber ein (nach § 254 zu kürzender) Schadensersatzanspruch gem § 280 I zu. Der Anspruch des Gläubigers auf Schadensersatz statt der Leistung (§§ 280, 283) ist nach § 254 zu kürzen (sa Rauscher ZGS 2002, 336; Grüneberg/Grüneberg
23 Rn. 15; MüKoBGB/Ernst Rn. 83). **f) Beweislast:** Bei der Erfüllungsklage **(II 1)** hat der Schuldner der nach § 275 weggefallenen Leistung idR das Vertretenmüssen des Gläubigers zu beweisen (BGHZ 116, 288 mN; MüKoBGB/Ernst Rn. 124;

§ 280 I 2 ist nicht entspr anwendbar; str, aA Soergel/Gsell Rn. 138; Grüneberg/Grüneberg Rn. 14). Ausnahmen können jedoch bei einzelnen Schuldverhältnissen bestehen, zB beim Mietvertrag, wenn die Schadensursache im Mietgebrauch liegt (BGHZ 66, 349; 116, 289 arg § 538; insoweit iE wie § 280 I 2 entspr). Der Gläubiger hat die Höhe der Ersparnis **(II 2)** nachzuweisen (BGH NJW 2002, 58).

4. Herausgabe des Ersatzes. Der Gläubiger kann die Herausgabe des Ersatzes für die nach § 275 weggefallene Leistung gem § 285 verlangen **(III 1).** Bei Geltendmachung bleibt der Gläubiger entspr dem Wertverhältnis zur Gegenleistung verpflichtet; Einzelheiten **III 2** iVm § 441 III. **24**

5. Erbrachte Leistungen. Sie kann der Gläubiger nach den Rücktrittsvorschriften (§§ 346 f.) zurückverlangen **(IV),** wenn er nach der Erbringung gem **I 1** (teilw) leistungsfrei wird (aA Canaris JZ 2001, 509 für den Arbeitsvertrag: § 818 III gilt; für Leistungen des Gläubigers nach Wegfall der Leistungspflicht: § 812 I 1 Fall 1). Empfangene Leistungen muss der Gläubiger im Falle des Rücktritts nach **V** gem §§ 323, 346 f. zurückgewähren (auch → § 281 Rn. 18 aE). § 346 III 3 befreit ggf den Gläubiger, nicht aber den Schuldner von Wertersatzpflicht. **25**

6. Nicht behebbare Mängel (I 2, V) (qualitative Unmöglichkeit). Nacherfüllung iSv I 2 ist nur nachträgliche Mängelbeseitigung, nicht jede andere Art der nachträglichen Erfüllung (BGHZ 225, 1 Rn. 78). Nicht behebbare Mängel lassen die Gegenleistung nicht (teilweise) automatisch entfallen **(I 2).** Grund: Die Verjährungsvorschriften der §§ 438, 634a sollen nicht unterlaufen werden; außerdem soll dem Gläubiger das Wahlrecht zwischen den Rechtsbehelfen erhalten bleiben und nicht kraft Gesetzes Minderung eintreten (BGHZ 225, 1 Rn. 79; hierzu Schwab JuS 2020, 1071). Der Gläubiger kann unter den Voraussetzungen des **V** iVm § 323 V, VI (→ § 323 Rn. 16 ff.; 21 ff.) zurücktreten oder (im Kauf- und Werkvertrag) mindern (§§ 441, 638). Verjährung: → Rn. 29. **26**

7. Rücktritt (V). a) Bedeutung: V gibt dem Gläubiger über **I** hinausgehende Rechte bei teilw Leistungshindernissen (→ Rn. 11), den Fällen qualitativer Unmöglichkeit (unbehebbare Mängel, → Rn. 26) und bei Ansprüchen, die nicht im Gegenseitigkeitsverhältnis stehen (vgl → § 323 Rn. 5a, 20 aE). Bei vollständigen Leistungshindernissen (→ Rn. 5) kann der Gläubiger neben **I 1** zusätzlich zurück- **27**
treten. **b) Voraussetzungen:** Anfängliche oder nachträgliche, vollständige oder **28**
teilw Leistungsbefreiung des Schuldners nach § 275. Bei Stückkauf und Unmöglichkeit der Nachlieferung (→ § 439 Rn. 24; → 323 Rn. 20 insbes zur Erheblichkeit des Mangels im VW-Dieselskandal) bedarf es daher keiner Fristsetzung (OLG Frankfurt a. M. ZGS 2011, 284 für Pferdekauf); beide Arten der Nacherfüllung müssen unmöglich sein (BGHZ 231, 149 = NJW 2022, 463); bei wirtschaftlicher Unmöglichkeit muss Schuldner sich gem § 275 II auf sein Leistungsverweigerungsrecht berufen haben (BGH NJW 2013, 1076). Zu den COVID-19-Pandemiefällen s.
§ 313 Rn. 18a; → § 275 Rn. 15a, 20. **c) Rechtsfolgen.** Rücktrittsrecht ohne vor- **29**
herige Fristsetzung. Zur Verwirkung: → § 323 Rn. 31. Wenn das Rücktrittsrecht nach § 323 V, VI ausgeschlossen ist, entfällt auch Rücktritt gem **V** (→ § 323 Rn. 16 f.; 20; da V Rechtsgrundverweisung aus § 323, BGH BeckRS 2021, 38393). Dies gilt etwa auch, wenn der Käufer ohne Nachfristsetzung den Mangel der Kaufsache selbst behebt (Folge: vom Käufer zu vertretende Unmöglichkeit der Mangelbeseitigung, damit auch keine Minderung gem § 441); Verkäufer muss sich ersparte Nachbesserung analog **II 2** anrechnen lassen (str → § 439 Rn. 16). Im Fall von § 275 II bzw § 439 III muss der Schuldner sich auf sein Leistungsverweigerungsrecht berufen haben (BGH ZIP 2013, 322). **Verjährung:** Rücktritt kann nicht mehr ausgeübt werden, wenn Anspruch auf (Nach-)Erfüllung verjährt ist (§ 218 I 1) oder (ohne das Leistungshindernis) verjährt wäre (§ 218 I 2) und der Schuldner sich hierauf beruft.

Titel 2a. Verträge über digitale Produkte

Vorbemerkungen

Lit.: Artz, Viel Neues im BGB – Verträge über digitale Produkte und neues Kaufrecht. Teil 1: Verbraucherverträge über digitale Produkte – Anwendungsbereich und Bereitstellung digitaler Produkte, ZJS 2022, 278; Bittner, Verträge über digitale Produkte – der Beginn des digitalen Zeitalters im BGB, VuR 2022, 9; Boosfeld, Das anwendbare Recht auf Verträge über digitale Produkte nach den §§ 327 ff. BGB n.F., GPR 2022, 70; Fellner, Neue Regelungen für Verträge über digitale Inhalte und Dienstleistungen, MDR 2021, 976; Kirchhefer-Lauber, Verbraucherverträge über digitale Produkte. Die deutsche Umsetzung der Digitale-Inhalte-Richtlinie im BGB, JuS 2021, 1125; Kurth, Die Digitalisierung des BGB – die deutsche Umsetzung der Digitale-Inhalte-Richtlinie sowie der Warenkaufrichtlinie – Teil I, JA 2022, 265; Metzger, Verträge über digitale Inhalte und digitale Dienstleistungen: Neuer BGB-Vertragstypus oder punktuelle Reform?, JZ 2019, 577; Pech, Verträge über digitale Inhalte und digitale Dienstleistungen – Ein Überblick zu den Neuregelungen im BGB (Teil I), GRURPrax 2021, 509; Rieländer, Leistungsstörungen im Digitalvertragsrecht. Zur Umsetzung der Digitale-Inhalte-Richtlinie im BGB – Teil I, GPR 2021, 257; Teil II, GPR 2022, 28; Jochen Schneider, Impulse und Probleme der Digitale-Inhalte-Richtlinie und deren Umsetzung im BGB, ITRB 2021, 182; Spindler, Ausgewählte Rechtsfragen der Umsetzung der digitalen Inhalte-Richtlinie in das BGB, Schwerpunkt 1: Anwendungsbereich und Mangelbegriff, MMR 2021, 458; Schwerpunkt 2: Rechtsbehelfe, Beweislastregelungen und Regress zwischen Unternehmern, MMR 2021, 528; Michael Stürner, Verträge über digitale Produkte: die neuen §§ 327–327u BGB, Teil 1: Grundlagen und vertragliche Pflichten, Jura 2022, 32; Wendehorst, Die neuen Regelungen im BGB zu Verträgen über digitale Produkte, NJW 2021, 2913.

1 **1. Vorgaben des EU-Rechts.** Der neue Titel 2a dient der Umsetzung der **Richtlinie (EU) 2019/770** des Europäischen Parlaments und des Rates vom 20.5.2019 über bestimmte vertragsrechtliche Aspekte der Bereitstellung digitaler Inhalte und digitaler Dienstleistungen (ABl. L 136 v. 22.5.2019, S. 1 sowie L 305 v. 26.11.2019, S. 62; im Folgenden: DI-RiLi), die bis zum 1.7.2021 umzusetzen war und deren Umsetzungsregeln ab 1.1.2022 in den Mitgliedstaaten gelten sollten. Der europäische Gesetzgeber hatte infolge der schnellen tatsächlichen Entwicklung auf diesem Sektor und der abwartend-zögerlichen Haltung der meisten nationalen Gesetzgeber die Gelegenheit, in einem zunehmend wichtigeren Bereich des Zivilrechts Regeln vorzugeben, bevor sich nationale Lösungen verfestigen konnten und damit eine Harmonisierung schwieriger gemacht hätten. Das Zögern der nationalen Gesetzgeber hatte freilich gute Gründe. Einerseits waren die Rechtsfragen, die sich bei Verträgen über digitale Inhalte und Dienstleistungen stellten, keineswegs für das überkommene Vertragsrecht unbeherrschbar; insbesondere das AGB-Recht bot jedenfalls in seiner deutschen Ausprägung ordentlichen Schutz vor einseitiger Übervorteilung durch die Anbieterseite. Andererseits schienen nationale Alleingänge unangebracht, da Inhalte und Dienstleistungen ohne Weiteres grenzüberschreitend angeboten werden konnten und angeboten wurden und wohl jeder Mitgliedstaat Sorge hatte, die ohnehin zumeist schwache heimische Digitalwirtschaft durch ambitionierte Regulierung im internationalen Wettbewerb zu benachteiligen. Nicht zuletzt deshalb – Stichwort „level playing field" – sieht Art. 4 DI-RiLi eine Vollharmonisierung vor und enthält die Richtlinie kaum Optionen für die Mitgliedstaaten.

2 **2. Umsetzung im BGB. a) Verortung.** Da Art. 4 DI-RiLi eine Vollharmonisierung verlangt, war der Umsetzungsspielraum gering. Wie schon der Richtlinientitel deutlich macht, regelt sie allgemein „bestimmte vertragliche Aspekte" von Verträgen, die einerseits die „Bereitstellung digitaler Inhalte" – in der analogen Welt am ehesten vergleichbar mit Kauf- und Mietvertrag – und andererseits „digitale Dienstleistungen" – in der analogen Welt vergleichbar nicht nur mit Dienstverträgen, sondern nach dem weiten unionsrechtlichen Dienstleistungsbegriff auch mit anderen auf eine Tätigkeit gerichteten Verträgen wie Werkverträgen und Verwahrungsverträgen, in gewisser Hinsicht sogar wiederum Kauf- und Mietverträgen – zum Gegenstand haben. Eine Verortung der Umsetzungsregeln im Besonderen Schuldrecht

hätte die Schaffung gleich mehrerer neuer Vertragstypen notwendig gemacht und dennoch die Gefahr begründet, mit der Entwicklung neuer Geschäftsmodelle nicht schritthalten zu können, Ausweichbewegungen zu provozieren und nicht zuletzt Umsetzungsdefizite mit eventueller Staatshaftung zu verursachen. Deshalb war eine **Umsetzung im Allgemeinen Schuldrecht** vorzugswürdig (sa RegE BT-Drs. 19/ 27653, 24). Diese Umsetzung hat das Ges. v. 25.6.2021 (BGBl. I S. 2123) gebracht, das am 1.1.2022 in Kraft trat. Die Neuregelung gilt für alle ab diesem Zeitpunkt abgeschlossene Verträge (Art. 229 § 57 EGBGB). **b) Binnenstruktur.** Die DI-RiLi 3
beschreibt nach der Kopfnorm (Art. 1), den Definitionen (Art. 2), dem Anwendungsbereich (Art. 3) und dem Grundsatz der Vollharmonisierung (Art. 4) zunächst das vertragliche Pflichtenprogramm der Vertragsparteien (Art. 5 ff.), sodann die Folge von Verstößen gegen einzelne Pflichten (Art. 10 ff.). Damit handelt es sich um ein in sich geschlossenes System, was bei einer Richtlinie auch naheliegt. Das BGB hätte für die Folgen von Verstößen gegen einzelne Pflichten auf bestehende Regelungen zu Leistungsstörungen verweisen können, jedenfalls soweit sie sich im allgemeinen Schuldrecht befinden. Der Gesetzgeber hat hingegen auch in den §§ 327 ff. ein geschlossenes System geschaffen, also Pflichten und Folgen von Pflichtverstößen an einer Stelle geregelt. Dabei folgt er aber nicht der Gliederung der Richtlinie, sondern normiert – wie etwa im Kaufrecht die §§ 434 ff. – erst die jeweilige Pflicht und im Anschluss die Folge eines Verstoßes, schafft allerdings für die Rechtsbehelfe in §§ 327o f. dann doch wieder gemeinsame Regeln. Die Aufspaltung in zwei sehr ungleiche Untertitel ist der – sinnvollen – Unterscheidung zwischen dem eigentlichen Verbrauchervertrag über digitale Produkte und den durch ihn bedingten Rückgriffsregelungen geschuldet.

3. Herausforderungen. a) Stil. Das Bestreben der DI-RiLi und in deren 4
Gefolge des BGB, möglichst **technologieoffen** zu formulieren und damit vielfältige Gestaltungen von der Musik-CD und E-Books über Computerprogramme und Computerspiele bis zu Cloud-Speicherdiensten und Social-Media-Portalen zu erfassen, lässt die einzelnen Vorschriften blass erscheinen und erfordert gutes Vorstellungsvermögen, das eine gewisse Vertrautheit mit digitalen Technologien voraussetzt. Gutes Beispiel ist der zentrale Begriff der Bereitstellung, der die Übergabe eines körperlichen Datenträgers, den Download aus dem Internet und das unmittelbare Streaming erfasst. **b) Anwendungsbereich.** Der **Fokus auf Verbraucherverträge** 5
wird der Lebenswelt in zweierlei Hinsicht nicht gerecht. Zum einen werden viele digitale Produkte gleichermaßen von Verbrauchern wie Unternehmern genutzt, sodass es vom Zufall abhängt, ob die neuen Regeln Anwendung finden oder nicht. Zum anderen tritt neben das – ohnehin typisierte – Macht- und Ressourcengefälle zwischen Unternehmer und Verbraucher das oftmals viel größere Macht- und Ressourcengefälle zwischen den großen Digitalkonzernen und allen ihren Kunden, seien sie Verbraucher, KMU oder sogar große Unternehmen der Realwirtschaft.
c) Verhältnis zum sonstigen Schuldrecht. Die Konzipierung der Regelungen 6
als **schuldrechtliche Querschnittsmaterie** bei gleichzeitigem Schweigen zu bestimmten denkbaren Situationen wie zB der Unmöglichkeit (→ § 327c Rn. 2) wirft die Frage auf, inwieweit sie das allgemeine Leistungsstörungsrecht und das besondere Vertragsrecht verdrängen. Die Verweisungen auf die §§ 280, 281 für Schadensersatz und § 284 für den Ersatz vergeblicher Aufwendungen (§§ 327c II 1 und 2, 327m III 1 und 2) sagen nichts zu anderen denkbaren Schadensersatzpflichten; nur § 327c II 3 stellt die uneingeschränkte Anwendung der §§ 283 und 311a II sicher, während § 327l II 3 die Anwendung von § 275 II, III ausdrücklich ausschließt. Ein Kehrschluss, dass darüber hinaus andere Vorschriften des allgemeinen Leistungsstörungsrechts angewandt oder nicht angewandt werden könnten, kann hieraus schon wegen der Widersprüchlichkeit nicht gezogen werden; erst recht gilt dies für das besondere Vertragsrecht. Dennoch wird man sich stets im Einzelfall über die Anwendbarkeit Gedanken machen müssen.

Untertitel 1. Verbraucherverträge über digitale Produkte

§ 327 Anwendungsbereich

(1) [1]Die Vorschriften dieses Untertitels sind auf Verbraucherverträge anzuwenden, welche die Bereitstellung digitaler Inhalte oder digitaler Dienstleistungen (digitale Produkte) durch den Unternehmer gegen Zahlung eines Preises zum Gegenstand haben. [2]Preis im Sinne dieses Untertitels ist auch eine digitale Darstellung eines Werts.

(2) [1]Digitale Inhalte sind Daten, die in digitaler Form erstellt und bereitgestellt werden. [2]Digitale Dienstleistungen sind Dienstleistungen, die dem Verbraucher

1. die Erstellung, die Verarbeitung oder die Speicherung von Daten in digitaler Form oder den Zugang zu solchen Daten ermöglichen, oder
2. die gemeinsame Nutzung der vom Verbraucher oder von anderen Nutzern der entsprechenden Dienstleistung in digitaler Form hochgeladenen oder erstellten Daten oder sonstige Interaktionen mit diesen Daten ermöglichen.

(3) Die Vorschriften dieses Untertitels sind auch auf Verbraucherverträge über die Bereitstellung digitaler Produkte anzuwenden, bei denen der Verbraucher dem Unternehmer personenbezogene Daten bereitstellt oder sich zu deren Bereitstellung verpflichtet, es sei denn, die Voraussetzungen des § 312 Absatz 1a Satz 2 liegen vor.

(4) Die Vorschriften dieses Untertitels sind auch auf Verbraucherverträge anzuwenden, die digitale Produkte zum Gegenstand haben, welche nach den Spezifikationen des Verbrauchers entwickelt werden.

(5) Die Vorschriften dieses Untertitels sind mit Ausnahme der §§ 327b und 327c auch auf Verbraucherverträge anzuwenden, welche die Bereitstellung von körperlichen Datenträgern, die ausschließlich als Träger digitaler Inhalte dienen, zum Gegenstand haben.

(6) Die Vorschriften dieses Untertitels sind nicht anzuwenden auf:

1. Verträge über andere Dienstleistungen als digitale Dienstleistungen, unabhängig davon, ob der Unternehmer digitale Formen oder Mittel einsetzt, um das Ergebnis der Dienstleistung zu generieren oder es dem Verbraucher zu liefern oder zu übermitteln,
2. Verträge über Telekommunikationsdienste im Sinne des § 3 Nummer 61 des Telekommunikationsgesetzes vom 23. Juni 2021 (BGBl. I S. 1858) mit Ausnahme von nummernunabhängigen interpersonellen Telekommunikationsdiensten im Sinne des § 3 Nummer 40 des Telekommunikationsgesetzes,
3. Behandlungsverträge nach § 630a,
4. Verträge über Glücksspieldienstleistungen, die einen geldwerten Einsatz erfordern und unter Zuhilfenahme elektronischer oder anderer Kommunikationstechnologien auf individuellen Abruf eines Empfängers erbracht werden,
5. Verträge über Finanzdienstleistungen,
6. Verträge über die Bereitstellung von Software, für die der Verbraucher keinen Preis zahlt und die der Unternehmer im Rahmen einer freien und quelloffenen Lizenz anbietet, sofern die vom Verbraucher bereitgestellten personenbezogenen Daten durch den Unternehmer ausschließlich zur Verbesserung der Sicherheit, der Kompatibilität oder der Interoperabilität der vom Unternehmer angebotenen Software verarbeitet werden,
7. Verträge über die Bereitstellung digitaler Inhalte, wenn die digitalen Inhalte der Öffentlichkeit auf eine andere Weise als durch Signalüber-

mittlung als Teil einer Darbietung oder Veranstaltung zugänglich gemacht werden,

8. **Verträge über die Bereitstellung von Informationen im Sinne des Informationsweiterverwendungsgesetzes vom 13. Dezember 2006 (BGBl. I S. 2913), das durch Artikel 1 des Gesetzes vom 8. Juli 2015 (BGBl. I S. 1162) geändert worden ist.**

Lit.: → Vor §§ 327 ff.; weiter Bauermeister, Die „Bezahlung“ mit personenbezogenen Daten bei Verträgen über digitale Produkte, AcP 222 (2022), 372; Klink-Straub, Do ut des data – Bezahlen mit Daten im digitalen Vertragsrecht, NJW 2021, 3217; Piltz/Quiel, Was sind „interpersonelle Kommunikationsdienste“? Erste Gedanken zum Anwendungsbereich und den Ausnahmen, CR 2022, 263.

1. Legaldefinitionen. Im Rahmen der Bestimmung des Anwendungsbereichs 1
von Untertitel 1 enthalten I, II zunächst verschiedene Legaldefinitionen. **a) Digitale Produkte.** I 1 schafft – ohne Vorbild in der DI-RiLi (→ Vor §§ 327 ff. Rn. 1) – einen Oberbegriff für digitale Inhalte und digitale Dienstleistungen. Die Bezeichnung als Produkt geht über den herkömmlichen Sprachgebrauch, wie er auch § 2 ProdHaftG zugrunde liegt, hinaus; ein weites Begriffsverständnis kennen aber die Sozial- und Wirtschaftswissenschaften (vgl. auch den Produktbegriff im „neuen Steuerungsmodell“, der eine öffentliche Leistung bezeichnet, oder die Redewendung vom „Recht als Produkt“ in der Diskussion um den Wettbewerb der Rechtsordnungen). **b) Digitale Inhalte.** II 1 definiert in Übereinstimmung mit Art. 2 2
Nr. 1 DI-RiLi digitale Inhalte etwas blass als Daten, die in digitaler Form erstellt und bereitgestellt werden. Erstellung und Bereitstellung sind kumulative Anforderungen (vgl. VI Nr. 1); für die digitale Erstellung reicht aber die digitale Erfassung eines analog existierenden Gegenstands (zB Digitalisierung eines Ölgemäldes oder Papierfotos). Digitaler Inhalt ist ein E-Book; im Falle eines Buchs, das dem Verlag digital vorliegt, aber im Geschäftsmodell des „Print on Demand“ nach Bestellung auf Papier gedruckt und ausgeliefert wird, ist digitales Produkt nur die dem Verlag vorliegende Datei, nicht das mit ihrer Hilfe gedruckte Buch; Entsprechendes gilt für Dateien einerseits, körperliche Produkte andererseits beim 3D-Druck (vgl. Schulze/Schulze § 327 Rn. 7). **c) Digitale Dienstleistungen.** II 2 übernimmt die zweispu- 3
rige Definition von Art. 2 Nr. 2 DI-RiLi. II 2 Nr. 1 erfasst die herkömmlichen Programme („Software“, „Apps“), mit denen Daten generiert, verarbeitet, gespeichert und wieder zugänglich gemacht werden, gleichgültig ob sie auf dem eigenen Gerät, einem Server des Unternehmers oder in der Cloud laufen. Die Einordnung als „Dienstleistung“ erstaunt nur, wenn man – realitätsfern, jedenfalls anachronistisch – davon ausgeht, ein einmal erworbenes Programm bleibe auf Dauer gleich; sie trägt der praktischen Notwendigkeit regelmäßiger Aktualisierungen Rechnung, die auch geschuldet sind (§ 327f). II 2 Nr. 2 stellt sicher, dass auch Programme, die 4
nicht nur der individuellen Nutzung dienen, sondern eine Zusammenarbeit oder Interaktion ermöglichen (sollen), erfasst sind; hierher gehören zB „soziale Medien“ und Bewertungsplattformen. **d) Verbraucherverträge über digitale Produkte.** 5
Die Überschrift des Untertitels ist keine eigene Legaldefinition, setzt sich aber aus dem legal definierten Begriff des Verbrauchervertrags (§ 310 III) und den Legaldefinitionen von I 1 *und* II *zusammen.*

2. Positive Umschreibung des Anwendungsbereichs. Mithilfe der Legaldefi- 6
nitionen (→ Rn. 1 ff.) und weiterer Eingrenzungen bestimmen §§ 327, 327a in Umsetzung von Art. 3 DI-RiLi den Anwendungsbereich des Untertitels, auch wenn I 1 sich an die Kopfnormen der Verträge des Besonderen Schuldrechts anlehnt, ja einer solchen voll entspräche, ersetzte man den ersten Satzteil durch die Worte „Verbraucherverträge über digitale Produkte sind Verträge“. **a) Verbraucherverträge; Unternehmer.** S. §§ 14, 310 III. **b) Bereitstellung digitaler Produkte.** 7
Vertragscharakteristische Leistung muss die Bereitstellung digitaler Produkte sein (→ Rn. 1–4). Dabei kann es sich um Standardprodukte, aber auch um Produkte handeln, die den individuellen Wünschen des Verbrauchers entsprechen (IV, zB

„Individualsoftware"; Parallelnorm ist § 650). Unerheblich ist, ob die digitalen Produkte online verfügbar gemacht oder auf einem körperlichen Datenträger geliefert werden, wenn diese ausschließlich Träger digitaler Inhalte sind (V, zB Musik-CD, Film-DVD; nicht Schallplatte: Inhalte nicht digital, CD-Rohling: kein Inhalt); lediglich die Regeln über die Bereitstellung (§ 327b) und die Rechte bei unterbliebener Bereitstellung (§ 327c) sind im letztgenannten Fall nicht anwendbar, sodass für
8 Erfüllbarkeit, Fälligkeit und Gefahrübergang §§ 475 I, II gelten. **c) Zahlung eines Preises.** Preis bezeichnet an sich eine Gegenleistung, die in der Bezahlung von **Geld** – Bargeld oder Buchgeld – besteht. Um sicherzustellen, dass auch Verträge erfasst sind, bei denen die Gegenleistung mittels eines elektronischen Gutscheins erfolgt, hat die Richtlinie solche Gestaltungen in ihre Definition des „Preises" einbe-
9 zogen (Art. 2 Nr. 7 DI-RiLi). Diese Definition, die I 2 übernimmt, könnte auch sog. **Kryptowährungen** (Bitcoin etc.) mit einbeziehen, was nicht fern liegt, haben diese doch gerade bei Verträge über digitale Produkte eine zunehmende Bedeutung. Nach Erw.-Gr. 23 S. 3 Di-RiLi soll die Einbeziehung „virtueller Währungen" jedoch – ohne dass es im Wortlaut zum Ausdruck käme – von der „Anerkennung" nach nationalem Recht abhängen, wobei offen bleibt, ob es sich um eine staatliche oder faktische Anerkennung handeln soll. Sinn und Zweck der §§ 327 ff. sprechen dafür, auch solche Gegenleistungen mit einzubeziehen oder jedenfalls die Vorschrif-
10 ten analog anzuwenden. Preis kann darüber hinaus auch eine Gegenleistung sein, die ganz oder teilweise in der Bereitstellung oder auch nur der Verpflichtung zur Bereitstellung **personenbezogener Daten** (Art. 4 Nr. 1 DS-GVO) besteht („zahlen mit Daten"), wenn diese vom Unternehmer nicht nur zur Leistungserbringung (zB Standort für Navigations-App) oder zur Erfüllung objektiv-rechtlicher Vorgaben (vgl. Erw.-Gr. 25 S. 2 DI-RiLi) benötigt, sondern – etwa für Marketingzwecke – weiterverarbeitet werden (§ 312 Ia 2). Das bloße Zulassen der Datenerhebung – etwa das Zulassen der Erhebung von Metadaten oder das Setzen eines Cookies – reicht für ein „Bereitstellen" aus, wobei Erw.-Gr. 25 DI-RiLi und RegE BT-Drs. 19/27653, 41 verlangen, dass nach nationalem Recht ein Vertragsschluss vorliegt; dies ist aber zumindest nach deutschem Recht regelmäßig zu bejahen (MüKo/Metzger § 327 Rn. 17). Ob eine Datenerhebung, -speicherung und -verarbeitung datenschutzrechtlich zulässig ist, spielt hier wie für die §§ 327 ff. insgesamt keine Rolle (Schulze/Schulze § 327 Rn. 19). Dienen die Daten allerdings nur zur Weiterentwicklung einer Open-Source-Software, greift der Ausschluss gem. VI Nr. 6.

11 **3. Ausschlüsse.** Die sehr weite Beschreibung des Anwendungsbereichs macht es notwendig, bestimmte Gestaltungen auszunehmen, auf die die Regeln der Richtlinie bzw. der §§ 327a ff. nicht passen. VI übernimmt Art. 3 V der Richtlinie. **a) Andere Dienstleistungen (VI Nr. 1).** Der Ausschluss für andere als digitale Dienstleistungen ist strenggenommen überflüssig; er stellt aber klar, dass eine digitale Dienstleistung nicht schon vorliegt, wenn der Unternehmer digitale Technik nutzt, um seine Leistung hervorzubringen (Bsp.: Erstellung eines Bauplans am Computer) oder zu
12 liefern bzw. übermitteln (Bsp.: Versand eines Gutachtens per E-Mail). **b) Telekommunikationsdienstleistungen (VI Nr. 2).** Keine Anwendung findet der Untertitel insbesondere auf gewöhnliche Verträge mit Netzanbietern, wohl aber auf Anbieter webbasierter E-Mail- oder Instant-Messaging-Dienste (zB WhatsApp).
13 **c) Behandlungsverträge (VI Nr. 3).** Ausgeschlossen sind insbes. Verträge über Behandlungsleistungen im Wege der sog. Telemedizin. Das BGB dehnt damit den Anwendungsbereich über die Ausnahme des Art. 3 V lit. d DI-RiLi iVm Art. 3 lit. a
14 Richtlinie 2011/24/EU hinaus aus. **d) Glücksspiele mit geldwertem Einsatz *auf individuellen Abruf* (VI Nr. 4).** Online-Glücksspiele bei „geldwertem" Einsatz, dh kein Ausschluss beim Zurverfügungsstellen personenbezogener Daten; nicht aber Lotterien, bei denen das eigentliche „Spiel" nicht individuell abgerufen wird;
15 Grund dürfte die anderweitige, oft komplizierte Regulierung sein. **e) Finanzdienstleistungen (VI Nr. 5).** Finanzdienstleistungen (§ 1 Ia 2 KWG) unterliegen
16 starker unionsrechtlicher und nationaler Regulierung. **f) Unentgeltliche Open-**

Source-Software (VI Nr. 6). Auch diese Ausnahme dient der Klarstellung, da bei Unentgeltlichkeit schon kein Preis iSv I 1 gezahlt wird. Relevant ist sie insofern, als Nutzer teilweise personenbezogene Daten zur Verfügung stellen, was Preis iSv III sein könnte; dienen diese Daten aber nur der Weiterentwicklung der Software, soll dies explizit nicht als Preis verstanden werden. **g) Öffentliche nicht digitale** 17
Zugänglichmachung (VI Nr. 7). Auch diese Ausnahme erscheint überflüssig, da es ohne Signalübermittlung schon an der Bereitstellung bzw. dem Zugang „in digitaler Form" fehlen dürfte; man wird aber nicht annehmen können, dass bei fehlender „Darbietung oder Veranstaltung" auch das Fehlen einer Signalübermittlung nicht schadet. **h) Digitale Inhalte öffentlicher Stellen (VI Nr. 8).** Die auf Art. 3 V 18
lit. h der Richtlinie zurückgehende Ausnahme dürfte mit dem Verweis lediglich auf die *deutsche* Umsetzung der Richtlinie 2003/98/EG nicht europarechtskonform umgesetzt sein.

§ 327a Anwendung auf Paketverträge und Verträge über Sachen mit digitalen Elementen

(1) [1]**Die Vorschriften dieses Untertitels sind auch auf Verbraucherverträge anzuwenden, die in einem Vertrag zwischen denselben Vertragsparteien neben der Bereitstellung digitaler Produkte die Bereitstellung anderer Sachen oder die Bereitstellung anderer Dienstleistungen zum Gegenstand haben (Paketvertrag).** [2]**Soweit nachfolgend nicht anders bestimmt, sind die Vorschriften dieses Untertitels jedoch nur auf diejenigen Bestandteile des Paketvertrags anzuwenden, welche die digitalen Produkte betreffen.**

(2) [1]**Die Vorschriften dieses Untertitels sind auch auf Verbraucherverträge über Sachen anzuwenden, die digitale Produkte enthalten oder mit ihnen verbunden sind.** [2]**Soweit nachfolgend nicht anders bestimmt, sind die Vorschriften dieses Untertitels jedoch nur auf diejenigen Bestandteile des Vertrags anzuwenden, welche die digitalen Produkte betreffen.**

(3) [1]**Absatz 2 gilt nicht für Kaufverträge über Waren, die in einer Weise digitale Produkte enthalten oder mit ihnen verbunden sind, dass die Waren ihre Funktionen ohne diese digitalen Produkte nicht erfüllen können (Waren mit digitalen Elementen).** [2]**Beim Kauf einer Ware mit digitalen Elementen ist im Zweifel anzunehmen, dass die Verpflichtung des Verkäufers die Bereitstellung der digitalen Inhalte oder digitalen Dienstleistungen umfasst.**

Lit.: Dubovitskaya, Kauf von Waren mit digitalen Elementen. Fortschritt und Rechtsunsicherheit im Verbrauchsgüterkaufrecht, MMR 2022, 3.

1. Positive Umschreibung des Anwendungsbereichs. § 327a setzt Art. 3 IV, 1
VI DI-RiLi (→ Vor §§ 327 ff. Rn. 1) um und bezieht **„Paketverträge"** (I 1, zB Fernsehgerät mit Digitalfernsehvertrag) sowie **Verträge über kombinierte Produkte** (II 1) in den Anwendungsbereich ein, allerdings grds. (Ausnahmen: §§ 327c VI, 327m IV) nur insoweit, als der Vertrag digitale Produkte betrifft (I 2, II 2), es gilt also grds. ein „Trennungsprinzip". Diese teilweise Anwendung kann schwierig 2
sein, etwa wenn bei einem kombinierten Produkt eine teilweise Vertragsbeendigung oder Minderung stattfinden soll, aber das Produkt zu einem einheitlichen Preis erworben wurde; ggf. muss das Gericht schätzen (§ 287 ZPO).

2. Ausschlüsse. Beim Kauf von **„Waren mit digitalen Elementen"** (III 1), die 3
sich durch die Maßgeblichkeit der digitalen Komponente für das Produkt insgesamt auszeichnen (zB Laptop, Smartphone), gilt Untertitel 1 nicht, sondern das Leistungsstörungsrecht des allgemeinen Schuldrechts sowie Kaufrecht, insbesondere kaufrechtliches Mangelgewährleistungsrecht (III 1, §§ 475b ff.). Für den Inhalt des Pflichtenprogramms des Verkäufers gilt nach III 2 die Vermutung, dass die Verpflichtung des Verkäufers die Bereitstellung der digitalen Inhalte oder digitalen Dienstleis-

tungen umfasse; dem Verkäufer wird es schwerfallen darzutun, dass die Parteien anderes vereinbart hätten und er daher die Bereitstellung nicht schulde.

§ 327b Bereitstellung digitaler Produkte

(1) **Ist der Unternehmer durch einen Verbrauchervertrag gemäß § 327 oder § 327a dazu verpflichtet, dem Verbraucher ein digitales Produkt bereitzustellen, so gelten für die Bestimmung der Leistungszeit sowie für die Art und Weise der Bereitstellung durch den Unternehmer die nachfolgenden Vorschriften.**

(2) **Sofern die Vertragsparteien keine Zeit für die Bereitstellung des digitalen Produkts nach Absatz 1 vereinbart haben, kann der Verbraucher die Bereitstellung unverzüglich nach Vertragsschluss verlangen, der Unternehmer sie sofort bewirken.**

(3) **Ein digitaler Inhalt ist bereitgestellt, sobald der digitale Inhalt oder die geeigneten Mittel für den Zugang zu diesem oder das Herunterladen des digitalen Inhalts dem Verbraucher unmittelbar oder mittels einer von ihm hierzu bestimmten Einrichtung zur Verfügung gestellt oder zugänglich gemacht worden ist.**

(4) **Eine digitale Dienstleistung ist bereitgestellt, sobald die digitale Dienstleistung dem Verbraucher unmittelbar oder mittels einer von ihm hierzu bestimmten Einrichtung zugänglich gemacht worden ist.**

(5) **Wenn der Unternehmer durch den Vertrag zu einer Reihe einzelner Bereitstellungen verpflichtet ist, gelten die Absätze 2 bis 4 für jede einzelne Bereitstellung innerhalb der Reihe.**

(6) **Die Beweislast für die nach den Absätzen 1 bis 4 erfolgte Bereitstellung trifft abweichend von § 363 den Unternehmer.**

1 **1. Pflicht zur Bereitstellung nach §§ 327, 327a.** Bei den von Untertitel 1 erfassten Verträgen besteht **typischerweise** eine Pflicht zur Bereitstellung, für die dann § 327b Leistungszeit sowie Art und Weise regelt. Ausnahme ist § 327 V, wonach § 327b auf Verträge über die Bereitstellung von körperlichen Datenträgern, die ausschließlich als Träger digitaler Inhalte dienen, keine Anwendung findet. Bei diesen Verträgen gelten daher für die Leistungszeit § 271, für die Art und Weise idR § 433 I 1.

2 **2. Leistungszeit sowie Art und Weise der Leistung. a) Leistungszeit.** In Übernahme des Wortlauts von Art. 5 I 2 DI-RiLi (→ Vor §§ 327 ff. Rn. 1) muss der Unternehmer die Leistung „unverzüglich" (§ 121 I 1) nach Vertragsschluss erbringen (II), was auch bei autonomer Auslegung („without *undue* delay"/„sans retard *injustifié*") großzügiger als „sofort" in § 271 I sein dürfte; für die von der
3 Richtlinie nicht geregelte Erfüllbarkeit belässt es II beim „sofort". **b) Art und Weise.** Wie bereitzustellen ist, regelt III für digitale Inhalte (§ 327 II 1), IV für digitale Dienstleistungen (§ 327 II 2). Jeweils ausreichend ist das Zugänglichmachen (zB zum Streaming) unmittelbar gegenüber dem Verbraucher oder „mittels einer von ihm hierzu bestimmten Einrichtung", etwa eines Cloud-Speicherdiensts. Bei digitalen Inhalten kommt das Zurverfügungstellen des Inhalts selbst oder der Zugangs- bzw. Herunterlademittel hinzu.

4 **3. Sonstiges. a) Mehrere Bereitstellungen.** Schuldet der Unternehmer meh-
5 rere Bereitstellungen, gelten jeweils II-IV (V). **b) Beweislast.** Die Beweislastumkehr bei Annahme einer Leistung (§ 363) gilt nicht (VI), womit die Umsetzung Richtlinienkonformität herstellt (näher RegE BT-Drs. 19/27653, 49) und der Tatsache Rechnung trägt, dass beim bloßen Zugänglichmachen von einer „Annahme" mit irgendeinem typischen Aussagehalt nicht auszugehen ist.

§ 327c Rechte bei unterbliebener Bereitstellung

(1) [1]Kommt der Unternehmer seiner fälligen Verpflichtung zur Bereitstellung des digitalen Produkts auf Aufforderung des Verbrauchers nicht unverzüglich nach, so kann der Verbraucher den Vertrag beenden. [2]Nach einer Aufforderung gemäß Satz 1 kann eine andere Zeit für die Bereitstellung nur ausdrücklich vereinbart werden.

(2) [1]Liegen die Voraussetzungen für eine Beendigung des Vertrags nach Absatz 1 Satz 1 vor, so kann der Verbraucher nach den §§ 280 und 281 Absatz 1 Satz 1 Schadensersatz oder nach § 284 Ersatz vergeblicher Aufwendungen verlangen, wenn die Voraussetzungen dieser Vorschriften vorliegen. [2]§ 281 Absatz 1 Satz 1 ist mit der Maßgabe anzuwenden, dass an die Stelle der Bestimmung einer angemessenen Frist die Aufforderung nach Absatz 1 Satz 1 tritt. [3]Ansprüche des Verbrauchers auf Schadensersatz nach den §§ 283 und 311a Absatz 2 bleiben unberührt.

(3) [1]Die Aufforderung nach Absatz 1 Satz 1 und Absatz 2 Satz 2 ist entbehrlich, wenn
1. der Unternehmer die Bereitstellung verweigert,
2. es nach den Umständen eindeutig zu erkennen ist, dass der Unternehmer das digitale Produkt nicht bereitstellen wird, oder
3. der Unternehmer die Bereitstellung bis zu einem bestimmten Termin oder innerhalb einer bestimmten Frist nicht bewirkt, obwohl vereinbart war oder es sich für den Unternehmer aus eindeutig erkennbaren, den Vertragsabschluss begleitenden Umständen ergeben konnte, dass die termin- oder fristgerechte Bereitstellung für den Verbraucher wesentlich ist.

[2]In den Fällen des Satzes 1 ist die Mahnung gemäß § 286 stets entbehrlich.

(4) [1]Für die Beendigung des Vertrags nach Absatz 1 Satz 1 und deren Rechtsfolgen sind die §§ 327o und 327p entsprechend anzuwenden. [2]Das Gleiche gilt für den Fall, dass der Verbraucher in den Fällen des Absatzes 2 Schadensersatz statt der ganzen Leistung verlangt. [3]§ 325 gilt entsprechend.

(5) § 218 ist auf die Vertragsbeendigung nach Absatz 1 Satz 1 entsprechend anzuwenden.

(6) [1]Sofern der Verbraucher den Vertrag nach Absatz 1 Satz 1 beenden kann, kann er sich im Hinblick auf alle Bestandteile des Paketvertrags vom Vertrag lösen, wenn er an dem anderen Teil des Paketvertrags ohne das nicht bereitgestellte digitale Produkt kein Interesse hat. [2]Satz 1 ist nicht auf Paketverträge anzuwenden, bei denen der andere Bestandteil ein Telekommunikationsdienst im Sinne des § 3 Nummer 61 des Telekommunikationsgesetzes ist.

(7) Sofern der Verbraucher den Vertrag nach Absatz 1 Satz 1 beenden kann, kann er sich im Hinblick auf alle Bestandteile eines Vertrags nach § 327a Absatz 2 vom Vertrag lösen, wenn aufgrund des nicht bereitgestellten *digitalen* Produkts sich die Sache nicht zur gewöhnlichen Verwendung eignet.

1. Allgemeines. § 327c regelt Folgen einer Nichterfüllung der in § 327b näher beschriebenen Pflicht zur Bereitstellung, betrifft also den Fall der – vollständigen – **Nichtleistung,** der ansonsten im allgemeinen Schuldrecht geregelt ist (§§ 323 ff., 280 ff.). Als speziellere Norm verdrängt er, soweit seine Anwendungsvoraussetzungen gegeben sind, die allgemeinen Regeln. Teil- oder Aliudleistungen sind demgegenüber Fälle der nicht vertragsgemäßen Leistung, für die §§ 327 ff. gelten (vgl. § 327e II 1 Nr. 1 lit. a Var. 1 („Menge"), V („anderes digitales Produkt"); RegE BT-Drs. 19/27653, 50). 1

2 **2. Nichtleistung trotz Fälligkeit. a) Keine Unmöglichkeit.** Ist die Bereitstellung für den Unternehmer oder jedermann unmöglich, so muss für die Bereitstellungspflicht § 275 I gelten. Da § 327c I eine bestehende Verpflichtung zur Leistung voraussetzt, greift er in den Fällen des Untergangs dieser Verpflichtung nach § 275 I von vornherein nicht ein (Schulze/Schulze § 327c Rn. 4). Für die Gegenleistungspflicht gilt dann § 326. Ggf. haftet der Unternehmer nach §§ 280 I, III, 283 und
3 § 311a II (III 2). Eine eventuell erfolgte Aufforderung ist ohne Belang. **b) Einredefreiheit.** Ohne dass dies § 327c ausdrücklich sagt, ist wie beim Schuldnerverzug auch Einredefreiheit vorauszusetzen. Vertragsbeendigung und Schadensersatz scheiden daher aus, wenn und solange der Unternehmer eine Einrede, etwa §§ 275 II,
4 III, 273, 320 erheben kann. **c) Fälligkeit.** Mangels abweichender Vereinbarungen schuldet der Unternehmer die Bereitstellung unverzüglich (§ 327b II).

5 **3. Aufforderung. a) Funktion.** Ihrer Funktion nach entspricht die Aufforderung des I der Fristsetzung der §§ 323 I, 281 I 1, die von der Rechtsprechung auf die bestimmte Aufforderung zur Leistung reduziert wurde, ohne dass ein Enddatum oder ein Zeitraum benannt werden müssten (BGH NJW 2009, 3153; ZIP 2015, 1128; 2016, 1538). Aus der Perspektive des Unternehmers gibt die Aufforderung diesem eine „letzte" Gelegenheit zur Leistung; sie fördert damit die Aufrechterhaltung des Vertrags und schützt den Unternehmer vor eventuell einschneidenden Rechtsfolgen bei versehentlicher Nichtleistung. Aus der Sicht des Verbrauchers ist sie der Schlüssel, der an die nicht rechtzeitige Bereitstellung besondere Rechtsfolgen
6 knüpft und Rechtsbehelfe eröffnet. **b) Inhalt.** Die Aufforderung ist eine Erklärung des Verbrauchers gegenüber dem Unternehmer, durch die der Verbraucher die
7 geschuldete Bereitstellung verlangt. **c) Rechtsnatur und Form.** Die Aufforderung ist geschäftsähnliche Handlung (aA Schulze/Schulze § 327c Rn. 5: einseitige empfangsbedürftige Willenserklärung); für sie gelten keine besonderen Formvorschrif-
8 ten. **d) Entbehrlichkeit.** Die Aufforderung ist – in Parallele zu §§ 323 II, 281 II – gem. III entbehrlich bei Erfüllungsverweigerung (III 1 Nr. 1), eindeutiger Prognose der Nichterfüllung (III 1 Nr. 2) oder Nichteinhaltung eines vereinbarten Termins oder einer vereinbarten Frist (III 1 Nr. 3, relatives Fixgeschäft). Anders als §§ 286 II Nr. 3, 323 II Nr. 1 verlangt III 1 Nr. 1 nicht ausdrücklich die „ernsthafte und endgültige" Erfüllungsverweigerung. Dass die Verweigerung auch hier „ernsthaft" sein muss, kann nicht ernsthaft bezweifelt werden. Überlegenswert hingegen ist, schon bei einer zeitweisen Verweigerung die Vertragsbeendigung und ggf. Schadensersatz zu erlauben.

9 **4. Nichtleistung nach Aufforderung. a) Leistung.** Leistet der Unternehmer auf die (nicht entbehrliche) Aufforderung hin unverzüglich, also ohne schuldhaftes Zögern (§ 121 I 1), hat die Nichterfüllung der ursprünglichen Bereitstellungspflicht keine weiteren Folgen. Dasselbe gilt, wenn die Parteien „eine andere Zeit für die Bereitstellung", also einen späteren Leistungszeitpunkt, vereinbart haben und der Unternehmer rechtzeitig leistet (vgl. I 2). Unklar ist, ob derartige **Vereinbarungen** vor, bei und nach Aufforderung gleichermaßen zulässig sind und I 2 lediglich die ausdrückliche Vereinbarung nach Aufforderung verlangt oder ob Vereinbarungen nur nach (und in teleologischer Extension auch bei), nicht aber vor Vereinbarung möglich sind; sinnvoll erscheint nur letzteres (Schulze/Schulze § 327c Rn. 7).
10 **b) Nichtleistung.** Beruht die Nichtleistung auf **zwischenzeitlicher Unmöglichkeit,** gilt das zu Unmöglichkeit vor Aufforderung Gesagte (→ Rn. 2); beruht sie auf dem **zwischenzeitlichen Entstehen einer Einrede,** gilt das für eine Einrede vor Aufforderung Gesagte (→ Rn. 3). Liegt **kein schuldhaftes Zögern** vor, so *sind die* Voraussetzungen von I nicht erfüllt; eigentlich müssten in Parallele zu dem zur Unmöglichkeit Gesagten die §§ 323, 326 gelten, was aber I zu stark entwerten würde. Bei **schuldhaftem Zögern** greifen die in I, II genannten Rechtsfolgen bzw. kann der Verbraucher die dort genannten Rechtsbehelfe geltend machen (→ Rn. 11 ff.). Dass eine Verzögerung schuldhaft ist, muss an sich nach allgemeinen Regeln der Gläubiger, hier der Verbraucher, darlegen und beweisen. Richtigerweise

sollte aber § 280 I 2 analog herangezogen werden; jedenfalls ist mithilfe der sekundären Darlegungslast den Schwierigkeiten des Verbrauchers, die Gründe der Nichtleistung zu erkennen und zu bewerten, Rechnung zu tragen.

4. Rechtsfolgen und Rechtsbehelfe. a) Verzug. Die Regeln über den Schuld- 11
nerverzug finden Anwendung (arg. ex III 2). Die Aufforderung gem. I stellt zugleich eine Mahnung iSd § 286 I 1 dar; sie ist über § 286 II hinaus entbehrlich, wenn gem. III 1 eine Aufforderung entbehrlich ist (III 2). Vertretenmüssen (§ 286 IV) liegt stets vor, wenn der Unternehmer, wie in I 1 beschrieben, nicht unverzüglich auf die Aufforderung hin leistet, also schuldhaft zögert (§ 121 I 1). Damit kommt die Geltendmachung eines Verzögerungsschadens (§§ 280 I, II, 286) in Betracht, es gilt die
Risikohaftung des § 287 und der Unternehmer schuldet Verzugszinsen (§ 288). **b)** 12
Vertragsbeendigung. Ohne weitere Voraussetzungen, insbesondere ohne zusätzliches Verschuldenserfordernis (s. aber § 327b II Var. 1 und § 327c I 1: „unverzüglich"), kann der Verbraucher den Vertrag beenden. Die Vertragsbeendigung entspricht funktional im Wesentlichen dem Rücktritt (§§ 323 ff.) bzw. der Kündigung (§ 314), ist aber zur gemeinsamen Erfassung von einmaligem Leistungsaustausch und Dauerschuldverhältnis und zur Verdeutlichung der „Vollregelung" in den §§ 327 ff. ohne Rückgriff etwa auf die §§ 346 ff. anders, nämlich unter Verwendung des Begriffs der DI-RiLi, benannt. Die Vertragsbeendigung führt nach näherer Maßgabe der §§ 327o, 327p zum Erlöschen der Primärpflichten und zum Entstehen von
Rückgewährpflichten bzw. Nutzungsunterlassungspflichten. Die Anforderungen an 13
die **Beendigungserklärung** regelt § 327o I; die Rechtsfolgen im Übrigen regeln §§ 327o II–V, 327p (IV 1). Das Recht, den Vertrag zu beenden, erlischt nach dem gem. V entsprechend anwendbaren § 218 mit Verjährung des Anspruchs auf die
Bereitstellung, für die die allgemeinen Regeln gelten (§§ 195, 199 I). Bei **Paketver-** 14
trägen (§ 327a I 1) und **Verträgen über Sachen, die digitale Produkte enthalten oder mit ihnen verbunden sind,** (§ 327a II) hat der Verbraucher über das „Trennungsprinzip" des § 327a I, II hinaus die Möglichkeit, sich vom gesamten Vertrag zu lösen, wenn er bei Paketverträgen am restlichen Teil des Vertrags kein Interesse hat (VI 1, vgl. § 323 V) und der restliche Teil des Vertrags nicht ein Vertrag über einen Telekommunikationsdienst ist (VI 2; Bsp.: Telekommunikationsvertrag, bei dem auch ein digitales Endgerät gestellt wird), bei Verträgen nach § 327a II sich die Sache nicht zur gewöhnlichen Verwendung eignet (VII). Mit dem Begriff der „Lösung" vom gesamten Vertrag wird nach dem der „Beendigung" ein weiterer neuer Begriff eingeführt, für den Rechtsfolgen nicht eigens festgehalten sind, der aber ebenfalls das Erlöschen der Primärpflichten und das Entstehen – richtigerweise vertraglicher, nicht nur bereicherungsrechtlicher – Rückgewährpflichten zur Folge
hat. **c) Schadensersatz.** Statt oder neben (IV 3 iVm § 325) der Vertragsbeendigung 15
kann der Verbraucher unter den Voraussetzungen von I sowie der §§ 280, 281 I 1 Schadensersatz verlangen (II 1, ausdrückliche Rechtsgrundverweisung). Nicht erforderlich ist aber die von § 281 I 1 verlangte Fristsetzung, die durch die Aufforderung ersetzt wird (II 2); dasselbe gilt, wenn die Aufforderung nach III entbehrlich ist. Das Schadensersatzverlangen muss geltend gemacht werden, wofür § 327o I analog herangezogen werden kann. Verlangt der Verbraucher Schadensersatz statt der gesamten Leistung, gilt hinsichtlich der bereits erbrachten Leistungen § 327o, für die
untersagte Weiternutzung § 327p (IV 2). **d) Ersatz vergeblicher Aufwendungen.** 16
Anstelle von Schadensersatz kann der Verbraucher Ersatz vergeblicher Aufwendungen gem. § 284 verlangen (II 1).

§ 327d Vertragsmäßigkeit digitaler Produkte

Ist der Unternehmer durch einen Verbrauchervertrag gemäß § 327 oder § 327a zur Bereitstellung eines digitalen Produkts verpflichtet, so hat er das digitale Produkt frei von Produkt- und Rechtsmängeln im Sinne der §§ 327e bis 327g bereitzustellen.

Lit.: Ehrlicher, Die Gewährleistungsrechte bei mangelhaften digitalen Produkten, JuS 2022, 482; Jochen Schneider, Die komplexe Mechanik der neuen Anforderungen im Mängelregime. Warum die Grenzen der Gleichrangigkeit gesetzlicher Leistungsanforderungen für das geschuldete Leistungsprofil so etwas wie „praktische Konkordanz" fordern, CR 2022, 1; Witzel, Der neue Mangelbegriff für digitale Produkte, ITRB 2021, 289.

1 § 327d statuiert ähnlich §§ 433 I 2, 535 I 2, 633 I für Verträge über digitale
2 Produkte die **(Haupt-)Pflicht zur mangelfreien Leistung.** In welchen Fällen
eine Leistung mangelfrei bzw. im Umkehrschluss mangelhaft ist, beschreiben die
§§ 327e bis 327g.

§ 327e Produktmangel

(1) [1]**Das digitale Produkt ist frei von Produktmängeln, wenn es zur maßgeblichen Zeit nach den Vorschriften dieses Untertitels den subjektiven Anforderungen, den objektiven Anforderungen und den Anforderungen an die Integration entspricht.** [2]**Soweit nachfolgend nicht anders bestimmt, ist die maßgebliche Zeit der Zeitpunkt der Bereitstellung nach § 327b.** [3]**Wenn der Unternehmer durch den Vertrag zu einer fortlaufenden Bereitstellung über einen Zeitraum (dauerhafte Bereitstellung) verpflichtet ist, ist der maßgebliche Zeitraum der gesamte vereinbarte Zeitraum der Bereitstellung (Bereitstellungszeitraum).**

(2) [1]**Das digitale Produkt entspricht den subjektiven Anforderungen, wenn**

1. **das digitale Produkt**
   a) **die vereinbarte Beschaffenheit hat, einschließlich der Anforderungen an seine Menge, seine Funktionalität, seine Kompatibilität und seine Interoperabilität,**
   b) **sich für die nach dem Vertrag vorausgesetzte Verwendung eignet,**
2. **es wie im Vertrag vereinbart mit Zubehör, Anleitungen und Kundendienst bereitgestellt wird und**
3. **die im Vertrag vereinbarten Aktualisierungen während des nach dem Vertrag maßgeblichen Zeitraums bereitgestellt werden.**

[2]**Funktionalität ist die Fähigkeit eines digitalen Produkts, seine Funktionen seinem Zweck entsprechend zu erfüllen.** [3]**Kompatibilität ist die Fähigkeit eines digitalen Produkts, mit Hardware oder Software zu funktionieren, mit der digitale Produkte derselben Art in der Regel genutzt werden, ohne dass sie konvertiert werden müssen.** [4]**Interoperabilität ist die Fähigkeit eines digitalen Produkts, mit anderer Hardware oder Software als derjenigen, mit der digitale Produkte derselben Art in der Regel genutzt werden, zu funktionieren.**

(3) [1]**Das digitale Produkt entspricht den objektiven Anforderungen, wenn**

1. **es sich für die gewöhnliche Verwendung eignet,**
2. **es eine Beschaffenheit, einschließlich der Menge, der Funktionalität, der Kompatibilität, der Zugänglichkeit, der Kontinuität und der Sicherheit aufweist, die bei digitalen Produkten derselben Art üblich ist und die der Verbraucher unter Berücksichtigung der Art des digitalen Produkts erwarten kann,**
3. **es der Beschaffenheit einer Testversion oder Voranzeige entspricht, die der Unternehmer dem Verbraucher vor Vertragsschluss zur Verfügung gestellt hat,**
4. **es mit dem Zubehör und den Anleitungen bereitgestellt wird, deren Erhalt der Verbraucher erwarten kann,**
5. **dem Verbraucher gemäß § 327f Aktualisierungen bereitgestellt werden und der Verbraucher über diese Aktualisierungen informiert wird und**

6. sofern die Parteien nichts anderes vereinbart haben, es in der zum Zeitpunkt des Vertragsschlusses neuesten verfügbaren Version bereitgestellt wird.

[2]Zu der üblichen Beschaffenheit nach Satz 1 Nummer 2 gehören auch Anforderungen, die der Verbraucher nach vom Unternehmer oder einer anderen Person in vorhergehenden Gliedern der Vertriebskette selbst oder in deren Auftrag vorgenommenen öffentlichen Äußerungen, die insbesondere in der Werbung oder auf dem Etikett abgegeben wurden, erwarten kann. [3]Das gilt nicht, wenn der Unternehmer die Äußerung nicht kannte und auch nicht kennen konnte, wenn die Äußerung im Zeitpunkt des Vertragsschlusses in derselben oder in gleichwertiger Weise berichtigt war oder wenn die Äußerung die Entscheidung, das digitale Produkt zu erwerben, nicht beeinflussen konnte.

(4) **[1]Soweit eine Integration durchzuführen ist, entspricht das digitale Produkt den Anforderungen an die Integration, wenn die Integration**
1. sachgemäß durchgeführt worden ist oder
2. zwar unsachgemäß durchgeführt worden ist, dies jedoch weder auf einer unsachgemäßen Integration durch den Unternehmer noch auf einem Mangel in der vom Unternehmer bereitgestellten Anleitung beruht.

[2]Integration ist die Verbindung und die Einbindung eines digitalen Produkts mit den oder in die Komponenten der digitalen Umgebung des Verbrauchers, damit das digitale Produkt gemäß den Anforderungen nach den Vorschriften dieses Untertitels genutzt werden kann. [3]Digitale Umgebung sind Hardware, Software oder Netzverbindungen aller Art, die vom Verbraucher für den Zugang zu einem digitalen Produkt oder die Nutzung eines digitalen Produkts verwendet werden.

(5) **Einem Produktmangel steht es gleich, wenn der Unternehmer ein anderes digitales Produkt als das vertraglich geschuldete digitale Produkt bereitstellt.**

1. Allgemeines. § 327e schafft den Begriff des Produktmangels, der mit der Verwendung des Begriffs „Produkt" (§ 327 I 1) den „Sachmangel" digitaler Inhalte und die mangelhafte digitale Dienstleistung gemeinsam erfasst. Seine **Struktur,** die nach der Einleitung in I subjektiven, objektiven Anforderungen und Anforderungen an die Integration jeweils einen Absatz widmet, folgt den Art. 6–9 DI-RiLi und entspricht § 434 nF, der in I–IV seinerseits den Art. 5–8 WK-RiLi folgt und ebenfalls subjektive und objektive Anforderungen unterscheidet, die um einen weiteren Aspekt – dort Montageanforderungen – ergänzt werden. I ist zunächst zu entnehmen, dass die Anforderungen von II–IV **kumulativ** gelten. Sodann legt I den **maßgeblichen Zeitpunkt oder Zeitraum** fest: Ohne besondere Vereinbarung entscheidet der Zeitpunkt der Bereitstellung nach § 327b (I 2). War eine „dauerhafte Bereitstellung", also eine fortlaufende Bereitstellung über einen bestimmten Zeitraum – den „Bereitstellungszeitraum" – vereinbart (zB Jahresabonnement für Virenscanner, unbefristete Mitgliedschaft in sozialem Netzwerk), so ist Mangelfreiheit während des gesamten Bereitstellungszeitraums geschuldet (I 2). Die Unterscheidung zwischen I 2 und I 3 sowie die Legaldefinitionen der dauerhaften Bereitstellung und des Bereitstellungszeitraums spielen auch in weiteren Vorschriften (§ 327 I, 327j I, II, 327k I, II, 327n II, 327o II, III) eine Rolle. 1 2

2. Subjektive Anforderungen (II). Bezugsgegenstand der subjektiven Anforderungen sind nach II die Beschaffenheit (II 1 Nr. 1), Zubehör, Anleitungen und Kundendienst (II 1 Nr. 2) und Aktualisierungen (II 1 Nr. 3). Als für die Beschaffenheit relevant neben der vereinbarten Eignung (II 1 Nr. 1 lit. b) erklärt II 1 Nr. 1 lit. a die Funktionalität, Kompatibilität und – nur als subjektive Anforderung relevant (vgl. III 1 Nr. 1) – Interoperabilität, welche in II 2, 3 und 4 jeweils definiert werden. 3

4 **3. Objektive Anforderungen (III). Bezugsgegenstand** der objektiven Anfor-
derungen sind neben der Eignung für die gewöhnliche Verwendung (III 1 Nr. 1)
die Beschaffenheit – beurteilt nach Üblichkeit (II 1 Nr. 2), für welche nach dem
Vorbild von § 434 III 2, 3 auch Äußerungen Dritter in der Vertriebskette relevant
sind (III 2), wenn nicht ein Ausschluss greift (III 3) – oder beurteilt nach einer
Testversion (II 1 Nr. 3), Zubehör und Anleitungen (II 1 Nr. 4), Aktualisierungen
5 (II 1 Nr. 5) und die Bereitstellung der neuesten Version (II 1 Nr. 6). Haben die
Parteien subjektive Anforderungen vereinbart, so kommen die objektiven Anforde-
rungen zu den subjektiven Anforderungen hinzu (→ Rn. 2); **Abweichungen** sind
nur nach Maßgabe des § 327h zulässig.

6 **4. Anforderungen an die Integration (IV).** Die Struktur von IV ähnelt § 434
IV. **a) Definitionen.** Unter **Integration** versteht der Gesetzgeber die Einbindung
des Produkts in die digitale Umgebung (IV 2), wobei die **digitale Umgebung**
7 ihrerseits in IV 3 legaldefiniert ist. **b) Durchführung.** Eine Integration muss ver-
traglich geschuldet („durchzuführen") sein, was freilich mit der Definition der Inte-
gration insofern zusammenfällt, als die Integration Voraussetzung einer den Anforde-
rungen der II, III entsprechenden Nutzung sein muss (vgl. IV 2: „damit …"). Die
Durchführung der Integration kann auch ohne menschliches Zutun erfolgen oder
nur Handeln des Verbrauchers – etwa ein Auswählen, Annehmen und Weiterkli-
8 cken – erfordern müssen (vgl. IV 1 Nr. 2). **c) Produktmangel.** Ein integrationsbe-
dingter Produktmangel liegt vor, wenn die Integration „unsachgemäß durchge-
führt", also gescheitert ist und dies dem Unternehmer oder einer von ihm
bereitgestellten Anleitung zuzuschreiben ist (vgl. IV 1).

9 **5. Bereitstellung eines aliud (V).** Die Norm lehnt sich an § 434 V an. Die Bereitstellung eines anderen als des geschuldeten Produkts stellt stets einen Produktmangel dar, ist also **keine bloße Nichtleistung.**

§ 327f Aktualisierungen

(1) [1]Der Unternehmer hat sicherzustellen, dass dem Verbraucher während des maßgeblichen Zeitraums Aktualisierungen, die für den Erhalt der Vertragsmäßigkeit des digitalen Produkts erforderlich sind, bereitgestellt werden und der Verbraucher über diese Aktualisierungen informiert wird. [2]Zu den erforderlichen Aktualisierungen gehören auch Sicherheitsaktualisierungen. [3] Der maßgebliche Zeitraum nach Satz 1 ist
1. **bei einem Vertrag über die dauerhafte Bereitstellung eines digitalen Produkts der Bereitstellungszeitraum,**
2. **in allen anderen Fällen der Zeitraum, den der Verbraucher aufgrund der Art und des Zwecks des digitalen Produkts und unter Berücksichtigung der Umstände und der Art des Vertrags erwarten kann.**

(2) Unterlässt es der Verbraucher, eine Aktualisierung, die ihm gemäß Absatz 1 bereitgestellt worden ist, innerhalb einer angemessenen Frist zu installieren, so haftet der Unternehmer nicht für einen Produktmangel, der allein auf das Fehlen dieser Aktualisierung zurückzuführen ist, sofern
1. **der Unternehmer den Verbraucher über die Verfügbarkeit der Aktualisierung und die Folgen einer unterlassenen Installation informiert hat und**
2. **die Tatsache, dass der Verbraucher die Aktualisierung nicht oder unsachgemäß installiert hat, nicht auf eine dem Verbraucher bereitgestellte mangelhafte Installationsanleitung zurückzuführen ist.**

1 **1. Überblick.** Die Aktualisierungspflicht begründet für den Unternehmer **fortwirkende Pflichten** für die Zeit nach der erstmaligen Bereitstellung als primärer Leistungshandlung auch dann, wenn nicht eine Vereinbarung über die Produkteigenschaften während eines bestimmten Zeitraums getroffen wurde. Derartige Pflich-

ten waren bislang im BGB nicht kodifiziert, konnten aber natürlich Auslegungsergebnis sein. Gem. § 327e II 1 Nr. 2, III 1 Nr. 5 hat die Verletzung einer Aktualisierungspflicht seitens des Unternehmers einen **Produktmangel** zur Folge. I legt Inhalt und Dauer der Aktualisierungspflicht fest, II behandelt den Fall, dass der Verbraucher die Installation einer Aktualisierung unterlässt.

2. Inhalt und Dauer der Aktualisierungspflicht (I). a) Bereitstellung erforderlicher Aktualisierungen. Gegenstand der Aktualisierungspflicht sind solche Aktualisierungen – „Updates" oder „Upgrades" –, die für den Erhalt der Vertragsmäßigkeit des digitalen Produkts erforderlich sind (I 1); gleichgestellt sind Sicherheitsaktualisierungen (I 2). Solche Aktualisierungen müssen bereitgestellt werden. Es reicht also aus, sie zum Download zur Verfügung zu stellen; eine automatische Aktualisierung erfüllt aber ebenfalls die Anforderungen. Der Unternehmer muss die Aktualisierungen nicht zwingend selbst erstellen; er muss nur ihre Bereitstellung, zB durch den Hersteller, „sicherstellen". Im eigentlichen Sinne ist dies dem Unternehmer, wenn er nicht selbst der Hersteller ist, allerdings kaum je möglich; insbesondere kann von ihm nicht verlangt werden, dass er sich vom Hersteller eine womöglich individualisierte Zusage geben oder gar Anweisungsbefugnisse gegenüber dessen Entwicklungsabteilung einräumen lässt. Entscheidend ist vielmehr, dass damit der Unvermögenseinwand ausgeschlossen ist, sodass den Unternehmer in jedem Fall die Folgen unterbliebener Aktualisierung treffen und er sich dann ggf. im Wege des Rückgriffs an seine „Vormänner", damit in letzter Konsequenz an den Hersteller, wenden kann, jedenfalls solange das Recht eines EU-Mitgliedstaats gilt, der die DI-RiLi umgesetzt hat. **b) Information über Aktualisierungen.** Zur Bereitstellung hinzukommen muss die Information des Verbrauchers. Wie diese Information erfolgen soll, sagt das Gesetz nicht. Nach Sinn und Zweck muss die Information den Verbraucher tatsächlich erreichen und seine Aufmerksamkeit auf sich ziehen, sofern sein Handeln erforderlich ist, er insbes. die Aktualisierung installieren muss. In diesem Fall muss bei Endgeräten mit Bildschirm ein „Fenster" den Nutzer darauf aufmerksam machen, dass eine Aktualisierung zur Verfügung steht, und einen einfachen Zugang, etwa durch einen Link, erlauben. Aufgrund der Nutzergewohnheiten, derartige Fenster in ungünstigen Momenten – etwa unterwegs – erst einmal wegzuklicken, ist eine mehrfache Information geboten. Bei anderen Geräten kann die Information anderweitig erfolgen, etwa durch Anschreiben an registrierte Nutzer und Bekanntmachung in Medien, die Verbraucher erreichen. Ist ein Handeln des Verbrauchers nicht erforderlich, weil sich das Produkt selbsttätig aktualisiert, reicht es aus, dass der Verbraucher sich über den aktuellen Stand informieren und ggf. eine gescheiterte automatische Aktualisierung selbst nachholen kann. **c) Dauer der Aktualisierungspflicht.** Ist Gegenstand des Vertrags die Bereitstellung eines digitalen Produkts über einen bestimmten Zeitraum (dazu → § 327e Rn. 2), so sind gem. I 3 Nr. 1 auch während dieses Zeitraums Aktualisierungen geschuldet; nur unter den Voraussetzungen des § 327h ist die Vereinbarung eines kürzeren Zeitraums für Aktualisierungen möglich. Im Übrigen sind gem. I 3 Nr. 2 Aktualisierungen während eines Zeitraums geschuldet, für den ein objektivierter Verbraucher solche Aktualisierungen „unter Berücksichtigung der Umstände und der Art des Vertrags" erwarten kann; eine abweichende Vereinbarung ist wiederum nur nach Maßgabe des § 327h möglich. Anhaltspunkte für die Dauer können die übliche Nutzungsdauer, die Bedeutung des digitalen Produkts für den Verbraucher und zuletzt der Gewährleistungszeitraum sein.

2 (Rn. 2) · 3 (Rn. 3) · 4 (Rn. 4)

3. Folgen einer unterlassenen oder fehlerhaften Installation (II). Setzt eine nach I 1 geschuldete Aktualisierung eine Installation durch den Verbraucher voraus und nimmt der Verbraucher die Installation nicht oder nicht sachgemäß vor, beeinträchtigt dies die Vertragsmäßigkeit des digitalen Produkts. **Mangelrechte** des Verbrauchers (§ 327i) sind allerdings **nur dann ausgeschlossen,** wenn **(1)** der Produktmangel allein auf das Fehlen dieser Aktualisierung zurückzuführen ist, das **Produkt bis dahin also vertragsgemäß** war; eine „Nachbesserung" eines schon ursprüng- 5 lich mangelhaften Produkts durch ein „Update" nimmt dem Verbraucher also auch dann nicht die Mangelrechte, wenn er die Installation nicht vornimmt, **(2)** der Verbraucher nicht nur über die **Verfügbarkeit der Aktualisierung,** sondern – über das nach I Geschuldete hinaus – auch die **Folgen einer unterlassen Aktualisierung informiert** wurde (II Nr. 1); wie bei I muss die Information nicht zwingend durch den Unternehmer selbst erfolgt sein, und (3) die unterlassene oder unsachgemäße Installation nicht darauf beruht, dass die dem Verbraucher bereitgestellte **Installationsanleitung mangelhaft** war (II Nr. 2); die Installationsanleitung kann auch in der Benutzerführung während des Installationsprozesses liegen. Bsp. für einen Fall des Haftungsausschlusses ist die Unterbrechung der Stromzufuhr durch den Verbraucher, wenn hiervor hinreichend gewarnt wurde (Spindler MMR 2021, 451, 456).

§ 327g Rechtsmangel

Das digitale Produkt ist frei von Rechtsmängeln, wenn der Verbraucher es gemäß den subjektiven oder objektiven Anforderungen nach § 327e Absatz 2 und 3 nutzen kann, ohne Rechte Dritter zu verletzen.

1 **Rechte Dritter** können vor allem Immaterialgüterrechte sein, in den Fällen des
2 § 327a aber auch dingliche Rechte Dritter wie das Eigentum. Ein **Rechtsmangel** liegt nicht erst dann vor, wenn der Dritte Rechte geltend macht; es reicht aus, dass die vertragsgemäße Nutzung diese Rechte beeinträchtigt.

§ 327h Abweichende Vereinbarungen über Produktmerkmale

Von den objektiven Anforderungen nach § 327e Absatz 3 Satz 1 Nummer 1 bis 5 und Satz 2, § 327f Absatz 1 und § 327g kann nur abgewichen werden, wenn der Verbraucher vor Abgabe seiner Vertragserklärung eigens davon in Kenntnis gesetzt wurde, dass ein bestimmtes Merkmal des digitalen Produkts von diesen objektiven Anforderungen abweicht, und diese Abweichung im Vertrag ausdrücklich und gesondert vereinbart wurde.

1 Vereinbarungen über die objektiven Anforderungen (§ 327e III 1 Nr. 1–5, III 2), die Aktualisierungspflicht (§ 327f I) und die Folgen der Verletzung von Rechten Dritter (§ 327g) setzten dreierlei voraus: **a) Vorherige Information.** Der Verbraucher muss im Vorfeld seiner Vertragserklärung über die konkrete Abweichung vom gesetzlichen Standard informiert werden; das Wort „eigens" dürfte als „ausdrück-
2 lich" zu verstehen sein. **b) Ausdrückliche Vereinbarung.** Die Abweichung muss des Weiteren im Vertrag – gemeint sein muss: im von den Parteien vereinbarten Vertragstext – ausdrücklich enthalten und vom Verbraucher aktiv gebilligt worden sein; es reicht also beispielsweise nicht aus, dass sie sich aus einem bloßen Verweis
3 auf die vorherige Information ergibt. **c) Gesonderte Vereinbarung.** Die Vereinbarung muss sich vom übrigen Vertrag abheben und Gegenstand einer eigenen Zustimmungserklärung sein; es bedarf daher einer zusätzlichen Handlung des Verbrauchers, um sie zum Vertragsinhalt zu machen, etwa einer weiteren Unterschrift oder eines aktiv gesetzten, nicht voreingestellten, Hakens o.ä.

§ 327i Rechte des Verbrauchers bei Mängeln

Ist das digitale Produkt mangelhaft, kann der Verbraucher, wenn die Voraussetzungen der folgenden Vorschriften vorliegen,

1. **nach § 327l Nacherfüllung verlangen,**
2. **nach § 327m Absatz 1, 2, 4 und 5 den Vertrag beenden oder nach § 327n den Preis mindern und**

3. nach § 280 Absatz 1 oder § 327m Absatz 3 Schadensersatz oder nach § 284 Ersatz vergeblicher Aufwendungen verlangen.

§ 327i ist eine **„Verteilungsnorm"** wie §§ 437, 634, die die Rechte des Verbrauchers bei Mängeln auflistet und die Anknüpfung weiterer, nach den Rechten des Verbrauchers differenzierender Regeln vereinfacht (vgl. § 327j). **Mängel** sind Produktmängel (§ 327e) einschließlich unterbliebener, aber geschuldeter Aktualisierungen (§ 327f) sowie Rechtsmängel (§ 327g). 1 2

§ 327j Verjährung

(1) [1]**Die in § 327i Nummer 1 und 3 bezeichneten Ansprüche verjähren in zwei Jahren.** [2]**Die Verjährung beginnt mit der Bereitstellung.**

(2) **Im Fall der dauerhaften Bereitstellung verjähren die Ansprüche nicht vor Ablauf von zwölf Monaten nach dem Ende des Bereitstellungszeitraums.**

(3) **Ansprüche wegen einer Verletzung der Aktualisierungspflicht verjähren nicht vor Ablauf von zwölf Monaten nach dem Ende des für die Aktualisierungspflicht maßgeblichen Zeitraums.**

(4) **Hat sich ein Mangel innerhalb der Verjährungsfrist gezeigt, so tritt die Verjährung nicht vor dem Ablauf von vier Monaten nach dem Zeitpunkt ein, in dem sich der Mangel erstmals gezeigt hat.**

(5) **Für die in § 327i Nummer 2 bezeichneten Rechte gilt § 218 entsprechend.**

1. Zweijährige Verjährungsfrist (I). Wie im Kaufrecht (§ 438 I Nr. 3) gilt gem. I 1 für die mangelgewährleistungsrechtlichen (§ 327i) Ansprüche auf Nacherfüllung, Schadensersatz und Ersatz vergeblicher Aufwendungen eine gegenüber der dreijährigen Regelverjährung verkürzte zweijährige Verjährungsfrist. Die **Frist beginnt** – anders als die „Silvesterverjährung" bei Regelverjährung – gem. I 2 mit der Bereitstellung (§ 327b). 1

2. Ablaufhemmungen (II–IV). a) Hintergrund. Mängel eines digitalen Produkts zeigen sich typischerweise erst, wenn eine bestimmte Funktion – womöglich in Verbindung mit einer von mehreren möglichen weiteren Komponenten der digitalen Umgebung des Verbrauchers – genutzt wird. Angesichts der Vielzahl von Funktionen und Komponenten kann es daher sein, dass der Verbraucher einen Mangel erst lange nach Bereitstellung bemerkt. Ein nicht durch Ablaufhemmungen ergänzter Verjährungsbeginn mit Bereitstellung könnte daher zur Folge haben, dass ein Anspruch wegen Mangelgewährleistung bereits verjährt ist, bevor der Verbraucher den Mangel bemerkt oder geltend gemacht hat. Dem tragen II–IV Rechnung. 2
b) Dauerhafte Bereitstellung. Bei einer Bereitstellung mit vereinbarter Dauer soll der Verbraucher auch wegen solcher Mängel, die erst knapp zwei Jahre nach Bereitstellung oder noch später während des Bereitstellungszeitraums auftreten, Gewährleistungsansprüche geltend machen können. Deshalb tritt gem. II die Verjährung nicht vor Ablauf von zwölf Monaten nach Ende des Bereitstellungszeitraums 3
ein. **c) Aktualisierungspflicht.** Für Aktualisierungen gilt das eingangs Gesagte (→ Rn. 2) umso mehr, kann ein Mangel doch frühestens nach Vornahme der Aktualisierung festgestellt werden. Daher endet hier gem. III die Verjährungsfrist nicht vor Ablauf von zwölf Monaten nach dem Ende des maßgeblichen Zeitraums iSd 4
§ 327f I 3. **d) Viermonatige Mindestdauer nach Zutagetreten.** Zusätzlich zu den objektiven Ablaufhemmungen der II, III gewährt IV eine Ablaufhemmung, die insofern subjektiv ist, als sie darauf abhebt, wann sich ein Mangel erstmals gezeigt hat. Gezeigt hat sich ein Mangel, wenn ihn ein gewöhnlicher Verbraucher bei der Nutzung des Produkts in der konkreten Situation bemerkt hätte; es kommt also nicht darauf an, wann sich der Mangel bei identischen Produkten anderer Nutzer 5

6 gezeigt hat. Der Mangel muss sich innerhalb der Verjährungsfrist gezeigt haben. Hierzu gehört grds. auch eine durch Ablaufhemmung verlängerte Frist; zeigt sich der Mangel aber erst zu einem Zeitpunkt, zu dem der Unternehmer Vertragsmäßigkeit oder Aktualisierungen nicht mehr schuldet, kann dies nicht gelten.

7 **3. Erlöschen von Gestaltungsrechten (V).** Die Gestaltungsrechte der **Vertragsbeendigung** oder **Minderung** (§ 327i Nr. 2) erlöschen gem. § 218 mit Verjährung des Anspruchs auf Nacherfüllung (I–III), wenn der Unternehmer sich hierauf beruft.

§ 327k Beweislastumkehr

(1) **Zeigt sich bei einem digitalen Produkt innerhalb eines Jahres seit seiner Bereitstellung ein von den Anforderungen nach § 327e oder § 327g abweichender Zustand, so wird vermutet, dass das digitale Produkt bereits bei Bereitstellung mangelhaft war.**

(2) **Zeigt sich bei einem dauerhaft bereitgestellten digitalen Produkt während der Dauer der Bereitstellung ein von den Anforderungen nach § 327e oder § 327g abweichender Zustand, so wird vermutet, dass das digitale Produkt während der bisherigen Dauer der Bereitstellung mangelhaft war.**

(3) **Die Vermutungen nach den Absätzen 1 und 2 gelten vorbehaltlich des Absatzes 4 nicht, wenn**
1. **die digitale Umgebung des Verbrauchers mit den technischen Anforderungen des digitalen Produkts zur maßgeblichen Zeit nicht kompatibel war oder**
2. **der Unternehmer nicht feststellen kann, ob die Voraussetzungen der Nummer 1 vorlagen, weil der Verbraucher eine hierfür notwendige und ihm mögliche Mitwirkungshandlung nicht vornimmt und der Unternehmer zur Feststellung ein technisches Mittel einsetzen wollte, das für den Verbraucher den geringsten Eingriff darstellt.**

(4) **Absatz 3 ist nur anzuwenden, wenn der Unternehmer den Verbraucher vor Vertragsschluss klar und verständlich informiert hat über**
1. **die technischen Anforderungen des digitalen Produkts an die digitale Umgebung im Fall des Absatzes 3 Nummer 1 oder**
2. **die Obliegenheit des Verbrauchers nach Absatz 3 Nummer 2.**

1 **1. Überblick; Auftreten eines Mangels. a) Normstruktur.** I und II enthalten Vermutungen für die Mangelhaftigkeit zur nach § 327e I 2, 3 maßgeblichen Zeit; III enthält hiervon Ausnahmen, für die IV weitere Voraussetzungen aufstellt, die auch als Gegenausnahmen angesehen werden können. Eine ähnliche, wenn auch weit einfacher geregelte Vermutung findet sich für den Verbrauchsgüterkauf in
2 § 477. **b) Sichtbarwerden eines Mangels.** Nach I, II kommt es darauf an, wann sich ein Mangel „zeigt". Der Mangel muss also zumindest im Ansatz aufgetreten und als solcher bemerkbar bzw. feststellbar gewesen sein. Abzustellen ist darauf, ob ein gewöhnlicher Verbraucher eine gewisse (Fehl-)Funktion bzw. die Information über ein Drittrecht als einen Produkt- oder Rechtsmangel einordnen würde. Da Nutzer digitaler Produkte an unbewusste Bedienungsfehler und sogar ein gelegentliches „Sich-Aufhängen" von Programmen gewöhnt sind, reicht das erstmalige Auftreten idR nicht aus.

3 **2. Vermutungen (I, II). a) Keine besondere Vereinbarung.** Ohne besondere Vereinbarung ist Mangelfreiheit bei Bereitstellung (§ 327b) geschuldet (§ 327e I 2). I enthält eine Vermutung für die Mangelhaftigkeit zu diesem Zeitpunkt, wenn sich innerhalb eines Jahres seit Bereitstellung ein Produktmangel iSd § 327e (der über § 327e II 1 Nr. 3, III 1 Nr. 5 auf § 327f verweist, also Aktualisierungen umfasst)
4 oder ein Rechtsmangel iSd § 327f zeigt. **b) Dauerhafte Bereitstellung.** Im Falle

einer Vereinbarung über eine fortlaufende Bereitstellung ist Mangelfreiheit während des gesamten Bereitstellungszeitraums geschuldet (§ 327e I 3). II enthält eine Vermutung für die Mangelhaftigkeit während der gesamten bisherigen Bereitstellungsdauer, wenn sich der Mangel (→ Rn. 3) während dieser gezeigt hat.

3. Ausnahmen (III). a) Inkompatibilität. Ein Mangel kann auch darauf beruhen, dass das Produkt mit der digitalen Umgebung (§ 327e IV 3) nicht harmoniert (§ 327e I 1, IV). Da der Unternehmer auf letztere keinen Einfluss hat, ist in diesem Fall gem. III Nr. 1 die Vermutung – nicht aber notwendigerweise auch das Vorliegen 5
eines Mangels – ausgeschlossen. **b) Verweigerte Kooperation des Verbrauchers.** 6
Um festzustellen, ob der Mangel auf Inkompatibilität beruht, kann der Unternehmer „technische Mittel" einsetzen wollen, die typischerweise eine Mitwirkung des Verbrauchers erfordern, da auf seine digitale Umgebung zugegriffen wird. Ist dem Verbraucher die Mitwirkung möglich und der Einsatz eines solchen technischen Mittels „mildestes Mittel", schließt die verweigerte Mitwirkung die Vermutung – nicht aber notwendigerweise die Feststellung eines Mangels – aus. **Technische Mittel** sind, wie die Einbeziehung von automatisch erzeugten Fehlerberichten zeigt (Erw.-Gr. 60 DI-RiLi), nicht nur solche, die der Unternehmer nach Anzeige eines Mangels gezielt einsetzt, um die Kompatibilität zu prüfen, sondern auch von der digitalen Umgebung des Verbrauchers schon mit dem Auftreten des Fehlers generierte Informationen, die der Verbraucher dann lediglich zu übermitteln braucht.
Der genaue Gehalt der Formulierung „technisches Mittel …, das für den Verbraucher 7
den **geringsten Eingriff** darstellt", ergibt sich nicht aus dem Wortlaut des BGB. Nach Art. 12 V 2 DI-RiLi ist „[d]ie Pflicht zur Zusammenarbeit […] auf die technisch verfügbaren Mittel beschränkt, die für den Verbraucher den geringsten Eingriff darstellen" („… limitée aux moyens techniquement disponibles qui sont le moins intrusifs pour le consommateur"). Dem wird man entnehmen können, dass die Geringfügigkeitsprüfung nur unter den technischen Mitteln erfolgen muss, nicht hingegen andere, nicht-technische Formen der Feststellung einzubeziehen hat. Für das Gewicht des Eingriffs kommt es vor allem darauf an, in welchem Umfang das technische Mittel dem Unternehmer Einblicke in die Privatsphäre des Verbrauchers erlaubt. So ist zB der Zugriff auf automatisch erzeugte Fehlerberichte weniger eingriffsintensiv als ein virtueller Zugang („Fernwartung") zur kompletten digitalen Umgebung des Verbrauchers (Erw.-Gr. 60 DI-RiLi; MüKo/Metzger § 327k Rn. 13).

4. Gegenausnahmen (IV). a) Allgemeines. IV sieht für die Ausnahmen von 8
III jeweils zusätzliche **Informationsobliegenheiten** des Unternehmers vor; das Unterlassen einer solchen Information ist also Gegenausnahme zu III. Die Information muss klar und verständlich sein und vor Vertragsschluss erfolgen. Über den Wortlaut hinaus muss nicht notwendigerweise der Unternehmer selbst den Verbraucher informiert haben; es reicht aus, wenn der Unternehmer für eine solche Information gesorgt hat. **b) Inkompatibilität.** Beruht der Produktmangel auf Inkompa- 9
tibilität, muss der Verbraucher gem. IV Nr. 1 vor Vertragsschluss über die „technischen Anforderungen des digitalen Produkts an die digitale Umgebung" klar und verständlich informiert worden sein; ein gewöhnlicher Verbraucher muss also die Information und allfällige Konsequenzen einer Inkompatibilität verstehen und die *erforderliche Prüfung* vornehmen können. War keine solche Information erfolgt, greifen die Vermutungen. **c) Verweigerte Kooperation.** Der Ausschluss der Ver- 10
mutung wegen verweigerter Kooperation greift gem. IV Nr. 2 nur, wenn der Verbraucher vor Vertragsschluss über seine Obliegenheit, bei der Feststellung der digitalen Umgebung mithilfe eines technischen Mittels mitzuwirken, klar und verständlich informiert wurde.

§ 327l Nacherfüllung

(1) [1]**Verlangt der Verbraucher vom Unternehmer Nacherfüllung, so hat dieser den vertragsgemäßen Zustand herzustellen und die zum Zwecke der**

Nacherfüllung erforderlichen Aufwendungen zu tragen. [2]Der Unternehmer hat die Nacherfüllung innerhalb einer angemessenen Frist ab dem Zeitpunkt, zu dem der Verbraucher ihn über den Mangel informiert hat, und ohne erhebliche Unannehmlichkeiten für den Verbraucher durchzuführen.

(2) **[1]Der Anspruch nach Absatz 1 ist ausgeschlossen, wenn die Nacherfüllung unmöglich oder für den Unternehmer nur mit unverhältnismäßigen Kosten möglich ist. [2]Dabei sind insbesondere der Wert des digitalen Produkts in mangelfreiem Zustand sowie die Bedeutung des Mangels zu berücksichtigen. [3]§ 275 Absatz 2 und 3 findet keine Anwendung.**

1 **1. Anspruchsinhalt (I). a) Nacherfüllung unter Übernahme erforderlicher Aufwendungen.** § 327l betrifft den Fall, dass der Verbraucher gem. § 327i Nr. 1 wegen eines Produkt- oder Rechtsmangels Nacherfüllung verlangt. I 1 bestimmt das Ziel der Nacherfüllung (vertragsgemäßer Zustand) sowie die Kostentragung durch den Unternehmer. Ob der Unternehmer durch **Nachbesserung oder nochmalige Bereitstellung** nacherfüllt, ist ihm überlassen (anders § 439 I; aber
2 → Rn. 3). Zum Zwecke der Nacherfüllung **erforderliche Aufwendungen** sind neben den Kosten, die dem Unternehmer entstehen, auch alle Aufwendungen, die der Verbraucher zur Wiederherstellung der digitalen Umgebung aufwenden muss, etwa weil bei der Nachbesserung Daten oder Software verloren gingen und neu erworben werden müssen (Erst-Recht-Schluss aus EuGH NJW 2011, 2271 – Aus- und Einbaukosten; aA RegE BT-Drs. 19/27653, 66: nur im Wege des Schadenser-
3 satzes). **b) Nacherfüllungsfrist; Maß zulässiger Unannehmlichkeiten.** I 2 gewährt dem Unternehmer eine „angemessene" **Nacherfüllungsfrist,** die ab Information über den Mangel ohne explizite Fristsetzung zu laufen beginnt. Die Länge der Frist hängt insbesondere davon ab, innerhalb welches Zeitraums eine Nacherfüllung technisch überhaupt denkbar ist; bei der Angemessenheit muss aber auch das Interesse des Verbrauchers an zeitnaher Mangelbehebung berücksichtigt werden. Ist neben einer zeitaufwendigen Nachbesserung auch eine sofortige erneute Bereitstellung möglich, muss daher der Unternehmer letztere wählen; er ist dann also nicht
4 mehr frei in der Entscheidung, wie er nacherfüllt. Die vom Unternehmer bei der Nacherfüllung zu beachtende Pflicht, „erhebliche Unannehmlichkeiten für den Verbraucher" zu vermeiden, stellt klar, dass der Verbraucher nicht erhebliche **Unannehmlichkeiten** hinnehmen muss – freilich richtigerweise nicht ohne Ersatz eventuell angefallener Aufwendungen, wenn die Unannehmlichkeit darin besteht, verlorene Daten oder Programme erneut erwerben zu müssen (→ Rn. 2).

5 **2. Anspruchsausschluss (II). a) Unmöglichkeit und Unverhältnismäßigkeit als Einwendung.** Gem. II 1 begründet neben der Unmöglichkeit auch die Unverhältnismäßigkeit der Nacherfüllung nicht nur eine Einrede, sondern („ausgeschlossen") eine Einwendung; konsequenterweise gilt § 275 II, der nur eine Einrede gewährt, nicht (II 3). Unzumutbarkeit einer persönlich zu erbringenden Leistung regelt die DI-RiLi nicht, weshalb von II 3 auch § 275 III ausgeschlossen ist; sie
6 dürfte auch kaum praktisch relevant werden. **b) Unverhältnismäßigkeit.** Zur Beurteilung der Unverhältnismäßigkeit von Nacherfüllungskosten sind vor allem der Wert des mangelfreien Produkts und die Bedeutung des Mangels relevant (II 2). Allerdings muss berücksichtigt werden, dass der Unternehmer oder jedenfalls der Hersteller, der über § 327u I 2 Aufwendungen letztlich tragen sollte, Kosten auf eine Vielzahl von Produkten verteilen kann (vgl. RegE BT-Drs. 19/27653, 67; Schulze/Schulze § 327l Rn. 10).

§ 327m Vertragsbeendigung und Schadensersatz

(1) **Ist das digitale Produkt mangelhaft, so kann der Verbraucher den Vertrag gemäß § 327o beenden, wenn**
1. der Nacherfüllungsanspruch gemäß § 327l Absatz 2 ausgeschlossen ist,

2. der Nacherfüllungsanspruch des Verbrauchers nicht gemäß § 327l Absatz 1 erfüllt wurde,
3. sich trotz der vom Unternehmer versuchten Nacherfüllung ein Mangel zeigt,
4. der Mangel derart schwerwiegend ist, dass die sofortige Vertragsbeendigung gerechtfertigt ist,
5. der Unternehmer die gemäß § 327l Absatz 1 Satz 2 ordnungsgemäße Nacherfüllung verweigert hat, oder
6. es nach den Umständen offensichtlich ist, dass der Unternehmer nicht gemäß § 327l Absatz 1 Satz 2 ordnungsgemäß nacherfüllen wird.

(2) **[1]Eine Beendigung des Vertrags nach Absatz 1 ist ausgeschlossen, wenn der Mangel unerheblich ist. [2]Dies gilt nicht für Verbraucherverträge im Sinne des § 327 Absatz 3.**

(3) **[1]In den Fällen des Absatzes 1 Nummer 1 bis 6 kann der Verbraucher unter den Voraussetzungen des § 280 Absatz 1 Schadensersatz statt der Leistung verlangen. [2]§ 281 Absatz 1 Satz 3 und Absatz 4 sind entsprechend anzuwenden. [3]Verlangt der Verbraucher Schadensersatz statt der ganzen Leistung, so ist der Unternehmer zur Rückforderung des Geleisteten nach den §§ 327o und 327p berechtigt. [4]§ 325 gilt entsprechend.**

(4) **[1]Sofern der Verbraucher den Vertrag nach Absatz 1 beenden kann, kann er sich im Hinblick auf alle Bestandteile des Paketvertrags vom Vertrag lösen, wenn er an dem anderen Teil des Paketvertrags ohne das mangelhafte digitale Produkt kein Interesse hat. [2]Satz 1 ist nicht auf Paketverträge anzuwenden, bei denen der andere Bestandteil ein Telekommunikationsdienst im Sinne des § 3 Nummer 61 des Telekommunikationsgesetzes ist.**

(5) **Sofern der Verbraucher den Vertrag nach Absatz 1 beenden kann, kann er sich im Hinblick auf alle Bestandteile eines Vertrags nach § 327a Absatz 2 vom Vertrag lösen, wenn aufgrund des Mangels des digitalen Produkts sich die Sache nicht zur gewöhnlichen Verwendung eignet.**

1. Überblick. § 327m enthält die näheren Voraussetzungen für die mangelgewährleistungsrechtlichen Rechtsbehelfe Vertragsbeendigung (I, II, IV, V, s. § 327i Nr. 2; zu Grundlagen → § 327c Rn. 12) und Schadensersatz (III, s. 327i Nr. 3). 1

2. Vertragsbeendigung (I, II, IV, V). a) Voraussetzungen. aa) Produkt- oder Rechtsmangel, § 327i Nr. 2 Var. 1 iVm §§ 327e, 327g. **bb) „Vorrang der Nacherfüllung“.** Die Nacherfüllung muss ausgeschlossen, aussichtslos, gescheitert oder unzumutbar sein (iE I Nr. 1–6). **cc) Keine Unerheblichkeit des Mangels.** Gem. II 1 darf der Mangel nicht unerheblich sein, was nach der Systematik der Unternehmer darlegen und beweisen muss. Die Erheblichkeit ist aber gem. II 2 nur relevant, wenn es sich nicht um einen Vertrag handelt, bei dem der Verbraucher dem Unternehmer personenbezogene Daten bereitstellt oder sich zu deren Bereitstellung verpflichtet, sofern die Daten nicht nur der Vertragserfüllung dienen oder objektivrechtlich erhoben werden müssen (§ 327 III iVm § 312 Ia 2), da der Verbraucher hier nicht mindern kann. **dd) Erklärung.** Die Vertragsbeendigung ist Gestaltungsrecht; *sie muss vom Verbraucher* gegenüber dem Unternehmer gem. § 327o I erklärt werden. **b) Rechtsfolgen. aa) Grundsatz.** Die Rechtsfolgen der Vertragsbeendigung ergeben sich aus § 327o II–V, 327p; gem. III 4 iVm § 325 kann daneben („kleiner“) Schadensersatz verlangt werden. **bb) Lösung vom gesamten Vertrag bei Verträgen gem. §§ 327a I 1, II.** Bei **Paketverträgen** (§ 327a I 1) und **Verträgen über Sachen, die digitale Produkte enthalten oder mit ihnen verbunden sind** (§ 327a II) hat der Verbraucher wie bei § 327c VI, VII über das „Trennungsprinzip“ des § 327a I, II hinaus die Möglichkeit, sich vom gesamten Vertrag zu lösen, wenn er bei Paketverträgen am restlichen Teil des Vertrags kein Interesse hat (IV 1) und der restliche Teil des Vertrags nicht ein Vertrag über einen Telekommunikationsdienst ist (IV 2; Bsp.: Telekommunikationsvertrag, bei dem auch ein digitales 2 3 4 5 6 7

Endgerät gestellt wird), bei Verträgen nach § 327a II sich die Sache nicht zur gewöhnlichen Verwendung eignet (V).

8 **3. Schadensersatz (III). a) Voraussetzungen.** Ein Schadensersatzanspruch setzt zunächst die Voraussetzungen einer Vertragsbeendigung voraus, sodann die besonderen Voraussetzungen der Schadensersatzansprüche. **aa) Produkt- oder**
9 **Rechtsmangel,** → Rn. 2. **bb) „Vorrang der Nacherfüllung",** → Rn. 3.
10 **cc) Vertretenmüssen,** § 280 I; anders als bei § 327c, wo im „unverzüglich" ein Verschuldenselement enthalten ist, fehlt jedes Verschuldenserfordernis im Mangelgewährleistungsrecht. Die Beweislast für fehlendes Verschulden trifft gem. § 280 I 2
11 den Unternehmer. **dd) Schadensersatzverlangen.** Da der Verbraucher auch nur (vgl. III 4 iVm § 325) die Vertragsbeendigung erklären, mindern (§ 327n) oder untätig bleiben kann, ist analog § 327o I (vgl. auch § 327n I 3) die Geltendmachung
12 eines Schadensersatzverlangens erforderlich (arg. ex III 2 iVm § 281 IV). **ee) Keine Unerheblichkeit des Mangels,** III 2 iVm § 281 I 3, bei Geltendmachung von
13 Schadensersatz statt der gesamten Leistung. **b) Rechtsfolgen. aa) Schadensersatz.** Schadensersatz statt der Leistung ist entweder „kleiner" Schadensersatz, dh Ersatz nur des Schadens, den der Mangel begründet hat, oder – sofern keine Unerheblichkeit vorliegt (→ Rn. 12) – „großer" Schadensersatz, dh Schadensersatz statt der gesamten Leistung, es wird also der ursprüngliche Leistungsaustausch komplett rück-
14 gängig gemacht. **bb) Weitere Folgen bei „großem" Schadensersatz.** In diesem Fall kann der Unternehmer gem. III 3 das Geleistete nach § 327o zurückfordern
15 und ist die Weiternutzung gem. § 327p untersagt. **cc) Ausschluss des Primäranspruchs.** Gem. III 2 iVm § 281 IV ist der Anspruch des Verbrauchers auf die Leistung mit dem Schadensersatzverlangen (→ Rn. 11) ausgeschlossen.

§ 327n Minderung

(1) [1]**Statt den Vertrag nach § 327m Absatz 1 zu beenden, kann der Verbraucher den Preis durch Erklärung gegenüber dem Unternehmer mindern.** [2]**Der Ausschlussgrund des § 327m Absatz 2 Satz 1 findet keine Anwendung.** [3]**§ 327o Absatz 1 ist entsprechend anzuwenden.**

(2) [1]**Bei der Minderung ist der Preis in dem Verhältnis herabzusetzen, in welchem zum Zeitpunkt der Bereitstellung der Wert des digitalen Produkts in mangelfreiem Zustand zu dem wirklichen Wert gestanden haben würde.** [2]**Bei Verträgen über die dauerhafte Bereitstellung eines digitalen Produkts ist der Preis unter entsprechender Anwendung des Satzes 1 nur anteilig für die Dauer der Mangelhaftigkeit herabzusetzen.**

(3) **Die Minderung ist, soweit erforderlich, durch Schätzung zu ermitteln.**

(4) [1]**Hat der Verbraucher mehr als den geminderten Preis gezahlt, so hat der Unternehmer den Mehrbetrag zu erstatten.** [2]**Der Mehrbetrag ist unverzüglich, auf jeden Fall aber innerhalb von 14 Tagen zu erstatten.** [3]**Die Frist beginnt mit dem Zugang der Minderungserklärung beim Unternehmer.** [4]**Für die Erstattung muss der Unternehmer dasselbe Zahlungsmittel verwenden, das der Verbraucher bei der Zahlung verwendet hat, es sei denn, es wurde ausdrücklich etwas anderes vereinbart und dem Verbraucher entstehen durch die Verwendung eines anderen Zahlungsmittels keine Kosten.** [5]**Der Unternehmer kann vom Verbraucher keinen Ersatz für die Kosten verlangen, die ihm für die Erstattung des Mehrbetrags entstehen.**

1 **1. Voraussetzungen (I). a) Voraussetzungen der Vertragsbeendigung.** Gem. I 1 ist die Minderung **Alternative zur Vertragsbeendigung;** es gelten also dieselben Voraussetzungen (→ § 327m Rn. 2–5). Die Minderung ist auch dann
2 möglich, wenn ein Mangel unerheblich ist (I 2). I entspricht damit § 441 I. **b) Minderungserklärung.** Die Minderung setzt eine auf die Minderung gerichtete Gestaltungserklärung voraus (I 3 iVm § 327o I), die auch konkludent in der Verweigerung

oder der Rückforderung eines Teils der Gegenleistung unter Verweis auf den Mangel liegen kann; eine zu weit reichende Minderungserklärung bewirkt die korrekte Minderung, ebenso eine zu geringe Minderung, wenn ihr nicht ausnahmsweise der Verzicht auf eine weitergehende Minderung bzw. das Angebot auf Abschluss eines Vergleichsvertrags entnommen werden kann.

2. Berechnung (II). Die Berechnung der Minderung erfolgt gem. II 1 wie bei § 441 III 1 durch **verhältnismäßige Herabsetzung.** War ein Bereitstellungszeitraum vereinbart und trat der Mangel nur während eines bestimmten Zeitraums oder ab einem bestimmten Zeitpunkt auf, so ist der Minderungsbetrag gem. II 2 zudem ins Verhältnis von Minderungszeitraum / Bereitstellungszeitraum zu setzen (Bsp.: Bereitstellungszeitraum 24 Monate, Auftreten des Mangels während dreier Monate, Wert in mangelfreiem Zustand 1000, Wert in mangelhaftem Zustand 500, Preis 2000 – verhältnismäßige Herabsetzung: 1000 / 500 = Minderungsbetrag / 2000 → Minderungsbetrag 1000; anteilig 3 / 24 x Minderungsbetrag = 125). 3

3. Gerichtliche Feststellung (III). Das Gericht darf bei Schwierigkeiten der Feststellung der Einzelwerte (Wert im mangelhaften bzw. mangelfreien Zustand) wie nach § 441 III 2 schätzen (vgl. auch § 287 ZPO), muss aber dann die Formel anwenden (→ § 441 Rn. 6 aE). 4

4. Rückgewähr bei Überzahlung (IV). IV regelt die Rückgewähr des überzahlten Preisteils durch den Unternehmer nach Minderung eigenständig, also anders als § 441 IV 2 nicht durch Verweis auf die §§ 346 f. IV 1 ist Anspruchsgrundlage des Rückforderungsanspruchs; IV 2, 3 regeln die Fälligkeit; IV 4 regelt die Rückzahlungsmodalität – grds. dasselbe Zahlungsmittel, zB „Rückbuchung auf Kreditkarte"; IV 5 verbietet die Erhebung von Kosten für die Erstattung. 5

§ 327o Erklärung und Rechtsfolgen der Vertragsbeendigung

(1) [1]**Die Beendigung des Vertrags erfolgt durch Erklärung gegenüber dem Unternehmer, in welcher der Entschluss des Verbrauchers zur Beendigung zum Ausdruck kommt.** [2]**§ 351 ist entsprechend anzuwenden.**

(2) [1]**Im Fall der Vertragsbeendigung hat der Unternehmer dem Verbraucher die Zahlungen zu erstatten, die der Verbraucher zur Erfüllung des Vertrags geleistet hat.** [2]**Für Leistungen, die der Unternehmer aufgrund der Vertragsbeendigung nicht mehr zu erbringen hat, erlischt sein Anspruch auf Zahlung des vereinbarten Preises.**

(3) [1]**Abweichend von Absatz 2 Satz 2 erlischt bei Verträgen über die dauerhafte Bereitstellung eines digitalen Produkts der Anspruch des Unternehmers auch für bereits erbrachte Leistungen, jedoch nur für denjenigen Teil des Bereitstellungszeitraums, in dem das digitale Produkt mangelhaft war.** [2]**Der gezahlte Preis für den Zeitraum, für den der Anspruch nach Satz 1 entfallen ist, ist dem Verbraucher zu erstatten.**

(4) **Für die Erstattungen nach den Absätzen 2 und 3 ist § 327n Absatz 4 Satz 2 bis 5 entsprechend anzuwenden.**

(5) [1]**Der Verbraucher ist verpflichtet, einen vom Unternehmer bereitgestellten körperlichen Datenträger an diesen unverzüglich zurückzusenden, wenn der Unternehmer dies spätestens 14 Tage nach Vertragsbeendigung verlangt.** [2]**Der Unternehmer trägt die Kosten der Rücksendung.** [3]**§ 348 ist entsprechend anzuwenden.**

1. Überblick. I behandelt die **Gestaltungserklärung,** die zur Vertragsbeendigung führt; II–V schaffen zusammen mit § 327p anders als § 437 Nr. 2 ein eigenständiges, von den §§ 346 ff. verschiedenes **Rückgewährschuldverhältnis,** wobei II–IV den Anspruch des Unternehmers auf den Preis und insbes. seine Erstattungspflicht regeln, V die Rückgewährpflicht des Verbrauchers. Bemerkenswert ist, dass § 327o 1 im Unterschied zu § 346 I aE **keinen Anspruch auf Nutzungsersatz** vorsieht, da Art. 17 III DI-RiLi diesen explizit ausschließt.

2 **2. Beendigungserklärung (I).** Die Beendigung ist ein **Gestaltungsrecht,** seine Ausübung erfolgt durch empfangsbedürftige Willenserklärung, die keiner Form unterliegt und auch konkludent erfolgen kann (I 1). Ihre Wirksamkeit setzt nicht voraus, dass auf den Mangel Bezug genommen wird; idR wird sich dies ohnehin aus dem Kontext ergeben. Das Recht zur Beendigung kann im Falle mehrerer Parteien auf der einen anderen Seite nur einheitlich ausgeübt werden (I 2 iVm § 351 S. 1); sein Erlöschen für einen Berechtigten lässt es für alle übrigen Berechtigten erlöschen (I 2 iVm § 351 S. 2).

3 **3. Folgen für den Unternehmer (II–IV). a) Primäranspruch.** Der Anspruch auf Zahlung des vereinbarten Preises **erlischt** bei Verträgen ohne Vereinbarung eines Bereitstellungszeitraums vollumfänglich (II 2), bei Verträgen mit vereinbarter Bereitstellungsdauer (§ 327e I 3, → § 327e Rn. 2) anteilig für den Zeitraum, in dem das digitale Produkt mangelhaft war (III 1), ohne dass es darauf ankäme, ob der Verbraucher Nachteile durch den Mangel erlitten oder ihn auch nur bemerkt
4 hätte. **b) Erstattungspflicht.** Eine Zahlung, die der Verbraucher geleistet hat, aber auf die der Unternehmer nunmehr aufgrund des Erlöschens keinen Anspruch mehr hatte, ist zurückzuerstatten – bei Verträgen ohne vereinbarten Bereitstellungszeitraum vollständig (II 1), bei Verträgen mit vereinbarter Bereitstellungsdauer anteilig (III 2). Die Abwicklung der Rückerstattung hinsichtlich Fälligkeit, Rückzahlungsmodalität und Kosten erfolgt wie im Falle der Minderung (IV iVm § 327n IV 2–
5 5). **c) Weitere Folgen.** Nicht personenbezogene Daten darf der Unternehmer nicht mehr weiter nutzen, sondern muss sie ihm bereitstellen, sofern kein Ausnahmefall greift (§ 327p II, III).

6 **4. Folgen für den Verbraucher (V). a) Primäranspruch.** Infolge der Vertragsbeendigung kann der Verbraucher nicht mehr die Bereitstellung des digitalen
7 Produkts verlangen, was der Gesetzgeber als selbstverständlich unterstellt. **b) Rücksendepflicht.** Sofern dem Verbraucher das digitale Produkt auf einem körperlichen Datenträger zur Verfügung gestellt wurde und der Unternehmer dies spätestens 14 Tage nach Zugang der Beendigungserklärung verlangt, trifft den Verbraucher die Pflicht zur unverzüglichen Rücksendung (V 1). Ohne rechtzeitiges Rücksendeverlangen erlischt der Rücksendeanspruch. Kosten, die dem Verbraucher durch die Rücksendung entstehen, hat der Unternehmer zu erstatten (V 2); für diesen Erstattungsanspruch sollten IV iVm § 327n IV 4, 5 analog gelten. Der Anspruch auf Rücksendung und der Anspruch auf Kostenerstattung sind Zug um Zug zu erfüllen
8 (V 3 iVm § 348). **c) Weitere Folgen.** Praktisch wichtiger als die Rücksendepflicht, da auch für die Fälle einer Bereitstellung zum Download geltend, ist das Verbot weiterer Nutzung des digitalen Produkts (§ 327p I 1).

§ 327p Weitere Nutzung nach Vertragsbeendigung

(1) [1]**Der Verbraucher darf das digitale Produkt nach Vertragsbeendigung weder weiter nutzen noch Dritten zur Verfügung stellen.** [2]**Der Unternehmer ist berechtigt, die weitere Nutzung durch den Verbraucher zu unterbinden.** [3]**Absatz 3 bleibt hiervon unberührt.**

(2) [1]**Der Unternehmer darf die Inhalte, die nicht personenbezogene Daten sind und die der Verbraucher bei der Nutzung des vom Unternehmer bereitgestellten digitalen Produkts bereitgestellt oder erstellt hat, nach der Vertragsbeendigung nicht weiter nutzen.** [2]**Dies gilt nicht, wenn die Inhalte**

1. **außerhalb des Kontextes des vom Unternehmer bereitgestellten digitalen Produkts keinen Nutzen haben,**
2. **ausschließlich mit der Nutzung des vom Unternehmer bereitgestellten digitalen Produkts durch den Verbraucher zusammenhängen,**

3. vom Unternehmer mit anderen Daten aggregiert wurden und nicht oder nur mit unverhältnismäßigem Aufwand disaggregiert werden können oder

4. vom Verbraucher gemeinsam mit anderen erzeugt wurden, sofern andere Verbraucher die Inhalte weiterhin nutzen können.

(3) **[1]Der Unternehmer hat dem Verbraucher auf dessen Verlangen die Inhalte gemäß Absatz 2 Satz 1 bereitzustellen. [2]Dies gilt nicht für Inhalte nach Absatz 2 Satz 2 Nummer 1 bis 3. [3]Die Inhalte müssen dem Verbraucher unentgeltlich, ohne Behinderung durch den Unternehmer, innerhalb einer angemessenen Frist und in einem gängigen und maschinenlesbaren Format bereitgestellt werden.**

1. Allgemeines. § 327p fasst unter dem gemeinsamen Gedanken der weiteren 1
Nutzung nach Vertragsbeendigung die Weiternutzung des digitalen Produkts durch den Verbraucher einerseits (I) und die Weiternutzung von Inhalten, die nicht personenbezogene Daten sind, durch den Unternehmer andererseits (II) sowie die Pflicht des Unternehmers zur Bereitstellung von Inhalten an den Verbraucher (III), damit also dessen Möglichkeit zur (Weiter-)Nutzung der Daten, zusammen; im Tatsächlichen wie im Rechtlichen sind die Gemeinsamkeiten aber eher klein. Der Sache nach geht es in § 327p um weitere **Rechtsfolgen der Vertragsbeendigung** (→ § 327o Rn. 5, 8).

2. Weitere Nutzung durch den Verbraucher (I). a) Hintergrund. Infolge 2
der Vertragsbeendigung hat der Verbraucher keinen Anspruch mehr, das digitale Produkt zu nutzen, und verliert der Unternehmer seinen Anspruch auf die Gegenleistung. Eine Weiternutzung durch den Verbraucher ist daher nicht gerechtfertigt. Bei Sachen schließt die Rückgewähr den bisherigen Nutzer von der Nutzung aus. Bei digitalen Produkten ist ein **Nutzungsausschluss** typischerweise nicht durch physische Rückgewähr eines Datenträgers, sondern nur durch Deinstallation oder Sperrung eines Nutzers erreichbar. Die Deinstallation muss idR vom Verbraucher selbst vorgenommen werden, die Sperrung erfordert eine Reaktion des Unternehmers. Deshalb verbietet I 1 dem Verbraucher nach Vertragsbeendigung, das digitale Produkt selbst weiter zu nutzen oder Dritten eine Nutzung zu ermöglichen; I 2 erlaubt dem Unternehmer – vorbehaltlich der in III normierten Pflicht zur Bereitstellung bestimmter Inhalte (III 3) –, die weitere Nutzung durch den Verbraucher zu unterbinden. **b) Nutzungsverbot.** Das Nutzungsverbot des I 1 greift ab Zugang 3
der Beendigungserklärung gem. § 327o I beim Unternehmer. Seinem Wortlaut nach ordnet I 1 wie Art. 17 I DI-RiLi nur eine Unterlassungspflicht an. Erw.-Gr. 72 DI-RiLi führt allerdings aus, dass der Verbraucher auch zu aktivem Tun, nämlich dem Löschen oder sonstigen Unzugänglichmachen, verpflichtet sein „sollte“. Diesen störenden Widerspruch wird der EuGH zu klären haben; die bloße Unterlassungspflicht erscheint mit Blick auf I 2 vorzugswürdig. Ein – idR zumindest fahrlässiger – **Ver-** 4
stoß gegen das Nutzungsverbot lässt einen Schadensersatzanspruch aus § 280 I wegen *culpa post contractum finitum* entstehen, wobei allerdings nach der Differenzhypothese ein Schaden des Unternehmers oft nicht vorliegen wird; jedenfalls aber besteht ein *Bereicherungsanspruch* des Unternehmers aus §§ 812 I 2 Alt. 1, 818 I Var. 1, 819 I. **c) Recht, die Weiternutzung zu unterbinden.** Das in I 2 normierte Recht 5
des Unternehmers, die Weiternutzung „durch den Verbraucher“ zu unterbinden, umfasst auch die Verhinderung einer Weiternutzung durch Dritte, die ihre Nutzungsmöglichkeit vom Verbraucher ableiten, etwa indem sie dessen Zugangsdaten verwenden. Es erlaubt jedenfalls technische Vorkehrungen, die wie eine Sperrung des Zugangs im **Herrschaftsbereich des Unternehmers** eingesetzt werden. Der **Zugriff auf ein Endgerät des Verbrauchers** zum Zwecke der Modifikation in einer Software, die sich auf diesem Endgerät befindet, ist hingegen nicht zulässig, da die Vorschrift anders als der einen Eingriff in die Sphäre des Verbrauchers vorsehende

§ 327k III Nr. 1 keine Abwägung („geringster Eingriff") verlangt (iE ebenso Spindler MMR 2021, 528, 529).

6 **3. Weitere Nutzung durch den Unternehmer (II). a) Hintergrund.** Die Nutzung von Inhalten, die der Verbraucher bereitgestellt oder im Zuge seiner Nutzung des digitalen Produkts erstellt hat, ist für den Unternehmer oft ökonomisch wertvoll und Teil seiner Kalkulation, selbst wenn die Bereitstellung nicht (einzige) Gegenleistung des Verbrauchers ist (vgl. § 327 III). Da der Verbraucher nach Vertragsbeendigung das digitale Produkt seinerseits nicht mehr nutzen darf, ist auch eine weitere Nutzung der Inhalte seitens des Unternehmers idR nicht gerechtfertigt. Während ein vom Verbraucher gezahlter Preis erstattet werden kann und damit der Unternehmer den entsprechenden Geldbetrag nicht mehr nutzen kann, ist bei Inhalten, die der Verbraucher bereitgestellt oder erstellt hat, ein **Nutzungsausschluss** durch Rückgewähr – etwa in Gestalt einer Löschung nach Abruf seitens des Verbrauchers – zwar denkbar, aber wegen zwischenzeitlicher Duplizierung aufwendig und faktisch nicht kontrollierbar. Deshalb verbietet II 1 dem Unternehmer die weitere Nutzung. Das Nutzungsverbot kann sich dabei auf Inhalte beschränken, die nicht personenbezogene Daten sind, da für personenbezogene Daten das Datenschutzrecht ohnehin dem Verbraucher erlaubt, deren Nutzung jederzeit zu untersagen, sodass auf diesem Gebiet Regelungsbedarf für nicht beendete Verträge besteht (s. § 327q). Bei digitalen Inhalten wird allerdings meist ein Personenbezug mithilfe der Metadaten herstellbar sein (vgl. Spindler MMR 2021, 528, 529 f.), sodass der Anwendungsbereich des II gering bleiben dürfte.
7 **b) Nutzungsverbot.** Das Nutzungsverbot des II 1 greift ebenfalls ab Zugang der Beendigungserklärung gem. § 327o I beim Unternehmer. Hier ist ebenso (zum Nutzungsverbot des I → Rn. 3) zweifelhaft, ob neben der Unterlassung auch aktives Tun geschuldet sein kann; da der Verbraucher tatsächlich wie rechtlich keinerlei Möglichkeit hat, spiegelbildlich zu I 2 die Nutzung zu unterbinden, ist hier von einer Pflicht zum aktiven Tun und ggf. zur Einwirkung auf Dritte auszu-
8 gehen (für Dritte aA Schulze/Schulze § 327p Rn. 7). Für die Folgen eines Verstoßes gilt bei umgekehrten Parteirollen das zum Nutzungsverbot des Verbrauchers Gesagte (→ Rn. 4): der – hier erst recht idR zumindest fahrlässige – **Verstoß** gegen das Nutzungsverbot stellt einen Fall der *culpa post contractum finitum* dar, wobei wiederum nach der Differenzhypothese ein Schaden des Verbrauchers nur ausnahmsweise vorliegen wird. Bei dem Bereicherungsanspruch des Unternehmers aus §§ 812 I 2 Alt. 1, 818 I Var. 1, 819 I ist im Rahmen der Bemessung eine
9 Schätzung gem. § 287 ZPO vorzunehmen. **c) Ausnahmen.** Nach II 2 gilt in den in Nr. 1–4 abschließend aufgezählten Fällen kein Nutzungsverbot. Die Ausnahmen sind zur Vermeidung einer vertraglich nicht mehr gedeckten Bereicherung eng auszulegen; bei der Auslegung von Nr. 1–3 folgt dies nicht zuletzt aus III 2, der den Bereitstellungsanspruch des Verbrauchers insoweit ausschließt, also von einem geringen Interesse des Verbrauchers an einer Bereitstellung ausgeht. Die Beweislast für das Vorliegen einer Ausnahme trägt der Unternehmer.

10 **4. Bereitstellung der Inhalte (III). a) Hintergrund.** Der Verbraucher als Nutzer kann ein Interesse haben, von ihm bereitgestellte, vor allem aber von ihm generierte Inhalte mit der Vertragsbeendigung nicht zu verlieren. Der umsichtige Verbraucher wird solche Daten zwar vor Abgabe der Beendigungserklärung sichern; dies kann aber – nicht zuletzt wegen des zur Beendigung berechtigenden Produktmangels – im Einzelfall technische Schwierigkeiten bereiten. Deshalb gibt III 1 dem
11 Verbraucher einen Anspruch auf Bereitstellung „seiner" Inhalte. **b) Bereitstellungsanspruch.** Der Unternehmer muss die Inhalte nicht stets von sich aus, sondern nur bei einem dahingehenden **Verlangen** des Verbrauchers bereitstellen (III 1). Für dieses Verlangen macht das Gesetz keine Vorgaben. Es kann in jeder Form, auch konkludent, geäußert werden; eine Frist ist nicht vorgesehen, was darauf hindeutet, dass nicht erst das Verlangen den Anspruch entstehen lässt, sondern er in der regelmäßigen Verjährungsfrist verjährt. Der **Inhalt des Anspruchs** umfasst gem. III 3 die

unentgeltliche, nicht vom Unternehmer behinderte Bereitstellung „innerhalb einer angemessenen Frist und in einem gängigen und maschinenlesbaren Format"; dem Sinn und Zweck nach ist damit auch ein „voller Zugriff" geschuldet (vgl. BGH NJW 2021, 160). **c) Ausschlüsse.** Der Anspruch ist gem. III 2 in den Fällen von 12
II 2 Nr. 1–3 ausgeschlossen.

§ 327q Vertragsrechtliche Folgen datenschutzrechtlicher Erklärungen des Verbrauchers

(1) **Die Ausübung von datenschutzrechtlichen Betroffenenrechten und die Abgabe datenschutzrechtlicher Erklärungen des Verbrauchers nach Vertragsschluss lassen die Wirksamkeit des Vertrags unberührt.**

(2) **Widerruft der Verbraucher eine von ihm erteilte datenschutzrechtliche Einwilligung oder widerspricht er einer weiteren Verarbeitung seiner personenbezogenen Daten, so kann der Unternehmer einen Vertrag, der ihn zu einer Reihe einzelner Bereitstellungen digitaler Produkte oder zur dauerhaften Bereitstellung eines digitalen Produkts verpflichtet, ohne Einhaltung einer Kündigungsfrist kündigen, wenn ihm unter Berücksichtigung des weiterhin zulässigen Umfangs der Datenverarbeitung und unter Abwägung der beiderseitigen Interessen die Fortsetzung des Vertragsverhältnisses bis zum vereinbarten Vertragsende oder bis zum Ablauf einer gesetzlichen oder vertraglichen Kündigungsfrist nicht zugemutet werden kann.**

(3) **Ersatzansprüche des Unternehmers gegen den Verbraucher wegen einer durch die Ausübung von Datenschutzrechten oder die Abgabe datenschutzrechtlicher Erklärungen bewirkten Einschränkung der zulässigen Datenverarbeitung sind ausgeschlossen.**

Lit.: Buchmüller/Roos, Die Kündigung des Unternehmers nach § 327q Abs. 2 BGB, ZD 2022, 8; Nikol/Rost, Pur-Modelle unter dem neuen Digitale-Inhalte-Gesetz, NJW 2022, 975.

1. Allgemeines. Das von § 327p II geregelte Nutzungsverbot und der von 1
§ 327p III geregelte Anspruch auf Bereitstellung nicht personenbezogener Daten ergeben sich für personenbezogene Daten aus dem allgemeinen Datenschutzrecht (näher Art. 6, 7, 16–18, 21 DS-GVO), ohne dass die Beendigung eines allfälligen Vertrags weitere Voraussetzung wäre. Daher besteht insoweit kein Regelungsbedarf, weshalb § 327p II, III personenbezogene Daten nicht erfassen. **Regelungsbedarf** besteht aber, da eine Vertragsbeendigung vom allgemeinen Datenschutzrecht nicht vorausgesetzt wird, für den Fall einer datenschutzrechtlichen Erklärung, in deren Folge dem Unternehmer die Nutzung der personenbezogenen Daten bei nicht beendetem Vertrag nicht mehr erlaubt ist. Den hier auftretenden Fragen gilt § 327q. I stellt klar, dass auch das Zivilrecht an die Ausübung datenschutzrechtlicher Rechte und die Abgabe datenschutzrechtlicher Erklärungen keine unmittelbaren Konsequenzen knüpft. II gewährt dem Unternehmer aber für bestimmte Fälle ein Sonderkündigungsrecht; III schließt Schadensersatzansprüche aus, um die datenschutzrechtlichen Rechte nicht faktisch zu entwerten.

2. Fortbestand des Vertrags (I). Ob und in welchem Maße die Ausübung 2
datenschutzrechtlicher Betroffenenrechte und die Abgabe datenschutzrechtlicher Erklärungen des Verbrauchers das Vertragsgleichgewicht und die Vertragsdurchführung stören, ist eine Frage des Einzelfalls. Deshalb bleibt nach I die **Wirksamkeit** des Vertrags **unberührt.** Über den Wortlaut hinaus ist auch von einem **Ausschluss des allgemeinen Leistungsstörungsrechts** auszugehen.

3. Sonderkündigungsrecht des Unternehmers (II). a) Erfasste daten- 3
schutzrechtliche Erklärungen. II gilt nur für den Widerruf einer datenschutzrechtlichen Einwilligung oder den Widerspruch gegen die weitere Verarbeitung

4 personenbezogener Daten. **b) Erfasste Verträge.** II gilt weiter nur für Verträge, die den Unternehmer zu einer Reihe einzelner Bereitstellungen digitaler Produkte
5 oder zur dauerhaften Bereitstellung eines digitalen Produkts verpflichten. **c) Unzumutbarkeit.** Das Festhalten am Vertrag bis zu einem eventuellen Vertragsende bzw. dem Ablauf einer gesetzlichen oder vertraglichen Kündigungsfrist muss für den Unternehmer unzumutbar sein. In der Beurteilung der Unzumutbarkeit ist der weiterhin zulässige Umfang der Datenverarbeitung zu berücksichtigen und müssen die Interessen des Verbrauchers am Fortbestand des Vertrags mit den Interessen des
6 Unternehmers an seiner sofortigen Beendigung abgewogen werden. **d) Kündigung ohne Einhaltung einer Kündigungsfrist.** Der Unternehmer hat ein Recht zur Kündigung ohne Einhaltung einer Kündigungsfrist, das er durch entsprechende Willenserklärung ausüben kann; ihm steht es frei, eine Kündigungsfrist zu gewähren.
7 **e) Rechtsfolge.** Die Kündigung führt zu einem Erlöschen der beiderseitigen Hauptleistungspflichten ex nunc. §§ 327o III–V, 327p sollten entsprechende Anwendung finden, wobei bei Verträgen ohne vereinbarte Bereitstellungsdauer eine anteilige Erstattung mit Blick auf die berechtigterweise zu erwartende Nutzungszeit vorzunehmen ist.

8 **4. Ausschluss von Ersatzansprüchen (III).** Um den Verbraucher über den eventuellen Nachteil einer Kündigung seitens des Unternehmers hinaus nicht von einer Ausübung seiner datenschutzrechtlichen Rechte oder der Abgabe datenschutzrechtlicher Erklärungen abzuhalten, schließt III Ersatzansprüche aus, die der Unternehmer wegen der nunmehr eingeschränkten zulässigen Datenverarbeitung geltend machen könnte.

§ 327r Änderungen an digitalen Produkten

(1) **Bei einer dauerhaften Bereitstellung darf der Unternehmer Änderungen des digitalen Produkts, die über das zur Aufrechterhaltung der Vertragsmäßigkeit nach § 327e Absatz 2 und 3 und § 327f erforderliche Maß hinausgehen, nur vornehmen, wenn**

1. **der Vertrag diese Möglichkeit vorsieht und einen triftigen Grund dafür enthält,**
2. **dem Verbraucher durch die Änderung keine zusätzlichen Kosten entstehen und**
3. **der Verbraucher klar und verständlich über die Änderung informiert wird.**

(2) **[1]Eine Änderung des digitalen Produkts, welche die Zugriffsmöglichkeit des Verbrauchers auf das digitale Produkt oder welche die Nutzbarkeit des digitalen Produkts für den Verbraucher beeinträchtigt, darf der Unternehmer nur vornehmen, wenn er den Verbraucher darüber hinaus innerhalb einer angemessenen Frist vor dem Zeitpunkt der Änderung mittels eines dauerhaften Datenträgers informiert. [2]Die Information muss Angaben enthalten über:**

1. **Merkmale und Zeitpunkt der Änderung sowie**
2. **die Rechte des Verbrauchers nach den Absätzen 3 und 4.**

[3]Satz 1 gilt nicht, wenn die Beeinträchtigung der Zugriffsmöglichkeit oder der Nutzbarkeit nur unerheblich ist.

(3) **[1]Beeinträchtigt eine Änderung des digitalen Produkts die Zugriffsmöglichkeit oder die Nutzbarkeit im Sinne des Absatzes 2 Satz 1, so kann der Verbraucher den Vertrag innerhalb von 30 Tagen unentgeltlich beenden. [2]Die Frist beginnt mit dem Zugang der Information nach Absatz 2 zu laufen. [3]Erfolgt die Änderung nach dem Zugang der Information, so tritt an die Stelle des Zeitpunkts des Zugangs der Information der Zeitpunkt der Änderung.**

(4) **Die Beendigung des Vertrags nach Absatz 3 Satz 1 ist ausgeschlossen, wenn**
1. **die Beeinträchtigung der Zugriffsmöglichkeit oder der Nutzbarkeit nur unerheblich ist oder**
2. **dem Verbraucher die Zugriffsmöglichkeit auf das unveränderte digitale Produkt und die Nutzbarkeit des unveränderten digitalen Produkts ohne zusätzliche Kosten erhalten bleiben.**

(5) **Für die Beendigung des Vertrags nach Absatz 3 Satz 1 und deren Rechtsfolgen sind die §§ 327o und 327p entsprechend anzuwenden.**

(6) **Die Absätze 1 bis 5 sind auf Paketverträge, bei denen der andere Bestandteil des Paketvertrags die Bereitstellung eines Internetzugangsdienstes oder eines öffentlich zugänglichen nummerngebundenen interpersonellen Telekommunikationsdienstes im Rahmen eines Paketvertrags im Sinne des § 66 Absatz 1 des Telekommunikationsgesetzes zum Gegenstand hat, nicht anzuwenden.**

Lit.: Hunzinger, Änderungsbefugnisse des Unternehmers nach § 327r BGB. Auslegung und Vertragsgestaltung im Lichte der AGB-Rechtsprechung, CR 2022, 349; Möllnitz, Änderungsbefugnis des Unternehmers bei digitalen Produkten. Auslegung und Folgen des § 327r BGB-RefE, MMR 2021, 116.

1. Überblick. a) Geltungsbereich. § 327r setzt für Verträge über die **dauerhafte Bereitstellung** (§ 327e I 3, → § 327e Rn. 2) einen Rahmen für Änderungen digitaler Produkte, die nicht nur die Vertragsmäßigkeit nach § 327e II, III aufrechterhalten oder eine nach § 327f erforderliche Aktualisierung darstellen (I). Unmittelbar erfasst die Norm nur Änderungen **nach Vertragsschluss;** eine analoge Anwendung auf Änderungen kurz vor Vertragsschluss, die der Verbraucher nicht mehr zur Kenntnis nehmen konnte, erscheint aber denkbar. **b) Normstruktur.** Als Grundvoraussetzungen jeder Änderung verlangt I einen Änderungsvorbehalt im Vertrag, der sich auf einen triftigen Grund beruft (I Nr. 1), die Kostenfreiheit für den Verbraucher (I Nr. 2) sowie die Information (I Nr. 3). Für gewichtige Änderungen, nämlich solche, die die Zugriffsmöglichkeit des Verbrauchers auf das digitale Produkt oder die Nutzbarkeit des digitalen Produkts für den Verbraucher beeinträchtigen, erhöht II die Informationsanforderungen und sieht III ein Sonder-Beendigungsrecht für den Verbraucher vor, von welchem IV Ausnahmen macht und für das V durch Verweis auf die §§ 327o, 327p die Durchführung regelt. VI enthält eine Gesamtausnahme für Paketverträge, bei denen mit dem Vertrag über das digitale Produkt ein Vertrag über Internetzugangsdienste oder bestimmte Telekommunikationszugangsdienste kombiniert ist.

1 2

2. Grundvoraussetzungen (I). a) Qualifizierter Änderungsvorbehalt (I Nr. 1). 3
Der Vertrag muss nicht nur die nachträgliche Änderung zulassen, sondern auch einen „triftigen Grund" für den Änderungsvorbehalt angeben. Offensichtlich hatte der Gesetzgeber praxisnah eine Fixierung des Vertragsinhalts in Schrift- oder Textform vor Augen, die eine entsprechende Klausel enthalten muss; ein konkludenter Änderungsvorbehalt, der gerade auch den „triftigen Grund" hinreichend deutlich macht, wird *allenfalls* ausnahmsweise angenommen werden können. Ein **„triftiger Grund"** ist ein solcher, der bei abstrakter Betrachtung das Interesse des Verbrauchers an der unveränderten Nutzungsmöglichkeit klar hinter das Interesse des Unternehmers an der Vornahme einer Änderung zurücktreten lässt. Das Interesse des Verbrauchers an unveränderter Nutzungsmöglichkeit ist dann nicht oder kaum berührt, wenn sich an der ursprünglichen Nutzungsmöglichkeit nichts ändert und nur weitere Funktionen hinzukommen; wenn sich aber etwa das Erscheinungsbild so ändert, dass bisherige Funktionen gesucht und Routinen verändert werden müssen, ist trotz einer Funktionserweiterung das Verbraucherinteresse von Gewicht. Das Unternehmerinteresse ist dann hoch, wenn der Unternehmer ein neues Produkt schrittweise einführen will und dies transparent ist; die bloße „Produktpflege" 4

hingegen reicht nur aus, wenn die bisherige Nutzungsmöglichkeit kaum berührt wird. Der oder die „triftigen Gründe" müssen im Vertrag konkret bezeichnet wer-
5 den; die pauschale Angabe „triftiger Grund" reicht nicht aus. Weder von § 327r noch von Art. 19 I lit. a und Erw.-Gr. 75 DI-RiLi ausdrücklich ausgesprochen wird, ob eine konkret in Rede stehende Änderung auch der Sache nach **von dem angegebenen „triftigen Grund" gedeckt** sein muss. Sinn und Zweck gebieten dies aber (ebenso RegE BT-Drs. 19/27653, 77; Schulze/Schulze § 327r Rn. 4).
6 **b) Keine Zusatzkosten (I Nr. 2).** Zusätzliche Kosten entstehen, wenn durch die Änderung die Nutzung selbst eine (höhere) Zahlung voraussetzt oder der Verbraucher zur Weiternutzung Anschaffungen tätigen muss, die ihm Kosten verursachen.
7 **c) Information.** Die Information über die Änderung muss aufführen, was für den Verbraucher anders wird. Über den Wortlaut hinaus sollte mit Blick auf I Nr. 1 zudem verlangt werden, dass erläutert wird, inwiefern die Änderung dem „triftigen Grund" geschuldet ist. Die Information muss „klar und verständlich" sein. Ein durchschnittlicher Verbraucher ohne Spezialkenntnisse muss ihr entnehmen kön-
8 nen, welche Konsequenzen die Änderung mit sich bringt. **d) Verstoßfolgen.** Die Missachtung von I macht die Änderung unzulässig, sodass deren Rückgängigmachung verlangt werden kann, ggf. im Wege des einstweiligen Rechtsschutzes; dem kann allerdings § 275 I, II entgegenstehen. In jedem Fall schuldet der Unternehmer Schadensersatz gem. § 280 I.

9 **3. Änderungen, die die Zugriffsmöglichkeit oder Nutzbarkeit beeinträchtigen (II–IV). a) Arten von Änderungen.** Im Bereich der §§ 327 ff. unterscheidet das Gesetz viererlei Arten von Änderungen nach Vertragsschluss: **(1)** Änderungen, die der Aufrechterhaltung der Vertragsmäßigkeit nach § 327e II und III dienen oder eine Aktualisierung iSd § 327f darstellen und gem. I von § 327r gar nicht erfasst sind; **(2)** Änderungen, die hierüber hinausgehen und für die § 327f gilt; innerhalb dieser **(3)** Änderungen, welche die Zugriffsmöglichkeit des Verbrauchers auf das digitale Produkt oder die Nutzbarkeit des digitalen Produkts für den Verbraucher beeinträchtigen (II 1) und für die II–IV besondere Regeln aufstellen, sofern es sich nicht um **(4)** Änderungen der letztgenannten Art handelt, die uner-
10 heblich sind. **b) Änderungen iSd II 1.** ISv (3) ist die **Zugriffsmöglichkeit** des Verbrauchers auf das digitale Produkt beeinträchtigt, wenn er auf es ohne weitere Maßnahmen, etwa den Erwerb eines neuen Endgeräts, nicht mehr wie zuvor zugreifen, es also ein- und ausschalten sowie steuern kann; die **Nutzbarkeit** ist beeinträchtigt, wenn nicht mehr alle Funktionen zur Verfügung stehen. Die Begriffe überschneiden sich; einer genauen Abgrenzung bedarf es aber auch nicht.
11 **c) Erhöhte Informationspflichten.** Bei Änderungen iSd II 1 (→ Rn. 10) wird die stets geltende (vgl. II 1: „darüber hinaus") allgemeine Informationspflicht gem. I Nr. 3 von II verschärft: **(1)** In **zeitlicher Hinsicht** muss die Information innerhalb einer angemessenen Frist vor Vornahme der Änderung erfolgen; die Angemessenheit bestimmt sich danach, welchen Zeitraum der Verbraucher benötigt, um sich über die bevorstehenden Beeinträchtigungen zu informieren, geeignete Schritte zur Sicherung seiner Daten vorzunehmen und sich über die Ausübung seiner Rechte nach III, IV klar zu werden, was ggf. die Information über vergleich-
12 bare Produkte umfasst. **(2)** Was die **Form der Information** angeht, so muss sie
13 mittels eines dauerhaften Datenträgers erfolgen (§ 126b S. 2). **(3) Inhalt der Information** müssen zum ersten Angaben über Merkmale und Zeitpunkt der Änderung sein (II 2 Nr. 1), wobei Angaben zu den Merkmalen richtigerweise schon nach I Nr. 3 geschuldet sind, neu also nur wegen der Pflicht zur Vorabinformation die Angabe des Zeitpunkts ist. Zum zweiten muss der Verbraucher über seine „Rechte nach III und IV" informiert werden (II 2 Nr. 2), also ein eventuelles Beendigungsrecht nach III 1; die insoweit geschuldete Information umfasst die Art und Weise der Ausübung eines Rücktrittsrechts, insbesondere auch die Ausübungsfrist.
14 **(4) Ausschluss bei Unerheblichkeit.** Gem. II 3 greift die Pflicht zur Vorabinformation nicht, wenn eine Beeinträchtigung unerheblich ist, also für den Verbraucher

keine merkliche Einschränkung mit sich bringt. Dies ist insofern schlüssig, als der Verbraucher dann weder eine Reaktionsfrist benötigt noch über ein Beendigungsrecht gem. III informiert werden muss, da ein solches gem. IV Nr. 1 nicht besteht. Allerdings besteht die Gefahr, dass der Unternehmer die Erheblichkeit einer Beeinträchtigung mangels genauer Kenntnis der Nutzung seines Produkts falsch einschätzt und auf eine an sich gebotene Information verzichtet. Besser wäre es gewesen, den Unternehmer bei jeder beeinträchtigenden Änderung zur Information zu verpflichten, sodass nach Ausübung eines Beendigungsrechts gem. III über den Ausschluss wegen Unerheblichkeit gem. IV Nr. 1 hätte gestritten werden können.
(5) Verstoßfolgen. → Rn. 8. **d) Recht zur Vertragsbeendigung.** Bei Ände- 15
rungen iSd II 1 (→ Rn. 10) gewährt III dem Verbraucher ein Recht zur Vertrags- 16
beendigung, wenn nicht die Beeinträchtigung unerheblich ist (IV Nr. 1) oder dem Verbraucher Zugriff auf und Nutzung des unveränderten digitalen Produkts ohne Zusatzkosten erhalten bleiben (IV Nr. 2). Die Vertragsbeendigung muss **„unent- 17
geltlich“** (Art. 19 II 2 DI-RiLi: „kostenfrei“) sein, dh der Unternehmer darf weder „Bearbeitungsgebühren“ noch eine Vertragsstrafe oä verlangen; nicht gemeint ist hiermit die Rückerstattungspflicht, die aus V § 327o II, III folgt. Die Beendigungs- 18
erklärung (V iVm § 327o I) muss innerhalb einer **Frist** von 30 Tagen dem Unternehmer zugegangen sein (III 1). Die Frist beginnt nach der missglückten, weil auf den ersten Blick unverständlichen Formulierung des deutschen Gesetzgebers grds. mit Zugang der Information nach II zu laufen (III 2), bei der – ja eigentlich gebotenen (vgl. II 1) – Änderung nach Zugang der Information aber erst mit der Änderung (III 3); verständlicher sagt Art. 19 II 2 DI-RiLi, die Frist beginne mit Zugang der Information oder Änderung, „je nachdem, welcher Zeitpunkt der spätere ist“. Für die **Abwicklung** iE verweist V auf §§ 327o, 327p. 19

4. Ausnahme (VI). Keine Anwendung finden I–V gem. VI auf Änderungen 20
digitaler Produkte, neben denen der Unternehmer auf der Grundlage eines Paketvertrags (§ 327a I 1) die Bereitstellung eines **Internetzugangsdienstes** oder eines **öffentlich zugänglichen nummerngebundenen interpersonellen Telekommunikationsdienstes** iSv § 66 I TKG schuldet.

§ 327s Abweichende Vereinbarungen

(1) **Auf eine Vereinbarung mit dem Verbraucher, die zum Nachteil des Verbrauchers von den Vorschriften dieses Untertitels abweicht, kann der Unternehmer sich nicht berufen, es sei denn, die Vereinbarung wurde erst nach der Mitteilung des Verbrauchers gegenüber dem Unternehmer über die unterbliebene Bereitstellung oder über den Mangel des digitalen Produkts getroffen.**

(2) **Auf eine Vereinbarung mit dem Verbraucher über eine Änderung des digitalen Produkts, die zum Nachteil des Verbrauchers von den Vorschriften dieses Untertitels abweicht, kann der Unternehmer sich nicht berufen, es sei denn, sie wurde nach der Information des Verbrauchers über die Änderung des digitalen Produkts gemäß § 327r getroffen.**

(3) **Die Vorschriften dieses Untertitels sind auch anzuwenden, wenn sie durch anderweitige Gestaltungen umgangen werden.**

(4) **Die Absätze 1 und 2 gelten nicht für den Ausschluss oder die Beschränkung des Anspruchs auf Schadensersatz.**

(5) **§ 327h bleibt unberührt.**

1. Uneingeschränkte Abdingbarkeit zum Nachteil des Unternehmers. 1
Zum Nachteil des Unternehmers kann von den §§ 327–327r ohne Einschränkung abgewichen werden. Der Unternehmer kann damit insbes. einen höheren als den gesetzlich geschuldeten Standard versprechen.

2 **2. Eingeschränkte Abdingbarkeit zum Nachteil des Verbrauchers.** Einen Ausschluss oder eine Beschränkung von **Schadensersatzansprüchen** kann der Verbraucher gem. IV ohne Einschränkung durch die §§ 327 ff. vereinbaren (vgl. Art. 3
3 X DI-RiLi); andere Regeln, wie die §§ 305 ff., bleiben aber unberührt. Abweichende Vereinbarungen über **Produktmerkmale** richten sich nach § 327h (*lex*
4 *specialis*, klarstellend V). I und II erlauben **im Übrigen** für den Verbraucher nachteilige abweichende Vereinbarungen, wenn sie zu einem Zeitpunkt zustande kommen, zu dem der Verbraucher weiß, dass der von ihnen erfasst Fall vorliegt: bei I nach Mitteilung des Verbrauchers gegenüber den Unternehmer über die unterbliebene Bereitstellung oder über den Mangel, bei II nach Information des Verbrauchers seitens des Unternehmers über die Änderung.

Untertitel 2. Besondere Bestimmungen für Verträge über digitale Produkte zwischen Unternehmern

§ 327t Anwendungsbereich

Auf Verträge zwischen Unternehmern, die der Bereitstellung digitaler Produkte gemäß der nach den §§ 327 und 327a vom Anwendungsbereich des Untertitels 1 erfassten Verbraucherverträge dienen, sind ergänzend die Vorschriften dieses Untertitels anzuwenden.

Lit.: Grützmacher, Auswirkungen der Umsetzung der Digitale-Inhalte-Richtlinie in der Leistungskette. Neue Regeln bei Provider- und Hostingvorleistungen für B2C-Produkte, ITRB 2021, 287.

1 **1. Verträge über digitale Produkte zwischen Unternehmern im Allgemeinen.** Untertitel 1 gilt nur für Verträge zwischen einem Unternehmer (§ 14) und einem Verbraucher (§ 13). Für Verträge über digitale Produkte zwischen Unternehmern (B2B) – wie auch zwischen Verbrauchern (C2C) – enthält das BGB keine besonderen, den §§ 327 ff. vergleichbaren Regeln. Hierin liegt aber keine Entscheidung gegen die **Übertragung von Gedanken der §§ 327 ff.** auf B2B- oder C2C-Verträge. Soweit solche Verträge in AGB festgehalten sind, erscheint es denkbar, einige der Regeln im Rahmen einer Inhaltskontrolle gem. § 307 I zu berücksichtigen; auch über ergänzende Vertragsauslegung, Generalklauseln und Abwägungsgebote wie in § 323 II Nr. 3 oder § 242 kann ein in den §§ 327 ff. enthaltener Gedanke, etwa die Notwendigkeit vorheriger Ankündigung
2 einer beeinträchtigenden Änderung, in solchen Verträgen relevant werden. Gerade im unternehmerischen Rechtsverkehr spricht für eine Übertragung, dass auch im Verhältnis zwischen den meisten Unternehmen gegenüber den Konzernen der Digitalwirtschaft ein **starkes Machtgefälle** vorliegt (→ Vor §§ 327 ff. Rn. 5; vgl. a. Schulze ZEuP 2019, 695, 702).

3 **2. Verträge im Vorfeld von Verbraucherverträgen nach Untertitel 1. a) Hintergründe.** Die Verbraucherrechte des Untertitels 1 belasten den Unternehmer. Dieser ist aber oftmals nur letztes Glied in der Beschaffungskette und hat keinerlei Einfluss auf das vertragsgegenständliche digitale Produkt. Damit kann er auch nur in sehr begrenztem Umfang auf einen durch die Verbraucherrechte gesetzten Anreiz zur Sicherung der Qualität eines Produkts reagieren. Zum Schutz des Unternehmers und zur Effektuierung der Anreizwirkung erscheint daher eine **„Weiterleitung"** auf den letztlich verantwortlichen Unternehmer sinnvoll. Wie schon der heutige § 478, der ursprünglich die Verbrauchsgüterkaufrichtlinie umsetzte, und der jüngere § 445a sind auch §§ 327t, 327u über den Rückgriff des Unternehmers von diesem Gedanken der „Weiterleitung" geprägt – eine „Weiterleitung", die als „Kettenregress" im Idealfall bis zum Hersteller reicht (§ 327u VI, im Kaufrecht §§ 445a III, 478 III), jedenfalls wenn das Recht eines EU-Mitgliedstaats

zur Anwendung kommt, welcher Art. 20 DI-RiLi umgesetzt hat. **b) Regelungsstruktur.** Anders als für den Verbrauchsgüterkauf, wo § 478 I HS 1 zu Beginn der Regeln über den Rückgriff des Unternehmers seinen Anwendungsbereich selbst bestimmt, ist für Verträge über digitale Produkte die Bestimmung des Anwendungsbereichs der Regeln über den Rückgriff des Unternehmers in § 327t ausgegliedert. 4

c) Der Bereitstellung digitaler Produkte dienende Verträge iSd §§ 327, 327a. 5
Der Gedanke der „Weiterleitung" setzt voraus, dass gleichsam an der Spitze ein Verbrauchervertrag iSd §§ 327, 327a steht. § 327t will dies dadurch sicherstellen, dass er verlangt, der B2B-Vertrag müsse einem Verbrauchervertrag iSd §§ 327, 327a „dienen". Zuverlässig feststellen lässt sich dies idR erst, wenn der Verbrauchervertrag tatsächlich geschlossen und erfüllt wurde; soweit sich ein Unternehmer standardisierte digitale Produkte auf Vorrat verschafft bzw. seinerseits noch anpasst, ist nicht immer klar, ob das Produkt letztlich einem Verbraucher oder einem Unternehmer bereitgestellt werden wird. Für die Zwecke des Rückgriffs ist dies indes idR unproblematisch, da jedenfalls zu diesem Zeitpunkt feststeht, ob ein Verbrauchervertrag vorlag, und dieser wegen der Geltendmachung von Rechten des Verbrauchers auch identifizierbar ist.

§ 327u Rückgriff des Unternehmers

(1) [1]**Der Unternehmer kann von dem Unternehmer, der sich ihm gegenüber zur Bereitstellung eines digitalen Produkts verpflichtet hat (Vertriebspartner), Ersatz der Aufwendungen verlangen, die ihm im Verhältnis zu einem Verbraucher wegen einer durch den Vertriebspartner verursachten unterbliebenen Bereitstellung des vom Vertriebspartner bereitzustellenden digitalen Produkts aufgrund der Ausübung des Rechts des Verbrauchers nach § 327c Absatz 1 Satz 1 entstanden sind.** [2]**Das Gleiche gilt für die nach § 327l Absatz 1 vom Unternehmer zu tragenden Aufwendungen, wenn der vom Verbraucher gegenüber dem Unternehmer geltend gemachte Mangel bereits bei der Bereitstellung durch den Vertriebspartner vorhanden war oder in einer durch den Vertriebspartner verursachten Verletzung der Aktualisierungspflicht des Unternehmers nach § 327f Absatz 1 besteht.**

(2) [1]**Die Aufwendungsersatzansprüche nach Absatz 1 verjähren in sechs Monaten.** [2]**Die Verjährung beginnt**
1. **im Fall des Absatzes 1 Satz 1 mit dem Zeitpunkt, zu dem der Verbraucher sein Recht ausgeübt hat,**
2. **im Fall des Absatzes 1 Satz 2 mit dem Zeitpunkt, zu dem der Unternehmer die Ansprüche des Verbrauchers nach § 327l Absatz 1 erfüllt hat.**

(3) **§ 327k Absatz 1 und 2 ist mit der Maßgabe entsprechend anzuwenden, dass die Frist mit der Bereitstellung an den Verbraucher beginnt.**

(4) [1]**Der Vertriebspartner kann sich nicht auf eine Vereinbarung berufen, die er vor Geltendmachung der in Absatz 1 bezeichneten Aufwendungsersatzansprüche mit dem Unternehmer getroffen hat und die zum Nachteil des Unternehmers von den Absätzen 1 bis 3 abweicht.** [2]**Satz 1 ist auch anzuwenden, wenn die Absätze 1 bis 3 durch anderweitige Gestaltungen umgangen werden.**

(5) **§ 377 des Handelsgesetzbuchs bleibt unberührt.**

(6) **Die vorstehenden Absätze sind auf die Ansprüche des Vertriebspartners und der übrigen Vertragspartner in der Vertriebskette gegen die jeweiligen zur Bereitstellung verpflichteten Vertragspartner entsprechend anzuwenden, wenn die Schuldner Unternehmer sind.**

1. Überblick. I 1 und 2 geben dem Unternehmer, der Ansprüche des Verbrauchers gem. §§ 327c I 1, 327l I erfüllt hat, einen Ersatzanspruch gegen seinen Vertriebspartner (I 1). II regelt die Verjährung dieses Ersatzanspruchs. III lässt die 1

Regeln des § 327k I, II über die Beweislastumkehr auch im Verhältnis zwischen dem Unternehmer und seinem Vertriebspartner gelten. Gem. IV können die I–III nicht im Voraus abbedungen werden. V stellt die Geltung der handelsrechtlichen Untersuchungs- und Rügeobliegenheit sicher. Nach VI gelten die I–V in Umsetzung des Gedankens der Weiterleitung (→ § 327t Rn. 3) für die gesamte Vertriebskette.

2 **2. Aufwendungsersatzansprüche des Vertragspartners des Verbrauchers. a) Allgemeines.** Im Kaufrecht hat der Unternehmer in der Lieferkette idR eigene allgemein-schuldrechtliche bzw. kaufrechtliche Ansprüche wegen Nichterfüllung und Mangelhaftigkeit. Da die §§ 327 ff. zum einen keinen eigenen Vertragstyp bilden, aber Ansprüche des Verbrauchers bei unterbliebener Bereitstellung und im Zusammenhang mit einer Nacherfüllung vorsehen, zum anderen die DI-RiLi eine in sich geschlossene Regelung nahelegt, enthält I zwei eigene Anspruchsgrundlagen für Aufwendungsersatzansprüche des Unternehmers gegen seinen **Vertriebspartner,** also seinen „Vormann". Vertriebspartner ist wiederum nur ein Unternehmer (§ 14), sodass insbes. nicht unternehmerisch handelnde Ersteller von Open-Source-Software keinen Regress fürchten müssen (Erw.-Gr. 78 DI-RiLi).
3 **b) Grund der Aufwendungen.** Gem. I besteht ein Aufwendungsersatzanspruch zum einen für Aufwendungen, die der Unternehmer **aufgrund einer Vertragsbeendigung wegen unterbliebener Bereitstellung** gem. § 327c I 1 getätigt hat (I 1), zum anderen für Aufwendungen, die dem Unternehmer **zum Zwecke der Nacherfüllung** gem. § 327l I 1 entstanden sind (I 2). I erfasst hingegen nicht sonstige Aufwendungen, die dem Unternehmer infolge von Rechtsbehelfen des Verbrauchers entstehen, etwa Aufwendungen aufgrund mangelbedingter Vertragsbeendigung gem. § 327m I oder aufgrund geleisteten Schadensersatzes gem. § 327m III. Insoweit können aber im Einzelfall andere Anspruchsgrundlagen einen
4 Rückgriff erlauben. **c) Verantwortlichkeit des Vertriebspartners.** Jeweils erforderlich ist, dass der Vertriebspartner für die Entstehung der Aufwendungen objektiv verantwortlich ist, also seinerseits das digitale Produkt nicht rechtzeitig bereitgestellt hat (I 1) oder ein Mangel entweder schon bei Bereitstellung durch den Vertriebspartner vorlag oder der Vertriebspartner für eine Verletzung der Aktualisierungspflicht des Unternehmers gegenüber dem Verbraucher ursächlich ist (I 2). Für den Nachweis, dass ein Mangel schon bei Bereitstellung vorlag, kommt dem Unternehmer gegen seinen Vertriebspartner gem. III die Beweislastumkehr des § 327k I, II zugute, wobei für die Bestimmung der Frist, innerhalb derer die Vermutung greift, konsequenterweise (→ § 327t Rn. 3) nicht auf eine eventuelle Bereitstellung seitens des Vertriebspartners an den Unternehmer, sondern auf die
5 Bereitstellung an den Verbraucher abgestellt wird. **d) Untersuchungs- und Rügeobliegenheit gem. § 377 HGB.** Gem. V bleibt § 377 HGB unberührt. Dies ist als Rechtsgrundverweisung zu verstehen. Der Unternehmer hat also keine Aufwendungsersatzansprüche, wenn ein beiderseitiger Handelskauf vorliegt und
6 mangels rechtzeitiger Rüge die Ware als genehmigt gilt. **e) Erforderlichkeit der Aufwendungen.** Ohne dass dies § 327u ausdrücklich festhielte, sind dem Unternehmer nur Aufwendungen zu ersetzen, die erforderlich waren, um eine
7 Vertragsbeendigung abzuwickeln bzw. einen Mangel zu beseitigen. **f) Verjährung.** Für die Aufwendungsersatzansprüche des I gilt gem. II eine kurze sechsmonatige Verjährungsfrist, die bei Aufwendungen wegen unterbliebener Bereitstellung schon mit Ausübung des Beendigungsrechts seitens des Verbrauchers (II 2 Nr. 1), bei Aufwendungen im Rahmen der Nacherfüllung erst mit Erfüllung des
8 Nacherfüllungsanspruchs seitens des Unternehmers beginnt (II 2 Nr. 2). **g) Keine Abbedingung im Voraus.** Zum Nachteil des Unternehmers von den I–III abweichende Vereinbarungen über den Rückgriff sind gem. IV nur möglich, wenn sie nach Geltendmachung der Aufwendungsersatzansprüche seitens des Unternehmers getroffen werden; praktisch werden sie daher keine große Rolle spielen.

3. Aufwendungsersatzansprüche in der Vertriebskette. Getreu dem Gedanken der Weiterleitung (→ § 327t Rn. 3) gelten gem. VI die I–V zwischen allen Vertragspartnern in der Vertriebskette entsprechend, sofern der jeweilige Schuldner Unternehmer (§ 14) ist. 9

Titel 3. Versprechen der Leistung an einen Dritten

§ 328 Vertrag zugunsten Dritter

(1) **Durch Vertrag kann eine Leistung an einen Dritten mit der Wirkung bedungen werden, dass der Dritte unmittelbar das Recht erwirbt, die Leistung zu fordern.**

(2) **In Ermangelung einer besonderen Bestimmung ist aus den Umständen, insbesondere aus dem Zwecke des Vertrags, zu entnehmen, ob der Dritte das Recht erwerben, ob das Recht des Dritten sofort oder nur unter gewissen Voraussetzungen entstehen und ob den Vertragschließenden die Befugnis vorbehalten sein soll, das Recht des Dritten ohne dessen Zustimmung aufzuheben oder zu ändern.**

Lit.: Bayer, Der Vertrag zugunsten Dritter, 1995; Dallwig, Die Lebensversicherung im Erbfall, r+s 2021, 1; Daragan, Vertrag zugunsten Dritter auf den Todesfall und Geschäftsführung ohne Auftrag in Schenkungsabsicht, ZEV 2020, 142; Hadding, Der Bereicherungsausgleich beim Vertrag zu Rechten Dritter, 1970; Klein, Haftungsbeschränkungen zugunsten und zu Lasten Dritter, JZ 1997, 390; Krauskopf, Der Vertrag zugunsten Dritter, 2000; Löhnig/Runge-Rannow, Einwilligung = Zeugung, Gleichstellung nichtehelicher Kinder bei heterologer künstlicher Befruchtung, NJW 2015, 3757; Peter, Verträge zugunsten Dritter im englischen und deutschen Recht, 2001; Preuß, Dingliche Verträge zugunsten Dritter, in Kanzleiter/Spickhoff, Mehrseitige und drittbegünstigende Verträge, 2014, 61; Rahbari, Der Anwendungsbereich des Vertrags zugunsten Dritter gemäß §§ 328 ff. BGB, ZGS 2010, 172; Reuter, Der Unternehmenskaufvertrag als Vertrag zugunsten der Arbeitnehmer, 2013; Ulrici, Der Vertrag zu Lasten Dritter in der Arbeitsrechtswissenschaft, ZfA 2016, 377.

I. Allgemeines

1. Begriff und Bedeutung. Der **Vertrag zgDr** ist ein schuldrechtlicher Verpflichtungsvertrag (→ Rn. 4), bei dem sich der Schuldner („Versprechende“) verpflichtet, eine Leistung (§ 241 I) an einen vom Gläubiger („Versprechensempfänger“) verschiedenen Dritten zu erbringen. Durch die **geänderte Richtung der Leistungspflicht** unterscheidet er sich vom Regelfall der (reinen) Zweiparteienbeziehung des Vertrags (vgl → § 241 Rn. 5; → § 311 Rn. 28). Er ermöglicht eine Abkürzung des Leistungswegs (der Dritte erlangt die Leistung nicht über den Umweg des Vermögens des Versprechensempfängers) und dient vor allem der Versorgung des Dritten (vgl die in § 330 genannten Bsp). Denkbar sind auch Vereinbarungen zu Gunsten Dritter, die diesen ein Gegenrecht einräumen (Vereinbarung unter Gesellschaftern zugunsten der Gesellschaft, dass bei Ausscheiden geringere als satzungsmäßige Abfindung bezahlt werden soll (BGH DNotZ 2011, 135). 1

2. Arten. a) Echte und **unechte** Verträge zgDr. **aa)** Beim **echten (berechtigenden) Vertrag zgDr** erwirbt der Dritte einen eigenen Anspruch gegen den Versprechenden (**I;** sa § 333); das BGB regelt in den §§ 328–335 nur den echten Vertrag zgDr und gibt verschiedene Auslegungsregeln zur Abgrenzung vom unechten (→ Rn. 5). **bb)** Beim **unechten (ermächtigenden) Vertrag zgDr** entsteht 3 kein eigenes Forderungsrecht des Dritten (vgl **II Var. 1;** § 329); der Schuldner ist ermächtigt, mit befreiender Wirkung an den Dritten zu leisten, aber nur der Gläubiger ist berechtigt, die Leistung an den Dritten zu verlangen. Welche Wirkung die Parteien wollen, ist Auslegungsfrage (→ Rn. 5). **b) Verpflichtende** und **verfügende** Verträge zgDr. **I** bezieht sich nur auf Verpflichtungsverträge (allgM); die 2 4 entspr Anwendung von I auf Verfügungsverträge ist str (→ Rn. 6). **c) „Volle"** (berechtigende) Verträge zgDr und **Verträge mit Schutzwirkung für Dritte.** Letztere Verträge enthalten kein (primäres) Leistungsversprechen an den Dritten; lediglich die vertraglichen Sorgfaltspflichten (§ 241 II) werden (mit der Folge von Sekundäransprüchen bei Verletzung) auf Dritte erstreckt (→ Rn. 19 ff.).

5 **3. Abgrenzung. a) Unechte Verträge zgDr** (→ Rn. 3). Ob dem Dritten ein eigenes Forderungsrecht zusteht oder nicht, richtet sich nach dem Vertragsinhalt (vgl → Rn. 13 f.), der ggf durch Auslegung (§§ 133, 157) klarzustellen ist. Bes Bedeutung kommt dem **Vertragszweck** (betont in **II**) und der **Interessenlage** (zB Sicherstellung des Dritten) zu (OLG Bamberg BeckRS 2020, 20432 mwN). Weitere **Auslegungsregeln:** §§ 329, 330. **Bsp** für **echte** Verträge zgDr aus der Rspr: Herstellergarantie zugunsten des Endabnehmers im Liefervertrag mit dem Zwischenhändler (BGHZ 75, 77; 93, 46; unmittelbare Vertragsbeziehungen aber möglich: → § 443 Rn. 7, 11; Krankenhausaufnahmevertrag mit der Krankenkasse wirkt zugunsten des Patienten (BGHZ 89, 253; 96, 363; 100, 366), Behandlungsvertrag des Sorgeberechtigten zugunsten des Kindes (BGHZ 89, 266), Einwilligung des Mannes in heterologe künstliche Befruchtung der Frau ist echter Vertrag zugunsten des Kindes bezüglich Unterhalt (BGHZ 129, 302 [unter Eheleuten] mAnm Zimmermann DNotZ 1996, 790; BGH NJW 2015, 3434 [zg nichtehelichen Kindes]; krit Löhnig/Runge-Rannow NJW 2015, 3757 [da nur „Zahlvaterschaft"]); Pachtvertrag mit Bierbezugsbindung zugunsten der Brauerei (BGHZ 54, 147), Provisionsübernahme durch den Grundstückskäufer zugunsten des Maklers (BGHZ 138, 170; → Vor § 652 Rn. 8), Verträge zwischen Reiseveranstalter und „wichtigen" Leistungsträgern (zB Fluggesellschaft, Hotel) zugunsten des Reisenden (BGHZ 93, 273 ff.; LG Frankfurt a. M. NJW-RR 1986, 853; Schmid/Sonnen NJW 1992, 464); Frachtvertrag bei § 421 HGB (s. schon BGHZ 75, 94); Direktversicherung iSv § 1 II BetrAVG (BGH NJW-RR 1993, 771); Treuhand zur Absicherung betrieblicher Altersversorgung (BAG NZA 2021, 940); Vertrag zwischen Publikums-GbR und Mittelverwendungskontrolleur zugunsten von Anlegern (OLG München ZIP 2008, 278); qualifizierte Rangrücktrittsvereinbarungen (BGHZ 204, 231 Rn. 36 ff. [Vertrag zg Gläubigergesamtheit]); Vereinbarung in Grundstückskaufvertrag über lebenslanges Wohnrecht des Mieters unter Ausschluss der ordentlichen Kündigung für eintretende Erwerber (BGH DNotZ 2019, 285), ebenso Vereinbarung in Grundstückskaufvertrag über Zuwegung für Hinterliegergrundstück (OLG Hamburg BeckRS 2020, 49488; ggf Maklerklausel in Grundstückkaufvertrag (OLG Schleswig BeckRS 2021, 47394);**nicht** ohne weiteres die Errichtung eines Spar-(Giro-)kontos auf den Namen eines Dritten (vgl BGH FamRZ 2005, 5108; NJW 1994, 931; NJW 1996, 841; OLG Köln NJW-RR 1996, 236; bejahend OLG Saarbrücken NJW-RR 2008, 954 für Festgeldanlage zugunsten von Minderjährigen; sa allg → § 516 Rn. 16; → § 808 Rn. 6); idR nicht die Unterhaltsvereinbarung zwischen geschiedenen Eltern zugunsten der Kinder (BGH NJW 1983, 685; abw OLG Hamm NJW-RR 1996, 1158 für Unterhaltsvergleich) ferner nicht die Freistellungsvereinbarung zugunsten des Drittgläubigers (vgl BGH NJW 1983, 1730; → § 329 Rn. 2)
6 und der Überweisungsvertrag (→ § 676a Rn. 2). **b) Verfügungsverträge zgDr.** Ihre Zulässigkeit ist umstr. Zu unterscheiden sind **aa) schuldrechtliche** (zB Erlass, Abtretung) und **bb) dingliche** (zB Übereignung; Hypothekenbestellung) Verfügungsverträge (vgl → § 929 Rn. 7 [f]). Nach hM sind mangels Anwendbarkeit von **I** (Wortlaut; systematische Stellung) Verfügungsverträge zgDr in beiden Fällen schlechthin unzulässig (vgl → § 873 Rn. 12; BGH NJW 1993, 2617 mN). Folge (Bsp): Erlassvertrag zugunsten des Schuldners kann nicht mit der Wirkung des § 397 zwischen dem Gläubiger und einem anderen vereinbart werden (BGHZ 126, 266), wohl aber ein schuldrechtlich wirkender Verzicht zugunsten des Schuldners (BGHZ 126, 265 f. mN). Die Gegenansicht (zB Larenz SchR I § 17 IV; Kaduk FS Larenz, 1983, 314 ff.) befürwortet eine **entspr Anwendung** von **I** idS, dass die für das Verfügungsgeschäft erforderliche Einigung durch die Drittbegünstigungsvereinba-

rung ersetzt wird; damit sind schuldrechtliche Verfügungen zgDr idR ohne weiteres möglich, sachenrechtliche dann (Ausnahme für Auflassung; arg §§ 333, 925 II), wenn in der Person des Erwerbers die weiter erforderlichen Voraussetzungen (Besitzerlangung, Übergabe des Hypothekenbriefs, Eintragung im Grundbuch) vorliegen; bedenklich aus Gründen des Gläubigerschutzes wegen der damit verbundenen Umgehung des Durchgangserwerbs (vgl → Rn. 15). **c) Haftungsausschluss** 7
zgDr: → § 276 Rn. 58. **d) Verträge zu Lasten Dritter** sind dem BGB unbekannt (BVerfGE 73, 270 f.; BGHZ 54, 147; NJW 1995, 3184). Eine entspr Anwendung von I scheidet (trotz § 333) aus, da durch die Begründung vertraglicher Pflichten ohne Mitwirkung des Schuldners in das Selbstbestimmungsrecht eingegriffen würde. Kein Vertrag zulasten Dritter liegt vor, wenn zB durch eine Regelung der Altenteilsverpflichtung sich nur ges Einstandspflicht des Dritten (hier Sozialhilfeträger) realisiert (BGH NJW-RR 2003, 578 klarstellend zu NJW 2002, 440). Zur Unzulässigkeit einer Verpflichtungsermächtigung vgl → § 185 Rn. 3.

II. Echter Vertrag zugunsten Dritter (I)

1. Allgemeines. a) Rechtsnatur: Zweiseitiger **schuldrechtlicher Verpflich-** 8
tungsvertrag (vgl → Rn. 6), der in bestimmter Richtung **Drittwirkung** (→ Rn. 15 f.) entfaltet. **Kein** dreiseitiger Vertrag, denn der Dritte ist nicht Vertragspartei (→ Rn. 17 f.), jedoch entsteht ein dreiseitiges Rechtsverhältnis (→ Rn. 9 ff.). **Kein** selbstständiger Vertragstyp, vielmehr können Verpflichtungsverträge jeder Art (vgl → § 311 Rn. 9) auch zgDr abgeschlossen werden. Bsp: Kauf-, Schenkungs-, Bürgschaftsvertrag (auch Bürgschaft auf erstes Anfordern: BGH WM 2003, 969), Versicherungsvertrag zgDr; idR der Fall bei Versorgungsverträgen (vgl → Rn. 1).
b) Rechtsbeziehungen. IE sind drei Rechtsverhältnisse zu unterscheiden: **aa)** Das 9
Deckungsverhältnis zwischen dem Versprechenden (Schuldner) und Versprechensempfänger (Gläubiger). Es ist das eigentliche Vertragsschuldverhältnis zgDr (→ Rn. 8) und legt sowohl die dem Dritten zu erbringende Leistung (§ 241 I) als auch dessen Person fest (→ Rn. 13 f.). Auf **Mängel** (Nichtigkeit) des Deckungsverhältnisses kann sich der Versprechende auch dem Dritten gegenüber berufen (§§ 821, 334). Nach der Leistung erfolgt die Rückabwicklung nach den Grundsätzen des Bereicherungsausgleichs im Dreiecksverhältnis, dh der Ausgleich ist idR im jeweiligen Verhältnis der zweckgerichteten Zuwendung durchzuführen (gilt namentlich in den Fällen der abgekürzten Leistung); Besonderheiten bestehen bei Versorgungsverträgen und bei vertraglichem Ausschluss des § 335 (iE sehr str, vgl BGHZ 72, 250; Lorenz AcP 168, 294; näher → § 812 Rn. 42 ff.). **bb)** Das **Valutaverhältnis** 10
zwischen Versprechensempfänger und Drittem. Aus diesem (nicht notwendig vertraglichen) Verhältnis (Bsp für ges Schuldverhältnis: §§ 1601 ff.) ergibt sich der Grund für die Zuwendung des Rechts an den Dritten (BGHZ 91, 290 mN). Bsp: Schuldtilgung; Schenkung. **Mängel** des Valutaverhältnisses (zB § 518, aber II beachten!) lassen den Vertrag zgDr unberührt; der Ausgleich erfolgt grds im Verhältnis des Versprechensempfängers zum Dritten; zu möglichen Ausnahmen vgl → Rn. 9 und → § 812 Rn. 42 ff.). **cc) Drittverhältnis.** Die Beziehung des Versprechenden 11
zum Dritten stellt kein Vertragsverhältnis dar (BGHZ 54, 147; → Rn. 8), wohl aber ein vertragsähnliches Vertrauensverhältnis, aus dem sich beiderseitige Sorgfaltspflichten ergeben können (ie → Rn. 15 ff.). Pflichtverletzungen des Dritten können sich auch im Deckungsverhältnis auswirken (→ Rn. 18).

2. Voraussetzungen. Voraussetzungen für das Zusammenkommen des Vertrags 12
zgDr sind: **a)** Wirksamer **Vertragsschluss** im Deckungsverhältnis (→ Rn. 9); allein dieses (nicht das Valutaverhältnis) ist für die erforderliche **Form** maßgebend (BGHZ 54, 147; OLG Nürnberg NJW-RR 1990, 883; → § 329 Rn. 4 [dd]; → § 331 Rn. 3). **b) Drittbegünstigungsabrede. aa) Bestimmung des Dritten.** Der 13
Dritte braucht nicht geschäftsfähig (Grund: → Rn. 15), ja noch nicht einmal vorhanden zu sein (vgl § 331 II; BGHZ 129, 305 mN). Bestimmbarkeit genügt (BGHZ 93, 274; NJW 2013, 232 Rn. 15; WM 2008, 491; großzügig Koch CR 2005, 505

für Bewertungsmaßregeln in ebay-AGB zugunsten künftiger Vertragspartner). Eine Festlegung auf Grund sachlicher Momente (zB jeweiliger Inhaber eines bestimmten Grundstücks; jeweiliger Endabnehmer einer Ware; jeweiliger Fluggast eines Flugreise-Platzes) ist zulässig (BGHZ 75, 78 f.). Zur einseitigen Bestimmung des Berech-
14 tigten und deren Widerruf vgl → § 330 Rn. 4 f. **bb) Beschränkungen.** Die Parteien können **zusätzliche Voraussetzungen** für den Rechtserwerb aufstellen (zB Zeitpunkt, Bedingung, vgl BGH NJW-RR 1987, 114) und sich Änderungen und die **Aufhebung** des Rechts des Dritten ohne dessen Zustimmung vorbehalten (vgl **II;** §§ 331, 332 mAnm); ob dies gewollt ist, ist Auslegungsfrage (BGH NJW 1986, 1165 f.).

15 **3. Rechtsfolgen. a) Rechtsstellung des Dritten. aa) Unmittelbarer Erwerb des** (primären) Leistungsanspruchs. Der Dritte erwirbt das Recht ohne seine Mitwirkung (s. aber § 333). Das Recht entsteht **originär** in seiner Person; dh ein Durchgangserwerb über das Vermögen des Gläubigers findet nicht statt (Dritter nicht Rechtsnachfolger des Gläubigers; wichtig im Fall des § 331, ferner der Insolvenz;
16 vgl → § 330 Rn. 6). **bb) Sekundäre Ansprüche.** Der Dritte erwirbt nur ein **einseitiges** Forderungsrecht (BGH NJW 2005, 3778; NJW 2006, 1434, 1437). Bei Leistungsstörungen des Versprechenden hat er jedenfalls Ansprüche auf (zusätzlichen) Schadensersatz gem § 280 und weitergehend auch auf Schadensersatz statt der Leistung nach §§ 281–283 (vgl MüKoBGB/Gottwald § 335 Rn. 14, 19 mN, str, einschr Grüneberg/Grüneberg Rn. 5 [vorbehaltlich Auslegung nicht Schadensersatz statt der Leistung, Rücktritt]). Bei Wegfall der Geschäftsgrundlage kann auch der Dritte Anpassung (§ 313 I) verlangen (BGH NJW 1972, 153 mit abl Anm Stötter NJW 1972, 1191). Für Nachfristsetzung gem §§ 281, 323 sind Dritter und Vertragspartner zuständig, sonstige vertragliche Rechte (insbes Gestaltungsrechte) stehen dem Versprechensempfänger als Vertragspartei zu, soweit nicht Auslegung etwas
17 anderes ergibt (→ Rn. 17). **b) Rechtsstellung der Vertragsparteien. aa) des Versprechensempfängers.** Außer dem Anspruch auf Leistung an den Dritten (§ 335) stehen ihm regelmäßig alle Gestaltungsrechte gegenüber dem Versprechenden zu (zB Anfechtung, Rücktritt, Kündigung [§ 168 VVG und → § 331 Rn. 4], Minderung). Bei unentziehbarem Recht des Dritten muss dieser zustimmen (RGZ 101, 276; Grüneberg/Grüneberg Rn. 6 zu Recht mit Ausnahme für Anfechtung). Im Einzelfall kann Auslegung aber ergeben, dass Dritter über Vertrag insgesamt soll entscheiden können (so für Rücktritt und Minderung bei Mängeln grds MüKoBGB/Gottwald § 335 Rn. 20). Bei Lebensversicherung können Erben des Versicherten die Bezugsberechtigung im Hinblick auf das Deckungsverhältnis nicht mehr ändern oder widerrufen, § 159 II VVG; OLG Saarbrücken NJW-RR 2021, 105 Rn. 15; zu möglichen Ausgleichsansprüchen im Valutaverhältnis BGH VersR
18 2013, 1029; zum Ganzen Dallwig r+s 2021, 1). **bb) des Versprechenden.** Im Verhältnis zwischen den Vertragsparteien muss sich der Versprechensempfänger ein Verschulden des Dritten gem § 278 anrechnen lassen (Grüneberg/Grüneberg Rn. 7; Erman/Bayer Rn. 4). Ansprüche des Versprechenden unmittelbar gegen den Dritten können sich uU aus der Verletzung von Sorgfaltspflichten (→ Rn. 11) ergeben (Aufklärungspflicht, BGH WM 2005, 244). Einwendungen und Einreden gegenüber dem Dritten: § 334 mit Anm

III. Verträge mit Schutzwirkung für Dritte

Lit.: Fischer/Zastrow, Zur Dritthaftung des Abschlussprüfers aus Anlass des Falls Wirecard, BWR 2020, 351; Grundmann/Renner, Vertrag und Dritter – zwischen Privatrecht und Regulierung, JZ 2013, 379; Grunewald, Die Haftung des Experten für seine Expertise gegenüber Dritten, AcP 187, 285; Krebs, Sonderverbindung und außerdeliktische Schutzpflichten, 2000; Leyens, Expertenhaftung: Ersatz von Vermögensschäden im Dreipersonenverhältnis nach Bürgerlichem Recht, JuS 2018, 217; Lorenz, Der Vertrag mit Schutzwirkung für Dritte, JuS 2021, 817; Martiny, Pflichtenorientierter Drittschutz usw, JZ 1996, 19; Omlor, Zahlungsdiensteaufsichtsrecht im zivilrechtlichen Pflichtengefüge, WM 2018, 57; Zenner, Der Vertrag mit Schutzwirkung zu Gunsten Dritter – Ein Institut im Lichte seiner Rechtsgrundlagen, NJW 2009,

1030; Zugehör, Berufliche „Dritthaftung", NJW 2000, 1601; ders, Uneinheitliche Rechtsprechung des BGH zum (Rechtsberater-)Vertrag mit Schutzwirkung zu Gunsten Dritter, NJW 2008, 1105.

1. Allgemeines. a) Begriff: Verträge, in deren Schutzbereich am Vertragsschluss nicht beteiligte Dritte in der Weise einbezogen sind, dass ihnen zwar keine primären Leistungsansprüche zustehen, aber Verhaltens- und Leistungspflichten im Verhältnis zu ihnen verletzt werden können (BGHZ 66, 56 mN; 89, 104; 133, 170; NJW 1995, 52). Folge bei Pflichtverletzung: eigener vertraglicher Schadensersatzanspruch 19
(→ Rn. 29). **b) Bedeutung:** Erweiterung des Anwendungsbereichs der Vertragshaftung und damit Verbesserung der Rechtsstellung des geschützten Personenkreises (→ Rn. 32 ff.) gegenüber den Unzulänglichkeiten der §§ 823 ff. (insbes § 831, 20
Beweislast, fehlender Vermögensschutz). **c) Rechtsgrundlage:** Nicht ergänzende Vertragsauslegung (§§ 133, 157, 328 II; so aber BGHZ 56, 273; 138, 261; NJW 2001, 3116, stRspr; Grüneberg/Grüneberg Rn. 14; Zugehör NJW 2000, 1603), sondern durch § 242 gedeckte Fortbildung des dispositiven Rechts (Bayer JuS 1996, 475 f.; MüKoBGB/Gottwald Rn. 171 mwN; Zenner NJW 2009, 1030; wohl auch BGHZ 133, 172). Das SchRModG enthält keine allg Regelung (§ 311 III 1 erfasst ges Schuldverhältnisse, insbes die Eigenhaftung des Vertreters [Begründung zu § 311 III, RegEntw S. 375], vgl dort → § 311 Rn. 49 [c]), setzt aber den Schutz Dritter, die in einem Näheverhältnis zu einer Vertragspartei stehen, ausdr voraus 21
(BT-Drs. 14/6040, 163). **d) Anwendungsbereich:** Gilt auch für ges Schuldverhältnisse, insbes cic (→ Rn. 23), und öffentl-rechtliche Nutzungsverhältnisse (BGH NJW 2007, 1062). **e) Abgrenzung:** Vertraglicher Haftungsausschluss für Dritte: → § 276 Rn. 58; Drittschadensliquidation: → Vor § 249 Rn. 19 ff.; Eigenhaftung des geschützten Dritten: → Rn. 31. 22

2. Voraussetzungen. a) Schuldverhältnis. Wirksamkeit des Vertrags zwischen den Hauptparteien (wirksames „Leistungsverhältnis") ist nicht erforderlich (BGH MDR 1968, 402), ges Schuldverhältnis der Vertragsverhandlungen (§ 311 II Nr. 1– 23
3, III 1) genügt (BGHZ 66, 51; → § 311 Rn. 48, 49 [c]). **b) Einbeziehung des Dritten.** Die von der Rspr früher gestellten strengen Anforderungen (zB BGHZ 66, 57; NJW 1975, 868; NJW 1985, 2411 f.) wurden zunehmend fallgruppenweise gesenkt (vgl BGHZ 133, 171 ff.; Bsp: → Rn. 39 f.). Erforderlich ist: **aa) Leistungsnähe des Dritten,** dh der Dritte ist bestimmungsgemäß den Gefahren der (Schutz-)Pflichtverletzung in gleicher Weise ausgesetzt wie der Gläubiger (BGHZ 70, 329; 133, 173; NJW 2006, 830: abl für GmbH-Alleingesellschafter bzgl Darlehensvertrag GmbH-Bank, → Rn. 36; zu Recht abl. auch BGH NJW 2020, 3169 bei Anwaltsvertrag für Aufklärungspflichten gegenüber Dritten, die Mandanten nahestehen (zust Singer JZ 2021, 204; sa → Rn. 36); auch Patienten sind nicht einbezogen in Schutzbereich eines Vertrages zwischen dem Hersteller von Medizinprodukten und einer Zertifizierungsstelle für diese Produkte (BGHZ 225, 23 – PIP-Brustimplantate = NJW 2020, 1514; krit Hager JA 2020, 545 im Hinblick auf 24
BGHZ 127, 378). **bb) Näheverhältnis des Dritten zum Gläubiger.** Es besteht idR bei (nicht erforderlichen) Rechtsverhältnissen mit **personenrechtlichem Einschlag** (zB §§ 611 ff., 618, 619; 705; 105, 161 HGB; auch § 631 iVm § 618; §§ 535 ff.; *§§ 1353, 1626* ff.), fehlt aber bei reinen Austauschgeschäften (§§ 433, 651; vgl → Rn. 38; auch im bargeldlosen Zahlungsverkehr auf Grund von Giroverhältnis, → Rn. 40); der Gläubiger braucht nicht für das „Wohl und Wehe" des Dritten verantwortlich zu sein (so noch BGHZ 51, 96; 56, 273; 66, 57; einschr BGH NJW 1984, 355 f.; NJW 1987, 1759 mN, zur Ausdehnung des Personenkreises BGH NJW-RR 2017, 888 Rn. 16); es genügt, dass die Leistung bestimmungsgemäß dem Dritten zugute kommen soll und der Gläubiger ein besonderes Interesse an der Einbeziehung hat (BGHZ 129, 167 mN; 133, 172; BGH NJW 2020, 1514 [„Eigeninteresse an der Wahrung der Drittinteressen"]; OLG Nürnberg NJW-RR 2004, 1254) bzw die Parteien einen Dritten in den Schutzbereich einbeziehen wollen (BGHZ 133, 168, 172; 181, 12). Ob die Parteien den Willen hatten, eine Schutz- 25

pflicht für einen Dritten zu begründen, muss Tatrichter ggf. durch Auslegung ermitteln (BGH NJW 2014, 2345 Rn. 9). Auch bestehende *Gegenläufigkeit von Interessen* schließt Schutzwirkung nicht aus (vgl BGHZ 127, 378, 380; 129, 169; NJW 1998, 1949; NJW 2002, 1197; WM 2004, 1289; str, krit Westermann AcP 208, 154 f.). Verneint wurde das Näheverhältnis zu Recht für die Konstellation, in der ein Nießbrauchsberechtigter von einem Nachbarn elektrische Arbeiten an einer Außenlampe durchführen ließ und später ein AN durch einen elektrischen Schlag zu Schaden kam, der für den vom Hauseigentümer beauftragten Werkunternehmer arbeitete (BGH NJW-RR 2017, 888). Hingegen nimmt die Rspr beim Werkvertrag grds an, dass sich vertragliche Schutzpflichten des Bestellers auch auf die Arbeitnehmer und Angestellten des Unternehmers erstrecken (BGH NJW 2018, 1537 Rn. 23 – dann aber kein weiterer Anspruch aus Vertrag mit Schutzwirkung für Dritte gegen Perso-
26 nen, die der Besteller beauftragt [Gutachter]). **cc) Obj abgrenzbarer Personenkreis** (BGH NJW 1984, 355; NJW 1998, 1062; OLG Düsseldorf NJW-RR 2002, 1709), nicht erforderlich: Individualisierbarkeit der Dritten nach Zahl und Namen; **Erkennbarkeit** von → Rn. 24 [aa] und 25 **für den Schuldner** (BGHZ 49, 354; 56, 273; 75, 323; 133, 173 mN; OLG Hamm NJW-RR 2013, 1522) und Zumutbarkeit (§ 242) der Haftungsausdehnung (BGHZ 66, 57; NJW-RR 2017, 888 Rn. 17). Allerdings entfernt sich die Rspr zunehmend von der konkreten Erkennbarkeit und von einer Verankerung der Drittbegünstigung im Vertragswillen (zR krit Wester-
27 mann AcP 208, 154 ff.). **dd) Schutzbedürftigkeit des Dritten.** Sie wird im Allgemeinen fehlen, wenn dem Dritten eigene vertragliche Ansprüche gleichwertigen Inhalts (gleich gegen wen) zustehen (BGH NJW 2020, 3169 Rn. 12; NJW-RR 2011, 462), etwa gegen den Gläubiger des Hauptvertrags (BGHZ 70, 330; 129, 169 mN; 133, 173 f.; NJW 2018, 1537 [AN eines Unternehmers muss sich an Besteller der Werkleistung halten, dessen Erfüllungsgehilfen haften nicht über weiteren Vertrag mit Schutzwirkung zugunsten Dritter; s. auch KG BeckRS 2021, 3706 für Bauarbeiter verschiedener Unternehmen auf derselben Baustelle]). Der Käufer hat bei fehlerhaftem Ankaufsgutachten Anspruch gegen den Verkäufer (OLG Brandenburg BeckRS 2021, 14879 jedenfalls bei Bezugnahme auf Gutachten im Vertrag; ggf aus § 437, OLG Hamm NJW-RR 2013, 1522 [auch bei Verjährung der Anspr gegen Verkäufer kein Anspr gegen Gutachter]; iE zust Krause JZ 1982, 18 f. mN, str; aA Berg NJW 1978, 2019: § 421). Haftet Gutachter aber aus einem eigenen Vertrag mit Käufer, Gesamtschuld von Gutachter und Verkäufer (BGH NJW 2012, 1070 mAnm Schwab JuS 2012, 643; für fehlendes Einbeziehungsinteresse bei Gesamtschuld auch BGH NJW 2016, 3432 Rn. 31. Gutachter kann in AGB Haftung gegenüber nicht namentlich genannten Dritten ausschließen, OLG Hamm
28 NJW-RR 2013, 1522, 1523. **c)** Zu **vertretende** (§§ 276, 278) **Schutzpflichtverletzung** des Schuldners (§§ 280 I, 241 II, auch aus cic, vgl § 311 II, III 1 iVm § 241 II; → § 311 Rn. 50). Bestehende Garantiehaftung (zB gem § 443) kommt dem Dritten zugute (BGHZ 49, 354 zu § 538 aF). Bei völliger Interessengleichheit zwischen Gläubiger und Drittem genügt auch Verletzung der **Hauptleistungspflicht** (BGHZ 75, 325). **d) Schädigung** des Dritten.

29 **3. Rechtsfolgen. a) Eigener vertraglicher Schadensersatzanspruch** des Dritten gegen den Schuldner. § 278 gilt (→ Rn. 20; → § 278 Rn. 3). Verjährung: §§ 195, 199 soweit nicht kürzere vertragliche Verjährung eingreift (→ Rn. 30). Schadensumfang: Sowohl Personen- (allgM) als auch Sach- und Vermögensschäden
30 (BGHZ 49, 355; 133, 171 f.). **b) Einwendungen des Schuldners aus dem Vertrag.** Entspr Anwendung von § 334 ist möglich (vgl BGHZ 127, 383 ff.), soweit nicht – ggf auch stillschweigend – abbedungen (geringe Anforderungen stellt BGHZ 127, 385; NJW 1998, 1061; krit Canaris JZ 1998, 603). Folgen: Bestehende (ges oder vereinbarte) **Haftungsbeschränkungen** des Schuldners im Leistungsverhältnis wirken im vertraglichen Bereich idR auch zu Lasten des Dritten (BGHZ 56, 272 ff.; 127, 385; OLG Hamm NJW-RR 2014, 29; str: MüKoBGB/Gottwald Rn. 198 mN), ges Beschränkungen erfassen auch deliktische Ansprüche (s. § 434 HGB); bei

vertraglicher Regelung bleiben sie idR unberührt (Klein JZ 1997, 396; restriktiv Hübsch VersR 1997, 805 ff.). **Mitwirkendes Verschulden** (§ 254) des Gläubigers muss sich der Dritte idR – auch bei Nichtvorliegen der Voraussetzungen des § 278 im Verhältnis zu ihm (sonst bereits Fall von → § 254 Rn. 11) – anrechnen lassen (BGH NJW 1997, 2328; NJW 1998, 1061, hM str); dies gilt nicht, soweit § 334 abbedungen wurde (BGHZ 127, 386 f.; NJW 1998, 1061, ie str; krit Canaris JZ 1998, 604, abl Medicus JZ 1995, 309). Eine kurze **vertragliche Verjährung** gilt auch im Verhältnis zum Dritten (BGHZ 61, 234; NJW 1976, 1843). **c)** Bei **Eigen-** 31
haftung des einbezogenen Dritten kommen ihm die Haftungserleichterungen der Hauptpartei zustatten (zB kurze Verjährung gem §§ 548, 606: BGHZ 49, 278; 71, 177; vertragliche Haftungsbeschränkungen: BGHZ 49, 280; → § 276 Rn. 58).

4. Fallgruppen. „Ja" bedeutet Einbeziehung, „Nein" Nichteinbeziehung des 32
Dritten. **a) Mietverträge aa) über Wohnraum.** Ja: Die zur Hausgemeinschaft des Mieters gehörenden Familienangehörigen (BGHZ 77, 124 mN), idR auch der Lebensgefährte (OLG Hamburg NJW-RR 1988, 1482, str), die Hausangestellten (BGHZ 61, 233), ferner Aufsichtspersonen (BGHZ 71, 179); Vereinsmitglieder bei Verein als Mieter (BGH NJW 1965, 1757). Nein: Besucher und Gäste (BGHZ 2, 97), Lieferanten, Mitmieter (BGH NJW 1969, 41), Untermieter (→ Rn. 33).
bb) über Geschäftsräume. Ja: darin vom Mieter Beschäftigte (BGHZ 61, 234); 33
Eigentümer von Sachen, die sich berechtigterweise in den Mieträumen befinden; Bsp: Vorbehalts-(Sicherungs-)eigentümer und Einlagerer von Waren in gemieteten Laden- und Lagerräumen (BGHZ 49, 355; NJW 2009, 143; NJW 1985, 489; WM 1988, 1382 – im Einzelfall zT verneinend –, str), nicht dagegen Untermieter (BGHZ 70, 327, str; vgl iE Krause JZ 1982, 16 mN); auch Räumungsschuldner in Umzugs- und **Lagervertrag** zwischen Gerichtsvollzieher und Frachtführer/Lagerhalter (OLG Stuttgart NJW-RR 2010, 883). **cc) über technische Arbeitsmittel.** Ja: Hilfskräfte des Mieters einschließlich selbstständiger Unternehmer bei bestimmungsgemäßem Gebrauch (BGHZ 49, 281; NJW 1976, 1843). **dd)** Pony-Miete für minderjährigen
Reiter: Ja (OLG Köln OLGZ 1993, 199). **b) Personenbeförderungsverträge.** Ja: 34
Begleitpersonen des Fahrgastes, insbes mitgenommene Angehörige (RGZ 87, 65; 149, 6; BGHZ 24, 327); mitreisende Familienangehörige des Reisenden beim **Reisevertrag** (BGHZ 108, 57; → § 651a Rn. 8). **c) Heilbehandlungs- und Arzt-** 35
verträge. Ja: Behandeltes Kind (BGHZ 106, 162) und dessen Unterhaltspflichtige (BGHZ 96, 368); bei Entbindung der nasciturus (BGH NJW 1971, 242); bei Behandlung (auch Sterilisierung) der Ehefrau der Ehemann (BGHZ 86, 249; 89, 98; 96, 368) und uU das geschädigte Kind (vgl BGHZ 86, 253, im Einzelfall verneinend; insoweit abl Deutsch JZ 1983, 451), der nichteheliche Vater (unabhängig von Dauer und Intensität der Beziehung) bei Beratung der Patientin über Schwangerschaftsverhütung (BGH NJW 2007, 991; OLG Karlsruhe NJW 2006, 1007; krit Westermann AcP 208, 156); nicht ohne weiteres der nichteheliche Vater bei Behandlung der nichtehelichen Mutter des Kindes (BGH NJW 2002, 1489). Nein: Krankenhausbesucher (BGHZ 2, 94); Beihilfestelle (OLG Köln MDR 2021,
363). **d) Dienstvertrag.** Ja: Familienangehörige (Kinder; BGH NJW 1975, 868) 36
und AN des Dienstverpflichteten (BGHZ 26, 371); beim **Anwaltsvertrag** uU (selten) Kinder *des Mandanten* (BGH NJW 1995, 52 f.; Zugehör NJW 2000, 1603, str; aA Zimmermann FamRZ 1980, 100 mwN; LG Köln NJW 1981, 351); sa → Rn. 24; Mitglieder einer Mieterschutzvereinigung, die RA beauftragt hat (OLG Düsseldorf MDR 2009, 1016); der andere Ehegatte bei Beratung über Versorgungszusage des AG (BGH NJW 1988, 201), dagegen nicht bei Beratung über Scheidungsfolgenvereinbarung (OLG Düsseldorf NJW-RR 1986, 730 f.; ähnlich MDR 2007, 988); uU die Erben (BGH NJW 1995, 2552; NJW 1997, 2328 mN); nicht Dritte, die auf Veranlassung des RAs eine Kaution stellen (BGH WM 2004, 1827); idR nicht ges Vertreter des Mandanten (BGH NJW 2016, 3432; sa OLG Köln MDR 201, 363 zur Einbeziehung von Geschäftsführer der mandatierenden GmbH). Beim steuerlichen oder wirtschaftlichen **Beratungsvertrag** uU die Gesellschafter

der auftraggebenden Gesellschaft (BGH NJW 1988, 556; NJW 2000, 727; abl für Kapitalgesellschaften OLG Celle MDR 2007, 1228) sowie der Kreditgeber des auftraggebenden Kreditnehmers (BGH NJW-RR 1989, 696; NJW-RR 1993, 944); uU verbundene Unternehmen, wenn diese nicht über inhaltsgleichen vertragl Anspruch verfügen (BGH NZG 2016, 238); beim **Darlehensvertrag** zwischen Bank und GmbH nicht der Gesellschafter (OLG Celle WM 2007, 740); bei **Geschäftsführervertrag** mit der Komplementär-GmbH die GmbH & Co KG (BGHZ 75, 324 ff.; 76, 337 f.; BB 2002, 1164), mit der GmbH uU die stillen Gesellschafter (BGH NJW 1995, 1357); zur Haftung von Rating-Agenturen v Schweinitz WM 2008, 953.

37 **e) Werkverträge. aa) Schutzpflicht des Unternehmers:** Ja: Angehörige des Bestellers (BGH NJW 1994, 2231) und seine AN (BGHZ 33, 249; 55, 18); der – vom Besteller verschiedene – Eigentümer der bearbeiteten Sache (OLG Nürnberg MDR 1974, 401); uU der Eigentümer des im Auftrag der Polizei abgeschleppten Kfz (BGH NJW 1978, 2503); Grundstücksnachbar bei Vertrag über Aushebung einer Baugrube (KG EWiR 2004, 219); Mieter bei Übertragung der Streupflicht durch Vermieter auf Dritten (BGH NJW 2008, 1440); Mieter bei Vertrag des Vermieters über Wartung und Reinigung der Kanalisation (OLG Saarbrücken BeckRS 2020, 20006) Nein: andere vom Besteller beauftragte Unternehmer (BGH NJW 1970, 40) oder weitere Besteller desselben Unternehmers (BGHZ 168, 174 ff.); Stromabnehmer des Bestellers im Verhältnis zum Bauunternehmer, auch bei bes Hinweis auf Kabelschutz und die bei Stromunterbrechung drohenden Schäden (BGH NJW 1977, 2208; zust Hager JZ 1979, 55; ähnlich OLG Nürnberg NJW-RR 2004, 1254); künftige Mieter beim Bauvertrag (BGH NJW 1994, 2231 mN). Vgl iÜ auch → § 631 Rn. 16. **bb) Schutzpflicht des Bestellers** im Rahmen des entspr anwendbaren § 618: Ja: AN des Unternehmers (wie → Rn. 36). Nein: dessen

38 Subunternehmer (BGHZ 56, 274). **f) Lieferverträge:** Ja: Familienangehörige (OLG Hamm MDR 1977, 137) und (nur) solche AN des Käufers, die bestimmungsgemäß mit der Sache in Berührung kommen (BGH NJW 1956, 1193; NJW 1959, 1676). Nein: Abnehmer des ersten Käufers, insbes Endverbraucher (BGHZ 51, 96; NJW 1989, 1030 mN; NJW-RR 1990, 1303; krit Steinmeyer DB 1988, 1049); zur Produzentenhaftung vgl → § 823 Rn. 122. **g) Auslobung (Sportturnier):** Ja: Eigentümer eines Pferdes in Vertrag zwischen Turnierteilnehmer und -veranstalter

39 (BGHZ 187, 86). **h) Auskunftsverträge mit Fachleuten (Sachverständige, Abschlussprüfer, Steuerberater usw). aa) Gutachtenvertrag** mit Sachverständigem Ja: Personen (zB Käufer, Kreditgeber, Bürgen), für die das Gutachten erkennbar bestimmt ist (BGHZ 127, 380 mN; NJW 1998, 1062; NJW 2001, 3115; NJW 2004, 3035; NJW-RR 2002, 1528; NJW-RR 2004, 1464; OLG Hamm NJW-RR 2014, 29 [Ankaufsuntersuchung Pferd]). Nur ausnahmsweise: Begünstigter aus Versicherungsvertrag in Vertrag zwischen Versicherer und Gutachter über Eintritt des Versicherungsfalls (BGH WM 2003, 546). Ja: Personen, die für Steuerberater erkennbar uU anstelle des ursprünglichen Vertragspartners in Anlagevorhaben eintreten wollen (BGH WM 2003, 1621). **Prüfvertrag** mit **Abschluss-Wirtschaftsprüfer.** Haftung des Wirtschaftsprüfers ggü verbundenen Unternehmen des Auftraggebers folgt aus § 323 I HGB. Grds auch Haftung ggü Kreditgebern, Lieferanten u Anteilserwerber bei **Abschlussprüfervertrag** möglich (BGHZ 138, 262; NJW-RR 2006, 611), aber nicht analog § 323 I 3 HGB oder als Schutzgesetz iSv § 823 II (Fischer/Zastrow GWR 2020, 351; zur Haftung aus § 826 OLG München BeckRS 2021, 43191). Haftung aus § 311c III möglich (s. aber → 311 Rn. 49 für Voraussetzung der Inanspruchnahme bes persönliches Vertrauen; erforderliche Inanspruchnahme eines konkreten, nicht nur typisierten Vertrauens: BGH WM 2007, 1506; sa WM 2007, 1510 und WM 2007, 2281; Arens NWB 2020, 2680) und aus Vertrag mit Schutzwirkung für Dritte. Hier stellt die Rspr jedoch zu Recht sehr hohe Anforderungen (BGH NJW 2014, 2345; NJW 2004, 3420; für klare Eingrenzbarkeit des Kreises der Begünstigten: BGHZ 167, 155; 181, 12; NJW 2009, 512; NJW-RR 2006, 611; restriktiv auch OLG Düsseldorf WM 2009, 2379; grds für Sperrwirkung des § 323 HGB etwa MüKoHGB/Ebke, § 323 Rn. 136 mwN).

Haftung ist im Erg. nur tragbar, wenn für Abschlussprüfer erkennbar ist, dass besondere Drittinteressen betroffen sind, welche besondere Leistungen von ihm erfordern; insbes Anlagerisiko von Investoren darf nicht auf Abschlussprüfer verlagert werden; zum Ganzen Fischer/Zastrow GWR 2020, 351; zur Haftungsverschärfung nach FISG v. 20.5.2021 Homborg/Landahl, NZG 2021, 859. **bb) Bankauskunft:** sa hier → § 676 f. Rn. 10. **i) Massenverkehrsgeschäfte mit einheitlich praktiziertem** 40
Verfahren. Im Lastschriftverfahren besteht idR keine Schutzpflicht der Gläubigerbank gegenüber dem Lastschriftschuldner (BGHZ 69, 187) und umgekehrt (BGHZ 74, 303), uU aber eine solche der Schuldnerbank gegenüber dem Lastschriftgläubiger (BGHZ 69, 88; 96, 17; OLG Jena WM 1994, 2156 ff.; krit van Gelder WM 1995, 1256 ff.). Bsp: Ja bei verspäteter Rücksendung nicht eingelöster Lastschrift (BGHZ 69, 82), verspäteter Weiterleitung eines einzuziehenden Schecks (BGHZ 96, 17; NJW-RR 1988, 560), aber nein bei Beachtung eines unberechtigten Widerspruchs des Schuldners (BGHZ 72, 348, str). Im Hinblick auf die §§ 675f ff. nF ist zweifelhaft, inwieweit noch für Schutzpflichten der Überweisungsbank gegenüber dem Überweisungsempfänger Raum ist (abl BGHZ 176, 281 für gesamten bargeldlosen Zahlungsverkehr auf Grund von Giroverhältnis [Überweisungs-, Lastschrift-, Scheckverkehr] unter Aufgabe fr Rspr; Grüneberg/Grüneberg Rn. 23).

§ 329 Auslegungsregel bei Erfüllungsübernahme

Verpflichtet sich in einem Vertrag der eine Teil zur Befriedigung eines Gläubigers des anderen Teils, ohne die Schuld zu übernehmen, so ist im Zweifel nicht anzunehmen, dass der Gläubiger unmittelbar das Recht erwerben soll, die Befriedigung von ihm zu fordern.

1 **1. Bedeutung. Auslegungsregel** (Ergänzung von § 328 II), begründet eine **Vermutung gegen** die Berechtigung des Gläubigers beim **Erfüllungsübernahmevertrag** (→ Rn. 2).

2 **2. Erfüllungsübernahme. a) Begriff: Vertrag** zwischen Schuldner und Übernehmer, in dem sich der Übernehmer **verpflichtet,** die Verbindlichkeit des (oder eines anderen) Schuldners zu begleichen (BGH NJW 1996, 1052; ZIP 2002, 126: Drittschuldtilgungsvertrag; OLG Koblenz BeckRS 2020, 13050: Übernahme von Vergütungsanteil der Sozialversicherung in AN-Überlassungsvertrag durch Entleiher; offengelassen im Revisionsverfahren von BGH WM 2021, 1944 [§ 82 InsO sowohl für Erfüllungsübernahme als auch Ermächtigung nach §§ 362 II, 185 I anwendbar]). Mitwirkung des Gläubigers nicht notwendig, da kein Schuldnerwechsel. Der Schuldner erlangt gegen den Übernehmer einen (grds unabtretbaren; Ausnahme für Zession an Gläubiger, vgl § 399 Var. 1 und → §§ 399, 400 Rn. 2 ff.) Befreiungsanspruch (→ §§ 256, 257 Rn. 5), uU Zahlungsanspruch. Ges Fall: § 415 III; anders bei § 25 III HGB. Der Gläubiger erwirbt iGz → Rn. 4 keine Rechte gegen den Übernehmer (OLG Koblenz NJW-RR 2004, 758). **b) Rechts-** 3
natur: IdR nur unechter Vertrag zugunsten des Gläubigers (dazu → § 328 Rn. 3), jedoch ist die Vermutung der → Rn. 1 *im Einzelfall* widerlegbar (konkrete Einzelumstände *entscheiden:* BGH NJW 1980, 2127). Bsp (§ 328 I bejaht): BGHZ 72, 250. **c) Abgrenzung: Echter** Vertrag zugunsten des Gläubigers hat die Wirkung 4
einer Schuldmitübernahme (Schuldbeitritt); Übernehmer wird neben dem Schuldner Gesamtschuldner (vgl → Vor § 414 Rn. 2 ff.). **Schuldübernahme** ist Verfügungsvertrag mit notwendiger Mitwirkung des Gläubigers (→ §§ 414, 415 Rn. 1 ff.). Bsp für Auslegung von „Erfüllungsübernahme": BGH NJW-RR 1993, 308, zur Amtspflicht des Notars für interessengerechte Gestaltung bei Schuldübernahme bei Wohnungskauf OLG Köln BeckRS 2021, 3347. **d) Zustandekommen:** Grds **formfrei;** anders nur, wenn die Vereinbarung zwischen Schuldner und Übernehmer formbedürftige Bestandteile enthält, zB § 518 bei schenkweisem Versprechen, §§ 780, 781 bei abstrakter Verpflichtung. Unerheblich sind für die Verbind-

lichkeit des Schuldners bestehende Formvorschriften (BGH NJW 1972, 576 für § 766).

§ 330 Auslegungsregel bei Leibrentenvertrag

[1]Wird in einem Leibrentenvertrag die Zahlung der Leibrente an einen Dritten vereinbart, ist im Zweifel anzunehmen, dass der Dritte unmittelbar das Recht erwerben soll, die Leistung zu fordern. [2]Das Gleiche gilt, wenn bei einer unentgeltlichen Zuwendung dem Bedachten eine Leistung an einen Dritten auferlegt oder bei einer Vermögens- oder Gutsübernahme von dem Übernehmer eine Leistung an einen Dritten zum Zwecke der Abfindung versprochen wird.

1 **Auslegungsregel** (Ergänzung von §§ 328 II, 331, 332) begründet eine **Vermutung** für den unmittelbaren Rechtserwerb des Dritten (Begünstigten) bei bestimm-
2 ten Versorgungsverträgen (→ Rn. 2). In den **Anwendungsbereich** fallen: Leibrentenvertrag (§§ 759 ff.); unentgeltliche Zuwendung (§§ 516, 525, 2301); Vermögens- und Gutsübernahmevertrag (§§ 311, 312; Art. 96 EGBGB iVm Landesrecht); Lebensversicherungsverträge nach altem VVG (die seit 1.1.2008 geltende Neufassung des VVG nimmt Lebensversicherungen aus dem Anwendungsbereich aus, s. jetzt § 159 VVG; für Altverträge galt § 330 noch bis 31.12.2008 (Art. 1 I EGVVG).

§ 331 Leistung nach Todesfall

(1) **Soll die Leistung an den Dritten nach dem Tode desjenigen erfolgen, welchem sie versprochen wird, so erwirbt der Dritte das Recht auf die Leistung im Zweifel mit dem Tode des Versprechensempfängers.**

(2) **Stirbt der Versprechensempfänger vor der Geburt des Dritten, so kann das Versprechen, an den Dritten zu leisten, nur dann noch aufgehoben oder geändert werden, wenn die Befugnis dazu vorbehalten worden ist.**

Lit.: Daragan, Vertrag zugunsten Dritter auf den Todesfall und Geschäftsführung ohne Auftrag in Schenkungsabsicht, ZEV 2020, 142; Muscheler, Vertrag zgDr auf den Todesfall und Erbenwiderruf, WM 1994, 921; Strobel, Vermächtnis als Valutaverhältnis beim Vertrag zugunsten Dritter auf den Todesfall, ZEV 2019, 505; ders., Das Sparbuch auf den Namen des Minderjährigen, WM 2020, 449; G Vollkommer, Erbrechtliche Gestaltung des Valutaverhältnisses beim Vertrag zgDr auf den Todesfall? ZEV 2000, 10; Wall, Wider die herrschende Meinung: Forderungsvermächtnis statt Schenkung im Valutaverhältnis des Vertrags zugunsten Dritter auf den Todesfall, ZEV 2011, 3; Werkmüller, Verträge zugunsten Dritter auf den Todesfall im Lichte der EuErbVO: Probleme bei der lebzeitigen Übertragung von Vermögen „am Nachlass vorbei", ZEV 2016, 123; M Wolf, Die Entbehrlichkeit des Valutaverhätnisses beim Vertrag zgDr auf den Todesfall (§ 331 BGB), FamRZ 2002, 147.

1 **1. Allgemeines. a)** Bedeutung von **I: Auslegungsregel** (Ergänzung von §§ 328 II, 330), begründet eine Vermutung für den **Zeitpunkt** des Rechtserwerbs. Ferner enthält **I** (iVm § 330) die ges Anerkennung der Zulässigkeit von unentgeltlichen Zuwendungen im Weg (formloser, vgl → Rn. 3) Verträge zgDr auf den Todes-
2 fall (BGHZ 66, 12 f. mN; str). **b) Anwendungsbereich.** Lebensversicherung auf den Todesfall und sonstige Versorgungsverträge. Bsp: Vertragliche Versorgungszusage des Arbeitgebers zugunsten der Witwe des Arbeitnehmers (BGH Warn 70 Nr. 52). **Bankverträge** zgDr auf den Todesfall. Bsp: → § 2301 Rn. 6.

3 **2. Vertrag zgDr auf den Todesfall. a) Allgemeines.** Er ist ein Unterfall des echten Vertrags zgDr (→ § 328 Rn. 2), mit der Besonderheit, dass der Dritte den Anspruch gegen den Versprechenden (Versicherung, Bank) mit dem **Tod des Versprechensempfängers** erwirbt (Auslegungsregel: → Rn. 1). Der Vertrag (Deckungsverhältnis; vgl → § 328 Rn. 9) unterliegt **keiner** bes **Form** (→ § 328

Rn. 12), auch wenn im Valutaverhältnis eine unentgeltliche Zuwendung auf den Todesfall erfolgt. Das **Valutaverhältnis** ist in diesem Fall eine Schenkung unter Lebenden (§§ 516 ff.); § 2301 I ist auch im Valutaverhältnis unanwendbar (BGH NJW 2008, 2702; NJW 2004, 767 mN; OLG Koblenz BeckRS 2014, 15929; hM und stRspr, aA Medicus/Petersen BürgerlR Rn. 396 f.; PWW/Stürner Rn. 3; zur Abgrenzung von der Verfügung von Todes wegen ie BGH NJW 1984, 47 mN; → § 2301 Rn. 5 ff.). Schenkungsverbote gem §§ 1908; II 1, 1804 wirken sich nur im Valutaverhältnis aus (BayObLG NJW-RR 2003, 5). Hinweis auf Vertrag zgDr auf den Todesfall ist zB Klausel in Kontoeröffnungsvertrag, wonach überlebender Ehegatte Gemeinschaftskonto auflösen oder auf sich umschreiben darf (OLG Bamberg NJW-RR 2019, 365). **b) Rechtslage vor dem Eintritt des Todesfalls. aa) Rechtsstellung des** 4
Versprechensempfängers: Ihm steht die volle Verfügungsbefugnis über die Bezugsberechtigung (Widerruf und Änderung, → Rn. 5; → § 332 Rn. 1) und das zu Grunde liegende Vertragsverhältnis (Aufhebung; Kündigung) zu. Seine Rechte sind Bestandteil seines Vermögens (BGHZ 81, 97) und unterliegen dem Gläubigerzugriff (BGHZ 91, 289). **bb) Rechtsstellung des Dritten.** Bei **widerruflicher** Bezugsbe- 5
rechtigung (→ Rn. 4) hat der Dritte noch (überhaupt) kein Recht, auch keine Anwartschaft, lediglich eine Chance auf künftigen Rechtserwerb (BGH NJW 1982, 1808; OLG Frankfurt a. M. NJW-RR 1990, 968 mN). Versprechende Bank darf in AGB für Widerruf der Drittbegünstigung schriftliche Erklärung ihr gegenüber verlangen (OLG Dresden NJW-RR 2021, 1573). Ist die Bezugsberechtigung **unwiderruflich,** erlangt er zwar sofort ein Recht auf die Leistung, jedoch bleibt auch in diesem Fall der Versprechensempfänger zur Kündigung des Vertrags (→ Rn. 4) berechtigt (BGHZ 45, 167) oder zur Aufhebung (BGH NJW-RR 2013, 75 [Vertrag war nur als „unwiderruflich" bezeichnet]). → Rn. 7 aE. **c) Rechtslage nach dem Eintritt** 6
des Todesfalls. aa) Rechtsstellung des Dritten. Er erwirbt unmittelbar den Leistungsanspruch gegenüber dem Versprechenden (Versicherung, Bank; → Rn. 3 und → § 328 Rn. 15). Endgültig ist dieser Erwerb (zum Bereicherungsausgleich mit den Erben vgl → Rn. 7) nur, wenn ein wirksames **Valutaverhältnis** besteht (BGH NJW 1987, 3132 mN; NJW 1995, 1082; OLG Koblenz NJW-RR 2015, 72). Hat sich der Versprechensempfänger zu Lebzeiten mit dem Dritten formlos über die Unentgeltlichkeit der Zuwendung geeinigt (§ 516 I), wird der Formmangel (§ 518 I) mit dem Erwerb des Forderungsrechts durch Bewirken der Leistung iSd § 518 II geheilt (BGHZ 91, 291; 157, 79; WM 2010, 1273). Fehlt es an einem lebzeitigen Schenkungsversprechen, kann eine Einigung über die bereits vollzogene Schenkung (§§ 516 I, 518 II, 328 I) noch nach dem Tod des Versprechensempfängers dadurch zustande kommen, dass der Versprechende (zB Bank) die in der Drittbegünstigungserklärung liegende Schenkungsofferte an den Dritten weiterleitet und dieser sie ohne Erklärung gegenüber den Erben (vgl § 130 II, 153, 151) (ggf konkludent) annimmt (so BGHZ 66, 13; NJW 1975, 383; OLG Düsseldorf BeckRS 2019, 38568; OLG Hamm NJW-RR 1996, 1328 [iE verneinend]; str; OLG Schleswig ZEV 1999, 107; krit Heilmann VersR 1980, 516 mN; Finger VersR 1986, 508); unbefriedigend, denn die Erben können den Erwerb durch Widerruf (nicht ausschließbar: OLG Celle WM 1993, 592; Fuchs AcP 196, 374 ff. mN, str; aA OLG Celle WM 1996, 853 f.) vereiteln (→ Rn. 7); jedenfalls wird man Zugang des Schenkungsangebots (zB über Boten) fordern müssen, zufällige andere Kenntniserlangung über Dritte genügt nicht (BGH NJW 2008, 2702 [idR konkludenter Auftrag an Lebensversicherer, Drittbegünstigtem Angebot zu überbringen]; OLG Schleswig NJOZ 2014, 616); unter dieser Voraussetzung besteht auch Möglichkeit einer vorweggenommenen Annahme durch den Begünstigen (OLG Schleswig NJOZ 2014, 616); zu anderen Lösungsversuchen vgl G Vollkommer ZEV 2000, 10; Muscheler WM 1994, 930 ff.; Fuchs AcP 196, 387 ff.
bb) Rechtsstellung des Erben. Fehlt ein wirksames Valutaverhältnis zum Dritten, 7
bestehen Bereicherungsansprüche (§§ 812 ff.; → § 328 Rn. 10; BGH NJW 1987, 3132; sa OLG Koblenz NJW-RR 2015, 73). Vor Zugang der Schenkungsofferte des Erblassers an den Dritten (vgl → Rn. 6) kann er diese gegenüber dem Dritten widerrufen (vgl § 130 I 2; iE Muscheler WM 1994, 925 ff.), desgl einen dem Versprechen-

den (Bank) erteilten Auftrag zur Weiterleitung der Offerte (§ 671; BGH NJW 1975, 383; str; aA Muscheler WM 1994, 921, 923 f.; → Rn. 6 aE). Um den Widerruf des Erben auszuschließen, muss der Erblasser das Valutaverhältnis erbrechtlich (§ 2147) ausgestalten. Ein Widerrufsrecht hinsichtlich der Bezugsberechtigung (→ Rn. 4) besteht nicht (mehr; vgl BGH NJW 1993, 3134), auch nicht in dem Sonderfall des **II.** Ist der Begünstigte vorverstorben, gehört das Recht auf die Leistung iZw zum Nachlass des Versprechensempfängers (BGH NJW 1993, 2172).

§ 332 Änderung durch Verfügung von Todes wegen bei Vorbehalt

Hat sich der Versprechensempfänger die Befugnis vorbehalten, ohne Zustimmung des Versprechenden an die Stelle des in dem Vertrag bezeichneten Dritten einen anderen zu setzen, so kann dies im Zweifel auch in einer Verfügung von Todes wegen geschehen.

Auslegungsregel (Ergänzung von §§ 328 II, 331; 159, 176, 185 VVG) bei (vertraglichem) Vorbehalt einseitiger Änderung der Benennung durch den Versprechensempfänger. Fehlt abw Vereinbarung (auch stillschweigend – § 157 – oder in AGB möglich: BGHZ 81, 99), ist auch die Verfügung von Todes wegen (also: eine nicht empfangsbedürftige Willenserklärung) als Erklärungsform zugelassen (Ausnahme vom Regelfall). Bei der Lebensversicherung greift § 332 idR nicht ein (Anzeigeerfordernis gem AGB besteht: BGHZ 81, 98; NJW 1993, 3134). Die Verfügung von Todes wegen begründet zugleich das Valutaverhältnis zum (neuen) Begünstigten, auch wenn im Deckungsverhältnis § 332 ausgeschlossen ist (Vollkommer ZEV 2000, 11, 13). Versprechende Bank darf in AGB schriftliche Erklärung an sich für den Fall des Widerrufs der Drittbegünstigung verlangen (OLG Dresden NJW-RR 2021, 1573).

§ 333 Zurückweisung des Rechts durch den Dritten

Weist der Dritte das aus dem Vertrag erworbene Recht dem Versprechenden gegenüber zurück, so gilt das Recht als nicht erworben.

1 **1. Zweck.** Schutz des Dritten vor endgültig aufgedrängtem Rechtserwerb (Ergänzung zu § 328 I, dort insbes → Rn. 15). Die **Zurückweisung** (einseitige empfangsbedürftige Willenserklärung) ist erst nach Anfall des Rechts möglich; vorher kann der Dritte sich allerdings verpflichten, von dem Recht keinen Gebrauch zu machen; „Annahme" des Rechts schließt die (stets rückwirkende) Zurückweisung aus. **Folge der Zurückweisung für den Vertrag** zwischen Versprechensempfänger und Versprechendem (Einzelfall entscheidet): **a)** Versprechensempfänger kann neuen Dritten benennen (§ 159 VVG) oder **b)** Leistung an sich selbst fordern (Bsp: §§ 160 III, 185 VVG) oder **c)** die Leistung wird durch die Zurückweisung nachträglich unmöglich gem § 275; Folge für Vergütungsanspruch: § 326 I oder ausnahmsweise § 326 II.

2 **2. Fehlerhafte Gutschriften.** Bei fehlerhaften Kontogutschriften besteht **kein** allg Zurückweisungsrecht **entspr** § 333 (BGHZ 128, 138 f.); maßgebend ist allein das Giroverhältnis (BGHZ 128, 138 f.; dazu Köndgen NJW 1996, 565).

§ 334 Einwendungen des Schuldners gegenüber dem Dritten

Einwendungen aus dem Vertrag stehen dem Versprechenden auch gegenüber dem Dritten zu.

1 **1. Allgemeines. a) Bedeutung: Ergänzung** von § 328 I. Der **Einwendungsdurchgriff** gegenüber dem Dritten ist die Konsequenz davon, dass das Recht des Dritten auf den vertraglichen Beziehungen der Parteien des **Deckungsverhältnisses** beruht und die Rechtsstellung des Versprechenden durch die Drittwirkung des

Vertrags nicht verschlechtert werden soll. Allg. zur Rechtsstellung der Beteiligten: → § 328 Rn. 9 ff. **b)** § 334 ist (auch stillschweigend) **abdingbar** (BGHZ 93, 275 f.; 127, 385 mN; NJW 1998, 1601; zust Schmid/Sonnen NJW 1992, 464; krit Canaris JZ 1998, 604). **c) Anwendungsbereich:** Gilt unmittelbar nur für echte Verträge 2
zgDr, nach hM entspr für Verträge mit Schutzwirkung für Dritte (vgl näher → § 328 Rn. 30).

2. Einwendungen (iwS, auch Einreden). a) Zulässig sind grds (aber stets 3
→ Rn. 1 [b] beachten) alle Einreden (zB §§ 194 ff.) und Einwendungen **aus dem Vertrag,** dh aus dem Deckungsverhältnis (→ § 328 Rn. 9). Bsp: Nichtzustandekommen (§§ 145 ff.) oder Nichtigkeit (§§ 125, 134, 138) des Vertrags; nachträglicher Wegfall oder inhaltliche Änderung (§§ 119 ff., 142; 313 [→ Rn. 5]; 314; 346 ff.); Gegenrechte (§§ 214, 273 – vgl BGH NJW 1980, 450 –, 320 ff.), zB aus Schadensersatzansprüchen (§§ 281–283). Leistung an den Versprechensempfänger befreit nicht. Bereicherungsausgleich bei Mängeln des Deckungsverhältnisses: → § 328 Rn. 9.
b) Ausgeschlossen sind alle Einwendungen **aa)** aus **nach Entstehung** des Rechts 4
mit dem Versprechensempfänger getroffenen bes Vereinbarungen (zB Stundung, Erlass), sofern nicht § 328 II vorliegt (dort → § 328 Rn. 14); **bb)** aus dem **Valuta-** 5
verhältnis (→ § 328 Rn. 10). Wirken sich Mängel des Valutaverhältnisses auf das Deckungsverhältnis aus (Bsp: Wegfall der Geschäftsgrundlage, BGHZ 54, 155 f.), gilt → Rn. 3; **cc)** aus **sonstigen Rechtsbeziehungen zum Versprechensemp-** 6
fänger; Bsp: keine Aufrechnung mit Forderungen gegen den Versprechensempfänger (BGH MDR 1961, 481). Dagegen kann der Versprechende mit einem Anspruch gegen den Dritten aufrechnen (RGZ 119, 3; Schutz des Dritten: § 333), soweit nicht eine Aufrechnung nach dem Zweck des Vertrags ausgeschlossen sein soll (vgl Lange NJW 1965, 662).

§ 335 Forderungsrecht des Versprechensempfängers

Der Versprechensempfänger kann, sofern nicht ein anderer Wille der Vertragschließenden anzunehmen ist, die Leistung an den Dritten auch dann fordern, wenn diesem das Recht auf die Leistung zusteht.

1. Bedeutung. Auslegungsregel (Ergänzung von § 328 I) zur Rechtsstellung 1
des Versprechensempfängers (dazu allg → § 328 Rn. 17). Vereinbarung eines ausschließlichen Rechts des Dritten ist möglich.

2. Rechtsfolge. Der Versprechensempfänger hat ein auf Leistung **an den Drit-** 2
ten gerichtetes **selbstständiges** (BGHZ 3, 388), vom Recht des Dritten (vgl → § 328 Rn. 15 f. und § 334) verschiedenes **Forderungsrecht** (keine Gesamtgläubigerschaft, da nur Leistung an Dritten befreit, sondern bes Art der Forderungsmehrheit, hM, str; aA Hadding FS Gernhuber, 1993, 162 mN), das durch Vormerkung gesichert werden kann (BayObLG DNotZ 1987, 102 mN; OLG Oldenburg NJW-RR 1990, 274). Es umfasst nicht nur die (primäre) Leistungspflicht des Versprechenden, sondern auch Folgeansprüche (insbes auf Schadensersatz; BGHZ 197, 75; NJW 1974, 502; str aA Lange NJW 1965, 663). Abtretung ist jedenfalls an den Dritten zulässig (RGZ 150, 133). Die Geltendmachung von Eigenschaden des Versprechensempfängers wird durch § 335 nicht berührt (BGH NJW 1967, 2261 f.).

Titel 4. Draufgabe, Vertragsstrafe

§ 336 Auslegung der Draufgabe

(1) **Wird bei der Eingehung eines Vertrags etwas als Draufgabe gegeben, so gilt dies als Zeichen des Abschlusses des Vertrags.**

(2) **Die Draufgabe gilt im Zweifel nicht als Reugeld.**

§ 337 Anrechnung oder Rückgabe der Draufgabe

(1) **Die Draufgabe ist im Zweifel auf die von dem Geber geschuldete Leistung anzurechnen oder, wenn dies nicht geschehen kann, bei der Erfüllung des Vertrags zurückzugeben.**

(2) **Wird der Vertrag wieder aufgehoben, so ist die Draufgabe zurückzugeben.**

§ 338 Draufgabe bei zu vertretender Unmöglichkeit der Leistung

[1]Wird die von dem Geber geschuldete Leistung infolge eines Umstands, den er zu vertreten hat, unmöglich oder verschuldet der Geber die Wiederaufhebung des Vertrags, so ist der Empfänger berechtigt, die Draufgabe zu behalten. [2]Verlangt der Empfänger Schadensersatz wegen Nichterfüllung, so ist die Draufgabe im Zweifel anzurechnen oder, wenn dies nicht geschehen kann, bei der Leistung des Schadensersatzes zurückzugeben.

Anmerkungen zu den §§ 336–338

1 **1. Allgemeines. Draufgabe** (Angeld, Handgeld) ist Hingabe einer Leistung (idR Geld) als Beweisanzeichen für den Abschluss eines Vertrags (§ 292 ZPO gilt). Die praktische Bedeutung ist gering; zum Verlöbnis vgl § 1301. Auslegungsregeln enthalten §§ 336 II, 337 I (Ausnahme: § 338 S. 1), 338 S. 2.

2 **2. Abgrenzung.** Vereinbarung eines **Reugelds** (iZw nicht gewollt: § 336 II) bedeutet Rücktrittsrecht gegen Verfall des Geleisteten (vgl § 353; → § 339 Rn. 9). Die **Anzahlung** ist eine Teilleistung (nicht erst nachträglich anzurechnen, vgl § 337 I), entweder als Vorschuss auf die vertragliche Leistung oder schon vor bindendem Abschluss möglich; Verfall ausgeschlossen (vgl dagegen § 338 S. 1). Die **Zugabe** ist eine über die Vertragsleistung hinausgehende Zusatzleistung (vgl dagegen § 337 I).

3 **3. Rechtsfolgen.** Anrechnungspflicht auf Haupt- (§ 337 I) und Ersatzleistung (§ 338 S. 2), idR Rückgabepflicht (§§ 275 ff., 280 ff. gelten, nicht §§ 812 ff., str) bei Vertragsaufhebung (§ 337 II); Ausnahme: § 338 S. 1 (Mindestentschädigung).

§ 339 Verwirkung der Vertragsstrafe

[1]Verspricht der Schuldner dem Gläubiger für den Fall, dass er seine Verbindlichkeit nicht oder nicht in gehöriger Weise erfüllt, die Zahlung einer Geldsumme als Strafe, so ist die Strafe verwirkt, wenn er in Verzug kommt. [2]Besteht die geschuldete Leistung in einem Unterlassen, so tritt die Verwirkung mit der Zuwiderhandlung ein.

Lit.: Brugger, Verhaltenssteuerung durch pönale Elemente im Zivilrecht, JR 2021, 239; Derlin, Vertragsstrafe und AGB-rechtliche Inhaltskontrolle, MDR 2009, 597; Frohn, Rechtsnatur vom Flaschenpfand weitestgehend unbekannt, RpflStud 2019, 43; Gottwald, Zum Recht der Vertragsstrafe, FS Zöllner 2000, S 379; Hess, Die Vertragsstrafe, 1993; Köhler, Vereinbarung und Verwirkung der Vertragsstrafe, FS Gernhuber, 1993, S 207; Leuschner, Vertragsstrafenhöhe und AGB-rechtliche Inhaltskontrolle, ZIP 2021, 1471; Luft, Die Vertragsstrafe im VOB/B-Bauvertrag, NJW 2016, 2470; Ostendorf, Vertragsstrafe und pauschalierter Schadensersatz als Instrumente der Vertragsgestaltung, JuS 2015, 977; Rebler, Die Halterhaftung für Vertragsstrafen bei nicht vertragsgemäßer (missbräuchlicher) Nutzung privater Parkplätze, MDR 2020, R5; Resch, Druckmittel wider die sowie Kompensation nach Missachtung internationaler Gerichtsstandsvereinbarungen vor deutschen Gerichten im Verhältnis zu Drittstaaten, NZG 2020, 241; Wawra, Die Wirksamkeit von Vertragsstrafenklauseln in Bauverträgen, NJW-Spezial 2022, 300.

1 **1. Allgemeines. a) Begriff.** Vertrags-(Konventional-)strafe ist eine bes (idR auf Schadensersatz anzurechnende, → § 340 Rn. 1) Vermögensleistung (idR Geld,

§ 339; vgl aber auch § 342), die der Schuldner auf Grund vertraglicher Vereinbarung (→ Rn. 15 f.) für den Fall der Nichterfüllung (§ 340) oder der nicht gehörigen Erfüllung (§ 341) einer bestehenden Verbindlichkeit (→ Rn. 17) verspricht (daher keine Zahlungspflicht des Halters, wenn Fahrzeugführer widerrechtlich parkt und „erhöhtes Parkentgelt" anfällt, BGH NJW 2020, 755). Sie bezieht sich nur auf ein zukünftiges Verhalten (sonst Garantieversprechen: BGHZ 105, 28). Handlungen des Schuldners, die vor der Vereinbarung begangen wurden, sind grds nicht erfasst (BGH NJW-RR 2006, 1477). Keine Vertragsstrafe ist es, wenn eine Belohnung nicht gewährt wird (BGH NJW 2010, 860); sog „Spaßbieter"-Klauseln in eBay-Angeboten sind als Vertragsstrafe auszulegen (OLG Frankfurt a.M. NJW-RR 2016, 1070 – aber nach § 305c II analog unwirksam wegen Mehrdeutigkeit). **b) Rechtsnatur.** Das echte („unselbstständige") Vertragsstrafeverspre- 2
chen begründet eine von der gesicherten Hauptschuld abhängige („akzessorische") zusätzliche Nebenverbindlichkeit (dazu → Rn. 17). Abgrenzung zum „selbstständigen" Strafversprechen: → Rn. 6. **c) Zwecke.** Doppelte Zielrichtung (BGHZ 3
105, 27; OLG Frankfurt a.M. NJW-RR 2016, 1070): Druckmittel gegenüber dem Schuldner zur ordnungsgemäßen Erbringung der Leistung; Erleichterung der Schadloshaltung des Gläubigers ohne Schadensnachweis (BGHZ 85, 312 f. mN; 130, 295 f.; 146, 326; NJW 2017, 3145; BAGE 46, 59; hM, str). Die Vertragsstrafe ist insbes von **Bedeutung,** wenn der Schaden nicht nachweisbar oder nicht ersatzfähig (beachte insoweit nunmehr § 253 sowie wegen nutzlos werdender Aufwendungen § 284) ist. Häufig vereinbart bei (wettbewerbsrechtlichen) Unterlassungspflichten (vgl BGHZ 130, 289) und in der Bauwirtschaft (vgl BGHZ 85, 308; NJW-RR 1989, 916; Kapellmann/Langen BB 1987, 560 ff.); aber auch als „erhöhtes Parkentgelt" bei Parkplatznutzung (BGH NJW 2020, 755). **d) Anwendungs-** 4
bereich. §§ 339 ff. gelten nur für das echte (unselbstständige) Vertragsstrafeversprechen (→ Rn. 1 f.), mit Einschränkungen auch für das selbstständige (→ Rn. 6), entspr für bestimmte Verwirkungsklauseln (→ Rn. 7). **e) Ausschluss** 5
durch zT zwingende **Sondervorschriften:** §§ 555, 1297 II; ferner §§ 307 II Nr. 1 und § 309 Nr. 6 (dort → § 309 Rn. 7); 2 V Nr. 1 FernUSG; 4 WoVermG; 75c HGB, d. Grund: bes Schutzbedürftigkeit, Missbrauchsgefahr.

2. Abgrenzung und Konkurrenzen. a) Beim **selbstständigen Strafverspre-** 6
chen wird eine Strafe für den Fall versprochen, dass eine Handlung vorgenommen oder unterlassen wird (vgl § 343 II), ohne dass eine zu sichernde (Haupt-)Verpflichtung besteht (BGHZ 82, 401; 105, 27, hM). Bsp: Vereinbarung der Rückzahlung einer **Gratifikation** bei Kündigung eines Dienst- oder Arbeitsverhältnisses (str; vgl → § 611 Rn. 34); uU bei Reueprovision in einem Maklervertrag (vgl → Rn. 15; → § 652 Rn. 42). Die §§ 339 ff. sind – ausgenommen §§ 343 II, 344 – grds nicht anwendbar (BGHZ 82, 401; → § 343 Rn. 2; → § 344 Rn. 1). **b) Verfall-(Verwir-** 7
kungs-)klauseln begründen keine zusätzliche Leistungsverpflichtung (iGgs zu → Rn. 2), sondern führen zu einem Rechtsverlust bei Nicht- oder nicht gehöriger Erfüllung (BGHZ 95, 371; NJW-RR 1993, 465 mN). Schranken: §§ 1149, 1229 (nicht entspr anwendbar auf dinglich nicht gesicherte Gläubiger: BGHZ 130, 104 ff.); im Verbraucherdarlehensvertrag unwirksam (str, → § 498 Rn. 1). Ist die Verwirkungsklausel *umfassend,* gilt sie als Rücktrittsvorbehalt (§ 354), ist sie auf den Wegfall einzelner Rechte beschränkt, finden §§ 339 ff. entspr Anwendung (vgl BGHZ 95, 371 f.; NJW-RR 1993, 246 f. mwN; Grüneberg/Grüneberg Rn. 4; str); dies gilt auch für versicherungsrechtliche Leistungsfreiheitsklauseln gem § 28 VVG (str; zu § 6 VVG aF Lindacher JuS 1975, 289, aber auch BGHZ 52, 90). Bsp: BGHZ 82, 128. **c)** Bei **Vorfälligkeitsklauseln** besteht der Rechtsnachteil (→ Rn. 7) in 8
einer automatischen vorzeitigen Fälligkeit der Restschuld zB bei Teilzahlungskrediten, Abzahlungs- und Leasingverträgen (zu Verbraucherdarlehen → §§ 500, 502 Rn. 1, str; hierzu Huber WM 2017, 605; keine Vorfälligkeitsentschädigung bei Kündigung von Verbraucherdarlehen wegen Verzug nach § 497 I idF bis 10.6.2010). Die §§ 339 ff., 309 Nr. 6 sind nicht (allg) anwendbar (BGHZ 95, 372 mN; str); das

Verschuldenserfordernis (vgl → Rn. 19) gilt (BGHZ 96, 191 f.; 101, 390; NJW
9 1991, 2562). **d) Reugeld** ist Ausgleich für den Rücktritt vom Vertrag (→ §§ 336–338 Rn. 2; → § 353 Rn. 1). Auslegung (§§ 133, 157) kann Vertragsstrafe ergeben (→ Rn. 15); dann § 309 Nr. 6 – „Lösung vom Vertrag" – beachten; zur Abgrenzung
10 BGH NJW 1985, 57 f.; KG NJW-RR 1989, 1077. **e) Pauschalierter Schadensersatz. aa) Abgrenzung.** Dieser dient der vereinfachten Durchsetzung eines als bestehend vorausgesetzten Schadensersatzanspruchs (tatsächlicher Schadensnachweis entfällt), während die Vertragsstrafe (→ Rn. 3) in erster Linie als Druckmittel die Erfüllung der Hauptforderung sichern soll (BGH NJW 1983, 1542; NJW 1992,
11 2625; NJW-RR 1988, 41 mN, str). **bb) Vereinbarung:** Durch Individualabrede grds frei möglich (Schranken: → Rn. 11 [cc]), in AGB gegenüber Nichtkaufleuten nur im Rahmen von § 309 Nr. 5 zulässig. **cc) Kontrolle überhöhter Schadenspauschalen.** Bei AGB-Vereinbarung gilt § 309 Nr. 5 (s. dort), iÜ ist entspr Anwendung geboten (str); Sondervorschrift für Reisevertrag: § 651i III. Umdeutung in Vertragsstrafe und Herabsetzung gem § 343 (so OLG Köln NJW 1974, 1953; Trinkner BB 1984, 1455 f.) scheidet wegen der weitergehenden Rechtsfolgen der Vertragsstrafe aus (zutr Beuthien FS Larenz, 1973, 502, 512; → § 343 Rn. 6). Vereinbarung einer Schadensersatzpauschale ist auf Grund des schadensrechtlichen Bereicherungsverbots nur wirksam, wenn der zu zahlende Betrag an der Höhe des durchschnittlich eintretenden Schadens orientiert ist (BGHZ 67, 314; 82, 128); die Beweislast dafür trägt der Gläubiger (Baumgärtel/Strieder § 340 Rn. 3 mN); iÜ darf dem Schuldner der Nachweis, dass überhaupt kein oder erheblich geringerer Scha-
12 den entstanden ist, nicht abgeschnitten werden (BGHZ 67, 315; 82, 128). **f)** Auf den vertragsstrafeähnlich ausgestalteten **Garantievertrag** (Begriff: → Vor § 765 Rn. 13) sind die §§ 339 ff. nicht anwendbar (BGHZ 82, 401 f.; iE auch K Schmidt FS Heinrichs, 1998, 535 ff.: Fall von selbstständigem Versprechen iSv → Rn. 6). **g) Keine** Vertragsstrafen iSv → Rn. 1 sind **Fälligkeitszinsen** (BGH NJW 1992, 2625), die auf der Grundlage einer Vereinssatzung ergangenen **Vereinsstrafen** (BGHZ 21, 373; OLG Frankfurt a. M. WRP 1985, 566; str, s. van Look, FG Hellner 1994, S. 46) sowie die auf Grund einer Bußordnung verhängten **Betriebsbußen** (hM, str; zur Abgrenzung s. BAG DB 1986, 1979 mN; abw Staudinger/Rieble Rn. 136). Im Anwendungsbereich des BetrVG können betriebliche Ordnungsmittel (vgl § 87 I Nr. 1 BetrVG) nicht den Gegenstand einer Vertragsstrafe bilden (LAG Hamm ZIP
13 1984, 1398 f.). **h) Zusammentreffen mit Strafen und Zwangsmitteln. aa)** Mit **öffentl Strafe** bedrohtes Verhalten kann Gegenstand einer Vertragsstrafe sein (BGHZ 21, 374; OLG Frankfurt a. M. NJW-RR 1986, 896; Lindacher ZIP 1986, 819). Bsp: Erhöhtes Fahrgeld bei Beförderungserschleichung (§ 309 Nr. 6 steht nicht
14 entgegen, → Rn. 7 dort). **bb)** Sicherung durch Vertragsstrafe schließt Rechtsschutzbedürfnis für Unterlassungsklage und Antrag gem § 890 ZPO nicht aus (BGH NJW 1980, 1843 für §§ 1, 3 UWG); Geltendmachung von Ordnungsmittel (§ 890 ZPO) *neben* der Vertragsstrafe ist zulässig (vgl BGHZ 138, 69 mit zust Anm Windel JR 1998, 378 und Brehm ZZP 111, 215; str, nach aA nur Wahlrecht).

15 **3. Voraussetzungen der Verwirkung der Vertragsstrafe. a) Vertragsstrafenversprechen. aa) Vertragliche Vereinbarung** nach allg Regeln (§§ 145 ff.) erforderlich (BGH NJW-RR 2006, 1478; OLG Saarbrücken NJW-RR 2007, 112; Staudinger/Rieble Rn. 28; aA Köhler FS Gernhuber, 1993, 207); unter Nichtkaufleuten (gegenüber Verbrauchern, AN) in den Grenzen der §§ 307, 309 Nr. 6, 310 auch mittels AGB möglich (BGHZ 85, 308; NJW 1998, 3488), desgl in Arbeitsverträgen (vgl aber § 310 IV 2 [→ § 309 Rn. 7]; → Vor § 611 Rn. 36; → § 611 Rn. 12; BAG BB 2005, 2822; ZIP 2004, 1277: kein Verstoß gegen § 309 Nr. 6; Maßstab: § 307), nicht in Ausbildungsverhältnissen (§ 5 II Nr. 2, 4 BBiG). Unter Kaufleuten ist § 307 zu beachten (s. näher, insbes zur Angemessenheit der Vertragsstrafe → § 309 Rn. 7; → § 343 Rn. 2); nicht durch Mehrheitsbeschluss der WEG-Gemeinschaft (BGH NJW 2019, 1673); Abschlussbeschränkungen: → Rn. 5. Form des Hauptvertrags gilt (→ § 311b Rn. 30), Versprechen der Strafe an einen Dritten

(§ 328) ist zulässig (BGH NJW 1987, 3197; WM 2003, 840). Ausdr. Bezeichnung als „Vertragsstrafe" unnötig, jedoch kann Unklarheit zur Annahme von Schadenspauschale (→ Rn. 10 f.) führen. Bsp für Bejahung von Vertragsstrafe: Flaschenpfand (BGH WM 2007, 1673; 45; abl Martinek JuS 1987, 520); Wiederbeschaffungspreis-Klausel im Getränkehandel (Trinkner BB 1984, 1457, str); Reueprovision in Maklervertrag (BGH NJW 1970, 1915; OLG Celle NJW 1978, 326); strafbewehrte Unterwerfungserklärung gegenüber Wettbewerbsverband oder Wettbewerber (zB BGHZ 130, 289). **bb) Inhalt.** Die Voraussetzungen der Verwirkung der Vertragsstrafe **16** (→ Rn. 18) sowie deren Höhe und Gegenstand müssen (ggf durch Auslegung, §§ 133, 157) **bestimmbar** sein (BGH MDR 1975, 656). **Bestimmung** der Strafhöhe durch einen Dritten (§ 317) oder den Gläubiger (vgl § 315; BGH NJW 1985, 2021; NJW 1994, 46, hM; aA Larenz SchR I § 24 II a; gerichtl Überprüfung nach § 315 III darf nicht durch eigene Billigkeitserwägung substituieren, sondern muss Ermessenspielraum beachten – erst bei Überschreitung um das Doppelte Unangemessenheit, OLG Düsseldorf GRUR-RS 2020, 3130; zur Bestimmung von Vertragsstrafe nach neuem Hamburger Brauch OLG Brandenburg GRUR-RS 2020, 4287; Kürzung nach § 242 möglich, OLG München GRUR-RS 2019, 47165), wohl auch durch das Gericht (Lindacher BB 1978, 270, str; aA LM Nr. 21 [zu abw Auslegung → § 319 Rn. 4]) ist möglich. Die Vertragsstrafe muss angemessen sein; bei AGB Maßstab nach § 307 (BGH NJW 2020, 755 [Angabe von Untergrenze genügt angesichts von Ermessenskontrolle nach § 315)]; Pauschalbetrag kann auf Fehlen notwendiger Abwägung und Zweck-Mittel-Relation hindeuten, KG BeckRS 2020, 40938); Einzelheiten → § 309 Rn. 7. **b) Bestehende Hauptver-** **17** **pflichtung. aa) Jede** Verpflichtung (auch Unterlassungspflicht: **S. 2**), gleich welcher Art (auch ges, zB Unterhaltspflicht) kann durch Vertragsstrafe gesichert werden. **bb) Akzessorietät der Vertragsstrafe.** Die Hauptpflicht muss **wirksam** entstanden sein (sa § 344) und bei Sicherung des Erfüllungsinteresses (§ 340) noch im Zeitpunkt der Geltendmachung der (verwirkten) Vertragsstrafe bestehen (§ 340 I 1 arg „statt"); Schuldner der Hauptpflicht und Schuldner der Vertragsstrafe müssen personengleich sein (BGHZ 109, 233). **Kein Strafanspruch** entsteht daher in folgenden Fällen: Nichtigkeit (§§ 125, 134, 138; zur Heilung gem § 311b I 2 dort → § 311 Rn. 43) oder wirksame Anfechtung (§§ 119, 123, 142) des Hauptvertrags (sa § 344); Auflösung des Vertrags durch Rücktritt (§§ 323, 346) oder Kündigung vor Eintritt der Verwirkung (BGH NJW 1962, 1341), aber auch bei Kündigung (Rücktritt) durch den Gläubiger wegen eines vertragswidrigen Verhaltens des Schuldners, das die das Erfüllungsinteresse sichernde Strafe bereits ausgelöst hat (vgl BGH NJW 1998, 3269); vom Schuldner nicht zu vertretende Leistungshindernisse (§§ 275, 280 I 2), auch wenn die Strafe bereits verwirkt war (LG München I NJW 1975, 784; iE Knütel AcP 175, 72 ff.). Der Strafanspruch wegen Verstoß gegen eine Unterlassungspflicht (S. 2) oder nicht gehöriger Erfüllung (§ 341) wird durch den Wegfall der Geschäftsgrundlage nach Verwirkung nicht mehr berührt (KG NJW 1995, 268; → § 341 Rn. 1 f.). **c) Die Verletzung der gesicherten Verpflichtung** kann **18** bestehen in Nichterfüllung (**S. 1,** → § 340 Rn. 2), in nicht gehöriger Erfüllung (**S. 1,** → § 341 Rn. 1; Hauptfall: Schuldnerverzug) oder in einer Zuwiderhandlung gegen eine Unterlassungspflicht (**S. 2**). Vertragswidriges Verhalten des Schuldners vor Fälligkeit, das den Gläubiger zur Vertragsauflösung berechtigt, steht Verwirkung nach Fälligkeit gleich (arg § 323 IV, str). Auf tatsächlichen Schadenseintritt kommt es nicht an (→ Rn. 3; → § 343 Rn. 6), Einwand überholender Kausalität (dazu BGH NJW 1969, 462; NJW 1974, 2091) daher nur im Rahmen des § 343 von Bedeutung (dort → § 343 Rn. 6). Geringfügige Pflichtverletzungen sind nach § 242 unerheblich (vgl AG Hannover NJW-RR 1991, 883), andererseits reichen Umgehungshandlungen idR aus (§§ 133, 157; hM). Bei Nichteinhaltung von Fertigstellungstermin wegen Änderungswünschen des Bauherrn entfällt Vertragsstrafe oder Frist ist zu verlängern (BGH NJW 1999, 1109); wird der ursprüngliche Fertigstellungstermin verschoben, ist es Auslegungsfrage, ob auch Vertragsstrafenregelung auf den neuen Termin bezogen ist (ggf Fortgeltung des alten Termins, wenn Verschie-

bung in Risikobereich des Auftragnehmers fällt (OLG Naumburg NJW-RR 2013,
19 971). Zur Bedeutung mehrmaliger Zuwiderhandlungen vgl → Rn. 22 ff. **d) Verschulden.** Der Schuldner muss die Pflichtverletzung (→ Rn. 18) zu vertreten haben (§ 276 I 1 Hs. 1); Grundgedanke des § 339 (BGH MDR 2008, 317; NJW 1985, 57; KG GRUR-RS 2021, 25993 Rn. 18; OLG Rostock BeckRS 2022, 3726; OLG Düsseldorf GRUR-RS 2020, 32542). Für **S. 1** folgt dies aus der Voraussetzung des Verzugs (§ 286 IV); diesem stehen verschuldete Leistungshindernisse gleich (LM Nr. 2; → Rn. 17 [bb]). Das Gleiche gilt trotz missverständlichen Wortlauts auch bei **S. 2** (BGH NJW 1985, 191; KG NJW-RR 1990, 502, hM). Für Verschulden von Hilfspersonen ist gem § 278 einzustehen (BGH NJW 1987, 3253 f.; NJW 1998, 3343; NJW-RR 2007, 1505). **Beweislast** für fehlendes Verschulden trifft den Schuldner (→ § 286 Rn. 40). Verschuldenserfordernis ist **nicht zwingend,** abw Vereinbarung möglich (BGHZ 72, 178 mN; NJW-RR 1997, 688 mN; OLG Rostock BeckRS 2022, 3726; Derleder MDR 1986, 364, str), idR nicht aber durch AGB, arg § 307 II Nr. 1 (BGH NJW 1985, 57 f.; OLG Düsseldorf MDR 2008, 137; OLG Köln BB 1995, 1924; → Rn. 8); Bsp für Ausnahmefall: BGHZ 72, 179;
20 Folge: → Rn. 12. **e) Eigene Vertragstreue des Gläubigers** folgt nicht aus dem Erfordernis des Verzugs, wohl aber aus allg Grundsätzen (§ 323 VI Hs. 1 entspr). Die Strafe kann daher nicht geltend gemacht werden, wenn die Nichteinhaltung der Vertragspflichten durch den Schuldner (→ Rn. 18) die Folge des eigenen vertragswidrigen Verhaltens des Gläubigers ist (BGH NJW 1971, 1126; NJW-RR 1991, 569; → § 242 Rn. 45).

21 **4. Rechtsfolgen: Entstehung des Strafanspruchs. a) Überblick:** Verhältnis zu Erfüllungs- und Schadensersatzanspruch: §§ 340, 341 mAnm; Geltendmachung durch den Gläubiger (→ § 340 Rn. 5) innerhalb angemessener Frist (→ § 343
22 Rn. 3 [bb]), uU nach rechtzeitigem Vorbehalt (→ § 341 Rn. 3 ff.). **b) Einzelfragen. aa) Inhalt und Höhe** richten sich nach der Vereinbarung (→ Rn. 15 f.); uU kann Schuldner gerichtliche Herabsetzung der Strafhöhe herbeiführen (§ 343). Ob bei **mehrmaliger Verwirkung** jeder Verstoß einen neuen Strafanspruch auslöst, ist durch insbes auch ergänzende (→ § 157 Rn. 4) Auslegung zu ermitteln (BGHZ 146, 318, 322 f.). Auch beim Strafversprechen „für jeden Fall der Zuwiderhandlung" ist so eine Zusammenfassung mehrerer gleichartiger Einzelhandlungen zu einer „rechtlichen Einheit" möglich. Für den wenig tauglichen Begriff des „Fortsetzungszusammenhangs" ist im Vertragsstraferecht kein Raum mehr (BGHZ 146, 324 ff. – Rspr-Änderung). Durch die bei §§ 133, 157 gebotene Einzelabwägung wird bei Wahrung der schutzwürdigen Interessen des Gläubigers eine unverhältnismäßige
23 Vertragsstrafenkumulation vermieden. **bb) Beiderseitiger Verstoß** gegen zweiseitiges Strafversprechen löst idR für beide Teile Strafen aus (RGZ 96, 174). **cc) Verjährung:** Hauptverbindlichkeit maßgebend bei Sicherung des Erfüllungsinteresses, dh nach Verjährung des Erfüllungsanspruchs keine Geltendmachung der Vertragsstrafe; anders wenn gesicherter Anspruch in kürzerer Zeit als Regelfrist verjährt (iE BGHZ 130, 288, 295, hM; Verjährungsfrist für verwirkte Vertragsstrafe grds 3 Jahre
24 (§§ 195, 199), OLG Rostock BeckRS 2021, 4304). **dd)** Isolierte **Abtretung** vor Verwirkung nicht möglich (nur mit Hauptanspruch, → § 401 Rn. 2 ff., vgl BGHZ 109, 233), wohl aber des Anspruchs auf die verwirkte Strafe. **ee)** Der **Gerichtsstand** entspricht dem der Hauptforderung (RGZ 69, 12, hM). **ff) Beweislast:** § 345 mit Anm **gg) Neue Länder:** Vertragsstrafeversprechen zur Sicherung von Investorenpflichten in Treuhand-Privatisierungsverträgen sind zulässig; iE BGH NJW 1998, 2600; WM 2003, 839 (auch verschuldensunabhängige Verwirkung); MDR 2003, 1040.

§ 340 Strafversprechen für Nichterfüllung

(1) [1]**Hat der Schuldner die Strafe für den Fall versprochen, dass er seine Verbindlichkeit nicht erfüllt, so kann der Gläubiger die verwirkte Strafe**

statt der Erfüllung verlangen. [2]Erklärt der Gläubiger dem Schuldner, dass er die Strafe verlange, so ist der Anspruch auf Erfüllung ausgeschlossen.

(2) **[1]Steht dem Gläubiger ein Anspruch auf Schadensersatz wegen Nichterfüllung zu, so kann er die verwirkte Strafe als Mindestbetrag des Schadens verlangen. [2]Die Geltendmachung eines weiteren Schadens ist nicht ausgeschlossen.**

1. Allgemeines. a) Bedeutung: §§ 340, 341 (auch 342) regeln das Verhältnis 1
der verwirkten Vertragsstrafe zum Erfüllungs- und Schadensersatzanspruch (→ Rn. 4 ff.; → § 341 Rn. 1 f.). Schuldnerschutz verbietet in Fällen des § 340 Kumulation von Vertragsstrafe und Erfüllung (bzw Surrogat); auf Schadensersatz ist die Vertragsstrafe stets anzurechnen (II; § 341 II). **b) Anwendungsbereich:** Gilt 2
nur beim Strafversprechen für den Fall, dass Schuldner (ganz oder teilw) nicht erfüllt (andernfalls § 341); uU durch Auslegung zu ermitteln, ob Strafe Interesse an Erfüllung als solcher (zB an der ganzen Unterlassung; dann § 340) oder nur an ordnungsgemäßer (gehöriger) Erfüllung (zB an Unterlassen einzelner Zuwiderhandlungen; dann § 341) sichern soll (RGZ 112, 366; sa BAG NJW 1971, 2008). **Sondervorschrift:** § 75c HGB. **c) Abdingbar** durch Individualvereinbarung (aA Lin- 3
dacher BB 1978, 270), **nicht** aber das Anrechnungsgebot (→ Rn. 1) durch AGB (BGHZ 63, 256; NJW 1992, 1097).

2. Konkurrenz bei Nichterfüllung. a) Straf- und Erfüllungsanspruch (I). 4
aa) Sie stehen im Verhältnis **alternativer Konkurrenz** mit **Wahlrecht des Gläubigers** (kein Fall des § 262, vgl dort → § 262 Rn. 4 [cc]). Der Schuldner kann den (entstandenen) Strafanspruch weder durch nachträgliches Leistungsangebot beseitigen noch vor der Wahl des Gläubigers die Vertragsstrafe erfüllen (BAG NJW 1970, 1146), um dem Erfüllungsanspruch zu entgehen (vgl I 2). Keine Fristsetzung nach § 264 II möglich. **bb)** Die **Ausübung** der Wahl erfolgt durch einseitige Erklärung. 5
Erfüllungsverlangen bindet (noch) nicht (hM), erst bei **Annahme** als Erfüllung erlischt (auch) der Strafanspruch **(I 1).** Ist der Strafanspruch begründet (RGZ 77, 292; LM Nr. 2 zu § 17 UWG), so führt das Verlangen der Vertragsstrafe zum **Erlöschen des Erfüllungsanspruchs (I 2);** Auslegungsfrage, ob auch des Gegenleistungsanspruchs des Schuldners (idR anzunehmen; Anhaltspunkt: Höhe der Strafe; vgl Staudinger/Rieble Rn. 43 ff.). Ein **Unterlassungsanspruch** erlischt bei Strafverlangen nur für die Zeit, auf die er sich bezieht (LAG Mannheim NJW 1973, 533); für uU verbleibende Zeit kann Unterlassung verlangt werden (BAG NJW 1973, 1718). **b)** Straf- und Schadensersatzanspruch wegen Nichterfüllung (**II;** nach 6
der Terminologie des SchRModG: „statt der Leistung"). Der Gläubiger kann zwischen dem Strafanspruch und dem konkurrierenden Schadensersatzanspruch statt der Leistung (vgl §§ 281–283) wählen, jedoch auch die verwirkte Strafe als Mindestschaden (ohne tatsächlichen Nachweis, BGHZ 63, 260) fordern und daneben weitergehenden (nachgewiesenen oder durch Pauschalierungsabrede festgelegten, BGHZ 63, 260). Nichterfüllungsschaden verlangen. Die Vertragsstrafe ist jedoch nur insoweit auf den Schadensersatz anzurechnen, wie Interessenidentität besteht (BGH NJW 2008, 2849: abl für Anwaltskosten zur Geltendmachung der Vertragsstrafe).

§ 341 Strafversprechen für nicht gehörige Erfüllung

(1) **Hat der Schuldner die Strafe für den Fall versprochen, dass er seine Verbindlichkeit nicht in gehöriger Weise, insbesondere nicht zu der bestimmten Zeit, erfüllt, so kann der Gläubiger die verwirkte Strafe neben der Erfüllung verlangen.**

(2) **Steht dem Gläubiger ein Anspruch auf Schadensersatz wegen der nicht gehörigen Erfüllung zu, so findet die Vorschrift des § 340 Abs. 2 Anwendung.**

(3) **Nimmt der Gläubiger die Erfüllung an, so kann er die Strafe nur verlangen, wenn er sich das Recht dazu bei der Annahme vorbehält.**

1 **1. Konkurrenzen bei nicht gehöriger Erfüllung. a) Straf- und Erfüllungsanspruch (I, III).** Der Gläubiger kann die verwirkte Vertragsstrafe wegen nicht gehöriger Erfüllung (zB Verzug, Schlechtleistung) **neben** der Erfüllung fordern (**Kumulation;** vgl → § 340 Rn. 2), ferner neben einem Schadensersatzanspruch statt der Leistung, der nach Entstehung des Strafanspruchs an die Stelle des Erfüllungsanspruchs getreten ist (RGZ 94, 206) sowie neben einem Anspruch auf Verzugszinsen für die Zeit ab Strafverwirkung (BGH NJW 1963, 1197). Bei **Annahme**
2 der Leistung sind → Rn. 3 ff. zu beachten. **b) Straf- und Schadensersatzanspruch** wegen nicht gehöriger Erfüllung (zB gem §§ 280 I, II, 286): Es besteht durch AGB nicht abdingbarer **Anrechnungszwang (II;** → § 340 Rn. 1, 3: OLG Düsseldorf NJW-RR 2001, 1387).

3 **2. Notwendiger Vorbehalt bei Annahme der Erfüllung (III). a)** Regelung ist – auch stillschweigend (BGHZ 73, 245, im Einzelfall verneinend) – **abdingbar** (BGHZ 72, 226; 85, 310), wegen ihrer Schutzfunktion für den Schuldner aber in AGB nur in engen Grenzen (BGHZ 72, 226 ff.; 85, 310 ff.). Bsp: In AGB-Bauvertrag Hinausschiebung des maßgeblichen Zeitpunkts (vgl → Rn. 4) bis zur Schlusszahlung zulässig (BGHZ 72, 222; OLG Düsseldorf NJW-RR 2001, 1389), nicht aber völlige Beseitigung des Vorbehaltserfordernisses (BGHZ 85, 311; OLG Hamm
4 BauR 1987, 561; aA für Ausschluss gegenüber Kaufmann StRieble 13). **b) Voraussetzungen. Annahme** ist die (stillschweigende) Erklärung, dass Leistung im Wesentlichen vertragsgemäß (dazu → § 363 Rn. 2; → § 640 Rn. 1 ff.); sie fehlt bei Abnahmeverweigerung oder Ersatzvornahme (BGH NJW 1997, 1983). **Vorbehalt** des Strafanspruchs muss erkennbar (idR ausdr: BGHZ 73, 246) „bei der Annahme" erfolgen; formularmäßige Erklärung ist möglich (BGH NJW 1987, 381 für Bauvertrag); früherer (späterer) Vorbehalt genügt idR nicht (BGHZ 85, 244; 85, 309 mN, stRspr, iE str). Ausnahmen: Strafanspruch ist bei Annahme rechtshängig (BGHZ 62, 328) oder über ihn ist rechtskräftig entschieden (Reinicke/Tiedtke DB 1983, 1643 f.); mit ihm ist bereits die Aufrechnung erklärt (BGHZ 207, 296 unter Aufgabe von BGHZ 85, 243 ff.; zust Weyer NJW 2016, 609) oder die Parteien haben sich
5 endgültig über den Verfall der Vertragsstrafe geeinigt (BGHZ 85, 209). **c) Rechtsfolge:** Erhaltung des Strafanspruchs (vgl demgegenüber → § 340 Rn. 5). Vorbehaltslose Annahme schließt den Strafanspruch kraft Ges auch bei Unkenntnis der Mangelhaftigkeit oder des Strafanspruchs aus (vgl Erman/Metzger Rn. 6 mwN); ein Verzichtswille oder ein entspr Erklärungsbewusstsein des Annehmenden ist nicht erforderlich (BGH NJW 1985, 1758). Bei Teilleistung erstreckt sich die Vorbehaltswirkung nur auf diese (BGHZ 82, 402). **d)** Der Architekt hat seinen Auftraggeber auf **III hinzuweisen** (BGHZ 74, 238; OLG Düsseldorf NJW-RR 2002, 1098).

§ 342 Andere als Geldstrafe

Wird als Strafe eine andere Leistung als die Zahlung einer Geldsumme versprochen, so finden die Vorschriften der §§ 339 bis 341 Anwendung; der Anspruch auf Schadensersatz ist ausgeschlossen, wenn der Gläubiger die Strafe verlangt.

Abgrenzung zu Verfallklausel (→ § 339 Rn. 7) uU schwierig. Einschränkung zu §§ 339–341: Strafverlangen schließt (entgegen §§ 340 II, 341 II) weiteren Schadensersatzanspruch aus.

§ 343 Herabsetzung der Strafe

(1) [1]**Ist eine verwirkte Strafe unverhältnismäßig hoch, so kann sie auf Antrag des Schuldners durch Urteil auf den angemessenen Betrag herabge-**

setzt werden. [2]Bei der Beurteilung der Angemessenheit ist jedes berechtigte Interesse des Gläubigers, nicht bloß das Vermögensinteresse, in Betracht zu ziehen. [3]Nach der Entrichtung der Strafe ist die Herabsetzung ausgeschlossen.

(2) **Das Gleiche gilt auch außer in den Fällen der §§ 339, 342, wenn jemand eine Strafe für den Fall verspricht, dass er eine Handlung vornimmt oder unterlässt.**

1 **1. Allgemeines. a) Zweck:** Schuldnerschutz durch richterliche Billigkeitskontrolle; deshalb **nicht abdingbar** (BGHZ 5, 136). Zwingende Sondervorschriften: §§ 75c I 2, 75d HGB. Nach Verwirkung erklärter Verzicht auf Herabsetzung ist jedoch wirksam. 2 **b)** Umfassender **Anwendungsbereich:** Gilt auch für andere als Geldstrafen (§ 342), selbstständige Strafversprechen (→ § 339 Rn. 6) und Verfallklauseln (→ § 339 Rn. 7); wegen Schadenspauschalen vgl → § 339 Rn. 11 [cc]. **Nicht** anwendbar auf **Vollkaufleute** (§ 348 HGB; es bleibt jedoch Möglichkeit der Herabsetzung nach § 242, wenn Höhe unverhältnismäßig, BGH NJW 2009, 1885) und **Scheinkaufleute** (OLG Stuttgart MDR 2005, 518), auch nicht bei **AGB**-Klausel (BGHZ 85, 314); Grund: Inhaltskontrolle gem §§ 242, 307 I, 310 I (BGHZ 85, 315; NJW 1997, 3234) mit Nichtigkeitsfolge; zB ist in Bauverträgen eine AGB-Vertragsstrafe von 0,5% der Auftragssumme pro Verzugstag ungeachtet einer Obergrenze (von 5–10%) unwirksam (BGH NJW 2000, 2106; NJW 2002, 2322; NJW-RR 2002, 806); grds muss Mittel-Zweck-Relation verhältnismäßig sein, Bedeutung der verletzten Pflicht und Verschulden des Schuldners berücksichtigt werden, Pauschalbetrag spricht daher für Unangemessenheit, wenn er nicht auch für typischerweise geringsten Verstoß gerechtfertigt (KG BeckRS 2020, 40938). § 343 ist aber anwendbar, soweit §§ 305–310 nicht eingreifen (s. für das Arbeitsrecht Wensing/Niemann NJW 2007, 401). 3 **c) Abgrenzung.** Strafanspruch kann gänzlich entfallen (keine Herabsetzung). **aa)** bei **Sittenwidrigkeit** der Strafabrede (§ 138). Überhöhte Strafe allein genügt hierfür nicht, Hinzutreten bes Umstände ist erforderlich (LM Nr. 1 mwN; Köhler FS Gernhuber, 1993, S. 210 ff.). Sittenwidrige Strafklausel kann (§ 139) zur Nichtigkeit des Gesamtvertrages führen (RGZ 158, 301). **bb)** Geltendmachung kann im Einzelfall **unzulässige Rechtsausübung** sein (§ 242; vgl BGH NJW-RR 1991, 569 mN; LG Berlin NJW 1996, 1142). Bsp: Keine Verfolgung schutzwürdiger Interessen; ungebührliche Verzögerung; nur geringfügiger Verstoß.

4 **2. Herabsetzung. a) Voraussetzungen: aa)** Wirksames Strafversprechen (LAG Hamm DB 2003, 2549; → Rn. 3; → § 339 Rn. 15 f.); **bb)** verwirkte aber noch nicht entrichtete Strafe **(I 3),** es sei denn, Schuldner hat ausdr unter Vorbehalt geleistet; **cc)** unverhältnismäßige Strafhöhe (dazu → Rn. 6); **dd)** Antrag des Schuldners, wobei jede auf (auch unbezifferte) Herabsetzung gerichtete Anregung (auch Einrede) genügt (BGH NJW 1968, 1625). 5 **b) Rechtsfolgen: aa)** Durch **richterliches Gestaltungsurteil** erfolgt Herabsetzung auf angemessenen Betrag. Zur Revisibilität der Entscheidung: BAG NJW 1971, 2007. 6 **bb) Angemessene Strafhöhe:** Bei deren Festlegung muss **Abwägung** aller Umstände des Einzelfalles erfolgen (BGH NJW 1983, 943). Einerseits maßgebend, welche Strafhöhe erforderlich ist, um Erfüllungsinteresse (nicht nur Vermögensinteresse) des Gläubigers zu sichern (Larenz SchR I § 24 II a; Beuthien FS Larenz, 1973, 502). Fehlen eines Schadens *nicht entscheidend* (BGH NJW 1984, 921), sofern nur Schaden möglich oder andere Gläubigerinteressen betroffen (BGH NJW 1983, 942 f.). Andererseits darf Strafe für Schuldner keine unverhältnismäßige Härte darstellen, zu berücksichtigen zB wirtschaftliche Lage (vgl RGZ 86, 28), Verschuldensgrad, Ursächlichkeit des Schuldnerverhaltens (BGH NJW 1974, 2091; → § 339 Rn. 18). **Maßgeblicher Zeitpunkt** für die Feststellung ist die Verwirkung, str.

§ 344 Unwirksames Strafversprechen

Erklärt das Gesetz das Versprechen einer Leistung für unwirksam, so ist auch die für den Fall der Nichterfüllung des Versprechens getroffene

Vereinbarung einer Strafe unwirksam, selbst wenn die Parteien die Unwirksamkeit des Versprechens gekannt haben.

Sicherung der Akzessorietät der Strafverbindlichkeit (vgl → § 339 Rn. 17) auch für den Fall, dass die Parteien die Unwirksamkeit der Hauptverbindlichkeit kannten. Gilt auch für selbstständige Versprechen (→ § 339 Rn. 6), da sonst Umgehung (BGH NJW 1980, 1623 mN; K Schmidt FS Heinrichs, 1998, S. 540, 542, hM).

§ 345 Beweislast

Bestreitet der Schuldner die Verwirkung der Strafe, weil er seine Verbindlichkeit erfüllt habe, so hat er die Erfüllung zu beweisen, sofern nicht die geschuldete Leistung in einem Unterlassen besteht.

Beweislastverteilung entspr allg Grundsätzen (wie § 358 aF). Klarstellung, dass Schuldner Erfüllung auch dann zu beweisen hat, wenn Gläubiger aus Nichterfüllung bes Rechte herleitet; gilt auch für den Fall nichtgehöriger Erfüllung, aber § 363 zu beachten. Bei Unterlassung hat Gläubiger Zuwiderhandlung zu beweisen.

Titel 5. Rücktritt; Widerrufsrecht bei Verbraucherverträgen

Untertitel 1. Rücktritt[1]

Vorbemerkungen zu den §§ 346–354

Lit.: Bartels, Wert- und Schadensersatzansprüche im Rücktrittsfolgenrecht, AcP 215, 203; Bockholdt, Die Übertragbarkeit rücktrittsrechtlicher Wertungen auf die bereicherungsrechtliche Rückabwicklung gegenseitiger Verträge, AcP 206, 769; Derleder, Der Rücktritt vom Grundstückskauf und die Grundstücksbelastungen, NJW 2009, 1034; Döll, Rückgewährstörungen beim Rücktritt, 2011; Eichel/Fritzsche, Gewinnabschöpfung im Rückgewährschuldverhältnis, NJW 2018, 3409; Forst, Über Zweck, Tatbestand und Rechtsfolgen des § 346 Abs. 3 S. 1 Nr. 3 BGB, ZGS 2011, 107; Gaier, Das Rücktritts(folgen)recht nach dem Schuldrechtsmodernisierungsgesetz, WM 2002, 1; Jaeger, Die Rechtsfolgen des Rücktritts vom Vertrag nach gesetzlichem Eigentumserwerb, AcP 215, 533; Kaiser, Die Rechtsfolgen des Rücktritts in der Schuldrechtsreform, JZ 2001, 1057; dies, Eingeschränkt nützlich: § 281 Abs. 5 BGB – Nutzungsherausgabe und Nutzungsausfallschaden bei Schlechtlieferung, ZfPW 2015, 129; Kohler, Rücktrittsrechtliche Bereicherungshaftung, JZ 2002, 682; ders, Rücktrittsrechtliche Haftungsrisiken zwischen Schuld- und Sachenrecht, AcP 206, 683; ders, Bereicherungshaftung nach Rücktritt – eine verdrängte Verdrängung und ihre Folgen, AcP 208, 417; ders, Rücktrittsrechtliche Wertersatzbemessung, AcP 213, 46; ders, Rücktrittsrechtliche Ersatzansprüche für notwendige Verwendungen, JZ 2013, 171; ders, Geldanspruch nach Rücktritt bei beseitigungsfähiger Verfügung über das Geleistete, AcP 214, 362; ders, Rücktritt und Bereicherungsrecht – Studien zur Umkehrung einer herrschenden Meinung, ZfPW 2017, 404; ders, Rücktrittsrechtliche Abwicklung – Funktionelles Synallagma in Erkenntnisverfahren und Vollstreckung (§ 348 BGB), VuR 2018, 175; Lorenz, Das „Zurückspringen" der Gefahr auf den Verkäufer und seine Folgen – Zur Anwendbarkeit von § 285 BGB im Rahmen des Rückgewährschuldverhältnisses, NJW 2015, 1725; Lühmann/Latta, Die Rechtsfolgen des Widerrufs von Immobiliarverbraucherdarlehensverträgen in Altfällen, NJW 2017, 2071; Rensen, Die Anwendung des § 346 Abs. 2 S. 2 BGB bei der Inzahlungnahme, MDR 2010, 4; Wackerbarth, Ermittlung des Nutzungswertersatzes nach Rücktritt vom Autokauf, NJW 2018, 1713; Weiss, Die Rückabwicklung einer Blockchain-Transaktion, NJW 2022, 1343.

1 **1. Allgemeines.** Das SchRModG hat die ganz überwiegend für missglückt gehaltenen §§ 346 ff. aF einschließlich der teilweisen Verweisung in die §§ 812 ff.

[1] **Amtl. Anm:** Dieser Untertitel dient auch der Umsetzung der Richtlinie 1999/44/EG des Europäischen Parlaments und des Rates vom 25. Mai 1999 zu bestimmten Aspekten des Verbrauchsgüterkaufs und der Garantien für Verbrauchsgüter (ABl. EG Nr. L 171 S. 12).

durch § 327 S. 2 aF nach Ausübung eines ges Rücktrittsrechts völlig neu konzipiert (→ Rn. 2). Dadurch wurde eine erhebliche Vereinfachung, auch eine stringentere Systematik geschaffen, für viele Fälle sind wohl auch überzeugendere Einzelergebnisse erzielt worden.

2. Systematik. § 346 regelt insbes den Fall, dass der Schuldner nicht in der Lage ist, die Leistung als solche (in Natur) zurückzuübertragen, im Vergleich zum bish Recht völlig neu. An die Stelle eines Alles-oder-nichts-Prinzips, das darauf abstellt, ob der Untergang zufällig eingetreten ist (Bestehenbleiben des Rücktrittsrechts) oder der zum Rücktritt Berechtigte die Unmöglichkeit bzw die wesentliche Verschlechterung zu vertreten hat (Ausschluss des Rücktrittsrechts, §§ 351–353), ist eine Konstruktion getreten, die sich an dem klassischen Aufbau eines (auf Rückabwicklung gerichteten) Schuldverhältnisses orientiert: Primär wird die Rückübertragung der empfangenen Leistung geschuldet **(§ 346 I).** „Soweit" dies nicht möglich ist (also im Fall der Unmöglichkeit bzw Teil-Unmöglichkeit), tritt regelmäßig an die Stelle der Leistung ein „obj" Ersatzanspruch, bezogen auf den empfangenen Wert der nicht mehr zurückübertragbaren Leistung **(§ 346 II),** der in Ausnahmefällen auf die jetzt noch vorhandene Bereicherung beschränkt wird **(§ 346 III 2).** Die Nichtleistung bzw die Verzögerung der Leistung kann Ansprüche auf Schadensersatz gem §§ 280 ff. bzw § 311a II auslösen, wenn der Gegenstand nach oder auch vor der Rücktrittserklärung untergegangen ist **(§ 346 IV);** hinzukommen Ansprüche auf Schadensersatz wegen einer Interessenverletzung (§§ 241 II, 280 I). Die Konstruktion des Wertersatzes mit den weitreichenden systematischen Folgerungen ist nicht grundlegend neu. 2

3. Begriff. Das Rücktrittsrecht ist ein einseitiges, durch empfangsbedürftige Erklärung (s. § 349) auszuübendes **Gestaltungsrecht.** Der Rücktritt hebt nicht den Vertrag auf, sondern wandelt ihn ex nunc in ein (Rück-)Abwicklungsschuldverhältnis um. Die Parteien sind nun von der Erfüllung der vereinbarten Leistungspflichten befreit (sog **Befreiungswirkung,** s. BR-Drs. 338/01, 441). An deren Stelle treten uU Rückgewährpflichten; Ansprüche auf Schadensersatz wegen der Verletzung der Rückgewährpflichten, aber auch wegen Interessenverletzungen (§ 241 II) sind denkbar (→ Rn. 2). Vor der Rücktrittserklärung entstandene Ansprüche auf Schadensersatz bleiben bestehen (s. § 325). Der Rücktritt wirkt **schuldrechtlich,** dingliche Vollzugsgeschäfte bleiben unberührt. Als Gestaltungsrecht unterliegt der Rücktritt **nicht der Verjährung;** jedoch treten gem § 218 deren Wirkungen faktisch ein, wenn der Leistungsanspruch, auf den sich das Rücktrittsrecht gründet, verjährt ist. Das Recht zum Rücktritt kann **verwirkt** werden. Die Verjährung der Ansprüche aus dem Rücktritt folgt §§ 195, 199. 3

4. Anwendungsbereich. Die §§ 346 ff. gelten für vertragliche und ges Rücktrittsrechte, darüber hinaus für vertragliche Leistungen, die nach Umgestaltung des Leistungsverhältnisses zurückzugewähren sind. Bsp: §§ 439 V bzw 635 IV (Rückgabe der mangelhaften Sache nach Nacherfüllung im Wege der Nachlieferung/Neuherstellung), 441 IV bzw 638 IV (Rückzahlung des zu viel gezahlten Kauf-/Werkpreises nach Minderung), 281 V (Rückforderung des Geleisteten nach Übergang auf einen Anspruch auf Schadensersatz statt der Leistung). Ges **Sonderregelungen** gehen den §§ 346 ff. vor. Bsp: Ausschluss des Rücktrittsrechts gem § 572 bei Wohnraummietverhältnissen, § 2293 (Einschränkung des Rücktrittsrechts beim Erbvertrag), §§ 19 ff. VVG (Einschränkung des Rücktrittsrechts beim Versicherungsvertrag). Zu Sonderregelungen für den Nutzungsersatz → § 346 Rn. 6. 4

5. Abgrenzungen. Das **Widerrufsrecht** bei Verbraucherverträgen ist in Voraussetzungen und Rechtswirkungen seit der **Umsetzung der Verbraucherrechte-RL** gänzlich anders gestaltet (s. §§ 355 ff.), die Rückabwicklung ist modifiziert (s. §§ 357 ff.). Die Kündigung eines **Dauerschuldverhältnisses** (s. zB §§ 314, Dauerschuldverhältnis, 542, 543, Mietvertrag allg, 561, 568 ff., 573 ff., Wohnraummietverhältnisse, 621 ff., Dienstvertrag, sa § 649, Werkvertrag) beendet das Vertragsver- 5 hältnis ebenfalls ex nunc, lässt aber, anders als der Rücktritt, den Bestand der vor der Erklärung erbrachten Leistungsteile idR unberührt (BGHZ 73, 354). Die **auflösende Bedingung** führt zur Unwirksamkeit des Rechtsgeschäftes mit Eintritt der Bedingung; der Erklärung durch eine Partei bedarf es nicht (§ 158). Die Rückabwicklung geschieht nach §§ 812 ff. Die **bereicherungsrechtliche** Rückabwicklung ist wegen § 818 III für den Schuldner tendenziell günstiger; bei gegenseitigen Verträgen ergibt sich auf Grund der Saldotheorie allerdings kaum mehr ein Unterschied zu §§ 346 ff. (MüKoBGB/Gaier § 346 Rn. 4); zur Haftung des Schuldners im Falle von Bösgläubigkeit → § 346 Rn. 9.

§ 346 Wirkungen des Rücktritts

(1) **Hat sich eine Vertragspartei vertraglich den Rücktritt vorbehalten oder steht ihr ein gesetzliches Rücktrittsrecht zu, so sind im Falle des Rücktritts die empfangenen Leistungen zurückzugewähren und die gezogenen Nutzungen herauszugeben.**

(2) [1]**Statt der Rückgewähr oder Herausgabe hat der Schuldner Wertersatz zu leisten, soweit**
1. **die Rückgewähr oder die Herausgabe nach der Natur des Erlangten ausgeschlossen ist,**
2. **er den empfangenen Gegenstand verbraucht, veräußert, belastet, verarbeitet oder umgestaltet hat,**
3. **der empfangene Gegenstand sich verschlechtert hat oder untergegangen ist; jedoch bleibt die durch die bestimmungsgemäße Ingebrauchnahme entstandene Verschlechterung außer Betracht.**

[2]**Ist im Vertrag eine Gegenleistung bestimmt, ist sie bei der Berechnung des Wertersatzes zugrunde zu legen; ist Wertersatz für den Gebrauchsvorteil eines Darlehens zu leisten, kann nachgewiesen werden, dass der Wert des Gebrauchsvorteils niedriger war.**

(3) [1]**Die Pflicht zum Wertersatz entfällt,**
1. **wenn sich der zum Rücktritt berechtigende Mangel erst während der Verarbeitung oder Umgestaltung des Gegenstandes gezeigt hat,**
2. **soweit der Gläubiger die Verschlechterung oder den Untergang zu vertreten hat oder der Schaden bei ihm gleichfalls eingetreten wäre,**
3. **wenn im Falle eines gesetzlichen Rücktrittsrechts die Verschlechterung oder der Untergang beim Berechtigten eingetreten ist, obwohl dieser diejenige Sorgfalt beobachtet hat, die er in eigenen Angelegenheiten anzuwenden pflegt.**

[2]**Eine verbleibende Bereicherung ist herauszugeben.**

(4) **Der Gläubiger kann wegen Verletzung einer Pflicht aus Absatz 1 nach Maßgabe der §§ 280 bis 283 Schadensersatz verlangen.**

1 **1. Voraussetzungen. a) Vertraglich vereinbartes Rücktrittsrecht („Rücktrittsvorbehalt“).** Die Vereinbarung (§§ 145 ff.) erfolgt idR ausdrücklich als Nebenbestimmung zum Vertrag, es ist aber auch ein stillschweigender (§§ 133, 157; 346 HGB) Rücktrittsvorbehalt möglich, auch nachträglich. Bsp für Handelsbrauch: Rücktritt bei Hotelreservierungsvertrag durch Reiseveranstalter innerhalb bestimmter Fristen (OLG Frankfurt a. M. OLGZ 1986, 377; NJW-RR 1986, 1229 stark eingeschränkt in NJW-RR 2001, 1498). Das vorbehaltene Rücktrittsrecht kann auch bedingt oder befristet sein. Bsp: Klausel „freibleibend“ (RGZ 105, 370), Selbstbelieferungsvorbehalt (BGHZ 92, 398; NJW 1985, 857; → § 433 Rn. 9), desgl „Kriegs-“ bzw „höhere Gewalt“-Klausel (RGZ 87, 92; für Corona-Krise als „höhere Gewalt“, Krüger/Binder BC 2020, 155), uU auch die Widerrufsklausel in einem Prozessvergleich (BGHZ 46, 279, str; nach BGHZ 88, 367 f. iZw § 158 I); Rückgaberecht im Kauf (aA BGH WM 2002, 444 wegen der nicht interessegerech-

ten Folgen nach bish Recht; insoweit wohl überholt). Für eine Wiederkaufsklausel (vgl § 456) in AGB ergeben sich Grenzen aus §§ 308 Nr. 3, 309 Nr. 8a, 8b, bb, 13. Im Eigenhändlervertrag kann die Vereinbarung, dass der Hersteller bei Beendigung zum Rückkauf der nicht abgesetzten Waren verpflichtet ist, wie ein Rücktrittsvorbehalt zu behandeln sein (BGH NJW 1972, 1191). Der Umtauschvorbehalt beim Kauf (→ §§ 495, 496 Rn. 2) begründet idR eine Ersetzungsbefugnis des Käufers hinsichtlich der Ware (Muscheler BB 1986, 2282 mN; str, im Einzelfall abw BGHZ 73, 360: neuer Vertrag über Ersatzware erforderlich). Die **Beweislast** für das Bestehen eines Rücktrittsrechts trägt der Zurücktretende (BGH NJW 1986, 919 f.). **b) Ges Rücktrittsrechte** bestehen zB nach §§ 323, 324, 326 V, 437 I Nr. 2, 634 Nr. 3; zu weiteren Verweisen auf § 346 → Vor § 346 Rn. 4. **c) Rücktrittserklärung,** § 349; → Vor § 346 Rn. 3.

2. Primäranspruch: Rückgabe der empfangenen Leistungen und der gezogenen Nutzungen in Natur (I). a) Funktion. Die Bestimmung trifft – auf anderer rechtlicher Grundlage – dieselbe Regelung wie § 818 I im Bereicherungsrecht. Mit Ausübung des Rücktrittsrecht erlöschen Erfüllungsansprüche (ggf. samt Vormerkung, BGH NJW 2009, 1414 Rn. 12) und es entsteht ex nunc ein **Rückabwicklungsverhältnis,** aufgrund dessen erbrachte Leistungen Zug-um-Zug zurückzugewähren sind (§ 348). **b) Leistungen.** Der jeweilige Gläubiger gewinnt in erster Linie einen Anspruch darauf, im Blick auf die **geleistete Sache** die frühere Rechtsposition wieder einnehmen zu können (BGH BeckRS 2021, 11170; BGHZ 178, 182 = NJW 2009, 63). Je nach konkreter Konstellation ist also das Eigentum oder der unmittelbare Besitz (bei Lieferung unter EV) wieder zu verschaffen (ist der Eigentumserwerb des Grundstückskäufers str, kann der weitergehende Rückübereignungsanspruch geltend gemacht werden, BGH NJW 2009, 3155), übertragene Rechte sind zurückzuübertragen (OLG Nürnberg BeckRS 2020, 45092. Der durch Rücktritt entstehende Anspruch auf Rückgewähr eines Grundstücks kann durch Vormerkung gesichert werden (BGHZ 134, 182). Der Schuldner hat einen Anspruch auf **Abnahme** des Gegenstandes (BGH NJW-RR 1989, 651: Mitwirkung bei der Auflassung; hL für Mängelrücktritt beim Kauf (§ 433 II analog – für Nacherfüllung s § 439 VI 2), s. Faust JuS 2009, 470, 471; abl OLG Zweibrücken BeckRS 2021, 12409 für Rückabwicklung von b2b Kauf; MüKoBGB/Gaier Rn. 66 [nur bei bes Interesse]; ähnlich BeckOK/H. Schmidt Rn. 44). Zum **Leistungsort** bei Rücktritt → § 269 Rn. 9. Die Rückgabeverpflichtung des Schuldners schließt mit ein, einen beschädigten Gegenstand – wenn möglich – zu reparieren oder einen bereits veräußerten Gegenstand zurückzuerwerben (vgl → Rn. 5 und Schwab JuS 2002, 632 mwN; Gaier WM 2002, 9). Eine vom Schuldner begründete Belastung ist zu beseitigen und nur bei Unmöglichkeit der Beseitigung Wertersatz zu leisten (BGH NJW 2009, 63). Hat der Verkäufer eines Neuwagens den Altwagen des Käufers übernommen und einen hierfür noch laufenden Kredit abgelöst, muss auch insoweit bei Rücktritt vom (Neuwagen-)Kauf eine Rückabwicklung erfolgen (BGH NJW 2008, 2028; Gsell NJW 2008, 2002; sa Faust NJW 2009, 3696). Zum Ersatz von Hin- und Rücksendekosten beim Fernabsatz → § 357 Rn. 5. Im Falle der Unmöglichkeit (II Nr. 2, 3) kann der Gläubiger auch ein stellvertretendes commodum gem § 285 verlangen (MüKoBGB/Gaier Rn. 56; Lorenz NJW 2015, 1725, 1727; aA Kaiser JZ 2016, 151, 153; offen gelassen von BGH NJW 2015, 1748). Bei **Geldleistungen** ist – außerhalb zB von Geldsortenschulden – die Geldsumme zurückzuleisten (BeckOK/H. Schmidt Rn. 43). Die Art des früheren Transfers (Bargeld, Scheck, Überweisung) sowie die Währung sind gleichgültig (bei irreversiblen Bitcoin-Transaktionen besteht daher ebenfalls eine entsprechende Summenschuld, ie Beck/König AcP 215, 656, 662). **c)** Zu übertragen sind weiterhin die **Nutzungen** 3
(s. § 100), sofern sie „in Natur" vorhanden sind. Dies kann bei unmittelbaren Sachfrüchten der Fall sein (landwirtschaftliche Produkte, Tiere, ausgebeuteter Kies) oder dann, wenn die Sach- oder Rechtsfrucht einen Geldbetrag darstellt (Bsp: Miete, Dividende eines GmbH-Anteils). Zu den nicht gezogenen Nutzungen s. § 347.

Note: margin number 2 stands beside the first line of the paragraph "2. Primäranspruch".

Gebrauchsvorteile können in aller Regel nicht in Natur rückabgewickelt werden → Rn. 4.

4 **3. Sekundäranspruch: Wertersatz für die nicht in Natur zurück gewährbaren Leistungen bzw Nutzungen (II). a) Normzweck.** Die Bestimmung, die in § 818 II ihre Parallele hat, soll gewährleisten, dass – mit Ausnahmen, → Rn. 3 – der Rückgewährschuldner alle Werte zurückgibt, die er vom Leistenden empfangen hat. Nur wenn dies nicht möglich ist, kommen Sekundäransprüche in Betracht (BGH BeckRS 2021, 11170). Es geht dabei nicht um den Ersatz der beim Leistenden eingetretenen Vermögensverluste (zum Schadensersatz s. IV), sondern um die Abschöpfung der beim damaligen Leistungsaustausch erhaltenen Werte. Der Wertersatz tritt bei völliger Unmöglichkeit der Rückgabe in Natur an deren Stelle und kann bei Beschädigung, Abnutzung usw neben dem Anspruch auf Rückgewähr in Natur geltend gemacht werden. Da sich der Schuldner bei Anwendung des II nicht auf eine Entreicherung berufen kann (s. dazu III), trägt er gleichzeitig die Gefahr für die Wertverschlechterung in der Zeit, in der die Leistung in seiner Obhut war. Dies gilt ohne Rücksicht darauf, ob er selbst – in zu vertretender oder nicht zu vertretender Weise – den Rücktrittsgrund gesetzt hat oder nicht. II 1 Nr. 1–3 ist keine abschließende Aufzählung, sondern bringt allgemein zum Ausdruck, dass der Schuldner bei Unmöglichkeit der Rückgewähr Wertersatz leisten muss (BGH ZGS 2008, 191; zur Wertersatzhaftung bei Verlust durch Zwangsvollstreckung Kohler ZGS 2007, 295. Eine automatische Verrechnung findet nicht statt, wenn sich Geldleistungen gegenüberstehen – es bedarf einer **Aufrechnung**serklärung (OLG München BeckRS 2021, 33910; BGH NJW 2017, 2102 zum Widerruf; → § 348 Rn. 1).

5 **b) Rechtsvoraussetzungen. aa)** Eine Rückgewähr in Natur ist **nach der Beschaffenheit der Leistung** nicht möglich **(II 1 Nr. 1).** Bsp: Dienstleistungen, soweit kein Dauerschuldverhältnis, nicht körperliche Werkleistungen (Beratung, therapeutische Leistung, Transport, Informationsbeschaffung), Werkleistungen, die der Unternehmer untrennbar mit der Sache des Bestellers verbunden hat oder die gem §§ 93, 94 wesentliche Bestandteile eines Grundstücks geworden sind (MüKoBGB/Gaier Rn. 52 [**II Nr. 2 bzw 3**]; aA Kaiser JZ 2001, 1059 mwN: OLG Brandenburg BeckRS 2022, 8762 Rn. 13 ff [Unmöglichkeit der Rückgabe einer im Rohbau gekauften und dann umgebauten Wohnung]), Unterlassungen, Befreiung von Verbindlichkeit (BGH ZGS 2008, 191); Gebrauchsvorteile (bei der Rückabwicklung von Verbraucherdarlehen [→ § 357a Rn. 3] ist dies für den überlassenen Darlehensbetrag der Vertragszins, BGH BeckRS 2019, 26976; sa BGH NJW-RR 2020, 234; OLG Hamburg BeckRS 2018, 4251 Rn. 31 f.; OLG Nürnberg BeckRS 2017, 142728; zugunsten des Darlehensnehmers wird widerleglich vermutet, dass der Darlehensgeber auf die vereinnahmten Zins- und Tilgungsleistungen Nutzungen in Höhe der von ihr spiegelbildlich beanspruchten Verzugszinsen zog (BGH NJW 2016, 2428; NJW 2017, 2104; NJW-RR 2018, 1067 Rn. 24; NJW-RR 2020, 174 Rn. 19; zum [Alt-]Fall der KfW-Förderung BGH NJW-RR 2020, 172). Der Anspruch auf **Nutzungsersatz** war für den **Verbrauchsgüterkauf im Fall der Nachlieferung** (§§ 439 IV aF, 346 I, II Nr. 1) nicht mit Art. 3 der entspr RL 1999/44/EG vereinbar (EuGH NJW 2008, 1433 – „Quelle" auf Vorlage von BGH NJW 2006, 3200); § 439 IV aF war daher gem § 474 II 1 aF (geändert mit Wirkung zum 10.12.2008, jetzt Neufassung seit 1.1.2018 durch das Gesetz zur Reform des Bauvertrages) nicht anwendbar (so iE über richtlinienkonforme Handhabung bereits der BGH (BGHZ 179, 27 = NJW 2009, 427 mAnm Pfeiffer NJW 2009, 412; krit Gesell JZ 2010, 522 mN). Für den Fall des Rücktritts wegen Mangels bejaht der BGH (BGHZ 182, 241 = NJW 2010, 148, zust Höpfner NJW 2010, 127) auch beim Verbrauchsgüterkauf einen Anspruch auf Nutzungsersatz. Dies zu Recht, da der Gesetzgeber bewusst nur §§ 474, 439 aF an die RL anpasste, nicht das allg Rücktrittsrecht. Eine erneute Vorlage an den EuGH war nicht notwendig, da dieser bereits ebenfalls differenziert hatte (vgl EuGH NJW 2008, 1433 Rn. 38). Für den Widerruf von **Fernabsatzverträgen** hat der EuGH (NJW 2009, 3015, auf Vorlage

AG Lahr MMR 2008, 270) ebenfalls entschieden, dass Nutzungen, die bei zweckdienlicher Ausübung des Widerrufsrechts anfallen, nicht zu ersetzen sind (iÜ kann Herausgabepflicht nach Treu und Glauben oder bereicherungsrechtlichen Grundsätzen des nationalen Rechts in Frage kommen; jetzt gelten nur noch **§§ 355, 357.** Für **Teilzeitwohnrechte** schließt § 485 II 3 einen Nutzungsersatz ebenfalls aus. **bb)** Der Schuldner hat den Gegenstand **verbraucht, veräußert, belastet** usw **(II** 5a
1 Nr. 2). Das Ges hat hier einzelne Fälle der Unmöglichkeit (zB beim Verbrauch) bzw Teilunmöglichkeit (nicht abschließend) aufgelistet. Die Belastung kann auch schuldrechtlich sein, etwa wenn der Schuldner den Gegenstand vermietet oder verpachtet hat (Grüneberg/Grüneberg Rn. 8a). Eine Unmöglichkeit liegt nicht vor, wenn der Schuldner den Gegenstand ausbessern oder wiederbeschaffen, auch aus dem Mietvertrag herauslösen kann. In diesen Fällen geht die Verpflichtung (nicht nur Berechtigung, für Obliegenheit Kohler AcP 214, 372 f.) zur Leistung in Natur (insbes zur Beseitigung der Belastung) nach allg Grundsätzen (Primärleistung vor Sekundärleistung, → Rn. 2) vor (BGHZ 178, 182 = NJW 2009, 63; Grüneberg/Grüneberg Rn. 8a; BeckOK/H. Schmidt Rn. 53 mwN; MüKoBGB/Gaier Rn. 49; aA [Wahlrecht des Schuldners] Erman/Röthel/Metzger Rn. 10; Lorenz NJW 2005, 1889, 1892 f.; Fest ZGS 2009, 78; Kohler AcP 214, 362; sa Derleder NJW 2009, 1036). **cc) (II 1 Nr. 3).** Auch dies sind Fälle der – uU teilw – Unmöglichkeit; sie 5b
hätten mit Nr. 2 zusammengefasst werden können. **Hs. 2** belastet den Gläubiger mit dem Wertverlust, der durch die einfache Tatsache der **erstmaligen Benutzung** der Sache eintritt, weil sie nun nicht mehr als neu gilt. Wichtige Ausnahme: § 357 III für Verbraucherwiderruf, dort → § 357 Rn. 9. Zur Abnutzung durch den Gebrauch selbst → Rn. 6a. **c) Berechnung des Ersatzwertes. aa) Hauptleistung. Zeit-** 6
punkt: Austausch der Leistungen. Die **Höhe** des Ersatzwertes bei der **Sachleistung** ist idR mit der Höhe der Vergütung identisch (II 2, dies gilt nicht bei widerrufenen Haustürgeschäften, BGH WM 2010, 983: obj Wert; seit 13.6.2014 gelten nur noch §§ 355, 357); die Rückabwicklung soll nicht zu einer Verschiebung der zwischen den Parteien festgelegten Äquivalenz der Leistungen führen (krit Gaier WM 2002, 9). Nach der hM gilt dies auch im Falle des Rücktritts wegen Zahlungsverzugs des Schuldners (BGHZ 178, 360 [krit Fest ZGS 2009, 126]; aA Canaris FS Wiedemann, S. 22 f., sa Staudinger/Kaiser/Sittmann-Haury Rn. 164: teleologische Reduktion, wenn Gegenleistung Wert der Kaufsache übersteigt). War die Sache mangelhaft, so ist der Mangel analog § 441 III bzw 638 III zu berücksichtigen (BGH NJW 2011, 3086 mN), denn der Rückgewährschuldner hat durch den Rücktritt bereits seinen Anspruch auf Nacherfüllung aufgegeben, er hätte bei Rückgewähr in Natur auch nur die mangelhafte Sache zurückgeben müssen und den vollen Kaufpreis zurückerhalten. Bei der Rückabwicklung eines Neuwagenkaufs mit Ingebrauchnahme des Altwagens ist der inzwischen weiterveräußerte Altwagen trotz II 2 Hs. 1 mit seinem obj Wert anzusetzen (OLG Hamm NJW-RR 2009, 1506; zust Rensen MDR 2010, 5; krit Faust NJW 2009, 3698). Auch bei **Dienstleistungen** entscheidet deren obj Wert, soweit er das vertraglich vereinbarte Entgelt nicht übersteigt (BGH NJW 2012, 3428 f. Maklerleistung); Schadensersatzansprüche aus § 280 können entgegengehalten werden (BGH NJW 2012, 3428 f.). **bb)** Für **Nutzungen** kann der Wert 6a
durch eine **zeitanteilig lineare Wertminderung** in der Weise berechnet werden, dass der Kaufpreis für die Sache auf die voraussichtliche Nutzungsdauer verteilt und dann der prozentuale Anteil für die tatsächliche Nutzungszeit bis zur Rückgabe ermittelt wird (BGHZ 215, 157 Rn. 26 ff. für Grundstückskauf [zu Recht krit und für Orientierung am Mietwert Markworth NJW 2017, 3442, da sich Gesamtnutzungsdauer bei Grundstück kaum präzise feststellen lässt]; BGH NJW 2006, 1583; NJW 1996, 251; BGHZ 115, 47; OLG Koblenz NJW 2004, 1670); nicht hinzuzurechnen ist dem zugrunde gelegten Bruttokaufpreis die Mehrwertsteuer (BGH NJW 2014, 2436 – Gebrauchtwagen). Bei **Neufahrzeugen** kann auf eine entspr Laufleistung abgestellt werden (der überdurchschnittliche Wertverlust am Anfang der Nutzung bleibt dabei unberücksichtigt, MüKoBGB/Gaier Rn. 81); dabei wird teilweise eine Lebenserwartung von 150.000 km zu Grunde gelegt, bei Kfz der gehobenen

Klasse aber auch eine Laufleistung von 200.000–300.000 km (so OLG Hamm BeckRS 2020, 11615 (250–300.000 km für 1,6 l Dieselmotorfahrzeuge mwN; OLG München BeckRS 2020, 33049; BGH NJW 2020, 1962 [beanstandet Rn. 83 300.000 km im konkreten Fall nicht]; s. auch OLG Koblenz NJW 2009, 154 [0,5% v Kaufpreis]; OLG Schleswig BeckRS 2019, 29874: 300.000 km für Golf 2.0 TDI; weit. Nachw. bei MüKoBGB/Gaier Rn. 81 f.). Der Gebrauchsvorteil wird teilweise mit 0,67% des Neuwerts je 1000 km angesetzt (OLG Koblenz NJW 2009, 3520; OLG Düsseldorf NJW-RR 2008, 1199; Grüneberg/Grüneberg 80. Aufl. 2021, Rn. 10 [0,3–1%]; abw OLG Celle ZGS 2004, 74 [0,15 Euro/km]). Bei **Gebrauchtwagen** sind Bemessungsgrundlage die Restlaufleistung (Gesamtleistung abzüglich Laufleistung bei Übergabe an Käufer) und der Bruttokaufpreis (BGH BeckRS 2015, 1267; NJW 2014, 2435). Bei Rücktritt wegen Mangel des Neuwagens bleibt es bei Relevanz des vereinbarten Kaufpreises, die Mangelhaftigkeit wird beim Nutzungsvorteil berücksichtigt (MüKoBGB/Gaier Rn. 84). Teilw wird – weniger überzeugend, weil auch von anderen Faktoren beeinflusst – auf eine faktische Miete der Kaufsache abgestellt (BGH NJW 2006, 1582 [Grundstück – anders jedoch BGHZ 215, 157 Rn. 26 ff.]; OLG Hamm NJW-RR 1992, 113; Grüneberg/Grüneberg Rn. 10). Einen Wertersatz für die **eingetretene Abnutzung** muss der Schuldner dann nicht leisten; denn die Nutzungsvorteile können nur durch die Abnutzung erzielt werden, so dass ihm in der Neuheit der Sache kein zusätzlicher Wert zugeflossen ist. Nicht zu den Nutzungen gehört eine staatliche Beihilfe, die der Grundstückskäufer erhalten hat, wenn diese nur ua an die Bewirtschaftung bestimmter Flächen anknüpft (BGH NJW-RR 2010, 886 – Betriebsprämie).

7 **4. Begrenzung der Herausgabepflicht auf das Ausmaß der noch vorhandenen Bereicherung (III 2). a) Normzweck.** In den in III 1 Nr. 1–3 genannten Fällen soll die Entwertungsgefahr für die Zeit zwischen Empfang und Rückgabe auf den Rückgewährsgläubiger „zurückspringen" (BR-Drs. 338/01, 456). Der Schuldner muss also nur die ihm verbleibende Bereicherung herausgeben. Es handelt
7a sich insoweit um eine Rechtsfolgenverweisung (dazu → § 818 Rn. 27 ff.). **b) Zeigen eines Mangels erst während der Umgestaltung/Bearbeitung (III 1 Nr. 1).** Sinn: Der Schuldner hätte bei früherem Erkennen des Mangels die Verarbeitung nicht begonnen und damit die Entwertung – die verarbeitete Sache wird idR wertlos sein – nicht verursacht (s. § 467 S. 1 Hs. 2 aF). Ein Mangel „zeigt" sich, wenn er dem Schuldner bekannt wird oder bei Anwendung erforderlicher Sorgfalt erkennbar wäre (MüKoBGB/Gaier Rn. 115; aA [pos Kenntnis notw] Grüneberg/Grüneberg Rn. 11; BeckOK/H.Schmidt Rn. 62). Eine Untersuchungsobliegenheit besteht nicht, eine im handelsüblichen Rahmen vorgenommene Untersuchung ist aber auch „Verarbeitung" (MüKoBGB/Gaier Rn. 113). Eine unsachgemäße Verarbeitung kann Schadensersatzansprüche auslösen (aA Grüneberg/Grüneberg Rn. 11: dann kein Ausschluss des Anspruchs auf Wertersatz). III 1 Nr. 1 gilt analog bei Erkennbarwerden des Mangels im Zuge bestimmungsgemäßen Verbrauchs (Kaiser
7b JZ 2001, 1062; MüKoBGB/Gaier Rn. 114). **c) Vom Gläubiger zu vertretende Verschlechterung (III 1 Nr. 2 Var. 1).** Hauptfall: Ein Mangel löst die Verschlechterung aus. Vertretenmüssen ist hier weit iS einer zurechenbaren Veranlassung bzw Realisierung eines vertraglich übernommenen Risikos zu verstehen (MüKoBGB/Gaier Rn. 116; sa Kaiser JZ 2001, 1060). Bei beiderseits zu vertretender Unmöglich-
8 keit ist der Anspruch auf Wertersatz nach II gem § 254 analog zu mindern. **d) Fehlende Kausalität zwischen Übertragung der Sache auf den Schuldner und der Verschlechterung (III 1 Nr. 2 Var. 2).** Es wird sich zumeist um Fälle handeln, in denen eine unbewegliche Sache, die keiner bes Überwachung unterliegt, von Dritten beschädigt wird, die Frage, wer Eigentümer ist, also unerheblich ist (Bsp: Beschädigung des veräußerten Hauses durch einen Lkw). Der Gläubiger soll sich durch die wieder rückgängig gemachte Leistung nicht besserstellen als ohne die Veräußerung selbst; bei einem zufälligen Untergang greift die Bestimmung nicht
8a ein (Grüneberg/Grüneberg Rn. 13a; krit Kaiser JZ 2001, 1060). **e)** Untergang bei

der Anwendung der **eigenen üblichen Sorgfalt (III 1 Nr. 3).** Die Bestimmung gilt nur für *ges* (also nicht für vertraglich vorbehaltene – es sei denn Voraussetzungen für ges Rücktritt sind gleichzeitig erfüllt, MüKoBGB/Gaier Rn. 118 ff.; Grüneberg/Grüneberg Rn. 13b) Rücktrittsrechte und nur *zugunsten des zum Rücktritt Berechtigten.* Der Gesetzgeber, der durchaus das „Dilemma" gesehen hat, bei zwei schuldlos Handelnden einer Seite das Entwertungsrisiko aufzuerlegen (BR-Drs. 338/01, 457), hat sich vertretbar für die getroffene Lösung entschieden und weist die Gefahrtragung dem Rückgewährgläubiger zu, weil er eine Pflichtverletzung begangen und den Rücktritt ausgelöst hat (Stodolkowitz ZGS 2009, 496 [auch zur Rückgewähr bei Nacherfüllung]; PWW/Stürner Rn. 17 ff.; aA zB Honsell JZ 2001, 281; Kaiser JZ 2001, 1057, 1063; Kohler JZ 2002, 682 und 1187; Gaier WM 2002, 11 [Beschränkung auf vom Rücktrittsgegner zu vertretende Pflichtverletzungen]). Auf § 313 III ist Nr. 3 mangels Pflichtverletzung nicht anwendbar (Grüneberg/Grüneberg Rn. 13 mwN; Kaiser JZ 2001, 1064). Auch bei Verschlechterung/Untergang der Sache durch Teilnahme am Straßenverkehr bleibt es bei der Privilegierung nach Nr. 3 (Beschränkung von § 277 nach Rspr nur bei gemeinsamer Teilnahme am Straßenverkehr); insoweit lässt auch Eigenschädigung keinen Schluss auf Einhaltung eigenüblicher Sorgfalt zu (OLG Karlsruhe NJW 2008, 927). Eine **Erhöhung der Sorgfaltspflicht** auf das übliche Maß wird man allerdings wieder zu dem Zeitpunkt anzunehmen haben, an dem der Berechtigte den Mangel kennt und einen Rücktritt als mögliche Strategie in die Überlegungen mit einbezieht (MüKoBGB/Gaier Rn. 124; PWW/Stürner Rn. 20; aA Grüneberg/Grüneberg Rn. 13b mwN; sa Kohler AcP 206, 683; ausf Bartels AcP 215, 203, 232 ff. [Weiternutzung wirtschaftlich sinnvoll, arg ex § 347 I 2], s. auch → Rn. 9). Weiternutzung vor Rücktrittserklärung ist aber nicht in jedem Fall schuldhaft. Zu eng ist die Beschränkung auf Fälle der Verschlechterung und des Untergangs; III 1 Nr. 3 ist auf alle Fälle der sorgfaltswidrig herbeigeführten Unmöglichkeit (II 1 Nr. 2, 3) auszudehnen, zB Diebstahl (Kaiser JZ 2001, 1062; MüKoBGB/Gaier Rn. 121; PWW/Stürner Rn. 21; aA Benicke ZGS 2002, 372). **f) Verbleibende Bereicherung.** Herauszu- **8b**
geben ist – soweit noch vorhanden – der Leistungsgegenstand in seinem aktuellen Zustand sowie gezogene Nutzungen. War der untergegangene oder beschädigte Gegenstand versichert, ist nicht erst die Versicherungsleistung auszukehren, sondern grds der Anspruch gegen die Versicherung abzutreten (BGH NJW 2015, 1748 [verweigert Versicherung die Genehmigung der bereits erfolgten Abtretung, fehlt herausgabefähige Bereicherung, Versicherungsnehmer muss Auszahlung nicht erstreiten]; zu Recht abl Kaiser JZ 2016, 151 [erneute Abtretung unter aufschiebender Bedingung]). Zur Anwendung von § 285 → Rn. 2.

5. Ansprüche auf Schadensersatz (IV). Ist das Rückgewährschuldverhältnis **9**
als ein „ganz normales" Schuldverhältnis zu verstehen (→ Vor § 346 Rn. 2), so hat IV nur eine klarstellende Wirkung. Der jeweilige Gegner kann also zB bei einer zu vertretenden Verzögerung einen Verzögerungsschaden und gem § 281 I nach Fristsetzung auch Schadensersatz statt der Leistung fordern (ie Gaier WM 2002, 11 ff.). Da darüber hinaus Leistungsverhältnis und Rückgewährschuldverhältnis hintereinander geschaltete Teile *eines* Vertrages sind, entstehen auch beim **ges Rücktrittsrecht** Sorgfaltspflichten von dem Zeitpunkt an, zu dem die Partei weiß oder wissen muss, dass die Rücktrittsvoraussetzungen vorliegen, bis dahin darf er davon ausgehen, dass der Gegenstand in seinem Vermögen verbleibt (BT-Drs. 14/6040, 190; s. aber Kaiser JZ 2001, 1063; Erman/Röthel/Metzger Rn. 40; Bartels AcP 215, 203, 239 ff. [erst nach Ausübung des Rücktrittsrechts, da erst dann Rückgewährschuldverhältnis mit Sorgfaltspflicht entstehen könne; Pflichtverletzung kann aber in Nichtrückgabe bzw. Rückgabe in beschädigtem Zustand liegen, Grüneberg/Grüneberg Rn. 15; OLG Brandenburg BeckRS 2019, 54928 – iE offenlassend BGH BeckRS 2021, 11170 mit Lösung über sekundäre Darlegungslast des Rückgewährschuldners zu Schadenszeitpunkt]); str. ist sind Begründung und Verschuldensmaßstab (s. Nachw. bei BGH BeckRS 2021, 11170 Rn. 12 ff; MüKoBGB/Gaier

Rn. 131). Zu trennen ist dabei bezüglich des relevanten Zeitpunktes zwischen der obj Pflichtverletzung [ggf schon vor Rücktrittserklärung] und dem Verschulden (MüKoBGB/Gaier Rn. 130 ff.; Soergel/Lobinger Rn. 175 f.; Grüneberg/Grüneberg Rn. 15, 17; PWW/Stürner Rn. 28; Kohler JZ 2002, 1127; zum Ganzen Bartels AcP 215, 203, 234 ff. inbes auch zum Sorgfaltsmaßstab). Der Rücktrittsberechtigte soll nach teilw vertretener Ansicht bis zur Rücktrittserklärung nur für eigenübliche Sorgfalt haften (II 1 Nr. 3 analog, so Grüneberg/Grüneberg Rn. 18; Kohler AcP 206, 683; PWW/Stürner Rn. 31; zu Recht abl MüKoBGB/Gaier Rn. 133 ff.; Erman/Röthel/Metzger Rn. 44; BeckOK/H. Schmidt Rn. 74; Faust JuS 2009, 481, 486). Beim **vertragl** Rücktrittsrecht muss der Empfänger von Anfang an mit einer möglichen Rückgewährpflicht rechnen. Ob ein Sorgfaltspflichtverstoß vor oder nach der Erklärung des Rücktritts erfolgt, ist daher irrelevant (Grüneberg/Grüneberg Rn. 16; Recht, die Sache zu gebrauchen, hängt von vertragl Regelung ab, PWW/Stürner Rn. 30). Im Einzelfall kann sich eine gegenüber dem Bereicherungsrecht (§ 819 setzt pos Kenntnis voraus) strengere Haftung ergeben; für den arglistig getäuschten Käufer kann die Anfechtung günstiger sein als Rücktritt nach §§ 437, 440, 323, 326 V. Zur Anwendung von § 285, wenn Surrogat nach Rücktrittserklärung erlangt wurde, Eichel/Fritzsche NJW 2018, 3409.

§ 347 Nutzungen und Verwendungen nach Rücktritt

(1) [1]**Zieht der Schuldner Nutzungen entgegen den Regeln einer ordnungsmäßigen Wirtschaft nicht, obwohl ihm das möglich gewesen wäre, so ist er dem Gläubiger zum Wertersatz verpflichtet.** [2]**Im Falle eines gesetzlichen Rücktrittsrechts hat der Berechtigte hinsichtlich der Nutzungen nur für diejenige Sorgfalt einzustehen, die er in eigenen Angelegenheiten anzuwenden pflegt.**

(2) [1]**Gibt der Schuldner den Gegenstand zurück, leistet er Wertersatz oder ist seine Wertersatzpflicht gemäß § 346 Abs. 3 Nr. 1 oder 2 ausgeschlossen, so sind ihm notwendige Verwendungen zu ersetzen.** [2]**Andere Aufwendungen sind zu ersetzen, soweit der Gläubiger durch diese bereichert wird.**

1 **1. Nicht gezogene Nutzungen (I).** Der Schuldner soll nicht generell verpflichtet sein – etwa bei kleineren Geldbeträgen –, Nutzungen zu ziehen, dh den Geldbetrag zinsbringend anzulegen (BR-Drs. 338/01, 458). Bei einem **vertraglich vorbehaltenen Rücktrittsrecht (I 1)** soll es auf die Möglichkeiten innerhalb einer ordnungsgemäßen Wirtschaft ankommen. Der Begriff, ua in § 586 I 3 enthalten, meint, dass eine Fruchtziehung nach vernünftigen Regeln der Vermögenserhaltung und -mehrung in fremdem Interesse obj geboten ist. Unerheblich ist, ob der Gläubiger selbst die konkrete Nutzung hätte ziehen können. Soweit der zurück zu gewährende Gegenstand typischerweise nicht dazu dient, damit Erträge zu erwirtschaften, unterliegt die Nutzung der freien Entscheidung des Eigentümers (zB privater Pkw); ein Nutzungszwang besteht nicht (Kaiser JZ 2001, 1067; aA LG Mainz NJW-RR 1986, 350). Für das **ges Rücktrittsrecht** hat das Ges etwas hilflos auf den Maßstab des § 346 III Nr. 3 zurückgegriffen.

2 **2. Anspruch auf Ersatz von Verwendungen und Aufwendungen (II).** Gibt der Schuldner die Sache zurück oder leistet er Wertersatz bzw entfällt dieser Anspruch aus Gründen, die in der Risikosphäre des Gläubigers liegen (s. § 346 II Nr. 1 und 2), so hat der Schuldner einen Anspruch auf Ersatz der notwendigen Verwendungen (**II 1;** z Begriff → § 994 Rn. 1). Kosten für Betrieb eines Kfz (Kraftstoff, Öle, Parkgebühren, Kfz-Steuer und -Versicherung) kommen nicht dem Fahrzeug zugute und sind – wie auch bei § 994 – keine Verwendungen (OLG Schleswig BeckRS 2020, 33049). § 994 I 2 ist bewusst nicht übernommen worden, da der Schuldner auch die Nutzungen herausgeben bzw dafür Wertersatz leisten muss. Rechnerisch möglich ist freilich auch, die notwendigen Verwendungen unmittelbar

bei den Nutzungen mindernd zu berücksichtigen (BR-Drs. 338/01, 459). Dann scheidet Anspruch nach II aus. Abschließend ist geregelt, dass für andere Verwendungen nur eine Entschädigung in Höhe der noch vorhandenen Bereicherung zu leisten ist (Rechtsfolgenverweisung). Aufwendung iSv II 2 (insbes nicht notwendige Verwendungen) sind zweckbestimmte, freiwillige Vermögensopfer, auch wenn sie nicht – wie Verwendungen – der Sache zugutekommen. Kosten für Bebauung und Umgestaltung fallen daher unter II 2 (MüKoBGB/Gaier Rn. 21); Kosten für eine fehlgeschlagene Mangelbeseitigung führen gerade nicht zu einer Bereicherung des Verkäufers (OLG Schleswig NJW-RR 2011, 993).

§ 348 Erfüllung Zug-um-Zug

[1]Die sich aus dem Rücktritt ergebenden Verpflichtungen der Parteien sind Zug um Zug zu erfüllen. [2]Die Vorschriften der §§ 320, 322 finden entsprechende Anwendung.

Die Norm stellt entgegen der hM (BGH NJW 2002, 507 mN, sa Grüneberg/Grüneberg Rn. 1) klar, dass sich die Gegenseitigkeit des ursprünglichen Leistungsverhältnisses im Abwicklungsverhältnis fortsetzt (zur Einheit von Leistungs- und Abwicklungsverhältnis → Vor § 346 Rn. 2; zur Anwendung von § 103 InsO auf Rückgewährschuldverhältnis Muthorst KTS 2009, 467). Eine automatische Saldierung der wechselseitigen Ansprüche findet nicht statt (BGH NJW 2017, 2102 (zu § 357 I aF), **Aufrechnung** möglich (entspr Erklärung soll nach BGH aaO in Zug-um-Zug-Klage liegen); zur Rechtslage seit 2014 beim Verbrauchsgüterkauf: → § 357 IV Rn. 6. Naturgemäß kann es im Abwicklungsverhältnis keinen Rücktritt (§§ 323, 324, 326 V) mehr geben, so dass allein die §§ 320, 322 anwendbar sind. Die Bestimmung ist durch AGB **nicht abdingbar,** s. § 309 Nr. 2.

§ 349 Erklärung des Rücktritts

Der Rücktritt erfolgt durch Erklärung gegenüber dem anderen Teil.

1. Ausübung. Der Rücktritt wird durch eine **einseitige empfangsbedürftige** 1
(§ 130) **Willenserklärung** ausgeübt. Sie ist grds **formfrei,** auch wenn das Geschäft, von dem zurückgetreten wird, formbedürftig war. Sie kann also auch schlüssig erklärt werden (Bsp: Rückgabe der Sache). Zur Regelung der Form in AGB s. § 309 Nr. 13. Die Erklärung ist wegen ihrer Gestaltungswirkung sowie der damit verbundenen Anforderungen an die Rechtsklarheit grds **bedingungsfeindlich.** Entstehen allerdings keine für den Erklärungsgegner unzumutbaren Rechtsunsicherheiten, so soll eine Bedingung zulässig sein (BGHZ 97, 267; zu Recht gegen Ausnahmen von der Bedingungsfeindlichkeit BeckOGK/Schall Rn. 26 ff; auch eine grds. Ausnahme für aufschiebende Bedingung ist abzulehnen [so aber MüKo/Gaier Rn. 2], da auch dies zur Rechtsunsicherheit über den Fortbestand des Vertrages führen kann). Als Gestaltungsrecht ist der Rücktritt grds **unwiderruflich;** zum Widerruf bei Kombination von Rücktritt und Schadensersatz MüKo/Gaier Rn. 4; sa BGHZ 218, 320 = NJW 2018, 2863. Der Angabe von konkreten Gründen bedarf es nicht (BGH NJW 1987, 831, 833; OLG Nürnberg BeckRS 2020, 45092; OLG Brandenburg NJW-RR 2012, 88, 90; hM s. BeckOGK/Schall Rn. 20).

2. Keine Frist. Der Rücktritt ist nicht an eine Frist gebunden (BGH NJW-RR 2
1989, 625 f., für vertragl Rücktrittsrecht s. aber § 350). Kein Rücktritt ist mehr möglich, wenn der rücktrittbegründende Anspruch verjährt ist, § 218 – Vorbem zu §§ 346–354 Rn. 3. Er kann auch im Einzelfall **verwirkt** sein (BGHZ 25, 52; sa NJW 2002, 670).

§ 350 Erlöschen des Rücktrittsrechts nach Fristsetzung

[1]Ist für die Ausübung des vertraglichen Rücktrittsrechts eine Frist nicht vereinbart, so kann dem Berechtigten von dem anderen Teil für die Ausübung eine angemessene Frist bestimmt werden. [2]Das Rücktrittsrecht erlischt, wenn nicht der Rücktritt vor dem Ablauf der Frist erklärt wird.

1 **1. Normzweck.** Der Rücktrittsgegner soll beim vertraglichen Rücktrittsrecht die Möglichkeit haben, den Schwebezustand zu beenden. Nach teilweise vertretener Ansicht soll § 350 analog anwenden auf den gesetzlichen Rücktritt nach § 313 III, § 323 I im Fall höherer Gewalt (BeckOK/H. Schmidt Rn. 3; NK-BGB/Hager Rn. 1; MüKoBGB/Gaier Rn. 2; abl Staudinger/Kaiser, 2012, Rn. 8; für § 323 auch BeckOGK/Schall Rn. 9. Rechtsvoraussetzungen für die **Fristsetzung:** Fehlen einer vertraglichen Rücktrittsfrist, Eintritt des Rücktrittsgrundes (s. BGH NJW-RR 1989, 626). Nach Fristablauf ist das Recht zum Rücktritt erloschen, ein erklärter Rücktritt also unwirksam, aber gestützt auf anderen Rücktrittsgrund weiterhin möglich. Fristsetzung ist geschäftsähnliche Handlung (jurisPK/Faust Rn. 8).

2 **2. Verzicht.** Auf das Rücktrittsrecht kann durch einseitige Erklärung **vor Ausübung** verzichtet werden; dies kann auch konkludent geschehen (Bsp: Erbringen der eigenen Leistung in Kenntnis des Rücktrittsgrundes); zum Verzicht in AGB s. § 309 Nr. 8a, 8b, bb. Ein nachträglicher einseitiger Verzicht ist wegen der Gestaltungswirkung des Rücktritts unwirksam. Die Parteien können jedoch durch Vereinbarung den Vertrag, soweit es die Binnenbeziehungen betrifft, wieder rückwirkend in Kraft setzen.

§ 351 Unteilbarkeit des Rücktrittsrechts

[1]Sind bei einem Vertrag auf der einen oder der anderen Seite mehrere beteiligt, so kann das Rücktrittsrecht nur von allen und gegen alle ausgeübt werden. [2]Erlischt das Rücktrittsrecht für einen der Berechtigten, so erlischt es auch für die übrigen.

1 **1. Allgemeines.** Die Gestaltungswirkung des Rücktritts erfordert, dass bei **Personenmehrheiten** (vgl. § 441 II, 638 II) die Erklärung nur von allen abgegeben werden kann und gegenüber allen abgegeben werden muss (BGHZ 97, 266). Ein nicht von allen gegenüber allen erklärter Rücktritt ist unwirksam. Nicht anwendbar ist § 351 auf Kündigung und Anfechtung (MüKoBGB/Gaier Rn. 8). Auf die Art der Personenmehrheit – Gesamthand, Gemeinschaft – kommt es nicht an. Sonderregelungen für bestimmte Gemeinschaften, zB die Vertretungsregelung der GbR, gehen vor. Die Erklärung muss nicht gleichzeitig geschehen; auch eine Stellvertretung ist zulässig.

2 **2. Funktion des S. 2.** Hat jeder in der Personenmehrheit ein selbstständiges Rücktrittsrecht, so wirkt ein Erlöschen (auch nach § 350) auch zum Nachteil der Übrigen (BGH NJW 1989, 2388). Die Bestimmung ist **abdingbar.** So ist bei einem außergerichtlichen Vergleich mit vielen Gläubigern anzunehmen, dass ein individuell ausgeübtes Rücktrittsrecht mit Wirkung nur für den Erklärenden vereinbart wurde (RGZ 153, 398; BGHZ 116, 333; OLG München NJW 1956, 1801).

§ 352 Aufrechnung nach Nichterfüllung

Der Rücktritt wegen Nichterfüllung einer Verbindlichkeit wird unwirksam, wenn der Schuldner sich von der Verbindlichkeit durch Aufrechnung befreien konnte und unverzüglich nach dem Rücktritt die Aufrechnung erklärt.

Die Bestimmung bezieht sich auf alle Fälle der nicht ordnungsgemäßen und unvollständigen Erfüllung, also zB auf Nichterfüllung, mangelhafte Erfüllung, verspätete Erfüllung, nicht auf Schutzpflichtverletzungen iSd § 241 II. Die **Heilungswirkung** der unverzüglich (§ 121) nachgeholten Aufrechnungserklärung berücksichtigt, dass der Rücktrittsgegner bei bestehender Aufrechnungslage nicht mit einem Rücktritt zu rechnen brauchte.

§ 353 Rücktritt gegen Reugeld

[1]Ist der Rücktritt gegen Zahlung eines Reugelds vorbehalten, so ist der Rücktritt unwirksam, wenn das Reugeld nicht vor oder bei der Erklärung entrichtet wird und der andere Teil aus diesem Grunde die Erklärung unverzüglich zurückweist. [2]Die Erklärung ist jedoch wirksam, wenn das Reugeld unverzüglich nach der Zurückweisung entrichtet wird.

Die Bestimmung anwendbar bei Ausübung eines vereinbarten (nicht: ges) Rücktrittsrechts gegen Zahlung einer Abfindung (BGH WM 1984, 938). Das **Reugeld** ist keine Vertragsstrafe (zur Abgrenzung vgl → § 339 Rn. 9), §§ 339 ff., 343, § 309 Nr. 6 gelten nicht (KG NJW-RR 1989, 1077, str). Ohne gleichzeitige Reugeldzahlung ist der Rücktritt nur bei **Zurückweisung** (heilbar: S. 2) unwirksam; ist er mangels Zurückweisung wirksam, behält der Rücktrittsgegner den Anspruch auf Zahlung des Reugelds (KG NJW-RR 1989, 1077 f. mwN; hM, str). Die **Beweislast** für eine Reugeldzahlung trägt der Zurücktretende (hM).

§ 354 Verwirkungsklausel

Ist ein Vertrag mit dem Vorbehalt geschlossen, dass der Schuldner seiner Rechte aus dem Vertrag verlustig sein soll, wenn er seine Verbindlichkeit nicht erfüllt, so ist der Gläubiger bei dem Eintritt dieses Falles zum Rücktritt von dem Vertrag berechtigt.

Die Bestimmung bezieht sich auf den heute wohl eher theoretischen Fall einer Klausel, wonach der Schuldner bei Nichterfüllung, uU auch verspäteter Erfüllung oder Schlechterfüllung (je nach Auslegung der Klausel) aller seiner Rechte verlustig gehen soll, und legt eine solche Klausel als Rücktrittsvorbehalt aus. Die Parteien können im Rahmen des allg Zulässigen vereinbaren, dass es bei dem Verfall bleiben soll.

Untertitel 2. Widerrufsrecht bei Verbraucherverträgen

Vorbemerkung zu den §§ 355–361

§§ 355–361 regeln das Widerrufsrecht bei Verbraucherverträgen (§ 310 III). Es 1
schützt den Verbraucher vor Übereilung und kann daher ohne Angabe von Gründen binnen der (jetzt europaweit einheitlichen) Frist des § 355 II ausgeübt werden. Die **Regelungen** (→ § 355 Rn. 1) gehen auf die **Verbraucherrechte-RL** zurück und gelten seit dem 13.6.2014. Der in §§ 355 ff. geregelte Widerruf ist zu unterscheiden von im BGB sonst geregelten Widerrufsrechten (zB §§ 130, 109, 168, 183, 530, 658, 790), mit denen er nur den Namen gemeinsam hat. Durch die Umsetzung der Verbraucherrechte-RL ist das Widerrufsrecht in seinen Voraussetzungen und Rechtsfolgen neu systematisiert. Insbes sind folgende **Änderungen** eingetreten: ein kommentarloses Rücksenden der Ware (§ 356a aF) genügt grds nicht mehr (→ § 355 Rn. 6), der Widerruf muss nicht länger in Textform erfolgen. Über das Widerrufsrecht ist der Verbraucher weiterhin zu belehren (nunmehr klar echte Rechtpflicht, Schwab/Hromek JZ 2015, 278). Dies kann beim Direktvertrieb und

Fernabsatzverträgen mit einem europaweit einheitlichen Muster geschehen (Anlage 1 zu Art. 246a § 1 II 2 EGBGB u Anlage 3 zu Art. 246b § 2 III EGBG). Auch für die Ausübung des Widerrufs kann der Unternehmer ein einheitliches Formular zur Verfügung stellen (§ 356; Anlage 2 zu Art. 246a § 1 II 1 Nr. 1 EGBGB). Bei Verträgen im Außer-Geschäftsraumbereich und Fernabsatzverträgen erlischt das Widerrufsrecht gem § 356 III 2. Für die **Widerrufsfolgen** gelten abschließend §§ 357 ff.; mit Wegfall des Verweises auf §§ 346 ff ist insbes **kein Wertersatz für Nutzungen** mehr zu leisten, sondern grds nur für Abnutzung, Verschlechterung und Untergang (für Einzelheiten s. §§ 357–357e). Keine Regelung treffen §§ 357 ff. für den Fall, dass die Rückgabe nicht mehr möglich ist, s. hierzu → § 357a Rn. 2. Ansprüche auf Rückabwicklung nach Widerruf sind unabhängig von Schadensersatzansprüchen wegen Aufklärungsfehlern (BGH BeckRS 2021, 35919; BeckRS 2021, 35958).

§ 355 Widerrufsrecht bei Verbraucherverträgen

(1) [1]**Wird einem Verbraucher durch Gesetz ein Widerrufsrecht nach dieser Vorschrift eingeräumt, so sind der Verbraucher und der Unternehmer an ihre auf den Abschluss des Vertrags gerichteten Willenserklärungen nicht mehr gebunden, wenn der Verbraucher seine Willenserklärung fristgerecht widerrufen hat.** [2]**Der Widerruf erfolgt durch Erklärung gegenüber dem Unternehmer.** [3]**Aus der Erklärung muss der Entschluss des Verbrauchers zum Widerruf des Vertrags eindeutig hervorgehen.** [4]**Der Widerruf muss keine Begründung enthalten.** [5]**Zur Fristwahrung genügt die rechtzeitige Absendung des Widerrufs.**

(2) [1]**Die Widerrufsfrist beträgt 14 Tage.** [2]**Sie beginnt mit Vertragsschluss, soweit nichts anderes bestimmt ist.**

(3) [1]**Im Falle des Widerrufs sind die empfangenen Leistungen unverzüglich zurückzugewähren.** [2]**Bestimmt das Gesetz eine Höchstfrist für die Rückgewähr, so beginnt diese für den Unternehmer mit dem Zugang und für den Verbraucher mit der Abgabe der Widerrufserklärung.** [3]**Ein Verbraucher wahrt diese Frist durch die rechtzeitige Absendung der Waren.** [4]**Der Unternehmer trägt bei Widerruf die Gefahr der Rücksendung der Waren.**

Lit.: Braunschmidt, Der Widerruf im Bankrecht – Richtlinienkonforme Auslegung und Belehrungswirren, NJW 2014, 1558; Ehmann/Forster, Umsetzung der Verbraucherrechterichtlinie – Teil 2: Das neue Widerrufsrecht, GWR 2014, 211; Hoffmann/Schneider, Die Rücksendung der Ware als Widerrufserklärung, NJW 2015, 2529; Grundmann, Die EU-Verbraucherrechte-Richtlinie, JZ 2013, 53; Hilbig-Lugani, Neuerungen im Außergeschäftsraum- und Fernabsatzwiderrufsrecht – Teil 2, ZJS 2013, 545; Hoffmann, Verbraucherwiderruf bei Stellvertretung, JZ 2012, 1156; Lakkis/Herberger, Der EuGH teilt den Widerrufsjoker aus, MDR 2022, 206; Leier, Die Rückabwicklung des widerrufenen Vertrags – Neuerungen durch das Gesetz zur Umsetzung der Verbraucherrechterichtlinie, VuR 2013, 457; Reiner, Der verbraucherschützende Widerruf im Recht der Willenserklärungen, AcP 203, 1; Schnauder, Die Rückabwicklung eines Realkreditvertrags nach Verbraucherwiderruf, NJW 2015, 2689 [zum alten und neuen Recht]; Schürnbrand, Gesetzliche Muster im Verbraucherschutzrecht, JZ 2015, 974; Schwab, Der verbraucherschützende Widerruf und seine Folgen für die Rückabwicklung des Vertrags, JZ 2015, 644; Tonner, Die Umsetzung der Verbraucherrechterichtlinie – Auswirkungen der Vollharmonisierung, VuR 2014, 23.

1 **1. Allgemeines. a)** Das Widerrufsrecht war wechselhaften Regelungen unterworfen. Durch die Umsetzung der Verbraucherrechte-RL wurde die Rückabwicklung widerrufener Verträge systematisch **neu geordnet** und in den §§ 355–361 ohne Bezug auf das Rücktrittsrecht abschließend geregelt. Die zuvor bei den jeweiligen Vertragstypen normierten Sonderregelungen werden nunmehr in den §§ 355 ff. zentral zusammengefasst. § 355 enthält grundlegende Regelungen des Widerrufsrechts für alle Verbraucherverträge (nicht für Arbeitsrecht, BAG NJW 2019, 1966 [Aufhe-

bungsvertrag]); §§ 356a–356e beziehen sich auf einzelne Verbraucherverträge und modifizieren die Voraussetzungen des § 355. Die **Rechtsfolgen** des Widerrufs sind getrennt nach Widerrufsgrundlage in §§ 357–357e zusammengefasst. §§ 358–360 treffen Regelungen über verbundene Verträge und § 361 enthält übergreifende Bestimmungen. Hinzu kommen Einzelvorschriften in Art. 246–246c EGBGB. Die durch die Verbraucherrechte-RL eingeführte Vollharmonisierung erlaubt auch ein europaweit **einheitliches Muster für die Widerrufsbelehrung. b)** Die § 355 ff. 2
gelten für alle seit dem 13.6.2014 geschlossenen Verträge, Art. 229 § 32 EGBGB. Für vor dem 13.6.2014 abgeschlossene Verträge gilt das bish Recht (Art. 229 § 32 I EGBGB mit Sonderregelungen in II–IV, hierzu die 15. Aufl); s. iÜ zur zeitlichen Anwendbarkeit Grüneberg/Grüneberg Vorb. v § 355 Rn. 6. Widerruf kommt neben Kündigung in Frage (zu § 649 BGH NJW 2018, 3380 Rn. 34; NJW 2010, 610). **c)** Die §§ 355 ff. sind **halbzwingend,** dh nur Abweichungen zu*un*gunsten 3
des Verbrauchers sind unwirksam (§ 361 II 1; BGH NJW-RR 2009, 709).

2. Widerrufsrecht. a) Seiner **Rechtsnatur** nach ist das Widerrufsrecht ein 4
Gestaltungsrecht und als solches nach Zugang unwiderruflich (BGH ZIP 2017, 2454). Er kann auch bei Nichtigkeit des Vertrages ausgeübt werden (BGH NJW 2010, 610 [f. Fernabsatzvertrag nach fr Recht]; krit Friesen VuR 2016, 174); dasselbe gilt für aufgehobenen (BGH NJW 2017, 243; OLG Hamm MDR 2015, 934) oder gekündigten (BGH NJW 2013, 3776) Vertrag. **b)** Das **Recht besteht** nur, **wenn** es dem Verbraucher (§ 13) in einem bes **verbraucherschützendes Ges** eingeräumt ist, I 1. Daneben kommt grds auch ein vertraglich vereinbartes Widerrufsrecht in Betracht; ein darauf gerichtetes Angebot liegt idR aber nicht in einer ges nicht vorgeschriebenen (nachträglichen oder erstmaligen) Widerrufsbelehrung (BGH NJW 2012, 1070 mwN [für formularmäßige Belehrung]; großzügiger OLG Nürnberg WM 2012, 650); → § 312g Rn. 5. **c) Berechtigte.** Das Widerrufsrecht steht außer dem Verbraucher selbst auch seinem vollmachtlos handelnden Stellvertreter zu, der nach § 179 haftet (Grund: Vertragspartner soll nicht besser stehen als bei existierender Vollmacht, BGH NJW-RR 1991, 1079; Staudinger/Schilken § 179 Rn. 10; krit u weitergehend nur auf Situation des falsus procurator abstellend Hoffmann JZ 2012, 1164); in den Fällen der §§ 1357; 8 II LPartG auch dem Mithaftenden (PWW/Stürner Rn. 10). Sind mehrere Verbraucher am Vertrag beteiligt, kann jeder selbständig widerrufen (BGH NJW 2017, 243 f. Verbraucherdarlehen; bei Widerruf durch mehrere oder einen für alle entsteht Mitgläubigerschaft für Rückgewährschuldverhältnis, BGH NJW 2018, 223 Rn. 27; Grüneberg/Grüneberg Rn. 2; Knops/Martens WM 2015, 2025).

3. Ausübung des Widerrufsrechts. a) Bis zum Widerruf besteht ein wirksa- 5
mer Vertrag. Der Verbraucher kann v Unternehmer (§ 14) Erfüllung verlangen (dagegen Abwehr in Unternehmer-AGB möglich: Leistung erst nach Ablauf der Widerrufsfrist, § 308 Nr. 1 Hs. 2). Der Unternehmer hat entspr Erfüllungsanspruch gegen den Verbraucher (aber Einschränkung gem § 486); gegen diesen Anspruch gibt es **kein** auf das Widerrufsrecht gestütztes **Leistungsverweigerungsrecht** des Verbrauchers (arg § 768 I: Wer selbst den Vertrag auflösen kann, bedarf keines Leistungsverweigerungsrechts; iE ebenso MüKoBGB/Fritsche *Rn. 45; Erman/Koch Rn.* 4; Fuchs ZIP 2000, 1282; aA Grüneberg/Grüneberg Rn. 3). **b) Erklärung des Widerrufs, I 2–4.** Widerruf erfolgt durch Erklärung 6
gegenüber dem Unternehmer; sie bedarf keiner Begründung (I 4) und keiner besonderen Form, als Gestaltungserklärung ist der Widerruf grds bedingungsfeindlich und nach Zugang (§ 130 I 2) unwiderruflich (BGH NJW-RR 2018, 301 Rn. 29). Allerdings ist im laufenden Prozess **hilfsweise** erklärter Widerruf zulässig (BGH NJW-RR 2017, 368 Rn. 24). Nicht mehr erforderlich ist Textform (§ 356a I bei Timesharing-Verträgen), Telefonanruf genügt; da Verbraucher aber die Beweislast für rechtzeitigen Widerruf trägt, ist Textform weiterhin sinnvoll (vgl BT-Drs. 17/12637, 60). Die Erklärung muss den Entschluss des Verbrauchers, den Vertrag zu widerrufen, **eindeutig** erkennen lassen (I 3); dies ist ggf durch Auslegung

zu ermitteln (zB Anfechtung nach § 123 als Widerruf, BGH NJW 2017, 2337 Rn. 46); Bezeichnung als „Widerruf" auch nach neuem Recht nicht zwingend erforderlich (zum alten Recht BGH NJW 2017, 2337 Rn. 42; Bezeichnung als Kündigung unschädlich, OLG Köln NJW 2021, 640). Nach hM ist die kommentarlose Warenrücksendung, die früher einem Widerruf gleichstand, nach neuem Recht nicht mehr als solcher zu werten (BT-Drs. 17/12637, 60; OLG Düsseldorf NJW-RR 2015, 877; Grüneberg/Grüneberg Rn. 5; PWW/Stürner Rn. 8; Erman/Koch, Rn. 7; BeckOGK/Mörsdorf Rn. 60; BeckOK/Müller-Christmann, Rn. 25; Erwägungsgrund 44 Verbraucherrechte-RL). Der Verbraucher muss der Rücksendung danach eine eindeutige Erklärung beifügen (zu Recht krit. Hoffmann/Schneider NJW 2015, 2529). Jedenfalls kann Rückgabe als Widerruf vertraglich vereinbart werden, es muss dann aber nach hM gleichwohl seitens des Verbrauchers klargestellt werden, zu welchem Zweck die Rücksendung erfolgt (BT-Drs. 17/12637, 60). Der Widerruf muss dem Unternehmer **zugehen** (§ 130). Zur Wahrung der Frist genügt Absendung vor Fristablauf (I 5). Ist rechtzeitig abgesandte Erklärung nicht zugegangen, kann der Verbraucher sie unverzüglich wiederholen (OLG Dresden NJW-RR 2000, 354). Ob ein **Teilwiderruf** möglich ist, hängt vom jeweiligen Vertrag ab, Teilbarkeit der Leistung des Unternehmers genügt nicht (iE BeckOGK/Mörsdorf Rn. 41), notwendig ist zumindest konkludente (ggf auch erst anlässlich des Widerrufs) getroffene Vereinbarung über Zulässigkeit (genügend zB Retourenschein mit Ankreuzungsmöglichkeit, idS Kotowski
7 VuR 2016, 291). **c) Die Widerrufsfrist** beträgt 14 Tage (II 1). Sie beginnt grds **mit Vertragsschluss** (II 2), wobei diverse Vorschriften zusätzliche Voraussetzungen für den Beginn der Widerrufsfrist normieren (§§ 356 ff., s. dort). Vereinbarung einer **Fristverlängerung** ist, weil verbrauchergünstiger, zulässig (→ Rn. 3; BGH
8 NJW-RR 2009, 710). **d) Beweislast** für Fristbeginn s. § 361 III.

9 **4. Rechtsfolgen. a)** Parteien sind an ihre auf den Abschluss des Vertrags gerichteten Willenserklärungen **nicht mehr gebunden (I 1),** dh das Vertragsverhältnis wird in ein Rückabwicklungsschuldverhältnis umgewandelt. Der Rückabwicklungsanspruch steht dabei grds neben sonstigen Ansprüchen des Verbrauchers gegen den Unternehmer, etwa einem Schadensersatzanspruch wegen vorvertraglichen Aufklärungsverschuldens (BGH NJW 2017, 61 zu fr Recht). Der Streitwert einer Klage auf Feststellung der Rückabwicklung eines Verbraucherdarlehens bemisst sich nach der Hauptrückforderung des Verbrauchers (BGH NJW 2016, 2428 zum fr Recht und §§ 346 ff.; BGH BeckRS 2020, 34288; BeckRS 2020, 9300 [gilt auch für Feststellung der Beendigung u negative Feststellung, seit Widerruf nichts mehr zu schulden]; OLG Karlsruhe BeckRS 2020, 19414 – anders im Anwendungsbereich des § 358: Nettodarlehensbetrag); grds fehlt jedoch einer Klage auf Feststellung der Umwandlung in ein Rückgewährschuldverhältnis das Rechtsschutzbedürfnis im Hinblick auf die vorrangige Leistungsklage (stRspr, zB BGH NJW-RR 2018, 1067 Rn. 14; NJW 2018, 1387 Rn. 14; NJW-RR 2017, 815 Rn. 11; NJW 2017, 1823 Rn. 21 und 2340 Rn. 16; KG NJW-RR 2019, 492). Erhebt der Verbraucher aber negative Feststellungsklage bezüglich weiterer Leistungen aus dem widerrufenen Vertrag, ist die Klage zulässig und nicht subsidiär gegenüber einer Leistungsklage auf Rückgewähr geleisteter Zahlungen BGH NJW 2017, 2340; OLG Brandenburg
10 BeckRS 2020, 40059; OLG Celle BeckRS 2022, 2288). **b) III 1** ist eigene Anspruchsgrundlage für die Pflicht zur **Rückgewähr** der gegenseitigen empfangenen Leistungen, soweit §§ 356 ff. keine Sonderregelungen enthalten (BT-Drs. 17/12637, 60). Die Rückgewähr hat unverzüglich (zum Begriff s. § 121) zu erfolgen (§ 288 V findet keine Anwendung → § 288 Rn. 11 mN). Beim Widerruf des Beitritts zu einem Immobilienfonds gelten weiterhin die Grundsätze über die **fehlerhafte Gesellschaft** (PWW/Stürner § 361 Rn. 7), der Widerrufende hat nur Anspruch auf ein Abfindungsguthaben (vereinbar mit inzwischen nicht mehr anwendbarer Art. 5 II Haustürgeschäfte-RL: EuGH NJW 2010, 1511 [auf Vorlage v BGH DStR 2008, 100]; BGH ZIP 2006, 1388; ZIP 2005, 255; hierzu Schubert

WM 2006, 1328, § 312 Rn. 5). Beim darlehensfinanzierten Fondsbeitritt und Widerruf des Darlehens (→ § 358 Rn. 3) gilt dies jedoch nicht im Verhältnis des Gesellschafters zur kreditgebenden Bank, der finanzierte Gesellschaftsanteil ist auf die Bank zu übertragen (BGH NJW-RR 2006, 1715; NJW-RR 04, 2731; → § 358 Rn. 14). **c)** Bei einer durch Ges bestimmten **Höchstfrist** für die Rückgewähr (zB 11
§ 357 I), gelten daneben S. 2 und S. 3. Die Frist beginnt für den Verbraucher mit der Abgabe der Widerrufserklärung, für den Unternehmer mit deren Zugang **(III 2).** Durch die rechtzeitige Absendung der Ware wahrt der Verbraucher die Frist; er kann sie auch an eine v Unternehmer ermächtigte Person zurückgewähren (BT-Drs. 17/12637, 60). Keine Pflicht zur Rücksendung für den Verbraucher, wenn der Unternehmer Abholung angeboten hat (s. § 357 VI). **d)** Rücksendung erfolgt auf 12
Gefahr des Unternehmers **(III 4).** Verbraucher muss Ware aber angemessen verpacken (BT-Drs. 17/12637, 60). Modifizierungen zu III enthalten die §§ 357 ff. (s. dort).

§ 356 Widerrufsrecht bei außerhalb von Geschäftsräumen geschlossenen Verträgen und Fernabsatzverträgen

(1) [1]**Der Unternehmer kann dem Verbraucher die Möglichkeit einräumen, das Muster-Widerrufsformular nach Anlage 2 zu Artikel 246a § 1 Absatz 2 Satz 1 Nummer 1 des Einführungsgesetzes zum Bürgerlichen Gesetzbuche oder eine andere eindeutige Widerrufserklärung auf der Webseite des Unternehmers auszufüllen und zu übermitteln.** [2]**Macht der Verbraucher von dieser Möglichkeit Gebrauch, muss der Unternehmer dem Verbraucher den Zugang des Widerrufs unverzüglich auf einem dauerhaften Datenträger bestätigen.**

(2) **Die Widerrufsfrist beginnt**

1. bei einem Verbrauchsgüterkauf,
   a) der nicht unter die Buchstaben b bis d fällt, sobald der Verbraucher oder ein von ihm benannter Dritter, der nicht Frachtführer ist, die Waren erhalten hat,
   b) bei dem der Verbraucher mehrere Waren im Rahmen einer einheitlichen Bestellung bestellt hat und die Waren getrennt geliefert werden, sobald der Verbraucher oder ein von ihm benannter Dritter, der nicht Frachtführer ist, die letzte Ware erhalten hat,
   c) bei dem die Ware in mehreren Teilsendungen oder Stücken geliefert wird, sobald der Verbraucher oder ein vom Verbraucher benannter Dritter, der nicht Frachtführer ist, die letzte Teilsendung oder das letzte Stück erhalten hat,
   d) der auf die regelmäßige Lieferung von Waren über einen festgelegten Zeitraum gerichtet ist, sobald der Verbraucher oder ein von ihm benannter Dritter, der nicht Frachtführer ist, die erste Ware erhalten hat,

2. bei einem Vertrag, der die nicht in einem begrenzten Volumen oder in einer bestimmten Menge angebotene Lieferung von Wasser, Gas oder Strom, die Lieferung von Fernwärme oder die Lieferung von nicht auf einem körperlichen Datenträger befindlichen digitalen Inhalten zum Gegenstand hat, mit Vertragsschluss.

(3) [1]**Die Widerrufsfrist beginnt nicht, bevor der Unternehmer den Verbraucher entsprechend den Anforderungen des Artikels 246a § 1 Absatz 2 Satz 1 Nummer 1 oder des Artikels 246b § 2 Absatz 1 des Einführungsgesetzes zum Bürgerlichen Gesetzbuche unterrichtet hat.** [2]**Das Widerrufsrecht erlischt spätestens zwölf Monate und 14 Tage nach dem in Absatz 2 oder § 355 Absatz 2 Satz 2 genannten Zeitpunkt.** [3]**Satz 2 ist auf Verträge über Finanzdienstleistungen nicht anwendbar.**

(4) **Das Widerrufsrecht erlischt bei Verträgen über die Erbringung von Dienstleistungen auch unter folgenden Voraussetzungen:**
1. **bei einem Vertrag, der den Verbraucher nicht zur Zahlung eines Preises verpflichtet, wenn der Unternehmer die Dienstleistung vollständig erbracht hat,**
2. **bei einem Vertrag, der den Verbraucher zur Zahlung eines Preises verpflichtet, mit der vollständigen Erbringung der Dienstleistung, wenn der Verbraucher vor Beginn der Erbringung**
   a) **ausdrücklich zugestimmt hat, dass der Unternehmer mit der Erbringung der Dienstleistung vor Ablauf der Widerrufsfrist beginnt,**
   b) **bei einem außerhalb von Geschäftsräumen geschlossenen Vertrag die Zustimmung nach Buchstabe a auf einem dauerhaften Datenträger übermittelt hat und**
   c) **seine Kenntnis davon bestätigt hat, dass sein Widerrufsrecht mit vollständiger Vertragserfüllung durch den Unternehmer erlischt,**
3. **bei einem Vertrag, bei dem der Verbraucher den Unternehmer ausdrücklich aufgefordert hat, ihn aufzusuchen, um Reparaturarbeiten auszuführen, mit der vollständigen Erbringung der Dienstleistung, wenn der Verbraucher die in Nummer 2 Buchstabe a und b genannten Voraussetzungen erfüllt hat,**
4. **bei einem Vertrag über die Erbringung von Finanzdienstleistungen, wenn der Vertrag von beiden Seiten auf ausdrücklichen Wunsch des Verbrauchers vollständig erfüllt ist, bevor der Verbraucher sein Widerrufsrecht ausübt.**

(5) **Das Widerrufsrecht erlischt bei Verträgen über die Bereitstellung von nicht auf einem körperlichen Datenträger befindlichen digitalen Inhalten auch unter folgenden Voraussetzungen:**
1. **bei einem Vertrag, der den Verbraucher nicht zur Zahlung eines Preises verpflichtet, wenn der Unternehmer mit der Vertragserfüllung begonnen hat,**
2. **bei einem Vertrag, der den Verbraucher zur Zahlung eines Preises verpflichtet, wenn**
   a) **der Unternehmer mit der Vertragserfüllung begonnen hat,**
   b) **der Verbraucher ausdrücklich zugestimmt hat, dass der Unternehmer mit der Vertragserfüllung vor Ablauf der Widerrufsfrist beginnt,**
   c) **der Verbraucher seine Kenntnis davon bestätigt hat, dass durch seine Zustimmung nach Buchstabe b mit Beginn der Vertragserfüllung sein Widerrufsrecht erlischt, und**
   d) **der Unternehmer dem Verbraucher eine Bestätigung gemäß § 312f zur Verfügung gestellt hat.**

1 **1. Allgemeines. a)** § 356 enthält ergänzende Regelungen zu § 355. Er gilt nur für **außerhalb v Geschäftsräumen** geschlossene Verträge (§ 312b) und **Fernabsatzverträge** (§ 312c), für die nach § 312g ein Widerrufsrecht besteht; nicht für Verbraucherdarlehensverträge (vgl. § 312g III), für diese nur §§ 355, 356b.
2 **b)** Umsetzung der Verbraucherrechte-RL: zT ersetzt § 356 Regelungen des § 312d aF. **IV und V** geändert durch G v. 10.8.2021 (BGBl. 2021 I, 3483) mit Wirkung zum 28.5.2022; **V Nr. 2 lit a** eingeführt durch G v. 15.7.2022 mit Wirkung zum 22.7.2022.

3 **2. Ausübung des Widerrufs (I).** Der Verbraucher kann zur Erklärung seines Widerrufs das Muster-Widerrufsformular nach Anlage 2 zu Art. 246a § 1 II 1 Nr. 1 EGBGB oder eine andere eindeutige Widerrufserklärung auf der Webseite des Unternehmers ausfüllen (muss dies aber nicht), wenn ihm diese Möglichkeit v Unternehmer eröffnet wurde (keine Verpflichtung des Unternehmers). Erfolgt der Widerruf auf eine dieser Arten, muss der Unternehmer dem Verbraucher den

Zugang des Widerrufs unverzüglich (s. § 121) auf einem dauerhaften Datenträger (§ 126b S. 2) **bestätigen.** I dient sowohl dem Interesse des Verbrauchers als auch des Unternehmers infolge leichterer elektronischer Erfassung und Zuordnung des Widerrufs (BT-Drs. 17/12637, 60).

3. Beginn Widerrufsfrist (II). a) Nr. 1. Bei einem **Verbrauchsgüterkauf** iSv 4
§ 474 I tritt er abw v § 355 II 2 grds erst ein, wenn der Verbraucher die Ware erhalten hat **(Nr. 1a)** (bei Kauf auf Probe nicht vor Billigung: BGH NJW 2005, 283 m. zu Recht abl Anm Westermann EWiR 2004, 899). Bei einheitlicher Bestellung aber getrennter Lieferung beginnt die Frist mit der letzten Lieferung **(Nr. 1b),** bei mehreren Teilsendungen oder Stücken mit Erhalt der letzten Teilsendung bzw des letzten Stückes **(Nr. 1c)** und bei regelmäßiger Lieferung v Waren über einen festgesetzten Zeitraum mit Erhalt der ersten Ware **(Nr. 1d).** Grund: Verbraucher soll Ware prüfen können. Daher beginnt Frist **nicht,** wenn gelieferte **Ware unvollständig** ist oder bei Aliud-Lieferung (str wg § 434 III; hinreichender Schutz nach § 241a). Str ist, ob Frist läuft, wenn Ware **mangelhaft** ist. Dies ist im Interesse baldiger Rechtssicherheit zu bejahen – Verbraucher muss sich zwischen Widerruf und Nacherfüllung (§§ 439 I, 434 I, III) entscheiden. Wertverlust schließt Widerruf nicht aus, s. arg ex § 357 VII. Erhalt der Ware setzt in richtlinienkonformer Auslegung („physischer Besitz", Art. 9 II b Verbraucherrechte-RL)) **tatsächliche Sachherrschaft** voraus. **b) Nr. 2.** Bei Verträgen über nicht in einem begrenzten Volu- 5
men oder in einer bestimmten Menge angebotene Lieferungen v **Wasser, Gas** oder **Strom** und über die Lieferung v **Fernwärme** oder nicht auf einem körperlichen Datenträger befindliche **digitale Inhalte** (s. § 312f III und Art. 2 Nr. 11 Verbraucherrechte-RL) beginnt die Widerrufsfrist schon mit Vertragsschluss. Erfasst werden auch Energieliefer-Verträge, in denen die zur Belieferung notwendige Anlage evtl auf dem Grundstück des Kunden steht (BT-Drs. 17/12637, 61). **c) Belehrung und Informationen (III).** Bei allen außerhalb v Geschäftsräumen geschlossenen Verträgen (§ 312b) und Fernabsatzverträgen (§ 312c), für die nach § 312g ein Widerrufsrecht besteht, beginnt die Widerrufsfrist nur, wenn der Unternehmer gem Art. 246a § 1 II 1 Nr. 1 EGBGB **über das Widerrufsrecht belehrt** hat (echte Rechtspflicht, ggf auch Schadensersatz nach § 280, → § 361 Rn. 1; aA Grüneberg/Grüneberg § 361 Rn. 1 [abschließende Regelung in §§ 355 ff.]) oder gem Art. 246b § 2 I EGBGB unterrichtet. Auf die **Schutzwirkung** von Art. 246a § 1 II 2 EGBGB kann sich der Unternehmer nicht berufen, wenn er den Verbraucher durch eine weitere nicht ordnungsgemäße Belehrung irreführt (BGH NJW 2021, 3122). Die Erfüllung der sonstigen Informationspflichten ist für den Beginn der Widerrufsfrist unerheblich. Inhalt und Form der Widerrufsbelehrung sind in den jeweiligen Vorschriften des EGBGB geregelt. Fernabsatzverträge erfordern dabei eine zweifache Belehrung: vor Vertragsschluss in einer der Fernkommunikation angepassten Weise (Art. 246a § 3 S. 1, § 4 III EGBGB), nach Vertragsschluss auf einem dauerhaften Datenträger (§ 312f II), Abs. 3 stellt für den Fristbeginn auf ersteres ab. Die Verwendung eines **„dauerhaften Datenträgers"** bei den Informationspflichten (Def in § 126b) ist dabei je nach Vertragstyp unterschiedlich geregelt. Zum Erfordernis des Aushändigens der Belehrung s. BGH NJW-RR 2021, 177. Das Zur-Verfügung-Stellen der Widerrufsbelehrung auf einer einfachen Webseite genügt nicht (s. schon zum bish Recht BGH NJW 2014, 2857 mN zur hM, 10, 3566), wohl aber sog „fortgeschrittene Webseiten" mit passwortgeschütztem eigenen Zugangsbereich für Verbraucher (Alexander wrp 2014, 505). Nicht ausreichend ist eine Widerrufsbelehrung durch automatisierten E-Mailversand, die den Absender nicht erkennen lässt („no-reply" Mails, Kienzler/Goerke NJW 2021, 3079).

4. Erlöschen. a) Bei außerhalb v Geschäftsräumen geschlossenen Verträgen und 6
Fernabsatzverträgen erlischt das Widerrufsrecht spätestens 12 Monate und 14 Tage nach dem in II oder § 355 II 2 genannten Zeitpunkt (Vertragsschluss, **III 2).** Die unterbliebene oder nicht ordnungsgemäße Belehrung des Verbrauchers über sein Widerrufsrecht steht dem Erlöschen anders als bish nicht mehr entgegen. Dies gilt

nicht für Finanzdienstleistungen (**III 3,** insoweit gilt die alte Rechtslage und Rspr zum **„ewigen Widerrufsrecht"** fort, BGH NJW-RR 2018, 1204 Rn. 11; NJW-RR 2017, 815; NJW-RR 2017, 886; NJW 2017, 2102; 2016, 3512; WM 2017, 370; s. auch → Rn. 7; Einzelh bei Lechner WM 2017, 689 ff., 737 ff.; s. aber EuGH NJW 2019, 3290 zu Verbraucherdarlehen, die nicht von Verbraucherkredit-RL 2008/48 erfasst sind) und stand wegen des Vollharmonisierungsansatzes auch nicht zur Disposition des deutschen Gesetzgebers), möglich bleibt Verwirkung (→ Rn. 8).

7 **b) IV** wurde vor allem im Hinblick auf Verträge über die Bereitstellung digitaler Dienstleistungen modifiziert, bei denen Verbraucher durch das Zur-Verfügungstellen persönlicher Daten bezahlen. Bei außerhalb v Geschäftsräumen geschlossenen Verträgen und Fernabsatzverträgen zur Erbringung v **Dienstleistungen** differenziert **IV** in Nr. 1 und 2 nun danach, ob der Verbraucher zur Zahlung eines Preises verpflichtet ist oder nicht (zum Begriff des **Preises,** § 327 I 2 und → § 312 Rn. 1. Im zuletzt genannten Fall erlischt Widerrufsrecht mit **vollständiger Erbringung** der Dienstleistung durch den Unternehmer (**IV Nr. 1**). Das vollständige Erbringen bezieht sich auf die vertragliche Hauptleistung, die aus den Charakteristika des Vertragstyps folgt und nicht in AGB modifiziert werden kann (BGH NJW 2021, 2885 Rn. 19 ff). Von Preiszahlung erfasst sind Fälle, in denen Verbraucher persönliche Daten zur Verfügung stellt. Bei Dauerschuldverhältnissen wie in Sozialen Netzwerken, liegt mit erstmaliger Bereitstellung noch keine vollständige Erbringung vor (BT-Drs. 19/27655 S. 29). In allen Fällen einer Zahlungspflicht erlischt das Widerrufsrecht unter den Voraussetzungen von **IV Nr. 2 a–c,** wenn die Dienstleistung erbracht ist, wenn der Verbraucher vor deren Beginn seine ausdr Zustimmung zur Ausführung vor Ablauf der Widerrufsfrist gegeben, diese unter den Voraussetzungen von lit b auf einem dauerhaften Datenträger übermittelt wurde und der Verbraucher seine Kenntnis v dem Verlust seines Widerrufsrechts bei vollständiger Vertragserfüllung bestätigt hat. Ordnungsgemäße Belehrung wird vorausgesetzt (Grüneberg/Grüneberg Rn. 9) oder sonstige Kenntnis des Kunden vom Widerrufsrecht (BGH WM 2019, 1985). **IV Nr. 2 lit b** geht auf Art. 7 Verbraucherrechte-RL zurück und wurde schon zur Klarstellung mit dem Gesetz zur Umsetzung der Wohnraumimmobilienkredit-RL nachträglich eingefügt (früher IV 2). **IV Nr. 2 lit c** erfordert Kenntnis des Verbrauchers vom Verlust seines Widerrufsrecht bei vollständiger Vertragserfüllung. Diese setzt ordnungsgemäße Belehrung über das Widerrufsrecht voraus (OLG Brandenburg BeckRS 2021, 22149). Dabei muss ihm die Belehrung ausgehändigt worden sein (BGH NJW-RR 2021, 177 [Art. 246a § 4 EGBGB findet Anwendung, auch wenn in III nicht ausdrücklich in Bezug genommen). **IV Nr. 3** macht von der Öffnungsklausel des Art. 16 III Verbraucherrecht-RL Gebrauch und trifft Sonderregelung für Aufforderung zu Reparaturleistungen. Eine Bestätigung des Verbrauchers über seine Kenntnis vom Verlust des Widerrufsrechts entfällt. Erfasst werden auch Fälle des § 312g II Nr. 11, 2. Halbsatz. Für **Finanzdienstleistungen** enthält **IV Nr. 4** eine abw Regelung: Das Widerrufsrecht erlischt, wenn der Vertrag v beiden Parteien auf ausdr Wunsch des Verbrauchers vor Ausübung des Widerrufsrechts erfüllt ist. Str ist das Verhältnis dieses Fernabsatz-Widerrufsrechts zu demjenigen bei Verbraucherdarlehen (hierzu Wendehorst NJW 2019, 3423; Maier VuR 2018, 262). EuGH NJW 2019, 3290 betrifft nur Verträge, die nicht unter Verbraucherkredit-RL 2008/48 fallen (Poelzig/Reimschüssel NJW 2019, 3293). Es erfasst nach richtiger Auslegung nur das Erlöschen des Fernabsatz-Widerrufsrechts (Art. 6 RL 2002/65/EG, Maier VuR 2020, 18) und lässt einen Widerruf nach § 495 (folgt erst aus RL 2008/48/EG) unberührt (§ 312g III, so auch BGH NJW-RR 2018, 1204; BeckRS 2019, 628; BeckRS 2017, 131374, zu dem damals nur nach nationalen Recht bestehenden Widerrufsrecht äußert sich der EuGH nicht), nach aA soll das EuGH-Urteil auch den Widerruf nach § 495 ausschließen im Fall von § 312d III Nr. 1 aF = IV 3 (Wendehorst NJW 2019, 3423; Omlor EWiR 2019, 645; Rott VbR 2019, 185), was nach deutschem Recht nicht umsetzbar wäre (BGH NJW-RR 2018, 1204 Rn. 12 ff. – der Annahme einer fehlerhaften Widerrufsbelehrung widerspricht nun EuGH aaO, fehlende Umsetzbarkeit

bestätigend BGH NJW 2020, 148). Zu Konsequenzen und möglicher Widersprüchlichkeit der Widerrufsbelehrung, wenn man dem EuGH folgt (Maier VuR 2020, 18). Für Verbraucherdarlehensverträge, die nach dem 21.6.2016 geschlossen sind, gilt aber ohnehin § 356b II 4 (→ Rn. 8). Darüber hinaus wird teilweise versucht, **8**
über **§ 242** bei Sonderwissen des Verbrauchers (so Darwis NJW 2016, 439 mN), Schutzzweckwidrigkeit (abl BGH NJW 2016, 3512 Rn. 47 bei Widerruf wegen Zinsgefälle) oder wegen fehlender Kausalität des Belehrungsmangels für die fehlende Ausübung des Widerrufsrechts, den Widerruf zu versagen (abl OLG Stuttgart BeckRS 2015, 17276 Rn. 36). In Betracht kommt auch **widersprüchliches Verhalten,** wenn Verbraucher sich auf Widerruf beruft, aber andererseits Vertrag bestätigt (OLG Brandenburg BeckRS 2021, 16841; BeckRS 2020, 19554); für **rechtsmissbräuchlichen** späten Widerruf aus rein wirtschaftlichen Erwägungen, OLG Hamm NJW-RR 2022, 423. Denkbar ist auch eine **Verwirkung des Widerrufsrechts** (BGH NJW 2016, 3512 Rn. 34 mwN; NJW 2017, 243; BeckRS 2017, 131374; NJW-RR 2018, 1204 Rn. 15; NJW 2018, 1390; OLG Hamburg BeckRS 2018, 4251; grds abl Protzen NJW 2016, 3479), wobei das notwendige Umstandsmoment teilweise in der beiderseitigen Vertragserfüllung gesehen wird (KG WM 2017, 1298; OLG Köln WM 2012, 1532; OLG Düsseldorf NJW 2014, 1599; Darwis NJW 2016, 441; Scholz/Schmidt/Ditté ZIP 2015, 605; abl BGH NJW 2016, 3512 Rn. 39). Nach aA fehlt es aber schon wegen der mangelhaften Belehrung auf Seiten des Unternehmers an einem Vertrauenstatbestand (BGH NJW 2016, 1388 Rn. 27; NJW 2014, 2646 Rn. 39 [zum Sonderfall des § 5a II 1 VVG aF]; OLG Hamm NJW-RR 2016, 494 Rn. 22 [trotz einvernehmlicher Vertragsaufhebung]; OLG Stuttgart BeckRS 2015, 17276 Rn. 43; OLG Frankfurt BeckRS 2016, 02801; OLG Karlsruhe ZIP 2016, 663, das Argument erneut zurückweisend BGH NJW 2018, 1390 Rn. 18). Die für das **Zeitmoment** maßgebliche Frist sollte nach bisheriger Rspr. ab Zustandekommen des Verbraucherdarlehensvertrages laufen (BGH NJW 2018, 1390 Rn. 13; NJW 2016, 3518; NJW 2016, 3512 Rn. 37). Zu Recht hielt der BGH bislang jedoch ein schutzwürdiges Vertrauen für möglich, wenn der Vertrag auf Wunsch des Verbrauchers aufgehoben wurde oder beendet ist und daher auch eine Nachbelehrung nicht mehr erfolgte (BGH NJW 2016, 3518 Rn. 41; NJW 2017, 243 Rn. 30); ebenso bei Ablösung unter Zahlung von Vorfälligkeitsentschädigung OLG Schleswig WM 2016, 2350; dagegen OLG Frankfurt NJW-RR 2015, 1460; diff. Heyers NJW 2014, 2621. Str ist auch innerhalb des BGH, ob die Unkenntnis des Darlehensnehmers von seinem Widerrufsrecht die Verwirkung ausschließt (gegen Ausschluss XI. Senat: BGH NJW-RR 2018, 118; NJW 2018, 223; NJW 2018, 225; NJW 2018, 1390 Rn. 16; aA IV. Senat [Kenntnis erforderlich für Verwirkung]: BGH NJW-RR 2018, 161; BeckRS 2017, 111483; Knops NJW 2018, 425). Erforderlich ist in jedem Fall eine Gesamtbetrachtung der Umstände, um eine rechtsmissbräuchliche Ausübung festzustellen (BGH NJW 2018, 66; zust Herresthal NJW 2019, 13; OLG Bremen BeckRS 2020, 24508). Der **EuGH** (in NJW 2022, 40) hat nun aus Art. 14 VerbraucherKrRL abgeleitet, dass **aus Zeitablauf kein Verwirkungseinwand** hergeleitet werden darf, wenn Pflichtangaben fehlten. Während dies teilweise als abschließende Entscheidung angesehen wird (OLG Braunschweig VuR 2022, 197; Artz NJW 2022, 49; Knops/Fromm WM 2021, 2169) stellt *sich der BGH in* einem weiteren Vorlageverfahren (BeckRS 2022, 2311 Rn. 58 ff.; s. auch OLG Stuttgart VuR 2022, 62) auf den Standpunkt, dass der Widerruf bei betrügerischer und missbräuchlicher Berufung unabhängig vom Zeitelement ausgeschlossen bleiben kann, wenn zB der Vertrag beendet, Sicherheiten aufgegeben wurden und die unterbliebenen Informationen keine Rolle gespielt haben (so auch Aßfalg GPR 2022, 77, 91 f.; iErg ähnlich GA Hogan Schlussanträge 15.7.2021, zu EuGH NJW 2022, 40 Rn. 106–108; ähnlich OLG Braunschweig BeckRS 2021, 37775; OLG Stuttgart VuR 2022, 62); für Rechtsmissbrauch auch OLG Brandenburg BeckRS 2021, 5526 Rn. 85 ff; BeckRS 2021, 1102; BeckRS 2021, 10379, wenn Fehler der Widerrufsbelehrung in für Verbraucher erkennbar überflüssigen Angaben besteht. Für **Immobiliar-Verbraucherdarlehensverträge** gilt seit

21.3.2016 die absolute Erlöschensfrist nach § 356b II 4. Hieraus lässt sich nach teilw vertretener Ansicht (Herresthal NJW 2019, 13) die allg Wertung ableiten, dass der Schutzzweck des Widerrufsrechts grds eine Rolle spielt (anders die bish BGH-Rspr) und nach Ablauf der absoluten Frist der Ausübung entgegensteht. Zur sonstigen
9 **rechtsmissbräuchlichen** Ausübung des Widerrufs → § 312g Rn. 1. **c) V** traf schon bisher eine Sonderregelung für Verträge über die Lieferung v nicht auf einem körperlichen Datenträger befindliche **digitale Inhalte.** Sie wurde mit Wirkung zum 28.5.2022 erneut modifiziert und differenziert nun ebenfalls danach, ob der Verbraucher einen Preis bezahlen muss oder nicht. Ist das nicht der Fall, erlischt das Widerrufsrecht bereits mit Beginn der Vertragserfüllung; andernfalls unter den kumulativen Voraussetzungen von Nr. 2 lit a-d.

§ 356a Widerrufsrecht bei Teilzeit-Wohnrechteverträgen, Verträgen über ein langfristiges Urlaubsprodukt, bei Vermittlungsverträgen und Tauschsystemverträgen

(1) **Der Widerruf ist in Textform zu erklären.**

(2) **[1]Die Widerrufsfrist beginnt mit dem Zeitpunkt des Vertragsschlusses oder des Abschlusses eines Vorvertrags. [2]Erhält der Verbraucher die Vertragsurkunde oder die Abschrift des Vertrags erst nach Vertragsschluss, beginnt die Widerrufsfrist mit dem Zeitpunkt des Erhalts.**

(3) **[1]Sind dem Verbraucher die in § 482 Absatz 1 bezeichneten vorvertraglichen Informationen oder das in Artikel 242 § 1 Absatz 2 des Einführungsgesetzes zum Bürgerlichen Gesetzbuche bezeichnete Formblatt vor Vertragsschluss nicht, nicht vollständig oder nicht in der in § 483 Absatz 1 vorgeschriebenen Sprache überlassen worden, so beginnt die Widerrufsfrist abweichend von Absatz 2 erst mit dem vollständigen Erhalt der vorvertraglichen Informationen und des Formblatts in der vorgeschriebenen Sprache. [2]Das Widerrufsrecht erlischt spätestens drei Monate und 14 Tage nach dem in Absatz 2 genannten Zeitpunkt.**

(4) **[1]Ist dem Verbraucher die in § 482a bezeichnete Widerrufsbelehrung vor Vertragsschluss nicht, nicht vollständig oder nicht in der in § 483 Absatz 1 vorgeschriebenen Sprache überlassen worden, so beginnt die Widerrufsfrist abweichend von Absatz 2 erst mit dem vollständigen Erhalt der Widerrufsbelehrung in der vorgeschriebenen Sprache. [2]Das Widerrufsrecht erlischt gegebenenfalls abweichend von Absatz 3 Satz 2 spätestens zwölf Monate und 14 Tage nach dem in Absatz 2 genannten Zeitpunkt.**

(5) **[1]Hat der Verbraucher einen Teilzeit-Wohnrechtevertrag und einen Tauschsystemvertrag abgeschlossen und sind ihm diese Verträge zum gleichen Zeitpunkt angeboten worden, so beginnt die Widerrufsfrist für beide Verträge mit dem nach Absatz 2 für den Teilzeit-Wohnrechtevertrag geltenden Zeitpunkt. [2]Die Absätze 3 und 4 gelten entsprechend.**

1 **1. Allgemeines und Form des Widerrufs.** § 356a stellt v § 356 abw spezielle Regelungen zum Widerrufsrecht bei Teilzeit-Wohnrechteverträgen, Verträgen über ein langfristiges Urlaubsprodukt, Vermittlungsverträgen und Tauschsystemverträgen auf. Die Vorschrift entspricht § 485a aF unter Anpassung der Widerrufsfristen (statt 2 Wochen: 14 Tage, statt 1 Jahr: 12 Monate). **I** wurde eingefügt durch Gesetz zur Umsetzung der Wohnraumimmobilienkredit-RL (und beseitigt ein Redaktionsversehen bei der Umsetzung der Verbraucherrechte-RL). Die Regelung setzt Art. 7 Timesharing-RL um (Vollharmonisierung) und weicht von § 355 I 2 ab, der für den Widerruf grds keine Form mehr vorschreibt (→ § 355 Rn. 6).

2 **2. Widerrufsfrist. a) Beginn.** Die 14-tägige Widerrufsfrist beginnt grds mit Abschluss des (verbindlichen Vor-)Vertrags oder mit **Erhalt der Vertragsurkunde,** falls der Verbraucher diese erst nach Vertragsschluss ausgehändigt bekommt. Verletzt

der Unternehmer dabei seine Informations- und Belehrungspflichten, gelten f. Sonderregeln: **aa) Abw** v I beginnt die Widerrufsfrist gem **II 1** erst mit Erhalt der 3
vorvertraglichen Informationen (§ 482 I) sowie des dazugehörigen vollständig ausgefüllten Formblatts (Art. 242 § 1 EGBGB) in der vorgeschriebenen Sprache (§ 483), wenn Informationen oder Formblatt vor Vertragsschluss nicht, nicht vollständig oder nicht in der richtigen Sprache vorgelegen haben. **bb) Abw** v I beginnt die 4
Widerrufsfrist gem **III 1** erst mit Erhalt des vollständig ausgefüllten Formblatts zur Widerrufsbelehrung (§ 482a) in der vorgeschriebenen Sprache (§ 483), wenn die Belehrung vor Vertragsschluss nicht, nicht vollständig oder nicht in der richtigen Sprache vorgelegen hat. **b) Erlöschen.** Die Widerspruchsfrist erlischt gem **II 2** grds bereits **drei Monate** und 14 Tage nach dem regulären Fristbeginn in I. Wegen der bes Bedeutung des Widerrufsrechts erlischt das Widerrufsrecht allerdings bei falscher oder unvollständiger Widerrufsbelehrung gem III 2 erst 12 Monate und 14 Tage nach dem regulären Fristbeginn in I. **c) Verbundene Verträge.** Bei gemeinsam 5
abgeschlossenen Teilzeit-Wohnrechte- und Tauschsystemverträgen beginnt die Widerrufsfrist für beide Verträge aus Gründen der Rechtssicherheit in dem nach I für den Teilzeit-Wohnrechtevertrag geltenden Zeitpunkt, IV.

§ 356b Widerrufsrecht bei Verbraucherdarlehensverträgen

(1) **Die Widerrufsfrist beginnt auch nicht, bevor der Darlehensgeber dem Darlehensnehmer eine für diesen bestimmte Vertragsurkunde, den schriftlichen Antrag des Darlehensnehmers oder eine Abschrift der Vertragsurkunde oder seines Antrags zur Verfügung gestellt hat.**

(2) **[1]Enthält bei einem Allgemein-Verbraucherdarlehensvertrag die dem Darlehensnehmer nach Absatz 1 zur Verfügung gestellte Urkunde die Pflichtangaben nach § 492 Absatz 2 nicht, beginnt die Frist erst mit Nachholung dieser Angaben gemäß § 492 Absatz 6. [2]Enthält bei einem Immobiliar-Verbraucherdarlehensvertrag die dem Darlehensnehmer nach Absatz 1 zur Verfügung gestellte Urkunde die Pflichtangaben zum Widerrufsrecht nach § 492 Absatz 2 in Verbindung mit Artikel 247 § 6 Absatz 2 des Einführungsgesetzes zum Bürgerlichen Gesetzbuche nicht, beginnt die Frist erst mit Nachholung dieser Angaben gemäß § 492 Absatz 6. [3]In den Fällen der Sätze 1 und 2 beträgt die Widerrufsfrist einen Monat. [4]Das Widerrufsrecht bei einem Immobiliar-Verbraucherdarlehensvertrag erlischt spätestens zwölf Monate und 14 Tage nach dem Vertragsschluss oder nach dem in Absatz 1 genannten Zeitpunkt, wenn dieser nach dem Vertragsschluss liegt.**

(3) **Die Widerrufsfrist beginnt im Falle des § 494 Absatz 7 bei einem Allgemein-Verbraucherdarlehensvertrag erst, wenn der Darlehensnehmer die dort bezeichnete Abschrift des Vertrags erhalten hat.**

Lit.: Feldhusen, Das Schicksal von Zahlungen nach Widerruf eines Verbraucherdarlehensvertrages, NJW 2018, 1209; Herresthal, Rechtsmissbräuchliche Ausübung des Widerrufsrechts bei Verbraucherdarlehensverträgen, NJW 2019, 13; Holst, Auswirkungen unwirksamer oder verwirrender Klauseln auf eine ordnungsgemäße Widerrufsbelehrung, WM 2019, 1144; Knops, Gläubigerkenntnis und Schuldnervertrauen als Verwirkungsvoraussetzungen, NJW 2018, 425; Lakkis/Herberger, Der EuGH teilt den Widerrufsjoker aus, MDR 2022, 206; Lühmann/Latta, Die Rechtsfolgen des Widerrufs von Immobiliarverbraucherdarlehensverträgen in Altfällen, NJW 2017, 2071.

1. Allgemeines. § 356b enthält Sonderregelungen für den Beginn der Widerrufsfrist bei Verbraucherdarlehensverträgen (Überblick: Lechner WM 2017, 689 ff., 737 ff.). I entspricht dabei weitestgehend der bish Regelung des § 355 III 2 aF, II und III wurden durch das Gesetz zur Umsetzung der Wohnraumimmobilienkredit-RL mit Wirkung zum 21.3.2016 neugefasst. Neu ist vor allem das für Immobilien-Verbraucherdarlehensverträge (§ 491 III) in II 4 eingefügte absolute Erlöschen des Widerrufsrechts. Bei unechter Abschnittsfinanzierung (kein neues Kapitalnutzungs- 1 recht nach Ablauf von Zinsbindungsfrist, BGH NJW-RR 2020, 176) besteht nur ein einheitliches Widerrufsrecht. Räumt der Darlehensgeber aber neues Kapitalnutzungsrecht ein bei Änderung bestehender Darlehensbedingungen, besteht (neues) Widerrufsrecht nur für den Teil, der neues Kapitalnutzungsrecht betrifft (BGH NJW-RR 2020, 174 zu §§ 495, 355 aF). Zur möglichen Verwirkung des Widerrufsrechts → 356 Rn. 8.

2 **2. Beginn Widerrufsfrist. a)** Er tritt bei Verbraucherdarlehensverträgen frühestens mit Vertragsschluss ein (§ 355 II 2). Abw davon beginnt nach I die Frist erst, wenn dem Verbraucher zusätzlich eine Vertragsurkunde oder der schriftliche Antrag des Verbrauchers jeweils im Original oder in Abschrift zur Verfügung gestellt werden. Liegt ein vom Verbraucher unterschriebenes Exemplar vor, ist es nicht notwendig, dem Verbraucher gerade eine Vertragsurkunde mit Unterschrift auszuhändigen (BGH NJW 2018, 1387 zu § 355 II 3 aF, aber insoweit übertragbar, OLG Stuttgart, NJW-RR 2019, 1197; BeckRS 2020, 35696; OLG Düsseldorf BeckRS 2021, 19724). Die ausgehändigte Urkunde muss die Pflichtangaben nach § 492 II enthalten, sonst gilt II. Enthält die Belehrung über das Widerrufsrecht Verweis auf nationale Vorschriften, die ihrerseits andere nationale Vorschriften in Bezug nehmen (wie § 492 II – sog. **Kaskadenverweisung),** verstößt dies gegen Art. 10 II Verbraucherkredit-RL 2008/48/EG (EuGH BeckRS 2020, 4278; anders noch BGHZ 213, 52 = NJW 2017, 1306). Für Immobiliardarlehensverträge, auf welche die Verbraucherkredit-RL keine Anwendung findet, hält der BGH daran fest, dass die Widerrufsinformation mit Verweis auf § 492 II korrekt, weil klar verständlich ist (BGH BeckRS 2019, 7421; BeckRS 2020, 7412; NJW-RR 2022, 130; Hölldampf BB 2020, 980) und Vorschriften, die nicht der Umsetzung von Unionsrecht dienen, nicht richtlinienkonform auszulegen sind (sa BGH NJW 2018, 2863). Hingegen schwenkt er für den Geltungsbereich der Verbraucherkredit-RL auf die Rspr des EuGH ein, bei Kaskadenverweis greift folglich die Gesetzlichkeitsfiktion nach Art. 247 §§ 6 II 3 EGBGB nicht, BGH NJW 2021, 307; BeckRS 2020, 32488; NJW-RR 2022, 130; BeckRS 2022, 3671). Die neue Muster-Widerrufsbelehrung vom 15.6.2021 für Allgemein-Verbraucherdarlehen enthält keine Kaskadenverweisung mehr; zum Ganzen ausführl mwN BeckOK/Möller § 492 Rn. 19–22. Auch bei Fehlen zwingend vorgeschriebener Über- und Unterüberschriften in der Wider-
3 rufsbelehrung entfällt die Gesetzlichkeitsfiktion (BGH MDR 2021, 110). **b)** II differenziert für die **Nachholung der Pflichtangaben** des § 492 II nach Allgemein-Verbraucherdarlehen und Immobiliar-Verbraucherdarlehen (§ 492 VI). Im ersten Fall beginnt die Frist erst mit dieser Nachholung aller nach § 492 II notwendigen Informationen und beträgt einen Monat **(II 1 und 3).** Bei fehlenden oder fehlerhaften Pflichtangaben zur Vorfälligkeitsentschädigung läuft die Widerrufsfrist, da eine Nachholung nicht möglich ist, § 502 II Nr. 2 schließt jedoch den Anspruch aus (OLG Köln VuR 2019, 142). Da der EuGH (NJW 2022, 40) für Pflichtangaben nach § 492 II Angabe eines konkreten Prozentsatzes für den bei Vertragsschluss geltenden Verzugszins, die leichte Berechenbarkeit der Anpassung bei Abhängigkeit von einem Referenzzinssatz fordert, bekommen zB im Dieselskandal Käufer, die Chance eines Widerrufsrechts bei finanziertem Verkauf, da die Widerrufsfrist noch nicht zu laufen begann (hierzu Lakkis/Herberger MDR 2022, 206; großzügiger zur Belehrungspraxis noch BGH MDR 2020, 108; s. aber BGHZ 227, 253 Rn. 16); eine **Verwirkung des Widerrufsrechts** (→ hierzu § 356 Rn. 8) darf gem Art. 14 I RL 2008/48 nach EuGH NJW 2022, 40 Rn. 117 f. nicht von einem zeitlichen Element abhängen und scheidet daher aus (s aber Vorlage v BGH BeckRS 2022, 2311 zu missbräuchlicher Ausübung unabhängig von Zeitelement; bejahend OLG Hamm NJW-RR 2022, 423, wenn Verbraucher Widerruf nicht ausübt, um Fahrzeug länger nutzen zu können, ggf. ohne Wertersatzpflicht, tendenziell nimmt die OLG-Rspr einen Verstoß gegen § 242 immer häufiger an, → § 356 Rn. 8). Für Immobiliar-Verbraucherdarlehen gilt entsprechendes, wenn die Angaben zum Widerrufsrecht nach § 492 II 2 fehlen. Die Gesetzesbegründung geht davon aus,

dass das Fehlen sonstiger Pflichtangaben über § 494 bereits ausreichend sanktioniert ist (BT-Drucks 18/5922, 74). Bei langfristigen Immobiliar-Verbraucherverträgen sah der Gesetzgeber die besondere Gefahr, dass es wegen nicht vollständiger Erfüllung des umfangreichen Pflichtenkatalogs zu „ewigen" Widerrufsrechten kommt und daher Vertragslaufzeiten reduziert werden. Dem soll auch durch das absolute Erlöschen nach IV 4 entgegengewirkt werden (sa → § 356 Rn. 7). **Angaben zur Widerrufsfrist** (Beginn und Dauer) sind nicht zwingend, um die Monatsfrist in Gang zu setzen (zum alten Recht BGH NJW-RR 2020, 234). Bei Fehlen soll sich Darlehensgeber nicht auf Fristablauf berufen können (§ 242) bzw nach § 280 wegen Verletzung der Nebenpflicht schadensersatzpflichtig sein (Grüneberg/Grüneberg Rn. 3; BT-Drs. 17/1394 S. 18); **Musterwiderrufsbelehrungen** finden sich in Anlagen 7 und 8 zu Art. 247 § 6 II, 12 I EGBGB. Ein unwirksames Aufrechnungsverbot in den AGB macht die Widerrufsbelehrung nicht intransparent (OLG Köln VuR 2019, 142; OLG Stuttgart NJW-RR 2019, 1197; zum Ganzen Holst WM 2019, 1144). Für die Erlöschensfrist des Widerrufsrechts nach IV 4 ist der spätere der beiden Zeitpunkte entscheidend. **c)** Haben die nachgeholten Informationen zu 4
einer Änderung der Vertragskonditionen geführt (§ 494 VII), beginnt die Widerrufsfrist erst, wenn der Darlehensnehmer eine Abschrift des Vertrages gem § 494 VII erhält **(III).** Zur **Belehrung** nach altem Recht: BGH NJW 2016, 3512; BeckRS 2018, 33542; BGH NJW-RR 2018, 236; NJW 2018, 1387; NJW-RR 2019, 112 („taggleich"-Belehrung).

§ 356c Widerrufsrecht bei Ratenlieferungsverträgen

(1) **Bei einem Ratenlieferungsvertrag, der weder im Fernabsatz noch außerhalb von Geschäftsräumen geschlossenen wird, beginnt die Widerrufsfrist nicht, bevor der Unternehmer den Verbraucher gemäß Artikel 246 Absatz 3 des Einführungsgesetzes zum Bürgerlichen Gesetzbuche über sein Widerrufsrecht unterrichtet hat.**

(2) **[1]§ 356 Absatz 1 gilt entsprechend. [2]Das Widerrufsrecht erlischt spätestens zwölf Monate und 14 Tage nach dem in § 355 Absatz 2 Satz 2 genannten Zeitpunkt.**

1. Allgemeines. § 356c gilt nur für Ratenlieferungsverträge (§ 510) die **außerhalb** des Anwendungsbereichs der Verbraucherrechte-RL liegen, insbes Verträge im stationären Handel (BT-Drs. 17/12637, 62); für v der RL erfasste Ratenlieferungsverträge ergeben sich Widerrufsrecht und Widerrufsfolgen bereits aus §§ 356, 357. Das Widerrufsrecht für v § 356c erfasste Ratenlieferungsverträge räumt § 510 II unabhängig v der Vertriebsform ein. **Zweck:** Gleichlauf v Ratenlieferungsverträgen, die in einer bes Vertriebsform und im stationären Handel (BT-Drs. 17/12637, 62) geschlossen werden. Die Verbraucherrechte-RL erlaubt insoweit eine Erstreckung auf Vertragstypen, die nicht von der RL erfasst sind (Art. 4, Erwägungsgrund 13 Verbraucherrechte-RL). 1

2. Widerrufsfrist. a) Beginn der Widerrufsfrist tritt nicht vor Vertragsschluss 2
(§ 355 II) und nicht ein, bevor der Unternehmer den Verbraucher gem Art. 246 III EGBGB über sein Widerrufsrecht belehrt hat (I). Fristbeginn erst ab Erhalt der Ware wie bei § 356 II ist im hier betroffenen Bereich des stationären Handels nicht erforderlich (BT-Drs. 17/12637, 62). **b) § 356 I** findet Anwendung (II 1). **c)** Die 3
Höchstfrist für das Widerrufsrecht lehnt sich an § 356 VI an und beträgt 12 Monate und 14 Tage nach dem in § 355 II 2 genannten Zeitpunkt (II 2).

§ 356d Widerrufsrecht des Verbrauchers bei unentgeltlichen Darlehensverträgen und unentgeltlichen Finanzierungshilfen

[1]Bei einem Vertrag, durch den ein Unternehmer einem Verbraucher ein unentgeltliches Darlehen oder eine unentgeltliche Finanzierungshilfe

gewährt, beginnt die Widerrufsfrist abweichend von § 355 Absatz 2 Satz 2 nicht, bevor der Unternehmer den Verbraucher entsprechend den Anforderungen des § 514 Absatz 2 Satz 3 über dessen Widerrufsrecht unterrichtet hat. [2]Das Widerrufsrecht erlischt spätestens zwölf Monate und 14 Tage nach dem Vertragsschluss oder nach dem in Satz 1 genannten Zeitpunkt, wenn dieser nach dem Vertragsschluss liegt.

Die Vorschrift wurde mit Wirkung zum 21.3.2016 eingefügt durch das Gesetz zur Umsetzung der Wohnraumimmobilienkredit-RL und zur Änderung handelsrechtlicher Vorschriften vom 11.3.2016 (BGBl. I 396). Der neu eingefügte § 514 soll auch bei unentgeltlichen Darlehensverträgen vor übereiltem Vertragsschluss und Überschuldung des Verbrauchers schützen und gewährt daher ein Widerrufsrecht. § 356d (erst vom Rechtausschuss eingefügt) regelt den Beginn der Widerrufsfrist abw von § 355 II 2 und bestimmt im Einklang mit §§ 356a III 2, 356b II 4 das absolute Erlöschen des Widerrufsrechts in S. 2. Entscheidend ist der spätere der beiden genannten Zeitpunkte. Bei Belehrung vor oder mit Vertragsschluss beginnt die Höchstfrist bei fehlender wie bei fehlerhafter Belehrung mit Vertragsschluss (OLG Braunschweig BeckRS 2021, 42780; MüKoBGB/Fritsche Rn. 7). Wird die ordnungsgemäße Belehrung nachgeholt, läuft ab diesem Zeitpunkt die 14-tägige Frist (OLG Braunschweig BeckRS 2021, 42780) und ein Rückgriff auf die Höchstfrist kann sich erübrigen. Die Höchstfrist läuft nicht erst ab der nachgeholten Erklärung.

§ 356e Widerrufsrecht bei Verbraucherbauverträgen

[1]Bei einem Verbraucherbauvertrag (§ 650i Absatz 1) beginnt die Widerrufsfrist nicht, bevor der Unternehmer den Verbraucher gemäß Artikel 249 § 3 des Einführungsgesetzes zum Bürgerlichen Gesetzbuche über sein Widerrufsrecht belehrt hat. [2]Das Widerrufsrecht erlischt spätestens zwölf Monate und 14 Tage nach dem in § 355 Absatz 2 Satz 2 genannten Zeitpunkt.

Die Vorschrift wurde mit dem Ges zur Reform des Bauvertragsrechts mit Wirkung zum 1.1.2018 eingefügt und ergänzt § 650l, der dem Verbraucher bei Verbraucherbauverträgen (Definition in § 650i I) ein Widerrufsrecht einräumt, wenn der Vertrag nicht notariell beurkundet wurde. Widerrufsfrist beginnt erst, wenn die Belehrung durch den Unternehmer über das Widerrufsrecht erfolgt ist (Muster der Widerrufsbelehrung in Anlage 10 zu Art. 249 § 3 EGBGB). Wie in § 356 III 2, 365a III 2, 356b II 4 besteht eine absolute Erlöschensfrist unabhängig von der ordnungsgemäßen Belehrung. Nach der Lehre von den Doppelwirkungen kann auch ein nach §§ 134, 138, 142 I nichtiger Verbraucherbauvertrag widerrufen werden. Als günstiger für den Verbraucher kann sich dabei vor allem die Nichtanwendung von §§ 817, 814 bei Widerruf erweisen (Omlor NJW 2018, 817, 821).

§ 357 Rechtsfolgen des Widerrufs von außerhalb von Geschäftsräumen geschlossenen Verträgen und Fernabsatzverträgen mit Ausnahme von Verträgen über Finanzdienstleistungen

(1) **Die empfangenen Leistungen sind spätestens nach 14 Tagen zurückzugewähren.**

(2) **[1]Der Unternehmer muss auch etwaige Zahlungen des Verbrauchers für die Lieferung zurückgewähren. [2]Dies gilt nicht, soweit dem Verbraucher zusätzliche Kosten entstanden sind, weil er sich für eine andere Art der Lieferung als die vom Unternehmer angebotene günstigste Standardlieferung entschieden hat.**

(3) [1]**Für die Rückzahlung muss der Unternehmer dasselbe Zahlungsmittel verwenden, das der Verbraucher bei der Zahlung verwendet hat. [2]Satz 1 gilt nicht, wenn ausdrücklich etwas anderes vereinbart worden ist und dem Verbraucher dadurch keine Kosten entstehen.**

(4) [1]**Bei einem Verbrauchsgüterkauf kann der Unternehmer die Rückzahlung verweigern, bis er die Waren zurückerhalten hat oder der Verbraucher den Nachweis erbracht hat, dass er die Waren abgesandt hat. [2]Dies gilt nicht, wenn der Unternehmer angeboten hat, die Waren abzuholen.**

(5) **Der Verbraucher trägt die unmittelbaren Kosten der Rücksendung der Waren, wenn der Unternehmer den Verbraucher nach Artikel 246a § 1 Absatz 2 Satz 1 Nummer 2 des Einführungsgesetzes zum Bürgerlichen Gesetzbuche von dieser Pflicht unterrichtet hat. Satz 1 gilt nicht, wenn der Unternehmer sich bereit erklärt hat, diese Kosten zu tragen.**

(6) **Der Verbraucher ist nicht verpflichtet, die Waren zurückzusenden, wenn der Unternehmer angeboten hat, die Waren abzuholen.**

(7) **Bei außerhalb von Geschäftsräumen geschlossenen Verträgen, bei denen die Waren zum Zeitpunkt des Vertragsschlusses zur Wohnung des Verbrauchers gebracht worden sind, ist der Unternehmer verpflichtet, die Waren auf eigene Kosten abzuholen, wenn die Waren so beschaffen sind, dass sie nicht per Post zurückgesandt werden können.**

(8) **Für die Rechtsfolgen des Widerrufs von Verträgen über die Bereitstellung digitaler Produkte gilt ferner § 327p entsprechend.**

Lit.: Amort, Ergänzungen zum Wertersatz nach Widerruf, NJW 2017, 857; Nordholtz/Bleckwenn, Widerrufsbelehrung bei verbundenen Verträgen und Wertersatzpflicht des Verbrauchers, NJW 2017, 2497; Schwab, Der verbraucherschützende Widerruf und seine Folgen für die Rückabwicklung des Vertrags, JZ 2015, 644; Willems, Rückzahlung in Gutscheinform beim Verbraucherwiderruf, NJW 2018, 1049.

1. Allgemeines. Ergänzend zu § 355 I, III Regelung der Rechtsfolgen des Widerrufs für außerhalb v Geschäftsräumen und im Fernabsatz geschlossene Verträge. Verträge über Finanzdienstleistungen sind ausgenommen (s. insoweit § 357a). Schon mit der Umsetzung der Verbraucherrechte-RL ist der Verweis auf die Vorschriften über den ges Rücktritt entfallen (zur Berechnung der Gebrauchsvorteile bei widerrufenem Verbraucherdarlehen nach altem Recht BGH WM 2020, 1532; NJW 2020, 3038; BeckRS 2020, 9300 [Streitwert bei Feststellungsklage]). §§ 355–360 enthalten nun eine abschließende (vgl § 361 I) Regelung der Rückabwicklung. Die grundsätzliche Anspruchsgrundlage enthält § 355 III 1. I bestimmt abw von § 355 III (unverzüglich) eine 14-Tagefrist für die Rückgabe, II-IX enthalten Konkretisierungen zur Rückabwicklung und abschließende Regelungen zum Wertersatz des Verbrauchers. Das Gesetz zur Umsetzung der RL zur besseren Durchsetzung und Modernisierung der Verbraucherschutzvorschriften (BGBl. 2021 I, 3483) hat die bislang in Abs. 7–9 enthaltenen Regelungen zum Wertersatz in den neuen § 357a verschoben. Die Regelung aus VI aF ist teilweise in V nF übernommen. Abs. VI enthält nun nur noch den Hinweis auf die fehlende Rücksendepflicht bei Angebot zur Abholung. 1

2. Rückgewähr. a) Nach **I** sind die empfangenen Leistungen jeweils spätestens innerhalb v **14 Tagen** zurückzugewähren. Der Fristbeginn richtet sich nach § 355 III 2 (BT-Drs. 17/12637, 62), die Berechnung nach §§ 187 I, 188 I. Für den Verbraucher wird erstmals eine solche Frist eingeführt. Verzug tritt ein, ohne dass es einer Mahnung bedarf. Fällig ist die Rückgewähr mit Zugang der Widerrufserklärung. 2
b) Der Unternehmer muss gem **II** auch etwaige **Zahlungen** des Verbrauchers **für die Lieferung** erstatten. Dies umfasst – wie nach bish Rechtslage (EuGH NJW 2010, 1941; zur richtlinienkonformen Auslegung des alten Rechts: BGH NJW 2010, 2651; Bauerschmidt/Harnos EuZW 2010, 434; Eichelberger VuR 2010, 279 3

[unmittelbare Anwendung]) – die gewöhnlichen **Hinsendekosten** (Art. 13 II Verbraucherrechte-RL; zu den Rücksendekosten s. V), gilt aber nicht, wenn der Verbraucher eine andere Art der Lieferung als die v Unternehmer angebotene, günstigste Standardlieferung gewählt hat (zB Expresslieferung); dann auch kein Anspruch des Verbrauchers auf den Differenzbetrag zwischen Standardlieferung und v Verbrau-
4 cher gewählte Lieferung (vgl BT-Drs. 17/12637, 63). **c)** Der Unternehmer hat für die Rückzahlung, sofern nicht ausdr etwas anderes vereinbart worden ist und dem Verbraucher dadurch keine Kosten entstehen (**III 2**), dasselbe **Zahlungsmittel** zu verwenden, das der Verbraucher bei der Zahlung verwendet hat (zB bei Barzahlung: Erstattung in bar; bei Zahlung unbar v Konto zu Konto: Lastschrift oder Überweisung). Zusendung eines Gutscheins erfüllt Erstattungspflicht nur, wenn der Verbraucher seinerseits einen Gutschein eingesetzt hat (BT-Drs. 17/12637, 63) oder ausdrücklich der Rückerstattung in Gutscheinform vor Ausübung des Widerrufs
5 zugestimmt hat (Willems NJW 2018, 1049). **d)** Die Rückgewährpflicht des Verbrauchers ist idR **Schickschuld** (Ausnahme VI: Holschuld). Leistungsort ist sein Wohnsitz im Zeitpunkt des Zugangs der Widerrufserklärung (MüKoBGB/Fritsche Rn. 12). Die grundsätzliche Rücksendungspflicht des Verbrauchers gilt auch, wenn die Ware **nicht paketversandfähig** ist (Ausnahme VII). Eine eingebaute Heizungsanlage ist vom Unternehmer wieder auszubauen (OLG Celle BeckRS 2022, 442). Keine Pflicht des Verbrauchers zur Rücksendung der Waren, wenn der Unternehmer **Abholung der Ware** angeboten hat **(VI).** Angebot ist eine formfreie empfangsbedürftige Willenserklärung, mit der sich der Unternehmer zur Abholung bereit erklärt. Der Verbraucher muss die Ware verpackt bereitstellen, soweit Ausbau notwendig, diesen dulden (OLG Celle BeckRS 2022, 442 Rn. 43). Die (schuldrechtliche) Rückgewährpflicht besteht auch unabhängig davon, ob der Verbraucher Eigentum an der Ware durch Übereignung oder ggf. nach § 946 ff, 94 erworben hat (OLG Celle BeckRS 2022, 442 Rn. 52). Unternehmer kann die (kostenfreie) Abholung verpflichtend festlegen; dies begünstigt den Verbraucher und verstößt daher nicht gegen VI (OLG Düsseldorf NJW-RR 2015, 877 zum fr Recht; PWW/Stürner Rn. 12).

6 **3. Zurückbehaltungsrecht (IV). a)** IV 1 räumt dem Unternehmer bei einem Verbrauchsgüterkauf (§ 474 I) ein bes Zurückbehaltungsrecht ein (für verbundene Verträge → § 358 IV). Dieses besteht unabhängig davon, ob der Erstattungsanspruch auf § 355 III beruht oder auf § 812 I (für nach Widerruf erbrachte Leistungen – OLG Stuttgart BeckRS 2022, 5384). Ein reziprokes Zurückbehaltungsrecht des Verbrauchers besteht nicht (Staudinger/Gsell Rn. 18). Daneben ist ein Rückgriff auf das Rücktrittsrecht oder eine Berufung auf die Erfüllung Zug-um-Zug nicht möglich (BT-Drs. 17/12637, 63), dh der Verbraucher ist nunmehr **vorleistungspflichtig** (BGHZ 227, 253 Rn. 23 [Bring- bzw. Schickschuld, Rn. 24]; OLG Brandenburg BeckRS 2021, 10379; Grüneberg/Grüneberg Rn. 5; zu möglichem Missbrauch Unger ZEuP 2012, 270, 291; grds für entspr Anwendung von §§ 273 f. Kohler VuR 2018, 203, 204 f.). Zurückbehaltungsrecht endet, wenn der Unternehmer die Ware zurückerhalten oder der Verbraucher den Nachw erbracht hat, dass er die Ware abgesandt hat (IV 1; Leistungshandlung genügt auch, wenn Verkäufer Annahme verweigert hat, Kohler VuR 2018, 203, 208). Die Vorschrift gleicht die Nachteile aus, die dem Unternehmer durch den Wegfall des Rückgaberechts nach § 356 aF zu entstehen drohten. Kann der Verbraucher die Ware nicht zurückgeben (zB infolge Veräußerung) sehen §§ 357 ff. keine Lösung vor; zur Anwendung der §§ 275 ff. (und Wegfall des Zurückbehaltungsrechts) → § 357a Rn. 2; zum Ganzen
7 Schneider/Stein NJW 2020, 1918. **b)** Bei Angebot des Unternehmers, die Ware abzuholen (VI), besteht das Zurückbehaltungsrecht nicht. Damit Unternehmer durch Wegfall des Zurückbehaltungsrechts nicht v Angebot zur Abholung abgeschreckt werden, besteht dann eine Rückgewährpflicht Zug-um-Zug (vgl auch Grüneberg/Grüneberg Rn. 5; Kohler VuR 2018, 203, 209).

4. Kosten der Rücksendung (V). a) Der Verbraucher hat unabhängig v Preis der zurückzusendenden Ware grds die Kosten der Rücksendung zu tragen, sofern er v Unternehmer gem Art. 246a § 1 II 1 Nr. 2 EGBGB über diese Pflicht informiert wurde (S. 1). Nach S. 2 trifft die Kostentragungspflicht den Unternehmer, wenn dieser sich zur Übernahme der Kosten bereit erklärt hat. Für die Rücksendung oder Abholung muss der Verbraucher eine von ihm zusammengebaute Sache ggf wieder zerlegen (so Schwab JZ 2015, 644, 645). Er trägt grundsätzlich auch die Kosten einer ordnungsgemäßen Verpackung (Erman/Koch Rn. 9; MüKoBGB/Fritsche Rn. 16). 8
b) S. 3 enthält eine Ausnahme für außerhalb v Geschäftsräumen geschlossene Verträge. Waren, die im Zeitpunkt des Vertragsschlusses zur Wohnung des Verbrauchers geliefert worden und so beschaffen sind, dass sie **nicht per Post** zurückgesendet werden können, hat der Unternehmer auf eigene Kosten abzuholen; aus Schickschuld wird Holschuld (OLG Celle BeckRS 2022, 442 Rn. 43); Unternehmer kommt in Annahmeverzug, wenn die Frist gem I abgelaufen ist. Ausreichend ist, dass die Ware *normalerweise* nicht per Post zurückgesendet werden kann (BT-Drs. 17/12637, 63). Ist im Einzelfall Ausbau der Ware notwendig, so trägt die Kosten des Ausbaus – anders als bei Gewährleistungsfällen des Verbrauchsgüterkaufs – der Verbraucher (MüKoBGB/Fritsche Rn. 16: Art. 13 Verbraucherrechte-RL ist abschließend). 9

5. Digitale Produkte. VIII dient der Umsetzung von Art. 4 Nr. 10, 11 RL 2019/2161, welche die Verbraucherrecht-RL an die DI-RL anpasst: danach muss nach erfolgtem Widerruf der Verbraucher die Nutzung der digitalen Inhalte ebenso unterlassen wie das Zurverfügungstellen an Dritte (im Einzelnen → § 327p). Sind digitale Inhalte auf körperlichen Datenträgern, müssen diese zurückgesendet werden (I, § 355 III 1), denn der Datenträger ist Ware iS der WK-RL. Zur (fehlenden) Wertersatzpflicht → § 357a III.

§ 357a Wertersatz als Rechtsfolge des Widerrufs von außerhalb von Geschäftsräumen geschlossenen Verträgen und Fernabsatzverträgen mit Ausnahme von Verträgen über Finanzdienstleistungen

(1) **Der Verbraucher hat Wertersatz für einen Wertverlust der Ware zu leisten, wenn**
1. **der Wertverlust auf einen Umgang mit den Waren zurückzuführen ist, der zur Prüfung der Beschaffenheit, der Eigenschaften und der Funktionsweise der Waren nicht notwendig war, und**
2. **der Unternehmer den Verbraucher nach Artikel 246a § 1 Absatz 2 Satz 1 Nummer 1 des Einführungsgesetzes zum Bürgerlichen Gesetzbuche über dessen Widerrufsrecht unterrichtet hat.**

(2) [1]**Der Verbraucher hat Wertersatz für die bis zum Widerruf erbrachten Dienstleistungen, für die der Vertrag die Zahlung eines Preises vorsieht, oder die bis zum Widerruf erfolgte Lieferung von Wasser, Gas oder Strom in nicht bestimmten Mengen oder nicht begrenztem Volumen oder von Fernwärme zu leisten, wenn**
1. **der Verbraucher von dem Unternehmer ausdrücklich verlangt hat, dass mit der Leistung vor Ablauf der Widerrufsfrist begonnen werden soll,**
2. **bei einem außerhalb von Geschäftsräumen geschlossenen Vertrag der Verbraucher das Verlangen nach Nummer 1 auf einem dauerhaften Datenträger übermittelt hat und**
3. **der Unternehmer den Verbraucher nach Artikel 246a § 1 Absatz 2 Satz 1 Nummer 1 und 3 des Einführungsgesetzes zum Bürgerlichen Gesetzbuche ordnungsgemäß informiert hat.**

[2]**Bei der Berechnung des Wertersatzes ist der vereinbarte Gesamtpreis zu Grunde zu legen.** [3]**Ist der vereinbarte Gesamtpreis unverhältnismäßig hoch, so ist der Wertersatz auf der Grundlage des Marktwerts der erbrachten Leistung zu berechnen.**

(3) **Widerruft der Verbraucher einen Vertrag über die Bereitstellung von nicht auf einem körperlichen Datenträger befindlichen digitalen Inhalten, so hat er keinen Wertersatz zu leisten.**

1 **1. Allgemeines.** Die Vorschrift ist neu gefasst durch das Gesetz zur Umsetzung der RL zur besseren Durchsetzung und Modernisierung der Verbraucherschutzvorschriften (BGBl. 2021 I, 3483) und ist seit 28.5.2022 in Kraft. Sie setzt Art. 14 II-IV der Verbraucherrechte-RL um und trifft eine **abschließende Regelung** zum Wertersatz. Abs. 1 übernimmt dabei für Warenlieferungsverträge inhaltlich unverändert den früheren § 357 VII. II regelt modifiziert Dienstleistungen und III Verträge, welche die Bereitstellung von nicht auf einem körperlichen Datenträger befindlichen digitalen Inhalte betreffen. Bei Letzteren besteht keine Wertersatzpflicht bei Widerruf (§ 312f III; Art. 14 IV lit. b Verbraucherrechte-RL). Nach § 356 V Nr. 2 besteht hier in bestimmten Fällen schon kein Widerrufsrecht.

2 **2. Wertersatz bei Warenlieferung. a)** Nach **I** hat der Unternehmer gegen den Verbraucher einen Anspruch auf Wertersatz, wenn ein **Wertverlust der Ware** eingetreten ist. Wertverlust erfasst die normale Abnutzung infolge bestimmungsgemäßer Ingebrauchnahme und des weiteren Gebrauchs sowie darüberhinausgehende Verschlechterungen etwa Beschädigungen der Ware infolge unsachgemäßer Handhabung oder übermäßiger Inanspruchnahme; ebenso einen vollständigen Wertverlust oder **Untergang der Sache** durch unsachgemäßen Umgang (BT-Drs. 17/12637, 63; OLG Schleswig BeckRS 2021, 24868 sieht bloßen Besitz und damit einhergehenden Wertverlust eines Kfz als „Umgang" an; die Gefahr des zufälligen Untergangs soll – nach Wegfall von § 346 III 1 Nr. 3 – der Unternehmer tragen, da Wertersatz immer einen „Umgang mit Ware" voraussetzt, Schwab JZ 2015, 644, 649; aA Magnus JZ 2017, 983, 988). Die gesetzliche Regelung ist lückenhaft, weil sie den Fall, dass Verbraucher die Sache zB vor Rückgewähr **veräußert,** nicht erfasst (ausf. Schneider/Stein NJW 2002, 1918). Die wohl hM löst dies über § 275: ist ein Rückerwerb (für eine Rückerwerbs*pflicht* Schneider/Stein NJW 2020, 1918; aA BeckOGK/Mörsdorf Rn. 53; gegen Pflicht zum Ersatzkauf zu Recht die hM, s. BeckOK/Müller-Christmann § 355 Rn. 39) nicht möglich oder nicht zumutbar, entfällt das Zurückbehaltungsrecht des Unternehmers (so OLG Stuttgart BeckRS 2022, 5382; BeckRS 2022, 5381; BeckRS 2021, 32938 [auch zu § 275 II]; OLG Celle BeckRS 2022, 2288; für „ewiges" Zurückbehaltungsrecht wohl Grüneberg/ Grüneberg § 357 Rn. 5 – dieses würde Verbraucher aber bei schuldlosem Verlust der Sache zu Unrecht belasten), Unternehmer kann aber bei verschuldeter Unmöglichkeit Schadensersatz nach §§ 280 I, II, 283 verlangen bzw. Herausgabe des Surrogats nach § 285 (zB Verkaufserlös) – § 361 steht nicht entgegen (OLG Celle BeckRS 2022, 2288 Rn. 76; → § 361 Rn. 1). Hat der Verbraucher schon vor Widerruf die Unmöglichkeit verursacht, scheiden §§ 280 I, III, 283 aus – es bestand noch keine Rückgewährpflicht, die verletzt werden könnte, so dass nur § 285 bleibt. Ein Wertverlust kann auch ohne Beeinträchtigung der Sachsubstanz erfolgen (zB Inbetriebnahme von Kfz, die zu Wertverlust führt). Zum Abzug des Gewinns des Unternehmers vom Wertersatzanspruch s. OLG Stuttgart BeckRS 2021, 39566 Rn. 51 f mwN (nur im direkten Anwendungsbereich, nicht bei entspr. Anwendung gem.
3 § 358 II); aA OLG Düsseldorf BeckRS 2021, 8567). **b)** Erforderlich ist immer, dass Wertverlust auf einem für die Prüfung der Beschaffenheit, Eigenschaft und Funktionsweise der Ware **nicht notwendigen Umgang** mit der Ware beruht **(I Nr. 1).** Damit bleibt die schon nach früherem Recht bisweilen schwierige Abgrenzung weiterhin relevant. Der Verbraucher hat grds. das Recht zu einer Sachprüfung. Auch **bestimmungsgemäße Ingebrauchnahme** kann zur Prüfung der Ware gehören, zB bei Kfz (EuGH NJW 2009, 3015 Rn. 20; BGH NJW 2011, 56; OLG Frankfurt BeckRS 2020, 48407); je nach Ware ist Ingebrauchnahme oder Öffnen der Verpackung ggf aber nach Verkehrssitte zur Prüfung der Ware unüblich (zB bei Medikamenten oder Kosmetik, BT-Drs. 17/12637, 63; hier liegt Verzicht auf Probe bei Bestellung im Fernabsatz vor, Schwab JZ 2015, 644, 649). Über das zur Prüfung

Erforderliche hinaus geht auch Probefahrt mit Pkw *nach* Erstzulassung; Probefahrt auf *Privat*gelände *vor* Erstzulassung ist hingegen unschädlich (so auch BGHZ 187, 268; zu Recht krit Schwab JZ 2015, 644, 648); jedenfalls noch als bloße Ingebrauchnahme zur Prüfung gilt auch die **Anprobe** v Kleidungsstücken (nicht das längere Tragen, BT-Drs. 17/12637, 63), das **Aufbauen eines Möbelstücks** und das Befüllen eines Wasserbettes (EuGH NJW 2009, 3015; BGHZ 187, 268 offenlassend, ob dies auch für die 3-tägige Nutzung gilt). Maßstab ist der Vergleich mit der **Prüfungsmöglichkeit bei Ladenkauf** (BGH NJW 2017, 878 Rn. 22 [aber unter Berücksichtigung von Ausstellungsstücken, Vorführ- und Beratungsmöglichkeiten] zust Amort NJW 2017, 857; BT-Drs. 17/12637, 63; Schwab JZ 2015, 644, 647; krit Buchmann K&R 2014, 293, 296; Artz/Brinkmann/Ludwigkeit jM 2014, 222, 226); daher bei TV-Geräten nur Einschalten zum Prüfen, nicht um ganzes Fußballspiel anzusehen (Schwab JZ 2015, 644, 648 mwN und Bsp); auch Einbau von Katalysator in Kfz und Probefahrt gehen über Prüfung des Katalysators hinaus (BGH NJW 2017, 878). Der Verbraucher ist zum Wertersatz, nicht aber etwa zur Reparatur der Sache vor Rückgabe verpflichtet (BeckOK BGB/Müller-Christmann Rn. 4). Bei **reversibler** Wertminderung kann er aber Wertersatz durch Rückversetzung in den Ursprungszustand abwenden. **c)** Der Wertersatz berechnet sich nach der Differenz zwischen dem objektiven Wert der Sache (anders bei Dienstleistungen: § 357 VIII 4: vereinbarte Gegenleistung) bei Übergabe der Sache (BGHZ 227, 253 = NJW 2021, 307 Rn. 45) und bei Rückgabe. Übersteigt der objektive Wert der Ware bei Vertragsschluss die vereinbarte Gegenleistung, so ist auf letztere abzustellen (BGHZ 227, 253 = NJW 2021, 307 Rn. 44; Grüneberg/Grüneberg § 357 aF Rn. 11). Beim **finanzierten Warenkauf** (§§ 358 IV 1 iVm 357 VII) schuldet der Darlehensnehmer dem Darlehensgeber Wertersatz der finanzierten Ware. Der Wertersatz bemisst nach der Differenz zwischen Verkehrswert der Ware unter Heranziehung der vertraglichen Gegenleistung bei Abschluss des Darlehensvertrages und dem Verkehrswert bei Rückgabe an den Darlehensnehmer. **d)** Der Anspruch auf Wertersatz setzt nach **I Nr. 2** eine **ordnungsgemäße Belehrung** über das **Widerrufsrecht** voraus (Art. 246a § 1 II 1 Nr. 1 EGBGB). Sie muss spätestens im Zeitpunkt der Übergabe der Ware erfolgt sein (BeckOK BGB/Müller-Christmann Rn. 11). Diese sollte auch den Hinweis darauf, dass bei übermäßiger Nutzung die eingetretene Verschlechterung zu ersetzen ist, umfassen (BeckOGK/Mörsdorf Rn. 30; Grüneberg/Grüneberg § 357 aF Rn. 10; aA unter Hinweis auf den Wortlaut von Nr. 2 ua BeckOK BGB/Müller-Christmann Rn. 11; Schwab JZ 2015, 644, 650), nicht aber den Hinweis auf Vermeidungsmöglichkeit (Grüneberg/Grüneberg Rn. 4); bei Verwendung der Musterwiderrufsbelehrung (Gestaltungshinweis Nr. 5, Anlage 1 zu Art. 246a § 1 II 2 EGBGB) sind die ges Anforderungen erfüllt. Wurde der finanzierte Kaufvertrag im stationären Handel geschlossen, bedarf es keiner Unterrichtung des Darlehensgebers nach I Nr. 2 über das Widerrufsrecht (das es nach § 312g nicht gibt), wohl aber über die Wertersatzpflicht (BGHZ 227, 253 = NJW 2021, 307 Rn. 31 ff.; Herresthal ZIP 2019, 49, 51).

4 (Rn. 4 beginnt bei „c)“) · 5 (Rn. 5 beginnt bei „d)“)

3. Wertersatz bei Dienstleistungen. a) II enthält eine eigene Anspruchsgrundlage des Unternehmers gegen den Verbraucher auf Wertersatz für bis zum Widerruf erbrachte Dienstleistungen bzw die **Lieferung von Wasser, Gas, Strom oder Fernwärme.** Wertersatzpflicht setzt voraus, dass ein ausdrückliches Verlangen des Verbrauchers vorlag, vor Ablauf der Widerrufsfrist zu leisten (II Nr. 1). Dieses darf nicht in AGB des Unternehmers fingiert werden (BeckOK BGB/Müller-Christmann Rn. 15). Bei außerhalb v Geschäftsräumen geschlossenen Verträgen muss der Verbraucher dieses Verlangen auf einem dauerhaften Datenträger (§ 126b S. 2) übermittelt haben (II Nr. 2). Weiterhin muss der Verbraucher v dem Unternehmer nach Art. 246a § 1 II 1 Nr. 1 und 3 EGBGB ordnungsgemäß informiert worden sein (II Nr. 3). Bei fehlender Belehrung kann der Ausschluss des Wertersatzes ausnahmsweise nach § 242 treuwidrig sein (KG ZfBR 2022, 442: Mindestvoraussetzung Fahrlässigkeit des Unternehmers, mangelfreie Leistung, die vom Verbraucher genutzt wird, 6

7 Wertersatz unangemessen) b) Für die **Berechnung** des Wertersatzes ist zunächst der vereinbarte Gesamtpreis zu Grunde zu legen (II 2: BGH NJW 2021, 2885 Rn. 30) und der geschuldete Betrag zeitanteilig zu berechnen (EuGH NJW 2020, 3771 Rn. 26 ff; BGH NJW 2021, 2885 Rn. 30 [Partnervermittlung]; NJW-RR 2021, 1141); nur, wenn dieser unverhältnismäßig hoch ist, hat die Berechnung anhand des Marktwertes zu erfolgen (II 3, zum fr Recht u Maklerleistungen BGHZ 194, 150). Gesamtpreis regelmäßig unverhältnismäßig hoch, wenn er mehr als 20% über dem üblichen Entgelt liegt (Grüneberg/Grüneberg § 357 aF Rn. 16; BeckOGK/Mörsdorf Rn. 47 ab 25%). Ausnahme gilt auch, wenn Vertrag vorsieht, dass bestimmte Leistungen zu Beginn vollständig und gesondert zu zahlen sind (BGH NJW 2021, 2885 Rn. 30 ff).

8 **4. Beweislast.** Der Unternehmer muss die tatsächlichen Voraussetzungen seines Wertersatzanspruchs beweisen: Verschlechterung mit Folge des Wertverlust, Erteilung des Hinweises nach I Nr. 2 bzw. II Nr. 3, ggf. Verlangen des Verbrauchers nach II Nr. 1 und 2. Im Rahmen von I muss der Unternehmer auch beweisen, dass der Wertverlust auf einem Umgang beruht, der über das Prüfungsrecht des Verbrauchers hinausging. Den Verbraucher trifft ggf. eine sekundäre Darlegungslast (MüKoBGB/Fritsche Rn. 27; so auch BGH BeckRS 2021, 11170 für Wertersatz bei Rücktritt).

§ 357b Rechtsfolgen des Widerrufs von Verträgen über Finanzdienstleistungen

(1) **Die empfangenen Leistungen sind spätestens nach 30 Tagen zurückzugewähren.**

(2) **[1]Im Falle des Widerrufs von außerhalb von Geschäftsräumen geschlossenen Verträgen oder Fernabsatzverträgen über Finanzdienstleistungen ist der Verbraucher zur Zahlung von Wertersatz für die vom Unternehmer bis zum Widerruf erbrachte Dienstleistung verpflichtet, wenn er**

1. **vor Abgabe seiner Vertragserklärung auf diese Rechtsfolge hingewiesen worden ist und**
2. **ausdrücklich zugestimmt hat, dass der Unternehmer vor Ende der Widerrufsfrist mit der Ausführung der Dienstleistung beginnt.**

[2]Im Falle des Widerrufs von Verträgen über eine entgeltliche Finanzierungshilfe, die von der Ausnahme des § 506 Absatz 4 erfasst sind, gelten auch § 357 Absatz 5 bis 7 und § 357a Absatz 1 und 2 entsprechend. [3]Ist Gegenstand des Vertrags über die entgeltliche Finanzierungshilfe die Lieferung von nicht auf einem körperlichen Datenträger befindlichen digitalen Inhalten, hat der Verbraucher Wertersatz für die bis zum Widerruf gelieferten digitalen Inhalte zu leisten, wenn er

1. **vor Abgabe seiner Vertragserklärung auf diese Rechtsfolge hingewiesen worden ist und**
2. **ausdrücklich zugestimmt hat, dass der Unternehmer vor Ende der Widerrufsfrist mit der Lieferung der digitalen Inhalte beginnt.**

[4]Ist im Vertrag eine Gegenleistung bestimmt, ist sie bei der Berechnung des Wertersatzes zu Grunde zu legen. [5]Ist der vereinbarte Gesamtpreis unverhältnismäßig hoch, ist der Wertersatz auf der Grundlage des Marktwerts der erbrachten Leistung zu berechnen.

(3) **[1]Im Falle des Widerrufs von Verbraucherdarlehensverträgen hat der Darlehensnehmer für den Zeitraum zwischen der Auszahlung und der Rückzahlung des Darlehens den vereinbarten Sollzins zu entrichten. [2]Bei einem Immobiliar-Verbraucherdarlehen kann nachgewiesen werden, dass der Wert des Gebrauchsvorteils niedriger war als der vereinbarte Sollzins. [3]In diesem Fall ist nur der niedrigere Betrag geschuldet. [4]Im Falle des Widerrufs von Verträgen über eine entgeltliche Finanzierungshilfe, die nicht von der Ausnahme des § 506 Absatz 4 erfasst sind, gilt auch Absatz 2 entsprechend mit der Maßgabe, dass an die Stelle der Unterrichtung über**

das Widerrufsrecht die Pflichtangaben nach Artikel 247 § 12 Absatz 1 in Verbindung mit § 6 Absatz 2 des Einführungsgesetzes zum Bürgerlichen Gesetzbuche, die das Widerrufsrecht betreffen, treten. [5]Darüber hinaus hat der Darlehensnehmer dem Darlehensgeber nur die Aufwendungen zu ersetzen, die der Darlehensgeber gegenüber öffentlichen Stellen erbracht hat und nicht zurückverlangen kann.

Lit.: S § 356c

1. Allgemeines. § 357b setzt Art. 7 FernabsFinDienstl-RL und Art. 14 III Verbraucherkredit-RL 2008 um und regelt die **Rechtsfolgen des Widerrufs v Verträgen über Finanzdienstleistungen,** die v Anwendungsbereich des § 357 ausdr ausgenommen sind (s. Überschrift des § 357). Für die Wertersatzpflicht differenzieren II und III zwischen Finanzdienstleistungen, die außerhalb v Geschäftsräumen oder im Fernabsatz geschlossen werden (II), entgeltlichen Verbraucherdarlehensverträgen (III) und Finanzierungshilfen (II 2, 3 III 4; zum Begriff § 506). Zur Rückabwicklung von **Altfällen** (Vertragsschluss vor dem 13.6.2014) s. Lühmann/Latta NJW 2017, 2071. Sicherheiten, die der Darlehensnehmer eingeräumt hat, sichern grds im Falle des Widerrufs auch Ansprüche aus dem Rückgewährschuldverhältnis (stRspr, vgl BGH NJW-RR 2020, 174 Rn. 23). 1

2. Folgen. a) I iVm § 355 III bestimmt, dass die empfangenen Leistungen (bei Verbraucherdarlehen also Darlehensvaluta, zu Zinsen s. III) unverzüglich, spätestens aber nach 30 Tagen zurückzugewähren sind; Fristbeginn: § 355 III 2. Der Unternehmer muss Tilgungsbeträge und Darlehenszinsen zurückzahlen, aber (wegen Wegfall des Verweises auf das Rücktrittsrecht, hierzu noch BGH NJW 2015, 3441) keinen Nutzungsersatz (= Zinsen) leisten (EuGH NJW 2020, 2391 noch zu § 346 I Var. 2). **I** verpflichtet den Darlehensgeber abschließend nur zur Rückgabe der „empfangenen Leistungen" (Omlor JuS 2020, 683). Bereitstellungszinsen sind ebenfalls rückabzuwickeln (BGH BeckRS 2020, 17505; OLG Stuttgart BKR 2020, 37 Rn. 7 ff.; OLG Brandenburg BeckRS 2019, 2721 Rn. 26 [noch zu § 346 I 1]). **b)** Die **Wertersatz-** 2
3 **pflicht** bei außerhalb v Geschäftsräumen geschlossenen Verträgen oder Fernabsatzverträgen über Finanzdienstleistungen regelt **II 1. II 2** erklärt § 357 V–VIII auf entgeltliche Finanzierungshilfen, die v der Ausnahme des § 506 IV erfasst werden, für anwendbar. Für Finanzierungshilfen, die der Lieferung v nicht auf einem körperlichen Datenträger befindlichen **digitalen Inhalten** (§ 312f IIII) dienen, enthält II 3 eine Sonderregelung für den Wertersatz. Die Berechnung des Wertersatzes richtet sich nach II 4 und 5, die der Regelung in § 357a II 2 und 3 entsprechen. **c)** Die
4 Folgen des Widerrufs eines **Verbraucherdarlehensvertrages** sind in **III** geregelt. Grds hat der Verbraucher für den Zeitraum zwischen Auszahlung und Rückzahlung des Darlehens den vereinbarten Sollzins zu leisten (S. 1); zur alten Rechtslage bereits ebenso BGH NJW-RR 2019, 820 Rn. 18 mwN; WM 2020, 1532; NJW 2020, 3038; KG WM 2021, 928; OLG Hamburg BeckRS 2018, 4251 Rn. 31 f.; → § 346 Rn. 5, dort auch zur Nutzungsentschädigung durch den Darlehensgeber). **Ausnahme:** Darlehen ist durch ein Grundpfandrecht gesichert (S. 2, 3). Mit Wirkung zum 21.3.2016 wurde die Terminologie „Immobilien-Verbraucherdarlehen" eingefügt. Für Finanzierungshilfen, die nicht v der Ausnahme des § 506 IV erfasst sind, wird II für entspr anwendbar erklärt (III 4). d) S. 5 entspricht der bislang in § 495 II 1 Nr. 3 Hs. 1 getroffenen Regelung für **Aufwendungsersatz** und begrenzt diesen (zB auf Notarkosten).

§ 357c Rechtsfolgen des Widerrufs von Teilzeit-Wohnrechteverträgen, Verträgen über ein langfristiges Urlaubsprodukt, Vermittlungsverträgen und Tauschsystemverträgen

(1) **[1]Der Verbraucher hat im Falle des Widerrufs keine Kosten zu tragen. [2]Die Kosten des Vertrags, seiner Durchführung und seiner Rückabwicklung**

hat der Unternehmer dem Verbraucher zu erstatten. [3]Eine Vergütung für geleistete Dienste sowie für die Überlassung von Wohngebäuden zur Nutzung ist ausgeschlossen.

(2) **Der Verbraucher hat für einen Wertverlust der Unterkunft im Sinne des § 481 nur Wertersatz zu leisten, soweit der Wertverlust auf einer nicht bestimmungsgemäßen Nutzung der Unterkunft beruht.**

§ 357c regelt abschließend die v § 357 abw Rechtsfolgen des Widerrufs bei Teilzeit-Wohnrechteverträgen, Verträgen über ein langfristiges Urlaubsprojekt, Vermittlungsverträgen und Tauschsystemverträgen. Nach I muss der Verbraucher keine Kosten tragen (I 1) und bei ihm angefallene Kosten des Vertrags seiner Durchführung und Rückabwicklung (zB notarielle Beurkundung, öffentl Beglaubigung) hat der Unternehmer ihm zu **ersetzen** (I 2). Der Verbraucher muss weder die Überlassung der Nutzung v Wohngebäuden noch die Inanspruchnahme geleisteter Dienste vergüten (I 3). Neu angefügt wurde II, der die Wertersatzpflicht für eine Unterkunft iSd § 481 regelt.

§ 357d Rechtsfolgen des Widerrufs von weder im Fernabsatz noch außerhalb von Geschäftsräumen geschlossenen Ratenlieferungsverträgen

[1]Für die Rückgewähr der empfangenen Leistungen gilt § 357 Absatz 1 bis 4 und 6 entsprechend. [2]Der Verbraucher trägt die unmittelbaren Kosten der Rücksendung der empfangenen Sachen, es sei denn, der Unternehmer hat sich bereit erklärt, diese Kosten zu tragen. [3]§ 357a Absatz 1 ist mit der Maßgabe entsprechend anzuwenden, dass an die Stelle der Unterrichtung nach Artikel 246a § 1 Absatz 2 Satz 1 Nummer 1 des Einführungsgesetzes zum Bürgerlichen Gesetzbuche die Unterrichtung nach Artikel 246 Absatz 3 des Einführungsgesetzes zum Bürgerlichen Gesetzbuche tritt.

Für die Rechtsfolgen des Widerrufs bei Ratenlieferungsverträgen (§ 510 I), die weder im Fernabsatz noch außerhalb v Geschäftsräumen geschlossen werden, verweist § 357d weitgehend auf die Vorschriften, die für ebendiese Verträge Anwendung finden (§ 357 I–V, VII), S. 1. Wie für die Widerrufsfrist nach § 356c soll hier für alle Ratenlieferungsverträge (auch solche, die nicht von der Verbraucherrechte-RL erfasst sind, eine einheitliche Regelung getroffen werden. An die Stelle der Unterrichtung nach Art. 246a § 1 II 1 Nr. 1 EGBGB gem § 357 V tritt die Unterrichtung nach Art. 246 III (S. 3) EGBGB. Anders als gem § 357 VI hat der Verbraucher jedoch stets die unmittelbaren Kosten der Rücksendung zu tragen, außer der Unternehmer hat sich zur Übernahme der Kosten bereit erklärt (S. 2).

§ 357e Rechtsfolgen des Widerrufs bei Verbraucherbauverträgen

[1]Ist die Rückgewähr der bis zum Widerruf erbrachten Leistung ihrer Natur nach ausgeschlossen, schuldet der Verbraucher dem Unternehmer Wertersatz. [2]Bei der Berechnung des Wertersatzes ist die vereinbarte Vergütung zugrunde zu legen. [3]Ist die vereinbarte Vergütung unverhältnismäßig hoch, ist der Wertersatz auf der Grundlage des Marktwertes der erbrachten Leistung zu berechnen.

Die Vorschrift wurde mit Wirkung zum 1.1.2018 eingefügt durch das Ges zur Reform des Bauvertragsrecht und regelt die Folgen der Ausübung des in § 650l eingeräumten Widerrufsrechts bei nicht notariell beurkundetem Verbraucherbauvertrag (s. § 650i I). Sie ergänzt die allgemeine Regelung des § 355 III. Nicht in Natur zurückzugewährende Leistungen sind bei Bauarbeiten häufig, insbes wenn sie zu einem Wertzuwachs des Grundstücks des Verbrauchers geführt haben. § 357e normiert für diese Fälle eine verschuldensunabhängige Wertersatzpflicht des Verbrauchers (iE Omlor NJW 2018, 817, 821: Wertersatz als Regelfall). Eine analoge Anwendung von § 357e scheidet aus, wenn Wertersatz nach § 357 VIII mangels Belehrung nicht zu leisten ist (KG MDR 2022, 305 [ggf kann wertersatzlose Rückabwicklung aber treuwidrig sein). S. 3 schafft Abhilfe, wenn ein erhebliches Missverhältnis zwischen der vereinbarten vertraglichen Leistung des Unternehmers und der vereinbarten Vergütung besteht. S. 2 und 3 lehnen sich dabei an § 357 VIII 4, 5 an (BT-Drs. 18/8486, 38).

§ 358 Mit dem widerrufenen Vertrag verbundener Vertrag

(1) **Hat der Verbraucher seine auf den Abschluss eines Vertrags über die Lieferung einer Ware oder die Erbringung einer anderen Leistung durch einen Unternehmer gerichtete Willenserklärung wirksam widerrufen, so ist er auch an seine auf den Abschluss eines mit diesem Vertrag verbundenen Darlehensvertrags gerichtete Willenserklärung nicht mehr gebunden.**

(2) **Hat der Verbraucher seine auf den Abschluss eines Darlehensvertrags gerichtete Willenserklärung auf Grund des § 495 Absatz 1 oder des § 514 Absatz 2 Satz 1 wirksam widerrufen, so ist er auch nicht mehr an diejenige Willenserklärung gebunden, die auf den Abschluss eines mit diesem Darlehensvertrag verbundenen Vertrags über die Lieferung einer Ware oder die Erbringung einer anderen Leistung gerichtet ist.**

(3) **[1]Ein Vertrag über die Lieferung einer Ware oder über die Erbringung einer anderen Leistung und ein Darlehensvertrag nach den Absätzen 1 oder 2 sind verbunden, wenn das Darlehen ganz oder teilweise der Finanzierung des anderen Vertrags dient und beide Verträge eine wirtschaftliche Einheit bilden. [2]Eine wirtschaftliche Einheit ist insbesondere anzunehmen, wenn der Unternehmer selbst die Gegenleistung des Verbrauchers finanziert, oder im Falle der Finanzierung durch einen Dritten, wenn sich der Darlehensgeber bei der Vorbereitung oder dem Abschluss des Darlehensvertrags der Mitwirkung des Unternehmers bedient. [3]Bei einem finanzierten Erwerb eines Grundstücks oder eines grundstücksgleichen Rechts ist eine wirtschaftliche Einheit nur anzunehmen, wenn der Darlehensgeber selbst dem Verbraucher das Grundstück oder das grundstücksgleiche Recht verschafft oder wenn er über die Zurverfügungstellung von Darlehen hinaus den Erwerb des Grundstücks oder grundstücksgleichen Rechts durch Zusammenwirken mit dem Unternehmer fördert, indem er sich dessen Veräußerungsinteressen ganz oder teilweise zu Eigen macht, bei der Planung, Werbung oder Durchführung des Projekts Funktionen des Veräußerers übernimmt oder den Veräußerer einseitig begünstigt.**

(4) **[1]Auf die Rückabwicklung des verbundenen Vertrags sind unabhängig von der Vertriebsform § 355 Absatz 3 und, je nach Art des verbundenen Vertrags, die §§ 357 bis 357c entsprechend anzuwenden. [2]Ist der verbundene Vertrag ein Vertrag über die Lieferung von nicht auf einem körperlichen Datenträger befindlichen digitalen Inhalten, hat der Verbraucher abweichend von § 357a Absatz 3 unter den Voraussetzungen des § 356 Absatz 5 Nummer 2 Wertersatz für die bis zum Widerruf gelieferten digitalen Inhalte zu leisten. [3]Ist der verbundene Vertrag ein im Fernabsatz oder außerhalb von Geschäftsräumen geschlossener Ratenlieferungsvertrag, sind neben § 355 Absatz 3 auch die §§ 357 und 357a entsprechend anzuwenden; im Übrigen gelten für verbundene Ratenlieferungsverträge § 355 Absatz 3 und § 357d entsprechend. [4]Im Falle des Absatzes 1 sind jedoch Ansprüche auf Zahlung von Zinsen und Kosten aus der Rückabwicklung des Darlehensvertrags gegen den Verbraucher ausgeschlossen. [5]Der Darlehensgeber tritt im Verhältnis zum Verbraucher hinsichtlich der Rechtsfolgen des Widerrufs**

in die Rechte und Pflichten des Unternehmers aus dem verbundenen Vertrag ein, wenn das Darlehen dem Unternehmer bei Wirksamwerden des Widerrufs bereits zugeflossen ist.

(5) **Die Absätze 2 und 4 sind nicht anzuwenden auf Darlehensverträge, die der Finanzierung des Erwerbs von Finanzinstrumenten dienen.**

Lit.: Armbrüster, Rückabwicklung von Fondsbeteiligungen – deutsches Gesellschaftsrecht modifiziert europäisches Verbraucherschutzrecht, EuZW 2010, 614; Bartels, Grenzen der Rechtsfortbildung im verbundenen Geschäft, WM 2007, 237; Finkenauer/Brand, Einwendungs- und Rückforderungsdurchgriff beim Finanzierungsleasing, JZ 2013, 273; Fischer, Rechtsprobleme bei Immobilienkrediten, VuR 2010, 403; ders., Schadensersatzhaftung wegen Aufklärungspflichtverletzung bei realkreditfinanzierten Immobilien, VuR 2007, 321; Häuser, Rechtsfragen bei kombinierten Finanzierungen im außergerichtlichen Schlichtungsverfahren, WM 2022, 811; Herresthal, Der Widerruf von Verbraucherdarlehen und damit verbundener Kfz-Kaufverträge, ZIP 2018, 753; ders., Rechtsfolgen des Widerrufs von Kfz-Finanzierungen, ZIP 2019, 49; Jungmann, Zukunft der Schrottimmobilienfälle und Schrottimmobilienfälle der Zukunft, WM 2006, 2193; Kindler, Durchgriffsfragen der Bankenhaftung beim fehlerhaften finanzierten Gesellschaftsbeitritt, ZGR 2006, 167; Kloße-Mokroß, Fehlgeschlagene kreditfinanzierte Anlagegeschäfte („Schrottimmobilien"), MDR 2009, 429; Möllers/Grassl, Zur Europarechtswidrigkeit der Schrottimmobilien-Rechtsprechung des XI. Senats, VuR 2010, 3; Nordholtz/Bleckwenn, Widerrufsbelehrung bei verbundenen Verträgen und Wertersatzpflicht des Verbrauchers, NJW 2017, 2497; Rosenkranz, Das Umsetzungsgesetz zur Wohnimmobilienkreditrichtlinie und die verbundenen Verträge, NJW 2016, 1473; Ruland, Darlehensumfinanzierung als verbundenes Geschäft iSv § 358 Abs. 3 BGB?, BKR 2017, 140.

1 **1. Allgemeines zu §§ 358, 359.** Diese Vorschriften führen die rechtlich getrennten, aber wirtschaftlich verbundenen Verträge – Darlehensvertrag und Vertrag über die Warenlieferung oder Erbringung anderer Leistungen (Liefervertrag) – hinsichtlich des **Widerrufs (§ 358)** und des **Einwendungsdurchgriffs** (§ 359), also partiell, rechtlich zusammen: Widerruf des einen Vertrags erfasst auch den anderen (§ 358 I, II); Einwendungen gegen den einen Vertrag richten sich auch gegen den anderen (§ 359). Der Verbraucher kann wählen, ob er den Darlehensvertrag oder den dadurch finanzierten Vertrag widerrufen will; nach I und II entfällt die Bindung an den jeweils anderen Vertrag. Für die Rückabwicklung gelten nach **IV 1** §§ 355 III, 357–357c direkt für den widerrufenen Vertrag und entsprechend für den verbundenen Vertrag, der damit so behandelt wird, als sei auch er widerrufen worden. Nicht erfüllte Leistungspflichten entfallen, empfangene Leistungen sind zurückzugewähren (§ 355 III 1); ergänzend treten je nach Art des verbundenen Vertrags die dafür geltenden Sonderregelungen aus §§ 357–357c hinzu. Der Darlehensgeber tritt unter den Voraussetzungen von IV 5 statt des Unternehmers in das Rückabwicklungsverhältnis ein, unabhängig von dessen Vertragstyp. Mit dem Begriff des Darlehensvertrags soll klargestellt werden, dass der Durchgriff des Widerrufs für alle Darlehensverträge gilt, die mit einem Verbraucher geschlossen wurden und nicht auf den seit 11.6.2010 verengten Anwendungsbereich des § 491 beschränkt ist. Zur Rechtsprechung für die Rechtslage bis zum 3.8.2011 s. 18. Aufl. Rn. 1. Mit dem Ges zur Umsetzung der Wohnraumimmobilienkredit-RL wurde II mit Wirkung zum 21.3.2016 dahingehen geändert, dass auch 0%-Finanzierungsdarlehen (§ 514, 515) erfasst sind. Durch die **Umsetzung der Verbraucherrechte-RL** wurden nur **§ 358 IV, V** und **§ 359 II** neugefasst. Die in § 358 V aF geregelte Pflicht zur Belehrung über die Rechtsfolgen des § 358 I, II ist entfallen. Weiterhin muss jedoch der Hinweis nach Art. 247 § 12 I 2 Nr. 2b) EGBGB erteilt werden. Die Umsetzung der Wohnimmobilienkredit-RL ließ §§ 358 ff. unberührt. Wegen der zahlreichen, kurz aufeinander folgenden Änderungen ist gerade bei Verbraucherkrediten der Zeitpunkt des Vertragsschlusses wichtig, iE s. Bülow NJW 2010, 1713.

2 **2. Verbindung.** Verbindung v (Verbraucher-)Darlehensvertrag und Liefer- oder Dienstvertrag, III. I und II sehen vor, dass das jeweils andere RGeschäft v Widerruf erfasst wird, ein ausdr auf den Darlehensvertrag beschränkter Widerruf ist nach Sinn und Zweck aber möglich (Grüneberg/Grüneberg Rn. 8; BeckOK/Müller-

Christmann Rn. 13; Pfeiffer ZGS 2008, 409; aA Staudinger/Herresthal Rn. 91).
a) Sie besteht für die in III 1, 2 angesprochenen Verträge u **zwei Voraussetzungen.** 3
aa) Das **Darlehen dient der Finanzierung** des anderen Vertrags, **III 1.** Gleichgültig ist, ob die Darlehenssumme direkt an den Unternehmer oder zwecks Weiterleitung an ihn zunächst an den Verbraucher (als Darlehensnehmer) gezahlt wird. Welcher Vertrag zuerst geschlossen wurde, ist ebenfalls gleichgültig; die §§ 358, 359 aF finden nach BGH (NJW 2014, 1519) mangels Dreiecksbeziehung keine Anwendung auf sog Eintrittsmodelle, bei denen der Verbraucher zunächst einen Kaufvertrag schließt, in den der Leasinggeber zur Beschaffung des Leasinggegenstandes eintreten soll (BGH NJW 2014, 1519: keine Finanzierungsfunktion des Leasingvertrages). Zur Restschuldversicherung als finanziertes Geschäft → Rn. 4, für den Immobilienerwerb trifft **III 3** Sonderregelung (→ Rn. 5). Str ist, ob der Beitritt zu einer Personen- oder Kapitalgesellschaft (zB geschlossener Immobilienfonds) Leistungserbringungsvertrag iSv II, III ist (mR bejahend im Hinblick auf den Schutzzweck BGH NJW 2009, 3572; NJW 2006, 1953; MüKoBGB/Habersack Rn. 17; Armbrüster ZIP 2006, 412; je mN zum Streitstand; verneinend wegen Wortlaut OLG Karlsruhe WM 2003, 1221; bejahend für Genossenschaftsbeitritt BGH NJW 2011, 2198; sa OLG Jena ZIP 2008, 2306; OLG Hamm ZIP 2010, 1685; zur Rückabwicklung → Rn. 14). **bb) Beide Verträge** bilden eine **wirtschaftliche Einheit.** Dafür 4
gibt III 2 zwei Bsp für eine Auslegungsregel (keine unwiderlegliche Vermutung, so aber Grüneberg/Grüneberg Rn. 11, BGH NJW 2006, 1788): Der Unternehmer selbst ist der Darlehensgeber (Doppelfunktion in einer Person) oder Darlehensgeber ist ein Dritter, der sich bei Vorbereitung und Abschluss des Verbraucherdarlehensvertrags des Unternehmers bedient. Bei teilw Finanzierung eines verbundenen Vertrages tritt auch die Wirkung des IV 4 nur für den finanzierenden Teil ein (BGH NJW 2011, 1064). Auch Anschlussfinanzierung kann ein verbundenes Darlehen sein (BGH NJW 2021, 2807). Verbundenheit auch bei Darlehensvertrag, Kauf und Restschuldversicherung (als Gruppenversicherung, bei der Darlehensgeber und Unternehmer identisch sind), BGH BeckRS 2020, 33169. Die Beteiligung an **Immobilienfonds** (→ Rn. 3) und Finanzierungsdarlehen bilden eine wirtschaftliche Einheit, wenn dieselbe Vertriebsorganisation für beide Geschäfte genutzt wird (BGH NJW 2004, 2724; NJW 2004, 2739; NJW 2003, 423; sa OLG München WM 2003, 66 [Personalkredit]) oder der Kreditvertrag nicht auf eigene Initiative des Kunden zustande kommt (BGH NJW-RR 2008, 1436; NJW 2007, 3200). Ausreichend ist ein faktisches, auch einmaliges Zusammenwirken (BGH NJW-RR 2005, 1074; OLG Brandenburg NJW-RR 2009, 811). Keine Verbundenheit liegt vor, wenn der Darlehensgeber das Zusammenwirken des Vermittlers mit dem Verkäufer nicht positiv kennt (BGH NJW 2007, 3200). Liegt keines der Bsp nach III 2 vor, kann eine wirtschaftliche Einheit angenommen werden, wenn die beiden Verträge über das übliche Zweck-Mittel Verhältnis hinaus so miteinander verbunden sind, „dass jeder der Verträge seinen Sinn durch den anderen erhält" (BGHZ 184, 10; OLG Frankfurt a. M. ZIP 2014, 365 [Darlehensvertrag u Arbeitslosenversicherung – gegen LG Hamburg WM 2010, 2080]; OLG Brandenburg NJW-RR 2009, 811; OLG Dresden MDR 2011, 1056; zeitgleicher Abschluss oder Nutzung derselben Vermittlungsorganisation nur Indiz: BGH NJW-RR 2008, 1436). Auch Darlehens*vertrag und Restschuld*versicherung können verbundene RGeschäfte sein, wenn ua das Darlehen teilw auch der Finanzierung der Versicherungsleistung dient (BGHZ 184, 6 mN [auch zu Indizien für die Verbundenheit], nicht bei Abschluss einer Kapitallebensversicherung, die Darlehen tiligen soll, aber nicht daraus finanziert wird, BGH NJW 2015, 2414; abl für freiwillige Restschuldversicherung OLG Celle WM 2009, 1600; sa OLG Köln WM 2009, 793; OLG Oldenburg WM 2009, 796; ausf zur Rückabwicklung Knops ZIP 2010, 1265; OLG Düsseldorf ZIP 2010, 617; OLG Schleswig WM 2009, 1606 und WM 2010, 1074). **Fehlt eine Verbundenheit** v Immobilienkauf und Verbraucherkredit nach III 1 (so die stRspr des BGH auch nach EuGH NJW 2002, 281, s. nur BGH NJW 2002, 1881; NJW 2003, 1390; JZ 2006, 1067; iE krit Fischer DB 2002, 83 mN), ist das bestimmungsgemäß

verwendete (ggf direkt an den Immobilienverkäufer ausbezahlte) Darlehen bei Widerruf des Kreditvertrages als außerhalb von Geschäftsräumen geschlossener Vertrag mit marktüblicher Verzinsung zurückzuzahlen (zum Haustürgeschäft: BGH NJW 2003, 199; NJW 2003, 423; NJW 2003, 886; NJW 2007, 361 [zu § 3 I HWiG]; NJW 2004, 153; hierzu Hoffmann ZIP 2004, 49). § 818 III findet keine Anwendung (BGH NJW 2007, 362). Der EuGH sah in der sofortigen Rückzahlungspflicht keinen Verstoß gegen die Haustürgeschäfte-RL (s. EuGH NJW 2005, 3551 [„Schulte"] auf Vorlage v LG Bochum NJW 2003, 2612 u „Crailsheimer Volksbank" NJW 2005, 3555, verwies jedoch auf mögliche Haftung bei unterbliebener Belehrung jedenfalls bei riskanten Anlagemodellen aus Art. 4 S. 4 Haustürgeschäfte-RL, NJW 2005, 3555); Kausalität zwischen unterlassener Belehrung und Anlagerisiko verneinen ua BGH NJW 2006, 2099; NJW 2007, 357; NJW 2007, 363; NJW 2008, 1586, wenn Immobilienkauf vor Darlehensvertrag getätigt (ebenso OLG Bremen WM 2006, 764; OLG Karlsruhe WM 2006, 680; OLG Frankfurt a. M. WM 2006, 769; aA ua Staudinger NJW 2005, 3523; Knops WM 2006, 73, Fischer VuR 2007, 321 mit zahlreichen Nachw; sa Oechsler NJW 2006, 2453). Die Haftung setzt Verschulden voraus, das bei unverschuldetem Rechtsirrtum entfällt (so zu § 2 HWiG aF BGH NJW 2008, 1587; aA Jungmann WM 2006, 2195 mN; ders NJW 2007, 1562; sa Kahl/Essig WM 2007, 531 f.). Zu Aufklärungspflichten
5 der finanzierenden Bank auch → Rn. 5 aE; → § 311 Rn. 62. **b) III 3** verdrängt für Immobilienverträge II 2 dem Grundgedanken folgend, dass auch dem Laien hier die Trennung zwischen Immobilienerwerb (§ 311b!) und Darlehensvertrag in der Regel bewusst ist. Die Vorschrift wurde infolge der „Heiniger-Entscheidung" des EuGH eingefügt (EuGH NJW 2002, 281) und gilt nur für Verträge, die nach dem 1.8.2002 geschlossen wurden (PWW/Stürner Rn. 10). Der Gesellschaftsbeitritt (→ Rn. 3) ist auch dann kein Immobilienerwerbsgeschäft, wenn das Gesellschaftsvermögen überwiegend aus Immobilien besteht (MüKoBGB/Habersack Rn. 54; Grüneberg/Grüneberg Rn. 14; OLG Frankfurt a. M. WM 2002, 1275). Ein **Immobiliardarlehensvertrag und** das **finanzierte Grunderwerbsgeschäft** bilden nur dann eine **wirtschaftliche Einheit,** wenn entweder der Darlehensgeber selbst das Grundstück oder grundstücksgleiche Recht anbietet (Doppelfunktion als Darlehensgeber und Unternehmer = Verkäufer wie in III 2 Var. 1) oder wenn er über seine Funktion als Darlehensgeber hinaus den Grundstückserwerb durch Zusammenwirken mit dem Verkäufer (= Unternehmer) fördert. Die Förderung geschieht in der Weise, dass der Darlehensgeber zumindest partiell die Rolle des Unternehmers (= Verkäufers) übernimmt, indem er sich dessen Veräußerungsinteressen jedenfalls teilw zu eigen macht oder dass er bei der Planung, Werbung oder Durchführung des Projekts (also nicht nur des finanzierten Erwerbs) Funktionen des Veräußerers übernimmt oder den Veräußerer einseitig begünstigt. Das ist deutlich mehr als das, was III 2 Var. 2 für die Bejahung einer wirtschaftlichen Einheit verlangt. Bliebe es auch beim Immobiliendarlehensvertrag bei diesen geringen Anforderungen, so wären die meisten Verträge auch dann „verbundene Geschäfte" nach III 2, wenn das Zusammenwirken zwischen dem Darlehensgeber (Kreditinstitut) und dem Verkäufer (Unternehmer) die übliche Beteiligung als Kreditgeber nicht übersteigt (zur fr Rspr BGH NJW 2002, 1884; NJW 2004, 1376). Bei **nicht verbundenen** Geschäften kann Kreditgeber wegen Aufklärungspflichtverletzung zum Schadensersatz verpflichtet sein (BGHZ 169, 109; 168, 1; NJW 2007, 3200 [dort auch zur arglistigen Täuschung durch Verkäufer, deren Kenntnis durch den Kreditgeber bei
6 „institutionalisiertem Zusammenwirken" widerleglich vermutet wird]). **c)** Nur wenn das Darlehen der Finanzierung des anderen Vertrags dient und eine wirtschaftliche Einheit iSv III 1, 2 oder III 1, 3 vorliegt, ist I anwendbar.

7 **3. Widerruf des Liefervertrags (I). a)** Für den Liefervertrag iSv III 1 muss
8 ein **Widerrufsrecht** ges vorgesehen sein. **b)** Er muss mit dem Darlehensvertrag
9 **verbunden** sein; zum Begriff → Rn. 1. **c)** Mit dem wirksamen Widerruf des Liefervertrags tritt die **Rechtsfolge** des § 355 I für diesen und den Verbraucherdarle-

hensvertrag ein, I. Rückabwicklung nach § 355 III und, je nach Art des verbundenen Vertrages, nach §§ 357–357b entspr, **IV 1;** für Verträge über die Lieferung v nicht auf einem körperlichen Datenträger befindliche digitale Inhalte (§ 312f III) enthält **IV 2** eine Sonderregelung zum Wertersatz, Grund: beruht die Rückabwicklung nicht auf einem Widerruf des Vertrages über digitale Inhalte, sondern auf dem Durchgriff des Widerrufs, soll der Wertersatz nicht generell ausgeschlossen sein, in den Fällen des § 356 V Hs. 2 und 3 wäre der Vertrag über die digitalen Daten nicht isoliert widerrufbar; für Rückabwicklung v **Ratenlieferungsverträgen** ist **IV 3** zu beachten; Zinsen und Kosten aus der Rückabwicklung des Verbraucherdarlehens können v Verbraucher nicht verlangt werden, **IV 4** (keine analoge Anwendung auf die Fälle von II, OLG Stuttgart NJW-RR 2019, 1197). Zu **IV 5** vgl → Rn. 14. Hat der Verbraucher hingegen das finanzierte Geschäft nach § 123 angefochten, können auch die vor Anfechtung erbrachten Leistungen des Verbrauchers nach §§ 813 I 1, 812 I 1, 1 Var. zurückgefordert werden (BGHZ 230, 161 = NJW-RR 2022, 61).

4. Widerruf des (Verbraucher-)Darlehensvertrags (II, IV). a) Für ihn **10**
besteht ein Widerrufsrecht nach § 495. Zum Erfordernis der Angabe eines konkreten Verzugszinssatzes s. EuGH NJW 2022, 40; BGH NJW 2022, 1890). **b)** Der **11**
Darlehensvertrag muss iSv III (→ Rn. 2–6) mit dem Liefervertrag **verbunden** sein, **II 1. c)** Mit dem wirksamen Widerruf des Darlehensvertrags tritt die **Rechts-** **12**
folge des § 355 I 1 (dort → § 355 Rn. 9 ff.) für diesen und den Liefervertrag ein. **13**
Abwicklung nach §§ 355 III, 357–357b (→ Rn. 9); zu Zinsen und Kosten **IV 4** (→ Rn. 9). **d) Eintritt in das Abwicklungsverhältnis, IV 5.** Ist die **Darle-** **14**
henssumme dem Unternehmer bei Wirksamwerden (Zugang, § 130) des Widerrufs **bereits zugeflossen,** so tritt der Darlehensgeber gegenüber dem Verbraucher in das Abwicklungsverhältnis des Liefervertrags ein (**IV 5,** kein Schuldbeitritt, BGHZ 131, 73; zur dogmatischen Konstruktion Knops ZIP 2010, 1265; die damit ggf eintretende Konsumtion bzw Saldierung greift auch in der Insolvenz des Verbrauchers, BGH NJW 2016, 2118 Rn. 33 ff.; NJW 2019, 2780 [Durchgriffskondiktion des Darlehensgebers nach § 812 I 1 Var 2 zu § 358 IV 3 aF]; OLG Celle WM 2011, 456) und zwar mit allen Rechten und Pflichten des Unternehmers aus diesem Vertrag. Der Verbraucher kann nicht stattdessen wahlweise gegen den Unternehmer vorgehen (BGH NJW 2017, 2675). Dem Darlehensgeber steht bezüglich der Zins- und Tilgungszahlungen das **Zurückbehaltungsrecht** nach § 357 IV 1 zu (auch f solche, die nach Widerruf erbracht wurden und nach Bereicherungsrecht zurückzugewähren sind, BGH NJW 2022, 1746 Rn. 17, zust Strobel NJW 2022, 1748; BGH NJW 2021, 304; OLG Celle MDR 2022, 969). Der jeweilige **Leistungsort** ist getrennt für jede Verpflichtung zu bestimmen, Leistungsort für die Rückgabe der Ware aus dem finanzierten Kauf bleibt der Ort der Belegenheit (Bring- bzw. Schickschuld des Verbrauchers); nach aA soll wie beim ges Rücktritt ein einheitlicher Leistungsort am Belegenheitsort der Sache bestehen; Nachw. zum Streitstand → § 269 Rn. 9). Der Darlehensgeber muss nehmen Zins- und Tilgungsraten auch etwaige Anzahlungen, die der Verbraucher aus eigenem Kapital dem Unternehmer geleistet hat, erstatten (BGH NJW 2017, 2675; BGHZ 180, 133; abl für Rückzahlung des darlehensfinanzierten Entgelts OLG Schleswig WM 2010, 1074; OLG Düsseldorf ZIP 2010, 617; zum Abzug von Steuervorteilen BGH NJW 2007, 2401; NJW 2008, 649; sa KG WM 2021, 928 [zu Kapitalertragssteuer]). Umgekehrt schuldet der Verbraucher dem Darlehensgeber Rückgabe der vom Unternehmer erlangten Gegenstände und Abtretung aller Ansprüche aus der Rückabwicklung des finanzierten Vertrages (BGH NJW 2006, 1715; NJW 2006, 1788; Grüneberg/Grüneberg Rn. 21). Zur weiteren Abwicklung im Verhältnis Darlehensgeber-Unternehmer → Rn. 15. **e)** Bei Ver- **14a**
bundgeschäften wie **Anlagefondsbeitritt,** Immobilienerwerb (→ Rn. 5) können Schadensersatzansprüche aus **arglistiger Täuschung** des Anlegers durch Mittelspersonen (aus cic) der Bank entgegengehalten werden; diese muss sich das Verhal-

ten des Vermittlers, v Fondsinitiatoren oder einer eingeschalteten Vertriebsgesellschaft (Voraussetzungen: BGH NJW 2010, 602) bei institutionalisiertem Zusammenwirken zurechnen lassen (BGHZ 183, 112; NJW 2008, 2912; NJW 2007, 2407; NJW 2006, 1957; BKR 2009, 373 je mwN; aufgegeben wurde BGH NJW 2004, 2731; NJW 2004, 2736 und 2742; Einzelheiten zur Entwicklung der Rspr der Senate Fischer VuR 2010, 403). Die Durchgriffshaftung der Bank im Falle v Schadensersatzansprüchen des Anlegers gegen Prospekt- oder Anlagefondsverantwortliche wird damit nicht weiterverfolgt. In Betracht kommt auch eine Schadensersatzhaftung der Bank aus eigenem Aufklärungsverschulden (BGHZ 183, 124 mwN, → § 311 Rn. 62). Bei institutionalisiertem Zusammenwirken kann eine widerlegliche Vermutung zulasten der Bank eingreifen, dass sie die arglistige Täuschung der Verkäufer oder Vermittler kannte und daher wegen ihres Wissensvorsprungs aufklärungspflichtig ist (BGHZ 169, 109; 168, 1; BRK 2009, 374). Die Verjährungsfrist des Schadensersatzanspruchs gegen die Bank läuft gem § 199 I Nr. 2 erst, wenn der Geschädigte v der arglistigen Täuschung und dem Wissensvorsprung der Bank Kenntnis oder grob fahrlässige Unkenntnis hatte (BGH BRK 2009, 374). Einen Fondsbeitritt kann der getäuschte Anleger nach den Grundsätzen über die fehlerhafte Gesellschaft kündigen (BGH NJW 2006, 1957). Er hat dann keinen Anspruch auf Rückzahlung der geleisteten Einlage gegen die Gesellschaft, sondern erwirbt einen gesellschaftsrechtlichen Abfindungsanspruch (BeckOK/Müller-Christmann Rn. 84) und kann den Auseinandersetzungsanspruch dem Darlehensgeber entgegenhalten; über den Schadensersatzanspruch kommt es zu einer vollständigen Kompensation; zur Anwendung der Grundsätze über die fehlerhafte Gesellschaft im Verhältnis Gesellschafter – kreditierende Bank → § 355 Rn. 10. Einzelheiten der Rückabwicklung nach IV 5 (insbes bei Anlagefonds) sind iÜ str (s. BeckOK/Müller-Christmann Rn. 84–86).

15 **5. Rückabwicklung zwischen Darlehensgeber und Unternehmer.** Diese bestimmt sich – soweit vorhanden – nach den vertraglichen Vereinbarungen zwischen beiden (zum Ganzen ausf. Staudinger/Herresthal, 2021, Rn. 212 ff). Soweit es an solchen Vereinbarungen fehlt, soll für den Anspruch auf Rückzahlung der (Netto-)Darlehensvaluta eine Rückabwicklung nach § **358 V 4 analog** in Betracht kommen (so MüKoBGB/Habersack Rn. 96 mNw) oder nach **Bereicherungsrecht** (Staudinger/Herresthal, 2021, Rn. 218; BeckOK/Müller-Christmann Rn. 82 f; BeckOGK/Rosenkranz Rn. 128; Grüneberg/Grüneberg Rn. 21). Letzteres ist vorzugswürdig, da § 358 V 4 auf die Beteilung eines Verbrauchers zugeschnitten ist. Allerdings muss die Wertung des IV 5 dazu führen, dass der Eingriffskondiktion des Darlehensgebers nicht der Subsidiaritätsgrundsatz (aus Sicht des Unternehmers liegt Leistung des Verbrauchers vor) entgegengehalten werden kann (richtig BeckOK/Müller-Christmann Rn. 83). Umgekehrt besteht Nichtleistungskondiktion des Unternehmers auf Herausgabe der vom Verbraucher an Darlehensgeber zurückgegebenen Leistung aus dem verbundenen Vertrag (→ Rn. 14).

16 **6. Ausnahmen (V).** V (**Finanzierung des Erwerbs v Finanzinstrumenten,** zum Begriff § 1 XI KWG) tritt an die Stelle des bish § 359a III aF, mit dem Art. 2 II h Verbraucherkredit-RL 2008 umgesetzt wurde. Beim Widerruf des Darlehensvertrages bleibt der Verbraucher an das Erwerbsgeschäft gebunden. Grund: Der Darlehensgeber soll nicht über einen Widerruf mit den Preisschwankungsrisiken belastet werden können (BT-Drs. 17/12637, 66).

§ 359 Einwendungen bei verbundenen Verträgen

(1) [1]**Der Verbraucher kann die Rückzahlung des Darlehens verweigern, soweit Einwendungen aus dem verbundenen Vertrag ihn gegenüber dem Unternehmer, mit dem er den verbundenen Vertrag geschlossen hat, zur Verweigerung seiner Leistung berechtigen würden.** [2]**Dies gilt nicht bei Einwendungen, die auf einer Vertragsänderung beruhen, welche zwischen die-**

sem Unternehmer und dem Verbraucher nach Abschluss des Darlehensvertrags vereinbart wurde. [3]Kann der Verbraucher Nacherfüllung verlangen, so kann er die Rückzahlung des Darlehens erst verweigern, wenn die Nacherfüllung fehlgeschlagen ist.

(2) **Absatz 1 ist nicht anzuwenden auf Darlehensverträge, die der Finanzierung des Erwerbs von Finanzinstrumenten dienen, oder wenn das finanzierte Entgelt weniger als 200 Euro beträgt.**

1. Voraussetzungen des Einwendungsdurchgriffs. a) Verbraucherdarlehensvertrag (§ 491, hierzu BT-Drs. 17/5097, 26). Das Ges zur Umsetzung der Wohnraumimmobilienkredit-RL (in Kraft seit 21.3.2016) erstreckt den Anwendungsbereich auf unentgeltliche Darlehensverträge (§ 514). **b) Liefervertrag** des Verbrauchers mit dem Unternehmer als verbundener Vertrag iSv § 358 III (dort → § 358 Rn. 2–6). **c)** Die **Ausnahme für Darlehensverträge, die der Finanzierung des Erwerbs v Finanzinstrumenten dienen** und **Bagatellkredite** (finanziertes Entgelt übersteigt nicht 200 Euro) wurde mit dem Ges zur Umsetzung der Verbraucherrechte-RL in **II** v § 359a III und IV aF unverändert übernommen. Geblieben ist die Ausnahme für **Einwendungen,** die auf einer nach Abschluss des Darlehensvertrags vereinbarten **Abänderung** (§ 311 I) **des Liefervertrags** beruhen, **S. 2. d) Einwendungen** aus dem Liefervertrag, die den Verbraucher berechtigen würden, dem Unternehmer gegenüber seine **Leistung zu verweigern.** Den Einwendungen können *rechtshindernde und* rechtsvernichtende Umstände zu Grunde liegen; rechtshemmende, zB Verjährung (BGH NJW 2002, 137; NJW-RR 2005, 415) auch, wenn die darauf gestützte Einrede dem Unternehmer gegenüber zwar besteht, aber (noch) nicht erhoben ist (zu unterscheiden v dem Fall, dass die Einwendung erst auf Grund einer rechtsgeschäftlichen Erklärung des Verbrauchers gegenüber dem Unternehmer entsteht [BGH NJW 2000, 3560]; missverständlich Grüneberg/Grüneberg Rn. 3). Hat der Verbraucher das finanzierte Geschäft wegen arglistiger Täuschung angefochten (§§ 123, 142 I), kann er die Weiterzahlung der Darlehensraten verweigern und Rückzahlung bereits bezahlte Raten aus §§ 813 I 1, 812 I 1, 1 Var. fordern (BGHZ 230, 161 = NJW-RR 2022, 61). **e)** Kann der Verbraucher **Nacherfüllung** (§§ 437 Nr. 1, 634 Nr. 1) verlangen, so kann er die Rückzahlung des Darlehens erst verweigern, wenn die Nacherfüllung fehlgeschlagen ist, **S. 3.** Verlangen können genügt für den Ausschluss der Einwendung. Um die Einwendung zu erwerben, muss Nacherfüllung verlangt werden und dann fehlschlagen (§§ 440, 636).

1 2 3 4 5

2. Rückzahlungsverweigerung. Die Einwendung gegenüber dem Unternehmer gewährt dem Verbraucher als Darlehensnehmer gegenüber dem Darlehensgeber (nur) das Recht, die Rückzahlung zu verweigern, S. 1, auch wenn die Einwendung auf einem rechtshindernden oder rechtsvernichtenden Umstand (zB auf anfänglicher oder nachträglicher Nichtigkeit des Liefervertrags) beruht. 6

§ 359a *(weggefallen)*

§ 360 Zusammenhängende Verträge

(1) **[1]Hat der Verbraucher seine auf den Abschluss eines Vertrags gerichtete Willenserklärung wirksam widerrufen und liegen die Voraussetzungen für einen verbundenen Vertrag nicht vor, so ist er auch an seine auf den Abschluss eines damit zusammenhängenden Vertrags gerichtete Willenserklärung nicht mehr gebunden. [2]Auf die Rückabwicklung des zusammenhängenden Vertrags ist § 358 Absatz 4 Satz 1 bis 3 entsprechend anzuwenden. [3]Widerruft der Verbraucher einen Teilzeit-Wohnrechtevertrag oder einen Vertrag über ein langfristiges Urlaubsprodukt, hat er auch für den**

zusammenhängenden Vertrag keine Kosten zu tragen; § 357c Absatz 1 Satz 2 und 3 gilt entsprechend.

(2) [1]**Ein zusammenhängender Vertrag liegt vor, wenn er einen Bezug zu dem widerrufenen Vertrag aufweist und eine Leistung betrifft, die von dem Unternehmer des widerrufenen Vertrags oder einem Dritten auf der Grundlage einer Vereinbarung zwischen dem Dritten und dem Unternehmer des widerrufenen Vertrags erbracht wird.** [2]**Ein Darlehensvertrag ist auch dann ein zusammenhängender Vertrag, wenn das Darlehen, das ein Unternehmer einem Verbraucher gewährt, ausschließlich der Finanzierung des widerrufenen Vertrags dient und die Leistung des Unternehmers aus dem widerrufenen Vertrag in dem Darlehensvertrag genau angegeben ist.**

Lit.: Freudenmacher, Zusammenhängende Verträge iSv § 360 BGB – Konkretisierung des Anwendungsbereichs unter Bildung eines Abgrenzungskriteriums zum Recht der verbundenen Verträge, 2020; Habersack, Das neue Recht der verbundenen Verträge, FS Picker 2010, S 327 ff.

1 **1. Allgemeines.** Die Norm wurde im Zuge der Umsetzung der Verbraucherrechte-RL zum 30.6.2014 neu eingeführt, Widerrufs- und Rückgabebelehrung ergeben sich aus Art. 246 III, 246a § 1 II; 246b § 1 I Nr. 12 EGBGB). § 360 nF führt die bislang in §§ 312f aF, 359a I, II aF und 485 III aF bestehenden Regelungen über zusammenhängende Verträge zusammen und setzt damit Verbraucherrechte-RL Art. 15 um (BT-Drs. 17/12637, 66). Zweck des auf zusammenhängende Verträge erstreckten Widerrufs: Verbraucher soll v einem möglichen Widerruf nicht dadurch abgehalten werden, dass er an einen weiteren Vertrag gebunden bleibt (BT-Drs. 17/12637, 67). II 2 wurde neugefasst mit Wirkung zum 21.3.2016 und der Terminologie der §§ 492, 514 angepasst: erfasst werden nun auch unentgeltliche Darlehensverträge.

2 **2. Zusammenhängende Verträge. a) II 1** regelt, wann ein zusammenhängender Vertrag vorliegt und vereint damit die bish Regelungen zum Schutz des Verbrauchers hinsichtlich bestimmter Aspekte v Teilzeitnutzungsverträgen, Verträgen über langfristige Urlaubsprodukte sowie Wiederverkaufs- und Tauschverträge in einer Vorschrift (BT-Drs. 17/12637, 67). Voraussetzung eines zusammenhängenden Vertrags ist **(1) Bezug zu dem widerrufenen Vertrag** und **(2)** Betreff einer Leistung, die v dem Unternehmer des widerrufenen Vertrags oder einem Dritten auf der Grundlage einer Vereinbarung zwischen dem Dritten und dem Unternehmer des widerrufenen Vertrags erbracht wird. Der Begriff der „Leistung" umfasst sowohl Warenlieferungen als auch Dienstleistungen (BT-Drs. 17/12637, 67). Vom Begriff des zusammenhängenden Vertrages wird auch ein Vertrag über **Zusatzleistungen,** die der Verbraucher in unmittelbarem Zusammenhang mit dem Verbraucherdarlehensvertrag geschlossen hat (§ 359a II aF) umfasst (vgl BT-Drs. 17/12637, 67). Als Zusatzleistungen kommen bei ummittelbarem Zusammenhang in Betracht: Versicherungen, Verträge über Zahlungskarten (Grüneberg/Grüneberg Rn. 3), nicht erforderlich ist, dass der Darlehensgeber die Zusatzleistung verlangt bzw zur Bedingung macht (Habersack, FS Picker, S. 337; aA Freitag ZIP 2009, 1301; Geist/Tyzak BB 2010, 466). Der Zusatzvertrag wird in die Rückabwicklung
3 nach § 358 II, IV einbezogen. **b)** Im neuen **II 2** geht die Regelung des § 359a I aF inhaltlich auf. Voraussetzung für den zusammenhängenden Vertrag ist, dass die Leistung des Unternehmers aus dem widerrufenen Vertrag in dem Darlehensvertrag (auch unentgeltliche nach § 514) genau angegeben ist. Eine bloße Typenbeschreibung genügt nicht, der Vertragsgegenstand muss spezifiziert sein, nicht aber im Sinne sachenrechtlicher Bestimmtheit (Habersack, FS Picker, S. 327, 333 f., aA Rösler/Werner BKR 2009, 4). Klargestellt wurde, dass der Darlehensvertrag der Finanzierung des widerrufenen Vertrags dienen muss (vgl BT-Drs. 17/12637, 67).

3. Durchgriff des Widerrufs (I). a) Der Widerruf des Verbrauchers greift gem I 1 auch auf einen mit dem widerrufenen Vertrag zusammenhängenden Vertrag durch. Dies gilt aber nur, wenn nicht bereits die Voraussetzungen für einen verbundenen Vertrag vorliegen. **b)** Die Rückabwicklung erfolgt in entspr Anwendung des § 358 IV 1–3 **(I 2)**. **c)** Für Teilzeit-Wohnrechteverträge und Verträge über ein langfristiges Urlaubsprodukt, hat der Verbraucher keine Kosten zu tragen; die Kosten des Vertrags, seiner Durchführung und Rückabwicklung bekommt er erstattet und er muss geleistete Dienste und die Überlassung v Wohngebäuden zur Nutzung nicht vergüten **(I 3)**. 4 5 6

§ 361 Weitere Ansprüche, abweichende Vereinbarungen und Beweislast

(1) **Über die Vorschriften dieses Untertitels hinaus bestehen keine weiteren Ansprüche gegen den Verbraucher infolge des Widerrufs.**

(2) [1]**Von den Vorschriften dieses Untertitels darf, soweit nicht ein anderes bestimmt ist, nicht zum Nachteil des Verbrauchers abgewichen werden.** [2]**Die Vorschriften dieses Untertitels finden, soweit nichts anderes bestimmt ist, auch Anwendung, wenn sie durch anderweitige Gestaltungen umgangen werden.**

(3) **Ist der Beginn der Widerrufsfrist streitig, so trifft die Beweislast den Unternehmer.**

Lit.: Fischer, Widerrufsfolgen zwischen Rechtszuweisung und Vollharmonisierung, 2020; Förderer, Der Anspruchsausschluss nach § 361 Abs. 1 BGB im Lichte des unionsrechtlichen Verbots des Rechtsmissbrauchs, 2021.

Die Vorschrift wurde zur Umsetzung der Verbraucherrechte-RL neu eingefügt, knüpft aber teilweise an § 357 IV aF und § 312i aF an. Verbraucher wird gem **I** vor **weiterer Inanspruchnahme** durch den Unternehmer über §§ 355 ff. hinaus geschützt. I gilt nur für Ansprüche des Unternehmers, die gerade **Folge des Widerrufs** sind. Erfasst sind zB Ansprüche aus ungerechtfertigter Bereicherung (BT-Drs. 17/12637, 64) oder auf Schadensersatz gem § 280 wegen Verschlechterung der Sache durch Nutzung bis zum Widerruf. Für Folgen, die nicht **unmittelbar Folge des Widerrufs** sind, bleibt der Verbraucher haftbar, zB Verzugsschaden infolge verspäteter Rücksendung (BT-Drs. 17/12637, 64) oder Schadensersatz bei Verletzung von Schutzpflichten nach Ausübung des Widerrufs und in Kenntnis des Widerrufsrechts, zB Beschädigung der Ware (Singbartl/Zintl NJW 2016, 1848 [nur nach Ausübung des Widerrufsrechts und nur bei Vorsatz und grober Fahrlässigkeit]; für unbeschränkte Haftung nach allg Vorschriften PWW/Stürner Rn. 5; Grüneberg/Grüneberg Rn. 1); für Anwendung von Unmöglichkeitsrecht, wenn Verbraucher Rückgewähr der Sache zB infolge Veräußerung oder Diebstahls nicht möglich ist, OLG Celle BeckRS 2022, 2288. Der Fall wird von §§ 357 ff. nicht erfasst; sa → § 357a Rn. 2 mwN. Begrenzung der Haftung auf nicht eigenübliche Sorgfalt ist wie in § 346 IV iVm III Nr. 3 (→ § 346 Rn. 9) abzulehnen. Der Unternehmer kann auch nach § 285 vorgehen. Keine Regelung enthält § 361 für **Ansprüche gegen den Unternehmer** (s. etwa zur bish Anw der Grundsätze über die fehlerhafte Gesellschaft → § 355 Rn. 9). So kann der Verbraucher wegen Verstoß gegen die Widerrufsbelehrungspflicht (echte Rechtspflicht!) ggf nach § 280 Schadensersatz fordern (Alexander wrp 2014, 508; Schwab/Hromek JZ 2015, 278; aA Grüneberg/Grüneberg Rn. 1; für vorgerichtliche Rechtsanwaltskosten noch abl wegen § 357 IV aF OLG Karlsruhe WM 2017, 1364; zur grds Zurückhaltung beim Ersatz solcher Kosten über § 280 s. OLG Frankfurt WM 2017, 642 mwN). **II** entspricht Regelung in § 312m I (s. dort). Ist der Fristbeginn str, so trägt der Unternehmer gem **III** die Beweislast für alle Tatsachen, aus denen sich die Nichteinhaltung der Frist ergeben soll: Beachtung formaler und inhaltlicher Voraussetzungen der Widerrufsbelehrung und ihre Mitteilung; entspr § 355 III 3 aF. 1 2

Abschnitt 4. Erlöschen der Schuldverhältnisse

Vorbemerkungen

1 **1. Forderung und Schuldverhältnis.** Das Erlöschen einer Forderung ist von der Beendigung des gesamten Schuldverhältnisses zu unterscheiden.

2 **2. Erlöschen der Forderungen. a) Ges geregelte Fälle:** Erfüllung (§§ 362 ff.), Hinterlegung (§§ 372 ff.), Aufrechnung (§§ 387 ff.), Erlass (§ 397), Untergang bei Leistungsstörungen (§§ 275 I, 281 IV, 326 I 1). **b) Nicht geregelte Fälle: aa) Konfusion:** Vereinigung von Gläubiger- u Schuldnerstellung in einer Person mit der grundsätzlichen Folge des Erlöschens der Forderung (BGH NJW 1967, 2399; BGH NJW-RR 2009, 1059; 2016, 784, vgl auch → § 1922 Rn. 9). Bei besonderer rechtfertigender Interessenlage kann die Forderung ausnahmsweise fortbestehen (OLG Düsseldorf NJW-RR 1999, 1406: Sicherungsabtretung der Forderung aus Lebensversicherung an Versicherer; BGH NJW-RR 2009, 1059: Kenntnis des erwerbenden Schuldners von Gläubigerinsolvenz; → § 1922 Rn. 9). **bb) Verwirkung:** vgl → § 242 Rn. 53 ff. **cc) Fortfall schutzwürdigen Leistungsinteresses:** offen BGH NJW 1986, 2308 (Gesellschaftseintritt des Bürgen einer OHG); zur Leistungserschwerung und Unzumutbarkeit s. § 275 II und III.

3 **3. Beendigung des Schuldverhältnisses. a)** Das **Erlöschen aller Forderungen** als Beendigungstatbestand schließt Nachwirkungen im Sinne von *nachvertraglichen Verhaltenspflichten* nicht aus (BGH LM Nr. 2 zu § 362; v. Bar AcP 179, 452; sa § 241 II). **b)** Durch **Aufhebungsvertrag** können die Parteien entsprechend dem Grundsatz der Vertragsfreiheit („contrarius consensus") die Wirkungen eines Schuldverhältnisses ex nunc oder ex tunc (BGH NJW 1978, 2198) beseitigen. Mit der Aufhebung eines alten Schuldverhältnisses kann sich die Begründung eines neuen verbinden *(Novation)*. **c)** Der **Rücktritt** (§§ 346 ff.) beendet das ursprüngliche Schuldverhältnis, meist unter Umwandlung in ein Rückgewährschuldverhältnis. **d) Dauerschuldverhältnisse** enden durch Zeitablauf oder Kündigung, bestehen aber uU als Rückgewährschuldverhältnis bis zum Erlöschen aller Forderungen fort (vgl oben a).

4 **4. Vertragliche Beseitigung des Erlöschens.** Sie ist nur mit Wirkung ex nunc durch Neubegründung der Forderung bzw des Schuldverhältnisses möglich (zB durch einverständliche Rückgabe oder Rückbelastung eines getilgten Schuldbetrags, BGH NJW 2018, 537 Rn. 29), so dass die Form einzuhalten ist (vgl BGHZ 20, 340) und akzessorische Sicherheiten nicht ohne weiteres wiederaufleben. Nur bei rückwirkendem Wegfall des RGeschäfts, das zum Erlöschen führt (zB § 142 I), tritt Wiederaufleben ex tunc ein.

Titel 1. Erfüllung

§ 362 Erlöschen durch Leistung

(1) **Das Schuldverhältnis erlischt, wenn die geschuldete Leistung an den Gläubiger bewirkt wird.**

(2) **Wird an einen Dritten zum Zwecke der Erfüllung geleistet, so findet die Vorschrift des § 185 Anwendung.**

Lit.: Gernhuber, Die Erfüllung und ihre Surrogate, 2. Aufl 1994; Bülow, Grundfragen der Erfüllung und ihrer Surrogate, JuS 1991, 529; S. Lorenz, Grundwissen Zivilrecht: Erfüllung, JuS 2009, 109; Muscheler/Bloch, Erfüllung und Erfüllungssurrogate, JuS 2000, 729; Looschelders/Erm, Die Erfüllung – dogmatische Grundlagen und aktuelle Probleme, JA 2014, 161; Staudinger, Das Erlöschen der Schuldverhältnisse, 2018.

1. Begriff. Erfüllung ist Bewirkung der geschuldeten Leistung an den empfangszuständigen Gläubiger oder Dritten durch Leistungsverhalten und gegebenenfalls durch Herbeiführung des Leistungserfolgs (BGHZ 87, 162; BGH NJW 1994, 1404; NJW 1994, 2948; NJW 2009, 1085), uU durch Wiederholung der Leistungshandlung (BGH LM Nr. 25 zu § 157 [D]). Der Gläubiger muss den Leistungsgegenstand endgültig behalten dürfen (BGH WM 2008, 1705 f.). Bei Geldschulden ist erforderlich, dass dem Gläubiger der Geldbetrag endgültig zur freien Verfügung steht (BGHZ 145, 49 f.; BGH NJW 2018, 537 Rn. 19; NJW 1996, 1207; NJW 06, 907; BGH WM 2008, 1705 f.; BAG NJW 2016, 3323 Rn. 31). Wenn steuerliche Beträge im Abzugsverfahren vom Schuldner unmittelbar an die Finanzbehörde zu zahlen sind, so gilt die Entrichtung der Steuer insoweit als Leistungsbewirkung an den Gläubiger (BGH NJW 2017, 2102 Rn. 24), die aber nach voller Verurteilung erst in der Zwangsvollstreckung zu berücksichtigen ist, falls die Steuer im Zeitpunkt der letzten mündlichen Verhandlung noch nicht entrichtet ist (BGHZ 177, 12 Rn. 8; BGH NJW 2017, 2102 Rn. 25). Bei Arbeitslohn oder Mindestlohn soll hingegen bereits erfüllt sein, wenn die Abrechnung und Zahlung unter korrektem Abzug gesetzlicher Abführungspflichten auf der Basis des vollen geschuldeten Bruttolohnes erfolgen (BAG NJW 2017, 1260; NJW 2016, 3323 Rn. 21 und 27; NJW 2016, 3675 Rn. 23 und 31; zur Beschränkung der Erfüllung durch Abzug auf den Monat und Vormonat BAG NJW 2017. 972). Der Anspruch auf den Mindestlohn ist erfüllt, wenn der ausbezahlte Mindestlohn unter Anrechnung aller zwingend und transparent geregelten Gegenleistungen des Arbeitgebers die Mindestsumme erreicht (BAG NW 2018, 1707; 2018, 2586 Rn. 18; NJW 2017, 1050 Rn. 22 ff.; 2017, 2428; 2017, 3324 Rn. 14; 2017, 3613, Rn. 11; EuGH NZA 2015, 345; Kock NJW 2018, 1709 und 2588; zur Behandlung von Trinkgeldern an das Servicepersonal Saga NJW 2019, 1977 ff., 1979, 1982) Bei Besitzverschaffungsansprüchen (zB § 985) ist je nach Falllage erfüllt, wenn der Gläubiger unmittelbaren oder mittelbaren Besitz erlangt hat (BGHZ 131, 176; Meyer-Abich NJW 2017, 3429, 3430: nicht bei bloßer Besitzaufgabe; AG Brandenburg NJW-RR 2014, 1227 wohl bei Schlüsselrückgabe). Bei Auskunftsansprüchen, die der Durchsetzung eines Hauptanspruchs dienen sollen (zB Anspruch des Scheinvaters gegen Mutter des Kindes: BGH 191, 259; 196, 207), ist erst erfüllt, wenn der Gläubiger sachdienliche Mitteilungen erhalten hat, die Erklärung des Nichtwissens ist keine Erfüllung, sondern Bestreiten des Anspruchs oder Berufung auf zu beweisende Unmöglichkeit gem § 275 I (BGH NJW 2014, 2571 [2572]; 2022, 1089 Rn. 37 ff.: Auskunft der Mutter gegenüber Scheinvater über Identität möglicher natürlicher Väter; zw.!; sa BVerfG NJW 2015, 1506). Datenschutzrechtliche Auskunftsansprüche sind erfüllt, wenn die Behörde über den Inhalt gespeicherter Daten Auskunft erteilt, auch in zusammengefasster Form (zum Anspruch auf Ergänzung bei Unvollständigkeit und inhaltlichem Umfang BGH NJW 2021, 2726); Richtigkeitskontrolle ist nicht Inhalt des Auskunftsanspruchs (BVerwG NJW 2018, 1497 – LS = NVwZ 2018, 590: Bundesnachrichtendienst; BGH NJW 2022, 1089 Rn. 38 für Anspruch gegen Mutter über Vaterschaft, aber eidesstattliche Versicherung zur Richtigkeitskontrolle; BGH NJW 2021, 765 Rn. 41 ff.). Die näheren Modalitäten der Leistung, zB Person (§§ 267 f.), Ort (§§ 269 f.), Zeit (§ 271), Berechtigung zur Teilleistung (§ 266), sind für die Möglichkeit der Zurückweisung ohne Annahmeverzug (§§ 293 ff.) wesentlich. Auf das Einziehungsrecht nach §§ 73, 73c StGB finden bei freiwilliger Erfüllung (zB Verzicht des Angeklagten auf Herausgabe sichergestellter Gegenstände) §§ 362 ff. und die Vorschriften des Zivilrechts für rechtsgeschäftliche Übertragung Anwendung (BGH NJW 2019, 1692 Rn. 12 ff., 35 ff.; hierzu Habetha NJW 2019, 1642 ff., 1643). 1

2. Rechtsnatur. Nach der *Theorie der realen Leistungsbewirkung* (vgl Larenz SchR I § 18 I 5; BGH NJW 2015, 2497 Rn. 13; NJW 2018, 537 Rn. 23 und BAG NZA 2019, 719) ist neben dem Leistungsverhalten und neben der Herbeiführung des – uU rechtsgeschäftlichen – Leistungserfolgs (BGH NJW 2018, 1971 Rn. 23: Freistellungwirkung bei Freistellungsanspruch; Schneider NJW 2018, 2169, 2170) kein 2

Vertrag erforderlich, der die Kongruenz von Erfüllungswillen und Annahmewillen sichtbar macht (anders die *vertraglichen Theorien,* hierzu Larenz SchR I § 18 I 1–3; Muscheler/Bloch JuS 2000, 732). Ebensowenig ist eine Leistungszweckbestimmung des Leistenden (*Theorie der finalen Leistungsbewirkung,* Gernhuber Erfüllung § 5 III) erforderlich (BGH NJW 1992, 2699; 07, 3489: Zuordnungsmöglichkeit ausreichend; s. aber BAG NJW 2015, 2520 Rn. 19 ff.; NJW 2016, 3740 Rn. 11: Freistellungserklärung unter Bezahlung zur Erfüllung des Urlaubsanspruchs bei tatsächlich bestehender Arbeitspflicht; BAG 2020, 1093: Freistellungserklärung unter Anrechnung auf noch bestehende Urlaubsansprüche beinhaltet keine Erfüllung der Verpflichtung zum Freizeitausgleich). Der leistende Schuldner kann durch eine Tilgungsbestimmung (BAG NJW 2014, 651: empfangsbedürftige Willenserklärung; → § 366 Rn. 3; aA Gernhuber Erfüllung § 5 III 2: geschäftsähnliche Handlung; offen BGHZ 106, 166) freilich Zweifel über die Zweckbestimmung beseitigen (vgl §§ 366, 267, 268) oder die Erfüllungswirkung bzgl einer bestimmten Forderung ausschließen (BGH NJW 1972, 1750; 2017, 2297 Rn. 14; auch schlüssig: OLG Düsseldorf WM 1982, 753; Parallele bei der haftungsbefreienden Einlageleistung nach HGB § 171 I Hs. 2 aF u. nF ab 1.1.2024: BFHE 219, 141); möglich ist eine doppelte Tilgungsbestimmung (BGHZ 105, 157: Zahlung auf Forderung und Grundschuld). Bei Wahlschulden mit Gläubigerwahlrecht (zB § 439 I) kann nach Ausübung des Wahlrechts Erfüllungswirkung nur noch eintreten, wenn die Leistung dem gewählten Anspruchsinhalt entspricht, also zB keine wirksame Nacherfüllung durch Nachbesserung nach Wahl einer Ersatzlieferung durch den Käufer (Markworth NJW 2018. 266. 267). Die Befugnis zur Annahme („Empfangszuständigkeit") auf der Gläubigerseite folgt teilw den Regeln rechtsgeschäftlicher Verfügung, ohne dass allerdings die Annahme als Erfüllung eine Verfügung über die Forderung wäre: beschränkt Geschäftsfähige können zwar uU das Erfüllungs*geschäft* (zB Eigentumserwerb) wirksam vornehmen (§ 107; dazu BGH NJW 2015, 2497 Rn. 23), bedürfen aber zur Annahme als Erfüllung der Zustimmung (§§ 107 ff.), weil die Annahme die Forderung zum Erlöschen bringt (ausführlich BGH NJW 2015, 2497 Rn. 15 ff. für beschränkt geschäftsfähige Minderjährige und für den Fall der Betreuung unter Einwilligungsvorbehalt gem § 1903 aF bzw. § 1825 nF ab 1.1.2023; zum Fall der Erfüllung eines Auskunftsanspruchs des bevollmächtigenden späteren Erblassers nach Eintritt des Vorsorgefalles Kollmeyer NJW 2017, 1137, 1139); der Gläubiger kann Dritte zum Leistungsempfang ermächtigen (vgl II iVm § 185). Bei fehlender Empfangszuständigkeit erfolgt Rückabwicklung gem § 812 I 1 Alt. 1 (BGH NJW 2015, 2497 Rn. 23); → Rn. 5. Im Falle der Insolvenz des Gläubigers fällt zwar die Empfangszuständigkeit des Gläubigers fort (arg aus §§ 81, 82 InsO), jedoch schafft § 82 InsO für den gutgläubigen Schuldner eine Form des Schutzes des guten Glaubens an die bestehende Empfangszuständigkeit, so dass Erfüllungswirkung eintreten kann (BGH NJW 2018, 2049 Rn. 55 ff.; zur Ermächtigung eines Dritten gem. §§ 362 II,185 im Falle der Insolvenz BGH NJW 2015, 341 Rn. 30 ff. → Rn. 5). Die Erfüllungswirkung einer Zahlung durch Gutschrift bringt zwar den Zahlungsanspruch durch Erfüllung zum Erlöschen; falls die Parteien sich aber darüber einig sind, dass bei bloßer Inanspruchnahme einer Garantie zunächst eine Rückbuchung erfolgen soll („A-z-Garantie"), wird nach dieser Rückbuchung die alte Kaufpreisforderung wiederbegründet (BGH MMR = MultiMedia und Recht 2020, 467; dazu Mantz NJW 2021, 516 f.).

3 **3. Einzelheiten.** Die *Wirkung* der Erfüllung, das Erlöschen der Forderung, tritt für die jeweils fällige Einzelforderung ein (BGHZ 10, 396; BGH NJW 2007, 3489). Vorauszahlungen vor Entstehen einer Forderung bewirken nicht Erlöschen bei Forderungsentstehung, vielmehr bedarf es einer – uU formpflichtigen – Anrechnungsvereinbarung (BGHZ 85, 318; str, Singer JR 1983, 356). Bei *Leistung unter Vorbehalt* (Seibert JR 1983, 491) tritt volle Erfüllungswirkung ein, sofern der Vorbehalt nur §§ 212 I Nr. 1 (früher: § 208 aF), 814 ausräumen will (BGH NJW 1984, 2826 mN); anders aber beim Vorbehalt einer Rückforderung bei fortdauernder Beweislast des

Gläubigers für das Bestehen des Anspruchs (BGHZ 139, 367; BGH NJW 2007, 1269) wie zB bei Leistung zur Abwendung drohender Vollstreckungsmaßnahmen (BGH NJW 1983, 1111). Bei Erfüllung unter aufschiebender Bedingung für die Tilgungswirkung, insbes unter der Bedingung des Bestands der Forderung, tritt Erfüllungswirkung vorläufig nicht ein, der Gläubiger kann ohne Verzugsfolge ablehnen (BGHZ 92, 284). *Erfüllung im Wege der Zwangsvollstreckung* (Schünemann JZ 4
1985, 49) führt bei endgültig vollstreckbaren Urteilen zum Erlöschen (vgl §§ 815, 819, 883 ZPO); allerdings Erfüllungswirkung nicht schon mit Zahlung oder Leistung an den Gerichtsvollzieher, sondern mit Ablieferung an den Gläubiger (§ 815 I ZPO), aber Gefahrtragung beim Gläubiger (§ 815 III), der auf Amtshaftung verwiesen ist, falls der Gerichtsvollzieher z.B. die insolvenzrechtliche Anfechtbarkeit der Leistung durch sein Verhalten befördert hat (BGH NJW 2018, 331 Rn. 15 ff.; NJW2009, 1085 Rn. 9 ff.). Bei vorläufigen Titeln bleibt die Erfüllungswirkung bis zu ihrer Endgültigkeit in Schwebe, ebenso wenn *erkennbar* zur Abwendung der Vollstreckung aus vorläufigen Titeln geleistet ist (BGH NJW-RR 2014, 1319 Rn. 6; NJW 1990, 2756; BGH WuM 2009, 57; BGH Beschl. v. 5.10.2021, VIII ZB 68/20 Rn. 14, in MDR 2022, 54 insoweit nicht abgedruckt; Krüger NJW 1990, 1210; OLG Köln NJW-RR 1992, 239; teilw. aA Staudinger/Kern, 2022, § 362 Rn. 45 ff.), weil andernfalls sich der Rechtsstreit erledigen würde (BGHZ 94, 274; Braun AcP 184, 152; sa LG München NJW-RR 2013, 15 für vorläufige Räumungsvollstreckung); jedoch schließt vorläufige Befriedigung Schuldnerverzug aus (BGH NJW 1981, 2244; anders, wenn der Gläubiger ein zur Abwendung der Zwangsvollstreckung erfolgtes Zahlungsangebot zurückweist, BGH NJW 2012, 1717 Rn. 10 ff.).

4. Arten der Leistung an einen Dritten. Hier ist zu unterscheiden (Larenz 5
SchR I § 18 II; Taupitz JuS 1992, 449): **a)** Leistung an einen Dritten mit **eigenem Gläubigerrecht** (§ 328). **b)** Leistung an einen **einziehungsberechtigten bzw empfangszuständigen** Dritten, wobei die Einziehungsbefugnis auf Gesetz (§§ 1074, 1282, 2205 iVm § 2211, § 80 I iVm § 82 InsO; dazu BAG NJW 2014, 1839) oder RGeschäft (vgl → § 398 Rn. 26 ff.) beruhen kann. **c)** Leistung an einen **empfangsermächtigten** Dritten gem II iVm § 185 (zB BGH NJW 1986, 989; 1994, 2948; 2015, 341 [344]; BGH NJW-RR 1997, 1460), wobei insbes § 185 II wegen § 816 II von Bedeutung ist (zur anfechtungsrechtlichen Rückgewährpflicht des Gläubigers BGH WM 2009, 812). Die Ermächtigung zum Leistungsempfang durch den Dritten kann der Gläubiger gegenüber dem Dritten oder dem Schuldner erklären (BGH NJW 2015, 341 [344]; 1983, 1605; BGH NJW-RR 2011, 1349); sie setzt allerdings voraus, dass der Gläubiger im Zeitpunkt der Erklärung in seiner Verfügung nicht beschränkt ist (zB §§ 81 I, 24 InsO), wobei der gute Glaube an die bestehende Verfügungsbefugnis nicht schützt (BGH NJW 2015, 341 [344]; BGH NJW-RR 2012, 1130 [1131]; zur Nichtanwendbarkeit des § 82 InsO und der Möglichkeit einer Genehmigung durch den Insolvenzverwalter BGH NJW-RR 2021, 1414 Rn. 25 ff.; → § 407 Rn. 1; → § 408 Rn. 1 und → § 409 Rn. 1). **d)** Leistung an den Gläubiger in Form der **Zuwendung an einen vertraglich benannten Dritten,** zB Darlehensauszahlung an den Verkäufer beim finanzierten Geschäft (BGHZ 33, 307; 60, 110); Darlehensauszahlung an den Darlehensvermittler (BGH *NJW 1978, 2295*). ***e)*** *Leistung* an eine **Bank als „Zahlstelle"** des Gläubigers, bei welcher der Gläubiger selbst – nicht etwa die Bank – Leistungsempfänger ist (BGH NJW 1985, 2700 mN; 2007, 914; vgl auch → §§ 364, 365 Rn. 4; zur Beweislast bei Vorlage von Kontoauszügen Zehelein NJW 2017. 41 [43]). **f) Rechtsscheintat-** 6
bestände, zB §§ 370, 2367. **g)** Leistung an den Gläubiger, der durch einen Dritten **vertreten** wird (zB § 27 II Nr. 4, 5 aF bzw. § 9b I WEG, OLG Saarbrücken OLGZ 1988, 47 zu § 27 II Nr. 1 Uraltfassung WEG; Zahlung an Verfahrensbevollmächtigten, OLG Dresden MDR 2000, 1306; s. aber OLG Brandenburg NJW 2007, 1470). **h)** Leistung an **gemeinsamen Treuhänder,** die vor Weitergabe an den Empfänger keine Erfüllung bewirkt (s. BGHZ 145, 49 f.; BGH NJW 1986, 2947; BGH NJW-RR 2007, 845; OLG Hamburg NJW 1996, 1289 – aA Reithmann NJW 1996,

3327) und lediglich das Vorleistungsrisiko bei zweiseitigen Verträgen bewältigen soll (zB Notaranderkonto: BGHZ 87, 156; BGH NJW 1994, 1404; 1997, 2105; 1998, 747; 1998, 2135 mN; Preuß JuS 1996, 103; Zeiss JR 1983, 410; Zimmermann DNotZ 1983, 552 – anders BGHZ 82, 286: gewillkürte Geltung der §§ 372 ff. bei Sperrkonto einer Bank); aber keine Erfüllung der Verpflichtung zur Zahlung an den gemeinsamen Treuhänder bei abredewidrigem Auskehrungsvorbehalt (BGH NJW 1997, 2104).

7 **5. Prozessuales.** Bis zur Erfüllung muss der Gläubiger seinen Anspruch beweisen, nach der Erfüllung der Schuldner zur Rückgewähr das Fehlen eines Anspruches. Zur Beweislast für die Erfüllung vgl § 363.

§ 363 Beweislast bei Annahme als Erfüllung

Hat der Gläubiger eine ihm als Erfüllung angebotene Leistung als Erfüllung angenommen, so trifft ihn die Beweislast, wenn er die Leistung deshalb nicht als Erfüllung gelten lassen will, weil sie eine andere als die geschuldete Leistung oder weil sie unvollständig gewesen sei.

1 **1. Beweislast für die Erfüllung.** Die Beweislast für die Erfüllung als rechtsvernichtende Einwendung trägt **vor Annahme** der Schuldner (BGH NJW 1969, 875; zur fehlenden Substantiierung BGH NJW 1997, 128; Schultz NJW 2017, 16 [17]; zum Auszahlungsanspruch beim Sparbuch BGH NJW 2022, 1170 Rn. 31 ff.; 2002, 2707), auch soweit der Gläubiger seinerseits Rechte aus Nichterfüllung geltend macht (BGH NJW 1993, 1706; 2009, 1341). Sofern die Gegenleistung bereits erbracht wurde, kommt dem Schuldner bei Bargeschäften des täglichen Lebens der Anscheinsbeweis zugute (vgl auch LG Aurich NJW-RR 1999, 1225; LG Hannover NJW-RR 1999, 1225: „tatsächliche Vermutung" der Leistung bei erfolgtem Warenversand per Nachnahme; s aber BGH MDR 2006, 502, 503: keine allgemeine Vermutung bei Auftragserteilung an Beförderungsunternehmen). Bei Unterlassungspflichten hat hingegen nicht der Schuldner Erfüllung, vielmehr der Gläubiger Nichterfüllung bzw Verletzung zu beweisen (arg § 345); zu Aufklärungs- und Beratungspflichten → Rn. 2. Der Schuldner hat auch Mängelfreiheit zu beweisen, wenn er seinerseits Ansprüche verfolgt, die Erfüllungsbereitschaft voraussetzen (zB §§ 433 II, 322 oder 323 I), es sei denn, der Gegner ist vorleistungspflichtig (BGH NJW 1965, 1270); die in § 442 aF enthaltene Sonderregel für Rechtsmängel ist aufgehoben.

2 **2. Beweislastumkehr bei Annahme als Erfüllung.** Sie rechtfertigt sich aus der Beweisnot des Schuldners nach erbrachter Leistung. Sie beinhaltet keinen materiellen Rechtsverlust (anders §§ 442 I (früher: § 464 aF), 640 II, § 377 HGB; § 16 Nr. 3 II VOB/B, hierzu BGH NJW 1983, 816; unklar OLG Karlsruhe NJW-RR 1996, 752); für Entgegennahme einer Abrechnung als Basis der Bezahlung rechtsähnlich BGH NJW 2013, 2885 [2886]. Die Annahme ist entspr der Theorie der realen Leistungsbewirkung (→ § 362 Rn. 2) Realakt (BGH NJW-RR 2013, 1233), also nicht anfechtbar (str), wohl aber ist das Annahmeverhalten auslegungsfähig (BGH NJW-RR 2013, 1233). Bei der Annahme als Erfüllung braucht der Wille des Gläubigers nur darauf gerichtet zu sein, die angebotene Leistung als geschuldete anzunehmen (zB Entgegennahme und Abzählen des Geldbetrages, BGH NJW 1984, 722) und sie in der Hauptsache als vertragsgemäß gelten zu lassen (OLG Köln FamRZ 1984, 1090); eine formularmäßige Erklärung dieses Inhalts ist nach § 309 Nr. 12b (= § 11 Nr. 15b AGBG aF) unwirksam (OLG Koblenz NJW 1995, 3392). Einzelne Vorbehalte schließen Annahme als Erfüllung nicht unbedingt aus, insbes beim Behalten, Benutzen oder Weiterverkaufen der Ware (vgl OLG Stuttgart NJW 1969, 611; RGZ 109, 296). Die Beweislastumkehr erstreckt sich auch auf Mängel der Leistung (BGH NJW 1985, 2329; 2009, 3099 [3100]; 2011, 1664; S. Lorenz NJW 2014, 2319 [2320]; Schultz NJW 2017, 16 [17]; zu Besonderheiten des Versendungskaufs Stegmaier NJW 2018, 2665, 2669; Sonderregelung in § 476 – (zur

Neufassung zum 1.1.2022 § 476 Rn. 1 ff.) für den Verbrauchsgüterkauf mit nach ursprünglicher Auffassung des BGH nur zeitlicher Bedeutung, BGH NJW 2004, 2299; 2014, 1086; S. Lorenz aaO S. 2320; s. aber zur nunmehr hM EuGH NJW 2015, 2237 und BGH NJW 2017, 1093; dazu Koch NJW 2017, 1068), auf teilweise Nichterfüllung (BGH NJW 1989, 3223; neuerdings Sonderregelung bei digitalen Produkten für Verbraucher in → §§ 327b u. 327k, §§ 475a ff. – in Kraft seit 1.1.2022, Übergangsrecht in Art. 229 § 57 EGBGB; vgl. Wendehorst NJW 2021, 2913 Rn. 19 u. 37) oder auf das Fehlschlagen einer Nachbesserung (BGH NJW 2009, 1342; 2011, 1664); anders bei Erklärung eines Vorbehalts hinsichtlich bestimmter Mängel (BGH NJW 2009, 361; BGH NJW-RR 2013, 1233 für Mietmangel). Ist streitig, ob eine Steuer- oder Rechtsanwaltsberatung sachlich verfehlt geführt, teilweise oder *gänzlich* unterlassen wurde, ist nach BGH NJW 1996, 2572 für die differenzierte Beweislastverteilung im Rahmen des § 363 kein Raum (so auch Laumen JZ 1987, 63; anders noch BGH NJW 1986, 2570). Die Beweislast trägt in jedem Fall der, der den Beratungsverpflichteten in Anspruch nehmen will (BGH NJW 1985, 265; 1987, 1323; 1992, 1697; 1999, 2347). Im Ergebnis führt die Qualifikation bereits des dringenden Verdachts mangelnder Vertragsgemäßheit der Leistung als Mangel (zB Gefahr einer Betriebsuntersagung bei PKW mit sog. Schummel-Software, BGH NJW 2019, 1133 – vorläufige rechtliche Würdigung durch den BGH) zu einer Beweiserleichterung für den Käufer, dem § 363 volle Beweislast für die Existenz eines Mangels auferlegt (Pfeiffer NJW2019, 3337, 3340 ff.). Darin liegt aber keine Besonderheit des Beweisrechts, denn generell steht es dem Gesetzgeber und der auslegenden oder rechtsfortbildenden Rechtsprechung frei, durch Veränderung materiellrechtlicher Anforderungen die Haftungsgrenze vorzuverlegen oder die Haftung zu erschweren, was auch häufig geschieht.

3. Ablehnung der Erfüllung. Sie verhindert Beweislastumkehr und Erfüllungs- 3
wirkung. Annahmeverzug (§§ 293 ff.) tritt nur bei vertragsgemäßem Angebot (→ § 362 Rn. 1) ein.

§ 364 Annahme an Erfüllungs statt

(1) **Das Schuldverhältnis erlischt, wenn der Gläubiger eine andere als die geschuldete Leistung an Erfüllungs statt annimmt.**

(2) **Übernimmt der Schuldner zum Zwecke der Befriedigung des Gläubigers diesem gegenüber eine neue Verbindlichkeit, so ist im Zweifel nicht anzunehmen, dass er die Verbindlichkeit an Erfüllungs statt übernimmt.**

§ 365 Gewährleistung bei Hingabe an Erfüllungs statt

Wird eine Sache, eine Forderung gegen einen Dritten oder ein anderes Recht an Erfüllungs statt gegeben, so hat der Schuldner wegen eines Mangels im Recht oder wegen eines Mangels der Sache in gleicher Weise wie ein Verkäufer Gewähr zu leisten.

Anmerkungen zu den §§ 364, 365

Lit.: Schreiber, Leistungen an Erfüllungs Statt und erfüllungshalber, Jura 1996, 328; Hahn, Die zivilrechtliche Ersetzungsbefugnis, 2011.

1. Leistung an Erfüllungs Statt. a) Begriff und Rechtsnatur. Der Schuldner 1
bewirkt eine andere als die geschuldete Leistung, die aber kraft vertraglicher Vereinbarung zwischen Gläubiger und Schuldner als Erfüllung gilt (BGHZ 89, 133; Larenz SchR I § 18 IV: „Erfüllungsvertrag" als Ergänzungs- bzw. Änderungsabrede, str; aA noch BGHZ 46, 338, 342: entgeltlicher Austauschvertrag als neuer Schuldgrund). Sicherheiten und Vorzugsrechte gehen mit dem alten Schuldinhalt unter, soweit keine angepasste Neuvereinbarung erfolgt (str). Bei Abtretung einer Forderung

gegen einen Dritten an Erfüllungs Statt trägt der Gläubiger das Risiko der Bonität des Drittschuldners (BGH NJW 2014, 1239 [1240]), nur das Risiko der Verität der Forderung liegt beim abtretenden Schuldner (§ 365). Bei Übereignung einer Sache gestaltet sich die Risikolage für den Gläubiger wegen des Verweises auf die Sachmän-
2 gelhaftung etwas günstiger. **b)** Die **Ersetzungsbefugnis des Schuldners** nimmt die Vereinbarung über die Leistung an Erfüllungs Statt vorweg und überlässt es der Wahl des Schuldners, ob er die ursprüngliche Leistung oder die Ersatzleistung erbringen will. Bsp: Inzahlungnahme eines Gebrauchtwagens beim Neuwagenverkauf (BGHZ 89, 128 mN; 175, 286), so dass – anders als im Falle des Tausches – bei Untergang des Altwagens nicht §§ 275, 326 I gelten, sondern die ursprüngliche Geldleistung geschuldet bleibt. Zur Vermeidung der Mehrwertsteuer (volle Besteuerung des Zwischenumsatzes) wurde allerdings früher regelmäßig neben dem Neuwagenkaufvertrag ein Vermittlungsauftrag über den Gebrauchtwagen geschlossen; der Händler übernahm ein Mindestpreisrisiko, stundete insoweit die Kaufpreisforderung und verrechnete den Verkaufserlös, wobei ihm Mehrerlös als Provision verblieb (BGH NJW 1982, 1699; krit Medicus NJW 1976, 54; Behr AcP 185 [1985], 401). Nachdem UStG 25a seit 1.7.1990 nur noch die Preisdifferenz der Umsatzsteuer unterwirft, entfallen die steuerlichen Gründe für diese Gestaltung, so dass die Praxis zur Ersetzungsbefugnis zurückkehrte. Die erneute Zunahme von Agenturgeschäften wegen Änderungen im Gewährleistungsrecht im Zuge der Schuldrechtsreform (→ Rn. 3) ist nicht im erwarteten Maße eingetreten (vgl hierzu und zum Ganzen Reinking/Eggert, Der Autokauf, 13. Aufl. 2017, Rn. 636, 644 ff.). Eine Umgehung der Rechte des Abnehmers des Gebrauchtwagens liegt im Agenturgeschäft nicht ohne weiteres (BGH NJW 2005, 1039; Katzenmeier NJW 2004, 2632 zu § 475 aF vor 1.1.2022); denn immerhin haftet der Händler dem Abnehmer neben dem Ver-
3 käufer des Altwagens aus §§ 280 I 1, 241 II, 311 III. **c) Gewährleistung.** Sofern der Mangel Verpflichtungen des *Gläubigers* betrifft, gelten die allg Regeln: Tritt zB der Käufer eines Neuwagens wegen eines Mangels des Neufahrzeugs wirksam gem § 437 Nr. 2 vom Vertrag zurück, bestimmt sich die Rückabwicklung nach den §§ 346 ff. Er kann Herausgabe des Altfahrzeugs und des Barpreisanteils verlangen (OLG Hamm NJW-RR 2009, 1506; Binder NJW 2003, 394; zum alten Recht vor der Schuldrechtsreform BGHZ 89, 126). Ähnlich verhält es sich bei Inzahlunggabe eines Gebrauchtwagens im Rahmen eines Finanzierungsleasings (BGH NJW 2003, 507) oder gegen Ablösung eines für das Altfahrzeug noch laufenden Kredits durch den Verkäufer als (versteckter) Preisnachlass für den Neuwagen (BGHZ 175, 286 mAnm Binder EWiR 2008, 263; Gsell NJW 2008, 2002). Verlangt der Käufer berechtigterweise „großen Schadensersatz" nach § 437 Nr. 3, kann – wie früher vor der Schuldrechtsreform nach § 463 aF (BGH NJW 1995, 518) – statt der Herausgabe des Gebrauchtfahrzeugs Zahlung des Anrechnungsbetrags verlangt werden. Da der Schadensersatz nach § 437 dem Rücktritt gleichgeordnet ist, hat der Käufer faktisch ein Wahlrecht. Dieses wird aber zugunsten des Händlers kompensiert durch dessen in §§ 437 Nr. 1, 281 I, 323 I zum Ausdruck kommendes „Recht zur zweiten Andienung" (hierzu Binder NJW 2003, 398). Beim gekoppelten Vermittlungsauftrag kann der Käufer neben dem bezahlten Kaufpreisteil den vereinbarten Mindestpreis zurückverlangen, falls der Gebrauchtwagen verkauft ist; sonst wird der Auftrag gegenstandslos (Kündigung, Wegfall der Geschäftsgrundlage, vgl § 313 I, III), neben dem bezahlten Kaufpreisteil ist der Gebrauchtwagen im Wege der Rückabwicklung auch des Auftrags zurückzugeben (zum alten Recht vor der Schuldrechtsreform BGH NJW 1980, 2191). Bei Gewährhaftung seitens des *Schuldners* ist § 365 – eine missglückte Vorschrift (Larenz SchR I § 18 IV) – zu berücksichtigen: Ist der in Zahlung gegebene Gebrauchtwagen mangelhaft, so stehen dem Verkäufer die Rechtsbehelfe aus § 437 zu. Das an sich gem §§ 437 Nr. 2, 323 I erforderliche Nachbesserungsverlangen wird regelmäßig nach §§ 440 S. 1, 283, 311a II, 281 II bzw 326 V, 323 II entbehrlich sein. Der Rücktritt des Verkäufers von der Erfüllungsvereinbarung (§§ 437 Nr. 2, 440, 326, 323) führt zum Anspruch des Verkäufers auf Wiederbegründung der originären Kaufpreisforderung mit der Möglichkeit soforti-

ger Zahlungsklage (so zum alten Recht vor der Schuldrechtsreform BGHZ 46, 342); denkbar ist allerdings ein Haftungsausschluss des Käufers gem. § 442 (dazu BGHZ 83, 334, 338 ff. unter altem Recht; OLG Karlsruhe NJW-RR 2019, 631 Rn. 32 ff.- stillschweigender Ausschluss). Bei gekoppeltem Vermittlungsauftrag über einen Gebrauchtwagen kann der Gläubiger bei schweren Mängeln oder arglistiger Täuschung den Auftrag kündigen (so zum alten Recht vor der Schuldrechtsreform BGH NJW 1978, 1482; hierzu Rupp/Fleischmann NJW 1984, 2803), die Stundung entfällt und der gesamte Neupreis ist fällig; anders bei entspr Hinweis auf Mängel (BGH NJW 1982, 1699) oder schlüssigem Gewährleistungsausschluss (Verschleißmangel: BGHZ 83, 334; Schack NJW 1983, 2806; sa OLG Karlsruhe aaO). Da ein Kündigungsrecht aus wichtigem Grund besteht, bedarf es des Rückgriffs auf § 313 nicht. **d)** Die **Überweisung auf Girokonto** (→ § 362 Rn. 5) ist Leistung an Erfüllungs Statt (Begründung einer Forderung des Gläubigers gegen die Bank statt Barzahlung), in die der Vertragspartner durch die Kontoangabe (BGH NJW-RR 2004, 1281) – nicht schon durch bloße Kontoeröffnung (OLG Köln NJW-RR 1991, 50) – im Voraus einwilligt (aA Gernhuber Erfüllung § 11, 2 mwN: Gleichstellung von Münz- und Giralgeld, folglich § 362 Abs. 1 mit Bank als Zahlstelle; offen BGH NJW 1986, 2429; 1999, 210 mAnm Hadding WuB I D 1 Überweisungsverkehr 2.99; BGH NJW-RR 2004, 1281 mwN). Die Erfüllungswirkung tritt mit der Gutschrift des Betrags (abstraktes Schuldversprechen, das durch vorbehaltlose Bereitstellung der Daten ohne Nachdispositionsmöglichkeit seitens der Bank entsteht, BGHZ 103, 146 f. mAnm Hadding/Häuser WM 1988, 1149; BGH NJW 2005, 1771; 2006, 907) auf dem angegebenen Girokonto ein (BGHZ 98, 30; NJW 1988, 1320; OLG Karlsruhe NJW 1997, 1587), auch bei Falschangabe des Kontos durch den Gläubiger (FinanzG BW WM 1984, 963; arg §§ 170 ff.). Benötigt ein Gläubiger Angaben über den Verwendungszweck, um die Zahlung zuordnen zu können, tritt bei schlecht ausgefülltem Überweisungsträger Erfüllung erst ein, wenn die Information nachgeliefert wird (LG Karlsruhe NJW-RR 2002, 1572; zust Braun MDR 2002, 571); zum Gutschriftanspruch des Gläubigers gegen die Empfängerbank s. → § 675t. Zahlung auf ein anderes als das angegebene Konto befreit grundsätzlich nicht (BGH NJW-RR 2004, 1281; 2008, 1513), jedoch kann im Schweigen eine Erfüllungsannahme liegen (OLG Karlsruhe NJW-RR 1996, 752). Bei widersprüchlichem Verhalten muss sich der Empfänger ggf gem § 242 so behandeln lassen, als habe er die Verbuchung und Verrechnung genehmigt (BGH NJW-RR 2004, 1282). Bei Leistung vor Fälligkeit kann der Gläubiger die Gutschrift ablehnen und damit die Erfüllungswirkung verhindern (BGHZ 1, 7). Unklare Angaben bei Überweisung können Nichterfüllung oder Schadensersatz aus pVV (§§ 280 I 1, 241 II) zur Folge haben (Feldhahn NJW 1984, 2929). Anders als die Erfüllungswirkung hängt die Rechtzeitigkeit (zB Verzug!) der bargeldlosen Zahlung vom Zeitpunkt des schuldnerischen Abbuchungsauftrags ab (BGH NJW 2017, 1596 Rn. 16 ff. für Mietzins). Zwar hebt der EuGH demgegenüber grundsätzlich auf den Zeitpunkt der Gutschrift ab (EuGH NJW 2008, 1935; vgl → § 270 Rn. 7); jedoch hat diese Rechtsprechung für das deutsche Recht nach Auffassung des BGH nur Bedeutung für den Anwendungsbereich der Zahlungsverzugsrichtlinie (BGH NJW 2017, 1596 Rn. 31 ff.) und vor allem nicht für Zahlungen von Verbrauchern (BGH NJW 2017, 1596 *Rn. 35 ff.). Nach Auffassung* des BGH sind insoweit auf den Zeitpunkt der Gutschrift abhebende AGB wegen Verstoßes gegen § 307 I 1 unwirksam (BGH NJW2017, 1596 Rn. 38 ff.), weil sie das Risiko der Verzögerung durch Zahlungsdienstleister auf den Verbraucher verlagern – eine um ihrer komplizierten Differenzierungen willen sehr zweifelhafte Rspr; generell für modifizierte Bringschuld beim Gläubiger OLG Karlsruhe WM 2014, 1424 u. → § 270 Rn. 7 mwN. **e)** Im **Lastschriftverfahren** hat der Schuldner bei Einzugsermächtigung grundsätzlich ein Widerspruchsrecht; unter nunmehr geltendem Recht ist die Erfüllung durch den Widerspruch auflösend bedingt (BGH NJW 2018, 537 Rn. 24; 2010, 3510; Einzelheiten str; zur Bedeutung der §§ 675j, 675p, 675x und der SEPA-AGB sowie zur Insolvenzfestigkeit BGH NJW 2010, 3510; 2010, 3517; 2012, 2576; Omlor NJW

(Randnummern: 4 bei „nicht. d) Die Überweisung auf Girokonto“; 5 bei „e) Im Lastschriftverfahren“)

2012, 2150; Hadding WM 2014, 97; zu Abweichungen bei anderen Zahlsystemen → Rn. 9). Die früher herrschende sog Genehmigungstheorie, die auf die ausdrückliche oder stillschweigende Genehmigung der Belastung durch den Lastschriftschuldner abhob (dazu BGHZ 177, 74; BGH NJW 2010, 3510; 2010, 3517; 2011, 1434; 2012, 2507; 2012, 2572; 2015, 1171 Rn. 9; BSG NJW 2017, 3184 – LS = BeckRS 2017, 118588; ferner Einsele AcP 209, 757), hat unter geltendem Recht keine oder allenfalls noch sehr eingeschränkte Bedeutung, soweit nämlich das Widerspruchsrecht verzichtbar ist u eine Genehmigung einen künftigen Widerspruch ausschließen soll. Elektronische Zahlung ohne PIN (*POZ*) ist ein Unterfall des Lastschriftverfahrens. EU-rechtliche Gesetzgebungsakte überwiegend bankrechtlichen Inhalts: VO (EU) Nr. 260/2012 (sog SEPA – Verordnung), ABl. 2012 L 94, 22; SEPA-BegleitG vom 30.4.2013, BGBl. 2013 I 610. Zur entsprechenden Anwendung des § 377 auf das Erstattungsverlangen des Lastschriftschuldners nach § 675x → § 377 Rn. 1.

6 **2. Leistung erfüllungshalber. a) Begriff und Rechtsnatur.** Der Gläubiger muss entspr vertraglicher Vereinbarung zunächst die Befriedigung aus dem Erfüllungssurrogat versuchen. Gelingt der Befriedigungsversuch, erlischt die ursprüngliche Leistungspflicht; schlägt der Befriedigungsversuch fehl, so kann der Gläubiger die fortbestehende und gestundete alte Forderung weiterverfolgen (BGHZ 116, 282; 96, 193; BGH NJW 2018, 3018 Rn. 14; 2001, 517; 2007, 1358). Der Gläubiger muss mit verkehrsüblicher Sorgfalt seine Befriedigung versuchen (BGHZ 96, 193), Sorgfaltsverletzungen machen ersatzpflichtig (OLG Celle OLGZ 1970, 450; BGH NJW-RR 2007, 1119) und geben dem Schuldner ein Leistungsverweigerungsrecht (BGH NJW 2000, 3345). Klagen und Vollstreckungsversuche mit zweifelhafter Erfolgsaussicht gehören nicht zur geschuldeten Sorgfalt (OLG Nürnberg WM 1976, 967). Verwertungskosten gehen zu Lasten des Schuldners (BGHZ 92, 127; arg
7 § 670). **b) Anwendungsfälle. aa) Übernahme einer neuen Verbindlichkeit** gem § 364 II liegt vor bei Hingabe eines Wechsels (BGHZ 96, 186) oder Schecks (BGHZ 83, 101; 131, 74; BGH NJW 1986, 1175 f.; 1996, 1961). Der Schuldner hat die Diskontspesen eines Wechsels zu tragen (BGH LM Nr. 2 zu § 364). Die Erfüllungswirkung tritt mit der vorbehaltlosen Gutschrift ein (BGH NJW 1976, 1843; 1995, 3388; NJW-RR 2007, 1118; JZ 1996, 804; DB 1988, 1947), die Rechtzeitigkeit hängt von der Begebung des Wertpapiers ab (vgl → § 270 Rn. 4 f. und 6 f. mwN); keine Fristversäumnis, wenn der Gläubiger den rechtzeitigen Eingang des Schecks wahrheitswidrig bestreitet und so bewirkt, dass der Schuldner den Scheck sperren lässt (BGH NJW 2002, 1788). Zahlung auf die ursprüngliche Forderung bewirkt idR volle Erfüllung, auch wenn der Gläubiger als Aussteller eines vom Schuldner akzeptierten Wechsels dem Rückgriff ausgesetzt bleibt (BGHZ 97,
8 197; hierzu Honsell JZ 1986, 757). **bb) Abtretung einer Forderung gegen Dritte** fällt zwar nicht unter den Wortlaut des § 364 II, wird aber gleichwohl regelmäßig als Leistung erfüllungshalber zu betrachten sein, weil der Gläubiger auch hier nicht bereit sein wird, ein Bonitätsrisiko (s. § 365 und → Rn. 1) zu tragen (BGH NJW 2014, 1239 [1240]). Die Forderungsabtretung kann erfüllungs- und sicherungshalber gleichzeitig erfolgen (BGH NJW-RR 2008, 435), zB beim unechten Factoring (BGHZ 58, 369; → § 398 Rn. 31) oder Leasing (BGHZ 116, 284: Kaskoversicherungsforderung des Leasingnehmers zur Erfüllung von Forderungen des Leasinggebers wegen Substanzschadens an der Leasingsache). Der abtretende Schuldner, dessen abgetretener Schadensersatzanspruch Aufwendungen umfasst, kann vom Drittschuldner uU gem § 257 S. 1 Befreiung von seiner Verbindlichkeit gegenüber dem Gläubiger verlangen (AG München NJW-RR 2014, 1374; zw.,
9 → § 257 Rn. 2). **cc) Begründung einer Forderung gegen Dritte,** zB durch Stellung eines Akkreditivs durch den Käufer (BGH NJW 1981, 1905). Bei Zahlung mittels *Kreditkarte* stundet das Vertragsunternehmen dem Karteninhaber den Betrag und sucht erfüllungshalber Befriedigung aus dem Schuldversprechen des Kartenherausgebers (BGHZ 150, 286; 157, 256 = NJW-RR 2004, 481; BGH WM 2014,

2259 Rn. 11 ff.). Durch Hinweis auf Entgegennahme von Kreditkarten willigt das Vertragsunternehmen hierin ein (AG Neuss NJW-RR 1990, 254; LG Düsseldorf NJW-RR 1991, 311). Ähnlich wirkt die Zahlung im *POS-System* (elektronische Zahlung mit PIN) oder mit *Geldkarte* (hierzu Pfeiffer NJW 1997, 1036; Kümpel WM 1997, 1037 mwN). Bei Mobile Payment (zB PayPal) ist für die Erfüllungswirkung die Gutschrift auf dem virtuellen Konto des Zahlungsempfängers ausschlaggebend (wie hier BGH NJW 2018, 537 Rn. 18 u 19; Knops/Wahlers BKR 2013, 240); die Rückbuchung der Kaufpreiszahlung beim Verkäufer führt hier indessen anders als beim Widerruf einer SEPA-Lastschrift nicht zum Fortfall der Erfüllungswirkung (→ Rn. 5), es kann jedoch eine Neubegründung der Kaufpreisforderung durch stillschweigende vertragliche Vereinbarung anzunehmen sein (BGH NJW 2018, 537 Rn. 28 ff.; dazu Guggenberger NJW 2018, 1057 ff.).

3. Auslegung der Erfüllungsvereinbarung. Die Auslegung einer Erfüllungs- 10
vereinbarung, insbes die Bestimmung der Art des gewählten Surrogats, folgt zunächst allg Regeln (BGHZ 116, 283; OLG Koblenz ZIP 2007, 1260), ehe die Auslegungsregel des § 364 II greift; sie ist dahin verallgemeinerungsfähig, dass Leistung an Erfüllungs Statt im Zweifel nur bei endgültigem Vermögenszuwachs des Gläubigers gewollt ist. Bei Begründung oder Übertragung einer Forderung gegen Dritte ist im Zweifel Leistung erfüllungshalber anzunehmen (BGH NJW 2010, 2960 f.; 2014, 1239 [1240]; → Rn. 8).

§ 366 Anrechnung der Leistung auf mehrere Forderungen

(1) **Ist der Schuldner dem Gläubiger aus mehreren Schuldverhältnissen zu gleichartigen Leistungen verpflichtet und reicht das von ihm Geleistete nicht zur Tilgung sämtlicher Schulden aus, so wird diejenige Schuld getilgt, welche er bei der Leistung bestimmt.**

(2) **Trifft der Schuldner keine Bestimmung, so wird zunächst die fällige Schuld, unter mehreren fälligen Schulden diejenige, welche dem Gläubiger geringere Sicherheit bietet, unter mehreren gleich sicheren die dem Schuldner lästigere, unter mehreren gleich lästigen die ältere Schuld und bei gleichem Alter jede Schuld verhältnismäßig getilgt.**

1. Tilgungsbestimmung. Die **Befugnis** zur Tilgungsbestimmung (→ § 362 1
Rn. 2) hat der leistende Schuldner oder Dritte (§ 267, zB OLG Düsseldorf VersR 2001, 619: Zahlung durch Haftpflichtversicherung), bei fehlender Bestimmung durch den Hauptschuldner auch der Bürge (str). Bei Drittzahlung auf grundschuldbesicherte Forderungen ist die Tilgungsbestimmung des Schuldner-Eigentümers maßgeblich (BGH NJW 1997, 2047). Hat der Schuldner seinen Willen gem § 366 I erklärt, so kann er das zwecks Erfüllung einer **nicht bestehenden Verbindlichkeit** Geleistete gem § 812 I 1 Alt. 1 zurückfordern; der Gläubiger kann dagegen ggf mit der nicht erfüllten bestehenden Forderung aufrechnen, aber keine andere Anrechnung verlangen (BGHZ 50, 231 f.; BGH NJW 2000, 2897). **a)** Voraussetzung sind **mehrere selbstständige Forderungen,** die aber auf demselben Rechtsgrund beruhen dürfen, zB Heilungskosten und Schmerzensgeld (RG LZ 1915, 1441 Nr. 10) oder auch mehrere Mietzinsraten (BGHZ 91, 379 mwN; BGH NZM 2018, 444 Rn. 38 ff. u 454 Rn. 41 ff.: Einzelbestandteile offener Mietrückstände) bzw hypothekarisch gesicherter und ungesicherter Teil einer Kaufpreisforderung (BGH NJW 1973, 1689), mehrere geschuldete Wohngeldzahlungen im Wohnungseigentumssachen (BGH NJW-RR 2013, 337 [338]; BayObLG WuM 2001, 143), mehrere Unterhaltsforderungen (OLG Saarbrücken NJW-RR 2010, 1012), mehrere Urlaubsabgeltungsansprüche aus demselben Arbeitsverhältnis (BAG NJW 2014, 651) oder allgemein mehrere rechtlich verschiedene Bestandteile der Entgeltzahlung des Arbeitgebers (BAG NJW 2018, 1707 Rn. 30); NJW 2016, 3323 Rn. 32), mehrere Vergütungsforderungen aus einem Steuerbera-

tungsvertrag (BGH NJW 1997, 517), rangverschiedene Teile einer Grundschuld (BayObLG Rpfleger 1985, 434), Grundschuld und gesicherte Forderung (BGH NJW 1997, 2046), mehrere Zwangssicherungshypotheken für die Teile einer einheitlichen Forderung (BGH NJW 1991, 2022); nicht mehr dagegen Forderung gegen BGB-Gesellschaft und quotale Mithaftung des Gesellschafters (BGH NJW 2011, 2040 und NJW 2011, 2045 gegen BGHZ 134, 228 [229]; dazu zustimmend K Schmidt NJW 2011, 2001 mNw; bestätigend BGH NZI 2011, 867 [868]; BVerfG NJW 2013, 523 – Kammer; → §§ 714, 715 Rn. 5); ebenfalls nicht Arbeitgeber- und Arbeitnehmeranteil bei Abführung durch AG an Sozialversicherung (so BGH ZIP 1998, 398: § 2 BeitragszahlungsVO als lex specialis; aA zum alten Recht BGH WM 1982, 1032) u bei Sicherheitsleistung für mehrere Forderungen (BGH ZIP 1985, 998: Bestimmungsrecht des Gläubigers über Verwendung; sa OLG Dresden ZIP 2011, 2266 zum Bestimmungsrecht des Insolvenzverwalters
2 gegenüber Absonderungsberechtigten). **b) Gläubigeridentität** als Grundvoraussetzung darf ausnahmsweise fehlen, wenn an *verschiedene* Gläubiger *befreiend* geleistet werden kann, insbes nach Teilzession bei verlängertem EV (§§ 362 II, 185, 407); § 366 analog (BGHZ 47, 170; BGH NJW 1991, 2630; 2006, 2846; NJW-RR 2009, 1058) führt bei fehlender Schuldnerbestimmung idR zu anteiliger Tilgung gem II (MüKoBGB/Wenzel Rn. 3), bei nicht offengelegter Teilzession ist aber auch eine unverzügliche (entsprechend § 121 I) nachträgliche Tilgungsbestimmung möglich (BGHZ 167, 341; BGH NJW 2008, 986; → § 398 Rn. 8; zur Bedeutung des § 366 II bei Teilleistungen auf eine Gesamtschuld §§ 422–424 Rn. 1). Vorbehaltsverkäufer und Vorbehaltskäufer können eine Rangfolge vereinbaren, die aber nur sie und nicht den Schuldner bindet und die nicht schon stillschweigend aus dem Sicherungsbedürfnis des Vorbehaltsverkäufers folgt (BGH
3 NJW 1991, 2630; sa OLG Karlsruhe ZIP 1984, 609). **c)** Die **Bestimmungserklärung** ist ein einseitiges Rechtsgeschäft, das aus einer empfangsbedürftigen Willenserklärung besteht (in diesem Sinne wohl BAG NJW 2014, 651; teilw wird aber geschäftsähnliche Handlung angenommen, wobei jedoch die Verschriften über Willenserklärungen analog gelten sollen, offen BGH NJW 1989, 1792), die nach allg Regeln auch *konkludent* möglich ist (BGH NJW 1997, 1015; 2001, 815; 2010, 2209; BGH NJW-RR 1995, 1258), zB durch Zahlung des genauen Betrags einer der Schuldsummen (vgl BGH NJW 2001, 3781; 2008, 3438; zur Auslegung gem §§ 133, 157 s. BAG NJW 2014, 651); zur Anfechtbarkeit BGH NJW 1989, 1792). Denkbar ist auch eine negative Tilgungsbestimmung, die den Eintritt der Tilgungswirkung bei einer bestimmten Forderung ausschließt (BGH NJW 1972, 1750; NJW 1991, 1294 [1295]; OLG Köln NJW 2016, 252 Rn. 29). **d)** Die Tilgungsbestimmung kann grundsätzlich nur im **Zeitpunkt der Leistung** erfolgen oder in angemessenem zeitlichen Zusammenhang mit der Leistung (BGH NJW 2019, 2700 Rn. 30), nicht wirklich nachträglich (BGHZ 140, 391=NJW 1999, 1704; BGH NJW-RR 2009, 1053; BAG NJW 2014, 651); anders im Falle einer nicht offengelegten Teilabtretung (→ Rn. 2). Die Parteien können nachträgliche Leistungsbestimmung einverständlich zulassen (BGHZ 51, 161; BGH NJW 1997, 1015; BGH NJW-RR 2009, 1059; OLG Köln NJW 2016, 252 Rn. 28: Erlöschen bei Fristsetzung durch den Gläubiger); so zB auch stillschweigend bei Entgegennahme einer Zahlung, die zur Tilgung einer noch zu konkretisierenden
4 künftigen Forderung dienen soll (OLGR Zweibrücken 05, 29). **e) Vorherige Vereinbarungen** schließen die gesetzliche Reihenfolge (II) aus (BGH ZIP 1993, 912) und verfügen endgültig über die Tilgungsrichtung, später abw Bestimmung ist unerheblich (BGHZ 91, 379 mN, BGH NJW-RR 1995, 1257; aA Gernhuber Erfüllung § 7 I 5: Ablehnungsrecht bzw Schadensersatzanspruch des Gläubigers bei schuldrechtlicher Bindung des Schuldners). *Formularmäßige* Vereinbarungen müssen eine ausgewogene Reihenfolge konkret festlegen, das einseitige Bestimmungsrecht des Gläubigers ist gem § 307 I nF (= AGBG 9 I aF) unwirksam (BGHZ 91, 380 f.; BGH NJW 1999, 2044; abzulehnen OLG Hamm WM 1992, 257); anders in Einzelverträgen (BGH NJW-RR 1991, 564; zur Inhaltskontrolle bei

anderen unangemessenen Benachteiligungen KG NZM 2011, 95). In besonderen Fällen, die der Wortlaut des § 366 II nicht deckt, soll selbst die Festlegung der Anrechnung auf die älteste Forderung in AGB gegen § 307 I 1 verstoßen können (BGH NJW-RR 2014, 604 für nach Ende einer Warenkreditversicherung noch offene Forderungen des Versicherungsnehmers gegen einen Kunden). Die Auslegung einer Tilgungsvereinbarung folgt allg Regeln, zB Bestimmung der getilgten Forderung anhand des Inhalts einer erfüllungshalber abgetretenen Forderung (BGHZ 116, 284). **f) Aufrechnung und Kontokorrent sowie Saldoklage des** 5
Vermieters vgl → § 396 Rn. 1. **g) Anfechtung** der Tilgungsbestimmung wegen Irrtums ist möglich (BGHZ 106, 163; vgl Ehricke JZ 1999, 1075 ff.). **h) Zwangsvollstreckung** in das Vermögen des Schuldners schließt dessen Befugnis zur Tilgungsbestimmung aus, die als Begünstigung nur dem freiwillig leistenden Schuldner zugute kommen soll (BGHZ 140, 393 ff.; BGH NJW 2008, 2842 Rn. 22; 2015, 162 Rn. 11); ebenso im Falle der Verwertung von Sicherheiten (BGH NJW-RR 2011, 688) wie sicherungshalber abgetretener Forderungen (BGH NJW 2008, 2842) oder pfandrechtsbelasteter Gegenstände (BGH NJW 2015, 163 Rn. 12; dazu Vallender NJW 2015, 1345) sowie beim Gläubigerzugriff auf eine Mietkaution (BGH WM 1972, 335 [337]). Gleiches gilt im *Insolvenzverfahren* für Tilgungsbestimmungen des Insolvenzverwalters allgemein und bei Verwertung von Sicherheiten (BGH NJW 2015, 163 Rn. 18 f.; BGH NJW-RR 2011, 688 Rn. 15; aA OLG Dresden ZIP 2011, 2266 [2267]). Nicht ausgeschlossen wird dagegen die Bestimmungsbefugnis eines freiwillig leistenden Dritten (OLG Düsseldorf ZMR 2000, 606). Zahlung unter dem Druck der Vollstreckung ist aber im Sinne der Verhinderung der Vollstreckungsmöglichkeit zu verrechnen (OLG Düsseldorf NJW-RR 2001, 1595; sa OLG Dresden ZIP 2011, 2266 [2267]). Soweit eine Tilgungsbestimmung des Schuldners ausscheidet, ist nach § 366 II zu verfahren (BGH NJW 2015, 164 Rn. 22).

2. Gesetzliche Tilgungsreihenfolge. Die gesetzliche Reihenfolge gem II (aus- 6
führlich Avenarius AcP 203, 511) basiert auf einer Interessenabwägung unter Berücksichtigung *beider* Parteien. Gleichwohl geht nach der Rspr der *vermutete vernünftige Wille des Schuldners* vor, sofern der Gläubiger die Interessenlage ohne weiteres erkennen kann (BGH LM Nr. 6 und 8; BGH NJW 1978, 1524: Anrechnung einer Prämienzahlung in der dem Versicherungsschutz dienlichsten Weise; BGH WM 1987, 1214: Zahlungen nach Androhung der Zwangsvollstreckung aus der Grundschuld werden auf sie erbracht; OLG Koblenz VersR 1983, 383: Haftpflicht- vor Kaskoprämie; sa BGH NJW 2014, 145: rückständiges Wohngeld). InsO 53 ff. schließen §§ 366, 367 aus (BGH NJW 1985, 3064); anders bei Zahlungen des betriebsfortführenden Insolvenzverwalters (BGH ZIP 1980, 430). Einzelkriterien der Reihenfolge, die grundsätzlich zu beachten ist (BGH NJW 2019, 1067 Rn. 43; 1997, 1580): **a) Sicherheit** wird bestimmt von Mithaftung Dritter (BGHZ 146, 49; 134, 228 f.; BGH NJW 2019, 1067 Rn. 43; NJW 2008, 2844); zusätzlicher Grundschuldbesicherung (BGH NJW-RR 2004, 407); vollstreckbarem Titel (OLG Hamburg MDR 1971, 758; str); Insolvenzvorrecht; späterer Verjährung (BGH NJW 2009, 1073; NJW 2015, 162 Rn. 22). **b) Lästigkeit:** Zinssatz, Verzug, Rechtshängigkeit, bevorstehende Erhöhung (BAG NJW 2015, 1773 Rn. 29). **c) Alter:** Entstehung, nicht Fälligkeit (BGH NJW 1991, 2630).

§ 367 Anrechnung auf Zinsen und Kosten

(1) **Hat der Schuldner außer der Hauptleistung Zinsen und Kosten zu entrichten, so wird eine zur Tilgung der ganzen Schuld nicht ausreichende Leistung zunächst auf die Kosten, dann auf die Zinsen und zuletzt auf die Hauptleistung angerechnet.**

(2) **Bestimmt der Schuldner eine andere Anrechnung, so kann der Gläubiger die Annahme der Leistung ablehnen.**

1 **1. Anwendungsbereich.** Die Vorschrift behandelt nur das Tilgungsverhältnis zwischen Hauptforderung und *zugehörigen* Nebenforderungen (wie in § 366 auch in bestimmten Fällen der Gläubigermehrheit: OLG Hamm NJW-RR 2000, 174; → § 366 Rn. 2); Nebenkosten anderer Forderungen sind im Verhältnis zu einer Hauptforderung nach § 366 zu tilgen (vgl BGH LM Nr. 6 zu § 366). Anders als § 366 legt § 367 die Reihenfolge unabhängig vom Schuldnerwillen fest (OLG Hamm WM 1985, 1063). Gem. II muss der Gläubiger allerdings ablehnen, soll abw Schuldnerwille nicht gelten. Ablehnung bedeutet sofortige Ablehnung der Leistung insgesamt; der Widerspruch des Gläubigers gegen den Schuldnerwillen unter Leistungsannahme führt nicht zur Geltung der Verrechnungsregel gem I, vielmehr gilt dann der Schuldnerwille (BGH NJW 1983, 2774; str, offen BGHZ 80, 274). § 367 ist abdingbar (BGH LM Nr. 8; BGH NJW-RR 2016, 759 Rn. 9; OLG Köln NJW-RR 2007, 1362); eine formularmäßige Vereinbarung unterliegt der Kontrolle nach §§ 305 ff. (BGHZ 91, 55, 57 ff.) und ist gem § 307 I unwirksam, wenn das Recht des Schuldners nach § 367 II ausgeschlossen und das Tilgungsverhältnis allein in das Belieben des AGB-Verwenders gestellt wird (OLG Düsseldorf ZMR 2009, 275). § 367 I gilt auch im Vollstreckungsverfahren (BGH NJW 1956, 1595; zur Einschränkung auf Abs. 1 führen die Überlegungen in BGHZ 140, 391 = NJW 1999, 1704; → § 366 Rn. 5) u im Insolvenzverfahren für fortlaufende Zinsen absonderungsberechtigter Gläubiger (BGH WM 2014, 2187 Rn. 19; NJW-RR 2011, 688). Im Vollstreckungsverfahren ist § 367 aber nicht vom Vollstreckungsgericht bei Erlass des Pfändungs- und Überweisungsbeschlusses zu berücksichtigen, sondern im Rahmen einer Vollstreckungsgegenklage des Schuldners (BGH NJW 2016, 2810 Rn. 22 f.). § 367 findet keine Anwendung bei verjährten Nebenforderungen (OLG Hamm MDR 1981, 844; str, teilw nimmt die Literatur an, dass dies nur bei Berufung auf Verjährung durch den Schuldner gelten kann, Staudinger/Kern, 2022, § 367 Rn. 14). Eine analoge Anwendung des § 367 auf andere Nebenkosten ist ausgeschlossen (OLG Karlsruhe BeckRS 2017, 124989 für Früchte, Nutzungen, Zubehör; aA Köln BeckRS 2016, 16304 für Rückkaufswert) Selbständig geltend gemachte Zinsen und Kosten sind wie Hauptforderungen zu behandeln (BGH NJW-RR 2014, 82 Rn. 9). Zu Aufrechnung und Kontokorrent vgl → § 396 Rn. 1; zur Kostenverrechnung bei Gesamtschuldnerschaft → § 421 Rn. 10.

2 **2. Verbraucherrecht.** Für Verbraucherkreditverträge (Verbraucherdarlehen und Finanzierungshilfen, §§ 491 I, 506–508) und Existenzgründungsdarlehen bis 75 000 Euro (§ 513) gilt im *Verzugsfalle* die abweichende Reihenfolge Kosten der Rechtsverfolgung, Hauptforderung, Zinsen (§ 497 III 1; ausgenommen sind Immobiliar-Verbraucherdarlehensverträge, § 497 IV 2 iVm III 1), wobei die nach Verzug auflaufenden Zinsen auf gesondertem Konto zu verbuchen sind (§ 497 II). Diese Abrechnungsregel ist zwingendes Recht (§ 512; überholt insoweit deshalb wohl BGHZ 91, 55). Zahlt ein Verbraucher die Raten eines sittenwidrigen Kreditvertrages (§ 138 I) in Unkenntnis der Unwirksamkeit, so gelten mit jeder Rate Kapital und Kreditkosten als anteilig getilgt (BGH NJW 1987, 831; BGHZ 91, 55 [58]). Die Rückzahlung des Kapitalanteils der Rate ist durch § 812 I 1 gerechtfertigt (für Geltung des VerbrKrG 11 – nunmehr § 497 – statt §§ 288, 289, 367 insoweit zu Recht Bülow NJW 1992, 2049), hinsichtlich des jeweiligen Kostenanteils besteht ein Bereicherungsanspruch des Kreditnehmers mit neuerdings regelmäßiger Verjährung (§§ 195, 199 I nF; überholt BGH NJW 1987, 831).

§ 368 Quittung

[1]Der Gläubiger hat gegen Empfang der Leistung auf Verlangen ein schriftliches Empfangsbekenntnis (Quittung) zu erteilen. [2]Hat der Schuldner ein rechtliches Interesse, dass die Quittung in anderer Form erteilt wird, so kann er die Erteilung in dieser Form verlangen.

§ 369 Kosten der Quittung

(1) **Die Kosten der Quittung hat der Schuldner zu tragen und vorzuschießen, sofern nicht aus dem zwischen ihm und dem Gläubiger bestehenden Rechtsverhältnis sich ein anderes ergibt.**

(2) **Treten infolge einer Übertragung der Forderung oder im Wege der Erbfolge an die Stelle des ursprünglichen Gläubigers mehrere Gläubiger, so fallen die Mehrkosten den Gläubigern zur Last.**

Anmerkungen zu den §§ 368, 369

1. Wesen der Quittung. Eine Quittung ist die tatsächliche Bestätigung über den Empfang der geschuldeten Leistung, also kein RGeschäft, sondern reines Beweismittel. Sie bedarf der Schriftform gem §§ 126, 126a (BGH NJW-RR 1988, 881), Stempel u Faksimile reichen ebenso wenig aus wie eine Paraphe (BGH NJW-RR 2007, 351; 1988, 881). **a) Beweiskraft:** Quittung erbringt vollen Beweis für Abgabe der bestätigenden Erklärung (ZPO 416); Gegenteilsbeweis zulässig (str, BGH NJW-RR 2006, 847, 848 ff.: Gegenbeweis ausreichend). Sie ist prima-facie-Beweismittel (ZPO 286) für den Vorgang (zB Zahlung), dem die Erklärung gilt, und insoweit der Erschütterung richterlicher Überzeugung zugänglich (BGH NJW-RR 1988, 881; 2005, 1558; 2007, 352; BayObLG ZMR 2001, 370 für löschungsfähige Quittung; BGH NJW 2001, 2099 für Darlehensempfangserklärung in öffentlicher Urkunde; OLG Frankfurt a. M. BeckRS 2013, 17146: „blinde" Erteilung nach Ladevorgang; dazu Gran NJW 2014, 976). Eine Bankquittung – auch ohne eigenhändige Unterschrift – bestätigt idR den Empfang des Geldes (BGH NJW-RR 1988, 881; OLG Frankfurt a. M. WM 1991, 725; OLG Köln WM 2001, 678 f.). Nach der Privatisierung der Deutschen Post ist auch der Posteinlieferungsschein Quittung iSd § 368, nicht mehr öffentliche Urkunde iSd ZPO 415, 418 (OLG Hamm TranspR 2000, 431; sa VG Frankfurt NJW 1997, 3329; aA OLG Frankfurt a. M. NJW 1996, 3159). Bei *im Voraus erteilter Quittung* genügt zur Erschütterung der Beweis der Vorauserteilung (BGH WM 1979, 1158; anders bei Zug um Zug gegen Zahlung erteilter „Vorausquittung", vgl LG Bochum MDR 1970, 588). **b) Materiell-rechtliche Wirkungen** – als Erlass- oder negativer Schuldanerkenntnisvertrag (§ 397 I, II) – entfaltet sie nur in Ausnahmefällen (etwa bei Streit über Schuld; zur engen Auslegung einer Generalquittung bei Mietende BGH NJW-RR 1999, 593). Bei der *Ausgleichsquittung* anlässlich der Beendigung von Arbeitsverhältnissen ist zumindest für aus dem Arbeitsverhältnis unmittelbar folgende Ansprüche nach neuerer Rspr eine weite Auslegung angezeigt (BAG NJW 2004, 3445; 2009, 618; 2009, 3529; NZA 2009, 896; 2010, 356; 2011, 1159); anders für Verzicht auf Kündigungsschutz (BAG NJW 1979, 2267), Arbeitszeugnis (BAG NJW 1975, 407) oder Ruhegehalt (BAG DB 1990, 1870); str!

1 (Rn. 1 beginnt bei „1. Wesen der Quittung"; Rn. 2 bei „b) Materiell-rechtliche Wirkungen")

2. Anspruch auf Quittungserteilung. § 368 gibt dem Schuldner oder leistenden Dritten (§§ 267 f.) einen *klagbaren Anspruch* auf die Quittung (BGH NJW-RR 2014, 195 [196]), *auch bei Teilleistungen,* Zug um Zug gegen die geschuldete Leistung, §§ 273 f. Auch bei Vorleistungspflicht kann der Schuldner zurückbehalten, ohne in Verzug zu kommen; der Gläubiger gerät in Annahmeverzug (§ 298). Der Quittungsanspruch besteht nicht nur bei Geldleistungen (vgl LAG Düsseldorf BB 1962, 596: Arbeitspapiere). Er umfasst allerdings nur die Bestätigung erbrachter Leistungen (BGH NJW 2010, 1135: keine Mietschuldenfreiheitsbescheinigung). Wird durch Aufrechnung erfüllt, besteht kein Quittungsanspruch (BGH NJW-RR 2008, 1513). Fraglich ist allerdings, inwieweit im rationalisierten Banküberweisungsverkehr die starre Regel des § 368 noch zeitgemäß ist (bejahend LG Kempten NJW-RR 1987, 997; OLG Düsseldorf NJW-RR 1992, 439; sa Köhler AcP 182, 150: faksimilierte Unterschrift); erleichternd §§ 126a, 126b. 3

4 **3. Form.** § 126 (BGH NJW-RR 2007, 351), 126a. Zu den „Interessefällen" des § 368 S. 2 vgl §§ 1144, 1167, 1192, GBO 29 („löschungsfähige Quittung"; BGHZ 114, 333; BayObLG NJW-RR 1995, 852), ZPO 757, WG 39, 50.

5 **4. Kosten.** Sie trägt der Schuldner (§ 369 I), weil die Quittung seinen Interessen dient (zum Umfang erstattungsfähiger Kosten BGHZ 114, 333 = NJW 1991, 1953: keine Vergütung der Arbeitszeit). Bei Auftrag oder unentgeltlicher Verwahrung daher anders: Gläubiger trägt Kosten (hM). § 369 II ist erweiterungsfähig. AGB können grundsätzlich nicht eine Entgeltpflicht über die reine Kostenerstattung hinaus festlegen (BGHZ 114, 333 für löschungsfähige Quittung bei Grundpfandrechten).

§ 370 Leistung an den Überbringer der Quittung

Der Überbringer einer Quittung gilt als ermächtigt, die Leistung zu empfangen, sofern nicht die dem Leistenden bekannten Umstände der Annahme einer solchen Ermächtigung entgegenstehen.

1 a) Die auf Rechtsschein beruhende **Fiktion** („gilt") der Empfangsermächtigung (aA RG 124, 386: nur widerlegbare Vermutung) wirkt unabhängig vom Verhältnis Gläubiger/Quittungsüberbringer. § 370 gilt nicht, falls die Quittung dem Gläubiger abhandengekommen ist (vgl BGHZ 65, 13f. für § 172, str, aA BeckOK BGB/Dennhardt BGB § 370 Rn. 4 mN). Die Fiktion entfällt nicht schon bei grob fahrläs-
2 siger Unkenntnis. b) Voraussetzung ist aber **echte Quittung** (BAG NJW 1961, 622). Schuldner trägt also Fälschungs- und Verfälschungsrisiko (str). Leistung auf Blankoquittung, die falsch oder unrichtig ausgefüllt wurde, befreit indessen, weil Gläubiger Rechtsschein gesetzt hat (s. BGHZ 40, 304).

§ 371 Rückgabe des Schuldscheins

[1]Ist über die Forderung ein Schuldschein ausgestellt worden, so kann der Schuldner neben der Quittung Rückgabe des Schuldscheins verlangen. [2]Behauptet der Gläubiger, zur Rückgabe außerstande zu sein, so kann der Schuldner das öffentlich beglaubigte Anerkenntnis verlangen, dass die Schuld erloschen sei.

1 a) **Schuldschein** ist eine vom Schuldner zur Beweissicherung gegebene Urkunde, die Schuld bestätigt oder begründet. Eigentum am Schuldschein hat der Gläubiger (§ 952). Bei Schuldtilgung erfolgt kein automatischer Eigentumserwerb des Schuldners, daher besteht der **schuldrechtliche Anspruch,** den Schuldschein als tatsächliches Indiz für die erloschene Schuld aus dem Verkehr zu ziehen; iZw jedoch gem § 269 I bloße Holschuld (LG Karlsruhe JurBüro 2008, 106); der Anspruch richtet sich auch gegen Dritte (OLG Naumburg AnwBl 01, 376; vgl LG Darmstadt NJW-RR 1999, 584; str); aktivlegitimiert ist jedoch nur der Schuldner (BGH NJW 2004, 3555: kein Anspruch des Hauptschuldners auf Herausgabe der Bürgschaftsurkunde). § 371 gilt entsprechend bei sonstigen Erlöschensgründen, zB Aufrechnung (BGH NJW-RR 2008, 1513; aber → §§ 368, 369 Rn. 3), nicht aber bei lediglich als „zurzeit nicht fällig" abgewiesener Zahlungsklage (OLGR Frankfurt 00, 8). Die Herausgabe von Vollstreckungstiteln kann analog § 371 verlangt werden, wenn Erfüllung feststeht und die Unzulässigkeit der Vollstreckung (ZPO 767) rechtskräftig festgestellt oder unstr ist (Münzberg KTS 1984, 193; BGHZ 127, 148; BGH NJW 1994, 1162; 2013, 2976; 2015, 1181 Rn. 26; BGH NJW-RR 2008, 1513; 2014, 195 [196]; WM 2009, 918; BAG NJW 2012, 3260 – Ls. = NZA 2012, 1179; Baur/Stürner/Bruns Rn. 45.31, 17.3; näher zur Zulässigkeit einer Leistungsklage auf Herausgabe ohne vorherige Vollstreckungsgegenklage OLGR Karlsruhe 07, 412) oder wenn auf Vollstreckungsgegenklage die Zwangsvollstreckung wegen der

Unwirksamkeit der Vollstreckungsunterwerfung insgesamt endgültig unzulässig ist (BGH NJW 2015, 1181 Rn. 23), ebenso kann nach Klagerücknahme die Herausgabe eines bereits erwirkten nicht rechtskräftigen Titels verlangt werden (§ 269 III 1 ZPO; zutreffend Höfling/Gremmimger NJW 2016, 2459, 2461). Mit der Vollstreckungsgegenklage kann der Antrag auf Herausgabe des Titels verbunden werden (Kaiser NJW 2017, 1219 [1224]); krit. im Hinblick auf eine notwendige Vereinfachung des Systems vollstreckungsrechtlicher Rechtsbehelfe im Rahmen der Digitalisierung Stamm NJW 2021, 2563, 2568. b) **Rechtsnatur des Anerkennt- 2
nisses** gem S. 2: negatives Anerkenntnis gem § 397 II, kein bloßes Beweismittel (sehr str). Kosten trägt der Gläubiger.

Titel 2. Hinterlegung

Vorbemerkungen

1. Wesen. Die Hinterlegung gewährt dem Schuldner ein Recht auf Wahl einer 1
vom originären Schuldinhalt teilweise abweichende Form der Erfüllung u befreit unter den Voraussetzungen des § 372 den Schuldner vorläufig (§ 379 I) oder endgültig (§ 378); die Hinterlegung ist also ein **Erfüllungssurrogat** (BGH NJW 2003, 1809, 1810; NJW-RR 2022, 184 Rn. 16). Es besteht grundsätzlich keine Hinterlegungspflicht (BGH NJW 1969, 1662; ZEV 2010, 589); Ausnahmen: §§ 432 I 2, 660 II, 1077 I, 1281, 2039. Bei Ansprüchen zur Herausgabe von *Grundstücken* ist nur Besitzpreisgabe möglich (vgl § 303).

2. Andere Formen der Hinterlegung. *Nicht* unter §§ 372 ff. fallen: Hinterle- 2
gung zur Sicherheitsleistung, §§ 232 ff. (dazu BGH NJW-RR 2005, 712, 714; Harriehausen NJW 2016, 400); prozessuale Sicherheitshinterlegung, §§ 707, 709 ff., 108 ff. ZPO; Hinterlegung nach § 75 ZPO; Hinterlegung beim gemeinsamen Treuhänder, zB Notar (§§ 57 ff. BeurkG; § 23 BnotO nF 2017), → § 362 Rn. 6 mN.

3. Die maßgeblichen Rechtsbeziehungen. Zu unterscheiden ist das Verhält- 3
nis zwischen Schuldner und Gläubiger von dem durch die Hinterlegung entstehenden Rechtsverhältnis. **a)** In den **§§ 372 ff.** sind allein die rein **privatrechtlichen Wirkungen** der Hinterlegung im Verhältnis Schuldner-Gläubiger geregelt. **b)** Die durch Hinterlegung begründeten **Rechtsbeziehungen zur Hinterlegungsstelle** sind **öffentl-rechtlicher Natur** und waren ursprünglich in der HintO geregelt (**Lit.:** Bülow/Schmidt, HintO, 4. Aufl. 2005). Die HintO trat am 1.12.2010 als Bundesrecht außer Kraft (G vom 23.11.2007, BGBl. I 2614) und ist inzwischen durch Landesrecht ersetzt, zB Baden-Württemberg, G vom 11.5.2010 (GBl. 398), Nordrhein-Westfalen, G vom 30.3.2010 (GBl. 183) etc. Die verfahrensmäßigen Rahmenbedingungen sind überwiegend unverändert (zu den landesrechtlichen Varianten Rellermeyer RPfleger 11, 129 ff.), jedoch ist vor allem die Hinterlegung von Wertpapieren den Gegenwartsbedingungen angepasst worden. Hinterlegungsstelle ist die Hinterlegungskasse beim AG oder eine andere durch Landesrecht bestimmte Stelle. Auf Antrag des Hinterlegers entsteht durch Annahmeanordnung *ein öffentl-rechtliches Verwahrungsverhältnis* mit Drittwirkung zugunsten des Gläubigers (vgl BGH NJW 1990, 1230; 2017, 2755 ff. Rn. 14 ff.); Herausgabe erfolgt auf Grund Verwaltungsakts (zur Klagemöglichkeit Rellermeyer Rpfleger 2011, 130: §§ 23 ff. EGGVG nach unterschiedlich geregelten aufsichtsrechtlichen Rechtsbehelfen; BayObLG NJW-RR 2021, 1431 Rn. 47 ff.). Diese Grundsätze gelten auch dann, wenn die Voraussetzungen für die Hinterlegung ursprünglich nicht vorgelegen haben (zur Entstehung eines Verwahrungsverhältnisses unabhängig vom Vorliegen der Voraussetzungen der §§ 372 ff. OLG München FGPrax 2008, 52; BGH NJW 2017, 2755 Rn. 18; 2015, 1678 Rn. 8); eine Anfechtung der Annahmeanordnung ist nach bewirkter Hinterlegung unzulässig (OLG Dresden NJW-RR 2000, 1719).

4 **4. Dingliche Wirkungen der Hinterlegung.** An Bargeldzahlungsmitteln entsteht Eigentum des Fiskus. An anderen Sachen besteht Eigentum des Schuldners fort, bis der Gläubiger das in der Hinterlegung zum Ausdruck kommende Übereignungsangebot annimmt (§§ 929, 931; zum mittelbaren Besitz des herausgabeberechtigten Gläubigers oder ausnahmsweise der Gläubiger OLG Hamburg NJW-RR 2012, 1414).

§ 372 Voraussetzungen

[1]Geld, Wertpapiere und sonstige Urkunden sowie Kostbarkeiten kann der Schuldner bei einer dazu bestimmten öffentlichen Stelle für den Gläubiger hinterlegen, wenn der Gläubiger im Verzug der Annahme ist. [2]Das Gleiche gilt, wenn der Schuldner aus einem anderen in der Person des Gläubigers liegenden Grund oder infolge einer nicht auf Fahrlässigkeit beruhenden Ungewissheit über die Person des Gläubigers seine Verbindlichkeit nicht oder nicht mit Sicherheit erfüllen kann.

1 **1. Hinterlegungsgründe. a)** Zum **Annahmeverzug** (S. 1) vgl §§ 293 ff. **b)** Als in **der Person des Gläubigers liegende Unsicherheitsgründe** (S. 2) kommen in Betracht: Verschollenheit, Geschäftsunfähigkeit oder beschränkte Geschäftsfähigkeit des Gläubigers und Fehlen eines ges Vertreters; nicht aber bei Ablehnung eines unzulänglichen Leistungsangebots durch den Gläubiger (OLG Karlsruhe BeckRS 2020, 16328). **c)** Unverschuldete **Ungewissheit über die Person des Gläubigers** (S. 2) kann auf tatsächlichen oder Rechtsgründen beruhen, wobei aber immer eine erfüllbare Forderung gegeben sein muss (BGH NJW-RR 2022, 184 Rn. 17); zB unsichere Erbfolge (BGH WM 1960, 112; Günther NJW 2013, 3683: Hinterlegung durch Bank bei fehlendem Erbschein), unklare Gläubigerschaft nach Anordnung der Zwangsverwaltung eines Grundstücks (LSG Berlin-Brandenburg BeckRS 2016, 68139; dazu Drasdo NJW 2017, 1709 [1713]), Mehrfachabtretung, Zweifel an Wirksamkeit von Abtretungen (BGH NJW-RR 1989, 200; NJW 1997, 1502; BGH 145, 356), Unsicherheit über das Rangverhältnis zwischen Pfändung und Abtretung (BGH NJW-RR 2005, 713), Prätendentenstreit im Anmeldungs- und Verteilungsverfahren der InsO (BGH NJW 1997, 1015); unklare Eigentumsrechte an ehemals volkseigenem Pachtgrundstück (LG Berlin ZMR 1999, 825); Zweifel über Verteilung des Liquidationsvermögens (BayObLG WM 1979, 656); Zweifel über die Reichweite eines Pfändungs- und Überweisungsbeschlusses (BAG NJW 2009, 2326). Obj verständliche Zweifel des Schuldners genügen, wenn ihre Behebung auf eigene Gefahr dem Schuldner nicht zugemutet werden kann (BGH NJW 1997, 1502 mN; NJW-RR 2004, 657 für den Fall möglicherweise gutgläubiger Leistung an Nichtberechtigten). Bundesweit tätige Unternehmen mit eigener Rechtsabteilung sind verpflichtet, diese zur Behebung von Zweifeln vor Hinterlegung einzuschalten (BGH NJW 2003, 1810). Zweifel am Bestehen der Schuld, wenn verschiedene Gläubiger den Schuldner wegen des gleichen Betrags aus verschiedenen Rechtsverhältnissen beanspruchen, sind kein Hinterlegungsgrund (BGH LM Nr. 6; BGHZ 92, 385; BGH NJW 1986, 1038; 1993, 55; 2003, 1810; 2012, 1718 [1721]; 2017, 2755 Rn. 17; BGHZ 170, 316; BAGE 126, 97); keine Hinterlegung durch Scheckaussteller bei Ungewissheit über Gläubiger des Grundgeschäfts (BGH WM 1984, 1466). Auch bei Nichtvorliegen der Hinterlegungsgründe gem § 372 können die Parteien Hinterlegung vertraglich vereinbaren (BGH NJW 1993, 55).

2 **2. Hinterlegungsfähige Gegenstände.** Auch ausländisches Geld und Vollmachtsurkunden (KG NJW 1957, 755, str). Kostbarkeiten sind Sachen, deren Wert im Verhältnis zu Größe und Gewicht bes hoch ist (KG RPfleger 76, 316; OLG Frankfurt NJW-RR 1988, 443); die Verkehrsanschauung entscheidet. Bei zur Hinterlegung nicht geeigneten Sachen (zB Pelze, Videokassetten) gelten §§ 383 ff. Erweiterte Hinterlegungsmöglichkeit nach § 373 HGB.

§ 373 Zug-um-Zug-Leistung

Ist der Schuldner nur gegen eine Leistung des Gläubigers zu leisten verpflichtet, so kann er das Recht des Gläubigers zum Empfang der hinterlegten Sache von der Bewirkung der Gegenleistung abhängig machen.

§ 374 Hinterlegungsort; Anzeigepflicht

(1) **Die Hinterlegung hat bei der Hinterlegungsstelle des Leistungsorts zu erfolgen; hinterlegt der Schuldner bei einer anderen Stelle, so hat er dem Gläubiger den daraus entstehenden Schaden zu ersetzen.**

(2) [1]**Der Schuldner hat dem Gläubiger die Hinterlegung unverzüglich anzuzeigen; im Falle der Unterlassung ist er zum Schadensersatz verpflichtet.** [2]**Die Anzeige darf unterbleiben, wenn sie untunlich ist.**

a) Zum Leistungsort (I) vgl § 269; Übermittlungspflicht nach § 270 I, II ändert 1
daran nichts (arg § 270 IV; str; dazu Brechtel Jus 2017, 495, 498 f.). Die Vorschrift des § 374 I trägt der Tatsache Rechnung, dass das öffentlich-rechtliche Hinterlegungsrecht die freie Wahl der Hinterlegungsstelle erlaubt und die Hinterlegung Wirksamkeit entfaltet, auch wenn sie den Leistungsort des § 374 I nicht beachtet (ausführlicher BeckOK BGB/Dennhardt BGB § 374 Rn. 1), und sich vielmehr auf eine schadensersatzrechtliche Sanktion beschränkt; Beweislast für korrekte Auswahl des Leistungsortes liegt beim Schuldner (→ § 363). **b) Anzeige** (II) hat bei Unge- 2
wissheit über die Person des Gläubigers an sämtliche Prätendenten zu erfolgen; zur Anzeigemöglichkeit der Hinterlegungsstelle vgl § 11 aF HintO. Fehlende oder fehllaufende Anzeige hat auf Wirksamkeit der Hinterlegung keinen Einfluss, Schadensersatzpflicht des Schuldners wie bei I.

§ 375 Rückwirkung bei Postübersendung

Ist die hinterlegte Sache der Hinterlegungsstelle durch die Post übersendet worden, so wirkt die Hinterlegung auf die Zeit der Aufgabe der Sache zur Post zurück.

Die Sache muss bei der Hinterlegungsstelle tatsächlich eingehen. Der **Gläubiger** trägt nur die **Verschlechterungsgefahr;** die Gefahr des Untergangs trägt der Schuldner, vgl aber § 326 II 1 Alt. 2, str (s. Staudinger/Kern 2022, § 375 Rn. 7).

§ 376 Rücknahmerecht

(1) **Der Schuldner hat das Recht, die hinterlegte Sache zurückzunehmen.**

(2) **Die Rücknahme ist ausgeschlossen:**

1. **wenn der Schuldner der Hinterlegungsstelle erklärt, dass er auf das Recht zur Rücknahme verzichte,**
2. **wenn der Gläubiger der Hinterlegungsstelle die Annahme erklärt,**
3. **wenn der Hinterlegungsstelle ein zwischen dem Gläubiger und dem Schuldner ergangenes rechtskräftiges Urteil vorgelegt wird, das die Hinterlegung für rechtmäßig erklärt.**

1. Wesen des schuldnerischen Rücknahmerechts. Das Rücknahmerecht des 1
Schuldners (I) ist ein **Gestaltungsrecht.** Seine Ausübung bewirkt, dass der Schuldner einen Anspruch gegen die Hinterlegungsstelle auf Rücknahme erwirbt (OLG Karlsruhe NZG 2014, 578) und der Anspruch des Gläubigers auf Herausgabe (vgl → Vor § 372 Rn. 3) entfällt. Zu den Konsequenzen im Verhältnis Schuldner-Gläubiger vgl § 379 III; zum Ausschluss der Rücknahme bei Verzicht des Gläubigers → § 378.

2 **2. Gläubigerschaft.** Gläubiger iSd Nr. 2 und 3 ist der in der Hinterlegungserklärung Bestimmte, bei Ungewissheit über die Person des Gläubigers (§ 372 S. 2) **jeder der Prätendenten.** Auch bei einem Verzicht auf das Rücknahmerecht kann der Hinterleger nachträglich weitere Personen als Gläubiger benennen, die damit Hinterlegungsbeteiligte werden (BGH LM Nr. 5 zu § 378). Der **Streit um die hinterlegte Sache** zwischen mehreren Prätendenten ist nach hM durch Leistungsklage auszutragen, wobei der wahre Gläubiger einen Anspruch auf Freigabe gem § 812 I 1 Alt. 2 hat (BGHZ 82, 286; 109, 244; BGH NJW 2015, 1678; 2000, 294; 2008, 2703; BGH NJW-RR 1997, 495; 2007, 846; zu Anspruchsgrundlagen und Beweislast Peters NJW 1996, 1246).

§ 377 Unpfändbarkeit des Rücknahmerechts

(1) **Das Recht zur Rücknahme ist der Pfändung nicht unterworfen.**

(2) **Wird über das Vermögen des Schuldners das Insolvenzverfahren eröffnet, so kann während des Insolvenzverfahrens das Recht zur Rücknahme auch nicht von dem Schuldner ausgeübt werden.**

Die Vorschrift sichert dem Gläubiger seine durch die Hinterlegung erworbenen Rechte. Das Rücknahmerecht ist **auch unabtretbar** (§§ 400, 413) und fällt **nicht** in die **Insolvenzmasse** (§§ 35 ff. InsO; zu den Folgen BGH WM 2010, 1546 Rn. 30; NJW-RR 2006, 334). Die Rspr wendet die Vorschrift auf das Erstattungsverlangen im Lastschriftverfahren entsprechend an, um so die Insolvenzfestigkeit der Lastschrift zu erreichen (BGH NJW 2010, 3514; OLG Koblenz NZI 2011, 22; → §§ 364, 365 Rn. 5).

§ 378 Wirkung der Hinterlegung bei ausgeschlossener Rücknahme

Ist die Rücknahme der hinterlegten Sache ausgeschlossen, so wird der Schuldner durch die Hinterlegung von seiner Verbindlichkeit in gleicher Weise befreit, wie wenn er zur Zeit der Hinterlegung an den Gläubiger geleistet hätte.

§ 379 Wirkung der Hinterlegung bei nicht ausgeschlossener Rücknahme

(1) **Ist die Rücknahme der hinterlegten Sache nicht ausgeschlossen, so kann der Schuldner den Gläubiger auf die hinterlegte Sache verweisen.**

(2) **Solange die Sache hinterlegt ist, trägt der Gläubiger die Gefahr und ist der Schuldner nicht verpflichtet, Zinsen zu zahlen oder Ersatz für nicht gezogene Nutzungen zu leisten.**

(3) **Nimmt der Schuldner die hinterlegte Sache zurück, so gilt die Hinterlegung als nicht erfolgt.**

Anmerkungen zu den §§ 378, 379

1 **1. Wirkung der Hinterlegung.** Sie ist im Verhältnis Gläubiger-Schuldner unterschiedlich je nachdem, ob Rücknahme ausgeschlossen (§ 378) oder noch möglich ist (§ 379). Wann das eine oder andere der Fall ist, regelt § 376.

2 **2. Ausschluss der Rücknahme.** Ist Rücknahme ausgeschlossen (§ 376 II) und liegen die Voraussetzungen des § 372 vor (BGH NJW 2012, 1721), so hat die Hinterlegung schuldbefreiende Wirkung, und zwar rückwirkend vom Zeitpunkt der Hinterlegung an (§ 378; BGH NJW-RR 1989, 200; 2006, 334; 2008, 1075; auch bei Annahmeerklärung des Gläubigers bei nicht rechtmäßiger Hinterlegung, BGH NJW-RR 2022, 184 Rn. 17; sa OLG München FGPrax 2008, 52: Hinterlegungsschein kein Nachweis schuldbefreiender Wirkung). Der Schuldner darf den

wahren Gläubiger auch noch nach Rücknahmeverzicht benennen (BGH NJW 1960, 1003; NJW-RR 1989, 200); dann schuldbefreiende Wirkung aber erst ex nunc ab Benennung (KGR 2006, 557; Grüneberg (früher Palandt)/Grüneberg § 378 Rn. 1; str). Zusätzliche Benennung einer nicht als Gläubiger in Betracht kommenden Person als möglichen Empfangsberechtigten beeinträchtigt die schuldbefreiende Wirkung nicht (BGH NJW-RR 2005, 713). Bürgen und Pfandrechte werden frei, Verzug entfällt, Verzinsung hört auf, Gefahr geht auf Gläubiger über; zu den Eigentumsverhältnissen an den hinterlegten Sachen vgl → Vor § 372 Rn. 4. Bei Fehlen oder Wegfall der zu erfüllenden Forderung hat der Schuldner gegen den Gläubiger einen Freigabeanspruch (§ 812 I; vgl MüKoBGB/Wenzel § 378 Rn. 9; OLG Frankfurt a. M. NJW-RR 1994, 253).

3. Bestehende Rücknahmemöglichkeit. Solange die Rücknahme möglich ist 3
(§ 376 I), hat der Schuldner nur eine **aufschiebende Einrede** (§ 379 I). Diese steht auch Bürgen und Verpfändern zu (§§ 768, 1137, 1211). Sie bewirkt (vgl § 379 II) auch, dass Verzug entfällt und Verjährung gehemmt wird. Gefahr iSv § 379 II bezieht sich auf die Gegenleistung bei Verschlechterung und Untergang der hinterlegten Sache. Bei Annahmeverzug (§ 372 S. 1) folgt das schon aus § 326 II 1 Alt. 2. Die Leistungsgefahr trägt der Gläubiger ohnehin (§§ 275 I, 243 II). Die Rücknahme (§ 379 III) wirkt zurück.

§ 380 Nachweis der Empfangsberechtigung

Soweit nach den für die Hinterlegungsstelle geltenden Bestimmungen zum Nachweis der Empfangsberechtigung des Gläubigers eine diese Berechtigung anerkennende Erklärung des Schuldners erforderlich oder genügend ist, kann der Gläubiger von dem Schuldner die Abgabe der Erklärung unter denselben Voraussetzungen verlangen, unter denen er die Leistung zu fordern berechtigt sein würde, wenn die Hinterlegung nicht erfolgt wäre.

Vgl HintO 13 aF. Die Zustimmungserklärung des Schuldners ist vor allem bedeutsam beim Vorbehalt nach § 373; zum Prätendentenstreit → § 376 Rn. 2.

§ 381 Kosten der Hinterlegung

Die Kosten der Hinterlegung fallen dem Gläubiger zur Last, sofern nicht der Schuldner die hinterlegte Sache zurücknimmt.

§ 382 Erlöschen des Gläubigerrechts

Das Recht des Gläubigers auf den hinterlegten Betrag erlischt mit dem Ablauf von 30 Jahren nach dem Empfang der Anzeige von der Hinterlegung, wenn nicht der Gläubiger sich vorher bei der Hinterlegungsstelle meldet; der Schuldner ist zur Rücknahme berechtigt, auch wenn er auf das Recht zur Rücknahme verzichtet hat.

a) Mit dem Erlöschen des Rechts des Gläubigers auf die hinterlegte Sache 1
(„Betrag" zu eng) **erlischt** auch die **Forderung** gegen den Schuldner (hM). b) Frist 2
läuft bei Untunlichkeit der Anzeige (§ 374 II 2) ab Hinterlegung (KG NJ 2008, 413).

§ 383 Versteigerung hinterlegungsunfähiger Sachen

(1) [1]**Ist die geschuldete bewegliche Sache zur Hinterlegung nicht geeignet, so kann der Schuldner sie im Falle des Verzugs des Gläubigers am**

Leistungsort versteigern lassen und den Erlös hinterlegen. [2]Das Gleiche gilt in den Fällen des § 372 Satz 2, wenn der Verderb der Sache zu besorgen oder die Aufbewahrung mit unverhältnismäßigen Kosten verbunden ist.

(2) **Ist von der Versteigerung am Leistungsort ein angemessener Erfolg nicht zu erwarten, so ist die Sache an einem geeigneten anderen Orte zu versteigern.**

(3) **[1]Die Versteigerung hat durch einen für den Versteigerungsort bestellten Gerichtsvollzieher oder zu Versteigerungen befugten anderen Beamten oder öffentlich angestellten Versteigerer öffentlich zu erfolgen (öffentliche Versteigerung). [2]Zeit und Ort der Versteigerung sind unter allgemeiner Bezeichnung der Sache öffentlich bekannt zu machen.**

(4) **Die Vorschriften der Absätze 1 bis 3 gelten nicht für eingetragene Schiffe und Schiffsbauwerke.**

§ 384 Androhung der Versteigerung

(1) **Die Versteigerung ist erst zulässig, nachdem sie dem Gläubiger angedroht worden ist; die Androhung darf unterbleiben, wenn die Sache dem Verderb ausgesetzt und mit dem Aufschub der Versteigerung Gefahr verbunden ist.**

(2) **Der Schuldner hat den Gläubiger von der Versteigerung unverzüglich zu benachrichtigen; im Falle der Unterlassung ist er zum Schadensersatz verpflichtet.**

(3) **Die Androhung und die Benachrichtigung dürfen unterbleiben, wenn sie untunlich sind.**

§ 385 Freihändiger Verkauf

Hat die Sache einen Börsen- oder Marktpreis, so kann der Schuldner den Verkauf aus freier Hand durch einen zu solchen Verkäufen öffentlich ermächtigten Handelsmakler oder durch eine zur öffentlichen Versteigerung befugte Person zum laufenden Preis bewirken.

§ 386 Kosten der Versteigerung

Die Kosten der Versteigerung oder des nach § 385 erfolgten Verkaufs fallen dem Gläubiger zur Last, sofern nicht der Schuldner den hinterlegten Erlös zurücknimmt.

Anmerkungen zu den §§ 383–386

1 **1. Voraussetzungen des Selbsthilfeverkaufs.** Fehlt die Hinterlegungsfähigkeit (dazu § 372), so kann bei Annahmeverzug schlechthin (§ 383 I 1), iÜ nur unter den Voraussetzungen des § 383 I 2 öffentl versteigert werden. Die Modalitäten regelt § 383 II und III. § 383 III enthält eine gesetzl Definition der öffentl Versteigerung (BGH NJW 1990, 900; sa BGH NJW 2013, 3570); der die Auktion durchführende Versteigerer muss nicht Veranstalter der Auktion sein (BGH NJW-RR 2010, 1211). Fraglich ist, ob man trotz fehlender Gesetzesänderung in § 383 III wie in anderen ähnlichen Vorschriften (§§ 312g II Nr. 10, 474 II 2) auch hier eine *öffentlich zugängliche Versteigerung* mit geringeren persönlichen Anforderungen an den Versteigerer (hierzu BGH NJW 2021, 2281 Rn. 30 ff.; 2020, 2879 Rn. 51; 2020, 759 Rn. 24 f., 58 ff.) genügen lassen sollte, was zwar de lege ferenda sinnvoll erscheinen könnte, aber unter geltendem Recht doch dem klaren Gesetzeswortlaut widersprechen würde. Für die Versteigerung gelten §§ 156, 450 f. Freihändiger Verkauf ist nur bei

börsen- und marktgängigen Sachen zulässig (§ 385). Bei Grundstücken, Schiffen und Schiffsbauwerken (§ 383 IV) gilt § 303.

2. Rechtsfolgen. Die Hinterlegung des Erlöses wirkt wie die Hinterlegung der 2
geschuldeten Sache selbst, §§ 372 ff., bes 378. Obgleich eine dem § 1247 S. 2 entspr Vorschrift fehlt, kann der Schuldner den Erlös an den Gläubiger auszahlen oder mit einer Gegenforderung aufrechnen (RGZ 64, 374; hM).

3. Sonderregelung. § 373 HGB.

Titel 3. Aufrechnung

§ 387 Voraussetzungen

Schulden zwei Personen einander Leistungen, die ihrem Gegenstand nach gleichartig sind, so kann jeder Teil seine Forderung gegen die Forderung des anderen Teils aufrechnen, sobald er die ihm gebührende Leistung fordern und die ihm obliegende Leistung bewirken kann.

Lit.: Berger, Der Aufrechnungsvertrag, 1996; Bötticher, Selbstexekution im Wege der Aufrechnung, FS Schima, 1969, S 95; Brückner, Die Klägeraufrechnung im Prozess, 2006; Coester-Waltjen, Die Aufrechnung, Jura 2003, 246; Dietrich, Die Aufrechnungslage, AcP 170, 534; v. Feldmann, Die Aufrechnung – ein Überblick, JuS 1983, 357; Gernhuber, Die Erfüllung und ihre Surrogate, 2. Aufl 1994, §§ 12 ff.; Heller, Der Ausschluss der Aufrechnung, AcP 207, 456; W. Henckel, Materiellrechtliche Folgen der unzulässigen Prozeßaufrechnung, ZZP 74, 165; Kayser, Wirksame und unwirksame Aufrechnungen und Verrechnungen in der Insolvenz (§§ 94–96 InsO), WM 2008, 1477, 1525; Kollhosser, Drittaufrechnung und Aufrechnung in Treuhandfällen, FS Lukes, 1989, 722; Heller, Der Ausschluss der Aufrechnung, AcP 207 (2007), 456; Lorenz, Grundwissen Zivilrecht: Aufrechnung, JuS 2008, 951; Lüke-Hupert, Die Aufrechnung, JuS 1971, 165; von Olshausen, Zur Aufrechnung bei einer Mehrheit von Forderungen, FS Picker, 2010, 629; Windel, Die Aufrechnungslage als objektiv-vermögensrechtlicher Tatbestand, KTS 2000, 215; Wolf, Die Prozessaufrechnung, JA 2008, 673, 753.

1. Begriffe. Aufrechnung ist die wechselseitige Tilgung gegenseitiger, gleichar- 1
tiger, einredefreier, fälliger bzw erfüllbarer Forderungen (BAG NJW 2019, 1477 Rn. 13) durch empfangsbedürftige Willenserklärung (einseitiges RGeschäft; hierzu BGH NJW 2014, 625). Die Forderung, *gegen* die aufgerechnet wird, ist die *Hauptforderung* (Passivforderung); die Forderung, *mit* der aufgerechnet wird, ist die *Gegenforderung* (Aufrechnungsforderung, Aktivforderung). – Von der einseitig erklärten Aufrechnung zu unterscheiden sind die vertraglich vereinbarte **Verrechnung** (→ Rn. 15 ff.), die ebenfalls wechselseitige Tilgung bewirkt, und die rein rechnerisch durchgeführte **Anrechnung** (zB bei Saldierung im Bereicherungsrecht, → § 818 Rn. 40 ff.) zur Ermittlung der Anspruchshöhe. Zum **IPR** der Aufrechnung und zur Aufrechnung unter CISG s. BGH NJW 2015, 867 Rn. 42 ff.; 2014, 3156; Förster NJW 2015, 830.

2. Zweck und Funktion. Erfüllung beider Forderungen wäre unwirtschaftlich, 2
deshalb gestattet das Ges die „Kurzabwicklung". Der Gläubiger der Gegenforderung *erhält* eine Art Selbstvollstreckungsrecht (BGHZ 130, 80; 173, 337 f.), das bes bei Vermögensverfall des Aufrechnungsgegners Bedeutung erlangt (BGH NJW 1995, 1967; nach BGHZ 173, 328 wird er zur Nutzung dieses Rechts sogar insoweit faktisch gezwungen, als ihm eine Anfechtung nach dem AnfG versagt bleibt, soweit er gegen eine unstr oder titulierte Forderung aufrechnen könnte). Dem Gläubiger der Hauptforderung wird ein Erfüllungssurrogat aufgezwungen.

3. Aufrechnungslage und Voraussetzungen der Aufrechnung. Die Voraus- 3
setzungen müssen im Zeitpunkt des Zugangs der Aufrechnungserklärung (§ 388) vorliegen (BGH NJW 2012, 445). **a) Gegenseitigkeit.** Der Aufrechnende muss Gläubiger der Gegenforderung und Schuldner der Hauptforderung sein, der Auf-

rechnungsgegner Schuldner der Gegenforderung und Gläubiger der Hauptforderung; zur Konzernverrechnungsklausel → Rn. 15. **aa)** Nur der **Schuldner der Hauptforderung** kann aufrechnen, Dritte dürfen nur ordnungsgemäß erfüllen (§ 267). Der Bürge kann also nicht gegen die gesicherte Forderung mit einer eigenen Forderung aufrechnen, wohl aber gegen die Bürgschaftsforderung (§ 765 I). Ausnahmen: §§ 268 II, 1142 II (dazu BGH NJW 2011, 453; 2018, 2261 Rn. 6), §§ 1150,
4 1249. **bb)** Die **Gegenforderung** muss die **eigene Forderung** des Schuldners der Hauptforderung sein (zur Beweislast des aufrechnenden Zessionars BGH NJW 1983, 2018). Der Gesamtschuldner kann also nicht mit der Forderung des Mitschuldners aufrechnen (§ 422 II), der Bürge nicht mit der Forderung des Hauptschuldners (dafür Einrede gem § 770 II), der Gesamthänder nicht mit Forderungen der Gesamthand (→ §§ 718–720 Rn. 5; → § 2040 Rn. 3, 5; sa BGH NJW-RR 2005, 376), der Kommissionär nicht mit Kommissionsforderungen (§ 392 II HGB), der Prozessstandschafter nicht mit der Forderung des repräsentierten Gläubigers (OLG Naumburg FamRZ 2001, 1236), der Erwerber von Wohnungseigentum gegen die Kaufpreisforderung nicht mit Forderungen aus Mängelrechten auf Leistung an alle Wohnungseigentümer (OLG Stuttgart NJW 2013, 699; dazu Vogel NJW 2013, 656u → § 741 Rn. 8); wohl aber der Versicherungsnehmer mit Entschädigungsansprüchen aus einer Fremdversicherung gegen Rückforderungsansprüche des Versi-
5 cherers (OLG Hamm NJW-RR 2003, 390). **cc)** Die **Gegenforderung** muss sich **gegen den Gläubiger der Hauptforderung** richten. Gegen die unteilbare Forderung mehrerer Gläubiger (§ 432) kann nicht mit einer Gegenforderung gegen einen einzelnen Gläubiger aufgerechnet werden (BGHZ 175, 301; BGH NJW 1969, 839; NJW 2011, 452; NJW 2015, 1238 Rn. 11 ff.; OLG Koblenz NJW-RR 2013, 455; anders bei Gesamtschuldnerschaft der Mitgläubiger, BGH NJW 2011, 451 Rn. 13), gegen eine Forderung der Wohnungseigentümer nicht mit einer Forderung gegen einzelne Eigentümer (KG OLGZ 1977, 5; OLG Nürnberg JurBüro 2000, 275; sa BGH NJW 1992, 435); vgl auch §§ 719 II, 2040 II. Gegen die Einforderung der Einlage durch den Insolvenzverwalter (§ 171 II HGB) kann der Kommanditist mit einer Forderung gegen die KG aufrechnen (BGHZ 58, 75; BGH NJW 1981, 233; krit Fromm BB 1981, 813), nicht aber der Mieter gegenüber dem Zwangsverwalter mit Forderungen aus zeitlich vor Anordnung der Zwangsverwaltung liegenden Abrechnungszeiträumen (LG Berlin ZMR 2000, 762). Der Vertragspartner des Kommissionärs soll trotz § 392 II HGB gegen Kommissionsforderungen aufrechnen können (BGH NJW 1969, 276; str). Gegen eine Gesamtforderung (§ 428) kann auch mit der Forderung gegen einen einzelnen Gesamtgläubiger aufgerechnet werden (BGH NJW 2019, 3722 Rn. 49; BGHZ 55, 33; anders bei abw Vereinbarung BGH NJW 1979, 2038 oder fehlender Ausübung notwendiger Wahl des Leistungsempfängers durch einen Gesamtgläubiger gemäß § 263, durch welche der empfangsberechtigte Gesamtgläubiger und damit der Aufrechnungsgegner erst bestimmt wird, BGH NJW 2019, 3722 Rn. 49 ff. für Art. 13, 17 CMR: fehlende Gleichartigkeit, insoweit zweifelhaft). Die Berufung auf die formale Verschiedenheit zwischen Gläubiger der Hauptforderung und Schuldner der Gegenforderung kann gegen § 242 verstoßen: so kann gegen die zu Inkassozwecken zedierte Hauptforderung mit einer Forderung gegen den Zedenten aufgerechnet werden; ähnlich soll bei streng weisungsgebundener Treuhänderschaft mit einer Forderung an den Treugeber (BGHZ 25, 367; 110, 81 mwN) oder Treunehmer (BGH NJW 1989, 2387) gegen die Forderung des jeweils anderen Teils aufgerechnet werden können; die Aufrechnung gegen die Forderung einer AG bzw GmbH mit einer Forderung gegen ihren Alleingesellschafter wird indessen nur in den eng begrenzten Fällen der Durchgriffshaftung möglich sein (vgl BGHZ 26, 33 ff.). – Sonderfall der *Aufrechnung nach Abtretung:*
6 § 406. **b) Gleichartigkeit** des Gegenstandes liegt vor zwischen Geldschulden oder anderen Gattungsschulden gleicher Art. Gleichartigkeit *besteht nicht* zwischen einer Euro-Verbindlichkeit und einer Fremdwährungsforderung (KG NJW 1988, 2181 mNw; OLG Hamm NJW-RR 1999, 1736, str – wegen § 244 → §§ 244, 245 Rn. 16), ebenso wenig zwischen einem Zahlungsanspruch u dem Anspruch auf

Freigabe einer Kaution (KG MDR 2011, 842 für Mietsicherheit, str; anders aber bei Barkaution, bei der sich zwei Zahlungsansprüche gegenüberstehen: zu Einzelheiten aufrechnender Abwicklung BGH NJW 2019, 3371; NJW-RR 2021, 15; → Rn. 7, 13) oder einem Befreiungsanspruch (zB § 426 I 1) und einem Zahlungsanspruch (BGHZ 47, 166; 140, 273; 161, 241; BGH NJW 1983, 2438; NJW 1992, 115; NJW 2005, 3285; NJW 2016, 2032 Rn. 26; BGH WM 2009, 1818). Der Befreiungsanspruch kann sich aber in einen gleichartigen und damit aufrechnungsgeeigneten Zahlungsanspruch verwandeln, zB bei Erfüllung der Ansprüche, wegen derer freizustellen ist oder nach erfolgloser Aufforderung zur Erfüllung (BGH NJW 2016, 2032 Rn. 27; NJW 2013, 450 Rn. 18; NJW-RR 2011, 910) oder wenn der Ehemann neben einem Dritten ausgleichungspflichtiger Schädiger ist und die Ausgleichungspflicht nach dem Tod des Ehemannes auf die Verletzte und ersatzberechtigte Ehefrau übergeht (BGHZ 35, 325); ähnlich bei Abtretung des Befreiungsanspruchs an den Gläubiger der zu begleichenden Verbindlichkeit (BGHZ 12, 144; v. Olshausen AcP 182, 254; → §§ 399, 400 Rn. 2). Gleichartigkeit *ist zu bejahen* zwischen Zahlungsansprüchen und Ansprüchen auf Einwilligung in die Auszahlung hinterlegten Geldes (BGH NJW 2000, 950; BGH NJW-RR 2008, 558), zwischen dem Werklohnanspruch und Anspruch auf Erstattung der Fertigstellungskosten nach Kündigung eines Werkvertrags (BGH NJW-RR 2005, 2771), zwischen dem vollen, vom Schuldner noch abzuführende Steuerbeträge umfassenden Zahlungsanspruch (BGH NJW 2017, 2104; sa → § 362 Rn. 1) und gegenläufigen Zahlungsansprüchen des Schuldners (BGH NJW 2017, 2102 Rn. 24), zwischen der vollen Bruttolohnforderung des Arbeitnehmers einschließlich abzuführender Beträge und Zahlungsansprüchen des Arbeitgebers (BGH NJW 2017, 2102 Rn. 26; sa → § 362 Rn. 1 zum Zahlungsanspruch auf den vollen Bruttobetrag) sowie zwischen den Vergütungsansprüchen aus Arbeitsverhältnis und „negativem Guthaben" auf Arbeitszeitkonto (vgl BAG BB 2001, 1586: „der Sache nach … Lohn- oder Gehaltsvorschuss des Arbeitgebers") und zwischen gegenläufigen Geldzahlungsansprüchen im Rückgewährschuldverhältnis (BGH NJW 2017, 2102: Zug-um-Zug-Antrag als schlüssige Aufrechnung). Ebenso besteht Gleichartigkeit zwischen Zahlungsansprüchen und dem Anspruch auf Herausgabe erlangter Geldbeträge gem § 667 (BGHZ 71, 382; BGH NJW 1993, 2042; NJW 1995, 1426; offen BGH NJW 2014, 3570 Rn. 21); eine andere Frage ist freilich, ob der Auftragszweck die Aufrechnung ausschließt (vgl → Rn. 11 ff.). Auch beim Gegenüberstehen von Darlehensauszahlungsanspruch und Zahlungsansprüchen wird Darlehensvalutierung durch Aufrechnung nicht an der Gleichartigkeit (sehr str) scheitern, sondern am stillschweigenden Aufrechnungsausschluss (vgl → Rn. 13). Gleichartigkeit des Gegenstandes und Ausschluss kraft Leistungszwecks sind klar zu unterscheiden (vgl BGHZ 54, 246; BGH NJW 1985, 268). **c) Vollwirksamkeit und Fälligkeit der Gegenforderung. aa) Vollwirk-** 7
samkeit bedeutet Klagbarkeit und Freiheit von Einreden (hierzu § 390), die Gegenforderung muss durchsetzbar sein (verneinend für künftigen Anspruch aus § 717 II ZPO BGH NJW-RR 2009, 407; für nach § 767 II ZPO präkludierte Aufrechnung BGH NJW 2019, 3385 Rn. 11 ff.; 2013, 3243 Rn. 12 ff.); die zur Aufrechnung gestellte Gegenforderung wird so behandelt, als sei die Aufrechnung nicht erfolgt (BGH NJW 2019, 3385 Rn. 11; 2009, 1671 Rn. 12). Sofern der Schuldner der Gegenforderung bzw Gläubiger der Hauptforderung noch nicht angefochten (§§ 119 ff.) hat, ist bloße Anfechtbarkeit unschädlich; die Anfechtung nach Aufrechnung beseitigt die Gegenforderung rückwirkend (§ 142 I) und damit die Aufrechnungslage. Die aufschiebende Bedingung hindert Aufrechnung (vgl § 95 InsO; BGHZ 103, 367; 160, 6; BGH NJW-RR 2009, 407), nicht aber die auflösende Bedingung bzw Befristung *vor* ihrem Eintritt (BGH NJW 2011, 143; OLG Hamm FamRZ 1987, 1289; OLG Nürnberg NJW-RR 2002, 1239; OLG Düsseldorf NJW-RR 1989, 504: Kostenerstattungsanspruch aus vorläufig vollstreckbarem Urteil; hierzu W. Schmidt NJW 1994, 567; instanzübergreifender Sonderfall: OLG Karlsruhe NJW 1994, 593); bei Bedingungseintritt entfällt die Gegenforderung ex nunc (§ 158 II Hs. 2), die Aufrechnungserklärung verliert damit ihre Wirkung und die

Hauptforderung lebt ex nunc wieder auf (BGH NJW 2011, 144; OLG Düsseldorf MDR 2009, 1333; OLG Nürnberg NJW-RR 2002, 1239; OLG Karlsruhe NJW 1994, 594). *Nach* Eintritt der Bedingung bzw Befristung *erlischt* die Gegenforderung, so dass Aufrechnung unmöglich ist (BAG NJW 1968, 813 und BGH DB 1974, 586 gegen BGHZ 26, 308; keine Analogie zu § 390 S. 2 aF bzw § 215 nF). **bb) Fälligkeit** vgl § 271 (sa § 95 InsO); zur Fälligkeit mietrechtlicher Ansprüche des Vermieters sowie des Anspruchs des Mieters auf Rückzahlung der Barkaution nach Vertragsende, falls der Vermieter nicht vorher aufrechnet BGH NJW 2019, 3371 u NJW-
8 RR 2021, 15; → Rn. 6, 13. **d) Erfüllbarkeit der Hauptforderung** ergibt sich idR aus § 271. Die Hauptforderung muss nicht klagbar und regelmäßig auch nicht fällig sein (zB BGH NJW 1985, 268; 2006, 3633; 2014, 2045 Rn. 11), sie muss lediglich entstanden und darf deshalb nicht aufschiebend bedingt sein (BGHZ 103, 367; BGH NJW 2004, 3120). *Ausnahmen:* § 40 I WG (BGH NJW 1970, 42); uU Unterhaltszweck von Versorgungsrenten (BGH NJW-RR 1990, 160) oder von nachehelichem Unterhalt (BGHZ 123, 55: keine Aufrechnung für die Zukunft über den Zeitraum von sechs Monaten hinaus; → § 394 Rn. 5); Darlehensrückzahlungsforderungen bei verzinslichen Darlehen zur Vermeidung von Zinsverlusten (Aufrechnung nur nach wirksamer Kündigung oder bei bestehendem u nicht verfallenem Sondertilgungsrecht; dazu BGH NJW 2012, 446). Wegen des Insolvenzzwecks hielt die Rspr eine fällige Insolvenzforderung vor ihrer Feststellung zur Tabelle für nicht erfüllbar (BGHZ 100, 227; Uhlenbruck/Sinz, InsO, 15. Aufl 2019, § 94 Rn. 77/78), so dass eine Aufrechnung mit einer Forderung der Masse ausgeschlossen war. Diese Rspr ist teilw für den Fall aufgegeben, dass die Aufrechnung für die Masse bzw Insolvenzgläubiger wirtschaftlich günstig ist (BGH NJW 2014, 2045). Jedoch ist wegen der Präklusionswirkung gem § 767 II ZPO iVm § 178 III InsO eine Aufrechnung gegen die volle Insolvenzforderung nach Feststellung zur Tabelle ausgeschlossen, falls die Forderung der Masse schon vorher bestand und die Aufrechnung folglich hätte schon vorher geltend gemacht werden können (BGH NJW 2014, 2045 Rn. 16); unbedenklich ist eine Aufrechnung, die sich eindeutig nur gegen die Auszahlung der Insolvenzdividende richtet (BGH NJW 2014, 2045 Rn. 21). Einreden gegen die Hauptforderung hindern die Aufrechnung nicht, jedoch kann der Aufrechnende uU Rückabwicklung gem § 813 verlangen.

9 **4. Ausschluss der Aufrechnung. a) kraft Ges:** vgl §§ 390, 392–395, 1974 (OLG Koblenz BeckRS 2018, 12881); § 66 AktG, § 19 II GmbHG (hierzu BGHZ 53, 75; BGH WM 1982, 1200), § 22 V GenG; § 17 III Strom- u GasGVV; der Sache nach auch §§ 95 I 3, 96 InsO bzw § 55 KO aF (zur KO Baur/Stürner Rn. 16.15; BGHZ 116, 156 mAnm Stürner LM/KO 17 Nr. 29; einschränkend BGH NJW 1995, 1966; zur InsO BGH NJW 2007, 2640; 2014, 625; zur Anwendbarkeit bei Masseunzulänglichkeit BFHE 220, 295; keine Anwendung während des Eröffnungsverfahrens BGH NJW-RR 2012, 1004). Die Regelungen der §§ 94 ff. InsO sind als abschließend zu betrachten; eine Erweiterung durch Rückgriff auf § 394 kommt nicht in Betracht (BGHZ 159, 388). Mit einer im Insolvenzplan erlassenen Forderung kann nicht mehr aufgerechnet werden (§ 158 I; §§ 254, 255 InsO; → Rn. 9; BGH NZI 2007, 409). Eine bei Insolvenzeröffnung bestehende Aufrechnungslage (§ 94 InsO) bleibt jedoch erhalten, weil § 94 InsO der Regelung von § 254 InsO vorgeht (BGH NJW-RR 2011, 1143). § 294 I InsO enthält kein allg Aufrechnungsverbot für die Wohlverhaltensperiode (BGHZ 163, 391; zust Fritsche DZWiR 2006, 39 f.); zu neuerer Rspr Vallender NJW 2013, 1351. Ein Ausschluss der Aufrechnung folgt auch aus § 269 VI ZPO nF (= § 269 IV ZPO aF – OLG Bremen ZIP 1991, 1307: keine Klage aus § 767 ZPO gegen Kostenvollstreckung wegen Aufrechnung mit zurückgenommener Klagforderung); aber kein Ausschluss der Aufrechnung mit einem materiell-rechtlichen Anspruch auf Erstattung der Kosten des selbstständigen Beweisverfahrens außerhalb eines Prozesses (BGH NJW-
10 RR 2010, 674). **b) kraft ausdr vertraglicher Vereinbarung:** Der Ausschluss der Aufrechnung hat verfügende Wirkung (BGH NJW 1984, 358). Das Aufrechnungs-

verbot in AGB des Gläubigers der Hauptforderung (BGH 163, 274 ff. = NJW 2005, 2772) wird eingeschränkt durch § 309 Nr. 3 (= § 11 Nr. 3 AGBG aF; dazu BGH NJW 1981, 762; 1986, 1757; 2005, 2772; KG NJW-RR 2012, 271), für Unternehmer (früher: Kaufleute) §§ 310 I 2, 307 I (entspr §§ 24 S. 2, 9 I AGBG aF; s. BGHZ 91, 383 f.; 107, 189); Einschränkung eines AGB -Verbots für Mieter durch § 556b II (hierzu LG Konstanz NJW 2014, 1895 [1896]). Auch wenn ein Aufrechnungsverbot sich in den Grenzen des § 309 Nr. 3 bewegt, kann es weitergehend gemäß § 307 I Nr. 1, II Nr. 1 und III 1 unwirksam sein, wenn es entgegen § 361 II 1 die Rückabwicklung nach Widerruf (§§ 355 III 1, 357a) beeinträchtigt (BGH NJW 2017, 2102 Rn. 21; 2018, 2042 Rn. 14 ff., 16 ff. für Nr. 11 AGB Sparkassen; dazu Lühmann NJW 2018, 2044). Die Unabdingbarkeit des Zurückbehaltungsrechts (§ 309 Nr. 2 (= § 11 Nr. 2 AGBG aF)) setzt sich in der Unwirksamkeit des Aufrechnungsverbotes (§ 307 I (= § 9 I AGBG aF)) für Sekundäransprüche auf Schadensersatz fort (BGHZ 163, 274 [279]; BGH NJW 2011, 1730 für Honorarforderungen des Architekten und Mängelbeseitigung- bzw Fertigstellungskosten). Ein vertragliches Verbot ist dahin einschränkend auszulegen, dass es bei erheblicher Gefährdung oder gar Vereitelung der Durchsetzung der Gegenforderung nicht gelten soll, zB bei Insolvenz oder Vermögensverfall des Gläubigers der Hauptforderung (BGH WM 1987, 733 f. mwN; BGH NJW-RR 1989, 125; BGH WM 1991, 733; 2011, 1870; OLG Hamm ZIP 2000, 925 f.; anders uU bei während der Sequestration vereinbartem Verbot: Lüke ZIP 1996, 1539); recht weitgehend OLG Frankfurt a. M. BauR 2008, 568: kein Aufrechnungsverbot bei streng synallagmatischen Forderungen (vgl schon BGHZ 23, 26); bei Dauerschuldverhältnissen (zB Miete) verliert es im Abwicklungsstadium uU seine Gültigkeit (str, OLG Hamm NJW-RR 1994, 711 f.; BGH WM 1982, 1333; BGH LM Nr. 80; einschr BGH NJW-RR 2000, 530 für Gewerberaummiete), ebenso gegenüber Forderungen aus vorsätzlicher unerlaubter Handlung (BGH NJW-RR 2008, 123; BGH NJW 1987, 2998 je mwN), nicht aber ohne Weiteres bei bloßer Verjährung der Gegenforderung (BGH NJW-RR 2008, 123 [124]). **c) kraft stillschweigender Vereinbarung: aa)** auf Grund **han-** 11
delsüblicher Klauseln, zB „Kasse gegen Verladedokument" (BGH NJW 1976, 853); „cash on delivery" (BGH NJW 1985, 550); „rein netto Kasse ohne Abzug" (OLG Düsseldorf NJW-RR 1996, 116); uU genügt die Hingabe eines Schecks Zug um Zug gegen Übereignung der Kaufsache (OLG Köln NJW 1987, 262). **bb)** auf Grund der **Eigenart des Vertrags- oder Schuldverhältnisses.** Hier kann der Ausschluss der Aufrechnung Ergebnis einer Vertragsauslegung sein (§ 157) oder aus § 242 folgen (BGHZ 95, 113; BGH NJW 2002, 1132; 2011, 2351; NJW 2013, 452 Rn. 33). Die Aufrechnungsbefugnis einer Bank beschränkt sich prinzipiell auf bankmäßig erworbene Gegenforderungen (BGH NJW 1987, 2997; 2012, 2423: Schadensersatzforderung). Weiter schließt die Vereinbarung eines befristeten unwiderruflichen Dokumentenakkreditivs Aufrechnung gegen die Kaufpreisforderung für die Laufzeit des Akkreditivs aus (BGHZ 60, 264), jedoch kann – widersprüchlich – bei einer „Zahlungsgarantie auf erstes Anfordern" die Bank mit eigenen liquiden Gegenforderungen aufrechnen, sofern sie nicht mit dem Grundgeschäft in Zusammenhang stehen (BGHZ 94, 167; hierzu Pleyer JZ 1985, 1000). Gegen eine Forderung auf erneute Zahlung kann grundsätzlich mit einer Forderung auf Rückzahlung der vorausgehenden Fehlüberweisung (§ 812 I) aufgerechnet werden (BGH NJW-RR 2008, 1513; OLG Hamburg NJW 2011, 3524, teilw str), gegen Zahlungsansprüche eines Werkunternehmers, deren Begleichung als Sicherheit gestundet ist, nicht mit Ansprüchen des Bestellers aus anderen Verträgen (BGH NJW 2017, 3437 Rn. 17). Gegen Forderungen aus der *Abwicklung eines Treuhandver-* 12
trags kann der Treuhänder regelmäßig nicht aufrechnen (BGHZ 14, 347; 113, 94; BGH NJW 1995, 1426 für § 667; BGHZ 95, 113 und OLG Köln DNotZ 1989, 260 f. für Hinterlegung; BGH NJW-RR 1999, 1192 f. für Inkassoberechtigten; nachvertragliche Treuepflichten wirken nur beschränkt über § 242, vgl OLG Hamm ZMR 2008, 65). Anders nur, wenn die Gegenforderung des Treuhänders in einem engen rechtlichen und wirtschaftlichen Zusammenhang zur Hauptforderung des

Treugebers steht (BGH WM 1972, 53), oder wenn ein rechtlich anzuerkennendes Interesse des Treugebers an der Einhaltung der Zweckbindung durch den Treuhänder fehlt (BGH NJW 1993, 2041); dagegen nicht, wenn ein Handelsvertreter eingezogene Kundengelder mit Provisionsansprüchen gegen den Unternehmer aufrechnen will (OLG Hamm NJW-RR 1994, 158). Ein enger Zusammenhang liegt vor, wenn der Anwalt nach Geldeinzug mit Honorarforderungen aufrechnet (BGHZ 71, 383; NJW 1995, 1426; 2003, 142; 2007, 2640; sa BGHZ 113, 96: Verbot der Aufrechnung mit früheren Honorarforderungen bei Verfahren aus § 1629 III; OLG Düsseldorf FamRZ 2006, 636: keine Aufrechnung mit Honorarforderung gegen Anspruch auf Auszahlung einer Abfindung aus einem Scheidungsverfahren, die auch dem zukünftigen Lebensunterhalt des Mandanten dienen soll) oder wenn der Versicherungsnehmer nach einem Verkehrsunfall die Entschädigung für den Mitfahrer vom Unfallversicherer entgegennimmt und dann gegen den Herausgabeanspruch des Mitfahrers mit einer Schadensersatzforderung aus *demselben* Unfall aufrechnet (BGH NJW 1973, 1368). Banken dürfen nicht gegen ein „offenes" Treuhandkonto (BGH NJW 1987, 3251) eines Bankkunden aufrechnen, wohl aber gegen verdeckte Treuhandkonten. Ein Anleger kann gegen Freistellungsansprüche seines Treuhandkommanditisten, die dessen Haftung aus §§ 171, 172 IV HGB betreffen, nicht mit Schadensersatzansprüchen aus Prospekthaftung aufrechnen (BGH NJW 2011, 2354; NJW 2013, 454; 2013, 864; BGH ZIP 2012, 2246; ZIP 2012, 2250; dazu Stöber NJW 2013, 832).; gleich bei Aufrechnung gegen Ansprüche aus Inanspruchnahme des Treuhandkommanditisten durch Gesellschaftsgläubiger (BGH NJW 2013, 452
13 [454]). Die *Aufrechnungsvalutierung von Darlehen* (vgl → Rn. 6) scheitert idR am Wesen des Darlehensversprechens (BGHZ 71, 21). Unzulässig ist die Aufrechnung gegen eine Karenzentschädigung für das Wettbewerbsverbot eines ehemaligen GmbH-Geschäftsführers, die dem Entschädigungszweck widersprechen würde (OLG Koblenz NZG 2000, 654). Auch gegen den Entschädigungsanspruch eines Haftgefangenen wegen menschenunwürdiger Haftbedingungen kann nicht mit Strafverfahrenskosten aufgerechnet werden (BGHZ 182, 301 = NJW-RR 2010, 167; BGH NJW 2016, 636 Rn. 13; s. aber → §§ 399, 400 Rn. 2). Der Anspruch des Leasingnehmers auf Verwendung der Versicherungsentschädigung zur Fahrzeugreparatur schließt die Aufrechnung mit Mietzins- bzw Kreditforderungen des Leasinggebers aus (BGHZ 93, 394; str, sa BGHZ 113, 284). Auch der Anspruch auf Instandhaltungsrücklage nach § 16 II WEG ist aufrechnungsgeschützt (BayObLG 88, 215; OLG Stuttgart OLGZ 1989, 180; LG Köln NJW-RR 1993, 148 für Zeit nach Ausscheiden, str); gegen Hausgeldansprüche aus § 16 WEG kann nur mit unstr Gegenforderungen oder Ansprüchen aus Notgeschäftsführung aufgerechnet werden (OLG Oldenburg NZM 1999, 467; BayObLG WuM 2000, 648; OLG Düsseldorf ZMR 2008, 56). – Hingegen kann gegen den Anspruch auf Vorschuss zur Behebung von Mängeln ebenso aufgerechnet werden (BGHZ 54, 246; BGH NJW 1992, 435; aber → Rn. 5) wie gegen die auf den Gläubiger übertragene Forderung auf Berichtigung des Bargebots (BGH LM Nr. 4 zu § 118 ZVG) oder den Urlaubsabgeltungsanspruch (BAGE 16, 235; zur Beachtung der Pfändungsgrenze BAG BB 2001, 2378). Über den Kautionsrückzahlungsanspruch des Mieters einer Wohnung hat der Vermieter binnen angemessener Frist (idR 3–6 Monate, aber einzelfallabhängig; zu Recht krit. P. Bruns NJW 2019, 3373, 3374) nach Vertragsende eine Abrechnung zu errichten (BGH NJW 2019, 3371 Rn. 19 ff.; NJW 2006, 1422 Rn. 9 f.; BGHZ 101, 244, 250 ff.), in der er mit Gegenforderungen aus dem Mietverhältnis (BGH NJW 2012, 3300) aufrechnen kann, auch soweit diese Forderungen weder unstreitig noch rechtskräftig festgestellt (BGH NJW 2019, 3371 Rn. 26 ff.) oder verjährt (dazu → § 215) sind; macht der Vermieter von dieser Möglichkeit keinen Gebrauch, so kann der Mieter seinerseits mit dem fälligen Kautionsrückzahlungsanspruch gegen Forderungen des Vermieters aufrechnen (BGH NJW 2019 3371 Rn. 29; sa oben → Rn. 6 u. 7; für gewerbliche Vermietung und Pacht insoweit gleich BGH NJW 1972, 721, 723; BGH NJW 1985, 268); *anders* bei überzahlter Mietkaution (LG Bremen NJW-RR 1993, 19) oder bei Aufrechnung des Verkäufers eines Mietobjekts

gegen Kautionsübertragungsansprüche des Käufers (OLG Frankfurt a. M. BB 1991, 2108; str!). Nicht ausgeschlossen ist die Aufrechnung gegen Ruhegehaltsansprüche (BGH NJW-RR 2006, 1187) oder Kostenerstattungsansprüche aus einem Beweissicherungsverfahren ohne nachfolgenden Hauptprozess (BGH NJW-RR 2010, 674). Wer bei Vergleichsschluss den Erwerb einer aufrechnungsfähigen Forderung verschweigt, kann später nicht aufrechnen (BGH NJW 1993, 1398). Ausgeschlossen ist auch die Aufrechnung mit anderen ungesicherten Forderungen des Sicherungsnehmers gegen den Anspruch auf Auskehrung des auf Grund der Verwertung erzielten Mehrerlöses (BGH NJW 1994, 2886; s. aber BGH NJW 1999, 57 für Aufrechnung mit vertragswidrig ungesichert gebliebenen Forderungen). Wer in einem abstrakten Schuldanerkenntnis Zahlung für einen bestimmten Zeitpunkt verspricht, soll damit konkludent auf die Aufrechnung mit ihm bekannten Gegenforderungen verzichten (OLGR Saarbrücken 2000, 475).

5. Aufrechnungserklärung. Die Aufrechnungserklärung (dazu § 388) bewirkt **14**
Erlöschen der Forderungen (dazu § 389), wenn zurzeit ihres Wirksamwerdens die Aufrechnungsvoraussetzungen vorlagen. Bei nicht bestehender Gegenforderung kann die Aufrechnungserklärung uU als die Verjährung neu auslösendes Anerkenntnis (§ 212 I Nr. 1 nF, vgl § 208 aF) der unbestrittenen Hauptforderung angesehen werden (BGH 107, 398 f.; von Maltzahn NJW 1989, 3143). Zur Aufrechnung im Prozess vgl → Rn. 20 ff.

6. Aufrechnungsverträge. a) Der **Aufrechnungsvertrag** ist ein **dinglicher** **15**
Vertrag, der sich gegenüberstehende Forderungen zum Erlöschen bringt. Die Voraussetzungen der einseitigen Aufrechnung (§§ 387 ff.) brauchen *nicht* vorzuliegen: zB Fälligkeit der Gegenforderung (BGH NJW 1970, 42), Gleichartigkeit (str), Gegenseitigkeit (BGHZ 94, 135; OLG Düsseldorf IBRSS 2021, 0541; dazu Kupczyk/Boisserée NJW 2021, 2092 Rn. 4–6), Einredefreiheit (BGH LM Nr. 2 zu § 392). Bei der *Konzernverrechnungsklausel* werden die Forderungen *aller* Konzernunternehmen mit der Forderung des Gläubigers eines Unternehmens verrechnet (BGHZ 94, 135; BGH WM 1985, 697; BGH LM Nr. 43 zu § 387); in AGB unwirksam (§ 307 = § 9 AGB aF; teilw aA BGH GRUR 2005, 69: keine unangemessene Benachteiligung bei Verrechnung mit Forderungen einer konzernangehörigen Bank, über die der Zahlungsverkehr zw. dem Verwender und dem Vertragspartner abgewickelt wird) und im Insolvenzfall idR unanwendbar (BGHZ 81, 15; 160, 107; BGH NJW 2006, 3632; 2007, 1067; BAGE ZIP 2010, 690 für „antizipierte Verrechnungsvereinbarung"). Der Aufrechnungsvertrag über zwei bestimmte Forderungen ist bei Nichtbestehen einer Forderung unwirksam (BGH MDR 1991, 953; offengelassen in BGH LM Nr. 43 zu § 387), soweit er nicht Vergleichscharakter hat. Anders als beim Kontokorrent (→ Rn. 17) verlieren die Forderungen nicht ihre Selbständigkeit (BGH NJW-RR 2007, 707) in dem Sinne, dass nur noch der anerkannte oder im Einzelnen dargelegte Saldo geltend gemacht werden kann. Vom Aufrechnungsvertrag zu unterscheiden ist eine bloße *Verrechnung oder Anrechnung* im Rahmen einer Gesamtabrechnung unter Berücksichtigung unselbständiger Rechnungsposten innerhalb eines Schuldverhältnisses, bei der die Regeln einseitiger Aufrechnung oder des Aufrechnungsvertrages nicht gelten (BGH NJW 2005, 2771, 2772 ff.; BAG 2019, 1477 Rn. 18 – fragwürdig, weil eher eine am gewünschten Ergebnis orientierte Abgrenzung); hingegen kann das Ergebnis einer solchen Gesamtabrechnung Gegenstand einer Aufrechnung sein (BGH NJW 2000, 2064); zur Saldierung von Rechnungsposten bei gesetzlichen Ansprüchen und ihrer Abgrenzung gegen sich gegenüberstehenden selbständigen Rückabwicklungsansprüchen BeckOK BGB/Dennhardt BGB § 387 Rn. 7 u 7.1) **b)** Unter **Aufrech-** **16**
nungsvorvertrag versteht man entweder ein Verpflichtungsgeschäft, das allein den *Anspruch* auf Abschluss des Aufrechnungsvertrags verschafft (hierzu BAG ZIP 2010, 690; BGH NJW-RR 2007, 707), oder – terminologisch irreführend – einen *bedingten* dinglichen Aufrechnungsvertrag (Forderungsentstehung, Parteiauswahl der Verrechnungsforderungen etc). **c)** Das **Kontokorrentverhältnis** besteht aus dem **17**

schuldrechtlichen *Geschäftsvertrag* (Verpflichtung zur Verrechnung) und drei dinglichen Verfügungsgeschäften: *Kontokorrentabrede* (Verbot der Geltendmachung, Tilgung und Abtretung der Forderungen); *Verrechnungsvertrag* (antizipierender Aufrechnungsvertrag); *Saldoanerkenntnis* (§§ 780, 781), vgl §§ 355–357 HGB; Staub/Canaris § 355 Rn. 13 ff.; Pfeiffer JA 2006, 105; BGHZ 74, 254; 107, 197; 117, 140 f.;
18 162, 351; sa OLG Köln NJW-RR 1997, 1201. **d)** Die **Verfügungswirkung** des Aufrechnungsvertrages muss der Pfandgläubiger eines Teils auch für Forderungen gegen sich gelten lassen, die nach der Pfändung fällig werden (BGH NJW 1968, 835); § 392 ist unanwendbar. Hingegen soll beim *Kürzungsrecht* eines Dienstverpflichteten (zB Kellner, der Vergütung aus abkassierten Geldern einbehält) die Pfändung später fällige Dienstlohnforderungen erfassen können (BAG NJW 1966, 469, arg § 850h I ZPO). Auf Aufrechnungsverträge *nach* Pfändung findet § 392 Anwendung (§ 829 I 2 ZPO). Beim *Kontokorrent* sind pfändbar: der Zustellungssaldo (BGHZ 80, 176; BGH ZIP 1997, 1231: keine Verringerung des Zustellungssaldos durch nach Pfändung erworbene formularmäßig verpfändete Forderungen; vgl § 357 S. 1 HGB), künftige periodische Aktivsalden (BGHZ 80, 178; BGH NJW 1997, 1857), der Anspruch auf Auszahlung des Tagesguthabens (BGHZ 84, 325) und auf Gutschrift bzw Überweisung an Dritte (BGHZ 93, 322 [324]), nicht die kontokorrentgebundene Einzelforderung (BGHZ 80, 175; 93, 323), die Auskunfts- und Rechnungslegungsansprüche (BGHZ 165, 53) und die vom Schuldner nicht beanspruchte Kreditlinie (BGHZ 147, 193; 157, 355; zum Ganzen Baur/Stürner/Bruns ZVR Rn. 30.7). Mit Eröffnung des Insolvenzverfahrens endet das Kontokorrentverhältnis (§§ 116 S. 1, 115 I InsO) und damit die Verfügungswirkung des Aufrechnungsvertrages), Saldierung erfolgt auf den Zeitpunkt der Eröffnung (BGHZ
19 74, 254; 157, 356; 170, 213; teilw aA Stürner ZZP 1994, 303 f.). **e)** Die Geltung **ges Aufrechnungsverbote** für den Aufrechnungsvertrag richtet sich nach ihrem Schutzzweck (bejahend für § 55 SGB I BGHZ 104, 311 mwN; → § 394 Rn. 1; einschränkend für § 95 InsO BGHZ 170, 209).

20 **7. Aufrechnung im Prozess. Lit.:** Musielak JuS 1994, 817. **a) Rechtsnatur.** Mit der Aufrechnung nimmt die Partei im Prozess ein materielles RGeschäft vor, auf dessen Vornahme sie sich zugleich in Form einer Prozesshandlung beruft (BGHZ 23, 23, hM). Die materiell-rechtlichen Wirkungen treten nur bei wirksamer Prozesshandlung ein (Coester-Waltjen Jura 1990, 29; BGHZ 179, 5; BGH NJW-RR 1991, 157 für Rücknahme; teilw krit Leichsenring NJW 2013, 2155 [2159]). Die wirksame Aufrechnung führt zur Erledigung des Rechtsstreits nach § 91a ZPO, wobei nach Ansicht des BGH trotz der Rückwirkungsfiktion des § 389 nicht die Aufrechnungslage, sondern die Erklärung der Aufrechnung das erledigende Ereignis darstellt (BGH NJW 2003, 3135; ebenso schon OLG Düsseldorf NJW-RR 2001, 432; aA RGZ 57, 384 und die vorher hM). Die Aufrechnungslage muss noch zum Schluss der mündlichen Verhandlung bestehen (OLG Düsseldorf MDR 2009, 1333). Das Gericht muss eine Aufrechnungserklärung mit einer Schadensersatzforderung wegen Mängeln beachten und kann nicht einfach zur Werklohnzahlung Zug um Zug gegen Mängelbeseitigung verurteilen (BGH NJW-RR 2013, 1105). Die Rücknahme der Aufrechnung folgt den Regeln über die Rücknahme von Prozesshandlungen und ist deshalb so lange möglich, wie sie noch keine unmittelbar prozessgestaltende Wirkung hatte (zuletzt BGH NJW-RR
21 2020, 761 mN) **b)** Trotz § 388 S. 2 ist die **Eventualaufrechnung** im Prozess möglich (s. BGH 80, 97: Wechselprozess; NJW 1990, 3210; Vollstreckbarerklärungsverfahren für inländischen [BGH NJW-RR 2008, 662] und ausländischen [BAG NJW-RR 1997, 1289] Schiedsspruch): sie ist „letztes" Verteidigungsmittel und daher erst dann zu berücksichtigen, wenn die Klageforderung begründet ist (OLG Stuttgart NJW 2019, 2547: keine Rechtskraft hinsichtlich der Aufrechnungsforderung bei einer unzulässigen Entscheidung über Eventualaufrechnung); bei nicht konnexen Forderungen und erklärter Aufrechnung (BGHZ 103, 368)
22 kann das Gericht nach §§ 145 III, 302 ZPO verfahren. **c)** Bei **Teilklage** kann der

Beklagte gegen den eingeklagten Teil aufrechnen, der Kläger muss notfalls die Klage erhöhen (BGHZ 56, 314; BGH NJW-RR 1994, 1203); anders, wenn der Kläger bereits in der Klagschrift selbst aufgerechnet hat und nur noch den überschießenden Teil einklagen will (s. BGH NJW 1967, 34). Bei Aufrechnung mit mehreren Forderungen, welche insgesamt die Klagforderung übersteigen, oder bei mehreren Klagforderungen gehört zur notwendigen Bestimmtheit der Aufrechnung die Angabe der Reihenfolge der aufrechnungsbetroffenen Forderungen (BGH NJW 2000, 958; 2002, 2182; zur Möglichkeit nachträglicher Änderung BGH NJW 2009, 1071). **d) Prozessuale Unzulässigkeit** kann sich ergeben aus 23
§§ 296, 304, 533 ZPO nF oder aus vorausgegangenem Anerkenntnis (§ 307 ZPO) der Klagforderung, gegen die aufgerechnet werden soll, (OLG Hamm NJW 2015, 357 [358]); ferner bei Geltendmachung im Rahmen einer Vollstreckungsgegenklage (§ 767 ZPO), obwohl Aufrechnung schon in der letzten mündlichen Verhandlung möglich war (BGHZ 34, 279; 100, 225; 103, 366; BGH NJW 1994, 2770); bei einer Gegenforderung, für die Zuständigkeit eines Schiedsgerichts (BGH NJW-RR 2011, 214; 2008, 556: anders bei bereits vorliegender schiedsgerichtlicher Entscheidung) oder ausländischen Gerichts vereinbart ist (BGHZ 60, 89 ff. mN; BGH NJW 2015, 1118), oder für die nach EuGVVO die internationale Zuständigkeit des Prozessgerichts fehlt (vgl BGH NJW 1993, 2753). Die prozessual unzulässige Aufrechnung hat keine sachlich-rechtliche Wirkung (Ausnahme: Verjährungsunterbrechung: BGHZ 83, 270; für materiell-rechtliche Wirkung aber OLGR Koblenz 07, 949); § 322 II ZPO greift nicht (BGH NJW 1994, 2770). Fehlt die *Rechtswegzuständigkeit* für die Gegenforderung, so hat nach bisher hM das Gericht nach §§ 148, 302 ZPO zu verfahren und das Urteil des zuständigen Gerichts abzuwarten; anders bei unstreitiger Gegenforderung (BGH WM 1984, 1240; OLG Düsseldorf NJW 1995, 1620) oder Verneinung der Aufrechnungsbefugnis (BGH WM 1985, 1400). Verschiedenheit des Rechtswegs war anzunehmen zwischen ordentlichen Gerichten und VG (BGHZ 16, 124 ff.; BVerwGE 77, 24 ff.) oder FG (BFHE 144, 209 f.), *nicht* zwischen ordentlichen Gerichten und ArbG (BGHZ 26, 306; BAG BB 1972, 1096; anders bei ausschließlicher Zuständigkeit: BAG NJW 2002, 317; 2008, 1020), FamG (BGH NJW-RR 1989, 173; OLG Köln NJW-RR 1992, 1287) oder LandwirtschaftsVG (BGHZ 40, 341), fG-Streitverfahren vor dem FamG und Streitsachen nach der ZPO (OLG Nürnberg OLGZ 1980, 48). Als rechtswegfremd gelten auch Forderungen, wegen derer ausländische Gerichte angerufen werden müssten (VGH Kassel NJW 1994, 1488). Besser wäre stets umfassende Zuständigkeit des Gerichts der Klagforderung (Baur FS v. Hippel, 1967, 10 ff.), wie sie nunmehr § 17 II 1 GVG gestattet (Schenke/Ruthig NJW 1992, 2505; NJW 1993, 1374 gegen Rupp NJW 1992, 3274; ausführlich VGH Kassel NJW 1995, 1107 f. mwN; aA die hM: Zöller/Greger, ZPO, 33. Aufl. 2020, § 145 Rn. 19c; Grüneberg (vormals Palandt)/Grüneberg § 388 Rn. 5 mN sowie ThP/Seiler § 145 Rn. 24). Im Ausnahmefall des GVG § 17 II 2 GVG müsste aber die alte Aussetzungspraxis fortgelten (BVerwG NJW 1993, 2255; 99, 161; VGH Mannheim NJW 1997, 3394). Im Kostenfestsetzungsverfahren, das nicht der Tatsachenfeststellung dienen soll, kann mit einem rechtskräftig titulierten Erstattungsanspruch aus einem anderen Kostenfestsetzungsverfahren aufgerechnet werden (BGH NJW 2014, 2287 [2288]; OLG Naumburg NJW 2014, 3168), es sei denn, es werden trotz rechtskräftiger Feststellung später entstandene materiell-rechtliche Einwendungen gegen die Gegenforderung (zB Abtretung) geltend gemacht.
e) Rechtskraft tritt ein bei Verneinung der Gegenforderung (§ 322 II ZPO: 24
„nicht besteht") und bei ihrer Bejahung (BGHZ 36, 319: „nicht *mehr* besteht"); sie erfasst die Gegenforderung des Beklagten, bei § 767 ZPO ausnahmsweise die des Klägers (BGH BeckRS 2021, 47052 Rn. 9; BGHZ 89, 352; BGH NJW 2015, 955 Rn. 48; dazu: Zeuner JuS 1987, 354; Niklas MDR 1987, 96); aus der Rechtsfolge der Rechtskraft folgt die Notwendigkeit der Bestimmtheit der Gegenforderung, mit der aufgerechnet wird, als Voraussetzung zulässiger Aufrechnung (BAG NJW 2017, 1129 Rn. 58 ff.). Im Vollstreckbarerklärungsverfahren für

Schiedssprüche ist Aufrechnung möglich, wenn für die aufzurechnende Forderung schiedsgerichtliche Zuständigkeit nicht besteht (ausführlich BGH NJW-RR 2011, 214: kein Verweis auf § 767 ZPO). Aufrechnung im Prozess begründet **keine Rechtshängigkeit** der Gegenforderung (BGHZ 57, 243; BGH NJW 1986, 2767; BGH NJW-RR 2004, 1000); zur Ablaufhemmung der Verjährung → §§ 204 I Nr. 5, II; zur Darlegungslast im Rahmen des § 394 Satz 1 ZPO → § 394 Rn. 1.

§ 388 Erklärung der Aufrechnung

[1]Die Aufrechnung erfolgt durch Erklärung gegenüber dem anderen Teil. [2]Die Erklärung ist unwirksam, wenn sie unter einer Bedingung oder einer Zeitbestimmung abgegeben wird.

Die Aufrechnungserklärung (schon → § 387 Rn. 14) ist als empfangsbedürftige Willenserklärung ein **einseitiges RGeschäft mit rechtsgestaltender Wirkung** (§ 389), daher bedingungsfeindlich (S. 2); konkludente Vornahme ist möglich (BGHZ 26, 241; 37, 244; 179, 286 f.; BVerfG NJW 1993, 765; BAG NZA 2009, 1281; zur Berufung auf ein Zurückbehaltungsrecht als konkludente Aufrechnung BGH NJW-RR 1986, 543 mN; JZ 1986, 799, 800; zweifelnd BGH JZ 1990, 241, 242: „Einbehaltungsrecht"). Die Aufrechnungserklärung muss hinsichtlich Hauptforderung und Gegenforderung hinreichend bestimmt sein, ansonsten ist sie unwirksam (BGH NJW 2022, 194 Rn. 22; BAG NJW 2021, 963 Rn. 35; 2019, 1477 Rn. 13; OLG Köln NJW 2005, 1128). Fehlende behördliche Genehmigung führt zur Unwirksamkeit (BGHZ 11, 37); vgl auch § 111. Eine zunächst unwirksame Erklärung ist wie in allen Unwirksamkeitsfällen bei Fortfall des Wirksamkeitshindernisses erneut vorzunehmen (BGH NJW 1984, 358: Aufrechnungsverbot; BGH NJW 1990, 2545 f.: Aufrechnungslage). Rücknahme der erklärten Aufrechnung ist unzulässig (LG Hamburg WE 2000, 158). – Zur Aufrechnung bei *bedingter Forderung* vgl → § 387 Rn. 7 und 8, zur *Eventualaufrechnung* im Prozess vgl → § 387 Rn. 21.

§ 389 Wirkung der Aufrechnung

Die Aufrechnung bewirkt, dass die Forderungen, soweit sie sich decken, als in dem Zeitpunkt erloschen gelten, in welchem sie zur Aufrechnung geeignet einander gegenübergetreten sind.

1 **1. Wirkung der Aufrechnungserklärung.** Die Wirkung der Aufrechnungserklärung als eines Gestaltungsrechts (BGHZ 11, 21, 37) liegt im Erlöschen der Forderungen (rechtsvernichtende Einwendung) mit *Rückwirkung* auf den Zeitpunkt der Aufrechnungslage (aber → § 387 Rn. 20 zur Erledigungswirkung der Prozessaufrechnung). Verzugsfolgen oder Vertragsstrafen entfallen ex tunc (BGHZ 80, 278; BGH NJW-RR 1991, 569; dagegen de lege ferenda Bydlinski AcP 196, 281). Steuerrechtlich ist die zivilrechtliche Rückwirkung unbeachtlich (BFH NJW 1995, 1240; BFH/NV 2007, 1315; differenzierend BFH BB 2000, 914 ff.). Wenn zwischen Entstehen der Aufrechnungslage und der Aufrechnungserklärung der Wert der Gegenforderung steigt, so sind die Wertverhältnisse im Zeitpunkt der Aufrechnungslage allenfalls maßgebend, falls beide Teile aufrechnen konnten; konnte hingegen nur der Gläubiger der Gegenforderung aufrechnen (zB § 393), sind die Wertverhältnisse im Zeitpunkt der Aufrechnungserklärung maßgeblich (BGHZ 27, 123). Die Rückwirkung der Aufrechnungserklärung auf den Zeitpunkt der Aufrechnungslage ist nicht zu verwechseln mit dem für die Aufrechnungslage maßgeblichen Zeitpunkt, der sich allein nach dem Zugang der Aufrechnungserklärung bestimmt (→ § 387 Rn. 3; BGH NJW 2012, 446): Da die Forderungen mit Zugang der Erklärung erloschen sind, kann der Aufrechnungsgegner nicht mehr anderweitig aufrechnen; vgl aber § 396 I 2; zu Besonderheiten

der Aufrechnung mit einer verhaltenen Forderung OLG Köln NJW 2016, 252 Rn. 30 ff. Ein Widerruf der Aufrechnung ist nicht möglich (vgl. → BGH NJW 2016, 634 Rn. 33; s aber zur Rücknahme der hilfsweisen Prozessaufrechnung → § 387 Rn. 20). Wenn mit einer Forderung aus Vertragsstrafe aufgerechnet worden ist, erlischt diese Forderung mit der Aufrechnung, und bei der späteren Annahme der Leistung als Erfüllung muss die Vertragsstrafe nicht mehr vorbehalten (§ 341 III) werden (hierzu BGH NJW 2016, 634 unter Aufgabe von BGH NJW 1983, 384; dazu Weyer NJW 2016, 609); zur Wirkung der Aufrechnung bei Rückgewähransprüchen nach Widerruf von Verbraucherdarlehensverträgen über Immobilien Lühmann/Latta NJW 2017, 2071, 2074.

2. Wirkung der Aufrechnungslage. Die Aufrechnungslage als solche hat 2
grundsätzlich **keinerlei Rechtswirkung** (vgl BGHZ 2, 302 ff.; 86, 353). Sie gibt keine Einwendung (wohl aber Einrede für Dritte: §§ 770 II, 1137, 1211) oder Einrede. Zahlung trotz Aufrechnungsmöglichkeit gibt folglich keinen Bereicherungsanspruch gem § 813 (wohl aber Aufrechnung bei einredebehafteter Hauptforderung, vgl → § 387 Rn. 8). Die Forderung bleibt verzinslich, Verzug tritt ein (vgl aber → Rn. 1).

3. Aufrechnung bei Teilklage. Vgl → § 387 Rn. 22.

§ 390 Keine Aufrechnung mit einredebehafteter Forderung

Eine Forderung, der eine Einrede entgegensteht, kann nicht aufgerechnet werden.

1. Vollwirksamkeit der Gegenforderung. Vgl → § 387 Rn. 7. Vollwirksam- 1
keit der Gegenforderung liegt nicht vor bei *einredebehafteter* Gegenforderung. Die Vorschrift betrifft indessen *nicht* die Hauptforderung (hierzu → § 387 Rn. 8; zur Terminologie → § 387 Rn. 1); sie gilt *nur* für materielle, nicht für prozessuale Einreden (BGH NJW 2013, 2976: Sicherheitsleistung als Vollstreckungsvoraussetzung; OLG Hamm FamRZ 1987, 1289; OLG Düsseldorf NJW-RR 1989, 504 je mwN). Die Einreden – in Betracht kommen grundsätzlich alle bürgerlich-rechtlichen Leistungsverweigerungsrechte – müssen nur bestehen, sie brauchen nicht geltend gemacht zu werden (BGH NJW 2001, 287; 2002, 3541; BGH ZIP 2005, 1559). Wenn sich die Gegenforderung nach Abtretung der Hauptforderung gegen den Altgläubiger richtet (§ 406), kann sich der Neugläubiger der Hauptforderung gegen die Aufrechnung auf die Einreden des Altgläubigers gegen die Gegenforderung berufen (BGH LM Nr. 1; BGHZ 35, 327). *Bsp* für Einreden: Zurückbehaltungsrecht (§ 273), aber nicht bei Annahmeverzug bzgl der zur Zurückbehaltung berechtigenden Forderung (BGH LM Nr. 5 mN); Einrede gem § 320, allerdings nur wenn der Gläubiger selbst erfüllungsbereit ist (BGH JuS 2003, 293) und nicht wenn die Einrede beiden Teilen im jeweiligen Vertragsverhältnis gleichermaßen zusteht (RGZ 119, 4 [5]) oder gerade diejenige Gegenforderung sichert, gegen die sich die Aufrechnung richtet (BGH NJW 1990, 3212); Einrede aus § 615 S. 2 (BGH NJW 2001, 287, 288); Einrede der gegenständlich beschränkten Haftung bei Aufrechnung gegen *Privat*forderungen (BGHZ 35, 327 f.: § 1990 I; OLG Celle OLGZ 1990, 96: § 419 II aF); Einrede fehlender Rechnungsstellung (BGH AnwBl 1985, 257); Einrede erfolgloser Fristbestimmung zur Leistung einer Sicherheit gemäß § 648a V 1 aF u nunmehr § 650f V 1 (BGH NJW 2021, 2662 Rn. 34); nicht die Möglichkeit zusammenveranlagter Eheleute zur Aufteilung (AO 268) ihrer Steuergesamtschuld (BFH NJW 1991, 3240). Die Belastung der Gegenforderung mit einem von der schuldnerischen Bank vorzunehmenden Steuerabzugsverfahren für Kapitalertragssteuer steht einer Aufrechnung mit der vollen Forderung nicht entgegen, solange die Bank die Steuer noch nicht abgeführt hat, die abzuführen dann Sache der voll aufrechnenden Partei ist (BGH NJW 2017, 2102 Rn. 22 ff.; 2018, 3098 Rn. 14 mwN).

2 **2. Verjährung der Gegenforderung.** S. 2 aF wurde durch die Schuldrechtsreform *aufgehoben*. Zur früher hier geregelten Aufrechnung mit verjährter Forderung s. nunmehr die insoweit inhaltsgleiche Bestimmung des § 215 (dazu BGH NJW 2012, 445).

3 **3. Aufrechnungsvertrag.** Vgl → § 387 Rn. 15.

§ 391 Aufrechnung bei Verschiedenheit der Leistungsorte

(1) [1]**Die Aufrechnung wird nicht dadurch ausgeschlossen, dass für die Forderungen verschiedene Leistungs- oder Ablieferungsorte bestehen.** [2]**Der aufrechnende Teil hat jedoch den Schaden zu ersetzen, den der andere Teil dadurch erleidet, dass er infolge der Aufrechnung die Leistung nicht an dem bestimmten Orte erhält oder bewirken kann.**

(2) **Ist vereinbart, dass die Leistung zu einer bestimmten Zeit an einem bestimmten Orte erfolgen soll, so ist im Zweifel anzunehmen, dass die Aufrechnung einer Forderung, für die ein anderer Leistungsort besteht, ausgeschlossen sein soll.**

Abs. 2 gilt nur bei *vertraglicher* Feststellung des Leistungsorts, nicht aber, wenn sich Leistungszeit und -ort lediglich aus dispositivem Recht ergeben (BGH NJW 1999, 1179).

§ 392 Aufrechnung gegen beschlagnahmte Forderung

Durch die Beschlagnahme einer Forderung wird die Aufrechnung einer dem Schuldner gegen den Gläubiger zustehenden Forderung nur dann ausgeschlossen, wenn der Schuldner seine Forderung nach der Beschlagnahme erworben hat oder wenn seine Forderung erst nach der Beschlagnahme und später als die in Beschlag genommene Forderung fällig geworden ist.

1 a) Die **Beschlagnahme der Hauptforderung** (vgl → § 387 Rn. 1) bewirkt ein Erfüllungsverbot gegenüber dem Schuldner (§ 829 I 1 ZPO) und damit auch ein Verbot der Aufrechnung als Erfüllungsersatz (BGH NJW-RR 2005, 1031: Erhalt der Haftungsmasse). Das Aufrechnungsverbot gilt aber nicht, wenn die Aufrechnungslage bei Beschlagnahme gegeben war oder doch begründete Aussicht auf Aufrechnung bestanden hatte (Parallelregelung § 406). Zum rechtzeitigen Erwerb der Gegenforderung genügt es deshalb, wenn bei Beschlagnahme der Hauptforderung ihr Rechtsgrund bestanden hat, zB der Vertrag als Grundlage von Ersatzansprüchen wegen späterer Schadensereignisse (BGH NJW 1980, 585; OLG Düsseldorf NJW-RR 2000, 232). Die Aufrechnung gegen eine gepfändete Forderung ist auch solange nicht nach § 392 Alt. 2 ausgeschlossen, wie deren Durchsetzung ein Leistungsverweigerungsrecht entgegensteht (BGH NJW-RR 2004, 525; NJW 2005, 3576). Sofern der Schuldner die Hauptforderung nach Beschlagnahme gegenüber dem Gläubiger durch Zahlung erfüllt, ist diese Erfüllung gegenüber dem Pfandgläubiger unwirksam (§§ 136, 135); da also ihm gegenüber die Forderung fortbesteht, kann der Schuldner unter den Voraussetzungen des § 392 noch aufrechnen (BGHZ 58, 25 ff.; krit Reinicke NJW 1972, 793; Denck NJW 1979, 2375). Die *verbotene Aufrechnung* ist gegenüber dem Pfandgläubiger unwirksam (§§ 135, 136).

2 b) Sonderregelung: §§ 1124, 1125 (hierzu OLG Frankfurt a. M. ZIP 1983, 497); §§ 94–96 InsO (früher KO 53–56; VerglO 54; hierzu BGHZ 71, 384 ff.; vgl schon → § 387 Rn. 9); zum Aufrechnungsvertrag vgl → § 387 Rn. 18.

§ 393 Keine Aufrechnung gegen Forderung aus unerlaubter Handlung

Gegen eine Forderung aus einer vorsätzlich begangenen unerlaubten Handlung ist die Aufrechnung nicht zulässig.

Lit.: Pielemeier, Das Aufrechnungsverbot des § 393 BGB, 1987.

1. Zweck. Deliktsgläubiger sollen Ersatz verlangen können, ohne Prozessverlängerung (vgl → § 387 Rn. 20 ff.) oder Erfüllungssurrogat hinnehmen zu müssen. Deshalb besteht Aufrechnungsverbot, wenn die *Hauptforderung* (vgl → § 387 Rn. 1) aus vorsätzlicher unerlaubter Handlung herrührt (Beweislast liegt beim Inhaber der Hauptforderung, BGH NJW 1994, 253); die Gegenforderung kann Forderung aus vorsätzlicher unerlaubter Handlung sein. Stehen sich *zwei* Forderungen aus vorsätzlichem Delikt gegenüber, wird der Zweck der Vorschrift verfehlt; Aufrechnung sollte entgegen BGH NJW 2009, 3508 möglich sein (wie hier Voraufl.; OLGR Düsseldorf 2000, 124; Deutsch NJW 1981, 734); Anrechnung oder Vorteilsausgleich bei der Schadensberechnung fallen nicht unter das Verbot (Staudinger NJW 2020, 641, 645 (str, LG Duisburg BeckRS 2019, 13072). 1

2. Forderungen aus vorsätzlicher unerlaubter Handlung. Darunter fallen *nicht* Ansprüche aus vorsätzlicher Vertragsverletzung (BGH NJW 1975, 1120; OLG Frankfurt BeckRS 2018, 25153 Rn. 34), es sei denn, ein Anspruch aus vorsätzlichem Delikt konkurriert (BGH NJW 1967, 2013; 1994, 253; 1999, 714); bloße Konkurrenz ist genügend, auch wenn sich der andere Teil nur auf Vertrag beruft oder der deliktische Anspruch verjährt ist (BGH NJW 1977, 529). Keine Anwendung des Aufrechnungsverbots auf Tatbestände reiner Gefährdungshaftung (BGH NJW 1980, 2527, 2528), wohl aber bei Tatbeständen vermuteten Verschuldens (zB § 18 StVG). Das Aufrechnungsverbot erfasst Folgekosten des deliktischen Anspruchs, also zB den Prozesskostenerstattungsanspruch (OLG Karlsruhe MDR 1969, 483), und zwar auch wenn er aus einer Unterlassungsverurteilung resultiert (OLG Köln NJW-RR 1990, 829), nicht aber die Kosten einer strafprozessualen Privat- oder Nebenklage (BGH NJW 2011, 2966). Es wirkt auch gegen die gem § 31 haftende jur Person (BayObLG MDR 1985, 231). Bei fehlendem Vorsatz kann ein Aufrechnungsverbot aus § 242 unter dem Gesichtspunkt der unzulässigen Rechtsausübung bestehen (BGHZ 182, 306 = NJW-RR 2010, 168; → § 387 Rn. 11–13). Die Beweislast für Vorsatz trifft die Partei, die sich auf den Aufrechnungsausschluss beruft (BGH NJW 1994, 253; zur Darlegungslast der nicht beweisbelasteten Partei BGH NJW 1999, 714). Eine (Zwischen)Feststellungsklage, welche die Vorsätzlichkeit der unerlaubten Handlung feststellt, ist wegen der Vorzugsbehandlung in § 393 BGB, § 850 f. II ZPO, § 302 Nr. 1 InsO zulässig (dazu Kaiser NJW 2017, 1223; BGH WM 2022, 346). 2

§ 394 Keine Aufrechnung gegen unpfändbare Forderung

[1]Soweit eine Forderung der Pfändung nicht unterworfen ist, findet die Aufrechnung gegen die Forderung nicht statt. [2]Gegen die aus Kranken-, Hilfs- oder Sterbekassen, insbesondere aus Knappschaftskassen und Kassen der Knappschaftsvereine, zu beziehenden Hebungen können jedoch geschuldete Beiträge aufgerechnet werden.

1. Zweck. Weil Unpfändbarkeitsvorschriften das Existenzminimum sichern, soll der Gläubiger unpfändbarer Hauptforderungen die Leistung in Natur und nicht in Gestalt der Befreiung von der Gegenforderung erhalten und so vor einem unfreiwilligen Verlust der Leistung geschützt sein; aber kein Verbot der Aufrechnung durch den Gläubiger der unpfändbaren Forderung (BGH NJW 2017, 2102 Rn. 27). Der Schutzzweck verbietet auch entspr *vorherige* Aufrechnungsvereinbarungen (zB im Bankkontokorrent, VGH Kassel NJW 1986, 147; BGHZ 104, 309 311; BAG NJW 2007, 1302; BAG MDR 2009, 892; → § 387 Rn. 19), Aufrechnungsverträge *nach* Fälligkeit der Hauptforderung bleiben aber möglich (BAG NJW 1977, 1168); zur 1

Abgrenzung unzulässiger Aufrechnungsverträge von zulässiger Anrechnung → § 387 Rn. 15. Nach dem Übergang der Hauptforderung auf einen Sozialversicherungsträger (§ 116 SGB X) sollen nach umstrittener Auffassung Schutzzweck und damit Aufrechnungsverbot entfallen (so BGHZ 35, 327; aA BAG DB 1979, 1848; 1985, 499 für § 182 RVO aF und § 115 I SGB X); anders nach hM für Unterhaltsansprüche nach Übergang auf den Sozialhilfeträger gem § 94 I SGB XII oder § 33 I SGB II für § 850b I Nr. 2 ZPO (BGH NJW 2013, 2593; gleich OLG Düsseldorf FamRZ 2006, 1533 für § 91 BSHG aF) und nach Zahlung von Insolvenzausfallgeld durch die frühere Bundesanstalt für Arbeit (LAG Hamm NZA-RR 2000, 232; heute Bundesagentur für Arbeit, → §§ 165 ff. SGB III). Den aufrechnenden Arbeitgeber trifft bei einer Aufrechnung gegen einen Vergütungsanspruch im Prozess die Darlegungslast für die Einhaltung der Pfändungsfreigrenzen (BAG NJW 2017, 1129 Rn. 63).

2 **2. Pfändungsverbote.** Verbote iSd Satzes 1 enthalten insbes §§ 850–850i, 851 ZPO (BAG NJW 2019, 1477 Rn. 14 ff.), nicht dagegen § 14 KOaF, soweit er neuerworbene konkursfreie Ansprüche betraf; auf Grund der Neuregelung in §§ 35, 88, 89, 94 ff. InsO ist die frühere Rechtslage insoweit überholt, weil Neuerwerb nunmehr grundsätzlich vom Insolvenzbeschlag erfasst wird. Die Regelungen der §§ 94 ff. InsO sind iÜ abschließend, so dass eine Erweiterung durch entspr Anwendung von § 394 nicht in Betracht kommt (BGHZ 159, 388; sa BGH ZIP 2011, 1826 zu § 77 II VAG aF)). § 294 InsO begründet kein Aufrechnungsverbot (BGH NJW 2005, 2988), ebenso wenig ein Absonderungsrecht für die Hauptforderung bei Aufrechnung mit einer Masseschuld (offen BGH NJW-RR 2020, 109 Rn. 18 ff.); Ansprüche gem § 850b ZPO sind bis zur gerichtl Zulassung der Pfändung im Vollstreckungsverfahren (LG Hamburg MDR 1984, 1035) unpfändbar (BGH NJW 1970, 283 mN). Umgekehrt besteht bei §§ 850 f. ZPO Pfändbarkeit bis zum Beschluss (BGH NJW 1986, 2363), ähnlich bei § 850i ZPO (BAG NZA 2006, 261: Pfändbarkeit bis zum Antrag). Sofern ges Unterhaltsansprüche in einen Vergleich anlässlich der Ehescheidung aufgenommen sind, bleiben sie unpfändbar (§ 850b I Nr. 2 ZPO) und aufrechnungsgeschützt (BGHZ 31, 217 f.), auch soweit Rückstände in Frage stehen (OLG Hamm FamRZ 1988, 953: einschließlich Verzugszinsen). Unpfändbarkeit und Aufrechnungsschutz können jedoch entfallen, wenn die Parteien die Unterhaltspflicht vollständig auf vertragliche Grundlage gestellt haben; denn dann besteht kein ges Anspruch mehr (BGH NJW-RR 2002, 1513). Unterhaltsansprüchen gleichgestellt werden Erstattungsansprüche aus begrenztem Realsplitting (BGH NJW 1997, 1441). Gem. § 851 I ZPO, § 399 sind Ansprüche des Ehegatten auf Prozesskostenvorschuss (§ 1360a IV) unpfändbar und daher aufrechnungsgeschützt (BGH FamRZ 1985, 803), desgleichen Ansprüche *auf* Versorgungsausgleich, unter altem Recht nach § 3b I Nr. 2 VAHRG (BGH NJW-RR 2007, 1554) und heute § 8 II VersAusglG sowie Surrogatansprüche im Hausratsverteilungsverfahren (§ 1568b III; OLG Köln NJW-RR 1993, 1030) oder Beihilfeansprüche (BVerwG NJW 1998, 3256; BGH NJW-RR 2005, 720) und Ansprüche auf Corona-Soforthilfe (BGH NJW 2021, 1322 Rn. 10 ff.; sa §§ 399, 400 Rn. 2). Bei Überweisung auf Bankkonten folgt aus §§ 835 III 2, 850k bzw 850l ZPO ein Aufrechnungsverbot während der Vierwochenfrist und später für den Fall entspr vollstreckungsgerichtlicher Anordnungen; es gilt nur für das eigene Konto (zu § 55 SGB I BGH NJW 1988, 709; OLG Saarbrücken InVO 2007, 118) und nur für wiederkehrende Leistungen (BGHZ 104, 315 f.). Jedoch hindert § 850k bzw § 850l ZPO die kontoführende Bank anders als § 55 SGB I nicht an der kontokorrentmäßigen Verrechnung des auf das Girokonto ihres Kunden überwiesenen pfändungsfreien Arbeitseinkommens (BGHZ 162, 349 ff.; 104, 309, 315; zust OLG Celle ZIP 2007, 1940; Einsele JZ 2006, 48; abl Walker LMK 2005, II, 85). Kein Aufrechnungsverbot gegen Ansprüche aus § 198 GVG wegen überlanger Verfahrensdauer (BGH NJW 2020, 1364; dazu Schlick NJW 2020, 2690; sa → § 387 Rn. 13 u §§ 399, 400 Rn. 2). *Sonderregeln:* § 51 II BRRG; § 84 II BBG; §§ 51, 52, 54 f. SGB I (zu § 54

SGB I BayLSG BeckRS 2019, 9526: Anspruch auf Ausgleich krankheitsbedingten Mehraufwands); → §§ 399, 400 Rn. 9.

3. Ausnahmen. Es gibt Ausnahmen vom Aufrechnungsverbot trotz Pfändungs- 3
verbot. **a) Ges Ausnahmen** gem S. 2; § 11 II BBesG; §§ 51 II, 52 SGB I; § 35 VVG (hierzu BGH NJW 2019, 359 Rn. 15 ff.; OLG Jena NJW 2017, 177 Rn. 22 ff. für im Notlagentarif befindliche Versicherungsnehmer; aA BayLSG BeckRS 2019, 9526; OLG Hamm VersR 2019, 925; für Aufrechnung gegen Krankentagegeldansprüche aber wiederum BGH NJW 2021, 3783 Rn. 14 ff.). – Gem. § 242 kann die Berufung auf das Aufrechnungsverbot im Rahmen eines *einheitlichen Lebensverhältnisses* treuwidrig sein (BGH NJW 1993, 2105; NJW-RR 1990, 1500); deshalb kann:
b) gegen unpfändbare **Lohnforderungen** auch im Rahmen privatrechtlicher 4
Arbeitsverträge mit Ansprüchen aus vorsätzlicher unerlaubter Handlung oder vorsätzlicher Vertragsverletzung aufgerechnet werden (BAG NJW 1960, 1590 f.; BAG ZIP 1997, 937: Aufrechnung gegen Betriebsrentenansprüche; OLG Düsseldorf FamRZ 2007, 141: schon bei grober Fahrlässigkeit denkbar); nicht aber mit bloßen Ansprüchen aus Vertragsstrafe (OLG Rostock NJW-RR 1995, 174) oder mit Ansprüchen aus vorsätzlichen Vertragsverletzungen eines anderen Vertrags als des Arbeitsvertrages. Die Aufrechnung muss jedoch das Existenzminimum gem § 850d ZPO im Regelfall belassen (BAG AP Nr. 8; für Einzelfallabwägung BAG NJW 1960, 1591; BAG ZIP 1997, 937 mN, dazu Anm Grote JR 1999, 264; sehr weitgehend BAG NJW 1965, 72 f.); **c)** auch gegen **Unterhaltsforderungen** bei vorsätzli- 5
cher Schadenszufügung durch den Gläubiger kann aufgerechnet werden (OLG Düsseldorf FamRZ 1981, 970; OLG Schleswig FamRZ 1986, 707; OLG Hamburg FamRZ 1992, 329); dem Unterhaltsberechtigten muss jedoch das Existenzminimum verbleiben (BGHZ 123, 57; → § 387 Rn. 8); ebenfalls erlaubt ist die Aufrechnung mit überzahltem Unterhalt (OLG Koblenz FamRZ 1981, 1094; OLG Hamm NJW-RR 2004, 437; FamRZ 1999, 437; OLG Naumburg FamRZ 1999, 438; str, s. OLG Düsseldorf FamRZ 1981, 972; Ludwig FamRZ 1999, 1659 f.; OLG Karlsruhe FamRZ 2003, 33 – nur bei Vorliegen des Arglisteinwandes), sowie umgekehrt die Aufrechnung mit Unterhaltsansprüchen (OLG Karlsruhe NJOZ 2003, 346).

§ 395 Aufrechnung gegen Forderungen öffentlich-rechtlicher Körperschaften

Gegen eine Forderung des Bundes oder eines Landes sowie gegen eine Forderung einer Gemeinde oder eines anderen Kommunalverbands ist die Aufrechnung nur zulässig, wenn die Leistung an dieselbe Kasse zu erfolgen hat, aus der die Forderung des Aufrechnenden zu berichtigen ist.

1. Anwendungsbereich. Die Vorschrift gilt unmittelbar nur für **privatrechtliche** Forderungen öffentl-rechtlicher Körperschaften und nur, sofern der Körperschaft die Hauptforderung zusteht; die Körperschaft selbst kann ohne die Begrenzung der Kassenidentität gegen Forderungen der Bürger aufrechnen. 1

2. Öffentlichrechtliche Forderungen. Die Aufrechnung gegen öffentl-rechtliche Hauptforderungen oder mit öffentl-rechtlichen Gegenforderungen fällt nicht unmittelbar unter §§ 387 ff. Sie ist nur zulässig, soweit die Rechtsnatur der öffentl-rechtlichen Forderung eine Aufrechnung erlaubt (BVerwG NJW 1987, 2531; BSG ZIP 2010, 2309; BFH ZIP 2011, 2481 Rn. 25 ff.); §§ 387 ff. sind dann entspr anwendbar. Die Aufrechnung ist in solchen Fällen eine verwaltungsrechtliche Willenserklärung, kein Verwaltungsakt (BVerwG NJW 2009, 1099; BFH NVwZ 1987, 1119; BGH NJW-RR 2004, 1432; wohl aA BSG MDR 1997, 275). Bei Aufrechnung gegen Steuerforderungen gilt § 226 AO und findet das Erfordernis der Kassenidentität keine Anwendung (BFHE 157, 8). Aufrechnung *gegen* eine Geldstrafe ist unzulässig, zulässig aber ist die Aufrechnung *mit* einer Geldstrafe (hM; einschränkend 2

RVG 43). – Zur *Prozessaufrechnung* bei verschiedener Rechtswegzuständigkeit vgl → § 387 Rn. 23.

§ 396 Mehrheit von Forderungen

(1) [1]**Hat der eine oder der andere Teil mehrere zur Aufrechnung geeignete Forderungen, so kann der aufrechnende Teil die Forderungen bestimmen, die gegeneinander aufgerechnet werden sollen.** [2]**Wird die Aufrechnung ohne eine solche Bestimmung erklärt oder widerspricht der andere Teil unverzüglich, so findet die Vorschrift des § 366 Abs. 2 entsprechende Anwendung.**

(2) **Schuldet der aufrechnende Teil dem anderen Teil außer der Hauptleistung Zinsen und Kosten, so findet die Vorschrift des § 367 entsprechende Anwendung.**

Die Vorschrift überträgt die **Tilgungsregeln der §§ 366, 367** auf die Aufrechnung (BAG 2019, 1477 Rn. 15 für § 366 II; BGHZ 80, 273 für § 367; krit zur Regelung aus systematischen Gründen Windel KTS 2000, 233 ff.). Die Beschränkung des Bestimmungsrechts durch *Widerspruch* des andern Teils (vgl Abs. I 2) gilt bei mehreren Hauptforderungen und bei mehreren Gegenforderungen (BGHZ 179, 1; BGH NJW 2013, 1368), sofern auch der Gläubiger der Hauptforderung hätte aufrechnen können. Sie erklärt sich aus dem Bestreben, die Tilgungsbestimmung nicht davon abhängig zu machen, wer zufälligerweise zuerst aufrechnet. Auch der Gläubiger einer verbürgten Forderung hat grundsätzlich freie Wahl, ob er zur Begünstigung des Bürgen vorrangig mit der gesicherten Forderung aufrechnen will (BGH WM 1984, 425). Im *Kontokorrent* (→ § 387 Rn. 17) sind §§ 366, 367 unanwendbar (BGH NJW 1980, 2132; aA für § 366 Staub/Canaris § 355, Rn. 154). Übersteigt die Summe der geltend gemachten Gegenforderungen die Hauptforderung, so führt die Verweisung in Abs I 2 auf § 366 II ins Leere, der diesen Fall nicht erfasst; hier soll bei fehlender Bestimmung Aufrechnung unzulässig sein (LAG Nürnberg NZA-RR 1999, 626). Die sog. „Saldoklage" des Vermieters, bei welcher der Vermieter Ansprüche und Zahlungen anhand eines Mietkontos auflistet, ohne eine Zuordnung der Verrechnung im Einzelnen genau zu bestimmen, ist nicht wegen fehlender Bestimmtheit unzulässig, vielmehr erlaubt die Anwendung des§ 366 II dem Gericht die Herstellung ausreichender Bestimmtheit (BGH NJW 2018, 3448; 2018, 3457; hierzu Herrlein NJW 2018, 2840, 2844; Meyer-Abich NJW 2018, 3079, 3080; sehr zweifelhaft, zu Recht kritisch Herrlein NJW 2019, 2819, 2822).

Titel 4. Erlass

§ 397 Erlassvertrag, negatives Schuldanerkenntnis

(1) **Das Schuldverhältnis erlischt, wenn der Gläubiger dem Schuldner durch Vertrag die Schuld erlässt.**

(2) **Das Gleiche gilt, wenn der Gläubiger durch Vertrag mit dem Schuldner anerkennt, dass das Schuldverhältnis nicht bestehe.**

Lit.: Gernhuber, Die Erfüllung und ihre Surrogate, sowie das Erlöschen der Schuldverhältnisse aus anderen Gründen, 2. Aufl. 2004; Kleinschmidt, Der Verzicht im Zivilrecht, 2004.

1 **1. Erlass und Verzicht.** Erlass (gem Abs. I) und negatives Schuldanerkenntnis (gem Abs. II) sind *Unterarten des Verzichts.* Er ist bei Forderungen nicht einseitig möglich (BGH NJW 1987, 3203; MDR 2016, 315 Rn. 24; hM), wohl aber bei einzelnen Einreden (vgl § 768 II), bei Gestaltungsrechten (vgl §§ 376 II Nr. 1, 671 III) und im Sachenrecht (§§ 875, 928, 959, 1064).

2. Voraussetzungen und Wirkungen des Erlasses. Der Erlass ist ein abstrakter Verfügungsvertrag über eine Forderung zwischen Gläubiger und Schuldner. **a) Vertragsparteien** können nur Schuldner und Gläubiger sein. Als Verfügungsgeschäft ist ein Erlass zgDr unzulässig (hM; s BGHZ 126, 266; NJW 2010, 64 Rn. 16; BeckRS 2015, 11507 Rn. 10: Erlass unwirksam, bloßer Verzicht auf Inanspruchnahme eines Dritten ist wirksam; → Rn. 6). **b)** Der **Abschluss** ist formfrei, auch bei Formpflicht für Begründung der erlassenen Forderung (RGZ 53, 294, 296; ähnlich BGH NJW-RR 1996, 728, 729) oder schenkweisem Erlass (RGZ 53, 296; OLG Stuttgart NJW 1987, 782 f.); anders, wenn der Inhalt eines formpflichtigen Verpflichtungsgeschäfts durch Teilerlass geändert wird (BGH NJW 1982, 434: § 313b I [= § 313 aF]). Er ist konkludent möglich (BGH NJW 1979, 720; 1986, 1492; OLG München NJW-RR 1990, 20: Verzicht auf Schadensersatzforderung durch Kautionsrückzahlung bei bekanntem Schaden); uU durch bloßes Schweigen bei ansonsten angebotskonformem Verhalten (BGH NJW 1995, 1281 – sehr weitgehend – m. krit Anm Scheffer NJW 1995, 3166; strenger BGH NJW-RR 1996, 237, sa OLG Nürnberg NJW-RR 1998, 256): Überwiegend wird einer nicht eindeutigen Erklärung nicht die Bedeutung eines Erlasses beigelegt (BGH NJW 2008, 2842; NJW-RR 1996, 237; 1999, 519; BAG NJW 2021, 963 Rn. 32 f.). Eine Erlasserklärung des Gläubigers, die sich im Anwaltsprozess nur an das Gericht wendet, ist bedeutungslos (OLG Koblenz NJW-RR 2002, 1509). Allerdings bindet der im Rahmen des § 265 II 1 ZPO nach Veräußerung der streitbefangenen Sache fortgeführten Prozesses geschlossene Vergleich auch den Rechtsnachfolger ohne Rücksicht auf seinen fehlenden Willen zum Erlass (BGHZ 219, 314 = NJW 2019, 310 Rn. 21 f.; hierzu Althammer JZ 2019, 286; Röß NJW 2020, 2068, 2071), jedoch nur im Rahmen der Rechtskraftwirkung über den Streitgegenstand und nicht ohne Mitwirkung des Rechtsnachfolgers bei weiterreichendem Inhalt. Grundsätzlich bedarf es für den rechtsgeschäftlichen Aufgabewillen des Gläubigers sicherer Anhaltspunkte im Rahmen einer interessengerechten Auslegung (bejaht von BGH NJW 2013, 3103 für Verzicht auf höhere Anwaltsgebühr gegenüber dem Mandanten durch auf Mindestgebühr lautenden Festsetzungsantrag; OLG Koblenz NJW-RR 2012, 1017: Verzicht auf Anwaltskostenerstattung gegenüber dem Gegner), insbes beim Verzicht auf unbekannt gebliebene Forderungen (BGH NJW 1984, 1347; 1994, 380; 1996, 588; sa BGH ZIP 1997, 1805 mN; BGH NJW-RR 2002, 1613; BGH NJW 2008, 2844; → §§ 368, 369 Rn. 2) oder bei Angelegenheiten von erheblicher wirtschaftlicher Bedeutung, die nach den Gepflogenheiten des Geschäftsverkehrs schriftl fixiert werden (BGHR 2005, 217). Aus der Abrechnung gegenüber dem gegnerischen Haftpflichtversicherer kann selbst bei Bezugnahme auf das DAV-Abkommen nicht ohne weiteres auf einen Verzicht auf weitere Ansprüche namens des Mandanten geschlossen werden (BGH NJW 2006, 1512; 2007, 368); ebenso wenig aus einer sog Mietschuldenfreiheitsbescheinigung des Hausverwalters (AG Berlin-Spandau NJW-RR 2011, 1308). Mit der Herausgabe der Grundschuldbestellungsurkunde ist nicht notwendig ein Verzicht auf die zugrunde liegende Forderung verbunden (OLGR Saarbrücken 2004, 436). Für die Annahme eines schuldnerischen Angebots auf Erlass (zB Übersendung eines Schecks über einen Teilbetrag) durch den Gläubiger wird häufig § 151 S. 1 gelten. Eine Annahme ist aber nicht gegeben, wenn gleichzeitig mit an sich angebotskonformem Verhalten (zB Scheckeinlösung) Zurückweisung des Erlassangebots deutlich gemacht wird – es gilt auch hier das Gebot interessengerechter Auslegung unter besonderer Berücksichtigung sämtlicher Begleitumstände (BGHZ 111, 101 ff.; BGH NJW 2001, 2324 f. mAnm Frings BB 2001, 1763; BGH NJW 2002, 1046; Haertlein EWiR 2001, 745; einschr zur sog *„Erlassfalle"* auch OLG Karlsruhe OLGR 2000, 37 ff.; OLG Koblenz NJW 2003, 758; vgl ferner Kleinschmidt NJW 2002, 758; Lange WM 1999, 1301; Schönfelder NJW 2001, 492 sowie → § 151 Rn. 1). Eine Teilunterwerfung beinhaltet nur dann ein Angebot auf Abschluss eines Erlassvertrages im Übrigen, wenn dies in der Erklärung unmissverständlich zum Ausdruck kommt (BGH NJW-RR 2002, 1613). In einer Skontovereinbarung liegt ein durch fristgemäße Zahlung aufschie- 2

3 bend bedingter Teilerlass (BGH NJW 2012, 2360). **c)** Der **Erlass** ist **unwirksam bei unverzichtbaren Ansprüchen:** familienrechtlicher Unterhalt (§§ 1614, 1360a III; s. aber OLG Köln NJW 2015, 1763 Rn. 14: Verzicht auf Morgengabe iranischen Rechts unter deutschem Recht); Beamtenbezüge (§ 2 III BBesG); Tariflohn (§ 4 IV 1 TVG); Entgeltfortzahlung (§ 12 EFZG); Rückabwicklung bei Verbraucherkreditgeschäften (§§ 512 bzw 506 aF; zur früheren Rechtslage unter dem AbzG BGH NJW 1979, 872 mN); Vertragseintritt (§ 613a) bei Betriebsübernahme (BAG NJW 2009, 3260). § 31 AGG verbietet bei Verstößen gegen das AGG nur den Ausschluss einer Entschädigung im Voraus, nicht aber den nachträglichen Erlass (BAG NJW 2022, 1268 Rn. 10, 41 f.). Übervorteilt der Schuldner einen intellektuell unterlegenen und geschäftsunerfahrenen Gläubiger, so kann der Erlassvertrag wegen *Sittenwidrigkeit* gem § 138 I nichtig sein (BGH NJW-RR 1998, 590; vgl aber OLG Köln NJW-RR 2000, 1073 f.); Gleiches gilt beim Ausschluss des Anfechtungsrechts gemäß § 123 (BGH NJW 2007, 1058). Die Sittenwidrigkeit des nachträglichen Erlasses von Pflichtteils- u Pflichtteilsergänzungsansprüchen durch einen behinderten Sozialhilfeempfänger beurteilt sich nach denselben Kriterien wie die Sittenwidrigkeit eines dem Erbfall vorausgehenden Pflichtteilsverzichts gemäß § 2346 II (so OLG Hamm ZEV 2022, 94; zum erbrechtlichen Verzicht → § 2346 Rn. 2 mN). Der Erlass künftiger Ansprüche in AGB kann gegen § 307 bzw § 9 aF AGBG verstoßen (Grüneberg (vormals Palandt)/Grüneberg § 307 Rn. 142; OLG Karlsruhe NJW 1991, 112), soweit ihn die besondere Interessenlage nicht rechtfertigt (BAG NJW 2009, 1022). Daneben bleibt ein Verstoß gegen § 305c denkbar (BAG NJW 2009, 1022); allgemein zur Kontrolle pauschaler Verzichtserklärungen bei Auflösung
4 von Arbeitsverhältnissen gemäß §§ 305 ff. BAG NJW 2019, 456 Rn. 30 ff. **d) Wirkung:** Als Verfügung wirkt der Erlassvertrag unmittelbar schuldtilgend; formlose Schenkung wird geheilt (§ 518 II; dazu OLG Stuttgart NJW 1987, 782). Wegen der Abstraktheit tritt Schuldtilgung ohne Rücksicht auf einen gültigen Rechtsgrund ein. Bei Fehlen oder Wegfall des Rechtsgrundes erfolgt Rückabwicklung gem § 812 I 1 Alt. 1; der Anspruch richtet sich auf Wiederherstellung der Forderung in gehöriger Form (RGZ 108, 107). Eine im Voraus erlassene künftige Forderung (BGH NJW-RR 1993, 1113) kommt nicht zum Entstehen (BGHZ 40, 330; BeckRS 2020, 38344 Rn. 32). Der Erlass kann unter einer aufschiebenden oder auflösenden Bedingung erfolgen, wobei im Falle der auflösenden Bedingung die erlassene Forderung wieder auflebt (BGH NJW 2016, 2115 Rn. 21); zur aufschiebenden Bedingung BGH NJW 1980, 1043, 1044; 1981, 2686, 2687 (Einräumung eines Nachlasses als Teil-Erlass); NJW 1998, 1302 (nachträgliche Skontoabrede als Teil-Erlass; gleich OLG Karlsruhe NJW-RR 2013, 855 Rn. 24).

5 **3. Negatives Schuldanerkenntnis.** Das negative Schuldanerkenntnis (§ 397 II) ist anders als das positive (§ 781) formfrei und kann auch schlüssig erfolgen (zu Auslegungsfragen OLG Koblenz NJW-RR 2013, 455). Eine Abrede in Kenntnis der Schuld oder zur endgültigen Bereinigung einer zweifelhaften Rechtslage schließt die Kondiktion aus, weil Schenkung (§ 518 II) oder Vergleich (§ 779; dazu BAG NJW 2013, 3262: vergleichsweise Erledigung des Urlaubsabgeltungsanspruchs; weitergehend BAG NJW 2022, 1268 Rn. 32: Einigung über Nicht-Mehr-Erfüllung einer unstreitig bestehenden Forderung) einen Rechtsgrund ergeben; § 812 II erlaubt die Kondiktion bei fehlendem Kausalgeschäft, zB nach Anfechtung auf Grund Irrtums über das Nichtbestehen, das nur festgestellt werden sollte (RGZ 108, 107). Die **Entlastung** im Vereinsrecht, Recht der Gemeinschaften oder Gesellschaftsrecht (vgl. § 46 Nr. 5 GmbHG) ist einseitiges RGeschäft der Gesellschaft und hat zT die Wirkung eines negativen Anerkenntnisses bekannter Ansprüche (BGHZ 97, 384; BGH NJW 1959, 193; 1969, 131; BGH NJW-RR 1988, 748; ebenso bei Entlastung des Verwalters einer Eigentümergemeinschaft OLG Karlsruhe ZMR 2000, 196); anders aber § 120 II AktG; §§ 9b I, 43 III GmbHG und bei öffentlrechtlichen Körperschaften (BGHZ 106, 201). Zur Ausgleichsquittung im Arbeits-

recht vgl → §§ 368, 369 Rn. 2; zum steuerlich motivierten bedingten Verzicht BFH NJW-RR 2013, 153.

4. Pactum de non Petendo. Es lässt die Forderung bestehen, gibt aber eine Einrede gegen ihre Klagbarkeit. Es ist auch zgDr zulässig (BGH JZ 1956, 120; NJW 1994, 2483, 2484; NJW-RR 1989, 1048, 1049). 6

5. Restschuldbefreiung. Die Restschuldbefreiung nach §§ 286 ff. InsO, die einer Mitwirkung des Gläubigers nicht bedarf, wandelt die Forderung in eine unvollkommene Verbindlichkeit um, die erfüllbar, aber nicht mehr erzwingbar ist, arg § 301 III InsO (s. Bork Insolvenzrecht Rn. 462; Foerste, Insolvenzrecht, Rn. 581). 7

6. Aufhebung des gesamten Schuldverhältnisses. Vgl → Vor § 362 Rn. 3. 8

Abschnitt 5. Übertragung einer Forderung

§ 398 Abtretung

[1]Eine Forderung kann von dem Gläubiger durch Vertrag mit einem anderen auf diesen übertragen werden (Abtretung). [2]Mit dem Abschluss des Vertrags tritt der neue Gläubiger an die Stelle des bisherigen Gläubigers.

Lit.: Ahcin/Armbrüster, Grundfälle zum Zessionsrecht, JuS 2000, 450, 549, 658, 768, 865, 965; Baumgärtel, Die Unzumutbarkeit der Forderungsabtretung, AcP 156, 265; Bergian, Zivilrechtliche Probleme der Übertragung von Kreditportfolien, ZIP 2012, 1997; Canaris, Die Rechtsfolgen rechtsgeschäftlicher Abtretungsverbote, FS Serick, 1992, 9; Coester-Waltjen, Der gesetzliche Forderungsübergang, Jura 1997, 609; dies, Aufrechnung bei Abtretung, Jura 2004, 391; Derleder, Teilzession und Schuldnerrechte, AcP 169, 97; Dörner, Dynamische Relativität, 1985; Gernhuber, Synallagma und Zession, FS Raiser, 1974, 57; Haertlein, Die Rechtsstellung des Schuldners einer abgetretenen Forderung, JuS 2007, 1073; W. Henckel, Einziehungsermächtigung und Inkassozession, FS Larenz, 1973, 643; Hennrichs, Kollisionsprobleme bei der (Voraus-)Abtretung zukünftiger Forderungen, JZ 1993, 225; Hoffmann, Rangordnung und Rechtsfortbildung im Kreditsicherungsrecht, AcP 200 (2020), 377; Huffer, Kenntnis des Schuldners bei Abtretung titulierter Ansprüche?, ZGS 2005, 256; von Koppenfels-Spies, Der Unfallverursacher zwischen Enthaftung und Rückgriff, FS Stürner, 2013, 201; Liesenfeld, Isolierte Zession bei Gesamtschulden, 2020; Lorenz, Grundwissen – Zivilrecht: Abtretung, JuS 2009, 891; G. Lüke, Grundfragen des Zessionsrechts, JuS 1995, 90; Mylich, Die Aufrechnungsbefugnis des Schuldners bei der Vorausabtretung einer künftigen Forderung, 2008; Nörr/Scheyhing/Pöggeler, Sukzessionen, 2. Aufl 1999; von Olshausen, Gläubigerrecht und Schuldnerschutz bei Forderungsübergang und Regreß, 1988; Peters, Die Zession, § 402 BGB und das Recht des Schuldners auf informationelle Selbstbestimmung, AcP 206, 843; Quast, Rechtskräftiger Titel des Zedenten und Schutz des Schuldners, 2009; Reichold, Aufrechnung nach Vorausabtretung, 2006; Rüßmann, Einziehungsermächtigung und Klagebefugnis, AcP 172, 520; Schreiber, Die Forderungsabtretung, Jura 2007, 266; Schwarz, Zum Schuldnerschutz bei Aufrechnung abgetretener Forderungen, AcP 203, 241; Schwenzer, Zession und sekundäre Gläubigerrechte, AcP 182, 214; Seitz (Hgb), Das Inkasso-Handbuch, 4. Aufl 2015; Wagner, Absolute Wirkung vertraglicher Abtretungsverbote gleich absolute Unwirksamkeit verbotswidriger Abtretung, JZ 1994, 227; Walker, Die Bedeutung der Pfändbarkeit für die Abtretbarkeit von Geldforderungen nach § 400 BGB, FS Musielak, 2004, 655.

1. Dogmatik der Abtretung. a) Rechtsnatur. Die Abtretung ist ein Verfügungsgeschäft (BGH NJW-RR 2020, 779 Rn. 81; NJW 2017, 3373 Rn. 25: „dingliches Rechtsgeschäft") zwischen dem bisherigen Gläubiger einer Forderung (Zedent) und dem Abtretungsempfänger als dem neuen Gläubiger (Zessionar). **b)** Kraft des **Abstraktionsprinzips** gilt die Verfügung unabhängig vom schuldrechtlichen Grundgeschäft. Kausalgeschäft können sein Kauf, Schenkung, Geschäftsbesorgung, Treuhandverhältnisse usw; Forderungskauf und Erfüllung durch einen Dritten sind uU schwer zu unterscheiden (BGH NJW 1982, 2308). Im praktischen Rechtsverkehr erfolgt die Abtretung oft stillschweigend (BGH NJW 1997, 729), uU zusammen mit dem Grundgeschäft (BGH NJW 1969, 40); sofern Grundgeschäft 1 und Abtretung eine einheitliche Vereinbarung in einer Urkunde bilden, kann gem § 139 die Nichtigkeit des Grundgeschäftes die Verfügung erfassen (BAG NJW 1967, 751; BGH NJW 1982, 275, 276 bei Sicherungszession; str, krit Jauernig NJW 1982, 268). „Abtretung einer Vormerkung" ist im Zweifel als Abtretung des vormerkungsgesicherten Anspruchs auszulegen (BGH NJW 2007, 508). Die „Übertragung" eines Akkreditivs soll nicht nach § 398 erfolgen, sondern eigenen Regeln unterliegen (BGHZ 132, 316 mN: Neubegründung eines abstrakten Anspruchs gem § 780). Unabtretbarkeit der Forderung (§ 399) begründet nach der Schuldrechtsreform (früher: Rechtsfolgen gem §§ 306 ff. aF) Schadensersatzansprüche nach § 311a II.

2 **2. Inhalt und Wirkung. a) Inhalt:** Nach dem typischen Inhalt der Verfügung erwirbt der Zessionar die volle Gläubigerstellung. Die Abtretung kann aber auflösend oder aufschiebend bedingt sein (BGHZ 4, 163; 20, 131 f.; vgl → Rn. 14 ff.). Die Begründung von Gesamtgläubigerschaft zwischen Zedent und Zessionar bedarf der Mitwirkung des Schuldners (BGHZ 64, 69). Mit dem ges zwingend vorgeformten Charakter des Verfügungsgeschäfts unvereinbar wäre ein Vertrag, der keine volle Gläubigerstellung verschafft, sondern dem Zedenten das gläubigertypische Einziehungsrecht dauernd und bedingungslos überlässt oder nur für den Fall der Vollstreckung gegen den Zedenten die Gläubigerposition überträgt. Davon zu unterscheiden ist jedoch die *stille Zession:* der Zessionar erlangt volle Gläubigerstellung, ermächtigt aber den Zedenten zur Einziehung (vgl → Rn. 26 ff.) und verpflichtet sich im treuhänderischen Kausalgeschäft, nur bei Störungen der Leistungspflicht des Zedenten von der Gläubigerstellung Gebrauch zu machen (Sicherungsabrede, vgl → Rn. 14 ff.). Diese zulässige Gestaltung (BGHZ 26, 192 f.; BGH WM 1986, 1062) führt freilich in den praktischen Konsequenzen zu ähnlichen Ergebnissen wie das verbotene untypische Verfügungsgeschäft. Abtretung einer Gesamtschuldforderung erfasst iZw die Forderungen gegen sämtliche Gesamtschuldner (OLG Hamm
3 NJW-RR 1998, 486). **b) Wirkung:** Infolge der Abtretung entsteht (auch) ein Schuldverhältnis iwS zwischen dem Zessionar und dem Schuldner. Gestaltungserklärungen, die an die Gläubigerstellung knüpfen (Fristsetzung gem § 323 I; → § 401 Rn. 3 und 6), setzen wirksame Abtretung im Zeitpunkt ihrer Abgabe voraus, spätere Genehmigung (§ 185 II) genügt wegen der Gestaltungswirkung nicht (BGHZ 114, 365). Mängelbedingte Zurückbehaltungsrechte (zB § 320 iVm Nachbesserungsrechten) können auch noch nach Abtretung der Nachbesserungsrechte an einen Dritten (→ § 401 Rn. 3) vom Zedenten dem Zahlungsgläubiger entgegengehalten werden, da dieser ansonsten Befriedigung verlangen könnte, ohne sich die Mangelhaftigkeit seiner Leistung entgegenhalten lassen zu müssen – kein Fall der §§ 404 ff. (BGH NJW 1983, 1059: Werkvertragsrecht; BGH NJW 1995, 188: Leasing). Der Umfang des Verzugsschadens nach Abtretung bestimmt sich grundsätzlich aus der Person des Zessionars (BGHZ 128, 376; BGH NJW 2006, 1662; BGH NJW-RR 1992, 219), beschränkt auf die Höhe des Zedentenschadens (str, Junker AcP 195, 1; aA OLG Saarbrücken OLGR 2000, 381). Bei der Sicherungszession soll aber, wenn ein Schaden nur beim Sicherungsgeber vorhanden ist, der Ersatz dieses Zedentenschadens nach den Grundsätzen der Drittschadensliquidation möglich sein (BGHZ 128, 377). Daher sind im Streitfall konkrete Feststellungen zur Rechtsnatur der Zession erforderlich (BGH NJW 2006, 1662). Der Zessionar kann sich schadensersatzpflichtig machen, wenn er dem Schuldner unrichtige Mitteilungen über die Abtretung macht (OLG Frankfurt a. M. ZIP 1989, 1133). Bei Abtretung der Ansprüche aus Versicherungsverhältnissen ist die Anzeige nicht ohne Weiteres als Widerruf einer Bezugsberechtigung auszulegen (BGHZ 109, 67; BGH NJW 2011, 307; 2012, 1003 zum Sonderfall der Sicherungsabtretung; → § 2301 Rn. 6). Vgl zur Abtretungsbestätigung des Schuldners → § 404 Rn. 6 ff. Bei *mehrfacher Abtretung* gilt das Prioritätsprinzip ((BGH NJW 2016, 1451 Rn. 23: ebenso bei Zusammentreffen von Pfändung und Abtretung), bei der Zweitzession handelt der Zedent als Nichtberechtigter (→ § 408).

3. Form. a) Die Abtretung ist **formfrei,** und zwar auch dann, wenn die abgetretene Forderung aus einem formpflichtigen RGeschäft resultiert (BGHZ 89, 46: Auflassungsanspruch) oder das Grundgeschäft formpflichtig ist (zB Schenkung); auch konkludente Abtretung ist möglich (BGH NJW 1986, 977; 1997, 729; 2012, 3774: Übergabe der Schadensunterlagen an Versicherer; sa AG Köln NJW-RR 2012, 566). Für hypothekarisch gesicherte Forderungen beachte aber § 1154 (→ Rn. 5). Abtretungsklauseln in AGB (Beispiel: Allgemeine Rechtsschutzversicherungsbedingungen § 20 II; dazu BGH NJW 2014, 397 [398]) sind grundsätzlich zulässig, können aber an §§ 305, 305c I (= §§ 2, 3 aF AGBG) scheitern. Bei Verstößen gegen gewillkürte Form gilt § 399 Hs. 2 (BGH WM 1979, 773). **b)** Bei **verbrieften Forderungen** ist zu unterscheiden: **aa)** Bei **Namenspapieren** (Rektapapier) ist die Forderung grundsätzlich formlos abzutreten, für das Papier gilt § 952 II. Die Übergabe des Sparkassenbuchs ist also nicht notwendig (BGH NJW 1963, 1631), kann aber als stillschweigender Abtretungsvertrag auszulegen sein (BGH BB 1972, 814 mN). Schriftform mit Briefübergabe gilt bei Hypothekenforderung und Grundschuld 4
(§§ 1154, 1192). **bb)** Bei **Inhaberpapieren** erfolgt die Forderungsübertragung 5
grundsätzlich durch Eigentumswechsel an der Urkunde. Die neuere Lehre lässt aber daneben auch bloße Abtretung der Forderung (§§ 398 ff.) bei Eigentumserwerb an der Urkunde nach § 952 II zu (str, statt vieler MüKoBGB/Habersack § 793 Rn. 31 f.; offen BGH ZIP 2009, 312). **cc)** Bei **Orderpapieren** (Wechsel, Scheck) ist neben der Übertragung durch Indossament, Begebungsvertrag und Übereignung des Papiers (str) die Abtretung der verbrieften Forderung gem § 398 möglich, wobei die *Übergabe* des Papiers hinzutreten muss (BGH NJW 1979, 1704 für Wechsel; Übergabe entbehrlich beim präjudizierten Wechsel: BGHZ 104, 150). **dd)** Zur rechtlichen Einordnung von sog. **Tokens** bei der digitalisierten Übertragung von Forderungen als urkundengleiche Instrumente Kaulartz/Matzke NJW 2018, 3278 ff.; für Qualifikation von Krypto-Tokens als Sache A. Walter NJW 2019, 3609 ff.

4. Parteien der Abtretung. Parteien sind Zedent und Zessionar. **a) Abtretung 6
zugunsten eines Dritten** ist als Verfügung zgDr unwirksam (str). **b)** Bei **Blankozession** handelt der andere Teil als vollmachtloser Vertreter des noch unbekannten Zessionars, wobei mit der Bestimmung des Zessionars die rückwirkende Genehmigung der Verfügung erfolgt (§§ 177, 184 I, vgl OLG München OLGR 1999, 114, str); da der andere Teil auch sich selbst benennen kann, liegt gleichzeitig eine bedingte Abtretung an ihn vor (SoeZeiss § 398 Rn. 3; aA MüKoBGB/Roth 32). Bei Schriftformerfordernis (vgl → Rn. 4) tritt Wirksamkeit allerdings erst vom Zeitpunkt der schriftlichen Benennung des Zessionars in der Abtretungsurkunde ein, also *nicht* rückwirkend (BGHZ 22, 132). **c)** Abtretung von **Steuererstattungsan- 7
sprüchen** bedarf zu ihrer Wirksamkeit der Anzeige an die Finanzbehörde, § 46 AO (BGHZ 70, 75; BFH NJW 1992, 198; 1995, 278; zur Unwirksamkeit bei fehlender Angabe des Abtretungsgrundes BFHE 208, 1; zur erforderlichen Verwendung des amtlichen – und von beiden Parteien zu unterschreibenden – Vordrucks BFH BB 1988, 332; 1983, 622; BVerfG NJW 1983, 2435; zur Teilwirksamkeit bei nur von einem Ehegatten unterschriebener Abtretungsanzeige BFH DStRE 1997, 634); bei mehreren Abtretungen entscheidet der Eingang der Anzeige über die Priorität (BFH ZIP 1990, 110).

5. Gegenstand der Abtretung. a) Zur **Abtretbarkeit** der Forderung vgl § 399. 8
b) Die **Teilabtretung** teilbarer Forderungen führt zu zwei selbstständigen Forderungen. Sie haben ohne entspr abw Vereinbarung gleichen Rang (BGHZ 46, 244; BGH NJW 1991, 2630); die Tilgungsbestimmung bei Teilzahlungen trifft der Schuldner (BGHZ 46, 244; bei versteckter Zession steht ihm ein Recht zur nachträglichen Tilgungsbestimmung zu, wenn im Zeitpunkt der Leistung die Voraussetzungen des § 366 I vorlagen: BGHZ 167, 344; BGH NJW 2008, 986; → § 366 Rn. 2); Minderung kann der Schuldner nur verhältnismäßig geltend machen (BGHZ 46, 244; sa BGHZ 56, 315; BGH NJW 1983, 1903); die Verjährung beider

Teilforderungen läuft getrennt und wird getrennt gehemmt bzw neu begonnen (BGHZ 44, 388 zur Unterbrechung alten Rechts). Nur ausnahmsweise kann der Schuldner einer Teilabtretung unzulässige Rechtsausübung entgegenhalten (BGHZ 23, 55; OLG Düsseldorf MDR 1981, 669). Bei *Anspruchskonkurrenz* ist die Abtretung einzelner Ansprüche unmöglich, weil andernfalls Gesamtgläubigerschaft (§ 428) ohne Mitwirkung des Schuldners entstünde (vgl BGHZ 64, 69); auch eine Gesamt-
9 schuldforderung wird einheitlich abgetreten, vgl → § 401 Rn. 2. **c) Künftige Forderungen,** dh bedingte und befristete Forderungen oder Forderungen aus erst künftig entstehenden Rechtsverhältnissen, können regelmäßig (Bsp für Ausnahme BVerwG NJW-RR 2009, 730) schon vor ihrer Entstehung abgetreten werden (BGH NJW 2000, 276, 277: Abtretung von Teilen einer künftigen Kaufpreisforderung; NJW 1988, 3204: prozessualer Kostenerstattungsanspruch; Lohnforderung, vgl → Rn. 23); die Zession entfaltet Wirkung nur und erst mit dem Entstehen der Forderung (BGHZ 32, 369; 88, 206; BGH NJW 1995, 1671; BGH NJW-RR 2010, 193; 2010, 483). Von befristeten Forderungen sind bereits voll entstandene betagte Forderungen zu unterscheiden, über die vor Fälligkeit mit voller Wirkung verfügt werden kann (BGH NJW-RR 2010, 483). Die Frage, ob bei Zession bedingter oder befristeter Forderungen nach ihrer Entstehung der Zedent zunächst Forderungsinhaber wird („Durchgangstheorie") oder ob die Forderung sofort in der Person des Zessionars entsteht („Unmittelbarkeitstheorie"), ist letztlich nicht klar beantwortet (BGHZ 66, 385; 70, 95; 88, 207; für Durchgangserwerb bei Verfügung durch Nichtberechtigten ohne „Anwartschaft" BFH NJW 1996, 1079). Jedenfalls gelten auch bei Abtretung künftiger Forderungen §§ 399 ff. (BGHZ 66, 385; insbes zu § 404 OLG Köln NJW-RR 1988, 239). Gegenteilige spätere Verfügungen des Zedenten sind unwirksam (BGHZ 32, 363 [370]; 88, 206; 109, 368 [372]; 135, 140 [144]; 174, 304 f.; BGH NJW-RR 2010, 483; s. aber den Sonderfall BGHZ 104, 352 f. mAnm Münzberg JZ 1989, 253: Abtretung des künftigen Abfindungsanspruches bzw Auseinandersetzungsguthabens eines GmbH-Gesellschafters geht allerdings ins Leere, wenn der Gesellschafter seinen Geschäftsanteil später sofort wirksam auf einen Dritten überträgt, weil erst in der Hand des Dritten der Abfindungsanspruch entsteht; entsprechend für Auseinandersetzungsforderung eines stillen Gesell-
10 schafters BGH NJW 1997, 3370; → § 407 Rn. 6 und → § 717 Rn. 3). *Einzelpfändung,* die erst nach Entstehen des Rechtsgrundes der Forderung zulässig ist (BGHZ 53, 32), lässt die Stellung des Zessionars gem Prioritätsgrundsatz unberührt (BAGE 32, 164; zur Wirkungslosigkeit der Pfändung BGHZ 56, 350; 100, 42; s. aber BAG NJW 1993, 2699; Baur/Stürner/Bruns Rn. 30.16). Im *Insolvenzfall* ist die Wirksamkeit der Abtretung zweifelhaft (§ 91 I InsO), falls der Rechtsgrund der Forderung nach Insolvenzeröffnung entsteht (BGH NJW 1955, 544; BGHZ 106, 241; 109, 368 ff.; 135, 140 [145]; für Wirksamkeit wohl BGHZ 174, 304 f. für Globalzession); besteht der Rechtsgrund schon vor Insolvenz, ist unstr Wirksamkeit anzunehmen (Palandt/Grüneberg § 398 Rn. 11; unklar aber BGH NJW 1955, 544; BGHZ 70, 95; BGH NJW 1991, 2897 für Kaufpreisrückzahlungsanspruch, falls auch der Eigentumsverschaffungsanspruch abgetreten oder verpfändet war). Bei Zweitabtretungen von Forderungen, die bereits einem anderen Sicherungsnehmer vorher abgetreten worden waren, ist die Position des Zweitzessionars nur insolvenzfest, wenn sie im Zeitpunkt der Insolvenzeröffnung nicht mehr zerstört werden konnte, insbesondere weil sich der Sicherungszweck der Erstabtretung voll erledigt hatte (BGH NJW-RR 2013, 51; sa BGHZ 191, 277 = NJW 2012, 229; BGH NJW 2012, 1510). Die Anordnung von Verfügungsbeschränkungen nach § 21 II 1 Nr. 2 InsO führt nicht zur Unwirksamkeit der Abtretung einer nach der Anordnung entstandenen Forderung (BGHZ 135, 140 [144]; BGH NJW-RR 2010, 193 f. = ZIP 2010, 140 f.: Fall einer vom Schuldner abhängigen aufschiebenden Bedingung). Sonderregelung §§ 110; 114 InsO (dazu BGH NJW-RR 2013, 248: Abtretung
11 künftiger Gehaltsansprüche). **d)** Wirksame Abtretung setzt **Bestimmbarkeit** der abgetretenen Forderung im Zeitpunkt ihrer Entstehung voraus (BGH NJW 2020, 208 Rn. 159; NJW-RR 2020, 779 Rn. 81; 2011, 2713; AG Bremen NJW-RR

2014, 35); die Auslegung darf insoweit auch auf Umstände außerhalb der Abtretungsurkunde rekurrieren (BGH NJW 2000, 277). Praktische Bedeutung erlangt diese Wirksamkeitsvoraussetzung bei Abtretung künftiger Forderungen im Rahmen der Sicherungsabtretung bzw des verlängerten Eigentumsvorbehaltes (vgl → Rn. 14 ff.). Die *Identität der Ansprüche* muss dabei nicht für alle möglichen denkbaren Fälle feststehen, es genügt, dass die konkret fragliche Einzelforderung unter die Abtretungsvereinbarung eindeutig subsumierbar ist (BGHZ 7, 365; 79, 21; BGH WM 1985, 14; BGH NJW 1995, 1669; BGH NJW-RR 2013, 248); die „Abtretung aller aus der Veräußerung gelieferter Waren entstehenden Forderungen" betrifft dabei den Verkauf verarbeiteter und unverarbeiteter Ware. Die Abtretung aller gegenwärtigen und künftigen Forderungen umfasst auch Forderungen aus späterem Prozessvergleich (OLG Bremen MDR 2012, 613), die Abtretung aller im Rahmen bankmäßiger Geschäftsverbindung erworbener Ansprüche Forderungen aus Leasingverträgen (BGH NJW-RR 2009, 630). Strengere, aber auch unklarere Maßstäbe **12**
gelten bei *Abtretung eines Teils* künftiger Forderungen. Ob Teilabtretung insbes dann Auslegungsergebnis sein kann, wenn der zu sichernde Wert nur einen Bruchteil der benannten Forderungen ausmacht (BGHZ 26, 182 ff.; 79, 18; zurückhaltend BGHZ 94, 113), ist bei AGB im Hinblick auf § 305c II (= § 5 aF AGBG) und das Verbot geltungserhaltender Reduktion zweifelhaft (offen BGHZ 98, 312; BGH ZIP 1990, 1008; vgl hierzu Meyer-Cording EWiR 1987, 6 mN); jedenfalls muss sich für eine solche Interpretation in den Geschäftsbedingungen ein Anhaltspunkt finden. Ungenügend ist eine Klausel, die eine Abtretung insoweit vereinbart, als Forderungen „an die Stelle" gelieferter Waren treten (BGH LM Nr. 8). Hingegen genügt eine Klausel, die den Abtretungsumfang auf den Anteil an der Forderung beschränkt, „der dem Anteilswert des Warenlieferanten am Miteigentum entspricht", das durch Weiterverarbeitung der gelieferten Ware entstanden ist (BGH NJW 1975, 1227 mN); zulässig ist ebenso Forderungsabtretung in Höhe des „Rechnungswertes" der verarbeiteten Vorbehaltsware (BGHZ 79, 23). Unwirksam ist aber die Abtretung mehrerer Forderungen in Höhe eines Teilbetrags, wenn nicht erkennbar ist, auf welche Forderung oder Teilforderung sich die Abtretung in welcher Höhe bezieht (BGH NJW 2011, 2713; OLG Frankfurt a. M. NJW-RR 2012, 319; OLG Köln MDR 2005, 975). Die *Abtretung in Höhe des jeweiligen Schuldsaldos* des Zedenten ist **13**
jedenfalls dann nicht hinreichend bestimmt, wenn dieser Saldo laufend wechselt und von einer unübersehbaren Vielzahl von Forderungen abhängt, die den Beteiligten und vor allem dem Schuldner der abgetretenen Forderung einen Überblick unmöglich macht (BGH NJW 1965, 2197 f.; 2000, 276; 2017, 3373 Rn. 30; OLG Dresden NJW-RR 1997, 1071); ähnliches gilt für Abtretung „bis zur Höhe" einer ggf bestehenden Gegenforderung aus demselben Schuldverhältnis (OLG Rostock MDR 2000, 887); anders uU bei überschaubaren Verhältnissen (OLG Karlsruhe OLGZ 1984, 81). Selbst bei *Globalabtretung bis zu einer festen Schuldhöhe* kann bei ständig wechselndem Forderungsbestand die Bestimmbarkeit zu verneinen sein (BGHZ 71, 78 f.). Nicht ausreichend ist die monatl Übergabe einer Liste mit offenen Posten, wenn diese auch Forderungen enthält, die nach dem Willen der Parteien dem Zessionar gar nicht zustehen sollten (OLG Hamm ZIP 2008, 1110). Keine hinreichende Bestimmbarkeit liegt auch vor, wenn der Schuldner im Rahmen einer verlängerten Sicherungsübereignung die aus dem Verkauf des Sicherungsguts entstehenden Forderungen abtritt und sodann eine Gesamtheit von Gegenständen einschließlich des Sicherungsguts für einen Einheitspreis an einen Dritten veräußert (BGH NJW-RR 2009, 925).

6. Sicherungsabtretung. a) Zweck und Konstruktion. Der Zedent (Siche- **14**
rungsgeber) tritt dem Zessionar (Sicherungsnehmer) zur Sicherung von Forderungen des Zessionars gegen den Zedenten die volle Gläubigerstellung ab. Einen allg Grundsatz, wonach die Zession durch den Sicherungszweck aufschiebend bedingt ist, gibt es nicht (BGH NJW 1991, 354 betr SÜ; noch → Rn. 16). Im *Außenverhält-* **15**
nis zum Drittschuldner erlangt also der Zessionar alle Gläubigerrechte (§ 137 S. 1:

BGH NJW 1993, 1641). Bei der sog *stillen Zession* erteilt er dem Zedenten Einziehungsermächtigung in der Weise, dass der Zedent Leistung an sich verlangen (§§ 185 I, 362 II; vgl → Rn. 26 ff.) und als gewillkürter Prozessstandschafter klagen kann (BGH NJW 1978, 698 f.; BGHZ 32, 357 ff.; BGHNJW 1999, 2111; 2002, 1568; vgl → Rn. 2 f.); Widerruf der Ermächtigung nur im Rahmen des Sicherungszwecks (OLG München BB 1985, 2270; aA BGHZ 82, 290). Bei *offener Zession* kann der Zedent entspr auf Leistung an den Zessionar klagen (BGHZ 32, 71; 96, 155 f.: spätere Offenlegung; BGH NJW 1990, 1117; 1995, 3186; 1981, 679); s. zur Zedentenklage Brehm KTS 1985, 1; zu nicht aufeinander abgestimmten Klagen von Zedent und Zessionar Gottwald JuS 1986, 715; zur Zulässigkeit einer Klageumstellung nach Rückabtretung BGH ZIP 1990, 332. Bei Verwertung der abgetretenen Forderungen steht dem Schuldner kein Tilgungsbestimmungsrecht nach § 366 I zu
16 (BGH NJW 2008, 2843). Im *Innenverhältnis zwischen Zessionar und Zedent* regelt die vertragliche *Sicherungsabrede* vor allem folgende Punkte: Voraussetzung der Forderungsverwertung durch den Zessionar (hierzu BGH NJW-RR 1995, 1369; bei Schweigen gelten §§ 1282, 1228 II analog – aber nur im Innenverhältnis!; bei Lohnabtretung vgl → Rn. 23); Verwendung der vom Zedenten eingezogenen Beträge; schuldrechtliche Pflicht zur Rückübertragung nach Wegfall des Sicherungszwecks (iZw keine durch den Sicherungszweck auflösend bedingte Abtretung, BGH WM 1960, 1407; BGH NJW 1984, 1185 für SÜ an Bank; Jauernig NJW 1982, 268; wohl auch BGH NJW 1991, 354 betr SÜ; aA BGH NJW 1982, 275; uU aber stillschweigende Rückabtretung nach Fortfall des Sicherungszwecks, BGH NJW 1986, 977). Nach Kreditkündigung bestehen Schutz- und Informationspflichten
17 gegenüber dem Schuldner fort (BGH NJW 1994, 2755). **b) Vollstreckungsrechtliche Wirkungen** (Grunsky JuS 1984, 501; Meyer/von Varel JuS 2004, 192). **aa)** Der **Zedent** kann gegen Pfändungen durch Zessionarsgläubiger gem § 771 ZPO vorgehen, in der Insolvenz des Zessionars hat er Aussonderungsrecht (§ 47 InsO), immer die Befriedigung der zu sichernden Forderung vorausgesetzt. Vor der Erfüllung der gesicherten Forderung gilt Folgendes: Pfändungen durch Zessionarsgläubiger kann der Zedent gem § 771 ZPO **bis zur Verwertungsreife** widersprechen (vgl BGHZ 72, 143 ff.); sofern der Gläubiger aber die gesicherte Forderung pfändet, kann er *insoweit* auf die zedierte Forderung zugreifen (arg §§ 401, 412, § 835 ZPO). In der Insolvenz des Zessionars besteht ein Aussonderungsrecht erst nach Befriedigung, sonst kann der Insolvenzverwalter bei Verwertungsreife verwerten, ein Aussonderungsrecht bleibt hinsichtlich des Überschusses. **bb)** Der **Zessionar** kann einer Pfändung durch Zedentengläubiger gem § 771 ZPO widersprechen, in der Insolvenz besteht nur ein Absonderungsrecht (BGHZ 95, 152; BGH NJW 1984, 1750; § 51 Nr. 1 InsO). Eine durch Zahlungseinstellung aufschiebend bedingte Abtretung ist anfechtbar (§ 133 InsO; BGH NJW 1993, 1641); wirksame Globalzession ist grundsätzlich nur als kongruente Deckung anfechtbar (BGHZ 174,
18 304). **c)** Der **verlängerte Eigentumsvorbehalt** kombiniert den EV mit Sicherungsabtretung der Forderungen aus Weiterverkauf, vgl → § 929 Rn. 28 ff. und zur Bestimmtheit → § 398 Rn. 11 ff. **d)** Bei der sog **Globalzession** handelt es sich um einen Verfügungsvertrag, in dem sämtliche gegenwärtigen und künftigen Forderungen des Zedenten (einschließlich etwaiger Umsatzsteuer, vgl BGH NJW-RR 1988, 1012) abgetreten werden, zB zur Sicherung eines Bankdarlehens. Sie erstreckt sich nicht auf Forderungen, die vom Gesamtrechtsnachfolger des Zedenten nach einer Verschmelzung in seinem Geschäftsbetrieb begründet werden (BGH ZIP 2008, 120). Im Unterschied zur Globalzession mit Verfügungswirkung ist die *Mantelzession* ein Verpflichtungsvertrag, der nur zur Abtretung ausstehender Forderungen in Kredithöhe verpflichtet und durch entsprechende Abtretungen (Übersenden einer For-
19 derungsliste) vollzogen wird (LG Berlin WM 1984, 225). **aa)** Bei **Kollision zwischen verlängertem Eigentumsvorbehalt und Globalzession** (Hübner/Goerke JA 1984, 265; Picker JuS 1988, 375; Hennrichs JZ 1993, 225) ist zunächst vom Prioritätsgrundsatz auszugehen, dh die vorausgehende Abtretung macht spätere Abtretungen gegenstandslos (BGH NJW 2005, 1193); die Rspr hat es insbes abge-

lehnt, die Wirksamkeit der Abtretung an anderen Kriterien zu messen, zB Teilung zwischen Waren- und Kreditgläubiger, Stoffnähe usw (BGHZ 32, 363 ff.). Eine Globalzession ist aber insoweit nichtig gem § 138, als sie auch künftige Forderungen erfassen soll, die der Zedent seinen künftigen Warenlieferanten auf Grund verlängerten EV branchenüblich abtreten muss und abtritt; das Unwerturteil stützt sich obj auf den vorprogrammierten Vertragsbruch des Zedenten, subj auf die Kenntnis der Vertragsparteien, für die bei Branchenüblichkeit eine tatsächliche Vermutung spricht (BGHZ 55, 35 f. mN; 98, 315; BGH NJW 1983, 2504; 1987, 1879; 1991, 2147; 1999, 2589; 2005, 1193). Sofern die Globalzession auch andere, „freie" Forderungen erfasst, kann Teilwirksamkeit Auslegungsergebnis sein (BGHZ 72, 315 f.). Sittenwidrigkeit entfällt, falls die Globalzession Forderungen, die branchenüblich dem verlän- 20
gerten EV unterfallen, erst nach Befriedigung des Vorbehaltsverkäufers erfassen soll („dingliche Verzichtsklausel", BGH NJW 1974, 942 f.; 1991, 2147); hingegen soll die schuldrechtliche Verpflichtung des Zessionars zur Freigabe zugunsten des Warenlieferanten (BGHZ 72, 308 ff.) ebenso wenig genügen wie die Verpflichtung des Zedenten, aus dem gesicherten Kredit die Warenlieferanten zu befriedigen (BGH NJW 1974, 942 f.). Es ist auf das Sittenwidrigkeitsurteil ohne Einfluss, wenn die Wirksamkeit der Globalabtretung im Einzelfall von der Genehmigung des Drittschuldners abhängt, mit dem der Zedent Unabtretbarkeit vereinbart hatte (BGHZ 55, 36 ff.). Sofern der Drittschuldner an den Globalzessionar als Nichtberechtigten zahlt, kann der Warenlieferant die Erfüllung genehmigen (§§ 362 II, 185 I) und sich gem § 816 II beim Globalzessionar erholen (aufschlussreich BGHZ 56, 178 ff.); dies setzt allerdings voraus, dass an die Bank als Globalzessionar und nicht an den Zedenten mit der Bank als Zahlstelle geleistet worden ist (BGHZ 53, 141 ff.; zur Arglisteinrede gem § 242 gegen die Berufung auf die „Zahlstellenfunktion" BGHZ 72, 320 ff.; OLG Frankfurt a. M. WM 1981, 972; OLG Düsseldorf WM 1992, 859). Diese Kollisionsregeln gelten nicht bei *Diskontierung eines Wechsels* durch ein Kreditinstitut, wenn der Wechsel auf die vorausabgetretene Forderung des Vorbehaltskäufers geleistet war (BGH NJW 1979, 1704; sa Muscheler und Teufel NJW 1981, 657; 1981, 953), und beim echten *Factoring* (hierzu → Rn. 29 ff.). Die Rspr zum verlängerten EV ist nicht übertragbar auf die Kollision zwischen Globalzession und nachfolgender Sicherungsabtretung zu Gunsten des Vermieters von Baumaschinen (BGH NJW 2005, 1192). **bb) Unwirksamkeit.** *Sittenwidrigkeit der Globalzession* kann unabhän- 21
gig von der Konkurrenz mit verlängertem EV vorliegen, wenn die Globalzession den kreditbedürftigen Zedenten absehbar zur Täuschung späterer Kreditgeber über die Gläubigerschaft an ausstehenden Forderungen zwingt (BGH NJW 1977, 2261 f.) oder bei drohender Insolvenz sämtliche Kundenforderungen als letztes pfändbares Vermögen abgetreten werden (BGH NJW 1995, 1669; vgl auch OLG Dresden WM 2000, 1691 f.); Knebelung des Zedenten wird regelmäßig nicht gegeben sein, sofern er bei ordnungsmäßiger Tilgung die abgetretenen Forderungen einziehen und verwerten darf. Jedoch kann *anfängliche Übersicherung* in Fällen groben Missverhältnisses zwischen realisierbarem Wert und gesicherter Forderung Nichtigkeit gem § 138 I begründen (BGH NJW 1998, 2047 mN; BGH NJW-RR 2003, 1490 [1492]; BGH WM 2010, 834). *Sittenwidrigkeit* setzt konkrete Wirkungen im Einzel- 22
fall voraus. *Unwirksamkeit* gem § 307 (entspr AGBG 9 I) kann sich auch abstrakt (BGH NJW 1992, 2626 mN) ergeben; teilw unklare Abgrenzung (BGH NJW 1991, 2147; 1996, 2786). Nach älterer Rspr war zur Vermeidung der *Unwirksamkeit wegen nachträglicher Übersicherung* eine ausdrückliche schuldrechtliche Freigabeklausel erforderlich (BGHZ 109, 240; 117, 374; BGH NJW 1991, 2147; 1991, 2786; 1993, 533) – allerdings nur bei unbestimmten Globalsicherheiten, nicht bei feststehenden Sicherheiten oder gar Einzelgegenständen (BGHZ 124, 371; 380; Ganter ZIP 1994, 257). Nach jüngerer Rspr sollte trotz fehlender oder missglückter Freigabeklausel die Abtretung wirksam bleiben (§ 6 aF AGBG= § 306 nF), an die Stelle der fehlenden oder missglückten vertraglichen Freigabeklausel ein richterrechtlicher Freigabeanspruch treten (BGHZ 133, 25; BGH NJW 1996, 2786 [2790]). Ein Senat wollte sogar billiges Gläubigerermessen bei der Freigabe genügen lassen (BGH NJW 1996,

2952 = ZIP 1996, 957; BGH ZIP 1996, 543; BGH NJW 1994, 1799; BGHZ 128, 295; 130, 115). Bei Sicherungsabtretung ließ die Rspr schon eine Übersicherung von 50 % bis 100 % des Nennbetrags (BGH NJW 1994, 445) der abgetretenen Forderungen zu (BGH NJW 1996, 388; BGH NJW-RR 1993, 307; BGHZ 98, 317; 109, 246; 120, 302 f.), um je nach Art der Außenstände Ausfällen vorzubeugen. Nachdem der 7. Zivilsenat zumindest teilw an der alten Rspr festhielt (BGH NJW 1997, 651), musste der Große Senat entscheiden (Vorlagebeschlüsse des 9. und 11. Senats, NJW 1997, 1570 und ZIP 1997, 1185; zum Ganzen Canaris ZIP 1996, 1109; 1996, 1577; 1997, 813; Serick ZIP 1995, 789; NJW 1997, 1529; Wiegand/Brunner NJW 1995, 2513; Pfeiffer ZIP 1997, 49; Liebelt-Westphal ZIP 1997, 230). Danach gilt nunmehr Folgendes (BGH GS NJW 1998, 671 mN = LM § 138 [B b] Nr. 86 mAnm von Stürner = JZ 1998, 456 mAnm von Roth): Bei revolvierenden Globalsicherheiten besteht ein ermessensunabhängiger Freigabeanspruch des Sicherungsgebers auch bei fehlender oder missglückter Freigabeklausel. Ausdrückliche Freigabevereinbarung, zahlenmäßig fixierte Deckungsgrenze oder bestimmte Bewertungsklausel sind keine Wirksamkeitsvoraussetzung der Sicherungsübertragung (sa BGH NJW-RR 1998, 1123 f.; BGH MDR 1998, 916). Die Deckungsgrenze beträgt bei fehlender oder missglückter formularmäßiger Regelung grundsätzlich 110 % des Werts der gesicherten Forderung(en); hierzu auch § 171 InsO. Die Übersicherungsgrenze muss aber die Unsicherheit der Wertrealisierung berücksichtigen und liegt deshalb regelmäßig bei 150 % des Schätzwertes des Sicherungsguts (§ 237 S. 1 analog), der sich bei Globalzession aus dem Nennwert der zedierten Forderungen ergibt (BGH NJW 1998, 676 [677]; vgl OLG Saarbrücken OLGR 2000, 279). Dabei sind Feststellungs-, Verwertungs- und Rechtsverfolgungskosten berücksichtigt, nicht aber eine – bei Sicherungsübereignung anfallende – Umsatzsteuerbelastung des Sicherungsnehmers (BGH NJW 1998, 676 [677]; hierzu Baur/Stürner, SachenR, 18. Aufl. 2009, § 57 Rn. 25 ff.; zum Ganzen ferner Serick BB 1998, 801). Für besondere Ausnahmetatbestände, die eine abweichende Gestaltung mit höheren oder niedrigeren Grenzwerten rechtfertigen, ist die begünstigte Partei
23 beweisbelastet. **e) Lohnabtretung** (**Lit.:** Kohte BB 1989, 2257; Scholz MDR 1990, 193; Steppeler WM 1989, 1913). Die Einbeziehung von Lohnabtretungsklauseln in Ratenkreditverträge scheitert idR nicht an § 305c I (BGH NJW-RR 2013, 248 [249]). Zur Wirksamkeit gem § 307 (entspr § 9 I aF AGBG) müssen bei einer Vorausabtretung künftiger Lohn-, Gehalts-, Provisions- und Sozialleistungsansprüche Zweck und Umfang der Zession sowie die Voraussetzungen der Verwertungsbefugnis eindeutig bezeichnet sein (BGHZ 108, 104; BGH NJW 1992, 2627; BGH NJW-RR 2013, 248). Dem Schuldner sind Verwertung und Offenlegung der Zession nach außen unter Einhaltung bestimmter Fristen anzudrohen (BGH NJW 1992, 2627; 1994, 2754 unter Hinweis auf §§ 1234, 1273 II, § 368 HGB zu AGB Banken Nr. 6 und 20). Die Verwertungsabrede muss den Anforderungen des § 498 entsprechen, soweit Ratenkredite von Verbrauchern betroffen sind. Unangemessene Übersicherung ist durch eine am Umfang des Darlehens orientierte, betragsmäßige Begrenzung der Zession zu vermeiden; das mit fortschreitender Tilgung des Ratenkredits abnehmende Sicherungsinteresse machte nach früherer Rspr zudem eine Freigabeklausel mit zahlenmäßig bestimmter Deckungsgrenze erforderlich (BGHZ 108, 108; 124, 377; Ganter ZIP 1994, 257 [262]); auch hier sind entspr der neueren Rspr (→ Rn. 22) Deckungsgrenze und Freigabeklausel in AGB nicht mehr ausdrücklich zu regeln (BGH NJW-RR 2013, 249), doch bleibt eine eindeutige und wirksame Verwertungsregelung weiterhin erforderlich (BGH ZIP 2005, 1021). Eine *Sicherungs*abtretung, die an den genannten Kriterien zu messen wäre, liegt indes nicht vor, wenn die Abtretung *unmittelbar* zur Rückführung einer Darlehensschuld erfolgt (OLG Hamm OLGR 2000, 76). Die insolvenzrechtliche Zeitgrenze des § 114 InsO gilt auch bei einem nach Insolvenzeröffnung abgeschlossenen neuen Dienstverhältnis (BGH NJW-RR 2013, 249).

24 **7. Inkassozession.** Der Zedent überträgt die volle Gläubigerposition und damit ohne weiteres die Prozessführungsbefugnis (BGH NJW 2013, 3170; 1980, 991;

BGH WM 1985, 614) auf den Zessionar. Dieser verpflichtet sich schuldrechtlich, nur iSd Beitreibung zu verfügen (§ 137) und den Erlös der Einziehung herauszugeben (§§ 675, 667). Gegen Vollstreckungsmaßnahmen von Gläubigern des Zessionars hat der Zedent inhabergleiche Rechte (§ 771 ZPO, § 47 InsO); Gläubiger des Zedenten können den Rückübertragungsanspruch pfänden, bei Insolvenz des Zedenten gilt InsO 116. Zur Aufrechnung gegen die zedierte Forderung mit Forderungen gegen den Zedenten vgl → § 387 Rn. 5. Geschäftsmäßige Inkassozession bedurfte unter dem RBerG grundsätzlich der Erlaubnis, zB Inkassozession von Ersatzforderungen aus Unfall durch Mietwagenunternehmen (BGHZ 47, 364 ff.; BGH NJW 2004, 2516; s. aber BGH NJW 2005, 969 u 2005, 2458) oder durch die Finanzierungsbank eines Unfallhelferrings (BGHZ 61, 317 ff.); Fehlen der Erlaubnis nach RBerG bewirkte Nichtigkeit der Abtretung gem § 134 (BGHZ 61, 324 mN; BGH ZIP 2009, 312). An der grundsätzlichen Erlaubnispflichtigkeit und gegebenenfalls Nichtigkeit gem § 134 hat sich nach § 2 II 1 Alt. 2 RDG nichts geändert, soweit das wirtschaftliche Ergebnis der Einziehung dem Zedenten zu Gute kommen soll und er auch das Bonitätsrisiko trägt (BGH NJW 2015, 397 Rn. 7; 2013, 60; zum Übergangsrecht zwischen RBerG u RDG BGH NJW 2013, 62). Die erteilte Erlaubnis zur Inkassozession (§ 10 I 1 Nr. 1 RDG) deckt die Einziehung ausländischer Forderungen (BGH NJW 2022, 3350 Rn. 7 ff.). Die Registrierung einer Erlaubnis schließt eine Rechtmäßigkeitskontrolle der durch das Inkassounternehmen tatsächlich praktizierten Formen der Inkassozession anhand des § 3 RDG nicht aus, die zur Nichtigkeit des Inkassovertrags einschließlich der auf seiner Grundlage erfolgten Forderungsabtretung nach § 134 führen kann (BGH NJW 2020, 208 Rn. 42 ff., 53 ff.; NJW-RR 2020, 779 Rn. 18 ff.). Wenn ein Inkassounternehmen Forderungen gegen Vermieter wegen Missachtung der sog. Mitpreisbremse sich zum Einzug abtreten lässt und sich im Falle notwendiger gerichtlicher Rechtsverfolgung zur Beauftragung eines Anwaltsverpflichtet, so wird die Grenze zulässiger Rechtsdienstleistung nicht schon dadurch überschritten, dass das Inkassounternehmen das Interesse von Mietern an seiner Dienstleistung durch einen im Internet eingestellten Mietpreisrechner zur Errechnung ortsüblicher Miete weckt und durch Knopfdruck („Button“) ein Vertragsschluss über die Beitreibung von Forderungen zu viel verlangter Miete gegen ein Erfolgshonorar von1/3 ersparter Jahresmiete zustande kommt (BGH NJW 2020, 208 Rn. Rn. 97 ff.; hierzu Fries NJW 2020, 193 ff.; zur gegebenenfalls klagweisen Einziehung von Forderungen gegen den Vermieter wegen Missachtung der Mietpreisbremse unter Einsatz von Legtechs zur Vertragsanbahnung auch schon die widersprüchlichen Entscheidungen des LG Berlin NJW 2018, 2898 und 2901 mAnm Fries NJW 2018, 2904). Es kann sich aber bei Inkassozessionen auch um eine allgemein zulässige Nebentätigkeit nach § 5 I RDG handeln, wenn das Gewicht rechtsberatender Tätigkeit den Charakter der Hauptleistung nicht so wesentlich bestimmt, dass ihre Erbringung die Sachkunde eines Rechtsanwalts oder einer registrierten Beratungsperson erfordert (zur Abgrenzung BGH NJW 2015, 397 Rn. 12; 2014, 847 Rn. 30; 2013, 60; 2012, 1589; grundsätzliche Bestätigung dieser Rspr. durch BGH NJW 2020, 208 Rn. 74 ff.; zum alten Recht schon ähnlich BGH NJW 2005, 969 u NJW 2005, 2458). Bei Vermietern von Ersatzfahrzeugen soll deshalb danach zu differenzieren sein, ob die einzuziehende Schadensersatzforderung schon dem Grunde nach oder allenfalls in der Höhe in Streit steht (BGH NJW 2012, 1005; NJW 2013, 61 u NJW 2013, 63 sowie NJW 2013, 64; NJW 2013, 1539; NJW 2013, 1870); dies auch dann, wenn im Zeitpunkt der Abtretung hierüber Gewissheit nicht besteht (BGH NJW 2013, 1870). Gleiches gilt für die Einziehung der abgetretenen Schadensersatzforderung durch KfZ-Werkstätten oder gutachtende KfZ-Sachverständige in Höhe ihrer eigenen Forderungen (BGH NJW 2018, 455 Rn. 16 ff.). Zur bisher wichtigen Abgrenzung zwischen Inkasso- und Sicherungszession → Rn. 25. Genossenschaften (BGHZ 53, 1 ff.) oder berufsständische Vereini-
gungen bedurften bereits unter dem RBerG ausnahmsweise keiner Erlaubnis (Art. 1 **25**
§§ 3, 7 RBerG; hierzu OLG Frankfurt a. M. MDR 1982, 1024; s. jetzt § 7 RDG). Hatte ein Inkassobüro die Erlaubnis zur außergerichtlichen Einziehung von Forde-

rungen, so durfte es unter dem RBerG die Forderungen gerichtlich geltend machen, wenn hierfür ein RA eingeschaltet war (BGH NJW 1994, 998; 1996, 393; BGH NJW-RR 2001, 1420; ebenso Caliebe NJW 1991, 1721 mN; BVerwG NJW 1991, 58). Die Erlaubnis zur außergerichtlichen Einziehung von Forderungen umfasste auch die bei Abtretung der Forderung notwendige Rechtsberatung, so dass entsprechende Abtretungen nicht nach § 134 unwirksam waren (BVerfG NJW 2002, 1190; aA BGH NJW-RR 2001, 1420). Keine Inkassozession, sondern Sicherungsabtretung (vgl → Rn. 14 ff.) liegt vor, wenn sich ein Mietwagenunternehmen Unfallersatzansprüche für den Fall der Nichtzahlung der Miete abtreten lässt, bzw es ihm im Wesentlichen darum geht, die durch die Abtretung eingeräumte Sicherheit zu verwirklichen. In diesem Fall stellte die Einziehung der abgetretenen Forderung schon nach alter Rechtslage keine erlaubnispflichtige Besorgung fremder Rechtsangelegenheiten iSv Art. 1 § 1 I RBerG dar (stRspr; s. BGH NJW 1974, 1244; 1985, 1223; 2005, 135; 2005, 1371; 2005, 3570; zweifelhaft; sa LG Krefeld Schaden-Praxis 2006, 64: Nichtigkeit nach Art. 1 § 1 I RBerG, § 134, wenn dem Geschädigten geradezu nahegelegt wird, durch Ablehnung der Zahlung dem Autovermieter die Einziehung der Forderung zu überlassen). Nach Erlass des RDG dürfte sich diese Abgrenzungsproblematik nun aber weitgehend erledigt haben (sa BGH NJW 2013, 63 [64]). Sonderregelung: § 46 IV AO für Steuererstattungsansprüche (hierzu BFH BB 1984, 1228). Die Abtretung von Honorarforderungen freier Berufe ist gem § 134 nichtig, falls sie unter Verletzung von StGB 203 I erfolgt (hierzu → §§ 399, 400 Rn. 6; beachte dabei auch § 49b IV 1 BRAO; § 64 II StBerG; § 55a III WirtschPrO); s aber BGH NJW 2013, 2961: keine Verletzung des § 134 iVm § 203 StGB oder des § 138 bei Abtretung des Vergütungsanspruchs eines Betreuers gem §§ 1908i, 1836 I 2 aF (§ 1808 III nF 2023 iVm § 19 II BTO 2023 u § 8 ff. VBVG 2023).

26 **8. Einziehungsermächtigung (Inkassomandat).** Der Auftraggeber bleibt voller Gläubiger der Forderung, der Beauftragte wird gem § 185 – widerruflich (BGHZ 82, 290) – zur Einziehung in eigenem Namen (andernfalls Vollmacht!) ermächtigt; anders als bei der Inkassozession (→ Rn. 24; zur Abgrenzung BGH NJW 2014, 1963; BGH WM 1985, 614; krit Rehmann WM 1987, 225; sa Roth/Fitz JuS 1985, 190) fehlt ihm die dingliche Rechtsmacht zu abw Verfügung (BGHZ 82, 288; BGH NJW 1998, 3206). Die Ermächtigung kann das Verlangen zur Leistung an den Gläubiger oder an den Beauftragten (§§ 185, 362 II, Regelfall) umfassen. Da §§ 362 II, 185 nur die Erfüllungswirkung regeln, aber keine Rechtspflicht zur Leistung an den Ermächtigten begründen, lässt sich die Einziehungsermächtigung letzt-
27 lich nur gewohnheitsrechtlich begründen (zu ihrer Zulässigkeit vgl BGHZ 4, 164 f. mN). Der materiell-rechtlichen Ermächtigung entspricht die prozessuale Befugnis, das fremde Recht als Partei in eigenem Namen einzuklagen, das aber ein besonderes rechtsschutzwürdiges Interesse des Klägers voraussetzt (zur „gewillkürten Prozessstandschaft" BGHZ 4, 165; 42, 213; BGH NJW 2000, 1951); es kann evtl fehlen, wenn eine vermögenslose GmbH als Prozessstandschafter auftritt und so die Kostenerstattungsansprüche des Beklagten gefährdet (BGHZ 96, 151 mAnm Olzen JR 1986, 289; Umstände des jeweiligen Einzelfalles – insbes zeitliche Abfolge – entscheiden, s. BGH NJW 1995, 3187; BGH ZIP 1990, 333; BGH NJW 1990, 1117 mN und für natürliche vermögenslose Personen OLG Hamm NJW 1989, 420). Das Urteil schafft Rechtskraft für und gegen den Auftraggeber und Anspruchsinhaber (vgl BGH NJW 1957, 1636; BGH WM 1986, 1062). Unabtretbarkeit kraft Vertragsabrede (BGHZ 56, 236) oder kraft Ges (BGH NJW 1969, 1111) kann zur Unzulässigkeit der Einziehungsermächtigung führen, soweit der Zweck des Abtre-
28 tungsverbots auch die Einziehung durch Dritte verhindern will (BGHZ 56, 236; BGH NJW 1992, 1883; OLG Köln ZIP 1987, 868; zu allgemein BGH NJW 1987, 3122: § 140); bei unpfändbaren Forderungen ist die Einziehungsermächtigung jedenfalls dann möglich, wenn auch Abtretung erlaubt wäre, weil sie an einen den Anspruchsinhalt vorleistenden Dritten erfolgt (BGHZ 4, 166). Die Einziehungser-

mächtigung unterliegt im Rahmen des RDG gleichen Bedingungen wie die Inkassozession (→ Rn. 24). Prozessstandschaft und Ermächtigung erlöschen mit der Insolvenz des Ermächtigten, nicht aber bei jeder sonstigen Krise (BGH NJW 2000, 1951 f.); ebenso tritt Erlöschen bei dem Schuldner bekannter Abtretung ein, weil dann an den Prozessstandschafter wegen § 407 nicht mehr wirksam geleistet werden kann (BGH NJW 2014, 1971; dazu Harriehausen NJW 2014, 3408). *Anwendungsfälle* der Einziehungsermächtigung: stille und offene Zession (vgl → Rn. 14 f.) bei Sicherungsabtretung; Ermächtigungen an Insolvenzverwalter zur Erleichterung der Abwicklung (vgl BGH LM Nr. 1 zu § 185); Ermächtigung des herrschenden GmbH-Gesellschafters (BGH NJW 1965, 1962); Ermächtigung des Bauträgers zur Verfolgung von Mängelansprüchen des Bauherrn (BGHZ 70, 393 ff. mN); Ermächtigung des Verwalters bei Ansprüchen einer Wohnungseigentümergemeinschaft (BGHZ 74, 267; 81, 37); Ermächtigung des Forderungsverkäufers zur Verfolgung der abgetretenen Forderung (BGH NJW 1979, 925); Ermächtigung des Leasingnehmers zur Geltendmachung der beim Leasinggeber verbliebenen Rückabwicklungsansprüche aus dem Beschaffungsvertrag (BGH NJW 2014, 1970); Ermächtigung des tatsächlich Geschädigten zur Geltendmachung von Transportschäden (BGH NJW 1981, 2640); Ermächtigung der unterhaltspflichtigen Tochter zur Verfolgung von offenen Ansprüchen der Mutter (BGH WM 1985, 614). Sa zur Wirksamkeit einer Ermächtigung → § 362 Rn. 5.

9. Factoring. Lit.: Blaurock ZHR 142, 340; 143, 71; JA 1989, 273; Gerhardt JZ 1986, 740; Jork JuS 1994, 1019. Ein Unternehmer („Anschlusskunde") tritt sämtliche Forderungen gegen seine Abnehmer an den Factor – regelmäßig eine Bank – ab und erhält den Gegenwert der abgetretenen Forderung unter Abzug von Gebühren gutgeschrieben. Er hat sofort verfügbares Kapital und erspart sich Debitorenbuchhaltung und Mahnwesen. **a)** Beim **echten Factoring** handelt es sich um eine Globalabtretung auf Grund eines Forderungskaufs, der Factor trägt das Insolvenzrisiko (BGHZ 69, 257 f.); RBerG war unanwendbar (BGHZ 76, 125). Gleiches gilt nach dem Willen des Gesetzgebers auch unter dem RDG (BT-Drs. 16/3655, 36; gleich BGH NJW 2018, 2254 Rn. 20 ff.). Maßgebend für die Abgrenzung zwischen Factoring und Inkassozession unter dem RDG ist nicht die Benennung, sondern der volle Übergang des Bonitätsrisikos auf den Factor (BGH NJW 2015, 397 Rn. 7). Bei der Beurteilung der Wirksamkeit der Abtretung zu beachten aber § 399 Alt. 2 (BGH WM 1991, 556). Kollision mit nachfolgendem verlängerten EV (vgl → Rn. 19 ff.) führt nicht zur Sittenwidrigkeit, weil sich der Warenlieferant wirtschaftlich gleich stellt, wie wenn der Vorbehaltskäufer die Forderung eingezogen hätte (BGHZ 69, 258 f.; 100, 358 f.; Baur/Stürner, SachenR, 18. Aufl., § 59 Rn. 57 f. mN; anders, wenn Delkredere des Factors „durchlöchert und ausgehöhlt" ist, OLG Koblenz WM 1988, 45). Ein einziehungsermächtigter Zedent (Vorbehaltskäufer, Globalzedent) kann wirksam an einen Factor abtreten (§ 185 I), wenn die Gewinnspanne des Factors das Sicherungsinteresse des Zessionars nicht beeinträchtigt, der Zedent also möglichst den Gegenwert der Forderung – bezogen auf den Zeitpunkt der Abtretung an den Factor – ungeschmälert erhält (BGHZ 72, 20; 75, 391; 82, 283; str; zum Ganzen Bette/Bette FLF 2009, 231 [273]). Der Factor ist *allerdings zu zumutbaren* Schutzmaßnahmen zugunsten des Vorbehaltsverkäufers verpflichtet, falls er Anlass zu der Annahme hat, dass der Zedent seine Verpflichtungen gegenüber dem Vorbehaltslieferanten nicht erfüllt: Berufung auf Vorrang der Factoring-Zession kann aus diesem Grund rechtsmissbräuchlich sein (BGHZ 100, 353; krit Kapp BB 1987, 1762). Sittenwidrig ist die Globalabtretung der gegen den Factor bestehenden Ansprüche an den Geldkreditgeber, da diese Gestaltung der Bank den Vorrang gegenüber einem nachfolgenden verlängerten EV verschaffen, dh die „Kollisions-Rspr" (→ Rn. 19 ff.) leerlaufen würde (OLG Frankfurt a. M. BB 1988, 232; zust insoweit Kapp BB 1988, 864; Blaurock JA 1989, 280; anders BGHZ 100, 361 f.). Zur umsatzsteuerlichen Behandlung bei Uneinbringlichkeit BGH NJW-RR 1997, 1054. **b)** Beim **unechten Factoring** gewährt die Bank mit

Margin numbers: 29 (beside "9. Factoring"), 30 (beside "a) Beim echten Factoring"), 31 (beside "b) Beim unechten Factoring").

der Gutschrift Kredit und lässt sich die Forderungen erfüllungshalber (vgl → §§ 364, 365 Rn. 6 ff.) und zur Sicherung des Kredits abtreten, das Zahlungsrisiko verbleibt beim Kunden (BGHZ 58, 366; BGH NJW 1978, 1521); entspr dem Sicherungszweck der Abtretung galt bereits das RBerG nicht (BGHZ 58, 367; BGH NJW 2006, 1727) und fällt das unechte Factoring auch nicht in den Anwendungsbereich des RDG (BGH NJW 2018, 2254 Rn. 29 ff. Die Kollision mit dem verlängerten EV führt nach den für vorausgehende Globalzession geltenden Regeln (→ Rn. 19 ff.) zur Nichtigkeit (BGHZ 82, 64; str, Canaris und Serick NJW 1981, 249 und 794; NJW 1981, 1347 und 1715). Ein einziehungsermächtigter Zedent kann nicht wirksam an den unechten Factor abtreten, weil endgültiger Verbleib des Erlöses beim Zedenten nicht gesichert ist (BGHZ 82, 60). Vgl zu § 354a HGB → §§ 399, 400 Rn. 8 und zu § 419 aF die Kommentierungen § 419 Rn. 7 (8. Aufl.).

32 **10. Vertragsübernahme.** Das BGB regelt nur Forderungserwerb (§§ 398 ff.) und Schuldübernahme (§§ 414 ff.), nicht aber den rechtsgeschäftlichen Eintritt in einen Vertrag als Gläubiger und Schuldner; vgl zum ges Vertragseintritt §§ 566 (aufschlussreich zum Umfang BGH NJW 2020, 683 ff.), 581 II, 613a usw. Gleichwohl ist die rechtsgeschäftliche Übertragung einer ganzen Vertragsposition zulässig (BGH NJW 1986, 2110 für Kreditvertrag; 2010, 3708 für Mietvertrag; zur Übernahme der Position des Leasingnehmers v. Westphalen NJW 1997, 2905). Sie erfolgt entweder durch dreiseitige Vereinbarung zwischen den alten Vertragsparteien und dem Übernehmer (BGHZ 65, 52; BGH NJW-RR 2005, 958; NJW 2010, 1095) oder durch Vertrag zwischen zwei beteiligten Parteien mit Zustimmung der dritten Partei (BGH NJW 2021, 394 Rn. 11; 2012, 2354 [2355]; 2013, 1083 [1084]), wobei die Rspr die Modalität des zweiseitigen Vertrags wohl nicht auf den Fall der Zustimmung des verbleibenden Teils beschränkt (vgl BGHZ 72, 398; 96, 308; BGH NJW-RR 1997, 690; 2005, 958; 2010, 1095; NJW 2013, 1083 [1084]; 1998, 532: insoweit analoge Anwendbarkeit der §§ 414 ff.; enger aber insoweit wohl BGH NJW 2012, 2355). Bei fehlender Zustimmung kann bloße Abtretung als Übertragung der Gläubigerposition wirksam sein (BGH ZIP 1996, 1519); der übernahmewillige Teil haftet seinem ausscheidungswilligen Vertragspartner gemäß § 415 III 2 (BGH NJW 2012, 1720) Der Übernahmevertrag ist vom Grundgeschäft zwischen Austretendem und Übernehmer zu unterscheiden; Anfechtung (§ 143 II) des Übernahmevertrags muss gegenüber beiden weiteren Partnern erfolgen (BGHZ 96, 309; Wagemann AcP 205, 547 [572]; krit Dörner NJW 1986, 2916), wobei im Falle arglistiger Täuschung (§ 123) in der Person beider Erklärungsempfänger ein Anfechtungsgrund vorliegen muss (BGH NJW 1998, 532; hierzu Emmerich JuS 1998, 495). Anders
33 als Abtretung (vgl → § 401 Rn. 6) oder Schuldübernahme gewährt die Vertragsübernahme alle Rechte und Pflichten der Vertragspartei unter Wahrung der Identität des Vertrages. Bei Vertragseintritt als Vermieter besteht dementspr eine Mietbürgschaft fort (BGHZ 95, 96; Nörr JZ 1985, 1095), beim Kreditvertrag der Anspruch auf Rückgewähr der Grundschuld (BGH NJW 1986, 2110). Ein schwebend unwirksamer Verbrauchervertrag oder Fernabsatzvertrag wird durch Vertragsübernahme nicht wirksam (vgl zum VerbrKrG BGH 129, 375; BGH NJW 1996, 2095; hierzu Ulmer/Masuch JZ 1997, 654); Übergang des Widerrufsrechts sogar auf nicht iSd der §§ 13, 491 ff. nF bzw des alten VerbrKrG schutzwürdigen Übernehmer. Tritt ein Verbraucher in einen ursprünglich gewerblichen Leasingvertrag ein, soll er sich ebenfalls auf das Schriftformerfordernis nach § 492 (früher § 4 I 1 aF VerbrKrG) berufen können (BGHZ 142, 26 ff. mAnm Martinek JZ 2000, 551; v. Westphalen EWiR 1999, 761 – sehr weitgehend; ausführlich zu Vertragsübernahme und Verbraucherschutz Röthel/Heßeler WM 2008, 1001). Wird jedoch auf Schuldnerseite ein Kreditvertrag übernommen, erlischt eine Bürgschaft analog § 418 I 1 (OLG Hamm WM 1990, 1152). AGB werden nur dann übernommen, wenn sie der Übernehmer kannte (OLG Frankfurt a. M. NJW-RR 1996, 172) oder doch kennen musste (str). Die Vertragsübernahme bedarf der Form des übernommenen Vertrags (vgl BGHZ 65, 52; 72, 396 ff.; Rappenglitz JA 2000, 472); für die bloße Zustim-

mung zum zweiseitigen Übernahmevertrag ist die für Vertragsänderungen und -ergänzungen erforderliche Form nicht notwendig (BGH NJW 2003, 2158; BGH NJW-RR 2005, 959; BGH DtZ 1996, 57; Wagner JuS 1997, 693; teilw zweifelhaft, sofern nicht der verbleibende Teil nur zustimmend mitwirkt!). § 309 Nr. 10 (= § 11 Nr. 13 aF AGBG) schränkt die Vertragsübernahme ein; auch ein Verstoß gegen § 307 ist denkbar (im konkreten Fall bei gewerblicher Miete ablehnend BGH NJW 2010, 3708). Der „Nachmieter" tritt bei „Übernahme" des Mietvertrags nicht in die Verbindlichkeiten des „Vormieters" ein, es liegt keine Vertragsübernahme im Rechtssinne vor, sondern ein neuer Vertrag unter Beendigung des Vertrages mit dem „Vormieter", der für Altverbindlichkeiten forthaftet (s. LG Berlin WuM 1991, 675). Keine wirksame Vertragsübernahme liegt in der Freigabe des Auftragsbestandes durch den Sequester bzw vorläufigen Insolvenzverwalter an einen Übernehmer, falls Vertragspartner nicht zustimmen (OLG Düsseldorf ZIP 1998, 744). Beim **Vertragsbeitritt** tritt eine weitere Vertragspartei neben einen Vertragsteil (vgl BGHZ 65, 51 ff.; 72, 397; BGH MDR 1998, 522); gleiche Wirksamkeitsvoraussetzungen wie bei Vertragsübernahme, Mitverpflichtung idR gem §§ 421 ff., Mitberechtigung entspr dem Innenverhältnis der Mitgläubiger. **Lit.:** Pieper, Vertragsübernahme und Vertragsbeitritt, 1963; Wagemann AcP 205, 547; Röthel/Heßeler WM 2008, 1001. 34

11. Prozessuales. Zur Klage des Zedenten bei der Sicherungsabtretung → Rn. 15; zur gewillkürten Prozessstandschaft des zur Einziehung Ermächtigten → Rn. 27; zur Beweislast in Abtretungsfällen → § 404 Rn. 2. 35

§ 399 Ausschluss der Abtretung bei Inhaltsänderung oder Vereinbarung

Eine Forderung kann nicht abgetreten werden, wenn die Leistung an einen anderen als den ursprünglichen Gläubiger nicht ohne Veränderung ihres Inhalts erfolgen kann oder wenn die Abtretung durch Vereinbarung mit dem Schuldner ausgeschlossen ist.

§ 400 Ausschluss bei unpfändbaren Forderungen

Eine Forderung kann nicht abgetreten werden, soweit sie der Pfändung nicht unterworfen ist.

Anmerkungen zu den §§ 399, 400

1. Unübertragbarkeit kraft Leistungsinhalts (§ 399 Alt. 1). Unübertragbarkeit kann folgen entweder aus der mit der Abtretung einhergehenden Änderung des geschuldeten Leistungsverhaltens oder aus der bes Verknüpfung der Leistung mit der Person des Gläubigers (BGHZ 189, 65 Rn. 42= NJW 2011, 2296); beides ist praktisch kaum zu unterscheiden. 1
a) Einzelfälle: Vorkaufsrecht, § 473; Haftentschädigungsansprüche vor rechtskräftiger Entscheidung über Entschädigungsantrag (§ 13 II StrEG; BGH NJW 2016, 636 Rn. 27 f.); Anspruch aus einem Vorvertrag auf Abschluss eines Hauptvertrages (OLG Stuttgart NJW-RR 2009, 1313); *Anspruch auf Nach*verhandlung eines Vertrags (OLG Frankfurt a. M. ZIP 2012, 32); Rückforderungsanspruch gem § 528 I (außer an Unterhaltsberechtigte iSd Vorschrift: OLG München NJW-RR 1993, 250; Wüllenkemper JR 1988, 353, sowie an Dritte, die für den Unterhalt aufkommen: BGHZ 127, 356; str); Anspruch auf Gebrauchsüberlassung, § 535 I 1 (BGH NJW 2010, 1074; 2003, 2987; 1972, 2036; anders aber, wenn das „Belegrecht" eines Betriebes auf dessen Übernehmer übergeht); Anspruch auf Zahlung der Mietkaution (BGH NJW 2012, 3033: zweckdienliche Einziehungsermächtigung zulässig); Dienstleistungsanspruch, § 613 S. 2 (vgl aber § 613a); Ansprüche aus einer Berufsunfähigkeitsversicherung (OLG Oldenburg NJW-RR 1994, 479; Berlin VersR 2003, 490: Lebensversicherung mit Berufsunfähigkeitszusatzversicherung); Ansprüche auf Urlaub (vgl zum Lohnanspruch und 2

Anspruch auf Urlaubsvergütung auch § 400, §§ 850 ff. ZPO); Ansprüche iSv §§ 664 II, 717 S. 1; Ansprüche auf Unterhalt in Natur, für Geldrente und für Taschengeldanspruch des Ehegatten (hM, zB OLG München NJW-RR 1988, 894) greifen § 400, § 850b I Nr. 2 ZPO und für Geldforderungen aus einem Altenteil, § 400, § 850b I Nr. 3 ZPO (BGH NJW-RR 2010, 1236); Taschengeldkonto eines Pflegeheimbewohners bis zur Angemessenheitsgrenze nach § 27b III SGB XII (BGH NJW-RR 2020, 820); Anspruch auf Versorgungsausgleich gem § 8 II VersAusglG (BGH NJW-RR 2007, 1554 zum alten VAHRG); Beihilfeanspruch (BVerwG NJW 1997, 3256; BGH NJW-RR 2005, 720; 2008, 360; Ausnahme: Gläubiger der beihilfefähigen Forderung); Corona-Soforthilfe (BGH NJW 2021, 1322 Rn. 10 ff.; BFH NJW 2020, 2749 Rn. 25 ff.; dazu Ahrens NJW 2020, 2752; sa → § 394 Rn. 2), Ansprüche von Opfern sexuellen Missbrauchs (BGH NJW-RR 2014, 1009 [1010]); Entschädigungsansprüche aus Menschenrechtsverletzungen gem Art. 41 EMRK mit Ausnahme der Entschädigung für Mehrkosten im vorausgegangenen innerstaatlichen Verfahren (BGHZ 189, 65 Rn. 42=NJW 2011, 2296; EGMR NJW 2001, 56 Rn. 133), nicht aber Entschädigungsansprüche nach Art. 5 V EMRK (BGH NJW 2016, 636 Rn. 24 ff.; siehe aber → § 387 Rn. 13) oder wegen überlanger Verfahrensdauer (§ 198 I 1 GVG) trotz ihrer menschenrechtlichen Grundlegung (BGH NJW 2020, 1364 Rn. 19 ff.- sehr zweifelhaft); Prozesskostenvorschuss gem § 1360a IV (BGH FamRZ 1985, 803; 1985, 902; Ausnahme: Abtretung an Anwalt oder Gerichtskasse); Anspruch auf Herausgabe von Hausratsgegenständen und deren Surrogat nach HausratsVO (OLG Köln NJW-RR 1993, 1030); Darlehensauszahlungsansprüche bei Zweckbindung (Ausnahme wiederum, wenn die Abtretung der Zweckbindung entspricht, s. Baur/Stürner/Bruns Rn. 25.6; zur umstrittenen Pfändbarkeit des Dispositionskredits BGHZ 147, 193 = NJW 2001, 1937; offen BGHZ 93, 325) oder Darlehensrückzahlungsansprüche bei Bindung an in der Person des Darlehensgebers liegende Umstände (OLG Köln NJW 2000, 295); Anspruch auf Befreiung von einer Verbindlichkeit (anders bei Abtretung an den Gläubiger oder regulierenden Versicherer unter Verwandlung in einen Zahlungsanspruch – BGHZ 12, 141; 41, 205; BGH NJW 1986, 583; 1993, 2232; 2010, 2197; 2011, 2352; BGH VersR 2012, 230; BAG NZA 2010, 354; OLG Stuttgart WM 2010, 1077 – oder entspr bei Abtretung an den Einziehungsermächtigten des Gläubigers – BGH VersR 1985, 754; zur Abtretung durch den Versicherten an seinen Anwalt, von dessen Kosten die Versicherung freistellen soll, Möller NJW 2015,
3 216); Unterlassungsansprüche ohne die geschützte Rechtsposition (zB Eigentum oder Gewerbebetrieb, BAG NJW 1985, 87; zur Zulässigkeit der Abtretung wettbewerblicher Unterlassungsansprüche an ein in die wettbewerbliche Stellung des Zedenten im Markt ohne förmliche Rechtsnachfolge voll einrückendes Unternehmen BGH NJW 2019, 3065 Rn. 18 ff.); Belastungsvorbehalt des Grundstücksveräußerers (anders bei Abtretung an einen einzelnen Gläubiger des Veräußerers, OLG Bremen NJW 1984, 2478; krit Dubischar NJW 1984, 2442); Anspruch auf Bestellung einer beschränkten persönlichen Dienstbarkeit bei Identität von Versprechungsempfänger und Begünstigtem (BGH NJW 2010, 1076 f.); Unterlassungsanspruch aus der städtebaulichen Auflage, ein Grundstück nur in bestimmter Weise zu bebauen (OLG Celle OLGR 2000, 294); wettbewerblicher Unterlassungsanspruch (BGH NJW 2007, 3573; Ausnahme: Geschäftsnachfolge); Bürgschaftsforderung ohne Hauptschuld (BGHZ 115, 181; 82, 328: anders bei Wegfall des Hauptschuldners; generell für Abtretbarkeit Bydlinski ZIP 1989, 953; zur cessio legis von Bürgschaftsforderung und Hauptforderung bei Zahlung durch den Ausfallbürgen BGH NJW 2012, 1946; → § 412 Rn. 1); öffentl-rechtliche Kostenforderungen an Private (Stober JuS 1982, 740 mN; str); zur Abtretbarkeit von Ansprüchen auf Erstattung von Steuern, Haftungsbeiträgen, steuerlichen Nebenleistungen und Steuervergütungen: § 46 AO; Anspruch auf vermögenswirksame Leistung (LAG Hamm DB 1982, 1523; anders Arbeitnehmersparzulage, BAG DB 1976, 2117); Anspruch auf zweckgebundene Erschließungskosten (OLG Hamm NJW-RR 1992, 22: Umdeutung in Einziehungsermächtigung; → § 398 Rn. 26 ff.); Ansprüche des Treuhänders gegen

Treugeber auf zweckgebundene Leistung (BGH NJW 1991, 2906: Zeichnungsbeträge des Treuhandkommanditisten; OLG Düsseldorf ZMR 2000, 214 f.: Anspruch auf Mietkaution); weitere Einzelfälle → § 401 Rn. 3, 6. – *Abtretbar hingegen:* der 4
Anspruch auf Zahlung der Kommanditeinlage, wenn der Gegenwert in das Gesellschaftsvermögen geflossen ist (BGH NJW 1982, 35 mN); die Forderung der GmbH auf Leistung der Stammeinlage bei „vollwertiger Gegenleistung" oder Fortfall der Zweckbindung (näher OLG Köln NJW-RR 1989, 354; Bayer ZIP 1989, 8); Garantie auf erstes Anfordern sowie entspr Erklärungsrecht (Zeller BB 1990, 363); ein Urlaubsabgeltungsanspruch, der als Zahlung lediglich unter § 850c ZPO fällt (LG Münster MDR 1999, 1285; str); Gewinn und Überschussanteile aus einer Lebensversicherung (OLG Hamburg VersR 2000, 1219); Vergütungsanspruch des Insolvenzverwalters trotz Höchstpersönlichkeit seines Amtes (BAG 2021, 963 Rn. 23 ff.); Anspruch auf Bestellung einer Grunddienstbarkeit (BGH NJW 2010, 1076; aber → Rn. 3); Besitzentziehungsanspruch (BGH NJW 2008, 580); insolvenzanfechtungsrechtlicher Rückgewähranspruch (BGH NJW-RR 2011, 1272; 2013, 610; 2019, 3578 Rn. 10 ff. bei angemessener Erlösbeteiligung der Insolvenzmasse); Anspruch auf Rückzahlung einer Kaution zur Aussetzung eines Haftbefehls (BGH NJW 2016, 1451 Rn. 22: Sicherungsabtretung an Darlehensgeber). **b) Verstoß-** 5
folge: Die Abtretung ist *absolut* unwirksam. Da das Verbot Schuldnerinteressen schützt, ist sie mit Zustimmung des Schuldners wirksam. Vgl § 851 ZPO.

2. Vertraglicher Ausschluss (§ 399 Alt. 2: pactum de non cedendo). Lit.: 6
Georgen, Das Pactum de non cedendo, 2000; Hadding/van Look WM 1988 Beil. 7; Lüke JuS 1992, 119; Wagner, Vertragliche Abtretungsverbote im System zivilrechtlicher Verfügungshindernisse, 1994. **a)** Die **Vereinbarung** kann ausdr (Schuldanerkenntnis „ausschließlich" bestimmten Personen gegenüber, OLG Köln NJW-RR 1997, 1072) oder stillschweigend (zB kontokorrentgebundene Forderungen, BGHZ 70, 92; BGH NJW 1982, 1151; nicht der Anspruch auf Tagesguthaben, BGHZ 84, 330; 84, 373) erfolgen oder bes Erfordernisse (Form, Zustimmung, evtl auch Anzeige an den Schuldner, zB Lebensversicherer, s. BGHZ 112, 387; BGH NJW-RR 1992, 790; BGH ZIP 2000, 78; 2010, 891) zur Wirksamkeit verlangen (BGH LM Nr. 16); eine erforderliche Zustimmung darf allerdings nicht unbillig verweigert werden (BGH NJW-RR 2000, 1220). Eine Sicherungsabrede enthält jedoch kein Abtretungsverbot mit dinglicher Wirkung (BGH NJW 1982, 2769; BGH ZIP 1991, 20). *Ausschluss der Abtretbarkeit von Honorarforderungen freier Berufe* (auch iVm Praxis-/Kanzleiübertragungen) folgt wegen der Auskunftspflicht (§ 402) aus dem Geheimnisschutz gem § 203 StGB (hierzu E. Schneider MDR 1992, 640); die Abtretung ist nichtig (§§ 134, 138, 306; krit Berger NJW 1995, 1584), falls der Patient bzw Mandant nicht zustimmt (Arzt: BGHZ 115, 123; BGH NJW 2014, 142; 1992, 2348; 1993, 2371; 1996, 775 für Schadensersatzanspruch; Zahnarzt: BGH NJW 2014, 142; BGH NJW-RR 1996, 431; BGH NJW2019, 2156 Rn. 10 ff. für Vergütungsanspruch gegen kassenärztliche Vereinigung – gegen BSG BeckRS 2018, 23509 Rn. 16; anders wenn, die Einziehungsbefugnis beim abtretenden Arzt verbleibt, was einen stillschweigenden Verzicht des Zessionars auf sein Informationsrecht aus § 402 idR gleichkommt, BGH NJW 2019, 2156 Rn. 21 ff.; nicht unter *die Regelung für Ärzte* fällt aber der Tierarzt: OLG Celle NJW 1995, 786; wie ein Arzt hingegen der Erbringer von Pflegeleistungen: OLG Hamm NJW 2007, 850; abl Siegmann/Binder BB 2007, 2765 f.; Rechtsanwalt: BGHZ 122, 115; BGH NJW 1993, 1912; 1993, 2795; 1995, 2026; BGH NJW-RR 2008, 1647; 2009, 490 f.; anders seit 12.12.2007 ausdrücklich nach BRAO 49b IV 1, wenn Zessionar selbst Rechtsanwalt ist – so bereits zuvor BGHZ 171, 253; Paulus NJW 2004, 21 zur von 1994–2007 geltenden Fassung von § 49b IV BRAO; abl Berger NJW 1995, 1407; Prechtel NJW 1997, 1813; aber kein Übergang des Festsetzungsermessens gem § 14 RVG ohne Zustimmung des Mandanten, BGH NJW-RR 2009, 491; Steuerberater: BGH NJW 1996, 2088; generalbevollmächtigter Sanierer mit bes vertragl. Verschwiegenheitspflicht: OLG Düsseldorf NJW-RR 1994, 438; nicht aber GmbH-

Geschäftsführer: BGH NJW 1996, 2567, auch hinsichtlich Tantiemeansprüchen, BGH NJW 2000, 1330, oder Betreuer: BGH NJW 2013, 2961). Das Fernmeldegeheimnis steht einer Abtretung von Entgeltforderungen an Inkassounternehmen dann nicht entgegen, wenn sich der Datenfluss auf das zur Einziehung Notwendige beschränkt und sich der Zedent eine wirksame Kontrolle der Einhaltung der Datenschutzbestimmungen vorbehält (BGH NJW 2013, 1092; EuGH ZD 2013, 77= NJW 2013, 989-Leitsatz- mit Vorlagebeschluss BGH CR 2012, 255=NJW 2012, 1680-Leitsatz-; aA vorher OLG München NJW-RR 1998, 760; AG Hamburg-Altona BeckRS 2006, 12318; AG Meldorf NJW-RR 2012, 186). Zu beachten bleibt aber BGH NJW 1995, 2915 f., wenn Geheimnisse dem Zessionar schon anderweit rechtmäßig bekannt geworden sind (vgl OLG Koblenz OLGR 2001, 461: Abtretung an Sozietätsmitglied; BGH NJW 2005, 507: Abtretung an anderen Anwalt, der die Angelegenheit bereits zuvor umfassend kennengelernt hat). Die Begründung oder Fortsetzung des Vertrages in Kenntnis der Inkassozession bewirkt keine stillschweigende Einwilligung (BGHZ 115, 126; BGH NJW 1992, 2348; OLG Hamm NJW 1993, 792), zumal häufig das Schriftformerfordernis gem § 4a I 3 BDSG aF bzw. Art 7 DGSVO gelten wird (zu § 4a BDSG aF OLG Bremen NJW 1992, 757; Körner-Dammann NJW 1992, 729; offen BGHZ 115, 129); zu den Voraussetzungen wirksamer Einwilligung in AGB BGH NJW 2014, 142 (Einwilligung zur Weitergabe an Verrechnungsstelle verbunden mit Zustimmung zur Abtretung an refinanzierende Kreditinstitute). Nach BGHZ 171, 184 [186]; BGH NJW 2010, 362 f. und BVerfG NJW 2007, 3708 ergibt sich aus dem Bankgeheimnis weder ein stillschweigender vertraglicher, noch ein gesetzlicher Abtretungsausschluss bzgl Kreditforderungen (zust Stürner JZ 2010, 775; ZHR 173 [2009], 369 f.; Baur/Stürner, SachenR, 18. Aufl. 2009, § 58 Rn. 16a; kritisch Schwintowski/Schantz NJW 2008, 472; Bitter ZHR 173 [2009], 379; Peters AcP 206, 843), auch nicht bei Abtretung an Gläubiger, die selbst keine Bank sind (BGH NJW 2011, 3025). Zum Konflikt zwischen Verschwiegenheits- und Auskunftspflicht iÜ → § 402 Rn. 1. Sofern Abtretungsausschluss kollektiv für Lohnansprüche in Tarifverträgen oder Betriebsvereinbarungen möglich ist (BAG AP Nr. 1, 4 zu § 399; str), wirkt er jedenfalls nicht gegen öffentl-rechtliche Versicherungsträger für den Fall lohnersetzender Zahlungen (BAG NJW 1966, 1727) gegen Lohnabtretung; ähnlich gilt der Ausschluss in AGB nicht für § 67 I aF VVG bzw § 86 I nF VVG (BGHZ 65, 366; 82, 171; BGH NJW-RR 2004, 1100); das Verbot der Abtretung einer Forderung aus einem Bauvertrag steht einem Forderungsübergang gem § 20 I Nr. 1 UmWG (BGH NJW 2017, 71 Rn. 24 ff.) nicht entgegen (dazu Wittler/Kupczyk NJW 2017, 24; Hirte NJW 2017, 1213 [1218]), ebensowenig ein in AGB enthaltenes Abtretungsverbot der Einbringung einer Forderung in eine neu gegründete GmbH im Zuge einer gesellschaftsrechtlichen Umgliederung (KG NJW-RR 1988, 852).

7 Rechtsmissbräuchlich ist die Berufung des Leasinggebers auf ein dem Leasingnehmer auferlegtes Abtretungsverbot, wenn der Leasingnehmer seinen Anspruch gegen den Leasinggeber auf Auszahlung der erhaltenen Versicherungsleistung an die Reparaturwerkstatt abtritt (BGHZ 93, 391; nunmehr § 308 Nr. 9a nF ab 1.10.2021). Ein *Abtretungsverbot* ist mit § 307 nF entspr § 9 aF AGBG, § 138 idR grundsätzlich (BGH NJW 2012, 2108) vereinbar (BGHZ 51, 113; 77, 275; BGH NJW 2006, 3487: branchentypische Kollision mit verlängertem EV der Lieferanten des Gläubigers; krit Piekenbrock NJW 2007, 1247; BGHZ 102, 300; 110, 245; BGH WM 1991, 556; BGH NJW 1981, 118 mAnm Lindacher JR 1981, 158: Abtretungsverbot für Käuferrechte beim Neuwagenkauf; BGHZ 108, 175; BGH NJW 1997, 3434 mAnm Wagner JZ 1998, 258: durch Formerfordernisse oder Zustimmungsbedürftigkeit eingeschränktes Verbot; krit Hadding/van Look WM 1988 Beil. 7; BGH NJW 2009, 1504: Abtretungsverbot für Rechte aus Fußballbundesligakarten; insbes zur Kollision mit verlängertem EV sa Sundermann WM 1989, 1199 mN; BGH NJW 2015, 687: Abtretungsverbot an Dritte für Flugprämien im Rahmen eines Kundenbindungsprogramms als inhaltliche Leistungsbestimmung). Unwirksam gem § 307 I 1 nF (= § 9 I aF AGBG) ist jedoch eine Klausel in Allg. Reisebedingungen,

wonach die Abtretung von Leistungsstörungsansprüchen aus dem Reisevertrag ausgeschlossen ist (BGHZ 108, 52; BGH NJW 2012, 2107); s aber nunmehr § 308 Nr. 9 lit. a nF zur grundsätzlichen Unwirksamkeit eines Verbots der Abtretung eines Geldzahlungsanspruchs des anderen Vertragsteils (nicht unter §§ 310a fallende Partei) gegen den Verwender von AGB und die Ausnahme vom Verbot gemäß § 308 Nr. 9 Hs. 2 insbesondere für Zahlungsdiensterahmenverträge gem § 675f II; dazu krit Wais NJW 2021, 2833 Rn. 3 ff., 7 f. Die Neuregelung in § 308 Nr. 9b übernimmt die von der Rechtsprechung bereits erarbeiteten Abwägungskriterien und führt für Ansprüche, die nicht auf Geldleistung gerichtet sind, zwar zu einer gesetzgeberischen Bestätigung der Rechtsprechung („Festschreibungseffekt"), jedoch zu keinen konkretisierbaren weitergehenden Rechtsänderungen. **b) Verstoßfolge** ist **absolute Unwirksamkeit** (BGHZ 40, 159 ff.; 102, 301; 112, 389 mN; BGH NJW 1997, 2748; BGH ZIP 2010, 890; aA zB Wagner JZ 1988, 703 ff.) auch im Verhältnis zu Dritten; unwirksam ist ebenso die Abtretung durch den Insolvenzverwalter des Gläubigers (BGHZ 56, 230 ff.; BGH NJW 1997, 3434 mAnm Wagner JZ 1998, 258). Die Unwirksamkeit erfasst auch Abtretungen künftiger Forderungen, deren Unübertragbarkeit später bei ihrer Entstehung vereinbart worden ist (BGHZ 30, 179; BGH LM Nr. 8 zu § 399 für verlängerten EV; BGHZ 109, 300). Die Zustimmung des Schuldners führt zur Wirksamkeit der Abtretung, jedoch entfaltet eine nachträgliche Zustimmung keine Rückwirkung (BGHZ 70, 303; 102, 301; BGH NJW 2006, 1802), und zwar auch dann nicht, wenn die Abtretung von der Zustimmung des Schuldners abhängig sein sollte (BGHZ 108, 177 gegen OLG Schleswig ZIP 1988, 1138). Bei Mehrfachabtretung kann der Schuldner die zu genehmigende Abtretung auswählen (OLG Koblenz WM 1992, 73; BGH NJW 1997, 3434). – Vgl für die Folge der Unpfändbarkeit § 851 ZPO (hierzu BGH NJW 2016, 1451 Rn. 31 ff.). **c)** Bei der Abtretung von Geldforderungen aus beiderseitigem **Handelsgeschäft** gilt § 354a HGB (**Lit.:** Saar ZIP 1999, 988; Bruns WM 2000, 505; Seggewiße NJW 2008, 3256). Die Regelung erfasst analog Art. 170 EGBGB nach dem Stichtag (1.8.1994) vereinbarte Abtretungsverbote und gilt für früher vereinbarte Verbotsklauseln jedenfalls nicht im Hinblick auf vor der Rechtsänderung entstandene Forderungen (BGH NJW 2001, 1724); die Anwendung auf später entstandene Forderungen ist str (vgl Nachw. bei BGH NJW 2001, 1724). Die Vorschrift erfasst auch Fälle des Zustimmungsvorbehalts des Gläubigers (BGH NJW 2009, 439; BGH NJW-RR 2005, 626; → Rn. 6). Die abredewidrige Abtretung ist voll wirksam (BGH NJW 2009, 439). Der Zedent behält aber nach § 354a I 2 HGB neben dem Zessionar seine Empfangszuständigkeit (BGHZ 178, 318; Wagner NJW 1995, 180) – auch bei rechtskräftigem Titel des Zessionars (BGH NJW 2011, 444). Erfüllung ihm gegenüber (auch durch Surrogate, BGHZ 178, 319; BGH NJW-RR 2005, 626) hat unabhängig von der Kenntnis der Abtretung befreiende Wirkung (vgl → § 407 Rn. 2); nicht aber entfaltet ein zwischen Schuldner und Zedent geschlossener Vergleich Wirkung gegenüber dem Zessionar (BGHZ 178, 319 f.). Auf Nichtkaufleute ist § 354a HGB nicht entsprechend anwendbar (BGH NJW 2006, 3486). Im Anwendungsbereich von § 354a HGB bleiben die Grundsätze über die Zulässigkeit von Abtretungsverboten nach § 9 I aF AGBG = § 307 I nF (→ Rn. 7) anwendbar (vgl OLG Koblenz OLGR 2000, 182, str). Der 2008 neu eingefügte § 354a II HGB erlaubt den Ausschluss der Abtretung bei bankmäßigen Darlehensforderungen (dazu kritisch Baur/Stürner, SachenR, 18. Aufl. 2009, § 58 Rn. 16a). Zwar verbietet § 354a I 3 eine abweichende Vereinbarung, jedoch können Zessionar und Schuldner nach erfolgter Abtretung vereinbaren, dass der Schuldner nur an den Zessionar leisten darf (BGH NJW 2018, 2254 Rn. 43 ff.), weil nunmehr der Schuldner keines besonderen Schutzes mehr bedarf. Zur Bedeutung des RDG und seiner Verbotstatbestände bei Inkassozession → § 398 Rn. 24.

8

3. Unpfändbarkeit. a) Pfändungsverbote enthalten insbes §§ 850 ff. ZPO (zu Unterhaltsansprüchen gemäß § 850b I Nr. 2 ZPO OLG Brandenburg NJW-RR 2002, 361, 362; zum Sonderfall des § 850e Nr. 2a ZPO s BGH NJW 1997, 2823; 9

BGH NJW-RR 2010, 212 f.; zum Verhältnis von § 400 zu § 850 I f. s BGH WM 2003, 1346; aus § 852 ZPO folgt kein Abtretungsverbot für den Anspruch aus § 528 (BGH NJW 1995, 323, weil er nur die Dispositionsfreiheit des Schenkers im Falle drohender Zwangsvollstreckung schützen will; sa → §§ 399, 400 Rn. 2); zur InsO → § 394 Rn. 2 mN u BGH NJW 1994, 1057; BAG NZA-RR 2013, 835: § 89 InsO kein Fall des § 400 (dazu Pape NJW 2014, 835); für den Fall eines mit einer Berufsunfähigkeitsversicherung verbundenen Risikolebensversicherungsvertrags s. BGH NJW 2010, 375 f.; BGH VersR 2010, 376; OLG Jena VersR 2000, 1005 f.; OLG Hamm ZInsO 2006, 878; OLG Frankfurt a. M. RuS 2008, 386 f.). Die Pfändungsverbote iSd § 400 sollen den Lebensunterhalt des Einzelnen sichern und die Allgemeinheit vor Sozialhilfeansprüchen bewahren. Deshalb gelten entspr Abtretungsverbote, die grundsätzlich nicht abdingbar sind (BGHZ 4, 153, 155; BAG NJW 2001, 1443 mN; s. aber unten b). Bei teilweiser Pfändbarkeit ist eine Forderung in Höhe des unpfändbaren Bertrags auch abtretbar (BGH NJW-RR 2010, 211). **Lit.:** allg Meller-Hanich KTS 2000, 37; zur Abtretbarkeit von Sozialleistungen Elling NZS 2000, 281. **b) Verstoßfolge:** absolute Nichtigkeit. Sie gilt nicht bei und nach ges Forderungsübergang bzw Übergang kraft Hoheitsakts gem § 1607 III, § 116 SGB X, § 6 EFZG, §§ 93, 94 SGB XII, § 33 SGB II, ebenso wenig wenn der Abtretende gleichwertige Gegenleistungen erhält oder zuverlässig erhalten wird (vgl § 53 II SGB I; dazu und zur Rückforderung einer an den Abtretungsgläubiger ausgezahlten Beitragserstattung s. BSG NZS 2002, 606; BGHZ 4, 153 ff.; 13, 360 ff.; 59, 115; BGH FamRZ 2010, 369; BAG NJW 1980, 1652; 2001, 1444; BSG ZIP 1995, 935: Abtretung des Anspruchs auf Insolvenzausfallgeld zur kaufmäßigen – nicht darlehensmäßigen – Vorfinanzierung durch Banken); beachte aber BGH NJW 1988, 820: der Träger öffentl-rechtlicher Versorgungsleistungen darf die gesetzlich abschließend geregelten Rückgriffmöglichkeiten gegen Dritte, die zivilrechtlich zu gleichgerichteten Versorgungsleistungen verpflichtet sind, nicht im Wege der Abtretung zu erweitern suchen (ähnlich BGH NJW 1994, 1734). Die teleologische Reduktion des Abtretungsverbots des § 850b I Nr. 2 ZPO greift auch, wenn der Zessionar von rückständigen Unterhaltsansprüchen dem Zedenten bereits in der Vergangenheit tatsächlich Unterhalt gewährt hat (OLG Brandenburg NJW-RR 2002, 361, 362; abl bei bestehender Unsicherheit über den Inhalt des gewährten Unterhalts OLG Köln NJOZ 2021, 1223; dazu Niepmann/Kerscher NJW 2022, Rn. 5).

§ 401 Übergang der Neben- und Vorzugsrechte

(1) **Mit der abgetretenen Forderung gehen die Hypotheken, Schiffshypotheken oder Pfandrechte, die für sie bestehen, sowie die Rechte aus einer für sie bestellten Bürgschaft auf den neuen Gläubiger über.**

(2) **Ein mit der Forderung für den Fall der Zwangsvollstreckung oder des Insolvenzverfahrens verbundenes Vorzugsrecht kann auch der neue Gläubiger geltend machen.**

Lit.: Ott, Die isolierte Übertragung von Gestaltungsrechten, AcP 220 (2020), 928.

1 **1. Gesetzliche Akzessorietät.** Zur ges Akzessorietät gem Abs. I vgl §§ 1153, 1250, 1273 II. Der Ausschluss der Mitübertragung einer Bürgschaft führt analog § 1250 II zu ihrem Erlöschen. Der Übergang der Bürgschaftsforderung auf den Neugläubiger, der auch für die Bürgschaft auf erstes Anfordern greift (BGH NJW 1987, 2075), erfasst nur die Haftung für den Forderungsbestand bei Abtretung, weitergehende Haftung nur bei gesonderter Vereinbarung mit dem Neugläubiger (BGHZ 26, 147); anders bei Gesamtrechtsnachfolge, → § 765 Rn. 19. Zur Abtretung der Bürgschaft → §§ 399, 400 Rn. 3; zum Schicksal der Bürgschaft bei Vertragsübernahme → § 398 Rn. 33. Zum Übergang einer Bürgschaft, die erst nach Forderungsabtretung gestellt wird, ist notwendig, dass Zedent und Zessionar sich bei

Abtretung der Hauptforderung zugleich über die Abtretung künftiger Sicherheiten geeinigt haben (BGH NJW 2002, 3461; OLG Hamburg NJW 2011, 2668 f.). Unter mehreren auf einer Stufe stehenden Sicherungsgebern wird (der nach dem Prioritätsprinzip zu vollen Regressmöglichkeiten führende) § 401 durch Anwendung des § 426 eingeschränkt (BGHZ 108, 179 unter Berufung auf § 242 und Anlehnung an § 774 II; bestätigend BGH WM 1990, 1956; aA Bülow WM 1989, 1877; hierzu noch → § 426 Rn. 2). § 401 ist auf gesetzlichen Forderungsübergang entspr anzuwenden (§ 412; dazu BGH NJW 2007, 1210).

2. Entsprechende Anwendung. Abs. I gilt entspr **a)** für andere **unselbstständige sichernde Nebenrechte,** wie Vormerkung (BGHZ 25, 23; BGH NJW 1994, 2
2948; NJW 2007, 509; NJW 2009, 357; NJW 2015, 2877 Rn. 14, 17), sichernde Schuldmitübernahme (BGH NJW 1972, 438 f.; 2000, 575 mAnm Medicus EWiR 2000, 379; BGH NJW 2007, 1210; Bartels JZ 2000, 608; nicht aber gewöhnliche weitere Gesamtschuldansprüche, BGH NJW 2007, 1210), Anspruch auf Bestellung einer Hypothek (OLG Hamm OLGZ 1981, 21), Anspruch auf Bauhandwerkersicherung gem § 648 bei Abtretung der Werklohnforderung (OLG Dresden NJW-RR 2000, 96), Anspruch aus § 667 gegen den von den Vertragsparteien mit der Abwicklung des Vertrages beauftragten Treuhänder (BGH ZIP 2007, 195; sa BGHZ 138, 184; BGH DNotZ 2017, 957 Rn. 18 ff. und J. Hager/Müller-Teckhof NJW2017, 1860 [1866] zum Notaranderkonto und zum Schicksal des Auskehrungsanspruchs gegen den Notar bei Abtretung oder Pfändung des über den Notar abgewickelten Anspruchs auf Kaufpreiszahlung); **b)** für **Hilfsrechte,** derer der Neugläubi- 3
ger zur Geltendmachung der Forderung bedarf: Ansprüche auf Auskunft und Rechnungslegung bzgl Anspruchsinhalt (BGH NJW 2020, 1585 Rn. 12; dazu Schwintowski NJW 2020, 1586; Grunewald NJW 2020, 3696 Rn. 17 f.; 2017, 3525 Rn. 13: § 87c II HGB; BGHZ 196, 62 Rn. 8; BGH NJW 2013, 539: Anspruch auf Erteilung einer Lohnabrechnung bei Abtretung des Lohnanspruchs; ähnlich BGH NJW-RR 2012, 435; 2003, 1556; BGH FamRZ 2010, 970 f. für Anspruch auf Herausgabe von Kopien der Pflegedokumentation; anders aber BGHZ 165, 57 ff. für Anspruch des Giroinhabers auf Erteilung von Kontoauszügen und Rechnungsabschlüssen u BGH NJW-RR 2012, 434 für Ansprüche auf Erteilung einer Renteninformation gem SGB VI 109); kein Mitübergang des familienrechtlichen Anspruchs aus § 1605 im Rahmen von §§ 90, 91 aF BSHG (jetzt §§ 93, 94 SGB XII, § 33 SGB II) und § 37 BAföG: BGH NJW 1986, 1688; 1991, 1235; BGH ZIP 2000, 1444 f.; OLG Frankfurt a. M. FamRZ 1994, 1427; sa § 117 SGB XII; kein Übergang des Anspruchs des Kindes auf Auskunft über die Identität des Vaters (vgl → Vor § 1591 Rn. 4) auf den Scheinvater nach §§ 1607 III, 401 (LG Heilbronn FamRZ 2005, 474); zur ausnahmsweise isolierten Abtretung von Auskunftsansprüchen BGHZ 107, 110 und → § 2314 Rn. 5; Genehmigungsbefugnis (§ 185 II) beim Anspruch aus § 816 I (BGH NJW 1971, 1452); anspruchsverwirklichende Gestaltungsrechte, auch soweit sie zu Sekundäransprüchen führen: Fälligkeitskündigung (BGH NJW-RR 2006, 1094), Gläubigerwahlrecht (BGH NJW 1973, 1794; offen für Wahl zwischen Naturalrestitution und Wertersatz bei Schadensersatzansprüchen in BGH NJW 2019, 1596 Rn. 43), Nachfristsetzung gem § 323 I (zum alten Recht BGHZ 114, 365; BGH NJW 1985, 2641; OLG Hamm OLGR 2000, 241; anders bei Sicherungszession: BGH NJW 2002, 1568), Mängelrechte bei Lieferungsansprüchen (BGHZ 95, 253; BGH NJW 1973, 1794; nach Erfüllung des Lieferungsanspruchs ist isolierte Abtretung aller Mängelrechte möglich BGHZ 96, 146; 95, 253; 94, 48 [53]; Scheyhing JZ 1986, 86); Recht zur fristlosen Kündigung bei Leasingverträgen (OLG Naumburg NJW-RR 2001, 423 mAnm Schmidt-Burgk WuB I F 4 Sicherungsabtretung 1.01), idR Befugnis zur Abgabe der zur Fälligstellung einer Bürgschaft auf erstes Anfordern erforderlichen Erklärungen (BGH NJW 1987, 2075); Recht auf Ablösung eines Anspruchs auf Auszahlung einer Sicherheit durch Bürgschaft (BGH NJW 2011, 445); Abrechnungsbefugnis bei abgetretener Werklohnforderung (OLG München NJW-RR 2012, 271). **c)** Für **Schiedsklauseln,** die mit dem Recht verbunden sind BGHZ 4

71, 164 ff. mN; Kröll NJW 2013, 3138; zur Vertragsübernahme vgl BGH NJW 1979, 1166; zur Übertragung eines GmbH-Anteils BGH NJW 1979, 2568; zur Übertragung eines Kommanditanteils BGH ZIP 1997, 2083 mwN; für **Gerichtsstandsvereinbarungen** bei Abtretung der streitgegenständlichen Forderung (BGH NJW 1980, 2022, 2023; OLG Köln BeckRS 2021, 1754; hierzu zweifelnd Staudinger/Schröder NJW 2021, 901, 903 für den Fall einer Inkassozession); **d) nicht** für Hemmung gem § 207 (Salje VersR 1982, 924).

5 **3. Nichtakzessorische Nebenrechte. a)** § 401 gilt nicht **für selbstständige Sicherungsrechte** wie zB Sicherungsgrundschuld (BGH NJW 1974, 101), Ansprüche auf Rückgewähr vorrangiger Grundschulden (BGHZ 104, 26), Sicherungsrentenschuld (OLG Köln NJW 1990, 3214), Sicherungsübereignung, Sicherungszession (BGH NJW-RR 1986, 1182 mN); Vorbehaltseigentum (BGHZ 42, 56 f.; 176, 91; → Rn. 6 zum Rücktrittsrecht); Barkaution als unregelmäßiges Pfandrecht (OLG Frankfurt a. M. ZIP 1989, 1134); selbstständige Garantie (Hadding ZGR 1982, 493; BGH NJW-RR 2020, 109 Rn. 33 ff.). Diese Rechte können isoliert übertragen werden; iZw ergibt sich aus dem vertraglichen oder gesetzlichen Grundverhältnis, das dem Anspruchsübergang zugrunde liegt, sowie in Analogie zu §§ 412, 401 eine schuldrechtliche Pflicht zur gesonderten Übertragung des selbstständigen Sicherungsrechts (BGHZ 80, 232 f.; 110, 43 mN; BGH NJW 2009, 2673; BGH NJW-RR 1995, 589; 2020, 109 Rn. 28; zum Ausschluss durch AGB BGHZ 144, 55 ff.; Tiedtke BB 1984, 23), wobei sicherungsvertragliche Verpflichtungen des Zedenten
6 uU vom Zessionar übernommen werden (BGH NJW 1997, 463); **b) andere selbstständige subj Rechte aus demselben Rechtsverhältnis:** im Zusammenhang mit der Forderung bereits entstandene Schadensersatz- oder Entschädigungsansprüche (BGHZ 176, 70 zu einem Anspruch gem §§ 3, 4 ESAEG); Ansprüche des Zessionars gegen Versicherungen (so tendenziell BGH NJW-RR 2010, 1472); bereits entstandene fällige Zinsansprüche (iZw ist aber iSd *Mitabtretung künftiger Zinsansprüche* auszulegen, BGHZ 35, 173 f.; BFH NJW 2008, 1182; hierzu Schopp MDR 1990, 11); Gestaltungsrechte, die nicht den einzelnen Anspruch (→ Rn. 3), sondern das Schuldverhältnis insgesamt betreffen: Rücktrittsrecht (BGH NJW 1973, 1794; 1985, 2641; 2014, 2358 [2359]; 2019, 1596 Rn. 42 f.; NJW-RR 2020, 779 Rn. 76 ff.: Übergang nur kraft bes Vereinbarung zusammen mit dem Hauptanspruch oder Bevollmächtigung des Zessionars – Widerspruch zu Mängelrechten → Rn. 3!), Kündigung des Versicherungsnehmers (BGH NJW-RR 2010, 545; für Kündigung eines Arbeitsverhältnisses offen geblieben in BAG NJW 2020, 2976 Rn. 19, wohl aber Geltung des § 185 I bejaht) oder Anfechtungsrecht (BGH NJW 1973, 1794: kein Übergang wegen Höchstpersönlichkeit; str); gesetzliches oder vertragliches Leistungsbestimmungsrecht des Gläubigers (nur mit Zustimmung des Schuldners: BGH NJW-RR 2009, 491); Möglichkeit der Vertragsaufhebung (s. BGHZ 111, 91); Durchgriffsansprüche gem §§ 34, 69 AO (BGH 75, 24); Position als „werdender Wohnungseigentümer" bei Abtretung des vorgemerkten Auflassungsanspruchs unter Besitzübertragung (BGH NJW 2015, 2877 Rn. 13 ff.).

7 **4. Vorzugsrechte.** Vgl § 804 II ZPO; §§ 49 ff. InsO, insbes auch § 51 Nr. 3 InsO (kaufmännisches Zurückbehaltungsrecht); das Fiskusprivileg alten Rechts (§ 61 I Nr. 2 aF KO; hierzu BGH 75, 24) ist entfallen (§§ 38 ff. InsO); § 850d ZPO (BAG NJW 1971, 2094; BGH NJW 1986, 1688; 2015, 158; BGH NJW-RR 2004, 362); die Rangfolgeregelung in § 850d II ZPO iVm § 1609 wird von § 7 III 2 UVG verdrängt (BGH NJW 2015, 158).

§ 402 Auskunftspflicht; Urkundenauslieferung

Der bisherige Gläubiger ist verpflichtet, dem neuen Gläubiger die zur Geltendmachung der Forderung nötige Auskunft zu erteilen und ihm die zum Beweis der Forderung dienenden Urkunden, soweit sie sich in seinem Besitz befinden, auszuliefern.

Die Vorschrift begründet eine ergänzende Nebenleistungspflicht zum schuldrechtlichen Grundverhältnis; vgl aber auch §§ 952, 985. Beim Baubetreuungsvertrag verpflichtet die Abtretung von Gewährleistungsansprüchen zur Übereignung von Ausschreibungsunterlagen (insbes Leistungsverzeichnis), Schlussrechnungen und Korrespondenz (BGH NJW-RR 1989, 467). Die Auskunftspflicht des Zedenten spielt bei der Beurteilung der Abtretung freiberuflicher Honorarforderungen als unwirksam (§ 134, § 203 StGB; beachte aber auch § 49b IV BRAO) eine wichtige Rolle (→ §§ 399, 400 Rn. 6 mN). Die Auskunftspflicht kann mit der aus dem Bankgeheimnis folgenden Verschwiegenheitspflicht in Konflikt geraten (BGHZ 171, 185). Dies führt möglicherweise zu einer schuldrechtlichen Schadensersatzpflicht des Zedenten gem § 280 I iVm § 241 II; die Wirksamkeit des dinglichen Verfügungsgeschäfts der Forderungsabtretung bleibt hiervon unberührt (BGHZ 171, 185; → §§ 399, 400 Rn. 6). Zum **Ausschluss** der Auskunftspflicht (insbes zB bei stiller Zession) bedarf es einer ausdrücklichen (BGH NJW 1993, 2795) oder stillschweigenden Vereinbarung (BGH NJW 2019, 2156 Rn. 21 ff.; 2015, 1300 Rn. 14 ff.; BGH WM 2010, 663). Die Auskunftspflicht erstreckt sich auch auf eine Entkräftung später geltend gemachter Einwendungen (BGH NJW 2000, 3780).

§ 403 Pflicht zur Beurkundung

[1]Der bisherige Gläubiger hat dem neuen Gläubiger auf Verlangen eine öffentlich beglaubigte Urkunde über die Abtretung auszustellen. [2]Die Kosten hat der neue Gläubiger zu tragen und vorzuschießen.

Korrespondenzvorschrift: § 410.

§ 404 Einwendungen des Schuldners

Der Schuldner kann dem neuen Gläubiger die Einwendungen entgegensetzen, die zur Zeit der Abtretung der Forderung gegen den bisherigen Gläubiger begründet waren.

Lit.: Köhler, Forderungsabtretung und Ausübung von Gestaltungsrechten, JZ 86, 516; Kornblum, Schuldnerschutz bei Forderungsabtretung, BB 81, 1296; Pick, Einwendungen bei dem gegenseitigen Vertrag nach Abtretung der Forderung, AcP 172, 39.

1. Grundsätze. §§ 404 ff. sind Ausfluss des Grundsatzes, dass die Abtretung die 1
Schuldnerstellung nicht nachteilig verändern darf (BGH NJW 2006, 220; 2013, 2592). Gutgläubigkeit des Neugläubigers bleibt *grundsätzlich* ungeschützt (vgl aber § 405). § 404 findet auch in einer Abtretungskette Anwendung, gleich gegenüber welchem Zedenten das Gegenrecht entstanden ist (OLG Rostock ZOV 2009, 34).

2. Einwendungen und Einreden des Schuldners. a) Mit der Einwendung 2
der **Unwirksamkeit der Abtretung** kann der Schuldner die fehlende Aktivlegitimation geltend machen; während der Zessionar den Vertragsschluss mit dem – noch berechtigten (BGH NJW 1986, 1926) – Zedenten beweisen muss, hat der Schuldner *alle* Unwirksamkeitsgründe (zB §§ 134, 138, 399) zu beweisen (BGH NJW 1983, 2019). Wegen des Abstraktionsprinzips wirken Einwendungen aus dem Grundverhältnis zwischen Zedent und Zessionar grundsätzlich nicht zugunsten des Forderungsschuldners; Ausnahme: Fehleridentität, Doppelnichtigkeit, insbes bei Darlehens- bzw Finanzierungsgeschäften unter Lohnabtretung (BAG NJW 1967, 751;
→ § 398 Rn. 1). **b) Gegenrechte gegen die abgetretene Forderung, deren** 3
Tatbestand schon vor Abtretung voll erfüllt war. Hierher gehören rechtshindernde Einwendungen (zB §§ 134, 138) und rechtsvernichtende Einwendungen, sofern tatbestandsmäßige Handlungen (zB § 362; § 397, KG ZIP 1997, 2044) oder Gestaltungserklärungen (zB Anfechtung, Rücktritt etc) schon vor Abtretung gegeben waren; gleich bei Abtretung bereits einredebehafteter Forderungen (Bereiche-

rungseinrede, Verjährung: BGHZ 95, 385 und Leitmeier NJW 2017, 1273 [1275 für den Fall des § 774 I 1], Einrede der Befristung: BGH NJW-RR 2010, 1009 zu § 1578b II, Einrede der Eigenkapitalersatzfunktion: BGH NJW 2008, 1153, Einrede des Schiedsvertrags: BGH WM 1982, 545, → § 401 Rn. 4, Einrede der Rückgewähr der Grundschuld nach Zession der gesicherten Forderung: BGH NJW 1991, 1821; Befristung gem § 1578b II: BGH NJW-RR 2010, 1009; unzulässige Rechtsausübung: OLG München ZIP 2008, 498). Ebenso bei der Abtretung zukünftiger Forderungen. Entscheidend ist hier der Zeitpunkt der Entstehung der Forderung, zB kann dem Zessionar der Einwand der eigenkapitalersetzenden Funktion einer Gebrauchsüberlassung nach Zession zukünftiger Mietforderungen entgegengehalten werden (BGH NJW 2008, 1156). Die Subsumtion von Einwendungen, die bei Abtretung schon verwirklicht waren, unter § 404 stellt klar, dass der Schuldner für sie beweisbelastet bleibt; der Zessionar wird allerdings nicht Gläubiger, weil die
4 Abtretung von vorneherein „ins Leere" geht. **c) Gegenrechte gegen die Forderung, deren Tatbestand sich nach Abtretung verwirklicht.** Es genügt, wenn das bei Abtretung bestehende Schuldverhältnis rechtliche Grundlage für Einwendungen bzw Einreden ist, deren Tatbestand sich erst nach Abtretung erfüllt; auf den Zeitpunkt der Tatbestandsverwirklichung (Tatsacheneintritt, Gestaltungserklärung usw) kommt es also nicht an (BGHZ 25, 29; 93, 79; BGH NJW 1986, 920; 1992, 2222; 2006, 220; BGH NJW-RR 1994, 881; 2012, 503); zB genügt Nichterfüllung nach Abtretung für Gegenrechte gem §§ 320 ff. (BGH NJW-RR 1989, 1208; sa NJW-RR 2004, 1135, 1136); unterlassene Rehabilitation nach Forderungsübergang auf den Sozialversicherungsträger (§ 254 II, BGH NJW 1981, 1100); unterlassene Kündigungsschutzklage bzw Vergleich nach Forderungsübergang auf lohnfortzahlende Krankenkasse (BAG NJW 1981, 1060; s. aber BAG 1981, 1286 f.); vertraglicher Rücktritt nach Abtretung (BGH NJW 1986, 920); Widerruf gem § 355 nach Abtretung (BGH NJW 2017, 1024 Rn. 28), Kündigung eines Darlehensvertrags nach Abtretung (BGH NJW-RR 2004, 1347); Rückbelastung eines Kontos nach Abtretung des Saldos an den Faktor (OLG München NJW-RR 1992, 1137). Rechtsgestaltende Willenserklärungen (zB Anfechtung, Rücktritt, BGH NJW 1986, 920; Widerruf gem § 355, BGH NJW 2017, 1024 Rn. 28) oder rechtsgeschäftsähnliche Handlungen (zB Fristsetzung mit Ablehnungsandrohung) sind grundsätzlich gegenüber dem *Altgläubiger* vorzunehmen (vgl Köhler JZ 1986, 516; BGH NJW 2017, 1024 Rn. 28; dazu Fischer NJW 2017, 1219 [1221]; aA wohl für Anfechtung nach § 123 für den Fall der Kenntnis der Abtretung vor Abgabe der Anfechtungserklärung unter Berufung auf § 407 I mE zu Unrecht LG Stuttgart BeckRS 2017, 103439; dazu Harriehausen NJW 2018, 1437, 1439). Ein Zurückbehaltungsrecht (§ 273) auf Grund eines Anspruchs gegen den Altgläubiger setzt zunächst voraus, dass der Gegenanspruch bei Abtretung bereits besteht; bei Fälligkeit des abgetretenen Anspruchs muss auch der Gegenanspruch fällig sein (BGHZ 19, 162); sofern diese Fälligkeit erst nach Abtretung eintritt, genügt auch mindestens gleichzeitige Fälligkeit der Gegenforderung erst nach Abtretung (BGHZ 58, 331; 64, 126 unter Hinweis auf § 406; BGH NJW-RR 1994, 881). Der Verjährungslauf gegen den Zedenten ist dem Zessionar anzurechnen (BGHZ 48, 183; BGH NJW
5 2008, 2429). **d)** Zur **Aufrechnung** vgl § 406. **e)** Bei **Leistung an den Neugläubiger trotz Einwendungen** entsteht ein Bereicherungsanspruch nur im Rahmen der §§ 812, 813, also *nicht* bei Nichterfüllung der vertraglichen Gegenforderung (Abwicklung nach § 323 unter Fortbestehen des Schuldverhältnisses) oder bei Einrede gem § 320 (vgl BGH NJW 1963, 1869 f.). **f) Analogie** zugunsten des Drittschuldners, der mit dem Zedenten eines Titels Freistellung von der gepfändeten Forderung *vereinbart hat* (BGH NJW 1985, 1769).

6 **3. Verlust von Einwendungen. a) Vertraglicher Einwendungsverzicht,** auch in AGB (OLG Stuttgart NJW 2019, 2708 Rn. 77 ff.), ist grundsätzlich zulässig (z.B. LG Berlin NJW 1986, 1941: Einwendungsverzicht des Kreditkarteninhabers gegenüber Kreditkartengeber bzgl Forderungen der Vertragsunternehmen; zu

Recht anderer Auffassung für den Verzicht des Mobilfunknutzers gegenüber dem Mobilfunkanbieter für Einwendungen gegen einen von einem Drittanbieter abgetretenen Anspruch LG Potsdam NJOZ 2016, 1287; hierzu Gaßner/Strömer NJW 2016, 2529 [2533]); s. ferner § 496 bei Verbraucherdarlehensverträgen. Ein solcher Verzicht kann jedoch selbst unter Unternehmen nach § § 307 I und II unwirksam sein, wenn er in schwerer Form gegen elementare Grundgedanken des § 404 verstößt (OLG Stuttgart NJW 2019, 2708 ff. Rn. 77 ff.: Ausschluss der Berufung auf unstreitigen Forderungsuntergang, der selbst bei unstreitiger Erfüllung greifen würde). **b)** Die Einordnung einer vom Schuldner auf Verlangen des Neugläubigers gegebenen **Abtretungsbestätigung** ist Auslegungsfrage (wichtig: Wortlaut der Bestätigung und Interessenlage der Beteiligten): **aa)** Die Mitteilung des Schuldners kann – insbes wenn sie sich in einer bloßen Bestätigung der Kenntnisnahme erschöpft – bloße Wissenserklärung sein (BGH WM 1985, 1178; auch die Erklärung gem § 840 ZPO ist Wissenserklärung, BGHZ 69, 330; beachte BGH ZIP 2002, 886: keine Bürgschaftszusage an Zessionar durch Erklärung der Kenntnisnahme der Abtretung). Haftung aus cic (§ 280 I iVm §§ 311 II Nr. 2, 241 II) bei unvollständiger Antwort wird idR verneint (BGH WM 1985, 1447; Emmerich WuB I F 4.–1.86; str). **bb)** Möglich ist auch ein **deklaratorisches Schuldaner-** 7
kenntnis (ein abstraktes Schuldanerkenntnis gem § 780 wird hingegen nur ausnahmsweise vorliegen). Es umfasst grundsätzlich lediglich Einwendungen, die dem Schuldner bekannt sind und mit denen er rechnet (BGH NJW 1971, 2220; 1983, 1904; OLG Stuttgart NJW 2019, 2708 Rn. 74 ff.), also zB nicht unerwähnte und erst später auftretende Leistungsstörungen bei der Gegenleistung (BGH NJW 1973, 39; anders bei ausdr Erwähnung gegenüber einem Kaufmann, BGH NJW 1970, 321; 1983, 1904) oder weitreichendem Ausschluss im Falle des Erwerbs von Forderungen im Rahmen von Kreditkartenzahlungen (OLG Schleswig WM 1991, 453; Ausnahmen bei liquide beweisbarem Rechtsmissbrauch, LG Aachen NJW-RR 1994, 1009, 1010). **cc)** In bes Fällen ist ein **Auskunftsvertrag** zwischen 8
Zessionar und Schuldner anzunehmen, so zB, wenn die kreditgebende Bank (Zessionarin) bei der Bausparkasse nach vorrangigen Verfügungen über die ihr sicherheitshalber abgetretenen Rechte aus einem Bausparvertrag fragt (BGH NJW 1990, 513).

§ 405 Abtretung unter Urkundenvorlegung

Hat der Schuldner eine Urkunde über die Schuld ausgestellt, so kann er sich, wenn die Forderung unter Vorlegung der Urkunde abgetreten wird, dem neuen Gläubiger gegenüber nicht darauf berufen, dass die Eingehung oder Anerkennung des Schuldverhältnisses nur zum Schein erfolgt oder dass die Abtretung durch Vereinbarung mit dem ursprünglichen Gläubiger ausgeschlossen sei, es sei denn, dass der neue Gläubiger bei der Abtretung den Sachverhalt kannte oder kennen musste.

Grund der Vertrauenshaftung des Schuldners ist die Beurkundung der Forderung; 1
Vorlegung bei Abtretung genügt deshalb, falls unmittelbare Wahrnehmung möglich war (BGHZ 76, 76, 78 für Vollmachtsurkunde gem. § 172), Urkundenauslieferung ist nicht erforderlich (RGZ 111, 47). Kenntnis und Kennenmüssen (vgl § 122 II: einfache Fahrlässigkeit!) des Neugläubigers schließen die Vertrauenshaftung aus. Der Vertrauenstatbestand beschränkt sich zwar auf die Einwendungen gem §§ 399, 117. Er ist aber eingeschränkt analogiefähig; zB ist ein Scheingeschäft auch gegeben, wenn nach Forderungsbegründung sofort Abtretung an den Schuldner erfolgt (Konfusion) und dann ein Neugläubiger die Forderung unter Urkundenvorlage erwirbt (OLG Frankfurt a. M. NJW-RR 1992, 684 für Akkreditiv); zur Anwendung zu Gunsten des Zweitzessionars, falls die Erstabtretung ein Scheingeschäft war, RGZ 115, 304, 308. **Lit.:** Kuhn AcP 208, 101.

§ 406 Aufrechnung gegenüber dem neuen Gläubiger

Der Schuldner kann eine ihm gegen den bisherigen Gläubiger zustehende Forderung auch dem neuen Gläubiger gegenüber aufrechnen, es sei denn, dass er bei dem Erwerb der Forderung von der Abtretung Kenntnis hatte oder dass die Forderung erst nach der Erlangung der Kenntnis und später als die abgetretene Forderung fällig geworden ist.

1 **1. Anwendungsbereich. Lit.:** Ulrich WM 1991, 1581; Schwarz AcP 203, 241 f.; Blaurock FS Bucher, 2009, 13. Es ist zu unterscheiden: **a)** Die **Aufrechnungserklärung vor Abtretung** durch den Schuldner gegenüber dem *Altgläubiger* führt zum Erlöschen (§ 389) schon vor Abtretung und damit zur Einwendung gem § 404 (BGH NJW 1983, 1903, 1905.; 1996, 1056, 1058). **b)** Die **Aufrechnungserklärung ohne Kenntnis der bereits erfolgten Abtretung** gegenüber dem *Altgläubiger* unterfällt § 407 I (BGH NJW-RR 1986, 536, 538). **c)** Die **Aufrechnungserklärung in Kenntnis der Abtretung** gegenüber dem *Neugläubiger* folgt § 406, falls sich die Gegenforderung (→ § 387 Rn. 1) gegen den Altgläubiger richtet (BGHZ 145, 357; BGH NJW 2013, 2592 Rn. 11 ff.: Schutz des Vertrauens des Schuldners auf den Fortbestand einer vor der Abtretung bestehenden Aufrechnungslage; anders bei unwirksamer Abtretung: OLG Düsseldorf NJW-RR 2001, 1025); sofern sich die Gegenforderung gegen den Neugläubiger richtet, handelt es sich um eine Aufrechnung ohne jede Besonderheit. § 406 ordnet den Schutz des Schuldners vor einer Verschlechterung seiner Aufrechnungsmöglichkeiten zwar nur im Verhältnis zum Zessionar an, doch hat dies Wirkung auch im Verhältnis zum Zedenten. So tritt bei einer Aufrechnung gegenüber dem Zessionar die Hemmung der Verjährung gegenüber dem Zedenten ein (BGHZ 176, 128 = NJW 2008, 2430).

2 **2. Zweck und Einschränkungen. a) Normzweck.** Die Vorschrift erhält dem Schuldner die bei Abtretung bestehende Aufrechnungslage gegenüber dem Neugläubiger und bewahrt darüber hinaus die Aufrechnungsmöglichkeit für den Fall, dass sich nach Kenntnis der Abtretung die Aufrechnungslage einstellt, die ohne Abtretung zur Aufrechnung berechtigt hätte. Dieser Vertrauensschutz findet zwei Einschränkungen: *Kenntnis der Abtretung beim Erwerb der Gegenforderung* schließt bei rechtsgeschäftlichem Erwerb berechtigtes Vertrauen auf den Erwerb einer Aufrechnungsmöglichkeit und damit den Schuldnerschutz aus, bei anderweitigem Erwerb (Rechtsnachfolge, Delikt usw) ist der Erwerb vom Bestehen einer Aufrechnungsmöglichkeit ohnehin gänzlich unabhängig. Bei *Fälligkeit der Gegenforderung nach der bekanntermaßen abgetretenen Hauptforderung* musste der Schuldner stets mit der Notwendigkeit regulärer Erfüllung rechnen und ist deshalb ebenfalls nicht schutzwürdig (grundlegend BGHZ 19, 156 ff.; BGH NJW 1996, 1057; 2013, 2592). Im Fall des § 354a I 2 HGB kann der Schuldner aber auch dann aufrechnen, wenn die
3 Voraussetzungen des § 406 nicht vorliegen (BGH NJW-RR 2005, 626). **b) Aufrechnungsausschluss wegen Kenntnis der Abtretung beim Erwerb der Gegenforderung.** Kenntnis der Abtretung (hierzu → § 407 Rn. 4 ff.) liegt entspr dem Normzweck auch bei Kenntnis der Vorausabtretung vor (BGHZ 66, 386 f.; BGH ZIP 2002, 1488; BGH NJW 1990, 2545; OLG Bamberg NJW-RR 2000, 650; krit Serick BB 1982, 874; Westermann EWiR 2002, 897; einschr Schwarz WuB IV A 406 BGB 1.03); anders dagegen, wenn ein Forderungsübergang lediglich möglich ist (BGHZ 169, 327 für den Fall, dass die Aufrechnungsforderung aus unerlaubter Handlung resultiert). Die Gegenforderung ist aber bereits erworben, wenn für sie der Rechtsgrund gelegt ist, so dass zB bei Forderungen aus Vertrag der Vertragsschluss maßgebend ist (BGHZ 56, 114; 58, 330; BGH NJW 1990, 2545; 1996, 1057). Kein Erwerb iSv § 406 Hs. 2 bei Rückerwerb des Sicherungsgebers nach einer Sicherungsabtretung (BGH NJW 2003, 1182; zust Kohler EWiR 2003, 401; ablehnend Mylich S. 83 f.). Kenntnis bei Erwerb schließt Aufrechnung auch dann aus, wenn die Gegenforderung vor der Hauptforderung fällig wird (BGHZ
4 19, 160). **c) Aufrechnungsausschluss bei nachfolgender Fälligkeit der Gegen-**

forderung. Die Fälligkeit der Hauptforderung wird durch ein Zurückbehaltungsrecht des Schuldners ausgeschlossen (BGHZ 58, 331 f.; BGH NJW-RR 1994, 881; BGH NJW 1996, 1058; 2005, 3576). Es genügt, wenn die Gegenforderung vor ihrer rechtzeitigen Fälligkeit gleichartig wird (BGHZ 19, 158 f.; 35, 326; BGH NJW 1996, 1057), und eine etwaige Bedingung eintritt, bei Abtretung bzw Kenntnis der Abtretung muss sie erst dem Grunde nach erworben sein (vgl → Rn. 3). *Ausnahmen* zum Ausschluss der Aufrechnung bei nachfolgender Fälligkeit der Gegenforderung: Unter altem Recht konnte der Schuldner einer vom Konkursverwalter abgetretenen Hauptforderung aufrechnen, sofern die Gegenforderung aufschiebend bedingt war (vgl § 54 aF KO; hierzu BGH NJW 1974, 2001; § 95 I 3 InsO schneidet diese Möglichkeit jetzt ab). Der Schuldner eines abgetretenen Anspruchs auf Leistung der Kommanditeinlage kann mit dem später fälligen Anspruch auf Erstattung wegen Befriedigung von Gesellschaftsgläubigern aufrechnen (BGHZ 63, 342 f.). **d)** Der 5
Zessionar kann sich grundsätzlich auf **Gegenrechte des Zedenten** gegen die Gegenforderung berufen (BGHZ 35, 327 f. für §§ 1990, 390; BGH NJW-RR 1994, 881 für §§ 320, 390; BFH WM 1985, 430 für § 171 II HGB, hierzu Ebenroth JZ 1985, 322). Der vertragliche Aufrechnungsausschluss (→ § 387 Rn. 10 f.) wirkt grundsätzlich zugunsten des Zessionars (BGH LM Nr. 17; BGH WM 1980, 215, anders uU bei Zedenteninsolvenz, OLG Hamm VersR 1985, 773 zum alten Recht; → § 387 Rn. 10); bei ges Aufrechnungsverboten ist der Zweck des Verbots entscheidend (BGHZ 95, 117; BGH NJW 2013, 2593; → § 394 Rn. 1); ebenso bei der Frage, ob Treuhandverhältnis einer Aufrechnung entgegensteht (OLG Köln NJW-RR 1994, 884, iE verneinend).

3. Prozessuales. Der Schuldner muss die zur Aufrechnung berechtigenden 6
Umstände beweisen, der Zessionar die in § 406 Hs. 2 genannten Ausschlussgründe (betr Kenntnis s. BGH NJW 1990, 2545). § 406 regelt nicht die Beweislast zwischen dem Schuldner und einem Dritten (näher OLG Hamm NJW-RR 1989, 51).

§ 407 Rechtshandlungen gegenüber dem bisherigen Gläubiger

(1) **Der neue Gläubiger muss eine Leistung, die der Schuldner nach der Abtretung an den bisherigen Gläubiger bewirkt, sowie jedes Rechtsgeschäft, das nach der Abtretung zwischen dem Schuldner und dem bisherigen Gläubiger in Ansehung der Forderung vorgenommen wird, gegen sich gelten lassen, es sei denn, dass der Schuldner die Abtretung bei der Leistung oder der Vornahme des Rechtsgeschäfts kennt.**

(2) **Ist in einem nach der Abtretung zwischen dem Schuldner und dem bisherigen Gläubiger anhängig gewordenen Rechtsstreit ein rechtskräftiges Urteil über die Forderung ergangen, so muss der neue Gläubiger das Urteil gegen sich gelten lassen, es sei denn, dass der Schuldner die Abtretung bei dem Eintritt der Rechtshängigkeit gekannt hat.**

Lit.: Quast, Rechtskräftiger Titel des Zedenten und Schutz des Schuldners, 2009; Stamm, Schuldnerschutz und Rechtskrafterstreckung bei Unkenntnis der Abtretung, NJW 2016, 2369.

***1. Wirksame Handlungen* des Schuldners nach Abtretung. a) Erfüllung** 1
im Sinne das § 407 I sind alle Formen der Erfüllung nach § 362 und der Erfüllungssurrogate (§ 362 II iVm §§ 185, 364); sie kann folglich an den Zedenten selbst oder an jeden Dritten bewirkt werden, der nach dem kausalen Rechtsverhältnis zwischen Schuldner und Zedent zum Empfang der Leistung berechtigt ist. Erfüllung liegt auch vor, wenn ein Scheck (BGHZ 102, 71) oder Wechsel (BGH NJW 1979, 1704) *erfüllungshalber* begeben und später eingelöst wird (nach OLG Schleswig NJW-RR 1997, 1416 auch bei Verschaffung eines Garantieanspruchs, zw.). Im Falle späterer Schecksperre ist die Erfüllung aber gescheitert; die Entsperrung ist neue Erfüllung und als solche folglich nur wirksam, wenn bei Entsperrung noch die Befreiungsvoraussetzungen gem I gegeben sind (Unkenntnis der Abtretung, BGH NJW 1976,

1842). Leistung an Bank als Zahlstelle (→ § 362 Rn. 5) ist wirksame Erfüllung (BGHZ 72, 319). § 407 I setzt eine wirksame Abtretung voraus und schützt nicht den guten Glauben an die Wirksamkeit einer unwirksamen Abtretung (BGH NJW 2015, 344; BGH NJW-RR 2012, 1131: Verhältnis zu §§ 80, 81 InsO; → § 408
2 Rn. 1 u → § 409 Rn. 1). **b) RGeschäfte** in Ansehung der Forderung: Stundung (keine entsprechende Anwendung auf Undurchsetzbarkeit nach gesellschaftsrechtlichen Eigenkapitalersatzregeln, BGH NJW 2008, 1156), Erlass, Aufrechnung (vgl → § 406 Rn. 1) oder Aufrechnungsvertrag (BGHZ 94, 137), Aufhebungsvertrag (BGH NJW-RR 2010, 484; OLG Saarbrücken WM 2001, 2059), Vergleich, Kündigung (BGH NJW 2012, 1883; OLG Düsseldorf WM 1980, 95); Aufhebung bzw Verkürzung eines Leasingvertrages als RGeschäft über Leasingrate (BGH NJW 1990, 1785 [1787]; → Rn. 6); Neuvalutierung einer Grundschuld als Einrede gegen den Rückgewähranspruch (BGH NJW 2013, 2895). **c) Handelsgeschäfte.** Für Erfüllung und Erfüllungssurrogate ist § 354a HGB zu beachten, andere Rechtsgeschäfte sind allein bei Vorliegen der Voraussetzungen des § 407 wirksam, so dass pos Kenntnis schadet (BGHZ 178, 319 f.; Henseler BB 1995, 4; Grüneberg (vormals Palandt)/ Grüneberg § 399 Rn. 9; aA Wagner WM 1996 Sonderbeilage 1; WM 2010, 202; vgl → §§ 399, 400 Rn. 8 aE). **d)** Bei Forderungsübergang nach § 116 SGB X bleibt dem Geschädigten eine **Einziehungsermächtigung** (BGH NJW 1996, 728; arg aus § 2 BSHG nunmehr § 2 SGB XII) – sehr kühn!)

3 **2. Wahlmöglichkeit des Schuldners.** Der Schuldner kann sich auf die Wirksamkeit der Rechtshandlung berufen, muss es aber nicht; denn die Vorschrift dient ausschließlich seinem Schutz (BGHZ 145, 352 [357]; 52, 154 mN; sa BGH NJW 1992, 111; 1988, 700, 701). So kann er auch die Leistung an den Altgläubiger gem § 812 I 1 Alt. 1 kondizieren (BGH NJW 2001, 232) bzw den hingegebenen Scheck im Hinblick auf die Bereicherungseinrede sperren lassen (BGHZ 102, 71 f.) und an den Zessionar leisten (BGH LM Nr. 3; aA OLG Dresden MDR 1995, 559; NJW-RR 1996, 446; zustimmend Karst MDR 1995, 560); eine dahin gehende Einflussnahme des Zessionars macht die Entscheidung idR nicht sittenwidrig (BGHZ 102, 77).

4 **3. Kenntnis der Abtretung.** Sie schließt die Wirksamkeit der Rechtshandlung aus und liegt vor bei *positiver* Kenntnis der *Tatsachen,* die den Forderungsübergang begründen: Kenntnis der Willenserklärungen (BGH LM Nr. 7), Abtretungsanzeige des Zessionars nicht stets (arg §§ 409, 410), aber jedenfalls dann, wenn er vertrauenswürdig und wirtschaftlich solide ist (BGHZ 102, 74; aA Quast aaO Lit vor § 398: Gleichauf mit § 407 I und § 409; sa OLG Rostock MDR 2000, 444 f.: „Bitte um Anerkennung" der Abtretung nicht ausreichend), Kenntnis von laufenden Rechtsverhältnissen mit ges Forderungsübergang (BGH VersR 1962, 516: Angestelltenversicherung; KG VersR 1981, 536: Beamtenverhältnis), Kenntnis der den Forderungsübergang auslösenden Leistung, der zuverlässigen Leistungsankündigung bzw wesentlicher leistungsbegründender Tatsachen (BAG NJW 1981, 1062: Krankengeldzahlung bei Lohnfortzahlungspflicht des AG; BGHZ 83, 250: Arbeitslosengeldzahlung an Unfallgeschädigten; BGHZ 127, 128; BGH NJW 1996, 729: ernsthafte Wahrscheinlichkeit einer Leistung zur beruflichen Rehabilitation (AFG bzw. SGB III) an Unfallgeschädigten; BGHZ 131, 286: Kenntnis der Umstände, die spätere Aufnahme in Behindertenwerkstatt auf Kosten der Sozialhilfe nach sich ziehen; OLG Koblenz VersR 1982, 692: Ersatzleistung des Privatversicherers, § 67 I aF VVG bzw § 86 nF; BGH NJW 2008, 1164: Kenntnis von Tatsachen, nach denen mit Leistungen nach dem Opferentschädigungsgesetz zu rechnen ist), Kenntnis der *Eröffnung des Insolvenzverfahrens* über das Vermögen des ursprünglichen Gläubigers und des Vorliegens einer Sicherungszession wg *§ 166 II InsO* (BGH NJW 2009, 2305; 2010, 1806; BGH NJW-RR 2009, 1060). Bei nachträglichem Übergang infolge ges Neuregelung entscheidet die Bekanntmachung (BGH NJW 1984, 607). Bei notwendiger Überleitungsanzeige (§ 95 SGB VIII) ist Kenntnis der Anzeige nötig, Kenntnis der Überleitungsvoraussetzungen soll nicht ausreichen (BGH NJW

2007, 60 – zweifelhaft!). Falsche rechtliche Bewertung der Tatsachen schließt Kenntnis idR nicht aus (zur Abgrenzung Tatsachen-/Rechtsunkenntnis OLG Köln VersR 1984, 1166). Kenntnis liegt nicht vor bei obj Ungewissheit über die Wirksamkeit einer Abtretung (BGH NJW 2001, 231; BGH NJW-RR 2009, 492) oder wenn sich Zedent und Zessionar über die Wirksamkeit der Abtretung streiten (BGH NJW-RR 2004, 1101). Kenntnis eines Vertreters ist nur erheblich, wenn er gerade zur Vertretung bei Erfüllung befugt war (BGH NJW 1977, 582; vgl hierzu Schultz, der auf die „Zuständigkeit" zur Kenntnisnahme abstellt, NJW 1990, 477); BGH NJW 1990, 2545 (krit Roth EWiR 1990, 663) will Wissen der Gesellschafter grundsätzlich nicht der GmbH zurechnen, ferner nicht „privates" Wissen des Geschäftsführers, der im entschiedenen Fall allerdings Zedent (!) war. Fahrlässige Unkenntnis schließt Gutgläubigkeit nicht aus (BGH NJW 1982, 2372 für Vorauszession bei branchenüblichem verlängerten EV), es sei denn, sie beruht auf schlechterdings unvernünftigen Fehlbeurteilungen (OLG Bremen NJW 1987, 912). Berufung auf Unkenntnis kann ferner arglistig sein, wenn sich der Schuldner durch volle Automatisierung seines Zahlungswesens der Kenntnisnahme entzieht (BGH NJW 1977, 582) oder die Kenntniserlangung an einem sonstigen Organisationsverschulden scheitert (BGHZ 135, 39 = NJW 1997, 1775). Bei Namenspapieren oder Legitimationsurkunden (nicht jedoch bei bloßen Inkassodokumenten: BGH NJW 1997, 1777) gilt § 407 uneingeschränkt, auch wenn an den Zedenten ohne Vorlage geleistet wird (LG Augsburg ZIP 1982, 1195; str), es sei denn, Vorlage war vertragliche Leistungsbedingung (OLG Hamm WM 1984, 801; OLG Düsseldorf NJW-RR 1991, 1337 für Sparbuch; str; sa Kümpel WM 1981 Beil. Nr. 1). Maßgebender Zeitpunkt für die Beurteilung der Kenntnis ist die Vornahme der Leistungshandlung; bei späterer Kenntniserlangung ist der Schuldner grundsätzlich nicht verpflichtet, den Eintritt des Leistungserfolgs durch aktives Handeln zu verhindern (BGHZ 105, 360 mAnm Brehm JZ 1989, 300; anders im Fall des § 82 S. 1 InsO: BGHZ 182, 85 ff.). – Nach OLG Frankfurt a. M. (NJW-RR 1988, 1270) gilt § 407 *entspr,* wenn der Schuldner 6
auf Grund des Verhaltens des Zessionars (nicht des Zedenten: OLGR Stuttgart 2009, 907 f.) davon ausgehen durfte, dass die sicherungshalber erfolgte Abtretung wieder rückgängig gemacht wurde. – *Keine Anwendung* soll § 407 I Hs. 2 bei *künftigen Forderungen* finden, falls Altgläubiger und Schuldner nach Abtretung, aber vor Entstehung Änderungen vereinbaren: Gültigkeit des ändernden RGeschäfts trotz Abtretungskenntnis des Schuldners (BGH NJW 1990, 1787 mit fragwürdiger Abgrenzung von entstandener, „betagter" Leasingrate und künftiger, „befristeter" Mietzinsforderung; dazu auch BGH NJW-RR 2010, 483); mit der grundsätzlichen Geltung der §§ 399 ff. für künftige Forderungen unvereinbar (→ § 398 Rn. 9). Zur Frage des *Adressaten* rechtsgestaltender Willenserklärungen, die schon vor der Abtretung begründete Einwendungen gegen das gesamte Rechtsverhältnis betreffen, aus dem die abgetretene Forderung entstammt, → § 404 Rn. 4.

4. Rechtskräftige Entscheidung. Vorausgesetzt ist ein rechtskräftiges Urteil 7
oder ein endgültiger Schiedsspruch (BGHZ 64, 128) zwischen Altgläubiger und Schuldner. **a)** Bei **Rechtshängigkeit vor Abtretung** gelten ausschließlich §§ 265, 325 ZPO (hierzu BGH NJW 1979, 924); eine enstspr Anwendung von § 407 II *kommt nicht* in Betracht (BGH NJW 2005, 2159). **b)** Bei **Rechtshängigkeit nach Abtretung** erweitert § 407 II die Rechtskrafterstreckung zugunsten des gutgl Schuldners, nicht aber auch zugunsten des Zessionars (BGHZ 52, 152 ff.; BGH NJW 2005, 2158). Das Urteil bindet aber den Neugläubiger nur insoweit, als auch der Altgläubiger gem § 322 ZPO gebunden ist (BGHZ 35, 168 f.). Der bei bzw nach Rechtshängigkeit bösgläubige Schuldner muss fehlende Aktivlegitimation einwenden, weil er sonst Gefahr läuft, doppelt leisten zu müssen; denn § 767 II ZPO versperrt die nachträgliche Berufung auf die Abtretung (BGHZ 145, 352 [353]; 86, 337 [340]) und § 407 I und II greifen bei Kenntnis nicht (BGH NJW 2005, 2159). Falls der Schuldner fehlende Aktivlegitimation nicht geltend gemacht hat, soll er hinterlegen können, wenn Zedent und Zessionar keine übereinstimmende Erklä-

rung über den Leistungsempfänger abgeben (BGHZ 145, 352 [356]; 86, 337 [340]; krit Foerste JZ 2001, 467; K. Schmidt JuS 2001, 402; Münzberg ZZP 114 [2001], 229; Quast aaO Lit vor § 407). Besser wäre es, dem erst nach letzter mündlicher Verhandlung bösgläubigen Schuldner die Vollstreckungsgegenklage zu gewähren (Foerste JZ 2001, 468). Zahlt der Schuldner trotz eines rechtskräftigen Titels des Zessionars gem§ 354a I 2 HGB an den Zedenten, kann er sich nach § 767 II ZPO gegen eine Vollstreckung wehren (BGH NJW 2011, 444). **c)** Bei **Abtretung nach Rechtskraft** gelten § 407 I, § 767 ZPO. **d)** Keine Analogie bei Rechtskraft bezügl aufrechenbarer Gegenforderung (BGH NJW 1994, 252); zur Problematik des § 407 II bei Musterfeststellungsklagen vor allen auch in Fällen von Teilabtretungen Röß NJW 2020, 953, 956 ff.

§ 408 Mehrfache Abtretung

(1) **Wird eine abgetretene Forderung von dem bisherigen Gläubiger nochmals an einen Dritten abgetreten, so findet, wenn der Schuldner an den Dritten leistet oder wenn zwischen dem Schuldner und dem Dritten ein Rechtsgeschäft vorgenommen oder ein Rechtsstreit anhängig wird, zugunsten des Schuldners die Vorschrift des § 407 dem früheren Erwerber gegenüber entsprechende Anwendung.**

(2) **Das Gleiche gilt, wenn die bereits abgetretene Forderung durch gerichtlichen Beschluss einem Dritten überwiesen wird oder wenn der bisherige Gläubiger dem Dritten gegenüber anerkennt, dass die bereits abgetretene Forderung kraft Gesetzes auf den Dritten übergegangen sei.**

1 Der erste Zessionar ist berechtigter Neugläubiger, der spätere Zessionar („Dritter") ist Nichtberechtigter und tritt für die entspr Anwendung des § 407 an die Stelle des Zedenten bzw Altgläubigers (s. BGH NJW-RR 2016, 51 Rn. 14). § 408 gilt auch dann, wenn die zweite Zession unter der aufschiebenden Bedingung erfolgt, dass die Forderung nicht bereits abgetreten wurde (BGH NJW 1989, 899). Ferner soll bei doppelter Forderungsabtretung der Unkenntnis von der Abtretung als solcher die Unkenntnis von deren zeitlicher Priorität gleichstehen (MüKoBGB/Roth § 408 Rn. 3); außerdem wird entspr Anwendbarkeit überwiegend bejaht, wenn eine bereits gepfändete Forderung abgetreten wird (zB MüKoBGB/Roth § 408 Rn. 10). Kennt der Schuldner allerdings (auch) die Pfändung und wird ihm nach der Pfändung eine rückdatierte Abtretungsurkunde des Vollstreckungsschuldners vorgelegt, ist sein Vertrauen in die angebliche zeitliche Priorität der Abtretung nicht geschützt (BGHZ 100, 47 f. m. zust Anm Gerhardt JR 1987, 415). Entsprechende Anwendung des § 408 II auch dann, wenn das Gericht gem § 73 StGB den Verfall einer Forderung anordnet, obwohl diese nach zwischenzeitlicher Abtretung einem anderen zusteht (BGHZ 172, 284). Keine entsprechende Anwendung des § 408 II soll im Fall der Vorpfändung nach § 845 ZPO greifen (OLG München JurBüro 2010, 160). Der Rechtsgedanke des § 408 kann neben §§ 81, 82 InsO zur Begründung der schuldbefreienden Wirkung einer Leistung nicht herangezogen werden (BGH NJW-RR 2012, 1131; NJW 2015, 344).

§ 409 Abtretungsanzeige

(1) [1]**Zeigt der Gläubiger dem Schuldner an, dass er die Forderung abgetreten habe, so muss er dem Schuldner gegenüber die angezeigte Abtretung gegen sich gelten lassen, auch wenn sie nicht erfolgt oder nicht wirksam ist.** [2]**Der Anzeige steht es gleich, wenn der Gläubiger eine Urkunde über die Abtretung dem in der Urkunde bezeichneten neuen Gläubiger ausgestellt hat und dieser sie dem Schuldner vorlegt.**

(2) **Die Anzeige kann nur mit Zustimmung desjenigen zurückgenommen werden, welcher als der neue Gläubiger bezeichnet worden ist.**

a) Rechtsnatur. Die Anzeige ist rechtsgeschäftsähnliche Handlung und unterliegt als solche §§ 104 ff., 119 ff. (str). Aussteller der Abtretungsurkunde muss der wahre, verfügungsberechtigte Gläubiger sein (BGHZ 100, 46; vgl BFH NJW 1995, 278 zur Abtretungsanzeige nach § 46 II AO); deshalb keine Anwendung des § 409 bei einer Anzeige durch den nicht mehr verfügungsberechtigten insolvenzbefangenen Schuldner (BGH NJW-RR 2012, 1131; BGH NJW 2015, 344). Nicht ausreichend ist die bloße Angabe der Kontonummer eines Dritten (vgl LSozG Berlin NZS 2000, 553). **b) Wirkung.** Sofern eine *wirksame Zession* vorliegt, verschafft die Anzeige dem Schuldner Kenntnis iSv §§ 406, 407. Bei *unwirksamer Zession* (zB Sittenwidrigkeit gem § 138 I: BAG NJW 1991, 2038; OLG Saarbrücken NJW-RR 2009, 128; OLG Hamm NJW-RR 2018, 92 Rn. 6 ff. bei Abtretung von Ansprüchen aus Lebensversicherungen unter Verstoß gegen RDG oder KWG; weitere Nachweise bei Langheid/Müller-Frank NJW 2018, 352, 356) – nach hM (BGHZ 56, 345 mN; BGH NJW-RR 2012, 1131; BAG DB 1987, 2314) nicht bei fehlender Verfügungsbefugnis, die eine Anwendung des § 409 wie dargelegt ausschließt – bzw *Scheinzession* ist zu unterscheiden (BGHZ 64, 119 ff.; 69, 40; neuerdings Althammer NJW 2021, 2681 Rn. 11 ff.): **aa) Leistung an den Altgläubiger** befreit, weil die Abtretungsanzeige keine konstitutive, rechtsgestaltende Wirkung hat und die Aktivlegitimation nicht verändert (BGH NJW 2008, 2855); allerdings trägt der Schuldner das Risiko der Fehlbeurteilung (arg aus § 407). **bb) Leistung an den Scheingläubiger** befreit ebenfalls: Rechtsscheinwirkung der Anzeige (BGHZ 145, 352 [356]; BGH NJW 2008, 2855). Der Schuldner kann der späteren Klage des Altgläubigers die rechtsvernichtende Einwendung der Erfüllung entgegenhalten; ihre Berechtigung muss das Gericht voll nachprüfen, weil ja der Altgläubiger volle Aktivlegitimation behalten hat (BGH NJW 1978, 2025 f. für Aufrechnung gegenüber dem Scheingläubiger) und dem Scheingläubiger ein Forderungsrecht nicht zusteht, der Schuldner also nicht an ihn leisten musste (BGH NJW 2001, 231; BGH NJW-RR 2004, 656). Sichere Kenntnis der Unwirksamkeit sollte die Rechtsscheinwirkung beseitigen (str, vgl BGH WM 1955, 830; offen BGHZ 56, 348 f.; BFH NJW 1992, 198 zu § 46 V AO, hierzu Karollus JZ 1992, 557): Schutzwirkung nur bei verbleibendem Schuldnerrisiko. **cc)** Der **Anspruch des Altgläubigers** auf Leistung besteht bis zur Leistung an den Scheingläubiger fort. Der Schuldner hat aber ein Leistungsverweigerungsrecht (entspr §§ 273, 274) bis zur Vorlage der Zustimmungserklärung des Scheingläubigers gem II (BGHZ 64, 117, 121); der Altgläubiger kann vom Scheingläubiger die Zustimmung gem § 812 I 1 kondizieren. Das Zurückbehaltungsrecht entfällt, wenn eine Inanspruchnahme durch den Scheingläubiger mit Sicherheit nicht mehr zu erwarten ist (BGHZ 56, 349). **dd)** Ein **Anspruch des Scheingläubigers** besteht nicht (OLG Nürnberg WM 1984, 607).

1 (margin, beside "a) Rechtsnatur") · 2 (beside "aa) Leistung an den Altgläubiger") · 3 (beside "cc) Der Anspruch des Altgläubigers")

§ 410 Aushändigung der Abtretungsurkunde

(1) [1]**Der Schuldner ist dem neuen Gläubiger gegenüber zur Leistung nur gegen Aushändigung einer von dem bisherigen Gläubiger über die Abtretung ausgestellten Urkunde verpflichtet.** [2]**Eine Kündigung oder eine Mahnung des neuen Gläubigers ist unwirksam, wenn sie ohne Vorlegung einer solchen Urkunde erfolgt und der Schuldner sie aus diesem Grunde unverzüglich zurückweist.**

(2) **Diese Vorschriften finden keine Anwendung, wenn der bisherige Gläubiger dem Schuldner die Abtretung schriftlich angezeigt hat.**

a) Der Schuldner hat ein **Leistungsverweigerungsrecht** mit den Wirkungen der §§ 274, 273 III (BGH NJW 1986, 977; 2007, 1271; zum Anspruch des Zessionars auf Urkundenausfertigung vgl § 403). Er muss an den Zessionar nicht ohne die 1

Sicherung des § 409 leisten (zum Schutzzweck der Vorschrift BGH NJW 1993, 1469; 2012, 3427); allerdings kann der Einrede § 242 entgegenstehen, wenn eine Inanspruchnahme durch den Zedenten eindeutig ausscheidet (BGH NJW 2012, 3427). Die Aushändigung einer Kopie sollte im Regelfalle genügen (offen BGH NJW 2007, 1269; 2012, 3427). **b)** Eine **Mahnung** ist auch ohne Vorlage einer Abtretungsurkunde wirksam, es sei denn, der Schuldner weist die Mahnung aus diesem Grund unverzüglich zurück, indem er Vorlage der Abtretungsurkunde verlangt und ggf unter Hinweis auf die Nichtvorlage der Urkunde die Mahnung ablehnt (BGH NJW 2007, 1271). Nach Mahnung kann der Schuldner den Verzug *für die Zukunft* beseitigen, wenn er später erklärt, er verweigere ohne Vorlage der Abtretungsurkunde die Leistung (so in Erweiterung von Abs. I 2 BGH NJW 1969, 1110). Entspr Abs. I 2 ist die ohne Vorlegung einer Abtretungsurkunde erklärte Aufrechnung des Neugläubigers unwirksam, wenn sie der Schuldner deshalb unverzüglich zurückweist (BGHZ 26, 246 ff.). **c)** Vorlage anderer **Legitimationsurkunden** (zB Sparbuch) befreit von § 410 (offen BGH WM 1982, 706). **d)** Zur Ersetzung der Schriftform durch die **elektronische Form** (§§ 126 III, 126a) Funke/Quarch NJW 2022, 569 (§§ 126 III, 126a).

§ 411 Gehaltsabtretung

[1]Tritt eine Militärperson, ein Beamter, ein Geistlicher oder ein Lehrer an einer öffentlichen Unterrichtsanstalt den übertragbaren Teil des Diensteinkommens, des Wartegelds oder des Ruhegehalts ab, so ist die auszahlende Kasse durch Aushändigung einer von dem bisherigen Gläubiger ausgestellten, öffentlich oder amtlich beglaubigten Urkunde von der Abtretung zu benachrichtigen. [2]Bis zur Benachrichtigung gilt die Abtretung als der Kasse nicht bekannt.

1 § 411 betrifft weder die Wirksamkeit der Abtretung noch gewährt er neue Einwendungen; er verstärkt nur bestehende Schuldnerschutzbestimmungen. **a)** Satz 1 stellt gegenüber § 410 qualifizierte Anforderungen an die auszuhändigende Urkunde. **b)** Satz 2 fingiert fehlende Kenntnis im Rahmen der §§ 406, 407, 408 (BGHZ 11, 302).

§ 412 Gesetzlicher Forderungsübergang

Auf die Übertragung einer Forderung kraft Gesetzes finden die Vorschriften der §§ 399 bis 404, 406 bis 410 entsprechende Anwendung.

Lit.: von Koppenfels-Spies, Die cessio legis, 2006.

1 **a)** Fälle **ges** Forderungsübergangs: §§ 268 III, 426 II, 774 I (dazu BGH NJW 2012, 1946: Übergang der Hauptforderung mit Forderung aus Hauptbürgschaft auf zahlenden Ausfallbürgen; sa Leitmeier NJW 2017, 1273 [1275] und → § 404 Rn. 3), 1143 I, 1225, 1249, 1607 II, § 86 VVG, § 33 I 2 SGB II (dazu BGH NJW-RR 2011, 145; OLG Brandenburg NJW-RR 2009, 1090) und § 33 II SGB II (Doering-Striening/Horn NJW 2013, 1278: Übergang des Pflichtteilsanspruchs bei Sozialhilfe), §§ 115, 116 SGB X (zur Einziehungsermächtigung des Geschädigten BGH NJW 1996, 728; zum Anspruchsübergang bei konkurrierender Zuständigkeit mehrerer Leistungsträger BGH NJW-RR 2009, 1534; zum Einwand des Mitver*schuldens* der Eltern des verletzten Kindes OLG Stuttgart NJW-RR 2011, 239), § 59 RVG, § 37 BAföG, § 6 EFZG, § 94 SGB XII, § 5 OEG (BGH NJW 2008, 1164); § 7 I UVG (BGH NJW 2015, 158; → § 401 Rn. 7). Von großer praktischer Bedeutung ist der Zeitpunkt des Forderungsübergangs (vgl BGH NJW 1996, 726; 1996 1674; 1996, 2509; sa Waltermann NJW 1996, 1645 f.). **b)** Forderungsübergang **kraft Hoheitsakts** (§ 835 ZPO, § 93 SGB XII, § 50 SGB I) ist dem ges Forderungs-

übergang gleichgestellt (BAG NJW 1971, 2094 mN; BGH NJW 2013, 539; BGH NJW-RR 2012, 434; 2009, 190; 2003, 1556); eine zusätzliche Hilfspfändung von Hilfsrechten (§ 401) ist deshalb nicht notwendig (BGH NJW 2013, 539 mwN). Der Anwendungsbereich von § 94 I SGB XII ist auf Grund der Regelung des § 94 Ia SGB XII idF des Angehörigen-Entlastungsgesetzes 2020 stark eingeschränkt. **c)** Unanwendbar bei § 1922; entspr anwendbar bei § 566 (BGH NJW 2012, 1883), 2
§ 1416, § 613a, § 25 HGB, § 95 VVG, § 82 InsO (BGH NJW 2009, 2305 für Leistung an Sicherungszessionar: §§ 412, 407 I, 408). Keine entspr Anwendung der §§ 268 III 2, 426 II 2, 774 I 2, 1143 I 2, § 86 VVG etc auf andere Fälle der Legalzession (LAG Hamm ZIP 1982, 980). Zum Anspruchsübergang in AGB → § 398 Rn. 4.

§ 413 Übertragung anderer Rechte

Die Vorschriften über die Übertragung von Forderungen finden auf die Übertragung anderer Rechte entsprechende Anwendung, soweit nicht das Gesetz ein anderes vorschreibt.

a) Die Vorschrift enthält zunächst den **Grundsatz der Übertragbarkeit** anderer 1
Rechte, soweit nicht Ges oder Rechtsinhalt (§ 399; hierzu BGH NJW 1979, 1707: Zustimmungsrecht bei baulichen Änderungen) eine Übertragung ausschließen. Ferner erklärt sie §§ 398 ff. auf den **rechtsgeschäftlichen Übertragungsvorgang** für entspr anwendbar; Bsp: Übertragung der Rechte aus Baugenehmigung (VGH Mannheim NJW 1981, 1003); Übertragung eines Sondernutzungsrechtes am gemeinschaftlichen Eigentum der Wohnungseigentümer nach dem WEG (OLG München NJW-RR 2013, 136); Übertragung eines Kommanditanteils (BGH NJW 2021, 394: §§ 413, 398; begrenzte Haftung für Forderungen des Altkommanditisten, § 173 HGB). **b)** Wichtige **Sondervorschriften:** §§ 873, 925, 929 (auch auf entspr 2
Anwartschaften anwendbar: BGHZ 28, 21; 49, 202); §§ 38, 719, 2033; § 68 AktG; § 15 GmbHG; §§ 29, 31 ff. UrhG; § 15 PatG; §§ 8 IV, 22 I 2 GebrMG; § 27 MarkenG; vgl auch → § 398 Rn. 4 f. **c)** Zur Übertragbarkeit von **Gestaltungsrechten** vgl → § 401 Rn. 2 ff. und 5 f.

Abschnitt 6. Schuldübernahme

Vorbemerkungen

1. Wesen des befreienden Schuldnerwechsels. Als Gegenstück zum Gläubi- 1
gerwechsel (§§ 398 ff.) regeln §§ 414 ff. den befreienden Schuldnerwechsel. Der Übernehmer („Dritter") tritt anstelle des Schuldners; dieser wird frei (§ 414). Der Schuldnerwechsel kann ohne Mitwirkung des Schuldners (§ 414), *nie ohne Zustimmung des Gläubigers* erfolgen (§ 415 I 1); denn die Solvenz des Schuldners ist für ihn entscheidend (vgl BGH NJW-RR 2001, 988 f. mAnm von Armbrüster EWiR 2001, 309: regelmäßig keine Genehmigungspflicht aus Treu und Glauben).

2. Schuldbeitritt. Lit.: Kohte JZ 1990, 997; Edenfeld JZ 1997, 1034; Bülow/ 2
Artz ZIP 1998, 629; Madaus, Der Schuldbeitritt als Personalsicherheit, 2000; Grigoleit/Herresthal Jura 2002, 825. Beim Schuldbeitritt tritt der Mitübernehmer zusätzlich *neben* den bisherigen Schuldner; beide werden Gesamtschuldner iSd §§ 421 ff. (BGHZ 109, 317; BGH NJW-RR 2007, 1407; BGH NJW 1986, 252: Bedingung und Befristung sowie teilweiser Beitritt möglich). **a) Ges Fälle:** §§ 546 II, 604 IV; 2382; § 25 HGB; § 28 WG. **b)** Der **rechtsgeschäftliche Schuldbeitritt** ist nicht geregelt, aber als reine Schuldverpflichtung gem § 311 I zulässig. Er ist formfrei, sofern nicht eine für die Schuldverpflichtung geltende Formvorschrift den Schutz des Schuldners bezweckt (BGH NJW 1993, 584; unklar noch BGH NJW 1991,

3098): zu bejahen zB für § 311b, § 3 I 1 aF BRAGO (BGH NJW 1991, 3098; vgl jetzt Textform § 3a RVG), § 492 bzw § 4 aF VerbrKrG (BGHZ 134, 94 = JZ 1997, 469 mAnm von Bülow; die Rspr hat hieran festgehalten, obwohl nach EuGH NJW 2000, 1323 die Bürgschaft nicht in den Anwendungsbereich der Verbraucherkredit-RL fällt; dazu BGHZ 155, 243 und BGHZ165, 46 f.; ferner NJW-RR 2007, 1674 f.: Beitritt zu Existenzgründungskredit; diese Grundlinie erneut bestätigend nunmehr BGH NJW 2022, 190 Rn. 11 ff.; BGH NJW 1997, 655; 2006, 433: keine Heilung gem § 494 II bzw § 6 II aF VerbrKrG durch Kreditauszahlung an Kreditnehmer; sa BGH NJW 1998, 1940 und → § 425 Rn. 5), *nicht* aber für § 781 (BGH NJW 1993, 584 mit der zweifelhaften Begründung, Formzweck sei Rechtssicherheit und nicht Schuldnerschutz: eine feinsinnige und schwer praktikable Unterscheidung!). Die Rechtsnatur des Schuldbeitritts bestimmt sich nach der Rechtsnatur der Forderung, zu der beigetreten wird (BGH NJW 2015, 3782 Rn. 24; BGHZ 174, 39 Rn. 23), muss also bei öffentl-rechtlicher Forderung durch öffentl-rechtlichen Vertrag erfolgen und bedarf dann der Schriftform (VGH München NJW 1990, 1006 mAnm von Arndt; sa BGHZ 174, 39 Rn. 23). Wenn dagegen ein Sozialhilfeträger gegenüber dem Leistungserbringer einen Schuldbeitritt zu einer privatrechtlichen Zahlungspflicht erklärt, so ist die aus dem Schuldbeitritt folgende Forderung privatrechtlicher Natur (BGH NJW 2015, 3782 Rn. 24; NJW 2016, 2734 Rn. 20; sa BGH BeckRS 2021, 6631 Rn. 26 u 6377 Rn. 37: privatrechtsgestaltender Verwaltungsakt), wandelt sich aber in einen Anspruch aus § 812 I 2 Alt. 1, wenn der Leistungsbescheid gegenüber dem Leistungserbringer fortfällt (BGH NJW 2016, 2734 Rn. 24 ff.; zweifelhaft!) Der Schuldbeitritt kann mit dem Gläubiger oder dem Schuldner vereinbart werden. Ein Vertrag mit dem Schuldner ist ein Vertrag zugunsten des Gläubigers iSd § 328 (BGHZ 42, 385; 72, 250; s. aber § 329). Die Mitwirkung des Gläubigers ist entbehrlich (anders § 415 I 1), da er nur eine zusätzliche Sicherung erhält (beachte aber § 333). Ein Beitritt zu einer nicht entstandenen Schuld ist nicht nichtig, sondern geht ins Leere; daher Bestätigung gem § 141 nicht
3 möglich (BGH NJW 1987, 1699). **c)** Für die zzt. des Beitritts „begründeten" **Einwendungen** und Einreden gilt § 417 I entspr (BGHZ 85, 349; BGH NJW 1986, 1873 mAnm von Canaris JZ 1986, 684: Mängeleinrede; BGHZ 58, 251; BGH NJW 1993, 1915: Verjährungsfrist; BGH NJW 1997, 2389: § 3 III aF BRAGO bzw § 3a II RVG); für später entstehende gelten §§ 422–425 (BGHZ 58, 255: spätere Einzelumstände der Verjährung; BGH NJW 1986, 252: Kündigung; → § 425 Rn. 2 f., 5; zur Bedeutung des Gesetzes zur Abmilderung der Folgen der COVID-19-Pandemie für den ausgleichpflichtigen oder vom Rückgriff bedrohten mithaftenden Schuldner von Verbraucherdarlehensforderungen s. → § 426 Rn. 2). Der Beitretende kann Unwirksamkeit des Beitritts einwenden, zB infolge Widerrufs gem §§ 495, 355 (vgl § 7 aF VerbrKrG) nach Beitritt zu einem Verbraucherkreditgeschäft (BGHZ 109, 317; OLG Köln BB 1999, 2577) oder nach Beitritt als Verbraucher (BGH NJW 2022, 190 Rn. 12; BGHZ 133, 71; 133, 220: Beginn der Widerrrufsfrist stets mit Abgabe der Willenserklärung; BGH NJW 1997, 3170; 1998, 1940; 2000, 3497; zum Ganzen Bülow/Artz ZIP 1998, 629; → § 425 Rn. 5); soweit auf Grund von Besonderheiten des Darlehensgeschäftes der Widerruf ausnahmsweise ausgeschlossen ist, steht auch dem beitretenden Schuldner kein Widerrufsrecht zu, weil er nicht besser stehen soll als im Falle eigenen Vertragsschlusses als Verbraucher (hierzu BGH NJW 2022, 190 zu §§ 491, 495, 504 II aF: Ausschluss des Widerrufsrechts in Ausnahmefällen – denkbar unter geltendem Recht zB nach § 495 II, III). Ob §§ 312b, 312g nF (bzw § 312 aF), § 357 (entspr §§ 1, 2 aF HWiG) in ähnlicher Weise beim Beitritt zum widerrufsfähigen Geschäft und beim Beitritt als Haustürgeschäft gelten, war offen, nachdem bei der Bürgschaft das HWiG nur gelten sollte, wenn beide Geschäfte dem HWiG unterfielen (EuGH NJW 1998, 1295; zunächst BGH NJW 1998, 2356; unter ausdrücklicher Aufgabe der bisherigen Rspr später anders BGHZ 165, 367: Verneinung der Relevanz der Hauptschuld für die Frage der Anwendbarkeit des § 312 aF bei der Bürgschaft). BGH NJW 2007, 2111 betonte dann später ausdr die Anwendbarkeit der heutigen §§ 312b, 312g nF (bzw § 312 aF)

sowohl auf die Bürgschaft als auch den Schuldbeitritt (für Differenzierung zwischen Schuldübernahme und Bürgschaft beim VerbrKrG noch BGH NJW 1998, 1940). Beim Beitritt gem § 328 gilt entgegen § 417 II der § 334 (BGH LM Nr. 2). Ein Kündigungsrecht des Beitretenden besteht allenfalls unter gleichen Voraussetzungen wie bei Bürgschaft (BGH NJW 1986, 253; → § 765 Rn. 10; zur Gläubigerkündigung → § 425 Rn. 10). Die formularmäßige Ausdehnung der Mithaftung auf künftige Forderungen verstößt wie bei der Bürgschaft (BGH NJW 1995, 2553; 1998, 450; 2000, 658; 2001, 3328; BGH NJW-RR 2002, 344: auch bei jur Person als Bürge) idR gegen §§ 305c, 307 I, II (= §§ 3, 9 aF AGBG) (BGH NJW 1996, 249; 2001, 3328: Teilunwirksamkeit). Mitübernahme hoher Risiken durch Familienmitglieder ohne eigenes wirtschaftliches Interesse kann bei Bankkrediten sittenwidrig sein, § 138 I (BVerfG NJW 1994, 36; 1994, 2749; BGH NJW-RR 2017, 241 Rn. 19 ff. mwN), BGHZ 120, 272 gegen BGHZ 107, 92; 146, 37 [42 ff.]; BGH NJW 2001, 2466 mN; BVerfG NJW 1996, 2021; sa BGH GuT 2005, 6: Sittenwidrigkeit des Beitritts der Ehefrau zu einem gewerblichen Pachtvertrag); anders bei Trennungsrisiko nichtehelicher Lebensgefährten (BGH NJW 1990, 1034) oder wirtschaftlicher Teilhabe am hauptschuldnerischen Unternehmen (BGH NJW 1998, 597; BGH NJW-RR 1997, 1199) oder sonst klarliegenden und starken wirtschaftlichen Eigeninteressen (zurückhaltend im Falle einer Bürgschaft BGH NJW-RR 2017, 241, Rn. 16 f. mN). Die „Mietgarantie" des Sozialamtes zugunsten des Sozial- 4
hilfeempfängers ist idR öffentl-rechtlicher Natur und gewährt nicht ohne weiteres einen Zahlungsanspruch des Vermieters (BVerwG NJW 1994, 2968 mN; aber → Rn. 7). Mit dem Klinik – Card – Vertrag ist idR kein Schuldbeitritt verbunden (OLG München NJW-RR 2005, 1697: Abtretung des Erstattungsanspruchs durch Vorlage der Karte bei der Klinik).

3. Abgrenzungen. a) Zwischen Schuldübernahme (§§ 414 f.) **und Schuld-** 5
beitritt (→ Rn. 2 ff.): Bei nicht eindeutiger Befreiungserklärung durch den Gläubiger ist Schuldbeitritt anzunehmen (BGH NJW 1983, 679; BGH NJW-RR 2012, 741). **b)** Die **Erfüllungsübernahme** (§ 329) begründet nur Rechte des Schuldners; sie ist in jedem Schuldübernahmeversuch enthalten: § 415 III (vgl → §§ 414 f. Rn. 5). **c) Zwischen formfreiem Schuldbeitritt** (→ Rn. 2 ff.) **und formbe-** 6
dürftiger Bürgschaft (§§ 765 f.). Die Bürgschaft als klassisches Sicherungsmittel bedeutet Einstehen für fremde Schuld in ihrem jeweiligen Bestand (§§ 765, 767). Demgegenüber begründet der Schuldbeitritt eigene Schuld, die nach Übernahme zT eigene Wege gehen kann (→ Rn. 3). Gefährlicher ist iZw der Schuldbeitritt (s. aber BGHZ 113, 287; BGH NJW 1996, 55; 1996, 930: Widerrufsrecht nach §§ 312b, 312g nF [§ 312 aF bzw § 1 aF HWiG] für Bürgen zweifelhaft; nicht jedoch Widerruf für Beitretenden nach §§ 495, 355 nF [bzw § 7 aF VerbrKrG]: BGHZ 109, 317; sehr weitgehend BGH NJW 1996, 2156; für Anwendbarkeit des §§ 312b, 312g nF [§ 312 aF] auf Bürgschaft und Schuldbeitritt unabhängig von der Hauptschuld BGH NJW 2007, 2111; rechtskräftige Verurteilung des Hauptschuldners bedingt Ausschluss der Verjährungseinrede für den Bürgen, BGH NJW 2016, 3158, nicht aber nach bis jetzt hM in jedem Falle bei Schuldübernahme, → Rn. 3 und Leitmeier NJW 2017, 1273 [1276]). Der Schuldbeitritt darf nur bei eindeutigen *Anhaltspunkten für selbst*ständigen Verpflichtungswillen des Versprechenden bejaht werden (BGHZ 6, 397). Eigenes wirtschaftliches Interesse des Versprechenden an der Schulderfüllung gibt zwar ein Indiz für den Schuldbeitritt (BGH NJW 1981, 47; 1986, 50; NZG 2021, 302), ist aber allein nicht ausschlaggebend (zutr BGH NJW 1968, 2332; OLG Hamm NJW 1993, 2625). Der Formschutz zugunsten des Bürgen (§ 766) darf nicht durch Umdeutung der Bürgschaft (§ 140) in einen Schuldbeitritt umgangen werden (BGH LM Nr. 7 zu § 133 [B]). Ebensowenig darf aber umgekehrt ein klarer Schuldbeitritt als Bürgschaft gedeutet und alsdann über §§ 766, 126, 125 für formnichtig erklärt werden (BGH LM Nr. 33 zu § 133 [C]; zur Umdeutung bei eingehaltener Form BGHZ 174, 46). Wenn die Auslegung Zweifel lässt, ist Bürgschaft anzunehmen (BGH NJW 1986, 580). Bürge und Schuld-

mitübernehmer haften gleichrangig; Ausgleich nach § 426 (Schmitz FS Merz, 1992,
7 553). **d)** Durch (formfreien) **Garantievertrag** (zulässig nach § 311 I) verpflichtet sich ein Dritter, unabhängig von Schuldverhältnis und Leistungsvermögen des Schuldners (BGH WM 1982, 632) für einen Leistungserfolg einzustehen. Der einseitig verpflichtende Vertrag begründet weder akzessorische noch gesamtschuldnerische Haftung, sondern reine Erfolgshaftung (BGH NJW 1967, 1020; 1996, 2570; 1999, 1543). Er kann auch eine zusätzliche Haftung des Schuldners der kausalen Schuld begründen (BGH NJW 1999, 1543). Bsp: Scheckkarte (BGHZ 64, 82); Mietgarantie (BGH NJW 2003, 2235; s. aber BVerwG NJW 1994, 2968 u → Rn. 4); ie → Rn. 13 ff. vor § 765. In AGB kann eine Garantieübernahme wg Verstoßes gegen das Transparenzgebot (§ 307 I 2/§ 9 I aF AGBG) unwirksam sein, wenn Art und Umfang der Haftung nicht hinreichend präzise beschrieben sind (BGH NJW 2006, 998). **e)** Zur **Vertragsübernahme** → § 398 Rn. 32 ff.

§ 414 Vertrag zwischen Gläubiger und Übernehmer

Eine Schuld kann von einem Dritten durch Vertrag mit dem Gläubiger in der Weise übernommen werden, dass der Dritte an die Stelle des bisherigen Schuldners tritt.

§ 415 Vertrag zwischen Schuldner und Übernehmer

(1) [1]**Wird die Schuldübernahme von dem Dritten mit dem Schuldner vereinbart, so hängt ihre Wirksamkeit von der Genehmigung des Gläubigers ab.** [2]**Die Genehmigung kann erst erfolgen, wenn der Schuldner oder der Dritte dem Gläubiger die Schuldübernahme mitgeteilt hat.** [3]**Bis zur Genehmigung können die Parteien den Vertrag ändern oder aufheben.**

(2) [1]**Wird die Genehmigung verweigert, so gilt die Schuldübernahme als nicht erfolgt.** [2]**Fordert der Schuldner oder der Dritte den Gläubiger unter Bestimmung einer Frist zur Erklärung über die Genehmigung auf, so kann die Genehmigung nur bis zum Ablauf der Frist erklärt werden; wird sie nicht erklärt, so gilt sie als verweigert.**

(3) [1]**Solange nicht der Gläubiger die Genehmigung erteilt hat, ist im Zweifel der Übernehmer dem Schuldner gegenüber verpflichtet, den Gläubiger rechtzeitig zu befriedigen.** [2]**Das Gleiche gilt, wenn der Gläubiger die Genehmigung verweigert.**

Anmerkungen zu den §§ 414, 415

Lit.: Bartels, Der vertragliche Schuldbeitritt im Gefüge gegenseitiger Dauerschuldverhältnisse, 2003; Emmerich, Die Anfechtung der Vertragsübernahme, NJW 1998, 531; JuS 1998, 495; Grigoleit/Herresthal, Die Schuldübernahme, Jura 2002, 393; dies, Der Schuldbeitritt, Jura 2002, 825; Hirsch, Die Anfechtung der Schuldübernahme, JR 1960, 291; Nörr/Scheyhing/Pöggeler, Sukzessionen, 2. Aufl 1999; Redich, Haftungsbegründung und Schuldbefreiung bei §§ 415, 416 BGB, 1991; Rimmelspacher, Schuldübernahmetheorien und Anfechtbarkeit der befreienden Schuldübernahme, JR 1969, 201; Wagemann, Die gestörte Vertragsübernahme, AcP 205, 547.

1 **1. Zwei Arten der Schuldübernahme. a) Vertrag des Übernehmers mit dem Gläubiger** (§ 414). Er ist formfrei, es sei denn, die übernommene Verpflichtung ist formbedürftig (zB § 311b; fraglich, ob dies nur für schuldnerschützende Formen gilt, → Vor §§ 414, 415 Rn. 2 für Schuldbeitritt). Der Vertrag ist einerseits Verpflichtungsvertrag zu Lasten des Übernehmers und andererseits eine Verfügung des Gläubigers über die Forderung zugunsten des Altschuldners. Dieser braucht nicht mitzuwirken; er kann aber analog § 333 die Befreiung zurückweisen, arg § 397 (Hirsch JR 1960, 292 f.; aA MüKoBGB/Heinemeyer § 414 Rn. 6). Bsp: Übernahme des Kostenanteils für zahntechnische Leistungen durch ges Krankenver-

sicherer (OLG Düsseldorf NJW 1987, 706). **b) Vertrag zwischen Übernehmer und Schuldner iVm Genehmigung durch Gläubiger** (§ 415; Bsp BGH NJW 1998, 1645; 2014, 2431; denkbar ist aber auch eine vorherige Einwilligung, die der Genehmigung gleichsteht, BGH NJW-RR 2019, 977 Rn. 26 mN; NJW 1998, 1645). Die *rechtliche Konstruktion* in § 415 ist str. Fest steht, dass er eine Verpflichtung des Übernehmers und eine richtungsändernde, gleichzeitig erlassende Verfügung über die Forderung enthält. **aa)** Die **Angebotstheorie** (Heck SchR § 73) nimmt einen dreiseitigen Vertrag unter Einbeziehung des Gläubigers an. Die Mitteilung iSd § 415 I 2 ist danach das Angebot an den Gläubiger, das dieser durch seine Genehmigung annimmt. **bb)** Die auf Wortlaut und Entstehungsgeschichte (Mot. II 144 f.) gestützte **Verfügungstheorie** (hM; Larenz SchR I § 35 I a mwN) nimmt an, dass im Vertrag zwischen Altschuldner und Übernehmer die Verfügung durch Nichtberechtigte liegt, die der Gläubiger genehmigt (§ 185 II). **cc) Bedeutung des Streits:** Nach der Angebotstheorie sind auf die „Genehmigung" iSv § 415 I die §§ 145 ff. anzuwenden; sie wirkt als Vertragsannahme ex nunc und ist ggf (zB nach § 311b) formbedürftig. Nach der Verfügungstheorie gelten die §§ 182 ff.; die Genehmigung wirkt auf den Vertragsschluss zurück (§ 184; BGH NJW-RR 2002, 193, zur Möglichkeit vorheriger Einwilligung Rn. 2) und ist stets formfrei (§ 182 II). Bei *Anfechtung* des Übernahmevertrags wegen Täuschung durch den Altschuldner bedarf es nach der Angebotstheorie der Anfechtung gegenüber dem Altschuldner und dem Gläubiger (§ 143 II; s. BGHZ 96, 309; BGH NJW 1998, 532 mAnm von Emmerich JuS 1998, 495: Vertragseintritt nach Verfügungsmodell anzufechten gegenüber Alt- und Neuschuldner, zweifelhaft; → § 398 Rn. 32), der die Täuschung durch den Altschuldner kennen musste (§ 123 II 1 so BGH NJW 1998, 532 f. für Vertragseintritt; offen noch BGHZ 96, 307); nach der Verfügungstheorie genügt die Anfechtung gegenüber dem Altschuldner auch zur Beseitigung der Verpflichtung gegenüber dem Gläubiger (so BGHZ 31, 321 ff.; aA BGH NJW 1998, 532 f. für Vertragseintritt – zweifelhaft; alles sehr str, vgl MüKoBGB/Heinemeyer § 417 Rn. 13 ff.; ferner → § 417 Rn. 1). **c)** Die Schuldübernahme ist **abstrakt,** dh von ihrem Grundgeschäft (Rechtsverhältnis zwischen Übernehmer und Schuldner, vgl § 417 II, bzw ggf Gläubiger) zu unterscheiden. Bei einer Übernahme im Wege des § 415 ist nicht ausgeschlossen, dass Gläubiger und Schuldner über die ausstehende Genehmigung ein Grundgeschäft schließen; dessen Unwirksamkeit macht eine dennoch erteilte Genehmigung rechtsgrundlos, der Gläubiger kann Wiederherstellung der alten Verbindlichkeit verlangen bzw sogleich auf Erfüllung klagen oder aus einer vollstreckbaren Urkunde vollstrecken (BGHZ 110, 321 mAnm von Brehm JR 1990, 510; Münch DNotZ 1991, 532).

2 (Rn. 2 beginnt bei „b) Vertrag zwischen Übernehmer"; Rn. 3 bei „cc) Bedeutung des Streits"; Rn. 4 bei „c) Die Schuldübernahme")

5 **2. Erfüllungsübernahme.** Ein Erfüllungsübernahme gem § 329 ist anzunehmen während des Schwebezustandes bis zur Genehmigung (§ 415 I) und bei verweigerter Genehmigung (§ 415 II, III; vgl BGH NJW 2012, 1720; OLG Köln NJW-RR 1994, 210), nicht aber bei ersichtlich abw Risikoverteilung (BGH NJW 1991, 1822; BGH ZIP 1999, 1390). → § 416 Rn. 2.

6 **3. Genehmigung.** Die Genehmigung (§ 415 I 2) kann schlüssig erfolgen (BGH WM 1975, 331; OLG Düsseldorf NZG 2007, 276: Klageerhebung), bloßes Schweigen genügt aber nicht (BGH ZIP 1996, 846; BGH NJW 1983, 679; → Vor §§ 414, 415 Rn. 5). Genehmigung setzt Mitteilung bzw Kenntnis der Übernahmevereinbarung voraus (BGH NJW-RR 1991, 818; BGH NJW 1998, 1645). Auch die vorherige **Einwilligung** des Gläubigers (§ 183) ist wirksam und macht Mitteilung entbehrlich (RGZ 60, 416; BGH NJW-RR 1996, 194; 2019, 977 Rn. 26; BGH NJW 1998, 1645 f.;). Konkludent erfolgen kann auch die Verweigerung der Genehmigung (BGH NJW 1996, 927). Die Rückwirkung der Genehmigung (§ 184 II) setzt voraus, dass die Verfügung im Zeitpunkt der Genehmigung im Übrigen noch wirksam ist (BGH NJW-RR 2002, 191: Auswirkungen zwischenzeitlicher Insolvenzeröffnung). Eine Vereinbarung zwischen Mieter und Folgemieter, nach welcher der Folgemieter die mietvertragliche Renovierungsverpflichtung des Mieters über-

nimmt, entfaltet im Verhältnis zum Vermieter Rechtswirkung nur bei Genehmigung durch den Vermieter, wobei die übernommene Renovierungspflicht in der Gesamtschau alle Beteiligten durch Ausgleichsvereinbarungen wirtschaftlich so stellen muss, als habe der Vermieter eine renovierte Wohnung übergeben, soll die Übernahme der Renovierungspflicht nicht an § 307 I 1, II Nr. 1 scheitern (BGH NJW 2018, 3302 Rn. 21 ff. mit krit. Anm. Pielsticker NJW 2018, 3304).

7 **4. Prozessuales.** Die Schuldübernahme ist **keine prozessuale Rechtsnachfolge** gem §§ 265, 325, 727 ZPO (BGH NJW 1998, 1646); denn der Gläubiger (Kläger) kann sich den Schuldner als richtige beklagte Partei erhalten, indem er die Mitwirkung bei der Schuldübernahme ablehnt (BGHZ 61, 140 ff.).

§ 416 Übernahme einer Hypothekenschuld

(1) [1]**Übernimmt der Erwerber eines Grundstücks durch Vertrag mit dem Veräußerer eine Schuld des Veräußerers, für die eine Hypothek an dem Grundstück besteht, so kann der Gläubiger die Schuldübernahme nur genehmigen, wenn der Veräußerer sie ihm mitteilt.** [2]**Sind seit dem Empfang der Mitteilung sechs Monate verstrichen, so gilt die Genehmigung als erteilt, wenn nicht der Gläubiger sie dem Veräußerer gegenüber vorher verweigert hat; die Vorschrift des § 415 Abs. 2 Satz 2 findet keine Anwendung.**

(2) [1]**Die Mitteilung des Veräußerers kann erst erfolgen, wenn der Erwerber als Eigentümer im Grundbuch eingetragen ist.** [2]**Sie muss schriftlich geschehen und den Hinweis enthalten, dass der Übernehmer an die Stelle des bisherigen Schuldners tritt, wenn nicht der Gläubiger die Verweigerung innerhalb der sechs Monate erklärt.**

(3) [1]**Der Veräußerer hat auf Verlangen des Erwerbers dem Gläubiger die Schuldübernahme mitzuteilen.** [2]**Sobald die Erteilung oder Verweigerung der Genehmigung feststeht, hat der Veräußerer den Erwerber zu benachrichtigen.**

1 **1. Zweck und Inhalt der Vorschrift.** Der Grundstückskäufer kann lastenfreie Übereignung fordern (§ 442 II, entspr § 439 II aF), idR wird aber die Hypothek „übernommen" und auf den Kaufpreis verrechnet. Darin steckt zugleich die *Übernahme* der persönlichen Schuld (vgl BGH LM Nr. 1). § 416 *erleichtert* sie, weil der Gläubiger hier ohnehin durch Hypothek (§ 1113) gesichert ist; daher gilt sein Schweigen als Zustimmung (Abs. I 2).

2 **2. Einzelheiten. a)** Art und Inhalt der Mitteilung gem Abs. II sind **zwingend.** Die Schuldübernahme kann aber auch nach §§ 414 f. erfolgen (das „nur" in Abs. I 1 ist missverständlich); hM **b)** Während des Schwebezustandes und bei Verweigerung der Genehmigung ist § 415 III anwendbar. Sofern der Kaufvertrag entfällt, der die Erfüllungsübernahme beinhaltet, scheitert ein Anspruch des Übernehmers auf Leistungsrückerstattung durch den Gläubiger (§ 812 I 1) daran, dass aus Sicht des Gläubigers eine Leistung des Altschuldners mittels eines Dritten (§ 267) vorgelegen haben mag (so BGHZ 72, 248 ff.).

3 **3. Entspr Anwendung.** Sie ist bei der Übernahme einer durch Sicherungsgrundschuld gem 1192 I a gesicherten Schuld zu befürworten (OLG Braunschweig MDR 1962, 736; MüKoBGB/Heinemeyer § 416 Rn. 4; sa BGH NJW 1983, 2503; OLG Karlsruhe NJW-RR 2012, 146: schlüssige Abtretung des Rückgewähranspruchs des Verkäufers unter der aufschiebenden Bedingung der Ablösung der Darlehensforderung), ebenso im Falle einer Vertragsübernahme durch Verfügung zwischen Alt- u Neuschuldner (vgl BGH NJW 2012, 1720 für § 415 und → § 398 Rn. 32).

§ 417 Einwendungen des Übernehmers

(1) [1]**Der Übernehmer kann dem Gläubiger die Einwendungen entgegensetzen, welche sich aus dem Rechtsverhältnis zwischen dem Gläubiger und dem bisherigen Schuldner ergeben.** [2]**Eine dem bisherigen Schuldner zustehende Forderung kann er nicht aufrechnen.**

(2) **Aus dem der Schuldübernahme zugrunde liegenden Rechtsverhältnis zwischen dem Übernehmer und dem bisherigen Schuldner kann der Übernehmer dem Gläubiger gegenüber Einwendungen nicht herleiten.**

1. Zweck der Regelung des Abs. 1. Der Gläubiger soll durch die Schuldübernahme keine rechtlichen Vorteile erlangen. **a)** Der Übernehmer hat nach Abs. I 1 alle **Einwendungen,** die bei Schuldübernahme (vgl insbes → Vor §§ 414, 415 Rn. 3) „begründet" waren (hierfür gelten → § 404 Rn. 3 f.). Gestaltungsrechte (zB Anfechtung oder Kündigung) bleiben grundsätzlich beim Altschuldner; § 770 I ist unanwendbar (str). Mit Forderungen des Altschuldners kann aber weder dieser aufrechnen (es fehlt Gegenseitigkeit, § 387) noch der Übernehmer (vgl Abs. I 2); 1
§ 770 II ist unanwendbar. **b)** Übernehmer kann mit eigener Forderung gegen den Gläubiger aufrechnen, wie er überhaupt **Einwendungen aus seinen Beziehungen zum Gläubiger** geltend machen kann: Stundung, Erlass, Mängel eines zwischen beiden evtl bestehenden Grundgeschäftes, uU auch Gegenansprüche aus pVV (zB BGH WM 1990, 839) bzw nunmehr § 280 I iVm § 241 II. **c)** Zur entspr Anwendung des § 417 I im Rahmen des § 822 Tonikidis NJW 2019, 118 ff. 2

2. Einwendungen aus dem Grundverhältnis zwischen Altschuldner und Übernehmer. Einwendungen aus dem Grundverhältnis zwischen Altschuldner und Übernehmer berühren das RGeschäft der Schuldübernahme nicht (vglAbs. II). Diese Abstraktheit darf nicht wegen wirtschaftlicher Einheit nach § 139 durchbrochen werden (MüKoBGB/Heinemeyer § 417 Rn. 11; *insoweit* bedenklich BGHZ 31, 323; BeckRS 2003, 03900). Grundgeschäft und Schuldübernahme können aber am gleichen Fehler leiden (Fehleridentität). Das Grundgeschäft enthält typischerweise die Verpflichtung des Übernehmers gegenüber dem Altschuldner, die Schuld durch Vertrag mit dem Altschuldner (§ 415) oder durch Vertrag mit dem Gläubiger (§ 414) zu übernehmen (vgl BGH NJW 1963, 900). Die Unwirksamkeit der zwischen Altschuldner und Übernehmer vereinbarten Schuldübernahme gem § 415 ist kein Einwand aus dem Grundverhältnis; vgl → §§ 414, 415 Rn. 2 f. Sie betrifft vielmehr die *Verfügung* durch Nichtberechtigte, auf deren Wirkung sich der Gläubiger berufen will (OLG München BeckRS 2013, 12696). 3

§ 418 Erlöschen von Sicherungs- und Vorzugsrechten

(1) [1]**Infolge der Schuldübernahme erlöschen die für die Forderung bestellten Bürgschaften und Pfandrechte.** [2]**Besteht für die Forderung eine Hypothek oder eine Schiffshypothek, so tritt das Gleiche ein, wie wenn der Gläubiger auf die Hypothek oder die Schiffshypothek verzichtet.** [3]**Diese Vorschriften finden keine Anwendung, wenn der Bürge oder derjenige, welchem der verhaftete Gegenstand zur Zeit der Schuldübernahme gehört, in diese einwilligt.**

(2) **Ein mit der Forderung für den Fall des Insolvenzverfahrens verbundenes Vorzugsrecht kann nicht im Insolvenzverfahren über das Vermögen des Übernehmers geltend gemacht werden.**

1. Erlöschen der Sicherungsrechte. VglAbs. I. Bürgen und Verpfänder haben auf den bisherigen Schuldner vertraut; der Übernehmer kann weniger solvent sein. Das Sicherungsrecht besteht folglich nur fort, wenn der Sicherungsgeber nach Prüfung einwilligt (Satz 3 iVm § 183; zur stillschweigenden und formlosen Einwilligung bei Grundpfandrechten BGH NJW 2015, 2872 Rn. 14). Aus Gründen der Rechtssi- 1 cherheit genügt nachträgliche Genehmigung gem § 184 nicht (str). Entspr anwendbar auf SÜ, Sicherungsgrundschuld (BGHZ 115, 244; BGH NJW 2015, 2872 Rn. 14) und die ges Sicherungsrechte, soweit hier der Sichernde freie Wahl des Schuldners hatte (zB § 566 II 1; Soergel/Zeiss § 418 Rn. 2; str). Zu Satz 2 vgl § 1168. Bei einer Grundschuld ist für ihren Fortbestand nach Schuldübernahme die Einwilligung des Eigentümers maßgeblich (BGH NJW 2017, 2995 Rn. 17 ff.), der personenverschiedene Inhaber des Rückgewähranspruchs muss nicht einwilligen (BGHZ 115, 244; zur stillschweigenden Einwilligung bei Vertretungsbefugnis zugleich für die übernehmende Gesellschaft und den Eigentümer des verhafteten Grundstücks BGH NJW 2015, 2872 Rn. 15 ff.) und die Einwilligung des noch nicht eingetragenen künftigen Eigentümers reicht auch bei Auflassungsvormerkung nicht aus (BGH NJW 2017, 2995 Rn. 19). Die Vormerkung eines Auflassungsanspruchs bleibt bestehen, wenn sich mit der Schuldübernahme der Eigentumserwerb des übernehmenden Schuldners am betroffenen Grundstück verbindet (BGH NJW 2014, 2431 [2432]), der Schuldnerwechsel ist allerdings nicht eintragungsfähig (BGH NJW 2014, 2431). § 418 ist auf Vertragsübernahme entspr anwendbar (OLG Hamm NJW-RR 1991, 48), nicht aber auf Vertragsbeitritt (OLG Stuttgart ZMR 2010, 152 f.) oder Schuldbeitritt (OLG Düsseldorf ZMR 2010, 28).

2 **2. Erlöschen von Vorzugsrechten.** Vgl II. Die Vorschrift dient dem Schutz der übrigen Gläubiger des Übernehmers (vgl. BGHZ 34, 293 298). Der Gläubiger selbst bedarf keines Schutzes, da er seinen Schuldner und damit das Vorzugsrecht nie ohne Zustimmung verliert.

§ 419 *(weggefallen)*

Die Vorschrift, die am 1.1.1999 mit Inkrafttreten der InsO außer Kraft getreten ist (Art. 33 Nr. 16 EG InsO; hierzu K. Schmidt ZIP 1989, 1025), hat ihre Bedeutung für Altfälle zunächst behalten (Art. 223a EG InsO; OLG Brandenburg NJW-RR 1999, 59). Sie ordnete bei rechtsgeschäftlicher Übertragung eines Vermögens die zwingende, inhaltlich beschränkte Schuldmitübernahme des Erwerbers an. Sie wollte die Gläubiger des Veräußerers vor dem Entzug ihrer Haftungsgrundlage schützen. Diese Aufgabe soll unter nunmehr geltendem Recht ein verschärftes Anfechtungsrecht voll und ausschließlich übernehmen (AnfG 1994, §§ 129 ff. InsO). Für Altfälle wird auf die Kommentierung der 8. Aufl. verwiesen.

Abschnitt 7. Mehrheit von Schuldnern und Gläubigern

Vorbemerkungen

Lit.: Bentele, Gesamtschuld und Erlass, 2006; Boecken/von Sonntag, Zur Gleichstufigkeit der Schuldner als Voraussetzung der Gesamtschuld, Jura 1997, 1; Bork, Der Mehrfach-Komplementär: Ein Beitrag zur Gläubiger- und Schuldnermehrheit in der Insolvenz, KTS 2008, 21; Derleder, Zession und Gesamtschuld, FS Heinrichs, 1998, 155; Dilcher, Zu Begriff und Funktion der Gesamtschuld, JZ 1967, 110; Ehmann, Die Gesamtschuld, 1972; ders, Gesamtschulden – Abschied von der Einheits-Gesamtschuld?, AcP 211, 491; Gernhuber, Der Gesamtschuldnerausgleich unter Ehegatten, JZ 1996, 696, 765; Hadding, Zur Abgrenzung von Gläubigermehrheiten und Bruchteilsgemeinschaft an einer Forderung, FS Canaris Bd I, 2007, 379; ders, Zur Mehrheit von Gläubigern nach § 432 BGB, FS E. Wolf, 1985, 107; Hoffmann, Sicherungsgemeinschaften im System einer differenzierenden Gesamtschuldlehre, AcP 211, 703; Jürgens, Teilschuld-Gesamtschuld-Kumulation, 1988; Medicus, Mehrheit von Gläubigern, JuS 1980, 697; Langenfeld, Das Innenverhältnis bei Gläubigermehrheiten nach §§ 420 bis 432; 1994; Medicus, Leistungskondiktion und Gesamtschuld, FS W. Lorenz, 2001, 229; ders, Mehrheit von Gläubigern, JuS 1980, 697; S. Meier, Die Gesamtgläubigerschaft – ein unbekanntes, weil überflüssiges Wesen?, AcP 205, 858; dies, Schuldnermehrheiten im europäischen Vertragsrecht, AcP 211, 435; Prediger, Zur Auslegung und Anwendung der Regelungen im BGB über die Gesamtschuld, 1988; Preißer, Grundfälle zur Gesamtschuld im Privatrecht, JuS 1987, 208, 289, 628, 710, 797, 961; Riering, Gemeinschaftliche Schulden, 1991; Rüssmann, Die Abgrenzung der Gesamtschuld von anderen Schuldnermehrheiten, JuS 1974, 292; Rütten, Mehrheit von Gläubigern, 1989; Schünemann/Bethge, „Allgemeine Gleichbehandlung" von Gesamtschuldnern? § 421 BGB im Lichte des AGG und der einschlägigen europäischen Richtlinien JZ 2009, 448; Selb, Mehrheiten von Gläubigern und Schuldnern, 1984; ders, Die neuere zivilrechtliche Rechtsprechung zu Gläubiger- und Schuldnermehrheiten, JZ 1986, 483; ders, Die mehrfach hinkende Gesamtschuld, FS Lorenz, 1991, 245; K. Schmidt, Qotenhaftung von BGB-Gesellschaftern, NJW 1997, 2201; K. Schreiber, Die Gesamtschuld, Jura 1989, 353; Stamm, Die Bewältigung der „gestörten Gesamtschuld", NJW 2004, 811; ders., Gesamtschuld und Bürgschaft im Zivilprozessrecht, FS M. Gehrlein, 2022, S. 531 ff.; Scheffelt, Haftung für Rechtsverfolgungskosten bei der Gesamtschuld, NJW 2018, 1510 ff.; Thiele, Gesamtschuld und Gesamtschuldnerausgleich, JuS 1968, 149; Wacke, Der Erlaß oder Vergleich mit einem Gesamtschuldner, AcP 170, 42; Wernecke, Die Gesamtschuld, 1990; Winter, Teilschuld, Gesamtschuld und unechte Gesamtschuld, 1985; M. Wolf/Niedenführ, Gesamtschuld und andere Schuldnermehrheiten, JA 1985, 369; Zerres, Die Gesamtschuld, Jura 2008, 726.

1. Unvollständigkeit der Regelung der Parteienmehrheit. Das Zusammentreffen mehrerer Gläubiger und Schuldner ist in §§ 420–432 nicht erschöpfend geregelt. Dies gilt vor allem für die Gläubigermehrheit. Teilgläubigerschaft (§ 420) und Gesamtgläubigerschaft (§ 428–430) kommen in der Lebenswirklichkeit eher selten vor. Die häufigere einfache Forderungsgemeinschaft folgt dem Regime der Bruchteilsgemeinschaft, und für die Gesamthandsgläubigerschaft ergibt sich angesichts der Verschiedenheit der Gesamthandsgemeinschaften kein einheitliches Bild. Ein Auffangtatbestand von durchaus praktischer Bedeutung ist § 432. Bei der Schuldnermehrheit ist die durchaus umstrittene gemeinschaftliche Schuldnerschaft im Gesetz nicht berücksichtigt. 1

2. Formen der Gläubigermehrheit. Hier sind zu unterscheiden: **a) Teilgläubigerschaft,** vgl § 420. **b) Gesamtgläubigerschaft,** §§ 428–430. **c) Einfache Forderungsgemeinschaft,** vgl → § 741 Rn. 6. **d) Gesamthandsgläubigerschaft,** vgl für die Gesellschaft → §§ 709–713 aF bis zum 1.1.2024 Rn. 10 ff. mit Darstellung abweichender Reformgesetzgebung; für die eheliche Gütergemeinschaft → § 1422 Rn. 2 ff., → §§ 1450–1453 Rn. 3 ff., 9 f.; für die Erbengemeinschaft § 2039. **e) Mitgläubigerschaft ohne gemeinschaftliche Berechtigung,** vgl § 432. 2

3. Formen der Schuldnermehrheit. Zu unterscheiden sind: **a) Teilschuldnerschaft,** vgl § 420. **b) Gesamtschuldnerschaft,** vgl §§ 421–427. Dabei ist insbes zu beachten, dass *Gesamthänder* vielfach *Gesamtschuldner* sind: vgl → §§ 714, 715 aF bis 1.1.2024 Rn. 9 mN mit Darstellung der Reformgesetzgebung; → §§ 1437–1440 Rn. 2 ff., → §§ 1459–1462 Rn. 2 ff.; → §§ 2058–2063 Rn. 5 ff., 8. Die Schuldnerstellung jedes Gesamthänders ist von der Frage zu unterscheiden, welche Vermögensmasse haftet (Gesamthandsvermögen, Privatvermögen); um der Verschiedenheit der Haftungsmasse und Vollstreckungsmöglichkeiten willen bedarf es aber nicht der Konstruktion einer bes Schuld aller in ihrer Verbundenheit, die oft als „Gesamthandsschuld" bezeichnet wird (Larenz SchR I § 36 II c; abw BGH NJW-RR 1990, 867; zur unterschiedlichen Pfändung von Gesamthands- und Gesamtschulden BGH NJW 1998, 2904). Fragwürdig war die vom BGH angenommene (Teil)Rechtsfähigkeit der BGB-Gesellschaft als unternehmerisch tätige Außengesellschaft (BGHZ 146, 341 ff.; BGH NJW 2002, 1207). Folgte man dieser Lehre, galten für die BGB-Gesellschaft insoweit §§ 128 f. aF HGB analog (→ § 705 aF Rn. 1; → §§ 714, 715 aF Rn. 2, 9–12; zur Darstellung der Reformgesetzgebung insbesondere → § 705 aF Rn. 28–30; ferner 705 ff. nF, §§ 719 ff. nF, §§ 711–713 nF, §§ 740 ff. nF). Die Unterscheidung zwischen Gesamtschuld und Gesamthandsschuld der Gesamthänder hat damit an praktischer Bedeutung verloren (s. aber für die 3
Erbengemeinschaft → §§ 2058–2063 Rn. 8 mN). **c) Gemeinschaftliche Schuldnerschaft** sollte nur angenommen werden, wenn die Erfüllung der Schuld inhaltlich das gemeinschaftliche Zusammenwirken aller Schuldner verlangt und durch einen 4

Schuldner allein unmöglich ist (Larenz SchR I § 36 II c), also zB nach traditioneller Auffassung unter dem zur Reform anstehenden Recht der GbR bei Pflichten zur Bestellung von Rechten an Gesellschaftsgrundstücken (vgl → §§ 714, 715 aF Rn. 9 f.; zur Darstellung der Reformgesetzgebung § 705 II nF, § 713 nF, §§ 719 ff.) oder Grundstücken einer Erbengemeinschaft (vgl → §§ 2058–2063 Rn. 8) oder bei Duldungspflichten von Bruchteilseigentümern (→ §§ 743–748 Rn. 12, 15). Ihr Anwendungsbereich ist aber nicht auf Schulden von Gemeinschaften beschränkt (vgl → § 431 Rn. 2 ff.). Der Hauptunterschied zur Gesamtschuld liegt in der Unanwendbarkeit des § 425 II (vgl Larenz SchR I § 36 II c; OLG Braunschweig NJW-
5 RR 1997, 1038). **d) Keine Schuldnermehrheit** liegt vor bei akzessorischer (zB Bürge) oder subsidiärer Haftung (zB § 839 I 2: BGHZ 61, 354; anders → § 421 Rn. 4 f.). Unterlassungspflichten sind idR mehrere unabhängige Schuldverhältnisse (BGH GRUR-RR 2008, 460 f.; OLG Koblenz WRP 1985, 45; Köhler AcP 190, 530; sa KGR 2006, 154 unter altem Recht: keine Gesamtschuld mehrerer GbR-Gesellschafter hinsichtlich Unterlassungspflicht bzgl einer von der Gesellschaft ausgehenden Störung; zum neuen Recht nach der Reform sa *§§ 719–722 nF Rn. 10*). Haben sich jedoch mehrere zur Zahlung einer Vertragsstrafe nach § 339 S. 2 verpflichtet, können sie für diese als Gesamtschuldner haften (BGH NJW 2009, 1885).

6 **4. Gläubiger- und Schuldnermehrheit in Verträgen.** Bei Verträgen sind häufig alle Parteien zugleich Gläubiger und Schuldner. Dabei muss aber die Art der Gläubigerschaft nicht der Art der Schuldnerschaft entsprechen und umgekehrt; vielmehr ist jeweils die Qualität der Personenmehrheit gesondert zu prüfen. So kann zB beim Kauf eines Grundstücks durch Mitglieder einer Bruchteilsgemeinschaft der Gesamtschuld für den Kaufpreis (→ §§ 743–748 Rn. 12) die Forderungsgemeinschaft am Übereignungsanspruch gegenüberstehen (→ § 741 Rn. 5 f.).

§ 420 Teilbare Leistung

Schulden mehrere eine teilbare Leistung oder haben mehrere eine teilbare Leistung zu fordern, so ist im Zweifel jeder Schuldner nur zu einem gleichen Anteil verpflichtet, jeder Gläubiger nur zu einem gleichen Anteil berechtigt.

1 **1. Vermutung bei teilbaren Leistungen.** Für teilbare Leistungen, dh Leistungen, die ohne inhaltliche Wesens- oder Wertveränderungen in mehreren Teilen erbracht werden können (MüKoBGB/Heinemeyer § 420 Rn. 4), gilt eine **doppelte ges Vermutung** (s. aber OLG München NJW-RR 2016, 464 Rn. 11: Auslegungsregel)**: a)** Vermutung der Teilgläubiger- bzw Teilschuldnerschaft bei mehreren Gläubigern oder Schuldnern. **b)** Vermutung gleicher Anteile aller Gläubiger bzw Schuldner an der teilbaren Gesamtforderung.

2 **2. Bedeutung der Vermutung.** Die ges Vermutung ist aber bei Gläubiger- und Schuldnermehrheit *praktisch bedeutungslos oder doch die Ausnahme.* **a)** Bei **Gläubigermehrheit** überwiegen einfache Forderungsgemeinschaft und Gesamthandsgläubigerschaft (vgl → Vor § 420 Rn. 2 mN), selbst Mitgläubigerschaft ohne bes gemeinschaftliche Berechtigung (→ Vor § 420 Rn. 2) oder Gesamtgläubigerschaft sind häufiger. *Bsp für Teilgläubigerschaft:* → § 741 Rn. 5; BGH NJW-RR 2008, 206 (Bund und Länder bezüglich ihrer USt-Anteile); OLG Koblenz VersR 2008, 1339 (mehrere Bezugsberechtigte einer Lebensversicherung); Kostenerstattungsanspruch zweier Anwälte einer Partei im Zivilprozess bei einheitlichem Gebührenansatz (OLG Karlsruhe NJW 2015, 1698 Rn. 27); Kostenerstattungsanspruch von Streitgenossen (BGH NJW 2017, 3788 Rn. 20; uU Anteile nach Kostenaufwand); Unterhaltsforderungen eines Kindes gegen beide Elternteile (OLG Naumburg NJW 2012, 623, 624: § 1606 III); zur Gläubigermehrheit zwischen Vorbehaltsverkäufer und -käufer
3 vgl → § 432 Rn. 2. **b)** Bei **Schuldnermehrheit** überwiegt kraft ges Anordnung (vgl → § 421 Rn. 3) weitaus die Gesamtschuld, selbst die gemeinschaftliche Schuld

(→ Vor § 420 Rn. 4) ist wesentlich häufiger. *Bsp für Teilschuldnerschaft:* bei Bauverträgen über die Errichtung eines Hauses mit Eigentumswohnungen, durch welche die künftigen Wohnungseigentümer die Bauarbeiten im eigenen Namen vergeben, wird idR nur anteilige Verpflichtung der Besteller anzunehmen sein (BGHZ 75, 28; 76, 90; OLG Stuttgart NJW-RR 11, 527, s aber zur Bauherren-GbR alten Rechts BGH NJW-RR 2011, 2040 Rn. 22 ff.; 2014, 349; → § 705 aF bis 1.1.2024 Rn. 11; Jagenburg NJW 1981, 2394; zweifelhaft KG NJW-RR 2007, 232; → § 427 Rn. 2); idR mehrere Schuldner aus § 906 II 2 (BGH NJW 1979, 165); mehrere unterhaltspflichtige gleich nahe Verwandte (§ 1606 III 1; OLG Köln FamRZ 2019, 1143, 1144); Flugscheinkosten bei Gruppenbuchungen nach Annullierung; aA Woitkewitsch NJW 2022, 1134 Rn. 6 f.: § 432); Schüler bei Bestellung einer Klassenfahrt durch Klassenlehrer (OLG Frankfurt a. M. NJW 1986, 1942, s aber NJW-RR 1991, 283); Heizölsammelbestellung (LG Augsburg NJW-RR 2004, 852); Käufer von ideellen Bruchteilen eines Grundstücks (OLG Köln OLGZ 1979, 488); uU Miterbenhaftung für Nachlassverbindlichkeiten, vgl → §§ 2058–2063 Rn. 6. Unterlassungsansprüche richten sich gegen jeden einzelnen Störer, keine Gesamtschuld zwischen den einzelnen Störern (BGH BeckRS 2020, 36575 Rn. 35).

§ 421 Gesamtschuldner

[1]Schulden mehrere eine Leistung in der Weise, dass jeder die ganze Leistung zu bewirken verpflichtet, der Gläubiger aber die Leistung nur einmal zu fordern berechtigt ist (Gesamtschuldner), so kann der Gläubiger die Leistung nach seinem Belieben von jedem der Schuldner ganz oder zu einem Teil fordern. [2]Bis zur Bewirkung der ganzen Leistung bleiben sämtliche Schuldner verpflichtet.

Lit.: s Vor § 420.

1. Wesen der Gesamtschuld. Rspr und Lit forderten zur ges Definition zusätzlich einen *inneren Zusammenhang* der Haftungsgründe im Sinne einer *Zweckgemeinschaft* (s. BGHZ 59, 99 ff. mN). Ausreichend ist die *Identität des Leistungsinteresses,* der Leistungsinhalt der Verpflichtungen muss sich nicht *genau* decken (BGHZ 43, 232; 176, 56 f.); auch der *unterschiedliche Rechtsgrund* der Schuldnerhaftung steht einer Gesamtschuld nicht entgegen (BGHZ 58, 192; 52, 44; BGH NJW 1991, 1685; 1992, 2818; OLG Düsseldorf NJW 1995, 2565). Die jüngere Lit und Rspr heben weniger auf die Zweckgemeinschaft als auf die *Gleichstufigkeit* der Verpflichtungen ab (BGHZ 176, 56 f.; 106, 319; 108, 183; BGH NJW 1998, 539; 2007, 1208; 2012, 1947): es muss im Innenverhältnis zwischen den Schuldnern *grundsätzlich wechselseitiger Regress* möglich sein, es darf nicht ein Schuldner grundsätzlich primär verpflichtet und der zunächst leistende andere Schuldner voll ausgleichsberechtigt sein (str), mag auch im Einzelfall volle Ausgleichspflicht bestehen. Die Lehre von der Zweckgemeinschaft und die Gleichstufigkeitstheorie führen zu ähnlichen Ergebnissen, weil beide letztlich Gleichheit oder Vergleichbarkeit des inneren Grundes der Schuldnerhaftung fordern; denn nach ihm beurteilen sich die „Zweckgemeinschaft" und die grundsätzliche Möglichkeit wechselseitigen Ausgleichs (zum Meinungsstand MüKoBGB/Heinemeyer § 421 Rn. 9 ff.). 1 2

2. Gesetzliche Fälle der Gesamtschuld. Vgl §§ 42 II, 53, 54, 86, 88, 89 II, 427, 431, 546 II (BGH NZM 2014, 582: Gesamtschuld auch für Nutzungsersatz bei verzögerter Räumung), 613a II (hierzu BGH NJW 1985, 2644), 651b II, 769 (s. BGH NJW 1987, 375; 1987, 3124: Ausschluss in AGB), 840 I, 1108 II, 1357 I 2 (LG Karlsruhe NJW-RR 2013, 1327), 1437 II, 1459 II, 2058, 2219, 2382; § 128 HGB aF bzw *§§ 124 ff. HGB nF* (voll haftende Gesellschafter untereinander und soweit notwendig beschränkt haftende Kommanditisten in Höhe offener Einlagen (BGHZ 109, 334, 344; hingegen keine Gesamtschuld zwischen OHG und Gesellschafter oder BGB-Gesellschaft und Gesellschafter, sondern nur fallweise zu prü- 3 fende entspr Anwendung der §§ 421 ff.: BGHZ 104, 78 mN; 146, 341 ff = NJW 2001, 1056, 1061 (zu rechtlichen Wirkungslosigkeit dieser Entscheidung bei hoher Wirkungsmacht § 705 aF bis 1.1.2023 Rn. 1 und Stürner Jura 2022, 463 ff; vgl → §§ 422–424 Rn. 5; → § 425 Rn. 6, 10; → §§ 714, 715 aF Rn. 2 mit Darstellung der Reformgesetzgebung *§§ 719–721 nF ab 1.1.2024* Rn. 8; zur subsidiären Haftung von Gesellschaftern gegenüber Mitgesellschaftern nach Gläubigerbefriedigung → § 707 aF Rn. 2 mit Darstellung der Reformgesetzgebung *§ 710 nF ab 1.1.2024* mAnm); § 8 PartGG (→ § 705 Rn. 10); § 133 UmwG; mehrere aus Gefährdung Haftpflichtige, arg § 13 HPflG, § 17 StVG; § 115 I 4 VVG (§ 3 Nr. 2 aF PflVG); § 5 S. 1 ProdHaftG; → Rn. 8 f. und → § 425 Rn. 11; § 100 IV ZPO (abl für Hauptschuldner und Bürge OLG Saarbrücken NJW-RR 2017, 62); § 78 VVG; § 48 S. 2 Beamtenstatusgesetz (dazu BGHZ 202, 105: privatrechtliche Qualifikation des Ausgleichsanspruchs gemäß § 426). Die Teilrechtsfähigkeit der Wohnungseigentümergemeinschaft (BGHZ 163, 154; gem § 10 VI, VIII 1 aF bzw. § 9a nF WEG) hindert trotz der nunmehr angeordneten gesamtschuldnerähnlichen Pro-rata-Mithaftung der einzelnen Wohnungseigentümer neben der Eigentümergemeinschaft (§ 9a IV WEG) nicht die Geltung einer vertraglich klar vereinbarten (BGH NJW 2010, 932) oder im kommunalen Abgabenrecht angeordneten gesamtschuldnerischen vollen Haftung der Wohnungseigentümer (BVerwG NJW 2006, 791; BGHZ 181, 308 f. = NJW 2009, 2522; BGH NJW 2014, 1093 [1094]: Erstattungsanspruch des als Gesamtschuldner haftenden Miteigentümers gem § 10 VI 3 aF WEG gegen Gemeinschaft, unter § 9a nF WEG Ausgleichsanspruch gegen Gemeinschaft nach § 426 (Grüneberg (vormals Palandt)/Wicke § 9a nF WEG Rn. 19); sa BGH NJW 2012, 1950: Haftung allein der teilrechtsfähigen vertragschließenden Gemeinschaft bei Fehlen einer landesrechtlichen Anordnung gesamtschuldnerischer Haftung unter altem Recht; jedoch Geltung des § 9a IV nF WEG unter neuem Recht auch in solchen Fällen). Der teilrechtsfähigen Gemeinschaft können mehrere schädigende Wohnungseigentümer als Gesamtschuldner haften (BGHZ 163, 176). Mehrere nach einer Straftat von der Verfallerklärung für aus Straftaten erlangte Vermögenswerte erfasste Tatbeteiligte oder Drittbegünstigte (§§ 73 ff. StGB) haften als Gesamtschuldner (BGH NJW 2011, 624 Rn. 15 ff.; ähnlich, aber ohne ausdrückliche Berufung auf §§ 421 ff. BGH NJW 2020, 3046 Rn. 19 u 22 ff.).

4 **3. Fälle der Gesamtschuld kraft Zweckgemeinschaft.** Mehrere auf gleicher Stufe stehende Sicherungsgeber (BGHZ 108, 179; BGH NJW 2009, 437; 2017, 557; → § 426 Rn. 4); Dienstherr aus Fürsorgepflichtverletzung und Dritter aus §§ 823 ff. bzw StVG bei Verkehrsunfall eines Bediensteten (BGHZ 6, 24 f.; 43, 184 ff.); öffentl Hand und Dritter bei Verkehrsunfall (entgegen § 839 I 2: BGHZ 94, 175; anders bei Inanspruchnahme von Sonderrechten – § 35 I StVO: BGHZ 85, 225); Unfallverursacher und behandelnder Arzt, dem ein nicht völlig fern liegender Behandlungsfehler unterläuft, hinsichtlich Schmerzensgeld (OLGR Braunschweig 2004, 464); Bund nach Amtshaftungsgrundsätzen und privatrechtlicher Träger der Beschäftigungsstelle aus Vertrag (§ 278) bei Fehlverhalten eines Zivildienstleistenden (BGH NJW 2003, 350 mAnm von Schmitt LMK 2003, 22: § 839 I 2 nicht anwendbar; → § 426 Rn. 3); Verkehrsteilnehmer und Elternteil, der anlässlich eines Unfalls seine familienrechtliche Obhutspflicht verletzt (BGHZ 73, 190; 103, 344; sa BGHZ 159, 320: kein Gesamtschuldverhältnis mit Erfüllungswirkung nach § 422 zwischen Anspruch aus § 843 gegen den Schädiger und Pflegeleistungen der unterhaltspflichtigen Mutter, die durch Obhutspflichtverletzung zum Unfall beigetragen hat); Architekt und Handwerker bei Mängelbeseitigungsansprüchen des Bauherrn (BGHZ 51, 275 ff.; BGH NJW 2016, 1020 Rn. 16 ff.; NJW-RR 2008, 261; ähnlich BGH NJW-RR 2008, 177; anders noch BGHZ 39, 264); mehrere Unternehmer mit unterschiedlichen Gewerken bei nur einheitlich zu beseitigenden Mängeln (BGHZ 155, 265); Architekt und Statiker für Baumängel (BGH VersR 1971, 667; OLG München NJW-RR 2011, 530, 531; Bauträger und Handwerker bei Sonderwünsche betreffende Mängeln (OLG Karlsruhe NJW 2016, 1829 Rn. 27 mAnm von

Voit); Mitglieder einer vermietenden Bruchteilsgemeinschaft für Gewährleistungsansprüche (BGH NJW 2020, 683 Rn. 36; sa → §§ 743–748 Rn. 12); Bauunternehmer und Vermieter bei baumängelbedingten Schäden am Eigentum des Mieters (BGH NJW 1994, 2231); Architekt aus § 823 I und Bauherr aus § 906 II (BGHZ 85, 386); Betreiber einer Telekommunikationslinie und Netzeigentümer für Ausgleichsansprüche nach § 76 II 2 TKG 2004 (BGH NJW-RR 2012, 1335); Prozessbevollmächtigter und Verkehrsanwalt im Haftungsfall (OLG München MDR 1998, 968); Treuhänder bei Verletzung seiner Betreuungspflicht und begünstigter Bauherr bei vertragswidriger Erstellung einer zu kleinen Fläche (BGH NJW-RR 1991, 664); Dieb aus § 823 und Abnehmer aus § 816 I gegenüber dem Eigentümer (BGHZ 52, 39 ff.; str); Schuldner aus § 816 I 1 und Fahrlässigkeitstäter aus § 823 I (BGH JZ 1984, 230 mablAnm von Reinicke/Tiedtke); Schuldner eines Leibrentenversprechens und Eigentümer des mit einer entspr Reallast belasteten Grundstücks (BGHZ 5
58, 191 ff.; BGH NJW 1991, 2899; 1993, 2617); ersatzpflichtiger Vertragspartner und ersatzpflichtiger Dritter (§ 823 I) bei Eigentumsverletzung (BGHZ 59, 97 ff.; BGH NJW 1981, 751; → Rn. 7), auch wenn der Dritte Erfüllungsgehilfe des Vertragspartners ist (BGH LM Nr. 9 zu § 426; BGH VersR 1969, 737); Verkäufer und Besitzer für Nutzungen, die dem Käufer zustehen, pVV und § 987 (OLG Köln NJW 1984, 1690); Vertretener und Vertreter ohne Vertretungsmacht bei gemeinsamer Haftung für Schäden wegen Scheiterns des Vertragsschlusses (BGH NJW 2013, 928); Verkäufer wegen Sachmangels und werkvertraglich verpflichteter Gutachter für fehlsame Begutachtung (BGH NJW 2012, 1070 u 2012, 1071]); mehrere Berater bei Pflichtverletzungen in derselben Beratungsangelegenheit (BGH NJW 2001, 3477); mehrere gleichzeitig Beschenkte hinsichtlich des Rückgewähranspruchs des verarmten Schenkers (BGH NJW 1998, 537); mehrere mit dem Regressgläubiger durch Teilungsabkommen verbundene Haftpflichtversicherer, sofern sie nach ges Haftungslage leisten müssen (BGH LM Nr. 10; → Rn. 8); mehrere für das gleiche Schadensereignis leistungspflichtige Versicherer (BGH NJW 2018, 2120 Rn. 22: Krankenhaus- und Arztversicherer; BGHZ 187, 211 = NJW 2011, 447: Kfz- und Anhängerversicherer; ähnlich bei Mieterhaftpflicht und Gebäudehaftpflicht: BGHZ 169, 86; OLG Koblenz NJW-RR 2011, 33; Bartosch/Koch NJW 2011, 484); Leasingnehmer und Kaskoversicherer bei Verletzung ihrer Verträge mit dem Leasinggeber und identischem Schaden (OLG München OLGZ 1983, 446); Versicherer und Schädiger gemäß §§ 115 I 4, 116 VVG (BGH NJW 2019, 3788 Rn. 17; OLG Rostock NJW-RR 2021, 1256 Rn. 10); Steuerschuldner und Haftungsschuldner (BGH NJW 1993, 585); Mitglieder einer ärztlichen Gemeinschaftspraxis mit gleicher Gebietsbezeichnung, die gegenüber Kassenpatienten gemeinschaftlich auftreten, im Rahmen der vertraglichen Haftpflicht eines anderen Mitglieds (BGHZ 142, 135 ff. = NJW 1999, 2731; hierzu Emmerich JuS 2000, 189); Krankenhaus und Honorararzt (BGH NJW 2018, 2120 Rn. 14 ff.); organschaftlicher Vertreter und GmbH hinsichtlich eines von dem Vertreter abgegebenen konstitutiven Schuldanerkenntnisses wegen rückständiger Sozialabgaben (BGH NJW-RR 2007, 1408; im Innenverhältnis ist alleine die Gesellschaft zahlungspflichtig); mehrere nach § 64 GmbHG haftende Geschäftsführer (BGH NJW 2019, 1067 Rn. 40); mehrere nach § 15b InsO haftende Geschäftsführer (BGH NZG 2019, 225 Rn. 40); Alt- und *Neukommanditist für* ausstehende Einlage in Höhe der Haftsumme (BGH NJW-RR 2019, 811 Rn. 19); Angewiesener und Zuwendungsempfänger, wenn der Anweisende (späterer Insolvenzschuldner) in Gläubigerbenachteiligungsabsicht seinen Schuldner anweist, direkt an einen Gläubiger zu bezahlen (BGHZ 174, 314); Arbeitgeber und Vorgesetzter bei Ersatzansprüchen eines Arbeitnehmers wegen Mobbings (LAG Berlin NZA-RR 2006, 67); Arbeitgeber und Gruppenunterstützungskasse bei Versorgungsansprüchen des Arbeitnehmers aus Ungleichbehandlung, wenn der Arbeitnehmer in die Gruppenunterstützungskasse aufgenommen ist (BAG NZA 2010, 708 f.). Die Gesamtschuld bleibt auch erhalten, wenn die Schuldner vereinbaren, etwa im Falle eines Kredits jeweils die Hälfte der Raten zu bezahlen und der Gläubiger diese Vereinbarung gegenzeichnet (OLG Hamm WM 1991,

1460). Vgl iÜ → §§ 714, 715 aF bis 1.1.2024 Rn. 9 ff. mit Darstellung der Reform des Rechts der GbR bei §§ 719–722 nF ab 1.1.2024 Rn. 8; → §§ 1437–1440 Rn. 2 ff., → §§ 1459–1462 Rn. 2 ff.; → §§ 2058–2063 Rn. 5 ff., 8; → §§ 743–748 Rn. 12.

6 **4. Fehlende Zweckgemeinschaft bzw Gleichstufigkeit. a)** In Fällen des **ges Forderungsübergangs** gewährt ein Schuldner als Institution öffentl oder privater Daseinsvorsorge (zB Arbeitgeber, Versicherung usw) Schutz vor Schäden, für die ohne soziale oder versicherungsmäßige Absicherung allein ein anderer Schuldner haften würde (vgl § 86 VVG; § 116 SGB X; § 6 EFZG; § 87a aF BBG; ähnlich § 94 SGB XII). Es fehlt dabei an der Kongruenz des inneren Grundes für die Einstandspflicht, so dass der aus sozialen oder versicherungsbedingten Gründen leistungspflichtige Schuldner und der „an sich" haftende Schuldner *keine* Gesamtschuldner sind (BGHZ 13, 365 f.; NJW-RR 2009, 1030); vielmehr ist stets die einseitige Endhaftung des andern Schuldners anzunehmen, die sich im Forderungsübergang
7 verwirklicht (s aber § 115 I 4 VVG; sa → § 421 Rn. 5). **b)** Sofern ein Schuldner bei Leistung einen **Anspruch auf Abtretung der Ansprüche des Gläubigers gegen den andern Schuldner** hat (§§ 255, 285 I, 242), liegt ebenfalls keine Gesamtschuld vor, weil in solchen Fällen die Endhaftung des Schuldners der abgetretenen Forderung feststeht (vgl OLG Karlsruhe NJW-RR 1998, 601 f.). Ermöglicht der Entleiher fahrlässig den Diebstahl der Leihsache, so kann er Zug um Zug gegen die Ersatzleistung (§§ 604 I, 280 III, 281 II) Abtretung der Ansprüche des Verleihers gegen den Dieb (§§ 985, 990, 992, 823 I) verlangen (Larenz SchR I § 32 I; → § 255 Rn. 1). Die Bewertung dieser Interessenlage ist abzugrenzen gegen den Fall, dass der Vertragspartner und ein Dritter beide fahrlässig Eigentum verletzen (BGHZ 59, 97 ff.; → Rn. 3 f.) und folglich wegen Kongruenz des inneren Grundes der Haftung Gesamtschuldner sind (str, aA Reinicke/Tiedtke, Gesamtschuld und Schuldsicherung, 1988, S. 28 ff.); für § 255 und gegen Gesamtschuld bei Haftung des Verkäufers aus Rückabwicklung oder Schadensersatz neben dem Emittenten aus Prospekthaftung Weiss NJW 2017, 3478 ff. mit weiteren Beispielen; offen insoweit BGH NJW
8 2017, 61. **c) Einzelfälle.** Gegenüber der Berufsgenossenschaft sind der Schädiger, der kraft Forderungsübergangs Schuldner des Sozialversicherungsträgers wurde, und der Unternehmer, der seiner Berufsgenossenschaft gem § 110 f. SGB VII bzw § 640 aF RVO haftet, nicht ausgleichungspflichtige Gesamtschuldner; Bereicherungsausgleich (BGH MDR 1981, 928; sa BGHZ 19, 123 ff.). Ein vertraglicher Anspruch des Vermieters auf Durchführung von Schönheitsreparaturen gegen den Altmieter *und* den Neumieter wird selten gegeben sein (BGH NJW 1968, 491: Anspruchskumulation; zu Endrenovierungsklauseln und ihrer regelmäßigen Unwirksamkeit BGH NJW 2009, 2590); iÜ wäre die Gesamtschuld mangels Zweckgemeinschaft zu verneinen (Grüneberg (vormals Palandt)/Weidenkaff § 535 Rn. 52). Leistet ein Haftpflichtversicherer auf Grund Teilungsabkommens an den Regressgläubiger, ohne nach ges Haftungslage leisten zu müssen, so soll er andere Abkommensschuldner entspr der ges Haftungslage nach § 812 I 1 beanspruchen können (BGH LM Nr. 10; → Rn. 5); Gleiches gilt für den Ersatzpflichtigen selbst (BGH NJW 1981, 1909;
9 Denck NJW 1982, 2054). Zwischen einem Nebentäter und dem Kfz-Versicherer des anderen Nebentäters besteht keine Gesamtschuld (BGH NJW 1981, 681; sa BGH NJW 2007, 1208; 2008, 1208 für Versicherer und Diebstahlsgehilfin bzw Dieb), ebenso wenig zwischen mehreren polizeilichen Störern bei gestaffelter Zugriffsmöglichkeit (BGH NJW 1981, 2458) und sogar bei gleichstufigen Störern (BGH NJW 2014, 2731; offen VGH Kassel NJW 1984, 1199); anders aber bei abweichender gesetzlicher Regelung: § 24 II BBodSchG u hierzu BGH NJW-RR 2004, 1243; 2012, 3778; zu landesrechtlichem Ordnungsrecht BGH NJW 2014, 2731; → § 426 Rn. 2; sa für Unterlassungsansprüche → § 420 Rn. 3. Keine Gesamtschuld existiert zwischen mehreren Verletzten innerhalb einer Verletzerkette, wenn nicht ein Fall des § 830 oder § 840 I vorliegt (BGHZ 181, 122). Haupt- und Subunternehmer sind nicht Gesamtschuldner des Bauherrn (BGH NJW 1981, 1779;

OLG Hamm NJW-RR 1992, 850) – anders aber beide gegenüber anderem gemeinsamen Hauptunternehmer: OLG Celle NJW-RR 2010, 239; nicht Handwerker und Architekt bei Verletzung seiner Objektbegehungspflicht (BGH NJW 2023, 601 Rn. 36). Der Baulastpflichtige kann vom ersatzberechtigten Baueigentümer Abtretung gem § 255 verlangen (str, aA RGZ 82, 206 – „Dombrandfall", s dazu Wendtland Jura 2004, 325). Keine Gesamtschuld besteht zwischen dem Verleiher und dem Entleiher von unter Verstoß gegen § 1 AÜG überlassenen Arbeitnehmern; insoweit enthalten §§ 9, 10 AÜG eine abschließende Regelung (BGH NJW 2000, 3495). Gleichstufigkeit besteht nicht zwischen auf Strafentschädigung haftendem Land (§ 7 StrEG) und Drittschädiger (BGHZ 106, 319); ebenso wenig zwischen dinglich haftenden Miterben und dem Bezugsberechtigten einer zur Sicherung abgetretenen Lebensversicherung (OLG Koblenz VersR 2007, 1257). Keine Gesamtschuld besteht zwischen Arbeitnehmer und einem Dritten gegenüber dem Arbeitgeber, wenn die Arbeitnehmerhaftung und die deliktische Haftung nur eine rein zufällige Verbindung zueinander haben (LAG Köln LAGE § 2 ArbGG 1979 Nr. 51); keine Gesamtschuld zwischen Entleiher und Verleiher in Fällen rechtswidrig überlassener Arbeitskräfte (BGH NJW 2000, 3492, 3495). An der Gleichstufigkeit fehlt es auch zwischen der privaten Krankenversicherung und der gesetzlichen Unfallversicherung (LG München VersR 2009, 626) und im Verhältnis zwischen Haupt- u Ausfallbürge (BGH NJW 2012, 1947; → § 426 Rn. 2); ebenso zwischen dem Sicherungsnehmer und Sicherungsgeber bei Vereinbarung einer Reparaturklausel für Unfallschäden (BGH NJW 2021, 550 Rn. 18).

5. Rechtsfolge. Sie besteht formelhaft zusammengefasst in der „Paschastellung 10
des Gläubigers": er kann nach *Belieben* jeden Gesamtschuldner ganz oder teilweise in Anspruch nehmen und mit dem Regressrisiko belasten (BGH WM 1984, 906; 1984, 1309; BGH NJW 2011, 293; 2012, 1070); dies gilt auch in der Insolvenz der Gesamtschuldner (§ 43 f. InsO) und auch, wenn eine Behörde Gläubiger ist (VGH Kassel FamRZ 1992, 1363; str: für weites Ermessen bei gleicher Anspruchsgrundlage gegen verschiedene Schuldner, BVerwG NJW 1993, 1669; NVwZ 1983, 222 f.; OVG Münster NJW 1989, 2561; OVG Dresden NVwZ-RR 1999, 788 f.). Jeder Gesamtschuldner schuldet aber nur die Kosten einer gegen ihn gerichteten Rechtsverfolgung (BGH NJW 1990, 910), wobei allerdings fremde Kosten die Erfüllungswirkung von Zahlungen der Mitschuldner mindern (§§ 422 I 1, 367 I). Nach Bejahung der Gesamtschuld zwischen Architekt und Unternehmer bei Mängelbeseitigung (→ Rn. 4) gilt das Gläubigerwahlrecht auch für den Besteller bzw Bauherrn (insoweit überholt BGH NJW 1962, 1499). Ein Arbeitsverhältnis zwischen Gläubiger und einem Gesamtschuldner kann uU zur primären Inanspruchnahme des Dritten verpflichten (BAGE 18, 199; fragwürdig). Wenn der Gläubiger eine dingliche Sicherheit aufgibt, die auf den beanspruchten Gesamtschuldner übergegangen wäre (§§ 426 II, 401, 412), greift uU die Arglisteinrede (BGH NJW 1983, 1423; nicht § 776 analog: OLG Hamm ZIP 1983, 922); idR kein Rechtsmissbrauch bei Inanspruchnahme des im Innenverhältnis freigestellten Gesamtschuldners (BGH NJW 1991, 1289) – Rechtsmissbrauch kann nur in krassen Ausnahmefällen angenommen werden (BGHZ 173, 7; 184, 45 f. = NJW 2010, 863; NJW 2012, 1071 u 2012 1072).

6. Prozessuales. Bei Verurteilung eines einzelnen Gesamtschuldners kann 11
Gesamtschuldnerschaft unerwähnt bleiben (BGHZ 111, 276); keine Wirkung rechtskräftiger Verurteilung auf das Innenverhältnis zu anderen Gesamtschuldnern (OLG Düsseldorf NJW-RR 1992, 922). Gesamtschuldner sind einfache Streitgenossen (vgl → § 425 Rn. 1; zur Streitgenossenschaft gemeinschaftlicher Schuldner vgl → § 431 Rn. 3). Ausnahmsweise ist Rechtskrafterstreckung möglich (vgl → § 425 Rn. 6, 11). Ein potentieller Gemeinschuldner kann dem zivilprozessualen Beweissicherungsverfahren gem § 66 I ZPO als Nebenintervenient beitreten, in dem über die Forderung gegenüber einem weiteren potentiellen Gemeinschuldner Beweis erhoben wird, sein rechtliches Interesse folgt aus §§ 422I 1, 426 II 1 (BGH NJW

2016, 1020 Rn. 16 ff. für Bauhandwerker und Architekt in einem Baumängelverfahren; hierzu Schwenker NJW 2016, 989 ff.).

§ 422 Wirkung der Erfüllung

(1) [1]**Die Erfüllung durch einen Gesamtschuldner wirkt auch für die übrigen Schuldner.** [2]**Das Gleiche gilt von der Leistung an Erfüllungs statt, der Hinterlegung und der Aufrechnung.**

(2) **Eine Forderung, die einem Gesamtschuldner zusteht, kann nicht von den übrigen Schuldnern aufgerechnet werden.**

§ 423 Wirkung des Erlasses

Ein zwischen dem Gläubiger und einem Gesamtschuldner vereinbarter Erlass wirkt auch für die übrigen Schuldner, wenn die Vertragschließenden das ganze Schuldverhältnis aufheben wollten.

§ 424 Wirkung des Gläubigerverzugs

Der Verzug des Gläubigers gegenüber einem Gesamtschuldner wirkt auch für die übrigen Schuldner.

Anmerkungen zu den §§ 422–424

1 Die Vorschriften behandeln **gesamtwirkende Tatsachen,** auf die sich alle Schuldner berufen können. **a) Erfüllung bzw Erfüllungssurrogate,** § 422 (BGHZ 72, 272; BGH NJW 2018, 1242 Rn. 10: teilweise Zahlung; BGH NZG 2020, 1149: Zahlung anderer Kommanditisten zur Deckung der von der Haftung erfassten Gesellschaftsschulden; dazu Hirte NW 2021, 3370 Rn. 49 mN; LG Saarbrücken NJW-RR 2012, 161: Aufrechnung; zu ihrer Beschränkung gem § 422 II BGH NJW-RR 2010, 1664 Rn. 18). Nach BGH NJW 1987, 376 ist § 422 abdingbar (zweifelhaft, vgl auch Wolf NJW 1987, 2472); zum Innenverh → § 426 Rn. 1. Einzelwirkung kann aber nicht nachträglich zu Lasten der übrigen Gesamtschuldner herbeigeführt werden (BGH VersR 1984, 327). Die Erfüllung bewirkt nur Erlöschen der Forderung, wenn mangels Ausgleichsanspruchs ein Anspruchsübergang (§ 426 II) nicht stattfindet (BGH NJW 1991, 98; 2016, 1020, Rn. 17); sonst Fortfall der Aktivlegitimation des Gläubigers mit dem Übergang (zur Vereinbarung über den gemäß § 426 II übergehenden Forderungsteil bei nur teilweiser vergleichsweiser Einigung BGH NJW 2019, 1067 Rn. 42 f.; dort auch zur entsprechenden Anwendung des § 366 II bei fehlender Bestimmung des Schuldners; dazu noch OLG Koblenz NJW 2008, 3006, 3007). Erfüllung durch eine Partei nach Verurteilung als Gesamtschuldner lässt die Beschwer der anderen Gesamtschuldner nicht entfallen, so dass diese ein Berufungsverfahren weiter betreiben können mit dem Ziel, der Erledigung des Rechtsstreits zu widersprechen und eine Abweisung der Klage zu erreichen (BGH NJW 2000, 1120; NJW 2016, 3186 Rn. 43 ff.). § 422 II wiederholt das Tatbestandsmerkmal der Gegenseitigkeit bei Aufrechnung innerhalb des Gesamt-
2 schuldverhältnisses (vgl → § 387 Rn. 3 ff.). **b) Gläubigerverzug als Folge des Erfüllungsversuchs** eines Gesamtschuldners wirkt folgerichtig für alle (§ 424). **c)** Beim **Erlass als Erlöschensgrund** ist zu unterscheiden (BGH NJW 1986, 1098; Einsiedler MDR 2009, 1369): **aa)** Zwischen Gläubiger und einem Gesamtschuldner **vereinbarte Gesamtwirkung** wirkt für alle (zB Wirkung eines Erlasses gegenüber dem Versicherungsnehmer auch für den Haftpflichtversicherer gem § 115 I 4 VVG bzw § 3 Nr. 2 aF PflVG, OLG Köln VersR 1969, 1027; Wirkung eines Erlasses des Fahrzeugversicherers gegenüber Haftpflichtversicherer für den Schädiger, BGH NJW 1993, 1111; Verzicht gegenüber dem im Innenverhältnis allein haftenden

wirtschaftlichen Hauptschuldner, OLG Karlsruhe NJW-RR 2010, 1674; BGH NJW 2000, 1942; 2012, 1073); zum Erlassvergleich mit Gesamtwirkung Danwerth NJW 2017, 2869. **bb)** Zwischen Gläubiger und Schuldner kann – wie iZw anzu- 3
nehmen (BGH NJW 2000, 1943; BGH NJW-RR 2005, 36; OLG Karlsruhe NJW-RR 2010, 1672) – **Einzelwirkung** in der Weise gewollt sein, dass der Gläubiger vom einzelnen Gesamtschuldner nicht mehr fordern darf (pactum de non petendo), die übrigen Gesamtschuldner aber leistungspflichtig und ausgleichungsberechtigt (§ 426) bleiben (zB Entlassung eines Bürgen im Verhältnis zu weiteren Bürgen: BGH NJW 1992, 2286; Vergleich bei gesamtschuldnerisch haftenden Werkunternehmern: BGHZ 155, 271 f.). **cc)** Von **beschränkter Gesamtwirkung** spricht man, wenn 4
der kontrahierende Schuldner gegenüber dem Gläubiger frei wird und die Schuld der übrigen Gesamtschuldner um den Ausgleichsbetrag des frei werdenden Schuldners gekürzt wird, wobei dann auch die Ausgleichungspflicht des befreiten Schuldners im Innenverhältnis entfällt (vgl OLG Oldenburg OLGR 1999, 319; BGH NJW 2000, 1943; 2012, 1073; NJW-RR 2005, 34; auch → § 426 Rn. 22 ff.; → § 840 Rn. 8 f.). **dd)** Da zwischen **OHG und Gesellschafter** kein Gesamtschuldverhältnis 5
besteht und §§ 421 ff. nur entspr gelten (→ § 421 Rn. 3), ergibt sich folgende, der Interessenlage angepasste Regelung: kein Erlass gegenüber OHG bei Fortbestand der Forderung gegenüber dem Gesellschafter (BGHZ 47, 378 ff.), wohl aber umgekehrt (BGH BB 1971, 975); zur Tilgungsanrechnung bei quotaler Haftung der Gesellschafter → § 366 Rn. 1, → §§ 714, 715 aF Rn. 4 u 5 bzw §§ 719–722 nF ab 1.1.2024 Rn. 8. **d)** Beim **Vergleich** über eine Gesamtschuldforderung gelten je nach Inhalt die Ausführungen zu Erfüllung und Erlass entsprechend, insbesondere steht es dem Gläubiger frei, mit einem Gesamtschuldner einen Einzelvergleich oder einen Vergleich mit Gesamtwirkung zu schließen (BGH NJW 2019, 1067 Rn. 41 f.; zum Prozessvergleich, BGH NJW 2000, 1943 mAnm von Büchler EWiR 2000, 713; BGH NJW 2012, 1073; OLG Celle MDR 2008, 917; OLGR Koblenz 09, 770; zum Abfindungsvergleich mit Drittwirkung, LG München VersR 1983, 27; OLG Köln OLGZ 1993, 231; OLG Köln NJW-RR 1994, 1307). Der Widerruf des Vergleichs durch einen Gesamtschuldner lässt auch nach Erhalt der Vergleichssumme die weitergehende Forderung diesem gegenüber wieder aufleben (OLG München NJW 1995, 2422). **e)** Ein **Mitverschulden** des Schadensersatzgläubigers 6
(§ 254 I) wirkt zugunsten aller Gesamtschuldner, auch wenn Zurechnung nach § 278 erfolgt und nur ein Gesamtschuldner aus pVV, die übrigen aus Delikt haften (BGHZ 90, 90). **f)** Bei **Abtretung** ist idR die Abtretung gegen alle Gesamtschuldner gewollt (OLG Hamm NJW-RR 1998, 486); → § 401 Rn. 2.

§ 425 Wirkung anderer Tatsachen

(1) **Andere als die in den §§ 422 bis 424 bezeichneten Tatsachen wirken, soweit sich nicht aus dem Schuldverhältnis ein anderes ergibt, nur für und gegen den Gesamtschuldner, in dessen Person sie eintreten.**

(2) **Dies gilt insbesondere von der Kündigung, dem Verzug, dem Verschulden, von der Unmöglichkeit der Leistung in der Person eines Gesamtschuldners, von der Verjährung, deren Neubeginn, Hemmung und Ablaufhemmung, von der Vereinigung der Forderung mit der Schuld und von dem rechtskräftigen Urteil.**

1. Grundsatz der Einzelwirkung. Die Vorschrift stellt gem Abs. I den Grund- 1
satz der Einzelwirkung auf, soweit nicht §§ 422–424 vorliegen oder aus dem Schuldverhältnis ausnahmsweise anderes folgt (vgl → Rn. 8 ff.). Die Aufzählung gem Abs. II ist nur exemplarisch, nicht abschließend. Sie betrifft nur die Tatsachen, die nach Begründung der Gesamtschuld eintreten (BGH NJW 1987, 2864). Nach dem Grundsatz der Einzelwirkung können die Forderungen gegen die einzelnen Gesamtschuldner ein verschiedenes rechtliches Schicksal haben, so dass Gesamtschuldner im Prozess einfache Streitgenossen sind. Pfändungen wirken nur gegen Gesamt-

schuldner, denen der Pfändungsbeschluss zugestellt ist (BGH NJW 1998, 2904; OLG Köln NJW 2016, 252 Rn. 24).

2 **2. Einzelfälle der Einzelwirkung. a) Kündigung. aa) Fälligkeitskündigung** ist nur gegenüber jedem Schuldner möglich; Abbedingung mit § 307 I (= § 9 I aF AGBG) unvereinbar (BGHZ 108, 100 = NJW 1989, 2383 für Darlehen). Einzelwirkung gilt auch für die Fälligkeit an sich (BGHZ 108, 101; BGH NJW 2010, 1966) und für die Fälligkeitsfiktion nach § 41 I InsO bei Insolvenz eines Gesamtschuldners (BGH NJW 2000, 1409 für § 65 I aF KO). **bb) Kündigung von Dauerschuldverhältnissen** muss gegenüber allen Schuldnern erfolgen (zB Darlehen sofern keine Fälligkeitskündigung: BGH NJW 2002, 2866; zust Ehmann WuB I F 1c sonstige Mithaftung 6.02; gleich OLG Karlsruhe NJW 1989, 2137; oder außerordentliche Mietkündigung: BGHZ 96, 310; rechtsähnlich § 351; BGH NJW 2015, 473 Rn. 21 ff.). Die Insolvenz eines Mieters berechtigte den Vermieter unter Geltung der KO nicht zur Kündigung aller Mieter (BGHZ 26, 102 ff.); hingegen sollte der Konkursverwalter früher gem § 19 aF KO mit Wirkung für alle Mieter kündigen können (OLG Düsseldorf NJW-RR 1987, 1369; ausf Baur/Stürner, Insolvenzrecht, Rn. 9.62); unter Geltung der §§ 108 ff. InsO dürfte für Immobilien dasselbe richtig sein (MüKoInsO/Hoffmann § 109 Rn. 37 ff.; für Kündigung durch den Insolvenzverwalter BGH NJW 2013, 3232; zur Fortzahlungspflicht für Verzugszinsen durch nicht-insolvente Darlehensnehmer BGH NJW 2000, 1408); → Rn. 10; bei fristloser Kündigung (§ 553) wegen des Fehlverhaltens eines Mitmieters kann der Vermieter nach Abmahnung alle Mitmieter kündigen (OLG Düsseldorf NJW-RR 1987,
3 1371). **b) Verzug.** Eine Mahnung wirkt nur gegenüber dem gemahnten Gesamtschuldner (anders bei Mahnung des Haftpflichtversicherers: OLG Nürnberg NJW 1974, 1950). Schadensersatz (§§ 280 I, II iVm 286) kann nur vom betroffenen Schuldner verlangt werden, die übrigen schulden weiterhin die Primärleistung; vgl aber beim Rücktritt § 351 (Rücktrittsgrund in der Person eines Gesamtschuldners ausreichend, BGH NJW 1976, 1932). Bei Verzug mehrerer Gesamtschuldner besteht keine Gesamtschuld bezüglich der Kosten der einzelnen Prozesse (BGH NJW 1990,
4 910; OLG Brandenburg NJW-RR 2010, 1166). **c) Unmöglichkeit:** Der Primäranspruch entfällt nur bei obj Unmöglichkeit gegenüber allen Gesamtschuldnern (§§ 311a I, 275 I Alt. 2), bei subj nur gegenüber den Betroffenen (§§ 311a I, § 275 I Alt. 1); auch das Weigerungsrecht nach § 275 II kann nur vom betroffenen Schuldner geltend gemacht werden. Für die Sekundäransprüche gilt: Obj, zu vertretende Unmöglichkeit macht den betroffenen Gesamtschuldner ersatzpflichtig (§§ 280 I, 311a II), die übrigen werden frei (§ 275 I); subj, zu vertretende macht den betroffenen Gesamtschuldner ersatzpflichtig (§§ 280 I, 311a II), die übrigen schulden die Primärleistung. Zu § 254 I → §§ 422–424 Rn. 6; bei Mietverträgen ist das Verschulden eines Mitmieters allen Mietern zuzurechnen (AG Gießen NJW-RR 2008, 392; anders für Sonderfall LG Berlin NJW-RR 2002, 1452); Zurechnung des Verschuldens eines Gesellschafters an OHG oder KG gem §§ 31, 278, 831 wirkt auch zu Lasten der Ansprüche gegen alle Gesellschafter und ausgeschiedenen Gesellschaf-
5 ter (BGH NJW 1962, 536). **d) Verjährung:** Grundsätzlich Einzelwirkung (BGH NJW 2001, 964); ebenso bei Verwirkung (BGH NJW-RR 2002, 478); s. aber BGH NJW-RR 1996, 315 sowie BGH NJW 2008, 2044 (Gesamtwirkung verjährungseinschränkenden Verhaltens eines Anwaltssozius; zur Anwaltshaftung → §§ 714, 715 aF Rn. 7 zum alten Recht; zur Reform → §§ 719–722 nF ab 1.1.2024 Rn. 7); der Verzicht eines Anwalts auf die Einrede der Verjährung namens der Sozietät wirkt jedoch nicht zu Lasten eines ausgeschiedenen Sozietätsmitglieds (BGH NJW-RR 2006, 927; BGH NJW 2008, 2044); Verhandlungen zwischen geschädigtem Patienten und Krankenhausträger hemmen Verjährung von Ansprüchen gegen behandelnden Arzt nur dann, wenn erkennbar ist, dass der Krankenhausträger auch seine Interessen vertritt (OLG Oldenburg MDR 2008, 311); → Vor §§ 414, 415 Rn. 3 zum Schuldbeitritt. **e)** Der **Schutz der Vorschriften über Verbraucherdarlehen** (vgl insbes §§ 495, 355, 508 nF entspr §§ 7, 13 II, III a aF VerbrKrG) gilt auch

zugunsten des neben dem Käufer mithaftenden Dritten (BGHZ 91, 44 mN betr§ 5 AbzG; BGHZ 109, 317 betr § 1b AbzG; BGHZ 133, 74 f.; 220 betr §§ 1, 7 VerbrKrG; anders zur Bürgschaft BGH NJW 1998, 1940 mN und EuGH NJW 2000, 1323: keine Anwendbarkeit der VerbraucherKredit-RL auf Bürgschaft, selbst wenn Bürge und Schuldner Verbraucher sind; → Vor §§ 414, 415 Rn. 3 u → § 765 Rn. 12), auch wenn Käufer bzw Kreditnehmer selbst nicht Verbraucher ist (BGHZ 133, 71 = LM VerbrKrG Nr. 5 [Pfeiffer]; BGHZ 133, 220; 155, 243; 165, 46 f.; BGH NJW 2022, 190 Rn. 11 ff.; 1997, 3170; 1998, 1940). Der mithaftende Verkäufer, der sich neben dem Käufer gegenüber dem Finanzierungsinstitut gesamtschuldnerisch verpflichtet, kann sich zwar *nicht selbst* auf die Schutzwirkung der Vorschriften über Verbraucherverträge berufen (BGHZ 47, 250 ff.; 91, 44 f.) und zB widerrufen (BGH NJW 1993, 1913), wohl aber schuldet er nach dem Widerruf durch den Käufer nur noch Kapitalrückzahlung mit Zinsen und nicht etwa volle käufergleiche Leistung, es sei denn, es ist keine Schuldmitübernahme, sondern Garantie gegeben (BGH NJW 1993, 1913). **f)** Die **Einzelwirkung der Rechts-** 6
kraft (BGH NJW-RR 1993, 1267; OLG Stuttgart NJW-RR 2007, 740; OLG Bamberg NJOZ 2012, 936) gilt – bei nur entspr Anwendung der §§ 421 ff. (vgl → § 421 Rn. 3) – auch im Verhältnis zwischen OHG und *ausgeschiedenem* Gesellschafter (BGHZ 44, 233 f.); dies nur dann, wenn das Ausscheiden vor dem Rechtsstreit liegt und der Gesellschafter auf die Prozessführung der Gesellschaft keinen Einfluss hat (BGHZ 78, 121). Wohl aber muss der *nicht ausgeschiedene* Gesellschafter gem § 129 I aF HGB bzw 128 I nF HGB das Urteil gegen die Gesellschaft auch für sich gelten lassen, weil er die Prozessführung der Gesellschaft mitbestimmen kann (BGHZ 64, 156 ff.; BGH NJW 2011, 2049; MüKoBGB/Heinemeyer § 425 Rn. 25); ebenso der Gesellschafter einer Schein-KG (BGH NJW 1980, 785). Aber keine Rechtskraftwirkung des Urteils gegen die Gesellschafter für und gegen die Gesellschaft selbst (BGH NJW 2011, 2048; → §§ 714, 715 aF Rn. 10 unter altem Recht; gleich nach der Reform → §§ 719–721 nF ab 1.1.2024 Rn. 8); Bindungswirkung einer Steuerfestsetzung gegen GbR erstreckt sich nicht auf Einzelhaftung der Gesellschafter (BFH NJW 2019, 3788 Rn. 17). **g)** Bei **Konfusion** bleibt die 7
Forderung bestehen; die übrigen Gesamtschuldner haften dem Rechtsnachfolger pro rata (BAG NJW 1986, 3104; aA Rüßmann JuS 1988, 182). **h) Vergleich** ist ggf wie der Erlass zu behandeln (→ §§ 422–424 Rn. 2 f., s. OLG Hamm MDR 1990, 338). **i)** Die **Verwirkung** im Verhältnis zu einem Gesamtschuldner berührt nicht den Anspruch des Gläubigers gegenüber einem anderen Gesamtschuldner (BGH NJW-RR 2002, 479).

3. Ausnahmsweise Gesamtwirkung. Sie kann im Einzelfall aus Vereinbarung, 8
Inhalt oder Zweck des Gesamtschuldverhältnisses folgen (BGH NJW 2010, 1965). **a) Abgrenzung zur gemeinschaftlichen Schuld** (vgl → Vor § 420 Rn. 4): Gesamtschuld liegt nur vor, wenn jeder Schuldner die Leistung erbringen kann und Zusammenwirken *nicht* geschuldet ist; bei gemeinschaftlicher Schuld, die zum Zusammenwirken verpflichtet, gelten §§ 421 ff. ohnehin nicht (zutr Abgrenzung bei Larenz SchR I § 37 II; vgl → § 431 Rn. 3 f.). Die Frage ausnahmsweiser Gesamtwirkung stellt sich nur bei Gesamtschuldnern. **b) Einzelfälle. aa)** Zur *Haf-* 9
tung innerhalb einer **Anwaltssozietät** oder **Gemeinschaftspraxis** für das Verschulden des Mitschuldners vgl zum alten Recht → §§ 714, 715 aF Rn. 7, → § 705 aF Rn. 11, 29; sa OLG Koblenz MDR 2005, 1302; ebenso für Belegärztegemeinschaft BGHZ 165, 40 ff.; zum Recht nach der Reform → *§ 705 nF ab 1.1.2024 Rn. 7 u. 8; §§ 719–722 nF Rn. 8.* **bb) Mehrere Mieter als Gesamtschuldner** werden sich häufig nicht auf die Einzelwirkung in der Person des Mitmieters berufen können (vgl BGH NJW 2013, 3233 für Kündigung durch den Insolvenzverwalter eines Mitmieters; BGHZ 65, 226 ff. für schuldhafte Verletzung der Rückgabepflicht bei Automiete; OLG Düsseldorf ZIP 2000, 582 f.: kein Recht eines Mieters zur Mietzinsminderung, wenn der Mietmangel durch einen anderen Gesamtschuldner verursacht wurde; aA für § 19 S. 3 aF KO – jetzt § 109 I 3 InsO – dagegen OLG

Düsseldorf NJW-RR 1987, 1369; sa Baur/Stürner InsolvenzR Rn. 9.62 u
10 → Rn. 2). **cc)** Der **Gesellschafter einer OHG,** für dessen Verhältnis zur OHG §§ 421 ff. nur entspr gelten (vgl → § 421 Rn. 3), muss die Verwandlung der Gesellschaftsschuld in eine Geldschuld auch nach seinem Ausscheiden gegen sich gelten lassen (BGHZ 36, 228; 48, 203; s. nunmehr HGB § 160 I HGB). Die Klage gegen die Gesellschaft hemmt die Verjährung gegen den Gesellschafter, der bei Klageerhebung der Gesellschaft angehört (BGHZ 73, 223; 78, 120; Hadding ZGR 1981, 588); jedoch kann sich der Gesellschafter auf Verjährung gegenüber der OHG nicht berufen, falls ihm gegenüber die Verjährung neu begonnen hat (§ 212; zur Unterbrechung nach altem Recht BGHZ 104, 76; sa BGH NJW 1981, 2579). **dd)** Ein **Darlehensnehmer** muss den Kündigungsgrund, der in der Person seines gesamtschuldnerischen Mitdarlehensnehmers liegt, gegen sich gelten lassen (OLG München NJW-RR 1996, 370; OLG Hamm NJW-RR 2000, 714); sa BGHZ 111, 337 (Gesamtnichtigkeit gesamtschuldnerischer Darlehen, § 139).

11 **4. Sonderregelungen.** § 115 II VVG (§ 3 Nr. 3, 8 aF PflVG) mit abw Folgen für Gesamtschuldnerschaft gem § 115 I 4 VVG (§ 3 Nr. 2 aF PflVG) bei Verjährung (s. BGHZ 83, 166) und Rechtskraft (s. BGH NJW 1982, 996; 999); § 124 I VVG (BGH NJW-RR 2008, 803); § 5 S. 2 Hs. 2 ProdHaftG mit Verweis auf §§ 421–425.

§ 426 Ausgleichungspflicht, Forderungsübergang

(1) [1]**Die Gesamtschuldner sind im Verhältnis zueinander zu gleichen Anteilen verpflichtet, soweit nicht ein anderes bestimmt ist.** [2]**Kann von einem Gesamtschuldner der auf ihn entfallende Beitrag nicht erlangt werden, so ist der Ausfall von den übrigen zur Ausgleichung verpflichteten Schuldnern zu tragen.**

(2) [1]**Soweit ein Gesamtschuldner den Gläubiger befriedigt und von den übrigen Schuldnern Ausgleichung verlangen kann, geht die Forderung des Gläubigers gegen die übrigen Schuldner auf ihn über.** [2]**Der Übergang kann nicht zum Nachteil des Gläubigers geltend gemacht werden.**

Lit.: Grootens/Egner, Erklärung mit Nichtwissen – Keine Informationsbeschaffungspflicht bei bloßer Gesamtschuldnerschaft, NJW 2019, 3182 ff.; Janda, Mehrheit von Schuldnern und unterschiedliche Haftungsmaßstäbe, VersR 2012, 1078; Lorenz, Die Lehre von den Haftungs- und Zurechnungseinheiten etc, 1979; Roth, Haftungseinheiten bei § 254, 1982; Schmieder, Die gestörte Gesamtschuld – ein Normenkonflikt, JZ 2009, 189; Stamm, Die Bewältigung der „gestörten Gesamtschuld", NJW 2004, 811; Sohn, Grundlagen des Gesamtschuldnerausgleichs, NJW 2019, 2579; Zeisig, Benachteiligungsverbot und Befriedigungsvorrecht bei Legalzession im Gesamtschuldverhältnis, DZWIR 2010, 316.

1 **1. Bedeutung.** Die Vorschrift regelt den **Innenausgleich** zwischen den Gesamtschuldnern. *Vertraglicher Ausschluss* des Innenausgleichs durch Gesamtschuldner ist möglich (BGH NJW 2018, 2120 Rn. 18 ff.: Ausschluss eines Ausgleichs und Freistellung im Innenverhältnis bei Zusage voll freistellender Versicherung durch eine Klinik an einen Honorararzt), er liegt aber nicht ohne weiteres im Ausschluss der Vorzüge gesamtschuldnerischer Haftung (§§ 422 ff.; BGH NJW 1987, 3124 mN; vgl → § 424 Rn. 1; BGH NJW 1983, 2442: Ausschluss gesamtschuldnerischer Haftung im Außenverhältnis durch einzelne Schuldner schließt idR Innenausgleich nicht aus) und in der Vereinbarung, dass etwaige Zahlungen nur als Sicherheit geleistet werden (BGH NJW 1987, 375: jew. durch AGB für Mitbürgen). § 426
2 *enthält einen* **analogiefähigen** allg Rechtsgedanken. Ein Innenausgleich entspr § 426 ist deshalb auch zwischen mehreren auf gleicher Stufe stehenden Sicherungsgebern vorzunehmen (BGHZ 108, 183: Bürge und Grundschuldbesteller; BGH NJW 1992, 3228; 2001, 2330; 2009, 437 f.: Aufteilung nach Verhältnis der gegenüber dem Gläubiger übernommenen Haftungsrisiken; BGH NJW-RR 1991, 171: abw Zusatzvereinbarung; ferner BGH NJW-RR 1991, 500; str, vgl Tiedtke WM

1990, 1270 und DNotZ 1993, 291; Derleder NJW 2015, 817 [820]; → § 774 Rn. 12); ebenso beim Rückforderungsanspruch des verarmten Schenkers gegen mehrere gleichzeitig Beschenkte (BGH NJW 1998, 537). Nach Auffassung des BGH soll § 426 trotz fehlenden Gesamtschuldverhältnisses auf das Verhältnis zwischen Bürgen und Ausfallbürgen (BGH NJW 2012, 1947) und auf das Verhältnis von Kommanditist und Komplementär (BGH NJW_RR 02, 456) anwendbar sein, wenn der Kommanditist sich durch Tilgung von Gesellschaftsschulden einem persönlich haftenden Gesellschafter gleichstellt, ohne dazu im Außenverhältnis verpflichtet zu sein (dazu Schmidt JuS 2003, 228; ausführlich zur Anwendung des § 426 beim Haftungsausgleich im Personengesellschaftsrecht → §§ 714, 715 aF Rn. 2 zum alten Recht; zur Reform → §§ 719–722 nF ab 1.1.2024 Rn. 8). Die Anwendung von § 426 auf den Ausgleich zwischen polizeilich Verantwortlichen lehnt die Rspr ab (BGH NJW 2014, 2731; 1981, 2457; vgl Finkenauer NJW 1995, 432; Pohl NJW 1995, 1648); öffentlich-rechtliche Sondervorschriften wie § 24 II BBodSchG oder landesrechtliche Vorschriften können aber Sonderformen eines zivilrechtlichen Ausgleichsanspruchs unter mehreren Störern schaffen, der allerdings grundsätzlich abdingbar ist (zum Ganzen BGH NJW-RR 2004, 1243; BGH NJW 2012, 3778; 2014, 2731; → § 421 Rn. 9); ähnlich findet der Ausgleich zwischen mehreren nach § 48 S. 2 Beamtenstatusgesetz haftenden Beamten nach § 426 statt (BGHZ 228, 105 Rn. 13 ff.). Ausgleich der vom Arbeitgeber nachentrichteten Lohnsteuer durch den Arbeitnehmer (BAG NJW 2019, 695 Rn. 35 u 872 Rn. 17; sa → Rn. 9); ganze oder teilweise Freistellungspflicht des nach außen zusammen mit dem Arbeitnehmer haftenden Arbeitgebers bei mittlerer oder leichter Fahrlässigkeit (BAG NJW 1988, 2816; 1969, 2299, 2301); Ausgleich für den vom bisherigen Arbeitgeber nicht gewährten Urlaub nach Betriebsübergang durch Geldzahlung an den neuen Arbeitgeber (BAG NJW 1999, 2962; 1985, 2643); aber kein Ausgleichsanspruch zwischen Verleiher und Entleiher bei rechtwidriger Überlassung von Arbeitnehmern (BGH NJW 2000, 3492, 3495; sa → § 421 Rn. 8). Beim Innenausgleich geht es um **zwei verschiedene Gesichtspunkte:** die **Quote** der Erfüllungsbeteiligung jedes Gesamtschuldners (→ Rn. 3 ff.) und die **Anspruchsgrundlagen** des Innenausgleichs (→ Rn. 14 ff. u 21). Das Gesetz zur Abmilderung der Folgen der COVID-9-Pandemie gewährt für den Ausgleich und Rückgriff unter Gesamtschuldnern nach § 426 eine Stundung, soweit Forderungen aus Verbraucherdarlehensverträgen betroffen sind, falls Zahlungsschwierigkeiten des Schuldners des Anspruchs auf Ausgleich oder Rückgriff auf der Pandemie beruhen (vgl. Art. 140 § 3 VII EGBGB idF des Art. 5 des Abmilderungsgesetzes (sa → Vor § 414 Rn. 3)

2. Beteiligungsquote der Gesamtschuldner. a) Haftung zu gleichen Teilen ist zwar die ges Grundregel (vgl Abs. I 1und BGH NJW 2017, 557 Rn. 16), praktisch aber bloße Ausnahme und Hilfsregel, weil abw ges Bestimmungen oder rechtsgeschäftliche Vereinbarungen bei weitem überwiegen, die als rechtliche Ausnahmen aber darzulegen und zu beweisen sind (BGH NJW-RR 2010, 522; 2014, 1281; OLG Köln NJW-RR 1996, 557; OLG Hamm NJW-RR 2010, 756). *Bsp für gleiche Anteile:* Vorschusspflicht des Klägers und des Beklagten gegenüber dem Schiedsrichter (BGHZ 55, 348; WM 2015, 539; vgl aber auch → Rn. 10 ff.); Schuldner einer Leibrente und Schuldner einer sichernden Reallast (BGHZ 58, 194; BGH NJW 1991, 2899); Gesamtschuldner des Anspruchs aus § 528 I (BGH NJW 1998, 537); fortbestehende hälftige Ausgleichspflicht bei Umgestaltung des Außenverhältnisses im Sinne alleiniger Haftung eines Schuldners, die im Interesse beider Schuldner liegt (BGH NJW 2007, 3564 Rn. 2 für Darlehen; NJW-RR 2010, 200 Rn. 22; 2012, 1334 für Netzbetreiber und Inhaber eines Leitungsnetzes als Schuldner einer Grundstückseigentümers); Haftung von Bund und privatrechtlichem Träger der Beschäftigungsstelle für Fehlverhalten eines Zivildienstleistenden (BGH NJW 2003, 350; → § 421 Rn. 4). **b) Anderweitige Bestimmung durch RGeschäft** kann liegen in einer – uU stillschweigenden (BGHZ 88, 190) – Regulierungsvereinbarung, sie kann sich aber auch aus dem Rechtsverhältnis ergeben, das

3 4

für die Gesamtschuldnerschaft ursächlich war: für Gesellschafter vgl → § 707 aF Rn. 2, → §§ 714, 715 aF Rn. 9 f., §§ 735, 722 aF u → § 710 nF ab 1.1.2024 Anm, §§ 719–722 nF Rn. 8, 33; der Geschäftsführer, der neben dem Geschäftsherrn als Gesamtschuldner haftet, kann vollen Ausgleich im Umfange der §§ 670, 683 fordern (vgl BGH VersR 1970, 621); kein Ausgleich zwischen Auftraggeber und Subunternehmer des Auftragnehmers nach auftragsmäßigem Schuldbeitritt (BGH MDR 1985, 390); die Ausgleichspflicht unter Mitbürgen (Derleder NJW 2015, 817 [820]) kann von einer Rangvereinbarung (BGH NJW 1986, 3133), ihrer Stellung zum Hauptschuldner (BGHZ 88, 190; BGH NJW 1986, 1098; 2017, 557 Rn. 13 ff.: Ausgleich zwischen bürgenden GmbH-Gesellschaftern mangels anderer Anhaltspunkte nach dem Verhältnis ihrer Gesellschaftsanteile), den Besonderheiten der Höchstbetragsbürgschaft (BGH NJW 1998, 894 mN; 2017, 557 Rn. 12: Ausgleich zwischen bürgenden GmbH-Gesellschaftern grundsätzlich nach dem Verhältnis übernommener Höchstbeträge; hierzu Vallender NJW 2017, 1357 [1363]) oder der Höhe der Sicherheiten (BGH NJW 2009, 437 f.; OLG Hamm WM 1990, 1239; OLG Stuttgart ZIP 1990, 446; Anm von Bayer ZIP 1990, 1523) abhängen, ebenso zwischen Bürge und sicherndem Mitschuldner (OLG Celle NJW 1986, 1761) und allg zwischen gleichstufigen Sicherungsgebern (BGH NJW-RR 1991, 501 → Rn. 2; BGH NJW 2002, 1491: vertragliche Vereinbarung über Haftungsquoten wirkt nur zwischen den beteiligten Sicherungsgebern und erstreckt sich nicht auf Dritten, der ein mit einer Grundschuld belastetes Grundstück erwirbt); Berücksichtigung der Vertragsverletzung eines Gesamtschuldners gegenüber dem andern (BGH VersR 1984, 444); Ausgleichspflicht des Erstehers bei Zwangsversteigerung des mit einer Reallast belasteten Grundstücks gegenüber dem Schuldner der gesicherten Leibrentenforderung für die nach dem Zuschlag fällig werdenden Leistungen (BGH NJW 1993, 2617 in Abgrenzung zu BGHZ 58, 191; OLG Karlsruhe FamRZ 2001, 1455); Ausgleichspflicht der Organgesellschaft gegenüber steuerlichem Organträger bei Konzerngesellschaften (BGH NJW 1993, 585); Ausgleichungspflicht der Wohnungseigentümer gegenüber dem Verwalter für Kosten einer WEG-Binnenstreitigkeit bei gesamtschuldnerischer Kostentragungspflicht (vgl BayObLG NJW-RR 2001, 158 f.: § 47 aF bzw §§ 43, 44 nF WEG); Rechtsverfolgungskosten aus WEG-Binnenstreitigkeit werden unter kostenpflichtigen Wohnungseigentümern im Maßstab von § 16 II aF u. nF WEG verteilt (BGHZ 171, 344 ff. = NJW 2007, 1869 Rn. 16 ff.); *nicht* jedoch ausreichend einseitige Bestimmung des Schenkers für den Rückforderungsfall bei Verarmung hinsichtlich des Innenausgleichs unter mehreren gleichzeitig Beschenkten (BGH NJW 1998, 539; zw) u. ohne Vereinbarung keine Ausgleichspflicht des Beschenkten gegen den Schenker wegen Schenkungssteuer (OLG Saarbrücken NJW-RR 2017, 1222); volle Ausgleichspflicht des Hauptvertreters gegenüber Unternehmer, der auf Grund eines rechtskräftigen, aber falschen Vollstreckungsbescheides für den Provisionsanspruch des Untervertreters gegen den
5 Hauptvertreter haftet (BGH NJW 2021, 156). Bei ***Ehegatten*** (Nickl NJW 1991, 3124; Gernhuber JZ 1996, 696 ff. [765 ff.]; Gerhards FamRZ 2001, 661 ff.; Bosch FamRZ 2002, 366; Wever FamRZ 2008, 1485; 12, 416; Herr NJW 2012, 1847; Niepmann/Seiler NJW 2019, 643, 646; Wever FamRZ 2019, 757; Wever/Frank 2020, 885); sa → § 705 aF Rn. 13 f. und § 741 Rn. 2) wird die Ausgleichungspflicht nicht durch güterrechtliche Vorschriften verdrängt (BGH NJW 2006, 2623; NJW-RR 2010, 1513; NJW-RR 2015, 1473 Rn. 26; BGH FamRZ 2020, 231 = NJW 2020, 1300: Berücksichtigung des Ausgleichs bei der Bewertung des Zugewinns; sa → Rn. 6), jedoch durch die Gegebenheiten der ehelichen Lebensgemeinschaft beeinflusst (BGH NJW 2000, 1944; 2005, 2307; BGH NJW-RR 2011, 73). So ist anderweitige Bestimmung anzunehmen (BGH NJW 2018, 1475 Rn. 18 ff., 20 f.: ausdrückliche Regelung nicht erforderlich; dazu Schöneberg-Wessel NJW 2019, 1479, 1485), wenn ein Ehegatte über kein eigenes Einkommen verfügt (BGHZ 87, 269; BGH NJW 1995, 653; 2000, 1944; BGH NJW-RR 2011, 73; OLG Koblenz NJW-RR 2012, 739; OLG Köln NJW-RR 2012, 1019 f.), bei beiderseitiger Erwerbstätigkeit haften sie einander entsprechend den Einkünften (BGH FamRZ

1984, 30; BGH NJW 2000, 1945; finanzielle Mehrbelastungen eines Teils werden uU durch die Haushaltsführung des anderen Teils ausgeglichen (BGHZ 87, 269 f.); bei Tod findet idR ein nachträglicher Ausgleich nicht statt (BGH NJW-RR 1990, 836). Bei Erwerb von Miteigentum kann sich aus der ehelichen Lebensgemeinschaft eine von der dinglichen Beteiligung abweichende Lastentragung im Innenverhältnis ergeben (BGH NJW-RR 2015, 1473 Rn. 28; BFH BeckRS 2019, 43282: nicht schenkungssteuerpflichtige Unterhaltleistung); anteilige Besteuerung bei ungleichen Beiträgen der Ehegatten bei gemeinsam zu Miteigentum erworbenem Gebäude (BFH NJW 2018, 2750 Rn. 17). Jeder Ehegatte hat grundsätzlich für die Besteuerung seiner Einkünfte aufzukommen (BGHZ 73, 38). Bei höherer Besteuerung des Einkommens des geringer verdienenden Teils als Folge des Splittingverfahrens erfolgt kein interner Ausgleich, wenn davon auszugehen ist, dass die Steuerersparnis dem gemeinsamen Lebensunterhalt zugutekommt (BGH NJW 2002, 2319; 2021, 3400 Rn. 16 zur Bedeutung dieses Grundgedankens bei der Berechnung eines Unfallschadens in Gestalt von Einkommensverlusten); andernfalls Ausgleich entsprechend der Besteuerung der Einnahmen ohne Splitting bei fiktiver getrennter Veranlagung (BGH NJW 2006, 2623; NJW-RR 1989, 67), soweit keine andere Vereinbarung getroffen ist (BGH NJW 2002, 1570, 1571: ständige Übung der Ehegatten als konkludente Abrede über Innenausgleich oder ausdrückliche Vereinbarung über alleinige Belastung eines Teils im Innenverhältnis; BGH NJW 2002, 2319: Ausschluss eines Ausgleichs); zur Aufteilung steuerlicher Rückerstattung gilt entsprechendes (BFH NJW 2012, 1837 Rn. 17; 2002, 2319; 1991, 2103; OLG Düsseldorf FamRZ 1993, 70; OLG Celle OLGR 2000, 9; zur Berücksichtigung der Möglichkeit einer anderen steuerlich günstigeren Anlageform zu Gunsten des durch Realsplitting benachteiligten Unterhaltsberechtigten bei Schadensberechnungen ablehnend OLG Düsseldorf FamRZ 2021, 355 mAnm Borth). *Nach Trennung* der Ehegatten fällt die 6
eheliche Sonderbeziehung *ex nunc* (hierzu OLG Karlsruhe FamRZ 1991, 441; OLG Köln NJW 2019, 1415 Rn. 9) weg; nur „ausnahmsweise" Korrektur nach § 242 für Aufwendungen *vor* Trennung (BGH NJW-RR 2014, 1282; OLG Bremen NJW 2000, 83), die während bestehender Lebensgemeinschaft nicht ausgleichungsfähig waren. Aufwendungen für laufende „Hauskosten" im noch gemeinsam bewohnten Gebäudes (s. OLG Hamm NJW-RR 2014, 524) und Mietkosten für gemeinsame Wohnung (OLG Köln NJW 2019, 1415 Rn. 9) sowie Aufwendungen, die der gemeinsamen Vermögensbildung dienen, sind grundsätzlich hälftig (OLG Schleswig FamRZ 1990, 165) auszugleichen (BGHZ 87, 269 f.; BGH NJW-RR 2011, 74; auch ohne bes vorherigen Hinweis, BGH NJW 1995, 653); ansonsten (zB Darlehen für Hausrat oder Lebensführung) gilt während der Ehe geltende Bestimmung uU fort (OLG Hamm NJW-RR 1990, 1414; OLG Hamm FamRZ 1993, 710), für die aber beweisbelastet ist, wer sich auf sie beruft (BGH NJW-RR 2014, 1281). Der Ausgleichsanspruch geht dem Zugewinnausgleich vor (BGH NJW 1989, 1921; NJW-RR 2011, 74 f.; zur Berücksichtigung am Endvermögen abgesetzter Gesamtschulden OLG Karlsruhe FamRZ 1991, 1195; zur Berücksichtigung eines Freistellungsanspruchs für Darlehensschulden zur Finanzierung eines dem anderen Teile gehörenden Familienheims beim Zugewinnausgleich OLG Karlsruhe FamRZ 2018, 1737 mit Besprechung Kogel FamRZ 2018, 1723 und Siede/Brudermüller NJW *2019, 1260, 1261*; abschließend BGH FamRZ 2020, 231 = NJW 2020, 1300; sa → 5). Dem Ausgleichsanspruch kann der Anspruch auf Neuregelung der Nutzung 7
und Verwaltung eines Gebäudes (§ 745 II) entgegengehalten werden (BGHZ 87, 271; OLG Schleswig NJW-RR 1993, 1029; KG FamRZ 2008, 2034; OLG Saarbrücken NJW 2010, 3102), die Berufung auf den Ausgleichsanspruch ist uU sogar rechtsmissbräuchlich, wenn der Anspruch auf Nutzungsneuregelung nicht geltend gemacht ist (OLG Oldenburg NJW-RR 1986, 752); Alleinnutzung bzw Nutzung können beim Ausgleichsanspruch berücksichtigt werden, der Lasten und Finanzierungskosten eines Gebäudes betrifft (BGH NJW-RR 2015, 1473 Rn. 34; hierzu A. Weber NJW 2016, 3076 [3081]; BGH FamRZ 1993, 676; BGH NJW-RR 2011, 74; OLG Schleswig NJW-RR 1993, 1029; für Mietkosten OLG München FamRZ

1996, 291; OLG Brandenburg NJW-RR 2007, 887; OLG Düsseldorf FamRZ 2011, 375; OLG Bremen NJW 2016, 2125; OLG Köln NJW 2019, 1415 Rn. 10 ff.; ähnlich für Kreditraten für von einem Ehegatten weitergenutzten PKW KG NJW-RR 1999, 1093). Anderweitige Scheidungsvereinbarungen haben Vorrang (BGH FamRZ 1990, 376; BGH NJW 2005, 2308: Schuldentilgung durch einen Ehegatten gegen Verzicht auf Geltendmachung von Unterhaltsansprüchen durch den anderen), ebenso die Ausgleichsregelung nach § 1361b II und die Auseinandersetzungsregeln ehelicher Gütergemeinschaft (OLG Zweibrücken FamRZ 1992, 821). Ausgleichsanspruch muss Berücksichtigung der Belastungen beim Ehegattenunterhaltsanspruch beachten (BGH NJW 2005, 2308; BGH NJW-RR 2011, 74; OLG München NJW-RR 1990, 1415; FamRZ 1996, 292; OLG Celle FamRZ 2001, 1071); Berücksichtigung bei der Bemessung von Kindesunterhalt stellt regelmäßig keine anderweitige Regelung iSv § 426 I 1 dar (BGH NJW 2007, 3565; 2008, 850). Keine Ausgleichungspflicht besteht grundsätzlich bei gemeinsamen Darlehen für den Gewerbebetrieb des anderen Teils (OLG Karlsruhe FamRZ 2006, 488); anders uU bei nur formeller Geschäftsinhaberschaft (OLG Naumburg FamRZ 2005, 906) oder bei vorausgegangener gemeinsamer Tilgung betrieblicher Schulden (OLG Bremen
8 NJW 2000, 82; OLG Düsseldorf NJW-RR 1999, 445). Bei der **nichtehelichen Lebensgemeinschaft** (dazu Weinreich FuR 99, 356 ff.) gilt das zur ehelichen Lebensgemeinschaft Gesagte entsprechend (BGHZ 183, 247 = NJW 2010, 999; BGH NJW 2010, 868). Für vor der Trennung erbrachte Leistungen besteht idR keine Ausgleichspflicht (BGH JZ 1998, 407 mAnm von Liebs; BGH NJW 1996, 2727; → § 705 Rn. 15 f.); anders für Leistungen, die nach Trennung erfolgten (BGHZ 77, 58 f.; BGH FamRZ 1983, 349; OLG Hamm FamRZ 2001, 95; OLG Koblenz NJW-RR 2010, 653; OLG Bremen NJW 2016, 1248 Rn. 10). Obliegt es nach der von den Partnern einer nichtehelichen Lebensgemeinschaft gewählten Aufgabenverteilung einem von ihnen, für die Kosten der gemeinsamen Lebensführung aufzukommen, ist maßgeblich, ob die Zahlungsverpflichtungen vor oder nach der Trennung fällig geworden sind und nicht, wann sie erfüllt wurden (BGH NJW 2010, 869). Nutzt ein Partner das gemeinsame Haus nach der Trennung fort, ohne dass er dem anderen Teil ein Nutzungsentgelt oder die Hälfte der Lasten bezahlt, so besteht für den ausgezogenen Partner ein Ausgleichsanspruch in Höhe des hälftigen Nutzungswerts des Gebäudes (BGH NJW 2018, 1217 Rn. 18). Für die Mietkosten einer gemeinsam bezogenen Mietwohnung (OLG München NJW-RR 2014, 80: beabsichtigte, aber nicht vollzogene Eheschließung) besteht gesamtschuldnerische Haftung, der Innenausgleich erfolgt hälftig oder entsprechend ausdrücklicher oder stillschweigender Vereinbarung. Eine Ausgleichspflicht besteht auch bei Leistungen, die lediglich auf wirtschaftliche Tätigkeit ausgerichtet waren (OLG Celle OLGR 2000, 25: Finanzierungskosten eines vermieteten Hauses). Streitigkeiten über Mietkostenausgleich zwischen Lebensgemeinschaftern sind keine Mietsachen (OLG Koblenz NJW-RR 2014, 80). **Haftpflichtversicherer** gleichen im Rahmen eines Teilungsabkommens (→ § 421 Rn. 5, 8) gem ges Haftungslage aus (BGH LM Nr. 10 zu § 421; Denck NJW 1982, 2054); zum Anspruch des Vermögensüberneh-
9 mers vgl 8. Aufl. § 419 Rn. 11. **c) Anderweitige Bestimmung durch G aa) Ausdr. Regelungen** enthalten §§ 840 f., 1833 aF bzw. §§ 1794 I Satz 2, 1826 II nF ab 1.1.2023; §§ 78 II (dazu OLG Hamm NJW 2018, 167), 116 I 1, 2 VVG; § 17 I 1 StVG; § 41 I 1 LuftVG; § 5 S. 2 Hs. 1 ProdHaftG; § 93 AMG; § 16 II WEG (sa → Rn. 4); § 46 S. 2 BNotO; §§ 38 II 1, 42d III 1 EStG, 44 I 1 AO (BAG NJW 2019, 695 Rn. 22 ff.; 2019, 872 Rn. 9 ff. sa → Rn. 2); zur schlüssigen Regelung in § 28e I SGB IV s BGH NJW-RR 2007, 1407; kein Ausgleichsanspruch des Unfallgegners, der dem Leasinggeber aus § 7 StVG haftet, gegen den fahrenden Leasingnehmer, den kein Verschulden gemäß § 823 oder § 18 StVG trifft, weil es schon an der Gesamtschuld zwischen Unfallgegner und Leasingnehmer fehlt (BGH NJW 2011, 996 Rn. 12; s zur fehlenden Gesamtschuld in ähnlichen Fällen noch BGH NJW 2017, 2352; 2021, 550 Rn. 9 ff.; OLG Frankfurt a. M. BeckRS 2021, 34979; Harriehausen NJW 2022, 1495 62 ff.). **bb)** Bei **Schadenshaftung** mehrerer

Gesamtschuldner vollzieht sich die Quotelung entspr § 254 nach dem Maß der Verursachung und – ergänzend – des Verschuldens (BGHZ 59, 103 mwN; BGH NJW 2015, 1763 [LS] für Gesamtschuldner eines von der Kommission festgesetzten Bußgelds; BGH NJW 2013, 2827 für als Gesamtschuldner haftende Mitglieder einer Anwaltsgesellschaft; BGH NJW 2023, 987: Berücksichtigung groben Behandlungsfehlers beim Innenausgleich zwischen Mitbehandelnden); BGH NJW 2014, 2732 für mehrere polizeiliche Störer; dazu Schlick NJW 2014, 2686; → Rn. 2 und → § 421 Rn. 9); sie kann auch zur Leistungsfreiheit eines Gesamtschuldners im Innenverhältnis führen (BGH NJW 1980, 2349; LG Detmold NJW-RR 2013, 602). Beruht die Mithaftung eines Gesamtschuldners allein darauf, dass er den anderen Gesamtschuldner nicht ausreichend beaufsichtigt hat, ist er idR nicht ausgleichspflichtig (BGH NJW-RR 2005, 35; OLG Düsseldorf MedR 2009, 289; OLG Stuttgart NJW-RR 2011, 239). Im Verhältnis zwischen Architekt und Bauunternehmer (→ § 421 Rn. 4) muss sich der Unternehmer einen kleineren Anteil zurechnen lassen, wenn er den Fehler des Architekten erkennen konnte (OLG Naumburg NJW-RR 2003, 595; OLG Koblenz NJW-RR 2012, 1300); Alleinhaftung des Architekten, falls ihn der Handwerker auf den Planungsfehler hingewiesen hat (OLG Stuttgart NJW-RR 2017, 144; LG Flensburg NJW 2022, 1469). Ein Ausgleichsanspruch kann fortfallen, falls ein Gesamtschuldner den anderen vorsätzlich in die Mithaftung drängt (BGH NJW 1978, 816 „Fluglotsenstreik"). Sofern den *Gläubiger selbst eine Mitverursachung* trifft, ergibt sich die Außenhaftung aus dem Verbund von Gesamtabwägung und Einzelabwägung (vgl → § 840 Rn. 5), die Ausgleichsquote zwischen den Gesamtschuldnern entspricht ihrem Anteil bei der Gesamtabwägung (BGH NJW 2011, 293). *Bsp* (BGHZ 30, 211; sa BGH NJW 1991, 418 [419 f.]): Gläubiger A und die Gesamtschuldner B und C haben den Schaden von 3.000 Euro zu gleichen Anteilen verursacht. *Außenverhältnis:* A kann von B und C zusammen 2.000 Euro verlangen (Gesamtabwägung). Da aber B und C nur gleiche Verursachung wie A trifft, haftet jeder bis maximal 1.500 Euro (Einzelabwägung). *Innenverhältnis:* Beansprucht A den B mit 1.500 Euro, C mit 500 Euro, so ist zwischen B und C 1:1 zu quoteln, so dass B von C 500 Euro verlangen kann. **cc) Einheitsquote** 10
für mehrere Beteiligte und Innenausgleich. Mehrere Beteiligte können aus rechtlichen oder tatsächlichen Gründen bei der Schadensquotelung wie ein einziger Beteiligter zu behandeln sein (*Haftungseinheit bzw Tatbeitragseinheit):* Geschäftsherr und Erfüllungs- bzw Verrichtungsgehilfe (BGHZ 6, 26 ff.; BGH NJW 2010, 1592); Halter und Fahrer des gleichen Fahrzeugs (BGH NJW 1966, 1262; 06, 897); KfZ – Halter u Halter des Anhängers (BGH NJW 2011, 447); mehrere Beklagte bei Vorschusspflicht gegenüber dem Schiedsrichter (BGHZ 55, 349; vgl → Rn. 3); Beteiligte mit abgeschlossenem gemeinsamen Tatbeitrag (BGHZ 54, 283 ff.; 61, 213 ff.). Hier ist zu unterscheiden: *1. Fall:* Der ohne eigenen Tatbeitrag Geschädigte steht 11
dem Geschäftsherrn, dem Erfüllungsgehilfen und einem Dritten als Gesamtschuldnern gegenüber; er kann jeden voll beanspruchen, beim Ausgleich trägt aber angesichts gleicher Verursachung durch Erfüllungsgehilfen und Dritten der Dritte ½, Geschäftsherr und Gehilfe zusammen ½ – nicht ⅓ pro Gesamtschuldner! (BGHZ 6, 26 ff.); vgl zur Ausgleichungspflicht der Haftungseinheit gegenüber den übrigen Gesamtschuldnern → Rn. 16. *2. Fall:* Der Geschädigte hat einen Schaden mitver- 12
ursacht und steht Gesamtschuldnern gegenüber, die bereits vor der Mitverursachung durch den Geschädigten ihren Tatbeitrag abgeschlossen haben (zB Abstellen bzw Stehenlassen eines unbeleuchteten LKW). Hier soll nur eine Einzelabwägung ohne Gesamtschau stattfinden: Schaden 30.000 Euro; Geschädigter A im Verhältnis zu Schädiger B ½, also 15.000 Euro; im Verhältnis zu Schädiger C ⅔, also 20.000 Euro; Gesamtschuldnerschaft besteht bis 15.000 Euro, und insoweit kann jeder beanspruchte Gesamtschuldner nach dem Gewicht seines Beitrags im Verhältnis zum anderen Gesamtschuldner Ausgleich verlangen (vgl BGHZ 54, 283 ff. mit der Besonderheit immateriellen Schadens!; sehr fragwürdig). *3. Fall:* Geschädigter und 13
ein Schädiger sind entweder Halter und Fahrer (BGH NJW 1966, 1262 f.) oder liefern einen gemeinsamen Tatbeitrag (zB falsches Abstellen bei Dunkelheit, BGHZ

61, 213 ff.; gemeinsames Spiel vor Verkehrsunfall, BGH NJW 1983, 623; gemeinsames Schieben eines PKW vor Auffahrunfall, BGH NJW 1996, 2024; gemeinsam verschuldeter Verkehrsunfall vor ärztlicher Fehlbehandlung, OLG Hamm NJW 1996, 790; Zurechnung des Mitverschuldens anderer Gesamtschuldner zum Gläubiger, OLG Oldenburg NZBau 2008, 657 f.; OLG Celle OLGR 2008, 678). Der vom Geschädigten beanspruchte weitere Schuldner kann keinen Ausgleichsanspruch gegen den Mitgesamtschuldner erheben, weil dessen Tatbeitrag im Rahmen der Mitverursachung der Gläubigerseite schon berücksichtigt ist (BGH NJW 1996, 2024; sa OLG Hamm NJW 1996, 790; OLG Köln NJW 2019, Rn. 41 ff., 45). Hingegen soll er gegen den Mitgesamtschuldner gem § 812 I vorgehen können, falls im Prozess mit dem Geschädigten seine Quote zu hoch veranschlagt war (OLG Köln NJW 2019, 1686 Rn. 48 ff.; BGH NJW 1978, 1375, 1377; 1978, 2392). Ist zwischen zwei Gesamtschuldnern eine Haftungsfreistellung desjenigen vereinbart, der Mitglied einer Haftungseinheit ist, wirkt sich diese Freistellung auch zugunsten der anderen Mitglieder der Haftungseinheit aus (BGH NJW 2010, 1594 f.).

14 **3. Anspruch auf Ausgleichung gem Abs. 1 S. 1. a) Anspruchsinhalt.** Der Ausgleichungsanspruch entsteht bereits vor Befriedigung des Gläubigers durch einen Gesamtschuldner mit dem Gesamtschuldverhältnis, das eine Zweckgemeinschaft zwischen den Gesamtschuldnern begründet (BGHZ 114, 138 [142] mN; BGH NJW-RR 1991, 500; BGH NJW 1992, 2287; 1998, 537; 2000, 1943; BGH JZ 2008, 362; BGH NJW 2010, 63 u 2010, 435; BVerwG NJW 1993, 1068). Vor seiner eigenen Leistung an den Gläubiger kann jeder Gesamtschuldner von den Mitschuldnern anteilige Mitwirkung dahin verlangen, dass an den Gläubiger – nicht an den Gesamtschuldner (OLG Frankfurt a. M. NJW-RR 1990, 712) – bei Fälligkeit (BGH NJW 1986, 979; iÜ s. BGHZ 91, 73) geleistet werde (BGH WM 1986, 961; OLG Bremen NJW 2016, 1248 Rn. 11). Eine Pflicht zur Vorleistung besteht nicht (BGH WM 1987, 985); s. aber BGH NJW-RR 2008, 256 = JZ 2008, 363 mAnm von Gehrlein und krit Bespr. Schweer/Todorow NJW 2013, 2075: ernsthafte Möglichkeit der Inanspruchnahme eines GbR-Gesellschafters durch Gesellschaftsgläubiger lässt, wenn von der GbR mangels freier Mittel Ausgleich nicht zu erwarten ist, Freistellungsanspruch gegen im Innenverhältnis allein verpflichteten Gesellschafter entstehen, der auch Abwehr unbegründeter Ansprüche vom Freistellungsgläubiger umfasst. Der Befreiungsanspruch ist einklagbar und bei Zahlungsverbindlichkeiten gem §§ 803, (Baur/Stürner/Bruns ZVR Rn. 40.5; aA die hM LM Nr. 24 zu § 278: ZPO 887), ansonsten gem ZO 887 ZPO zu vollstrecken; er kann ein Zurückbehaltungsrecht (BGH NJW 1983, 2438 mN; OLG Stuttgart NJW-RR 2004, 1087), aber keine Aufrechnungslage (BGH VersR 1987, 905) gegenüber dem Mitschuldner begründen (s. aber OLG Brandenburg NJW-RR 2008, 1337: Berücksichtigung des
15 Ausgleichsanspruchs bei Gläubigerschaft eines Gesamtschuldners). Mit der Befriedigung des Gläubigers geht der Ausgleichsanspruch auf Zahlung an den Gesamtschuldner, der geleistet hat, über (BGHZ 181, 313); war die Leistung an den Gläubiger keine Geldleistung, so ist Wertersatz zu leisten (BGHZ 43, 234). Die Prozesskosten des alleine leistenden Schuldners gehören nicht zum Ausgleichsanspruch (BGH NJW 1971, 884, 885; NJW 2003, 2980, 2981); anders bei Kostenspruch gem § 100 IV ZPO im Falle einer Verurteilung als Gesamtschuldner, wobei gleiche Kopfteile die Regel sind (BGH NJW 1974, 693). Jedoch können Schadensersatzansprüche des kostenpflichtig verurteilten Gesamtschuldners entstehen, falls die Mitschuldner durch Verletzung ihrer Befreiungspflicht die Kosten widerrechtlich mitverursacht haben (BGH NJW 1971, 884, 885; NJW 2003, 2980, 2981; hierzu Scheffelt NJW 2018, 1510 ff., 1513 ff.). Allgemein entsteht gemäß § 280 eine Schadensersatzpflicht, wenn ein Gesamtschuldner durch seine Weigerung oder sein Zögern, seinen Verpflichtungen gegenüber dem Gläubiger nachzukommen, vom anderen Gesamtschuldner zu tragende Kosten verursacht oder erhöht und dadurch seine Pflichten aus dem gesetzlichen Schuldverhältnis zwischen den Gesamtschuldnern verletzt (BGH NJW-RR 2008, 256 Rn. 22; OLG Stuttgart NJW 2019, 2621 Rn. 40 ff.: gegenüber

den Ansprüchen aus § 426 selbständige Verjährung; krit. Sohn NJW 2019, 2579 ff.; zu den Auswirkungen dieser Pflicht auf die Informationsbeschaffungspflicht gem. § 138 IV ZPO OLG Karlsruhe NJOZ 2018, 528 Rn. 55; OLG Düsseldorf BeckRS 2018, 23117 Rn. 146; krit. Grootens/Egner NJW 2019, 3182 ff.). Sofern der Gläubiger nur einen Teil oder eine Rate verlangt, die den Anteil des Gesamtschuldners an der Gesamtforderung nicht übersteigt, ist die Ausgleichungspflicht str, von der Rspr aber für Mitbürgen bejaht (BGHZ 23, 363 f.; anders bei Zahlungsunfähigkeit des Ausgleichsberechtigten: BGHZ 83, 206). Einwände, die sich aus dem Grundverhältnis zwischen den Gesamtschuldnern und dem Gläubiger ergeben, berühren den Ausgleichsanspruch nur ausnahmsweise, wenn dies einer vertraglichen Vereinbarung der Gesamtschuldner entspricht oder nach § 242 geboten ist (OLG München NJW 2008, 3507). **b) Anspruchsgegner** ist der einzelne Gesamtschuldner mit seinem 16
jeweiligen Anteil, der sich allerdings gem Abs. I 2 erhöhen kann. Nur ausnahmsweise sind Gesamtschuldner, die eine Haftungseinheit bilden (vgl → Rn. 10 ff.), gegenüber ihrem ausgleichungsberechtigten Mitgesamtschuldner ebenfalls Gesamtschuldner für die gemeinsame Quote (BGHZ 55, 349; 61, 220; BGH NJW-RR 1989, 920). **c) Konkurrenzen und Verjährung. aa)** Ausgleichsanspruch und **gem** 17
Abs. II übergegangener Anspruch stehen nebeneinander (BGH NJW 1981, 681; 1991, 98). Der Gesamtschuldner kann zwischen ihnen wählen (vgl BGHZ 59, 102). Der Ausgleichsanspruch verjährt selbstständig (hierzu BGH NJW 2010, 436; NJW-RR 2015, 1058 Rn. 19; BGHZ 181, 313) nach 3 Jahren (§ 195; OLG Bremen NJW 2016, 1248 Rn. 12). Die Verjährung beginnt gem § 199 bereits mit bekannter oder grob fahrlässig unbekannter Entstehung der Gesamtschuld und nicht erst mit der Zahlung durch den Ausgleichsberechtigten (BGHZ 181, 310; BGH NJW 2010, 435; 2012, 3778; BGH NJW-RR 2008, 257; Klutinius/Kowatzki VersR 2008, 617; OLG München BeckRS 2019, 55244). Der übergegangene Anspruch unterliegt eigener Verjährung sowie Verjährungshemmung (Windorfer NJW 2015, 3329) und eigener Präklusion (BGH NJW 1981, 681; vgl Müller VersR 2001, 429 ff.; für Baubeteiligte Kappelhoff NJW 2014, 2775), für ihn gelten §§ 412, 401 (BGHZ 80, 232; BGH NJW 1983, 1424; 1983, 2450; 1991, 98; BGH NJW-RR 1995, 589; → § 401 Rn. 5); kein Angehörigenprivileg entspr § 86 III VVG (§ 67 II aF) (BGHZ 105, 140 ff. mAnm Prölss JZ 1989, 148). Dem Ausgleichsanspruch können Verjährung oder Präklusion des Anspruchs des Gläubigers gegen den Ausgleichungspflichtigen nicht entgegengehalten werden (BGHZ 58, 218; BGH NJW 2010, 436; OLG Frankfurt a. M. NJW 2011, 864), ebensowenig die fehlende Erhebung der Verjährungseinrede durch den Ausgleichsberechtigten (so wohl BGH NJW 2010, 436 – insoweit zweifelhaft); s. aber CMR 32 (dazu BGH NJW-RR 1990, 1509).
bb) Ansprüche aus dem der Gesamtschuld zugrundeliegenden Rechtsver- 18
hältnis auf Ersatz (zB Gesellschaft oder Geschäftsführung, vgl → Rn. 4) sind vom ges Anspruch gem Ab. I 1 zu trennen (str; aA offenbar LAG RhPf NZA 1984, 164 – unklar!); das Rechtsverhältnis bestimmt nur den Inhalt des ges Anspruchs, der mit anderen rechtsgeschäftlichen Ansprüchen konkurriert (BGH NJW-RR 2010, 832). **cc) Ansprüche eines Mitgesamtschuldners auf Ersatz von Ver-** 19
mögensschäden erfassen idR nicht den Schaden, der in der Inanspruchnahme durch den gemeinsamen Gläubiger besteht; I 1 ist insoweit Spezialgesetz (BGHZ 20, 378: § 823 II iVm StVO; BGHZ 61, 356: § 839). Anderes hat dann zu gelten, wenn der beanspruchte Gesamtschuldner vom Mitschuldner vorsätzlich in die Mithaftung gedrängt wurde (BGH NJW 1978, 817 f.: § 826 – Fluglotsenstreik) oder wenn der beanspruchte Mitschuldner Ansprüche aus Verletzung *eigener* Rechtsgüter hat (BGH NJW 1981, 751: § 823 I, § 7 I StVG). **d)** Neben dem Hauptanspruch 20
auf anteilige Erfüllungsmitwirkung (vgl → Rn. 14 f.) bestehen **Nebenpflichten** auf Förderung der Erfüllung; ihre Verletzung berechtigt die übrigen Gesamtschuldner zum Schadensersatz (BGH NJW 1980, 2464).

4. Die übergegangene Gläubigerforderung gem Abs. 2. Sie ist vom Aus- 21
gleichsanspruch zu unterscheiden (vgl → Rn. 17) und richtet sich nur in ihrer

Höhe nach der Ausgleichsquote; iÜ gilt gem § 412 Zessionsrecht. Sofern der Versicherer eines Gesamtschuldners leistet, geht gem § 86 VVG, § 426 II die Gläubigerforderung nur in Höhe der Ausgleichsquote über; Freistellung von künftig zu leistendem Schadensersatz kann der Versicherer nicht verlangen (BGH NJW-RR 1989, 920). Rechtsgeschäftliche Abtretung der vollen Gläubigerforderung an den erfüllenden Schuldner ist auf den Innenausgleich ohne Einfluss (BGHZ 17, 222; BAG NJW 1990, 3230). Der Schadensersatzanspruch eines Insolvenzgläubigers (§ 103 InsO) gegen den insolvenzfälligen Gesamtschuldner geht auf die erfüllenden Gesamtschuldner über (BGH NJW 1991, 98). Die Konkurrenz zwischen dem restlichen Gläubigeranspruch und dem nach Teilbefriedigung übergegangenen Teilanspruch (Abs. II 1) in der Insolvenz kann zu einem Auskehrungsanspruch des Gläubigers führen (Abs. II 2; BGH NJW 1997, 1015 mN; s. aber BGH NJW 2003, 1037: Gläubiger kann Vorrang gem Abs. II 2 ohne besondere Umstände nicht geltend machen, wenn er einen Abfindungsvergleich mit einem der Gesamtschuldner geschlossen und dieser den vereinbarten Betrag voll bezahlt hat).

22 **5. Ausgleichungspflicht bei Haftungsfreistellung eines Gesamtschuldners. a)** Bei **vertraglicher Freistellung aa) nach Entstehung der Gesamtschuld** bleibt der Ausgleichsanspruch grundsätzlich unberührt (§ 425; BGHZ 58, 218; BGH NJW-RR 1991, 500; BGH NJW 1992, 2287); anders bei vereinbarter Gesamtwirkung bzw beschränkter Gesamtwirkung (BGH NJW 2000, 1943);
23 → §§ 422–424 Rn. 2 ff. **bb) Vor Entstehung der Gesamtschuld:** Im Innenverhältnis zwischen den Schuldnern wird die nach außen nicht bestehende Gesamtschuld fingiert („fiktive Gesamtschuld"). Der nach außen freigestellte Gesamtschuldner bleibt also ausgleichspflichtig (BGH NJW 1989, 2387; 1990, 1362; BGH NJW-RR 2004, 1245); Gesamtwirkung, § 328, kann vereinbart werden (sa BGHZ 117, 151 [154]: Rückgriffverzicht des Versicherers begünstigt regressberechtigten Dritten). Vorzugswürdig ist es, den Anspruch des Gläubigers gegen den Zweitschädiger in Höhe des Verantwortungsteils des privilegierten Erstschädigers von vornherein zu kürzen; ein Innenausgleich findet dann nicht statt (*beschr. Gesamtwirkung,* vgl → §§ 422–424 Rn. 4). Diese Lösung belastet den Gläubiger als den Urheber der
24 Freistellung (so hL, Larenz SchR I § 37 III). **b)** Bei **gesetzl Freistellung** nehmen Rspr und hL bereits *beschr. Gesamtwirkung* an: gem §§ 104 ff. SGB VII (früher §§ 636 ff. RVO) freigestellter Unternehmer oder Arbeitnehmer verursacht Schaden zusammen mit ersatzpflichtigem Zweitschädiger (so für die Rechtslage unter der alten RVO: BGHZ 61, 53; BGH NJW 1987, 2670; 1996, 2023; für das SGB VII BGH NJW 2008, 2117 mN zur stRspr; BGH NJW 2015, 940 Rn. 23 ff. bei Leiharbeitsverhältnis; OLG Dresden NJW-RR 2014, 143 [145]; OLG Koblenz NJW-RR 2013, 600: von Mitschülern mitverursachter Verkehrsunfall); gem § 46 II BeamtVG freigestellter Beamter verletzt zusammen mit Zweitschädiger einen Kollegen (BGHZ 94, 173); vom Rückgriff des Sozialversicherers freigestellter Familienangehöriger (§ 116 I, VI SGB X) verursacht Schaden neben Zweitschädiger (BGHZ 73, 195 zu § 1542 RVO; OLG Stuttgart NJW-RR 2011, 240); den Arbeitgeber schädigt der im Rahmen der beschränkten Arbeitnehmerhaftung (BAG NJW 2011, 1097) freigestellte Arbeitnehmer neben einem Zweitschädiger (OLG Karlsruhe OLGZ 1969, 158; Däubler NJW 1986, 873; OLG Hamm NJW 2012, 1594: anders bei gesetzlicher Pflichtversicherung des Arbeitnehmers); berechtigter Fahrer eines kaskoversicherten Fahrzeugs verursacht Schaden neben Zweitschädiger (§ 86 VVG, § 15 II AKB; sa BGH NJW 1986, 1814); Kostenschuldner neben Mitschuldner, dem Prozesskostenhilfe gewährt ist (OLG Dresden NJW-RR 2013, 189 [190]). Steht neben dem durch die beschränkte Gesamtwirkung begünstigten, schuldhaft handelnden Schädiger ein anderer, nach § 840 II nur subsidiär haftender Schädiger (BGHZ 157, 15 = NJW 2004, 951), so geht dies zu Lasten des Geschädigten (BGH NJW 2008, 2117), selbst wenn ein arbeitsrechtlicher Freistellungsanspruch des begünstigten Schädigers gegen den nach § 840 II entlasteten Schädiger besteht (BGHZ 157, 15 = NJW 2004, 953); zur Bedeutungslosigkeit der §§ 115, 116 VVG für die Annahme

beschränkter Gesamtwirkung BGH VersR 2008, 410; OLG München BeckRS 2007, 07204; krit OLG Hamm NJW 2018, 167 Rn. 34. Allgemein berührt ein *Freistellungsversprechen des gesetzl freigestellten Erstschädigers* gegenüber dem Zweitschädiger den Gläubigeranspruch nicht (BGHZ 110, 119 ff.), wohl aber eine vertragliche Übernahme der Verkehrssicherungspflichten (BGHZ 157, 17 = NJW 2004, 953; BGHZ 110, 119; BGH NJW 1987, 2670; sa Kampen NJW 2012, 2337); der BGH unterscheidet die – nach außen unbeachtliche – Haftungsfolgenübernahme durch den gesetzl Freigestellten von der – beachtlichen – Übernahme haftungsbegründender Pflichten (sehr zweifelhaft und komplizierend!). Ist das Verschulden des Zweitschädigers ganz überwiegend, wird der Anspruch gegen ihn nicht um den Verantwortungsteil des privilegierten Erstschädigers gekürzt (OLG Düsseldorf VersR 1989, 1159); umgekehrt gilt das auch zu Lasten des Gläubigers bei überwiegender Verantwortlichkeit des freigestellten Erstschädigers (OLG Hamm VersR 1988, 191). Eine Haftungsprivilegierung des schuldhaft handelnden Gesellschafters nach SGB VII kommt auch der nach § 31 mithaftenden GbR zu Gute, weil beim Innenausgleich analog § 426 I, § 128 HGB die Haftung allein den handelnden Gesellschafter träfe (BGHZ 155, 212 ff. = NJW 2003, 2985 f.); keine Privilegierung des mithaftenden Fahrzeughalters (§ 17 StVG) und seiner Haftpflichtversicherung als Folge der Privilegierung des sozialversicherten Arbeitnehmers als Fahrer, der neben dem Unfallgegner haftet (OLG Hamm NJW 2018, 167 Rn. 32 ff.; sa BGH NJW 2018, 1242 Rn. 27 f., 42 ff. im Falle der Anwendbarkeit des § 116 VI SGB X aF; anders im Sonderfall der Alleinhaftung des Fahrzeugführers BGH NJW-RR 2022, 539; die Neufassung des § 116 VI SGB X zum 1.1.2021 dürfte den Bedenken des BGH Rechnung tragen). **c)** Bei **bürgerlichrechtlicher Haftungsbeschränkung** verneint der BGH für § 1664 ein Gesamtschuldverhältnis und kommt zur vollen Haftung des Zweitschädigers; ein Ausgleichsanspruch entstehe nicht (BGHZ 103, 346; BGH NJW 2004, 2893; OLG Hamm NJW-RR 1994, 415); entsprechendes gilt wohl für § 1359 (BGHZ 103, 348; Palandt/Grüneberg § 426 Rn. 18). Offen ist noch die Behandlung von § 708 (vgl. aber zum Fortfall dieser Vorschrift durch das MoPeG → *§ 708 nF ab 1.1.2024 Rn. 5*). Das Problem ist praktisch entschärft, da §§ 708, 1359 nicht bei Teilnahme am Straßenverkehr gelten (BGHZ 46, 313 ff.; 63, 51). Die Annahme beschränkter Gesamtwirkung erschiene für diese Fallgruppe angebracht (vgl → § 840 Rn. 8 f.). Die Verjährung des Anspruchs des Gläubigers gegen einen Gesamtschuldner berührt grundsätzlich nicht den Ausgleichsanspruch des leistenden Gesamtschuldners (BGH NJW 2010, 63; 436). 25

26 **6. Prozessuales.** Vgl zur Vollstreckung von Freistellungsansprüchen → Rn. 14. Die rechtskräftige Verurteilung zweier als einfache Streitgenossen prozedierender Gesamtschuldner zum Schadensersatz entfaltet keine Bindungswirkung im späteren Rechtsstreit zwischen den Gesamtschuldnern um einen Innenausgleich gemäß § 426, so dass das Bestehen einer Gesamtschuld im zweiten Prozess erneut bestritten werden kann, falls im ersten Prozess keine Streitverkündung erfolgte (BGHNJW 2019, 1751 Rn. 10 ff.).

§ 427 Gemeinschaftliche vertragliche Verpflichtung

Verpflichten sich mehrere durch Vertrag gemeinschaftlich zu einer teilbaren Leistung, so haften sie im Zweifel als Gesamtschuldner.

1 **1. Funktion.** § 427 ist Auslegungsregel (BGHZ 184, 224 = NJW 2010, 1368); er bildet systematisch die Ausnahmeregelung zu § 420; rechtstatsächlich ist § 427 die Regel, § 420 die seltenere Ausnahme (vgl → § 420 Rn. 3). Wird bei Vertragsschluss mit einem „zusammengefassten" Auftreten ein über den Abschluss des RGeschäfts hinausgehender Zweck verfolgt, ist dies Indiz für die auf gemeinsamer Verpflichtung beruhende Gesamtschuldnerschaft (OLG Koblenz IBR 09, 445). Auch bei mehreren parallelen Verträgen kann gem § 427 eine Gesamtschuld entstehen, wenn jeder Schuldner auf die Verpflichtung auch der anderen Schuldner angesichts

der Gesamtumstände vertraut und vertrauen darf (BAG NJW 2020, 1456 Rn. 27 für parallele Verpflichtung von Arbeitnehmern durch kooperierende GbR unabhängig von der Existenz einer sie verbindenden GbR-Außengesellschaft).

2 **2. Wichtige Bspiele.** Pflicht der Parteien aus Schiedsvertrag zur Erstattung der Schiedsrichtervergütung (BGHZ 55, 347; vgl hierzu → § 426 Rn. 3, 10 ff.); Pflicht zur lastenfreien Übertragung von Miteigentum (OLG Braunschweig NJW-RR 1997, 1038 – besser: gemeinschaftliche Schuld, → Vor § 420 Rn. 4; → §§ 743–748 Rn. 12); Vollstreckungsschuldner nach Prozessvergleich (KG NJW-RR 1988, 1407); wegen § 10 VI und VIII WEG haften die Wohnungseigentümer für Verbindlichkeiten aus einem Vertrag mit der Gemeinschaft der Wohnungseigentümer nur dann als Gesamtschuldner, wenn sie sich neben dem Verband klar und eindeutig auch persönlich verpflichtet haben (BGH NJW 2010, 932 f.; ähnlich schon BGH NJW 2005, 2066 f.); → § 420 Rn. 3; „Oder-Kontoinhaber" zT sogar über die Kreditlinie hinaus (OLG Nürnberg WM 1990, 1371); Bauherren, falls nicht Wohnungs- oder Teileigentum errichtet werden soll (BGH NJW-RR 1989, 465; vgl → § 420 Rn. 3); mehrere Abnehmer von Fernwärme (BGH NJW-RR 2021, 626 Rn. 23; Ehegatten aus einem gem § 1357 geschlossenen Vertrag (vgl → § 1357 Rn. 6 oder gemeinsam abgeschlossenen Vertrag, BFH NJW 2012, 1837 Rn. 35); Pflicht mehrerer Mieter zur Mietzinszahlung einschließlich Nebenkosten, sofern nicht etwas anderes vereinbart ist (BGH NJW 2010, 1965); zur Rückgabe- bzw Räumungspflicht s. § 431 Rn. 1. Rückabwicklung einer Leistung an eine Gläubigermehrheit führt grundsätzlich zur Teilschuldnerschaft entspr Bereicherung (BGH NJW-RR 2005, 240; OLG Hamm NJW 1981, 877) und nur ausnahmsweise zur gesamtschuldnerischen Haftung analog § 427 (BGH NJW 1985, 1828); vgl iÜ für Gemeinschaften → Vor § 420 Rn. 3, 6 mwN; → §§ 714, 715 aF Rn. 9 f. bzw *§§ 719–722 nF ab 1.1.2024* Rn. 8; → §§ 743–748 Rn. 12.

§ 428 Gesamtgläubiger

[1]Sind mehrere eine Leistung in der Weise zu fordern berechtigt, dass jeder die ganze Leistung fordern kann, der Schuldner aber die Leistung nur einmal zu bewirken verpflichtet ist (Gesamtgläubiger), so kann der Schuldner nach seinem Belieben an jeden der Gläubiger leisten. [2]Dies gilt auch dann, wenn einer der Gläubiger bereits Klage auf die Leistung erhoben hat.

§ 429 Wirkung von Veränderungen

(1) **Der Verzug eines Gesamtgläubigers wirkt auch gegen die übrigen Gläubiger.**

(2) **Vereinigen sich Forderung und Schuld in der Person eines Gesamtgläubigers, so erlöschen die Rechte der übrigen Gläubiger gegen den Schuldner.**

(3) **[1]Im Übrigen finden die Vorschriften der §§ 422, 423, 425 entsprechende Anwendung. [2]Insbesondere bleiben, wenn ein Gesamtgläubiger seine Forderung auf einen anderen überträgt, die Rechte der übrigen Gläubiger unberührt.**

§ 430 Ausgleichungspflicht der Gesamtgläubiger

Die Gesamtgläubiger sind im Verhältnis zueinander zu gleichen Anteilen berechtigt, soweit nicht ein anderes bestimmt ist.

Anmerkungen zu den §§ 428–430

1. Wesen der Gesamtgläubigerschaft. Jeder Gläubiger kann die Leistung voll verlangen, der Schuldner kann aber bis zur Befriedigung den Leistungsempfänger auswählen, sofern keine abw Vereinbarung (zB für Pfändungsfall) vorliegt (BGH NJW 1979, 2038; zT krit Tiedtke NJW 1980, 2496). Der Schuldner kann mit den Gläubigern vereinbaren, nur an einen bestimmtem Gläubiger zu leisten (BGH BeckRS 2018, 18039 Rn. 10; BAG NJW 2020, 1456 Rn. 28). Gläubigergestaltungsrechte (zB Wahlrecht gem § 13 II StVG, § 843 III: BGHZ 59, 190; gem §§ 634, 635: BGHZ 74, 255 f. zur aF) und Verfügungen über das gesamte Recht (zB Abtretung: BGH WM 1987, 1038; Erlass – es sei denn mit beschränkter Gesamtwirkung, vgl → § 424 Rn. 4 –: BGH NJW 1986, 1862; BGH NJW-RR 2009, 1534; aA OLG Bremen OLGZ 1987, 30 und OLG Hamburg MDR 2003, 319) können nur von allen Gläubigern gemeinsam vorgenommen werden. Verjährung läuft gegenüber jedem Gläubiger gesondert (BGH NJW 1985, 1552: Einzelwirkung). § 430 gewährt einen selbstständigen Ausgleichsanspruch entspr § 426 I 1 (für Eheleute in ges Güterstand OLG Brandenburg FamRZ 2008, 2036); aus § 242 kann ein Auskunftsanspruch folgen (OLG Dresden NJW-RR 2012, 1007). 1

2. Anwendungsbereich. Gesamtgläubigerschaft ist praktisch sehr selten, häufiger sind Gesamthandsgläubigerschaft oder auch Forderungsgemeinschaft (BGH NJW 1984, 1357; → Vor § 420 Rn. 2 mN). **a) Bsp für Gesamtgläubigerschaft:** § 2151 III; Anspruchsübergang auf mehrere Sozialversicherungsträger gem § 117 SGB X (BGH NJW 1986, 1862; BGH NJW-RR 2009, 1537: beschränkte Gesamtwirkung des Abfindungsvergleichs), nicht aber zwischen Sozialversicherungs- und Versorgungsträgern (BGHZ 106, 387: Teilgläubiger); Begründung durch Vertrag unter Einbeziehung des Schuldners (BGHZ 64, 67 ff.); Bereicherungsanspruch der Gesamtschuldner nach Vollstreckung trotz Erfüllung (OLG Frankfurt a. M. OLGZ 1982, 357); sichernder Rückauflassungsanspruch der Miteigentümer (OLG Zweibrücken Rpfleger 1985, 285); prozessualer Kostenerstattungsanspruch von Streitgenossen (BGH Rpfleger 1985, 321; sa BGH RPfleger 2006, 339: obsiegt nur einer der Streitgenossen, kann er Kostenerstattung nur in Höhe eines seiner Beteiligung am Rechtsstreit entspr Bruchteils verlangen); Gesamtgläubigerschaft an dinglichen Rechten (nicht aber an dinglichem Vorkaufsrecht: BGH NJW2017, 1811 Rn. 12 ff., 16 ff.: arg aus §§ 1098 I 1, 472; dazu Kesseler NJW 2017, 1813; Böttcher NJW 2017, 2726, 2729; zum Sonderfall der Grunddienstbarkeit – modifizierte Gesamtberechtigung analog §§ 428, 432 angesichts in erster Linie geschuldeter Passivität – Böttcher NJW 2019, 813, 814), zB Hypothek (OLG München NJW-RR 2016, 464 Rn. 11 ff. für Zwangshypothek), Wohnungsrecht, Grundschuld (BGH WM 2010, 1475 f.: keine Anwendung des § 429 II), Eigentümergrundschuld ehelicher Miteigentümer (OLG Dresden NJW-RR 2012, 1007); Nießbrauch usw (BGH NJW 1981, 177; 1996, 2153; NZG 2020, 2110; OLG Frankfurt a. M. NJW-RR 2012, 785; hierzu Erbath NJW 1997, 974; Böttcher NJW 2013, 2808), soweit nicht Gesamthand oder Gemeinschaft vorliegt (vgl → § 432 Rn. 2; → § 741 Rn. 5; → §§ 743–748 Rn. 15); idR gemeinsame Miete (s. OLG Hamm FamRZ 1984, 1017; → § 741 Rn. 3); mehrere ersatzberechtigte Gläubiger nach dem CMR (BGH NJW 2019, 3722 Rn. 50 ff., sa → § 387 Rn. 5; 1992, 1767; 1999, 1112; BGH NJW-RR 2006, 1546; BGH VersR 2009, 286); mehrere Gläubiger aus verschiedenen Arbeitsverträgen bei Bestimmungsrecht der Arbeitgeber, wem gegenüber die Leistung zu erbringen ist (BAG NJW 2020, 1456 Rn. 28; sa § 427 Rn. 1 zu entsprechender Gesamtschuld der Arbeitnehmer). Das *„Oder-Konto"* schafft Gesamtgläubigerschaft (BGHZ 95, 187; 227, 123 Rn. 16; BGH NJW 2018, 2632 Rn. 16; 2000, 2348; NJW 1990, 705; BFH NJW 2016, 3056 Rn. 22; BGH NJW 2009, 2055 für ein Kontokorrentkonto auf Grund eines Bausparvertrages; OLG Bremen NJW 2014, 2129; Rieder WM 1987, 29) mit der Besonderheit, dass der Schuldner an den fordernden Gläubiger leisten *muss* (BGHZ 95, 187; BGH NJW 2018, 2632 Rn. 16 ff.); bei zeitlich versetzten Zahlungsverlangen beider Gläubiger gilt richtiger- 2 3

weise Priorität, falls das erste Verlangen vertragsgemäß ist (teilw. offengelassen in BGH NJW 2018, 2632 Rn. 25 ff.), u.U. Schadensersatzansprüche bei fehlsamer Auszahlung oder versäumter Information des anderen Gläubigers (BGH NJW 2018, 2632 Rn. 23 ff.; hierzu A. Weber NJW 2019, 3040, 3046). Innenausgleich erfolgt idR zu gleichen Teilen (BGH NJW 1990, 705; 1997, 1435; 2000, 2347; OLG Köln WM 2000, 2487; OLG Frankfurt a. M. NJW-RR 2012, 903), bei „Oder-Depot" entspr den Eigentumsverhältnissen (BGH NJW 1997, 1435; OLG Düsseldorf NJW-RR 1998, 918; OLG Köln WM 2000, 2487); zwischen Eheleuten jedenfalls bei Getrenntleben (BGH NJW 1990, 705 f.; 2000, 2348; ähnlich OLG Köln NJW-RR 1999, 1090; OLG Bremen NJW 2014, 2129 für Trennungsvorbereitung sowie OLG Naumburg NJW-RR 2007, 1158 – Ausgleich nach rechtskräftiger Scheidung); bei intakter Ehe idR entgegenstehende Gestaltung des Innenverhältnisses, die aber zu beweisen ist (BGH NJW-RR 1993, 2; BFHE 218, 405 f.); Ausgleich bei eheähnlicher Lebensgemeinschaft zumindest für nach Beendigung abgehobene Beträge (OLG Celle FamRZ 1982, 63; Diederichsen NJW 1983, 1025). Die Insolvenz eines Kontoinhabers lässt das andere Schuldverhältnis unberührt (BGHZ 95, 185), ebenso Pfändungen durch Gläubiger eines Kontoinhabers (OLG Dresden WM 2001, 1149 f.; offen BGHZ 93, 321); bei der Insolvenz eines der Inhaber eines „Oder-Kontos" gehört aber die Forderung des insolventen Inhabers auf das gesamte Kontoguthaben zur Insolvenzmasse (OLG Hamburg NZI 2008, 437). Ein „Oder-Konto" kann durch Einigung aller Gesamtgläubiger mit der Bank oder bei vertraglich ausbedungener einseitiger Verfügung nur gemeinschaftlich durch alle Gesamtgläubiger in ein „Und-Konto" verwandelt werden (BGH NJW 1991, 420; anders uU bei entsprechender Einzelverfügungsbefugnis, BGH NJW-RR 1993, 233; 1991, 420; BGHZ 227, 123 Rn. 16 ff.), allerdings im Falle der Insolvenz eines Gesamtgläubigers nicht durch einen „schwachen" vorläufigen Insolvenzverwalter (BGHZ 227, 123 Rn. 19 ff.); Zahlungen des Arbeitgeber- oder Mieter-Ehegatten auf „Oder-Konto" sind keine Betriebsausgaben (BFH NJW 1990, 854); ein nicht börsentermingeschäftsfähiger Mitinhaber kann Stornierung von Belastungen aus Börsentermingeschäften des anderen börsentermingeschäftsfähigen Mitinhabers verlangen, soweit das Konto durch die Belastungen debitorisch wurde (BGH NJW 2002, 3096; sa OLG Karlsruhe NJW 2003, 222). Eine vorzugswürdige andere rechtliche Einordnung des Oder-Kontos als Gemeinschaft iSd §§ 741 ff. mit Einzelverfügungsbefugnis findet sich nunmehr bei Dieker, Das Gemeinschaftskonto mit Einzelverfügungsbefugnis, 2017. Ursprünglich wurde Gesamtgläubigerschaft von Anwaltssozii bzgl Gebührenforderungen angenommen (BGH NJW 1963, 1301; 1980, 2407); später (BGH NJW 1996, 2859) Gläubigerschaft zur gesamten Hand, wobei sich bei Annahme der Teilrechtsfähigkeit einer GbR diese Problematik entschärft; → §§ 709–713 aF Rn. 10; zur Reform zum 1.1.2024 → *§§ 709, 714–716 nF*
4 *Rn. 11.* **b) Keine Gesamtgläubigerschaft** besteht in folgenden Fällen: Einzelgläubigerschaft des Sozialversicherungsträgers und des Geschädigten bei teilw Anspruchsübergang gem § 116 SGB X, bei Ausschluss einer Inanspruchnahme eines familienzugehörigen Zweitschädigers durch den Sozialversicherungsträger wegen des Familienprivileg des § 116 VI 1 SGB X zwar auch Einzelgläubigerschaft, jedoch unter entsprechender Anwendung der §§ 430, 422, 426 mit der Folge einer Herabsetzung des Anspruchs des Geschädigten gegen den familienzugehörigen Schädiger (BGHZ 146, 108 = NJW 2001, 754; NJW 2018, 1242 Rn. 11 ff.); Einzelgläubigerschaft zwischen Versicherung und Versicherungsnehmer bei teilw Übergang gem § 86 VVG (BGH 44, 382 ff.); der Anspruch des verletzten Kindes gem §§ 842, 823 ff. geht dem Anspruch der Eltern gem §§ 845, 1619 vor (BGHZ 69, 385), so dass Gesamtgläubigerschaft von Eltern und Kind entfällt; Einzelgläubigerschaft von Ehemann und Kindern bei Ansprüchen aus Tötung der Ehefrau und Mutter (BGH NJW 1972, 1717); Einzelgläubigerschaft des Elternteils, dem das Kindergeld nach § 64 EStG gewährt wird (BGH NJW 2016, 1956 Rn. Rn. 9); Einzelgläubigerschaft mehrerer Unterhaltsgläubiger auch dann, wenn die Ansprüche in einem einheitlichen Rechtsstreit geltend gemacht werden (OLGR Naumburg 05, 865); Einzelgläu-

bigerschaft von GmbH und verbundenem Unternehmen bei Rückgewähr doppelt unzulässiger Zahlungen (§ 30 GmbHG, BGH NJW 1991, 358); Einzelgläubigerschaft zwischen Versprechensempfänger und Drittem beim Vertrag zu Gunsten Dritter (KG NJW-RR 2016, 1492 Rn. 16; sa OLG Bamberg NJW-RR 2019, 365 Rn. 19 ff. zur Kontenumwandlung auf Grund eines Vertrags zu Gunsten Dritter auf den Todesfall); vgl iÜ → § 420 Rn. 2 und → § 741 Rn. 5, ferner → § 432 Rn. 2; zu Mängelansprüchen aus gemeinschaftlichem Wohnungseigentum → § 741 Rn. 7 f; zur Rückabwicklung einer gesamtschuldnerischen Leistung → § 432 Rn. 2 und BGHZ 225, 352 Rn. 17 ff.; BGH BeckRS 2021, 7064 Rn. 23.

3. Prozessuales. Gesamtgläubiger sind einfache Streitgenossen (arg § 429 III). 5
Vollstreckung gegen einzelne Gesamtgläubiger als Vollstreckungsschuldner ist möglich. Einzelpfändung und Insolvenzbeschlag wirken nur persönlich. Die Pfändung der gemeinschaftl Forderung erfasst im Verhältnis zum Schuldner die ganze Forderung (BGHZ 93, 320 f.), die anderen Gläubiger können der Verwertung ihres Anteils nicht gem § 771 ZPO widersprechen (BGHR ZPO § 771 Drittwiderspruchsklage 2 entgegen OLG Koblenz NJW-RR 1990, 1386 für Oder-Konto-Pfändung).

§ 431 Mehrere Schuldner einer unteilbaren Leistung

Schulden mehrere eine unteilbare Leistung, so haften sie als Gesamtschuldner.

1. Gesamtschuldnerschaft. Sie ist nur bei unteilbaren Leistungen anzunehmen, 1
die jeder Gesamtschuldner einzeln erbringen kann (zB mehrere Anwälte oder Ärzte einer Sozietät als Schuldner vertraglicher Leistung, → §§ 714, 715 Rn. 4 ff. und 7; mehrere Arbeitgeber als Gesamtschuldner voller Beschäftigungspflicht, BAG NJW 1984, 1703); mehrere Mieter als Schuldner der Pflicht zur Rückgabe gem § 546 I, 985 BGB (BGH NJW 2020, 3376 Rn. 41; 2015, 473 Rn. 18; NJW 1996, 515 [516]; dazu Meyer-Abich NJW 2017, 3429, 3430). Sofern Schuldner eine Leistung nur durch gemeinschaftliches Zusammenwirken erbringen können, handelt es sich um eine *gemeinschaftliche Schuld* (vgl → Vor § 420 Rn. 4 mN).

2. Gemeinschaftliche Schuld. Sie ist im Ges nicht geregelt. **a) Anwendungsfälle:** Gesellschafter oder Gemeinschafter als Schuldner (vgl → §§ 714, 715 aF Rn. 9 f. (zur Reform des Rechts der GbR zum 1.1.2024 → *§§ 719–722 nF Rn. 1, 7 f.*; für nur gemeinsam durch alle Gesellschafter erbringbare Leistungen haftet die rechtfähige GbR als Schuldnerin; sie kann sie erbringen, indem sie zB seither durch alle Gesellschafter abzugebende Willenserklärungen für Vollzugsgeschäfte durch ihre Vertreter abgibt oder bei persönlichen Dienst- oder Werkleistungen die einlagenpflichtigen Gesellschafter in Pflicht nimmt, *§ 709 nF*); daneben steht die Haftung der einzelnen Gesellschafters gemäß *§ 721 nF*, die sie zu ihrem Beitrag für die Leistungserbringung verpflichtet und zur Inpflichtnahme der Mitgesellschafter; Bsp: GbR für Auftritte als Eigengruppe); vgl. für andere Gemeinschaften → §§ 2058–2063 Rn. 8; → §§ 743–748 Rn. 12 f., 15); Verpflichtung zur gemeinsamen Herstellung eines Werks (BGH NJW 1952, 217; OLG Nürnberg NJW-RR 1991, 28; *unklar und str); Verpflich*tung zum gemeinsamen Betrieb einer Gaststätte (BGH VersR 1969, 830); Verpflichtung ausgeschiedener Gesellschafter zur Ausstellung einer Rechnung gem § 14 UStG 1973 (BGH NJW 1975, 311); Verpflichtung einer „Eigengruppe" (zB Musiker) zu einer Veranstaltung oder einer Akkordkolonne zur eigenständigen Aufgabenerledigung (vgl BAG NJW 1974, 2255; str). **b) Rechtsfol-** 3
gen sind unklar (van Venrooy JuS 1982, 95), zumal die Abgrenzung zur Gesamtschuld (vgl auch → § 425 Rn. 8) oft nicht durchgehalten wird. **aa)** Die **primäre Pflicht** wird nur gemeinschaftlich geschuldet; §§ 421 ff. sind unanwendbar, weil sie von der Möglichkeit des einzelnen Schuldners zur alleinigen Leistung ausgehen. Die gemeinschaftlichen Schuldner sind im Prozess *notwendige Streitgenossen* (§ 62 ZPO), worin wiederum ein wesentlicher Unterschied zur Gesamtschuld liegt (→ § 425

4 Rn. 1). **bb) Sekundärpflichten** (Ersatzpflichten) setzen entweder die Verpflichtung voraus, für fremdes Verschulden Mitverpflichteter einzustehen (OLG Nürnberg NJW-RR 1991, 28; vgl das Parallelproblem → § 425 Rn. 8 ff.) oder aber eigenes Verschulden (vgl BAG NJW 1974, 2255; §§ 280 I 2, 286 IV). Auf sekundäre Ersatzpflichten sollte man §§ 421 ff. anwenden (aA Reinicke/Tiedtke, Gesamtschuld und Schuldsicherung, 1988, S. 17 f.). Bei Gesamthändern ist bei fehlendem eigenen Verschulden Haftung unter Beschränkung auf das Gesellschaftsvermögen erwägenswert (Larenz SchR I § 36 II c; str; zum insoweit geltenden Recht vor und nach Reform des Rechts der GbR zum 1.1.2024 §§ 714, 715 aF Rn. 5; *§§ 720 III S. 2, 721 S. 2 u → §§ 719–722 nF Rn. 4, 7*: grundsätzlich keine GbR mit beschränkter Haftung und kein Ausschluss der Gesellschafterhaftung).

§ 432 Mehrere Gläubiger einer unteilbaren Leistung

(1) [1]**Haben mehrere eine unteilbare Leistung zu fordern, so kann, sofern sie nicht Gesamtgläubiger sind, der Schuldner nur an alle gemeinschaftlich leisten und jeder Gläubiger nur die Leistung an alle fordern.** [2]**Jeder Gläubiger kann verlangen, dass der Schuldner die geschuldete Sache für alle Gläubiger hinterlegt oder, wenn sie sich nicht zur Hinterlegung eignet, an einen gerichtlich zu bestellenden Verwahrer abliefert.**

(2) **Im Übrigen wirkt eine Tatsache, die nur in der Person eines der Gläubiger eintritt, nicht für und gegen die übrigen Gläubiger.**

1 **1. Anwendungsbereich.** Die praktische Bedeutung der Vorschrift ist beschränkt, weil regelmäßig zwischen den Gläubigern gesellschaftsrechtliche oder gemeinschaftsrechtliche Sondervorschriften gelten. Es sind zu unterscheiden:
2 **a) Einfache Forderungsgemeinschaft:** Bsp: BGHZ 175, 297 = NJW 2008, 1807 (Anspruch der Miteigentümer auf Versteigerungserlös); BGHZ 179, 146 = NJW 2009, 847 (Anspruch auf Löschung einer Gesamthypothek); BGH NJW 2005, 3782 (Mietzinsanspruch vermietender Miteigentümer, auch wenn Bruchteilsgemeinschaft durch Grundstücksteilung entstand, BGH NJW 2020, 683 Rn. 37); BGH NJW 2012, 64 (Anspruch vermietender Miteigentümer aus § 554 II 1); BGH NJW-RR 2009, 687 (Schadensersatzanspruch aus einfacher Forderungsgemeinschaft); zur Anwendung des § 432 bei schuldrechtlichen Forderungen BGH NJW 2012, 64; BGHZ 225, 352 = NJW 2020, 683 Rn. 37 ff. u → § 741 Rn. 2, 6, bei dinglichen Forderungen → § 741 Rn. 5, → §§ 743–748 Rn. 15; zum „Und-Konto" → § 741 Rn. 6; zur Wohnungseigentümergemeinschaft → § 741 Rn. 7 f. u → §§ 428–430 Rn. 2. **b) Gesamthandsforderungen:** Für GbR nach Anerkennung ihrer Rechtsfähigkeit durch die Rechtsprechung (BGHZ 146, 341 ff. = NJW 2001, 1056) nur noch von allenfalls rudimentärer Bedeutung (§§ 714, 715 aF Rn. 2 mN); zur umstrittenen Anwendung des § 432 bei BGB-Gesellschaft vgl → §§ 709–713 aF Rn. 10; mit der Reform, die am 1.1.2024 in Kraft tritt, ist eine am Rechtverkehr teilnehmende GbR ohne Rechtsfähigkeit abgeschafft und als Inhaberin von Rechten in gesamthänderischer Verbundenheit verboten, kann also auch nicht mehr durch vertragliche Parteiautonomie wiedererstehen (§§ 705, 740 I nF (→ Vor §§ 740–740c nF mAnm), so dass insoweit eine Gesamthandsforderung gar nicht mehr entstehen kann; vgl. für die noch bestehenden Gesamthandsgemeinschaften → § 1422 Rn. 2 ff., → §§ 1450–1453 Rn. 3 ff., 9 f.; § 2039 (zum vergleichbaren Grundgedanken des § 432 und des § 2039 BGH NJW 2021, 634 Rn. 15 f.). **c) Mitgläubigerschaft ohne gemeinsame Berechtigung.** Sofern – was selten ist – Mitgläubiger weder Gesamthänder noch Gemeinschafter sind, gilt § 432. *Bsp:* mehrere Mieter einer Wohnung bezüglich ihres Nutzungsrechtes (BGH NJW 2013, 3234; für Nießbrauch aber nur Gesamtgläubigerschaft, OLG München NJW 2009, 3310; Böttcher NJW 2013, 2809; → §§ 428–430 Rn. 2; dort auch Nachweise zu anderen dinglichen Rechten); mehrere Darlehensnehmer als Gläubiger des Rückgewährschuldverhältnisses nach Widerruf durch alle oder auch nur einen Darlehensnehmer (BGH

NJW 2017, 43; 2018, 223 Rn. 27; Strackmann NJW 2018, 209); mehrere auskunftsberechtigte Stifter einer Treuhandstiftung (OLG Naumburg NJW-RR 2014, 548; 857: ausnahmsweise Einzelanspruch gem § 242); Erlösforderung von Miteigentümern nach Teilungsversteigerung (A. Weber NJW 2013, 3077); Bestellung einer Taxe für gemeinsame Fahrt (Larenz SchR I § 36 I b; nur bei Ablehnung einer BGB-Gesellschaft!); Mitberechtigung beider Ehegatten aus Verträgen gem § 1357 I 2 (LG Karlsruhe NJW-RR 2013, 1327, str; vgl → § 1357 Rn. 6; zur Miete → §§ 428–430 Rn. 2, → § 741 Rn. 3) oder aus Beratungsvertrag mit dem Steuerberater (OLG Zweibrücken FamRZ 2021, 422); Rückgabeforderung von Eheleuten nach Beschlagnahme bei vorherigem Mitgewahrsam (BGH NJW 2015, 1238 Rn. 11 ff.); Vorbehaltsverkäufer und -käufer bei Eigentums- und Anwartschaftsrechtsverletzung (Baur/Stürner, SachenR, 18. Aufl. 2009, § 59 Rn. 45 mN; → § 929 Rn. 58; offen BGH NJW 1991, 2020); soweit der BGH Teilgläubigerschaft angenommen hat (BGHZ 55, 31 f.), mag ein nicht verallgemeinerungsfähiger Sonderfall vorliegen (aA MüKoBGB/Bydlinski § 432 Rn. 7): im entschiedenen Fall hatten Gläubiger des Verkäufers gepfändet und verwertet, so dass der Käufer hinsichtlich des Restkaufpreises frei war (§ 323 aF, nunmehr § 326 I) und ihm nicht wie sonst der Schaden gem § 446 I entstand. Zu Flugscheinkosten bei Gruppenbuchungen nach Annullierung s → § 420 Rn. 3.

2. Rechtsfolgen. Jeder Gläubiger kann Leistung an alle verlangen. § 432 gewährt 3 insoweit Verfügungsbefugnis und Prozessführungsbefugnis (BayObLGZ 1992, 131). Leistung an einen Gläubiger befreit grundsätzlich nicht; mangels Gegenseitigkeit keine Aufrechnung mit Forderung gegen einen einzelnen Gläubiger (BGH NJW 2011, 452)

3. Prozessuales. Mitgläubiger sind idR notwendige Streitgenossen aus prozes- 4 sualem Grund (§ 62 I Var. 1 ZPO;vgl StJ/Bork § 62 Rn. 8). Vollstreckung gegen Mitgläubiger als Vollstreckungsschuldner (zB Prozesskosten) erfordert einen Titel gegen alle einzeln oder als Gesamtschuldner (§ 100 ZPO); zum Übergangsrecht zu Gunsten von GbRs aF § 736 ZPO nF ab 1.1.2024. Oft werden Mitgläubiger in der Schuldnerrolle als Gesamtschuldner haften.

Abschnitt 8. Einzelne Schuldverhältnisse

Titel 1. Kauf, Tausch[1]

Vorbemerkungen zu den §§ 433–480

1. Überblick. §§ 433–451 regeln den Sachkauf einschließlich des Grundstücks- 1 kaufs. § 452 ordnet die entspr Anwendung der Vorschriften über den Grundstückskauf für den Schiffskauf (→ § 452 Rn. 1 [a]) an, § 453 I 1 die entspr. Geltung der Bestimmungen über den Sachkauf für den Rechtskauf (→ § 453 Rn. 1) und den Kauf sonstiger Gegenstände (→ § 453 Rn. 11 [a/b]), in § 453 I 2 modifiziert für Verbraucherverträge über den Kauf digitaler Inhalte (→ § 453 Rn. 11 [c]). §§ 454–*473 regeln* mit dem Kauf auf Probe, dem Wiederkauf und dem Vorkauf drei bes. Arten des Kaufs. §§ 474–479 normieren den Verbrauchsgüterkauf, § 480 BGB den Tausch.

2. Unionsrechtliche Prägungen des Kaufrechts.

Lit.: Bach, Neue Richtlinien zum Verbrauchsgüterkauf und zu Verbraucherverträgen über digitale Inhalte, NJW 2019, 1705; Heese, Regulierung durch Kaufrecht, AcP 222 (2022), 703;

[1] **Amtl. Anm.:** Dieser Titel dient der Umsetzung der Richtlinie 1999/44/EG des Europäischen Parlaments und des Rates vom 25. Mai 1999 zu bestimmten Aspekten des Verbrauchsgüterkaufs und der Garantien für Verbrauchsgüter (ABl. EG Nr. L 171 S. 12).

Kumkar; Herausforderungen eines Gewährleistungsrechts im digitalen Zeitalter, ZfPW 2020, 306; Kupfer/Weiß, Die Warenkaufrichtlinie – Schlussstein in der Harmonisierung des kaufrechtlichen Gewährleistungsrechts?, VuR 2020, 95; Meller-Hannich, Die Warenkaufrichtlinie und ihre Umsetzung, DAR 2021, 493; Staudenmayer, Die Richtlinien zu den digitalen Verträgen, ZEuP 2019, 663; Tonner, Die EU-Warenkauf-Richtlinie …, VuR 2019, 363; Wilke, (Verbrauchsgüter-)Kaufrecht 2022 – die Warenkauf-Richtlinie der EU und ihre Auswirkungen, BB 2019, 2434.

2 **a)** Das **SchRModG** hat das Kaufrecht des BGB mWv 1.1.2002 erheblich umgestaltet. Das Gewährleistungsrecht wurde an das Leistungsstörungsrecht des allgemeinen Schuldrechts angebunden und die VerbrGüKauf-RiLi von 1999 umgesetzt (dazu Gsell JZ 2001, 65; Honsell JZ 2001, 278). Die (mindestharmonisierende) VerbrGüKauf-RiLi wurde mit der VerbrR-RiLi von 2011 geändert und durch die WK-RiLi 2019 aufgehoben, die seither den Verbrauchsgüterkauf unionsrechtlich (grundsätzlich vollharmonisierend [Art. 4 WK-RiLi], dazu Staudenmayer ZEuP 2019, 663, 664) prägt. Die WK-RiLi berücksichtigt insbes digitale Elemente der Kaufsache.

3 **b)** Nicht nur die dem Verbrauchsgüterkauf gewidmeten §§ 474–479, sondern zahlreiche weitere Vorschriften des Kaufrechts dienen der (insofern überschießenden) **Umsetzung der WK-RiLi.** Dies wirkt unterschiedlichen Regelungen innerhalb und außerhalb des Verbrauchsgüterkaufrechts entgegen, zB beim Mangelbegriff (→ § 434 Rn. 1). Soweit Vorgaben der WK-RiLi bestehen, kann der Grundsatz richtlinienkonformer Auslegung nach dem Willen des deutschen Gesetzgebers grundsätzlich auch außerhalb des Verbrauchsgüterkaufs gelten (BGH NJW 2013, 220, Rn. 20 ff.). Eine Pflicht zur Vorlage an den EuGH nach Art. 267 AEUV besteht insoweit nicht; die Berechtigung zur Vorlage ist str (s. EuGH NJW 2020, 1423, Rn. 25 ff. – Kreissparkasse Saarlouis; Grigoleit/Herresthal JZ 2003, 118, 119 mN).

4 **c)** Die WK-RiLi wurde durch das **Gesetz zur Regelung des Verkaufs von Sachen mit digitalen Elementen und anderer Aspekte des Kaufvertrags** v. 25.6.2021, Inkrafttreten am 1.1.2022, umgesetzt, zusammen mit dem DI-RiLi-UG (→ Vor § 327 Rn. 3), das ua auch §§ 445c und 475a in das Kaufrecht eingefügt hat. **Übergangsrecht** s. Art. 229 § 58 EGBGB: auf vor dem 1.1.2022 abgeschlossene Kaufverträge ist das bis einschl. 31.12.2021 geltende Recht anwendbar.

5 **3. Anwendungsbereich.** Kaufrecht gilt unmittelbar auch für den sog. Lieferungskauf (§ 650 I), **entspr.** für den Rechtskauf und den Kauf sonstiger Gegenstände (§ 453 I 1), den Tausch (§ 480), ferner in den Fällen der §§ 365, 757, 915, 2182 f. sowie bei **öffentlich-rechtlichen Lieferungsverhältnissen** (BGHZ 59, 303, 305 [Wasserversorgung]).

6 **4. Abgrenzung des Kaufs von anderen Schuldverträgen. a) Tausch** (§ 480): Gegenleistung besteht nicht in Geld, sondern gleichfalls in einem Vermögensgegenstand (Sache, Recht). **b) Schenkung** (§ 516): Keine Gegenleistung (unentgeltlich). **c) Werkvertrag und Werklieferungsvertrag (Lieferungskauf)** (§§ 631, 650): Der Unternehmer ist zur Herstellung des Gegenstands verpflichtet; auf die Herstellung und Lieferung beweglicher Sachen findet gem. § 650 I 1 grundsätzlich Kaufrecht Anwendung; bei Herstellung nicht vertretbarer Sachen (§ 91) s. § 650 I 3. Sacherwerb mit Montagepflicht ist Kauf (s. § 434 IV). Reiner Kaufvertrag dagegen, wenn Verkäufer vor der Übergabe des verkauften Fahrzeugs auf Käuferwunsch eine Flüssiggasanlage einbaut (BGH NJW 2013, 2584 Rn. 14). Zur Anwendung des Kaufrechts beim Bauträgervertrag s. § 650u I 3. **d) Miete, Pacht** (§§ 535, 581): Kauf ist auf dauernde und endgültige Überlassung gerichtet, Miete und Pacht nur auf eine vorübergehende. Entspricht die Überlassungsdauer der Nutzungsdauer eines verbrauchbaren Wirtschaftsguts, handelt es sich um kaufähnlichen Vertrag (Mietkauf, BGHZ 62, 42). **Leasingverträge** sind idR Miete (str, ie → Vor § 535 Rn. 5 ff., auch bei Einräumung einer Kaufoption [BGHZ 71, 189, 194] oder Begründung eines Andienungsrechts [BGHZ 71, 196, 202]), uU Finanzierungshilfe (§ 506 I, II; → Vor § 535 Rn. 7). **e) Lizenzvertrag.** Erwerb gewerblicher Schutzrechte (Patent, Marke usw) ist Rechtskauf (→ § 453 Rn. 18); ebenso, wenn mit

einer Lizenz dem Erwerber die wesentlichen Befugnisse dauerhaft verschafft werden sollen, insbes. bei ausschließlicher Lizenz und ausschließlichen urheberrechtlichen Nutzungsrechten (§§ 31 ff. UrhG); die einfache Lizenz unterliegt Pacht. **f) Kommission** (§ 383 HGB): Kommissionär schließt Kaufverträge im eigenen Namen für Rechnung des Kommittenten. Im Verhältnis zwischen Kommissionär und Kommittent liegt kein Güterumsatz-, sondern ein Geschäftsbesorgungsvertrag vor (→ § 675 Rn. 12); abw. Vereinbarung aber möglich (OLG Zweibrücken JZ 1998, 196: Geltung von Mängelrecht). Bei Vereinbarung von Festpreis iZw Kauf (Eigengeschäft), nicht (Verkaufs-)Kommission (BGH NJW-RR 1991, 994, 995 mN). Verkaufsauftrag an Gebrauchtwagenhändler ist iZw Vermittlungsvertrag (BGH NJW 1981, 388; → § 311 Rn. 25; → § 675 Rn. 12). Andererseits kann ein „Vermittlungsauftrag" über ein „EU-Fahrzeug" (Reimport) als Kaufvertrag zu werten sein (OLG Düsseldorf NJW 2002, 523, 524). **g) Trödelvertrag:** Übergabe zum Verkauf mit der Verpflichtung zur Rückgabe oder bestimmten Preis zu zahlen (Mot. II 516). **h) Vertragshändlervertrag** ist als solcher kein Kaufvertrag, sondern ein auf gewisse Dauer gerichteter Rahmenvertrag eigener Art, durch den sich der eine Teil (Vertragshändler oder Eigenhändler) verpflichtet, Waren des anderen Teils (Hersteller oder Lieferant) im eigenen Namen und auf eigene Rechnung zu vertreiben, und durch den der Eigenhändler in die Verkaufsorganisation des Vertragsgegners eingegliedert wird (BGH NJW-RR 2005, 1496 [Klauselkontrolle]; ie Westphalen NJW 1982, 2465; Bechtold NJW 1983, 1393). Die auf der Grundlage des Eigenhändlervertrags geschlossenen Einzelverträge (§ 433) sind selbstständig (BGHZ 74, 136, 140). **i) Lizenzspielertransfer** (sog Spielerkauf): Kein Kaufvertrag, nur Ausgleich zwischen den am Spielerwechsel beteiligten Vereinen nach Maßg sportverbandlicher Satzungen (BGH NJW 1976, 565; ie Reuter NJW 1983, 649 mN, Wertenbruch NJW 1993, 182, Oberthür NZA 2003, 462; sa EuGH NJW 1996, 505).

Untertitel 1. Allgemeine Vorschriften

§ 433 Vertragstypische Pflichten beim Kaufvertrag

(1) [1]**Durch den Kaufvertrag wird der Verkäufer einer Sache verpflichtet, dem Käufer die Sache zu übergeben und das Eigentum an der Sache zu verschaffen.** [2]**Der Verkäufer hat dem Käufer die Sache frei von Sach- und Rechtsmängeln zu verschaffen.**

(2) **Der Käufer ist verpflichtet, dem Verkäufer den vereinbarten Kaufpreis zu zahlen und die gekaufte Sache abzunehmen.**

Lit. (zu § 433 aF): Basedow, Die Reform des deutschen Kaufrechts, 1988; Brambring, Schuldrechtsreform und Grundstückskauf, DNotZ 2001, 590, 904; Brüggemeier, Das neue Kaufrecht des BGB, WM 2002, 1376; Eckert/Maifeld/Matthiessen, Handbuch des Kaufrechts, 2007; Lorenz, Fünf Jahre „neues" Schuldrecht im Spiegel der Rechtsprechung, NJW 2007, 1; Reinicke/Tiedtke, Kaufrecht, 8. Aufl 2009; Schubel, Schuldrechtsmodernisierung 2001/2002 – Das neue Kaufrecht, JuS 2002, 313; H. P. Westermann, Kaufrecht im Wandel, in: Schulze/Schulte-Nölke (Hrsg), Die Schuldrechtsreform vor dem Hintergrund des Gemeinschaftsrechts, 109; ders, Das neue Kaufrecht, NJW 2002, 241.

Lit. (zu § 433 nF): Hemler, Das neue Kaufrecht, Jura 2022, 931; Kurth, Die Digitalisierung des BGB – die deutsche Umsetzung der Digitale-Inhalte-Richtlinie sowie der Warenkaufrichtlinie – Teil I, JA 2022, 265, Teil II, JA 2022, 353; Lorenz, Die Umsetzung der EU-Warenkaufrichtlinie in deutsches Recht, NJW 2021, 2065; Mayer/Möllnitz: Gewährleistung für „smarte" Produkte nach Umsetzung der Digitale Inhalte- und Warenkauf-Richtlinien RDi 2021, 333; Paal/Wais, Ein Update für das BGB: Die Umsetzungen der Warenkauf- und Digitale-Inhalte-Richtlinie im Überblick, DStR 2022, 1164; Schörnig, Umsetzung der Warenkaufrichtlinie der Europäischen Union im deutschen Kaufrecht, MDR; 2021, 1097; Wilke, Das neue Kaufrecht nach Umsetzung der Warenkauf-Richtlinie, VuR 2021, 283.

Lit. zur WK-RiLi → Vor §§ 433–480, vor Rn. 2.

1 **1. Allgemeines. a) Begriff:** Der Kauf ist ein gegenseitiger rein schuldrechtlicher Vertrag (→ Rn. 2), in dem sich der eine Teil (Verkäufer) zur Veräußerung (Übertragung) eines Vermögensgegenstands (Kaufgegenstand: → Rn. 10 ff.), der andere (Käufer) zur Zahlung einer Geldsumme (Kaufpreis: → Rn. 14 ff.) verpflichtet
2 (→ Rn. 27). **b) Rechtsnatur. aa)** Der Kaufvertrag ist ein **schuldrechtlicher Vertrag,** dh er begründet als reines Verpflichtungs-(Kausal-)geschäft lediglich Leistungs-(Verschaffungs-)ansprüche (→ Rn. 18 ff., 26 ff.) und ist vom Erfüllungs-(Verfügungs-)geschäft rechtlich zu trennen und diesem gegenüber in der Wirksamkeit unabhängig (→ Rn. 4; → Vor § 854 Rn. 12 f.). Erfüllungsgeschäfte sind: Übertragung des Kaufgegenstands (→ Rn. 18 f.) und Zahlung des Kaufpreises (→ Rn. 26 f.). Je nach Art des Kaufgegenstands (zB Unternehmen, → § 453 Rn. 13) kann wegen des sachenrechtlichen Spezialitätsgrundsatzes (→ § 929 Rn. 5) eine Vielzahl von Erfüllungsgeschäften erforderlich sein. Kaufvertrag und Verfügungsgeschäft brauchen zeitlich nicht aufeinanderzufolgen, sondern können in einem tatsächlichen Vorgang zusammenfallen (Handkauf; Kauf mittels Automaten); auch dann gilt die genannte
3 rechtliche Unterscheidung (praktisch zB bei Mangel gem §§ 434 f.). **bb)** Der Kaufvertrag ist ein **gegenseitiger Vertrag** (→ § 311 Rn. 13). Die §§ 320–326 sind hinsichtlich der Hauptleistungspflichten (→ Rn. 18 ff., 26 ff.) anwendbar; wichtigste Folge: Verpflichtung zur Zahlung des Kaufpreises grundsätzlich nur Zug um Zug gegen
4 Lieferung (§§ 320 I, 322). **c) Kaufvertrag und Übereignung.** Kaufvertrag und Verfügungsgeschäft sind nicht nur rechtlich zu unterscheiden (Trennungsprinzip, → Rn. 2), sondern auch in ihrer **Gültigkeit** voneinander unabhängig (**Abstraktionsprinzip,** → Vor § 854 Rn. 13). Folgerungen: Die Übereignung ist auch bei nichtigem Kaufvertrag wirksam; die Rückabwicklung erfolgt nach §§ 812 ff. Bei wirksamem Kaufvertrag ohne Übereignung bleibt der Kaufgegenstand im Vermögen des Verkäufers (wichtig für § 771 ZPO, § 47 InsO). Bei Doppelverkauf entscheidet über die bessere Rechtsstellung nicht die Reihenfolge der Kaufverträge (vgl → § 241 Rn. 4 aE), sondern allein die Übereignung (ie Wieling JZ 1982, 839, 841). Ist der Zweitkäufer Eigentümer geworden, hat der Erstkäufer gegen ihn grundsätzlich keinen Herausgabeanspruch; Ausnahme: sittenwidriges Zusammenwirken von Zweitkäufer und Verkäufer (§ 826; vgl BGH NJW 1981, 2184, 2185; ie → § 826 Rn. 19). Das Abstraktionsprinzip ist rechtspolitisch umstritten (iE Jauernig JuS 1994, 721, 726; sa BGHZ 124, 321, 324).

5 **2. Kaufvertrag. a)** Für das **Zustandekommen des Kaufvertrags** gelten die allg Regeln (§§ 145 ff.). Mindestinhalt der rechtsgeschäftlichen Einigung sind Kaufgegenstand und Kaufpreis, doch braucht ersterer nicht individuell, letzterer nicht betragsmäßig bestimmt zu sein (→ Rn. 10 ff., 14 ff.). Der Vertragsschluss ist idR (außer bei den Fällen der → Rn. 7) auch stillschweigend möglich. Auch bei einer **Internet-Auktion** („eBay") kommt der Vertragsschluss grundsätzlich nach §§ 145 ff. zustande, *nicht* durch Zuschlag (→ § 156 Rn. 1; BGHZ 149, 129, 133 ff.); das verbindliche Verkaufsangebot richtet sich an den Bieter, der in der Laufzeit der Auktion das Höchstgebot abgibt (BGH NJW 2005, 53, 54); einzelne Gebote stehen unter der aufschiebenden Bedingung (§ 158 I), dass kein höheres Gebot erfolgt. **Einzelheiten:** Die „Auftragsbestätigung" des Verkäufers ist die Annahme des Kaufangebots (BGHZ 61, 282, 284; ie → § 147 Rn. 7). Das (echte) Bestätigungsschreiben setzt einen bereits geschlossenen Vertrag voraus (ie → § 147 Rn. 5). Schweigen gilt auch im kaufmännischen Verkehr – außer bei vorangegangenem Bestätigungsschreiben – nicht als Zustimmung (BGHZ 18, 212, 216, stRspr; ie → § 147 Rn. 7); Bsp: Schweigen auf unbestellt zugesandte Ware, → § 241a Rn. 5. Für **Einbeziehung von AGB** durch Verkäufer („Lieferungsbedingungen") oder Käufer („Einkaufsbedingungen") s. §§ 305 ff.; wegen Verweisung auf einander widersprechende AGB vgl → § 305 Rn. 23; zur Abgrenzung von AGB- und Individualabrede
6 → § 305 Rn. 8 ff.; ferner § 310 III. **b) Wirksamkeit. aa) Willensmängel:** §§ 116 ff. Der Kalkulationsirrtum (Irrtum über die Berechnungsgrundlagen des Preises) berechtigt idR nicht zur Anfechtung (BGH NJW 1983, 1671, 1672), auch

wenn der Erklärungsempfänger diesen erkannt hat (BGHZ 139, 177; → § 119 Rn. 10; → § 313 Rn. 26). Die Anfechtung wegen Eigenschaftsirrtums (§ 119 II) ist durch die spezielleren Mängelrechte (§§ 437 ff.) ausgeschlossen (ie → § 437 Rn. 32 [aaa]). **bb) Form:** Ein Kaufvertrag ist grundsätzlich formfrei; Ausnahmen: § 311b **7**
I, III, V; § 484; § 507 II iVm § 492, § 510 I; § 2371; § 2385; § 4 III WEG; § 11 II ErbbauRG; § 15 IV 1 GmbHG. Vereinbarte Schriftform (§ 127) häufig in AGB hinsichtlich mündlicher Zusatzvereinbarungen; formlose Nebenabreden uU gleichwohl gültig (→ § 305b Rn. 3); desgl uU formlose Abänderung (→ § 125 Rn. 9; → § 311 Rn. 7, 18). **cc) Behördliche Genehmigung** ist erforderlich bei § 2 GrdstVG (land- und forstwirtschaftliche Grundstücke) und §§ 144 II Nr. 1, 3; 169 I Nr. 3 BauGB (Grundstücke in Sanierungs- und Entwicklungsgebieten); § 51 BauGB betrifft dagegen (ua) die Auflassung. **dd) Abschlussverbote** (§ 134) enthalten die **8**
ges Koppelungsverbote (Zusammenstellung: → § 311 Rn. 29), ferner die **Verkaufsverbote** im Reisegewerbe (§ 56 GewO; § 51 AMG; vgl Westphal, Zivilrechtliche Vertragsnichtigkeit wegen Verstoßes gegen gewerberechtliche VerbotsGes, 1985, S. 37 ff.), nicht aber Verstöße gegen die PAngV (→ Rn. 17; → § 134 Rn. 9). Kaufverträge über Radarwarn- oder Laserstörgeräte sind sittenwidrig (§ 138 I), soweit deren Betrieb gegen § 23 Ia StVO verstößt (BGH NJW 2005, 1490, 1491; 2010, 611 mAnm Skamel ZGS 2010, 106). Bierlieferungsverträge mit **Ausschließlichkeitsbindung** verstoßen uU gegen Art. 101 AEUV (vgl EuGH EuZW 1991, 376; BGH NJW 1992, 1456), bei übermäßiger Bindungsdauer (20 Jahre uU noch tragbar: BGHZ 83, 313, 318; NJW 1988, 2362; 1992, 2145; → § 138 Rn. 12; Herabsetzung auf angemessenes Maß möglich: → § 139 Rn. 11 f.) können sie iÜ eine **sittenwidrige Knebelung** bewirken; desgl unterliegt übermäßig lange Bindungsdauer von Ankaufsverpflichtung in Erbbauvertrag der Ermäßigung (BGHZ 114, 338, 339). Der Verkauf einer Arzt- oder Anwaltspraxis ist idR nicht sitten- (BGHZ 43, 46; ie → § 138 Rn. 7) oder gesetzeswidrig (einschr BGHZ 116, 268, 276; NJW 1995, 2915; KG NJW-RR 1996, 431; ie → § 134 Rn. 12); desgl nicht ein Grundstückskauf bei Unterverbriefung des Kaufpreises zur Steuerhinterziehung (BGH NJW 1966, 588; aber → § 311b Rn. 33). **c) Parteien:** Die Vertragsschlie- **9**
ßenden bzw die von ihnen wirksam Vertretenen, bei § 328 Dritte (→ § 328 Rn. 38). Vereinbarung der Vertragsübernahme durch Dritte anstelle des Verwenders in AGB idR unwirksam (§ 309 Nr. 10).

3. Kaufgegenstand. a) Überblick. Jeder verkehrsfähige Vermögensgegenstand **10**
kann Kaufgegenstand sein: Sachen (→ Rn. 11), Rechte (→ § 453 Rn. 2) und sonstige verkehrsfähige Güter (→ § 453 Rn. 11). Die Regeln über den Sachkauf (auch Grundstückskauf, zu Schiffen s. § 452) gelten unmittelbar; § 453 I ordnet entspr Anwendung bei Rechtskauf und Kauf sonstiger Güter an. **b) Sachen (I 1;** § 90): **11**
Bewegliche Sachen (sa § 474 I), namentlich Waren (§ 241a I, § 373 HGB), und Grundstücke einschließlich Miteigentum an Grundstücken (BGH NJW 2020, 2014, Rn. 49) (Sondervorschriften: → Rn. 6 [aa] vor §§ 433–480), auch Sachgesamtheiten (→ Vor § 90 Rn. 5), über § 90a S. 3 auch Tiere, ferner Bargeld (Geldwechseln → § 480 Rn. 2). Zur Kaufsache gehört iZw das Zubehör (§ 311c). Bei beweglichen Sachen ist der Aggregatzustand unerheblich, also auch Flüssigkeiten und Gas. Auf Versorgungsverträge findet Kaufrecht auch dann Anwendung, wenn die Lieferung durch eine öffentl Versorgungseinrichtung (Gemeinde) erfolgt (Wasser: BGHZ 59, 303; 93, 358, 370, dazu → § 453 Rn. 11; zum Tarifkundenbereich vgl → § 453 Rn. 11; Elektrizität → § 453 Rn. 11). Die Kaufsache braucht zZ des Vertragsschlusses noch nicht individuell bestimmt zu sein. Festlegung nach Gattungsmerkmalen genügt (Gattungskauf, § 243), Bestimmung durch eine Partei oder einen Dritten ist möglich (§§ 315 ff.), auch kann nachträgliche nähere Bestimmung vorbehalten sein (§ 375 HGB). Bei zZ des Vertragsschlusses noch **nicht existenter Sache** ist zu **12**
unterscheiden: Ist Entstehung (nach der Vorstellung der Parteien) *gewiss*, so unbedingter Kauf. Bsp: Lieferung aus künftiger Produktion, zB Zeitungsabonnement (BGHZ 70, 356, 358); Lieferung von erst zu beschaffender Sache; Kauf eines noch

zu trennenden wesentlichen Bestandteils eines Grundstücks (BGH NJW 2000, 504, 505: abzubauende Ausstellungshalle), eines abzutrennenden Teilgrundstücks (BGH NJW 1995, 957), von zu bildendem Wohnungseigentum (vgl BGH NJW 1988, 563, 564); bei Herstellungspflicht des Lieferers s. § 650. Ist Entstehung *ungewiss,* entweder aufschiebend bedingter Kauf (*emptio rei speratae,* Bsp: Kauf des nächsten Fohlens der Stute X, künftiger Ernte) oder unbedingter Kauf der Erwerbschance (→ § 453 Rn. 2, 11, *emptio spei,* Hoffnungskauf; Bsp: Loskauf [RGZ 77, 341, 344], Kauf einer ungeschützten Erfindung [BGHZ 83, 283, 288]). Ist Nichtentstehung
13 gewiss, ist Kauf auf unmögliche Leistung gerichtet (§ 311a). **c) Digitale Produkte.** Beim Erwerb von **Standardsoftware** gegen eine Einmalzahlung liegt ein **Sachkauf** vor (BGHZ 102, 135, 144), dagegen ein Werkvertrag bei Individualsoftware (BGH NJW 1987, 1259; NJW-RR 2014, 1204 Rn. 13 f.), auch bei Integration in Standardsoftware (OLG Hamm NJW-RR 1992, 953 mN; s. ie Zahrnt NJW 1996, 1799); die Überlassung auf Zeit oder mit Kündigungsrecht ist Miete oder Pacht (BGH NJW 2003, 2014, 2016: Dauerschuldverhältnis); zu Nutzungsrechten („Lizenzen") an (urheberrechtlich geschützter) Software → § 453 Rn. 18. Bei Verbraucherverträgen (§ 310 III) über den **Kauf digitaler Inhalte** (§ 453 I 2, 3) finden §§ 327–327s Anwendung; zum Verbrauchsgüterkauf über digitale Produkte s. § 475a; zum Sachmangel bei Verbrauchsgüterkauf einer Ware mit digitalen Inhalten s. §§ 475b f.

14 **4. Kaufpreis. a) Begriff.** Kaufpreis ist das vereinbarte (→ Rn. 15) Entgelt für den Kaufgegenstand. Kein „Kaufpreis" sind andere Gegenleistungen (Sachen, Rechte; dann Tausch, § 480), doch lässt die „Inzahlungnahme" einer Sache (zB von Gebrauchtwagen beim Kfz-Kauf) den Kaufpreis unberührt (zur unterschiedlichen Bedeutung → § 311 Rn. 25; → §§ 364, 365 Rn. 2 f.). Soweit beim Grundstückskauf Belastungen auf den Kaufpreis übernommen werden, ist dieser nur Rechnungsgröße (BGH WM 1961, 506). Die **Umsatzsteuer** ist iZw im vereinbarten Kaufpreis enthalten (BGHZ 103, 284, 287 mN; 115, 47, 50); anders bei eindeutigem gegenteiligem Handelsbrauch (einen solchen verneinend: OLG Düsseldorf NJW 1976,
15 1268); sa § 1 PAngV. **b) Vereinbarung.** Der Kaufpreis unterliegt der freien Vereinbarung der Parteien. Preisvereinbarung in ausländischer Währung ist (seit 1.1.1999
16 uneingeschränkt) möglich (→ §§ 244, 245 Rn. 14). **aa) Bestimmung.** Einigung über betragsmäßig bestimmte Summe nicht erforderlich (BGH Warn 64, 88), Bestimmbarkeit genügt (§§ 133, 157, 315 ff.; § 346 HGB; Bsp: BGH NJW 1990, 1902, 1903). Fehlt ausdr Vereinbarung, wird häufig Laden-, Listen- oder Marktpreis, iÜ der angemessene Kaufpreis (OLG Hamm NJW 1976, 1212) gewollt sein. Den „angemessenen Preis" bestimmt iZw der Verkäufer nach billigem Ermessen (§§ 315 I, 316). **Preisänderungsvorbehalte** sind in AGB nur eingeschränkt zulässig, §§ 307, 309 Nr. 1, § 1 V PAngV. Bsp: Tagespreisklausel (uU unwirksam: BGHZ 90, 69, 71 mN; NJW 1985, 621, 622); Listenpreisabrede (idR unwirksam: BGHZ 92, 200, 206 mN; LG Münster DAR 1992, 307; zulässig bei langfristigem Bezugsvertrag: BGHZ 93, 252, 257 ff.; 94, 335, 338 f.); auch gesetzl einseitiges BestimmungsR kann intransparent und damit unwirksam sein (zu § 4 I, II AVBGasV: BGH NJW 2016, 1718, Rn. 20 ff. → § 315 Rn. 3 ff.); „Preis freibleibend" (in AGB unwirksam, offengelassen in BGH NJW 1983, 1603, 1605 mN); Überwälzung gestiegener Umsatzsteuer (gegenüber Nichtkaufleuten unwirksam bei kurzen Lieferfristen: BGHZ 77, 79, 81 ff. mN; BB 1981, 520, str); fehlende Bestimmbarkeit der Erhöhungsfaktoren (unwirksam: BGH NJW 1986, 3134, 3135 f.); Wertsicherungsklau-
17 seln (→ §§ 244, 245 Rn. 18 ff.; → § 315 Rn. 6). **bb) Höhe.** Eine rechtliche Abhängigkeit vom Wert der Sache besteht nicht (BGH MDR 1976, 916), einen verifizierbaren „gerechten Preis" gibt es nicht. Auch im AGB-Vertrag unterliegt der Preis nicht der Angemessenheitskontrolle (§ 307 III 1, sa § 307 III 2). Schranken: §§ 134, 138; § 4 WiStG. Öffentl.-rechtliche **Preisvorschriften** sind nahezu vollständig beseitigt (ie AK/Reich Vor § 433 Rn. 26 ff.). Verstoß führt idR nicht zur Nichtigkeit des Kaufvertrags (§ 134), sondern zur Aufrechterhaltung mit zulässigem

Preis (BGHZ 51, 174, 181; ebenso OLG Nürnberg MDR 1976, 488 für Rabattverstoß; ie → § 134 Rn. 15). Verstoß gegen die Preisauszeichnungspflicht (PAngV) ist bürgerlich-rechtlich bedeutungslos (BGH NJW 1974, 859; 1979, 805, 807 mN, str; → § 134 Rn. 9). **cc)** Wegen Fälligkeit, Verzug usw vgl → Rn. 27.

5. Verkäuferpflichten (I). a) Allgemeines. Zu unterscheiden ist zwischen Haupt- (→ Rn. 19–21) und Nebenpflichten (→ Rn. 22–25). Die Hauptpflichten sind je nach der Art des Kaufgegenstandes (→ Rn. 10 ff.) verschieden. Haupt-(leistungs-)pflichten des Verkäufers sind beim Sachkauf die Verpflichtung zur Verschaffung von Eigentum und Besitz (**I 1;** → Rn. 19 f.) an der mangelfreien (**I 2,** §§ 434 f.) Kaufsache. Zu den Pflichten beim Rechtskauf und Kauf sonstiger Gegenstände → § 453 Rn. 2. Rechtsfolgen bei Nichterfüllung einer Hauptpflicht: §§ 280 ff.; 320 ff.; §§ 437 ff. Die Verschaffungspflicht des Verkäufers kann durch bes Vereinbarungen **beschränkt** sein (→ Rn. 22). **b) Eigentumsverschaffungspflicht.** Der Verkäufer hat dem Käufer das Eigentum an der Kaufsache (→ Rn. 10 ff.) zu verschaffen. Er hat die zur Eigentumsübertragung erforderlichen Handlungen vorzunehmen (§§ 873, 925; 929 ff.) und etwa entgegenstehende Hindernisse zu beseitigen (→ Rn. 23). Die Verschaffungspflicht ist auch bei gutgl Erwerb (§§ 932 ff.; 892; § 366 HGB) erfüllt. **c) Besitzverschaffungspflicht.** Die Verpflichtung zur „Übergabe" der verkauften Sache bedeutet Verschaffung des unmittelbaren Besitzes durch Einräumung der tatsächlichen Sachherrschaft (§§ 854 f.; vgl BGH NJW 1983, 627, 628). Nebenpflichten zur Übergabe (Versendung, Verladung) → Rn. 22 ff. Einigung über den Besitzübergang genügt bei § 854 II. Die Übergabe eines kaufmännischen Traditionspapiers (Orderlagerschein, Ladeschein, Konnossement, §§ 448, 475g, 650 HGB) ersetzt idR die Übergabe des Kaufguts (ie MüKoBGB/Westermann Rn. 44). Besitzverschaffungspflicht ist erfüllt erst mit Erfolgseintritt (tatsächliche Besitzerlangung), nicht schon mit Vornahme der geschuldeten Handlung (zB Auslieferung an die Transportperson im Fall des § 447 I, sa zum Verjährungsbeginn § 438 II), und wandelt sich nach Besitzverschaffung in eine Besitzbelassungspflicht (s. BGH NJW-RR 2018, 719, Rn. 40). Verpflichtung zur Verschaffung des unmittelbaren Besitzes entfällt bei Vereinbarung, dass Übergabesurrogat genügt (§§ 930, 868; 931), ferner, wenn Käufer bereits Besitzer ist (§ 929 S. 2). **d) Pflicht zu mangelfreier Lieferung** (und ggf. Montage, § 434 IV) der Kaufsache nach **I 2** ist Hauptpflicht. Sach- und Rechtsmangel s. §§ 434 f. Nach Gefahrübergang verdrängen die Rechte aus § 437 die allg Vorschriften; zu den Käuferrechten vor Gefahrübergang → § 437 Rn. 9, 16 (bb), 30 (bb), 31 (bb), 32. **e) Nebenpflichten. aa) Überblick.** Nebenpflichten des Verkäufers können sich aus bes vertraglichen Absprachen, aus der Natur des Vertrags (§§ 157, 242) und aus **Ges** ergeben (vgl §§ 448, 242). Bes **Vereinbarungen** (Lieferklauseln: → Vor §§ 433–480 Rn. 8) betreffen häufig die Verpackung (s. Flanderka BB 1992, 1574, 1575 f.), Versendung und Versicherung der Ware (→ § 447 Rn. 9 [bb]), die Kostentragung (→ § 269 Rn. 5; dort auch zu den Klauseln „cif" und „fob"; → § 448 Rn. 2); Anschluss und Montage der Kaufsache sind Hauptpflichten (§ 434 IV; → § 434, Rn. 23); vom Vertragstyp abweichende Nebenleistung: → § 311 Rn. 30). IÜ ist zwischen Nebenleistungs- (→ Rn. 23) und bloßen Schutzpflichten (→ Rn. 24) zu unterscheiden (dazu ie → § 241 *Rn.* 9). Für Schutzpflichten ist wirksames Zustandekommen des Kaufvertrags nicht erforderlich (→ Rn. 24, s. § 311 II). **bb) Nebenleistungspflichten. Inhalt:** Der Verkäufer schuldet alles, um den Käufer in den vollen und uneingeschränkten Genuss der Kaufsache kommen zu lassen. Ie kann es sich um Aufklärungs-, Auskunfts-, Beratungs-, Mitwirkungs- und Unterlassungspflichten handeln. Ges geregelte Fälle für **Auskunftspflicht** und Pflicht zur Urkundenherausgabe: §§ 402, 413; Bsp für **Aufklärungs-** (Offenbarungs-, Hinweis-)**pflichten:** → Rn. 25; → § 242 Rn. 19 f. Eine allg Aufklärungspflicht des Verkäufers besteht nicht (BGH NJW-RR 1994, 907; OLG Karlsruhe MDR 2014, 266, 267 für Gemäldekauf zwischen Privatpersonen; Gröschler NJW 2005, 1601). Zur **Information des Verbrauchers** (und Existenzgründers, § 513) bei Teilzahlungsgeschäften

Randnummern: 18 (Zeile „5. Verkäuferpflichten“), 19 (Zeile „b) Eigentumsverschaffungspflicht“), 20 (Zeile „c) Besitzverschaffungspflicht“), 21 (Zeile „d) Pflicht zu man-“), 22 (Zeile „e) Nebenpflichten“), 23 (Zeile „bb) Nebenleistungs-“)

s. § 507 II iVm Art. 247 §§ 6, 12 f. EGBGB, des Teilzeit-Wohnrechtekäufers vgl § 482 I iVm Art. 242 § 1 EGBGB, des Käufers „an der Haustür" (§ 312b) und im Fernabsatz (§ 312c) s. § 312d iVm Art. 246a, 246b EGBGB. Eine **Beratungspflicht** besteht bei bes Fachkunde des Verkäufers (BGH NJW 1997, 3227, 3228), uU bei vorangegangener Empfehlung (BGHZ 88, 130, 135; dann uU selbstständiger Beratungsvertrag) sowie bei Handelsüblichkeit (BGH NJW 1977, 1055, 1056); ihr Umfang hängt von der Handelsstufe ab (OLG Koblenz BB 1976, 481) und beschränkt sich auch im Fachhandel auf für Verwendungszweck bedeutsame Eigenschaften (BGH NJW 2004, 2301). Die Übergabe von **Unterlagen** genügt der Aufklärungspflicht nur dann, wenn davon auszugehen ist, dass der Käufer die Unterlagen nicht nur zum Zwecke allgemeiner Information, sondern gezielt durchsehen wird (BGH NJW 2012, 846, 847: Lagepläne). UU besteht die Pflicht zur Erteilung einer **Rechnung** gem § 14 I UStG (BGHZ 103, 284, 287 ff.; NJW 1993, 536, 537) und zur rechtzeitigen Abführung gezahlter USt an das Finanzamt (vgl BGH NJW-RR
24 1994, 908). **cc) Schutzpflichten.** Bezugspunkt ist die Kaufsache sowie der Rechtskreis und die Person des Käufers (s. § 241 II), uU auch weitere Personen (→ § 328 Rn. 38). Bis zum Gefahrübergang (§§ 446, 447) ist der Verkäufer zum Schutz des Kaufgegenstandes, insbes zur Pflege, Obhut, Sicherung, Verwahrung oder Lagerung verpflichtet (BGH DB 1972, 34). Ist die Sache an den Käufer zu versenden, ist sie sachgemäß zu *verpacken* (BGHZ 87, 88, 92), verkehrssicher und objektgerecht zu *verladen* (BGHZ 66, 208: geladene Batterie; BGH NJW-RR 1994, 601: Verunreinigung von Trockenmörtel; → § 447 Rn. 9) und ggf ordnungsgemäß *abzuladen* (BGH NJW 1983, 1108, 1109: Heizöl). Die Verkaufsräume (Warenhaus, Laden, Büro) müssen so beschaffen sein, dass der Käufer nicht gefährdet (geschädigt) wird (vgl RGZ 78, 239; BGHZ 66, 51; NJW 1994, 2617). Diese Schutzpflichten bestehen uU bereits vor Vertragsschluss (s. § 311 II). Sie sind grundsätzlich **nicht selbstständig einklagbar;** ihre Verletzung begründet ggf Rechte gem § 437; zum Schadensersatz → § 437 Rn. 35, zur Verletzung vorvertraglicher Aufklärungspflichten s. §§ 280 I,
25 311 II, 241 II (cic). **dd) Fallgruppen. Gebrauchtwagenkauf:** Den sachkundigen Verkäufer trifft eine gesteigerte Aufklärungspflicht über nicht ganz unerhebliche Unfälle des Kfz (BGHZ 74, 383, 391 f.; NJW 1982, 1386; BayObLG NJW 1994, 1078, 1079) und über „fliegende Zwischenhändler" (BGH NJW 2010, 858); uU besteht Pflicht zur Aufklärung über fehlenden Versicherungsschutz (BGH NJW-RR 1989, 211, 212); dagegen wird eine allg Untersuchungspflicht des Händlers idR verneint (BGHZ 74, 383, 388 f., 392; NJW 1981, 928, 929; 1983, 217, 218; BGH MDR 2015, 702); anders beim Fachhändler, → § 437 Rn. 22. Wird der Händler als Vertreter tätig, treffen ihn die Aufklärungspflichten persönlich. **Gefährliche Ware:** Bei Erzeugnissen, von denen spezifische Gefahren ausgehen können, hat der Verkäufer über die sachgerechte Verwendung aufzuklären und vor Gefahren zu warnen (BGH JZ 1960, 124: feuergefährliches Rostschutzmittel; OLG München MDR 1985, 934: Stoßdämpfer; OLG Celle NJW-RR 1986, 25: säurehaltiges Reinigungsmittel). Aufklärung umfasst schädliche Nebenwirkungen (BGHZ 64, 46, 49: kosmetisches Präparat; MDR 1978, 133: Pflanzenschutzmittel; BGHZ 116, 60, 65 ff. mN; NJW 1994, 932: Kindertee); → § 823 Rn. 133 f. **Industrieprodukte:** Sind sie zur Weiterverarbeitung bestimmt, hat der Verkäufer über „Risiken" der Verarbeitung (Verarbeitungsrichtlinien) aufzuklären (BGHZ 88, 130, 135) und auf eine nachträgliche Änderung von Beschaffenheitsmerkmalen hinzuweisen (BGHZ 132, 175, 177 ff.). **EDV:** Es bestehen gesteigerte Aufklärungs- und Beratungspflichten des Lieferanten gegenüber dem nicht fachkundigen Anwender (ie Zahrndt NJW 1995, 1785 mN). **Grundstückskauf** (sa § 452 [Schiffskauf]): Der Verkäufer muss alles tun, um die Umschreibung im Grundbuch zu fördern, ggf die eigene Voreintragung (§ 39 GBO) herbeiführen (RGZ 113, 403, 405) und der Eintragung entgegenstehende Hindernisse beseitigen (BGHZ 87, 156, 165). Ist die Genehmigung einer Behörde erforderlich (zB § 51 I Nr. 1 BauGB), hat er die Voraussetzungen für die Genehmigungsfähigkeit zu schaffen (BGHZ 67, 34, 35 mN). Dem Verkäufer bekannte, für das Grundstück erhebliche Planungsvorhaben der Gemeinde sind dem

Käufer mitzuteilen (BGH MDR 1976, 565); ebenso ein behördliches Nutzungsverbot (BGH NJW-RR 1988, 1290, 1291). Verborgene, wesentliche Mängel eines Hausgrundstücks, zB Feuchtigkeitsbefall eines **Gebäudes** (BGH NJW 2012, 2793) oder Hochwassergefahr (BGH NJW-RR 1992, 334) sind zu offenbaren (BGHZ 109, 327, 330; OLGR Karlsruhe 2005, 141, 143), desgl unfachmännische Reparaturen (OLG Schleswig MDR 1980, 399). Zur Beratungspflicht beim Kauf von Eigentumswohnungen im Ersterwerbermodell vgl BGH NJW-RR 1988, 458, 459; 1990, 970, 971. Eine Aufklärungspflicht über die Unangemessenheit des Kaufpreises einer Eigentumswohnung besteht nicht (BGH NJW 2004, 2378, 2380). **Maschinenkauf:** Keine Pflicht des Händlers zur Untersuchung von fabrikneuem Kfz (oberflächliche Besichtigung auf Transportschäden genügt: BGH VersR 1956, 259; Ablieferungsinspektion nur bei Vereinbarung: BGH NJW 1969, 1708, 1710); dagegen besteht Pflicht des Verkäufers zur Anleitung und Einweisung (BGHZ 47, 312; NJW 1992, 2016, 2018 betr Bedienungsanleitung), Vorhaltung von Ersatzteilen (Kühne BB 1986, 1527 mN), bei nachträglicher Entdeckung gefährlicher Eigenschaften auch zum Rückruf (BGHZ 80, 199, 202); auf bestehende Schutz- und Sicherheitsvorschriften ist hinzuweisen (BGH NJW 1985, 1769, 1771), uU ist (fehlende) Typengenehmigung beizubringen (vgl BGHZ 90, 198, 203). **Massengüter:** Den Verkäufer trifft als Zwischenhändler keine Untersuchungspflicht (BGH NJW 1981, 1269, 1270; NJW-RR 1989, 559, 560 mN; ie → § 276 Rn. 29, → § 437 Rn. 22); das gilt insbes für das Streckengeschäft (BGH NJW 1968, 2238; anders aber bei früherer berechtigter Beanstandung: BGH BB 1977, 468). Bei vertriebsgebundener Markenware besteht Aufklärungspflicht über deren Herkunft (OLG Stuttgart NJW-RR 1988, 623, 624).

6. Käuferpflichten (II). a) Allgemeines. Hauptleistungspflicht des Käufers ist stets die Pflicht zur Zahlung des Kaufpreises (→ Rn. 27; → Rn. 14 ff.). Die Abnahmepflicht (→ Rn. 28) ist idR nur Nebenpflicht. Weitere Nebenpflichten können sich aus Ges und Vertrag ergeben (→ Rn. 31 f.). **b)** Die **Kaufpreiszahlungspflicht** ist Geldschuld (§§ 244 ff.). Übermittlungspflicht und Gefahrtragung: § 270. Bei Barzahlung ist sie auf Übereignung von Geldzeichen gerichtet (§ 929). Zu den Formen bargeldloser Zahlung vgl → § 270 Rn. 4. **Fälligkeit:** § 271, doch hat Käufer bei Fehlen abw Vereinbarung (Zahlungsklauseln!) nur Zug um Zug gegen Übereignung des Kaufgegenstandes zu zahlen (§§ 320 I, 322). **Vorleistungspflicht** des Käufers besteht grundsätzlich nicht, kann aber durch Vereinbarung von Kassa- und Akkreditivklauseln (s. Baumbach/Hopt § 346 Rn. 39 f.) begründet werden; Zahlung darf dann nicht von vorheriger Untersuchung der Ware abhängig gemacht werden (BGHZ 41, 215, 216; NJW 1965, 1270; NJW 1968, 33). Auch bei vereinbarter „Lieferung gegen Nachnahme" muss Käufer ohne vorherige Prüfung zahlen. Einen **Aufrechnungsausschluss** kann die Klausel „Netto Kasse ohne Abzug" enthalten (OLG Düsseldorf BB 1995, 1712; → § 387 Rn. 11). Aufrechnung gegen Kaufpreisforderung ist Leistung iSd § 354a I 2 HGB (BGH NJW-RR 2005, 624, 626; dazu BeckOGK/Skamel § 387 Rn. 51). Die Vereinbarung einer **Stundung** der Kaufpreisforderung liegt idR in der Entgegennahme von später fälligen Wechseln (→ § 271 Rn. 10). **Entgeltcharakter** des Kaufpreisanspruchs ist uU bedeutsam für **Verzugs-** und **Prozesszinsen** (§ 288 II, § 291 S. 2). **c) Abnahmepflicht.** Zum Rechtskauf → § 453 Rn. 9. **aa) Begriff:** Abnahme ist die körperliche Hinwegnahme der vom Verkäufer bereitgestellten Kaufsache (RGZ 53, 161, 162; 56, 173, 175; 57, 103, 109 und 402, 406). Bei Grundstücken umfasst sie auch die Entgegennahme der Auflassung (BGHZ 58, 246, 249; NJW-RR 1989, 650, 651). Anders als beim Werkvertrag (§ 640) bedeutet sie keine Billigung der Kaufsache (BGH DB 1966, 416). Sie ist reine Tathandlung und enthält keine „Annahme" iSd §§ 363, 364. Als Käuferhandlung entspricht sie der „Ablieferung" des Verkäufers (§ 438 II; § 377 HGB). **Zweck:** Befreiung des Verkäufers von der verkauften Sache. Der Käufer kann die mangelhafte Sache zurückweisen (→ § 437 Rn. 29 [aa]). **bb) Rechtsnatur:** Die Pflicht zur Abnahme ist echte Schuldnerpflicht des Käufers

Margin numbers: 26 (beside "6. Käuferpflichten (II)…"), 27 (beside "b) Die Kaufpreiszahlungspflicht"), 28 (beside "c) Abnahmepflicht."), 29 (beside "bb) Rechtsnatur:")

(→ Rn. 30), nicht bloße Gläubigerobliegenheit (vgl → § 293 Rn. 9). Die Abnahmepflicht ist iZw bloße Nebenpflicht (RGZ 53, 161, 163; 57, 105, 108), denn idR ist die Abnahme des Käufers keine „Gegenleistung" (§§ 320 ff.) für die Verkäuferleistung. Vereinbarung als Hauptpflicht des Käufers aber möglich (RGZ 92, 268) und dann anzunehmen, wenn der Verkäufer ein dem Käufer erkennbares bes Interesse an der Wegschaffung des verkauften Gegenstandes hat (BGH NJW 1972, 99). Bsp: Verkauf von Massengütern (RGZ 57, 105, 112), von leicht verderblicher Ware, zur Räumung des Lagers (BGH WM 1975, 863, 864), Kauf zum Abbruch und dgl.

30 **cc) Abnahmeverzug.** Nimmt der Käufer die ordnungsgemäß bereitgestellte (RGZ 56, 173) Ware von der vertragsmäßigen Beschaffenheit (geringfügige Mängel sind nach § 242 unschädlich, BGH BB 1957, 92) uU trotz Mahnung (§ 286 I und II) nicht ab, so hat der Verkäufer folgende Rechte: **aaa)** Erfüllungsanspruch auf Abnahme (→ Rn. 29), durchsetzbar mit Leistungsklage (RGZ 53, 161, 162; 56, 173, 177); **bbb)** Anspruch aus Schuldnerverzug auf Ersatz aller Schäden infolge Verzögerung (Unterbleiben) der Abnahme (s. §§ 280 II, 286); § 287 S. 2 ist nicht anwendbar (RGZ 57, 402, 406); **ccc)** Ansprüche aus stets gleichzeitig gegebenem Gläubigerverzug (RGZ 57, 105, 109) auf Ersatz von Mehraufwendungen (§ 304); uU Recht zur Hinterlegung (§ 372, ggf nach Versteigerung, § 383) und zum Selbsthilfeverkauf (§ 373 HGB). Rechte gem → Rn. 30 (**aaa**)–(**ccc**) bestehen neben dem Kaufpreiszahlungsanspruch. **ddd)** Ist Abnahmepflicht Hauptpflicht (→ Rn. 29), kann der Verkäufer ggf gem § 323 zurücktreten; zum Schadensersatz s. § 281.

31 **d) Nebenpflichten. aa) Vertragliche Nebenpflichten** ergeben sich häufig aus Nebenabreden zum Kauf (→ Rn. 22 ff.). Bsp: Pflicht des Käufers zum **Abruf** der Ware (uU aber Hauptpflicht: BGH WM 1976, 124, 125; OLG München NJW 1968, 1880, 1881); zur erforderlichen **Spezifikation** (§ 375 HGB); zur Tragung von **Kosten** (Transport, Versicherung) und **Fälligkeitszinsen** (BGH NJW 1992, 2625); zur Rückgabe (kostenpflichtigen Rücksendung) von **Verpackungsmaterial** (zB Kisten, Flaschen, Säcke; uU besteht [auch] Rücknahmepflicht des Verkäufers: → Rn. 22 ff.). Beim Kauf von Waren in Pfandflaschen(-behältern) besteht, anders als bei sog Einwegflaschen, Rückgabepflicht (zu den bei sog Flaschenpfand in Frage kommenden Auslegungsmöglichkeiten s. Schäfer/Schäfer ZIP 1983, 656, 657 f.). Für die Auslegung der idR verwendeten Klauseln (zB „ab Fabrik", „ab Werk", vgl Baumbach/Hopt NebenGes 6 „Incoterms") sind Verkehrssitte (§ 157) und Handels-
32 brauch (§ 346 HGB) zu berücksichtigen. **bb) Ges Nebenverpflichtungen** (außerhalb § 476 abdingbar): Tragung bestimmter **Kosten** (Abnahme und Versendung, § 448 I; Beurkundung von Grundstückskauf, Auflassung und Grundbucheintragung, § 448 II); **Lasten** (§ 446 S. 2). Weitergehend können auch den Käufer **Auskunftspflichten** (zB Auskunft über Vermögensverhältnisse beim Kreditkauf), allg **Schutzpflichten** (§ 242) und (selten) Aufklärungspflichten (BGHZ 117, 280, 283) treffen. Bsp: Pflicht zu einstw Aufbewahrung beanstandeter Ware (vgl § 379 HGB); zu Obhut gegenüber der Kaufsache in den Fällen des § 449; zur Ermöglichung gefahrloser Anlieferung der Kaufsache (BGH NJW 1983, 1108, 1109 betr Heizöl). **Keine Nebenpflichten** sind die reinen **Käuferobliegenheiten,** wie zB die unverzügliche Untersuchung der Ware und Mängelanzeige (BGH NJW 1986, 316, 317). Folge von Verletzung: § 377 HGB.

33 **7. Beweislast.** Der **Verkäufer,** der aus einem Kaufvertrag Rechte herleitet (zB mit der Kaufpreisklage), ist beweispflichtig für das unbedingte (BGH BB 1984, 2152 mN, hM) Zustandekommen des Kaufvertrags mit dem behaupteten Inhalt (zB Höhe von Skonto: BGH NJW 1983, 2944), bei Einrede des nicht erfüllten Vertrags (§ 320) für die Lieferung der vertragsmäßigen Kaufsache. Behauptet Verkäufer Abschluss zu unbestimmtem Preis, ist er hierfür beweispflichtig (RGZ 57, 46, 49), desgl für die Angemessenheit seiner Bestimmung (LM Nr. 9 zu § 315) und für Barzahlungsabrede mit Verbraucher (→ § 271 Rn. 17). Der **Käufer** trägt die Beweislast für die Zahlung des Kaufpreises, dessen (nachträgliche: § 271 Rn. 17) Stundung und die Anwendbarkeit des § 312 (BGHZ 113, 222, 225 ff. zu § 1 HWiG). Dies gilt auch beim Hand-

kauf: Obwohl regelmäßig von einer Barzahlung auszugehen ist, ergibt sich daraus keine tatsächliche Vermutung für sofortige Zahlung durch den Käufer (Baumgärtel/Laumen/Prütting Bd. IV Rn. 9).

§ 434 Sachmangel

(1) **Die Sache ist frei von Sachmängeln, wenn sie bei Gefahrübergang den subjektiven Anforderungen, den objektiven Anforderungen und den Montageanforderungen dieser Vorschrift entspricht.**

(2) [1]**Die Sache entspricht den subjektiven Anforderungen, wenn sie**
1. **die vereinbarte Beschaffenheit hat,**
2. **sich für die nach dem Vertrag vorausgesetzte Verwendung eignet und**
3. **mit dem vereinbarten Zubehör und den vereinbarten Anleitungen, einschließlich Montage- und Installationsanleitungen, übergeben wird.**

[2]**Zu der Beschaffenheit nach Satz 1 Nummer 1 gehören Art, Menge, Qualität, Funktionalität, Kompatibilität, Interoperabilität und sonstige Merkmale der Sache, für die die Parteien Anforderungen vereinbart haben.**

(3) [1]**Soweit nicht wirksam etwas anderes vereinbart wurde, entspricht die Sache den objektiven Anforderungen, wenn sie**
1. **sich für die gewöhnliche Verwendung eignet,**
2. **eine Beschaffenheit aufweist, die bei Sachen derselben Art üblich ist und die der Käufer erwarten kann unter Berücksichtigung**
   a) **der Art der Sache und**
   b) **der öffentlichen Äußerungen, die von dem Verkäufer oder einem anderen Glied der Vertragskette oder in deren Auftrag, insbesondere in der Werbung oder auf dem Etikett, abgegeben wurden,**
3. **der Beschaffenheit einer Probe oder eines Musters entspricht, die oder das der Verkäufer dem Käufer vor Vertragsschluss zur Verfügung gestellt hat, und**
4. **mit dem Zubehör einschließlich der Verpackung, der Montage- oder Installationsanleitung sowie anderen Anleitungen übergeben wird, deren Erhalt der Käufer erwarten kann.**

[2]**Zu der üblichen Beschaffenheit nach Satz 1 Nummer 2 gehören Menge, Qualität und sonstige Merkmale der Sache, einschließlich ihrer Haltbarkeit, Funktionalität, Kompatibilität und Sicherheit.** [3]**Der Verkäufer ist durch die in Satz 1 Nummer 2 Buchstabe b genannten öffentlichen Äußerungen nicht gebunden, wenn er sie nicht kannte und auch nicht kennen konnte, wenn die Äußerung im Zeitpunkt des Vertragsschlusses in derselben oder in gleichwertiger Weise berichtigt war oder wenn die Äußerung die Kaufentscheidung nicht beeinflussen konnte.**

(4) **Soweit eine Montage durchzuführen ist, entspricht die Sache den Montageanforderungen, wenn die Montage**
1. **sachgemäß durchgeführt worden ist oder**
2. **zwar unsachgemäß durchgeführt worden ist, dies jedoch weder auf einer unsachgemäßen Montage durch den Verkäufer noch auf einem Mangel in der vom Verkäufer übergebenen Anleitung beruht.**

(5) **Einem Sachmangel steht es gleich, wenn der Verkäufer eine andere Sache als die vertraglich geschuldete Sache liefert.**

Lit. (zu § 434 aF): Berger, Der Beschaffenheitsbegriff des § 434 Abs. 1 BGB, JZ 2004, 276; ders, Kaufrechtliche Mängelrechte im Kunsthandel, KUR 2003, 137; Boerner, Kaufrechtliche Sachmängelhaftung und Schuldrechtsreform, ZIP 2001, 2264; Grigoleit/Herresthal, Grundlagen der Sachmängelhaftung im Kaufrecht, JZ 2003, 118; dies., Die Beschaffenheitsvereinbarung …, JZ 2003, 233; Heiderhoff/Skamel, Teilleistung im Kaufrecht, JZ 2006, 383.

Lit. (zu § 434 nF): Bach/Wöbbeking, Das Haltbarkeitserfordernis der Warenkauf-RL als neuer Hebel für mehr Nachhaltigkeit?, NJW 2020, 2672; Beck, Die Rechte des Käufers bei fehlender Nachhaltigkeit der Kaufsache, NJW 2022, 3313; Croon-Gestefeld, Die nachhaltige Beschaffenheit der Kaufsache, NJW 2022, 497; Deutschmann, Der neue Sachmangelbegriff des § 434 BGB n.F., NJ 2022, 14; Dubovitskaya, Kauf von Waren mit digitalen Elementen, MMR 2022, 3; Giebler, Praktische Auswirkungen des Gesetzes zur Regelung des Verkaufs von Sachen mit digitalen Elementen und anderer Aspekte des Kaufvertrags, DAR 2021, 673; Kirchhefer-Lauber, Digitales Kaufrecht 2022, JuS 2021, 918; Lorenz, Die Umsetzung der EU-Warenkaufrichtlinie in deutsches Recht, NJW 2021, 2065; Meller-Hannich, Die Warenkaufrichtlinie und ihre Umsetzung, DAR 2021, 493; Schrader, Die neue vertragliche Haftung für „smarte Produkte", JA 2022, 1; Wendehorst, Die neuen kaufrechtlichen Gewährleistungsregelungen …, JZ 2021, 974; dies., Die neuen Regelungen im BGB zu Verträgen über digitale Produkte, NJW 2021, 2913; Wilke, Besonderheiten der Beschaffenheitsvereinbarung im Kaufgewährleistungsrecht, NJW 2023, 633.

Lit. zur WK-RiLi → Vor §§ 433–480, vor Rn. 2.

1 **1. Allgemeines. a) Bedeutung.** Die Bestimmung enthält die Maßstäbe für die Sachmängelfreiheit der Kaufsache. Der Verkäufer hat Sachen zu liefern, die den subjektiven und objektiven Anforderungen sowie den Montageanforderungen entsprechen. Dies hat Bedeutung für den Erfüllungsanspruch gem § 433 I 2 und (bei Vorliegen eines Sachmangels) die Rechte des Käufers gem § 437. Die Norm dient der Umsetzung von Art. 5–8 WK-RiLi und wurde mWv 1.1.2022 neu gefasst (→ Vor §§ 433–480, Rn. 4). Um einen „gespalteten Mangelbegriff" – insbes im Hinblick auf den in Art. 18 WK-RiLi vorgesehenen Rückgriff in der Absatzkette (s. § 478) – zu vermeiden, übernimmt § 434 die Vorgaben der Richtlinie auch für nicht unter § 474 fallende Kaufverträge (Staudinger/Arzt, Rn. 22); zur Bedeutung
2 für die Auslegung → Vor §§ 433–480, Rn. 3. **b) Überblick.** § 434 definiert nicht den Sachmangel, sondern die Freiheit der Kaufsache von Sachmängeln. Sachmängelfreiheit liegt vor, wenn die Kaufsache bei Gefahrübergang kumulativ den subjektiven Anforderungen, den objektiven Anforderungen und den Montageanforderungen entspricht; fehlt auch nur eine Anforderung, ist die Sache nicht sachmangelfrei. Die subjektiven Anforderungen werden wesentlich durch Beschaffenheitsvereinbarungen (II) geprägt. Für die objektiven Anforderungen kommt es auf die gewöhnliche Verwendung, die Üblichkeit und die Erwartungen der Käufer (unter Berücksichtigung dem Verkäufer zurechenbarer öffentlicher [Werbe-]Äußerungen) an; allerdings stehen die objektiven Anforderungen unter dem Vorbehalt anderweitiger Vereinbarungen (III). Die Montageanforderungen sind erfüllt, wenn die Montage sachgemäß durchgeführt worden ist, oder, falls unsachgemäß, der Verkäufer hat die Montage nicht selbst vorgenommen hat und die Montageanleitung mangelfrei ist (IV). V stellt die Falschlieferung einem Sachmangel gleich; Zuweniglieferungen fallen unter III
3 2. **c)** Die **Beweislast** für den Mangel trägt analog § 363 nach Annahme der *Käufer*, zuvor für Vertragsgemäßheit der angebotenen Kaufsache der *Verkäufer*. Durch vorbehaltlose Mangelbeseitigungsversuche erkennt der Verkäufer uU einen Mangel an (s. OLG Karlsruhe NJW 2009, 1150); Bedeutung auch für § 212 I Nr. 1 (→ § 439 Rn. 15). Sa §§ 443 II, 477.

4 **2. Anwendungsbereich. a) Sachlich** gilt § 434 für den Sachkauf (Stück- und Gattungskauf, auch Kauf eines Tieres), den Vertrag über die Lieferung herzustellender oder zu erzeugender beweglicher Sachen (§ 650), den Schiffskauf (§ 452), den Rechtskauf (§ 453 I 1), für den Tausch (§ 480), die Hingabe an Erfüllungs statt (§ 365), das Sachdarlehen (§ 607; BGH NJW 1985, 2417, 2418), den Vergleich (§ 779; RGZ 54, 165, 167), die Auseinandersetzung einer Gesellschaft oder Gemeinschaft (§§ 731 S. 2, 757) und (analog) für andere Verträge, die auf Veräußerung oder Belastung einer Sache gerichtet sind (vgl §§ 445, 493 aF), zB die Pflichtteil*sabgeltung* durch Sachleistung (BGH NJW 1974, 363), die entgeltliche Verpflichtung zur Bestellung einer Hypothek, eines Erbbaurechts (iE BGHZ 96, 385, 387), eines Pfandrechts oder zur Sicherungsübereignung, **nicht** für den Verbrauchervertrag (§ 310 III) über den Verkauf digitaler Inhalte (§ 453 I 2 Nr. 2), die Schenkung (unentgeltlich), das Sacheinlageversprechen (kein Veräußerungsvertrag, str) und die Ausbietungsgarantie (RGZ 157, 175, 177: Eigentumsverschaffungspflicht fehlt).

Keine Anwendung ferner bei Haftungsausschluss (§ 444), Verkauf als Pfand in öffentl Versteigerung (§ 445), Veräußerung in der Zwangsvollstreckung (§ 806 ZPO, § 56 S. 3 ZVG) und Erbschaftskauf (§ 2376 II, sofern der Mangel nicht arglistig verschwiegen oder eine Beschaffenheitsgarantie übernommen wurde). **b) Zeitlich** 5
bezieht sich **I 1** auf den **Übergang der Gefahr;** gemeint ist die Preisgefahr (s. §§ 446 f.). Der Verkäufer trägt also bis zum Gefahrübergang das Risiko der Verschlechterung der Kaufsache und kann den Mangel beseitigen. Der Käufer kann vor Gefahrübergang die Annahme der mangelhaften Sache ablehnen, → § 437 Rn. 29. Hat er die mangelhafte Sache angenommen, geht die Gefahr nicht nach § 446 über (→ § 446 Rn. 3). Abzustellen ist in diesem Fall auf den Zeitpunkt des hypothetischen Gefahrübergangs, dh den Zeitpunkt, in dem die Gefahr bei Mangelfreiheit übergehen sollte (BeckOK/Faust Rn. 24: fiktiver Gefahrübergang); ebenso bei Gattungsschulden, bei denen Gefahrübergang zur Konkretisierung (§§ 243 II, 300 II) führt. Der Mangel muss zu diesem Zeitpunkt jedenfalls „dem Grunde nach" vorhanden sein, auch wenn er erst später erkennbar hervortritt. Ob der Mangel bereits bei Vertragsschluss vorlag oder erst danach entstanden ist, ist nur für den Schadensersatz von Bedeutung (§ 311a II oder §§ 280 I, III).

3. Subjektive Anforderungen (II). a) Subjektive und objektive Anforderungen bilden den Maßstab für die Sachmangelfreiheit der Kaufsache (I). **II** normiert in Umsetzung von Art. 6 WK-RiLi die Voraussetzungen der subjektiven Anforderungen. Maßstab ist die Beschaffenheitsvereinbarung (Nr. 1), die Eignung für die vertraglich vorausgesetzte Verwendung (Nr. 2) sowie die Übergabe des vertragliche vereinbarten Zubehörs und der Anleitungen (Nr. 3). Die Beschaffenheitsvereinbarung bezieht sich auf einzelne Merkmale der Kaufsache, die Verwendungseignung auf ihren Gebrauchszweck. Beides lässt sich nicht immer trennscharf scheiden. **b) Beschaffenheitsvereinbarung. aa)** Die Beschaffenheitsvereinbarung 7 muss hinreichend deutlich (stRspr; BGH NJW 2018, 146, Rn. 18; BGH NJW 2022, 686, Rn. 35 stellt „strenge Anforderungen" [zu § 434 aF]) **Inhalt des Kaufvertrags** geworden sein. Die Vereinbarung kann ausdrücklich oder konkludent (BGH NJW 2021, 151, Rn. 20: „TÜV/AU neu" [zu § 434 aF]) erfolgen. Konkludente Abrede kann vorliegen, wenn der Verkäufer vor oder bei Vertragsschluss die Kaufsache beschreibt oder auf ein Muster verweist. Formvorschriften sind zu beachten, etwa § 311b I beim Grundstückskauf (s. BGH NJW 2016, 1815, Rn. 13 ff. mN. [zu § 434 aF]: vorvertragl Beschreibung, die nicht in den notariellen Vertrag übernommen wird, ist keine Beschaffenheitsvereinbarung). Die Vereinbarung kann auf das Vorhandensein von (positiven) Eigenschaften oder auf das Nichtvorhandensein (negativer) Merkmale gerichtet sein (BGH NJW 2019, 2380 Rn. 18 [zu § 434 aF]). Dem Käufer günstige Abweichungen begründen keinen Sachmangel. **Nicht** erforderlich ist, dass der Verkäufer für Eigenschaften oder Beschaffenheit der Kaufsache bes **Garantien** übernimmt (sa § 443) oder etwa erklärt, für ihr Vorliegen „einstehen" zu wollen. Bedeutung kann eine bes Zusicherung aber für den Haftungsmaßstab gem § 276 I bei der Schadensersatzhaftung (→ § 437 Rn. 23) erlangen. Auch **geringfügige Abweichungen** begründen einen Sachmangel. Allerdings ist gem § 323 V 2 der Rücktritt wegen eines geringfügigen Sachmangels ausgeschlossen, der Nacherfüllungsanspruch ggf gem § 439 IV eingeschränkt, nicht aber die Minderung gem § 441 (sa § 441 I 2). **Verhältnis zur Verwendungseignung:** Entspricht die Beschaffenheit der Kaufsache vollauf den Vereinbarungen, kann ein Sachmangel gleichwohl gem II 1 Nr. 2 vorliegen, wenn es an der Verwendungseignung fehlt. Bsp: Die Traghöhe eines Krans entspricht der Vereinbarung, nicht aber die für den vertraglichen Verwendungszweck erforderliche Tragkraft. **bb) II 1 Nr. 1** 8
liegt ein **weiter Beschaffenheitsbegriff** zugrunde (BGH NJW 2020, 1287 Rn. 37 [zu § 434 I aF]). Die Parteien können daher ausdrücklich oder konkludent beliebige Eigenschaften einer Kaufsache zur Soll-Beschaffenheit erklären und damit den Bestimmungen der §§ 433 I 2, 437 ff. unterwerfen. Zu den einer Beschaffenheitsvereinbarung offen stehenden Merkmalen zählen darüber hinaus auch nicht mit den

physischen Eigenschaften der Kaufsache zusammenhänge Umstände (Datum der Erstzulassung oder Zahl der Vorbesitzer eines Pkws, Steuerfreiheit und Möglichkeit erhöhter Abschreibung, Mietertrag eines Grundstücks, Bonität des Mieters oder Dauer eines Mietverhältnisses, Betriebserlaubnis eines Kfz [vgl BGH NJW 2020, 1287 Rn. 28 ff.: Felgen]) und Merkmale, die sich aus der Umweltbeziehung der Sache ergeben und Einfluss auf ihre Wertschätzung haben (BT-Drs. 19/27424, 23; zu § 434 aF BGH NJW 2016, 2874, Rn. 11 ff. [Herstellergarantie]). Zu diesen Merkmalen gehören auch die in II (anders als in §§ 475b II, 475c zum Verbrauchsgüterkauf) nicht ausdr aufgeführten **Software-Aktualisierungen** und dauerhaft bereitgestellte digitale Dienstleistungen (Wendehorst, JZ 2021, 974, 980 f.). Darüber hinaus können auch Umstände, die keinen Bezug zur Kaufsache (mehr) aufweisen, Gegenstand einer Beschaffenheitsvereinbarung sein (str, dazu BeckOK/Faust Rn. 16 ff.), beispielsweise die Zahl der Vorbesitzer, Provenienz oder Produktionsbe-
9 dingungen („fair", nachhaltig"; Lüttringhaus AcP 219, 29). **cc) II 2** nennt beispielhaft aber nicht abschließend mögliche Gegenstände einer Beschaffenheitsvereinbarung. **(aaa)** Dazu zählen neben Art, Menge und Qualität die Merkmale Funktionalität (Geeignetheit zur Zweckerfüllung), Kompatibilität (Funktionsfähigkeit mit üblicher Hard- und Software) und Interoperationalität (Funktionsfähigkeit mit anderer Hard- und Software als der üblicherweise genutzten) der Kaufsache (sa § 327e II 2–4). Zu Art und Beschaffenheit gehören Bebaubarkeit eines Grundstücks, Wohnfläche, Vorliegen einer Baugenehmigung, Urheberschaft und Echtheit eines Kunstwerkes, Fabrikneuheit eines Fahrzeugs, Alter, Baujahr, Kilometerleistung, Werkstattprüfung und Unfallfreiheit von Gebrauchtwagen, inhaltliche Richtigkeit
10 von Druckwerken. **(bbb) Mengenabweichungen** (1) Die **Zuweniglieferung** („minus-Lieferung", Mankolieferung) steht einem Sachmangel gleich (II 2 „Menge"). Nicht bei vereinbarter (Sukzessivlieferungsvertrag) oder vom Käufer akzeptierter (vgl § 266) und daher: „offener" Teillieferung (Grüneberg/Weidenkaff, Rn. 10; aA Staudinger/Arzt, Rn. 45: auch offene Quantitätsabweichungen): Anwendung finden hier allg Regeln der (Teil-)Nichterfüllung; der Käufer behält für den offenen Teil den ursprünglichen Erfüllungsanspruch. Bei (verdeckten) Zuweniglieferungen ist der Nachbesserungsanspruch gerichtet auf Restlieferung, der Ersatzlieferungsanspruch auf Lieferung einer vollständig anderen Gesamtmenge (→ § 439 Rn. 9). Der Käufer kann ferner mindern (§§ 437 Nr. 2, 441) und im Hinblick auf die nicht erbrachte Teilleistung vom (Rest-)Vertrag zurücktreten (§§ 437 Nr. 2, 323) und Schadensersatz statt der (Teil-)Leistung verlangen (§§ 437 Nr. 3, 280, 281). (2) Die **Zuviellieferung** fällt nicht unter II 2 und kann vom Käufer gem § 812 I 1 Fall 1 kondiziert werden; ggf Angebot zur Änderung des
11 Kaufvertrags. **c) II 1 Nr. 2** dient dem Käuferschutz. Subjektive Anforderungen können sich auch aus der vertraglich vorausgesetzten Verwendung ergeben, die nicht mit der üblichen Verwendung übereinstimmen muss. Vertraglich vorausgesetzt ist die zwar nicht rechtsgeschäftlich vereinbarte, aber von beiden Vertragsparteien übereinstimmend unterstellte Verwendung der Kaufsache (BGH NJW 2017, 2817, Rn. 16 [zu § 434 aF]; für Vertrag Lorenz NJW 2021, 2065, 2066). Verwendungszwecke können sein die Nutzung eines Gebäudes als Wohn-, Geschäfts-, Fabrikations-
12 oder Lagerraum, eines Grundstücks als Gewerbe- oder Baugrundstück. **d)** Die Kaufsache muss nach **II 1 Nr. 3** mit vertraglich vereinbartem Zubehör und Anleitungen übergeben werden; fehlt eine Vereinbarung, gilt III 1 Nr. 4. **aa)** Zubehör sind Sachen, die für die bestimmungsgemäße oder vorausgesetzte Verwendung erforderlich sind. Der auf die Verkehrsanschauung abstellenden § 97 bietet nur Orientierung. Zubehör selbst muss mangelfrei sein. **bb)** Unter Anleitungen fallen Informationen zur Montage, Installation und Verwendung, gleich in welcher technischen Form (auch digital, grafisch, audiovisuell, online). Die Anleitung muss ihrerseits mangelfrei sein; auch insoweit gilt Vereinbarung oder vorausgesetzte Verwendung. Eine Anleitung ist mangelhaft, wenn sie falsche, lückenhafte oder – aus der Perspektive eines verständigen Käufers – unklare Handlungsanweisungen gibt. Darf die Montage nur durch einen Fachmann vorgenommen werden, ist dessen Verständnishorizont maß-

geblich (AG Bremen NJW-RR 2015, 380, 381 [zu § 434 aF]). Mangelhafte Anleitung führt unabhängig von Beschaffenheit der Kaufsache zu Sachmangel. Aber keine Einstandspflicht des Verkäufers bei fehlerfreier Montage oder wenn fehlerhafte Montage nicht auf mangelhafter Anleitung beruht. Hauptanwendungsgebiet ist Möbelhandel („IKEA-Klausel"), ferner zB „Handbücher" beim Softwarekauf.

4. Objektive Anforderungen (III). a) Neben den subjektiven muss die Kaufsache auch die objektiven Anforderungen erfüllen (I). In Umsetzung von Art. 7 WK-RiLi normiert **III** dafür die Voraussetzungen, die insbes dann Bedeutung gewinnen, wenn subjektive Anforderungen nicht vereinbart worden sind, wie häufig bei Geschäften des täglichen Lebens. Die Kaufsache muss zur gewöhnlichen Verwendung geeignet sein und die übliche Beschaffenheit aufweisen. Objektive Anforderungen beruhen auf Gesetz und sind daher von einer Formvorschrift nicht umfasst (zu § 311b s BGH NJW 2018, 1954, Rn. 21 [Feuchtigkeit Wohnimmobilie; zu § 434 aF]). **b)** Für die objektiv zu bestimmende Eignung zur **gewöhnlichen Verwendung (III 1 Nr. 1)** ist auf die Art der Sache und den verständigen Durchschnittskäufer abzustellen; maßgeblich sind insbesondere der Verwendungszweck (unternehmerisch oder privat) und legitime Käufererwartungen. Zu berücksichtigen sind dazu auch (Unions-)Recht, technische Normen und „sektorspezifische Verhaltenskodizes" (Art. 7 I a] WK-RiLi). Einzelfälle → Rn. 31 ff. **c)** Die **Beschaffenheit** muss für die Art der Kaufsache unter Berücksichtigung der Käufererwartungen objektiv üblich **(III 1 Nr. 2 a])** sein. **aa)** Zur üblichen Beschaffenheit zählen insbes Menge, Qualität, Haltbarkeit, Funktionalität, Kompatibilität und Sicherheit **(III 2;** sa II 2**).** Maßgeblich sind wiederum Verwendungszweck (unternehmerisch oder privat) und legitime Käufererwartungen auf der jeweiligen Handelsstufe. Ein gebrauchter Pkw darf zB nicht mit einem Neuwagen verglichen werden, eine Großküchenmaschine nicht mit einem Haushaltsgerät; hingegen ist der Vergleich eines gebrauchten Pkw mit ähnlichen Wagen anderer Hersteller möglich (OLG Düsseldorf NJW 2006, 2858). Hier stellen sich erhebliche Abgrenzungsfragen. Dabei spielt auch der Kaufpreis eine Rolle. Für das **Merkmal „Haltbarkeit"** ist prognostisch und produktspezifisch (Verschleißteil) auf den Zeitpunkt des Gefahrübergangs abzustellen (BeckOK/Faust Rn. 88); der Verkäufer haftet nicht dafür, dass die Kaufsache ihre Beschaffenheit und Verwendungsgeeignetheit dauerhaft behält (keine Haltbarkeitsgarantie [s § 443 II], BT-Drs. 19/27424, 24). **bb)** Für die übliche Beschaffenheit sind auch dem Verkäufer zurechenbare **öffentliche Äußerungen** bestimmend **(III 1 Nr. 2 b]).** Werden sie Vertragsinhalt, gilt II. **aaa)** Öffentliche Äußerungen sind an eine Vielzahl von Personen gerichtete Erklärungen, insbes Werbeaussagen und Kennzeichnungen, etwa auf der Verpackung der Kaufsache („Etikett"), in Waren- und Auktionskatalogen, Zeitungsanzeigen, aber auch Produktbeschreibungen in der Öffentlichkeit, etwa anlässlich einer Präsentation, die auch „online" erfolgen kann, nicht aber rein interne Aussagen, zB eines Sachverständigen oder Gutachters. Auch Angaben in einem Exposé fallen darunter, gleichgültig, ob es sich um ein Verkäufer- oder Maklerexposé handelt (BGH NJW-RR 2018, 752 Rn. 10; BGH NJW-RR 2020, 121 Rn. 14 [Kellerfeuchtigkeit] [je zu § 434 aF]). **bbb) Zurechenbar** ist die Äußerung dem Verkäufer, wenn sie (1) von ihm selbst (dann vielfach bereits Sachmangel *gem II*), *(2)* vom Hersteller oder anderen Beteiligten der Vertragskette (Importeur, Groß-, Einzelhändler) oder (3) von „Erklärungsbeauftragten" stammt, insbes Werbeagenturen oder Verhandlungsgehilfen; nicht aber von (Waren-)Testunternehmen, es sei denn, der Verkäufer macht sich die Testergebnisse zu eigen. **ccc) Nicht** einstehen muss der Verkäufer nach **III 3** für Äußerungen, (1) die er nicht kannte und auch nicht kennen musste (s. § 122 II), (2) ferner wenn vor Vertragsschluss die Äußerung berichtigt wurde. Wer berichtigt, ist unerheblich; der Verkäufer kann Äußerungen von Hersteller oder Gehilfen berichtigen. Entscheidend ist eine der Äußerung „gleichwertige", dh gleich wirksame Berichtigung. Maßgeblich ist die Käuferperspektive. Eine Äußerung zB in einer Werbekampagne kann nur durch eine gleich intensive „Richtigstellung" zurückgenommen werden; eine

13 14 15 16 17 18

Fortsetzung der Werbung unter Verzicht auf die Äußerung genügt nicht. Die Äußerung muss nicht unzutreffend sein; auch eine zutreffende Behauptung kann zurückgezogen werden, wenn Verkäufer für die Beschaffenheit nicht länger einstehen möchte. (3) Mangels Kausalität ist die Äußerung nicht zurechenbar, wenn sie die Kaufentscheidung nicht beeinflusst hat, etwa weil der Käufer sie nicht kannte. Maßgeblich ist der Zeitpunkt des Abschlusses des Kaufvertrags (BGH NJW 2021, 3781, Rn. 13 [notarielle Beurkundung]). Die Beweislast trägt der Verkäufer (BGH NJW
19 2021, 3781, Rn. 13). **cc)** Die übliche Beschaffenheit kann sich ferner aus einem Muster oder einer Probe ergeben, die der Verkäufer dem Käufer zur Verfügung gestellt hatte **(III 1 Nr. 3);** zur Probefahrt beim Neuwagenkauf Staudinger/Artz
20 Rn. 60. **dd)** Ebenso wie bei II 1 Nr. 3 sind auch für die objektiven Anforderungen das Zubehör (ergänzt um die Verpackung) und Anleitungen maßgeblich **(III 1
21 Nr. 4). d)** Die Merkmale objektiver Anforderungen stehen unter dem Vorbehalt **abweichender Vereinbarungen** (III 1 [einleitend]). Wer als Käufer andere Merkmale, insbesondere eine andere Qualität, als die üblichen haben möchte, muss dies vereinbaren; die Sachmangelfreiheit bestimmt sich dann nach II. Die Parteien können umgekehrt im Wege „negativer Beschaffenheitsvereinbarungen" von den objektiv-üblichen Merkmalen „nach unten" abweichen (Lorenz NJW 2021, 2065, 2066).
22 Beim Verbrauchsgüterkauf ist § 476 I 2 zu beachten. **e)** Beim bloßen **Mangelverdacht** liegt ein Sachmangel vor, wenn zwar die Beschaffenheit der Kaufsache nicht wirklich beeinträchtigt ist, wohl aber ein mit zumutbaren Mitteln nicht auszuräumender Verdacht der Mangelhaftigkeit ihre bestimmungsgemäße Verwertbarkeit nicht unwesentlich erschwert. Bsp: Salmonellenverdacht bei (zur Weiterveräußerung bestimmten) Lebensmitteln (BGHZ 52, 51); Überschreiten des Mindesthaltbarkeitsdatums; Mangelverdacht, weil sich Pkw in Diebeshand befand; Verdacht der Belastung eines Grundstücks mit „Altlasten" (OLG München NJW 1995, 2566).

23 **5. Montageanforderungen (IV). a)** Sofern eine Montage (Hauptleistungspflicht, Grüneberg/Weidenkaff, § 434, Rn. 34; → § 433, Rn. 18 ff.) durchzuführen ist, entspricht die Sache den Montageanforderungen, wenn die Montage sachgemäß durchgeführt worden ist (IV Nr. 1); bei unsachgemäßer Montage kann der Verkäufer geltend machen, dass er die Montage nicht durchgeführt habe (insbes bei Selbstmontage durch den Käufer) oder sie nicht auf einem Mangel der Anleitung beruht (IV Nr. 2). Umsetzung von Art. 8 WK-RiLi. Montagemängel begründen einen Sachmangel, auch wenn die Kaufsache an sich mangelfrei ist. Ob die unsachgemäße Montage zu einem Mangel an der Kaufsache selbst führt, ist daher unerheblich. Montagemängel, die die Kaufsache nach Gefahrübergang beschädigen, begründen aber einen Sachmangel nach IV, nicht I; Folge: Nacherfüllungsanspruch usw.
24 (§§ 437 ff.) auch hinsichtlich Kaufsache. **b)** Montage ist Zusammen-, Ein- und Anbau, Anschluss, Aufhängen, auch Installation (zB Computerprogramm), die den Gebrauch der Kaufsache ermöglichen. Voraussetzung ist eine kaufvertragliche Leistungspflicht des Verkäufers zur Montage. Eine nachträgliche Erweiterung des Pflichtenkreises anlässlich der Lieferung ist denkbar, setzt bei Gehilfen des Verkäufers aber entspr Vertretungsmacht (§ 164) voraus; ggf liegt ein Werkvertrag mit der Lieferperson vor. Der Verkäufer hat auch einzustehen für Montagefehler seiner Erfüllungsgehilfen (s. § 278); auf „Vertretenmüssen" des Verkäufers kommt es jedoch beim Sach-
25 mangel nicht an, wohl aber uU bei Schadensersatz nach § 437 Nr. 3. **c)** IV soll analog anzuwenden sein bei Mängel der Bedienungsanleitung und bei völligem Fehlen geschuldeter Anleitungen (BeckOK/Faust Rn. 142 f.).

26 **6. Falschlieferung (V). a)** Die Falschlieferung („aliud-Lieferung") steht der Lieferung *einer mangelhaften* Sache gleich. Damit wird die zu §§ 459, 480 aF schwierige Abgrenzung zwischen Falschlieferung und Fehler (s. Lorenz JuS 2003, 36) überflüssig, weil sich die Rechtsfolgen in beiden Fällen nach Mängelrecht (§§ 437 ff.) richten. V gilt für Stück- und Gattungskauf (Grüneberg/Weidenkaff Rn. 40 f.). Beim Stückkauf insbes Identitätsabweichung („Identitäts-aliud"), dh Lieferung eines anderen Stücks als des gekauften (aA Thier AcP 203, 399, 403: Nichtleistung). Beim

Gattungskauf Lieferung von Sachen einer anderen Gattung („Qualifikations-aliud"), ferner, wenn eine fehlerhafte und damit nach § 243 I nicht vertragsgemäße Sache geliefert wird (→ § 243 Rn. 7). **b) V** ist **nicht anwendbar,** wenn die Lieferung 27 offensichtlich keinen Bezug zum Anspruch des Käufers hat (BT-Drs. 14/6040, 216 [zu § 434 aF]; Lorenz JuS 2003, 36, 37 stellt auf die vom Käufer erkennbare Tilgungsbestimmung des Verkäufers ab). Maßstab ist Käuferperspektive. Bsp: Lieferung eines Spielzeugautos statt eines Pkw. Rückgewähr der evidenten Falschlieferung gem § 812 I 1, nicht § 439 V; Lieferanspruch des Käufers aus § 433 I (iVm § 273) besteht unverändert fort. **c) Rechtsfolgen: aa) Nacherfüllungsanspruch** (§§ 437 Nr. 1, 28 439) des Käufers. IdR kommt nur Ersatzlieferung (nicht Nachbesserung) in Betracht. Beim Stückkauf ist der Anspruch gerichtet auf Lieferung der verkauften Sache; beim Gattungskauf gem § 243 I auf Lieferung einer Sache aus der vereinbarten Gattung. Nach Fristablauf (ggf § 440) hat der Käufer die Rechte aus § 437 Nr. 2 und 3. Die Verjährung bestimmt sich nach § 438 I, II; entspr § 438 III nicht bei vorsätzlicher Falschlieferung (Lorenz/Riehm Rn. 492). **bb)** Verlangt der Käufer Ersatzlieferung, 29 hat er dem Verkäufer die Falschlieferung nach § 439 V zurückzugewähren. Der Rückgewähranspruch des Verkäufers ist nicht durch § 241a I ausgeschlossen (Kohler AcP 204, 606). In der Falschlieferung kann ein (konkludentes) Angebot zur Vertragsänderung (§ 311 I Fall 2) liegen; Annahme ggf § 151. **cc)** Der Verkäufer kann **nicht** 30 **Rückgewähr der falsch gelieferten Kaufsache** nach § 812 I 1 Fall 1 verlangen (zum Rechtsgrund → § 437 Rn. 1; aA mit Einschränkungen Lorenz JuS 2003, 36, 39; BeckOK/Faust Rn. 215 auf Grund stets möglicher Anfechtung der Tilgungsbestimmung); analog § 439 VI sollte dem Verkäufer jedoch ein Rückgewähranspruch gem § 346 (Zug um Zug gegen Lieferung der geschuldeten Sache, § 348 S. 1) zustehen, wenn der Wert der gelieferten Sache den Kaufpreis erheblich übersteigt. Maßstab der Erheblichkeit ist § 439 IV, dem der Gedanke zugrunde liegt, der Verkäufer dürfe infolge der Lieferung einer fehlerhaften Sache keine unverhältnismäßigen Einbußen (zum Wertverhältnis → § 439 Rn. 28 ff.) erleiden. Verjährung dieses Anspruchs analog § 438 I, II, nicht §§ 195, 199 I, IV. § 241a schließt den Rückgewähranspruch nicht aus.

7. Einzelfälle. Im Rahmen des III („objektive Anforderungen") kann die fr 31 Rspr zum kaufrechtlichen Gewährleistungsrecht weiterhin von Bedeutung sein. Stets gehen jedoch Beschaffenheitsvereinbarungen (II 1 Nr. 1) vor. **a) Grundstück.** Sachmängel können sich bei einem Baugrundstück ergeben aus der Grundstückslage (BGHZ 60, 319, 320) und -größe (vgl KG OLGZ 1989, 193, 197); fehlender Sichtfreiheit; mangelhaftem Baugrund, zB Bodenverhältnisse (BGHZ 117, 104, 105); Deponiegelände (BGHZ 117, 363, 368); verseuchtes Grundwasser (BGH NJW 2013, 1671, 1672); Altlasten (BGHZ 108, 224, 228; MDR 2013, 270), auch Altlastenverdacht (BGH NJW 2018, 389 Rn. 5; OLG München NJW 1995, 2566, iE str;); fehlende Bebaubarkeit (BGHZ 117, 159, 162 mN); Vermietbarkeit (BGH NJW 1987, 2511 f.); Bebauung oder Ausbau ohne Genehmigung (vgl BGH NJW 2011, 142); Geruchsbelästigung durch Klärwerk (BGH NJW-RR 1988, 10, 11); Lärmimmissionen durch Flughafenanlage (OLG Köln NJW-RR 1995, 531). Beim Kauf von Miteigentum am Grundstück hat der Käufer einen Anspruch auf mangelfreie Lieferung für das gesamte Grundstück (BGH NJW 2020, 2104, Rn. 43). **Gebäudemängel** sind zB Schwamm, Schwammverdacht und sonstiger Feuchtigkeitsbefall (RGZ 85, 252; BGH NJW-RR 1990, 78, 79; 2003, 772), aber nicht zwingend Silberfischbefall, soweit „im Rahmen des Üblichen" (OLG Hamm MDR 2017, 938); eingeschränkte Heizbarkeit (OLG Karlsruhe NJW-RR 2014, 1525, 1526); Denkmalseigenschaft (OLG Koblenz NJW-RR 2019, 367; OLG Saarbrücken NJW-RR 1996, 692); uU zu geringe Dauer von bestehendem Mietverhältnis (BGH NJW-RR 1990, 972); *nicht* Fertigbauweise (OLG Düsseldorf NJW 1989, 2001), der (zu geringe) Mietertrag eines Hauses (BGH NJW 1980, 1456; idR Beschaffenheitsvereinbarung erforderlich, unterscheidend BGH NJW-RR 1990, 972), die (fehlende) steuerliche Absetzbarkeit der Erwerbskosten (BGH NJW-RR

1988, 348, 350) oder der Verstoß gegen das Schwarzarbeitsbekämpfungsgesetz bei
32 Errichtung des Bauwerks (BGH NJW 2021, 3397, Rn. 21). **b) Kraftfahrzeug.** Sachmängel bei **Neuwagen** sind etwa Konstruktions- (BGH NJW 1971, 1795) und Fabrikationsfehler (OLG Köln NJW-RR 1991, 1340; MDR 1993, 619); falsche Farbe (BGH NJW-RR 2010, 1289); irreführende Warnmeldungen (BGH NJW 2019, 292 Rn. 28); Kraftstoffmehrverbrauch gegenüber Herstellerangaben (BGHZ 136, 94: über 10 %); Betrieb nur mit teurerem als im Herstellerprospekt angegebenem Kraftstoff (OLG München NJW-RR 2005, 494); Verzögerung der Beschleunigung eines Geländewagens von mindestens zehn Sekunden nach dem automatischen Getriebewechsel vom zweiten in den dritten Gang bei Geschwindigkeiten über 140 km/h (OLG Karlsruhe NJW-RR 2008, 137); durch Nachlackierung ausgebesserte nicht ganz unerhebliche Lackschäden und (schon) geringfügige Benutzung (BGH NJW 1980, 2127), nicht jedoch bei Überschreiten der Überführungsstrecke um weniger als 20 % (OLG Dresden NJW-RR 2007, 202); Mangel, wenn der als „fabrikneu" verkaufte Pkw im Zeitpunkt des Vertragsschlusses nicht mehr unverändert hergestellt wird (BGH NJW 2003, 2824, 2825), Standzeit von mehr als zwölf Monaten auch bei unverändertem Modell (BGH NJW 2004, 160, Anm Roth NJW 2004, 330, 331); *nicht* aber Modelländerung zwischen Vertragsschluss und Auslieferung (BGHZ 93, 29, 51) oder Kurzstreckenuntauglichkeit eines mit Partikelfilter ausgestatteten Dieselfahrzeugs (BGH NJW 2009, 2056); auch Tages- oder Kurzzulassung hindert Fabrikneuheit nicht (BGH NJW 2005, 1422, 1423); eine den Stickoxidausstoß auf dem Prüfstand gegenüber dem normalen Fahrbetrieb reduzierenden Abschalteinrichtung (BGH NJW 2021, 2958, Rn. 26 ff.; NJW 2019, 1133
33 Rn. 4 ff.). Bei **Gebrauchtwagen** (auch behobene) Unfallschäden und Unfallbeteiligung (BGH NJW 1982, 1386; 2008, 53; OLG Karlsruhe NJW-RR 1992, 1144; „Unfallfreiheit" vereinbart; Angabe „Unfallschäden lt. Vorbesitzer Nein" ist keine Beschaffenheitsvereinbarung [BGH ZGS 2008, 235]; bei Inzahlungnahme eines Altfahrzeugs [→ §§ 364, 365 Rn. 3] haftet auch der Käufer [BGH MDR 2013, 214]), erheblich höhere Fahrleistung als vertraglich vorausgesetzt (OLG Köln OLGZ 1987, 439, 441: 25 % genügt); Abweichung vom angegebenen Erstzulassungsdatum um fünf Jahre (OLG Karlsruhe NJW 2004, 2456); nicht autorisierte Auswechslung von Originaltacho (OLG Köln OLGZ 1987, 439); Änderungen an Kfz-Identitätsnummern (LG Aachen NJW-RR 1997, 1552); Einbau eines leistungssteigernden Chips zur Steuerung der Motorelektronik (OLG Karlsruhe NJW 2007, 443); ein Leck der Kraftstoffzuleitung auch bei einem zehn Jahre alten Fahrzeug (OLG Celle ZGS 2008, 312); mehrjährige Vorbenutzung als Taxi (BGH MDR 1976, 1012) oder Fahrschulwagen (OLG Nürnberg OLGZ 1985, 256); vorzeitiger Verschleiß des Zahnriemens (OLG Naumburg NJW-RR 2011, 64); fehlende Betriebsfähigkeit iSd Zulassungsvorschriften (OLG Bremen ZGS 2005, 117), auch fehlende Zulassungseignung, die auf Nichtübereinstimmung der Angaben im Fahrzeugbrief mit dem Kfz beruht (BGHZ 10, 242; abl Schlechtriem NJW 1970, 1993, 1995), wie Ausrüstung mit nicht typengerechtem Motor (BGH NJW 1983, 1424, 1425); *nicht* ohne weiteres das Alter (BGHZ 78, 216, 218; aA Honsell JuS 1982, 810, 812; OLG Nürnberg NJW 2005, 2019, 2020 bei vertraglich angegebenem Modelljahr), Baujahr (BGH NJW 1979, 160, 161) oder Modell (OLG Stuttgart NJW 1989, 2547), idR nicht Reparaturanfälligkeit (OLG Köln NJW 1973, 903; Hager NJW 1975, 2276), fehlende Originallackierung (BGH NJW 2009, 2807) oder ein nach Alter, Laufleistung und Qualitätsstufe nicht ungewöhnlicher Verschleiß, der die Verkehrssicherheit nicht beeinträchtigt (BGH NJW 2021, 151, Rn. 23), nicht die achtmonatige Standzeit von „Jahreswagen" (OLG Köln NJW-RR 1989, 699); Mangel allerdings *dann, wenn* bei „Jahreswagen" zwischen Herstellung und Erstzulassung mehr als zwölf Monate liegen (BGH NJW 2006, 2694). Bei älteren Gebrauchtwagen müssen neben der bloßen Standzeit Mängel vorliegen, die auf diese zurückzuführen
34 sind (BGH NJW 2009, 1588). **c) Kunstwerk:** Mängel sind neben Fehlern der physischen Substanz (Bsp: Rahmen eines Gemäldes) die Unechtheit des Kunstwerks (BGHZ 63, 369, 371; OLG Karlsruhe MDR 2014, 266 [Bild stammt nicht vom

angegebenen Maler]; näher Berger KUR 2003, 137) und ein dessen Eignung als Sammlerstück und Wertanlage verringerndes Abweichen von den Angaben im Auktionskatalog (BGH NJW 2013, 3570 Rn. 13 [einer fr Stilepoche zugeordnete Skulptur ist neuzeitliche Fälschung; allg Schapiro JZ 2013, 549]). Bei **Druckwerken** (Bsp: [Fach-]Bücher, graphische Darstellungen) sind Mängel äußere Fehler wie Verschmutzung, Beschädigung, fehlende Seiten und giftige Farben (Foerste NJW 1991, 1433, 1436), ferner Druckfehler, wenn sie den Lesefluss nicht nur unerheblich stören. Inhaltliche Fehler eines Druckwerks stellen keinen Mangel dar, denn Bücher werden gekauft, wie sie sind (BGH NJW 1958, 138, 139), es sei denn, der bes Charakter des Werks als Handlungsanleitung (beispielsweise zu medizinischen oder technischen Verrichtungen) oder bes Vereinbarungen mit dem Verkäufer führen zu einer entspr Beschaffenheitsvereinbarung. Auch eine Haftung nach § 1 ProdHaftG ist abzulehnen, wenn der Fehler in der mitgeteilten Information liegt (Foerste NJW 1991, 1433, 1438 f.; aA Cahn NJW 1996, 2899). **d) Lebensmittel:** Verdacht der 35
Genussuntauglichkeit, zB bei Indizierung von Wein *anderer* Sorte desselben Abfüllers (LG Lübeck NJW-RR 1987, 243, str) oder bei Überschreitung des Mindesthaltbarkeitsdatums (Lindacher NJW 1985, 2933, 2934; aA Meyer BB 1987, 287); verunreinigtes Wasser (BGHZ 59, 303); strahlenbelastete Babynahrung (AG Kiel NJW 1987, 2748, krit Rathke NJW 1988, 2586); hormonverseuchtes Kalbfleisch (s. OLG Düsseldorf NJW-RR 1990, 732, 733). **e) Technische Arbeitsmittel:** Mangel kann in 36
der Abweichung von „technischen Normen" liegen, so in fehlender „DIN-", „VDE-", „CE-" usw Beschaffenheit (vgl OLG München NJW-RR 1992, 1523, 1524), in der Abweichung von wesentlichen Sicherheits- oder Unfallverhütungsvorschriften (BGH NJW 1985, 1769, 1770; im Einzelfall offen lassend BGHZ 90, 198, 203). **f) EDV:** Mangel ist unzureichende Speicherkapazität der Festplatte (OLG 37
Köln NJW 1991, 2156), idR nicht fehlendes Bedienungshandbuch (BGH NJW 1993, 461, 462 und 2436, 2438: teilw Nichterfüllung) oder ein nicht vollständig übersetztes Benutzerhandbuch (LG Koblenz NJW-RR 1995, 942). Bei Software zB gestörter Programmablauf (BGHZ 102, 135, 145); fehlende Anpassung an Drucker (BGHZ 110, 135, 143); Funktionsmängel (OLG Köln NJW 1988, 2477); Sicherheitslücken in Software von Kaufsachen (dazu Rockstroh/Peschel NJW 2020, 3345); Fehlen obj Gebrauchstauglichkeit (OLG Hamm NJW-RR 1995, 941, 942), nicht schon diese nicht beeinträchtigenden systembedingten Gegebenheiten (OLG Köln NJW-RR 1995, 1460). **g) Tiere:** Kein Mangel, wenn ein Tier nicht in jeder Hin- 38
sicht einer biologischen oder physiologischen „Idealnorm" entspricht, da gewisse Abweichungen bei Lebewesen erfahrungsgemäß häufig vorkommen (BGH NJW 2020, 2879, Rn. 26 f. [Reitpferd]); Mangel jedoch, wenn das Tier krank ist oder mit hoher Wahrscheinlichkeit alsbald erkranken wird (BGH NJW 2020, 2879, Rn. 25 [Reitpferd])

§ 435 Rechtsmangel

[1]Die Sache ist frei von Rechtsmängeln, wenn Dritte in Bezug auf die Sache keine oder nur die im Kaufvertrag übernommenen Rechte gegen den Käufer geltend machen *können*. [2]Einem Rechtsmangel steht es gleich, wenn *im Grundbuch* ein Recht eingetragen ist, das nicht besteht.

Lit.: Bartsch, Rechtsmängelhaftung bei der Überlassung von Software, CR 2005, 1; Ernst, Rechtsmängelhaftung, 1995; Pahlow, Der Rechtsmangel beim Sachkauf, JuS 2006, 289; sa Lit zu § 437.

1. Allgemeines. a) Bedeutung. S. 1 bestimmt den Umfang der gem § 433 I 2 1
geschuldeten Rechtsmängelfreiheit. Nach **S. 2** schuldet der Verkäufer auch die sog Buchreinheit (→ Rn. 6). **b) Anwendungsbereich:** Sachkauf, Kauf von Rechten und sonstigen Gegenständen (§ 453 I 1). **Nicht** bei Verkauf als Pfand in öffentl Versteigerung (§ 445) und Veräußerung in der Zwangsvollstreckung (§ 806 ZPO, § 56 S. 3 ZVG). Zum Erbschaftskauf s. § 2376 I. Ggf führt Redlichkeitserwerb gem

§§ 936, 892 usw die Rechtsmängelfreiheit herbei. Kenntnis des Käufers s. § 442.
2 **c) Vertragsgestaltung: aa)** § 435 ist **abdingbar,** s. § 444. Häufig beim Grundstückskauf durch Übernahme von Belastungen unter Anrechnung auf den Kaufpreis (→ § 416 Rn. 1). Beim Verbrauchsgüterkauf eingeschränkte Abdingbarkeit, § 476 I. **bb)** Eine **Erweiterung** der Rechtsmängelhaftung ist möglich, insbes die Einstandspflicht des Verkäufers dafür, dass Dritte Rechte nicht geltend machen; der Verkäufer hat diese dann abzuwehren.

3 **2. Rechtsmangel. a) Begriff.** Ein Rechtsmangel liegt vor, wenn der Verkäufer dem Käufer zwar den Kaufgegenstand (Sache, Recht, sonstiger Gegenstand [§ 453]) verschafft, nicht aber die Rechtsstellung, die nach dem Kaufvertrag vorgesehen war. Eine unerhebliche Beeinträchtigung genügt. Anders als bei § 434 II 1 Nr. 2 kommt es beim Rechtsmangel auf Verwendungszweckvereinbarungen nicht an; der Käufer soll auch bei späteren Verwendungszweckänderungen nicht beeinträchtigt sein (BT-Drs. 14/6040, 218). Nur ein wirklich bestehendes Recht begründet einen Rechtsmangel (Ausnahme S. 2); die Geltendmachung eines (nicht bestehenden) Rechts
4 durch Dritte genügt nicht (sa → Rn. 2). **b)** Maßgeblicher **Zeitpunkt** ist nicht der Abschluss des Kaufvertrags oder die Übergabe oder ein anderweitiger Gefahrübergang, sondern der Rechtserwerb des Käufers, da sich erst dann entscheidet, ob der Käufer vom Dritten in Anspruch genommen wird (BGH NJW-RR 2022, 808, Rn. 13). Beim EV kommt es daher auf den Bedingungseintritt (§ 449 I) an, es sei denn, das Drittrecht beeinträchtigt schon das „Anwartschaftsrecht" (→ § 929 Rn. 43) des Käufers (BGH NJW 1961, 1252, 1253), bei Grundstücken entscheiden Auflassung und Eintragung (§§ 873, 925), vorbehaltlich der Beeinträchtigung des Anwartschaftsrechts (→ § 925 Rn. 18). Ein gegenwärtiger Rechtsmangel liegt auch vor, wenn der Dritte das Recht gegen den Käufer erst später ausüben kann.

5 **3. Sachkauf.** Zum Rechtskauf → § 453 Rn. 4. **a)** Ein Rechtsmangel liegt vor, wenn dem Käufer das Eigentum überhaupt nicht verschafft wurde (Canaris JZ 2003, 831, 832; Pahlow JuS 2006, 289, 293). Bsp: Veräußerung einer abhanden gekommenen Sache (§ 935) durch den Nichteigentümer (OLG Karlsruhe NJW 2005, 989, 990; aA BGH NJW 2007, 3777 Rn. 27 mN; Grüneberg/Weidenkaff Rn. 8: Nichterfüllung der Übereignungspflicht aus § 433 I 1). Ferner bei Verkauf eines grundbuchmäßig so nicht bestehenden Grundstücks (OLGR Frankfurt a. M. 2004, 318, 319), bei Nichtverschaffung von lastenfreiem Eigentum oder der ungestörten Eigentümerstellung (BGH NJW 2004, 364 [Nutzungsunterlassungsansprüche der Miteigentümer gem § 15 III WEG]). Als **Rechte Dritter** kommen in Frage: **dingliche Rechte** am Kaufgegenstand (zB Pfandrecht, Nießbrauch, Hypothek, Grunddienstbarkeit); **Immaterialgüterrechte** (insbes ausschließliche Nutzungs-, Herstellungs-, Vervielfältigungs- und Verbreitungsrechte) wie Patent- (Möller GRUR 2005, 468; Laub/Laub GRUR 2003, 654; Bsp: BGH NJW 1979, 713 [Patent an Motoröl]), Marken- und Urheberrechte Dritter (OLG Hamm NJW-RR 1992, 1201); Rechte aus ausschließlicher Lizenz (OLG Hamm NJW-RR 1991, 953), Namens- und allg Persönlichkeitsrechte Dritter (BGHZ 110, 196, 199 f.); **persönliche Rechte** eines Dritten, die dieser in Bezug auf den Kaufgegenstand gegen den Käufer geltend machen kann (zB Miet- und Pachtrecht gem §§ 566 I, 581 II [BGH NJW 1991, 2700; 1998, 534 f.]; Recht zum Besitz gem §§ 931, 986 II); **Veräußerungsverbote** zugunsten bestimmter Personen (§§ 135, 136); falsch gekennzeichnete Arzneimittel(-verpackungen) (s. § 8 II AMG, OLG Düsseldorf NJOZ 2013, 924, 925 [zu § 8 I Nr. 1 a) AMG aF]); Beschlagnahme eines Grundstücks zum Zwecke der Zwangsversteigerung (BGH WM 1987, 986, 988); zur Einziehung führende Beschlagnahme (BGHZ 113, 106, 112); Möglichkeit der Beschlagnahme bei zur Fahndung ausgeschriebenem Fahrzeug (BGH NJW 2017, 1666 [dazu Wais AcP 217, 337]); ferner uU **öffentl-rechtliche Bindungen** (zu öffentl *Lasten* beim Grundstückskauf s. § 436) des Kaufgegenstands (BGHZ 67, 134; 96, 385, 390 f. mN; *Vollkommer/Teske* JZ 1984, 844, 845); Bsp: baurechtliche Verpflichtung zur Abtretung von Grundstücksteil an Gemeinde (BGH NJW 1983, 275); ges Beschränkungen bei

öffentl geförderter Eigentumswohnung (BGHZ 67, 134; OLG Hamm NJW-RR 1997, 773); auch öffentl-rechtliche Eingriffsbefugnisse zB bei einer bei Gefahrübergang bestehenden Eintragung eines Kfz in die SIS-Fahndungsliste (BGH BeckRS 2020, 4703). **Nicht** dagegen *ges* Eigentumsbeschränkungen (zB Duldung eines Überbaus oder Notwegs gem §§ 912, 917: BGH NJW 1981, 1362), Beschränkungen aus Gründen des Allgemeinwohls (zB Bau-, Verfügungs- und Nutzungsbeschränkungen: BGHZ 88, 97, 100 mN: Stellplatz-Baulast; vgl OLG Saarbrücken NJW-RR 1996, 692: Gebäude unter Denkmalschutz); das Fehlen von Steuervorteilen (BGHZ 79, 183, 185; zust Landsberg JuS 1982, 335); eine nur vorübergehende Beschlagnahme beim Käufer, zB gem § 94 StPO (OLG Hamm MDR 1985, 1026; offen gelassen BGH NJW 2004, 1802; OLG Hamm NJW-RR 2012, 1441, 1442). **b) Grundstückskauf.** Neben den tatsächlich bestehenden Belastungen und öffentl-rechtlichen Bindungen (zu öffentl Lasten s. § 436) begründen gem **S. 2** auch im Grundbuch *zu Unrecht* eingetragene Rechte einen Rechtsmangel. Der Verkäufer schuldet sog „Buchreinheit". Grund: Scheinbelastungen können gem § 892 zu bestehenden Rechten erstarken, wenn sie redlich erworben werden, und beeinträchtigen den Käufer (faktisch) bei Verfügungen. Daher ist auch eine zu Unrecht eingetragene Vormerkung (RGZ 149, 195) und eine inhaltlich unzulässige Eintragung zu löschen (RGZ 88, 21, 28). 6

4. Rechtsfolgen. a) Die Rechtsfolgen des Rechtsmangels gleichen denen des Sachmangels (§ 434). Bei Nichtkenntnis des Rechtsmangels kann ein Irrtum über eine verkehrswesentliche Eigenschaft vorliegen; die Anfechtung nach § 119 II ist wegen des Vorrangs der §§ 437 ff. gleichwohl ausgeschlossen (→ § 437 Rn. 32). **b)** Bis zur Erfüllungshandlung (→ Rn. 4) besteht gem § 433 I 1 und 2 der allg Anspruch auf lastenfreie Verschaffung (→ § 433 Rn. 18), ggf §§ 320 ff. Danach hat der Käufer die Rechte gem § 437, in erster Linie also den Nacherfüllungsanspruch gem § 439, der in den Grenzen des § 439 III auf **Beseitigung des Rechtsmangels** gerichtet ist und nach § 438 verjährt; ggf Rücktritt, Minderung und Schadensersatz. **c)** Bei einem **Rechtsmangel gem S. 2** besteht ein Löschungsanspruch als Nacherfüllungsanspruch. Erfüllung durch Grundbuchberichtigung (§ 894). Ist der Käufer schon Eigentümer, kann er den Verkäufer zur Geltendmachung des Berichtigungsanspruchs ermächtigen (wichtig wegen Kostenpflicht des Verkäufers, vgl § 439 II). Ein eigener Anspruch des Käufers gegen den Buchberechtigten gem §§ 883 II, 888 steht der Löschungspflicht des Verkäufers nicht entgegen (BGH NJW-RR 1986, 310). 7

8

§ 436 Öffentliche Lasten von Grundstücken

(1) **Soweit nicht anders vereinbart, ist der Verkäufer eines Grundstücks verpflichtet, Erschließungsbeiträge und sonstige Anliegerbeiträge für die Maßnahmen zu tragen, die bis zum Tage des Vertragsschlusses bautechnisch begonnen sind, unabhängig vom Zeitpunkt des Entstehens der Beitragsschuld.**

(2) **Der Verkäufer eines Grundstücks haftet nicht für die Freiheit des Grundstücks von anderen öffentlichen Abgaben und von anderen öffentlichen Lasten, die zur Eintragung in das Grundbuch nicht geeignet sind.**

Lit.: Wilhelms, Öffentliche Beitragslasten beim Grundstückskauf, NJW 2003, 1420.

1. Allgemeines. a) Bedeutung. I verpflichtet den Verkäufer im Innenverhältnis dem Käufer gegenüber, bestimmte Anliegerbeiträge zu tragen. Diese werden nicht selten erst lange Zeit nach Fertigstellung der Anlage erhoben und sind daher für den Käufer nicht immer vorhersehbar. **II** beschränkt die Rechtsmängelhaftung (§ 453) des Verkäufers eines Grundstücks. Grund: Der Verkäufer kann auf öffentl-rechtlichen Gesetzen beruhende Lasten und Abgaben uU gar nicht beseitigen; der Käufer muss mit ihnen rechnen. **b) Anwendungsbereich.** Gilt nur für Grundstü- 1 cke, grundstücksgleiche Rechte und Rechte an Grundstücken. I und II sind abdingbar.

2 **2. Anliegerbeiträge (I). a)** Es handelt sich insbes um Erschließungsbeiträge gem §§ 127 ff. BauGB, ferner alle öffentl-rechtlichen Lasten, die darauf beruhen, dass die Kosten öffentl Einrichtungen (Straßen, Grünanlagen, Ver- und Entsorgungsanlagen) auf die Eigentümer der in ihrem Bereich liegenden Grundstücke insbes nach Kom-
3 munalabgabenG umgelegt werden (BT-Drs. 14/6040, 219). **b) Rechtsfolgen:** Verteilung der Beitragslasten entgegen §§ 103, 446 S. 2 nicht nach Entstehung und Fälligkeit des Beitrags. Maßgeblich ist vielmehr der nach außen erkennbare bautechnische (nicht bauplanungsrechtliche) Beginn der Maßnahme. Anliegerbeiträge für nach dem Tage des Vertragsschlusses bautechnisch begonnene Maßnahmen hat der Käufer zu tragen. Die Beitragsverpflichtung gegenüber der Behörde bleibt von I unberührt. Soweit der Käufer durch öffentl-rechtlichen Bescheid für zuvor begonnene Maßnahmen in Anspruch genommen wird, kann er im Innenverhältnis vom Verkäufer Ausgleich verlangen.

4 **3. Öffentl. Lasten und Abgaben (II).** Hierzu gehören nicht unter I fallende, öffentl-rechtliche Leistungspflichten, die aus dem Grundstück zu entrichten sind, dh auf dem Grundstück als solchem ruhen (BGH JZ 1989, 1130 f.). Bsp: Lasten gem § 10 I Nr. 3, 7 ZVG, insbes Grundsteuer. Eine (zu Unrecht) erfolgte Eintragung der Last im Grundbuch ist unerheblich. **Nicht:** öffentl-rechtliche Vorkaufsrechte und Nutzungsverbote, Verpflichtungen zur Übertragung des Eigentums, öffentl-rechtliche Baubeschränkungen und bauordnungsrechtliche Baulasten (BT-Drs. 14/6040, 219); Grunderwerbsteuer (OLG Karlsruhe OLGZ 1980, 226, 227); Müllabfuhrgebühren (LG Berlin JR 1956, 185, str); Anliegerstreupflicht (BGH JZ 1989, 1130 f.).

§ 437 Rechte des Käufers bei Mängeln

Ist die Sache mangelhaft, kann der Käufer, wenn die Voraussetzungen der folgenden Vorschriften vorliegen und soweit nicht ein anderes bestimmt ist,
1. **nach § 439 Nacherfüllung verlangen,**
2. **nach den §§ 440, 323 und 326 Abs. 5 von dem Vertrag zurücktreten oder nach § 441 den Kaufpreis mindern und**
3. **nach den §§ 440, 280, 281, 283 und 311a Schadensersatz oder nach § 284 Ersatz vergeblicher Aufwendungen verlangen.**

Lit.: Looschelders, Die neuere Rechtsprechung zur kaufrechtlichen Gewährleistung, JA 2007, 673; Lüdicke, Die Auswirkungen der Warenkauf-RL auf den Rücktritt vom Pferdekaufvertrag, NJW 2022, 3606; Skamel, Die angemessene Frist zur Leistung oder Nacherfüllung, JuS 2010, 671; Sutschet, Probleme des kaufrechtlichen Gewährleistungsrechts, JA 2007, 161; Timm, Das Verhältnis der Mängelrechte aus § 437 BGB zueinander, JA 2022, 800; Wilmowsky, Pflichtverletzung im Schuldverhältnis, JuS Beilage Heft 1/2002; Wu, Die Rechte des Käufers bei Mangelhaftigkeit der Kaufsache vor Gefahrübergang, JuS 2020, 394; Zimmer/Eckhold, Das neue Mängelgewährleistungsrecht beim Kauf, Jura 2002, 154.

1 **1. Allgemeines. a) Bedeutung und Überblick.** Regelung der Rechte des Käufers bei Vorliegen eines Mangels der Kaufsache durch Verweisung. Umsetzung von Art. 13–16 WK-RiLi. Der Verkäufer ist gem § 433 I 2 zur mangelfreien Erfüllung verpflichtet. Die Lieferung einer mangelhaften Sache ist daher eine Pflichtverletzung und löst die allg Rechte des Gläubigers bei Leistungsstörungen aus. Der Käufer kann in erster Linie Herstellung des vertraglich geschuldeten Zustands der Kaufsache auf Grundlage eines Nacherfüllungsanspruchs verlangen (Nr. 1), ferner vom Kaufvertrag zurücktreten (Nr. 2 Alt. 1) und Schadensersatz (Nr. 3 Alt. 1) bzw Aufwendungsersatz (Nr. 3 Alt. 2) verlangen. Hinzu tritt als nicht im allg Leistungsstörungsrecht vorgesehener Rechtsbehelf die Minderung (Nr. 2 Alt. 2). Der Verkäu-

fer kann die mangelhafte Sache nicht nach § 812 I 1 (als gemäß § 433 I 2 nicht geschuldet) zurück verlangen. Der inhaltlich nach § 437 modifizierte Kaufvertrag bildet den Rechtsgrund, der den Käufer grundsätzlich zum Behalten der mangelhaften Sache berechtigt. Zur Ausn bei der Falschlieferung → § 434 Rn. 29.
b) Anwendungsbereich: Sach- und Rechtsmangel (§§ 434 I-IV, 435) beim Kauf, 2
auch Falschlieferung (§ 434 V), die damit im Wesentlichen den gleichen Rechtsfolgen unterliegt. Zur Inzahlungnahme einer Sache (insbes Gebrauchtwagen bei Neuwagenkauf) → §§ 364, 365 Rn. 3. Beim Handelskauf besteht die Rügeobliegenheit gem § 377 HGB. **c) Zeitpunkt:** Nach Gefahrübergang (→ § 434 Rn. 5); zuvor → Rn. 30 (bb). **d) Erlöschen.** *Nicht* durch vorbehaltlose Entgegennahme in nach Vertragsschluss erlangter Kenntnis vom Mangel (→ § 442 Rn. 4 [bb]). **e) Vertrags-** 3
gestaltung. Rechte des § 437 können ausgeschlossen oder beschränkt werden, insbes auf Nacherfüllung (→ § 439 Rn. 6) und Minderung; auch Ausschluss oder betragsmäßige Beschränkung von Schadensersatz. Grenzen: In AGB s. § 309 Nr. 7, 8 (zum Immobilienkauf Litzenburger NJW 2002, 1244; zu § 307 Tettinger AcP 205, 1); zum Verbrauchsgüterkauf (§ 474 I) s. 476 I, III; Arglist und Garantie s. § 444.

2. Verhältnis der Käuferrechte. a) Die in § 437 genannten Rechte stehen in 4
einem **Stufenverhältnis:** Rücktritt (§ 323), Minderung (§ 441), Schadensersatz statt der Leistung (§§ 280 I, III, 281) und Aufwendungsersatz (§ 284) setzen grundsätzlich den erfolglosen Ablauf einer Frist zur Nacherfüllung voraus und sind daher dem Nachfüllungsanspruch (§ 439) gegenüber grundsätzlich *nachrangig.* Den Käufer trifft die **Obliegenheit,** dem Verkäufer Gelegenheit zur Nacherfüllung zu geben; er hat ihm dabei die Kaufsache zur Überprüfung der erhobenen Mängelrügen zur Verfügung zu stellen (BGH NJW 2010, 1448; MDR 2013, 258); der Nacherfüllungsvorrang besteht auch bei einem Leistungsverweigerungsrecht aus §§ 275 II, III, 439 IV, solange der Verkäufer die Einrede nicht erhebt (BGH NJW 2006, 1195). Keine Fristsetzung ist erforderlich bei Schadensersatz neben der Leistung (§ 280 I) oder deren Verzögerung (§§ 280 II, 286: Mahnung); ferner bei anfänglich (§ 311a II) oder nachträglich (§§ 280 I, III, 283) unmöglicher Leistung (§§ 275 I, 326 V). Die Fristsetzung ist darüber hinaus entbehrlich in den Fällen der §§ 281 II, 323 II, 440. **b) Nach Fristablauf** kann der Käufer zwischen Rücktritt, Minderung, Schadensersatz statt der Leistung und Aufwendungsersatz wählen. Aufwendungsersatz kann gem § 284 nur anstelle des Schadensersatzes statt der Leistung verlangt werden; Rücktritt und Minderung sind parallel zu Schadensersatz und Aufwendungsersatz statthaft (§ 325), solange nicht dasselbe Leistungsinteresse reguliert wird. Die Geltendmachung der nachrangigen Gewährleistungsbehelfe führt zum Erlöschen der Ansprüche auf Kaufpreiszahlung und Nacherfüllung; soweit schon erfüllt wurde, sind die Leistungen nach §§ 346–348 zurückzugewähren. Die Geltendmachung des Schadensersatzes statt der Leistung ist bindend (s. § 281 IV), ebenso die Ausübung von Rücktritt bzw Minderung (Derleder NJW 2003, 998, 1000 f.; einschränkend Wertenbruch JZ 2002, 862, 864 f.: Übergang auf Minderung nach § 242, wenn Verkäufer Rückabwicklung verweigert; besser: § 323 II Nr. 1 analog; bei Schweigen des Verkäufers: § 323 I); schlägt die Minderung jedoch fehl, ist der Käufer berechtigt, „kleinen Schadensersatz" geltend zu machen (BGH NJW 2011, 1217: Minderungsbetrag konnte nicht ermittelt werden). Verlangt der Käufer nach Fristablauf weiterhin Nacherfüllung, gehen umgekehrt die einmal begründeten nachrangigen Mängelrechte nicht unter (BGH NJW 2006, 1198). Der Käufer kann die Nacherfüllung nach Fristablauf (durch Ausübung der Rechte aus § 437 Nr. 2, 3) zurückweisen (Finn ZGS 2004, 32; aA → § 281 Rn. 15). – Zu mehreren Mängeln → § 441 Rn. 8.

3. Nacherfüllungsanspruch (Nr. 1). S. Anm zu § 439; Verjährung s. § 438. 5

4. Rücktritt (Nr. 2 Alt. 1). a) Überblick. Nr. 2 Alt. 1 regelt das Rücktritts- 6
recht des Käufers bei mangelhafter Lieferung durch Verweisung auf die allg Bestimmungen der §§ 323, 326 V (→ § 323 Rn. 2). Der Rücktritt wegen eines Mangels

der Kaufsache wird damit in das allg Leistungsstörungsrecht eingegliedert; ein bes kaufrechtliches Rücktrittsrecht (wie die fr „Wandelung"; § 462 aF) besteht nicht. Die Verweisung auf § 323 bindet den Rücktritt wegen eines Mangels zugleich an das Erfordernis des erfolglosen Fristablaufs (→ Rn. 4). Ist die primär geschuldete (→ Rn. 1) Nacherfüllung gem § 275 I unmöglich (→ § 439 Rn. 22) oder verweigert sie der Verkäufer gem § 439 IV 1, verhindert (§ 275 IV iVm) § 326 I 2 das automatische Entfallen der Kaufpreiszahlungspflicht des Käufers; vielmehr kann der Käufer ohne Fristsetzung gem § 326 V (→ § 326 Rn. 26) bzw § 440 S. 1 zurücktreten (oder gem § 441 mindern); Ausnahme § 323 VI (innerhalb § 437 Nr. 2 uneingeschränkt anwendbar, Kohler AcP 203, 539, 569). Nicht selten wird der Käufer den Grund für den Ausfall der Nacherfüllung nicht kennen; in diesem Fall kann er eine Frist setzen und nach deren Ablauf zurücktreten, ohne dass (im Prozess) geklärt werden muss, ob sich der Rücktrittsgrund aus § 323 I oder § 326 V ergibt (BT-
7 Drs. 14/7052, 193). Zum Rücktritt aus anderen Gründen s. § 324. **b) Rechtsnatur.** Das Rücktrittsrecht ist ein Gestaltungsrecht, kein Anspruch. Seine Ausübung
8 führt zu einem Rückabwicklungsverhältnis nach §§ 346 ff. **c) Voraussetzungen. aa)** Sach- oder Rechtskauf (§ 453 I 1, III). **bb)** Sachmangel gem § 434 bei Gefahrübergang (→ § 434 Rn. 5) oder Rechtsmangel bei Vornahme der Erfüllungshandlung (→ § 435 Rn. 4). Erheblichkeit des Mangels (§ 323 V 2) im Zeitpunkt der Rücktrittserklärung (BGH NJW 2011, 3708, 3709); Rücktritt vom ganzen Vertrag setzt bei Zuweniglieferung Interessenfortfall nur dann voraus, wenn sie zugleich
9 Teilleistung (§ 323 V 1) ist (→ § 434 Rn. 10). **cc) aaa) Fristsetzung** (gem § 323 I) ist Aufforderung zur Nacherfüllung unter Ausübung des Wahlrechts gem § 439 I. Der Käufer muss keinen Zeitraum oder konkreten Termin bestimmen; es genügt die Aufforderung an den Verkäufer, die Nacherfüllung „umgehend" oder „so schnell wie möglich" zu bewirken (BGH NJW 2009, 3153, 3154; BGH NJW 2016, 3654 f.; Skamel JuS 2010, 671, 672) – Eine Fristsetzung wegen eines *Mangels* ist bereits **vor Gefahrübergang** möglich, wenn die angemessene (→ Rn. 11 [dd]) Frist frühestens bei Fälligkeit des Lieferanspruchs abläuft. Bis zum Gefahrübergang kann der Verkäufer die Art der Nacherfüllung gem § 439 I wählen; vereinbar mit WK-RiLi, die ein Wahlrecht des Käufers nur für die Zeit nach Lieferung vorsehen (Art. 10 I WK-RiLi [„Zeitpunkt der Lieferung]). Der Verkäufer kann jedoch Nacherfüllung gem § 439 IV auch vor Übergabe verweigern. Folge: Rücktritt gem § 440 S. 1 schon vor Fristablauf möglich. **bbb)** Hatte der Käufer dem Verkäufer bereits eine Frist wegen Liefer*verzögerung* gem §§ 281, 323 gesetzt und liefert der Verkäufer bis Ablauf dieser Frist eine mangelhafte Sache, muss – auch zur Erhaltung des „Rechts auf zweite Andienung" (→ § 439 Rn. 4) – eine weitere Frist zur Nacherfüllung gesetzt
10 werden (vgl Skamel JuS 2010, 671; aA Canaris DB 2001, 1815, 1816). **ccc) Entbehrlichkeit** der Fristsetzung gem § 326 V (→ Rn. 6) bei Unmöglichkeit der Nacherfüllung (Nachbesserung *und* Ersatzlieferung, BGH NJW 2020, 1287 Rn. 38 ff.) bzw deren Verweigerung, ferner nach §§ 323 II, 440; das „Recht auf zweite Andienung" (→ § 439 Rn. 4) entfällt dann. Wurde der Mangel fristgemäß behoben, entfällt das Rücktrittsrecht, selbst wenn die Fristsetzung entbehrlich war
11 (BGH NJW 2010, 1805). **dd) Angemessenheit.** Zu berücksichtigen sind Interessen beider Parteien. Ausschlaggebend ist insbes die Zeitspanne, die der Verkäufer zur vom Käufer gewählten Art der Nacherfüllung benötigt. Bei einem bes Käuferinteresse (zB Saisonware, Alltagsgeschäfte [BT-Drs. 14/6040, 234]) muss der Verkäufer uU besonders rasch nacherfüllen, wenn nicht ohnehin Fristsetzung gem § 323 II Nr. 3 entbehrlich ist. Zu berücksichtigen ist auch, ob der Verkäufer den Mangel bei Vertragsschluss oder Lieferung kannte und/oder – auch als Folge einer Garantie iSv § 276 *I 1* – zu vertreten hat. Fach- und Vertragshändlern ist kürzere Frist zuzumuten. – Ist die gesetzte Frist unangemessen kurz, wird die angemessene Frist in Lauf gesetzt. **ee) Ablauf** der Frist ohne vollständige Mängelbeseitigung; geringfügige Überschreitung genügt. Wurde der Mangel beseitigt, erlischt das Rücktrittsrecht auch dann, wenn die Fristsetzung entbehrlich war (BGH NJW 2010, 1805: § 323 II wegen Arglist des Verkäufers). Ist Nacherfüllung **fehlgeschlagen** (s. § 440 S. 2),

bedarf es keiner weiteren Fristsetzung (→ § 440 Rn. 3). **ff) Nicht:** Ablehnungsandrohung, Verschulden. **d) Rechtsfolgen des Fristablaufs** → Rn. 4 (b). **Zeitliche Grenze** s. § 438 IV. 12

5. Minderung (Nr. 2 Alt. 2). Nach Nr. 2 Alt. 2 kann der Käufer, anstatt den Rücktritt zu erklären, den Kaufpreis mindern; s. Anm zu § 441. 13

6. Schadensersatz (Nr. 3 Alt. 1). a) Systematik. Nr. 3 Alt. 1 verweist für den Ersatz des dem Käufer infolge der Lieferung einer mangelhaften Sache entstandenen Schadens auf die Anspruchsgrundlagen des allg Leistungsstörungsrechts (§§ 280, 281, 283 und 311a II). Damit wird der Schadensersatzanspruch wegen Lieferung einer mangelhaften Sache in das allg Leistungsstörungsrecht eingebunden. Die Voraussetzungen des Schadensersatzanspruchs unterscheiden sich gem § 280 I–III nach dem verletzten Interesse des Käufers (Integritäts-, Verzögerungsschaden, Schadensersatz statt der Leistung) und dem Zeitpunkt des Vorliegens des Mangels (§ 311a II). Bei durch Nacherfüllung behebbaren Mängeln ist hinsichtlich des Schadensersatzes statt der Leistung der Vorrang des Nacherfüllungsanspruchs (§ 439) zu beachten (→ Rn. 19). Schadensersatz schuldet der Verkäufer nur, wenn er die mit der mangelhaften Lieferung verbundene Pflichtverletzung (§ 280 I 2 → Rn. 20) bzw – bei anfänglichen Mängeln – seine Unkenntnis (§ 311a II 2 → Rn. 7) zu vertreten hat. 14
b) § 280 I umfasst den Ersatz des **Integritätsinteresses** des Käufers („Mangelfolgeschaden"). Integritätsschäden sind die durch den Mangel verursachten Einbußen an unabhängig vom Kaufvertrag bestehenden Rechten, Rechtsgütern und Interessen (s. § 241 II) des Käufers. Bsp: Der Käufer verletzt sich an einem schadhaften Maschinenteil (BT-Drs. 14/6040, 224) oder infolge einer fehlerhaften oder ungenauen Bedienungsanleitung; nicht vertragsgemäße Betriebsstoffe beschädigen Maschinen des Käufers. Zum Vertretenmüssen → Rn. 22 ff. 15
c) § 280 II: Der Ausgleich von **Verzögerungsschäden** erfolgt nur unter den Voraussetzungen des § 286 (Verzug). **aa)** Erforderlich ist nach § 286 I 1 eine Mahnung hinsichtlich der Nacherfüllung, die gewöhnlich im Nacherfüllungsverlangen liegt (BT-Drs. 14/6040, 225). Der Verkäufer kann auch ohne Mahnung durch ein Ereignis gem § 286 II in Verzug geraten, etwa nach § 286 II Nr. 1 mit Ablauf einer vereinbarten Lieferfrist während der Nacherfüllungsphase. **bb)** Ist der Verkäufer bereits mit der Erfüllung des Leistungsanspruchs aus § 433 I (vor Gefahrübergang) in Verzug (nicht mit dem Nacherfüllungsanspruch), hat er ohne weiteres nach Lieferung der mangelhaften Sache den gesamten während der Nacherfüllungsphase entstehenden Verzögerungsschaden zu ersetzen; die Lieferung der *mangelhaften* Sache beendet den Verzug nicht. 16
cc) Unter den nach §§ 280 II, 286 zu ersetzenden Verzögerungsschaden fällt auch ein **Nutzungsausfallschaden.** Liefert zB der Verkäufer eine fehlerhafte Maschine, wird der durch die verzögerte Inbetriebnahme entstehende Betriebsausfallschaden nur unter den Voraussetzungen der §§ 280, 286 (ggf Mahnung) ersetzt (Huber/Faust Rn. 3/223; nach Grigoleit/Riehm AcP 203, 727, 754 Mahnung entbehrlich gem 286 II Nr. 4, str; aA BGH NJW 2009, 2674; Canaris ZIP 2003, 321, 326; MüKoBGB/Ernst § 280 Rn. 58 ff. mN: § 280 I). Nach der Gegenansicht stünde der (nicht bereits in Verzug gesetzte) Verkäufer besser, wenn er die mangelhafte Kaufsache (zunächst) überhaupt nicht liefert. Verzug ist *auch* erforderlich, wenn ein unabhängig vom *Kaufvertrag* bereits ablaufender Produktionsprozess unterbrochen wird (insoweit aA v. Wilmowsky JuS Beilage Heft 1/2002 S. 20: § 280 I). 17
d) § 280 IV: Schadensersatz statt der Leistung. Wegen des Vorrangs des Nacherfüllungsanspruchs (§ 439; → Rn. 4) ist zu unterscheiden: **aa) Nicht behebbarer Mangel. aaa) Primärleistung.** Der Verkäufer ist gem § 275 I von der Lieferung der Sache in mangelfreiem Zustand (s. § 433 I 2) befreit. Gleichzustellen ist die Befreiung des Verkäufers gem § 275 II, III und hinsichtlich aller Formen der Nacherfüllung gem § 439 IV. **bbb) Anfänglicher Mangel.** Haftet der Mangel der Kaufsache bereits bei Vertragsschluss an (Bsp: als unfallfrei verkaufter Pkw, Konstruktionsfehler bei Gattungskauf), richtet sich der Schadensersatz nach § 311a II. Der Verkäufer haftet nicht, wenn er den Mangel nicht kannte und diese Unkenntnis auch nicht zu vertreten hat. Zurech- 18

nung der Kenntnis von Vertretern und Verhandlungsgehilfen s. § 166 (aA → § 311a Rn. 7: § 278). Zusicherung der Mangelfreiheit → Rn. 23. **ccc) Nachträglicher Mangel.** Entsteht der Mangel nach Vertragsschluss, richtet sich der Schadensersatz nach § 283. Bsp: Als unfallfrei verkaufter Pkw wird nach Vertragsschluss aber vor Übergabe bei einem vom Verkäufer verursachten Verkehrsunfall beschädigt. Schadensersatz entfällt, wenn der Verkäufer die Entstehung des Mangels nicht zu vertreten hat (§§ 280 I 2, 276), insbes keine Schutz-, Obhuts- und Überwachungspflichten im Hinblick auf die Kaufsache verletzt hat. Zurechnung s. § 278. Ob eine Zusicherung der Mangelfreiheit (→ Rn. 23) sich auch auf nachträglich entstehende Mängel

19 bezieht, ist Auslegungsfrage und idR zu verneinen. **bb)** Liegt ein **behebbarer Mangel** vor, muss nach schadensverursachender Pflichtverletzung unterschieden werden. **aaa)** Verletzt der Verkäufer die **ursprüngliche Pflicht zu mangelfreier Lieferung** (§ 433 I), sperrt der Vorrang des Nacherfüllungsanspruchs (§ 439 I) bis zum Ablauf der nach § 281 I gesetzten Frist den Schadensersatzanspruch. Ausnahme: Fristsetzung entbehrlich gem §§ 281 II, 440. Schadensersatz nach Fristablauf setzt gem § 281 I 2 Vertretenmüssen voraus (Verkäufer trägt Beweislast), das sich auf die haftungsbegründende Verletzung der Pflicht zu mangelfreier Lieferung (ursprüngliche Nicht- oder Schlechtleistung gem § 281 I 1) bezieht (aA Lorenz NJW 2002, 2497, 2503: Nichtvornahme der Nacherfüllung). **bbb)** Auch die Verletzung der **Pflicht zur Nacherfüllung** (§ 439 I) kann die Schadensersatzhaftung begründen (→ § 439 Rn. 12 ff.); entscheidend nur, wenn Verkäufer die ursprüngliche Pflichtverletzung nicht zu vertreten hat, denn Bezugspunkt des Vertretenmüssens ist hier die ausbleibende oder erfolglose Nacherfüllung innerhalb der nach ursprünglicher Pflichtverletzung gesetzten Frist. Erforderlich ist gem § 281 I 1 die erneute Fristsetzung, um dem Verkäufer Gelegenheit zur „Nacherfüllung der Nacherfüllung" zu geben. Zum Schadensersatz bei Unmöglichkeit der Nacherfül-

20 lung → § 439 Rn. 22. **cc) Umfang des Schadensersatzes statt der Leistung. aaa)** Anspruch aus § 281 I 1 ersetzt nach § 281 IV (Nach-)Erfüllungsanspruch. Dem Käufer zu ersetzen ist derjenige Schaden, der durch ordnungsgemäße Nacherfüllung vermieden worden wäre (→ § 281 Rn. 16 ff.); umfasst den durch Nacherfüllung zu beseitigenden Schaden (→ § 439 Rn. 20) und den durch mangelhafte Nacherfüllung entstandenen Schaden. Hat Verkäufer nur mangelhafte Nacherfüllung zu vertreten (→ Rn. 19 [**bbb**]), ist nur der Schaden zu ersetzen, der durch neuerliche Nacherfüllung vermieden worden wäre. Auszugleichen ist der mangelbedingte Minderwert der Kaufsache („eigentlicher Mangelschaden"; BT-Drs. 14/6040, 224), Reparaturkosten, ferner Folgeschäden wie der entgangene Gewinn und Aufwendungen für anderweitige Beschaffung; nicht: Mangelfolgeschaden

21 (dazu → Rn. 15). **bbb) Schadensausgleich** nach Wahl des Käufers: **(1) „Kleiner Schadensersatz":** Der Käufer behält die mangelhafte Kaufsache und verlangt iÜ im Wege des Geldersatzes so gestellt zu werden, als sei ordnungsgemäß nacherfüllt worden: Ausgleich durch Ersatz des Minderwertes, Aufwendungen für Mängelbeseitigung, Ausgleich des entgangenen Gewinns für Weiterveräußerung usw. Der Käufer kann den Anspruch auf Schadensersatz statt der Leistung (kleiner Schadensersatz) anhand der sogenannten **„fiktiven Mangelbeseitigungskosten"** bemessen (BGH NJW 2022, 686, Rn. 94 ff.; BGH NJW 2021, 1532, Rn. 7; zur Schätzung des Betrags [§ 287 ZPO] BGH NJW 2022, 2685, Rn. 31 ff.). **(2)** Schadensersatz statt der „ganzen" Leistung, sog **„großer Schadensersatz":** Der Käufer stellt die Kaufsache dem Verkäufer zur Verfügung (sa §§ 281 V, 346 I) und verlangt Ausgleich für die gesamte ausgebliebene Leistung, insbes Rückzahlung des geleisteten Kaufpreises (als Mindestschaden), auch für den aus einem infolge des Mangels gescheiterten Weiterverkauf entgangenen Gewinn, Kosten der Ersatzbeschaffung, Freistellung von Haftung aus Weiterverkauf, Kosten eines Rechtsstreits zwischen Käufer und Abnehmer usw. Großer Schadensersatz scheidet bei unerheblichen Pflichtverletzungen aus, § 281 I 3; bei Teilleistung Interessefortfall, § 281 I 2 (→ § 434 Rn. 10); zum Ausschluss des Rücktritts s. § 323 V. Neben

22 dem großen Schadensersatz ist Rücktritt möglich, § 325. **e) Vertretenmüssen**

des Verkäufers (§§ 437 Nr. 3, 280 I 2, 311a II 2). aa) Maßstab der Verantwortlichkeit des Verkäufers ist **§ 276. aaa)** Der Verkäufer hat danach Vorsatz und jede Fahrlässigkeit zu vertreten. Den Fahrlässigkeitsmaßstab bestimmt § 276 II. Die an den Verkäufer zu stellenden Sorgfaltsanforderungen richten sich nach der **Verkehrsanschauung** (dazu BT-Drs. 14/6040, 210), soweit keine vertraglichen Vereinbarungen getroffen sind. Nicht zu gewerblichen Zwecken handelnde Verkäufer und Zwischenhändler trifft grundsätzlich keine Untersuchungspflicht hinsichtlich eines Mangels. Wohl aber kann eine Untersuchung und Prüfung der Kaufsache durch einen Fachhändler (namentlich Vertragshändler) insbes bei hochwertigen Produkten (Kfz) zur verkehrserforderlichen Sorgfalt zählen. Beim gewerblichen Verkauf gebrauchter Produkte kann der Käufer eine Untersuchung erwarten, wenn der Verkäufer über eine Werkstatt verfügt. Dem Verkäufer bekannte Mängel sind unabhängig von einer Untersuchungspflicht zu offenbaren. **bbb)** Entspricht die 23
gelieferte Sache nicht der geschuldeten Beschaffenheit, hat der Verkäufer dies bei **Übernahme einer Garantie** nach § 276 I 1 Hs. 2 Fall 1 verschuldensunabhängig zu vertreten. Zur Abgrenzung von Garantie iSd § 443 → § 443 Rn. 3. Schlichte Beschaffenheitsvereinbarung gem § 434 II Nr. 1 genügt für Garantieübernahme nicht; erforderlich ist die Erklärung des Verkäufers, für das Fehlen der vereinbarten Beschaffenheit verschuldensunabhängig eintreten zu wollen (s. BT-Drs. 14/6040, 236). Voraussetzung einer Schadensersatzhaftung ist, dass das verletzte Interesse in den Garantiebereich fällt. Die **Reichweite der Garantie** muss sich nicht auf 24
natürliche Beschaffenheit der Kaufsache beschränken, sondern kann alle tatsächlichen und rechtlichen Verhältnisse umfassen, die wegen ihrer Art und Dauer die Brauchbarkeit oder den Wert der Sache beeinflussen. Auch das Fehlen einer Beschaffenheit kann garantiert werden. Garantie der Abwesenheit eines Mangels steht garantierter Beschaffenheit gleich (BGH NJW 1982, 435 [zu Eigenschaftszusicherung]). Gegenstand einer Garantie können ferner Umstände usw sein, die nicht als Beschaffenheit der Kaufsache angesehen werden: der Preis (Marktwert) einer Sache; in der Zukunft liegende Verhältnisse und Umstände (Bsp: künftige Bebaubarkeit) sowie Angaben rein tatsächlicher oder rechtlicher Art, wie zB eine Bilanz; Tilgung (Anfallen) von Erschließungskosten; längere Zeit zurückliegende tierärztliche Untersuchung eines lebenden Tiers; Umsatzsteuerfreiheit; steuerliche Abzugsfähigkeit von Erwerbskosten. **ccc)** Im Kaufvertrag übernimmt der Verkäufer grundsätzlich *nicht* das **Beschaffungsrisiko** (§ 276 I 1 Hs. 2 Fall 2) hinsichtlich 25
der Mangelfreiheit (zutr Dauner-Lieb/Dötsch DB 2001, 2535, 2536). Auch bei einer Gattungsschuld erstreckt sich der mit der Leistungspflicht des Verkäufers korrespondierende (vollstreckbare) Anspruch des Käufers nicht darauf, dass die gelieferte Sache mangelfrei ist, sondern allenfalls darauf, dass die Herstellung des vertragsmäßigen Zustandes (durch Nachbesserung oder Ersatzlieferung) letztlich gelingt. **bb)** Der Verkäufer hat gem **§ 278** für das Verschulden von Erfüllungsgehil- 26
fen und ges Vertreter einzustehen. Der **Hersteller** ist regelmäßig **nicht Erfüllungsgehilfe** des Verkäufers, weil die Herstellung nicht zum Pflichtenkreis des Verkäufers zählt (BT-Drs. 14/6040, 210). Anders im Rahmen der Mangelbeseitigung gem § 439. **f) Verjährung** s. § 438.

7. Aufwendungsersatz (Nr. 3 Alt. 2). S. Anm zu § 284. Darunter fallen die 27
Vertrags(-abschluss)- und die Erfüllungskosten (zB Transport- und Montagekosten). Der Aufwendungsersatzanspruch aus § 284 ist auch bei Rücktritt wegen eines Mangels nicht nach § 347 II beschränkt (BGH NJW 2005, 2848, 2849). Sämtliche Voraussetzungen des Anspruchs auf Schadensersatz statt der Leistung („anstelle"; → § 284 Rn. 3) müssen vorliegen, insbes Vertretenmüssen bzw Kenntnis (§§ 280 I 2, 311a II 2).

8. Verhältnis zu sonstigen Rechtsbehelfen. a) Allgemeines. Über § 437 28
werden die Mängelrechte des Käufers in das System der Leistungsstörungen im allg Schuldrecht eingebunden; Unterschiede bestehen gleichwohl, zB bei der Verjährung von Schadensersatzansprüchen (Schadensersatz gem § 437 Nr. 3 verjährt nach

§ 438 I, II; gem §§ 280 I, 311 II, 241 II [cic] nach §§ 195, 199). Die Mängelrechte genießen gegenüber den allg Bestimmungen des Leistungsstörungsrechts daher Vorrang. **b) Erfüllungsanspruch und Einrede des nichterfüllten Vertrags** (§ 320).
29 **aa) „Mängeleinrede":** Der Käufer kann (vor Gefahrübergang) eine (auch geringfügig [BGH NJW 2017, 1100 Rn. 17 ff.: Lackkratzer bei Neuwagen]) mit einem behebbaren Mangel behaftete Sache als nicht vertragsgemäße (s. § 433 I 2) Leistung zurückweisen (s. § 266) und die Abnahme nach § 273 BGB bis zur Mängelbeseitigung verweigern, ohne dadurch in Annahmeverzug (§§ 293 ff.) oder mit der Abnahmepflicht (→ § 433 Rn. 28 f.) in Schuldnerverzug (§§ 286 ff.) zu geraten (BGH NJW 2017, 1100). Folge: Ursprünglicher Erfüllungsanspruch bleibt bestehen; es gilt hinsichtlich des Kaufpreisanspruchs § 320 (auch bei geringfügigem Mangel, BGH NJW-RR 2022, 808 [Rechtsmangel]), iü §§ 280 ff.; für die Verjährung nicht § 438, sondern § 195, bei Grundstückskauf usw § 196. Ein Zurückweisungsrecht entfällt nur bei unbehebbarem Mangel (BGH NJW 2017, 1100, Rn. 16 ff.); ist der Mangel erheblich, kann der Käufer zurücktreten (§§ 326 V, 323 I iVm § 326 I iVm § 323 V 2; s. Wu JuS 2020, 394). **bb)** Auch nach Gefahrübergang (→ § 434 Rn. 5) kann sich der Käufer auf § 320 I (s. aber § 320 II) berufen, falls und solange er Nacherfüllung (§ 439) verlangen kann, also nicht mehr, wenn er gemindert (§ 441) oder der Verkäufer nacherfüllt hat oder die Nacherfüllung unmöglich geworden ist (§ 275 I) oder gem §§ 275 II, III, 439 IV berechtigt verweigert wurde (dann aber uU Rücktritt, §§ 326 V, 323). Schon das Bestehen, nicht erst die Ausübung der Mängeleinrede, schließt Durchsetzbarkeit des Kaufpreisanspruchs und damit auch den Rücktritt nach § 323 aus (BGH NJW 2020, 2104, Rn. 38). Nach Verjährung der Mängelansprüche bleibt dem Käufer das Leistungsverweigerungsrecht gem § 438
30 IV 2, V. **c) Unmöglichkeit.** Sa § 275 IV. **aa)** Bei anfänglichem unbehebbaren Mangel der Kaufsache (Bsp: Verkauf eines Unfallwagens als „unfallfrei") ist der Kaufvertrag gem § 311a I voll wirksam; der Verkäufer haftet ggf auf Schadensersatz gem § 311a II. **bb)** Tritt ein Mangel nach Abschluss des Kaufvertrags, aber vor Gefahrübergang ein (Bsp: als „unfallfrei" verkaufter Pkw wird bei Unfall beschädigt), wird der Verkäufer gem § 275 I insoweit von seiner Pflicht zur mangelfreien Lieferung aus § 433 I 2 frei, als die Beseitigung unmöglich ist oder er die Erfüllung gem § 275 II, III verweigert. Schadensersatz s. §§ 280, 283; § 285 gilt; wegen des Kaufpreisanspruchs gilt § 326 I 2. **cc)** Auch gegenüber dem Nacherfüllungsanspruch aus
31 § 439 kann sich der Verkäufer auf § 275 I–III berufen, zudem auf § 439 IV. **d) Verzug** (§§ 286 ff.) möglich, solange keine mangelfreie (Nach-)Erfüllung. **e) Anfechtung. aa) Erklärungs- und Inhaltsirrtum.** Anfechtung gem § 119 I ist uneingeschränkt zulässig. Grund: §§ 434 ff. enthalten insoweit keine Sonderregelung. Anfechtung auch, wenn Verkäufer bei Beschaffenheitsvereinbarung (§ 434 I 1) Irrtum gem § 119 I unterläuft. **bb) Arglistige Täuschung** durch Verkäufer über Nichtvorliegen des Mangels: Anfechtung gem § 123 ist vor und nach Gefahrübergang uneingeschränkt zulässig. Grund: Verkäufer ist nicht schutzwürdig. Ansprüche des Käufers bei wirksamer Anfechtung: § 812 I 1; §§ 280 I, 311 II, 241 II (cic);
32 § 823 II iVm § 263 StGB; § 826; nicht: § 437. **cc) Eigenschaftsirrtum. aaa)** Kennt der *Käufer* den Mangel nicht, kann zugleich ein Irrtum über eine verkehrswesentliche Eigenschaft vorliegen. Die Anfechtung gem § 119 II ist gleichwohl ausgeschlossen. Grund: §§ 437 ff. enthalten eine abschließende Sonderregelung; der Käufer soll sich zB nicht gem § 142 I vom Kaufvertrag lösen können, wenn etwa Rücktritt wegen Verjährung nach §§ 438 I, II, IV, 218 ausscheidet, Anfechtung gem § 121 jedoch nicht. Der Ausschluss der Anfechtung sichert überdies den Vorrang der Nacherfüllung. Die Anfechtung nach § 119 II ist auch bei Veräußerung in der Zwangsvollstreckung ausgeschlossen, um § 806 ZPO, § 56 S. 3 ZVG (→ Rn. 4) nicht zu unterlaufen (zu § 56 ZVG BGH NJW-RR 2008, 222). Ausschluss der Anfechtung gem § 119 II auch im Zeitraum *vor Gefahrübergang* (Lorenz/Riehm Rn. 573), um dem Verkäufer das „Recht zur Nacherfüllung" (→ § 439 Rn. 4) zu erhalten (aA Grüneberg/Weidenkaff Rn. 53). **bbb)** Auch die Anfechtung durch den *Verkäufer* gem § 119 II ist ausgeschlossen. Grund: Dem Käufer sollen nicht durch

Anfechtung die Rechte nach § 437 entzogen werden; daher kein Ausschluss, wenn der Käufer Mängelrechte nicht geltend macht (BGH NJW 1988, 2597, 2598). **f) Störung der Geschäftsgrundlage (§ 313).** Bei Mängeln ist die Berufung auf 33
§ 313 ausgeschlossen. Grund: Sonderregelung der §§ 437 ff. geht vor. **g) Culpa in** 34
contrahendo (§§ 280 I, 311 II, 241 II). aa) Ansprüche gem §§ 280 I, 311 II, 241 II wegen fahrlässiger Verletzung vorvertraglicher Offenbarungs-, Aufklärungs- und Beratungspflichten durch den Verkäufer mit Bezug auf Sach- oder Rechtsmängel sind ausgeschlossen (Lorenz/Riehm Rn. 576; aA Häublein NJW 2003, 388, 392). Grund: Gewährleistungsrechte aus § 437 bilden eine abschließende Sonderregelung. Bedeutung vor allem hinsichtlich der Verjährung: § 438 anstatt §§ 195, 199. Nacherfüllungsrecht des Verkäufers (→ § 439 Rn. 4) darf nicht durch einen Anspruch auf Aufhebung des Kaufvertrags unterhöhlt werden. **bb)** Die Beschränkung gilt *nicht,* wenn ein „Recht zur zweiten Andienung" des Verkäufers ausscheidet, weil Fristsetzung nach §§ 281 II, 323 II, 440 entbehrlich ist (→ Rn. 4); ferner nicht für vorsätzliche Falschangaben (BGH NJW 2009, 2120 mAnm Fischinger/Lettmaier NJW 2009, 2496; aA → § 311 Rn. 38), desgl nicht für persönlich haftende Vertreter und Vermittler (§ 311 III), denen gegenüber keine Mängelrechte aus § 437 bestehen. **cc)** Die Beschränkung gilt ferner nicht, wenn Käufer wegen fehlender Beratung oder Aufklärung über einen Mangel Schadensersatz statt der Leistung gem §§ 280 I, III, 282 verlangt; setzt Unzumutbarkeit voraus (→ § 282 Rn. 5); relevant vor allem, wenn Verkäufer die Mangelhaftigkeit nicht zu vertreten hat und Ersatzanspruch wegen des Mangels gem § 437 Nr. 3 deshalb ausscheidet. **h) Scha-** 35
densersatz. aa) Wegen Nebenpflichtverletzung (§§ 280 I, 241 II). Ist eine kaufvertragliche Nebenpflicht bei Lieferung einer *mangelfreien Sache* schuldhaft verletzt, so besteht keine Konkurrenz mit Mängelrechten. Bsp: Verletzung von Aufklärungs- und Warnpflichten etwa beim Kauf von Maschinen und Erzeugnissen, von denen spezifische Gefahren ausgehen (→ § 433 Rn. 25); unterbliebene Verarbeitungshinweise bei „Risiken" der Weiterverarbeitung (BGHZ 88, 130, 135); unterlassener Hinweis auf Belieferung mit Ware von geänderter Beschaffenheit (BGHZ 132, 175, 177 f.); Beschädigung von Eigentum des Käufers anlässlich der Lieferung der Kaufsache. Zu ersetzen ist der volle Verletzungsschaden, uU einschließlich der beeinträchtigten Kaufsache selbst (BGHZ 87, 88, 91). Bsp: Untergang infolge unsachgemäßer Verpackung (BGHZ 66, 208; 87, 88, 92). Die (kurze) Verjährung des § 438 gilt nicht. Schadensersatz statt der (mangelfreien) Leistung wegen Nebenpflichtverletzung gem §§ 280 I, III, 282 nur bei Unzumutbarkeit (→ Rn. 34 aE). **bb)** Hat der Verkäufer mangelfrei geleistet, haftet er nach §§ 280 I, 241 II, wenn er „nachvertragliche" Handlungs- und Unterlassungspflichten verletzt; er hat alles zu unterlassen, was den Vertragszweck gefährdet, darf insbes nicht die dem Käufer gewährten Leistungen und Vorteile wieder entziehen. Bsp: Zweitverkauf bereits einmal verkaufter und übereigneter Sachen (BGH NJW 1952, 867 [LS]); Einziehung einer verkauften und an den Käufer abgetretenen Forderung nach § 407 I (RGZ 111, 298, 303; zudem § 816 II); Funktionsbeeinträchtigung durch späteres Software-Update. **cc)** Ist der Schaden durch eine *mangelhafte* Kaufsache verursacht, kann der Käufer Schadensersatz gem §§ 437 Nr. 3, 280 I verlangen (→ Rn. 15). **i) Unerlaubte Hand-** 36
lung. aa) Ansprüche gem §§ 823 I, II, 826 werden durch die Rechte aus § 437 nicht berührt. *Bsp:* Geliefertes mangelhaftes Tierfutter verletzt Tiere des Käufers. Ist der Kaufvertrag mit dem Hersteller abgeschlossen, so kommen die nicht durch das ProdHaftG ausgeschlossenen (§ 15 II ProdHaftG) Grundsätze über die Produzenten-(Produkt-)haftung (→ § 823 Rn. 122 ff.) neben der Vertragshaftung zur Anwendung (BGHZ 67, 359, 362; Röhl JZ 1979, 369, 374). **bb)** Die Lieferung einer von Anfang an mangelhaften Sache ist als solche noch keine Verletzung des Eigentums an der Kaufsache iSd § 823 I (BGHZ 117, 183, 187). Jedoch kommt eine deliktische Haftung in Betracht, wenn als Mangelfolge („weiterfressende Mängel") an der gelieferten Sache selbst ein über den ursprünglichen Mangelunwert hinausgehender, mit diesem nicht „stoffgleicher" Schaden eintritt (so BGHZ 67, 359, 364 f.; 86, 259 f.; 117, 183, 188 f.; NJW 1992, 1678, sehr str, → § 823 Rn. 6 mN). Diese Rspr

sollte aufgegeben werden, nachdem die Verjährung in § 438 zugunsten des Käufers verlängert wurde (Brüggemeier WM 2002, 1376, 1384 f.; aA BeckOK/Faust Rn. 208 f.); sie kollidiert mit dem Nacherfüllungsanspruch gem § 439 (vgl Foerste ZRP 2001, 342 unter Hinweis auf BGH NJW 1986, 924 zum werkvertraglichen Nachbesserungsanspruch).

§ 438 Verjährung der Mängelansprüche

(1) **Die in § 437 Nr. 1 und 3 bezeichneten Ansprüche verjähren**
1. in 30 Jahren, wenn der Mangel
a) in einem dinglichen Recht eines Dritten, auf Grund dessen Herausgabe der Kaufsache verlangt werden kann, oder
b) in einem sonstigen Recht, das im Grundbuch eingetragen ist,
besteht,
2. in fünf Jahren
a) bei einem Bauwerk und
b) bei einer Sache, die entsprechend ihrer üblichen Verwendungsweise für ein Bauwerk verwendet worden ist und dessen Mangelhaftigkeit verursacht hat, und
3. im Übrigen in zwei Jahren.

(2) **Die Verjährung beginnt bei Grundstücken mit der Übergabe, im Übrigen mit der Ablieferung der Sache.**

(3) [1]**Abweichend von Absatz 1 Nr. 2 und 3 und Absatz 2 verjähren die Ansprüche in der regelmäßigen Verjährungsfrist, wenn der Verkäufer den Mangel arglistig verschwiegen hat.** [2]**Im Falle des Absatzes 1 Nr. 2 tritt die Verjährung jedoch nicht vor Ablauf der dort bestimmten Frist ein.**

(4) [1]**Für das in § 437 bezeichnete Rücktrittsrecht gilt § 218.** [2]**Der Käufer kann trotz einer Unwirksamkeit des Rücktritts nach § 218 Abs. 1 die Zahlung des Kaufpreises insoweit verweigern, als er auf Grund des Rücktritts dazu berechtigt sein würde.** [3]**Macht er von diesem Recht Gebrauch, kann der Verkäufer vom Vertrag zurücktreten.**

(5) **Auf das in § 437 bezeichnete Minderungsrecht finden § 218 und Absatz 4 Satz 2 entsprechende Anwendung.**

Lit.: Rühl, Die Verjährung kaufrechtlicher Gewährleistungsansprüche, AcP 207, 614; Wagner, Die Verjährung gewährleistungsrechtlicher Rechtsbehelfe nach neuem Schuldrecht, ZIP 2002, 789.

1 **1. Allgemeines. a) Bedeutung.** Zeitliche Begrenzung der Rechte des Käufers bei mangelhafter Kaufsache durch (1) von §§ 195 ff. weithin abweichende Regelung der Verjährung (I, II) der in § 437 Nr. 1 und 3 genannten Ansprüche auf Nacherfüllung, Schadensersatz und Aufwendungsersatz sowie (2) Verweisung auf § 218 für Rücktritt (IV) und Minderung (V); I-III erfassen auch Anspruch auf Ersatzherausgabe wegen Mangelhaftigkeit der gelieferten Sache (→ § 285 Rn. 12). Die Verjährung kaufrechtlicher Mängelansprüche beträgt zwei Jahre; sie beginnt gem II (→ Rn. 4 f.), nicht mit Kenntnis. Sonderregelung für Regress des Verkäufers gegen Lieferanten s. § 445b II (§ 479 II aF). **b) Zweck.** Beschleunigte Abwicklung des Kaufs. Art. 10 I, V WK-RiLi gibt eine Frist von zwei Jahren vor, erlaubt aber eine Begrenzung durch Verjährungsfristen, ohne echte Gewährleistungsfristen zu
2 verlangen. **c) Vertragsgestaltung. aa) Verkürzung** s. § 202 I: nicht bei Vorsatz. Bei Verbrauchsgüterkauf (§ 474) für gebrauchte Sachen (→ §§ 474, 475 Rn. 7) Verkürzung auf ein Jahr (§ 476 II), iÜ §§ 478 II, III, 445b. Pauschale Verkürzung in **AGB** ist schon wegen § 309 Nr. 7 unwirksam, wenn sie die Durchsetzbarkeit von Schadensersatzansprüchen zeitlich begrenzt, ohne Ansprüche wegen der Verletzung der dort genannten Rechtsgüter auszunehmen (BGH NJW 2007, 674, 675; NJW-RR 2010, 1205, 1210; → § 309 Rn. 8); jenseits der in § 309 Nr. 7 genannten

Ansprüche ist bei Kauf neuer Sachen Verkürzung auf ein Jahr unter Beachtung des Transparenzgebots (BGH NJW 2015, 2244, Rn. 18 ff.) zulässig (§ 309 Nr. 8b]). **bb) Verlängerung** s. § 202 II: Höchstfrist 30 Jahre. In AGB ist eine maßvolle Verlängerung (gem BGH NJW 2006, 47 zumindest auf drei Jahre) möglich.

2. Regelverjährung. a) Die **regelmäßige Verjährung** kaufrechtlicher Mängel- 3
ansprüche (Nacherfüllung, Schadens-, Aufwendungsersatz) beträgt **zwei Jahre (I Nr. 3).** Umsetzung von Art. 10 I WK-RiLi. I Nr. 3 bezieht sich nicht nur auf Schäden am Äquivalenzinteresse, sondern auch am Integritätsinteresse (Mangelfolgeschäden, s. → § 437 Rn. 15), für die § 437 Nr. 3 auf § 280 I verweist (Gsell JZ 2002, 1089; aA Wagner JZ 2002, 475, 479). I Nr. 3 gilt nicht für Schadensersatz nach § 823 (Grüneberg/Weidenkaff Rn. 11; aA Mansel NJW 2002, 89, 95; zum Weiterfresserschaden → § 437 Rn. 36). **b) Beginn** der Verjährung s. **II** (abw von 4
§ 200). **aa) Allgemeines.** Anders als § 199 I Nr. 2 liegt II ein streng „obj" System zugrunde. Auf Kenntnis oder Erkennbarkeit des Mangels kommt es nicht an. – Maßgeblicher Zeitpunkt ist bei Grundstücken die Übergabe, bei anderen Sachen die Ablieferung. Gewährleistungsfristen bei Sach- und Rechtsmängeln laufen gleich (OLG Hamm BeckRS 2019, 16619, Rn. 56). Die Frist beginnt jedoch nicht vor Vollwirksamkeit des Kaufvertrags; wichtig für aufschiebend bedingten, form- und genehmigungsbedürftigen sowie schwebend unwirksamen Vertrag. Ein fehlgeschlagener Nachbesserungsversuch lässt keine neue Verjährungsfrist anlaufen (OLG Celle NJW 2006, 2643). **bb) Übergabe** bei **Grundstücken** setzt Übertragung des unmittelbaren Besitzes an den Käufer voraus, der damit die Kaufsache untersuchen und Mängel geltend machen kann (BGH NJW 1996, 586, 587). Bloß mittelbarer Besitz genügt nicht. **cc) Ablieferung** bei **beweglichen Sachen** setzt voraus, dass die 5
Kaufsache so in den Machtbereich des Käufers gelangt ist, dass dieser sie untersuchen und sofort in Gewahrsam nehmen kann (BGHZ 93, 338, 345); Auslieferung an Transportperson und Begründung mittelbaren Besitzes durch Übergabesurrogate (§§ 868, 870) genügen nicht (BGH NJW 1996, 586, 587), desgl nicht Annahmeverzug des Käufers (BGH NJW 1995, 3381, 3383).

3. Besondere Verjährungsfristen. a) 30 Jahre bei bestimmten Rechtsmängeln 6
(s. § 435). **aa) I Nr. 1a)** („Eviktionsfälle"): Ein Dritter kann vom Käufer Herausgabe der Kaufsache (auch § 985, offen BGH NJW 2007, 3777, Rn. 28; → § 435 Rn. 5) verlangen. Angleichung der Verjährung der Ansprüche wegen Rechtsmangels an die Verjährung dinglicher Herausgabeansprüche gem § 197 I Nr. 1. – Entspr sollte I Nr. 1a) auf andere dingliche Ansprüche (Unterlassung [sa § 199 V], Überlassung, Vernichtung) insbes aus Immaterialgüterrechten (§§ 139, 140a PatG; §§ 97, 98 UrhG usw) angewendet werden, die ebenfalls nach den Gewährleistungsrechten des Käufers verjähren können. I Nr. 1a) gilt analog bei Rechtskauf (→ § 453 Rn. 8). **bb) I Nr. 1b):** Im Grundbuch eingetragene Rechte (die nicht einen Herausgabeanspruch begründen), etwa Grundpfandrecht, Dienstbarkeit usw. **b) Fünf Jahre. aa) I** 7
Nr. 2a): Kauf eines Bauwerks. Angleichung von kauf- und werkvertraglicher (s. § 634a I Nr. 2) Verjährung für Mängelansprüche. Bauwerk ist mit Erdboden fest verbundene unbewegliche Sache; es kann, muss aber nicht wesentlicher Bestandteil des Grundstücks (s. § 95) sein. **bb) I Nr. 2b):** Kauf von Baumaterialien, die (innerhalb *von zwei Jahren* nach Ablieferung, Mansel NJW 2002, 89, 94) als solche verwendet werden und einen Mangel am Bauwerk verursachen. Bauhandwerker, der bei Mängeln fünf Jahre (§ 634a I Nr. 1) in Anspruch genommen werden kann, soll beim Verkäufer Regress nehmen können. Kaufsache muss wesentliche Bedeutung für Konstruktion, Bestand und Erhaltung eines Neu- oder Umbaus haben (Bsp: Mauerwerk, Fenster, Brandmeldeanlage [OLG Schleswig NJOZ 2014, 1387, 1388]), nicht nur austauschbare Teile darstellen (Bsp: Badezimmerarmatur, auf dem Scheunendach errichtete Photovoltaikanlage [BGH NJW 2014, 845 Rn. 21 mAnm Lakkis NJW 2014, 829; OLG München MDR 2014, 1076]). **c) Drei Jahre** 8
(s. § 195) bei arglistigem Verschweigen (OLG Naumburg NJW 2014, 1113 mAnm Witt; → § 444 Rn. 9 ff.) des Mangels **(III 1).** Verkäufer ist nicht schutzwürdig.

Arglistiges Vortäuschen nicht vorhandener Beschaffenheit steht gleich (→ § 444 Rn. 12). Kenntnis des Herstellers wird Verkäufer eines vom „Abgasskandal" betroffenen Neuwagens nicht zugerechnet (OLG Koblenz NJW 2019, 2246, Rn. 29; OLG München BeckRS 2019, 13213, Rn. 28). Beginn und Höchstfrist s. § 199, nicht II. **III 2** sichert fünfjährige Frist bei Bauwerken und -material. **d) Beweislast** für den jeweiligen Verjährungstatbestand liegt beim Verkäufer (BGH NJW 2016, 2645, Rn. 38 ff. mit krit Anm Gutzeit NJW 2016, 2649, 2650).

9 **4. Rücktritt und Minderung (IV, V). a) Zeitliche Begrenzung von Rücktritt und Minderung** (s. § 437 Nr. 2). Erforderlich, weil gem § 194 nur Ansprüche verjähren, nicht Gestaltungsrechte. Ist der Nacherfüllungsanspruch (§ 437 Nr. 1) nach I, III verjährt, sind Rücktritt **(IV 1)** und Minderung **(V)** gem § 218 unwirk-
10 sam, falls Verkäufer sich darauf beruft (s Anm § 218). **b) Mängeleinrede. aa) IV 2** gibt Leistungsverweigerungsrecht; Käufer soll nach Ausschluss des Rücktrittsrechts gem § 218 nicht auf Zahlung des Kaufpreises (Verjährung § 195: 3 Jahre) in Anspruch genommen werden können. Rückforderung des bereits (ganz oder teilw) geleisteten Kaufpreises ist analog §§ 218 II, 214 II 1 ausgeschlossen. Eine Mängelan-
11 zeige ist nicht erforderlich (anders § 478 aF). **bb)** War Käufer (gem § 218 unwirksam) zurückgetreten und übt er Mängeleinrede aus, kann **Verkäufer zurücktreten, IV 3.** Folge: Rückabwicklung gem §§ 346–348. Der Anspruch aus Rücktritt (Rückgewähr des Kaufpreises gemäß § 346 I) unterliegt der regelmäßigen Verjährung nach §§ 195, 199 (BGH NJW 2007, 674, 677). **cc)** Kein Rücktrittsrecht des Verkäufers, wenn Käufer (etwa bei Rücktrittsausschluss gem § 323 V) Mängeleinrede bei Minderung erhebt, V verweist nicht auf IV 3.

§ 439 Nacherfüllung

(1) **Der Käufer kann als Nacherfüllung nach seiner Wahl die Beseitigung des Mangels oder die Lieferung einer mangelfreien Sache verlangen.**

(2) **Der Verkäufer hat die zum Zwecke der Nacherfüllung erforderlichen Aufwendungen, insbesondere Transport-, Wege-, Arbeits- und Materialkosten zu tragen.**

(3) **Hat der Käufer die mangelhafte Sache gemäß ihrer Art und ihrem Verwendungszweck in eine andere Sache eingebaut oder an eine andere Sache angebracht, bevor der Mangel offenbar wurde, ist der Verkäufer im Rahmen der Nacherfüllung verpflichtet, dem Käufer die erforderlichen Aufwendungen für das Entfernen der mangelhaften und den Einbau oder das Anbringen der nachgebesserten oder gelieferten mangelfreien Sache zu ersetzen.**

(4) [1]**Der Verkäufer kann die vom Käufer gewählte Art der Nacherfüllung unbeschadet des § 275 Abs. 2 und 3 verweigern, wenn sie nur mit unverhältnismäßigen Kosten möglich ist.** [2]**Dabei sind insbesondere der Wert der Sache in mangelfreiem Zustand, die Bedeutung des Mangels und die Frage zu berücksichtigen, ob auf die andere Art der Nacherfüllung ohne erhebliche Nachteile für den Käufer zurückgegriffen werden könnte.** [3]**Der Anspruch des Käufers beschränkt sich in diesem Fall auf die andere Art der Nacherfüllung; das Recht des Verkäufers, auch diese unter den Voraussetzungen des Satzes 1 zu verweigern, bleibt unberührt.**

(5) **Der Käufer hat dem Verkäufer die Sache zum Zweck der Nacherfüllung zur Verfügung zu stellen.**

(6) [1]**Liefert der Verkäufer zum Zwecke der Nacherfüllung eine mangelfreie Sache, so kann er vom Käufer Rückgewähr der mangelhaften Sache nach Maßgabe der §§ 346 bis 348 verlangen.** [2]**Der Verkäufer hat die ersetzte Sache auf seine Kosten zurückzunehmen.**

Lit.: P. Huber, Der Nacherfüllungsanspruch im neuen Kaufrecht, NJW 2002, 1004; Oechsler, Praktische Anwendungsprobleme des Nacherfüllungsanspruchs, NJW 2004, 1825; Picht, Gesetzgeberische Aus- und Einbauten in der kaufrechtlichen Nacherfüllung, JZ 2017, 807; Schubel, Die zweite Andienung des Verkäufers nach der Umsetzung der Warenkaufrichtlinie, JZ 2022, 73; Skamel, Nacherfüllung beim Sachkauf, 2008.

1. Allgemeines. a) Bedeutung. § 439 konkretisiert den Anspruch des Käufers 1
auf Lieferung einer mangelfreien (§ 433 I 2) Sache für den Zeitraum nach Gefahrübergang (zuvor → § 437 Rn. 30 [bb]) als **Nacherfüllungsanspruch.** Dieser ist nach Wahl des Käufers auf Nachbesserung oder Ersatzlieferung (Terminologie nach Art. 13 II WK-RiLi) gerichtet. Umsetzung von Art. 13 I-III, 14 WK-RiLi.
b) Anwendungsbereich: Sachkauf (zum Rechtskauf → § 453 Rn. 7), gleich ob 2
Stück- oder Gattungskauf (→ Rn. 23 f.). Auch bei unerheblichem Mangel; freilich wird der Verkäufer dann nicht selten Nacherfüllung gem IV wegen Unverhältnismäßigkeit (→ Rn. 27) verweigern können. Beim Verbrauchsgüterkauf (§ 474 I) gelten zT erheblich abweichende Sonderregeln (s. § 475). **c) Zeitpunkt.** Nach Gefahr- 3
übergang (→ § 434 Rn. 5). Vor Gefahrübergang kann der Verkäufer die geschuldete Sache reparieren (vereinbar mit Art. 13 I WK-RiLi, der für die Zeit vor Lieferung nicht gilt [Art. 10 I WK-RiLi]), aber nicht eigenmächtig die verkaufte Speziessache gegen eine andere austauschen (denn damit würde er das Wahlrecht des Käufers gem § 439 I unterlaufen). **d)** I konstituiert infolge des Fristsetzungserfordernisses bei 4
Ausübung der nachrangigen Mängelrechte aus § 437 Nr. 2–3 (zum Stufenverhältnis → § 437 Rn. 4) ein **Nacherfüllungsrecht** des Verkäufers („Recht zur zweiten Andienung"), freilich mit Wahlrecht des Käufers. Der Vorrang der Nacherfüllung entfällt bei Entbehrlichkeit der Fristsetzung (§§ 281 II, 323 II, 440) und von vornherein beim Lieferantenregress (→ § 445a Rn. 4). **e) Vertragsgestaltung: Lit.:** Zieg- 5
ler/Rieder ZIP 2001, 1789, 1795. Der Nacherfüllungsanspruch kann vertraglich ausgeschlossen, modifiziert oder beschränkt werden, etwa durch Rügeobliegenheiten, Fristbindung, im Voraus getroffene Vereinbarung über die Art der Nacherfüllung oder Verlagerung des Wahlrechts nach I auf den Verkäufer. Beim *Stückkauf* von einem nicht zu gewerblichen Zwecken handelnden Verkäufer (zB: privater Gebrauchtwagenverkauf, Immobilienverkauf) entspricht Nacherfüllung (insbes Ersatzlieferung) vielfach nicht den Interessen des Verkäufers, der mit einem *Recht* zur zweiten Andienung (→ Rn. 4) nichts gewinnt. Daher regelmäßig Ausschluss der Nacherfüllung. Fehlt eine ausdr Abrede, ist bei formfreien Verträgen (nicht: § 311b I) von konkludentem Ausschluss auszugehen, denn der Käufer erwartet Nacherfüllung bei privatem Verkäufer vernünftigerweise nicht. *Schranken:* In AGB bei neu hergestellten Sachen vgl § 309 Nr. 8b); beim Verbrauchsgüterkauf im Voraus keine Gestaltungsfreiheit, §§ 474 I, 476 I. S. iÜ § 444. **f)** Ein **unberechtigtes Mangelbeseitigungsverlangen** des Käufers kann eine Pflichtverletzung (§ 280 I) darstellen (BGH NJW 2008, 1147; krit Kaiser NJW 2008, 1709).

2. Nacherfüllungsanspruch. a) Voraussetzungen. aa) Lieferung einer **man-** 6
gelhaften Sache, gleich ob Rechts- oder Sachmangel (s. §§ 434 f.); auch Zubehör (§ 434 II 1 Nr. 3, III 1 Nr. 4), Montagefehler (§ 434 IV) und fehlerhafte Anleitung (§ 434 II 1 Nr. 3, III 1 Nr. 4) sowie Zuwenig- (§ 434 II 2, III 2 [„Menge"]) und *Falschlieferung* (s. § 434 V). Auf Vertretenmüssen des Verkäufers kommt es nicht an. Der Nacherfüllungsanspruch entfällt, wenn der Käufer den Mangel zu vertreten hat (arg § 326 II). **bb) Nicht:** Fristsetzung. Diese ist uU Voraussetzung für Rücktritt, Minderung, Schadensersatz statt der Leistung und Aufwendungsersatz (→ § 437 Rn. 4), nicht aber für die Nacherfüllung. **b) Formen.** Nacherfüllung ist auf Herstel- 7
lung des vertragsgemäßen Zustandes gerichtet (Art. 13 I WK-RiLi). **aa)** Mangelbe- 8
seitigung an oder unter Einbeziehung der gelieferten mangelhaften Sache ist **Nachbesserung.** Der Verkäufer hat die gelieferte Sache oder das Zubehör (§ 434 II 1 Nr. 3, III 1 Nr. 4) selbst oder durch Dritte zu reparieren (auch durch Austausch einzelner Teile), bei Montagefehler (§ 434 IV) sachgemäß zu montieren. Er schuldet eine werkvertragsähnliche Leistung. Bei einem Rechtsmangel ist das die Kaufsache

belastende Recht aufzuheben, etwa durch einen Verzichtsvertrag mit dem Rechtsinhaber. Bei Immaterialgüterrechten (→ § 435 Rn. 5) genügt die Zahlung einer Lizenzgebühr (Laub/Laub GRUR 2003, 654) nur, wenn dabei ein entspr Lizenzvertrag (konkludent) geschlossen wird. Bei Zuweniglieferung (§ 434 II 2, III 2 [„Menge"]) ist die Nachbesserung auf Restlieferung gerichtet, bei mangelhafter Anleitung (§ 434 II 1 Nr. 3, III 1 Nr. 42) auf Lieferung einer fehlerfreien Anleitung. Wenn der Mangel durch Reparatur nicht vollständig behoben werden kann (Bsp: Lackschaden am Neuwagen), bedeutet das Nachbesserungsverlangen keinen Verzicht auf die übrigen Gewährleistungsbehelfe (BGH NJW 2013, 1365 f.).
9 **bb) Ersatzlieferung** ist gerichtet auf Lieferung einer mangelfreien, im Übrigen aber gleichartigen und funktionell sowie vertragsmäßig gleichwertigen Sache (BGH NJW 2022, 2923, Rn. 51). Sie erfolgt durch Verschaffung einer von der ursprünglich gelieferten Sache (oder dem Zubehör) vollständig verschiedenen anderen mangelfreien Sache. Beim *Gattungskauf* Lieferung einer anderen Sache aus der vereinbarten Gattung. Beim *Stückkauf* ist der Verkäufer (wenn nicht vertraglicher Ausschluss, → Rn. 5) zur Lieferung einer anderen als der ursprünglich geschuldeten Sache verpflichtet (→ Rn. 24). Bei Sachmangel infolge Falschlieferung (§ 434 V) ist die verkaufte Sache zu liefern, bei Zuweniglieferung (§ 434 II 2, III 2 [„Menge"]) besteht die Ersatzlieferung in der Lieferung einer vollständig anderen Gesamtmenge, bei fehlerhafter Anleitung (§ 434 II 1 Nr. 3, III 1 Nr. 4) in der Lieferung einer
10 anderen Sache und einer mangelfreien Anleitung. **c) Rechtsnatur, Durchsetzung.** Weil der Inhalt des Nacherfüllungsanspruchs von der ursprünglich vereinbarten Leistung abweicht (insbes beim Stückkauf, → Rn. 9) und der Verkäufer die bes Einrede nach § 439 IV erheben kann, handelt es sich um einen Sekundäranspruch (aA wohl BGH NJW 2020, 2104, Rn. 51). Er ist *klagbar* und (nach Maßg der gewählten Form der Nacherfüllung, dazu → Rn. 17) gem §§ 883–887 ZPO *vollstreckbar* (zum Selbstvornahmerecht → Rn. 16). Der Käufer kann nach § 320 die Zahlung des Kaufpreises verweigern, solange der Verkäufer nicht nacherfüllt hat.
11 **d)** Der **Leistungsort** der Nacherfüllung ist unionsrechtlich nicht vorgegeben, seine Bestimmung darf aber nicht zu erheblichen Unannehmlichkeiten für den Käufer führen (EuGH NJW 2019, 2007, Rn. 32) [zu VerbrGüKauf-RiLi, jetzt Art. 14 I c) WK-RiLi]). Er richtet sich gem § 269 I vorrangig nach der Parteivereinbarung und den Umständen; ohne abweichende Abrede und mangels besonderer Umstände ist Leistungsort der Nacherfüllung der ursprüngliche Erfüllungsort, also der (Wohn-)Sitz des Verkäufers (BGH NJW 2011, 2278; BGH NJW 2017, 2758, Rn. 21; Skamel ZGS 2006, 227, 228); die Gegenauffassung sieht Leistung am Belegenheitsort geschuldet und macht damit jede Nacherfüllung zur Bringschuld (OLG München NJW 2006, 449, 450; ausdr BeckOK/Faust Rn. 35). Zu Transportkosten
12 → Rn. 35. **e) Leistungsstörungen** während der Nacherfüllungsphase: Unmöglichkeit → Rn. 22; Verzug → § 437 Rn. 16. Die Verletzung der Pflicht aus § 439 I tritt neben die Verletzung der ursprünglichen Pflicht zur mangelfreien Lieferung
13 aus § 433. **aa)** Bei **mangelhafter Nacherfüllung** kann Käufer nach Fristablauf (entbehrlich nach §§ 281 II, 323 II, 440) **wegen der ursprünglichen Pflichtverletzung** zurücktreten, mindern und bei Vertretenmüssen des Mangels Schadensersatz „statt der ursprünglich geschuldeten Leistung" oder Aufwendungsersatz verlangen (→ § 437 Rn. 19 [**aaa**]; aA Lorenz NJW 2002, 2497, 2501: Bezugspunkt des Vertretenmüssens ist nur noch mangelhafte Nacherfüllung); wiederholte Fristsetzung ist entbehrlich (Auktor NJW 2003, 120, 121). (Mangelfolge-)Schäden an anderen Rechtsgütern des Käufers (→ § 437 Rn. 15) sind nach § 280 I zu ersetzen. Bei einem Handelskauf muss erneut gem § 377 HGB gerügt werden (OLG Düsseldorf
14 NJW-RR 2005, 832, 833). **bb) Wegen der Nacherfüllungspflichtverletzung** stehen dem Käufer die Rechte aus § 437 Nr. 2–3 erst nach neuerlicher Fristsetzung zu, um dem Verkäufer Gelegenheit zur „Nacherfüllung der Nacherfüllung" zu geben. Bei Schadensersatz „statt der Nacherfüllungsleistung" ist Bezugspunkt des Vertretenmüssens die Nichterbringung der Nacherfüllung; Bedeutung: Hat der Verkäufer zwar die erfolglose Nacherfüllung, nicht aber die ursprüngliche Mangellie-

rung zu vertreten, muss er nur den Schaden ersetzen, der durch erneute (zweite) Nacherfüllung vermieden worden wäre (→ § 437 Rn. 19 [**bbb**]). **cc)** Bis zur Ausübung der Rechte aus § 437 Nr. 2–3 besteht der Nacherfüllungsanspruch fort (→ § 437 Rn. 4). **f)** Nacherfüllung führt zu Neubeginn der **Verjährung** gem 15 § 212 I Nr. 1, wenn in der Nachbesserung oder Ersatzlieferung ein „Anerkenntnis" liegt (LG Koblenz NJW-RR 2007, 272); ggf (stillschweigende) Hemmungsabrede während der Nacherfüllungsphase (Mansel NJW 2002, 89, 98; für Analogie zu § 203 Auktor/Mönch NJW 2005, 1686, 1687 f.). Aus mangelhafter Nacherfüllung entsteht neuerlich ein Nacherfüllungsanspruch, der nach § 438 verjährt (BeckOK/Faust § 438 Rn. 68). **g)** Ein **Selbstvornahmerecht** (wie § 637) ist nicht ausdr gere- 16 gelt. Gleichwohl sollte dem Käufer *nach Fristablauf* (bzw. Entbehrlichkeit der Fristsetzung) die Befugnis zur eigenen Mängelbehebung und der Vorschussanspruch analog § 637 III nicht versagt werden (aA NK-BGB/Büdenbender § 437 Rn. 80). Andernfalls zwingt man den Käufer auf den umständlichen Weg über § 887 ZPO (BGH NJW 1991, 1882, 1883 zu vertraglichem Nachbesserungsrecht). Käufer kann Kosten der Selbstvornahme nicht nur als Schaden statt der Leistung (§§ 280 I, III, 281 oder § 283), sondern ferner analog § 637 als Aufwendungen ersetzt verlangen (aA hM). – *Vor Fristablauf* führt die Selbstvornahme zur Unmöglichkeit (§ 275 I) der Nacherfüllung (→ Rn. 22). Dem Verkäufer wird das Recht zur zweiten Andienung genommen. Schadensersatz statt der Leistung, Rücktritt und Minderung entfallen (BGHZ 162, 219); Ersatz der vom Verkäufer ersparten Aufwendungen analog §§ 326 II 2, IV (Lorenz NJW 2003, 1417, 1418 und 2005, 1321) scheidet auch dann aus, wenn die Fristsetzung entbehrlich war (BGH NJW 2006, 988, 989). Noch keine Selbstvornahme liegt vor, wenn der Käufer lediglich Ersatzteile erwirbt (BVerfG ZGS 2006, 470).

3. Wahlrecht des Käufers (I). a) Anders beim Werkvertrag (§ 635 I). Korrektiv 17 IV. Es handelt sich um eine Wahlschuld (aA BGH NJW 2019, 292 Rn. 45; Skamel ZGS 2006, 457: elektive Konkurrenz) mit – abw von § 262 – einem Gläubigerwahlrecht. Die Ausübung erfolgt durch Erklärung, § 263 I. Rechtsfolge (s. § 263 II): Der Nacherfüllungsanspruch richtet sich inhaltlich von Anfang an auf die gewählte Form. Die Wahl ist bindend, auch im Interesse des Verkäufers, der sich auf die Art der Nachbesserung einstellt (aA BGH NJW 2019, 292 Rn. 42, aber vorbehaltlich § 242), jedoch nur solange die gewählte Art der Nacherfüllung nicht unmöglich (§ 275 I) oder vom Verkäufer zu Recht verweigert wird (IV 1). In diesem Fall gilt (entgegen § 263 II) IV 3. **b)** Der Käufer muss den **Mangel** – das für ihn erkennbare 18 „Symptom", nicht die (technischen) Ursachen (BGH NJW 2017, 153, Rn. 25) – **konkret bezeichnen.** Die allg Aufforderung, „Fehler zu beseitigen", genügt nicht. Andernfalls kann der Verkäufer nicht tätig werden und über die Ausübung des Verweigerungsrechts gem IV 1 entscheiden. Das Zurverfügungstellen der Kaufsache (V) ist eine Folge, keine Voraussetzung der Wahl der Nacherfüllung. Die *Art und Weise* der Nachbesserung (zB Reparatur des schadhaften Bauteils oder Komplettaustausch) bestimmt der Verkäufer (P. Huber NJW 2002, 1004, 1006). **c)** Nach **Abtre-** 19 **tung** (§ 398) des Anspruchs aus § 433 I steht das Wahlrecht dem Zessionar zu, bei § 847 ZPO dem Vollstreckungsgläubiger. Das Wahlrecht ist nicht isoliert abtretbar *(und pfändbar)*. **d)** Dem Käufer steht gegen den Zahlungsanspruch des Verkäufers in den Fristen des § 438 die allg Mängeleinrede zu (→ § 437 Rn. 29).

4. Umfang der Nacherfüllung. Durch Nacherfüllung zu beseitigen sind der 20 im Zeitpunkt des Gefahrübergangs (→ § 434 Rn. 5) vorhandene Mangel sowie die mangelverursachten Schäden an der gelieferten Sache selbst: Der Verkäufer trägt das Risiko der Verschlechterung der mangelhaften Sache, denn der Käufer kann bei Verschlechterung oder Untergang trotz Beachtung eigenüblicher Sorgfalt zurücktreten (oder mindern, § 441 I), ohne zum Wertersatz verpflichtet zu sein, § 346 III 1 Nr. 3 (→ § 446 Rn. 3). Zu beheben ist auch ein Weiterfresserschaden an der gelieferten Sache (BeckOK/Faust Rn. 37), nicht aber Schäden an anderen Sachen des

Käufers (Integritäts-, Mangelfolgeschäden), für die der Verkäufer nach §§ 280 I, 823 I haftet (→ § 437 Rn. 15, 36).

21 **5. Ausschluss des Nacherfüllungsanspruchs.** Für den Nacherfüllungsan-
spruch gelten die allg Regeln des Leistungsstörungsrechts (→ Rn. 12 ff.), wie IV
für § 275 II, III klarstellt. Die Anwendung des § 275 I versteht sich von selbst.
22 **a) Unmöglichkeit der Nacherfüllung. aa)** Der Nacherfüllungsanspruch ist gem
§ 275 I insgesamt ausgeschlossen, wenn Nachbesserung *und* Ersatzlieferung **unmög-
lich** sind. Der Käufer kann ohne Fristsetzung zurücktreten (§§ 323, 326 I 2, V),
mindern (§ 441), Schadensersatz statt der Leistung (§§ 280 I, III, 283; 311a II) oder
Aufwendungsersatz verlangen (§ 284). Zur Unmöglichkeit infolge Selbstvornahme
→ Rn. 16. – Ist nur *eine* Form des Nacherfüllungsanspruchs unmöglich (Bsp: Die
gelieferte mangelhafte Sache kann nicht repariert, wohl aber eine mangelfreie Sache
aus der Gattung geliefert werden), beschränkt sich der Anspruch analog IV 3 (aA
§ 275 I: „soweit") auf die andere Form der Nacherfüllung. In diesem Fall entfällt
das Wahlrecht des Käufers. Die andere Form der Nacherfüllung kann ggf gem
23 IV 1 verweigert werden. **bb) α)** Die **Ersatzlieferung** ist beim **Gattungskauf** erst
unmöglich, wenn die gesamte Gattung oder bei einer beschränkten Gattungsschuld
(Vorratsschuld) der Vorrat untergegangen ist (Faust ZGS 2004, 252, 255). Bei unver-
24 hältnismäßigen Beschaffungskosten s. IV 1 (→ Rn. 27 ff.). **ß)** Beim **Stückkauf** ist
die geschuldete Ersatzlieferung *nicht* unmöglich, solange nach dem Willen der Ver-
tragsparteien eine mit den Merkmalen der Kaufsache gleichartige und – funktionell
sowie vertragsmäßig – gleichwertige Sache (ggf nach Beschaffung, Grenze: IV 1)
geliefert werden kann BGH NJW 2022, 2923, Rn. 51; Canaris JZ 2003, 831, 834 f.
[nach hypothetischem Parteiwillen bestimmte „Ersetzbarkeit"]). Der Verkäufer muss
daher uU (nicht bei § 434 III) mit einer ursprünglich nicht geschuldeten Sache
erfüllen (Canaris JZ 2003, 831, 836; aA Ackermann JZ 2002, 378, 379), was zwar
nicht vereinbart, aber von I als ges. Reaktion auf den Mangel angeordnet wird.
Gegenüber dem Ansatz, beim Kauf vertretbarer Sachen allein mit Rücksicht auf die
Nacherfüllung im Wege der Auslegung eine Gattungsschuld anzunehmen (Acker-
mann JZ 2002, 378, 381), ist der Weg über die ggf konkludente Beschränkung bzw.
den Ausschluss der Nacherfüllung (→ Rn. 5) vorzugswürdig, auch im Hinblick auf
§ 243 II. – Eine Ersatzlieferung kommt daher bei einem Pkw auch nach einem das
Vorgängermodell ersetzenden „Modellwechsel" in Betracht (BGH NJW 2021,
2958, Rn. 39 ff., nicht aber solange ein dem ursprünglich gelieferten Fahrzeug voll-
ständig entsprechendes (mangelfreies) Neufahrzeug noch nachgeliefert werden kann,
BGH NJW 2022, 2923, Rn. 53); uU hat der Käufer bei erheblichen Mehrwert der
Ersatzsache eine Zuzahlung zu leisten, (BGH NJW 2022, 1238, Rn. 49 ff. [ein
Viertel höherer Listenverkaufspreis]). Auch bei *gebrauchten* Sachen kann Ersatzliefe-
rung möglich sein (BGH NJW 2006, 2839, 2841), insbes wenn es sich um vertret-
bare (→ § 91 Rn. 2) Sachen handelt. – Ersatzlieferung ist ferner möglich bei Falsch-
(→ 434 Rn. 26) und Zuweniglieferung (→ § 434 Rn. 10); der Verkäufer hat die
25 geschuldete Kaufsache bzw. den Rest zu liefern. **ccc)** Wurde ein **Plagiat** als „ech-
tes", von einem bestimmten Künstler stammendes Bild verkauft, hat der Verkäufer
im Rahmen der Ersatzlieferung (in den Grenzen von IV 1) das Original zu liefern
(aA Bitter/Meidt ZIP 2001, 2114, 2120). Unmöglichkeit liegt jedoch vor, wenn es
sich nicht um ein Plagiat, sondern um ein zu Unrecht einem bestimmten Künstler
26 zugeschriebenes Gemälde handelt, für das ein „Original" nicht existiert. **cc)** Die
Nachbesserung ist **unmöglich,** wenn der Mangel nicht oder nur unzureichend
behoben werden kann (BGH NJW 2005, 2852, 2854). Bsp: Verkauf eines Unfallwa-
gens als unfallfrei (BT-Drs. 14/6040, 209); Verkauf eines gefälschten Bildes als
„echt"; bei Rechtsmangel (§ 435), wenn Drittrecht nicht beseitigt werden kann.
27 **b)** Unverhältnismäßige Nacherfüllungskosten (sa II und → Rn. 27) geben dem Ver-
käufer eine Einrede zur **Verweigerung der Nacherfüllung (IV)** (dazu Müller/
Seitz NJW 2020, 3201). Der Verkäufer kann die Einrede aus IV auch nach Ablauf
der Nacherfüllungsfrist (→ Rn. 13 f.) erheben (BGH NJW 2014, 213 Rn. 16 f.;

BGH NJW 2019, 292 Rn. 57: auch erst während des Rechtsstreits), solange der Käufer noch nicht zurückgetreten ist (OLG München MDR 2019, 728; OLG Celle NJW-RR 2007, 353; Grüneberg/Weidenkaff Rn. 14), gemindert oder Schadensersatz statt der ganzen Leistung (§ 281 V) gefordert hat (offen gelassen von BGH NJW 2014, 213). Wegen der Nacherfüllungskosten ist auf den *Zeitpunkt* des Beginns der Mangelbehebung durch den Käufer abzustellen (BGH NJW 2015, 468 Rn. 48).

aa) Der Verkäufer kann die vom Käufer gewählte (→ Rn. 17) Nacherfüllungsart 28 verweigern, wenn sie zum Zeitpunkt des Zugangs des Nacherfüllungsverlangens (BGH NJW 2019, 292, Rn. 69) im Vergleich zur anderen Nacherfüllungsalternative nur unter Aufwendung unverhältnismäßig höherer Kosten möglich wäre; sog **relative Unverhältnismäßigkeit.** Konkretisiert in IV 2 (Umsetzung von Art. 13 II, III WK-RiLi); erforderlich ist aber eine umfassende Interessenabwägung unter Würdigung aller maßgeblichen Umstände des Einzelfalls (BGHZ 200, 350; NJW 2019, 292 Rn. 59). **α)** Bei geringem Wert der Sache (IV 2 Fall 1) werden die Kosten der 29 Nachbesserung die der Ersatzlieferung regelmäßig weit übersteigen (BT-Drs. 14/6040, 232: Schraube mit Gewindefehler). Je größer die Bedeutung des Mangels (IV 2 Fall 2) für den Käufer ist, desto eher wird er Ersatzlieferung verlangen können. Der Käufer kann nur dann auf andere Art der Nacherfüllung verwiesen werden, wenn ihn das nicht **erheblichen Unannehmlichkeiten** aussetzt (IV 2 Fall 3). Ist das Vertrauen in die Beschaffenheit der gelieferten Sache erschüttert, kann der Käufer Ersatzlieferung verlangen, wenn die Nachbesserung wegen der Vielzahl an Mängeln unzumutbar ist (BGH NJW 2013, 1523 Rn. 26 mAnm Erger NJW 2013, 1485 für „Montagsauto"); ebenso, wenn eine vollständige Mangelbeseitigung durch Nachbesserung nicht zu erreichen ist, etwa weil ein merkantiler Minderwert verbleibt. Bei Zuweniglieferung (§ 434 II 2, III 2 [„Menge"]) kann der Käufer regelmäßig nur Nachbesserung (Lieferung der Restmenge, → Rn. 8) verlangen; Ersatzlieferung nur, wenn der lieferbare Rest nicht der bereits gelieferten Menge entspricht; Bsp: Farbabweichungen bei Fliesen (BT-Drs. 14/6040, 216). **ß)** Sind für den Käufer beide 30 Nacherfüllungsarten gleichwertig, können **Prozentangaben** allenfalls Anhaltspunkte bieten. Der Verkäufer soll die gewählte Art verweigern können, wenn sie 20 % höhere Kosten verursacht als die andere Alternative (LG Ellwangen NJW 2003, 517; Bitter/Meidt ZIP 2001, 2114, 2122: 10 %). Ob der Verkäufer den Mangel (auch auf Grund einer Garantieerklärung, s. § 276 I 1) zu vertreten hat, kann im Vergleich der Nacherfüllungsarten unberücksichtigt bleiben; anders als in § 275 II 2 ist ein Anheben der Opfergrenze des Verkäufers entbehrlich, da bei *relativer* Unverhältnismäßigkeit das Gläubigerinteresse durch andere Nacherfüllungsarten befriedigt wird (Skamel DAR 2004, 565, 569, str). **γ) Folge:** Verweigert der Verkäufer die 31 gewählte Art der Nacherfüllung, schuldet er die andere Art (IV 3 Hs. 1), es sei denn, deren Kosten sind ebenfalls unverhältnismäßig. **bb)** Der Verkäufer kann (die nicht 32 schon relativ unverhältnismäßige Art der) Nacherfüllung ferner verweigern, wenn deren Kosten im Vergleich mit dem Interesse des Käufers an der Nacherfüllung unverhältnismäßig sind; sog **absolute Unverhältnismäßigkeit.** Nach dem Wortlaut von IV 3 Hs. 2 gilt über IV 1 auch hier IV 2. Prozentangaben bieten auch hier nur Anhaltspunkte und ersetzen nicht eine umfassende Würdigung der Umstände des Einzelfalls (BGH NJW 2009, 1660 Rn. 15); zu berücksichtigen ist insbes, inwieweit der Verkäufer den Mangel zu vertreten hat. Beim Grundstückskauf kann IV eingreifen, wenn Nachbesserungskosten den Verkehrswert des Grundstücks in mangelfreiem Zustand oder 200 % des mangelbedingten Minderwerts übersteigen (BGH NJW 2015, 468 Rn. 41–45 mAnm Gutzeit NJW 2015, 445). Erfordert die einzig mögliche Nacherfüllungsalternative einen unverhältnismäßigen Aufwand, kann der Verkäufer die Nacherfüllung verweigern (zu den Grenzen BGH NJW 2015, 468, Rn. 41–45; 2009, 1660, Rn. 17; krit Skamel NotBZ 2015, 252, 253); der Käufer kann gem § 440 S. 1 ohne Fristsetzung zurücktreten oder mindern (§ 437 Nr. 2), ggf Schadens- oder Aufwendungsersatz verlangen (§ 437 Nr. 3). **cc)** Beim Ver- 33 brauchsgüterkauf gilt IV 3 vorbehaltlos (anders nach § 475 IV aF bei vor dem

34 1.1.2022 geschlossenen Verträgen). **c) § 275 II, III** haben neben IV kaum praktische Bedeutung.

35 **6. Kosten und Aufwendungen (II, III).** a) **Kosten der Nacherfüllung. II** weist dem Verkäufer die Kosten der nach I geschuldeten Nacherfüllung zu. Grund: Ohne Kostentragung würde die Nacherfüllung das Äquivalenzinteresse des Käufers verletzen, das durch I hergestellt werden soll. II ist Anspruchsgrundlage (BGH NJW 2014, 2351, Rn. 15 f.). Kein Abzug „neu für alt" jedenfalls wenn der Vorteil des Käufers nur darin besteht, dass die Kaufsache durch ein neues mangelfreies Teil einen Wertzuwachs erfährt (BGH NJW 2022, 2328, Rn. 16). **Umfang:** Neben den in II beispielhaft genannten Kosten auch Aufwendungen für Mangelfeststellung (BGH NJW 2014, 2351, Rn. 14 [Sachverständigengutachten]) und Rechtsverfolgung (BGH NJW 2019, 292, Rn. 84 ff. [vorgerichtliche Anwaltskosten]), nicht aber Nutzungsausfall und Schäden an anderen Rechtsgütern des Käufers (insofern Ersatz nach § 280). Bei unverhältnismäßig hohen Kosten kann der Verkäufer die Nacherfüllung gem IV einredeweise verweigern (→ Rn. 27 ff.). Der Käufer kann Vorschuss verlangen, kein Umkehrschluss aus § 475 IV (str, aA BeckOK/Faust Rn. 140; sa
36 BGH NJW 2022, 2102, Rn. 28). **b) Aus- und Einbaukosten.** Hat der Käufer die mangelhafte Sache eingebaut (Praxisfälle sind Bodenfließen und Parkettstäbe) oder an einer anderen Sache angebracht (Sonnenschutz, Lampen, Farbe), hat er gem **III** einen (verschuldensunabhängigen, s. BT-Drs. 18/8486, 39) Anspruch auf Ersatz der erforderlichen Aufwendungen, die dadurch entstanden sind, dass er den Ausbau bzw die Entfernung der mangelhaften und den Einbau der Ersatzlieferung selbst vorgenommen hat. Übernahme von EuGH NJW 2011, 2269, in Kraft seit 1.1.2018, EGBGB 229 § 39; Umsetzung Art. 14 III WK-RiLi. III erfasst Ersatzlieferung und Nachbesserung, also nicht, wenn der Käufer mindert oder zurückritt. Nicht unter III fallen Kosten der Selbstbeseitigung des Mangels (Grüneberg/Weidenkaff, Rn. 13). Einbau oder Anbringung müssen erfolgt sein, bevor der Mangel „offenbar wurde"; str, ob Kenntnis des (Durchschnitts-)Käufers vom Mangel oder schon grobe Fahrlässigkeit des Käufers schadet (dazu Lorenz NJW 2021, 2065, 2067 Staudinger/Arzt, Rn. 81 ff.). Str ist die analoge Anwendung des III auf andere Aufwendungen auf die Kaufsache (Lackierung mangelhafter Möbel, Zulassung eines mangelhaften Pkws; dazu BeckOK/Faust Rn. 111 ff.).

37 **7. Zurverfügungstellung (V).** Der Käufer hat die mangelhafte Kaufsache dem Käufer zum Zwecke der Nacherfüllung zur Verfügung zu stellen **(V);** Umsetzung Art. 14 II 1 WK-RiLi. Dabei soll es sich um eine echte Rechtspflicht handeln (BT-Drs. 19/27424, 27), nicht nur um eine Obliegenheit (so aber Lorenz NJW 2021, 2065, 2067). Folge ist Anwendung der §§ 273 ff., 280 (Grüneberg/Weidenkaff, Rn. 22c).

38 **8. (Rück-)Abwicklung (VI).** Bei Ersatzlieferung einer mangelfreien Sache kann der Verkäufer die mangelhafte Sache gem VI 1 zurück verlangen. Grund: Der Käufer soll auf Grund der Mangelhaftigkeit keine Vorteile haben. Bedeutung: **Rechtsfolgenverweisung** auf §§ 346–348. Lieferung der mangelfreien Sache Zug um Zug (§ 348) gegen Rückgewähr (ggf Rückübereignung und Übergabe) der mangelhaften Sache und – vorbehaltlich § 475 III (→ §§ 474, 475, Rn. 11) – Nutzungsherausgabe (§ 346 I) und Wertersatz (§ 346 II). Kosten trägt der Verkäufer (VI 2). Verjährung nach §§ 195, 199; nicht nach § 438, da Rückgewähr nicht auf § 437 beruht.

§ 440 Besondere Bestimmungen für Rücktritt und Schadensersatz

[1]Außer in den Fällen des § 281 Absatz 2 und des § 323 Absatz 2 bedarf es der Fristsetzung auch dann nicht, wenn der Verkäufer beide Arten der Nacherfüllung gemäß § 439 Absatz 4 verweigert oder wenn die dem Käufer zustehende Art der Nacherfüllung fehlgeschlagen oder ihm unzumutbar

ist. [2]Eine Nachbesserung gilt nach dem erfolglosen zweiten Versuch als fehlgeschlagen, wenn sich nicht insbesondere aus der Art der Sache oder des Mangels oder den sonstigen Umständen etwas anderes ergibt.

Lit.: Erger, Der Rücktritt des Käufers beim „Montagsauto", NJW 2013, 1485; Schubel, Die zweite Andienung des Verkäufers nach der Umsetzung der Warenkaufrichtlinie, JZ 2022, 73.

1. Allgemeines. a) Wegen eines Mangels der gelieferten Sache zurücktreten, mindern, Schadensersatz statt der Leistung oder Aufwendungsersatz verlangen (nachrangige Gewährleistungsrechte aus § 437 Nr. 2–3, → § 437 Rn. 4) kann der Käufer grundsätzlich erst nach erfolglosem Ablauf einer dem Verkäufer zur Nacherfüllung gesetzten Frist (§§ 323 I, 441 I, 280 I, III, 281 I 1, 284). Ist Nacherfüllung unmöglich (§ 275 I), kann der Käufer die Mängelrechte aus § 437 Nr. 2–3 ohne Fristsetzung ausüben (§§ 283, 311a II, 326 I 2, V; → § 439 Rn. 22); bei § 275 II, III und § 439 IV (→ Rn. 2) ohne Fristsetzung nur dann, wenn Verkäufer Einrede erhebt (BGH NJW 2006, 1195; → § 437 Rn. 4). Fristsetzung entbehrlich beim Lieferantenregress (§ 445a II). **b) S. 1** beschränkt das Erfordernis der Fristsetzung (über §§ 281 II, 323 II hinaus, die vor allem bei Alltagsgeschäften vielfach gegeben sind [BT-Drs. 14/6040, 234]) und begrenzt Recht des Verkäufers zur „zweiten Andienung" (→ § 439 Rn. 4). **S. 2** präzisiert den Begriff „Fehlschlagen". Ist Fristsetzung nach S. 1 entbehrlich, kann der Käufer sogleich zurücktreten, mindern, Schadensersatz statt der Leistung bzw Aufwendungsersatz verlangen. Zum Verbrauchsgüterkauf s § 475d. 1

2. Verweigerung der Nacherfüllung (S. 1 Fall 1). Fristsetzung nur entbehrlich, wenn Verkäufer gem § 439 IV beide Arten der Nacherfüllung (Nachbesserung *und* Ersatzlieferung) im Wege der Einrede verweigert (OLG Naumburg NJW 2004, 2022, 2023). Vorliegen der Voraussetzungen des Leistungsverweigerungsrechts genügt nicht. Verkäufer soll nacherfüllen können, selbst wenn dies Anstrengungen erfordert, die eine Verweigerung nach § 439 IV rechtfertigen (BT-Drs. 14/6040, 234). 2

3. Fehlschlagen der Nacherfüllung (S. 1 Fall 2). a) Ist Nacherfüllung fehlgeschlagen, kann der Käufer ohne weitere Fristsetzung zurücktreten, mindern, Schadensersatz statt der Leistung bzw Aufwendungsersatz verlangen, ohne dass (wie bei §§ 281 II, 323 II Nr. 3 [arg: „beiderseitige"]) noch Verkäuferinteressen berücksichtigt werden. Maßgeblich ist die dem Käufer infolge Wahl (§ 439 I) oder gem § 439 IV 1, 3 zustehende Art der Nacherfüllung: Wählt Käufer (gem § 439 I nicht unverhältnismäßige) Nachbesserung, die Verkäufer aber nicht erbringt, kann Rücktritt erfolgen, selbst wenn Verkäufer Ersatzlieferung anbietet. 3

4 **b) aa)** Nach **S. 2 Hs. 1** gilt eine Nachbesserung grundsätzlich nach dem zweiten Versuch als fehlgeschlagen. Der Käufer trägt die Beweislast (BGH NJW 2009, 1341); ist eine unsachgemäße Behandlung der Kaufsache durch den Käufer ausgeschlossen, genügt der Nachweis, dass das gerügte Mangelsymptom weiterhin auftritt (BGH NJW 2011, 1664; OLG Bamberg NJW-RR 2018, 1262). Der Verkäufer kann daraus kein Recht auf zweimalige Nachbesserung ableiten (sa Bitter/Meidt ZIP 2001, 2114, 2117; Grüneberg/Weidenkaff Rn. 2). Der Käufer kann nach Scheitern des ersten Nacherfüllungsversuchs Frist gem §§ 281 I, 323 I setzen. **bb) S. 2 Hs. 2** verdeutlicht, dass zwei Nachbesserungsversuche nur eine Richtgröße darstellen. Vom Verkäufer zu beweisende Ausnahmen kommen etwa bei besonderer (technischer) Komplexität der Sache, schwer zu behebenden Mängeln oder ungewöhnlich widrigen Umständen bei vorangegangenen Nacherfüllungsversuchen in Betracht (BGH NJW 2007, 504, 505 mN).

4. Unzumutbarkeit der Nacherfüllung (S. 1 Fall 3). An die Unzumutbarkeit sind zum Schutze des „Rechts zur zweiten Andienung" hohe Anforderungen zu stellen. Bsp: Wegfall des Vertrauens in Nacherfüllungsfähigkeit oder -bereitschaft 5

(BGH NJW 2017, 153, Rn. 22 ff.); Nachbesserung führt zu erheblichen Schmutz- oder Lärmbelästigungen; erhebliche zeitliche Verzögerungen, es sei denn, Verkäufer bietet kostenfrei Ersatzgegenstand an (Bitter/Meidt ZIP 2001, 2114, 2117). Bei einer Vielzahl von auch kleineren Mängeln („Montagsauto") kommt es im Einzelfall darauf an, ob das Käufervertrauen in eine ordnungsgemäße Herstellung nachhaltig erschüttert ist (BGH NJW 2013, 1523, Rn. 26). Hatte der Verkäufer bei Vertragsschluss Mängel arglistig verschwiegen, werden regelmäßig schon §§ 281 II, 323 II eingreifen (BGH NJW 2007, 835, 837; 2008, 1371, 1372 f.).

§ 441 Minderung

(1) [1]**Statt zurückzutreten, kann der Käufer den Kaufpreis durch Erklärung gegenüber dem Verkäufer mindern.** [2]**Der Ausschlussgrund des § 323 Abs. 5 Satz 2 findet keine Anwendung.**

(2) **Sind auf der Seite des Käufers oder auf der Seite des Verkäufers mehrere beteiligt, so kann die Minderung nur von allen oder gegen alle erklärt werden.**

(3) [1]**Bei der Minderung ist der Kaufpreis in dem Verhältnis herabzusetzen, in welchem zur Zeit des Vertragsschlusses der Wert der Sache in mangelfreiem Zustand zu dem wirklichen Wert gestanden haben würde.** [2]**Die Minderung ist, soweit erforderlich, durch Schätzung zu ermitteln.**

(4) [1]**Hat der Käufer mehr als den geminderten Kaufpreis gezahlt, so ist der Mehrbetrag vom Verkäufer zu erstatten.** [2]**§ 346 Abs. 1 und § 347 Abs. 1 finden entsprechende Anwendung.**

1 **1. Allgemeines. a) Bedeutung.** Regelung der Minderung (s. § 437 Nr. 2 Alt. 2) als bes kaufrechtliches Institut, das – anders als Schadensersatz und Rücktritt – keine Entsprechung im allg Leistungsstörungsrecht findet. Umsetzung WK-RiLi Art. 13 IV, 15. Minderung ist verhältnismäßige (III) **Herabsetzung des Kaufpreises.** Sie soll das durch den Mangel gestörte Äquivalenzverhältnis zwischen dem vereinbarten Kaufpreis und dem Wert der Kaufsache wiederherstellen. Minderung ist **Gestaltungsrecht,** nicht: „Anspruch auf Minderung". Ausgeübtes Minderungsrecht begründet Einwendung gegen § 433 II; soweit der Kaufpreis (zu viel) geleistet wurde, Rückforderung gem IV (→ Rn. 7). Umsetzung von Art. 3 V VerbrGüKauf-
2 RiLi. **b) Abgrenzung.** Anders als der Rücktritt (→ § 437 Rn. 6 ff.) lässt die Minderung den Bestand des Kaufvertrags unberührt. Minderung setzt einen Schaden des Käufers nicht voraus; dieser kann auch mindern, wenn er die Kaufsache trotz des Mangels gewinnbringend weiterveräußern konnte (BGH NJW 2011, 2953, 2954; 2012, 2793). **c) Vertragsgestaltung** → § 439 Rn. 5. **d) Zeitliche Begrenzung** s. §§ 438 V, 218.

3 **2. Voraussetzungen. a)** Minderung besteht gem **I 1** „statt" des Rücktrittsrechts (→ § 437 Rn. 6). Daher ist Vorliegen eines **Sach- oder Rechtsmangels** (§§ 434 f.) erforderlich, ferner Wahl der Art der Nacherfüllung (§ 439 I) und **Fristsetzung** (§ 323 I, entbehrlich gem §§ 323 II, 440) – und erfolgloser Fristablauf (→ § 437 Rn. 9 ff.). Einer Fristsetzung bedarf es jedoch nicht, wenn der Verkäufer einen Mangel bei Abschluss des Kaufvertrages arglistig verschwiegen hat (BGH NJW 2008, 1371). **b)** Anders als Rücktritt (§ 323 V 2) ist Minderung gem **I 2** auch bei
4 unerheblichem Mangel möglich (sa Art. 13 V WK-RiLi). **c) Zeitpunkt.** Grundsätzlich nach Gefahrübergang (→ § 434 Rn. 5). Klagt der Verkäufer vor Übergabe auf Kaufpreis*zahlung*, *kann* der Käufer die Kaufsache trotz des Mangels als Erfüllung akzeptieren und schon vor Übergabe die Minderung einredeweise geltend machen (Lorenz/Riehm Rn. 567).

5 **3. Ausübung. a) Gestaltungserklärung (I 1):** Ausübung durch empfangsbedürftige Willenserklärung. Wirksamkeit s. § 130. Formfrei möglich. Höhe der

begehrten Minderung (als Betrag oder Bruchteil des vereinbarten Kaufpreises) kann späterer Erklärung vorbehalten werden. **b) Unteilbarkeit (II):** Bei mehreren (Ver-)Käufern einheitliche (nicht gleichzeitige) Ausübung (wie bei Rücktritt, § 351 S. 1). Vertretung (§ 164) möglich, sa § 180. Können sich die Käufer nicht einigen, muss ggf Mitwirkungsanspruch nach Maßg des Innenverhältnisses durchgesetzt werden.

4. Rechtsfolgen. a) Herabsetzung des Kaufpreises nach Maßg des **III.** 6
aa) Erforderlich ist *verhältnismäßige* Herabsetzung. Damit bleibt die von den Parteien vertraglich festgelegte Preis-Wert-Relation erhalten. Der obj Wert der Sache im mangelfreien Zustand (a) verhält sich zum obj Wert der mangelhaften Sache (b) wie der vereinbarte Preis (p) zu dem geminderten Preis (x), a: b = p: x. **Formel:** x = (p · b): a. Die „Minderung" des Kaufpreises beträgt p – x. Maßgebend sind grundsätzlich die Verkehrswerte der Sache (mit und ohne Mangel) im Zeitpunkt des Vertragsschlusses (BGH NJW 2011, 1217, Rn. 27). Spätere Wertveränderungen sind entgegen dem zu engen Wortlaut von III 1 in die Wertberechnung insofern einzubeziehen, als sie mangelverursacht sind (BeckOK/Faust Rn. 11); auf Grund der Wertung in § 346 III 1 Nr. 3 trägt Verkäufer das Risiko der mangelverursachten **Verschlechterung** der gelieferten Sache im Zeitraum zwischen Vertragsschluss und Minderung; unberücksichtigt bleiben vom Käufer an der gelieferten Sache vorgenommene Verbesserungen. Decken sich Wert und Kaufpreis (wie häufig), fallen Minderung und Minderwert der Kaufsache zusammen. Minderungsrecht entfällt nicht, wenn der Kaufpreis deutlich unter dem mangelfreien Wert der Sache lag, denn Minderung passt nicht den Kaufpreis dem Sachwert an, sondern schafft Mangelausgleich (BGH NJW 2011, 2953, 2954). Ist die Sache wertlos, kann der Kaufpreis auf null gemindert werden; Käufer hat dann die Sache (wie nach Rücktritt, §§ 323 I, 346 I) dem Verkäufer herauszugeben (Grüneberg/Weidenkaff Rn. 16). **bb)** Minderungsbetrag kann gem III 2 durch **Schätzung** der Werte ermittelt werden; sa § 287 ZPO. Dies entbindet aber nicht von der Beachtung der Formel gem → Rn. 6. **b) Rückzahlung** des nach Minderung nicht mehr geschuldeten **Kauf-** 7
preises gem **IV 1** (Anspruchsgrundlage, BT-Drs. 14/6040, 236). Ergänzend gelten nach **IV 2** §§ 346 I, 347 I; insbes hat der Verkäufer Zinsen zu entrichten. **c)** Nach Minderung kann der Käufer wegen desselben Mangels nicht zurücktreten oder Schadensersatz statt der Leistung in Form des großen Schadensersatzes verlangen, da der Käufer mit der wirksamen Ausübung der Minderung das Wahlrecht zwischen Festhalten am und Lösen vom Kaufvertrag „verbraucht" hat; § 325 BGB ist nicht entspr anzuwenden (BGHZ 218, 320 Rn. 46 ff.; aA Stöber NJW 2017, 2788). Hingegen kann der Käufer Schadensersatz statt der Leistung in Form des kleinen Schadensersatzes verlangen, insbes wenn der Minderungsbetrag nicht ermittelt werden kann (BGH NJW 2011, 1217 Rn. 35).

5. Mehrmalige Minderung. Minderung bezieht sich jeweils auf einen einzel- 8
nen Mangel. Nach Minderung kann der Käufer wegen eines *anderen* Mangels erneut (nach Fristsetzung usw → Rn. 3) mindern (oder zurücktreten). War der zweite Mangel bei der ersten Minderung bereits bekannt, so kann uU Verwirkung eingetreten sein. Bei der Berechnung der zweiten Minderung ist der durch die erste Minderung bestimmte Preis zugrunde zu legen.

§ 442 Kenntnis des Käufers

(1) [1]**Die Rechte des Käufers wegen eines Mangels sind ausgeschlossen, wenn er bei Vertragsschluss den Mangel kennt.** [2]**Ist dem Käufer ein Mangel infolge grober Fahrlässigkeit unbekannt geblieben, kann der Käufer Rechte wegen dieses Mangels nur geltend machen, wenn der Verkäufer den Mangel arglistig verschwiegen oder eine Garantie für die Beschaffenheit der Sache übernommen hat.**

(2) **Ein im Grundbuch eingetragenes Recht hat der Verkäufer zu beseitigen, auch wenn es der Käufer kennt.**

Lit.: Rachlitz, Eigenverantwortlichkeit des Käufers für Mängel, NJW 2022, 1337.

1 **1. Allgemeines. a) Grundgedanke. aa) Einschränkung** der **Rechte des Käufers,** der in Kenntnis des Sach- oder Rechtsmangels kauft und daher nicht schutzwürdig ist (I 1). Gleiches gilt bei grob fahrlässiger Unkenntnis, wenn nicht der Verkäufer den Mangel arglistig verschwiegen oder eine Beschaffenheitsgarantie übernommen hat (I 2). – Kauft der Käufer in Kenntnis des Mangels, liegt uU hinsichtlich der fraglichen Eigenschaft eine Beschaffenheitsvereinbarung (→ § 434 Rn. 7) vor (Frage der Auslegung); Abgrenzung uU schwierig. – Bei Stellvertretung gilt § 166 (RGZ 131, 343, 355 f.). Handelt beim Vertragsschluss ein Vertreter ohne Vertretungsmacht, kommt es für die Kenntnis des Käufers auf die Abgabe (nicht den Zugang) seiner Genehmigung gem § 177 an (BGH NJW 2022, 2843, Rn. 11). **bb)** Im **Grundbuch eingetragene Rechte** hat der Verkäufer stets zu beseitigen (II). Regelmäßig kennt der Käufer die Eintragung auf Grund notarieller (§ 311b I) Belehrung (s. §§ 21, 17 BeurkG); (schon) kein Rechtsmangel, wenn Rechte (wie häufig) vom Käufer (unter Anrechnung auf den Kaufpreis) übernommen werden,
2 → § 435 Rn. 2. **b) Anwendungsbereich:** Stückkauf; Gattungskauf, wenn die gesamte Gattung mangelhaft ist; Sach- und Rechtsmangel (§§ 434 f.), auch Rechtskauf und Kauf sonstiger Gegenstände (§ 453 I 1), *nicht* Verbrauchervertrag über den Kauf digitaler Inhalts (§ 453 I 2), Verbrauchsgüterkauf (§ 475 III 2) und Verbrauchsgüterkaufvertrag über digitale Produkte (§ 475a I 1). **c) Vertragsgestaltung.** Gewährleistungsausschluss gem I 1 ist abdingbar; bei II im Rahmen der Übernahme der Rechte durch den Käufer. Einseitiger Vorbehalt des Käufers bei Vertragsschluss s. §§ 150 II, 155. Keine Abdingbarkeit des I 2 bei Arglist (sa § 276 III) und Garantie. Zu Besichtigungs- und Kenntnisnahmeklauseln in AGB s. § 309 Nr. 12b). **d) Beweislast:** Verkäufer für Kenntnis (BGH NJW 2011, 1280) bzw. grob fahrlässige Unkenntnis; Käufer für Arglist und Garantie.

3 **2. Haftungsausschluss bei Kenntnis (I 1). a)** Kenntnis ist Wissen der mangelbegründenden Tatsachen und deren rechtlicher Folgen (BGH NJW 1979, 713, 714: „im Kern"); Irrtum über Tragweite des bekannten Rechtsmangels ist hingegen unbeachtlich. Dringender Verdacht genügt nicht. Für die Zurechnung der Kenntnis des Vertreters gilt § 166; Kenntnis Dritter ggf § 166 analog („Wissenszurechnung"; → § 166 Rn. 2). Ob der Käufer durch ein dem Verkäufer zurechenbares Verhalten oder anderweitig Kenntnis erlangt, ist unerheblich (BGH BeckRS 2013, 09352
4 Rn. 4). **b) Zeitpunkt. aa)** Kenntnis muss (spätestens) bei Vertragsschluss vorliegen; auch bei aufschiebend bedingtem Kaufvertrag, außer der Bedingungseintritt hängt allein vom Verhalten des Käufers ab (vgl § 454 I 2; RGZ 94, 285, 287). Bei Grundstückskauf entscheidet der Zeitpunkt der Beurkundung, auch wenn der Vertrag wegen Formnichtigkeit erst später gem § 311b I 2 wirksam wird, falls der Käufer die Vertragsnichtigkeit nicht kennt (BGH NJW 2011, 2953 f.); erfolgt Annahme durch Verkäufer in getrennter Urkunde, kommt es idR auf den Zeitpunkt der Beurkundung des Angebots des Käufers an (BGH NJW 2012, 2793). **bb)** Spätere Kenntnis schadet *nicht,* auch wenn Käufer die Sache vorbehaltlos entgegennimmt; aA OLG Celle MDR 2005, 143. Entgegennahme in nachträglich erlangter Kenntnis des Mangels kann ggf (konkludente) Vertragsänderung bzgl Eigenschaften (→ § 434 Rn. 7) oder Verzicht auf Mängelgewährleistungsrechte bedeuten. **c) Rechtsfolgen.** Rechte des Käufers gem § 437 entfallen; auch bei Arglist des Verkäufers und Zusicherung.

5 **3. Haftungsausschluss bei grob fahrlässiger Unkenntnis (I 2). a)** Grob fahrlässige Unkenntnis erfordert bes schwere Vernachlässigung derjenigen Sorgfalt, die von jedem Verkehrsteilnehmer erwartet werden kann, um sich selbst oder den Verkäufer vor Schaden zu bewahren (vgl Köhler JZ 1989, 761, 767; → § 276 Rn. 33 ff.). IdR kann sich der Käufer auf Angaben des Verkäufers oder eines Sach-

verständigen verlassen. Eine **Untersuchung der Sache** kann von ihm nur *ausnahmsweise* verlangt werden, wenn die Umstände zu bes Vorsicht mahnen oder der Käufer bes Sachkunde besitzt; auch beim Handelskauf verlangt § 377 HGB eine Untersuchung erst unverzüglich nach Ablieferung. Bsp: Beim Kauf (Inzahlungnahme) eines gebrauchten Kfz trifft den Händler Untersuchungspflicht (Schack NJW 1983, 2806, 2807 f. mN), dagegen braucht ein Verbraucher keinen Fachmann hinzuzuziehen (OLG Köln NJW 1973, 903); Gebrauchtwagenkäufer kann auf Verkaufsbeschreibung „TÜV neu" ohne eigene technische Prüfung vertrauen (OLG Karlsruhe NJW-RR 2014, 745, 747); Selbstbedienungskäufer braucht nicht auf Haltbarkeitsaufdrucke zu achten (str); der Grundstückskäufer muss nicht die Grundakten einsehen (BGH NJW-RR 1988, 1290, 1291), jedoch üblicherweise entstehenden und bei Begehung erkennbaren Bodenverunreinigungen nachgehen (sa BGHZ 132, 30, 34). Fahrlässige Unkenntnis von der **Unechtheit** eines im Internet verkauften Luxusgutes liegt nicht schon dann vor, wenn der Kaufpreis erfahrungswidrig niedrig ist (BGH NJW 2012, 2724). Beim Kauf durch **Dritte** gilt § 166 entspr (wie → Rn. 3); Zeitpunkt → Rn. 4. **b) Rechtsfolgen.** Rechte des Käufers gem § 437 entfallen. 6
Abschließende Sonderregelung; Anwendung von §§ 280 I, 311 II, 241 II (cic) und § 254 ausgeschlossen. Nicht ausgeschlossen sind Ansprüche aus § 285 und uH.
c) Ausnahmen. Rechte des Käufers bleiben erhalten, wenn Verkäufer Mangel arg- 7
listig verschwiegen (→ § 444 Rn. 9 ff.) oder Beschaffenheit garantiert (→ § 437 Rn. 23) hatte. In diesen Fällen ist auch ein Haftungsausschluss gem § 444 unwirksam.

4. Grundbuchrechte (II). a) Abw. von I hat der Verkäufer auch bei Kenntnis 8
des Käufers Rechtsmängel zu beseitigen, die auf im Grundbuch eingetragenen Rechten beruhen. Gilt nicht nur für Grundpfandrechte (so § 439 II aF), sondern für alle grundbuchfähigen Rechte, insbes Dienstbarkeiten, dingl Vorkaufsrechte (BGH NJW 2014, 3024) und Reallasten, auch für die Vormerkung (BT-Drs. 14/6040, 237). **b)** Rechtsfolge „beseitigen" meint Erhalt des Nacherfüllungsanspruchs (§ 439 I) durch Nachbesserung; andere Rechte des Käufers gem § 437 werden aber nicht eingeschränkt.

§ 443 Garantie

(1) **Geht der Verkäufer, der Hersteller oder ein sonstiger Dritter in einer Erklärung oder einschlägigen Werbung, die vor oder bei Abschluss des Kaufvertrags verfügbar war, zusätzlich zu der gesetzlichen Mängelhaftung insbesondere die Verpflichtung ein, den Kaufpreis zu erstatten, die Sache auszutauschen, nachzubessern oder in ihrem Zusammenhang Dienstleistungen zu erbringen, falls die Sache nicht diejenige Beschaffenheit aufweist oder andere als die Mängelfreiheit betreffende Anforderungen nicht erfüllt, die in der Erklärung oder einschlägigen Werbung beschrieben sind (Garantie), stehen dem Käufer im Garantiefall unbeschadet der gesetzlichen Ansprüche die Rechte aus der Garantie gegenüber demjenigen zu, der die Garantie gegeben hat (Garantiegeber).**

(2) **Soweit der Garantiegeber eine Garantie dafür übernommen hat, dass die Sache für eine bestimmte Dauer eine bestimmte Beschaffenheit behält (Haltbarkeitsgarantie), wird vermutet, dass ein während ihrer Geltungsdauer auftretender Sachmangel die Rechte aus der Garantie begründet.**

1. Allgemeines. a) Bedeutung. Garantieerklärungen erweitern den Umfang 1
der Einstandspflicht des Verkäufers. Sie geben dem Käufer im Garantiefall über §§ 434 f., 437 hinaus zusätzliche Rechte. Im Warenvertrieb verbessern sie die Absatzchancen des Verkäufers. Praktisch wichtig sind Garantien ferner beim Anlagen- und Maschinenkauf sowie beim Grundstücks- (BGH NJW 2002, 208: Mieterträge), Rechts- (→ § 453 Rn. 5) und Unternehmenskauf (etwa Kundenbeziehungen,

Umsätze; dazu Müller NJW 2002, 1026; → § 453 Rn. 15). Garantien können sich auch auf das Fehlen von Rechtsmängeln (s. § 435) beziehen. **b) I** normiert in Umsetzung von Art. 17 WK-RiLi die rechtlich bindende Wirkung von Garantieerklärungen oder „einschlägiger" Werbung und nennt Bsp („insbes") von Leistungen des Garantiegebers an den Käufer. **II** verlagert bei Haltbarkeitsgarantie Beweislast
2 teilw zugunsten des Käufers (→ Rn. 16). **c) Begriff.** Garantie ist eine vertragliche Vereinbarung, durch die der Garantiegeber (→ Rn. 8 f.) die Gewähr für das Vorliegen einer Beschaffenheit (bei der Haltbarkeitsgarantie für eine bestimmte Dauer) oder andere als die Mängelfreiheit betr Anforderungen übernimmt (→ Rn. 7). Eine Garantie bezieht sich regelmäßig nicht auf alle Eigenschaften der Kaufsache, sondern nur auf bestimmte Beschaffenheiten. Inhalt der Garantie ist gem §§ 133, 157 durch
3 Auslegung zu ermitteln. **d) Abgrenzung. aa)** Zu unterscheiden sind Beschaffenheitsvereinbarungen, -garantien und Garantieübernahme iSv § 276 I. Garantie gem § 276 I bestimmt den Haftungsmaßstab (→ § 276 Rn. 37). Abgrenzung zu Beschaffenheits- und Haltbarkeitsgarantie (→ Rn. 7) ist uU schwierig. Frage der Auslegung: Garantieübernahme nach § 276 I begründet im Mangelfall ggf Schadensersatzhaftung gem §§ 437 Nr. 3, 280, 281, 311a II (→ § 437 Rn. 23); bei Garantieerklärung iSv → Rn. 11 ist Schadensersatz vielfach nicht gewollt (vgl BT-Drs. 14/6040, 238; BGH NJW-RR 2010, 1329). Beschaffenheitsvereinbarung iSv § 434 II 1 Nr. 1 bestimmt nur den Sollzustand der Kaufsache und damit deren Mängelfreiheit, nicht erweitert sie die ges Käuferrechte; garantiert werden können
4 auch andere als die Mängelfreiheit betr Umstände. **bb) Qualitätssicherungsvereinbarungen** sind (vielfach in AGB vorformulierte) Rahmenverträge zwischen Zulieferer und Endprodukthersteller über die Einhaltung bestimmter Fertigungsverfahren bei der Herstellung von Vorprodukten und die Durchführung von (Qualitäts-)Kontrollen. Sie enthalten idR noch keine Zusicherung (→ Rn. 3) vereinbarter Qualitätsanforderungen (iE MüKoBGB/Westermann Vor § 433 Rn. 11). **cc)** Entgeltliche Reparaturkostenversicherung kann **Versicherungsvertrag** sein; nicht eine Langzeitgarantie, die als unselbstständige Nebenabrede zum Kaufvertrag die Gewährleistung erweitert, selbst wenn sie als „Versicherung" bezeichnet wird
5 (zur Abgrenzung s. BVerwG NJW 1992, 2978 f.). **dd)** Die Garantiehaftung besteht neben und unabhängig von der **Sach- und Rechtsmängelhaftung.** Ob eine Erklärung zum Zustand der Kaufsache als Beschaffenheitsvereinbarung (§ 434 II 1 Nr. 1) oder als Beschaffenheitsgarantie (§ 443) zu verstehen ist, ist durch Auslegung (§§ 133, 157 BGB) zu ermitteln (BGH NJW-RR 2010, 1329 Rn. 10). Die Übernahme einer Garantie setzt voraus, dass der Verkäufer seine Bereitschaft zu erkennen gibt, für alle Folgen des Fehlens dieser Beschaffenheit einzustehen. Da die Einstandspflicht verschuldensunabhängig Schadensersatz umfasst, ist bei der stillschweigenden Übernahme einer solchen Einstandspflicht Zurückhaltung geboten (NJW 2007, 1346 Rn. 20). Beim Privatverkauf eines Gebrauchtfahrzeuges ist die Angabe der Laufleistung idR als Beschaffenheitsangabe und nicht als Beschaffenheitsgarantie zu verstehen (BGH NJW 2007, 1346 Rn. 25). Gleiches gilt für die Erklärung, das verkaufte Fahrzeug sei „fahrbereit" (BGH NJW-RR 2009, 1718). **ee)** Andere vertragliche **Haftungserweiterungen** des Verkäufers sind möglich. Bsp: Verlängerung der Verjährungsfrist des § 438 (sa § 202); über § 437 Nr. 3
6 Alt. 1 hinausgehende Schadensersatzpflicht. **e) Vertragsgestaltung.** Umfang und Rechtsfolgen einer Garantie können frei bestimmt werden; zur Abdingbarkeit → § 444 Rn. 13. I, II unabdingbar bei Verbrauchsgüterkauf (§ 476 I, sa § 479).

7 **2. Arten der Garantie. a)** Hinsichtlich des *Inhalts* unterscheidet man: **aa) Beschaffenheitsgarantie.** Gewähr, dass Kaufgegenstand zu einem bestimmten Zeitpunkt (Vertragsschluss, Gefahrübergang) bestimmte Beschaffenheit aufweist (Abgrenzung zur Beschaffenheitsvereinbarung iSv § 434 II 1 Nr. 1 → Rn. 6). **bb) Haltbarkeitsgarantie.** Gewähr dafür, dass Kaufgegenstand die Beschaffenheit über einen bestimmten Zeitraum behält. **cc) Garantie sonstiger Anforderungen.** Gewähr dafür, dass der Kaufgegenstand Eigenschaften hat oder Erwartungen erfüllt,

deren Fehlen keinen Mangel iSd § 434 begründen. Garantiert werden können etwa zukünftige Umstände wie der Erlass eines Bebauungsplans für das verkaufte Grundstück (BT-Drs. 17/12637, 68) oder dessen Wertsteigerung, künftige Unternehmensumsätze oder -gewinne, Weiterveräußerungserlös. **b)** Hinsichtlich des Garantiegebers lässt sich unterscheiden: **aa) Verkäufergarantie.** Garantie ist dann regelmäßig Inhalt des Kaufvertrags. **bb) Herstellergarantie.** Anspruch aus Garantievertrag (→ Rn. 12) tritt neben die Rechte des Käufers gegen den Verkäufer. **cc)** Garantie **sonstiger Dritter,** zB Importeure, Vertriebsunternehmen, Tochter- und konzerngebundene Unternehmen des Herstellers („Garantiefonds"). **c) aa) Selbstständige Garantie** verpflichtet den Garantiegeber, für den Eintritt eines Erfolgs einzustehen (→ Vor § 765 Rn. 13). **bb) Unselbstständige Garantie** erweitert die bestehende ges (Mängel-)Haftung etwa durch eine (gegenüber § 438) verlängerte Garantiefrist oder durch Garantie der Mangelfreiheit auch nach Gefahrübergang (s. § 434). Möglich für Freiheit von Sach- und Rechtsmängeln; auch bei Rechtskauf (→ § 453 Rn. 5); Abgrenzung uU schwierig. **d) Verbrauchsgüterkaufgarantie** s. § 479.

8 (at "Hinsichtlich des Garantiegebers"); 9 (at "c) aa) Selbstständige Garantie")

10 **3. Voraussetzungen der Garantie. a)** Wirksam zustande gekommener **Kaufvertrag;** auch bei (selbstständiger) Hersteller- und Drittgarantie (→ Rn. 8 f.; aA Erman/Grunewald Rn. 7). Kein Rücktritt gem §§ 437 Nr. 2, 323. **b) Garantieerklärung.** 11 Ob sie vorliegt, auf welchen Garantiefall sie sich bezieht und welche Rechte sie begründet, ist Frage der Auslegung. Fehlendes Erklärungsbewusstsein (→ Vor § 116 Rn. 5) ist unerheblich. Bei Kauf von Kleingeräten wird vielfach „Garantieschein" beigelegt. Grundsätzlich formfrei; Ausnahme zB bei Grundstückskauf, § 311b I. Garantieerklärung beim Verbrauchsgüterkauf s. § 479. **c) Einschlägige Werbung.** Auch bei Werbeaussagen muss Käufer auf Rechtsbindungswillen schließen können (vgl BGH MMR 2013, 586; allg Picht NJW 2014, 2609, 2610). Werbung allein begründet keinen Garantieanspruch, kann aber gem § 434 III 1 Nr. 2b) die übliche Beschaffenheit der Kaufsache erläutern (ebenso bei Verbrauchsgüterkauf, → § 479 Rn. 1). **d) Vertragliche Bindung** 12 hinsichtlich der Garantieerklärung oder einschlägiger Werbung. Garantieanspruch entsteht *nicht* durch *einseitige* Erklärung. Bei Verkäufergarantie ist Erklärung regelmäßig Inhalt des Kaufvertrags. Nachträgliche Garantie ist Vertragsänderung (§ 311 I Fall 2). Bei Hersteller- und Drittgarantie (→ Rn. 8) ist ein zusätzlicher Garantievertrag erforderlich. IdR tritt der Verkäufer als Vertreter (§ 164) oder Bote des Hersteller- oder Drittgaranten (BGHZ 104, 82, 85) auf (etwa bei Übermittlung eines „Garantieformulars"); seltener wird ein Vertrag zgDr (§ 328) zwischen Garantiegeber und Verkäufer geschlossen (s. BGHZ 75, 75, 77 f.), der den Garantieanspruch des Käufers begründet. **e) Inhalt.** 13 **aa)** Bestimmung des **Garantiefalls,** dh für welche Eigenschaften und Beschaffenheiten garantiert wird. Eine allg Garantie ohne Spezifizierung bezieht sich auf alle Mängel. Nicht formbedürftiger Inhalt kann sich aus vor oder bei Vertragsschluss verfügbarer Werbung (Prospekte, Zeitungsanzeigen, Homepage, Internet-, Radio- oder Fernsehwerbung) ergeben. **bb) Garantiefrist,** dh die von der Verjährung des Garantieanspruchs zu unterscheidende Geltungsdauer der Garantie. Bezug genommen werden kann auch auf Gebrauchsleistungen, etwa Betriebsstunden oder Kilometerleistung. **cc) Beginn des Laufs** der Garantiefrist: regelmäßig ab Übergabe. Davon zu unterscheiden ist die Frist zur Geltendmachung des Mangels (BGHZ 75, 75, 79). **dd) Rechtswahrungshandlungen** des Käufers, etwa Rüge oder Schadensanzeige.

14 **4. Rechtsfolgen des Garantiefalls.** Sie richten sich nach der Garantieerklärung. Mangelkenntnis des Käufers ist unschädlich (§ 442 I 2 aE). I verweist beispielhaft („insbes"; widersprüchlich BT-Drs. 17/12637, 68: „abschließender Katalog") auf Nachbesserung, Ersatzlieferung, Minderung, Rücktritt („Rückgaberecht"); auch andere Leistungen, insbes Schadens- und Aufwendungsersatz können vereinbart werden; zur Abdingbarkeit → § 444 Rn. 13. Werden die Rechte nicht ausdrücklich aufgeführt, bestehen gegenüber dem Verkäufer als Garantiegeber alle Rechte des § 437 (BT-Drs. 14/6040, 239). Bei Hersteller- und Drittgarantie scheiden Minde-

rung und Rücktritt aus (BT-Drs. 14/6040, 238). Rechte (nicht nur „ges Ansprüche", Hammen NJW 2003, 2588) gem § 437 bleiben unberührt. Haftung von Garantiegeber und Verkäufer ggf als Gesamtschuldner (§ 425; BT-Drs. 14/6040, 238). Nimmt der Käufer den Dritten als Garantiegeber erfolgreich in Anspruch, können seine Rechte gegen den Verkäufer wegen dieses Garantiefalls entfallen. Ausgleich nach dem jeweiligen Innenverhältnis.

15 **5. Verjährung.** Die Verjährung des entstandenen Garantieanspruchs ist im Einzelfall durch Auslegung zu bestimmen; regelmäßig § 195, allenfalls bei nur auf die Mangelfreiheit sich beziehenden Beschaffenheitsgarantien § 438 (MüKoBGB/Westermann Rn. 22). Beginn bei einer die ges Gewährleistung übersteigenden Garantiefrist nicht mit Übergabe, sondern erst mit Entdeckung des Mangels (BGH NJW 1979, 645).

16 **6. Beweislast.** Käufer muss Garantievertrag und Garantiefall (OLG Hamm MDR 2005, 621) während der Garantiefrist sowie ggf Einhaltung der Rechtswahrungshandlungen darlegen und beweisen. Bei **Haltbarkeitsgarantie** (→ Rn. 7) hat der Garantiegeber die Vermutung des **II** (durch Beweis des Gegenteils) zu widerlegen, etwa durch Beweis, dass Käufer die Kaufsache unsachgemäß behandelt oder ein Dritter sie beschädigt hat. Gilt auch für Rechtskauf (§ 453 I), etwa Bonitätsgarantie beim Forderungskauf.

§ 444 Haftungsausschluss

Auf eine Vereinbarung, durch welche die Rechte des Käufers wegen eines Mangels ausgeschlossen oder beschränkt werden, kann sich der Verkäufer nicht berufen, soweit er den Mangel arglistig verschwiegen oder eine Garantie für die Beschaffenheit der Sache übernommen hat.

1 **1. Allgemeines. a) Bedeutung.** Die Rechte des Käufers bei Mängeln der Kaufsache nach § 437 können grundsätzlich erweitert (s. § 443), ausgeschlossen oder beschränkt werden. § 444 **begrenzt** die **Vertragsfreiheit.** Hat der Verkäufer den Mangel arglistig verschwiegen, soll er nicht die Früchte seines Verhaltens durch einen Ausschluss der Mängelrechte sichern können. Eine Haftungsfreizeichnung würde eine zuvor übernommene Garantie, worin der Verkäufer gerade eine bestimmte Beschaffenheit oder das Fehlen von Mängeln zusichert, inhalts- und bedeutungslos machen. **Weitere Schranken** gegen eine unangemessene Haftungsfreizeichnung des Verkäufers ergeben sich aus §§ 138, 242, 307, 309; zum Ver-
2 brauchsgüterkauf s. § 476 I. **b) Anwendungsbereich.** Sach- und Rechtsmängel, Sach- und Rechtskauf (§ 453 I 1). Auf den Zeitpunkt der Abrede kommt es nicht an; auch ein nach Abschluss des Kaufvertrags getroffener Haftungsausschluss ist erfasst, nicht jedoch der Verzicht des Käufers auf Rechte gem § 437 in Kenntnis des Mangels.

3 **2. Haftungsausschluss und -beschränkung. a) Begriff.** Vereinbarung, durch die die ges Rechte des Käufers bei einem Mangel der Kaufsache aus § 437 ersatzlos ausgeschlossen oder zum Nachteil des Käufers inhaltlich abgeändert werden.
4 **b) Zustandekommen.** IdR ausdr, insbes durch Einbeziehung von AGB, aber auch stillschweigend oder auf Grund Verkehrssitte gem § 157 (Bsp: OLG Koblenz NJW-RR 1988, 1306) möglich; Bsp: Bezeichnung als „Ramschware"; Vereinbarung von „Freundschaftspreis"; Inzahlungnahme von Gebrauchtwagen durch Händler (BGHZ 83, 334, 338). Einhaltung der **Form** des Kaufvertrags (insbes § 311b I) ist erforder-
5 *lich.* **c) Fälle.** *Beschränkung* der Käuferrechte auf Minderung (Ausschluss von Nacherfüllung, Rücktritt, Schadens- und Aufwendungsersatz, insbes Folgeschäden); Wahlrechte des Verkäufers (entgegen §§ 437, 439 I); Beschränkung der Haftung auf bestimmte (idR verborgene) Mängel; Erschwerung der Geltendmachung der Gewährleistungsrechte durch Verkürzung der Verjährungsfristen des § 438 (vgl § 309 Nr. 8b ff.]) oder Vereinbarung von Rügeobliegenheiten, Mängelanzeigefristen (vgl

§ 309 Nr. 8b ee]) und Formgeboten (vgl § 309 Nr. 13); Ausschluss von Zurückbehaltungs- und Aufrechnungsrechten (vgl § 309 Nr. 2b]); Beweislastverschiebungen (vgl § 309 Nr. 12); Kostentragungspflichten (§ 309 Nr. 8b cc]); Ersetzung der Verkäuferhaftung durch Abtretung von Ansprüchen gegen Dritte (vgl § 309 Nr. 8b aa]). **d) Auslegung.** Haftungsbeschränkungen sind im Grundsatz **eng auszulegen** 6
(BGH NJW 2003, 1316, 1317). Ein Gewährleistungsausschluss bezieht sich nicht auf eine vereinbarte Beschaffenheit, sondern auf die geschuldeten Anforderungen gem § 434 III (s BGH NJW 2019, 2380 Rn. 21 [zu § 434 aF]). Soweit Beschränkungen in AGB enthalten sind, gelten die Unklarheitenregel (§ 305c II) und das Transparenzgebot (§ 307 I 2). Auslegungsfrage ist, inwieweit sich Haftungsausschlüsse im Zusammenhang mit der Gewährleistungsregelung auf konkurrierende sonstige Ansprüche des Käufers (insbes aus §§ 280 I, 241 II; § 823) erstrecken (verneinend zB BGHZ 47, 312, 317 für Mangelfolgeschaden aus Nebenpflichtverletzung; BGHZ 67, 359, 366 für Deliktsansprüche, bejahend dagegen BGH BB 1979, 698, 699).
e) Einzelne Klauseln. Bei der Auslegung der seit dem 1.1.2002 vertraglich verein- 7
barten Haftungsbeschränkungen kann an die zuvor ergangene Rspr angeknüpft werden (beachte aber § 476 I): Die Klausel *„Gekauft wie gesehen/besichtigt"* erfasst als Gewährleistungsausschluss nur äußerlich erkennbare Mängel, ohne Rücksicht auf Kenntnis des Käufers (BGHZ 74, 204, 210 und 383, 385), nicht aber grundlegende Mängel der Konstruktion und Funktionsfähigkeit (BGH NJW 2016, 2495, Rn. 23 mAnm Witt); gleichbedeutend damit: *„wie gesehen"* (OLG Köln NJW 1973, 903). Dagegen bedeutet *„wie besichtigt unter Ausschluss jeglicher Gewährleistung"* beim Gebrauchtwagenkauf Haftungsausschluss für alle (auch verborgenen) Mängel (BGHZ 74, 383, 385 f. mN, str); das Gleiche gilt beim *„Kauf in Bausch und Bogen"* (OLG Stuttgart NJW 1969, 610, 611) und für die Klausel *„wie es steht und liegt"* (BGHZ 74, 204, 210, hM, aA OLG Celle OLGZ 1971, 401, 403). Vollständiger formularmäßiger Haftungsausschluss wird durch handschriftlichen Zusatz *„gekauft wie gesehen"* nicht eingeschränkt (BGH NJW 2005, 3205, 3207 f.). Die Klausel *„Ausschluss der Gewährleistung für sichtbare und unsichtbare Mängel"* erfasst jedoch nicht solche Mängel, die nach Vertragsabschluss (und vor Gefahrübergang) entstehen (BGH NJW 2003, 1316 f.; zust Zimmermann/Bischoff NJW 2003, 2506). Dagegen genügt die Klausel *„ohne Garantie"* für Haftungsausschluss idR nicht; iZw nur Ablehnung einer über die Rechte aus § 437 hinausreichenden Garantiehaftung. **f)** Fälle 8
ges Haftungsbeschränkung enthalten: §§ 442 I, 445, 2376; § 377 HGB (→ § 453 Rn. 11).

3. Schranken der Haftungsfreizeichnung. a) Schranken aus § 444. aa) Die 9
Haftung des Verkäufers für **arglistiges Verschweigen** eines Mangels (→ § 442 Rn. 7) ist unabdingbar. **α)** Arglist (sa §§ 438 II, 442; § 377 V HGB) liegt vor, wenn der Verkäufer im Zeitpunkt der Vereinbarung den konkreten (BGH NJW 2021, 3397, Rn. 10) Mangel kennt oder wenigstens mit der Möglichkeit seines Vorhandenseins rechnet und ihn nicht offenbart, obwohl er weiß oder billigend in Kauf nimmt, dass der den Mangel nicht kennende Käufer bei Kenntnis den Vertrag nicht oder möglicherweise nicht mit dem vereinbarten Inhalt abgeschlossen hätte (BGH NJW-RR 2003, 989, 990; NJW 2018, 389 Rn. 11; OLG Karlsruhe NJW-RR 2015, 151 Rn. 21; OLG Braunschweig NJW- RR 2019, 370 Rn. 38). Dass die Arglist tatsächlich kausal für den Vertragsschluss war, ist nicht erforderlich (BGH NJW 2011, 3640, Rn. 13 mAnm Faust JuS 2012, 354; ZIP 2018, 2173 Rn. 7). Arglist setzt keine Täuschungsabsicht voraus; bedingter Vorsatz genügt (BGHZ 117, 363, 368; BVerfG 1 BvR 3271/14 – juris Rn. 12 kein „moralisches Unwerturteil"), nicht grobe Fahrlässigkeit (BGHZ 60, 319, 322) oder Leichtfertigkeit (BGH NJW-RR 1986, 700). Bedingter Vorsatz liegt idR vor, wenn der Verkäufer über wesentliche Punkte ohne tatsächliche Grundlage „ins Blaue hinein" unrichtige Angaben macht (BGHZ 74, 383, 392; OLG Naumburg NJW 2014, 1113 mAnm Witt; zurückhaltender BGH MDR 2019, 1376 Rn. 29) oder „blindlings" Zusicherungen abgibt (BGH NJW 1980, 2460, 2461). Dem Verkäufer ist **Wissen** und **Verhalten** von 10

Hilfspersonen (Vertretern, Organmitgliedern, Verhandlungsgehilfen) zuzurechnen (§§ 166, 278; vgl → § 278 Rn. 10), auch von Mitverkäufern (BGH MDR 1976, 478; BGH VersR 2017, 766, Rn. 8 ff.; zust Westermann EWiR 2016, 665 mN) oder des Insolvenzverwalters (OLG Koblenz ZInsO 2015, 1343), das eines **Dritten** (zB Makler) nur, wenn er es ausnutzt. Ist nur einer von **mehreren Mängeln** arglistig verschwiegen, ist der Haftungsausschluss hinsichtlich der anderen gültig (RGZ 62,
11 122, 125). **ß) Verschweigen** setzt eine verletzte Offenbarungspflicht des Verkäufers voraus (dazu → § 433 Rn. 23; allg → § 242 Rn. 19 f.). Eine allg Aufklärungspflicht des Verkäufers gegenüber dem Käufer besteht allerdings nicht (vgl BGH NJW-RR 1989, 211, 212; 1994, 907; Gröschler NJW 2005, 1601; aA BeckOK/Faust § 438 Rn. 37). Nach § 242 kann aber der Verkäufer verpflichtet sein, dem Käufer solche Umstände zu offenbaren, die für seine Entschließung offensichtlich von Bedeutung sind und deren Mitteilung nach der Verkehrsauffassung erwartet werden kann (BGHZ 132, 30, 34; NJW 1983, 2493, 2494 mN; 1986, 316, 317). Erhebliche Umstände für die Aufklärungspflicht sind: Bes Sachkunde des Verkäufers (Vertrauensstellung: uU dann Nebenpflicht zur Beratung, vgl BGH NJW 1983, 2697, 2698), Art und Grund des Mangels, insbes Möglichkeit und Fähigkeit des Käufers, ihn zu erkennen (BGHZ 63, 382, 386; 132, 30, 34; NJW 1993, 1643, 1644), ausdr Nachfrage des Käufers (BGH NJW-RR 1987, 436, 437), Art des Vertragsgegenstands, zB Gebrauchtwagen (dazu BGH NJW 1982, 1386 mN), Deponiegrundstück (BGH NJW 1995, 1549, 1550; nicht bloßes Industriegelände: BGH NJW 1994, 253, 254). Eine Aufklärungspflicht kann nicht nur bei positiver Kenntnis des Mangels, sondern schon dann bestehen, wenn der Verkäufer tatsächliche Anhaltspunkte für bestimmte Mängel hat (vgl BGHZ 63, 382, 387; 74, 383, 391 f.; 83, 334, 340; NJW 1985, 1769, 1770 f.; OLG Brandenburg MDR 2013, 206, 207 f.; BGH NJW 2016, 2315 Rn. 19 f.) oder bei pflichtgemäßer Organisation hätte haben müssen (BGHZ 117, 318, 321; 132, 30, 36 ff.). Allein das Unterlassen eines Hinweises des Verkäufers, dass er die Ursache sichtbarer Mangelsymptome nicht kenne, stellt jedoch kein arglistiges Verschweigen eines Mangels dar (BGH NJW-RR 2012, 1078, 1079). Aufklärungspflicht entfällt, wenn Käufer den Mangel oder Mangelverdacht (→ § 434 Rn. 22) kennt oder diese einer Besichtigung zugänglich und deshalb ohne weiteres zu erkennen sind (BGH NJW 2012, 2793; NJW-RR 2012, 1078, 1079). Darlegungs- und Beweislast für Nichtaufklärung über offenbarungspflichtigen Mangel trägt Käufer (BGH NJW 2011, 1280; 2003, 754, 755; OLG Düsseldorf NJW-
12 RR 2019, 279 Rn. 21; OLG Hamm MDR 2005, 620, 621). **γ)** Dem arglistigen Verschweigen steht das **arglistige Vortäuschen** nicht vorhandener Beschaffenheit (Bsp: geringe Fahrleistung eines Kfz durch Verstellen des Kilometerzählers [vgl
13 BGHZ 53, 144]) oder der Abwesenheit von Mängeln gleich. **bb) Garantie.** Zu Begriff und Bedeutung → § 443 Rn. 1 ff. Die Haftung aus der Garantie ist nach Fall 2 **nicht abdingbar.** Darin liegt eine Ausprägung des Verbots widersprüchlichen Verhaltens (→ § 242 Rn. 48). Die Garantieerklärung soll in ihrer Bedeutung nicht unterhöhlt werden. Das schließt eine ihrem Umfang nach beschränkte Garantie für bestimmte Beschaffenheit mit einem Haftungsausschluss iÜ nicht aus; Bsp: Garantie für Unfallfreiheit und Fahrleistung eines Gebrauchtwagens bei Freizeichnung für andere Mängel. Str ist, ob die Haftung *eingeschränkt* werden kann (dafür Dauner-Lieb/Thiessen ZIP 2002, 108; sa Brüggemeier WM 2002, 1376, 1381: außerhalb vorformulierter Vertragsbedingungen möglich). Der Wortlaut spricht dagegen. Eine strenge Wortlautauslegung würde indes die grundrechtlich gewährleistete Vertragsfreiheit (→ Vor § 145 Rn. 8) unverhältnismäßig beschneiden. In einer Modifikation der Rechtsfolgen einer Garantie liegt kein widersprüchliches Verhalten, soweit sie „transparent“ gestaltet ist und die Garantieerklärung inhaltlich nicht entgegen redlicher Käufererwartungen unterhöhlt wird. Dabei kann auch der Verlauf der Vertragsverhandlungen berücksichtigt werden. Mit dieser Maßg sind zB Haftungsobergrenzen, ein Ausschluss des Rücktrittsrechts oder der Haftung für Mangelfolgeschäden (aA Westphalen ZIP 2001, 2107), Verjährungsvereinbarungen, Schiedsklauseln usw
14 wirksam. **cc) Rechtsfolgen.** Die entspr Klausel ist nicht nichtig (ggf mit der Folge

des § 139). Der Verkäufer kann sich auf die Freizeichnung nicht berufen (aber nur hinsichtlich des arglistig verschwiegenen Mangels [BGH NJW 2021, 3397, Rn. 9] oder der garantierten Eigenschaft); die Rechte des Käufers gem § 437 bestehen. Der Kaufvertrag iÜ bleibt voll wirksam (BT-Drs. 14/6040, 240). **b) Sonstige Schran- 15**
ken. aa) Sachlich unangemessene Freizeichnung. Bei *individuell* vereinbartem Haftungsausschluss kommt Verstoß gegen §§ 138, 242 in Frage, wenn der Käufer unter Berücksichtigung der Eigenart und des Gesamtinhalts des Kaufvertrags im Einzelfall rechtlos gestellt würde. Bei Haftungsfreizeichnung in *AGB* sind §§ 307, 309 Nr. 8b) zu beachten. Von Bedeutung ist insoweit, dass die Verkäuferpflicht gem § 433 I 2 (und die entspr Rechte des Käufers gem § 437) Leitbildfunktion (→ § 307 Rn. 3) übernimmt. **bb) Einzelfälle.** Beim Kauf **neu hergestellter Sachen** sind in **16**
AGB Minderung und Rücktritt beim Fehlschlagen der Nacherfüllung nicht abdingbar (§ 309 Nr. 8b bb]); gleiches gilt beim Kauf lebender Tiere (BGH NJW-RR 1986, 52, 53: Forellen). Bei einem Konstruktionsmangel eines neuen Kfz oder einer neuen Maschine dürfte auch ein individuell vereinbarter Ausschluss des Rücktrittsrechts des Käufers nicht wirksam sein (vgl BGH NJW 1971, 1795, 1797 für AGB). Beim **Gebrauchtwagenkauf** ist – außerhalb §§ 474, 475, 476 I – völliger Gewähr- **17**
leistungsausschluss (auch für verborgene Mängel) in AGB (§ 309 Nr. 8b) zulässig (BGHZ 74, 383, 386 mN; NJW 1983, 217; JZ 1984, 436, stRspr zu AGBG, str; aA Peters JZ 1991, 385); dies gilt auch für sog Schwerstmängel, die die Verkehrssicherheit des Kfz aufheben (BGH NJW 1986, 2319). Jedoch sind bei völliger Freizeichnung strenge Anforderungen an die Aufklärungspflicht des Verkäufers zu stellen (→ § 433 Rn. 25 „Gebrauchtwagenkauf"; wichtig für arglistiges Verschweigen, vgl → Rn. 9 ff.); ferner bleibt die Haftung aus einer Beschaffenheitsgarantie unberührt (BGHZ 74, 383, 391 und → Rn. 13). Beim **Kauf von Kunstgegenständen** wurde ein (voller) Gewährleistungsausschluss, insbes für die Echtheit eines Bildes, als zulässig angesehen, doch darf der Veräußerer die ihm obliegende Sorgfalt (§ 276 I) nicht verletzt haben (BGH NJW 1980, 1619, 1621 mN; OLG Hamm NJW 1994, 1967 f. mN; Flume JZ 1991, 633, 635 ff., str). Beim Erwerb (→ Vor §§ 433–480 Rn. 10) Von im Bau befindlichen oder erst herzustellenden **Häusern und Eigentumswoh- 18**
nungen ist der Ausschluss jeglicher Sachmängelhaftung in AGB unwirksam (BGHZ 101, 350, 353 ff.; 108, 164, 168 ff.; sa § 310 III), anders wurde bei Altbauten ohne Herstellungsverpflichtung entschieden (BGHZ 108, 156, 163); zur Ersetzung der eigenen Gewährleistungshaftung des Veräußerers (Bauträgers) durch Abtretung seiner Gewährleistungsansprüche gegen die Bauhandwerker sa § 309 Nr. 8b aa).

§ 445 Haftungsbegrenzung bei öffentlichen Versteigerungen

Wird eine Sache auf Grund eines Pfandrechts in einer öffentlichen Versteigerung unter der Bezeichnung als Pfand verkauft, so stehen dem Käufer Rechte wegen eines Mangels nur zu, wenn der Verkäufer den Mangel arglistig verschwiegen oder eine Garantie für die Beschaffenheit der Sache übernommen hat.

1. Allgemeines. a) Bedeutung. Pfandverkäufer kennt die fremde Kaufsache **1**
regelmäßig nicht, daher auch nicht mögliche Mängel. § 445 schützt den (beim Vertragsschluss durch den Versteigerer vertretenen) Pfandverkäufer vor Rechten des Käufers wegen eines Mangels (s. § 437). Pfandverkäufer soll seiner Befriedigung nicht wegen eines Mangels der Sache wieder verlustig gehen. Bei Versteigerungen im Rahmen der Zwangsvollstreckung gelten § 806 ZPO, § 56 S. 3 ZVG. **b) Anwendungsbereich.** Verkauf (neuer oder gebrauchter) beweglicher Sachen als Pfand. Gem § 475 III 2 *nicht* bei Verbrauchsgüterkauf; sa § 474 II 2 zur Versteigerung gebrauchter Sachen.

2. Voraussetzungen. Pfandverkauf nach §§ 1235 I, 1236 ff., *nicht* auch Selbsthil- **2**
feverkauf gem § 383 I und freihändiger Pfandverkauf gem §§ 1221, 1235 II, 1240 II,

1245, 1246. Verkauf in öffentlicher Versteigerung (Begriff s. § 383 III). Bezeichnung der Sache als Pfand genügt, bestehendes Pfandrecht ist nicht erforderlich.

3 **3. Rechtsfolgen.** Ges Haftungsausschluss für Sach- und Rechtsmängel. Ausnahme: Garantie (→ § 444 Rn. 13) oder arglistiges Verschweigen (→ § 444 Rn. 9).

§ 445a Rückgriff des Verkäufers

(1) **Der Verkäufer kann beim Verkauf einer neu hergestellten Sache von dem Verkäufer, der ihm die Sache verkauft hatte (Lieferant), Ersatz der Aufwendungen verlangen, die er im Verhältnis zum Käufer nach § 439 Absatz 2, 3 und 6 Satz 2 sowie nach § 475 Absatz 4 zu tragen hatte, wenn der vom Käufer geltend gemachte Mangel bereits beim Übergang der Gefahr auf den Verkäufer vorhanden war oder auf einer Verletzung der Aktualisierungspflicht gemäß § 475b Absatz 4 beruht.**

(2) **Für die in § 437 bezeichneten Rechte des Verkäufers gegen seinen Lieferanten bedarf es wegen des vom Käufer geltend gemachten Mangels der sonst erforderlichen Fristsetzung nicht, wenn der Verkäufer die verkaufte neu hergestellte Sache als Folge ihrer Mangelhaftigkeit zurücknehmen musste oder der Käufer den Kaufpreis gemindert hat.**

(3) **Die Absätze 1 und 2 finden auf die Ansprüche des Lieferanten und der übrigen Käufer in der Lieferkette gegen die jeweiligen Verkäufer entsprechende Anwendung, wenn die Schuldner Unternehmer sind.**

(4) **§ 377 des Handelsgesetzbuchs bleibt unberührt.**

1 **1. Allgemeines. a) Überblick.** Die Vorschrift regelt den Rückgriff des Verkäufers in der Lieferkette; ist der letzte Kaufvertrag ein Verbrauchsgüterkauf, gilt ergänzend § 478. **aa)** § 445a gibt Verkäufern innerhalb der „Lieferkette" (s. III) bei mangelhafter neu hergestellter Kaufsache Rückgriffsansprüche für Aufwendungen, welche durch die Geltendmachung von Gewährleistungsrechten des Letztkäufers ausgelöst werden. Die durch den Mangel verursachten Aufwendungen soll der dafür Verantwortliche tragen; ein „Durchgriff" außerhalb der Vertragsbeziehungen auf den Hersteller unter Übergehung eines Zwischenhändlers findet nicht statt. Umsetzung Art. 18 WK-RiLi. **bb) I** begründet für den Verkäufer einen eigenständigen Ersatzanspruch für Aufwendungen der Nacherfüllung, die er nach § 439 II, III, VI 2 bzw § 475 IV gegenüber dem Käufer zu tragen hat. Der Ersatzanspruch setzt Verschulden nicht voraus. Der Verkäufer kann auch Regress nehmen, wenn dem Lieferanten ein Vertretenmüssen wegen des Mangels nicht nachzuweisen ist und daher ein Schadensersatzanspruch gem §§ 437 Nr. 3, 280 ausscheidet. **cc)** Hat der Verkäufer die mangelhafte Sache zurücknehmen müssen oder hat der Käufer den Kaufpreis gemindert (→ Rn. 4), entbindet **II** den Verkäufer bei Geltendmachung der Gewährleistungsbehelfe nach § 437 Nr. 2, 3 im Regressverhältnis zum Lieferanten vom Erfordernis der Fristsetzung (§§ 280 I, III, 281 I, 284, 323 I, 441 I). Der Lieferant hat im Regressverhältnis daher kein „Recht auf zweite Andienung" (→ § 439 Rn. 4), der Verkäufer soll die mangelhafte Sache ohne weiteres an den Lieferanten „durchreichen" können (BT-Drs. 14/6040, 247). II ist keine Anspruchsgrundlage und schafft keine zusätzlichen Regressmöglichkeiten. Dem Verkäufer bleibt das Recht auf Nacherfüllung (§ 439) jedoch unbenommen. **dd)** Nach **III** gelten I und II auch beim Rückgriff des in Regress genommenen Zwischenhändlers bei seinem (Vor-)Lieferanten. **ee) Verjährung** der Rückgriffsansprüche s. § 445b. **ff)** Abdingbar *nicht* durch AGB gem § 309 Nr. 8 b) cc) (ie zur Wirkung für Verträge B2B:
2 von Westphalen BB 2015, 2883, 2889 ff.). **b) Beteiligte. aa)** Käufer ist der Letztkäufer, der mit der Geltendmachung von Mängeln beim Verkäufer den Regress auslöst. **bb)** Verkäufer ist der Letztverkäufer, bei III auch die Vorverkäufer in der Lieferkette. **cc)** Lieferant iSd § 445a ist der Verkäufer, bei dem der Letztverkäufer (bb]) die mangelhafte Sache gekauft hatte. Lieferant kann Hersteller, aber auch Groß- oder

Zwischenhändler der Kaufsache sein, nicht jedoch ein Teilezulieferer für die neue Sache.

2. Aufwendungsersatz (I). a) Voraussetzungen. aa) Verkauf (→ § 433 Rn. 1) einer neu hergestellten (→ § 309 Rn. 11) Sache; nicht bei gebrauchter (→ §§ 474, 475 Rn. 7) Kaufsache. Besteht zwischen den Verkäufern ein Werkvertrag (nicht bei § 650 I), scheidet Regress über I aus (BGH NJW 2014, 2183, Rn. 38 [zu § 478 II aF]). **bb)** Mangel bei Gefahrübergang (→ § 434 Rn. 5) vom Lieferanten auf den Verkäufer. Entsteht der Mangel erst beim Verkäufer, zB infolge fehlerhafter Lagerung oder auf Grund von Werbeaussagen, die der Lieferant nach Gefahrübergang an den Verkäufer, aber vor Weiterverkauf an den Käufer (§ 434 III 1 Nr. 2b]) tätigt, scheidet ein Rückgriff aus. **cc)** Auf ein Vertretenmüssen des Rückgriffschuldners kommt es bei I nicht an. **dd)** Aufwendungen, die der Verkäufer wegen des Mangels bei der Nacherfüllung (§§ 437 Nr. 1, 439) gegenüber dem Käufer gem § 439 II, III, VI 2 oder § 475 IV tätigen musste, nicht aber aus Kulanz übernommene Aufwendungen. I erfasst Aufwendungen für Nachbesserung und Ersatzlieferung, insbes Fahrt-, Transport-, Untersuchungs-, Reparatur- und Rücknahmekosten. Bei Ersatzlieferung fällt der Kaufpreis der mangelfreien Sache jedoch nicht unter § 439 II und ist daher vom Lieferanten nicht nach I zu ersetzen; vielmehr hat der Lieferant dem Verkäufer den Kaufpreis der mangelhaften Sache im Falle des Rücktritts zurückzuzahlen. – Der Lieferant hat iÜ nur Aufwendungen zu ersetzen, die für die Erfüllung der vom Käufer gewählten Art der Nacherfüllung (s. § 439 I) erforderlich waren, daher nicht die Prozesskosten eines verlorenen Rechtsstreits zur Geltendmachung vermeintlicher Gewährleistungsrechte (OLG Hamm NJW-RR 2012, 355 [zu § 478 II aF]); ebenso wenig die Kosten einer überteuerten Reparatur; der Verkäufer kann in diesem Fall nur die Differenz zwischen seinen Kosten und dem Marktpreis ersetzt verlangen. – War die vom Käufer gewählte Form der Nacherfüllung mit unverhältnismäßigen Kosten verbunden und daher nach § 439 IV nicht geschuldet, hat der Lieferant nur die Kosten der anderen Form der Nacherfüllung zu tragen (Matthes NJW 2002, 2505, 2507 [zu § 478 II aF]). **ee)** Handelt es sich um einen Verbrauchsgüterkauf (§ 474 I) über Waren mit digitalen Inhalten (§ 327a III 1, → § 327a Rn. 3), kann der Verkäufer auch Aufwendungen ersetzt verlangen, die er aufgrund der **Verletzung der Aktualisierungspflicht nach § 475b IV Nr. 2** zu tragen hatte; in diesem Fall kann ein Sachmangel bei Gefahrübergang noch nicht vorgelegen haben. Erfasst wird nur die objektive Aktualisierungspflicht, nicht vom Verkäufer vereinbarte Aktualisierungspflichten (§ 475b III Nr. 2), da diese dem Lieferanten nicht zurechenbar sind. Die Aktualisierung selbst schuldet der Lieferant nicht (Lorenz NJW 2021, 2065, 2068); Aktualisierung durch Hersteller fällt unter § 267 (BT-Drs. 19/27424, 32). **b) Einwendung** des Lieferanten. Letztverkäufer wäre nicht zu Nacherfüllung verpflichtet gewesen (Wortlautargument „zu tragen hatte", s. BT-Drs. 18/8486, 41 f.); daher kann der Lieferant auch einwenden, der Verkäufer hätte nach § 439 IV Nacherfüllung verweigern können. **c) Rechtsfolgen.** Aufwendungsersatzanspruch des Verkäufers. I kann bei Verkäuferverschulden mit Schadensersatzanspruch gem §§ 437 Nr. 3, 280 I konkurrieren. 3

3. Entbehrlichkeit der Fristsetzung (II). a) Voraussetzungen. aa) Verkauf *einer neu hergestellten* Sache (→ § 309 Rn. 11) durch Lieferanten an Verkäufer, der vom Käufer bzw (III) seinerseits als Vorlieferant gem I wegen eines Mangels in Anspruch genommen wurde. **bb)** Rücknahme oder Minderung. **aaa) Rücknahme.** Rückgabe der Kaufsache muss entgegen dem zu engen Wortlaut von II nicht erfolgt sein; entscheidend ist Rücknahmepflicht des Verkäufers; II erfasst alle Rechtbehelfe des Käufers, die dem Verkäufer gem §§ 346–348 einen Anspruch auf Rückgewähr der mangelhaften Sache geben (BeckOK/Faust Rn. 28): Ersatzlieferung (§§ 439 I, IV) Rücktritt (§ 323), Schadensersatz statt der ganzen Leistung (sog „großer Schadensersatz", §§ 280 I, III, 281 I 2, 3, V). **bbb)** Bei **Minderung** (§ 441) ggf Rückzahlung des zu viel geleisteten Kaufpreises (sa § 445b II, der auf Vollzug abstellt). **ccc)** Der Minderung analog II gleichzustellen ist Geltendmachung des 4

Schadensersatzes statt der Leistung (sog „kleiner Schadensersatz“) gem §§ 280 I, III, 281 I 1. **ddd)** II ist anwendbar auch bei **Leistungsverweigerungsrecht** des Käufers nach Ausschluss von Rücktritt und Minderung gem §§ 218, 438 IV 2, V (BeckOK/Faust Rn. 32). **cc) Gewährleistungsbehelfe** müssen dem Käufer wegen eines tatsächlich vorliegenden Sachmangels zugestanden haben. Daher nicht bei Kulanz des Verkäufers (zB: Einräumung eines „Umtauschrechts“), Verjährung der Rechte des Käufers (s. § 438), Ausübung eines Widerrufsrechts (zB §§ 312g, 355). Mindert der Käufer, kann der Verkäufer beim Lieferanten nach II Regress nehmen, selbst wenn er ihn nicht auf die gemäß § 439 I vorrangige Nachbesserung verwiesen hat (Schubel ZIP 2002, 2061, 2069). Ein „Beurteilungsspielraum“ des Verkäufers hinsichtlich des Mangels ist hingegen nicht anzuerkennen (aA Schubel ZIP 2002, 2061, 2064 unter Hinweis auf den Zeitdruck, unter dem der Verkäufer steht). **dd)** Rechte des Verkäufers gegen Lieferanten gem § 437; daher muss die Kaufsache bei Gefahrübergang (→ § 434 Rn. 5) an den Verkäufer schon mangelhaft gewesen sein. Nicht, wenn der Mangel erst beim Verkäufer auftritt (→ Rn. 3); Verkäufer kann aber ggf Schadensersatz gem § 280 I verlangen (BT-Drs. 14/6040, 248). **b) Rechtsfolgen.** Der Verkäufer kann gegenüber dem Lieferanten sogleich (dh ohne Fristsetzung) zurücktreten (die mangelhafte Sache „weiterreichen“) oder mindern bzw Schadensersatz statt der Leistung oder Aufwendungsersatz verlangen. Schadensersatzanspruch gem § 280 I bleibt unberührt.

5 **4. „Lieferkette“ (III).** Erleichterungen der I und II sollen Rückgriff bis zum für den Sachmangel verantwortlichen Lieferanten ermöglichen.

6 **5. Handelskauf (IV).** In der Lieferkette liegt regelmäßig ein Handelskauf vor. Nach IV bleiben Untersuchungs- und Rügeobliegenheiten gem § 377 HGB unberührt.

§ 445b Verjährung von Rückgriffsansprüchen

(1) **Die in § 445a Absatz 1 bestimmten Aufwendungsersatzansprüche verjähren in zwei Jahren ab Ablieferung der Sache.**

(2) **Die Verjährung der in den §§ 437 und 445a Absatz 1 bestimmten Ansprüche des Verkäufers gegen seinen Lieferanten wegen des Mangels einer verkauften neu hergestellten Sache tritt frühestens zwei Monate nach dem Zeitpunkt ein, in dem der Verkäufer die Ansprüche des Käufers erfüllt hat.**

(3) **Die Absätze 1 und 2 finden auf die Ansprüche des Lieferanten und der übrigen Käufer in der Lieferkette gegen die jeweiligen Verkäufer entsprechende Anwendung, wenn die Schuldner Unternehmer sind.**

1 **1. Allgemeines. a) Bedeutung. aa)** Harmonisierung des Aufwendungsrückgriffs und der Verjährung. **I** bestimmt Beginn und Dauer der Verjährung des Aufwendungsersatzanspruchs aus § 445a I abw von §§ 195, 199 I unter Anpassung an § 438 I Nr. 3. **bb)** Die Ablaufhemmung des **II** soll die Regresslücke schließen, die dem Verkäufer droht, der vom Käufer wegen eines Mangels zu einem Zeitpunkt in Anspruch genommen wird, zu dem Rückgriffsansprüche des Vorbehaltskäufers gegen den Lieferanten bereits verjährt sind. Diese Gefahr entsteht infolge des unterschiedlichen Zeitpunkts des Beginns des Laufs der Verjährungsfrist gem § 438 II: Ablieferung an Verkäufer regelmäßig vor der an Verbraucher. **b) Anwendungsbereich.** Auf **alle** Kaufverträge über neu hergestellte Sachen (→ § 445a Rn. 3) anwendbar, *nicht nur auf den Verbrauchsgüterkauf* (→ § 445a Rn. 1). Nach **III** auch bei „Rückgriffskette“.

2 **2. Verjährung Aufwendungsersatzanspruch (I).** Nur Anspruch gem § 445a I; für Ansprüche gem § 437 gilt § 438. Beginn: Ablieferung an Regressgläubiger (Verkäufer), nicht Endabnehmer.

3. Ablaufhemmung (II). Erfasst Ansprüche gem §§ 437, 445a I. Die Verjährungsfrist der Rückgriffsansprüche beträgt gem §§ 438 I Nr. 3, 445b I zwei Jahre, beginnend mit der Ablieferung der Kaufsache an den rückgriffsberechtigten Verkäufer. Die Verjährung endet jedoch frühestens zwei Monate, nachdem der Verkäufer die Mängelrechte des Käufers gem § 437 erfüllt hat (II 1), so dass Verkäufer Gelegenheit zu verjährungshemmenden Maßnahmen gem §§ 203, 204 erhält (BeckOK/Faust Rn. 8). II 1 setzt nach seinem Normzweck (→ Rn. 1) nicht voraus, dass die Gewährleistungsansprüche des Verkäufers bei Weiterverkauf noch nicht verjährt waren (sehr str, wie hier MüKoBGB/Lorenz, § 445b Rn. 13; aA BeckOK/Faust § 445b Rn. 6). 3

§ 445c Rückgriff bei Verträgen über digitale Produkte

[1]Ist der letzte Vertrag in der Lieferkette ein Verbrauchervertrag über die Bereitstellung digitaler Produkte nach den §§ 327 und 327a, so sind die §§ 445a, 445b und 478 nicht anzuwenden. [2]An die Stelle der nach Satz 1 nicht anzuwendenden Vorschriften treten die Vorschriften des Abschnitts 3 Titel 2a Untertitel 2.

Klarstellende Regelung der einschlägigen Regressbestimmungen bei Verträgen über digitale Produkte. Umsetzung Art. 20 DI-RiLi. **S. 1** schließt die Anwendung der kaufrechtlichen Rückgriffsvorschriften der §§ 445a, 445b (und [überflüssig, BeckOK/Faust Rn. 5] § 478) aus, wenn der „letzte" Vertrag einer Lieferkette ein Verbrauchervertrag (§ 310 III) über die Bereitstellung digitaler Produkte (§§ 327, 327a, → § 327, Rn. 7) ist. Nach **S. 2** gelten vielmehr §§ 327t, 327u, auch in der Vertriebskette gegenüber dem jeweiligen Vertriebspartner (§ 327u VI). 1

Vorbemerkungen zu den §§ 446, 447

1. Begriff der Gefahr. Gefahr ist die Last (ungünstige Rechtslage), einen durch zufälligen Untergang (zufällige Verschlechterung) einer Sache eingetretenen Nachteil endgültig tragen zu müssen (Belastung mit dem Zufallsrisiko; vgl BGH NJW 1985, 320, 323). 1

2. Arten der Gefahr. Zu unterscheiden ist zwischen der Gefahrtragung außerhalb und innerhalb von (noch nicht voll erfüllten) Schuldverhältnissen (→ Rn. 3). **a) Sachgefahr** ist das Risiko des zufälligen Untergangs einer Sache, sei es durch Unglück, sei es durch zum Schadensersatz verpflichtende Handlung 2
eines Dritten. **b) Leistungs- (Lieferungs-)** und **Preis- (Gegenleistungs-, Vergütungs-)gefahr** gibt es nur bei Schuldverhältnissen im Zeitabschnitt zwischen Vertragsschluss und vollständiger Erfüllung (§ 362) der Sachleistungspflicht. **Leistungsgefahr** ist das Risiko des Sachleistungsschuldners trotz Untergangs der Sache nochmals (oder Ersatz) leisten zu müssen; **Preisgefahr** ist das Risiko des Sachleistungsgläubigers (zB Käufers), trotz Ausbleibens der Sachleistung die Gegenleistung erbringen, dh den (Kauf-)Preis zahlen zu müssen. Zufällig ist der Untergang, wenn er von keiner der Vertragsparteien zu vertreten ist. Zum Ersatz verpflichtende Handlung eines Dritten steht zufälligem Untergang nicht entgegen. Leistungsgefahr meinen §§ 270 I, 300 II, iÜ bedeutet „Gefahr" idR Preisgefahr. Fälle: → Rn. 5 aE. 3

3. Gefahrtragung. a) Grundsatz. Die **Sachgefahr** trägt der Eigentümer, denn der zufällige Untergang der Sache geht zu seinen Lasten (*casum sentit dominus*). Für die Gefahrverteilung im nicht voll erfüllten (→ Rn. 3) gegenseitigen Vertrag gilt: Die **Leistungsgefahr** trägt bei Stückschulden der Sachleistungsgläubiger (zB Käufer), denn der Sachleistungsschuldner (zB Verkäufer) wird von seiner Leistungspflicht frei (§ 275 I); die **Preisgefahr** trägt im ganzen Zeitabschnitt (→ Rn. 3) der Sachleis- 4

tungsschuldner (zB Verkäufer), denn er verliert den Vergütungsanspruch, wenn die Erfüllung ausbleibt (§ 326 I 1). Das Gleiche gilt bei der konkretisierten Gattungsschuld (§ 243 II). Bis zur Konkretisierung trägt der Sachleistungsschuldner auch die Leistungsgefahr, denn er hat bei Untergang der zur Erfüllung vorgesehenen Sache
5 ggf Ersatz zu beschaffen. **b) Sonderregeln.** Abw. von → Rn. 4 ist unter bestimmten Voraussetzungen der Übergang der Preisgefahr auf einen vor der Erfüllung liegenden Zeitpunkt vorverlegt. Fälle: §§ 446 S. 1 und 3; 447; 644 I 1 und 2, II; 2380; § 56 ZVG.

§ 446 Gefahr- und Lastenübergang

[1]Mit der Übergabe der verkauften Sache geht die Gefahr des zufälligen Untergangs und der zufälligen Verschlechterung auf den Käufer über. [2]Von der Übergabe an gebühren dem Käufer die Nutzungen und trägt er die Lasten der Sache. [3]Der Übergabe steht es gleich, wenn der Käufer im Verzug der Annahme ist.

Lit.: Hager, Die Gefahrtragung beim Kauf, 1982 (rechtsvergleichend); Müller, Gefahrtragung des Gläubigers als typisierte vertragliche Gefährdungshaftung, JZ 2016, 1099.

1 **1. Allgemeines. a) Bedeutung. S. 1** ist Ausnahmevorschrift zu § 326 I 1: Vorverlegung des Übergangs der **Preisgefahr** (→ Vor §§ 446, 447 Rn. 3) auf den Zeitpunkt der Übergabe der Kaufsache. Folge: Der Käufer muss den Kaufpreis (voll) zahlen, wenn dem Verkäufer nach Besitzverschaffung (→ Rn. 6) infolge Zufalls die Eigentumsverschaffung unmöglich geworden ist (→ Rn. 7); der Käufer hat auch wegen einer nach Besitzverschaffung eingetretenen zufälligen Verschlechterung der Sache keine Mängelansprüche (s. § 434 I). Stehen dem Verkäufer Ansprüche auf Ersatzvorteile zu, kann der Käufer deren Abtretung verlangen (§ 285 I). S. 1 wird **praktisch** in allen Fällen des Auseinanderfallens von Besitzverschaffung und vollständiger Erfüllung der Verkäuferpflichten, zB bei Verkauf unter EV (§ 449).
2 **b) Grund.** Nach Übergabe befindet sich die Sache im Obhuts- und Machtbereich des Käufers, der daher das Risiko des Untergangs oder der Verschlechterung besser
3 beherrscht als der Verkäufer. **c) Anwendungsbereich:** Sachkauf, auch Grundstückskauf; Stück- und Gattungskauf (→ Rn. 6); Rechtskauf (§ 453 I 1) nur bei § 453 III. – Bei Lieferung einer **mangelhaften Sache** geht die Gefahr nicht über, denn S. 1 setzt Übergabe der mangelfreien („verkauften") Sache voraus. Der Verkäufer trägt die Gefahr weiterer Verschlechterung und des Untergangs. Erfolgt wegen des Mangels der Rücktritt oder Ersatzlieferung (§ 439 I Fall 2, V), ist der Käufer bei Verschlechterung oder Untergang der mangelhaften Sache von der Wertersatzpflicht befreit, soweit er eigenübliche Sorgfalt beobachtet hat (§ 346 III 1 Nr. 3), nicht bei grober Fahrlässigkeit oder Vorsatz (§ 277); selbst bei Unwirksamkeit des Rücktritts nach § 218 hat der Käufer ein Leistungsverweigerungs- oder Minderungsrecht gem
4 § 438 IV 2, V (Skamel ZGS 2006, 227, 231). **d) Vertragsgestaltung.** S. 1 ist abdingbar durch Gefahrtragungsklauseln, ggf formbedürftig (insbes § 311b I). Gefahrübergang kann sowohl vor- als auch zurückverlagert werden. Über den Leistungsort auch den Gefahrübergang regelnde Klauseln in AGB sind an § 307 I 1, II Nr. 1 zu messen (BGH NJW 2014, 454 Rn. 10). **e) Sondervorschriften.** Versendungskauf: § 447; vgl iÜ → Vor §§ 446, 447 Rn. 5.

5 **2. Gefahrtragung. Voraussetzungen** sind: Vollwirksamer Kaufvertrag (→ Rn. 5 [a]), Übergabe der Kaufsache (→ Rn. 3, 6) und deren zufälliger Untergang (zufällige Verschlechterung) beim Käufer vor Eigentumsübergang (→ Rn. 7 f.). **a)** Ein **wirksamer Kaufvertrag** muss zustande gekommen sein (BGHZ 138, 195, 206). Kein Gefahrübergang, wenn Kaufvertrag unter einer *aufschiebenden* **Bedingung** (§ 158 I) abgeschlossen wird und die Bedingung endgültig ausfällt (BGH NJW 1975, 776, 777). Ist dagegen die aufschiebende Bedingung nach Untergang der Kaufsache beim Käufer eingetreten, so ist § 446 dann anzuwenden,

wenn die Parteien den Bedingungseintritt auf den Zeitpunkt der Übergabe zurückbeziehen wollten (§ 159); dies ist uU dann anzunehmen, wenn dem Käufer ein Gebrauchsrecht an der Sache zustand (ie str; vgl dazu BGHZ 138, 195, 206). – Bei Eintritt einer *auflösenden* Bedingung kann der Käufer den schon bezahlten Kaufpreis gem §§ 812 I 2, 820 I 2 zurückverlangen, soweit nicht zugunsten des Verkäufers die Saldotheorie eingreift (ie → § 818 Rn. 40 ff.). Voll wirksam ist der Kaufvertrag, wenn eine auflösende Bedingung ausgefallen ist. Bsp: Untergang der Kaufsache beim Käufer bei Kauf mit Rückgaberecht. Zum Kauf auf Probe → §§ 454, 455 Rn. 9. **b) aa) Übergabe** ist Verschaffung des **unmittelbaren Besitzes** an der Kauf- 6
sache (§ 854 I; vgl → § 433 Rn. 20). Die Übergabe muss in Erfüllung des Kaufvertrages, braucht aber nicht notwendig zum Zweck der Übereignung (§ 929) erfolgt zu sein (allgM). Verschaffung mittelbaren Besitzes genügt nicht, es sei denn, Besitzverschaffungspflicht ist entspr eingeschränkt, was bei Übereignung gem §§ 930, 868; 931 der Fall sein kann (Bsp zu EV: OLG Hamm NJW-RR 1987, 245). Beim Gattungskauf führt die Übergabe der geschuldeten Sache zur Konkretisierung (§ 243 II). Der Eintritt der dinglichen Rechtsänderung ist unerheblich (BGHZ 138, 195, 207 mN). – Zum Rücktritt s. § 346 III, zum Widerruf s. § 357 VII. **bb)** Der Übergabe steht gem **S. 3** der **Annahmeverzug** (§§ 293 ff.) des Käufers gleich; Parallelregelung s. § 326 II 1 Fall 2. Zur Leistungsgefahr s. § 300 II. **c) Untergang** 7
der Kaufsache umfasst jeden Fall obj Unmöglichwerdens der Eigentumsverschaffung, zB körperliche Vernichtung der Sache, unwiederbringlichen Verlust, etwa durch Diebstahl oder Beschlagnahme (letzteres str; aA RGZ 106, 16). **Verschlechterung** ist jede Qualitätsminderung, namentlich eine Beschädigung. **d) Zufällig:** Der 8
Untergang (die Verschlechterung) darf von keiner Partei des Kaufvertrags zu vertreten sein (→ Rn. 3 vor §§ 446, 447).

3. Übergang von Nutzungen und Lastentragung. S. 2 zieht Folgerung aus 9
Gefahrübergang (*cuius est commodum, eius est periculum* – Wessen das Gut, dessen ist die Gefahr); Zeitpunkt des S. 2 gilt auch bei § 447. Auch S. 2 setzt Übergabe der mangelfreien Kaufsache voraus; Nutzungsersatz bei Rückgewähr der mangelhaften Sache nach Rücktritt oder Ersatzlieferung (§ 439 I, VI; Ausnahme § 475 III 1) gem §§ 346 I Hs. 2, 347 I; → § 439 Rn. 38. Sonderregelung: § 2380 S. 2; § 56 S. 2 ZVG. Nutzungen: § 100; Lasten: § 103.

§ 447 Gefahrübergang beim Versendungskauf

(1) **Versendet der Verkäufer auf Verlangen des Käufers die verkaufte Sache nach einem anderen Ort als dem Erfüllungsort, so geht die Gefahr auf den Käufer über, sobald der Verkäufer die Sache dem Spediteur, dem Frachtführer oder der sonst zur Ausführung der Versendung bestimmten Person oder Anstalt ausgeliefert hat.**

(2) **Hat der Käufer eine besondere Anweisung über die Art der Versendung erteilt und weicht der Verkäufer ohne dringenden Grund von der Anweisung ab, so ist der Verkäufer dem Käufer für den daraus entstehenden Schaden verantwortlich.**

Lit.: Borges, Der Leistungsort (Erfüllungsort) beim Versandhandel, DB 2004, 1815; Canaris, Die Bedeutung des Übergangs der Gegenleistungsgefahr im Rahmen von § 243 II BGB und § 275 II BGB, JuS 2007, 793; Stieper, Gefahrtragung und Haftung des Verkäufers bei Versendung fehlerhaft verpackter Sachen, AcP 208, 818; Wertenbruch, Gefahrtragung beim Versendungskauf nach neuem Schuldrecht, JuS 2003, 625.

1. Allgemeines. a) Bedeutung. Beim Versendungskauf (→ Rn. 6) ist der 1
Übergang der Preisgefahr (→ Vor §§ 446, 447 Rn. 3) auf den Zeitpunkt der Auslieferung der Kaufsache an die Transportperson (-anstalt) vorverlegt. **I** ist Ausnahme zu § 326 I; gegenüber § 446 wird der Zeitpunkt des Gefahrübergangs (nochmals) vorverlegt. Für die Leistungsgefahr (→ Vor §§ 446, 447 Rn. 3) gelten beim Versen-

2 dungskauf keine Besonderheiten (→ Rn. 9 aE). **b) Grund:** Erfüllungsort ist der Sitz des Verkäufers, § 269 bleibt von I unberührt (BGH NJW 2003, 3341, 3342 mAnm Emmerich JuS 2004, 77; BGH NJW 2014, 454 Rn. 12); der Verkäufer hat mit der Auslieferung (→ Rn. 11 f.) die von ihm geschuldete Erfüllungshandlung vollständig erbracht (vgl BGHZ 74, 136, 142); sein Risiko- und Pflichtenbereich
3 endet hier. **c) Voraussetzungen des Gefahrübergangs** ie: Bestehen eines wirksamen Versendungskaufs (→ Rn. 6 ff.); Auslieferung des Kaufgegenstands an die Transportperson (-anstalt; → Rn. 11 f.); Eintritt eines zufälligen Transportschadens
4 (→ Rn. 13). **d) Wirkungen des Gefahrübergangs:** Der Käufer muss auch bei Eintritt eines Transportschadens (→ Rn. 13) den Kaufpreis (voll) zahlen, obwohl der Verkäufer weder die Besitz- noch die Eigentumsverschaffungspflicht (voll) erfüllt; Mängelrechte (§ 437) wegen Transportschäden bestehen nicht (s. § 434 I). Doch kann der Käufer Ansprüche aus dem Frachtvertrag nach § 421 I 2 HGB geltend machen und vom Verkäufer Abtretung von Ansprüchen auf Ersatzvorteile verlangen (§ 285; Bsp: Transportversicherungssumme). Der Verkäufer kann den Schaden des Käufers im Wege der Drittschadensliquidation geltend machen (→ Vor § 249 Rn. 20; s. aber § 435 HGB, → § 328 Rn. 5). Der Gefahrübergang führt beim Gattungskauf gem § 243 II zur Konkretisierung (BGH NJW 2003, 3341), für den Eigentumsübergang ist er dagegen bedeutungslos. Das Eigentum an der Kaufsache geht idR erst mit der tatsächlichen Übergabe auf den Käufer über (§ 929; BGH NJW 1968, 1932), ausnahmsweise schon mit Übergabe an die Transportperson, wenn diese Vertreter (§ 164) und Besitzmittler (§ 868) des Käufers ist (→ § 929
5 Rn. 12). **e) Anwendungsbereich:** Stück- und Gattungskauf (→ Rn. 4); Distanz-, nicht Platzkauf (→ Rn. 6). Beim Verbrauchsgüterkauf (§ 474 I) ist I nur nach Maßg von § 475 II anwendbar (→ §§ 474, 475 Rn. 10); II ist unanwendbar, § 475 III 2. **f)** § 447 ist **abdingbar,** zum Verbrauchsgüterkauf → § 476 I; Gefahrtragungsklauseln: → Rn. 8 f.

6 **2. Versendungskauf. a) Begriff.** Versendungskauf ist ein Kaufvertrag über eine bewegliche Sache, bei der der Verkäufer die Nebenpflicht (→ Rn. 9) übernommen hat, die Kaufsache vom Erfüllungsort (idR Wohnort oder Niederlassung des Verkäufers; § 269 I, II) aus (aber → Rn. 8) an einen davon verschiedenen Bestimmungs-(Ablieferungs-)ort (idR Wohnort oder Niederlassung des Käufers) zu versenden; Bsp: Internet-Auktion („eBay“, LG Berlin NJW 2003, 3493, 3494); Versandhandel (BGH NJW 2003, 3341; krit Borges DB 2004, 1815). Liegen Erfüllungs- und Bestimmungsort nicht in verschiedenen politischen Gemeinden (sog Platzkauf), soll § 447 entspr gelten (hM; aA mR Soergel/Huber Rn. 24); doch liegt bei Selbstausführung des innerörtlichen Transports durch den Verkäufer idR Bringschuld vor
7 (vgl → Rn. 8). **b) Zustandekommen.** Als Schickschuld (→ Rn. 8) bedarf der Versendungskauf bes Vereinbarung (→ § 269 Rn. 1). IdR ist die Versendungspflicht des Verkäufers Gegenstand bes Nebenabreden zum Kaufvertrag (Kosten- und Spesenklauseln; → § 433 Rn. 23 ff.). Auch bei Übernahme der Versendungskosten durch den Verkäufer liegt iZw Versendungs- und nicht Bringkauf vor (→ Rn. 8). **Nachträgliche Vereinbarung** der Versendungspflicht ist möglich und stets anzunehmen, wenn der Verkäufer „auf Verlangen des Käufers“ versendet (I). Dagegen gilt bei **einseitiger** Versendung durch den Verkäufer § 446. § 447 setzt **Wirksam-**
8 **keit** des Kaufvertrags voraus (wie → § 446 Rn. 5). **c) Versendung** der Kaufsache durch den Verkäufer. **aa)** Die Verkäuferleistung ist **Schickschuld** (→ § 269 Rn. 1), dh Erfüllungsort (Ort der abschließenden Leistungshandlung des Verkäufers) und Erfolgsort (Ort der „Übergabe“ iSv §§ 433 I, 929) fallen auseinander. **Kein** Versen*dungskauf ist* daher der (seltene) **Bringkauf** (Erfüllungs- und Erfolgsort fallen zusammen, Transportleistung ist Teil der Lieferpflicht des Verkäufers), für den § 446 gilt. Bsp für Bringkauf: Kauf mit cif- und fob-Klausel (→ § 269 Rn. 5); „Fernkauf“ (vgl BGHZ 74, 136, 143); idR (sa § 475 II, III 2) die Zuschickungsgeschäfte des täglichen Lebens, bei denen der Verkäufer die Transportleistung (meist am Ort seiner Niederlassung) als „Kundendienst“ selbst ausführt (MüKoBGB/Westermann Rn. 7,

str; unterscheidend BGH NJW 1991, 915, 916). Bloße Spesenklauseln sind idR (aber § 157, § 346 HGB beachten) Lieferung „frei Haus" (aA BGHZ 114, 248, 251), „frei Tankstelle" (vgl BGH BB 1978, 1085, 1086), „frei … Bestimmungsort" (vgl BGH WM 1983, 1237, 1239). Die Übernahme der Versendungskosten (abw von § 448 I) durch den Verkäufer genügt iZw für Bringkauf nicht (§ 269 III). **Kein** Versendungskauf liegt idR vor, wenn die Versendung von einem dritten (vom Erfüllungsort verschiedenen) Ort aus erfolgt (RGZ 111, 23, 25; BGHZ 113, 106, 110, hM; aA Pallasch BB 1996, 1121, 1124 ff.: Teilung der Transportgefahr). Bsp: Kauf vom Zwischenhändler, Versendung ab Hersteller. Bei diesem sog **Streckengeschäft** gilt idR § 446 (hM, str; Grund: Versendung liegt nicht nur im Interesse des Käufers); § 447 gilt aber dann, wenn die Parteien die unmittelbare Versendung bes vereinbart haben (BGHZ 113, 106, 110; NJW 1965, 1324), zB durch Übernahme der Transportgefahr mittels Handelsklauseln „Lieferung ab Werk", „ab Lager", „ab Grenze". Wird rollende Ware verkauft, genügt für Versendungskauf, dass Käufer dies weiß (BGHZ 50, 32, 36). **bb) Pflichten des Verkäufers.** Die **Versendungspflicht** ist 9
eine Nebenpflicht des Verkäufers (OLG Nürnberg MDR 1978, 492; ie → § 433 Rn. 23 ff.). Inhalt: Der Verkäufer muss die Kaufsache an den Käufer „auf den Weg bringen" (BGHZ 50, 32, 37), dagegen schuldet er nicht die Transportleistung selbst. Die *Transportperson* (→ Rn. 12) ist daher insoweit *nicht* Erfüllungsgehilfe des Versendungsverkäufers (BGHZ 50, 32, 35 mN; NJW 1991, 915, 917, hM; ie Faust DB 1991, 1556 mN, auch zur aA; zur Einschränkung beim sog Selbsttransport → Rn. 12). Ie gehört zur Versendung: Auslieferung der Kaufsache an die Transportperson (→ Rn. 11 f.), sachgemäße Verpackung (BGHZ 66, 208, 211; 87, 88, 92; WM 1983, 1155) und Verladung (BGH NJW 1968, 1929, 1930), uU Versicherung (Schlosser Jura 1985, 479, 482), Erteilung erforderlicher Weisungen (zB bei Umleitung rollender Ware, BGHZ 50, 32, 37), sorgfältige Auswahl der Transportperson sowie Unterlassung der Versendung zur Unzeit. **cc)** Die **Versand- und Verpackungsanweisungen des Käufers** sind zu befolgen. Recht zur Abweichung besteht nur aus „dringendem Grund" **(II).** Anweisungen eines branchenkundigen Käufers braucht der Verkäufer aber nicht auf ihre Zweckmäßigkeit zu überprüfen (BGH MDR 1962, 565). Hilfspersonen, deren sich der Verkäufer im Rahmen seiner Versendungspflicht bedient, sind Erfüllungsgehilfen (§ 278; BGHZ 50, 32, 37; 66, 208, 211). Führt schuldhafte Verletzung dieser Nebenpflichten zu einer Schädigung des Käufers, ist Verkäufer gem II **ersatzpflichtig** (BGHZ 87, 88, 91; WM 1983, 1155). Hat der Verkäufer eine Leistungsstörung zu vertreten (Bsp: fehlerhafte Verpackung, BGHZ 87, 88, 92), trifft den Käufer weder die Leistungs- (kein Fall des § 275 I) noch die Preisgefahr (kein Fall des § 326, der auch für § 447 gegeben sein muss, vgl → Rn. 1). **dd) Pflichten des Käufers.** Feststellung und Mitteilung von 10
Transportschäden (BGH NJW-RR 1987, 742, 743 f.).

3. Auslieferung an die Transportperson (-anstalt). a) Begriff und Bedeu- 11
tung. Die Auslieferung ist der maßgebende Zeitpunkt für den Gefahrübergang (→ Rn. 1). Auslieferung ist die **tatsächliche** Übergabe des Kaufgegenstands an die Transportperson (-anstalt) zur Übermittlung an den Käufer (BGHZ 113, 106, 114 [Dieselöl]). Vor der Übergabe der Sache liegende, die Auslieferung vorbereitende Vorgänge (Abschluss des Beförderungsvertrags; Transport der Ware zur Beförderungsanstalt) genügen für den Gefahrübergang nicht, gleich ob sich der Verkäufer eigener oder fremder Leute bedient (BGHZ 113, 106, 114; MüKoBGB/Westermann Rn. 14). **b) Transportpersonen** sind Spediteur und Frachtführer (vgl §§ 407, 12
425 HGB), **Transportanstalten** Bahn und Post. Selbstständigkeit ist nach hM nicht erforderlich, so dass auch *eigene Leute* des Verkäufers Transportperson sein können (Faust DB 1991, 1556, 1557 ff.; MüKoBGB/Westermann Rn. 16 f. mN, str; aA Soergel/Huber Rn. 35 f.); dies ist abzulehnen, da die Kaufsache beim Selbsttransport durch eigene Leute noch nicht aus dem Gefahrenbereich des Verkäufers ausgeschieden ist (aber → § 446 Rn. 2; → § 447 Rn. 2). Liegt bei Selbstausführung des Transports nicht ohnehin bereits eine Bringschuld vor (→ Rn. 8), so soll der Verkäufer –

anders als bei Einschaltung einer selbstständigen Transportperson (vgl → Rn. 9) – nach § 278 für das Verschulden seiner Leute haften (so MüKoBGB/Westermann Rn. 23 ff.; Esser/Weyers § 8 III 3c) oder doch entspr § 458 HGB (so Faust DB 1991, 1559 ff.); inkonsequent; richtig: kein Gefahrübergang, § 446 gilt (zutr Soergel/Huber Rn. 38).

13 **4. Zufälliger Transportschaden.** Die den Käufer treffende Preisgefahr (→ Rn. 1) bezieht sich nicht schlechthin auf jeden Fall nachträglichen zufälligen Untergangs oder zufälliger Verschlechterung der Sache, sondern nur auf **typische Transportschäden;** dh das Ereignis, durch das die Lieferung verhindert oder beeinträchtigt wird, muss dem eigentlichen Gefahrenbereich des Transports zuzurechnen sein (RGZ 93, 330, hM; aA BeckOK/Faust Rn. 21). Bsp: Schädigung der verkauften Ware auf dem Transport durch Kfz-Unfall, auch wenn dieser von der Transportperson verschuldet wurde; Verlust der Ware durch Aushändigung an einen nichtberechtigten Dritten (RGZ 93, 330, 332) oder durch nicht vollständige Abladung (BGH NJW 1965, 1324); behördliche Einziehung infolge transportbedingter Vermischung (BGH NJW 1991, 916). Beruht der Verlust auf Gründen, die mit dem Transport in keinem Zusammenhang stehen, gilt § 446. Bsp: Beschlagnahme der Ware im Inland (RGZ 106, 17, str; unterscheidend BGH NJW 1991, 915, 916). Nicht transportbedingt sind alle Schäden, die in den Verantwortungsbereich des Verkäufers und seiner Leute fallen. Vgl Bsp in → Rn. 9.

§ 448 Kosten der Übergabe und vergleichbare Kosten

(1) **Der Verkäufer trägt die Kosten der Übergabe der Sache, der Käufer die Kosten der Abnahme und der Versendung der Sache nach einem anderen Ort als dem Erfüllungsort.**

(2) **Der Käufer eines Grundstücks trägt die Kosten der Beurkundung des Kaufvertrags und der Auflassung, der Eintragung ins Grundbuch und der zu der Eintragung erforderlichen Erklärungen.**

1 **1. Allgemeines.** Regelung der **Kostentragung** beim Sachkauf; auch Rechtskauf, soweit keine bes Regelung in § 453 II. II enthält Sonderregelung für Grundstückskauf und Kauf grundstücksgleicher Rechte. Abdingbar, auch beim Verbrauchsgüterkauf; im Handelsverkehr gelten Handelsbräuche.

2 **2. Vom Verkäufer zu tragen (I Hs. 1).** Der Verkäufer hat die Kaufsache vertragsgemäß so anzubieten, dass der Käufer nur noch annehmen muss. Daher hat er zu tragen: Lagerkosten, Kosten bis zur Ermöglichung der Abnahme, zB die Beförderung und Verzollung bis zum Erfüllungsort (idR aber Wohnsitz des Verkäufers, → § 269 Rn. 9; → § 447 Rn. 8 ff.), Kosten des Wägens und Messens, wenn zur Ausscheidung aus größerem Vorrat erforderlich, zB Wärmemessungskosten bei Fernwärme (OLG Hamburg MDR 1984, 848), Anschlusskosten bei Stromlieferung (BGH NJW-RR 1994, 177), Messung des eingespeisten Stroms (BFH NVwZ-RR 2013, 608 Rn. 14), Kosten der Vermessung von Teilgrundstück, Verpackungskosten.

3 **3. Vom Käufer zu tragen (I Hs. 2, II). a) I Hs. 2.** Kosten der Abnahme (auch Untersuchungskosten) und der Versendung ab Erfüllungsort (einschließlich Steuern, BGH NJW 2010, 2873 Rn. 21 [Grunderwerbssteuer]); Zölle und ähnliche Abgaben (BeckOK/Faust Rn. 6; offen BGHZ 114, 248, 251 f.); häufig Abänderung durch Kostenklauseln. **b) II** enthält Sonderregelung für bestimmte Kosten bei **Grundstückskaufvertrag;** Geltung nur zwischen den Parteien (RGZ 96, 43, 48), nicht gegenüber Dritten (Behörde, Notar); insoweit gilt ggf GNotKG. Käufer hat zu tragen: Beurkundungskosten für Kaufvertrag (s. § 311b I 1) und Auflassung (§ 925), Kosten der Grundbucheintragung (auch der Vormerkung, § 883) und der dazu erforderlichen Erklärungen Dritter (familiengerichtl Genehmigung [s. § 1821 I Nr. 1], Zustimmung Wohnungseigentumsverwalter [s. § 12 WEG]). Die Kosten-

pflicht gem II setzt voraus, dass der Vertrag (zunächst) wirksam wird (BGH NJW 2013, 928, 930; aA 14. Aufl.). Bei der Rückabwicklung eines mangels Genehmigung nicht wirksamen oder formunwirksamen Kaufvertrages (zB §§ 125, 311b I 1), ist der Käufer zwar nicht ohne weiteres um die Vertragskosten entreichert (BGHZ 116, 251, 256), doch haftet er unabhängig vom Zustandekommen des Vertrages neben dem Verkäufer gem §§ 22 I, 32 GNotKG, § 426 I insoweit nur gesamtschuldnerisch (BGH NJW 2013, 928, 930). – Andere Kosten fallen auch bei Grundstückskauf unter I und sind vom Verkäufer zu tragen, zB Kosten der Grundbuchberichtigung, Vermessungskosten.

§ 449 Eigentumsvorbehalt

(1) **Hat sich der Verkäufer einer beweglichen Sache das Eigentum bis zur Zahlung des Kaufpreises vorbehalten, so ist im Zweifel anzunehmen, dass das Eigentum unter der aufschiebenden Bedingung vollständiger Zahlung des Kaufpreises übertragen wird (Eigentumsvorbehalt).**

(2) **Auf Grund des Eigentumsvorbehalts kann der Verkäufer die Sache nur herausverlangen, wenn er vom Vertrag zurückgetreten ist.**

(3) **Die Vereinbarung eines Eigentumsvorbehalts ist nichtig, soweit der Eigentumsübergang davon abhängig gemacht wird, dass der Käufer Forderungen eines Dritten, insbesondere eines mit dem Verkäufer verbundenen Unternehmens, erfüllt.**

Lit.: Habersack/Schürnbrand, Der EV nach der Schuldrechtsreform, JuS 2002, 833; sa Lit zu § 929 Rn. 25 ff.

1. Allgemeines. a) Bedeutung. Der **Eigentumsvorbehalt** (EV) ist das häufigste und wichtigste Sicherungsmittel des vorleistenden Verkäufers (ie → § 929 Rn. 25 f.). § 449 regelt ihn nur unzureichend: I enthält – neben einer (missglückten) Legaldefinition des Eigentumsvorbehalts – eine Auslegungsregel für die (dingliche) Einigung, II regelt die Rechte des VVerkäufers bei Zahlungsverzögerung (→ Rn. 12) und III begrenzt die Wirksamkeit des Eigentumsvorbehalts beim sog Konzernvorbehalt (→ Rn. 8). EV in AGB ist im Hinblick auf § 307 unbedenklich, uU anders aber bei Ausschluss des EV in Einkaufsbedingungen („Abwehrklausel", sa BGHZ 78, 305, 307 ff.). Bes **Arten** des EV: → § 929 Rn. 27 ff. **b) Anwendungsbereich.** Verkauf beweglicher (vgl § 925 II), bestimmt zu bezeichnender Sachen (§§ 90, 91; §§ 97, 98) und Tiere (§ 90a). Auf ein Unternehmen im Ganzen (→ § 453 Rn. 12) kann der EV nicht bezogen werden (vgl BGH NJW 1968, 392), wohl aber auf die mitverkauften Gegenstände (zB Maschinen, auch Rechte [§ 453 I 1]). **c) Verhältnis zur Sicherungsübereignung** (dazu → § 930 Rn. 19 ff.): Diese dient der Sicherung einer *anderen* Forderung des Erwerbers (SN); Unterschiede bestehen bes im Insolvenzverfahren des SG (vgl → § 930 Rn. 50 einerseits, → § 929 Rn. 41 andererseits; sa u. → Rn. 14).
1
2
3

2. Eigentumsvorbehalt. a) Begriff. Als Konsequenz des Trennungsprinzips (→ Vor § 854 Rn. 12) ist zwischen der schuldrechtlichen und der dinglichen Seite des EV zu unterscheiden. **aa)** Der **Vorbehaltskaufvertrag** ist ein unbedingter Kaufvertrag über eine bewegliche Sache (→ Rn. 2) mit der bes Abrede, dass der Verkäufer die Kaufsache bereits vor Zahlung des (idR gestundeten) Kaufpreises dem VKäufer zu übergeben hat (Ausschluss von § 320), das Eigentum daran jedoch erst mit vollständiger Zahlung des Kaufpreises (→ Rn. 5) auf den VKäufer übergehen soll (Übereignung „iZw" aufschiebend bedingt, s. Auslegungsregel in I). **bb)** Die **aufschiebend bedingte Übereignung** (§§ 929, 158 I; ie → § 929 Rn. 37 ff.) bildet das Erfüllungsgeschäft auf Seiten des VVerkäufers (→ Rn. 7). Die Bedingung besteht in der vollständigen *Zahlung des Kaufpreises* (einschließlich geschuldeter Umsatzsteuer) mit Zinsen und Nebenkosten (s. § 448); dies gilt (trotz der Rückgriffshaftung des VVerkäufers) auch dann, wenn sich der VKäufer die Zahlungsmittel
4
5

im sog Akzeptantenwechselverfahren beschafft hat (ie BGHZ 97, 197, 200 ff. mN, str; aA Honsell JZ 1986, 757). Teilzahlung bewirkt auch bei Gesamtpreis für einzelne Sachen kein teilw Erlöschen des EV (hM). Bei Überweisung ist Gutschrift, bei Hingabe von Wechsel und Scheck Einlösung durch den VKäufer erforderlich (Fall
6 von § 364 II: BGHZ 96, 182, 186; dazu → Rn. 12). **b) Zustandekommen. aa)** Die **vertragliche Vereinbarung** des EV erfolgt idR im Kaufvertrag (gegenüber einem Verbraucher stets schriftlich iSv §§ 506 I, III, 492, 507), häufig durch AGB des Lieferanten, bei gegenseitiger Verweisung auf einander widersprechende AGB (Einkaufs-, Verkaufsbedingungen) kann Einbeziehung scheitern (→ § 305 Rn. 23), insbes bei Verwendung von Abwehrklauseln (BGH NJW 1985, 1838, 1839 f.; NJW-RR 1991, 357). Außerhalb des Formzwangs kann EV auch stillschweigend vereinbart sein (zB bei stdg Geschäftsverbindung, uU bei Branchenüblichkeit oder Handelsbrauch, § 157, § 346 HGB); eine Auslegungsregel iSd Vereinbarung eines EV bei finanziertem Kauf besteht nicht. Ist VKauf geschlossen (→ Rn. 4), so braucht der EV bei der Übereignung nach § 929 nicht ausdrücklich erklärt zu werden, sondern folgt aus **I.** Nachträgliche vertragliche Erweiterung (→ § 929 Rn. 31 f.) ist nach Verfügung des Käufers über sein Anwartschaftsrecht (→ § 929 Rn. 43 ff.) Drit-
7 ten gegenüber unwirksam (BGHZ 75, 221, 226). **Nachträglicher einseitiger EV** des Verkäufers (insbes bei der Lieferung der Kaufsache) lässt den Kaufvertrag *schuldrechtlich* unverändert (der Verkäufer bleibt zur unbedingten Übereignung verpflichtet), zur Änderung ist vielmehr ein Abänderungsvertrag (§ 311 I Fall 2) erforderlich. *Sachenrechtlich* jedoch kann der Verkäufer durch „einseitigen" EV bei rechtzeitigem und hinreichend deutlichem Hinweis (keine zu strengen Anforderungen: BGH NJW 1982, 1749 und 1751; anders noch BGHZ 64, 395, 397) im Rahmen der Einigung nach § 929 uneingeschränkten Eigentumsübergang auf den Käufer (auch soweit Verbraucher) verhindern. Bloße Vermerke auf Warenbegleitpapieren genügen dazu idR jedoch nicht (BGH NJW 1979, 213 und 2199); dagegen reicht ein EV in nicht wirksam einbezogenen AGB des Verkäufers oder ein gem § 307 unwirksamer EV idR aus (BGHZ 104, 129, 137 mN; 125, 83, 89 f., str; sa Serick JZ 1994, 714, 715). Lässt sich der Käufer auf diesen (kaufvertragswidrigen) EV ein, indem er das „bedingte" Angebot annimmt, so erwirbt er das Anwartschaftsrecht, andernfalls wird er nur Besitzer. Kommt eine Einigung über einen nachträglichen dinglichen EV zustande, kann darin auch die entspr Änderung (§ 311 I Fall 2) des ohne EV geschlossenen Kaufvertrags liegen (Staudinger/Beckmann Rn. 33). Ist der Käufer Verbraucher, ist die Schriftform aus §§ 506 I, III, 492, 507 zu beachten. Der *nach* vorbehaltsloser Lieferung *einseitig* (zB auf Rechnungen) erklärte EV ist sachen- und
8 schuldrechtlich wirkungslos (vgl → § 929 Rn. 34). **bb) Unwirksamkeit eines Drittvorbehalts. III** wurde durch Art. 33 Nr. 17 EGInsO – als § 455 II aF – eingefügt. Gem III ist die (schuldrechtliche und dingl) Vereinbarung eines EV zur Sicherung von Forderungen Dritter (zB eines zum Konzern [§ 18 EGInsO] des VVerkäufers gehörenden Unternehmens) unwirksam. Der Kaufvertrag iÜ ist wirksam. III erfasst nicht den Drittvorbehalt auf Käuferseite, dh Verbindlichkeiten von mit dem Käufer verbundenen Unternehmen (s. Bülow DB 1999, 2196).

9 **3. Rechte und Pflichten. a)** Der **VVerkäufer** hat mit Übergabe der Sache und Verschaffung „bedingten Eigentums" die geschuldete Leistungshandlung vollständig vorgenommen, jedoch noch nicht erfüllt (str, vgl → § 929 Rn. 35; wichtig für § 103 InsO). Er ist bis zum Zeitpunkt des Bedingungseintritts (→ Rn. 5) Eigentümer der Kaufsache. ein Herausgabeanspruch gem § 985 ist jedoch ausgeschlossen, weil der VKäufer aus dem Kaufvertrag (§ 433 I 1) ein Recht zum Besitz nach § 986 hat. *Herausgabe* setzt Rücktritt voraus (II, → Rn. 12 [aa]); bloßer Zahlungsverzug genügt nicht. Bei Formmangel iSv → Rn. 6 wird der Verbraucher abw von § 449 unbedingt Eigentümer (Folge von §§ 506 I, III, 494 VI 2, 507; s. Bülow NJW 1991,
10 129, 131), sofern kein einseitiger EV (→ Rn. 7) vorliegt. **b)** Der **VKäufer** ist zum Besitz (→ § 929 Rn. 59 f.) und zur Nutzung der Sache berechtigt (§ 446 S. 2), uU auch zur Weiterveräußerung „im ordentlichen Geschäftsverkehr" ermächtigt (dazu

BGHZ 104, 129, 133 ff.; 106, 1, 4; verlängerter EV, vgl → § 929 Rn. 28 ff.); ihn trifft eine vertragliche Sorgfalts- und Aufbewahrungspflicht (vgl BGH NJW 1961, 1252, 1253).

4. Leistungsstörungen. a) Zufälliger Untergang (zufällige Verschlechterung) nach Übergabe der Kaufsache lässt Kaufpreisanspruch des VVerkäufers unberührt (§ 446 S. 1; sa § 434 I 1 1). **b)** Rechte des VVerkäufers bei **Zahlungsverzögerung** des VKäufers mit der Kaufpreisschuld (oder einer erfüllungshalber [§ 364 II] übernommenen Zahlungsverpflichtung [BGHZ 96, 182, 194]): **aa) Rücktritt** vom Kaufvertrag; Voraussetzungen sind Fristsetzung und erfolgloser Fristablauf nach § 323 I (entbehrlich nur gem §§ 323 II, 440); nicht jedoch Vertretenmüssen oder gar Verzug. Das ges Fristerfordernis ist (nicht bei Teilzahlungsgeschäften gem §§ 506 I, III, 508 S. 1, 498 I Nr. 2 iVm 512 S. 1) individualvertraglich abdingbar; in AGB schließen §§ 307 I 1, II Nr. 1 und § 309 Nr. 4 dies aus (BGH NJW-RR 2008, 818, 821), wegen § 310 I 2 auch im unternehmerischen Geschäftsverkehr (aA 14. Aufl.; Schulze/Kienle NJW 2002, 2842, 2843). – Rechtsfolgen: VVerkäufer hat Anspruch auf Rückgabe der Kaufsache gem § 346 I und § 985, Besitzrecht des VKäufers entfällt (BGHZ 96, 182, 187; ie → § 929 Rn. 36, 59 f.). Beim **Teilzahlungskauf** iSv § 506 III, 507 müssen abw von § 323 I auch die Rücktrittsvoraussetzungen gem §§ 508 S. 1, 498 vorliegen; in der Rücknahme der Sache liegt idR ein Rücktritt (§ 508 S. 5). Anspruch auf Nutzungsvergütung: §§ 346 I Hs. 2, 347 I 1, 987 (§ 347 I 2 greift nur bei Rücktritt des Verkäufers; unklar MüKoBGB/Westermann Rn. 31); Schranken: § 508 S. 4; sa § 309 Nr. 5, 6. **bb)** Statt (oder neben, § 325) Rücktritt kann der VVerkäufer unter den Voraussetzungen des § 281 I **Schadensersatz statt der Leistung** verlangen. **cc)** Dagegen berechtigt gem **II** allein der erfolglose Ablauf einer dem VKäufer gesetzten Frist zur Zahlung als solcher **nicht** zur einstw **Rückforderung** der Kaufsache bei Bestehenbleiben des Kaufvertrags; anders nur bei bes Vereinbarung (in AGB aber bedenklich; offen lassend BGHZ 96, 182, 189 mN; ie → § 929 Rn. 59), soweit § 508 S. 5 nicht entgegensteht. **dd)** Ist die Kaufpreisforderung **verjährt,** kann der VVerkäufer gleichwohl gem § 216 II 2 zurücktreten; VKäufer kann sich nicht auf § 218 I 1 berufen (§ 218 I 3). **c) Vertragswidriger Gebrauch** der Kaufsache gibt dem VVerkäufer ein Recht zum Rücktritt gem § 324; ggf kann Abmahnung erforderlich sein. Sicherungsinteresse des VVerkäufers ist unzumutbar beeinträchtigt, wenn der VKäufer die Kaufsache unsorgfältig behandelt oder vertragswidrig anderweitig veräußert.

11 / 12 / 13

5. EV im Insolvenzverfahren. a) Insolvenz des VVerkäufers. Der VKäufer kann Erfüllung verlangen (§ 107 I); der Insolvenzverwalter kann nicht durch Ablehnung der Erfüllung des Kaufvertrags das Anwartschaftsrecht beseitigen. **b) Insolvenz des VKäufers.** Der Insolvenzverwalter hat bis zur vollständigen Kaufpreiszahlung das Wahlrecht gem § 103 InsO, das innerhalb der in § 107 II InsO genannten Frist auszuüben ist; näher → § 929 Rn. 41, 56. 14

§ 450 Ausgeschlossene Käufer bei bestimmten Verkäufen

(1) **Bei einem Verkauf im Wege der Zwangsvollstreckung dürfen der mit der Vornahme oder Leitung des Verkaufs Beauftragte und die von ihm zugezogenen Gehilfen einschließlich des Protokollführers den zu verkaufenden Gegenstand weder für sich persönlich oder durch einen anderen noch als Vertreter eines anderen kaufen.**

(2) **Absatz 1 gilt auch bei einem Verkauf außerhalb der Zwangsvollstreckung, wenn der Auftrag zu dem Verkauf auf Grund einer gesetzlichen Vorschrift erteilt worden ist, die den Auftraggeber ermächtigt, den Gegenstand für Rechnung eines anderen verkaufen zu lassen, insbesondere in den Fällen des Pfandverkaufs und des in den §§ 383 und 385 zugelassenen Verkaufs, sowie bei einem Verkauf aus einer Insolvenzmasse.**

§ 451 Kauf durch ausgeschlossenen Käufer

(1) [1]**Die Wirksamkeit eines dem § 450 zuwider erfolgten Kaufs und der Übertragung des gekauften Gegenstandes hängt von der Zustimmung der bei dem Verkauf als Schuldner, Eigentümer oder Gläubiger Beteiligten ab.** [2]**Fordert der Käufer einen Beteiligten zur Erklärung über die Genehmigung auf, so findet § 177 Abs. 2 entsprechende Anwendung.**

(2) **Wird infolge der Verweigerung der Genehmigung ein neuer Verkauf vorgenommen, so hat der frühere Käufer für die Kosten des neuen Verkaufs sowie für einen Mindererlös aufzukommen.**

Anmerkungen zu den §§ 450, 451

1 **1. Ausgeschlossene Käufer (§ 450). a) Bedeutung.** Sicherung der Unparteilichkeit des Verfahrens insbes bei öffentl Versteigerung und Pfandverkauf. **b)** Der **Anwendungsbereich** des **§ 450 I** umfasst die Fälle der §§ 814–817a, 821, 844, 857, 866 I ZPO; die (abschließende) Erweiterung des **§ 450 II** erfasst die Fälle der §§ 383, 385, 753, 966, 979, 983, 1003, 1219, 1221, 1228 ff., 2022, 2042; §§ 368, 371, 376, 379, 388, 391 HGB; §§ 159 ff. InsO. Das Erwerbsverbot gilt nicht für freiwillige Versteigerungen oder sonstige Verwertungshandlungen des Insolvenzverwalters (BGHZ 113, 262, 273). **Ähnliche Verbote** enthalten § 34b VI GewO; §§ 20 III iVm 16 BNotO. **c)** Verbot des § 450 wendet sich ausschließlich an die unmittelbar am Verkauf der Sache beteiligten Personen (Richter, Rechtspfleger, Gerichtsvollzieher; s. § 1 ZVG, §§ 814, 825 ZPO), deren Hilfspersonen und Vertreter (OLGR Köln 2004, 406, 408).

2 **2. Rechtsfolgen eines Verstoßes (§ 451). a)** Kauf und Übereignung sind bis zur Zustimmung aller Beteiligten (oder deren Verweigerung) schwebend unwirksam (§ 451 I 1), nicht nichtig (Einschränkung von § 134). § 181 bleibt daneben anwendbar (RGZ 56, 104, 108). Über § 177 II kann nur der Erwerber die Erklärung über die Genehmigung herbeiführen (§ 451 I 2). Dieser ist bis zur Entscheidung gebunden. **b)** Der Käufer haftet ohne Verschulden nach Maßg des § 451 II kraft Ges, bei Verschulden uU gem § 823 II (§ 450 ist SchutzGes).

§ 452 Schiffskauf

Die Vorschriften dieses Untertitels über den Kauf von Grundstücken finden auf den Kauf von eingetragenen Schiffen und Schiffsbauwerken entsprechende Anwendung.

a) Allgemeines. Das Schiffsregister (SchRegO) nimmt ähnliche Funktionen wahr wie das Grundbuch. § 452 ordnet daher die entspr Anwendung der Bestimmungen über den Grundstückskauf auf den Kauf von eingetragenen Schiffen und Schiffsbauwerken (insbes Docks) an. Nicht eingetragene Schiffe und Schiffsbauwerke werden wie bewegliche Sachen behandelt. **b) Bedeutung** für §§ 435 S. 2, 436, 438 I Nr. 1b, 448. – Übereignung §§ 2, 3 SchiffsRG, § 929a BGB.

§ 453 Rechtskauf; Verbrauchervertrag über den Kauf digitaler Inhalte

(1) [1]**Die Vorschriften über den Kauf von Sachen finden auf den Kauf von Rechten und sonstigen Gegenständen entsprechende Anwendung.** [2]**Auf einen Verbrauchervertrag über den Verkauf digitaler Inhalte durch einen Unternehmer sind die folgenden Vorschriften nicht anzuwenden:**
1. **§ 433 Absatz 1 Satz 1 und § 475 Absatz 1 über die Übergabe der Kaufsache und die Leistungszeit sowie**
2. **§ 433 Absatz 1 Satz 2, die §§ 434 bis 442, 475 Absatz 3 Satz 1, Absatz 4 bis 6 und die §§ 476 und 477 über die Rechte bei Mängeln.**

[3]An die Stelle der nach Satz 2 nicht anzuwendenden Vorschriften treten die Vorschriften des Abschnitts 3 Titel 2a Untertitel 1.

(2) **Der Verkäufer trägt die Kosten der Begründung und Übertragung des Rechts.**

(3) **Ist ein Recht verkauft, das zum Besitz einer Sache berechtigt, so ist der Verkäufer verpflichtet, dem Käufer die Sache frei von Sach- und Rechtsmängeln zu übergeben.**

Lit.: Eidenmüller, Rechtskauf und Unternehmenskauf, ZGS 2002, 290; Haedicke, Die Gewährleistungshaftung bei Patentveräußerungs- und Patentlizenzverträgen und das neue Schuldrecht, GRUR 2004, 123; Hauck, Gebrauchthandel mit digitalen Gütern, NJW 2014, 3616; U. Huber, Die Praxis des Unternehmenskaufs im System des Kaufrechts, AcP 202, 179; Korch, Der Unternehmenskauf, JuS 2018, 521; Pahlow, Grundfragen der Gewährleistung beim Rechtskauf, JA 2006, 385; Palzer, Grundfragen des Unternehmenskaufs …, Jura 2011, 917; Weller, Sachmängelhaftung beim Unternehmenskauf, FS Maier-Reimer, 2010, 839; Zimmermann, Die Sachmängelgewährleistung beim Rechtskauf, AcP 213, 652.

1. Bedeutung. Zur Systematik → Vor §§ 433–480, Rn. 1. Nach **I** sind die Bestimmungen über den Sachkauf (§§ 433–451) beim Kauf von Rechten (→ Rn. 2 ff.) und sonstigen Gegenständen (→ Rn. 11 ff.) entspr anwendbar, ergänzt in II für Kostentragung und III für die Reichweite des Gewährleistungsrechts sowie modifiziert in I 2 (mWv 1.1.2022) für Verbraucherverträge über digitale Inhalte). Voraussetzung ist stets ein Kaufvertrag (→ § 433 Rn. 5 ff.). 1

2. Rechtskauf. a) Begriff. Rechtskauf ist ein Kaufvertrag, der ein oder mehrere Rechte zum Gegenstand hat. Als Rechte kommen alle subjektiven übertragbaren Rechte (Ansprüche, Gestaltungsrechte) in Betracht. Bsp: Forderungen, auch beim echten Factoring (→ § 398 Rn. 30); Anwartschafts-, Grundpfand-, Erbbaurechte (BGHZ 111, 214, 217); Benutzungsrechte (BGHZ 125, 218, 227 ff.; sa § 481 für Teilzeitwohnrechte); Rechte auf Teilnahme an einer Veranstaltung (BGH, Urt. v. 13.7.2022 – VIII ZR 329/21 –, juris, Rn. 19 f.; zur Eintrittskarte → § 807 Rn. 2), gewerbliche Schutzrechte (insbes Patent, Geschmacksmuster, Marke, → Rn. 18), Lizenzen und urheberrechtliche Nutzungsrechte (s. §§ 34, 31 UrhG); Verlagsrechte (nach VerlG); Internet-Domains; Gesellschaftsanteile (zum Erwerb sämtlicher Anteile einer Gesellschaft → Rn. 12); Wertpapiere (→ Rn. 17); zur Wechseldiskontierung vgl BGHZ 19, 282, 292. Gegenstand des Rechtskaufs können auch dem Verkäufer (noch) nicht zustehende Rechte und bloße Erwerbschancen sein; Bsp: Schutzrechtsanmeldungen (s. BGHZ 83, 283, 287); auch öffentl-rechtliche Rechtsposition, zB Konzessionen. **Nicht:** Besitz (wohl aber Wohnbesitz; iÜ ist entgeltliche Besitzübertragung Miete oder Pacht), höchstpersönliche, idR nicht übertragbare Rechte, zB Namensrecht (§ 12); Urheberrecht (§ 29 I UrhG), wegen Firma (§§ 17, 22 ff. HGB) vgl → Rn. 13. Kein Forderungskauf (sondern § 780) liegt auch dem Vertragsverhältnis zwischen Kreditkartenunternehmen und ihren Vertragsunternehmen zugrunde (BGH ZIP 2002, 974; abw BGH NJW 1990, 2880, 2881). **b) Ver-** 3
käuferpflichten. §§ 433 ff. gelten gem I entspr. **aa)** Den Verkäufer trifft aus § 433 I die Pflicht, dem Käufer das verkaufte Recht nach den jeweiligen Bestimmungen für die Übertragung des verkauften Rechts (insbes §§ 413, 398) voll und uneingeschränkt zu **verschaffen.** Rechtsübertragung erfolgt grundsätzlich durch formlose (abstrakte) Einigung (§§ 398, 413). Ausnahmen: § 1154; § 15 III GmbHG. Soweit keine bes Form vorgeschrieben ist, wird die Einigung über den Rechtsübergang idR faktisch mit dem Abschluss des Kaufvertrags zusammenfallen. Mit gutgl Erwerb (§ 892, § 16 WG) ist Rechtsverschaffungspflicht erfüllt. Kann das verkaufte Recht seiner Art nach überhaupt nicht entstehen (vgl BGH NJW-RR 1990, 817, 819) oder übertragen werden (OLG Schleswig NJW-RR 1995, 554 [Stückelungsverbot bei GmbH-Anteilsübertragung]), gilt § 311a II. Nach dem dispositiven **II** trägt der Verkäufer (teilw abw von § 448 I; § 448 II betrifft den Kaufvertrag) die Kosten der Rechtsbegründung und -übertragung; dazu zählen insbes Beurkundungskosten. Nebenleistungspflichten des Verkäufers s. insbes §§ 402, 413. – Berechtigt das Recht

zum **Sachbesitz** (s. III), ist auch die Sache zu übergeben. Bsp: Nießbrauch (§ 1036); dingl Wohnrecht (§ 1093); Erbbaurecht (§ 1 ErbbauRG); Dauerwohnrecht (§ 31
4 WEG); Teilzeitwohnrecht (→ § 481 Rn. 3); Pachtrecht. **bb) aaa)** Ein **Rechtsmangel** (§§ 453 I, 435) liegt vor, wenn das verkaufte Recht nicht besteht (Verität; MüKoBGB/Westermann Rn. 10; aA Eidenmüller NJW 2002, 1625, 1626; BeckOK/Faust Rn. 12, 16); einem anderen als dem Verkäufer zusteht; einen anderen als den vereinbarten Inhalt hat; nicht in der vereinbarten Höhe besteht oder übertragen (§ 434 II 2, III 2 [„Menge"] analog) wurde; im Einzelfall – insbes gem §§ 413, 399 Fall 2 – nicht übertragbar ist (bei ges Unübertragbarkeit → Rn. 18) oder seinerseits mit Rechten Dritter (auch Beschlagnahme der Forderung [BGH NJW 1963, 1971]) belastet ist; ferner: Bestehen von Einreden gem § 404 (zB Verjährung), Gegenrechten (Anfechtung, Aufrechnung) oder Bedingungen. **bbb) Nicht** dagegen: Güte, wirtschaftliche Brauch- und Verwertbarkeit des Rechts, die Einbringlichkeit einer Forderung, insbes die Zahlungsfähigkeit des Schuldners (Bonität; → Rn. 5 f.); der Zustand der Sache, auf die sich das Recht bezieht; Bsp: Grundstück bei Verkauf von Grundschuld. Beim Anteilskauf (→ Rn. 16) Haftung *nicht* für den Wert des Anteils sowie Mängel des von der Gesellschaft betriebenen Unternehmens (so BGH NJW 1980, 2408, 2409 für Überschuldung der Gesellschaft), nur dafür, dass der Anteil in entspr Größe und die Gesellschaft bestehen und diese nicht in
5 Liquidation ist (RGZ 99, 217, 218). **ccc) Vertragsgestaltung:** Nicht selten übernehmen Verkäufer eines Rechts bes **Garantien** für dessen Bestand und Mangelfreiheit (→ § 444 Rn. 13). Häufig garantiert der Verkäufer auch die Haftung für die **Zahlungsfähigkeit** des Schuldners (Bonität) – ob nur für den Zeitpunkt der Abtretung (vgl § 438 aF) ist Auslegungsfrage – oder gar den Eingang der Zahlung. Sie ist Nebenabrede zum Kauf (nicht Bürgschaft); Einordnung: Beschaffenheitsvereinbarung (§ 434 I 1) iVm § 276 I 1 oder bes Garantievertrag. (Auch konkludente) Vereinbarungen über **Verjährung(-sbeginn)** (I iVm § 438) können Bedeutung erlangen, wenn die Rechtsmängelhaftung der kurzen Verjährung des § 438 I Nr. 3 unterliegt, Rechtsmängel sich aber erst zu einem späteren Zeitpunkt zeigen (Westphalen WM 2001, 1837, 1842). Bsp: Verkauf und Abtretung einer erst in drei Jahren fälligen Forderung. **ddd) § 435 S. 2** gilt (über § 453 I) beim **Kauf von im Grundbuch eingetragenen** beschränkten dinglichen **Rechten** nur insoweit, als das zu Unrecht eingetragene Recht im Falle seines Bestehens das dem Käufer zu verschaffende Recht beeinträchtigen würde. Bsp: Zu löschen ist das zu Unrecht eingetragene Pfandrecht an der *erworbenen* Grundschuld, nicht das an anderen
6 Grundschulden. **cc) Sachmängel** treten auf, wenn das verkaufte Recht subjektive Anforderungen (§ 434 II Nr. 1 und Nr. 2) nicht erfüllt. Bsp: Die verkaufte Forderung ist entgegen der Vereinbarung nicht bei Fälligkeit verzinslich (Eidenmüller ZGS 2002, 290, 291); der Schuldner der Forderung ist bei Fälligkeit zahlungsunfähig. Eine „übliche Beschaffenheit" iSv § 434 III 1 Nr. 2 bezieht sich beim Rechtskauf auf die ges Ausgestaltung des Rechts (Eidenmüller ZGS 2002, 290, 291: entgegen § 271 nicht fällige Forderung), nicht aber auf den wirtschaftlichen Wert des Rechts, etwa die künftige Zahlungsfähigkeit des Schuldners. – Nach **III** hat der Verkäufer auch die Sache sachmangelfrei zu verschaffen, wenn das verkaufte Recht zum Sachbesitz berechtigt (Bsp → Rn. 3). Insoweit kann auch ein Fehlen „üblicher Beschaffenheit" mangelbegründend sein. Entspr anwendbar auf den Erwerb von Softwarelizenzen bei Mängeln des Computerprogramms. III findet keine Anwendung, wenn die verkaufte Forderung auf Herausgabe oder Leistung einer Sache gerichtet ist; der Verkäufer eines Auflassungsanspruchs haftet zB nicht für Mängel des Grundstücks. III greift ferner nicht, wenn ein zum verkauften Recht akzessorisches Sicherungsrecht zum Besitz berechtigt (Pfandrecht, Eidenmüller ZGS 2002, 290, 291; str). –
7 Gefahrtragung bzgl der Sache s. § 446. **dd) Rechte des Käufers bei Rechts- oder Sachmangel:** Über I gilt § 437 entspr. Der Rechtskäufer kann in erster Linie gem § 439 I Nacherfüllung verlangen: Das nicht bestehende Recht ist zu begründen bzw eine Belastung zu beseitigen. Nach erfolglosem Fristablauf ggf Rücktritt, Minderung und Schadensersatz statt der Leistung. Bestand das verkaufte Recht schon bei

Abschluss des Kaufvertrags nicht, Anspruch auf Schadensersatz statt der Leistung gem § 311a II. Eine stillschweigende Garantie des (Forderungs-)Verkäufers iSd § 276 I 1 ist nicht anzunehmen. Mängelrechte entfallen gem § 442 I, wenn Käufer den Mangel kennt. **Verjährung** gem § 438 I. Auch beim Rechtskauf (zum Sachkauf **8**
→ § 438 Rn. 3 ff.) gilt § 438 I Nr. 1a) entspr bei anderen als auf Herausgabe gerichteten dinglichen Rechten (einschr BeckOK/Faust § 438 Rn. 17); Bsp: Dem Verkäufer steht das verkaufte Patent (§ 9 PatG), die verkaufte Lizenz (§ 30 MarkenG) oder das verkaufte Nutzungsrecht (§§ 31 ff. UrhG) nicht zu, und der Käufer wird daher vom Rechtsinhaber auf Unterlassung usw in Anspruch genommen. **Beginn** der Verjährung: § 438 II ist beim Rechtskauf mangels Übergabe/Ablieferung nicht anwendbar. Maßgeblich ist die Übertragungshandlung (§§ 413, 398 S. 1). Bei III kann für *Mängel der Sache* auf § 438 II abgestellt werden, für *Rechtsmängel* auf Abtretung. **c) Käuferpflichten** (entspr § 433 II): Zahlung des Kaufpreises. Abnahme- **9**
pflicht betr Annahme des Angebots des Verkäufers auf Rechtsübertragung und (in den Fällen des III) Abnahme der Sache. **d) Kosten** der Rechtsbegründung und **10**
-übertragung trägt gem **II** der Verkäufer; ist Sache zu übergeben, s. § 448 I Fall 1. Kosten der Rechtsübertragung bei Kauf von Rechten an Grundstücken s. § 448 II, der gem I anwendbar ist (BT-Drs. 14/6040, 241).

3. Kauf sonstiger Gegenstände. a) Bedeutung: Auffangfunktion; auch bei **11**
nicht als Sache oder Recht zu qualifizierendem Kaufgegenstand finden §§ 433 ff. entspr Anwendung; die Verschaffungspflicht richtet sich nach dem jeweiligen Kaufgegenstand (→ Rn. 3, 13, 16; § 157 BGB). **b)** Die Sachqualität fehlt (→ Vor § 90 Rn. 4) mangels Abgrenzbarkeit bei über Rohrleitungen geliefertem **Wasser** und **Gas;** mangels Körperlichkeit bei elektrischer **Energie** (s. BGH NJW-RR 1994, 175, 177) und **Wärme** (im Tarifkundenbereich gelten AVB); beim Erwerb von **Blockchain-basierten „Zahlungsmitteln" wie Bitcoins,** während der Erwerb von Waren gegen Bitcoins unter § 480 fällt (Möslein/Omlor, FinTech-Handbuch, 2. Aufl. 2021, § 33 Rn. 26); bei **immateriellen Gütern** wie unternehmerisches Know-how, Geheimverfahren, nicht patentierte Erfindungen, Geschäftsideen, Erwerbs- und Gewinnchancen. **c)** Zu den „sonstigen Gegenständen", auf die nach I 1 grundsätzlich §§ 433 ff. Anwendung finden, zählen auch **digitale Inhalte** (§ 327 II 1, → § 327 Rn. 2), also Daten wie Software, Video-, Audio- und Musikdateien, digitale Spiele, elektronische Publikationen und Applikationen für mobile Endgeräte (Apps) (BT-Drs. 19/27653, 38 f.). Handelt es sich um einen Verbrauchervertrag (§ 310 III) über den Verkauf digitaler Inhalte durch einen Unternehmer, nimmt **I 2** Bestimmungen über die Übergabe, die Leistungszeit und die Mängelrechte von der Verweisung in I 1 aus; es gelten an ihrer Stelle §§ 327, 327b, §§ 327d–327g, §§ 327i–327n (BT-Drs. 19/27653, 82). Zu §§ 445a, 445b s. § 445c.

4. Unternehmenskauf. a) Begriff. Unternehmen ist ein Inbegriff von Sachen, **12**
Rechten und sonstigen Gütern (Geschäfts- und Kundenbeziehungen, Goodwill). Gegenstand des Kaufs können der Inbegriff aller Wirtschaftsgüter des Unternehmens oder Betriebsteils sein („asset deal", BGH NJW 2013, 1083 Rn. 16; → Rn. 13), aber auch – wenn das Unternehmen in der Rechtsform einer Gesellschaft betrieben wird – die Gesellschaftsanteile („share deal"; → Rn. 16). **b) aa)** Beim **Kauf des** **13**
Unternehmens als **Inbegriff** von Sachen, Rechten und sonstigen Gütern erfolgt die **Verschaffung** iSv § 433 I nach den für den jeweiligen Gegenstand geltenden Regeln. Zur „Übergabe" gehört auch die Einweisung in die Geschäftsführung (BGHZ 138, 195, 205), Mitteilung des Kundenstamms, Empfehlung an diesen (RGZ 163, 311; BGHZ 16, 71, 77). Ist die Firma (§ 17 HGB) mit verkauft (nicht notwendig bei vertraglicher Übertragung des Handelsgeschäfts, BGH NJW 1994, 2025, 2026), hat ihr bish Inhaber gem § 22 HGB in die Fortführung einzuwilligen. Wird das Geschäft in gemieteten Räumen betrieben, hat der Verkäufer auf den Vermieter einzuwirken, den Mietvertrag mit dem Käufer fortzusetzen (BGH NJW 1970, 556). Als Nebenpflicht trifft den Verkäufer vielfach ein Wettbewerbsverbot.
bb) Als **Mangel** des Kaufgegenstandes „Unternehmen" kommen nach § 434 I 2 in **14**

Frage: **aaa)** Substratmängel; Bsp: Fehlen von Betriebsmitteln, insbes Fehlbestand an technischer Ausrüstung (BGH NJW 1979, 33 [erheblicher Fehlbestand an Gerüsten bei Gerüstbauunternehmen]); fehlendes Eigentum am Betriebsgrundstück (s. Soergel/Huber § 459 Rn. 269); Sicherungsübereignung des Betriebsvermögens an Dritte (BGH NJW 1969, 184). Ein Sachmangel eines einzelnen mitübertragenen Gegenstandes (Bsp: defekte Maschine) begründet aber einen Mangel des Unternehmens nur, soweit er auf dessen Wert oder Funktionstauglichkeit „durchschlägt" (BGH NJW 1995, 1547, 1548 f. mN, OLG Köln ZIP 2009, 2063, 2065; Korch, JuS 2018, 521, 523). **bbb)** Fehlen vorausgesetzter wertbestimmender Eigenschaften. Bsp: geschäftlicher Ruf (RGZ 67, 86: Absteigequartier; sa BGH NJW 1992, 2564,
15 2565). **cc)** Nach stRspr zu § 459 aF begründeten **Falschangaben des Verkäufers** zu Umsatz und Gewinn *keinen* Fehler des Unternehmens (zuletzt BGH NJW-RR 1996, 429 mN). Dieser enge Fehlerbegriff diente dazu, §§ 459 ff., 477 aF „auszuweichen" und die Haftung des Verkäufers nach cic zu begründen (Lorenz/Riehm Rn. 575 ff.; ie Müller WM 2017, 981, 985 ff.). Diese Rspr sollte aufgegeben werden (Weitnauer NJW 2002, 2511, 2513). Angaben des Verkäufers zu Umsatz, Ertrag, Gewinn- und Verlustrechnung, Bilanz usw bestimmen als Beschaffenheitsvereinbarung (→ § 434 Rn. 7) die Sollbeschaffenheit, wenn sie ausdr Inhalt des Kaufvertrags – durch Bezugnahme auf die Bilanz – geworden sind (aA Grigoleit/Herresthal JZ 2003, 118, 125: nur physische Merkmale von Sachen). Eine konkludente Beschaffenheitsvereinbarung liegt nur selten vor, die Einsichtnahme in Unterlagen im Rahmen der *due diligence* (dazu U. Huber AcP 202, 179, 193) genügt nicht (Weitnauer NJW 2002, 2511, 2514). Erweisen sich die vereinbarten Angaben als unzutreffend, kommt eine Schadensersatzhaftung auf das Erfüllungsinteresse gem §§ 453 I, 434 I 1, 437 Nr. 3, 280 in Betracht. Der Verkäufer muss sich das Verschulden eines Steuerberaters oder Wirtschaftsprüfers bei der Bilanzerstellung nach § 278 zurechnen lassen (BGH DB 1976, 38). Falschangaben bei Vertragsverhandlungen lösen eine auf das negative Interesse gerichtete Haftung gem §§ 280 I, 311 II, 241 II (cic) aus, wenn die mitgeteilten Umstände nicht in eine Beschaffenheitsvereinbarung einfließen. Die Abgrenzung ist schwierig. In der Praxis haben **Garantieerklärungen** eine große Bedeutung (zur Vertragsgestaltung U. Huber AcP 202, 179, 204 ff.; Weitnauer NJW 2002, 2511, 2515; Bisle DStR 2013, 364, 365). In deren Rahmen
16 kann die Haftung trotz § 444 Fall 2 eingegrenzt werden (→ § 444 Rn. 13). **c)** Der **Kauf von Anteilen** an der unternehmenstragenden Gesellschaft ist Rechtskauf. Die Erfüllung der Verkaufspflichten erfolgt durch Verfügung, deren Voraussetzungen sich nach dem jeweiligen Anteil richten (zB § 15 III GmbHG). Sind nur *wenige Anteile* verkauft (Bsp: Kauf einzelner Aktien), begründen Mängel am „Substrat" des Unternehmens keinen Mangel des Anteils (BGH NJW 2019, 145 Rn. 38: Überschuldung kein Rechtsmangel), es sei denn, es wurden bes Garantien gegeben. Den Verkäufer treffen gesteigerte Aufklärungspflichten über die wirtschaftliche Tragweite des Geschäfts (BGH NJW 2001, 2163, 2164 [drohende oder eingetretene Zahlungsunfähigkeit]; dazu Louven BB 2001, 2390). Beim Kauf *sämtlicher Anteile* wirken sich Substratmängel des Unternehmens auf die Anteile aus: Der Verkäufer haftet wie beim *asset deal* (→ Rn. 13; BGH NJW 2019, 145 Rn. 23). Dafür genügt es, dass der Käufer die eine volle Beherrschung des Unternehmens sichernde, weit überwiegende Mehrzahl der Anteilsrechte erwirbt und der Wille der Parteien auf einen Verkauf des Unternehmens gerichtet ist (BGHZ 65, 246, 251); umstr ist, ob hierfür uU auch die Verschaffung einer qualifizierten Mehrheitsbeteiligung (zB ab 75%) genügt (abl BGHZ 65, 246, 248 ff. zu 459 aF); bereits erworbene Anteile sind dabei zu berücksichtigen (BGH NJW 2019, 145 Rn. 29).

17 **5. Wertpapierkauf.** Zum Begriff → § 793 Rn. 5 ff. Der Wertpapierkauf ist primär Rechts-, daneben uU (bei Inhaber- und Orderpapieren) zugleich Sachkauf (so § 381 I HGB). Diskontgeschäft (Ankauf von Wechseln und Schecks) ist idR Rechtskauf, Kauf ausländischer Banknoten idR Sachkauf (RGZ 108, 279, 280). Der Verkäufer haftet auch dafür, dass das Wertpapier nicht zum Zwecke der Kraftloserklärung aufgeboten (§ 434 II FamFG) ist (BeckOK/Faust Rn. 11); nicht für Börsenkurs und -fähigkeit, künftige Dividende.

6. Kauf von Immaterialgüterrechten und Lizenzen. a) Einordnung. Verpflichtet sich der Inhaber eines Immaterialgüterrechts (zB: Patent, Marke, Design) zur **vollständigen Rechtsübertragung** gegen ein Entgelt, liegt ein Rechtskauf (→ Rn. 2) vor (Haedicke GRUR 2004, 123, 124; Hauck NJW 2014, 3616). Kaufrecht findet auch Anwendung auf den Erwerb **ausschließlicher Lizenzen** an diesen Rechten und ausschließlicher urheberrechtlicher Nutzungsrechte (§ 31 UrhG; das Urheberrecht selbst ist unübertragbar, § 29 I UrhG). Für **einfache Lizenzen** und einfache Nutzungsrechte gilt hingegen Pachtrecht („Rechtspacht"; → § 581 Rn. 2; Erman/Grunewald Vor § 433 Rn. 14). Da ein Typenzwang (→ Vor § 854 Rn. 3) im Immaterialgüterrecht nicht anerkannt ist, können die Beteiligten „Mischtypen" 18
vereinbaren (→ § 311 Rn. 30 ff.). **b) Bedeutung** hat die Einordnung insbes für das 19
Gewährleistungsrecht. Zu beachten ist ferner, dass ein Pachtvertrag ein Dauerschuldverhältnis (→ § 311 Rn. 14) begründet.

Untertitel 2. Besondere Arten des Kaufs

Kapitel 1. Kauf auf Probe

§ 454 Zustandekommen des Kaufvertrags

(1) [1]**Bei einem Kauf auf Probe oder auf Besichtigung steht die Billigung des gekauften Gegenstandes im Belieben des Käufers.** [2]**Der Kauf ist im Zweifel unter der aufschiebenden Bedingung der Billigung geschlossen.**

(2) **Der Verkäufer ist verpflichtet, dem Käufer die Untersuchung des Gegenstandes zu gestatten.**

§ 455 Billigungsfrist

[1]**Die Billigung eines auf Probe oder auf Besichtigung gekauften Gegenstandes kann nur innerhalb der vereinbarten Frist und in Ermangelung einer solchen nur bis zum Ablauf einer dem Käufer von dem Verkäufer bestimmten angemessenen Frist erklärt werden.** [2]**War die Sache dem Käufer zum Zwecke der Probe oder der Besichtigung übergeben, so gilt sein Schweigen als Billigung.**

Anmerkungen zu den §§ 454, 455

1 **1. Allgemeines. a) Begriff: Kauf auf Probe** oder **auf Besichtigung** ist ein Vertragsschluss iSd §§ 433 ff., dessen Wirksamkeit durch die ins freie Belieben des Käufers gestellte Billigung oder Missbilligung des Kaufgegenstandes aufschiebend oder auflösend bedingt ist. Bsp: Bestellung im Versandhandel mit Rückgaberecht (*OLG Bamberg* NJW 1987, 1644; ie Schildt JR 1995, 89, 93 ff.). **b) Bedeutung:** § 454 I 2 ist Auslegungsregel („iZw") für aufschiebende Bedingung; es gilt § 158, uU auch §§ 159, 162 I (→ Rn. 9 ff.). § 455 erleichtert die Beendigung des Schwebezustandes (→ Rn. 6 [bb]). **c) Abgrenzung. aa) Kauf mit Umtauschberechti-** 2
gung ist ein für beide Teile sofort bindender Kaufabschluss (BGHZ 73, 355, 360 f.; ie Muscheler BB 1986, 2279, 2281 f. mN). Der Käufer ist aber befugt, innerhalb angemessener Frist gegen Rückgabe des unversehrten Kaufgegenstandes einen anderen zu verlangen (→ § 346 Rn. 1). **bb)** Beim **Erprobungskauf** ist die Billigung 3
nicht ins freie Belieben des Käufers gestellt, sondern die Missbilligung nur unter bestimmten nachprüfbaren Voraussetzungen zulässig (BGH WM 1970, 877, 878); Bsp: Ankaufsuntersuchung (OLG Köln NJW-RR 1995, 113); → Rn. 4 (ee).

4 **cc) „Kauf zur Probe":** Gewöhnlicher Kaufvertrag, bei dem der Käufer unverbindlich den Beweggrund äußert, bei Gefallen der Ware mehr davon zu kaufen. **dd) Kauf nach Besichtigung** (wie besehen): → § 444 Rn. 7. **ee)** Beim lediglich den **Verkäufer bindenden Vertragsangebot** (dazu RGZ 104, 275, 276) fehlt es (noch) an einer Einigung (→ Rn. 1); desgl bei **Erprobung** im Hinblick auf noch abzuschließenden Kaufvertrag (s. BGHZ 119, 35, 37, 39).

5 **2. Voraussetzungen. a) Einigung** iSv → Rn. 1 (a), ggf formbedürftig. **Rechtsnatur** str: Nach hM iZw (→ Rn. 1 [b]) aufschiebend bedingter Kauf (so KG NJW 1974, 1954; OLG Hamm BB 1995, 1925 f.), bedenklich; im Hinblick auf die fehlende Bindung des Käufers (→ Rn. 1) liegt noch kein beiderseits bindender Vertrag vor (ebenso Larenz, SchR II/1, § 44 I; offen BGHZ 119, 35, 38; → § 158 Rn. 4). Immerhin besteht aber ein Schuldverhältnis ohne kaufvertragliche Hauptleistungspflichten iSd § 311 II, das auch den Käufer gem § 241 II zur Sorgfalt verpflichtet; §§ 276, 278 gelten (so auch BGHZ 119, 35, 39); der Käufer hat ein selbstständig erzwingbares **Untersuchungsrecht** (§ 454 II; dazu RGZ 93, 254).
6 **b) Billigung** (Unterlassen der Missbilligung). **aa) Rechtsnatur.** Nicht nur auf den Gegenstand als solchen bezogene rein tatsächliche Willenskundgebung, sondern auf die Herbeiführung der Rechtsfolgen des Vertrags gerichtete rechtsgeschäftliche Willenserklärung (hM, → Rn. 5). **bb) Erklärung** (stets formlos, vgl §§ 182 II, 456 I 2). Zugang (§ 130) innerhalb der vertraglich vereinbarten, sonst vom Verkäufer gesetzten Frist (§ 455 S. 1). § 455 S. 2 setzt stets Übergabe der Kaufsache voraus (KG GRUR-RR 2011, 15, 16); Übergabe eines Musters genügt nicht.

7 **3. Rechtsfolgen. a) Gewährleistung.** Die Billigung enthält keinen Gewährleis-
8 tungsverzicht (RG JW 1912, 858), jedoch kann Fall des § 442 vorliegen. **b) Außerhalb von Geschäftsräumen geschlossene und Fernabsatzverträge** (§§ 312b, 312c). Widerrufsrecht aus §§ 312g I, 355 besteht unabhängig von § 454. Widerrufsfrist nach § 356 beginnt nicht vor Zeitpunkt, in dem Kaufvertrag durch Billigung
9 bindend wird (BGH NJW-RR 2004, 1058 zu § 312d aF). **c) Gefahrtragung. aa)** Beim **aufschiebend** bedingten Kauf auf Probe geht die Gefahr des zufälligen Untergangs nicht schon gem § 446 mit der Übergabe auf den Käufer über (Folge von → Rn. 5; → § 446 Rn. 5). Dieser kann auch nach dem Untergang der Sache seine Billigung verweigern und damit verhindern, dass ein ihn verpflichtender Kaufvertrag entsteht (Larenz, SchR II/1, § 44 I; Esser/Weyers § 10, Rn. 1). Ist Rückbeziehung iSv § 159 gewollt (Auslegungsfrage), gilt § 446, falls es zur Billigung kommt (BGH NJW 1975, 776, 778). **bb)** Beim **auflösend** bedingten Kauf auf Probe trägt, wenn Rückgabebezogenheit als vereinbart anzusehen ist, der Verkäufer, andernfalls
10 der Käufer die Gefahr des Untergangs der übergebenen Sache. **d) Versagt** der Käufer die Billigung, ergibt sich bei bereits erfolgter Übergabe der Sache ein Rückgabeanspruch des Verkäufers unmittelbar aus § 454, nicht aus § 812 I. Nutzungsersatz ist nicht geschuldet (OLG Schleswig NJW-RR 2000, 1656). **Schadensersatzansprüche** des Verkäufers wegen Verschlechterung oder Untergang der zurückzugebenden Sache folgen aus §§ 280 I, III, 281 bzw 283, ebenso
11 Ansprüche des Käufers bei Nichtandienung vertragsgemäßer Ware. **e) Kosten** der Besichtigung und Aufbewahrung trägt der Käufer; über Kosten der Rücksendung entscheidet Vertragsauslegung, uU Handelsbrauch (Grüneberg/Weidenkaff § 454 Rn. 12, aA MüKoBGB/Westermann § 454 Rn. 10: stets Käufer).

Kapitel 2. Wiederkauf

§ 456 Zustandekommen des Wiederkaufs

(1) [1]**Hat sich der Verkäufer in dem Kaufvertrag das Recht des Wiederkaufs vorbehalten, so kommt der Wiederkauf mit der Erklärung des Verkäufers**

gegenüber dem Käufer, dass er das Wiederkaufsrecht ausübe, zustande. [2]Die Erklärung bedarf nicht der für den Kaufvertrag bestimmten Form.

(2) **Der Preis, zu welchem verkauft worden ist, gilt im Zweifel auch für den Wiederkauf.**

Lit.: Benne, Erlöschen des Wiederkaufsrechts …, JA 1986, 239; Mayer-Maly, Beobachtungen und Gedanken zum Wiederkauf, FS Wieacker, 1978, 424; Stoppel, Das System des Wiederverkaufsrechts …, JZ 2007, 218.

1 **1. Allgemeines. a) Begriff. Wiederkauf** ist der vorbehaltene Rückkauf des verkauften Gegenstandes durch den Verkäufer. Die Parteien des Wiederkaufs entsprechen denen des vorangegangenen Kaufvertrags (Ausnahme bei § 328: → Rn. 5) mit umgekehrten Parteirollen (Wiederverkäufer ist der Käufer, Wiederkäufer der Verkäufer). Der Wiederkauf (→ Rn. 10 ff.) kommt zustande durch rechtzeitige Ausübung des wirksam vereinbarten (→ Rn. 5 f.) Wiederkaufsrechts (→ Rn. 7 ff.).
2 **b) Bedeutung. aa)** Der Wiederkaufsvorbehalt (→ Rn. 5 f.) gehört zu den **Optionsvereinbarungen** (dazu → § 463 Rn. 8). **bb) Sicherungszweck.** Durch die Form des Wiederkaufs lässt sich der gleiche Zweck erreichen wie durch Pfandbestellung oder EV. Nach § 34 IV GewO ist der gewerbsmäßige Ankauf beweglicher Sachen mit Gewährung des Rückkaufsrechts verboten.
3 **c) Abgrenzung. aa) Ges Wiederkaufsrechte** enthalten § 20 RSiedlG (Verhältnis zu §§ 456 ff.: BGHZ 103, 175, 180 ff.), § 21 RSiedlG; ähnliche Funktionen erfüllt der **Heimfallanspruch** nach § 36 I WEG; § 2 Nr. 4 ErbbauRG. **bb) Vorkaufsrecht:** → § 463 Rn. 1.
4 **cc) Ankaufsrecht:** → § 463 Rn. 5. **dd)** Beim **Wiederverkaufsrecht** ist der *Käufer* berechtigt, durch einseitige Erklärung eine Rückkaufsverpflichtung des Verkäufers zu begründen (I entspr) oder den Rückkauf zu verlangen (BGHZ 140, 218, 220); §§ 456 ff. gelten entspr (BGH NJW 2003, 2607, 2608; 2014, 2269 Rn. 50). Vertragliches Rückgaberecht kann als Wiederverkaufsrecht auszulegen sein (BGH NJW 2002, 506). Bsp: Eigenhändler (BGH NJW 1972, 1191), Leasinggeber gegenüber dem Hersteller (BGHZ 110, 183); Bauherr gegenüber dem Baubetreuer (vgl BGH NJW 1994, 1653). Auch hier gelten §§ 456 ff. entspr, nicht aber § 457 II (BGHZ 110, 183, 191 ff.; 140, 218, 221 f.; Ulbrich MDR 2006, 1263; str), stattdessen §§ 437 ff. (BGHZ 140, 218, 221 ff. [zu §§ 459 ff. aF]).

5 **2. Wiederkaufsvereinbarung (-vorbehalt). a) Abschluss und Inhalt.** Die Vereinbarung ist idR Nebenbestimmung des ursprünglichen Kaufvertrags, aber auch nachträglich als selbstständiger Vertrag möglich (RGZ 126, 308, 311; BGH NJW 2000, 1332 [gesonderte notarielle Urkunde]). In AGB uU unwirksam gem § 308 Nr. 3, gegenüber Unternehmer (§ 310 I 1) s. BGH NJW 2000, 1191, 1192 (zu § 9 AGBG). Sie begründet das **Gestaltungsrecht** des Verkäufers (sog **Wiederkaufsrecht**), durch einseitige Erklärung ein neues Kaufverhältnis zustande zu bringen, kraft dessen er vom Käufer Rückgabe und Rückübereignung des Kaufgegenstandes verlangen kann (Larenz, SchR II/1, § 44 II; Esser/Weyers § 10, Rn. 2, str; aA BGHZ 58, 78, 81; OLG Brandenburg Urteil v 29.9.2016, 5 U 108/14 – juris Rn. 198; Benne JA 1986, 239, 240 mN: bindender Abschluss eines durch Ausübung des Wiederkaufsrechts aufschiebend bedingten Rückkaufvertrages; vermittelnd *MüKoBGB/*Westermann Rn. 4). Sonstiger Inhalt: Festlegung der Bedingungen für Ausübung des Wiederkaufsrechts (zB Frist, vgl § 462 S. 2; Veräußerung an Dritten, vgl BGH NJW 1994, 3299) und den Wiederkauf selbst (zB Wiederkaufspreis, dazu → Rn. 11). Vereinbarung des Wiederkaufsrechts zugunsten eines Dritten ist möglich, §§ 328 ff.
6 **b) Form.** Die Wiederkaufsvereinbarung bedarf der für den entspr Kaufvertrag vorgeschriebenen Form (zB gem § 311b I), da die Entstehung des Wiederkaufsverhältnisses (→ Rn. 10 ff.) vom Willen des Käufers unabhängig ist (Larenz, SchR II/1, § 44 II; nach aA folgt das Formerfordernis aus der Rechtsnatur als aufschiebend bedingter Kauf, vgl → Rn. 5; BGH NJW 1973, 37). Mit Auflassung und Eintragung des Käufers erfolgt Heilung (§ 311b I 2), weil der formlos geschlossene Vertrag hierdurch seinem ganzen Inhalt nach gültig wird (BGH NJW

1975, 205, 206, str). Nicht formbedürftig ist die Verlängerung der Ausschlussfrist des § 462 (BGH NJW 1973, 37).

7 **3. Wiederkaufsrecht. a) Begründung:** → Rn. 5 f. **b) Ausübung.** Die **Wiederkaufserklärung** ist einseitige, empfangsbedürftige Willenserklärung; sie bedarf keiner Form (**I 2;** → § 464 Rn. 1), auch nicht bei Begründung einer Erwerbspflicht iSv § 311b I (hM, aA Wufka DNotZ 1990, 339, 350; Einsele DNotZ 1996, 835, 860 f.) oder bei Erklärung durch eine Gemeinde (BGHZ 29, 107); und kann innerhalb der Ausschlussfrist des § 462 (BGHZ 47, 387, 390) oder der vereinbarten (auch längeren: BGHZ 47, 387, 392; NJW 2011, 515 Rn. 8) Frist (vgl § 462 S. 2, dort → § 462 Rn. 1) jederzeit erfolgen. Anders als der durch Ausübung entstehende Anspruch (→ Rn. 8) unterliegt das Ausübungsrecht neben der Frist aus § 462 keiner Verjährung (BGH NJW 2012, 2504 Rn. 25). Gleichzeitiges Angebot des Wiederkaufspreises ist unnötig (LM Nr. 1 und 2). Ausübung durch mehrere: § 461.
8 **c) Rechtsfolgen.** Zustandekommen des – rein schuldrechtlichen – Wiederkaufsverhältnisses (→ Rn. 10 ff.). Ein **dinglich** wirkendes Wiederkaufsrecht ist dem BGB unbekannt; Umdeutung einer entspr Vereinbarung in eine schuldrechtliche Rückkaufsverpflichtung ist möglich (BGH JZ 1965, 215). Ist der Kaufgegenstand ein Grundstück, so kann der künftige Anspruch auf Rückübereignung durch eine **Vormerkung** (§ 883) gesichert werden (BGH NJW 1994, 3299; 2012, 2504 Rn. 19; Larenz, SchR II/1, § 44 II aE; → Rn. 12). Diese schützt aber nicht bei Mehrfach-
9 veräußerung (ie Benne JA 1986, 239, 243). **d) Übertragbarkeit.** Soweit nicht anders vereinbart, ist das Wiederkaufsrecht als Vermögensrecht vererblich und übertragbar (BGH NJW-RR 1991, 526, 527; krit Larenz, SchR II/1, § 44 II); es unterliegt der Zwangsvollstreckung, auch bei Ausschluss der Übertragbarkeit, § 399, § 851 II ZPO (MüKoBGB/Westermann Rn. 9).

10 **4. Wiederkauf.** Er ist das durch die Ausübung des Wiederkaufsrechts (→ Rn. 7 ff.) zustande gekommene Vertragsverhältnis iSd §§ 433 ff. (vgl **I 1 Hs. 2**). **a) Leistungspflichten. aa) Wiederverkäufer:** Eigentumsverschaffungspflicht (das meint § 457 mit „Herausgabe"); Umfang: Kaufgegenstand einschließ-
11 lich des Zubehörs (§§ 97, 98; § 459 S. 2 geht vor), nicht Nutzungen. **bb) Wiederkäufer:** Pflicht zur Zahlung des Wiederkaufspreises, der mangels abw Vereinbarung (→ Rn. 5) dem (unverzinsten) ursprünglichen Kaufpreis entspricht. War der vereinbarte Kaufpreis etwa zur Gebührenersparnis niedriger angesetzt als der tatsächlich gezahlte, ist gem § 117 II der empfangene Preis der Wiederkaufspreis nach II (Staudinger/Schermaier Rn. 20); zum Wiederkauf zum Schätzwert vgl § 460. Erfüllt der Wiederkäufer seine Pflichten nicht, kann Wiederverkäufer nach §§ 280, 323 vorgehen (BGH NJW 2000, 1332, 1333); tritt der Wiederverkäufer vom Wiederkaufsvertrag zurück, kann er die Rechte aus dem Kaufvertrag (§ 433 I) geltend machen (BGH NJW 2000, 1332). Werterhöhungen sind auszu-
12 gleichen, § 459 S. 1; Zurückbehaltungsrecht: → § 459 Rn. 1. **b) Haftung des Wiederverkäufers** für Sachmängel und Herausgabeunmöglichkeit bzw -unvermögen. Grundgedanken der dispositiven Sonderregelung gem §§ 457 II–460: Während der Schwebezeit hat der Käufer den Kaufgegenstand in seinem Zustand zu erhalten; er kann als Eigentümer über den Gegenstand verfügen (Schranke: § 883 II; vgl → Rn. 8), jedoch nur auf eigene Gefahr. Dem entspricht Verschuldenshaftung des Wiederverkäufers bei Untergang, Verschlechterung oder anderer wesentlicher Veränderung des Kaufgegenstandes (§ 457 II 1) und Garantiehaftung bei beeinträchtigenden Verfügungen (§ 458). Bei Zufallsschäden trägt der Eigentümer auch keine Preisgefahr (§ 457 II 2); vor Ausübung des Wiederkaufsrechts hat der Wiederkäufer keine Rechte aus §§ 437 ff. (OLG Frankfurt a. M. NJW 1988, 1329, 1331 [zu §§ 459 ff. aF]). Auch die Haftung für verschuldete Verschlechterung entfällt im Fall des § 460 S. 1; Grenze: § 826. Nach Ausübung des Wiederkaufsrechts gilt das gewöhnliche Kaufgewährleistungsrecht der §§ 437 ff. (Stoppel JZ 2007, 218, 225 ff.).

§ 457 Haftung des Wiederverkäufers

(1) Der Wiederverkäufer ist verpflichtet, dem Wiederkäufer den gekauften Gegenstand nebst Zubehör herauszugeben.

(2) [1]Hat der Wiederverkäufer vor der Ausübung des Wiederkaufsrechts eine Verschlechterung, den Untergang oder eine aus einem anderen Grund eingetretene Unmöglichkeit der Herausgabe des gekauften Gegenstandes verschuldet oder den Gegenstand wesentlich verändert, so ist er für den daraus entstehenden Schaden verantwortlich. [2]Ist der Gegenstand ohne Verschulden des Wiederverkäufers verschlechtert oder ist er nur unwesentlich verändert, so kann der Wiederkäufer Minderung des Kaufpreises nicht verlangen.

Vgl → § 456 Rn. 4 aE, 10, 12.

§ 458 Beseitigung von Rechten Dritter

[1]Hat der Wiederverkäufer vor der Ausübung des Wiederkaufsrechts über den gekauften Gegenstand verfügt, so ist er verpflichtet, die dadurch begründeten Rechte Dritter zu beseitigen. [2]Einer Verfügung des Wiederverkäufers steht eine Verfügung gleich, die im Wege der Zwangsvollstreckung oder der Arrestvollziehung oder durch den Insolvenzverwalter erfolgt.

§ 459 Ersatz von Verwendungen

[1]Der Wiederverkäufer kann für Verwendungen, die er auf den gekauften Gegenstand vor dem Wiederkauf gemacht hat, insoweit Ersatz verlangen, als der Wert des Gegenstandes durch die Verwendungen erhöht ist. [2]Eine Einrichtung, mit der er die herauszugebende Sache versehen hat, kann er wegnehmen.

Zurückbehaltungsrecht des Wiederverkäufers wegen Verwendungen: § 273 II und dort → § 273 Rn. 25. Es steht auch einem **Dritterwerber** gegenüber dem Anspruch des vormerkungsgesicherten (vgl → § 456 Rn. 8) Wiederkäufers aus § 888 zu (BGHZ 75, 288, 293 ff.).

§ 460 Wiederkauf zum Schätzungswert

Ist als Wiederkaufpreis der Schätzungswert vereinbart, den der gekaufte Gegenstand zur Zeit des Wiederkaufs hat, so ist der Wiederverkäufer für eine Verschlechterung, den Untergang oder die aus einem anderen Grund eingetretene Unmöglichkeit der Herausgabe des Gegenstandes nicht verantwortlich, der Wiederkäufer zum Ersatz von Verwendungen nicht verpflichtet.

§ 461 Mehrere Wiederkaufsberechtigte

[1]Steht das Wiederkaufsrecht mehreren gemeinschaftlich zu, so kann es nur im Ganzen ausgeübt werden. [2]Ist es für einen der Berechtigten erloschen oder übt einer von ihnen sein Recht nicht aus, so sind die übrigen berechtigt, das Wiederkaufsrecht im Ganzen auszuüben.

§ 462 Ausschlussfrist

[1]Das Wiederkaufsrecht kann bei Grundstücken nur bis zum Ablauf von 30, bei anderen Gegenständen nur bis zum Ablauf von drei Jahren nach der

Vereinbarung des Vorbehalts ausgeübt werden. ²Ist für die Ausübung eine Frist bestimmt, so tritt diese an die Stelle der gesetzlichen Frist.

Ausschlussfrist: → § 456 Rn. 7. S. 1 ist nicht zwingend (vgl S. 2), Verlängerung (→ § 456 Rn. 6) ist möglich, zB auf 99 Jahre (BGH NJW-RR 2011, 1582 Rn. 11–16), aber zur Verhinderung sittenwidriger Benachteiligung des Wiederkaufsverpflichteten nicht unbefristet (zulässig ist ein unbedingtes Wiederkaufsrecht zugunsten der öffentl Hand, das *erstmals* nach 90 Jahren ausgeübt werden kann [BGH NJW 2011, 515 Rn. 10]; unzulässig dagegen Ausübung nach mehr als 30 Jahren, wenn das Wiederkaufsrecht an den Verstoß gegen Nutzungs- und Verfügungsbeschränkungen geknüpft ist [BGH NJW-RR 2006, 1452]; sa Benne JA 1986, 239, 242 f.). Wird der Ausübungszeitpunkt abweichend von § 462 S. 1 festgelegt, ohne dass ein Endtermin bestimmt ist, beginnt die 30-jährige Frist erst zu dem Zeitpunkt, zu dem das Wiederkaufsrecht vereinbarungsgemäß erstmals ausgeübt werden kann (BGH NJW-RR 2011, 1582, 1583; NJW 2012, 2504 Rn. 25). Wird der Rückgewährungsanspruch des Wiederkäufers durch eine Vormerkung (§ 883) gesichert, ist das Wiederkaufsrecht zeitlich auf 30 Jahre zu beschränken, um ewig währende (Verfügungs-)Bindungen auszuschließen (Chr. Berger, Rgeschäftliche Verfügungsbeschränkungen, 1998, S. 201 f.). Berechnung: §§ 187 ff. S. 1 ist auf nicht der Verjährung unterliegende Ankaufsrechte entspr anwendbar (→ § 463 Rn. 8, → Rn. 6), nicht aber auf Ankaufsverpflichtungen (→ § 463 Rn. 4 [e]).

Kapitel 3. Vorkauf

§ 463 Voraussetzungen der Ausübung

Wer in Ansehung eines Gegenstandes zum Vorkauf berechtigt ist, kann das Vorkaufsrecht ausüben, sobald der Verpflichtete mit einem Dritten einen Kaufvertrag über den Gegenstand geschlossen hat.

Lit.: Böttcher/Joo, Die Stellung des Berechtigten beim schuldrechtlichen Vorkaufsrecht, RNotZ 2010, 557; Grunewald, Umgehungen schuldrechtlicher Vorkaufsrechte, FS Gernhuber, 1993, 137; Hees, Die vertragstypologische Bestimmung des Vorkaufsfalls usw, 1991; Schermaier, Die Umgehung des Vorkaufsrechts durch „kaufähnliche Verträge", AcP 196, 256; Schurig, Das Vorkaufsrecht im Privatrecht, 1975.

1 **1. Allgemeines. a) Begriff.** Das (schuldrechtliche; zum dinglichen → Rn. 10) **Vorkaufsrecht** ist das Recht des (Vorkaufs-)Berechtigten, mit dem (Vorkaufs-)Verpflichteten einen Kaufvertrag gleichen Inhalts zustande zu bringen, wie er zwischen diesem und einem Dritten vereinbart wurde. Zu unterscheiden ist die Vereinbarung des Vorkaufsrechts (→ Rn. 12 f.), das zwischen den Parteien bestehende Vorkaufsverhältnis (→ § 464 Rn. 5) und das zwischen Verpflichtetem und Drittem (Erstkäu-
2 fer) bestehende Kaufverhältnis (→ § 464 Rn. 7). **b) Bedeutung.** Vorkauf ist eine **Optionsvereinbarung** (→ Rn. 8) und wird bes häufig im Rahmen von Miet- und Pachtverträgen begründet. Ges Vorkaufsrechte (→ Rn. 11) sind Mittel zur
3 Regelung des Bodenverkehrs. **c) Regelung.** Die §§ 463 ff. sind im Wesentlichen dispositiv (→ Rn. 12; → § 464 Rn. 5); Schranken für die Vertragsgestaltung:
4 Umgehungsverbot (vgl auch → Rn. 18 und § 465). **d) Anwendungsbereich.** §§ 463 ff. sind **entspr** anwendbar auf Vormiete und Vorpacht (BGHZ 102, 237, 240), das dingliche Vorkaufsrecht (§ 1098 I; → Rn. 10) und die ges Vorkaufsrechte (→ Rn. 11). **e) Abgrenzung. Ankaufsverpflichtungen** begründen für den anderen Teil einen Kaufzwang; uU bedenklich bei Koppelung (vgl BGHZ 75, 15, 16 ff. zu Erbbaurechtsvertrag). Die Ausschlussfrist gem § 462 S. 1 gilt nicht entspr (OLG Düsseldorf NJW-RR 1997, 1174, 1175).

5 **2. Abgrenzung. Lit.:** Einem, Die Rechtsnatur der Option, 1974; Einsele, Formerfordernisse bei mehraktigen RGeschäften, DNotZ 1996, 835; Georgiades,

Optionsvertrag und Optionsrecht, FS Larenz, 1973, 409; Wolf, RGeschäfte im Vorfeld von Grundstücksübertragungen, DNotZ 1995, 179. Bei rechtsgeschäftlich begründeten **Ankaufsrechten** ist es Auslegungsfrage, welche Rechtsform (§§ 456, 463; → Rn. 6–9) die Beteiligten gewollt haben (BGHZ 71, 276, 280; BayObLGZ 1984, 114, 118; zur Abgrenzung BGHZ 47, 387, 388; OLG Hamburg NJW-RR 1992, 20, 21). **a)** Der **Kauf-Vorvertrag** begründet für die Parteien die Verpflich- 6 tung zum späteren Abschluss eines erst in seinen Grundzügen festgelegten Kaufvertrags oder zur späteren Abgabe eines Angebots (dann einseitig verpflichtender Vorvertrag: BGH NJW 1990, 1233; vgl allg → § 311 Rn. 21). Er unterliegt der Form des § 311b I (BGHZ 97, 147, 154 f.; NJW 1989, 166, 167 mN; → § 311b Rn. 13). **b)** Bei der Einräumung einer sog **Vorhand** ist der (künftige) Verkäufer verpflichtet, 7 einen Gegenstand (auch künftige Sachen oder Rechte) dem Vorhandsberechtigten als erstem zum Kauf anzubieten (**Anbietungspflicht;** zur Konstruktion Larenz, SchR II/1, § 44 IV 2). Ges Fall: § 19 ArbEG. **c)** Ein **Optionsrecht** (in Bezug auf 8 einen Kauf) ist das in einem **Optionsvertrag** vereinbarte Recht, durch einseitige rechtsgestaltende Willenserklärung einen Kaufvertrag mit dem im Optionsvertrag vereinbarten Inhalt zustande zu bringen (Larenz, SchR II/1, § 44 IV 3; Georgiades FS Larenz, 409, 422, str; vgl BGHZ 97, 147, 152; ie → Vor § 145 Rn. 6). Die Ausschlussfrist des § 462 ist auf das Optionsrecht entspr anwendbar (BGHZ 47, 391). **d)** Der Antragende kann ein **länger bindendes Kaufangebot** abgeben 9 (§§ 145, 148), so dass es für die bestimmte Frist nur vom Berechtigten abhängt, den Kauf zustande zu bringen (es entsteht kein vertraglich begründetes Optionsrecht). Vgl → Vor § 145 Rn. 6. **e)** Das gegenüber Dritten wirkende (§ 1098 II) **dingliche** 10 **Vorkaufsrecht** (→ § 1094 Rn. 2) kann nur mit Bezug auf ein Grundstück bestellt werden, auch subj dinglich (§ 1094 II) und für mehrere Verkaufsfälle (§ 1097 Hs. 2). Im Verhältnis zwischen den Parteien gelten die §§ 463 ff. (→ Rn. 4). Der Vereinbarung über die Bestellung eines dinglichen liegt zugleich ein schuldrechtliches Vorkaufsrecht zugrunde (BGH NJW 2014, 622 Rn. 9–11; OLG Hamm NJW-RR 1996, 849; → § 1094 Rn. 4). Neben dem dinglichen ist ein schuldrechtliches Vorkaufsrecht idR dann vereinbart, wenn die Vorkaufsberechtigung bereits vom Vertragsschluss an und unabhängig von der Eintragung des Vorkaufsrechts im Grundbuch bestehen soll (BGH NJW 2014, 622 Rn. 17). **f) Ges Vorkaufsrechte** (Bsp): 11 §§ 577, 2034; §§ 24 ff. BauGB (dazu BGHZ 97, 298; 98, 188, 191 ff.; BayObLGZ 1985, 263); §§ 4 ff., 14 RSiedlG; § 57 SchuldRAnpG; §§ 20, 20a VermG. Zur Ausübung durch öffentl-rechtliche Körperschaft: → § 464 Rn. 1.

3. Vorkaufsvereinbarung. a) Abschluss und Inhalt. Einigung zwischen dem 12 Vorkaufsberechtigten und -verpflichteten iSv → Rn. 1. Die **Form** des Kaufvertrags (zB § 311b I) ist einzuhalten (RGZ 72, 385, 390, hM; vgl → § 311b Rn. 13); ie Wais NJW 2017, 1569. Vereinbarungen über den Inhalt des Vorkaufsverhältnisses sind möglich (zB Preisbegrenzung, vgl → § 464 Rn. 5), desgl Begründung des Vorkaufsrechts für einen Dritten, §§ 328 ff. Der künftige Anspruch des Vorkaufsberechtigten kann durch Vormerkung (§ 883) gesichert werden (BayObLG NJW 1978, 700; → § 883 Rn. 7 ff.). **b) Rechtsnatur.** Die Vereinbarung begründet für den 13 Berechtigten das (in der Ausübung durch den Vorkaufsfall aufschiebend bedingte) **Gestaltungsrecht,** durch einseitige Erklärung gegenüber dem Verpflichteten ein Kaufverhältnis bestimmten Inhalts (§ 464 II) zustande zu bringen (so Larenz, SchR II/1, § 44 III, str). Nach hM stellt bereits die Vereinbarung des Vorkaufsrechts den bindenden Abschluss eines Kaufs unter der doppelt aufschiebenden Bedingung dar, dass der Verpflichtete an einen Dritten verkauft und der Berechtigte dann das Vorkaufsrecht ausübt (RGZ 72, 385, 387; Soergel/Wertenbruch Rn. 12 ff.; krit Einsele DNotZ 1996, 835, 855); abzulehnen, denn der Inhalt des Kaufvertrags steht noch nicht fest, vgl § 464 II.

4. Vorkaufsrecht. a) Entstehung durch Vertrag (→ Rn. 12 f.), Vermächtnis 14 (MüKoBGB/Westermann Rn. 8) oder Ges (→ Rn. 11). **b) Übertragbarkeit.** Das Recht ist gem § 473 iZw nicht vererblich und idR nicht ohne Zustimmung des

Verpflichteten übertragbar (BGH WM 1963, 615, 617). Die durch Ausübung des Vorkaufsrechts erwachsenden Rechte sind dagegen frei übertragbar (RGZ 163, 142,
15 155). **c) Erlöschen.** Das Vorkaufsrecht erlischt bei Nichtausübung mit Fristablauf (vgl § 469 II) und wenn der Vorkaufsberechtigte den Verpflichteten alleine beerbt (BGH NJW 2000, 1033). Für einen **Verzicht** ist nach hM (formloser) Erlassvertrag (§ 397) erforderlich (BGHZ 110, 230, 232, Konsequenz aus doppelt bedingtem Anspruch, vgl → Rn. 13, str; aA Staudinger/Schermaier § 464 Rn. 27: einseitige Erklärung genügt). **d) Ausübung und Wirkungen:** → § 464 Rn. 1 ff.

16 **5. Vorkaufsfall.** Der Vorkaufsfall setzt das wirksame Zustandekommen eines Kaufs oder kaufähnlichen Vertrages zwischen dem Vorkaufsverpflichteten und einem Dritten über einen dem Vorkaufsrecht unterliegenden Gegenstand voraus. **a) Veräußerungsvertrag.** Einem **Kaufvertrag** iSv § 433 sind im Interesse eines wirksamen Umgehungsschutzes (arg §§ 162, 242) uU **kaufähnliche Verträge** gleichzustellen (BGHZ 115, 335, 339 ff. mN; NJW 1998, 2136, str; krit Probst JR 1992, 419; eingehend Grunewald FS Gernhuber 1993, 137, Hees, 1991, Schermaier AcP 196, 256). Keinen Vorkaufsfall begründen idR andere Veräußerungsverträge wie Schenkung (BGHZ 73, 12, 16), auch gemischte (RGZ 101, 99, 101), Tausch (BGH NJW 1964, 540, 541) oder Ringtausch (BGHZ 49, 7), Einbringung in Gesellschaft (BGHZ 31, 37, 41; kaufähnlich aber, wenn die Geschäftsanteile anschließend entgeltlich an einen Dritten übertragen werden [BGH NJW 2012, 1354 Rn. 8]), Vorvertrag zu einem Kaufvertrag (→ Rn. 6) oder Vereinbarung einer Option (→ Rn. 8); uU anders bei entspr Auslegung der Vorkaufsvereinbarung (→ Rn. 12 f.); dann kann die Gegenleistung des Vorkaufsberechtigten ggf nach §§ 315 f. durch den Verkäufer zu bestimmen sein (Grunewald FS Gernhuber 993, 137, 139; Erman/Grunewald Rn. 8; abl Schermaier AcP 196, 256, 273 f.); ein Veräußerungsvertrag steht bei wirtschaftlicher Betrachtungsweise aber einem Kaufvertrag gleich, wenn der Vorkaufsberechtigte zur Wahrung seiner Erwerbs- und Abwehrinteressen „eintreten" kann, ohne die vom Verpflichteten ausgehandelten Konditionen zu beeinträchtigen (BGHZ 115, 337, 339). Bsp: Umgehungsgeschäfte (s. BGH NJW 1998, 2136; NJW-RR 2012, 1484, 1486 [kaufähnlicher Langzeitpachtvertrag]; Schermaier AcP 196, 256, 265 ff.). **Keinen Vorkaufsfall** bilden Verkäufe im Wege der Zwangsvollstreckung oder durch den Insolvenzverwalter (§ 471) sowie idR Erbteilskäufe zwischen künftigen ges Erben (§ 470).
17 **b)** Kaufvertrag (→ Rn. 16) mit einem **Dritten.** Daran fehlt es idR bei der Veräußerung von gemeinschaftlichen Gegenständen an einen Miteigentümer (BGHZ 13, 133, 139; 48, 1, 2; BayObLGZ 1985, 322, 324 f.) oder Gesamthänder (LM Nr. 3 zu § 1098; krit Grunewald FS Gernhuber 1993, 137, 146 f.; Erman/Grunewald Rn. 9: Auslegungsfrage). Bsp: Verkauf an Miterben im Rahmen von Erbaus-
18 einandersetzung (BGH WM 1970, 321). **c) Rechtswirksames Zustandekommen** des Kaufvertrags (→ Rn. 16), dh es dürfen keine Nichtigkeits- oder Unwirksamkeitsgründe vorliegen (§§ 105, 125, 134, 138). **Einzelfragen:** Ist eine **behördliche Genehmigung** erforderlich, ist der Vertrag erst mit der Erteilung der Genehmigung iSd § 463 zustande gekommen (BGHZ 14, 1; 32, 383, 388; NJW 2010, 3774, 3775); eine Ausübungserklärung ist aber (schon) *vor* Genehmigung *mit Wirkung auf den Genehmigungszeitpunkt* möglich (BGH NJW 1998, 2352). Nachträgliche **Anfechtung** des Kaufvertrags durch den Käufer (Dritten) berührt (entgegen § 142) Zustandekommen nicht (Hagen Anm LM Nr. 12 zu § 505); Grund: endgültige Bindung des Verpflichteten eingetreten. Dagegen kann sich ein **gemeinsamer Irrtum** der Kaufvertragsparteien (anfängliches Fehlen der Geschäftsgrundlage) uU auf das Vorkaufsverhältnis auswirken (BGH NJW 1987, 890, 893; krit Tiedtke NJW 1987, 874; Grunewald FS Gernhuber 1993, 137, 145). Ein **(auflösend** oder **aufschiebend) bedingter Kauf** ist iSd § 463 gültig zustande gekommen; die Bedingung ist ein Teil der vertraglich wirksamen Bestimmungen (RGZ 98, 44, 49; krit Schurig, Das VerkaufsR im PrivatR, 1975, S. 141). Wenn nur der Dritte die Bedingung erfüllen kann, ist die Ausübung des Vorkaufsrechts wie im Fall des § 466 S. 2 ausgeschlossen (BGHZ

49, 7, 11 „Ringtausch"; → § 464 Rn. 5 f.). Ein **vertragliches Rücktrittsrecht** zugunsten des Dritten (Erstkäufers) steht dem Vorkaufsrecht nicht entgegen (BGHZ 67, 395, 398). Das Gleiche gilt idR von einem Rücktrittsvorbehalt zugunsten des Verpflichteten für den (ungewissen) Fall des *Bestehens* des Vorkaufsrechts (§ 465 entspr; vgl BGH NJW 1987, 890, 893, insoweit zust Tiedtke NJW 1987, 874, 875, krit Burkert NJW 1987, 3157, 3158). Durch eine vertragliche **Aufhebung** (Änderung) des Kaufvertrags wird das entstandene Vorkaufsrecht nicht berührt (BGH NJW 2010, 3774 Rn. 20 f.; sa BGHZ 67, 395; Hagen Anm LM Nr. 12 zu § 505; ferner → § 464 Rn. 6).

§ 464 Ausübung des Vorkaufsrechts

(1) [1]**Die Ausübung des Vorkaufsrechts erfolgt durch Erklärung gegenüber dem Verpflichteten.** [2]**Die Erklärung bedarf nicht der für den Kaufvertrag bestimmten Form.**

(2) **Mit der Ausübung des Vorkaufsrechts kommt der Kauf zwischen dem Berechtigten und dem Verpflichteten unter den Bestimmungen zustande, welche der Verpflichtete mit dem Dritten vereinbart hat.**

1. Ausübung (I). a) Erklärung. Die Ausübung erfolgt (auch bei ges Vorkaufsrecht [BGHZ 144, 357, 361 zu § 577]) formlos (**I 2;** wegen § 311b I krit Staudinger/Schermaier Rn. 6; Sarnighausen NJW 1998, 37) durch einseitige empfangsbedürftige Willenserklärung, beim Vorkaufsrecht einer öffentl-rechtlichen Körperschaft durch Verwaltungsakt (s. § 28 II 1 BauGB; dazu Staudinger/Schermaier Vor § 463 Rn. 17). Die Erklärung ist bedingungsfeindlich (BGH NJW 1983, 682) und muss bei Genehmigungsbedürftigkeit innerhalb der Frist des § 469 II genehmigt werden (BGHZ 32, 375). Ausübung durch Vertrag ist möglich (LM Nr. 11 zu § 157 [Gf]; → Rn. 5). **b) Frist.** Die Erklärung ist nur wirksam, wenn sie innerhalb der Ausschlussfrist des § 469 II (dispositiv) erfolgt. Die Frist wird erst durch vollständige Mitteilung des das Vorkaufsrecht auslösenden Vertrages in Lauf gesetzt (BGH NJW 1994, 315, OLG Hamm NJW-RR 2012, 1484, 1486; ie Heinrich DNotZ 1992, 771 mN) und beginnt bei geänderten Vertragsbedingungen neu (OLG Karlsruhe NJW-RR 1996, 916). Mit rechtswirksamem Vertragsschluss entsteht eine Anzeigepflicht des Verkäufers (§ 469 I). **c) Unwirksamkeit.** Die Ausübungserklärung ist als in sich widersprüchlich unwirksam, wenn der Vorkaufsberechtigte es ablehnt, einen Teil der vom Dritten übernommenen Verpflichtung zu erfüllen (BGHZ 102, 237, 240; einschr Grunewald FS Gernhuber, 1993, 137, 150). Sie ist unzulässig, wenn der Berechtigte schuldrechtlich verpflichtet ist, von dem Vorkaufsrecht keinen Gebrauch zu machen (BGHZ 37, 147). 1 2 3

2. Rechtsfolgen (II). a) Allgemeines. Durch die wirksame Ausübung des Vorkaufsrechts gegenüber dem Verpflichteten (Voraussetzungen: → Rn. 1 ff.; → § 463 Rn. 12 f., 16 ff.) kommt zwischen den Parteien des Vorkaufs ein gegenüber dem mit dem Dritten geschlossenen Kaufvertrag (→ Rn. 7) rechtlich selbstständiges Kaufrechtsverhältnis zustande (BGHZ 98, 188, 191 mN; 131, 318, 320 f.; NJW 1995, 1827 und 3183; ie → Rn. 5 f.); der Berechtigte tritt also nicht in den zwischen dem Verpflichteten und dem Drittkäufer geschlossenen Vertrag ein (RGZ 121, 137, 138; BGH NJW-RR 2009, 1172 Rn. 14; NJW 2014, 850 Rn. 21). Vielmehr bestehen zwei Vertragsverhältnisse, soweit der Vertrag mit dem Drittkäufer nicht unter einer auflösenden Bedingung steht (BGH NJW-RR 2009, 1172 Rn. 16 f.); beide Kaufvertragsverhältnisse unterscheiden sich idR nur darin, dass an die Stelle des Dritten der Berechtigte als Käufer tritt (BGHZ 77, 359, 362). **b) Rechtsverhältnis zwischen Verpflichtetem und Berechtigtem. aa)** Den Berechtigten treffen sämtliche **Rechte und Pflichten** nach Maßg des *Kaufvertrags* mit dem Dritten (→ Rn. 7) im Zeitpunkt der Entstehung des Vorkaufsrechts (→ Rn. 6), soweit sich nicht aus Ges (§§ 465–468; § 28 III BauGB) oder einer Vereinbarung (LM 4 5

Nr. 11 zu § 157 [Gf]) ein anderes ergibt. Der Berechtigte schuldet daher auch die vom Dritten als Teil der Gegenleistung übernommenen üblichen Vertrags- und Maklerkosten (ie BGHZ 131, 318, 321 ff. mN; keine Herabsetzung überhöhter Maklerkosten: BGH NJW 2016, 3233, Rn. 19) sowie vereinbarte Vorfälligkeitszinsen (BGH NJW 1995, 1827, dazu Westermann DNotZ 1996, 431); wegen bes Provisionsvereinbarungen im Kaufvertrag vgl → Rn. 6. Eine vorherige abw Regelung, insbes die Festlegung eines limitierten Kaufpreises, ist möglich (RGZ 104, 122, 123). Vollmachten zum Vollzug des (Grundstücks-)Kaufvertrages werden nicht Inhalt des Vertrages zwischen Verkäufer (Verpflichteter) und Vorkaufsberechtigtem (BGH NJW-RR 2012, 1483, 1484 aE). Verpflichteter haftet dem Berechtigten gem II für **Mängel der Kaufsache** nur dann, wenn er auch dem Dritten gegenüber haften würde; daher Haftungsausschluss, wenn Dritter den Mangel bei Vertrags-
6 schluss kennt (§ 442 I 1; OLG Nürnberg MDR 2005, 437, 438). **bb) Unwirksame Vereinbarungen.** Vertragsbestimmungen und spätere Vereinbarungen, die darauf abzielen, das einmal entstandene (nicht notwendig bereits ausgeübte) Vorkaufsrecht zu vereiteln, sind in entspr Anwendung des Grundgedankens des § 465 gegenüber dem Berechtigten insoweit unwirksam (BGHZ 110, 230, 233 f.; Abgrenzung zu kaufähnlichen Verträgen: → § 463 Rn. 16). Das Gleiche gilt für allein auf den Vorkaufsfall abzielende unübliche Klauseln zu Lasten des Vorkaufsberechtigten (BGHZ 77, 359, 363 ff.; 102, 237, 241; 131, 318, 320 ff.; NJW 1995, 3183, 3184: „Fremdkörpergedanke"), wie in den Kaufvertrag aufgenommene, außerhalb des Äquivalenzverhältnisses stehende Leistungsversprechen des Erstkäufers gem § 328 I an Dritte (ie Grunewald FS Gernhuber 1993, 137, 142 ff.). Bsp: Vereinbarung der Zahlung von (bereits geschuldeten) „Projektierungskosten" (BGHZ 77, 359, 362 ff.); nicht aber schon die vereinbarte Unterhaltung von Erschließungseinrichtungen (BGH NJW 1995, 3183); desgl nicht sog Maklerklausel (OLG München BeckRS 2018, 49248 Rn. 20), → Rn. 5. Unwirksam ist auch eine Vereinbarung, wonach der Vorkaufsberechtigte einen höheren Preis als der Erstkäufer zu bezahlen hat (BGH NJW 2022, 1836, Rn. 22 ff. [zum Vorkaufsrecht des Mieters nach § 577]). Eine mit dem Dritten getroffene Regelung der Kaufpreisfälligkeit ist ggf anzupassen
7 (BGH NJW 1983, 682; 1995, 1827). **c) Rechtsverhältnis zwischen Verpflichtetem und Drittem.** Der Verkäufer (Verpflichteter) ist in der **Vertragsgestaltung** mit dem Erstkäufer (Dritten) grundsätzlich frei (Schranken: → Rn. 6; → § 463 Rn. 16). Auf das Vertragsverhältnis zwischen dem Verpflichteten und dem Dritten hat die Ausübung des Vorkaufsrechts keinen Einfluss (RGZ 121, 137, 138), wie umgekehrt das einmal entstandene Vorkaufsrecht in seinem Fortbestand vom rechtlichen Schicksal des Kaufvertrags unabhängig ist (Hagen Anm LM Nr. 12 zu § 505 aF). Gegen Schadensersatzansprüche (§§ 280 I, III, 281, 283) muss sich der Verkäufer (Verpflichteter) schützen, indem er den Vertrag mit dem Dritten unter der (im Verhältnis der Kaufvertragsparteien wirksamen, vgl § 465) Bedingung der Nichtausübung des Vorkaufsrechts abschließt. Bei Kenntnis des Dritten vom Vorkaufsrecht ist idR entspr stillschweigende Vereinbarung anzunehmen (OLG Nürnberg MDR 1984, 755).

§ 465 Unwirksame Vereinbarungen

Eine Vereinbarung des Verpflichteten mit dem Dritten, durch welche der Kauf von der Nichtausübung des Vorkaufsrechts abhängig gemacht oder dem Verpflichteten für den Fall der Ausübung des Vorkaufsrechts der Rücktritt vorbehalten wird, ist dem Vorkaufsberechtigten gegenüber unwirksam.

1 Ausprägung von allg Rechtsgedanken (BGHZ 110, 230, 233): Schutz des Vorkaufsberechtigten gegen Umgehungsgeschäfte; → § 463 Rn. 16, 18; → § 464 Rn. 6. Beweislast: Berechtigter (BGHZ 110, 230, 234).

§ 466 Nebenleistungen

[1]Hat sich der Dritte in dem Vertrag zu einer Nebenleistung verpflichtet, die der Vorkaufsberechtigte zu bewirken außerstande ist, so hat der Vorkaufsberechtigte statt der Nebenleistung ihren Wert zu entrichten. [2]Lässt sich die Nebenleistung nicht in Geld schätzen, so ist die Ausübung des Vorkaufsrechts ausgeschlossen; die Vereinbarung der Nebenleistung kommt jedoch nicht in Betracht, wenn der Vertrag mit dem Dritten auch ohne sie geschlossen sein würde.

§ 467 Gesamtpreis

[1]Hat der Dritte den Gegenstand, auf den sich das Vorkaufsrecht bezieht, mit anderen Gegenständen zu einem Gesamtpreis gekauft, so hat der Vorkaufsberechtigte einen verhältnismäßigen Teil des Gesamtpreises zu entrichten. [2]Der Verpflichtete kann verlangen, dass der Vorkauf auf alle Sachen erstreckt wird, die nicht ohne Nachteil für ihn getrennt werden können.

Sowohl S. 1 (verhältnismäßige Teilung des Kaufpreises) als auch S. 2 (Übernahmeverpflichtung) sind entspr anwendbar, wenn sich das Vorkaufsrecht nur auf eine Teilfläche des verkauften Gesamtgrundstücks erstreckt (BGH NJW 1991, 293, 294 f.; BGH NJW-RR 2016, 910, 916) oder der Berechtigte die Ausübung des auf mehreren Grundstücken lastenden Vorkaufsrechts auf nur eines dieser zu einem Gesamtpreis verkauften Grundstücke beschränkt (BGH NJW-RR 2006, 1449, 1450 f.). Die Einrede des Verkäufers nach S. 2 ist idR als treuwidrig ausgeschlossen, wenn die wirtschaftliche Einheit mehrerer Gegenstände schon bei Begründung des Vorkaufsrechts bestand (OLG Celle NJW-RR 2012, 1162, 1163). 1

§ 468 Stundung des Kaufpreises

(1) **Ist dem Dritten in dem Vertrag der Kaufpreis gestundet worden, so kann der Vorkaufsberechtigte die Stundung nur in Anspruch nehmen, wenn er für den gestundeten Betrag Sicherheit leistet.**

(2) **[1]Ist ein Grundstück Gegenstand des Vorkaufs, so bedarf es der Sicherheitsleistung insoweit nicht, als für den gestundeten Kaufpreis die Bestellung einer Hypothek an dem Grundstück vereinbart oder in Anrechnung auf den Kaufpreis eine Schuld, für die eine Hypothek an dem Grundstück besteht, übernommen worden ist. [2]Entsprechendes gilt, wenn ein eingetragenes Schiff oder Schiffsbauwerk Gegenstand des Vorkaufs ist.**

§ 469 Mitteilungspflicht, Ausübungsfrist

(1) **[1]Der Verpflichtete hat dem Vorkaufsberechtigten den Inhalt des mit dem Dritten geschlossenen Vertrags unverzüglich mitzuteilen. [2]Die Mitteilung des Verpflichteten wird durch die Mitteilung des Dritten ersetzt.**

(2) **[1]Das Vorkaufsrecht kann bei Grundstücken nur bis zum Ablauf von zwei Monaten, bei anderen Gegenständen nur bis zum Ablauf einer Woche nach dem Empfang der Mitteilung ausgeübt werden. [2]Ist für die Ausübung eine Frist bestimmt, so tritt diese an die Stelle der gesetzlichen Frist.**

Entstehung der Mitteilungspflicht und **Anforderungen** an die Mitteilung: Vgl zunächst → § 464 Rn. 2. Die Mitteilung ist Wissenserklärung (BGH WM 1985, 1446, 1447); sie ist formlos möglich (LM Nr. 3) und kann beim genehmigungsbedürftigen (Kauf-)Vertrag schon vor Erteilung der Genehmigung erfolgen (vgl BGH NJW 1998, 2352; → § 463 Rn. 18); richtiger Adressat ist bei einer Gemeinde die 1

Dienststelle, die zur Ausübung des Vorkaufsrechts berechtigt ist (BGHZ 60, 275,
2 288). **Verletzung** der Mitteilungspflicht und einhergehende Vereitelung des Vorkaufsrechts begründet Schadensersatzanspruch des Berechtigten gegen den Verpflichteten gem § 280 I, → § 577 Rn. 2. **Frist** gem **II:** → § 464 Rn. 2. **Folgen** des Fristablaufs: → § 463 Rn. 15.

§ 470 Verkauf an gesetzlichen Erben

Das Vorkaufsrecht erstreckt sich im Zweifel nicht auf einen Verkauf, der mit Rücksicht auf ein künftiges Erbrecht an einen gesetzlichen Erben erfolgt.

§ 471 Verkauf bei Zwangsvollstreckung oder Insolvenz

Das Vorkaufsrecht ist ausgeschlossen, wenn der Verkauf im Wege der Zwangsvollstreckung oder aus einer Insolvenzmasse erfolgt.

1 Der Ausschluss des Vorkaufsrechts soll Chancen auf einen höheren Erlös eröffnen, da für den Erwerber die Risiken des Vorkaufsfalls entfallen. Die Vorschrift gilt nicht bei Zwangsversteigerung zur Aufhebung einer Gemeinschaft (dazu Stöber NJW 1988, 3121) und bei Erwerb des Grundstücks durch einen Miteigentümer im Wege der Zwangsversteigerung (BGH NJW 2016, 3242, Rn. 11 ff.; krit Everts MittBayNot 2017, 379). Das Vorkaufsrecht kann durch entsprechende Gestaltung erhalten bleiben (s. OLG München MittBayNot 2017, 376, 377).

§ 472 Mehrere Vorkaufsberechtigte

[1]Steht das Vorkaufsrecht mehreren gemeinschaftlich zu, so kann es nur im Ganzen ausgeübt werden. [2]Ist es für einen der Berechtigten erloschen oder übt einer von ihnen sein Recht nicht aus, so sind die übrigen berechtigt, das Vorkaufsrecht im Ganzen auszuüben.

1 Bsp: § 2034 I. Bei mehreren Berechtigten besteht eine bes gesamthandsartige Beteiligung (BGHZ 136, 295, 300). Verweigert ein Vorkaufsberechtigter gemeinschaftliche Ausübung (S. 1), löst dies die Rechtsfolgen gem S. 2 noch nicht aus (BGH NJW 1982, 330). Steht das Vorkaufsrecht mehreren als Gesamtberechtigung gem § 428 zu, kann es auch von einem Berechtigten allein ausgeübt werden (OLG Stuttgart NJW-RR 2009, 952).

§ 473 Unübertragbarkeit

[1]Das Vorkaufsrecht ist nicht übertragbar und geht nicht auf die Erben des Berechtigten über, sofern nicht ein anderes bestimmt ist. [2]Ist das Recht auf eine bestimmte Zeit beschränkt, so ist es im Zweifel vererblich.

1 Übertragbarkeit: → § 463 Rn. 14 (b).

Untertitel 3. Verbrauchsgüterkauf

Vorbemerkungen zu den §§ 474–479

1 **1. Allgemeines.** §§ 474–479 enthalten bes Bestimmungen für den Verkauf einer Ware durch einen Unternehmer (§ 14) an einen Verbraucher (§ 13), die insbes dem Schutz des Verbrauchers dienen. Sie wurden 2002 anlässlich der Umsetzung der VerbrGüKauf-RiLi eingefügt und mWv 1.1.2022 wesentlich geändert durch das

Gesetz zur Regelung des Verkaufs von Sachen mit digitalen Elementen und anderer Aspekte des Kaufvertrags, das der **Umsetzung der WK-RiLi** dient (→ Vor §§ 433–480, Rn. 4). Zahlreiche Vorgaben der WK-RiLi werden allerdings bereits im allgemeinen Kaufrecht umgesetzt und gelten daher für alle Kaufverträge (→ Vor §§ 433–480, Rn. 3).

2. Beschränkung der Privatautonomie. Im Bereich des Verbrauchsgüterkaufs kann (vor Mängelmitteilung) von wichtigen kaufrechtlichen Bestimmungen zum Nachteil des Verbrauchers **nicht abgewichen** werden (§ 476 I, II); zudem gilt ein **Umgehungsverbot** (§ 476 IV). Ein Widerrufsrecht folgt aus dem Verbrauchsgüterkauf nicht, kann sich aber aus §§ 312b, 312c, 506, 507 und 510 II ergeben. 2

§ 474 Verbrauchsgüterkauf

(1) [1]**Verbrauchsgüterkäufe sind Verträge, durch die ein Verbraucher von einem Unternehmer eine Ware (§ 241a Absatz 1) kauft.** [2]**Um einen Verbrauchsgüterkauf handelt es sich auch bei einem Vertrag, der neben dem Verkauf einer Ware die Erbringung einer Dienstleistung durch den Unternehmer zum Gegenstand hat.**

(2) [1]**Für den Verbrauchsgüterkauf gelten ergänzend die folgenden Vorschriften dieses Untertitels.** [2]**Für gebrauchte Waren, die in einer öffentlich zugänglichen Versteigerung (§ 312g Absatz 2 Nummer 10) verkauft werden, gilt dies nicht, wenn dem Verbraucher klare und umfassende Informationen darüber, dass die Vorschriften dieses Untertitels nicht gelten, leicht verfügbar gemacht wurden.**

§ 475 Anwendbare Vorschriften

(1) [1]**Ist eine Zeit für die nach § 433 zu erbringenden Leistungen weder bestimmt noch aus den Umständen zu entnehmen, so kann der Gläubiger diese Leistungen abweichend von § 271 Absatz 1 nur unverzüglich verlangen.** [2]**Der Unternehmer muss die Ware in diesem Fall spätestens 30 Tage nach Vertragsschluss übergeben.** [3]**Die Vertragsparteien können die Leistungen sofort bewirken.**

(2) **§ 447 Absatz 1 gilt mit der Maßgabe, dass die Gefahr des zufälligen Untergangs und der zufälligen Verschlechterung nur dann auf den Käufer übergeht, wenn der Käufer den Spediteur, den Frachtführer oder die sonst zur Ausführung der Versendung bestimmte Person oder Anstalt mit der Ausführung beauftragt hat und der Unternehmer dem Käufer diese Person oder Anstalt nicht zuvor benannt hat.**

(3) [1]**§ 439 Absatz 6 ist mit der Maßgabe anzuwenden, dass Nutzungen nicht herauszugeben oder durch ihren Wert zu ersetzen sind.** [2]**Die §§ 442, 445 und 447 Absatz 2 sind nicht anzuwenden.**

(4) **Der Verbraucher kann von dem Unternehmer für Aufwendungen, die ihm im Rahmen der Nacherfüllung gemäß § 439 Absatz 2 und 3 entstehen und die vom Unternehmer zu tragen sind, Vorschuss verlangen.**

(5) **Der Unternehmer hat die Nacherfüllung innerhalb einer angemessenen Frist ab dem Zeitpunkt, zu dem der Verbraucher ihn über den Mangel unterrichtet hat, und ohne erhebliche Unannehmlichkeiten für den Verbraucher durchzuführen, wobei die Art der Ware sowie der Zweck, für den der Verbraucher die Ware benötigt, zu berücksichtigen sind.**

(6) [1]**Im Fall des Rücktritts oder des Schadensersatzes statt der ganzen Leistung wegen eines Mangels der Ware ist § 346 mit der Maßgabe anzuwenden, dass der Unternehmer die Kosten der Rückgabe der Ware trägt.** [2]**§ 348**

ist mit der Maßgabe anzuwenden, dass der Nachweis des Verbrauchers über die Rücksendung der Rückgewähr der Ware gleichsteht.

Lit.: Stiegler, Der Online-Verbrauchsgüterkauf, JA 2021, 624.

Anmerkungen zu den §§ 474, 475

1 **1. Allgemeines.** Grundsätzlich finden auf den Verbrauchsgüterkauf die allgemeinen Vorschriften über den Kauf Anwendung (§§ 433–473). „Ergänzend" (§ 474 II 1) gelten die Sondervorschriften der §§ 474–479. § 474 regelt ihren persönlichen und sachlichen Anwendungsbereich. § 475 enthält dem allg Kaufvertragsrecht vorgehende Vorschriften. Umsetzung der WK-RiLi, insbes Art. 1, 2 Nr. 1–6, 3 WK-RiLi (→ Vor §§ 433–480 Rn. 4). Zur Vertragsgestaltung s. § 476.

2 **2. Persönlicher Anwendungsbereich. a)** Geregelt in § 474 I 1. Unternehmer (s. § 14) als Verkäufer verkauft an Verbraucher (s. § 13) als Käufer („B2C"). Umsetzung Art. 3 I WK-RiLi mWv 1.1.2022 (→ Vor §§ 433–480, Rn. 4). **Unternehmer** ist, wer in Ausübung gewerblicher oder selbstständiger beruflicher Tätigkeit planmäßig dauerhaft Leistungen gegen Entgelt anbietet (BGH NJW 2021, 2281, Rn. 74; → § 14 Rn. 2). Auf Gewinnerzielungsabsicht kommt es nicht an (BGH NJW 2006, 2250, Rn. 16). Auch branchenfremde Nebengeschäfte fallen darunter (BGH NJW 2011, 3435, Rn. 19). **Verbraucher** ist stets natürliche Person; maßgeblich ist der objektiv zu bestimmende Vertragszweck, der weder gewerblicher noch selbstständiger beruflicher Tätigkeit zuzurechnen ist (BGH NJW 2021, 2281, Rn. 75; → § 13 Rn. 3), also dem Privatkonsum oder unselbstständiger beruflicher Tätigkeit als Arbeitnehmer (Arbeitskleidung, Kfz für Fahrten zum Arbeitsplatz) dient. Verbraucher ist auch, wer außerhalb seines unternehmerischen Geschäftsbetriebs handelt (BGH NJW 2021, 2277, Rn. 16 ff. [Tischer kauft Holz für Privathaus]). Dient der Vertrag sowohl beruflichem als auch privatem Zweck („dual use", Bsp: Smartphone, Notebook, Pkw), kommt es auf den überwiegenden Zweck an. Aus § 13 Hs. 2 ergibt sich eine Vermutung zugunsten Verbraucherhandelns; § 344
3 HGB ist unanwendbar (BGH NJW 2022, 686, Rn. 49 ff.). **b) Nicht** anwendbar sind die §§ 474 ff., wenn ein Verbraucher an einen Unternehmer verkauft („C2B"), bei einem Kauf zwischen Verbrauchern („C2C") und zwischen Unternehmern („B2B"), selbst wenn der Unternehmer einen Verbraucher als „Strohmann" vorschiebt (BGH NJW-RR 2013, 687; zum Umgehungsverbot beim „Agenturgeschäft" → § 476 Rn. 13). Bei Verkauf durch Insolvenzverwalter kommt es darauf an, ob der Insolvenzschuldner Unternehmer ist oder war (MüKoBGB/Lorenz, § 474, Rn. 24). **c)** Täuscht der Verbraucher den gewerblichen Verwendungszweck vor, ist ihm die Berufung auf §§ 474 ff. verwehrt (BGH NJW 2005, 1045), ferner wenn der Käufer ausdr erklärt, er sei Unternehmer (BGH NJW 2005, 1504).

4 **3. Sachlicher Anwendungsbereich. a)** Nach **§ 474 I 1** ist Voraussetzung der **Kauf** (→ § 433 Rn. 1) einer **Ware** (Art. 2 Nr. 5 a] WK-RiLi) iSv § 241a I, also eine bewegliche Sache, ohne dass es sich um eine verbrauchbare Sache (§ 92) handeln muss. **aa)** Zu Waren zählen auch Waren mit digitalen Elementen (§ 327a III 1 [→ § 327a Rn. 3]; s Art. 2 Nr. 5 b] WK-RiLi), Tiere (§ 90a, sa § 477 I 2) und gebrauchte Sachen (s § 474 II 2) sowie noch herzustellende Sachen (§ 650 I BGB, s. Art. 3 II WK-RiLi), **nicht** Grundstücke (wohl aber Grundstückszubehör, BeckOK/Faust § 474, Rn. 14), Schiffe (§ 452 BGB) und Rechte und sonstige Gegenstände (§ 453 I 1). Wasser, Gas und Strom sind Waren, wenn sie in einem begrenzten Volumen (Behältnisse, Akkus) oder einer bestimmten Menge (leitungsgebunden) angeboten werden (Art. 2 Nr. 5 a] WK-RiLi); Fernwärme gilt als Aggregatszustand von Wasser (BT-Drs. 14/6040, 243). **bb)** Der Verkauf darf nicht aufgrund von Zwangsvollstreckungs- oder anderen gerichtlichen Maßnahmen erfolgen (§ 241a I
5 1); freihändiger Verkauf durch Insolvenzverwalter fällt nicht darunter. **b)** Ein Verbrauchsgüterkauf liegt nach **§ 474 I 2** auch vor, wenn der Unternehmer als Nebenleistung zur kaufvertraglichen Hauptpflicht eine **Dienstleistung** übernimmt, etwa

die verkaufte Sache beim Verbraucher montieren oder einbauen soll. Umsetzung von Art. 3 IV b) WK-RiLi. Prägt die Werkleistung den Vertrag, handelt es sich nicht um einen Kauf, sondern um einen Werkvertrag (BGH NJW 2016, 2876, Rn. 11 [Montage Photovoltaikanlage]). **c) aa) Ausgenommen** ist nach **§ 474 II 2** 6
die öffentl zugängliche **Versteigerung** (§ 312g II Nr. 10) **gebrauchter Waren;** Grundlage Art. 3 V a) WK-RiLi. Die Norm spielt eine Rolle bei Fundsachen, aber auch bei Kunstauktionen, Tierhandel usw. Voraussetzung ist, dass Verbraucher (oder ein Vertreter, § 164) die Möglichkeit hat, persönlich an der öffentl Versteigerung teilzunehmen, um die Beschaffenheit der Sache in Augenschein zu nehmen. Dafür soll auch eine Online-Plattform genügen (BT-Drs. 19/27424, 28). Weitere Voraussetzung ist, dass dem Verbraucher klare und umfassende Informationen (dazu Staudinger/Artz, Rn. 135 ff.) über die Nichtgeltung der §§ 474–479 leicht verfügbar gemacht werden, zB durch Aushang oder transparente Download-Möglichkeit.
bb) Gebraucht sind (auch höherwertige, BGH NJW 2020, 759, Rn. 24) Waren, 7
die vom Verkäufer oder einem Dritten bereits benutzt worden sind (BGH NJW 2007, 674, Rn. 27). Ob eine Sache gebraucht ist, bestimmt sich *obj*, nicht nach einer Beschaffenheitsvereinbarung gem § 434 I 2 Nr. 1 (BGH NJW 2007, 674, Rn. 33). Längere Lagerung („Ladenhüter") macht die Sache nicht zur gebrauchten (aber zur nicht „neu hergestellten" iSv § 309 Nr. 8b]). Gebraucht ist auch ein zu Probefahrten genutzter Vorführwagen, nicht aber ein Pkw allein deshalb, weil er eine „Tageszulassung" hat. Auch Tiere können (un-)gebraucht sein (BGH NJW 2007, 674, Rn. 28 f.). Bei jungen Haus- und Nutztieren ist eine umfassende tatrichterliche Würdigung der Einzelfallumstände erforderlich (BGH NJW 2020, 759, Rn. 39). Gebraucht kann danach ein zweieinhalb Jahre alter Hengst sein, der schon längere Zeit von der Mutterstute getrennt ist (BGH NJW 2020, 759, Rn. 26 ff.), nicht aber ein sechsmonatiges Hengstfohlen (BGH NJW 2007, 674; Wertenbruch NJW 2012, 2065, 2069) und lebende Forellen (BGH NJW-RR 1986, 52, 53 zu § 11 Nr. 10 AGBG).

4. Abw. Bestimmungen. a) Grundsätzlich gelten beim Verbrauchsgüterkauf 8
gem § 474 II 1 („ergänzend") die allg kaufrechtlichen Vorschriften. **§ 475 I – VI** modifizieren – weithin zwingend, § 476 I 1 (BGH NJW 2014, 3095, Rn. 13 [zu § 474 II 2 aF]) – mehrere dem Verkäufer günstige Bestimmungen oder schließen sie aus. **b) § 475 I** trifft eine von § 271 I Hs. 1 abw Bestimmung zur **Fälligkeit** der 9
Leistungen beider Vertragsparteien. Ohne ges oder vertragliche Leistungszeitbestimmung (→ § 271 Rn. 6) muss der Gläubiger die Leistung nicht „sofort", sondern unverzüglich, dh ohne schuldhaftes Zögern (§ 121 I) erfüllen (krit Kohler NJW 2014, 2817, 2819; Windorfer VuR 2014, 216, 218: Schlechterstellung des Verbrauchers); die Leistungszeit ist deshalb nicht ausschließlich obj, sondern danach zu bestimmen, was den Parteien zumutbar ist (BT-Drs. 17/12637, 70). Bei Nichtleistung trotz Fälligkeit gelten §§ 280 I, II, 286. Im Fall von § 475 I 1 bestimmt **§ 475 I 2** dem Verkäufer eine Höchstfrist von 30 Tagen nach Vertragsschluss zur Lieferung. **§ 475 I 3** entspr Erfüllbarkeit gem § 271 I Hs. 2. § 271 II ist auf Verbrauchsgüterkäufe anwendbar. **c)** Grds **kein Übergang der Preisgefahr** (→ Rn. 3 vor §§ 446–447) 10
beim Versendungskauf gem § 447 I mit Auslieferung an Spediteur usw, sondern *nach § 446* erst bei („kontakloser", dazu Fontana, JuS 2023, 103) Übergabe oder Annahmeverzug. Das Versandrisiko trägt Unternehmer, der Transportversicherungen abschließen kann. § 447 I gilt nach **§ 475 II** nur im Sonderfall, dass der Verbraucher die Beförderung der Sache selbst organisiert, dh die Transportperson selbstständig ohne Rückgriff auf eine Empfehlung des Verkäufers auswählt. Die Haftung des Verkäufers gemäß § 447 II entfällt, **§ 475 III 2. d)** Ausgeschlossen sind nach **§ 475** 11
III 1 Nutzungsherausgabe und Wertersatz gem §§ 439 VI, 346 I, II. **§ 475 III 2** schließt § 442 aus, so dass dem Käufer auch bei **Kenntnis oder grob fahrlässiger Unkenntnis vom Mangel** Gewährleistungsrechte zustehen können. Ferner greift der **Haftungsausschluss** gem § 445 bei öffentl Versteigerungen nicht ein. Bedeutung hat dies wegen § 474 II 2 (→ Rn. 6) insbes bei Versteigerung *neuer* Sachen.

12 **e)** Nach **§ 475 IV** hat der Verbraucher gegen den Unternehmer einen Anspruch auf **Vorschuss** seiner zur **Nacherfüllung** notwendigen erstattungsfähigen Aufwendungen gem § 439 II, III. Der Verbraucher hat abzurechnen (§§ 259, 666) und einen evtl. Überschuss zurückzuerstatten (s BGH NJW 2010, 1192, Rn. 12 ff. [zu
13 § 637 III]; BeckOK/Faust, § 475, Rn. 39). **f) § 475 V** stellt die für den Nacherfüllungsanspruch bestehende Selbstverständlichkeit (BeckOK/Faust, § 475, Rn. 41) klar, dass die Nacherfüllung innerhalb angemessener Frist und **ohne erhebliche Unannehmlichkeiten** durchzuführen ist. Bei Pflichtverletzung Schadensersatz nach
14 § 280 I, nicht Rücktritt oder Minderung (Lorenz NJW 2021, 2065, 2069). **g)** Nach **§ 475 VI 1** trägt der Unternehmer bei Rücktritt und Schadensersatz (s. § 281 V) die **Kosten der Rücknahme** der Ware. Gegenüber dem Anspruch des Verbrauchers auf Rückzahlung des Kaufpreises kann der Unternehmer gemäß **§ 475 VI 2** – abweichend von § 348 – die Zug-um-Zug-Einrede nur bis zum Nachweis der Rück*sendung* (durch zB Retourenschein, Einlieferungsbeleg) erheben; auf den Erhalt kommt es nicht an.

§ 475a Verbrauchsgüterkaufvertrag über digitale Produkte

(1) [1]**Auf einen Verbrauchsgüterkaufvertrag, welcher einen körperlichen Datenträger zum Gegenstand hat, der ausschließlich als Träger digitaler Inhalte dient, sind § 433 Absatz 1 Satz 2, die §§ 434 bis 442, 475 Absatz 3 Satz 1, Absatz 4 bis 6, die §§ 475b bis 475e und die §§ 476 und 477 über die Rechte bei Mängeln nicht anzuwenden.** [2]**An die Stelle der nach Satz 1 nicht anzuwendenden Vorschriften treten die Vorschriften des Abschnitts 3 Titel 2a Untertitel 1.**

(2) [1]**Auf einen Verbrauchsgüterkaufvertrag über eine Ware, die in einer Weise digitale Produkte enthält oder mit digitalen Produkten verbunden ist, dass die Ware ihre Funktionen auch ohne diese digitalen Produkte erfüllen kann, sind im Hinblick auf diejenigen Bestandteile des Vertrags, welche die digitalen Produkte betreffen, die folgenden Vorschriften nicht anzuwenden:**

1. **§ 433 Absatz 1 Satz 1 und § 475 Absatz 1 über die Übergabe der Kaufsache und die Leistungszeit sowie**
2. **§ 433 Absatz 1 Satz 2, die §§ 434 bis 442, 475 Absatz 3 Satz 1, Absatz 4 bis 6, die §§ 475b bis 475e und die §§ 476 und 477 über die Rechte bei Mängeln.**

[2]**An die Stelle der nach Satz 1 nicht anzuwendenden Vorschriften treten die Vorschriften des Abschnitts 3 Titel 2a Untertitel 1.**

1 **1. Allgemeines.** Die Vorschrift grenzt mWv 1.1.2022 bei Verbrauchsgüterkaufverträgen über digitale Produkte die Regelungen über den Verbrauchsgüterkauf (§§ 474 ff.) von den für Verbraucherverträge über digitale Produkte geltenden Normen (§§ 327–327s) ab.

2 **2. Körperlicher Datenträger (I). a) Bedeutung.** I ist Komplementärvorschrift zu § 327 V. Nach **I 1** findet auf Verbraucherverträge (§ 310 III) über die Bereitstellung körperlicher Datenträger, die ausschließlich als Träger digitaler Inhalte dienen, nicht (Verbrauchsgüter-)Kaufrecht Anwendung. Für Verbrauchsgüterkaufverträge über diese Datenträger gelten nach **I 2** vielmehr grundsätzlich die §§ 327–327s. Erreicht wird damit die Gleichstellung von Online- und Datenträger-Übermittlung
3 *digitaler Produkte* (Lorenz NJW 2021, 2065, 2069). **b) Voraussetzungen. aa)** Verbrauchsgüterkauf (§§ 474 ff.). **bb) Körperliche Datenträger** sind Sachen, die digitale Inhalte (§ 327 II 1, → § 327, Rn. 2) speichern. Erforderlich ist, dass der Datenträger ausschließlich digitale Inhalte trägt und nicht weitere Funktionen erfüllt (etwa Speicherung eigener Inhalte des Verbrauchers, BeckOK/Faust, Rn. 5); nur dann tritt das sachkaufrechtliche Element in den Hintergrund. Bsp: DVD, CD, USB-

Stick, Speicherkarte (DI-RiLi Erwägungsgrund 20), nicht digitale Leermedien und analoge Datenträger (Buch, Schallplatte). **c) Rechtsfolgen.** Kaufrecht findet auf 4 den gesamten Vertrag grundsätzlich keine Anwendung, vielmehr §§ 327–327s, mit Ausnahme der §§ 327b, 327c (Bereitstellung digitaler Produkte; §§ 433 I 1, 475 gelten).

3. Waren mit funktionsentbehrlichen digitalen Produkten (II). Auf Kauf- 5 verträge über Waren, die digitale Elemente enthalten (Software in Notebook) oder damit verbunden sind (Cloud-Anbindung, App zur Gerätesteuerung), ist grundsätzlich Kaufrecht anwendbar (§ 327a III). Ist das digitale Produkt aber für die Funktion der Ware entbehrlich (Unterschied zu § 327a III), finden auf die Ware (verbrauchsgüter-)kaufrechtliches Gewährleistungsrecht und auf das digitale Produkt weitgehend die §§ 327–327s Anwendung. Bsp für Entbehrlichkeit digitaler Produkte sind Navigationssystem bei Kfz oder Bestellfunktion beim Kühlschrank, die auch ohne digitale Elemente ihre „Grundfunktion" ausüben können (s. Lorenz NJW 2021, 2065, 2070).

§ 475b Sachmangel einer Ware mit digitalen Elementen

(1) [1]**Für den Kauf einer Ware mit digitalen Elementen (§ 327a Absatz 3 Satz 1), bei dem sich der Unternehmer verpflichtet, dass er oder ein Dritter die digitalen Elemente bereitstellt, gelten ergänzend die Regelungen dieser Vorschrift.** [2]**Hinsichtlich der Frage, ob die Verpflichtung des Unternehmers die Bereitstellung der digitalen Inhalte oder digitalen Dienstleistungen umfasst, gilt § 327a Absatz 3 Satz 2.**

(2) **Eine Ware mit digitalen Elementen ist frei von Sachmängeln, wenn sie bei Gefahrübergang und in Bezug auf eine Aktualisierungspflicht auch während des Zeitraums nach Absatz 3 Nummer 2 und Absatz 4 Nummer 2 den subjektiven Anforderungen, den objektiven Anforderungen, den Montageanforderungen und den Installationsanforderungen entspricht.**

(3) **Eine Ware mit digitalen Elementen entspricht den subjektiven Anforderungen, wenn**
1. **sie den Anforderungen des § 434 Absatz 2 entspricht und**
2. **für die digitalen Elemente die im Kaufvertrag vereinbarten Aktualisierungen während des nach dem Vertrag maßgeblichen Zeitraums bereitgestellt werden.**

(4) **Eine Ware mit digitalen Elementen entspricht den objektiven Anforderungen, wenn**
1. **sie den Anforderungen des § 434 Absatz 3 entspricht und**
2. **dem Verbraucher während des Zeitraums, den er aufgrund der Art und des Zwecks der Ware und ihrer digitalen Elemente sowie unter Berücksichtigung der Umstände und der Art des Vertrags erwarten kann, Aktualisierungen bereitgestellt werden, die für den Erhalt der Vertragsmäßigkeit der Ware erforderlich sind, und der Verbraucher über diese *Aktualisierungen* informiert wird.**

(5) **Unterlässt es der Verbraucher, eine Aktualisierung, die ihm gemäß Absatz 4 bereitgestellt worden ist, innerhalb einer angemessenen Frist zu installieren, so haftet der Unternehmer nicht für einen Sachmangel, der allein auf das Fehlen dieser Aktualisierung zurückzuführen ist, wenn**
1. **der Unternehmer den Verbraucher über die Verfügbarkeit der Aktualisierung und die Folgen einer unterlassenen Installation informiert hat und**
2. **die Tatsache, dass der Verbraucher die Aktualisierung nicht oder unsachgemäß installiert hat, nicht auf eine dem Verbraucher bereitgestellte mangelhafte Installationsanleitung zurückzuführen ist.**

(6) **Soweit eine Montage oder eine Installation durchzuführen ist, entspricht eine Ware mit digitalen Elementen**

1. **den Montageanforderungen, wenn sie den Anforderungen des § 434 Absatz 4 entspricht, und**
2. **den Installationsanforderungen, wenn die Installation**
   a) **der digitalen Elemente sachgemäß durchgeführt worden ist oder**
   b) **zwar unsachgemäß durchgeführt worden ist, dies jedoch weder auf einer unsachgemäßen Installation durch den Unternehmer noch auf einem Mangel der Anleitung beruht, die der Unternehmer oder derjenige übergeben hat, der die digitalen Elemente bereitgestellt hat.**

Lit.: Felsch/Kremer/Wagener, Handhabung der neuen Aktualisierungspflicht bei digitalen Produkten, MMR 2022, 18; Schrader: Umsetzung der Warenkauf-Richtlinie: Auswirkungen auf die Haltbarkeit von Fahrzeugen mit digitalen Elementen, NZV 2021, 67.

1 **1. Allgemeines.** Regelung des Sachmängelrechts bei einem Verbrauchsgüterkauf über Waren mit digitalen Elementen. Ergänzung zu § 434, insbes um Aktualisierungspflichten für die digitalen Elemente nach Gefahrübergang. Umsetzung von Art. 3 III 2, 5–8 WK-RiLi mWv 1.1.2022 (→ Vor §§ 433–480, Rn. 4). Zur Abdingbarkeit s. § 476 I.

2 **2. Anwendungsbereich (I).** Verbrauchsgüterkauf (§ 474) mit Verpflichtung zur Bereitstellung einer Ware mit digitalen Elementen (§ 327a III 1). Diese müssen für die Funktion der Ware unentbehrlich sein, sonst § 475a II. **I 2** verweist für Auslegungsregel hinsichtlich der Einbeziehung der Bereitstellungsverpflichtung auf § 327a III 2. Nicht wenn der Verbraucher den Bereitstellungsvertrag mit einem Dritten schließt.

3 **3. Mangelfreiheit (II-VI). a) Konzeption.** Die Mangelfreiheit von Waren mit digitalen Inhalten bestimmt sich zunächst nach § 434 **(II):** Bei Gefahrübergang müssen die subjektiven, objektiven sowie die Montageanforderungen der Ware und ihrer digitalen Elemente erfüllt sein. Dazu gehört auch, dass die digitalen Elemente bei Gefahrübergang bereitgestellt werden und Funktionalität, Kompatibilität und Interoperationalität gegeben sind (→ § 434, Rn. 9). Darüber hinaus müssen während des vereinbarten oder erwartbaren Aktualisierungszeitraums nach Gefahrübergang die digitalen Elemente der Ware aktualisiert werden, insbes um Funktionalität, Kompatibilität und Interoperationalität auch bei Änderungen des digitalen Umfelds sicher zu stellen. Mangelfreiheit erfordert neben der Zeitpunkbetrachtung (Gefahrübergang) zudem eine Zeitraumbetrachtung (Aktualisierungsperiode). Die Ware mit digitalen Elementen, die bei Gefahrübergang nach § 434 mangelfrei ist, kann daher nachträglich mangelhaft werden, wenn die Aktualisierungspflichten nicht erfüllt
4 werden. **b) Mangelfreiheit** setzt zunächst voraus, dass Ware und digitale Elemente im Zeitpunkt des Gefahrübergangs den subjektiven Anforderungen des § 434 II **(III Nr. 1),** den objektiven Anforderungen des § 434 III **(IV Nr. 1)** und den Montage-
5 anforderungen des § 434 IV **(VI Nr. 1)** entsprechen. **c)** Zudem muss der Verkäufer der **Aktualisierungspflicht** nachkommen. **aa) aaa)** Sie bezieht sich auf die digitalen Elemente, nicht die Ware selbst, und umfasst insbes die Bereitstellung von (Sicherheits-)Updates und funktionserweiternden Upgrades (zB Betriebssystem). Die Aktualisierung muss die Vertragsmäßigkeit der Ware erhalten, so dass fehlerhafte Aktualisierungen, die erstmals die Vertragswidrigkeit bewirken, einen Sachmangel auslösen (BT-Drs. 19/27424, 32); das gilt auch für dem Verbraucher unerwünschte Änderungen an den digitalen Elementen, welche die Funktionalität der Ware oder
6 den *Leistungsumfang* einschränken (Wendehorst JZ 2021, 974, 982). **bbb) Bereitstellung** (sa § 327 b III, → § 327b Rn. 3) meint die eigenständige Zugangsmöglichkeit oder die Möglichkeit des Herunterladens der Aktualisierungen durch den Verbraucher. Schuldner der Aktualisierungspflichten ist ausschließlich der Verkäufer; einen Direktanspruch gegen den Hersteller gibt II nicht. Erfüllt der Hersteller die Aktualisierungspflicht des Unternehmers, ist er Erfüllungsgehilfe (§ 278), nicht Drit-

ter iSd § 267. **bb)** Nach **III Nr. 2** müssen die **subjektiven Anforderungen der Aktualisierung** gegeben sein. Maßgeblich ist die Bereitstellung der Aktualisierungen im vereinbarten Umfang und Aktualisierungszeitraum. **cc) aaa)** Die **objektiven Anforderungen der Aktualisierung (IV Nr. 2)** müssen die Vertragsmäßigkeit der Ware, insbes ihre Funktionsfähigkeit, erhalten, und Softwarefehler beheben. Umfasst sind ferner Sicherheitsupdates, die nach dem Stand der Technik geeignet sind, unzulässige Zugriffe Dritter auf Ware und digitale Elemente abzuwehren. Verbessern muss der Unternehmer die Ware nicht. **bbb)** Der **Aktualisierungszeitraum** bemisst sich nach Art und Zweck der Ware und ihren digitalen Elemente sowie Art und Umstände des Vertrags. Maßgeblich ist der Erwartungshorizont eines Durchschnittskäufers (BT-Drs. 19/27424, 33) nach den Umständen des Einzelfalls, etwa der üblichen Verwendungs- und Vertriebsdauer („life-cycle"), Werbeaussagen, Preis (genauer: Wertigkeit) und Material der Ware, auch das Risiko, das entsteht, wenn keine Aktualisierung mehr erfolgt. Die Mindestdauer ist die Gewährleistungsfrist; bei Sicherheitsupdates geht die Verbrauchererwartung weit darüber hinaus (BT-Drs. 19/27424, 33). **ccc)** Der Verbraucher muss über die Aktualisierungen rechtzeitig informiert werden (IV Nr. 2 aE). Unterlässt der Verbraucher die Installation der Aktualisierung, haftet der Unternehmer nach **V** nicht für Mängel, falls er den Verbraucher über Verfügbarkeit der Aktualisierung und Folgen einer Nichtinstallation informiert hatte und eine mangelhafte Installationsanleitung nicht für die Nichtinstallation ursächlich war (sa § 327f II, → § 327f Rn. 5). **ddd)** Zu von IV abweichenden Vereinbarungen s § 476 I 2. **dd)** Die Ware mit digitalen Elementen muss den **Montageanforderungen** nach § 434 IV entsprechen **(VI Nr. 1).** Die hinzutretenden **Installationsanforderungen (VI Nr. 2)** beziehen sich auf die digitalen Elemente, insbes wenn der Unternehmer oder Hersteller (per Fernzugriff) installiert. Sie müssen bei Gefahrübergang und bei Aktualisierungen erfüllt werden. **d) Rechtsfolgen der Verletzung der Aktualisierungspflicht.** Die Ware ist insgesamt mangelhaft (II); es gilt § 437. Der Verbraucher kann vorrangig Nacherfüllung verlangen, regelmäßig als Nachbesserung durch Vornahme der Aktualisierung. Verjährung s. § 475e II.

7 8 9 10 11 12

§ 475c Sachmangel einer Ware mit digitalen Elementen bei dauerhafter Bereitstellung der digitalen Elemente

(1) [1]**Ist beim Kauf einer Ware mit digitalen Elementen eine dauerhafte Bereitstellung für die digitalen Elemente vereinbart, so gelten ergänzend die Regelungen dieser Vorschrift.** [2]**Haben die Parteien nicht bestimmt, wie lange die Bereitstellung andauern soll, so ist § 475b Absatz 4 Nummer 2 entsprechend anzuwenden.**

(2) **Der Unternehmer haftet über die §§ 434 und 475b hinaus auch dafür, dass die digitalen Elemente während des Bereitstellungszeitraums, mindestens aber für einen Zeitraum von zwei Jahren ab der Ablieferung der Ware, den Anforderungen des § 475b Absatz 2 entsprechen.**

1. Zweck. Ergänzung zu §§ 434, 475b. Regelung des Bereitstellungszeitraums und erweiterter Sachmangelhaftung bei vereinbarter dauerhafter Bereitstellung digitaler Elemente bei Verbrauchsgüterkauf über Ware mit digitalen Elementen (§ 327a III 1) mWv 1.1.2022 (→ Vor §§ 433–480, Rn. 4). Erfasst werden insbes auch digitale Elemente, die nicht „Bestandteil" der Ware sind, sondern „über das Internet" verfügbar sind. Unabdingbar, s. § 476 I 1. 1

2. Dauerhafte Bereitstellung. S. § 327e I 3; gemeint ist eine fortlaufende („ununterbrochene") Bereitstellung; Bsp: aktuelle Verkehrsdaten in einem Navigationssystem; Cloud-Anbindungen (BT-Drs. 19/27424, 34). Eine dauerhafte Bereitstellung kann auch konkludent vereinbart werden, insbes wenn sie zur Funktionsfähigkeit der Ware erforderlich ist. Ist zwar eine fortlaufende Bereitstellung vereinbart, 2 nicht aber der konkrete Bereitstellungszeitraum, gilt § 475b IV Nr. 2: Maßgeblich ist der Erwartungshorizont des Verbrauchers (→ § 475b, Rn. 9).

3 **3. Mangelfreiheit.** Neben den allgemeinen Voraussetzungen bei Gefahrübergang gemäß § 434 und den Voraussetzungen nach § 475b muss der Unternehmer zudem fortlaufend die digitalen Elemente (Cloud, Datenzulieferung) bereitstellen. Mindestzeitraum beträgt zwei Jahre (sa § 477 II). Verjährung s. § 475e I.

§ 475d Sonderbestimmungen für Rücktritt und Schadensersatz

(1) **Für einen Rücktritt wegen eines Mangels der Ware bedarf es der in § 323 Absatz 1 bestimmten Fristsetzung zur Nacherfüllung abweichend von § 323 Absatz 2 und § 440 nicht, wenn**

1. **der Unternehmer die Nacherfüllung trotz Ablaufs einer angemessenen Frist ab dem Zeitpunkt, zu dem der Verbraucher ihn über den Mangel unterrichtet hat, nicht vorgenommen hat,**
2. **sich trotz der vom Unternehmer versuchten Nacherfüllung ein Mangel zeigt,**
3. **der Mangel derart schwerwiegend ist, dass der sofortige Rücktritt gerechtfertigt ist,**
4. **der Unternehmer die gemäß § 439 Absatz 1 oder 2 oder § 475 Absatz 5 ordnungsgemäße Nacherfüllung verweigert hat oder**
5. **es nach den Umständen offensichtlich ist, dass der Unternehmer nicht gemäß § 439 Absatz 1 oder 2 oder § 475 Absatz 5 ordnungsgemäß nacherfüllen wird.**

(2) [1]**Für einen Anspruch auf Schadensersatz wegen eines Mangels der Ware bedarf es der in § 281 Absatz 1 bestimmten Fristsetzung in den in Absatz 1 bestimmten Fällen nicht.** [2]**§ 281 Absatz 2 und § 440 sind nicht anzuwenden.**

1 **1. Allgemeines.** Entbehrlichkeit der Fristsetzung wegen eines Mangels für Rücktritt (I) – und Minderung, s. § 441 I – sowie Schadensersatz (II) beim Verbrauchsgüterkauf (§ 474). **I** modifiziert die Rücktrittsvoraussetzungen nach §§ 323 I, II, 440; **II** die §§ 281, 440. Umsetzung von Art. 13 IV WK-RiLi, Schadensersatz ist nicht von der WK-RiLi umfasst, aber Gleichlauf mit Rücktrittsvoraussetzungen erwünscht (BT-Drs. 19/27424, 39). Unabdingbar, § 476 I 1.

2 **2. Rücktritt (I). a) I** schließt §§ 323 II (nicht III-VI), 440 aus und modifiziert § 323 I. Eine Fristsetzung durch den Verbraucher ist für den Rücktritt (und die Minderung, s. § 441 I) (möglich aber) nicht erforderlich (wohl aber die Wahl zwischen den Nacherfüllungsvarianten, § 439 I [Lorenz NJW 2021, 2065, 2071])
3 unter folgenden (alternativen) Voraussetzungen: **b) Nr. 1.** Ablauf einer nach den Umständen **angemessenen Frist** (§ 475 V); der Fristlauf beginnt mit Unterrichtung des Unternehmers über den Mangel durch den Verbraucher. Ist die Nacherfüllung erfolgt, aber nicht innerhalb angemessener Frist (oder nicht unentgeltlich oder nicht ohne erhebliche Unannehmlichkeiten für den Verbraucher), scheidet der Rücktritt aus; der Verbraucher kann nicht die verspätete (usw.) Nacherfüllung akzeptieren und gleichwohl zurücktreten, sondern nur ablehnen und Schadenser-
4 satz verlangen (BT-Drs. 19/27424, 36 f.) **c) Nr. 2.** Nacherfüllung ist **fehlgeschlagen;** der Mangel besteht fort oder ein anderer Mangel ist entstanden. § 440 S. 2 ist nicht anwendbar; der Verbraucher kann nach dem ersten erfolglosen Nacherfüllungsversuch zurücktreten. Grund: Vertrauen des Verbrauchers ist erschüttert.
5 **d) Nr. 3.** Vorliegen eines **schwerwiegenden Mangels.** Interessenabwägung
6 erforderlich. **e) Nr. 4. Verweigerung der Nacherfüllung.** Unerheblich ist, ob die Verweigerung berechtigt (s. § 439 IV) oder unberechtigt erfolgt (BT-Drs. 19/27424, 38). Ein Angebot der Nacherfüllung nach Ablauf der angemessenen Frist (§ 475 V), entgeltlich (s § 439 II) oder unter erheblichen Unannehmlichkeiten

(§ 475 V) steht einer Verweigerung gleich, da nicht ordnungsgemäß. **f) Nr. 5.** 7
Wenn die nicht ordnungsgemäße Art und Weise der Nacherfüllung (§§ 439 I, II, 475 V) **offensichtlich** ist; anders als bei Nr. 4 kommt es auf die Erklärung der Verweigerung nicht an.

3. Schadensersatz (II). Zur Angleichung der Voraussetzungen an den Rücktritt 8
ist bei Schadensersatz eine Fristsetzung gem § 281 I nicht erforderlich, soweit ein Fall nach I gegeben ist **(II 1).** §§ 281 II, 440 sind unanwendbar **(II 2).**

§ 475e Sonderbestimmungen für die Verjährung

(1) **Im Fall der dauerhaften Bereitstellung digitaler Elemente nach § 475c Absatz 1 Satz 1 verjähren Ansprüche wegen eines Mangels an den digitalen Elementen nicht vor dem Ablauf von zwölf Monaten nach dem Ende des Bereitstellungszeitraums.**

(2) **Ansprüche wegen einer Verletzung der Aktualisierungspflicht nach § 475b Absatz 3 oder 4 verjähren nicht vor dem Ablauf von zwölf Monaten nach dem Ende des Zeitraums der Aktualisierungspflicht.**

(3) **Hat sich ein Mangel innerhalb der Verjährungsfrist gezeigt, so tritt die Verjährung nicht vor dem Ablauf von vier Monaten nach dem Zeitpunkt ein, in dem sich der Mangel erstmals gezeigt hat.**

(4) **Hat der Verbraucher zur Nacherfüllung oder zur Erfüllung von Ansprüchen aus einer Garantie die Ware dem Unternehmer oder auf Veranlassung des Unternehmers einem Dritten übergeben, so tritt die Verjährung von Ansprüchen wegen des geltend gemachten Mangels nicht vor dem Ablauf von zwei Monaten nach dem Zeitpunkt ein, in dem die nachgebesserte oder ersetzte Ware dem Verbraucher übergeben wurde.**

1. Allgemeines. Regelung der **Ablaufhemmung** der Verjährung für Mängel- 1
rechte. I, II erfassen Waren mit digitalen Elementen; III gilt für alle Waren, wenn sich der Mangel erst kurz vor Ablauf der Verjährung zeigt; IV sichert dem Verbraucher Zeit für die Prüfung des Erfolgs einer Nach- oder Garantieerfüllung. Ergänzung des § 438. Umsetzung Art. 10 V WK-RiLi mWv 1.1.2022 (→ Vor §§ 433–480, Rn. 4). Anwendbar auf Verbrauchsgüterkaufverträge (§ 474), I und II auf Waren mit digitalen Elementen. Unabdingbar → § 476, Rn. 9.

2. Ablaufhemmung . a) Bei **dauerhafter Bereitstellung digitaler Elemente** 2
(§ 475c Abs. 1 Satz 1) trägt **I** dem Dauerschuldcharakter der Bereitstellung Rechnung. Die Verjährung endet nicht schon zwei Jahre nach Ablieferung (s § 438 II), sondern hinsichtlich der Mängel der digitalen Elemente erst zwölf Monate nach Ende des Bereitstellungszeitraums. Str ist die Anwendung der Höchstverjährungsfrist
nach § 199 IV (s BeckOK/Faust, Rn. 3). **b)** Bei **Verletzung der Aktualisierungs-** 3
pflicht (§ 475b III, IV) beendet **II** die Verjährung ebenfalls wegen des Dauerschuldcharakters nicht vor Ablauf von zwölf Monaten nach Ende des Aktualisierungszeit-
raums. ***c)*** *Zeigt sich* ein **Mangel** (der Ware oder der digitalen Elemente) erst gegen 4
Ende der Verjährungsfrist, begründet **III** eine Ablaufhemmung von vier Monaten nach Auftreten des Mangels. Umsetzung Art. 10 V 2 WK-RiLi. Die bis zur Einleitung verjährungshemmender Maßnahmen (§§ 203, 204) benötigte Zeit soll den Verbraucher nicht daran hindern, Gewährleistungsrechte für auch kurz vor Ablauf
der Verjährungsfrist offenbar werdende Mängel geltend zu machen. **d) IV** ermög- 5
licht dem Verbraucher, der die mangelhafte Ware zum Zweck der Nach- oder Garantieerfüllung an den **Unternehmer zurück gegeben** hatte, durch eine Ablaufhemmung von zwei Monaten nach Rückerhalt zu prüfen, ob dem Mangel abgeholfen wurde, ohne dass inzwischen die Verjährungsfrist abläuft. Daneben gelten §§ 203, 212 I Nr. 1 (Lorenz NJW 2021, 2065, 2072).

§ 476 Abweichende Vereinbarungen

(1) [1]**Auf eine vor Mitteilung eines Mangels an den Unternehmer getroffene Vereinbarung, die zum Nachteil des Verbrauchers von den §§ 433 bis 435, 437, 439 bis 441 und 443 sowie von den Vorschriften dieses Untertitels abweicht, kann der Unternehmer sich nicht berufen.** [2]**Von den Anforderungen nach § 434 Absatz 3 oder § 475b Absatz 4 kann vor Mitteilung eines Mangels an den Unternehmer durch Vertrag abgewichen werden, wenn**

1. **der Verbraucher vor der Abgabe seiner Vertragserklärung eigens davon in Kenntnis gesetzt wurde, dass ein bestimmtes Merkmal der Ware von den objektiven Anforderungen abweicht, und**
2. **die Abweichung im Sinne der Nummer 1 im Vertrag ausdrücklich und gesondert vereinbart wurde.**

(2) [1]**Die Verjährung der in § 437 bezeichneten Ansprüche kann vor Mitteilung eines Mangels an den Unternehmer nicht durch Rechtsgeschäft erleichtert werden, wenn die Vereinbarung zu einer Verjährungsfrist ab dem gesetzlichen Verjährungsbeginn von weniger als zwei Jahren, bei gebrauchten Waren von weniger als einem Jahr führt.** [2]**Die Vereinbarung ist nur wirksam, wenn**

1. **der Verbraucher vor der Abgabe seiner Vertragserklärung von der Verkürzung der Verjährungsfrist eigens in Kenntnis gesetzt wurde und**
2. **die Verkürzung der Verjährungsfrist im Vertrag ausdrücklich und gesondert vereinbart wurde.**

(3) **Die Absätze 1 und 2 gelten unbeschadet der §§ 307 bis 309 nicht für den Ausschluss oder die Beschränkung des Anspruchs auf Schadensersatz.**

(4) **Die Regelungen der Absätze 1 und 2 sind auch anzuwenden, wenn sie durch anderweitige Gestaltungen umgangen werden.**

Lit.: Güster/Booke: Umsetzung der Warenkaufrichtlinie – Rechtssichere Implementierung von negativer Beschaffenheitsvereinbarung und Verjährungsverkürzung bei Gebrauchtwaren im Internet, MMR 2022, 92; Rapp, Verjährungsvereinbarungen beim Verbrauchsgüterkauf, NJW 2021, 969.

1 **1. Überblick.** Beschränkung der Privatautonomie beim Verbrauchsgüterkauf (s. § 474 I 1) zum Zweck des Verbraucherschutzes. Umsetzung von Art. 7 V, 10, 21 I WK-RiLi mWv 1.1.2022 (→ Vor §§ 433–480, Rn. 4). Große Teile des allg Kaufrechts und die bes Vorschriften über den Verbrauchsgüterkauf können nach **I 1** nicht zu Lasten des Käufers abbedungen werden. **I 2** erlaubt unter besonderen Voraussetzungen die Abweichungen von objektiven Anforderungen von Kaufsachen und Waren mit digitalen Elementen („negative Beschaffenheitsvereinbarung"). **II** gibt Gestaltungsraum für Verjährungsabreden. **IV** flankiert dies durch ein Umgehungsverbot. Schadensersatz kann nach **III** grundsätzlich beschränkt werden. – Str ist geltungserhaltende Reduktion, zB Aufrechterhaltung des Ausschlusses des Schadensersatzanspruchs bei vollständigem Gewährleistungsausschluss (bejahend außerhalb AGB MüKoBGB/Lorenz, Rn. 31 f.). Maßstab sollte § 139 sein.

2 **2. Abweichende Vereinbarung (I 1). a) Gegenstand.** Unter I 1 fallen insbes Vereinbarungen über die Rechte des Käufers bei Sach- und Rechtsmängeln, gleich ob in AGB, Einmalklauseln iSv § 310 III Nr. 2 oder Individualvereinbarungen. I 1 erfasst ferner §§ 474–479. Nicht erfasst sind § 436 (betr. nur Grundstücke), § 438 (s. II), § 442 (schon durch § 445 III ausgeschlossen) und § 444 (ohnehin Begrenzung
3 der Vertragsfreiheit). **b) Nachteil** ist nicht nur Ausschluss, sondern auch Beschränkung der Haftung und der Käuferrechte, zB Fristverkürzung oder Bindung der Rechtsausübung an nicht ges vorgesehene Erfordernisse, etwa Form- oder Rügeob-
4 liegenheiten; ferner Änderung der Beweislast des § 477. **c) Zeitpunkt.** Eine abweichende Vereinbarung ist unzulässig vor Mängelmitteilung an den Unternehmer, danach voll wirksam. In Kenntnis eines Mangels soll der Verbraucher über seine

Rechte disponieren, insbes (Prozess-)Vergleiche schließen können. **Mängelmitteilung** ist geschäftsähnliche Handlung (Bedeutung: → Vor § 104 Rn. 23). Sie muss vom Käufer (oder einem Vertreter) ausgehen, nicht von Drittem; es genügt aber, wenn der Verkäufer von sich aus (etwa im Rahmen der Produktbeobachtungspflicht) nachträglich auf den Mangel hinweist und der Käufer dann die Vereinbarung schließt. Nur bzgl des mitgeteilten Mangels, nicht wegen anderer (noch verdeckter) Mängel sind abweichende Vereinbarungen voll wirksam. **d) Wirkungen.** Der Ver- 5
käufer kann sich nicht auf eine vor Mängelmitteilung getroffene abweichende Vereinbarung berufen; der Kaufvertrag iÜ ist voll wirksam; daher ist § 139 unanwendbar.

3. Negative Beschaffenheitsvereinbarungen (I 2). a) Abweichende Verein- 6
barungen zu **objektiven Anforderungen** an die Kaufsache (§§ 434 III) oder die Ware mit digitalen Elementen (475b IV; wohl auch § 475c II) sind auch *vor* Mängelmitteilung an den Unternehmer wirksam. Ermöglicht Vereinbarungen auch bei gebrauchten Sachen. Umsetzung von Art. 7 V WK-RiLi. **b) Voraussetzungen.** 7
Verbraucher muss nach **Nr. 1** vor Abgabe seiner Willenserklärung (Angebot oder Annahme) von der Abweichung in Kenntnis gesetzt werden. „Eigens" verlangt den Hinweis auf ein bestimmtes Merkmal deutlich getrennt von anderen Informationen (BeckOK/Faust, Rn. 22). Zudem muss die Abweichung nach **Nr. 2** im Vertrag 8
zwar nicht in einer bestimmten Form, aber ausdrücklich (also nicht konkludent [Lorenz NJW 2021, 2065, 2073], auch wenn vor Vertragsschluss der Verbraucher hingewiesen wird) und gesondert, zB abgesetzt vom sonstigen Text oder bes Schaltfläche auf Bildschirm (BT-Drs. 19/27424, 42; Wendehorst JZ 2021, 974, 977 [„aktiv"]), nicht aber notwendig auf einem gesonderten Blatt (Staudinger/Arzt, Rn. 252), vereinbart werden. Eine mündliche Abrede ist genügend, keine Form erforderlich (aA Staudinger/Arzt, Rn. 255: Textform).

4. Verjährung (II). a) Herabsetzung. Die Verjährungsfristen des § 438 I kön- 9
nen herabgesetzt werden, es muss aber ein Mindestzeitraum verbleiben. II erfasst nur die Ansprüche nach § 437 Nr. 1, mittelbar Rücktritt (§ 218) und Minderung (s. § 441 I), nicht Schadensersatz (III). Erleichterung der Verjährung betrifft eine Verkürzung der Verjährungsfrist und den vorverlagerten Beginn des Fristlaufs vor Ablieferung, zB auf den Vertragsschluss. Die Untergrenze bei **neuen Sachen** beträgt grundsätzlich zwei Jahre; dies entspricht § 438 I Nr. 3, betrifft daher nur § 438 I Nr. 1 und Nr. 2 (insbes Baustoffe). Um die Zwei-Jahres-Untergrenze nicht zu unterlaufen, können die Ablaufhemmungen des § 475e I-III in richtlinienkonformer Auslegung des Art. 10 V 2 WK-RiLi nicht abbedungen werden (BeckOK/Faust, Rn. 32). Bei **gebrauchten Sachen** (→ §§ 474, 475 Rn. 7) ist eine Abkürzung auf mindestens ein Jahr zulässig (Art. 10 VI WK-RiLi). **b) Voraussetzungen.** Eine 10
Herabsetzung *vor* Mängelmitteilung an den Unternehmer setzt wie bei I 2 (→ Rn. 7 f.) Inkenntnissetzung (II 2 Nr. 1) sowie ausdrückliche und gesonderte Vereinbarung (II 2 Nr. 2); voraus. *Nach* Mängelmitteilung s. § 202; wichtig bei Arglist des Unternehmers (sa § 438 III). **c) Rechtsfolgen.** Gegen II verstoßende 11
Vereinbarung ist unwirksam, es gilt die ges Frist bzw der ges Verjährungsbeginn; der Kaufvertrag ist iÜ (wie bei I, → Rn. 5) wirksam.

5. Schadensersatz (III) ist nicht Gegenstand der WK-RiLi. Anspruch auf Scha- 12
densersatz (§ 437 Nr. 3) kann auch beim Verbrauchsgüterkauf individualvertraglich ausgeschlossen (sa § 276 III) oder beschränkt (auch durch Verjährungserleichterungen) werden. Für AGB s. §§ 307, 308, 309 Nr. 5, 7, 8, 12 (dazu MüKoBGB/Lorenz, Rn. 19). III gilt analog für den schadensersatzähnlichen Anspruch auf Ersatz vergeblicher Aufwendungen (§§ 284, 437 Nr. 3).

6. Umgehungsverbot (IV). Erfasst nicht nur RGeschäfte (→ § 134 Rn. 18), 13
sondern auch faktische Gestaltungen. Eine Umgehung liegt vor bei einer Abrede, es handele sich (bei einem Kauf zu privaten Zwecken) um ein „Händlergeschäft" (BGH NJW 2017, 2758, Rn. 17). Umgehungsabsicht ist nicht erforderlich. Eine

unzulässige Umgehungsgestaltung ist *nicht* schon dann gegeben, wenn der Unternehmer als Vertreter (§ 164) für den nicht unter § 14 fallenden Verkäufer auftritt (**„Agenturgeschäft“;** BGH NJW 2005, 1039, 1040; einschr Müller NJW 2003, 1975, 1978 f.: Transparenz erforderlich). Erforderlich ist vielmehr, dass der Unternehmer wirtschaftlich ein Eigengeschäft vornimmt, weil er zB das wirtschaftliche Risiko des Verkaufs trägt (etwa bei garantiertem Verkaufspreis des in Zahlung genommenen Gebrauchtwagens) und daher bei wirtschaftlicher Betrachtungsweise als Verkäufer anzusehen ist (BGH NJW 2005, 1039, 1040 mN; krit Maultzsch ZGS 2005, 175, 177 f.). Die Mängelrechte des Käufers richten sich gegen den Unternehmer und nicht gegen den als Verkäufer vorgeschobenen Verbraucher (BGH NJW 2007, 759, Rn. 16). Handelt umgekehrt ein Verbraucher als „Strohmann“ eines Unternehmers, um einen Haftungsausschluss vereinbaren zu können, ist der Kaufvertrag zwischen den Verbrauchern wirksam, falls kein Scheingeschäft (§ 117) vorliegt (BGH NJW-RR 2013, 687; → §§ 474, 475 Rn. 3). *Keine* Umgehung liegt vor bei einem **Finanzierungsleasing,** wenn der Leasinggeber einen Haftungsausschluss vereinbart und zugleich mögliche Gewährleistungsansprüche gegen seinen Verkäufer an den Leasingnehmer abtritt (BGH NJW 2006, 1066, 1067).

§ 476a *(weggefallen)*

§ 477 Beweislastumkehr

(1) [1]**Zeigt sich innerhalb eines Jahres seit Gefahrübergang ein von den Anforderungen nach § 434 oder § 475b abweichender Zustand der Ware, so wird vermutet, dass die Ware bereits bei Gefahrübergang mangelhaft war, es sei denn, diese Vermutung ist mit der Art der Ware oder des mangelhaften Zustands unvereinbar.** [2]**Beim Kauf eines lebenden Tieres gilt diese Vermutung für einen Zeitraum von sechs Monaten seit Gefahrübergang.**

(2) **Ist bei Waren mit digitalen Elementen die dauerhafte Bereitstellung der digitalen Elemente im Kaufvertrag vereinbart und zeigt sich ein von den vertraglichen Anforderungen nach § 434 oder § 475b abweichender Zustand der digitalen Elemente während der Dauer der Bereitstellung oder innerhalb eines Zeitraums von zwei Jahren seit Gefahrübergang, so wird vermutet, dass die digitalen Elemente während der bisherigen Dauer der Bereitstellung mangelhaft waren.**

Lit.: Gsell, Sachmangelbegriff und Reichweite der Beweislastumkehr beim Verbrauchsgüterkauf, JZ 2008, 29; Ruckteschler, Haltbarkeitsgarantie durch die Hintertür, ZEuP 2016, 528.

1 **1. Allgemeines. a)** Die Gewährleistungsrechte des Käufers gem § 437 setzen voraus, dass der Mangel *bei Gefahrübergang* (→ § 434 Rn. 5) vorlag. Abw. von der allg Beweislastverteilung (dazu → § 434 Rn. 3) überträgt **I 1** dem Verkäufer die Darlegungs- und Beweislast dafür, dass der Mangel bei Gefahrübergang noch *nicht* bestand, wenn sich innerhalb eines Jahres (bzw. beim Kauf lebender Tiere innerhalb von sechs Monaten) nach Gefahrübergang ein von den Anforderungen der §§ 434, 475b abweichender Zustand zeigt. Umsetzung von Art. 11 I WK-RiLi (→ Vor §§ 433–480, Rn. 4). **II** erstreckt die Frist bei Waren mit dauerhaft bereitgestellten digitalen Elementen auf den Bereitstellungszeitraum, mindestens aber auf zwei Jahre nach Gefahrübergang (um den Vermutungszeitraum nicht durch Vereinbarungen *zum* Bereitstellungszeitraum zu verkürzen, BT-Drs 19/27424, 44). Umsetzung
2 Art. 11 III WK-RiLi (→ Vor §§ 433–480, Rn. 4). **b) Anwendungsbereich.** Alle Käuferrechte aus § 437 beim Verbrauchsgüterkauf (→ §§ 474, 475 Rn. 2–7); auch der Regress (s. §§ 445a, 478 I) sowie als Vorfrage für einen anderen Anspruch (BGH NJW 2009, 580 [Rückforderung nach § 812]). Macht der Käufer Schadensersatz nach § 280 geltend, muss sich der Verkäufer mehrstufig entlasten: gem § 477 ist er

beweisbelastet hinsichtlich Mangelfreiheit und gem § 280 I 2 hinsichtlich des fehlenden Vertretenmüssens (→ § 280 Rn. 25 ff.); der Verkäufer kann die Schadensersatzpflicht freilich ausschließen, beschränken oder die Beweislast ändern (§ 476 III), in AGB s. § 309 Nr. 7, 8b), 12a); § 477 ist iÜ unabdingbar (§ 476 I, II). Zur Beweislast bei Haltbarkeitsgarantie s. § 443 II.

2. Voraussetzungen. a) Verbrauchsgüterkauf (→ §§ 474, 475 Rn. 2–7). **b)** Von den subjektiven, objektiven und Montageanforderungen der §§ 434, 475b **abweichender Zustand** der Ware; nicht beim Rechtsmangel (§ 435; aA BeckOK/Faust, Rn. 5). **c) Vermutungszeiträume:** ein Jahr (s. §§ 187 I, 188 II) seit Gefahrübergang gem § 446 S. 1 oder 3 **(I 1),** bei lebenden Tieren sechs Monate **(I 2)** (dazu Lüdicke, NJW 2022, 3606, Rn. 16 ff.), bei Waren mit dauerhaft bereitgestellten digitalen Elementen der Bereitstellungszeitraum (→ § 475c Rn. 2), mindestens aber zwei Jahre **(II). d) Auftreten** (nicht Geltendmachung) des von den Anforderungen der §§ 434, 475b abweichenden Zustands **innerhalb der Frist.** Es wird vermutet, dass die Abweichung, die sich innerhalb der Frist zeigt, selbst schon bei Gefahrübergang vorlag oder dass sie auf einer anderen, schon bei Gefahrübergang vorliegenden Abweichung beruht (BeckOK/Faust, Rn. 10). **e)** Die Vermutung gilt **nicht** bei 4
Unvereinbarkeit mit der Art der Ware oder der Art des mangelhaften Zustands. Die Rückausnahme ist wegen des spezifisch verbraucherschützenden Charakters (BT-Drs. 14/6040, 245) eng auszulegen. **aa)** Nach **Art der Sache** mit der Vermu- 5
tung unvereinbar sind leicht verderbliche Waren wie Milch oder Schnittblumen (OLG Köln Urteil v 26.4.2018, 15 U 82/17 – juris Rn. 28), nicht aber lediglich gebrauchte (→ §§ 474, 475 Rn. 7) Sachen (OLG Köln NJW-RR 2004, 268) oder Tiere, bei denen nach Art des Mangels (→ Rn. 6) zu differenzieren ist (BGH NJW 2007, 2619). **bb)** Nach **Art des mangelhaften Zustands** mit der Vermutung 6
unvereinbar sind typische Benutzungs- und Gebrauchsspuren bei neuwertigen Sachen (Unfallschaden bei Neufahrzeug), alterstypische Verschleißmängel bei gebrauchten Sachen (OLG Bremen ZGS 2004, 394, 395), Eintritt einer Infektion und Ausbruch der Krankheit beim Tierkauf. Bestimmungsgemäßer Einbau durch Dritte schließt Beweislastumkehr nicht aus (BGH NJW 2005, 283, 284 [Teichbecken]).

3. Beweislastverteilung. a) Der **Käufer** hat als Vermutungsbasis vollauf zu 7
beweisen (1) den mangelhaften Zustand und (2) dessen Auftreten innerhalb des jeweiligen Vermutungszeitraums (→ Rn. 3) seit Gefahrübergang. **b)** Der **Verkäu-** 8
fer muss entgegen § 363 gem § 292 ZPO den vollen **Beweis des Gegenteils** erbringen (Hauptbeweis, eine bloße Erschütterung genügt nicht, BGH NJW 2017, 1093, Rn. 59 f. [zu § 477 aF]), dass der innerhalb der Vermutungszeiträume nach Gefahrübergang aufgetretene mangelhafte Zustand auf eine nach Gefahrübergang eingetretene, ihm nicht zuzurechnende Ursache (Verhalten des Käufers oder Dritter, übliche Abnutzungserscheinung nach Gefahrübergang, Zufall) zurückzuführen ist (BGH NJW 2017, 1093, Rn. 59 [zu § 477 aF]). Schuldhafte **Beweisvereitelung** kann nach § 242 auch im Anwendungsbereich des § 477 zu Beweiserleichterungen bis hin zur Beweislast(rück)umkehr führen (BGH NJW 2017, 1093, Rn. 63 [zu § 477 aF]; Bsp: BGH NJW 2006, 434, Rn. 23 ff.: Käufer vereitelt uU Beweis des Gegenteils, wenn er das in einer Werkstatt ausgetauschte mangelhafte Teil nicht aufbewahrt).

§ 478 Sonderbestimmungen für den Rückgriff des Unternehmers

(1) Ist der letzte Vertrag in der Lieferkette ein Verbrauchsgüterkauf (§ 474), findet § 477 in den Fällen des § 445a Absatz 1 und 2 mit der Maßgabe Anwendung, dass die Frist mit dem Übergang der Gefahr auf den Verbraucher beginnt.

(2) [1]**Auf eine vor Mitteilung eines Mangels an den Lieferanten getroffene Vereinbarung, die zum Nachteil des Unternehmers von Absatz 1 sowie von**

den §§ 433 bis 435, 437, 439 bis 443, 445a Absatz 1 und 2 sowie den §§ 445b, 475b und 475c abweicht, kann sich der Lieferant nicht berufen, wenn dem Rückgriffsgläubiger kein gleichwertiger Ausgleich eingeräumt wird. [2]Satz 1 gilt unbeschadet des § 307 nicht für den Ausschluss oder die Beschränkung des Anspruchs auf Schadensersatz. [3]Die in Satz 1 bezeichneten Vorschriften finden auch Anwendung, wenn sie durch anderweitige Gestaltungen umgangen werden.

(3) **Die Absätze 1 und 2 finden auf die Ansprüche des Lieferanten und der übrigen Käufer in der Lieferkette gegen die jeweiligen Verkäufer entsprechende Anwendung, wenn die Schuldner Unternehmer sind.**

1 **1. Allgemeines.** § 478 stärkt mWv 1.1.2022 (→ Vor §§ 433–480, Rn. 4) durch Modifikation der §§ 445a, 445b den Rückgriff des Unternehmer-Verkäufers in Lieferketten, wenn der „letzte Vertrag" ein Verbrauchsgüterkauf (§ 474 I) ist. Für den Fristbeginn nach § 477 ist auf den Übergang der Gefahr auf den Verbraucher (nicht auf den Verkäufer) abzustellen. Voraussetzung ist ein Kaufvertrag zwischen dem Endabnehmer als Verbraucher (§ 13) und dem Verkäufer als Unternehmer (§ 14).

2 **2. Beweislastumkehr (I).** Beweislastregel des § 477 gilt auch zugunsten des jeweiligen Anspruchstellers im Regressverhältnis gem § 445a I, II. Zeigt sich ein mangelhafter Zustand innerhalb des Vermutungszeitraums (→ § 477 Rn. 3), hat der jeweilige in Regress genommene Verkäufer (auch bei III) das Nichtvorliegen des Mangels bei Gefahrübergang (→ § 434 Rn. 5) zu beweisen. Für den Fristbeginn ist nicht auf den Übergang der Gefahr auf den Regressanspruchsteller, sondern auf den Verbraucher abzustellen.

3 **3. Abweichende Vereinbarungen (II). II 1** schränkt die Disposition über die genannten Rechte und deren Verjährung ein; *nicht:* gem **II 2** Schadensersatz (§ 437 Nr. 3) und § 377 HGB (→ Rn. 4). Beschränkung und Ausschluss sind aber wirksam, soweit dem Unternehmer ein gleichwertiger Ausgleich eingeräumt wird. Bsp: Pauschales Abrechnungs- (BT-Drs. 14/6040, 249) oder Rabattsystem. **II 3** enthält ein Umgehungsverbot (→ § 476 Rn. 13). Zu den Gestaltungsmöglichkeiten bei AGB s. Matthes NJW 2002, 2505, 2507.

4 **4. Lieferkette (III).** Die Erleichterungen der I und II sollen Rückgriff bis zum für den Sachmangel verantwortlichen Unternehmer ermöglichen.

§ 479 Sonderbestimmungen für Garantien

(1) **[1]Eine Garantieerklärung (§ 443) muss einfach und verständlich abgefasst sein. [2]Sie muss Folgendes enthalten:**

1. **den Hinweis auf die gesetzlichen Rechte des Verbrauchers bei Mängeln, darauf, dass die Inanspruchnahme dieser Rechte unentgeltlich ist sowie darauf, dass diese Rechte durch die Garantie nicht eingeschränkt werden,**
2. **den Namen und die Anschrift des Garantiegebers,**
3. **das vom Verbraucher einzuhaltende Verfahren für die Geltendmachung der Garantie,**
4. **die Nennung der Ware, auf die sich die Garantie bezieht, und**
5. **die Bestimmungen der Garantie, insbesondere die Dauer und den räumlichen Geltungsbereich des Garantieschutzes.**

(2) **Die Garantieerklärung ist dem Verbraucher spätestens zum Zeitpunkt der Lieferung der Ware auf einem dauerhaften Datenträger zur Verfügung zu stellen.**

(3) **Hat der Hersteller gegenüber dem Verbraucher eine Haltbarkeitsgarantie übernommen, so hat der Verbraucher gegen den Hersteller während**

des Zeitraums der Garantie mindestens einen Anspruch auf Nacherfüllung gemäß § 439 Absatz 2, 3, 5 und 6 Satz 2 und § 475 Absatz 3 Satz 1 und Absatz 5.

(4) **Die Wirksamkeit der Garantieverpflichtung wird nicht dadurch berührt, dass eine der vorstehenden Anforderungen nicht erfüllt wird.**

1. Allgemeines. Unabdingbare (s. § 476 I 1) Regelung der Garantie (→ § 443 Rn. 2 ff.) beim Verbrauchsgüterkauf (§ 474 I). Umsetzung von Art. 17 WK-RiLi mWv 1.1.2022 (→ Vor §§ 433–480, Rn. 4). Zweck: Schutz des Verbrauchers, der verständlich (I 1) über seine Rechte aus der Garantie und deren Durchsetzung informiert (I 2) werden soll. Der Anspruch auf die Garantieerklärung auf einem dauerhaften Datenträger (II) erleichtert den Beweis. Bei einer Haltbarkeitsgarantie des Herstellers hat der Verbraucher mindestens den Nacherfüllungsanspruch (III). Anwendbar auf Verkäufer-, Hersteller- und Drittgarantie (→ § 443 Rn. 8) beim Verbrauchsgüterkauf; daneben gilt § 443. Die Garantieerklärung ist bei selbständiger Garantie (→ § 443 Rn. 8) die auf den Abschluss eines Garantievertrags gerichtete Willenserklärung des Unternehmers, bei einer unselbständigen Garantie dessen auf die Modifikation der gesetzlichen Rechtsbehelfe des Verbrauchers gerichtete Willenserklärung (BGH MDR 2013, 1300, Rn. 11). Dem Verbraucher vorteilhaftere Werbeerklärungen gehen der Garantie vor (wegen Art. 17 I 4 WK-RiLi richtlinienkonforme Auslegung, Wendehorst JZ 2021, 974, 978). 1

2. Gestaltung der Verbrauchergarantie. a) Abfassung (I 1) einfach und verständlich, insbes hinsichtlich Garantiefall, -frist, -rechte und anderer Pflichtangaben gem **I 2.** Klare Gliederung, keine Schachtelsätze; Schlagwörter können genügen. Erforderlich ist die Sprache des Verkaufsortes. In Deutschland Deutsch (keine Minderheitensprachen wie zB Dänisch, Sorbisch); Englisch genügt auch bei Produkten moderner Informationstechnologie (noch) nicht (aA Grüneberg/Weidenkaff Rn. 6; offen BT-Drs. 14/6040, 246). Bei fremdsprachlich geführten Verkaufsverhandlungen muss die Garantie aber in dieser Sprache erklärt (und gem II mitgeteilt) werden. 2
b) Pflichtangaben. aa) I 2 Nr. 1 Fall 1: Hinweis auf ges Rechte des Käufers bei Mängeln gem § 437, auch Verjährung nach § 438. Wurde Schadensersatz wirksam (§ 476 III) beschränkt, entfällt insoweit die Hinweispflicht. **bb) I 2 Nr. 1 Fall 2:** Hinweis auf die Unentgeltlichkeit der Inanspruchnahme der Rechte. **cc) I 2 Nr. 1 Fall 3:** Hinweis darauf, dass ges Rechte durch die Garantie nicht beeinträchtigt (sa § 443 I) werden. Der Verbraucher soll nicht den Eindruck gewinnen, seine ges Rechte werden durch die Garantie beschnitten. **dd) I 2 Nr. 2:** Namen und Anschrift des Garanten. **ee) I 2 Nr. 3:** Beschreibung des Verfahrens zur Geltendmachung der Rechte aus der Garantie, damit der Verbraucher die gebotene Abwicklung kennt; insbes Hinweis auf ein Garantieformular. **ff) I 2 Nr. 4:** Nennung der Ware, für die die Garantie gilt. **gg) I 2 Nr. 5:** Inhalt der Garantieerklärung (→ § 443 Rn. 13), insbes ihr zeitlicher und räumlicher Geltungsbereich. 3

3. Mitteilung (II). Der Garantievertrag (→ § 443 Rn. 12) ist formfrei wirksam. Nach II hat der Verbraucher aber spätestens bei der Lieferung einen Anspruch auf Mitteilung der Garantieerklärung auf einem dauerhaften Datenträger (s. § 126b I 2), *insbes per E-Mail.* Dies soll den Beweis der Garantie und ihre Durchsetzung erleichtern. Schuldner ist der Garantiegeber (→ § 443 Rn. 8 f.). 4

4. Haltbarkeitsgarantie (III) des Herstellers muss als Mindestrecht den Nacherfüllungsanspruch vorsehen, kann aber weiter gehen. 5

5. Verstoß. a) IV stellt klar, dass ein Verstoß gegen I, II, III die Wirksamkeit des **Garantievertrags nicht beeinträchtigt.** Die Schutzbestimmungen sollen nicht zu Lasten des Verbrauchers wirken. § 123 bleibt unberührt. **b)** Unklare Fassung der Garantieerklärung in AGB entgegen I 1 kann ggf über § 305c II **zugunsten des Verbrauchers ausgelegt** werden (BT-Drs. 14/6040, 246). **c)** Verstoß gegen Pflichtangaben begründet einen **Erfüllungsanspruch;** zB hat der Verkäufer die 6

7 Anschrift des Herstellergaranten mitzuteilen. **d) Schadensersatzanspruch** gem §§ 280 I, 311 II, 241 II (BT-Drs. 14/6040, 247), zB bei Aufwendungen für Anschriftenermittlung. **e) Wettbewerbsverstoß:** Unklare Garantiebedingung kann irreführende geschäftliche Handlung iSv §§ 3, 5 UWG sein. **f)** Unterlassungsanspruch nach § 2 UKlaG.

Untertitel 4. Tausch

§ 480 Tausch

Auf den Tausch finden die Vorschriften über den Kauf entsprechende Anwendung.

1 **1. Allgemeines. a) Begriff.** Der Tausch ist ein gegenseitiger Vertrag (§ 320), in dem sich die Parteien zum Austausch von Sachen, Vermögenswerten (zu „Bitcoins" → § 453 Rn. 11) oder Rechten verpflichten. **b) Bedeutung.** Gering, solange das
2 Geld seine Funktion als allg Tauschmittel erfüllt. **c) Abgrenzungen. aa)** Ein **Doppelkauf** liegt vor, wenn mit jeder der beiden Warenveräußerungen ein bes Umsatzzweck verbunden ist; jedoch liegt trotz der Bestimmung von „Tauschpreisen" ein echter Tausch vor, wenn die vereinbarten Geldsummen lediglich den Charakter von Vergleichs- oder Abrechnungsgrößen für einen Wertausgleich in Geld (→ Rn. 4) haben (RGZ 73, 88, 90; BGHZ 49, 7, 10). **bb) „Wohnungstausch"** ist nur Besitzwechsel zwischen den Mietern, kein Tausch iSd § 480; zum Tausch von **Nutzungsrechten** aus Time-Sharing-Verträgen vgl Bütter VuR 1997, 411, 414 ff. **cc) Inzahlungnahme** eines Gegenstandes beim Kauf ist idR kein (reiner) Tausch (→ §§ 364, 365 Rn. 2 f.; → § 433 Rn. 14), sondern uU gemischter Vertrag (OLG Oldenburg NJW-RR 1995, 689; LG Wuppertal NJW-RR 1997, 1416), uU auch Vermittlungs-
3 vertrag (vgl → § 311 Rn. 25; → § 433 Rn. 14). **d) Sonderfälle.** Tausch unter Einschaltung Dritter (sog Ringtausch; dazu BGHZ 49, 7). Zulässig ist auch der Praxistausch zwischen Ärzten (BGHZ 16, 71, 74) und der Studienplatztausch (OLG München NJW 1978, 701). Beim Kauf auf „Umtausch" ist der Käufer berechtigt, den unversehrten Kaufgegenstand zurückzugeben und durch einen anderen (ungefähr wertgleichen) zu ersetzen (→ §§ 454, 455 Rn. 2; → § 346 Rn. 1).

4 **2. Tauschvertrag. a) Zustandekommen.** Vereinbarung einer Tauschleistung um des Empfangs der anderen willen. Es kann ein Ausgleich der Wert- bzw Preisdifferenz durch eine Geldleistung vereinbart sein, doch darf diese nicht die Hauptleis-
5 tung ausmachen (OLG München NJW 1978, 701, 702). **b) Rechtsfolgen.** Auf beide Tauschleistungen ist Kaufrecht anwendbar mit Ausnahme der den Kaufpreis betr Bestimmungen (LM Nr. 1 zu § 454 aF). Bei **Minderung** (§§ 480, 437 Nr. 2 Alt. 2, 441) erfolgt Geldausgleich (RGZ 73, 152; 72, 299, 301); herabzusetzen ist entspr § 441 III der obj Wert im Verhältnis zwischen dem Wert des anderen Tauschgegenstandes im mangelfreien und mangelhaften Zustand. **Rücktritt** führt zur Rückabwicklung des Tausches (§§ 480, 437 Nr. 2 Alt. 1, 346–348), mithin zum Rücktausch (Bsp: OLG Hamm NJW-RR 1994, 882); bei Unmöglichkeit der Rückgewähr des anderen Tauschgegenstandes uU Wertausgleich (s. § 346 II, III).

Titel 2. Teilzeit-Wohnrechteverträge, Verträge über langfristige Urlaubsprodukte, Vermittlungsverträge und Tauschsystemverträge

§ 481 Teilzeit-Wohnrechtevertrag

(1) [1]**Ein Teilzeit-Wohnrechtevertrag ist ein Vertrag, durch den ein Unternehmer einem Verbraucher gegen Zahlung eines Gesamtpreises das Recht verschafft oder zu verschaffen verspricht, für die Dauer von mehr als einem**

Jahr ein Wohngebäude mehrfach für einen bestimmten oder zu bestimmenden Zeitraum zu Übernachtungszwecken zu nutzen. [2]Bei der Berechnung der Vertragsdauer sind sämtliche im Vertrag vorgesehenen Verlängerungsmöglichkeiten zu berücksichtigen.

(2) [1]**Das Recht kann ein dingliches oder anderes Recht sein und insbesondere auch durch eine Mitgliedschaft in einem Verein oder einen Anteil an einer Gesellschaft eingeräumt werden. [2]Das Recht kann auch darin bestehen, aus einem Bestand von Wohngebäuden ein Wohngebäude zur Nutzung zu wählen.**

(3) **Einem Wohngebäude steht ein Teil eines Wohngebäudes gleich, ebenso eine bewegliche, als Übernachtungsunterkunft gedachte Sache oder ein Teil derselben.**

Lit.: Franzen, Neue Regeln zum Time-Sharing, NZM 2011, 217; Schubert, Neues bei den Teilzeit-Wohnrechten (Timesharing), NZM 2007, 665; Tacou, Modernisierung im Timesharing-Recht – Die neuen Regeln zum Teilzeit-Wohnrechtevertrag, NJOZ 2011, 793.

1. Allgemeines. a) In Umsetzung der RL 2008/122/EG wurden die Vorschriften der §§ 481–487 zum 23.2.2011 geändert (vgl BGBl. I 34; zu §§ 481–487 aF 13. Aufl.) und der Anwendungsbereich auf Verträge über langfristige Urlaubsprodukte, Vermittlungsverträge und Tauschsystemverträge ausgedehnt, da diese in engem Zusammenhang mit Teilzeit-Wohnrechteverträgen stehen. Die RL verfolgt dabei größtenteils das – zweifelhafte – Prinzip der Vollharmonisierung (vgl Erwägungsgrund 3). Von der Richtlinienvorgabe abweichende innerstaatliche Gesetzesregelungen – auch zugunsten des Verbrauchers – sind daher grds nicht mehr möglich. 1
b) §§ 481 ff. sind **halbzwingend,** dh vertragliche Abweichungen zu*un*gunsten des Verbrauchers sind unwirksam (§ 487 S. 1). Zum **Umgehungsverbot** (§ 487 S. 2) → § 134 Rn. 18. 2

2. Teilzeit-Wohnrechtevertrag. Definition in **I 1. a) Rechtsnatur.** Rechtskauf (§ 453: Teilzeit-Wohnrecht gegen Zahlung eines Gesamtpreises; Time-Sharing-Vertrag), für den §§ 482–487 bes Vorschriften enthalten. Daher sind die §§ 433–451 anwendbar. Da das Nutzungsrecht zum Besitz der Wohneinheit berechtigt, gilt § 453 III. **Gesamtpreis** ist der Kaufpreis (§ 433 II) zur Abgeltung der gesamten Nutzungsdauer. Wird er finanziert, gilt grds § 358 (→ § 485 Rn. 3 f.). Bei Sach- und Rechtsmängeln kann Erwerber nach § 437 vorgehen. **b) Beteiligt** sind als Verkäufer ein **Unternehmer** (§ 14) und als Käufer ein **Verbraucher** (§ 13). **c) Vertragszweck:** Nutzung eines Wohngebäudes bzw eines Teils davon (zB Zimmer, Apartment) oder einer als Übernachtungsunterkunft gedachten beweglichen Sache bzw eines Teils davon (zB Hausboot, Wohnmobil, Kabine auf Kreuzfahrtschiff), **III,** zu Übernachtungszwecken. **d) Nutzungszeit:** Auf die Dauer von mehr als einem Jahr für einen bestimmten oder zu bestimmenden Zeitraum (also nur für einen **Teil eines Jahres,** zusammenhängend oder verteilt, aber nicht für ein ganzes Jahr). **I 2** verhindert Unterlaufen des Vertrags durch Kettenverträge (vgl BT-Drs. 17/2764, 15). 3 4 5 6

3. Wohnrechte-Arten (II). Zweck und Nutzungszeit sind bei den einzelnen Arten gleich (→ Rn. 5, 6). Möglich sind **(II 1)** ein *dingliches* Recht (zB Miteigentum, §§ 1008 ff.), ein *schuldrechtliches* Recht (zB Miete), *Mitgliedschaft* in einem Verein oder Anteil an einer (Personen- oder Kapital-)Gesellschaft (zB Aktien an einer AG mit „Dividende" in Form einer Wohnberechtigung). Möglich ist auch die Einräumung des Rechts, die Nutzung eines (Teils eines) Wohngebäudes aus einem *Bestand von Wohngebäuden* zu wählen (zB in einer oder mehreren Ferienanlagen, auch in verschiedenen Ländern, wie zB bei Hapimag), **II 2.** 7

§ 481a Vertrag über ein langfristiges Urlaubsprodukt

[1]**Ein Vertrag über ein langfristiges Urlaubsprodukt ist ein Vertrag für die Dauer von mehr als einem Jahr, durch den ein Unternehmer einem Verbrau-**

cher gegen Zahlung eines Gesamtpreises das Recht verschafft oder zu verschaffen verspricht, Preisnachlässe oder sonstige Vergünstigungen in Bezug auf eine Unterkunft zu erwerben. [2]§ 481 Absatz 1 Satz 2 gilt entsprechend.

§ 481b Vermittlungsvertrag, Tauschsystemvertrag

(1) **Ein Vermittlungsvertrag ist ein Vertrag, durch den sich ein Unternehmer von einem Verbraucher ein Entgelt versprechen lässt für den Nachweis der Gelegenheit zum Abschluss eines Vertrags oder für die Vermittlung eines Vertrags, durch den die Rechte des Verbrauchers aus einem Teilzeit-Wohnrechtevertrag oder einem Vertrag über ein langfristiges Urlaubsprodukt erworben oder veräußert werden sollen.**

(2) **Ein Tauschsystemvertrag ist ein Vertrag, durch den sich ein Unternehmer von einem Verbraucher ein Entgelt versprechen lässt für den Nachweis der Gelegenheit zum Abschluss eines Vertrags oder für die Vermittlung eines Vertrags, durch den einzelne Rechte des Verbrauchers aus einem Teilzeit-Wohnrechtevertrag oder einem Vertrag über ein langfristiges Urlaubsprodukt getauscht oder auf andere Weise erworben oder veräußert werden sollen.**

Anmerkungen zu den §§ 481a, 481b

1 **1. Allgemeines.** §§ 481a, 481b erweitern den bisher auf Teilzeit-Wohnrechteverträge beschränkten Anwendungsbereich der §§ 481 ff. auf weitere Vertragstypen.

2 **2. Vertrag über ein langfristiges Urlaubsprodukt (§ 481a).** § 481a S. 1 definiert Verträge, in denen der Verbraucher gegen Zahlung eines Gesamtpreises Preisnachlässe oder sonstige Vergünstigungen in Bezug auf eine Unterkunft erhält (zB Reise-Rabatt-Club). Vertragsdauer: mehr als ein Jahr. Nicht erfasst sind herkömmliche Treueprogramme für Hotelkunden (BT-Drs. 17/2764, 16). § 481 I 2 gilt entsprechend, § 481a S. 2. Vgl zum Ratenzahlungsplan § 486a.

3 **3. Vermittlungsvertrag (§ 481b I).** Unterfall eines Mäklervertrags, §§ 652 ff., in dem ein Unternehmer vom Verbraucher gegen Entgelt beauftragt wird, ein Teilzeit-Wohnrecht bzw ein langfristiges Urlaubsprodukt zu erwerben bzw zu veräußern. Käufer kann sowohl Verbraucher als auch Unternehmer sein.

4 **4. Tauschsystemvertrag (§ 481b II).** Verbraucher tritt gegen ein – zumeist sehr hohes – Entgelt einem „Tauschpool" bei, der ihn zB zur Nutzung einer Übernachtungsunterkunft im Tausch gegen die vorübergehende Nutzung seines eigenen Teilzeit-Wohnrechts durch einen Dritten berechtigt (BT-Drs. 17/2764, 16).

§ 482 Vorvertragliche Informationen, Werbung und Verbot des Verkaufs als Geldanlage

(1) **[1]Der Unternehmer hat dem Verbraucher rechtzeitig vor Abgabe von dessen Vertragserklärung zum Abschluss eines Teilzeit-Wohnrechtevertrags, eines Vertrags über ein langfristiges Urlaubsprodukt, eines Vermittlungsvertrags oder eines Tauschsystemvertrags vorvertragliche Informationen nach Artikel 242 § 1 des Einführungsgesetzes zum Bürgerlichen Gesetzbuche in Textform zur Verfügung zu stellen. [2]Diese müssen klar und verständlich sein.**

(2) **[1]In jeder Werbung für solche Verträge ist anzugeben, dass vorvertragliche Informationen erhältlich sind und wo diese angefordert werden können. [2]Der Unternehmer hat bei der Einladung zu Werbe- oder Verkaufsveranstaltungen deutlich auf den gewerblichen Charakter der Veranstaltung hinzuweisen. [3]Dem Verbraucher sind auf solchen Veranstaltungen die vorvertraglichen Informationen jederzeit zugänglich zu machen.**

(3) **Ein Teilzeit-Wohnrecht oder ein Recht aus einem Vertrag über ein langfristiges Urlaubsprodukt darf nicht als Geldanlage beworben oder verkauft werden.**

1. Vorvertragliche Informationspflicht. a) Allgemeines. Informationspflicht besteht für alle Vertragstypen der §§ 481–481b. Zurverfügungstellung begründet vorvertragliches Schuldverhältnis iSv § 311 II Nr. 3. Verletzung führt dazu, dass die Widerrufsfrist nicht zu laufen beginnt (§ 356a II 1 = § 485a II 1 aF) und ggf zum Ersatzanspruch nach §§ 280 I, 241 II, wobei Vertragsauflösung als Naturalrestitution durch § 356a II 2 begrenzt ist. IÜ ist eine wettbewerbsrechtliche 1
Ahndung gem §§ 3, 5a I, III, 8 ff. UWG möglich. **b) Form.** Papierform durch 2
Aushändigung eines gedruckten Prospekts ist nicht mehr erforderlich, **Textform** (§ 126b BGB), zB auf einem allgemein zugänglichen Datenträger, genügt. **c)** Der 3
Inhalt der vorvertraglichen Informationspflichten ergibt sich aus **Art. 242 § 1 EGBGB,** der wiederum auf die in den Anhängen der RL 2008/122/EG abgedruckten Formblätter verweist. Eine innerstaatliche RechtsVO (bisher: § 2 BGB-InfoV) ist wegen des Prinzips der Vollharmonisierung nicht mehr notwendig, da deren Vorteil der unkomplizierten Veränderbarkeit weggefallen ist (BT-Drs. 17/2764, 22).
d) Gem **I 2** müssen die Informationen klar und verständlich sein. Dieser Wortlaut 4
ist dem **Transparenzgebot** des § 307 I 2 nachempfunden (vgl → § 307 Rn. 6 ff.).
e) Zeitpunkt. Die Informationen sind rechtzeitig vor Abgabe der Vertragserklärung 5
vom Unternehmer zur Verfügung zu stellen. Der Verbraucher soll damit die Möglichkeit haben, den Inhalt des – sehr umfangreichen – Informationsmaterials mit der gebotenen Gründlichkeit zu studieren (BT-Drs. 17/2764, 17). **f) Sprache.** Sie 6
bestimmt sich nach § 483 I 1, 2 (§ 483 I 3).

2. Werbung. Unabhängig von ihrer Form muss Werbung für den Abschluss von 7
Verträgen iSv §§ 481–481b angeben, dass und wo vorvertragliche Informationen auf Anfordern erhältlich sind, **II 1.** Soll das Teilzeit-Wohnrecht im Rahmen einer Werbe- oder Verkaufsveranstaltung an den Verbraucher verkauft werden, hat der Unternehmer zum Schutz des Verbrauchers diesen deutlich auf den gewerblichen Charakter der Veranstaltung hinzuweisen und ihm die vorvertraglichen Informationen jederzeit zugänglich zu machen, **II 2, 3.**

3. Geldanlage. Um zu verhindern, dass der Verbraucher ein Teilzeit-Wohnrecht 8
oder ein langfristiges Urlaubsprodukt in der Erwartung erwirbt, daraus Gewinne zu erzielen, verbietet **III** das Bewerben und den Verkauf dieser Rechte als Geldanlage.

§ 482a Widerrufsbelehrung

[1]Der Unternehmer muss den Verbraucher vor Vertragsschluss in Textform auf das Widerrufsrecht einschließlich der Widerrufsfrist sowie auf das Anzahlungsverbot nach § 486 hinweisen. [2]Der Erhalt der entsprechenden Vertragsbestimmungen ist vom Verbraucher schriftlich zu bestätigen. [3]Die Einzelheiten sind in Artikel 242 § 2 des Einführungsgesetzes zum Bürgerlichen Gesetzbuche geregelt.

1. Widerrufsbelehrung. Vor Vertragsschluss ist der Verbraucher vom Unterneh- 1
mer in Textform (§ 126b) über das Widerrufsrecht (§ 485), die Widerrufsfrist (§§ 355 II 1, 356 I = § 485a aF) und das Anzahlungsverbot (§ 486) zu informieren, **S. 1.** Hält sich der Unternehmer nicht daran, beginnt die Widerrufsfrist erst zu laufen, nachdem er die Belehrung nachgeholt hat, § 356a III 1 (§ 485a III aF). Einzelheiten sind gem **S. 3** in **Art. 242 § 2 EGBGB** geregelt, der wiederum auf das Formblattmuster in Anh V der RL 2008/122/EG verweist.

2. Bestätigung. Die gem **S. 2** notwendige schriftliche Bestätigung des Erhalts 2
der entsprechenden Vertragsbestimmungen durch den Verbraucher soll bewirken, dass dieser davon tatsächlich Kenntnis nimmt und der Unternehmer im Streitfall

den Nachweis hat, seiner Belehrungspflicht nachgekommen zu sein (BT-Drs. 17/2764, 17 f.).

§ 483 Sprache des Vertrags und der vorvertraglichen Informationen

(1) [1]**Der Teilzeit-Wohnrechtevertrag, der Vertrag über ein langfristiges Urlaubsprodukt, der Vermittlungsvertrag oder der Tauschsystemvertrag ist in der Amtssprache oder, wenn es dort mehrere Amtssprachen gibt, in der vom Verbraucher gewählten Amtssprache des Mitgliedstaats der Europäischen Union oder des Vertragsstaats des Abkommens über den Europäischen Wirtschaftsraum abzufassen, in dem der Verbraucher seinen Wohnsitz hat.** [2]**Ist der Verbraucher Angehöriger eines anderen Mitgliedstaats, so kann er statt der Sprache seines Wohnsitzstaats auch die oder eine der Amtssprachen des Staats, dem er angehört, wählen.** [3]**Die Sätze 1 und 2 gelten auch für die vorvertraglichen Informationen und für die Widerrufsbelehrung.**

(2) **Ist der Vertrag von einem deutschen Notar zu beurkunden, so gelten die §§ 5 und 16 des Beurkundungsgesetzes mit der Maßgabe, dass dem Verbraucher eine beglaubigte Übersetzung des Vertrags in der von ihm nach Absatz 1 gewählten Sprache auszuhändigen ist.**

(3) **Verträge, die Absatz 1 Satz 1 und 2 oder Absatz 2 nicht entsprechen, sind nichtig.**

1 **1. Anwendbarkeit. Voraussetzung für die Sprachregelung** nach § 483 ist, dass die §§ 481–487 nach deutschem **IPR (Art. 46b EGBGB)** anwendbar sind.

2 **2. Bestimmung der Sprache (I).** Die **Sprache** für **Verträge (I 1),** für **vorvertragliche Informationen und die Widerrufsbelehrung (I 3)** einschließlich der Formblätter bestimmt sich nach dem **Wohnsitz des Verbrauchers** in einem Mitgliedstaat der EU oder einem Vertragsstaat des EWR-Abkommens. Maßgebend ist die am Wohnsitz geltende Amtssprache, bei mehreren Amtssprachen die vom Verbraucher gewählte: **I 1** (Bsp: Für den Vertrag eines deutschen Verbrauchers mit Wohnsitz in Deutschland ist Deutsch Vertragssprache, auch wenn das Wohngebäude in Frankreich liegt). Hat der Verbraucher nicht die Staatsangehörigkeit seines Wohnsitzstaates, sondern die eines anderen EU- oder EWR-Staats, so kann er dessen Amtssprache oder eine von mehreren dort geltenden Amtssprachen wählen, **I 2** (Bsp: Ein Niederländer mit Wohnsitz in Deutschland kann Niederländisch als Vertragssprache wählen).

3 **3. Beurkundete Verträge (II).** Von einem deutschen Notar beurkundete Verträge unterliegen § 5 BeurkG (Urkundensprache ist grds Deutsch), § 16 BeurkG (Feststellung unzureichender Sprachkenntnisse; Übersetzung, auf Verlangen schriftlich); der Verbraucher erhält ohne bes Antrag eine beglaubigte Übersetzung des Vertrags in der von ihm nach I gewählten Sprache **(I).**

4 **4. Verstoß (III).** Nicht in der nach I 1, 2 oder II einschlägigen Sprache abgefasste Verträge sind **nichtig,** III. Sind dem Verbraucher vorvertragliche Informationen, Formblätter oder Widerrufsbelehrung nicht in der einschlägigen Sprache überlassen worden, beginnt die Widerrufsfrist erst zu laufen, nachdem er die Belehrung in dieser Sprache nachgeholt hat, § 356a II, III (§ 485a II, III aF); III verweist nicht auf I 3.

§ 484 Form und Inhalt des Vertrags

(1) **Der Teilzeit-Wohnrechtevertrag, der Vertrag über ein langfristiges Urlaubsprodukt, der Vermittlungsvertrag oder der Tauschsystemvertrag bedarf der schriftlichen Form, soweit nicht in anderen Vorschriften eine strengere Form vorgeschrieben ist.**

(2) [1]**Die dem Verbraucher nach § 482 Absatz 1 zur Verfügung gestellten vorvertraglichen Informationen werden Inhalt des Vertrags, soweit sie nicht**

einvernehmlich oder einseitig durch den Unternehmer geändert wurden. [2]Der Unternehmer darf die vorvertraglichen Informationen nur einseitig ändern, um sie an Veränderungen anzupassen, die durch höhere Gewalt verursacht wurden. [3]Die Änderungen nach Satz 1 müssen dem Verbraucher vor Abschluss des Vertrags in Textform mitgeteilt werden. [4]Sie werden nur wirksam, wenn sie in die Vertragsdokumente mit dem Hinweis aufgenommen werden, dass sie von den nach § 482 Absatz 1 zur Verfügung gestellten vorvertraglichen Informationen abweichen. [5]In die Vertragsdokumente sind aufzunehmen:

1. **die vorvertraglichen Informationen nach § 482 Absatz 1 unbeschadet ihrer Geltung nach Satz 1,**
2. **die Namen und ladungsfähigen Anschriften beider Parteien sowie**
3. **Datum und Ort der Abgabe der darin enthaltenen Vertragserklärungen.**

(3) **[1]Der Unternehmer hat dem Verbraucher die Vertragsurkunde oder eine Abschrift des Vertrags zu überlassen. [2]Bei einem Teilzeit-Wohnrechtevertrag hat er, wenn die Vertragssprache und die Amtssprache des Mitgliedstaats der Europäischen Union oder des Vertragsstaats des Abkommens über den Europäischen Wirtschaftsraum, in dem sich das Wohngebäude befindet, verschieden sind, eine beglaubigte Übersetzung des Vertrags in einer Amtssprache des Staats beizufügen, in dem sich das Wohngebäude befindet. [3]Die Pflicht zur Beifügung einer beglaubigten Übersetzung entfällt, wenn sich der Teilzeit-Wohnrechtevertrag auf einen Bestand von Wohngebäuden bezieht, die sich in verschiedenen Staaten befinden.**

1. Vertragsform. Der Vertrag bedarf der **Schriftform** (§ 126), **I Hs. 1.** Elektronische Form (§ 126a) ist möglich (§ 126 III), sofern der Vertrag mit qualifizierten elektronischen Signaturen nach dem SigG versehen ist. Eine vorgeschriebene **strengere Form** ist einzuhalten, **I Hs. 2** (zB notarielle Beurkundung nach § 311b I 1 bei Erwerb von Miteigentum, → § 481 Rn. 7). Die Nichteinhaltung der Form führt zur Nichtigkeit des Vertrags, § 125. 1

2. Vertragsinhalt. a) Die **vorvertraglichen Informationen** (§ 482) werden 2
gem **II 1** grds Vertragsinhalt und binden den Unternehmer. **b) Abweichungen** 3
vom Inhalt der vorvertraglichen Informationen bedürfen der einvernehmlichen Parteivereinbarung, II 1 Alt. 1. Eine einseitige Änderung der vorvertraglichen Informationen durch den Unternehmer ist nur zulässig, um diese an Veränderungen anzupassen, die durch höhere Gewalt verursacht wurden, II 1 Alt. 2 (zB Erhöhung der Kurtaxe). Die (beabsichtigten) Änderungen müssen in beiden Fällen dem Verbraucher vor Vertragsschluss in Textform (§ 126b) mitgeteilt werden, II 3. Weiterhin muss der Vertrag ausdr auf die Änderung ggü den vorvertraglichen Informationen
hinweisen, II 4. **c)** Die **Vertragsurkunde** muss den Inhalt der vorvertraglichen 4
Informationen enthalten (II 5 Nr. 1), obwohl diese ohne weiteres Vertragsinhalt werden (II 1); Grund: Übersichtlichkeit und Vollständigkeit des Vertrags in einer Urkunde. Ferner sind die Namen und ladungsfähigen Anschriften beider Parteien (II 5 Nr. 2) sowie Datum und Ort der Abgabe der Vertragserklärungen (II 5 Nr. 3) aufzunehmen. Der Unternehmer hat dem Verbraucher ein Original oder eine *Abschrift* der Urkunde auszuhändigen, III 1, ggf auch eine beglaubigte Übersetzung, III 2 (entfällt nach III 3).

§ 485 Widerrufsrecht

Dem Verbraucher steht bei einem Teilzeit-Wohnrechtevertrag, einem Vertrag über ein langfristiges Urlaubsprodukt, einem Vermittlungsvertrag oder einem Tauschsystemvertrag ein Widerrufsrecht nach § 355 zu.

1. Widerrufsrecht und -frist. § 485 räumt dem Verbraucher entspr § 355 I 1, 1
II 1 ein 14-tägiges **Widerrufsrecht** ein. § 312a II, V, §§ 312b–312h sind unanwend-

bar, § 312 II Nr. 6. Zur Widerrufsbelehrung vgl § 482a. Im Falle des Widerrufs hat der Verbraucher keinerlei **Kosten** zu tragen; ihm angefallene Kosten für Durchführung und Rückabwicklung des Vertrags (zB notarielle Beurkundung, öffentliche Beglaubigung) sind vom Unternehmer zu erstatten, § 357c I (§ 485 II aF). Wertersatz
2 für einen Wertverlust der Unterkunft ist nur nach § 357c II geschuldet. Abweichend von § 355 II 2 gelten für Beginn und Ende der **Widerrufsfrist** die Vorschriften in § 356a (§ 485a aF).

3 **2. Zusammenhängende und verbundene Verträge.** Widerruft der Verbraucher einen Teilzeit-Wohnrechtevertrag oder einen Vertrag über ein langfristiges Urlaubsprodukt, ist er auch an einen damit **zusammenhängenden** (§ 360 II 1) Tauschsystemvertrag nicht mehr gebunden, § 360 I (§ 485 III aF). Um Dritte, die am widerrufenen Vertrag nicht beteiligt waren, zu schützen, verlangt § 360 II ein tatsächliches und wirtschaftliches Näheverhältnis zum widerrufenen Vertrag (BT-Drs. 17/2764, 19 zu § 485 III 2 aF; dortiges Bsp: Widerruf möglich bei Mitgliedschaft in einem Fitnessclub in der Ferienanlage, in welcher das Teilzeit-Wohnrecht liegt). Kosten trägt der Verbraucher keine, §§ 360 I 3, 357 I 2, 3 (§ 485 III 4 aF).
4 Wird der Teilzeit-Wohnrechtevertrag oder Vertrag über ein langfristiges Urlaubsprodukt durch einen damit **verbundenen** (§ 358 III 1, 2) Verbraucherdarlehensvertrag finanziert, gilt für den Widerruf § 358; liegt ausnahmsweise kein verbundener Vertrag vor, gilt auch hier § 360 I, II 2.

§ 485a *(aufgehoben)*

§ 486 Anzahlungsverbot

(1) **Der Unternehmer darf Zahlungen des Verbrauchers vor Ablauf der Widerrufsfrist nicht fordern oder annehmen.**

(2) **Es dürfen keine Zahlungen des Verbrauchers im Zusammenhang mit einem Vermittlungsvertrag gefordert oder angenommen werden, bis der Unternehmer seine Pflichten aus dem Vermittlungsvertrag erfüllt hat oder diese Vertragsbeziehung beendet ist.**

1 **1. Allgemeines.** Grundlage des Anzahlungsverbots ist das Bestehen eines (wirksamen) Vertrags vor Ausübung des Widerrufsrechts; nur dann hat ein solches Verbot einen Sinn. Der Begriff der Zahlung erfasst wegen § 487 S. 2 jede Form der Erfüllung und beschränkt sich nicht auf die Übergabe von Bargeld.

2 **2. Annahme.** Annehmen einer Zahlung ist idR die Folge des **Forderns.** Annahme setzt Verfügungsmöglichkeit des Unternehmers voraus. Sie besteht nicht bei Zahlung auf das Anderkonto eines Rechtsanwalts, Notars, Wirtschaftsprüfers; aber auch der einzahlende Verbraucher verliert (nach den AGB-Banken Anderkonten) der Bank gegenüber die Verfügungsmöglichkeit über „sein“ Geld. Daher ist auch das Fordern der Zahlung auf ein Anderkonto unzulässig (aA BeckOK/Eckert Rn. 5).

3 **3. Vermittlungsvertrag. II** erstreckt das Anzahlungsverbot auf einen Vermittlungsvertrag (§ 481b I) und verhindert damit, dass der Unternehmer den Verbraucher hinhalten kann und letzterer am Vertrag festhält, weil er keine Verzögerung oder Verhinderung der Rückzahlung der von ihm geleisteten Zahlung riskieren möchte (BT-Drs. 17/2764, 21).

§ 486a Besondere Vorschriften für Verträge über langfristige Urlaubsprodukte

(1) [1]**Bei einem Vertrag über ein langfristiges Urlaubsprodukt enthält das in Artikel 242 § 1 Absatz 2 des Einführungsgesetzes zum Bürgerlichen**

Gesetzbuche bezeichnete Formblatt einen Ratenzahlungsplan. [2]Der Unternehmer darf von den dort genannten Zahlungsmodalitäten nicht abweichen. [3]Er darf den laut Formblatt fälligen jährlichen Teilbetrag vom Verbraucher nur fordern oder annehmen, wenn er den Verbraucher zuvor in Textform zur Zahlung dieses Teilbetrags aufgefordert hat. [4]Die Zahlungsaufforderung muss dem Verbraucher mindestens zwei Wochen vor Fälligkeit des jährlichen Teilbetrags zugehen.

(2) **Ab dem Zeitpunkt, der nach Absatz 1 für die Zahlung des zweiten Teilbetrags vorgesehen ist, kann der Verbraucher den Vertrag innerhalb von zwei Wochen ab Zugang der Zahlungsaufforderung zum Fälligkeitstermin gemäß Absatz 1 kündigen.**

1. Ratenzahlungsplan. Bei einem Vertrag über ein langfristiges Urlaubsprodukt 1
darf der Unternehmer Zahlungen des Verbrauchers nur nach einem zuvor mitgeteilten Ratenzahlungsplan (Art. 242 § 1 II EGBGB) in jährlichen Raten fordern und annehmen, **I.** Dazu muss er den Verbraucher mindestens zwei Wochen vor Fälligkeit in Textform auffordern.

2. Kündigung. Nach einer Vertragslaufzeit von zwei Jahren kann der Verbrau- 2
cher den Vertrag jährlich kündigen, **II.** Die übrigen Möglichkeiten, sich vom Vertrag zu lösen (zB Kündigung aus wichtigem Grund gem § 314), bestehen daneben fort.

§ 487 Abweichende Vereinbarungen

[1]Von den Vorschriften dieses Titels darf nicht zum Nachteil des Verbrauchers abgewichen werden. [2]Die Vorschriften dieses Titels finden, soweit nicht ein anderes bestimmt ist, auch Anwendung, wenn sie durch anderweitige Gestaltungen umgangen werden.

1. Abweichende Vereinbarung (S. 1). §§ 481–487 sind **halbzwingend,** S. 1: 1
Abweichungen zu*un*gunsten des Verbrauchers sind unwirksam (→ § 355 Rn. 3).

2. Umgehungsverbot (S. 2). Dazu → § 134 Rn. 18. 2

Titel 3. Darlehensvertrag; Finanzierungshilfen und Ratenlieferungsverträge zwischen einem Unternehmer und einem Verbraucher[1]

Untertitel 1. Darlehensvertrag

Vorbemerkungen

Lit.: Balzer, Kein eigenständiger allgemeiner Bankvertrag nur aufgrund längerer Geschäftsverbindungen in Zusammenhang mit Giro- oder Darlehensvertrag, BKR 2002, 1092; Budzikiewicz, Die Verjährung im neuen Darlehensrecht, WM 2003, 264; Bülow/Artz, Verbraucherkreditrecht, 10. Aufl 2019; Casper, Von Heuschrecken und Häuslebauern, BB 36/2008, M1; Clemente, Neuerungen im Immobiliardarlehens- und Sicherungsrecht, ZfIR 2008, 589; Coester-Waltjen, Der Darlehensvertrag, Jura 2002, 675; Knops, Die Kündigung des vertragsgemäß bedienten Kredits wegen Vermögensverschlechtung, WM 2012, 1649; Peters, Rückzahlung von Darlehen, JZ 2002, 101; Weller, Die Sicherungsgrundschuld, JuS 2009, 969; Westermann,

[1] **Amtl. Anm:** Dieser Titel dient der Umsetzung der Richtlinie 87/102/EWG des Rates zur Angleichung der Rechts- und Verwaltungsvorschriften der Mitgliedstaaten über den Verbraucherkredit (ABl. EG Nr. L 42 S. 48), zuletzt geändert durch die Richtlinie 98/7/EG des Europäischen Parlaments und des Rates vom 16. Februar 1998 zur Änderung der Richtlinie 87/102/EWG zur Angleichung der Rechts- und Verwaltungsvorschriften der Mitgliedstaaten über den Verbraucherkredit (ABl. EG Nr. L 101 S. 17).

Gläubiger und Schuldner der Nebenpflichten aus dem bankgeschäftlichen Darlehensvertrag, FS Raiser, 2005, 787.

1 **1. Allgemeines. a) Terminologie:** Die §§ 488 ff. bezeichnen als Darlehen den verschafften Geldbetrag, als Darlehensvertrag das Rechtsgeschäft. Der wirtschaftliche Begriff des Kredits wird ausschließlich im Zusammenhang mit der Kreditwürdigkeit genannt. **b) Entwicklung:** Die §§ 488–515 unterliegen fortlaufend Änderungen, vor allem beeinflusst durch den europäischen Gesetzgeber: **aa)** §§ 488–507 waren zunächst durch das SchRModG völlig neu gefasst worden. Sie regeln – im Wesentlichen unter Übernahme der §§ 607–610 aF und des Inhalts des durch das SchRModG aufgehobenen VerbrKrG – in den Untertiteln 1 bis 3 mit dem Darlehensvertrag (einschl. Verbraucherdarlehensvertrag, der keinen bes Untertitel erhalten hat), den Finanzierungshilfen und den Ratenlieferungsverträgen **drei Formen des Kredits.** Untertitel 5 ergänzt durch Bestimmungen über die Unabdingbarkeit und die Erstreckung der Verbraucherschutzvorschriften auf (Klein-)Existenzgründer, Untertitel 6 durch Anwendbarkeit auf unentgeltliche Darlehen und Finanzierungshilfen. **bb)** Art. 6 des **Risikobegrenzungsgesetzes** 2008 (Gesetz zur Begrenzung der mit Finanzinvestitionen verbundenen Risiken, BT-Drs. 16/9778, BGBl. 2008 I 1666), in Kraft seit 19.8.2008, will die Stellung des Darlehensnehmers für den Fall der Abtretung der Darlehensforderung durch den Darlehensgeber verbessern (dazu Weller JuS 2009, 969). § 309 Nr. 10 wurde auf Darlehensverträge erweitert. Die geschaffenen Informationspflichten des Darlehensgebers gegenüber dem Darlehensnehmer werden fortlaufend angepasst. **cc)** Mit Wirkung vom 11.6.2010 wurde der erste Teil der **VerbraucherkreditRiLi 2008/48/EG** durch das Gesetz zur Umsetzung der VerbraucherkreditRiLi, des zivilrechtlichen Teils der Zahlungsdiensterichtlinie sowie zur Neuordnung der Vorschriften über das Widerrufs- und Rückgaberecht **(VerbrKrRL-UG)** in Kraft gesetzt. Mit Wirkung vom 31.7.2010 wurden Ergänzungen und weitere Änderungen umgesetzt (Verbraucherkreditänderungsgesetz). Die VerbraucherkreditRiLi beabsichtigt die Vollharmonisierung des Verbraucherkreditgeschäfts im europäischen Gemeinschaftsgebiet. Neugeordnet wurde das Widerrufs- und Rückgaberecht, insbesondere wurden umfangreiche (auch vorvertragliche) Informationspflichten des Darlehensgebers (in Art. 247 EGBGB) geregelt. Ferner wurden die Bestimmungen in einen Allgemeinen Teil (§§ 488–490) und einen besonderen Teil für Verbraucherdarlehensverträge (§§ 491–512 aF) gegliedert. **dd)** Weitere Stärkung von Verbraucherrechten soll mit der **WohnimmobilienkreditRL 2014/17/EU** und ihrer Umsetzung ins BGB durch Art. 1 **WohnimmobilienkreditRL-UG** vom 11.3.2016 (BGBl 2016 I 396), in Kraft seit dem 21.3.2016, erreicht werden, die umfangreiche redaktionelle Änderungen brachte. Der Verbraucherdarlehensvertrag wird untergliedert in den *Allgemein-Verbraucherdarlehensvertrag* und *Immobilien-Verbraucherdarlehensverträge*, § 491 I. Anpassung von vorvertraglichen Informationen (§ 491a, Art. 247 EGBGB), Beratungsleistungen (neu in Untertitel 4, § 511) und Kreditwürdigkeitsprüfung (§§ 505a–505d) sollen zu einer verantwortungsvolleren Kreditvergabe führen. **ee)** Vor dem 11.6.2010 entstandene Schuldverhältnisse richten sich grundsätzlich nach altem Recht, Art. 229 § 22 II EGBGB.

2 **2. Wesensmerkmal des Darlehensvertrags.** Das ist die Überlassung von Geld auf Zeit. Die Überlassung kann zu freier oder vertraglich zweckgebundener Nutzung erfolgen. Zins ist nur bei Vereinbarung geschuldet (→ § 488 Rn. 19); idR wird ein Zins bedungen (§ 488 I 2 Fall 1, II). Sind andere Gegenstände als Geld zu überlassen, handelt es sich um ein *Sach*darlehen, s. § 607.

3 **3. Sonderformen des Darlehens. a) Allgemeines. aa)** Je nach der **Art der Sicherung** des Darlehensrückzahlungsanspruchs lassen sich unterscheiden: *Personalkredit* (Sicherung allein durch die Person des Darlehensnehmers, Bürgen oder Mitschuldners; vgl §§ 765 ff.); *Realkredit* oder Immobiliardarlehen (Sicherung durch Hypothek, Grund- oder Rentenschuld) und *Lombardkredit* (Sicherung durch Pfand-

recht oder SÜ beweglicher Sachen, insbes von Wertpapieren). **bb)** Unterscheidung 4
nach der **Art der Rückzahlung:** Endfälliges Darlehen: Rückzahlung in einer Summe; Tilgungsdarlehen: gleich bleibende Tilgungsleistung während der Laufzeit, sich ändernde Zinsbelastung; Annuitätendarlehen (auch Ratendarlehen): gleich bleibende Annuität, bestehend aus Zins- und Tilgung. **cc)** Das Darlehen kann zur 5
freien Verfügung oder zweckgebunden sein. **Zweckbindung** besteht bei *Bau- und Bauspardarlehen* (Verwendung für Neu-, Aus- oder Umbau eines Gebäudes), bei Sanierungsdarlehen (s. BGH NJW 2004, 3779, 3780; **Lit.:** Häuser in Schimansky ua [Hrsg.] Bankrechts-Handbuch, Band 1, 5. Aufl. 2017, § 85 Rn. 45 ff. mN) und namentlich bei den *öffentl Darlehen.* **b) Vereinbarungsdarlehen.** Ein auf Leistung 6
von Geld gerichtetes Schuldverhältnis kann durch Vertrag (§ 311 I) in ein Darlehensverhältnis umgewandelt werden. Das bloße Hinausschieben der Fälligkeit einer Zahlungsverpflichtung stellt jedoch keinen Kredit dar (OLG Dresden ZIP 2000, 830). Eine ausdrückliche Bestimmung (wie § 607 II aF) ist dafür nicht Voraussetzung. Die **Umwandlungsvereinbarung** kann bedeuten: **aa)** Schuldabänderung (idR anzu- 7
nehmen): Die alte Schuld bleibt bestehen und wird nur inhaltlich in ein Darlehensverhältnis abgeändert. Folge: Sicherheiten und Einwendungen aus dem alten Schuldverhältnis bleiben bestehen, soweit die Abänderung dem nicht gerade entgegensteht (OLG Hamm WM 1985, 1223 [zu § 607 II aF]). **bb)** Kausale Schuldumschaffung 8
(Novation): Beiderseitiger, deutlich erkennbarer (BGH NJW 1986, 1490 [zu § 607 II aF]) Ersetzungswille ist erforderlich. Die frühere Schuld erlischt, bestehende Sicherungsrechte entfallen. **cc)** Abstrakte Schuldumschaffung durch ein abstraktes 9
Schuldanerkenntnis oder -versprechen. Die Voraussetzungen der §§ 780, 781 (insbes Schriftform) müssen gegeben sein. **dd)** Bestand die Schuld nicht, ist die Umwand- 10
lung in den Fällen aa) und bb) unwirksam; im Fall cc) ist das abstrakte Anerkenntnis kondizierbar (BGHZ 28, 164, 167). Beweislast: Die Umwandlung (Fälle aa–cc) hat der Behauptende zu beweisen, die Unwirksamkeit wegen Nichtbestehens der alten Schuld der Schuldner. **c) Bankgeschäftliches Kredit- und Einlagengeschäft** 11
(s. § 1 I 2 Nr. 1 und 2 KWG). **aa)** Durch den **Kredit(eröffnungs)vertrag** übernimmt das Kreditinstitut die Verpflichtung, dem Kreditnehmer einen Geldbetrag in bestimmter Höhe oder bis zu einem Höchstbetrag zu den vertraglich vereinbarten Bedingungen zeitweilig zur Verfügung zu stellen. Der Kreditnehmer hat die vereinbarten Zinsen (uU auch sog Bereitstellungszinsen: BGH NJW-RR 1986, 467, 469) zu entrichten, bestimmte Sicherheiten zu leisten und den Geldbetrag bei Fälligkeit zurückzuzahlen. Rechtsnatur: Darlehensvertrag. **bb)** Auf **Bank-** und **Spareinlagen** 12
sind idR die Darlehensvorschriften über § 700 I (unregelmäßige Verwahrung) anwendbar (zur Abgrenzung BGH NJW 2019, 2063 Rn. 24 ff.). Direkte Anwendung finden die §§ 488 ff. bei langfristig angelegten Fest- oder Termingeldern (BGH WM 1965, 897, 900; Staub/Renner, Band 10/2, 4. Teil, Rn. 34, 41; Staudinger/Hopt/Mülbert [12. Aufl. 1989] Vor § 607 Rn. 28, 31, hM, str). **d) Zu verbraucherrechtlichen Darlehensverträgen** s. §§ 491 ff. **e)** Das **unechte Factoring** 13
(das Delkredererisiko verbleibt beim „Altgläubiger") ist nicht Forderungskauf im Rechtssinne (wie das echte: BGHZ 76, 119, 125), sondern Kreditgeschäft (BGHZ 82, 50, 61 mN, stRspr; ie → § 398 Rn. 31). **f) Brauereidarlehen.** Darlehen einer 14
Brauerei an einen Gastwirt gegen Vereinbarung einer Bierbezugspflicht (gekoppelter Vertrag gem §§ 488 ff., 433 ff. in Sukzessivlieferung, §§ 320 ff.; → § 311 Rn. 14, 25). Zur Sittenwidrigkeit bei übermäßiger Bindungsdauer s. BGHZ 83, 313, 318 mN; → § 138 Rn. 12; → § 139 Rn. 11 f. Bei Unmöglichkeit oder Verzug des Darlehensnehmers mit dem Bierbezug ist anstelle von Rücktritt die fristlose Kündigung des Darlehens zulässig. Die vorzeitige Rückzahlung des Darlehens lässt die Bierbezugspflicht nicht erlöschen (aA OLG Düsseldorf MDR 1980, 398).
g) Öffentl. Kredit. Es handelt sich um Darlehen aus öffentl Mitteln, die im Rah- 15
men verschiedener Kreditprogramme zweckgebunden gewährt werden. Die Rechtsbeziehungen zum Darlehensnehmer sind idR **zweistufig** geregelt (vgl BGHZ 92, 94, 95 f.; WM 1987, 1428, 1429 mN). Der Bewilligungsbescheid gehört dem öffentl

Recht, der zu seiner Ausführung geschlossene Darlehensvertrag dagegen idR dem bürgerlichen Recht an (Einzelheiten: MüKoBGB/Berger Vor § 488 Rn. 82–86).

16 **4. Abgrenzung des Darlehensvertrags von anderen RGeschäften. a)** Ein **Sachdarlehensvertrag** iSv § 607 I liegt vor, wenn andere vertretbare Sachen als Geld (§ 607 II) regelmäßig gegen ein Entgelt zu Eigentum überlassen werden (BGH
17 NJW-RR 2009, 828). **b)** Ein **Gesellschafterdarlehen** kann bei Insolvenz der Gesellschaft als Eigenkapitalersatz zu qualifizieren sein (§§ 39, 44a, 135 InsO).
18 **c)** Beim **Beteiligungsdarlehen** (partiarisches Darlehen) wird anstelle von Zinsen eine Gewinnbeteiligung an dem Geschäft vereinbart, dem das Darlehen dient (gegenseitiger Vertrag). Für die Abgrenzung zur Gesellschaft ist entscheidend, ob die Vertragsparteien als Gleichberechtigte für den gemeinsamen Zweck unter gemeinsamer Verantwortung und auf gemeinsame Rechnung tätig werden (dann §§ 705 ff.) oder nicht; auch weitgehende Kontrollrechte des Geldgebers schließen partiarisches Darlehen nicht aus. Die Grenzziehung ist schwierig (s. BGHZ 127,
19 176, 177 ff. mN). **d)** Die **Wechseldiskontierung** ist idR Kauf einer Forderung (BGHZ 19, 282, 292, hM); Darlehen (sog **Akzeptkredit;** uU auch Geschäftsbesorgung) nur dann, wenn die Bank aus eigenen Mitteln sofort die Gutschrift erteilt; Sicherungsgeschäft, wenn der Wechsel nur der Sicherung eines Kredits dient (Siche-
20 rungs-, Depot- oder Kautionswechsel). **e) Verwahrung** → Rn. 12. **f) Mietkau-
21 tion.** Verzinsungspflicht besteht gem § 551 III 1. **g) Allgemeiner Bankvertrag.** Ein allgemeiner Bankvertrag als ein übergreifender, die gesamte Geschäftsbeziehung zwischen einer Bank und ihrem Kunden regelnder Rahmenvertrag (Dauerschuldverhältnis: Dienstvertrag mit Geschäftsbesorgungscharakter, § 675) ist nur bei eindeutigen Hinweisen auf einen entsprechenden Parteiwillen anzunehmen. Weder aus einer langdauernden Geschäftsbeziehung im Zusammenhang mit einem Darlehens- oder Zahlungskontovertrag, noch aus der Vereinbarung von AGB, die mehr als den vereinbarten Darlehensvertrag regeln, folgt etwas anderes, da nicht ohne weiteres anzunehmen ist, dass die Bank einen dahingehenden (sie belastenden) Rechtsbindungswillen hat (s. BGH NJW 2002, 3695 mN, mit Anm – auch zur Frage allgemeiner Schutzpflichten – Oechsler LMK 2003, 3; Balzer BKR 2002, 1092). **Bankgeheimnis** (BGH NJW 2006, 830; Petersen, Das Bankgeheimnis zwischen Individualschutz und Institutionenschutz, 2005; Lang, Inhalt, Umfang und Reichweite des Bankgeheimnisses, ZBB 2006, 115) folgt aus gesetzlichem Schuldverhältnisses mit Aufnahme der Geschäftsverbindung (§§ 311 II, 241 II BGB); mit Abschluss des Vertrags wird es vertragliche Nebenpflicht (Verschwiegenheitspflicht: §§ 311 I, 241 II BGB), s. Einsele, Bank- und Kapitalmarktrecht, 3. Aufl. 2014, § 1 Rn. 4 ff.; Nobbe WM 2005, 1534, 1539 f.; Weller JuS 2009, 969. Verstoß führt zu Schadensersatzpflicht aus §§ 280 I, 241 II (BGH NJW 2007, 2106, 2107) und zu außerordentlichem Kündigungsrecht aus § 490 III, 314, jedenfalls aus Nr. 18 (2) AGB-Banken, zu allem näher Weller JuS 2009, 969. Zum Bankgeheimnis bei Forderungsabtretung → § 488 Rn. 25.

22 **5. Sonstiges. Überleitungsrecht** nach SchRModG sa Art. 229 § 5 S. 2 EGBGB (Darlehensvertrag ist Dauerschuldverhältnis, → § 488 Rn. 1); Art. 229 § 6 EGBGB zum Verjährungsrecht, ausführlich Budzikiewicz WM 2003, 264, 273 f.

Kapitel 1. Allgemeine Vorschriften

§ 488 Vertragstypische Pflichten beim Darlehensvertrag

(1) [1]**Durch den Darlehensvertrag wird der Darlehensgeber verpflichtet, dem Darlehensnehmer einen Geldbetrag in der vereinbarten Höhe zur Verfügung zu stellen.** [2]**Der Darlehensnehmer ist verpflichtet, einen geschuldeten Zins zu zahlen und bei Fälligkeit das zur Verfügung gestellte Darlehen zurückzuzahlen.**

(2) **Die vereinbarten Zinsen sind, soweit nicht ein anderes bestimmt ist, nach dem Ablauf je eines Jahres und, wenn das Darlehen vor dem Ablauf eines Jahres zurückzuzahlen ist, bei der Rückzahlung zu entrichten.**

(3) **[1]Ist für die Rückzahlung des Darlehens eine Zeit nicht bestimmt, so hängt die Fälligkeit davon ab, dass der Darlehensgeber oder der Darlehensnehmer kündigt. [2]Die Kündigungsfrist beträgt drei Monate. [3]Sind Zinsen nicht geschuldet, so ist der Darlehensnehmer auch ohne Kündigung zur Rückzahlung berechtigt.**

Lit.: S. Vor § 488.

1. Allgemeines. a) Darlehensvertrag ist ein gegenseitiger (bei Fehlen einer 1
Verzinsungsabrede: zweiseitiger) Vertrag, der den Darlehensgeber zur Überlassung eines Geldbetrags (des Darlehens) an den Darlehensnehmer und den Darlehensnehmer zur Entrichtung des vereinbarten (→ Rn. 19) Zinses (Entgelt für die Kapitalüberlassung) und zur Rückzahlung des Darlehens verpflichtet. Der Darlehensvertrag begründet ein Dauerschuldverhältnis. **b) Gegenstand** des Darlehensvertrags ist ein 2
„Geldbetrag". Das können Geldzeichen (Banknoten und Münzen) jeder Währung sein (die zu übereignen sind), aber auch jede andere Form der Begründung von Verfügungsmacht über Geldbeträge, etwa durch Kontogutschrift. Zur Erfüllung → Rn. 12. Zum Sachdarlehensvertrag s. § 607. **c)** Im **Gegenseitigkeitsverhältnis** 3
(→ § 311 Rn. 13) stehen die Verpflichtung des Darlehensgebers zur Überlassung (und Belassung) des Darlehens und die Pflicht des Darlehensnehmers zur Entrichtung des vereinbarten Zinses. Insoweit sind die §§ 320 ff. anwendbar. Gewöhnlich ist der Darlehensgeber vorleistungspflichtig. Die Rückerstattungspflicht des Darlehensnehmers ist reine Abwicklungspflicht und steht nicht im Gegenseitigkeitsverhältnis (Kapitalbelassungspflicht nicht im Synallagma: Laudenklos/Sester ZIP 2005, 1757). **d) Bedeutung.** Das Gelddarlehen ist Kreditgeschäft (sa § 1 I 2 Nr. 2 KWG). 4
Es bildet (zusammen mit den wirtschaftlich bedeutsamen Sonderformen, → Vor § 488 Rn. 3–15) die Grundlage des Kreditsystems.

2. Entstehung. a) Der Darlehensvertrag kommt durch grundsätzlich **formfreie** 5
(Schriftform nur bei Vereinbarung, § 127, und gemäß §§ 491 I, 492 I, 506 I, 510 I), auch stillschweigende (s. OLG Koblenz MDR 2003, 19 zum Verwandtendarlehen) **Einigung** (§§ 145 ff.) zustande. I hat damit endgültig der Konsensualvertragstheorie zum Durchbruch verholfen (BGH NJW 2007, 1359; zur fr Realvertragstheorie Mülbert AcP 192, 447, 449). Inhalt der Vereinbarung sind neben der Höhe (ausreichend Angabe von Mindest- und Maximalsumme) des zur Verfügung zu stellenden Geldbetrags regelmäßig die Laufzeit, die Verzinslichkeit (→ Rn. 19), die Zinshöhe (→ Rn. 20), Aus- und Rückzahlungsmodalitäten sowie Sicherheiten (zB Pfandrecht, Sicherungsübereignung, Sicherungszession, Annahme von Wechseln, Bürgschaft). Ob ein bindendes **Angebot** vorliegt, ist Frage der Auslegung; Kreditanfrage 6
bei Bank ist regelmäßig invitatio ad offerendum. Eine Darlehenszusage unter Vorbehalt der Bonitäts- und Werthaltigkeitsprüfung (von Sicherheiten) kann einen Vorvertrag begründen, einen Darlehensvertrag unter einer aufschiebenden Bedingung darstellen oder die Pflicht zur Schaffung entsprechender Voraussetzungen begründen; *§ 490 I betrifft* die Kündigung eines Darlehensvertrags wegen Verschlechterung zunächst bestehender Bonität bzw Werthaltigkeit. Der Darlehensvertrag kann auch **konkludent** geschlossen werden, etwa durch Duldung der Inanspruchnahme des 7
Darlehens (bei Dispositionskredit Vertragsannahme durch Darlehensnehmer mit Abruf, bei ungenehmigter Kontoüberziehung Vertragsannahme durch Bank mit Auszahlung, s. BGH NJW 2007, 1357, 1359) oder bei Gutschrift vor Scheckeinlösung. Vertragsschluss und Darlehenshingabe fallen zusammen beim Handdarlehen. Schließen zwei (zB Ehegatten) oder mehr Personen den Darlehensvertrag ab, so kann die übernommene Verpflichtung Darlehensschuld oder Haftungsbeitrittsschuld sein. Auslegungsfrage, Vertragsformulierung nur Indiz, entscheidend gewollte Rechtsfolge (s. Madaus WM 2003, 1705, 1706 f.). Mitdarlehensnehmer ist nur, wer

ein eigenes Interesse an dem Darlehensvertrag hat (BGH NJW 2005, 973; Beweislast bei Darlehensgeber: OLG Celle NJW 2004, 2598). Mithaftender ist, wer dem Darlehensgeber nicht als gleichberechtigter Vertragspartner gegenübersteht, sondern insbes zu Sicherungszwecken mithaften soll; auf den Wortlaut der Vereinbarung kommt es dabei nicht an (OLG Nürnberg WM 2010, 2348; BGH NJW-RR 2004, 924; ZIP 2002, 1482 mAnm Büchler EWiR 2003, 99; BGH NJW 2001, 815; WM 2009, 1460, dort auch zur Sittenwidrigkeit wegen krasser finanzieller Überforderung des Ehegatten, → Rn. 11; OLG Köln EWiR 2002, 137 mAnm Derleder). Zur Höhe einer Überforderung OLG Nürnberg WM 2010, 2348. Zur Qualifikation von Patronatserklärungen als aufschiebend bedingtes Darlehensversprechen s. OLG
8 München ZIP 2004, 2102; OLG Rostock MDR 2005, 1277. **b) Vormundschafts- bzw familiengerichtl Genehmigung** gem §§ 1822 Nr. 8, 1643 I, 1908i I erforderlich, wenn Vormund, Eltern oder Betreuer für Mündel, Kind oder Betreuten einen Darlehensvertrag abschließen oder deren entsprechender Willenserklärung
9 nach §§ 107 f., 1903 zustimmen. **c) § 134. aa)** Die Darlehensgewährung durch eine Bank im Rahmen einer Unfallfinanzierung verstößt gegen das **RDG,** wenn sie Teilstück einer umfassenden Schadensregulierung ist (BGHZ 61, 317 – „Unfallhelferring"); dabei ist gleichgültig, ob der Einziehung der Schadensersatzforderung eine Abtretung zugrunde liegt (BGH NJW 1977, 38) oder nicht (BGH NJW 1977, 431; zur Rspr krit Canaris ZIP 1980, 709 f.). Kein RDG-Verstoß bei Darlehensgewährung zur Wohnungsfinanzierung im Rahmen von Bauträgermodell: BGH NJW
10 2004, 2378; krit Schwintowski EWiR 2004, 959. **bb) Keine** Nichtigkeit hingegen, wenn eine Bank ohne Erlaubnis nach § 32 KWG (BGH NJW 1980, 1394) oder unter Verstoß gegen ein Kreditierungsverbot nach § 46 I 2 Nr. 2 KWG (BGH NJW
11 1990, 1356) einen Darlehensvertrag abschließt. **d) § 138.** Sittenwidrig überhöhter Zins und Kreditwucher (§ 138 II; § 291 I 1 Nr. 2 StGB) führen zur Nichtigkeit des Darlehensvertrags; zu den Rechtsfolgen zusammenfassend Bodenbenner JuS 2001, 1172. Eine schematische **Zinsobergrenze** besteht nicht (s. OLG Köln WM 2003, 1119); ein auffälliges Missverhältnis der gegenseitigen Leistungen liegt idR vor, wenn der Vertragszins den marktüblichen Zins relativ um 100% oder absolut um 12% überschreitet (BGHZ 104, 102, 105; 110, 336, 338; 128, 255, 259); erforderlich für § 138 I ist weiter, dass der Darlehensvertrag bei der gebotenen „Gesamtwürdigung" aller Umstände ein sittenwidriges Gepräge aufweist (BGHZ 80, 153, 160 f. mN; 99, 333, 335; 101, 380, 390 f.; 104, 102, 107 ff.; 110, 336, 341, jeweils mN, stRspr, ie str; vgl dazu Steinmetz NJW 1991, 881 ff.). Diese zum Verbraucherdarlehen entwickelten Maßstäbe gelten bei vergleichbaren Kreditformen entspr, etwa beim (Mobilien-)Finanzierungsleasing (BGHZ 128, 255, 258 ff.; NJW 1995, 1146, 1147; krit Krebs NJW 1996, 1177 ff.); sie sind aber nicht auf Gelegenheitsdarlehen (BGH NJW 1994, 1056, 1057) und nicht ohne weiteres auf den gewerblichen Kredit übertragbar (so BGH NJW 1991, 1810, 1811; einschr Staudinger/Hopt/Mülbert [12. Aufl. 1989] § 607 Rn. 249). Die Mitverpflichtung von *vermögenslosen nahen Angehörigen* ist (→ Rn. 7) uU sittenwidrig (→ § 138 Rn. 12; → § 765 Rn. 3; nicht wenn Mitdarlehensnehmer mit eigenem [wirtschaftlichen] Interesse: BGH NJW-RR 2004, 924, → Rn. 7).

12 **3. Pflichten des Darlehensgebers.** Der Darlehensgeber ist gem I 1 verpflichtet, dem Darlehensnehmer den vereinbarten „Geldbetrag" „zur Verfügung zu stellen". **Informationsnebenpflichten** (Aufklärung, Hinweis, Beratung, Warnung, → § 241 Rn. 19 ff.) des Darlehensgebers bestehen nur ausnahmsweise (beachte aber WpHG, s. Zimmer WM 2004, 9 bei besonderen Umständen des Einzelfalls; zu den pflichtenbegründenden Kriterien Wissensvorsprung, Interessenkollision, Schaffung eines Gefährdungstatbestands, Überschreitung der bloßen Kreditgeberrolle s. zusammenfassend Blaurock FS Horn, 697, 701 ff.). Eine Informationspflicht entsteht insbesondere bei einem konkreten und erheblichen Interessenskonflikt und präsentem Wissensvorsprung des Darlehensgebers (s. BGH WM 2004, 172, 173; NJW 2004, 154, 156 mN; ZIP 2003, 160 mN; NJW 2002, 3695 mit Anm Oechsler LMK

2003, 3; NJW 1999, 2032 zum Bankkredit; dazu Köndgen NJW 2000, 468, 471). Der Darlehensgeber muss sich einen Wissensvorsprung nicht erst beschaffen (BGH WM 2004, 172, 173). Interessenskonflikt, wenn Darlehensgeber (auch indirekt) Vorteile aus kreditfinanziertem Geschäft (Vermittlung von Anlageprodukten) zieht oder Bank bes Gefährdungstatbestand für Darlehensnehmer schafft (BGH WM 2004, 172, 174; NJW 2004, 2378; ZIP 2003, 160 mN; gegeben bei Beitrittspflicht zu Mietpool als Finanzierungsbedingung: OLG Karlsruhe ZIP 2005, 698). Kein Informationspflichten begründender Wissensvorsprung ist das bloße Wissen der finanzierenden Bank über die mangelnde Rentabilität des kreditfinanzierten Geschäfts (s. allg BGH NJW 2004, 2378) wie zB einen überhöhten Kaufpreis, es sei denn die Übervorteilung des Käufers wäre – bei positiver Kenntnis der Bank oder sich nach den Umständen des Falls aufdrängender Erkennbarkeit (BGH WM 2008, 1118, 1120) – sittenwidrig (BGH WM 2004, 172, 173 f.; BGH NJW 2004, 156 mN, zur versteckten Provision der Bank s. BGH NJW 2004, 2378). Aufklärungspflicht besteht bei Kenntnis von arglistiger Täuschung durch Dritten (Verkäufer, Vertreiber des finanzierten Objekts, s. BGH NJW 2006, 2099). Zu vorvertraglichen Aufklärungs- und Beratungspflichten s. weiter BVerfG NJW 2004, 151; ie Staudinger/Freitag Rn. 225–233; zum Verbraucherdarlehen s. § 491a. Bei schuldhafter Nebenpflichtverletzung Anspruch aus § 280 I, ggf iVm 311 II. Zu Drittschutzwirkung s. Westermann FS Raiser, 2005, 787. Informationsnebenpflicht ist von Hauptpflicht bei Beratungsvertrag zu unterscheiden, der zB auch konkludent mit Beratungsausführung abgeschlossen werden kann (s. BGH NJW 2004, 1868; Blaurock FS Horn, 2006, 697). **a) Geldverschaffungspflicht.** Nach BT-Drs. 14/ 13
6040, 253 soll der Darlehensgeber lediglich zur wertmäßigen Verschaffung des Geldbetrags verpflichtet sein durch Übergabe von Bargeld oder Erfüllung in den Formen des bargeldlosen Verkehrs wie Überweisung, Gutschrift, Kontokorrent- und Überziehungskredit (Normtextkritik bei Schermaier NJW 2004, 2501, 2502). Es besteht kein Anlass, von den allg Regeln der Geldschuld (→ §§ 244, 245 Rn. 6) abzuweichen. Der genaue Inhalt der Pflichten des Darlehensgebers richtet sich nach der Vereinbarung. Regelmäßig ist eine Geldschuld vereinbart, die durch Gutschrift auf einem Darlehenskonto (zur Erfüllungswirkung s. Mülbert WM 2002, 465, 468), nur ausnahmsweise durch Barzahlung (§ 929) zu erfüllen ist. **b)** Die Auszahlung 14
kann auch durch oder – bei entspr Ermächtigung des Darlehensnehmers, vgl BGH NJW 1977, 38, 39 – **an einen Dritten** erfolgen (BGH NJW 2010, 1144 mN; zu § 607 aF: BGH NJW 1987, 3201, 3202; NJW-RR 1997, 1460), zB bei drittfinanzierten (ggf verbundenen, s. § 358 III) Verträgen an den Verkäufer; sa BGHZ 152, 331; → § 362 Rn. 5 (d). Ob die Zahlung an einen Dritten Erfüllungswirkung haben soll, ist Auslegungsfrage. Zur Auszahlung an Immobilienfondstreuhänder: → § 459 Rn. 5. Ist der Dritte (zB Vermittler) von den Parteien im überwiegenden Interesse des Darlehensgebers eingeschaltet worden, liegt keine Auszahlung an den Darlehensnehmer vor (BGHZ 168, 1; 152, 331 mN; BGH NJW-RR 1986, 140 [zu § 607 aF]), desgl nicht bei Überweisung auf ein Treuhand- oder Notar-Anderkonto (BGH NJW 1986, 2947, str, vgl BGH NJW-RR 1990, 246) oder Buchung auf Konto pro Diverse (BGH NJW 1987, 55, 56 [je zu § 607 aF]), es sei denn, Vertragsauslegung ergibt anderes (s. OLGR Köln 2004, 250). Ist die Weisung unwirksam, besteht *Rückzahlungsanspruch* aus § 812 nur gegen den Dritten als Empfänger (BGH NJW-RR 2012, 622). Bei Hingabe von noch zu verwertenden Vermögensrechten (Abtretung von Forderungen; Indossierung von Wechsel oder Scheck) hat der Darlehensnehmer das Darlehen erst mit Zahlung des Drittschuldners „zur Verfügung gestellt erhalten" (§ 364 II). **c)** Der **Anspruch** des Darlehensnehmers auf Auszahlung ist 15
grundsätzlich **abtretbar.** Ein Abtretungsausschluss (§ 399 Fall 2) ist möglich und kann bereits in einer bes Zweckbindung des Darlehens liegen. Der Auszahlungsanspruch ist (s. § 851 I ZPO) ferner **pfändbar** (BGH JR 1978, 419, 420). Nach BGHZ 147, 193; NJW 2004, 1444; WM 2004, 669 (krit Anm Honsell JZ 2001, 1143; Bitter WM 2004, 1109, str) ist pfändbar auch der Anspruch aus einem vereinbarten, vom Kunden **in Anspruch** genommenen Dispositionskredit (zum Zugriff

auf offene Kreditlinie BGH WM 2001, 898). Ein Abtretungsausschluss hinsichtlich der Auszahlungsforderung führt gem § 851 II ZPO nicht zur Unpfändbarkeit; auch nicht die bloße Zweckbindung (C. Berger, Rechtsgeschäftliche Verfügungsbeschränkungen, 1998, S. 161 ff.) sondern nur, wenn die Zweckbindung treuhänderi-
16 schen Charakter hat (BGHZ 147, 193, 197). **d)** Die **Aufrechnung** durch den Darlehensgeber (sog Aufrechnungsvalutierung) ist idR (konkludent) ausgeschlossen (BGHZ 71, 19, 21 [zu § 607 aF]).

17 **4. Pflichten des Darlehensnehmers. a) Abnahmepflicht** bei verzinslichem Darlehen, es sei denn, bloße Liquiditätsreserve ist gewollt (Soergel/Seifert Rn. 151). Nichtabnahme eröffnet Rücktrittsrecht des Darlehensgebers nach § 323 und kann Schadensersatzanspruch gem §§ 280 I, III, 281 I 1, ggf (idR) II begründen („Nichtabnahmeentschädigung") (Budzikiewicz WM 2003, 264, 267): Dieser umfasst (ie BGH NJW 2001, 509, 510) den der Bank entgehenden Nettogewinn (Zinsmargenschaden) und die Differenz zwischen Zinsen, die der Darlehensnehmer bezahlt hätte, und der Rendite bei Wiederanlage abzüglich Risiko- und Verwaltungskosten bezogen auf den Zeitraum der rechtlich geschützten Zinserwartung (Zinsverschlechterungsschaden). In Nichtabnahme kann zugleich Kündigung liegen (Mülbert WM
18 2002, 465, 472). **b) Zinszahlungspflicht, I 2 Fall 1.** Zum Zinsbegriff → § 246 Rn. 1 ff.; dort auch zur Bedeutung von Nebenkosten (Kreditgebühren) und Abschlägen (Disagio, Damnum, dazu auch Budzikiewicz WM 2003, 264, 270). Zur richterlichen Kontrolle von Nebenentgelten s. Krüger/Bütter WM 2005, 673. BGHZ 201, 168, Rn. 63 ff. hält Bearbeitungsentgelt iHv 1% in Verbraucherdarlehen für unwirksam, die Bank sei verpflichtet, anfallende Kosten aus den Zinszahlungen zu decken; str, s. BGHZ 201, 168, Rn. 18 ff. mN; Unwirksamkeit auch für Unternehmenskredite: OLG Frankfurt a.M. ZIP 2016, 2057. Die Zinspflicht ist beim entgeltlichen Darlehen (abw von → § 246 Rn. 5) keine Neben-, sondern im
19 Gegenseitigkeitsverhältnis (§§ 320 ff.) stehende Hauptpflicht. **aa) Voraussetzung** des Zinsanspruchs ist (s. § 488 II: „vereinbarte Zinsen") eine entspr (auch stillschweigend getroffene) **Vereinbarung** (ohne Vereinbarung zinsloses Darlehen, Ausnahme s. §§ 353, 354 HGB). Eine *vorweggenommene* Vereinbarung für den Fall der Stundung (Stundungszins) ist möglich (BGHZ 95, 362, 369 f.). Die **Beweislast** für das *Nicht*vorliegen einer Zinsvereinbarung („dem Grunde nach") trifft den Darlehensnehmer, denn die Verzinslichkeit ist der ges Regelfall (aA Grüneberg/Weidenkaff Rn. 29;
20 BeckOK/Rohe Rn. 51). **bb) Höhe:** Der vereinbarte Zinssatz (→ § 247 Rn. 8) kann „fest" oder „veränderlich" *(variabel)* sein (sa § 489 I, II). Üblicherweise laufzeitabhängig (BGH NJW 2018, 2950, 2953 Rn. 44 ff.). Möglich ist auch eine betragsmäßig feste Summe. Grenzen: § 138 (→ Rn. 11). Zusätzliche *Überziehungszinsen* in AGB sind in den Grenzen der §§ 305 ff. möglich (BGHZ 118, 126, 128 ff. mN; NJW 1992, 1753; Bsp für „unangemessene Benachteiligung": BGHZ 125, 343, 347 [zu § 9 AGBG]). Ansonsten gelten § 246 (4%) und § 352 HGB (5%). Die **Beweislast** für den Inhalt der Zinsvereinbarung („der Höhe nach") trifft den Darlehensgeber
21 (BGH WM 1983, 447, 448 [zu § 608 aF]). Die **einseitige Zinsanpassung** durch den Darlehensgeber ist im Rahmen der §§ 307, 315 grundsätzlich zulässig. Diese erfordern einen bestimmten Anlass und transparente Voraussetzungen im Vertrag für die Weitergabe von Zinssteigerungen sowie eine eindeutige Pflicht zur Herabsetzung der Zinsen bei sinkenden Kosten (BGHZ 180, 257; Aufgabe von BGHZ 97, 212, 216; vgl Reifner JZ 1995, 866, 872 [je zu § 9 AGBG]; sa § 489 I Nr. 1 Hs. 2). Bei variablem Zins hat der Darlehensnehmer einen aus § 242 abzuleitenden Vertragsanspruch auf zeitnahe Anpassung an den relevanten Zinssatz der Deutschen Bundesbank, sofern nichts anderes vereinbart ist (LG Köln WM 2003, 828 zum Bankkredit). Zu formularmäßiger Zinsbemessung abhängig von variierender Bonität des Darlehensnehmers s. Langenbucher BKR 2005, 134; Mülbert WM 2004, 1205; Hey ZBB 2004, 219; Ohletz BKR 2007, 129. Für Altkredite in der früheren DDR Anpassungsrecht auch auf Grund bes ges Ermächtigung (ie Art. 2 § 1 HBeglG 1991;
22 BVerfGE 88, 384, 401; Schubert WM 1992, 45). **cc) Zeitraum:** Die Zinspflicht

entsteht idR mit dem Zeitpunkt der Darlehensauszahlung, bei entspr Vereinbarung (auch in AGB) schon vorher, zB mit *Bereitstellung* (BGH NJW-RR 1989, 947, 949); möglich ist auch aufschiebende Bedingung mit Rückwirkung (BGH NJW 1995, 2282, 2283). **Fälligkeit** des Zinsanspruchs gem **II** spätestens bei Rückerstattung, 23
bei mehrjähriger Laufzeit mit Jahresablauf. Vereinbarung *unterjähriger Zinszahlung* ist (auch in AGB) möglich und üblich (BGH NJW 1993, 3261). Nach Kündigung (so BGH WM 2000, 718, 719) und **Verzugseintritt** besteht die Verpflichtung zur Entrichtung des *Vertragszinses* nicht mehr (BGHZ 104, 337, 338; NJW-RR 1989, 950; ie → § 288 Rn. 4 f.), wenn keine andere Abrede getroffen (s. dazu BGH NJW 2003, 1801). Dann einsetzende ges Zinspflicht unterliegt nur beschränkt AGB-vertraglicher Regelung (zum Verbraucherdarlehen s. § 497, ie → § 286 Rn. 36; → § 288 Rn. 11; → § 289 Rn. 2). **dd)** Zinsanspruch ist als **selbstständige Forde-** 24
rung abtretbar und pfändbar, nicht akzessorisch zum Rückzahlungsanspruch (keine Anwendung des § 401, Mülbert WM 2002, 465, 470). **ee) Verjährung:** §§ 195, 199, 197 I; bei Titulierung sa § 197 II; Verbraucherdarlehen s. 497 III 3, 4; s. näher Budzikiewicz WM 2003, 264, 266 ff. **c) Rückerstattungspflicht, I 2 Fall 2.** 25
aa) Inhalt: Zurückzuzahlen ist der erlangte Geldbetrag (BGH NJW 2016, 2428, 2429 Rn. 13) (nicht die erhaltenen Banknoten und Münzen) zum Nennwert in der entsprechenden Währung, ohne Rücksicht auf Auf- oder Abwertungen. Abweichende Vereinbarungen möglich (zB Rückzahlung vertraglich begrenzt auf Ablaufleistung einer Lebensversicherung; Deckungsrisiko dann ausnahmsweise beim Darlehensgeber, s. OLG Karlsruhe ZIP 2004, 67; zum Regelfall der Vereinbarung einer Tilgung aus Kapitallebensversicherung lediglich erfüllungshalber BGH WM 2008, 121), Wertsicherungsklauseln häufig (vgl aber → §§ 244, 245 Rn. 23 ff.). Volle Rückzahlungspflicht auch bei DDR-Altkrediten (s. 9. Aufl. § 607 Rn. 14). – Rückerstattungspflicht ist Hauptleistungspflicht, die aber nicht im Gegenseitigkeitsverhältnis steht. Das Rechtsschutzbedürfnis für eine Leistungsklage besteht auch bei Sicherung durch abstraktes Schuldversprechen mit Unterwerfung unter die sofortige Zwangsvollstreckung (BGH WM 2007, 588, 589). Bei Rückerstattung ist Aufrechnung nicht grundsätzlich ausgeschlossen (anders beim Auszahlungsanspruch, → Rn. 16). Verzugszinsen nach §§ 286, 288 I, da Rückerstattungsanspruch keine Entgeltforderung iSv § 288 II. Der Rückerstattungsanspruch eines dem Bankengeheimnis unterliegenden Kreditinstituts kann ohne Zustimmung des Darlehensnehmers trotz Informationspflichten aus § 402 jedenfalls an ein auch an das Bankgeheimnis gebundenes Kreditinstitut abgetreten werden (§§ 398, 402) (s. BGH NJW 2007, 2106, 2107 ff.; LG Koblenz WM 2005, 30; LG Frankfurt a. M. WM 2005, 1120; LG Mainz 23.7.2003 – 3 S 42/03; aA OLG Frankfurt a. M. NJW 2004, 3266: durch Vereinbarung Bankgeheimnis stillschweigender Abtretungsausschluss gem § 399, dazu Dögner NJW 2004, 3230; Rinze/Heda WM 2004, 1557). Zu sonstigen Durchbrechungen des Bankgeheimnisses bei Abtretungen s. Grundmann in Ebenroth/Boujong/Joost, HGB, 1. Aufl. 2001, Bd. 2, Rn. I 200 f. mN. **bb) Voraussetzungen** 26
zungen s. **I 2 Fall 2** iVm **III.** Der vertragliche Rückzahlungsanspruch entsteht bei wirksamem Darlehensvertrag mit Auszahlung des Darlehens (BeckOK/Rohe Rn. 34). Eine die Fälligkeit bewirkende **Zeitbestimmung** kann sich ergeben entweder ausdr durch Laufzeitdauer oder Rückzahlungstermin oder (mittelbar) still*schweigend bei* bestimmtem Verwendungszweck des Darlehens, zB Aufbau eines Geschäfts, Existenzsicherung nur für die Dauer der Ehe bei Darlehen an Schwiegerkinder (BGH NJW 1995, 2282 f.). Die Kündigung des Darlehensnehmers nach §§ 489, 490 II ist nicht ausgeschlossen. Die **Kündigung** ist eine empfangsbedürftige, 27
unwiderrufliche, bedingungsfeindliche (da Gestaltungsrecht) Willenserklärung (§ 130). Sie kann bereits vor Darlehensauszahlung erfolgen (Mülbert WM 2002, 465, 469; BeckOK/Rohe Rn. 41). Aus § 490 I folgt nichts Gegenteiliges. Die Norm regelt den Sonderfall der außerordentlichen Kündigung vor Auszahlung. Ordentliche Kündigung nach **III 1** wenn Laufzeit unbestimmt, ferner gem § 489; außerordentliche Kündigung § 490. Das ordentliche Kündigungsrecht kann gem § 242 eingeschränkt sein (Bsp: BGH NJW-RR 1987, 1184 – Verbindung von Hypo-

thekendarlehen mit Lebensversicherung) oder erst zur Anwendung kommen (Servatius ZfIR 2016, 649, 655 – Kündigung durch Bausparkasse nach Zuteilungsreife). Ggf Umdeutung der Kündigung (OLG Celle BKR 2016, 509). Haben mehrere gemeinschaftlich ein Darlehen aufgenommen, ist die Kündigung grundsätzlich nur einheitlich gegenüber allen Darlehensnehmern als Gesamtschuldnern möglich
28 (BGH NJW 2002, 2866). Vorzeitige Rückzahlung (ohne vorherige Vertragsbeendigung durch Kündigung, Zeitablauf, Aufhebungsvertrag) ist einseitig nur beim unverzinslichen Darlehen möglich, **III 3.** Die vorzeitige Rückzahlung einer verzinslichen Darlehensschuld ist ohne entsprechende Parteivereinbarung ausgeschlossen (BGH NJW 2016, 1875, 1877 Rn. 26); die Kündigung nach § 489 und § 490 wird nicht berührt. **cc) Fällig** ist der Rückerstattungsanspruch mit der durch Zeitablauf oder Kündigung oder Aufhebungsvertrag (§ 311) eintretenden Beendigung des Darlehensverhältnisses. Damit entsteht ein Abwicklungsverhältnis; zur Verzinsung des Rückzahlungsanspruchs ab diesem Zeitpunkt → Rn. 23. Beim Tilgungsdarlehen (→ Vor § 488 Rn. 4) richtet sich Fälligkeit nach Vereinbarung. Das Darlehensverhältnis ist erst mit Fälligkeit der letzten Rate beendet. Zuvor besteht das Abwick-
29 lungsverhältnis nur für die Rückzahlungsrate. **dd) Verjährung:** §§ 195, 199, 197 I; Verbraucherdarlehen s. § 497 III 3; s. näher Budzikiewicz WM 2003, 264.

§ 489 Ordentliches Kündigungsrecht des Darlehensnehmers

(1) **Der Darlehensnehmer kann einen Darlehensvertrag mit gebundenem Sollzinssatz ganz oder teilweise kündigen,**

1. **wenn die Sollzinsbindung vor der für die Rückzahlung bestimmten Zeit endet und keine neue Vereinbarung über den Sollzinssatz getroffen ist, unter Einhaltung einer Kündigungsfrist von einem Monat frühestens für den Ablauf des Tages, an dem die Sollzinsbindung endet; ist eine Anpassung des Sollzinssatzes in bestimmten Zeiträumen bis zu einem Jahr vereinbart, so kann der Darlehensnehmer jeweils nur für den Ablauf des Tages, an dem die Sollzinsbindung endet, kündigen;**
2. **in jedem Fall nach Ablauf von zehn Jahren nach dem vollständigen Empfang unter Einhaltung einer Kündigungsfrist von sechs Monaten; wird nach dem Empfang des Darlehens eine neue Vereinbarung über die Zeit der Rückzahlung oder den Sollzinssatz getroffen, so tritt der Zeitpunkt dieser Vereinbarung an die Stelle des Zeitpunkts des Empfangs.**

(2) **Der Darlehensnehmer kann einen Darlehensvertrag mit veränderlichem Zinssatz jederzeit unter Einhaltung einer Kündigungsfrist von drei Monaten kündigen.**

(3) **Eine Kündigung des Darlehensnehmers gilt als nicht erfolgt, wenn er den geschuldeten Betrag nicht binnen zwei Wochen nach Wirksamwerden der Kündigung zurückzahlt.**

(4) [1]**Das Kündigungsrecht des Darlehensnehmers nach den Absätzen 1 und 2 kann nicht durch Vertrag ausgeschlossen oder erschwert werden.** [2]**Dies gilt nicht bei Darlehen an den Bund, ein Sondervermögen des Bundes, ein Land, eine Gemeinde, einen Gemeindeverband, die Europäischen Gemeinschaften oder ausländische Gebietskörperschaften.**

(5) [1]**Sollzinssatz ist der gebundene oder veränderliche periodische Prozentsatz, der pro Jahr auf das in Anspruch genommene Darlehen angewendet wird.** [2]**Der Sollzinssatz ist gebunden, wenn für die gesamte Vertragslaufzeit ein Sollzinssatz oder mehrere Sollzinssätze vereinbart sind, die als feststehende Prozentzahl ausgedrückt werden.** [3]**Ist für die gesamte Vertragslaufzeit keine Sollzinsbindung vereinbart, gilt der Sollzinssatz nur für diejenigen Zeiträume als gebunden, für die er durch eine feste Prozentzahl bestimmt ist.**

Lit.: Freitag, Die Beendigung des Darlehensvertrags nach dem SchRModG, WM 2001, 2370; Heinemann, Die vorzeitige Beendigung von Realkreditverträgen in Zusammenhang mit Grundstücksveräußerungen, NotBZ 2006, 109; Herresthal, Die Kündigung von Bausparverträgen, ZIP 2017, 852; Herresthal, Die Kündigung von Forward-Darlehen gem § 489 Abs. 1 Nr. 2 BGB, ZIP 2017, 1541; Hey, Die Verfassungswidrigkeit des zwingenden Kündigungsrechts des Darlehensnehmers nach § 489 Abs. 1 Nr. 3 BGB, FS Canaris, Band I, 2007, 443; Hopt/Mülbert, Die Darlehenskündigung nach § 609a BGB, WM SonderBeil Nr 3/1990; Rösler/Wimmer/Lang, Die vorzeitige Beendigung des Darlehensvertrags, 2002.

1. Allgemeines. a) Die Vorschrift normiert – im Wesentlichen unter Über- 1
nahme des § 609a BGB aF (der seinerseits für seit dem 1.1.1987 abgeschlossene Verträge an die Stelle des § 247 trat) – ein grundsätzlich unabdingbares (IV 1) **ordentliches Kündigungsrecht des Darlehensnehmers,** das ihm bei Verhandlungen über die Anpassung des vereinbarten Zinssatzes an einen (niedrigeren) Marktzins ein Druckmittel in die Hand geben und ggf notwendige Umschuldungsmaßnahmen ermöglichen soll (Hopt/Mülbert WM SonderBeil Nr. 3/1990, 1, 4). Im Darlehensvertrag ausdrücklich vereinbarte ordentliche Kündigungsrechte bleiben (ebenso wie die außerordentliche Kündigung gemäß §§ 490, 314, 313 III 2 und die Vertragsanpassung nach § 313 I) unberührt. Die Bestimmung unterscheidet zwischen festem (I) und variablem (II) Zinssatz. Sie dient dem Schutz des Darlehensnehmers (auch des Kaufmanns). **b) Sollzinssatz,** statt bisher benutzter Begriff des Zinssatzes; Definition **V.**

2. Kündigungsrecht bei Festzins (I). a) Begriff und Überblick. aa) Fest- 2
verzinsliches Darlehen ist ein Darlehen, bei dem ein *fester Zinssatz* für *einen* bestimmten Zeitraum (Bindungsdauer) vereinbart ist. Der Zeitraum der beiderseitigen Zinsbindung kann mit der Darlehenslaufzeit zusammenfallen oder kürzer sein als diese. Darunter können auch Festzinsdarlehen mit bonitätsgestufter Zinsabrede fallen (s. näher Mülbert/Schmitz FS Horn, 2006, 777, 790 ff.). **bb)** Ein Kündigungsrecht besteht in **zwei Fällen:** Bei Auslaufen der beiderseitigen Zinsbindung
(→ Rn. 3 f.), spätestens aber nach Ablauf von 10 Jahren (→ Rn. 5 f.). **b) Kündi-** 3
gung zum Ablauf der Zinsbindung (I Nr. 1). aa) Voraussetzungen: (1) Festverzinsliches Darlehen (→ Rn. 2), bei dem der Zeitraum der Zinsbindung kürzer ist als die Darlehenslaufzeit insgesamt. (2) Fehlen einer (nachträglichen) Zinsvereinbarung für die Zeit nach Ablauf der Bindungsdauer. (3) Einhaltung der einmonatigen
Kündigungsfrist. **bb) Rechtsfolgen:** Frühester Kündigungszeitpunkt ist idR (I 4
Nr. 1 Hs. 1; Sonderfall in Hs. 2) der Tag des Ablaufs der Zinsbindung; möglich ist die Kündigung auch zu *jedem beliebigen späteren Zeitpunkt* während der Darlehenslaufzeit. Kündigungsrecht erlischt erst mit einer neuen Vereinbarung eines festen Zinssatzes für eine bestimmte Dauer. Eine nähere Regelung des Kündigungsrechts des Darlehensnehmers durch **AGB** erscheint nicht völlig ausgeschlossen, darf die Kündigung aber nicht erschweren (IV 1; → Rn. 11). – Eine **Sonderregelung** besteht für Darlehen mit kurzfristigen periodischen Zinsanpassungen (vgl **I Nr. 1 Hs. 2**); hier kann das Kündigungsrecht nur zu den jeweiligen (vertraglichen) *Anpassungsterminen* ausge-
übt werden. **c) Kündigung nach zehnjähriger Laufzeit (I Nr. 2). aa) Zweck:** 5
Zeitliche Begrenzung der Darlehensbindung; Schutz vor Bindung an einen nicht mehr zeitgemäßen Zinssatz. **bb) Voraussetzungen:** Festverzinsliches Darlehen *jeder* Art (→ Rn. 2), auch soweit Zinsbindung (noch) besteht; Ablauf von zehn Jahren seit vollständigem Darlehensempfang (→ § 488 Rn. 12 f.); Einhaltung der sechsmonatigen Kündigungsfrist. Ord. KündigungsR gem I Nr. 2 der Bausparkasse bei Bausparverträgen zehn Jahre nach Eintritt der ersten Zuteilungsreife, sofern Bausparer die Bausparsumme bis dahin nicht in Anspruch genommen hat (hM, s. BGH NJW
2017, 1378, Rn. 34 ff. mN). **cc) Rechtsfolgen:** Frühester Kündigungszeitpunkt ist 6
der Tag nach Ablauf von zehn Jahren mit einer Kündigungsfrist von sechs Monaten, aber auch jeder beliebige spätere Tag. Das (ursprüngliche) Kündigungsrecht *erlischt,* wenn nach dem Darlehensempfang eine neue Vereinbarung über die Rückzahlung oder den Zinssatz getroffen wird; in diesem Fall richtet sich das (neue) Kündigungsrecht nach dem Zeitpunkt der Prolongations-(Zinssatz-)vereinbarung **(I Nr. 2 Hs. 2).**

7 **3. Kündigungsrecht bei variablem Zinssatz (II). a) Begriff:** Darlehen mit veränderlichem Zinssatz ist jedes nicht festverzinsliche (→ Rn. 2) Darlehen; gleichgültig ist, ob Zins nach einem variablen Maßstab (Zinsgleitklausel, vgl → §§ 244, 245 Rn. 23 ff.; Bindung an Basiszins, § 247) oder ein einseitiges Zinsbestimmungsrecht des Darlehensgebers gem § 315 (→ § 488 Rn. 21) vereinbart wurde.
8 **b) Zweck:** Das Kündigungsrecht des Darlehensnehmers bildet das Gegengewicht zur fehlenden Zinsbindung des Darlehensgebers; es soll dem Darlehensnehmer die
9 Zinsherabsetzung bei sinkendem Marktzins sichern. **c) Voraussetzungen:** Fehlende Zinsbindung; Einhaltung der dreimonatigen Kündigungsfrist; iÜ Kündigung jederzeit möglich, denn eine Frist zwischen Empfang und Kündigung besteht hier nicht. Anders als bei I keine Teilkündigung.

10 **4. Unterbleibensfiktion. III** fingiert, die Kündigung sei nicht erfolgt, falls der Darlehensnehmer den insgesamt geschuldeten Betrag nicht innerhalb einer Zwei-Wochen-Frist, beginnend mit Wirksamwerden der Kündigung, zurückzahlt. III soll verhindern, dass der Darlehensnehmer statt des vereinbarten Zinses nur einen – ggf niedrigeren – Verzugszins (s. § 288) leisten muss. Wird nicht zurückgezahlt, entfallen die Wirkungen der Kündigung ex tunc (Soergel/Häuser [12. Aufl. 1997] § 609a Rn. 19).

11 **5. Sonstiges. Ausschluss oder Erschwerung** (durch zusätzliche Kündigungsvoraussetzungen oder nachteilige Rechtsfolgen) ist gem § 134 **nichtig (IV 1),** es sei denn, die öffentl Hand ist Darlehensnehmer (IV 2). Bsp für Erschwerung: Vorfälligkeitsentschädigung (sa § 490 II 3); Vertragsstrafe; Verlängerung der Kündigungsfrist. Bei vorzeitiger Vertragsbeendigung nach I, II hat der Darlehensnehmer gem § 812 I einen Anspruch auf anteilige Erstattung des unverbrauchten **Disagios** (→ § 246 Rn. 4; BGHZ 133, 355, 358).

§ 490 Außerordentliches Kündigungsrecht

(1) **Wenn in den Vermögensverhältnissen des Darlehensnehmers oder in der Werthaltigkeit einer für das Darlehen gestellten Sicherheit eine wesentliche Verschlechterung eintritt oder einzutreten droht, durch die die Rückzahlung des Darlehens, auch unter Verwertung der Sicherheit, gefährdet wird, kann der Darlehensgeber den Darlehensvertrag vor Auszahlung des Darlehens im Zweifel stets, nach Auszahlung nur in der Regel fristlos kündigen.**

(2) [1]**Der Darlehensnehmer kann einen Darlehensvertrag, bei dem der Sollzinssatz gebunden und das Darlehen durch ein Grund- oder Schiffspfandrecht gesichert ist, unter Einhaltung der Fristen des § 488 Abs. 3 Satz 2 vorzeitig kündigen, wenn seine berechtigten Interessen dies gebieten und seit dem vollständigen Empfang des Darlehens sechs Monate abgelaufen sind.** [2]**Ein solches Interesse liegt insbesondere vor, wenn der Darlehensnehmer ein Bedürfnis nach einer anderweitigen Verwertung der zur Sicherung des Darlehens beliehenen Sache hat.** [3]**Der Darlehensnehmer hat dem Darlehensgeber denjenigen Schaden zu ersetzen, der diesem aus der vorzeitigen Kündigung entsteht (Vorfälligkeitsentschädigung).**

(3) **Die Vorschriften der §§ 313 und 314 bleiben unberührt.**

Lit.: Ganter, Die Vorfälligkeitsentschädigung – ein zivilrechtliches Chamäleon, WM 2016, 1813; Knops, Die Kündigung des vertragsgemäß bedienten Kredits wegen Vermögensverschlechterung, *WM 2012, 1649.*

1 **1. Allgemeines.** I regelt ein Kündigungsrecht des Darlehensgebers bei Vermögensverschlechterung des Darlehensnehmers (in der Bankpraxis vielfach überlagert durch Kündigungsrechte in AGB); bei Verbraucherdarlehensverträgen einschließlich Immobiliardarlehensverträgen Sondervorschrift in § 498 für den Zeitraum nach Aus-

zahlung des Darlehens (→ § 498 Rn. 2). II gewährt dem Darlehensnehmer ein Kündigungsrecht insbes zum Zwecke anderweitiger Verwertung des Sicherungsobjekts. Ausprägung des allg Kündigungsrechts bei Dauerschuldverhältnissen aus wichtigem Grund (§ 314); → Rn. 13. Zur Anpassung der AGB der Kreditwirtschaft an § 490 s. Wittig/Wittig WM 2002, 145, 149; Sonnenhol WM 2002, 1249, 1264.

2. Kündigungsrecht des Darlehensgebers (I). a) Zweck. I übernimmt den 2
Grundgedanken des bislang in § 610 aF enthaltenen Widerrufsrechts, gestaltet es aber systemgerecht um zu einem Kündigungsgrund unter geänderten Voraussetzungen. Die Vorschrift dient dem Schutz des Darlehensgebers. Ist die Rückzahlung des Darlehens (bzw die Befriedigung des Darlehensgebers aus Sicherheiten) infolge Vermögensverschlechterung gefährdet, soll der Darlehensgeber das Darlehen nicht auszahlen bzw belassen müssen. Ausprägung von § 242; daher muss der Darlehensgeber dem Darlehensnehmer zB die Bestellung von (ggf zusätzlichen, aber unanfechtbaren [§§ 129 ff. InsO]) Sicherheiten ermöglichen. **b) Voraussetzungen. aa)** Nicht 3
nur unwesentliche **Vermögensverschlechterung** des Darlehensnehmers im Zeitraum nach Abschluss des Darlehensvertrags. Bei Vertragsschluss vorliegende, aber nachträglich erst erkennbare Schieflage genügt. Nicht, wenn Darlehensgeber in Kenntnis der Vermögenslage das Darlehen – etwa als Sanierungsdarlehen (dazu Häuser in Schimansky ua [Hrsg.] Bankrechts-Handbuch, Band 1, 5. Aufl. 2017, § 85 Rn. 62 ff. mN) – zusagt. Gleichgestellt ist Verschlechterung der Werthaltigkeit von Sicherheiten, etwa Vermögensverfall bei einem Bürgen. **bb)** Durch effektive Vermö- 4
gensminderung bereits eingetretene Vermögensverschlechterung ist nicht erforderlich. Drohende Vermögensverschlechterung genügt, etwa durch Hinzutreten zusätzlicher Verbindlichkeiten, Rücknahme anderer Kreditzusagen, Zusammenbruch von Schuldnern des Darlehensnehmers, Ausscheiden eines persönlich haftenden Gesellschafters, nicht aber allein unpünktliche Tilgung. **cc) Gefährdung der Darlehens-** 5
rückzahlung. Bestehen Sicherheiten (auch § 128 HGB; § 721 [ab 1.1.2024]), kann nur gekündigt werden, wenn deren Verwertung zum Zeitpunkt des Verwertungsfalls keine ausreichende Befriedigung verspricht. Negative Prognose anhand objektiver Indizien genügt; Darlehensgeber muss vor Kündigung keinen Verwertungsversuch unternehmen (aA Mülbert WM 2002, 465, 474; Teilkündigung möglich: OLG Celle WM 2010, 402). Keine Gefährdung, wenn Darlehensnehmer neue werthaltige Sicherheiten anbietet. **c) Kündigungsrecht. aa) Vor Auszahlung** des Darlehens 6
kann der Darlehensgeber stets kündigen. Kündigungsrecht abdingbar. – Alternativ besteht Einrede nach § 321, die nicht zur Kündigung, sondern nach § 321 I 2 Fall 2 zur Sicherheitenbestellung führt. – Verweigerung der Auszahlung nach unberechtigter Kündigung: §§ 281, 286. **bb) Nach Auszahlung** des Darlehens soll ein Kündi- 7
gungsrecht nur „in der Regel" bestehen. Erforderlich ist „Gesamtwürdigung der Kündigungssituation" (BT-Drs. 14/6040, 254). Kündigung kann ausgeschlossen sein etwa bei nur vorübergehender Vermögensverschlechterung oder falls die Rückzahlung des Darlehens die Insolvenz des Darlehensnehmers erst herbeiführen würde, während eine ratenweise Rückzahlung dies nicht zur Folge hätte (krit Mülbert WM 2002, 465, 474). Nur im Ausnahmefall ist Abmahnung erforderlich, etwa nach Duldung von verzögerter Rückzahlung. – Rückzahlung kann anfechtbar gem §§ 129 ff. InsO sein.

3. Kündigungsrecht des Darlehensnehmers (II). a) Zweck. Sonderkündi- 8
gungsrecht des Darlehensnehmers soll dessen wirtschaftliche Bewegungsfreiheit sichern. Grundsätzlich abdingbar; in AGB nicht gegenüber Verbraucher und Existenzgründer (Mülbert WM 2002, 465, 475). **b) Voraussetzungen. aa)** Festver- 9
zinsliches Darlehen; grund- oder schiffspfandrechtlich gesicherter Darlehensrückzahlungsanspruch (auch Beleihungsobjekt eines Dritten); Verpflichtung zur Sicherheitenbestellung genügt. **bb)** Berechtigtes Interesse, wenn wirtschaftliche 10
Handlungsfreiheit des Darlehensnehmers eingeschränkt (sa OLG Köln BKR 2003, 500, 501 obiter zu § 490), insbes (II 2), wenn belasteter Sicherungsgegenstand (gewöhnlich Grundstück, keine beweglichen Sachen vgl OLG Brandenburg Urteil

v 10.10.2018, 4 U 173/17 – juris Rn. 18) anderweitig verwertet werden soll oder wenn nur eine Umschuldung ermöglicht, Immobilie zu halten und Kredit zu bedienen (OLG Naumburg NJW-RR 2007, 1278 f.; krit Grüneberg/Weidenkaff Rn. 6); auch bei Bereitschaft eines anderen Darlehensgebers, das Grundstück höher zu belasten. Keine besonderen Ausführungen zur Erforderlichkeit nötig, wenn für beabsichtigte Grundstücksveräußerung erforderlich (BGHZ 158, 11; NJW 2005, 751). Nicht: niedriger Zins, bloßer Liquiditätswunsch. Grund gleichgültig: Scheidung, Umzug, Arbeitslosigkeit, Erbauseinandersetzung, Gewinnrealisierung (s. OLG Zweibrücken BKR 2002, 1052 mN, Anm Rösler/Wimmer, Anm Mues EWiR 2003, 47 [zum bisherigen Recht, obiter zu § 490]). Kein berechtigtes Interesse mehr, wenn die anderweitige Verwertung ohne Darlehenskündigung bereits gelungen ist (BGH NJW 2003, 2230, Folgeinstanz zu OLG Zweibrücken BKR 2002, 1052). Ursache muss Darlehensnehmer bei Vertragsschluss unbekannt gewesen sein (BGH NJW-RR 2002, 1273 [zum bisherigen Recht]). **cc)** Einhaltung einer **Kündigungserklärungsfrist** entspr § 314 III; Orientierung: § 626 II. – **Nicht:** Entrichtung der Vorfälligkeitsentschädigung (→ Rn. 12); keine
11 Unterbleibensfiktion iSv § 489 III. **c) Rechtsfolgen. aa) Kündigungsrecht** des Darlehensnehmers, nicht des Eigentümers der belasteten Sache. Kein primärer Freigabeanspruch bzgl der Sicherheiten wegen eines besonderen Interesses (OLG Brandenburg Urteil v 10.10.2018, 4 U 173/17 – juris Rn. 18). Folge: Rückerstat-
12 tungspflicht bzgl Darlehen, § 489 I 1 Fall 2. **bb)** Anspruch des Darlehensgebers auf **Vorfälligkeitsentschädigung,** § 502 zu Verbraucherdarlehen, der hinsichtlich Voraussetzungen und Umfang zwischen Allg- und Immobiliar-Verbraucherdarlehen unterscheidet (→ § 502 Rn. 1 ff., sa Omlor, ZIP 2017, 112, 117; Umfang: Wimmer BKR 2002, 479). Rechtsnatur: modifizierter Zinsanspruch, kein Schadensersatzanspruch (anders BGH NJW 2016, 1379; BGH NJW 2018, 1812, Leitsatz), denn die Ausübung ges Gestaltungsrechte ist nicht pflichtwidrig; § 122 ist kein Gegenargument, da (nur) Vertrauensschaden zu ersetzen ist (→ § 122 Rn. 3). Folge: Bei Verzug ggf Verzinsung nach § 288 II. Umfang (s. Berger, Kreditvertragsrecht, in: Horn/Krämer, BankR 2002, S. 24 mN): Insbes Zinsmargen- und Zinsverschlechterungsschaden; Berechnung: Übersicht bei Wimmer/Rösler WM 2005, 1873; Wehrt WM 2004, 401; s. BGHZ 146, 5; NJW 2005, 751; OLG Schleswig BKR 2002, 642 Anm Rösler, Anm Kröll/Mallmann EWIR 2002, 853 (alle zum bisherigen Recht); maßgeblicher Zeitpunkt ist Fälligkeit des Rückzahlungsanspruchs, nicht Kündigung (auf den Zeitpunkt der vollständigen Tilgung od die Entstehung der Schadensersatzforderung abstellend, BGH NJW 2018, 1812, 1815 Rn. 38 ff.). – Anspruch auf Vorfälligkeitsentschädigung ist bei entspr umfassender Sicherungsabrede (→ § 1191 Rn. 5) durch Grundschuld gesichert (auch bei enger Zweckabrede, s. OLG Hamm WM 2005, 1265); durch Hypothek nur, wenn Einigung und Eintragung (→ § 1113 Rn. 8) ihn umfassen. Darlehensgeber kann Freigabe von Sicherheiten gem § 273 bis zur Zahlung der Vorfälligkeitsentschädigung verweigern. Keine Entschädigung bei Kündigung durch Darlehensgeber wegen Verzug der Darlehensrückzahlung, § 497 I insoweit spezieller (BGH NJW 2016, 1379, 1380; str, s. Bunte NJW 2016, 1626). Bei **einvernehmlicher Vertragsaufhebung** (insbes wenn Voraussetzungen II nicht gegeben) kein Vorfälligkeitsentgelt (OLG Frankfurt a. M. ZIP 2005, 2010), **Vorfälligkeitsentgelt** (Aufhebungsentgelt, OLG Köln BKR 2003, 500, 501) kann in Grenzen des § 138 frei vereinbart werden (BGH NJW 2003, 2230; OLG Köln BKR 2003, 500 [zum früheren Recht]), **nicht** bei Verbraucherdarlehen. Kein Vorfälligkeitsengelt, falls nur Austausch vereinbarter Sicherheiten verlangt werden kann: BGH NJW 2004, 1730, *dazu Medicus EWiR 2004, 733.*

13 **4. Verhältnis zu §§ 313, 314. a) Kündigung aus wichtigem Grund.** Nach III bleibt § 314 unberührt. Bedeutung: Liegen Voraussetzungen von I, II nicht vor, kann immer noch aus wichtigem Grund gekündigt werden. Bsp: Darlehensnehmer ist mit Rückzahlung in Verzug (Mülbert WM 2002, 465, 473; sa § 498); drohende

Zahlungsunfähigkeit des Darlehensnehmers (BGH NJW 2003, 2674); Verwendung des Darlehens entgegen Zweckvereinbarung, wahrheitswidrige Angaben (OLG München BeckRS 2009, 18429). Gefährdung der Rückzahlung des Darlehens ist bei § 314 nicht darzulegen. **b) Störung der Geschäftsgrundlage.** Selbst wenn 14
Kündigung gem I, II möglich ist, kann Berechtigter auf Erklärung verzichten und Vertragsanspassung verlangen. Bsp: Bestellung weiterer Sicherheiten, Zinsanpassung an geänderte Risiken; Stundung.

Kapitel 2. Besondere Vorschriften für Verbraucherdarlehensverträge

Vorbemerkungen vor §§ 491–513

Lit.: Bülow/Artz, Verbraucherkreditrecht, 10. Aufl 2019; Omlor, Die Wohnimmobilienkreditrichtlinie und ihre Umsetzung in Deutschland, ZIP 2017, 112; Wimmer/Rösler, Praxisprobleme bei Preisangaben im neuen Verbraucherkreditrecht, BKR 2011, 6.

1. Bedeutung. §§ 491–512 treten an die Stelle des durch das SchRModG aufge- 1
hobenen VerbrKrG. Sie enthalten unabdingbare (§ 512) Bestimmungen über den **Schutz des Verbrauchers** (s. § 13) bei Verbraucherdarlehensverträgen (§§ 491–505e), Finanzierungshilfen (§§ 506–508, insbes Finanzierungsleasing- und Teilzahlungsverträgen) sowie Ratenlieferungsverträgen (§ 510), die in § 513 auf **Existenzgründer** erstreckt werden; zu Schuldbeitritt und Vertragsübernahme → § 491 Rn. 4. §§ 491–513 dienen der **Umsetzung der VerbrKrRiLi 2008/48/EG** (in Nachfolge der alten VerbrKrRiLi 87/102/EWG; BGBl. 2009 I 2355; vgl zu den daraus resultierenden Änderungen → Vor § 488 Rn. 1), die (s. Art. 3c VerbrKrRiLi) neben den Verbraucherdarlehensverträgen auch den „Zahlungsaufschub" und „ähnliche Finanzierungshilfen" umfasst und das Prinzip der Vollharmonisierung verfolgt. Neugestaltung des Verbraucherdarlehensrechts durch die WohnimmoKrRL 2014/17/EU und ihre Umsetzung in D durch G vom 11.3.2016 (BGBl. 2016 I 396), in Kraft seit 21.3.2016; Übergang s. Art. 229 § 38 EGBGB. Insbesondere Zweiteilung des Verbraucherdarlehens (→ § 491 Rn. 1). Weitere Anpassung der Umsetzung, insb. der Kreditwürdigkeitsprüfung, durch Art. 6 FinanzaufsichtsrechtergänzungsG vom 6.6.2017 (BGBl. 2017 I 1495). Bedeutung: „richtlinienkonforme" Auslegung; Vorabentscheidung nach Art. 267 AEUV.

2. Systematik. Das SchRModG bricht die bisherige gemeinsame Regelung der 2
drei Kreditformen im VerbrKrG auf und ordnet sie wie folgt: Der **Verbraucherdarlehensvertrag** wird in §§ 491–505e systematisch dem Untertitel über den Darlehensvertrag zugewiesen, die übrigen Kreditverträge sind unter dem Oberbegriff **„Finanzierungshilfen"** im Untertitel 2 (§§ 506–509) formal zusammengefasst. § 506 I verweist für diese Verträge grundsätzlich auf die Bestimmungen über Verbraucherdarlehensverträge (und die Regeln über verbundene Verträge und den Einwendungsdurchgriff in §§ 358–360); von der Verweisung ausgenommen sind gem § 506 IV Verträge, die unter § 491 II 2 Nr. 1–5, III 2, IV fallen. § 506 III bestimmt
für **Teilzahlungsgeschäfte** die Anwendung der §§ 507, 508, wobei § 507 I – 3
abweichend von § 506 I – die Anwendungen der Bestimmungen über Verbraucherdarlehensverträge *einschränkt.* **Finanzierungsleasingverträge** werden nicht mehr eigens erwähnt (vgl § 499 II aF); fallen sie unter § 506 I, II, gelten die Vorschriften der §§ 491a ff. unmittelbar (BT-Drs. 16/11643, 92). Eigens geregelt als entgeltliche Finanzierungshilfe ist in § 506 II die entgeltliche Nutzung eines Gegenstandes, wenn eine Erwerbsverpflichtung des Verbrauchers vereinbart ist. Untertitel 3 regelt in § 510 den **Ratenlieferungsvertrag.** – Zum **Darlehensvermittlungsvertrag** s. §§ 655a ff. Zu verbundenen Geschäften s. § 358; Realkredit- und Immobilienkaufverträge sind verbundene Geschäfte iSv § 358: str, klärend BGH NJW 2006, 1952, 1955, 1957 mN.

3. Instrumente des Verbraucher- und Existenzgründerschutzes. Diese 4
sind – unabdingbare (§ 512) – Form- und Informationsvorschriften (§§ 491a–492,

493, 494, 506 I, 510 II), Beratungspflichten (§§ 504a, 511) Widerrufsrechte (§§ 495, 506 I, 510 I), begrenzte Zulässigkeit von Kopplungsgeschäften bei Immobiliar-Verbraucherdarlehen (§§ 492a, 492b), Unwirksamkeit von Einwendungsverzicht sowie Wechsel- und Scheckverbot (§§ 496, 506 I), die bei Zahlungsverzug günstigere Zinsberechnung (§§ 497, 506 I), Verpflichtung zur Kreditwürdigkeitsprüfung (§§ 505a–505d; s. dort → Rn. 2) und besondere Kündigungsvoraussetzungen (§§ 498–500, 506 I) sowie ein Recht zur vorzeitigen Tilgung (§ 501). Ergänzt wird der Schutz in §§ 358 f. durch Bestimmungen über verbundene Geschäfte und den Einwendungsdurchgriff; sa das Kündigungsrecht gem § 500. – Zum Schutz des Darlehensnehmers vor sittenwidrig überhöhtem Zins → § 488 Rn. 11; Ausschluss des Mahnverfahrens s. § 688 II Nr. 1 ZPO. Zur durch das Erfordernis der hinreichenden Bestimmtheit und die Schranke unangemessener Benachteiligung begrenzten Zulässigkeit von Wertsicherungsklauseln s. §§ 2, 5 PrKlG; zum PrKlG s. §§ 244, 245.

5 **4. IPR.** S. Art. 6 Rom-I-VO, Art. 46b III Nr. 4 EGBGB. §§ 491 ff. sind keine international zwingende Vorschriften: BGH NJW 2006, 762 (zu Art. 34 EGBGB aF); dazu Pfeiffer IPRax 2006, 238; Tamm JZ 2006, 676; Weller NJW 2006, 1247.

5. COVID-19-Pandemie, Art. 240 § 3 EGBGB aF.

Lit.: Herresthal, Die vertragsrechtlichen Regelungen zum Verbraucherdarlehensrecht aus Anlass der COVID-19-Pandemie…, ZIP 2020, 989; Köndgen, Verbraucherkreditrecht in der Pandemie, BKR 2020, 209; Lühmann, Das Moratorium im Darlehensrecht anlässlich der Covid-19-Pandemie, NJW 2020, 1321.

6 Art. 5 des Gesetzes zur Abmilderung der Folgen der COVID-19-Pandemie im Zivil-, Insolvenz- und Strafverfahrensrecht v. 27.3.2020 (BGBl I, 569; Gesetzbegründung: BT-Drs. 19/18110) schaffte in Art 240 EGBGB § 3 Bestimmungen zur Abmilderung der wirtschaftlichen Folgen der Covid-19-Pandemie für Verbraucherdarlehensverträge; Art. 240 EGBGB ist am 30.9.2022 außer Kraft getreten (s. Art. 6 des Gesetzes).

§ 491 Verbraucherdarlehensvertrag

(1) [1]**Die Vorschriften dieses Kapitels gelten für Verbraucherdarlehensverträge, soweit nichts anderes bestimmt ist.** [2]**Verbraucherdarlehensverträge sind Allgemein-Verbraucherdarlehensverträge und Immobiliar-Verbraucherdarlehensverträge.**

(2) [1]**Allgemein-Verbraucherdarlehensverträge sind entgeltliche Darlehensverträge zwischen einem Unternehmer als Darlehensgeber und einem Verbraucher als Darlehensnehmer.** [2]**Keine Allgemein-Verbraucherdarlehensverträge sind Verträge,**

1. **bei denen der Nettodarlehensbetrag (Artikel 247 § 3 Abs. 2 des Einführungsgesetzes zum Bürgerlichen Gesetzbuche) weniger als 200 Euro beträgt,**
2. **bei denen sich die Haftung des Darlehensnehmers auf eine dem Darlehensgeber zum Pfand übergebene Sache beschränkt,**
3. **bei denen der Darlehensnehmer das Darlehen binnen drei Monaten zurückzuzahlen hat und nur geringe Kosten vereinbart sind,**
4. **die von Arbeitgebern mit ihren Arbeitnehmern als Nebenleistung zum Arbeitsvertrag zu einem niedrigeren als dem marktüblichen effektiven *Jahreszins* (§ 6 der Preisangabenverordnung) abgeschlossen werden und anderen Personen nicht angeboten werden,**
5. **die nur mit einem begrenzten Personenkreis auf Grund von Rechtsvorschriften in öffentlichem Interesse abgeschlossen werden, wenn im Vertrag für den Darlehensnehmer günstigere als marktübliche Bedingungen und höchstens der marktübliche Sollzinssatz vereinbart sind,**

6. bei denen es sich um Immobiliar-Verbraucherdarlehensverträge oder Immobilienverzehrkreditverträge gemäß Absatz 3 handelt.

(3) [1]**Immobiliar-Verbraucherdarlehensverträge sind entgeltliche Darlehensverträge zwischen einem Unternehmer als Darlehensgeber und einem Verbraucher als Darlehensnehmer, die**

1. durch ein Grundpfandrecht oder eine Reallast besichert sind oder
2. für den Erwerb oder die Erhaltung des Eigentumsrechts an Grundstücken, an bestehenden oder zu errichtenden Gebäuden oder für den Erwerb oder die Erhaltung von grundstücksgleichen Rechten bestimmt sind.

[2]**Keine Immobiliar-Verbraucherdarlehensverträge sind Verträge gemäß Absatz 2 Satz 2 Nummer 4.** [3]**Auf Immobiliar-Verbraucherdarlehensverträge gemäß Absatz 2 Satz 2 Nummer 5 ist nur § 491a Absatz 4 anwendbar.** [4]**Keine Immobiliar-Verbraucherdarlehensverträge sind Immobilienverzehrkreditverträge, bei denen der Kreditgeber**

1. pauschale oder regelmäßige Zahlungen leistet oder andere Formen der Kreditauszahlung vornimmt und im Gegenzug nur einen Betrag aus dem künftigen Erlös des Verkaufs einer Wohnimmobilie erhält oder ein Recht an einer Wohnimmobilie erwirbt und
2. erst nach dem Tod des Verbrauchers eine Rückzahlung fordert, außer der Verbraucher verstößt gegen die Vertragsbestimmungen, was dem Kreditgeber erlaubt, den Vertrag zu kündigen.

(4) **§ 358 Abs. 2 und 4 sowie die §§ 491a bis 495 und 505a bis 505e sind nicht auf Darlehensverträge anzuwenden, die in ein nach den Vorschriften der Zivilprozessordnung errichtetes gerichtliches Protokoll aufgenommen oder durch einen gerichtlichen Beschluss über das Zustandekommen und den Inhalt eines zwischen den Parteien geschlossenen Vergleichs festgestellt sind, wenn in das Protokoll oder den Beschluss der Sollzinssatz, die bei Abschluss des Vertrags in Rechnung gestellten Kosten des Darlehens sowie die Voraussetzungen aufgenommen worden sind, unter denen der Sollzinssatz oder die Kosten angepasst werden können.**

1. Allgemeines. I bestimmt den Anwendungsbereich der Sondervorschriften der 1
§§ 491a–505e. § 491 dient der Umsetzung der **VerbrKrRL 2008** (→ Rn. 2 f. vor §§ 491–513). Seit der Umsetzung der spezielleren **WohnImmoKrRL 2014** zum 21.3.2016 unterliegen Verbraucherdarlehen einer Zweiteilung, die vom europ. Gesetzgeber nicht vorgesehen ist (Omlor ZIP 2017, 112, 113): Allgemein-Verbraucherdarlehen gem II 1 und Immobiliar-Verbraucherdarlehen gem III 1 (→ Rn. 5).

2. Persönlicher Anwendungsbereich. Die §§ 491a–505d finden Anwendung 2
auf einen Darlehensvertrag zwischen einem Unternehmer (s. § 14) als Darlehensgeber (unternehmerische Tätigkeit muss sich nicht auf die Kreditvergabe beziehen [BGHZ 179, 126, 130]) und einem Verbraucher (s. § 13; darunter fallen auch Geschäftsführer und Gesellschafter einer GmbH, BGH NJW-RR 2007, 1673, 1674 ff. [zu § 1 VerbrKrG]) bzw Existenzgründer (s. § 513) als Darlehensnehmer (zum Verbraucherbegriff: Kellermann JA 2005, 546). Auch der Darlehensvertrag einer aus natürlichen Personen bestehenden Gesellschaft bürgerlichen Rechts (§ 705) als Darlehensnehmer kann einen Verbraucherdarlehensvertrag darstellen, wenn der Gesellschaftszweck nicht kommerzieller Natur ist (BGH NJW 2002, 368, str [Verwaltung eigenen Vermögens; zu § 1 VerbrKrG]). Bei gesamtschuldnerisch abgeschlossenem Darlehensvertrag getrennte Prüfung der §§ 491 ff. für jeden Darlehensnehmer (str). **Nicht:** Darlehensverträge zwischen Unternehmern oder zwischen 3
Verbrauchern (zB „Verwandtendarlehen"); Verbraucher als Darlehensgeber an Unternehmer.

3. Sachlicher Anwendungsbereich. a) Darlehensvertrag s. § 488, auch gesi- 4
cherte Darlehen und Überziehungskredite (s. § 504). *Nicht:* Sachdarlehensvertrag

(§ 607); Vereinbarkeit mit VerbrKrRiLi zweifelhaft; daher für richtlinienkonformen Einbezug des entgeltlichen Sachdarlehens-, insbesondere des Wertpapierdarlehensvertrags, Habersack BKR 2001, 72, 73. **Schuldbeitritt** (zu einem Darlehensvertrag) ist Darlehensvertrag gleichzustellen (BGHZ 133, 71, 74f. [zu § 1 VerbrKrG]), ebenso die **Vertragsübernahme,** jedenfalls bei dreiseitiger (→ § 398 Rn. 32) Vereinbarung (BGH NJW 1999, 2664, 2666 [zu § 1 VerbrKrG]). Über Verweisung § 510 I 2 Anwendung § 491 II, IV auch auf Ratenlieferungsverträge (BGH NJW-
5 RR 2004, 841). – Nicht Bürgschaft, → § 506 Rn. 7. **b) Entgeltlichkeit** meint jede Art von Gegenleistung, insbes Zinsen, Gebühren, einmalige Vergütung, auch nominell erhöhte Rückzahlung, die allein dem Inflationsausgleich dient. **c)** Unterscheidung **Allgemein-Verbraucherdarlehensverträge** gem II 1 und **Immobiliar-Verbraucherdarlehensvertrag** gem III 1. Letztere sind entweder durch Grundpfandrecht (→ Vor § 1113 Rn. 1) bzw Reallast (§ 1105) besichert (Nr. 1). Es genügt jede schuldrechtliche Verbindung zwischen dingl Recht und Darlehen (zB schuldrechtl Sicherungsabrede, BT-Drs. 18/5922, S. 77). Oder zum Eigentumserwerb bzw -erhaltung bestimmt (Nr. 2). Der Erwerb muss nicht tatsächlich stattfinden; die Erhaltung bezieht sich auf die Rechtsposition (typisch: Umschuldung), nicht das Grundstück (zB Renovierung, BT-Drs. 18/5922, 77).

6 **4. Ausnahmen. a) Vollausnahmen.** Keine Allgemein-Verbraucherdarlehen stellen gem **II** dar: **aa)** Kleindarlehen unter 200 Euro Nettodarlehensbetrag („Bagatellvorbehalt"); Auszahlung meint auch Gutschrift; **bb)** Darlehen ggü Pfandhäusern bei Haftungsbeschränkung auf die Pfandsache (§ 1204); **cc)** zinsfreie oder kostengünstige Darlehen mit Laufzeit von bis zu drei Monaten (zB bei Kreditkarten); **dd)** gegenüber dem Marktzins günstigere *Arbeitgeber*darlehen; **ee)** günstiger als zu Marktbedingungen vergebenen Förderdarlehen zur Umsetzung von „Gemeinwohlinteressen" (BT-Drs. 16/22643, 77); **ff)** Immobiliar-Verbraucherdarlehen gem III. **gg)** Immobilienverzehrkredite gem III 3, bei denen die (vollständige) Rückzahlung aus Verwertung der Immobilie nach Ableben des Darlehensnehmers ermöglicht wird. Wegen strengerer Kreditwürdigkeitsprüfung wurden diese typischerweise an ältere Menschen vergebenen Kredite nach Umsetzung der WohnimmoKrRL kaum noch bewilligt und folglich gem Art. 6 FinanzaufsichtsrechtergänzungsG (→ Vor §§ 491–513 Rn. 1) aus dem Anwendungsbereich genommen. **hh)** Existenzgründer-
7 darlehen mit Nettodarlehensbetrag über 75.000 Euro, s. § 513. **b) Einzelausnahmen.** Nur bestimmte Vorschriften finden gem **IV** keine Anwendung bei Darlehensverträgen, die (1) gerichtlich (nicht: vom Gerichtsvollzieher; nicht: Anwaltsvergleich [§ 796a ZPO]) gem §§ 159ff. ZPO protokolliert (§ 794 I Nr. 1 ZPO [insbes „Ratenzahlungsvergleiche"]) worden sind *oder* (2) in einem schriftlichen Verfahren gem § 278 VI ZPO festgestellt worden sind **(„Prozessvergleich"),** wenn Sollzinssatz, Darlehenskosten (nicht Anwalts-, Gerichts- und Beurkundungsgebühren [MüKoBGB/Weber Rn. 102]) und ggf Anpassungsvoraussetzungen angegeben werden. *Unanwendbar* sind neben § 358 II, IV die Form-, Informations- und Abschlussbestimmungen der §§ 491a–494; überdies entfallen Widerrufsrecht (§ 495) und Kreditwürdigkeitsprüfung (§§ 505a–505d), da beide den Zweck des Prozessvergleichs unterlaufen würden.

8 **5. Beweislast.** Für die Voraussetzungen des Verbraucherdarlehens gem II 1, III 1 trägt der Verbraucher (auch für Entgeltlichkeit), für Ausnahmen gem II 2, III 2, IV der Unternehmer.

§ 491a Vorvertragliche Informationspflichten bei Verbraucherdarlehensverträgen

(1) **Der Darlehensgeber ist verpflichtet, den Darlehensnehmer nach Maßgabe des Artikels 247 des Einführungsgesetzes zum Bürgerlichen Gesetzbuche zu informieren.**

(2) [1]Der Darlehensnehmer kann vom Darlehensgeber einen Entwurf des Verbraucherdarlehensvertrags verlangen. [2]Dies gilt nicht, solange der Darlehensgeber zum Vertragsabschluss nicht bereit ist. [3]Unterbreitet der Darlehensgeber bei einem Immobiliar-Verbraucherdarlehensvertrag dem Darlehensnehmer ein Angebot oder einen bindenden Vorschlag für bestimmte Vertragsbestimmungen, so muss er dem Darlehensnehmer anbieten, einen Vertragsentwurf auszuhändigen oder zu übermitteln; besteht kein Widerrufsrecht nach § 495, ist der Darlehensgeber dazu verpflichtet, dem Darlehensnehmer einen Vertragsentwurf auszuhändigen oder zu übermitteln.

(3) [1]Der Darlehensgeber ist verpflichtet, dem Darlehensnehmer vor Abschluss eines Verbraucherdarlehensvertrags angemessene Erläuterungen zu geben, damit der Darlehensnehmer in die Lage versetzt wird, zu beurteilen, ob der Vertrag dem von ihm verfolgten Zweck und seinen Vermögensverhältnissen gerecht wird. [2]Hierzu sind gegebenenfalls die vorvertraglichen Informationen gemäß Absatz 1, die Hauptmerkmale der vom Darlehensgeber angebotenen Verträge sowie ihre vertragstypischen Auswirkungen auf den Darlehensnehmer, einschließlich der Folgen bei Zahlungsverzug, zu erläutern. [3]Werden mit einem Immobiliar-Verbraucherdarlehensvertrag Finanzprodukte oder -dienstleistungen im Paket angeboten, so muss dem Darlehensnehmer erläutert werden, ob sie gesondert gekündigt werden können und welche Folgen die Kündigung hat.

(4) [1]Bei einem Immobiliar-Verbraucherdarlehensvertrag entsprechend § 491 Absatz 2 Satz 2 Nummer 5 ist der Darlehensgeber verpflichtet, den Darlehensnehmer rechtzeitig vor Abgabe von dessen Vertragserklärung auf einem dauerhaften Datenträger über die Merkmale gemäß den Abschnitten 3, 4 und 13 des in Artikel 247 § 1 Absatz 2 Satz 2 des Einführungsgesetzes zum Bürgerlichen Gesetzbuche genannten Musters zu informieren. [2]Artikel 247 § 1 Absatz 2 Satz 6 des Einführungsgesetzes zum Bürgerlichen Gesetzbuche findet Anwendung.

1. Allgemeines. Die Vorschrift dient der Umsetzung von Art. 5, 6 VerbrKrRiLi 2008 sowie Art. 13–16, 20 II, III WohnimmoKrRL 2014 und begründet für den späteren Darlehensgeber bzw dessen Vermittler (s. § 655a II 2) eine Reihe vorvertraglicher Pflichten. Die Norm setzt das Bestehen eines vorvertraglichen Schuldverhältnisses iSv § 311 II voraus, obwohl die Begriffe „Darlehensnehmer" und „-geber" verwendet werden. Unabdingbar mit Umgehungsverbot, § 512 (sa § 491 IV). 1

2. Informationspflichten. a) Gem **I** treffen den Darlehensgeber ggü dem Darlehensnehmer bestimmte **vorvertragliche Informationspflichten.** Konkret ergeben sich diese allerdings erst aus **Art. 247 EGBGB** (Anh zu §§ 491–515), auf den I verweist. Zum Inhalt s. dort. Die Informationen sind gem Art. 247 §§ 1 II, 2 I, IV EGBGB in Textform (§ 126b) sowie rechtzeitig vor Vertragsschluss und mit Hilfe eines vorgegebenen Musters dem Darlehensnehmer mitzuteilen und sollen es ihm ermöglichen, verschiedene Vertragsangebote transparent miteinander zu vergleichen (BT-Drs. 16/11643, 78). **b)** Der Darlehensnehmer hat, unabhängig von I, gem **II** 2
1 ggü dem Darlehens*geber einen* **Anspruch auf Übermittlung des Vertragsentwurfs** bzw der Darlehensgeber beim Immobiliar-Darlehen die Verpflichtung zum Angebot auf Übermittlung, die bei fehlenden WiderrufsR (→ § 495 Rn. 3) in eine Verpflichtung zur automatischen Übermittlung erwächst, II 3 2. HS. Kosten sollen dafür nicht verlangt werden können (BT-Drs. 16/11643, 78). Der Anspruch besteht erst dann, wenn der Darlehensgeber zum Vertragsschluss bereit ist (zB nach erfolgter Bonitätsprüfung des Darlehensnehmers), **II 2.** 3

3. Erläuterungspflicht, III. Der Darlehensgeber hat dem Darlehensnehmer die Vertragsbestimmungen vor Vertragsschluss angemessen zu erläutern, S. 1. Ein persönliches Gespräch oder eine Beratung ist dafür nicht erforderlich; vielmehr sind die Vertragsbestimmungen dem Darlehensnehmer verständlich zu machen, wobei 4 bei komplizierteren Vertragsklauseln auch höhere Anforderungen an die Erläuterung zu stellen sind (BT-Drs. 16/11643, 79). Dabei ist grds auf einen durchschnittlichen Darlehensnehmer abzustellen. Ziel ist es, dem Darlehensnehmer eine Einschätzung zu ermöglichen, ob der Vertrag unter Zugrundelegung seiner Vermögensverhältnisse und des Vertragszwecks für ihn nützlich ist oder nicht. Eine Pflicht des Darlehensgebers, den Vertrag auf seine Sinnhaftigkeit für den Darlehensnehmer zu überprüfen, besteht allerdings nicht (BT-Drs. 16/11643, 79); insbes muss nicht auf günstigere Angebote eines Wettbewerbers verwiesen werden. Gem S. 2 sind ggf zu erläutern die vorvertraglichen Informationen gem I sowie die vertragstypischen Auswirkungen (insbes finanzielle Belastungen, Haftungsrisiken) und Hauptmerkmale (insbes die Hauptleistungspflichten) der angebotenen Vertragstypen. Zusätzlich beim Immobiliar-Darlehen und angebotenen Kopplungsgeschäften (→ §§ 492a, 492b) sind Kündigungsmöglichkeiten und -folgen zu erläutern, III 3. Diese Aufzählung ist einerseits nicht abschließend, andererseits kann die Erläuterung hinter der Aufzählung zurückbleiben, wenn der Darlehensnehmer die vorvertraglichen Informationen verstanden hat. Die von der Rspr entwickelten Aufklärungspflichten (→ § 488 Rn. 12) sollen von III nicht geändert werden. **Lit.:** Heße/Niederhofer MDR 2010, 968; krit von Klitzing/Seiffert, WM 2016, 774.

4a **4. Förderdarlehen.** Diese unterfallen gem § 491 II 2 Nr. 5 nicht den Schutzvorschriften des Verbraucherdarlehensrechts, dennoch treffen den Darlehensgeber Aufklärungspflichten in Form des ESIS-Merkblattes (Anl. 6 zu Art. 247 EGBGB).

5 **5. Rechtsfolgen bei Pflichtverletzung.** Kommt der Darlehensgeber seinen vorvertraglichen Pflichten nicht oder nicht in genügendem Umfang nach, ergeben sich Schadensersatzansprüche des Darlehensnehmers aus §§ 280 I, 311 II. Der Unternehmer hat die ordnungsgem Aufklärung zu beweisen (EuGH BKR 2015, 281 [zur VerbrKrRiLi 2008]). Der Darlehensvertrag ist hingegen wirksam (Bülow/Artz Rn. 41; beachte allerdings §§ 492 II, 495 II Nr. 2, 494). **Lit.:** Bartlitz, WM 2016, 344.

§ 492 Schriftform, Vertragsinhalt

(1) [1]**Verbraucherdarlehensverträge sind, soweit nicht eine strengere Form vorgeschrieben ist, schriftlich abzuschließen.** [2]**Der Schriftform ist genügt, wenn Antrag und Annahme durch die Vertragsparteien jeweils getrennt schriftlich erklärt werden.** [3]**Die Erklärung des Darlehensgebers bedarf keiner Unterzeichnung, wenn sie mit Hilfe einer automatischen Einrichtung erstellt wird.**

(2) **Der Vertrag muss die für den Verbraucherdarlehensvertrag vorgeschriebenen Angaben nach Artikel 247 §§ 6 bis 13 des Einführungsgesetzes zum Bürgerlichen Gesetzbuche enthalten.**

(3) [1]**Nach Vertragsschluss stellt der Darlehensgeber dem Darlehensnehmer eine Abschrift des Vertrags zur Verfügung.** [2]**Ist ein Zeitpunkt für die Rückzahlung des Darlehens bestimmt, kann der Darlehensnehmer vom Darlehensgeber jederzeit einen Tilgungsplan nach Artikel 247 § 14 des Einführungsgesetzes zum Bürgerlichen Gesetzbuche verlangen.**

(4) [1]**Die Absätze 1 und 2 gelten auch für die Vollmacht, die ein Darlehensnehmer zum Abschluss eines Verbraucherdarlehensvertrags erteilt.** [2]**Satz 1 gilt nicht für die Prozessvollmacht und eine Vollmacht, die notariell beurkundet ist.**

(5) **Erklärungen des Darlehensgebers, die dem Darlehensnehmer gegenüber nach Vertragsabschluss abzugeben sind, müssen auf einem dauerhaften Datenträger erfolgen.**

(6) [1]**Enthält der Vertrag die Angaben nach Absatz 2 nicht oder nicht vollständig, können sie nach wirksamem Vertragsschluss oder in den Fällen des**

§ 494 Absatz 2 Satz 1 nach Gültigwerden des Vertrags auf einem dauerhaften Datenträger nachgeholt werden. [2]Hat das Fehlen von Angaben nach Absatz 2 zu Änderungen der Vertragsbedingungen gemäß § 494 Absatz 2 Satz 2 bis Absatz 6 geführt, kann die Nachholung der Angaben nur dadurch erfolgen, dass der Darlehensnehmer die nach § 494 Absatz 7 erforderliche Abschrift des Vertrags erhält. [3]In den sonstigen Fällen muss der Darlehensnehmer spätestens im Zeitpunkt der Nachholung der Angaben eine der in § 356b Absatz 1 genannten Unterlagen erhalten. [4]Mit der Nachholung der Angaben nach Absatz 2 ist der Darlehensnehmer auf einem dauerhaften Datenträger darauf hinzuweisen, dass die Widerrufsfrist von einem Monat nach Erhalt der nachgeholten Angaben beginnt.

(7) **Die Vereinbarung eines veränderlichen Sollzinssatzes, der sich nach einem Index oder Referenzzinssatz richtet, ist nur wirksam, wenn der Index oder Referenzzinssatz objektiv, eindeutig bestimmt und für Darlehensgeber und Darlehensnehmer verfügbar und überprüfbar ist.**

1. Allgemeines. Die Vorschrift dient dem Schutz des Verbrauchers (BGH NJW 2006, 681, 683 Rn. 25 [zu § 4 VerbrKrG]) (Existenzgründer s. § 513), insbesondere durch Formvorschriften **(I)** und Informationen (**II** iVm Art. 247 §§ 6–13 EGBGB). Anwendbar auf alle Verbraucherdarlehensverträge (§ 491 I), auch bei Rechtsnachfolge, Vertragsübernahme und Schuldbeitritt (→ § 491 Rn. 4). Ausnahme: § 491 IV, § 504 II 1, § 505 IV, § 507 I 2, III 1. Unabdingbar und Umgehungsverbot s. § 512. 1

2. Form. a) I 1 verlangt **Schriftform** (§ 126). Strengere Form möglich, wenn zB Kreditvertrag Teil eines Grundstückskaufvertrags (s. § 311b I). Zweck: Warnfunktion im Interesse des Darlehensnehmers. Blankounterschrift genügt nicht (BGH NJW-RR 2005, 1141). Widerrufsinformation und übrige Darlehensbestimmungen müssen nicht in einer einheitlichen Vertragsurkunde enthalten sein (BGH NJW 2020, 334 Rn. 15); I 1 findet auch Anwendung bei Schuldbeitritt (BGH NJW 2000, 3496, 3498 [zu § 4 VerbrKrG]). Aus Vereinfachungsgründen können abweichend von § 126 II 1 Angebot und Annahme in getrennten Urkunden erklärt werden, I 2. Die Erklärung des Darlehens*gebers* bedarf entgegen § 126 I nicht der eigenhändigen Unterschrift, wenn sie durch eine „automatische Einrichtung" erstellt wird, I 3. Auf Zugang der Annahmeerklärung des Darlehensgebers beim Darlehensnehmer kann gem § 151 verzichtet werden (s. BGH NJW-RR 2004, 1683, dazu 2
Armbrüster EWiR 2004, 1071). **b) Vertragsänderungserklärungen** des Darle- 3
hensgebers, die den Inhalt und die Abwicklung des (wirksamen) Darlehensvertrags betreffen (zB Kündigungen, Tilgungsplan **III 2,** sa § 493) müssen auf einem dauerhaften Datenträger (§ 126b S. 2) erfolgen, **V. c)** Vereinbarung **veränderlicher Sollzinssatz** (§ 489 V 1) bedarf gem **VII** (Umsetzung Art. 24 a] WohnimmoKrRL 2014) eines obj. bestimmbaren, verfügbaren und überprüfbaren Referenzzinssatzes.

3. Mindestangaben (II). Inhalt s. Art. 247 §§ 6–13 EGBGB; unterliegen bei Vertragsschluss der Form des § 126; die unterzeichnete Originalerklärung des Darlehens*nehmers* muss daher die nach II erforderlichen Angaben enthalten; Übermittlung per Telefax genügt nicht (BGH NJW 1997, 3169, 3170). Bei Verstoß Nichtigkeit des Vertrags gem § 494 I, zur Heilung s. § 494 II, aber mit Sanktionen s. § 494 II 2–VI. – **VI** ermöglicht **Nachholung** der Mindestangaben auf einem dauerhaften Datenträger (§ 126b S. 2), Darlehensgeber kann dadurch Fristlauf für Widerrufsrecht nachträglich auslösen. Mit Nachholung beginnt Lauf der Widerrufsfrist (§ 356b II). 4

4. Abschrift (III 1). Der Verbraucher hat zu Informationszwecken – über § 810 hinaus – Anspruch auf Übereignung einer Abschrift der Vertragsurkunde (bei I 2 beider Vertragserklärungen). Die Abschrift muss keine Unterschriften enthalten (BGH NJW 2018, 1387). Einklagbare Nebenleistungspflicht, deren Nichterfüllung nicht zur Unwirksamkeit des Vertrags führt, jedoch die Widerrufsfrist (s. §§ 495 I, 355 II) nicht in Lauf setzt (§ 356b I). 5

6 **5. Vertretung. a) Vollmacht (IV 1)** zum Abschluss eines Verbraucherdarlehensvertrags für den Darlehens*nehmer.* Sie bedarf der Schriftform (§ 126) und muss die Mindestangaben des II (insoweit noch aA BGH NJW 2001, 1931 [zu Art. 4 VerbrKrG]) umfassen, unabhängig davon, ob Vertreter Unternehmer oder Verbraucher ist. Vollmachten verbunden mit dem Auftrag, die Darlehensbedingungen erst auszuhandeln, scheiden damit aus. Abweichung von § 167 II. Grund: Verbraucherschutz soll nicht durch Vollmacht unterlaufen werden (BT-Drs. 14/7052, 201).
7 Rechtsfolgen formunwirksamer Vollmacht → § 494 Rn. 4. **b) Ausnahmen (IV 2). aa) Prozessvollmacht** (nicht andere Anwaltsvollmachten); Anwalt soll zB Prozessvergleich (über § 491 III 1 hinaus) mit Ratenzahlung vereinbaren können, ohne gesonderte Vollmacht einholen zu müssen. **bb) Notariell beurkundete Vollmacht;** zB Generalvollmacht für Vermögensverwaltung; Vollmacht zum finanzierten Immobilienerwerb.

§ 492a Kopplungsgeschäfte bei Immobiliar-Verbraucherdarlehensverträgen

(1) [1]**Der Darlehensgeber darf den Abschluss eines Immobiliar-Verbraucherdarlehenvertrags unbeschadet des § 492b nicht davon abhängig machen, dass der Darlehensnehmer oder ein Dritter weitere Finanzprodukte oder -dienstleistungen erwirbt (Kopplungsgeschäft).** [2]**Ist der Darlehensgeber zum Abschluss des Immobiliar-Verbraucherdarlehensvertrags bereit, ohne dass der Verbraucher weitere Finanzprodukte oder -dienstleistungen erwirbt, liegt ein Kopplungsgeschäft auch dann nicht vor, wenn die Bedingungen für den Immobiliar-Verbraucherdarlehensvertrag von denen abweichen, zu denen er zusammen mit den weiteren Finanzprodukten oder -dienstleistungen angeboten wird.**

(2) **Soweit ein Kopplungsgeschäft unzulässig ist, sind die mit dem Immobiliar-Verbraucherdarlehensvertrag gekoppelten Geschäfte nichtig; die Wirksamkeit des Immobiliar-Verbraucherdarlehensvertrags bleibt davon unberührt.**

§ 492b Zulässige Kopplungsgeschäfte

(1) **Ein Kopplungsgeschäft ist zulässig, wenn der Darlehensgeber den Abschluss eines Immobiliar-Verbraucherdarlehensvertrags davon abhängig macht, dass der Darlehensnehmer, ein Familienangehöriger des Darlehensnehmers oder beide zusammen**

1. ein Zahlungs- oder ein Sparkonto eröffnen, dessen einziger Zweck die Ansammlung von Kapital ist, um
   a) das Immobiliar-Verbraucherdarlehen zurückzuzahlen oder zu bedienen,
   b) die erforderlichen Mittel für die Gewährung des Darlehens bereitzustellen oder
   c) als zusätzliche Sicherheit für den Darlehensgeber für den Fall eines Zahlungsausfalls zu dienen;

2. ein Anlageprodukt oder ein privates Rentenprodukt erwerben oder behalten, das
   a) in erster Linie als Ruhestandseinkommen dient und
   b) bei Zahlungsausfall als zusätzliche Sicherheit für den Darlehensgeber dient oder das der Ansammlung von Kapital dient, um damit das Immobiliar-Verbraucherdarlehen zurückzuzahlen oder zu bedienen oder um damit die erforderlichen Mittel für die Gewährung des Darlehens bereitzustellen;

3. einen weiteren Darlehensvertrag abschließen, bei dem das zurückzuzahlende Kapital auf einem vertraglich festgelegten Prozentsatz des Werts der Immobilie beruht, die diese zum Zeitpunkt der Rückzahlung oder Rückzahlungen des Kapitals (Darlehensvertrag mit Wertbeteiligung) hat.

(2) **Ein Kopplungsgeschäft ist zulässig, wenn der Darlehensgeber den Abschluss eines Immobiliar-Verbraucherdarlehensvertrags davon abhängig macht, dass der Darlehensnehmer im Zusammenhang mit dem Immobiliar-Verbraucherdarlehensvertrag eine einschlägige Versicherung abschließt und dem Darlehensnehmer gestattet ist, diese Versicherung auch bei einem anderen als bei dem vom Darlehensgeber bevorzugten Anbieter abzuschließen.**

(3) **Ein Kopplungsgeschäft ist zulässig, wenn die für den Darlehensgeber zuständige Aufsichtsbehörde die weiteren Finanzprodukte oder -dienstleistungen sowie deren Kopplung mit dem Immobiliar-Verbraucherdarlehensvertrag nach § 18a Absatz 8a des Kreditwesengesetzes genehmigt hat.**

Anmerkungen zu den §§ 492a, 492b

1. Allgemeines. Umsetzung von Art. 12 I (§ 492a) und 12 II und IV (§ 492b) WohnimmoKrRL, in Kraft seit dem 21.3.2016. Anwendbarkeit nur auf Immobiliar-Verbraucherdarlehenverträge (§ 491 III 1). Unabdingbar und Umgehungsverbot gem § 512. 1

2. Regelungsinhalt. a) Kopplungsgeschäft, definiert in § 492a I 1: Darlehensvertrag kann nicht separat abgeschlossen werden, sondern beinhaltet weitere Finanzdienstleistungen bzw -produkte oder ist von diesen abhängig. **b) Kein** Kopplungsgeschäft, wenn bessere Bedingungen bei Kopplung angeboten werden (sog **Bündelungsgeschäft**). **c)** Grundsätzliche **Unzulässigkeit** Kopplungsgeschäfte gem § 492a I 1; **Ausnahmen** (zulässige Kopplungsgeschäfte) in § 492b. Versuch eines Ausgleichs zwischen einer unbeeinflussten, sachgerechten Entscheidung des Verbrauchers und dem Wettbewerb zwischen den Anbietern (s. BT-Drs. 18/5922, 81 f.). **d) Rechtsfolge:** gesetzliches Verbot (§ 134). Liegt keine Ausnahme gem § 492b vor, ist der Immobiliar-Verbraucherdarlehensvertrag vorbehaltlich der Einhaltung weiterer Informations- und Formvorschriften wirksam, das gekoppelte Geschäft ist nichtig, § 492a II. 2

§ 493 Informationen während des Vertragsverhältnisses

(1) [1]**Ist in einem Verbraucherdarlehensvertrag der Sollzinssatz gebunden und endet die Sollzinsbindung vor der für die Rückzahlung bestimmten Zeit, unterrichtet der Darlehensgeber den Darlehensnehmer spätestens drei Monate vor Ende der Sollzinsbindung darüber, ob er zu einer neuen Sollzinsbindungsabrede bereit ist.** [2]**Erklärt sich der Darlehensgeber hierzu bereit, muss die Unterrichtung den zum Zeitpunkt der Unterrichtung vom Darlehensgeber angebotenen Sollzinssatz enthalten.**

(2) [1]**Der Darlehensgeber unterrichtet den Darlehensnehmer spätestens drei Monate vor Beendigung eines Verbraucherdarlehensvertrags darüber, ob er zur Fortführung des Darlehensverhältnisses bereit ist.** [2]**Erklärt sich der Darlehensgeber zur Fortführung bereit, muss die Unterrichtung die zum Zeitpunkt der Unterrichtung gültigen Pflichtangaben gemäß § 491a Abs. 1 enthalten.**

(3) [1]**Die Anpassung des Sollzinssatzes eines Verbraucherdarlehensvertrags mit veränderlichem Sollzinssatz wird erst wirksam, nachdem der Darlehensgeber den Darlehensnehmer über die Einzelheiten unterrichtet hat, die sich aus Artikel 247 § 15 des Einführungsgesetzes zum Bürgerlichen**

Gesetzbuche ergeben. [2]Abweichende Vereinbarungen über die Wirksamkeit sind im Rahmen des Artikels 247 § 15 Absatz 2 und 3 des Einführungsgesetzes zum Bürgerlichen Gesetzbuche zulässig.

(4) **[1]Bei einem Vertrag über ein Immobiliar-Verbraucherdarlehen in Fremdwährung gemäß § 503 Absatz 1 Satz 1, auch in Verbindung mit Satz 3, hat der Darlehensgeber den Darlehensnehmer unverzüglich zu informieren, wenn der Wert des noch zu zahlenden Restbetrags oder der Wert der regelmäßigen Raten in der Landeswährung des Darlehensnehmers um mehr als 20 Prozent gegenüber dem Wert steigt, der bei Zugrundelegung des Wechselkurses bei Vertragsabschluss gegeben wäre. [2]Die Information**
1. ist auf einem dauerhaften Datenträger zu übermitteln,
2. hat die Angabe über die Veränderung des Restbetrags in der Landeswährung des Darlehensnehmers zu enthalten,
3. hat den Hinweis auf die Möglichkeit einer Währungsumstellung aufgrund des § 503 und die hierfür geltenden Bedingungen und gegebenenfalls die Erläuterung weiterer Möglichkeiten zur Begrenzung des Wechselkursrisikos zu enthalten und
4. ist so lange in regelmäßigen Abständen zu erteilen, bis die Differenz von 20 Prozent wieder unterschritten wird.

[3]Die Sätze 1 und 2 sind entsprechend anzuwenden, wenn ein Immobiliar-Verbraucherdarlehensvertrag in der Währung des Mitgliedstaats der Europäischen Union, in dem der Darlehensnehmer bei Vertragsschluss seinen Wohnsitz hat, geschlossen wurde und der Darlehensnehmer zum Zeitpunkt der maßgeblichen Kreditwürdigkeitsprüfung in einer anderen Währung überwiegend sein Einkommen bezieht oder Vermögenswerte hält, aus denen das Darlehen zurückgezahlt werden soll.

(5) **[1]Wenn der Darlehensnehmer eines Immobiliar-Verbraucherdarlehensvertrags dem Darlehensgeber mitteilt, dass er eine vorzeitige Rückzahlung des Darlehens beabsichtigt, ist der Darlehensgeber verpflichtet, ihm unverzüglich die für die Prüfung dieser Möglichkeit erforderlichen Informationen auf einem dauerhaften Datenträger zu übermitteln. [2]Diese Informationen müssen insbesondere folgende Angaben enthalten:**
1. Auskunft über die Zulässigkeit der vorzeitigen Rückzahlung,
2. im Fall der Zulässigkeit die Höhe des zurückzuzahlenden Betrags und
3. gegebenenfalls die Höhe einer Vorfälligkeitsentschädigung.

[3]Soweit sich die Informationen auf Annahmen stützen, müssen diese nachvollziehbar und sachlich gerechtfertigt sein und als solche dem Darlehensnehmer gegenüber offengelegt werden.

(6) **Wurden Forderungen aus dem Darlehensvertrag abgetreten, treffen die Pflichten aus den Absätzen 1 bis 5 auch den neuen Gläubiger, wenn nicht der bisherige Darlehensgeber mit dem neuen Gläubiger vereinbart hat, dass im Verhältnis zum Darlehensnehmer weiterhin allein der bisherige Darlehensgeber auftritt.**

1 **1. Allgemeines.** Der Darlehensnehmer soll vor anstehenden Änderungen im Vertragsverhältnis (I) oder seiner Beendigung (II) gewarnt werden und sich rechtzeitig über Alternativen informieren können. Die durch das Risikobegrenzungsgesetz (→ Vor § 488 Rn. 1) eingefügte Vorschrift ist durch das VerbrKrRL-UG insgesamt neu gefasst, aber nur teilweise geändert worden; Ergänzung von IV und V durch *WohnimmoKrRL-UG*. Unabdingbar und Umgehungsverbot § 512; Ausnahme: §§ 504 I 3, 505 IV.

2 **2. Mitteilungspflichten. a)** Spätestens drei Monate vor **Ablauf der Sollzinsbindungsfrist (I)** hinsichtlich der Bereitschaft zu einer neuen Zinsbindungsvereinbarung und ggf den zu diesem Zeitpunkt aktuellen Bedingungen. Keine Pflicht zur

Abgabe eines verbindlichen Folgeangebots. **b)** Spätestens drei Monate vor **Ende des Darlehensvertrages (II)** hinsichtlich der Bereitschaft zu seiner Fortführung und den zu diesem Zeitpunkt aktuellen angabepflichtigen (§ 492 II) Vertragsbedingungen. Es ist eine Auslegungsfrage, ob die Bereitschaftserklärung iSv II, den Darlehensvertrag fortzuführen, ein Angebot iSv § 145 oder eine invitatio ad offerendum (→ § 145 Rn. 3) darstellt. Im Zweifel wird (wegen des für ein bindendes Angebot zu langen Mindestzeitraums von drei Monaten, s. Abgeordnetenbericht BT-Drs. 16/9821, 20 f., 22 f. zu § 492a aF) der Darlehensnehmer die Erklärung trotz der Pflichtangaben (II iVm § 492 II) nicht als Angebot iSv § 145 verstehen dürfen (§§ 133, 157) (str, aA BeckOGK/Knops Rn. 10). **c) Wirksamkeit** der Sollzinsänderung **(III)** bei Verbraucherdarlehen mit veränderlichem Sollzinssatz (s. § 489 V) erst ab Zugang (§ 130) der Informationen gem Art. 247 § 15 EGBGB auf einem dauerhaften Datenträger (§ 126b S. 2) (s. 492 V). Vereinbarung in Grenzen des Art. 247 § 15 II EGBGB zulässig, III 2. Zur einseitigen Zinsanpassung → Vor § 488 Rn. 21. **d)** Besonderheiten beim **Immobiliar-Verbraucherdarlehensvertrag** (§ 491 III): unverzügliche Information bei Darlehen in **Fremdwährung** (§ 503), wenn Wert des zu zahlenden Restbetrages oder der regelmäßigen Rate um 20% gegenüber dem Wert bei Vertragsschluss (aufgrund des damals zugrunde gelegten Wechselkurses) steigt (IV). Faktisch besteht hier eine Überwachungspflicht des Darlehensgebers; für Darlehensnehmer folgt Umwandlungsrecht (§ 503 I 2). Gem V muss Darlehensgeber unverzüglich über Konditionen einer **vorzeitigen Rückzahlung** informieren, sobald Darlehensnehmer entsprechende Absicht mitteilt. Mitteilungen gem IV Nr. 1–4 bzw V Nr. 1–3 in beiden Fällen auf einem dauerhaften Datenträger (§ 126b S. 2). **e)** Bei einer **Abtretung von Darlehensforderungen (VI)** treffen die Unterrichtungspflichten auch den (nicht stillen) Zessionar, der an der Fortsetzung des Vertragsverhältnisses idR eher als der abtretende Zedent interessiert sein wird.

3. Rechtsfolge bei Verstoß. Schadensersatz (§ 280 I), dazu Schalast BB 2008, 2190, 2192 f. Schaden kann die Zinsnachteile erfassen, die durch verspäteten Abschluss eines Folgevertrags in Phasen des Zinsanstiegs entstanden sind. Keine zwangsweise Fortführung des Vertrags. 3

§ 494 Rechtsfolgen von Formmängeln

(1) **Der Verbraucherdarlehensvertrag und die auf Abschluss eines solchen Vertrags vom Verbraucher erteilte Vollmacht sind nichtig, wenn die Schriftform insgesamt nicht eingehalten ist oder wenn eine der in Artikel 247 §§ 6 und 10 bis 13 des Einführungsgesetzes zum Bürgerlichen Gesetzbuche für den Verbraucherdarlehensvertrag vorgeschriebenen Angaben fehlt.**

(2) [1]**Ungeachtet eines Mangels nach Absatz 1 wird der Verbraucherdarlehensvertrag gültig, soweit der Darlehensnehmer das Darlehen empfängt oder in Anspruch nimmt.** [2]**Jedoch ermäßigt sich der dem Verbraucherdarlehensvertrag zugrunde gelegte Sollzinssatz auf den gesetzlichen Zinssatz, wenn die Angabe des Sollzinssatzes, des effektiven Jahreszinses oder des Gesamtbetrags fehlt.**

(3) **Ist der effektive Jahreszins zu niedrig angegeben, so vermindert sich der dem Verbraucherdarlehensvertrag zugrunde gelegte Sollzinssatz um den Prozentsatz, um den der effektive Jahreszins zu niedrig angegeben ist.**

(4) [1]**Nicht angegebene Kosten werden vom Darlehensnehmer nicht geschuldet.** [2]**Ist im Vertrag nicht angegeben, unter welchen Voraussetzungen Kosten oder Zinsen angepasst werden können, so entfällt die Möglichkeit, diese zum Nachteil des Darlehensnehmers anzupassen.**

(5) **Wurden Teilzahlungen vereinbart, ist deren Höhe vom Darlehensgeber unter Berücksichtigung der verminderten Zinsen oder Kosten neu zu berechnen.**

(6) [1]**Fehlen im Vertrag Angaben zur Laufzeit oder zum Kündigungsrecht, ist der Darlehensnehmer jederzeit zur Kündigung berechtigt.** [2]**Fehlen Angaben zu Sicherheiten, so können Sicherheiten nicht gefordert werden; dies gilt nicht bei Allgemein-Verbraucherdarlehensverträgen, wenn der Nettodarlehensbetrag 75 000 Euro übersteigt.** [3]**Fehlen Angaben zum Umwandlungsrecht bei Immobiliar-Verbraucherdarlehen in Fremdwährung, so kann das Umwandlungsrecht jederzeit ausgeübt werden.**

(7) **Der Darlehensgeber stellt dem Darlehensnehmer eine Abschrift des Vertrags zur Verfügung, in der die Vertragsänderungen berücksichtigt sind, die sich aus den Absätzen 2 bis 6 ergeben.**

1 **1. Allgemeines.** Eigenständige, gegenüber § 125 S. 1 spezielle Regelung der Rechtsfolgen von Formmängeln und von fehlenden bzw unzutreffenden Mindestangaben gem § 492. Anwendbar auf Verbraucherdarlehensverträge (§§ 491 ff.), auch auf Vertragsänderungen (Herrestal BKR 2004, 479) und Prolongationen (BGH NJW 2006, 681). Die Heilungsvorschriften in II–VI ermöglichen es dem Verbraucher (Existenzgründer s. § 513), das Darlehen nicht nach § 812 I 1 Fall 1 sogleich zurückzahlen zu müssen, sondern zu – entsprechend dem Informationsdefizit – veränderten Konditionen in Anspruch zu nehmen. Unabdingbar und Umgehungsverbot s. § 512.

2 **2. Nichtigkeit (I). a) aa)** Der **Verbraucherdarlehensvertrag** ist insgesamt (Abweichung von § 139) nichtig, wenn die (modifizierte) Schriftform des § 492 I nicht gewahrt ist oder (eine der) Angaben gem Art. 247 §§ 6, 10–13 EGBGB *fehlen.* Fehlende oder fehlerhafte Angaben nach II 2–VI zum vereinbarten Sollzinssatz (II 2), zum effektiven Jahreszins (III), zu den Kosten (II), zur Konditionsanpassung (IV), Laufzeit, Kündigung (VI) oder Sicherheiten führen nicht zur Nichtigkeit des Vertrags, sondern nur dazu, dass diese nicht Vertragsbestandteil werden. – *Unzutreffende* Angaben führen nicht zur Nichtigkeit, es sei denn, sie entbehrten jeden Informationsgehalts (BGH NJW 2004, 154; MüKoBGB/Weber Rn. 12). Wesentliche Nebenabreden unterliegen auch der Schriftform, bei Fehlen besteht Teilnichtigkeit, auf die sich nur der Darlehensnehmer berufen kann (Grüneberg/Weidenkaff Rn. 2).
3 **bb) Rechtsfolgen:** Keine vertraglichen Ansprüche; Unternehmer kann Abnahme und Zins nicht verlangen, Verbraucher nicht die Auszahlung. Heilung s. II,
4 → Rn. 5. **b) Vollmacht** zum Abschluss eines Verbraucherdarlehensvertrags ist bei Formmangel oder Fehlen der Mindestangaben nichtig. Heilung nach **II** durch Empfangnahme oder Inanspruchnahme durch den Darlehensnehmer, aber nicht schon bei Auszahlung an unwirksam Bevollmächtigten (BGHZ 217, 178 Rn. 60: Weiterleitung der Darlehensvaluta an Vertretenen oder anderweitige Disposition auf dessen Weisung erforderlich), da sich II auf den formunwirksam geschlossenen Darlehensvertrag bezieht; aber Genehmigung gem § 177 (formlos, § 182 II) möglich, s. Roth WM 2003, 2358 mN. In der Inanspruchnahme des Darlehens durch den Darlehensnehmer (nicht den [unwirksam] Bevollmächtigten) kann eine stillschweigende Genehmigung liegen (BT-Drs. 14/7052, 202; Wittig/Wittig WM 2002, 145, 152). Der Inhalt des nun wirksamen Vertrags richtet sich auch in diesem Fall nach II 2–VI. – Haftung des Vertreters nach § 179 I ist regelmäßig gem § 179 III 1 ausgeschlossen.

5 **3. Heilung. a) Zweck: II 1** schützt den Verbraucher davor, das empfangene Darlehen sofort gem § 812 I 1 Fall 1 zurückzahlen zu müssen; **II 2** entspricht dem Interesse des Darlehensgebers an einer (als Sanktion für die Verletzung der Obliegenheit zu Mindestangaben herabgesetzten) Verzinsung (BGH NJW 2002, 368, 370 [zu § 6 VerbrKrG]). **b) Voraussetzungen:** Empfang (zB Auszahlung) oder Inanspruchnahme (zB durch Verlangen der Auszahlung oder Überweisung, nicht Kontoüberziehung [dazu §§ 504, 505]) des Darlehens. Daher auf Schuldbeitritt nicht anwendbar (BGH NJW 2006, 431, 433). Fortsetzung der Darlehensnutzung steht dem gleich (BGH NJW-RR 2008, 643, 645 [zu § 6 VerbrKrG]). Weisungsgemäße

Auszahlung an Dritten genügt, Auszahlung an Treuhänder eines Immobilienfonds auch dann, wenn Darlehensvertrag und Fondsbeteiligung verbundene Geschäfte (§ 358) darstellen (BGH NJW 2006, 1952, 2006, 1788 mN). **c) Rechtsfolgen:** 6
aa) Darlehensvertrag wird in Höhe des entspr Betrags („soweit"; uU also auch nur teilweise) ex nunc über die vereinbarte Laufzeit **wirksam, II 1.** Geheilt werden alle Mängel des Vertrags jedoch mit Sanktionen nach Maßgabe von II 2–VI; Widerruf gem § 495 und andere Nichtigkeitsgründe bleiben unberührt. **bb) Zinssatz:** 7
Ermäßigung auf 4% (s. § 246). Ist der (anfängliche) effektive Jahreszins zu niedrig angegeben, so wird der geschuldete Zinssatz (relativ, s. LG Stuttgart NJW 1993, 208, 209 [zu § 6 IV VerbrKrG]) gemindert; Untergrenze § 246 (MüKoBGB/Weber Rn. 33 f.). Ggf Anspruch auf Neuberechnung von Teilzahlungen **(V),** der gegenüber der Rückzahlungsforderung ein Zurückbehaltungsrecht (§ 273) begründet (BGH ZIP 2002, 391, 392); bei Überzahlung: Anspruch nach § 812 I 1 Fall 1 (BGH NJW 2002, 370 [zu § 6 VerbrKrG]). Insbesondere in Niedrigzinsphasen ist die Sanktion der Reduzierung auf den ges Zins nach § 246 nicht normzweckgemäß, so dass es dem Darlehensgeber nach § 242 BGB verwehrt sein kann, sich auf die Rechtsfolgen des II 2 zu berufen. **cc)** Nicht angegebene **Kosten** sind nicht geschuldet, **IV 1.**
dd) Dem Darlehensnehmer nachteilige einseitige **Änderung preisbestimmender** 8
Regelungen entfällt, falls entspr Anpassungsfaktoren nicht angegeben sind, **IV 2. ee) KündigungsR** jederzeit bei Fehlen entsprechender Angaben, VI 1. Zum Widerspruch bei Immobiliar-Verbraucherdarlehen zu Art. 247 § 6 II EGBGB s. Feldhusen NJW 2017, 1905. **ff) Sicherheiten** können nicht verlangt werden, wenn nicht angegeben **VI 2.** Anders bei Nettodarlehensbetrag (s. § 491 II Nr. 1) eines Allgemein-Verbraucherdarlehens über 75.000 Euro, **VI 2 2.** Eine gewährte Personalsicherheit ist nicht kondizierbar, weil der Hinweis fehlte (BGH WM 2008, 1679 [zu § 6 VerbrKrG]). **gg)** einmalige Ausübung des **Umwandlungsrechts** bei fehlender oder fehlerhafter Information hierzu abweichend von § 503 I 2 zu jeder Zeit; betrifft nicht fehlerhafte Information gem § 493 IV 1. **hh)** Darlehensnehmer hat nach **VII** Anspruch auf Abschrift des Vertrags mit den Änderungen nach II bis VI auf dauerhaftem Datenträger (§ 126b S. 2; s. § 492 V). Erhalt der Abschrift setzt Widerrufsfrist in Lauf (§ 356b III).

§ 495 Widerrufsrecht; Bedenkzeit

(1) **Dem Darlehensnehmer steht bei einem Verbraucherdarlehensvertrag ein Widerrufsrecht nach § 355 zu.**

(2) **Ein Widerrufsrecht besteht nicht bei Darlehensverträgen,**

1. **die einen Darlehensvertrag, zu dessen Kündigung der Darlehensgeber wegen Zahlungsverzugs des Darlehensnehmers berechtigt ist, durch Rückzahlungsvereinbarungen ergänzen oder ersetzen, wenn dadurch ein gerichtliches Verfahren vermieden wird und wenn der Gesamtbetrag (Artikel 247 § 3 des Einführungsgesetzes zum Bürgerlichen Gesetzbuche) geringer ist als die Restschuld des ursprünglichen Vertrags,**
2. **die notariell zu beurkunden sind, wenn der Notar bestätigt, dass die Rechte des Darlehensnehmers aus den §§ 491a und 492 gewahrt sind, oder**
3. **die § 504 Abs. 2 oder § 505 entsprechen.**

(3) [1]**Bei Immobiliar-Verbraucherdarlehensverträgen ist dem Darlehensnehmer in den Fällen des Absatzes 2 vor Vertragsschluss eine Bedenkzeit von zumindest sieben Tagen einzuräumen.** [2]**Während des Laufs der Frist ist der Darlehensgeber an sein Angebot gebunden.** [3]**Die Bedenkzeit beginnt mit der Aushändigung des Vertragsangebots an den Darlehensnehmer.**

1. Allgemeines. Unabdingbares (§ 512) Widerrufsrecht gibt dem Verbraucher 1
(Existenzgründer s. § 513) Gelegenheit, den Darlehensvertrag und seine wirtschaftlichen Folgen – auch vor dem Hintergrund der Informationen gem § 492 II iVm

Art. 247 EGBGB – zu überdenken. § 495 geht anderen Widerrufsrechten vor (s. § 312g III). Widerrufsrecht ist als vertragsbezogenes Gestaltungsrecht nach §§ 398, 413 grds übertragbar; Fortbestand der Verbrauchereigenschaft ist nicht erforderlich (BGH ZIP 2018, 2211 Rn. 26 f.). Die Ausübung des Widerrufsrechts kann verwirkt sein (BGHZ 212, 207 Rn. 30).

2 **2. Widerrufsrecht (I). Grundsatz:** Nach § 355 besteht für alle Verbraucherdarlehensverträge gem § 491 I und Finanzierungshilfen (§§ 506 f.) ein Widerrufsrecht. Die **Widerrufsfrist** beträgt 14 Tage (§ 355 II 1; Ausn § 356b II 3). Sie beginnt mit Vertragsschluss zu laufen (s. § 355 II 2), Einschränkungen s. § 356b. **Ausnahmen (II)** vom Widerrufsrecht, wenn Schutzwürdigkeit des Verbrauchers gewahrt ist.
3 Bei der **Schuldübernahme** (→ § 491 Rn. 4) steht dem Übernehmer ein eigenes Widerrufsrecht bzgl des *Übernahme*vertrags zu (BGHZ 129, 371, 380 [zu § 7 VerbrKrG]); zudem geht ein dem Übertragenden zustehendes Widerrufsrecht auf den Übernehmer über, selbst wenn dieser nicht Verbraucher ist (BGH NJW 1996, 2094, 2095 [zu § 7 VerbrKrG]; krit Ulmer/Masuch JZ 1997, 654). – Zur Widerrufserklärung und Rechtsfolgen s. § 355; zu verbundenen Geschäften s. §§ 358 f.; zur vertraglich vereinbarten „Unterbleibensfiktion" bei Nichtrückzahlung s. § 489 III.

4 **3. Bedenkzeit (III).** Neu eingeführt in Umsetzung von Art. 14 VI WohnimmoKrRL. Voraussetzung: Immobiliar-Verbraucherdarlehen (§ 491 III), für das nach II kein WiderrufsR besteht. Rechtsfolge: 7tägige Bedenkzeit, in der der Darlehensgeber gebunden (III 2) ist (Annahmefrist gem § 148). Fristbeginn mit Aushändigung des Vertragsangebots (III 3).

§ 496 Einwendungsverzicht, Wechsel- und Scheckverbot

(1) **Eine Vereinbarung, durch die der Darlehensnehmer auf das Recht verzichtet, Einwendungen, die ihm gegenüber dem Darlehensgeber zustehen, gemäß § 404 einem Abtretungsgläubiger entgegenzusetzen oder eine ihm gegen den Darlehensgeber zustehende Forderung gemäß § 406 auch dem Abtretungsgläubiger gegenüber aufzurechnen, ist unwirksam.**

(2) **[1]Wird eine Forderung des Darlehensgebers aus einem Verbraucherdarlehensvertrag an einen Dritten abgetreten oder findet in der Person des Darlehensgebers ein Wechsel statt, ist der Darlehensnehmer unverzüglich darüber sowie über die Kontaktdaten des neuen Gläubigers nach Artikel 246b § 1 Absatz 1 Nummer 1, 3 und 4 des Einführungsgesetzes zum Bürgerlichen Gesetzbuche zu unterrichten. [2]Die Unterrichtung ist bei Abtretungen entbehrlich, wenn der bisherige Darlehensgeber mit dem neuen Gläubiger vereinbart hat, dass im Verhältnis zum Darlehensnehmer weiterhin allein der bisherige Darlehensgeber auftritt. [3]Fallen die Voraussetzungen des Satzes 2 fort, ist die Unterrichtung unverzüglich nachzuholen.**

(3) **[1]Der Darlehensnehmer darf nicht verpflichtet werden, für die Ansprüche des Darlehensgebers aus dem Verbraucherdarlehensvertrag eine Wechselverbindlichkeit einzugehen. [2]Der Darlehensgeber darf vom Darlehensnehmer zur Sicherung seiner Ansprüche aus dem Verbraucherdarlehensvertrag einen Scheck nicht entgegennehmen. [3]Der Darlehensnehmer kann vom Darlehensgeber jederzeit die Herausgabe eines Wechsels oder Schecks, der entgegen Satz 1 oder 2 begeben worden ist, verlangen. [4]Der Darlehensgeber haftet für jeden Schaden, der dem Darlehensnehmer aus einer solchen Wechsel- oder Scheckbegebung entsteht.**

1 **1. Allgemeines.** Schutzvorschrift zugunsten des Verbrauchers (Existenzgründer s. § 513) bei Abtretung der Forderung aus dem Darlehensvertrag durch den Darlehensgeber (I und II) und vor den Risiken einer Wechsel- bzw Scheckbegebung (III). Umsetzung Art. 9. II VerbrKrRiLi eingefügt durch Risikobegrenzungsgesetz (→ Vor § 488 Rn. 1). Unabdingbar und Umgehungsverbot s. § 512.

2. Unwirksamkeit des Einwendungsverzichts (I). Die Unwirksamkeit des Einwendungsverzichts dient der Aufrechterhaltung der in §§ 404, 406 vorgesehenen Schutzvorschriften zugunsten des Darlehensnehmers. Dieser kann trotz entgegenstehender Abrede alle bei Abtretung begründeten (→ § 404 Rn. 4) Einwendungen und Einreden dem Zessionar entgegenhalten bzw ihm gegenüber nach Maßgabe des § 406 aufrechnen. Einwendungsverzicht durch den Darlehens*geber* ist wirksam. 2

3. Informationspflicht (II). Bei Abtretung einer Darlehensforderung oder Übernahme eines Darlehensvertrages muss der Darlehensnehmer über den neuen Gläubiger informiert werden. Die Anzeige ist mit Blick auf § 1156, der dem Eigentümer bei Leistung an den Altgläubiger bezogen auf die Grundschuld die Berufung auf § 407 BGB sperrt, sinnvoll. Grundsätzlich obliegt die Informationspflicht dem Zedenten der Abtretung (aA Zessionar, s. Weller JuS 2009, 969) in der Form des § 492 V bzw dem Übernehmenden des Vertrages als Vertragspartner des Darlehensnehmers. Bei stiller Zession ist Information nicht erforderlich (II 2), nach Offenlegung der Abtretung aber nachzuholen (II 3). Unterlassene Information ist Pflichtverletzung (§ 280 I). 3

4. Verbot der Wechsel- und Scheckbegebung (III 1, 2). a) Es dient Erhaltung von Einwendungen und Einreden (auch § 821) aus dem Grundgeschäft gegenüber dem Darlehensgeber (sa § 598 ZPO) und dem Zessionar (§ 17 WG; § 22 ScheckG). Auf ein abstraktes Schuldanerkenntnis bzw -versprechen (§§ 780, 781) und die notarielle Unterwerfungserklärung gem § 794 I Nr. 5 ZPO ist III nicht analog anwendbar (BGH NJW 2005, 1576 [zu § 10 VerbrKrG], str). Erfasst ist nur die Begebung des Schecks als Sicherungsmittel (insbes vor Fälligkeit des Rückzahlungsanspruchs aus dem Darlehensvertrag); Scheck als Zahlungsmittel bleibt unberührt. 4
b) Unwirksam ist die Verpflichtung zur Wechsel- bzw Scheckbegebung und die entspr Zweckvereinbarung, *nicht* der Begebungsvertrag (→ § 793 Rn. 11); die Verbindlichkeiten aus Wechsel und Scheck entstehen (Bülow/Artz Rn. 25; OLG München ZIP 2004, 991 [zu § 10 VerbrKrG]: Auch Wechselbürgschaft ist Wechselverbindlichkeit). Der Darlehensnehmer hat aber gegen den Darlehensgeber einen **Herausgabeanspruch (III 3),** demgegenüber ein Zurückbehaltungsrecht ausgeschlossen ist. Der Darlehensgeber schuldet **Schadensersatz (III 4),** insbes wenn er das Wertpapier an einen redlichen Dritten mit der Folge des Einwendungsverlusts übertragen hat. 5

§ 497 Verzug des Darlehensnehmers

(1) [1]**Soweit der Darlehensnehmer mit Zahlungen, die er auf Grund des Verbraucherdarlehensvertrags schuldet, in Verzug kommt, hat er den geschuldeten Betrag nach § 288 Abs. 1 zu verzinsen.** [2]**Im Einzelfall kann der Darlehensgeber einen höheren oder der Darlehensnehmer einen niedrigeren Schaden nachweisen.**

(2) [1]**Die nach Eintritt des Verzugs anfallenden Zinsen sind auf einem gesonderten Konto zu verbuchen und dürfen nicht in ein Kontokorrent mit dem geschuldeten Betrag oder anderen Forderungen des Darlehensgebers eingestellt werden.** [2]**Hinsichtlich dieser Zinsen gilt § 289 Satz 2 mit der Maßgabe, dass der Darlehensgeber Schadensersatz nur bis zur Höhe des gesetzlichen Zinssatzes (§ 246) verlangen kann.**

(3) [1]**Zahlungen des Darlehensnehmers, die zur Tilgung der gesamten fälligen Schuld nicht ausreichen, werden abweichend von § 367 Abs. 1 zunächst auf die Kosten der Rechtsverfolgung, dann auf den übrigen geschuldeten Betrag (Absatz 1) und zuletzt auf die Zinsen (Absatz 2) angerechnet.** [2]**Der Darlehensgeber darf Teilzahlungen nicht zurückweisen.** [3]**Die Verjährung der Ansprüche auf Darlehensrückzahlung und Zinsen ist vom Eintritt des Verzugs nach Absatz 1 an bis zu ihrer Feststellung in einer in**

§ 197 Abs. 1 Nr. 3 bis 5 bezeichneten Art gehemmt, jedoch nicht länger als zehn Jahre von ihrer Entstehung an. [4]Auf die Ansprüche auf Zinsen findet § 197 Abs. 2 keine Anwendung. [5]Die Sätze 1 bis 4 finden keine Anwendung, soweit Zahlungen auf Vollstreckungstitel geleistet werden, deren Hauptforderung auf Zinsen lautet.

(4) **[1]Bei Immobiliar-Verbraucherdarlehensverträgen beträgt der Verzugszinssatz abweichend von Absatz 1 für das Jahr 2,5 Prozentpunkte über dem Basiszinssatz. [2]Die Absätze 2 und 3 Satz 1, 2, 4 und 5 sind auf Immobiliar-Verbraucherdarlehensverträge nicht anzuwenden.**

1 **1. Allgemeines.** Anwendbar auf wirksame Verbraucherdarlehensverträge gem § 491 I (MüKoBGB/Weber Rn. 4, 6: auch auf Überziehungskredite §§ 504, 505 und unwirksame Verbraucherdarlehensverträge). Unabdingbar und Umgehungsverbot § 512.

2 **2. Verzugszinsen. a) Anspruch** insbes aus § 488 I 2. Voraussetzungen Verzug s. § 286. **b) Höhe** des Verzugszinses ist variabel und richtet sich nach § 288 I (5 Prozentpunkte über Basiszins) bzw nach IV 1 bei Immobiliar-Verbraucherdarlehen: 2,5 Prozentpunkte; Nachweis eines höheren oder niedrigeren Schadens bleibt offen.
3 **c) Verrechnung:** Darlehensgeber muss bes „Unterkonto" einrichten; Zweck: Sicherung des Zinseszinsverbots gem § 289 S. 1 (s. § 355 I HGB aE). Schadensersatz nur nach II 2 iVm § 246. Gilt nicht für Immobiliar-Darlehen, IV 2. **Eingehende Zahlungen** dürfen nicht zurückgewiesen werden (III 2; sa § 266) und sind vorrangig auf die Kosten und den geschuldeten Betrag zu verrechnen, erst nachrangig auf (wegen II) geringer verzinste Zinsrückstände (III 1; sa § 367), Ausnahme Immobiliar-Darlehen (IV 2). Abweichende einseitige Tilgungsbestimmung des Verbrauchers soll trotz § 512 S. 1 wirksam sein (str). Zur Buchung bei einem Kontokorrentoder-
4 konto s. OLG Karlsruhe NJW 2003, 222. **d) Verjährung** → § 488 Rn. 24 (ee), 29; ausführlich Budzikiewicz WM 2003, 264, 273 f., auch zum intertemporalen Recht, dazu OLGR Karlsruhe 2004, 405. Gem III 4 gilt § 197 II bei Zinsforderung nicht. **Hemmung** der Verjährung (**III 3**) umfasst vertragliche Darlehensrückzahlungsraten und die hierauf entfallenden Verzugszinsen (BGH NJW 2011, 1870) sowie den Rückzahlungsanspruch nach außerordentlicher Kündigung des Darlehensvertrags wegen Zahlungsverzugs (BGH NJW-RR 2020, 1175 Rn. 20); Grund: Darlehensgeber soll nicht durch drohende Verjährung zu Rechtsverfolgung zwecks Hemmung gem § 204 veranlasst sein. Daher gilt III 3 auch für Immobiliar-Darlehen und einen Zessionar (BGH NJW-RR 2020, 1175 Rn. 19) § 209 findet Anwendung (BGH NJW-RR 2020, 1175 Rn. 21). Keine teleologische Reduktion auf Fälle, in denen die geleisteten Zahlungen die Kosten der Rechtsverfolgung übersteigen
5 (BGH WM 2007, 1328; aA MüKoBGB/Weber Rn. 36). **e)** Für „isolierte", allein die Zinsverbindlichkeit erfassende **Zinstitel** bleibt es gem III 5 bei den allg Bestimmungen. Eine entspr isolierte Zinsklage ist daher – entgegen allg prozessrechtlichen Darlegungsgrundsätzen – nur schlüssig, wenn vorgetragen wird, die nach III 1 vorrangig zu berücksichtigenden, fälligen Positionen seien vollständig erfüllt (MüKoBGB/Weber Rn. 39; aA OLG Köln WM 2007, 1324, 1326; 2007, 1326, 1327 f.). Keine Anwendung des III 5 auf „gemischte Zinstitel" (MüKoBGB/Weber Rn. 41 f.; in diese Richtung auch BGH WM 2007, 1328).

§ 498 Gesamtfälligstellung bei Teilzahlungsdarlehen

(1) **[1]Der Darlehensgeber kann den Verbraucherdarlehensvertrag bei einem Darlehen, das in Teilzahlungen zu tilgen ist, wegen Zahlungsverzugs des Darlehensnehmers nur dann kündigen, wenn**
1. der Darlehensnehmer
a) mit mindestens zwei aufeinander folgenden Teilzahlungen ganz oder teilweise in Verzug ist,

b) bei einer Vertragslaufzeit bis zu drei Jahren mit mindestens 10 Prozent oder bei einer Vertragslaufzeit von mehr als drei Jahren mit mindestens 5 Prozent des Nennbetrags des Darlehens in Verzug ist und

2. der Darlehensgeber dem Darlehensnehmer erfolglos eine zweiwöchige Frist zur Zahlung des rückständigen Betrags mit der Erklärung gesetzt hat, dass er bei Nichtzahlung innerhalb der Frist die gesamte Restschuld verlange.

[2]Der Darlehensgeber soll dem Darlehensnehmer spätestens mit der Fristsetzung ein Gespräch über die Möglichkeiten einer einverständlichen Regelung anbieten.

(2) **Bei einem Immobiliar-Verbraucherdarlehensvertrag muss der Darlehensnehmer abweichend von Absatz 1 Satz 1 Nummer 1 Buchstabe b mit mindestens 2,5 Prozent des Nennbetrags des Darlehens in Verzug sein.**

Lit.: Knops, Die Kündigung des vertragsgemäß bedienten Kredits wegen Vermögensverschlechterung, WM 2012, 1649; Leube, Inhaltliche Anforderungen an die qualifizierte Mahnung nach § 498 I 1 Nr. 2 BGB, NJW 2007, 3240.

1 **1. Allgemeines. a)** Zahlt der Darlehensnehmer das Darlehen nicht vereinbarungsgemäß zurück, kann der Darlehensgeber uU kündigen (→ § 490 Rn. 7, 13) und damit den Gesamtbetrag fällig stellen. Der Wegfall der Teilzahlungsabrede trifft den Darlehensnehmer uU hart. § 498 dient dem Verbraucherschutz (zum Existenzgründer s. § 513) durch Bindung des Kündigungsrechts des Darlehensgebers („Gesamtfälligstellen“) bei Verzug an bes Voraussetzungen. **b)** Unabdingbar und Umgehungsverbot (§ 512); daher soll eine ipso iure (dh ohne [zugangsgebundene] Kündigungserklärung) wirkende Verfallklausel, selbst wenn sie dem Darlehensnehmer günstigere Voraussetzungen enthält, unwirksam sein (MüKoBGB/Weber Rn. 8; str). **c)** Zum Ausschluss der Kündigung infolge der COVID-19-Pandemie gem Art. 240 § 3 I EGBGB → Vor §§ 491–513, Rn. 6.

2 **2. Anwendungsbereich. a)** Die Vorschrift ist anwendbar bei allen Verbraucherdarlehensverträgen (§ 491 I), die eine **Rückerstattung** des Darlehens in mindestens drei – nicht notwendig gleich hohen – **Teilzahlungen** („Raten“) vorsehen. Analog bei sog Versicherungsdarlehen (MüKoBGB/Weber Rn. 7). **b)** Voraussetzung ist **Auszahlung** des Darlehens; zuvor Kündigung gem § 490 I Fall 1.

3 **3. Kündigung. a) I bestimmt die Voraussetzungen** des ges **Kündigungsrechts** des Darlehensgebers bei Verbraucherdarlehensverträgen wegen Zahlungsrückstands; zu anderen Kündigungsgründen → Rn. 10. **b)** kumulative **Voraussetzungen** der Kündigung. **aa) Verzug, Nr. 1** (§ 286) mit der Rückzahlung mindestens zweier aufeinander folgender Raten **(Buchst a).** Zahlt der Darlehensnehmer unter Tilgungsbestimmung gem § 366 I nur jede *zweite* Rate voll, um die Kündigungsvoraussetzung „aufeinander folgend“ zu vermeiden, ist die Tilgungsbestimmung gem § 242 unwirksam (str). **bb) Rückstandshöhe (Buchst b):** Mindestens 10% (bei Laufzeit über drei Jahren: 5%) des Nennbetrags (Nettodarlehensbetrag [§ 491 II Nr. 1] plus Einmalkosten, Grüneberg/Weidenkaff Rn. 3). Bei Immobiliar-*Verbraucherdarle*hensverträgen mindestens zwei aufeinander folgende Teilzahlungen ganz oder teilweise mit insgesamt mindestens 2,5% des Nennbetrages (II). Eine vereinbarte Unterwerfung unter die sofortige Zwangsvollstreckung bezüglich der Darlehensforderung ist wirksam (Weller JuS 2009, 969). **cc) Nachfristsetzung (Nr. 2).** Erforderlich ist Zahlungsaufforderung unter exakter Bezifferung (Kündigung ist unwirksam bei Zuvielforderung: BGH NJW-RR 2005, 1410) des rückständigen Betrags und Androhung der Kündigung des gesamten Darlehensvertrags (OLG Celle WM 2005, 1750). Die mit Wirksamkeit der Kündigung fällige Gesamtrestschuld muss nicht angegeben werden (str; aA Leube NJW 2007, 3240; OLG Düsseldorf WM 1995, 1530, 1532 [zu § 12 VerbrKrG]). Fristsetzung und Kündigungsandrohung entbehrlich bei ernsthafter und endgültiger Verweigerung weiterer Leistung

7 durch Darlehensnehmer (BGH NJW-RR 2007, 1202, 1204; str). **dd) Nichtzahlung** des rückständigen Betrags; teilweise Zahlung lässt Kündigungsrecht auch bei geringfügigem Rest nicht entfallen (BGH NJW-RR 2005, 1410; MüKoBGB/Weber Rn. 20). **ee) Kündigungserklärung,** die nicht mit Fristsetzung verbunden werden darf (str). Analog § 314 III muss die Kündigung innerhalb „angemessener Frist" erklärt werden; Orientierung bietet die Zwei-Wochen-Frist gem Nr. 2.

8 **ff) Nicht: Gesprächsangebot (S. 2);** bloße Sollvorschrift, welche die Schwellenangst des Verbrauchers bzgl Verhandlungen absenken soll.

9 **4. Rechtsfolgen der Kündigung. a) Fälligkeit der Restschuld.** Darlehensnehmer schuldet nicht (mehr) den Vertragszins, ggf aber den (gem § 497 zu be- und verrechnenden) Verzugszins. Ist von mehreren Darlehensnehmern nur einer Verbraucher, ist § 498 einheitlich anzuwenden (BGH NJW 2000, 3133). **b) Minderung der Restschuld (§ 501)** um die auf den Zeitraum nach Wirksamwerden der Kündigung entfallenden Zinsen und laufzeitabhängigen Kosten (zur Berechnung s. MüKoBGB/Weber § 501 Rn. 6 f. mwN; LG Berlin NJW-RR 2005, 1649 lehnen Formelberechnung ab und fordern finanzmathematisch exakte Rückrechnung).

10 **5. Sonstige Kündigungsgründe.** I verdrängt in seinem Anwendungsbereich bes vertragliche Kündigungsrechte und die außerordentliche ges Kündigung gem §§ 490, 314 (→ § 490 Rn. 13) (aA OLG Stuttgart ZIP 2017, 1897 wonach § 498 keine Exklusivität im Verhältnis zu § 490 genießt). Erfasst wird aber nur die Kündigung wegen Zahlungsverzugs. Unberührt bleibt eine Kündigung aus anderen Gründen, zB wegen Falschangaben des Darlehensnehmers oder wegen abredewidrig nicht bestellter (s. Art. 247 § 7 I Nr. 2 EGBGB) Sicherheiten (MüKoBGB/Weber Rn. 26).

§ 499 Kündigungsrecht des Darlehensgebers; Leistungsverweigerung

(1) **In einem Allgemein-Verbraucherdarlehensvertrag ist eine Vereinbarung über ein Kündigungsrecht des Darlehensgebers unwirksam, wenn eine bestimmte Vertragslaufzeit vereinbart wurde oder die Kündigungsfrist zwei Monate unterschreitet.**

(2) [1]**Der Darlehensgeber ist bei entsprechender Vereinbarung berechtigt, die Auszahlung eines Allgemein-Verbraucherdarlehens, bei dem eine Zeit für die Rückzahlung nicht bestimmt ist, aus einem sachlichen Grund zu verweigern.** [2]**Beabsichtigt der Darlehensgeber dieses Recht auszuüben, hat er dies dem Darlehensnehmer unverzüglich mitzuteilen und ihn über die Gründe möglichst vor, spätestens jedoch unverzüglich nach der Rechtsausübung zu unterrichten.** [3]**Die Unterrichtung über die Gründe unterbleibt, soweit hierdurch die öffentliche Sicherheit oder Ordnung gefährdet würde.**

(3) [1]**Der Darlehensgeber kann einen Verbraucherdarlehensvertrag nicht allein deshalb kündigen, auf andere Weise beenden oder seine Änderung verlangen, weil die vom Darlehensnehmer vor Vertragsschluss gemachten Angaben unvollständig waren oder weil die Kreditwürdigkeitsprüfung des Darlehensnehmers nicht ordnungsgemäß durchgeführt wurde.** [2]**Satz 1 findet keine Anwendung, soweit der Mangel der Kreditwürdigkeitsprüfung darauf beruht, dass der Darlehensnehmer dem Darlehensgeber für die Kreditwürdigkeitsprüfung relevante Informationen wissentlich vorenthalten oder diese gefälscht hat.**

1 **1. Allgemeines.** I und II anwendbar auf Allgemein-Verbraucherdarlehen (§ 491 II, zum Existenzgründer § 513) mit Ausnahme geduldete Überziehung, s. § 505 IV, Leistungsverweigerungsrecht (II) nicht für kurzfristige oder jederzeit kündbare eingeräumte Überziehungen (§ 504 II). III anwendbar auf beide Verbraucher-

darlehenstypen (§ 491 I 2), neu eingefügt in Umsetzung von Art. 18 IV 1 und 20 III WohnimmoKrRL zum 21.3.2016. Unabdingbar mit Umgehungsverbot, § 512.

2. Kündigungsausschluss. Ausschluss des ordentlichen **Kündigungsrechts** des Darlehensgebers **(I)** bei Darlehen mit bestimmter Laufzeit oder bei unbestimmter Laufzeit mit einer (verkürzten s. § 488 III) Frist von weniger als zwei Monaten. Form der Kündigungsvereinbarung s. § 492 I, II, Art. 247 § 6 I Nr. 6 EGBGB; Form der Kündigungserklärung § 492 V. 2

3. Leistungsverweigerungsrecht II. Sofern es vereinbart ist, bei Darlehen mit unbestimmter Laufzeit; erforderlich ist ein sachlicher Grund. Form der Vereinbarung § 492 I, II, Art. 247 § 6 I Nr. 6 EGBGB, andernfalls Nichtigkeit gem § 494 I, Heilung s. § 494 II. Ein sachlicher Grund liegt vor, wenn sich die wirtschaftlichen Verhältnisse des Kreditnehmers verschlechtert haben, so dass ein erhöhtes Risiko der Nichterfüllung der Rückzahlungsverpflichtung gegeben ist, missbräuchliche unzulässige Kreditverwendung sowie Verdacht auf Geldwäsche und Terrorismusfinanzierung (BT-Drs. 16/11643, 85). 3

§ 500 Kündigungsrecht des Darlehensnehmers; vorzeitige Rückzahlung

(1) [1]**Der Darlehensnehmer kann einen Allgemein-Verbraucherdarlehensvertrag, bei dem eine Zeit für die Rückzahlung nicht bestimmt ist, ganz oder teilweise kündigen, ohne eine Frist einzuhalten.** [2]**Eine Vereinbarung über eine Kündigungsfrist von mehr als einem Monat ist unwirksam.**

(2) [1]**Der Darlehensnehmer kann seine Verbindlichkeiten aus einem Verbraucherdarlehensvertrag jederzeit ganz oder teilweise vorzeitig erfüllen.** [2]**Abweichend von Satz 1 kann der Darlehensnehmer eines Immobiliar-Verbraucherdarlehensvertrags, für den ein gebundener Sollzinssatz vereinbart wurde, seine Verbindlichkeiten im Zeitraum der Sollzinsbindung nur dann ganz oder teilweise vorzeitig erfüllen, wenn hierfür ein berechtigtes Interesse des Darlehensnehmers besteht.**

1. Allgemeines. Anwendbarkeit s. → Rn. 2f. Unabdingbarkeit und Umgehungsverbot s. § 512. 1

2. (Ordentliches) Kündigungsrecht des Darlehensnehmers (I) bei Darlehen mit unbestimmter Laufzeit. a) Anwendbar auf Allgemein-Verbraucherdarlehen (§ 491 II, zum Existenzgründer § 513), nicht anwendbar auf geduldete und eingeräumte Überziehung, §§ 504 II 1, 505 IV, 506 II 2. **b) Kündigungsfrist** von max. einem Monat kann vereinbart werden (Formbedürftigkeit gem § 492 I), andernfalls Nichtigkeit des Vertrages (§ 494 I). Heilung möglich § 494 II, dann aber jederzeitiges Kündigungsrecht s. 494 VI. Bei Nichtrückzahlung s. § 489 III. 2

3. Vorzeitige Erfüllung (II) ohne Kündigung des Vertrags. a) Anwendbar auf Verbraucherdarlehen (§ 491 I). In Umsetzung von Art. 25 WohnimmoKrRL Geltung seit dem 21.3.2016 auch für Immobiliar-Verbraucherdarlehen (§ 491 III), bislang Ausschluss gem § 503 I aF. **b)** Abweichend von § 266 ist auch teilweise Erfüllung möglich. Verbraucher ist bei Vertragsschluss zu informieren, §§ 492 I, II, Art. 247 §§ 6 I Nr. 1, 3 I Nr. 14 EGBGB. Bei gebundenem Sollzinssatz (§ 489 III 2) vorzeitige Erfüllung nur mit berechtigtem Interesse, → § 490 Rn. 10 (BT-Drs. 18/5922, 90). 3

4. Rechtsfolge. §§ 501, 502. 4

§ 501 Kostenermäßigung bei vorzeitiger Rückzahlung und bei Kündigung

(1) **Soweit der Darlehensnehmer seine Verbindlichkeiten aus einem Verbraucherdarlehensvertrag nach § 500 Absatz 2 vorzeitig erfüllt, ermäßigen**

sich die Gesamtkosten des Kredits um die Zinsen und die Kosten entsprechend der verbleibenden Laufzeit des Vertrags.

(2) **Soweit die Restschuld eines Verbraucherdarlehens vor der vereinbarten Zeit durch Kündigung fällig wird, ermäßigen sich die Gesamtkosten des Kredits um die Zinsen und die sonstigen laufzeitabhängigen Kosten, die bei gestaffelter Berechnung auf die Zeit nach der Fälligkeit entfallen.**

1 **1. Allgemeines.** Anwendbar auf Verbraucherdarlehen (§ 491 I, zum Existenzgründer s. § 513) einschließlich Finanzierungshilfen (§§ 506 f.), nicht auf geduldete Überziehung (s. § 505 IV). Anspruch des Darlehensnehmers auf vorzeitige Rückzahlung (s. § 500 II) mit der Folge einer reduzierten Gesamtverbindlichkeit. Unabdingbar mit Umgehungsverbot, § 512.

2 **2. Regelungsinhalt.** Voraussetzung für **(I)** ist die **vorzeitige** (auch teilweise, arg Wortlaut „soweit") **Erfüllung,** ggf auch durch Dritte gem § 267 I (Erfüllungssurrogat genügt); für **(II)** vorzeitige Fälligkeit aufgrund Kündigung gem §§ 489, 490, 498–500 I. Folge ist die Verminderung der Gesamtkosten (§ 6 III PAngV) um die auf den Zeitraum nach Erfüllung (I) oder Fälligkeit (II) entfallenden Zinsen und laufzeitabhängigen Kosten (zB Risikokosten, Verwaltungskosten, Disagio). Zur Berechnungsformel s. MüKoBGB/Weber Rn. 6 f. mN; LG Berlin NJW-RR 2005, 1649 lehnt Formelberechnung ab, finanzmathematisch exakte Rückrechnung sei erforderlich. Bei Teilzahlungsgeschäften s. § 507 III 2.

§ 502 Vorfälligkeitsentschädigung

(1) [1]**Der Darlehensgeber kann im Fall der vorzeitigen Rückzahlung eine angemessene Vorfälligkeitsentschädigung für den unmittelbar mit der vorzeitigen Rückzahlung zusammenhängenden Schaden verlangen, wenn der Darlehensnehmer zum Zeitpunkt der Rückzahlung Zinsen zu einem gebundenen Sollzinssatz schuldet.** [2]**Bei Allgemein-Verbraucherdarlehensverträgen gilt Satz 1 nur, wenn der gebundene Sollzinssatz bei Vertragsabschluss vereinbart wurde.**

(2) **Der Anspruch auf Vorfälligkeitsentschädigung ist ausgeschlossen, wenn**

1. **die Rückzahlung aus den Mitteln einer Versicherung bewirkt wird, die auf Grund einer entsprechenden Verpflichtung im Darlehensvertrag abgeschlossen wurde, um die Rückzahlung zu sichern, oder**
2. **im Vertrag die Angaben über die Laufzeit des Vertrags, das Kündigungsrecht des Darlehensnehmers oder die Berechnung der Vorfälligkeitsentschädigung unzureichend sind.**

(3) **Bei Allgemein-Verbraucherdarlehensverträgen darf die Vorfälligkeitsentschädigung folgende Beträge jeweils nicht überschreiten:**

1. **1 Prozent des vorzeitig zurückgezahlten Betrags oder, wenn der Zeitraum zwischen der vorzeitigen und der vereinbarten Rückzahlung ein Jahr nicht überschreitet, 0,5 Prozent des vorzeitig zurückgezahlten Betrags,**
2. **den Betrag der Sollzinsen, den der Darlehensnehmer in dem Zeitraum zwischen der vorzeitigen und der vereinbarten Rückzahlung entrichtet hätte.**

1 **1. Allgemeines.** Begrenzung der Vorfälligkeitsentschädigung (Legaldefinition s. § 490 II 3). Anspruch des Darlehensnehmers (Verbraucher § 491 I, Existenzgründer § 513) auf vorzeitige Rückzahlung (s. § 500 II) wird kalkulierbaren Folgen unterworfen. Nicht anwendbar auf geduldete und eingeräumte Überziehungen (§§ 504, 505) sowie teilweise auf sonstige Finanzierungshilfen (§ 506 II 1 Nr. 3). Unabdingbarkeit und Umgehungsverbot s. § 512.

2. Vorfälligkeitsentschädigung. Sie ist ein Schadensersatzanspruch des Darlehensgebers, der kausal auf die vorzeitige Rückzahlung durch den Darlehensnehmer zurückzuführen ist (hM, obgleich die vorzeitige Rückzahlung nach § 500 II nicht pflichtwidrig ist). Voraussetzung: gebundener Sollzinssatz (§ 489 V) geschuldet; bei Allgemein-Verbraucherdarlehen durch Vereinbarung bei Vertragsschluss (I 2); in Form der § 492 I, II iVm Art. 247 §§ 6 I Nr. 1, 3 I Nr. 5, 7 Nr. 3 EGBGB, keine Heilung gem § 494 II, da gem Wortlaut des Art. 247 § 7 Nr. 3 EGBGB Angabe der Berechnungsmethode notwendig ist, *soweit* der Darlehensgeber Vorfälligkeitsentgelte geltend machen will. Umfang des Schadensersatzes **(I 1)** s. §§ 249 ff., der Anspruch ist bei Allgemein-Verbraucherdarlehen der Höhe nach begrenzt durch III. 2

3. Ausschluss, II. Rückzahlung durch Mittel aus einer bereits bei Vertragsschluss vereinbarten (Restschuld-)Versicherung (Nr. 1) oder bei unzureichenden Angaben (Nr. 2). Etwaiger Ausschluss wegen unzureichender Angaben zu Vorfälligkeitsentschädigung hat keinen Einfluss auf Widerrufsfrist (BGH NJW 2021, 66). Bei Teilzahlungsgeschäft s. § 507 III 3. 3

§ 503 Umwandlung bei Immobiliar-Verbraucherdarlehen in Fremdwährung

(1) [1]**Bei einem nicht auf die Währung des Mitgliedstaats der Europäischen Union, in dem der Darlehensnehmer bei Vertragsschluss seinen Wohnsitz hat (Landeswährung des Darlehensnehmers), geschlossenen Immobiliar-Verbraucherdarlehensvertrag (Immobiliar-Verbraucherdarlehensvertrag in Fremdwährung) kann der Darlehensnehmer die Umwandlung des Darlehens in die Landeswährung des Darlehensnehmers verlangen.** [2]**Das Recht auf Umwandlung besteht dann, wenn der Wert des ausstehenden Restbetrags oder der Wert der regelmäßigen Raten in der Landeswährung des Darlehensnehmers auf Grund der Änderung des Wechselkurses um mehr als 20 Prozent über dem Wert liegt, der bei Zugrundelegung des Wechselkurses bei Vertragsabschluss gegeben wäre.** [3]**Im Darlehensvertrag kann abweichend von Satz 1 vereinbart werden, dass die Landeswährung des Darlehensnehmers ausschließlich oder ergänzend die Währung ist, in der er zum Zeitpunkt der maßgeblichen Kreditwürdigkeitsprüfung überwiegend sein Einkommen bezieht oder Vermögenswerte hält, aus denen das Darlehen zurückgezahlt werden soll.**

(2) [1]**Die Umstellung des Darlehens hat zu dem Wechselkurs zu erfolgen, der dem am Tag des Antrags auf Umstellung geltenden Marktwechselkurs entspricht.** [2]**Satz 1 gilt nur, wenn im Darlehensvertrag nicht etwas anderes vereinbart wurde.**

1. Allgemeines. Neu gefasst zur Umsetzung von Art. 23 I-III WohnimmoKrRL; in Kraft seit 21.3.2016. A.F. enthielt Sondervorschriften zu Immobiliardarlehensverträgen, nach Auflösung dieser Regelungskonzentration nun Umwandlungsrecht bei Immobiliar-Verbraucherdarlehen in Fremdwährung (I 1) zum Schutz des Verbrauchers vor Währungsrisiken (BT-Drs. 18/5922, 92). Übergangsvorschrift in Art. 229 § 38 EGBGB. Unabdingbar und Umgehungsverbot (§ 512). 1

2. Umwandlungsrecht. a) Voraussetzungen. Immobiliar-Verbraucherdarlehen (§ 491 III) oder Finanzierungshilfe (§ 506 I 2). **Fremdwährung:** im Darlehen vereinbarte Währung entspricht nicht der Landeswährung eines Mitgliedstaates der EU, in dem der Darlehensnehmer bei Vertragsschluss seinen Wohnsitz hat. Bei Wohnsitz außerhalb der EU daher kein Darlehen in Fremdwährung im Sinne von I 1 (BT-Drs. 18/5922, 92). Abweichend vom Wohnsitz kann gem I 3 andere Landeswährung bei ausreichendem Bezug vereinbart werden. **Wechselkursänderung** nach I 2: ausstehender Restbetrag oder fällige Rate liegen bei Umrechnung in Landeswährung um mind. 20% höher als bei Vertragsschluss. Informationspflicht 2 des Darlehensgebers gem § 493 IV. Formloser Antrag des Darlehensnehmers auf Umwandlung genügt. **b) Umwandlung** von Fremdwährung in Landeswährung des Darlehensnehmers. Umstellung nach dem Wechselkurs am Tag des Antrags (II 1) oder nach Parteivereinbarung (II 2).

§ 504 Eingeräumte Überziehungsmöglichkeit

(1) [1]**Ist ein Verbraucherdarlehen in der Weise gewährt, dass der Darlehensgeber in einem Vertragsverhältnis über ein laufendes Konto dem Darlehensnehmer das Recht einräumt, sein Konto in bestimmter Höhe zu überziehen (Überziehungsmöglichkeit), hat der Darlehensgeber den Darlehensnehmer in regelmäßigen Zeitabständen über die Angaben zu unterrichten, die sich aus Artikel 247 § 16 des Einführungsgesetzes zum Bürgerlichen Gesetzbuche ergeben.** [2]**Ein Anspruch auf Vorfälligkeitsentschädigung aus § 502 ist ausgeschlossen.** [3]**§ 493 Abs. 3 ist nur bei einer Erhöhung des Sollzinssatzes anzuwenden und gilt entsprechend bei einer Erhöhung der vereinbarten sonstigen Kosten.** [4]**§ 499 Abs. 1 ist nicht anzuwenden.**

(2) [1]**Ist in einer Überziehungsmöglichkeit in Form des Allgemein-Verbraucherdarlehensvertrags vereinbart, dass nach der Auszahlung die Laufzeit höchstens drei Monate beträgt oder der Darlehensgeber kündigen kann, ohne eine Frist einzuhalten, sind § 491a Abs. 3, die §§ 495, 499 Abs. 2 und § 500 Abs. 1 Satz 2 nicht anzuwenden.** [2]**§ 492 Abs. 1 ist nicht anzuwenden, wenn außer den Sollzinsen keine weiteren laufenden Kosten vereinbart sind, die Sollzinsen nicht in kürzeren Zeiträumen als drei Monaten fällig werden und der Darlehensgeber dem Darlehensnehmer den Vertragsinhalt spätestens unverzüglich nach Vertragsabschluss auf einem dauerhaften Datenträger mitteilt.**

§ 504a Beratungspflicht bei Inanspruchnahme der Überziehungsmöglichkeit

(1) [1]**Der Darlehensgeber hat dem Darlehensnehmer eine Beratung gemäß Absatz 2 anzubieten, wenn der Darlehensnehmer eine ihm eingeräumte Überziehungsmöglichkeit ununterbrochen über einen Zeitraum von sechs Monaten und durchschnittlich in Höhe eines Betrags in Anspruch genommen hat, der 75 Prozent des vereinbarten Höchstbetrags übersteigt.** [2]**Wenn der Rechnungsabschluss für das laufende Konto vierteljährlich erfolgt, ist der maßgebliche Zeitpunkt für das Vorliegen der Voraussetzungen nach Satz 1 der jeweilige Rechnungsabschluss.** [3]**Das Beratungsangebot ist dem Darlehensnehmer in Textform auf dem Kommunikationsweg zu unterbreiten, der für den Kontakt mit dem Darlehensnehmer üblicherweise genutzt wird.** [4]**Das Beratungsangebot ist zu dokumentieren.**

(2) [1]**Nimmt der Darlehensnehmer das Angebot an, ist eine Beratung zu möglichen kostengünstigen Alternativen zur Inanspruchnahme der Überziehungsmöglichkeit und zu möglichen Konsequenzen einer weiteren Überziehung des laufenden Kontos durchzuführen sowie gegebenenfalls auf geeignete Beratungseinrichtungen hinzuweisen.** [2]**Die Beratung hat in Form eines persönlichen Gesprächs zu erfolgen.** [3]**Für dieses können auch Fernkommunikationsmittel genutzt werden.** [4]**Der Ort und die Zeit des Beratungsgesprächs sind zu dokumentieren.**

(3) [1]**Nimmt der Darlehensnehmer das Beratungsangebot nicht an oder wird ein Vertrag über ein geeignetes kostengünstigeres Finanzprodukt nicht geschlossen, hat der Darlehensgeber das Beratungsangebot bei erneutem Vorliegen der Voraussetzungen nach Absatz 1 zu wiederholen.** [2]**Dies gilt**

nicht, wenn der Darlehensnehmer ausdrücklich erklärt, keine weiteren entsprechenden Beratungsangebote erhalten zu wollen.

§ 505 Geduldete Überziehung

(1) [1]**Vereinbart ein Unternehmer in einem Vertrag mit einem Verbraucher über ein laufendes Konto ohne eingeräumte Überziehungsmöglichkeit ein Entgelt für den Fall, dass er eine Überziehung des Kontos duldet, müssen in diesem Vertrag die Angaben nach Artikel 247 § 17 Abs. 1 des Einführungsgesetzes zum Bürgerlichen Gesetzbuche auf einem dauerhaften Datenträger enthalten sein und dem Verbraucher in regelmäßigen Zeitabständen auf einem dauerhaften Datenträger mitgeteilt werden.** [2]**Satz 1 gilt entsprechend, wenn ein Darlehensgeber mit einem Darlehensnehmer in einem Vertrag über ein laufendes Konto mit eingeräumter Überziehungsmöglichkeit ein Entgelt für den Fall vereinbart, dass er eine Überziehung des Kontos über die vertraglich bestimmte Höhe hinaus duldet.**

(2) [1]**Kommt es im Fall des Absatzes 1 zu einer erheblichen Überziehung von mehr als einem Monat, unterrichtet der Darlehensgeber den Darlehensnehmer unverzüglich auf einem dauerhaften Datenträger über die sich aus Artikel 247 § 17 Abs. 2 des Einführungsgesetzes zum Bürgerlichen Gesetzbuche ergebenden Einzelheiten.** [2]**Wenn es im Fall des Absatzes 1 zu einer ununterbrochenen Überziehung von mehr als drei Monaten gekommen ist und der durchschnittliche Überziehungsbetrag die Hälfte des durchschnittlichen monatlichen Geldeingangs innerhalb der letzten drei Monate auf diesem Konto übersteigt, so gilt § 504a entsprechend.** [3]**Wenn der Rechnungsabschluss für das laufende Konto vierteljährlich erfolgt, ist der maßgebliche Zeitpunkt für das Vorliegen der Voraussetzungen nach Satz 1 der jeweilige Rechnungsabschluss.**

(3) **Verstößt der Unternehmer gegen Absatz 1 oder Absatz 2, kann der Darlehensgeber über die Rückzahlung des Darlehens hinaus Kosten und Zinsen nicht verlangen.**

(4) **Die §§ 491a bis 496 und 499 bis 502 sind auf Allgemein-Verbraucherdarlehensverträge, die unter den in Absatz 1 genannten Voraussetzungen zustande kommen, nicht anzuwenden.**

Anmerkungen zu den §§ 504–505

1. Allgemeines. Sonderbestimmungen bei eingeräumter Überziehungsmöglichkeit (§ 504) und geduldeter Überziehung (§ 505). Umsetzung Art. 2 III, 3d, 12, 16 III d VerbrKrRiLi (§ 504); Art. 2 IV 18 VerbrKrRiLi (§ 505), Ergänzung der Beratungspflicht gem § 504a durch WohnimmoKrRL-UG, indes keine Umsetzung von RL-Vorgaben. Unabdingbarkeit und Umgehungsverbot s. § 512. 1

2. Eingeräumte Überziehungsmöglichkeit, § 504. a) Inhalt. Vereinbarung (idR Angebot durch Einräumung einer Kreditlinie und konkludente Annahme durch Inanspruchnahme) auf laufendem Konto (s. § 675f), wonach der Darlehensnehmer (Verbraucher § 491 I, Existenzgründer § 513) das Konto durch Abhebungen oder Überweisungen bis zu einer bestimmten Höhe in Anspruch nehmen darf (zu Dispositionskredit → § 488 Rn. 7). Der Darlehensgeber kann bei einer unbestimmten Laufzeit den Kredit ohne Einhaltung einer Frist ordentlich kündigen, arg II 1, selbiges gilt für den Darlehensnehmer (s. §§ 504 II, 500 I 2). **b)** Der Darlehensgeber kann als **Entgelt** Zinsen und Kosten verlangen. 2

3. Geduldete Überziehung, § 505. a) Voraussetzung: Duldung der Überziehung eines Kontos, obgleich eine Überziehungsmöglichkeit oder Überschrei- 3 tung nicht vereinbart war. §§ 491a–496, 499–502 sind unanwendbar **(IV), aber (I)** Mitteilung der Angaben gem Art. 247 § 17 I EGBGB auf dauerhaftem Datenträger (§ 126b S. 2). Bei erheblicher und (ununterbrochen) über einen Monat hinausgehender Überziehung Unterrichtung auf dauerhaftem Datenträger (§ 126b S. 2) gem Art. 247 § 17 II EGBGB **(II).** Ob die Überziehung erheblich ist, hängt vom konkreten Einzelfall unter Berücksichtigung des einzelnen Vertragsverhältnisses und der Zahlungseingänge auf dem Konto ab (BT Drs. 16/11643, 91). **b) Inhalt.** Vereinbarung durch Angebot des Darlehensnehmers durch Verfügung über Guthaben/den Kreditrahmen hinaus; konkludente Annahme durch Darlehensgeber durch Ausführung der Transaktion. **c) Verstoß (III):** Kein Anspruch auf Kosten und Zinsen.

4 **4. Beratungspflicht, § 504a.** Gilt für eingeräumte (§ 504) und geduldete Überziehung nach Maßgabe § 505 II 2. **a) Zweck.** Schutz des Verbrauchers vor erheblicher und dauerhafter Überziehung seines Kontos; Information über kostengünstigere Alternativen. **b) Ausgestaltung. Beratungsangebot** in Textform **(I)** bei dauerhafter und ununterbrochener Überziehung (§ 504 I 1: 6 Monate und 75% der eingeräumten Überziehungsmöglichkeit; § 505 II 2: 3 Monate und 50% der geduldeten Überziehungsmöglichkeit). Bei Annahme Durchführung eines persönlichen **Beratungsgesprächs** (auch telefonisch) mit Hinweisen gem **II 1.** Wiederholung Beratungsangebot bei Vorliegen Vss gem III. **c) Dokumentationspflicht** gem I 4, II 4, dient auch der Erleichterung der beim Darlehensgeber liegenden Beweislast (EuGH BKR 2015, 281). Keine inhaltliche Dokumentation des Beratungsgesprächs, um Verbraucher vor schriftlicher Niederlegung zu seiner Bonität zu bewahren (BT-Drs. 18/5922, 95). **d) Verstoß** ist Pflichtverletzung (§ 280 I).

§ 505a Pflicht zur Kreditwürdigkeitsprüfung bei Verbraucherdarlehensverträgen

(1) [1]**Der Darlehensgeber hat vor dem Abschluss eines Verbraucherdarlehensvertrags die Kreditwürdigkeit des Darlehensnehmers zu prüfen.** [2]**Der Darlehensgeber darf den Verbraucherdarlehensvertrag nur abschließen, wenn aus der Kreditwürdigkeitsprüfung hervorgeht, dass bei einem Allgemein-Verbraucherdarlehensvertrag keine erheblichen Zweifel daran bestehen und dass es bei einem Immobiliar-Verbraucherdarlehensvertrag wahrscheinlich ist, dass der Darlehensnehmer seinen Verpflichtungen, die im Zusammenhang mit dem Darlehensvertrag stehen, vertragsgemäß nachkommen wird.**

(2) **Wird der Nettodarlehensbetrag nach Abschluss des Darlehensvertrags deutlich erhöht, so ist die Kreditwürdigkeit auf aktualisierter Grundlage neu zu prüfen, es sei denn, der Erhöhungsbetrag des Nettodarlehens wurde bereits in die ursprüngliche Kreditwürdigkeitsprüfung einbezogen.**

(3) [1]**Bei Immobiliar-Verbraucherdarlehensverträgen, die**

1. **im Anschluss an einen zwischen den Vertragsparteien abgeschlossenen Darlehensvertrag ein neues Kapitalnutzungsrecht zur Erreichung des von dem Darlehensnehmer mit dem vorangegangenen Darlehensvertrag verfolgten Zweckes einräumen oder**
2. **einen anderen Darlehensvertrag zwischen den Vertragsparteien zur Vermeidung von Kündigungen wegen Zahlungsverzugs des Darlehensnehmers oder zur Vermeidung von Zwangsvollstreckungsmaßnahmen gegen den Darlehensnehmer ersetzen oder ergänzen,**

bedarf es einer erneuten Kreditwürdigkeitsprüfung nur unter den Voraussetzungen des Absatzes 2. [2]**Ist danach keine Kreditwürdigkeitsprüfung erforderlich, darf der Darlehensgeber den neuen Immobiliar-Verbraucherdarlehensvertrag nicht abschließen, wenn ihm bereits bekannt ist, dass der Darlehensnehmer seinen Verpflichtungen, die im Zusammenhang mit die-**

sem Darlehensvertrag stehen, dauerhaft nicht nachkommen kann. [3]Bei Verstößen gilt § 505d entsprechend.

§ 505b Grundlage der Kreditwürdigkeitsprüfung bei Verbraucherdarlehensverträgen

(1) **Bei Allgemein-Verbraucherdarlehensverträgen können Grundlage für die Kreditwürdigkeitsprüfung Auskünfte des Darlehensnehmers und erforderlichenfalls Auskünfte von Stellen sein, die geschäftsmäßig personenbezogene Daten, die zur Bewertung der Kreditwürdigkeit von Verbrauchern genutzt werden dürfen, zum Zweck der Übermittlung erheben, speichern, verändern oder nutzen.**

(2) **[1]Bei Immobiliar-Verbraucherdarlehensverträgen hat der Darlehensgeber die Kreditwürdigkeit des Darlehensnehmers auf der Grundlage notwendiger, ausreichender und angemessener Informationen zu Einkommen, Ausgaben sowie anderen finanziellen und wirtschaftlichen Umständen des Darlehensnehmers eingehend zu prüfen. [2]Dabei hat der Darlehensgeber die Faktoren angemessen zu berücksichtigen, die für die Einschätzung relevant sind, ob der Darlehensnehmer seinen Verpflichtungen aus dem Darlehensvertrag voraussichtlich nachkommen kann. [3]Die Kreditwürdigkeitsprüfung darf sich nicht hauptsächlich darauf stützen, dass der Wert der Wohnimmobilie den Darlehensbetrag übersteigt, oder auf die Annahme, dass der Wert der Wohnimmobilie zunimmt, es sei denn, der Darlehensvertrag dient zum Bau oder zur Renovierung der Wohnimmobilie.**

(3) **[1]Der Darlehensgeber ermittelt die gemäß Absatz 2 erforderlichen Informationen aus einschlägigen internen oder externen Quellen, wozu auch Auskünfte des Darlehensnehmers gehören. [2]Der Darlehensgeber berücksichtigt auch die Auskünfte, die einem Darlehensvermittler erteilt wurden. [3]Der Darlehensgeber ist verpflichtet, die Informationen in angemessener Weise zu überprüfen, soweit erforderlich auch durch Einsichtnahme in unabhängig nachprüfbare Unterlagen.**

(4) **Bei Immobiliar-Verbraucherdarlehensverträgen ist der Darlehensgeber verpflichtet, die Verfahren und Angaben, auf die sich die Kreditwürdigkeitsprüfung stützt, festzulegen, zu dokumentieren und die Dokumentation aufzubewahren.**

(5) **Die Bestimmungen zum Schutz personenbezogener Daten bleiben unberührt.**

§ 505c Weitere Pflichten bei grundpfandrechtlich oder durch Reallast besicherten Immobiliar-Verbraucherdarlehensverträgen

***Darlehens*geber, die grundpfandrechtlich oder durch Reallast besicherte Immobiliar-Verbraucherdarlehen vergeben, haben**

1. **bei der Bewertung von Wohnimmobilien zuverlässige Standards anzuwenden und**
2. **sicherzustellen, dass interne und externe Gutachter, die Immobilienbewertungen für sie vornehmen, fachlich kompetent und so unabhängig vom Darlehensvergabeprozess sind, dass sie eine objektive Bewertung vornehmen können, und**
3. **Bewertungen für Immobilien, die als Sicherheit für Immobiliar-Verbraucherdarlehen dienen, auf einem dauerhaften Datenträger zu dokumentieren und aufzubewahren.**

§ 505d Verstoß gegen die Pflicht zur Kreditwürdigkeitsprüfung

(1) [1]**Hat der Darlehensgeber gegen die Pflicht zur Kreditwürdigkeitsprüfung verstoßen, so ermäßigt sich**
1. **ein im Darlehensvertrag vereinbarter gebundener Sollzins auf den marktüblichen Zinssatz am Kapitalmarkt für Anlagen in Hypothekenpfandbriefe und öffentliche Pfandbriefe, deren Laufzeit derjenigen der Sollzinsbindung entspricht und**
2. **ein im Darlehensvertrag vereinbarter veränderlicher Sollzins auf den marktüblichen Zinssatz, zu dem europäische Banken einander Anleihen in Euro mit einer Laufzeit von drei Monaten gewähren.**

[2]**Maßgeblicher Zeitpunkt für die Bestimmung des marktüblichen Zinssatzes gemäß Satz 1 ist der Zeitpunkt des Vertragsschlusses sowie gegebenenfalls jeweils der Zeitpunkt vertraglich vereinbarter Zinsanpassungen.** [3]**Der Darlehensnehmer kann den Darlehensvertrag jederzeit fristlos kündigen; ein Anspruch auf eine Vorfälligkeitsentschädigung besteht nicht.** [4]**Der Darlehensgeber stellt dem Darlehensnehmer eine Abschrift des Vertrags zur Verfügung, in der die Vertragsänderungen berücksichtigt sind, die sich aus den Sätzen 1 bis 3 ergeben.** [5]**Die Sätze 1 bis 4 finden keine Anwendung, wenn bei einer ordnungsgemäßen Kreditwürdigkeitsprüfung der Darlehensvertrag hätte geschlossen werden dürfen.**

(2) **Kann der Darlehensnehmer Pflichten, die im Zusammenhang mit dem Darlehensvertrag stehen, nicht vertragsgemäß erfüllen, so kann der Darlehensgeber keine Ansprüche wegen Pflichtverletzung geltend machen, wenn die Pflichtverletzung auf einem Umstand beruht, der bei ordnungsgemäßer Kreditwürdigkeitsprüfung dazu geführt hätte, dass der Darlehensvertrag nicht hätte geschlossen werden dürfen.**

(3) **Die Absätze 1 und 2 finden keine Anwendung, soweit der Mangel der Kreditwürdigkeitsprüfung darauf beruht, dass der Darlehensnehmer dem Darlehensgeber vorsätzlich oder grob fahrlässig Informationen im Sinne des § 505b Absatz 1 bis 3 unrichtig erteilt oder vorenthalten hat.**

Anmerkungen zu den §§ 505a–505d

Lit.: Buck-Heeb, Rechtsfolgen fehlender oder fehlerhafter Kreditwürdigkeitsprüfung, NJW 2016, 2065; Feldhusen, „Erhebliche Zweifel" bei der Kreditwürdigkeitsprüfung, BKR 2016, 441; König, Neue Anforderungen an die zivilrechtlichen Kreditwürdigkeitsprüfungspflichten, WM 2017, 269.

1 **1. Allgemein.** Neuschaffung durch WohnimmoKrRL-UG in Umsetzung von Art. 8 VerbrKrRL und Art. 18 WohnimmoKrRL; dafür Aufhebung des bis 21.3.2016 geltenden § 509. Anpassung von § 505b durch FinanzaufsichtsrechtsergänzungsG (→ Vor § 488 Rn. 1) und § 505a durch Zweite ZahlungsdiensteRL-UG. Anwendbar auch auf Zahlungsaufschub, § 506 I 1. Unabdingbar und Umgehungsverbot (§ 512).

2 **2. Vertragspflicht.** § 505a I 1 soll mit Neuregelung nun eine echte vorvertragliche Pflicht gegenüber Verbraucher begründen (BT-Drs. 18/5922, 96 f. unter Verweis auf EuGH NJW 2014, 1941), neben dem öffentlichen Interesse an der Stabilität des Finanzmarktes (str, so auch MüKoBGB/Weber § 505d Rn. 17; Staudinger/Freitag, § 488 Rn. 36a; a.A. noch 16. Aufl., § 509 Rn. 2; Omlor ZIP 2017, 112, 116). Parallel unterliegen KrInstitute und Finanzdienstleister der Aufsicht des Kreditwesengesetzes (§ 18a KWG).

3 **3. Kreditwürdigkeitsprüfung. a) Grundlage.** Differenzierung nach Art des Verbraucherdarlehens: **aa)** Allgemein-Verbraucherdarlehen, § 505b I. Auskünfte des Darlehensnehmers und ggf von Auskunfteien. Entspricht § 509 S. 2 aF. **bb)** Immobiliar-Verbraucherdarlehen, § 505b II. Strengere Anforderungen, da idR

höhere Kreditsummen. Ges verlangt eingehende Prüfung auf Grundlage konkreter Angaben des Verbrauchers zu Einkommen, Ausgaben und anderen wirtschaftlichen und finanziellen Umständen (Vermögenswerte, Verbindlichkeiten etc.). Ermittlung aus internen und externen (Auskunfteien) Quellen, § 505b III 1. In Umsetzung von Art. 19 WohnimmoKrRL gelten für grundpfandrechtlich (→ vor § 1113 Rn. 1) und durch Reallast (§§ 1105–1112) gesicherte Immobiliar-Verbraucherdarlehen zuverlässige Standards (BeleihungswertermittlungsVO), § 505c. **cc)** Auskunftspflicht des Darlehensnehmers ist vorvertragliche Schutzpflicht (§ 280 I). **b) Zeitpunkt.** Vor Vertragsschluss. **c) Ergebnis.** Vertragsschluss gem § 505a I 2 nur, wenn beim Allgemein-Verbraucherdarlehen keine erheblichen Zweifel an der Vertragserfüllung bestehen bzw beim Immobiliar-Verbraucherdarlehen die Erfüllung wahrscheinlich ist. Abzustellen ist auf die Fähigkeit des Verbrauchers zur Vertragserfüllung, nicht allein oder vorrangig auf den Wert der Immobilie, § 505b II 3. **d) Dokumentation.** Bei Immobiliar-Verbraucherdarlehen, § 505b IV. **e) Wiederholung.** § 505a II, III.

4. Rechtsfolgen bei Verstoß. Keine Nichtigkeit gem § 134 I (§ 505a I 1; BT-Drs. 18/5922, 98). Folgen gegen Verstoß sind in § 505d abschließend (dh kein Raum für Schadensersatz aufgrund vorvertraglicher Pflichtverletzung; sa MüKoBGB/Weber § 505d Rn. 17 f.; Bülow/Artz § 505d Rn. 15) geregelt, da sie gleichzeitig abschreckend aber nicht zu belastend für Darlehensgeber sein sollen: **a) Ermäßigung des Sollzinssatzes,** § 505d I 1. **b)** Sofortiges **Kündigungsrecht** des Darlehensnehmers, § 505d I 3, um ihm eine günstigere Anschlussfinanzierung zu ermöglichen. **c) Ausschluss von Ansprüchen des Darlehensgebers.** Realisiert sich das Risiko des Darlehensvertrages, der bei ordnungsgem Prüfung nicht hätte geschlossen werden dürfen, durch Schäden beim Darlehensgeber, bleibt dieser mit der Geltendmachung ausgeschlossen, § 505d II. Betrifft Schäden wegen Verzug, Nichterfüllung, Rechtsverfolgungskosten. **d) Ausschluss.** Fehlerhafte Kreditwürdigkeitsprüfung muss Verbraucher tatsächlich belasten. Gem § 505d I 5, II Sanktionen nur, wenn Vertrag nach ordnungsgem Kreditwürdigkeitsprüfung nicht hätte geschlossen werden dürfen. Ausschluss aller Sanktionen, soweit fehlerhafte Prüfung auf vorsätzlich oder grob fahrlässig falschen Angaben des Verbrauchers beruhen, § 505d III. Dann ggf Kündigung des Darlehensgebers gem § 314 (→ § 499 Rn. 4). 4

§ 505e Verordnungsermächtigung

[1]Das Bundesministerium der Finanzen und das Bundesministerium der Justiz und für Verbraucherschutz werden ermächtigt, durch gemeinsame Rechtsverordnung ohne Zustimmung des Bundesrates Leitlinien zu den Kriterien und Methoden der Kreditwürdigkeitsprüfung bei Immobiliar-Verbraucherdarlehensverträgen nach den §§ 505a und 505b Absatz 2 bis 4 festzulegen. [2]Durch die Rechtsverordnung können insbesondere Leitlinien festgelegt werden

1. zu den Faktoren, die für die Einschätzung relevant sind, ob der Darlehensnehmer seinen Verpflichtungen aus dem Darlehensvertrag voraussichtlich nachkommen kann,
2. zu den anzuwendenden Verfahren und der Erhebung und Prüfung von Informationen.

Hinzugefügt durch Art. 6 FinanzaufsichtsrechtergänzungsG, in Kraft getreten am 10.6.2017. Dient der Schaffung von Rechtssicherheit für beide Vertragsparteien durch die Möglichkeit einer Anwendungsausgestaltung der in §§ 505a–505d geregelten Kreditwürdigkeitsprüfung (BR-Drucks. 815/16, 41). Parallele Verordnungsermächtigung für das Aufsichtsrecht in § 18a Abs. 10a KWG. Referentenentwurf beider Ministerien für Verordnung zur Festlegung von Leitlinien zu den Kriterien und Methoden der Kreditwürdigkeitsprüfung bei Immobiliar-Verbraucherdarlehensverträgen (ImmoKWPLV) liegt vor.

Untertitel 2. Finanzierungshilfen zwischen einem Unternehmer und einem Verbraucher

§ 506 Zahlungsaufschub, sonstige Finanzierungshilfe

(1) [1]**Die für Allgemein-Verbraucherdarlehensverträge geltenden Vorschriften der §§ 358 bis 360 und 491a bis 502 sowie 505a bis 505e sind mit Ausnahme des § 492 Abs. 4 und vorbehaltlich der Absätze 3 und 4 auf Verträge entsprechend anzuwenden, durch die ein Unternehmer einem Verbraucher einen entgeltlichen Zahlungsaufschub oder eine sonstige entgeltliche Finanzierungshilfe gewährt.** [2]**Bezieht sich der entgeltliche Zahlungsaufschub oder die sonstige entgeltliche Finanzierungshilfe auf den Erwerb oder die Erhaltung des Eigentumsrechts an Grundstücken, an bestehenden oder zu errichtenden Gebäuden oder auf den Erwerb oder die Erhaltung von grundstücksgleichen Rechten oder ist der Anspruch des Unternehmers durch ein Grundpfandrecht oder eine Reallast besichert, so sind die für Immobiliar-Verbraucherdarlehensverträge geltenden, in Satz 1 genannten Vorschriften sowie § 503 entsprechend anwendbar.** [3]**Ein unentgeltlicher Zahlungsaufschub gilt als entgeltlicher Zahlungsaufschub gemäß Satz 2, wenn er davon abhängig gemacht wird, dass die Forderung durch ein Grundpfandrecht oder eine Reallast besichert wird.**

(2) [1]**Verträge zwischen einem Unternehmer und einem Verbraucher über die entgeltliche Nutzung eines Gegenstandes gelten als entgeltliche Finanzierungshilfe, wenn vereinbart ist, dass**
1. **der Verbraucher zum Erwerb des Gegenstandes verpflichtet ist,**
2. **der Unternehmer vom Verbraucher den Erwerb des Gegenstandes verlangen kann oder**
3. **der Verbraucher bei Beendigung des Vertrags für einen bestimmten Wert des Gegenstandes einzustehen hat.**

[2]**Auf Verträge gemäß Satz 1 Nummer 3 sind § 500 Absatz 2, § 501 Absatz 1 und § 502 nicht anzuwenden.**

(3) **Für Verträge, die die Lieferung einer bestimmten Sache oder die Erbringung einer bestimmten anderen Leistung gegen Teilzahlungen zum Gegenstand haben (Teilzahlungsgeschäfte), gelten vorbehaltlich des Absatzes 4 zusätzlich die in den §§ 507 und 508 geregelten Besonderheiten.**

(4) [1]**Die Vorschriften dieses Untertitels sind in dem in § 491 Absatz 2 Satz 2 Nummer 1 bis 5, Absatz 3 Satz 2 und Absatz 4 bestimmten Umfang nicht anzuwenden.** [2]**Soweit nach der Vertragsart ein Nettodarlehensbetrag (§ 491 Absatz 2 Satz 2 Nummer 1) nicht vorhanden ist, tritt an seine Stelle der Barzahlungspreis oder, wenn der Unternehmer den Gegenstand für den Verbraucher erworben hat, der Anschaffungspreis.**

Lit.: Keding/Schäfer, Verbraucherschutz bei Leasingverträgen mit Kilometerabrechnung, BKR 2020, 508; Omlor, Leasingrecht im Dreieck von Gewährleistungs-, Verbraucherschutz- und Aufsichtsrecht, JuS 2011, 305.

1 **1. Bedeutung. a)** Zur Systematik → Rn. 2 f. vor §§ 491–512. **b)** Die Vorschrift erstreckt den für Darlehensverträge geltenden Verbraucherschutz auf **alle Finanzierungshilfen.** Modifikationen für Finanzierungsleasingverträge (II 2) und Teilzahlungsgeschäfte (III). Keine Anwendbarkeit, wenn die Finanzierungshilfe die in § 491 II 2 Nr. 1–5 oder III 2 und IV aufgeführten Kriterien nicht erfüllt (IV 1). Unabdingbarkeit und Umgehungsverbot s. § 512. Zum Leistungsverweigerungsrecht infolge der COVID-19-Pandemie nach Art. 240 § 1 I EGBGB → vor §§ 323–326 BGB Rn. 5.

2 **2. Persönlicher Anwendungsbereich. a)** Voraussetzung ist eine Finanzierungshilfe (→ Rn. 4, 6) zwischen einem Unternehmer (§ 14) und einem Verbrau-

cher (§ 13); zum Existenzgründer s. § 513. **b)** Verbraucher kann auch der zu einem Finanzierungshilfevertrag Beitretende sein, selbst wenn der andere Schuldner (zB Leasingnehmer, Teilzahlungskäufer) nicht Verbraucher ist (BGHZ 133, 71, 76 f. [zu § 1 VerbrKrG]); wichtig bei **Schuldbeitritt** (→ § 491 Rn. 4) des Geschäftsführers einer GmbH zu Finanzierungshilfeverträgen der Gesellschaft. Gleiches gilt, wenn Geschäftsführer den Finanzierungshilfevertrag mit abschließt (BGH NJW 2000, 3133, 3136, Leasing [zu § 1 VerbrKrG]). 3

3. Zahlungsaufschub. a) Das ist die Überlassung von Kaufkraft auf mittelbarem Weg durch Stundung der Gegenleistung des Verbrauchers im Rahmen von Austauschverträgen über Waren oder Dienstleistungen oder durch Verpflichtung des Anbieters zur Vorleistung abweichend von dispositivem Recht (BGH NJW 1996, 457, 458 [zu § 1 VerbrKrG]). Erforderlich ist eine vertragliche Vereinbarung, welche die Fälligkeit einer gegen den Verbraucher gerichteten (Entgelt-)Forderung gegenüber der ges Regelung gegen Entgelt hinausschiebt unter Begründung der Vorleistungspflicht des Unternehmers (MüKoBGB/Weber Rn. 6). Maßgeblich ist die objektive Regelung im Vertrag, nicht die Wortwahl (BGH NJW 1996, 457, 458 [zu § 1 VerbrKrG]; Auslegungsbeispiel: BGHZ 165, 325 – Abrede, die Vergütung für ein Ausbauhaus durch eine Voraus- und zwei Abschlagszahlungen zu zahlen, wurde nicht als Fälligkeitsabrede ausgelegt). **b) Bsp:** Teilzahlungsgeschäfte (s. § 507); Franchisevertrag (LG Berlin NJW-RR 1994, 692 [zu § 1 VerbrKrG]; unterjährige Zahlung von Versicherungsbeiträgen gegen Zuschlag (MüKoBGB/Weber Rn. 9; aA BGH WM 2013, 358; OLG Köln VersR 2011, 248). *Nicht* ein Dauerschuldverhältnis, zB Dienstvertrag, bei dem die Gegenleistung entspr der ges Regelung nach Zeitabschnitten zu erbringen ist, selbst wenn der Verbraucher bei Vorauszahlung ein geringeres Entgelt leisten müsste (BGH NJW 1996, 457, 458 [Ausbildungsvertrag; zu § 1 VerbrKrG]). **c)** Durch die mit WohnimmoKrRL-UG eingeführte Dichotomie des Verbraucherdarlehensvertrags (→ § 491 Rn. 1) ist bzgl der Verweisung innerhalb des Verbrauchdarlehensrechts auch nach dem Zweck des Zahlungsaufschubs bzw der Finanzierungshilfe (→ Rn. 6) zu unterscheiden. 4 5

4. Sonstige Finanzierungshilfe. a) Gegenüber → Rn. 4 f. ist das der umfassendere Begriff, der eine Auffangfunktion (MüKoBGB/Weber Rn. 24) verfolgt. Kennzeichnend ist die Überlassung von Kaufkraft an den Verbraucher zur vorgezogenen Verwendung künftigen Einkommens. **b) Bsp:** Finanzierungsleasingvertrag (II); Mietvertrag, verbundenen mit einem Optionsrecht des Mieters auf den Erwerb der gemieteten Sache unter Anrechnung der Miete auf den Kaufpreis (Mietkauf); Mobilfunkvertrag mit Optionsrecht des Nutzers auf Geräteerwerb (zB Mobiltelefon) unter Listenpreis fällt idR unter § 506 (Limbach NJW 2011, 3770; ZGS 2006, 337). *Nicht:* Reine Gebrauchsüberlassungsverträge, die keine Vorfinanzierung zugunsten des Verbrauchers enthalten (Bsp Kilometerleasingverträge, BGH NJW 2021, 1942); Bürgschaftsvertrag (jedenfalls wenn die gesicherte Finanzierungshilfe nicht unter §§ 491 ff. fällt, BGHZ 138, 321, 327 [zu § 1 VerbrKrG]); iÜ fällt „Privatbürgschaft" nicht unter VerbrKrRiLi, auch wenn der Schuldner der gesicherten Forderung nicht zu Erwerbszwecken handelt (EuGH NJW 2000, 1323). 6 7

5. Entgeltlichkeit. Liegt bei jeder Art von Gegenleistung vor. Aus der Aufteilung des Gesamtpreises folgt keine Vermutung, dass aufgeteilter Gesamtpreis versteckte Entgelte enthält (OLG Düsseldorf BauR 2005, 1636, str). Entgeltlichkeit liegt auch vor, wenn der Verbraucher im Rahmen eines Ratenzahlungsvergleichs Rechtsverfolgungskosten übernimmt (LG Rottweil NJW 1994, 265). 8

§ 507 Teilzahlungsgeschäfte

(1) [1]**§ 494 Abs. 1 bis 3 und 6 Satz 2 zweiter Halbsatz ist auf Teilzahlungsgeschäfte nicht anzuwenden.** [2]**Gibt der Verbraucher sein Angebot zum Vertragsabschluss im Fernabsatz auf Grund eines Verkaufsprospekts oder eines**

vergleichbaren elektronischen Mediums ab, aus dem der Barzahlungspreis, der Sollzinssatz, der effektive Jahreszins, ein Tilgungsplan anhand beispielhafter Gesamtbeträge sowie die zu stellenden Sicherheiten und Versicherungen ersichtlich sind, ist auch § 492 Abs. 1 nicht anzuwenden, wenn der Unternehmer dem Verbraucher den Vertragsinhalt spätestens unverzüglich nach Vertragsabschluss auf einem dauerhaften Datenträger mitteilt.

(2) [1]**Das Teilzahlungsgeschäft ist nichtig, wenn die vorgeschriebene Schriftform des § 492 Abs. 1 nicht eingehalten ist oder im Vertrag eine der in Artikel 247 §§ 6, 12 und 13 des Einführungsgesetzes zum Bürgerlichen Gesetzbuche vorgeschriebenen Angaben fehlt.** [2]**Ungeachtet eines Mangels nach Satz 1 wird das Teilzahlungsgeschäft gültig, wenn dem Verbraucher die Sache übergeben oder die Leistung erbracht wird.** [3]**Jedoch ist der Barzahlungspreis höchstens mit dem gesetzlichen Zinssatz zu verzinsen, wenn die Angabe des Gesamtbetrags oder des effektiven Jahreszinses fehlt.** [4]**Ist ein Barzahlungspreis nicht genannt, so gilt im Zweifel der Marktpreis als Barzahlungspreis.** [5]**Ist der effektive Jahreszins zu niedrig angegeben, so vermindert sich der Gesamtbetrag um den Prozentsatz, um den der effektive Jahreszins zu niedrig angegeben ist.**

(3) [1]**Abweichend von den §§ 491a und 492 Abs. 2 dieses Gesetzes und von Artikel 247 §§ 3, 6 und 12 des Einführungsgesetzes zum Bürgerlichen Gesetzbuche müssen in der vorvertraglichen Information und im Vertrag der Barzahlungspreis und der effektive Jahreszins nicht angegeben werden, wenn der Unternehmer nur gegen Teilzahlungen Sachen liefert oder Leistungen erbringt.** [2]**Im Fall des § 501 ist der Berechnung der Kostenermäßigung der gesetzliche Zinssatz (§ 246) zugrunde zu legen.** [3]**Ein Anspruch auf Vorfälligkeitsentschädigung ist ausgeschlossen.**

1 **1. Allgemeines.** Sondervorschriften für Teilzahlungsgeschäfte; umfasst Ausnahmen vom Anwendungsbereich der §§ 491 ff. Unabdingbarkeit und Umgehungsverbot s. § 512.

2 **2. Anwendungsbereich.** Nur für Teilzahlungsgeschäfte (s. § 506 III). Ein Teilzahlungsgeschäft ist ein Vertrag zwischen einem Unternehmer (§ 14) und einem Verbraucher (§ 13; zum Existenzgründer s. § 513) über die Lieferung einer Sache oder Erbringung anderer (Dienst-)Leistung gegen Teilzahlung in mindestens zwei Raten. Fälligkeit der geschuldeten Zahlung wird gegen Entgelt hinausgeschoben. Bei Nichtidentität zwischen Lieferant und Finanzierer s. § 358. Bei Vertretung kommt es auf die Verbrauchereigenschaft des Vertretenen an (→ § 491 Rn. 2). Nicht anwendbar bei Vorliegen der Tatbestände des § 491 II 2 Nr. 1–5 oder III 2 und IV (506 IV).

3 **3. Vertragsschluss. a)** Vorvertragliche **Informationspflichten** gem § 491a, Art. 247 §§ 12, 13 iVm §§ 1–11 EGBGB. Inhalt und Form des Vertrags richten sich nach §§ 506 I, 492 I, II iVm Art. 247 §§ 12, 13 iVm §§ 1–11 EGBGB. Grundsätzlich Schriftform (§ 492 I) mit Ausnahme des Formerfordernisses der Vollmacht (§ 492 IV); nicht jedoch bei Fernabsatzgeschäft (I 2) s. §§ 312b ff., Art. 246 EGBGB. **b)** Mindestangaben für **Fernabsatzverträge:** I 2. Fehlt eine der in I 2 aufgeführten Angaben, gilt II 1. Unrichtige Angabe führt nicht zur Nichtigkeit. Bei Teilzahlungsgeschäften führt fehlende Angabe nach Art. 247 §§ 6, 12, 13 EGBGB zur Nichtigkeit (II 1).

4 **4. Heilung durch Übergabe.** Erforderlich ist, dass der Verbraucher seinen Vertragsentschluss wiederholt (Bülow/Artz Rn. 21), das kann geschehen durch Erwerb des (un)mittelbaren Besitzes iSd §§ 854 ff. (Bülow/Artz Rn. 22; aA Grüneberg/Weidenkaff Rn. 8: mittelbarer Besitz iSd §§ 930, 931 nicht ausreichend) oder Leistungserbringung (Erfüllung § 362). **a) Rechtsfolge:** Der Vertrag wird ex nunc wirksam (II 2) aber mit anderem Inhalt. **b)** Bei fehlendem Gesamtbetrag oder effek-

tiven Jahreszins **(II 3)** ist Barzahlungspreis mit ges (§ 246) Zinssatz zu verzinsen (s. aber II 5, III 1). Bei Nichtangabe des Barzahlungspreises ist der Marktpreis Grundlage der Verzinsung **(II 4).** Bei Fehlangabe des Jahreszinses reduziert sich der Teilzahlungsbetrag **(II 5)** um die Fehlangabe. Nicht angegebene **Kosten** (§ 494 IV) und **Sicherheiten** (§ 494 VI 2) schuldet der Verbraucher nicht. Bei fehlenden Angaben zur Laufzeit und zum Kündigungsrecht (§ 494 VI 1) besteht jederzeitiges **Kündigungsrecht.**

5. Sonstiges. Bei vorzeitiger **Rückzahlung** s. §§ 500 II, 501 (sa III 2). 5

§ 508 Rücktritt bei Teilzahlungsgeschäften

[1]Der Unternehmer kann von einem Teilzahlungsgeschäft wegen Zahlungsverzugs des Verbrauchers nur unter den in § 498 Absatz 1 Satz 1 bezeichneten Voraussetzungen zurücktreten. [2]Dem Nennbetrag entspricht der Gesamtbetrag. [3]Der Verbraucher hat dem Unternehmer auch die infolge des Vertrags gemachten Aufwendungen zu ersetzen. [4]Bei der Bemessung der Vergütung von Nutzungen einer zurückzugewährenden Sache ist auf die inzwischen eingetretene Wertminderung Rücksicht zu nehmen. [5]Nimmt der Unternehmer die auf Grund des Teilzahlungsgeschäfts gelieferte Sache wieder an sich, gilt dies als Ausübung des Rücktrittsrechts, es sei denn, der Unternehmer einigt sich mit dem Verbraucher, diesem den gewöhnlichen Verkaufswert der Sache im Zeitpunkt der Wegnahme zu vergüten. [6]Satz 5 gilt entsprechend, wenn ein Vertrag über die Lieferung einer Sache mit einem Verbraucherdarlehensvertrag verbunden ist (§ 358 Absatz 3) und wenn der Darlehensgeber die Sache an sich nimmt; im Falle des Rücktritts bestimmt sich das Rechtsverhältnis zwischen dem Darlehensgeber und dem Verbraucher nach den Sätzen 3 und 4.

1. Voraussetzungen S. 1. Bei Zahlungsrückstand im Teilzahlungsgeschäft kann 1 der **Unternehmer** wahlweise die Teilzahlungsabrede gem §§ 506 I, III, 498 I 1 kündigen und die Restschuld verlangen oder gem **S. 1** zurücktreten. S. 1 verdrängt (für Zahlungsverzug) das allg Rücktrittsrecht gem § 323; Rücktritt nur, wenn die qualifizierten Voraussetzungen des § 498 I 1 vorliegen. Für die Berechnung des Rückstandes gem § 498 I 1 Nr. 1 ist der Gesamtbetrag maßgeblich, **S. 2.** Der Unternehmer hat den Verbraucher mit Fristsetzung über die Wahl seines Gestaltungsrechts zu informieren (Staudinger/Kessal-Wulf § 508 Rn. 29). Zur Rücktrittserklärung s. § 349. Unabdingbar, § 512. Andere Rücktrittsgründe bleiben unberührt, dürfen aber nicht zur Umgehung von S. 1 führen, § 512.

2. Rücktrittsfiktion. a) S. 5 soll den Verbraucher davor schützen, dass er Besitz 2 sowie Nutzung des (Kauf-)Gegenstandes verliert und gleichwohl zur Zahlung des Entgelts verpflichtet bleibt (BGHZ 55, 59, 60 [zu § 5 AbzG]). Voraussetzung ist, dass der Kreditgeber die Kaufsache wieder an sich genommen hat und dass ein Rücktrittsrecht besteht (OLG Oldenburg NJW-RR 1996, 564 mN; OLG Köln WM 1998, 381, 382; Grüneberg/Weidenkaff Rn. 7; aA MüKoBGB/Weber Rn. 45 f.). **„Ansichnehmen“** ist Entzug der Nutzung der Sache (auch Surrogate, BGH NJW 1984, 2294) auf Veranlassung des Unternehmers. Besitzerlangung durch Unternehmer ist nicht erforderlich; Herausgabe an Dritten auf Verlangen des Unternehmers (BGHZ 55, 59 [zu § 5 AbzG]) genügt; nicht schon die Verstrickung im Rahmen der Pfändung (§§ 808, 809 ZPO), aber die (die Nutzung entziehende) Fortschaffung durch den Gerichtsvollzieher zum Zwecke der Verwertung gem §§ 814 ff. ZPO (str; aA: erst Verwertungshandlung). *Nicht:* Herausgabeverlangen und -klage (aber uU konkludent erklärter Rücktritt). – **b)** Keine Fiktion bei **Vergü-** 3 **tungsvereinbarung** zu gewöhnlichem Verkaufswert (s. § 813 ZPO); Verbraucher kann ggf aufrechnen.

4 **3. Rechtsfolgen. Rückabwicklung** gem §§ 346 ff.: **a)** Verbraucher hat Anspruch auf Rückzahlung der Teilleistungen. Soweit noch nicht erbracht, erlöschen die Verpflichtungen. Mit Rücktrittsfiktion aufgrund Wegnahme durch den Gerichtsvollzieher (→ Rn. 2) verliert der zugrundeliegende Zahlungstitel ggf die materiellrechtliche Grundlage; Verbraucher kann/muss klagen gem § 767 ZPO. **b)** Unternehmer kann Rückgabe der Sache (§ 346 I Fall 1, ggf Wertersatz, § 346 II) und Nutzungen (unter Beachtung **S. 4**) verlangen (§ 346 I Fall 2), ferner gem **S. 5** Aufwendungen (zB Vertragsabschlusskosten).
5 **d) Verbundenes Geschäft** (**S. 6;** sa § 358 III). Nimmt der Darlehensgeber die Sache (etwa aufgrund Sicherungseigentums oder Zwangsvollstreckung, → Rn. 2) an sich, erfolgt Rückabwicklung zwischen ihm und dem Verbraucher (sa § 358 IV 3).

§ 509 *(aufgehoben)*

Untertitel 3. Ratenlieferungsverträge zwischen einem Unternehmer und einem Verbraucher

§ 510 Ratenlieferungsverträge

(1) [1]**Der Vertrag zwischen einem Verbraucher und einem Unternehmer bedarf der schriftlichen Form, wenn der Vertrag**
1. **die Lieferung mehrerer als zusammengehörend verkaufter Sachen in Teilleistungen zum Gegenstand hat und das Entgelt für die Gesamtheit der Sachen in Teilzahlungen zu entrichten ist,**
2. **die regelmäßige Lieferung von Sachen gleicher Art zum Gegenstand hat oder**
3. **die Verpflichtung zum wiederkehrenden Erwerb oder Bezug von Sachen zum Gegenstand hat.**

[2]**Dies gilt nicht, wenn dem Verbraucher die Möglichkeit verschafft wird, die Vertragsbestimmungen einschließlich der Allgemeinen Geschäftsbedingungen bei Vertragsschluss abzurufen und in wiedergabefähiger Form zu speichern.** [3]**Der Unternehmer hat dem Verbraucher den Vertragsinhalt in Textform mitzuteilen.**

(2) **Dem Verbraucher steht vorbehaltlich des Absatzes 3 bei Verträgen nach Absatz 1, die weder im Fernabsatz noch außerhalb von Geschäftsräumen geschlossen werden, ein Widerrufsrecht nach § 355 zu.**

(3) [1]**Das Widerrufsrecht nach Absatz 2 gilt nicht in dem in § 491 Absatz 2 Satz 2 Nummer 1 bis 5, Absatz 3 Satz 2 und Absatz 4 bestimmten Umfang.** [2]**Dem in § 491 Absatz 2 Satz 2 Nummer 1 genannten Nettodarlehensbetrag entspricht die Summe aller vom Verbraucher bis zum frühestmöglichen Kündigungszeitpunkt zu entrichtenden Teilzahlungen.**

1 **1. Allgemeines.** Verbraucherschutz (Existenzgründer s. § 513) durch unabdingbares (§ 512) Widerrufsrecht (I) und Formgebot (II) bei Ratenlieferungsverträgen trägt der durch die vielfach langfristige Erwerbsbindung eintretenden belastenden Wirkung Rechnung. Keine Vorgabe der VerbrKrRiLi. Ist mit dem Ratenlieferungsvertrag zugleich eine Finanzierungshilfe verbunden, kommen zudem die entspr Schutzvorschriften der §§ 506 ff. zur Anwendung (LG Mannheim NJW-RR 1996, 118). §§ 358, 359 finden Anwendung.

2 **2. Voraussetzungen. a) Ratenlieferungsvertrag (I 1).** Kauf-, Werk- oder Werklieferungsvertrag über **aa) Nr. 1:** Teilleistungen zusammengehörend verkaufter Sachen gegen Teilzahlungen; Sukzessivlieferung von Sachgesamtheiten, zB mehrbändige Lexika, Buchreihen, multimedialer Sprachkurs (BGH NJW-RR 1990, 1011 [zu § 1c AbzG]); **bb) Nr. 2:** Regelmäßige Lieferung gleichartiger Sachen, zB Zei-

tungsabonnement (BGH NJW-RR 2004, 841, 842); Bezug von Wasser und Energie (str; Widerrufsrecht im allg durch Anschlusszwang ausgeschlossen, Bülow/Artz Rn. 44); keine Anwendung bei im Voraus bezahltem, für bestimmten Zeitraum abgeschlossenem Zeitschriftenabo, da feste Bezugszeit (BGH NJW-RR 1990, 562). **cc) Nr. 3:** Rahmenvertrag zum wiederkehrenden (nicht notwendig regelmäßigen) Bezug (nicht notwendig gleichartiger) Waren, zB „Buchclub"; Franchisevertrag mit ausschließlicher Bezugbindung (BGHZ 128, 156, 160; NJW 1998, 541 [je zu § 2 Nr. 3 VerbrKrG]), Bierlieferungsvertrag (BGHZ 109, 314 [zu § 1c AbzG]). **b) Aus-** 3
nahmen, entsprechende Anwendung: Keine Besonderheiten, wenn Ratenlieferungsvertrag auch § 491 II 2 Nr. 1–5 oder III 2, IV fällt **(III 1).** Bedeutung hat insbes der „Bagatellvorbehalt" in § 491 II 1 Nr. 1 (→ § 491 Rn. 6); an die Stelle des Nettodarlehensbetrags tritt der gem **III 2** berechnete Betrag. § 510 ist nicht entsprechend auf Dienstleistungsverträge anwendbar, auch nicht auf Pay-TV-Abonnementverträge; zu Vertrag über Lieferung und Errichtung eines Ausbauhauses s. BGHZ 165, 325, BauR 2006, 1131. Schutzzweck ist wegen des Bezugs zum früheren AbzahlungsG auf Sachbezugsverträge begrenzt (BGH NJW 2003, 1932 mN zu § 2 VerbrKrG aF); Widerrufsrecht unter Voraussetzungen §§ 312d, 355 möglich.

3. Rechtsfolgen. a) Schriftformgebot gem § 126 **(I 1);** Ersatz durch elektroni- 4
sche Form (s. § 126 III) ist – entspr Vorgabe Art. 9 E-CommerceRiLi (BT-Drs. 14/6040, 258) – nicht ausgeschlossen. Keine Schriftform gem **I 2,** wenn Verbraucher Vertragsbedingung (online) abrufen und speichern kann. Anspruch auf Mitteilung des Vertragsinhalts in Textform (§ 126b) s. **I 3. b) Widerrufsrecht (II)** gem §§ 355 ff. (s. Anm dort).

Untertitel 4. Beratungsleistungen bei Immobiliar-Verbraucherdarlehensverträgen

§ 511 Beratungsleistungen bei Immobiliar-Verbraucherdarlehensverträgen

(1) **Bevor der Darlehensgeber dem Darlehensnehmer individuelle Empfehlungen zu einem oder mehreren Geschäften erteilt, die im Zusammenhang mit einem Immobiliar-Verbraucherdarlehensvertrag stehen (Beratungsleistungen), hat er den Darlehensnehmer über die sich aus Artikel 247 § 18 des Einführungsgesetzes zum Bürgerlichen Gesetzbuche ergebenden Einzelheiten in der dort vorgesehenen Form zu informieren.**

(2) [1]**Vor Erbringung der Beratungsleistung hat sich der Darlehensgeber über den Bedarf, die persönliche und finanzielle Situation sowie über die Präferenzen und Ziele des Darlehensnehmers zu informieren, soweit dies für eine passende Empfehlung eines Darlehensvertrags erforderlich ist.** [2]**Auf Grundlage dieser aktuellen Informationen und unter Zugrundelegung realistischer Annahmen hinsichtlich der Risiken, die für den Darlehensnehmer während der Laufzeit des Darlehensvertrags zu erwarten sind, hat der Darlehensgeber eine ausreichende Zahl an Darlehensverträgen zumindest aus seiner Produktpalette auf ihre Geeignetheit zu prüfen.**

(3) [1]**Der Darlehensgeber hat dem Darlehensnehmer auf Grund der Prüfung gemäß Absatz 2 ein geeignetes oder mehrere geeignete Produkte zu empfehlen oder ihn darauf hinzuweisen, dass er kein Produkt empfehlen kann.** [2]**Die Empfehlung oder der Hinweis ist dem Darlehensnehmer auf einem dauerhaften Datenträger zur Verfügung zu stellen.**

Neuregelung zur Umsetzung von Art. 22 I-III, 7 I 2 WohnimmoKrRL; in Kraft 1
seit dem 21.3.2016. § 511 aF jetzt § 512; Übergangsregelung Art. 229 § 38 EGBGB.

Schaffung eines eigenständigen Vertrages vor planmäßigem Abschluss eines Immobiliar-Verbraucherdarlehensvertrags. Von Erstreckung auf Allgemein-Verbraucherdarlehen wurde abgesehen, um für den Verbraucherschutz schädliche Formalisierung
2 zu vermeiden (BT-Drs. 18/5922, 105). **Inhalt:** Individualisierte Beratungsleistung, zu unterscheiden von Produktinformationen gem § 491a I, Art. 247 § 1, 5 II EGBGB. Verpflichtung des Darlehensgebers zur **Prüfung** der individuellen Situation des Darlehensnehmers (**II;** kunden- und projektgerecht, s. Grüneberg/Weidenkaff Rn. 5 f.) und anschließende **Beratung (III)** durch Produktempfehlung. Bei Verstoß: Pflichtverletzung (§ 280 I). Vorvertragliche Informationen gem Art. 247 § 18 EGBGB und vertragl Empfehlung sind auf dauerhaftem Datenträger (§ 126b S. 2) zu erbringen.

Untertitel 5. Unabdingbarkeit, Anwendung auf Existenzgründer

§ 512 Abweichende Vereinbarungen

[1]Von den Vorschriften der §§ 491 bis 511, 514 und 515 darf, soweit nicht ein anderes bestimmt ist, nicht zum Nachteil des Verbrauchers abgewichen werden. [2]Diese Vorschriften finden auch Anwendung, wenn sie durch anderweitige Gestaltungen umgangen werden.

1 **1. Unabdingbarkeit. a)** Die Vorschrift verbietet **Vereinbarungen,** die zu Lasten des Verbrauchers (Existenzgründer s. § 513) von §§ 491–511 abweichen („halbzwingender" Charakter, vgl BGH NJW 2020, 461 Rn. 50). Unwirksam ist insbes der Ausschluss des Widerrufsrechts (s. § 495 I). Auch die §§ 355 ff. sind nicht zu Lasten des Verbrauchers abdingbar. Unwirksam ist auch der Verzicht auf Gestaltungsrechte oder Einreden (Grüneberg/Weidenkaff Rn. 2). **Einseitiger Verzicht** auf Rechte nach §§ 491–511 ist ebenfalls unwirksam; nachträglicher Verzicht auf ent-
2 standene Rechte soll hingegen zulässig sein. **b) Rechtsfolgen:** Nichtigkeit gem § 134. Abweichend von § 139 ist der Vertrag (analog § 306 I) iÜ wirksam; an die Stelle der nichtigen Vereinbarung tritt die ges Vorschrift (entspr § 306 II).

3 **2. Umgehungsverbot.** Umgehung ist obj zu bestimmen. §§ 491–511 sind gem **S. 2** (analog oder auf Grund erweiternder Auslegung) auch anwendbar, wenn sie im Wege der Rechtsgestaltung umgangen werden sollen, zB durch Aufspaltung eines Darlehens in zahlreiche Einzelverträge (vgl Art. 14 II VerbrKrRiLi), die unter die Ausnahme für Kleindarlehen in § 491 II Nr. 1 fallen oder Kettenverträge mit Laufzeiten unter drei Monaten. → § 134 Rn. 18.

§ 513 Anwendung auf Existenzgründer

Die §§ 491 bis 512 gelten auch für natürliche Personen, die sich ein Darlehen, einen Zahlungsaufschub oder eine sonstige Finanzierungshilfe für die Aufnahme einer gewerblichen oder selbständigen beruflichen Tätigkeit gewähren lassen oder zu diesem Zweck einen Ratenlieferungsvertrag schließen, es sei denn, der Nettodarlehensbetrag oder Barzahlungspreis übersteigt 75 000 Euro oder die Verordnung (EU) 2020/1503 des Europäischen Parlaments und des Rates vom 7. Oktober 2020 über Europäische Schwarmfinanzierungsdienstleister für Unternehmen und zur Änderung der Verordnung (EU) 2017/1129 und der Richtlinie (EU) 2019/1937 (ABl. L 347 vom 20.10.2020, S. 1) ist anwendbar.

1 **1. Allgemeines.** Erstreckung der Schutzvorschriften der §§ 491–512 auch auf Existenzgründer, die nicht unter § 13 fallen, s. dazu BGHZ 162, 253. Auch bei wiederholter Existenzgründung, auch in der gleichen Branche (OLG Celle NJW-RR 1996, 119, 120); unbeachtlich ist, ob Gewerbeanmeldung vorliegt (OLG Düs-

seldorf ZMR 2006, 363). Zuletzt geändert durch Schwarmfinanzierung-Begleitgesetz vom 3.6.2021 (BGBl I 2021, 1568), in Kraft getreten am 1.1.2022.

2. Voraussetzung. a) Natürliche Person als Darlehensnehmer usw, nicht Han- 2
delsgesellschaft; zum Schuldbeitritt → § 491 Rn. 4. **b)** Zweck des Vertrags ist **Gründung** eines gewerblichen oder (frei-)beruflichen **Unternehmens,** nicht seine Erweiterung oder Änderung; tatsächliche Verwendung unbeachtlich (OLG Düsseldorf ZMR 2006, 363 Rn. 23). Existenzgründer ist ferner, wer bereits ein Unternehmen betreibt und mit den „Kreditmitteln" ein neues, mit dem ersten nicht in Zusammenhang stehendes **Zweitunternehmen** eröffnet (BGH NJW 1998, 540, 541 [zu § 3 I Nr. 2 VerbrKrG]). Auch der Erwerb von Gesellschaftsanteilen, wenn damit erstmalig unternehmerische Funktion (zB als Geschäftsführer) verbunden ist.
c) Nettodarlehensbetrag (§ 491 II Nr. 1) bzw Barzahlungspreis (§ 506 IV 2; ggf gilt 3
§ 507 II 4) **übersteigt nicht** den Betrag von **75.000 Euro** und es liegt **keine Schwarmfinanzierung** (sog Crowdfunding) vor. Maßgebend ist allein die Höhe des Darlehens usw; zusätzliche Eigenmittel sind unbeachtlich. Mehrere im Zusammenhang geschlossene Verträge werden zusammengerechnet (Bülow/Artz Rn. 15; MüKoBGB/Weber Rn. 8; aA Grüneberg/Weidenkaff Rn. 5; OLG Brandenburg NJW 2006, 159: keine Anwendung der §§ 491–512 auf den Vertrag, der zum Überschreiten der 75.000-Euro-Grenze führt, und die Folgeverträge). **d) Beweis-** 4
last: Darlehensnehmer hat darzulegen und ggf zu beweisen, dass Darlehen usw der Aufnahme der entspr Tätigkeit dient (BGH NJW 2008, 435; Habersack BKR 2001, 72, 73; Wittig/Wittig WM 2002, 145, 151), Darlehensgeber ggf das Übersteigen des Nettodarlehensbetrags über 75.000 Euro. Anleger hat Vorliegen einer Schwarmfinanzierung zu beweisen (Grüneberg/Weidenkaff Rn. 5).

Untertitel 6. Unentgeltliche Darlehensverträge und unentgeltliche Finanzierungshilfen zwischen einem Unternehmer und einem Verbraucher

§ 514 Unentgeltliche Darlehensverträge

(1) [1]**§ 497 Absatz 1 und 3 sowie § 498 und die §§ 505a bis 505c sowie 505d Absatz 2 und 3 sowie § 505e sind entsprechend auf Verträge anzuwenden, durch die ein Unternehmer einem Verbraucher ein unentgeltliches Darlehen gewährt.** [2]**Dies gilt nicht in dem in § 491 Absatz 2 Satz 2 Nummer 1 bestimmten Umfang.**

(2) [1]**Bei unentgeltlichen Darlehensverträgen gemäß Absatz 1 steht dem Verbraucher ein Widerrufsrecht nach § 355 zu.** [2]**Dies gilt nicht, wenn bereits ein Widerrufsrecht nach § 312g Absatz 1 besteht, und nicht bei Verträgen, die § 495 Absatz 2 Nummer 1 entsprechen.** [3]**Der Unternehmer hat den Verbraucher rechtzeitig vor der Abgabe von dessen Willenserklärung gemäß Artikel 246 Absatz 3 des Einführungsgesetzes zum Bürgerlichen Gesetzbuche über sein Widerrufsrecht zu unterrichten.** [4]**Der Unternehmer kann diese Pflicht dadurch erfüllen, dass er dem Verbraucher das in der Anlage 9 zum Einführungsgesetz zum Bürgerlichen Gesetzbuche vorgesehene Muster für die Widerrufsbelehrung ordnungsgemäß ausgefüllt in Textform übermittelt.**

§ 515 Unentgeltliche Finanzierungshilfen

§ 514 sowie die §§ 358 bis 360 gelten entsprechend, wenn ein Unternehmer einem Verbraucher einen unentgeltlichen Zahlungsaufschub oder eine sonstige unentgeltliche Finanzierungshilfe gewährt.

Anmerkungen zu den §§ 514, 515

Lit.: Artz, Verbraucherschutz bei der „0 %-Finanzierung", DAR 2016, 503; Bülow/Artz, Unentgeltliche Kreditverträge – ein neues Paradigma im deutschen Verbraucherprivatrecht, ZIP 2016, 1204; Schürnbrand, Verbraucherschutz bei unentgeltlichen Finanzierungen, WM 2016, 1105.

1 **1. Allgemeines.** Eingefügt mWv 21.3.2016 durch Art. 1 WohnimmoKrRL-UG, aber keine Umsetzung der WohnimmoKrRL, die – wie jegliches Gemeinschaftsrecht – bei Verbraucherdarlehen und Finanzierungshilfen an die Entgeltlichkeit (sa § 491 II) anknüpft. Ziel ist der Verbraucherschutz bei „Null-Prozent-Finanzierungen" (BGH NJW 2014, 3719). Unabdingbarkeit und Umgehungsverbot sind zwar nicht ausdr vorgesehen (§ 512 verweist nicht auf §§ 514, 515), dürften aber vor dem Hintergrund des Verbraucherschutzzwecks entsprechend gelten (Grüneberg/Weidenkaff § 514 Rn. 1).

2 **2. Regelungsinhalt. a) Voraussetzungen. aa)** Darlehen oder Finanzierungshilfe (zur Systematik → Vor §§ 491–513 Rn. 2) zwischen Unternehmer (§ 14) als Darlehensgeber und Verbraucher (§ 13) als Darlehensnehmer; keine Anwendung auf Existenzgründer (§ 513). Ausgenommen sind Kleindarlehen bis 200 Euro. **bb) Unentgeltlichkeit.** Fehlende Gegenleistung für Leistung des Darlehensgebers. Beim Darlehen (§ 514) Anknüpfung an Pflicht des Darlehensgebers gem § 488 I 1
3 (→ § 488 Rn. 12), bei § 515 Anknüpfung an die Stundung (→ § 506 Rn. 4). **b) Rechtsfolgen. aa)** Keine Schriftform. **bb) Widerrufsrecht,** §§ 514 II 1, 515; Belehrung gem § 356b und Art. 246 III EGBGB. Vorrangig ist gemeinschaftsrechtl WiderrufsR aus § 312g I, § 514 I 2. **cc) Verzug,** s. §§ 497 I, III, 498. Bülow/Artz, ZIP 2016, 1204, 1206 f. sprechen sich für analoge Anwendung der Zinsbegrenzung gem § 497 II aus. **dd)** Gesamtfälligstellung gem § 498. **ee)** Verweis auf **Kreditwürdigkeitsprüfung** gem §§ 505a–505c, was für Anbieter unentgeltl Finanzierungshilfen im Handel eine erhebliche Mehrbelastung bedeuten dürfte.

Art. 247 EGBGB
(Einführungsgesetz zum Bürgerlichen Gesetzbuche)

(Auszug)

Art. 247 Informationspflichten bei Verbraucherdarlehensverträgen, entgeltlichen Finanzierungshilfen und Darlehensvermittlungsverträgen

§ 3 Inhalt der vorvertraglichen Information bei Allgemein-Verbraucherdarlehensverträgen

(1) **Die Unterrichtung vor Vertragsschluss muss folgende Informationen enthalten:**
1. **den Namen und die Anschrift des Darlehensgebers,**
2. **die Art des Darlehens,**
3. **den effektiven Jahreszins,**
4. **den Nettodarlehensbetrag,**
5. **den Sollzinssatz,**
6. **die Vertragslaufzeit,**
7. **Betrag, Zahl und Fälligkeit der einzelnen Teilzahlungen,**
8. **den Gesamtbetrag,**
9. **die Auszahlungsbedingungen,**
10. **alle sonstigen Kosten, insbesondere in Zusammenhang mit der Auszahlung oder der Verwendung eines Zahlungsinstruments, mit dem sowohl**

Zahlungsvorgänge als auch Abhebungen getätigt werden können, sowie die Bedingungen, unter denen die Kosten angepasst werden können,
11. den Verzugszinssatz und die Art und Weise seiner etwaigen Anpassung sowie gegebenenfalls anfallende Verzugskosten,
12. einen Warnhinweis zu den Folgen ausbleibender Zahlungen,
13. das Bestehen oder Nichtbestehen eines Widerrufsrechts,
14. das Recht des Darlehensnehmers, das Darlehen vorzeitig zurückzuzahlen,
15. die sich aus § 491a Abs. 2 des Bürgerlichen Gesetzbuchs ergebenden Rechte,
16. die sich aus § 29 Abs. 7 des Bundesdatenschutzgesetzes ergebenden Rechte.

(2) [1]Gesamtbetrag ist die Summe aus Nettodarlehensbetrag und Gesamtkosten. [2]Nettodarlehensbetrag ist der Höchstbetrag, auf den der Darlehensnehmer aufgrund des Darlehensvertrags Anspruch hat. [3]Die Gesamtkosten und der effektive Jahreszins sind nach § 6 der Preisangabenverordnung zu berechnen.

(3) [1]Der Gesamtbetrag und der effektive Jahreszins sind anhand eines repräsentativen Beispiels zu erläutern. [2]Dabei sind sämtliche in die Berechnung des effektiven Jahreszinses einfließenden Annahmen anzugeben und die vom Darlehensnehmer genannten Wünsche zu einzelnen Vertragsbedingungen zu berücksichtigen. [3]Der Darlehensgeber hat darauf hinzuweisen, dass sich der effektive Jahreszins unter Umständen erhöht, wenn der Verbraucherdarlehensvertrag mehrere Auszahlungsmöglichkeiten mit unterschiedlichen Kosten oder Sollzinssätzen vorsieht und die Berechnung des effektiven Jahreszinses auf der Vermutung beruht, dass die für die Art des Darlehens übliche Auszahlungsmöglichkeit vereinbart werde.

(4) [1]Die Angabe zum Sollzinssatz muss die Bedingungen und den Zeitraum für seine Anwendung sowie die Art und Weise seiner Anpassung enthalten. [2]Ist der Sollzinssatz von einem Index oder Referenzzinssatz abhängig, sind diese anzugeben. [3]Sieht der Verbraucherdarlehensvertrag mehrere Sollzinssätze vor, sind die Angaben für alle Sollzinssätze zu erteilen. [4]Sind im Fall des Satzes 3 Teilzahlungen vorgesehen, ist anzugeben, in welcher Reihenfolge die ausstehenden Forderungen des Darlehensgebers, für die unterschiedliche Sollzinssätze gelten, durch die Teilzahlungen getilgt werden.

§ 6 Vertragsinhalt

(1) Der Verbraucherdarlehensvertrag muss klar und verständlich folgende Angaben enthalten:
1. die in § 3 Abs. 1 Nr. 1 bis 14 und Abs. 4 genannten Angaben,
2. den Namen und die Anschrift des Darlehensnehmers,
3. die für den Darlehensgeber zuständige Aufsichtsbehörde,
4. einen Hinweis auf den Anspruch des Darlehensnehmers auf einen Tilgungsplan nach § 492 Abs. 3 Satz 2 des Bürgerlichen Gesetzbuchs,
5. das einzuhaltende Verfahren bei der Kündigung des Vertrags,
6. sämtliche weitere Vertragsbedingungen.

(2) [1]Besteht ein Widerrufsrecht nach § 495 des Bürgerlichen Gesetzbuchs, müssen im Vertrag Angaben zur Frist und anderen Umständen für die Erklärung des Widerrufs sowie ein Hinweis auf die Verpflichtung des Darlehensnehmers enthalten sein, ein bereits ausbezahltes Darlehen zurückzuzahlen und Zinsen zu vergüten. [2]Der pro Tag zu zahlende Zinsbetrag ist anzugeben. [3]Enthält der Verbraucherdarlehensvertrag eine Vertragsklausel in hervorgehobener und deutlich gestalteter Form, die dem Muster in

Anlage 6 entspricht, genügt diese den Anforderungen der Sätze 1 und 2. [4]Der Darlehensgeber darf unter Beachtung von Satz 3 in Format und Schriftgröße von dem Muster abweichen.

(3) **Die Angabe des Gesamtbetrags und des effektiven Jahreszinses hat unter Angabe der Annahmen zu erfolgen, die zum Zeitpunkt des Abschlusses des Vertrags bekannt sind und die in die Berechnung des effektiven Jahreszinses einfließen.**

§ 7 Weitere Angaben im Vertrag

(1) **Der Allgemein-Verbraucherdarlehensvertrag muss folgende klar und verständlich formulierte weitere Angaben enthalten, soweit sie für den Vertrag bedeutsam sind:**
1. **einen Hinweis, dass der Darlehensnehmer Notarkosten zu tragen hat,**
2. **die vom Darlehensgeber verlangten Sicherheiten und Versicherungen, im Fall von entgeltlichen Finanzierungshilfen insbesondere einen Eigentumsvorbehalt,**
3. **die Berechnungsmethode des Anspruchs auf Vorfälligkeitsentschädigung, soweit der Darlehensgeber beabsichtigt, diesen Anspruch geltend zu machen, falls der Darlehensnehmer das Darlehen vorzeitig zurückzahlt,**
4. **den Zugang des Darlehensnehmers zu einem außergerichtlichen Beschwerde- und Rechtsbehelfsverfahren und gegebenenfalls die Voraussetzungen für diesen Zugang.**

(2) **Der Immobiliar-Verbraucherdarlehensvertrag muss folgende klar und verständlich formulierte weitere Angaben enthalten, soweit sie für den Vertrag bedeutsam sind:**
1. **die Voraussetzungen und die Berechnungsmethode für den Anspruch auf Vorfälligkeitsentschädigung, soweit der Darlehensgeber beabsichtigt, diesen Anspruch geltend zu machen, falls der Darlehensnehmer das Darlehen vorzeitig zurückzahlt, und die sich aus § 493 Absatz 5 des Bürgerlichen Gesetzbuchs ergebenden Pflichten,**
2. **bei einem Immobiliar-Verbraucherdarlehensvertrag in Fremdwährung auch die sich aus den §§ 503 und 493 Absatz 4 des Bürgerlichen Gesetzbuchs ergebenden Rechte des Darlehensnehmers.**

§ 12 Verbundene Verträge und entgeltliche Finanzierungshilfen

(1) **[1]Die §§ 1 bis 11 gelten entsprechend für die in § 506 Absatz 1 des Bürgerlichen Gesetzbuchs bezeichneten Verträge über entgeltliche Finanzierungshilfen. [2]Bei diesen Verträgen oder Verbraucherdarlehensverträgen, die mit einem anderen Vertrag gemäß § 358 des Bürgerlichen Gesetzbuchs verbunden sind oder in denen eine Ware oder Leistung gemäß § 360 Absatz 2 Satz 2 des Bürgerlichen Gesetzbuchs angegeben ist, muss enthalten:**
1. **die vorvertragliche Information, auch in den Fällen des § 5, den Gegenstand und den Barzahlungspreis,**
2. **der Vertrag**
   a) **den Gegenstand und den Barzahlungspreis sowie**
   b) **Informationen über die sich aus den §§ 358 und 359 oder § 360 des Bürgerlichen Gesetzbuchs ergebenden Rechte und über die Bedingungen für die Ausübung dieser Rechte.**

[3]Enthält der Verbraucherdarlehendsvertrag eine Vertragsklausel in hervorgehobener und deutlich gestalteter Form, die bei Allgemein-Verbraucherdarlehensverträgen dem Muster in Anlage 7 und bei Immobiliar-Ver-

braucherdarlehensverträgen dem Muster in Anlage 8 entspricht, genügt diese Vertragsklausel bei verbundenen Verträgen sowie Geschäften gemäß § 360 Absatz 2 Satz 2 des Bürgerlichen Gesetzbuchs den in Satz 2 Nummer 2 Buchstabe b gestellten Anforderungen. [4]Dies gilt bis zum Ablauf des 4. November 2011 auch bei entsprechender Verwendund dieses Musters in der Fassung des Gesetzes zur Einführung einer Musterwiderrufsinformation für Verbraucherdarlehensverträge, zur Änderung der Vorschriften über das Widerrufsrecht bei Verbraucherdarlehensverträgen und zur Änderung des Darlehensvermittlungsrechts vom 24. Juli 2010 (BGBl. I S. 977). [5]Bei Verträgen über eine entgeltliche Finanzierungshilfe treten diese Rechtsfolgen nur ein, wenn die Informationen dem im Einzelfall vorliegenden Vertragstyp angepasst sind. [6]Der Darlehensgeber darf unter Beachtung von Satz 3 in Format und Schriftgröße von dem Muster abweichen.

(2) **[1]Bei Verträgen gemäß § 506 Absatz 2 Satz 1 Nummer 3 des Bürgerlichen Gesetzbuchs sind die Angaben nach § 3 Abs. 1 Nr. 14, § 4 Abs. 1 Nr. 3 und § 7 Nummer 3 entbehrlich. [2]§ 14 Abs. 1 Satz 2 ist nicht anzuwenden. [3]Hat der Unternehmer den Gegenstand für den Verbraucher erworben, tritt an die Stelle des Barzahlungspreises der Anschaffungspreis.**

Titel 4. Schenkung

§ 516 Begriff der Schenkung

(1) **Eine Zuwendung, durch die jemand aus seinem Vermögen einen anderen bereichert, ist Schenkung, wenn beide Teile darüber einig sind, dass die Zuwendung unentgeltlich erfolgt.**

(2) **[1]Ist die Zuwendung ohne den Willen des anderen erfolgt, so kann ihn der Zuwendende unter Bestimmung einer angemessenen Frist zur Erklärung über die Annahme auffordern. [2]Nach dem Ablauf der Frist gilt die Schenkung als angenommen, wenn nicht der andere sie vorher abgelehnt hat. [3]Im Falle der Ablehnung kann die Herausgabe des Zugewendeten nach den Vorschriften über die Herausgabe einer ungerechtfertigten Bereicherung gefordert werden.**

Lit.: Böhr, Beweislastprobleme bei der Schenkung, NJW 2001, 2059; Dommermuth-Alhäuser/Heup, Anrechnung von Trinkgeld auf den Mindestlohn?, NZA 2015, 406; Grundmann, Zur Dogmatik der unentgeltlichen RGeschäfte, AcP 198, 457; Grunewald, Leichtfertige Vermögenszusagen an Gesellschaften und Vereine, FS Hüffer, 2010, 237; dies., Leistungen causa societatis als Sonderfall des Schenkungsrechts?, NZG 2011, 613; Gsell, Beweislastrechtliche Schwäche durch Formzwang: Die Schenkung als causa minor, FS Westermann, 2008, 267; Herrmann, Vollzug von Schenkungen nach § 518 Abs. 2, Diss. Hamburg 1978; Höfling, Die Schenkung und die unentgeltliche Verfügung im Erbrecht, Diss. Bochum 2019; Jakob, Die Ausstattung (§ 1624 BGB) – ein familienrechtliches Instrument moderner Vermögensgestaltung?, AcP 207, 198; Knobbe-Keuk, „Verunglückte" Schenkungen, FS Flume, 1978, II, 149; Loschelder, Die Dauerleihgabe, NJW 2010, 705; Mock, Die Heilung fehlerhafter Rechtsgeschäfte, 2014; Muscheler, Der Zuwendungsvertrag zwischen Stiftung und Destinatär, NJW 2010, 341; Nehlsen-von Stryk, Unentgeltliches schuldrechtliches Wohnrecht – Zur Abgrenzungsproblematik von Leihe und Schenkung, AcP 187, 552; Poelzig, Die Dogmatik der unbenannten unentgeltlichen Zuwendungen im Zivilrecht, JZ 2012, 425; Steiner, Praktische Probleme der Heilung formnichtiger Schenkungen, ZEV 2009, 68; Streiter, Die Rechtsnatur von Stipendien, Wissenschaftsrecht 2005, 2; sa Lit. zu §§ 528–529.

1. Allgemeines. a) Begriff. Schenkung ist die vertragliche unentgeltliche Zuwendung eines Vermögensvorteils aus dem Vermögen des Zuwendenden (Schenkers) an einen anderen (den Beschenkten; vgl. **I** und zu den einzelnen Merkmalen näher → Rn. 4 ff.). 1

b) Arten und Rechtsnatur. aa) Bei der (formlos möglichen) **Handschenkung (I)** fallen Kausalgeschäft und dingliches Vollzugsgeschäft zusam- 2

men; es wird keine Pflicht zur Übereignung (Verschaffung) begründet, sondern mit der dinglichen Zuwendung erfolgt die schuldrechtliche Vereinbarung des Rechtsgrundes („donandi causa"; BGH NJW 2007, 2844; hM). **bb)** Das formbedürftige (§ 518) **Schenkungsversprechen** ist einseitig verpflichtender Schuldvertrag; die Schenkung liegt hier bereits in der Begründung der Forderung (vgl. Larenz, SchuldR BT II/1, § 47 I). Schenkweise Zuwendung durch Vertrag zgDr ist möglich
3 (§§ 328 ff.; → Rn. 16). **c) Bedeutung.** Schenkung ist ein Unterfall der unentgeltlichen Zuwendungen unter Lebenden (OLG Köln ZIP 1988, 1203); **Abgrenzung** von letztwilligen Zuwendungen: → Rn. 21; von anderen Verträgen ohne Gegenleistung: → Rn. 14 f., 20.

4 **2. Voraussetzungen. a) Zuwendung** ist die Verschaffung eines Vermögensvorteils, der auf Kosten des Schenkers zugewendet wird. Wirtschaftlicher Wert der Zuwendung für Schenker unerheblich, ebenso ob er für Beschenkten derselbe ist (BGH NZM 2021, 728 Rn. 25 f., BGH lässt aber offen, ob anderes gilt, wenn Zuwendung für Schenker ohne jeden wirtschaftlichen Wert war oder für ihn zu einer wirtschaftlichen Belastung geführt hat). **aa)** Sie kann bestehen in einer **Handlung** oder in einem **Unterlassen** (Bsp: Nichtunterbrechung der Verjährung; vgl. aber → Rn. 6), in der Vornahme eines **RGeschäfts** (zB gem. §§ 397, 398, 873, 925, 929; §§ 328, 331; § 267) oder einem Realakt (zB gem. §§ 946, 947).
5 **bb) Gegenstand** der Zuwendung ist ein Vermögensvorteil, dh jede Mehrung der Aktiven oder Minderung der Passiven beim Empfänger (BGHZ 101, 229, 232 mN). Bsp: Eigentums-, Rechts- und Anteilserwerb; zB eines Anteils an einer BGB-Gesellschaft (→ Rn. 22); Erlass von Verbindlichkeiten; Verzicht auf Rechte, zB auf Erbrecht (→ Rn. 9), Verzicht auf dingliches Wohnungsrecht, selbst wenn Schenker an Rechtsausübung dauerhaft gehindert war (Bsp: dauerhafter Aufenthalt in Pflegeheim) (BGH NZM 2021, 728 Rn. 28 ff.: gegensätzliche Rspr. zu § 1804 S. 1 lässt sich wegen unterschiedlichem Normzweck nicht auf § 516 übertragen). Anders aber, wenn Wohnungsrecht niemandem mehr einen Vorteil bietet. Nießbrauch (OLG Köln NJW-RR 2017, 915; jedoch ist Verzicht auf das Rückforderungsrecht nach § 517 Alt. 2 keine Schenkung, → § 517 Rn. 1); Aneignungsgestattung; befreiende Schuldübernahme; Befreiung des Zuwendungsempfängers von Einkommenssteuerschuld durch den Zuwendenden (infolge Ausübung des Pauschalierungswahlrechts gem. §§ 37b III, 40 III 2 Hs. 1 EStG) → in Befreiung liegt ein vermögenswerter Vorteil (BFH DStR 2017, 1255, 1256 Rn. 15 zur Schenkung von Freikarten und deren steuerlicher Behandlung). **Kein Zuwendungsgegenstand:** die Leistung von Diensten (vgl. aber → Rn. 14). **cc)** Für die **Bestimmung** des Zuwendungsgegenstands bei Hingabe eines Geldbetrages zum Erwerb eines Vermögensobjekts (wichtig für §§ 528, 531) ist der Wille der Beteiligten (§§ 133, 157)
6 maßgebend (BGHZ 112, 40, 46 mN). **b) Entreicherung des Schenkers.** Die Zuwendung (→ Rn. 4 f.) muss das gegenwärtige Vermögen des Zuwendenden dauerhaft mindern (I: „aus"). Substanzgleichheit zwischen Entreicherung und Vermögensvorteil ist aber nicht erforderlich (BGHZ 112, 40, 46; BFH ZEV 2002, 427, 428 mN), der geschenkte Gegenstand (also Sache, Recht oder sonstiger vermögenswerter Vorteil, → § 90 Rn. 1) braucht nicht zuvor Eigentum des Schenkers gewesen zu sein (→ Rn. 5 [cc]). Freie Verfügungsmöglichkeit über eine von einem anderen bezahlten Reise ist Schenkungsgegenstand (OLG Saarbrücken NJW-RR 2014, 139, 140: Recht eines Abgeordneten, den Destinär einer durch das Bundespresseamt durchgeführten Reise zu bestimmen). Möglich ist auch Schenkung durch **Leistung eines Dritten** (mittelbare Schenkung; vgl. → Rn. 16). Entreicherung **fehlt** bei Unterlassen eines zukünftigen Vermögenserwerbs zugunsten eines anderen (§ 517,
7 dort weitere Einschränkungen). **c) Bereicherung des Beschenkten.** Obj. Merkmal, keine Bereicherungsabsicht erforderlich; auf wirtschaftlichen oder faktischen Gewinn kommt es nicht an (anders als bei § 818). Keine Bereicherung, wenn der Empfänger lediglich Durchgangsperson ist und das Erhaltene ohne eigene Nutzung zurück- (BFH BB 1984, 1724, 1727; → Rn. 21) oder weitergeben muss

(→ §§ 525–527 Rn. 3 [cc]), so bei **Kettenschenkungen** (Knobbe-Keuk FS Flume, 1978, II, 149, 167; → Rn. 16), **fiduziarischen Rechtsgeschäften** (Larenz, SchuldR BT II/1, § 47 I) oder **Spenden** bei Sammlungen zu wohltätigen Zwecken (RGZ 62, 386, 391); Schenkung jedoch, wenn jur. Person solche Zwecke verfolgt (RGZ 71, 140, 143; 105, 305, 308 f., str., aA [zu § 2329 für Zuwendung an **Stiftung** zur Förderung des Stiftungszwecks] OLG Dresden NJW 2002, 3181 m. abl. Anm. Rawert NJW 2002, 3151 mN). Zuwendung einer Stiftung an einen Destinatär im Rahmen des Stiftungszwecks ist Schenkung, weil unentgeltlich (Muscheler NJW 2010, 341, 343, zur Formfrage → § 518 Rn. 2), nicht aber ist Rechtsgrund der Zuwendung der Stiftungszweck (so aber BGH NJW 2010, 234; NJW 1957, 708). Zustiftung ist Schenkung unter Auflage (Muscheler NJW 2010, 341, 343). **d) Obj.** 8
und subj. Unentgeltlichkeit. aa) Begriff. Erforderlich ist Einigung über Unentgeltlichkeit. Auslegung muss alle Umstände des Einzelfalls würdigen, neben Wortlaut des Vertrags über die Zuwendung sind Umstände seines Zustandekommens und seiner Ausgestaltung zu beachten (BGH NJW 2016, 324, 325 Rn. 16). Unentgeltlichkeit bedeutet Unabhängigkeit der Zuwendung (→ Rn. 4 f.) von einer Gegenleistung (fehlende Entgeltlichkeit). *Entgeltlich* ist die Zuwendung, wenn sie um der Gegenleistung willen erbracht wird (§ 320; synallagmatische Verknüpfung), ferner, wenn die Zuwendung unter der Bedingung einer Gegenleistung oder als Zweck derselben erfolgt (BGH NJW 1982, 436; 1992, 2566, 2567; OLG Hamm NJW-RR 1993, 1412; BGH NJW 2009, 2737; konditionale und kausale Verknüpfung; Abgrenzung zur Auflagenschenkung: → §§ 525–527 Rn. 2, 4). Gegenleistung kann auch bei Leistung an einen Dritten vorliegen und braucht keinen Geldwert zu haben (BGH NJW-RR 1990, 386). Subj. dürfen Schenker und Beschenkter keine Gegenleistung des Beschenkten oder eines Dritten erwarten und bezwecken (Grunewald NZG 2011, 613, 614 ff.). Für ein streng subj. Verständnis der Unentgeltlichkeit Meincke/Hannes/Holtz, ErbStG, 18. Aufl. 2021 § 7 ErbStG Rn. 3, 10 ff., 83 ff. (dort auch Abgrenzung BGB-Schenkung und Schenkung iS ErbStG). **bb) Einzel-** 9
fragen. *Allein* im obj. **Missverhältnis zwischen Leistung und Gegenleistung** liegt keine – teilw. – Schenkung (uU Fall von § 138 I, II), die Bewertung der Leistungen ist Sache der Parteien (→ Rn. 17). Einigung über zumindest teilweise Unentgeltlichkeit wird aber bei obj. auffälligem, grobem, also über ein geringes Maß deutlich hinausgehendem Missverhältnis zugunsten von betroffenen Dritten vermutet (BGH NJW 2010, 998; 12, 605 Rn. 19 mN). **Beweiserleichterung** dieser tatsächlichen Vermutung greift nur zugunsten von solchen Dritten, deren schutzwürdige Interessen durch das Vorliegen einer Schenkung tangiert werden, also zB von Pflichtteilsberechtigten (BGHZ 59, 132, 136; NJW 2014, 294), Vertrags- oder Schlusserben (BGHZ 82, 274, 281 f.; NJW 2014, 294) oder Sozialhilfeträgern nach der Überleitung von Rückforderungsansprüchen aus § 528 (BGH NJW 1995, 1349; NJW-RR 1996, 754, 755; NJW 2014, 294), nicht aber zugunsten des insoweit nicht schutzwürdigen Zuwendungsempfängers (BGH NJW 2014, 294). Jedoch **verschleierte Schenkung** (bedeutsam für Ansprüche Dritter, → Rn. 12) bei willkürlicher Bewertung (BGH NJW-RR 1989, 706). Die **Leistung auf eine Schuld** erfolgt nie unentgeltlich (Grund: § 362), auch nicht bei unvollkommenen Verbindlichkeiten (§§ 762, 656; Larenz, SchuldR BT II/1, § 47 I). Übernahme dinglicher Belastungen bei Grundstücksschenkungen ist idR keine Gegenleistung, sondern Wertminderung (BGHZ 107, 156, 159 f.). Die Erfüllung einer **moralischen Pflicht** (Dankesschuld) schließt Unentgeltlichkeit nicht aus (remuneratorische Schenkung; vgl. → Rn. 19; → § 534 Rn. 1, 3). **Keine** Schenkung sind: die **Ausstattung** eines Kindes im Rahmen des § 1624 (dazu Knodel ZErb 2006, 225; Jakob AcP 207, 198), sog. **unbenannte (ehebedingte) Zuwendungen unter Ehegatten** (BGHZ 127, 48, 50; → Rn. 20; → § 242 Rn. 11; → § 1372 Rn. 6; aA Seif FamRZ 2000, 1193; FamRZ 2001, 143), **ehebezogene elterliche Zuwendungen** (wie → Rn. 20, str.; s. BGHZ 129, 259, 263 f. mN; OLG Nürnberg FamRZ 2006, 38, dazu Schröder ebda. 40; OLG Celle NJW-RR 2003, 721; OLG Düsseldorf NJW-RR 1994, 1411, krit. Tiedtke JZ 1996, 201 f. Zu unbenannten

Zuwendungen in und außerhalb der Ehe s. Poelzig JZ 2012, 425; krit. Liebrecht AcP 2017, 886. Zur Abgrenzung gegenüber Darlehensvertrag OLG Koblenz FamRZ 2005, 898, dazu Wever ebda. 899 f. Schwiegerelterliche Zuwendungen an den Ehepartner oder nichtehelichen Lebenspartner des Kindes sind nach neuer Rspr. Schenkungen, vgl. → Rn. 20) sowie idR die Begründung einer Gütergemeinschaft (BGHZ 116, 178, 180 ff. mN). **Geschenke unter Ehegatten** können in Wirklichkeit Unterhaltsleistungen sein (OLG Bamberg FamRZ 1973, 200; Bosch FS Beitzke, 1979, 121, 136 f. mN); jedoch kann im Verhältnis zu Gläubigern (§ 134 InsO) eine abw. Beurteilung der Unentgeltlichkeit geboten sein (BGHZ 71, 61, zw.). Bei **Zuwendungen unter nahen Verwandten** (s. OLG Koblenz MDR 2003, 19) besteht Schenkungsvermutung nur gem. §§ 685, 1620. Auf Zuwendungen im Rahmen einer **nichtehelichen Lebensgemeinschaft** sind die Grundsätze über unbenannte Zuwendungen (→ Rn. 20) entspr. anwendbar (so OLG Düsseldorf NJW-RR 1997, 1497, 1498 f. mwN, nach BGH NJW 2010, 998; 2014, 2638, 2639 Rn. 9 mN; liegen regelmäßig keine Schenkungen vor, dann wohl entspr. Anwendung der Grundsätze unbenannter Zuwendungen; str.; nicht beachtet in BGH NJW 1997, 3371; → § 242 Rn. 11). Zur Unentgeltlichkeit bei **erbrechtlichem Ausgleich** BGH MDR 1970, 668; auch bei **Erbverzicht** gegen Zuwendung hängt Qualifikation als Schenkung von Einigung über Unentgeltlichkeit ab. Verzicht auf Erb- und Pflichtteilsrecht nimmt der Zuwendung jedenfalls insoweit nicht den Charakter der Unentgeltlichkeit, als er nach dem Willen der Vertragsparteien der Ausgleichung von lebzeitigen Zuwendungen bei der Erbfolge dienen soll. Ein solcher Wille ist mangels gegenläufiger Anhaltspunkte regelmäßig anzunehmen, wenn die Höhe der Zuwendung in etwa der Erberwartung entspricht oder diese gar übersteigt (BGH
10 NJW 2016, 324, 325 ff. Rn. 12 ff., 18 mN, str.). **e) Einigung.** Die vertragliche Einigung (§§ 145 ff.) muss sowohl die Zuwendung als solche (→ Rn. 4 f.) als auch die Unentgeltlichkeit (→ Rn. 8 f.) umfassen (BGHZ 82, 227, 230; NJW-RR 1986, 866); sie fehlt zB bei irrtümlicher Annahme einer schuldrechtlichen Verpflichtung (RGZ 125, 383), desgl. bei entspr. Vortäuschung (vgl. BGHZ 113, 98, 102 f.). Stillschweigender Abschluss ist möglich, eine **Erleichterung** bietet **II.** Bei **Schenkungen an Minderjährige** sind § 107 (→ § 107 Rn. 5) und § 181 (→ § 181 Rn. 7, 9 aE) zu beachten (dazu BGH NJW 2005, 415; BGHZ 94, 232, 234 ff.; zum Fall der „darlehensweisen" Rückgewähr des Geschenks an den Schenker vgl. → Rn. 21). Zur zentralen Bedeutung des Willens zur Unentgeltlichkeit im Schenkungssteuerrecht und dem Zusammenhang mit § 516 s. eindringlich Meincke/Hannes/Holtz, ErbStG, 18. Aufl. 2021, § 7 Rn. 83 ff. **f) Ges. Verbot.** Schenkweise Zuwendungen von Bewohnern an Heimträger(-personal) sind idR unwirksam (§ 14 I, V HeimG iVm § 134; dazu BGHZ 110, 235, 239; NJW-RR 1995, 1272; → § 134 Rn. 11 f.). Ein von einem Betreuer abgegebenes Schenkungsversprechen, durch das eine unter Betreuung stehende Person ihren gesamten zum Todestag bestehenden Nachlass einer Stiftung verspricht, unterliegt dem Schenkungsverbot der §§ 1908i II 1, 1804 (BGH NJW 2020, 617, 618 Rn. 11 ff.).

11 **3. Rechtsfolgen. a) Leistungspflichten der Parteien. aa) Beschenkter:** keine (→ Rn. 8 f.), uU aber Pflicht zur Vollziehung einer Auflage (§ 525) und zur Rückgewähr (→ Rn. 12). **bb) Schenker:** Verschaffungspflicht besteht nur beim Schenkungsversprechen (→ Rn. 2); für Rechts- und Sachmängel haftet er nur
12 beschränkt (§§ 523, 524). **b) Beschränkte Rechtsbeständigkeit. aa) Unentgeltliches Geschäft.** Zwischen den Parteien bestehen erweiterte Möglichkeiten zur Auflösung (§§ 519, 528, 530). **bb) Unentgeltlicher Erwerb.** Gegenüber Dritten ist *die Regel,* dass Ansprüche der Gläubiger dem Recht des unentgeltlichen Erwerbers vorgehen (§§ 816 I 2, 822, 988; §§ 134, 145 II Nr. 3 InsO; §§ 4, 11 II AnfG). Schenkungen des Erblassers können uU zurückgefordert werden (§§ 2287, 2329). Beschränkungen gelten für unentgeltliche Zuwendungen des Vorerben (§ 2113 II), Testamentsvollstreckers (§ 2205 S. 3) und im Familienrecht (§§ 1425, 1641, 1804).
13 **c) Beweislast.** Bei Schenkungseinwand zB gegenüber der Darlehensklage (Klage-

leugnen) muss der Kläger die darlehensweise Hingabe beweisen (vgl. OLG Hamm NJW 1978, 224). Die Darlegungs- und Beweislast für die Herausgabe einer ungerechtfertigten Bereicherung trägt grds. der Anspruchsteller. Daher hat der Leistende das Fehlen eines Schenkungsversprechens (Rechtsgrund iSv § 812 I 1) zu beweisen. Doch trägt Leistungsempfänger Beweislast dafür, dass Leistung mit Wissen und Wollen des Leistenden bewirkt und der Formmangel damit geheilt worden ist (BGH NJW 2014, 2275, 2276 Rn. 11, 14 f. mN, sa ZEV 2003, 207); bei Erbenklage auf Herausgabe eines Sparbuchs, das auf den Namen des Erblassers als Forderungsinhaber ausgestellt ist, trägt der Sparbuchbesitzer, der Nichterbe ist, die Beweislast für den Einwand einer lebzeitigen Schenkung (OLG Koblenz ZErb 2003, 381); Schenkungsvermutungen: → Rn. 9.

4. Abgrenzung und Sonderfälle. Zur **Zweckschenkung** → §§ 525–527 Rn. 4. **a) Unentgeltliche Dienstleistungen** sind keine Vermögenszuwendungen (vgl. BGHZ 127, 48, 51; §§ 662 ff. gelten), uU liegt aber eine Zuwendung in dem Erlass einer sonst zu gewährenden Vergütung (BGHZ 101, 229, 232; ähnlich BT-Drs. 19/276563, 84; dazu → § 516a Rn. 4); bei Zweckverfehlung kann uU Vergütungspflicht in Frage kommen (LG Berlin FamRZ 1979, 503 betr. unentgeltliche Pflegeleistung und allg. → § 612 Rn. 3 aE); zum Ausgleich von Arbeitsleistungen zwischen Ehegatten → Rn. 20. **b) Unentgeltliche Gebrauchsüberlassung** ist Leihe (§§ 598 ff.), nicht Schenkung; dies gilt auch bei längerfristiger unentgeltlicher Überlassung von Sachen, die üblicherweise nur gegen Entgelt erfolgt (BGHZ 82, 254, 356 ff.; 125, 293, 298; NJW 1985, 313; ZEV 2008, 192; zust. Slapnicar JZ 1983, 325, 327 ff.; Langen ZMR 1986, 150, 151, str.). Bsp: unentgeltliches schuldrechtl. Wohnrecht auf Lebenszeit (OLG Hamm NJW-RR 1996, 717; → § 598 Rn. 3; aA Larenz, SchuldR BT II/1, § 47 I). Das gilt nach BGH NJW 2016, 2652 Rn. 17 f. selbst dann, wenn das Recht des Verleihers zur Eigenbedarfskündigung vertraglich ausgeschlossen ist (Abgrenzung zur Leihe → § 598 Rn. 3, 10). Aber Schenkung (offen BGH NJW 2016, 2652, Rn. 20), wenn die Gebrauchsüberlassung der wirtschaftlichen Weggabe der Sache nahe kommt, zB falls Wert Sache nach Ablauf der Vertragslaufzeiten erschöpft sein würde. **Zinsloses Darlehen** ist keine Schenkung (Crezelius BB 1978, 621; aA OLGR Stuttgart 2005, 489). **c) Mittelbare Schenkung** umfasst unterschiedliche Fallgestaltungen: Zuwendung von Kaufpreis zum Erwerb eines Vermögensobjekts (→ Rn. 5 [cc], 6), uU auch wenn Zuwendung erst nach Grundstückserwerb, s. BFHE 207, 360, dazu Van de Loo DStR 2005, 723; auch zur Zuwendung eines Übereignungsanspruchs. Bei unentgeltlicher Zuwendung durch **Vertrag zgDr** (§ 328) (bspw. mit Wirkung ab dem Tode des Zuwendenden, BGH NJW-RR 2018, 518; Grüneberg/Weidenkaff Rn. 2) – auch auf den Todesfall (§ 331) – liegt im Valutaverhältnis (formbedürftige: § 518) Schenkung vor (→ § 331 Rn. 3, 6 f.; → § 518 Rn. 8). Für Zuwendung durch Anlegung eines Sparkontos auf fremden Namen ist der innere Wille des Schenkers entscheidend (BGHZ 46, 198; NJW 1994, 931; → § 518 Rn. 8; → § 808 Rn. 4). **d) Gemischte Schenkung. aa) Begriff:** Vermögenszuwendung, die nach dem übereinstimmenden Willen der Parteien teils entgeltlich, teils unentgeltlich erfolgen soll (BGHZ 59, 132, 135; NJW 1987, 890, 892; 1992, 2566, 2567; 2012, 605; BayObLGZ 1996, 20, 26; → § 305 Rn. 30: Typenverschmelzungsvertrag). Das obj. Missverhältnis der Leistungen allein ist nicht entscheidend (BGHZ 82, 274, 281 f.; BayObLGZ 1995, 186, 191). Eine gemischte Schenkung setzt kein Überwiegen des unentgeltlichen Charakters des Geschäfts gegenüber dem entgeltlichen voraus; der obj. Wert der Zuwendung muss daher nicht mindestens das Doppelte der Gegenleistung betragen (BGH NJW 2012, 605). Subj. muss den Vertragsparteien eine Wertdifferenz zwischen den beiden Leistungsseiten bewusst und sie müssen sich einig sein, jedenfalls den überschießenden Leistungsteil dem Beschenkten unentgeltlich zuzuwenden. Gegenleistung darf nicht lediglich ein gewollt günstiger Preis sein (BGH NJW 2012, 605, 606 mN). Besteht eine auffallende, über ein geringes Maß deutlich hinausgehende Diskrepanz, dann nach Lebenserfahrung tatsächliche, widerlegbare

Vermutung für einen Schenkungswillen der Vertragsparteien (BGH NJW-RR 2020, 179, 180 Rn. 12; NJW 2012, 605, 606 mN). Nennung der Vorwegnahme der Erbfolge als Motiv gibt nach BGH NJW 2012, 605, 606 mN keinen Hinweis auf Willensbildung, da dieses Motiv sowohl auf unentgeltliche Zuwendung wie entgeltliches Geschäft mit Rechtsfolgen einer Erbschaft hindeuten könne. Zweifelhaft, da in aller Regel wie beim Erbgang keine Gegenleistung gewollt sein dürfte. **bb) Abgrenzung.** Kauf zum Freundespreis ist idR nicht teilw. unentgeltlich (BGH FamRZ 1964, 429, 431; Grund: Schenkungswille fehlt); dagegen sind **Übergabeverträge,** die die künftige Erbfolge vorwegnehmen, idR gemischte Schenkungen (BGHZ 3, 206; 107, 156, 159; einschr NJW 1995, 1350; s. aber noch → Rn. 9); für den Hofübergabevertrag einschr. BayObLGZ 1995, 186; berührt Schenkungscharakter nicht (→ §§ 525–527 Rn. 2). Zuwendung im Wirtschaftsverkehr gegen Schutzgebühr kann gemischte Schenkung sein, s. Weimar/Grote DB 2006, 600. Schenkungswille hinsichtlich einer Teilentgeltlichkeit kann nicht vermutet werden, wenn Entgelthöhe anhand eines Gutachtens vereinbart wird (OLG München BeckRS 2015, 2219) oder Vertragsabrede auf den Eintritt des Minderjährigen kraft Gesetzes (zB nach §§ 593b, 566) in bestehende Miet- oder Pachtverhältnisse verweist, denn dann ist Vertragseintritt keine vertragliche Gegenleistung, sondern gesetzliche Folge des Eigentumserwerbs. Anders, wenn Kausalgeschäft über den gesetzlichen Vertragseintritt hinaus geht oder unabhängige Abreden zur rechtsgeschäftlichen Übernahme von Verpflichtungen aus den Verträgen durch den Erwerber umfasst (OLG Hamm NJW-RR 2014, 1350 f.; OLG Düsseldort, MittBayNot 2018, 40, 41 Rn. 15 mN). Dingliche Belastungen (zB vorbehaltener Nießbrauch) mindern von vornherein den Wert eines schenkungsweise zugewendeten Grundstücks. Sie sind bei der Berechnung des Werts (kapitalisierter Wert der hieraus zu ziehenden Nutzungen) in Abzug zu bringen (BGH NJW 2017, 329, 330 Rn. 9 f.).

18 **cc) Behandlung** (umstr.; ie Looschelders BT § 18 Rn. 28 ff.; MüKo-BGB/Koch Rn. 36 ff.). Überwiegt der unentgeltliche Charakter des Geschäfts, so ist es als Schenkung anfechtbar (→ Rn. 12), für das ganze Leistungsversprechen gilt § 518; das Rückforderungsrecht (§§ 527, 528, 530) ist auf den Gegenstand selbst gerichtet (auch ohne Einrede) Zug um Zug gegen Wertausgleich des entgeltlichen Teils (BGHZ 107, 156, 159; 112, 40, 53 mN; NJW 2012, 605, 606 mN; BayObLGZ 1996, 20, 27); überwiegt der unentgeltliche Charakter nicht, steht dem Schenker nur ein Anspruch auf Wertersatz in Höhe des unentgeltlichen Wertanteils zu, BGH NJW 2012, 605, 606. Ansprüche wegen Rechts- und Sachmängeln richten sich nach Schenkungsrecht, soweit es anwendbar ist (ie str., s. Schlinker AcP 206, 28).

19 **e) Belohnende (remuneratorische) Schenkung. aa) Begriff:** Remuneratio bedeutet Erkenntlichkeit. Rechtlich nicht geschuldete Zuwendung an den Empfänger für eine von diesem erbrachte Leistung (BGH NJW 1982, 436). Die Zuwendung muss als „Belohnung" gewollt, dh darf kein „Entgelt" für die Leistung des Empfängers sein (OLG Hamm NJW-RR 1995, 567). Bsp: Prämie für sportliche Leistung (OLG München NJW 1983, 759); Zuwendung nach gewährter unentgeltlicher Pflege und Betreuung (OLG Düsseldorf FamRZ 1984, 887, 888; uU aber Fall von u. bb). **bb) Abgrenzung:** Entgeltlicher Vertrag liegt bei nachträglicher „Entlohnung" vor (OLG Düsseldorf DNotZ 1996, 652, 653). Bsp: Freiwillige Vergütung für geleistete Dienste (RGZ 94, 322, 324) oder Pflege (OLG Düsseldorf DNotZ 1996, 652); zusätzliche Leistungen des AG an AN (zB Gratifikation, Ruhegeld; vgl. → § 611 Rn. 34), wohl auch (str., s. Dommermuth-Alhäuser/Heup NZA 2015, 406, 407; für Anstandsschenkung MüKo-BGB/Koch Rn. 31, § 534 Rn. 4 f.,) das Trinkgeld (§ 107 III 2 GewO: Trinkgeld ist ein Geldbetrag, den ein Dritter ohne rechtliche Verpflichtung dem Arbeitnehmer zusätzlich zu einer dem Arbeitgeber geschuldeten Leistung zahlt); ferner die Zusage einer Zuwendung an einen Trainer bei Obsiegen seiner Mannschaft (BGH JZ 2009, 1120 m. iE zust. Anm Kleinschmidt).

20 **f)** Sog. **unbenannte Zuwendungen unter Ehegatten** sind ehebezogene RGeschäfte eigener Art zur Gestaltung der ehelichen Lebensgemeinschaft (BGHZ 116, 167, 169 ff. mN, stRspr und hM, immer noch str.); trotz obj. fehlender Gegen-

leistung sind sie (iGgs zu → Rn. 8 f.) „nicht unentgeltlich" (BGHZ 127, 48, 52; BGH FamRZ 1998, 669, 670); Grund: Einigung über Unentgeltlichkeit fehlt (Zuwendungszweck ist Sicherung/Stärkung der wirtschaftlichen Ehegrundlage, basierend auf der Annahme, Zuwendender werde innerhalb der Ehe an dem Vermögenswert und seinen Früchten teilhaben; keine unbenannte Zuwendung, wenn die einseitig begünstigende und frei disponible Bereicherung des Empfängers gewollt ist: BGH FamRZ 2006, 1022, 1023; BGHZ 116, 167, 169; BGH NJW 2003, 510); Gegenstand der Zuwendung kann sowohl die Vermögenssubstanz als auch (weitergehend als → Rn. 14) die Arbeitsleistung eines Ehegatten sein (BGHZ 127, 48, 51 ff.). **Behandlung:** Keine Schenkung iSd §§ 516 ff., 1373 ff.; unanwendbar sind insbes. § 530 (→ §§ 530–533 Rn. 1) und § 1374 II (BGHZ 129, 259, 263 mN, str.; → § 1374 Rn. 9); bei Scheidung erfolgt grds. ein güterrechtlicher Ausgleich (vgl. BGHZ 115, 132; 119, 283, 296), ausnahmsweise (zB in Notbedarfsfällen, so BGHZ 115, 132) Ausgleich nach § 242, jetzt § 313 (→ § 313 Rn. 34, → § 1372 Rn. 3–6; Bsp. OLG Naumburg NJW 2006, 2418; OLG Koblenz FamRZ 2006, 412; krit. zur dogmatischen Konstruktion Liebrecht AcP 2017, 886). Die Drittschutzvorschriften des Erb- (§§ 2287, 2325) und Vollstreckungsrechts (§ 134 InsO, § 4 AnfG) sind aber anwendbar (BGHZ 71, 61; 116, 167, 174 ff., str.; teilw. aA Apfelbacher [su] 141 ff.). **Formzwang** → § 518 Rn. 1. **Abgrenzung** zu „echter" Schenkung iSv § 516: BGHZ 87, 145, 146; NJW 1992, 238, 239; NJW-RR 1993, 1410; zu Zuwendungen unter nichtehelichen Lebenspartnern: → Rn. 9 aE. Unentgeltliche **Zuwendungen der Schwiegereltern** an das Schwiegerkind sind keine unbenannten Zuwendungen, sondern Schenkungen, auch wenn sie um der Ehe des eigenen Kindes willen erfolgen. Insbes. fehlt es nicht an einer Einigung über die Unentgeltlichkeit der Zuwendung (BGHZ 184, 190 = NJW 2010, 2202, Rn. 21; 2010, 2884; 2012, 523, 524; 2015, 690 Rn. 17; NJW 2015, 1014 Rn. 14 f. mAnm Schmitz, dazu Wellenhofer JuS 2015, 271; BGH NJW 2016, 629, 630 Rn. 16; anders noch BGH NJW-RR 2006, 664; dazu Adolphsen/Mutz JuS 2011, 431; Wellenhofer JuS 2012, 558). **Rückforderungsansprüche** nach Scheitern der Ehe können auf **§ 313** (BGH NJW 2015, 1014 Rn. 16 ff. mN; OLG Bremen NJW 2016, 83, dort zum Abschlag wegen teilweiser Zweckerreichung nach der Eheerwartung des Schenkers, regelmäßig orientiert an der statistischen Lebenserwartung der Ehepartner im Zeitpunkt der Zuwendung) bzw. **§ 812 I 1 Alt. 2** gestützt werden. Sie sind nicht ausgeschlossen, wenn auch das eigene Kind über den Zugewinnausgleich teilw. von der Schenkung profitiert. Auch bei nichtehelichen Lebensgemeinschaften können elterliche Schenkungen von Grundeigentum oder Finanzierungsbeiträgen für eine Wohnimmobilie bei beendeter Lebensgemeinschaft des Kindes nach § 313 zurückgefordert werden, wenn die Fortsetzung der Lebensgemeinschaft für mehr als eine nur kurze Dauer Geschäftsgrundlage iSd § 313 I für die Schenkung war und davon auszugehen ist, dass die Schenkung bei Kenntnis von der baldigen Trennung nicht erfolgt wäre (BGH NJW 2019, 3511 ff.; krit. Löhning JA 2019, 865, zust. Anm. Mayer ZEV 2019, 718, 723); eine Anpassung ist nicht zumutbar (BGH NJW 2019, 3511, 3513 f. Rn. 34 ff.); gezogene Nutzungen sind von der Rückgabepflicht nicht erfasst (BGH NJW 2019, 3511, 3514 Rn. 40). Zur Abgrenzung der Schwiegerelternschenkung vom Schwiegerelterndarlehen s. OLG Köln ZEV 2016, 712. ***Lit.:*** *aktuell:* Adolphsen/Mutz JuS 2011, 431; Braeuer FPR 2011, 75; grundlegend Lieb, Die Ehegattenmitarbeit im Spannungsfeld zwischen Rechtsgeschäft, Bereicherungsausgleich und gesetzlichem Güterstand, 1970, 121 ff.; sa Apfelbacher, Ehebedingte Zuwendungen und Ehegatten-Eigenheimgesellschaft, 1993; Münster, Unbenannte Zuwendungen, 2005; Meincke NJW 1995, 2769. Abreden zur **Brautgabe (Morgengabe)** des jüdischen Rechts (geregelt in Ketubah [Ehevertrag]) bzw. zur ihr entsprechenden Mahr des islamischen Rechts bei religiösen Trauungen sind wegen des kulturellen und religiösen unlösbaren Zusammenhangs mit Heirat nicht unentgeltlich, sondern ehebezogen. Daher keine Schenkung, sondern Vertrag sui generis. Es gelten dafür Grundsätze der unbenannten (ehebedingten) Zuwendung, wobei aber – anders als bei unbenannter Zuwendung zwischen Ehegatten – idR keine Erwartung des Fortbestands der Ehe besteht. Nur sehr ausnahmsweise als Ehevertrag nach § 1408 I BGB oder als Unterhaltsvereinbarung nach § 1585c zu qualifizieren (BGH NJW 2020, 2024, 2027 f. Rn. 20 ff., 22 ff., 28 ff.). Formzwang → § 518 Rn. 2.

21 **g) Zuwendungen eines Geldbetrags mit gleichzeitiger Rückgewähr als „Darlehen"** (ebenso bei Rückfluss infolge **stiller Gesellschaft,** s. BFHE 170, 41; BFHReport 2003, 119): Keine Schenkung des Geldbetrags (BFH NZG 2002, 692 mN; BFHE 167, 119; BFH BB 1984, 1724, 1727; Knobbe-Keuk FS Flume, 1978, II, 149, 172), desgl. keine schenkweise begründete Darlehensforderung (so aber Lenz MDR 1985, 989 gegen BFH), sondern befristetes Schenkungsversprechen bzgl. der Darlehenszinsen (so BFH BB 1984, 1724, 1727, str.); zur Abgrenzung bei Schwiegerelterndarlehen → Rn. 20. **h) Schenkung von Todes wegen:** § 2301 mAnm; → Rn. 16. Abgrenzung: BGHZ 157, 79.

22 **i) Gesellschaftsbeteiligungen** (auch an Personengesellschaften) können Gegenstand von – uU gemischten – Schenkungen sein (BGHZ 191, 354 ff., dazu K. Schmidt JuS 2012, 460: Unterbeteiligungen; 112, 40, 44 ff. mN: Kommanditanteil; BFH ZEV 2002, 427: auch Werterhöhung der Kommanditbeteiligung; BFHE 179, 166; OLG Koblenz NZG 2002, 570 [auch zur Klage des Schenkers gegen die Mitgesellschafter auf dinglichen Vollzug der Schenkung]; OLG Frankfurt a. M. NJW-RR 1996, 1123, 1124 mN: BGB-Gesellschaftsanteil [zur stillen Gesellschaft: BFHE 170, 41; BFHReport 2003, 119]; bei Nachfolgeklauseln unter Abfindungsausschluss kommt es auf die Umstände des Einzelfalls an (BGH NJW 2020, 2396, 2397 Rn. 19 f.). Rückforderungsansprüche (§§ 527, 528, 530 f.) gehen auf Anteils-(rück-)übertragung ohne Abfindung (BGHZ 112, 40, 47 ff., str.). **Lit.:** K. Schmidt BB 1990, 1992; Wiedemann DB 1990, 1649. Abrede zwischen Gesellschafter und Gesellschaft, er werde alle Verluste ausgleichen, ist idR keine Schenkung, da nicht unentgeltlich, sondern **causa societatis** eingegangene Verpflichtung (BGH ZIP 2006, 1199, dazu eingehend Grunewald FS Hüffer, 2010, 237). Leistungen aus dem Gesellschaftsvermögen an einzelne Gesellschafter im Hinblick auf die Mitgliedschaft sind keine Schenkung (BGH WM 2013, 26).

23 **j) Massekostenvorschuss.** Zusage eines Massekostenvorschusses ohne Gegenleistung ist (formbedürftiges, § 518 I) Schenkungsversprechen (s. LG Hamburg ZVI 2002, 362).

§ 516a Verbrauchervertrag über die Schenkung digitaler Produkte

(1) [1]**Auf einen Verbrauchervertrag, bei dem der Unternehmer dem Verbraucher**
1. digitale Produkte oder
2. einen körperlichen Datenträger, der ausschließlich als Träger digitaler Inhalte dient,

schenkt, und der Verbraucher dem Unternehmer personenbezogene Daten nach Maßgabe des § 327 Absatz 3 bereitstellt oder sich hierzu verpflichtet, sind die §§ 523 und 524 über die Haftung des Schenkers für Rechts- oder Sachmängel nicht anzuwenden. [2]**An die Stelle der nach Satz 1 nicht anzuwendenden Vorschriften treten die Vorschriften des Abschnitts 3 Titel 2a.**

(2) **Für einen Verbrauchervertrag, bei dem der Unternehmer dem Verbraucher eine Sache schenkt, die digitale Produkte enthält oder mit digitalen Produkten verbunden ist, gilt der Anwendungsausschluss nach Absatz 1 entsprechend für diejenigen Bestandteile des Vertrags, welche die digitalen Produkte betreffen.**

Lit.: L. Bittner, Verträge über digitale Produkte – der Beginn des digitalen Zeitalters im BGB, VuR 2022, 9; Faust, Digitale Wirtschaft – analoges Recht: braucht das BGB ein Update? Gutachten A zum 71. Deutschen Juristentag, 2016; ders., Digitale Wirtschaft – Analoges Recht: Braucht das BGB ein Update?, NJW-Beil 2016, 29; Hacker, Daten als Gegenleistung: Rechtsgeschäfte im Spannungsfeld von DS-GVO und allgemeinem Vertragsrecht, ZfPW 2019, 148; Heiderhoff/Rüsing, §§ 327 ff. BGB in der Fallbearbeitung, JURA 2022, 1243, 1375; Kumkar,

Herausforderungen eines Gewährleistungsrechts im digitalen Zeitalter, ZfPW 2020, 306; Rosenkranz, Spezifische Vorschriften zu Verträgen über die Bereitstellung digitaler Inhalte und Dienstleistungen, ZUM 2021, 195; Schmidt-Kessel, Unentgeltlich oder entgeltlich? – Der vertragliche Austausch von digitalen Inhalten gegen personenbezogene Daten, ZfPW 2017, 84; M. Stürner, Verträge über digitale Produkte: die neuen §§ 327–327u BGB. Teil 2: Gewährleistung, Unternehmerregress, Konkurrenzregelungen im Schuldrecht BT, JURA 2022, 159.

1. Allgemeines. Norm gilt seit 1.1.2022. Sie ist auf die Verträge anzuwenden, bei denen die Bereitstellung des geschenkten digitalen Produkts für die Zeit nach dem 31.12.2021 geschuldet ist (Art. 229 § 57 I, II EGBGB); sie beruht auf DI-RiLi-UG (→ § 327 Rn. 1 ff.; dazu L. Bittner VuR 2022, 9; M. Stürner JURA 2022, 159), das DI-RiLi umsetzt. § 516a ist **halbzwingend** (→ Rn. 10), setzt Vorliegen eines **Rgeschäfts** voraus (→ Rn. 2) und regelt Gewährleistungsrecht bei **Schenkung** von **digitalem Produkt** (**I**) bzw Produktelement (**II** → Rn. 9) durch Unternehmer an **Verbraucher** (→ Rn. 2). Nach ErwG 12 DI-RiLi lässt RiLi „die Rechtsnatur von Verträgen über die Bereitstellung digitaler Inhalte oder digitaler Dienstleistungen" unberührt. Die „Klärung der Frage, ob solche Verträge beispielsweise einen Kauf-, Dienstleistungs- oder Mietvertrag oder einen Vertrag sui generis darstellen", soll nach nationalem Recht erfolgen. Bundesgesetzgeber beruft sich darauf (BT-Drs. 19/27653, 37 f.) und trifft problematische Teilregelung in § 516a. Sie ist mindestens redaktionell missglückt → Rn. 5, → Rn. 6, → Rn. 8. Für §§ 327 ff. soll es unerheblich sein, wie Bereitstellung personenbezogener Daten bzw. Verpflichtung dogmatisch einzuordnen ist, insbes. ob es sich hierbei um eine (Gegen-)Leistung handelt und ob sie im Gegenseitigkeitsverhältnis steht oder nicht (BT-Drs. 19/27653, 40 zu § 327 III). § 516a regelt daher rein vorsorglich den Fall, dass das Bereitstellen von Daten gegen digitales Produkt oder Produktträger (I → Rn. 2) bzw. damit verbundene Sache (II → Rn. 10) bezogen auf die digitalen Leistungsaspekte als eine Schenkung qualifiziert wird. Gesetzgeber geht davon aus, dass „je nach den Umständen eine Schenkung anzunehmen sein" „kann" (!). Insoweit soll Norm dann schenkungsrechtliche Mängelhaftung (BT-Drs. 19/27653, 83 f.) verdrängen (→ Rn. 7). 1

2. Tatbestand (I). a) Verbrauchervertrag (Definition: → §§ 327 I, 310 III) zwischen Unternehmer (→ § 14) und Verbraucher (→ § 13). **Vertragsgegenstände** sind einerseits **personenbezogene Verbraucherdaten** iSv § 327 III (→ § 327 Rn. 10) und andererseits iSv § 327 I iVm III (**digitale Produkte** → Rn. 3), iSv § 327 V iVm III (**physische Träger digitaler Inhalte** → Rn. 3) oder iSv § 327a II iVm III (**Sachen mit digitalen Produktelementen** → Rn. 9). **Kein Fall** der §§ 327, 516a, wenn **Verbrauchervertrag fehlt,** zB wenn Verbraucher ausschließlich zwecks Erlangung des Zugangs zu digitalen Inhalten oder digitalen Dienstleistungen Werbung ausgesetzt ist, ohne mit dem Unternehmer einen Vertrag abgeschlossen zu haben (ErwG 25 DI-RiLi: Mitgliedstaaten steht es frei, die Anwendung dieser Richtlinie auf derartige Fälle auszudehnen oder sie anders zu regeln. In Deutschland nicht erfolgt). **Kein Fall** der §§ 327, 516a, wenn Ausnahme nach → § 327 VI gegeben, insbesondere → § 327 VI Nr. 6 (unentgeltliche Bereitstellung von freier und **quelloffener Software** und Datenerhebung ausschließlich zur Software-Optimierung) → § 327 Rn. 16. **b) Rgeschäftliche Einigung** über *Bereitstellung* **digitalen Produkts** (I Nr. 1 → § 327 I 1 Nr. 1: Digitale Inhalte oder digitale Dienstleistungen) oder eines physischen Datenträgers (zB USB-Stick, CD-Rom), der iSv → § 327 V nur **Träger digitaler Inhalte** ist (I 2 Nr. 2) durch Unternehmer an Verbraucher gegen Bereitstellen **personenbezogener Verbraucherdaten** iSV → § 327 III iVm → § 312 Ia 1. Grundlage des Austausches muss Verbrauchervertrag (→ Rn. 2) gem. § 327 I 1 sein. DI-RiLi geht davon aus, dass dann, wenn „Unternehmer nur Metadaten wie Informationen zum Gerät des Verbrauchers oder zum Browserverlauf erhebt", keine rgeschäftliche Einigung angezeigt ist, „es sei denn, der betreffende Sachverhalt gilt als Vertrag nach nationalem Recht" (ErwG 25 DI-RiLI). **Abgrenzung** zum Nicht-RGeschäft (→ vor § 104 Rn. 17, → vor § 116 Rn. 4 ff., Rn. 7 ff., → § 241 Rn. 24) und Vertragsschluss

(margin numbers: 2 beside "2. Tatbestand", 3 beside "b) Rgeschäftliche Einigung")

(→ §§ 133, 157, 145 ff.) regelt DI-RiLi nicht, s. Art. 3 X DI-RiLi und ErwG 24 DI-RiLi (sa BT-Drs. 19/27653, 40). Es gelten daher insoweit allgemeine Regeln des BGB. Daher ohne Präjudiz, wenn ErwG 25 DI-RiLi Richtlinie von fehlendem Vertragsschluss ausgeht, sofern „Unternehmer nur Metadaten wie Informationen zum Gerät des Verbrauchers oder zum Browserverlauf erhebt, es sei denn, der betreffende Sachverhalt gilt als Vertrag nach nationalem Recht." Jedenfalls dann, wenn Unternehmer Eröffnung eines Nutzerkontos oder Verbraucherzustimmung zu Nutzungsbedingungen dem Leistungs- und Datenaustausch vorschaltet, liegt Vertragsschluss vor (Faust NJW-Beil 2016, 29, 31). Zum Einigungszeitpunkt bei späterer Einwilligung zur Verwendung personenbezogener Daten s. ErwG 24 DI-RiLi.

4 **Datenbereitstellung** kann aktiv durch Verbraucher (zB Eintragung in online-Formular, etwa Fragebogen) oder Gestattung der Datensammlung durch Unternehmer erfolgen. Beispiele: Verbraucher gibt Einwilligung in das Setzen von Cookies des Unternehmers zur Übermittlung von Geräteinformationen oder zum Browserverlauf (BT-Drs. 19/27653, 41). Verbraucher eröffnet Konto in sozialen Medien und überlässt Unternehmer Namen und E-Mail-Adresse zu anderen Zwecken als denen der Bereitstellung der digitalen Produkte oder der Erfüllung rechtlicher Anforderungen. Verbraucher erteilt Einwilligung, dass personenbezogene Daten – etwa Fotos oder Textbeiträge, die er online stellt, – von einem Unternehmer zu Marketingzwecken verarbeitet werden dürfen (ErwG 24 DI-RiLi). Gem. → § 327 III letzter HS iVm → § 312 Ia 2 **kein Fall** der §§ 327, 516a, wenn Unternehmer personenbezogene Daten ausschließlich zum Zwecke der Bereitstellung digitaler Produkte (*Leistungserbringung*) oder ausschließlich zur Erfüllung rechtlicher Anforderungen (zB *gesetzlich erforderliche Registrierung* des Verbrauchers zu Sicherheits- und Identifizie-
5 rungszwecken) (dazu ErwG 25 DI-RiLi) erhebt. **c)** Zusätzlich erforderlich: **Rgeschäftliche Einigung** über **Schenkung** iSv → §§ 516, 518, also über Unentgeltlichkeit (→ § 516 Rn. 8). Fraglich, unter welchen Voraussetzungen rgeschäftliche **Einigung** zwischen Unternehmer (Schenker) und Verbraucher (Beschenkter) über Bereitstellung von digitalem Produkt oder dessen Träger im Gegenzug gegen Bereitstellen personenbezogener Daten iSv → Rn. 2 **unentgeltliche** Schenkung ist. Bundesgesetzgesetzgeber lässt das offen (→ Rn. 1). Abgrenzung zu Nicht-RGeschäft hat nach allgemeinen Regeln zu erfolgen (→ Rn. 3). Wenn digitale Inhalte Zug um Zug gegen personenbezogene Daten (= Einwilligung in Datenerhebung und -übermittlung) versprochen oder beide direkt übermittelt werden (zB online-Zugang zu Presseartikel gegen Unternehmer-Cookie), werden Leistungen ausgetauscht. **Entgeltlichkeit** liegt jedenfalls vor, wenn die eine Leistung kausal zur Erlangung der anderen erbracht wird. Dabei muss Leistung keinen Geldwert haben (→ § 516 Rn. 8), daher unerheblich, ob personenbezogenen Daten Geldwert zugeschrieben wird. Unentgeltlichkeit ist gegeben, wenn beide Leistungen unabhängig voneinander getätigt werden. Das spricht **idR gegen Unentgeltlichkeit** in der hier beschriebenen Konstellation, insbesondere bei einem datenbasierten unternehmerischen Geschäftsmodell (Kumkar ZfPW 2020, 306, 324 mN; Schmidt-Kessel ZfPW 2017, 84, 94 mN; ausf. Hacker ZfPW 2019, 148, 159 ff., 167 ff.; sa Faust 39 ff.; ders. NJW-Beil 2016, 29, 31). Der Hinweis des Gesetzgebers, dass der Europäische Datenschutzbeauftragte in diesem Kontext den Begriff „Gegenleistung" aus grundrechtlichen und datenschutzrechtlichen Gründen für verfehlt halte, weshalb die DI-RiLi auf diesen Begriff verzichte (BT-Drs. 19/27653, 40), ist im vorliegenden Zusammenhang ohne dogmatische Relevanz. Da der deutsche Gesetzgeber bei der Umsetzung DI-RiLi mit Blick auf die Indifferenz der RiLi in diesem Punkt (→ Rn. 1) ausdrücklich offen gelassen hat, unter welchen tatsächlichen Voraussetzungen eine Schenkung iSv § 516a anzunehmen sein soll (→ Rn. 1), ist aus §§ 327 III iVm § 516a nicht zu folgern, dass das Bereitstellen von personenbezogenen Daten regelmäßig als unentgeltlich einzustufen ist. § 516a trifft lediglich eine vorsorgliche Regelung, was gelten soll, falls im Einzelfall insoweit eine Schenkung vorliegen sollte. Ob sie vorliegt, ist wie bei § 516 nach allgemeinen Vorschriften zu beurteilen. Regelmäßig wird es nach dem Vorstehenden daher an dem Merkmal der Unentgelt-

lichkeit fehlen. In diesem Fall besteht auch kein Regelungsbedarf iSv § 516 I 2, II. Denn in diesem Fall gelten die §§ 523, 524, die § 516a durch das Gewährleistungsrecht der §§ 327 ff. ersetzen will (→ Rn. 1), ohnehin nicht. Dann greifen **§§ 327 ff. in direkter Anwendung.** Wenn **digitale Dienstleistungen** durch den Unterneh- 6
mer erbracht werden (→ Rn. 2), kann Schenkung ohnehin nur dann vorliegen, wenn Unternehmer eigentlich zu gewährende verabredete Vergütung erlässt (→ § 516 Rn. 14; weiter und in der Formulierung über das in Bezug genommene BGH-Urteil verfälschend hinausgehend BT-Drs. 19/27653, 40: „seine Arbeitskraft anderweitig gegen Ertrag hätte einsetzen können"). Daran wird es idR in den hier vorliegenden Konstellationen fehlen.

3. Rechtsfolge (I). a) Verdrängung §§ 523, 524. I 2 beruft für die digitalen 7
Produkte und Träger digitaler Produkte (→ Rn. 3) und **II** iVm I 2 für Sache mit digitalen Produktelementen (→ Rn. 9) nur für die Bestandteile des Vertrages, welche die digitalen Produkte betreffen (→ § 327 II) an Stelle der → §§ 523, 524 die → **§§ 327–327u** (= Abschnitt 3 Titel 2a), wobei die §§ 327t, 327u hier nicht einschlägig sind, da sie den Unternehmerrückgriff betreffen. Nach Normtext I 2 bzw. II werden die §§ 523, 524 verdrängt, soweit es digitale Produkte bzw. Produktelemente betrifft. Im Fall des I 1 Nr. 2 (körperlicher Datenträger) und des II (Sache mit digitalem Produktelement) gelten für Mangel an der jeweiligen physischen Sache die §§ 523, 524 unverändert. Nur für Mangel am jeweiligen digitalen Element greift gem. § 327a II 2 (für Konstellation des § 516a II) dann I 2 (BT-Drs. 19/27653, 84: „je nachdem, ob ein Mangel an der Sache [Hardware] oder am digitalen Produkt auftritt"). Digitalbezogener **Mangelbegriff** → §§ 327d–327g, **Mängelrechte** → § 327i iVm §§ 327l–327n (zum Gewährleistungsrecht der §§ 317 ff. in der Fallbearbeitung s. Heiderhoff/Rüsing JURA 2022, 1243 ff., 1375 ff.; Stürner, JURA 2022, 159). **b) Form und sonstige Schenkungsvorschriften.** I 2, II verdrängen 8
nur §§ 523, 524, nicht die sonstigen Schenkungsvorschriften. Geltung des Formzwangs gem. § 518 (→ § 518 Rn. 3) wäre aber richtlinienwidrig (Gefährdung des effet utile), da DI-RiLi **keine Form iSv § 518** voraussetzt. Daher teleologische Reduktion des § 518: Norm gilt nicht im Anwendungsbereich des § 516a. In ähnlicher Weise sind die anderen Vorschriften der §§ 517–522, 525–534 auf erforderliche teleologische Reduktionen zu prüfen.

4. Ausdehnung auf Sachschenkung mit digitalem Element (II). II dehnt 9
Rechtsfolge des I (→ Rn. 7) entspr. § 327a II auf Schenkung von Sachen, die digitale Produkte enthalten oder mit ihnen verbunden sind (→ § 327a II), aus, soweit Mangel am digitalen Leistungselement besteht (→ Rn. 7).

5. Abweichende Vereinbarungen. Nach → § 327s sind abweichende Verein- 10
barungen hinsichtlich der Anwendung der §§ 327–327r zu Lasten des Verbrauchers eingeschränkt. Soweit § 516a I 2, II auf §§ 327–327s verweisen, gilt § 327s auch für § 516a.

§ 517 Unterlassen eines Vermögenserwerbs

Eine Schenkung liegt nicht vor, wenn jemand zum Vorteil eines anderen einen Vermögenserwerb unterlässt oder auf ein angefallenes, noch nicht endgültig erworbenes Recht verzichtet oder eine Erbschaft oder ein Vermächtnis ausschlägt.

Einschränkung des Schenkungsbegriffs, vgl. → § 516 Rn. 6, 15. Bsp. für 2. Alt.: Verzicht auf Anwartschaftsrechte bei noch nicht erbrachter Gegenleistung (OLGZ Frankfurt 1980, 452; diff. MüKo-BGB/Koch Rn. 4, str.). Verzicht auf das Rückforderungsrecht nach § 517 Alt. 2 ist keine Schenkung (OLG München BeckRS 2016, 20927).

§ 518 Form des Schenkungsversprechens

(1) [1]**Zur Gültigkeit eines Vertrags, durch den eine Leistung schenkweise versprochen wird, ist die notarielle Beurkundung des Versprechens erforderlich.** [2]**Das Gleiche gilt, wenn ein Schuldversprechen oder ein Schuldanerkenntnis der in den §§ 780, 781 bezeichneten Art schenkweise erteilt wird, von dem Versprechen oder der Anerkennungserklärung.**

(2) **Der Mangel der Form wird durch die Bewirkung der versprochenen Leistung geheilt.**

1 **1. Allgemeines. a) Formzwecke.** Warnfunktion und Übereilungsschutz (BGHZ 82, 354, 359) sowie Beweisfunktion (BGH NJW-RR 2007, 488, 489); Klarstellung der Ernstlichkeit des Schenkungswillens; Vermeidung einer Umgehung
2 der für Verfügungen von Todes wegen bestehenden Formvorschriften. **b) Anwendungsbereich.** Gilt für Schenkungsversprechen jeder Art (→ Rn. 3 f.), auch unter Kaufleuten (vgl. § 350 HGB), für (einheitliche) gemischte Schenkungen, soweit der Schenkungscharakter überwiegt (→ § 516 Rn. 18), nicht für Handschenkung (→ § 516 Rn. 2; aA Steiner ZEV 2009, 68, 69) und Schenkung von Todes wegen (vgl § 2301). Bei Zuwendung durch Stiftung an Destinatär (ist Schenkung, → § 516 Rn. 7) ist § 81 I 1 gegenüber § 518 lex specialis (Muscheler NJW 2010, 341, 343 f., ebenso mit anderer Begründung BGH NJW 2010, 234). § 518 analog anwendbar auf unbenannte Zuwendungen unter Eheleuten (obiter dictum BGH NJW 2020, 2024, 2028 f.) und Brautgabeversprechen (BGH NJW 2020, 2024, 2028 f.) → § 516 Rn. 20. Auf **andere unentgeltliche Verträge,** insbes. längerfristige Wohnungsleihe, ist I **nicht entspr.** anwendbar (zutr. BGHZ 82, 346, 350 f., zust. Slapnicar JZ 1983, 325, 329 f.; aA Reinicke JA 1982, 326, 328), auch nicht auf Dauerleihgaben an Museen, Loschelder NJW 2010, 705, 708.

3 **2. Formzwang. a) Form.** Notarielle Beurkundung (I 1, §§ 1, 8 ff. BeurkG.) oder Aufnahme in Prozessvergleich (§ 127a). **b) Formbedürftige Erklärungen. aa) Schenkungsversprechen (I 1).** Begriff: → § 516 Rn. 1, 2 [bb]. Lediglich das **Versprechen** bedarf der Beurkundung, es sei denn der ganze Vertrag ist formbedürftig (zB gem. §§ 311b I 1, 2033). Nicht erforderlich ist die Beurkundung der Schenkung als Leistungsgrund (RGZ 101, 99, 101). Die Änderung eines Schenkungsversprechens (§ 311 I) bedarf der Form, wenn sie zu einer Erweiterung
4 der Verpflichtung des Schenkers führt. **bb) Abstrakte Versprechen (I 2).** Bei schenkweiser Erteilung eines Schuldversprechens(-anerkenntnisses) oder unentgeltlichem Abschluss eines entspr. Vertrags bedarf die Versprechens- bzw Anerkennungserklärung (§§ 780, 781 S. 1) der Form gem. → Rn. 3 [a] (vgl. BGH NJW 1980, 1158). Gleichgestellt ist die schenkweise Hingabe anderer abstrakter Versprechen, insbes. eines Wechselakzepts (RGZ 71, 289, 291; zu beachten aber § 17 WG) oder Schecks (BGHZ 64, 340; → Rn. 7).

5 **3. Heilung (II).** Das nach I formunwirksame Schenkungsversprechen (→ Rn. 3 f.) wird bei fortbestehender Einigung (s. BGHZ 99, 97, 100) durch Vollzug der versprochenen Zuwendung geheilt, auch wenn die Leistung in Unkenntnis der Unwirksamkeit des Schenkungsversprechens erfolgt. II bezieht sich allein auf Formunwirksamkeit nach I; Formunwirksamkeit der Schenkung aus anderen Gründen (zB gem. § 311b III) wird nicht nach II geheilt (hM, BGH NJW 2017, 885 Rn. 10 ff.). Der (angeblich) Beschenkte muss die Umstände beweisen, die nach II zu Formwirksamkeit führen (BGH NJW-RR 2007, 488, 489, dazu Gsell FS Westermann, 2008, 267; zust. MüKo-BGB/Koch § 516 Rn. 53; Grüneberg/Wei-
6 denkaff Rn. 1b). **a) Vollzug.** Der Schenker muss freiwillig das zur Bewirkung der Leistung seinerseits Erforderliche getan, dh die *Leistungshandlung* vorgenommen haben (dazu → § 241 Rn. 7); nicht erforderlich ist der Eintritt des *Leistungserfolgs* (BGH WM 1960, 1032, 1034; NJW-RR 1989, 1282; Gernhuber Die Erfüllung und ihre Surrogate, 1994, § 5 I 4b; ferner zB Schippers RNotZ 2006, 42, 44 ff.;

aA RG JW 1904, 337; OLG Frankfurt a. M. NJW-RR 1991, 1157; MüKo-BGB/Koch Rn. 9 ff.; Fischer, Die Unentgeltlichkeit im Zivilrecht, 2002, 18 f.; Herrmann 130 ff., dies. MDR 1980, 883, 884; Pohlmann, Die Heilung formnichtiger Verpflichtungsgeschäfte durch Erfüllung, 1992, 105; Reinicke JA 1982, 326, 327; K. Schmidt DB 2002, 829 ff.; Staudinger/Chiusi Rn. 17, 20 ff.; ausf Mock 142 ff.). Der Gegenansicht ist nicht zu folgen, denn mit der Leistungshandlung sind sämtliche Formzwecke (→ Rn. 1) erreicht (aA zB Mock 145 mN) und das BGB begünstigt das Zustandekommen der Schenkung (arg. § 516 II). Die **Voraussetzungen** bestimmen sich ie nach dem Schenkungsgegenstand. Bedingter oder befristeter Vollzug genügt (BGH NJW 1970, 1638, 1639, str.; krit. MüKo-BGB/Koch Rn. 11), bei der Bedingung, dass der Beschenkte den Schenker überlebt, gilt jedoch § 2301 (ie BGHZ 99, 97, 100; Bork JZ 1988, 1059, 1061 ff.). Bei der Grundstücksschenkung genügen Auflassung und Stellung des Umschreibungsantrags (§ 13 GBO) oder Eintragung einer Auflassungsvormerkung gem. § 883 (vgl. BFH JZ 1980, 817). Bei Schenkung einer beweglichen Sache genügt Vereinbarung eines Besitzkonstituts (BGH NJW 1979, 714). **b) Einzelfälle. aa)** Zusendung **Kfz-Brief** unter Schen- 7
kungsangebot ohne Besitzkonstitutsabrede ist kein Vollzug (OLGR Karlsruhe 2005, 361); Besitz am Kfz und KfZ-Papieren sowie Einigung über den Verbleib des Besitzes ist Vollzug (BGH BeckRS 2019, 23804 Rn. 10). Bei Schenkung eines Holzeinschlags**rechts** genügt es, wenn dem Beschenkten das Recht eingeräumt wurde, das Holz zu fällen und sich anzueignen; auf den Besitz an dem Holz kommt es nicht an (BGH NJW 2006, 498). Die Zuwendung einer (bestehenden) **Forderung,** auch eines **Sparguthabens** (vgl. aber auch → Rn. 8; zur Beweislast → § 516 Rn. 13) erfordert (idR formlose; wegen Ausnahmen vgl. → § 808 Rn. 10) Abtretung (auch aufschiebend bedingt oder befristet [BGH NJW-RR 1989, 1282]), Einziehungsermächtigung genügt nicht (hM), desgl. nicht (bloße) Verfügungsvollmacht (BGHZ 87, 20, 25 f. für § 2301 II), wohl aber ist Schenkungsvollzug mit Hilfe einer Vollmacht durch Abhebung, auch noch nach dem Tod des Schenkers, möglich (BGH NJW-RR 2007, 490; BGHZ 99, 97, 100; NJW 1988, 2731 f.; zust. Bork JZ 1988, 1059; OLG Karlsruhe, NJW-RR 2019, 494). Dies gilt auch bei Sparbuchguthaben. Bei einem **Scheck** ist Einlösung notwendig (BGHZ 64, 340; OLG München NJW 1983, 760), die auch noch nach dem Tode des Schenkers erfolgt sein kann (BGH NJW 1978, 2027; 1986, 2108). Die schenkweise Begründung einer Forderung gegen den Schenker selbst ist formbedürftige Verpflichtung (→ Rn. 4; → § 516 Rn. 21). **bb)** Zur Vollziehung beim **Vertrag zgDr** vgl. Allg → § 331 Rn. 6 f.; 8
→ § 516 Rn. 16. IZw nicht vor dem Tode des Schenkers vollzogen ist die Zuwendung des auf fremden Namen angelegten **Sparguthabens** (BGHZ 46, 198, 203; NJW 1975, 382; ie → § 808 Rn. 4, 6) oder der **Bezugsberechtigung aus einem Lebensversicherungsvertrag** (BGHZ 91, 288, 291 mN). **cc)** Eine **Geldübertragung** ist vollzogen mit Ausführung des Überweisungsvertrags (§ 676a) durch die Bank. **dd)** Bei der unentgeltlichen Zuwendung von **Besitz** oder **Nutzung** 9
(→ § 516 Rn. 15) stellt sich das Problem eines Vollzugs iSv II nicht (vgl. → Rn. 2); aA Reinicke JA 1982, 326, 327 im Rahmen einer entspr Anwendung von I und die frühere Rspr, s. dazu BGHZ 82, 354, 355 f. mN. **ee)** Die **Befreiung** von einer Verbindlichkeit ist mit dem Erlass der Forderung vollzogen (OLG Stuttgart NJW *1987, 782, 783*). **c) Kein Vollzug** ist die bloße Vorbereitung oder Sicherung der 10
Zuwendung. **aa)** Der **Auftrag an einen Dritten zur Leistung nach dem Tode** kann Vollzug einer entspr. befristeten (→ Rn. 6) Versprechensschenkung sein (BGHZ 99, 97, 100). **bb)** Die Schenkung von Anteilen einer bestehenden **Gesell-** 11
schaft (→ § 516 Rn. 22) ist mit Anteilsübertragung (OLG Frankfurt a. M. NJW-RR 1996, 1123, 1124) oder Beteiligung am Gesellschaftsvermögen vollzogen (BGH NJW 1990, 2616, 2618); fehlt es daran (zB bei stiller Beteiligung), genügt bloße sog. Einbuchung nicht (BGHZ 7, 378, 380; BFHReport 2003, 119; str.; ie K. Schmidt BB 1990, 1992, 1995; ders. DB 2002, 829 mN). Im Rahmen von gesellschaftsvertraglich vereinbarter Nachfolgeklausel unter Abfindungsausschluss entsteht ein Erwerbs- oder Anwartschaftsrecht, das für den Vollzug genügt (BGH

NJW 2020, 2396, 2398 Rn. 27). Schenkung von Gesellschaftsanteilen bei Gesellschaftsgründung kann mit Abschluss des Gesellschaftsvertrags vollzogen sein, wenn dadurch mitgliedschaftliche Rechte unmittelbar begründet werden, näher dazu BGHZ 191, 354 Rn. 18 = NZG 2012, 222, 224 f. Rn. 21 ff. mit zust., diff. Anm K. Schmidt JuS 2012, 460 ff.; BFH NJW-RR 2008, 986 Rn. 13 f.

§ 519 Einrede des Notbedarfs

(1) **Der Schenker ist berechtigt, die Erfüllung eines schenkweise erteilten Versprechens zu verweigern, soweit er bei Berücksichtigung seiner sonstigen Verpflichtungen außerstande ist, das Versprechen zu erfüllen, ohne dass sein angemessener Unterhalt oder die Erfüllung der ihm kraft Gesetzes obliegenden Unterhaltspflichten gefährdet wird.**

(2) **Treffen die Ansprüche mehrerer Beschenkten zusammen, so geht der früher entstandene Anspruch vor.**

1 **1. Bedeutung.** Bei noch nicht vollzogener Schenkung (sonst gelten §§ 528 f.) hat der Versprechende die anspruchshemmende Einrede des Notbedarfs (**I;** Sonderfall des § 313), solange und „soweit" Bedürftigkeit iSv I besteht (BGH FamRZ 2005, 1989). Diese ist höchstpersönliches Recht und steht weder Erben noch Bürgen zu (hM), wohl aber dem Mitschuldner (RGRK/Mezger Rn. 2). Auf die Einrede kann nicht im Voraus verzichtet werden.

2 **2. Voraussetzung.** Begründete Besorgnis zukünftiger Beeinträchtigung des eigenen angemessenen Unterhalts (vgl. § 1610) oder ges. (nicht vertraglicher) Unterhaltspflichten (zB gem. §§ 1360 ff., 1569 ff., 1601 ff.). Sonstige Verpflichtungen sind je nach Art zu berücksichtigen, nicht schlechthin abzuziehen. Bei **mehreren Schenkungen (II)** besteht zeitliches Rangverhältnis; gegenüber gleichzeitig Beschenkten besteht die Einrede voll, nicht nur anteilig (str.; → §§ 528, 529 Rn. 4). Normtext ist sprachlich zu korrigieren: „mehrerer Beschenkter". Die **Beweislast** obliegt dem Schenker (BGH NJW-RR 1986, 866 f.).

§ 520 Erlöschen eines Rentenversprechens

Verspricht der Schenker eine in wiederkehrenden Leistungen bestehende Unterstützung, so erlischt die Verbindlichkeit mit seinem Tode, sofern nicht aus dem Versprechen sich ein anderes ergibt.

Auslegungsregel bei Schenkung einer Rente (bei unbezifferter Gesamtsumme aller Einzelzahlungen); betrifft nicht in Teilzahlungen zu leistendes Kapital (bezifferter Gesamtbetrag). Tod des Beschenkten beendet das Schenkungsversprechen iZw ebenfalls. Bereits fällige Ansprüche werden nicht berührt.

§ 521 Haftung des Schenkers

Der Schenker hat nur Vorsatz und grobe Fahrlässigkeit zu vertreten.

Grund der **Haftungsmilderung** (Einschränkung von § 276 I 1): Uneigennützigkeit des Schenkers. § 521 ist abdingbar (Schranke: § 276 III), bei Erweiterung: § 518. Gilt auch für Erfüllungsgehilfen (RGZ 65, 20). Begrenzter **Anwendungsbereich:** *Gilt nur* für die Nichterfüllung der Leistungspflicht (§§ 280, 286; nach Eintritt des Verzugs aber § 287 beachten; auch § 311a II 2), nicht für Rechts- oder Sachmängelhaftung, soweit Sonderregelung der §§ 523, 524 eingreift, desgl. nicht für die konkurrierende außervertragliche Haftung (Schlechtriem BB 1985, 1356, str.; aA BGHZ 93, 29; Looschelders BT § 18 Rn. 12; Medicus FS Odersky, 1996, 589, 597). Bei der Verletzung vertragl. oder deliktischer **Schutzpflichten,** die dem

Erhaltungsinteresse des Beschenkten dienen, gelten die allg. Grundsätze (Schlechtriem BB 1985, 1356 f.; Stoll JZ 1985, 384, 386; Grundmann AcP 198, 457, 465 ff., str.; aA [Haftungserleichterung gilt zugunsten des Schenkers nicht nur in Bezug auf Pflichten, die den Schenkungsgegenstand selbst betreffen, sondern allgemein dort, wo lediglich die Vertragserwartungen des Beschenkten und nicht die Verletzung weiterer, nicht mit dem Vertragsgegenstand in Zusammenhang stehende Schutzpflichten in Rede stehen; § 521 greift also, soweit Schutzpflicht im Zusammenhang mit dem Gegenstand der Schenkung steht] BGHZ 93, 23, 27 f.; OLG Saarbrücken NJW-RR 2014, 139 [Unfall bei Besichtigungsprogramm im Rahmen einer geschenkten Reise]; OLGR Köln 2008, 657 [bei Haftung des Schenkers nach § 280 I infolge unberechtigter Rückforderung des Geschenks]; Looschelders BT § 18 Rn. 13.; Medicus FS Odersky, 1996, 589, 604); bei **Mangelfolgeschäden** findet allein § 524 Anwendung (→ § 524 Rn. 1). Auf **andere unentgeltliche Rechts- oder Gefälligkeitsverhältnisse** ist § 521 nicht ohne Weiteres entspr. anwendbar (hM; → § 241 Rn. 26). Zur Gewährleistung bei frei zugänglicher Software (open source software): Hoeren FS Kollhosser II, 2004, 229.

§ 522 Keine Verzugszinsen

Zur Entrichtung von Verzugszinsen ist der Schenker nicht verpflichtet.

Durchbrechung von § 288. Die Verzugsfolgen der §§ 286, 287, 291, 292 bleiben unberührt.

§ 523 Haftung für Rechtsmängel

(1) **Verschweigt der Schenker arglistig einen Mangel im Recht, so ist er verpflichtet, dem Beschenkten den daraus entstehenden Schaden zu ersetzen.**

(2) [1]**Hatte der Schenker die Leistung eines Gegenstandes versprochen, den er erst erwerben sollte, so kann der Beschenkte wegen eines Mangels im Recht Schadensersatz wegen Nichterfüllung verlangen, wenn der Mangel dem Schenker bei dem Erwerb der Sache bekannt gewesen oder infolge grober Fahrlässigkeit unbekannt geblieben ist.** [2]**Die für die Haftung des Verkäufers für Rechtsmängel geltenden Vorschriften des § 433 Abs. 1 und der §§ 435, 436, 444, 452, 453 finden entsprechende Anwendung.**

Grundgedanke von **I:** Der Schenker verspricht, nicht mehr zu leisten, als er selbst hat. Einen zzt. des Vollzugs vorhandenen Rechtsmangel (§ 435) hat er nicht zu beseitigen; nur bei arglistigem Verschweigen haftet er auf Ersatz des Vertrauensschadens (hM; Larenz SchuldR BT II/1, § 47 II b; Stoll JZ 1985, 384, 385; BGH NJW 1982, 818, 819). Abdingbarkeit wie bei § 521. Unter den Voraussetzungen des **II 1** haftet der Schenker wie ein Verkäufer **(II 2).**

§ 524 Haftung für Sachmängel

(1) **Verschweigt der Schenker arglistig einen Fehler der verschenkten Sache, so ist er verpflichtet, dem Beschenkten den daraus entstehenden Schaden zu ersetzen.**

(2) [1]**Hatte der Schenker die Leistung einer nur der Gattung nach bestimmten Sache versprochen, die er erst erwerben sollte, so kann der Beschenkte, wenn die geleistete Sache fehlerhaft und der Mangel dem Schenker bei dem Erwerb der Sache bekannt gewesen oder infolge grober Fahrlässigkeit unbekannt geblieben ist, verlangen, dass ihm anstelle der fehlerhaften Sache eine fehlerfreie geliefert wird.** [2]**Hat der Schenker den Fehler**

arglistig verschwiegen, so kann der Beschenkte statt der Lieferung einer fehlerfreien Sache Schadensersatz wegen Nichterfüllung verlangen. [3]Auf diese Ansprüche finden die für die Gewährleistung wegen Fehler einer verkauften Sache geltenden Vorschriften entsprechende Anwendung.

1 **1. Haftung bei vorhandenem Schenkungsgegenstand (I). a) Grundgedanke:** wie § 523 I. Zur Sachmängelhaftung bei gemischter Schenkung → § 516
2 Rn. 18. **b)** I regelt Haftung für alle von II nicht erfassten Konstellationen. Bei I ist Gegenstand bereits im Vermögen des Schenkers vorhanden (Speziessache oder Gattungssache, wenn Leistung aus Vorrat des Schenkers vereinbart, also entsprechend beschränkte Gattungsschuld, → § 243 Rn. 3) oder Speziessache, die erst noch beschafft werden muss (MüKo-BGB/Koch Rn. 1). Für **Sachmängel** (§ 434; Abdingbarkeit wie bei § 521) haftet der Schenker nur bei arglistigem Verschweigen auf Ersatz des Vertrauensschadens (hM; → § 523 Rn. 1). Auch bei **Mangelfolgeschäden** gilt die Haftungsmilderung des § 524, nicht die allg. Regelung (Stoll JZ 1985, 384, 386, str.; aA Larenz SchuldR BT II/1, § 47 II b; Grundmann AcP 198, 457, 465 ff.), jedoch bleiben deliktische Ansprüche durch § 524 unberührt (Schlechtriem Gutachten II, 1619; → § 521 Rn. 1; str., aA zB Looschelders BT § 18 Rn. 12). **c) Zusicherung von Eigenschaften** iS einer Garantie (→ § 276 Rn. 41) ist möglich, aber formbedürftig (§ 518); Rechtsfolgen bei fehlender Eigenschaft je nach Inhalt des Schenkungsvertrages: § 437 (außer Minderung).

3 **2. Haftung bei Versprechen von zu erwerbenden Gattungssachen (II). a) Bedeutung.** Einschränkung von § 243 I und II (→ Rn. 4). **b) Voraussetzungen.** Gattungsschuld, deren Gegenstand sich zzt des Versprechens noch nicht im Vermögen des Schenkers befindet, also Beschaffungsschuld, → § 243 Rn. 5, (sonst gilt **I**); Fehler zzt des Erwerbs; Kenntnis oder grobfahrlässige Unkenntnis des Fehlers.
4 **c) Rechtsfolgen.** Nachlieferung fehlerfreier Sachen **(II 1),** bei arglistigem Verschweigen wahlweise auch Ersatz des positiven Interesses **(II 2).** § 519 bleibt anwendbar, insoweit auch Berufung auf Leistungsunvermögen zulässig. **Entspr. anwendbar** (vgl. **II 3**) sind: §§ 437 Nr. 1, 439; §§ 437 Nr. 3, 280, 281, 438, 439, 442. **d)** Haftung für **nach Erwerb** entstehende Fehler: §§ 280, 241 II iVm § 521.

§ 525 Schenkung unter Auflage

(1) **Wer eine Schenkung unter einer Auflage macht, kann die Vollziehung der Auflage verlangen, wenn er seinerseits geleistet hat.**

(2) **Liegt die Vollziehung der Auflage im öffentlichen Interesse, so kann nach dem Tod des Schenkers auch die zuständige Behörde die Vollziehung verlangen.**

§ 526 Verweigerung der Vollziehung der Auflage

[1]Soweit infolge eines Mangels im Recht oder eines Mangels der verschenkten Sache der Wert der Zuwendung die Höhe der zur Vollziehung der Auflage erforderlichen Aufwendungen nicht erreicht, ist der Beschenkte berechtigt, die Vollziehung der Auflage zu verweigern, bis der durch den Mangel entstandene Fehlbetrag ausgeglichen wird. [2]Vollzieht der Beschenkte die Auflage ohne Kenntnis des Mangels, so kann er von dem Schenker Ersatz der durch die Vollziehung verursachten Aufwendungen insoweit verlangen, als sie infolge des Mangels den Wert der Zuwendung übersteigen.

§ 527 Nichtvollziehung der Auflage

(1) **Unterbleibt die Vollziehung der Auflage, so kann der Schenker die Herausgabe des Geschenkes unter den für das Rücktrittsrecht bei gegensei-**

tigen Verträgen bestimmten Voraussetzungen nach den Vorschriften über die Herausgabe einer ungerechtfertigten Bereicherung insoweit fordern, als das Geschenk zur Vollziehung der Auflage hätte verwendet werden müssen.

(2) **Der Anspruch ist ausgeschlossen, wenn ein Dritter berechtigt ist, die Vollziehung der Auflage zu verlangen.**

Anmerkungen zu den §§ 525–527

Lit.: Feick, Die Schenkung unter Auflage als alternative, pflichtteilsfeste Gestaltung zur (unzulässigen) dinglichen Weiterleitungsklausel, ZEV 2002, 85; Streiter, Die Rechtsnatur von Stipendien, Wissenschaftsrecht 2005, 2.

1. Allgemeines. a) Begriffe. Schenkung unter Auflage ist unentgeltliche 1
Zuwendung (§ 516 I) mit einer den Beschenkten verpflichtenden Zweckbindung (dazu auch → Rn. 4). Die **Auflage** (sa §§ 2192 ff.) ist Nebenbestimmung (nicht notwendig Nebenzweck: RGZ 60, 240), die einen klagbaren Anspruch auf eine (nicht notwendig vermögenswerte) **Leistung** (§ 241 I; keine Auflage daher bei Schenkung eines belasteten Grundstücks, Bsp. OLGR Brandenburg 2004, 182) des Beschenkten begründet (→ Rn. 6 ff.). Die Auflage kann im Interesse des Schenkers (Bsp: BayObLG NJW 1974, 1142), des Beschenkten oder eines Dritten (§§ 328 ff.; → Rn. 7) liegen. **b) Rechtsnatur.** Die gesamte Zuwendung ist Schenkung (BGHZ 30, 120); § 518 gilt auch für die Auflage. **c) Abgrenzung. aa) Entgeltli-** 2
cher Vertrag, wenn die dem Empfänger auferlegte Leistung aus seinem Vermögen als Ausgleich für die Zuwendung erfolgt; Auflage, wenn sie sich als Minderung oder Einschränkung des Zugewendeten darstellt (hM); Bsp: Schenkung unter Vorbehalt von Wohnrecht (BGH NJW 1982, 818); dem Übernehmer im Übergabevertrag auferlegte Versorgung des Übergebers (BGHZ 107, 156, 160; krit. Probst JR 1990, 193, 194). Der Wert der Leistungen bildet Indiz, doch schließt deren Gleichwertigkeit Auflageschenkung nicht notwendig aus (vgl. § 526). Bei regelmäßigen Zahlungen kommt es darauf an, ob Wertausgleich für die Substanz erfolgen soll oder nicht (dazu Larenz SchuldR BT II/1, § 47 III). Zu Auflagen bei Vermögensübertragung von Eltern auf Kinder s. Sikora JA 2006, 524. **bb)** Die **gemischte Schenkung** ist 3
(iGgs zu → Rn. 1) teilweise entgeltlich (→ § 516 Rn. 17; zur Abgrenzung s. OLG Köln FamRZ 1994, 1242, dazu Henrich ebda. 1245; Schulze zur Wiesche NJW 1975, 2089; → § 516 Rn. 17 [bb]). **cc) Zuwendung zur Weitergabe,** ohne dass dem Empfänger etwas verbleiben soll, ist Auftrag (RGZ 105, 305, 308; → § 516 Rn. 7). **dd)** Bei der **Zweckschenkung** ist ein über die Bereicherung des Beschenk- 4
ten hinausgehender Zweck Inhalt oder Geschäftsgrundlage des Rechtsgeschäfts; bloßes Motiv, Empfehlung oder Wünsche reichen nicht aus (BGH LM Nr. 1 zu § 527; JuS 1977, 473). Rechtsfolgen (Begründung str.): Kein Anspruch auf Vollziehung, aber auf Rückforderung gem. § 812 I 2 Alt. 2 (→ § 812 Rn. 19) bei Verfehlung des Schenkungszwecks (BGH NJW 1984, 233); nach aA (nur) im Fall von § 313 (so iE Kollhosser AcP 194, 231, 250 ff.; MüKo-BGB/Kollhosser [4. Aufl. 2004] § 525 Rn. 4; OLG Oldenburg NJW 1994, 1539; unentschieden OLG Düsseldorf NJW-RR 1996, 517 mN; OLG Köln NJW-RR 1995, 584; differenzierend MüKo-*BGB/Koch § 525 Rn.* 8). **d)** Rechte der Beteiligten **aa)** Der **Schenker** hat einen 5
Anspruch auf Vollziehung der Auflage (**Erfüllungsanspruch,** § 525 I → Rn. 6 ff.), uU einen **Rückforderungsanspruch** gem. § 527 (→ Rn. 9 f.), uU gem. § 812 I 2 Alt. 2 (→ Rn. 10) oder gem. § 313 (→ Rn. 10 aE), bei Nichtvollziehbarkeit uU einen Schadensersatzanspruch (§ 280) oder uU ein Widerrufsrecht wegen groben Undanks (§ 530; → §§ 530–533 Rn. 3). **bb)** Dem **Beschenkten** kann bei Unzulänglichkeit des Schenkungsgegenstandes ein **Leistungsverweigerungsrecht** (§ 526 S. 1; → Rn. 8), uU ein Aufwendungserstattungsanspruch zustehen (§ 526 S. 2; → Rn. 11). **cc)** Begünstigte **Dritte** können nur Vollziehung (→ Rn. 6), nicht jedoch Rückgewähr verlangen; das Gleiche gilt für die Behörde im Fall des § 525 II (→ Rn. 7).

6 **2. Erfüllungsanspruch (§ 525 I). a) Voraussetzungen. aa) Entstehung der Leistungspflicht des Beschenkten:** Form gem. § 518 muss auch die Auflage umfassen; § 516 II ist unanwendbar; Annahme ist nicht lediglich rechtlich vorteilhaft (§ 107; vgl OLG Hamm OLGZ 1978, 422, 425 mN). Ist Auflagenvereinbarung unwirksam (zB gem. §§ 134, 138), gilt § 139 (RGRK/Mezger § 525 Rn. 11). **bb) Vorleistung des Schenkers (abdingbar).** Folge: Kein Zurückbehaltungsrecht am Schenkungsgegenstand, aber uU Sicherung der Auflageleistung durch einstwei-
7 lige Verfügung gem. §§ 935 ff. ZPO **b) Gläubiger: Schenker** oder dessen **Erben** und der begünstigte **Dritte** (§ 330 S. 2; sa § 335). Bei Förderung des Gemeinwohls nach dem Tode des Schenkers die **zuständige Behörde** (§ 525 II), auch gegen den
8 Willen der Erben. **c) Einrede des Beschenkten (§ 526 S. 1). aa) Zweck.** Schutz des Beschenkten; er soll nicht mehr leisten müssen, als er erhält. **bb) Voraussetzungen.** Wert der Zuwendung bleibt wegen eines (auch vom Schenker zu vertretenden: BGH NJW 1982, 818, 819; krit. Herrmann WM 1982, 1158) Mangels (vgl. §§ 523, 524) hinter dem zur Auflagenerfüllung erforderlichen Aufwand zurück. Nur der Fehlbetrag, nicht die durch den Mangel verursachte Gesamtwertminderung ist zu berücksichtigen. § 526 gilt entspr., wenn die Wertdifferenz auf anderem Umstand als Mangel beruht (hM; RGZ 112, 210, 213 für den Fall der Geldentwertung). **cc) Geltendmachung** der Einrede: Gegenüber jedem vollzugsberechtigten Gläubiger (→ Rn. 7), bis Fehlbetrag ausgeglichen.

9 **3. Rückforderungsrecht (§ 527 I). a) Voraussetzungen.** Nichtvollzogensein der Auflage (ganz oder teilw.); Vorliegen der Rücktrittsvoraussetzungen gem. § 323; Auflagenerfüllung hat Vermögenswert. **b) Herausgabepflicht.** Die Höhe des Anspruchs wird bestimmt durch den zur Vollziehung der Auflage erforderlichen Aufwand. Für den Haftungsumfang gelten §§ 818 ff.; verschärft (§ 819) haftet der Beschenkte erst, wenn er von dem Rückforderungsbegehren erfahren hat (RGRK/
10 Mezger Rn. 3). Zur gemischten Schenkung vgl. → § 516 Rn. 17 f. **c) Abgrenzung. aa)** Kein Rückforderungsrecht besteht, wenn **Dritten** (§ 527 II) oder der Behörde gem. § 525 II der Erfüllungsanspruch (→ Rn. 6 ff.) zusteht. **bb)** § 527 schließt das Herausgaberecht gem. § 812 I 2 Alt. 2 (vgl. → Rn. 4) aus (BGH NJW 1952, 620), anders uU dann, wenn Auflage keinen Vermögenswert hat (hM, str.; vgl. → Rn. 9). **cc)** Außerhalb des Anwendungsbereichs der Sondervorschriften der §§ 527, 528, 530 ist § 313 anwendbar (BGH FamRZ 2005, 337; NJW 1991, 830, 831 mN; BGH NJW 2012, 2728). **d)** Zur Haftung bei unbegründete Rückforderung → §§ 528, 529 Rn. 5 unter d).

11 **4. Aufwendungsersatzanspruch (§ 526 S. 2). Voraussetzungen:** Auflagenvollziehung in (auch fahrlässiger) Unkenntnis der die Einrede gem. → Rn. 8 rechtfertigenden Umstände. **Inhalt:** §§ 256, 257.

§ 528 Rückforderung wegen Verarmung des Schenkers

(1) [1]**Soweit der Schenker nach der Vollziehung der Schenkung außerstande ist, seinen angemessenen Unterhalt zu bestreiten und die ihm seinen Verwandten, seinem Ehegatten, seinem Lebenspartner oder seinem früheren Ehegatten oder Lebenspartner gegenüber gesetzlich obliegende Unterhaltspflicht zu erfüllen, kann er von dem Beschenkten die Herausgabe des Geschenkes nach den Vorschriften über die Herausgabe einer ungerechtfertigten Bereicherung fordern.** [2]**Der Beschenkte kann die Herausgabe durch Zahlung des für den Unterhalt erforderlichen Betrags abwenden.** [3]**Auf die Verpflichtung des Beschenkten findet die Vorschrift des § 760 sowie die für die Unterhaltspflicht der Verwandten geltende Vorschrift des § 1613 und im Falle des Todes des Schenkers auch die Vorschrift des § 1615 entsprechende Anwendung.**

(2) **Unter mehreren Beschenkten haftet der früher Beschenkte nur insoweit, als der später Beschenkte nicht verpflichtet ist.**

§ 529 Ausschluss des Rückforderungsanspruchs

(1) **Der Anspruch auf Herausgabe des Geschenkes ist ausgeschlossen, wenn der Schenker seine Bedürftigkeit vorsätzlich oder durch grobe Fahrlässigkeit herbeigeführt hat oder wenn zur Zeit des Eintritts seiner Bedürftigkeit seit der Leistung des geschenkten Gegenstandes zehn Jahre verstrichen sind.**

(2) **Das Gleiche gilt, soweit der Beschenkte bei Berücksichtigung seiner sonstigen Verpflichtungen außerstande ist, das Geschenk herauszugeben, ohne dass sein standesmäßiger Unterhalt oder die Erfüllung der ihm kraft Gesetzes obliegenden Unterhaltspflichten gefährdet wird.**

Anmerkungen zu den §§ 528, 529

Lit.: Eichenhofer, Rückforderung bei Verarmung von Schenker und Beschenktem, LMK 2003, 161; Kollhosser, Angemessener Unterhaltsbedarf des Schenkers bei Rückforderung wegen Verarmung, ZEV 2003, 206; Kopp, Der Rückforderungsanspruch gegen den „Zweitbeschenkten" bei Verarmung des Schenkers (§§ 528 I, 822 BGB), JR 2012, 491; Krauß, Sozialhilferegress bei Schenkung von Schonvermögen, MittBayNot 2005, 349; Meisterernst, Schenkung von Schonvermögen im Rahmen vorweggenommener Erbfolge und Rückforderung durch Sozialhilfeträger, DNotZ 2005, 283; Rundel, Rückforderung wegen Verarmung des Schenkers bei mehreren Beschenkten, MittBayNot 2003, 177; Vollkommer, Zur Vererblichkeit des Rückforderungsanspruchs aus BGB § 528 Abs. 1, EWiR 2002, 329; Wedemann, Rückforderung wegen Verarmung des Schenkers versus Elternunterhalt, NJW 2011, 571; Zeranski, Die Rückforderung von Schenkungen wegen Verarmung, 2015; ders., Ausschluss der Ansprüche aus Pflichtteilsergänzung und Schenkungsrückforderung wegen Fristablaufs, NJW 2017, 1345; ders, Verjährung des Schenkungsrückforderungsanspruchs und Regress des Sozialhilfeträgers, NJW 2020, 3409.

1. Voraussetzungen der Rückforderung. Darlegungs- und Beweislast bei Schenker (BGH NJW-RR 2003, 53). **a) Vollziehung** (vorher greift § 519 ein) einer Schenkung, ausgenommen Pflicht- und Anstandsschenkungen (§ 534). **b)** Bestehende, nicht vorsätzlich oder grob fahrlässig herbeigeführte (sonst gilt § 529 I; dazu → Rn. 5) **Bedürftigkeit** des Schenkers (BGHZ 96, 380, 382; 123, 264, 266; Bsp: Heimunterbringung) hinsichtlich des eigenen Unterhalts *oder* der Erfüllung gesetzlicher Unterhaltspflichten (BGH NJW 2019, 1441 Rn. 21; BGH NJW 2019, 1074, 1075 Rn. 16), bloße Gefährdung (wie bei § 519) reicht nicht aus. Angreifen der Vermögenssubstanz kann verlangt werden, nicht aber unwirtschaftliche Verwertung (hM, sa BGH NJW 2003, 1384, 1388, ggf. Realkreditaufnahme erforderlich; BGH NJW 2000, 3488; ggf. Umwandlung Wohnrecht in Befugnis zur Vermietung an Dritte: OLG Koblenz NJW-RR 2004, 1375). Bedürftigkeit muss nach (nicht notwendig durch) Abschluss des Schenkungsvertrags eingetreten sein; unschädlich, wenn nach Abschluss, aber vor Vollzug eingetreten (BGH NZM 2021, 728, 729 Rn. 43 mN). Mögliche Unterhaltsansprüche im Falle der Bedürftigkeit stehen dem Anspruch nicht entgegen (BGH NJW 1991, 1824). 1

2. Rückforderungsanspruch. Entsteht mit Eintritt der Bedürftigkeit (s. BGH NJW 2003, 2249 mN); ist vormerkungsfähig (OLG Düsseldorf FGPrax 2002, 203; s. zur Parallelfrage → §§ 530–533 Rn. 8). **a) Zweckgebundener Anspruch** des *Schenkers, nur* beschränkt pfändbar (§ 852 II ZPO; BGH NJW 2007, 60, 62), im Rahmen seiner Zweckgebundenheit (vgl. § 399 Alt. 1 iVm § 528 I 1) abtretbar (BGHZ 127, 354, 355 ff. mN [§ 400 steht nicht entgegen]; MüKo-BGB/Koch § 528 Rn. 17; aA noch OLG Frankfurt a. M. NJW 1994, 1805, 1806) und insoweit auch, dh soweit Sozialhilfeträger oder andere Dritte mit Leistungen „in Vorlage" getreten sind, eingeschränkt vererblich (s. BGH NJW 1995, 2287, 2288 mN; dazu Vollkommer/Schwaiger JZ 1996, 632, 634 f.; Haarmann FamRZ 1996, 522, 523 ff.; Franzen FamRZ 1997, 528, 535 f.; MüKo-BGB/Koch § 528 Rn. 12 ff., iE str). Anspruch erlischt mit Tod des Berechtigten (§§ 528 I 3, 1615 I). Nicht, wenn er vom Berechtigten geltend gemacht worden war, ferner bei Inanspruchnahme unterhaltssichernder Leistungen Dritter (BGHZ 147, 288, 293; s. Vollkommer EWiR 2

2002, 329). Ist der Beschenkte zugleich (Mit-)Erbe, erlischt der Rückforderungsanspruch nicht durch Konfusion (s. BGH NJW 1995, 2287, 2288; Vollkommer/Schwaiger JZ 1996, 636; Zeranski NJW 1998, 2574). Der Anspruch unterliegt der (hM: auch postmortalen; aA Kopp JR 2012, 491, 492 Fn. 9 mN) Überleitung gem. § 93 I 1 SGB XII (früher gem. § 90 BSHG aF) (BGHZ 94, 141, 142; 96, 380, 381; 125, 283, 284; BGH NJW 1995, 2287, 2288; BGHZ 155, 57 = NJW 2003, 2449, 2450, auch zum Zeitpunkt der Einstandspflicht; ausf Zeranski); er richtet sich nach dem Tod des Beschenkten gegen dessen Erben (BGH NJW 1991, 2558; sa BGHZ 147, 288, auch zum Umfang); ein vorheriger Verzicht auf ihn ist unwirksam (MüKo-BGB/Koch § 528 Rn. 18; Schwarz JZ 1997, 545, 548; → §§ 530–533 Rn. 7). Kein Erlöschen durch Konfusion, wenn durch Erbfolge Schuldner und Gläubiger des § 528 zusammenfallen, weil Anspruchsfortbestand wegen Rückgriffsrecht des Sozialhilfeträgers geboten: LG München FamRZ 2005, 896. Verjährung: §§ 196, 200 S. 1 bei Grundstücksschenkung; §§ 195, 199 I ansonsten (dazu Zeranski NJW 2020, 3409 ff.). Berufung auf Verjährung gegenüber Träger der Sozialhilfe kann bei Verletzung der Auskunftspflicht gem. § 117 III SGB XII treuwidrig (→ § 242 Rn. 51)
3 sein (Zeranski NJW 2020, 3409, 3413). **b) Inhalt.** Herausgabe des Geschenkes gem. §§ 818 ff. (s. BGH NJW 2003, 2249), soweit zur Deckung des durch § 528 geschützten Bedarfs notwendig (BGHZ 94, 141, 143). Notwendiger Bedarf: Unterhalt (§§ 1610, 1360, 1361, 1569, 1601, 1615a, s. OLG Düsseldorf FGPrax 2002, 203), der obj. der Lebensstellung des Schenkers nach (nicht vor!) der Schenkung angemessen ist (BGH NJW 2003, 1384, 1387). Herausgabe nach §§ 528 I, 818 I oder nach Wahl stattdessen Unterhaltszahlung nach § 528 I 2. Ist Herausgabe nicht möglich, dann Wertersatz (§§ 528 I 1, 818 II) begrenzt auf den Verkehrswert des Erlangten im Zeitpunkt der Anspruchsentstehung (→ Rn. 2) abzüglich der damit verbundenen Nachteile (BGH NJW 2003, 1384, 1387). Doch sind die seit dem Schenkungsvollzug gezogenen Nutzungen bei wirtschaftlich nutzbarem Schenkungsgegenstand mit herauszugeben (BGH NJW 2018, 3775 Rn. 12). Bei Verzicht auf Wohnungsrecht ist nicht Wert des Wohnungsrechts für den Berechtigten maßgeblich, sondern Wert, den der Verzicht für den Beschenkten hat. Das ist regelmäßig der erhöhte Verkehrswert des Grundstücks bei Wegfall des Wohnungsrechts (BGH NZM 2021, 728, 729 Rn. 39 f.). Bei nicht teilbarem höherwertigem Schenkungsgegenstand: Zahlung eines Wertteils des Geschenks (BGHZ 94, 141, 143 f.; 96, 380, 382; 125, 283, 284 f.; NJW-RR 2003, 53); durch Rückgabe des (ganzen) Geschenks kann sich der Beschenkte von der Zahlungspflicht befreien (BGH NJW 2010, 2655; MüKo-BGB/Koch § 528 Rn. 6; Schwarz JZ 1997, 545, 547; offen noch BGHZ 125, 283, 285). Bei wiederkehrendem Bedarf (Unterhalts-, Pflegekosten) geht der Anspruch auf wiederkehrende Leistungen bis zum Wert des Schenkungsgegenstandes (BGHZ 137, 76, 83; NJW-RR 2003, 53); iE gilt gleich § 528 I 2, ohne dass noch für eine Ersetzungsbefugnis des Beschenkten Raum bliebe (BGHZ 137, 76, 83 mN). §§ 818 III, 819 anwendbar. Bei unentgeltlicher Weitergabe an Dritte: § 822 (BGHZ 106, 354, 356 ff., zust Knütel JR 1989, 377, 378; für analoge Anwendung
4 Kopp JR 2012, 491). **c) Rangverhältnis** bei mehreren Schenkungen: **§ 528 II;** *gleichzeitig* Beschenkte haften als Gesamtschuldner gem. § 421 (BGHZ 137, 76, 82) und sind einander entspr. § 426 ausgleichspflichtig (BGHZ 137, 76, 85 ff., str.; dazu
5 Rundel MittBayNot 2003, 177). **d) Einreden des Beschenkten.** Fälle des § 529 (Fassung ungenau). § 529 I Alt. 1 will vorsätzliche oder grob fahrlässige Herbeiführung einer Notlage (§ 529 I Alt. 1) erfassen, zB Verschwendung, Spielen oder (unseriöse) Spekulationen; nicht ausreichend (nur einfache Fahrlässigkeit) bei gehobenem, nicht an die erfolgte Schenkung angepasstem Lebensstil des Schenkers oder bei sozialadäquaten anderen Schenkungen/Spenden (BGH NJW 2003, 1384, 1387 f.). § 529 I Alt. 1 nur, wenn der Schenker Bedürftigkeit *nach* der Schenkung herbeigeführt hat; frühere Schenkungen an andere können § 529 I 1 nicht begründen (BGH NJW 2003, 1384, 1387 f. mN, str.). Eintritt der Bedürftigkeit gem. § 529 I Alt. 2 setzt Erschöpfung des Vermögens des Schenkers innerhalb der 10-Jahres-Frist voraus; Eintritt von Umständen, die Erschöpfung zur Folge haben werden (Heimeinwei-

sung), genügt nicht (BGH NJW 2000, 728, 729; sa OLGR Celle 2003, 274). Bei Grundstücksschenkung schon dann Leistung des geschenkten Gegenstands iSv § 529 I Alt. 2, wenn Beschenkter erforderlichen Leistungshandlungen vorgenommen hat, also nach dem formgerechten Vertragsabschluss und Auflassung einen Eintragungsantrag beim Grundbuchamt gestellt hat (hM, BGH NJW 2011, 3082 Rn. 10 ff.; str., aA [Fristbeginn mit Abschluss Erwerbstatbestand, also Eintritt des Leistungserfolgs] mit bedenkenswerter Begründung Zeranski 77 ff.; ders., NJW 2017, 1345, 1347 f. mN). Das gilt auch dann, wenn Schenker sich lebenslanges Nutzungsrecht vorbehält (hM, BGH NJW 2011, 3082 Rn. 37; dazu Zeranski NJW 2017, 1345, 1349). § 528 I 3 verweist nur für Unterhaltszahlung nach § 528 I 2 (→ Rn. 3) auf §§ 1613, 1615 (BGHReport 2002, 861 mN; BGHZ 96, 380, 384, str.). Keine entspr Anwendung der Frist des § 529 I bei Schenkungsrückforderung wegen Störung der Geschäftsgrundlage (§ 313), s. BGH NJW 2015, 690. – Zur Einrede des II: BGH NJW 2005, 3638; „standesgemäßer" Unterhalt iSv § 529 II ist nach allg. unterhaltsrechtlichen Richtsätzen zu bemessen (BGH NJW 2000, 3488, 3489; sa Medicus EWiR 2003, 253; aA mit beachtlichen Argumenten Wedemann NJW 2011, 571, die nur bei Schenkungen an Eltern und [geschiedene] Ehegatten eine Anlehnung an die Rspr zum Elternunterhalt befürwortet. Andere Beschenkte sollen die Einrede wegen ihrer verminderten Schutzbedürftigkeit nur unter engeren Voraussetzungen, nicht am Elternunterhalt orientierten Maßstäben geltend machen können.). Beschenkter kann Einrede aus § 529 II nicht erheben (§ 242, Rechtsmissbrauch), wenn er in Kenntnis des Rückforderungsanspruchs seine eigene Bedürftigkeit mutwillig herbeiführt (BGH NJW 2001, 1207, 1208; NJW 2003, 2250, 2251; 2019, 1229 Rn. 7). Notbedarfseinrede nicht missbräuchlich, wenn der Beschenkte sonst bei Erfüllung des auf den Sozialhilfeträger übergegangenen Rückgabeanspruchs seinerseits von diesem Sozialhilfe beanspruchen könnte. Anders aber, wenn durch die Schenkung bewusst oder grob fahrlässig der Zugriff des Sozialhilfeträgers verhindert werden soll (BGH NJW 2019, 1229 Rn. 12 ff., 17 ff.). **e) Ersetzungsbefugnis** (→ § 262 Rn. 5) **des Beschenkten:** § 528 I 2 und 3. Die Rente erlischt mit dem Tode des Schenkers, nicht mit dem des Beschenkten; sie erlischt auch nicht, wenn der geleistete Gesamtbetrag den Wert des Geschenkes übersteigt (hM, str.; aA Franzen FamRZ 1997, 528, 530; aber über § 760 gilt auch § 759 entspr.). Der Anspruch auf die einzelne Rente ist abtretbar und pfändbar (§ 850b I Nr. 2 ZPO gilt nicht, hM). **f) Grenze** der Rückforderung: Keine Rückforderung, wenn durch die Rückgewähr des geschenkten Vermögensgegenstands die unterhaltsrechtliche Leistungsfähigkeit nicht hergestellt oder gesteigert werden würde. Rückforderung nur, wenn Unterhaltspflichtige aus dem verschenkten Gegenstand entweder (weitere) unterhaltsrelevante Erträge ziehen könnte oder ihn insoweit eine unterhaltsrechtliche Verwertungsobliegenheit treffen würde (BGH NJW 2019, 1439, 1441 Rn. 21 ff.; BGH NJW 2019, 1074, 1075 Rn. 16 ff.). Unbegründete Rückforderung kann im Einzelfall bei Hinzutreten weiterer Umstände **Haftung** nach § 280 I auslösen; ebenso, wenn Schenker nach Vollzug der Schenkung Ersatz von Aufwendungen für den geschenkten Gegenstand verlangt (OLGR Köln 2008, 657). **g) Übergangsrecht** § 528 I findet auf vor dem 3.10.1990 nach §§ 282 f. ZGB-DDR abgeschlossene und vollzogene Schenkungsverträge gem. Art. 232 § 1 EGBGB keine Anwendung (BGH NJW-RR 2007, 1463, 1465; OLG Dresden NJ 2002, 435).

§ 530 Widerruf der Schenkung

(1) **Eine Schenkung kann widerrufen werden, wenn sich der Beschenkte durch eine schwere Verfehlung gegen den Schenker oder einen nahen Angehörigen des Schenkers groben Undanks schuldig macht.**

(2) **Dem Erben des Schenkers steht das Recht des Widerrufs nur zu, wenn der Beschenkte vorsätzlich und widerrechtlich den Schenker getötet oder am Widerruf gehindert hat.**

§ 531 Widerrufserklärung

(1) **Der Widerruf erfolgt durch Erklärung gegenüber dem Beschenkten.**

(2) **Ist die Schenkung widerrufen, so kann die Herausgabe des Geschenks nach den Vorschriften über die Herausgabe einer ungerechtfertigten Bereicherung gefordert werden.**

§ 532 Ausschluss des Widerrufs

[1]**Der Widerruf ist ausgeschlossen, wenn der Schenker dem Beschenkten verziehen hat oder wenn seit dem Zeitpunkt, in welchem der Widerrufsberechtigte von dem Eintritt der Voraussetzungen seines Rechts Kenntnis erlangt hat, ein Jahr verstrichen ist.** [2]**Nach dem Tode des Beschenkten ist der Widerruf nicht mehr zulässig.**

§ 533 Verzicht auf Widerrufsrecht

Auf das Widerrufsrecht kann erst verzichtet werden, wenn der Undank dem Widerrufsberechtigten bekannt geworden ist.

Anmerkungen zu den §§ 530–533

Lit.: Böhringer, Zur Vormerkungsfähigkeit eines Rückübertragungsanspruchs bei grobem Undank, ZEV 2002, 33; Bosch, Widerruf von Schenkungen unter (geschiedenen) Ehegatten, FS Beitzke, 1979, 121; Demharter, Vormerkungsfähigkeit des Rückübereignungsanspruchs des Schenkers, FGPrax 2002, 196, 198; Kollhosser, Ehebezogene Zuwendungen und Schenkungen unter Ehegatten, NJW 1994, 2313; Langenfeld, Zur Rückabwicklung von Ehegattenzuwendungen im gesetzlichen Güterstand, NJW 1986, 2541; Schippers, Zu den Auswirkungen fehlender inhaltlicher Konkretisierung der Rückforderungsgründe („grober Undank") für die Vormerkungsfähigkeit eines aufschiebend bedingten Rückübertragungsanspruchs, DNotZ 2002, 775, 779; Schubert, Sicherungsfähigkeit von gesetzlichen Ansprüchen durch eine Vormerkung am Beispiel des § 530 BGB, JR 2003, 108, 110; Seutemann, Der Widerruf von Schenkungen unter Ehegatten, 1984; Sina, Widerruf und Zweckverfehlung einer Schenkung von GmbH-Anteilen, GmbHR 2002, 58; Wacke, Die Rückauflassungsvormerkung für den Fall des vom Beschenkten verübten groben Undanks, JZ 2003, 179.

1 **1. Voraussetzungen des Widerrufs (§ 530 I). a)** Vollzogene **Schenkung** zwischen beiderseits natürlichen Personen (Schenker: BGH NJW 1962, 955, 956; Beschenkter: OLG Düsseldorf NJW 1966, 550, str.; aA MüKo-BGB/Koch § 530 Rn. 14; aber → Rn. 2, 5), ausgenommen Pflicht- und Anstandsschenkungen (§ 534 → § 534 Rn. 1 f.). § 530 gilt auch für **Schenkungen** unter **Ehegatten** (BGHZ 87, 145, 147 ff. mN; NJW-RR 1986, 1202, zust. Friedrich JR 1986, 1, 3, str.), **nicht** aber für sog. unbenannte Zuwendungen iSv → § 516 Rn. 20 (hM, zB KG
2 NJW-RR 2009, 1301, str.; aA Kollhosser NJW 1994, 2313, 2316 ff.). **b) Schwere Verfehlung des Beschenkten. Obj.** muss eine gewisse Schwere der Verfehlung, **subj.** eine tadelnswerte Gesinnung (→ Rn. 3) vorliegen (BGH NJW 2014, 3021 Rn. 17 f.; BGHZ 151, 116 mN; BGH NJW-RR 2020, 179 Rn. 30; hM). Die Verletzung einer Rechtspflicht ist nicht erforderlich, wohl aber eigenes Verschulden (idR Vorsatz) des Beschenkten, Zurechnung des Verschuldens Dritter scheidet aus (§§ 166, 278 unanwendbar: BGHZ 91, 273, 277 mN). Subj. Gesinnung kann in der Regel tatrichterlich erst beurteilt werden, wenn obj. Sachverhaltselemente erfasst werden, die obj. geeignet sind, einen den Widerruf der Schenkung rechtfertigenden Mangel an von Dankbarkeit geprägter Rücksichtnahme zum Ausdruck zu bringen (BGH NJW 2014, 3021 Rn. 23). Bei Vertrag zgDr ist (allein) der Dritte Beschenkter (OLG München NJW 2000, 1423; zw). Begehung durch **Unterlassen** setzt sittliche Verpflichtung zu gegenläufigem Handeln voraus (BGHZ 91, 273, 277 f.; BayObLGZ 1996, 20, 25 mN). **Mehrere Verfehlungen** begründen jede für sich das Widerrufsrecht; die einzelne Verfehlung kann auch in einer fortgesetzten Handlung

bestehen. Bei der gebotenen vergleichenden **Gesamtwürdigung** des Sachverhalts ist auch das Verhalten des Schenkers zu berücksichtigen (BGHZ 87, 145, 149; 91, 273, 279; BGH NJW-RR 2013, 618 Rn. 11; NJW 2014, 3021 Rn. 17 ff. mN; OLGR Frankfurt 2005, 611). Auch hat eine Abwägung unter Berücksichtigung der gegenseitigen Rücksichtnahmepflichten, der näheren Umstände und der emotionalen Aspekte des Gesamtgeschehens zu erfolgen (BGH NJW-RR 2020, 179 Rn. 30 ff., 36 ff.). Anhaltspunkte dafür, was der Schenker an Dankbarkeit erwarten darf, können sich dabei nicht nur aus dem Gegenstand und der Bedeutung der Schenkung sowie dem Motiv hierfür ergeben, sondern auch aus der persönlichen Beziehung zwischen Schenker und Beschenktem. Dies gilt va dann, wenn diese von einer bes. Verantwortlichkeit des Beschenkten gegenüber dem Schenker geprägt ist, insbes. bei bes. Vertrauen durch Gewährung einer General- und Betreuungsvollmacht durch Schenker an Beschenkten. Hier sind die personelle Autonomie und der Schenkerwille so weit wie möglich zu respektieren (BGH NJW 2014, 3021 Rn. 18, 24). Einem engen Verwandtschaftsverhältnis allein kommt nach BGH NJW 1978, 213 keine erhöhte Bedeutung zu (sa BGH NJW 2014, 3021 Rn. 24, wo auf eine generelle, über die im Eltern-Kind-Verhältnis hinaus geltende Pflicht zu Beistand und gegenseitiger Rücksicht gem. § 1618a bei der Prüfung der subj. Verfehlung abgestellt wurde). **Einzelfälle** (sa §§ 530 II, 1579 I Nr. 3, 5, 7, 2333): Tätlichkeiten, soweit schwere Pietätsverletzung (BGHZ 109, 306, 312 zu § 2335 Nr. 2 aF); existenzgefährdende Rücksichtslosigkeit (BGH NJW-RR 1993, 1410, 1411); planmäßige Verdrängung aus Familienunternehmen (BGHZ 112, 40, 49 f.); wissentlich falsche Strafanzeigen (BGHZ 112, 259, 263 f.; auch subj. wahrheitsgemäße Strafanzeige nur dann kein grober Undank, wenn sie der Wahrnehmung berechtigter eigener Interessen dient oder Anzeigepflicht besteht, s. OLGR Celle 2003, 256), auch bei Ehegatten (BGH NJW 1983, 1612), uU belastende Aussagen trotz Zeugnisverweigerungsrechts (BGH FamRZ 1970, 185); falsche Verdächtigung wegen sexuellen Missbrauchs (OLG Koblenz NJW-RR 2002, 630); Hinauskündigung des Schenkers (BGH NJW-RR 1993, 1410, 1411); Antrag auf Teilungsversteigerung bei geschenktem Miteigentumsanteil von Hausgrundstück (LG Oldenburg NJW-RR 1998, 2); abredewidriges weiteres Nachgehen der Prostitution nach Einräumung eines unentgeltlichen unbefristeten Wohnrechts durch Partner (BGH MDR 2013, 138 f.); Androhung der Zwangsvollstreckung und dadurch Gefährdung eines lebenslangen Wohnungsrechts (OLG Köln NJW-RR 2002, 1595); idR hartnäckige Verweigerung, eine übernommene Verpflichtung zu erfüllen (BGH NJW 1993, 1578), wobei Ursache der Nichterfüllung zu berücksichtigen ist (BGH NJW 2000, 3201 [uU Geldmangel]); uU grundlose Anregung einer Betreuung iSv §§ 1896 ff. (vgl. BGH NJW 1993, 1577 f.); uU unabgesprochener Abschluss unbefristeten Heimvertrags für Schenker und Kündigung des häuslichen Telefonanschlusses mit Notruf des Schenkers durch generalbevollmächtigten Beschenkten (BGH NJW 2014, 3021 Rn. 21 ff., 25 mN); auch eheliche Verfehlungen zwischen (geschiedenen) Ehegatten, insbes wenn sie zum Scheitern der Ehe geführt haben (BGHZ 87, 145, 147 ff. mN; FamRZ 1982, 1066; 1983, 349; OLG Frankfurt a. M. FamRZ 1986, 577, str.; aA Bosch FS Beitzke, 1979, 121, 131 ff.; FamRZ 1982, 1065, 1067 mN; Friedrich JR 1986, 1, 3); idR **nicht** die Auflösung einer nichtehelichen Lebensgemeinschaft (Diederichsen NJW 1983, 1017, 1022 mN); Maßnahmen aus familiärer Fürsorge für den Schenker. Subj Merkmal liegt nicht ohne Weiteres vor, wenn der Beschenkte den zugewendeten Gegenstand ohne Rücksprache mit dem Schenker veräußert (BGH FamRZ 2005, 511: jedenfalls nicht, wenn sich Beschenkter in wirtschaftlicher Zwangslage wähnt); es bedarf der Einzelfallwürdigung.
c) Grober Undank. Erheblichen Mangel an Dankbarkeit bezeugende Gesinnung 3
gegenüber Schenker (BGHZ 87, 145, 149; 91, 273, 278; 112, 40, 49 f.; 145, 35; BGH FamRZ 2005, 337 u 511; NJW 2014, 3021 Rn. 17 ff. mN) oder nahen Angehörigen (→ Rn. 4), nicht gegenüber dem durch die Auflage Begünstigten (BGH MDR 1951, 335). Verfehlung muss Schenkung nachfolgen (OLG München FamRZ 2009, 1831). **d) Nahe Angehörige.** Keine feste Umgrenzung; entschei- 4

dend ist das tatsächliche persönliche Verhältnis (hM). Schwiegereltern können uU wegen Eheverfehlungen widerrufen (BGH NJW 1999, 1623, einschr. OLG Düsseldorf NJW-RR 2005, 300); Großmutter gegenüber Enkelin wegen falscher Verdächtigung ihres Vaters (OLG Koblenz NJW-RR 2002, 630).

5 **2. Widerrufsrecht. a) Allgemeines.** Höchstpersönliches Recht des Schenkers (vgl. → Rn. 1), nicht abtretbar (OLG Hamm NJW 2012, 2528, 2529); idR nicht vererblich; Ausnahme: § 530 II. Sonderfälle: zB §§ 1301, 2287; vertraglicher Widerrufsvorbehalt möglich (MüKo-BGB/Koch § 530 Rn. 18), doch kann es dann uU an schenkweiser Zuwendung fehlen (vgl. Knobbe-Keuk FS Flume, 1978, II, [zu § 516] S. 160 ff. und → § 516 Rn. 7). **Abgrenzung** zu § 313: → §§ 525–527
6 Rn. 10 aE. **b) Ausübung:** Formlos möglich (vgl. § 531 I), auch durch (eröffnetes: § 130 I) Testament (RGZ 170, 380). Bei **mehreren Schenkern** genügt uU (vgl. § 432) Widerruf eines einzelnen (BGH MDR 1963, 576). Keine umfassende rechtliche Widerrufsbegründung erforderlich (§ 531 I); erforderlich Sachverhaltsdarstellung nur so weit darstellen, dass der Beschenkte ihn von anderen Geschehnissen unterscheiden, die Einhaltung der Jahresfrist des § 532 beurteilen und im Umkehrschluss erkennen kann, welche ggf. anderen Vorfälle der Schenker nicht als Wider-
7 rufsgrund heranzieht (BGH NJW-RR 2020, 179, 180 Rn. 25). **c) Verlust.** Das nicht ausgeübte Widerrufsrecht erlischt durch (nachträglichen) **Verzicht** (einseitiges RGeschäft; Zeitschranke gem. § 533 ist zwingend: BGHZ 3, 206, 213), **Verzeihung** (§ 532 S. 1) ist Kundgabe des Wegfalls der Kränkungsempfindung (BGHZ 91, 273, 280 f. mN; tatsächlicher Vorgang, wie in § 2337), **Fristablauf** (Ausschlussfrist: § 532 S. 1), **Tod des Beschenkten** (§ 532 S. 2). Der aus dem Widerruf folgende Rückgabeanspruch (→ Rn. 8) kann nicht im Voraus erlassen (§ 397) werden (BGH MDR 1972, 36).

8 **3. Rechtsfolgen des Widerrufs (§ 531 II).** Schuldrechtl. Herausgabe- (dh idR Rückübereignungs-)anspruch gem. §§ 812 ff. (Rechtsfolgeverweisung, vgl. RGZ 139, 22; aA – beiläufig – BGHZ 132, 105, 108; MüKo-BGB/Koch § 531 Rn. 4); vormerkungsfähig (BGHZ 151, 116; BGH Rpfleger 2002, 612; OLG Köln NJW-RR 2002, 1595; OLG Düsseldorf FGPrax 2002, 203). Beweislast: Schenker (BGH WM 1990, 1790, 1792). Herauszugebender Gegenstand: → § 516 Rn. 5, 22; gemischte Schenkung: → § 516 Rn. 18. Maßgebender Zeitpunkt für Haftungsbeginn: Zugang des Widerrufs (BGH NJW 1999, 1626, 1629, MüKo-BGB/Koch § 531 Rn. 9; Staudinger/Chiusi Rn. 17; Jülicher ZEV 1998, 201, 203). § 817 S. 2 kann Herausgabepflicht entgegenstehen (BGHZ 35, 103, 107). Zur Haftung bei unbegründeter Rückforderung → §§ 528, 529 Rn. 5 unter d).

§ 534 Pflicht- und Anstandsschenkungen

Schenkungen, durch die einer sittlichen Pflicht oder einer auf den Anstand zu nehmenden Rücksicht entsprochen wird, unterliegen nicht der Rückforderung und dem Widerruf.

1 **1. Voraussetzungen. a) Schenkungen aus sittlicher Pflicht:** Grund liegt in den Geboten der Sittlichkeit (BGH NJW 1986, 1926), nicht nur in einer bes persönlichen Verbundenheit, auch nicht allein in der Nächstenliebe. Eine Wertgrenze nach oben besteht nicht (BGH MDR 1982, 39). Vermögen, Lebensstellung der Beteiligten, persönliche Beziehungen untereinander sind zu berücksichtigen (LSG Baden-Württemberg BeckRS 2017, 129479 Rn. 31). Bsp: Unterstützung bedürftiger Geschwister (vgl. BGH NJW 1986, 1926); uU Zuwendung an Lebensgefährtin (vgl. BGH FamRZ 1984, 581 mN; sa allg. → § 138 Rn. 7; → § 2077 Rn. 2 ff.); Unterstützung bedürftiger naher Angehöriger, die keinen rechtlichen Unterhaltsanspruch haben (BSG BeckRS 2005, 41494; BGH NJW 1984, 2939, 2940), Erbringung umfangreicher Pflegeleistungen (jurisPK-BGB/Kühle, 9. Aufl. 2020, § 534 Rn. 7). Belohnende Schenkungen (→ § 516 Rn. 19) können uU auf sittlicher

Pflicht beruhen (einschr. BGH NJW 1986, 1926; LG Mönchengladbach NJW 1996, 467). Eingehend mN (auch zu → Rn. 2) Migsch AcP 173, 46, 47 ff. **b) Anstands-** 2
schenkungen: Ihr Unterbleiben würde gegen die Regeln des gesellschaftlichen Anstands verstoßen (BGH NJW 1981, 111). Bsp: Gebräuchliche Gelegenheitsgeschenke (Geburtstag, Hochzeit, Fest); übliche Geschenke unter nahen Verwandten, Trinkgeld (LSG Baden-Württemberg BeckRS 2017, 129479 Rn. 32), uU auch belohnende Schenkungen (idR verneinend BGH NJW-RR 1986, 1202 für Übertragung von Grundstückshälfte auf den Ehegatten).

2. Rechtsfolgen. §§ 516 ff. gelten (allgM; krit. Migsch AcP 173, 46, 68 ff.), 3
ausgenommen §§ 528 f., 530 ff.; str. bei § 527. Bei **teilw.** Pflicht- oder Anstandsschenkungen uU Rückgewähr gegen Erstattung des iSv → Rn. 1 f. angemessenen Betrags (vgl. BGH MDR 1963, 575). **Sondervorschriften:** §§ 814, 1380 I 2, 1425 II, 1641, 1804, 2113 II, 2205, 2207, 2330; 807 I Nr. 2 ZPO; 134 II InsO; 4 II AnfG.

Titel 5. Mietvertrag, Pachtvertrag

Untertitel 1. Allgemeine Vorschriften für Mietverhältnisse

Vorbemerkungen zu §§ 535–580a

I. Allgemeines

1. Begriff. Der **Mietvertrag** ist ein entgeltlicher, für eine vereinbarte oder auf 1
unbestimmte Dauer gerichteter Vertrag über die *Überlassung des Gebrauchs* von Sachen (§ 90), Sachgesamtheiten (zB eine möblierte Wohnung) oder Teilen von Sachen. Dies können auch unselbstständige, durch individuelle Vereinbarung gekennzeichnete Sachteile sein (zB Reklamefläche an Hauswand, Fensterplatz bei einem Umzug).

2. Systematik, Aufbau der §§ 535 ff. a) Systematik. Das SchRModG, das 2
2001 nur wenige Monate auf das Mietrechtsreformgesetz folgte, hat das Mietrecht nicht mit einbezogen; der Vorbehalt einer Anpassung (BT-Drs. 14/4553, 40) wurde bisher nicht realisiert. Es ist daher Aufgabe der Gesetzesanwendung, bei der mietrechtlichen Normauslegung möglichst umfassend die geänderte Systematik des allgemeinen Schuldrechts wie zB die Aufgliederung der vertraglichen Pflichten in Leistungs- und Schutzpflichten gem. § 241 I, II (s. zB BGH NJW 2018, 946 Rn. 17 ff.; krit. Schermaier JZ 2018, 950) und die weitgehende Gleichbehandlung von Haupt- und Nebenpflichten zu realisieren (→ § 536a Rn. 1 ff.). **b) Aufbau der §§ 535 ff.** 3
An **allg. Vorschriften,** die für alle Mietverhältnisse unabhängig von der Art der vermieteten Sache (zB Wohnung, Kfz, Werbeflächen, Zeitschriften für Warteräume) und auch für digitale Produkte (§ 548a) gelten (§§ 535–548), schließen sich Bestimmungen zum Mietvertrag über **Wohnraum** als dem Lebensschwerpunkt von Mietverträgen an (§§ 549–577a). Innerhalb dieses Abschnitts finden sich zunächst allg. Vorschriften zu diesem Vertragstyp (§§ 549–555). Danach werden die Normen entspr. dem zeitlichen Ablauf eines typischen Mietverhältnisses angeordnet. Ein relativ kleiner Abschnitt zu **Mietverhältnissen über andere Sachen** (zB Grundstücke, Geschäftsräume, Räume, die weder Wohnungen noch Geschäftsräume sind, Schiffe, bewegliche Sachen) **und digitale Produkte** bildet den Abschluss (§§ 578–580a). Die Normanwendung geht von den speziellen Vorschriften aus, die durch die jeweils allgemeineren ergänzt werden.

3. Abgrenzung. a) Die **Abgrenzung** zu ähnlichen Verträgen ist teilw. schwie- 4
rig. Sie ist unabhängig von der durch die Parteien gewählten Bezeichnung nach dem vereinbarten Vertragszweck vorzunehmen, §§ 133, 157. So ist das sog. **Operating-**

Leasing, die Überlassung von Investitionsgütern zu kurzfristigem oder jederzeit kündbarem Gebrauch, ein reiner Mietvertrag. **aa)** Das *unentgeltliche Überlassen* einer Sache – damit auch einer Wohnung (BGHZ 208, 357 Rn. 23 f.) – ist eine **Leihe.** Die Pflichten des Verleihers sind reduziert (zB bloßes „Gestatten" des Gebrauchs, § 598, iGgs zum Gewähren und Erhalten im gebrauchsfähigen Zustand, § 535 I 2). **bb)** Zum **Pachtvertrag** → § 581 Rn. 3. **cc)** Der **Verwahrungsvertrag** wird geprägt durch die Obhutspflicht des Verwahrers über die Sache als *Hauptpflicht* (iE

5 → § 688 Rn. 1 ff.). **b)** Bei dem sog. **Personal-Leasing** werden einem Unternehmen für einen begrenzten Zeitraum (idR bis zu drei Monaten), etwa während der Urlaubszeit oder für einen bestimmten Auftrag, Arbeitskräfte zur Verfügung gestellt. Es handelt sich um ein „Leih-Arbeitsverhältnis", also eine Arbeitnehmerüberlassung.

II. Finanzierungsleasing

1. Funktion.

Lit.: AcP 190, 203 ff. (Symposion); Beckmann/Scharff, Leasingrecht. Rechtsprobleme beim Finanzierungsleasing, 4. Aufl. 2015; Engel, Handbuch Kraftfahrzeug-Leasing, 3. Aufl. 2015; W. Flume, Die Rechtsfigur des Finanzierungsleasing, DB 1991, 265; Freis-Janik, Finanzierungsleasing, in: Kümpel ua, Bankrecht und Kapitalmarktrecht, 6. Aufl. 2022, 9. Abschnitt; Glaser, Leasing A – Z, 3. Aufl. 2020; Grundmann, Leasing und Factoring, 2. Aufl. 2019; Harriehausen, Die aktuellen Entwicklungen im Leasingrecht, NJW 2019, 1493; 2020, 1482; 2021, 3009; Martinek/Stoffels/Wimmer-Leonhardt, Handbuch des Leasingrechts, 2. Aufl. 2008; Pierson, Grundlagen und Probleme des Finanzierungsleasings, JuS 2021, 8.

6 Der Finanzierungsleasingvertrag ist, wie an dem Erwähnen bestimmter Formen in § 506 II (ohne Verwendung des Begriffes) deutlich wird, seinem Hauptzweck nach eine „Finanzierungshilfe": Der Leasinggeber (LG) ermöglicht dem Leasingnehmer (LN) die **völlige Fremdfinanzierung des Gebrauchs einer Sache** (§ 90) in der Weise, dass ihm die Sache für eine fest bestimmte Zeit zu Gebrauch und Nutzung auf eigene Gefahr überlassen wird und der LG dafür ein Entgelt erhält, das dessen Aufwendungen (Anschaffungspreis, Finanzierungskosten, allg. Geschäftsunkosten) und den Geschäftsgewinn umfasst **(Prinzip der Vollamortisation).** Je nach der Art der Kostendeckung ist zu unterscheiden zwischen dem *eigentlichen Vollamortisationsvertrag*, bei dem die Leasingraten die genannte Summe insgesamt abdecken (*Full-Payout Lease*), und dem *Teilamortisationsvertrag*, bei dem die Vergütung in monatliche Raten und einen vom LN noch zu leistenden sog. Restwert aufgeteilt wird (*Non-Full-Payout Lease*). Dessen Höhe unterliegt nicht der Inhaltskontrolle: Es handelt sich um einen Teil der Vergütung als Hauptpflicht (BGHZ 201, 280 ff.). Der Ausgleich geschieht zB durch eine Abschlusszahlung oder die Veräußerung der Sache (an den LN, an einen Dritten), verbunden mit einer Differenzleistung bei einem Mindererlös. Ein Überschuss wird – idR ungleich – aufgeteilt; iE wird auch hier eine Vollamortisation erreicht. Ein **Immobilienleasingvertrag** wird regelmäßig als Teilamortisationsvertrag (mit Kaufoption) geschlossen, in dem der (häufig kommunale) LN die Gefahr und die Haftung für Instandhaltung, Sachmängel, Untergang und Beschädigung der Sache übernimmt (BGH NZM 2015, 252). Gleichzeitig wird uU ein Darlehensvertrag mit dem LN als Darlehensgeber in Höhe des vereinbarten Restwertes geschlossen. Am Ende werden die Beträge miteinander verrechnet (s. zB Engel NZM 1998, 785). Auch ein heute häufiger **Kfz-Leasingvertrag** mit *Kilometerabrechnung* ist auf eine Amortisationsfunktion ausgerichtet, wobei allerdings der LG im Einzelfall das Realisierungsrisiko trägt (BGH NJW 2013, 2421; krit. Zahn NJW 2019, 1329). Reine Vollamortisationsverträge ohne Kilometerabrechnung sind meist **Leasingverträge über E-Bikes,** die nicht selten vom Arbeitgeber bzw. Dienstherrn durch steuerlich günstigen Abzug vom Arbeitsentgelt gefördert werden. Für den LN liegt der **wirtschaftliche** und **steuerliche Vorteil** gegenüber einer Finanzierung durch Darlehen ua in dem Ersparen von anteiligem Eigenkapital, in der Nichtaufnahme der Sache als Aktivposten in die Bilanz, in der Berücksichtigung aller Leasingzahlungen als Betriebsausgaben und damit auch als gewinnmindernd

bei Ertrags- und Gewerbesteuer (bei anderen Finanzierungen sind dies nur die eigentlichen Zinsen, nicht die Tilgungsanteile).

2. Vertragliche Ausgestaltung. In der Praxis richten sich die Verträge wegen der steuerlichen Vorteile idR nach den Erlassen des BFinM zum Voll- und Teilamortisationsvertrag (BB 1971, 506; 1972, 433; 1976, 72; 1992, 181; sa Schreiben v. 9.6.1987, BStBl. I 1987, 440); der von IAS 17 abweichende, seit 1.1.2019 anzuwendende IFRS 16 hat bislang keine Auswirkungen auf die Vertragsgestaltung (Freis-Janik, aaO, Rn. 6.349). Im zumeist auftretenden *Grundmodell* erwirbt der LG auf Wunsch des LN eine konkrete Sache vom Lieferanten (Li) und stellt sie dem LN zur Verfügung (teilw., obwohl keine vertraglichen Beziehungen zwischen Li und LN bestehen, *Dreiecksgeschäft* genannt). Bei dem *Eintrittsmodell* kauft der LN selbst die Sache vom Li zB unter der auflösenden Bedingung des Nichtzustandekommens eines künftigen Leasingvertrages (s. BGH NJW 2014, 1520); der LG übernimmt unter Mitwirkung des Verkäufers (BGHZ 96, 307 ff.) den Kaufvertrag vom LN und stellt diesem die Sache zur Verfügung. Nur zwei Parteien sind beteiligt beim sog *Hersteller- oder Händlerleasing*, wenn der LG selbst die Ware zur Verfügung stellt (OLG Naumburg MDR 2009, 500). Im *sale-and-lease-back-Vertrag* überträgt der LN eine eigene Sache (zB Immobilie) an den LG und least sie zurück (s. BGHZ 109, 250). 7

3. Anwendbarkeit von Normen. a) Allgemeines. Neben seiner (wirtschaftlichen Haupt-) Funktion als Finanzierungshilfe iSd § 506 II weist das Finanzierungsleasing mietrechtliche Elemente auf, weil der LG die Sache dem LN auf Zeit zum Gebrauch zur Verfügung stellt. Anwendbar sind demgemäß die den jeweiligen Funktionen entsprechenden Normen aus dem Finanzierungs- und dem Mietrecht. Die vom BGH in stRspr verwandte Formel, es sei „im Wesentlichen" oder „in erster Linie" Mietrecht anzuwenden (BGH NJW 2009, 577 mwN), wird den prägenden kreditrechtlichen Elementen nicht hinreichend gerecht (so schon Flume DB 1991, 269). Dem **Mietrecht** (und dem allg. Teil des Schuldrechts) sollten nur die Bestimmungen entnommen werden, die sich auf die *Sachleistung* einschließlich der Leistungsstörungen (zB Nichterfüllung, Mängelgewährleistung), auf die Gefahrtragung (iE Teichmann FS Zöllner, 1998, S. 1259 ff.) und die Rückabwicklung nach Vertragsende (BGH NJW 2017, 1301 Rn. 22; zust. v. Westphalen NZM 2017, 416: Ort der Rückgabe) beziehen. Da der LN ein besonderes Interesse am Halten und Nutzen der Sache hat, gelten weiter die mietrechtlichen Kündigungsbestimmungen (insbesondere), soweit nicht zwingend darlehensrechtliche Bestimmungen vorgehen (su). Regelmäßig ist, weil der Vertrag durch AGB geregelt ist, das Heranziehen der mietrechtlichen Normen nur wegen der Inhaltskontrolle gem. § 307 II 2 erforderlich. **Darlehensrechtlich** zu behandeln sind die Auswirkungen des Vollamortisationsprinzips, also Fragen der Vergütung und Tilgung durch den LN (deshalb entgegen stRspr, zB BGHZ 107, 123 u OLG Frankfurt NJOZ 2021, 188 Rn. 9, keine Anwendung des § 546a, wenn der LN die Sache nach Ablauf nicht zurückgibt). Außerdem gelten allg. auf das Darlehen bezogene Bestimmungen und Grundsätze. Zutr. hat zB der BGH zum Messen der Vergütung an § 138 I auf die üblichen Darlehenszinsen bei vergleichbaren Finanzierungen zurückgegriffen (BGHZ 128, 263). **b)** Handelt es sich um einen **Verbrauchervertrag** (bzw. Existenzgründervertrag, s. § 513), so sind beim *Grundmodell* (→ Rn. 7) gem. § 506 II (halb-)zwingend einzelne Normen des Verbraucherkredits anzuwenden, sofern es sich um einen Vollamortisationsvertrag handelt (aA Skusa NJW 2011, 2993) oder der LN zum Erwerb der Sache verpflichtet ist, er also das *Restwertrisiko* trägt (somit nicht bei den heute verbreiteten Kfz-Leasingverträgen mit Kilometerabrechnung, BGHZ 229, 59 mAnm Graf von Westphalen BB 2021, 980). Dies gilt unproblematisch für die §§ 491 ff., soweit in § 506 II erwähnt. Zweifelhaft ist hingegen die Geltung der §§ 358 ff., die §§ 506 I, 515 anordnen; weder im *Grundmodell* noch im *Eintrittsmodell* (→ Rn. 7) liegen aber zwei verbundene Verträge vor, was gegen deren Anwendbarkeit spricht (BGH NJW 2014, 1519; MüKoBGB/Habersack § 358 Rn. 19 f., § 359 Rn. 10 ff.; str.). Bei im Fernabsatz (§ 312c) geschlossenen Finanzierungsleasingver- 8 9 trägen, die nicht unter § 506 II fallen (vgl. § 312g III), also zB einem Kfz-Leasingvertrag mit Kilometerabrechnung, besteht ein „ewiges“ Widerrufsrecht gem. §§ 312g I, 355, da es sich um Finanzdienstleistungen iSd § 312 V 1 handelt, sodass § 355 III 2 gem. § 355 III 3 nicht gilt (OLG München NJW-RR 2020, 1248 Rn. 33 ff.; aA Graf von Westphalen BB 2021, 980).

10 **4. Leistungsstörungen und Gefahrtragung. a) Leistungsstörungen aus der Sphäre des Lieferanten (Li). aa)** Ein **Verschulden bei den Vertragsverhandlungen** muss sich der LG gem. § 278 zurechnen lassen, wenn der Li mit Wissen und Willen des LG in den Verhandlungen Aufgaben des LG wahrnimmt (BGH
11 NJW-RR 2014, 622; dort auch zu „bei Gelegenheit“). **bb)** Für **Nichtleistungen oder verspätete Lieferungen** kann sich der LG beim *Grundmodell* (→ Rn. 7) bei Verbraucherverträgen in AGB gem. § 309 Nr. 8a auch gegen Abtretung der Ansprüche gegen den Li **nicht freizeichnen** (OLG Hamm ZMR 1980, 111; MüKoBGB/J. Koch Finanzierungsleasing Rn. 38; aA zB Canaris AcP 190, 410). Bei Verträgen zwischen Unternehmern sollte dies jedoch ohne Verstoß gegen § 307 II möglich sein (aA MüKoBGB/J. Koch Finanzierungsleasing Rn. 92). Der Li ist für die **Beschaffung** der Sache (BGH NJW 1988, 198) und ihre Auslieferung (BGH NJW 2005, 365) **Erfüllungsgehilfe** des LG (aA Canaris AcP 190, 432). Wird die Lieferung **unmöglich** oder **kündigt** der LN den Vertrag wegen eines Verzuges des Li, so soll dadurch die Geschäftsgrundlage für den Leasingvertrag und damit auch der Zahlungsanspruch des LG von Anfang an entfallen (BGHZ 109, 142; BGH NJW 2014, 1519 Rn. 22, stRspr, sa Ebenroth JuS 1985, 425). Ob die Voraussetzungen des § 313 I gegeben sind, insbes. das eingetretene Risiko außerhalb der Sphären beider Parteien liegt, kann man allerdings bezweifeln. Näher läge eine Kündigung des -Leasingvertrags (als Dauerschuldverhältnis) durch den LN gem. § 314; dann trüge der LN bis zur Kündigung einen angemessenen Teil des Verwendungsrisikos
12 (ausführlich Staudinger/Stoffels Leasing Rn. 242 ff.). **cc)** Von der (mietrechtlichen) **Mängelhaftung** kann sich der LG beim *Grundmodell* (→ Rn. 7) bei Übertragung der (kaufrechtlichen) Rechte gegen den Li ohne Verstoß gegen § 309 Nr. 8 lit. b aa freizeichnen (BGH NJW 2014, 1583 Rn. 13, stRspr). Hat der LN die Ansprüche aus § 437 bei Weigerung des Li klageweise (uU gegen den Insolvenzverwalter, BGH NJW 2014, 1583 Rn. 20 ff.) geltend gemacht (BGH NJW 2010, 2800, iE Tavakoli NJW 2010, 2768), steht ihm ein vorläufiges Leistungsverweigerungsrecht ggü. dem LG als dem eigentlich Verpflichteten zu. Ist der LN ggü. dem Li wirksam zurückgetreten (von Li akzeptiert oder rechtskräftiges Urteil, BGH NJW 2010, 2800), so soll auch hier ein Fortfall der Geschäftsgrundlage eingetreten sein (BGH NJW 2014, 1583 Rn. 21 ff., stRspr, krit. Greiner NJW 2012, 961). Die ***Rügeobliegenheit*** (§ 377 HGB) sollte wegen der Finanzierungsfunktion des LG nach der Person des LN als des eigentlichen Nutzers richten (Flume DB 1991, 269; Canaris AcP 190, 410); nach der Rspr. (BGHZ 110, 130) muss jedoch der LG als Kaufmann rügen, wobei die Rügeobliegenheit jedenfalls dann auf den LN abgewälzt werden kann, wenn dieser Kaufmann ist (iE Graf von Westphalen BB Beilage 1990, Nr. 19, 16 ff.; MüKoBGB/J. Koch Finanzierungsleasing Rn. 87). Auch bei einem *Herstellerleasing* (→ Rn. 7) sind die Gewährleistungsrechte unabhängig vom Lieferverhältnis mietrechtlich (MüKoBGB/J. Koch Finanzierungsleasing Rn. 128); im *Sale-and-lease-back- Verfahren* ist der LG von bestehenden Mängeln freigezeichnet (s. BGHZ 106,
13 304 [309 f.]). **b) Leistungsstörungen aus der Sphäre des LN.** Gibt der LN den Pkw in einem schlechteren als dem vereinbarten Zustand zurück, so hat der LG einen Anspruch auf Ausgleich des Minderwerts, der an die Stelle des Anspruchs auf Rückgabe in einem vertragsgerechten Erhaltungszustand tritt (BGH NJW 2014, 1172). Bei einem **zu vertretenden Untergang** gilt § 326 II. Dem Verbraucher muss in AGB ein sofortiges Lösungsrecht gegen die Verpflichtung zum Ausgleich für den LG in Höhe seiner noch offenen Aufwendungen und des auf den tatsächlichen Zeitraum entfallenden anteiligen Gewinns eingeräumt werden (BGH NJW 2007, 292). Ein Verwertungserlös ist voll anzurechnen (BGHZ 151, 194). Eine Kaskoversi-

cherung deckt den Anspruch des LG erfüllungshalber (OLG Hamm DAR 2014, 529). Bei einem **nicht zu vertretenden Untergang** (zB Diebstahl) können die AGB vorsehen, dass der LN nach Kündigung durch den LG den Ablösewert vermindert und die ihm von der Kaskoversicherung erstatteten Beträge zahlt (OLG München NJW-RR 2017, 437 Rn. 9). Behält der LN die Sache **über die Vertragszeit hinaus,** so ist, weil der LG dann mehr als die Vollamortisation erhält, § 546a nicht anwendbar (→ Rn. 8; desgl. Tiedtke JZ 1993, 742; aA BGH WM 1989, 742); der LG hat einen Schadensersatzanspruch. **c) Leistungsstörungen aus der Drittsphäre; Gefahrtragung.** Die Gefahr für eine (nicht zu vertretende) Verschlechterung bzw. den Untergang der Sache kann dem LN auferlegt werden. Auch hier muss bei einem Kfz-Leasing dem Verbraucher ein sofortiges Lösungsrecht eingeräumt werden (BGH NJW 2007, 292 mwN; zum Dieselskandal Harriehausen NJW 2018, 1437 ff.; 2019, 1493 ff.; 2020, 1482 f.). Hat der LN die Sache zu versichern und wird die Versicherungssumme an den LG ausgezahlt, so steht die Versicherungssumme dem LG zu. Er muss sie für die Wiederherstellung der Sache verwenden oder bei Nichtreparatur auf Ansprüche gegen den LN anrechnen. Überschüsse verbleiben beim LG (BGH NJW 2008, 989 Rn. 16 ff.; 2011, 3709 Rn. 17), nicht allerdings eine etwaige „Neuwertspitze" (BGH VersR 2021, 122 Rn. 22 ff.). 14

§ 535 Inhalt und Hauptpflichten des Mietvertrags

(1) [1]**Durch den Mietvertrag wird der Vermieter verpflichtet, dem Mieter den Gebrauch der Mietsache während der Mietzeit zu gewähren.** [2]**Der Vermieter hat die Mietsache dem Mieter in einem zum vertragsgemäßen Gebrauch geeigneten Zustand zu überlassen und sie während der Mietzeit in diesem Zustand zu erhalten.** [3]**Er hat die auf der Mietsache ruhenden Lasten zu tragen.**

(2) **Der Mieter ist verpflichtet, dem Vermieter die vereinbarte Miete zu entrichten.**

Lit.: Blank/Börstinghaus, Miete, 6. Aufl. 2020; Schach/Riecke, Mietrecht, 4. Aufl. 2019; Schmidt-Futterer, Mietrecht, 15. Aufl. 2022.

I. Mietvertrag

1. Vertragsschluss. Ein Mietvertrag kann wirksam **formfrei** geschlossen werden. Bei der Vermietung von Wohnungen (§ 550), Grundstücken (§ 578 I) sowie Räumen, die keine Wohnräume sind (§ 578 II), kann, wenn der Vertrag länger als für ein Jahr gelten soll, die Geltung für unbestimmte Zeit nur durch Schriftform vermieden werden (→ § 550 Rn. 9). Zum **Widerrufsrecht** s. § 312 IV 1 (iE s. Hau NZM 2015, 435). 1

2. Parteien des Vertrages.

Lit.: Strey, Mietermehrheiten, NZM 2011, 377.

a) Steht auf **Vermieterseite** eine **rechtsfähige Personengesellschaft** (GbR, *OHG, KG, PartG*), so gelten die allg. Regeln über Vertretung und Haftung. Ein Mitgliederwechsel hat keinen Einfluss auf den Mietvertrag (auch nicht bei der GbR, s. OLG Düsseldorf DWW 2003, 124). Bei einer **nichtrechtsfähigen Gesamthand** (eheliche Gütergemeinschaft gem. § 1416, Erbengemeinschaft) entsteht Gesamtgläubigerschaft bzw. Gesamtschuldnerschaft. Bei Miteigentum nach Bruchteilen (§§ 741 ff., 1008 ff.) liegt Mitgläubigerschaft iSd § 432 vor (MüKoBGB/Häublein § 535 Rn. 70); die Vermieter sind Gesamtschuldner (BGH MDR 1973, 404). 2
b) Mehrere Mieter können ebenfalls nach allg. Regeln eine Gesamthand bilden. Bei einer nichtrechtsfähigen Gesamthand (BGH WuM 2015, 86, Erbengemeinschaft) wie bei einer *Gemeinschaft* iSd §§ 741 ff. geht der BGH im Blick auf die „Einheitlichkeit des Mietverhältnisses" davon aus, dass es wirksam nur von bzw. 3

gegenüber allen Vertragspartnern gekündigt werden kann (BGH NZM 2018, 325 Rn. 22 mwN). Gründen sie eine *Gemeinschaft* iSd §§ 741 ff., so können sie nur gemeinsam kündigen, ihnen kann nur einheitlich gekündigt werden (BGH NJW 2011, 2887). Die Entlassung wie die Neuaufnahme eines Mieters bedürfen der Zustimmung des Vermieters und der übrigen Mieter (BGH NJW 2004, 1797 mwN). Sie darf durch den Vermieter nicht grundlos verweigert werden (BGH NJW 2005, 1714). Zur Mieterhöhung → § 558a Rn. 1. Zur Rückgabe nach Beendigung sind alle gem. § 431 verpflichtet (BGH DWW 1996, 250). Möglich ist auch eine Kombination von Hauptmieter(n) und Untermietern. **c)** Dies gilt auch für **Ehegatten** – außerhalb der Gütergemeinschaft – und **Lebenspartner,** wenn beide Vertragspartner sein sollen (MüKoBGB/Häublein § 535 Rn. 62 ff.; zur Entlassung eines Partners s. OLG Hamburg NJW-RR 2011, 374). Möglich ist auch hier ein bloß akzessorisches Mietrecht, wonach ein Ehepartner bzw. Lebenspartner allein verpflichtet ist, zB aber auch allein kündigen kann (zu Fallgestaltungen allg. s. Schrader NZM 2010, 257). Zum Tod eines Ehegatten bzw. Lebenspartners → §§ 563–563a Rn. 1 ff. **Kinder** sind idR nicht Partei, sie fallen aber in den Schutzbereich des Vertrages (→ §§ 563–563a Rn. 3). Die **Zwangsvollstreckung** auf Räumung muss sich gegen alle (Mit-)Besitzer richten, also Ehepartner, idR Lebenspartner, Kinder, wenn sie als Volljährige eingezogen sind (s. BGH NZM 2008, 400).

4 **3. Auswirkungen des AGG. a) Wohnungsmiete.** Das Ges. setzt ein **öffentliches Anbieten einer Wohnung** iSd § 549 (zur Umschreibung → § 549 Rn. 2) zB durch Internet, Annonce voraus (§ 2 I Nr. 8 AGG) und differenziert in den Rechtsfolgen je nach Anzahl der vom Vermieter gehaltenen Wohnungen und der Nähe der konkret vermieteten Wohnung zum Vermieter. **aa)** Vermietet ein Vermieter **mehr als 50 Wohnungen,** so liegt ein sog Massengeschäft iSd § 19 I Nr. 1 AGG vor (§ 19 V 3 AGG). Erfasst werden wohl auch die Fälle, in denen ein Vermittler in eigener Verantwortung Verträge über Wohnungen mehrerer Eigentümer abschließt. Bei Abschluss und Durchführung des Mietverhältnisses sind Differenzierungen nach *Rasse und ethnischer Herkunft* (s. § 1 AGG) grundsätzlich unzulässig. Eine unterschiedliche Behandlung kann jedoch im Hinblick auf die Schaffung und Erhaltung sozial stabiler Bewohnerstrukturen sowie ausgeglichener wirtschaftlicher, sozialer und kultureller Verhältnisse zulässig sein (§ 19 III AGG). Damit soll ein ausgewogenes Nebeneinander zB verschiedener Kulturen – nicht aber die Unterrepräsentanz einer bestimmten Gruppe – ermöglicht werden (RegBegr BT-Drs. 16/1780, 42). Differenzierungen wegen *des Geschlechts, der Religion oder Weltanschauung, einer Behinderung, des Alters oder der sexuellen Identität* bedürfen einer sachlichen Rechtfertigung (§ 20 I AGG). Bsp: Lehrlings- und Studentenheime, Seniorenanlagen, Häuser für Betriebsangehörige, für Mitglieder einer religiösen Gemeinschaft (BT-
5 Drs. 16/1780, 44). **bb)** Vermietet der Vermieter **bis zu 50 Wohnungen** (ohne individuelle Nähe zum Mieter, → Rn. 6), so ist weiterhin eine Differenzierung nach *Rasse und ethnischer Herkunft* (s. § 1 AGG) nur im Fall des Schaffens und Erhaltens sozial stabiler Bewohnerstrukturen sowie ausgeglichener wirtschaftlicher, sozialer und kultureller Verhältnisse zulässig (→ Rn. 4). Eine Differenzierung wegen *des Geschlechts, der Religion oder Weltanschauung, einer Behinderung, des Alters oder der sexuel-*
6 *len Identität* wird generell nicht eingeschränkt. **cc)** Führt das Mietverhältnis zu einer **bes. Nähe zwischen den Parteien oder deren Angehörigen** (zum Angehörigen → § 573 Rn. 6), so bestehen keine ges. Schranken (§ 19 V 1 AGG). Eine solche Nähe wird vermutet, wenn die Parteien bzw. die Angehörigen auf demselben Grundstück wohnen bzw. wohnen würden (§ 19 V 2 AGG). Dies gilt auch hinsichtlich der konkreten Wohnung für Vermieter, die eine Mehrzahl von Wohnungen
7 vermieten (→ Rn. 4, 5). **b) Mietverhältnisse über andere Sachen iSd § 578.** Bsp: Räume (zB Geschäftsräume, Hotelzimmer, Ferienwohnungen), Werbeflächen (auch mobile, BGH MDR 2019, 88; 2019, 214), Kfz, Boote (→ § 578 Rn. 1). **aa) Massengeschäfte.** Die Sachen werden vom Vermieter bzw. Vermittler öffentlich (→ Rn. 4) in einer Vielzahl (trotz des ges. Begriffs wohl ab drei) angeboten,

wobei typischerweise bei der Auswahl des Partners dessen personelle Individualität keine oder nur eine untergeordnete Rolle spielt (§ 19 I Nr. 1 AGB). Eine Differenzierung nach *Rasse und ethnischer Herkunft* (s. § 1 AGG) ist unzulässig. Differenzierungen wegen *des Geschlechts, der Religion oder Weltanschauung, einer Behinderung, des Alters oder der sexuellen Identität* bedürfen einer an obj. Kriterien orientierten sachlichen Rechtfertigung (§ 20 I AGG, s. LG Köln NZM 2016, 165; zust. Derleder NZM 2016, 254: Vermietung einer im Internet angebotenen Villa für Hochzeitsfeier an eine homosexuelle Lebenspartnerschaft). **bb)** Handelt es sich um **kein Massengeschäft** iSd § 19 I Nr. 1 AGB (Bsp: private Annonce über eine Ferienwohnung), so bleibt eine Differenzierung nach *Rasse und ethnischer Herkunft* (s. AGG 1) weiterhin unzulässig. Differenzierungen wegen *des Geschlechts, der Religion oder Weltanschauung, einer Behinderung* (Behindertenparkplatz, AG Frankfurt aM BeckRS 2020, 53282), *des Alters oder der sexuellen Identität* werden nicht eingeschränkt (§ 19 II AGG). 8
c) Beweislast. Der Mieter muss Indizien glaubhaft machen (nicht: „beweisen"), die eine Diskriminierung nahelegen (MüKoBGB/Thüsing § 22 AGG Rn. 2; AG Tempelhof-Kreuzberg WuM 2015, 75). Dann trägt der Vermieter die Beweislast dafür, dass kein Verstoß gegen das AGG vorgelegen hat (§ 22 AGG). **d) Rechtsfolgen eines Verstoßes.** Anspruch auf Vermietung als Beseitigungsanspruch (§ 21 I AGG), Anspruch auf Schadensersatz im Fall des Vertretenmüssens mit Beweislastumkehr (§ 21 II AGG), angemessene Entschädigung für immateriellen Schaden gem. § 21 II AGG; iÜ sind Ansprüche aus §§ 823 ff. (Persönlichkeitsverletzung) denkbar (OLG Köln DWW 2010, 107). 9

4. Inhalt des Vertrages (Gestaltungsfreiheit). Einzelne Bestimmungen aus dem **Mietrecht,** häufig zu Wohnräumen, enthalten zwingendes oder sog. halbzwingendes Recht zugunsten des Mieters (s. ua § 536 IV, § 551 IV, 555a–555e, 556g I); iÜ sind bei Formularverträgen die **§§ 307 ff.** zu beachten. Aus dem **Kartellrecht** können sich Vorgaben für die Laufzeit des Vertrags und einen Konkurrenzschutz ergeben (dazu BGH WM 2022, 939: Schilderpräger bei Kfz-Zulassungsstelle). 10

II. Leistungspflichten des Vermieters

1. Überlassen der dem Vertrag entsprechenden Mietsache (I 2). a) Umschreibung. Durch das **Überlassen** (§§ 535 I 2, 536 I 1 Alt. 1) muss dem Mieter idR der **alleinige Besitz** (sofern zB kein Mitbesitz an gemeinschaftlichen Räumen neben den ausschließlich vermieteten vereinbart wurde) und ungehinderter Gebrauch eingeräumt werden (BGH NJW-RR 2016, 785 f.). Eine „Besitzverschaffung" durch den Vermieter selbst ist aber nicht zwingend; es kann ausreichen, dass sich der Mieter selbst den Besitz verschaffen kann (BGH NJW 2022, 701 Rn. 40). Einen Zugangsschlüssel darf der Vermieter behalten, wenn er keinen Besitzwillen an der Sache selbst hat (aA OLG Celle WuM 2007, 201). In Einzelfällen bedarf es keiner Besitzverschaffung (zB Werbefläche am Haus, sa BGH ZIP 1989, 375: Grundstücksfläche zur Überfahrt; BGHZ 228, 353 Rn. 14 ff.: Zugtrasse). 11
b) Vertragsgemäßheit der Sache. aa) Die Parteien haben es in der Hand festzulegen, in welchem Zustand der vereinbarte Gegenstand *beschaffen sein muss,* um (noch) als vertragsgemäß zu gelten (→ § 536 Rn. 4). Sie können dabei innerhalb der allg. *Grenzen der Parteiautonomie* individuell bestimmen, in welcher Weise der Mieter die Sache *nutzen darf* (→ Rn. 13; sa §§ 540, 541), und über die vereinbarten Nutzungsmöglichkeiten die vertraglichen Eigenschaften der Sache bestimmen. Systematisch stellen sich damit in erster Linie Fragen der Vertragsauslegung einschließlich der ergänzenden Vertragsauslegung (BGH DWW 2019, 15). Elemente einer solchen Auslegung sind zB bei Wohnraummietverhältnissen das Interesse des Mieters an der persönlichen Entfaltung in einem existentiellen Lebensbereich, das Interesse des Vermieters an der Erhaltung der Sache und die „Allgemeinverträglichkeit" des Mietverhältnisses etwa bei mehreren Mietern im Haus. Die Rspr. versucht, durch Bezugnahme auf die „Verkehrssitte" gem. § 157 den Vertragsinhalt zu objektivieren. **bb)** Ist das Vertragsergebnis ermittelt, so kann sich weiter die Frage stellen, ob das 12

Beharren des Vermieters auf seiner Rechtsposition nicht gegen die Ausübungsschranke des § 242 verstößt, die wegen des genannten Interesses des Mieters hier eine bes. Bedeutung hat.

13 **2. Gewähren des vertragsgemäßen Gebrauchs (I 1). a) Definition.** Gewähren bedeutet nicht nur bloßes Dulden der Nutzung, sondern **aktives Tun** verschiedener Art auf verschiedenen Ebenen zum Ermöglichen des vereinbarten Mietgebrauchs entspr. dem Charakter des Mietvertrages. Bsp: Reinigen (zB Kamine, Zuweg, Mülltonne), notfalls Umstellen von Geräten auf neue Bedingungen (LG Aachen NJW 1970, 1923: Auswechslung des Warmwassergeräts bei Umstellung von Leucht- auf Erdgas), Heizen bei Zentralheizung (zur Temperatur s. OLG München NJW-RR 2001, 729: 20°C, in der Mitte gemessen; AG Neuss DWW 1997, 47:
14 21°C). **b) Sicherung der ungestörten vertragsgerechten Nutzung.** Bsp: Einweisung bei nicht problemlosem Gebrauch (MüKoBGB/Häublein § 535 Rn. 79), Informieren über wesentliche Umstände (OLG Hamburg NJW-RR 1988, 1481), Warnen (LG Bonn NJW 2018, 319: Segway-Mietvertrag; OLG München NZM 2013, 702: Nassreinigung), Beseitigen von Schadstoffen (BayObLG DWW 2000, 350), von Gefahren (BGH ZMR 1968, 301: Streuen der Zugangswege), Unterlassen von Störungen (zB durch Vermieten anderer Räume im gleichen Haus an Wettbewerber, BGH WM 1988, 878; OLG Düsseldorf ZMR 2014, 202), Abwehr von Störungen Dritter (zB durch Mitmieter im Haus, iE Pfeifer DWW 1989, 38). Kann der Mieter zur Sicht genutzte Fenster aufgrund ihrer Anlage nicht reinigen, obliegt dies auch ohne Vereinbarung dem Vermieter (aA BGH NZM 2018, 900, zutr. LG
15 Mainz als Berufungsinstanz bei Loft). **c) Räumlicher Umfang.** Auch Gemeinschaftsräume und gemeinschaftliche Einrichtungen (Fahrstuhl, Trockenraum) sind zur Mitbenutzung vermietet. Der Mieter kann also, wenn er darauf angewiesen ist, zB Kinderwagen und Rollstuhl auf dem Flur abstellen, sofern keine Behinderung
16 der übrigen Mieter eintritt (BGH NJW 2007, 146). **d) Art und Ausmaß der eigenen Nutzung** (einschließlich der in den Vertrag mit einbezogenen Personen) richten sich, soweit keine explizite Vereinbarung getroffen wird, im Wesentlichen nach der Verträglichkeit (zB BGH NJW 2013, 1806: freiberufliche Mitnutzung einer Wohnung; LG Berlin BeckRS 2016, 18983: Partylärm bei Vermietung anderer Wohnungen an Touristen) bzw. Verkehrssitte (OLG Dresden NJW-RR 2009, 1385; iE zB Horst MDR 2012, 70); zur Abnutzung von Mietgegenständen → § 538
17 Rn. 2. **e) Nutzung durch Dritte.** Zur Zulässigkeit einer **Überlassung** s. § 549; die **Aufnahme Dritter zu Besuchszwecken** ist, soweit keine erheblichen Störungen damit verbunden sind, unbeschränkt zulässig (zutr. für Tagesmütter in der Zahl der Kinder einschränkend LG Hamburg NJW 1982, 2387). **Dauernd aufnehmen** kann der Mieter Personen, die zu seinem engsten Lebenskreis gehören bzw. denen gegenüber eine ethische Verpflichtung zur Unterbringung besteht. Bsp: Ehepartner, Partner einer eingetragenen Lebenspartnerschaft, Lebenspartner (aA BGHZ 157, 3 ff., allerdings idR Anspruch auf Erlaubnis gem. §§ 540, 553), nahe Familienangehörige: Kinder und Stiefkinder, Eltern (BayObLG WuM 1997, 603), Enkel, uU Lebenspartner eines Elternteils, wohl nicht Lebenspartner eines Kindes (OLG Hamm DW 98, 211); nicht Geschwister (BayObLG WuM 1984, 13). Die Wohnungskapazität ist in einer Abwägung zugunsten des Vermieters mit zu berücksichti-
18 gen (recht weitgehend BGHZ 123, 240 f. bei Aufnahme von Kindern). **f) Anbringen von Einrichtungen.** Die üblichen Haushaltsgeräte muss der Vermieter dulden, er muss, wenn nichts anderes vereinbart, für die entspr. Anschlüsse sorgen (Staudinger/V. Emmerich § 535 Rn. 43). **Außenantennen** dürfen angebracht werden, wenn sie nicht stören (BGHZ 157, 322) oder wenn andere Möglichkeiten wie Internet (BGH NZM 2013, 647) oder Kabelanschluss die Bedürfnisse des Mieters, zB nach fremdsprachlichen Sendungen, nicht decken (BVerfG NJW 2013, 2180). Angemessene Aufwendungen sind zumutbar, etwa für einen Decoder (BGH NJW-RR 2005, 596, zust. Horst NJW 2005, 2654; BVerfG NJW-RR 2005, 662) oder
19 Internet-Gebühren (BGH NZM 2013, 647). **g) Haustiere.** Kleintiere (zB Wellen-

sittich, Hamster) sind zulässig (allgM). Bei größeren Tieren (zB Hund, Katze) muss eine Abwägung im Einzelfall ua nach Art und Größe des Tieres, Art, Zustand, Größe und Lage der Wohnung sowie den Interessen von Mitbewohnern und Nachbarn getroffen werden (BGH NJW 2008, 220 mwN). AGB können deshalb ein Halten derartiger Tiere nicht generell von einer Zustimmung abhängig machen (BGH NJW 2013, 1526). Im Einzelfall muss der Vermieter gem. § 242 zustimmen (BayObLG NJW-RR 2002, 226 zum WEG). Eine Zustimmung ist nicht dahin auszulegen, dass sie erhöhte Nutzungsschäden „vertragsgemäß" macht (iErg zutr. LG Koblenz NJW 2014, 2660).

3. Erhaltung der Mietsache (I 2). Der Vermieter ist grds. verpflichtet, dafür Sorge zu tragen, dass die Sache – in Abgrenzung zur Modernisierung (→ § 555a Rn. 1) obj. in ihrem vereinbarten Bestand verbleibt (Staudinger/J. Emmerich § 555a Rn. 4). Dazu gehören zum einen **Instand*haltungs*maßnahmen** (→ § 555a I 1). Sie haben das Ziel, die weitere Funktion einer Sache zu sichern. Die Verpflichtung deckt sich, wenn Schäden drohen, mit der Verkehrssicherungspflicht (→ § 823 Rn. 27). Im Vordergrund stehen **Instand*setzungs*maßnahmen,** die Beseitigung von Mängeln (→ § 555a I 1). Es handelt sich um eine Nacherfüllungspflicht (BGH NJW-RR 2019, 270 Rn. 12 ff., Aktualisierung eines Telefonanschlusses; iE → § 536 Rn. 15; zu den sog. Schönheitsreparaturen → Rn. 30 ff.). Sie besteht auch, wenn der Mieter den Mangel (ohne ihn vertreten zu haben, → Rn. 41) verursacht hat (BGHZ 203, 256 Rn. 25 f.). Wird ein vom Mieter verursachter Schaden durch die Gebäudeversicherung gedeckt, muss der Vermieter diese in Anspruch nehmen (BGHZ 203, 256 Rn. 24) und dafür Sorge tragen, dass die Versicherung im Fall einer leichten Fahrlässigkeit keinen Regress nimmt (BGH VersR 2018, 1011). Die Kosten für **Kleinreparaturen** können aus Gründen der Streitvermeidung wegen der Verursachung dem Mieter auch durch AGB für häufig von ihm benutzte Gegenstände in begrenztem Ausmaß (bis 50 Euro pro Einzelfall und insgesamt bis zu 6 % der Jahresmiete) auferlegt werden (BGHZ 108, 1 Rn. 24; 118, 196; BGH JZ 1993, 160 mAnm Brandner/Baukelmann). 20

4. Tragen der Lasten (I 3). Zum Begriff der Lasten s. § 103. Bsp: Grundsteuern, Grundschuldzinsen, Straßenanliegerbeiträge, Kanalisationsgebühren, Gebäudeversicherung, Müllabfuhr, Schornsteinfegergebühren. **Abdingbarkeit:** Die Verpflichtung kann vertraglich dem Mieter auferlegt werden. Ob die Übernahme Außenwirkungen hat oder nur das Innenverhältnis betrifft, ist nach allg. Grundsätzen zu beurteilen (s. zB § 329). Zu den **Betriebskosten** bei Wohnraummietverhältnissen s. §§ 556 f., 560. 21

5. Sonstige Leistungspflichten. Vorvertraglich muss der Vermieter gem. § 242 über Umstände **aufklären,** die für die Nutzung der Sache und die Leistungsverpflichtung des Mieters bedeutsam sind. Bsp: Information über nicht bestehende Haftpflichtversicherung bei idR auf Privatgrundstücken genutzten Baufahrzeugen (BGH NJW-RR 2007, 298); Aufklärung darüber, dass ein erhöhter „Unfallersatztarif" bei der Anmietung eines Kfz uU nicht vom Haftpflichtversicherer voll erstattet wird (BGH VersR 2007, 80); kein Erwecken eines falschen Anscheins über die Höhe von Mietnebenkosten durch die Vereinbarung erheblich zu niedriger Vorauszahlungen (anders BGH WM 2004, 201 mkritAnm Eisenschmid). **Während der Laufzeit** des Vertrages können sich Pflichten zur **Information** über geänderte Umstände ergeben, die sich auf die Nutzung auswirken. Die Hausordnung (→ Rn. 36) ist auch vom Vermieter zu beachten. 22

6. Rechte des Mieters bei der Verletzung einer Leistungspflicht. Der Mieter hat einen nicht verjährenden (BGHZ 184, 256 ff.) Erfüllungsanspruch auf Überlassen, Erhalten und Gewähren (→ Rn. 13 ff.). Im Fall der der nicht rechtzeitigen Erfüllung oder Nichterfüllung stehen ihm die allg. schuldrechtlichen Ansprüche aus gegenseitigen Verträgen und Leistungsverweigerungsrechte zu. Daneben tritt das 23

Recht zur Kündigung gem. § 543 (→ § 543 Rn. 2 ff.). Zur Mängelgewährleistung als Hauptfall der nicht ordnungsgemäßen Leistung → § 536 Rn. 1.

III. Schutzpflichten des Vermieters

24 **1. Allgemeines. a) Begründung.** Die Nutzung der (nicht mit einem Mangel behafteten → § 536 Rn. 4) Sache kann mit Risiken für die Integrität des jeweiligen Nutzers verbunden sein. Daraus ergeben sich gem. § 241 II Pflichten, dafür zu sorgen, dass der Mieter und die in den Schutzbereich des Mietvertrags einbezogenen
25 Personen nicht verletzt werden (→ § 241 Rn. 10). **b) Inhalt und Umfang. aa)** Die **vertraglichen** Pflichten decken sich teilweise mit den entspr. Verkehrspflichten (→ § 823 Rn. 35 ff.). Bsp: Streuen des Weges vom Hauseingang bis zum öffentl. Straßenraum (BGH NJW-RR 2018, 726 Rn. 20); Warnen vor Schäden am Pkw auf dem Parkplatz, die der Mieter nicht vorhersehen kann (OLG Düsseldorf WM 2013, 1744 Rn. 5 f., konkret abgelehnt); Überprüfung der nicht regelmäßig auf Temperatur gehaltenen zentralen Warmwasseranlage auf Legionellen (BGH NJW 2015, 2111 Rn. 8); Verhüten des Zutritts von Unbefugten zum Raum mit Bankschließfächern (OLG Düsseldorf WM 2013, 1744 Rn. 37); Warnen der Mieter bei nicht aufgeklärtem Diebstahl eines Gruppenschlüssels für den Hauseingang im Mehrfamilienhaus (OLG Hamburg NJW-RR 1988, 1481 Rn. 29). Auch aus der **Hausordnung** (→ Rn. 36) können Schutzpflichten des Vermieters abgeleitet werden. **bb) Nachvertraglich** können den Vermieter Obhuts- und Aufbewahrungspflichten im Blick auf vom Mieter zurückgelassene bzw. für ihn bestimmte Gegenstände treffen (LG Darmstadt NZM 2014, 243, Briefpost).

26 **2. Rechte des Mieters bei der Verletzung einer Schutzpflicht.** Dem Mieter steht gem. §§ 280 I, 282 iVm § 241 II ein Anspruch auf **Schadensersatz** zu (s. BGH NJW 2015, 2111; OLG Düsseldorf, WM 2013, 1744 Rn. 42); zur **fristlosen Kündigung** → § 569 Rn. 2, auch § 543 Rn. 1.

IV. Leistungspflichten des Mieters

27 **1. Zahlen der Miete (II).** Die Miete besteht regelmäßig in periodisch zu zahlendem **Geld.** Art und Höhe können grundsätzlich **frei vereinbart** werden (zB Umsatzmiete bei Anwaltskanzlei, BGH NZM 2015, 635). Die jeweilige (zB monatliche) Forderung ist auf den jeweiligen Zahlungstermin aufschiebend befristet (BGH NJW 2013, 2432; 2022, 701 Rn. 46). Bei der Vereinbarung einer **Staffelmiete** über gewerbliche Räume (zu Wohnungen s. § 557a) trägt der Mieter grundsätzlich das Risiko, dass der Marktpreis entgegen den Erwartungen fällt (BGH NJW 2002, 2384). Begrifflich kommt jede – auch einmalige (BGHZ 137, 110; BGH NJW 2003, 1317) – **andere Gegenleistung** in Frage. Bsp: abwohnbarer (zu „verlorenem" → Rn. 29) Baukostenzuschuss, Arbeitsleistung (BGH NJW-RR 2012, 525), Gebrauchsüberlassung eines anderen Grundstücks (BGH NJW-RR 1994, 971). Abwohnbare Baukostenzuschüsse und Mietvorauszahlungen sind bei preisgebundenen und Sozialwohnungen nur eingeschränkt zulässig. **Leistungsort:** § 269; zur Fälligkeit s. § 579, bei Wohnraummietverhältnissen s. § 556b I; **Art:** idR (Vertragsauslegung) bargeldlos; für einen Scheck gilt § 364 II. Eine Einziehungsermächtigung braucht der Mieter, wenn er sich dazu vertraglich nicht verpflichtet hat, nicht zu erteilen (LG Braunschweig WuM 1979, 118 mwN). Zur Mieterhöhung bei Wohnräumen → § 557 Rn. 1. Zur Nichtleistung der Miete aufgrund der COVID-19-Pandemie Art. 240 § 2 EGBGB.

28 **2. Zahlen der Betriebskosten.** Betriebskosten sind entspr. dem Mietvertrag zu erstatten. Treffen die Parteien bei einem Mietvertrag über Wohnungen eine Vereinbarung, so sind die §§ 556 ff. zu beachten (→ § 556 Rn. 1 ff.). **Heizkosten** und **Warmwasserkosten** (einschließlich der Kosten für Betrieb, Überprüfung, Pflege und einmalige Einrichtung von Wärmemessern) sind nach der HeizkV in einem bestimmten Rahmen (50 %–70 % nach dem Verbrauch, 30 %–50 % nach der

Mietfläche bzw. dem umbauten Raum) umzulegen (iE Wall WuM 2009, 3). Zu Umsatzsteuer auf Nebenkosten BGH NZM 2021, 96.

3. Sonderleistungen. Ihre Zulässigkeit ist bei der Vermietung bestimmter Wohnungen eingeschränkt. Bsp: „Verlorene" (nicht rückzahlbare und auf die Miete nicht anzurechnende) **Baukostenzuschüsse,** zZ eher theoretisch, sind bei Wohnraummietverhältnissen, die dem WoBindG unterliegen, unzulässig (§ 9 WoBindG); **Instandsetzungskosten** und **Reparaturen** sollen dem Mieter nach BGH NJW 2002, 2384 (in noch unklarem Umfang) auferlegt werden können (bedenklich); zur **Kaution** s. § 551 und § 566a. 29

4. Durchführen von Schönheitsreparaturen.

Lit.: Gather, Schönheitsreparaturen und Instandsetzung bei Wohn- und Gewerberaum, 4. Aufl. 2016; Herrlein/Kappus, Schönheitsreparaturen-Stau im Miete-Mandat, NJW 2021, 36; Horst, Regelungen zum Rückgabezustand der Mieträume, NZM 2020, 257; Langenberg/ Zehelein, Schönheitsreparaturen, Instandsetzung und Rückbau bei Wohn- und Gewerberaum, 6. Aufl. 2021; Teichmann, Schönheitsreparaturen in der Systematik des Wohnungsmietrechts, JZ 2016, 1090.

a) Umschreibung, Funktion. Mit „Schönheitsreparaturen" werden Maler- und Tapezierarbeiten umschrieben, die erforderlich sind, um Abnutzungen zu beseitigen, die durch den **vertragsgemäßen Gebrauch** der Wohnung im Lauf der Mietzeit entstanden sind (zum vertragswidrigen Gebrauch → Rn. 36). Der Begriff ist insofern nicht exakt, als es weder um „Schönheit" noch idR um Reparaturen iSd Beseitigung einer Funktionswidrigkeit (→ Rn. 20) geht. Als **Bsp.** werden im Anschluss an § 28 IV 3 II. BV genannt: Tapezieren bzw. Streichen von Wänden und Decken, Streichen der Fußböden bzw. Reinigen (nicht Auswechseln) von Teppichböden (BGH NJW 2009, 511), Streichen der Heizkörper einschließlich der Heizrohre, der Innentüren sowie der Fenster und Außentüren von innen (BGH WuM 2010, 231 Rn. 16). **b) Einordnung in die Systematik.** Nach der Formulierung 31 des § 535, die durch das Mietrechtsreformgesetz (→ Vor §§ 535 ff. Rn. 2) bewusst nicht geändert wurde (BT-Drs. 14/4553, S. 40), gehören auch die Schönheitsreparaturen nach dem Prinzip der *Bruttoinklusivmiete,* der einheitlichen Miete für alle zum Wohnen erforderlichen und damit vom Vermieter zu erbringenden Leistungen (s. dazu Teichmann JZ 2016, 1092 f.), ges. zu den Vermieterpflichten. Sie sind Teil des Erhaltens gem. 535 I 2. Es ist jedoch allg., auch den Mietern zugutekommende Praxis (s. BGH NJW 2014, 1445), sie vertraglich, idR durch **Formularbedingungen,** dem Mieter als einen **weiteren Teil seiner Leistung** aufzuerlegen (BGH NJW 2014, 1522 mwN). Dies schlägt sich in den Mietspiegeln nieder (→ § 558c-e Rn. 1). Insofern besteht wirtschaftlich eine Parallele zu den Betriebskosten, die aufgrund ges. Ermächtigung (§§ 556 ff.) dem Mieter auferlegt werden können. **c) Inhaltskontrolle. aa) Grundsatz.** Im **Ausmaß** darf vom Mieter nicht mehr 32 verlangt werden, als nach einer bestimmten, *auf die Vertragszeit des Mieters* entfallenden (BGH NJW 2015, 1594 Rn. 16) Abnutzung zur Wiederherstellung des vereinbarten Zustandes erforderlich ist. **bb) Einzelfälle.** Wird eine Wohnung – iÜ nach der Rspr. auch bei gewerblicher Miete (OLG Celle NJW 2016, 3732) – im **renovierungsbedürftigen Zustand** übernommen, so soll der Mieter nach dem BGH zu Schönheitsreparaturen während der Mietzeit nur verpflichtet werden können, wenn er eine angemessene Kompensation, zB einen Mietnachlass in Höhe des Renovierungsaufwandes erhält (BGHZ 204, 314 Rn. 30, Aufgabe der früheren Rspr; zust. Artz, WuM 2017, 120; Beyer WuM 2017, 122; ua wegen der Nichtformulierbarkeit zutr. krit. Schmidt, NJW 2016, 1201; v. Westphalen NZM 2018, 1001 unter europarechtlichen Gesichtspunkten; jeweils mwN). Dies soll auch gelten, wenn sich der Mieter ggü. dem Vormieter verpflichtet, dessen Renovierungspflicht zu übernehmen (BGH NJW 2018, 3302 Rn. 24 ff. mkritAnm. Pielsticker; zutr. LG Lüneburg als Berufungsinstanz). Sind in AGB **Fristen** genannt, so muss erkennbar sein, dass im Einzelfall, zB bei gutem Erhaltungszustand der Räume (auch bei Gewerberäumen,

BGHZ 178, 158), längere Intervalle entstehen können (BGH NJW-RR 2012, 907 mwN). Zulässig sind Kennzeichnungen wie „im allg." (BGH NJW 2005, 1427), „in der Regel", „regelmäßig" (BGH NJW-RR 2012, 907). Mögliche Fristen (iE s. Staudinger/V. Emmerich § 535 Rn. 101 ff.): Beschädigungen sofort, Küche, Bad je nach Nutzung alle 3–4 Jahre (BGH NJW 2005, 1189), sonstige Räume ca. alle 5–6 Jahre. **Geschmackliche Vorgaben** dürfen nur für den Zeitpunkt des Auszugs festgelegt werden (BGH NZM 2012, 338, weißer Anstrich). Für Phasen **zwischen** den **letzten Schönheitsreparaturen und Mietende** (an dem eine fristenunabhängige Renovierung nicht verlangt werden kann, BGH NJW 2014, 1444 Rn. 26 mwN) können AGB grds. angemessene Kostenanteile vorsehen (BGH NJW 2013, 2505). Allerdings hat der BGH eine vertragliche Festlegung mit der Forderung faktisch unmöglich gemacht, der Mieter müsse zu Beginn des Mietverhältnisses erkennen können, was auf ihn zukomme; deshalb seien an Zeitanteile zwischen letzter Renovierung und Auszug anknüpfende prozentuale (Quoten-)Klauseln
33 unzulässig (BGHZ 204, 323 f). **d) Rechtsfolgen eines Verstoßes.** Nach stRspr führt die Unwirksamkeit einer einzelnen Bestimmung zur Unwirksamkeit der ganzen Regelung über Schönheitsreparaturen und damit zur (Wieder-) Anwendung des § 535 I (s. zB BGH NJW 2015, 1874 Rn. 17). Eine nur teilweise Ungültigkeit gem. § 306 I würde zu einer inhaltlichen Umgestaltung der Gesamtklausel führen und damit gegen das Verbot der geltungserhaltenden Reduktion verstoßen (BGH NJW 2015, 1874 Rn. 17; krit. Teichmann JZ 2016, 10, 18 mit dem Vorschlag, bei Unzulässigkeit einer Klausel den Inhalt von Schönheitsreparaturen gem. § 306 II nach § 28 IV S. 3 II. BV zu bestimmen). Hat der Vermieter die Wohnung unrenoviert vermietet und versetzt er sie wegen Unwirksamkeit der Renovierungsklausel in einen frisch renovierten Zustand, muss sich der Vermieter an den Kosten beteili-
34 gen (BGH NJW 2020, 3523 Rn. 38 ff.). **e)** Nimmt der **Vermieter** einen **Umbau** nach dem Auszug vor, soll der Mieter in ergänzender Vertragsauslegung in Geld leisten müssen, was er sonst – zB bei Eigenarbeit – aufgewendet hätte (BGHZ 200, 140 f.; problematisch, näher liegt Interessefortfall). Kommt der Mieter in Verzug, so soll ein Vorschuss in Höhe der Kosten verlangt werden können (BGH NJW 2005, 1863; krit. Weitermeyer NZM 2005, 646). Führt der **Mieter ohne eine Verpflichtung** Maßnahmen durch, so bestehen Ansprüche aus §§ 812 ff. auf Wertersatz für die erbrachten Leistungen (BGHZ 181, 197 f.). Sie unterliegen der Verjährung gem. § 548 II (BGH NJW 2012, 3031).

35 **5. Sonstige Leistungspflichten. a) Allgemeines.** Nebenpflichten haben eine relativ große Bedeutung: Der Vermieter muss die Sache weitgehend in die alleinige Einflusssphäre des Mieters geben (→ Rn. 11) und möchte sie zum Vertragsende unversehrt zurückerhalten; auch können sich, zB bei der Vermietung von Wohnraum im gleichen Haus, viele persönliche Berührungspunkte ergeben. Daraus folgt
36 gem. § 242 eine Pflicht zur Rücksichtnahme in erhöhtem Maß. **b) Einzelfälle. aa)** In gleicher Weise wie der Vermieter (→ Rn. 35) ist der Mieter zur **Rücksichtnahme** auf Vermieter und andere Mieter verpflichtet, soweit es das reibungslose Durchführen des Vertrages erforderlich macht. Dies gilt insbes. für Wohnraummietverhältnisse. Bsp: Verträglichkeit im Umgang; **Ausübung lauter Musik** nur in Abständen und zu begrenzten Tageszeiten (s. Bsp. in BGH NJW 2019, 773 Rn. 29: idR Ruhezeit von 20 Uhr bis 8 Uhr und von 12 Uhr bis 14 Uhr), allg. Einhalten der Hausordnung (s. dazu Schmid NJW 2013, 2145, Mayer/Eichel/Klinck NZM 2018, 689). **bb) Verbot des vertragswidrigen Gebrauchs.** Als Spiegelbild der Verpflichtung des Vermieters, dem Mieter den vertragsgemäßen Gebrauch zu gewähren (→ Rn. 13), ergibt sich für den Mieter die Verpflichtung, die Grenzen des vertragsgemäßen Gebrauchs nicht zu überschreiten (BGH NJW 2019, 1062, Nutzung gewerblicher Räume als Wohnung). Eine **berufliche Tätigkeit** darf der Mieter ohne Zustimmung nur ausüben, wenn sie nicht nach außen in Erscheinung tritt. Bsp: Arbeiten am PC für die Firma, nicht Musikunterricht (BGH NZM 2013, 457). Weitere Bsp: keine Aufbewahrung von Explosionsstoffen (BGH NJW 2017,

22), von Betäubungsmitteln im strafbaren Umfang, von Tatmitteln und Beschädigung der Wohnung durch eine Durchsuchung (s. BGH NJW-RR 2017, 329, dort wegen fehlender Kausalität abgelehnt). **cc)** Eine Pflicht zur **Benutzung der Sache** 37
besteht, wenn sie nicht aus der Obhut folgt (Schulbeispiel: Reitpferd), nicht (BGH ZMR 2011, 367). Eine sog **Betriebspflicht** muss vereinbart werden (iE Würtenberger NJW-RR 2013, 12; Gomille NZM 2018, 809). Bsp: Betrieb von Geschäftsräumen (OLG Hamm NJW-RR 2018, 263) oder eines Restaurants (BGHZ 224, 370 Rn. 34 zum Verhältnis von Betriebspflicht und Konkurrenzschutz) in einem Einkaufszentrum, einer Gaststätte (OLG Frankfurt aM ZMR 2015, 18). **dd)** Eine Verpflichtung, **den Zutritt des Vermieters zu dulden,** besteht angesichts des hohen Werts einer ungestörten Nutzung (sa Art. 13 GG) nur (zu angemessener Zeit) bei sachlichen Gründen, etwa wegen der ordnungsgemäßen Bewirtschaftung (BGH NJW 2014, 2566, dazu Willems NZM 2015, 353), bei Ablauf des Mietverhältnisses (Nachfolge) oder bei geplanter Veräußerung der Mietsache. **ee)** Die **Rückgabe** der Wohnung muss auch ohne vertragliche Festlegung (→ Rn. 12) entspr. ihrer Übernahme in einer neutralen Gestaltung geschehen, die von Nachmietern akzeptiert werden kann (BGH NJW 2013, 143 f.).

6. Rechte des Vermieters bei der Verletzung einer Leistungspflicht. Dem 38
Vermieter stehen spiegelbildlich dieselben Ansprüche und Kündigungsrechte wie dem Mieter (selbstverständlich außer den Gewährleistungsrechten) zu → Rn. 26.

V. Schutzpflichten des Mieters

1. Inhalt. a) Allgemeines. Schutzpflichten haben auch auf Mieterseite eine 39
relativ große Bedeutung: Der Mieter kann als Besitzer beim alltäglichen Umgang die Sache beschädigen; auch ohne Beschädigung der Sache vermag eine nicht dem Vertrag entsprechende Nutzung die Integritätsinteressen sowie wirtschaftliche Belange des Vermieters zu beeinträchtigen. Aus möglichen engeren Berührungen ergeben sich den Vermieterpflichten (→ Rn. 24) entsprechende Anforderungen.
b) Fallgruppen. aa) Es kann bereits eine **vorvertragliche Aufklärung** über eine 40
für den Vermieter nicht erkennbare und seine Interessen berührende Nutzung erforderlich sein (BGH NJW 2010, 3362; NZM 2010, 786, wohl enger Emmerich NJW 2011, 2321). **bb)** Den Mieter trifft gem. § 241 II eine allg. **Obhutspflicht,** Beschädigungen und Gefährdungen der vermieteten Sache zu vermeiden. Bsp: Heizen und Lüften zum Vermeiden von Schimmel (BGH NJW-RR 2016, 850 Rn. 22; Strey WuM 2016, 135), sorgsames Erhitzen von Öl auf dem Herd (BGH NJW 2015, 700); sicheres Aufbewahren von Haus- und Wohnungsschlüsseln (BGH NJW 2014, 1653 Rn. 10). Fällt ein Schaden in den Schutz der Gebäudeversicherung, für deren Beitrag der Mieter mit aufkommt, muss sich bei leichter Fahrlässigkeit der Vermieter unabhängig von der tatsächlichen Rechtslage so behandeln lassen, als sei mit dem Versicherer ein Regressverzicht vereinbart (BGH VersR 2018, 1011 Rn. 23 f.). **dd)** Der Mieter ist in gleicher Weise wie der Vermieter zur **Rücksichtnahme** auf den Vermieter und seine Integritätsinteressen verpflichtet (zur Hausordnung → Rn. 36).

2. Rechte des Vermieters bei der Verletzung einer Schutzpflicht. Der Ver- 41
mieter hat einen Anspruch auf Schadensersatz aus §§ 281 I, 282 (BGH JZ 2018, 946 Rn. 22 ff.; BGH NJW-RR 2018, 1103), ggf. aus §§ 823 ff. Zur fristlosen Kündigung → § 569 Rn. 1, auch § 543 Rn. 5.

VI. Prozessuales

Ausschließlich **örtlich zuständig** ist für Streitigkeiten aus Mietverhältnissen über 42
Räume (einschließlich der Wohnräume) das Gericht, in dessen Bezirk sich die Räume befinden, § 29a I ZPO. Für Wohnräume iSd § 549a II Nr. 1–3 gelten §§ 12 ff. ZPO, s. § 29a II ZPO. § 29a ZPO gilt auch für Mietverhältnisse über Werkmietwohnungen; für Werkdienstwohnungen ist das ArbG zuständig (vgl.

BAGE 125, 66). **Sachlich zuständig** ist für Streitigkeiten über Wohnräume (einschließlich der Wohnräume iSd § 549 II, nicht Hotelzimmer und Ferienwohnungen) ausschließlich das AG, § 23 Nr. 2a GVG. Bei Streitigkeiten über andere Räume richtet sich die Zuständigkeit nach dem Streitwert (also LG bei mehr als 5 000 Euro). Die Zuständigkeit für **Berufung** und **Revision** richten sich nach den allg. Regeln.

§ 536 Mietminderung bei Sach- und Rechtsmängeln

(1) [1]**Hat die Mietsache zur Zeit der Überlassung an den Mieter einen Mangel, der ihre Tauglichkeit zum vertragsgemäßen Gebrauch aufhebt, oder entsteht während der Mietzeit ein solcher Mangel, so ist der Mieter für die Zeit, in der die Tauglichkeit aufgehoben ist, von der Entrichtung der Miete befreit.** [2]**Für die Zeit, während der die Tauglichkeit gemindert ist, hat er nur eine angemessen herabgesetzte Miete zu entrichten.** [3]**Eine unerhebliche Minderung der Tauglichkeit bleibt außer Betracht.**

(1a) **Für die Dauer von drei Monaten bleibt eine Minderung der Tauglichkeit außer Betracht, soweit diese auf Grund einer Maßnahme eintritt, die einer energetischen Modernisierung nach § 555b Nummer 1 dient.**

(2) **Absatz 1 Satz 1 und 2 gilt auch, wenn eine zugesicherte Eigenschaft fehlt oder später wegfällt.**

(3) **Wird dem Mieter der vertragsgemäße Gebrauch der Mietsache durch das Recht eines Dritten ganz oder zum Teil entzogen, so gelten die Absätze 1 und 2 entsprechend.**

(4) **Bei einem Mietverhältnis über Wohnraum ist eine zum Nachteil des Mieters abweichende Vereinbarung unwirksam.**

Lit.: C. Börstinghaus, Mietminderungstabelle, 4. Aufl. 2017; Gsell, Dynamischer Mangelbegriff im Mietrecht, WuM 2022, 249; Lobinger, Mietminderung und § 814 BGB, JZ 2022, 599.

1 **1. Allgemeines. a)** Zur **Systematik** der mietrechtlichen Leistungsstörungen → Vor §§ 535 ff. Rn. 1. **b) Anwendbarkeit von Bestimmungen des allg. Schuldrechts. aa) Leistungspflichten.** Da der Vermieter verpflichtet ist, die Mietsache in vertragsgemäßem Zustand zu überlassen und zu erhalten, stellen die §§ 536, 536a wie die entspr. Normen im Kauf-, Werk- und Reiserecht **Nichterfüllungsregelungen** dar, die als leges speciales vorgehen, soweit sie anwendbar sind. Die §§ 536, 536a sollten in möglichst weitem Maß ausschließlich angewandt werden. Im Einzelnen: Bei einem **behebbaren Mangel** ist **§ 320** anwendbar (BGHZ 206, 17). Durch den Zweck, Erfüllungsdruck auf den Vermieter auszuüben, ist die Einrede je nach Schwere des Mangels im Einzelfall zeitlich und in der Höhe beschränkt. Ein Dauereinbehalt ist unzulässig (BGHZ 206, 23). Wird der Mangel **verzögert behoben,** so kann der Mieter den Verzögerungsschaden fordern, §§ 536a I 1, 280 I, II, 286. Wird der (behebbare) Mangel **nicht behoben,** so kann der Mieter nur unter den Voraussetzungen des § 543 kündigen; § 323 sollte auch vor Gefahrübergang nicht eingreifen. Bei einem **vom Vermieter nicht behebbaren Mangel** sollten allein die §§ 536 ff. angewandt werden, und zwar wegen der speziell auf die Miete ausgerichteten Regelung sowohl *vor Gebrauchsüberlassung* (sehr str; MüKoBGB/Häublein Vor § 536 Rn. 11; Staudinger/V. Emmerich Vor § 536 Rn. 4b; Timme NZM 2003, 703; aA die hM, s. BGHZ 136, 102 mwN zu § 306 aF) als auch *nach Gebrauchsüberlassung* (allgM, zT allerdings beschränkt auf den Fall, dass dem Vermieter die Mängelbeseitigung zugemutet werden kann, BGH NJW-RR 1991, 204). Ob der Mieter in den Fällen des § 536b gem. § 326 I 1 Hs. 2 mindern kann, ist str (dagegen zutr. MüKoBGB/Häublein § 536b Rn. 11). Indessen greift § 326 II, wenn der Mieter den Mangel zu vertreten hat (MüKoBGB/Häublein
2 Vor § 536 Rn. 13). **bb) Schutzpflichten.** Ansprüche wegen **Verletzung des Integritätsinteresses** können, sofern man diese Schäden (zutr.) nicht unter § 536a

I subsumiert, gem. §§ 280 I, 241 II geltend gemacht werden. Zu den übrigen **Schadensersatzansprüchen** → § 536a Rn. 3 ff. **c)** Das **Recht zur Anfechtung** gem. 3
§ 119 II soll nach hM bestehen bleiben (→ § 119 Rn. 16). Richtiger erscheint, wie im Kaufrecht (→ § 437 Rn. 32) und im Werkvertragsrecht den Mieter allein auf die §§ 536 ff. zu verweisen (desgl. MüKoBGB/Häublein Vor § 536 Rn. 28 f.). **d)** Die Norm ist außer bei Verträgen über Wohnräume **abdingbar** (s. **IV**). Zu beachten ist, dass schadhafte Sachen (auch Wohnungen) in Grenzen als vertragsgemäß behandelt werden können (→ Rn. 4) und dann kein Anspruch des Mieters aus § 536 besteht.

2. Sachmangel (I). a) Kennzeichnung. Aus dem Wortlaut folgt ein **subj.** 4
Mangelbegriff (BGH NJW 2014, 686), für dessen Elemente auf die Umschreibung in §§ 434 I, II, 633 II zurückgegriffen werden kann. Die Parteien können also in einer ***ersten Stufe*** selbst festlegen, welchen Zustand sie (noch) als vertragsgemäß ansehen. Bsp: Akzeptieren einer veralteten unwirtschaftlichen Heizungsanlage (BGH NJW 2014, 686); Vermieten einer Wohnung nach Räumen „wegen möglicher Messfehler", nicht nach Wohnfläche (BGH DWW 2011, 7). Die Rspr. hat jedoch schon bisher zutr. unter Berufung auf die Verkehrssitte (§ 157) und den Verwendungszweck faktisch die Parteiautonomie insofern eingeschränkt, als sie zB Wohnungen mit gesundheitsgefährdenden Einrichtungen stets als nicht vertragsgemäß behandelt hat (zB RGZ 81, 202, schadhafter Jalousiekasten; RGZ 90, 67, unsichere Treppe; OLG Düsseldorf HRR 1937 Nr. 1579, Balken im Kamin, sa BVerfG NZM 1999, 302 zum Entdecken von Gesundheitsgefährdungen dank eines neuen technisch-wissenschaftlichen Kenntnisstandes). *Fehlt* es an einer umschreibenden Vereinbarung, so gelten in ***zweiter Stufe*** unter Berücksichtigung des vereinbarten Nutzungszwecks obj. Kriterien, zB ein allg. Standard bei Wohnungen, der der üblichen Ausstattung vergleichbarer Wohnungen entspricht. Bsp: Stromversorgung in verschiedenen Stromkreisen, die den gleichzeitigen Betrieb zB einer Waschmaschine neben Kleingeräten ermöglicht (BGH NJW-RR 2010, 737); Leitungskapazität für Festnetz (BGH NJW-RR 2019, 270). Für technische Normen ist auf den Zeitpunkt der Errichtung (BGH NJW 2019, 507 Rn. 25 ff.), bei grundlegenden Renovierungen auf deren Zeitpunkt abzustellen (BGH NJW 2018, 2123
Rn. 11, Trittschallschutz;). **b) Der Mietsache anhaftende Beeinträchtigungen** 5
als Sachmangel. Bsp: geringere Flächen-/Raumgröße (bei einer Abweichung um mehr als 10 %, BGH NJW 2016, 239; NZM 2021, 759 Rn. 9; bei geringer Abweichung müssen weitere Faktoren hinzukommen, BGH NZM 2021, 276 Rn. 27; KG NZM 2005, 865; iE Börstinghaus NJW 2007, 2603), Schadstoffe in der Wohnung (AG Frankfurt NJW-RR 2001, 9), gefährdende Kontaminierung des Bodens (iE OLG Hamm DWW 1987, 226; LG Dortmund DWW 1987, 47); Einbruchsgefährdung bei Geschäftsraummiete (BGH NJW-RR 2006, 1157), Feuchtigkeit (Minderungstabellen bei Isenmann/Meusson NZM 2005, 883 [895]), unzureichende Heizbarkeit (LG Mannheim ZMR 1977, 155), fehlende Hitzedämmung (BGH NZM 2011, 154 uU nur in den Sommermonaten); belastende Gerüche (BGH NZM 2018, 1018 Rn. 15); entweichendes Gas aus Durchlauferhitzer (BGH VersR 1966, 82), Ausfall des Fahrstuhls (LG Berlin ZMR 1986, 89), schadhafte Reifen bei gemie-
tetem *Kfz (BGH DB 1967*, 118). **c) Rechtliche und tatsächliche Verhältnisse,** 6
welche die Gebrauchsmöglichkeit der Mietsache unmittelbar beeinträchtigen, als Sachmangel (s. BGH NJW-RR 2012, 1481). **aa) Umschreibung.** Ohne dass es wegen der Gleichsetzung von Sach- und Rechtsmangel (→ Rn. 14) darauf ankommt, wird der Begriff des Sachmangels weit gefasst. Im Grundsatz werden Beeinträchtigungen durch äußere Umstände – innerhalb, aber auch außerhalb der Risikosphäre des Vermieters – erfasst, durch die die vertraglich vorgesehene Nutzbarkeit der Sache eingeschränkt oder aufgehoben wird. Bsp: anderweitige Vermietung (BGH NJW 1991, 3277); Lärm aus Nachbarwohnung, der das im üblichen Rahmen hinzunehmende Maß in Intensität und Häufigkeit überschreitet (BGH NJW-RR 2017, 1290 Rn. 30). Fehlen der Nutzungserlaubnis bei Geschäftsraum-

miete (BGH NJW-RR 2014, 264); Verstoß gegen einen vereinbarten Konkurrentenschutz (BGHZ 195, 59 f.), Beeinträchtigung des good will einer Gaststätte (OLG Frankfurt aM ZMR 2015, 18); Nutzungsmöglichkeit einer Wohnung im Gewerbegebiet nur für beruflich Beschäftigte (BGH NJW 2001, 65); längerfristige Versperrung der Sicht auf Geschäftslokal und Erschwerung des Zugangs (OLG Frankfurt NJW 2015, 2434); Erschütterungen (BGH WM 1966, 763); zu Beeinträchtigungen
7 durch Covid 19 → Rn. 12a. **bb) Grenzen.** Für **Baulärm** hat der BGH seine Rspr. zugunsten des Vermieters verändert: Eine nachträgliche erhöhte Belastung begründe – es sei denn, es sei eine Beschaffenheitsvereinbarung getroffen – keinen Mangel, wenn auch der Vermieter sie als unwesentlich (zeitlich wohl bis zu sechs Monate, BGH NZM 2013, 184) oder ortsüblich hinnehmen muss (BGHZ 205, 190: „Bolzplatz"; NJW-RR 2022, 381 Rn. 28 ff.: Baulärm) – bedenklich, da dann der Mieter das Wertminderungsrisiko für die Mietsache zu tragen hat; krit. auch Ghassemi-Tabar NJW 2015, 2849; Gsell NZM 2016, 708; Eisenschmid NZM 2016, 847; Flatow WuM 2016, 455. Auch scheint die Abgrenzung zu anderen Beeinträchtigungen infolge eines veränderten Umfelds kaum möglich (Selk NZM 2019, 113
8 mit Bsp.). **cc)** Umstände, die sich nur *mittelbar* auf die Nutzungsmöglichkeit auswirken, stellen hingegen *keinen Mangel* dar (BGH NJW 2000, 1714: Das Fehlen von – nicht vom Vermieter zu stellenden – Parkplätzen in der Nähe eines Einkaufszentrums ist kein Mangel des vermieteten Lokals; sa OLG Düsseldorf ZMR 2011, 118 mwN).
9 **d**) Im Anschluss an Kauf- und Werkvertrag sollten auch die Lieferung eines **aliud** (Bsp: Automiete, operating-leasing, Ferienwohnung außerhalb eines Reisevertrages), falsche **Montageanleitungen,** aber auch **falsche Gebrauchsanweisungen** (→ § 434 Rn. 19 aE) unter §§ 536 ff. eingeordnet werden. Der Mangel darf nicht dem Mieter zurechenbar sein (BGH JZ 2011, 428 mzustAnm Maultzsch: ausgebau-
10 ter Elektrozähler). **e) Keine Unerheblichkeit des Mangels (I 3).** Ein Mangel ist unerheblich, wenn er sich nur geringfügig auf die Gebrauchsmöglichkeit auswirkt (zB Beeinträchtigung des ästhetischen Empfindens) und/oder leicht erkennbar ist und schnell und mit geringen Kosten beseitigt werden kann (BGH NZM 2004,
11 777). **f) Zeitpunkt.** Zur Überlassung → § 535 Rn. 11; § 536a ist auch anwendbar, wenn der Mangel vor dem Einräumen des Gebrauchs besteht und nicht behoben
12 werden kann (→ Rn. 2). **g) Darlegungs- und Beweislast** für einen Mangel liegen beim *Mieter.* Zur Darlegung genügt die Beschreibung des Mangels; dessen Ausmaß (BGH NJW-RR 2018, 647 Rn. 15) oder dessen Ursache (BGH NJW-RR 2016, 1291: zu niedrige Raumtemperatur; s. aber auch OLG Düsseldorf BeckRS 2021, 28758 Rn. 35: zu hohe Raumtemperatur – Angabe auch der Außentemperatur nötig) müssen nicht gekennzeichnet werden. Die Beweislast für eine Unerheblichkeit liegt beim Vermieter (s. Gesetzesformulierung; aA Prechtel NZM 2017, 107). Der Vermieter kann beweisen, dass die Schadensursache vom Mieter veranlasst wurde oder aus dessen Obhutsbereich stammt (BGH NJW-RR 2005, 235; NJW-RR 2005, 382). Bei Mängelbeseitigungsmaßnahmen muss der Vermieter deren Erfolg beweisen (BGH NJW 2000, 2344). Maßnahmen des Vermieters zur Mangelerforschung und Mangelbeseitigung stellen nicht ohne Weiteres ein „tatsächlichen" Anerkenntnis dar (BGH NZM 2021, 273 Rn. 20 ff. mAnm Kern LMK 2021,
12a 435924). **h) Anhang: Nutzungsbeeinträchtigungen aufgrund Covid-19.** Behördlich angeordnete Nutzungsbeschränkungen und auch Nutzungsverbote auf Zeit für gewerblich genutzte Räume (zB Geschäfte, Hotels, Restaurants, Ausstellungs- und Veranstaltungsräume; zur Pacht (→ § 581 Rn. 6) sind den in → Rn. 6 dargestellten Umständen zwar vergleichbar; sie stellen aber **weder** einen **Mangel noch** einen Fall der **Unmöglichkeit** dar (BGH NJW 2022, 1370 Rn. 29 ff., 40; NJW 2022, 1378 Rn. 22 f., 24; NJW 2022, 1382 Rn. 18 ff., 23 ff.). In Betracht kommt jedoch eine Anpassung nach den Regeln des **§ 313 I** zur sog. großen Geschäftsgrundlage (allg. → § 313 Rn. 5), wobei sich eine pauschale Betrachtung verbietet und es auf die Umstände des Einzelfalls, insbes. auch etwaige öffentl. Beihilfen, ankommt (BGH NJW 2022, 1370 Rn. 41 ff.; 2022, 1378 Rn. 25 ff.; 2022,

1382 Rn. 28 ff.). Die **Beweislast** für eine Störung der Geschäftsgrundlage trägt der Mieter (BGH NJW 2022, 1378 Rn. 18).

3. Fehlen einer zugesicherten Eigenschaft (II). Eine Zusicherung kann faktisch nur für nicht erhebliche Abweichungen von der vereinbarten Beschaffenheit oder für Abweichungen eine Rolle spielen, die die Gebrauchstauglichkeit nicht beschränken. Die Annahme einer Zusicherung wird deshalb davon abhängen (§§ 133, 157), ob der Vermieter in einem solchen Fall Sanktionen akzeptieren will. Die **Beweislast** liegt beim Mieter. **13**

4. Rechtsmangel (III). Zur Umschreibung s. § 435 bzw. § 633 III. Rechte eines Dritten können dinglichen (Eigentum, Nießbrauch, Wohnrecht) oder schuldrechtlichen Charakter haben (Bsp: Der Vermieter hat die Sache noch einem anderen Mieter vermietet und diesem bereits den Besitz verschafft). *Entzug* ist bereits das nachdrückliche Geltendmachen (nicht erst Durchsetzen) eines Rechts, das die ungestörte Nutzung zu den vereinbarten Konditionen beeinträchtigt (BGH NJW 2008, 2771 mwN). Die **Beweislast** liegt beim Mieter. **14**

5. Rechtsfolgen. a) Da die Mangelfreiheit Erfüllungspflicht (als Teil der Gebrauchsgewährung) ist, hat der Mieter einen **Anspruch auf Nacherfüllung** und kann gem. § 320 einen Teil der Miete bis ca. zur dreifachen Höhe der Nacherfüllungskosten einbehalten (BGH NZM 2003, 437). Zur Selbsthilfe und Ersatz der Aufwendungen → § 536a Rn. 2. **b)** Die **Minderung** wird nicht wie bei Kauf- und Werkvertrag als einseitige gestaltende Erklärung geltend gemacht, sondern die Reduzierung der Miete tritt „automatisch" *kraft Ges.* ein. Die **Minderungsquote** unterliegt deshalb keiner Beweislast, sondern ist uU durch Sachverständigen zu ermitteln (BGH WuM 2007, 488). Mit der Formulierung „angemessen herabgesetzte Miete" soll eine flexiblere Berechnung als nach § 441 III ermöglicht werden (BT-Drs. 14/4553, 40). Abgestellt werden sollte prozentual auf den Grad der Nutzungsbeeinträchtigung, bei Wohnungen uU differenziert nach Art der betroffenen Räume (BGH NJW 2012, 3175: geringere Flächen der Nebenräume, dort für Keller). Ausgangspunkt ist die Kaltmiete einschließlich der heizungsunabhängigen Betriebskosten, es sei denn, der Mangel liege in der ungenügenden Heizung bzw. der Warmwasserversorgung selbst (str; anders BGH NJW 2011, 1806 mwN: Bruttomiete einschließlich aller Nebenkosten). Der Rückforderungsanspruch folgt aus **§ 812 I 1 Alt. 1 bzw. 2 Alt. 1;** vorbehaltlose Mietzahlung führt nicht ohne Weiteres zum Ausschluss gem. § 814 (BGH NZM 2018, 1018 Rn. 17 ff.; grundlegend Lobinger JZ 2022, 599). Vom Zeitpunkt der **tatsächlichen Mängelbeseitigung** an ist die volle Miete wieder zu zahlen (vgl. in I 1: „für die Zeit …"). Verhindert der Mieter treuwidrig die Mängelbeseitigung, so ist sie von dem Zeitpunkt an zu leisten, zu dem der Mangel nach gewöhnlichem Zeitablauf beseitigt worden wäre (BGHZ 205, 301 Rn. 17; iE Hahn NZM 2017, 7: entspr Anwendung des § 326 II). **15**

6. Sonderregelung bei energetischen Modernisierungsmaßnahmen (Ia).

Lit.: Hinz, Minderungsausschluss und Modernisierungsmieterhöhung nach der Mietrechtsänderung, NZM 2013, 209.

Nach dem Ges. v 11.3.2013 (→ Vor § 555a Rn. 1) tritt bei energetischen Modernisierungsmaßnahmen nach § 555b für drei Monate ab Beginn (wohl von beeinträchtigenden vorbereitenden Handlungen wie Einrüstung, Sperren von Bereichen) **keine Minderung** ein, solange die Wohnung bewohnbar bleibt (BT-Drs. 17/10485, 17 rSp). Ein Nacherfüllungsanspruch besteht nicht. Die zeitliche Aufteilung der Maßnahmen in mehrere Abschnitte kann missbräuchlich sein. Bei der Kombination mit Erhaltungsmaßnahmen ist der Minderungsanteil gem. § 287 II ZPO zu schätzen. Da der Vermieter während der Maßnahmen seine im Vertrag übernommene Leistung nicht erbringen muss, alle entstehenden Kosten – zeitlich gestreckt – auf den Mieter überwälzen und zeitlich darüber hinaus eine erhöhte Miete fordern kann, ist diese Regelung krit. zu sehen (Bundesrat, BT-Drs. 17/10485, 38; sa Börstinghaus **16**

17 NZM 2012, 697). **a)** Zum **Ausschluss der Minderung** wegen Kenntnis bzw. Nichtmitteilung auf Mieterseite s. §§ 536b, 536c II. **b) Überschießende Beträge** sind entspr §§ 441 IV, 638 IV gem. §§ 346 ff. zurückzuleisten (aA zu § 537 aF BGH NJW-RR 1993, 519: §§ 812 ff.). **c)** Zum Anspruch auf **Schadensersatz** → § 536a Rn. 3 ff.

§ 536a Schadens- und Aufwendungsersatzanspruch des Mieters wegen eines Mangels

(1) **Ist ein Mangel im Sinne des § 536 bei Vertragsschluss vorhanden oder entsteht ein solcher Mangel später wegen eines Umstands, den der Vermieter zu vertreten hat, oder kommt der Vermieter mit der Beseitigung eines Mangels in Verzug, so kann der Mieter unbeschadet der Rechte aus § 536 Schadensersatz verlangen.**

(2) **Der Mieter kann den Mangel selbst beseitigen und Ersatz der erforderlichen Aufwendungen verlangen, wenn**
1. **der Vermieter mit der Beseitigung des Mangels in Verzug ist oder**
2. **die umgehende Beseitigung des Mangels zur Erhaltung oder Wiederherstellung des Bestands der Mietsache notwendig ist.**

1 **1. Allgemeines. a) Normzweck.** Systemwidrig sind das Recht des Mieters auf Selbstvornahme (vgl. § 637 für den Werkvertrag) im Primärschuldverhältnis **(II)** an zweiter und der Anspruch auf Schadensersatz im Sekundärschuldverhältnis **(I)** an erster Stelle geregelt. **b) Verhältnis zu § 536.** Die Bestimmungen gelten nebeneinander, da § 536 allein die Nutzungsbeeinträchtigung während der fraglichen Zeit ausgleicht, während sich Verwendungsersatz wie Schadensersatz auf andere Vermögensbeeinträchtigungen beziehen. **c) Abdingbarkeit.** Für Wohnungen kann die Haftung nach **I** für anfängliche Mängel auch in AGB abbedungen werden, nicht aber die Verschuldenshaftung (Leitbild, BGHZ 149, 84 ff.); bei anderen Sachen soll ein Ausschluss der Garantiehaftung in AGB nicht Kardinalpflichten erfassen (OLG Frankfurt BB 2022, 974 mAnm Schnell: Fahrtauglichkeit eines Mietwagens). Bei gewerblichen Räumen ist § 307 Nr. 7 zu beachten. Ansprüche nach **II** zählen zum Leitbild (MüKoBGB/Häublein § 536a Rn. 33).

2 **2. Recht zur Selbstvornahme (II). a) Voraussetzungen. aa)** Zum **Mangelbegriff** → § 536 Rn. 4, 7. **bb) Behebbarkeit des Mangels** vor den Grenzen des § 275; sonst läge Unmöglichkeit vor, die einen Nacherfüllungsanspruch ausschließt. **cc)** Zum **Verzug (II Nr. 1)** s. § 286 I. Eine Mängelanzeige nach § 536c ohne Aufforderung zur Mangelbeseitigung stellt keine Mahnung iSv § 286 I dar (OLG Rostock MDR 2020, 1311). **Ohne Verzug** gibt es nach dem BGH auch keinen Anspruch des Mieters aus § 539 I (BGH NJW 2008, 1217 mwN; zust. Dötsch ZMR 2008, 283). **dd) Notwendigkeit zum Erhalten bzw. Wiederherstellen des Bestands der Mietsache (II Nr. 2):** Gemeint sind Notmaßnahmen, die keinen Aufschub dulden (BT-Drs. 14/4553, 41), um die Substanz bzw. die Funktion der Sache zu sichern oder den Mieter sowie einbezogene Personen und deren Rechtsgüter nicht zu gefährden (→ § 994 Rn. 1). **ee)** Ein **Vertretenmüssen** des Mangels ist **nicht** erforderlich. **b) Rechtsfolgen.** Festlegen der Selbstvornahme als rechtmäßiges Handeln des Mieters, Anspruch auf Ersatz der ex ante für zweckmäßig und vertretbar gehaltenen (BGH WuM 2010, 350) Aufwendungen einschließlich der Kosten für eigene Arbeitszeit (MüKoBGB/Häublein § 536a Rn. 29), uU auch Anspruch auf **Vorschuss** (BGH NJW 2010, 2051). **c)** Eine **Verpflichtung zur Selbstvornahme** kann sich aus der allg. Obhutspflicht des Mieters ergeben (→ § 535 Rn. 35). Auch kann ein Unterlassen im Rahmen des § 254 bei einem Anspruch des Mieters auf Schadensersatz berücksichtigt werden (→ Rn. 8).

3 **3. Anspruch auf Schadensersatz (I). a) Anspruchsberechtigt** sind alle Personen, auf die sich die Leistungs- und Schutzwirkungen des Vertrages erstrecken

(→ § 328 Rn. 32). **b) Verhältnis zum allg. Leistungsstörungsrecht.** § 536a I stellt wie § 536 eine spezielle Nichterfüllungsregelung dar, die, sofern sie anwendbar ist, die §§ 280 ff. verdrängt (zum Zeitpunkt der Anwendbarkeit – vor bzw. ab Gebrauchsüberlassung – bestehen dieselben Meinungsunterschiede wie bei § 536, → § 536 Rn. 2). Ausgeschlossen ist auch ein Anspruch aus **cic,** soweit sich das Unterlassen einer Information bzw. ihre Unrichtigkeit auf einen Mangel bezieht (BGH NJW 2008, 2771 Rn. 21; aA MüKoBGB/Häublein Vor § 536 Rn. 26: kumulativ); iÜ sind (mangelunabhängige) Ansprüche aus §§ 311a II, 241 II, 280 I möglich. **c) Anfänglicher Rechts- oder Sachmangel (I 1 Var. 1). aa) Schutz-** 4
zweck. Das Ges. hat hier dem Vermieter – unter der Fiktion, er gebe stillschweigend eine Garantieerklärung ab (Mot. II 377) – aus Gründen des Mieterschutzes eine nicht vom Verschulden abhängige Einstands- und Schadensersatzpflicht für alle anfänglichen, auch unerkennbaren (BGH WM 1982, 1230) Mängel auferlegt (Bsp: Der Vormieter hat unerkannt bei der Renovierung Schadstoffe verwendet). Diese sehr weitgehende Haftung erscheint unter dem Blickwinkel ihrer Abdingbarkeit (→ Rn. 1 aE) erträglich. Für den Rechtsmangel besteht ein Widerspruch zum Kauf- und Werkvertragsrecht (sowie zu § 311a), der sachlich nicht zu rechtfertigen ist. Zur **Beweislast** → § 536 Rn. 12. **bb)** Zum **Begriff des Mangels** → § 536 Rn. 4, 7. **cc) Maßgeblicher Zeitpunkt:** Vertragsschluss. Umfasst der Mietvertrag 5
eine erst herzustellende Sache, so ist auf den Zeitpunkt ihrer Fertigstellung oder Übergabe an den Mieter abzustellen (OLG Dresden ZMR 2017, 633, 636). Der Mangel ist auch dann bereits bei Vertragsschluss vorhanden, wenn die Ursache schon gelegt war und damit eine obj. Gefahrensituation bestand, mag der Fehler selbst erst im Lauf der Mietzeit auftreten (BGH NJW 2010, 3152; Staudinger/V. Emmerich § 536a Rn. 4). Bsp: Unsachgemäßes Verputzen eines Kamins (BGHZ 49, 350 mAnm Berg NJW 1968, 1325; Söllner JuS 1970, 159), fehlerhafter Bolzen in Kippfenster (BGH ZMR 2011, 360), Neigung einer Kegelbahn zum „Schwitzen" bei bestimmten Witterungsumschlägen (BGH DB 1972, 577 mAnm Trenk-Hinterberger JuS 1975, 501), herabstürzendes Geäst auf Hotelparkplatz (BGHZ 63, 333), undichte Eisenbahnwaggons (OLG Hamburg RdTW 2021, 204). Die **Beweislast** liegt beim Mieter. **d) Zu vertretender Mangel nach Vertragsschluss (I 1 Var. 2).** 6
Zum Mangelbegriff → § 536 Rn. 4, 7. Das Merkmal „nach Vertragsschluss" ist negativ zu ermitteln: alle während der Mietzeit auftretenden Fehler, die nicht mehr unter → Rn. 5 fallen. Das Vertretenmüssen bestimmt sich nach §§ 276 ff. (BGHZ 205, 301 Rn. 37). **Beweislast:** Stammt die Schadensursache aus dem Einflussbereich des Vermieters, so obliegt ihm, zu beweisen, dass ihn kein Verschulden trifft, § 280 I 2 (BGHZ 228, 353 Rn. 26). **e) Verzug des Vermieters mit der Mangel-** 7
beseitigung (I 1 Var. 3). → Rn. 2. Erfasst wird sowohl der Verzögerungsschaden (§ 280 II) als auch ein Schaden wegen einer auf der Verzögerung beruhenden Rechtsgutverletzung (§§ 241 II, 280 I).

4. Umfang des zu ersetzenden Schadens. a) Verschuldenshaftung. § 536a 8
nimmt, da nicht an das SchRModG angepasst, keine Trennung zwischen der Verletzung von *Leistungspflichten* und von *Schutzpflichten* vor. Zu leisten ist zum einen **Schadensersatz statt der Leistung** (s. § 280 III iVm § 281 I bzw. §§ 283, 282). Bsp: Kosten einer anderweitigen Unterkunft oder des Unterstellens von Möbeln, auch (Mehr-)Kosten aus Neuanmietung bei Vorliegen eines Grundes zur fristlosen Kündigung (BGH NJW 2013, 2660); Verdienst- und Gewinnausfall bei beeinträchtigtem Gebrauch der Sache. **Zeitlich** ist der Ersatz auf die Vertragsdauer begrenzt (BGH WM 1972, 335). Außerdem ist **Schadensersatz aus** einer **Schutzpflichtverletzung** zu leisten (s. § 280 I iVm § 241 II). Bsp: Arztkosten, Reparaturkosten für beschädigte Sachen des Mieters. In diesem Zusammenhang kann unter den Voraussetzungen des § 253 II ein Anspruch auf **Schmerzensgeld** entstehen (iE Horst DWW 2003, 83; ders. NZM 2003, 537). **§ 254** ist anwendbar (s. BGH VersR 2006, 286). **b)** Im Fall der **Garantiehaftung** gem. § 536 I 1 Alt. 1 nehmen Rspr. 9
und hL keine Einschränkung im Umfang des zu ersetzenden Schadens vor (RGZ

169, 92; BGH NJW 1962, 908; 71, 424 mit ausdr. Ablehnung der Gegenmeinung; BGHZ 49, 352). Grenzen können sich jedoch aus dem Schutzbereich der Norm (→ Vor §§ 249 ff. Rn. 31) in dem Sinn ergeben, dass ein bestimmter Schaden außerhalb dieses Bereichs liegt.

§ 536b Kenntnis des Mieters vom Mangel bei Vertragsschluss oder Annahme

[1]Kennt der Mieter bei Vertragsschluss den Mangel der Mietsache, so stehen ihm die Rechte aus den §§ 536 und 536a nicht zu. [2]Ist ihm der Mangel infolge grober Fahrlässigkeit unbekannt geblieben, so stehen ihm diese Rechte nur zu, wenn der Vermieter den Mangel arglistig verschwiegen hat. [3]Nimmt der Mieter eine mangelhafte Sache an, obwohl er den Mangel kennt, so kann er die Rechte aus den §§ 536 und 536a nur geltend machen, wenn er sich seine Rechte bei der Annahme vorbehält.

1 **1. Tatbestand. a) Tatbestand.** Der Mieter **(a)** kennt (dazu AG Stuttgart WuM 2021, 421) **bei Vertragsschluss** den Mangel **(S. 1),** er hat **(b) bei Vertragsschluss** etc den Mangel grob fahrlässig nicht erkannt (dazu s. BGH NJW 1980, 778), es sei denn, der Vermieter habe ihn arglistig getäuscht **(S. 2 Alt. 1),** er hat **(c)** nach Vertragsschluss etc **bei Annahme** der Sache (Übergabe) den Mangel erkannt und keinen Vorbehalt äußert **(S. 2 Alt. 2).** Nicht anwendbar (sondern allein § 536c) ist die Norm bei nach Übergabe auftretenden Mängeln und einer danach liegenden Vertragsverlängerung (BGH NJW-RR 2015, 403). Im Einzelfall kann Verwirkung
2 eintreten (BGH NJW 2007, 147). **b) Rechtsfolge.** Der Mieter verliert allein seine Rechte aus § 536 und § 536a, also zB **nicht** den Erfüllungsanspruch und damit auch nicht Rechte aus § 320 (BGH NJW-RR 2007, 1021; Staudinger/V. Emmerich § 536b Rn. 3), desgl. nicht den Anspruch aus § 823 wegen Beschädigung eigener Sachen. Allerdings liegt im Fall **(a)** nahe, dass eine entspr. Beschaffenheitsvereinbarung (→ § 536 Rn. 4) getroffen wurde (BGH NJW-RR 2007, 1021).

3 **2. Beweislast.** Der Vermieter trägt die Beweislast für die Kenntnis und grob fahrlässige Unkenntnis des Mieters zum jeweiligen Zeitpunkt, der Mieter für die Arglist des Vermieters und das Erheben eines Vorbehalts; sa § 536c II.

§ 536c Während der Mietzeit auftretende Mängel; Mängelanzeige durch den Mieter

(1) **[1]Zeigt sich im Laufe der Mietzeit ein Mangel der Mietsache oder wird eine Maßnahme zum Schutz der Mietsache gegen eine nicht vorhergesehene Gefahr erforderlich, so hat der Mieter dies dem Vermieter unverzüglich anzuzeigen. [2]Das Gleiche gilt, wenn ein Dritter sich ein Recht an der Sache anmaßt.**

(2) **[1]Unterlässt der Mieter die Anzeige, so ist er dem Vermieter zum Ersatz des daraus entstehenden Schadens verpflichtet. [2]Soweit der Vermieter infolge der Unterlassung der Anzeige nicht Abhilfe schaffen konnte, ist der Mieter nicht berechtigt,**
1. die in § 536 bestimmten Rechte geltend zu machen,
2. nach § 536a Abs. 1 Schadensersatz zu verlangen oder
3. ohne Bestimmung einer angemessenen Frist zur Abhilfe nach § 543 Abs. 3 Satz 1 zu kündigen.

1 **1. Allgemeines. a) Funktion der Norm.** § 536c trifft eine ausschließliche Regelung für Mängel, die nach den in § 536b genannten Zeitpunkten auftreten (BGH NJW-RR 2015, 403), und knüpft an die allg. Obhutspflicht des Mieters an (→ § 535 Rn. 35). Der Vermieter, der zur Instandhaltung der Sache verpflichtet ist (→ § 535 Rn. 20), soll damit über die eigene Prüfungspflicht hinaus die erforderli-

chen Informationen erhalten (BGHZ 68, 284 f.). **b) Abdingbarkeit.** Die Pflicht des Mieters kann im Rahmen des allg. Zulässigen (s. zB § 307 II Nr. 1) verschärft oder auch reduziert werden.

2. Erforderlichkeit einer Anzeige. a) Voraussetzungen. Zum **Mangel** → § 536 Rn. 4, 7; umfasst sind alle Gegenstände, auf die sich der Mietvertrag erstreckt (→ § 535 Rn. 15). Zur Rechtsanmaßung von Dritten (Rechtsmangel) → § 536 Rn. 14. Ein Mangel „zeigt" sich nach zutr. Auffassung des BGH, wenn er dem Mieter bekannt ist oder wenn er sich jedem Mieter hätte aufdrängen müssen (Maßstab der groben Fahrlässigkeit, BGH NZM 2006, 627; krit. MüKoBGB/Häublein § 536c Rn. 6: Erkennbarkeit für den durchschnittlichen Mieter). Eine bes. Nachforschungspflicht besteht für den Mieter nicht (OLG Düsseldorf NJW-RR 2009, 87). **Gefahr** ist das Risiko einer bevorstehenden nachteiligen Einwirkung auf die Sache. Bsp: Nichtanzeige einer längeren Abwesenheit des Mieters (Staudinger/V. Emmerich § 536c Rn. 10). **b) Art und Inhalt.** Unverzügliche (§ 121) formlose Mitteilung (keine Willenserklärung), die zugehen muss (§ 130). **c) Entfallen einer Verpflichtung bzw. Obliegenheit zur Anzeige.** Der Vermieter kennt bereits den Mangel (OLG Düsseldorf ZMR 1991, 24) oder muss ihn kennen (BGHZ 68, 284); die Anzeige an den Vermieter ist – zB wegen dessen unbekannter Abwesenheit – nicht möglich. 2

3. Unterlassene bzw. verzögerte Anzeige. a) Weitere Voraussetzungen. Das Unterlassen bzw. die Verzögerung müssen für das Nichtbeheben des Mangels durch den Vermieter **kausal** sein. Ein **Vertretenmüssen** folgt aus dem Kriterium der Erkennbarkeit des Mangels und aus der Notwendigkeit einer unverzüglichen (§ 121) Anzeige (BT-Drs. 14/4553, 42). **b) Verlust der eigenen Rechte des Mieters (II 2).** S. Gesetzestext; außerdem Zurückbehaltungsrecht an Miete (BGH NJW-RR 2011, 447). **c) Anspruch des Vermieters auf Schadensersatz** (sa § 280 I). Ein Mitverschulden des Vermieters ist zu berücksichtigen. 3

4. Beweislast. Der **Vermieter** trägt die Beweislast für Kenntnis des Mieters bzw. Offensichtlichkeit des Mangels und den Zeitpunkt des „Sich-Zeigens" sowie die Kausalität des Unterlassens bzw. der Verzögerung für den Schaden. Der **Mieter** muss zumindest, wenn er sich auf eine Minderung beruft, den Zugang der Anzeige bzw. die Tatsachen, die eine Anzeige entbehrlich machen, oder fehlendes eigenes Verschulden (s. § 280 I 2) beweisen (aA BGH NJW 2013, 1300), im Fall des § 254 ein Mitverschulden des Vermieters (→ § 254 Rn. 19). 4

§ 536d Vertraglicher Ausschluss von Rechten des Mieters wegen eines Mangels

Auf eine Vereinbarung, durch die die Rechte des Mieters wegen eines Mangels der Mietsache ausgeschlossen oder beschränkt werden, kann sich der Vermieter nicht berufen, wenn er den Mangel arglistig verschwiegen hat.

Ein unwirksamer Ausschluss beeinträchtigt idR (s. § 139) die Wirksamkeit des Mietvertrages als Ganzes nicht. Die Norm ist **zwingend.** 1

§ 537 Entrichtung der Miete bei persönlicher Verhinderung des Mieters

(1) [1]**Der Mieter wird von der Entrichtung der Miete nicht dadurch befreit, dass er durch einen in seiner Person liegenden Grund an der Ausübung seines Gebrauchsrechts gehindert wird.** [2]**Der Vermieter muss sich jedoch den Wert der ersparten Aufwendungen sowie derjenigen Vorteile anrechnen lassen, die er aus einer anderweitigen Verwertung des Gebrauchs erlangt.**

(2) **Solange der Vermieter infolge der Überlassung des Gebrauchs an einen Dritten außerstande ist, dem Mieter den Gebrauch zu gewähren, ist der Mieter zur Entrichtung der Miete nicht verpflichtet.**

1 **1. Funktion.** Da der Mieter idR nicht verpflichtet ist, die Sache zu nutzen (→ § 535 Rn. 37), spricht § 537 zunächst in **I 1** die Selbstverständlichkeit aus, dass eine persönliche Verhinderung des Mieters keinen Fall der Unmöglichkeit darstellt und den Mieter nicht von seiner Leistungspflicht (Zahlungspflicht) befreit. Erst **I 2** bringt insoweit eine ergänzende Regelung. § 537 erfasst aber auch die Fälle, in denen der Mieter die Sache nutzen muss. Insoweit ändert die Norm die sich aus § 326 I oder § 326 II ergebende Rechtslage ab. § 537 ist im Rahmen des allg. Zulässigen **abdingbar.**

2 **2. Persönliche Verhinderung (I 1).** Dazu zählen alle Umstände aus der Risikosphäre des Mieters (BGH NJW-RR 1991, 267). Auf ein Verschulden kommt es nicht an. **Bsp:** Erkrankung eines Künstlers beim Mieten einer Veranstaltungshalle durch eine Agentur (aA OLG Bremen NJW 1953, 1393) bzw. eines Gewerbetreibenden (OLG Rostock ZMR 2020, 938), Teilnahme an einem Lehrgang (LG Gießen NJW-RR 1995, 395), Versagen einer Schankerlaubnis aus persönlichen Gründen. § 537 gilt entspr., wenn der Mieter die Sache nicht nutzen will (KG ZMR 2014, 352 mwN); Kündigung eines Studentenappartements wegen Online-Lehre (AG München WuM 2021, 307). Ursachen, die den Mieter an der Nutzung hindern und nicht seiner Risikosphäre zuzurechnen sind, können eine Störung der Geschäftsgrundlage gem. § 313 darstellen. Ursachen, die den Vermieter seinerseits an der Gebrauchsüberlassung hindern, fallen unter die allg. Unmöglichkeitsregelung.

3 **3. Anrechnung von Vorteilen (I 2).** Der Tatbestand ist vom Gesetzgeber bewusst enger gefasst als § 326 I 2 („oder zu erwerben böswillig unterlässt“). Die Beweislast liegt beim Mieter (aA Staudinger/V. Emmerich § 537 Rn. 39). Für den Vermieter besteht keine Verpflichtung, einen **Nachmieter** zu suchen. Wird ihm aber ein akzeptabler neuer Mieter benannt, hat er keinen Anspruch mehr auf die Miete (BGH NJW 2015, 3781 mit Umschreibung der Mieterpflichten iE).

4 **4. Hindernis auf Vermieterseite (II).** Geregelt ist unabhängig von I 2 ein Fall der nicht zu vertretenden (teilw.) Unmöglichkeit auf Vermieterseite (Beweislast bei ihm, MüKoBGB/Bieber § 537 Rn. 18). Zweck der Vorschrift ist es, anders als in § 326 I 1 den Zeitfaktor („solange“) als Maßstab zu wählen. Die Bestimmung gilt auch, wenn der Vermieter die Mietsache – etwa zur Durchführung von Mangelbeseitigungsmaßnahmen – zeitweise ausschließlich selbst nutzt (Staudinger/V. Emmerich § 537 Rn. 35). Die Rechte aus § 543 II 1 und, soweit daneben nach hL anwendbar (→ § 536 Rn. 1), aus § 323 und § 326 V bleiben bestehen. Die Bestimmung ist eng auszulegen, so dass es uU bei I bleibt. Nutzt der Mieter die Sache nicht (und zahlt keine Miete), so behält der Vermieter nach § 242 (Rechtsmissbrauch des Mieters) einen Anspruch weiterhin auf die volle Miete, wenn er die Sache einem Dritten unentgeltlich oder billiger überlässt (KG ZMR 2014, 352). Die **Beweislast** für seine Erfüllungsbereitschaft trägt der Vermieter (Staudinger/V. Emmerich § 537 Rn. 39).

§ 538 Abnutzung der Mietsache durch vertragsgemäßen Gebrauch

Veränderungen oder Verschlechterungen der Mietsache, die durch den vertragsgemäßen Gebrauch herbeigeführt werden, hat der Mieter nicht zu vertreten.

Lit.: Franke, Die vertragsgemäße Abnutzung der Mietsache, DWW 2004, 172; Horst, Regelungen zum Rückgabezustand der Mieträume, NZM 2020, 257.

1 **1. Allgemeines.** Die Norm beruht auf dem Gedanken, dass die vertragsgemäßen Abnutzungen bereits durch die Miete abgegolten sind und die Instandhaltungspflicht

insoweit den Vermieter trifft (MüKoBGB/Bieber § 538 Rn. 1; → § 535 Rn. 20). Die Bestimmung ist **abdingbar** (allgM). Häufig übernimmt der Mieter einer Wohnung die **Schönheitsreparaturen** (→ § 535 Rn. 20).

2. Vertragsgemäßer Gebrauch. S dazu → § 535 Rn. 36. Insoweit hat der Vermieter gegen den Mieter **keinerlei Entschädigungsansprüche.** Bsp: Anbringen von Dübeln (LG Mannheim ZMR 1976, 182), Auflegen von Teppichboden auf PVC-Fußboden (LG Mannheim ZMR 1977, 110), grds. nicht Beschädigung oder Abhandenkommen von Gegenständen (OLG Düsseldorf ZMR 2013, 629; sa BGH NJW-RR 2022, 590: Beschädigung einer Tennishalle; AG Osnabrück WuM 2020, 744: Abbruch eines Schlüssels bei Materialermüdung), idR nicht Kontaminierung (BGH NJW 2002, 3225, Tankstelle in der ehemaligen DDR). Die Abnutzung durch **vertragswidrigen Gebrauch** führt im Fall des Vertretenmüssens (§§ 276 ff.) zum Schadensersatzanspruch gem. § 280 I iVm § 241 II. Verjährung nach § 548. 2

3. Beweislast. Der **Vermieter** ist beweispflichtig dafür, dass die Schadensursache aus dem Risikobereich des Mieters stammt, die Sache also durch den Gebrauch geschädigt sein kann. Dann muss der **Mieter** beweisen, dass eine Beschädigung oder Zerstörung während der Mietzeit nicht von ihm zu vertreten ist (→ § 536a Rn. 5). Hat der Vermieter – etwa bei Kfz – den Mieter gegen ein zusätzliches Entgelt von der Haftung für einfache Fahrlässigkeit freigestellt, so obliegt dem Vermieter die Beweislast für das Vorliegen von grober Fahrlässigkeit oder Vorsatz (BGHZ 65, 118 mwN). 3

§ 539 Ersatz sonstiger Aufwendungen und Wegnahmerecht des Mieters

(1) **Der Mieter kann vom Vermieter Aufwendungen auf die Mietsache, die der Vermieter ihm nicht nach § 536a Abs. 2 zu ersetzen hat, nach den Vorschriften über die Geschäftsführung ohne Auftrag ersetzt verlangen.**

(2) **Der Mieter ist berechtigt, eine Einrichtung wegzunehmen, mit der er die Mietsache versehen hat.**

1. Allgemeines. Anwendungsbereich. Zum Mietvertrag über Wohnräume s. § 552 I. **Funktion.** Die Bestimmung ergänzt § 536a II und stellt insoweit strengere Voraussetzungen auf. Im Aufbau der Anspruchsgrundlagen empfiehlt sich als Reihenfolge: §§ 536 III, 539 II iVm §§ 683, 670; 684, 818; 812 I 1 Alt. 2. Die §§ 987 ff. sind unanwendbar, da der Mieter zum Besitz berechtigt ist (→ Vor §§ 987–993 Rn. 3). Bei einer Einrichtung kann der Mieter anstelle des I auf II zurückgreifen; die Norm ist **abdingbar.** 1

2. Aufwendungsersatz (I). Es handelt sich um eine Rechtsgrundverweisung (BGHZ 181, 194), so dass die Voraussetzungen des § 683 bzw. des § 684 oder des § 687 II 2 gegeben sein müssen. 2

3. Wegnahmerecht (II).

Lit.: Bruns, „Einrichtungen" im Mietverhältnis, NZM 2016, 873, NZM 2017, 468.

a) Funktion. Die Norm trägt der Tatsache Rechnung, dass der Mieter die Mietsache häufig für seine Bedürfnisse mit Einrichtungen versieht, der Vermieter aber lediglich verlangen kann, die Sache in demselben Zustand wie zum Zeitpunkt der Überlassung zurückzuerhalten (Mot. II 395). Dem Wegnahmerecht steht die Wegnahmepflicht nach § 546 I gegenüber. **b) Tatbestand.** Eine **Einrichtung** liegt vor, wenn eine bewegliche Sache mit der Mietsache körperlich fest, aber abtrennbar verbunden wird (deshalb nicht Heizöl, LG Mannheim ZMR 1975, 305; nach OLG München WuM 1985, 90 nicht Einbauküche; im Einzelfall zweifelhaft) und sie deren wirtschaftlichem Zweck zu dienen bestimmt ist (BGHZ 101, 41). Unerheblich ist, ob sie wesentlicher Bestandteil (§ 93) wird (dann Aneignungsrecht des Mieters, BGHZ 81, 150), entscheidend aber, ob sie auch nach der Verbindung 3 eine eigenständige wirtschaftliche Bedeutung hat. Bsp: Deckenlampe, Wandschrank, Waschbecken, Sträucher im Garten; nicht Tapeten oder Parkettfußboden. **c)** Bei **Wegnahme** ist § 258 zu beachten (dazu BGH NJW 2021, 626 Rn. 20). **d) Beweislast** beim Mieter. **e) Prozessuales.** Eine Klage des Mieters muss auf Duldung der Wegnahme, nicht auf Herausgabe gerichtet sein (BGH NJW 2021, 626 Rn. 19 mwN); Vollstreckung nach § 890 ZPO.

§ 540 Gebrauchsüberlassung an Dritte

(1) [1]**Der Mieter ist ohne die Erlaubnis des Vermieters nicht berechtigt, den Gebrauch der Mietsache einem Dritten zu überlassen, insbesondere sie weiter zu vermieten.** [2]**Verweigert der Vermieter die Erlaubnis, so kann der Mieter das Mietverhältnis außerordentlich mit der gesetzlichen Frist kündigen, sofern nicht in der Person des Dritten ein wichtiger Grund vorliegt.**

(2) **Überlässt der Mieter den Gebrauch einem Dritten, so hat er ein dem Dritten bei dem Gebrauch zur Last fallendes Verschulden zu vertreten, auch wenn der Vermieter die Erlaubnis zur Überlassung erteilt hat.**

Lit.: Gather, Die Überlassung der Mietsache an Dritte, DWW 2009, 242; Meyer-Abich, Dritte in der Mietwohnung …, NZM 2020, 19.

1 **1. Allgemeines. a) Funktion.** Da bei einem Untermietvertrag der Mieter die ihm obliegenden Sorgfaltspflichten für die Sache (→ § 535 Rn. 40) nicht mehr ausübt, bedarf es der Zustimmung des Vermieters. Fehlt sie, so liegt eine Vertragsverletzung des Mieters vor, die einen Unterlassungsanspruch des Vermieters (§ 541), ein außerordentliches Kündigungsrecht (§ 543 II Nr. 2) sowie Ansprüche auf Schadensersatz nach § 280 I iVm § 241 II (nicht jedoch einen Anspruch auf Herausgabe der Untermiete, BGHZ 131, 304 mwN) auslöst. Sinn des § 540 ist, neben dieser Klarstellung dem Mieter eine außerordentliche Kündigung mit gesetzlicher Frist (s. § 573d) einzuräumen **(I 2). Frist:** § 580a IV. **b) Anwendungsbereich.** Alle Arten von Mietverträgen (zB LG Frankfurt BeckRS 2019, 20777: Fahrradmietvertrag). Zu Wohnraummietverhältnissen sa § 553 (Anspruch auf Gestattung), § 573d III bzw. § 575a III (Fristen der außerordentlichen Kündigung).

2 **2. Notwendigkeit einer Vermietererlaubnis (I). a) Gebrauchsüberlassung** (insbes. Untermiete, → Rn. 8) ist die – entgeltliche oder unentgeltliche – Gewährung der Mietsache oder eines Teils (zB einzelner Räume) zum Allein- oder Mitge-
3 brauch. **b) Dritter** ist im Ausgangspunkt jede Person, die zum maßgeblichen Zeitpunkt nicht Partei des Mietvertrags ist (BGH NJW 2013, 2507). Von der Norm nicht erfasst werden wegen des Schutzes nach Art. 6 GG nahe Familienangehörige, denen ein abgeleitetes Recht zum Bewohnen zusteht. Dies gilt auch, wenn der Mieter die Wohnung dem anderen Ehegatten (noch nicht definitiv) allein überlässt
4 (BGH NJW 2013, 2507). **c)** Ein **Anspruch auf Erteilung** der Erlaubnis wird gem. § 242 bei einem berechtigten Interesse des Mieters bejaht, wenn keine entspr. Interessen des Vermieters entgegenstehen (Seyfarth NZM 2002, 200; Gather DWW 2003, 181 mwN; OLG Düsseldorf DWW 2003, 155). Bsp: Lebenspartner (BGH NJW 2004, 57), Stiefkind (LG Berlin ZMR 1990, 458), Nach-Untermieter bei genereller Zustimmung (BGH NJW 2011, 1066); nicht: angespannter Wohnungsmarkt (LG Berlin DWW 2022, 136). Der Mieter muss die erforderlichen (s. dazu
5 BGH NJW 2007, 289) **Auskünfte** über den Untermieter geben. **d)** Die **Erteilung der Erlaubnis** (Beweislast beim Mieter) ist keine Zustimmung iSd §§ 182 ff., sondern eine auch schlüssig zu äußernde (BGHZ 70, 329) Willenserklärung, welche die Vertragswidrigkeit der Gebrauchsüberlassung ausschließt (BGHZ 59, 7). Bsp: Längere faktische Duldung in Kenntnis der Umstände. Ob sie generell oder nur für einen bestimmten Untermieter gilt, ist durch Auslegung zu ermitteln. Ihr Widerruf ist nur aus wichtigem Grund möglich (BGHZ 89, 315; BGB/Bieber § 540 Rn. 29,
6 Beweislast beim Vermieter). **e)** Als **Verweigerung der Erlaubnis** ist auch zu verste-

hen, wenn die Erlaubnis unter nicht im Vertrag vorgesehenen Einschränkungen erteilt wird (BGHZ 59, 9). Die Verweigerung sollte begründet werden, damit der Mieter erkennen kann, ob sie durch einen wichtigen Grund gerechtfertigt ist. Ein wichtiger Grund setzt voraus, dass vom Untermieter ein vertragswidriger Gebrauch der Mietsache (→ § 535 Rn. 36) zu befürchten ist. Bsp: Störungen der Mitmieter, Wettbewerb gegenüber Vermieter oder Mitmietern im gleichen Haus, unpfleglicher Umgang mit der Sache; nicht: Zahlungsschwierigkeiten. Ein **Schweigen** ist als Nichterteilung der Zustimmung zu verstehen, wenn ein konkreter Dritter benannt wird und der Mieter eine Frist setzt (KG DWW 2008, 219 mwN).

3. Haftung des Mieters (II). Der Untermieter ist als Erfüllungsgehilfe hinsichtlich der Obhutspflichten anzusehen (BGH WM 1991, 107). Es gelten dieselben Haftungsbegrenzungen wie für § 278. Bei einer nicht erlaubten Gebrauchsüberlassung haftet der Mieter auch ohne Verschulden des Dritten (Folgeschaden der begangenen Vertragswidrigkeit, allgM). 7

4. Exkurs: Untermietvertrag.

Lit.: Drasdo, Die gewerbliche und nichtgewerbliche Weitervermietung …, WuM 2019, 1; Windorfer, Gestaltung von Untermietverträgen für Gewerberäume, NZM 2021, 209.

Es liegt ein Vertrag zwischen Mieter und Untermieter iSd §§ 535 ff. vor. Seine Wirksamkeit hängt nicht von der Zustimmung des Vermieters ab. Wird die Erlaubnis nicht erteilt, so besteht ein Rechtsmangel (s. § 536c III), der einen Anspruch auf Schadensersatz gem. § 536a I und uU ein Recht zur fristlosen Kündigung gem. § 543 II 1 Nr. 1 auslösen kann. Bei der Untervermietung von Wohnräumen sind einige Bestimmungen der §§ 549 ff. nicht anwendbar (s. §§ 549 II Nr. 2, 573a II). Zwischen Untermieter und Hauptvermieter bestehen keine unmittelbaren vertraglichen Beziehungen. Der Untermieter ist jedoch in den Schutzbereich des Hauptmietvertrages einbezogen, wenn er mit Wissen des Vermieters in gleicher Weise den aus der Mietsache folgenden Gefahren ausgesetzt ist und insofern keinen Anspruch gegen den Mieter hat (iE s. BGH NJW 2013, 1002, dort abgelehnt). Die von der hL uU bejahten Ansprüche aus Fremdbesitzerexzess und aus §§ 823 ff. (s. Burbulla NZM 2013, 558) sind wenig befriedigend. Mit einem mehrstufigen Vertriebssystem ist die Rechtslage zumeist nicht vergleichbar (iErg aA BGH NJW 1996, 2929). Jedenfalls sollte wegen der gegenseitigen Gefährdungsmöglichkeiten aufgrund der sozialen Nähe ein vertragsähnliches Schuldverhältnis iSd § 311 III 1 bejaht werden. 8

§ 541 Unterlassungsklage bei vertragswidrigem Gebrauch

Setzt der Mieter einen vertragswidrigen Gebrauch der Mietsache trotz einer Abmahnung des Vermieters fort, so kann dieser auf Unterlassung klagen.

1. Funktion. Gesichert wird der Erfüllungsanspruch des Vermieters auf Einhaltung des vertragsgemäßen Gebrauchs (MüKoBGB/Bieber § 541 Rn. 1). Daneben kann ein Anspruch aus § 683 treten, wenn der Vermieter nach Abmahnung Aufwendungen zur Beseitigung des vertragswidrigen Zustandes hat (BGH NJW 2000, 3203), sowie ein Anspruch auf Schadensersatz aus §§ 280 I, 241 II bzw. aus § 823. § 1004 ist nicht anwendbar (BGH NJW 2007, 2180). Der Anspruch richtet sich primär gegen den Mieter. Sieht man den Untermieter im Schutzbereich des Mietvertrages (aA → § 328 Rn. 32 f.), so treffen diesen seinerseits Schutzpflichten (s. § 311 III 1), so dass auch ein Anspruch des Vermieters gegen ihn besteht (aA Staudinger/V. Emmerich § 541 Rn. 6). Die Vorschrift ist im Rahmen des allg. Zulässigen **abdingbar.** 1

2. Voraussetzungen. a) Zum **vertragswidrigen Gebrauch** → § 535 Rn. 36 f. 2
In einer Abwägung ist dabei auch das Interesse des Mieters an der konkreten Nut-

zung zu berücksichtigen (Pauly WuM 2011, 447; zB AG Stuttgart WuM 2021, 483: Solaranlage auf Balkon; AG Köln BeckRS 2020, 36623: Satellitenschüssel). **b)** Die **Abmahnung** ist wie die Mahnung (→ § 286 Rn. 16) eine rechtsgeschäftsähnliche Handlung. Ihrer bedarf es im Fall der arglistigen Verschleierung des vertragswidrigen Gebrauchs (BGH WM 1968, 253), bei strafbarem Verhalten (AG Hamburg BeckRS 2021, 22956: Drogenhandel) und auch dann nicht, wenn der Mieter den vertragsgemäßen Gebrauch ernsthaft und endgültig verweigert bzw. dazu nicht imstande ist (BGH MDR 1975, 572, vgl. → § 281 Rn. 9). **c) Fortsetzung des Gebrauchs** nach Kenntnisnahme der Abnahme. Der Mieter muss sein Verhalten sehr rasch ändern. **d)** Ein **Verschulden** ist nicht erforderlich. **e)** Die **Beweislast** trägt der Vermieter.

3 **3. Verjährung.** Der Anspruch verjährt nicht, solange die zweckwidrige Nutzung fortgesetzt wird (BGHZ 220, 323 Rn. 21 ff.).

§§ 541a, 541b *(weggefallen)*

§ 542 Ende des Mietverhältnisses

(1) **Ist die Mietzeit nicht bestimmt, so kann jede Vertragspartei das Mietverhältnis nach den gesetzlichen Vorschriften kündigen.**

(2) **Ein Mietverhältnis, das auf bestimmte Zeit eingegangen ist, endet mit dem Ablauf dieser Zeit, sofern es nicht**
1. in den gesetzlich zugelassenen Fällen außerordentlich gekündigt oder
2. verlängert wird.

1 **1. Arten der Kündigung.** Im Ges. werden drei Varianten genannt: **a)** Für den Regelfall des auf unbestimmte Zeit geschlossenen Mietvertrages als Dauerschuldverhältnis endet der Vertrag zum einen durch die **ordentliche Kündigung** unter Einhalten bestimmter Fristen (s. § 573c für Wohnräume, iÜ § 580a). Die ordentliche Kündigung ist außerhalb von Wohnräumen (s. §§ 573, 573a) an keine ges. Vorausset-
2 zungen gebunden und bedarf deshalb keiner Begründung. **b)** Der Begriff der **außerordentlichen Kündigung mit gesetzlicher Frist** (s. dazu §§ 573d, 580a IV) ist als Teilgruppe der außerordentlichen Kündigungen konzipiert und steht in der Sache zwischen der ordentlichen Kündigung und der fristlosen Kündigung aus wichtigem Grund. Es soll zwischen der ordentlichen und der fristlosen Kündigung eine erleichterte Möglichkeit zur Vertragsauflösung zumeist bei einer Veränderung der tatsächlichen Umstände angeboten werden, weil dann für die Parteien das Einhalten der ordentlichen Kündigungsfristen unzumutbar erscheint (BT-Drs. 14/4553, 43). Zugelassen ist die außerordentliche Kündigung mit gesetzlicher Frist zB in §§ 561, 573d II, 575a III, 580a IV, auf die auch verwiesen wird (s. zB §§ 540 I 2, 544, 563 IV, 563a II, 580). Zur **Dauer der Frist** s. § 580a IV, bei Wohnraummietverträ-
3 gen s. § 573d II. **c)** Die **außerordentliche fristlose Kündigung aus wichtigem Grund** ist in § 543, für Wohnraummietverhältnisse in § 569 geregelt. **d)** Außerhalb dieser Erklärungen kann die Vertragsbeendigung durch eine **einverständliche Aufhebung,** durch den **Ablauf einer vereinbarten Frist** (s. §§ 542 II, 575 ff.) oder einen **Rücktritt** (§§ 323, 326 V) vor Überlassung der Mietsache herbeigeführt werden.

4 **2. Vertrag auf unbestimmte Zeit (I).** Die **Kündigung** ist eine einseitige empfangsbedürftige (s. § 130) Willenserklärung. Es gelten die allg. Auslegungsgrundsätze. **Form:** für Wohnraum s. § 568; sonst gilt die vereinbarte Form (§ 127) oder eine formfreie Kündigung. Eine vorzeitige Kündigung wirkt für den ersten zulässigen Termin (aA MüKoBGB/Bieber § 542 Rn. 11: zumeist unzulässig), eine verspätete idR für den nächstfolgenden Kündigungstermin (MüKoBGB/Bieber § 542 Rn. 11). Die Kündigung kann auch schon vor Vollzug des Vertrags erklärt werden

(BGHZ 73, 350). Bei **mehreren Beteiligten** müssen, wenn nichts anderes vereinbart ist, alle gegenüber allen kündigen (→ § 535 Rn. 3); eine Bevollmächtigung ist auf beiden Seiten möglich. Eine **bedingte Kündigung** ist grundsätzlich unzulässig und damit unwirksam, weil der andere Vertragspartner Klarheit gewinnen muss, ob das Vertragsverhältnis endet. Desgl. darf eine Befristung nicht unbestimmt sein (BGHZ 156, 332). Liegt das maßgebende Ereignis allein in der Einflusssphäre des Empfängers (zB Zahlung des Mietpreises innerhalb von zehn Tagen), so ist eine solche Kündigung als sog. Potestativbedingung (Abhängigkeit allein vom Mieter) wirksam (Schmidt-Futterer/Streyl § 542 Rn. 40; BGH WM 1973, 695; enger Staudinger/Rolfs § 542 Rn. 88: eine Nichtzahlung könne auch obj. Gründe haben). Eine **Teilkündigung** ist bei Wohnraummietverhältnissen nur im Rahmen des § 573b zulässig.

3. Befristeter Vertrag (II). a) Voraussetzungen. Die Befristung kann auch schlüssig erfolgen; der Vertrag ist gem. §§ 133, 157 auszulegen (Bsp: Mieten einer Erntemaschine; OLG Nürnberg MDR 2021, 1385: für die Dauer von Sanierungsarbeiten am Nachbargrundstück). **b) Rechtsfolgen.** Auch innerhalb der vertraglichen Zeit ist eine außerordentliche Kündigung (mit gesetzlicher Frist oder fristlos) möglich **(II Nr. 1).** Selbstverständlich kann das Mietverhältnis auch durch Vereinbarung – befristet oder unbefristet – verlängert werden (**II Nr. 2;** BT-Drs. 14/4553, 43; Leo/Götz NZM 2019, 601). 5

§ 543 Außerordentliche fristlose Kündigung aus wichtigem Grund

(1) [1]**Jede Vertragspartei kann das Mietverhältnis aus wichtigem Grund außerordentlich fristlos kündigen.** [2]**Ein wichtiger Grund liegt vor, wenn dem Kündigenden unter Berücksichtigung aller Umstände des Einzelfalls, insbesondere eines Verschuldens der Vertragsparteien, und unter Abwägung der beiderseitigen Interessen die Fortsetzung des Mietverhältnisses bis zum Ablauf der Kündigungsfrist oder bis zur sonstigen Beendigung des Mietverhältnisses nicht zugemutet werden kann.**

(2) [1]**Ein wichtiger Grund liegt insbesondere vor, wenn**

1. **dem Mieter der vertragsgemäße Gebrauch der Mietsache ganz oder zum Teil nicht rechtzeitig gewährt oder wieder entzogen wird,**
2. **der Mieter die Rechte des Vermieters dadurch in erheblichem Maße verletzt, dass er die Mietsache durch Vernachlässigung der ihm obliegenden Sorgfalt erheblich gefährdet oder sie unbefugt einem Dritten überlässt oder**
3. **der Mieter**
   a) **für zwei aufeinander folgende Termine mit der Entrichtung der Miete oder eines nicht unerheblichen Teils der Miete in Verzug ist oder**
   b) **in einem Zeitraum, der sich über mehr als zwei Termine erstreckt, mit der Entrichtung der Miete in Höhe eines Betrages in Verzug ist, der die Miete für zwei Monate erreicht.**

[2]**Im Falle des** ***Satzes 1 Nr. 3*** **ist die Kündigung ausgeschlossen, wenn der Vermieter vorher befriedigt wird.** [3]**Sie wird unwirksam, wenn sich der Mieter von seiner Schuld durch Aufrechnung befreien konnte und unverzüglich nach der Kündigung die Aufrechnung erklärt.**

(3) [1]**Besteht der wichtige Grund in der Verletzung einer Pflicht aus dem Mietvertrag, so ist die Kündigung erst nach erfolglosem Ablauf einer zur Abhilfe bestimmten angemessenen Frist oder nach erfolgloser Abmahnung zulässig.** [2]**Dies gilt nicht, wenn**

1. **eine Frist oder Abmahnung offensichtlich keinen Erfolg verspricht,**
2. **die sofortige Kündigung aus besonderen Gründen unter Abwägung der beiderseitigen Interessen gerechtfertigt ist oder**

3. der Mieter mit der Entrichtung der Miete im Sinne des Absatzes 2 Nr. 3 in Verzug ist.

(4) [1]**Auf das dem Mieter nach Absatz 2 Nr. 1 zustehende Kündigungsrecht sind die §§ 536b und 536d entsprechend anzuwenden.** [2]**Ist streitig, ob der Vermieter den Gebrauch der Mietsache rechtzeitig gewährt oder die Abhilfe vor Ablauf der hierzu bestimmten Frist bewirkt hat, so trifft ihn die Beweislast.**

Art. 240 EGBGB

§ 2 Beschränkung der Kündigung von Miet- und Pachtverhältnissen

(1) [1]Der Vermieter kann ein Mietverhältnis über Grundstücke oder über Räume nicht allein aus dem Grund kündigen, dass der Mieter im Zeitraum vom 1. April 2020 bis 30. Juni 2020 trotz Fälligkeit die Miete nicht leistet, sofern die Nichtleistung auf den Auswirkungen der COVID-19-Pandemie beruht. [2]Der Zusammenhang zwischen COVID-19-Pandemie und Nichtleistung ist glaubhaft zu machen. [3]Sonstige Kündigungsrechte bleiben unberührt.

(2) Von Absatz 1 kann nicht zum Nachteil des Mieters abgewichen werden.

(3) Die Absätze 1 und 2 sind auf Pachtverhältnisse entsprechend anzuwenden.

(4) Die Absätze 1 bis 3 sind nur bis zum 30. Juni 2022 anzuwenden.

1. Grundsätze.

Lit.: Schwab, Aktuelle Probleme der Zahlungsverzugskündigung im Mietrecht, NZM 2019, 36.

1 **a) Anwendungsbereich.** Die Bestimmung gilt für Mietverhältnisse allg.; zu Besonderheiten bei Wohnraummietverhältnissen s. § 569. Das Recht zur Kündigung nach § 543 steht beiden Parteien zu. **b) Wichtiger Grund (I).** Zur Interpretation → § 314 Rn. 5 f. Mietrechtliche Beispiele: Nichtzahlung der Kaution (BGH NJW-RR 2007, 886); rufschädigende Äußerungen über den Betrieb des Mieters (BGH NZM 2010, 902); schwerwiegende, wiederholte Beleidigungen durch den Mieter, seinen Betreuer oder auch durch Besuch, die der Mieter unterbinden muss (BGH NJW-RR 2017, 134 Rn. 17, allerdings unter unzutr. Rückgriff auf § 278); vorsätzlich falsche Abrechnungen seitens des Vermieters (iE BGH NZM 2021, 930 Rn. 24 ff.). Der Kündigungsgrund muss nicht schuldhaft verursacht sein (BT-Drs. 14/4553, 43). **c) Berücksichtigung von Gegeninteressen.** Nach stRspr des BVerfG und des BGH müssen auch unter dem Gesichtspunkt, dass die Stellung des Mieters durch Art. 14 GG geschützt ist (→ § 549 Rn. 1), drohende schwerwiegende Gesundheitsbeeinträchtigungen oder Lebensgefahr (auch Suizidgefahr) infolge eines Umzugs gegen die Vermieterinteressen sorgfältig abgewogen werden (BGH NJW-RR 2017, 134 mwN). Dies kann zur Verneinung eines Kündigungsrechts führen (zur Einstellung der Zwangsvollstreckung s. zB BVerfG NJW-RR 2014, 1290; Jauernig/Berger/Kern § 31 Rn. 11). **d) Rechtsfolgen.** Neben der Beendigung des Mietverhältnisses (§ 542 I) löst eine Kündigung, die durch eine zu vertretende Verletzungshandlung ausgelöst wurde, einen Anspruch etwa aus § 280 I oder § 536a I auf den sog. Kündigungsfolgeschaden aus, zB auf Erstattung der Umzugskosten, erhöhte anderweitige Miete (s. zB BGH WuM 2007, 18 Rn. 11, 21; umfassend Brand WuM 2022, 121). **f)** Die Norm ist – außerhalb von Wohnraummietverhältnissen (s. § 569 V) – im Rahmen des allg. Zulässigen **abdingbar.**

2 **2. Recht des Mieters zur fristlosen Kündigung wegen Vorenthaltung des vertragsgemäßen Gebrauchs (II 1 Nr. 1). a)** Zur **Beeinträchtigung des vertragsgemäßen Gebrauchs** → § 535 Rn. 11–13, 15 ff. Bsp: Sachmängel (BGH NJW 2009, 2297), Charakter einer gepachteten Gaststätte als „Schlägerlokal" (BGH WM 1967, 517), erheblicher Lärm (LG Hamburg WuM 1986, 313), versperrter Zugang zum gemieteten Kiosk (OLG Köln NJW 1972, 1814); vorprogrammierte Sperre eines EDV-Programms, die vor unbefugter Nutzung sichern soll (BGH NJW 1981, 2684), nicht: behördliches Veranstaltungsverbot wegen COVID-19-Pandemie (BGH NJW 2022, 1382 Rn. 27: Hochzeitsfeier). Aus dem Grundsatz der gegenseiti-

gen Interessenabwägung **(I)** folgt, dass die Beeinträchtigung des Gebrauchs **erheblich** sein muss, es sei denn, dem steht wiederum ein besonderes Interesse des Mieters an der uneingeschränkten Nutzung gegenüber. Bsp. für ein besonderes Interesse: absolute Ruhe im Sanatorium. Die Ursache der Beeinträchtigung ist gleichgültig. **Kenntnis des Mieters** vom Mangel bzw. uU grobe Fahrlässigkeit (**IV** iVm § 536b) oder eine Vereinbarung mit dem Mieter im Blick auf einen Mangel (**IV** iVm § 536a) können das Kündigungsrecht des Mieters ausschließen. **b)** Geschieht das **Nichtgewähren** des vertragsgemäßen Gebrauchs **durch ein Unterlassen** (Bsp: fehlender Einbau einer zugesagten Einrichtung), so muss der Mieter eine *angemessene Frist* setzen, dh den Mangel, soweit dem Vermieter nicht bekannt, anzeigen und zur Beseitigung in einer bestimmten Zeitspanne auffordern (zu den Ausnahmen s. **III**). Einer bes. Form, auch einer Ablehnungsandrohung (Kündigungsandrohung) bedarf es nicht (BGH WuM 2007, 571). Die Angemessenheit der Frist richtet sich nach den Umständen des Einzelfalls. Eine unangemessen kurze Frist setzt eine Frist von angemessener Länge in Gang. Die Frist muss *ungenutzt verstreichen.* Wird der vertragsgemäße Gebrauch **durch ein Handeln** beeinträchtigt (Bsp: Versperren des Zugangs zum Keller), ist eine *Abmahnung* (mit Ausnahmen, s. **III**) erforderlich und eine *weitere Zuwiderhandlung.* Fehlt eine Abmahnung, so kann die (unwirksame) Kündigung in eine Abmahnung umgedeutet werden. **c) Beweislast (IV 2).** Der Mieter muss idR Vorenthaltung bzw. Entzug des vertragsgemäßen Gebrauchs (BGH NJW 1985, 2328, zum Mangel; → § 536 Rn. 4), sein bes. Kündigungsinteresse bei unerheblicher Beeinträchtigung, die Fristsetzung bzw. das Vorliegen der Ausnahmegründe und den Zugang der Kündigung beweisen, der Vermieter die Rechtzeitigkeit der Gewährung vertragsgemäßen Gebrauchs oder der Abhilfe, die Unerheblichkeit der Behinderung; zu Kenntnis und grober Fahrlässigkeit des Mieters → § 276 Rn. 33 ff.

Rn. 3 (beginnt bei „b)“), Rn. 4 (beginnt bei „c)“)

3. Einschränkung der Kündigung wegen der COVID-19-Pandemie. Die 2020 ausgebrochene COVID-19-Pandemie und die durch sie bedingten Beschränkungen, die vor allem zu Beginn sehr umfassend waren („Lockdown“), hatten sehr rasch zur Folge, dass Mieter gewerblich genutzter Räume nicht mehr in der Lage waren, ihre Miete zu zahlen, dass Mieter von Wohnungen ihre Arbeitsstelle verloren und Sozialträger Anträge auf Unterstützungsleistungen nur mit Verzögerung bearbeiten konnten. Um zu verhindern, dass Betroffene ihre Gewerberäume oder Wohnung verlieren, wurde durch Ges. v. 27.3.2020 (BGBl. 2020 I S. 569, s. dazu BT-DRs. 19/18110) in Art. 240 § 2 EGBGB das **Kündigungsrecht** des Vermieters wegen eines coronabedingten (zur Kausalität Art. 240 § 2 I 2 EGBGB, dazu BGH NZM 2022, 98) Zahlungsverzugs zwischen dem 1.4. und 30.6.2020 ausgeschlossen. Der **Zahlungsanspruch** selbst wurde durch das Ges. nicht modifiziert. Angewandt werden sollte aber § 313 (→ § 536 Rn. 12a), iÜ auch auf die Höhe des Zinsanspruchs. Art. 240 EGBGB trat gem. Art. 6 VI Ges. v. 27.3.2020 am 30.9.2022 **außer Kraft.** 4a

4. Recht des Vermieters zur fristlosen Kündigung wegen vertragswidrigen Gebrauchs (II 1 Nr. 2). Zum vertragswidrigen Gebrauch → § 535 Rn. 35 f. Einer *erheblichen* Beeinträchtigung bedarf es hier nicht (OLG Frankfurt aM NJW-RR 1989, 11 mwN); zur Gefährdung → § 536 Rn. 4. Einzelne kleinere Verstöße *reichen nicht* aus. Zur Überlassung an einen Dritten → § 540 Rn. 2 f. *Verschulden* ist weder beim Mieter noch beim Dritten erforderlich. Zur **Abmahnung (III)** → § 541 Rn. 2. Sie muss sich im Falle der vermieterseitigen Kündigung an den Mieter (bzw. alle bei mehreren Mietern) richten, und zwar auch dann, wenn es um den Gebrauch durch einen Dritten geht (Staudinger/V. Emmerich § 543 Rn. 115); denn allein den Mieter treffen die Vertragspflichten. Zur Interessenabwägung → Rn. 1. 5

5. Recht des Vermieters zur fristlosen Kündigung wegen Zahlungsverzugs (II 1 Nr. 3).

Lit.: Blank, Die Kündigung wegen Zahlungsverzugs, WuM 2015, 3.

6 **a) Tatbestände.** Der Mieter zahlt (a) an *zwei aufeinander folgenden Terminen* überhaupt nicht oder nur teilweise, wobei sich die dann zu prüfende Erheblichkeit allein nach dem Gesamtrückstand bemisst und jedenfalls dann zu bejahen ist, wenn dieser eine Monatsmiete übersteigt (BGH NJW 2022, 1014 Rn. 16; sa BGH NZM 2018, 28 Rn. 19: auch bei berechtigter Minderung entscheidet die vereinbarte Gesamtmiete), oder (b) über eine Spanne von mindestens drei Monaten schleppend und es fehlen insgesamt zwei Monatsmieten (BGH NZM 2015, 197 f.; aA nicht überzeugend Blank WuM 2015, 4: mehr als eine Monatsmiete). Einzubeziehen sind auch die Vorauszahlungen für Betriebskosten (BGH NJW 2008, 3210), wobei es im Falle einer einseitigen Erhöhung der Betriebskosten durch den Vermieter keiner rechtskräftigen Verurteilung des Mieters zur Zahlung der erhöhten Beträge bedarf (BGH NJW 2012, 3089; aA zur Modernisierungsmieterhöhung AG München ZMR 2021, 899); nicht einzubeziehen sind hingegen die Kaution oder sonstige Forderungen aus dem Mietverhältnis. Zu den *zusätzlichen Voraussetzungen des Verzugs* s. § 286 II 1. Zum Sorgfaltsmaßstab → § 276 Rn. 29. Dieser Maßstab gilt auch bei einem Irrtum über mögliche Gegenrechte (BGH NJW 2012, 2882; zust. Hinz NJW
7 2013, 337, krit. Blank DWW 2012, 501). **Verzögerungen durch den Transferleister (zB Jobcenter).** Erbringt eine Behörde die Miete bzw. ist sie dazu verpflichtet, so ist sie nicht Erfüllungsgehilfe des Mieters. § 278 ist nicht anwendbar (BGH NZM 2016, 635 Rn. 16, stRspr). Dennoch entlässt der BGH den Mieter nicht grds. aus der Verantwortung. So soll er bei einer unrechtmäßigen zeitweiligen Verweigerung der Mietübernahme durch das Jobcenter das Beschaffungsrisiko für die Miete weiterhin tragen müssen; er werde hinreichend durch § 569 III Nr. 2 (→ § 569 Rn. 5) geschützt (BGH NZM 2015, 198, zweifelhaft). Zahlt die Behörde unregelmäßig, so soll das Festhalten am Vertrag für den Vermieter uU unzumutbar gem. **I 2** sein (BGH NZM 2016, 635 Rn. 17 f.; auf Extremfälle zu beschränken, da ggü. einer Behörde idR unter Berücksichtigung der Interessen auch des Mieters weniger belastende Behelfsmöglichkeiten zur Verfügung stehen, desgl. Blank NZM
8 2016, 636). **b) Einreden des Mieters.** Macht der Mieter (bestehende) **Mängel geltend,** steht ihm – außer bei Geringfügigkeit (→ § 320 Rn. 16f) – die den Verzug ausschließende **Einrede gem. § 320** zu (BGH NJW 2019, 1745 Rn. 23 ff.). Das Zurückbehaltungsrecht endet, wenn der Mangel beseitigt, der Vermieter an der Beseitigung gehindert, ein der Druckfunktion (→ § 320 Rn. 3) angemessener Mietrückstand erreicht wird (BGH NJW 2019, 2308 Rn. 41 mkritAnm Streyl zum Verzug) oder das Mietverhältnis (und damit die Leistungspflicht des Vermieters)
9 endet. **c) Ausschluss des Kündigungsrechts, Unwirksamkeit der Kündigungserklärung. Zahlt** der Mieter vollständig (BGH NJW 2016, 3437 Rn. 23) vor Zugang der Kündigung (Hinweis auf Sicherheiten genügt nicht, BGH WM 1972, 337) oder **rechnet** er unverzüglich (§ 121 I 1) nach Zugang der Kündigung mit einer Gegenforderung wirksam **auf,** besteht das Kündigungsrecht aus § 543 I nicht mehr. Eine hilfsweise erklärte ordentliche Kündigung bleibt hiervon unberührt (BGH NZM 2022, 49 Rn. 29 ff. mwN). Für den Fall der Insolvenz s. § 112 InsO. Die **Beweislast** liegt beim Mieter. Zu Mietverträgen über Wohnräume s. § 569 III.
10 **d)** Das **Erlöschen des Kündigungsrechts (II 2)** setzt eine grds. vollständige Zahlung der Rückstände voraus (LG Köln ZMR 2000, 428; scharf AG Dortmund DWW 03, 127: „bis auf den letzten Cent").

11 **6. Durchführung der Kündigung. a) Form.** Die empfangsbedürftige (§ 130) Erklärung ist formfrei; zu Mietverträgen über Wohnräume s. §§ 568 I (Schriftform), 569 IV (Angabe des Kündigungsgrundes). **b) Zeitlich** kann das Kündigungsrecht nach allg. Grundsätzen (→ § 242 Rn. 59 ff.) verwirkt werden; § 314 III ist nicht anwendbar (BGH NJW 2016, 3729 Rn. 13; iE zust. Harke WuM 2017, 245; krit. Kunze/Titzsch WuM 2016, 619). **c) Umdeutung.** Eine fehlgeschlagene Kündigung ist gem. § 140 in eine ordentliche Kündigung zum nächstmöglichen Termin umdeutbar, wenn sich ergibt, dass der Vermieter das Mietverhältnis auf jeden Fall beenden will (BGH NJW 2013, 3362).

§ 544 Vertrag über mehr als 30 Jahre

[1]Wird ein Mietvertrag für eine längere Zeit als 30 Jahre geschlossen, so kann jede Vertragspartei nach Ablauf von 30 Jahren nach Überlassung der Mietsache das Mietverhältnis außerordentlich mit der gesetzlichen Frist kündigen. [2]Die Kündigung ist unzulässig, wenn der Vertrag für die Lebenszeit des Vermieters oder des Mieters geschlossen worden ist.

1. Normzweck. Die Bestimmung will einerseits die sog. „Erbmiete", also zeitlich unbeschränkte, nur im Wege der außerordentlichen Kündigung auflösbare Mietverhältnisse verhindern, zum anderen aber dem Sicherungsbedürfnis bes. von Wohnungsmietern Rechnung tragen. Die Vorschrift ist **zwingend.** 1

2. Tatbestand. Erforderlich ist die Bindung zumindest einer Partei für mehr als dreißig Jahre (auch bei Kündigungsausschluss, BGH NZM 2018, 556 Rn. 16 mwN). Dies ist auch der Fall, wenn die Bindung von einem Ereignis abhängt, auf das (zumindest) eine Partei keinen Einfluss hat und das uU erst nach mehr als dreißig Jahren eintreten kann (BGHZ 117, 238 f., Betriebseinstellung). Erfasst werden weiter Verträge, die zwar eher enden, deren Verlängerung jedoch eine Partei – zB über ein Optionsrecht – zu erzwingen vermag. Auch wirtschaftliche Erschwerungen im Falle einer Auflösung können genügen (RGZ 73, 341). Bei einer **nachträglichen Vereinbarung** beginnt die Frist zu diesem Zeitpunkt (BGH NJW 1996, 2029). 2

3. Rechtsfolge. Der Vertrag ist wirksam, jedoch gem. § 580a IV dreißig Jahre nach Überlassung der Mietsache kündbar. Bei Mietverträgen über Wohnräume gelten bes. Schutzvorschriften (§§ 573 ff.). 3

§ 545 Stillschweigende Verlängerung des Mietverhältnisses

[1]Setzt der Mieter nach Ablauf der Mietzeit den Gebrauch der Mietsache fort, so verlängert sich das Mietverhältnis auf unbestimmte Zeit, sofern nicht eine Vertragspartei ihren entgegenstehenden Willen innerhalb von zwei Wochen dem anderen Teil erklärt. [2]Die Frist beginnt

1. für den Mieter mit der Fortsetzung des Gebrauchs,

2. für den Vermieter mit dem Zeitpunkt, in dem er von der Fortsetzung Kenntnis erhält.

Lit.: Leo/Götz, Ende des Mietverhältnisses und stillschweigende Verlängerung …, NZM 2019, 601.

1. Allgemeines. a) Funktion. Für die relativ häufigen Fälle, dass der Mieter die gemietete Sache mit Wissen des Vermieters weiter benutzt, soll § 545 generell klarstellen, unter welchen Voraussetzungen eine vertragliche Verlängerung vorliegt (Mot. II 413 ff. zu § 568 aF). Vermieden werden soll damit der str. Rückgriff auf Bestimmungen über den vertragslosen Zustand, zB §§ 812 ff., 987 ff. (BT-Drs. 14/4553, 44). **b)** Die Bestimmung ist **abdingbar** (OLG Rostock DWW 2006, 284). 1

2. Voraussetzungen. a) Wie der **Ablauf der Mietzeit** eintritt, ist gleichgültig. Bsp: *Befristung, ordentliche*, außerordentliche Kündigung mit gesetzlicher Frist oder fristlose Kündigung aus wichtigem Grund. **b)** Die **Fortsetzung des Gebrauchs** ist ein rein tatsächliches Verhalten (muss also keine schlüssige Willenserklärung sein) und bedeutet im Grundsatz dieselbe Nutzung wie zur Mietzeit. Hatte der Mieter die Sache einem Dritten überlassen, so ist dessen Weiternutzung eine Fortsetzung (BGH ZMR 1988, 19). Wird ohne Weiternutzung der Besitz nicht zurückgegeben (Bsp: der Mieter gibt die Schlüssel der geräumten Wohnung nicht zurück), so ist § 546a anwendbar (OLG Düsseldorf DWW 1990, 272). **c) Keine Äußerung eines entgegenstehenden Willens. aa)** Die **Äußerung** ist eine Willenserklärung, die erkennen lässt, dass Vermieter bzw. Mieter eine Fortsetzung des Mietverhältnisses nicht wünschen (BayObLG NJW 1981, 2759; LG Berlin NJW-RR 2001, 513). Sie 2 3 kann auch schon vor dem ges. Fristenbeginn abgegeben werden, weil dadurch der Gegner nicht benachteiligt wird. Bsp: uU die Kündigung selbst (BGH ZMR 1988, 20; sa AG Hamburg BeckRS 2021, 48134 Rn. 18), Widerspruch, Räumungsklage (OLG Rostock BeckRS 2022, 264 Rn. 23), Setzen einer Räumungsfrist (BGH NJW-RR 2018, 714 Rn. 17). Das **Unterlassen** einer entgegenstehenden Äußerung ist keine Willenserklärung und deshalb nicht anfechtbar. **bb)** Der **Fristbeginn** ist je nach Interessenlage für Mieter und Vermieter (Beweislast für die Kenntnis: Mieter) anders **(S. 2 Nr. 1 und 2).** Zur Berechnung s. §§ 187, 188, 193. Innerhalb der Frist muss die Erklärung des Vermieters dem Mieter zugehen, § 130. Für eine vor Fristablauf eingereichte Räumungsklage gilt § 167 ZPO (BGH NJW 2014, 2569).

4 **3. Rechtsfolgen.** Verlängerung des Vertrages auf unbestimmte Zeit mit den allg. Kündigungsmöglichkeiten.

§ 546 Rückgabepflicht des Mieters

(1) **Der Mieter ist verpflichtet, die Mietsache nach Beendigung des Mietverhältnisses zurückzugeben.**

(2) **Hat der Mieter den Gebrauch der Mietsache einem Dritten überlassen, so kann der Vermieter die Sache nach Beendigung des Mietverhältnisses auch von dem Dritten zurückfordern.**

1 **1. Allgemeines. a) Funktion.** Die Beendigung der Mietzeit wandelt den Vertrag in ein Rückgewährschuldverhältnis um, dessen Inhalt durch die §§ 546, 546a und 547 konkretisiert wird. Bei Mietverträgen über *Wohnräume* ist § 570 (Ausschluss des Zurückbehaltungsrechts für den Mieter) zusätzlich zu beachten, auf den § 578 für Mietverträge über *Grundstücke* und *Räume*, die keine Wohnräume sind, verweist. Der Anspruch gewährt ein **Aussonderungsrecht** gem. § 47 InsO (nur) im Umfang des § 985 (BGHZ 148, 255). **b) Konkurrenzen:** § 985 (BGHZ 34, 122). **c) Abdingbarkeit.** Die Rückgabepflichten können iE vertraglich ausgestaltet werden. **d) Verjährung:** § 195.

2 **2. Rückgabepflicht (I). a) Rückgabe** bedeutet idR Einräumen des **unmittelbaren Besitzes,** auch wenn der Mieter selbst – zB bei Besitzaufgabe – nicht Besitzer ist (BGH NJW 1996, 516). **Zeitpunkt:** Teilw. wird aus dem Wortlaut („nach Beendigung") geschlossen, der Mieter müsse spätestens *am Tag nach* Ablauf des Vertrages die Sache zurückgeben. Da der Vermieter aber die Möglichkeit haben muss, die Sache unmittelbar im Anschluss weiterzuvermieten, wird man die Rückgabe *zum Endzeitpunkt* fordern müssen (Staudinger/Rolfs § 546 Rn. 35 mwN). Das Gewähren einer Räumungsfrist (§§ 721, 794a ZPO) schiebt die Rückgabepflicht hinaus, das Mietverhältnis bleibt aber beendet. Eine *vorzeitige* Rückgabe ist grds. zulässig (LG Bonn NZM 2015, 306). **Umfang:** Alle Mietsachen einschließlich aller vorhandenen (auch selbst gefertigter) Schlüssel (OLG Köln ZMR 2006, 860). **b) Zustand der Sache.** Die Wohnung muss nach Entfernen von Inventarstücken, Einbauten und Einrichtungen, die für die Vertragszeit eingebracht sind, nach dem Rückbau baulicher Veränderungen auf Zeit (Staudinger/Rolfs § 546 Rn. 27; Katzenstein NZM 2008, 598), ordnungsgemäß geräumt und gereinigt zurückgegeben werden. Haben sich Gegenstände über den vertragsmäßigen Gebrauch hinaus (zB durch Verwahrlosung oder Beschädigung) verschlechtert, hat der Vermieter unabhängig vom Rückgabeanspruch Ersatzansprüche aus §§ 280 I, 282 (BGH NJW 2018, 1746 Rn. 22). Bagatellschäden kann der Mieter gem. § 242 selbst beseitigen (weitergehend Streyl NJW 2018, 1723: grds. Beschädigungen während der Mietzeit generell). **c) Verletzung der Rückgabepflicht.** Verzögerungen und Nichtleistungen (zB keine vollzählige Rückgabe der Schlüssel) können Ansprüche aus § 281 I, III, das Zurücklassen eigener Gegenstände Ansprüche aus §§ 280 I, 282 auslösen. Zum Vorenthalten der Mietsache selbst → § 546a. **d)** Die **rügelose Annahme** der Wohnung durch den *Vermieter* oder die Benennung konkreter Beseitigungspflichten

ist gem. § 397 dahin auszulegen, dass Ansprüche wegen (anderer) erkannter oder erkennbarer Mängel nicht geltend gemacht werden (iE Hinz NZM 2016, 622). Die Unterzeichnung der **Mängelliste** eines Rückgabeprotokolls durch den *Mieter* enthält hingegen kein Anerkenntnis, dass die Mängel bei Vertragsbeginn noch nicht vorlagen (LG Stuttgart WuM 2022, 152).

3. Ansprüche gegen einen Dritten (II). Zur **Gebrauchsüberlassung** → § 540 Rn. 2. Konkurrenzen: §§ 985, 1004 (BGH NJW 2007, 2187). Der Anspruch gegen den Dritten tritt neben den Anspruch gegen den Mieter aus I (Gesamtschuld, OLG Celle NJW 1953, 1475); es findet keine Rechtskrafterstreckung statt (BGH NZM 2010, 699 mwN). Der Untermieter sieht sich seinerseits bei gleichzeitig beendetem Untermietverhältnis einem Anspruch des Mieters aus I gegenüber, muss aber, da dieser die Sache weitergeben müsste, nur an den Vermieter herausgeben. 3

§ 546a Entschädigung des Vermieters bei verspäteter Rückgabe

(1) **Gibt der Mieter die Mietsache nach Beendigung des Mietverhältnisses nicht zurück, so kann der Vermieter für die Dauer der Vorenthaltung als Entschädigung die vereinbarte Miete oder die Miete verlangen, die für vergleichbare Sachen ortsüblich ist.**

(2) **Die Geltendmachung eines weiteren Schadens ist nicht ausgeschlossen.**

Lit.: Bochis, Die Verbindung der Räumungsklage wegen Zahlungsverzugs mit der Klage auf künftige Nutzungsentschädigung, NZM 2021, 499; Fleindl, Nutzungsentschädigung nach Beendigung des Mietverhältnisses, NZM 2018, 57.

1. Allgemeines. Funktion. Die Stellung des Vermieters soll dadurch verbessert werden, dass er nicht einen eingetretenen Schaden nachweisen muss, sondern so gestellt wird, als hätte er die Sache durch eine anderweitige Vermietung nutzen können. Auch soll zusätzlicher Druck auf den Mieter ausgeübt werden, die Mietsache zurückzugeben (BGHZ 107, 128). **Rechtsnatur.** Anspruch eigener Art aus dem Rückgewährschuldverhältnis, der an die Stelle des Anspruchs auf die Miete tritt (BGHZ 68, 310). **Weitere Ansprüche,** zB aus Verzug (iVm § 546), bleiben bestehen, s. **II** (s. aber § 571), desgl. nach hM aus § 812 (BGHZ 68, 309) und aus §§ 292, 987 ff. nach Rechtshängigkeit (s. BGH NJW-RR 2009, 1523 für die Untermiete). Die Bestimmung ist **abdingbar.** 1

2. Voraussetzungen. Eine **Vorenthaltung** geschieht, wenn der Mieter (zum Untermieter BGH NJW 2021, 1088 Rn. 18 f.) – ihm zurechenbar (BGH WuM 2017, 521 Rn. 25) – die Sache entgegen dem Willen des Vermieters (BGH WuM 2017, 521 Rn. 19 ff.: nicht, wenn der Vermieter vom Fortbestehen des Mietverhältnisses ausgeht; sa LG Berlin WuM 2021, 614) nicht zurückgibt oder nicht freiräumt (BGH NJW 1994, 3294). Der Zustand der Sache ist insoweit irrelevant. Bei einer Wohnung gehört auch die Rückgabe sämtlicher Schlüssel dazu (OLG Düsseldorf NJW-RR 1996, 209; zu einer Ausnahme s. KG DWW 2001, 276; zum Zurücklassen von Gegenständen OLG Brandenburg BeckRS 2020, 4929 Rn. 8 f.; AG Brandenburg BeckRS 2021, 14385 Rn. 91). Die **Beweislast** für die Erfüllung seiner Rückgabepflicht (§ 546) bzw. dafür, dass er keinen Anlass für die Nicht-Rückgabe gesetzt hat, trägt der Mieter (MüKoBGB/Bieber § 546a Rn. 17). Macht der Mieter von einem Zurückbehaltungsrecht (§ 273; sa §§ 570, 578 I) Gebrauch, ist § 546a nicht anwendbar (BGHZ 65, 58, zust. Haase JR 1976, 22). Nimmt der Vermieter eine Sache wegen ihres vertragswidrigen Zustandes nicht zurück, ist § 546a wegen des Annahmeverzugs nicht anwendbar (OLG Brandenburg NJOZ 2022, 270 Rn. 21; OLG Düsseldorf DWW 2003, 92). 2

3. Rechtsfolgen. Der Vermieter hat – ohne, dass es einer Erklärung bedarf (BGH DWW 2000, 324 mwN, str.) – zu den vertraglichen Fälligkeitsterminen einen 3

Anspruch auf die **Miete,** die bei Neuvermietung erzielt werden kann (BGH NJW 2017, 1022) – mithin uU höher als die bisherige Miete ist, was das Gericht gem. § 287 ZPO schätzen kann (BGH NJW 2021, 1088 Rn. 20; AG Brandenburg BeckRS 2021, 14385 Rn. 77) –, sowie die vereinbarten **Betriebskosten** (die allerdings rechtzeitig abzurechnen sind, vgl. OLG Brandenburg NJOZ 2022, 270 Rn. 19); sie sind Teil der Miete. Die gegenseitigen **Gewährungs- und Obhutspflichten** (→ § 535 Rn. 14 ff., 39 f.) bleiben im Wesentlichen bestehen. *Während der Mietzeit* entstandene Mängel führen weiterhin zur Minderung. Für *nachträglich* entstandene Mängel tritt wegen der Druckfunktion (s. Rn. 1) keine Minderung ein (BGH NJW 2015, 2796), ebenso wenig ist eine Störung der Geschäftsgrundlage relevant (KG MDR 2022, 231: COVID-19-Pandemie). Schäden, die über die Vergleichsmiete hinausgehen, können unter den Voraussetzungen der §§ 280 I, II, 286 geltend gemacht werden.

4 **4. Verjährung.** §§ 195, 199 (allgM); dies gilt auch für die konkurrierenden Ansprüche gem. → Rn. 1 (BGHZ 68, 310, dazu krit. Heckelmann JuS 1977, 799).

§ 547 Erstattung von im Voraus entrichteter Miete

(1) [1]**Ist die Miete für die Zeit nach Beendigung des Mietverhältnisses im Voraus entrichtet worden, so hat der Vermieter sie zurückzuerstatten und ab Empfang zu verzinsen.** [2]**Hat der Vermieter die Beendigung des Mietverhältnisses nicht zu vertreten, so hat er das Erlangte nach den Vorschriften über die Herausgabe einer ungerechtfertigten Bereicherung zurückzuerstatten.**

(2) **Bei einem Mietverhältnis über Wohnraum ist eine zum Nachteil des Mieters abweichende Vereinbarung unwirksam.**

1 **1. Allgemeines. a) Funktion.** § 547 soll verhindern, dass der Mieter einer Sache, insbes. einer Wohnung, beim Auszug den noch nicht verbrauchten Teil an Mietvorauszahlungen (zB abwohnbarer Baukostenzuschuss, → § 535 Rn. 27) verliert (BGHZ 53, 39 f.); allerdings ist der Schutz gegenüber Erwerbern und in der Vermieterinsolvenz begrenzt (vgl. § 566c; § 110 InsO; AG Dortmund NJOZ 2019, 949 Rn. 17). Die Differenzierung der Haftung auf Vermieterseite (→ Rn. 2, 3) ist der gesetzgeberische Nachvollzug von Urteilen, in denen die früher allein bestehende Haftung des Vermieters nach § 347 aF (s. § 346 IV) als unbillig angesehen wurde (zB BGH NJW 1958, 1582). **b)** Die **Abdingbarkeit** ist bei Mietverträgen über Wohnräume ausgeschlossen **(II),** sonst im Rahmen des allg. Zulässigen gegeben. **c)** Der Anspruch ist zB an den Nachmieter **abtretbar. d) Verjährung.** §§ 195, 199, nicht § 548 (BGHZ 54, 350).

2 **2. Haftung des Vermieters auf Rückzahlung und Verzinsung (I 1). a) Beendigung.** Erfasst werden vom Vermieter **zu vertretende Gründe** (Umkehrschluss aus I 2). Bsp: §§ 543 I (Störung durch den Vermieter), 543 II 1, 569 I, nicht § 540 I, da der Vermieter dort die Erlaubnis verweigern darf. **Beweislast:** wie bei § 280 I 2. **b) Vorausentrichtung.** Bsp:. Miete, abwohnbare zinslose Mieterdarlehen (zur Anwendung des § 547 auf Mieterdarlehen s. BGHZ 54, 349 f.; wN in BGH NJW 1971, 1659). **c) Art, Umfang des Anspruchs.** Rückerstattung des Betrages, soweit nicht abgewohnt; Fälligkeit mit Beendigung des Mietverhältnisses. Verzinsung mit 4 % (§ 246) seit Empfang (s. Gesetzestext). Hat der Mieter den Vermieter wegen der Rückzahlung in Verzug gesetzt (§ 286), so gilt § 288 I bzw. II.

3 **3. Haftung des Vermieters nach Bereicherungsgrundsätzen (I 2). a) Beendigung aus nicht zu vertretenden (s. § 276) Gründen.** Bsp: §§ 540, 543 I (Störungen durch den Mieter), 543 II Nr. 2, 576, 576b, 554, 563 IV, 564 I 2, § 109 InsO, § 57a ZVG. **Beweislast** für fehlendes Vertretenmüssen: Vermieter. **b) Bereicherung.** Es handelt sich um eine **Rechtsfolgenverweisung** innerhalb

des vertraglichen Rückabwicklungsverhältnisses (BGHZ 54, 351). Hat der Vermieter die Vorauszahlung auf die Sache verwendet, so entspricht der Wert der Bereicherung regelmäßig nicht dem noch nicht abgewohnten Betrag, sondern dem Wert der Sache, der wirtschaftlich auf diesen Teil des Zuschusses fällt; denn hätte der Vermieter statt des Zuschusses eigene Mittel eingesetzt, so wären auch jene Mittel nur noch in Höhe des entspr. Bauwertes vorhanden.

§ 547a *(weggefallen)*

§ 548 Verjährung der Ersatzansprüche und des Wegnahmerechts

(1) [1]**Die Ersatzansprüche des Vermieters wegen Veränderungen oder Verschlechterungen der Mietsache verjähren in sechs Monaten.** [2]**Die Verjährung beginnt mit dem Zeitpunkt, in dem er die Mietsache zurückerhält.** [3]**Mit der Verjährung des Anspruchs des Vermieters auf Rückgabe der Mietsache verjähren auch seine Ersatzansprüche.**

(2) **Ansprüche des Mieters auf Ersatz von Aufwendungen oder auf Gestattung der Wegnahme einer Einrichtung verjähren in sechs Monaten nach der Beendigung des Mietverhältnisses.**

1. Allgemeines.

Lit.: Strake, Das Spannungsverhältnis zwischen § 215 BGB und § 548 BGB, ZMR 2021, 197.

1 **a) Tatbestand.** Es muss sich auf **Vermieterseite** um auf *Ersatz* gerichtete Ansprüche handeln, die wegen einer *Veränderung oder Verschlechterung der Mietsache* entstanden sind **(I),** auf **Mieterseite** im Schwerpunkt um Ansprüche auf *Ersatz von Aufwendungen auf die Mietsache,* die Aufgabe des Vermieters gewesen wären **(II Alt. 1).** Auf die Anspruchsgrundlage kommt es dabei nicht an (es verjährt also auch ein Anspruch aus § 823 I). Hinzu kommt der Anspruch des Mieters auf *Gestattung der Wegnahme* **(II Alt. 2).** Ansprüche mit einem anderen Ziel oder einem anderen Gegenstand werden nicht erfasst (BGH NJW 1996, 2860 zum Erfüllungsanspruch; eingehend BGH NJW 2000, 3203: Ansprüche wegen kontaminierten Materials auf dem Mietgelände).
2 **b) Funktion.** Die Bestimmung ist lex specialis (s. § 200) zu §§ 195 ff. Es soll bei Ansprüchen, die mit dem Zustand der Mietsache in einem inneren Zusammenhang stehen, eine rasche Klärung erreicht werden; denn dieser Zustand kann sich infolge der Weitervermietung schnell verändern (BGH NJW 2011, 2717). Die Frist kann in AGB nicht verlängert werden (BGH NJW 2017, 3307 Rn. 27 ff.). § 548 stellt *keine allg. Verjährungsvorschrift* für das gesamte Mietverhältnis dar.
3 **c) Anwendungsbereich.** § 548 gilt auch bei fehlerhaften Mietverträgen (OLG Köln NJW 1997, 1197 f.) und bei Ansprüchen aus § 311 II bei nicht zustande gekommenem Vertrag (BGH NJW 2006, 1963), des Weiteren bei anderen Gebrauchsüberlassungen (BGH NJW 2002, 1336), für die Haftung des vollmachtlosen Vertreters des Mieters (BGH NJW 2004, 774), bei Ansprüchen gegen Dritte, wenn sie sich im Schutzbereich des Mietvertrages (s. § 328) befinden (BGH NJW *2006, 2399*; OLG Dresden BeckRS 2021, 44276 Rn. 19), für Ansprüche von Dritten, wenn ein „enger Bezug" der Rechtsgüter oder Dritten zum Mietobjekt besteht (BGHZ 124, 191), bei enger wirtschaftlicher Verflechtung zwischen Vermieter und Drittem (BGH NJW 1997, 1983 mwN).

4 **2. Ansprüche des Vermieters (I). a) Art der Ansprüche.** Im Rahmen des gegenständlichen Bereichs wird die Anwendung der Norm weit gefasst (s. BGH NJW 2014, 920 Rn. 16). Bsp: Anspruch auf Erfüllung von vertraglich übernommenen Unterhaltungs- und Instandsetzungsmaßnahmen (BGH ZMR 2014, 526); auf Wiederherstellen des ursprünglichen Zustands (BGHZ 128, 79 mwN) bzw. der Rückgestaltung zulässiger Veränderungen zu Vertragsende (BGHZ 86, 77); auf

Durchführung von Schönheitsreparaturen (BGH DWW 2004, 224). Anspruch auf Schadenersatz aus Verzug (§§ 280 I, II, 286) bzw. Nichterfüllung (§§ 280 I, III, 281 bzw. 283), wenn sich die Sache bei Rückgabe nicht im vertraglich geschuldeten Zustand befindet (BGH NJW 2014, 920 Rn. 16; NZM 2021, 560 Rn. 10 ff.). Anspruch auf Schadensersatz wegen Schutzpflichtverletzungen bei Veränderung oder Verschlechterung der Mietsache (§§ 280 I, 241 II). Bsp: vertragswidriger Gebrauch (→ §§ 535 Rn. 36), Verletzung der Obhuts- (→ § 535 Rn. 40) oder Anzeigepflicht (§ 536c), uU bei Beschädigung einer anderen Sache, sofern der Schaden einen hinreichenden Bezug zum Mietobjekt selbst hat (BGH NJW 2000, 3205). Bei Ansprüchen aus § 536a I ist gegenständlich zu differenzieren (Wietz/Strey WuM 2014, 701). Die Nicht-Rückgabe der Sache wegen Zerstörung (BGH NJW 2006, 2399) bzw. von Zubehör oder Inventarstücken fällt unter § 546 und wird damit von § 548 nicht erfasst (BGHZ 65, 86 mwN). Der Minderwertausgleich beim Kfz-Leasing dient der Vollamortisation und fällt ebenfalls nicht unter § 548 (BGH NJW-
5 RR 2013, 1067). **b) Beginn der Verjährungsfrist.** Das Ges. stellt bewusst auf die **Rückgabe** (Veränderung der Besitzlage zugunsten des Vermieters) ab und lässt damit die Verjährung uU vor dem Entstehen des Anspruchs (zB aus §§ 280 I, III, 281 ohne Fristsetzung, aus §§ 280 I, II, 286 ohne Mahnung) beginnen (BGH ZMR 2014, 526). Der Mieter muss den Besitz vollständig und unzweideutig zugunsten des Vermieters aufgeben (Schlüsselrückgabe, BGH NJW-RR 2019, 645 Rn. 12; nicht bei Einwurf der Schlüssel in den Briefkasten der Wohnung, BGH NJW 2012, 144; sa LG Stuttgart WuM 2020, 787: einverständliches Zurückbehalten), der Vermieter muss von der Besitzaufgabe Kenntnis erlangen (iE BGH NJW 2014, 685 m. differenzierender Anm. Streyl NJW 2014, 665, Schlüssel an Hausmeister). Die Parteien können eine spätere Fälligkeit vereinbaren (BGHZ 107, 182). Überlässt der Mieter im Einverständnis mit dem Vermieter eine Wohnung direkt einem Nachmieter, so beginnt die Frist mit der Übergabe (OLG Karlsruhe NJW-RR 1994, 594). Wird ein Mitmieter aus dem Vertrag entlassen, so gelten die §§ 195 ff., weil der Vermieter die Wohnung nicht wie bei einer Rückgabe untersuchen kann (aA AG
6 Hamburg BeckRS 2022, 9352 Rn. 62 ff.; Blank NJW 2014, 1986). **c) Neubeginn, Hemmung.** S. §§ 203 ff.; die Verjährung wird nicht dadurch gehemmt, dass sich der Vermieter auf sein Pfandrecht (§§ 562 ff.) beruft. § 205 ist, da insoweit eine Vereinbarung vorliegt, nicht anwendbar.

7 **3. Ansprüche des Mieters (II). a) Art der Ansprüche.** Bsp: Anspruch auf Aufwendungsersatz gem. § 536a II (BGH NJW 1974, 743 zu § 538a aF), aus § 812 I wegen durchgeführter, aber nicht geforderter Schönheitsreparaturen (BGH NJW 2011, 1867), auf Rückzahlung eines Abgeltungsbetrages für nicht durchgeführte, aber auch nicht erforderliche Schönheitsreparaturen (BGH NJW 2012, 3032).
8 **b) Beginn der Verjährungsfrist.** Anders als nach I beginnt die Verjährung mit der *rechtlichen* Beendigung des Mietverhältnisses (OLG Bamberg NZM 2004, 342: auch dann, wenn die Wirksamkeit der Kündigung erst später feststeht). Dies gilt auch bei einer Veräußerung der Mietsache an einen Dritten (→ § 566 Rn. 2) für die Ansprüche gegen den Altvermieter. Die Verjährung beginnt jedoch nicht, bevor der Mieter Kenntnis von der Veräußerung (nach BGH NJW 2008, 2250, bei Häusern: vom Grundbucheintrag) erhält.

§ 548a Miete digitaler Produkte

Die Vorschriften über die Miete von Sachen sind auf die Miete digitaler Produkte entsprechend anzuwenden.

1 Von der zweigliedrigen Definition digitaler Produkte – Bereitstellung digitaler Inhalte und digitale Dienstleistungen (§ 327 I 1) – kann sich die Miete nur auf den ersten Fall, die **Bereitstellung digitaler Inhalte,** beziehen. Bsp: Miete eines
2 Programms bzw. einer App. Die entsprechende Anwendung lässt in den **§§ 535–**

548 an die Stelle der „Mietsache" den digitalen Inhalt treten. Damit trifft den Anbieter insbes. auch die Pflicht, den digitalen Inhalt während der Mietzeit in einem zum vertragsgemäßen Gebrauch geeigneten Zustand zu erhalten (§ 535 I 2), und das Mangelgewährleistungsrecht der §§ 536 ff., sofern es sich nicht um einen Verbrauchervertrag handelt, für den die §§ 327 ff. gelten (näher **§ 578b**).

Untertitel 2. Mietverhältnisse über Wohnraum

Kapitel 1. Allgemeine Vorschriften

§ 549 Auf Wohnraummietverhältnisse anwendbare Vorschriften

(1) **Für Mietverhältnisse über Wohnraum gelten die §§ 535 bis 548, soweit sich nicht aus den §§ 549 bis 577a etwas anderes ergibt.**

(2) **Die Vorschriften über die Miethöhe bei Mietbeginn in Gebieten mit angespannten Wohnungsmärkten (§§ 556d bis 556g), über die Mieterhöhung (§§ 557 bis 561) und über den Mieterschutz bei Beendigung des Mietverhältnisses sowie bei der Begründung von Wohnungseigentum (§ 568 Abs. 2, §§ 573, 573a, 573d Abs. 1, §§ 574 bis 575, 575a Abs. 1 und §§ 577, 577a) gelten nicht für Mietverhältnisse über**
1. **Wohnraum, der nur zum vorübergehenden Gebrauch vermietet ist,**
2. **Wohnraum, der Teil der vom Vermieter selbst bewohnten Wohnung ist und den der Vermieter überwiegend mit Einrichtungsgegenständen auszustatten hat, sofern der Wohnraum dem Mieter nicht zum dauernden Gebrauch mit seiner Familie oder mit Personen überlassen ist, mit denen er einen auf Dauer angelegten gemeinsamen Haushalt führt,**
3. **Wohnraum, den eine juristische Person des öffentlichen Rechts oder ein anerkannter privater Träger der Wohlfahrtspflege angemietet hat, um ihn Personen mit dringendem Wohnungsbedarf zu überlassen, wenn sie den Mieter bei Vertragsschluss auf die Zweckbestimmung des Wohnraums und die Ausnahme von den genannten Vorschriften hingewiesen hat.**

(3) **Für Wohnraum in einem Studenten- oder Jugendwohnheim gelten die §§ 556d bis 561 sowie die §§ 573, 573a, 573d Abs. 1 und §§ 575, 575a Abs. 1, §§ 577, 577a nicht.**

Lit.: Artz, Die Wohnraummiete am Anfang der 20. Legislaturperiode, NZM 2022, 9; Börstinghaus, Die Entwicklung des Mietrechts seit der Mietrechtsreform 2001, NZM 2018, 297; Börstinghaus, NZM 2018, 529 (Rspr.-Übersicht); Honsell, Privatautonomie und Wohnungsmiete, AcP 186, 114; Gather, DWW 2017, 162 (Rspr.-Übersicht); Herrlein, NJW 2019, 2819 (Rspr.-Übersicht).

1. Allgemeines. a) Funktion. Die §§ 549 ff. regeln das Mietverhältnis über Wohnräume als den zentralen Typus des Mietvertrages mit seinen vielfältigen Sonderregelungen in einem eigenen Kapitel unmittelbar nach den allg. Bestimmungen (→ Vor §§ 535 ff. Rn. 3). Dies rechtfertigt sich nicht nur aus der wirtschaftlichen Bedeutung der Wohnungsmiete, sondern insbes. dadurch, dass eine Wohnung idR Lebensmittelpunkt für den Mieter ist und sie aus diesem Grund auch in den **Schutzbereich von Art. 14 GG** fällt (BVerfGE 89, 1 [6]; BGH NJW-RR 2017, 976 Rn. 39 mwN). **b)** Ein **Wohnraum** ist anzunehmen, wenn – unabhängig von der tatsächlichen Nutzung – **der vereinbarte** (BGHZ 202, 46 f.) **Zweck auf das dauernde Bewohnen** (Schlafen, Kochen, Essen und sonstige private Benutzung, OLG Frankfurt aM ZMR 2009, 198) **durch den Mieter in eigener** oder gemeinschaftlicher **Gestaltung** gerichtet ist (BGHZ 216, 333 Rn. 19; BGH NZM 2021, 218 Rn. 23). *Kein* Mietverhältnis über Wohnraum liegt zB bei einem Vertrag zwi- 1 2 schen Eigentümer und Zwischenvermieter vor (BGHZ 94, 14 f.; BGH NZM 2021, 218 Rn. 23 mwN), wenn Wohnraum einer sozialen Einrichtung zur Unterbringung Einzelner zur Verfügung gestellt wird (BGH NJW-RR 2019, 519, Rn. 14, sog. Heimnutzung, dazu § 578 III), an einen Verein, der die Räume an betreute Jugendliche überlässt (BGHZ 133, 147), oder an eine Gemeinde zur Unterbringung von Flüchtlingen (BGHZ 223, 290 Rn. 23 ff.). Bei kombinierter Nutzung mit gewerblichen Zwecken (zB Freiberufler) ist maßgebend, welche Nutzung vertraglich überwiegt; bei Gleichwertigkeit ist auf Wohnraum abzustellen (BGHZ 202, 49).

3 **2. Wohnraum zu einem vertraglich vorübergehenden Gebrauch (II Nr. 1).** Zu einem **vorübergehenden Gebrauch** angemietet ist Wohnraum, wenn der Vertrag nach dem Willen der Parteien zu einem zeitlich fixierten Zweck geschlossen wird, die Wohnung also nicht zum „Zuhause" werden soll (LG Berlin WuM 2021, 738). Bsp: Ferienwohnung von Privatperson, Wohnräume für eine zeitlich festgelegte Ausbildung, für die Dauer der beruflichen Abordnung (LG Berlin ZMR 2020, 836), für die Zeit eines Stipendiums in Deutschland, nicht für ein Studium allg., weil idR das Ende nicht zeitlich festgelegt ist.

4 **3. Möblierte Teilwohnung beim Vermieter (II Nr. 2). a) Normzweck.** Wegen des vertraglich bedingten engen räumlichen Zusammenlebens zwischen Vermieter und Mieter soll der Kündigungsschutz gegenüber dem Eigentumsrecht des Vermieters (Regelfall) zurücktreten. Bei der Vermietung an eine Familie oder Lebensgemeinschaft geht deren Schutz wiederum vor. **b) Voraussetzungen.** Überschneidung der Wohnflächen (zB gemeinsamer Wohnungs-, nicht Hauseingang; gemeinsame Nutzung von Bad, Küche), Verpflichtung des Vermieters zur Ausstat-
5 tung mit einem erheblich größeren Teil der Einrichtungsgegenstände. **c) Ausnahme.** Vermieten an eine **Familie** oder eine **Lebensgemeinschaft** zum dauernden Gebrauch. Dabei ist gegenüber Wohngemeinschaften abzugrenzen. Erforderlich ist nach BGHZ 121, 116 eine auf Dauer angelegte Gemeinschaft mit innerer, insoweit ausschließlicher Bindung zwischen den Partnern, die auch ein gegenseitiges Füreinander zum Inhalt hat. Eingetragene Lebenspartnerschaften werden unproblematisch erfasst, die Eintragung ist jedoch nicht Voraussetzung (BT-Drs. 14/4553, 61 zu § 563 II 2). **d)** Der Vermieter trägt die **Beweislast** für die Verpflichtung zur überwiegenden Ausstattung von Einrichtungsgegenständen sowie gegen eine Vermietung zum dauernden Gebrauch, der Mieter für das Bestehen einer Lebensgemeinschaft.

6 **4. Weitervermietung durch Träger der Wohlfahrtspflege etc. (II Nr. 3). Zweck:** Der Vermieter soll hier über leichtere Möglichkeiten der Mietanpassung und Kündigung verfügen. Die Vorschrift ist verfassungsgemäß (BVerfG BeckRS 2020, 946).

7 **5. Wohnraum in Studenten- oder Jugendwohnheimen (III).** Die Bestimmung soll eine Kündigung nach Beendigung der (vorher zeitlich nicht festgelegten, dazu → Rn. 3) Ausbildung oder auch ein Rotationssystem ermöglichen. Ein Wechselsystem muss dabei an obj. Kriterien ausgerichtet sein (BGH NJW 2012, 2881). Die §§ 574–574c (Widerspruchsrecht des Mieters bei Härtefällen) bleiben anwendbar.

§ 549a *(weggefallen)*

§ 550 Form des Mietvertrags

[1]Wird der Mietvertrag für längere Zeit als ein Jahr nicht in schriftlicher Form geschlossen, so gilt er für unbestimmte Zeit. [2]Die Kündigung ist jedoch frühestens zum Ablauf eines Jahres nach Überlassung des Wohnraums zulässig.

Lit.: Häsemeyer, Die ges. Form der Rechtsgeschäfte, 1971, S. 34, 110, 289; Hildebrand, Schriftformmängel bei langfristigen Gewerbemietverträgen, ZMR 2007, 588; Klose, Zeitlich befristete Mietverträge, MDR 2021, 1372; Kreikenbohm/Niederstetter, Qualifizierte Schriftformklauseln in Mietverträgen, NJW 2009, 406; Neuhaus, Aktuelle Brennpunkte der ges. Schriftform im gewerblichen Miet- und Pachtrecht, ZMR 2011, 1.

1. Allgemeines. a) Funktion. Die Norm soll einem Nachfolger des Vermieters, 1 der gem. § 566 in den Mietvertrag eintritt, Klarheit über die Einzelbedingungen verschaffen, soweit die Bindung ein Jahr übersteigt (BGH NJW 2014, 2103; NZM 2021, 929 Rn. 2). Darüber hinaus sollen aber auch langfristige Verträge für die Parteien selbst fixiert und damit geordnet werden (Prot. II 151; BGH NJW 2016, 312; NZM 2021, 929 Rn. 2, stRspr; krit. zu dieser Doppelkonzeption Häsemeyer aaO S. 34 ff.). Der Schutz des Erwerbers hat im Lauf der Zeit beinahe alleinige Bedeutung gewonnen (vgl. Staudinger/V. Emmerich § 550 Rn. 3 f.; MüKoBGB/Bieber § 550 Rn. 2). **b) Anwendungsbereich.** Auch bei Grundstücken (§ 578 I) und Räumen, die keine Wohnräume sind (§ 578 II 1). **c)** § 550 ist im Blick auf den Drittschutz **nicht abdingbar** (BGH NJW 2014, 2104). Sog. **Schriftformheilungsklauseln,** die zum Nachholen der Form verpflichten, sind wegen des zwingenden Charakters der Norm unwirksam (BGH JZ 2018, 789, krit. Häublein JZ 2018, 755 mit dem Vorschlag, die Norm wegen ihrer negativen Auswirkungen auf einen Erwerber insgesamt abzuschaffen; aA wohl Lindner-Figura/Reuter NJW 2018, 897). **c) Reformvorschlag.** Am 26.10.2021 hat das BMJV einen DiskE zur Neuregelung des Schriftformerfordernisses im Gewerbemietrecht vorgelegt, wonach Änderungen von Gewerbemietverträgen in Textform erfolgen müssen; bei Formverstoß ist dann nur die Änderung gem. § 125 S. 1 nichtig (zT krit. Neumann ZRP 2022, 9; Bangert JZ 2021, 193).

2. Voraussetzungen. a) Mietvertrag. aa) Arten. Auf **gemischt-typische** 2 **Verträge** ist § 550 anzuwenden, soweit die Überlassung mietrechtlich zu qualifizieren und damit auch § 566 anwendbar ist. Bsp: Leasing (→ Vor §§ 535 ff. Rn. 5 ff.). Der **Untermietvertrag** ist als Mietvertrag (→ § 540 Rn. 8) formbedürftig (BGHZ 81, 46), nicht jedoch der **Mietvorvertrag,** da er zwar die Parteien verpflichtet (zB zum Abschluss eines formgültigen Hauptvertrages, BGH NJW 2007, 1818), nicht aber einen Erwerber gem. § 566 bindet (Staudinger/V. Emmerich § 550 Rn. 7 mwN). Faktisch können damit die Parteien selbst auf Dauer an eine formlose Abrede gebunden werden (krit. Häsemeyer aaO S. 112 ff.). Dies darf aber nicht dazu führen, einen formlosen Mietvertrag als Vorvertrag auszulegen oder ihn dahin umzudeuten (BGH WM 1969, 910). Ein **Optionsrecht** bedarf der Form (BGH DB 1987, 2518), desgl. die Neuaufnahme nach Beendigung durch Kündigung (BGH NJW 1998, 2666); zur **Änderung** des Vertrages → Rn. 10. **b) Für einen längeren Zeitraum** 3 **als ein Jahr.** Bsp: Befristete Verträge ohne Verlängerungsklausel über ein Jahr hinaus; befristete Verträge mit Verlängerungsklausel (s. § 542 II Nr. 2), wenn der Vertrag einschließlich Verlängerung ein Jahr überschreitet; unbefristete Verträge auf Lebenszeit oder mit einer Kündigungsfrist, die eine alljährliche Beendigung nicht erlaubt (BGH NJW-RR 2008, 1329); nicht: jederzeitig widerrufbare (zB Preis-) Vereinbarungen (BGHZ 163, 29 f.).

3. *Schriftform.* a) Allgemeines. Es müssen alle **wesentlichen Vertragsbe-** 4 **dingungen,** insbesondere Parteien, Mietgegenstand, Miete und Dauer schriftlich fixiert und unterschrieben sein (BGH NJW 2014, 2102, stRspr; Staudinger/V. Emmerich § 550 Rn. 27, 34). Eine Auslegung ist selbstverständlich möglich (OLG Hamm BeckRS 2020, 12593 Rn. 42 ff.). Der zu ermittelnde Inhalt muss jedoch iE eindeutig sein (s. BGH NJW 2013, 3362, „Beginn bei Übergabe" nach umfangreichen Renovierungsmaßnahmen). Wegen des Schutzzwecks (→ Rn. 1) lässt der BGH auch genügen, wenn die Parteien unter Bezug auf einen hinreichenden schriftlichen Text den Vertrag mündlich oder konkludent schließen (BGH NJW 2015, 2649) **b) Notwendige Elemente. aa) Parteien:** Erben oder Erbengemein- 5 schaft (BGH NJW 2002, 3391); bei **mehreren Personen** als Partner muss auch das

Auftreten als Vertreter für nicht Unterzeichnende schriftlich festgehalten werden (BGH NJW 2013, 1082, Firmenstempel; sa Leo NJW 2013, 2393). **bb)** Der **Mietgegenstand** muss so bezeichnet sein, dass ein potentieller Erwerber die Wohnung identifizieren und ihre Größe feststellen kann (BGH NJW 2014, 2013); ob das Fehlen eines in Bezug genommenen Plans schadet, ist eine Frage des Einzelfalls (nein: LG Bochum ZMR 2021, 114; ja: LG Köln BeckRS 2021, 43805). Bsp: Räume, Nebenräume, Stellplätze, Freiflächen (OLG Rostock NJW 2009, 446 mwN). **cc) Miete:** Höhe; Änderung, wenn kein Recht zur einseitigen Vornahme (BGH NJW-RR 2018, 1101 Rn. 17, 20); Nebenkosten; Zahlungsweise (BGH NJW 2008, 366). **dd) Dauer des Mietvertrages:** Bsp: Kennzeichnung des Beginns (BGH NJW 2013, 3363, „Beginn bei Übergabe" nach umfangreichen Renovierungsmaßnahmen), Verzicht auf Kündigungsrechte durch Vermieter (BGH NJW
6 2007, 1742). **c) Art der Unterzeichnung.** Zu den Anforderungen im Einzelnen s. § 126. Auch die zeitlich gestreckte Unterzeichnung durch beide Parteien genügt (BGHZ 160, 103, str.), ebenso die jeweils einseitige Unterzeichnung des inhaltsgleichen Formulars ohne Zusendung an den anderen (BGH NJW 2018, 1540
7 Rn. 20 ff.). **c)** Sind wesentliche Dinge in **Anlagen** geregelt, bedarf es keiner körperlichen Verbindung. Es muss jedoch im Mietvertrag selbst eine eindeutige Bezugnahme geschehen (BGH NJW 2008, 2178; NZM 2021, 472 Rn. 13 mwN). Bei nachträglichen Vertragsänderungen muss die Anlage Bestand und Veränderungen eindeutig kennzeichnen (BGH NZM 2013, 270). Der Verweis auf nicht existierende
8 Anlagen ist unschädlich (KG BeckRS 2021, 37379 Rn. 42 ff.). **d) Nebenabreden,** die für einen Rechtsnachfolger des Vermieters unbedenklich wären, sind formfrei verbindlich (nach hM soll es auf die Bedeutung für die Parteien selbst ankommen, s. Grüneberg/Weidenkaff § 550 Rn. 10; aA Häsemeyer aaO S. 289 ff.: Mündliche Absprachen binden stets die Parteien, nicht jedoch den Nachfolger). Die **Beweislast** für eine formfreie Nebenabrede liegt bei dem, der sich darauf beruft, da die Urkunde die Vermutung der Vollständigkeit für sich hat; „Vollständigkeitsklauseln" bringen freilich allenfalls geringen Mehrwert (BGH NZM 2021, 507). Zu den **technischen Anforderungen im Einzelnen** s. § 126. Auch die zeitlich gestreckte Unterzeich-
9 nung durch beide Parteien genügt (BGHZ 160, 103, str.). **d) Folge des Formmangels. aa) Regel.** Keine Nichtigkeit gem. § 125 S. 1, sondern der Vertrag gilt auf unbestimmte Zeit geschlossen und kann zum ersten Mal zum Ende eines Jahres nach der vertraglich vorgesehenen Überlassung (BT-Drs. 14/4553, 47) gem. §§ 573 ff. gekündigt werden. Ob die Parteien einen derartigen Vertrag abschließen wollten, ist unerheblich. **bb) Ausnahme: Berufung auf den Formmangel als unzulässige Rechtsausübung?** Die Rspr. lässt einen Einwand grundsätzlich nicht zu, da die Norm nicht die Parteien, sondern den Erwerber schütze (BGH WM 1990, 892; Staudinger/V. Emmerich § 550 Rn. 62 ff.). Könne sich aber die Vereinbarung nicht auf einen Erwerber auswirken (BGHZ 65, 58) oder müsse der Erwerber mit Sicherheit von dem Vertrag bzw. einer Abrede erfahren (BGH MDR 1968, 42), so sei ausnahmsweise die Berufung auf einen Formmangel treuwidrig. Weitergehend soll der Missbrauchseinwand zulässig sein, wenn ein Vertragspartner den anderen schuldhaft von der Einhaltung der Schriftform abgehalten, sich sonst einer schweren Treuepflichtverletzung schuldig gemacht hat, die Formunwirksamkeit einer ihm günstigen Klausel nutzen will, um sich vom Vertrag zu lösen (BGHZ 216, 68 Rn. 41; OLG Hamburg NJOZ 2021, 135 Rn. 38), oder wenn bei Formnichtigkeit die Existenz der anderen Vertragspartei bedroht wäre (BGH NJW 2016, 312), auch, wenn die nun mögliche vorzeitige Beendigung „zu einem schlechthin untragbaren Ergebnis" führen würde (BGH NJW 2014, 1089). Wegen der fehlenden Kriterien zutr. sehr krit. Häsemeyer aaO S. 118 f.

4. Sonderfall: Nachträge, Abänderungen des Mietvertrages.

Lit.: Schweitzer, Die Mietvertragsänderung: Alarmstrophe rot für das Wahren der Schriftform, NJW 2019, 198.

a) Voraussetzungen. Auch Nachträge etc. bedürfen, soweit sie wesentlich iSd → Rn. 4 sind, also insbes. einen Zeitraum von einem Jahr übersteigen (BGH NZM 2021, 929 Rn. 3), der Schriftform. Bsp: Änderung der Laufzeit (BGHZ 50, 41) und der Miete (BGH NJW 2016, 312: auch bei geringfügiger Erhöhung; vorzuziehen ist die häufiger genutzte 10%-Grenze, s. Timme NJW 2007, 3316); Eintritt eines anderen Mieters (BGH NJW 2013, 1085), nicht Eintritt nach §§ 563 ff.; nachträgliche Konkurrenzschutzklausel (OLG Brandenburg BeckRS 2020, 35899 Rn. 34). Der Nachtrag muss unterzeichnet, aber nicht mit der Haupturkunde verbunden werden. Es genügt ein eindeutiger Bezug auf den Hauptvertrag (BGH NJW-RR 2010, 1310, stRspr). Es genügt auch, wenn eine Partei die Urkunde erhält (BGH NJW-RR 2010, 1310). Ein formgerechter Nachtrag kann die Schriftform mit Rückwirkung auf den Zeitpunkt des Vertragsschlusses nachholen (BGH NJW 2009, 2195 Rn. 19 ff.; NZM 2021, 144 Rn. 15). Auch eine teilw. **Aufhebung** von Pflichten (zB Herabsetzen der Miete, Verkürzung der Laufzeit) ist formbedürftig (aA Teichmann bis 18. Aufl.), da für den Erwerber relevant (offenlassend für Mietminderung BGH NZM 2021, 929 Rn. 1). **b)** Die **Rechtsfolge** der Kündbarkeit gilt nun für den **gesamten Vertrag,** da ein wesentlicher Teil (→ Rn. 8) nicht der Schriftform entspricht (BGH NJW 2014, 52 Rn. 22). Zur Treuwidrigkeit des Berufens auf die fehlende Form → Rn. 9 und BGHZ 65, 54, zum DiskE für das Gewerbemietrecht → Rn. 1 aE. 10 11

§§ 550a, 550b *(weggefallen)*

§ 551 Begrenzung und Anlage von Mietsicherheiten

(1) **Hat der Mieter dem Vermieter für die Erfüllung seiner Pflichten Sicherheit zu leisten, so darf diese vorbehaltlich des Absatzes 3 Satz 4 höchstens das Dreifache der auf einen Monat entfallenden Miete ohne die als Pauschale oder als Vorauszahlung ausgewiesenen Betriebskosten betragen.**

(2) [1]**Ist als Sicherheit eine Geldsumme bereitzustellen, so ist der Mieter zu drei gleichen monatlichen Teilzahlungen berechtigt.** [2]**Die erste Teilzahlung ist zu Beginn des Mietverhältnisses fällig.** [3]**Die weiteren Teilzahlungen werden zusammen mit den unmittelbar folgenden Mietzahlungen fällig.**

(3) [1]**Der Vermieter hat eine ihm als Sicherheit überlassene Geldsumme bei einem Kreditinstitut zu dem für Spareinlagen mit dreimonatiger Kündigungsfrist üblichen Zinssatz anzulegen.** [2]**Die Vertragsparteien können eine andere Anlageform vereinbaren.** [3]**In beiden Fällen muss die Anlage vom Vermögen des Vermieters getrennt erfolgen und stehen die Erträge dem Mieter zu.** [4]**Sie erhöhen die Sicherheit.** [5]**Bei Wohnraum in einem Studenten- oder Jugendwohnheim besteht für den Vermieter keine Pflicht, die Sicherheitsleistung zu verzinsen.**

(4) **Eine zum Nachteil des Mieters abweichende Vereinbarung ist unwirksam.**

Lit.: Both, Die Abwicklung der Mietkaution bei Beendigung des Mietverhältnisses, WuM 2019, 545; Derleder, Im Überblick: Die Sicherung des Vermieters durch Barkaution, Bürgschaft, Verpfändung, Sicherungsabtretung und Schuldübernahme, NZM 2006, 601; Häublein, Rückgewähr und Abrechnung der Mietsicherheit bei Vertragsende, ZMR 2017, 445; Hinz, Die Kautionsabrechnung in der Wohnungsmiete, NZM 2019, 76; Hinz/Lützenkirchen, Die Kaution in der Zwangsverwaltung und Vermieterinsolvenz, MDR 2021, 723; Schmid, Mietkaution und Verjährung, ZMR 2014, 256.

1. Allgemeines. a) Funktionen. § 551 soll in den Fällen, in denen eine Sicherung (Kaution) vereinbart wird, zum einen das Interesse des Mieters schützen, nicht zu hohe Beträge – und diese auch noch sofort – zur Verfügung zu stellen und damit 1 zu Beginn des Mietverhältnisses hohe Barbeträge aufbringen zu müssen. **II 3** ist durch Ges. v. 11.3.2013 eingefügt, → Vor § 555a Rn. 1. Weiter soll dadurch, dass dem Mieter die Erträge zustehen **(III 3)**, eine verdeckt höhere Miete vermieden werden (die Ausnahme für Studentenheime **(III 5)** wird damit begründet, dass hier bei einer globalen Anlage der Sicherheiten höhere Erträge erwirtschaftet und damit niedrigere Mieten vereinbart werden können; bedenklich). Schließlich dient **III 3** dem Schutz des Mieters vor Zugriffen von Gläubigern des Vermieters. Voraussetzung ist allerdings, dass der Vermieter die Kaution tatsächlich auf einem gesonderten (Treuhand-)Konto angelegt hat (BGH NJW 2008, 1152, allgM). **b) Anwendungsbereich.** Für die Vermietung anderer Räume gilt § 551 nicht (s. § 578), ebenso nicht für eine Sicherheit, die ein (insoweit nicht schutzbedürftiger) Dritter gewährt (BGH NJW 2013, 1876). Nach BGHZ 127, 142 führt eine ergänzende Auslegung bei einer Regelungslücke zu demselben Zinssatz wie in III 1. **c)** Die Bestimmung ist zugunsten des Mieters **zwingend (IV).**

2 **2. Sicherheit. a) Arten, Insolvenzfestigkeit (III).** Bei einer Leistung an den Vermieter ist die **Kaution** auf einem offen ausgewiesenen, für Gläubiger nicht verwertbaren Sonderkonto („Mietkautionskonto") anzulegen (BGH NJW-RR 2015, 1289). Die Sicherheit kann auch in anderer Weise **(III 2)** geleistet werden (BGHZ 107, 210: Bürgschaft; BGH NZM 2022, 333: Verpfändung eines Sparguthabens; AG Hamburg BeckRS 2021, 36303 Rn. 23: Mieterdarlehen). Bei Schmälerung oder Verlust der Anlage besteht eine Nachleistungspflicht. **b)** Die Sicherheit hat eine **Deckungsfunktion** und gibt keinen erleichterten Zugriff bei streitigen Forderungen während des Mietverhältnisses (BGH NJW 2014, 2496). Wegen der Gefährdung nach Vertragsende ist jedoch dann eine Verwertung auch zur Deckung str. Forderungen zulässig (BGH NJW 2019, 3371; NZM 2020, 1106 Rn. 47). Sie dient iZw zur Sicherung aller, auch nach Beendigung fällig werdender (BGH DWW 2006, 377: erst später ab gerechnete Betriebskosten), uU aufgrund der zwischenzeitlichen Geldentwertung erhöhter Ansprüche **aus dem Mietverhältnis** (deshalb ohne bes. Absprache keine Aufrechnung mit anderen Forderungen, BGH NJW 2012, 3300). Der Vermieter kann die Kaution durch Aufrechnung auch mit **verjährten** (unstreitigen) **Ansprüchen** aufbrauchen, § 215 (BGHZ 101, 252 zu § 390 S. 2 aF), allerdings nicht für verjährte wiederkehrende Leistungen wie die Miete selbst oder Betriebskosten, s. § 216 III (BGH NJW 2016, 3231 Rn. 16). Ansprüche aus der Zeit **nach Beendigung** des Vertrages sind ebenfalls gedeckt (BGH NJW 2012, 996). Nach Entnahme kann der Vermieter grds. Wiederauffüllung verlangen (OLG Düsseldorf ZMR 2006, 924). Der Mieter seinerseits kann den Vermieter nicht auf die Kaution zur Befriedigung verweisen (BGH WM 1972,
3 337). **c) Höhe.** Maximal (s. Gesetzestext) drei Monatsmieten (Inklusivmiete oder Nettomiete je nach Vereinbarung, dazu → § 556 Rn. 1 ff.; nach BGH NJW 2005, 2774 soll bei nicht behebbaren Mängeln Maßstab die geminderte Miete sein; aus Gründen der Rechtssicherheit bedenklich). **d) Freigabe/Rückzahlung.** Der Vermieter muss in angemessener Frist, dh (je nach Ermittlungsmöglichkeit) innerhalb von 3 bis 6 Monaten (AG Flensburg WuM 2021, 557: 6 Monate) feststellen, ob und in welcher Höhe noch Ansprüche aus dem Mietverhältnis bestehen. Ist das Sicherungsbedürfnis dank nicht mehr bestehender Ansprüche entfallen, wird der Freigabe-/Rückzahlungsanspruch fällig (BGH NJW 2016, 3231 Rn. 18; dazu Schwab JuS 2017, 264). Eine **zu Unrecht verbrauchte** Kaution löst Ansprüche aus §§ 280 I, 241 II in Höhe der Zinsen aus (LG Gießen NJW-RR 1996, 1293).
4) Bei Veräußerung der Mietsache gilt § 556a. **d) Beweislast.** Der Vermieter muss das Bestehen einer Kautionsvereinbarung beweisen, weiter, dass er mit Ansprüchen aufrechnen durfte. Der Mieter muss die Zahlung der Kaution beweisen.

§ 552 Abwendung des Wegnahmerechts des Mieters

(1) **Der Vermieter kann die Ausübung des Wegnahmerechts (§ 539 Abs. 2) durch Zahlung einer angemessenen Entschädigung abwenden, wenn nicht der Mieter ein berechtigtes Interesse an der Wegnahme hat.**

(2) **Eine Vereinbarung, durch die das Wegnahmerecht ausgeschlossen wird, ist nur wirksam, wenn ein angemessener Ausgleich vorgesehen ist.**

1. Allgemeines, Funktion. § 552 knüpft an das allg. Wegnahmerecht des Mieters an (§ 539 II) und gibt bei einem Wohnungsmietvertrag dem Vermieter eine Abwendungsbefugnis. Außerdem schränkt **II** die Vertragsfreiheit zugunsten des Mieters ein. **Anwendungsbereich:** Auch bei Räumen, die keine Wohnräume sind (§ 578 II 1). 1

2. Abwendung der Wegnahme. Der Mieter braucht dem Vermieter grds. kein Angebot zu machen, dieser muss von sich aus aktiv werden (vgl. OLG Stuttgart EnWZ 2020, 173 Rn. 134). Zu diesem Zweck kann der Vermieter nach Kündigung die Wohnung besichtigen. **Zeitlich** besteht die Abwendungsbefugnis bis zur Abtrennung der Sache durch den Mieter, mag sie sich auch noch in den Räumen befinden (MüKoBGB/Bieber § 552 Rn. 7). Die **Angemessenheit der Entschädigung** ist etwa dadurch zu ermitteln, dass vom Verkehrswert der Sache einschließlich der Anbringungskosten noch die *Hälfte der Kosten* abzuziehen sind, die der Mieter bei Wegnahme aufzubringen hätte (geringer im Ergebnis BeckOK BGB/Zehelein § 552 Rn. 7: volle Berücksichtigung der Wegnahmekosten; höher MüKoBGB/Bieber § 552 Rn. 6: kein Abzug). Ein **berechtigtes Interesse** des Mieters an der Wegnahme (Beweislast bei ihm) kann wirtschaftlich (hoher Gebrauchswert), aber auch persönlich (Affektionsinteresse) begründet sein. 2

3. Prozessuales. Hat der Mieter auf Ausübung der Wegnahme geklagt (→ § 539 Rn. 3) und macht der Vermieter während des Verfahrens ein angemessenes Entschädigungsangebot, so empfiehlt sich, falls der Mieter kein berechtigtes Interesse darlegen kann, die Hauptsache für erledigt zu erklären; zu den Kosten s. § 91a ZPO. 3

§ 552a *(weggefallen)*

§ 553 Gestattung der Gebrauchsüberlassung an Dritte

(1) [1]**Entsteht für den Mieter nach Abschluss des Mietvertrags ein berechtigtes Interesse, einen Teil des Wohnraums einem Dritten zum Gebrauch zu überlassen, so kann er von dem Vermieter die Erlaubnis hierzu verlangen.** [2]**Dies gilt nicht, wenn in der Person des Dritten ein wichtiger Grund vorliegt, der Wohnraum übermäßig belegt würde oder dem Vermieter die Überlassung aus sonstigen Gründen nicht zugemutet werden kann.**

(2) **Ist dem Vermieter die Überlassung nur bei einer angemessenen Erhöhung der Miete zuzumuten, so kann er die Erlaubnis davon abhängig machen, dass der Mieter sich mit einer solchen Erhöhung einverstanden erklärt.**

(3) **Eine zum Nachteil des Mieters abweichende Vereinbarung ist unwirksam.**

Lit.: *Heilmann*, Risiken der Untervermietung für Mieter und Vermieter, NZM 2016, 74; Both, Die Tücken der Ferienvermietung, GE 2020, 849.

1. Normzweck. Der Mieter soll „in der durch Flexibilität und Mobilität geprägten Gesellschaft" (BGH NJW 2014, 2717; BT-Drs. 14/4553, 38 zu Kündigungsfristen) die Wohnung auch dann halten können, wenn er sie aus nachvollziehbaren Gründen – zeitlich oder räumlich – nicht voll nutzen und von den Kosten (teilw.) entlastet sein will. Die Interessen des Vermieters werden durch I 2 und II gewahrt. 1

2. Tatbestand des I 1. a) Zur **Überlassung** und zum **Dritten** → § 540 Rn. 2, 3. **b)** Ein **Teil** des Wohnraums (sonst gilt § 540) wird überlassen, wenn der Mieter seinen Gewahrsam an der Wohnung nicht vollständig aufgibt, sondern zB einen 2

Raum (auch gelegentlich) nutzt oder Gegenstände dort belässt (BGH ZMR 2014, 714; sa LG Berlin BeckRS 2022, 9909 Rn. 14 zu Einzimmerwohnung). **c) Nachträgliche berechtigte Interessen** (bei anfänglichem Interesse hätte der Mieter die Erlaubnis zur Untermiete vereinbaren oder auf die Wohnung verzichten können): zB Verkleinerung der Familie durch Tod, Auszug von Kindern oder eines Partners, Wechsel der Arbeitsstelle, zeitlich begrenzter Auslandsaufenthalt, BGH NJW 2014, 2718); nach LG Berlin BeckRS 2022, 7044 nicht ohne Weiteres Erzielung von Untermieteinnahmen (zweifelhaft, vgl. BGHZ 217, 263 Rn. 55). Die **Beweislast** liegt beim Mieter.

3 **3. Tatbestand der I 2, II.** S. Gesetzestext. Der Untervermietung an Touristen muss der Vermieter nicht zustimmen (AG München BeckRS 2020, 15500 Rn. 5). **Beweislast** liegt insoweit beim Vermieter. Die Norm ist zugunsten des Mieters **zwingend (III).** Bei unberechtigter Weigerung haftet der Vermieter auf Ersatz des (Unter-)**Mietausfallschadens** (BGH NJW 2014, 2717).

§ 554 Barrierereduzierung, E-Mobilität und Einbruchsschutz

(1) [1]**Der Mieter kann verlangen, dass ihm der Vermieter bauliche Veränderungen der Mietsache erlaubt, die dem Gebrauch durch Menschen mit Behinderungen, dem Laden elektrisch betriebener Fahrzeuge oder dem Einbruchsschutz dienen.** [2]**Der Anspruch besteht nicht, wenn die bauliche Veränderung dem Vermieter auch unter Würdigung der Interessen des Mieters nicht zugemutet werden kann.** [3]**Der Mieter kann sich im Zusammenhang mit der baulichen Veränderung zur Leistung einer besonderen Sicherheit verpflichten; § 551 Absatz 3 gilt entsprechend.**

(2) **Eine zum Nachteil des Mieters abweichende Vereinbarung ist unwirksam.**

Lit.: Derleder, Rollatoren-Park im Mietshaus oder: Der Anspruch auf Barrierefreiheit der restmobilen Altenbewohnerschaft, NZM 2006, 893; Häpp, Rechtliche Bestimmungen und technische Empfehlungen zur Realisierung von barrierefreiem Bauen und Wohnen, WuM 2020, 755; Rolfs, Baulicher Maßnahmen des Mieters nach neuem Recht: Barrierereduzierung, E-Mobilität, Einbruchsschutz, NZM 2020, 902; Scheidler, Ladesäulen für Elektrofahrzeuge in Mietobjekten …, GewArch 2021, 406.

1 **1. Allgemeines.** Im seit 1.12.2020 geltenden § 554 nF (zur Rechtslage für Mietverträge, die vor dem 1.5.2013 geschlossen wurden, s. 15. Aufl.) ist § 554a aF zur Barrierefreiheit (dazu 18. Aufl.) aufgegangen; neu ist die Regelung zum Laden elektrisch betriebener Fahrzeuge und zum Einbruchsschutz. Die verfolgten Zwecke – Förderung von Menschen mit Behinderung, von E-Mobilität und von Maßnahmen zum Einbruchsschutz – sind sehr verschieden; sie sollen jedoch jeweils durch **bauliche Veränderungen auf Mieterinitiative,** nämlich einen Anspruch gegen der Vermieter auf „Erlaubnis" baulicher Veränderungen, unter **Abwägung mit den Vermieterinteressen erreicht** werden. Die Norm ist – einschließlich des beinbezogenen § 551 III – zugunsten des Mieters zwingend (III).

2 **2. Maßnahmen (I 1). a) Bauliche Veränderungen** sind Umbauten (Bsp: breitere Eingangs- und Wohnungstüren, Rampe, Badumbau, Stellplatz, neue Fester und Türen, Gitter) und Installationen ohne größeren Eingriff in die Bausubstanz (Bsp: Haltegriffe, Zugeinrichtung über dem Bett, Verlegung von Kabeln, Alarmanlage),
3 sofern es für diese überhaupt der Zustimmung des Vermieters bedarf. **b) Barrierereduzierung.** § 554 umschreibt weder den begünstigten Personenkreis noch verlangt er ein eigenes Interesse des Mieters. Damit ist jede Barrierereduzierung geeignet, den Erlaubnisanspruch auszulösen; im Rahmen der Abwägung spielt dann eine Rolle, wer von der Veränderung profitiert (Mieter, im Haushalt lebende Personen, Besucher und deren Nähebeziehung zum Mieter) und ob eine Einschränkung der Bewegungsfähigkeit beim Einzug vorhanden war oder später entstand. Auf eine

sozialrechtliche Anerkennung als Behinderter kommt es nicht an. **c) Lademöglichkeit.** Es muss das Laden von Fahrzeugen gefördert werden, insbes. durch eine Anschlussmöglichkeit. Neben Pkw kommen auch Fahrräder und Roller in Betracht. 4
d) Einbruchsschutz ist jede Sicherung gegen gewaltsames Eindringen. 5

3. Abwägung (I 2). Bei der Interessenabwägung sind neben den **allg. Faktoren** (Größenordnung der Veränderung, Geeignetheit und Erforderlichkeit der Maßnahme) deren Auswirkung auf den **Charakter des Mietobjekts** (historischer Altbau, Proportionen) und die **Position des Vermieters** (Aufwand eines Genehmigungsverfahrens, Erweiterung der Verkehrssicherungspflicht) sowie Möglichkeit und 6
Kosten des Rückbaus zu berücksichtigen. Anders als in § 554a I 3 aF sind die **Interessen anderer Mieter** (richtigerweise: Bewohner) nicht mehr genannt; sie fließen aber „mediatisiert" als Vermieterinteressen ein (vgl. zutr. AG München ZMR 2021, 985: Gleichbehandlung von Mietern bei begrenzter technischer Kapa- 7
zität). Die Abwägung kann ergeben, dass die Veränderung dem Vermieter nur zumutbar ist, wenn der Mieter die **Kosten** einer zusätzlichen Schadens- oder Haftpflichtversicherung übernimmt oder für die Kosten des Rückbaus Sicherheit leistet (vgl. **I 3**); ggf. sind die Kosten des Rückbaus mit einem vom Mieter einzuholenden Voranschlag zu belegen, nicht durch Zinsen aufgefangene mögliche Kostensteigerungen sind mit zu berücksichtigen; iÜ → § 551 Rn. 2. 8

4. Rechtsfolge. Der Vermieter schuldet nur die **Erlaubnis,** durch die die Veränderung nicht vertragswidrig ist. Die **Kosten** der Maßnahme einschließlich eines auf ihre Durchführung gerichteten Verfahrens sowie des Betriebs und der Wartung einer eventuellen Einrichtung sowie die Kosten des Rückbaus trägt der **Mieter.** 9

§ 554a *(aufgehoben)*

§ 554a aF in der vom 1.1.2002 bis 30.11.2020 geltenden Fassung ist in § 554 nF aufgegangen (→ § 554 Rn. 1).

§ 554b *(weggefallen)*

§ 555 Unwirksamkeit einer Vertragsstrafe

Eine Vereinbarung, durch die sich der Vermieter eine Vertragsstrafe vom Mieter versprechen lässt, ist unwirksam.

Die Norm ist weit auszulegen. Unwirksam sind auch substituierende Vereinbarungen. Bsp: Überhöhte Bearbeitungsgebühren, Verzugszinsen (AG Köln WuM 1969, 184), Verfall der Kaution bei vorzeitigem Auszug, Pauschalabfindung im Mietaufhebungsvertrag. § 139 ist idR nicht anwendbar.

Kapitel 1a. Erhaltungs- und Modernisierungsmaßnahmen

Vorbemerkung

Lit (zur Entstehungsgeschichte s. 15. Aufl.): Abramenko, Modernisierungsankündigung und Duldungspflicht, ZMR 2014, 343; Halama, Ansprüche des Mieters auf Durchführung und Unterlassen einer energetischen Modernisierung, DWW 2014, 211; Hau, Mieterrechte bei Erhaltungs- und Modernisierungsmaßnahmen, NZM 2014, 809; Klimesch, Ungeklärte Rechtsfragen bei Umgestaltung, Erhaltung und Verbesserung der Mietsache, ZMR 2014, 346; Wiek, Aufgedrängte Kostenbeteiligung und Rechtsverlust bei Verschleiß?, WuM 2021, 16.

1. Problematik der Modernisierung. a) Ausgangslage. Mehrfach ist im Zusammenhang mit der Modernisierung von Wohnungen als politisches Ziel genannt, 1

diese neben der öffentl. Subventionierung auch zivilrechtlich zu fördern und dem Vermieter **wirtschaftliche Anreize** für die Anpassung des Wohnungsbestandes an den aktuellen Standard, aber auch für Umweltschutz (BT-Drs. 19/4672 S. 31) zu geben (s. BT-Drs. 17/10485, S. 1; BT-Drs. 19/4672 S. 11 zu Nr. I 2). In Verfolgung dieses Zwecks wurden durch Ges. v. 11.3.2013 (BGBl. I 434) ua die §§ 555a ff. als eigener Abschnitt eingefügt. Systematisch wird dabei zwischen den vom Vermieter gem. § 535 I 2 zu leistenden (→ § 535 Rn. 20) Erhaltungs- und den letztlich vom Mieter zu tragenden Modernisierungsmaßnahmen unterschieden (→ § 555b Rn. 2). Die Durchführung der Modernisierung (zu den Folgen → § 559 Rn. 1) wurde durch eine weitreichende **Duldungspflicht des Mieters** sehr erleichtert: Beeinträchtigungen während der Baumaßnahmen müssen bis zu drei Monate entschädigungslos hingenommen werden (→ § 536 Rn. 16). Zudem kann der Mieter die Maßnahmen nicht wegen ihrer finanziellen Auswirkungen auf ihn verhindern. Härten sollen beim Umfang der Mieterhöhung berücksichtigt werden; dort ist eine Abwägung vorgesehen (→ § 559 Rn. 5). Über die Überwälzung der eigentlichen Kosten hinaus muss der Mieter mit Mieterhöhungen rechnen, da sich der erreichte Standard, insbes. die energetische Ausstattung, künftig in den Mietspiegeln niederschlagen sollen (→ §§ 558c–e Rn. 1). Die Einsparungen im Verbrauch, auf die die RegBegr zutr. verweist (BT-Drs. 17/10485, S. 13 zu Zif. A I 1 3), werden dies nicht immer ausgleichen. Soweit eine Erhaltungs- oder Modernisierungsmaßnahme die Mietsache zum Nachteil des Mieters verändert (zB Verkleinerung der Wohnfläche), ist der Mieter jedoch ungeachtet seiner Duldungspflicht zur **Minderung** berechtigt, soweit nicht § 536 Ia greift; die Duldungspflicht hat auf die Sollbeschaffenheit keinen Einfluss (BGH WuM 2022,
2 145; sa AG Frankfurt BeckRS 2020, 45296: 10 %-Grenze). **b) Luxusmodernisierungen.** Nicht nur aufgrund dieser gesetzlichen Erleichterung, jedoch sicherlich durch sie begünstigt, haben in den letzten Jahren Großinvestoren ältere Wohnbestände erworben und aufwendig modernisiert. Durch solche Modernisierungen nimmt nicht nur die Zahl preisgünstiger Wohnungen ab, sondern auch die Zahl verfügbarer Wohnungen insgesamt, wenn im Rahmen der Modernisierung Wohnungen „zusammengelegt" werden. Die – aus vielerlei Gründen rückläufigen – Neubauten (→ Vor § 556d Rn. 2) kompensieren diese Situation kaum; touristische Vermietungen reduzieren die Zahl verfügbarer Wohnungen weiter. Folge ist eine teils krisenhafte Zuspitzung der Wohnungssituation.

3 **2. Entwicklung der Gesetzgebung.** Stand das **Mietrechtsnovellierungsgesetz** (MietNovG) v. 21.4.2015 (BGBl. I 610) noch ganz im Zeichen, die erwähnten Anreize für eine Modernisierung zu setzen (s. BT-Drs. 17/10485 S. 13), soll nun durch das **Mietrechtsanpassungsgesetz** (MietAnpG) vom 18.12.2018 (BGBl. I 2648) der Versuch unternommen werden, in einem „fairen Ausgleich zwischen Vermieter- und Mieterinteressen … der Verdrängung wirtschaftlich weniger leistungsfähiger Bevölkerungsgruppen entgegenzuwirken" (BT-Drs. 19/4672 S. 11). Zu den Einzelheiten → § 559 Rn. 1.

4 **3. Anwendungsbereich.** Die Normen gelten im Wesentlichen auch für Mietverhältnisse über Räume, die keine Wohnräume sind, § 578 II 1. Sie sind zugunsten des Mieters in dem Sinn **zwingend,** dass bei Abschluss des Mietvertrages davon nicht generell abgewichen werden kann (s. die jeweiligen Bestimmungen). Möglich bleiben weiterhin Vereinbarungen im Zusammenhang mit konkreten Maßnahmen, wie sie idR nach Abschluss des Mietvertrages geschehen (s. § 555c).

§ 555a Erhaltungsmaßnahmen

(1) **Der Mieter hat Maßnahmen zu dulden, die zur Instandhaltung oder Instandsetzung der Mietsache erforderlich sind (Erhaltungsmaßnahmen).**

(2) **Erhaltungsmaßnahmen sind dem Mieter rechtzeitig anzukündigen, es sei denn, sie sind nur mit einer unerheblichen Einwirkung auf die Mietsache verbunden oder ihre sofortige Durchführung ist zwingend erforderlich.**

(3) [1]**Aufwendungen, die der Mieter infolge einer Erhaltungsmaßnahme machen muss, hat der Vermieter in angemessenem Umfang zu ersetzen.** [2]**Auf Verlangen hat er Vorschuss zu leisten.**

(4) **Eine zum Nachteil des Mieters von Absatz 2 oder 3 abweichende Vereinbarung ist unwirksam.**

1. Duldungspflicht des Mieters (I). a) Zu den **Maßnahmen der Erhaltung** 1
→ § 535 Rn. 20. Eingeschlossen sind Vorbereitungen (zB Besichtigung) und Nacharbeiten. Gleichgültig ist, von wem die Schäden ausgehen. Die Maßnahmen können der Mietsache selbst oder dem Gebäude (zB der Nachbarwohnung, dem Treppenhaus) dienen. Zur **Einwirkung** s. § 906; ihre Erheblichkeit richtet sich nach obj.
Gesichtspunkten. **Beweislast** für die Erforderlichkeit: Vermieter. **b) Umfang.** Die 2
Duldungspflicht umfasst auch eine eingeschränkte **Mitwirkung** wie das Freimachen des Zugangs und der Arbeitsfläche, notfalls das Räumen der Wohnung (aA Grüneberg/Weidenkaff § 555a Rn. 3; Staudinger/J. Emmerich § 555a Rn. 9: nur Gewährenlassen), nicht jedoch das Beseitigen von Schäden oder Schmutz. Auch das Wiedereinräumen ist Sache des Vermieters. Zu einer vorherigen Erklärung über die Bereitschaft zur Duldung soll der Mieter nur ganz ausnahmsweise verpflichtet sein (BGH NZM 2021, 506 Rn. 15 ff., zu eng). Die Grenzen der Duldungspflicht folgen aus § 242, sodass auch bei Erhaltungsmaßnahmen (für Modernisierungsmaßnahmen ausdrücklich § 555d II) eine **Abwägung** stattfindet (LG Hamburg ZMR 2020, 839). Sie sind, da die Erhaltung auch im unmittelbaren Interesse des Mieters liegt, sehr weit zu ziehen. Eine unberechtigte Verweigerung der Duldung kann zur Kündigung gem. § 543 I führen (BGH NJW 2015, 2417).

2. Ankündigung seitens des Vermieters (II). Das Ges nimmt eine frühere 3
Rspr. auf (s. BGH NJW 2009, 1737) und verzichtet, anders als bei Modernisierungsmaßnahmen, auf **bes. Formen und Fristen.** Sie ergeben sich aus **§ 242** und verbieten sich bei Notmaßnahmen ohnehin. Ohne korrekte Ankündigung ist der Mieter zur Duldung nicht verpflichtet, sodass deren Verweigerung keine Kündigung rechtfertigt (AG Berlin-Mitte WuM 2022, 277).

3. Rechte des Mieters (III). Aufwendungsersatz kann für angemessene (dazu 4
zB AG Hamburg BeckRS 2014, 23027) Maßnahmen verlangt werden, die aus der Duldungspflicht folgen (BGH WuM 2013, 34). Bsp: Kosten für das Unterstellen von Möbeln, für eine anderweitige Unterkunft (vgl. AG Berlin-Mitte ZMR 2021, 499), nicht für einen definitiven Auszug oder für Gegenstände, die infolge der Verbesserung wertlos geworden sind. Über den **Kostenvorschuss** ist abzurechnen. Beeinträchtigungen während der Maßnahmen berechtigten ebenso wie ein durch die Maßnahme hervorgerufener dauerhafter Mangel zur **Minderung** der Miete entspr. § 536 I (→ Vor § 555a Rn. 1 aE).

§ 555b Modernisierungsmaßnahmen

Modernisierungsmaßnahmen sind bauliche Veränderungen,

1. **durch die in Bezug auf die Mietsache Endenergie nachhaltig eingespart wird (energetische Modernisierung),**
2. **durch die nicht erneuerbare Primärenergie nachhaltig eingespart oder das Klima nachhaltig geschützt wird, sofern nicht bereits eine energetische Modernisierung nach Nummer 1 vorliegt,**
3. **durch die der Wasserverbrauch nachhaltig reduziert wird,**
4. **durch die der Gebrauchswert der Mietsache nachhaltig erhöht wird,**

4a. **durch die die Mietsache erstmalig mittels Glasfaser an ein öffentliches Netz mit sehr hoher Kapazität im Sinne des § 3 Nummer 33 des Telekommunikationsgesetzes angeschlossen wird,**

5. **durch die die allgemeinen Wohnverhältnisse auf Dauer verbessert werden,**

6. **die auf Grund von Umständen durchgeführt werden, die der Vermieter nicht zu vertreten hat, und die keine Erhaltungsmaßnahmen nach § 555a sind, oder**
7. **durch die neuer Wohnraum geschaffen wird.**

Lit.: Fleindl, Modernisierung von Wohnraum und Mieterhöhung, NZM 2016, 65; Horst, Der Modernisierungsbegriff als Grundlage der Duldungspflicht des Mieters und der Mieterhöhung, DWW 2013, 204; Kaßler, TKG-Novelle …, ZWE 2022, 58; Schindler, Modernisierungsmieterhöhung und Instandsetzungskosten, NZM 2021, 258.

1 **1. Allgemeines. a) Normzweck.** Die unterschiedlichen Ziele der Modernisierungsmaßnahmen, für die **wirtschaftliche Anreize** geschaffen werden sollen (→ § 559 Rn. 1), sind in den wohl als abschließend zu verstehenden Nrn. 1–5 genannt. Die ersten Nrn. **(Nr. 1–3)** beziehen sich auf den **Umweltschutz** (→ § 559 Rn. 1), wovon der Mieter mittelbar profitieren soll. Im Rahmen des **Mietverhältnisses** selbst werden ausschließliche Vorteile für den Mieter **(Nr. 4),** darüber hinaus das *Wohnungsumfeld*, von dem auch der Mieter profitiert **(Nr. 5),** gekennzeichnet, schließlich dem Vermieter *von außen auferlegte Maßnahmen* **(Nr. 6)** mit einbezogen. **Allgemein wohnungspolitisch** (unabhängig vom Mieter) ist
2 das Schaffen neuen Wohnraums **(Nr. 7). b) Abgrenzungen.** Die Konturen einer Modernisierung werden erst in der Abgrenzung zu anderen Baumaßnahmen deutlich. **aa)** Sie muss einerseits als Verbesserung über eine **Erhaltung** des vertraglich begründeten Standards (→ § 535 Rn. 20) hinausgehen. Die Beispiele in der Praxis sind vielfältig (→ Rn. 4 ff.). *Keine* Modernisierung geschieht, wenn statt einer Reparatur ein nicht mehr intaktes Gerät ausgewechselt wird (BGH NJW 2018, 1008 Rn. 15; sa LG Bonn WuM 2021, 487: Austausch ges. nicht mehr zulässiger Heizungsanlage). Weitere Bsp: zentrales Warmwasser statt Durchlauferhitzer (LG Hamburg NZM 2018, 952 Rn. 11), Fernwärme statt Zentralheizung, Terrasse statt Balkon (LG Berlin NJW-RR 1998, 300). Gleiches gilt, wenn bei einem erforderlichen Austausch nur noch höherwertige Geräte auf dem Markt sind, der Vermieter also den alten Standard gar nicht mehr herstellen kann (s. BT-Drs. 19/4672 S. 32 zum MietAnpG: zerstörte Einglasfenster). **bb)** Auf der anderen Seite der Skala liegt keine Modernisierung, sondern ein (uU teilw.) Neubau vor, wenn die Mietsache so **umgestaltet** wird, dass **etwas Neues (**BGH NJW 2018, 1008 Rn. 15), eine einer anderen Qualitätskategorie zuzurechnende Wohnung entsteht.
3 **c) Gemeinsame ges. Merkmale der Fallgruppen. Bauliche Veränderungen** sind sowohl Veränderungen der Substanz (Wärmeschutzfenster) als auch von Installationen ohne Eingriff in die Bausubstanz (Heizkessel, Rauchmelder). **Nachhaltigkeit** fordert nicht nur (wie in Nr. 5 und Nr. 7) eine Veränderung für einen langen Zeitraum, sondern eine deutlich spürbare Erhöhung des Wohnwerts (Staudinger/J. Emmerich § 555b Rn. 26).

4 **2. Einsparung von Endenergie (Nr. 1).** Zur Umschreibung des energetischen Fremdbedarfs wird auf Begriffe aus dem Gebäudeenergiegesetz (GEG v. 8.8.2020, BGBl. I 1728 – früher Energieeinsparungsverordnung [EnEV] v. 24.7.2007, BGBl. I 1519) nebst Anlagen zurückgegriffen. „Endenergie" soll – wohl entspr. dem Begriff des Endverbrauchers – die am Verbrauchsort *von außen* bezogene Menge kennzeichnen, die, um den jeweiligen Bedarf einschließlich der internen Lagerungs- und Transportverluste zu decken, am Ende der Lieferungskette noch eine technische Anlage (zB Lagerraum, Heizkessel, Gastherme, Warmlufterzeuger) benötigen, oder elektrische Geräte, die am häuslichen Verteiler gemessen werden (BT-Drs. 17/10485, 19; LG Berlin GE 2021, 883). Unerheblich ist, wie die Energie angeliefert wird (zB Strom, Fernwärme, Heizöl, Erdgas, Kohle, Pellets). **Eingespart** wird Energie etwa durch eine höhere Effizienz der Anlage, durch geringere Transportverluste im Haus (Leitungsdämmung) und niedrigeren Bedarf bei gleichen Ansprüchen (Wärmedämmung). Auch die Eigenproduktion (Wärmegewinnung aus dem Erdreich, Solarkollektoren für die Heizung) senkt den Fremdbedarf ab.

3. Einsparung nicht erneuerbarer Primärenergie, Klimaschutz (Nr. 2) sowie Reduzierung des Wasserverbrauchs (Nr. 3). Auch **Nr. 2** greift auf Begriffe aus dem Gebäudeenergiegesetz (→ Rn. 4) zurück. „Primärenergie" soll die Energieteile kennzeichnen, die in der jeweiligen Materie (Öl, Gas, Kohle) enthalten sind und die zusätzlich für die Gewinnung, Aufbereitung und den Transport bis zum Gebäude benötigt werden. Hs. 2 („sofern nicht bereits ...") erklärt sich daraus, dass jede Einsparung von Endenergie auch den Bedarf von Primärenergie an den verschiedenen Stationen reduziert (Nr. 1 als lex specialis). Relevant werden kann Nr. 2 wohl hauptsächlich für die Umstellung von Anlagen auf erneuerbare Energien im Haus (Pellets statt Kohle) und das Umstellen auf Fernwärme, wenn dies zur Einsparung von nicht erneuerbarer Primärenergie, zB durch Abfallnutzung, Wärmerückkopplung, führt (BGH NJW 2008, 3630). Eine Fotovoltaik-Anlage, deren Strom in das allg. Netz eingespeist wird, senkt ebenfalls den Bedarf an Primärenergie (sa § 559 I: keine Mieterhöhung im Fall der Nr. 3). Maßnahmen zur Reduzierung des Wasserverbrauchs (**Nr. 3**) sind ebenfalls zu dulden. 5

4. Erhöhung des Gebrauchswertes (Nr. 4) sowie Glasfaseranschluss (Nr. 4a). Eine **Erhöhung des Gebrauchswerts (Nr. 4)** liegt bei einer Erleichterung oder Verbesserung der Nutzungsmöglichkeit der Wohnung (einschließlich des Komforts) für den typisierten Mieter vor, ohne dass es darauf ankommt, ob der konkrete Mieter die Verbesserung nutzen kann oder will (BGH NJW 2005, 2995, Breitbandkabel). Es darf aber keine *Veränderung des Charakters der Mietsache* beabsichtigt sein, die nicht mehr als „Verbesserung" verstanden werden kann (möglicherweise etwas weiter BGH NJW 2018, 1008 Rn. 16). Bsp. für eine Verbesserung: Anbau oder Erweiterung (aA LG Frankfurt aM NJW-RR 2012, 1361) eines Balkons, Zentralheizung (LG Chemnitz NJW-RR 2004, 373), Fernwärme statt Ofenheizung (BGH NJW-RR 2014, 650), funkbasierte Wärmemessung (BGH NJW 2011, 3515), funkbasierte Rauchmelder (Sicherheit, BGH NJW 2015, 2488; BVerfG NJW-RR 2016, 525; iE Staudinger/J. Emmerich § 555b Rn. 30). Um den Glasfaserausbau zu fördern und Streitigkeiten darüber auszuschließen, ob ein Glasfaseranschluss im Einzelfall den Gebrauchswert erhöht (vgl. AG Plön ZMR 2020, 601), ist nunmehr der **erstmalige Anschluss an ein Glasfasernetz** mit hoher Kapazität *durch den Eigentümer* eigenständig als Modernisierungsmaßnahme definiert (**Nr. 4a**, eingefügt durch G. v. 23.7.2021, BGBl. I 1858). Wird eine *Instandsetzung* darüber hinaus *zur Wertverbesserung genutzt*, kann der darauf fallende Teil der Kosten umgelegt werden (→ § 559 Rn. 2); Beweislast beim Vermieter (LG Braunschweig WuM 1990, 158). 6

5. Verbesserung der allgemeinen Wohnverhältnisse (Nr. 5). Erfasst werden die die Wohnung umgebenden mitvermieteten Teile des Hauses und des Grundstücks, ohne dass es wiederum auf die konkrete Nutzungsmöglichkeit für den Mieter ankommt. Bsp: Fahrstuhl; Kinderspielplatz, Grünanlagen. Auf Dauer: Die jährliche Gartenpflege ist im Gegensatz zur Erstanlage keine dauerhafte Maßnahme. Zur Abgrenzung zur nicht mehr durch das Ges. gedeckten Veränderung → Rn. 3. 7

***6. Maßnahmen* aufgrund nicht zu vertretender Umstände (Nr. 6).** Eingeschlossen werden zB Maßnahmen, die nicht unter → Rn. 2–5 fallen, zu denen der Vermieter aufgrund ges. Bestimmungen oder behördlicher Anordnungen verpflichtet ist und mit denen er bei der Vereinbarung der Miete nicht rechnen konnte. Bsp: Bestimmungen zum Einbau von Messeinrichtungen (BGH DWW 2009, 64, Wasserzähler), Verlegen von Stromleitungen unter die Erde, Auflagen zum Denkmalschutz, soweit sie über die Erhaltung und Instandsetzung der Sache hinausgehen. 8

7. Schaffen neuen Wohnraums (Nr. 7). Erfasst wird jede Maßnahme auch außerhalb der vermieteten Wohnung, die zu neuem Wohnraum führt (s. § 559 I: keine Mieterhöhung im Fall der Nr. 7). 9

§ 555c Ankündigung von Modernisierungsmaßnahmen

(1) [1]**Der Vermieter hat dem Mieter eine Modernisierungsmaßnahme spätestens drei Monate vor ihrem Beginn in Textform anzukündigen (Modernisierungsankündigung).** [2]**Die Modernisierungsankündigung muss Angaben enthalten über:**
1. **die Art und den voraussichtlichen Umfang der Modernisierungsmaßnahme in wesentlichen Zügen,**
2. **den voraussichtlichen Beginn und die voraussichtliche Dauer der Modernisierungsmaßnahme,**
3. **den Betrag der zu erwartenden Mieterhöhung, sofern eine Erhöhung nach § 559 oder § 559c verlangt werden soll, sowie die voraussichtlichen künftigen Betriebskosten.**

(2) **Der Vermieter soll den Mieter in der Modernisierungsankündigung auf die Form und die Frist des Härteeinwands nach § 555d Absatz 3 Satz 1 hinweisen.**

(3) **In der Modernisierungsankündigung für eine Modernisierungsmaßnahme nach § 555b Nummer 1 und 2 kann der Vermieter insbesondere hinsichtlich der energetischen Qualität von Bauteilen auf allgemein anerkannte Pauschalwerte Bezug nehmen.**

(4) **Die Absätze 1 bis 3 gelten nicht für Modernisierungsmaßnahmen, die nur mit einer unerheblichen Einwirkung auf die Mietsache verbunden sind und nur zu einer unerheblichen Mieterhöhung führen.**

(5) **Eine zum Nachteil des Mieters abweichende Vereinbarung ist unwirksam.**

Lit.: Börstinghaus, Fristen bei der Modernisierung von Wohnraum nach dem Mietrechtsänderungsgesetz 2013, NZM 2013, 449; Kinne, Die Ankündigung von Modernisierungsmaßnahmen, GE 2021, 1538; Lehmann-Richter, Ankündigung und Durchführung komplexer Modernisierungsmaßnahmen in der Wohnraummiete, WuM 2021, 148.

Modernisierungsankündigung. Frist (I 1): spätestens drei Monate (s. § 188 II) vor Beginn; iÜ keine Höchstfrist (BGHZ 229, 139). Bei Unterlassen oder Verzögerung (BGH DWW 2007, 412 zu § 554 aF) gilt § 559b II 2 Nr. 1. **Inhalt (I 2):** Der Mieter soll erfahren, wie die Wohnung verändert wird und wie sich dies auf das Bewohnen, aber auch auf die Miete und die Nebenkosten auswirkt (BGH NJW 2012, 65 zu § 554 aF; NZM 2020, 793). Eine schuldhaft falsche (zu niedrige) Angabe der künftigen Miete löst im Fall der Kausalität (der Mieter hätte gekündigt) Schadensersatzansprüche aus (Beweislast gem. § 280 I 2). Macht der Vermieter keine Mitteilung, so muss der Mieter die Maßnahme nicht dulden (BGH NJW 2011, 1220 zu § 554 aF; sa AG Berlin-Mitte WuM 2022, 277). Bei schuldlos zu niedrigen Angaben verzögern sich die Fristen für die Wirksamkeit des Erhöhungsverlangens, s. § 559b II 2 Nr. 2. Die Heilung einer unvollständigen Ankündigung durch das Nachreichen weiterer Informationen vor und im Prozess soll ausgeschlossen sein (LG Stuttgart WuM 2021, 168). Unerhebliche, wenig beeinträchtigende Maßnahmen müssen nicht mitgeteilt werden (IV). **Form:** Textform (§ 126b).

§ 555d Duldung von Modernisierungsmaßnahmen, Ausschlussfrist

(1) **Der Mieter hat eine Modernisierungsmaßnahme zu dulden.**

(2) [1]**Eine Duldungspflicht nach Absatz 1 besteht nicht, wenn die Modernisierungsmaßnahme für den Mieter, seine Familie oder einen Angehörigen seines Haushalts eine Härte bedeuten würde, die auch unter Würdigung der berechtigten Interessen sowohl des Vermieters als auch anderer Mieter in dem Gebäude sowie von Belangen der Energieeinsparung und des Klima-**

schutzes nicht zu rechtfertigen ist. [2]Die zu erwartende Mieterhöhung sowie die voraussichtlichen künftigen Betriebskosten bleiben bei der Abwägung im Rahmen der Duldungspflicht außer Betracht; sie sind nur nach § 559 Absatz 4 und 5 bei einer Mieterhöhung zu berücksichtigen.

(3) **[1]Der Mieter hat dem Vermieter Umstände, die eine Härte im Hinblick auf die Duldung oder die Mieterhöhung begründen, bis zum Ablauf des Monats, der auf den Zugang der Modernisierungsankündigung folgt, in Textform mitzuteilen. [2]Der Lauf der Frist beginnt nur, wenn die Modernisierungsankündigung den Vorschriften des § 555c entspricht.**

(4) **[1]Nach Ablauf der Frist sind Umstände, die eine Härte im Hinblick auf die Duldung oder die Mieterhöhung begründen, noch zu berücksichtigen, wenn der Mieter ohne Verschulden an der Einhaltung der Frist gehindert war und er dem Vermieter die Umstände sowie die Gründe der Verzögerung unverzüglich in Textform mitteilt. [2]Umstände, die eine Härte im Hinblick auf die Mieterhöhung begründen, sind nur zu berücksichtigen, wenn sie spätestens bis zum Beginn der Modernisierungsmaßnahme mitgeteilt werden.**

(5) **[1]Hat der Vermieter in der Modernisierungsankündigung nicht auf die Form und die Frist des Härteeinwands hingewiesen (§ 555c Absatz 2), so bedarf die Mitteilung des Mieters nach Absatz 3 Satz 1 nicht der dort bestimmten Form und Frist. [2]Absatz 4 Satz 2 gilt entsprechend.**

(6) **§ 555a Absatz 3 gilt entsprechend.**

(7) **Eine zum Nachteil des Mieters abweichende Vereinbarung ist unwirksam.**

1. Duldungspflicht, Grenzen. a) Zum **Ausmaß der Duldung (I)** → § 555a Rn. 2. **b) Interessenabwägung (II).** „Um die Norm sprachlich zu straffen", wird auf die Übernahme der in § 554 II 3 aF genannten Abwägungsgründe verzichtet; sie sind jedoch weiter zu berücksichtigen (BT-Drs. 17/10485, 21). Zu beachten sind also verschiedene Gesichtspunkte zugunsten des *Vermieters* einerseits (zB Renovierung auf den üblichen Standard, günstigere Verwertbarkeit, höhere Rendite, Interesse der Mitmieter, insbesondere die ges. Modernisierungsziele), des *Mieters* andererseits (Beeinträchtigung während der Bauarbeiten, s. dazu BGH NJW 2013, 224 zu § 554 aF: Belastungen infolge einer Erkrankung; LG Hamburg ZMR 2020, 839: Veränderung im Zustand der Räume). Gewicht haben auch die Interessen der Familie des Mieters, von Lebenspartnern (→ §§ 563, 563a Rn. 3) und anderen im Haushalt lebenden Personen (zB Wohngemeinschaft, wenn nicht alle Mieter sind, Kinder oder Pflegekinder des Lebenspartners). Ein zeitweiliger Auszug für mehr als wenige Tage ist idR nicht zumutbar (eindrucksvoll LG Berlin NJW 2016, 2582). Künftige **finanzielle Belastungen** dürfen nicht mehr bei der Entscheidung über die Duldung, sondern nur bei Bemessung der Mieterhöhung berücksichtigt werden. 1

2. Hinweispflicht des Mieters. a) Inhalt (III). Obwohl die voraussichtliche Höhe der Miete mit ihren Nebenkosten für die Duldung keine Rolle spielt, muss der Mieter schon jetzt auf daraus für ihn folgende Härten hinweisen, um diesen Einwand nicht zu verlieren (→ Rn. 4). Der Vermieter soll auch insoweit Planungssicherheit gewinnen. Er hat damit auch die Möglichkeit, durch eine Feststellungsklage die Zulässigkeit der angekündigten Erhöhung überprüfen zu lassen (BT-Drs. 17/10485, 21 rSp). **b) Form, Frist (III):** in Textform (§ 126b) bis Ablauf des Folgemonats nach Zugang (§ 130) der Modernisierungsankündigung, wenn sie einen Hinweis auf den möglichen Härteeinwand enthält, sonst bis zum Beginn der Arbeiten **(V). c) Folgen eines Versäumens der Frist (IV).** Nur Gründe, an deren Mitteilung der Mieter unverschuldet gehindert war, können noch unverzüglich nach Entfallen des Hindernisses in Textform geltend gemacht werden **(IV 1).** Bsp: persönliche Verhinderung, späteres Entstehen. Finanzielle Härtegründe, zB infolge einer jetzt eingetretenen Arbeitslosigkeit, sollen, um „klare Verhältnisse zu schaffen" (BT- 2 3 4

Drs. 17/10485, 22), nach Beginn der Maßnahmen keine Berücksichtigung mehr finden **(IV 2).** Miete und Nebenkosten können dann in vollem Umfang erhöht werden.

5 **3. Rechte des Mieters.** Zum Ersatz von **Aufwendungen,** die dem Mieter infolge der Maßnahmen entstehen, und einem evtl. Kostenvorschuss → § 555a Rn. 4; zur **Minderung** der Miete BGH WuM 2022, 145; → § 555a Rn. 4.

§ 555e Sonderkündigungsrecht des Mieters bei Modernisierungsmaßnahmen

(1) **[1]Nach Zugang der Modernisierungsankündigung kann der Mieter das Mietverhältnis außerordentlich zum Ablauf des übernächsten Monats kündigen. [2]Die Kündigung muss bis zum Ablauf des Monats erfolgen, der auf den Zugang der Modernisierungsankündigung folgt.**

(2) **§ 555c Absatz 4 gilt entsprechend.**

(3) **Eine zum Nachteil des Mieters abweichende Vereinbarung ist unwirksam.**

Die Bestimmung übernimmt das früher in § 554 III 2 aF geregelte außerordentliche Kündigungsrecht bei nicht unerheblichen **(II iVm § 555c IV)** Modernisierungsmaßnahmen und benennt die einschlägigen Fristen. Bsp: Zugang der Modernisierungsankündigung am 20.2., Kündigungsmöglichkeit bis zum 31.3., Beendigung des Mietverhältnisses am 30.4.

§ 555f Vereinbarungen über Erhaltungs- oder Modernisierungsmaßnahmen

Die Vertragsparteien können nach Abschluss des Mietvertrags aus Anlass von Erhaltungs- oder Modernisierungsmaßnahmen Vereinbarungen treffen, insbesondere über die
1. **zeitliche und technische Durchführung der Maßnahmen,**
2. **Gewährleistungsrechte und Aufwendungsersatzansprüche des Mieters,**
3. **künftige Höhe der Miete.**

1 Die – in der Sache überflüssige – Bestimmung soll mit ihren Beispielen in Nr. 1–3 „insbesondere Vermieter mit wenig Erfahrung in Erhaltungs- bzw. Modernisierungsangelegenheiten darauf aufmerksam" machen, dass es neben den in diesem Abschnitt geregelten Verfahren wie bisher auch die Möglichkeit gibt, sich über die Modalitäten einer konkreten Modernisierung in verschiedener Weise zu einigen (BT-Drs. 17/10485, 22). Mit Bezug zu einer **konkreten Maßnahme** können so insbes. auch die halbzwingenden Normen (vgl. §§ 555a IV, 555c V, 555d VII, 555e
2 III) modifiziert werden. Entgegen dem Text des Ges. können die Parteien eine auf eine *konkrete* Maßnahme bezogene Regelung auch in oder im Zusammenhang mit einem Mietvertrag, also **nicht nur „nach Abschluss",** treffen.

Kapitel 2. Die Miete

Unterkapitel 1. Vereinbarungen über die Miete

§ 556 Vereinbarungen über Betriebskosten

(1) **[1]Die Vertragsparteien können vereinbaren, dass der Mieter Betriebskosten trägt. [2]Betriebskosten sind die Kosten, die dem Eigentümer oder Erbbauberechtigten durch das Eigentum oder das Erbbaurecht am Grund-**

stück oder durch den bestimmungsmäßigen Gebrauch des Gebäudes, der Nebengebäude, Anlagen, Einrichtungen und des Grundstücks laufend entstehen. [3]Für die Aufstellung der Betriebskosten gilt die Betriebskostenverordnung vom 25. November 2003 (BGBl. I S. 2346, 2347) fort. [4]Die Bundesregierung wird ermächtigt, durch Rechtsverordnung ohne Zustimmung des Bundesrates Vorschriften über die Aufstellung der Betriebskosten zu erlassen.

(2) **[1]Die Vertragsparteien können vorbehaltlich anderweitiger Vorschriften vereinbaren, dass Betriebskosten als Pauschale oder als Vorauszahlung ausgewiesen werden. [2]Vorauszahlungen für Betriebskosten dürfen nur in angemessener Höhe vereinbart werden.**

(3) **[1]Über die Vorauszahlungen für Betriebskosten ist jährlich abzurechnen; dabei ist der Grundsatz der Wirtschaftlichkeit zu beachten. [2]Die Abrechnung ist dem Mieter spätestens bis zum Ablauf des zwölften Monats nach Ende des Abrechnungszeitraums mitzuteilen. [3]Nach Ablauf dieser Frist ist die Geltendmachung einer Nachforderung durch den Vermieter ausgeschlossen, es sei denn, der Vermieter hat die verspätete Geltendmachung nicht zu vertreten. [4]Der Vermieter ist zu Teilabrechnungen nicht verpflichtet. [5]Einwendungen gegen die Abrechnung hat der Mieter dem Vermieter spätestens bis zum Ablauf des zwölften Monats nach Zugang der Abrechnung mitzuteilen. [6]Nach Ablauf dieser Frist kann der Mieter Einwendungen nicht mehr geltend machen, es sei denn, der Mieter hat die verspätete Geltendmachung nicht zu vertreten.**

(3a) **[1]Ein Glasfaserbereitstellungsentgelt nach § 72 Absatz 1 des Telekommunikationsgesetzes hat der Mieter nur bei wirtschaftlicher Umsetzung der Maßnahme zu tragen. [2]Handelt es sich um eine aufwändige Maßnahme im Sinne von § 72 Absatz 2 Satz 4 des Telekommunikationsgesetzes, hat der Mieter die Kosten nur dann zu tragen, wenn der Vermieter vor Vereinbarung der Glasfaserbereitstellung soweit möglich drei Angebote eingeholt und das wirtschaftlichste ausgewählt hat.**

(4) **Eine zum Nachteil des Mieters von Absatz 1, Absatz 2 Satz 2, Absatz 3 oder Absatz 3a abweichende Vereinbarung ist unwirksam.**

Lit.: Lammel, Heizkostenverordnung, 5. Aufl. 2022; Noack/Westner, Betriebskosten in der Praxis, 9. Aufl. 2018; Nöllke, Nebenkostenabrechnung für Vermieter, 10. Aufl. 2021; Schmid, Handbuch der Mietnebenkosten, 17. Aufl. 2020; Zehelein, Betriebskosten- und Heizkostenrecht, 10. Aufl. 2022.

1. Allgemeines. a) Normzweck. Der Gesetzgeber hat nach einer kontroversen 1
Diskussion (dazu Teichmann JZ 2016, 1096) im Ausgangspunkt am Wortlaut des § 535 Abs. 1 und damit am Modell der sog. Bruttoinklusivmiete festgehalten, wonach die Miete die Gegenleistung für das Gewähren des Gebrauchs der Wohnung mit allen dabei entstehenden Kosten (zB für Wasser, Strom, Wärme, Abfallbeseitigung, Sachsteuern und Sachversicherungen → Rn. 3) darstellt. Gleichzeitig sollte es aber den Parteien frei bleiben, welche Art von Miete (**Netto-, Brutto- oder *Teilinklusivmiete*** → Rn. 5) sie, wie auch in der Praxis weitgehend geschehen, vertraglich vereinbaren (RegE BT-Drs. 14/4553 S. 40). Eine Leitbildfunktion hat § 535 Abs. 1 insoweit nicht. **b) Inhalt der Vereinbarung.** Eine pauschale Formu- 2
lierung idS, dass der Mieter die Betriebskosten übernehme, genügt. Es gilt dann der Katalog der BetrKV (BGH NJW 2016, 1308; zweifelhaft AG Hamburg BeckRS 2022, 11200: „Vorauszahlung" berechtige nicht zur Abrechnung nach BetrKV). Enthält der Vertrag eine Aufstellung mit einzelnen Posten, so sind nicht im Vertrag erwähnte Kosten durch die Grundmiete abgegolten (OLG Düsseldorf BB 1991, 1150; aA OLG Köln ZMR 1995, 69). **c) Umlagefähige Betriebskosten** sind nach 3
BetrKV zB die Kosten für die Wasserversorgung, für Warmwasser und Heizung einschließlich der Wartung, Öltank (BGH NJW 2010, 226), Gastherme (BGH

WuM 2013, 31), Heizungszähler (AG Koblenz DWW 96, 252), Rauchmelder (LG Magdeburg NJW 2012, 544), Aufzug, Geräte in der Wohnung, weiter die Kosten für Abwasserentsorgung, Straßenreinigung und Müllabfuhr, für die Hausreinigung und Schornsteinreinigung, einen Hauswart, für die Beleuchtung der gemeinschaftlich genutzten Gebäudeteile wie Flur und Keller, für einen Glasfaseranschluss nach Maßgabe von **IIIa** und § 2 Nr. 15c BetrKV iVm § 72 TKG, für Ungezieferbeseitigung, für die Gartenpflege (BGH NJW 2022, 1095: Baumfällung; BGH NZM 2016, 353 Rn. 13: nicht, wenn zur öffentl. Benutzung freigegeben), auch für öffentl. Lasten wie Grundsteuern, für die Sach- und Haftpflichtversicherung. Eigene Leistungen können mit fiktiven Kosten eines Drittunternehmens (ohne MwSt) angesetzt werden (BGH NZM 2013, 120). **Nicht umlagefähig** sind insbes. die Verwaltungskosten (BGH NJW-RR 2019, 721 Rn. 3), Kosten für die Instandhaltung bzw. Instandsetzung (OLG Karlsruhe WuM 1988, 204) sowie grds. ab 1.7.2024 Kosten für einen Kabelanschluss (§ 71 II 3 TKG; s. für die Zeit bis dahin BGH NZM 2022,
4 218). **d)** Das **Wirtschaftlichkeitsgebot (III 1)** stellt eine von der Umlagefähigkeit zu trennende (Zehelein NZM 2014, 369, str) Nebenverpflichtung des Vermieters dar, bei Inanspruchnahme von Leistungen Dritter im Rahmen eines Ermessensspielraums nur angemessene und marktübliche Entgelte zu akzeptieren (OLG Düsseldorf ZMR 2011, 861). Die **Beweislast** für eine Pflichtverletzung liegt beim Mieter (BGH NJW 2015, 855; sa Hinz NZM 2012, 138, Peters NZM 2012, 145, Milger NZM 2012, 658). Den Vermieter trifft eine sog. sekundäre Beweislast, soweit der Mieter die einschlägigen Fakten nicht kennen kann (aA BGH NJW 2015, 855; dazu krit. Langenberg/Zehelein NZM 2013, 169).

5 **2. Art und Zahlung der Betriebskosten (II). a)** Bei der Vereinbarung einer **Pauschale (II 1 Alt. 1)** bestimmen die Parteien für einzelne oder mehrere Betriebskosten einen idR monatlich zu zahlenden festen Betrag, der unabhängig von den tatsächlich entstehenden Kosten zu zahlen ist. Durch diese sog **Teilinklusivmiete** wird im Vergleich zur Bruttoinklusivmiete im entspr. Bereich eine höhere Flexibilität erreicht, weil Veränderungen zu einer entsprechenden einseitigen Anpassung führen können (s. § 560 I). Außerhalb zwingender Normen (zB HeizkostenV) ist die
6 Vereinbarung einer Betriebskostenpauschale zulässig. **b)** Die zumeist vereinbarten **Vorauszahlungen (II 1. Alt. 2)** sind zunächst pauschalierte Beträge, die der Mieter idR ebenfalls monatlich leistet und über die dann entspr. ihrem tatsächlichen Entstehen abgerechnet wird. Sie dürfen zugunsten des Mieters zwingend (IV) nur angemessen, dh in der voraussichtlichen Höhe vereinbart werden (**II 2;** iE BayObLG NJW-RR 1996, 207: Nur eine leichte Überschreitung verstößt noch nicht gegen § 134). Bei einer **Unterzahlung** hat der Vermieter nach der Abrechnung (→ Rn. 7 ff.) einen Anspruch auf die Differenz gem. §§ 535 II, 556 I. Der Mieter kann **Überzahlungen** entspr. §§ 346 ff. (nicht §§ 812 ff.) zurückverlangen. Es handelt sich, einem nicht benötigten Vorschuss vergleichbar, um einen vertraglichen Rückabwicklungsanspruch. Die Ansprüche (idR der des Vermieters) können auch im **Urkundenprozess** geltend gemacht werden (BGH NJW-RR 2015, 476).

7 **3. Abrechnung über Vorauszahlungen (III). a) Abrechnungsperiode: jährlich.** Erfasst werden können die Kosten, die bei dem *Mieter* durch die Inanspruchnahme der Leistung entstanden sind (sog. **Leistungsprinzip**) oder die dem *Vermieter* im fraglichen Zeitraum – auch für eine frühere Periode – in Rechnung gestellt werden (sog. **Abflussprinzip**). Für Heizkosten soll allein das Leistungsprinzip zulässig sein (BGH ZMR 2012, 341 m. zutr. krit. Anm. Schmid). Der Beginn muss sich nicht mit dem Kalenderjahr decken (zB Beginn der Heizperiode für die Heizkosten). Auch ein unterschiedlicher Beginn je nach Art der Kosten ist im Rahmen des Zumutbaren zulässig (BGH NJW 2008, 2328). Abrechnungen über eine längere Periode als ein Jahr lösen keine (Nach-) Zahlungsverpflichtung aus (LG Düsseldorf ZMR 1998, 167). Bei einem **Mieterwechsel** sind die jeweiligen Anteile notfalls zu schätzen. Bei einem **Vermieterwechsel** hat der Erwerber über den Teil einer vereinbarten Periode abzurechnen, die vor dem Erwerb liegt (BGH NZM

2001, 158). Für abgeschlossene Perioden bleibt der frühere Vermieter alleiniger Anspruchsgegner (BGH NZM 2001, 158). **b)** Eine **äußere Form,** insbes. Textform 8
(§ 126b), ist nicht vorgeschrieben. Die Nachprüfbarkeit verlangt jedoch die Fixierung auf einem Datenträger. Die Belege selbst bzw. Kopien muss der Vermieter dem Mieter nicht zukommen lassen; ein Einsichtsrecht genügt (BGH NJW 2006, 1419, zust. Langenberg NZM 2007, 105; sa BGH NJW 2022, 772 Rn. 13 ff.: idR Originalbelege; BGH NZM 2022, 133 u. 139 zu Subunternehmern). **c) Formelle** 9
Ordnungsgemäßheit. aa) Grundsatz. Sie richtet sich nach § 259 (BGH NJW 2009, 283; 2022, 772 Rn. 11). Ein durchschnittlich gebildeter, juristisch und betriebswirtschaftlich nicht geschulter (BGH NJW 2015, 52), mit den einschlägigen Rechtsvorschriften vertrauter (BGH NJW 2012, 603) Mieter muss die zur Verteilung anstehenden Kostenpositionen erkennen und anhand des ihm mitgeteilten Verteilerschlüssels den auf ihn entfallenden Anteil an diesen Kosten gedanklich und rechnerisch nachprüfen können (BGH WuM 2017, 529 Rn. 15, NJW 2022, 772 Rn. 11 mwN). Bei mehreren Wohnungen bedeutet dies eine Zusammenstellung der Gesamtkosten, die Angabe und – soweit erforderlich – die Erläuterung der zu Grunde gelegten Verteilerschlüssel, die Berechnung des Anteils des Mieters und der Abzug der geleisteten Vorauszahlungen (BGH NJW 2016, 867). Begrüßenswert ist die Tendenz, Fehler stärker der inhaltlichen Unrichtigkeit (→ Rn. 10) zuzuordnen (BGH aaO; NZM 2021, 301 Rn. 16 ff.). **bb) Einzelheiten.** Auch die nicht umlagefähigen Kostenanteile sind anzugeben (BGH NJW 2007, 60). Erforderlich ist eine Zusammenstellung der Gesamtkosten für die einzelnen Sachposten (BGH NJW 2011, 144), die Angabe und Erläuterung des zu Grunde gelegten Verteilerschlüssels (soweit nicht aus sich verständlich), die Berechnung oder auch Schätzung (BGH NJW-RR 2015, 407) des Anteils des Mieters und die Berücksichtigung der geleisteten Vorauszahlungen (BGH NZM 2014, 27). Fehler können innerhalb der Frist – auch zu Lasten des Mieters (BGH NJW 2011, 843) – korrigiert werden. Eine nicht formell ordnungsgemäße Abrechnung ist unwirksam und löst keine Frist aus (BGH NZM 2011, 403). Formelle Fehler bei Einzelpositionen beeinträchtigen die Wirksamkeit anderer Positionen nicht (BGH NJW 2011, 2787). **d)** Sind **Einzelposten** 10
inhaltlich unrichtig, wird die Wirksamkeit nicht beeinträchtigt (BGH NJW 2011, 2787). Es bestehen Ansprüche im Rahmen einer Nachforderung/Rückforderung. Eine Neuberechnung (uU mit Auswirkungen auf die Frist) kann der Mieter nach der Rspr. ausnahmsweise verlangen, wenn ihm eine Berichtigung nicht selbst möglich ist (BGH NJW 2011, 369; str.). **e) Frist** (sog. **Abrechnungsreife**): „Spätestens" 11
(der Vermieter darf also die Zeitspanne insbes. bei zu hohen Vorauszahlungen nur bei einem sachlichen Grund voll ausnutzen) ein Jahr nach Ablauf der vereinbarten Abrechnungsperiode **(III 2).** Der Anspruch des Mieters auf Abrechnung wird damit fällig. Durchsetzung: § 888 ZPO (BGH NJW 2006, 2707; iE zust. Timme NJW 2006, 2668). **Folgen einer Fristüberschreitung (III 3): Ausschluss eines Nachzahlungsanspruchs** (BGH NJW 2011, 843); Fehler können dann nicht mehr korrigiert werden (BGH NJW 2008, 1151 m. krit. Anm. Schmid; BGH NJW 2008, 1521), es sei denn, der Vermieter hat die Fristüberschreitung nicht zu vertreten und handelt dann zügig (BGH NJW 2006, 3351). Bsp: späterer Zahlungsbescheid an den Vermieter, spätere Abrechnung oder Nachberechnung durch das Versorgungsunternehmen (BGH NJW 2013, 457 zu einem Nachberechnungsvorbehalt); **nicht:** Fehlen eines Beschlusses der Wohnungseigentümergemeinschaft, ohne dass sich der Vermieter um eine Abrechnung bemüht hat (BGH NJW 2017, 2608); nicht vorgenommene bzw. verspätete Zustellung durch die Post (BGH NJW 2009, 2198: § 278; abzulehnen). Anspruch auf **Rückerstattung** der Vorauszahlungen nur bei *beendetem* Mietverhältnis (BGH NJW 2005, 1501; NZM 2021, 684), allerdings ohne Verzugszinsen (BGH NZM 2013, 188, nur konkreter Schadensersatz), nicht bei *laufendem* Mietverhältnis (BGH WuM 2022, 217 Rn. 13 mwN); bei laufendem Mietverhältnis aber **Zurückbehaltungsrecht** des Mieters hinsichtlich künftiger Abschläge (BGH NJW 2012, 3509; 2021, 693 Rn. 12; WuM 2022, 217 Rn. 13 mwN). **f) Obliegen-** 12
heiten des Mieters (III 5 und 6). Geltendmachen von Einwendungen, bezogen

auf jede einzelne formell ordnungsgemäße (BGH WuM 2011, 101) Abrechnung (BGH NJW 2010, 295), innerhalb von zwölf Monaten zum Monatsende (LG Frankfurt aM WuM 2013, 40, str.) nach deren Zugang. **Folge der Fristversäumnis:** Ausschluss der Einwendungen, nicht des Rückzahlungsanspruchs im Fall von Mehrzahlungen (iE s. Dichenbach ZMR 2008, 355). Eine **vorbehaltslose Zahlung** schließt eine Rückforderung zu viel gezahlter Beträge nicht grundsätzlich aus (BGH NJW 2011, 844), jedoch kann sich uU ein Vertrauen beim Vermieter bilden, der Mieter akzeptiere die Abrechnungen (Langenberg NZM 2001, 788).

13 **4. Halbzwingende Vorgaben (IV).** I, II 2, III und IIIa können **nicht im Voraus** zum Nachteil des Mieters verändert werden. **Nach Zugang** der Betriebskostenabrechnung können sich die Parteien aber über die Höhe des geschuldeten Saldos verbindlich einigen, auch wenn die Abrechnung nicht den Anforderungen genügte (BGH NZM 2020, 1106).

§ 556a Abrechnungsmaßstab für Betriebskosten

(1) [1]**Haben die Vertragsparteien nichts anderes vereinbart, sind die Betriebskosten vorbehaltlich anderweitiger Vorschriften nach dem Anteil der Wohnfläche umzulegen.** [2]**Betriebskosten, die von einem erfassten Verbrauch oder einer erfassten Verursachung durch die Mieter abhängen, sind nach einem Maßstab umzulegen, der dem unterschiedlichen Verbrauch oder der unterschiedlichen Verursachung Rechnung trägt.**

(2) [1]**Haben die Vertragsparteien etwas anderes vereinbart, kann der Vermieter durch Erklärung in Textform bestimmen, dass die Betriebskosten zukünftig abweichend von der getroffenen Vereinbarung ganz oder teilweise nach einem Maßstab umgelegt werden dürfen, der dem erfassten unterschiedlichen Verbrauch oder der erfassten unterschiedlichen Verursachung Rechnung trägt.** [2]**Die Erklärung ist nur vor Beginn eines Abrechnungszeitraums zulässig.** [3]**Sind die Kosten bislang in der Miete enthalten, so ist diese entsprechend herabzusetzen.**

(3) [1]**Ist Wohnungseigentum vermietet und haben die Vertragsparteien nichts anderes vereinbart, sind die Betriebskosten abweichend von Absatz 1 nach dem für die Verteilung zwischen den Wohnungseigentümern jeweils geltenden Maßstab umzulegen.** [2]**Widerspricht der Maßstab billigem Ermessen, ist nach Absatz 1 umzulegen.**

(4) **Eine zum Nachteil des Mieters von Absatz 2 abweichende Vereinbarung ist unwirksam.**

1 **1. Allgemeines. a) Normzweck.** Mit **I 2** u. **II** soll erreicht werden, dass nach Möglichkeit die Betriebskosten **verbrauchsabhängig** abgerechnet werden, um einen sparsamen und kostenbewussten Umgang mit Energie, Wasser etc. zu fördern (BT-Drs. 14/4553, 51). Die Parteien können auch einen anderen Verteilungsmaßstab als nach I 1 wählen. Ein einseitiges Bestimmungsrecht durch den Vermieter ist nach der RegBegr aaO nicht zulässig (zutr. zur subj. Auslegung Lammel WuM 2015, 70 gegen BGH WuM 2015, 35 m. zust. Anm. Langenberg NZM 2015, 152). Eine zwingende Regelung trifft die die HeizkostenV.

2 **2. Abrechnungsmaßstäbe. a) Verbrauch (I 2).** Voraussetzung ist, dass der Verbrauch tatsächlich, zB durch Wasseruhren, Strom- und Gaszähler, Entsorgungschips für Müll (BGH NZM 2016, 437), erfasst wird (keine entspr. Abrechnung also, soweit zB ein Versorgungsträger andere Maßstäbe zugrunde legt). Ein Anspruch auf den Einbau von Messeinrichtungen wird durch die Norm nicht begründet (BT-
3 Drs. 14/4553, 51). **b)** Der Maßstab der – tatsächlichen (BGH NJW 2018, 2317 Rn. 15, Aufgabe der früheren Rspr.) – **Wohnfläche (I 1)** gilt unabhängig von der Personenzahl sowie der Nützlichkeit der Einrichtung für den Einzelmieter (Bsp:

Fahrstuhlkosten auch für die Wohnung im Erdgeschoss, BGH NJW 2006, 3558; → § 559 Rn. 2). Der Vermieter soll nicht gezwungen werden, variable Faktoren wie etwa die Anzahl der Wohnungsnutzer festzustellen und zu berücksichtigen. Eine Einrichtung muss jedoch für den Mieter erreichbar sein (BGH NJW 2009, 2058, Aufzug nur im Vorderhaus). Grenzen der Verteilung entsprechend der Wohnfläche können sich aus § 242 ergeben (BT-Drs. 14/4553, 51). Für **leerstehende Wohnungen** hat der Vermieter idR die Anteile zu tragen, die nicht von einem konkreten Verbrauch abhängig sind, zB für Regenwasser, Gemeinschaftsantenne, Grundkosten bei Strom und Wasser (BGH NJW-RR 2013, 718; etwas anders BGH NJW 2010, 3645, Wasser). **c) Vermietetes Wohnungseigentum (III).** Bei vermietetem Woh- 4
nungseigentum ist mangels anderweitiger Vereinbarung der zwischen den Wohnungseigentümern verwendete Schlüssel anzuwenden, was die unveränderte Weiterleitung erlaubt (dazu Drasdo WuM 2020, 686; Jacoby ZMR 2021, 1; Zehelein NZM 2020, 1001); bei Unbilligkeit gilt I.

3. Kostenumstellung auf verbrauchsabhängige Berechnung (II). Zur Text- 5
form s. § 126b. „Etwas anderes vereinbart" ist nicht nur bei einem anderen Berechnungsmaßstab, sondern auch dann, wenn bisher eine Brutto- oder Teilinklusivmiete (→ § 556 Rn. 1, 5) zu zahlen ist. Diese Miete ist dann entsprechend herabzusetzen **(II 3).** Eine Verpflichtung des Vermieters zur Umstellung nach II besteht nicht.

§ 556b Fälligkeit der Miete, Aufrechnungs- und Zurückbehaltungsrecht

(1) **Die Miete ist zu Beginn, spätestens bis zum dritten Werktag der einzelnen Zeitabschnitte zu entrichten, nach denen sie bemessen ist.**

(2) [1]**Der Mieter kann entgegen einer vertraglichen Bestimmung gegen eine Mietforderung mit einer Forderung auf Grund der §§ 536a, 539 oder aus ungerechtfertigter Bereicherung wegen zu viel gezahlter Miete aufrechnen oder wegen einer solchen Forderung ein Zurückbehaltungsrecht ausüben, wenn er seine Absicht dem Vermieter mindestens einen Monat vor der Fälligkeit der Miete in Textform angezeigt hat.** [2]**Eine zum Nachteil des Mieters abweichende Vereinbarung ist unwirksam.**

1. Fälligkeit (I). Bei einer Überweisung muss der Mieter den **Zahlungsauftrag** 1
der Bank spätestens am dritten Werktag erteilt haben (Zugang), sein Konto muss ausreichend gedeckt sein. Der Eingang des Betrages beim Vermieter kann später liegen (BGH NJW 2017, 1596 Rn. 18; LG Berlin WuM 2021, 246). Bei Überweisungen muss der Auftrag gem. § 675n I 2 bis zum sog cut-off-Zeitpunkt (→ §§ 675n-q Rn. 1), idR zwischen 17.00 und 20.00 Uhr (https://www.bafin.de/dok/7864406, 31.5.2022), beim Bankinstitut eingegangen sein. Der Samstag zählt nicht als Geschäftstag (BGH NJW 2010, 2879). Die Bestimmung ist *dispositiv* (zB für Ferienwohnungen), unterliegt aber der Inhaltskontrolle gem. § 307 I (BGH NJW 2017, 1596 Rn. 17). Für andere Mietverhältnisse s. § 579.

2. Aufrechnungs- und Zurückbehaltungsrecht (II). a) Funktion. Es sollen 2
hier die Interessen des Mieters am Einstellen seiner Mietzahlungen mit dem Interesse des Vermieters am regelmäßigen Mieteingang – zB wegen einer Fremdfinanzierung – zum Ausgleich gebracht werden (BT-Drs. IV/2195, 4). Zur allg. Zulässigkeit des Ausschlusses eines Zurückbehaltungsrechts bzw. eines Aufrechnungsverbots in Formularbedingungen s. § 309 Nr. 2 lit. b, 3. Danach zulässige Klauseln werden durch II 1 weiter zugunsten des Mieters in ihrer Wirksamkeit eingeschränkt, allerdings in der Ausübung der Rechte an bestimmte Fristen gebunden. Die Bestimmung ist zugunsten des Mieters **zwingend (II 2). b) Anzeige.** Die Anzeige soll dem Vermieter das Liquiditätsmanagement erleichtern. Nach Beendigung des Mietverhältnisses und Rückgabe der Sache bedarf es einer Anzeige nicht, wenn nur noch wechselseitige Ansprüche abzurechnen sind (BGH NJW-RR 2000, 530).

§ 556c Kosten der Wärmelieferung als Betriebskosten, Verordnungsermächtigung

(1) [1]**Hat der Mieter die Betriebskosten für Wärme oder Warmwasser zu tragen und stellt der Vermieter die Versorgung von der Eigenversorgung auf die eigenständig gewerbliche Lieferung durch einen Wärmelieferanten (Wärmelieferung) um, so hat der Mieter die Kosten der Wärmelieferung als Betriebskosten zu tragen, wenn**

1. **die Wärme mit verbesserter Effizienz entweder aus einer vom Wärmelieferanten errichteten neuen Anlage oder aus einem Wärmenetz geliefert wird und**
2. **die Kosten der Wärmelieferung die Betriebskosten für die bisherige Eigenversorgung mit Wärme oder Warmwasser nicht übersteigen.**

[2]**Beträgt der Jahresnutzungsgrad der bestehenden Anlage vor der Umstellung mindestens 80 Prozent, kann sich der Wärmelieferant anstelle der Maßnahmen nach Nummer 1 auf die Verbesserung der Betriebsführung der Anlage beschränken.**

(2) **Der Vermieter hat die Umstellung spätestens drei Monate zuvor in Textform anzukündigen (Umstellungsankündigung).**

(3) [1]**Die Bundesregierung wird ermächtigt, durch Rechtsverordnung ohne Zustimmung des Bundesrates Vorschriften für Wärmelieferverträge, die bei einer Umstellung nach Absatz 1 geschlossen werden, sowie für die Anforderungen nach den Absätzen 1 und 2 zu erlassen.** [2]**Hierbei sind die Belange von Vermietern, Mietern und Wärmelieferanten angemessen zu berücksichtigen.**

(4) **Eine zum Nachteil des Mieters abweichende Vereinbarung ist unwirksam.**

Lit.: Hinz, Die Umstellung auf Wärmecontracting, WuM 2014, 55; Pfeifer, Die Umstellungsankündigung des Vermieters nach § 556c Abs. 2 BGB …, DWW 2014, 15.

1 Die **mietrechtliche Problematik** einer Übertragung der Wärme- und Warmwasserversorgung auf ein Drittunternehmen liegt ua darin, dass der Preis des Lieferanten **kalkulatorische Kosten** für Investitionen, Instandhaltung, Verwaltung, Kapital und Unternehmergewinn enthält, die der Vermieter, würde er die Heizungsanlage selbst betreiben, nicht auf den Mieter umlegen könnte (s. BGH NJW 2006, 2186; 2007, 3060). Auch haben die Rspr. Fälle beschäftigt, in denen das Unternehmen die herkömmliche Anlage beim Vermieter unverändert übernommen hat (BGH
2 NJW-RR 2012, 249). Das **Ges.** will das sog **Wärmecontracting** wegen der angenommenen Einsparung an nicht erneuerbarer Primärenergie unter Berücksichtigung der bisherigen Rspr. (s. I Nr. 1) **erleichtern,** den Mieter aber (wie auch im Fall des § 555b Nr. 3) nicht zusätzlich belasten (s. I 1 Nr. 2). Dem Mieter können die Kosten der Wärmelieferung nur dann als Betriebskosten auferlegt werden, wenn die Vorgaben des § 566c gewahrt sind (vgl. LG Bremen WuM 2021, 426, zu Recht krit. Lammel jurisPR-MietR 2/2022 Anm. 6). Die Regelung ist zugunsten des Mieters zwingend (IV). Zulässig bleibt weiterhin eine konkrete Vereinbarung (s. BGH NJW 2006, 2186).

Unterkapitel 1a. Vereinbarungen über die Miethöhe bei Mietbeginn in Gebieten mit angespannten Wohnungsmärkten

Vorbemerkungen

1 **1. Problematik der Festlegung einer neuen Miete bei Mieterwechsel. a) Grundsatz.** Über Jahrzehnte galt als grundlegendes Prinzip des **„sozialen Miet-**

rechts“, dass der Vermieter bei einer Neuvermietung in Ausnutzung der Marktchancen und Erkennen ihrer Grenzen die Höhe der Miete frei festlegen kann, dass er sie aber innerhalb eines bestehenden Mietverhältnisses nur bis zur ortsüblichen Miete und dabei auch nur innerhalb einer zeitlichen wie prozentualen Spanne und bis zu einer sog. Kappungsgrenze anheben darf (→ § 558 Rn. 2). Dieses System war (auch abgestützt durch öffentl. Individualhilfen bei Bedürftigkeit) einigermaßen erfolgreich, weil im sog. sozialen Wohnungsbau durch subventionierte Wohnbau-Genossenschaften etc. in großem Umfang neue Wohnungen geschaffen und zu relativ niedrigen Mieten angeboten wurden. **b) Aktuelle Gefährdung. aa)** Dieses 2
System hat im Wesentlichen durch die **Reduzierung des geförderten Neubaus** von Wohnungen in weiten Bereichen zu einem erheblichen Überhang der Nachfrage geführt. Nach der Begründung zum MietNovG ist in attraktiven Ballungszentren und Mittelstädten die Nachfrage durch finanzkräftige Mietergruppen so stark angestiegen, dass bei Neuvermietungen erhebliche Preissteigerungen durchgesetzt werden können. Mieter mit schwächerem, aber auch mittlerem Einkommen würden dadurch faktisch verdrängt. Die Bevölkerungsstruktur könne sich dort in kurzer Zeit erheblich verändern (BT-Drs. 18/3121, S. 11). **bb)** Eine **zweite Bedrohung** mit 3
einem anderen Ansatz ist erst in den letzten Jahren in den Fokus gerückt. Insbes. (aber nicht nur) in Ballungsgebieten erwerben Großinvestoren ältere Wohnungen, auch große Wohnungsbestände von sozialen Bauträgern nicht nur wegen der Einnahme der Mieten, sondern mit dem Ziel, an den Wohnungen mit großem Aufwand sog. **Luxusmodernisierungen** durchführen. Die Überwälzung der Kosten hat teilw. in eine Höhe der Monatsmiete geführt, die von den betroffenen Mietern nicht mehr aufgebracht werden kann (s. zB BGH NJW 2018, 1008: Erhöhung der monatlichen Miete für ein älteres Reihenhaus von 463,62 € auf 2 149,99 €). Da zusätzlich die Mieter die lange Zeit andauernden Baumaßnahmen – teilweise entschädigungslos – dulden (→ § 536 Rn. 16, § 556d Rn. 1) und häufig ihre Wohnung, etwa bei Renovierung von Bad und Küche, auf Wochen verlassen müssen, wird in vielen Fällen vom Recht einer Sonderkündigung gem. § 555e Gebrauch gemacht (s. zB LG Berlin WuM 2018, 564). Danach kann die Wohnung neu vermietet werden.

2. Gesetzesänderungen. Beiden Entwicklungen, deren sich gegenseitig verstär- 4
kende Faktoren gemeinsam gesehen werden müssen, versuchen verschiedene Novellierungen zur Miethöhe bei Neuvermietung und Modernisierung Rechnung zu tragen. **a) Neuvermietung. aa)** Das **Mietrechtsnovellierungsgesetz** (MietNovG) v. 21.4.2015 (BGBl. I 610) führte ua die §§ 556d–556g ein. Danach sind Neumieten in sog. angespannten Wohnungsmärkten nach Erlass entspr., befristeter VOen durch die Länder nur in einer Höhe von höchstens 10 % über der ortsüblichen Miete zulässig (**„Mietpreisbremse“**, → § 556d Rn. 1). Dies sollte sich nicht nur auf das Niveau der Neumieten, sondern auch auf die Bestandsmieten (s. § 558) auswirken, da die Neuvermietungen in die ortsübliche Vergleichsmiete mit eingehen (→ § 558 Rn. 5). Fast alle Länder haben von der Möglichkeit entsprechender VOen auch für mittlere Städte Gebrauch gemacht. **bb)** Die Wirkungen der Mietpreis- 5
bremse waren jedoch gering, was darauf zurückgeführt wurde, dass Mietsuchende *nicht erkennen* könnten, ob der Vermieter infolge einer hohen Vormiete die Grenzen einhielt, außerdem seien die Voraussetzungen einer Rüge zu komplex (BT-Drs. 19/4672 S. 11 zum MietAnpG). Das **Mietrechtsanpassungsgesetz** (MietAnpG) vom 18.12.2018 (BGBl. I 2648) sollte diese Schwächen der bisherigen Regelung korrigieren (BT-Drs. 19/4672 S. 12 zu II 1). Insbesondere sah es vor, dass der Mieter vor Vertragsschluss über die Höhe der **Vormiete informiert** werden muss (→ § 556g Rn. 4). **cc)** Die Verlängerung der Regelung überhaupt und ihre weitere 6
„Verbesserung“, insbes. Verschärfung (Horst MDR 2020, 445), sind Gegenstand des **Gesetzes zur Verlängerung und Verbesserung der Regelungen über die zulässige Miethöhe bei Mietbeginn** v. 19.3.2020 (BGBl. I 540). Das Ziel, den Mietenanstieg zu begrenzen, wird sich freilich kaum durch immer stärkere Begren-

zungen der Mieterhöhung erreichen lassen – erst recht nicht in Zeiten hoher Inflation. **b) Modernisierung.** Zur Miethöhe nach Modernisierung → § 559 Rn. 1.

§ 556d Zulässige Miethöhe bei Mietbeginn; Verordnungsermächtigung

(1) **Wird ein Mietvertrag über Wohnraum abgeschlossen, der in einem durch Rechtsverordnung nach Absatz 2 bestimmten Gebiet mit einem angespannten Wohnungsmarkt liegt, so darf die Miete zu Beginn des Mietverhältnisses die ortsübliche Vergleichsmiete (§ 558 Absatz 2) höchstens um 10 Prozent übersteigen.**

(2) **[1]Die Landesregierungen werden ermächtigt, Gebiete mit angespannten Wohnungsmärkten durch Rechtsverordnung für die Dauer von jeweils höchstens fünf Jahren zu bestimmen. [2]Gebiete mit angespannten Wohnungsmärkten liegen vor, wenn die ausreichende Versorgung der Bevölkerung mit Mietwohnungen in einer Gemeinde oder einem Teil der Gemeinde zu angemessenen Bedingungen besonders gefährdet ist. [3]Dies kann insbesondere dann der Fall sein, wenn**
1. **die Mieten deutlich stärker steigen als im bundesweiten Durchschnitt,**
2. **die durchschnittliche Mietbelastung der Haushalte den bundesweiten Durchschnitt deutlich übersteigt,**
3. **die Wohnbevölkerung wächst, ohne dass durch Neubautätigkeit insoweit erforderlicher Wohnraum geschaffen wird, oder**
4. **geringer Leerstand bei großer Nachfrage besteht.**

[4]Eine Rechtsverordnung nach Satz 1 muss spätestens mit Ablauf des 31. Dezember 2025 außer Kraft treten. [5]Sie muss begründet werden. [6]Aus der Begründung muss sich ergeben, auf Grund welcher Tatsachen ein Gebiet mit einem angespannten Wohnungsmarkt im Einzelfall vorliegt. [7]Ferner muss sich aus der Begründung ergeben, welche Maßnahmen die Landesregierung in dem nach Satz 1 durch die Rechtsverordnung jeweils bestimmten Gebiet und Zeitraum ergreifen wird, um Abhilfe zu schaffen.

Lit.: Börstinghaus, Die Mietpreisbremse in der Praxis, NJW 2018, 665; Börstinghaus/Brock, Mietpreisbremse: Zwischen Einzelfallgerechtigkeit und Chaos, NZM 2021, 161.

1 **1. 10 %-Grenze für Gebiete mit angespanntem Wohnungsmarkt (I). a) Anwendungsbereich.** Nur Wohnraummiete (→ § 549 Rn. 2); Ausnahmen in § 556e und § 556f. In zeitlicher Hinsicht entscheidend ist das Inkrafttreten der jeweiligen LandesVO. **b) Miete** ist die Grundmiete. Bei einer Bruttoinklusivmiete (→ § 556 Rn. 1) müssen die Betriebskosten herausgerechnet werden. Evtl. vereinbarte „Zuschläge" zur Miete sind, wenn sie sich auf Leistungen gem. § 535 I 1 beziehen, einzurechnen, ebenso unentgeltliche Dienstleistungen des Mieters, die üblicherweise vergütet werden (Umgehungsproblematik; desgl. Blank WuM 2014, 647 f.). **c) Beginn des Mietverhältnisses:** Abschluss eines neuen Mietvertrages, nicht zB ein Parteiwechsel im fortbestehenden Vertrag (Blank WuM 2014, 643). **d) 10 %-Grenze.** Die ursprünglich vereinbarte neue Miete darf maximal 10 % über der ortsüblichen Vergleichsmiete liegen. Diese wird ggf. mithilfe eines qualifizierten Mietspiegels bestimmt, für den dann auch die Vermutungswirkung des § 558d III gilt (AG Hamburg BeckRS 2021, 48133 Rn. 19 f.). Anzusetzen ist der Mittelwert einer Spanne, nicht deren Obergrenze (AG Hamburg aaO Rn. 21 ff.; aA Lützenkirchen/Abramenko § 556d Rn. 28); bei einem älteren Mietspiegel ist ein Zuschlag geboten (str.). Zu den **Verstoßfolgen** s. 556g.

2 **2. Gebietsbestimmung durch Verordnung (II).** Möglichen verfassungsrechtlichen Bedenken (Nachweise s. 17. Aufl.) ist der Gesetzgeber insofern begegnet, als er durch enge Voraussetzungen an die Ermächtigung die Kriterien für die Einschränkung der Vertragsfreiheit und von Art. 14 GG selbst festlegt, die Geltungsdauer der Bestimmungen (wenn auch in einem zweiten Schritt → Vor § 556d Rn. 1 um

weitere fünf Jahre) situationsgebunden begrenzt und ihre Anwendbarkeit – für eine Vorschrift im BGB ganz ungewöhnlich – an Abhilfen der öffentl. Hand gegen die Marktüberhitzung knüpft (sa BT-Drs. 18/3121, 28). Das BVerfG hat die Verfassungsgemäßheit bestätigt (BVerfG NJW 2019, 3054 Rn. 54 ff.).

§ 556e Berücksichtigung der Vormiete oder einer durchgeführten Modernisierung

(1) [1]**Ist die Miete, die der vorherige Mieter zuletzt schuldete (Vormiete), höher als die nach § 556d Absatz 1 zulässige Miete, so darf eine Miete bis zur Höhe der Vormiete vereinbart werden.** [2]**Bei der Ermittlung der Vormiete unberücksichtigt bleiben Mietminderungen sowie solche Mieterhöhungen, die mit dem vorherigen Mieter innerhalb des letzten Jahres vor Beendigung des Mietverhältnisses vereinbart worden sind.**

(2) [1]**Hat der Vermieter in den letzten drei Jahren vor Beginn des Mietverhältnisses Modernisierungsmaßnahmen im Sinne des § 555b durchgeführt, so darf die nach § 556d Absatz 1 zulässige Miete um den Betrag überschritten werden, der sich bei einer Mieterhöhung nach § 559 Absatz 1 bis 3a und § 559a Absatz 1 bis 4 ergäbe.** [2]**Bei der Berechnung nach Satz 1 ist von der ortsüblichen Vergleichsmiete (§ 558 Absatz 2) auszugehen, die bei Beginn des Mietverhältnisses ohne Berücksichtigung der Modernisierung anzusetzen wäre.**

1. Bestandsschutz bei hoher Vormiete (I). a) Normzweck. Da die §§ 556d ff. unangemessene Preissprünge bei der Neuvermietung verhindern, nicht aber eine mit dem Eigentum schon geschaffene Marktposition (Art. 14 GG) beeinträchtigen sollen, kann ein Vermieter das zulässigerweise erreichte Niveau beibehalten. Dies gilt auch für den Rechtsnachfolger gem. § 566, der idR bei höherer Rendite einen höheren Preis zahlt (aA Blank WuM 2014, 650). **b) Tatbestand.** 2 **aa)** Vormiete ist nur eine Miete in einem **Wohnraummietverhältnis,** das unmittelbar vor der jetzigen Vermietung lag (BGH NZM 2020, 982 Rn. 14 ff.). **bb) Geschuldet (I 1)** ist eine Miete, die ohne Normverstoß (zB § 5 WiStG, § 556d in späteren Fällen) vereinbart oder einseitig zB gem. §§ 559 ff. erhöht wurde. **cc)** Bei realisierten **Minderungen im Vormietverhältnis (I 2 Alt. 1)** können die Parteien die volle frühere Miete auch dann vereinbaren, wenn der Mangel nicht behoben ist. Dies ist konsequent, weil sich die Miete weiterhin bis zur Beseitigung mindert. Hat der neue Mieter den mangelhaften Zustand akzeptiert (→ § 536 Rn. 4), so wäre – eher theoretisch – die Wohnung wegen ihrer veränderten Merkmale bei der ortsüblichen Vergleichsmiete in eine niedrigere Gruppe einzuordnen (→ § 558 Rn. 5). **dd) Mieterhöhungen im letzten Jahr des Vormietverhältnisses (I 2 Alt. 2).** Verhindert werden soll, dass die Miete kurz vor einem Mieterwechsel zu Lasten des Nachfolgers angehoben wird (BT-Drs. 18/3121, 30). **Vereinbarung der Erhöhung:** Zustimmung gem. § 558b, auch Urteil nach Nichtzustimmung, das die Zustimmung ersetzt. Zur **Fristberechnung** s. § 188 II. **c)** Zur **Informationspflicht** des Vermieters über Modernisierungen in den letzten drei Jahren vor Beginn des Mietverhältnisses s. § 556g Ia Nr. 1.

1 (see margin: paragraph 1 begins at "1. Bestandsschutz")

2. Überschreitung der 10 %-Grenze nach Modernisierung beim Vormieter (II). a) Funktion. Hat der Vermieter die Miete beim Vormieter für Modernisierungsarbeiten in den letzten drei Jahren vor Beginn des aktuellen Mietverhältnisses (Übergabe der Wohnung) nicht im vollen zulässigen Maß angehoben oder Modernisierungen während eines Leerstandes vor diesem Beginn durchgeführt, soll er die Möglichkeit haben, diese noch nicht berücksichtigten Kosten in die neue Miete einzuführen. Er wird so gestellt, als würden die Maßnahmen während des neuen Mietverhältnisses geschehen, **II 1** (BT-Drs. 18/3121, 30 f.). Die jetzt einzuhaltende Obergrenze wird konsequenterweise von einem nicht renovierten Zustand aus 3

berechnet, **II 2.** Eine Veräußerung ist auch hier gem. § 566 unschädlich (insoweit
4 desgl. Blank WuM 2014, 652). **b)** Zur **Informationspflicht** des Vermieters über Modernisierungen in den letzten drei Jahren vor Beginn des Mietverhältnisses → § 556g Abs. 1a Nr. 2.

§ 556f Ausnahmen

[1]§ 556d ist nicht anzuwenden auf eine Wohnung, die nach dem 1. Oktober 2014 erstmals genutzt und vermietet wird. [2]Die §§ 556d und 556e sind nicht anzuwenden auf die erste Vermietung nach umfassender Modernisierung.

1 Das Einbringen **neuer oder umfassend modernisierter Wohnungen** in den Markt soll nicht durch Einschränkungen auf der Erlösseite behindert werden. Durch die Doppelkennzeichnung **„erstmals genutzt und vermietet"** gilt S. 1 nur für Wohnungen, die durch Neubau oder durch Umbau bisher nicht nutzbarer Flächen, nicht aber zB aus der Umgestaltung gewerblicher Räume entstehen. Eine **umfassende Modernisierung** iSd S. 2 liegt vor, wenn ihr Umfang eine Gleichstellung mit einem Neubau gerechtfertigt erscheinen lässt, was anhand der Kosten (mindestens 1/3 des Neubauaufwands) und der qualitativen Auswirkungen (Verbesserung in
2 mehreren Bereichen) zu beurteilen ist (BGH NZM 2021, 220). Durch den Rückbezug auf den 1.10.2014 sollte verhindert werden, dass Neuvermietungen bis zum Inkrafttreten der Bestimmungen hinausgezögert wurden (BT-Drs. 18/3121, 31 f.). Zur **Informationspflicht** des Vermieters über die erstmalige Nutzung und Vermietung → § 556g Abs. 1a Nr. 3.

§ 556g Rechtsfolgen; Auskunft über die Miete

(1) **[1]Eine zum Nachteil des Mieters von den Vorschriften dieses Unterkapitels abweichende Vereinbarung ist unwirksam. [2]Für Vereinbarungen über die Miethöhe bei Mietbeginn gilt dies nur, soweit die zulässige Miete überschritten wird. [3]Der Vermieter hat dem Mieter zu viel gezahlte Miete nach den Vorschriften über die Herausgabe einer ungerechtfertigten Bereicherung herauszugeben. [4]Die §§ 814 und 817 Satz 2 sind nicht anzuwenden.**

(1a) **[1]Soweit die Zulässigkeit der Miete auf § 556e oder § 556f beruht, ist der Vermieter verpflichtet, dem Mieter vor dessen Abgabe der Vertragserklärung über Folgendes unaufgefordert Auskunft zu erteilen:**
1. im Fall des § 556e Absatz 1 darüber, wie hoch die Vormiete war,
2. im Fall des § 556e Absatz 2 darüber, dass in den letzten drei Jahren vor Beginn des Mietverhältnisses Modernisierungsmaßnahmen durchgeführt wurden,
3. im Fall des § 556f Satz 1 darüber, dass die Wohnung nach dem 1. Oktober 2014 erstmals genutzt und vermietet wurde,
4. im Fall des § 556f Satz 2 darüber, dass es sich um die erste Vermietung nach umfassender Modernisierung handelt.

[2]Soweit der Vermieter die Auskunft nicht erteilt hat, kann er sich nicht auf eine nach § 556e oder § 556f zulässige Miete berufen. [3]Hat der Vermieter die Auskunft nicht erteilt und hat er diese in der vorgeschriebenen Form nachgeholt, kann er sich erst zwei Jahre nach Nachholung der Auskunft auf eine nach § 556e oder § 556f zulässige Miete berufen. [4]Hat der Vermieter die Auskunft nicht in der vorgeschriebenen Form erteilt, so kann er sich auf eine nach § 556e oder § 556f zulässige Miete erst dann berufen, wenn er die Auskunft in der vorgeschriebenen Form nachgeholt hat.

(2) **[1]Der Mieter kann von dem Vermieter eine nach den §§ 556d und 556e nicht geschuldete Miete nur zurückverlangen, wenn er einen Verstoß gegen**

die Vorschriften dieses Unterkapitels gerügt hat. [2]Hat der Vermieter eine Auskunft nach Absatz 1a Satz 1 erteilt, so muss die Rüge sich auf diese Auskunft beziehen. [3]Rügt der Mieter den Verstoß mehr als 30 Monate nach Beginn des Mietverhältnisses oder war das Mietverhältnis bei Zugang der Rüge bereits beendet, kann er nur die nach Zugang der Rüge fällig gewordene Miete zurückverlangen.

(3) **[1]Der Vermieter ist auf Verlangen des Mieters verpflichtet, Auskunft über diejenigen Tatsachen zu erteilen, die für die Zulässigkeit der vereinbarten Miete nach den Vorschriften dieses Unterkapitels maßgeblich sind, soweit diese Tatsachen nicht allgemein zugänglich sind und der Vermieter hierüber unschwer Auskunft geben kann. [2]Für die Auskunft über Modernisierungsmaßnahmen (§ 556e Absatz 2) gilt § 559b Absatz 1 Satz 2 und 3 entsprechend.**

(4) **Sämtliche Erklärungen nach den Absätzen 1a bis 3 bedürfen der Textform.**

Lit.: Diehl/Schreiner, Mietpreisbremse: Zur Rückforderung des Mietzinses nach „Rüge" gem. § 556g BGB, ZMR 2017, 455; Selk, Das Mietrechtsanpassungsgesetz, NJW 2019, 329.

1. Überblick. a) Systematik. Insgesamt ist die Bestimmung in ihrem Aufbau nicht gelungen. Sie regelt zwei sehr unterschiedliche Materien, die besser auf zwei Normen verteilt worden wären. Zum einen wird die sonst für eine einzelne Bestimmung getroffene Anordnung, diese sei zugunsten des Mieters **halbzwingend** (→ § 535 Rn. 10), für das ganze Unterkapitel (§ 556d–§ 556g) getroffen **(I 1),** allerdings mit einer Beschränkung der Unwirksamkeitsfolge auf den unzulässigen Teil **(I 2)** und Besonderheiten hinsichtlich der weiteren Rechtsfolgen (→ Rn. 2). Zum anderen und davon völlig getrennt werden in Bezug auf zulässige Mieten **Auskunftsrechte des Mieters** mit ihren Voraussetzungen begründet sowie Sanktionen festgelegt. Dabei müssen bestimmte Auskünfte unaufgefordert **(Ia),** andere auf Verlangen **(III)** gegeben werden; die Rückforderung überhöhter Miete setzt eine Rüge seitens des Mieters voraus **(II). b) Zeitliche Anwendung.** Die durch Ges v. 19.3.2020 (BGBl. I 540) modifizierte Bestimmung gilt in der *aktuellen Fassung* für Mietverhältnisse, die **ab dem 1.4.2020** entstanden sind; s. iE Art. 229 EGBGB §§ 49, 51. 1

2. Unwirksamkeit der überschießenden Mietvereinbarung (I, II). Enthält der Mietvertrag eine höhere Miete als ges. zulässig, ist wie bei § 5 WiStG (BGH NJW-RR 2006, 591 Rn. 8) nicht die Klausel über die Miethöhe – und damit gem. § 139 der Mietvertrag als solcher – unwirksam, sondern allein die Vereinbarung über den die Zulässigkeitsgrenze überschreitenden Betrag **(I 2).** Der bereicherungsrechtliche **Rückforderungsanspruch (I 3)** wird durch die Nichtanwendung der §§ 814, 817 erleichtert **(I 4).** Die erforderliche **Rüge (II 1, 2)** kann bei Mietermehrheit auch von nur einem Mieter erhoben werden (BGHZ 225, 352 Rn. 90 ff.). Nach zweieinhalb Jahren (insoweit unbeanstandeter) Mietzeit wirkt die Rüge nur für künftig fällige Mieten **(II 3).** 2

3. Auskunft bei einem Überschreiten der ortsüblichen Vergleichsmiete bis zu 10 % (III). a) Voraussetzungen, Inhalt. Auf die in Textform iSd § 126b **(IV)** zu äußernde **Aufforderung** muss der Vermieter ebenfalls in Textform **(IV)** diejenigen Tatsachen mitteilen, die dem Mieter nicht zugänglich und für den Vermieter unschwer festzustellen sind **(III 1).** Bsp: Alter des Gebäudes, nicht leicht erkennbare relevante Merkmale für den Mietspiegel wie zB eine Dämmung. Die Aufforderung ist nicht fristgebunden. Bestand und Umfang des Auskunftsanspruchs sollen nicht davon abhängen, auf welchen Tatbestand der §§ 556d ff. sich der Vermieter zur Rechtfertigung der Miethöhe beruft (BGH NJW-RR 2022, 660 Rn. 33 ff., zweifelhaft). **b)** Zu den **Rechtsfolgen bei Überschreitung der Zulässigkeitsgrenze** → Rn. 4. **c)** Ist die **Auskunft unzutreffend** (zB zu hohe Qualitätsanga- 3 ben), stehen dem Mieter im Fall des Vertretenmüssens Ansprüche – je nach Zeitpunkt der Aufforderung – aus § 311 II bzw. §§ 280 I, 241 II zB mit dem Argument zu, er hätte eine gleichwertige andere Wohnung günstiger mieten oder zu einem früheren Zeitpunkt die Überschreitung der Zulässigkeitsgrenze rügen können.

4 **4. Auskunft bei einem Überschreiten der ortsüblichen Vergleichsmiete über 10 % gem. § 556e oder § 556f (Ia). a) Voraussetzungen.** Der Vermieter muss dem Mieter „vor dessen Abgabe der Vertragserklärung“ **(Ia 1),** dh idR vor dem Unterschreiben des Mietvertrages, **unaufgefordert** eine Auskunft in Textform iSd § 126b **(IV)** über jeweils die in **Ia 1 Nr. 1–4** genannten Umstände geben. Die Fixierung der Angaben im Mietvertragsformular genügt für die Textform, wenn der Mieter vor Unterzeichnung die Möglichkeit hat, abzuschätzen oder zu überprüfen,
5 ob die Angaben stimmen (BT-Drs. 19/4672 S. 27). **b) Einzelheiten.** Bei der Angabe der **Vormiete (Ia 1 Nr. 1)** muss der Vormieter nicht identifiziert werden; uU soll der Mieter gem. **III** nachfragen können. Bei einer **Modernisierung (Ia 1 Nr. 2)** soll ohne Nachfrage die Angabe des Datums genügen. Entsprechendes soll
6 für die Folgenummern gelten (BT-Drs. 19/4672 S. 27 f.). **c) Rechtsfolgen eines Unterlassens.** UU langdauernder Verlust des Anspruchs auf einen Teil der Miete **(Ia 2–4),** was einen wirtschaftlichen Anreiz setzten soll, die Bestimmung einzuhalten; zugleich soll dem Mieter erspart bleiben, den Auskunftsanspruch durchsetzen zu müssen (BT-Drs. 19/4672 S. 26 f.). Formgerechte Nachholung der Auskunft führt erst nach zwei Jahren zur Geltung der vereinbarten Miete **(I 3),** ohne dass es dann einer Erklärung des Vermieters bedürfte (LG Berlin WuM 2022, 43). Ein
7 ursprünglich reiner Formverstoß kann ex nunc beseitigt werden **(Ia 4). d)** Eine **unzutreffende Auskunft** beeinträchtigt den Anspruch auf die niedrigere Miete zutr. nicht, weil sonst auch angesichts unterschiedlicher Gründe für die Unrichtigkeit das Sanktions- und Anreizsystem nicht durchgehalten werden könnte. Der Mieter kann/muss je nach den Voraussetzungen Ansprüche auf Schadensersatz (→ Rn. 3) oder aus §§ 812 ff. geltend machen.

Unterkapitel 2. Regelungen über die Miethöhe

§ 557 Mieterhöhungen nach Vereinbarung oder Gesetz

(1) **Während des Mietverhältnisses können die Parteien eine Erhöhung der Miete vereinbaren.**

(2) **Künftige Änderungen der Miethöhe können die Vertragsparteien als Staffelmiete nach § 557a oder als Indexmiete nach § 557b vereinbaren.**

(3) **Im Übrigen kann der Vermieter Mieterhöhungen nur nach Maßgabe der §§ 558 bis 560 verlangen, soweit nicht eine Erhöhung durch Vereinbarung ausgeschlossen ist oder sich der Ausschluss aus den Umständen ergibt.**

(4) **Eine zum Nachteil des Mieters abweichende Vereinbarung ist unwirksam.**

1 Die Norm hat insoweit programmatischen Charakter, als sie im Rahmen des allg. Zulässigen (§§ 138, 134 iVm §§ 291 StGB, 5 WiStG) Vereinbarungen über **Mieterhöhungen** gestattet (zu deren Zustandekommen LG München ZMR 2021, 397; zu deren Verbindlichkeit BGH NZM 2020, 322: Irrtum über die Wohnfläche; LG Berlin MDR 2022, 23: Irrtum über Preisbindung), für schon im Voraus vereinbarte **künftige Mieterhöhungen** allein auf die Modelle der §§ 557a, 557b verweist und ein **Mieterhöhungsverlangen des Vermieters** nur nach den §§ 558–560
2 erlaubt, sofern es nicht ausgeschlossen wurde. **Andere Formen** künftiger oder vom Vermieter verlangter Mieterhöhungen sind damit **unzulässig,** was allerdings durch die Anordnung halbzwingender Geltung der einzelnen Vorschriften (zB § 557a V) etwas abgemildert wird.

§ 557a Staffelmiete

(1) **Die Miete kann für bestimmte Zeiträume in unterschiedlicher Höhe schriftlich vereinbart werden; in der Vereinbarung ist die jeweilige Miete oder die jeweilige Erhöhung in einem Geldbetrag auszuweisen (Staffelmiete).**

(2) **[1]Die Miete muss jeweils mindestens ein Jahr unverändert bleiben. [2]Während der Laufzeit einer Staffelmiete ist eine Erhöhung nach den §§ 558 bis 559b ausgeschlossen.**

(3) **[1]Das Kündigungsrecht des Mieters kann für höchstens vier Jahre seit Abschluss der Staffelmietvereinbarung ausgeschlossen werden. [2]Die Kündigung ist frühestens zum Ablauf dieses Zeitraums zulässig.**

(4) **[1]Die §§ 556d bis 556g sind auf jede Mietstaffel anzuwenden. [2]Maßgeblich für die Berechnung der nach § 556d Absatz 1 zulässigen Höhe der zweiten und aller weiteren Mietstaffeln ist statt des Beginns des Mietverhältnisses der Zeitpunkt, zu dem die erste Miete der jeweiligen Mietstaffel fällig wird. [3]Die in einer vorangegangenen Mietstaffel wirksam begründete Miethöhe bleibt erhalten.**

(5) **Eine zum Nachteil des Mieters abweichende Vereinbarung ist unwirksam.**

1. Staffelmiete. a) Voraussetzungen und Inhalt (I). Schriftliche (§ 126), auch nachträgliche Vereinbarung über eine Anpassung (idR Erhöhung) der Miete in betragsgemäß ausgewiesener Höhe (nicht prozentual, s. dazu BGH NJW 2012, 1502 m. zust. Anm. Schmid ZMR 2012, 527 zu einer Teilnichtigkeit) zu feststehenden Zeitpunkten in Abständen von mindestens einem Jahr **(II 1).** Eine Höchstfrist ist nicht mehr vorgesehen. Der Mietvertrag selbst kann auf kürzere (s. § 575) oder längere Zeit als ein Jahr, auch auf unbestimmte Zeit geschlossen werden. **b) Rechtsfolgen.** Kraft der geschlossenen Vereinbarung (also ohne zusätzliche Erklärung) tritt eine Veränderung der Miete im vorgesehenen Umfang, und zwar grundsätzlich unabhängig von der Marktmiete ein (KG NJW-RR 2001, 871; BGH NJW-RR 2005, 236). Führt eine Erhöhung zu einer Miete von mehr als 20 % über der Grenze des Angemessenen (§ 5 II WiStG), so ist die jeweils betroffene Staffelerhöhung nichtig (OLG Hamburg NJW-RR 2000, 458). In **angespannten Märkten** (§§ 556d ff.) ist jede Stufe durch die zulässige Höchstgrenze (§ 556d I) begrenzt **(IV).** Sinkt die Vergleichsmiete oder ist eine Staffelmiete vor dem Inkrafttreten einer LandesVO (§ 556d II) vereinbart, so kann die letzte Miete auch dann vereinbart werden, wenn sie die Höchstgrenze überschreitet (§ 556e I). **c)** Die genannten Grenzen der Gestaltung sind zugunsten des Mieters **zwingend (V).** 1 2

2. Andere Erhöhungen. Sie sind nur wegen Steigerungen der Betriebskosten gem. § 560 zulässig **(II 2),** also auch nicht zB bei einer Modernisierung gem. § 559 (LG Berlin NZM 2018, 599: auch nicht nach Ablauf der Staffelmietvereinbarung). 3

3. Zeitliche Bindung der Parteien. Das ordentliche Kündigungsrecht des ***Mieters*** (§ 573c) kann bis maximal **zum Ablauf** der Vierjahresfrist seit Abschluss der Staffelvereinbarung (BGH NJW-RR 2017, 137) auch durch AGB ausgeschlossen werden **(III);** der **Vermieter** kann sich im Rahmen des allg. Zulässigen binden. 4

§ 557b Indexmiete

(1) **Die Vertragsparteien können schriftlich vereinbaren, dass die Miete durch den vom Statistischen Bundesamt ermittelten Preisindex für die Lebenshaltung aller privaten Haushalte in Deutschland bestimmt wird (Indexmiete).**

(2) [1]**Während der Geltung einer Indexmiete muss die Miete, von Erhöhungen nach den §§ 559 bis 560 abgesehen, jeweils mindestens ein Jahr unverändert bleiben.** [2]**Eine Erhöhung nach § 559 kann nur verlangt werden, soweit der Vermieter bauliche Maßnahmen auf Grund von Umständen durchgeführt hat, die er nicht zu vertreten hat.** [3]**Eine Erhöhung nach § 558 ist ausgeschlossen.**

(3) [1]**Eine Änderung der Miete nach Absatz 1 muss durch Erklärung in Textform geltend gemacht werden.** [2]**Dabei sind die eingetretene Änderung des Preisindexes sowie die jeweilige Miete oder die Erhöhung in einem Geldbetrag anzugeben.** [3]**Die geänderte Miete ist mit Beginn des übernächsten Monats nach dem Zugang der Erklärung zu entrichten.**

(4) **Die §§ 556d bis 556g sind nur auf die Ausgangsmiete einer Indexmietvereinbarung anzuwenden.**

(5) **Eine zum Nachteil des Mieters abweichende Vereinbarung ist unwirksam.**

1 **1. Normzweck.** Dem Vermieter soll ermöglicht werden, bei langfristigen Verträgen seine **Rendite** aus einem Mietverhältnis **zu erhalten,** ohne auf das komplizierte Verfahren nach § 558 mit seinen Grenzen (→ § 558 Rn. 4) angewiesen zu sein.

2 **2. Voraussetzungen und Inhalt.** Schriftliche (§ 126), auch nachträgliche und formularmäßige (BGH NZM 2021, 878), Vereinbarung über das Recht beider Parteien, in Abständen von mindestens einem Jahr (Laufzeit der unveränderten Miete) eine Anpassung der Miete (ohne Ermessen oder Verhandlungsspielraum, BGH ZMR 1969, 141) an den im Ges. genannten Index zu verlangen. Ein Bestimmungsrecht nur für eine Partei oder das Abstellen nur auf den Fall von Indexerhöhungen ist unzulässig. **Obergrenze** ist die prozentuale Veränderung des Index seit Abschluss der Vereinbarung bzw. der ersten Mietanpassung. Eine prozentual niedrigere Übernahme der Indexveränderungen ist möglich (vgl. BGH NZM 2021, 878 Rn. 52). Zulässig ist auch eine Verlängerung der Abstandsfrist, des Weiteren das Abstellen auf eine Mindesterhöhung des Index (zB jeweils 3 Prozentpunkte über dem gegenwärtigen Niveau [BGH aaO] oder bezogen auf ein bisheriges Datum im Index). In **angespannten Märkten** (§§ 556d ff.) kann ein Index nur in einer zulässigen Höhe beginnen; die nachfolgenden Stufen richten sich allein nach dem Index unabhängig von der ortsüblichen Vergleichsmiete **(IV).**

3 **3. Geltendmachen. a) Form und Frist (III 1).** Zugangsbedürftige (§ 130) Erklärung in Textform (§ 126b). Der Zugang kann so vorgenommen werden, dass die Wirkung mit Ablauf der Jahresfrist bzw. der vereinbarten längeren Frist eintritt. Die begünstigte Partei kann die Erhöhung auch später geltend machen, wobei die neue Mindestfrist ab Zeitpunkt des Wirksamwerdens des jetzigen Erhöhungsverlangens läuft. Das Recht kann **verwirkt** werden (OLG Düsseldorf NJW-RR 2001, 1666). **b) Inhalt.** Benennen der eingetretenen Indexveränderung und Umrechnung auf die Miete. Eine Umrechnung des Index in Prozentpunkte ist nicht erforderlich (BGH WuM 2018, 36). **c) Wirkung.** Anpassung ab übernächstem Monat nach Zugang **(III 3).**

4 **4. Andere Erhöhungen.** Mieterhöhungen nach § 558 sind ausgeschlossen **(II 3);** zulässig sind **(II 1, 2)** Erhöhungen wegen einer Modernisierung (§ 559) oder einer Veränderung der Betriebskosten (§ 560).

§ 558 Mieterhöhung bis zur ortsüblichen Vergleichsmiete

(1) [1]**Der Vermieter kann die Zustimmung zu einer Erhöhung der Miete bis zur ortsüblichen Vergleichsmiete verlangen, wenn die Miete in dem Zeitpunkt, zu dem die Erhöhung eintreten soll, seit 15 Monaten unverändert ist.** [2]**Das Mieterhöhungsverlangen kann frühestens ein Jahr nach der**

letzten Mieterhöhung geltend gemacht werden. [3]Erhöhungen nach den §§ 559 bis 560 werden nicht berücksichtigt.

(2) **[1]Die ortsübliche Vergleichsmiete wird gebildet aus den üblichen Entgelten, die in der Gemeinde oder einer vergleichbaren Gemeinde für Wohnraum vergleichbarer Art, Größe, Ausstattung, Beschaffenheit und Lage einschließlich der energetischen Ausstattung und Beschaffenheit in den letzten sechs Jahren vereinbart oder, von Erhöhungen nach § 560 abgesehen, geändert worden sind. [2]Ausgenommen ist Wohnraum, bei dem die Miethöhe durch Gesetz oder im Zusammenhang mit einer Förderzusage festgelegt worden ist.**

(3) **[1]Bei Erhöhungen nach Absatz 1 darf sich die Miete innerhalb von drei Jahren, von Erhöhungen nach den §§ 559 bis 560 abgesehen, nicht um mehr als 20 vom Hundert erhöhen (Kappungsgrenze). [2]Der Prozentsatz nach Satz 1 beträgt 15 vom Hundert, wenn die ausreichende Versorgung der Bevölkerung mit Mietwohnungen zu angemessenen Bedingungen in einer Gemeinde oder einem Teil einer Gemeinde besonders gefährdet ist und diese Gebiete nach Satz 3 bestimmt sind. [3]Die Landesregierungen werden ermächtigt, diese Gebiete durch Rechtsverordnung für die Dauer von jeweils höchstens fünf Jahren zu bestimmen.**

(4) **[1]Die Kappungsgrenze gilt nicht,**

1. **wenn eine Verpflichtung des Mieters zur Ausgleichszahlung nach den Vorschriften über den Abbau der Fehlsubventionierung im Wohnungswesen wegen des Wegfalls der öffentlichen Bindung erloschen ist und**
2. **soweit die Erhöhung den Betrag der zuletzt zu entrichtenden Ausgleichszahlung nicht übersteigt.**

[2]Der Vermieter kann vom Mieter frühestens vier Monate vor dem Wegfall der öffentlichen Bindung verlangen, ihm innerhalb eines Monats über die Verpflichtung zur Ausgleichszahlung und über deren Höhe Auskunft zu erteilen. [3]Satz 1 gilt entsprechend, wenn die Verpflichtung des Mieters zur Leistung einer Ausgleichszahlung nach den §§ 34 bis 37 des Wohnraumförderungsgesetzes und den hierzu ergangenen landesrechtlichen Vorschriften wegen Wegfalls der Mietbindung erloschen ist.

(5) **Von dem Jahresbetrag, der sich bei einer Erhöhung auf die ortsübliche Vergleichsmiete ergäbe, sind Drittmittel im Sinne des § 559a abzuziehen, im Falle des § 559a Absatz 1 mit 8 Prozent des Zuschusses.**

(6) **Eine zum Nachteil des Mieters abweichende Vereinbarung ist unwirksam.**

Lit.: Börstinghaus, Miethöhe-Handbuch, 2. Aufl. 2016; ders., 50 Jahre ortsübliche Vergleichsmiete, NZM 2022, 14; Börstinghaus/Clar, Die Ermittlung der ortsüblichen Vergleichsmiete, NZM 2014, 889. Noack/Westner, Miete und Mieterhöhung, 2. Aufl. 2019.

1. Allgemeines. a) Normzweck. Die Bestimmung ergänzt § 573 rechtspolitisch: Kann der Vermieter nur beim Vorliegen ganz bestimmter Gründe kündigen, muss ihm die Möglichkeit eingeräumt werden, innerhalb des Mietverhältnisses die Miete im Zuge der Geldentwertung, aber auch angesichts ansteigender Mieten auf dem Markt anzuheben. Dies wiederum muss in der Höhe, soll der Mieter nicht einfach wirtschaftlich herausgedrängt werden, Grenzen unterworfen sein. 1

2 **b) Prinzipien.** Als Grundsatz wurde im Rahmen des Sozialen Mietrechts entwickelt, dass der Vermieter bei einer Neuvermietung in Ausnutzung der Marktchancen die Miete zwar frei festlegen kann (s. aber jetzt §§ 556d ff. bei „angespannten" Märkten), sie aber innerhalb eines bestehenden Mietverhältnisses nur bis zur ortsüblichen Miete (→ Rn. 5) und dabei auch nur innerhalb einer sog Kappungsgrenze (→ Rn. 7) anheben darf. Damit soll einerseits die Wirtschaftlichkeit des Mieteigentums für den Vermieter auf Dauer erhalten werden, andererseits auch der Mieter wirtschaftlich die Möglichkeit haben, in der Wohnung zu verbleiben.

3 **c) Realisierung der Erhöhung.** Der Vermieter hat kein Recht, die Miete einseitig zu erhöhen, sondern

einen Anspruch auf Zustimmung des Mieters zur Mieterhöhung, also zur Änderung des Vertrages, s. § 558a und § 558b, wobei die §§ 145 ff. nur modifiziert gelten (BGH BeckRS 2022, 11535 Rn. 25 ff.). **d) Abgrenzung.** Die Normen sind zugunsten des Mieters zwingend **(VI).** Möglich ist die Vereinbarung einer **Staffel-** oder **Indexmiete** (§§ 557a, 557b). Ein Abschlag von der ortsüblichen Vergleichsmiete steht einer **Minderung** nicht entgegen, da sich die Sollbeschaffenheit nicht ändert (BGH BeckRS 2021, 42000 Rn. 19).

4 **2. Voraussetzungen der Mieterhöhung. a)** Ablauf einer **Wartefrist** (Sperrfrist) von einem Jahr ab dem erstmaligen Zahlen (bzw. der Fälligkeit) der jetzigen Miete (Beginn des Mietverhältnisses bzw. letzte Erhöhung) bis zum Zugang (BGH NJW 1993, 2110; NZM 2021, 650 Rn. 29) des Erhöhungsverlangens **(I 2);** ein vorher zugegangenes Verlangen ist wirkungslos. **b) Mindestfrist** von fünfzehn Monaten seit dem erstmaligen Zahlen/der Fälligkeit der Miete in jetziger Höhe bis zur Erhöhung **(I 1).** Die Differenz zwischen Wartefrist und Mindestfrist erklärt sich daraus, dass dem Mieter eine Überlegungsfrist zustehen soll, ob er dem Verlangen nachkommen will (s. § 558b).

5 **3. Erhöhung bis zur ortsüblichen Vergleichsmiete, Kappungsgrenze. a) Begriff.** Für die **Vergleichsmiete (II)** werden die Wohnungen in einem ersten Schritt aufgrund genereller Faktoren einer Gruppe vergleichbarer Wohnungen zugeordnet, für die idR im *Mietspiegel* eine Mietspanne genannt wird; *Sachverständigenbeweis* ist auch bei Mietspiegel möglich (BGH NZM 2021, 882). **aa) Berechnungsfaktoren.** Bestimmend sind die Lage innerhalb der konkreten Gemeinde, Baujahr, Größe (s. BGH NJW 2019, 2464 Rn. 24: wegen des Einflusses auf den Wert ist die tatsächliche, uU vom Vertrag abweichende Größe zugrunde zu legen; BGH NZM 2021, 759 Rn. 10 ff.: die Parteien können aber frei vereinbaren, welche Flächen eines Gebäudes als Wohnraum vermietet werden), Art, Beschaffenheit, auch energetische Ausstattung. In einem zweiten Schritt ist dann grds. innerhalb dieser Spanne anhand individueller, den Wohnwert beeinflussender Faktoren die konkrete Miete zu bestimmen (BGH NJW-RR 2019, 458 Rn. 15). Vom Mieter auf eigene Kosten beschaffte Einrichtungen (BGH NJW-RR 2019, 269 Rn. 17) oder von ihm durchgeführte Verbesserungen des baulich-dekorativen Zustands (AG Hamburg BeckRS 2022, 3864: auch noch nach langer Zeit) sind nicht zu berücksichtigen. Bei einem Austausch ist eine Kostenbeteiligung des Vermieters im Wert der alten Einrichtung zu empfehlen (enger wohl BGH NJW-RR 2019, 269 Rn. 18: Berücksichtigung nur bei voller Kostenerstattung). **bb) Vergleichszeitraum.** Die Vergleichsmiete wird als Spanne aus den tatsächlich erzielten Durchschnittsmieten der letzten sechs (bis 31.12.2019 vier; dazu Art. 229 § 50 EGBGB) Jahre gebildet. Darin gehen die sog. Bestandsmieten (kein Mieterwechsel) mit ihren Veränderungen sowie die Neuvermietungen (nach BT-Drs. 18, 3121 in der Praxis zu deutlich über 25 %) ein. Im Ergebnis wird damit ein Preis *unterhalb* des Marktes für Neuvermietungen ermittelt.

6 **b) Erhöhung.** Hat der Mieter Förderungsmittel erhalten, so verringert sich die Grenze entspr. (BGH NJW 2009, 1737). Eine Erhöhung soll auch dann möglich sein, wenn eine Anfangsmiete unter der Vergleichsmiete vereinbart war und sich die Vergleichsmiete nicht geändert hat (BGH NJW 2007, 2546). Desgl. soll der Vermieter an den oberen Rand einer **Spanne** auch dann gehen können, wenn die bisherige Miete im unteren Bereich dieser Spanne liegt (BGH NJW 2010, 150).

7 **c)** Die **Kappungsgrenze (III),** bezogen auf die vereinbarte Grundmiete (BGH NJW 2004, 1380; zur Grundmiete → § 556 Rn. 1), greift ein, wenn die Vergleichsmiete zu einer stärkeren Erhöhung berechtigen würde. Bei Größenabweichungen ist, anders als bei der Vergleichsmiete (→ Rn. 5), von der tatsächlich vereinbarten Grundmiete (ohne Nebenkosten) auszugehen (BGH NJW 2016, 239 Rn. 20). Die Regelbegrenzung einer Mieterhöhung von 20 % innerhalb von drei Jahren kann aufgrund der Mietrechtsnovelle 2013 (BGBl. I 434) durch LandesVO in Bezirken mit außerordentlichen Mietsteigerungen für fünf Jahre auf 15 % abgesenkt werden **(III 2 und 3).** Die Wirksamkeit einer entspr. VO ist durch die Zivilgerichte zu

überprüfen (BGHZ 207, 246). Wird die Kappungsgrenze voraussichtlich später als nach Ablauf der Mindestfrist erreicht, kann der Vermieter das Erhöhungsverlangen bis dahin hinausschieben. Zur **Unanwendbarkeit der Kappungsgrenze** s. **IV.**

§ 558a Form und Begründung der Mieterhöhung

(1) **Das Mieterhöhungsverlangen nach § 558 ist dem Mieter in Textform zu erklären und zu begründen.**

(2) **Zur Begründung kann insbesondere Bezug genommen werden auf**
1. **einen Mietspiegel (§§ 558c, 558d),**
2. **eine Auskunft aus einer Mietdatenbank (§ 558e),**
3. **ein mit Gründen versehenes Gutachten eines öffentlich bestellten und vereidigten Sachverständigen,**
4. **entsprechende Entgelte für einzelne vergleichbare Wohnungen; hierbei genügt die Benennung von drei Wohnungen.**

(3) **Enthält ein qualifizierter Mietspiegel (§ 558d Abs. 1), bei dem die Vorschrift des § 558d Abs. 2 eingehalten ist, Angaben für die Wohnung, so hat der Vermieter in seinem Mieterhöhungsverlangen diese Angaben auch dann mitzuteilen, wenn er die Mieterhöhung auf ein anderes Begründungsmittel nach Absatz 2 stützt.**

(4) [1]**Bei der Bezugnahme auf einen Mietspiegel, der Spannen enthält, reicht es aus, wenn die verlangte Miete innerhalb der Spanne liegt.** [2]**Ist in dem Zeitpunkt, in dem der Vermieter seine Erklärung abgibt, kein Mietspiegel vorhanden, bei dem § 558c Abs. 3 oder § 558d Abs. 2 eingehalten ist, so kann auch ein anderer, insbesondere ein veralteter Mietspiegel oder ein Mietspiegel einer vergleichbaren Gemeinde verwendet werden.**

(5) **Eine zum Nachteil des Mieters abweichende Vereinbarung ist unwirksam.**

1. Erhöhungsverlangen. Textform **(I)** iSd § 126b; dies bezieht sich nicht auf die Begründungsmittel, auf die gem. II Bezug genommen wird. Genannt werden muss als Wirksamkeitsvoraussetzung der Erhöhungsbetrag oder der erhöhte Mietbetrag (KG ZMR 1997, 638), nicht der Zeitpunkt der Erhöhung; er folgt aus § 558b I. Bei **mehreren Mietern** (→ § 535 Rn. 3) muss sich das Verlangen an alle richten. Ist ein Mieter ohne Entlassung aus dem Vertrag ausgezogen, so handelt der Verbleibende uU missbräuchlich, wenn er sich auf die fehlende Zustellung an den ausgezogenen Mieter beruft (BGH NJW 2004, 1797). 1

2. Begründung. a) Sie soll dem Mieter die Möglichkeit geben, die sachliche Berechtigung des Erhöhungsverlangens zu überprüfen. Auf diese Weise sollen überflüssige Prozesse vermieden werden. Die Begründung muss deshalb konkrete Hinweise auf die Berechtigung des Erhöhungsverlangens enthalten (BGH NJW 2008, 574). Die **Begründungsmittel (II)** sind im Ges. nicht abschließend aufgezählt (s. „insbes."). Der Vermieter kann also auch andere Begründungen heranziehen. Aus ihnen muss sich das Erhöhungsverlangen schlüssig ableiten lassen. Wird die fragliche Wohnung von einem qualifizierten Mietspiegel erfasst, so sind die relevanten Daten (→ §§ 558c–e Rn. 1) zum Vergleich zwingend **(V)** stets **mitzuteilen (III).** Ein Unterlassen führt zur Unwirksamkeit des Erhöhungsverlangens (LG München I NJW 2002, 2885). **b) Mietspiegel. aa)** Bezieht sich der Vermieter auf einen **einfachen Mietspiegel (II Nr. 1),** soll bei außergewöhnlichen Mietsteigerungen ein **„Stichtagszuschlag"** (Tag des Erhöhungsverlangens) zulässig sein, wenn der Mietspiegel einige Zeit zurückliegt (BGH NJW 2017, 2679). Angesichts der Friedensfunktion des Mietspiegels sollte diese Möglichkeit nur eröffnet werden, wenn das Abwarten auf den nächsten Mietspiegel „die Wirtschaftlichkeit der Vermietung ernstlich in Frage stellen würde" (BVerfG NJW 1992, 1377; differenzierend auch Fleindl NZM 2017, 325). Benennt der Vermieter innerhalb der richtigen Spanne

(Randnummern: 2 neben „2. Begründung", 3 neben „chen I NJW 2002, 2885 … b) Mietspiegel")

einen zu hohen Betrag, so ist das Verlangen bis zum zulässigen Höchstbetrag wirksam (BGH DWW 2004, 54). Bei [Teil-] Inklusivmiete sind Betriebskosten nur herauszurechnen, wenn die erhöhte Miete die ortsübliche Nettovergleichsmiete übersteigt (BGH NZM 2021, 299). **bb)** Stützt sich der Vermieter auf einen **qualifizierten Mietspiegel,** so braucht er, wenn dort Bandbreiten hinsichtlich der sog. Einzelvergleichsmiete (→ §§ 558c–558e Rn. 1) genannt sind, die konkrete Entscheidung innerhalb des Spielraums nicht zu begründen **(IV).** Der Mietspiegel selbst muss nicht mitübersandt werden, wenn er allg. zugänglich ist (BGH NJW 2010, 225; NZM 2021, 926 Rn. 17 ff.). **cc)** Auf **veraltete Mietspiegel** oder einen Mietspiegel einer vergleichbaren Gemeinde (BGH NJW 2019, 3315 Rn. 13ff: nicht bei kleinerem Ort vor Großstadt) kann der Vermieter ersatzweise **(IV 2)** zurückgreifen, soweit mit nachprüfbaren Korrekturfaktoren gearbeitet werden kann (BGH NJW 2016, 2565; sa AG Hamburg BeckRS 2022, 9354 Rn. 17 ff.: fortwirkender Informationsgehalt des vorherigen, weniger als einen Monat „veralteten" Mietspiegels). Pauschale
4 Ab- oder Zuschläge reichen nicht aus (BGH NJW 2014, 1173). **d)** Auszüge aus einer **Mietdatenbank** (**II Nr. 2,** s. § 558e) sind, falls sich der Vermieter darauf stützt, beizufügen, wenn sie dem Mieter nur unter erheblichem Aufwand zugänglich
5 sind. **e) Sachverständigengutachten (II Nr. 3). aa) Zweck.** Das Gutachten muss dem Mieter ermöglichen, der Berechtigung des Erhöhungsverlangens nachzugehen und sie zumindest ansatzweise selbst zu überprüfen. Daher müssen dem Mieter im Interesse einer außergerichtlichen Einigung die (nachprüfbaren) Tatsachen mitgeteilt werden, die er zur Prüfung des Erhöhungsverlangens benötigt (BGH NJW 2018, 2792 Rn. 18 f., stRspr). **bb) Inhalt.** In der Sache ist anhand nachvollziehbarer Anhaltspunkte (BGH NJW 2019, 3142 Rn. 56 ff.; sa AG Pinneberg WuM 2021, 673) festzuhalten, welcher Preis oder welche Spanne – über sog. Ausreißer hinaus – für die „überwiegende Mehrheit" (BGH NJW 2012, 1352) der Vergleichswohnungen als Miete genommen wird. Einzelfällen kann durch Zu- oder Abschläge etwa von einem Mietspiegel Rechnung getragen werden (BGH NJW-RR 2014, 784). Nicht gravierende Mängel machen das Erhöhungsverlangen nicht formell unwirksam, sondern sind uU bei der Berechnung der neuen Miete zu berücksichtigen (BGH NJW 2016, 1386; 2018, 2792 Rn. 21 ff.). Kein die Wirksamkeit betreffender Mangel ist es, wenn der Gutachter die Wohnung nicht besichtigt (BGH NJW 2018, 2792 Rn. 20 ff.). Das Gutachten ist dem Erhöhungsverlangen beizufügen. **cc) Gutachter.** Er muss für Grundstücks- und Gebäudeschätzungen bestellt sein (BGHZ 83, 366), wobei seine örtliche Zuständigkeit nicht entscheidet, da es auf die Sachkunde, nicht auf Ortskenntnisse ankommt (BayObLG ZMR 1987, 426). Ein entspr. bestellter Gutachterausschuss erfüllt ebenfalls die Anforderungen (LG
6 Münster II ZMR 1994, 22). **f) Vergleichbare Wohnungen (II Nr. 4).** Die Vergleichbarkeit bezieht sich wie beim Mietspiegel auf den **Wohnwert** mit Blick auf die Faktoren Gemeinde, Lage in der Gemeinde, Größe, Art, auch energetische Ausstattung, Beschaffenheit (→ § 558 Rn. 5). Hier kann ein relativ großzügiger Maßstab angelegt werden (BGH NJW-RR 2014, 1357 mwN). Unterschiede sind durch Zu- und Abschläge zu berücksichtigen (BGH WuM 2014, 494). Die Wohnungen müssen leicht identifizierbar sein (BGH NJW 2003, 963). Die Namen von Vermieter und Mieter müssen nicht genannt werden (BGHZ 84, 392). Auch eigene Wohnungen (zB bei kommunalen Wohnungsträgern) können benannt werden (BT-Drs. 14/4553, 54 ff.), ebenso preisgebundene Wohnungen (BGH NZM 2020, 459). Da mindestens drei Wohnungen genannt werden müssen **(II Nr. 4 HS 2),** muss bei Benennung mehrerer Wohnungen bei drei Wohnungen die (uU durch Faktoren korrigierte) neu geforderte Miete zum Zeitpunkt des Erhöhungsverlangens erreicht werden (BGH DWW 2012, 170).

§ 558b Zustimmung zur Mieterhöhung

(1) **Soweit der Mieter der Mieterhöhung zustimmt, schuldet er die erhöhte Miete mit Beginn des dritten Kalendermonats nach dem Zugang des Erhöhungsverlangens.**

(2) [1]**Soweit der Mieter der Mieterhöhung nicht bis zum Ablauf des zweiten Kalendermonats nach dem Zugang des Verlangens zustimmt, kann der Vermieter auf Erteilung der Zustimmung klagen.** [2]**Die Klage muss innerhalb von drei weiteren Monaten erhoben werden.**

(3) [1]**Ist der Klage ein Erhöhungsverlangen vorausgegangen, das den Anforderungen des § 558a nicht entspricht, so kann es der Vermieter im Rechtsstreit nachholen oder die Mängel des Erhöhungsverlangens beheben.** [2]**Dem Mieter steht auch in diesem Fall die Zustimmungsfrist nach Absatz 2 Satz 1 zu.**

(4) **Eine zum Nachteil des Mieters abweichende Vereinbarung ist unwirksam.**

1. Abgabe der Zustimmungserklärung (I). a) Zustimmungserklärung. 1 Die empfangsbedürftige (§ 130) Erklärung ist idR formfrei (Ausnahme: wesentliche Änderung des Mietvertrages iSd § 560 bei Erhöhung um 20 %, BGH ZMR 1963, 82). Auch eine einmalige vorbehaltslose Zahlung kann als Zustimmung ausgelegt werden (BGH NJW-RR 2018, 524 Rn. 14). Der Mieter hat eine **Überlegungsfrist** von zwei Monaten zum Monatsende (II 1), die der Vermieter abwarten muss (Bsp: Erhöhungsverlangen 15.1., Überlegungsfrist bis 31.3.). **b) Rechtsfolge.** Es kommt eine vertragliche Vereinbarung über die Erhöhung der Miete unabhängig davon zustande, ob das Verlangen § 558a genügte (BGH NZM 2020, 322 Rn. 15 f., stRspr). Bei einer nach Ablauf der Dreimonatsfrist, zB im Prozess erklärten oder durch Urteil ersetzten (→ Rn. 2) Zustimmung erhöht sich die Miete demgemäß ebenfalls ab dem dritten Monat seit dem Zugang des Erhöhungsverlangens (Bsp: Erhöhungsverlangen 15.1., Zustimmung 20.5., erhöhte Miete ab 1.4.). Eine teilw. Zustimmung ist möglich (BGH BeckRS 2022, 11535 Rn. 30, 40); insoweit treten ihre Wirkungen ein.

2. Ausbleiben der Zustimmung (II). Der Vermieter muss innerhalb einer 2 **Ausschlussfrist (II 2)** von drei Monaten (Folge einer Verspätung: Unzulässigkeit der Klage) auf Abgabe der Zustimmungserklärung (s. § 894 ZPO) klagen. Dabei kann er sein vorprozessuales Erhöhungsverlangen ermäßigen (BGH BeckRS 2022, 11535). Mit Rechtskraft wird der Erhöhungsbetrag gem. I (→ Rn. 1) fällig. Der Mieter muss einen Verzögerungsschaden leisten, wenn er die Verweigerung der Zustimmung zu vertreten hat (BGH NJW 2005, 2311). Lässt der Vermieter die Frist verstreichen, so muss er ein neues Erhöhungsverlangen mit allen daran anknüpfenden Fristen stellen (Staudinger/V. Emmerich § 558b Rn. 17a). **Fristbeginn:** Zugang einer ablehnenden Erklärung des Mieters (s. § 146), spätestens mit Ablauf der Überlegungsfrist für den Mieter (s. Bsp. → Rn. 1).

3. Heilung eines fehlerhaften Erhöhungsverlangens (III). Voraussetzun- 3 **gen:** Vorliegen eines mangelhaften Erhöhungsverlangens. **Abhilfemöglichkeiten:** Nachholen eines komplett neuen Erhöhungsverlangens **(III 1 Alt. 1)** oder Beseitigung des Mangels (**III 1 Alt. 2,** zB Beifügen des Sachverständigengutachtens, Benennen einer weiteren Vergleichswohnung). **Folge:** Der Mieter gewinnt die volle Überlegungsfrist ab Zugang des fehlerfreien Erhöhungsverlangens **(III 2);** stimmt er – auch außerprozessual – zu, so trägt der Vermieter die Kosten eines Rechtsstreits (§§ 93, 91a ZPO).

§ 558c Mietspiegel; Verordnungsermächtigung

(1) **Ein Mietspiegel ist eine Übersicht über die ortsübliche Vergleichsmiete, soweit die Übersicht von der nach Landesrecht zuständigen Behörde oder von Interessenvertretern der Vermieter und der Mieter gemeinsam erstellt oder anerkannt worden ist.**

(2) **Mietspiegel können für das Gebiet einer Gemeinde oder mehrerer Gemeinden oder für Teile von Gemeinden erstellt werden.**

(3) **Mietspiegel sollen im Abstand von zwei Jahren der Marktentwicklung angepasst werden.**

(4) **¹Die nach Landesrecht zuständigen Behörden sollen Mietspiegel erstellen, wenn hierfür ein Bedürfnis besteht und dies mit einem vertretbaren Aufwand möglich ist. ²Für Gemeinden mit mehr als 50 000 Einwohnern sind Mietspiegel zu erstellen. ³Die Mietspiegel und ihre Änderungen sind zu veröffentlichen.**

(5) **Die Bundesregierung wird ermächtigt, durch Rechtsverordnung mit Zustimmung des Bundesrates Vorschriften zu erlassen über den näheren Inhalt von Mietspiegeln und das Verfahren zu deren Erstellung und Anpassung einschließlich Dokumentation und Veröffentlichung.**

§ 558d Qualifizierter Mietspiegel

(1) **¹Ein qualifizierter Mietspiegel ist ein Mietspiegel, der nach anerkannten wissenschaftlichen Grundsätzen erstellt und von der nach Landesrecht zuständigen Behörde oder von Interessenvertretern der Vermieter und der Mieter anerkannt worden ist. ²Entspricht ein Mietspiegel den Anforderungen, die eine nach § 558c Absatz 5 erlassene Rechtsverordnung an qualifizierte Mietspiegel richtet, wird vermutet, dass er nach anerkannten wissenschaftlichen Grundsätzen erstellt wurde. ³Haben die nach Landesrecht zuständige Behörde und Interessenvertreter der Vermieter und der Mieter den Mietspiegel als qualifizierten Mietspiegel anerkannt, so wird vermutet, dass der Mietspiegel anerkannten wissenschaftlichen Grundsätzen entspricht.**

(2) **¹Der qualifizierte Mietspiegel ist im Abstand von zwei Jahren der Marktentwicklung anzupassen. ²Dabei kann eine Stichprobe oder die Entwicklung des vom Statistischen Bundesamt ermittelten Preisindexes für die Lebenshaltung aller privaten Haushalte in Deutschland zugrunde gelegt werden. ³Nach vier Jahren ist der qualifizierte Mietspiegel neu zu erstellen. ⁴Maßgeblicher Zeitpunkt für die Anpassung nach Satz 1 und für die Neuerstellung nach Satz 3 ist der Stichtag, zu dem die Daten für den Mietspiegel erhoben wurden. ⁵Satz 4 gilt entsprechend für die Veröffentlichung des Mietspiegels.**

(3) **Ist die Vorschrift des Absatzes 2 eingehalten, so wird vermutet, dass die im qualifizierten Mietspiegel bezeichneten Entgelte die ortsübliche Vergleichsmiete wiedergeben.**

§ 558e Mietdatenbank

Eine Mietdatenbank ist eine zur Ermittlung der ortsüblichen Vergleichsmiete fortlaufend geführte Sammlung von Mieten, die von der Gemeinde oder von Interessenvertretern der Vermieter und der Mieter gemeinsam geführt oder anerkannt wird und aus der Auskünfte gegeben werden, die für einzelne Wohnungen einen Schluss auf die ortsübliche Vergleichsmiete zulassen.

Anmerkungen zu den §§ 558c–558e

Lit.: *Abramenko,* Das Mietspiegelreformgesetz (MsRG), MDR 2022, 65; *Börstinghaus/Ostermann,* Mietspiegel: Neue Impulse durch eine gesetzliche Erstellungspflicht?, NZM 2021, 825.

1 **Überblick. a)** Ein **Mietspiegel,** in unterschiedlichen Formen gefasst, stellt idR in einer Von-bis-Spanne die verschiedenen Mieten dar, die üblicherweise für Woh-

nungen in einer Gemeinde, einem Ortsteil oder in mehreren Orten gezahlt werden. Dabei wird davon ausgegangen, dass der Mieter die Schönheitsreparaturen (→ § 535 Rn. 30 ff.) zu tragen hat. Zur Ermittlung einer Vergleichsmiete für eine konkrete Wohnung wird im Anschluss an § 558 II zB nach Art, Größe, Baujahr, Lage, Heizungsart, sanitären Einrichtungen und Ausstattung sowie die „energetische Ausstattung und Beschaffenheit" (dazu BT-Drs. 17/10485, 23 f.) differenziert; der Vergleichszeitraum beträgt nunmehr sechs Jahre (§ 558 II 1; dazu Art. 229 § 50 EGBGB; AG Berlin Spandau BeckRS 2022, 3569 Rn. 6 f.). Aufgrund der tatsächlich vor Ort ermittelten Unterschiede kann diese sog. *Einzelvergleichsmiete* ebenfalls in einer gewissen „kleinen Bandbreite" (BGH WuM 2011, 421 zum qualifizierten Mietspiegel; NJW 2019, 3142 Rn. 59 zum Sachverständigengutachten) festgehalten werden; in Betracht kommt aber auch das Abstellen auf einen arithmetischen Mittelwert (BGH NZM 2021, 650 Rn. 45). **b)** Der **einfache Mietspiegel** (§ 558c) kann mit 2
relativ einfachen Mitteln entwickelt werden. Ihm kommt dahingehend *Indizwirkung* zu, dass die angegebenen Entgelte die ortsübliche Vergleichsmiete zutreffend wiedergeben (BGH NJW-RR 2019, 458 Rn. 25). Zu entkräften ist dies etwa durch Anhaltspunkte, die Verfasser hätten – aus Unkenntnis oder in Verfolgung bestimmter Interessen – sachwidrig gehandelt (BGH NJW 2010, 2946 Rn. 13). **c)** Der **qualifi-** 3
zierte Mietspiegel (§ 558d iVm § 558c), aus dem einfachen Mietspiegel definitorisch entwickelt, soll durch seine gesteigerte sachliche Qualität (zu Anforderungen und deren Überprüfbarkeit s. BGH NJW 2013, 776; 2014, 293) eine höhere Akzeptanz auslösen und damit befriedend wirken (BT-Drs. 14/4553, 57). Ihn trägt die *Vermutung* der richtigen Wiedergabe der Vergleichsmiete, § 558d III. Wegen des generellen Charakters ist die Auslegung revisibel (BGH NJW 2011, 2284). **Beweislast** für das Einhalten der Kriterien: Derjenige, der sich darauf stützt, idR Vermieter (BGH NZM 2013, 140). **d) Mietdatenbanken** sollen durch deren ständige Fort- 4
schreibung aktuelle Daten über den Wohnungsmietmarkt genutzt werden können (AG Coesfeld WuM 2020, 456); derzeit existiert keine einzige (Staudinger/V. Emmerich § 558e Rn. 3).

§ 559 Mieterhöhung nach Modernisierungsmaßnahmen

(1) [1]**Hat der Vermieter Modernisierungsmaßnahmen im Sinne des § 555b Nummer 1, 3, 4, 5 oder 6 durchgeführt, so kann er die jährliche Miete um 8 Prozent der für die Wohnung aufgewendeten Kosten erhöhen.** [2]**Im Fall des § 555b Nummer 4a ist die Erhöhung nur zulässig, wenn der Mieter seinen Anbieter von öffentlich zugänglichen Telekommunikationsdiensten über den errichteten Anschluss frei wählen kann und der Vermieter kein Bereitstellungsentgelt gemäß § 72 des Telekommunikationsgesetzes als Betriebskosten umlegt oder umgelegt hat.**

(2) **Kosten, die für Erhaltungsmaßnahmen erforderlich gewesen wären, gehören nicht zu den aufgewendeten Kosten nach Absatz 1; sie sind, soweit erforderlich, durch Schätzung zu ermitteln.**

(3) **Werden Modernisierungsmaßnahmen für mehrere Wohnungen durchgeführt, so sind die Kosten angemessen auf die einzelnen Wohnungen aufzuteilen.**

(3a) [1]**Bei Erhöhungen der jährlichen Miete nach Absatz 1 darf sich die monatliche Miete innerhalb von sechs Jahren, von Erhöhungen nach § 558 oder § 560 abgesehen, nicht um mehr als 3 Euro je Quadratmeter Wohnfläche erhöhen.** [2]**Beträgt die monatliche Miete vor der Mieterhöhung weniger als 7 Euro pro Quadratmeter Wohnfläche, so darf sie sich abweichend von Satz 1 nicht um mehr als 2 Euro je Quadratmeter Wohnfläche erhöhen.**

(4) [1]**Die Mieterhöhung ist ausgeschlossen, soweit sie auch unter Berücksichtigung der voraussichtlichen künftigen Betriebskosten für den Mieter eine Härte bedeuten würde, die auch unter Würdigung der berechtigten**

Interessen des Vermieters nicht zu rechtfertigen ist. [2]Eine Abwägung nach Satz 1 findet nicht statt, wenn
1. **die Mietsache lediglich in einen Zustand versetzt wurde, der allgemein üblich ist, oder**
2. **die Modernisierungsmaßnahme auf Grund von Umständen durchgeführt wurde, die der Vermieter nicht zu vertreten hatte.**

(5) **[1]Umstände, die eine Härte nach Absatz 4 Satz 1 begründen, sind nur zu berücksichtigen, wenn sie nach § 555d Absatz 3 bis 5 rechtzeitig mitgeteilt worden sind. [2]Die Bestimmungen über die Ausschlussfrist nach Satz 1 sind nicht anzuwenden, wenn die tatsächliche Mieterhöhung die angekündigte um mehr als 10 Prozent übersteigt.**

(6) **Eine zum Nachteil des Mieters abweichende Vereinbarung ist unwirksam.**

Lit.: Börstinghaus/Eisenschmid, Modernisierungs-Handbuch Wohn- und Geschäftsraum, 2014; Hinz, Neue Aspekte bei der Mieterhöhung, MDR 2021, 1436; Rips, § 559 BGB: Eine Baustelle im Mietrecht, WuM 2014, 695.

1 **1. Normzweck.** Nachdem in den §§ 555a ff. die Modernisierung in Abgrenzung zur Erhaltung definiert und die Duldungspflichten für den Mieter festgelegt wurden, regelt das Ges. in einem zweiten Abschnitt die wirtschaftlichen Auswirkungen einer Modernisierung für die Mietparteien. Dabei geht es um die Realisierung zweier Ziele. Einerseits soll dem Vermieter ein *wirtschaftlicher Anreiz* geboten werden, entspr. Maßnahmen vorzunehmen (→ Vor § 555a Rn. 1). Er kann ua die Kosten in absehbarer Zeit auf den Mieter in vollem Umfang verlagern und von einer Erhöhung des Wohnungsstandards profitieren (→ Rn. 5 f.). Andererseits sah sich der Gesetzgeber genötigt, auf die erheblichen Missstände durch sog. *Luxusmodernisierungen* (→ Vor § 556d Rn. 3) zu reagieren. Den aufgetretenen Missständen soll insofern begegnet (→ Vor § 556d Rn. 4) werden, als der Zeitraum für die Verlagerung der Kosten für die Miete gestreckt und – wie bei der Erhöhung der „reinen" Miete (558 III) – eine Kappungsgrenze eingeführt wird (BT-Drs. 19/4672 S. 11, 31). Zum **Anwendungsbereich** → § 555a Rn. 1; zum Modernisierungszuschlag nach modernisierungsbedingter Erhöhung der Miete auf Grundlage der ortsüblichen Vergleichsmiete und der dann geltenden Begrenzung der Zuschlagshöhe BGH NZM 2021, 297. Bei der Vereinbarung einer Staffelmiete (§ 557a) gilt § 559a nicht.

2 **2. Erhöhung der Miete (I–III). a) Umlagefähiger Betrag. aa)** Umlagefähig sind die für die **Modernisierung** aufgewandten Baukosten einschließlich der Baunebenkosten, zB Kosten für eigene Aufwendungen, Gebühren und insbes. die Finanzierung (nicht Mietausfälle). Dienen Maßnahmen (ganz oder teilweise) der **Erhaltung** (→ § 535 Rn. 20; → § 555b Rn. 2), müssen die darauf entfallenden Kosten zunächst transparent (vgl. LG Berlin WuM 2021, 564) **herausgerechnet** werden **(II).** Dabei ist ein Abzug nicht nur für „fällige" Instandsetzungsmaßnahmen, sondern auch für die modernisierende Erneuerung bislang mangelfreier, aber nicht unerheblich (ab-)genutzter Bauteile und Einrichtungen vorzunehmen (BGH NZM 2020, 795, zweifelhaft). **bb) Nicht zu berücksichtigende Beträge. I 1** schließt Kosten gem. § 555b Nr. 2 und 7 aus; sa § 559a; **I 2** erlaubt die Berücksichtigung nur bei freier Wählbarkeit des Anbieters und unterbindet „doppelte" Berücksichtigung (Miete und Betriebskosten). **cc) Verteilungsregeln (III)** gelten, wenn eine Maßnahme verschiedenen Zwecken dient (Bsp: neue Heizanlage auch zur Erhaltung → § 555b Rn. 2) oder wenn sie mehreren Wohnungen zugutekommt (Zentralheizung, Aufzug). Wesentlich sind hier die Begriffe „durch Schätzung" (II) und „angemessen" (III), die streitvermeidend Pauschalierungen erlauben. Bei der „angemessenen Verteilung" auf mehrere Wohnungen ist § 315 I zu beachten. Bsp: Verteilung nach der Höhe der Miete, der Wohnfläche, dem unterschiedlichen Nutzungswert für die einzelne Wohnung (zB Aufzug; s. aber AG Hamburg BeckRS 2022, 4072
3 Rn. 22 ff.). **b) Bezugspunkt der Berechnung.** Die **„jährliche Miete"** ist die

rechnerisch zwölffache Miete des letzten Monats vor Abschluss der Bauarbeiten. Bis einschließlich dieses Monats vorgenommene anderweitige Mieterhöhungen, zB auf Grund von § 558, sind zu berücksichtigen. **c) Kappungsgrenze (IIIa).** Bsp: Bei 4 einer Wohnung von 60 qm sind maximal 8% der aufgewendeten Kosten: 60 [qm] x 3 [€] x 12 [Mte] = 2 160 €. Damit betragen 100 % der umlegbaren Kosten 27 000 €. Die Spanne kann durch eine oder mehrere Maßnahmen ausgeschöpft werden. Der durch die Modernisierungsmaßnahmen ausgelöste Anteil der Mieterhöhung darf auch dabei die Grenze von 3 Euro/qm innerhalb von sechs Jahren nach Abschluss der ersten einbezogenen Maßnahme nicht übersteigen.

3. Härteabwägung (IV, V). a) Grundsatz. Die Regelung ist insoweit ein 5 Kernstück des Konzeptes zur Modernisierung, als sie nunmehr die alleinige Möglichkeit schafft, (wirtschaftlichen) Interessen auch des Mieters Rechnung zu tragen (→ Vor § 555 Rn. 1). Sie erlaubt eine teilw. Reduktion der Miete (vgl. „soweit"). Nach der RegBegr soll, was aus dem Wortlaut nicht folgt, zwischen energetischen (§ 555b Nr. 1, 2) und nichtenergetischen (§ 555 Nr. 3–7) Modernisierungen unterschieden werden. Bei **energetischen Maßnahmen** seien „hohe energetische Standards grundsätzlich erwünscht" und berechtigten zur vollen Mieterhöhung. Nur bei einer „völlig ungeeigneten Technik" oder „ausgehend von einem bereits bestehenden hohen energetischen Standard" und „geringfügig gesteigerten Einsparungen unter Aufwand hoher Kosten" soll sich der Mieter auf einen Härtefall berufen können (BT-Drs. 17/10485, 24 rSp). Bei **nichtenergetischen Maßnahmen** soll im Fall von sog. Luxussanierungen – wie bisher und zutr. – keine Duldungspflicht und damit auch keine Befugnis zur Mieterhöhung bestehen (BT-Drs. 17/10485, 25). Diese abstrakt-maßnahmenbezogene Differenzierung findet im Wortlaut des § 555b keine Stütze; dasselbe gilt aber auch für den Gegenvorschlag, generell eine Mieterhöhung im Falle von Modernisierungen, die den allg. üblichen Standard überschreiten, nur bei besonderen Gründen zu erlauben (vgl. Voraufl; Schmid ZMR 2012, 593). Richtigerweise darf die Abwägung nicht abstrakt-generell, sondern muss einzelfallbezogen erfolgen. Dabei kommt aber dem Klimaschutz ein erhebliches (s. nur BVerfGE 157, 30), das ebenfalls überindividuelle Interesse an bezahlbarem Wohnraum übersteigendes Gewicht zu. Letztlich sollte dies durchaus auf eine Differenzierung zwischen energetischen und nichtenergetischen Maßnahmen hinauslaufen (vgl. zB LG Berlin BeckRS 2021, 20093 Rn. 11: „relativ geringe" Energieeinsparung). **b) Tatbestand.** Im Einzelfall ist festzustellen, ob die **Mieterhöhung** dem 6 Mieter in Anbetracht seiner wirtschaftlichen Verhältnisse unter Abwägung mit den durch die Modernisierung eingetretenen Vorteilen **zuzumuten** ist. Abwägungselemente sind etwa das Interesse des Mieters an der Wohnung als Lebensmittelpunkt (→ § 549 Rn. 1), das nach Abzug der Miete verbleibende Nettoeinkommen (LG Berlin ZMR 2022, 302) und die Frage, ob sich der Mieter durch das Anmieten einer deutlich zu großen Wohnung finanziell überfordert hat (BGH NJW 2020, 835 Rn. 23).

4. Voraussetzungen der Härteabwägung (V). Wird die angekündigte Miet- 7 erhöhung eingehalten oder um **bis zu 10 % überschritten,** so kann der Mieter eine Abwägung nur dann fordern, wenn er Härtegründe fristgerecht nach Ankündigung der Modernisierung in Textform mitgeteilt hatte (→ § 555d Rn. 2 ff.). Bei **größerem Überschreiten** gilt diese Ausschlussfrist nicht; es ist also stets abzuwägen (BGHZ 229, 139 Rn. 47), wobei schon der Umfang der Mieterhöhung zugunsten des Mieters spricht; der Härteeinwand kann dann die gesamte Mieterhöhung erfassen (Staudinger/V. Emmerich § 559 Rn. 73).

§ 559a Anrechnung von Drittmitteln

(1) **Kosten, die vom Mieter oder für diesen von einem Dritten übernommen oder die mit Zuschüssen aus öffentlichen Haushalten gedeckt werden, gehören nicht zu den aufgewendeten Kosten im Sinne des § 559.**

(2) [1]**Werden die Kosten für die Modernisierungsmaßnahmen ganz oder teilweise durch zinsverbilligte oder zinslose Darlehen aus öffentlichen Haushalten gedeckt, so verringert sich der Erhöhungsbetrag nach § 559 um den Jahresbetrag der Zinsermäßigung.** [2]**Dieser wird errechnet aus dem Unterschied zwischen dem ermäßigten Zinssatz und dem marktüblichen Zinssatz für den Ursprungsbetrag des Darlehens.** [3]**Maßgebend ist der marktübliche Zinssatz für erstrangige Hypotheken zum Zeitpunkt der Beendigung der Modernisierungsmaßnahmen.** [4]**Werden Zuschüsse oder Darlehen zur Deckung von laufenden Aufwendungen gewährt, so verringert sich der Erhöhungsbetrag um den Jahresbetrag des Zuschusses oder Darlehens.**

(3) [1]**Ein Mieterdarlehen, eine Mietvorauszahlung oder eine von einem Dritten für den Mieter erbrachte Leistung für die Modernisierungsmaßnahmen stehen einem Darlehen aus öffentlichen Haushalten gleich.** [2]**Mittel der Finanzierungsinstitute des Bundes oder eines Landes gelten als Mittel aus öffentlichen Haushalten.**

(4) **Kann nicht festgestellt werden, in welcher Höhe Zuschüsse oder Darlehen für die einzelnen Wohnungen gewährt worden sind, so sind sie nach dem Verhältnis der für die einzelnen Wohnungen aufgewendeten Kosten aufzuteilen.**

(5) **Eine zum Nachteil des Mieters abweichende Vereinbarung ist unwirksam.**

Die Bestimmung schließt zusätzlich zu § 559 den Bezug bestimmter Fremdmittel bei der Berechnung der Mieterhöhung infolge von Modernisierungsmaßnahmen aus.

§ 559b Geltendmachung der Erhöhung, Wirkung der Erhöhungserklärung

(1) [1]**Die Mieterhöhung nach § 559 ist dem Mieter in Textform zu erklären.** [2]**Die Erklärung ist nur wirksam, wenn in ihr die Erhöhung auf Grund der entstandenen Kosten berechnet und entsprechend den Voraussetzungen der §§ 559 und 559a erläutert wird.** [3]**§ 555c Absatz 3 gilt entsprechend.**

(2) [1]**Der Mieter schuldet die erhöhte Miete mit Beginn des dritten Monats nach dem Zugang der Erklärung.** [2]**Die Frist verlängert sich um sechs Monate, wenn**
1. **der Vermieter dem Mieter die Modernisierungsmaßnahme nicht nach den Vorschriften des § 555c Absatz 1 und 3 bis 5 angekündigt hat oder**
2. **die tatsächliche Mieterhöhung die angekündigte um mehr als 10 Prozent übersteigt.**

(3) **Eine zum Nachteil des Mieters abweichende Vereinbarung ist unwirksam.**

1 **1. Geltendmachen der Erhöhung (I). a) Bedeutung der Modernisierungsankündigung.** Die Ankündigung drei Monate vor Beginn der Baumaßnahmen (§ 555c I) ist *nicht Wirksamkeitsvoraussetzung* für die Mieterhöhung (BGH NJW 2011, 1220). Der Vermieter verliert allerdings den Erhöhungsbetrag für sechs Monate (→ Rn. 3). Maßgebend ist dabei allein, ob der voraussichtliche Erhöhungsbetrag angegeben war (§ 555c I 2 Nr. 3); die übrigen dort genannten Angaben waren
2 wegen *der Duldung* der nun abgeschlossenen Arbeiten erforderlich. **b) Erhöhungserklärung. aa) Form.** Textform (§ 126b). **bb) Inhalt.** Genannt werden muss der Betrag, um den sich die Miete – nach Abzug von Instandsetzungsersparungen (→ § 559 Rn. 1, 2) erhöht, oder die neue Miete. Auch muss, wenn nicht offensichtlich, dargelegt werden, dass es sich um eine energieeinsparende, den Wasserverbrauch reduzierende bzw. eine nicht zu vertretende Maßnahme handelt (zu weitgehend

BGH NJW 2006, 1127: Angabe der Wärmedämmwerte). Der Umfang der Energieeinsparung muss nicht dargelegt werden (BGHZ 150, 282; BGH DWW 2004, 83). Aufzuzeigen sind die entstandenen Kosten – nicht notwendigerweise unter Aufschlüsselung in Gewerke oder Untergewerke (LG Bonn WuM 2021, 489; LG Frankfurt aM NJW-RR 2022, 592; aA LG Berlin ZMR 2021, 809) und daraus rechnerisch nachvollziehbar die Mieterhöhung. Bei der Verteilung auf mehrere Wohnungen ist der Verteilungsschlüssel anzugeben und zu begründen; auch Abzüge nach § 559a sind zu erläutern. Bei alldem sind für die formelle Wirksamkeit der Erklärung keine erhöhten Anforderungen zu stellen (BGH BeckRS 2018, 25387 Rn. 10, stRspr). **cc) Zeitpunkt.** Erst nach Abschluss der Arbeiten, weil dann die Kosten definitiv feststehen. **dd) Sonstiges.** Die **Beweislast** für Zugang und ordnungsgemäßen Inhalt trägt der Vermieter, für die inhaltliche Unrichtigkeit der Mieter (AG Berlin-Mitte ZMR 2021, 326). Eine Ausschlussfrist besteht nicht, uU kann Verwirkung eintreten. Eine **fehlerhafte Erklärung** kann ohne Rückwirkung nachgeholt werden. **Mehrere** tatsächlich trennbare **Modernisierungsmaßnahmen** erlauben auch bei einheitlicher Ankündigung (→ Rn. 1) mehrere Mieterhöhungen (BGH NZM 2021, 504); ist eine einheitliche Erhöhungserklärung nur hinsichtlich einer Maßnahme mangels Begründung oder Erläuterung formell nichtig, so hat die Erklärung hinsichtlich der anderen Maßnahmen Bestand (BGH NZM 2020, 795).

2. Wirkung der Erhöhungserklärung (§ 559b II). Erhöhung der Miete **auch ohne Zustimmung des Mieters** ab Beginn des dritten Monats, der dem Zugang der Erklärung folgt (Bsp: Erhöhungsverlangen am 15.1; erhöhte Miete ab 1.4.). Hat der Vermieter die Baumaßnahmen nicht rechtzeitig angekündigt (→ Rn. 1) oder die Kosten (auch schuldlos) zu niedrig angesetzt (Übersteigen der mitgeteilten Höhe um mehr als 10 %), so wirkt die Erhöhungserklärung für den gesamten Erhöhungsbetrag (BGH NZM 2016, 46) erst weitere sechs Monate später (im Bsp: ab 1.10.). 3

§ 559c Vereinfachtes Verfahren

(1) [1]**Übersteigen die für die Modernisierungsmaßnahme geltend gemachten Kosten für die Wohnung vor Abzug der Pauschale nach Satz 2 10 000 Euro nicht, so kann der Vermieter die Mieterhöhung nach einem vereinfachten Verfahren berechnen.** [2]**Als Kosten, die für Erhaltungsmaßnahmen erforderlich gewesen wären (§ 559 Absatz 2), werden pauschal 30 Prozent der nach Satz 1 geltend gemachten Kosten abgezogen.** [3]**§ 559 Absatz 4 und § 559a Absatz 2 Satz 1 bis 3 finden keine Anwendung.**

(2) **Hat der Vermieter die Miete in den letzten fünf Jahren bereits nach Absatz 1 oder nach § 559 erhöht, so mindern sich die Kosten, die nach Absatz 1 Satz 1 für die weitere Modernisierungsmaßnahme geltend gemacht werden können, um die Kosten, die in diesen früheren Verfahren für Modernisierungsmaßnahmen geltend gemacht wurden.**

(3) [1]**§ 559b *gilt für* das vereinfachte Verfahren entsprechend.** [2]**Der Vermieter muss in der Mieterhöhungserklärung angeben, dass er die Mieterhöhung nach dem vereinfachten Verfahren berechnet hat.**

(4) [1]**Hat der Vermieter eine Mieterhöhung im vereinfachten Verfahren geltend gemacht, so kann er innerhalb von fünf Jahren nach Zugang der Mieterhöhungserklärung beim Mieter keine Mieterhöhungen nach § 559 geltend machen.** [2]**Dies gilt nicht,**

1. **soweit der Vermieter in diesem Zeitraum Modernisierungsmaßnahmen auf Grund einer gesetzlichen Verpflichtung durchzuführen hat und er diese Verpflichtung bei Geltendmachung der Mieterhöhung im vereinfachten Verfahren nicht kannte oder kennen musste,**

2. sofern eine Modernisierungsmaßnahme auf Grund eines Beschlusses von Wohnungseigentümern durchgeführt wird, der frühestens zwei Jahre nach Zugang der Mieterhöhungserklärung beim Mieter gefasst wurde.

(5) **Für die Modernisierungsankündigung, die zu einer Mieterhöhung nach dem vereinfachten Verfahren führen soll, gilt § 555c mit den Maßgaben, dass**

1. der Vermieter in der Modernisierungsankündigung angeben muss, dass er von dem vereinfachten Verfahren Gebrauch macht,

2. es der Angabe der voraussichtlichen künftigen Betriebskosten nach § 555c Absatz 1 Satz 2 Nummer 3 nicht bedarf.

Lit.: Hinz, Das „vereinfachte Verfahren" der Modernisierungsmieterhöhung, JR 2020, 275; Mersson, Das vereinfachte Verfahren bei der Modernisierungsmieterhöhung – doch nicht so einfach?, DWW 2019, 324.

1 **1. Normzweck.** Mit der Bestimmung soll sog. Kleinvermietern (BT-Drs. 19/4672 S. 32) ein zusätzlicher Anreiz zur Modernisierung (→ § 559 Rn. 1) gegeben werden: Formalien werden erleichtert, bestimmte Schutzinstrumente für den Mieter sind nicht anwendbar. Zum Ausgleich wird die Investitionshöhe auf 10 000 € begrenzt – was die Vorschrift stark entwertet. Da von den Kosten ein Drittel als Erhaltungsaufwand pauschal dem Vermieter zugerechnet werden (→ Rn. 2), führt die Umlage der Kosten iHv 8% auf die Jahresmiete (§ 559 Abs. 1) zu einer Erhöhung der Monatsmiete um maximal ca. 45 € (→ § 559 Rn. 3). Zudem wird für eine Wiederholung eine Sperrfrist von fünf Jahren festgelegt.

2 **2. Tatbestand. a) Erleichterungen für den Vermieter.** Die gem. § 559 Abs. 2, 3 uU schwierig zu ermittelnden bzw. zu schätzenden, vom Vermieter zu tragenden Erhaltungskosten (→ § 535 Rn. 20) werden pauschal mit 30 % der Gesamtkosten festgesetzt **(I 2).** Zinsvorteile durch öffentl. Darlehen (§ 559a Abs. 2) bleiben (anders als Zuschüsse selbst, s. § 559a Abs. 3), auch weil es sich angesichts der Obergrenze für die Modernisierung nur um geringfügige Beträge handeln kann (BT-Drs. 19/4672 S. 33) unberücksichtigt **(I 3).** Angaben über die durch die Modernisierung voraussichtlich eingesparten Betriebskosten (§ 555c I 2 Nr. 3) sind nicht erforderlich **(V Nr. 2).** Dem Mieter steht ein Härteeinwand (§ 559 IV) nicht zu **(I 3). b) Begrenzungen zugunsten des Mieters.** Das vereinfachte Verfahren steht nicht isoliert. Modernisierungsmaßnahmen, die in den letzten fünf Jahren (wohl vor Zugang der Mieterhöhungserklärung) durchgeführt wurden, sind bei den 10 000 € zu berücksichtigen **(II),** Maßnahmen innerhalb von fünf Jahren nach Zugang des Mieterhöhungsverlangens können im vereinfachten Verfahren nur ausgeführt werden, soweit der Rahmen von 10 000 € nicht ausgeschöpft wurde **(IV mit Ausnahmen).**

3 **3. Erforderliche Erklärungen gegenüber dem Mieter.** Der Vermieter muss in der Modernisierungsankündigung gem. § 555c (ohne Angaben über die künftigen Betriebskosten, → § 555c Rn. 1) darauf hinweisen, dass er eine Modernisierung im vereinfachten Verfahren beabsichtige **(V Nr. 1),** außerdem ist bei der Mieterhöhungserklärung gem. § 559b darauf hinzuweisen, dass er die Mieterhöhung nach dem vereinfachten Verfahren berechnet hat **(III).**

§ 559d Pflichtverletzungen bei Ankündigung oder Durchführung einer baulichen Veränderung

[1]Es wird vermutet, dass der Vermieter seine Pflichten aus dem Schuldverhältnis verletzt hat, wenn

1. mit der baulichen Veränderung nicht innerhalb von zwölf Monaten nach deren angekündigtem Beginn oder, wenn Angaben hierzu nicht erfolgt sind, nach Zugang der Ankündigung der baulichen Veränderung begonnen wird,

2. in der Ankündigung nach § 555c Absatz 1 ein Betrag für die zu erwartende Mieterhöhung angegeben wird, durch den die monatliche Miete mindestens verdoppelt würde,
3. die bauliche Veränderung in einer Weise durchgeführt wird, die geeignet ist, zu erheblichen, objektiv nicht notwendigen Belastungen des Mieters zu führen, oder
4. die Arbeiten nach Beginn der baulichen Veränderung mehr als zwölf Monate ruhen.

[2]Diese Vermutung gilt nicht, wenn der Vermieter darlegt, dass für das Verhalten im Einzelfall ein nachvollziehbarer objektiver Grund vorliegt.

In den vier Nummern sind verschiedene zu beanstandende Verhaltensweisen 1
erwähnt, die nach den gesammelten praktischen Erfahrungen bisher angewandt worden sind, um bei Mietern Ängste auszulösen oder sie durch erhebliche, sachlich nicht gebotene Belästigungen unter Druck zu setzen und sie im Ergebnis zur Kündigung gem. § 555e zu veranlassen. Die aufgrund der Vermutung erleichterte Möglichkeit, Schadensersatzansprüche gem. §§ 241 Abs. 2, 282 geltend zu machen, soll von einigen Methoden des **„Herausmodernisierens"** abschrecken (BT-Drs. 19/4672 S. 34 f.). Parallel dazu wird nach § 6 WiStG (Schutznorm iSd § 823 II) als ordnungswidrig handelnd mit einer Bußgeldandrohung bis zu 100 000 € sanktioniert, wer in der Absicht, einen Mieter zur Kündigung zu veranlassen, bauliche Veränderungen in missbräuchlicher, den Mieter erheblich belastender Weise durchführt (nicht wörtliches Zitat; zur ges. Intention s. BT-Drs. 19/4672 S. 36 f.). Die 2
Vorschrift ist insgesamt missglückt; einerseits stellt sie Vermieter unter Generalverdacht, andererseits spielt sie in der Praxis wohl keine Rolle (vgl. Börstinghaus/Klimm NZM 2018, 633, 640: „Placebo" und „praxisuntauglich").

§ 560 Veränderungen von Betriebskosten

(1) **[1]Bei einer Betriebskostenpauschale ist der Vermieter berechtigt, Erhöhungen der Betriebskosten durch Erklärung in Textform anteilig auf den Mieter umzulegen, soweit dies im Mietvertrag vereinbart ist. [2]Die Erklärung ist nur wirksam, wenn in ihr der Grund für die Umlage bezeichnet und erläutert wird.**

(2) **[1]Der Mieter schuldet den auf ihn entfallenden Teil der Umlage mit Beginn des auf die Erklärung folgenden übernächsten Monats. [2]Soweit die Erklärung darauf beruht, dass sich die Betriebskosten rückwirkend erhöht haben, wirkt sie auf den Zeitpunkt der Erhöhung der Betriebskosten, höchstens jedoch auf den Beginn des der Erklärung vorausgehenden Kalenderjahres zurück, sofern der Vermieter die Erklärung innerhalb von drei Monaten nach Kenntnis von der Erhöhung abgibt.**

(3) **[1]Ermäßigen sich die Betriebskosten, so ist eine Betriebskostenpauschale vom Zeitpunkt der Ermäßigung an entsprechend herabzusetzen. [2]Die Ermäßigung ist dem Mieter unverzüglich mitzuteilen.**

(4) **Sind Betriebskostenvorauszahlungen vereinbart worden, so kann jede Vertragspartei nach einer Abrechnung durch Erklärung in Textform eine Anpassung auf eine angemessene Höhe vornehmen.**

(5) **Bei Veränderungen von Betriebskosten ist der Grundsatz der Wirtschaftlichkeit zu beachten.**

(6) **Eine zum Nachteil des Mieters abweichende Vereinbarung ist unwirksam.**

Lit.: Bentrop, Wenn Vermieter die Betriebskosten selbst in die Hand nehmen ..., WuM 2020, 467; Blank, Die Anpassung der Betriebskostenvorauszahlungen, NZM 2012, 217; Eisenhardt, Die Angemessenheit der Anpassung von Betriebskostenvorauszahlungen gem. § 560 IV BGB, WuM 2011, 200.

1 **1. Allgemeines. a) Anwendungsbereich.** Die Bestimmung bezieht sich **nicht** auf den Regelfall von Vereinbarungen, in denen Betriebskosten je nach ihrem konkreten Anfallen umgelegt und Vorauszahlungen als Vorschuss vereinbart werden (s. dazu § 556), sondern auf Klauseln, in denen eine Pauschalierung (unabhängig vom konkreten Verbrauch) vorgenommen wurde. Wird überhaupt nicht oder im Blick auf bestimmte Betriebskosten zwischen Nutzungsvergütung und Betriebskosten getrennt (Brutto- und Teilinklusivmiete, → § 556 Rn. 1, 3), so kann insoweit die Miete nur nach § 558 erhöht werden. **b) Normzweck.** Zugunsten des Mieters zwingende **(VI)** Ausgestaltung eines vertraglich vorgesehenen Anpassungsrechts des Vermieters bei Betriebskostenpauschalen und gleichzeitige Erstreckung eines solchen Mittels auf eine entsprechende Befugnis des Mieters.

2 **2. Erhöhung der Betriebskostenpauschale. a) Voraussetzungen (I 1). Erhöhungsvorbehalt** im Mietvertrag, **Kostensteigerung** seit der letzten Festlegung der Betriebskosten oder Entstehen neuer Betriebskosten (LG München I MDR 2021, 1058 f.). Der Vermieter muss, wenn die Erhöhung auf seiner Entscheidung beruht (Bsp: Ankauf von Öl), auf die Wirtschaftlichkeit (→ § 556 Rn. 4) achten **(V). b) Verfahren.** Zugangsbedürftige gestaltende Erklärung in Textform (§ 126b), nachprüfbare Begründung der Erhöhung als Wirksamkeitsvoraussetzung **(I 2). c)** Die **Wirksamkeit** der Erklärung tritt mit Beginn des auf ihren Zugang folgenden übernächsten Monats ein (Bsp: Erklärung am 15.1., Erhöhung ab 1.3.). Die Kosten für die Zwischenzeit muss der Vermieter, der eine Pauschalvereinbarung getroffen hat, selbst tragen. Eine Erhöhung kann (nur) unter den in **II 2** genannten zeitlichen Schranken und Voraussetzungen auch bei einer **rückwirkenden Erhöhung** verlangt werden (Bsp: erhöhter Gebührenbescheid für die Vergangenheit). Die **Beweislast** für Kenntnis und Zeitpunkt der Abgabe trägt der Vermieter.

3 **3. Ermäßigung der Betriebskostenpauschale (III).** Der Vermieter ist zur Ermäßigung verpflichtet, ohne dass es einer Aufforderung durch den Mieter bedarf. Eine Mitteilung geschieht **unverzüglich** (§ 121), wenn der Vermieter über das Entstehen niedrigerer (Gesamt-) Kosten nach angemessenem Beobachtungszeitraum zügig informiert. Die Ermäßigung tritt mit dem Zeitpunkt des Entstehens der Differenz ein; dieser Zeitpunkt muss in der Mitteilung idR benannt werden.

4 **4. Anpassung von Vorauszahlungen (IV).** Die Bestimmung knüpft an den Grundsatz an, dass Vorauszahlungen nur in angemessener Höhe gefordert werden dürfen (§ 556 II 2). Sie ermöglicht beiden Parteien eine Anpassung durch eine einseitige Erklärung, wenn Umstände eingetreten sind oder eintreten werden, die die entstehenden Kosten voraussichtlich beeinflussen (BGH NJW 2011, 3643). Voraussetzung für den Vermieter ist, dass die Basisabrechnung formell und inhaltlich korrekt war (BGH NJW 2012, 2186, Rspr.-Änderung; wegen der Nichtberücksichtigung von Toleranzen zu weitgehend; krit. Schmid NZM 2012, 675; ders. ZMR 2012, 689). Der Mieter kann festgestellte Fehler der Basisabrechnung bei seiner Anpassung berücksichtigen (BGH NJW 2013, 1596). Die Erklärung ist in Textform (§ 126b) zeitlich nach einer Abrechnung abzugeben. Sie wirkt nur für die Zukunft (BGH NJW 2011, 2351). Ist die erklärte Anpassung unangemessen, so tritt (ähnlich wie bei einer Minderung, s. § 441) eine Anpassung im angemessenen Umfang ein.

§ 561 Sonderkündigungsrecht des Mieters nach Mieterhöhung

(1) [1]**Macht der Vermieter eine Mieterhöhung nach § 558 oder § 559 geltend, so kann der Mieter bis zum Ablauf des zweiten Monats nach dem Zugang der Erklärung des Vermieters das Mietverhältnis außerordentlich zum Ablauf des übernächsten Monats kündigen.** [2]**Kündigt der Mieter, so tritt die Mieterhöhung nicht ein.**

(2) **Eine zum Nachteil des Mieters abweichende Vereinbarung ist unwirksam.**

1. Normzweck. Die Bestimmung schafft ein Gegengewicht im Fall einer Anpassung der Miete an die (höhere) ortsübliche Vergleichsmiete (§ 558) oder wegen durchgeführter Modernisierungsmaßnahmen (§ 559). Bei einer Staffelmiete (§ 557a), einer Indexanpassung (§ 537b) oder der Erhöhung der Betriebskosten (§ 556) bzw. einer Betriebskostenpauschale (§ 560) steht dem Mieter kein außerordentliches Kündigungsrecht zu. Die Norm ist zugunsten des Mieters zwingend **(II).** Das Sonderkündigungsrecht steht einer Minderung wegen eines modernisierungsbedingten Mangels nicht entgegen (BGH BeckRS 2021, 42000 Rn. 22). 1

2. Entstehen des Kündigungsrechts. Geltendmachung einer Mieterhöhung durch den Vermieter; unerheblich ist, ob die Erhöhung den Formerfordernissen entspricht oder sachlich gerechtfertigt ist. Werden die Mängel durch ein neues Verlangen behoben, so laufen neue Überlegungsfristen (→ Rn. 3). 2

3. Ausübung des Kündigungsrechts. Eine **Überlegungsfrist** steht dem Mieter bis zum Ende des der Erhöhungserklärung folgenden übernächsten Monats zu (Bsp: Zugang der Erhöhungserklärung am 15.1., Überlegungsfrist bis 31.3.). Setzt der Vermieter eine längere als die in § 558b genannte Frist, so besteht das Kündigungsrecht entspr. § 561 bis zu einem Tag vor dem Wirksamwerden der Erhöhungserklärung (BGH NJW 2013, 3642). Die Kündigung bedarf der **Schriftform** (§ 126, s. § 568 I) und muss nicht begründet werden. 3

4. Wirkung der Kündigung. a) Das **Mietverhältnis endet** mit Ablauf des übernächsten Monats, bis zu dessen Ende die Kündigungserklärung des Mieters zugehen musste (BT-Drs. 14/4553, 60). Bsp: Zugang der Erhöhungserklärung am 15.1.; Ende der Überlegungsfrist am 31.3., Wirkung der Kündigung zum 31.5. Unerheblich ist, wann der Mieter (zwischen dem 15.1. und dem 31.3.) den Mietvertrag gekündigt hat. **b) Bis zum Ende des Mietvertrages** erhöht sich die Miete nicht; gibt der Mieter die Wohnung nicht zurück, so kann der Vermieter gem. § 546a die wirksam erhöhte Miete verlangen. 4

Kapitel 3. Pfandrecht des Vermieters

§ 562 Umfang des Vermieterpfandrechts

(1) [1]**Der Vermieter hat für seine Forderungen aus dem Mietverhältnis ein Pfandrecht an den eingebrachten Sachen des Mieters.** [2]**Es erstreckt sich nicht auf die Sachen, die der Pfändung nicht unterliegen.**

(2) **Für künftige Entschädigungsforderungen und für die Miete für eine spätere Zeit als das laufende und das folgende Mietjahr kann das Pfandrecht nicht geltend gemacht werden.**

Lit.: Alexander, Gesetzliche Pfandrechte an beweglichen Sachen, JuS 2014, 1; Bruns, Gegenwartsprobleme des Vermieterpfandrechts, NZM 2019, 46; Derleder, Im Überblick: Die Sicherung des Vermieters durch Barkaution, Bürgschaft, Verpfändung, Sicherungsabtretung und Schuldübernahme, NZM 2006, 601; Fehrenbach, Vermieterpfandrecht und gutgläubiger lastenfreier Erwerb, NZM 2012, 1; Kurth, Die Haftung eingebrachter beweglicher Sachen …, JA 2021, 888.

1. Allgemeines. a) Funktion. Der Vermieter, der die Sache dem Mieter überlassen und sie damit in eine fremde Einflusssphäre übergeben muss, geht selbst bei Vereinbarung einer Sicherheit (s. § 551) ein uU erhebliches Risiko ein. § 562 soll ihm einen Ausgleich durch zusätzliche Sicherheiten verschaffen. **b) Rechtsnatur.** Das Vermieterpfandrecht ist ein besitzloses ges. Pfandrecht iSv § 1257. Es ist ein „sonstiges Recht" iSv § 823 I (→ § 823 Rn. 15) und auch strafrechtlich geschützt (s. § 289 StGB); eine Verletzung kann Ansprüche aus Eingriffskondiktion auslösen. Zur Sicherung des Pfandrechts s. § 562b. **c)** Die **Verwertung** geschieht gem. §§ 1228 ff. Es kann auch ein Nutzungspfandrecht vereinbart wer- 1 den, § 1213. Bei Vollstreckung durch einen anderen Gläubiger in die Sache kann der Vermieter in den Grenzen des § 562d vorzugsweise Befriedigung verlangen (§ 805 ZPO). Der Dritte kann aber einwenden, dem Vermieter stünden hinreichend andere Gegenstände zur Sicherung zur Verfügung (iE BGHZ 27, 231 ff.). Im Insolvenzverfahren des Mieters besteht ein Recht auf abgesonderte Befriedigung in den Grenzen des § 50 II InsO. **d) Anwendbarkeit.** Die Bestimmung gilt auch für Mietverhältnisse über Grundstücke und über Räume, die keine Wohnräume sind, § 578 I, II. **e) Abdingbarkeit.** Der Vermieter kann auf das Entstehen des Pfandrechts verzichten, der Mieter kann es nicht über die Grenzen des I 2 ausdehnen (allgM; sa Thomas/Putzo/Seiler § 811 ZPO Rn. 5); eine rechtsgeschäftliche Verpfändung einzelner Gegenstände gem. §§ 1205 ff. an den Vermieter bleibt wie die Sicherungsübereignung zulässig (s. MüKoBGB/Artz § 562 Rn. 22).

2 **2. Gesicherte Forderungen. a) Sachliche Umgrenzung.** Alle zum Zeitpunkt des Geltendmachens **entstandenen** Forderungen aus dem (wirksamen) Mietverhältnis. Bsp: Miete, Nebenkosten, Ersatzansprüche, bislang nicht erfüllte Kautionsansprüche (OLG Köln NJW-RR 2022, 451 Rn. 7), Rechtsverfolgungskosten, Vertragsstrafen sowie zweckgebundene Mieterzuschüsse zum Umbau (aA Eckert ZIP 1984, 665), nicht allg. Finanzierungsdarlehen (BGHZ 62, 25). Bei einem Vermieterwechsel entsteht für den Erwerber ein eigenständiges Vermieterpfandrecht an denselben Sachen gleichrangig neben dem des Veräußerers (BGHZ 202, 354 Rn. 21 ff.). **b) Zeitliche Umgrenzung. aa) Entschädigungsforderungen** müssen *zum Zeitpunkt des Geltendmachens* (dazu BGH NJW 1972, 721) bestimmt (OLG Hamm NJW-RR 1994, 656) und fällig sein. Das Pfandrecht kann aber bis zum Ende des Mietvertrages immer wieder geltend gemacht, damit kann der zeitliche Bereich ausgedehnt werden. **bb)** Für die **Miete** bezieht sich das Pfandrecht auch auf künftige Forderungen, allerdings nur für den Rest des laufenden und des folgenden Mietjahres (nicht Kalenderjahres).

3 **3. Objekt des Pfandrechts. a) Sachen** (§§ 90, 90a S. 3) des Mieters, idR Alleineigentum. Bei Miteigentum nach Bruchteilen unterliegt der dem Mieter gehörende Teil dem Pfandrecht (RGZ 146, 337). Bei gesamthänderischem Eigentum müssen alle Eigentümer Mieter sein (RG JW 1937, 614). Hat der Mieter Sachen unter EV erworben, so wird die **Anwartschaft** erfasst, das Pfandrecht setzt sich ggf. am Vollrecht fort. Es hat auch Vorrang vor einer späteren Raumsicherungsübereignung (BGHZ 117, 205 ff.; 202, 354 Rn. 20; iE Nicolai JZ 1996, 219). An fremden Sachen entsteht auch bei gutem Glauben des Vermieters kein Pfandrecht (allgM). **b) Eingebrachte Sachen.** Die Sache muss mit dem Willen des Mieters zu einem nicht nur vorübergehenden Zweck in die gemieteten Räume hineingebracht oder dort hergestellt sein. Ein ununterbrochenes Verbleiben ist hingegen nicht erforderlich. Bsp: Kfz in der Garage (OLG Frankfurt ZMR 2006, 610), Warenlager (BGHZ 117, 207). Das Einbringen als Realakt (BGH NJW 2007, 1590) setzt eine natürliche Erkenntnisfähigkeit (Grüneberg/Ellenberger v § 104 Rn. 10) und zumindest beschränkte Geschäftsfähigkeit voraus (Staudinger/V. Emmerich § 562 Rn. 10). **c) Nicht erfasste (unpfändbare) Sachen (S. 2).** §§ 811, 811c ZPO und auch § 812 ZPO (str., Staudinger/V. Emmerich § 562 Rn. 22).

4 **4. Beweislast.** Der Vermieter muss das Entstehen (BGH DB 1986, 2075) einer Forderung und die sachlichen Voraussetzungen (→ Rn. 2 f.) beweisen (s. dazu RGZ 146, 339 f.). Dem Mieter obliegt die Beweislast für die Unpfändbarkeit (I 2).

§ 562a Erlöschen des Vermieterpfandrechts

[1]Das Pfandrecht des Vermieters erlischt mit der Entfernung der Sachen von dem Grundstück, außer wenn diese ohne Wissen oder unter Widerspruch des Vermieters erfolgt. [2]Der Vermieter kann nicht widersprechen, wenn sie den gewöhnlichen Lebensverhältnissen entspricht oder wenn die

zurückbleibenden Sachen zur Sicherung des Vermieters offenbar ausreichen.

1. Allgemeines. Die Norm hat den **rechtlichen Bestand** des Vermieterpfand- 1
rechts zum Gegenstand und behandelt einen bes. Fall des Erlöschens, der zu den allg. Erlöschensgründen, §§ 1242 II, 1252 ff., 936, hinzutritt. Einen weiteren Fall des Erlöschens enthält § 562b II 2. Die Vorschrift ist, da S. 1 einen sachenrechtlichen Grundsatz aufstellt und S. 2 Schutzcharakter hat, **nicht abdingbar.**

2. Voraussetzungen. a) Tatbestandsmerkmale. aa) Entfernung bedeutet das 2
Wegschaffen der Sache aus dem Bereich des Grundstücks bzw. aus der Wohnung einschließlich der mitvermieteten allg. Räume (→ § 535 Rn. 20) *auf Dauer.* Ein zeitweiliges Entfernen (zB des Kfz zur Benutzung oder Reparatur) lässt das Pfandrecht nicht erlöschen. Es wäre sonst bei den entsprechenden Gegenständen faktisch nutzlos (aA BGH NJW 2018, 1083 Rn. 20 ff. mwN unter Berufen auf den Normtext und eine allg. Schwäche des Vermieterpfandrechts: jeweiliges Erlöschen und Neuentstehen nach Rückkehr mit dem Risiko einer inzwischen eröffneten Insolvenz bzw. eines Zwischenpfandrechts). Wer die Sache wegbringt, ist gleichgültig (daher gilt § 562a auch bei einer Wegnahme durch den Gerichtsvollzieher, Grüneberg/Weidenkaff § 562a Rn. 4). **bb) Ohne Wissen des Vermieters** ist negativ formuliert, weil der Vermieter die Beweislast für sein Nichtwissen trägt (→ Rn. 4). Auch grob fahrlässige Unkenntnis reicht nicht aus; § 166 I (Kenntnis des Vertreters, Repräsentanten) ist anwendbar. Der **Widerspruch** ist eine rechtsgeschäftsähnliche Handlung, er kann wie eine Willenserklärung auch schlüssig geschehen. Erfolgen
muss er in unmittelbarem zeitlichem Zusammenhang mit der Wegnahme. **b) Aus-** 3
nahmen: Unbeachtlichkeit eines Widerspruchs (S. 2). aa) Wird angenommen, das *zeitweilige Entfernen einer Sache* bringe das Pfandrecht zum Erlöschen (→ Rn. 2), so sind das Wegschaffen zur Reparatur, das Mitnehmen von benötigten Sachen auf eine Reise als den **gewöhnlichen Lebensverhältnissen entsprechend** anzusehen. Gleich einzuordnen ist auch das *dauernde Entfernen* von Gegenständen im regelmäßigen Geschäftsbetrieb (Schmidt-Futterer/Lammel § 562a Rn. 14), also im üblichen Vertrieb einschließlich von Sonderaktionen (zB Saisonverkäufe), nicht jedoch ein Totalausverkauf, weil hier der Betrieb nicht mehr aufrechterhalten werden soll (Schmidt-Futterer/Lammel § 562a Rn. 15). **bb) Zur Sicherung** des Vermieters **reichen** die zurückbleibenden Sachen **offenbar aus,** wenn sie ohne nähere Prüfung den Eindruck hervorrufen, bei ihrer Verwertung werde der Vermieter hinlänglich befriedigt sein (MüKoBGB/Artz § 562a Rn. 12).

3. Beweislast. Der Mieter trägt die Beweislast für das Entfernen (→ Rn. 2), 4
der Vermieter für sein Nichtwissen und einen Widerspruch, der Mieter (bzw. ein Gläubiger) wiederum für die Voraussetzungen des S. 2.

§ 562b Selbsthilferecht, Herausgabeanspruch

(1) [1]**Der Vermieter darf die Entfernung der Sachen, die seinem Pfandrecht unterliegen, auch ohne Anrufen des Gerichts verhindern, soweit er berechtigt ist, der Entfernung zu widersprechen.** [2]**Wenn der Mieter auszieht, darf der Vermieter diese Sachen in seinen Besitz nehmen.**

(2) [1]**Sind die Sachen ohne Wissen oder unter Widerspruch des Vermieters entfernt worden, so kann er die Herausgabe zum Zwecke der Zurückschaffung auf das Grundstück und, wenn der Mieter ausgezogen ist, die Überlassung des Besitzes verlangen.** [2]**Das Pfandrecht erlischt mit dem Ablauf eines Monats, nachdem der Vermieter von der Entfernung der Sachen Kenntnis erlangt hat, wenn er diesen Anspruch nicht vorher gerichtlich geltend gemacht hat.**

1. Normzweck. Das Vermieterpfandrecht soll durch **I, II 1** faktisch abgesichert 1
werden; **II 2** ergänzt § 562a durch einen weiteren (rechtlichen) Erlöschensgrund.

Die Bestimmung ist insofern **zwingend,** als eine Erweiterung des Selbsthilferechts (I) und eine Verlängerung der Ausschlussfrist (II 2) nicht vereinbart werden können.

2 **2. Selbsthilferecht (I). a) Allgemeines.** § 562b I tritt neben § 229 und stellt geringere Anforderungen: § 231 ist nicht anwendbar (sondern § 823). **b) Voraussetzungen.** Zu „dem Pfandrecht unterliegende Sachen" → § 562 Rn. 3; zum Widerspruch → § 562a Rn. 3; zur Entfernung → § 562a Rn. 2; zur **Beweislast** → § 562 Rn. 4, → § 562a Rn. 4. Der Mieter muss mit den Maßnahmen beginnen (OLG Düsseldorf ZMR 1983, 376), wobei die Entfernung einzelner Sachen ausreicht (vgl. LG Düsseldorf MietRB 2022, 10). Nach der Entfernung steht dem Vermieter das Selbsthilferecht nicht mehr zu. **c) Rechte des Vermieters.** Sie bewirken im Rahmen der Verhältnismäßigkeit – uU auch mit Gewalt (Schmidt-Futterer/Lammel § 562b Rn. 15) –, dass die Sache auf dem Grundstück bzw. in der Wohnung usw. verbleibt. Beginnt der Mieter mit den unmittelbaren Vorbereitungen zum völligen Auszug, so kann der Vermieter die Sachen in Alleinbesitz (zB unter Verschluss, in seine Wohnung) nehmen.

3 **3. Herausgabeanspruch (II 1).** Er richtet sich auch gegen Dritte. Zu den Voraussetzungen → § 562a Rn. 2 f., zum gutgläubigen Erwerb → § 936. Das Geltendmachen geschieht durch Klage oder einstweilige Verfügung. Zur **Beweislast** → § 562a Rn. 4; der Vermieter muss außerdem den Besitz des Bekl. beweisen (Staudinger/V. Emmerich § 562b Rn. 24; str).

4 **4. Erlöschen des Pfandrechts (II 2).** Die Bestimmung dient dem Verkehrsschutz; deshalb handelt es sich um eine materiellrechtliche Ausschlussfrist (BGH NJW 2020, 1947 Rn. 22). Die **Beweislast** für die Kenntnis hat der Mieter.

§ 562c Abwendung des Pfandrechts durch Sicherheitsleistung

[1]Der Mieter kann die Geltendmachung des Pfandrechts des Vermieters durch Sicherheitsleistung abwenden. [2]Er kann jede einzelne Sache dadurch von dem Pfandrecht befreien, dass er in Höhe ihres Wertes Sicherheit leistet.

Das Pfandrecht bleibt bestehen, jedoch hat der Vermieter kein Selbsthilferecht (→ § 562b Rn. 2), keinen Herausgabeanspruch (→ § 562b Rn. 3) und kein Verwertungsrecht mehr (teilw. wird vom „Erlöschen" des Pfandrechts gesprochen, zB Staudinger/V. Emmerich § 562c Rn. 4a). Leistung der Sicherheit gem. §§ 232 ff. Die Norm ist **zwingend.**

§ 562d Pfändung durch Dritte

Wird eine Sache, die dem Pfandrecht des Vermieters unterliegt, für einen anderen Gläubiger gepfändet, so kann diesem gegenüber das Pfandrecht nicht wegen der Miete für eine frühere Zeit als das letzte Jahr vor der Pfändung geltend gemacht werden.

§ 562d begrenzt aus Gründen des Drittschutzes den zeitlichen Umfang der Forderungen auf die Miete, die durch das Pfandrecht gedeckt sind. Erfasst werden auch die in den Zeitraum fallenden Ansprüche auf Vorauszahlung der Betriebskosten bzw. die Betriebskostenpauschale. Für andere Ansprüche, etwa auf Schadensersatz, gilt die Begrenzung nicht. Zu den Rechten des Vermieters gegenüber dem Dritten selbst → § 562 Rn. 1. Die Bestimmung ist **zwingend.**

Kapitel 4. Wechsel der Vertragsparteien

§ 563 Eintrittsrecht bei Tod des Mieters

(1) **Der Ehegatte oder Lebenspartner, der mit dem Mieter einen gemeinsamen Haushalt führt, tritt mit dem Tod des Mieters in das Mietverhältnis ein.**

(2) [1]**Leben in dem gemeinsamen Haushalt Kinder des Mieters, treten diese mit dem Tod des Mieters in das Mietverhältnis ein, wenn nicht der Ehegatte oder Lebenspartner eintritt.** [2]**Andere Familienangehörige, die mit dem Mieter einen gemeinsamen Haushalt führen, treten mit dem Tod des Mieters in das Mietverhältnis ein, wenn nicht der Ehegatte oder der Lebenspartner eintritt.** [3]**Dasselbe gilt für Personen, die mit dem Mieter einen auf Dauer angelegten gemeinsamen Haushalt führen.**

(3) [1]**Erklären eingetretene Personen im Sinne des Absatzes 1 oder 2 innerhalb eines Monats, nachdem sie vom Tod des Mieters Kenntnis erlangt haben, dem Vermieter, dass sie das Mietverhältnis nicht fortsetzen wollen, gilt der Eintritt als nicht erfolgt.** [2]**Für geschäftsunfähige oder in der Geschäftsfähigkeit beschränkte Personen gilt § 210 entsprechend.** [3]**Sind mehrere Personen in das Mietverhältnis eingetreten, so kann jeder die Erklärung für sich abgeben.**

(4) **Der Vermieter kann das Mietverhältnis innerhalb eines Monats, nachdem er von dem endgültigen Eintritt in das Mietverhältnis Kenntnis erlangt hat, außerordentlich mit der gesetzlichen Frist kündigen, wenn in der Person des Eingetretenen ein wichtiger Grund vorliegt.**

(5) **Eine abweichende Vereinbarung zum Nachteil des Mieters oder solcher Personen, die nach Absatz 1 oder 2 eintrittsberechtigt sind, ist unwirksam.**

§ 563a Fortsetzung mit überlebenden Mietern

(1) **Sind mehrere Personen im Sinne des § 563 gemeinsam Mieter, so wird das Mietverhältnis beim Tod eines Mieters mit den überlebenden Mietern fortgesetzt.**

(2) **Die überlebenden Mieter können das Mietverhältnis innerhalb eines Monats, nachdem sie vom Tod des Mieters Kenntnis erlangt haben, außerordentlich mit der gesetzlichen Frist kündigen.**

(3) **Eine abweichende Vereinbarung zum Nachteil der Mieter ist unwirksam.**

Anmerkungen zu den §§ 563, 563a

Lit.: Drasdo, Der Tod des Mieters und Schicksal des Mietvertrags, NJW-Spezial 2014, 97; Horst, Tod des Mieters: Praxisprobleme in Fällen und Lösungen, NZM 2022, 233.

1. Allgemeines. a) Funktion. Die Bestimmungen schaffen eine **mietrechtliche Sonderrechtsnachfolge** für Personen, die mit dem ursprünglichen Mieter **im gemeinsamen Haushalt gelebt** haben (§§ 563–563a). Erst subsidiär kommt es zur erbrechtlichen Lösung (§ 564). Die in § 563 genannten Personen können auch Erben des Mieters sein. Abzustellen ist aber wegen des Vorrangs der Sonderrechtsnachfolge primär auf ihre Funktion als bis zum Tod des Mieters gemeinsam in dessen Haushalt Lebende. Grund für die mietrechtliche Sonderrechtsnachfolge ist, dass *diese Personen ein* berechtigtes Interesse daran haben, ihren Lebensmittelpunkt beizubehalten. Dieses Interesse ist abzuwägen gegen das Interesse des Vermieters, nicht unangemessen mit neuen Vertragsparteien konfrontiert zu werden und die ursprünglich vereinbarte Nutzung sowie die Miete weiterhin gesichert zu sehen (BT-Drs. 14/4553). Unterschieden wird dabei zwischen den Situationen, dass die begünstigte Person bereits mit dem verstorbenen Mieter gemeinsam Vertragspartner war (§ 563a) oder dass sie bisher keine Rechtsstellung als Mieter hatte (§ 563). **b) Rechtsfolge.** 2
Die begünstigte Person tritt grundsätzlich in vollem Umfang in das Mietverhältnis ein, das – bis auf den Personenwechsel – unverändert fortgesetzt wird (BGH NJW 2003, 3266; BeckRS 2022, 17205 Rn. 57: Kündigungsschutz). Bei Unzumutbarkeit kann der Vermieter außerordentlich mit ges. Frist (→ § 573d II) **kündigen.** Für

eine drohende Zahlungsunfähigkeit als Grund müssen angesichts des § 543 II Nr. 3 sehr konkrete Anhaltpunkte vorliegen (BGH NZM 2018, 325 Rn. 40 ff.).
3 **c) Begünstigter Personenkreis.** Unterschieden werden fünf Personengruppen: Ehegatten, Lebenspartner, Kinder, andere Familienangehörige des Mieters, andere Personen, die mit dem Mieter (außerhalb einer Lebenspartnerschaft) einen auf Dauer angelegten Haushalt geführt haben. Die beiden zuletzt genannten Gruppen werden gleichbehandelt (§ 563 II 3). **d) Begriffe. aa)** Ein **gemeinsamer Haushalt** setzt nicht nur die gemeinsame Nutzung und Pflege der Räume voraus, sondern eine gemeinsame Lebens- und Wirtschaftsführung (LG München NZM 2005, 336). In der Wohnung getrenntlebende Ehegatten bilden keinen gemeinsamen Haushalt mehr. **bb)** Die **Lebenspartnerschaft** setzt nach der Rspr. eine auf Dauer angelegte, besonders intensive Lebensgemeinschaft voraus, die geprägt wird durch eine innere ausschließliche Bindung und den Willen, umfassend füreinander einzustehen (BGHZ 121, 116; BT-Drs. 14/4553, 61). Eingetragene Lebenspartnerschaften werden in jedem Fall erfasst, bei nicht eingetragenen Lebenspartnerschaften trägt der überlebende Partner die **Beweislast. cc) Familienangehörige.** Der Begriff ist aus dem Zweck, die Wohnung als Lebensmittelpunkt zu erhalten, weit zu verstehen. Er umfasst Verwandte und Verschwägerte (§§ 1589, 1590) ohne Abgrenzung hin-
4 sichtlich ihres Grades, auch Pflegekinder. **e)** Die Bestimmung über die Fortsetzung des Mietverhältnisses mit den begünstigten Personen ist zugunsten des Mieters **zwingend (§§ 563 V, 563a II).**

5 **2. Fallgruppe 1: Der Mieter hatte allein mit einem Ehepartner oder Lebenspartner einen gemeinsamen Haushalt geführt. a)** War der Überlebende bereits **Vertragspartner,** setzt sich das Mietverhältnis allein mit ihm fort; iÜ → Rn. 2. Der Vermieter hat kein Kündigungsrecht, der Ehegatte oder Lebenspartner kann das Mietverhältnis außerordentlich mit gesetzlicher Frist (s. § 573d) kündigen **(§ 563a II). b)** War der Überlebende **nicht Vertragspartner,** setzt sich das Mietverhältnis ebenfalls mit ihm fort. Dem Vermieter steht innerhalb eines Monats nach Kenntnis vom nicht mehr widerrufbaren Eintritt des Überlebenden (idR Ablauf der Monatsfrist gem. § 563 III 1) ein Recht zur außerordentlichen Kündigung mit ges. Frist (s. § 573d) zu, wenn in der Person des Überlebenden ein wichtiger Grund vorliegt **(§ 563 IV);** zum wichtigen Grund in der Person des Überlebenden → § 569 Rn. 2 ff. Der Ehegatte oder Lebenspartner hat innerhalb eines Monats seit Kenntnis vom Tod des Mieters ein **Ablehnungsrecht,** das durch einseitige zugangsbedürftige (§ 130) gestaltende Erklärung ausgeübt wird **(§ 563 III 1)** und rückwirkend den Mietvertrag beseitigt. Für die Zeit bis zur Rückgabe der Wohnung findet § 564 Anwendung. Ist der Ehegatte oder Lebenspartner nicht Erbe, so wird man § 546 entspr. anzuwenden haben.

6 **3. Fallgruppe 2: Der Mieter hatte mit dem Überlebenden einen gemeinsamen Haushalt geführt, in dem auch seine Kinder lebten, oder der Mieter hat mit anderen Familienangehörigen oder anderen Personen auf Dauer einen gemeinsamen Haushalt geführt. a)** Waren die übrigen Personen **mit Vertragspartner,** setzt sich das Mietverhältnis mit ihnen fort; iÜ → Rn. 2. Der Vermieter hat kein Kündigungsrecht. Die Überlebenden können das Mietverhältnis außerordentlich mit gesetzlicher Frist (s. § 573d) kündigen. Die Kündigung kann nur gemeinsam geschehen (§ 563a I, II). **b)** Waren die übrigen Personen **nicht Vertragspartner,** tritt nur der Ehegatte oder Lebenspartner in den Mietvertrag ein **(§ 563 II 1),** sog. Ehegattenprivileg (BT-Drs. 14/5663, 81), das 2015 auf Lebenspartner ausgedehnt wurde (Staudinger/Rolfs § 563 Rn. 35); iÜ → Rn. 3. Erklärt der Ehegatte oder Lebenspartner die Ablehnung (→ Rn. 3), so wird mit Wirkung vom Tod des Mieters an das Mietverhältnis mit den Kindern bzw. anderen Personen fortgesetzt **(§ 563 III 1).** Erklären auch die Kinder und anderen Personen innerhalb derselben Frist, das Mietverhältnis nicht fortsetzen zu wollen, gilt § 564. Wegen der theoretischen Möglichkeit für den Ehegatten oder Lebenspartner, die Erklärung im letzten Augenblick abzugeben, wird man den übrigen Personen in einem solchen

Fall eine angemessene Nachfrist einräumen müssen. Die Kündigung kann jeder für sich abgeben (§ 563 III 3).

4. Fallgruppe 3: Im Haushalt des Mieters lebten seine Kinder, der Mieter hatte mit Familienangehörigen oder anderen Personen auf Dauer einen gemeinsamen Haushalt geführt. a) Die Personen waren bereits **Vertragspartner:** Das Mietverhältnis setzt sich mit ihnen fort; iÜ → Rn. 2, 4. **b)** Die Personen waren **nicht Vertragspartner:** Das Mietverhältnis setzt sich mit ihnen fort (§ 563 II); entgegen dem missverständlichen Wortlaut des § 563 II 1 („*gemeinsamen* Haushalt") ist hierfür bei Kindern nicht Voraussetzung, dass ein gemeinsamer Haushalt mit einem Ehegatten oder Lebenspartner bestand (Löhnig FamRZ 2001, 891, 892; Staudinger/Rolfs § 563 Rn. 20); iÜ → Rn. 4. 7

§ 563b Haftung bei Eintritt oder Fortsetzung

(1) **[1]Die Personen, die nach § 563 in das Mietverhältnis eingetreten sind oder mit denen es nach § 563a fortgesetzt wird, haften neben dem Erben für die bis zum Tod des Mieters entstandenen Verbindlichkeiten als Gesamtschuldner. [2]Im Verhältnis zu diesen Personen haftet der Erbe allein, soweit nichts anderes bestimmt ist.**

(2) **Hat der Mieter die Miete für einen nach seinem Tod liegenden Zeitraum im Voraus entrichtet, sind die Personen, die nach § 563 in das Mietverhältnis eingetreten sind oder mit denen es nach § 563a fortgesetzt wird, verpflichtet, dem Erben dasjenige herauszugeben, was sie infolge der Vorausentrichtung der Miete ersparen oder erlangen.**

(3) **Der Vermieter kann, falls der verstorbene Mieter keine Sicherheit geleistet hat, von den Personen, die nach § 563 in das Mietverhältnis eingetreten sind oder mit denen es nach § 563a fortgesetzt wird, nach Maßgabe des § 551 eine Sicherheitsleistung verlangen.**

1. Haftung (I). Für die **bis zum Tod des Mieters** entstandenen Verbindlichkeiten haften die Eintretenden neben den Erben (uU denselben Personen in unterschiedlicher Funktion) als Gesamtschuldner **(I 1).** Für das Innenverhältnis trifft **I 2** eine von § 426 I 1 abweichende Regelung. Für **nach dem Tod** entstehende Verbindlichkeiten haften die Eintretenden allein (zur Abgrenzung LG Bochum ZEV 2019, 528 Rn. 25). 1

2. Vorauszahlung der Miete (II). Die Norm schafft einen **Ausgleichsanspruch** des nicht in den Mietvertrag eintretenden Erben gegen die Personen, mit denen das Mietverhältnis fortgesetzt wird. Der Vermieter kann eine an ihn geleistete Vorauszahlung behalten. 2

3. Sicherheiten (III). III begründet einen von § 551 I vorausgesetzten **Anspruch auf Sicherheitsleistung,** sofern diese nicht schon zuvor vom Mieter geschuldet war (dann I; MüKo/Häublein § 563b Rn. 13, str.). Leisten die Eintretenden die Sicherheit nicht, so ist nicht § 569 III iVm § 543 II, sondern § 573d entspr. anwendbar (außerordentliche Kündigung mit gesetzlicher Frist wegen veränderter Umstände). 3

§ 564 Fortsetzung des Mietverhältnisses mit dem Erben, außerordentliche Kündigung

[1]Treten beim Tod des Mieters keine Personen im Sinne des § 563 in das Mietverhältnis ein oder wird es nicht mit ihnen nach § 563a fortgesetzt, so wird es mit dem Erben fortgesetzt. [2]In diesem Fall ist sowohl der Erbe als auch der Vermieter berechtigt, das Mietverhältnis innerhalb eines Monats außerordentlich mit der gesetzlichen Frist zu kündigen, nachdem sie vom

Tod des Mieters und davon Kenntnis erlangt haben, dass ein Eintritt in das Mietverhältnis oder dessen Fortsetzung nicht erfolgt sind.

Die Norm stellt zum einen klar, dass die erbrechtliche Nachfolge gegenüber der Sonderrechtsnachfolge im Fall eines gemeinsamen Haushalts (§§ 563, 563a) subsidiär ist **(S. 1).** Bsp. für die Kündigungsfrist **(S. 2):** Kenntnis der beiden relevanten Umstände am 10.4. Kündigung bis zum 3. Werktag im Mai zum 31.7. (→ § 573d Rn. 2), danach bis 10.5. (§ 188 II) zum 31.8.

§§ 564a–564c *(weggefallen)*

§ 565 Gewerbliche Weitervermietung

(1) [1]**Soll der Mieter nach dem Mietvertrag den gemieteten Wohnraum gewerblich einem Dritten zu Wohnzwecken weitervermieten, so tritt der Vermieter bei der Beendigung des Mietverhältnisses in die Rechte und Pflichten aus dem Mietverhältnis zwischen dem Mieter und dem Dritten ein.** [2]**Schließt der Vermieter erneut einen Mietvertrag zur gewerblichen Weitervermietung ab, so tritt der Mieter anstelle der bisherigen Vertragspartei in die Rechte und Pflichten aus dem Mietverhältnis mit dem Dritten ein.**

(2) **Die §§ 566a bis 566e gelten entsprechend.**

(3) **Eine zum Nachteil des Dritten abweichende Vereinbarung ist unwirksam.**

Lit.: Kunze, Die gewerbliche Weitervermietung, ein Sonderfall der Untermiete, NZM 2012, 740.

1 **1. Zweck der Norm.** Die Bestimmung soll vermeiden, dass der Nutzer der Wohnung (Endmieter) keinen Kündigungsschutz genießt, wenn der Vertrag zwischen (gewerblichem) Zwischenvermieter und Eigentümer beendet wird (BT-Drs. 12/3254, 37 f., sa BVerfGE 84, 197). Die Norm ist zugunsten des Endmieters **zwingend (III).**

2 **2. Tatbestand.** Es muss ein wirksamer Vertrag zwischen Vermieter und Mieter (Zwischenvermieter) über **Räume** (→ § 578 Rn. 1) bestehen, die der Zwischenvermieter als **Wohnräume** (zur Abgrenzung → § 549 Rn. 2) an den Endmieter weitervermietet. Der Zwischenvermieter muss nach dem insoweit eingeschränkten Zweck des Ges. (s. Schilling/Meyer ZMR 1994, 502) **gewerblich tätig** sein, also mit der Weitervermietung eigene wirtschaftliche Interessen verfolgen, Gewinn erzielen wollen (BGH NZM 2018, 281 Rn. 22). Unter dem vom BVerfG geforderten Schutz des Endmieters (→ Rn. 1) wird man die Norm vorsichtig ausdehnend entspr. anwenden müssen, wenn sich Vermieter und *Endmieter* in einer vergleichbaren Interessenlage befinden (BGH NJW 2003, 3054; anders BGH NJW 2016, 1087: Zwischenschaltung einer von den Endmietern gebildeten Genossenschaft; abzulehnen). Verfolgt der Vermieter gemeinnützige bzw. karitative Zwecke, ist die Bestimmung nicht anwendbar (BGHZ 133, 149, betreutes Wohnen; BGH NJW 2016, 1087, dort abgelehnt). Die **Beendigung** des Zwischenvermietungsvertrages kann aus beliebigen Gründen eintreten.

3 **3. Rechtsfolgen.** Der Vermieter tritt in den Vertrag zwischen Endmieter und Zwischenvermieter ein (anders Staudinger/V. Emmerich § 565 Rn. 12 ff. unter Bezug auf § 566: neuer Vertrag mit demselben Inhalt). Findet der Vermieter später einen neuen Zwischenvermieter, so wird dieser Vertragspartner. Auch ein unmittelbarer Übergang von einem auf einen anderen Zwischenvermieter ist möglich.

§§ 565a–565e *(weggefallen)*

§ 566 Kauf bricht nicht Miete

(1) **Wird der vermietete Wohnraum nach der Überlassung an den Mieter von dem Vermieter an einen Dritten veräußert, so tritt der Erwerber anstelle des Vermieters in die sich während der Dauer seines Eigentums aus dem Mietverhältnis ergebenden Rechte und Pflichten ein.**

(2) [1]**Erfüllt der Erwerber die Pflichten nicht, so haftet der Vermieter für den von dem Erwerber zu ersetzenden Schaden wie ein Bürge, der auf die Einrede der Vorausklage verzichtet hat.** [2]**Erlangt der Mieter von dem Übergang des Eigentums durch Mitteilung des Vermieters Kenntnis, so wird der Vermieter von der Haftung befreit, wenn nicht der Mieter das Mietverhältnis zum ersten Termin kündigt, zu dem die Kündigung zulässig ist.**

Lit.: Gsell, Räumungsklage bei Eigentümer- und Vermieterwechsel, WuM 2012, 411; Neumann, Der Eintritt des Erwerbers in das Mietverhältnis nach § 566 Abs. 1 BGB, WuM 2010, 659; Streyl, Zum Identitätserfordernis in § 566 BGB, WuM 2008, 579.

1. Allgemeines. a) Funktion. Ein schuldrechtlicher Vertrag bindet nur die Parteien. Dann aber hätte der Mieter im Fall der Veräußerung der Sache keine Ansprüche gegenüber dem Erwerber aus dem Mietvertrag. Er wäre auf Schadensersatzansprüche gegen den Vermieter (zB aus §§ 280 I, III, 283) angewiesen. § 566 will diese Konsequenzen für bestimmte Mietsachen verhindern und gibt dem Mieter insoweit eine „quasi-dingliche" Stellung. Konsequenz dieser Vorschrift ist § 550 I (→ § 550 Rn. 1). **b)** Entgegen der hM (s. zB Grüneberg/Weidenkaff § 566 Rn. 5) ist die Bestimmung zugunsten des Mieters als **zwingend** anzusehen, obwohl eine Regelung wie in § 565 III fehlt. Sonst wäre der Mieter hier in einem Wertungswiderspruch zu § 565 entgegen dem Normzweck nur auf Schadensersatzansprüche gegen den Vermieter verwiesen. **c) Anwendungsbereich.** Die Vorschrift gilt auch für Mietverträge über Grundstücke, über Räume, die keine Wohnräume sind (§ 578 I, II). Eine entspr. Anwendung auf andere Nutzungsverhältnisse an Grundstücken scheint möglich (Schön JZ 2001, 119). 1

2. Voraussetzungen (I). a) Mietvertrag zwischen Mieter und Wohnungseigentümer, dh grds. Identität zwischen Vermieter und Eigentümer (ausnahmsweise Analogie, vgl. BGHZ 231, 338 Rn. 30 ff.; sehr weitgehend LG Lübeck BeckRS 2022, 15861 Rn. 12 ff.). Der Vertrag darf noch nicht beendet sein (BGH NJW 2010, 1070). **b) Überlassen der Mietsache** an den Mieter: → § 535 Rn. 11. Bei Veräußerung vor der Überlassung gilt § 567a, bei Veräußerung nach Auszug (BGH NJW-RR 2016, 982) oder bloßer Gebrauchsüberlassung (BGH NJW 2020, 683 Rn. 29) gilt § 566 nicht. **c) Veräußerung** (Beweislast bei dem, der sich darauf beruft) ist die rechtsgeschäftliche Übertragung des Eigentums oder eines Miteigentumsanteils (BGH FamRZ 2022, 1190 Rn. 9 mwN) auf einen Dritten (Nichtvermieter). Auf die Übertragung eines Miteigentumsanteils auf einen anderen Vermieter (BGH NJW-RR 2019, 332 Rn. 10) ist die Norm allerdings nicht anwendbar, ebenso nicht auf den Eintritt eines neuen Gesellschafters in eine GbR, da die GbR *als Rechtssubjekt* Vermieterin bleibt (OLG Düsseldorf DWW 2003, 124; iE Sick ZMR 2011, 438). Anwendbar ist die Bestimmung hingegen auf die Übertragung von Wohnungseigentum auf einen Erwerber nach vorheriger Umwandlung in Wohnungseigentum auch dann, wenn ein mitvermieteter Raum Gemeinschaftseigentum wird (BGHZ 141, 239 mwN). Die Art des Kausalgeschäfts ist unerheblich (zB Kauf, Schenkung, Verpflichtung des Gesellschafters zum Einbringen). Bei der Veräußerung eines Grundstücks in Teilen an mehrere (zB Wohnung, Stellplatz) setzt sich das Mietverhältnis mit dieser Personenmehrheit (Bruchteilsgemeinschaft) als einheitliches fort (BGH NJW 2005, 3781). Auf einen **Erwerb kraft Ges.** ist die Norm entspr. anwendbar (BGH NJW 2008, 2773). Zum Erwerb in der Zwangsversteigerung s. §§ 9 Nr. 2, 57 ff. ZVG (dazu BGH NZM 2021, 845 Rn. 22 ff.: Sonderkündi- 2 gungsrecht nach § 57a ZVG auch bei vereinbartem Ausschluss der Eigenbedarfskündigung), im Insolvenzverfahren s. § 111 InsO.

3 **3. Rechtsfolgen für den Erwerber (I). a) Grundsatz.** Der neue Eigentümer tritt *kraft Ges.* unmittelbar in die Rechtsstellung des Veräußerers ein (Staudinger/V. Emmerich § 566 Rn. 5; aA BGH NJW-RR 2015, 82; 2022, 736 Rn. 17, stRspr: neues uneingeschränkt identisches Vertragsverhältnis mit Erwerber – mit erheblichen Begründungsschwierigkeiten bei den Rechtsfolgen). Damit laufen zB Fristen für Kündigungen, Mieterhöhungen und Schönheitsreparaturen unbeschadet vom Wechsel weiter; vereinbarte Kündigungsausschlüsse gelten (LG Berlin WuM 2022, 282; zu § 57a ZVG aber → Rn. 2 aE). Auf ein Vermieterpfandrecht an eingebrachten Sachen und zB seinen Vorrang gegenüber späteren Sicherungsübereignungen wirkt sich der Wechsel nicht aus (BGH NJW 2014, 3676). Die Sache kann nun vom Veräußerer und Erwerber für ihre jeweiligen Forderungen (→ Rn. 5) in Anspruch genommen werden (aA BGH NJW 2014, 3676 f. bei gleichem Ergebnis: Entstehen eines zusätzlichen eigenständigen Vermieterpfandrechts identischen Inhalts für den Erwerber). Sachlich betrifft der Übergang miettypische Rechte und Pflichten. Soweit sie nur in einem wirtschaftlichen Zusammenhang mit der Vermietung stehen oder mit Rücksicht auf den Mietvertrag begründet wurden, bleiben allein die ursprünglichen Parteien miteinander verbunden (zu Werkwohnungen AG München
4 BeckRS 2021, 12398 Rn. 22 ff.). **b) Zeitpunkt des Übergangs.** Bei dem Veräußerer bleiben alle Rechte und Pflichten, die vor Übereignung *entstanden und fällig* geworden sind. Die nach dem Eigentumswechsel entstehenden oder fällig werden-
5 den Rechte und Pflichten kommen dem Erwerber zu (allgM). **c) Übergegangene Rechtspositionen.** Rechte und Pflichten, die als mietrechtlich zu qualifizieren sind oder die in untrennbarem Zusammenhang mit dem Mietvertrag stehen, nicht solche, die außerhalb des Mietverhältnisses liegen, selbst wenn sie als zusätzliche Vereinbarung im Mietvertrag geregelt sind (BGH NJW 2017, 254 Rn. 18). Bsp: Miete ab Eigentumsübergang (sa §§ 566b–566d), Erhöhung gem. § 559 auch bei Maßnahmen, die vor dem Erwerb abgeschlossen wurden (KG NJW-RR 2001, 81), Recht zur Kündigung, wenn nach Eigentumsübergang entstanden, Recht zur Untervermietung (vgl. LG Regensburg BeckRS 2021, 9711 Rn. 15), Ansprüche gegen den Mieter aus Nebenverpflichtungen (→ § 535 Rn. 24 f.), auf eine noch nicht geleistete Kaution (BGH ZMR 2012, 857), Ersatzansprüche nach § 571 I (BGHZ 72, 147); nicht: Abstandszahlungen wegen vorzeitiger Beendigung des Vertrages (OLG
6 Jena NJW-RR 2019, 1416 Rn. 18 ff.). **d) Übergegangene Pflichten.** Bsp: Verlängerung des Vertrages (BGHZ 55, 74); Garantiehaftung aus § 536a I, wenn der Mangel zur Zeit des Vertragsschlusses *mit dem Veräußerer* vorhanden war (BGHZ 49, 350); Einbau einer Nachtspeicherheizung (LG Hamburg ZMR 1977, 210); Abrechnung von Betriebskosten (BGH NJW-RR 2005, 96) und Rückzahlung von Überschüssen (BGH NZM 2004, 188); Schadensersatz nach Verzug des Veräußerers (BGH DWW 2005, 103); Bereicherungsanspruch (BGH NJW-RR 2006, 295); Rückzahlung der Kaution (§ 566a; iE s. BGH NJW 2012, 3034).

7 **4. Haftung des Veräußerers (II).** Die Bestimmung soll den Mieter davor schützen, dass der Erwerber, auf den der Mieter keinen Einfluss hat, den eigenen wie übernommenen (→ Rn. 6) Verpflichtungen aus dem Vertrag nicht nachkommt. Inhaltlich handelt es sich um einen Entschädigungsanspruch in Geld (BGHZ 51, 273 [274 f.]). Angesichts von **II 2** sind die Auswirkungen außerhalb von langfristig nicht kündbaren Verträgen gering.

§ 566a Mietsicherheit

[1]Hat der Mieter des veräußerten Wohnraums dem Vermieter für die Erfüllung seiner Pflichten Sicherheit geleistet, so tritt der Erwerber in die dadurch begründeten Rechte und Pflichten ein. [2]Kann bei Beendigung

des Mietverhältnisses der Mieter die Sicherheit von dem Erwerber nicht erlangen, so ist der Vermieter weiterhin zur Rückgewähr verpflichtet.

1. Normzweck. S. 1 dehnt die Übertragungswirkungen des § 566 auf die Sicherungsrechte aus und verschafft damit dem Erwerber einen Anspruch gegen den Veräußerer auf Herausgabe der Sicherheit (LG Köln BWNotZ 2021, 414 Rn. 21 ff.). Gleichzeitig, und hier liegt eine wesentliche Schutzfunktion zugunsten des Mieters, tritt der Erwerber in die Pflichten des Veräußerers ein (Hauptfall: Rückgewähr der Sicherung). Damit kann sich der Mieter an den Erwerber unabhängig davon halten, ob dieser die Sicherheit vom Voreigentümer tatsächlich empfangen oder eine entspr. Verpflichtung vertraglich übernommen hat (BGH NJW 2012, 1353, Insolvenz des Voreigentümers). Der Erwerber übernimmt bei einer Barkaution auch die Verpflichtung zur Rückzahlung für angelaufene Zinsen, s. § 551 III 3. Hat der Mieter noch keine Sicherheit geleistet oder ist sie verbraucht (Beweislast beim Erwerber), so gilt, weil es sich insoweit um einen schuldrechtlichen Anspruch gegen den Mieter handelt, § 566. Die Bestimmung ist abdingbar. **Anwendungsbereich:** wie § 566. 1

2. Eintritt des Erwerbers in die Rechte des Veräußerers. a) Dingliche Wirkungen. Bsp. je nach Art der Sicherheit: Der Erwerber wird mit Eigentumsübergang der Wohnung kraft Ges. neuer Forderungsinhaber (zB ggü. der Bank), Sicherungseigentümer, Inhaber eines rechtsgeschäftlich begründeten Pfandrechts, auch Treuhänder einer Mietkaution (s. § 551 III). Der Veräußerer wird Nichtberechtigter (gutgläubiger Erwerb durch einen Dritten ist, soweit nach Art der Sicherheit vorgesehen, möglich). **b) Schuldrechtliche Wirkungen.** Der Erwerber gewinnt als Rechtsinhaber einen Herausgabeanspruch gegen den Veräußerer. Auch der Mieter kann vom Veräußerer die Herausgabe an den Erwerber verlangen (OLG Karlsruhe NJW-RR 1989, 267; LG Duisburg ZMR 2021, 664). Ist der Veräußerer nach Beendigung des Mietverhältnisses noch im Besitz der Sicherheit, so kann sie der Mieter von ihm nur herausverlangen, wenn auch der Erwerber keinen Anspruch gegen den Mieter auf die Sicherheit hat. 2

3. Haftung des Erwerbers. Der Mieter soll sich auch unabhängig von der zwischen Veräußerer und Erwerber getroffenen Regelung an den Erwerber halten können, weil uU der Mieter Schwierigkeiten haben kann, den früheren Vermieter noch zu ermitteln. Es können sich aber auch Ansprüche auf Schadensersatz gem. §§ 280 I, III, 283 bei anderen Sicherheiten ergeben, wenn sie der Erwerber nicht zurückzuleisten vermag. 3

4. Subsidiäre Haftung des Veräußerers (S. 2). Sie ist wie die des Bürgen akzessorisch. Der Mieter muss ernsthaft versuchen, gegenüber dem Erwerber vorzugehen. Eine Klage ist nicht erforderlich. 4

§ 566b Vorausverfügung über die Miete

(1) [1]**Hat der Vermieter vor dem Übergang des Eigentums über die Miete verfügt, die auf die Zeit der Berechtigung des Erwerbers entfällt, so ist die Verfügung wirksam, soweit sie sich auf die Miete für den zur Zeit des Eigentumsübergangs laufenden Kalendermonat bezieht.** [2]**Geht das Eigentum nach dem 15. Tag des Monats über, so ist die Verfügung auch wirksam, soweit sie sich auf die Miete für den folgenden Kalendermonat bezieht.**

(2) **Eine Verfügung über die Miete für eine spätere Zeit muss der Erwerber gegen sich gelten lassen, wenn er sie zur Zeit des Übergangs des Eigentums kennt.**

§ 566c Vereinbarung zwischen Mieter und Vermieter über die Miete

[1]**Ein Rechtsgeschäft, das zwischen dem Mieter und dem Vermieter über die Mietforderung vorgenommen wird, insbesondere die Entrichtung der**

Miete, ist dem Erwerber gegenüber wirksam, soweit es sich nicht auf die Miete für eine spätere Zeit als den Kalendermonat bezieht, in welchem der Mieter von dem Übergang des Eigentums Kenntnis erlangt. [2]Erlangt der Mieter die Kenntnis nach dem 15. Tag des Monats, so ist das Rechtsgeschäft auch wirksam, soweit es sich auf die Miete für den folgenden Kalendermonat bezieht. [3]Ein Rechtsgeschäft, das nach dem Übergang des Eigentums vorgenommen wird, ist jedoch unwirksam, wenn der Mieter bei der Vornahme des Rechtsgeschäfts von dem Übergang des Eigentums Kenntnis hat.

§ 566d Aufrechnung durch den Mieter

[1]Soweit die Entrichtung der Miete an den Vermieter nach § 566c dem Erwerber gegenüber wirksam ist, kann der Mieter gegen die Mietforderung des Erwerbers eine ihm gegen den Vermieter zustehende Forderung aufrechnen. [2]Die Aufrechnung ist ausgeschlossen, wenn der Mieter die Gegenforderung erworben hat, nachdem er von dem Übergang des Eigentums Kenntnis erlangt hat, oder wenn die Gegenforderung erst nach der Erlangung der Kenntnis und später als die Miete fällig geworden ist.

§ 566e Mitteilung des Eigentumsübergangs durch den Vermieter

(1) **Teilt der Vermieter dem Mieter mit, dass er das Eigentum an dem vermieteten Wohnraum auf einen Dritten übertragen hat, so muss er in Ansehung der Mietforderung dem Mieter gegenüber die mitgeteilte Übertragung gegen sich gelten lassen, auch wenn sie nicht erfolgt oder nicht wirksam ist.**

(2) **Die Mitteilung kann nur mit Zustimmung desjenigen zurückgenommen werden, der als der neue Eigentümer bezeichnet worden ist.**

Anmerkungen zu den §§ 566b–566e

1 **1. Funktion der Normen.** Da dem Erwerber gem. § 566 ab Eigentumsübergang die Miete zusteht, könnte auch nur er darüber verfügen. Der Veräußerer wäre Nichtberechtigter, seine Verfügung wäre mangels jeglichen Gutglaubensschutzes bei einer Forderungsabtretung ohne Zustimmung des Erwerbers (§§ 182 ff.) unwirksam. § 566b schützt in einem zeitlich sehr begrenzten Umfang den durch die Verfügung des Veräußerers begünstigten Dritten, § 566d den Mieter selbst. Im Einzelnen sind die Bestimmungen nicht vollständig. Die Rspr. hat sie daher nach Billigkeitsgesichtspunkten fortentwickelt. **Anwendungsbereich.** Die Normen gelten auch für Mietverträge über Grundstücke und Räume, die keine Wohnräume sind (§ 578 I, II).

2 **2. Tatbestand des § 566b. a) Verfügungen des Vermieters** über die Miete. Die Norm erfasst – außerhalb von Änderungen des Mietvertrages selbst (iE Staudinger/V. Emmerich § 566b Rn. 25 ff., str.) – alle Rechtsgeschäfte mit Dritten, die sich auf die Mietforderung auswirken. Bsp: Abtretung, Verpfändung. Gleichgestellt ist die Pfändung im Wege der Zwangsvollstreckung. **b) Verfügung vor dem Eigentumsübergang** → § 566 Rn. 3 f. **c)** Die **Zeit der Berechtigung des Erwerbers** beginnt mit dem Eigentumsübergang.

3 **3. Tatbestand des § 566c. a)** Ein **RGeschäft zwischen Vermieter und Mieter** muss sich auf die an sich bestehende vertragliche Mietforderung beziehen. Eine Abänderung des Mietvertrages selbst (zB Herabsetzen der Miete) fällt unter § 566. Bsp: Erfüllung (Zahlung) einschließlich Annahme an Erfüllungs statt, Erfüllungssurrogate (Aufrechnungsvereinbarung, Erlass), Stundung. **b) Über die Miete;** für Nebenforderungen gilt § 566c nicht. **c) Außerhalb der Monatsfrist.** Schwierig ist die Frage von **Vorauszahlungen.** Ist im Vertrag eine periodische Zahlungsweise,

also keine einmalige Zahlung für die gesamte Mietzeit vereinbart, so fallen nach dem BGH (BGHZ 37, 351 ff. mwN zu § 574 aF) Vorauszahlungen unter die Fristen des § 566c. Gegenüber dem Erwerber wirksam seien jedoch vertragliche Vorauszahlungen, soweit sie zum Aufbau der Sache bestimmt und auch tatsächlich dazu verwandt worden seien (Beweislast beim Mieter); bedenklich.

4. Tatbestand des § 566d. Die Norm zieht die Konsequenz daraus, dass der Mieter seiner Zahlungsverpflichtung anstelle der Erfüllung auch durch das Erfüllungssurrogat der einseitigen Aufrechnung nachkommen kann. Ihm wird deshalb eine dem § 566c entspr. Rechtsstellung eingeräumt. **S. 2** entspricht § 406. 4

5. Tatbestand des § 566e. Die Bestimmung schützt den Mieter für den Fall einer ihm angezeigten tatsächlichen, aber nicht wirksamen Veräußerung der Mietsache wie einen Schuldner im Fall der Forderungsabtretung, § 409. Die dortigen Ergebnisse können hier verwertet werden. 5

§ 567 Belastung des Wohnraums durch den Vermieter

[1]Wird der vermietete Wohnraum nach der Überlassung an den Mieter von dem Vermieter mit dem Recht eines Dritten belastet, so sind die §§ 566 bis 566e entsprechend anzuwenden, wenn durch die Ausübung des Rechts dem Mieter der vertragsgemäße Gebrauch entzogen wird. [2]Wird der Mieter durch die Ausübung des Rechts in dem vertragsgemäßen Gebrauch beschränkt, so ist der Dritte dem Mieter gegenüber verpflichtet, die Ausübung zu unterlassen, soweit sie den vertragsgemäßen Gebrauch beeinträchtigen würde.

1. Anwendungsbereich. Wie § 566. 1

2. Tatbestand. a) S. 1 verstärkt den Schutz des Mieters. Hat der Vermieter einem Dritten sog. *gebrauchsentziehende* Rechte (zB Erbbaurecht, Nießbrauch, dingliches Wohnrecht) bestellt, so ist der Dritte wie ein Vermieter verpflichtet, dem Mieter weiterhin den Gebrauch zu gewähren usw (iE → § 535 Rn. 11). Dafür gebührt ihm gem. §§ 566, 567, 567a und 567b die Miete. Das Recht des Mieters, nach §§ 536 III, 543 II Nr. 1 gegenüber dem Vermieter zu kündigen, bleibt unberührt. **b) S. 2** gibt bei sog. *gebrauchsbeschränkenden* Rechten (zB Grunddienstbarkeit, beschränkte persönliche Dienstbarkeit) dem Mieter gegen den Dritten einen Unterlassungsanspruch. Die §§ 566 ff. greifen nicht ein. Zu den Voraussetzungen iE s. Gesetzestext. Die Bestellung einer Hypothek, Grundschuld oder Rentenschuld beeinträchtigt den Gebrauch der Mietsache nicht, § 567 ist nicht anwendbar (s. §§ 1123 ff.). 2

§ 567a Veräußerung oder Belastung vor der Überlassung des Wohnraums

Hat vor der Überlassung des vermieteten Wohnraums an den Mieter der Vermieter den Wohnraum an einen Dritten veräußert oder mit einem Recht belastet, durch dessen Ausübung der vertragsgemäße Gebrauch dem Mieter entzogen oder beschränkt wird, so gilt das Gleiche wie in den Fällen des § 566 Abs. 1 und des § 567, wenn der Erwerber dem Vermieter gegenüber die Erfüllung der sich aus dem Mietverhältnis ergebenden Pflichten übernommen hat.

1. Anwendungsbereich. Wie § 566. 1

2. Funktion. Die Wirkungen des § 566 bzw. des § 567 treten ein, wenn der Vermieter das Grundstück usw *nach Überlassung* an den Mieter veräußert bzw. belastet (vgl. → § 566 Rn. 2). Bei der Übertragung nach Abschluss des Mietvertrages und 2 *vor Überlassung* gelten zwischen Vermieter und Mieter die mietrechtlichen Nichterfüllungsregelungen (s. § 536 III). Zwischen Mieter und Dritten bestehen, von einem Anspruch des Mieters aus § 826 bei einem Verleiten des Vermieters zum Vertragsbruch abgesehen (→ § 826 Rn. 19), keine Anspruchsbeziehungen. Von diesem allg. Grundsatz macht § 567a unter den Voraussetzungen des letzten Satzteils eine Ausnahme. Die **Beweislast** liegt bei dem, der sich darauf beruft.

§ 567b Weiterveräußerung oder Belastung durch Erwerber

[1]Wird der vermietete Wohnraum von dem Erwerber weiterveräußert oder belastet, so sind § 566 Abs. 1 und die §§ 566a bis 567a entsprechend anzuwenden. [2]Erfüllt der neue Erwerber die sich aus dem Mietverhältnis ergebenden Pflichten nicht, so haftet der Vermieter dem Mieter nach § 566 Abs. 2.

Kapitel 5. Beendigung des Mietverhältnisses

Unterkapitel 1. Allgemeine Vorschriften

§ 568 Form und Inhalt der Kündigung

(1) **Die Kündigung des Mietverhältnisses bedarf der schriftlichen Form.**

(2) **Der Vermieter soll den Mieter auf die Möglichkeit, die Form und die Frist des Widerspruchs nach den §§ 574 bis 574b rechtzeitig hinweisen.**

Lit.: Börstinghaus, Kündigungsrechtsausschlussvereinbarungen in der Wohnraummiete, NJW 2009, 1391; Himmen, Zur Schriftform der Wohnraumkündigung im Räumungsprozess, ZMR 2021, 711; Peter, Die Schlüssigkeit der Räumungsklage im Angesicht des Schriftformerfordernisses der Wohnraumkündigung, ZMR 2022, 181.

1 **1. Anwendungsbereich. I** gilt für alle Arten von Wohnraummietverhältnissen, für Mietverhältnisse über Grundstücke und Räume aber nur im Falle des § 578 III 1; für Pachtverträge gilt er nicht (§§ 581 II, 578 II; OLG Schleswig BeckRS 2021, 37263 Rn. 22 f.). **II** ist auf Mietverträge über Wohnungen iSd § 549 II Nr. 1–3 sowie für Mietverhältnisse über Grundstücke und Räume (§ 578) und Pachtverträge (§ 581 II) nicht anwendbar. Für Landpachtverträge gilt § 594 f.

2 **2. Tatbestand.** Zur **Schriftform,** die für die ordentliche wie auch für die außerordentliche Kündigung gilt, → §§ 126, 126a; die Kündigung durch Gerichtsschriftsatz ist seit 1.1.2022 nicht mehr formgerecht möglich (AG Hamburg BeckRS 2022, 3863 Rn. 32 ff.). Ein Formmangel führt gem. § 125 S. 1 zur Unwirksamkeit der Kündigung. Der **Hinweis** auf Widerspruchsmöglichkeit, Form und Frist **(II)** muss „rechtzeitig" geschehen und damit nicht zwingend im Kündigungsschreiben selbst enthalten sein. Zu den Folgen einer Unterlassung s. § 574b II 2.

§ 569 Außerordentliche fristlose Kündigung aus wichtigem Grund

(1) **[1]Ein wichtiger Grund im Sinne des § 543 Abs. 1 liegt für den Mieter auch vor, wenn der gemietete Wohnraum so beschaffen ist, dass seine Benutzung mit einer erheblichen Gefährdung der Gesundheit verbunden ist. [2]Dies gilt auch, wenn der Mieter die Gefahr bringende Beschaffenheit bei Vertragsschluss gekannt oder darauf verzichtet hat, die ihm wegen dieser Beschaffenheit zustehenden Rechte geltend zu machen.**

(2) **Ein wichtiger Grund im Sinne des § 543 Abs. 1 liegt ferner vor, wenn eine Vertragspartei den Hausfrieden nachhaltig stört, so dass dem Kündi-**

genden unter Berücksichtigung aller Umstände des Einzelfalls, insbesondere eines Verschuldens der Vertragsparteien, und unter Abwägung der beiderseitigen Interessen die Fortsetzung des Mietverhältnisses bis zum Ablauf der Kündigungsfrist oder bis zur sonstigen Beendigung des Mietverhältnisses nicht zugemutet werden kann.

(2a) **[1]Ein wichtiger Grund im Sinne des § 543 Absatz 1 liegt ferner vor, wenn der Mieter mit einer Sicherheitsleistung nach § 551 in Höhe eines Betrages im Verzug ist, der der zweifachen Monatsmiete entspricht. [2]Die als Pauschale oder als Vorauszahlung ausgewiesenen Betriebskosten sind bei der Berechnung der Monatsmiete nach Satz 1 nicht zu berücksichtigen. [3]Einer Abhilfefrist oder einer Abmahnung nach § 543 Absatz 3 Satz 1 bedarf es nicht. [4]Absatz 3 Nummer 2 Satz 1 sowie § 543 Absatz 2 Satz 2 sind entsprechend anzuwenden.**

(3) **Ergänzend zu § 543 Abs. 2 Satz 1 Nr. 3 gilt:**

1. **[1]Im Falle des § 543 Abs. 2 Satz 1 Nr. 3 Buchstabe a ist der rückständige Teil der Miete nur dann als nicht unerheblich anzusehen, wenn er die Miete für einen Monat übersteigt. [2]Dies gilt nicht, wenn der Wohnraum nur zum vorübergehenden Gebrauch vermietet ist.**
2. **[1]Die Kündigung wird auch dann unwirksam, wenn der Vermieter spätestens bis zum Ablauf von zwei Monaten nach Eintritt der Rechtshängigkeit des Räumungsanspruchs hinsichtlich der fälligen Miete und der fälligen Entschädigung nach § 546a Abs. 1 befriedigt wird oder sich eine öffentliche Stelle zur Befriedigung verpflichtet. [2]Dies gilt nicht, wenn der Kündigung vor nicht länger als zwei Jahren bereits eine nach Satz 1 unwirksam gewordene Kündigung vorausgegangen ist.**
3. **Ist der Mieter rechtskräftig zur Zahlung einer erhöhten Miete nach den §§ 558 bis 560 verurteilt worden, so kann der Vermieter das Mietverhältnis wegen Zahlungsverzugs des Mieters nicht vor Ablauf von zwei Monaten nach rechtskräftiger Verurteilung kündigen, wenn nicht die Voraussetzungen der außerordentlichen fristlosen Kündigung schon wegen der bisher geschuldeten Miete erfüllt sind.**

(4) **Der zur Kündigung führende wichtige Grund ist in dem Kündigungsschreiben anzugeben.**

(5) **[1]Eine Vereinbarung, die zum Nachteil des Mieters von den Absätzen 1 bis 3 dieser Vorschrift oder von § 543 abweicht, ist unwirksam. [2]Ferner ist eine Vereinbarung unwirksam, nach der der Vermieter berechtigt sein soll, aus anderen als den im Gesetz zugelassenen Gründen außerordentlich fristlos zu kündigen.**

Lit.: Harke, Zahlungsverzugskündigung: Tatsachenirrtum, Rechtsirrtum und Vertretenmüssen, NZM 2016, 449; Hinz, Kündigungsrelevante Mietrückstände, WuM 2021, 137; Schwab, Aktuelle Probleme der Zahlungsverzugskündigung im Mietrecht, NZM 2019, 36.

1. Allgemeines. § 569 ergänzt die allg. geltende Bestimmung des § 543 (einschließlich der Erforderlichkeit einer **Abmahnung** gem. § 543 III, BGH WuM *2010*, 352) für Wohnraummietverhältnisse. Für den Vermieter werden die Gründe für eine außerordentliche fristlose Kündigung **abschließend** aufgezählt **(V 2).** 1

2. Kündigung wegen Gesundheitsgefährdung (I). Die Bestimmung wurde aus sozialpolitischen Gründen als zwingende Vorschrift zum Schutz des Mieters geschaffen (Prot. II 230). Sonst wäre der Mieter dank des subj. Fehlerbegriffs (→ § 536 Rn. 4) oder auch gem. § 536b an den Mietvertrag gebunden, wenn er – etwa in einer bestimmten sozialen Situation – eine gesundheitsschädliche Wohnung als „vertragsgemäß" akzeptiert hat. Das Recht steht auch dem gewerblichen Zwischenvermieter zu (BGHZ 157, 237 ff.). Eine **Gefährdung** ist zu bejahen, wenn die erhebliche Befürchtung besteht, dass die Gesundheit bzw. körperliche Unver- 2 sehrtheit (→ § 823 Rn. 3) mit Krankheitscharakter beeinträchtigt wird (OLG Brandenburg ZMR 2017, 387: DDT- und Lindankonzentration).

3 **3. Kündigung wegen Störung des Hausfriedens (II). a) Allgemeines.** Die Bestimmung gilt für Vermieter und Mieter. **Anwendungsbereich:** Die Norm ist auch auf Mietverhältnisse über Räume anwendbar, die keine Wohnräume sind, § 578 II. Sie ist zugunsten des Mieters **zwingend (V 1). b) Voraussetzungen.** Zur **Pflichtverletzung** auf Vermieterseite → § 535 Rn. 11 ff., auf Mieterseite → § 535 Rn. 24 ff. Ein **Verschulden** ist nicht vorausgesetzt, sondern nur in der Abwägung zu berücksichtigen, sodass auch einem schuldlos den Hausfrieden störenden psychisch kranken Mieter gekündigt werden kann (LG Hamburg WuM 2021, 486); beim Verschulden eines Untermieters ist § 540 II zu beachten, für Besucher gilt § 278 (vgl. BGH NJW-RR 2017, 134 Rn. 17; AG Stuttgart BeckRS 2020, 35622 Rn. 15). Die **Unzumutbarkeit** muss im Einzelfall festgestellt werden. **c) Rechtsfolgen.** Zur Kündigung s. § 542 II 2; zur Form bei der Kündigung von Wohnraum s. § 568. Schadensersatzansprüche zB aus §§ 280 I iVm 241 II richten sich nach den jeweiligen Voraussetzungen.

4 **4. Kündigung wegen Nichtzahlung der Kaution (IIa).** Durch den mit Ges. v. 11.3.2013 (BGBl. I 434) eingefügten **II a** ist festgelegt, dass der Vermieter den Mietvertrag ohne Abmahnung fristlos kündigen kann, wenn der Mieter – unabhängig von der Höhe der Kaution – bei der erstmalig zu leistenden Sicherheit gem. § 551 mit einem Betrag in Verzug gerät, der zwei Kaltmieten entspricht. Wiederauffüllungsansprüche werden nicht erfasst. Die Kündigung wird nach Eintritt des Verzuges ausgeschlossen, wenn der Vermieter vor der Erklärung befriedigt wird **(§ 543 III 2).** Sie wird unwirksam, wenn der Mieter spätestens bis zum Ablauf von zwei Monaten nach Eintritt der Rechtshängigkeit des Räumungsanspruchs leistet oder wenn sich eine öffentliche Stelle zur Befriedigung verpflichtet **(III Nr. 2 S. 1).**

5 **5. Kündigung wegen Zahlungsverzugs (III). a) Allgemeines.** Die Bestimmung ist zugunsten des Mieters **zwingend (V 1).** Zu Art. 240 § 2 EGBGB → § 543 Rn. 4a. **b) Verzögerungstatbestände (III Nr. 1 mit § 543 II Nr. 3).** Der Mieter zahlt an zwei aufeinander folgenden Terminen die jeweiligen ganzen Mieten nicht; der Mieter zahlt an zwei aufeinander folgenden Terminen nur einen Teil, es fehlt aus diesen beiden Terminen (BGH NJW 2008, 3211) mehr als eine Monatsmiete (jeweils einschließlich der Pauschalen für die Betriebskosten bzw. Vorauszahlungen, OLG Koblenz NJW 1984, 2369), wobei grds. auch ein geringfügiges Überschreiten einer Monatsmiete genügt, also nicht jeder einzelne Rückstand mehr als unerheblich sein muss (BGH NZM 2022, 131 Rn. 14 ff.); der Mieter zahlt schleppend, der Rückstand beträgt mindestens zwei Monatsmieten. Zu den zusätzlichen Voraussetzungen des Verzugs → § 543 Rn. 6. **c) Nachträgliche Unwirksamkeit der Kündigung (III Nr. 2).** § 543 II 2 wird um folgende Tatbestände ergänzt: Der Vermieter wird in der Zeit zwischen Kündigung (KG DWW 1984, 192) und zwei Monaten nach Rechtshängigkeit (§§ 261, 696 III, 700 II ZPO) befriedigt oder es geht ihm die Zusage einer öffentl. Stelle (zB Sozialamt) zu (BayObLG NJW 1995, 338 mwN), es sei denn, es liegt ein Wiederholungsfall innerhalb von zwei Jahren vor. Dabei müssen sämtliche Rückstände beglichen werden, nicht nur die zum Anlass der Kündigung genommenen und im Kündigungsschreiben bezeichneten (LG Berlin BeckRS 2022, 13144; 2022, 13145); bei Zahlung Dritter bedarf es einer Tilgungsbestimmung (LG Berlin WuM 2021, 351). Die Unwirksamkeit erfasst nach dem Wortlaut und eindeutigen Willen des Gesetzgebers *nicht eine ordentliche Kündigung nach § 573 I, II Nr. 1*, die wegen desselben Zahlungsverzugs erklärt wird (BGH NZM 2005, 334 ff.; 2022, 49 Rn. 29 ff. mwN, 87; aA weiterhin LG Berlin BeckRS 2022, 15450); die spätere Zahlung kann jedoch gegen die Annahme einer schuldhaften, nicht unerheblichen Vertragspflichtverletzung (§ 573 II Nr. 1) sprechen oder das Berufen auf die ordentliche Kündigung als treuwidrig (§ 242) erscheinen lassen (BGH NZM 2022, 49 Rn. 82 f.). **d) Einschränkung des**

Kündigungsrechts im Fall einer Mieterhöhungsklage (III Nr. 3). Der Mieter soll, solange er sich gegen eine Mieterhöhung wehrt, nicht ein Kündigungsrisiko tragen. Die Kündigung kann er deshalb vermeiden, wenn er den Erhöhungsbetrag innerhalb von zwei Monaten nach rechtskräftigem Urteil zahlt. Angesichts des engen Wortlauts ist die Norm auf andere Fallkonstellationen nicht anwendbar (BGH ZMR 2012, 854; iErg zust Hinz ZMR 2012, 842).

6. Angabe des Kündigungsgrundes (IV). Sowohl Vermieter als auch Mieter 6
müssen die Gegenseite durch eine konkrete Begründung in die Lage versetzen zu überprüfen, ob die Kündigung zu Recht ergangen ist (näher AG Dortmund DWW 2003, 229 mwN). Bei Zahlungsverzug genügt die Angabe des offenen Gesamtbetrages, wenn sich daraus ohne weiteres der Tatbestand des § 543 II Nr. 3 ergibt (BGH DWW 2004, 256). Eine fehlende oder ungenügende Begründung führt zur Unwirksamkeit der Kündigung.

§§ 569a–569c *(weggefallen)*

§ 570 Ausschluss des Zurückbehaltungsrechts

Dem Mieter steht kein Zurückbehaltungsrecht gegen den Rückgabeanspruch des Vermieters zu.

a) Normzweck. Der Vermieter, der durch das Eigentum regelmäßig genügend 1
Sicherheit für die Ansprüche des Mieters bietet, soll nicht infolge einer Zurückbehaltung wegen relativ geringfügiger Ansprüche einen uU hohen Schaden erleiden
(Prot. II 189 zu § 556 aF). **b) Anwendungsbereich.** Die Bestimmung gilt auch 2
für Mietverhältnisse über Grundstücke und Räume, die keine Wohnräume sind (§ 578 I, II), und für Pachtverträge hierüber (§ 581 II), nicht aber für Miet- und Pachtverträge über bewegliche Sachen; sie erfasst alle Zurückbehaltungsrechte, auch § 1000 S. 1 (OLG Koblenz BeckRS 2020, 6968 Rn. 24).

§§ 570a, 570b *(weggefallen)*

§ 571 Weiterer Schadensersatz bei verspäteter Rückgabe von Wohnraum

(1) [1]**Gibt der Mieter den gemieteten Wohnraum nach Beendigung des Mietverhältnisses nicht zurück, so kann der Vermieter einen weiteren Schaden im Sinne des § 546a Abs. 2 nur geltend machen, wenn die Rückgabe infolge von Umständen unterblieben ist, die der Mieter zu vertreten hat.** [2]**Der Schaden ist nur insoweit zu ersetzen, als die Billigkeit eine Schadloshaltung erfordert.** [3]**Dies gilt nicht, wenn der Mieter gekündigt hat.**

(2) **Wird dem Mieter nach § 721 oder § 794a der Zivilprozessordnung eine Räumungsfrist gewährt, so ist er für die Zeit von der Beendigung des Mietverhältnisses bis zum Ablauf der Räumungsfrist zum Ersatz eines weiteren Schadens nicht verpflichtet.**

(3) **Eine zum Nachteil des Mieters abweichende Vereinbarung ist unwirksam.**

Die Vorschrift ergänzt für Wohnraummietverhältnisse § 546a; sie gilt daher nur im Verhältnis Vermieter – Mieter, nicht im Verhältnis Vermieter – Untermieter (BGH NJW 2021, 1088 Rn. 12 ff.). Sie soll den Umfang des Schadensersatzanspruchs weniger in seinen Voraussetzungen – auch § 546a II setzt idR ein Vertretenmüssen voraus – als in seiner Höhe begrenzen. Weitergehende Schadensersatzansprüche sind deshalb im Fall der Bewilligung einer Räumungsfrist nach §§ 721, 794a ZPO ausgeschlossen **(II)** oder sonst nach Billigkeitsgesichtspunkten zu reduzieren.

Es begründet kein Vertretenmüssen, wenn der Mieter den Eigenbedarf des Vermieters bestreitet (LG Berlin BeckRS 2021, 45254; AG Bremen BeckRS 2021, 20). Hat der Mieter selbst gekündigt, greift die Begrenzung des Schadensersatzanspruchs nicht **(I 3)**.

§ 572 Vereinbartes Rücktrittsrecht; Mietverhältnis unter auflösender Bedingung

(1) **Auf eine Vereinbarung, nach der der Vermieter berechtigt sein soll, nach Überlassung des Wohnraums an den Mieter vom Vertrag zurückzutreten, kann der Vermieter sich nicht berufen.**

(2) **Ferner kann der Vermieter sich nicht auf eine Vereinbarung berufen, nach der das Mietverhältnis zum Nachteil des Mieters auflösend bedingt ist.**

Die Bestimmung soll verhindern, dass der Kündigungsschutz zugunsten des Mieters durch die Vereinbarung eines Rücktrittsrechts oder einer auflösenden Bedingung (zB Beendigung eines unbefristeten Arbeitsverhältnisses: BGH NZM 2021, 137 Rn. 41) ausgehebelt wird. Eine einseitige Lösung vom Vertrag soll dem Vermieter nur unter Einhalten der Kündigungsschutzbestimmungen möglich sein (BT-Drs. 14/4553, 65). Entspr. vertragliche Klauseln führen nicht zur Unwirksamkeit des ganzen Mietvertrages, sie entfalten lediglich keine Wirkung (BGH NZM 2021, 137 Rn. 42). Zum **Überlassen** → § 535 Rn. 11.

Unterkapitel 2. Mietverhältnisse auf unbestimmte Zeit

§ 573 Ordentliche Kündigung des Vermieters

(1) [1]**Der Vermieter kann nur kündigen, wenn er ein berechtigtes Interesse an der Beendigung des Mietverhältnisses hat.** [2]**Die Kündigung zum Zwecke der Mieterhöhung ist ausgeschlossen.**

(2) **Ein berechtigtes Interesse des Vermieters an der Beendigung des Mietverhältnisses liegt insbesondere vor, wenn**

1. **der Mieter seine vertraglichen Pflichten schuldhaft nicht unerheblich verletzt hat,**
2. **der Vermieter die Räume als Wohnung für sich, seine Familienangehörigen oder Angehörige seines Haushalts benötigt oder**
3. **der Vermieter durch die Fortsetzung des Mietverhältnisses an einer angemessenen wirtschaftlichen Verwertung des Grundstücks gehindert und dadurch erhebliche Nachteile erleiden würde; die Möglichkeit, durch eine anderweitige Vermietung als Wohnraum eine höhere Miete zu erzielen, bleibt außer Betracht; der Vermieter kann sich auch nicht darauf berufen, dass er die Mieträume im Zusammenhang mit einer beabsichtigten oder nach Überlassung an den Mieter erfolgten Begründung von Wohnungseigentum veräußern will.**

(3) [1]**Die Gründe für ein berechtigtes Interesse des Vermieters sind in dem Kündigungsschreiben anzugeben.** [2]**Andere Gründe werden nur berücksichtigt, soweit sie nachträglich entstanden sind.**

(4) ***Eine zum Nachteil des Mieters abweichende Vereinbarung ist unwirksam.***

Lit.: Bühler, Die Kündigung des Wohnraummietverhältnisses, JA 2021, 721, 810; Fleindl, Die Eigenbedarfskündigung: Tatbestand und Rechtsmissbrauch, NZM 2016, 289; Milger, Die Kündigung des Vermieters wegen Eigenbedarfs, NZM 2014, 769; Schmidt, Die Eigenbedarfskündigung, NZM 2014, 609, NZM 2014, 769; Sternel, Ist der duale Kündigungsschutz nach §§ 573, 574 BGB noch zeitgemäß?, NZM 2018, 473.

1. Funktion. § 573 ist „Kernstück des sozialen Mietrechts" (BVerfGE 68, 363 zu § 564b aF) und legt im Grundsatz fest, dass der *Mieter* das Mietverhältnis ohne Begründung weiterhin durch ordentliche Kündigung beendigen kann, während dem **Vermieter** diese Möglichkeit nur zusteht, wenn er ein **berechtigtes Interesse** an der Vertragsbeendigung hat. Eine ohne diese Voraussetzungen erklärte ordentliche Kündigung ist unwirksam. Die Bestimmung wird ergänzt durch das Recht des Mieters, der Kündigung aus Gründen zu widersprechen, die in seiner Sphäre liegen (s. §§ 574 ff.). Schließlich müssen als weitere Ausprägungen des Mieterschutzes die asymmetrischen, also unterschiedlichen Kündigungsfristen für Vermieter und Mieter (s. § 573c) gesehen werden. Ausgleich für die Bindung des Vermieters an den Mietvertrag soll sein Anspruch auf Zustimmung des Mieters zur Erhöhung der Miete sein (s. §§ 558, 559). Die Formel „berechtigtes Interesse" **(I 1)** ist wegen ihres Wertungsspielraums nur schwer konkretisierbar. Sie gewinnt eine Funktion, wenn der begünstigte Personenkreis (→ Rn. 3 aE) nicht von II erfasst wird (s. BGH NJW 2012, 2342: Kündigung durch Kirchengemeinde; BGH NJW 2017, 2819: Wohnung für Hausmeister [dort wegen Vortäuschung abgelehnt]). Das geltend gemachte Interesse muss ebenso schwer wiegen wie die Beispiele des II (BGHZ 214, 269 Rn. 24; BGH NZM 2021, 886 Rn. 16). **Anwendungsbereich:** Auch Untermietverhältnisse (BGH aaO). Ausgenommen sind Wohnungen iSv § 549 II sowie gem. § 573a. § 573 ist zugunsten des Mieters **zwingend (IV).** Es kann also ein höherer Bestandsschutz vereinbart werden (s. BGHZ 204, 162). 1

2. Erhebliche schuldhafte Vertragsverletzungen (II Nr. 1). Zu den **Vertragspflichten** → § 535 Rn. 24 ff. Ein **Zahlungsrückstand** muss in Höhe mindestens einer Monatsmiete mindestens ein Monat lang bestehen. Ein Ausgleich kurz nach Kündigung mag bei einer Interessenabwägung zur Unwirksamkeit der Kündigung führen oder das Berufen auf sie gem. § 242 ausschließen (BGH NZM 2018, 941 Rn. 43; 2022, 49 Rn. 82 f.); § 569 III Nr. 3 ist nicht entspr anwendbar (→ § 569 Rn. 5). **Weitere Bsp:** vertragswidriger Gebrauch, zB Überbelegung, permanentes Abstellen von Gegenständen im Treppenhaus ohne Duldung (LG Köln NJW-RR 2017, 652); nicht zu duldende unberechtigte Überlassung an Dritte; Vernachlässigung; unberechtigte Tierhaltung; Belästigung anderer, soweit dadurch Vermieter oder Mitmieter beeinträchtigt werden. Die **Erheblichkeit** liegt unter der Schwelle des § 543 II Nr. 2, muss aber die Interessensphäre des Vermieters ernsthaft berühren. Kleinere Verstöße ohne Wiederholungsgefahr bleiben außer Betracht. Verschulden meint ausschließlich Vorsatz und Fahrlässigkeit iSd § 276. Ein Vertretenmüssen (etwa für die eigene Zahlungsfähigkeit) genügt nicht. § 278 ist anwendbar (Bsp: Familienangehörige; BGH NJW 2007, 429: Mieterschutzverein). Eine **Abmahnung** ist grds. nicht erforderlich (BGH NJW 2008, 510 mwN; Staudinger/Rolfs § 573 Rn. 31; aA Jauernig/Teichmann, 18. Aufl. 2021, § 573 Rn. 2), kann aber für die Feststellung einer schuldhaften, nicht unerheblichen Pflichtverletzung des Mieters relevant sein (BGH NZM 2020, 885 Rn. 11 f.). 2

3. Eigenbedarf (II Nr. 2). a) Berechtigter Vermieter. Das Ges. geht von einer natürlichen Person oder von mehreren natürlichen Personen – einer einfachen Vermietermehrheit gem. § 741 – aus. Wegen einer Interessengleichheit wendet der BGH die Norm entspr. auf die Mitglieder einer **GbR** an (BGHZ 213, 136, Rn. 15 ff.; BGH NZM 2018, 388 Rn. 14), dabei auch auf Gesellschafter, die der Gesellschaft erst nach dem Bestehen eines Mietverhältnisses beitreten (BGH NZM 2012, 150; zum Schutz der Mieter s. § 577a). Angesichts der anerkannten Teilrechtsfähigkeit der GbR (→ § 705 Rn. 1), auch einer Missbrauchsgefahr bei der Gestaltung einer GbR überzeugt es mehr, die Norm wie bei OHG, KG (s. BGH NJW 2017, 547 Rn. 52) und jur. Person (vgl. BGH NZM 2021, 683: Übertragung eines 5%-Miteigentumsanteils an Tochter des Vorstands einer AG) nicht anzuwenden, im Einzelfall aber auf I 1 zurückzugreifen. Das „berechtigte Interesse" ist dabei aus dem 3

Schutzzweck des II Nr. 2 zu entwickeln (iE Regelsberger, Die Eigenbedarfskündigung durch Juristische Personen und Personengesellschaften, 2018, S. 148 ff.).
4 **b) Benötigen** bedeutet, dass der Vermieter ein aktuelles (BGH ZMR 2017, 32: keine „Vorratskündigung"), ernsthaftes und vernünftiges Interesse (wirtschaftlicher oder auch nichtwirtschaftlicher Art) an einer Nutzung hat. Er muss also die Wohnung in angemessener Frist für berechtigte Zwecke *nutzen wollen* (BGH NJW-RR 2017, 75 Rn. 12; der Rspr. grds. zust. Rolfs, JZ 2016, 213) und dazu *in der Lage sein* (Teichmann JZ 2006, 155 zu BGH NJW 2005, 2395; BGH NJW-RR 2019, 134 Rn. 20). Im Allg. ist die Entscheidung des Vermieters angesichts der nahe liegenden Funktion des Eigentums, vom Eigentümer für sich oder „privilegierte Angehörige" genutzt zu werden, auch im Blick auf den Umfang des Wohnbedarfs faktisch unterhalb der Missbrauchsgrenze zu respektieren (BGHZ 203, 22; sa BVerfG NJW 2014, 2419). Die Wohnung muss nicht den Lebensmittelpunkt bilden; auch der Wunsch zu zeitlich begrenzter oder phasenweiser Nutzung (Milger NZM 2014, 774), als Zweitwohnung (BGH NJW-RR 2019, 130) kann berechtigt sein (sa BVerfG NZM 2014, 624). **Bsp:** Aufnahme von Pflegepersonal, kürzerer Weg zum Arbeitsplatz, Wachsen der Familie, Bedürfnis größer werdender Kinder nach eigenen Räumen, Kündigung der selbst gemieteten Wohnung durch deren Vermieter. Ein zukünftiger Bedarf (zB Heirat des Vermieters, Rückkehr in den Heimatort) ist,
5 wenn er sich genügend konkretisieren lässt, zu berücksichtigen. **c)** Benötigen **als Wohnung.** Eine geplante Nutzung für eine eigene berufliche Tätigkeit kann unter § 573 I 1 fallen, in geringerem Maß auch für rein geschäftliche Zwecke (BGH NJW 2017, 2018; bei Nutzung zur Aktenlagerung abgelehnt; zutr. krit. Hinz NZM 2017,
6 412). **d)** Zu den **Familienangehörigen,** die nicht bisher im Haushalt gelebt haben müssen, rechnen die Kernfamilie und darüber hinaus enge Verwandte (BGH NJW 2010, 1291; krit. Wiek WuM 2010, 119), Geschwister und deren Nachkommen, Verschwägerte und Pflegekinder, wenn zu ihnen familiäre Beziehungen bestehen, aus denen sich wiederum eine zumindest moralische Pflicht zur Hilfe ergibt (BGH DWW 2009, 189), auch getrennte und geschiedene Ehegatten (BGH NJW 2021, 620 Rn. 17); **zum Haushalt gehörende Personen** sind Personen, die mit dem Vermieter seit längerer Zeit auf Dauer in der Wohnung leben (Familienangehörige, Lebenspartner und dessen Kinder, Wohngemeinschaft, Hausgehilfin, Au-pair [AG München ZMR 2021, 328; aA LG Berlin WuM 2021, 457], → §§ 563, 563a
7 Rn. 2). **e) Beendeter Eigenbedarf.** Ein Entfallen des Eigenbedarfs soll nach dem BGH (BGHZ 165, 79; dazu BVerfG NJW 2006, 2033; BGH DWW 2008, 342; NJW 2021, 1232 Rn. 13) zutr. nur bis zum Ende der Kündigungsfrist zu berücksichtigen sein. Dies schließt jedoch entgegen dem BGH einen Missbrauch oder eine nachvertragliche Treuepflichtverletzung nicht aus, zB beim Wegfall des Bedarfs wäh-
8 rend einer eingeräumten Verlängerung der Nutzungszeit. **f) Vorgetäuschter Eigenbedarf.** Spiegelt der Vermieter Umstände vor, die einen Eigenbedarf begründen (anders bei unzutr. rechtlicher Bewertung, OLG Hamm WuM 1984, 96), und zieht der Mieter – auch freiwillig (BGH NJW 2009, 2060) – aus, so macht sich der Vermieter gem. §§ 280 I, 241 II schadensersatzpflichtig (BGH NJW 2015, 2323). Ein Anspruch entsteht auch, wenn der Vermieter dem Mieter vor dessen Auszug einen zwischenzeitlich eingetretenen Wegfall der Gründe nicht mitteilt (OLG Karlsruhe NJW-RR 1994, 80 mwN). Der Schadensersatz (iE Ostermann WM 1992, 346) ist, sofern möglich (BGH NJW 2010, 1070; krit. Hinz WuM 2010, 20), auf Wiedereinzug (Naturalrestitution) gerichtet (LG Hamburg WuM 2008, 921), bei endgültigem Wegzug auf Ersatz der durch den Umzug ausgelösten Mehraufwendungen (bei Neuanschaffungen unter Berücksichtigung des Grundsatzes „neu für alt" → Vor §§ 249 ff. Rn. 47; nicht Maklerkosten für Erwerb einer Eigentumswohnung, BGH NJW 2021, 1232 Rn. 28) sowie auf die Mietdifferenz, bezogen auf eine gleichwertige Wohnung. Zeitlich wird dies teilweise (LG Darmstadt ZMR 1994, 165) auf vier Jahre begrenzt. Veräußert der Vermieter die (leer gewordene) Wohnung oder vermietet er sie zu höherem Preis weiter, so sind Bereicherungsansprüche (Eingriff in die Besitzposition) zu prüfen. **Beweisführung:** Bezieht der Vermieter

bzw. der Angehörige die Wohnung nicht, so liegt die Vermutung einer Vortäuschung des Eigenbedarfs nahe. Der Vermieter muss dann entspr. den Grundsätzen der sekundären Darlegungslast (s. zB BGHZ 188, 43 Rn. 12) substantiiert und plausibel („stimmig") darlegen, aus welchen Gründen der Bedarf nachträglich entfallen sein soll. Gelingt dies nicht, ist die Pflichtverletzung als unstreitig zu behandeln (BGH WuM 2017, 342 Rn. 19, 22). **g) Missbräuchlich geltend gemachter Eigenbedarf. aa) Keine Inanspruchnahme einer eigenen Ausweichmöglichkeit.** Steht dem Vermieter eine vergleichbare andere Wohnung zur Verfügung, in der er den geltend gemachten Wohnbedarf ohne wesentliche Abstriche befriedigen kann, ist eine Kündigung missbräuchlich (BGH NJW-RR 2017, 72 Rn. 17). **bb) Kein Ausweichangebot.** Ist eine vergleichbare Wohnung, insbes. im Haus oder in derselben Wohnanlage frei, muss der Vermieter sie anbieten. Sonst ist die Kündigung missbräuchlich (BGH NJW-RR 2012, 343). **cc) Widersprüchliche Geltendmachung.** Aus § 242 (venire contra factum proprium) leitet die Rspr. ab, dass ein Eigenbedarf nicht geltend gemacht werden kann, wenn der Vermieter bei Abschluss eines Vertrages auf unbestimmte Zeit „ernsthaft erwogen" (BGH 204, 152 ff. mwN) hatte, den Vertrag in absehbarer Zeit wegen Eigenbedarfs wieder zu kündigen. Das Vertrauen des Mieters, längere Zeit bleiben zu können, habe angesichts der mit einem Umzug verbundenen vielfältigen belastenden Umstände Vorrang (s. BGH NJW 2013, 1597; dort verneint). Dem ist iE zuzustimmen, weil ein unproblematischer Anspruch aus §§ 311 II, 241 II nicht weiterführt. Allerdings sollte wegen des Anknüpfens an das Vertrauen des Mieters (→ § 242 Rn. 48) die **Beweislast** des Mieters für die subj. Anforderungen beim Vermieter nicht zu hoch angesetzt werden (strenger wohl BGHZ 204, 163 f.). 9

4. Hinderung an angemessener (wirtschaftlicher) Verwertung (II Nr. 3). 10
Anhand dreier Merkmale sollen Abwägungen zwischen den beiden Grundrechtspositionen (→ § 549 Rn. 1) zum Vorrang des Vermieters führen können (iE s. Horst DWW 2012, 46): Die **Verwertung** ist zB die eigene Nutzung oder Vermietung zu gewerblichen Zwecken (nicht als Wohnraum, s. II Nr. 3 S. 2), die Sanierung (BayObLG ZMR 1984, 59), der Abriss zum Neubau von Wohnungen oder Gewerberäumen (BGHZ 179, 289; zust. Rolfs/Schlüter JZ 2009, 693; s. aber BGH NZM 2021, 271 Rn. 14: ersatzloser Abriss), die Bestellung dinglicher Nutzungsrechte, der Verkauf. **Angemessen** soll die Verwertung sein, wenn sie „von vernünftigen, nachvollziehbaren Erwägungen getragen ist" (BGHZ 179, 293 mwN), wobei sich dies auf die Wohnung oder auf den Vermieter beziehen kann. Bsp: Abriss bei nicht sinnvoller Sanierung (BGH NJW-RR 2011, 239), eigener finanzieller Bedarf, Veräußerung im Wege der Erbauseinandersetzung, Einsetzen der Mittel zur anderweitigen Sanierung. Nicht erforderlich ist, dass der Vermieter sonst in Existenznot geriete (BVerfG NJW 1989, 973). Nicht genügt, dass sich eine freie Wohnung günstiger veräußern lässt; hier ist der Vermieter an seine frühere Entscheidung gebunden (anders jedoch zutr. LG Krefeld DWW 2010, 360 für Einfamilienhaus oberer Qualität). Eine **Hinderung** ist anzunehmen, wenn die Verwertung durch das fortbestehende Mietverhältnis faktisch unmöglich wird oder wenn der Vermieter *erhebliche* Nachteile erleidet, die das Bestandsinteresse des Mieters im Einzelfall deutlich übersteigen (BGH NJW-RR 2018, 12 Rn. 23).

5. Ausübung der Kündigung (III). a) Zur **Form** s. § 568. **b) Begründung (III 1).** Sie soll dem Mieter möglichst frühzeitig Klarheit darüber verschaffen, wie sich die Rechtslage für ihn darstellt, damit er das Erforderliche und ihm Mögliche (zB Bestreiten einer Berechtigung, Widerspruch gem. § 574, Suche nach einer neuen Wohnung) unternehmen kann. Grds. genügt bei einem *Eigenbedarf* die Angabe der Person, für die die Wohnung benötigt wird, ihre Eigenschaft als „Angehörige" und das Darlegen des Interesses, das diese Person an der Wohnung hat (BGH WuM 2017, 285 Rn. 15, stRspr). Allein diese angegebenen Gründe sind maßgebend **(III 1). c) Nachschieben von Gründen (III 2).** Ergänzende, zZ der Abgabe der Kündigungserklärung bereits vorliegende Gründe, die die bereits wirk- 11 same Kündigung erläutern oder verstärkend verdeutlichen, können jederzeit (auch im Prozess, → Rn. 12) nachgeholt werden (BGH NJW 2010, 3018). Zu berücksichtigen sind auch neue Umstände nach Abgabe der Kündigungserklärung, die den angegebenen Kündigungsgrund weiter abdecken. Bsp: Weitere Vertragsverletzung nach Zugang der Kündigungserklärung. Ein Auswechseln der Begründung auf Grund **neuer Umstände** (Bsp: jetziger Eigenbedarf statt früherer Störungen) ist entgegen dem Wortlaut des III 2 nicht möglich. Die frühere Rechtslage, in der dies allg. für unzulässig gehalten wurde (s. zB Soergel, 12. Aufl., § 564b aF) sollte nicht verändert werden (BT-Drs. 14/4553, 66).

12 **6. Prozessuales. a)** Zur Zuständigkeit für eine **Klage** → § 535 Rn. 42. Der Vermieter kann auf Räumung, der Mieter auf Feststellung der Unwirksamkeit der Kündigung und auf Fortsetzung des Mietverhältnisses klagen. Maßgeblicher Zeitpunkt: letzte mündliche Tatsachenverhandlung (§ 128 ZPO). Dabei können nur die im Kündigungsschreiben genannten Gründe berücksichtigt werden **(III), uU** mit Ergänzungen gem. → Rn. 8. **b)** Die **Beweislast** für die Voraussetzungen des § 573 trägt grundsätzlich der Vermieter, wobei die Anforderungen nicht überspannt werden dürfen (vgl. BGH NZM 2021, 760); für das Verschulden nach II Nr. 1 gilt § 280 I 2. Bei einem Schadensersatzanspruch wegen **vorgetäuschten Eigenbedarfs** (→ Rn. 8) trägt der Mieter die Beweislast für das Fehlen rechtfertigender Gründe als Voraussetzung einer Pflichtverletzung. Wird die geräumte Wohnung nicht wie bei der Kündigung angegeben genutzt, so muss der Vermieter die Umstände, die sich gegenüber dem Kündigungsschreiben verändert und ihn zum Nichtbezug veranlasst haben, darlegen und notfalls beweisen (sog sekundäre Darlegungslast, → Rn. 8 aE).

§ 573a Erleichterte Kündigung des Vermieters

(1) [1]**Ein Mietverhältnis über eine Wohnung in einem vom Vermieter selbst bewohnten Gebäude mit nicht mehr als zwei Wohnungen kann der Vermieter auch kündigen, ohne dass es eines berechtigten Interesses im Sinne des § 573 bedarf.** [2]**Die Kündigungsfrist verlängert sich in diesem Fall um drei Monate.**

(2) **Absatz 1 gilt entsprechend für Wohnraum innerhalb der vom Vermieter selbst bewohnten Wohnung, sofern der Wohnraum nicht nach § 549 Abs. 2 Nr. 2 vom Mieterschutz ausgenommen ist.**

(3) **In dem Kündigungsschreiben ist anzugeben, dass die Kündigung auf die Voraussetzungen des Absatzes 1 oder 2 gestützt wird.**

(4) **Eine zum Nachteil des Mieters abweichende Vereinbarung ist unwirksam.**

Lit.: Skrobek, Probleme im Anwendungsbereich des § 573a BGB, ZMR 2007, 511; Sonnenschein, Die erleichterte Kündigung für Einliegerwohnraum, NZM 2000, 1.

1 **1. Allgemeines. a) Normzweck.** Da in den Fällen von I 1 und II wegen der räumlichen Berührungspunkte zwischen Vermieter und Mieter die Gefahr persönlicher Reibung groß ist, hat der Gesetzgeber eine grundsätzliche Lösbarkeit, wenn auch unter verlängerten Fristen, vorgesehen. Dieser Normzweck verlangt weder einen gemeinsamen Eingang noch, dass beide Parteien ihren Hauptwohnsitz in dem Gebäude haben, sondern nur eine Nutzungsintensität, die erhöhte Spannungen
2 möglich erscheinen lässt (vgl. LG Berlin BeckRS 2021, 42389 Rn. 49 ff.). **b) Tatbestand.** Ein **Gebäude** kann auch Räume umfassen, die nicht ausschließlich für Wohnzwecke genutzt werden; der Vermieter muss die gewerblichen Räume nicht selbst nutzen (BT-Drs. 14/4553, 66). Eine **Wohnung** besteht aus einem oder mehreren Räumen mit Nebenräumen, die eine eigenständige Lebensführung ermöglichen (BGH NZM 2015, 452). Abgeschlossen müssen die Räume nicht sein (aA Skrobek

ZMR 2007, 511). Das Gebäude darf **nicht mehr als zwei** Wohnungen aufweisen. Dabei sind nach dem Normzweck Bestand und Nutzung *zum Zeitpunkt des Vertragsschlusses* entscheidend. Wird zB eine dritte Wohnung vom Vermieter mit genutzt, so ist der Tatbestand erfüllt. Eine spätere Nutzungsänderung (zB auch als gewerblich) ist irrelevant (unklar, wohl iE auch BGH NJW-RR 2011, 158; NZM 2015, 452). Zu den (um drei Monate verlängerten, s. **I 2**) **Kündigungsfristen** s. § 573c I (Bsp: Bei einer Kündigung zwischen dem 4.12. und dem 3.1. endet das Mietverhältnis bei einem tatsächlichen Überlassen von weniger als fünf Jahren am 30.6., bei längerem Überlassen am 30.9. bzw. 31.12.).

2. Durchführung der Kündigung. Zur **Form** s. § 568, zur **Begründung** s. **III.** Eine ohne Begründung erklärte Kündigung ist unwirksam. Zieht der Mieter trotzdem aus, können sich Ansprüche auf Schadensersatz aus §§ 280 I, 241 II ergeben. Liegt ein Grund zur außerordentlichen fristlosen Kündigung (§§ 543, 569) vor und/oder hat der Vermieter zugleich ein berechtigtes Interesse iSd § 573, sollte er wegen der Fristen vorrangig außerordentlich, „vorsorglich" ordentlich nach § 573 und „höchst vorsorglich" nach § 573a kündigen (vgl. AG Dortmund BeckRS 2020, 10732 Rn. 25). 3

§ 573b Teilkündigung des Vermieters

(1) **Der Vermieter kann nicht zum Wohnen bestimmte Nebenräume oder Teile eines Grundstücks ohne ein berechtigtes Interesse im Sinne des § 573 kündigen, wenn er die Kündigung auf diese Räume oder Grundstücksteile beschränkt und sie dazu verwenden will,**
1. **Wohnraum zum Zwecke der Vermietung zu schaffen oder**
2. **den neu zu schaffenden und den vorhandenen Wohnraum mit Nebenräumen oder Grundstücksteilen auszustatten.**

(2) **Die Kündigung ist spätestens am dritten Werktag eines Kalendermonats zum Ablauf des übernächsten Monats zulässig.**

(3) **Verzögert sich der Beginn der Bauarbeiten, so kann der Mieter eine Verlängerung des Mietverhältnisses um einen entsprechenden Zeitraum verlangen.**

(4) **Der Mieter kann eine angemessene Senkung der Miete verlangen.**

(5) **Eine zum Nachteil des Mieters abweichende Vereinbarung ist unwirksam.**

Normzweck. Die Bestimmung soll das Schaffen neuen Wohnraums erleichtern (BT-Drs. 12/3254, 17). Für befristete Mietverhältnisse (§§ 575b ff.) gilt § 573b nicht, wie aus der Einordnung in einen anderen Unterabschnitt deutlich werden soll (BT-Drs. 14/4553, 66).

§ 573c Fristen der ordentlichen Kündigung

(1) [1]**Die Kündigung ist spätestens am dritten Werktag eines Kalendermonats zum Ablauf des übernächsten Monats zulässig.** [2]**Die Kündigungsfrist für den Vermieter verlängert sich nach fünf und acht Jahren seit der Überlassung des Wohnraums um jeweils drei Monate.**

(2) **Bei Wohnraum, der nur zum vorübergehenden Gebrauch vermietet worden ist, kann eine kürzere Kündigungsfrist vereinbart werden.**

(3) **Bei Wohnraum nach § 549 Abs. 2 Nr. 2 ist die Kündigung spätestens am 15. eines Monats zum Ablauf dieses Monats zulässig.**

(4) **Eine zum Nachteil des Mieters von Absatz 1 oder 3 abweichende Vereinbarung ist unwirksam.**

1 **1. Allgemeines. a) Normzweck.** Die unterschiedlichen Kündigungsfristen für Vermieter und Mieter sollen den Mieter einerseits in seinem Interesse schützen, insbes. den bei länger andauernden Mietverhältnissen geschaffenen Lebensmittelpunkt nicht kurzfristig zu verlieren, ihn andererseits nicht dadurch zu stark zu belasten, dass er – zB bei dem Wechsel der Arbeitsstelle oder einem Einzug in ein Alters- oder Pflegeheim – zu lang gebunden ist und uU doppelte Miete zahlen muss (BT-Drs. 14/4553, 67, 14/5663, 83; BGH NJW 2022, 2030 Rn. 25). **b) Anwendungsbereich.** Wegen der genannten bes. Interessenlage wurde eine spezielle Bestimmung für Wohnräume geschaffen. Zu den Fristen bei Mietverhältnissen über Grundstücke, Räume, die keine Wohnräume sind, s. § 580a I; zu Mietverhältnissen über Geschäftsräume s. § 580a II, zu beweglichen Sachen s. § 580a III. **c) Vertragliche Gestaltung.** Die Norm ist außerhalb von vorübergehenden Vermietungen **(II)** zugunsten des Mieters **zwingend (IV).** Der Wortlaut erlaubt damit keinen zeitweiligen Ausschluss oder eine Verlängerung der Kündigungsfrist für den Mieter. IE völlig zutr. hat jedoch der BGH im Anschluss an BT-Drs. 14/4553, 69 (zu § 570) „einen zeitweiligen Verzicht des Mieters auf sein Recht zur Kündigung" zugelassen (BGH NJW 2011, 61 mwN; in BGH NJW 2013, 1597 wird die Möglichkeit eines „beiderseitigen Verzichts" betont). In AGB können dies vier Jahre sein (näher Bruns ZMR 2020, 358; angemessener wären zwei Jahre, s. Derleder NZM 2005, 644; zu §§ 305c, 307 AG Bremen WuM 2020, 209), individualvertraglich bis zu zehn Jahren (BGH NJW 2011, 61), jeweils gerechnet vom Zeitpunkt der Vereinbarung (BGH NJW 2011, 597).

2 **2. Durchführung der Kündigung.** Zur **Form** s. § 568. Maßgebend für den **Fristbeginn** ist der Zugang (§ 130). Bei Berechnung der drei Werktage gem. I gilt § 193 nicht, weil die Frist den Kündigungsgegner schützen soll. Der Samstag ist also mitzuzählen (BGHZ 162, 175; BGH NJW 2005, 2155). Die Beweislast liegt beim Kündigenden.

§ 573d Außerordentliche Kündigung mit gesetzlicher Frist

(1) **Kann ein Mietverhältnis außerordentlich mit der gesetzlichen Frist gekündigt werden, so gelten mit Ausnahme der Kündigung gegenüber Erben des Mieters nach § 564 die §§ 573 und 573a entsprechend.**

(2) [1]**Die Kündigung ist spätestens am dritten Werktag eines Kalendermonats zum Ablauf des übernächsten Monats zulässig, bei Wohnraum nach § 549 Abs. 2 Nr. 2 spätestens am 15. eines Monats zum Ablauf dieses Monats (gesetzliche Frist).** [2]**§ 573a Abs. 1 Satz 2 findet keine Anwendung.**

(3) **Eine zum Nachteil des Mieters abweichende Vereinbarung ist unwirksam.**

1 **1. Funktion des I.** Die zugunsten des Mieters **zwingende (III)** Vorschrift schafft zusammen mit II einen im Wesentlichen **neuen Begriff** für bestimmte ges. zugelassene Fälle der außerordentlichen Kündigung (→ § 542 Rn. 2) und legt fest, dass – außerhalb der Rechtsnachfolge des „bloßen" Erben ohne besonderes Verhältnis zum Mieter (→ §§ 563–563a Rn. 1, → § 564 Rn. 1) – der Vermieter auch hier nur bei einem berechtigten Interesse kündigen kann. Das Widerspruchsrecht des Mieters (§ 574) bleibt ebenfalls erhalten (BT-Drs. 14/4553, 68).

2 **2. Funktion des II.** Die Vorschrift legt als Legaldefinition zwei ges. Fristen fest. **Bsp. für II 1** (außerhalb von Wohnraum gem. § 545 II Nr. 2): bis 3. Werktag im Mai zum 31.7. (um drei Arbeitstage gekürzte Dreimonatsfrist). Geregelt wird weiter, dass die in § 573a I 2 angeordnete Verlängerung für Zweifamilienhäuser sowie für die Teilvermietung (§ 573a II iVm § 573 I 2) hier nicht gilt. Die Norm ist zugunsten des Mieters **zwingend (III).**

§ 574 Widerspruch des Mieters gegen die Kündigung

(1) [1]**Der Mieter kann der Kündigung des Vermieters widersprechen und von ihm die Fortsetzung des Mietverhältnisses verlangen, wenn die Beendigung des Mietverhältnisses für den Mieter, seine Familie oder einen anderen Angehörigen seines Haushalts eine Härte bedeuten würde, die auch unter Würdigung der berechtigten Interessen des Vermieters nicht zu rechtfertigen ist.** [2]**Dies gilt nicht, wenn ein Grund vorliegt, der den Vermieter zur außerordentlichen fristlosen Kündigung berechtigt.**

(2) **Eine Härte liegt auch vor, wenn angemessener Ersatzwohnraum zu zumutbaren Bedingungen nicht beschafft werden kann.**

(3) **Bei der Würdigung der berechtigten Interessen des Vermieters werden nur die in dem Kündigungsschreiben nach § 573 Abs. 3 angegebenen Gründe berücksichtigt, außer wenn die Gründe nachträglich entstanden sind.**

(4) **Eine zum Nachteil des Mieters abweichende Vereinbarung ist unwirksam.**

1. Allgemeines. a) Funktion. Als ein weiteres Kernstück des sozialen Miet- 1
rechts (→ § 573 Rn. 1) berücksichtigt die Norm bestimmte Umstände, die in der *Sphäre des Mieters* liegen, zu dessen Gunsten. Sie schränkt in einem zweiten Schritt das Recht des Vermieters ein, die Wohnung herauszuverlangen, obwohl eine ausgesprochene ordentliche Kündigung bzw. außerordentliche Kündigung mit gesetzlicher Frist zunächst wirksam ist. **b) Anwendungsbereich.** § 574 gilt nicht bei einer fristlosen Kündigung aus wichtigem Grund gem. §§ 543 I, 569, weiter nicht für Mietverträge über Wohnräume nach § 549 II sowie nur eingeschränkt für Zeitmietverträge (s. § 575a II). **c) Einbezogene Personen.** Zur Familie des Mieters und zu den Angehörigen seines Haushalts → §§ 563, 563a Rn. 2. **d)** Die Norm ist zugunsten des Mieters **zwingend (IV).**

2. Voraussetzungen. a) Härte für den Mieter. Gemeint sind Nachteile wirt- 2
schaftlicher, finanzieller, gesundheitlicher, familiärer oder persönlicher Art, die infolge der Vertragsbeendigung auftreten, welche über die üblichen, mit einem Umzug verbundenen Kosten und durch eine Ortsveränderung ausgelösten Erschwernisse weit hinausgehen und die die Interessen des Vermieters deutlich überwiegen. **Bsp:** Kein Ersatzraum zu zumutbaren Bedingungen, obwohl sich der Mieter darum bemüht hat **(II).** Der Mieter baut selbst, er hat für einen späteren Termin eine andere Wohnung; fortgeschrittene Schwangerschaft (LG Dortmund NJW 1965, 2204; AG Aachen MDR 1966, 55); hohe Kinderzahl (LG Dortmund NJW 1965, 2204); Umschulung der Kinder zu ungünstigem Zeitpunkt (KG DWW 2004, 189); erhebliche Krankheit (BGH NZM 2005, 144). Hohes Alter und lange Mietdauer allein reichen nicht aus; hinzukommen muss zB Gebrechlichkeit oder eine Behinderung im Knüpfen neuer sozialer Kontakte (BGHZ 222, 133 Rn. 30; BGH NZM 2021, 361 Rn. 24 ff.; BeckRS 2021, 51455 Rn. 32; aA LG Berlin Wum 2021, 492). Die Tatsache, dass dem Mieter eine Räumungsfrist (§ 721 ZPO) bewilligt werden kann, bleibt bei der Interessenabwägung außer Betracht (OLG Stuttgart NJW 1969, 240; OLG Oldenburg WuM 1970, 132). **b) Keine Rechtfertigung durch Interessen des Vermieters.** Die Interessen des Vermieters an einem termingerechten oder möglichst raschen Auszug müssen denen des Mieters zumindest gleichwertig sein (LG Hamburg ZMR 2013, 635). Die Vermieterinteressen können sich aus denselben Gründen ergeben, die für die Zulässigkeit der Kündigung sprachen. Eigenständige Bedeutung gewinnen die gegenseitigen Interessen im Fall des § 573a. Zu berücksichtigen sind auch hier (s. § 573 III) nur die im Kündigungsschreiben angegebenen sowie nachträglich entstandene Gründe; iE → § 573 Rn. 8.

3. Rechtsfolgen. Der Mieter gewinnt nach einem Widerspruch (s. § 574b) einen 3
Anspruch auf Fortsetzung des Mietverhältnisses (s. § 574a I), der entweder durch Eini-

gung oder durch gestaltendes Urteil (§ 574a II) realisiert wird. Bis dahin hat der Mieter gegenüber dem Herausgabeanspruch des Vermieters ein Recht zum Besitz und unterliegt wegen der künftigen (rückwirkenden) Verlängerung denselben Mieterpflichten.

§ 574a Fortsetzung des Mietverhältnisses nach Widerspruch

(1) [1]**Im Falle des § 574 kann der Mieter verlangen, dass das Mietverhältnis so lange fortgesetzt wird, wie dies unter Berücksichtigung aller Umstände angemessen ist.** [2]**Ist dem Vermieter nicht zuzumuten, das Mietverhältnis zu den bisherigen Vertragsbedingungen fortzusetzen, so kann der Mieter nur verlangen, dass es unter einer angemessenen Änderung der Bedingungen fortgesetzt wird.**

(2) [1]**Kommt keine Einigung zustande, so werden die Fortsetzung des Mietverhältnisses, deren Dauer sowie die Bedingungen, zu denen es fortgesetzt wird, durch Urteil bestimmt.** [2]**Ist ungewiss, wann voraussichtlich die Umstände wegfallen, auf Grund derer die Beendigung des Mietverhältnisses eine Härte bedeutet, so kann bestimmt werden, dass das Mietverhältnis auf unbestimmte Zeit fortgesetzt wird.**

(3) **Eine zum Nachteil des Mieters abweichende Vereinbarung ist unwirksam.**

1 **1. Normzweck.** Die Bestimmung konkretisiert den Anspruch des Mieters gem. § 574 dahin, dass er die Fortsetzung des Mietverhältnisses idR nur für eine angemessene Zeit **(I 1)** und uU nur zu modifizierten Konditionen fordern kann **(I 2).**

2 **2. Verfahren/Prozessuales. a) Einigung.** Widerspruch und Fortsetzungsverlangen sollen in erster Linie dazu führen, dass die Parteien – der Vermieter unter dem Druck, die Beendigung des Mietverhältnisses nicht durchsetzen zu können – hinsichtlich der Konditionen der Fortsetzung (Dauer, ggf. Anheben der Miete auf den ortsüblichen Satz, Übernahme von Nebenleistungen wie Reparaturen, Herausgabe einzelner Räume) eine vertragliche Lösung finden **(I 2).** Auch wenn das alte Mietverhältnis unverändert fortgeführt wird, gilt wegen möglicher Drittinteressen das Schriftformerfordernis des § 550 (MüKoBGB/Häublein § 574a Rn. 6). **b)** Zur **Klage** des Mieters auf Fortsetzung s. auch § 308a ZPO. Maßgebender Zeitpunkt für die Beurteilung der Interessen ist wie stets die letzte mündliche Verhandlung (s. § 128 ZPO). Bei Erfolg ergeht ein insoweit rückwirkendes **Gestaltungsurteil** des Inhalts, dass das Mietverhältnis als identisches (uU mit Modifikationen) über den Kündigungszeitpunkt hinaus – im Regelfall für einen bestimmten Zeitraum **(II 1)** – fortgesetzt wird. Mit der **Klagabweisung** steht fest, dass das Mietverhältnis durch die Kündigung beendet wurde; es gelten die §§ 546a, 571. Zur Bewilligung einer Räumungsfrist s. § 721 ZPO, sa § 571 II. **c)** Die **Beweislast** trägt der Vermieter für den Zugang der Kündigung und den Hinweis nach § 568 II, der Mieter für den Zugang des Widerspruchs und die Härtegründe.

§ 574b Form und Frist des Widerspruchs

(1) [1]**Der Widerspruch des Mieters gegen die Kündigung ist schriftlich zu erklären.** [2]**Auf Verlangen des Vermieters soll der Mieter über die Gründe des Widerspruchs unverzüglich Auskunft erteilen.**

(2) [1]**Der Vermieter kann die Fortsetzung des Mietverhältnisses ablehnen, wenn der Mieter ihm den Widerspruch nicht spätestens zwei Monate vor der Beendigung des Mietverhältnisses erklärt hat.** [2]**Hat der Vermieter nicht rechtzeitig vor Ablauf der Widerspruchsfrist auf die Möglichkeit des Widerspruchs sowie auf dessen Form und Frist hingewiesen, so kann der Mieter**

den Widerspruch noch im ersten Termin des Räumungsrechtsstreits erklären.

(3) **Eine zum Nachteil des Mieters abweichende Vereinbarung ist unwirksam.**

1. Form des Widerspruchs (I). Schriftform gem. § 126 **(I 1).** Teilt der Mieter seine Gründe auf Verlangen des Vermieters nicht mit **(I 2),** so bleibt der Widerspruch dennoch wirksam; der Mieter geht jedoch ein Kostenrisiko ein (§ 93b ZPO). 1

2. Verwirken des Anspruchs. a) Hat der Vermieter auf das Recht des Mieters gem. § 574 **rechtzeitig hingewiesen,** so muss der Mieter mindestens zwei Monate vor Ablauf der regulären Mietzeit widersprechen **(II 1);** maßgebend ist insoweit der Zugang (§ 130) beim Vermieter. Der Hinweis des Vermieters ist rechtzeitig, wenn er den Mieter in die Lage versetzt, den Widerspruch nach angemessener Überlegung zu erklären. **b)** Hat der Vermieter **nicht rechtzeitig** hingewiesen, so kann der Mieter noch bis zum ersten Prozesstermin widersprechen **(II 2).** 2

§ 574c Weitere Fortsetzung des Mietverhältnisses bei unvorhergesehenen Umständen

(1) **Ist auf Grund der §§ 574 bis 574b durch Einigung oder Urteil bestimmt worden, dass das Mietverhältnis auf bestimmte Zeit fortgesetzt wird, so kann der Mieter dessen weitere Fortsetzung nur verlangen, wenn dies durch eine wesentliche Änderung der Umstände gerechtfertigt ist oder wenn Umstände nicht eingetreten sind, deren vorgesehener Eintritt für die Zeitdauer der Fortsetzung bestimmend gewesen war.**

(2) [1]**Kündigt der Vermieter ein Mietverhältnis, dessen Fortsetzung auf unbestimmte Zeit durch Urteil bestimmt worden ist, so kann der Mieter der Kündigung widersprechen und vom Vermieter verlangen, das Mietverhältnis auf unbestimmte Zeit fortzusetzen.** [2]**Haben sich die Umstände verändert, die für die Fortsetzung bestimmend gewesen waren, so kann der Mieter eine Fortsetzung des Mietverhältnisses nur nach § 574 verlangen; unerhebliche Veränderungen bleiben außer Betracht.**

(3) **Eine zum Nachteil des Mieters abweichende Vereinbarung ist unwirksam.**

1. Tatbestände. § 574c regelt die Frage, wann und auf welche Weise ein gem. §§ 574 ff. fortgesetztes Mietverhältnis seinerseits beendet bzw. (auch wiederholt) fortgesetzt werden kann. Dabei sind mehrere Fälle zu unterscheiden: **a)** Das Mietverhältnis wurde um eine **bestimmte Zeit** auf Grund einer Einigung zwischen den Parteien oder durch Urteil verlängert **(I):** Der Mieter kann eine weitere Verlängerung nur erreichen, wenn eine wesentliche Änderung der Umstände eintritt, die eine neue Interessenabwägung zugunsten des Mieters (→ § 574 Rn. 2) rechtfertigen, oder wenn Umstände nicht eintreten, deren erwarteter Eintritt für die Befristung maßgebend gewesen war (Bsp: die vorgesehene Aufnahme des Mieters in ein Pflegeheim zu einem bestimmten Zeitpunkt ist nicht möglich; eine Wieder-Gesundung tritt nicht ein, LG Mannheim ZMR 1977, 31; LG München WuM 2017, 477). Der Mieter muss gem. § 574a die Fortsetzung fordern; die Fortsetzung kann ihrerseits – auf Grund einer Einigung oder auf Grund eines Urteils (→ § 574a Rn. 2) – für eine bestimmte Zeit oder eine unbestimmte Zeit geschehen. **b)** Das 1
Mietverhältnis wurde auf Grund einer **Einigung** für eine **unbestimmte Zeit** verlängert. Hier gelten die allg. Regeln; der Vermieter kann gem. §§ 573, 573a kündigen, der Mieter kann gem. § 574 widersprechen. Es findet eine neue Abwägung unter Berücksichtigung aller Umstände statt. Die Fortsetzung kann auf eine bestimmte oder eine unbestimmte Zeit geschehen. **c)** Das Mietverhältnis wurde durch **Urteil** auf **unbestimmte Zeit** verlängert (**II,** → § 574a Rn. 2). **aa)** Bei

unveränderten Umständen oder unwesentlichen Veränderungen (**II 2,** letzter HS) kann der Mieter bei einer Kündigung durch den Vermieter verlangen, dass das Mietverhältnis ohne neue Interessenabwägung auf unbestimmte Zeit fortgesetzt wird. Der Vermieter trägt die **Beweislast** für eine erhebliche Veränderung (allgM). **bb)** Bei (wesentlich) **veränderten Umständen** tritt dasselbe Verfahren ein wie in → Rn. 1.

3 **2. Rechtscharakter.** Die Bestimmung ist zugunsten des Mieters **zwingend.** Zum Recht zur **außerordentlichen Kündigung** s. zB §§ 543, 569.

Unterkapitel 3. Mietverhältnisse auf bestimmte Zeit

§ 575 Zeitmietvertrag

(1) [1]**Ein Mietverhältnis kann auf bestimmte Zeit eingegangen werden, wenn der Vermieter nach Ablauf der Mietzeit**
1. **die Räume als Wohnung für sich, seine Familienangehörigen oder Angehörige seines Haushalts nutzen will,**
2. **in zulässiger Weise die Räume beseitigen oder so wesentlich verändern oder instand setzen will, dass die Maßnahmen durch eine Fortsetzung des Mietverhältnisses erheblich erschwert würden, oder**
3. **die Räume an einen zur Dienstleistung Verpflichteten vermieten will**

und er dem Mieter den Grund der Befristung bei Vertragsschluss schriftlich mitteilt. [2]**Anderenfalls gilt das Mietverhältnis als auf unbestimmte Zeit abgeschlossen.**

(2) [1]**Der Mieter kann vom Vermieter frühestens vier Monate vor Ablauf der Befristung verlangen, dass dieser ihm binnen eines Monats mitteilt, ob der Befristungsgrund noch besteht.** [2]**Erfolgt die Mitteilung später, so kann der Mieter eine Verlängerung des Mietverhältnisses um den Zeitraum der Verspätung verlangen.**

(3) [1]**Tritt der Grund der Befristung erst später ein, so kann der Mieter eine Verlängerung des Mietverhältnisses um einen entsprechenden Zeitraum verlangen.** [2]**Entfällt der Grund, so kann der Mieter eine Verlängerung auf unbestimmte Zeit verlangen.** [3]**Die Beweislast für den Eintritt des Befristungsgrundes und die Dauer der Verzögerung trifft den Vermieter.**

(4) **Eine zum Nachteil des Mieters abweichende Vereinbarung ist unwirksam.**

Lit.: Gather, Neuregelung des Zeitmietvertrages, DWW 2011, 204.

1 **1. Allgemeines. a) Funktion.** Die Bestimmung regelt allein den sog. „echten" Zeitmietvertrag, dessen Zulässigkeit an enge Grenzen gebunden wird **(I 1 Nr. 1–3).** Er endet bei Bestehen des Fristgrundes zum Fristablauf, ohne dass dem Mieter auch nur ein Widerspruchsrecht nach §§ 574 ff. zusteht. Dem Vermieter soll ein Anreiz gegeben werden, Wohnungen bis zu der vorgesehenen Verwendung nicht leerstehen zu lassen (BT-Drs. 14/4553, 69). Zulässig bleibt, beidseitig für eine Zeitspanne auf ein Recht zur Kündigung zu verzichten und damit eine feste Mindestlaufzeit zu erreichen. Ein solcher Verzicht soll uU durch ergänzende Auslegung angenommen werden können, wenn ein Zeitmietvertrag wegen Fehlen eines Grundes unwirksam ist (BGH NJW-RR 2014, 397). **b) Anwendungsbereich.** Bei Mietverhältnissen gem. § 549 II Nr. 1–3 und III (s. dort) sind Zeitmietverträge (mit oder ohne Verlängerung) uneingeschränkt zulässig. **c) Kündigung.** Die außerordentliche Kündigung mit gesetzlicher Frist (s. dazu § 575a II) und die fristlose Kündigung aus wichtigem Grund bleiben weiterhin möglich. Bei Unsicherheit einer Befristung nach I 1 Nr. 2 (Umbau) kann sich eine Verwertungskündigung (§ 573 II Nr. 3) empfehlen (vgl. LG Münster WuM 2022, 225).

2. Voraussetzungen des I. a) Die **Dauer der Befristung** kann grundsätzlich frei bestimmt werden. Eine Verlängerungsoption für den Mieter auf bestimmte oder unbestimmte Zeit ist vom Ges. nicht vorgesehen (BT-Drs. 14/4553, 69), dürfte aber, da für den Mieter vorteilhaft (s. IV), vereinbart werden können. Zulässig ist angesichts von III 1 eine Verlängerungsfrist bei Nichteintritt des Ereignisses. 2
b) Rechtfertigungsgründe. aa) Künftige Eigennutzung (I 1 Nr. 1). Zu den Familienangehörigen und den Angehörigen des Haushalts → § 573 Rn. 6 aE. Ein Bedarf iSd § 573 I Nr. 2 (s. dort „benötigt") ist nicht erforderlich (BT-Drs. 9/1679, 15), wohl aber, dass die Wohnung als Lebensmittelpunkt, nicht etwa als Zweitwohnung genutzt werden soll. **bb) Umbau (I 1 Nr. 2).** Die Baumaßnahmen setzen, wenn es sich nicht um einen Abbruch des Hauses oder eine Auflösung der Wohnung handelt, wesentliche Eingriffe voraus, die nach Art oder Umfang die nach § 554 zu duldenden Maßnahmen übersteigen, zumindest den Auszug des Mieters erfordern. Zulässig ist auch eine Maßnahme, die über die Anpassung an den ortsüblichen Bestand (s. § 554 II 3) hinausgeht und eine entspr. höhere Miete ermöglicht (BT-Drs. 14/4553, 70 spricht ausdrücklich von einer „Lockerung" gegenüber der bisherigen Rechtslage). **cc) Künftige Nutzung als Werkwohnung (I 1 Nr. 3).** Zur Werkwohnung s. § 576. Die jetzige befristete Vermietung muss nicht an einen Werksangehörigen geschehen (BT-Drs. 14/4553, 70). 3
c) Schriftliche Mitteilung bei Vertragsschluss (I 1 aE). Zur Schriftform s. § 126 (Textform gem. § 126b hätte genügt). Angesichts der schwerwiegenden Einschränkungen des Mieterschutzes (→ Rn. 1) ist erforderlich, dass das geplante Vorhaben in sich nachvollziehbar konkretisiert und so dargelegt wird, dass der Mieter dessen Realisierungsmöglichkeit zum vorgesehenen Zeitpunkt überprüfen kann; nicht ausreichend ist zB das Schlagwort „Dachausbau" (LG Münster WuM 2022, 225). 4
d) Rechtsfolgen beim Fehlen der Voraussetzungen. Das Mietverhältnis gilt auf unbestimmte Zeit geschlossen **(I 2),** so dass ua die §§ 573 f., 574 ff. anwendbar sind. Zieht der Mieter aus, so hat er einen Anspruch auf Schadensersatz gem. §§ 280 I, 241 II (s. die vergleichbare Lage in → § 573 Rn. 8). Ob ein zweiter Zeitmietvertrag (mit einem anderen Mieter) zulässig ist, bestimmt sich wiederum nach § 575. 5

3. Auskunftsanspruch des Mieters vor Fristablauf (II). Die vorgelagerte Frist von mindestens drei Monaten soll dem Mieter eine hinreichende Dispositionszeit eröffnen. Er muss von sich aus tätig werden, wenn er an einer Verlängerung des Mietverhältnisses interessiert ist. 6

4. Eintreten des Befristungsgrundes. a) Fristgerechtes Eintreten. Der mitgeteilte Befristungsgrund (Voraussetzungen von I Nr. 1, 2 oder 3) muss weiterhin vorliegen; eine Auswechslung ist nicht möglich. Nicht erforderlich ist, dass innerhalb des Tatbestandes auch das konkrete Ereignis identisch bleibt (Bsp: Ein anderes Kind als das ursprünglich genannte soll die Wohnung nutzen, BT-Drs. 14/4553, 71). Die **Beweislast** für den Eintritt trägt der Vermieter **(III 3). b) Verzögertes Eintreten.** Der Mieter kann (wenn er will) *vor Ablauf* der Mietzeit eine entspr. Verlängerung verlangen **(III 1).** Die **Beweislast** dafür, dass (nur) eine Verzögerung vorliegt, trägt der Vermieter **(III 3). c) Entfallen des Befristungsgrundes.** Der Mieter kann *vor Ablauf* der Mietzeit eine unbefristete Verlängerung fordern **(II 2).** 7

§ 575a Außerordentliche Kündigung mit gesetzlicher Frist

(1) **Kann ein Mietverhältnis, das auf bestimmte Zeit eingegangen ist, außerordentlich mit der gesetzlichen Frist gekündigt werden, so gelten mit Ausnahme der Kündigung gegenüber Erben des Mieters nach § 564 die §§ 573 und 573a entsprechend.**

(2) **Die §§ 574 bis 574c gelten entsprechend mit der Maßgabe, dass die Fortsetzung des Mietverhältnisses höchstens bis zum vertraglich bestimmten Zeitpunkt der Beendigung verlangt werden kann.**

(3) [1]**Die Kündigung ist spätestens am dritten Werktag eines Kalendermonats zum Ablauf des übernächsten Monats zulässig, bei Wohnraum nach § 549 Abs. 2 Nr. 2 spätestens am 15. eines Monats zum Ablauf dieses Monats (gesetzliche Frist).** [2]**§ 573a Abs. 1 Satz 2 findet keine Anwendung.**

(4) **Eine zum Nachteil des Mieters abweichende Vereinbarung ist unwirksam.**

1 Die Bestimmung legt fest, dass das Rechtsinstitut der außerordentlichen Kündigung mit gesetzlicher Frist auch für Zeitmietverträge gilt. Demgemäß wird § 573d
2 I (in **I**), II (in **III**) und III (in **IV**) wörtlich wiederholt. **II** bringt – mit der konsequenten Begrenzung auf das Ende der vereinbarten Frist – gesetzestechnisch einen Verweis auf die §§ 574–574c. Deren Anwendung auf § 573d folgt daraus, dass sie nachgeordnet sind. Zur Auslegung iE → § 573d Rn. 1.

Unterkapitel 4. Werkwohnungen

§ 576 Fristen der ordentlichen Kündigung bei Werkmietwohnungen

(1) **Ist Wohnraum mit Rücksicht auf das Bestehen eines Dienstverhältnisses vermietet, so kann der Vermieter nach Beendigung des Dienstverhältnisses abweichend von § 573c Abs. 1 Satz 2 mit folgenden Fristen kündigen:**
1. **bei Wohnraum, der dem Mieter weniger als zehn Jahre überlassen war, spätestens am dritten Werktag eines Kalendermonats zum Ablauf des übernächsten Monats, wenn der Wohnraum für einen anderen zur Dienstleistung Verpflichteten benötigt wird;**
2. **spätestens am dritten Werktag eines Kalendermonats zum Ablauf dieses Monats, wenn das Dienstverhältnis seiner Art nach die Überlassung von Wohnraum erfordert hat, der in unmittelbarer Beziehung oder Nähe zur Arbeitsstätte steht, und der Wohnraum aus dem gleichen Grund für einen anderen zur Dienstleistung Verpflichteten benötigt wird.**

(2) **Eine zum Nachteil des Mieters abweichende Vereinbarung ist unwirksam.**

§ 576a Besonderheiten des Widerspruchsrechts bei Werkmietwohnungen

(1) **Bei der Anwendung der §§ 574 bis 574c auf Werkmietwohnungen sind auch die Belange des Dienstberechtigten zu berücksichtigen.**

(2) **Die §§ 574 bis 574c gelten nicht, wenn**
1. **der Vermieter nach § 576 Abs. 1 Nr. 2 gekündigt hat;**
2. **der Mieter das Dienstverhältnis gelöst hat, ohne dass ihm von dem Dienstberechtigten gesetzlich begründeter Anlass dazu gegeben war, oder der Mieter durch sein Verhalten dem Dienstberechtigten gesetzlich begründeten Anlass zur Auflösung des Dienstverhältnisses gegeben hat.**

(3) **Eine zum Nachteil des Mieters abweichende Vereinbarung ist unwirksam.**

§ 576b Entsprechende Geltung des Mietrechts bei Werkdienstwohnungen

(1) **Ist Wohnraum im Rahmen eines Dienstverhältnisses überlassen, so gelten für die Beendigung des Rechtsverhältnisses hinsichtlich des Wohnraums die Vorschriften über Mietverhältnisse entsprechend, wenn der zur Dienstleistung Verpflichtete den Wohnraum überwiegend mit Einrich-**

tungsgegenständen ausgestattet hat oder in dem Wohnraum mit seiner Familie oder Personen lebt, mit denen er einen auf Dauer angelegten gemeinsamen Haushalt führt.

(2) **Eine zum Nachteil des Mieters abweichende Vereinbarung ist unwirksam.**

Anmerkungen zu den §§ 576–576b

Lit.: Bruns, Mietrechtliche Bestimmungen für Werkdienstwohnungen, NZM 2019, 761; Drasdo, Die Mietwohnung im Zusammenhang mit Arbeitsverhältnissen, WuM 2019, 609.

1. Allgemeines. a) Funktion. Die Sondervorschriften für sog. **Werkwohnungen** (im Schwerpunkt für Arbeitnehmer) als Oberbegriff für **Werkmietwohnungen** (§§ 576, 576a) und **Werkdienstwohnungen** (§ 576b) sollen dem Interesse des Vermieters Rechnung tragen, nach Beendigung des Dienst-/Arbeitsverhältnisses auch das Mietverhältnis beenden und die Wohnung einem neuen Arbeitnehmer zur Verfügung stellen zu können. Insoweit ist der Mieterschutz eingeschränkt. Soweit die Bestimmungen keine Regelungen treffen, bleiben die allg. Mieterschutznormen anwendbar. **b) Sachlicher Anwendungsbereich.** Vorausgesetzt ist ein Mietvertrag über Wohnraum, der mit Rücksicht auf das Bestehen eines Arbeits- oder Dienstverhältnisses vermietet worden ist (Werkmietwohnung) oder ein Dienstvertrag, im Rahmen dessen Wohnraum überlassen wird (Werkdienstwohnung). Dies setzt eine Verpflichtung zur unselbstständigen, abhängigen, weisungsgebundenen Tätigkeit voraus. Erfasst wird auch die Beschäftigung leitender Angestellter. Das Überlassen von Wohnungen an Angehörige des öffentl. Dienstes unterfällt, von Sonderfunktionen abgesehen, nicht den §§ 576–576b. Regelmäßig fehlt die Verknüpfung zwischen Wohnung und konkreter Tätigkeit (→ Rn. 2). Es gilt das allg. Mietrecht. **c) Zeitlicher Anwendungsbereich.** Die §§ 576–576b gelten für die Zeit **nach** Beendigung des Dienst-/Arbeitsverhältnisses. Eine gleichzeitig mit der Kündigung des Arbeitsverhältnisses erklärte Kündigung setzt die Schutzfristen ab Beendigung des Arbeitsverhältnisses in Gang. Ob während des Arbeitsverhältnisses der Mietvertrag gekündigt werden kann, richtet sich nach dem Vertrag. Enthält er keine Regelung, so ist er kündbar. Es gilt der allg. Schutz der §§ 573 f., 574 ff. **d)** Zur **Mitwirkung des Betriebsrats** s. § 87 I Nr. 9 BetrVG. **e) Konkurrenzen.** Die Möglichkeit zur außerordentlichen Kündigung (fristlos und mit gesetzlicher Frist) bleibt unberührt. **f)** Die Bestimmungen sind zugunsten des Mieters **zwingend** (§§ 576 II, 576a III, 576b II). **g) Sonderbestimmungen** bestehen für Bergarbeiterwohnungen (iE s. Grüneberg/Weidenkaff v § 576, Rn. 11). 1

2. Werkmietwohnungen (§§ 576, 576a). a) Arten. Zu unterscheiden ist zwischen **allg. Werkmietwohnungen (§ 576b I Nr. 1),** deren Überlassen im Zusammenhang mit dem Arbeitsverhältnis steht, und **funktionsgebundenen Werkmietwohnungen,** bei denen die Überlassung Teil des Dienstvertrages und der Vergütung ist **(§ 576 I Nr. 2);** Bsp: Wohnungen für Hausmeister, Wachpersonal, Werksfeuerwehr. **b) Recht zur Kündigung für den Vermieter.** Der Vermieter kann alternativ gem. *§ 573c* (unter Anwendung der §§ 573, 573a) kündigen oder den Weg über § 576 I wählen. §§ 573, 574 sind in diesem Fall nicht anwendbar. Das Recht des Mieters zum Widerspruch (§§ 574–574c) ist eingeschränkt (iE s. § 576a). **c) Durchführung der Kündigung. aa) Zeitlicher Anwendungsbereich.** → Rn. 1. **bb)** Zur **Form** s. § 568 I; **inhaltlich** ist der Kündigungsgrund (§ 576 I 1 Nr. 1 bzw. Nr. 2) anzugeben (s. OLG Celle DWW 1985, 232) und auf das Widerspruchsrecht des Mieters hinzuweisen (§ 568 II), sofern es nicht nach **§ 576a II** ausgeschlossen ist. **cc)** Das **Widerspruchsrecht** besteht nur bei allg. Werkmietwohnungen, nicht bei funktionsgebundenen Werkwohnungen **(§ 576a II Nr. 1),** in den Grenzen des § 576a I, II Nr. 2, *wenn der Arbeitgeber entspr. diesen Vorschriften kündigt* (str.). Zur Frist s. § 574b II. 2

3 **3. Werkdienstwohnungen (§ 576b).** Ohne § 576b hätte der Benutzer nach Ablauf des Dienstvertrages keinen Schutz, da kein Mietvertrag besteht. Unter den genannten Voraussetzungen entsteht ein dem Mietvertrag entspr. ges. Schuldverhältnis (aA Gaßner AcP 186, 325 ff.: gemischttypischer Vertrag) mit den allg. Pflichten. Die Nutzungsentschädigung entspricht dem rechnerischen Wert, der während des Arbeitsverhältnisses für das Überlassen der Wohnung vorgesehen war. Eine ordentliche Kündigung und eine außerordentliche Kündigung mit gesetzlicher Frist sind unter den im Ges. genannten Voraussetzungen entweder nach den allg. Bestimmungen (§§ 573, 573a, 574 ff.) oder nach §§ 576, 576a möglich. Zu den Begriffen Familie bzw. gemeinsamer Haushalt → §§ 563, 563a Rn. 3.

Kapitel 6. Besonderheiten bei der Bildung von Wohnungseigentum an vermieteten Wohnungen

§ 577 Vorkaufsrecht des Mieters

(1) [1]**Werden vermietete Wohnräume, an denen nach der Überlassung an den Mieter Wohnungseigentum begründet worden ist oder begründet werden soll, an einen Dritten verkauft, so ist der Mieter zum Vorkauf berechtigt.** [2]**Dies gilt nicht, wenn der Vermieter die Wohnräume an einen Familienangehörigen oder an einen Angehörigen seines Haushalts verkauft.** [3]**Soweit sich nicht aus den nachfolgenden Absätzen etwas anderes ergibt, finden auf das Vorkaufsrecht die Vorschriften über den Vorkauf Anwendung.**

(2) **Die Mitteilung des Verkäufers oder des Dritten über den Inhalt des Kaufvertrags ist mit einer Unterrichtung des Mieters über sein Vorkaufsrecht zu verbinden.**

(3) **Die Ausübung des Vorkaufsrechts erfolgt durch schriftliche Erklärung des Mieters gegenüber dem Verkäufer.**

(4) **Stirbt der Mieter, so geht das Vorkaufsrecht auf diejenigen über, die in das Mietverhältnis nach § 563 Abs. 1 oder 2 eintreten.**

(5) **Eine zum Nachteil des Mieters abweichende Vereinbarung ist unwirksam.**

Lit.: Bruns, Kündigungsrecht bei Umwandlungen in Wohnungseigentum, ZMR 2012, 933; DNotI, Mietervorkaufsrecht nach Aufhebung der Aufteilung in Wohnungseigentum; Umgehungsgeschäfte, DNotI-Report 2021, 41; dass., Mietervorkaufsrecht bei fehlender Kongruenz von Wohnräumen und mitverkauften Nebenräumen (hier: Garage), DNotI-Report 2021, 177; Hageböke/Horst, Konkurrenzverhältnis zwischen Mietervorkaufsrecht und dinglichem Vorkaufsrecht, DNotZ 2019, 345; Walburg, Kaufvertragliche Hindernisse für das Vorkaufsrecht des Mieters, WuM 2020, 135.

1 **a) Normzweck.** Die Bestimmung soll gemeinsam mit § 577a dem Mieter bei einer Veräußerung der Wohnung durch den Vermieter einen gewissen Schutz vor Kündigungen wegen Eigenbedarfs durch den Erwerber bieten. In § 577 wird durch das Einräumen eines zwingenden **(V)** Vorkaufsrechts die Möglichkeit geschaffen, die *tatsächlich genutzte* Wohnung (s. **I 1:** „nach Überlassung") im Fall der Umwandlung in Wohnungseigentum selbst zu erwerben (BT-Drs. 12/3254). Vorrang hat allerdings das Interesse des Vermieters bei der Veräußerung an Familienangehörige *oder Angehörige* seines Haushalts (**I 2,** zu den Begriffen → §§ 563, 563a Rn. 3). **Kritik:** Die Bestimmung erreicht ihr Ziel auch für zahlungsfähige Mieter insoweit nicht, als zunehmend für Ballungsgebiete Modelle entwickelt worden sind, in denen ganze Miethäuser und Wohnsiedlungen (und damit keine einzelnen Eigentumswohnungen) an mehrere Erwerber veräußert werden, die danach die Wohnungen (nach vorheriger Absprache) unter sich aufteilen und Wohnungseigentum begründen. Der

BGH hat hier die Norm in (zu) enger Anlehnung an den Wortlaut für nicht anwendbar gehalten (→ Rn. 2). Immerhin soll sie für die Veräußerung von Arealen mit Reihenhäusern analog anwendbar sein (BGH NJW 2017, 156 Rn. 24). **b) Voraus-** 2
setzungen. Nach dem BGH muss für das Entstehen eines Vorkaufsrechts die im Ges. genannte zeitliche Reihenfolge genau eingehalten werden: Entweder **(I 1, 1. Alt.)** Überlassen der Wohnung an den Mieter → wirksame Begründung von Wohnungseigentum (zB durch Eintragung der Teilungserklärung für Mehrfamilienhaus im Grundbuch) → Abschluss des Kaufvertrages mit dem Erwerber oder **(I 1, 2. Alt.)** Überlassen der Wohnung an den Mieter → nach außen dokumentierte Absicht der Begründung von Wohnungseigentum (zB durch Beurkundung der Teilungserklärung) → Abschluss des Kaufvertrages (BGH NJW-RR 2017, 206 Rn. 14 mwN). Dies lässt sich leicht unterlaufen. Nach der Rspr. soll das Vorkaufsrecht nur für den ersten Vorkaufsfall gelten (BGHZ 167, 61; BGH WuM 2007, 465; str, bedenklich). Die Ausübung des Vorkaufsrechts unterliegt der Schriftform (**III**,
s. § 126). **c) Rechtsfolgen bei Nichtinformation.** Erfährt der Mieter vom Ver- 3
kauf und ist dieser noch nicht abgewickelt, so kann der Mieter durch die Ausübung des Rechts einen Anspruch gegen den Vermieter gewinnen, der den allg. Regeln unterliegt (BGH NJW 2015, 1516). Ist der Dritte bereits Eigentümer, so ist der Mieter vom Vermieter wegen Verletzung einer aus dem Vertrag folgenden Leistungs(Informations)-Pflicht gem. §§ 241 I, 280 I, III so zu stellen, als hätte er das Vorkaufsrecht ausüben können. Bei einer Veräußerung unter dem Marktwert kann er die Differenz verlangen (desgl. iE BGH NJW 2015, 1517; aA Sittmann-Haury
JZ 2015, 468). **d) Rechtsfolgen der Ausübung des Vorkaufsrechts.** Es kommt 4)
ein eigener Kaufvertrag desselben Inhalts, inbes. zum selben Kaufpreis (BGH NJW 2022, 1886 Rn. 20 ff.), wie zwischen Vermieter und Erstkäufer zustande. Nach dessen Erfüllung erlischt der Mietvertrag durch Konfusion (s. Vor § 362 Rn. 2). Mitmietern kann gegenüber dem Erwerber ein Mitnutzungsrecht aus eigener – auch konkludenter – Vereinbarung zustehen (BGH NJW-RR 2016, 784).

§ 577a Kündigungsbeschränkung bei Wohnungsumwandlung

(1) **Ist an vermieteten Wohnräumen nach der Überlassung an den Mieter Wohnungseigentum begründet und das Wohnungseigentum veräußert worden, so kann sich ein Erwerber auf berechtigte Interessen im Sinne des § 573 Abs. 2 Nr. 2 oder 3 erst nach Ablauf von drei Jahren seit der Veräußerung berufen.**

(1a) [1]**Die Kündigungsbeschränkung nach Absatz 1 gilt entsprechend, wenn vermieteter Wohnraum nach der Überlassung an den Mieter**
1. **an eine Personengesellschaft oder an mehrere Erwerber veräußert worden ist oder**
2. **zu Gunsten einer Personengesellschaft oder mehrerer Erwerber mit einem Recht belastet worden ist, durch dessen Ausübung dem Mieter der vertragsgemäße Gebrauch entzogen wird.**

[2]**Satz 1 ist nicht anzuwenden, wenn die Gesellschafter oder Erwerber derselben Familie oder demselben Haushalt angehören oder vor Überlassung des Wohnraums an den Mieter Wohnungseigentum begründet worden ist.**

(2) [1]**Die Frist nach Absatz 1 oder nach Absatz 1a beträgt bis zu zehn Jahre, wenn die ausreichende Versorgung der Bevölkerung mit Mietwohnungen zu angemessenen Bedingungen in einer Gemeinde oder einem Teil einer Gemeinde besonders gefährdet ist und diese Gebiete nach Satz 2 bestimmt sind.** [2]**Die Landesregierungen werden ermächtigt, diese Gebiete und die Frist nach Satz 1 durch Rechtsverordnung für die Dauer von jeweils höchstens zehn Jahren zu bestimmen.**

(2a) **Wird nach einer Veräußerung oder Belastung im Sinne des Absatzes 1a Wohnungseigentum begründet, so beginnt die Frist, innerhalb der**

eine Kündigung nach § 573 Absatz 2 Nummer 2 oder 3 ausgeschlossen ist, bereits mit der Veräußerung oder Belastung nach Absatz 1a.

(3) **Eine zum Nachteil des Mieters abweichende Vereinbarung ist unwirksam.**

1. Funktion.

Lit.: DNotI, Voraussetzungen der Kündigungssperre bei Wohnungsumwandlung, DNotI-Report 2020, 91.

1 **a) Anlass** für die heutigen I, II, III war, dass zumeist in Großstädten in Mehrfamilienhäusern vom Großvermieter Eigentumswohnungen gebildet und dann an dritte Erwerber veräußert wurden, die sich nun auf Eigenbedarf beriefen (s. BT-Drs. 11/6374, 5). Können die bisherigen Mieter ein Vorkaufsrecht gem. § 577 aus finanziellen Gründen nicht gelten machen, soll zumindest verzögert werden, dass kapitalkräftige Käufer die Mieter – die bisher bei einer Vermietergesellschaft idR mit einer Eigenbedarfsklage nicht rechnen mussten – aus ihrer Wohnung verdrängen. Mit den durch Ges. v. 11.3.2013 (BGBl. I 434) eingeführten Ia und IIa soll eine weitere Umgehungspraxis erfasst werden, in der mehrere Personen zB ein Haus erwerben und danach Wohnungseigentum für die Kündigung wegen Eigenbedarfs schaffen (s. 14. Aufl. § 577a Rn. 1). Eine weitere Umgehungsform war nun das Begründen eigentums*ähnlicher* Rechtspositionen (an Stelle einer Veräußerung). Das Ges. greift dies auf, geht aber darüber insofern hinaus, als es allein auf den „Erwerb durch Mehrere" abstellt und die Begründung von Wohnungseigentum nicht verlangt (BGH NZM 2018, 388 Rn. 33 ff.). **b) Anwendbarkeit.** Die Bestimmung ist auf andere Kündigungsgründe des § 573 I nicht anwendbar (BGH NJW 2009, 1808 mwN).

2 **2. Tatbestand. a) Fallgruppen.** Bildung von Wohnungseigentum und Veräußerung an eine (natürliche) Einzelperson **(I),** Veräußerung an eine Personengesellschaft oder Erwerbermehrheit **(Ia 1 Nr. 1),** Begründung von eigentümerähnlichen Rechten (Nießbrauch, ErbbauR) für eine Personengesellschaft oder Erwerbermehrheit **(Ia 1 Nr. 2).** Keine Veräußerung an einen „Erwerber" ist die Übertragung eines Miteigentumsanteils an einen bisherigen Miteigentümer und Mitvermieter (BGH BeckRS 2022, 17205 Rn. 35), wohl aber an einen Dritten (MüKo/Häublein § 577a Rn. 13). **b) Ausnahmen (Ia 2). aa)** Das Wohnungseigentum war bereits **vor Überlassen** an den Mieter **begründet.** Zur Überlassung → § 535 Rn. 11; ein Nachrücken gem. § 563 (→ §§ 563, 563a Rn. 1) verschiebt den Zeitpunkt des Überlassens nicht (BGH NJW 2003, 3266). **bb)** Die Mitglieder der erwerbenden GbR oder Gemeinschaft sind **Familien- oder Haushaltsangehörige;** dazu → § 573 Rn. 6.

Untertitel 3. Mietverhältnisse über andere Sachen und digitale Produkte

§ 578 Mietverhältnisse über Grundstücke und Räume

(1) **Auf Mietverhältnisse über Grundstücke sind die Vorschriften der §§ 550, 554, 562 bis 562d, 566 bis 567b sowie 570 entsprechend anzuwenden.**

(2) [1]**Auf Mietverhältnisse über Räume, die keine Wohnräume sind, sind die in Absatz 1 genannten Vorschriften sowie § 552 Abs. 1, § 555a Absatz 1 *bis 3*, §§ 555b, 555c Absatz 1 bis 4, § 555d Absatz 1 bis 6, § 555e Absatz 1 und 2, § 555f und § 569 Abs. 2 entsprechend anzuwenden.** [2]**§ 556c Absatz 1 und 2 sowie die auf Grund des § 556c Absatz 3 erlassene Rechtsverordnung sind entsprechend anzuwenden, abweichende Vereinbarungen sind zulässig.** [3]**Sind die Räume zum Aufenthalt von Menschen bestimmt, so gilt außerdem § 569 Abs. 1 entsprechend.**

(3) [1]**Auf Verträge über die Anmietung von Räumen durch eine juristische Person des öffentlichen Rechts oder einen anerkannten privaten Träger der Wohlfahrtspflege, die geschlossen werden, um die Räume Personen mit dringendem Wohnungsbedarf zum Wohnen zu überlassen, sind die in den Absätzen 1 und 2 genannten Vorschriften sowie die §§ 557, 557a Absatz 1 bis 3 und 5, § 557b Absatz 1 bis 3 und 5, die §§ 558 bis 559d, 561, 568 Absatz 1, § 569 Absatz 3 bis 5, die §§ 573 bis 573d, 575, 575a Absatz 1, 3 und 4, die §§ 577 und 577a entsprechend anzuwenden.** [2]**Solche Verträge können zusätzlich zu den in § 575 Absatz 1 Satz 1 genannten Gründen auch dann auf bestimmte Zeit geschlossen werden, wenn der Vermieter die Räume nach Ablauf der Mietzeit für ihm obliegende oder ihm übertragene öffentliche Aufgaben nutzen will.**

Lit.: Herrlein, Gewerberaummietrecht im Spiegel der NZM-Jahre 1998–2021, NZM 2022, 19; Lindner-Figura/Oprée/Stellmann (Hrsg), Geschäftsraummiete, 4. Aufl. 2017; Lindner-Figura/Reuter, NJW 2020, 1039; 2021, 1061 sowie Lindner-Figura/Sittner, NJW 2022, 1064 (Rspr.-Übersichten); Neuhaus, Geschäftsraummiete, 8. Aufl. 2022.

1. Funktion. Nach den Bestimmungen, die für alle Mietverhältnisse gelten (§§ 535–548), folgen als Schwerpunkt des „Besonderen Teils" des Mietrechts der Hauptabschnitt über Wohnungen (§§ 549–577a). Für alle „übrig bleibenden" Gegenstände schließt sich nun ein gemeinsamer Abschnitt (§§ 578–580a) an (→ Vor §§ 535 ff. Rn. 2). Er bezieht sich auf Grundstücke, Räume, die keine Wohnräume sind (einschließlich der Geschäftsräume → § 581a Rn. 1), bewegliche Sachen und registrierte Schiffe sowie digitale Produkte. Die Kürze dieses Unterabschnitts wird – neben der Anwendbarkeit des „allgemeinen" mietrechtlichen Teils – durch Verweisungen auf die Bestimmungen über Wohnraummietverhältnisse erreicht (§§ 578, 578a). Es folgen deshalb nur wenige Normen zur Fälligkeit der Miete und zur Kündigung (§§ 579–580a). Heranzuziehen sind also die allg. mietrechtlichen Bestimmungen, Einzelvorschriften zu Wohnraummietverträgen und die Sondernormen der §§ 579 ff. Nicht erwähnte Normen sind auch nicht entspr. anzuwenden (BGHZ 184, 121, BGH NJW 2011, 446 zu § 556 für gewerbliche Räume). Die Parteien sind selbstverständlich nicht gehindert, den Bestimmungen des Wohnraummietrechts entspr. Regelungen – auch mit Modifikationen – zu treffen (s. zB Pfeifer DWW 2000, 13; OLG Düsseldorf DWW 00, 196 zur Betriebskostenumlage), was auch konkludent geschehen kann, aber ausreichende Anhaltspunkte voraussetzt (BGH NZM 2021, 218 Rn. 27 ff., dort verneint). Zu Mischverhältnissen → § 549 Rn. 2; zur Diskussion um die Schriftform Himmen Jura 2021, 872; Hagège MietRB 2022, 126. 1

2. Sonderfall soziale Wohnungsüberlassung (III). Die Norm wurde erst während der Verhandlungen im Bundestag und unabhängig vom Zweck des MietAnpG (→ Vor § 555a Rn. 3) wohl aufgrund von außen herangetragener Vorstellungen geschaffen (zum Zweck s. BT-Drs. 19/6153, Ausschuss für Recht und Verbraucherschutz). Überwunden werden sollte eine Schwierigkeit, auf die Wohlfahrtsverbände stoßen, wenn sie Bedürftigen Wohnraum, den sie selbst anmieten, zB im Rahmen therapeutischer Maßnahmen oder für Notfälle zur Verfügung stellen: Ein „Mietverhältnis über Wohnraum" gem. § 549 mit allen seinen Schutzfunktionen für den Mieter entsteht nur, wenn der Mieter die Räume *selbst auf Dauer* nutzen will (→ § 549 Rn. 1; zu den Verträgen zwischen einem Verband als Vermieter und Bewohner → § 549 II Nr. 3). Durch die Bestimmung werden nun Vorschriften zur Mieterhöhung, zum Kündigungsschutz, zur Befristung, zum Vorkaufsrecht und insbes. § 565 für anwendbar erklärt. 2

§ 578a Mietverhältnisse über eingetragene Schiffe

(1) **Die Vorschriften der §§ 566, 566a, 566e bis 567b gelten im Falle der Veräußerung oder Belastung eines im Schiffsregister eingetragenen Schiffs entsprechend.**

(2) [1]**Eine Verfügung, die der Vermieter vor dem Übergang des Eigentums über die Miete getroffen hat, die auf die Zeit der Berechtigung des Erwerbers entfällt, ist dem Erwerber gegenüber wirksam. [2]Das Gleiche gilt für ein Rechtsgeschäft, das zwischen dem Mieter und dem Vermieter über die Mietforderung vorgenommen wird, insbesondere die Entrichtung der Miete; ein Rechtsgeschäft, das nach dem Übergang des Eigentums vorgenommen wird, ist jedoch unwirksam, wenn der Mieter bei der Vornahme des Rechtsgeschäfts von dem Übergang des Eigentums Kenntnis hat. [3]§ 566d gilt entsprechend.**

Die Vorschrift befreit Vorausverfügungen des Vermieters über die Miete von den engen Grenzen der §§ 566b, 566c.

§ 578b Verträge über die Miete digitaler Produkte

(1) [1]**Auf einen Verbrauchervertrag, bei dem der Unternehmer sich verpflichtet, dem Verbraucher digitale Produkte zu vermieten, sind die folgenden Vorschriften nicht anzuwenden:**
1. **§ 535 Absatz 1 Satz 2 und die §§ 536 bis 536d über die Rechte bei Mängeln und**
2. **§ 543 Absatz 2 Satz 1 Nummer 1 und Absatz 4 über die Rechte bei unterbliebener Bereitstellung.**

[2]**An die Stelle der nach Satz 1 nicht anzuwendenden Vorschriften treten die Vorschriften des Abschnitts 3 Titel 2a. [3]Der Anwendungsausschluss nach Satz 1 Nummer 2 gilt nicht, wenn der Vertrag die Bereitstellung eines körperlichen Datenträgers zum Gegenstand hat, der ausschließlich als Träger digitaler Inhalte dient.**

(2) [1]**Wenn der Verbraucher einen Verbrauchervertrag nach Absatz 1 wegen unterbliebener Bereitstellung (§ 327c), Mangelhaftigkeit (§ 327m) oder Änderung (§ 327r Absatz 3 und 4) des digitalen Produkts beendet, sind die §§ 546 bis 548 nicht anzuwenden. [2]An die Stelle der nach Satz 1 nicht anzuwendenden Vorschriften treten die Vorschriften des Abschnitts 3 Titel 2a.**

(3) **Für einen Verbrauchervertrag, bei dem der Unternehmer sich verpflichtet, dem Verbraucher eine Sache zu vermieten, die ein digitales Produkt enthält oder mit ihm verbunden ist, gelten die Anwendungsausschlüsse nach den Absätzen 1 und 2 entsprechend für diejenigen Bestandteile des Vertrags, die das digitale Produkt betreffen.**

(4) [1]**Auf einen Vertrag zwischen Unternehmern, der der Bereitstellung digitaler Produkte gemäß eines Verbrauchervertrags nach Absatz 1 oder Absatz 3 dient, ist § 536a Absatz 2 über den Anspruch des Unternehmers gegen den Vertriebspartner auf Ersatz von denjenigen Aufwendungen nicht anzuwenden, die er im Verhältnis zum Verbraucher nach § 327l zu tragen hatte. [2]An die Stelle des nach Satz 1 nicht anzuwendenden § 536a Absatz 2 treten die Vorschriften des Abschnitts 3 Titel 2a Untertitel 2.**

Die Vorschrift gleicht Verträge über die *Miete* digitaler Produkte, dh digitaler Inhalte oder digitaler Dienstleistungen (§ 327 I 1), an Verträge über die *Bereitstellung* digitaler Produkte (Abschnitt 3 Titel 2a = §§ 327 ff.) an, indem mietrechtliche Vorschriften für unanwendbar erklärt oder durch Vorschriften aus Abschnitt 3 Titel 2a ersetzt werden.

§ 579 Fälligkeit der Miete

(1) [1]**Die Miete für ein Grundstück und für bewegliche Sachen ist am Ende der Mietzeit zu entrichten. [2]Ist die Miete nach Zeitabschnitten bemessen,**

so ist sie nach Ablauf der einzelnen Zeitabschnitte zu entrichten. [3]Die Miete für ein Grundstück ist, sofern sie nicht nach kürzeren Zeitabschnitten bemessen ist, jeweils nach Ablauf eines Kalendervierteljahrs am ersten Werktag des folgenden Monats zu entrichten.

(2) **Für Mietverhältnisse über Räume gilt § 556b Abs. 1 entsprechend.**

Die Bestimmung erstreckt die für Wohnraummietverhältnisse geregelte sog Vorschüssigkeit der Miete (bis zum dritten Werktag für den laufenden Monat, s. § 556b I) auf Mietverhältnisse über **Räume (II)** und belässt es für Mietverhältnisse über **andere Sachen** bei der allg. Regelung, dass die Miete am Ende der Mietzeit bzw. am Ende des jeweiligen Zeitabschnitts (zB Monat) zu zahlen ist **(I).** Vertragliche abweichende Regelungen, beispielsweise die Vorschüssigkeit der Miete über Sachen nach **I,** sind selbstverständlich zulässig. Für die Fälligkeit der Miete bei **digitalen Produkten** gelten die allgemeinen Regeln (§ 271).

§ 580 Außerordentliche Kündigung bei Tod des Mieters

Stirbt der Mieter, so ist sowohl der Erbe als auch der Vermieter berechtigt, das Mietverhältnis innerhalb eines Monats, nachdem sie vom Tod des Mieters Kenntnis erlangt haben, außerordentlich mit der gesetzlichen Frist zu kündigen.

Die – abdingbare – Bestimmung gibt bei Verträgen, die vertraglich nicht gem. § 542 I gekündigt werden können, ein außerordentliches Kündigungsrecht mit denselben Fristen. Es wird berücksichtigt, dass der Vermieter uU die Mietsache nur dem verstorbenen Mieter überlassen wollte bzw. dass der Erbe kein Interesse an ihr hat.

§ 580a Kündigungsfristen

(1) **Bei einem Mietverhältnis über Grundstücke, über Räume, die keine Geschäftsräume sind, ist die ordentliche Kündigung zulässig,**

1. **wenn die Miete nach Tagen bemessen ist, an jedem Tag zum Ablauf des folgenden Tages;**
2. **wenn die Miete nach Wochen bemessen ist, spätestens am ersten Werktag einer Woche zum Ablauf des folgenden Sonnabends;**
3. **wenn die Miete nach Monaten oder längeren Zeitabschnitten bemessen ist, spätestens am dritten Werktag eines Kalendermonats zum Ablauf des übernächsten Monats, bei einem Mietverhältnis über gewerblich genutzte unbebaute Grundstücke jedoch nur zum Ablauf eines Kalendervierteljahrs.**

(2) **Bei einem Mietverhältnis über Geschäftsräume ist die ordentliche Kündigung spätestens am dritten Werktag eines Kalendervierteljahres zum Ablauf des nächsten Kalendervierteljahrs zulässig.**

(3) **[1]Bei einem Mietverhältnis über bewegliche Sachen oder digitale Produkte ist die ordentliche Kündigung zulässig,**

1. **wenn die Miete nach Tagen bemessen ist, an jedem Tag zum Ablauf des folgenden Tages;**
2. **wenn die Miete nach längeren Zeitabschnitten bemessen ist, spätestens am dritten Tag vor dem Tag, mit dessen Ablauf das Mietverhältnis enden soll.**

[2]Die Vorschriften über die Beendigung von Verbraucherverträgen über digitale Produkte bleiben unberührt.

(4) **Absatz 1 Nr. 3, Absatz 2 und 3 Nr. 2 sind auch anzuwenden, wenn ein Mietverhältnis außerordentlich mit der gesetzlichen Frist gekündigt werden kann.**

1 **Funktion.** Die Bestimmung unterscheidet zunächst in Ergänzung zu § 578 **a)** für die **ordentliche Kündigung** nach der unterschiedlichen Interessenlage bei der Vermietung außerhalb von Wohnräumen. Bei Mietverhältnissen über **Grundstücke** findet sich eine zusätzliche Regelung für gewerblich genutzte unbebaute Grundstücke **(I Nr. 3).** Bei **Räumen** (die nicht als Wohnungen vermietet werden), wird zwischen Geschäftsräumen **(II)** und Räumen, die keine Geschäftsräume sind **(I),** unterschieden. Schließlich findet die Vermietung beweglicher Sachen und digitaler Produkte im Blick auf Kündigungsfristen eine Sonderregelung **(III 1),** die die Vor-
2 schriften von Abschnitt 3 Titel 2a unberührt lässt (III 2). **b)** Teile der Regelung werden dann für die **außerordentliche Kündigung mit gesetzlicher Frist** (s. § 573d) übernommen **(IV).**

Untertitel 4. Pachtvertrag

§ 581 Vertragstypische Pflichten beim Pachtvertrag

(1) [1]**Durch den Pachtvertrag wird der Verpächter verpflichtet, dem Pächter den Gebrauch des verpachteten Gegenstands und den Genuss der Früchte, soweit sie nach den Regeln einer ordnungsmäßigen Wirtschaft als Ertrag anzusehen sind, während der Pachtzeit zu gewähren.** [2]**Der Pächter ist verpflichtet, dem Verpächter die vereinbarte Pacht zu entrichten.**

(2) **Auf den Pachtvertrag mit Ausnahme des Landpachtvertrags sind, soweit sich nicht aus den §§ 582 bis 584b etwas anderes ergibt, die Vorschriften über den Mietvertrag entsprechend anzuwenden.**

Lit.: Kern, Pachtrecht, 2012.

1 **1. Allgemeines.** Im Ges. wird zwischen der Verpachtung von *Gegenständen* (§§ 581–584b) und der Verpachtung von *landwirtschaftlichen Grundstücken und Betrieben* (§§ 585–597) unterschieden. Die Sonderregelung erklärt sich aus dem Ziel, das Pachtrecht insoweit den landwirtschaftlichen Produktionsformen anzupassen (→ § 585 Rn. 1). Die Mietrechtsreform (→ Vor §§ 535 ff. Rn. 2) und das SchRModG haben einige sprachliche Änderungen in den Überschriften und im Gesetzestext gebracht.

2 **2. Begriff.** Der Pachtvertrag ist ein entgeltlicher **Gebrauchs- und Nutzungsvertrag über Gegenstände.** Er unterscheidet sich damit vom Mietvertrag in zwei Punkten. **a)** Verpachtet werden können nicht nur **Sachen** wie Grundstücke, Gebäude und Räume (Verträge über bewegliche Sachen allein kommen praktisch kaum vor), sondern auch **Rechte** wie Patentrechte (durch Lizenzerteilung), Aneignungsrechte (zB Jagd- und Fischereirechte), schuldrechtliche Nutzungsrechte (BGH MDR 1968, 233: Bierausschank in einer Festhalle; BGH NJW-RR 2010, 198: Milchquote), Gesellschaftsanteile und **Vermögenseinheiten** (zB Handelsgeschäfte, Unternehmen). **b)** Dem Pächter gebühren zusätzlich zu den auch dem Mieter zustehenden Gebrauchsvorteilen die **Früchte** gem. § 99.

3 **3. Abgrenzungen. a) Mietvertrag.** Da Miet- und Pachtvertrag hinsichtlich des Rechts zum Gebrauch identisch sind, hängt die jeweilige Zuordnung davon ab, ob der vom Nutzungsberechtigten angestrebte wirtschaftliche Erfolg im Wesentlichen seiner eigenen, originären Leistung entspricht – dann Miete – oder ob der wirtschaftliche Erfolg „bestimmungsgemäß“ (§ 99 I) eintritt, dh in der Sache angelegt ist und grundsätzlich von jedem Geeigneten erzielt werden kann, der die Sache entspr. ihrer Anlage einsetzt. Für die Annahme eines Pachtverhältnisses muss der Vertragsgegenstand seiner vertragsgemäßen Beschaffenheit, Eigenart, Einrichtung und Ausstattung nach zum Erzielen von wirtschaftlichen Erträgen unmittelbar geeignet sein (BGH WM 1981, 226, stRspr; krit. MüKoBGB/Harke § 581 Rn. 18: bei Wohn- und Geschäftsräumen stets Mietvertrag). **Bsp. für Miete:** Grundstück zur

Errichtung einer Photovoltaikanlage (BGH NJW 2018, 1540 Rn. 13), Ladenlokal, Praxisräume; Maschine, da lediglich Hilfsmittel (BGH NJW 1968, 693). **Bsp. für Pacht:** Handelsgeschäft, Seniorenheim (OLG Düsseldorf NZM 2011, 550), Gastwirtschaft mit Einrichtung und Kundenstamm, Theater (OLG Düsseldorf ZMR 2011, 545), Kino. **b) Kaufvertrag** und Pachtvertrag rücken dann dicht zusammen, 4
wenn der Käufer/Pächter in erster Linie am Erwerb *bestimmter* Sachfrüchte zur Weiterveräußerung oder zur Verarbeitung interessiert ist (zB Holz auf dem Stamm, Kies aus der Kiesgrube). Im Schwerpunkt ist danach zu unterscheiden, ob eine mengenmäßige Sachleistung (Kauf) oder ein zeitliches Dauerschuldverhältnis (Pacht) gewollt wurde. Läuft der Vertrag auf eine bestimmte oder unbestimmte Zeit und hat der Berechtigte auch pflegerische Pflichten, so deutet dies auf einen Pachtvertrag (iE Ströter BB 1979, 1477 mwN; sa BGH NJW-RR 2000, 303 mwN). **c) Sonderregelungen** bestehen für die Verpachtung bestimmter Gegenstände wie zB Kleingärten, Jagd, Fischteiche und Apotheken (iE s. Grüneberg/Weidenkaff Vor § 581 Rn. 10 ff.).

4. Formbedürftigkeit, Partner. Der Vertragsschluss bedarf bei Verträgen über 5
Grundstücke und über Räume, wenn der Vertrag länger als ein Jahr dauern soll, der Schriftform **(§ 578 I, II iVm § 550);** iÜ (zB bei der Verpachtung eines Rechts) ist eine formfreie Vereinbarung möglich. Zur Beteiligung **mehrerer Personen** auf Verpächter- oder Pächterseite → § 535 Rn. 2 f.

5. Vertragliche Pflichten (I). a) Verpächter. aa) Die Pflicht zur **Gebrauchs-** 6
gewährung (I 1) entspricht den Vermieterpflichten, umfasst also das Überlassen (bei Rechten selbstverständlich nicht Besitzverschaffung) und, soweit nichts anderes vereinbart ist, das Erhalten der Sache zum vertragsgemäßen Gebrauch sowie die Erfüllung der sich aus der konkreten Abrede ergebenden Nebenpflichten (→ § 535 Rn. 24 f.). **bb) Gewährung des Fruchtgenusses (I 1).** § 581 knüpft damit an den weiteren Begriff der Früchte in § 99 (also einschließlich des vollen Substanzabbaus, etwa bei einer Kiesgrube) an, beschränkt aber, da der Pachtvertrag zeit- und nicht substanzbestimmt ist (→ Rn. 5), die Fruchtziehung auf Erträge im Rahmen einer ordnungsgemäßen Wirtschaft (kein Raubbau, nicht Windbruch). Der Pächter erwirbt Eigentum nach §§ 956, 957. **b) Pächter.** Die Pflichten des Pächters **(I 2)** entsprechen grundsätzlich denen des Mieters (→ § 535 Rn. 27 ff.). Zur zeitweiligen Nichtleistung der Pacht infolge der Covid-19-Pandemie → § 543 Rn. 4a. Eine Pflicht zur Benutzung des Gegenstandes besteht auch hier grundsätzlich nicht; jedoch wird, anders als beim Mietvertrag, die Wahrnehmung der Obhut ohne ein ordnungsgemäßes Bewirtschaften häufig nicht möglich sein.

6. Anwendung mietrechtlicher Vorschriften (II). Bei einer „entspr. Anwen- 7
dung" sind die sich aus dem Pachtverhältnis ergebenden Besonderheiten mit zu berücksichtigen. Folgende Bestimmungen sind teilw. abgeändert: § 535 durch §§ 582, 582a (die Erhaltung obliegt teilw. dem Pächter, andere Gefahrtragung); § 580a I, II durch §§ 584a I, 584; § 546 durch § 582a III; § 546a durch § 584b; § 580 durch §§ 584a II, 584. Da sich die pachtrechtlichen abändernden Vorschriften zT nur auf Verträge über Grundstücke oder Betriebe beziehen, ist auf den sachlichen Anwendungsbereich genau zu achten. Unanwendbar sind die Kündigungsschutzvorschriften der Mietverhältnisse über Wohnräume (insbes. §§ 573 ff., 574 ff.). Eine Verpachtung von Wohnungen allein erscheint kaum denkbar. Werden Wohnungen mitverpachtet (im Rahmen der Verpachtung eines Geschäfts, einer Gastwirtschaft), so geht bei der Vertragsbeendigung das Interesse des Verpächters an der Weiterverpachtung vor (desgl. MüKoBGB/Harke § 581 Rn. 90). Die Interessenlage ist der Vermietung funktionsgebundener Wohnungen (§ 576a II 2) vergleichbar. Entgegen dem Wortlaut sind wegen des Fehlens entspr. Vorschriften auch einige Bestimmungen über die **Landpacht** (zB §§ 590a, 590b, 591, 591b, 592) anwendbar.

§ 582 Erhaltung des Inventars

(1) **Wird ein Grundstück mit Inventar verpachtet, so obliegt dem Pächter die Erhaltung der einzelnen Inventarstücke.**

(2) [1]**Der Verpächter ist verpflichtet, Inventarstücke zu ersetzen, die infolge eines vom Pächter nicht zu vertretenden Umstands in Abgang kommen.** [2]**Der Pächter hat jedoch den gewöhnlichen Abgang der zum Inventar gehörenden Tiere insoweit zu ersetzen, als dies einer ordnungsmäßigen Wirtschaft entspricht.**

§ 582a Inventarübernahme zum Schätzwert

(1) [1]**Übernimmt der Pächter eines Grundstücks das Inventar zum Schätzwert mit der Verpflichtung, es bei Beendigung des Pachtverhältnisses zum Schätzwert zurückzugewähren, so trägt er die Gefahr des zufälligen Untergangs und der zufälligen Verschlechterung des Inventars.** [2]**Innerhalb der Grenzen einer ordnungsmäßigen Wirtschaft kann er über die einzelnen Inventarstücke verfügen.**

(2) [1]**Der Pächter hat das Inventar in dem Zustand zu erhalten und in dem Umfang laufend zu ersetzen, der den Regeln einer ordnungsmäßigen Wirtschaft entspricht.** [2]**Die von ihm angeschafften Stücke werden mit der Einverleibung in das Inventar Eigentum des Verpächters.**

(3) [1]**Bei Beendigung des Pachtverhältnisses hat der Pächter das vorhandene Inventar dem Verpächter zurückzugewähren.** [2]**Der Verpächter kann die Übernahme derjenigen von dem Pächter angeschafften Inventarstücke ablehnen, welche nach den Regeln einer ordnungsmäßigen Wirtschaft für das Grundstück überflüssig oder zu wertvoll sind; mit der Ablehnung geht das Eigentum an den abgelehnten Stücken auf den Pächter über.** [3]**Besteht zwischen dem Gesamtschätzwert des übernommenen und dem des zurückzugewährenden Inventars ein Unterschied, so ist dieser in Geld auszugleichen.** [4]**Den Schätzwerten sind die Preise im Zeitpunkt der Beendigung des Pachtverhältnisses zugrunde zu legen.**

§ 583 Pächterpfandrecht am Inventar

(1) **Dem Pächter eines Grundstücks steht für die Forderungen gegen den Verpächter, die sich auf das mitgepachtete Inventar beziehen, ein Pfandrecht an den in seinen Besitz gelangten Inventarstücken zu.**

(2) [1]**Der Verpächter kann die Geltendmachung des Pfandrechts des Pächters durch Sicherheitsleistung abwenden.** [2]**Er kann jedes einzelne Inventarstück dadurch von dem Pfandrecht befreien, dass er in Höhe des Wertes Sicherheit leistet.**

§ 583a Verfügungsbeschränkungen bei Inventar

Vertragsbestimmungen, die den Pächter eines Betriebs verpflichten, nicht oder nicht ohne Einwilligung des Verpächters über Inventarstücke zu verfügen oder Inventar an den Verpächter zu veräußern, sind nur wirksam, wenn sich der Verpächter verpflichtet, das Inventar bei der Beendigung des Pachtverhältnisses zum Schätzwert zu erwerben.

Anmerkungen zu den §§ 582–583a

1 **1. Überblick.** Bei der Behandlung des Inventars im Pachtvertrag sind **verschiedene Formen** möglich. **a)** Das Inventar wird **ohne besondere Abrechnung mit-**

verpachtet, § 582 (→ Rn. 4). Der Verpächter bleibt Eigentümer bzw. hat einen Anspruch auf Übereignung von Ersatzstücken (zur möglichen Übereignung nach § 930 → § 930 Rn. 16 ff.). **b)** Das Inventar wird ebenfalls **mitverpachtet** (der Verpächter bleibt Eigentümer); der Pächter zahlt einen bes. **Schätzwert** und erhält seinerseits bei Rückgabe den dann gültigen – idR niedrigeren, sofern es keine Neuanschaffung gab (→ Rn. 5) – Schätzwert, **§ 582a** (→ Rn. 5). **c)** Der Pächter 2
kauft vom Verpächter das Inventar und erlangt es zum Eigentum, er wird auch Eigentümer des von ihm angeschafften Inventars. Es kann eine Rückkaufsklausel für den Zeitpunkt der Beendigung des Pachtverhältnisses vereinbart sein. Hier trifft **§ 583a** eine Sonderregelung iS einer doppelseitigen Bindung (→ Rn. 6). **d) Anwendungsbereich.** Pachtverhältnisse über Grundstücke (§ 583a: Betriebe), auch landwirtschaftlich genutzte (sa § 585 II), Räume (§§ 581 II, 580). Die **Beweislast** für sein Eigentum trifft wegen § 1006 den Verpächter.

2. Inventar. Der ges nicht festgelegte Begriff richtet sich iE nach der Verkehrsauf- 3
fassung. Er umfasst idR diejenigen beweglichen Sachen, die in einem räumlichen Verhältnis zum Grundstück stehen und zur Bewirtschaftung des Grundstücks entspr. seinem Zweck bestimmt sind. Die Eigentumslage ist unerheblich (→ Rn. 1). Inventarstücke können Zubehör (§ 97 iVm § 98) oder Bestandteile (§§ 93 ff.) sein.

3. Verpachtung des Inventars ohne Sonderberechnung (§§ 582, 583). 4
a) Der Verpächter wird von seiner Pflicht zur **Erhaltung** (→ § 535 Rn. 12) hinsichtlich des Inventars **befreit (I).** Die Verpflichtung zur **Ergänzung** ist für Sachen allg. nach dem Vertretenmüssen aufgeteilt, bei Tieren weitergehend dem Pächter auferlegt. Die Verpflichtung zur Ergänzung bezieht sich nicht auf jedes Einzelstück, sondern ist aus der Funktionsfähigkeit des Gesamtbestandes zu entwickeln. **b) Sicherheiten für den Pächter (§ 583).** Gesicherte Forderungen sind Ansprüche gem. § 582 II 1 und uU auf Rückzahlung einer für das Inventar vereinbarten und gezahlten Kaution (s. § 551). Objekt des Pfandrechts: alle im Besitz des Pächters stehenden Inventarstücke, auch wenn Dritte Eigentümer sind (BGHZ 34, 157, allgM). **c)** Die Bestimmung ist **abdingbar.**

4. Verpflichtung zur (schuldrechtlichen) „Übernahme" und späteren 5
„Rückgewähr" des Inventars zum jeweiligen Schätzwert (§§ 582a, 583). **a)** Weiter als bei der einfachen Verpachtung (→ Rn. 4) ist hier die **Erhaltungspflicht** des Verpächters ganz auf den **Pächter** überlagert **(II);** er trägt die Sachgefahr **(I)** und hat die Befugnis, über die Gegenstände (des Verpächters) zu verfügen **(I).** Der Eigentumsübergang vom Pächter auf den Verpächter gem. **II 2** an allen vom Pächter angeschafften Inventarstücken ist Realakt und damit von dem Willen der Beteiligten unabhängig. Voraussetzung ist selbstverständlich, dass die Sache nicht im Eigentum eines Dritten bleibt; uU erwirbt der Verpächter eine Anwartschaft. **b)** Bei der **Rückgewähr** kann problematisch werden, dass der Pächter aus seiner Sicht notwendige Investitionen getätigt hat, die der Verpächter jedoch nicht übernehmen will (sog. **Überinventar**). **III** versucht einen Interessenausgleich, der den Verpächter leicht bevorzugt. Die Ablehnung ist eine empfangsbedürftige Willenserklärung (§ 130). Die **Beweislast** trägt der Verpächter. **c) Sicherung des Pächters:** s. § 582a III, iÜ → Rn. 4. **d)** Die Bestimmung ist **abdingbar.**

5. Inventar im Eigentum des Pächters (§ 583a). Die **zwingende** Norm will 6
verhindern, dass die an sich zweckmäßige Bindung des Pächters einseitig ist und ihn damit zu stark belastet.

§ 584 Kündigungsfrist

(1) **Ist bei dem Pachtverhältnis über ein Grundstück oder ein Recht die Pachtzeit nicht bestimmt, so ist die Kündigung nur für den Schluss eines Pachtjahrs zulässig; sie hat spätestens am dritten Werktag des halben Jahres zu erfolgen, mit dessen Ablauf die Pacht enden soll.**

(2) **Dies gilt auch, wenn das Pachtverhältnis außerordentlich mit der gesetzlichen Frist gekündigt werden kann.**

1 **a) Funktion. I** ändert die ges. Frist für die **ordentliche Kündigung** (§ 580a I, II) ab, **II** die Frist des § 580 V für die Fälle der **außerordentlichen Kündigung**
2 **mit ges. Frist** (s. § 573d). **b) Anwendungsbereich.** Pachtverhältnisse über Grundstücke und Räume (§ 580) mit und ohne Inventar sowie über Rechte. Für
3 die selbstständige Verpachtung von beweglichen Sachen gilt § 584 nicht. **c) Kündigungsschutz.** Bei (Mit-)Verpachtung von Wohnräumen → § 581 Rn. 7. Bes. Kündigungsschutz gilt für Landpacht und Kleingärten. Zur **Kündigung** selbst → § 542 Rn. 4 (Ausnahme: keine ges. Form, da § 568 nicht anwendbar ist). § 584 ist **abdingbar.**

§ 584a Ausschluss bestimmter mietrechtlicher Kündigungsrechte

(1) **Dem Pächter steht das in § 540 Abs. 1 bestimmte Kündigungsrecht nicht zu.**

(2) **Der Verpächter ist nicht berechtigt, das Pachtverhältnis nach § 580 zu kündigen.**

1 **Normzweck. a) Unterverpachtung (I):** Wegen des bes. Interesses des Verpächters an der Person des mit der Sache wirtschaftenden Pächters soll der Pächter auch persönlich für die Vertragsdauer gebunden sein. Ein Anspruch auf Unterverpachtung (zum Begriff vgl. → § 540 Rn. 1) besteht nicht; das Versagen einer Unter-
2 verpachtung kann keinen Kündigungsgrund abgeben. **b) Tod des Pächters (II):** II schützt das Vermögensinteresse der Erben an der Fortdauer des Pachtvertrags, insbes. bei Investitionen des Erblassers; das Kündigungsrecht der Erben bleibt bestehen. **c)** § 584a ist **abdingbar.**

§ 584b Verspätete Rückgabe

[1]Gibt der Pächter den gepachteten Gegenstand nach der Beendigung des Pachtverhältnisses nicht zurück, so kann der Verpächter für die Dauer der Vorenthaltung als Entschädigung die vereinbarte Pacht nach dem Verhältnis verlangen, in dem die Nutzungen, die der Pächter während dieser Zeit gezogen hat oder hätte ziehen können, zu den Nutzungen des ganzen Pachtjahrs stehen. [2]Die Geltendmachung eines weiteren Schadens ist nicht ausgeschlossen.

1 **a) Gehalt und Anwendungsbereich.** § 584b, der für alle Pachtverhältnisse gilt, bestimmt die Höhe der Entschädigung anders als in § 546a; die vereinbarte Pacht kann aber als Mindestentschädigung verlangt werden (OLG Köln ZMR 2022, 546).
2 **b) Voraussetzungen:** → § 546a Rn. 2. **c) Rechtsfolgen:** → § 546a Rn. 3; zu den Nutzungen s. § 100; zu den weiteren Anspruchsgrundlagen → § 546a Rn. 1 (zum Bereicherungsanspruch BGH NJW 1968, 197 mit krit. Anm Rüber NJW 1968, 1613). Bei Ausbeutungsverträgen (zB Kies) ist zu berücksichtigen, dass der Verpächter Vorteile durch die Nichtausbeutung hat (BGH NJW-RR 2000, 303). Der Anspruch besteht auch beim Gewähren einer Räumungsfrist (BGH GuT 2007, 140). Die Parteien können etwas anderes vereinbaren.

Untertitel 5. Landpachtvertrag

§ 585 Begriff des Landpachtvertrags

(1) **[1]Durch den Landpachtvertrag wird ein Grundstück mit den seiner Bewirtschaftung dienenden Wohn- oder Wirtschaftsgebäuden (Betrieb)**

oder ein Grundstück ohne solche Gebäude überwiegend zur Landwirtschaft verpachtet. [2]Landwirtschaft sind die Bodenbewirtschaftung und die mit der Bodennutzung verbundene Tierhaltung, um pflanzliche oder tierische Erzeugnisse zu gewinnen, sowie die gartenbauliche Erzeugung.

(2) **Für Landpachtverträge gelten § 581 Abs. 1 und die §§ 582 bis 583a sowie die nachfolgenden besonderen Vorschriften.**

(3) **Die Vorschriften über Landpachtverträge gelten auch für Pachtverhältnisse über forstwirtschaftliche Grundstücke, wenn die Grundstücke zur Nutzung in einem überwiegend landwirtschaftlichen Betrieb verpachtet werden.**

Lit.: Becker ua, Landpachtrecht, 2. Aufl. 2017; Lüdtke-Handjery/Haarstrich, Landpachtrecht, 5. Aufl. 2023.

1. Funktion. Angesichts des Strukturwandels in der Landwirtschaft hin zu größeren Betrieben hat die (Zu-) Pachtung landwirtschaftlichen Grundbesitzes eine ganz erhebliche Bedeutung. Die Vorschriften versuchen, die Stellung des Pächters als eines selbstständigen Unternehmers mit eigener Entscheidungsbefugnis zu stärken, s. insbes. §§ 590, 591, 593. 1

2. Tatbestand. Der Landpachtvertrag stellt auf die **Art der Nutzung** ab und umfasst insbesondere Ackerbau, Wiesen- und Weidewirtschaft, Erwerbsgartenbau, Erwerbsobstbau, Weinbau, Imkerei und Binnenfischerei. **Gegenständlich** kann sich der Landpachtvertrag auf Gebäude (Stallungen), Grundstücke ohne Gebäude und Betriebe beziehen (die Verpachtung des bloßen Fischereirechts ist deshalb keine Landpacht). Der Vertrag muss nach §§ 2 ff. LPachtVG **angezeigt** und kann uU behördlich beanstandet werden. 2

§ 585a Form des Landpachtvertrags

Wird der Landpachtvertrag für längere Zeit als zwei Jahre nicht in schriftlicher Form geschlossen, so gilt er für unbestimmte Zeit.

Vgl. § 556; OLG Brandenburg BeckRS 2021, 23901. Kein konkludenter Vertragsschluss durch bloße Duldung (vgl. OLG Frankfurt RdL 2019, 98).

§ 585b Beschreibung der Pachtsache

(1) **[1]Der Verpächter und der Pächter sollen bei Beginn des Pachtverhältnisses gemeinsam eine Beschreibung der Pachtsache anfertigen, in der ihr Umfang sowie der Zustand, in dem sie sich bei der Überlassung befindet, festgestellt werden. [2]Dies gilt für die Beendigung des Pachtverhältnisses entsprechend. [3]Die Beschreibung soll mit der Angabe des Tages der Anfertigung versehen werden und ist von beiden Teilen zu unterschreiben.**

(2) **[1]*Weigert sich ein Vertragsteil*, bei der Anfertigung einer Beschreibung mitzuwirken, oder ergeben sich bei der Anfertigung Meinungsverschiedenheiten tatsächlicher Art, so kann jeder Vertragsteil verlangen, dass eine Beschreibung durch einen Sachverständigen angefertigt wird, es sei denn, dass seit der Überlassung der Pachtsache mehr als neun Monate oder seit der Beendigung des Pachtverhältnisses mehr als drei Monate verstrichen sind; der Sachverständige wird auf Antrag durch das Landwirtschaftsgericht ernannt. [2]Die insoweit entstehenden Kosten trägt jeder Vertragsteil zur Hälfte.**

(3) **Ist eine Beschreibung der genannten Art angefertigt, so wird im Verhältnis der Vertragsteile zueinander vermutet, dass sie richtig ist.**

Die Bestimmung soll Streitigkeiten am Ende des Vertrages, insbesondere wegen der Pflichtenteilung nach § 586 I, vermeiden. Zum Verfahren Wiese AUR 2014, 81. Die Norm ist **abdingbar.**

§ 586 Vertragstypische Pflichten beim Landpachtvertrag

(1) [1]**Der Verpächter hat die Pachtsache dem Pächter in einem zu der vertragsmäßigen Nutzung geeigneten Zustand zu überlassen und sie während der Pachtzeit in diesem Zustand zu erhalten.** [2]**Der Pächter hat jedoch die gewöhnlichen Ausbesserungen der Pachtsache, insbesondere die der Wohn- und Wirtschaftsgebäude, der Wege, Gräben, Dränungen und Einfriedigungen, auf seine Kosten durchzuführen.** [3]**Er ist zur ordnungsmäßigen Bewirtschaftung der Pachtsache verpflichtet.**

(2) **Für die Haftung des Verpächters für Sach- und Rechtsmängel der Pachtsache sowie für die Rechte und Pflichten des Pächters wegen solcher Mängel gelten die Vorschriften des § 536 Abs. 1 bis 3 und der §§ 536a bis 536d entsprechend.**

1 Die Bestimmung knüpft, im Interesse der Lesbarkeit unter teilw. Wiederholung, systemkonform (→ § 581 Rn. 3) an die mietrechtlichen Verpflichtungen an und
2 nimmt die Besonderheiten des Pachtvertrages auf. **b) Seite des Verpächters. I 1** wiederholt den Grundsatz des § 535 I (vgl. OLG Schleswig BeckRS 2021, 27143 Rn. 59: Entfernung/Beschädigung durch Dritte). **I 2, II** verweist konsequent auf
3 die mietrechtliche Mängelhaftung. **c) Seite des Pächters.** Abweichend von § 535 I verlagert **I 2** wegen der landwirtschaftlichen Besonderheiten die erwähnten Ausbesserungspflichten auf den Pächter. Die gewöhnlichen Ausbesserungen umfassen das Beseitigen der durch die normale Abnutzung (zu den mietrechtlichen Schönheitsreparaturen → § 535 Rn. 30 ff.) oder infolge häufigerer Betriebsrisiken auftretenden Schäden. **I 3** verpflichtet den Pächter (anders als im Mietrecht) zur ordnungsgemäßen Bewirtschaftung, wozu hier auch die Beachtung des einschlägigen landwirtschaftlichen Subventionsrechts gehört. Die Bewirtschaftung ist ggf. an veränderte technische, aber auch rechtliche Rahmenbedingungen anzupassen (BGH NZM 2017, 564 Rn. 20). **d)** Die Bestimmung ist **abdingbar.**

§ 586a Lasten der Pachtsache

Der Verpächter hat die auf der Pachtsache ruhenden Lasten zu tragen.

S. § 535 I 3.

§ 587 Fälligkeit der Pacht; Entrichtung der Pacht bei persönlicher Verhinderung des Pächters

(1) [1]**Die Pacht ist am Ende der Pachtzeit zu entrichten.** [2]**Ist die Pacht nach Zeitabschnitten bemessen, so ist sie am ersten Werktag nach dem Ablauf der einzelnen Zeitabschnitte zu entrichten.**

(2) [1]**Der Pächter wird von der Entrichtung der Pacht nicht dadurch befreit, dass er durch einen in seiner Person liegenden Grund an der Ausübung des ihm zustehenden Nutzungsrechts verhindert ist.** [2]**§ 537 Abs. 1 Satz 2 und Abs. 2 gilt entsprechend.**

S. § 579, vgl. § 556b. Zur Verhinderung s. § 537.

§ 588 Maßnahmen zur Erhaltung oder Verbesserung

(1) **Der Pächter hat Einwirkungen auf die Pachtsache zu dulden, die zu ihrer Erhaltung erforderlich sind.**

(2) [1]Maßnahmen zur Verbesserung der Pachtsache hat der Pächter zu dulden, es sei denn, dass die Maßnahme für ihn eine Härte bedeuten würde, die auch unter Würdigung der berechtigten Interessen des Verpächters nicht zu rechtfertigen ist. [2]Der Verpächter hat die dem Pächter durch die Maßnahme entstandenen Aufwendungen und entgangenen Erträge in einem den Umständen nach angemessenen Umfang zu ersetzen. [3]Auf Verlangen hat der Verpächter Vorschuss zu leisten.

(3) Soweit der Pächter infolge von Maßnahmen nach Absatz 2 Satz 1 höhere Erträge erzielt oder bei ordnungsmäßiger Bewirtschaftung erzielen könnte, kann der Verpächter verlangen, dass der Pächter in eine angemessene Erhöhung der Pacht einwilligt, es sei denn, dass dem Pächter eine Erhöhung der Pacht nach den Verhältnissen des Betriebs nicht zugemutet werden kann.

(4) [1]Über Streitigkeiten nach den Absätzen 1 und 2 entscheidet auf Antrag das Landwirtschaftsgericht. [2]Verweigert der Pächter in den Fällen des Absatzes 3 seine Einwilligung, so kann sie das Landwirtschaftsgericht auf Antrag des Verpächters ersetzen.

Zu **I** s. §§ 578 II, 584 I, zu **II** s. §§ 578 II, 554 II. **III** soll einen Billigkeitsausgleich schaffen. Die Vorschrift ist **abdingbar.** Zum Landwirtschaftsgericht s. §§ 1 ff. LwVG.

§ 589 Nutzungsüberlassung an Dritte

(1) Der Pächter ist ohne Erlaubnis des Verpächters nicht berechtigt,
1. die Nutzung der Pachtsache einem Dritten zu überlassen, insbesondere die Sache weiter zu verpachten,
2. die Pachtsache ganz oder teilweise einem landwirtschaftlichen Zusammenschluss zum Zwecke der gemeinsamen Nutzung zu überlassen.

(2) Überlässt der Pächter die Nutzung der Pachtsache einem Dritten, so hat er ein Verschulden, das dem Dritten bei der Nutzung zur Last fällt, zu vertreten, auch wenn der Verpächter die Erlaubnis zur Überlassung erteilt hat.

§ 590 Änderung der landwirtschaftlichen Bestimmung oder der bisherigen Nutzung

(1) Der Pächter darf die landwirtschaftliche Bestimmung der Pachtsache nur mit vorheriger Erlaubnis des Verpächters ändern.

(2) [1]Zur Änderung der bisherigen Nutzung der Pachtsache ist die vorherige Erlaubnis des Verpächters nur dann erforderlich, wenn durch die Änderung die Art der Nutzung über die Pachtzeit hinaus beeinflusst wird. [2]Der Pächter darf Gebäude nur mit vorheriger Erlaubnis des Verpächters errichten. [3]Verweigert der Verpächter die Erlaubnis, so kann sie auf Antrag des Pächters durch das Landwirtschaftsgericht ersetzt werden, soweit die Änderung zur Erhaltung oder nachhaltigen Verbesserung der Rentabilität des Betriebs geeignet erscheint und dem Verpächter bei Berücksichtigung seiner berechtigten Interessen zugemutet werden kann. [4]Dies gilt nicht, wenn der Pachtvertrag gekündigt ist oder das Pachtverhältnis in weniger als drei Jahren endet. [5]Das Landwirtschaftsgericht kann die Erlaubnis unter Bedingungen und Auflagen ersetzen, insbesondere eine Sicherheitsleistung anordnen sowie Art und Umfang der Sicherheit bestimmen. [6]Ist die Veranlassung für die Sicherheitsleistung weggefallen, so entscheidet auf Antrag das Landwirtschaftsgericht über die Rückgabe der Sicherheit; § 109 der Zivilprozessordnung gilt entsprechend.

(3) **Hat der Pächter das nach § 582a zum Schätzwert übernommene Inventar im Zusammenhang mit einer Änderung der Nutzung der Pachtsache wesentlich vermindert, so kann der Verpächter schon während der Pachtzeit einen Geldausgleich in entsprechender Anwendung des § 582a Abs. 3 verlangen, es sei denn, dass der Erlös der veräußerten Inventarstücke zu einer zur Höhe des Erlöses in angemessenem Verhältnis stehenden Verbesserung der Pachtsache nach § 591 verwendet worden ist.**

Anmerkungen zu den §§ 589, 590

1 **a) Gegenstand.** Die Bestimmungen, neben den §§ 590b ff. der erste rechtspolitische Schwerpunkt, enthalten Regelungen über personelle (§ 589) und sachliche
2 (§ 590) Veränderungen während der Pachtzeit. **b) § 589** ist Ausdruck dessen, dass der Verpächter es nicht hinnehmen muss, wenn der Pächter, der noch stärkere Einwirkungsmöglichkeiten auf die Sache als der Mieter hat, aus seiner Verantwortung faktisch ausscheidet. Zu **§ 589 I Nr. 1** s. § 540 I 1. Entgegen § 540 I 2 kann der Pächter deshalb bei einem Versagen der Erlaubnis zur Unterpacht nur nach § 594c kündigen. Der Verpächter kann bei unberechtigter Überlassung außerordentlich kündigen, allerdings verwirkt er sein Kündigungsrecht idR, wenn er nicht binnen dreier Monate kündigt (OLG Celle BeckRS 2018, 42275 Rn. 35). Die Betonung der Person des Pächters zeigt sich auch in **§ 589 I Nr. 2.** Der Gesetzgeber konnte sich, anders als der RegEntw (BT-Drs. 10/509, 19), nicht entschließen, dem Pächter auch gegen den Willen des Verpächters die Möglichkeit zu eröffnen, sich einer Kooperationsgemeinschaft (Betriebsgemeinschaft, Maschinenring) anzuschließen. Obwohl eine Vorschrift wie § 553 fehlt, wird im Einzelfall zu prüfen sein, ob der Verpächter nach § 242 seine Zustimmung zu einer solchen Betriebsform erteilen muss. Keine Überlassung iSd § 589 I Nr. 2 ist eine Verschmelzung; ein Verbot müsste vereinbart werden (BGHZ 150, 369). Zu **§ 589 II** (Beweislast beim Verschulden
3 des Dritten) s. § 540 II, §§ 280 I 2, 286 IV. Die Norm ist **abdingbar. c)** Nach **§ 590 I, II** hat der Pächter hingegen eine größere Freiheit bei der Anpassung des Betriebs an sich ändernde Marktverhältnisse oder an technische Notwendigkeiten bei dem Einsatz von Geräten. Dem Erhaltungsinteresse des Verpächters soll Rechnung getragen werden durch die Einschaltung des Landwirtschaftsgerichts (s. § 1 ff. LwVG) und durch die Begrenzung der Änderungsbefugnis auf Wirkungen während der Pachtzeit. Der Pächter muss daher, wenn ihm „Ackerland" verpachtet war, die Entstehung von „Dauergrünland" durch rechtzeitigen Umbruch vermeiden (BGH NZM 2017, 564 Rn. 17; zum umgekehrten Fall OLG Schleswig BeckRS 2016, 3696; OLG Stuttgart NJOZ 2022, 177). Die Begrenzung der Änderungsbefugnis bezieht sich auch auf die Wahrnehmung von Lieferrechten (BGHZ 118, 353, „Milchrente"). Gegen Wertveränderungen soll **§ 590 III** schützen. Die Norm ist **abdingbar.**

§ 590a Vertragswidriger Gebrauch

Macht der Pächter von der Pachtsache einen vertragswidrigen Gebrauch und setzt er den Gebrauch ungeachtet einer Abmahnung des Verpächters fort, so kann der Verpächter auf Unterlassung klagen.

Zum Unterlassungsanspruch s. § 541; zu den Pflichten s. § 586 I 2. Eine Abmahnung ist in den Fällen von § 543 III 2 entbehrlich (OLG Brandenburg BeckRS 2010, 17084). Den Anbau von gentechnisch verändertem (staatlich zugelassenem) Mais hält das OLG Brandenburg (NJW 2008, 2127) für vertragsgemäß. Näher liegt angesichts der allg. kontroversen Diskussion die Annahme, der Vertrag enthalte gem. § 157 ohne konkreten Hinweis keine entspr. Gestattung (sa Dübbers AUR 2008, 343).

§ 590b Notwendige Verwendungen

Der Verpächter ist verpflichtet, dem Pächter die notwendigen Verwendungen auf die Pachtsache zu ersetzen.

§ 591 Wertverbessernde Verwendungen

(1) **Andere als notwendige Verwendungen, denen der Verpächter zugestimmt hat, hat er dem Pächter bei Beendigung des Pachtverhältnisses zu ersetzen, soweit die Verwendungen den Wert der Pachtsache über die Pachtzeit hinaus erhöhen (Mehrwert).**

(2) **[1]Weigert sich der Verpächter, den Verwendungen zuzustimmen, so kann die Zustimmung auf Antrag des Pächters durch das Landwirtschaftsgericht ersetzt werden, soweit die Verwendungen zur Erhaltung oder nachhaltigen Verbesserung der Rentabilität des Betriebs geeignet sind und dem Verpächter bei Berücksichtigung seiner berechtigten Interessen zugemutet werden können. [2]Dies gilt nicht, wenn der Pachtvertrag gekündigt ist oder das Pachtverhältnis in weniger als drei Jahren endet. [3]Das Landwirtschaftsgericht kann die Zustimmung unter Bedingungen und Auflagen ersetzen.**

(3) **[1]Das Landwirtschaftsgericht kann auf Antrag auch über den Mehrwert Bestimmungen treffen und ihn festsetzen. [2]Es kann bestimmen, dass der Verpächter den Mehrwert nur in Teilbeträgen zu ersetzen hat, und kann Bedingungen für die Bewilligung solcher Teilzahlungen festsetzen. [3]Ist dem Verpächter ein Ersatz des Mehrwerts bei Beendigung des Pachtverhältnisses auch in Teilbeträgen nicht zuzumuten, so kann der Pächter nur verlangen, dass das Pachtverhältnis zu den bisherigen Bedingungen so lange fortgesetzt wird, bis der Mehrwert der Pachtsache abgegolten ist. [4]Kommt keine Einigung zustande, so entscheidet auf Antrag das Landwirtschaftsgericht über eine Fortsetzung des Pachtverhältnisses.**

§ 591a Wegnahme von Einrichtungen

[1]Der Pächter ist berechtigt, eine Einrichtung, mit der er die Sache versehen hat, wegzunehmen. [2]Der Verpächter kann die Ausübung des Wegnahmerechts durch Zahlung einer angemessenen Entschädigung abwenden, es sei denn, dass der Pächter ein berechtigtes Interesse an der Wegnahme hat. [3]Eine Vereinbarung, durch die das Wegnahmerecht des Pächters ausgeschlossen wird, ist nur wirksam, wenn ein angemessener Ausgleich vorgesehen ist.

Anmerkungen zu den §§ 590b–591a

a) Funktion. Die neben §§ 589, 590 als zweiter rechtspolitischer Schwerpunkt 1
verstandenen Vorschriften versuchen einen Ausgleich zwischen der Notwendigkeit für den Pächter, uU aufwändige Investitionen für die Wirtschaftlichkeit des Betriebes vornehmen zu müssen, und dem Interesse des Verpächters, aus der Pachtsache nach Möglichkeit nicht belastet zu werden. Die Vorschriften sind bis auf § 591a **abdingbar. b) § 590b** geht über § 539 I hinaus und entspricht § 994. **§ 591** entspricht 2
§ 996 (BGHZ 166, 367). Andere Wertsteigerungen werden nicht erfasst (BGHZ 115, 166 f., Milchreferenzmenge, BGH NJW-RR 2001, 273 mwN, Wiederbepflanzungsrecht im Weinbau). Zu **§ 591a** s. § 552 II.

§ 591b Verjährung von Ersatzansprüchen

(1) **Die Ersatzansprüche des Verpächters wegen Veränderung oder Verschlechterung der verpachteten Sache sowie die Ansprüche des Pächters**

auf Ersatz von Verwendungen oder auf Gestattung der Wegnahme einer Einrichtung verjähren in sechs Monaten.

(2) [1]**Die Verjährung der Ersatzansprüche des Verpächters beginnt mit dem Zeitpunkt, in welchem er die Sache zurückerhält.** [2]**Die Verjährung der Ansprüche des Pächters beginnt mit der Beendigung des Pachtverhältnisses.**

(3) **Mit der Verjährung des Anspruchs des Verpächters auf Rückgabe der Sache verjähren auch die Ersatzansprüche des Verpächters.**

§ 592 Verpächterpfandrecht

[1]**Der Verpächter hat für seine Forderungen aus dem Pachtverhältnis ein Pfandrecht an den eingebrachten Sachen des Pächters sowie an den Früchten der Pachtsache.** [2]**Für künftige Entschädigungsforderungen kann das Pfandrecht nicht geltend gemacht werden.** [3]**Das Pfandrecht erstreckt sich nur auf Sachen, die der Pfändung unterliegen; betreibt der Pächter Landwirtschaft, erstreckt sich das Pfandrecht auch auf Sachen im Sinne des § 811 Absatz 1 Nummer 1 Buchstabe b und Tiere im Sinne des § 811 Absatz 1 Nummer 8 Buchstabe b der Zivilprozessordnung.** [4]**Die Vorschriften der §§ 562a bis 562c gelten entsprechend.**

1 **1. Allgemeines. a) Funktion.** § 592 erweitert das Verpächterpfandrecht gegenüber dem Vermieterpfandrecht sowohl hinsichtlich der gesicherten Forderungen als auch der belasteten Objekte; iÜ verbleibt es bei den §§ 562 ff. **b) Andere Pfandrechte** von Düngemittel- und Saatgutlieferanten sowie von Pachtkreditinstituten gehen teilw. vor. **c)** Der Verpächter kann auf das Entstehen eines Pfandrechts vertraglich **verzichten.**

2 **2. Gesicherte Forderungen.** Die Beschränkung des § 562 II (künftige Forderungen) gilt nicht für die eigentliche Pacht. Für die Entschädigungsforderungen wird § 562 II wiederholt.

3 **3. Objekte des Pfandrechts. a) Sachen des Pächters:** → § 562 Rn. 3. Das Pfandrecht erstreckt sich, anders als gem. § 562 I 2, auch auf das zum Wirtschaftsbetrieb erforderliche Gerät und Vieh, auf Dünger und alle Erzeugnisse (§ 811 Nr. 4 ZPO). **b) Früchte** werden *nach der Trennung* wegen § 956 bereits nach lit. a erfasst. *Vor der Trennung* werden Früchte vom Verpächterpfandrecht erfasst, wenn im Verlauf des Wachsens von ihnen im natürlichen Wortsinn gesprochen werden kann. Damit geht das Verpächterpfandrecht Pfändungen durch Dritte gem. § 810 ZPO vor.

§ 593 Änderung von Landpachtverträgen

(1) [1]**Haben sich nach Abschluss des Pachtvertrags die Verhältnisse, die für die Festsetzung der Vertragsleistungen maßgebend waren, nachhaltig so geändert, dass die gegenseitigen Verpflichtungen in ein grobes Missverhältnis zueinander geraten sind, so kann jeder Vertragsteil eine Änderung des Vertrags mit Ausnahme der Pachtdauer verlangen.** [2]**Verbessert oder verschlechtert sich infolge der Bewirtschaftung der Pachtsache durch den Pächter deren Ertrag, so kann, soweit nichts anderes vereinbart ist, eine Änderung der Pacht nicht verlangt werden.**

(2) [1]**Eine Änderung kann frühestens zwei Jahre nach Beginn des Pachtverhältnisses oder nach dem Wirksamwerden der letzten Änderung der Vertragsleistungen verlangt werden.** [2]**Dies gilt nicht, wenn verwüstende Naturereignisse, gegen die ein Versicherungsschutz nicht üblich ist, das Verhältnis der Vertragsleistungen grundlegend und nachhaltig verändert haben.**

(3) **Die Änderung kann nicht für eine frühere Zeit als für das Pachtjahr verlangt werden, in dem das Änderungsverlangen erklärt wird.**

(4) **Weigert sich ein Vertragsteil, in eine Änderung des Vertrags einzuwilligen, so kann der andere Teil die Entscheidung des Landwirtschaftsgerichts beantragen.**

(5) **[1]Auf das Recht, eine Änderung des Vertrags nach den Absätzen 1 bis 4 zu verlangen, kann nicht verzichtet werden. [2]Eine Vereinbarung, dass einem Vertragsteil besondere Nachteile oder Vorteile erwachsen sollen, wenn er die Rechte nach den Absätzen 1 bis 4 ausübt oder nicht ausübt, ist unwirksam.**

Die Norm stellt eine **Modifikation des § 313** dar und geht insoweit als **lex** 1
specialis vor. Die Veränderung der Verhältnisse kann auf generellen Faktoren (allg. Lage der Landwirtschaft, Steuern und Abgaben, Subventionen, aber auch Veränderungen der Pachtpreise) wie auf individuellen Umständen (Verschlechterung des Grundstücks) beruhen (BGHZ 134, 162). **Abdingbarkeit.** Der Anspruch auf Ver- 2
tragsänderung kann nicht erschwert, wohl aber erleichtert werden **(V 1).**

§ 593a Betriebsübergabe

[1]Wird bei der Übergabe eines Betriebs im Wege der vorweggenommenen Erbfolge ein zugepachtetes Grundstück, das der Landwirtschaft dient, mit übergeben, so tritt der Übernehmer anstelle des Pächters in den Pachtvertrag ein. [2]Der Verpächter ist von der Betriebsübergabe jedoch unverzüglich zu benachrichtigen. [3]Ist die ordnungsmäßige Bewirtschaftung der Pachtsache durch den Übernehmer nicht gewährleistet, so ist der Verpächter berechtigt, das Pachtverhältnis außerordentlich mit der gesetzlichen Frist zu kündigen.

Von dem Ausgangspunkt, dass weitgehend landwirtschaftlicher Grundbesitz hinzugepachtet wird (→ § 585 Rn. 1), schafft die Bestimmung die Möglichkeit, schon vor dem Erbfall (dann Gesamtrechtsnachfolge ohne Kündigungsmöglichkeit für den Verpächter, s. § 584a II) bei der Übertragung des Betriebes unter Lebenden auch die zugepachteten Grundstücke (schuldrechtlich) auf den Nachfolger übergehen zu lassen.

§ 593b Veräußerung oder Belastung des verpachteten Grundstücks

Wird das verpachtete Grundstück veräußert oder mit dem Recht eines Dritten belastet, so gelten die §§ 566 bis 567b entsprechend.

S. die angegebenen Normen des Mietrechts. 1

§ 594 Ende und Verlängerung des Pachtverhältnisses

[1]Das Pachtverhältnis endet mit dem Ablauf der Zeit, für die es eingegangen ist. [2]Es verlängert sich bei Pachtverträgen, die auf mindestens drei Jahre geschlossen worden sind, auf unbestimmte Zeit, wenn auf die Anfrage eines Vertragsteils, ob der andere Teil zur Fortsetzung des Pachtverhältnisses bereit ist, dieser nicht binnen einer Frist von drei Monaten die Fortsetzung ablehnt. [3]Die Anfrage und die Ablehnung bedürfen der schriftlichen Form. [4]Die Anfrage ist ohne Wirkung, wenn in ihr nicht auf die Folge der Nichtbeachtung ausdrücklich hingewiesen wird und wenn sie nicht innerhalb des drittletzten Pachtjahrs gestellt wird.

1 **1. Funktion des S. 1.** Für das Pachtrecht ist die Lösung des Mietrechts, nur noch „eigentliche" Zeitmietverträge ges. zu regeln (→ § 575 Rn. 1), nicht übernommen worden. Stattdessen wurde die frühere Regelung eines befristeten Vertrages mit Verlängerungsmöglichkeit beibehalten.

2 **2. Verlängerung auf unbestimmte Zeit, S. 2. a) Gewollte Funktion des S. 2.** Die Parteien sollen rechtzeitig erfahren können, ob die andere bereit ist, eine neue Vereinbarung (zu den gleichen Bedingungen) zu schließen, oder ob mit dem Räumen des Grundstücks gerechnet werden muss. Die Vorschrift gilt nicht und sie verfehlt damit ihren Zweck, wenn der andere zwar seine grds. Bereitschaft zur Fortsetzung erklärt, jedoch die Bedingungen verändern möchte. Aus einer solchen Erklärung wird man aber nach § 242 (→ § 242 Rn. 23) unter Berücksichtigung des Rechtsgedankens der Norm eine Verpflichtung zur zügigen und fairen Verhandlung ableiten können. **b) Voraussetzungen:** Landpacht über mindestens drei Jahre, schriftliche Anfrage des einen Teils (Zugang nach § 130, Beweislast beim Absender) innerhalb des drittletzten Pachtjahres, Hinweis in der Anfrage auf die Rechtsfolgen eines Schweigens, Nichtbeantwortung durch den anderen Teil innerhalb von drei Monaten (Berechnung nach §§ 188 II, 187 I). Wegen der Unmöglichkeit eines Negativbeweises trägt der andere Teil die **Beweislast** für die rechtzeitige Antwort. **c) Rechtsfolgen.** Fortsetzung auf unbestimmte Zeit; zur Kündigung dann s. § 594a.
3 **d)** I. Die Bestimmung ist **abdingbar** (desgl. iE Grüneberg/Weidenkaff § 594 Rn. 2). In einem solchen Fall besteht, da die Parteien insoweit darauf verzichtet haben, keine Verhandlungspflicht gem. Nr. 2 lit. a.

§ 594a Kündigungsfristen

(1) [1]**Ist die Pachtzeit nicht bestimmt, so kann jeder Vertragsteil das Pachtverhältnis spätestens am dritten Werktag eines Pachtjahrs für den Schluss des nächsten Pachtjahrs kündigen.** [2]**Im Zweifel gilt das Kalenderjahr als Pachtjahr.** [3]**Die Vereinbarung einer kürzeren Frist bedarf der Schriftform.**

(2) **Für die Fälle, in denen das Pachtverhältnis außerordentlich mit der gesetzlichen Frist vorzeitig gekündigt werden kann, ist die Kündigung nur für den Schluss eines Pachtjahrs zulässig; sie hat spätestens am dritten Werktag des halben Jahres zu erfolgen, mit dessen Ablauf die Pacht enden soll.**

§ 594b Vertrag über mehr als 30 Jahre

[1]**Wird ein Pachtvertrag für eine längere Zeit als 30 Jahre geschlossen, so kann nach 30 Jahren jeder Vertragsteil das Pachtverhältnis spätestens am dritten Werktag eines Pachtjahrs für den Schluss des nächsten Pachtjahrs kündigen.** [2]**Die Kündigung ist nicht zulässig, wenn der Vertrag für die Lebenszeit des Verpächters oder des Pächters geschlossen ist.**

§ 594c Kündigung bei Berufsunfähigkeit des Pächters

[1]**Ist der Pächter berufsunfähig im Sinne der Vorschriften der gesetzlichen Rentenversicherung geworden, so kann er das Pachtverhältnis außerordentlich mit der gesetzlichen Frist kündigen, wenn der Verpächter der Überlassung der Pachtsache zur Nutzung an einen Dritten, der eine ordnungsmäßige Bewirtschaftung gewährleistet, widerspricht.** [2]**Eine abweichende Vereinbarung ist unwirksam.**

§ 594d Tod des Pächters

(1) **Stirbt der Pächter, so sind sowohl seine Erben als auch der Verpächter innerhalb eines Monats, nachdem sie vom Tod des Pächters Kenntnis**

erlangt haben, berechtigt, das Pachtverhältnis mit einer Frist von sechs Monaten zum Ende eines Kalendervierteljahrs zu kündigen.

(2) **[1]Die Erben können der Kündigung des Verpächters widersprechen und die Fortsetzung des Pachtverhältnisses verlangen, wenn die ordnungsmäßige Bewirtschaftung der Pachtsache durch sie oder durch einen von ihnen beauftragten Miterben oder Dritten gewährleistet erscheint. [2]Der Verpächter kann die Fortsetzung des Pachtverhältnisses ablehnen, wenn die Erben den Widerspruch nicht spätestens drei Monate vor Ablauf des Pachtverhältnisses erklärt und die Umstände mitgeteilt haben, nach denen die weitere ordnungsmäßige Bewirtschaftung der Pachtsache gewährleistet erscheint. [3]Die Widerspruchserklärung und die Mitteilung bedürfen der schriftlichen Form. [4]Kommt keine Einigung zustande, so entscheidet auf Antrag das Landwirtschaftsgericht.**

(3) **Gegenüber einer Kündigung des Verpächters nach Absatz 1 ist ein Fortsetzungsverlangen des Erben nach § 595 ausgeschlossen.**

§ 594e Außerordentliche fristlose Kündigung aus wichtigem Grund

(1) **Die außerordentliche fristlose Kündigung des Pachtverhältnisses ist in entsprechender Anwendung der §§ 543, 569 Abs. 1 und 2 zulässig.**

(2) **[1]Abweichend von § 543 Abs. 2 Nr. 3 Buchstaben a und b liegt ein wichtiger Grund insbesondere vor, wenn der Pächter mit der Entrichtung der Pacht oder eines nicht unerheblichen Teils der Pacht länger als drei Monate in Verzug ist. [2]Ist die Pacht nach Zeitabschnitten von weniger als einem Jahr bemessen, so ist die Kündigung erst zulässig, wenn der Pächter für zwei aufeinander folgende Termine mit der Entrichtung der Pacht oder eines nicht unerheblichen Teils der Pacht in Verzug ist.**

§ 594f Schriftform der Kündigung

Die Kündigung bedarf der schriftlichen Form.

§ 595 Fortsetzung des Pachtverhältnisses

(1) **[1]Der Pächter kann vom Verpächter die Fortsetzung des Pachtverhältnisses verlangen, wenn**
1. **bei einem Betriebspachtverhältnis der Betrieb seine wirtschaftliche Lebensgrundlage bildet,**
2. **bei dem Pachtverhältnis über ein Grundstück der Pächter auf dieses Grundstück zur Aufrechterhaltung seines Betriebs, der seine wirtschaftliche Lebensgrundlage bildet, angewiesen ist**

und die vertragsmäßige Beendigung des Pachtverhältnisses für den Pächter oder seine Familie eine Härte bedeuten würde, die auch unter Würdigung der berechtigten Interessen des Verpächters nicht zu rechtfertigen ist. [2]Die Fortsetzung kann unter diesen Voraussetzungen wiederholt verlangt werden.

(2) **[1]Im Falle des Absatzes 1 kann der Pächter verlangen, dass das Pachtverhältnis so lange fortgesetzt wird, wie dies unter Berücksichtigung aller Umstände angemessen ist. [2]Ist dem Verpächter nicht zuzumuten, das Pachtverhältnis nach den bisher geltenden Vertragsbedingungen fortzusetzen, so kann der Pächter nur verlangen, dass es unter einer angemessenen Änderung der Bedingungen fortgesetzt wird.**

(3) **Der Pächter kann die Fortsetzung des Pachtverhältnisses nicht verlangen, wenn**

1. er das Pachtverhältnis gekündigt hat,
2. der Verpächter zur außerordentlichen fristlosen Kündigung oder im Falle des § 593a zur außerordentlichen Kündigung mit der gesetzlichen Frist berechtigt ist,
3. die Laufzeit des Vertrags bei einem Pachtverhältnis über einen Betrieb, der Zupachtung von Grundstücken, durch die ein Betrieb entsteht, oder bei einem Pachtverhältnis über Moor- und Ödland, das vom Pächter kultiviert worden ist, auf mindestens 18 Jahre, bei der Pacht anderer Grundstücke auf mindestens zwölf Jahre vereinbart ist,
4. der Verpächter die nur vorübergehend verpachtete Sache in eigene Nutzung nehmen oder zur Erfüllung gesetzlicher oder sonstiger öffentlicher Aufgaben verwenden will.

(4) [1]**Die Erklärung des Pächters, mit der er die Fortsetzung des Pachtverhältnisses verlangt, bedarf der schriftlichen Form.** [2]**Auf Verlangen des Verpächters soll der Pächter über die Gründe des Fortsetzungsverlangens unverzüglich Auskunft erteilen.**

(5) [1]**Der Verpächter kann die Fortsetzung des Pachtverhältnisses ablehnen, wenn der Pächter die Fortsetzung nicht mindestens ein Jahr vor Beendigung des Pachtverhältnisses vom Verpächter verlangt oder auf eine Anfrage des Verpächters nach § 594 die Fortsetzung abgelehnt hat.** [2]**Ist eine zwölfmonatige oder kürzere Kündigungsfrist vereinbart, so genügt es, wenn das Verlangen innerhalb eines Monats nach Zugang der Kündigung erklärt wird.**

(6) [1]**Kommt keine Einigung zustande, so entscheidet auf Antrag das Landwirtschaftsgericht über eine Fortsetzung und über die Dauer des Pachtverhältnisses sowie über die Bedingungen, zu denen es fortgesetzt wird.** [2]**Das Gericht kann die Fortsetzung des Pachtverhältnisses jedoch nur bis zu einem Zeitpunkt anordnen, der die in Absatz 3 Nr. 3 genannten Fristen, ausgehend vom Beginn des laufenden Pachtverhältnisses, nicht übersteigt.** [3]**Die Fortsetzung kann auch auf einen Teil der Pachtsache beschränkt werden.**

(7) [1]**Der Pächter hat den Antrag auf gerichtliche Entscheidung spätestens neun Monate vor Beendigung des Pachtverhältnisses und im Falle einer zwölfmonatigen oder kürzeren Kündigungsfrist zwei Monate nach Zugang der Kündigung bei dem Landwirtschaftsgericht zu stellen.** [2]**Das Gericht kann den Antrag nachträglich zulassen, wenn es zur Vermeidung einer unbilligen Härte geboten erscheint und der Pachtvertrag noch nicht abgelaufen ist.**

(8) [1]**Auf das Recht, die Verlängerung eines Pachtverhältnisses nach den Absätzen 1 bis 7 zu verlangen, kann nur verzichtet werden, wenn der Verzicht zur Beilegung eines Pachtstreits vor Gericht oder vor einer berufsständischen Pachtschlichtungsstelle erklärt wird.** [2]**Eine Vereinbarung, dass einem Vertragsteil besondere Nachteile oder besondere Vorteile erwachsen sollen, wenn er die Rechte nach den Absätzen 1 bis 7 ausübt oder nicht ausübt, ist unwirksam.**

§ 595a Vorzeitige Kündigung von Landpachtverträgen

(1) **Soweit die Vertragsteile zur außerordentlichen Kündigung eines Landpachtverhältnisses mit der gesetzlichen Frist berechtigt sind, steht ihnen dieses Recht auch nach Verlängerung des Landpachtverhältnisses oder Änderung des Landpachtvertrags zu.**

(2) [1]**Auf Antrag eines Vertragsteils kann das Landwirtschaftsgericht Anordnungen über die Abwicklung eines vorzeitig beendeten oder eines**

teilweise beendeten Landpachtvertrags treffen. [2]Wird die Verlängerung eines Landpachtvertrags auf einen Teil der Pachtsache beschränkt, kann das Landwirtschaftsgericht die Pacht für diesen Teil festsetzen.

(3) **[1]Der Inhalt von Anordnungen des Landwirtschaftsgerichts gilt unter den Vertragsteilen als Vertragsinhalt. [2]Über Streitigkeiten, die diesen Vertragsinhalt betreffen, entscheidet auf Antrag das Landwirtschaftsgericht.**

Anmerkungen zu den §§ 594a–595a

1. Funktion. Die Bestimmungen regeln für nicht befristete und langfristig befris- 1
tete Verträge das Recht zur ordentlichen und außerordentlichen Kündigung (fristlos und mit ges. Frist) in teilweiser Abweichung vom Mietrecht, weil längerfristige Investitionsinteressen auf dem Spiel stehen können.

2. Ordentliche Kündigung. a) Zulässigkeit. aa) Unbefristete Verträge. 2
Zur Kündigungsfrist s. § 594a. Die Fristen können verändert werden; dabei ist Schriftform für die Verlängerung und die Verkürzung notwendig (s. schon § 585a). **bb) Befristete Verträge mit einer Laufzeit von mehr als dreißig Jahren:** s. § 594b (zwingend). **cc) Verträge auf Lebenszeit des Pächters.** Die ordentliche Kündigung ist ausgeschlossen, § 594b S. 2. **b)** Zur **Form** der Kündigung s. § 594f (s. § 126, Zugang nach § 130, Beweislast beim Absender). **c)** Zum **Kündigungsschutz** s. § 595, der im Wesentlichen § 574 entspricht; die Maximalfristen des § 595 III Nr. 3 müssen nicht ursprünglich vereinbarte Vertragslaufzeit sein, sondern gelten auch bei unbefristeten oder mehrfach verlängerten Verträgen (OLG Stuttgart BeckRS 2019, 24076 Rn. 37 ff.). Die Norm ist allerdings in Sonderfällen **abdingbar,** § 595 VIII. Das Fortsetzungsverhältnis kann seinerseits verlängert werden (§ 595 I 2), steht aber auch unter dem Recht zur außerordentlichen Kündigung (§ 595a).

3. Außerordentliche Kündigung. Genannt werden verschiedene Gründe: 3
a) Kündigungsrecht des Verpächters. aa) Außerordentliche fristlose Kündigung: Vertragswidriger Gebrauch der Sache durch den Pächter oder einen Dritten (§§ 594e I, 543 I), Gefährdung der Pachtsache durch Vernachlässigung (§§ 594e I, 543 II Nr. 2), wesentliche Vertragsverletzung allg. (§§ 594e I, 543 I, 569 II), Verzug des Pächters mit einem bestimmten Teil der Pacht (§ 594e I, II). Daneben tritt das allg. Kündigungsrecht aus wichtigem Grund bei Dauerschuldverhältnissen, § 314. Einer **Abmahnung/Fristsetzung** bedarf es nicht, wenn sie in den Normen, auf die verwiesen wird (zB § 543 II, → § 543 Rn. 6) nicht vorgesehen ist (OLG Stuttgart ZMR 2015, 22). **bb) Außerordentliche Kündigung mit ges. Frist:** Übergang der Pachtsache im Wege der vorweggenommenen Erbfolge und Ungeeignetheit des Rechtsnachfolgers (§ 593a), Tod des Pächters, § 594b. **b) Kündigungsrecht des Pächters. aa) Außerordentliche fristlose Kündigung:** Vorenthalten bzw. Entzug der Pachtsache (§§ 594e I, 543 II 1), gesundheitsgefährdende Beschaffenheit der Pachtsache (§§ 594e I, 569 I), wesentliche Vertragsverletzungen durch den Verpächter (§§ 594e I, 569 II). Daneben tritt das allg. Kündigungsrecht aus wichtigem Grund bei Dauerschuldverhältnissen, § 314. **bb) Außerordentliche Kündigung mit ges. *Frist:*** *Eigene* Berufsunfähigkeit (§ 594c) des Pächters (Kündigungsrecht der Erben, § 594d I). **c)** Die **Beweislast** liegt jeweils beim Kündigenden.

§ 596 Rückgabe der Pachtsache

(1) **Der Pächter ist verpflichtet, die Pachtsache nach Beendigung des Pachtverhältnisses in dem Zustand zurückzugeben, der einer bis zur Rückgabe fortgesetzten ordnungsmäßigen Bewirtschaftung entspricht.**

(2) **Dem Pächter steht wegen seiner Ansprüche gegen den Verpächter ein Zurückbehaltungsrecht am Grundstück nicht zu.**

(3) **Hat der Pächter die Nutzung der Pachtsache einem Dritten überlassen, so kann der Verpächter die Sache nach Beendigung des Pachtverhältnisses auch von dem Dritten zurückfordern.**

1 **§ 596 I** erweitert die Rückgabepflicht nach § 546 entspr. den sich aus einer sinnvollen Bewirtschaftung ergebenden Notwendigkeiten. Demzufolge sind auch Anbaurechte idR auf den Verpächter (zurück-) zu übertragen (BGH NZM 2012, 157 mit Ausnahmen). Der Pächter kann Ersatz nach § 539 I nur für (notwendige) Verwendungen verlangen, die über die ordnungsgemäße Bewirtschaftung hinausgehen (zB für die Beseitigung von Unwetterschäden). Eine Pflichtverletzung des Pächters führt zum Schadensersatz bei Rückgabe der Sache aus §§ 280 I, III, 283 oder aus §§ 280 I, 241 II (BGH NJW 2010, 2342); zur **Beweislast** s. § 280 I 2. Die
2 Bestimmung ist **abdingbar.** Zu **II** s. § 570, zu **III** s. § 546 II.

§ 596a Ersatzpflicht bei vorzeitigem Pachtende

(1) [1]**Endet das Pachtverhältnis im Laufe eines Pachtjahrs, so hat der Verpächter dem Pächter den Wert der noch nicht getrennten, jedoch nach den Regeln einer ordnungsmäßigen Bewirtschaftung vor dem Ende des Pachtjahrs zu trennenden Früchte zu ersetzen.** [2]**Dabei ist das Ernterisiko angemessen zu berücksichtigen.**

(2) **Lässt sich der in Absatz 1 bezeichnete Wert aus jahreszeitlich bedingten Gründen nicht feststellen, so hat der Verpächter dem Pächter die Aufwendungen auf diese Früchte insoweit zu ersetzen, als sie einer ordnungsmäßigen Bewirtschaftung entsprechen.**

(3) [1]**Absatz 1 gilt auch für das zum Einschlag vorgesehene, aber noch nicht eingeschlagene Holz.** [2]**Hat der Pächter mehr Holz eingeschlagen, als bei ordnungsmäßiger Nutzung zulässig war, so hat er dem Verpächter den Wert der die normale Nutzung übersteigenden Holzmenge zu ersetzen.** [3]**Die Geltendmachung eines weiteren Schadens ist nicht ausgeschlossen.**

Endet das Pachtverhältnis aus welchem Grund auch immer (zB Vereinbarung, außerordentliche Kündigung) vor Ablauf des Pachtjahres, so muss der Pächter gem. § 596 (sa § 101) dem Verpächter die noch nicht getrennten Früchte belassen; § 596a gibt ihm einen **Ausgleich.** Die Bestimmung ist **abdingbar.** Lässt sich der Wert der noch nicht getrennten Früchte nicht feststellen, so wird der Pächter auf den **Aufwendungsersatz** beschränkt. Für den **Holzeinschlag** trifft III eine Sonderregelung.

§ 596b Rücklassungspflicht

(1) **Der Pächter eines Betriebs hat von den bei Beendigung des Pachtverhältnisses vorhandenen landwirtschaftlichen Erzeugnissen so viel zurückzulassen, wie zur Fortführung der Wirtschaft bis zur nächsten Ernte nötig ist, auch wenn er bei Beginn des Pachtverhältnisses solche Erzeugnisse nicht übernommen hat.**

(2) **Soweit der Pächter nach Absatz 1 Erzeugnisse in größerer Menge oder besserer Beschaffenheit zurückzulassen verpflichtet ist, als er bei Beginn des Pachtverhältnisses übernommen hat, kann er vom Verpächter Ersatz des Wertes verlangen.**

§ 596b soll den Betrieb bis zur nächsten Ernte sichern und gibt der einen oder der anderen Seite uU einen Wertausgleich (zur Feststellung von Qualität und Menge bei Vertragsbeginn s. § 585b). **Anwendungsbereich:** Pacht eines **Betriebes** (s. § 585 I); die Norm ist **abdingbar.**

§ 597 Verspätete Rückgabe

[1]Gibt der Pächter die Pachtsache nach Beendigung des Pachtverhältnisses nicht zurück, so kann der Verpächter für die Dauer der Vorenthaltung als Entschädigung die vereinbarte Pacht verlangen. [2]Die Geltendmachung eines weiteren Schadens ist nicht ausgeschlossen.

S. § 546a.

Titel 6. Leihe

§ 598 Vertragstypische Pflichten bei der Leihe

Durch den Leihvertrag wird der Verleiher einer Sache verpflichtet, dem Entleiher den Gebrauch der Sache unentgeltlich zu gestatten.

Lit.: Haellmigk, Die Leihe in der französischen, englischen und deutschen Rechtsordnung, 2009; Loschelder, Die Dauerleihgabe, NJW 2010, 705; Sorge, System und Struktur der Überlassungsverträge im BGB, JA 2017, 801, 887.

1. Allgemeines. a) Begriff: § 598. **b) Rechtsnatur. aa)** Die Leihe ist ein 1
unvollkommen zweiseitig verpflichtender Vertrag: Zunächst besteht nur die Pflicht des Verleihers zur Gebrauchsüberlassung, während (nicht im Gegenseitigkeitsverhältnis hierzu stehende) Pflichten des Entleihers (Obhuts-, Erhaltungs-, Rückgabepflicht; vgl. §§ 601, 603, 604) erst nach Gebrauchsüberlassung entstehen; §§ 320 ff. sind unanwendbar. Die Gebrauchsüberlassung erfolgt idR lediglich im Interesse des Entleihers; Folge für die Haftung des Verleihers: §§ 599, 600; für die Vertragsdauer: → § 604 Rn. 4. Gebrauchspflicht des Entleihers (etwa zu Reklamezwecken) nur, wenn verabredet; konkludente Abrede, wenn Gebrauch zum Sacherhalt erforderlich (zB Reitpferd). **bb)** Die Leihe ist **Konsensualvertrag,** dazu
→ Rn. 7. **c) Abgrenzung** zu anderen, insbes. Gebrauchsüberlassungsverhältnissen: 2
aa) Die Miete (§§ 535 ff.) ist entgeltlich (→ Rn. 8). Es können leih- u. mietvertragliche Elemente kombiniert werden (BGH NJW-RR 2007, 1530, 1532: Überlassung von Fotos zur Verwendg. gg. Archivgebühr: Miete bezüglich der in das Archiv aufgenommenen, Leihe bezüglich der nicht aufgenommenen Fotos, bzw. bei verzögerter Aufnahme: Leihe bis zur Aufnahme in das Archiv, Miete danach). Abgrenzung Mietvertrag (→ § 535), Leihvertrag, schuldrechtliches Nutzungsverhältnis sui generis (→ § 241), Gefälligkeitsgeschäft (→ Rn. 5, v § 107 Rn. 17, § 241 Rn. 23 f.) erfolgt nach Anlass und Zweck der Gebrauchsüberlassung, sonstigen erkennbar zutage getretenen Interessen der Parteien, ggf. unter Einbezug deren nachträglichen Verhaltens als Hinweis auf deren ursprüngliche Willensrichtung (BGH NJW-RR 2017, 1479, 1480 Rn. 23 ff. zur Abgrenzung bei Grundstücken u. Wohnraum; dazu auch s. Nehlsen-von Stryk AcP 187, 552). **bb)** Beim Sachdarlehen (§§ 607 ff.) ist nicht dieselbe Sache zurückzugeben (→ §§ 607–609 Rn. 2). Verwahrung, wenn der Verwahrer die Sache nicht gebrauchen darf (Ausstellung einer Sache ist *Gebrauch, OLG Celle* NJW-RR 1994, 1473; OLG Düsseldorf NJW 1990, 2000, 2001; unentgeltlicher Ausstellungsvertrag: Leihe, ggf. gemischter Vertrag mit leihvertraglichen Elementen); Auftrag, wenn Auftragnehmer die Sache im Interesse des Auftraggebers benutzen soll. **cc)** Die unentgeltliche Gebrauchsüberlassung ist auch 3
bei langer Bindungsdauer und wirtschaftlicher Bedeutung keine **Schenkung** (→ Rn. 10). Keine Schenkung, selbst wenn dem Überlasser infolge Gebrauchsüberlassung Vermögensvorteile entgehen, die er bei eigenem Gebrauch hätte erzielen können (BGH NJW 1982, 820, 821; NJW 2016, 2652, 2653 Rn. 17). Bsp: Unentgeltliche Gebrauchsüberlassung einer Wohnung auf Lebenszeit (BGHZ 1982, 354; NJW 1985, 1553; NJW 2016, 2652, (→ § 516 Rn. 3); OLG Koblenz NJW-RR 1996, 843; offen OLG Hamm NJW-RR 1996, 717; sa allg. BGHZ 125, 293, 298).

4 **dd)** Die Gebrauchsüberlassung bei **Anbahnung eines Vertrags** (zB Probefahrt, Manuskriptzusendung an Zeitschriftenredaktion) erfolgt im Rahmen des ges. Schuldverhältnisses (→ § 311 Rn. 34) der Vertragsverhandlungen (vgl. OLG Köln NJW 1996, 1288; ausführlich OLG Celle NJW-RR 2002, 259 mN; abweichend für einen Sonderfall BGH NJW-RR 2002, 1027, 1028 mN: gemischtes vertragl. Schuldverhältnis, aber § 604 entspr. anwendbar; anders BGH NJW-RR 2007, 1530, 1532: langfristige Zurverfügungstellung von Abzügen zur Auswahl für Fotoarchiv ist Leihvertrag hinsichtlich der nicht verwendeten Fotos; ebenso AG Halle NJW-RR 2004, 602: Überlassung Vorführwagen ist Leihvertrag), jedoch ist entspr. Anwendung von einzelnen Vorschriften der Leihe (insbes. § 606) möglich (BGHZ 119, 35, 38 f. mN und → § 606 Rn. 2; → § 599 Rn. 3; einschränkend OLG Celle
5 NJW-RR 2002, 259 mN). **ee)** Die Überlassung aus **Gefälligkeit** ohne rechtsgeschäftlichen Charakter begründet keine rechtliche Bindung (→ Vor § 104 Rn. 17), denn ein ohne Rechtsbindungswillen der Beteiligten eingegangenes Gefälligkeitsverhältnis kann eine an das Vertragsrecht angelehnte Haftung nicht begründen (BGH NJW 2010, 3087). Abgrenzung erfolgt im Einzelfall anhand obj. Umstände wie der wirtschaftlichen und rechtlichen Bedeutung der überlassenen Sache (BGH NJW-RR 2017, 1479, 1480 Rn. 25). Bsp: Spontane Überlassung eines älteren Gebrauchtwagens zur kurzzeitigen Benutzung ist nach den gesellschaftlichen Gepflogenheiten grundsätzlich eine Gefälligkeit ohne Rechtsbindungswillen (OLGR Karlsruhe 2003, 270). (Schadensersatzansprüche bei Gefälligkeit: §§ 823 f., dazu BGH NJW 2010, 3087 mN, → § 606 Rn. 2). Indiz für Rechtsbindungswillen (Leihe): Interesse des Benutzers an einer nicht willkürlich abkürzbaren Benutzungsdauer (vgl. § 605 Nr. 1; BGHZ 125, 293, 296; NJW 1985, 313; OLG Köln NJW-RR 1995, 751, 752 mN), zB wenn Verwalter einem Wohnungseigentümer Verwaltungsunterlagen zur Prüfung außerhalb seiner Geschäftsräume überlässt (BGH NJW-RR 2011, 1578); mehrjährige Duldung des Sachgebrauchs (OLG Saarbrücken NJW-RR 2002, 1385 für Parken auf Nachbargrundstück: jederzeit kündbarer Leihvertrag); unbefristete **Wohnraumüberlassung** an eine Familie zu deren Lebensmittelpunkt spricht gegen ein bloßes Gefälligkeitsverhältnis (BGH NJW-RR 2017, 1479, 1480 Rn. 25 ff.; s. auch BGH NJW 2016, 2652, 2653 Rn. 19 ff.). Erbringt jemand nicht unerhebliche Arbeits- und Materialleistungen auf dem Hausgrundstück eines Dritten zu dem Zweck, sich dort langfristig ein Unterkommen zu sichern, und lässt der Dritte ihn in der Folgezeit dort auch unentgeltlich wohnen, deutet dies auf stillschweigend abgeschlossenen Leihvertrag hinsichtlich der Wohnung (so BGH BeckRS 2015, 5265 Rn. 16 mN); das ist aber nicht der Fall, wenn Wohnungsleihe nach Parteiwillen in Gegenseitigkeitsverhältnis zu den Arbeits- und Materialleistungen steht. Zahlungsverpflichtung (nicht ausreichend Übernahme gebrauchsabhängiger Nebenkosten) im Gegenzug zur Gebrauchsüberlassung deutet auf Miete hin (BGH NJW-RR 2017, 1479 Rn. 28 ff., 30); **Duldung** durch Eigentümer massiver **Nutzerinvestitionen** zur Nutzbarmachung eines Gartengrundstücks und dessen Erhaltung spricht für Leihe; hingegen deutet Vereinbarung einer entsprechenden **Investitionspflicht** des Nutzers auf Miete hin (OLG Frankfurt NZM 2019,
6 411 f. Rn. 70 f.). **d) Eigentums- und Besitzverhältnisse.** Der Verleiher braucht nicht Eigentümer der verliehenen Sache zu sein (OLG Koblenz BeckRS 2011, 20739). Der Entleiher wird idR, aber nicht notwendig (→ Rn. 8 bb) unmittelbarer (§ 854), der Verleiher mittelbarer Besitzer (§ 868).

7 **2. Voraussetzungen der Leihe. a)** Für den **Vertragsschluss** genügt die bloße, auch stillschweigende (BGHZ 12, 380, 399; OLG Köln NJW-RR 1995, 751, 752; OLG Saarbrücken NJW-RR 2002, 1385; zur Annahme einer Realofferte durch Parkplatznutzung: BGH NJW 2020, 755, 756 Rn. 13; langjährige, unbeanstandete Nutzung des über ein fremdes Grundstück verlaufenden Weges führt zu konkludentem Leihvertrag OLG Saarbrücken BeckRS 2017, 114409 Rn. 27) Einigung (**Konsensualvertrag:** hM); die Überlassung der Sache ist zur Vertragsentstehung nicht erforderlich **(kein Realvertrag),** sa BGH NJW-RR 2004, 1566; 2012, 1007. **Formfrei** (BGH NJW 2016, 2652, 2654 Rn. 22 ff.), auch im Falle des Ausschlusses der Eigenbe-

darfskündigung bei langer Laufzeit (str., BGH NJW 2016, 2652 Rn. 26 f. mN). **b) Inhalt: Unentgeltliche Gebrauchsgestattung. aa)** Die **Unentgeltlichkeit** 8 (zum Begriff → § 516 Rn. 8) ist das wesentliche Merkmal der Leihe. Im allg. Sprachgebrauch wird „Leihe" auch für entgeltliche Geschäfte gebraucht, zB Leihwagen, Kostümverleih. **bb) Gestattung** (nicht „Gewährung", dh keine Instandhaltungspflicht des Verleihers, LG Gießen NJW-RR 1995, 532; vgl. demgegenüber § 535) des vertragsmäßigen **Gebrauchs** (nicht Verbrauch, auch nicht Fruchtziehung, falls nicht ausdrücklich vereinbart, daher BGH NJW-RR 2012, 1007: Preisgeld eines entliehenen Turnierpferdes steht ohne Vertragsregelung dem Verleiher zu); als vereinbart ist idR die Gestattung des Gebrauchs auch durch Hilfspersonen und bei privatem Gebrauch auch durch Familienmitglieder anzusehen. § 598 setzt nicht zwingend den Übergang des unmittelbaren Besitzes auf den Entleiher voraus, denn **Sachherrschaft** des Entleihers ist kein konstitutives Merkmal des Leihvertrags (s. BGH NJW-RR 2004, 1566; 2012, 1007). Erforderlich ist, dass Nutzbarkeit durch den Entleiher sichergestellt ist (BGH NJW-RR 2004, 1566 zu Flugzeug für Messung von Rollvorgängen). Maßgebend ist, ob der Vertragszweck die Übergabe erfordert oder andere Nutzungsmöglichkeit ausreicht. Besitzlose Leihe zB (MüKo-BGB/Häublein Rn. 6) bei Gestattung der Grundstücksüberfahrt (OLG Köln NJW-RR 1992, 1497; Gestattung des Gebrauchs eines Grundstücksteils als Weg: OLG Saarbrücken BeckRS 2017, 114409 Rn. 27), Benutzung eines Klaviers im Hause des Verleihers. Das Auslegen von Druckschriften zur Lektüre in Geschäfts-, Praxisräumen begründet daher keine Leihe (s. Vorinstanz zu BGH GRUR 1985, 131). Zum Ausstellungsvertrag → Rn. 2. **c) Gegen-** 9 **stand:** Sachen (§ 90), auch unbewegliche (zB Wohnungsleihe [BGHZ 82, 354]; Grundstücksleihe an Grundstücksnachbarn für Errichtung und Nutzung eines Anbaus [OLG Karlsruhe FamRZ 2004, 1870]; Parkfläche [OLG Saarbrücken NJW-RR 2002, 1385]; Unterhaltung eines Gleisanschlusses [OLG München WM 1984, 1397, 1399], einer Fernwasserleitung auf fremdem Grundstück ([BGHZ 125, 293, 298]; → Rn. 3; OLG Celle NJW-RR 1994, 1473 mN [zum RG]; abweichend BGH NJW 1997, 3022, 3023; NJW-RR 2003, 953, IBR 2003, 276: Duldung einer Telekommunikationsanlage/Fernwärmeleitung auf fremdem Grundstück soll keine Gebrauchsüberlassung, deshalb keine Leihe, sondern Duldung der Bodeninanspruchnahme sein); Sachgesamtheiten, Tiere (§ 90a); entspr. Anwendung auf Gebrauch von Rechten (Erman/von Westphalen Rn. 2; MüKo-BGB/Häublein Rn. 4; Wertpapierleihe, wenn keine Eigentumsübertragung, sonst Sachdarlehen (→ §§ 607–609 Rn. 3).

3. Dauer. Leihvertrag ist Dauerschuldverhältnis. Leihe mit Abrede dauernden 10 Überlassens ist möglich (BGHZ 82, 354 [Wohnungsüberlassung]; OLG Celle NJW-RR 1994, 1473 mN [Kunstgegenstände an Museum]; LG Lübeck BeckRS 2014, 14512 [Turnierpferd an Berufsreiter]; → Rn. 3, → § 604 Rn. 3). Ende der Überlassungspflicht bei Vertragsende infolge vereinbarter Befristung (s. § 604 I), berechtigter Rückforderung nach § 604 II, III, Kündigung nach § 605 oder § 314 (BGH NJW 2020, 1360, 1362 Rn. 18 unter Hinweis auf BGH NJW-RR 2014, 1043, 1045 Rn. 21 f.) oder § 544 analog (→ § 605 Rn. 1, dort auch zum vereinbarten Kündigungsausschluss), Kündigung bei vereinbartem Kündigungsgrund (s. stillschweigende Vereinbarung eines Rechts zur jederzeitigen fristlosen Kündigung ohne besondere Gründe, OLG Saarbrücken NJW-RR 2002, 1385). Konkludente Kündigung, etwa durch eine Absperrung des Weges bei Leihe (OLG Saarbrücken BeckRS 2017, 114409 Rn. 38). Kündigung kann im Einzelfall nach § 242 treuwidrig sein, wenn zuvor eine jahrelange Duldung bestand, (OLG Saarbrücken BeckRS 2017, 114409 Rn. 38 ff., 43 f.).

§ 599 Haftung des Verleihers

Der Verleiher hat nur Vorsatz und grobe Fahrlässigkeit zu vertreten.

1. Haftung des Verleihers. a) Die **Haftungsbeschränkung** (sie entspricht 1 § 521) ist die Folge der Uneigennützigkeit der Gebrauchsüberlassung (vgl. → § 598

2 Rn. 1). **b) Anwendungsbereich.** Die Haftungsbeschränkung gilt nur für das vertragliche Erfüllungsinteresse des Entleihers. Keine Geltung, bei Schutzpflichtverletzungen des Verleihers (zust. Larenz, SchuldR II 1, § 50; MüKo-BGB/Kollhosser [4. Aufl. 2004] Rn. 3; Schlechtriem, Gutachten II S. 1620 f.; Schlechtriem, Vertragsordnung und außervertragliche Haftung, 1972, 346 ff.; s. auch AG Grevenbroich NJW-RR 1990, 795 f.; str.; **aA** [Geltung für Schutz- und Verkehrssicherungspflichten nur bei engem Zusammenhang mit Vertragsgegenstand] OLG Stuttgart VersR 1993, 192, 193; OLG Celle VersR 1995, 547; VersR 2006, 1085; BeckOGK/Lohsse Rn. 8 ff.; Medicus FS Odersky, 1996, 592 ff.; Grüneberg/Weidenkaff Rn. 2; Staudinger/Illmer Rn. 2; **aA** [§ 599 gilt für alle Schutz- und Verkehrssicherungspflichten in Zusammenhang mit Leihgegenstand] BeckOK-BGB/C. Wagner Rn. 2; Erman/v. Westphalen Rn. 1; OLG Düsseldorf OLGZ 1991, 84, 86; OLG Köln NJW-RR 1988, 157; Medicus FS Odersky, 1996, 589, 596 f.; MüKo-BGB/Häublein Rn. 4; Haellmigk, 266). § 599 gilt nicht für die deliktische Haftung bei außervertraglicher Gefälligkeitsleihe (BGH NJW 1992, 2474, 2475 mN; OLG Hamm BeckRS 2017, 138349 Rn. 45; MüKo-BGB/Häublein Rn. 4, 5 ff.); für vertragliche Leihe kann dann nichts anderes gelten (vgl. Schlechtriem, Gutachten II S. 1620 f.; AG Grevenbroich NJW-RR 1990, 795, 796, str.; aA beiläufig – insoweit abzulehnen – BGH NJW 1992, 2474, 2475; ferner Grüneberg/Weidenkaff Rn. 3; Medicus FS Odersky, 1996, 589, 597; Haellmigk, 269).

3 **2. Haftung des Entleihers.** Der **Entleiher** haftet für jedes Verschulden (§§ 276, 278), nicht aber für zufällige Verschlechterung oder zufälligen Untergang der Sache (Larenz, SchuldR II 1, § 50). Bei einer **Probefahrt** (→ § 598 Rn. 4) kann stillschweigender Haftungsausschluss in Frage kommen (BGH NJW 1980, 1681, 1682; einschr. OLG Köln NJW 1996, 1288, 1289: nicht bei Privatverkauf; → Vor § 116 Rn. 8), soweit nicht eine bes. Haftungserleichterung eingreift (BGH NJW 1972, 1363; 1979, 643: gefahrgeneigte Tätigkeit); das Gleiche gilt uU auch bei Überlassung eines **Ersatzleihwagens** (BGH NJW 1979, 759; abw. LG Nürnberg-Fürth NJW-RR 1997, 278; AG Münsingen NJW-RR 1998, 389).

§ 600 Mängelhaftung

Verschweigt der Verleiher arglistig einen Mangel im Recht oder einen Fehler der verliehenen Sache, so ist er verpflichtet, dem Entleiher den daraus entstehenden Schaden zu ersetzen.

Die Einschränkung der Rechts- und Sachmängelhaftung (Grund: wie → § 599 Rn. 1) entspricht §§ 523, 524. Nur der Vertrauensschaden ist zu ersetzen, nicht das Erfüllungsinteresse. Mangelfolgeschaden wird von § 600 nicht erfasst; insoweit Haftung nach §§ 280 I, 241 II. Wegen der Haftung des Verleihers aus unerlaubter Handlung vgl. → § 599 Rn. 2.

§ 601 Verwendungsersatz

(1) **Der Entleiher hat die gewöhnlichen Kosten der Erhaltung der geliehenen Sache, bei der Leihe eines Tieres insbesondere die Fütterungskosten, zu tragen.**

(2) **[1]Die Verpflichtung des Verleihers zum Ersatz anderer Verwendungen bestimmt sich nach den Vorschriften über die Geschäftsführung ohne Auftrag. [2]Der Entleiher ist berechtigt, eine Einrichtung, mit der er die Sache versehen hat, wegzunehmen.**

Keine Verwendung auf entliehene Sache, wenn sie erst der Herstellung der Leihsache dient (OLG Karlsruhe FamRZ 2004, 1870). Abdingbar (BGH NJW 2016, 2652, 2653 Rn. 21).

§ 602 Abnutzung der Sache

Veränderungen oder Verschlechterungen der geliehenen Sache, die durch den vertragsmäßigen Gebrauch herbeigeführt werden, hat der Entleiher nicht zu vertreten.

Abdingbar, § 602 entspricht § 538; vgl. Anm. dort.

§ 603 Vertragsmäßiger Gebrauch

[1]Der Entleiher darf von der geliehenen Sache keinen anderen als den vertragsmäßigen Gebrauch machen. [2]Er ist ohne die Erlaubnis des Verleihers nicht berechtigt, den Gebrauch der Sache einem Dritten zu überlassen.

1 **1. Vertragsmäßiger Gebrauch.** Der Umfang des **vertragsmäßigen Gebrauchs (S. 1)** ergibt sich aus den Vereinbarungen sowie aus der Art und Zweckbestimmung der geliehenen Sache. **Rechte** des Verleihers **bei vertragswidrigem Gebrauch: a)** sofortige Kündigung nach § 605 Nr. 2; **b)** Unterlassungsklage entspr. § 541; **c)** bei Verschulden (§§ 276, 278) Anspruch auf Schadensersatz bei Sachschäden: §§ 280 I, 241 II; bei Sachuntergang: §§ 280 I, III, 283, 604; **d)** Vertragsstrafe: Fahrzeughalter, den Betreiber eines unentgeltlichen Parkplatzes als Fahrzeugführer auf ein „erhöhtes Parkentgelt" in Anspruch nimmt, trifft sekundäre Darlegungslast. Er muss vortragen, wer als Fahrer im fraglichen Zeitpunkt in Betracht kommt (BGH NJW 2020, 755, 758 Rn. 37 ff.).

2 **2. Unbefugte Gebrauchsüberlassung an Dritte (S. 2).** Sa Anm. zu § 540; S. 2 betrifft Fall von § 280 (BGHZ 37, 310 zu pVv). Rechtsfolgen: → Rn. 1 [c]; Verschulden des Entleihers muss sich bei der Verletzung der Pflicht aus S. 2 nur auf das eigene vertragswidrige Verhalten und nicht auf den dadurch verursachten Schaden beziehen (BGH NJW 2010, 3087 mN). Verschulden des Dritten hat der Entleiher gem. § 278 zu vertreten (vgl. § 540 II). Herausgabeanspruch gegen den Dritten: § 604 IV. Keine verschuldensunabhängige Haftung durch § 603 S. 2 analog (planwidrige Regelungslücke fehlt) bei einer Gebrauchsüberlassung aus Gefälligkeit, wenn der Gegenstand ohne Wissen des Gefälligen weitergegeben wurde (BGH NJW 2010, 3087 mN zum Streitstand).

§ 604 Rückgabepflicht

(1) **Der Entleiher ist verpflichtet, die geliehene Sache nach dem Ablauf der für die Leihe bestimmten Zeit zurückzugeben.**

(2) **[1]Ist eine Zeit nicht bestimmt, so ist die Sache zurückzugeben, nachdem der Entleiher den sich aus dem Zweck der Leihe ergebenden Gebrauch gemacht hat. [2]Der Verleiher kann die Sache schon vorher zurückfordern, wenn so viel Zeit verstrichen ist, dass der Entleiher den Gebrauch hätte machen können.**

(3) ***Ist die Dauer*** **der Leihe weder bestimmt noch aus dem Zweck zu entnehmen, so kann der Verleiher die Sache jederzeit zurückfordern.**

(4) **Überlässt der Entleiher den Gebrauch der Sache einem Dritten, so kann der Verleiher sie nach der Beendigung der Leihe auch von dem Dritten zurückfordern.**

(5) **Die Verjährung des Anspruchs auf Rückgabe der Sache beginnt mit der Beendigung der Leihe.**

1 **1. Rückgabepflicht des Entleihers. a) Art und Weise.** Die Sache ist in dem Zustand zurückzugeben, der dem vertragsmäßigen Gebrauch (§ 603) entspricht. Zubehör, Früchte usw sind mitherauszugeben, soweit nichts Gegenteiliges verein-

2 bart ist. **b) Ort.** Die Rückgabe erfolgt am Wohnsitz des Gläubigers (**Bringschuld,** BGH NJW-RR 2002, 1027, 1028 mN; KG MDR 1986, 933; s. § 269); Schickschuld ist ganz ausnahmsweise als vereinbart anzusehen, wenn die Leihe überwiegend im wirtschaftlichen Interesse des Verleihers erfolgt (s. BGH NJW-RR 2002, 1027,
3 1028 mN). **c) Zeit.** Die geliehene Sache ist zurückzugeben bei best. Zeitdauer nach deren Ablauf **(I),** sonst nach dem beabsichtigten Gebrauchmachen von der Sache **(II 1)** oder nach Verstreichen einer angemessenen Zeit für das Gebrauchmachen **(II 2).** Lässt sich die Dauer auch aus dem Zweck nicht entnehmen, so ist jederzeitige (Grenze: §§ 226, 242) Rückforderung möglich **(III).** Rückgabepflicht auch nach außerordentlicher Kündigung **(§ 605)** und jeder anderen Vertragsbeendigung (→ § 598 Rn. 10). Eine **Dauerleihe** ist möglich (→ § 598 Rn. 3, 10), idR fehlt dem Verleiher aber wegen des unentgeltlichen Charakters ein Geschäftswille zur unbegrenzten Leihe (s. OLG Celle NJW-RR 1994, 1473). Bei einem zeitlich unbegrenzten Leihzweck (zB Dauerleihgabe eines Museumsausstellungsstücks, dazu Loschelder NJW 2010, 705), bei welchem das dauernde Belassen vereinbart wurde (ist keine Schenkung → § 598 Rn. 3), keine Rückforderung nach § 604 I–III, nur nach Kündigung gem. §§ 605, 314 bzw. § 544 analog (→ § 598 Rn. 10). Der Entleiher kann dem Rückgabeverlangen des Verleihers nicht entgegenhalten, dass ein Dritter Eigentümer der Leihsache ist (BGH NJW-RR 2011, 1579 Rn. 8; Grüneberg/Weidenkaff Rn. 3).

4 **2. Rechte des Entleihers. a)** Der Entleiher ist im Allg. **berechtigt,** die Sache schon vor Vertragsende **zurückzugeben.** Anderes gilt nur, wenn die Leihe auch im Interesse des Verleihers liegt (→ § 598 Rn. 1). **b)** Dem Entleiher kann wegen Verwendungen iSv § 601 II ein Zurückbehaltungsrecht (§ 273) zustehen.

5 **3. Rückgabepflicht Dritter. IV** entspricht § 546 II. Unerheblich ist, ob es sich um eine erlaubte oder unerlaubte Gebrauchsüberlassung handelt (vgl. zu letzterer → § 603 Rn. 2).

6 **4. Verjährung. V** verdrängt § 199, wurde durch SchRModG geschaffen (s. Mansel NJW 2002, 89, 91; OLG Dresden BeckRS 2018, 38433 Rn. 17). Verjährungsfrist: § 195; Verjährungsbeginn: V, der **Rückgabeanspruch verjährt** ab Beendigung der Leihe.

§ 605 Kündigungsrecht

Der Verleiher kann die Leihe kündigen:

1. **wenn er infolge eines nicht vorhergesehenen Umstandes der verliehenen Sache bedarf,**
2. **wenn der Entleiher einen vertragswidrigen Gebrauch von der Sache macht, insbesondere unbefugt den Gebrauch einem Dritten überlässt, oder die Sache durch Vernachlässigung der ihm obliegenden Sorgfalt erheblich gefährdet,**
3. **wenn der Entleiher stirbt.**

Außerordentliches (form- und fristloses) **Kündigungsrecht** des Verleihers (nicht des Entleihers; Grund: → § 604 Rn. 3). **Fälle. Nr. 1:** Auf Vorhersehbarkeit des Umstandes kommt es nicht an. Ein wirkliches (nicht notwendig ein dringendes) Bedürfnis muss zum Zeitpunkt der Kündigung vorhanden sein, dabei sind aber auch die Belange des Entleihers zu berücksichtigen (BGHZ 125, 293, 300). Ausreichend: Verwertungsverkauf bei der Wohnungsleihe (OLG Koblenz NJW-RR 1996, 843). Keine Schadensersatzpflicht des Verleihers in diesem Fall (BGH aaO, OLG Koblenz aaO). Vertraglicher Ausschluss der Eigenbedarfskündigung iSv Nr. 1 ist zulässig, auch bei langer Laufzeit, aber ggf. Ausübungskontrolle nach § 242 (BGH NJW 2016, 2652 Rn. 26 f.). **Nr. 2:** Anders als bei § 543 III 1 ist vorherige Abmahnung nicht erforderlich. **Nr. 3:** Gilt für den Tod des Verleihers nicht entspr., aber evtl. Nr. 1. **Daneben** besteht allg. Kündigungsrecht aus (anderem) wichtigem Grund (§ 314,

→ § 314 Rn. 1 ff.) (BGH NJW 2016, 2652 Rn. 27; ferner BGH NJW 2020, 1360, 1362 Rn. 18 mN: Kündigung „jederzeit", gemeint ist wegen Hinweis auf BGH NJW-RR 2014, 1043, 1045 Rn. 21 f.: unter den Voraussetzungen der §§ 314, 605; das entspricht der fr. Rspr.: BGH NJW 1985, 313, 315). Vertraglich vereinbarte Kündigungsrechte sind möglich (→ § 598 Rn. 10). Bei der Dauerleihe gilt **§ 544** entspr. Kündigung kann im Einzelfall nach § 242 treuwidrig sein (→ § 598 Rn. 10).

§ 606 Kurze Verjährung

[1]Die Ersatzansprüche des Verleihers wegen Veränderungen oder Verschlechterungen der verliehenen Sache sowie die Ansprüche des Entleihers auf Ersatz von Verwendungen oder auf Gestattung der Wegnahme einer Einrichtung verjähren in sechs Monaten. [2]Die Vorschriften des § 548 Abs. 1 Satz 2 und 3, Abs. 2 finden entsprechende Anwendung.

1. Ansprüche des Verleihers. a) Zweck: Rasche Abwicklung von beendeten 1 Gebrauchsüberlassungsverhältnissen durch Klärung des Zustands der Sache (BGHZ 47, 53, 56; 119, 35, 39 mN). Weite Auslegung ist geboten (sa Unterrieder ZIP 1996, 859), anwendbar beim Kauf auf Probe (BGHZ 119, 35, 38 ff.), nicht bei Gebrauchsüberlassungen im Rahmen von Arbeitsverhältnissen (BAG NJW 1985, 759). **b) Anwendungsbereich** (entspricht § 548). **aa) Sachlich:** § 606 umfasst nicht 2 nur vertragliche Schadensersatzansprüche (pVV, § 280 [Bsp: LAG Mannheim NJW 1978, 1400]; §§ 602, 603), sondern auch solche aus cic, § 311 II (BGHZ 47, 53, 56; 119, 35, 38 f.; zur Probefahrt BGHZ 54, 264, 267 und → § 598 Rn. 4), ferner konkurrierende Ansprüche aus Eigentum (auch wenn Verleiher nicht selbst Eigentümer, BGHZ 54, 264, 268) und Delikt (BGHZ 47, 53, 55; 54, 264, 267; 119, 35, 41; OLG Hamm NJW-RR 1996, 176, 177). § 606 setzt stets Leihvertrag voraus und gilt nicht entsprechend für Deliktsansprüche bei reinen Gefälligkeitsverhältnissen (→ § 598 Rn. 5) (OLGR Karlsruhe 2003, 270). **bb) Persönlich:** Gilt nicht nur für den Entleiher, sondern auch für von ihm zugezogene Hilfskräfte und Familienangehörige, soweit sie in den Schutzbereich des Vertrags einbezogen sind (BGHZ 49, 278). **c) Voraussetzungen.** Eine Veränderung (Verschlechterung) der Sache liegt auch bei 3 einem sog wirtschaftlichen Totalschaden eines Kfz vor (OLG Hamm NJW-RR 1993, 215 mN), nicht bei Sachuntergang (Rückgabeunmöglichkeit).

2. Verwendungsersatz und Wegnahme. Ansprüche des Entleihers auf Ver- 4 wendungsersatz und Wegnahme: § 601 II.

3. Beginn der Verjährung. Entspr. § 548 I 2, 3, II. „Freier Zugang" des Verlei- 5 hers zur Sache genügt für „Zurückerhalten" (OLG Hamm NJW-RR 1996, 176, 177). Verjährungsbeginn verlangt nicht die Rückgabe durch den Entleiher, sondern nur, dass der Verleiher in die Lage versetzt wird, sich durch Ausübung der unmittelbaren Sachherrschaft ungestört ein umfassendes Bild von den Mängeln, Veränderungen und Verschlechterungen zu machen, und dass der Entleiher mit Kenntnisnahme des Verleihers den Besitz vollständig und unzweideutig aufgibt, weil das Leihverhältnis sonst kein tatsächliches Ende findet. Bei besitzloser Leihe (→ § 598 Rn. 8) endet *das Leihverhältnis*, wenn der Entleiher den Gebrauch der Leihsache einstellt und der Verleiher davon erfährt (BGH NJW-RR 2004, 1566).

Titel 7. Sachdarlehensvertrag

§ 607 Vertragstypische Pflichten beim Sachdarlehensvertrag

(1) **[1]Durch den Sachdarlehensvertrag wird der Darlehensgeber verpflichtet, dem Darlehensnehmer eine vereinbarte vertretbare Sache zu überlassen. [2]Der Darlehensnehmer ist zur Zahlung eines Darlehensentgelts und**

bei Fälligkeit zur Rückerstattung von Sachen gleicher Art, Güte und Menge verpflichtet.

(2) **Die Vorschriften dieses Titels finden keine Anwendung auf die Überlassung von Geld.**

§ 608 Kündigung

(1) **Ist für die Rückerstattung der überlassenen Sache eine Zeit nicht bestimmt, hängt die Fälligkeit davon ab, dass der Darlehensgeber oder der Darlehensnehmer kündigt.**

(2) **Ein auf unbestimmte Zeit abgeschlossener Sachdarlehensvertrag kann, soweit nicht ein anderes vereinbart ist, jederzeit vom Darlehensgeber oder Darlehensnehmer ganz oder teilweise gekündigt werden.**

§ 609 Entgelt

Ein Entgelt hat der Darlehensnehmer spätestens bei Rückerstattung der überlassenen Sache zu bezahlen.

Anmerkungen zu den §§ 607–609

1 **1. Allgemeines. a) Begriff und Rechtsnatur. Sachdarlehensvertrag gem. § 607 I** ist ein Vertrag, der den Darlehensgeber zur Übereignung vertretbarer Sachen (§ 91), nicht Geldzeichen (§ 607 II, zum [Geld-]Darlehensvertrag s. § 488), und den Darlehensnehmer zur Zahlung eines Darlehensentgelts sowie zur Rückübereignung von Sachen gleicher Art, Güte und Menge verpflichtet. Die Sache kann verbrauchbar (§ 92) oder unverbrauchbar sein. Der Sachdarlehensvertrag kommt durch Vertrag zustande (Konsensualtheorie, → § 488 Rn. 5) und begründet ein Dauerschuldverhältnis. In den Grundzügen entspricht er weithin dem Darlehensvertrag gem. §§ 488 ff. Die Entgeltpflicht kann (s. § 607 I 2) abbedungen werden (unentgeltlicher Sachdarlehensvertrag). Verbraucherschützende Regelungen der §§ 491 ff. sind auf
2 Sachdarlehen nicht anzuwenden (krit. Habersack BKR 2002, 72, 73). **b) Abgrenzung. aa)** Der Sachdarlehensvertrag unterscheidet sich vom **Darlehensvertrag** gem. § 488 insbes. darin, dass Gegenstand des Sachdarlehens nicht Geld, sondern vertretbare Sachen sind. **bb)** Bei **Miete und Leihe** ist *dieselbe* Sache zurückzugeben. Beim Sachdarlehen hat der Darlehensnehmer Sachen *gleicher* Art zurückzuübereignen, kann aber auch dieselbe rückübereignen, wenn sie noch die erforderliche Güte
3 hat. **c) Anwendungsfälle. aa) Wertpapierdarlehensvertrag; „Wertpapierleihe“** ist entgegen dem Sprachgebrauch Sachdarlehensvertrag (BGHZ 180, 154); Überlassung von Wertpapieren zu Eigentum des Darlehensnehmers (Grüneberg/Weidenkaff § 607 Rn. 2; Soergel/Eckert § 607 Rn. 7; Acker, Die Wertpapierleihe, 1991). **bb) Überlassung von Mehrweg-Verpackungen,** zB Flaschen, Kisten, Paletten, Containern. Je nach Vertragsabrede und Individualisierbarkeit Leihe bzw. Miete (selbe Sache ist zurückzugeben, kein Eigentumsübergang), Kauf mit Rückkaufsverpflichtung oder Sachdarlehen (BGH NJW-RR 2010, 1432; s. ferner Kollhosser/Bork BB 1987, 909; Martinek JuS 1987, 514, 515; MüKo-BGB/Kohlhosser [4. Aufl. 2004] § 598 Rn. 22 mN; MüKo-BGB/Berger § 607 Rn. 10 ff.; Soergel/Eckert § 607 Rn. 8; zum Flaschenpfand: → Vor § 1204 Rn. 2; Soergel/Habersack § 1204 Rn. 33 mN); idR Sachdarlehen (BT-Drs. 14/6040, 259): Einheitsflaschen (BGH NJW 1956, 298); im Transportgewerbe überlassene genormte Pool-Paletten (OLG Frankfurt a. M. ZIP 1982, 1331); Kasten mit Brauereibezeichnung (OLG Celle BB 1967, 778). **cc) Überlassung von Rohstoffen,** zB Orangensaftkonzentrat (BGH NJW 1985, 2417), Edelmetallen und anderen leicht handelbaren, Kursschwankungen unterliegenden Gütern.

2. Pflichten. a) Der **Sachdarlehensgeber** ist zur Überlassung der Darlehenssache verpflichtet, § 607 I 1. Dauerdarlehen ist möglich, → § 598 Rn. 10 entspr. Regelmäßig schuldet er Eigentumsverschaffung, nicht nur Gebrauchsüberlassung (zu nach § 5 f. DepotG girosammelverwahrten Wertpapieren s. BT-Drs. 14/6040, 259). Bei Mängeln: §§ 434, 435. **b) aa)** Der **Sachdarlehensnehmer** hat die Pflicht zur Entrichtung des vereinbarten Darlehensentgelts **(§ 607 I 2 Fall 1),** die mit der Überlassungspflicht des Darlehensgebers im Gegenseitigkeitsverhältnis (→ § 311 Rn. 13) steht. Fällig ist das Entgelt spätestens bei Rückerstattung des Sachdarlehens, **§ 609.** Es handelt sich um eine *Entgelt*forderung (zum Verzug s. § 286 III), ferner – trotz des von § 488 I 2 abweichenden Wortlauts – der Rechtsnatur nach um eine Zinsforderung (Bedeutung zB § 289 S. 1). § 377 HGB ist beim Sachdarlehen unter Kaufleuten entspr. anzuwenden (BGH NJW 1985, 2417). **bb)** Der Sachdarlehensnehmer hat Sachen gleicher Art, Menge und Güte (s. § 243 I) zurückzuübereignen, **§ 607 I 2 Fall 2.** Die Rückerstattungspflicht steht nicht im Gegenseitigkeitsverhältnis; sie ist Abwicklungspflicht. Fällig ist der Rückerstattungsanspruch entweder nach Ablauf der für das Darlehen bestimmten Zeit *oder* nach Kündigung, **§ 608 I.** Ein unbefristeter Sachdarlehensvertrag kann jederzeit von beiden Parteien (ordentlich) gekündigt werden, § 608 II. Eine Teilkündigung ist möglich. Eine Kündigungsfrist ist nicht vorgesehen; abweichende Vereinbarungen sind möglich. § 314 und § 544 analog bleiben unberührt (entspr. → § 605 Rn. 1).

4 5 6

§ 609a *(weggefallen)*

§ 610 *(weggefallen)*

Titel 8. Dienstvertrag und ähnliche Verträge[1]

Die Überschrift des Titels 8 wurde mit Wirkung zum 26.2.2013 durch das Patientenrechtegesetz vom 20.2.2013 (BGBl. I 277) um die Worte „und ähnliche Verträge" ergänzt, dazu → Vor § 630a Rn. 1. Im ersten Untertitel wird das unveränderte allgemeine Dienstvertragsrecht geregelt.

Untertitel 1. Dienstvertrag

Vorbemerkungen

Lit.: Ackermann, Das Informationsmodell im Recht der Dienstleistungen, ZEuP 2009, 230; Adam, Arzt- und Anwaltshaftung im Vergleich, VersR 2010, 44; Annuß, Arbeitsrecht, 2012; Arbeitskreis Deutsche Rechtseinheit im Arbeitsrecht, Welche wesentlichen Inhalte sollte ein nach Art. 30 des Einigungsvertrages zu schaffendes Arbeitsvertragsgesetz haben?, Gutachten D zum 59. Deutschen Juristentag, Hannover 1992; Boemke, Gegenläufige betriebliche Übung? Weihnachtsgeld, JuS 2009, 1061; Brox/Rüthers/Henssler, Arbeitsrecht, 19. Aufl. 2016; Canaris, Die Problematik der Minderung beim Dienstvertrag, FS Karsten Schmidt, 2009, 177; Däubler, Die Auswirkung der Schuldrechtsmodernisierung auf das Arbeitsrecht, NZA 2001, 1329; Dütz/Thüsing, Arbeitsrecht, 24. Aufl. 2019; Förster, Abschied vom Gegensatz von Werk- und Dienst-

[1] **Amtl. Anm.:** Dieser Titel dient der Umsetzung.
1 der Richtlinie 76/207/EWG des Rates vom 9. Februar 1976 zur Verwirklichung des Grundsatzes der Gleichbehandlung von Männern und Frauen hinsichtlich des Zugangs zur Beschäftigung, zur Berufsbildung und zum beruflichen Aufstieg sowie in Bezug auf die Arbeitsbedingungen (ABl. EG Nr. L 39 S. 40) und
2 der Richtlinie 77/187/EWG des Rates vom 14. Februar 1977 zur Angleichung der Rechtsvorschriften der Mitgliedstaaten über die Wahrung von Ansprüchen der Arbeitnehmer beim Übergang von Unternehmen, Betrieben oder Betriebsteilen (ABl. EG Nr. L 61 S. 26).

vertrag, ZGS 2010, 460; Gerken/Rieble/Roth/Stein/Streinz, „Mangold" als ausbrechender Rechtsakt, 2009; Michalski, Arbeitsrecht, 7. Aufl. 2008; Gotthardt, Arbeitsrecht nach der Schuldrechtsreform, 2. Aufl. 2003; Griese, Die Gesetzentwürfe der Länder für ein Arbeitsvertragsgesetz, NZA 1996, 803; Hahn, Vergütungsansprüche für Dienstleistungen bei fehlender vertraglicher Grundlage, 2004 (rechtsvergleichend); Hanau/Adomeit, Arbeitsrecht, 14. Aufl. 2007; Henssler, Arbeitsrecht und Schuldrechtsreform, RdA 2002, 129; ders., in: Dauner-Lieb/Konzen/Schmidt, Das neue Schuldrecht in der Praxis, 2002, 615 ff.; Gebauer/Wiedmann/Höpfner, Europäisches Zivilrecht, Kapitel 20 Arbeitsrecht; Hirte, Berufshaftung, 1996; Hromadka/Maschmann, Arbeitsrecht, Bd. 1: Individualarbeitsrecht, 7. Aufl. 2018; Joussen, Arbeitsrecht und Schuldrechtsreform, NZA 2001, 745; Junker, Grundkurs Arbeitsrecht, 19. Aufl. 2020; Katzenmeier, Arzthaftung, 2002; T. Koch, Die Haftungsfreizeichnung in Forschungs- und Entwicklungsverträgen, 2009; J. Koch, Honoraranspruch nach kurzfristiger Terminabsage bei Dienstleistungen auf Vertrauensgrundlage, FS Strätz, 2009, 289; Labuda, Mängelgewährleistung im Dienstrecht, 2019; Lieb, Dienstvertrag, Gutachten III, 183; ders./Jacobs, Arbeitsrecht, 9. Aufl. 2006; Löwisch/Caspers/Klumpp, Arbeitsrecht, 12. Aufl. 2019; Mäsch, Umkehr der Kausalitätsbeweislast bei einem groben Pflichtverstoß – Gefährliche Ausdehnung der BGH-Rechtsprechung, NJW 2017, 2080; Oetker, Die Ausprägung der Grundrechte des Arbeitnehmers usw, RdA 2004, 8; Otto, Arbeitsrecht, 4. Aufl. 2008; Preis/Temming, Arbeitsrecht – Individualarbeitsrecht, 6. Aufl. 2019; Preis, Der Arbeitsvertrag, 5. Aufl. 2015; ders., Das erneuerte BGB und das BAG, FS BAG, 2004, 123; ders./Greiner, Arbeitsrecht – Kollektivarbeitsrecht, 5. Aufl. 2019; Reiner, Zur Konstruktion des Arbeitnehmerbegriffs durch Referenzrahmen am Beispiel der Natur der Tätigkeit: Eine Gefahr für das dogmatische Erbe von Hugo Sinzheimer, JBl 2010, 549; Richardi, Leistungsstörungen und Haftung im Arbeitsverhältnis nach dem SMG, NZA 2002, 1004; Richardi/Annuß, Arbeitsrecht, 7. Aufl. 2000; Riesenhuber, Die Rechtsbeziehungen zwischen Arbeitnehmern, JZ 1999, 711; Schaub, ArbR-HdB, 18. Aufl. 2019; Schwarze, Das Fehlverhalten des Arbeitnehmers beim Ersatz von Eigenschäden, RdA 2013, 140; Tillmanns, Strukturfragen des Dienstvertrags, 2007; M. Weller, Persönliche Leistungen, 2012; Wendehorst, Vertragsrecht der Dienstleistungen im deutschen und künftigen europäischen Recht, AcP 206, 205; Wiedemann, Das Arbeitsverhältnis als Austauschs- und Gemeinschaftsverhältnis, 1966; ders., Gerechtigkeit durch Gleichbehandlung, FS BAG, 2004, 265; Willemsen/Sagan, Die Auswirkungen der europäischen Grundrechtecharta auf das deutsche Arbeitsrecht, NZA 2011, 258; Zöllner/Loritz/Hergenröder, Arbeitsrecht, 7. Aufl. 2015.

Lit. zum MindestlohnG (2015): Bayreuth, Der gesetzliche Mindestlohn, NZA 2014, 865; Berndt, Arbeits- und sozialversicherungsrechtliche Auswirkungen des Mindestlohngesetzes (MiLoG) – Was gehört zum Mindestlohn? DStR 2014, 1878; Boemke, Lohnanspruch (§ 611 I BGB) und Mindestlohn (§ 1 MiLoG), JuS 2015, 385; Brors, Europäische Rahmenbedingungen für den neuen Mindestlohn und seine Ausnahmen, NZA 2014, 938; Dommermuth-Alhäuser/Heup, Anrechnung von Trinkgeld auf den Mindestlohn?, NZA 2015, 406; Forst, Steht der vergaberechtliche Mindestlohn vor dem Aus?, NJW 2014, 3755; Greiner, Mindestlohn und Ehrenamt, NZA 2015, 285; Hantel, Der allgemeine Mindestlohn und seine Auswirkung auf die Arbeitnehmerentsendung, NJ 2014, 445; Jöris/von Steinau-Steinrück, Der gesetzliche Mindestlohn, BB 2014, 2101; Lembke, Das Mindestlohngesetz und seine Auswirkungen auf die arbeitsrechtliche Praxis, NZA 2015, 70; Löwisch, Rechtsschutz gegen das Mindestlohngesetz, NZA 2014, 948; Olbertz, Der neue gesetzliche Mindestlohn – was gilt und was Unternehmen künftig beachten müssen, GWR 2014, 521; Schilling/Spielberger, Das Gesetz zur Regelung eines allgemeinen Mindestlohns, NJW 2014, 2897; Sittard, Das neue MiLoG: Mindestlohnberechnung und zivilrechtliche Folgen von Mindestlohnverstößen, RdA 2015, 99; Strippelmann/Greiner, Mindestlohn für Nichtarbeit?, BB 2015, 949; Wank, Der Mindestlohn, RdA 2015, 88.

Lit. zur COVID 19-Pandemie: s. Lit. bei § 616

I. Inhalt und Abschluss des Dienstvertrages; Typenübersicht und Abgrenzung

1 **1. Austauschvertrag.** Die §§ 611–630 regeln mit dem Dienstvertrag einen gegenseitigen Austauschvertrag, der zur Leistung von Diensten iwS gegen Entgelt verpflichtet. Das SchRModG hat im 8. Titel selbst wenig geändert (s. §§ 615, 619a), doch haben die neuen §§ 275 ff. auch Auswirkungen auf Dienstverträge (→ § 611 Rn. 10 ff., 16); wichtig ist auch die Einbeziehung standardisierter Arbeitsverträge in die AGB-Kontrolle, s. § 310 IV 2 (→ § 310 Rn. 12 ff.; dazu Henssler RdA 2002, 135 ff.; Hromodka NJW 2002, 2528; Lingemann NZA 2002, 181; Reinecke DB 2002, 583; Thüsing/Leder BB 2004, 42; ferner Däubler NZA 2001, 1334; Gotthardt ZIP 2002, 277). Der

Dienstvertrag begründet regelmäßig (abhängig von der Art und Dauer der Dienste) ein **Dauerschuldverhältnis.** Typisch für den Dienstvertrag ist die Zielsetzung der zugesagten Leistung: Nicht ein Ergebnis wird geschuldet, sondern die Tätigkeit als solche (Abgrenzung Werkvertrag → Rn. 15). Obwohl die **Entgeltverpflichtung** üblich ist, sind atypische Dienstverträge als unentgeltliche möglich → § 612 Rn. 3. Im Zweifel wird aber bei unentgeltlich zu erbringenden Dienstleistungen ein anderer Vertragstyp als der Dienstvertrag vorliegen, regelmäßig Auftrag → Vor § 611 Rn. 11. Arbeitsvertrag ist zwingend entgeltlich → § 611a Rn. 12. Das in **Art. 240 § 1 EGBGB bisherige Fassung** (→ Art. 240 § 1 EGBGB nF) **geregelte COVID 19-bedingte temporäre Leistungsverweigerungsrecht** aus Art. 240 § 1 EGBGB bisherige Fassung **(Moratorium)** (s. dazu Liebscher/Zeyher/Steinbrück ZIP 2020, 852; Rüfner JZ 2020, 443; Weller/Lieberknecht/Habrich, NJW 2020, 1017; Wolf/Eckert/Denz/Gerking/Holze/Künnen/Kurth, JA 2020, 401) wurde mWv 1.10.2022 durch Ges. v. 27.3.2020 (BGBl. I S. 569) aufgehoben. Es galt auch bei auch bei Dienstverträgen mit Dauerschuldcharakter (jurisPK-BGB/Berg Art. 240 § 1 EGBGB Rn. 13), sofern die Voraussetzungen des Art. 240 § 1 EGBGB bisherige Fassung erfüllt waren. Es bedarf daher eines Dienstvertrags, der ein wesentliches Dauerschuldverhältnis iSv Art. 240 § 1 I (für Verbraucher), II (für Kleinstunternehmer) EGBGB ist. Bsp. für **wesentlichen Dienstvertrag** ist der Telekommunikations-/Internetvertrag, NK-BGB/Illner/Beneke Art. 240 § 1 EGBGB Rn. 9; Wolf/Eckert/Denz/Gerking/Holze/Künnen/Kurth, JA 2020, 401, 405). **Rechtsfolge vor dem 1.10.2022:** Leistungsverweigerungsrecht bezogen auf den Primäranspruch; verhindert dadurch das Entstehen von Sekundärrechten und schützt vor der Kündigung des Dauerschuldverhältnisses (NK-BGB/Illner/Beneke Art. 240, § 1 EGBGB Rn. 15; jurisPK-BGB/Berg Art. 240 § 1 EGBGB, Rn. 50 ff.; näher Liebscher/Zeyher/Steinbrück ZIP 2020, 852, 853 f.; zum Leistungsstörungsrecht allg. insoweit ebenda 856 ff.). Nach **Art. 240 § 1 IV Nr. 2 EGBGB** bisherige Fassung galt das Moratorium des Art. 240 § 1 I, II EGBGB bisherige Fassung **nicht für Verträge „mit arbeitsrechtlichen Ansprüchen“** → § 611a Rn. 2, Rn. 7 (home office). Zu den temporären vertragsrechtlichen Sonderregeln aus Anlass der COVID 19-Pandemie s. → Vor. § 241 Rn. 6; → § 611 Rn. 40; → § 615 Rn. 1, Rn. 7; → § 615 Rn. 1, Rn. 5; → §§ 618–619 Rn. 1; → § 620 Rn. 13.

2. Grundtypen. a) Dienst- und Arbeitsvertrag. Gegen Entgelt kann eine große Vielfalt verschiedener Dienstleistungen – „jeder Art“ – erbracht werden. Wichtigste Unterscheidung ist die zwischen entgeltlichen Verträgen, die zu selbstständiger, unabhängiger, eigenbestimmter Tätigkeit verpflichten (**selbstständiger, freier** Dienstvertrag) und unselbstständigen, abhängigen, fremdbestimmten Dienstverhältnissen (**unselbstständiger, abhängiger** Dienstvertrag, Arbeitsvertrag, § 611a). Bsp. für die beiden Grundtypen des Dienstvertrages sind die Tätigkeit des frei praktizierenden Anwalts oder Arztes als selbstständige Dienstleistung, die des Fließbandarbeiters als unselbstständige Beschäftigung. Die Vorschriften des BGB gelten weitgehend für beide Typen, wobei einzelne Vorschriften speziell oder weitgehend auf den unselbstständigen Dienstvertrag zugeschnitten sind. Der Arbeitsvertrag wird in → § 611a definiert. Gleichwohl hat sich vor allem für diesen Vertragstypus die Rechtsentwicklung überwiegend außerhalb des BGB vollzogen. Dabei *finden Regelungen nicht* selten systematisch bedenkliche und auch den rechtssuchenden Arbeitnehmer (= AN) überraschende Standorte. So wurden mit Wirkung zum 1.1.2003 die **§§ 105–110 GewO** neu gefasst (abgedruckt in → Rn. 62). Sie enthalten jetzt „Allgemeine arbeitsrechtliche Grundsätze“, die für alle AN (§ 6 II GewO) gelten (dazu Bauer/Opolony BB 2002, 1590; Schöne NZA 2002, 829). Durch diese Dekodifikation ist mit dem Arbeitsrecht ein Regelungskomplex entstanden, der sich aus der dogmatischen Einbindung in das Recht des BGB immer weiter entfernt. Seit Dekaden wird deshalb eine Kodifikation des Arbeitsrechts gefordert (vgl. Mayer-Maly ArbuR 1975, 225, aber auch Lieb, Gutachten III, 188). Art. 30 EinV verlangt die Schaffung eines Arbeitsvertragsgesetzes (dazu Gutachten zum 59. Dt. Juristentag [Lit.]; Hromadka NJW 1992, 1985); es liegen auch verschie- 2

dene Entwürfe vor, bekanntester Entwurf wohl Henssler/Preis NZA Beilage 2007, Nr 1, 6. Trotz der allgemein erkannten Notwendigkeit ist aber zurzeit nicht mit einer Kodifikation zu rechnen. Verfahrensrechtlich wird die Sonderstellung der Arbeitsverhältnisse berücksichtigt durch die Arbeitsgerichtsbarkeit und das im
3 ArbGG geregelte Verfahrensrecht (hierzu → Rn. 58 ff.). **b) Abgrenzungsnorm** ist seit dem **1.4.2017 → § 611a.**

4 **3. Gegenseitiger Vertrag.** Die gegenseitigen Hauptleistungspflichten zur Dienstleistung und zur Vergütung stehen im Synallagma; §§ 320 ff. sind deshalb grundsätzlich anwendbar (sa BAG BB 1985, 2176 zu § 273; BGH BB 1988, 290 zu Schadensersatz nach § 325 aF); § 326 I, II wird aber zB durch § 616 (die früheren Sondernormen §§ 63 HGB, 133c GewO wurden zum 1.1.2003 aufgehoben) und arbeitsrechtliche Vorschriften (zB EFZG, MuSchG), ferner durch die Berücksichtigung des sog. „Betriebsrisikos" (dazu § 615) modifiziert. Die Bedeutung der synallagmatischen Verknüpfung hat auf der Rechtsfolgenseite durch das SchRModG insgesamt abgenommen. Fristlose Kündigung tritt bei begonnenen Dienstverhältnissen an die Stelle des Rücktritts nach §§ 323, 326 V; § 626 ist dabei lex specialis zu § 314 I – § 314 II ist jedoch anwendbar (→ § 626 Rn. 1). Bei **Streik** ruhen Hauptpflichten, BAG ZIP 2000, 512.

5 **4. Zustandekommen. a) Materielle Wirksamkeit.** Für das Zustandekommen von Dienstverträgen gelten die Vorschriften des AT über Abschluss (§§ 145 ff.), Geschäftsfähigkeit (§§ 104 ff.), Willenserklärungen und -mängel (§§ 116 ff.). **Anbahnung** s. § 311 II. **Abschlussmängel** wirken nach hM nach Aufnahme der Dienste („Vollzug") zwar ex tunc auflösend, doch wird Vertrag bis zur Erklärung, den Vertrag als unwirksam zu beenden, für die Vergangenheit als wirksam fingiert (dazu BeckOGK/Maties § 611a Rn. 679 f. mN). Das hat zur Folge: das Dienstverhältnis kann zwar sofort abgebrochen oder gekündigt werden, wird aber für die abgelaufene Zeit als voll wirksam („faktisches" Arbeitsverhältnis) behandelt, vgl. BGH WM 1995, 614 (Geschäftsführer KG); BGH NJW 2000, 2983 (Vertretungsmangel bei Vertragsabschluss); BGH NZA-RR 2019, 524 (GmbH-Geschäftsführer) (abl. mit beachtlichen Argumenten und für Lösung über das Bereicherungsrecht Sagan, FS Preis 2021, 1135). Auch Nichtigkeitsgründe, die bestimmte Personen vor den Wirkungen des eingegangenen Vertrages schützen sollen – Anfechtung nach § 123, Geschäftsfähigkeitsmängel, werden grundsätzlich nicht anders behandelt; für § 123 s. BAG NJW 1984, 446; 1985, 646; NZA-RR 2012, 44; Rückwirkung auf Zeitpunkt der Außerfunktionssetzung durch Erkrankung BAG ZIP 1999, 459; sa BAG NJW 1999, 3655 zu möglichen Einschränkungen aus § 242 (verschwiegene Vorstrafen). Allerdings darf das nicht dazu führen, dass ein Minderjähriger für die Zukunft belastet wird, zB durch vertragliche Schadensersatzpflichten, Einzelheiten Schaub/Linck § 32 Rn. 65, § 34 Rn. 17 ff. (beachte aber: Zukunftsbelastung ist im Rahmen der Haftungsbeschränkungsmöglichkeit des § 1629a nicht gegeben); zur Ermächtigung eines Minderjährigen s. BAG BB 2000, 567. Auch Sittenwidrigkeit bewirkt grundsätzlich keine rückwirkende Nichtigkeit (BAG BB 1973, 291 mwN), sofern nicht die geschuldete Leistung selbst sittenwidrig ist (s. BAG NJW 1976, 1958). Eine als solche sittenwidrige Dienstleistung kann deshalb auch für die Vergangenheit keine „faktische" Gültigkeit des Verhältnisses bewirken. Abschlussmängel bei Anstellungsverträgen der Organe jur. Personen vgl. BGHZ 41, 287; Handelsvertreter s. BGHZ 53, 158 f. Rückwirkende **Änderung** möglich (BAG NZA 2003, 1332). Zur konkludenten Vertragsänderung eines Teilzeit- in ein Vollzeitarbeitsverhältnis s. BAG NZA 2007, 801, ständig erbrachte Mindestarbeitsleistung in einem Bedarfsarbeitsverhältnis kann im Einzelfall konkludente Konkretisierung der Arbeitspflichten auf bestimmte Arbeitsbedingungen bewirken (BAG BeckRS 2013, 65304), wenn AG die Arbeitsleistung nicht nur abgerufen und erwartet, sondern vom AN als vertraglich geschuldete Leistung gefordert hat. Änderungszustimmung des AN muss aber zweifelsfrei sein; keine konkludente Zustimmung durch bloße Leistungserbringung, denn diese ist auch im Rahmen des Bedarfsarbeitsverhältnisses geschuldet.

b) Form. Abschluss von Dienstverträgen ist grundsätzlich formfrei, auch der Arbeitsvertrag (s. § 105 S. 1 GewO, → Rn. 62), doch wirkt § 2 I NachwG (für wesentliche Vertragsbedingungen: § 105 S. 2 GewO) wie Formzwang für AG; s. Grünberger NJW 1995, 2809 ff.; Birk NZA 1996, 283. Niederschrift nicht Gültigkeitsvoraussetzung (Linde/Lindemann NZA 2003, 649); Einbeziehung AGB jedoch möglich, obwohl § 305 II, III nicht anwendbar sind, § 310 IV 2 Hs. 2 (zur AGB-Kontrolle von Schriftformklauseln in Arbeitsverträgen Hromadka DB 2004, 1261). Weitere Ausnahmen: befristete Arbeitsverhältnisse, § 14 IV TzBfG; Ausbildungsvertrag, § 4 BBiG (jedoch nicht konstitutiv!); § 3 FernUSG; Angestellte von Krankenkassen und Berufsgenossenschaften: § 144 SGB VII; ferner häufig – je nach Regelung konstitutiv oder nicht – in Tarifverträgen (§ 127), s. Schoner BB 1969, 182. Formfreiheit wird zunehmend eingeschränkt, s. schon § 623. Bei Verletzung konstitutiver Formvorschriften Rechtsfolge aus § 125, aber bei aufgenommenem Dienstverhältnis keine Rückwirkung der Nichtigkeit (→ Rn. 5). **c) Abschlussverbote** mit Rechtsfolgen aus § 134 finden sich vor allem in ANschutzges., zB im § 5 JArbSchG; s. Schaub/Linck § 32 Rn. 60; fehlende oder verweigerte Zustimmung des Betriebsrats gem. § 99 BetrVG macht Arbeitsvertrag nicht unwirksam, sondern begründet betriebsverfassungsrechtliches Beschäftigungsverbot (BAG NZA 2001, 893; BAG NZA 2017, 740, 742 Rn. 22; ErfK/Kania § 99 BetrVG Rn. 44 f.). „Schwarzarbeit" → Vor § 631 Rn. 14; allg. Kreizberg, Schwarzarbeit, AR-Blattei SD 1430. Änderungsgebot durch § 8 f. TzBfG begründeten Anspruch auf Teilzeitarbeit, s. dazu BAG NJW 2004, 386 (verfassungsgemäß), Hromadka NJW 2001, 402 (krit.). **d) Offenbarungspflichten** bei der Einstellung können im Falle unterlassener oder wahrheitswidriger Auskünfte Anfechtung nach § 123 (sa BAG NZA 2012, 34), evtl. Schadensersatzansprüche aus §§ 280, 311 II, 241 II begründen. Fragen nach Schwangerschaft, Behinderung und anderen Differenzierungsmerkmalen s. § 7 AGG. Der Umfang der Offenbarungspflicht richtet sich im konkreten Fall nach der Eigenart des zu besetzenden Arbeitsplatzes, s. zu Vorstrafen: BAG NJW 1991, 2724, Grenze § 53 I BZRG; zu MfS-Tätigkeit: BVerfGE 97, 2307; BAG BB 2001, 994; zu politischen Überzeugungen, Parteimitgliedschaften oder Organisationszugehörigkeiten bei Einstellung in den öffentlichen Dienst: BAG NZA-RR 2012, 43, 45 f. Fragen des Arbeitgebers sind nur zulässig, soweit auf vorgesehene Tätigkeit bezogen (BAG NJW 1999, 3654: Vorstrafen; BAG NZA-RR 2012, 43, 46: Verfassungstreue; zum Ganzen Thüsing/Lambrich BB 2002, 1146); nur *bewusst* falsche Antwort auf *zulässige* Frage rechtfertigt Anfechtung, vgl. BAG BB 1984, 534; Irrtum AG erforderlich, BAG NZA 2001, 315; Anfechtung nur, wenn Irrtum kausal für Vertragsschluss (BAG NZA 2012, 34). Auskunftspflicht *nach* Einstellung s. BAG BB 1996, 749. Auch den AG können Informationspflichten treffen, zB bei drohendem Insolvenzverfahren (s. noch BAG NJW 2012, 3391). Zum Ganzen Schaub/Linck § 26 Rn. 4 ff. zu Aufklärungspflichten des AG, Rn. 8 ff. zu Offenbarungspflichten des AN, jeweils mwN. **e) Abschlusszwang** durch Abschlussgebote in Gesetzen, zB §§ 151, 154 ff. SGB IX (Rehabilitation und Teilhabe behinderter Menschen), Tarifverträgen, Betriebsvereinbarungen oder Einzelarbeitsvertrag. Zu Einschränkungen der Abschlussfreiheit durch Grundrechte abl. Boemke NJW 1993, 2083; **Änderungszwang** durch TzBfG → Rn. 7.

(Randnummern: 6 – b) Form; 7 – c) Abschlussverbote; 8 – d) Offenbarungspflichten; 9 – e) Abschlusszwang)

10 **5. Parallele Dienstpflichten.** Dienstverträge können neben Rechtsbeziehungen bestehen, die an sich selbst schon zu bestimmten Dienstleistungen verpflichten: Ehegatten → § 1353 Rn. 15; Kinder → § 1619 Rn. 3. Gesellschafter kann zu Dienstleistungen für die Gesellschaft zusätzlich auf Grund Dienstvertrages verpflichtet sein, vgl. Beuthien FS BAG, 1979, 1, aber → Rn. 13; zur Vereinssatzung → Rn. 17.

11 **6. Abgrenzung. a) Auftrag.** Mit dem Dienstvertrag ist typischerweise die Vereinbarung oder jedenfalls die berechtigte Erwartung einer angemessenen Gegenleistung für die versprochenen Dienste verbunden (§§ 611, 612), weshalb an die Beendigung durch Kündigung besondere Anforderungen gestellt werden (§§ 620 ff.). Der Beauf-

tragte schuldet hingegen **unentgeltlich** Tätigkeit; der Auftrag kann jederzeit **grundlos beendet** werden (§ 671 I, Ausnahme § 671 II); das Weisungsrecht des Auftraggebers ist, anders als das Direktionsrecht des AG nach § 106 GewO, regelmäßig auf einen bestimmten Auftrag und in seinen Rechtswirkungen begrenzt, weil die Tätigkeit des Beauftragten nicht im Gegenseitigkeitsverhältnis zu einer für sie zu zahlenden Vergütung steht (BAG NZA 2012, 1433, 1435 Rn. 17 mN; LAG Schleswig-Holstein BeckRS 2016, 113736); der dem Beauftragten evtl. geschuldete Aufwendungsersatz ist keine Vergütung. **Ehrenamtliche Tätigkeit** erfolgt regelmäßig im Rahmen eines Auftrags, denn Wesen des Arbeitsvertrags ist der gegenseitige Austausch von Arbeit und Lohn. BAG NZA 2012, 1435 Rn. 17: Erwerbsabsicht des Tätigen ist keine notwendige Bedingung für Arbeitsvertrag, aber wichtiges Abgrenzungskriterium im Rahmen der Gesamtwürdigung des Vertragsverhältnisses. Typischerweise verfolgt ein AN das Ziel, für seine Arbeit ein Entgelt zu erhalten. Auch berührte immaterielle Interessen schließen Abgrenzung nach Erwerbsabsicht als wesentliches Merkmal nicht aus. Auf ideellen Beweggründen beruhende Tätigkeitspflicht ist im Zweifel Auftrag
12 (BAG NJW 2012, 1435 Rn. 17), noch → Rn. 29. **b) Dienstverschaffung.** Geschuldet wird Verschaffung der Dienstleistung eines Dritten (BGH NJW 1971, 1129; BGH NJW 1975, 1695); Bsp. ANÜberlassungsverträge bzw. Personal-Leasing (dazu → § 611 Rn. 3). Gehaftet wird für sorgfältige Auswahl, nicht für die Güte der
13 „verschafften" Dienstleistungen (BGH NJW 1975, 1695, 1696). **c) Gesellschaftsvertrag.** Von Gesellschaftern geschuldete Leistungen werden nicht ausgetauscht und individuell empfangen, sondern zu gemeinsamem Zweck an alle erbracht; dienstvertragliche Abreden bleiben daneben möglich, → Rn. 10. Zur Abgrenzung im Einzelfall, insbes. von Gesellschafter- und Dienstverhältnis mit Gewinnbeteiligung (partiarisches Dienstverhältnis) → § 705 Rn. 10; „Scheingesellschafter" s. von Hoyningen-
14 Huene NJW 2000, 3233. **d) Geschäftsbesorgung.** Ist ein Geschäft oder Interesse des Geschäftsherrn durch selbstständige Dienstleistungen wahrzunehmen, so wird der darauf gerichtete Dienstvertrag über § 675 durch Regeln des Auftragsrechts ergänzt
15 und modifiziert. ZB Kfz-Vermittlungsvertrag (BGH BeckRS 2011, 02216). **e) Werkvertrag.** Die Leistungspflicht ist beim Werkvertrag auf ein Ergebnis gerichtet, während beim Dienstvertrag die Tätigkeit als solche zu erbringen ist (BAG NZA 2013, 1348; BGH NJW 2002, 3323; → Rn. 21 und → Vor § 631 Rn. 3). Insbes. bei selbstständigen Dienstleistungen kann die Abgrenzung zum Werkvertrag schwierig sein (s. zB Architektenvertrag, → Vor § 631 Rn. 4; **Buchhaltung** s. BGH NJW 2002, 1571; Forschungsvertrag, → Rn. 21a). Abgrenzungskriterium: Soll der Verpflichtete nach dem Parteiwillen das Risiko der Erfolgsbewirkung übernehmen (Werkvertrag) oder nicht (Dienstvertrag), s. BGH NJW 2002, 3323. Zum Abgrenzungskriterium der Entgeltrisikozuweisung s. Richardi FS Georgiades, 2006, 349, 355. Fehlt es an einem vertraglich festgelegten abgrenzbaren, dem Unternehmer als eigene Leistung zurechenbaren und abnahmefähigen Werk, kommt ein Werkvertrag kaum in Betracht; denn der „Auftraggeber" muss dann den Gegenstand der vom „Auftragnehmer" zu erbringenden Leistung durch weitere Weisungen erst noch bestimmen und damit Arbeit und Einsatz bindend organisieren (BAG NZA 2013, 1348). Zur im Einzelfall schwierigen Abgrenzung bei Internet-Verträgen BGHZ 184, 345 („Internet-System-Vertrag" ist Werkvertrag); mAnm Coester-Waltjen Jura 10/10, BGB § 307/710. Zur geschichtlichen Entwicklung der Abgrenzung von Dienst- und Werkvertrag Förster ZGS 2010, 460. Entscheidendes Kriterium für die Abgrenzung des Werkvertrags zum **Arbeitsvertrag** ist der Grad der persönlichen Abhängigkeit (zu diesem Merkmal → § 611a Rn. 3 f.) s. BAG NZA 2013, 1348, 1350 Rn. 16.
16 **f) Öffentl. Dienst.** Beamte, Richter und Soldaten leisten Dienste nicht auf Grund privatrechtlichen Dienstverhältnisses. Maßgebend sind BeamtenGes., RichterGes., SoldatenGes. Dem öffentl. Recht unterstehen ferner die Rechtsbeziehungen zum Gerichtsvollzieher bei Vollstreckungs-, Beurkundungs- und Zustellungsaufträgen, zum Notar bei Tätigkeit nach § 1 BNotO. Auch Maßnahmen nach § 16 SGB II (zB Ein-Euro-Job, betriebliche Praxiserprobung in privatem Unternehmen) begründen lediglich öffentl.-rechtl. Rechtsverhältnisse (BAG NZA 2008, 760; DB 2008, 1159;

NZA 2007, 1422). Beziehungen der Arbeiter und Angestellten im öffentl. Dienst zu ihrem AG richten sich dagegen nach Arbeitsrecht, so dass die §§ 611 ff. grundsätzlich anwendbar sind. Zur Rechtslage bei dem heute nicht mehr zu leistenden Zivildienst s. 14. Aufl. **g) Vereinssatzungen** können Arbeitspflichten vorsehen, so BAG NJW 17 2003, 161 zur Scientology Gemeinschaft; BAG NJW 1976, 386 für Schwesternschaft beim Roten Kreuz. Sofern Vereinsmitglieder der DRK-Schwesternschaft durch deren Satzung und die Mitgliederordnung bei der Gestellung an ein anderes Unternehmen eine weisungsabhängig auszuführende Tätigkeit zugewiesen werden, sind sie dennoch keine AN iSv § 611a (BAG NZA 2017, 662, 664 Rn. 26); für sie gilt aber dann wegen der Weisungsgebundenheit § 1 I 1 AÜG, so dass sie einen sozialen Schutz ähnlich einem Arbeitnehmer erlangen (BAG NZA 2017, 662, 665 Rn. 28 ff.; vorausgehend EuGH NZA 2017, 41). Zu Gesellschaftern → Rn. 10.

7. Selbstständige Dienstverträge. Bsp. und Abgrenzung: **a) Anstellungsverträge der Organe jur. Personen** sind selbstständige Dienstverträge, die auf 18 Geschäftsbesorgung gerichtet sind (BAG NJW 2019, 1627, 1629 Rn. 24; Lieb, Gutachten III, 196). Sie können formfrei und konkludent geschlossen werden. Der Anstellungsvertrag ist von dem gesellschaftsrechtlichen Bestellungsakt als Organ zu trennen und endet nicht per se mit dem Wegfall der Organstellung (allerdings ist AG-Vorstandsanstellungsvertrag gem. § 134 iVm § 84 I AktG nichtig, wenn unveränderte Weiterführung des Anstellungsverhältnisses trotz Beendigung der Organstellung vereinbart ist, BAG ZIP 2009, 2073). Zur Trennung von Organstellung und Anstellungsverhältnis sowie zur Drittanstellung in Konzernverhältnissen: Krämer NotBZ 2004, 81 ff., 121 ff. Vertrag mit GmbH-Geschäftsführer ist regelmäßig selbständiger Dienstvertrag, gerichtet auf Ausübung des Geschäftsführeramts, unabhängig davon, ob der (Fremd-)Geschäftsführer einen starken Anteilseigner oder einen weiteren Geschäftsführer neben sich hat, der die konkrete Geschäftstätigkeit bestimmend mitgestaltet (BAG NJW 2019, 1627, 1629 Rn. 24 mN). Arbeitsverhältnis nur in extremen Ausnahmefällen bei über das gesellschaftsrechtliche Weisungsrecht hinausgehendem, umfassendem arbeitsbegleitendem und verfahrensorientiertem Weisungsrecht auch hinsichtlich der Art der Leistungserbringung der Geschäftsführer (BAG NJW 1999, 3731 [zu III 2 b]; BAG NJW 2019, 1627, 1629 Rn. 24). Zur Vereinbarkeit dienstvertraglich verabredeter Anwendung von Kündigungsvorschriften mit Organstellung des GmbH-Geschäftsführers BGH NJW 2010, 2343. Zur (wegen § 623) problematischen Umwandlung eines Arbeits- in ein Dienstverhältnis anlässlich der Bestellung eines AN zum Geschäftsführer: Schrader/Straube GmbHR 2005, 904. **b) Anwalt/Steuerberater – Klient:** Mandat ist regelmäßig selbstständiger Dienstvertrag, der eine 19 Geschäftsbesorgung (§ 675) zum Gegenstand hat, BGH NJW-RR 2006, 1490, OLG Düsseldorf VersR 1993, 703; zum Steuerberatervertrag s. BGH WM 2006, 1411; → Vor § 631 Rn. 7; sa BAG BB 1998, 2061 (RA als freier Mitarbeiter); bei Dauerberatung kann selbstständiger Dienstvertrag vorliegen; auf einmalige, in sich abgeschlossene Leistung gerichteter Einzelauftrag (zB **Gutachten** sa BGH NJW 1965, 106 f.; Hirte S. 12, Rechtsauskunft, Entwurfsanfertigung) ist Werkvertrag BGHZ 115, 382; BGH NJW-RR 2006, 1490. Die Regeln des BGB werden ergänzt und modifiziert durch BRAO und RVG. Erfolgshonorare sind seit Inkrafttreten des Ges. zur Neuregelung des Verbots der Vereinbarung von Erfolgshonoraren am 1.7.2008 (BGBl. I 1000) gem. §§ 49b II BRAO, 4a RVG im Einzelfall zulässig. Bei Anwaltssozietät werden iZw alle Anwälte Vertragspartei, BGHZ 70, 248 f.; OLG Karlsruhe AnwBl. 2003, 115; zu Scheingesellschaftern → Rn. 13. **c) Architekt – Bauherr:** Regelmäßig 20 Werkvertrag, → Vor § 631 Rn. 4. Ergänzend gilt für das Preisrecht die HOAI. **d) Arzt – Patient:** S. § 630a. **Tierarzt**vertrag idR Dienstvertrag, bei Begutachtung 21 (dazu BGH NJW 1983, 2078; NJW-RR 2012, 541) idR Werkvertrag, zum Zurückbehaltungsrecht am behandelten Tier bei Honorarausstand unabhängig von Vertragstyp s. LG Mainz NJW-RR 2002, 1181; zur Dokumentationspflicht s. OLG Hamm VersR 2003, 1139. **Hausnotrufvertrag:** BGH NJW 2017, 2108 (auch zur Übertragung der arzthaftungsrechtlichen Beweislastumkehr für Kausalität zwischen Pflichtver-

letzung und Schaden auf Fälle grober Pflichtverletzung aus einem Hausnotrufvertrag,
21a krit. insoweit dazu Mäsch NJW 2017, 2080). **e) Forschungs- und Entwicklungsleistungen:** Verträge über die Erbringung solcher Leistungen können Dienst- oder Werkverträge sein (ausführlich zur Abgrenzung s. Koch S. 40 ff.). Für die Einstufung ist der im Vertrag zum Ausdruck kommende Parteiwille entscheidend. Es kommt darauf an, ob eine Dienstleistung als solche oder als Arbeitsergebnis deren Erfolg geschuldet wird. Dabei sind mangels einer ausdrücklichen Vertragsabrede die gesamten Umstände des Einzelfalls zu würdigen. Die Beschreibung eines Ziels ist allein kein hinreichendes Indiz für die Annahme eines Werkvertrags (BGHZ 151, 330 mAnm H. Roth JZ 2003, 371). IdR Dienstvertrag, Indiz für Werkvertrag ist höhere Vergü-
22 tung wegen Risikoübernahme (Roth aaO). **f) Handelsvertreter – Prinzipal:** Selbstständiger Dienstvertrag; §§ 84–92c HGB maßgebend, daneben subsidiär §§ 611 ff., Versicherungsvertreter s. BAG ZIP 2000, 808; NJW 2010, 2455 (Umstände des Ein-
23 zelfalles entscheidend), → Rn. 29a. **g) Kommissionsvertrag:** Selbstständiger
24 Dienstvertrag auf Geschäftsbesorgung gerichtet, str. **h) Krankenhausvertrag:** S.
25 § 630a. **i) Speditionsvertrag:** Selbstständiger Dienstvertrag auf Geschäftsbesorgung
26 gerichtet, RGZ 109, 87. **j) Detektiv-, Bewachungsverträge** sind regelmäßig Dienstverträge, bei Vereinbarung eines Erfolgshonorars Werkverträge, s. Schünemann NJW 2003, 1689 zu vielen Vertragsgestaltungen (ua home-sitting); zum Detektiv sa BGH NJW 1990, 2549; zum Fernüberwachungsvertrag mit mietvertraglichen Elementen BGH NJW-RR 2018, 683. ANähnliche Selbstständige s. Jacobs ZIP 1999, 1549; ders. NZA 1999, 23; Weimar/Goebel ZIP 1999, 217 und → Rn. 290. Zur
26a Parkplatzbewachung → § 688 Rn. 9. **k) Privatschulvertrag** ist regelmäßig selbstständiger Dienstvertrag, s. BGH NJW 2008, 1064; NJW-RR 2012, 182 mN. Zum
26b Kinderkrippen-Betreuungsvertrag BGHZ 209, 52. **l) Lebensberatungsvertrag** („Life Coaching") durch Kartenlegen ist idR Dienstvertrag, s. BGH NJW 2011, 756 = JuS 2011, 359 mAnm Faust. Verträge über **Zauber- und Magieleistungen** sind regelmäßig als Dienstverträge auszulegen; Freiwerden von der Gegenleistungspflicht nach §§ 326 I, 275 IV auch bei einem auf obj. unmögliche Leistung gerichteten Vertrag nicht, wenn Dienstherr das Risiko der bestehenden obj. Unmöglichkeit (Zauber und Magie) vertraglich übernommen hat. Bei überhöhtem Honorar: § 138, s. BGH NJW 2011, 756.

27 **8. Gemischte Verträge.** Häufig sind typische Dienstvertragspflichten in einem gemischten Vertrag mit anderen Pflichten zusammengestellt, zB beim Vertrag über Aufnahme in Alters- und Pflegeheim (s. zB BGH NJW 2019, 1280); zum Lohnfuhrvertrag (Gestellung von Kfz und Fahrer) BGH NJW 1975, 780; zum Belegarztvertrag s. BGH NJW 1972, 1128; zum Werttransportvertrag s. Schünemann NJW 2003, 1689; zum Fitness-Studiovertrag BGH NJW 2012, 1431.

II. Unselbstständige Dienstverträge

28 S. hierzu, außer den vorgenannten Lehrbüchern zum Arbeitsrecht und die Spezialkommentare.

29 **1. Begriffe. a)** Regelung durch **Arbeitsrecht.** In der Gliederung des Arbeitsrechtes wird unterschieden zwischen **„Kollektivarbeitsrecht"** (Arbeitskampf-, Koalitions-, Tarifvertrags-, Betriebsverfassungs- und Mitbestimmungsrecht – s. dazu die arbeitsrechtliche Speziallit.) und **„Individualarbeitsrecht"**, das die Ordnung individueller Arbeitsverhältnisse und den Arbeitsschutz regelt. Begründet wird das **Arbeitsverhältnis** zwischen **AG** und **AN** durch den **Arbeitsvertrag,** dessen inhaltlicher Ausgestaltung durch das Arbeitsrecht und §§ 305 ff. Schranken gesetzt sind. **Begriff** des **AN,** der **ANähnlichen Personen,** der **Scheinselbstständigkeit → § 611a.** Die Begründung **vereinsrechtlicher Arbeitspflichten** (BAG NZA 1996, 33 [unter B I 2b] → § 611a Rn. 2) und die Beauftragung zu **ehrenamtlicher Tätigkeit** (→ Rn. 11) kann nichtig sein (§§ 134, 138), wenn nur die **Umgehung** zwingender arbeitsrechtlicher Schutznormen erstrebt wird (BAG NZA 2012, 1435 Rn. 18).

2. Rechtsquellen. Neben die im Folgenden zu bezeichnenden Rechtsquellen des deutschen Rechts tritt verstärkt **EU-RiLi-Recht,** das unmittelbar oder mittelbar das deutsche Dienstvertragsrecht beeinflusst und modifiziert; am 28.12.2006 ist die EU-RiLi 2006/123/EG v. 12.12.2006 über Dienstleistungen im Binnenmarkt in Kraft getreten (ABl. 2006 L 376, 36), die eine Liberalisierung des Dienstleistungsmarktes und Harmonisierung des grenzüberschreitenden Dienstleistungsverkehrs zum Ziel hat und die von den Mitgliedstaaten bis Ende 2009 umzusetzen war (zur Bedeutung insbes. für rechtsberatende Berufe Hatje NJW 2007, 2357 ff.). Insbes. das AGG dient der Umsetzung folgender europäischer RiLi: 2000/43/EG v. 29.6.2000 (sog. Antirassismus-RiLi), 2000/78/EG v. 27.11.2000 (sog. Rahmen-RiLi Beschäftigung), 2002/73/EG v. 23.9.2002 (sog. Gender-RiLi; englisch „gender" = soziologisches Geschlecht), 2004/113/EG v. 13.12.2004 (sog. Gleichbehandlungs- oder Unisex-RiLi). Die am 7.7.2010 verabschiedete RiLi 2010/41/EU „zur Verwirklichung des Grundsatzes der Gleichbehandlung von Männern und Frauen, die eine selbstständige Erwerbstätigkeit ausüben, und zur Aufhebung der Richtlinie 86/613/EWG des Rates" (ABl. L 180, 1) war bis zum 5.8.2012 umzusetzen. Die Bundesregierung sieht keinen Umsetzungsbedarf, da die aktuelle Rechtslage den Vorgaben der RiLi entspreche (BT-Drs. 17/9615, Fragen 67, 68). Zum **EU-Primärrecht:** Der EuGH hat in seiner viel beachteten **Mangold-Entscheidung** (NJW 2005, 3695, dazu insbes. Preis NZA 2006, 401, zu Recht krit. 406 ff.) die Existenz eines Grundsatzes der Gleichbehandlung in Beschäftigung und Beruf **(primärrechtlicher Gleichbehandlungsgrundsatz)** festgestellt und in der **Kücükdeveci**-Entscheidung (NJW 2010, 427) bestätigt. Der Grundsatz habe seinen Ursprung in verschiedenen völkerrechtlichen Verträgen und den gemeinsamen Verfassungstraditionen der Mitgliedstaaten sowie (so ergänzend die Kücükdeveci-Entscheidung) in der mittlerweile in Kraft getretenen Europäischen Grundrechtscharta. Das Urteil wird als Akt unzulässiger Rechtsfortbildung bezeichnet (Preis NZA 2006, 401, 408), wenngleich das Mangold-Urteil des EuGH nicht auf einer *verfassungswidrigen* Kompetenzüberschreitung des EuGH beruht (BVerfG NJW 2010, 3422 – Fall **Honeywell;** sa BAG RIW 2006, 700). Die Mangold-Entscheidung betrifft die altersbezogene Beschäftigungsbefristung, die zum 1.1.2019 endgültig aufgehoben wurde (→ § 620 Rn. 3). Die Große Kammer des EuGH sieht das Gleichbehandlungsgebot als einen allgemeinen Grundsatz des Unionsrechts an. Der primärrechtliche Schutz des Einzelnen ist durch alle nationalen Organe (auch durch Gerichte) zu gewährleisten, auch im Rahmen von Streitigkeiten zwischen Privaten (EuGH NJW 2010, 427). Der primärrechtliche Gleichbehandlungsgrundsatz gebiete (EuGH NJW 2005, 3698; NJW 2010, 427 im Anschluss an das Verbot der Altersdiskriminierung, insbes. durch die RiLi 2000/78/EG des Rates vom 27.11.2000 zur Festlegung eines allgemeinen Rahmens für die Verwirklichung der Gleichbehandlung in Beschäftigung und Beruf, die er zur Konkretisierung des Grundsatzes heranzieht) für Beschäftigung und Beruf „die Schaffung eines allgemeinen Rahmens zur Bekämpfung der Diskriminierung wegen der Religion oder der Weltanschauung, einer Behinderung, des Alters oder der sexuellen Ausrichtung." **Folge** des primärrechtlichen Gleichbehandlungsgrundsatzes nach EuGH NJW 2005, 3695, 3698; 2010, 427: Es obliegt dem nationalen Gericht, die volle Wirksamkeit des allgemeinen Verbots der Diskriminierung wegen des Alters zu *gewährleisten, indem* es nach Ablauf der Umsetzungsfrist der RiLi 2000/78/EG jede entgegenstehende Bestimmung des nationalen Rechts unangewendet lässt, unabhängig von der RiLi-Umsetzung und unabhängig davon, ob das Gericht in den Fällen des Art. 267 II AEUV den EuGH im Wege der Vorabentscheidung um Auslegung des Diskriminierungsverbots ersucht oder nicht. Konkret bedeutet das die Unanwendbarkeit des § 622 II 2 (s. BAG NJW 2010, 3740); zur Bedeutung für tarifvertragliche Verweise auf § 622 II 2 s. BAG NZA 2012, 754; s. ferner BAG NZA 2012, 866 (tarifliche Altersgrenze für Piloten); BAG NZA 2012, 1044 (Sozialauswahl nach Altersgruppen); BAG NZA 2012, 1345 (Darlegungslast einer Diskriminierung); BAG NZA 2013, 37 (Nichtberücksichtigung im Einstellungsverfahren wegen Alters). Die **Palacios-Entscheidung** des EuGH (NJW 2007, 3339, dazu insbes. Bauer/Krieger 30

NZA 2007, 3672; Kocher RdA 2008, 238; Temming NZA 2007, 1193) hat eine tarifvertragliche Altersgrenze von 65 Jahren nicht anhand des primärrechtlichen Gleichbehandlungsgrundsatzes, sondern ausschließlich anhand der RiLi 2000/78 überprüft. Darin liegt aber keine Abkehr von der Mangold-Entscheidung (s. Bauer/Krieger NZA 2007, 3673; anders Temming NZA 2007, 1193, 1200). S. ferner die Bartsch-Entscheidung EuGH NJW 2008, 3417. Der EuGH differenziert seine Rechtsprechung zum unionsrechtlichen Gleichbehandlungsgrundsatz und sieht arbeitsrechtliche Regelaltersgrenzen regelmäßig durch den legitimen Zweck der prospektiven Nachfolge- und Personalentwicklungsplanung als gerechtfertigt an (auch im Rahmen des § 10 III 3 Nr. 5 AGG), s. EuGH NZA 2010, 1167 (Fall Rosenbladt); EuGH NZA 2011, 1100 (Fälle Sabine Hennigs/Eisenbahn-Bundesamt und Land Berlin/Alexander Mai – keine Diskriminierung durch Alterslohnstufen); EuGH NZA 2012, 1435 (Fall Johann Odar/Baxter Deutschland GmbH – keine Diskriminierung durch gekürzte Sozialplanabfindung für rentennahe AN bei diskriminierungsfreier Berechnung); EuGH NZA 2012, 785 (Altersgrenze von 67 auch bei niedriger Rente keine Diskriminierung); s. aber EuGH NZA 2011, 397 (Fall Deutsche Lufthansa AG/Gertraud Kumpan – tarifvertragliche Altersgrenze für Kabinenpersonal unzulässig, wenn Abschluss einer Kette befristeter Anschlussarbeitsverträge ermöglicht); EuGH NZA 2013, 553 (Fall HK Danmark/Dansk almennyttigt Boligselskab und HK Danmark/Dansk Arbejdsgiverforening – keine verkürzte Kündigungsfrist bei behinderungsbedingten Krankheitsfehlzeiten). **Perspektive:** Mit der Begründung der Mangold-Entscheidung lassen sich neue RiLi, die neue Diskriminierungsverbote enthalten, ebenso als Ausdruck eines primärrechtlichen Gleichbehandlungsgrundsatzes verstehen. (So schafft Sekundärrecht neue Primärrechtsinhalte: Münchhausen-Effekt!). Daher hat die Mangold-Entscheidung Bedeutung weit über das Befristungsrecht und die Altersdiskriminierung hinaus für alle in den genannten (oder künftigen?) RiLi aufgeführten unzulässigen Differenzierungsmerkmale. Kritik an der Vermengung der Ebenen des Primär-, Sekundär- und nationalen Rechts bei Fischinger ZEuP 2011, 201, 206 f. Zur Anwendung ausländischen Rechts → Rn. 61. **Deutsches**
31 **Recht: a)** Das **GG** enthält in Art. 9 III 2 eine unmittelbar geltende arbeitsrechtliche Vorschrift. Nach BAG und BVerfG können andere Grundrechte auf Grund „Drittwirkung", etwa über Generalklauseln wie § 242, Anwendung im Privatrechtsverkehr finden (BAGE 48, 134 f.; zu einzelnen Grundrechten des AN: Oetker RdA 2004, 8 ff.; zur unmittelbaren und mittelbaren Drittwirkung in der Rechtsprechung Linnenkohl ua BB 1988, 57 ff.). Verfassungswidrige Tarifvertragsbestimmungen sind nichtig (vgl. BAG NJW 1986, 1007: Ehefrauenzulage). Als Ausprägung des Gleichheitssatzes wird auch die Pflicht des AG zur „Gleichbehandlung" im Arbeitsverhältnis (**Benachteiligungsverbot, arbeitsrechtlicher Gleichbehandlungsgrundsatz,** s. BAG NZA 2015, 222 Rn. 18) gesehen (Wiedemann FS BAG, 2004, 265; BAG NJW 1982, 461 mwN; NZA 1994, 788: Abfindungen; BGH NJW 1995, 1310; BAG NJW 2007, 2939: Gleichbehandlung bei freiwilliger Lohnerhöhung nach Betriebsübergang; BAG NZA 2011, 693: Darlegungslast des AG bei freiwilliger Entgelterhöhung für bestimmte ANgruppen; BAG NZA 2008, 99: Abschluss eines beamtenähnlichen Arbeitsvertrags [zu § 611a aF], BAG NJW 2007, 3801; 2003, 3150: Weihnachtsgratifikation; BAG NJW 2015, 3326: Zur Begründung eines Anspruchs auf jährliche Sonderzahlung, deren Höhe im Ermessen des AG liegt, infolge betrieblicher Übung reicht eine drei Jahre in Folge geleistete Sonderzahlung in unterschiedlicher Höhe; BAG NZA 1595, 1596 Rn. 21: Keine Konkretisierung der Anspruchshöhe durch gleichbleibende Ausübung des Leistungsbestimmungsrechts über einen längeren Zeitraum, wenn Arbeitsvertrag die Höhe einer Sonderzahlung ins Ermessen des AG stellt). Der arbeitsrechtliche Gleichbehandlungsgrundsatz gebietet AG, der Teilen seiner Arbeitnehmer freiwillig nach einem bestimmten erkennbaren generalisierenden Prinzip Leistungen gewährt, Gruppen von Arbeitnehmern, die sich in gleicher oder vergleichbarer Lage befinden, gleich zu behandeln. Es bedarf eines kollektiven Bezugs dieses Prinzips (BAG NZA 2015, 115 Rn. 20). Willkürliche Schlechterstellung einzelner Arbeitnehmer innerhalb einer Gruppe als auch eine sach-

fremde Gruppenbildung ist nicht gestattet (BAG NZA 2015, 115 Rn. 20 ff.; NZA 2011, 1426 Rn. 23 mN). Bei Entgeltbemessung hat individuelle Vertragsfreiheit Vorrang. Nur, wenn Entgelt nach generalisierendem Prinzip berechnet wird, etwa bei einer Erhöhung, gilt Gleichbehandlungsgrundsatz (BAG NZA 2015, 222 Rn. 21; NZA-RR 2012, 530 Rn. 57). Zum Anspruch auf das gleiche Entgelt nach dem **EntgTranspG** → § 612 Rn. 8. Voraussetzung für arbeitsrechtlichen Gleichbehandlungsgrundsatz ist, dass AG durch ein eigenes gestaltendes Verhalten ein eigenes „Regelwerk" oder eine eigene Ordnung geschaffen hat. Dieser Grundsatz erweitert den Anwendungsbereich einer Anspruchsgrundlage für bestimmte AN auch für andere, gleich zu behandelnde AN (BAG NZA 2015, 115 Rn. 20; NZA-RR 2014, 263 Rn. 76). Bei Inhaltskontrolle von Arbeitsverträgen ist bei Klauseln mit kollektivem Bezug genannter Grundsatz zu beachten (BAG NZA 2015, 115 Rn. 24 ff. mN). Zu Grenzen des Gleichbehandlungsgrundsatzes sa BAG NZA 2012, 31; 2012, 618; da bei Tarifverträgen verfassungsrechtlich Verhandlungsparität unterstellt wird, gilt arbeitsrechtlicher Gleichbehandlungsgrundsatz weder hinsichtlich Tarifvereinbarungen noch schuldrechtlicher Vereinbarungen von Tarifvertragsparteien, selbst wenn dadurch zu Gunsten Dritter (zB Gewerkschaftsmitgliedern) ein Leistungsanspruch (zB auf Leistung einer Erholungsbeihilfe) begründet wird (BAG NZA 2015, 115 Rn. 28 ff. mN). Gleichbehandlungsgebot erlaubt höheres Arbeitsentgelt, falls Arbeitsplatz anders nicht zu besetzen, BAG BB 1996, 855 (sachlicher Differenzierungsgrund); sa BVerfG BB 1992 Beil. 3, S. 6 (Nachtarbeitsverbot für Frauen verfassungswidrig); als ges. Regelung s. §§ 6 ff. AGG, 75 I 1 BetrVG idF des Art. 3 III Gesetz zur Umsetzung europäischer RiLi zur Verwirklichung der Gleichbehandlung vom 14.8.2006 (BGBl. 2006 I 1897). Zur Gleichbehandlungspflicht nach dem AGG (→ Rn. 32) → § 611 Rn. 30 und §§ 7 ff. AGG. Das AGG schreibt in seinem Anwendungsbereich für **Beschäftigungsverhältnisse** – darunter fallen insbes. Arbeitsverhältnisse – in §§ 6–18 AGG (BGH NJW 2019, 2086, 2087 Rn. 22 ff.: erfasst ist in europarechtskonformer Auslegung des AGG auch GmbH-Fremdgeschäftsführer) und für **selbstständige Dienstverträge** (→ Vor § 611 Rn. 3, 18) in den §§ 2–5, 19 ff. AGG Benachteiligungsverbote wegen bestimmter Gründe vor. Daneben keine aus Art. 3 GG abzuleitende Anspruchsgrundlage „gleicher Lohn für gleiche Arbeit", BAG ZIP 2000, 1680, näher → § 612 Rn. 8, → § 611 Rn. 30. Zum Geltungsbereich des Gleichbehandlungsgrundsatzes im Betrieb, Unternehmen und Konzern: Bepler NZA 2004, Sonderbeilage zu Heft 18, 3 ff.; zur Unvereinbarkeit des § 9 I Alt. 1 AGG mit RiLi 2000/78/EG nach EuGH v 17.4.2018 (Rs. C-414/16 – Egenberger) und zur unionsrechtskonformen Auslegung des § 9 I Alt. 2 AGG s. BAG NZA 2019, 455. **b)** IÜ sind die ges. Grundlagen des Arbeitsrechts stark **32**
zersplittert. Außer dem Dienstvertragsrecht des **BGB** enthalten **GewO** (allg. → Rn. 2, auszugsweise abgedruckt → Rn. 62) und **HGB** (für kaufmännische Angestellte und Handelsvertreter) Vorschriften des Individualarbeitsrechts. Von großer Bedeutung ist das **AGG.** § 1 AGG zählt die in Art. 19 I AEUV genannten Diskriminierungsgründe auf. Europarechtlich in nationales Recht umzusetzen waren nur „Rasse", „ethnische Herkunft" und „Geschlecht" sowohl im beschäftigungsrechtlichen Bereich (Abschnitt 2 des Ges.) als auch im zivilrechtlichen (Abschnitt 3), die sonstigen Gründe nur im beschäftigungsrechtlichen Bereich. Mit dieser „1:1-Umsetzung" hat sich der Gesetzgeber nicht begnügt, sondern – wie schon in früheren Entwürfen eines Antidiskriminierungsgesetzes, zB BT-Drs. 14/4538 – die sonstigen Merkmale (ausgenommen die Weltanschauung) auch für bestimmte Teile des zivilrechtlichen Bereichs als relevant bestimmt (s. § 19 I, II). Das AGG ist seit dem 18.8.2006 in Kraft, zum zeitlichen Anwendungsbereich s. § 33 AGG. Es ist auch auf selbstständige und unselbstständige Dienstverträge anwendbar. Für Beschäftigungsverhältnisse, insbes. Arbeitsverhältnisse (s. bei § 6 AGG) und gleichgestellte Verhältnisse (nur im Rahmen des § 6 III AGG auch freie Dienstnehmer und Organpersonen) enthalten die §§ 6–18 AGG besondere Vorschriften. Beschäftigte dürfen aus Gründen der Rasse oder wegen der ethnischen Herkunft, des Geschlechts, der Religion oder Weltanschauung, einer Behinderung, des Alters oder der sexuellen Identität nicht

benachteiligt werden (§ 7 AGG). Für alle anderen Dienstnehmer (also nicht für Personen iSv § 6 AGG) gilt das allgemeine zivilrechtliche Benachteiligungsverbot des § 19 AGG. → Rn. 31, → § 611 Rn. 46 und die Kommentierungen zu dem AGG. Daneben regeln eine Fülle von Gesetzen arbeitsrechtliche Fragen, insbes. den Schutz der AN. Sie sind zugänglich in speziellen **Gesetzessammlungen,** zB Nipperdey, Arbeitsrecht (Loseblattsammlung) und Zusammenstellungen der wichtigsten arbeitsrechtlichen Vorschriften, zB Arbeitsgesetze, dtv 5006, eingeleitet von Richardi;
33 → Rn. 41 ff. **c)** Neben dem gesetzten Recht kommen **Gewohnheitsrecht** (BAG NJW 1963, 1996) und **Richterrecht** große Bedeutung zu (dazu Hanau/Adomeit
34 B I 9). **d)** Dem Arbeitsrecht eigentümliche Rechtsquellen sind die Kollektivvereinbarungen **Tarifvertrag, Betriebsvereinbarung** und **Dienstvereinbarung.** So begründet ein Tarifvertrag nicht nur zwischen Tarifvertragsparteien (§ 2 TVG) schuldrechtliche Beziehungen, sondern setzt in seinem **normativen Teil** für seinen Geltungsbereich obj. Recht für Inhalt, Abschluss oder Beendigung von Arbeitsverhältnissen, § 4 TVG. Zur **Allgemeinverbindlicherklärung** und ihrer Vereinbarkeit mit dem GG s. BVerfGE 44, 322 ff. Auch eine Betriebsvereinbarung (zwischen AG und Betriebsrat, § 77 II 1 BetrVG) oder eine Dienstvereinbarung (zwischen Dienststelle und Personalrat, § 73 BPersVG) kann Bestimmungen enthalten, die normativ auf die Einzeldienstverhältnisse einwirken („innerbetriebliche Rechtsetzung“, s. Wal-
35 termann § 36, § 77 IV 1 BetrVG, §§ 73, 75 III, 76 II BPersVG). **e)** In den von den zwingenden Regeln dieser Rechtsquellen gezogenen Schranken kann das Dienstverhältnis schließlich durch Parteivereinbarung ausgestaltet werden (hierzu Zöllner AcP
36 176, 224 ff.): **aa)** Wie bei sonstigen Verträgen werden auch Dienstverträgen Standardbedingungen **(AGB)** zugrunde gelegt, die **„allg. Arbeitsbedingungen“** oder „vertragliche Einheitsregelungen“. Der Arbeitsvertrag unterfällt gem. § 310 III Nr. 2 auch dann der Kontrolle der §§ 305c II, 306 ff., wenn der vorformulierte Inhalt nicht zur mehrmaligen Verwendung bestimmt ist und daher keine AGB-Qualität hat, s. BAG NJW 2005, 3305 ff., 3309; NZA 2012, 1089 f. (zur Kontrolle nach § 307); NZA 2015, 1002; NJW 2016, 1195 Rn. 13 f. (Abwicklungsvertrag). Zur AGB-Kontrolle der Befristung von Arbeitsvertragsbedingungen BAGE 154, 354; NZA 2016, 441, 814. Kollektivrechtlich ausgehandelte Vertragsabreden sind AGB (BAG NZA 2009, 896; BeckRS 2012, 73033 Rn. 29 zum Entgeltrahmentarifvertrag Deutsche Telekom AG). Bei der AGB-Kontrolle sind arbeitsrechtliche Besonderheiten „angemessen zu berücksichtigen“, § 310 IV 2, dazu → § 310 Rn. 13 ff. Dazu, ob AN Verbraucher (s. § 310 III) ist, s. BAG NJW 2005, 3305, 3309; NZA 2012, 1089; NZA 2015, 1002, → § 310 Rn. 16. Abweichungen von Tarifverträgen, Betriebs- oder Dienstvereinbarungen s. §§ 310 IV 3, 307 III 1, aber mE nur, soweit direkt geltend – nicht
37 genereller Standard außerhalb des Geltungsbereichs, str. **bb)** Als stillschweigend vereinbarte Inhaltsgestaltung von Arbeitsverträgen wird von der Rspr. die **„betriebliche Übung“** gesehen (BAG DB 1972, 1168; sa BGH NJW 1983, 1190; BAG NZA 1984, 256; Einzelheiten s. Seiter, Die Betriebsübung, 1967, § 4 B; Hromadka NZA 1984, 241; Kettler NJW 1998, 435 – auch zur dogmatischen Deutung als Vertrauenshaftung oder vertragliche Regelung –; Waltermann RdA 2006, 257). Betriebliche Übung ist die regelmäßige Wiederholung bestimmter Verhaltensweisen des AG, aus denen die AN schließen können, ihnen solle eine Leistung oder eine Vergünstigung auf Dauer eingeräumt werden (BAG NZA 2021, 1794 Rn. 39). Eine betriebliche Übung begründet nach der Vertragstheorie keine Individualabrede (BAG NZA 2008, 1233), sondern AGB (BAG NZA 2009, 49; NJW 2012, 2683). Die durch den AG angebotene Vertragsänderung (zB durch Gewährung von Gratifikationen, Ruhegehalt ua Leistungen) muss jedoch für den AN bei obj. Auslegung die Bindungsabsicht zum Ausdruck gebracht haben, damit seine Annahme eine Vertragsänderung bewirken kann (BAG NJW 1971, 164); Entstehung betrieblicher Übung durch Anhebung der Entgelte der Beschäftigten entsprechend der Tarifentwicklung in einem bestimmten Tarifgebiet nicht ohne weiteres, wenn der AG die Entgelte freiwillig – also ohne rechtliche Verpflichtung aufgrund von Tarifgebundenheit – erhöht hat (BAG NZA 2019, 106; NZA 2019, 989); einzelfallbezogene Beurteilung bei Jubiläumszuwen-

dung (bejaht: BAG DB 2008, 1808; aber verneint: BAG NJW 2004, 3652); sa Etzel NJW 1998, 1197 (Rspr.- Bericht); Änderung und Aufgabe betrieblicher Übung durch Änderungsabrede oder -kündigung, s. BAG NZA 2008, 1233; NZA 2010, 283. Keine Änderung mehr durch gegenläufige betriebliche Übung s. BAG NZA 2012, 350; NJW 2009, 2475, s. hierzu Boemke JuS 2009, 1061. (Nach früherer Rspr. – s. zB BAG NJW 2000, 308 – war Änderung durch widerspruchslose Hinnahme während 3 Jahren – zB: Hinzufügen eines Freiwilligkeitsvorbehalts bei Weihnachtsgeld – noch anerkannt.) Ein Blankettangebot ist annahmefähig; die Ausfüllung der Zusage kann durch den AG im Rahmen der Billigkeit, § 315 I, oder – bei Untätigkeit des AG – durch das Gericht nach § 315 III 2 erfolgen, BAG BB 1975,
1114. **cc)** Inhaltsgestaltend kann auch die Bezugnahme auf einen Tarifvertrag wirken, 38
der mangels Tarifgebundenheit nicht normativ auf das betr Arbeitsverhältnis einwirkt, s. § 622 IV 2; zur Auslegung solcher Bezugnahmeklauseln s. BAG NZA 2019, 543;
BAG NZA 2019, 1592; 2018, 1630. **dd)** Die Selbstordnungs- und Selbstverwaltungs- 39
garantie der Kirchen (Art. 140 GG, 137 Weimarer Reichsverfassung) ermöglicht es, kirchlichen Mitarbeitern besondere Loyalitätspflichten sowie Verschärfung der Loyalitätsobliegenheiten von Arbeitnehmern in leitender Stellung aufzuerlegen. Das kirchliche Selbstbestimmungsrecht wird von der Rechtsordnung gewährt („Dritter Weg", sa BAG NZA 2020, 379), ist aber Grenzen unterworfen, auch durch Art. 4 GG (Religionsfreiheit des AN) (s. BVerfG NZA 2014, 1387 ff. Rn. 82 ff.; NJW 1986, 367; dazu Rüthers NJW 1986, 356; Pahlke NJW 1986, 350). Daher ist die **Kündigung** des geschiedenen Chefarztes eines kirchlichen Krankenhauses wegen seiner **Wiederverheiratung** ungerechtfertigt (s. zu diesem Fall BAG NZA 2012, 443; BVerfG NZA 2014, 1387; EuGH NZA 2018, 1187, BAG NZA 2019, 901). S. BAG NZA 2014, 1407 zu Verbot von **Kopftuch** in christlicher Einrichtung. BVerfG NZA 2014, 1387 verlangt zweistufige Prüfung: (1) Tätigkeit als Teil des kirchlichen Sendungsauftrags (zB Krankenbehandlung als Teil des Sendungsauftrags der röm.-kath. Kirche) (2) Konkordanzabwägung (zB Gewichtung der Interessen bei Entscheidung gem. § 1 II KSchG) (BVerfG NZA 2014, 1387 Rn. 142 ff., 162 ff.). Zum Rechtsweg bei Gehaltsklagen eines Offiziers der Heilsarmee s. OLGR Köln 2002, 397. Auch Art. 8 EMRK setzt dem kirchlichen Selbstbestimmungsrecht Grenzen (EGMR NZA 2011, 277, EGMR NZA 2011, 279; EGMR NZA 2015, 537; zu Unterschieden in der Rspr. des EGMR und des BVerfG s. Preis/Temming, Arbeitsrecht Rn. 635 f.); zur Diskriminierung bei der Einstellung durch kirchliche Arbeitgeber wegen **Konfessionslosigkeit** s. EuGH NZA 2018, 659; zur Kündigung wegen Wiederverheiratung s. EuGH NZA 2018, 1187; s. dazu die Analyse bei Preis/Temming, Arbeitsrecht Rn. 637 ff. Im Verfahren des so genannten Dritten-Wegs zustande gekommene kirchliche Arbeitsrechtsregelungen sind zwar AGB. Sie sind aber grundsätzlich wie Tarifverträge nur daraufhin zu untersuchen, ob sie gegen die Verfassung, gegen anderes höherrangiges zwingendes Recht oder die guten Sitten verstoßen. Dies gilt jedoch nicht, wenn ein kirchlicher Arbeitgeber die kirchlichen Arbeitsrechtsregelungen nur teilweise vertraglich in Bezug nimmt oder sich gänzlich von ihnen löst und ein eigenes Vertragswerk erstellt. Es handelt sich dann um außerhalb des Dritten-Wegs zustande gekommene AGB, die uneingeschränkt nach den
§§ 305 ff. zu kontrollieren sind (BAG NZA 2020, 379, 382 Rn. 33). **f) Rangord-** 40
nung: *Zwingendes Gesetzesrecht*, zwingende Bestimmungen eines Tarifvertrages, zwingende Bestimmungen einer Betriebsvereinbarung, vereinbarte Bestimmungen des Arbeitsvertrages, abdingbare Bestimmungen einer Betriebsvereinbarung, abdingbare Bestimmungen eines Tarifvertrages, abdingbare Gesetzesbestimmungen. Der Vorrang der normativen Bestimmungen eines Tarifvertrages oder einer Betriebsvereinbarung vor vertraglichen Vereinbarungen gilt aber nur, soweit nicht letztere dem AN günstiger sind (Günstigkeitsprinzip, § 4 III TVG; BAG BB 1990, 1841; sa Löwisch BB 1991, 59; zum sog. Sachgruppenvergleich BAG NZA 2015, 1274). Zum Verhältnis Tarifvertrag – Betriebsvereinbarung s. § 77 III BetrVG.

3. Ges. ANschutzrecht. ANschutz war und ist treibendes rechtspolitisches 41
Motiv der Entwicklung und Entfaltung des Arbeitsrechts. Ges. Vorschriften zum

Schutz der AN stellen deshalb einen großen Teil des Arbeitsrechts dar. Dabei lassen sich Rechtsvorschriften unterscheiden, die direkt auf den Schutz des AN zugeschnitten sind, und solche, die allgemeinere Ziele verfolgen, in der Praxis aber vor allem als Schutzvorschriften zugunsten von AN wirken, zB GerSichG. Direkt AN-Schutz bezweckende Vorschriften wirken einmal als hoheitliche Anordnungen, deren Befolgung den Schutz des Begünstigten als Reflex eintreten lässt und deren Verletzung staatliche Sanktionen (zB Bußgelder) und evtl. Schadensersatzansprüche aus § 823 II auslösen kann. Sie können aber auch dem Geschützten subj. Rechte gegenüber dem zur Schutzgewährung Verpflichteten geben, die technisch als zwingende Ausgestaltung des Arbeitsverhältnisses, dh als vom Begünstigten erzwingbare (meist vertragliche) Ansprüche bestimmten Inhalts konstruiert werden. Als allg. Teil des Arbeitsschutzrechts ist das ArbSchG zu sehen, das auf eine EG-Rahmenrichtlinie zurückgeht; seine allg. Vorschriften werden durch das bestehende Arbeitsschutzrecht ausgefüllt und ergänzt, s. Vogel NJW 1996, 2753 ff. Nach Zweck und Geltungsbe-
42 reich lassen sich folgende Schutzvorschriften unterscheiden: **a) Betriebsschutz.** Bezweckt ist Sicherung der Gesundheit des AN im Betrieb. Bsp. solcher Normen ArbSchG; iÜ sind die ges. Regelungen zahlreich und weit verstreut. Das BeschäftigtenschutzG ist seit dem 18.8.2006 aufgehoben; es wurde durch das AGG abgelöst
43 (noch → § 611 Rn. 40). **b) Arbeitszeitschutz.** Beschränkung der Höchstarbeitszeit und obligatorische Ruhezeiten dienen ebenfalls dem Gesundheitsschutz, s. ArbeitszeitG. Bsp: LadenschlussG, der früher einschlägige § 105b GewO wurde zum 1.1.2003 aufgehoben (s. für GewO nF → Rn. 62). AG hat Pflicht zur Einrichtung eines effektiven **Arbeitszeiterfassungssystems** (EuGH – Rs. C-55/18 Federación de Servicios de Comisiones Obreras [CCOO] ./. Deutsche Bank SAE, NJW 2019, 1861). Die AG-Pflicht zur Erfassung von Beginn und Ende der täglichen Arbeitszeit einschließlich der Überstunden folgt – bei unionsrechtskonformer Auslegung – aus § 3 II Nr. 1 ArbSchG. Sie betrifft die Arbeitszeit derjenigen AN, für die Gesetzgeber nicht auf der Grundlage von Art. 17 I der Richtlinie von Art. 3, 5, 6 lit. b der Richtlinie abgewichen ist. Erfassung muss nicht elektronisch erfolgen und kann auf
44 AN delegiert werden (BAG NZA 2022, 1616). **c) Kündigungsschutz.** Erschwerung (zB auch durch Abfindungsregeln oder Abfindungspraxis) oder Ausschluss der dem Dauerschuldverhältnis „Dienstvertrag" an sich wesenseigenen Lösungsmöglichkeit ist angesichts der sozialen Abhängigkeit des AN von einem konkreten Beschäftigungsverhältnis rechtspolitische Notwendigkeit. Das KSchG normiert allg. den erwünschten Kündigungsschutz; daneben gelten für bestimmte ANgruppen spezielle Vorschriften, → § 620 Rn. 1. Flankierend TzBfG durch **Befristungs-** und **Bedin-**
45 **gungsschutz,** → § 620 Rn. 1, 3. **d) Arbeitsplatzschutz** ist für Situationen geregelt, in denen der AN auf Grund gesamtgesellschaftlicher Verpflichtungen seine Arbeitspflicht vorübergehend nicht erfüllen kann. Bsp: Wehrdienst (§§ 1–6
46 ArbPlSchG). **e)** Die genannten Bereiche des Arbeitsschutzes betreffen vielfach auch **bes. schutzbedürftige Personengruppen,** zB **aa) Jugendschutz:** Durch Verbot der Kinderarbeit, begrenzte Arbeitszeiten, verlängerten Urlaub, bestimmte Beschäftigungsverbote und erhöhte Fürsorgepflichten will vor allem das JArbSchG den gebotenen Schutz von Kindern und Jugendlichen vor schädlichen Belastungen durch unangemessene Arbeitsanforderungen erreichen, Ausn.: KinderarbeitschutzVO
47 (BGBl. 1998 I 1508). Einzelheiten Schaub/Vogelsang § 161. **bb) Eltern- und Mutterschutz:** MuSchG ua Vorschriften enthalten Schutznormen, die den biologischen Sonderbelastungen (Bsp: Beschäftigungsverbote für werdende und stillende Mütter, §§ 3, 4, 6, 8 MuSchG) Rechnung tragen. Elternzeit: Seit dem 1.1.2007 gilt Bundeselterngeld- und ElternzeitG (BEEG) v. 5.12.2006 (BGBl. I 2748). Nur rollenbedingte Privilegien können jedoch gegen Art. 3 II GG verstoßen, vgl. BVerfGE 52,
48 374 ff. (Hausarbeitstag). **cc) Schwerbehinderte** und Gleichgestellte werden durch Einstellungsverpflichtungen, Beschäftigungsvorschriften (s. Generalklausel § 106 S. 3 GewO, → Rn. 62) und Arbeitsschutzregeln sowie Kündigungsschutz im SGB IX (Rehabilitation und Teilhabe behinderter Menschen) (früher SchwbG) geschützt. – Schutz **pflegender Angehöriger** durch PflegeZG vom 28.5.2008

(BGBl. I 874, 896]); zum einmaligen Gestaltungsrecht des AN wegen Pflegezeit s. BAG NJW 2012, 1244. **dd)** Für **Heimarbeiter** und Hausgewerbetreibende sieht das HeimarbG Arbeitsschutz, Gefahrenschutz und Entgeltschutz vor. Zur ordnungspolitischen Neuorientierung und Nutzung des sozialen Schutzkonzepts der Heimarbeit für die Bewältigung der neuen Erscheinungsformen des digitalen home office s. instruktiv Preis, Soziales Recht 2017, 173, 178 ff.; Deinert RdA 2018, 359.
f) Mindestlohn. S. Lit. vor § 631. Einzelne Tarifverträge und spezielle gesetzliche 49
Regelungen sehen Mindestentgelte vor (s. zB zur Pflegearbeitsbedingungenverordnung BAG BB 2015, 510 Rn. 12 mN). Das Gesetz zur Regelung eines allg. Mindestlohns (Mindestlohngesetz – MiLoG) vom 11.8.2014 (BGBl. I 1348) schreibt in § 1 II 1 MiLoG allg. einen Mindestlohn vor. Die Höhe des Mindestlohns kann auf Vorschlag einer ständigen Kommission der Tarifpartner (Mindestlohnkommission) alle zwei Jahre durch Rechtsverordnung der Bundesregierung geändert werden (§§ 1 II 2, 4–12 MiLoG). Seit dem 1.10.2022 beträgt der Mindestlohn 12 EUR pro Zeitstunde (§ 1 II MiLoG). Über eine Anpassung des Mindestlohns hat die Mindestlohnkommission bis zum 30.6.2023 mit Wirkung zum 1.1.2024 zu beschließen (§ 9 I 1 MiLoG). Soweit Vereinbarungen einen geringeren Mindestlohn vorsehen, seine Geltendmachung beschränken oder ausschließen, sind sie nach § 3 MiLoG unwirksam. § 1 I MiLoG formuliert einen eigenständigen gesetzlichen Anspruch, der als Differenzanspruch neben dem (den Mindestlohn unterschreitenden) vertraglichen Vergütungsanspruch Bedeutung gewinnen kann, BAG NJW 2016, 3323; 2016, 3675; NJW 2018, 489: Mindestlohn auch während Bereitschaftszeit. Eine Verwirkung (→ § 242 Rn. 54) ist danach ausgeschlossen. AN kann nur mittels Gerichtsvergleich verzichten. Mindestlohn dient als Grundlage zur Berechnung von Entgeltfortzahlung bei Feiertagen, Krankheit und Urlaub, BAG NJW 2018, 1416, und Nachtarbeitszuschlag, BAG NJW 2018, 2745. Nach § 22 I 1 MiLoG ist Gesetz anwendbar auf AN (→ Vor § 611 Rn. 3), unter Voraussetzungen § 22 I 2, 3 MiLoG auch auf Praktikanten iSv § 26 BerufsbildungsG. Nicht anwendbar (§ 22 II–IV MiLoG) auf Auszubildende, Ehrenamtliche, bestimmte Langzeitarbeitslose und ungelernte Beschäftigte unter 18 Jahren. Intertemporale Anwendbarkeit regelt § 24 MiLoG. Ab 1.1.2017 gilt MiLoG ausnahmslos. Zur Anrechnung von Trinkgeld (→ § 516 Rn. 19) auf Mindestlohn → Vor § 611 Rn. 62; zur Anrechnung von Sonn- und Feiertagszuschlägen als Arbeitsentgelt s. BAG NZA 2018, 781.

**4. Ges. Vorschriften für bestimmte berufliche Tätigkeiten. a) Ange- 50
stellte:** Für Arbeiter und Angestellte gelten vielfach (s. zB EFZG, → § 616 Rn. 2) dieselben arbeitsrechtlichen Normen; Differenzierungen idR verfassungsrechtlich bedenklich, § 622 aF musste deshalb neugefasst werden (s. dort). Die Unterscheidung, soweit sie relevant ist, kann im Zivilrecht schwierig sein (zur Abgrenzung Arbeiter – Angestellte s. Mayer-Maly, Arbeiter und Angestellte, 1969). Für Angestellte wird auch heute noch die kaufmännische oder Büroarbeit oder eine leitende Tätigkeit als typisch angesehen (s. § 3 AVG). Eine bes. Gruppe bilden die **leitenden Angestellten,** für die teilw. ges. Sonderregeln gelten, vgl. § 5 III BetrVG, § 3 MitBestG, §§ 14, 17 II KSchG. Ihre Tätigkeit ist durch die Übernahme von beachtlichen unternehmerischen Teilaufgaben (BAG NJW 1974, 965 mwN) mit eigenem erheblichem Entscheidungsspielraum (BAG NJW 1975, 799; BB 1976, 414) geprägt. Risikoträger bedeutender Kredit- und Finanzdienstleistungsinstitute werden hinsichtlich des Kündigungsschutzes mit leitenden Angestellten nach § 25a Va KWG
gleichgestellt, **b) Gewerbliche Arbeitsverhältnisse:** Die speziellen Vorschriften 51
der §§ 105a ff., 133c GewO wurden mit Wirkung zum 1.1.2003 aufgehoben. §§ 105–110 GewO regeln jetzt allgemeine arbeitsrechtliche Grundsätze, die für alle
AN gelten, → Rn. 62. **c) Kaufmännische Arbeitsverhältnisse:** Kaufmännische 52
Dienste in einem Handelsgewerbe, dh für einen Kaufmann als Dienstberechtigten,
sind geregelt in §§ 59–75h HGB. **d) Arbeitsverhältnisse im Bergbau:** Die spezi- 53
ellen Vorschriften der §§ 105b, 154a GewO wurden mit Wirkung zum 1.1.2003 aufgehoben; ua BBergG enthält Arbeitsschutzvorschriften. **e) Bei Schiffsbesatzun-**

gen gelten für das **Heuerverhältnis** (Dienstverhältnis) in der Binnenschifffahrt Sonderbestimmungen des BinnSchG (§§ 7, 21–25 BinnSchG), in der Seeschifffahrt das SeeArbG, in der Rheinschifffahrt ist das Abkommen über Arbeitsbedingungen der
54 Rheinschiffer zu beachten. **f)** Dienstverhältnisse von **Hausangestellten,** dh Personen, die in die häusliche Gemeinschaft des Dienstberechtigten aufgenommen sind und Dienste für seinen Haushalt leisten (hauswirtschaftliche, zB Putzen; persönliche, zB Kinderbetreuung), werden vorwiegend vom BGB geregelt; MuSchG, JArbSchG (dazu → Rn. 46), BUrlG gelten. **Heimarbeiter** → Rn. 48.

55 **5. Ausbildungsverhältnisse.** Sie sind Dienstverhältnisse (str.), bei denen die Dienstleistungspflicht durch den Ausbildungszweck begrenzt und inhaltlich bestimmt ist, und in denen der Dienstberechtigte nicht nur Vergütung, sondern Vermittlung einer fachlichen Ausbildung schuldet (Hauptzweck ist Ausbildung). Neben BBiG gilt das allg. Recht für Arbeitsverträge, insbes. das ANschutzrecht, § 3 II BBiG. Das BBiG gilt für **a) Lehrverhältnisse;** ferner auf Grund § 19 BBiG
56 für **b) Volontärverhältnisse** (dazu Schmidt BB 1971, 622 und AR-Blattei D I), **c) Praktikantenverhältnisse** (dazu Schmidt BB 1971, 313 und AR-Blattei D I); **d)** für **Fortbildungsverhältnisse** s. §§ 1 III, 46 BBiG, ferner Schmidt BB 1971, 44; für Umschulungsverpflichtungen s. BAG AP Nr. 2, 47 zu § 611 – Ausbildungs-
57 beihilfe; **e) Anlernverhältnis** kann unter das BBiG fallen, falls sein Zweck primär auf Erwerb bestimmter beruflicher Fähigkeiten gerichtet ist; „Anlernen" bei Gelegenheit eines normalen Arbeitsverhältnisses fällt nicht unter das BBiG. Zur Rückzahlung von Ausbildungskosten BAG BB 1980, 1470 (Hinweispflicht und Unzumutbarkeit); zu AGB-Klausel über Rückzahlung von Ausbildungskosten nach Eigenkündigung durch AN s. BAG NZA 2012, 738 (mAnm Jesgarzewski RdA 2013, 52 ff.); sa BGH NJW 2010, 57 (Inhaltskontrolle von Erlassklauseln), dazu Schönhöft NZA-RR 2009, 625.

58 **6. Arbeitsgerichtsbarkeit. Lit.:** Grunsky/Waas/Benecke/Greiner, Kommentar zum Arbeitsgerichtsgesetz, 8. Aufl. 2014; Germelmann/Mattes/Prütting, Kommentar zum Arbeitsgerichtsgesetz, 9. Aufl. 2017. Mit den „Gerichten für Arbeitssachen" steht ein bes. Zweig der Zivilgerichtsbarkeit offen. Zuständigkeit, Aufbau und Verfahren sind geregelt im ArbGG. **a) Zuständigkeit** s. §§ 2, 2a, 3 ArbGG. BAG NZA 2020, 67: Keine – auch nicht analoge – Anwendbarkeit auf bürgerliche Rechtsstreitigkeiten zwischen den Entsendeorganisationen und den Freiwilligen des entwicklungspolitischen Freiwilligendienstes; BAG NZA 2019, 490: GmbH-Fremdgeschäftsführer ist keine arbeitnehmerähnliche Person. Arbeitsgerichtsbarkeit ist nicht
59 für Kündigungsschutzklage des Fremdgeschäftsführers zuständig. **b) Aufbau:** Arbeitsgerichte, Landesarbeitsgerichte, BAG. In allen drei Instanzen treten zu den Berufsrichtern Beisitzer, die je zur Hälfte AG und AN angehören und von den obersten Landesbehörden auf die Dauer von 4 Jahren berufen werden (Einzelheiten §§ 20, 37, 43 ArbGG). **c) Parteifähigkeit, Prozessvertretung:** §§ 10, 11 ArbGG.
60 **d) Verfahrensarten:** Das Urteilsverfahren, §§ 46–79 ArbGG, findet in bürgerlichen Rechtsstreitigkeiten statt, § 2 V ArbGG. Das Beschlussverfahren, §§ 80–100 ArbGG, ist für betriebsverfassungsrechtliche Streitigkeiten eröffnet, § 2a II ArbGG. Das Schiedsverfahren, §§ 101–110 ArbGG, ist nur für die in § 101 ArbGG genannten bürgerlichen Rechtsstreitigkeiten zugelassen. Zum einstweiligen Rechtsschutz im Arbeitsgerichtsprozess: Walker ZfA 2005, 45.

61 **7. IPR.** Maßgebend ausdrückliche oder stillschweigende **Parteiwahl,** Art. 3 Rom I-VO (bei Arbeitsverträgen: Art. 3, 8 I Rom I-VO) (→ vor Rom I-VO Rn. 14 ff., 22); keine Rückverweisung, Art. 20 Rom I-VO. Einschränkung der Parteiwahl jedoch durch **zwingende Schutzvorschriften,** s. Art. 9 Rom I-VO (bei Arbeitsverträgen: Art. 8 I Rom I-VO) (EuGH IPRax 2018, 207 mAnm Roth 177; BAG BeckRS 2019, 35057 mAnm Mankowski AP GVG § 20 Nr. 15; → vor Rom I-VO Rn. 21, 53), zur IPR-Problematik Junker IPRax 1989, 69. Mangels Rechtswahl gilt Recht des Ortes, an dem Dienstleister seinen gewöhnlichen Aufenthaltsort hat, Art. 4 I b

Rom I-VO. Für Arbeitsverträge das Recht des Ortes, an dem AN Arbeitsleistung verrichtet, Art. 8 II Rom I-VO. Sollte dieser Ort nicht bestimmbar sein, gilt das Recht am Ort der einstellenden Niederlassung, Art. 8 III Rom I-VO. Es sei denn, zu einer anderen Rechtsordnung bestehen ausnahmsweise offensichtlich engere Beziehungen, Art. 4 III bzw. 8 IV Rom I-VO. Zwingende Vorschriften (zB des MuSchG, BundeserziehungsgeldG etc) können über Art. 9 Rom I-VO (→ vor Rom I-VO Rn. 53) auch unabhängig von dem anwendbaren Arbeitsvertragsrecht gelten, s. BAG IPRax 2003, 258 mAnm Franzen 239; Thomale IPRax 2013, 375. Zum fehlenden Charakter der §§ 2, 3 EFZG als Eingriffsnormen idS s. BAG NZA 2012, 1153 f. (noch zu EGBGB 34, aber bereits Bezug nehmend auf Art. 9 Rom I-VO).

8. Gewerbeordnung. Die §§ 105–110 GewO wurden zum 1.1.2003 durch das Ges. v. 24.8.2002 (BGBl. I 3412) neu gefasst. Sie enthalten jetzt für alle AN (zum AN-Begriff → 611a) geltende (§ 6 II GewO) allg. Grundsätze, dazu → Rn. 2. Zu § 105 GewO → Rn. 6, → § 611 Rn. 7; zu § 106 GewO → Rn. 48; zu §§ 107, 108 GewO → § 611 Rn. 31, → § 612 Rn. 1; zu § 109 GewO → § 630 Rn. 1; zu § 110 GewO → § 611 Rn. 27. Zum Verhältnis des § 107 GewO und § 1 MiLoG s. Dommermuth-Alhäuser/Heup NZA 2015, 406. Autoren gehen davon aus, dass Vertragsabrede, wonach das erhaltene Trinkgeld als vom AG zu zahlendes Arbeitsentgelt einzustufen ist, mit § 107 GewO vereinbar sein soll, sofern der Mindestlohn nicht unterschritten und das vom AG selbst gezahlte Trinkgeld im Einzelfall nicht sittenwidrig niedrig sei. Zweifelhaft, da der Mindestlohn eine unmittelbare Leistung des AG für ANtätigkeit ist. Entsprechende funktionale Gleichwertigkeit fehlt bei Trinkgeld als Drittleistung (zu den entsprechenden Anrechnungsvoraussetzungen von AGleistungen beim tarifvertraglichen Mindestlohn in der Abfallbranche s. BAG NZA 2014, 1277 Rn. 39 f.); enge Auslegung erforderlich wegen Umgehungsverbot des § 3 MiLoG (→ Vor § 611 Rn. 49). – Die Normen lauten: 62

Gewerbeordnung (Auszug)

in der Fassung der Bekanntmachung vom 22. Februar 1999 (BGBl. I S. 202),

zuletzt geändert durch Artikel 81 des Gesetzes vom 20. November 2019 (BGBl. I 1626).

§ 6 Anwendungsbereich

(1) Dieses Gesetz findet keine Anwendung auf die Fischerei, die Errichtung und Verlegung von Apotheken, die Erziehung von Kindern gegen Entgelt, das Unterrichtswesen, auf die Tätigkeit der Rechtsanwälte, Patentanwälte und Notare, der nach § 16 des Rechtsdienstleistungsgesetzes im Rechtsdienstleistungsregister eingetragenen Personen, der Wirtschaftsprüfer und Wirtschaftsprüfungsgesellschaften, der vereidigten Buchprüfer und Buchprüfungsgesellschaften, der Steuerberater und Steuerberatungsgesellschaften sowie der Steuerbevollmächtigten, auf den Gewerbebetrieb der Auswandererberater, das Seelotswesen und die Tätigkeit der Prostituierten. Auf das Bergwesen findet dieses Gesetz nur insoweit Anwendung, als es ausdrückliche Bestimmungen enthält; das gleiche gilt für den Gewerbebetrieb der Versicherungsunternehmen, die Ausübung der ärztlichen und anderen Heilberufe, den Verkauf von Arzneimitteln, den Vertrieb von Lotterielosen und die Viehzucht. Ferner findet dieses Gesetz mit Ausnahme des Titels XI auf Beförderungen mit Krankenkraftwagen im Sinne des § 1 Abs. 2 Nr. 2 in Verbindung mit Abs. 1 des Personenbeförderungsgesetzes keine Anwendung.

(1a) § 6c findet auf alle Gewerbetreibenden und sonstigen Dienstleistungserbringer im Sinne des Artikels 4 Nummer 2 der Richtlinie 2006/123/EG Anwendung, deren Dienstleistungen unter den Anwendungsbereich der Richtlinie fallen.

(2) Die Bestimmungen des Abschnitts I des Titels VII finden auf alle Arbeitnehmer Anwendung.

Titel VII. Arbeitnehmer

I. Allgemeine arbeitsrechtliche Grundsätze

§ 105 Freie Gestaltung des Arbeitsvertrages

Arbeitgeber und Arbeitnehmer können Abschluss, Inhalt und Form des Arbeitsvertrages frei vereinbaren, soweit nicht zwingende gesetzliche Vorschriften, Bestimmungen eines anwendbaren Tarifvertrages oder einer Betriebsvereinbarung entgegenstehen. Soweit die Vertragsbedingungen wesentlich sind, richtet sich ihr Nachweis nach den Bestimmungen des Nachweisgesetzes.

§ 106 Weisungsrecht des Arbeitgebers

Der Arbeitgeber kann Inhalt, Ort und Zeit der Arbeitsleistung nach billigem Ermessen näher bestimmen, soweit diese Arbeitsbedingungen nicht durch den Arbeitsvertrag, Bestimmungen einer Betriebsvereinbarung, eines anwendbaren Tarifvertrages oder gesetzliche Vorschriften festgelegt sind. Dies gilt auch hinsichtlich der Ordnung und des Verhaltens der Arbeitnehmer im Betrieb. Bei der Ausübung des Ermessens hat der Arbeitgeber auch auf Behinderungen des Arbeitnehmers Rücksicht zu nehmen.

§ 107 Berechnung und Zahlung des Arbeitsentgelts

(1) Das Arbeitsentgelt ist in Euro zu berechnen und auszuzahlen.

(2) Arbeitgeber und Arbeitnehmer können Sachbezüge als Teil des Arbeitsentgelts vereinbaren, wenn dies dem Interesse des Arbeitnehmers oder der Eigenart des Arbeitsverhältnisses entspricht. Der Arbeitgeber darf dem Arbeitnehmer keine Waren auf Kredit überlassen. Er darf ihm nach Vereinbarung Waren in Anrechnung auf das Arbeitsentgelt überlassen, wenn die Anrechnung zu den durchschnittlichen Selbstkosten erfolgt. Die geleisteten Gegenstände müssen mittlerer Art und Güte sein, soweit nicht ausdrücklich eine andere Vereinbarung getroffen worden ist. Der Wert der vereinbarten Sachbezüge oder die Anrechnung der überlassenen Waren auf das Arbeitsentgelt darf die Höhe des pfändbaren Teils des Arbeitsentgelts nicht übersteigen.

(3) Die Zahlung eines regelmäßigen Arbeitsentgelts kann nicht für die Fälle ausgeschlossen werden, in denen der Arbeitnehmer für seine Tätigkeit von Dritten ein Trinkgeld erhält. Trinkgeld ist ein Geldbetrag, den ein Dritter ohne rechtliche Verpflichtung dem Arbeitnehmer zusätzlich zu einer dem Arbeitgeber geschuldeten Leistung zahlt.

§ 108 Abrechnung des Arbeitsentgelts

(1) Dem Arbeitnehmer ist bei Zahlung des Arbeitsentgelts eine Abrechnung in Textform zu erteilen. Die Abrechnung muss mindestens Angaben über Abrechnungszeitraum und Zusammensetzung des Arbeitsentgelts enthalten. Hinsichtlich der Zusammensetzung sind insbesondere Angaben über Art und Höhe der Zuschläge, Zulagen, sonstige Vergütungen, Art und Höhe der Abzüge, Abschlagszahlungen sowie Vorschüsse erforderlich.

(2) Die Verpflichtung zur Abrechnung entfällt, wenn sich die Angaben gegenüber der letzten ordnungsgemäßen Abrechnung nicht geändert haben.

(3) Das Bundesministerium für Arbeit und Soziales wird ermächtigt, das Nähere zum Inhalt und Verfahren einer Entgeltbescheinigung, die zu Zwecken nach dem Sozialgesetzbuch sowie zur Vorlage bei den Sozial- und Familiengerichten verwendet werden kann, durch Rechtsverordnung zu bestimmen. Besoldungsmitteilungen für Beamte, Richter und Soldaten, die inhaltlich der Entgeltbescheinigung nach Satz 1 entsprechen, können für die in Satz 1 genannten Zwecke verwendet werden. Der Arbeitnehmer kann vom Arbeitgeber zu anderen Zwecken eine weitere Entgeltbescheinigung verlangen, die sich auf die Angaben nach Absatz 1 beschränkt.

§ 109 Zeugnis

(1) Der Arbeitnehmer hat bei Beendigung eines Arbeitsverhältnisses Anspruch auf ein schriftliches Zeugnis. Das Zeugnis muss mindestens Angaben zu Art und Dauer der Tätigkeit (einfaches Zeugnis) enthalten. Der Arbeitnehmer kann verlangen, dass sich die Angaben darüber hinaus auf Leistung und Verhalten im Arbeitsverhältnis (qualifiziertes Zeugnis) erstrecken.

(2) Das Zeugnis muss klar und verständlich formuliert sein. Es darf keine Merkmale oder Formulierungen enthalten, die den Zweck haben, eine andere als aus der äußeren Form oder aus dem Wortlaut ersichtliche Aussage über den Arbeitnehmer zu treffen.

(3) Die Erteilung des Zeugnisses in elektronischer Form ist ausgeschlossen.

§ 110 Wettbewerbsverbot

Arbeitgeber und Arbeitnehmer können die berufliche Tätigkeit des Arbeitnehmers für die Zeit nach Beendigung des Arbeitsverhältnisses durch Vereinbarung beschränken (Wettbewerbsverbot). Die §§ 74 bis 75 f des Handelsgesetzbuches sind entsprechend anzuwenden.

§ 611 Vertragstypische Pflichten beim Dienstvertrag

(1) **Durch den Dienstvertrag wird derjenige, welcher Dienste zusagt, zur Leistung der versprochenen Dienste, der andere Teil zur Gewährung der vereinbarten Vergütung verpflichtet.**

(2) **Gegenstand des Dienstvertrags können Dienste jeder Art sein.**

1 **Allgemeines.** Dienstvertrag ist gegenseitiger Vertrag (→ Vor § 611 Rn. 4); Anbahnung, Abschluss und Abschlussmängel → Vor § 611 Rn. 5. Ausgetauscht wird vor allem Dienstleistung gegen Vergütung (sa BGH NJW 1984, 1530 zum Ruhegeld). Dienste iSv § 611 sind grds. Leistungen von Menschen (→ Rn. 7a). I normiert diese **Hauptpflichten.** Dienstverpflichteter leistet seine **Dienste einem anderen** (§ 611 I: „für einen anderen", § 611a I 1 „im Dienste eines anderen"). Das Erfolgsrisiko trägt beim Dienstvertrag damit der Dienstherr (Arbeitgeber → § 611a), hingegen beim Werkvertrag der Werkunternehmer (→ Rn. 15, → Vor § 631 Rn. 3). Nebenpflichten sind teils ges. (§§ 241 II, 617, 618), teils in Kollektivvereinbarungen geregelt, darüber hinaus von Rspr. und Lehre entwickelt worden. **Nebenpflichten** sind auch das Unterlassen systematischen Anfeindens, Schikanierens und Diskriminierens von Arbeitnehmern untereinander oder durch Vorgesetzte (zu Rechtsfolgen des sog. „Mobbings" s. BAG NZA 2007, 1154; 1997, 781; LAG Bremen NZA-RR 2003, 234 mN; LAG Erfurt VersR 2004, 1468) und von sexuellen Belästigungen am Arbeitsplatz. **Benachteiligungsverbote** (→ Rn. 46) gem. § 7 AGG (für Beschäftigungsverhältnisse) und gem. § 19 AGG (ua für selbstständige Dienstverhältnisse) aus den in § 1 AGG genannten Gründen.

I. Pflichten des Dienstverpflichteten

2 **1. Hauptpflicht.** Das ist beim Dienstverpflichteten die **Dienstleistungspflicht** (§ 611 I, beim Arbeitsvertrag: Arbeitspflicht → § 611a), I. Erbracht werden können „Dienste jeder Art", II; beim Arbeitsvertrag nur „Dienste zur Leistung weisungsgebundener, fremdbestimmter Arbeit in persönlicher Abhängigkeit" (→ § 611a). Die verschiedenen Dienstleistungen charakterisieren den jeweiligen Dienstvertrag und sind für seine Ausgestaltung ie sowie die Anwendbarkeit spezieller Normen insbes. des Arbeitsrechts (→ Vor § 611 Rn. 30 f.) maßgebend. Vor allem die Vielfalt sog. unselbstständiger Dienstverträge (s. zur Abgrenzung → § 611a) lässt sich am ehesten nach dem Inhalt und den Besonderheiten der jeweils geschuldeten Dienstleistung gliedern (→ Vor § 611 Rn. 50 zu einzelnen Berufsgruppen). Unabhängig von der beruflichen Typisierung sind noch folgende Ausgestaltungen zu nennen: **a)** Vom Normaltyp der individuell und direkt geschuldeten Dienstleistung ist das **mittelbare Dienstverhältnis** (Gehilfenverhältnis) zu unterscheiden. Voraussetzung: Mittelsmann, der selbst AN eines Dritten ist, stellt im eigenen Namen Hilfskräfte als *seine AN ein, die mit* Wissen des Dritten unmittelbar für diesen Arbeitsleistungen erbringen (BAG NJW 1959, 454; BAG AP BGB § 611 Abhängigkeit Nr. 57; BAG NJW 2002, 2411, 2012; abweichende Formulierung, aber gleiche Konstellation bei BAG NJW 1983, 645, 646), wobei dies die Arbeitsleistungen sind, die der Mittelsmann als AN dem Dritten schuldet. Insofern liegt eine vertragliche begründete Abweichung von § 613 S. 1 vor. Bsp: Verträge zwischen Orchestermitglied – Orchestergesellschaft, Orchestergesellschaft – Rundfunk (vgl. BAG DB 1976, 346 f.). Einzelheiten zu Pflichten und begrenztem Direktionsrecht des Unternehmers s. MüKo-BGB/Spinner § 611a Rn. 925 ff.; Wird das unmittelbare Dienstverhältnis durch eine Kündigung rechtswirksam aufgelöst, dann endet damit ohne weiteres auch das mittelbare Dienstverhältnis, BAG NJW 1957, 1165. Zum Missbrauch

dieser Vertragsgestaltung s. BAG NJW 1983, 645, 646: Wahl eines mittelbaren statt unmittelbaren Arbeitsverhältnis ist nur gerechtfertigt, wenn Mittelsmann (AN des Dritten) nicht nur Vorgesetzter seines AN ist, sondern selbst unternehmerische
3 Befugnisse und Risiken hat. **b) Leiharbeit:** Überlassung eines AN (auf Grund eines Dienstverschaffungsvertrages, → Vor § 611 Rn. 12) für eine begrenzte Zeit (Bei Überschreitung der Überlassungsdauer findet § 10 I AÜG keine Anwendung, s. BAG NJW 2014, 956 Rn. 18 ff. mAnm Hoffmann-Remy) zu dem Zweck, die Arbeitsleistung des AN dem entleihenden AG zugutekommen zu lassen. Der „überlassene" AN muss zustimmen, § 613 S. 2; zur Wählbarkeit eines LeihAN in den Betriebsrat BAG NJOZ 2013, 790; NZA 2010, 832. Zum „Entleiher" wird kein Arbeitsverhältnis begründet (Ausnahme: § 10 I AÜG), doch treffen ihn Fürsorgepflichten und Verpflichtungen aus dem Arbeitsschutzrecht; zur Haftung bei Schlechtleistung s. Walker AcP 194, 295 ff. Zu dem Ausmaß der „Vermittlung in Leiharbeit" im Jahr 2019 s. BT-Drs. 19/18873 vom 29.4.2020, dort auch zur gebräuchlichen Terminologie. Zur eingeführten Terminiologie sa Preis/Temming, Arbeitsrecht Rn. 308 ff. Gewerbliche ANüberlassung ist durch das AÜG (zur Neuregelung s. Leuchten NZA 2011, 608; Raif GWR 2011, 303) sowie Vorschriften außerhalb des AÜG (s. Becker ZIP 1986, 409 zur Entwicklung) geregelt; Sonderregeln für das Arbeitsverhältnis zwischen AG („Verleiher") und AN in §§ 9–11, 13 AÜG; zu Arbeitszeitkonten für LeihAN s. BAG NZA 2014, 1262 Rn. 24 f.; zum Auskunftsanspruch aus § 13 Hs. 1 AÜG s. BAG NZA 2014, 968 ff.; zur Abgrenzung von Dienst- oder Werkvertrag BAG BB 1991, 2375. Insbes. kann das Rechtsverhältnis zwischen „Verleiher" und „Entleiher" als Dienstvertrag (Dienste unter Einsatz von Personal des Verleihers) zu qualifizieren sein, wenn der „Verleiher" nicht die
4 nach § 1 AÜG erforderliche Erlaubnis besitzt, BGH WM 2006, 871. **c) Gruppenarbeitsverhältnis** (s. Preis/Temming, Arbeitsrecht Rn. 332 ff.; Naendrup BlStSozArbR 75, 241 [257]): Mehrere AN sind zwecks gemeinsamer Ausführung einer Tätigkeit in einer Gruppe zusammengefasst, und zwar entweder durch den AG („Betriebsgruppe", vgl. zur Haftung BAG NJW 1974, 2255) oder durch eigene Abrede („Eigengruppe"), zB Musikkapelle, Hausmeisterehepaar. Auch letzterenfalls liegt eine Mehrheit von unmittelbaren Arbeitsverhältnissen vor, die untereinander und gegenüber dem AG durch den gemeinsamen Zweck der Dienstverpflichtungen verbunden sind. Einzelkündigungen sind deshalb iZw ausgeschlossen (LAG Sachsen DB 2001, 931; Preis/Temming, Arbeitsrecht Rn. 334); der Kündigungsgrund in der Person eines Gruppenmitglieds rechtfertigt Kündigung aller Verträge. **Jobsharing** s. Schüren, Job-sharing, 1983. Zur **Arbeitgebergruppe** s. BAG NZA-RR 2012, 574 mN; NJW 1984, 1703 (krit. Wiedemann AP 84, 295); BGB-Gesellschaft als
5 Arbeitgeber s. BAG NJW 1989, 3035. **d) Probearbeitsverhältnis** → § 620 Rn. 4. **e) Teilzeitarbeit** s. TzBfG und dazu Richardi/Annuß BB 2000, 2201; Hromadka NJW 2001, 400. Mit Wirkung zum 1.1.2004 wurde § 14 II a TzBfG geschaffen (BGBl. 2003 I 3003), der bei bestimmten Unternehmensneugründungen Befristungen des Arbeitsverhältnisses deutlich erleichtert.

6 **2. Persönliche Leistung.** Dienste sind iZw persönlich zu erbringen, § 613 S. 1; die Verpflichtung ist nicht vererblich. Auch der Anspruch auf die Dienstleistungen ist als Ausnahme von § 398 iZw nicht übertragbar, § 613 S. 2. Ob Erbringung der Dienstleistung in Person und für eine bestimmte Person ausbedungen ist, richtet sich nach dem Inhalt des Dienstvertrages (näher M. Weller, Persönliche Leistungen, 2012, 70 ff. mN und Beispielen). Bei Fehlen ausdrücklicher Regelung kann Auslegung, die auch die Art und Umstände des Dienstverhältnisses zu berücksichtigen hat, eine Ausnahme von § 613 ergeben, zB bei Mandat an Anwalt einer Sozietät, BGH NJW 1963, 1302; s. dagegen zur Chefarztleistung OLG Celle NJW 1982, 2129; zur Wirksamkeit einer formularmäßigen Stellvertreterregelung beim Wahlarztvertrag BGHZ 175, 76 = NJW 2008, 987. Auch beim mittelbaren Arbeitsverhältnis (→ Rn. 2) hat der Mittelsmann nicht in Person zu leisten. Eine vertragswidrige Ausführung von Dienstleistungen durch Dritte ist nicht Erfüllung, löst die

Rechtsfolgen der §§ 280 ff., 314 II, 626, 323 ff. mit der für Dienstverträge zu beachtenden Modifikation (→ Vor § 611 Rn. 4) aus und begründet keinen Anspruch des Dienstverpflichteten aus ungerechtfertigter Bereicherung, s. hierzu OLG Koblenz MedR 2009, 158 mAnm Gessaphe (iE übereinstimmend, dogmatisch krit.). Zur Unmöglichkeit persönlicher Dienstleistungen (MüKo-BGB/Spinner § 611a Rn. 951 ff.; MüKo-BGB/Ernst § 275 Rn. 121 ff.; grundlegend M. Weller aaO 150 ff., 584 ff.) s. §§ 311a I, 275 I, III: Vertrag ist jedenfalls gültig; krit. zur Neuregelung Löwisch NZA 2001, 465. Die „Höchstpersönlichkeit" hindert aber nicht, dass der Verpflichtete außerhalb der geschuldeten Dienstleistungen Hilfspersonen einsetzt, zB um Nebenpflichten zu erfüllen oder die Dienstleistung vorzubereiten (Bsp: medizinische Assistentin); Haftung nach § 278.

3. Gegenstand und Reichweite der Dienstleistungspflicht. a) Inhalt und 7
Umfang der Dienstleistungspflicht werden ie durch den Dienstvertrag geregelt; die zur Vereinbarung „jeglicher Dienste" eingeräumte Vertragsfreiheit ermöglicht auch Ausgestaltung der Dienstleistungspflicht hinsichtlich Umfang, Zeit, Ort usw der Leistungserbringung, soweit nicht zwingende ges. Bestimmungen, zB des AGG, vorgehen. Unabdingbare spezielle Vorschriften finden sich vor allem für die Arbeitspflicht im Arbeitsrecht als ANschutzrecht sowie in den durch Kollektivvereinbarungen gesetzten Normen (→ Vor § 611 Rn. 34). Grundsätzlich kann der Arbeitsvertrag nach Inhalt und Form (→ Vor § 611 Rn. 6) frei vereinbart werden (§ 105 GewO, → Vor § 611 Rn. 62). Zu den „versprochenen Diensten" iSd § 611 I BGB zählt nicht nur die eigentliche Tätigkeit, sondern jede vom AG im Synallagma verlangte sonstige Tätigkeit oder Maßnahme, die mit der eigentlichen Tätigkeit oder der Art und Weise ihrer Erbringung unmittelbar zusammenhängt, zB Fahrten zur auswärtigen Arbeitsstelle (BAGE 164, 57; BAG NZA 2018, 1211; 2021, 1192 Rn. 18), Umweg zum dienstlichen, auswärtigen Waffenschließfach (BAG NZA 2021, 1192 Rn. 27), An- und Ablegen auffälliger Dienstkleidung (BAGE 160, 167; BAG NZA 2018, 1081; 2019, 549; 2021, 1197 Rn. 23), anders aber, wenn es dem AN freigestellt ist, die auffällige Dienstkleidung außerhalb der Arbeitszeit zu tragen und der AN sich entschließt, diese nicht im Betrieb an- und abzulegen (BAG NZA 2021, 1197 Rn. 23 f.). Tätigkeit in einem **Wiedereingliederungsverhältnis** (§ 74 SGB V) zählt nicht zur geschuldeten Arbeitsleistung (BAG NZA 2018, 439: Ihr Angebot löst keinen Annahmeverzug seitens des AG aus). Zur AGB-Kontrolle
→ Vor § 611 Rn. 36. § 620 IV geht davon aus, dass Gegenstand eines Dienstvertra- 7a
ges auch **digitale Dienstleistungen** iSv § 327 I 1, II 2 (→ § 327) sein können, mithin Dienstleistungen iSv § 611 nicht zwingend Leistungen von Menschen sein müssen (s. dazu BeckOGK/Maties Rn. 6 mN). Auch der BGH neigt offenbar dieser Auffassung zu, da er den Access-Provider-Vertrag (Vertrag über Internetzugang und Ermöglichung des Datenaustauschs für Kunden) tendenziell als Dienstvertrag qualifiziert (BGH NJW 2005, 2076). Erbringung der Dienste durch einen Menschen setzt § 611a aber für den Arbeitsvertrag voraus (→ § 611a Rn. 1). Der Begriff der digitalen Dienstleistung iSv § 327 I 1, II 2 ist richtlinienkonform iSd DI-RiLi auszulegen (→ § 327). Nicht jede entsprechende digitale Dienstleistung ist auch Dienst iSv
§ 611 (→ § 620 Rn. 14). **b) Direktionsrecht:** Dem Dienstberechtigten kann die 8
Befugnis eingeräumt werden, den Inhalt der Dienstpflicht konkret zu bestimmen, § 315. Das Weisungsrecht ist für Arbeitsverhältnisse in § 106 GewO (→ Vor § 611 Rn. 62) geregelt. Es hat im Arbeitsverhältnis besondere Bedeutung, weil eine Festlegung der Einzelheiten der „unselbstständigen" Arbeitsleistung bei Abschluss des Arbeitsvertrages praktisch nicht möglich ist, ihre Erbringung aber – anders als beim selbstständigen Dienstvertrag – eine Konkretisierung der Einzelheiten erfordert. Aufgrund des **Direktions-** oder **Weisungsrechts** kann der Dienstberechtigte Zeit, Ort und Art der Dienstleistung ie (§ 106 S. 1 GewO) und auch hinsichtlich der Ordnung und des Verhaltens des AN im Betrieb (§ 106 S. 2 GewO) in den Grenzen des § 106 GewO festlegen, dazu BAG NZA 2017, 183 Rn. 23 ff.; abl. zur korrespondierenden Gehorsamspflicht s. Zöllner/Loritz/Hergenröder § 14 IV. Zum Umfang des Wei-

sungsrechts: ggü. Filmschauspielern s. BAG NZA 2007, 974; Arbeitgeber kann AN eine bestimmte Funktion (hier: Fachleiterin für den sprachlichen Fachbereich an einem Gymnasium) im Weg des Weisungsrechts nach § 106 S. 1 GewO, § 315 entziehen, wenn dieser Teil der Tätigkeit nicht Inhalt des Arbeitsvertrages der Parteien geworden war (BAG NZA 2019, 619); zur Versetzung BAG NJW 2012, 331; im Fall der Krankheit des AN s. BAG NZA 2017, 183. Schranken des Weisungsrechts werden durch Vertragsabreden, Betriebsvereinbarungen, Tarifvertragsnormen und gesetzliche Vorschriften gesetzt (§ 106 S. 1 GewO), die die Modalitäten der Dienstverpflichtung regeln. Das Weisungsrecht ist nach billigem Ermessen auszuüben (§ 106 GewO), wobei der AG nach Möglichkeit und billigem Ermessen Rücksicht auf Behinderungen/krankheitsbedingte Einschränkungen (dazu BAG NZA 2014, 719 Rn. 32: Krankenschwester im Krankenhaus ist ohne Nachtschichten zu beschäftigen, wenn sie aus gesundheitlichen Gründen keine übernehmen kann; zu daraus folgendem Annahmeverzug bzw Schadensersatz in Vergütungshöhe s. BAG NZA 2019, 30) des AN nehmen muss. Keine (vorläufige) Bindung an unbillige Weisungen (BAG NZA 2017, 1452 mAnm Boemke JuS 2018, 714; mAnm Schwarze JA 2018, 305 [Abkehr von BAGE 141, 34 und Einigung der BAG-Senate]; keine auch bloß vorläufige Bindung des AN an „lediglich" unbillige Weisungen). Gewissenskonflikte des AN können das Bestimmungsrecht aus § 315 iVm Art. 4 GG ebenfalls einschränken, BAG AP Nr. 9 zu GG 4 (mAnm Greiner), NJW 1990, 204 f. (str., s. Reuter BB 1986, 385), und Leistungsweigerungsrecht aus § 275 III begründen. Stellt eine Weisung eine Benachteiligung iSv § 7 iVm §§ 1, 3 AGG dar, sind die Grenzen des eingeräumten Weisungsrechts wegen Gesetzesverstoß überschritten (Unternehmen verbietet, auffällige großflächige Zeichen religiöser, politischer und sonstiger weltanschaulicher Überzeugungen am Arbeitsplatz zu zeigen – Kopftuchverbot) (BAG NZA 2019, 693 Vorlagebeschluss). Der subj. Wille des AG, eine Neutralitätspolitik zu betreiben, reicht für sich genommen nicht aus, um eine mittelbare Ungleichbehandlung wegen der Religion oder der Weltanschauung sachlich zu rechtfertigen, da eine sachliche Rechtfertigung nur bei Vorliegen eines obj. Bedürfnisses des AG festgestellt werden kann, das AG nachzuweisen hat (EuGH NJW 2021, 2715
9 Rn. 64). Versetzung eines AN s. BAG NZA 2012, 857 f. mN; DB 1976, 1289. **Nachträgliche** vertragliche **Konkretisierungen** der Leistungspflicht, etwa durch Vereinbarungen, stillschweigende Abrede oder betriebliche Übung, beschränken in ihrem Regelungsbereich das Weisungsrecht ebenfalls (s. ferner zu den Mitbestimmungsbefugnissen des Betriebsrats §§ 87 I Nr. 1–3, 10, 11; 91; 99 BetrVG). Nichtausübung des Direktionsrechts über einen längeren Zeitraum hat keinen Erklärungswert und schafft regelmäßig keinen Vertrauenstatbestand dahin gehend, dass der Arbeitgeber von diesem vertraglich und/oder gesetzlich eingeräumten Recht in
10 Zukunft keinen Gebrauch mehr machen will (BAG NZA 2019, 161). **c) Befreiungsgründe:** Das Dienstvertragsrecht, insbes. das Arbeitsrecht kennt neben dem allg. schuldrechtlichen Befreiungsgrund „Unmöglichkeit" nach § 275 I (zB wegen Krankheit) typisch dienstvertragliche Befreiungsgründe von der Leistungspflicht, zB rechtmäßigen Streik (→ Rn. 22), Erholungsurlaub (→ Rn. 43), Mutterschaftsurlaub sowie zahlreiche spezielle Ges. (zB für Betriebsräte, § 37 II, III, VI BetrVG) und tarifvertragliche Freistellungsgründe (Bsp: Pflege eines kranken Kleinkindes, → Rn. 19), ferner generell § 275 III bei persönlicher Unzumutbarkeit der Leistungserbringung (s. dazu klärend M. Weller aaO 152 ff.).

11 **4. Primär- und Sekundärleistungspflichten. a)** Auf **Erfüllung** der Dienstpflicht **kann geklagt** werden, **Zwangsvollstreckung** bei vertretbaren Dienstleistungen § 887 ZPO, sonst § 888 II ZPO; Leistungsweigerungsrechte des AN sind teils von Amts wegen – § 275 I –, teils auf Einrede zu beachten – § 275 II und vor allem III. Das Urteil kann jedoch eine – nach freiem Ermessen zu bestimmende – **Entschädigung** festsetzen, § 61 II ArbGG, sa § 275 IV; zum Anspruch auf Unterlassung vertragswidriger Tätigkeit s. BGH NJW-RR 1988, 353 (Wettbewerbsver-
12 stoß GmbH-Geschäftsführer). **b)** Zulässig ist grundsätzlich der durch Vereinbarung

einer Vertragsstrafe oder Schadenspauschale ausgeübte Zwang zur Leistungserbringung, s. BAG NJW 1985, 91 f. **Vertragsstrafen** in formularmäßigen Arbeitsverträgen sind nach § 310 IV 2 Hs. 1 zulässig (BAG NZA 2004, 727), wenn sie hinsichtlich der auslösenden Pflichtverletzung als auch der Höhe der zu leistenden Strafe dem Bestimmtheitsgebot, § 307 I 2, genügen, sa BAG NZA 2014, 777; NJW 2008, 458, dazu Schramm NJW 2008, 1494; und den AN nicht unangemessen benachteiligen, BAG NZA 2016, 945. Ausn. § 5 II Nr. 1 BBiG. Verletzungen der Dienstpflicht können durch Nichterfüllung, Verzug oder Schlechterfüllung, (→ Rn. 16) dh **Leistungsstörungen** wie bei anderen Vertragstypen geschehen (s. Schlechtriem II Rn. 372 ff.; Brox/Walker II § 20 Rn. 8; ausführlich, zT abweichend Oetker/Maultzsch § 7 D III). Bei zeitlich genau fixierten Dienst- bzw. Arbeitspflichten 13
(absolutes Fixgeschäft) (Arbeitsvertrag regelmäßig Fixschuld, s. Picker FS Huber, 2006, 531 f.) kann und muss versäumte Arbeitszeit wegen Unmöglichkeit grundsätzlich nicht nachgeholt werden, Versäumung ist also (teilw.) Nichterfüllung der durch Weisung konkretisierten Dienstpflicht. Dienstpflicht fällt dann gem. § 275 I wegen Unmöglichkeit der Erfüllung weg (Lieb/Jacobs Arbeitsrecht, 9. Aufl. 2006, Rn. 158 f.). **c)** Für die Folgen von Störungen in der Erbringung der Dienstleistung 14
sind zwar grundsätzlich die allg. Regeln §§ 280 ff., 276, 323 ff., evtl. auch § 311a II anzuwenden, vgl. BGH NJW-RR 1988, 420: Schadensersatz nach § 325 aF wegen zu vertretender Unmöglichkeit; zur Anpassung wegen Wegfalls der Geschäftsgrundlage BAG NJW 1987, 918 und jetzt § 313. Jedoch gelten wichtige Modifikationen und Ergänzungen: **aa)** Bei in Vollzug gesetzten Dienstverhältnissen tritt an 15
die Stelle des Rücktritts die **Kündigung** (→ Rn. 6 vor §§ 620–639); statt §§ 323, 326 V gelten die §§ 626, 314 II, 628; Auflösung und Schadensersatz können kumuliert werden, § 314 IV. Zur **Abmahnung** nach aF s. BAG NJW 1986, 1778, NJW 1989, 546; von Hoyningen-Huene RdA 1990, 193; Schaub NJW 1990, 872 ff.; jetzt § 314 II (zur Anwendbarkeit neben § 626 → Vor § 611 Rn. 4, → § 626 Rn. 1). **bb) Schlecht- u. Nichterfüllung.** Auch eine mangelhafte 16
Dienstleistung (Schlecht-/Nichterfüllungsbegriff aber str., s. Oetker/Maultzsch § 7 D III 1b) ist zu **vergüten** (s. BGH NJW 1990, 2549; NJW 1963, 1303; OLG Hamburg Transportrecht 89, 66; Ulrich NJW 1984, 585; ErfK/Preis Rn. 683; Grüneberg/Weidenkaff Rn. 16; Sonderfall: BGH VersR 2016, 1125: Übernahme sozialrechtlicher Abrechnungsgrundlagen in Pflegevertrag); dies ist jetzt aus § 326 I 2 zu schließen (BT-Drs. 14/6040, 189; s. Gotthard Rn. 190; s. allg. zu § 326 I 2 bei Schlechtleistung Huber/Faust Schuldrechtsmodernisierung, 2002, Rn. 5–60 ff.), sofern die Dienstleistung nicht mehr fehlerfrei nachgeholt werden kann (zB wegen absoluter Fixschuld, → Rn. 13, oder sonstiger Unmöglichkeit wie zB Zerstörung des Objekts [etwa zu pflegendes Tier], an welchem die Dienstleistung zu erfolgen hat) und deshalb ein Fall des § 275 vorliegt. Aus der **Nachfristsetzungsregelung** in § 281 I folgt richtigerweise, dass der Dienstberechtigte bei mangelhaften Dienstleistungen **Nacherfüllung** verlangen kann, sofern deren Natur das zulässt (sehr str., s. dazu jetzt M. Weller aaO 535 ff. mN, 544). Jedenfalls trifft ihn die Obliegenheit, dem Dienstverpflichteten die Nacherfüllung zu ermöglichen, bevor er Schadensersatz statt der Leistung verlangen kann (offengelassen von BGH WM 2006, 1411 für Einzelleistungen mit werkvertraglichem Charakter, *die im Rahmen eines D*ienstvertrages erbracht werden). Eine **Minderung** kennen die §§ 611 ff. **nicht;** eine entsprechende gesetzliche Regelung fehlt (hM; zum Behandlungsvertrag BGH NJW 2018, 3513, 3514 Rn. 16; OLG Köln BeckRS 2015, 14256 Rn. 3 f.; OLG Koblenz, MedR 2014, 247, 249; zum Arbeitsrecht s. BeckOK-BGB/Baumgärtner, § 611a, Rn. 91 mN; allg. anders Oetker/Maultzsch § 7 D III 1b mN zum Streitstand; Schlechtriem II Rn. 377) und § 326 I 2 steht entgegen (s. statt aller Canaris FS Schmidt, 2002, 178 ff.; differenzierend Labuda 135 f.; M. Weller aaO 551 ff., 560 ff.). Dienstherr hat **Rechte aus § 628 I 2 bzw. § 280** (zum Behandlungsvertrag BGH NJW 2018, 3513, 3514 Rn. 16 mN; → § 630h Rn. 11). Nach § 628 I 2 Fall 2 verliert der Dienstnehmer bei der durch die Minderleistung ausgelösten Kündigung des Dienstherrn gem. § 626 oder

§ 627 BGB ganz bzw. teilweise den **Vergütungsanspruch,** soweit bisherigen Leistungen für den Dienstherrn ohne Bedeutung sind (zum Behandlungsvertrag BGH NJW 2018, 3513, 3514 Rn. 17 mN; → § 630h Rn. 11). Die auf die Schlechtleistung entfallende Vergütung ist idR (soweit sie Minderleistung entspricht, ggf. ist nach § 287 ZPO der Vorteil der erbrachten Schlechtleistung für Dienstherren zu schätzen und bei der Schadensberechnung zu berücksichtigen, s. BGH NJW 1990, 2550) ein Teil des durch die Schlechterfüllung entstandenen und nach § 280 (bei Nachholbarkeit: §§ 280 I, III, 281; bei Nichtnachholbarkeit: §§ 280 I, III, 283) zu ersetzenden Schadens (BGH NJW 1963, 1303; BAG NZA 2007, 101; ErfK/Preis Rn. 683; BeckOK-BGB/Baumgärtner, § 611a, Rn. 91 mN; Richardi NZA 2002, 1004, 1011; zum Behandlungsvertrag BGH NJW 2018, 3513, 3514 Rn. 17 mN; → § 630h Rn. 11; krit. Labuda 131 ff., 136 ff., 153 f.; für eine rücktrittsrechtliche „Minderungslösung Tillmanns 340 f., 393 ff., 412 ff.; Labuda 143 ff., 154 ff.). Der Dienstherr kann ggü. dem Vergütungsanspruch des Dienstnehmers mit dem Schadensersatzanspruch aufrechnen (BAG BB 2007, 1903). (Schaden dann entspr. Rentabilitätsvermutung anzunehmen, sofern man ihr noch folgt, → § 284 Rn. 1). Ist die erbrachte Dienstleistung **völlig unbrauchbar** (zum str. Schlecht-/Nichterfüllungsbegriff s. Oetker/Maultzsch § 7 D III 1b), so dass sie als ein völliges Ausbleiben der Leistung anzusehen ist, und ist gleichzeitig die geschuldete Dienstleistung als solche noch **nachholbar** (anderenfalls **Unmöglichkeit** nach § 275 I), dann liegt **Nichterfüllung** vor (ähnlich, aber im Ergebnis unzutreffend, da mangelnde Nachholbarkeit verkennend OLG Koblenz NJW-RR 2003, 274 zum Anwaltsvertrag; zum Behandlungsvertrag BGH NJW 2018, 3513, 3514 Rn. 17 mN; → § 630h Rn. 11); zur im Einzelfall schwierigen Abgrenzung zwischen **Schlecht- und Nichtleistung** s. BGH NJW 1990, 2549 f.; s. noch zur Abgrenzung Teil- und Schlechtleistung Canaris FS Karsten Schmidt, 2009, 197; M. Weller aaO 536 f.; zum Schaden s. Lieb/Jacobs Arbeitsrecht, 9. Aufl. 2006, Rn. 198 ff. – Abweichend Canaris (FS Karsten Schmidt, 2009, 185 f.), der sich wegen der Sperre der §§ 326 I 2, 628 I 2 (dagegen Labuda 135 ff., 153 f.; Tillmanns 387, 400) gegen eine solche „schadensersatzrechtliche Minderungslösung" wendet. Canaris sieht in dem (teilw.) Verlust des Vergütungsanspruchs bei Fehlen des Gläubigerinteresses gemäß oder analog § 628 I 2 das gesetzliche Lösungsmodell für die Minderungsproblematik beim Dienstvertrag (s. Canaris FS Karsten Schmidt, 2009, 181 ff.; dazu krit. Labuda 124 ff., 152 f.; für parallele Anwendung der §§ 628 I 2 u. § 280 s. BGH NJW 2018, 3513, 3514 Rn. 17 mN). – **Schadensersatz:** Als Schadensersatz (zu den Arten des Schadensersatzes Tillmanns 371 ff.) können Kosten der auf Minderleistung entfallenden Vergütung (s. oben), ggf. Kosten für Ersatzdienste verlangt werden, § 280 I (zur Haftung eines Anwalts aus § 280 I wegen vermeidbarer Mehrkosten für den Mandanten s. OLG Hamm NJOZ 2011, 1286 mN; zu **Nacherfüllungskosten** infolge Nachbehandlung beim Behandlungsvertrag s. BGH NJW 2018, 3513, 3514 Rn. 17 mN; → § 630h Rn. 11). **Verzögerungsschaden:** §§ 280 I, II, 286. – Im Fall der Nichterfüllung ist idR keine **Fälligkeit** des Vergütungsanspruchs gegeben (§ 614) und es kann das **Leistungsverweigerungsrecht** gem. § 320 begründet sein (zum Ausschluss des § 320 bei der bloßen Schlechtleistung s. Grüneberg/Grüneberg § 320 Rn. 9; s. OLG Koblenz NJW-RR 2003, 274). Zum sich aus wirtschaftlicher Einheit mit Leasingvertrag ergebenden Leistungsverweigerungsrecht s. BGH NJW 2009, 3295. Bei Verletzung von **Nebenpflichten** – zB Wettbewerbsverbot – grundsätzlich kein Zurückbehaltungsrecht hinsichtlich Vergütung, BGH NJW-RR 1988, 353; sa BAG NJW 1988, 2757 f. zur gesetzwidrigen (§ 8 BUrlG) Erwerbstätigkeit während Urlaub. **Einzelfragen:** Zum **Freistellungsanspruch** und zur **Haftungsbegrenzung** → § 619a Rn. 2; zur Schlechterfüllung des **Anwaltsvertrags** s. BGH NJW-RR 2003, 350; OLG Koblenz NJW-RR 2003, 272; BGH WM 2016, 2091, sa BVerfG NJW 2009, 2945 (zivilrechtliche Anwaltshaftung fällt nicht in Schutzbereich der Berufsfreiheit); zur anwaltlichen Pflicht, den sogenannten sicheren Weg zu wählen, s. OLG Koblenz VersR 2003, 461; Pflichtenmaßstab:

Anwalt hat die höchstrichterliche Rechtsprechung zu kennen, s. Dahns NJW-Spezial 2005, 189; Anwalt darf auf die Richtigkeit der tatsächlichen Angaben des Mandanten vertrauen, Nachforschungspflicht nur, soweit er Unrichtigkeit oder Unvollständigkeit der Angaben kennt oder kennen muss, s. BGH NJW 2000, 730; 1996, 2931. Keine Haftung, wenn Pflichtverletzung (unterlassene Prozesshandlung im Kündigungsschutzprozess) den Schaden nicht verursacht hat (Kündigungsgrund war gegeben). Zur Erstreckung der Anwaltshaftung auf den anwaltlichen Mediator BGH NJW 2017, 3442. Zu den Pflichten bei einem umfassenden Beratungsvertrag eines **Steuerberaters** s. OLG Köln OLGR 2003, 69. Zur Schlechterfüllung eines **Heimunterbringungs-/Pflege**vertrags s. OLG Düsseldorf ZfSch 2003, 278.
cc) Haftungsmodifikationen, zumeist Erleichterungen – sa § 619a –, können 17
auf Grund von Kollektivvereinbarungen oder Individualverträgen gelten; ausnahmsweise werden auch Haftungsverschärfungen verabredet, zB die sog. Mankohaftung wegen Mankogeld (vgl. BAG AP Nr. 20 – Haftung des AN; BAG VersR 1975, 292; s. aber auch BAG BB 1974, 463 f. zu den Schranken aus § 138 für solche Abreden) oder Akkordlohn (nur) für fehlerfreie Stücke. **dd)** Bei **Annahme-** 18
verzug des Dienstberechtigten wird der Verpflichtete frei, § 615 S. 1. **ee)** Die den 19
§§ 320, 326 I zugrunde liegende synallagmatische Verknüpfung von Leistung und Gegenleistung wird teilw. gelöst: Arbeiter und Angestellte behalten bei unverschuldeter Krankheit für (regelmäßig) 6 Wochen ihren Lohnanspruch, obwohl sie selbst von ihrer Leistungspflicht nach § 275 frei geworden sind, § 616, § 12 BBiG und § 1 EFZG (die früher einschlägigen § 63 HGB, § 133c GewO wurden zum 1.1.2003 aufgehoben). Ähnliche Befreiungen von der Arbeitspflicht, die den Lohnanspruch unberührt lassen, enthalten die Vorschriften zum Mutterschutz (→ Vor § 611 Rn. 47), zum Mindesturlaub (BUrlG) sowie über Hausarbeits- und ges. Feiertage (s. dazu Ges. zur Regelung der Lohnzahlung an Feiertagen v. 2.8.1951). Darüber hinaus enthalten Tarifverträge oft weitere Verhinderungsgründe, die von der Arbeitspflicht befreien, den Lohnanspruch jedoch unberührt lassen. **ff)** Wird der 20
Dienstverpflichtete wegen Annahmeverzugs des Dienstberechtigten teilw. frei, so behält er grundsätzlich seinen Vergütungsanspruch, § 615 S. 1. Darüber wird auf Grund der durch das SchRModGes in § 615 S. 3 kodifizierten arbeitsrechtlichen **Betriebsrisikolehre** ein Lohnanspruch auch dann zugestanden, wenn die Erbringung der Arbeitsleistung an Umständen scheitert, die der Sphäre des AG zuzurechnen sind. **gg)** Zurückhalten der Arbeitsleistung ist, sofern nicht ein Zurückbehal- 21
tungsrecht (zB wegen Verletzung der Fürsorgepflicht oder Verzugs mit Gehaltszahlung durch den AG, vgl. ArbG Hamburg MDR 1980, 524) besteht, grundsätzlich Vertragsbruch. **hh)** Besonderheiten gelten jedoch für den legitimen 22
Streik – er suspendiert die Arbeitspflicht(en) der berechtigten Teilnehmer, sie verlieren jedoch ihren Vergütungsanspruch, BAG ZIP 2000, 512; NJW 1989, 122 f., 124 zur Feiertagsvergütung. Der Arbeitsvertrag wird durch den Streik nicht verletzt und bleibt in Kraft; Treuepflichten (→ Rn. 23 ff.) sind weiter zu erfüllen. Zur Auswirkung des rechtmäßigen Streiks auf die individuellen Arbeitsverhältnisse s. Seiter, Streikrecht und Aussperrungsrecht, 1975, 230 ff.; Waltermann § 31 II. Rechtswidriger Streik ist Eingriff in eingerichteten und ausgeübten Gewerbebetrieb, Schadensersatz aus § 823, s. BAG NJW 1989, 63; NZA 2012, 1378 mwN. Voraussetzungen der Rechtmäßigkeit eines Streiks ie sind str.; nach hM (zum Ganzen s. von Hoyningen-Huene JuS 1987, 505; Seiter aaO 482 ff. mwN) darf ein Arbeitskampf jedoch nur als ultima ratio von tariffähigen Parteien zwecks Abschlusses oder Änderung eines Tarifvertrags geführt werden (str.; zum politischen Arbeitskampf und zum Demonstrationsstreik s. von Hoyningen-Huene JuS 1987, 505; Seiter aaO 498 ff. mwN); ein **Sympathiestreik** ist deshalb idR unzulässig, BAG NJW 1985, 2546. Die Möglichkeiten friedlicher Beilegung des Konflikts sowie tarifvertragliche Fristen und Regelungsverfahren (Schlichtung) müssen zuvor versucht worden sein. Durch einstw. Verfügung kann nur ein offensichtlich rechtswidriger Streik untersagt werden (SächsLAG NZA 2008, 59 – Lokführerstreik). Auch für **Warnstreik** gilt ultima-ratio-Prinzip, s. BAG NJW 1989, 58 f.;

dazu Buchner BB 1989, 1334, Picker DB 1989 Beil. 16; zu neuen Arbeitskampfmitteln von Hoyningen-Huene JuS 1987, 505. „Wilder" Streik einer ad-hoc Koalition ist rechtswidrig, BAG SAE 1980, 143. Zum Streik im öffentl. Dienst Löwisch, Zulässiger und unzulässiger Arbeitskampf im öffentl. Dienst, 1980; Angestellte des öffentlichen Dienstes und Beamte werden vom persönlichen Schutzbereich des Art. 9 III GG umfasst (BVerfG NJW 2018, 2695); zum **Bummelstreik** s. BGHZ 70, 277. Auch geplante gesetzwidrige Einzelmaßnahmen (Körperverletzungen, Sachbeschädigungen, Nötigungen) können einen Streik rechtswidrig machen. Aussperrung → Rn. 44. Aufruf zu **Flashmob**-Aktion zur Streikunterstützung in Form von plötzlichen Betriebsstörungen im Einzelhandel durch Dritte (zB durch Stehenlassen von gefüllten Einkaufswagen in Ladengeschäften) ist zulässig, wenn der damit verbundene Eingriff in den eingerichteten und ausgeübten Gewerbebetrieb des betroffenen Arbeitgebers aus Gründen des Arbeitskampfrechts gerechtfertigt ist, etwa wenn dem Arbeitgeber wirksame Verteidigungsmöglichkeiten zur Verfügung stehen. Zentraler Maßstab ist die Verhältnismäßigkeit. Hinsichtlich der Geeignetheit und Erforderlichkeit von Arbeitskampfmaßnahmen kommt den Koalitionen ein Beurteilungsspielraum zu (BAG NJW 2010, 631; Verfassungsbeschwerde dagegen wurde nicht zur Entscheidung angenommen, s. BVerfG NJW 2014, 1874); Streikbruchprämien sind erlaubtes Arbeitskampfmittel (BAG NZA 2019, 100).

23 **5. Treuepflicht.** Sie umschreibt dogmatisch ein Bündel der in allen Schuldverhältnissen zu findenden, auf § 242 sowie als Schutzpflichten auf § 241 II abgestützten Nebenpflichten (Waltermann § 11 II mwN). Ihre Inhalte hängen ie von der Art des Dienstverhältnisses ab (s. hierzu Stürner JZ 1976, 384); je wesentlicher das Vertrauen für das jeweilige Verhältnis ist, desto stärker und umfassender ist die Treuepflicht.
24 **Einzelne Ausprägungen. a)** Gebot der **Wahrung der Interessen** des Dienstberechtigten: Es kann uU erfordern, bei Arbeitsausfällen zusätzlich anfallende Aufga-
25 ben zu übernehmen, BAG NJW 1973, 293. **b) Schadensabwendung.** Der Dienstverpflichtete muss nach § 241 II ihm anvertraute Vermögenswerte des Dienstberechtigten schützen und diesen ggf. vor drohenden Schäden warnen (zB durch Hinweis auf Verdacht der Unterschlagung durch Mitarbeiter – vgl. BAG NJW 1970, 1861; Grenzen der Informationspflicht s. BGH NJW-RR 1989, 615). Steuerberater hat seinen Mandanten vor Schaden zu bewahren und ihn auch außerhalb seines Auftrags auf steuerliche Fehlentscheidungen hinzuweisen, wenn diese für einen durchschnittlichen Berater auf den ersten Blick ersichtlich sind oder er auf Grund seines persönlichen Wissens die Sach- und Rechtslage positiv kennt
26 (OLGR München 2003, 93). **c) Verschwiegenheit:** s. § 17 I UWG; Geschäfts- und Betriebsgeheimnisse, sa BAG NJW 1988, 1686; zu den Grenzen der Verschwiegenheitspflicht s. BGHZ 80, 28 ff.; nach Beendigung des Dienstverhältnisses BAG NJW 1983, 134, BB 1999, 212. Zur ärztlichen Schweigepflicht (§ 203 StGB) bei Behandlung Minderjähriger s. Wolfslast FS Fachbereich Rechtswissenschaften Uni-
27 versität Gießen, 2007, 361. **d) Wettbewerbsverbot:** für AN § 110 GewO (→ Vor § 611 Rn. 62), §§ 74–75 f. HGB; zur Unverbindlichkeit nach § 74a HGB s. BAG BB 1996, 379. Treuwidrig ist die Abwerbung von Kunden des Dienstberechtigten, BGH WM 1976, 325; ebenso **konkurrierende Nebentätigkeit,** die das Geschäftsinteresse des Dienstberechtigten zu beeinträchtigen geeignet ist, vgl. BAG NJW 1977, 646 (Architekt), sa → Rn. 16; sonstige Nebentätigkeiten sind nur dann Vertragsverletzung, wenn sie die Erfüllung der Dienstpflicht beeinträchtigen; eine generell Nebentätigkeit verbietende Vertragsklausel ist dahin auszulegen, dass nur solche Nebentätigkeiten verboten sind, an deren Unterlassung der AG ein berechtigtes Interesse hat, BAG DB 1977, 544; NZA 2020, 952; Einzelheiten (auch zu Verletzungsfolgen nach BGB aF) s. Grunewald NZA 1994, 971. §§ 323 ff. finden nach Beendigung des Arbeitsverhältnisses auf die in § 110 GewO, §§ 74 ff. HGB geregelten nachvertraglichen Wettbewerbsverbote Anwendung (BAG NZA 2018, 578); zur Nachwirkung bei Beendigung des Dienstvertrages s. BGH WM 1977, 618 (ohne

Vereinbarung grundsätzlich kein Konkurrenzverbot), BAG NJW 1976, 343 (nachvertragliches Wettbewerbsverbot grundsätzlich nur gegen Karenzentschädigung); s. ferner BAG NJW 1978, 1023: Bedingtes Wettbewerbsverbot für AN unverbindlich, gleichwohl ist bei Einhaltung Karenzentschädigung zu zahlen. Zulässig ist der Anruf eines **Headhunters** am Arbeitsplatz, sofern sich das Gespräch auf eine knappe Stellenbeschreibung beschränkt (BGH NJW 2004, 2080). **e)** Verbot der Annahme von **Schmiergeld:** s. § 12 UWG. Die Treuepflicht geht aber darüber hinaus (s. BAGE 11, 208). **f) Unterrichtung** über Nichtaufnahme der Arbeit s. BAG NJW 1985, 510. **g)** Verantwortung nach § 2 II, III SGB III s. Beckschulze BB 1998, 793 (wohl Programmpunkt, nicht Ausprägung von § 242, vor allem: nicht Pflicht gegenüber AG).

6. Herausgabepflicht. Entspr. § 667 Alt. 2 ist der Dienstverpflichtete bzw. AN 28 verpflichtet, dem Dienstberechtigten bzw. AG alles herauszugeben, was er im Rahmen des Dienstverhältnisses aus Geschäftsbesorgungen erlangt. Das Auftragsrecht findet insoweit auch im Dienstvertrags- und Arbeitsrecht Anwendung. Herauszugeben sind alle Vorteile, soweit sie von Dritten nicht nur bei Gelegenheit, sondern gerade auf Grund eines inneren Zusammenhanges mit der Dienstleistung gewährt worden sind, zB Bonusmeilen, s. BAG DStR 2006, 805 f. mAnm Eckert; Geschäftsunterlagen, s. BAG NZA 2012, 501 mAnm Sörup ZD 12, 385; Handakte des Anwalts, s. BGH NJW-RR 2019, 637 f. Rn. 17; BGH NJW 2018, 2319 Rn. 12; BGH NJW-RR 2015, 186; BGH NJW 1990, 510; → § 667 Rn. 4; → § 675 Rn. 12.

II. Pflichten des Dienstberechtigten

1. Vergütung. Sie ist Hauptpflicht des Dienstberechtigten (§§ 611 I, 611a II). 29 Ausnahmsweise haftet Dritter (Generalunternehmer) für tarifliche Löhne seiner Sub- und Nachunternehmer nach § 1a AEntG. Auch bei fehlender Vergütungsvereinbarung gilt regelmäßig Entgelt als zugesagt, § 612 I. Zur formularmäßigen **Vorausabtretung** BGHZ 108, 98; NJW-RR 2013, 248 f.; Kohte BB 1989, 2257. Zur Einrede des nicht erfüllten Vertrags → Rn. 13 f., 16. **a) Höhe:** Maßgebend ist Vereinbarung, 30
bei Arbeitsverhältnissen jedoch nur, soweit nicht normative Festsetzungen in Kollektivvereinbarungen vorgehen (→ Vor § 611 Rn. 34). S. zur Herabsetzung des Honorars eines Strafverteidigers BGH NJW 2011, 63; Entgeltvereinbarung muss sich an § 138 messen lassen, BAG BB 2004, 1909 (allerdings offengelassen bei Tarifverträgen); BAG NZA 2012, 974, 978 (zum Lohnwucher); bei fehlender Vereinbarung gilt § 612 II. Die Lohnhöhe kann abhängig sein von Dauer oder Ergebnis der Dienstleistung: „Zeitlohn" oder „Leistungslohn" (zB Akkordlohn). **Gleichbehandlung**sgrundsatz im **Arbeitsrecht** bei Lohn, Lohnzulagen, Weihnachtsgeld, Abfindungen usw → Vor § 611 Rn. 31; Abweichung nur in Individualverträgen zulässig, BAG BB 1992, 2431. Zum Anspruch auf das gleiche Entgelt nach dem **EntgTranspG** → § 612 Rn. 8. Im Bereich der Vergütung kann Gleichbehandlungsgrundsatz den Vorrang der Vertragsfreiheit durchbrechen, wenn AG den Lohn einer Gruppe von AN nach einem erkennbar generalisierenden Prinzip auf Grund einer abstrakten Regelung gewährt; von einer solchen Regelung darf ein AN nur aus *sachlichen Gründen* ausgeschlossen werden (BAG NZA 2015, 222 Rn. 22; BB 2005, 1168). Nicht sachwidrig ist das Differenzierungskriterium „Fortbestand des Arbeitsverhältnisses" und der dieser Differenzierung zugrundeliegende Zweck, Mitarbeiter zur künftigen Betriebstreue zu motivieren (BAG NZA 2007, 558; s. aber BAG GWR 2013, 96). AN hat Auskunftsanspruch gegen AG bzgl. Gruppenbildung, wenn Verletzung des Gleichbehandlungsgrundsatzes möglich erscheint (BAG BB 2005, 1168); zur Darlegungslast des AG bei freiwilliger Entgelterhöhung für bestimmte ANgruppen s. BAG NZA 2011, 693. Auch „Provisionen" (§ 65 HGB; Einzelheiten Löwisch ZHR 139, 363 ff.) sind eine am Ergebnis der Dienstleistungen ausgerichtete Vergütung. Mischsysteme sind häufig, zB „Fixum" plus „Provisionen", „Prämien". Im Arbeitsrecht ist in bestimmten Fällen für zeitliche Mehrarbeit die

Mehrarbeitsvergütung ges. geregelt, s. § 15 II AZO. Aus dem **AGG** (→ Vor § 611 Rn. 32) folgt ein gesetzlicher Gleichbehandlungsgrundsatz in Form eines Benachteiligungsverbots für Beschäftigungsverhältnisse und für selbstständige Dienstverträge,
31 → Rn. 46 und → § 612 Rn. 8. **b) Art: aa)** Geldvergütung ist die Regel. Berechnung, Zahlung, Abrechnung des Arbeitsentgelts regeln für alle AN § 107 f. GewO. (→ Vor § 611 Rn. 62). IZw wird Bruttolohn vereinbart; ein zur Lohnzahlung verurteilendes Erkenntnisurteil hat auf den Bruttolohn zu lauten (zur Verpflichtung des AG, Steuern und Sozialversicherungsbeiträge einzubehalten und abzuführen,
32 → Rn. 39). **bb)** Als Vergütung oder Vergütungsteil können im Rahmen von § 107 II GewO auch Sachleistungen vereinbart werden, zB Überlassung von Wohnung (s. aber §§ 565b–e für Dienstwohnung), Kraftfahrzeuge (sa BAG NJW 2011,
33 1469; 2012, 1758), Lebensmittel. **c) Fälligkeit** s. § 614. **d)** Eine **überzahlte Vergütung** kann gem. § 812 I 1 Alt. 1 zurückgefordert werden; allerdings kann der **Rückzahlungsanspruch** ggf. einer tarifvertraglichen Ausschlussfrist unterliegen; diese führt anders als die Verjährung (§ 214) nicht nur zu einem Rückzahlungsverweigerungsrecht, sondern zu einem von Amts wegen zu beachtenden Verfall des Anspruchs (BAG NZA 2005, 812; Boemke JuS 2005, 1143). Gesetzlicher Mindestlohn kann keiner Ausschlussfrist unterworfen werden (BAG NZA 2018, 1619; BAG NJW 2018, 3472). **e) Sonderformen:** Individualvertrag und Kollektivvereinbarungen können besondere Vergütungsformen – zumeist zusätzlich – vorsehen. Auch die zunächst unverbindliche Gewährung – etwa von Gratifikationen – kann durch vorbehaltlose Wiederholung zur Verpflichtung werden, zB dreimalige Zahlung von
34 Weihnachtsgeld (BAGE 14, 174; s. jedoch → Vor § 611 Rn. 37). **aa)** Zusätzliche Leistungen und Sonderzuwendungen (hierzu Schaub ZIP 1994, 921; Kamanabrou Jura 1999, 455), zu denen auch nicht im Synallagma stehende Entgeltformen im weiteren Sinne zählen, zB Anspruch auf Teilnahme am vergünstigten Personaleinkauf (vgl. BAG NZA 2005, 1223); **Vermögenswirksame Leistungen** (vgl. BAG NJW 1977, 75: „Lohn in neuartiger Form", nicht Sparzulage nach §§ 3, 12 VermBG, BAG DB 1976, 2116); **Anwesenheitsprämie,** BAG NJW 1979, 2120, NJW 1982, 2789; **Ausbildungsbeihilfen** (zur Rückzahlungspflicht → Vor § 611 Rn. 57 aE). AG kann vom AN auf Grund Rückerstattungsabrede nur dann Fortbildungskosten zurückverlangen, wenn der Grund für die vorzeitige Beendigung des Arbeitsverhältnisses in der Sphäre des AN liegt (BAG NJW 2004, 3059). **Gratifikationen:** Abgrenzung zur Gegenleistung für erbrachte Dienste im Rahmen des § 307 I, II notwendig (BAG NZA 2014, 1136 Rn. 19 ff.: Urlaubsgeld pro genommenen Urlaubstag ist kein Arbeitsentgelt; BAG NJW 2014, 1466 Rn. 22 f., dazu Boemke JuS 2014, 838: Honoriert Sonderzahlung Betriebstreue und erbrachte Arbeitsleistung [Mischcharakter], kann sie in AGB nicht vom ungekündigten Weiterbestand des Arbeitsverhältnisses abhängig gemacht werden; sa BAG NJW 2012, 1532); zB Weihnachtsgratifikation (zum Freiwilligkeitsvorbehalt s. BAG BB 1975, 1531 sowie wN → Vor § 611 Rn. 37; zum formularmäßigen Widerrufsvorbehalt s. BAG NJW 2011, 2153; zur Kombination von Freiwilligkeits- und Widerrufsvorbehalt in AGB s. BAG NZA 2012, 81; zur Gleichbehandlung → Vor § 611 Rn. 46, 31, BAG NJW 2003, 3150), **Urlaubsgeld** und **13. Monatsgehalt** (kein Anspruch auf anteilige Auszahlung bei vorzeitigem Ausscheiden, falls 13. Monatsgehalt als Weihnachtsgratifikation vereinbart war, BAG DB 1972, 443), **Tantiemen** ua Gewinnbeteiligungen. AG kann sich **Rückforderung von Sonderzahlungen** für den Fall vorbehalten, dass AN Betrieb innerhalb der nächsten drei Monate verlässt; längere Bindungsdauer ist unwirksam (BAG BB 2004, 1687), zumindest wenn die Höhe der gezahlten Zuwendung unter einem Monatsbezug liegt (BAG NJW 2007, 2279); zu Rückzahlungsklauseln in AGB s. BAG NZA 2014, 957 Rn. 18; 2013,
35 1361 Rn. 10 ff. [Transparenzgebot § 307 I 2 betonend]. **bb) Ruhestandsbezüge** (Pensionen, Ruhegeld) sind Vergütung für geleistete Dienste und Fürsorge, str. (s. Schaub/Vogelsang § 272 Rn. 12; BGH: Gegenleistung für Betriebstreue, s. BGH NJW 1984, 1530). Sie müssen durch Individual- oder Kollektivvertrag oder betriebliche Übung begründet worden sein. Ein Blankettangebot des AG ist annahmefähig,

die erforderliche Bestimmung notfalls durch die Gerichte nach § 315 III 2 vorzunehmen (BAG BB 1975, 1115; → Vor § 611 Rn. 37). Auch Beiträge an Pensionskassen, Lebensversicherungen usw, die ihrerseits dem Dienstverpflichteten bei Eintritt bestimmter Voraussetzungen zu leisten haben, fallen hierunter (hierzu Gumpert BB 1974, 606 ff.); ebenso Zahlungen an Hinterbliebene des Dienstverpflichteten (Witwenrente, Waisengeld). Wird die gleiche Altersversorgung wie im öffentl. Dienst versprochen, so ist eine iE gleichwertige Altersversorgung geschuldet, falls der AG die gleiche Alterssicherung wie für Angehörige des öffentl. Dienstes nicht erreichen kann (BAG DB 1975, 1755). Für Gewährung und Ausgestaltung von Ruhegeldzusagen gilt Gleichbehandlungsgrundsatz (→ Vor § 611 Rn. 31). Zur
Unverfallbarkeit von Anwartschaften s. § 1 BetrAVG; zur Insolvenzsicherung § 7 **36**
BetrAVG, bei Gesellschafter/Geschäftsführer s. BGHZ 77, 233. **Speziallit.:** ABA, Handbuch und Entscheidungssammlung zur betrieblichen Altersversorgung, Loseblatt Teil I: Grundlagen und Praxis, Grundwerk mit 73. Ergänzungslieferung 2019; Dietrich, AR-Blattei, D, Ruhegeld I; Karst/Cisch, Betriebsrentengesetz, 15. Aufl. 2018. **Widerruf** von Versorgungszusagen bei groben Treuepflichtverletzungen, die Berufung auf Zusage als arglistig erscheinen lassen, BAG NJW 1980, 1127; s. jedoch auch BAG BB 1983, 198. Beschränkung oder Einstellung der Zahlung ist nur zur Behebung wirtschaftlicher Schwierigkeiten und zur Erhaltung des Betriebes zulässig, BAG NJW 1978, 1069; zum Ganzen Hütig DB 1978, 693; bei ohnehin erforderlicher Betriebs-
stilllegung besteht keine Kürzungsmöglichkeit, BAG NJW 1972, 733. Zu **Span-** **37**
nungs- und **Wertsicherungsklauseln** s. BAG DB 1976, 199; Schaub/Vogelsang § 274 Rn. 175 ff. **Versorgungsausgleich** s. § 1587a II Nr. 3.

2. Fürsorgepflicht. Korrelat zur Treuepflicht. Sie ist wie diese eine Zusammen- **38**
fassung von Nebenpflichten, die durch das Dienstverhältnis und seine jeweiligen Typen ihre konkrete Ausprägung erfahren und wie bei anderen Verträgen ihre ges.
Verankerung in § 242 haben. **a)** Unterscheiden lassen sich **Nebenleistung**spflichten **39**
und **Schutz**pflichten nach § 241 II. Nebenpflicht zur Ausstellung eines Zeugnisses: § 630, s. BAG BB 1976, 841; zur korrekten Führung eines Arbeitszeitkontos s. BAG NJW 2011, 1163; NZA 2012, 870; NJOZ 2012, 1687; Aufnahme geleisteter Arbeit in das Arbeitszeitkonto nach § 611a II (BAG NZA 2019, 1497). Fürsorgepflichten gegenüber AN sind in den Normen des ANschutzrechts in Einzelheiten, aber nicht abschließend geregelt. Bestimmte öffentl.-rechtl. Pflichten des AG wirken im Dienstverhältnis als privatrechtliche Nebenpflichten. Bei der Feststellung, was die Fürsorgepflicht im Einzelfall gebietet, sind auch die Wertungsvorgaben der Grundrechte zu beachten, s. BAG NJW 2007, 795. Der Arbeitsvertrag begründet keine Schutzpflichten des AN gegenüber seinen Arbeitskollegen, da er kein **Vertrag mit Schutzwirkung** zu deren Gunsten ist (Wiedemann, Arbeitsverhältnis, 41; MüKo-
BGB/Gottwald § 328 Rn. 216; aA Riesenhuber JZ 1999, 711, 713 f.). Nicht nur **40**
Leben und **Gesundheit,** sondern auch **Sachen** des AN bzw. des freien Dienstnehmers sind, soweit möglich und zumutbar, vor Schaden zu bewahren (s. BAG NJW 1966, 1534 zur verkehrssicheren Anlage von Parkplätzen für AN; BAG BB 1975, 1343 f. zu den Einschränkungen). Allerdings lässt sich aus dem Fürsorgegedanken keine Verpflichtung ableiten, auch unverschuldete Sachschäden des AN zu ersetzen (s. BAG [GS] NJW 1962, 411; zu Unfallschäden auf Dienstfahrten im eigenen Pkw BAG NZA 2012, 91 [mAnm Schwarze RdA 2012, 317 ff.]; NJW 2007, 1486; NJW 1981, 702, aber auch HessLAG NJW 1981, 2271; ferner → Rn. 45). Fürsorgepflicht verlangt, dass AG das allgemeine Persönlichkeitsrecht des AN beachtet (zu Gesundheitsdaten in Personalakte BAG NJW 2007, 795; zum nachvertraglichen Einsichtsanspruch in Personalakte BAG BB 2011, 1212 mAnm S. Müller, zum Schutz des Persönlichkeitsrechts des AN s. Coester FS Georgiades, 2006, 737, zum Schmerzensgeld des AN bei heimlichen detektivischen Videoaufnahmen zur Observation krankgemeldeten AN s. BAG NJW 2015, 2749). **Sexuelle Belästigungen** am Arbeitsplatz hat der AG durch geeignete Maßnahmen zu unterbinden (s. BAG NJW 2004, 3508 zu § 4 BeschSchG, jetzt aufgehoben durch Art. 4 Gesetz zur Umsetzung euro-

päischer RiLi zur Verwirklichung der Gleichbehandlung vom 14.8.2006 [BGBl. 2006 I 1897] mit dessen Inkrafttreten am 18.8.2006; zu §§ 3 IV, 7 I, III, 12 III AGG s. nunmehr BAG NJW 2012, 407 mAnm Reinhard). Die Pflicht folgt jedenfalls auch aus dem Arbeitsvertrag selbst (**Schutz- und Fürsorgepflicht,** → Rn. 1, → Vor § 611 Rn. 41) und regelmäßig aus dem Maßnahmengebot des § 12 AGG. Das Benachteiligungsverbot des § 19 AGG gilt für selbstständige Dienstnehmer, s. bei §§ 19–20 AGG zum Verhältnis Dienstberechtigter und Dienstnehmer. Zu den arbeitsrechtlichen COVID 19-bedingten Infektionsschutzmassnahmen des Arbeitgebers in seinem Betrieb s. Bundesministerium für Arbeit und Soziales, SARS-CoV-2-Arbeitsschutzstandard (Bek. d. BMAS v. 20.4.2020 – IIIb4-34503 – GMBl. Ausgabe Nr. 16/2020 v. 27.4.2020, 303, abgedr. in NZA aktuell 10/2020, VIII); dazu s. Müller-Bonanni/Bertke, NJW 2020, 1617; Schwede, ArbRAktuell 2020, 220; Sagan/M. Brockfeld, NJW 2020, 1112, 1113; Wilrich, NZA 2020, 634. Die Neufassung der SARS-CoV-2 Arbeitsschutzverordnung trat am 1.10.2022 in Kraft und ist mit Ablauf des **7.4.2023** außer Kraft getreten (BAnz AT 28.9.2022
41 V1, 1–3). Die Fürsorgepflicht des Dienstberechtigten kann neben den nichtvermögensrechtlichen Rechtsgütern und Interessen (→ Rn. 40) auch die Wahrnehmung von **Vermögensinteressen** des Dienstverpflichteten umfassen, zB die Verpflichtung, Lohn und Abzüge richtig zu berechnen und Letztere korrekt abzuführen, über Versorgungsmöglichkeiten zu belehren (im öffentl. Dienst, BAG NVwZ 1985, 941), Auskünfte, die im Zusammenhang mit dem Dienstverhältnis für wirtschaftliche Dispositionen des Dienstverpflichteten Bedeutung haben, richtig zu geben, Zeugnisse (sa § 630 sowie § 109 GewO – Zeugnisanspruch des AN) und Bestätigungen zu erteilen, durch Vollkaskoversicherung Haftungsnachteile für AN zu vermeiden (OLG Stuttgart NJW 1980, 1169), den AN nach Verkehrsunfall von Regressansprüchen einer Versicherung freizustellen usw; ferner erhöhte Hinweis- und Aufklärungspflichten im Zusammenhang mit Aufhebungsvertrag, falls Versorgungseinbußen drohen (BAG ZIP 2001, 472, s. aber auch BAG NZA-RR 2012, 148).

42 **b) Verletzungen der Fürsorgepflicht.** Verletzungen der Fürsorgepflicht berechtigen zum Zurückhalten der Dienstleistung und verpflichten zum Schadensersatz sowie ggf. zur Ergreifung bestimmter Maßnahmen (zu Anspruch nach §§ 12, 862, 1004 s. BAG NJW 2007, 794, → Rn. 40). Im Arbeitsrecht gelten jedoch für Personenschäden aus Arbeitsunfällen außerhalb des allg. Verkehrs für die Haftung des AG Besonderheiten: § 104 SGB VII stellt den AG außer im Falle vorsätzlich verursachter Körperverletzung von jeglicher Haftung frei; auch ein Schmerzensgeldanspruch ist ausgeschlossen, BVerfG NJW 1973, 502. An die Stelle der individuellen Haftung des Schadensverursachers tritt ein System kollektiver Schadensabnahme: Der AN hat öffentl.-rechtliche Sozialversicherungsansprüche gegen die zuständige Berufsgenossenschaft, die allerdings nicht den gesamten nach §§ 249 ff. ersatzfähigen Schaden abnimmt und insbes. kein Schmerzensgeld zahlt. Auch mittelbar geschädigte Angehörige und Hinterbliebene haben keine Ansprüche (vgl. §§ 844, 845) gegen den AG, § 104 I SGB VII (zum Ganzen s. Gitter, Schadensausgleich im Arbeitsunfallrecht, 1969; zum Haftungsausschluss hinsichtlich eines Personenschadens nach §§ 105, 106 SGB VII s. BAG NJW 2003, 1891; zur Neuregelung der früher in der RVO normierten Materie durch §§ 104–107 SGB VII s. Plagemann NJW 1996,
42a 3174; Rolfs NJW 1996, 3177; Waltermann NJW 1997, 3401). **c)** Zu § 2 I SGB III s. Beckschulze BB 1998, 791.

43 **3. Urlaub, Freizeitausgleich.** AN und ANähnlichen Personen gegenüber ist der AG zur Urlaubsgewährung, dh zur grundsätzlich unwiderruflichen Befreiung von der Arbeitspflicht für eine bestimmte Zeit bei Fortzahlung des Arbeitslohns verpflichtet (s. BAG NZA 2009, 1211); auch kein Entfall bei unbezahltem Sonderurlaub s. BAG NJW 2014, 2974 Rn. 12 ff.; zur Rechtsprechung s. Überblick Bayreuther, NZA 2019, 945. Regelung im BUrlG: Mindestdauer (§ 3 BUrlG), ein mindestens 6 Monate bestehendes Dienstverhältnis (Wartezeit, § 4 BUrlG; BAG NJW 2016, 734: Dienstverhältnis, das 6 Monate bestand, lässt keinen Vollurlaubsanspruch

entstehen; zur Vererbung eines entstandenen Urlaubsabgeltungsanspruchs: BAG NJW 2016, 1837), Wahl der Urlaubszeit (§ 7 I, II BUrlG), Verbot der Erwerbstätigkeit im Urlaub (§ 8 BUrlG), Nichtanrechnung von Krankheit während des Urlaubs auf die Urlaubszeit (§ 9 BUrlG, sa § 10 BUrlG für Kur- und Heilverfahren), Höhe des fortzuzahlenden Entgelts (§ 11 BUrlG), Abgeltung (§ 7 IV BUrlG; BAGE 151, 360: § 17 I 1 BEEG greift nicht ein, wenn das Arbeitsverhältnis beendet ist und AN Anspruch auf Urlaubsabgeltung hat, zur Kürzung s. BAG NZA 2019, 1365; keine Kürzung bei krankheitsbedingter Arbeitsunfähigkeit, s. BAG NZA 2019, 832 mit Verweis auf EuGH NJW 2019, 825 zur Abgeltung von Urlaub aus Elternzeit; Entstehung eines Abgeltungsanspruchs für jedes Urlaubsjahr s. BAG NZA 2018, 653; zum Übergang des Abgeltungsanspruchs auf die Erben bei Beendigung des Arbeitsverhältnisses wegen des Todes des AN s. BAG NJW 2019, 2046; Nichtübertragbarkeit (§ 7 III 1 BUrlG, Ausnahme § 7 III 2–4 BUrlG). Unzulässigkeit (§ 13 BUrlG) einer vertraglichen kürzeren Ausschlussfrist, s. BAGE 163, 72. Weitere Ausnahme § 17 II BEEG, s. BAG NJW 2019, 2719. Zur Mitwirkungsobliegenheit des AG kraft richtlinienkonformer Auslegung, dh Aufforderung, den Urlaub zu nehmen, und klare, rechtzeitige Mitteilung, dass der Urlaub mit Ablauf des Kalenderjahres oder Übertragungszeitraums verfällt, wenn er nicht beantragt wird, s. BAGE 165, 376; sa EuGH BeckRS 2022, 24513; NJW 2019, 36; NJW 2019, 495. – Gilt auch während Kündigungsschutzverfahrens (BAG NZA 2019, 1043). Einzelheiten s. Spezialkommentare, so Neumann/Fenski/Kühn, Bundesurlaubsgesetz, 12. Aufl. 2021. Unionsrechtlich bedingte Änderung (EuGH NJW 2009, 495; 2012, 290; 2012, 509; NZA 2012, 851; NVwZ 2012, 688) der Rspr. des BAG zum Verfall des Urlaubs bei Krankheit des AN bis zum Ende des Urlaubsjahres bzw. Übertragungszeitraums; s. zB BAG NZA 2012, 1087 (partielle Aufgabe der Surrogatstheorie bei der Abgeltung von Urlaub); 2012, 1216; NZA-RR 2013, 48; BAGE 152, 308. Das BUrlG gewährt einen Mindestanspruch; daneben sind speziellere Ges. und Kollektivvereinbarungen sowie dem AN günstigere Individualabreden maßgebend. Neben dem Anspruch auf bezahlten Urlaub kann die Fürsorgepflicht eine zeitweise Freistellung von der Arbeitspflicht zusätzlich zum Urlaub erfordern, wenn zwingende Gründe gegeben sind (zB Teilnahme an Beerdigung eines nahen Familienangehörigen); für die Zeit der Freistellung entfällt der Vergütungsanspruch (unbezahlter Urlaub). Vom Urlaub ist der Freizeitausgleich bei einem Arbeitszeitkonto zu unterscheiden. AG erfüllt den sich aus einem Arbeitszeitkonto ergebenden Freizeitausgleichsanspruch regelmäßig durch Freistellung des Arbeitnehmers von seiner Pflicht, Arbeitsleistungen zu erbringen. Diese kann auch widerruflich erfolgen. Die Bestimmung der Zeit mit Arbeitspflichten und der Zeit ohne Arbeitspflichten unterliegt dem Weisungsrecht des Arbeitgebers nach § 106 S. 1 GewO. AG hat diese Bestimmung nach billigem Ermessen gem. § 315 III vorzunehmen. Er ist nicht gehindert, an zunächst für arbeitsfrei bestimmten Tagen erneut Arbeit anzuordnen (BAG NZA 2009, 1211).

4. Beschäftigung. AG ist verpflichtet, den AN nach wirksamer Begründung des 44
Arbeitsvertragsverhältnisses (sa BAG NJW 1984, 830) zu beschäftigen, falls dieser es verlangt und die Beschäftigung für den AG zumutbar ist (Einzelheiten BAG NJW 1956, 360; Dütz FS BAG, 1979, 71). Schutzzweck dieser Rechtspflicht zur Beschäftigung ist das Persönlichkeitsrecht des AN und dessen Interesse an tatsächl. Beschäftigung, deren Verletzung damit nicht Grundlage eines Schadensersatzanspruchs sein kann (finanzielle Absicherung bei Nichtbeschäftigung über § 615, BAG NZA 2016, 108, 110 Rn. 34 f.). Nach Wegfall eines konkreten Arbeitsplatzes (und damit einhergehender Unmöglichkeit der Erfüllung des Beschäftigungsanspruchs) Anspruch auf Zuweisung einer anderen vertragsgemäßen Tätigkeit aus § 280 (BAG NZA 2018, 1071). Zur Freistellung von der Arbeitspflicht unter Anrechnung der Urlaubsansprüche nach Kündigung s. BAG NZA 2007, 36 sowie zum Vergütungsanspruch bei Freistellung des AN s. BAG NJW 2008, 1550. Zur Beschäftigungspflicht nach Kündigung s. § 102 V BetrVG, § 79 II BPersVG, BAG NJW 1986, 2965 (wiederholte Kündigung), (GS) NJW 1985, 2968; NJW 2000, 236 (rechtzeitiger Widerspruch);

NJW 2004, 315 (Weiterbeschäftigungsanspruch nur, wenn Betriebsrat bei Widerspruch AN konkretisiert oder eindeutige Merkmale zur Individualisierung der betroffenen AN genannt hat). Bereicherungsausgleich, falls Weiterbeschäftigung doch rechtsgrundlos, BAG NJW 1987, 2251; AR-Blattei 93, 440 Nr. 26; dazu Kreßel JZ 1988, 1107 f.; Wertheimer AR-Blattei 93, 440 Nr. 29. Keine Beschäftigungspflicht bei Teilstreik, BAG BB 1995, 410; Beschäftigungs- und Vergütungspflicht ruht auch bei rechtmäßiger **Aussperrung;** zur Zulässigkeit der Abwehraussperrung bei Verhältnismäßigkeit BVerfG NJW 1991, 2549; BAG NJW 1993, 218.

45 **5. Aufwendungsersatz und Schadenserstattung. a)** Macht der Dienstverpflichtete zur Erfüllung seiner Pflichten Aufwendungen, die nicht schon zu den normalen, durch das vereinbarte Entgelt abgegoltenen Kosten der Erbringung seiner Dienstpflichten und der Bereithaltung seiner Arbeitskraft (Lebenshaltungskosten) rechnen, dann sind sie vom Dienstberechtigten in **entspr.** Anwendung des **§ 670** zu vergüten (Bsp: verauslagte Zollgebühren; sa BAG BB 1975, 1344: Geschäftsspesen auf Kreditkarte). Dabei handelt es sich um einen allgemeinen Rechtsgrundsatz, der auch für das Arbeitsrecht gilt (BAG NJW 2004, 2037; NZA 1999, 38). Daher kann der AN, dessen AG die Einrichtung eines Heimarbeitsplatzes und den Wegfall des entsprechenden betrieblichen Arbeitsraums anordnet, von dem AG eine **Nutzungsentschädigung** entspr. § 670 verlangen, die der ortsüblichen Miete, gemindert um Vermietergewinn und Erhaltungsaufwandrücklagen entspricht (BAG NJW 2004, 2036); s. zum Kostenersatz für Einrichtung eines häuslichen Arbeitszimmers BAG NZA 2012, 97. Von Verbindlichkeiten hat der Dienstherr den Dienstverpflichteten zu befreien; nicht: Bußgeld wegen Verkehrsverstoß, LAG Schleswig-Holstein BB 2000, 1737. **b)** Für Sach- oder Vermögens**schäden** des AN hat AG nach der hL entspr. § 670 (andere Begründung bei → § 670 Rn. 8 ff., 11: Risikohaftung) einzustehen, falls durch Einsatz im Betätigungsbereich des AG entstanden, s. BAG (GS) NJW 1962, 412; 1989, 317; 2007, 1486 (auch zu mitwirkendem Verschulden; s. dazu außerdem Schwarze RdA 2013, 140); 1996, 1301 f., NZA 2012, 91 (Unfall mit Privat-PKW); ferner NJW 1995, 2372 (Anwaltskosten).

46 **6. Benachteiligungsverbot im Beschäftigungsverhältnis.** Zum persönlichen Anwendungsbereich s. § 6 AGG. Das Benachteiligungsverbot des § 7 AGG richtet sich gegen den Beschäftigungsgeber, ua auch gegen **Mitbeschäftigte** (s. § 7 AGG). Gem. § 7 III AGG ist die Vornahme einer Benachteiligung aus Gründen der Rasse oder wegen der ethnischen Herkunft, des Geschlechts, der Religion oder Weltanschauung, einer Behinderung, des Alters oder der sexuellen Identität (bereits → Vor § 611 Rn. 32) eine Verletzung vertraglicher Pflichten. Das bedeutet, kraft Gesetzes enthält jeder Beschäftigungsvertrag ein Benachteiligungsverbot iSv § 7 AGG zu Gunsten der beim gleichen Beschäftigungsgeber Beschäftigten. Geschlechtsbedingt diskriminierend ist daher Kündigung einer AN wegen In-Vitro-Fertilisation s. hierzu EuGH NZA 2008, 345 (Verstoß gegen Gleichbehandlungs-RiLi 76/207/EWG); wegen unzureichender Deutschkenntnisse hingegen nicht ethnisch diskriminierend s. BAG BB 2010, 1733. Dazu, dass der Beschäftigungsvertrag ein Arbeitsvertrag oder einem Arbeitsvertrag gleichgestellter Vertrag ist, s. bei § 6 AGG. Zum Maßregelungsverbot im Arbeitsverhältnis und nach § 9 EntgTranspG sowie § 16 AGG s. § 612a.

47 **7. Darlegungs- und Beweislast.** Klagt AN Arbeitsvergütung ein, hat er darzulegen und ggf. zu beweisen, dass er Arbeit verrichtet oder einer der Tatbestände vorgelegen hat, der eine Vergütungspflicht ohne Arbeit normiert; s. BAG NZA 2012, 998. Zur Wirkung abgezeichneter Arbeitszeitnachweise s. BAG NZA 2019, 1361; für Überstunden s. BAG NZA 2013, 1100 Rn. 9; 2012, 939.

§ 611a Arbeitsvertrag

(1) [1]**Durch den Arbeitsvertrag wird der Arbeitnehmer im Dienste eines anderen zur Leistung weisungsgebundener, fremdbestimmter Arbeit in**

persönlicher Abhängigkeit verpflichtet. [2]Das Weisungsrecht kann Inhalt, Durchführung, Zeit und Ort der Tätigkeit betreffen. [3]Weisungsgebunden ist, wer nicht im Wesentlichen frei seine Tätigkeit gestalten und seine Arbeitszeit bestimmen kann. [4]Der Grad der persönlichen Abhängigkeit hängt dabei auch von der Eigenart der jeweiligen Tätigkeit ab. [5]Für die Feststellung, ob ein Arbeitsvertrag vorliegt, ist eine Gesamtbetrachtung aller Umstände vorzunehmen. [6]Zeigt die tatsächliche Durchführung des Vertragsverhältnisses, dass es sich um ein Arbeitsverhältnis handelt, kommt es auf die Bezeichnung im Vertrag nicht an.

(2) **Der Arbeitgeber ist zur Zahlung der vereinbarten Vergütung verpflichtet.**

Lit.: Böhm, „Echter" Auftrag oder „verdeckte" Arbeitnehmerüberlassung? Beispiele gelungener Kasuistik und misslungener Legaldefinitionen, NZA 2017, 494; Dorr/Brandt, Besonderheiten des Leistungsstörungsrechts im Arbeitsverhältnis I – Ansprüche des Arbeitgebers gegenüber dem Arbeitnehmer, Jura 2021, 1141; Fey, Änderung des Arbeitnehmerüberlassungsgesetzes, ZMV 2016, 306; Gaul/Hahne, Der Versuch des Gesetzgebers zur Kennzeichnung von Arbeitnehmern, Leiharbeitnehmern und sonstigem Fremdpersonal durch § 611a BGB, BB 2016 58; Henssler, Überregulierung statt Rechtssicherheit – der Referentenentwurf des BMAS zur Reglementierung von Leiharbeit und Werkverträgen, RdA 2016, 18; ders., Fremdpersonaleinsatz durch On-Site-Werkverträge und Arbeitnehmerüberlassung – offene Fragen und Anwendungsprobleme des neuen Rechts, RdA 2017, 83; Preis/Temming, Arbeitsrecht § 8; ders., § 611a BGB – Die Kodifikation des Arbeitsvertrages oder: Gut Ding will Weile haben, in: DAI – 28. Jahresarbeitstagung Arbeitsrecht, 2016, 136; Richardi, Der Arbeitsvertrag im Licht des neuen § 611a BGB, NZA 2017 36; Sagan, Die fehlerhafte Lehre vom fehlerhaften Arbeitsvertrag, FS Preis, 2021, 1135; Schmitt-Rolfes, § 611a BGB: Ende gut, alles gut?, AuA 2017, 15; Thüsing, Die Normierung des Arbeitnehmerbegriffs – und was der Gesetzgeber sich dabei gedacht hat, P&R 2017, 3; Roloff, Scheinselbstständigkeit, „scheintypologisch" und „scheinbar" zwingend – Gedanken zum Verständnis des § 611a Abs. 1 BGB, FS Preis, 2021, 1087; Wank, Der Arbeitnehmer-Begriff im neuen § 611a BGB, AuR 2017, 140.

1. Allgemeines. Der Arbeitsvertrag (unselbständiger Dienstvertrag) ist ein Unterfall des Dienstvertrags (BT-Drs. 18/9232 S. 16, → Vor § 611 Rn. 3, 18). § 611a ist daher **lex specialis** zu § 611. Norm wurde durch Art. 2 Ges. zur Änderung des Arbeitnehmerüberlassungsgesetzes und anderer Gesetze v. 21.2.2017 (BGBl. I S. 258) geschaffen (dazu BT-Drs. 18/9232; zur Endfassung vor allem BT-Drs. 18/10064; zur Kritik an dem früheren Referentenentwurf s. Henssler RdA 2016, 18 f.: „vollständig missglückt"). In Kraft mWv 1.4.2017. Norm ist anwendbar auch auf Verträge, die vor dem Inkrafttreten der Norm geschlossen wurden (Roloff in FS Preis 2021, 1087, 1089 f.). Norm übernimmt Definition des AN-Begriffs der bisherigen Rspr. (BT-Drs. 18/9232 S. 4, 18, 31 mN, BT-Drs. 18/10064 S. 4). Eine Änderung der Rechtslage ist nicht bezweckt (BT-Drs. 18/9232 S. 18; BT-Drs. 18/10064 S. 4). Ziel des Ges. v. 21.2.2017 ist es, „missbräuchliche Gestaltungen des Fremdpersonaleinsatzes", insbes. mittels „Vertragskonstruktionen, die von den Vertragspartnern zwar als ‚Werkvertrag' bzw. ‚Dienstvertrag' bezeichnet werden, tatsächlich jedoch als Arbeitsverträge oder Arbeitnehmerüberlassungsverträge durchgeführt werden", zu verhindern (BT-Drs. 18/9232 S. 14). Dazu kann § 611a infolge Übernahme des status quo der Rspr. nichts Neues beitragen (sa Henssler RdA 2017, 83, 86). Die Vorschrift wird zT scharf kritisiert (Richardi NZA 2017, 36: „überflüssig, weil fehlerhaft konzipiert […] keinen Beitrag zur Alternativität der Entgeltrisikozuweisung, die den Unterschied zum Werkvertrag bestimmt"; Böhm NZA 2017, 494, 497: „Much Ado About Nothing!"), zT als Beitrag zur verbesserten Rechtskultur als nicht schädlich angesehen (Henssler RdA 2017, 83, 86), zT als gelungene Neuerung erachtet (s. Preis DAI 2016, 137 f.). Hanau (bei Temming forum historiae iuris 2017–03 Rn. 56) weist zu Recht darauf hin, dass die Legaldefinition der Rspr. den Weg zu einer Weiterentwicklung und Anpassung des AN-Begriffs an die Arbeitswelt 4.0 mit home office etc erschweren könnte, so dass das Institut der ANähnlichen Person (→ Rn. 9) eine sonst vermeidbare Ausweitung erlangen könnte. Sa Deinert 1

2 RdA 2018, 359. Die Definition gilt, soweit speziellere Gesetze keine abweichende vorsehen. Arbeitsvertrag ist **privatrechtlicher Vertrag** (BT-Drs. 18/9232 S. 31), daher erfasst er nicht die Dienstverhältnisse von Richtern, Soldaten, Beamten, Strafgefangenen (zu öffentl.-rechtl. Dienstverhältnissen eigener Art, zB Vertretungsprofessuren, s. Preis/Temming, Arbeitsrecht Rn. 161). Zu **vereinsrechtlichen Arbeitspflichten** (DRK) und Dienstleistungen, die nicht gegen Entgelt, sondern auf Grund von sonstigen **Mitgliedschaften** (Orden, Vergütung ist hier Alimentation und nicht Gegenleistung.) erbracht werden, fallen nicht unter §§ 611 ff. → Vor § 611 Rn. 17, 29, dort auch zur analogen Anwendung von ANschutznormen; zu **ehrenamtlicher Tätigkeit** → Vor § 611 Rn. 11, 29). **Familienrechtliche Dienstpflichten** können auf der Grundlage der §§ 1353, 1356 II 2, 1360 unter Ehegatten, des § 1619 für Kinder gegenüber den Eltern in begrenztem Maß bestehen; sie begründen kein Arbeitsverhältnis (→ § 611 Rn. 3). Die temporären, mittlerweile mWv 1.10.2022 durch Ges. v. 27.3.2020 (BGBl. I S. 569) aufgehobenen vertragsrechtlichen **COVID 19-bedingten Sonderregeln des Art. 240 § 1 I, II EGBGB** bisherige Fassung galten → Art. 240 § 1 IV Nr. 2 EGBGB **nicht** für Verträge „mit **arbeitsrechtlichen Ansprüchen**" (→ § 611 Rn. 1). Überblick zu **Problemstellungen im Arbeitsrecht** durch COVID 19: Groeger, ARP 2020, 106–110; Sagan/Brockfeld, NJW 2020, 1112; Weller/Lieberknecht/Habrich, NJW 2020, 1017. Zur Frage des **home office** in der Coronakrise: ausführlich Krieger/Rudnik/Povedano Peramato, NZA 2020, 473; ferner Eckert, DStR 2020, 987, 990 f.; Fuhlrott/Fischer, NZA 2020, 345, 349; Müller/Becker, COVuR 2020, 126, 129 f.; Sagan/Brockfeld, NJW 2020, 1112, 1114, Günther/Böglmüller, ArbRAktuell 2020, 186; Loose, beck.digitex 2020, 80.

3 **2. AN-Begriff (I 1–2).** AN erbringt als Dienstverpflichteter seine Dienstleistung selbst (Dienste von Menschen → § 611 Rn. 7a) „im Dienste eines anderen" (Normtext!), der das **Erfolgsrisiko** der geleisteten Dienste übernimmt. Darin liegt die Abgrenzung zum Werkvertrag, bei dem tätiger Unternehmer das Risiko trägt, nicht der Besteller (näher → § 611 Rn. 1, 15, → Vor § 631 Rn. 3). Zentrales Abgrenzungsmerkmal zum selbständigen Dienstvertrag (→ Vor § 611 Rn. 2, 18) ist „der Grad der **persönlichen Abhängigkeit**" (Normtext!) des Dienstverpflichteten (weitere Konkretisierung des Tatbestandsmerkmals in der Folge, sa Rn. 9 f.; irrelevant: wirtschaftliche Abhängigkeit, s. BAG NJW 2002, 2125, 2026; BAG NZA-RR 2016, 344, 347 Rn. 25). Arbeitnehmer ist nach **I 1, 2** derjenige Mitarbeiter, der nicht im Wesentlichen frei seine Tätigkeit gestalten kann. Dies entspricht der BAG-Rspr.: „AN ist, wer auf Grund eines privatrechtlichen Vertrags im Dienste eines anderen zur Leistung weisungsgebundener, fremdbestimmter Arbeit in persönlicher Abhängigkeit verpflichtet ist", so BAG DB 2004, 1436; NJW 2015, 34693; sa BAG AP ArbGG 1979 § 2 Nr. 83; NJW 1984, 1985; NZA 2012, 1434; 2018, 448 (Musikschullehrer im konkreten Fall nicht AN); 2019, 1411 (in der Dienststelle tätiger Übersetzer im konkreten Fall nicht AN); NJW 2018, 3532 (Tagespflegeperson nicht AN); 2010, 1627, 1629 Rn. 23. Abgrenzung deckt sich mit § 84 I 2 HGB (BT-Drs. 18/9232 S. 32 mN); danach ist selbstständiger Handelsvertreter, „wer im wesentlichen frei seine Tätigkeit gestalten und seine Arbeitszeit bestimmen kann" und angestellter Handelsvertreter (AN), wer ohne Selbstständigkeit die Tätigkeit eines Handelsvertreters ausübt (§ 84 II HGB). Der **Grad der persönlichen Abhängigkeit** in der Arbeitsdurchführung ist je nach Eigenart der jeweiligen Tätigkeit unterschiedlich (**I 3,** zum bisherigen Recht s. BAG NZA-RR 2016, 344, 346 Rn. 20); bei qualifizierteren Tätigkeiten wird er geringer sein. So bestehen etwa bei Journalisten aufgrund der Pressefreiheit (Art. 5 I 2 GG) (zum Sportfotografen s. BAG NZA 2022 623 Rn. 37), bei Wissenschaftlern und Künstlern aufgrund der Wissenschafts- bzw. Kunstfreiheit (Art. 5 III GG) größere Freiheiten für die Arbeitsdurchführung. Abhängigkeitsgrad kann zB hinsichtlich Arbeitszeit und Arbeitsort auch wegen der wachsenden Verbreitung des home office bzw. mobile-
4 office gelockert sein. Entscheidend für Feststellung der Abhängigkeit sind die **Ein-**

bindung in die fremde sachliche Arbeitsorganisation (vgl. BAG NJW 1984, 1985; ferner AP Nr. 1, 3, 6 zu § 611 – Abhängigkeit), das bedeutet Abhängigkeit der eigenen Leistungserbringung von der Zusammenarbeit mit der dem AG zuzurechnenden Arbeitsorganisation und die **Weisungsgebundenheit** des AN (→ Rn. 7). Weisungsabhängigkeit kennzeichnet **Fremdbestimmtheit** der Dienstleistung iSv **I 1. Nicht zwingend** ist **örtliche Eingliederung am Betriebsort** des AG (Eingliederung am Betriebsort des AG als „arbeitsorganisatorische Abhängigkeit", Schaub/Vogelsang § 8 Rn. 21, 23). Sie wird oft gegeben sein, ist aber in bestimmten Sparten schwächer, zB bei Fahrern im Fracht-, Kurier-, Beförderungsdienst, bei Außendienstmitarbeitern oder in Fällen **des home office.** In diesem Fall gewinnen die anderen Kriterien erhöhte Bedeutung. Bindung an einen Arbeitsort sagt dann nichts über eine persönliche Abhängigkeit, wenn dieser Arbeitsort für die Tätigkeit typisch ist (BAG BeckRS 1992, 30740449 [zu II 6]; NZA-RR 2016, 344, 347 Rn. 30). Die **arbeitsrechtliche Weisungsbefugnis** ist daher gegenüber dem **Weisungsrecht für Vertragsverhältnisse mit Selbstständigen** und Werkunternehmern abzugrenzen. Bei Selbstständigen ist sie typischerweise sachbezogen und ergebnisorientiert und damit auf die zu erbringende Dienst- oder Werkleistung ausgerichtet. Im Unterschied dazu ist das arbeitsvertragliche Weisungsrecht personenbezogen, ablauf- und verfahrensorientiert geprägt. Wird die Tätigkeit durch den Weisungsgeber geplant und organisiert und der Angewiesene in einen arbeitsteiligen Prozess in einer Weise eingegliedert, die eine eigenverantwortliche Organisation der Erstellung des vereinbarten „Tätigkeitsergebnisses faktisch ausschließt, liegt ein Arbeitsverhältnis nahe (BAG NZA 2021, 552 Rn. 35). Weisungsgebundenheit und Fremdbestimmung können in unterschiedlicher Weise Ausdruck finden. Auch eine vom Auftraggeber geschaffene Organisationsstruktur kann den Beschäftigten durch mit ihr verbundene tatsächliche Zwänge zu dem gewünschten Verhalten veranlassen, ohne dass konkrete Anweisungen nötig sind. Hat Anweisender organisatorische Maßnahmen ergriffen, durch die der Angewiesene – wenn auch nicht unmittelbar angewiesen, aber doch mittelbar gelenkt – angehalten wird, kontinuierlich Arbeitsaufträge anzunehmen und diese in einem bestimmten Zeitrahmen nach präzisen Vorgaben persönlich zu erledigen, kann eine persönliche Abhängigkeit iSv § 611a auch durch das Anreizsystem einer Plattform gegeben sein. Eine faktische Planungssicherheit wie bei einem Einsatz eigenen Personals kann sich daraus ergeben, dass der Beschäftigte über die von dem Auftraggeber zur Verfügung gestellte App angehalten wird, kontinuierlich ein bestimmtes Auftragskontingent nach detaillierten Maßgaben des Crowdsourcing-Unternehmens anzunehmen. Die kontinuierliche Durchführung einer Vielzahl von Kleinstaufträgen („Mikrojobs") durch Nutzer einer Online-Plattform („**Crowdworker**") auf der Grundlage einer mit dem Betreiber („Crowdsourcer") getroffenen Rahmenvereinbarung kann im Rahmen der nach § 611a I 5 gebotenen Gesamtbetrachtung zur Annahme eines Arbeitsverhältnisses führen, wenn der Crowdworker zur persönlichen Leistungserbringung verpflichtet ist, die geschuldete Tätigkeit ihrer Eigenart nach einfach gelagert und ihre Durchführungen inhaltlich vorgegeben sind sowie die Auftragsvergabe und die konkrete Nutzung der Online-Plattform im Sinne eines Fremdbestimmens durch den Crowdsourcer gelenkt wird (BAG NZA 2021, 552 Rn. 33, 36). Erforderlich ist stets 5
Gesamtabwägung (I 4) aller maßgebenden Umstände des Einzelfalls (BAG ZUM 2007, 507; NJOZ 2010, 1706; NZA 2021, 552 Rn. 38). Abzustellen ist auf die tatsächlichen Umstände, unter denen die Dienstleistung zu erbringen ist (BAGE 88, 263 mN). Durch wertende Gesamtbetrachtung kann den Besonderheiten des Einzelfalls Rechnung getragen werden. Abstrakte, für alle Arbeitsverhältnisse geltende Merkmale lassen sich nicht aufstellen (zum bisherigen Recht BAG NZA-RR 2016, 344, 346 Rn. 20 mwN). Der obj. Geschäftsinhalt ist den ausdrücklich getroffenen Vereinbarungen und der praktischen Durchführung des Vertrags (→ Rn. 6) zu entnehmen. Spezifika der jeweiligen **Berufe, Branchen** und Bereiche sind zu berücksichtigen. Grundrechtlich geschützte eigene Rechte des AN in Bezug auf die Arbeitsdurchführung sind zu beachten, insbes. die auf Grund der

Rundfunk-, Presse-, Wissenschafts- oder Kunstfreiheit (→ Rn. 3) (s. BT-Drs. 18/9232 32). So ist zB nach § 275 V 1 SGB V ein **Arzt** des Medizinischen Dienstes bei der Wahrnehmung seiner medizinischen Aufgaben nur seinem ärztlichen Gewissen unterworfen (BAG NZA-RR 2016, 344, 347 Rn. 27). Als **Anhaltspunkte** für die Unterscheidung zwischen selbstständigem und unselbstständigem Dienstvertrag werden auch die Intensität der Arbeit (BAG NJW 1964, 1642), der **Ort der Dienstleistungen** (→ Rn. 4), Anwendung der einschlägigen Tarifbestimmungen und Schutzbedürftigkeit (Beuthien FS BAG, 1979, 3) genannt. Besonders relevant ist, ob Dienstverpflichteter über seine **Arbeitszeit disponieren** kann, also entscheiden kann, wann (zB an welchen Tagen, zu welcher Uhrzeit) er eine Tätigkeit erbringt. Solche zeitlichen Freiheiten sind für AN unüblich (BAG NZA-RR 2016, 344, 346 f. Rn. 25 für ärztlichen Gutachter des Medizinischen Dienstes). Die organisatorische Bindung zB an die Öffnungszeiten des Auftraggebers begründet kein ausreichendes zeitliches Weisungsrecht, denn es ist auch für Selbstständige üblich, dass sie ihre Dienstleistungen im Rahmen der organisatorischen Gegebenheiten des Auftraggebers zu erbringen haben (BAG NZA-RR 2016, 344, 346 Rn. 25). **Art der Vergütung** spielt keine Rolle, da sich die persönliche Abhängigkeit danach bestimmt, inwieweit die Ausführung der versprochenen Dienste weisungsgebunden und damit fremdbestimmt erfolgt. Entscheidend sind die Umstände der Dienstleistung, nicht aber die Modalitäten der Entgeltzahlung (BAG BeckRS 1992, 30740449 [zu I 4 b]; NZA-RR 2016, 344, 347 Rn. 29; LAG SchlH BeckRS 2016, 113736). – Gleichwohl kann die Einordnung im Einzelfall schwierig sein → Rn. 8 ff. AN wird nicht dadurch zum freien Mitarbeiter, dass AG sein **Weisungsrecht nicht ausübt** (BAG NZA 2007, 580). Fortführung eines Arbeitsverhältnisses als freies Dienstverhältnis
6 unterliegt § 623. Ausschlaggebend ist nicht die Bezeichnung des Vertrags bzw. der Vertragsinhalt, sondern die **praktische Vertragsdurchführung** (zum bisherigen Recht BAG NZA-RR 2016, 344, 346 Rn. 20 mwN). **I 5** stellt für den Fall, dass sich der Vertrag und seine tatsächliche Durchführung widersprechen, klar, dass für die rechtliche Einordnung als Arbeitsverhältnis die tatsächliche Durchführung des Vertragsverhältnisses maßgebend (s. BT-Drs. 18/9232 S. 32 mN zur entsprechenden stRspr des BAG; zur Rechtslage vor Schaffung des § 611a BGH WM 2019, 419
7 Rn. 12). Beschäftigter ist **Weisungsrecht** des AG unterworfen (I 1, 2). Das Weisungsrecht ist **personenbezogen** (Preis/Temming, Arbeitsrecht Rn. 176) und korrespondiert mit dem Merkmal der persönlichen Abhängigkeit iSv **I 4.** Es kann nach **I 2** Inhalt, Durchführung, Zeit, Dauer und Ort der Diensttätigkeit betreffen (entspricht Rspr., s. BAG NJW 2015, 3469, und § 106 GewO → Vor § 611 Rn. 52, 62), ebenso hinsichtlich der Ordnung und des Verhaltens der AN im Betrieb (§ 106 S. 2 GewO). Bei der Ausübung des Ermessens hat der AG auch auf Behinderungen des Arbeitnehmers Rücksicht zu nehmen (§ 106 S. 3 GewO). Zu einem temorär **„erweiterten Weisungsrecht"** während **COVID 19-Pandemie** s. Eckert, DStR 2020, 987, 992 f.; Krieger/Rudnik/Povedano Peramato, NZA 2020, 473, 475 f.; zum entsprechenden home office → Rn. 2.

8 **3. Abgrenzungen. a) Angestellte** sind AN, die sich von Arbeitern vor allem durch die Art ihrer Tätigkeit unterscheiden; Einzelfälle: Sparkassenvorstand nach Verlust der Organstellung (Arbeitsverhältnis, BGH NZA 2000, 376); Redakteur
9 (AN, LAG Köln NZA-RR 1999, 119). **b) ANähnliche Personen** (s. § 12a TVG) sind zwar nicht persönlich weisungsgebunden und auch in der Ausgestaltung ihrer Tätigkeit weitgehend selbstständig, aber wegen ihrer wirtschaftlichen Abhängigkeit vom Dienstberechtigten und ihrer sozialen Schutzwürdigkeit AN teilw. gleichgestellt, zB Heimarbeiter (dazu → Vor § 611 Rn. 48; ErfK/Preis § 611a Rn. 48 f.; Otten NZA 1995, 289; Computer-Heimarbeit s. Kappus NJW 1984, 2384), „Einfirmenvertreter" (vgl. § 92a HGB); zum Kurierdienstfahrer s. BAG BB 2001, 2220 mAnm Linnenkohl BB 2002, 622. Wirtschaftliche Unselbstständigkeit setzt voraus, dass der Abhängige auf die Verwertung seiner Arbeitskraft angewiesen ist und dass er sich in der Regel an eine einzige Person (oder wenige) gebunden hat, so dass

ohne deren Aufträge seine wirtschaftliche Existenz entfiele. Die soziale Schutzbedürftigkeit setzt voraus, dass das Maß der Abhängigkeit nach der Verkehrsanschauung einen solchen Grad erreicht, wie er im Allgemeinen nur in einem Arbeitsverhältnis vorkommt, und dass die geleisteten Dienste nach ihrer sozialen Typik mit denen eines Arbeitnehmers vergleichbar sind (OLG Frankfurt a. M. BauR 2002, 1874 zu Architektenleistungen). Soll ein als **freier Mitarbeiter** tätiger Architekt für seine Tätigkeit haften (Gewährleistungsrisiko übernehmen), spricht das gegen Einstufung als ANähnliche Person (s. OLG Frankfurt a. M. BauR 2002, 1874). Sog. freie Mitarbeiter (häufig im Medienbereich) sind je nach Eingliederung in den Arbeitsprozess entweder Dienstnehmer (BAG NJW 2003, 2930 für Berater) oder AN bzw. ANähnliche Person oder – abhängig davon, ob ein Erfolg oder eine Tätigkeit geschuldet wird – Werkunternehmer. Entscheidend ist der Grad der persönlichen Abhängigkeit, der sich insbes. aus der zeitlichen und organisatorischen Einbindung, **zB** durch einen vom AG einseitig vorgegebenen Stundenplan, ergeben kann (zum Lehrer in JVA s. BAG NJW 2012, 2903; Kurierfahrer, der selbst entscheidet, ob, wann und in welchem Umfang er tätig werden will, und für ausgeführte Frachtaufträge das volle vom Auftraggeber zu leistende Entgelt erhält, ist kein AN des Unternehmens, das die Frachtaufträge annimmt und an die Kurierdienstfahrer weitergibt, s. BAG NJW 2002, 2125, 2126, auch wenn sozialpolitisch ein stärkerer Schutz wirtschaftlich stark abhängiger Personen wünschenswert erscheinen mag; zum Scheinselbständigen s. Rn. 10). Zur rechtsmissbräuchlichen Berufung auf ANeigenschaft durch freien Mitarbeiter s. BAGE 120, 104; 104, 86; BAG BB 1997, 1484. Anwalt ist trotz seiner Bezeichnung als freier Mitarbeiter als AN bzw. ANähnliche Person anzusehen, wenn er innerhalb einer von dem Kanzleiinhaber vorgegebenen Arbeitsorganisation tätig wird, innerhalb derer er hinsichtlich der Zeit, der Dauer und des Ortes der zu erbringenden Dienstleistung der Weisungsbefugnis des Kanzleiinhabers unterworfen ist (OLG Brandenburg NJW 2002, 1659). BAG NZA 2012, 1433; zum sog. programmgestaltenden Mitarbeiter s. BAG AfP 2007, 289; BAGE 93, 218; zu freiem Rundfunkmitarbeiter s. BAG BB 1998, 2211; LAG Köln NZA-RR 1999, 119; zu Architekt s. OLG Frankfurt a. M. BauR 2002, 1874; zu Artistengruppe s. BAG NZA-RR 2016, 288; weitere Rspr. bei Hromadka NZA 1997, 1249; Etzel NJW 1998, 1190 [1194]; NJW 1999, 2933, 2937, sowie → Rn. 29a. Wenn freier Mitarbeiter für seine Tätigkeit haftet und das Gewährleistungsrisiko gegenüber Dritten übernehmen sollte, iZw keine ANähnliche Person. **Heimarbeiter** → Vor § 611 Rn. 48. **c) Scheinselbstständigkeit** ist häufig bei Einmann-Unternehmen gege- **10**
ben, bei welchen der Unternehmer für einen Auftraggeber tätig ist, bei dem er zuvor angestellt war und seine Unternehmerleistung als Arbeitsleistung erbracht hatte. Sind die Kriterien des Arbeitsverhältnisses sachlich erfüllt, dann ist der scheinselbstständige „Unternehmer" als AN zu qualifizieren, hierzu Reinecke ZIP 1998, 581 ff.; Hänlein DB 2000, 374; Lampe RdA 2002, 18; ErfK/Preis § 611a Rn. 78 f. Entscheidend ist der Grad der persönlichen Abhängigkeit, die von der Weisungsdichte und/oder (nicht zwingend örtlich-räumliche) Eingliederung in fremde Arbeitsorganisation konstituiert wird, vgl. BAG NJW 1999, 310, aber auch LAG Nds NZA 2000, 320 (Frachtführer); BAG ZIP 1997, 1714; NZA 2012, 733 (Rahmenvereinbarung); BGH NJW 1999, 220 (Eismann); LAG Nürnberg BB 1999, 793 (Versicherungsvermittler); BAG ZIP 2000, 808 (Versicherungsvertreter); BAG NJW 1998, 1428 (Zeitungszusteller); ArbG Passau BB 1998, 1266 (Sargträger); häufig sind zB Franchisenehmer als AN einzustufen, sozialversicherungsrechtlich abweichende Einstufung bei BSG NJW 2010, 2539, weitere Bsp. bei Reiserer BB 1998, 1258; zum Einfirmenhandelsvertreter s. Oberthür NZA 2001, 126. Versicherungspflicht s. §§ 7 IV, 2 Nr. 2 lit. b SGB IV (Rolfs NZA 2003, 65 f.; Sommer NZS 2003, 169), wobei **arbeitsrechtlicher und sozialrechtlicher Begriff** des Scheinselbstständigen nicht identisch sind. Zur neueren Rspr. Reiserer, DStR 2020, 1321. Nach BSG (NZA 2022, 1612 Rn. 22 ff.) richtet sich sozialrechtliche Versicherungspflicht als AN auch für Geschäftsführer einer Rechtsanwalts-GmbH nach den allgemeinen Grundsätzen für Geschäftsführer einer GmbH. Daher kommt es entscheidend auf

die sich aus dem Gesellschaftsvertrag ergebende Rechtsmacht an, nicht genehme Weisungen oder Beschlüsse zu verhindern oder zu beeinflussen. Kein AN, wenn Geschäftsführer Rechtsmacht eines Mehrheits-Gesellschafter-Geschäftsführers hat. Die „freiberufliche" Tätigkeit als Rechtsanwalt und die besonderen Regelungen der BRAO über die Rechtsanwaltsgesellschaft ändern an einer Qualifikation als AN nichts. Die berufsrechtlichen Regelungen der BRAO verdrängen Sozialversicherungsrecht nicht. Das gilt auch für die seit 1.8.2022 geltende Rechtslage zur Berufsausübungsgesellschaft.

11 **4. Entgelt.** Nach **II** ist AG zur Zahlung der vereinbarten Vergütung verpflichtet; Anspruch des AN auf korrekte Führung des Arbeitszeitkontos, da es den Vergütungsanspruch verbindlich bestimmt (BAG NZA 2019, 1497). **Höhe:** Vereinbarung, subsidiär → § 612. Arbeitsvertrag ist daher **zwingend entgeltlich** (Abgrenzung zur ehrenamtlichen Tätigkeit → Vor § 611 Rn. 11, 29). Folgt bereits aus MiLoG → Vor § 611 Rn. 49.

§ 611b *(aufgehoben)*

§ 611a aF zur geschlechtsbezogene Benachteiligung und § 611b zur Arbeitsplatzausschreibung wurden durch Art. 3 XIV Gesetz zur Umsetzung europäischer RiLi zur Verwirklichung der Gleichbehandlung vom 14.8.2006 [BGBl. 2006 I 1897] aufgehoben mit Wirkung zum 18.8.2006. Zur **intertemporalen Anwendbarkeit** auf Altfälle s. § 33 I AGG. Die in Konkretisierung des allg. Gleichbehandlungsgebots (hierzu → Vor § 611 Rn. 31) auf Grund EG-RL 76/207 1980 eingeführten und durch 2. Gleichberechtigungsges 1994 (hierzu Mittmann NJW 1994, 3049) sowie des Ges. v. 29.6.1998 geänderten beiden Vorschriften verboten geschlechtsbezogene Benachteiligungen bei Ausschreibung (§ 611b), Begründung, Ausgestaltung und Beendigung von Arbeitsverhältnissen (§ 611a). Zu beiden s. 14. Aufl. Seit dem 18.8.2006 ist das **AGG,** insbes. §§ 6–16 AGG an ihre Stelle getreten, dazu → Rn. 1 vor §§ 620–630.

§ 612 Vergütung

(1) **Eine Vergütung gilt als stillschweigend vereinbart, wenn die Dienstleistung den Umständen nach nur gegen eine Vergütung zu erwarten ist.**

(2) **Ist die Höhe der Vergütung nicht bestimmt, so ist bei dem Bestehen einer Taxe die taxmäßige Vergütung, in Ermangelung einer Taxe die übliche Vergütung als vereinbart anzusehen.**

1 **1. Allgemeines. § 612 I, II** verhindern Vertragsungültigkeit wegen Nichteinigung über wesentlichen Punkt durch eine subsidiäre Vergütungsregelung. Analog anwendbar, wenn über Arbeitsvertrag hinaus höherwertige Dienste erbracht werden, BAG DB 1978, 1131; NZA 2015, 1408 (quantitative und qualitative Mehrarbeit); aber nicht für jede Mehrarbeit, sondern nur, wenn die Zusatzleistung den Umständen nach nur gegen Vergütung zu erwarten ist (BAG NZA 2019, 399). Die Vorschrift gibt kein Wahlrecht zwischen vereinbarter und üblicher Vergütung (BAG DB 1979, 409). Gleichbehandlungsgrundsatz (→ Vor § 611 Rn. 31) für Lohngestaltung → Rn. 8. Preisvereinbarungen unterliegen nicht der AGB-Inhaltskontrolle (§ 307 *III* 1), s. zu Abgrenzungsfragen BGH NJW 2011, 2640; 2002, 2386 mN. Zur Berechnung, Auszahlung und Abrechnung des Arbeitsentgelts s. §§ 107, 108 GewO (→ Vor § 611 Rn. 62); zum **Mindestlohn** nach dem MiLoG → Vor § 611 Rn. 49. Zur mittelbaren Diskriminierung gem. RiLi 76/207/EWG bei „pro rata temporis"-Berechnung der Abfindung s. BAG DB 2007, 1536. Zur Vorstandsvergütung Martens ZHR 169 (2005), 124 ff.

2. Vergütungspflicht. Vergütung ist Gegenleistung zur Dienstpflicht. **a) Voraussetzung:** Dienstleistungen müssen ausdrücklich oder durch schlüssiges Verhalten versprochen sein (BAG NJW 1974, 380). Zur Vergütung der Erfindung eines Geschäftsführers s. BGH GRUR 2007, 52; WM 1990, 351. Die Rspr. des BAG wendet § 612 auch bei nichtigem Arbeitsvertrag oder nichtiger Vergütungsabrede an (AP Nr. 2 zu § 138; Nr. 20 zu § 612). Eine Vergütung muss „nach den Umständen", dh unter Berücksichtigung von Art, Umfang und Dauer der Dienstleistungen, der Berufs- und Erwerbsverhältnisse des Dienstleistenden sowie der Verkehrssitte (BGH DB 1975, 1982) geschuldet sein, Bsp. Vergütung von Reisezeiten, s. BAG NJW 1998, 1581. Hat ein AN seine Tätigkeit außerhalb des Betriebs zu erbringen, gehört die Fahrt zur auswärtigen Arbeitsstelle zur vertraglichen Hauptleistungspflicht. Erforderliche Reisezeiten sind mit der für die eigentliche Tätigkeit vereinbarten Vergütung zu bezahlen, sofern nicht durch Arbeits- oder Tarifvertrag eine gesonderte Vergütungsregelung hierfür eingreift (BAG NZA 2019, 159; 2018, 1211). Sonderzuwendungen → § 611 Rn. 34; Vergütungspflicht bei Bereitschaftszeiten s. BAG BB 2015, 510 Rn. 11 ff.; NZA 2016, 1332; NJW 2018, 489. **Unentgeltlichkeit** kann auf Grund einer Abrede (aber dann im Zweifel Auftrag [§ 662]) insbes. bei entspr. Standesregeln (s. BGH NJW 1977, 2120 – Behandlungsvertrag zwischen Ärzten) vorliegen, ferner zB bei Volontär- oder Praktikantenverhältnis. Gefälligkeiten oder Dienstleistungen im Familienverband begründen kein Arbeitsverhältnis (→ § 611a Rn. 2); zudem fehlt oft schon die Voraussetzung vertraglicher Dienstleistungsverpflichtung → Vor § 611 Rn. 1, 17. Zu Überstunden s. BAG NZA 2011, 1335; 2012, 148; 2012, 862; 2013, 1100 (kein allgemeiner Rechtsgrundsatz für Vergütungspflicht); Vereinbarung einer Pauschalvergütung muss den Grundsätzen der Normenklarheit und Gleichbehandlung genügen (BAG NZA 2019, 1361). Schwierigkeiten bereiten die unentgeltlich, aber in Erwartung späterer Eheschließung oder Erbeinsetzung erbrachten Dienste; das BAG wendet § 612 an (AP Nr. 23, 27 zu § 612; NJW 1978, 444); → § 812 Rn. 14. **b) Folge:** Vertragliche Vergütungspflicht; Höhe s. II.

2 (Rn. 2) 3 (Rn. 3, bei „Unentgeltlichkeit") 4 (Rn. 4, bei „b) Folge")

3. Voraussetzungen und Rechtsfolgen des II. a) II setzt als **Voraussetzungen,** dass Vergütung vereinbart oder als vereinbart nach I anzunehmen ist, die Höhe jedoch nicht bestimmt wurde. Greift auch bei Sittenwidrigkeit der Vergütungsabrede lückenfüllend (BAG NJW 2016, 2359). **Aufklärungspflicht** des Anwalts über voraussichtliche Höhe der Vergütung s. BGH NJW 1980, 2130. **b) Folge:** Geschuldet ist die **aa)** taxmäßige Vergütung, zB die in einschlägigen amtlichen Gebührenordnungen festgelegte Taxe, soweit sie nicht ohnehin zwingend gilt. **bb)** Fehlt eine maßgebende Taxe, ist hilfsweise die übliche Vergütung geschuldet. Üblich ist die im gleichen Gewerbe oder Beruf am gleichen Ort für vergleichbare Dienstleistungen im Durchschnitt gezahlte Vergütung. Von Verbänden festgelegte Gebühren sind nicht ohne weiteres „übliche", maßgeblich ist ihre Verkehrsgeltung (vgl. BGH LM Nr. 8). Als üblich gilt auch der entspr. Tariflohn (LAG Düsseldorf DB 1978, 166; sa MüKo-BGB/Müller-Glöge Rn. 30). Bei Krankenbehandlungen ergibt sich die Üblichkeit der Vergütung idR auch aus den Höchstsätzen im Rahmen der Beihilfe für Beamte und Angestellte des öffentl. Dienstes (unabhängig davon, ob der Schuldner beihilfeberechtigt ist), s. LG Trier VersR 2003, 846; LG Köln VersR 2000, 627.

4. Beweislast. Die für der Höhe nach offen gebliebene Vergütung sprechenden Umstände hat der Dienstverpflichtete zu beweisen, die Abrede der Unentgeltlichkeit der Dienstberechtigte (BGH DB 1975, 1982); jedoch OLG München NJW 1984, 2537 zur Gebührenvereinbarung Anwalt – Mandant. Behauptet der Mandant, mit seinem Rechtsanwalt eine die gesetzlichen Gebührensätze unterschreitende Pauschalvereinbarung geschlossen zu haben, so trägt er für dieses Vorbringen die Beweislast (OLG Saarbrücken OLGR 2003, 82). 7

5. Gleichbehandlung bei der Lohngestaltung. Dabei ist zu unterscheiden: Zum **Arbeitsverhältnis** → § 611 Rn. 30, → Vor § 611 Rn. 31; dazu BAG NJW 8

1993, 3093 f.; 1997, 2000 (Differenzierungen zwischen sachgerecht gebildeten Gruppen zulässig). Zur „Vereinbarung" BAG BB 1993, 651. Rechtsfolgen bei Verstoß: Gleiche Vergütung für diskriminierte Gruppe, BAG NJW 1993, 3095; 2003, 861. Arbeitsverhältnisse sind auch **Beschäftigungsverhältnisse** iSv § 6 AGG. Hier verbieten §§ 6 ff. AGG auch bei der Lohngestaltung Benachteiligungen speziell aus Gründen der Rasse oder wegen der ethnischen Herkunft, des Geschlechts, der Religion oder Weltanschauung, einer Behinderung, des Alters oder der sexuellen
9 Identität (§ 7 AGG). Das Gebot für gleichen Lohn bei gleicher (gleichwertiger, s. § 4 EntgTranspG) Tätigkeit von Männern und Frauen (zum arbeitsrechtlichen Gleichbehandlungsgrundsatz s. bereits → vor § 611 Rn. 31, → § 611 Rn. 30) ist seit dem 6.7.2017 nochmals klarstellend in § 7 **EntgTranspG** und als Verbot der unmittelbaren und mittelbaren Entgeltbenachteiligung wegen des Geschlechts in § 3 EntgTranspG geregelt. Verboten wird die geschlechterbezogene Entgeltbestimmung. Der korrespondierende **Entgeltgleichheitsgrundsatz** des EntgTranspG geht auf den aufgehobenen § 612 III 1 aF (su) zurück, an dessen Stelle §§ 7 I, 2 I Nr. 2 und 3, 8 II AGG traten. Das AGG (→ vor § 611 Rn. 32) (und alle anderen Gleichstellungsgebote/Diskriminierungsverbote) gilt weiter neben dem EntgTranspG (§ 2 II EntgTranspG). Soweit es einen Widerspruch zwischen beiden Gesetzen gibt, hat das EntgTranspG als lex specialis Vorrang (BT-Drs. 18/11133, 48, näher BeckOK Arbeitsrecht/Roloff § 2 EntgTranspG Rn. 2). Das AGG ist – im Rahmen der richtlinienkonformen Auslegung des AGG – im Lichte des Gleichstellungsgebots des EntgTranspG auszulegen. Das EntgTranspG macht daher auch die mit dem AGG verfolgte gesetzgeberische Intention der gleichheitssatzkonformen Entgeltausgestaltung deutlich. § 5 I EntgTranspG bestimmt als Entgelt alle Formen der Vergütungen, auch Sachleistungen (weiter Entgeltbegriff des Art. 157 II 1 AEUV, BT-Drs. 18/11133, 54), die aufgrund eines **Beschäftigungsverhältnisses** iSv § 5 II EntgTranspG (insbes. Arbeits-, Beamten-, Heimarbeitsverhältnis) gezahlt werden, unabhängig von der Rechtsgrundlage (Individualvereinbarung, Tarifvertrag, Betriebs- oder Dienstvereinbarung, freiwillige Gratifikation, gesetzliche Regelung etc, BT-Drs. 18/11133, 54, 56). Normtext des § 7 EntgTranspG macht das deutlich („Entgelt vereinbart oder gezahlt"). Rechtfertigung für ungleiche Bezahlung: § 3 III, IV EntgTranspG iVm §§ 5, 8 AGG. Beschäftigter (AN) hat aus § 10 EntgTranspG gegen den Beschäftigenden (AG) einen selbstständig klagbaren **Auskunftsanspruch** (s. ges. Normüberschrift), der neben den aus anderen Anspruchsgrundlagen tritt (§ 10 IV EntgTranspG). Voraussetzung ist aber, dass der Beschäftigte in einem Betrieb (Betriebsbegriff: § 1 BetrVG) mit in der Regel mehr als 200 Beschäftigten bei demselben AG beschäftigt ist (§ 12 I EntgTranspG). **Negative Sanktion** bei Verstoß gegen den Entgeltgleichheitsgrundsatz (§§ 3, 7 EntgTranspG): Gem. § 8 I EntgTranspG Nichtigkeit der fehlerhaften Klausel in Individual- oder Kollektivverträgen (klarstellend, s. BT-Drs. 18/11133, 57). Nichtigkeit folgt bereits aus § 134 BGB iVm § 7 EntgTranspG. § 8 I EntgTranspG macht jedoch unabhängig von § 139 deutlich, dass allein **Teilnichtigkeit** der Klausel besteht, nicht Gesamtnichtigkeit des Beschäftigungsvertrags. **Positive Sanktion:** AN hat aus § 7 EntgTranspG iVm § 611a einen Erfüllungsanspruch gerichtet auf das **gleichheitskonforme Entgelt** (BeckOK Arbeitsrecht/Roloff § 7 EntgTranspG Rn. 8), und zwar rückwirkend. Bei der Bemessung hat eine **„Angleichung nach oben"** (zu diesem Grundsatz EuGH NZA 2015, 217, 220 Rn. 46; BAG NZA 2016, 709, 713 Rn. 29 ff.; BAG NZA 2017, 339, 342 Rn. 30) zu erfolgen; die diskriminierende Entgeltbemessung darf für die Entgeltberechnung nicht angewendet werden; Entgelt kann aber für die Zukunft im Rahmen der rechtlichen Möglichkeiten diskriminierungsfrei neu bestimmt werden (zu Tarifvertrag: BAG NZA 2016, 709, 713 Rn. 34 f.) (zum Ganzen ErfK/Schlachter § 7 EntgTranspG Rn. 1, § 7 AGG Rn. 8). Eine **Ausschlussfrist** kennt das EntgTransG nicht. Es gilt die allgemeine Verjährung der §§ 195, 199. Die **Verjährung** beginnt frühestens mit Kenntnis bzw. grob fahrlässiger Unkenntnis (§ 199 I Nr. 2) von dem Verstoß gegen den Entgeltgleichheitsgrundsatz, ohne Rücksicht auf die Kenntnis oder grob fahrlässige Unkenntnis in zehn Jahren von Entste-

hung an des Entgeltanspruchs wegen entgeltungleicher Bezahlung. **Weitere Ansprüche:** § 7 EntgTranspG geht gem. § 2 II 1 EntgTranspG § 8 II AGG vor. Weitergehende Ansprüche gegen den AG aus § 15 AGG kommen in Betracht (BT-Drs. 18/11133, 56); ebenso aus § 280 I iVm §§ 3, 7 EntgTranspG. Für **freie Dienst-** 10
verträge gilt das Benachteiligungsverbot der §§ 19 ff. AGG, das auch Honorarbenachteiligung aus den gleichen genannten Gründen verbietet. § 612 III aF gebot die geschlechtsbezogene Gleichbehandlung bei der Lohngestaltung im Arbeitsverhältnis. Eine Entschädigungsregel sanktionierte Verstöße gegen § 612 III aF, s. 14. Aufl. § 612 III aF wurde durch Art. 3 XIV Gesetz zur Umsetzung europäischer RiLi zur Verwirklichung der Gleichbehandlung vom 14.8.2006 [BGBl. 2006 I 1897] mit Wirkung zum 18.8.2006 (Vor § 1 AGG Rn. 1) aufgehoben. Zur intertemporalen Anwendbarkeit auf Altfälle s. § 33 I AGG. Seit dem 18.8.2006 ist das AGG, insbes. §§ 6–16 an die Stelle des § 612 III aF getreten, s. § 7 AGG.

§ 612a Maßregelungsverbot

Der Arbeitgeber darf einen Arbeitnehmer bei einer Vereinbarung oder einer Maßnahme nicht benachteiligen, weil der Arbeitnehmer in zulässiger Weise seine Rechte ausübt.

Eingefügt durch ArbREG-AnpassungsG, ausf. Schilling, Das Maßregelungsverbot des § 612a BGB, Diss. Konstanz 2007. Rechtsausübung des einzelnen AN kann Geltendmachung von Ansprüchen, aber auch Wahrnehmung sonstiger Rechtspositionen sein (BAG NZA 2007, 806; 2012, 317), zB Antrag auf Vorruhestand. Der Rechtsgedanke des Maßregelungsverbots kann auch zur Anwendung kommen, wenn AN deshalb benachteiligt wird, weil Betriebsrat sein Mitbestimmungsrecht in zulässiger Weise ausübt (s. BAG NZA 2008, 56). „In zulässiger Weise" verdeutlicht, dass missbräuchliche Rechtsausübung nicht gedeckt ist, also „benachteiligende" Reaktionen möglich bleiben, vgl. LAG Hamm NZA-RR 1997, 281 (Umsetzung bei Reibereien). „Maßnahme" kann auch Kündigung (BAG NZA 1996, 249, NZA 2012, 210; LAG Köln NZA 1995, 128) oder Unterlassen eines Folgevertragsangebots bei befristet beschäftigtem AN (BAG NZA 2012, 317 f.) oder Vorenthalten von Vorteilen (BAG NZA 2007, 865, DB 2009, 2496, NZA 2012, 33) oder „Treueprämie" für Nichtbeteiligung am Streik (BAG NJW 1993, 218) oder Ausschluss von freiwilliger Leistung (BAG NJW 2003, 772) sein. Anwesenheitsprämie verstößt jedoch nicht gegen § 612a, ebenso wenig Ausschluss tariflicher Abfindung für den Fall, dass AN Kündigungsschutzklage erhebt, BAG NZA 2007, 821. Auch Vollzug einer kollektivrechtlichen Regelung oder einer vertraglichen Vereinbarung ist keine Benachteiligung iSv § 612a (BAG NZA 2012, 31). Zwischen Benachteiligung und zulässiger Rechtsausübung muss ein unmittelbarer Zusammenhang bestehen (BAG NZA 2007, 865; 2012, 321; 2021, 1096). Rechtsfolge: Erfasste Rechtsgeschäfte sind nichtig (§ 134), nichtrechtsgeschäftliche Anordnungen sind unbeachtlich. Rechtswidrige Benachteiligung ist zu beseitigen, dh ggf. Anspruch des AN auf vorenthaltene Leistung (BAG NZA 2002, 1389; s. aber auch BAG NZA 2012, 317 f.). Schadensersatz gem. §§ 611, 280 I; 823 II, 612a. Das speziellere Verbot des **§ 16 AGG** geht in seinem Anwendungsbereich § 612a vor (dazu Schilling aaO 213). Spezielles Maßregelungsverbot: **§ 9 EntgTranspG.**

§ 613 Unübertragbarkeit

[1]Der zur Dienstleistung Verpflichtete hat die Dienste im Zweifel in Person zu leisten. [2]Der Anspruch auf die Dienste ist im Zweifel nicht übertragbar.

→ § 611 Rn. 6.

§ 613a Rechte und Pflichten bei Betriebsübergang

(1) [1]**Geht ein Betrieb oder Betriebsteil durch Rechtsgeschäft auf einen anderen Inhaber über, so tritt dieser in die Rechte und Pflichten aus den im Zeitpunkt des Übergangs bestehenden Arbeitsverhältnissen ein.** [2]**Sind diese Rechte und Pflichten durch Rechtsnormen eines Tarifvertrags oder durch eine Betriebsvereinbarung geregelt, so werden sie Inhalt des Arbeitsverhältnisses zwischen dem neuen Inhaber und dem Arbeitnehmer und dürfen nicht vor Ablauf eines Jahres nach dem Zeitpunkt des Übergangs zum Nachteil des Arbeitnehmers geändert werden.** [3]**Satz 2 gilt nicht, wenn die Rechte und Pflichten bei dem neuen Inhaber durch Rechtsnormen eines anderen Tarifvertrags oder durch eine andere Betriebsvereinbarung geregelt werden.** [4]**Vor Ablauf der Frist nach Satz 2 können die Rechte und Pflichten geändert werden, wenn der Tarifvertrag oder die Betriebsvereinbarung nicht mehr gilt oder bei fehlender beiderseitiger Tarifgebundenheit im Geltungsbereich eines anderen Tarifvertrags dessen Anwendung zwischen dem neuen Inhaber und dem Arbeitnehmer vereinbart wird.**

(2) [1]**Der bisherige Arbeitgeber haftet neben dem neuen Inhaber für Verpflichtungen nach Absatz 1, soweit sie vor dem Zeitpunkt des Übergangs entstanden sind und vor Ablauf von einem Jahr nach diesem Zeitpunkt fällig werden, als Gesamtschuldner.** [2]**Werden solche Verpflichtungen nach dem Zeitpunkt des Übergangs fällig, so haftet der bisherige Arbeitgeber für sie jedoch nur in dem Umfang, der dem im Zeitpunkt des Übergangs abgelaufenen Teil ihres Bemessungszeitraums entspricht.**

(3) **Absatz 2 gilt nicht, wenn eine juristische Person oder eine Personenhandelsgesellschaft durch Umwandlung erlischt.**

(4) [1]**Die Kündigung des Arbeitsverhältnisses eines Arbeitnehmers durch den bisherigen Arbeitgeber oder durch den neuen Inhaber wegen des Übergangs eines Betriebs oder eines Betriebsteils ist unwirksam.** [2]**Das Recht zur Kündigung des Arbeitsverhältnisses aus anderen Gründen bleibt unberührt.**

(5) **Der bisherige Arbeitgeber oder der neue Inhaber hat die von einem Übergang betroffenen Arbeitnehmer vor dem Übergang in Textform zu unterrichten über:**
1. **den Zeitpunkt oder den geplanten Zeitpunkt des Übergangs,**
2. **den Grund für den Übergang,**
3. **die rechtlichen, wirtschaftlichen und sozialen Folgen des Übergangs für die Arbeitnehmer und**
4. **die hinsichtlich der Arbeitnehmer in Aussicht genommenen Maßnahmen.**

(6) [1]**Der Arbeitnehmer kann dem Übergang des Arbeitsverhältnisses innerhalb eines Monats nach Zugang der Unterrichtung nach Absatz 5 schriftlich widersprechen.** [2]**Der Widerspruch kann gegenüber dem bisherigen Arbeitgeber oder dem neuen Inhaber erklärt werden.**

Lit.: Annuß, Der Betriebsübergang in der neuesten Rechtsprechung des BAG, BB 1998, 1582; Bauer/von Steinau-Steinrück, Neuregelung des Betriebsübergangs, ZIP 2002, 457; Hanau, Perversion und Prävention bei § 613a BGB, ZIP 1998, 1817; Hauck, Neueste Entwicklung der Rechtsprechung zu § 613a BGB, NZA 2004, Sonderbeilage zu Heft 18, 17; Hitzfeld, § 613a BGB im System der europäischen Rspr, BB 1991, 199; Jaeger, Die Unterrichtungspflicht nach § 613a Abs. 5 usw, ZIP 2004, 433; Moll, Die Rechtsstellung des AN nach einem Betriebsübergang, NJW 1993, 2016; Neef, Die Rechtsprechung des BAG zum Betriebsübergang, NZA-RR 1999, 225; Scharff, Auswirkungen eines Betriebsübergangs auf arbeitsvertragliche Bezugnahmeklauseln, DB 2016, 1315; Schaub, Ausgewählte Rechtsfragen zu § 613a BGB, ArbRGeg 18, 71; Schiefer, Rechtsfolgen des Betriebsübergangs nach § 613a BGB, NJW 1998, 1817; Schmalenberg, Die Tatbestandsvoraussetzungen des Betriebsübergangs gem. § 613a BGB, NZA 1989 Beil 1; Schwanda, Der Betriebsübergang in § 613a BGB unter bes. Berücksichtigung des Betriebsbegriffs, 1992; Waas, Rechtsprechung zum Betriebsübergang nach § 613a BGB im

Jahr 2004, BB 2005, 1445; Willemsen/Lembke, Die Neuregelung von Unterrichtung und Widerspruchsrecht der Arbeitnehmer beim Betriebsübergang, NJW 2002, 1159.

1. Allgemeines. Die Regelung hat nach BAG NJW 1983, 2283 f. drei Ziele: 1
Schutz bestehender Arbeitsplätze, Kontinuität des amtierenden Betriebsrats (zu gewährleisten), Abstimmung der Haftung des alten und des neuen AG. Neben der Erwerberhaftung aus II können §§ 25 oder 128 HGB (BAG NJW 1978, 391; sa BAG NZA 1988, 246 zu § 25 HGB) gegeben sein. Änderung EG-Betriebsübergangs-RiLi s. ZIP 1998, 1329; geändert und neu gefasst durch 2001/23/EG v. 12.3.2001 s. Bauer/von Steinau-Steinrück ZIP 2002, 457. V, VI eingefügt durch Ges. zur Änderung des Seemannsgesetzes und anderer arbeitsrechtlicher Gesetze mit Wirkung zum 1.4.2002.

2. Voraussetzungen. a) Bestehendes, auch faktisches **Arbeits**verhältnis; auch 2
ohne Kündigungsschutz (BAG NJW 2003, 2473), ebenso dasjenige leitender Angestellter (BAG NJW 2003, 2930 mN; BB 1978, 914). **Nicht:** Anstellungsvertrag des GmbH-Geschäftsführers (BAG NJW 2003, 2473 mN); selbstständiges Dienstverhältnis (BAG NJW 2003, 2930 mN); **beendetes Arbeits**verhältnis; bei Betriebsübergang bereits ausgeschiedene AN müssen sich an Veräußerer halten, BAG NJW 1987,
3031 (auch wegen Versorgungslasten, sa BAG ZIP 2005, 957). **b) Rechtsgeschäft-** 3
liche (BAG BB 1978, 1720; BAG NZA 2018, 933), aber auch wegen Geschäftsunfähigkeit unwirksame (vgl. BAG NJW 1986, 453), nicht notwendig unmittelbare (s. BAG NZA-RR 2013, 13; NZA 2004, 1383; str.; ferner: auch aufschiebend bedingter Kaufvertrag ist geeignetes Rechtsgeschäft, s. BAG DB 2008, 1161) **Übertragung eines Betriebs** iS einer wirtschaftlichen Einheit (klarstellende Definition s. Betriebsübergangs-RiLi, → Rn. 1; auch öffentl.-rechtl. organisierte Einheiten bei wirtschaftlicher, nicht-hoheitl. Tätigkeit, BAG NZA 2015, 866). Entscheidend, dass Übergang eine ihre Identität bewahrende, (auf Dauer) angelegte wirtschaftliche Einheit betrifft. Darauf, ob es sich bei der **wirtschaftlichen Einheit** um ein Unternehmen, einen Betrieb oder einen Unternehmens- oder Betriebsteil handelt, kommt es nicht an (richtlinienkonforme Auslegung, dazu BAG NZA 2017, 981; BAG NZA 2018, 933). Erforderlich, dass neuer Rechtsträger die wirtschaftliche Einheit des Betriebs oder eines Betriebsteils unter Wahrung der Identität fortführt (stRspr; BAG NJOZ 2007, 5219; NZA 2012, 507; NJW 2010, 1689). Ein Betriebsübergang setzt die Wahrung der Identität einer auf gewisse Dauer angelegten, hinreichend strukturierten und selbstständigen wirtschaftlichen Einheit im Sinne einer organisierten Zusammenfassung von Ressourcen zur Verfolgung einer wirtschaftlichen Haupt- oder Nebentätigkeit (richtlinienkonforme Auslegung s. BAG NZA 2017, 981; sa EuGH NZA 2016, 31) voraus. Dabei kommt es auf eine Gesamtwürdigung aller Umstände an. Der Übernehmer muss zwar nicht die konkrete Organisation der verschiedenen übertragenen Produktionsfaktoren beibehalten, er muss aber die funktionelle Verknüpfung der Produktionsfaktoren in ihrer Wechselbeziehung und gegenseitigen Ergänzung fortführen. Der Übergang eines **Betriebsteils** setzt voraus, dass schon beim Betriebsveräußerer eine selbstständig abtrennbare organisatorische Einheit besteht, die innerhalb des betrieblichen Gesamtzwecks einen Teilzweck verfolgt. Diese identifizierbare wirtschaftliche und organisatorische Teileinheit muss *beim Betriebserwerber* fortbestehen. Die organisatorische Selbstständigkeit braucht beim Betriebserwerber jedoch **nicht vollständig** bewahrt zu werden (EuGH NJW 2009, 2029; NZA 2014, 423 Rn. 30; BAG NJW 2010, 1689; NZA 2012, 509; NJW 2015, 973 Rn. 18 ff.). Betriebsübergang auch dann, wenn selbstständige Einheit nicht gewahrt wird, aber die funktionellen Verknüpfungen der übertragenen Produktionsformen, dh der Funktions- und Zweckzusammenhang zwischen den verschiedenen übertragenen Faktoren beibehalten wird und dem Erwerber erlaubt, diese Faktoren zu nutzen, um einer gleichartigen wirtschaftlichen Tätigkeit nachzugehen (EuGH NJW 2009, 2029; BAG NJW 2010, 1689; sa EuGH NZA 2018, 1123). Betriebsteil ist jede unterscheidbare Abteilung oder wirtschaftliche Einheit (hierzu BAG NJW 1998, 1883; NZA 2011, 1231), die als solche veräußerungsfähig

ist (BAG AP Nr. 1 zu § 613a), aber auch sächliche oder immaterielle Betriebsmittel, mit denen „arbeitstechnische Teilzwecke" weiterverfolgt werden können, zu den Voraussetzungen sa BAG DB 2008, 992; NJW 2000, 1589 (nicht: einzelne LKWs, aber BAG NZA 1999, 926: Kasernengebäude; EuGH NJW 2004, 45: Übergang von Räumen und Inventar ohne Personal reicht bei Krankenhaus-Catering für Betriebsübergang); entscheidend für Annahme eines Betriebsübergangs ist stets die Wahrung der Identität der betreffenden wirtschaftlichen Einheit, BAG ZIP 1997, 1975; NJW 1999, 1653; ZIP 1998, 36 (nicht bei Weiterverpachtung einer Gaststätte und Änderung des Betriebsangebots), ZIP 2006, 2181 (nicht bei Änderung des Verkaufskonzepts); BGH NZA 2008, 753 (nicht bei Kündigung der Lizenz durch den auch nutzungsberechtigten Patentrechtsinhaber); BAG NJW 2015, 973 (nicht bei fehlender Übernahme von Betriebsmitteln und Neugründung von Tankstelle in der Nähe); Übernahme von Personal ist Rechtsfolge, nicht Voraussetzung für Betriebsübergang; nur bei betriebsmittelarmen Betrieben kann Nichtübernahme von Personal den Tatbestand des Betriebsübergangs ausschließen, BAG NZA 2004, 1383; BeckRS 2012, 72438; umgekehrt kann Übernahme einer Gesamtheit von AN bei solchen Betrieben ggf. Betriebsübergang begründen (BAG AP Nr. 461; NZA 2014, 1335 Rn. 22; NZA-RR 2013, 6; EuGH NZA 2018, 1053). Aufgabe einer Musikschule unter Rückgabe der durch die Stadtverwaltung zur Verfügung gestellten Betriebsmittel zwei Monate vor Ablauf des Schuljahres mit Neubeauftra-
3a gung zum neuen Schuljahr (EuGH NZA 2018, 1123). Es bedarf eines **Inhaberwechsels.** Die für den Betrieb der übergehenden wirtschaftlichen Einheit verantwortliche nat. oder jur. Person, die die Arbeitgeberverpflichtungen gegenüber den Beschäftigten eingeht, muss wechseln, da Norm eine Übernahme durch einen „neuen" Arbeitgeber voraussetzt. Bloßer Erwerb von Anteilen an einer Gesellschaft und die Ausübung von Herrschaftsmacht über diese Gesellschaft durch eine andere Gesellschaft ist kein Übergang iSv § 613a (BAG NZA 2017, 981; EuGH NZA 2016, 31). Zum Inhaberwechsel (maßgeblich ist Wechsel der Rechtspersönlichkeit s. BAG NJW 2008, 314) und zur Übertragung von **Leitungsmacht** s. BAG NZA 2012, 1165; DB 2008, 1161; NJW 1999, 1131; Erwerb von Dritten (Sicherungseigentümer) s. BAG NJW 1986, 448; umfassend Zöllner/Loritz/Hergenröder Arbeitsrecht, 66; nach EuGH BB 1994, 1500 sogar Übertragung einzelner (Reinigungs-)Aufgaben an Fremdfirma, dazu jedoch einschränkend EuGH NJW 1997, 2039, BAG NJW 1998, 1885; NZA-RR 2013, 179, BeckRS 2012, 67383: Funktions- bzw. Auftragsnachfolge allein ist kein Betriebsübergang, BAG NZA 1999, 486; Jochums NJW 2005, 2580 ff.; deshalb Neubesetzung Notariat kein Betriebsübergang, s. BAG NZA 2000, 371; sa BAG NJW 1997, 3188; BB 1998, 1162 (Schließung der Kundendienstabteilung und Übertragung des Kundendiensts an Drittfirma: nein); Schließung und Neueröffnung eines Einzelhandelsgeschäfts s. BAG NZA 2000, 369; zur Übertragung des sog. Handlings auf einem Großflughafen s. BAG NZA 2007, 1296; zur Übernahme eines IT-Service-Betriebs s. BAG NZA-RR 2013, 6; zur Rspr. sa Etzel NJW 1998, 1197; 1999, 2941. Nicht erforderlich ist *Übereignung* des Betriebsvermögens (BAG NJW 1976, 535), ausreichend ist Verpachtung, BAG NJW 1981, 2212, Rückgabe nach Pachtende s. BAG NJW 1999, 2461 (Betriebsübergang nur, wenn Verpächter selbst tatsächlich fortführt). Auch andere Nutzungsvereinbarung (zB Nießbrauch oder untypischer Vertrag) ist ausreichend (BAG NZA 2006, 723). Betriebsstilllegung und -übergang schließen sich systematisch aus, BAG NZA-RR 2012, 575; ZIP 2007, 2136; 1995, 236; sa NZI 2013, 151. Zum Betriebsübergang durch eine Reihe sich ergänzender RGeschäfte s. BAG BB 1987, 1604. Heimarbeitsverhältnis s. BAG NZA 1998, 1001 (nein); Betrieb durch Auffanggesellschaft s. BAG NJW 1985, 1574; Übernahme durch Zwangsverwalter BAG NJW 1980, 2148; 2011, 3596. § 613a ist nicht anwendbar bei Rechtsübergang kraft Ges. (zu ANrechten bei ges. vollzogenem AGwechsel im Rahmen einer Privatisierung s. BVerfG NJW 2011, 1427 mAnm Dzida), zB Universalsukzession gem. § 1922, § 20 I Nr. 1 UmwG oder Stiftungsgesetz (BAG NZA 2006, 848 – „Stiftung Oper in Berlin") oder bei Gesellschafterwechsel, BAG NJW 1991, 247.

Selbst wenn alle Gesellschafter ausscheiden und ihre Gesellschaftsanteile auf einen oder mehrere Erwerber übertragen, BAG NJW 2008, 314. Bei Veräußerung durch **Insolvenzverwalter** s. BAG NJW 1992, 3189 (Ausschluss der Haftung für bei Konkurseröffnung bereits entstandene Ansprüche, auch für Ansprüche aus Sozialplan: BAG NJW 2002, 3493); BAG NZA-RR 2008, 367 (Betriebsübergang durch Überlassung der Betriebsmittel an Dritten); NZA 2003, 318; NJW 1987, 1967 (nach Eröffnung auf Grund § 615 entstandene Ansprüche: Haftung); BAG NJW 2010, 1835 (Insolvenzverwalter hat für während des Insolvenzverfahrens entstandene Anwartschaften einzustehen, wenn AN vor Betriebsübergang ausscheidet, gem. VI widerspricht oder von Betriebsübergang nicht erfasst ist); BAG NJW 1992, 3189 (grundlegend). Zur Umstrukturierung eines insolventen Unternehmens mittels Beschäftigungs- und Qualifizierungsgesellschaften Lembke BB 2004, 773. Zur teleologischen Reduktion des § 613a I zur Auflösung von Widersprüchen zwischen § 613a I und insolvenzrechtlichen Prinzipien, nach der der Erwerber eines Betriebs nach Eröffnung des Insolvenzverfahrens über das Vermögen des Betriebsveräußerers nach § 613a I nur für solche Ansprüche und Versorgunganwartschaften, die in der Zeit nach der Eröffnung des Insolvenzverfahrens vom AN durch seine Betriebszugehörigkeit erdient wurden, s. den Vorlagebeschluss BAG BeckRS 2018, 34982, im Ergebnis bestätigt durch EuGH NZA 2020, 1531, wonach der Erwerber grds. nicht haftet, wenn eine ausreichende Insolvenzsicherung besteht. Maßgeblich für den **Zeitpunkt** eines Betriebsübergangs ist der Zeitpunkt, in dem der neue Betriebsinhaber die Geschäftstätigkeit tatsächlich weiterführt oder wieder aufnimmt (BAG NZA 2008, 825). **c) Widerspruch** (hierzu Willemsen/Lembke NJW 2002, 1159; 5
Hauck NZA 2004, Sonderbeilage 1, 34 ff.; Rieble NZA 2004, 1 ff.; Jochums/Klumpp JuS 2006, 687) des AN innerhalb eines Monats nach **Unterrichtung** nach **V** (s. Jaeger ZIP 2004, 433; zum notwendigen Inhalt einer wirksamen Unterrichtung s. BAG NJW 2014, 1755) hindert Übergang des Arbeitsverhältnisses, VI 1; Adressaten VI 2, s. BAG BeckRS 2014, 74494 (Widerruf an ehemaligen AG nicht genügend); BAGE 153, 296 (bei mehreren Erwerbsvorgängen Adressateneigenschaft zum Zeitpunkt des jeweils letzten Betriebsübergangs maßgeblich: damit Arbeitsverhältnis zum vormaligen AG wieder hergestellt werden kann, muss zuerst dem letzten Erwerbsvorgang widersprochen werden). Widerspruch ist einseitig empfangsbedürftige WE (BAG NZA 2006, 1407 f. – Gestaltungsrecht) und bedarf zur Wirksamkeit keines sachlichen Grundes s. BAG NZA 2005, 43. Bei der Auslegung einer Erklärung als **Verzicht** des Arbeitnehmers auf sein Widerspruchsrecht nach § 613a VI als solches oder als lediglich zeitweiliger Verzicht auf dessen Ausübung ist die hohe Bedeutung des Widerspruchsrechts für den Arbeitnehmer zu beachten. Ein Verzicht muss daher eindeutig und zweifelsfrei zum Ausdruck gebracht werden (BAG NZA 2019, 1279, Aufgabe früherer Rspr. des BAG NZA 1998, 750). Weder aus V (noch aus § 242) folgt Anspruch des AN auf Auskunft über Betriebsrentenanwartschaft (ggf. Anspruch aus § 4a BetrAVG), s. BAG NZA 2007, 1285. Unklarheiten der Unterrichtung machen sie wirkungslos und das Widerspruchsrecht dadurch unbefristet, BAG NZA 2021, 1405 Rn. 24; NZA-RR 2012, 507; NZA 2007, 682; 2005, 1302; Mückl JuS 2006, 395; aber Verwirkung möglich, BAG NZA 2021, 1405 Rn. 25; NJW 2014, 2461 Rn. 27 ff. (Sechsmonatsfrist kann ausreichen bei starkem Umstandsmoment). Widerspruchslose Weiterarbeit trotz Unterrichtung nach § 613a V für 7 Jahre nach Betriebsübergang bewirkt Verwirkung des Widerspruchsrechts (BAG NZA 2018, 854); zu Auswegen bei fehlerhafter Unterrichtung Olbertz/Ungnad BB 2004, 213; zur Anfechtung des Widerspruchs wegen arglistiger Täuschung in Unterrichtung s. BAG NJW 2012, 1677. Zum Schadensersatzanspruch des AN bei unzureichender Unterrichtung sa BAG NZA 2008, 642. Folge des Widerspruchs: Auch AN, die widersprochen haben, können sich nachfolgend auf mangelhafte Sozialauswahl nach § 1 III 1 KSchG berufen. Bei Sozialauswahl keine Berücksichtigung der Widerspruchsgründe mehr wg. § 1 III 1 KSchG nF (BAG NZA 2008, 33 – Aufgabe der bisherigen Rechtsprechung). Kollektivwiderspruch der AN trotz Drucksituation für AG wirksam, sofern keine rechtsmissbräuch-

lichen Zwecke verfolgt werden (BAG NJW 2005, 775; Rieble NZA 2005, 1 ff.). Zur Verwirkung des Widerspruchsrechts s. BAG NZA-RR 2012, 507; NZA 2007, 793, ausf. Löwisch/Göpfert/Siegrist DB 2007, 2538. Kein Widerspruchsrecht (mangels Betriebsübergang), wenn Arbeitsverhältnis kraft Gesetzes, zB im Wege der gesellschaftsrechtlichen Gesamtrechtsnachfolge (hier: Verschmelzung) auf neuen AG übergeht und der alte Rechtsträger erlischt (BAG NZA 2008, 815).

6 **3. Rechtsfolgen. a) Vertragsübergang** (auch Altersteilzeitarbeitsverhältnis in Freistellungsphase ist übergangsfähig, s. BAG NZA 2008, 705) als Rechtsfolge des Betriebsübergangs (s. BAG NJW 1992, 3189 zum Zeitpunkt: Übernahme der Leitungs- und Organisationsgewalt) ohne rechtsgeschäftliche, und auch bei entgegenstehender (BAG NJW 2014, 2604 Rn. 24 mN: § 613a ist **zwingend**) Verabredung, ja ohne entspr. Kenntnis der Beteiligten. Bei übergehendem Betriebsteil gehen nur diesem zugeordnete Arbeitsverträge über s. BAG NZA-RR 2014, 175 f. Arbeitsvertragl. Anspruch auf verbilligten Eigenproduktbezug (zB Firmenwagenrabatt) geht bei (Teil-)Betriebsübergang idR nur dann auf neuen AG über, wenn dieser die Produktion übernimmt (BAG NZA 2005, 941; sa BAG NZA 2007, 325: Flugvergünstigungen für AN einer Fluggesellschaft). Auch: Wiedereinstellungsanspruch nach Kündigung, BAG BB 1997, 1953; nicht in Kleinbetrieb iSv § 23 I 2–4 KSchG (BAGE 160, 337); zu diesem Fortsetzungsanspruch s. Meyer BB 2000, 1032; zur Geltendmachung unverzüglich nach Kenntnis BAG NJW 1999, 1134. Kein Fortsetzungsanspruch bei einvernehmlicher Aufhebung, BAG ZIP 1999, 320 mAnm Hanau; s. aber auch BAG AP Nr. 413 f. zu § 613a. Rechte und Pflichten aus Kollektivverträgen (Tarifverträge, Betriebsvereinbarungen) werden in das Arbeitsverhältnis zwischen Erwerber und AN transformiert, behalten zwar ihren kollektiv-rechtlichen Charakter, wirken (BAG NZA 2010, 41) aber nunmehr individualvertraglich mit dem im Zeitpunkt des Übergangs geltenden Inhalt (statische Fortgeltung – sa BAG NZA 2012, 923; 2008, 420; BB 1995, 676) weiter, **I 2** (zur Fortgeltung von Gesamtbetriebs- als Einzelbetriebsvereinbarungen s. BAGE 151, 302; BAG NJOZ 2012, 866; NZA 2003, 670 mAnm Bachner NJW 2003, 2861), es sei denn, für das Unternehmen des neuen AG gelten Kollektivverträge mit anderen Regeln, **I 3.** Sie können bei erneutem Betriebsübergang nur nach I 2 (nicht I 1) weiterwirken. Sie sind daher einer Neuregelung durch ablösende Betriebsvereinbarung, I 3, zugänglich (BAG NZA 2019, 1203). BAG NZA 2010, 41: Die transformierten Wirkungen entfallen beim Ende des Tarifvertrags, spätestens nach Ablauf der einjährigen Sperrfrist des I 2 im Verhältnis zwischen Erwerber und AN ersatzlos; ferner gilt nicht das Günstigkeitsprinzip, sondern Ablöseprinzip. I 3 erlaubt aber keine Ablösung einer tariflichen Regelung durch verschlechternde Regelungen einer Betriebsvereinbarung (sog. Überkreuzablösung), jedenfalls außerhalb des Bereichs der erzwingbaren Mitbestimmung des Betriebsrats (BAG NZA 2008, 542; BB 2010, 2236: Vergütungsregelung; NZA 2008, 600: Altersversorgung); zur Ablösung eines Anspruchs aus Betriebsvereinbarung durch beim Betriebserwerber abgeschlossene Betriebsvereinbarung s. aber BAG NZA 2012, 990. Ablösung der beim Veräußerer geltenden Kollektivvereinbarungen auch durch ungünstigere kollektivvertragliche Regelungen
7 beim Erwerber (BAG NZA 2019, 922). Nach Betriebsübergang können bis dahin verdrängte untertarifliche einzelvertragliche Vereinbarungen wieder Wirkung erlangen (BAG NZA 2008, 649). Individualvertragliche dynamische Inbezugnahme kirchlicher Arbeitsrechtsregelungen bindet auch nichtkirchlichen Erwerber des Betriebs (BAG NZA 2018, 301; 2018, 1413; NZA-RR 2019, 590). Einzelvertragliche Inbezugnahme eines Tarifvertrags, auch dynamische Inbezugnahme (s. BAG NJW 2010, 1831; NZA-RR 2010, 361), bindet den neuen Betriebsinhaber jedoch nach § 613a I 1 (BAG NZA 2008, 366; NJOZ 2012, 593; NZA 2018, 1489, 1492 f. Rn. 42 ff.: keine analoge Anwendung von § 613 I 3; sa EuGH NJW 2017, 2178); nicht aber durch Personalüberleitungsvertrag, an dessen Abschluss der Betriebserwerber nicht beteiligt ist (BAG NZA 2018, 793). Zur Vereinbarkeit mit der Betriebsübergangs-RiLi s. EuGH-Vorlagebeschluss des BAG, BAGE 152, 12; dazu Scharff

DB 2016, 1315. Zur **Fortgeltung** nachwirkender **Tarifnormen** s. BAG NZA 1992, 800. Individualvertragliche Weitergeltung tarifvertraglicher Rechte und Pflichten auch, wenn sie erst nach Betriebsübergang wirksam werden sollen (BAG NZA 2008, 241); zu Ansprüchen aus einem vor Betriebsübergang geschlossenen, aber erst danach in Kraft getretenen Tarifvertrag s. aber BAG NZA 2012, 923. Die individualrechtliche Weitergeltung kann vor Ablauf eines Jahres nicht geändert werden, I 2; Ausnahme I 4. Dazu, ob kirchenrechtliche Arbeitsregelungen (weiter)gelten s. BAG NZA 2002, 1402; BAGE 161, 111. Durch den Vertragsübergang wird der neue Betriebsinhaber AG und Schuldner der AN-Ansprüche, auch rückständiger, BAG NJW 1977, 1168 (aber nur hinsichtlich des übernommenen Teils, BAG NJW 1998, 1883), auch solcher aus Bereicherung oder Delikt, Moll NJW 1993, 2016, 2017. Ausnahme: Erwerb im Insolvenzverfahren, → Rn. 4. Es gehen nur die Ansprüche aus Arbeitsverhältnis über, zB nicht aus eigenständigem Aktienoptionsplan (dazu BAG NJW 2003, 1755 mN). Beschäftigungszeiten bei Betriebsveräußerer werden bei der Berechnung der Wartezeit nach § 1 I KSchG angerechnet (BAG NJW 2003, 773). Zur Parteinachfolge im Prozess s. BAG BB 1977, 395; NJW 1979, 234. Alter AG scheidet als Dienstberechtigter aus. **Kündigung** s. IV **8**
und dazu BAG NJW 1984, 628; Hanau ZIP 1984, 141; Moll NJW 1993, 2016, 2020 f. **IV 1** ist eigenständiges Kündigungsverbot, BAG NJW 1986, 87; 1986, 2008, das auch im Insolvenzverfahren gilt (s. dazu BAG NJW 2003, 3506; 1984, 628) und verhindern soll, dass der in I angeordnete Bestandsschutz unterlaufen wird (Komplementärfunktion); setzt nach BAG voraus, dass *Betriebsübergang der tragende Grund, nicht nur der äußere Anlass für die Kündigung ist.* IV 1 ist jedoch dann nicht einschlägig, wenn es neben Betriebsübergang einen sachlichen Grund für Kündigung gibt, IV 2, der aus sich heraus die Kündigung rechtfertigt, s. BAG BB 2005, 892 (bei Kündigung wegen Teilstilllegung ist Sozialauswahl gem. § 1 III KSchG auch auf den übergehenden Betriebsteil zu beziehen). Stilllegung des gesamten Betriebs als Kündigungsgrund gehört zu IV 2, BAG NJW 1986, 91; Kündigung des Betriebsveräußerers (Insolvenzverwalters) nach einem Erwerberkonzept (Sanierungsplan des Erwerbers) s. BAG NJW 2003, 3506 oder erst recht auf Grund eines eigenen Sanierungskonzepts, s. BAG NZA 2007, 387; Kündigung aus Rationalisierungsgründen s. BAG GWR 2014, 487; ZIP 1996, 2028. Kein Wiedereinstellungsanspruch aus § 242, wenn einer insolvenzbedingten Kündigung nach Ablauf der Kündigungsfrist ein Betriebsübergang nachfolgt, BAG BB 2005, 383 mN. Neue Bundesländer s. jedoch Art. 232 § 5 II Nr. 2 EGBGB. Die Darlegungs- und Beweislast für den Betriebsübergang trägt der AN, der sich auf Unwirksamkeit nach IV beruft (BAG NZA 2008, 754). **Umgehung** des IV 1 durch in zeitlichem Zusam- **9**
menhang mit dem Betriebsübergang geschlossene Auflösungsverträge oder veranlasste Eigenkündigung unwirksam (§ 134), BAG GWR 2013, 212; BB 2012, 453 f.; 2008, 1175; NZA 1988, 198; BB 1989, 558; ZIP 1992, 1408 (Betriebsrentenansprüche gegen Erwerber bleiben jedoch bestehen, s. BAG NZA 2010, 883); Ausnahmen können evtl. bei dreiseitiger Vertragsgestaltung zur Rettung insolvenzgefährdeter Unternehmen gelten: Betriebsmittel werden an Erwerber veräußert, AN schließen Aufhebungsvertrag mit Veräußerer, werden dann von einer Beschäftigungs- und Qualifizierungsgesellschaft (sog. BQG) neu angestellt und schließlich von dort an *Erwerber ausgeliehen*, s. zur Zulässigkeit solcher Gestaltungen BAG NZA 2012, 152; 2007, 866; 2006, 145; Krieger/Fischinger NJW 2007, 2289; Gaul/Otto ZIP 2006, 644. Befristung s. BAG NZA 2013, 203; ZIP 1999, 1322. Keine Umgehung bei einzelvertraglicher Änderungsvereinbarung (Vergütungsabsenkung) nach Betriebsübergang (BAG NJW 2008, 939). Zum maßgebenden Zeitpunkt für Kündigungsgrund nach 1 oder 2 BAG NZA 1989, 267. Geltung bei geplantem, dann gescheitertem Übergang BAG ZIP 1989, 1016. **b) Gesamtschuldnerische Mit- 10**
haftung des früheren AG (ggf. auch des Insolvenzverwalters s. BAG ZIP 2007, 1169) für **aa)** vor Übergang entstandene und vor Ablauf eines Jahres seit Übergang fällige (s. §§ 614, 271) Ansprüche des AN in voller Höhe, II 1; bei betrieblichen Versorgungsanwartschaften allerdings nur für innerhalb eines Jahres nach Betriebs-

übergang fällig werdende Betriebsrentenansprüche s. BGH NJW 2010, 539; **bb)** nach Übergang fällig gewordene Ansprüche anteilig, s. II 2, BAG EWiR 1992, 859 (Schaub); **cc)** zum (anteiligen) **Ausgleich** im Innenverhältnis nach § 426 s. BGH NJW 1985, 2643, aber auch Löwisch ZIP 1986, 1102 (Vorrang des Vertrages
11 Veräußerer – Erwerber). **c)** Für nach Übergang entstandene Ansprüche keine Mithaftung. Unter gewissen Umständen hat jedoch Betriebserwerber Auskunftsanspruch gegen Betriebsveräußerer (zB zur Erfüllung seiner Zeugnispflicht s. BAG NJW 2008, 1175). **d)** Wirkungen der Betriebszugehörigkeit (Anwartschaften, Kündigungsschutz) bleiben erhalten. Kündigungsschutz nach KSchG gilt jedoch nicht, wenn Betrieb des Erwerbers Voraussetzungen des § 23 I KSchG nicht erfüllt, s. BAG NZA 2007, 739. **e)** AN schuldet mit Übertragung entgegen § 613 S. 2 Dienstpflichten (→ § 611 Rn. 6) dem neuen Betriebsinhaber.

12 **4. Abdingbarkeit.** § 613a ist wegen Schutzcharakters nicht durch Erwerber und Veräußerer abdingbar, BAG NJW 1976, 535; AP Nr. 464 (auch nicht durch Kündigung und Wiedereinstellung, BAG NJW 1983, 472 (Ls.)); zu Lohnverzichten s. BAG NJW 1988, 3036.

§ 614 Fälligkeit der Vergütung

[1]Die Vergütung ist nach der Leistung der Dienste zu entrichten. [2]Ist die Vergütung nach Zeitabschnitten bemessen, so ist sie nach dem Ablauf der einzelnen Zeitabschnitte zu entrichten.

1 **1. Allgemeines.** § 614 regelt Vorleistungspflicht des Dienstverpflichteten für die gesamte Dienstleistung oder für Zeitabschnitte, die für die Vergütungsbemessung maßgebend sind (S. 2). Fälligkeit des Vergütungsanspruchs tritt – abweichend von § 271 – erst nach Leistung der Dienste (S. 1) bzw. nach Ablauf der einzelnen Zeitabschnitte (S. 2) ein. Rechtsgedanke von § 614 S. 2 gilt auch für Betriebsrenten s. BAG NZA 2008, 320 (Ls.). Nicht nur speziellere Vorschriften (§§ 64, 87c HGB, sa MüKo-BGB/Müller-Glöge Rn. 3 ff.), sondern vor allem Kollektivvereinbarungen (s. §§ 87 I Nr. 4 BetrVG) und rechtsgeschäftliche Abreden – auch stillschweigend getroffene – schränken den Anwendungsbereich erheblich ein (zur Abdingbarkeit durch Betriebsvereinbarung s. BAG NJOZ 2003, 1391). Entgegen S. 2 ist auch eine nach Stunden oder Tagen berechnete Vergütung üblicherweise am Ende der Arbeitswoche zu zahlen.

2 **2. Wirkung.** Dienstverpflichteter kann sich nicht auf § 320 I 1 berufen; § 320 II ist jedoch anwendbar, MüKo-BGB/Müller-Glöge Rn. 12; bei Lohnrückstand oder Verletzung anderer Pflichten des Dienstberechtigten kann die Dienstleistung nach § 273 zurückgehalten werden. Verspätete Zahlung mit Folgen des § 288 (BAG NZA 2018, 784: Verlust von Hartz-IV-Leistungen mangels Bedürftigkeit wegen verspätet gezahlter Vergütung ist kein Schaden iSd § 288 IV.).

3 **3. Vorschüsse und Abschlagszahlung.** Falls nicht vereinbart oder auf Grund von Kollektivvereinbarungen zu gewähren, können Vorschüsse oder Abschläge nur wegen bes. Umstände (Notlage) auf Grund Fürsorgepflicht des Dienstberechtigten verlangt werden. Sie sind dann nicht Darlehen, sondern vorzeitige Erfüllung; ihre „Anrechnung" bedarf deshalb keiner rechtsgeschäftlichen Erklärung und unterliegt nicht Einschränkungen für Aufrechnung (§ 394).

4 **4. Wirkungen der Beendigung des Dienstverhältnisses.** Sie rückt spätere Fälligkeit nicht zeitlich nach vorn, BAG BB 1973, 144.

§ 615 Vergütung bei Annahmeverzug und bei Betriebsrisiko

[1]Kommt der Dienstberechtigte mit der Annahme der Dienste in Verzug, so kann der Verpflichtete für die infolge des Verzugs nicht geleisteten

Dienste die vereinbarte Vergütung verlangen, ohne zur Nachleistung verpflichtet zu sein. [2]Er muss sich jedoch den Wert desjenigen anrechnen lassen, was er infolge des Unterbleibens der Dienstleistung erspart oder durch anderweitige Verwendung seiner Dienste erwirbt oder zu erwerben böswillig unterlässt. [3]Die Sätze 1 und 2 gelten entsprechend in den Fällen, in denen der Arbeitgeber das Risiko des Arbeitsausfalls trägt.

Lit.: Betz, Der Vergütungsanspruch des Arbeitnehmers bei unterbliebener oder zu beanstandender Arbeitseinteilung, NZA 2017, 151; Luke, § 615 S. 3 BGB – Neuregelung des Betriebsrisikos, NZA 2004, 244; Nübold, Die Methode der Anrechnung anderweitigen Verdienstes nach § 615 S. 2 BGB, RdA 2004, 31; Picker, Fristlose Kündigung und Unmöglichkeit, Annahmeverzug und Vergütungsgefahr im Dienstvertragsrecht, JZ 1985, 641, 693; ders., Die Lohngefahr im Dienst- und Arbeitsvertragsrecht nach der Schuldrechtsreform, FS Huber, 2006, 499; Ricken, Annahmeverzug und Prozessbeschäftigung während des Kündigungsrechtsstreits, NZA 2005, 323.

1. Allgemeines. Arbeitskraft kann nicht aufgehoben und zumeist nicht kurzfristig in anderen Dienstverhältnissen verwertet werden, ist aber für die meisten Menschen wichtigste Einkunftsquelle, auf deren stetigen Fluss sie angewiesen sind. Nachleistung wird als unzumutbar bewertet, da sie mit anderen Pflichten kollidieren und Freizeitbedürfnisse beschneiden kann. § 615 belässt deshalb dem Dienstverpflichteten grundsätzlich seinen Vergütungsanspruch, falls die Dienstleistung wegen Annahmeverzugs des Gläubigers nicht erbracht werden konnte (§ 615 ist keine Anspruchsgrundlage, sondern erhält den Erfüllungsanspruch auf die aus § 611 geschuldete Vergütung: BAG NZA 2015, 35 Rn. 23; NJOZ 2013, 2054 Rn. 16; BB 2003, 740). Annahmeverzug tritt nicht ein, wenn AN ungewöhnlich schwer gegen allgemeine Verhaltenspflichten (zB mehrfache Untreue) zulasten des AG verstößt, so dass AG schlechterdings berechtigt, die Dienste abzulehnen (BAG NZA 2014, 1082 Rn. 17). Gilt für selbstständige wie unselbstständige Dienstverträge (dazu → Vor § 611 Rn. 2). SchRModG hat S. 3 eingefügt und damit klargestellt, dass die Folge des § 326 II auch bei Leistungshinderungen des Dienstverpflichteten gilt, die generell zum Betriebsrisiko des Dienstberechtigten gehören, → § 611 Rn. 20. Gilt nur für Arbeitsverhältnisse; für andere Dienstverhältnisse § 326 II. Zur Frage, ob § 615 bei behördlicher Betriebsschließung aufgrund der **COVID 19-Pandemie** (→ Vor § 611 Rn. 1) anwendbar ist → Rn. 8. 1

2. Voraussetzungen. Bestehendes Dienstverhältnis und Annahmeverzug nach §§ 293 ff. (vgl. BGH NJW-RR 1988, 1265). **a)** bestehende Dienstpflicht. Falls Freistellungs*vereinbarung,* dh Auslegung der Freistellung als Erlassvertrag, dann kein § 615, sondern für Dauer der Freistellung Entgeltanspruch aus § 611 ohne Anrechnung anderweitigen Verdienstes, wenn nichts anderes verabredet (s. BAG NJOZ 2003, 1319 mN). Anders jedoch wenn „einseitige" Freistellung durch AG als Annahmeverweigerung (§§ 293, 295 S. 1) auszulegen, dann Annahmeverzug gegeben (s. BAG NZA 2008, 595; NJW 2007, 2796; dazu Schwarze RdA 2007, 301). Denn mit der einseitigen Freistellung des AN von der Arbeitspflicht verzichtet der AG auf die Erbringung der Arbeitsleistung und auf ihr Angebot mit der Folge, dass er sich auch ohne tatsächliches oder wörtliches Angebot der Arbeitsleistung im Annahmeverzug befindet. Ein darüber hinausgehendes Absehen von dem Erfordernis der Leistungsfähigkeit (§ 297) bedarf der ausdrücklichen Vereinbarung. Freistellung in Vergleich auszulegen, ob Freistellungsvereinbarung oder einseitigem Verzicht gleichzustellen (BAG NJOZ 2013, 2054 Rn. 18 f. mN); Frage der Auslegung des konkreten Vergleichs. Sonst für Annahmeverzug grundsätzlich erforderlich: tatsächliches Angebot des AN (§ 294) am Erfüllungsort (vgl. BAGE 41, 123) zur Arbeitszeit (LAG Köln NZA-RR 2003, 128), ausnahmsweise wörtliches Angebot der geschuldeten Leistung (s. BAG NZA 2007, 974), zB bei Verbot des Zutritts zur Betriebsstätte, unterlassener Bereitstellung von Arbeitsmitteln uä (§ 295). Macht AG von vermeintlichem Recht Gebrauch, Arbeitszeitdauer flexibel zu bestimmen, ist § 296 regelmäßig unanwendbar, s. BAG NJW 2013, 2460; NZA 2007, 803. Angebot einer 2

„leidensgerechten Arbeit" führt nicht zum Annahmeverzug, auch wenn AG gem. Direktionsrecht, § 106 S. 1 GewO, Tätigkeit bestimmt hat, die AN aus in seiner Person liegenden Gründen nicht ausüben kann. Sonst Quasidirektionsrecht des AN s. BAG NJW 2010, 3112. Kündigungsgrund rechtfertigt nicht Annahmeweigerung (sa BGH NJW-RR 1988, 1266 zur Beweislast); bei unwirksamer Kündigung muss AG den AN zur Wiederaufnahme auffordern, um § 615 zu vermeiden, BAG NZA 2016, 1144 Rn. 34; NJW 2012, 2606; 1993, 2637; sa Ricken NZA 2005, 323. Bei unberechtigter fristloser Kündigung bedarf es grundsätzlich wörtlichen Arbeitsangebots, aA BAGE 140, 42 Rn. 13; 141, 34 Rn. 14; BAG NJW 2004, 316 mN; 1985, 936; wörtliches Angebot vor Kündigung reicht nicht, BGH NJW 1988, 1201; zum Angebot eines befristeten Arbeitsvertrags nach fristloser Kündigung BAG NJW 1986, 2846; krit. dazu Löwisch DB 1986, 2433. Ständige Wiederholung des Arbeitsangebots ist nicht erforderlich (BAG AP Nr. 20). Zur Beendigung des Annahmeverzugs bei unwirksamer Kündigung erneute Arbeitsaufforderung erforderlich, BAG NZA 2012, 972; 1999, 925; sonst Rücknahme der Kündigung und unbefristetes Arbeitsangebot erforderlich, s. BAG NJW 2004, 316 mN; LAG Köln NZA-RR 2003, 308. Bei Streit über Beendigung des Arbeitsverhältnisses reicht wörtliches
3 Angebot, BAG NJW 2016, 2359 Rn. 50. **b)** Der Dienstverpflichtete muss zur Dienstleistung imstande **(leistungsfähig)** sein, § 297 (kein Annahmeverzug zB bei Strafverbüßung des AN, BAG AP Nr. 20; bei aus der Sphäre des AN herrührendem Hausverbot des Kunden, BAG NZA 2017, 124; bei ges. und tarifvertragl. Beschränkungen der Arbeitszeit, BAG NZA 2016, 1152; BAGE 151, 45; bei Entzug der dem AN erteilten erforderlichen öffentl.-rechtl. Erlaubnis, BAGE 152, 327, anders bei an den AG gerichtetem behördl Beschäftigungsverbot, BAGE 153, 85). Über den Wortlaut des § 297 hinausgehend muss er während des gesamten Verzugszeitraums auch **leistungswillig** sein, s. ua BAG NZA-RR 2012, 342. Arg.: Sofern die subj. Leistungsbereitschaft fehlt, ist der Dienstverpflichtete außer Stande, die Arbeitsleistung zu bewirken, BAG NJW 2012, 2606; 2006, 1022; NZA 2004, 1064 (Ls.). Zur Leistungs(un)willigkeit: bei Streikteilnahme s. BAG NJW 2012, 3676; bei Nichtannahme des vom AG zur Vermeidung der eingeleiteten Zwangsvollstreckung aus einem Weiterbeschäftigungstitel angebotener urteilsgemäßer Beschäftigung s. BAG NZA-RR 2012, 342. Zum Fall unwirksamer Kündigung s. BAG NJW
4 1987, 2838. **c)** Der Dienstberechtigte muss die angebotenen Leistungen nicht angenommen, § 293, eine evtl. erforderliche Mitwirkung unterlassen, § 295 S. 1, oder bei einer Zug-um-Zug zu erfüllenden Verpflichtung Gegenleistung nicht angeboten bzw. nicht erfüllt haben, § 298. Nicht wenn Dienstberechtigtem Annahme tatsächlich unmöglich, s. AG München ArbN 2010, Nr. 1, 36 (versäumter Massagetermin). Leistungsangebot wegen Annahmeverzug entbehrlich, wenn AG erklärt, er werde die Leistung, falls sie angeboten würde, unter allen Umständen ablehnen (BAG NZA 2022, 261 Rn. 43). Zum Vergütungsanspruch nach § 615 S. 1 bei zulässiger Ausübung des Zurückbehaltungsrechts (§ 273 I) an der Arbeitsleistung durch den AN s. BAG NZA-RR 2008, 371. Obliegenheit zur Planung und Konkretisierung des Arbeitseinsatzes, Verletzung löst Annahmeverzug auch ohne Arbeitsangebot aus, BAG NZA 2012, 379; 1999, 925. Versäumter Arzttermin s. LG Konstanz NJW 1994, 3015 einerseits, AG München, AG Calw NJW 1994, 3014 andererseits; s. zur kurzfristigen Arztterminabsage Koch FS Strätz, 2009, 289 ff. (Kündigung gem.
5 § 627). **d)** Vertretenmüssen des Dienstberechtigten nicht erforderlich.

6 **3. Abgrenzungen und Erweiterungen. a) Unmöglichkeit.** Annahmeverzug setzt noch mögliche, dh nachholbare Leistungen voraus (s. Nierwetberg BB 1982, 995); bei Leistungsunmöglichkeit zB aus gesundheitlichen Gründen, wegen Zeitablaufs bei rückwirkender Begründung eines Arbeitsverhältnisses (BAG NJW 2016, 1530; 2015, 3678), aus rechtlichen Gründen bei rechtswirksamer Freistellung (BAG NZA 2018, 1555; sa BAG NZA 2019, 1571: Freistellung durch Urlaubsgewährung) kein Annahmeverzug; Einschätzung des AN nicht maßgebend, BAG BB 1999, 2192. Dienstleistungen, vor allem unselbstständige Arbeiten, sind aber zumeist zeitlich

fixiert und auf Grund Arbeitszeitschranken nicht oder nur beschränkt nachholbar; die Vereitelung ihrer Erbringung durch Annahmeverzug des Gläubigers bewirkt deshalb regelmäßig faktische Unmöglichkeit (Synthese bei Picker JZ 1985, 699; ders. FS Huber, 2006, 531 f.). Hat der Dienstberechtigte die durch Annahmeverzug eingetretene Unmöglichkeit zu vertreten, bleibt er schon nach § 326 II 1 vergütungspflichtig; bei Eintritt der Unmöglichkeit zur Nachholung der Leistung im Annahmeverzug gilt nach § 326 II 1 das Gleiche (→ § 611 Rn. 16). § 615 regelt nicht den Sonderfall, wenn auch die **Gegenleistung nicht nachholbar** und somit unmöglich geworden ist, zB wenn Krankenhausträger als AG dem Arzt als AN nicht die als Naturalvergütung vertraglich geschuldeten personellen und sachlichen Mittel zur Verfügung stellt, damit der Arzt Patienten im Rahmen seines arbeitsvertraglich eingeräumten **Liquidationsrechts** (Erwerbschance) behandeln kann. Arzt kann dann Schaden nach §§ 280 I, III, 283 geltend machen (BAG NZA 2012, 377 in Änderung seiner Rspr., vgl. zu dieser BAG BeckRS 2001, 30790460). **b) S. 3** 7
(Betriebsrisikolehre). Kann die Arbeitsleistung aufgrund eines Umstands, den weder der AN, noch der Arbeitgeber zu vertreten hat, nicht erbracht werden, dann hat der AG den vereinbarten Lohn entgegen § 326 I 1 dennoch ungekürzt zu leisten, falls sich in dem Umstand ein **Betriebsrisiko** realisiert hat, denn dann trägt Arbeitgeber nach S. 3 das Betriebsrisiko. Mit **S. 3** stellt Gesetz klar, dass in Fällen, in denen AG die Annahme der Arbeitsleistung wegen einer Störung des Arbeitssubstrats nicht möglich ist, er aber das Risiko des Arbeitsausfalls trägt, der Entgeltanspruch des Arbeitnehmers nicht unmittelbar aus S. 1, sondern über in S. 3 angeordnete entsprechende Anwendung erhalten bleibt (BAG NZA 2022, 182 Rn. 19). Die vom RG (106, 272) und RAG (ARS 3, 116) entwickelte Sphärentheorie und vom BAG weiterentwickelte „Betriebsrisikolehre" hatte die Vergütungsgefahr davon abhängig gemacht, ob die eine Unmöglichkeit der Dienstleistung bewirkende (betriebsorganisatorische oder technische) **Betriebsstörung aus der Sphäre des AG** stammt **(Abgrenzungen der Risikosphären): zB** als Stromunterbrechung, Ausfall des Rohstoffnachschubs, Brandkatastrophe, Maschinenschaden, Produktionsverbote, Schichtausfall auf Grund Fehlorganisation des Arbeitsablaufs, Naturkastastrophen wie Überschwemmungen, Erdbeben usw und damit zum typischen Unternehmerwagnis gehört (dann Betriebsrisiko). **Kein Betriebsrisiko des AG:** Verhalten von anderen AN im gleichen oder einem anderen Betrieb war ursächlich gewesen (zB Streik, Teilstreik, BAG NJW 1980, 1649; Streik in einem anderen Betrieb, BAG NJW 1981, 938 f.; „Wellenstreik" BAG NJW 1998, 3732; zur Abwehraussperrung und den durch den Grundsatz der Verhältnismäßigkeit gezogenen Grenzen ie BAG NJW 1980, 1642 ff.; Seiter DB 1981, 578 und RdA 1981, 65; Müller DB 1981 Beil. 7). Die Betriebsrisikolehre ist durch das SchRModGes in **S. 3** verankert worden, wobei die zur aF ergangenen Abgrenzungen der Risikosphären weiter zugrunde gelegt werden können (sa Luke NZA 2004, 244; krit. zur Inhaltsleere der Vorschrift Picker FS Huber, 2006, 533 ff.). Bei **existenzgefährdenden Betriebs-** 8
störungen soll der Gedanke der Betriebsgemeinschaft **Lohnkürzung** oder Lohnwegfall unabhängig von der Sphäre, aus der die Störung stammt, **rechtfertigen.** Eine Verschlechterung der Wirtschaftslage entbindet den Unternehmer dagegen nicht von der Lohnfortzahlungspflicht; ihre Bewältigung muss durch normale Abwicklung der Arbeitsverhältnisse (zur außerordentlichen Kündigung → § 626 Rn. 14) versucht werden. Ob § 615 bei **behördlicher Betriebsschließung aufgrund der COVID 19-Pandemie** (→ Vor § 611 Rn. 2) anwendbar ist (dazu s. Fischinger/Hengstberger, NZA 2020, 559; Hohenstatt/Krois NZA 2020, 413; ferner Sagan/Brockfeld NJW 2020, 1112, 1113; Fuhlrott/Fischer NZA 2020, 345, 347), richtet sich nach dem Zweck der Maßnahme: Zielt sie darauf ab, einem im Betrieb des AG – etwa durch die von ihm gewählten Produktionsmethoden oder die von ihm zu verantwortenden Arbeitsbedingungen – angelegten besonderen Infektionsrisiko zu begegnen, trifft den AG das Risiko des Arbeitsausfalls mit der Folge, dass er nach S. 3 iVm S. 1 zur Entgeltzahlung verpflichtet ist. Erfolgt dagegen die Betriebsschließung im Rahmen allgemeiner Maßnahmen staatlicher Stellen zur

Pandemiebekämpfung, mit denen betriebsübergreifend zum Schutz der Bevölkerung vor schweren und tödlichen Krankheitsverläufen in Folge von SARS-CoV-2-Infektionen die sozialen Kontakte auf ein Minimum reduziert und nahezu flächendeckend alle nicht für die Versorgung der Bevölkerung notwendigen Einrichtungen geschlossen werden, trägt AG nicht das Risiko des Arbeitsausfalls. In einem solchen Fall ist die Unmöglichkeit der Arbeitsleistung Folge eines hoheitlichen Eingriffs zur Bekämpfung einer die Gesellschaft insgesamt treffenden Gefahrenlage (BAG NZA 2022, 182 Rn. 33 ff.; 2022, 1113; Sagan/Brockfeld, NJW 2020, 1112, 1116; Dehmel/Hartmann, BB 2020, 885, 891 [Betriebsrisiko nur bei Lebensmittel- oder Medizinbetrieb in Sphäre AG]).

9 **4. Wirkungen. a)** Vergütung ist so zu leisten, als wären die Dienste erbracht worden, dh einschl. Zusatzleistungen und Sonderformen (Lohnausfallprinzip: BAG BB 2003, 740), nicht dagegen „Aufwendungsersatz" für nicht entstandene Aufwendungen. Zur Entschädigung wegen vorenthaltenem Dienstfahrzeug s. BAG NZA 2003, 973. S. **3** ist Rechtsfolgenverweisung, NK-BGB/Klappstein Rn. 60 ff. Kann AN wegen eines vom Kunden seines AG verhängten Hausverbots die vertraglich geschuldete Arbeitsleistung nicht erbringen, beruht dies nicht auf betriebstechnischen Umständen, für die der Arbeitgeber nach S. 3 das Ausfallrisiko trägt; auch keine Regelungslücke für analoge Anwendung des S. 3 (BAG NZA 2017, 124).
10 **b)** Anzurechnen nach S. 2 sind anderweitige, durch den Verzug ermöglichte (zur Beurlaubung während Kündigungsstreits BAG NJOZ 2013, 1890 [Verzug des AG mit Urlaubsgewährung]; LAG SchlH NJW-RR 1997, 286) Verdienste (nicht zusätzlich mögliche Nebentätigkeit), das während eines Kündigungsschutzverfahrens tatsächlich bezogene Arbeitslosengeld (BAG NZA 2008, 758) sowie böswillig unterlassener Ersatzerwerb (auch bei berechtigtem Widerspruch bei Betriebsübergang, s. BAG NZA 1998, 750; 2021, 1324 [Angebot im Rahmen eines Betriebsübergangs bei dem Betriebserwerber als LeihAN die bisherige Tätigkeit zu unveränderten Konditionen befristet weiterzuführen, ist dem AN zumutbar]; zu strengem Maßstab bei Auslegung einer Einverständniserklärung des AN als Verzicht auf das Widerspruchsrecht s. BAG NZA 2019, 1279); Anrechnung hypothetischen Ersatzerwerbs setzt voraus, dass dem AN die Aufnahme einer anderweitigen Arbeit nach Treu und Glauben sowie unter Beachtung des Grundrechts auf freie Arbeitsplatzwahl (Art. 12 GG) zumutbar ist, BAG NJW 2005, 1068. Bei Änderungskündigung ist Weiterarbeit zu den bisherigen – ggf. aber auch zu den geänderten – Arbeitsbedingungen zumutbar, s. BAG aaO mN. Ohne Änderungskündigung ist die Arbeit bei dem bisherigen Arbeitgeber nur zumutbar, wenn sie auf den Erwerb von Zwischenverdienst (dh nicht auf eine dauerhafte Änderung des Arbeitsvertrags, die mit einer Verschlechterung für den AN einhergeht) gerichtet ist, BAG NZA 2006, 314. Böswilliges Unterlassen erfordert positive Kenntnis des Arbeitnehmers von der Arbeitsmöglichkeit und seine vorsätzliche Untätigkeit. Fahrlässige Unkenntnis reicht nicht aus. Grundsätzlich schließt die Tatsache, dass sich der Arbeitnehmer beim Arbeitsamt als arbeitssuchend gemeldet hat, diesen Vorwurf aus (LAG Köln NZA-RR 2003, 308). Böswilliges Unterlassen liegt vor, wenn AN während des Annahmeverzugs trotz Kenntnis aller objektiven Umstände vorsätzlich untätig bleibt und eine ihm nach Treu und Glauben (§ 242) zumutbare anderweitige Arbeit nicht aufnimmt oder die Aufnahme der Arbeit bewusst verhindert (BAG NZA 2021, 1324 Rn. 15; 938 Rn. 14), grundlos zumutbare Arbeit abgelehnt oder ein entsprechendes Angebot verhindert wird (BAG NJW 2001, 243); unterlassene Meldung beim Arbeitsamt nicht maßgeblich, BAG NJW 2001, 243. Auch Ablehnung einer vom AG unter Überschreitung der Grenzen des *Direktionsrechts* in einem unstreitig bestehenden Arbeitsverhältnis zugewiesenen Tätigkeit kann böswillig sein, s. BAG NZA-RR 2012, 342 f.; NZA 2007, 561. Ferner die Nichtannahme (gem. § 2 KSchG unter Vorbehalt) eines im Zusammenhang mit einer Kündigung erklärten Änderungsangebots, BAG DB 2008, 67; zur Zumutbarkeit in dieser Konstellation sa BAG NJW 2007, 2060. Nichtannahme eines auf Kündigungsschutzstreit befristeten Arbeitsangebots (oder durch rechtskräftige

Feststellung der Kündigungswirksamkeit auflösend bedingte Vertragsfortsetzung) (→ Rn. 2) kann böswilliges Unterlassen iSv § 615 S. 2 bzw. (deckungsgleich) § 11 S. 1 Nr. 2 KSchG sein, BAG NJW 2004, 316 mN. Anrechnung auf die Vergütung für die gesamte Dauer des Annahmeverzugs, BGH NJW 1994, 2042; aA Boecken NJW 1995, 3218, Nübold RdA 2004, 31: pro rata temporis. Die Art der neu erschlossenen Erwerbsquelle ist unerheblich; auch Gründung eines eigenen Unternehmens kann zu anrechenbaren Erträgen führen. Dem frustrierten Dienstverhältnis nicht entspr. Beschäftigungsverhältnisse müssen für die Anrechnung jedenfalls zumutbar sein. Anrechnung von Arbeitsentgelt s. § 11 Nr. 3 KSchG, BAG NZA 2003, 1332; von Berufsunfähigkeitsrente s. BAG NZA 2003, 1332, von Rente usw s. LAG Köln NZA-RR 1996, 286. Ablehnung Weiterbeschäftigungsangebot LAG Köln NZA-RR 1996, 361 (treuwidrig). Beweislast für anderweitige Erwerbsquelle und ihre Nutzung bzw. treuwidrige Vernachlässigung trägt der Vergütungspflichtige, s. BGHZ 209, 52 Rn. 47; BAG NJOZ 2003, 1320 f. mN; BAG NJW 1979, 285; zum Auskunftsanspruch des AG s. BAG NJOZ 2003, 1320 ff. mN; BGH NJW 1994, 2043 f.; eidesstattliche Versicherung analog § 260 II BGH NJW 1994, 2043 f. Die Anrechnung bedarf keiner bes. Erklärung.

5. Abdingbarkeit. Ja, s. BAG NJW 1983, 1079 (Ls.), aber Rechts- und Billigkeitskontrolle, HessLAG NZA-RR 1996, 445 sowie § 307 II Nr. 1; zB Unwirksamkeit einer Betriebsvereinbarung, die von AN verlangt, Annahmeverzugsansprüche, die vom Ausgang eines Kündigungsschutzprozesses abhängen, bereits während des Kündigungsschutzprozesses einzuklagen, s. BAG NZA 2007, 453; Unwirksamkeit einer vollständigen Abbedingung der Anspruchskürzung nach § 615 II, BGHZ 209, 52. Keine Hemmung der gesetzlichen Verjährung durch Kündigungsschutzklage, BAGE 152, 75. Eine in einem Formulararbeitsvertrag enthaltene dreimonatige Ausschlussfrist zur gerichtlichen Geltendmachung von Annahmeverzugsansprüchen kann auch durch Erhebung einer Kündigungsschutzklage des AN gewahrt werden s. BAG NZA 2008, 757. 11

§ 616 Vorübergehende Verhinderung

[1]Der zur Dienstleistung Verpflichtete wird des Anspruchs auf die Vergütung nicht dadurch verlustig, dass er für eine verhältnismäßig nicht erhebliche Zeit durch einen in seiner Person liegenden Grund ohne sein Verschulden an der Dienstleistung verhindert wird. [2]Er muss sich jedoch den Betrag anrechnen lassen, welcher ihm für die Zeit der Verhinderung aus einer auf Grund gesetzlicher Verpflichtung bestehenden Kranken- oder Unfallversicherung zukommt.

Lit.: Moll, Dienstvergütung bei persönlicher Verhinderung, RdA 1980, 138; Scholl, Die Unzumutbarkeit der Arbeitsleistung nach § 275 III BGB, Jura 2006, 283; Schulz, Entgeltfortzahlung bei Erkrankung von Kindern von Arbeitnehmern, DB 2006, 838. **Besonderheiten bei COVID** 19: Dehmel/Hartmann, Das Coronavirus (COVID-19) auf dem Vormarsch – Die wichtigsten arbeitsrechtlichen Themen, BB 2020, 885; Fischinger/Hengstberger, Lohnanspruch bei pandemiebedingten behördlichen Betriebsschließungen?!, NZA 2020, 559; Fuhlrott/Fischer, *Corona: Virale* Anpassungen des Arbeitsrechts, NZA 2020, 345; Hohenstatt/Krois, Lohnrisiko und Entgeltfortzahlung während der Corona-Pandemie, NZA 2020, 413; Krause, in: Henssler/Willemsen/Kalb, Arbeitsrecht Komm. 9. Aufl. 2020, § 616 BGB; Müller/Becker, Pandemiebedingte Leistungshindernisse in der Arbeitsrechtspraxis, COVuR 2020, 126; Sagan/Brockfeld, Arbeitsrecht in Zeiten der Corona-Pandemie, NJW 2020, 1112; weitere Lit. → § 611 Rn. 40; ferner: Bauer/Günther, Kurzarbeit zur Krisenbewältigung – Einführung durch Änderungskündigung?, NZA 2020, 419.

1. Allgemeines. Sozialpolitisch motivierte (s. Mot. II S. 463) Norm. Regelt allein Fortbestand des Entgeltanspruchs als Ausnahme vom Synallagma des § 323 I aF, jetzt § 326 I („ohne Arbeit kein Lohn") bei unverschuldeter Leistungsstörung auf Seiten des Dienstverpflichteten. Wegfall des Anspruchs des Dienstberechtigten 1 auf Dienstleistung ist nicht in § 616, sondern in § 275 geregelt. **COVID 19-Pandemie:** Zur subsidiären (Krause § 616 BGB, Rn. 6; Müller/Becker, COVuR 2020, 126, 127 f.; Stöß/Putzer, NJW 2020, 1465, 1467) öffentlich-rechtlichen Entschädigungsregelung des § 56 **Infektionsschutzgesetzes** Geulen/Sothmann, ArbRAktuell 2020, 217; Stöß/Putzer, NJW 2020, 1465.

2 **2. Voraussetzungen. a)** Bestehendes – auch faktisches – Dienstverhältnis mit beiderseits voll wirksamen Hauptpflichten. Vor vertragsgemäßem Beginn nicht anwendbar, wohl aber bei Verhinderung, die über den Arbeitsbeginn hinauswirkt; der Dienstberechtigte hat Arglisteinwand, falls Dienstverpflichteter in Kenntnis des Hinderungsgrundes Dienstvertrag geschlossen hat. Nach Auflösung des Dienstverhältnisses ist § 616 unanwendbar. Für Arbeitsverhältnisse (Arbeiter, Angestellte und Auszubildende) gilt seit 1.6.1994 EFZG, das die auf verschiedene Ges. – auch § 616 II aF – verstreuten Lohnfortzahlungsvorschriften zusammengeführt hat (hierzu
3 Diller NJW 1994, 1690). **b) Persönlicher Verhinderungsgrund.** Die Hinderung muss in der Person des Dienstverpflichteten oder in seinen persönlichen Verhältnissen begründet sein. Nicht: obj. Hinderungsgründe (hL, vgl. Schaub/Linck § 97 Rn. 5, 10 f.), zB Witterung, vgl. BAG NJW 1983, 1079 (Ls.) = AP Nr. 58 zu § 616. Zu unterscheiden sind Krankheit ua Hinderungsgründe. Auch nicht Ausübung eines
4 politischen Wahlmandats (BAG NZA 2021, 1632 Rn. 23). **aa) Krankheit.** Bei unverschuldeter Krankheit und an Feiertagen gelten für AN §§ 2, 3 EFZG. Feiertag muss aber alleinige Ursache für Arbeitsausfall sein (BAG NZA 2020, 237: Nur weil wegen des Feiertags keine Zeitung hergestellt wird, kann der Zusteller an dem Feiertag von seinem AG nicht beschäftigt werden). Im Übrigen: Jede, auch unfallbedingte, physische oder psychische Beeinträchtigung, die Erbringung der Dienstleistung unmittelbar oder mittelbar (wegen Verschlechterungsgefahr oder Heilungshin-
5 derung) unmöglich macht, sowie die zur Ausheilung erforderliche Zeit. **bb) Andere Hinderungsgründe** aus den persönlichen Verhältnissen können die Dienstleistung unmöglich iSd § 275 I oder unzumutbar iSd § 275 III machen (zB Verhaftung, behördlich angeordnete Quarantäne, Krankheit eines Kindes s. BAG NJW 1980, 903, Schulz DB 2006, 838; Erfüllung religiöser Pflichten, BAG NJW 1983, 2600; LAG Hamm NZA 2002, 1090 [Gebetspausen nach dem Koran]; zum erforderlichen Nachweis BAG BB 1979, 1452; Schöffenpflicht s. BGHSt NJW 1978, 1169; Todesfall von Angehörigen sowie andere wichtige Familienereignisse; gerichtl. oder behördliche Vorladungen, gesundheitspolizeiliche Untersuchungen, Umzug usw, s. zur aF, zu der insoweit auf Grund Pflichtenkollision Verschulden verneint wurde, Schaub/Linck § 97 Rn. 13 mwN). – Zur Sperre für Lizenz(fußball)spieler BAG NJW 1980, 470. – Pflege eines nahen Angehörigen ist unter Bedingungen §§ 2 I, II, 7 PflegeZG ein iSv § 616 beachtlicher Hinderungsgrund. § 616 ist Fortzahlungsgrund iSv § 2 III PflegeZG (BGBl. 2008 I 874). Zur **COVID 19-Pandemie:** behördlich angeordnete Quarantäne wegen Krankheit oder Krankheitsverdachts, s. Krause Rn. 22; auch die Kinderbetreuung aufgrund behördlich angeordneter Schließung von Kindertagesstätten/Schulen und dem damit verbundenen neu entstehenden Betreuungsaufwand der Eltern für ihre Kinder kann unter **S. 1** fallen, so Hohenstatt/Krois, NZA 2020, 413, 414 ff.; Krause Rn. 24; Müller/Becker, COVuR 2020, 126, 127; krit. Sagan/Brockfeld, NJW 2020, 1112, 1114). Auch hier Entgeltfortzahlung nach S. 1 nur für eine verhältnismäßig nicht erhebliche Zeit; Voraussetzung, dass eine anderweitige Betreuung des Kindes weder möglich noch zumutbar sein darf, liegt bei behördlichen Kontaktverboten bzw. Schutznotwendigkeit älterer Großeltern regelmäßig vor. – Zum neuen gegenüber § 616 subsidiären öffentlich-
6 rechtlichen Entschädigungsanspruch des § 56 Ia Infektionsschutzgesetzes. **c) Verhältnismäßig unerhebliche Dauer. aa)** Für krankheitsbedingte Hinderung von AN enthält § 3 I EFZG Konkretisierung dieser Zeitspanne auf 6 Wochen. Bei mehrmaliger Erkrankung gilt weitere 6-Wochen-Frist; anders aber bei Kettenerkrankungen auf Grund gleichen Grundleidens: Zusammenrechnung, wenn nicht mindestens 6 Monate zwischen Wiederaufnahme der Arbeit und erneuter Erkrankung liegen;

maximal werden also 12 Wochen entgolten (s. § 3 I 2 EFZG). **bb)** Bei anderen Verhinderungen ist auf den konkreten Einzelfall abzustellen, wobei Gesamtdauer des Dienstvertrages, verflossene und noch zu erwartende Beschäftigungszeit, Länge der Kündigungsfrist, die für den Verhinderungsgrund obj. erforderliche Zeit usw zu berücksichtigen sind (Faustregeln bei Schaub/Linck § 97 Rn. 14 ff.; vgl. BAG NJW 1978, 2317: 5 Tage zur Pflege eines kranken Kindes nicht erheblich, zum Verhältnis zu tarifvertraglichen Regelungen s. BAG NZA-RR 2014, 672). **d) Unverschul-** **8**
dete Verhinderung. Sie ist zusätzlich zur Berechtigung einer Leistungsweigerung nach § 275 I, III erforderlich. Der Maßstab des geschuldeten Verhaltens war zur aF BGB str.; erforderliche Abwägungen können heute teilweise schon bei Anwendung des § 275 III (krit. zum DiskE Löwisch NZA 2001, 466) zu treffen sein. Verschulden deshalb vor allem bei Unmöglichkeit nach § 275 I wichtig; insoweit gelten die Konkretisierungen weiter. Während teilw. § 276 angewendet und die erforderliche Sorgfalt an der Dienstverpflichtung gegenüber dem Dienstberechtigten gemessen wird, nimmt die hL richtig an, dass Maßstab das von einem verständigen Menschen im **eigenen Interesse** zu erwartende Verhalten ist, Verschulden also nur bei sog. Verschulden gegen sich selbst gegeben ist (zur hM Schaub/Linck § 98 Rn. 30). Die **9**
Anforderungen an die **Sorgfalt** zur Selbstbewahrung sind maßvoll; Sportunfälle zB sind nach der Rspr. zu § 616 II, III aF und EFZG nur dann als „verschuldet" zu bewerten, wenn eine besonders gefährliche Sportart unternommen (so BAG NJW 1972, 1215 – Motocross; nicht: Fußball, BAG NJW 1976, 1367; Drachenfliegen, BAG NJW 1982, 1014), jedenfalls wenn sie ohne Übung oder angemessene Ausrüstung ausgeübt wurde (LAG Bayern BB 1972, 1324 f., Anm. Fischer); Verkehrsunfälle und Betriebsunfälle sind nur bei grob fahrlässigem Verstoß gegen obj. Verhaltenspflichten (Verkehrsregeln, Unfallverhütungsvorschriften, Nichtanlegen des Sicherheitsgurtes, BAG NJW 1982, 1013) verschuldet iSv § 616 (Einzelheiten s. Schaub/Linck § 98 Rn. 31 ff.). Selbsttötungsversuch gilt als „unverschuldet", BAG NJW 1979, 2326. Alkoholismus ist Frage des Einzelfalles, BAG NJW 1983, 2659. Schwangerschaftsabbruch s. § 3 II EFZG.

3. Rechtswirkungen. a) Der Dienstverpflichtete behält den Anspruch auf Ver- **10**
gütung als Bruttolohn (BAG BB 1978, 1166) einschließlich Zuschlägen, Prämien, Gratifikationen ua Sonderleistungen (auch Sachbezüge wie Wohnung, Kost usw), Wege- und Fahrgeld, BAG BB 1976, 464; in § 9 EFZG (80 % des Lohns) im Vergleich zu § 616 s. Gutzeit BB 1997, 737. **b)** Grundsätzlich kein Vergütungsan- **11**
spruch beschränkt auf eine verhältnismäßig unerhebliche Zeit, falls die Verhinderung insgesamt länger dauert (BAGE 8, 314); die in § 3 I EFZG geregelte Entgeltfortzahlung bei Krankheit (oder Unglück) für die Dauer von 6 Wochen greift jedoch auch bei längerdauernder Krankheit ein. **c)** Auf die Vergütung sind Beträge aus ges. **12**
Kranken- oder Unfallversicherung – nicht: privater und freiwillig abgeschlossener Versicherung – anzurechnen, I 2. Bsp: Krankengeld. I 2 ist nicht erweiterungsfähig und schließt als lex specialis grundsätzlich die Anrechnung anderer Einkünfte – zB Pflege(-kranken)geld, s. BAG BB 1978, 1116 – oder ihre Inanspruchnahme durch den AG (§ 281) aus. **d)** Anzurechnen ist die nach § 617 I gewährte Krankenversorgung, § 617 I 3. **e)** Verhältnis Vergütungsanspruch – **Schadensersatz:** Der Hinde- **13**
rungsgrund kann von einem Dritten zu verantworten sein. Schadensersatzpflichtiger und Dienstberechtigter können deshalb hinsichtlich des Verdienstes bzw. des Verdienstausfalles unechte Gesamtschuldner (BGHZ 13, 365) sein. Die Frage, wie die Schadensersatzleistung dem Vergütungspflichtigen zugeordnet werden kann, löst § 6 EFZG durch eine **cessio legis** des Schadensersatzanspruchs auf den Dienstherrn; **14**
s. eine rechtsvergleichende (mit Schweiz) Besprechung bei Bürge JZ 2001, 881. Ist der verantwortliche Schädiger Ehegatte des Dienstverpflichteten, dann schließt der Rechtsgedanke des § 86 III VVG den Rückgriff des Dienstherrn aus, BGHZ 66, 104. **Umfang:** Bruttogehalt (BAG BB 1978, 1166) und Arbeitgeberanteile zur **15**
Sozialversicherung, BGHZ 43, 382; nicht dagegen Beiträge zur ges. Unfallversicherung, BGH NJW 1976, 326.

16 **4. Nebenfolgen. a)** Der verhinderte Dienstverpflichtete hat die Verhinderung auf Grund Treuepflicht (für AN § 5 EFZG) unverzüglich anzuzeigen; Unterlassung kann schadensersatzpflichtig machen; Mitwirkung(spflicht) bei Aufklärung der Alko-
17 holismusursachen, BAG NJW 1983, 2662. **b)** Zur Vorlage eines Attestes sind AN nach § 5 EFZG spätestens 4 Tage nach Krankheitsbeginn verpflichtet (zu Unklarheiten dieser Frist s. Schaub BB 1994, 1629, Diller NJW 1994, 1691), auf Verlangen des AG auch früher (Verstoß s. § 7 EFZG); andere Dienstverpflichtete mangels Individual- oder Kollektivvereinbarungen nur auf Verlangen des Dienstherrn aus berechtigtem Anlass.

18 **5. Abdingbarkeit.** § 616 ist grundsätzlich **abdingbar** (zB durch die Klausel, nur tatsächlich geleistete Arbeit werde vergütet); zur Abbedingung in GastV s. BAG NZA 2007, 1072 (Ls.); bei standardisierten Arbeitsbedingungen aber § 307 II Nr. 1. Nicht abdingbar ist der Vergütungsanspruch nach EFZG, doch kann Höhe der Entgeltfortzahlung nach EFZG – einschließlich Bemessungsgrundlage – durch Tarifvertrag abgeändert werden, § 4 EFZG.

19 **6. Beweislast.** Für Verhinderungsgrund ist der Dienstverpflichtete beweispflichtig, für Verschulden der Dienstberechtigte (BAG AP Nr. 9 zu LFZG § 1 mit abl. Anm. Birk; BAG NJW 1983, 2661). Zum Beweiswert ärztlicher Atteste BAG NJW 1977, 350; ferner BB 1979, 1452.

§ 617 Pflicht zur Krankenfürsorge

(1) [1]**Ist bei einem dauernden Dienstverhältnis, welches die Erwerbstätigkeit des Verpflichteten vollständig oder hauptsächlich in Anspruch nimmt, der Verpflichtete in die häusliche Gemeinschaft aufgenommen, so hat der Dienstberechtigte ihm im Falle der Erkrankung die erforderliche Verpflegung und ärztliche Behandlung bis zur Dauer von sechs Wochen, jedoch nicht über die Beendigung des Dienstverhältnisses hinaus, zu gewähren, sofern nicht die Erkrankung von dem Verpflichteten vorsätzlich oder durch grobe Fahrlässigkeit herbeigeführt worden ist.** [2]**Die Verpflegung und ärztliche Behandlung kann durch Aufnahme des Verpflichteten in eine Krankenanstalt gewährt werden.** [3]**Die Kosten können auf die für die Zeit der Erkrankung geschuldete Vergütung angerechnet werden.** [4]**Wird das Dienstverhältnis wegen der Erkrankung von dem Dienstberechtigten nach § 626 gekündigt, so bleibt die dadurch herbeigeführte Beendigung des Dienstverhältnisses außer Betracht.**

(2) **Die Verpflichtung des Dienstberechtigten tritt nicht ein, wenn für die Verpflegung und ärztliche Behandlung durch eine Versicherung oder durch eine Einrichtung der öffentlichen Krankenpflege Vorsorge getroffen ist.**

1 **1. Allgemeines.** Konkretisierung der Fürsorgepflicht (→ § 611 Rn. 38), die zwar für alle dauernden Dienstverhältnisse gilt, ihre Hauptbedeutung jedoch bei unselbstständigen Dienstverpflichteten hat(te). Durch Ausbau des Sozialversicherungsschutzes ist die Bedeutung des § 617 stark zurückgedrängt, s. II.

2 **2. Voraussetzungen. a) Dauerndes Dienstverhältnis** ist Tatfrage; es liegt entweder bei als zeitlich länger bestimmter Dauer (s. § 620 I) oder bei unbestimmter,
3 aber als länger beabsichtigter oder tatsächlich erreichter Dauer vor. **b)** Aufnahme in „häusliche Gemeinschaft", die nicht stets die des Dienstherrn sein muss – auch Wohnheim, das AG unterhält, kann genügen, falls arbeitsvertragliche Verpflichtung
4 zur Wohnungsnahme bestand (s. BAG AP Nr. 1 zu § 618). **c) Erkrankung** (→ § 616 Rn. 4); Krankheit muss nach Beginn des Dienstverhältnisses und Auf-
5 nahme in die häusliche Gemeinschaft entstanden sein. **d) Unverschuldete** Erkrankung; nur Vorsatz oder grobe Fahrlässigkeit („gegen sich selbst", → § 616 Rn. 4) sind schädlich.

3. Rechtsfolgen. a) Pflicht zur Krankenpflege bzw. ihrer Verschaffung (I 1); 6
Ersetzungsbefugnis durch (zugunsten des Erkrankten vereinbarte) Aufnahme in ein Krankenhaus, I 2. **b) Dauer.** I 1. **c)** Lohnfortzahlung, aber Anrechnung der Kran- 7
kenversorgung, I 3 (→ § 616 Rn. 12). **d)** Klage auf Erfüllung möglich, ferner fristlose Kündigung nach § 626 bei Nichterfüllung: bei schuldhafter Verletzung evtl. Schadensersatz (sa § 618 II).

4. Rechtsnatur. a) Selbstständiger Anspruch, nicht Ausprägung des Vergütungs- 8
anspruchs. **b)** Anspruch ist unübertragbar (§ 399), unpfändbar (§ 851 ZPO) und nicht im Voraus abdingbar (§ 619). **c)** Subsidiär gegenüber Leistungen aus ges. oder privater Krankenversicherung, II.

5. Sondervorschriften. §§ 99–113 SeeArbG, §§ 42 JArbSchG. 9

§ 618 Pflicht zu Schutzmaßnahmen

(1) **Der Dienstberechtigte hat Räume, Vorrichtungen oder Gerätschaften, die er zur Verrichtung der Dienste zu beschaffen hat, so einzurichten und zu unterhalten und Dienstleistungen, die unter seiner Anordnung oder seiner Leitung vorzunehmen sind, so zu regeln, dass der Verpflichtete gegen Gefahr für Leben und Gesundheit soweit geschützt ist, als die Natur der Dienstleistung es gestattet.**

(2) **Ist der Verpflichtete in die häusliche Gemeinschaft aufgenommen, so hat der Dienstberechtigte in Ansehung des Wohn- und Schlafraums, der Verpflegung sowie der Arbeits- und Erholungszeit diejenigen Einrichtungen und Anordnungen zu treffen, welche mit Rücksicht auf die Gesundheit, die Sittlichkeit und die Religion des Verpflichteten erforderlich sind.**

(3) **Erfüllt der Dienstberechtigte die ihm in Ansehung des Lebens und der Gesundheit des Verpflichteten obliegenden Verpflichtungen nicht, so finden auf seine Verpflichtung zum Schadensersatz die für unerlaubte Handlungen geltenden Vorschriften der §§ 842 bis 846 entsprechende Anwendung.**

§ 619 Unabdingbarkeit der Fürsorgepflichten

Die dem Dienstberechtigten nach den §§ 617, 618 obliegenden Verpflichtungen können nicht im Voraus durch Vertrag aufgehoben oder beschränkt werden.

1. Allgemeines. Konkretisierung der Fürsorgepflicht (→ § 611 Rn. 38 ff.), die 1
für alle Dienstverhältnisse gilt (BGH NJW 1995, 2629: freier Mitarbeiter) und auf Grund einer prinzipiellen Wertung des Risikos einer Tätigkeit in fremdem Organisationsbereich auch auf andere Vertragsverhältnisse analog angewendet wird (s. zum Werkvertrag → § 631 Rn. 24, zum Auftrag → § 662 Rn. 13). Geschützt sind Leben und Gesundheit des Dienstverpflichteten; zum Schutz seiner Sachgüter → § 611 Rn. 40. § 618 *wird in seinen* Voraussetzungen (→ Rn. 2) durch öffentl.-rechtl. Normen des Arbeitsschutzrechtes und Unfallverhütungsvorschriften der Berufsgenossenschaften ergänzt und konkretisiert (vgl. BAG DB 1983, 234), in seinen Folgen (→ Rn. 4) bei Arbeitsunfällen durch §§ 104 ff. SGB VII verdrängt. Sondervorschriften: ArbSchG; § 62 HGB, §§ 40 ff. JArbSchG, § 12 HeimarbG, §§ 114–118 SeeArbG. Zu besonderen Fürsorgepflichten während **COVID 19-Pandemie:** s. Bundesministerium für Arbeit und Soziales, SARS-CoV-2-Arbeitsschutzstandard BMAS SARS-CoV-2-Arbeitsschutzstandards → § 611 Rn. 40. Zum Thema des Ansteckungsschutzes kurz: Krause § 618 Rn. 22 (Lit. § 616).

2. Voraussetzungen. a) § 618 I Fall 1: **aa) Räume:** Nicht nur Arbeitsräume, 2
sondern auch Waschräume, Treppen, Kantinen; auch Wege im Betriebsbereich,

Gärten (BGHZ 26, 370 f.). Das Betreten der Räume muss erlaubt, nicht aber erforderlich sein. **bb) Vorrichtungen und Gerätschaften:** Vor allem Maschinen und Werkzeuge, evtl. Schutzkleidung (s. LAG Nds LAGReport 03, 289), vgl. BAG BB
3 1986, 193: Sicherheitsschuhe; BAG NZA 1999, 38. **b)** I Fall 2: Unter Anordnung oder Leitung des Dienstberechtigten organisierte Dienstleistungen. Höchstarbeitszeit ist im Interesse des Gesundheitsschutzes einzuhalten; (zB ärztlicher) Bereitschaftsdienst zählt als Arbeitszeit (BAG NJW 2018, 489; BB 2015, 510; NZA 2004, 927), wofür (s. Grüneberg/Weidenkaff § 611 Rn. 27) auch § 7 I 1a ArbZG spricht. Bereitschaft der Feuerwehr (bei Anruf binnen 8 Minuten zum Einsatz bereitstehen) ist Arbeitszeit, anders bei Verpflichtung zur bloßen Erreichbarkeit auch außerhalb des Arbeitsplatzes während einer Rufbereitschaft (EuGH NJW 2018, 1073). Mit Bereitschaftsdienst ist eine Aufenthaltsbeschränkung des AN verbunden sowie die Verpflichtung, bei Bedarf sofort tätig zu werden. Bei Rufbereitschaft muss AN hingegen nur seinen frei bestimmbaren Aufenthaltsort anzeigen, um auf Abruf die Arbeit innerhalb eines angemessenen Zeitraums aufzunehmen (zur Abgrenzung s BAG NZA 2022, 936 Rn. 30). **c) II:** Aufnahme in häusliche Gemeinschaft, → § 617 Rn. 3.

4 **3. Rechtsfolgen. a)** In den Fällen → Rn. 2, 3 muss der Dienstberechtigte im Rahmen des Möglichen („soweit die Natur der Dienstleistung es gestattet") Gefahren von der Person des Dienstverpflichteten abwenden. Konkretisierung der in § 618 I enthaltenen Pflichten des AG durch das ArbSchG s. BAG NZA 2007, 262 (Hepatitis-C-Infektion des AN wg. unterlassener Aufklärung und Schutzvorkehrungen) und durch § 5 ArbStättV s. BAG NJW 2017, 285 (Pflicht zur Minimierung der Belastung durch Passivrauchen). AN hat nur unter bes. Umständen Anspruch auf Schutzmaßnahmen gegen sommerliche Hitze (Grimm DB 2004, 1666 ff.). Schafft AN erforderliche Schutzkleidung selbst an, hat er Aufwendungsersatzanspruch entspr. § 670, BAG NZA 1999, 38. **b)** Im Falle → Rn. 3 (c) sind Räume, Verpflegung und Arbeitsbedingungen so auszugestalten, dass Körper und Gesundheit, aber auch Sittlichkeit und religiöse Überzeugung des Verpflichteten ungefährdet bleiben.

5 **4. Folgen bei Pflichtverletzungen. a) Erfüllungsanspruch,** s. BAG NJW 1999, 162; 2009, 2698 mAnm Ritter (Anspruch auf tabakrauchfreien Arbeitsplatz); deshalb begründen §§ 617, 618 nicht nur Schutzpflichten iSd § 241 II. **b) Leistungsweigerungsrecht** nach § 273, vgl. BAG ZIP 1997, 1432 (asbestverseuchte Räume), Zurückbehaltungsrecht nach Sondergesetzen, zB § 21 GefahrstoffVO, s. BAG BB 1994, 1011. **c) Schadensersatz** wegen Nebenpflichtverletzung, dessen Umfang in III durch Verweisung auf §§ 842–846 geregelt ist (sa BAG NZA 2007, 262). § 253 gilt (daher über §§ 618 III, 253 II ggf. auch Schmerzensgeld). **d) Fristlose Kündigung** bei bes. schweren Verstößen möglich, § 626. **e)** Konkurrierende Ansprüche aus Delikt bleiben unberührt. § 618 ist nicht Schutzges iSd § 823 II (str.).

6 **5. Abdingbarkeit.** Nein, s. Normtext; § 619 gilt aber nicht bei analoger Anwendung des § 618 auf Werkvertrag, BGHZ 56, 269.

7 **6. Sondervorschriften.** Zu §§ 104 ff. SGB VII → § 611 Rn. 42.

§ 619a Beweislast bei Haftung des Arbeitnehmers

Abweichend von § 280 Abs. 1 hat der Arbeitnehmer dem Arbeitgeber Ersatz für den aus der Verletzung einer Pflicht aus dem Arbeitsverhältnis entstehenden Schaden nur zu leisten, wenn er die Pflichtverletzung zu vertreten hat.

1 **1. Allgemeines.** Die durch das SchRModGes auf Vorschlag des Rechtsausschusses eingefügte Norm modifiziert – in Bewahrung der richterrechtlichen Regeln zur Unanwendbarkeit des § 282 aF auf die AN-Haftung aus Vertragsverletzung (vgl. BAG NJW 1999, 1051 zur Mankohaftung) – die aus § 280 I 2 folgende **Beweislastverteilung** für das **Vertretenmüssen** und flankiert damit die in Auslegung des

§ 276 aF als „ein anderes bestimmt" entwickelte Haftungsmilderung des AN, die jetzt nach § 276 als „mildere Haftung […] [die] aus dem sonstigen Inhalt des Schuldverhältnisses zu entnehmen ist", unverändert weitergilt. § 619a ist nicht selbst Anspruchsgrundlage, sondern knüpft an § 280 I an. Zur Beweislast des Dienstberechtigten hinsichtlich der Pflichtverletzung s. OLG München NJW-RR 2003, 678. Für entsprechende Anwendbarkeit auf Handwerker, der dauerhaft in Betrieb als Werkunternehmer tätig ist: HessLAG BB 2013, 1726 (dazu BAG 21.5.2014, 8 AZR 566/13 erledigt durch Vergleich).

2. Arbeitnehmerhaftung bei Schlechtleistung oder Nebenpflichtverletzungen.

Lit.: Baumann, Die deliktische Außenhaftung des AN in der Privat- und Verfassungsrechtsordnung, BB 1994, 1300; Bittmer, Die Erfüllung des arbeitsrechtlichen Freistellungsanspruchs, NZA 2003, 833; Fischinger/Hofer, Die beschränkte Arbeitnehmerhaftung im Lichte der Restschuldbefreiung, NZA 2017, 349; Lipperheide, Arbeitnehmerhaftung zwischen Fortschritt und Rückschritt, BB 1993, 720; sa Gutachten E/F Otto/Seewald und Referate Mayer-Maly, Gitter sowie Diskussion 56. DJT, 1986; Schaub, Die Haftungsbegrenzung des Arbeitnehmers, WiB 1994, 227; ders., Der Entwurf eines Gesetzes zur Arbeitnehmerhaftung, ZRP 1995, 447; Walker, Die eingeschränkte Haftung des Arbeitnehmers unter Berücksichtigung der Schuldrechtsmodernisierung, JuS 2002, 736.

a) Die Erbringung von Dienstleistungen birgt wie jedes menschliche Verhalten 2
Schadensrisiken. Werden sie schuldhaft realisiert, dann hat der Dienstverpflichtete im Prinzip einzustehen: Er haftet vertraglich seinen Vertragspartnern und in den Schutzbereich des Vertrages einbezogenen Personen (→ § 611 Rn. 12 f., 16 aE), außervertraglich aus Delikt, insbes. §§ 823 ff., zB bei Betrug gegenüber AG (vgl. BAG NJW 2014, 877; 1999, 309 f.: Detektivkosten), vor allem aber Dritten, zB dem Leasinggeber des AG bei Beschädigung der geleasten Maschine, vgl. BGHZ 108, 305; krit. Baumann BB 1994, 1300; Denck JZ 1990, 175. Das Schadensrisiko wird jedoch als Teil des allg. Betriebsrisikos des Dienstberechtigten angesehen und aus Fürsorgegesichtspunkten, die einen auch nach GG gebotenen Schutz vor unzumutbarem wirtschaftlichem Risiko verlangen, dem AN ganz oder teilweise abgenommen, BAG (GS) NJW 1995, 210 ff.; s. BAG NJW 1999, 1051; Grüneberg/Weidenkaff § 611 Rn. 158 zur Mankohaftung. Entspr. § 254 muss sich der AG das Betriebsrisiko anrechnen lassen, BAG aaO, BGH ZIP 1996, 763 f. **Schadensab-** 3
nahme greift in **3 Fällen** ein: Schädigung des AG (auch Vermögensschäden, vgl. BAG NJW 1995, 3204: Strafe gegen AG), Verletzung von Arbeitskollegen und Schädigung von Dritten (→ Rn. 7). Bei **Personenschäden von Arbeitskollegen** wird der AN bereits durch § 105 I SGB VII weitgehend (→ § 611 Rn. 42) freigestellt. Die Haftungsentlastung entfällt, wenn und insoweit der AN in den Schutzbereich einer Pflichtversicherung einbezogen ist – sie kommt also nicht einem Pflichtversicherer zugute, sondern dieser hat dem ersatzpflichtigen AN Deckung zu gewähren, BGH NJW 1992, 900, 902. Zur Haftung und zum Ausgleichsanspruch mitverantwortlicher Dritter s. v. Caemmerer ZfRV 1968, 96 f.; BGHZ 61, 53 ff.; NJW 1976, 1975; zur Außenhaftung Denck, Der Schutz des AN vor der Außenhaftung, 1980; ders., BB 1989, 1192 zu Fällen, in denen AN belastet bleibt. **b) Voraus-** 4
setzungen. Rspr. und hL setzten für die Verantwortungsentlastung früher voraus, dass der Schadensfall in Ausführung „gefahrgeneigter", dh durch Risikoerhöhung gekennzeichneter Arbeit geschehen war; das BAG hat dieses – schwer zu konkretisierende – Merkmal aufgegeben, s. dazu BAG (GS) NJW 1995, 212 sowie BGH NJW 1994, 856 (Gefahrgeneigtheit nur noch Abwägungsfaktor bei Verschulden und Betriebsrisiko). Heute ist entscheidend, dass die schadensverursachende Tätigkeit „betriebsbezogen", also durch den Betrieb veranlasst und auf Grund des Arbeitsverhältnisses geleistet worden war, BAG (GS) NJW 1995, 212; BAG NJW 1999, 1051; zum Ganzen s. Hanau/Rolfs NJW 1994, 1439. Die Haftungsbegrenzung kann weder einzel- noch kollektivvertraglich zu Lasten des AN modifiziert werden, BAG NJW 2004, 2469. Die Haftungsentlastung wirkt zugunsten von AN (auch Leiharbei- 5

ter, BGH NJW 1973, 2020) und für leitende Angestellte (BAG NJW 1977, 598; BGH ZIP 1996, 763 f.), wohl aber nicht für aus selbstständigen Dienstverhältnissen Verpflichtete, zB Vertretungsorgane einer juristischen Person (BGH WM 1975, 469; sa schon BGH NJW 1963, 1102, str.; aA Börgen MDR 1971, 178; Isele NJW 1963,
6 1100). **c) Folgen. Schädigung des AG:** Bei leichter Fahrlässigkeit entfällt ein Schadensersatzanspruch. Bei mittlerer (normaler) Fahrlässigkeit wird der Schaden unter abwägender Berücksichtigung der Gesamtumstände (Schadensanlass und Schadensfolgen, Verschulden und Betriebsrisiko) nach Billigkeits- und Zumutbarkeitsgesichtspunkten geteilt, vgl. BAG (GS) NJW 1995, 211 f.; BAG NZA 2018, 1216; BGH NJW 1991, 1685. Auch bei grober Fahrlässigkeit Haftungserleichterung möglich, BAG NJW 1999, 966, falls Missverhältnis von Verdienst und Schadensrisiko; sa BAG NZA 1998, 310 für den Fall „gröbster" Fahrlässigkeit, ferner BGH NJW 1996, 1532: Einzelfallbezogene Abwägung; Rsprbericht Etzel NJW 1998, 1196; 1999, 2939. Auch ein vorsätzlicher Pflichtenverstoß des AN führt nur zu seiner vollen Haftung, wenn der Vorsatz auch den Schaden umfasste (BAG NJW 2003, 377; aA mit Blick auf §§ 286 ff. InsO Fischinger/Hofer NZA 2017, 349). Keine Pflicht des AG, vorrangig den unmittelbar schädigenden Dritten in Anspruch zu nehmen, bevor er Ansprüche gegenüber dem mitverantwortlichen Arbeitnehmer geltend macht, wenn es dem AG nicht ohne weiteres möglich ist, den eigentlichen Schädiger mit rechtlichem und wirtschaftlichem Erfolg in Anspruch zu nehmen
7 (BAG NZA 2019, 44). Bei **Schädigung eines Dritten** bleibt der AN diesem grundsätzlich voll haftbar (so → Rn. 2 sowie BGH NJW 1994, 855), ebenso bei Schädigung eines **Arbeitskollegen,** soweit nicht § 105 I SGB VII eingreift; § 619a gilt in diesem Verhältnis nicht (Preis FS BAG, 2004, 149); er hat jedoch gegenüber dem AG einen Freistellungsanspruch unter den gleichen Voraussetzungen, die zur Haftungsentlastung bei Schädigung des AG führen würden (BGHZ 66, 1 zu Voraussetzungen und Umfang ie). Arbeitsvertrag ist regelmäßig kein Vertrag mit **Schutzwirkung** zugunsten der Arbeitskollegen (→ § 611 Rn. 39) oder sonstiger Dritter,
8 es sei denn, anderes ist ausdrücklich oder stillschweigend vereinbart. Steht der AG mit dem Dritten in vertraglicher Beziehung, aus der der AG freigezeichnet ist, so ist zu prüfen, ob die Freizeichnung auch zugunsten der AN wirkt und ihre Haftung verhindert. Hat der AG eine solche Ausgestaltung der Freizeichnung versäumt oder nicht durchzusetzen vermocht, dann bleibt er letztlich aus dem Freistellungsanspruch des haftenden AN verantwortlich. Diese Schwäche der vereinbarten Freizeichnung gestattet es auch, Abtretung des Freistellungsanspruchs an den Gläubiger (= Geschädigten) zuzulassen, der damit Zahlung verlangen kann. Bei ges. Haftungsbeschränkung des AG gegenüber Dritten ist die Haftung des AN entspr. zu kürzen (anders BGHZ 41, 206: Befreiungsanspruch sei dann auch an Gläubiger nicht abtretbar).

9 **3. Beweislast. a)** Bei **deliktischer Haftung** hat der geschädigte AG nach allgemeinen Beweislastregeln Verletzung, kausal verursachten Schaden und Verschulden
10 des AN zu beweisen. **b)** Bei Verletzung von Pflichten aus dem **Dienstvertrag,** seien es Leistungspflichten – ggf. Nebenleistungspflichten – oder Schutzpflichten iSd § 241 II, haftet AN nach § 280 I und AG hat Pflichtverletzung, dadurch verursachten Schaden und nach § 619a in Abweichung von § 280 I 2 das „Vertretenmüssen", dh das Verschulden (→ Rn. 6) des AN zu beweisen. AG hat deshalb Beweislast auch hinsichtlich des für den Haftungsumfang jeweils erforderlichen Verschuldensgrades (hierzu sowie zur gestuften, substantiierten Darlegungslast des AN BAG NJW 1999, 1052). ME entspr. anwendbar auf Anspruch wegen Verzugsschadens, obwohl § 286 IV nicht in Bezug genommen wird, sowie bei Haftung des AN aus § 311a II, etwa bei Arbeitsvertrag über gesetzlich verbotene Leistung, vgl. Löwisch NZA 2001, 466.

Vorbemerkungen zu den §§ 620–630

Lit.: Becker/Etzel ua, Gemeinschaftskommentar zum KSchG und sonstigen kündigungsschutzrechtlichen Vorschriften, 10. Aufl. 2013; Diller/Krieger/Arnold, Kündigungsschutzgesetz plus Allgemeines Gleichbehandlungsgesetz – Sind Arbeitnehmer in Zukunft doppelt vor Kündigungen geschützt?, NZA 2006, 887; Höpfner/Daum, Diskriminierungsschutz als Geschäftsmodell – Rechtsmissbräuchliche AGG-Klagen, Ad Legendum 2022, 64; Linck/Krause/Bayreuther, KSchG, 16. Aufl. 2019; Löwisch/Schlünder/Spinner/Wertheimer, KSchG – Kündigungsschutzgesetz, 11. Aufl. 2018; Stahlhacke/Preis/Vossen, Kündigung und Kündigungsschutz, 11. Aufl. 2015; Willemsen/Schweibert, Schutz der Beschäftigten im Allgemeinen Gleichbehandlungsgesetz, NJW 2006, 2583.

1. Allgemeines. §§ 620–627 regeln Fälle der Beendigung des Dienstverhältnisses, die §§ 628–630 einzelne Folgen einer Beendigung bzw. einer darauf abzielenden Kündigung. Obwohl das BGB auch die Beendigung von Arbeitsverhältnissen durch Kündigung in § 622 erfasst, muss der Komplex der §§ 620 ff. als eine immer noch weitgehend durch spezielle Normen des Arbeitsrechts, seien sie durch den Gesetzgeber, durch Kollektivvereinbarungen oder richterliche Rechtschöpfung gesetzt (s. zu den Rechtsquellen → Vor § 611 Rn. 30 ff., 44), verdrängte oder ergänzte Regelung gesehen werden. **Allgemeines Kündigungsschutzrecht:** KSchG, insbes. § 1 KSchG, die §§ 138, 242 (beide Normen können Benachteiligungen iSv § 1 AGG erfassen und zur Nichtigkeit der Kündigung führen), §§ 620 ff., insbes. 626; der über §§ 138, 242 vermittelte Schutz der AN-Grundrechte ist umso geringer, je stärker die mit der Kleinbetriebsklausel des § 23 I KSchG geschützten Grundrechtspositionen des AG im Einzelfall betroffen sind (konkret: Kündigung einer Kinderfrau) (BAG NJW 2020, 634). **Besonderes** Kündigungsschutzrecht schützt besondere Personengruppen, zB Schwangere/Entbundene (§ 9 MuSchG), dabei greift das Kündigungsverbot des § 9 I 1 MuSchG bei einer Schwangerschaft auf Grund einer Befruchtung außerhalb des Körpers (In-vitro-Fertilisation) ab dem Zeitpunkt der Einsetzung einer befruchteten Eizelle in die Gebärmutter (Embryonentransfer), nicht erst ab Zeitpunkt der Nidation (BAG NJW 2015, 1899). Kündigungsschutz auch für Eltern in Elternteilzeit (§ 18 KSchG), Schwerbehinderte (§§ 168, 174 SGB IX), Betriebsräte (§ 15 KSchG), ferner → § 622 Rn. 11 ff. **Kündigungsrecht und AGG:** AGG (zur Geltendmachung, Beweislast, Beweiserleichterung bei Ansprüchen aus AGG-relevanter Benachteiligung s. Höpfner/Daum Ad Legendum 2022, 64, 65 f.) ist gem. § 2 IV AGG nicht anwendbar auf Kündigungen von Beschäftigungsverhältnissen iSv § 6 I 1 AGG. Normtext § 2 IV AGG ist einschr. auszulegen: Gesetzgeber wollte Kündigung selbstständiger Dienstverträge nicht erfassen, s. BT-Drs. 16/2022, 26 f. § 2 IV AGG ordnet stattdessen „ausschließliche" Geltung der Bestimmungen zum allgemeinen und besonderen Kündigungsschutz an (deshalb § 2 IV AGG für europarechtswidrig erachtend MüKo-BGB/Thüsing § 2 AGG Rn. 17–19; str. Wißkirchen DB 2006, 1495 f.). Versuch einer richtlinienkonformen Auslegung des § 2 IV AGG bei Diller/Krieger/Arnold NZA 2006, 887 (sa ErfK/Schlachter § 2 AGG Rn. 17 f.): *(1)* Die Rechtsunwirksamkeit der Kündigung wegen einer Benachteiligung iSv § 1 AGG ist nicht nach dem AGG, sondern dem allgemeinen und besonderen Kündigungsschutzrecht zu beurteilen. Ein Vorgehen nach dem AGG, insbes. ersatzweise Geltendmachung von Schadensersatz/Entschädigung nach dem AGG, ist durch § 2 IV AGG verwehrt. Die Benachteiligung werde durch Feststellung der Unwirksamkeit der Kündigung ausreichend sanktioniert. (Das ist bei geschlechtsspezifischer Benachteiligung wohl nicht ausreichend, weil Art. 6 II RiLi 76/207/EG idF RiLi 2002/73/EG v. 23.9.2002 bzw. Art. 18 RiLi 2006/54/EG v. 5.7.2006 [Umsetzungsfrist bis 15.8.2008] einen Ausgleich des entstandenen Schadens zwingend vorschreiben; zu einem Rechtfertigungsversuch s. Diller/Krieger/Arnold NZA 2006, 887: Unwirksamkeit der Kündigung als Naturalrestitution). *(2)* Verstoß gegen das Benachteiligungsverbot muss in Beurteilung der Sozialrechtswidrigkeit iSd KSchG einbezogen werden (BeckRS 2015, 70999 Rn. 40, obiter dictum) bzw. außerhalb Anwendungsbereich KSchG ist Kündigung nach § 134 iVm §§ 7 I 1, 3 I 1 AGG nichtig (BAG BeckRS 2015, 70999 obiter dictum Rn. 40; BAG NJW 2015, 1899, 1902 Rn. 32); s. ferner 15. Aufl. § 12 AGG Rn. 3. *(3) (a)* Diller/Krieger/Arnold NZA 2006, 887 schlagen für Problemfall, dass die Kündigung nach Gesamtabwägung zwar obj. gerechtfertigt ist, der Kündigende 1 mit der Kündigung aber zugleich diskriminierende Motive verfolgt hat, vor, § 2 IV AGG teleologisch zu reduzieren: Zwar sei Kündigung auch dann wirksam, aber Beschäftigter könne nach § 15 II AGG Entschädigung wegen Benachteiligung verlangen. *(b) Kritik:* AGG bleibt aber auch dann bei geschlechtsbezogenen Diskriminierungen hinter aufgehobenem § 611a (s. jetzt nach § 611) zurück; geschlechtsdiskriminierende Kündigungen waren gem. §§ 134, 611a stets nichtig (14. Aufl. § 611a Rn. 6). – Im Ergebnis ist jedenfalls das deutsche Recht (§ 2 IV, ferner insbes. KSchG) **richtlinienkonform auszulegen** und es sind die Wertungen der dem AGG zugrundeliegenden Richtlinien im Rahmen des KSchG zur vollen Geltung zu bringen, s. BAG BeckRS 2009, 58467; LAG Nds NZA-RR 2008, 350; Höpfner/Daum Ad Legendum 2022, 64, 65; Hein NZA 2008, 1033; Bauer/Krieger NZA 2007, 674.

2 **2. Arten der Beendigungsgründe.** Die Beendigungsgründe lassen sich danach unterscheiden, ob das Dienstverhältnis durch rechtsgeschäftliche Erklärung der Par-
3 teien aufgelöst wird oder unabhängig von ihrem Willen erlischt. **a) Beendigung durch Rechtsgeschäft. aa) Aufhebungsvertrag** ist nach allg. Regeln (§ 311 I) jederzeit möglich (vgl. BAG BB 1994, 785; zum Stand nach der Schuldrechtsreform s. Überblick Bauer NZA 2002, 169); AGB-Kontrolle: § 310 IV 2 für Aufhebungsvertrag wie für Arbeitsvertrag (dazu → Vor § 611 Rn. 1); Kündigungsvorschriften finden keine Anwendung (sa Bengelsdorf BB 1995, 978); bei Arbeitsvertrag jedoch Schriftform, § 623. Rückwirkung der Aufhebung ist nur bei noch nicht in Vollzug gesetzten Verträgen möglich, hM, dazu Staudinger/Oetker Vor § 620 Rn. 62 mN; zur Unwirksamkeit bei kollusivem Zusammenwirken eines Vertreters s. BAG NJW 1997, 1940. Rücktritt nach § 323 oder bei vereinbartem Rücktrittsrecht ist bei Aufhebungsvertrag möglich. – Kein Widerruf nach §§ 312, 355, da Abschluss eines Aufhebungsvertrags kein Haustürgeschäft ist (→ § 312 Rn. 9 mN; BAGE 165, 315; LAG Hamm NZA-RR 2003, 402 mN, auch zur Gegenmeinung; LAG Bbg BB 2003, 1281; Bauer NZA 2002, 171 f. mN; Henssler RdA 2002, 133, str.), zudem
4 fehlt es an der Verbrauchereigenschaft (→ Rn. 4). **bb) Anfechtung, Widerruf** des Dienstvertrages nach §§ 119, 123 ist grundsätzlich möglich, doch tritt rückwirkende Nichtigkeitsfolge bei Arbeitsverhältnissen nach allg. Regeln nur bis zur Arbeitsaufnahme ein; danach grundsätzlich ex-nunc-Wirkung, vgl. → Vor § 611 Rn. 5. Eine Kündigung, die wegen Verletzung des Kündigungsverbots nach MuSchG nichtig ist, kann grundsätzlich nicht in eine Anfechtung umgedeutet werden, BAG NJW 1976, 592. Für Anfechtung, die wahlweise neben außerordentlicher Kündigung möglich ist, gelten die gleichen Grundsätze wie für die Kündigung, BAG NJW 1980, 1303 (zur Anfechtungsfrist entsprechend § 626 II). – Kein Widerruf des Arbeitsvertrags nach §§ 312, 355, da AN bei Abschluss arbeitsrechtlicher Verträge kein Verbraucher ist (s. Bauer NZA 2002, 171 mN; Henssler RdA 2002, 133, str., wN bei LAG Hamm NZA-RR 2003, 402, LAG hat die Frage offen gelassen).
5 **cc)** Das Dienstverhältnis als Dauerschuldverhältnis kann durch **Kündigung** beendet werden (zur Rechtsnatur → § 620 Rn. 12). Unterschieden werden an bestimmte Fristen gebundene **ordentliche** (§§ 620 II, 621, 622, wohl auch 624) und **außerordentliche, fristlose Kündigungen** (§§ 626, 627). Die in den §§ 621, 623–627 getroffene Regelung für Kündigungen wird für Arbeitsverhältnisse durch § 622, durch speziellere Normen des Kündigungsschutzrechts oder Kollektivvereinbarun-
6 gen überlagert (hierzu § 622). **dd) Rücktritt** nach §§ 323, 326 V kann nur bis zum Antritt des Dienstverhältnisses, dh bis zum Beginn der Erfüllung von Dienstver-
7 pflichtungen erfolgen; nach diesem Zeitpunkt kann nur gekündigt werden. **ee) Verweigerungserklärung** des gekündigten AN nach §§ 12, 16 KSchG. **ff) Lösende Aussperrung** ist wegen Grundsatzes der Verhältnismäßigkeit Ausnahme, vgl. BAG (GS) AP Nr. 43 zu 9 GG – Arbeitskampf; zum Meinungsstand Schaub/Treber § 193
8 Rn. 2. **gg)** Verbleib in der Bundeswehr als Soldat nach Eignungsübung, § 3 I 1, II EignungsübungsG. **hh)** Widerruf auf Grund Vorbehalt s. BAG BB 1983, 1791.
9 **b) Selbsttätige Beendigungsgründe** sind **aa)** der in § 620 I (beachte § 625) und

TzBfG (seit 1.1.2004 Befristungserleichterung in Phase der Unternehmensgründung durch neuen § 14 II a TzBfG, BGBl. 2003 I 3003) geregelte **Zeitablauf; bb) Zweckerreichung,** s. § 620 II; **cc)** Eintritt **auflösender Bedingung** (Resolutivbedingung), vgl. BAG NJW 1982, 788; zB **Erreichung** einer bestimmten **Altersgrenze** auf Grund tarifvertraglicher Normen, Betriebsvereinbarungen (zu den Grenzen → Vor § 611 Rn. 30) BAG NZA 1986, 325, 327; Altersgrenze in einem vom AG vorformulierten Arbeitsvertrag, nach der das Arbeitsverhältnis mit der Vollendung des 65. Lebensjahres des Arbeitnehmers enden soll, ist nach der Anhebung des Regelrentenalters regelmäßig dahin auszulegen, dass das Arbeitsverhältnis erst mit der Vollendung des für den Bezug einer Regelaltersrente maßgeblichen Lebensalters enden soll; eine solche einzelvertragliche Altersgrenze ist nach Rspr. BAG regelmäßig nicht altersdiskriminierend (BAG NZA 2016, 695). **dd) Tod des Dienstverpflichteten,** s. § 613; **ee)** ausnahmsweise bei personengebundener Dienstberechtigung (zB Krankenpflege) **Tod des Dienstberechtigten** (aA Staudinger/Oetker Vor § 620 Rn. 72); **ff) Wegfall der Geschäftsgrundlage** beendet nur in Ausnahmefällen, in denen Kündigung nach § 313 III 2 aus den gleichen Umständen, die die Geschäftsgrundlage berührt haben, nicht möglich war (Kriegsereignisse usw); regelmäßig sind Änderungen der Geschäftsgrundlage nur Kündigungs- (s. Schaub/Linck § 121 Rn. 4) oder Anpassungsgrund, § 313 I, III 2. **gg) Insolvenzverfahren** beendet nur Dienstverhältnisse auf Geschäftsbesorgung, § 116 InsO; sonst Kündigung, § 113 InsO; **hh)** Ablauf einer **Befristung. ii)** Beendigung eines Verbrauchervertrags über digitale Dienstleistung nach Maßgabe der §§ 327c, 327m und § 327r III, IV → § 640 Rn. 10.

(Randnummern: 10 bei „dd) Tod des Dienstverpflichteten“; 11 bei „ff) Wegfall der Geschäftsgrundlage“; 12 bei „gg) Insolvenzverfahren“)

13 **3. Wirkungen der Beendigung.** Mit **Beendigung** erlöschen grundsätzlich die Hauptpflichten zur Dienstleistung und Vergütung, jedoch kann Verpflichtung zur Zahlung von Ruhestandsbezügen (fort)bestehen. Vor allem bleiben nachwirkende **Abwicklungs- und Nebenpflichten,** nach BGB im Fall fristloser Kündigung Vergütung und Schadensersatz, § 628; Pflicht zur Zeugniserteilung s. § 630; daneben sind Pflichten zur Rückgabe von Arbeitsmitteln (Schaub/Linck § 150) und Herausgabe bzw. Ausfüllung von Arbeitspapieren (hierzu Schaub/Linck § 149) usw zu beachten. 14 Verletzung dieser Pflichten kann **Schadensersatzansprüche** nach §§ 280, 286, 276 auslösen. Der Dienstvertrag kann darüber hinaus weitere Pflichten für die Zeit nach Beendigung des Dienstverhältnisses vorsehen, zB Wettbewerbsverbote, s. § 110 GewO, § 74 HGB und → § 611 Rn. 27. Zu Dienstwohnungen s. §§ 565b ff. Erlass ausstehender Vergütung möglich, BAG NJW 1977, 1213, aber nicht ohne weiteres in sog. Ausgleichsquittung zu sehen, hierzu BAG NJW 1977, 1983 (Ls.) = in AP KSchG 1969 § 4 Nr. 4 (mAnm Herschel). Zur Weiter**beschäftigung** nach Kündigung → § 611 Rn. 44.

§ 620 Beendigung des Dienstverhältnisses

(1) **Das Dienstverhältnis endigt mit dem Ablauf der Zeit, für die es eingegangen ist.**

(2) **Ist die Dauer des Dienstverhältnisses weder bestimmt noch aus der Beschaffenheit oder dem Zwecke der Dienste zu entnehmen, so kann jeder Teil das Dienstverhältnis nach Maßgabe der §§ 621 bis 623 kündigen.**

(3) **Für Arbeitsverträge, die auf bestimmte Zeit abgeschlossen werden, gilt das Teilzeit- und Befristungsgesetz.**

(4) **Ein Verbrauchervertrag über eine digitale Dienstleistung kann auch nach Maßgabe der §§ 327c, 327m und 327r Absatz 3 und 4 beendet werden.**

Lit.: Rsprübersicht Etzel NJW 1998, 1195; 1999, 2938; Hromadka, Befristete und bedingte Arbeitsverhältnisse, neu geregelt, BB 2001, 621; ders., Das neue Teilzeit- und Befristungsgesetz, NJW 2001, 400; Lembke, Die sachgrundlose Befristung usw, NJW 2006, 325; Preis/Hansch, Die Neuordnung der befristeten Arbeitsverhältnisse im Hochschulbereich, NJW 2002, 927;

Riesenhuber, Keine Rettung formnichtiger Befristungsabreden im Arbeitsvertrag?, NJW 2005, 2268.

1 **1. Allgemeines.** § 620 enthält die wichtigsten Beendigungsmöglichkeiten: Beendigung durch Zeitablauf auf Grund entspr. Vereinbarung wird in I anerkannt, Zweckerreichung in II als Beendigungsgrund vorausgesetzt, zur Kündigung wird in II auf die Kündigungsvorschriften §§ 621–623 verwiesen. I (Befristung) gilt nur noch für selbstständige Dienstverträge, s. III. Sonderregelungen für Arbeitsverträge in TzBfG (UmsetzungsG zu Teilzeit-RiLi 97/81/EG und Befristungs-RiLi 99/70/EG – Einzelheiten Hromadka BB 2001, 621), für bestimmte „Risikoträger" bedeutender Kredit- und Finanzdienstleistungsinstitute in § 25a Va KWG (für Kündigungen ab dem 1.12.2019), HRG und HRGÄndG, BErzGG, WissZeitVG sowie für LeihAN in § 9 Nr. 2 AÜG, dazu Gaul NJW 1997, 1469; für Beschäftigungsverhältnis Sonderregelung in § 6 PflegeZG (→ Vor § 611 Rn. 48).

2 **2. Befristung.** Sie ist bei selbstständigen Dienstverträgen grundsätzlich zulässig, I. **a)** Sie kann durch Bezeichnung eines Zeitraums (4 Wochen), durch ein Kalenderdatum oder auch einen anderen bestimmbaren Zeitbegriff (Messe, Saison, Lebens-
3 zeit, dazu § 624) erfolgen. **b)** Auch bei **Arbeitsverhältnissen** (zur Abgrenzung → Vor § 611 Rn. 2; für leitende Angestellte s. BAG BB 1979, 1557) ist Befristung möglich, falls die Voraussetzungen nach **TzBfG** gegeben sind (vor allem **sachlicher Grund,** der ein Komplementärstück zum Kündigungsschutz darstellt; ferner **Schriftform,** welche der Rechtssicherheit dient und den AN warnen soll, dass er keinen Dauerarbeitsplatz erhält; Konsequenz aus Formzweck: Befristungsabrede muss unterschrieben werden, bevor der AN die Arbeit aufnimmt, ansonsten formnichtig, § 14 IV TzBfG, § 125, s. BAG NJW 2005, 2333; krit. Riesenhuber NJW 2005, 2268); Eine auf das Regelrentenalter abstellende Altersgrenzenregelung kann nicht nur in Kollektivnormen, sondern auch in Individualverträgen getroffen werden und sachlich gerechtfertigt sein (BAG NZA 2018, 507, auch zur Frage der Vereinbarkeit einer solchen Regelung mit Europarecht). Bsp. sachlicher Gründe, die Befristung rechtfertigen, § 14 I 2 TzBfG (Aufzählung nicht abschließend, BAG NZA 2005, 401; zur Rechtsprechungsänderung beim befristungsrechtlichen Vorbeschäftigungsverbot s. Fischer BB 2019, 2356). Der sachl. Grund der Altersbefristung in § 14 III 4 TzBfG aF (AN, die das 52. Lebensjahr vollendet haben) verstieß nach der **Mangold-Entscheidung** des EuGH gegen den allg. primärrechtlichen Gleichbehandlungsgrundsatz (näher → Vor § 611 Rn. 30; BAG RIW 2006, 700). Der Entscheidung kommt wegen ihres Rekurses auf den unionsrechtlichen Gleichbehandlungsgrundsatz Rückwirkung zu (BAG NZA 2006, 1162 Rn. 40: EuGH hat die zeitlichen Wirkungen seines Unanwendbarkeitsausspruchs nicht begrenzt). Nachträgliche Befristung bedarf ebenfalls sachlichen Grundes, BAG NJW 1999, 597; Vergleich s. BAG NZA 2012, 919; 1999, 480 (regelmäßig keine Umgehung Kündigungsschutz). Ob durch die Mangold-Entscheidung ausgelöste Neufassung § 14 III TzBfG (Ges. v. 19.4.2007, BGBl. I 538) europarechtskonform ist, wird unterschiedlich beurteilt, s. bejahend Temming NZA 2007, 1200; ErfK/Müller-Glöge § 14 TzBfG Rn. 110a; Gebauer/Wiedmann/Höpfner, Europäisches Zivilrecht, Arbeitsrecht Rn. 272; verneinend Wiedemann FS Otto, 2008, 616 f. Ausnahmsweise bedarf es zur Befristung nach § 14 II und II a TzBfG keines sachlichen Grundes, s. Lembke NJW 2006, 325 sowie → Vor § 620 Rn. 9. Befristungskontrolle sollte Umgehung des Kündigungsschutzes verhindern, so dass dessen zwingende Anwendbarkeit vorauszusetzen ist, LAG Köln NZA-RR 1999, 118; zu TzBfG s. jedoch Hromadka BB 2001, 622; sa Hunold NZA 2002, 255. Vom BAG entwickelte 3-Jahres-Frist für Anschlussverbot des § 14 II 2 TzBfG überschreitet Grenzen der richterlichen Rechtsfortbildung (BVerfG NJW 2018, 2542). § 6 **PflegeZG** erlaubt Befristung bis zur Wiederkehr eines einen nahen Angehörigen pflegenden Beschäftigten (§ 7
4 PflegeZG). Bei **Zweckbefristung** muss Zweckerreichung in überschaubarer Zeit liegen und voraussehbar sein, s. BAG NZA 1988, 201. Bsp. sachlicher Gründe waren bis zum TzBfG und können in seiner Auslegung sowie außerhalb seines

Anwendungsbereichs berücksichtigt werden: Saisonarbeit, Studentenjobs (BAG NJW 1995, 982), Lehrkraftvertretung (einschränkend BAG NZA 1999, 928; s. aber auch BAG NZA-RR 2013, 185), vorübergehender Mehrbedarf an Arbeitskräften (BAG BB 1997, 371, nicht jedoch Unsicherheit der Arbeitsmarktentwicklung, BAG NJW 2001, 845; NZA 2014, 480 Rn. 17; 2014, 1069 Rn. 13 f.; oder bei vorübergehender Übertragung von Daueraufgabe, BAG NZA 2014, 480 Rn. 18), sozialer Überbrückungszweck (BAG NZA 1999, 1335), absehbare Schließung (BAG NZA 1998, 1000), **Probearbeitsverhältnisse** (BAG NJW 2003, 1828; BB 1978, 1265, sa § 14 I 2 Nr. 5 TzBfG), Aushilfstätigkeit, Vertretung (hierzu BAG BB 2013, 189; NZA 2012, 1359; BB 1996, 1615; s. § 14 I 2 Nr. 3 TzBfG), Bedarfsdeckung durch Aushilfslehrer (BAG NZA 1987, 739, aber auch NZA 1988, 471 [Ls.]). Bei zunehmender Beschäftigungsdauer sind an den Befristungsgrund höhere Anforderungen zu stellen, BAG BB 1978, 501. Kein sachlicher Grund (iSd § 5 Anhang Befristungs-RiLi 99/70/EG) ist der bloße Umstand, dass ein nationales Gesetz oder Verordnung die Befristung vorschreibt s. EuGH NJW 2006, 2465, hierzu Franzen JZ 2007, 191. Bei formularmäßiger Zweckbefristung oder Zweckbedingung in einem Dienstvertrag erfolgt Inhaltskontrolle nach §§ 305 ff. insbes. § 309 Nr. 9a (2-Jahres-Grenze), s. BAG NJW 2007, 213. Verpflichtung zur Fortsetzung s. BAG NZA 1989, 719 (bei venire contra factum proprium). **Befristung einzelner Arbeitsvertragsbedingungen** unterfällt nicht dem TzBfG; sie bedarf keines Sachgrundes mehr zu ihrer Wirksamkeit, AN-Schutz wird über §§ 305 ff. gewährleistet (BAG NZA 2018, 1061; 2012, 674; 2006, 40), aufgegeben wurde die frühere Rspr.: BAG NJW 2004, 3140; NZA 2005, 218; Seibel/Wilhelm JuS 2005, 209; Benecke RdA 2005, 48.
Unzulässig sind **Kettenarbeitsverträge,** bei denen durch jeweils befristete Verlän- 5
gerungen Kündigungsschutzvorschriften umgangen werden; für jede der sukzessiven Befristungen muss sachlicher Grund gegeben sein, BAG NJW 1982, 1172, NZA 1988, 734, sa EuGH NJW 2012, 989, zB Sachgrund: gerichtlicher Vergleich (§ 14 I 2 Nr. 8 TzBfG, BAG NZA 2016, 39); Vertretung eines anderen AN (§ 21 I BEEG, BGA NJW 2016, 185); zu den Voraussetzungen der Wirksamkeit einer Projektbefristung s. BAG NJW 2019, 1697. Unsachlich: Vermeidung des § 613a, BAG NZA 2013, 207; ZIP 1995, 1213; sa BAG ZIP 1999, 1322. **c)** Bei Befristung 6
auf Lebenszeit oder für länger als 5 Jahre s. § 624. **d) Beweislast** für Befristungsdauer BAG NJW 1995, 2942. **e)** Bei unwirksamer Befristung: Unbefristeter Dienstvertrag, vgl. § 16 TzBfG für Arbeitsverträge. **f)** Sachgrundlose Befristung im Hochschulbe- 7
reich s. § 57b ff. HRG, dazu Preis/Hansch NJW 2002, 927.

3. Auflösende Bedingung. Nach BAG NJW 1982, 789 Ausnahme, aber zuläs- 8
sig, sofern sachl. Grund und keine funktionswidrige Umgehung des Kündigungsschutzes (BAG NZA 2004, 311; Joch/Klichowski NZA 2004, 302); dagegen unzulässiges Gestaltungsmittel: MüKo-BGB/Hesse Vor § 620 Rn. 38. Vereinbarung für Arbeitsverhältnis: s. § 21 TzBfG, dazu ie Hromadka BB 2001, 625: Weitgehende Gleichbehandlung mit Befristung.

4. Zweckerreichung. Sie ist der Beendigung durch Zeitablauf gleichzubehan- 9
deln; Bsp: Pflege eines Kranken bis zur Genesung oder zum Tod.

5. *Wirkung des Beendigungseintritts.* Mit Eintritt des Beendigungsgrundes 10
oder -datums **Auflösung,** sofern nicht Fortsetzung gem. § 625 geschieht.

6. Verhältnis Befristung/Kündigung. Außerordentliche Kündigung ist auch 11
bei befristeten Dienstverhältnissen möglich; ordentliche nur, soweit vereinbart, s. BAG NJW 1981, 246 Rn. 13; zur Wirksamkeit einer Kündigungsrecht-AGB im Privatschulvertrag s. BGH NJW 2008, 1064; Verhältnis Befristung/ordentliche Kündigung zur fristlosen Kündigung s. BAG NJW 1998, 3515; beachte auch § 624.

7. Rechtsnatur der Kündigung. Einseitige, empfangsbedürftige Willenserklä- 12
rung. Bei Arbeitsverträgen Schriftform erforderlich, s. § 623; zur Heilung formnichtiger Kündigung (hL) s. Klient DB 1993, 1874. Mit **Zugang** wird Kündigung

unwiderruflich, § 130 I 2. Zugang ist erfolgt, wenn eine schriftliche Kündigung in die tatsächliche Verfügungsgewalt des Empfängers oder einer zum Empfang ermächtigten Person gelangt und damit dem Empfänger die Möglichkeit der Kenntnisnahme verschafft worden ist, BAG NJW 1978, 2168 (→ § 130 Rn. 5). Zugang bei Übermittlung an in einer gemeinsamen Wohnung lebenden Ehegatten außerhalb der Wohnung BAG NJW 2011, 2604, Zugang bei Annahmeverweigerung durch Angehörige s. NJW 1993, 1093. Zur Kündigung des urlaubsabwesenden AN vgl. BAG NJOZ 2012, 2088; NJW 1989, 607; zur Anfechtung durch AN wegen Drohung BAG NJW 1980, 2213, wegen Irrtums BAG NJW 1992, 2174 (regelmäßig nein).

13 **8. Wirkung der Kündigung.** Sie tritt erst zum Kündigungszeitpunkt ein; bis dahin bleiben Dienst-, Vergütungs- und Beschäftigungspflicht (vgl. BAG NJW 1977, 215; WM 1978, 309) grundsätzlich bestehen. Zur Änderungskündigung s. Berkowsky BB 1999, 1266 mwN. Zur Einführung der Kurzarbeit durch Änderungskündigung infolge COVID 19-Pandemie s. Bauer/Günther NZA 2020, 419.

14 **9. Beendigung Verbrauchervertrags über digitale Dienstleistung (IV). IV** gilt seit 1.1.2022 (Art. 229 § 57 I, II EGBGB); beruht auf DI-RiLi-UG (→ Vor § 327 Rn. 2; dazu L. Bittner VuR 2022, 9; M. Stürner JURA 2022, 159), das DI-RiLi umsetzt. IV stellt klar, dass ein Dienstvertrag, der zugleich Verbrauchervertrag über eine digitale Dienstleistung ist (→ § 327 Rn. 3, § 611 Rn. 7a), nach Maßgabe der §§ 327c, 327m und § 327r III, IV oder der § 620 I-III beendet werden kann (s. BT-Drs. 19/27653, 86). Die **Beendigungsgründe** nach **§§ 327 ff.** und nach **§ 620 I-III** sind **nebeneinander** anwendbar. Verbrauchererklärung der Beendigung ist interessengerecht auszulegen (§§ 133, 157) hinsichtlich der Frage, welcher Beendigungstatbestand angesprochen ist, ggf. Umdeutung (→ § 140). **Verbraucherverträge über digitale Dienstleistungen** sind Verträge im Sinne § 327 I 1, II 2 (→ Vor § 327 Rn. 1 ff.), die zugleich die Voraussetzungen des § 611 (→ § 611 Rn. 1 ff.) erfüllen (→ § 611 Rn. 7a). ErwG 19 DI-RiLi nennt als Beispiele für digitale Dienstleistungen (iSv § 327 II 2) solche Diensteistungen, „die die Erstellung, Verarbeitung oder Speicherung von Daten in digitaler Form sowie den Zugriff auf sie ermöglichen, einschließlich Software-as-a-Service, wie die gemeinsame Nutzung von Video- oder Audioinhalten und andere Formen des Datei-Hosting, Textverarbeitung oder Spiele, die in einer Cloud-Computing-Umgebung und in sozialen Medien angeboten werden."

§ 621 Kündigungsfristen bei Dienstverhältnissen

Bei einem Dienstverhältnis, das kein Arbeitsverhältnis im Sinne des § 622 ist, ist die Kündigung zulässig,
1. **wenn die Vergütung nach Tagen bemessen ist, an jedem Tag für den Ablauf des folgenden Tages;**
2. **wenn die Vergütung nach Wochen bemessen ist, spätestens am ersten Werktag einer Woche für den Ablauf des folgenden Sonnabends;**
3. **wenn die Vergütung nach Monaten bemessen ist, spätestens am 15. eines Monats für den Schluss des Kalendermonats;**
4. **wenn die Vergütung nach Vierteljahren oder längeren Zeitabschnitten bemessen ist, unter Einhaltung einer Kündigungsfrist von sechs Wochen für den Schluss eines Kalendervierteljahrs;**
5. **wenn die Vergütung nicht nach Zeitabschnitten bemessen ist, jederzeit; bei einem die Erwerbstätigkeit des Verpflichteten vollständig oder hauptsächlich in Anspruch nehmenden Dienstverhältnis ist jedoch eine Kündigungsfrist von zwei Wochen einzuhalten.**

1 **1. Allgemeines.** § 621 regelt die Fristen ordentlicher Kündigung für Dienstverhältnisse, die nicht Arbeitsverhältnisse sind (für Arbeitsverhältnisse s. § 622). § 621

gilt auch für Geschäftsführerdienstverträge, sofern sie keine Arbeitsverträge sind. GmbH-Geschäftsführer wird für die GmbH idR auf der Grundlage eines freien Dienstvertrags, nicht eines Arbeitsvertrags tätig. Auch gegenüber einem Geschäftsführer als freiem Dienstnehmer steht der Gesellschaft ein unternehmerisches Weisungsrecht zu. Eine Weisungsgebundenheit des GmbH-Geschäftsführers, die so stark ist, dass sie auf einen Status als AN schließen lässt, kommt allenfalls in extremen Ausnahmefällen in Betracht (BAG NZA 2020, 1179 Rn. 25, 42). § 621 ist **abdingbar;** Laufzeitregeln in AGB müssen sich jedoch an § 309 Nr. 9a und den Befristungs- und Kündigungsvorschriften des BGB messen lassen, BGH NJW 1985, 2586 (Internatsvertrag); BGH NJW 2009, 1334 (Telefonfestnetzanschlussvertrag). Bei Unterrichts- und Berufsausbildungsverträgen kann Ausschluss der Kündigung für längere Zeit unangemessen nach § 9 I aF AGBG – jetzt § 307 I – sein, BGH NJW 1993, 329. Kündigung in kirchlichen Organisationen s. OLG Düsseldorf BB 1992, 774, Anm. Rust 776 zur Rspr.

2. Fristen. a) Frist**beginn** mit Zugang der Kündigung; auch bei einer Kündigung vor Dienstantritt beginnt Frist nicht erst mit der geplanten Arbeitsaufnahme (BAG NJW 2004, 3444). **Länge:** Entscheidend ist Bemessungsgrundlage der Vergütung, nicht Datum der jeweiligen Zahlung. **b)** Für die Fristen Nr. 1, 3 gilt § 193; für Nr. 4 und die 2-Wochen-Frist der Nr. 5 Hs. 2 gelten §§ 187, 188 II, nicht § 193 (s. BGH NJW 2005, 1354; BAG NJW 1970, 1470; BGHZ 59, 268). **c)** Nr. 5 betrifft Fälle wie Vergütung durch Provisionen, Gewinnbeteiligung usw. 2

3. Folge bei Fristversäumung. Bei nicht fristgerechter Kündigung ist iZw Kündigung zum nächsten zulässigen Termin anzunehmen. 3

§ 622 Kündigungsfristen bei Arbeitsverhältnissen

(1) **Das Arbeitsverhältnis eines Arbeiters oder eines Angestellten (Arbeitnehmers) kann mit einer Frist von vier Wochen zum Fünfzehnten oder zum Ende eines Kalendermonats gekündigt werden.**

(2) **Für eine Kündigung durch den Arbeitgeber beträgt die Kündigungsfrist, wenn das Arbeitsverhältnis in dem Betrieb oder Unternehmen**
1. **zwei Jahre bestanden hat, einen Monat zum Ende eines Kalendermonats,**
2. **fünf Jahre bestanden hat, zwei Monate zum Ende eines Kalendermonats,**
3. **acht Jahre bestanden hat, drei Monate zum Ende eines Kalendermonats,**
4. **zehn Jahre bestanden hat, vier Monate zum Ende eines Kalendermonats,**
5. **zwölf Jahre bestanden hat, fünf Monate zum Ende eines Kalendermonats,**
6. **15 Jahre bestanden hat, sechs Monate zum Ende eines Kalendermonats,**
7. **20 Jahre bestanden hat, sieben Monate zum Ende eines Kalendermonats.**

(3) **Während einer vereinbarten Probezeit, längstens für die Dauer von sechs Monaten, kann das Arbeitsverhältnis mit einer Frist von zwei Wochen gekündigt werden.**

(4) [1]**Von den Absätzen 1 bis 3 abweichende Regelungen können durch Tarifvertrag vereinbart werden.** [2]**Im Geltungsbereich eines solchen Tarifvertrags gelten die abweichenden tarifvertraglichen Bestimmungen zwischen nicht tarifgebundenen Arbeitgebern und Arbeitnehmern, wenn ihre Anwendung zwischen ihnen vereinbart ist.**

(5) [1]**Einzelvertraglich kann eine kürzere als die in Absatz 1 genannte Kündigungsfrist nur vereinbart werden,**
1. **wenn ein Arbeitnehmer zur vorübergehenden Aushilfe eingestellt ist; dies gilt nicht, wenn das Arbeitsverhältnis über die Zeit von drei Monaten hinaus fortgesetzt wird;**

2. wenn der Arbeitgeber in der Regel nicht mehr als 20 Arbeitnehmer ausschließlich der zu ihrer Berufsbildung Beschäftigten beschäftigt und die Kündigungsfrist vier Wochen nicht unterschreitet.

[2]Bei der Feststellung der Zahl der beschäftigten Arbeitnehmer sind teilzeitbeschäftigte Arbeitnehmer mit einer regelmäßigen wöchentlichen Arbeitszeit von nicht mehr als 20 Stunden mit 0,5 und nicht mehr als 30 Stunden mit 0,75 zu berücksichtigen. [3]Die einzelvertragliche Vereinbarung längerer als der in den Absätzen 1 bis 3 genannten Kündigungsfristen bleibt hiervon unberührt.

(6) **Für die Kündigung des Arbeitsverhältnisses durch den Arbeitnehmer darf keine längere Frist vereinbart werden als für die Kündigung durch den Arbeitgeber.**

Lit.: Adomeit/Thau, Das Gesetz zur Vereinheitlichung der Kündigungsfristen von Arbeitern und Angestellten, NJW 1994, 11; Hromadka, Rechtsfragen zum Kündigungsfristengesetz, BB 1993, 2372; Kamanabrou, Die Arbeitgeberkündigung, Jura 2005, 102; Krause, Nach der Kündigung: Weiterbeschäftigung, Freistellung, Annahmeverzug, NZA 2005, Sonderbeilage 1 zu Heft 10, 51; Lettl, Der arbeitsrechtliche Kündigungsschutz nach den zivilrechtlichen Generalklauseln, NZA-RR 2004, 57; Löwisch/Schlünder/Spinner/Wertheimer, Kommentar zum Kündigungsschutzges, 11. Aufl. 2018; Löwisch, Tarifliche Regelungen von Arbeitgeberkündigungen, DB 1997, 877; Rsprübersicht Etzel NJW 1998, 1199; 1999, 2942.

1 **1. Allgemeines.** BVerfG NJW 1990, 2246 hatte Gleichbehandlung von Arbeitern und Angestellten bei Kündigungsfristen aufgegeben. Auch mussten Unterschiede für AN in den neuen und alten Bundesländern eingeebnet werden. Durch das KündFG ist deshalb § 622 insgesamt neu gefasst worden. Übergangsregelung s. Art. 22 EGBGB. Auswirkung auf bestehende Tarif- und Arbeitsverträge s. Worzalla NZA 1994, 145. § 622 gilt auch für GmbH-Geschäftsführer*arbeits*verträge; diese sind jedoch idR die Ausnahme (→ § 621 Rn. 1).

2 **2. Anwendungsbereich. a) Kündigungsfrist** wird in I für Arbeitsverhältnisse (→ Vor § 611 Rn. 28 ff.) allgemein auf 4 Wochen festgesetzt; zu kündigen ist 4 Wochen vor den Endterminen 15. oder Monatsende. Nicht abdingbare Mindestfrist, s. Kramer BB 1997, 731. Siehe aber § 12 KSchG (Sonderkündigungsrecht des AN), dazu BAG NJW 2008, 1466. Gruppenspezifische Differenzierungen sind nicht vorgesehen, aber in Tarifverträgen möglich (s. IV). Für Kündigung durch **AG** verlängert II die Kündigungsfristen nach der Dauer der Betriebszugehörigkeit; Berücksichtigung Ausbildungszeit s. BAG NJW 2000, 1355. **Unternehmen** ist eine organisatorische Einheit, mit der ein Unternehmer in einem Betrieb oder mehreren zusammengefassten Betrieben wirtschaftliche oder ideelle Zwecke fortgesetzt verfolgt. Betrieb erfasst nur organisatorische Einheiten von Arbeitsmitteln, mit deren Hilfe der AG allein oder in Gemeinschaft mit seinen AN mithilfe von technischen und immateriellen Mitteln einen bestimmten arbeitstechnischen Zweck fortgesetzt verfolgt, der nicht allein in der Befriedigung von Eigenbedarf liegt (BAG NZA 2020, 1241 Rn. 11 f. mN). Privater Haushalt ist wegen seiner bloßen Konsumausrichtung weder Unternehmen noch Betrieb (BAG NZA 2020, 1241 Rn. 11 f. mN; hM; aA LAG BW NZA-RR 2016, 17 und 18. Auflage). Auf freie Dienstverträge wohl nicht anwendbar, s. LAG Bln NZA-RR 1997, 424. Der frühere **II 2** (bei der Berechnung der Beschäftigungsdauer wurden Zeiten, die vor der Vollendung des 25. Lebensjahrs des Arbeitnehmers liegen, nicht berücksichtigt) verstieß gegen unionsrechtliches Verbot (nicht: **II 1** s. BAG NZA 2014, 1400) der Altersdiskriminierung und hatte daher schon nach EuGH RIW 2010, 144 (**„Kücükdeveci"**-Entscheidung → Vor § 611 Rn. 30); BAG NJW 2010, 3740; NJW 2011, 1626, unangewendet zu bleiben. Er wurde zum 1.1.2019 durch das QualifizierungschancenG (BGBl. 2018 I 2651) aufgehoben. Bei nicht fristgerechter Kündigung tritt wie nach früherem Recht iZw
3 Kündigungswirkung zum nächsten Termin ein. **b)** Sonderregelung für **Probezeit**
s. III. Vereinbarung einer Probezeit auch in befristeten Arbeitsverhältnissen zulässig (BAG NZA 2008, 521). Zwei-Wochen-Frist gilt nicht für Probezeit in Berufsausbil-

dungsverhältnissen, s. § 15 I BBiG (BAG NJW 2005, 1678). Eine einzelfallbezogene Angemessenheitskontrolle bezogen auf die Dauer der Probezeit findet nicht statt, s. BAG NZA 2008, 521. **c)** Sonstige Dienstverhältnisse: §§ 621, 624, 627; Grenzfall GmbH-Geschäftsführer s. Hümmerich NJW 1995, 1177; nach Verlust der Organstellung (s. BGH NJW 2000, 2983) gilt II als vom Gesetz getroffene zwingende Regelung. Keine Beseitigung durch vertragliche Koppelung des Anstellungsverhältnisses an das Organverhältnis (BGH NZA-RR 2019, 524).

3. Gestaltungsmöglichkeiten. a) Abweichung, also Verlängerungen oder 4
auch Verkürzungen der Fristen sowie gruppenspezifische Differenzierungen – etwa nach Tätigkeitsmerkmalen oder Wirtschaftsbereichen – durch **Tarifvertrag** sind möglich; hierzu Kramer ZIP 1994, 929; Löwisch DB 1998, 877. Änderungen können nicht nur für Fristendauer, sondern auch für Kündigungstermine, Fristlauf und für die Voraussetzungen der Fristverlängerungen (Betriebszugehörigkeitsdauer usw) vereinbart werden. Erstreckung auf nicht tarifgebundene Vertragsparteien durch einzelvertragliche Abrede s. IV 2. Bei tariflichem Ausschluss ordentlicher Kündigung (krit. hierzu Sieben NJW 2005, 1095) bleibt außerordentliche Kündigung möglich, s. hierzu BAG NJW 1985, 1859. **b)** Verkürzung durch Individualabrede 5
ausnahmsweise möglich, V 1 (kurzbeschäftigte Aushilfskräfte – Nr. 1 – oder Kleinbetriebe, Definition s. Nr. 2). Ansonsten ist Verkürzung auch in Individualabreden nicht möglich („nur"). S. jedoch zur teleologischen Reduktion bei Sprinterklausel in Abwicklungsvertrag BAGE 154, 40. **c) Verlängerung** der jeweils geltenden Kün- 6
digungsfrist durch Individualabrede jederzeit möglich, V 2. **d)** Für ANkündigungen darf keine längere Frist als für AGkündigungen vereinbart werden, VI; gilt für tarifvertragliche wie individualvertragliche Änderungen der ges. Fristen (BAG NZA 2019, 246; 2019, 1440).

4. Kündigungsschutzrecht. Lit. → vor Rn. 1 sowie → Vor §§ 620–622 vor 7
Rn. 1; zu den ideologischen Wurzeln des richterrechtlich entwickelten Kündigungsschutzes Rüthers NJW 1998, 1433. § 622 wird überlagert und ergänzt durch (auch landesgesetzliche) Regelungen außerhalb des BGB, aber auch sonst ist bei Kündigungsauswahl nach § 242 ein Mindestmaß an sozialer Rücksichtnahme zu wahren, BAG ZIP 2001, 2242. Der Kündigungsschutz wird durch Kündigungsschutzrecht allg. verstärkt, und zwar ie durch völligen Ausschluss der Kündigungsmöglichkeit während bestimmter Zeiten (zB Schwangerschaft, Mutterschaftsurlaub, Ausbildung), durch Setzung längerer Kündigungsfristen (s. aber auch § 29 I HeimarbeitsG), durch das Wirksamkeitserfordernis der Zustimmung einer Behörde (zB des Integrationsamts bei jeder Kündigung schwerbehinderter AN s. §§ 168, 174 SGB IX; hierzu ArbG Düsseldorf NZA-RR 2005, 138) oder des Betriebsrates (s. § 103 BetrVG), oder durch die Voraussetzung der Anhörung des Betriebsrates (§ 102 BetrVG). Sonderregelung des § 113 InsO gehen den allgemeinen Kündigungsschutzregeln vor, s. dazu BAG NZA 2014, 897 Rn. 16 ff. Zum Beschäftigungsanspruch während des Kündigungsverfahrens s. Nachw bei → § 611 Rn. 44. Einzelne Ges. mit Kündigungsschutznormen: **a) KSchG** 8
schränkt als allg. Kündigungsschutz die Möglichkeiten der Kündigung ein. Zum **Verhältnis zu AGG** → Vor §§ 620–630 Rn. 1. KSchG wurde zum 1.1.2004 *durch Art. 1 Ges.* zu Reformen des Arbeitsmarkts (BGBl. 2003 I 3002) geändert; s. dazu Bader NZA 2004, 65; Bauer/Krets NJW 2003, 537; Bauer/Krieger (Lit. vor § 611); dies NZA 2004, 77; Gaul DB 2002, 2486; Giesen/Besgen NJW 2004, 185; Schmidt NZA 2004, 79; Thüsing/Stelljes BB 2003, 1673; Willemsen/Annuß NJW 2004, 177; sa Löwisch NZA 2003, 689. **Anwendungsbereich: §§ 4–7, 13 I 1, 2** KSchG sind unabhängig von der ANzahl des Betriebs anzuwenden. Die Vorschriften wurden teilweise zum 1.1.2004 neu gefasst, so gilt die Frist des § 4 KSchG jetzt für die Geltendmachung jeder Unwirksamkeit der Kündigung gleich aus welchem Grund, s. dazu Schmidt NZA 2004, 79 mN; s. aber zu Umdeutung einer ordentlichen Kündigung mit fehlerhafter Kündigungsfrist in eine zum richtigen Kündigungstermin BAG NZA 2013, 1076; NJW 2010, 3740. Bei Zugang

der Kündigung muss für AN lediglich bestimmbar sein, ob eine ordentliche oder außerordentliche Kündigung gewollt ist und zu welchem Termin das Arbeitsverhältnis enden soll („zum nächstmöglichen Zeitpunkt"), s. BAG NJW 2013, 3194 Rn. 12 ff. Neben der punktuellen **Kündigungsschutzklage** nach § 4 KSchG, mit der nur eine konkrete Kündigung angegriffen wird, kann der AN unter gewissen Voraussetzungen auch eine allgemeine **Feststellungsklage** nach § 256 ZPO erheben, bei der alle in Betracht kommenden Beendigungsgründe zu erörtern sind, BAG NJW 2006, 395. Die **anderen Normen** des KSchG galten gem. § 23 I 2 KSchG nicht in Betrieben mit fünf oder weniger AN; sie gelten nach § 23 I 3 KSchG **ab 1.1.2004** auch nicht in Betrieben mit zehn oder weniger AN, wobei im Fall S. 3 nur die AN, deren Arbeitsverhältnis nach 31.12.2003 begonnen hat (dazu Bauer NZA 2004, 67), gezählt werden (TeilzeitAN: § 23 I 4 KSchG). Daraus folgt, dass AN, die vor dem 1.1.2004 (AltAN) in einem Betrieb mit mehr als fünf AN beschäftigt waren, nach dem Stichtag Kündigungsschutz nach § 1 ff. nF KSchG genießen, solange noch mehr als fünf AltAN oder mehr als zehn AN insgesamt (einschließlich der AltAN) im Betrieb beschäftigt werden. Nach § 1 I KSchG muss die Kündigung **„sozial gerechtfertigt"** sein. Ein sozial gerechtfertigter
9 Kündigungsgrund kann **aa)** in der **Person**/dem **Verhalten** des AN (§ 1 II 1 KSchG) gegeben sein, insbes. bei Umständen, die auf einer in den persönlichen Verhältnissen oder Eigenschaften des AN liegenden Störquelle beruhen (BAG NJW 2005, 3447, 3448), zB mangelhafte Leistungen, systematische Vortäuschung der Arbeitspflichtenerfüllung (BAG NZA-RR 2012, 12), Unzuverlässigkeit, Verstoß gegen ein ausdrückliches Verbot der privaten Nutzung des dienstlichen Internetanschlusses (je nach Umständen und Interessenabwägung im Einzelfall, s. BAG NJW 2013, 104), häufige oder langandauernde Erkrankung, s. hierzu BAG NJW 1985, 2783; 1990, 2340 (häufige Kurzerkrankungen); bei gesundheitlich bedingter Leistungsunfähigkeit oder Krankheit ist Kündigung nur „letztes Mittel", BAG NJW 1981, 298; BB 1992, 1930 (bei krankheitsbedingter Minderung der Leistungsfähigkeit Kündigung sozial gerechtfertigt bei erheblicher Beeinträchtigung betrieblicher Interessen); Störung des Arbeitsfriedens (vgl. jedoch BAG NJW 1983, 700), Straftaten oder Tätlichkeiten gegen Kollegen (zur Freiheitsstrafe s. BAG NJW 1986, 342), Vertrauensbruch durch vorsätzliche, rechtswidrige – ggf. strafbare – gegen das Vermögen des AG gerichtete Handlung (BAG NZA 2012, 1025), dringender Verdacht einer Pflichtverletzung kann als Eignungsmangel einen Kündigungsgrund „in der Person" nach § 1 II 1 KSchG bilden (ordentliche Verdachtskündigung), der unabhängig vom verhaltensbezogenen Vorwurf ist, die Pflichtverletzung tatsächlich begangen zu haben (außerordentliche Tatkündigung). Die Pflichtverletzung muss in jedem Fall eine fristlose Kündigung rechtfertigen. Der Unterschied liegt in den Beweisanforderungen: für die Verdachtskündigung ist der Verdacht zu beweisen, für die Tatkündigung die Tat selbst BAG NZA 2019, 893); zahlreiche Lohnpfändungen oder -abtretungen, BAG NJW 1982, 1063, Leistungsverweigerung (sa für Gewissensgründe LAG Düsseldorf BB 1988, 1750; Wendeling/Schröder BB 1988, 1742); Tragen eines traditionellen islamischen Kopftuchs durch Verkäuferin in Kaufhaus allein ist kein Kündigungsgrund (BAG NJW 2003, 1685; dazu BVerfG NVwZ 2003, 1225; Hovels NZA 2003, 1370; Adam NZA 2003, 1375; zur arbeitsrechtlichen „Kopftuchfrage": BVerfG NJW 2015, 1359; dazu Muckel JA 2015, 476 (von einer äußeren religiösen Bekundung muss „eine hinreichend konkrete Gefahr der Beeinträchtigung des Schulfriedens oder der staatlichen Neutralität ausgehen", um Verbot zu rechtfertigen. Keine Bevorzugung christlich- oder jüdisch-traditioneller Bekleidungen); s. ferner Thüsing NJW 2003, 405 und 3441); wenn für den AN ein Beschäftigungsverbot besteht, etwa im Zusammenhang mit verbotener Sonntagsarbeit, § 9 I ArbZG (BAG NJW 2005, 3447, 3448). Bei verhaltensbedingter Kündigung ist grundsätzlich zunächst abzumahnen, vgl. BAG AP Nr. 12 zu § 1 KSchG 1969, Anm. Bickel; zu den Ausnahmen s. BAG NZA 2012, 1026 mN. Abmahnungsgründe können (sofern nicht vorbehalten) nicht als Kündigungsgründe herangezogen werden,

s. BAG NZA-RR 2012, 43; NJW 2010, 1398; ferner s. BAG NZA 2008, 403 (Grundsatz gilt auch außerhalb des KSchG); BAG NZA 2003, 1388 f. Zur Bedeutung einer Abmahnung für Kündigungsgründe s. bereits BAG NJW 1989, 2493 f. Treten nach der Abmahnung weitere Pflichtverletzungen zu den abgemahnten hinzu oder werden frühere Pflichtverletzungen dem Arbeitgeber erst nach Ausspruch der Abmahnung bekannt, kann er auf diese zur Begründung einer Kündigung zurückgreifen und dabei die bereits abgemahnten Verstöße unterstützend heranziehen (BAG NZA-RR 2012, 47; NJW 2010, 1398). **bb)** durch dringende 10
betriebliche Erfordernisse (§ 1 II 1 KSchG), zB Auftragsrückgang (dazu BAG NZA 2014, 1069) oder Rationalisierung geboten sein. Dabei muss allerdings die Auswahl der zu kündigenden AN wieder sozial gerechtfertigt sein (§ 1 II 1, III KSchG); gilt mittelbar (sonst fehlt wichtiger Grund) auch für außerordentliche Kündigungen aus betrieblichen Gründen (BAG NZA 2019, 1345). Seit 1.1.2004 werden als alleinige **Faktoren der sozialen Auswahl** die Dauer der Betriebszugehörigkeit, Lebensalter, Unterhaltspflichten und Schwerbehinderung berücksichtigt (§ 1 III 1 KSchG), wobei keinem Faktor absoluter Vorrang zukommt (beschränkte Ausn.: § 1 IV, V KSchG; zu Änderung gegenüber altem Recht s. Willemsen/Annuß NJW 2004, 179; § 1 V KSchG knüpft an KSchG idF von 1996 an). Die Kriterien sind ausreichend zu berücksichtigen; im Einzelnen hat der AG daher einen begrenzten Wertungsspielraum (weiter eingeschränkter gerichtlicher Prüfungsmaßstab im Fall § 1 IV, V 2 KSchG). In die soziale Auswahl sind (bei erleichterten Bedingungen gegenüber der Gesetzesfassung vor dem 1.1.2004, s. Bader NZA 2002, 74) nicht einzubeziehen AN iSv § 1 III 2 KSchG (vor allem betriebliche **Leistungsträger**), sofern der AG ein entsprechendes betriebliches Interesse (nicht erforderlich: notwendiges Bedürfnis, Willemsen/Annuß NJW 2004, 179 mN) bejaht; ihm steht es frei, von § 1 III 2 KSchG Gebrauch zu machen oder nicht. Die Sozialauswahl ist allein **betriebsbezogen** vorzunehmen, sie muss nicht unter Einbeziehung von AN aus anderen Betrieben des Unternehmens erfolgen; diese Beschränkung gilt selbst dann, wenn sich der AG im Arbeitsvertrag ein betriebsübergreifendes Versetzungsrecht vorbehalten hat, BAG NJW 2005, 3446. Grundsatz der **Verhältnismäßigkeit** verlangt, dass AN zumutbare Weiterbeschäftigung auf freiem Arbeitsplatz angeboten wird, BAG NJW 1985, 1798; sa Krause NZA 2005, Sonderbeilage 1 zu Heft 10, 51. Verteidigung des gekündigten AN: § 4 KSchG; zum vorläufigen Rechtsschutz Schaub NJW 1981, 1807. Bei betriebs- 10a
bedingten Kündigungen (§ 1 II 1 KSchG) kann der AG mit der Kündigungserklärung mitteilen, dass der AN bei Nichtklage gegen die Kündigung innerhalb der Frist des § 4 S. 1 KSchG einen **Abfindungsanspruch** erwirbt (§ 1a KSchG, in Kraft seit 1.1.2004, dazu Giesen/Besgen NJW 2004, 185; Bauer/Krieger NZA 2004, 77). Voraussetzungen sind die Information des AN durch den AG (es gilt Form des § 623) und Fristablauf. Anspruchshöhe ges. festgelegt: § 1a II KSchG. Ges. Anspruch, kein rechtsgeschäftlicher (BT-Drs. 15/1204, 12; Willemsen/Annuß NJW 2004, 182 mN; str., aA Preis DB 2004, 71 f.; Bauer/Krieger NZA 2004, 77 f.). „Anfechtung" der Fristversäumnis durch AN nach §§ 119 ff. scheidet mangels Willenserklärung des AN aus. Aber: Nachträgliche Klagezulassung nach § 5 KSchG lässt Anspruch aus § 1a KSchG ex tunc entfallen. Neben gesetzlichen Anspruch kann ein rechtsgeschäftlich begründeter treten, wenn Vertragsschlussvoraussetzungen vorliegen; Höhe dieses Abfindungsanspruchs nach Vereinbarung. Zum Verhältnis Art. 6 I GG zur Kirchenautonomie bei religionsbedingter Kündi- 10b
gung BVerfG NJW 1986, 367 sowie → Vor § 611 Rn. 39. **Bes. Kündigungsschutz** besteht bei Massenentlassungen durch sog. Entlassungssperre und Anzeigepflicht gegenüber dem Arbeitsamt, §§ 17, 18 KSchG (s. hierzu EuGH NJW 2005, 1099; Löwisch NJW 1978, 1237; zur richtlinienkonformen Auslegung auf der Grundlage der Massenentlassungs-RiLi 98/59/EG EuGH NJW 2015, 2481; 2016, 927) sowie weitgehenden Ausschluss der Kündigung für Mitglieder des Betriebsrates, der Jugend- oder Bordvertretung, § 15 I KSchG. **cc)** Sozial ungerechtfertigt 11
ist die Kündigung auch unter den Voraussetzungen des § 1 II 2 KSchG bei berech-

tigtem Widerspruch der zuständigen **betrieblichen Arbeitnehmervertretung.**
12 Weitere Kündigungsbeschränkungen: **b)** § 9 MuSchG; **c)** (Rehabilitation und Teilhabe behinderter Menschen) §§ 152, 168 f., 174 SGB IX; §§ 5, 7 PflegeZG für Beschäftigte, die nahe Angehörige pflegen. **d)** §§ 29 ff. HeimarbG; dazu Schmidt NJW 1976, 930; **e)** für Bergleute mit Bergmannsversorgungsschein;
13 **f)** zum Wehrdienst oder zu Wehrübungen Einberufene s. § 2 ff. ArbPlSchG; **g)** für Auszubildende s. § 15 II BBiG; **h)** bei ANähnlichen Personen muss eine sog. „Ankündigungsfrist" eingehalten werden, BAGE 19, 325. Keine entsprechende Anwendung von § 622 auf ANähnliche Personen (BAG BB 2007, 2298).

§ 623 Schriftform der Kündigung

Die Beendigung von Arbeitsverhältnissen durch Kündigung oder Auflösungsvertrag bedürfen zu ihrer Wirksamkeit der Schriftform; die elektronische Form ist ausgeschlossen.

1 **Allgemeines.** Zwingende Schriftform für Kündigung eingeführt durch Art. 2 ArbeitsgerichtsbeschleunigungsG, in Kraft seit 1.5.2000 (s. Richardi/Annuß NJW 2000, 1231; Preis/Gotthardt NZA 2000, 348; Opolony NJW 2000, 2171; Rolfs NJW 2000, 1227). Gilt nur für Kündigungen, die nach 1.5.2000 zugingen (BAG NZA 2001, 718). Die Originalurkunde muss vom AG gem. § 126 I vom Erklärenden eigenhändig unterschrieben sein (Lesbarkeit des Namenszugs nicht erforderlich, s. BAG NZA 2007, 377; 2013, 524) und – da es sich um eine empfangsbedürftige Willenserklärung handelt – in dieser Form auch dem Erklärungsempfänger gem. § 130 I 1 zugehen (BAG NZA 2021, 552 Rn. 62). Es genügt, wenn AN Kopie erhält, solange er zuvor die Möglichkeit hatte, vom Inhalt des Originals Kenntnis zu nehmen (BAG NZA 2005, 513). Bei Kündigung durch Vertreter muss das Vertretungsverhältnis in der Urkunde deutlich zum Ausdruck kommen (BAG BB 2005, 1627; NZA 2008, 348 bzgl. GbR); maßgeblich sind – unabhängig von dem in einer Kündigung gebrauchten Zusatz (iA/iV) – die Gesamtumstände (sa BAG NZA 2008, 403). Mit Zuleitung der durch eigenhändige Unterschrift ihres Prozessbevollmächtigten beglaubigten Abschrift des prozessualen Schriftsatzes wird Schriftform gewahrt (näher dazu BAG NZA 2021, 552 Rn. 64). Ggf. Zurückweisungsrecht (§ 174), aber nicht bei gesetzlicher oder organschaftlicher Vertretung, s. BAG NZA 2007, 377. Befristung Arbeitsverträge – Form: § 14 IV TzBfG. Bei Änderungskündigung erstreckt sich Schriftformerfordernis auch auf das Änderungsangebot, BAG NZA 2005, 635; BAG NZA 2019, 1143. In bestimmten Konstellationen ist auch Klageverzichtsvereinbarung als formbedürftiger Auflösungsvertrag iSv § 623 zu qualifizieren s. BAG NZA 2007, 1227. Zur Anwendbarkeit auf sog. Sprinterklauseln BAGE 154, 40; auf Lossagung nach § 12 S. 1 KSchG und Abwicklungsvertrag BAGE 154, 40. Gerichtlicher Vergleich (§ 278 VI ZPO) wahrt analog § 127a die für Aufhebungsverträge und Befristungsabreden erforderliche Schriftform, s. BAG NZA 2007, 466 (aA Foerste NJW 2001, 3105; Knauer/Wolf NJW 2004, 2859). Verstoß führt zur Nichtigkeit nach § 125 S. 1; die Berufung auf den Formmangel verstößt nur ausnahmsweise gegen § 242 (BAG NJW 2005, 844). – Bestellung eines AN zum GmbH-Geschäftsführer kann nach BAG NZA 2007, 1095 trotz § 623 zur konkludenten Auflösung des Arbeitsverhältnisses führen, Auslegungsfrage, s. BAG NZA 2013, 55 f.; 2013, 397; aA Haase GmbHR 2004, 279; Schrader/Straube GmbHR 2005, 904; dazu Gravenhorst NJW 2007, 3230. Voraussetzung dazu: Einhaltung der Form des § 623 durch schriftlich geschlossenen Geschäftsführerdienstvertrag; s. BAG NZA 2007, 1095; GWR 2011, 479.

§ 624 Kündigungsfrist bei Verträgen über mehr als fünf Jahre

[1]Ist das Dienstverhältnis für die Lebenszeit einer Person oder für längere Zeit als fünf Jahre eingegangen, so kann es von dem Verpflichteten nach

dem Ablauf von fünf Jahren gekündigt werden. [2]Die Kündigungsfrist beträgt sechs Monate.

1. Allgemeines. Schutz des Dienstnehmers vor übermäßiger Bindung durch langfristige Dienstverträge; vgl. auch § 84 I 5 AktG. 1

2. Anwendungsbereich. § 624 gilt für alle befristeten Dienstverhältnisse, zB auch Berufsfußballer (Kelber NZ 2000, 11), Handelsvertreter (s. OLG Hamm BB 1978, 1335; Ballerstedt JZ 1970, 372 mwN), nicht aber für gemischte Verträge mit dienstvertraglichen Elementen (s. zum Tankstellenstationärsvertrag BGH NJW 1969, 1662) oder auf für 5 Jahre befristeten Vertrag mit Verlängerungsmöglichkeit, BAG BB 1992, 639. Die Art der Befristung ist unerheblich, also nicht nur bestimmter Zeitraum (6 Jahre) oder Kalenderdatum, sondern auch künftiges Ereignis, dessen genaues Datum noch nicht feststeht („Lebenszeit"; zur Zulässigkeit eines Arbeitsvertrages auf Lebenszeit: BAG BB 2004, 2303). 2

3. Abdingbarkeit. S. 1 ist zwingend; die Frist des S. 2 darf verkürzt, aber nicht verlängert werden. 3

4. Folge. Kündigungsmöglichkeit nach Ablauf von 5 Jahren seit Dienstantritt mit 6-monatiger Frist, nicht Nichtigkeit. 4

§ 625 Stillschweigende Verlängerung

Wird das Dienstverhältnis nach dem Ablauf der Dienstzeit von dem Verpflichteten mit Wissen des anderen Teiles fortgesetzt, so gilt es als auf unbestimmte Zeit verlängert, sofern nicht der andere Teil unverzüglich widerspricht.

1. Allgemeines. Fortsetzung des an sich beendeten (durch Kündigung, Aufhebungsvertrag, Zeitablauf, sa Anm. 2) Dienstverhältnisses **gilt** als Vereinbarung der Verlängerung auf unbestimmte Zeit. Sonderregelung: § 15 V TzBfG (BAG NJW 2016, 1403 Rn. 24). Durch § 15 V TzBfG wird der Anwendungsbereich von § 625 im Fall der Fortsetzung eines Arbeitsverhältnisses nach Ablauf der Zeit, für die es eingegangen ist, sowie nach Zweckerreichung oder nach Eintritt einer auflösenden Bedingung eingeschränkt. Wird das Arbeitsverhältnis dagegen durch Kündigung, Anfechtung oder Aufhebungsvertrag beendet, gilt für die Fortsetzung des Arbeitsverhältnisses weiterhin § 625 (NZA 2018, 943, 945 Rn. 27 f.). 1

2. Anwendungsbereich. a) Alle Dienstverhältnisse (nicht: Vorstand AG, OLG Karlsruhe WM 1996, 168); **b)** unanwendbar bei Beendigung durch Tod einer Partei oder Zweckerreichung. 2

3. Voraussetzungen. a) Ablauf der Dienstzeit; **b)** Fortsetzung der Tätigkeit durch den Dienstverpflichteten unmittelbar nach Ablauf des Dienstverhältnisses (für Arbeitsverhältnis BAG NZA 1999, 482; 2002, 780); **c)** Kenntnis des Dienstberechtigten; **d)** Unterbleiben eines unverzüglichen (s. § 121) Widerspruchs. 3

4. Widerspruch. Er ist einseitige, empfangsbedürftige Willenserklärung. 4

5. Wirkung. Verlängerung zu den alten Bedingungen durch Fiktion („gilt"), so dass Willensmängel unerheblich sind (daher keine §§ 119 ff.). Erforderlich ist allerdings Kenntnis des Dienstberechtigten von der Fortsetzung. 5

§ 626 Fristlose Kündigung aus wichtigem Grund

(1) **Das Dienstverhältnis kann von jedem Vertragsteil aus wichtigem Grund ohne Einhaltung einer Kündigungsfrist gekündigt werden, wenn Tatsachen vorliegen, auf Grund derer dem Kündigenden unter Berücksichtigung aller Umstände des Einzelfalles und unter Abwägung der Interessen**

beider Vertragsteile die Fortsetzung des Dienstverhältnisses bis zum Ablauf der Kündigungsfrist oder bis zu der vereinbarten Beendigung des Dienstverhältnisses nicht zugemutet werden kann.

(2) [1]**Die Kündigung kann nur innerhalb von zwei Wochen erfolgen.** [2]**Die Frist beginnt mit dem Zeitpunkt, in dem der Kündigungsberechtigte von den für die Kündigung maßgebenden Tatsachen Kenntnis erlangt.** [3]**Der Kündigende muss dem anderen Teil auf Verlangen den Kündigungsgrund unverzüglich schriftlich mitteilen.**

Lit.: Schulte-Westenberg, Rechtsprechungsübersicht, NZA 2005, 617.

1 **1. Allgemeines.** Konkrete Ausprägung des durch das SchRModGes in § 314 normierten Rechtsprinzips; § 626 geht § 314 I als lex specialis vor (Gotthardt, Arbeitsrecht nach der Schuldrechtsreform, 2003, Rn. 221 mwN); § 314 II gilt jedoch auch für Arbeitsverhältnis und stellt Abmahnungserfordernis auf ges. Grundlage (Gotthardt, Arbeitsrecht nach der Schuldrechtsreform, 2003, Rn. 224 f.). Regelmäßig kann offen bleiben, ob sich das Recht zur außerordentlichen Kündigung nach § 626 oder nach § 314 richtet. Denn die Anforderungen an einen wichtigen Grund im Sinne I und des § 314 I 2 sind, wie sich aus dem Wortlaut der beiden Vorschriften ergibt, inhaltlich im Wesentlichen gleich (BGH WM 2011, 81). Soweit es um die Auflösung eines Dauerschuldverhältnisses geht, haben die §§ 626, 314 Vorrang vor § 313, sa Feldhahn NJW 2005, 3381.

2 **2. Anwendungsbereich. a)** Alle selbstständigen Dienstverhältnisse und Arbeitsverhältnisse, die auf bestimmte oder unbestimmte Zeit geschlossen sind, oder Verträge mit „Schwerpunkt" im Dienstvertragsrecht (s. BGH NJW 1984, 2091 [2093] zu Internatsvertrag). Für selbstständige Dienstverhältnisse beachte jedoch § 627.
3 **b)** Sonderregeln für: Schiffsbesatzungen (§§ 65–72 SeeArbG), Handelsvertreter (§ 89a HGB; sa BGH NJW 2011, 3361), Ausbildungsverhältnisse (§ 15 BBiG), Heimarbeiter (§ 29 HeimarbG). Ausschluss der fristlosen Kündigung: § 9 MuSchG;
4 Mitwirkungs- und Zustimmungserfordernisse → Rn. 16. **c)** IÜ lassen Kündigungsschutzvorschriften das Recht zur fristlosen Kündigung generell unberührt, s. § 13 KSchG; Abfindung s. § 13 I 3 KSchG; zur Verteidigung gegen eine fristlose Kündigung s. § 13 KSchG iVm § 4 S. 1 KSchG sowie → Rn. 27. Die außerordentliche Kündigung bleibt insbes. möglich, wo ordentliche Kündigung ausgeschlossen ist, BAG NJW 1985, 1851; 2000, 828 (Alkoholismus). Zur Einhaltung ordentlicher Kündigungsfrist statt II s. BAG NZA 1998, 771; möglicherweise künftig differenzierend s. BAG NZA 2013, 224. Zur **vereinbarten** fristlosen Kündigungsmöglichkeit s. jedoch BGH NJW 1981, 2748 (Mindestfrist aus § 622 I 2).

5 **3. Abdingbarkeit.** Das Recht zur fristlosen Kündigung ist weder durch Kollektiv- noch durch Individualvertrag abdingbar, vgl. Schaub/Linck § 127 Rn. 10; OLG Jena NZG 1999, 1069, insbes. nicht über das gesetzliche Maß hinaus erweiterbar, BAG NZA-RR 2005, 440. Formularmäßig ohne kompensatorische Gegenleistung erklärter Verzicht des AN auf Erhebung einer Kündigungsschutzklage ist unwirksam (BAG NZA 2008, 219). Von der Zustimmung Dritter kann die Wirksamkeit einer fristlosen Kündigung nicht abhängig gemacht werden, BGH NJW 1973, 1122. Das Kündigungsrecht kann jedoch für den AG so konkretisiert werden, dass dieser nur persönlich kündigen kann, BAG DB 1976, 441. Die Vereinbarung (mit Vorstand einer Genossenschaft) einer Zahlung (Abfindung/Übergangsgeld) für Fall der außerordentlichen Kündigung ist unwirksam, s. BGH NZG 2008, 471.

6 **4. Kündigungsvoraussetzung „wichtiger Grund".** Zur Kündigungsvoraussetzung „wichtiger Grund" müssen **Tatsachen** obj. gegeben sein – 1. Prüfungsstufe –, deren Gewicht **„unter Berücksichtigung aller Umstände"** und **„unter Abwägung der Interessen beider Vertragsteile"** die **Fortsetzung** des Dienstverhältnisses bis zum Ablauf der Kündigungsfrist bei ordentlicher Kündigung oder bis zum vereinbarten Endtermin für den Kündigenden **„unzumutbar"** machen –

2. Prüfungsstufe –, s. BAG NJW 2006, 2939; NZA 2013, 28 Rn. 20; ZMV 2019, 224 Rn. 12; BGH NJW 1993, 464; 2000, 1973. Unzumutbarkeit ist nicht entspr. § 9 I 1 KSchG auszulegen, BAG NJW 1982, 2015. Bei der nach I erforderlichen Interessenabwägung kommt es nicht auf die kollektiven Interessen des Betriebsrats und der Belegschaft am Verbleib des betroffenen AN in seiner betriebsverfassungsrechtlichen Funktion an. Es ist vielmehr allein das Interesse des AN am Fortbestand und das des AG an der sofortigen Beendigung des Arbeitsverhältnisses in der Gesamtwürdigung abzuwägen (BAG NZA 2018, 240). Unzumutbarkeit im Allgemeinen nur dann anzunehmen, wenn die Gründe, auf die die Kündigung gestützt wird, im Risikobereich des Kündigungsgegners liegen (BGH NJW 2010, 1874). Wird der Kündigungsgrund hingegen aus Vorgängen hergeleitet, die dem Einfluss des Kündigungsgegners entzogen sind und aus der eigenen Interessensphäre des Kündigenden herrühren, rechtfertigt dies nur in Ausnahmefällen die fristlose Kündigung (BGH WM 2011, 81). Die Abgrenzung der Risikobereiche ergibt sich dabei aus dem Vertrag, dem Vertragszweck und den anzuwendenden gesetzlichen Bestimmungen (BGH NJW 2010, 1875). Daher hatte der Inhaber eines DSL-Anschlusses kein Recht zur Kündigung des mit dem Telekommunikationsunternehmen geschlossenen Vertrags vor Ablauf der vereinbarten Laufzeit, wenn er an einen Ort umzieht, an dem keine Leitungen verlegt sind, welche die Nutzung der DSL-Technik zulassen (BGH WM 2011, 81), seit dem 10.5.2012 gilt für diese Fälle § 46 VIII TVG.

a) Auch ein dringender, schwerwiegender Verdacht strafbarer Handlungen oder schwerer Vertragsverletzungen kann „Tatsache" sein, BAG NJW 1993, 83; 2000, 1970 f. (zur Einstellung Ermittlungsverfahren: Kündigung nicht unwirksam), NZA 2013, 137; NZA 2017, 1051 (zur außerordentlichen Verdachtskündigung eines angestellten Lehrers wegen Verdachts der sexuellen Belästigung von Schülerinnen), doch ist bei **Verdachtskündigung** AN zu hören (regelmäßig innerhalb einer Woche s. BAG NJW 2014, 3389), dazu BAG NZA 2013, 140 f., NZA-RR 2008, 344; NZA 2018, 1405; zur Tatkündigung bei fehlender ANanhörung zur Verdachtskündigung s. BAG BB 2010, 1856 (mAnm Meinel), NJW 1996, 540 (Wirksamkeitsvoraussetzung für Kündigung); sa Lücke BB 1997, 1842, BB 1998, 2259. Einleitung staatsanwaltschaftlichen Ermittlungsverfahrens und richterlicher DurchsuchungsAO. sollen nach BAG DB 2008, 709 (Ls.) allein noch keinen dringenden Tatverdacht begründen; sa BAG NZA 2013, 137. Tatverdacht muss dringend und auf konkrete, vom Kündigenden darzulegende und zu beweisende Tatsachen gestützt sein. Hohe Wahrscheinlichkeit für strafbares Verhalten oder sonstige erhebliche Pflichtwidrigkeit des AN erforderlich. Sie ist zB gegeben, wenn mehrere Zeugen unabhängig voneinander und bezogen auf unterschiedliche Begebenheiten ähnliche AN-Verhaltensweisen schildern. Erforderlich ist sorgfältige, mögliche Fehlerquellen umfassend berücksichtigende Auseinandersetzung mit der Glaubhaftigkeit der jeweiligen Aussage und der Glaubwürdigkeit der Auskunftspersonen (BAG NZA 2017, 1051). 7

b) „Tatsachen" und die „zu berücksichtigenden Umstände" müssen behauptet und bewiesen werden (Anforderungen an Ermittlungsmaßnahmen nehmen mit der Intensität des Eingriffs in das Persönlichkeitsrecht des AN zu, es liegt ein Stufenverhältnis vor, s. BAG NZA 2019, 893; zur Zulässigkeit heimlicher detektivischer Videoaufnahmen zur Observation eines krankgemeldeten AN s. BAG NZA 2015, 994; zur Verwertbarkeit verdeckter Videoaufnahmen auch für Zufallsfunde bei deren Zulässigkeit nach BDSG, s. BAG NZA 2017, 112; zur Verwertbarkeit von Erkenntnissen oder Beweismitteln, die eine Arbeitsvertragspartei rechtswidrig erlangt hat, im arbeitsgerichtlichen Verfahren s. BAG NZA 2018, 1329; sa BAG NZA 2019, 1212), entspr. Feststellungen sind also der Revision weitgehend entzogen (BAG JZ 1975, 739; NJW 2000, 1971). „Berücksichtigung aller Umstände", „Abwägung der Interessen" sind unbestimmte Rechtsbegriffe, deren wertende Anwendung und Auslegung revisibel sind (vgl. BAG JZ 1975, 737 mAnm Säcker JZ 1975, 740, insbes. zur Interessenabwägung; BAG NJW 2000, 1971 ff.). Auch schuldlose Pflichtverletzung kann (ausnahmsweise) wichtiger Grund sein, BAG NJW 1999, 3140. 8

c) Der „wichtige Grund" ist deshalb immer Resultat einer Bewertung der Umstände 9

auf Grund des Einzelfalles, BAG NJW 1979, 239, wobei Verhältnismäßigkeit zu beachten ist: Sie kann gebieten, zunächst anderen – freien – Arbeitsplatz anzubieten, vgl. BAG NJW 1979, 333 (Entziehung der Fahrerlaubnis), NZA 2013, 146 f. (heimlicher Mitschnitt von Personalgesprächen), und pflichtwidriges Verhalten **abzumahnen,** s. BAG NJW 2000, 1973; NZA 2013, 29; NZA 2019, 1343 (abfällige Äußerung über Anhänger einer Religion) sowie jetzt § 314 II, s. aber auch BAG NJW 2011, 2905 (Entbehrlichkeit einer Abmahnung bei Arbeitszeitbetrug). Durch mehrfache Abmahnungen mit Kündigungsandrohungen, denen jedoch zunächst keine Kündigung folgt, verwirkt der AG sein Kündigungsrecht idR nicht, BAG NZA 2005, 459. Es gibt kaum (laut BAG JuS 2011, 175 sogar keine) „absolute" Gründe, deren Gewicht nicht durch andere Umstände derart gemindert werden könnte, dass auf Grund der gebotenen Interessenabwägung eine befristete Fortsetzung des Arbeitsverhältnisses zumutbar wäre, vgl. BAG NJW 1985, 1853 (Diebstahl/Dauer der Betriebszugehörigkeit), BAG BB 1995, 2063 (krankheitsbedingte Leistungsminderung), BAG NZA-RR 2012, 567 („Stalking"), BAG NZA 2013, 27 (Verstoß gegen ausdrückliches Verbot privater Internetnutzung und Herunterladen pornografischen Bildmaterials). Die in der Lit. zusammengestellten umfangreichen Kataloge von Kündigungsgründen (s. Schaub/Linck § 127 Rn. 149 ff.) geben deshalb nur Bsp.; das Gewicht der angegebenen Gründe kann nur im Kontext des konkreten Falles ermessen werden, vgl. BAG DB 1976, 2358. Die Einteilung in Kündigungsgründe des Dienstverpflichteten einerseits und des Dienstberechtigten andererseits kann ebenso nur zu einem ersten Überblick verhelfen wie Gliederun-
10 gen, die ordnen nach **aa)** Verschulden bei Vertragsschluss (vor allem durch Täuschung); **bb)** Verletzung von Hauptpflichten (zB beharrliche Arbeitsverweigerung oder ihre Ankündigung, BAG NZA 2016, 1144; NJW 2014, 1323; BB 1997, 1101; NZA 2018, 646; auch bei rechtswidrigem Streik, vgl. BAG NJW 1979, 239; auch bei obj. nicht gegebenen Rechten nach §§ 273, 275 III, BAGE 153, 111; Weigerung eines Geschäftsführers, Gesellschafterweisungen nachzukommen (BGH NZA-RR 2019, 524); nachhaltiger Verstoß gegen berechtigte Weisungen des AG (BAG ZMV 2019, 224); längere Strafhaft, BAG NZA 1995, 777; BAGE 153, 102; eigenmächtiger Urlaubsantritt, BAG NJW 1994, 1894; 2021, 2602 Rn. 25; vorgetäuschte Krankheit; Geschäftsführerpflichten nach Gesetz und Satzung s. BGH NZG 2008, 316; NZA 2008, 648 (Verletzung der Insolvenzantragspflicht); NJW-RR 2002, 173; beim Dienstberechtigten erheblicher Rückstand mit der Leistung der Vergütung, BAG NZA 2007, 1419; NJW 2002, 1593 mN; wiederholte Unpünktlichkeiten, BGH NJW 1989, 547, BAG BB 1997, 1949; ausschweifendes Surfen im Internet/privater Datendownload/Aufruf pornographischer Internetseiten während der Arbeitszeit zu privaten Zwecken, BAG NJW 2013, 104; 2006, 540; 2006, 2939; Kramer NZA 2006, 194; wegen unerlaubter Herstellung digitaler Kopien privat beschaffter Musik- oder Film-CDs/DVDs am Arbeitsplatz, BAG NZA 2016, 161; Kündigung eines Lkw-Fahrers wegen Drogenkonsums, BAG NZA 2016, 1527;
11 **cc)** Verletzung von Neben- und Treuepflichten des Dienstverpflichteten, zB Verrat von Geschäftsgeheimnissen (LAG Bln RDV 2004, 129); Zurverfügungstellen des Dienstlaptops nebst Login-Daten an einen Dritten zum Zwecke des Zugriffs auf den Firmenserver (BAG NZA 2020 1110 Rn. 29); vorsätzlicher Verstoß gegen Dokumentationspflicht der Arbeitszeit (BAG NZA 2014, 443; 2019, 445); Vollmachtsmissbrauch; Verstoß gegen vertragliches Wettbewerbsverbot (BAG NJW 2009, 105), verbotener Wettbewerb (LAG Köln NZA 1995, 994), im Einzelfall auch abredewidrige Berichterstattungstendenz von Medienmitarbeiter (s. LAG S.-Anhalt NZA-RR 2003, 244); Verweigerung der Mitwirkung an einer ärztlichen Untersuchung zur Feststellung der Arbeitsfähigkeit bei gegebener Veranlassung auf Wunsch des AG trotz entsprechender tarif- oder einzelvertraglich geregelter Nebenpflicht des AN (BAG NZA 2018, 845); vorsätzlich falsches Ausfüllen von Formularen zur Erfassung von Überstunden. Einwilligung des eigenen Vorgesetzten schützt nicht vor Kündigung (BAG NZA 2019, 445). Annahme von Schmiergeldern, Täuschung von Vorstandsmitgliedern (vgl. OLG Düsseldorf DB 1983, 1036); unterlassene

Anzeige der Inhaftierung (BAG NJW 2016, 103); auch: nicht genehmigte Nebentätigkeit (BAG NZA-RR 2007, 571, 575; LAG Hamm NZA-RR 1999, 126; anders bei angezeigter, Betriebsinteressen nicht beeinträchtigender Nebentätigkeit in der Freizeit, BAGE 151, 317) oder Nebentätigkeit trotz Krankschreibung (BAG BB 1994, 142); sa Hunold NZA-RR 2003, 57. Zur Strafanzeige gegen den AG durch einen AN s. BAG NZA 2007, 502; EGMR NJW 2011, 3501 („Whistleblowing"); **dd)** Verstoß gegen Neben- und Fürsorgepflichten durch den Dienstberechtigten (zB §§ 617, 618); **ee)** strafbare Handlungen (auch wenn nur geringwertige Sachen 12
betroffen oder nur geringfügiger Schaden verursacht, s. BAG JuS 2011, 175), zB Diebstahl, LAG Köln NZA-RR 2000, 24; LAG S.-Anhalt NZA-RR 1999, 473; sa BAG NJW 2000, 1972, uU auch außerhalb der Dienstsphäre, private Trunkenheitsfahrt des Berufskraftfahrers, BAG NJW 1979, 332, Urkundenfälschung s. BAG DB 1997, 1411; Spesenbetrug s. BAG NZA 2008, 637; Falschaussage im Prozess zulasten des AG, s. BAG ZInsO 2008, 335 f.; Verletzung der Vertraulichkeit des Wortes, s. BAG NZA 2013, 143; Nachstellung, s. BAG NZA-RR 2012, 567; zur „Verdachtskündigung" so (→ Rn. 7); **ff)** Gefährdung der Mitarbeiter, BAG NJW 1977, 1504, sowie Ehrverletzungen, insbes. wenn sie den Arbeitsfrieden stören; zur Meinungsfreiheit im Rahmen von Kündigungen aufgrund innerbetrieblicher Äußerungen s. BVerfG NZA 2018, 924; ausländerfeindliche Äußerungen, LAG Hamm BB 1995, 678; Gewalttätigkeit, LAG Hamm NZA-RR 1996, 291; Beleidigungen und Drohungen gegenüber leitenden Angestellten, LAG Bln NZA 1998, 167; sexuelle Belästigungen (je nach Intensität und Umfang, BAG NJW 2021, 3138; 2015, 1195; 2012, 407; 2004, 3508); **Störung des Betriebsfriedens** durch vorsätzliches, provokantes Anhusten eines Arbeitskollegen unter Missachtung der im Zusammenhang mit der Covid19-Pandemie erlassenen und zu dieser Zeit (März 2020) behördlichen wie betrieblichen Arbeitsschutzregeln, denn der „Corona-Anhuster" nimmt zumindest billigend in Kauf, den von seiner Tat betroffenen Arbeitskollegen entweder objektiv der tatsächlichen, konkreten Gefahr einer potentiell lebensbedrohlichen Infektion und Erkrankung oder jedenfalls subjektiv dem entsprechend konkreten Angstgefühl auszusetzen. Mit beidem geht – ohne dass es auf die Frage der Strafbarkeit eines solchen Verhaltens im Einzelnen ankäme – eine massive Störung des Betriebsfriedens ebenso wie die Verletzung der sich aus **§ 241 II** ergebenden Nebenpflicht zur Rücksichtnahme auf die berechtigten Interessen des AG einher (LAG Düsseldorf, NZA-RR 2021, 664 Rn. 40 ff.; ebenso Kleinebrink, NZA 2020, 1361, 1362 ff.; generell zur Verletzung der Rücksichtnahmepflicht als außerordentlichem Kündigungsgrund BAG NJW 2021, 3138 Rn. 23; NZA 2018, 1405 Rn. 43 f.; NZA 2017, 1605 Rn. 23). **gg)** Krankheit (nur aus- 13
nahmsweise, vgl. BAG BB 1995, 2063, zB bei tarifbedingtem Ausschluss ordentlicher Kündbarkeit im Fall erheblicher Störung des Austauschverhältnisses, BAG NZA 2004, 1271; 2018, 1056); aber: Drohung mit Krankheit, um Urlaubsverlängerung zu erhalten, als wichtiger Grund s. BAG BB 1993, 434, Wertheimer EWiR 1993, 762, Alkoholproblem s. BAG DB 1997, 2386; zur Kündigung durch AN wegen durch Arbeitsplatzkonflikt hervorgerufener Erkrankung (BAG NJW 2018, 3267).
hh) Betriebseinstellung oder -einschränkung (nur ausnahmsweise, zB wenn ordentli- 14
che Kündigung vertraglich ausgeschlossen ist oder bei Anstellung auf Lebenszeit, s. BAG BB 2004, 2303; BGH WM 1975, 761; zur auf betriebliche Gründe gestützten außerordentlichen Kündigung bei Ausschluss der ordentlichen Kündigung s. BAG NZA 2015, 866); uU auch als außerordentliche Änderungskündigung, s. BAG NZA 2007, 1445; NJW 1976, 1334; AG muss vor außerordentlicher betriebsbedingter Kündigung zunächst alle zumutbaren, eine Weiterbeschäftigung ermöglichenden Mittel ausschöpfen, BAG NZA 2021, 1252 Rn. 21; 2015, 866; 2008, 48; **ii)** Betriebsfrieden störende Betätigung für eine politische Partei, s. BAG NJW 1984, 1142; NZA 2004, 501 (schwerwiegender Verstoß eines Tendenzträgers gegen Tendenz des Arbeitgebers); Tätigkeit für Stasi, s. LAG Bln DB 1992, 1988 (EinV Sonderregelung gegenüber § 626); Scholz BB 1991, 2515; zur Verletzung von Loyalitätspflichten kirchlicher Mitarbeiter s. grundlegend BVerfG NZA 2014,

1387, außerdem NJW 1986, 369; BAG NJW 1994, 3032 (Verstoß gegen tragende Grundsätze des Kirchenrechts); BAG NJW 2012, 1099; Ehescheidung (vom AG) BAG NJW 1996, 1300, NZA 1998, 145; Austritt aus Religionsgemeinschaft, s. BAG NZA 2013, 1131; bei sexuellen Handlungen mit Minderjähriger, s. BAG NJW 2014, 1691; zum unheilbaren Zerwürfnis beider GmbH-(Mit)Geschäftsführer s. BGH WM 2009, 551; **jj)** Unberechtigte fristlose Kündigung durch anderen Teil, BGH NJW 1994, 444; **kk)** Betriebsbedingte außerordentliche Kündigung nur im Ausnahmefall, wenn sonst „sinnentleertes" Arbeitsverhältnis von erheblicher Dauer droht, s. BAG BeckRS 2013, 74875; hohe Anforderungen an den Nachweis, dass es keine Möglichkeit gibt, das Arbeitsverhältnis sinnvoll fortzuführen (BAG NZA
15 2019, 1345). **d) Beweislast** für Kündigungsgründe (Tatsachen) und die Rechtfertigungsgründe ausschließenden Umstände trägt der Kündigende, BGH NJW 2003, 431; BAG NZA 2016, 161; NJW 1988, 438 (behauptete Wettbewerbserlaubnis), doch bedarf es für Rechtfertigung substantiierten Vortrags des Gekündigten, BAG NZA 2016, 161; BAG NJW 1988, 438. Zur Frage der prozessualen Verwertung von heimlich aufgenommenen Videoaufnahmen s. BAG NZA 2014, 243.

16 **5. Mitwirkung. a)** des anderen Teils ist nicht erforderlich; auch Unterlassen einer aus Fürsorgegesichtspunkten gebotenen Anhörung macht die Kündigung nicht unwirksam, vgl. BAG NJW 1977, 1415 (anders bei Verdachtskündigung, s. BAG NZA 1987, 699); allerdings kann eine **Abmahnung** erforderlich sein, BAG NJW 2013, 105 f.; 2000, 1973 sowie § 314 II; zur Bedeutung für Kündigungsgründe BAG
17 BB 2001, 621 sowie NJW 1989, 2493 f.; NZA-RR 2012, 47 f. **b)** Im Anwendungsbereich des BetrVG oder BPersVG ist der Betriebsrat (oder Personalrat) anzuhören; eine ohne Anhörung ausgesprochene Kündigung ist unwirksam (zu den Anforderungen an die Betriebsratsanhörung s. BAG DStR 2008, 884 f.), § 102 I 2 BetrVG; § 79 III BPersVG; **c)** zustimmungsbedürftig ist die fristlose Kündigung der Inhaber von bestimmten Ämtern auf Grund der Betriebsverfassung nach § 103 I BetrVG, zB Mitglieder des Betriebsrats (dazu BAG NZA 2018, 240; 2018, 1087), der Jugendvertretung, entspr. für den öffentl. Dienst § 47 BPersVG; s. ferner § 179 III SGB IX bei Vertrauensleuten der Schwerbehinderten.

18 **6. Kündigungserklärung.** → § 620 Rn. 12. Sie muss Kündigungswillen ausdrücklich oder schlüssig, zB aus der beigefügten Begründung, erkennen lassen, BAG NJW 1983, 303. Grundsätzlich formlos möglich, beachte jedoch § 623, § 15 III BBiG, § 65 II SeeArbG; Form kann auch durch Tarifvertrag oder Individualabrede vorgesehen sein. Zur Angabe von Gründen s. II 3, → Rn. 23, ferner § 15 III BBiG. Zur Missbräuchlichkeit der Berufung auf Nichtigkeit vom AN selbst erklärter Kündigung s. BAG NJW 1998, 1660; ZIP 2009, 1634; NZA-RR 2012, 129. II ist weder in direkter noch in entsprechender Anwendung eine Schranke für das Nachschieben von Kündigungsgründen, die bei Zugang der betreffenden außerordentlichen Kündigung bereits objektiv vorlagen, aber dem Kündigungsberechtigten seinerzeit noch nicht bekannt waren. Es kommt insbesondere nicht darauf an, ob der Grund, auf den die Kündigung zunächst gestützt wurde, bei ihrem Zugang noch nicht verfristet war. Die Kündigung kann grundsätzlich sogar „blanko" erklärt worden sein (BAG NZA 2021, 710 Rn. 3 f.).

19 **7. Frist des § 626 II. a) Erklärungsfrist** in II soll verhindern, dass alte Gründe nach Belieben zur fristlosen Kündigung eingesetzt werden können. Kündigung muss innerhalb der Frist zugehen, BAG NJW 1978, 2168. Gilt auch für selbstständige Dienstverhältnisse, BGH NJW 1999, 355. Frist ist nicht abdingbar, auch nicht durch Tarifvertrag, BAG BB 1978, 1166. Sie gilt auch bei § 15 KSchG, BAG NJW 1978, 661. Die 2-Wochen-Frist, II 1, läuft ab Kenntnis der maßgebenden Tatsachen, II 2; zur Kenntnis BGH NJW 1996, 1403, erforderlich ist zuverlässige und möglichst vollständige positive Kenntnis von den für die Kündigung maßgebenden Tatsachen (s. BAG NJW 2009, 105; 2011, 2232; BGH WM 2019, 1599); grob fahrlässige Unkenntnis setzt die Frist nicht in Gang (BAG NJW 2020, 2976 Rn. 29). Von der

völligen – und sei es grob fahrlässigen – Unkenntnis des Kündigungssachverhalts ist der Fall zu unterscheiden, dass schon einige Tatsachen bzw. Umstände bekannt sind, die auf wichtigen Grund zur außerordentlichen Kündigung hindeuten. Dann kann der Lauf der Ausschlussfrist ausgelöst werden, allerdings darf der Kündigungsberechtigte, der bislang lediglich Anhaltspunkte für einen Sachverhalt hat, der zur außerordentlichen Kündigung berechtigen könnte, nach pflichtgemäßem Ermessen weitere Ermittlungen anstellen und den Betroffenen anhören, ohne dass die Frist des II 1 zu laufen begänne. Dies gilt so lange, wie er aus verständigen Gründen mit der gebotenen Eile Ermittlungen durchführt, die ihm eine zuverlässige und hinreichend vollständige Kenntnis der einschlägigen Tatsachen und Beweismittel verschaffen soll, die ihm die Entscheidung darüber ermöglichen, ob er das Arbeitsverhältnis fortsetzen soll oder nicht (BAG NJW 2020, 2976 Rn. 30). S. ferner BGH WM 1976, 379 f. (zum Kenntniszeitpunkt bei fortgesetzten Verfehlungen), BGH NJW-RR 2002, 173 (Person oder Organ, auf deren Wissen es ankommt – zur Entscheidung über Kündigung befugt), BAG NZA 2008, 348 (bei GbR Fristbeginn, sobald ein Gesellschafter Kenntnis erlangt), BAG NJW 1997, 1656 (Fristbeginn bei Dauerstörtatbestand); BAG NJW 2014, 3389 (mehrere Kurzerkrankungen als Dauertatbestand); BAG NJW 1994, 1675 (Verdacht strafbarer Handlungen); BAG NZA 2000, 381 (Ergebnis Strafverfahren); zur Hemmung während Sachverhaltsaufklärung (notwendig erscheinende Maßnahmen, gebotene Eile), insbes. Anhörung, s. BAG NZA 2007, 744; BAGE 73, 42; NJW 1989, 734; NZA 2019, 1415 (frühere Anhörung aufgrund einer Kollision widerstreitender Pflichten und Obliegenheiten nicht zumutbar). Zur Kenntnis **bei jur. Personen:** Ist AG juristische Person, ist grundsätzlich (1.) die Kenntnis des gesetzlich oder satzungsgemäß für die Kündigung zuständigen Organs maßgeblich. Sind für AG (2.) mehrere Personen gemeinsam vertretungsberechtigt, genügt grundsätzlich die Kenntnis schon eines der Gesamtvertreter. Neben den Mitgliedern der Organe von juristischen Personen und Körperschaften gehören (3.) zu den Kündigungsberechtigten auch die Mitarbeiter, denen der Arbeitgeber das Recht zur außerordentlichen Kündigung übertragen hat. Die Kenntnis anderer Personen ist für die Zwei-Wochen-Frist grundsätzlich unbeachtlich. Dies gilt selbst dann, wenn ihnen Vorgesetzten- oder Aufsichtsfunktionen übertragen worden sind. Nur ausnahmsweise muss sich der Arbeitgeber die Kenntnis auch anderer Personen nach Treu und Glauben zurechnen lassen (BAG NJW 2020, 2976 Rn. 32 mN; s. ferner BGH NJW 1984, 2690 [Genossenschaft, bestätigt durch BGH WM 2019, 1599], BGH NJW-RR 2002, 173 [GmbH: Mitglieder Gesellschafterversammlung], 1981, 166 [AG]; bei Bundesbahn s. BAG BB 1978, 1166). Kein Fristablauf bei unverändertem **Dauerkündigungsgrund** (BAG NZA 2004, 1271).
Ausschlussfrist, die von Amts wegen zu beachten ist. Darlegungs- und Beweislast 20
für Fristeinhaltung trifft Kündigungsberechtigten, BAG NZA 2007, 746. Sie läuft für jeden Kündigungsgrund neu; zur Beurteilung „aller Umstände" können aber auch ausgeschlossene Gründe herangezogen werden. Nach Kündigung aufgedeckte Kündigungsgründe können nachgeschoben werden, BAG NZA 2008, 636; NJW 1998, 102; krit. Schwerdtner NZA 1987, 361. Bei laufendem Strafverfahren kann der AG abwarten, bis (und ob) seine Kenntnis der wesentlichen Strafumstände durch ein rechtskräftiges Strafurteil bestätigt wird, BAG NZA 2000, 381. Bei Einräumung einer Bedenkzeit kann die Berufung auf Fristablauf rechtsmissbräuchlich sein. II gilt nur für außerordentliche Kündigungen, nicht ordentliche Verdachtskündigung, bei der AG deutlich später Kündigung auf Verdacht stützen kann, allerdings muss dann die Kündigung noch durch den Vertrauensverlust infolge des Verdachts „bedingt" sein (BAG NZA 2019, 893). BGH NJW 1975, 1698. **Versäumung** der Erklärungs- 21
frist wirkt wie Fehlen eines wichtigen Grundes, BAG NJW 1972, 1878 (Folge: Heilung über § 13 I KSchG möglich, aA Güntner BB 1973, 1496: § 134). Verhältnis zur Verwirkung (Frist ist gesetzlich konkretisierter Verwirkungstatbestand) s. BAG NZA 2007, 744; NJW 1986, 2338. **b)** Für die Bestimmung einer angemessenen Frist gilt II nicht, BGH NJW 1982, 2432 (Eigenhändler).

22 **8. Wirkung.** Die Kündigung wirkt **fristlos,** jedoch ist Gewährung einer Auslauffrist möglich, BGH WM 1975, 761; der Kündigende ist dann durch Ausübung und Verbrauch des Kündigungsrechts an die selbst gesetzte Frist gebunden.

23 **9. Begründungspflicht.** Sie besteht auf Verlangen des Gekündigten, II 3; Verweigerung der schriftlichen Begründung macht die Kündigung nicht unwirksam, sondern den Kündigenden evtl. schadensersatzpflichtig.

24 **10. Umdeutung.** Konversion einer nichtigen außerordentlichen Kündigung **a)** in eine ordentliche Kündigung ist zulässig, s. BAG NZA 1985, 286 (muss mutmaßlichem Willen des AG, für AN erkennbar, entsprechen, BGH NJW 1998, 76).
25 Einzelheiten Hager BB 1989, 693; **b)** in Anfechtung wegen gleicher Voraussetzungen und Folgen – vgl. → Vor § 620 Rn. 4 – nicht sinnvoll.

26 **11. Druckkündigung.** Eine **Druckkündigung** liegt vor, wenn Dritte unter Androhung von Nachteilen für den AG von diesem die Entlassung eines bestimmten AN verlangen (BAG NZA 2014, 109 Rn. 37). **Unechte** Druckkündigung: Das Verlangen des Dritten kann gegenüber dem AG durch ein Verhalten des AN oder einen personenbedingten Grund obj. gerechtfertigt sein. In diesem Fall liegt es im Ermessen des Arbeitgebers, ob er eine personen- oder eine verhaltensbedingte Kündigung erklärt (BAG NZA 2014, 109 Rn. 38). **Echte** Druckkündigung ist eine Kündigung aus betriebsbedingten Gründen. Das ist nur unter strengen Anforderungen zulässig. AG hat sich schützend vor den betroffenen AN zu stellen (BAG NZA 2017, 116). Nur wenn auf diese Weise die Drohung nicht abgewendet werden kann und bei Verwirklichung der Drohung schwere wirtschaftliche Schäden für AG drohen, kann die Kündigung sozial gerechtfertigt sein. Das ist nur der Fall, wenn Kündigung ultima ratio ist, um die Schäden abzuwenden. AG darf Drucksituation nicht selbst in vorwerfbarer Weise verursacht haben. Typische Fälle: Drohungen der Belegschaft mit Streik oder Massenkündigungen oder die Androhung des Abbruchs von Geschäftsbeziehungen für den Fall der Weiterbeschäftigung eines bestimmten AN (BAG NZA 2014, 109 Rn. 39). Druck der Belegschaft durch Drohung mit Arbeitsniederlegung allein rechtfertigt fristlose Kündigung nicht (vgl. aber BAG NJW 1976, 869); der Anlass für das Verhalten der Belegschaft in der Person des zu Kündigenden kann jedoch ein „wichtiger Grund" für den AG zur Kündigung sein („unechte" Druckkündigung BAG NZA 2014, 109), wobei aber II zu beachten bleibt (s. BAG NJW 1976, 870).

27 **12. Rechtsschutz. Verteidigung** gegen Kündigung s. §§ 4, 13 I 2 KSchG (Feststellungsklage); in anderen Fällen § 256 ZPO oder Leistungsklage auf Lohn oder Beschäftigung. Bei nachträglichem Wegfall des Kündigungsgrundes Wiedereinstellungsanspruch, Oetker ZIP 2000, 643.

§ 627 Fristlose Kündigung bei Vertrauensstellung

(1) **Bei einem Dienstverhältnis, das kein Arbeitsverhältnis im Sinne des § 622 ist, ist die Kündigung auch ohne die in § 626 bezeichnete Voraussetzung zulässig, wenn der zur Dienstleistung Verpflichtete, ohne in einem dauernden Dienstverhältnis mit festen Bezügen zu stehen, Dienste höherer Art zu leisten hat, die auf Grund besonderen Vertrauens übertragen zu werden pflegen.**

(2) [1]**Der Verpflichtete darf nur in der Art kündigen, dass sich der Dienstberechtigte die Dienste anderweit beschaffen kann, es sei denn, dass ein wichtiger Grund für die unzeitige Kündigung vorliegt.** [2]**Kündigt er ohne solchen Grund zur Unzeit, so hat er dem Dienstberechtigten den daraus entstehenden Schaden zu ersetzen.**

1 **1. Allgemeines.** Erweiterung der Möglichkeiten fristloser Kündigung für beide Vertragsparteien (s. Einschränkung für Dienstverpflichteten II) selbstständiger

Dienstverhältnisse, die zusätzlich durch die Art der Dienstleistungen qualifiziert sind, auf Grund der bes. Vertrauensstellung der Dienstverpflichteten und ihrer wirtschaftlichen Unabhängigkeit. Abweichend M. Weller, Persönliche Leistungen, 2012, 604 f. mN „für rechtsfortbildende Korrektur des § 627" durch Beschränkung auf Kündigungsrecht des Gläubigers.

2. Voraussetzungen. a) Selbstständiges Dienstverhältnis (dazu → Vor § 611 Rn. 2, 3); **b)** Dienste höherer Art, die bes. Vertrauen voraussetzen, dazu M. Weller aaO 175 ff.; vgl. OLG Celle NJW 1981, 2762 (Unterricht); BGH NJW 2020, 2538 Rn. 9; WM 2006, 1411 (Rechtsanwalt, Steuerberatung; nicht: Finanz- und Lohnbuchhaltung, s. BGH NJW-RR 2019, 1459); LG Kassel NJW-RR 1999, 1281 (Meditationsseminar); OLG Düsseldorf NJW 1999, 3129 (Projektsteuerung); BGH NJW 1989, 1480 (Partnervermittlung); BGH WM 2004, 2398 (Inkassoauftrag); BGH NZBau 2005, 509 (finanzwirtschaftliche Baubetreuung); BGH NJW 2011, 2955 (Pflegevertrag); KG MedR 2010, 35 (Arztvertrag, s. J. Koch FS Strätz, 2009, 289 ff. zur kurzzeitigen Terminabsage als Kündigung; zum Behandlungsabbruch als Kündigung Martin Schwab JuS 2013, 256). § 627 gelangt bei einheitlichen Verträgen, welche neben Diensten höherer Art weitere nicht höhere Dienstleistungen umfassen, auch dann zur Anwendung, wenn von dem Dienstverpflichteten bis zum Zeitpunkt der Kündigungserklärung tatsächlich keine Dienste höherer Art erbracht wurden, BGH NJW-RR 2019, 1459. Bes. Vertrauen iSd § 627 wird idR nur einem Menschen entgegengebracht, nicht einer jur. Person, OLG Köln BauR 2004, 1833 (Ls.). **c)** Kein dauerndes Dienstverhältnis mit festen Bezügen, s. dazu BGH NJW 2011, 3575. Bsp: Arzt (OLG Karlsruhe MedR 1995, 374: Orthopäde; KG MedR 2010, 35: Zahnarzt), Rechtsanwalt, Steuerberater, Eheanbahnung, BGH NJW 1987, 2808. Kinderkrippen-Betreuungsvertrag als dauerndes Dienstverhältnis mit festen Bezügen, BGHZ 209, 52. Merkmale „dauerndes Dienstverhältnis" und „feste Bezüge" sind kumulative Negativvoraussetzung des § 627, BGH NJW 2011, 3576 mwN. In der Höhe schwankende sind keine „festen" Bezüge, BGH WM 1993, 796. Feste Bezüge für Teilbereich eines umfassenden Vertrags aber kein Hindernis für Kündigungsmöglichkeit gem. § 627, BGH WM 2010, 626; 2019, 2178. Näher und differenzierend M. Weller aaO 605 ff. 2

3. Rechtsfolge. a) Fristlose Beendigung des Dienstverhältnisses ex nunc durch Kündigung auch ohne wichtigen Grund möglich, I. Auslauffrist kann eingeräumt werden, → § 626 Rn. 22. Nach der Kündigung hat der Dienstverpflichtete mit Blick auf mangelhaft erbrachte Einzelleistungen mit werkvertraglichem Charakter kein Nachbesserungsrecht mehr, BGH WM 2006, 1411. **b)** Vergütung s. § 628 I. 3

4. § 627 II. Eine **Beschränkung** für den Dienstverpflichteten enthält II: **a)** Die Kündigung darf nicht zur Unzeit (zB wenn die vom Patienten benötigten Dienste nicht anderweitig beschafft werden können, etwa bei einer Monopolstellung des Arztes, KG MedR 2010, 35) erfolgen, II 1, es sei denn, **b)** ein wichtiger Grund ist gegeben. Unzumutbarkeit der Fortsetzung soll neben wichtigem Grund nicht erforderlich sein, Grüneberg/Weidenkaff Rn. 7. **c) Rechtsfolge** der Kündigung zur Unzeit: Schadensersatzanspruch II 2, nicht: Unwirksamkeit der Kündigung; uU nach § 253 II auch Schmerzensgeld (KG MedR 2010, 35). 4

5. Abdingbarkeit. Sowohl I als auch II sind **abdingbar;** außerordentliches Kündigungsrecht nach I kann durch AGB grundsätzlich nicht ausgeschlossen werden. Die in der Abbedingung des I liegende unangemessene Benachteiligung des Vertragspartners des Klauselverwenders wird nicht dadurch aufgewogen, dass das Recht zur fristlosen Kündigung aus wichtigem Grund nach § 626 unberührt bleibt (BGH NJW 2021, 1392 Rn. 35 ff.; s. ferner zu AGB BGH NJW 1989, 1480; 2011, 2955). 5

§ 628 Teilvergütung und Schadensersatz bei fristloser Kündigung

(1) [1]**Wird nach dem Beginn der Dienstleistung das Dienstverhältnis auf Grund des § 626 oder des § 627 gekündigt, so kann der Verpflichtete einen**

seinen bisherigen Leistungen entsprechenden Teil der Vergütung verlangen. [2]Kündigt er, ohne durch vertragswidriges Verhalten des anderen Teiles dazu veranlasst zu sein, oder veranlasst er durch sein vertragswidriges Verhalten die Kündigung des anderen Teiles, so steht ihm ein Anspruch auf die Vergütung insoweit nicht zu, als seine bisherigen Leistungen infolge der Kündigung für den anderen Teil kein Interesse haben. [3]Ist die Vergütung für eine spätere Zeit im Voraus entrichtet, so hat der Verpflichtete sie nach Maßgabe des § 346 oder, wenn die Kündigung wegen eines Umstands erfolgt, den er nicht zu vertreten hat, nach den Vorschriften über die Herausgabe einer ungerechtfertigten Bereicherung zurückzuerstatten.

(2) **Wird die Kündigung durch vertragswidriges Verhalten des anderen Teiles veranlasst, so ist dieser zum Ersatz des durch die Aufhebung des Dienstverhältnisses entstehenden Schadens verpflichtet.**

Lit.: Canaris, Die Problematik der Minderung beim Dienstvertrag, FS Karsten Schmidt, 2009, 177; Gessert, Schadensersatz nach Kündigung, 1987; Henssler/Deckenbrock, Der (Teil-)Vergütungsanspruch des Rechtsanwalts im Falle vorzeitiger Mandatsbeendigung im Normgefüge des § 628 BGB, NJW 2005, 1.

1 **1. Allgemeines.** Abwicklungsvorschrift für außerordentlich (nicht notwendig fristlos, s. BAG NJW 2002, 1593) gelöste Dienstverhältnisse; gilt auch bei Entzug des Anwaltsmandats (Henssler/Deckenbrock NJW 2005, 1); Regelung der Teilvergütung für bereits erbrachte Dienste, Rückzahlung für vorgeleistete Vergütungen und Ersatz evtl. Auflösungsschadens. Gilt für alle Dienstverhältnisse, auch für Anwaltsvertrag, BGH NJW 1987, 315, Steuerberatervertrag (LG Duisburg NJW-RR 2002, 277); Sondervorschriften § 89a II HGB, § 16 BBiG, §§ 68 II, 70 SeeArbG. Zur Bedeutung im **Leistungsstörungsrecht** des Dienstvertrags → § 611 Rn. 16, → § 630h Rn. 11.

2 **2. Teilvergütungsanspruch.** Der **Teilvergütungsanspruch** des Verpflichteten hat neben dem Beginn der Dienstleistung durch Erbringung von Teilleistungen weiter zur **Voraussetzung a)** Auflösung des Dienstverhältnisses durch Kündigung
3 nach §§ 626 oder 627. **b) Einschränkung:** Ist die Kündigung **aa)** durch vertragswidriges Verhalten des Dienstverpflichteten veranlasst. Erforderlich ist Kausalität der Vertragswidrigkeit für die Kündigung, nachträgliche Kenntnis reicht nicht (im konkreten Fall fehlerhafter Arbeitsergebnisse eines Anwalts, die zum Kündigungszeitpunkt noch nicht an den Mandanten gelangt waren) (BGH NJW 2019, 1870). Ein **vertragswidriges** Verhalten setzt, obwohl nach dem Wortlaut ein obj. vertragswidriges Verhalten genügen würde, **schuldhaftes** Verhalten iSd §§ 276, 278 voraus (BGH NJW 2019, 1870; 2017, 3376; 2011, 1674 Rn. 13; 1995, 1954, 1955 mwN; Schellenberg VersR 2007, 1343, 1346). Dazu ist nicht erforderlich (BGH NJW 2011, 1674 Rn. 14 mN), dass das vertragswidrige Verhalten als schwerwiegend (so Grüneberg/Weidenkaff Rn. 4) oder als wichtiger Grund iSd § 626 I anzusehen ist (so OLG Brandenburg NJW-RR 2001, 137; Canaris FS Karsten Schmidt, 2009, 177, 182; Henssler/Deckenbrock NJW 2005, 1, 2; Schellenberg VersR 2007, 1343, 1346; aA Erman/Belling Rn. 9; Staudinger/Preis Rn. 25). Eine solche Beschränkung auf qualifiziertes vertragswidriges Verhalten, das dem Kündigenden unter Berücksichtigung aller Umstände des Einzelfalles und unter Abwägung der Interessen beider Vertragsteile die Fortsetzung des Dienstverhältnisses unzumutbar macht, ergibt sich weder aus dem Text noch der Entstehungsgeschichte der Norm (BGH NJW 2011, 1674 Rn. 14). Doch reicht **nicht jeder geringfügige Vertragsverstoß** *des Dienstverpflichteten* (→ § 611 Rn. 11) aus, um den Entgeltanspruch entfallen zu lassen. Das Recht zur fristlosen Kündigung eines Dienstvertrages ersetzt ein Rücktrittsrecht, das im Falle einer Schlechtleistung bei einer unerheblichen Pflichtverletzung ausgeschlossen ist (§ 323 V 2). Für die Vergütung gekündigter Dienste höherer Art (§§ 627, 628) ist eine entsprechende Einschränkung vorzunehmen. Sie ergibt sich aus dem § 242 zu entnehmenden Übermaßverbot, wonach bestimmte

schwerwiegende Rechtsfolgen bei geringfügigen Vertragsverletzungen nicht eintreten. Abzustellen ist dabei auf das Verhalten, auf das die Kündigung gestützt wurde (BGH NJW 2011, 1674 Rn. 14, → § 242 Rn. 40). **bb)** oder vom Verpflichteten selbst grundlos, dh ohne durch Vertragswidrigkeiten des Dienstberechtigten veranlasst, ausgesprochen worden, dann Teilvergütungsanspruch nur, soweit erbrachte Dienste trotz Abbruchs für Empfänger von Wert sind, I 2 (sa BAG BB 1985, 122; BGH NJW 1985, 41 zur Wertlosigkeit und ihren Ursachen). Grundlegend zu Funktion, Bedeutung und Anwendungsbereich des I 2 s. Canaris FS Karsten Schmidt, 2009, 181 ff. **Beweislast** für Vorliegen der Voraussetzungen des I 2 hat Dienstberechtigter, BGH NJW 2019, 1870; BeckRS 2012, 25542 mwN; NJW 1997, 188 (für Vertragswidrigkeit).

3. Erstattung von Vorauszahlungen. In I 3 geregelt; bei vom Empfänger zu 4 vertretenden Kündigungsgründen haftet er nach § 347, sonst nach Bereicherungsrecht.

4. Schadensersatzanspruch. Ist wegen Auflösungsverschuldens gegeben, wenn 5 **a)** die **Kündigung** vom anderen (oder seinen Erfüllungsgehilfen, vgl. BGH NJW 1984, 2094 für Internatsschüler) in zu vertretender Weise (→ Rn. 3) veranlasst worden ist. Wechselseitige Ansprüche sind aber nicht gegeben, wenn jeder selbst auch aus wichtigem, zu vertretendem Grund kündigen konnte, BAG NJW 1966, 1835; BGHZ 44, 271. Bei **Aufhebungsvertrag** soll nach BAG NJW 1971, 2093, II entspr. anwendbar sein. **b) Art** und **Umfang** des Schadensersatzes: §§ 249 ff.; 6 **aa)** für Dienstberechtigten zB höhere Kosten für Ersatzkraft, Geschäftsverluste; Inseratskosten su sub cc); **bb)** für Dienstverpflichteten zB Lohndifferenz/Vergütungsausfall (begrenzt auf Zeitraum einer fiktiven Kündigungsfrist); AN kann von AG (nicht aber von Rechtsanwalt, der Kündigungsschutzprozess schuldhaft verliert, BAG NZA 2007, 753) Entschädigung für Verlust des Bestandsschutzes verlangen (Bemessung entsprechend §§ 9, 10 KSchG), s. BAG NZA 2007, 1419; NJW 2002, 1593. **cc) Ersatz** nach **I 2** nur, soweit seine bisherigen Leistungen infolge der Kündigung für den anderen Teil kein Interesse haben. Das **Interesse fällt weg,** soweit der Dienstberechtigte die Arbeiten nicht mehr wirtschaftlich verwerten kann, sie also für ihn nutzlos geworden sind (BGH NJW 1985, 41; 1997, 189; BeckRS 2011, 11774; NJW-RR 2012, 295). Es genügt demnach zum einen nicht, dass die Leistung obj. wertlos ist, wenn der Dienstberechtigte sie gleichwohl nutzt (OLG Naumburg NJW-RR 2008, 1056, 1057; zu fehlerhaft eingesetzten, für den Patienten nutzlosen Zahnimplantaten BGH NJW 2018, 3513), zum anderen aber auch nicht, dass der Dienstberechtigte sie nicht nutzt, obwohl er sie wirtschaftlich verwerten könnte (BGH NJW 2011, 1674 Rn. 18). **Ersatzfähig:** Kosten, die bei ordnungsmäßiger Einhaltung der Kündigungsfrist vermeidbar gewesen wären, BAG NJW 1984, 2847 (zu Inseratskosten); sa Weiß JuS 1985, 593 zum unkündbaren AN. Bei schuldhaft unterlassener Schadensminderung (zB Unterlassen anderweitigen Erwerbs) § 254.

5. Abdingbarkeit. Ja, insbes. können die Rechtsfolgen des § 649 vereinbart wer- 7 den, BGH LM Nr. 3 zu § 611.

§ 629 Freizeit zur Stellungssuche

Nach der Kündigung eines dauernden Dienstverhältnisses hat der Dienstberechtigte dem Verpflichteten auf Verlangen angemessene Zeit zum Aufsuchen eines anderen Dienstverhältnisses zu gewähren.

1. Allgemeines. Konkrete Ausprägung der Fürsorgepflicht. Freistellung kann 1 nicht nur bei Kündigung jedes (zu Ausnahmen: Staudinger/Preis Rn. 8 ff. mN) Dienstverhältnisses, sondern auch bei befristetem Dienstverhältnis verlangt werden. Nicht abdingbar.

2 **2. Umfang der Freistellung.** Für Häufigkeit, Dauer und Zeitpunkt der Freistellung sind die Umstände des konkreten Dienstverhältnisses und des Arbeitsmarktes maßgebend.

3 **3. Vergütungspflicht.** Sie bleibt für die Dauer der **angemessenen Zeit** bestehen.

§ 630 Pflicht zur Zeugniserteilung

[1]Bei der Beendigung eines dauernden Dienstverhältnisses kann der Verpflichtete von dem anderen Teil ein schriftliches Zeugnis über das Dienstverhältnis und dessen Dauer fordern. [2]Das Zeugnis ist auf Verlangen auf die Leistungen und die Führung im Dienst zu erstrecken. [3]Die Erteilung des Zeugnisses in elektronischer Form ist ausgeschlossen. [4]Wenn der Verpflichtete ein Arbeitnehmer ist, findet § 109 der Gewerbeordnung Anwendung.

Lit.: Adam, Praxisprobleme des Zeugnisrechts, MDR 2005, 553; Loewenheim, Schadenshaftung unter Arbeitgebern wegen unrichtiger Arbeitszeugnisse, JZ 1980, 469; Schleßmann, Das Arbeitszeugnis, 22. Aufl. 2017; Schulz/Jarvers/Gerauer, Alles über Arbeitszeugnisse, 9. Aufl. 2015; Stiller, Der Zeugnisanspruch in der Insolvenz des Arbeitgebers, NZA 2005, 330; Stück, Das Arbeitszeugnis, MDR 2006, 791; Venrooy, Das Dienstzeugnis, 1984.

1 **1. Allgemeines.** Nebenpflicht des Dienstherrn, die in allen Dienstverhältnissen gilt (BGHZ 49, 30: GmbH-Geschäftsführer, zu Recht für Einschränkung auf ANähnliche Personen MüKo-BGB/Henssler Rn. 9), die keine Arbeitsverhältnisse sind, s. S. 4. Für alle Arbeitsverhältnisse gilt § 109 GewO (→ Vor § 611 Rn. 62; Grüneberg/Weidenkaff Anhang § 630 Rn. 2 ff.). Aufgehoben zum 1.1.2003 wurden § 73 HGB, § 113 GewO (→ Vor § 611 Rn. 62). Sondervorschriften: § 8 BBiG. Schriftform (S. 1): → § 126. Unterschrift muss so erfolgen, wie der Unterzeichner auch sonst wichtige betriebliche Dokumente unterzeichnet. Weicht der Namenszug hiervon ab, liegt lediglich ein Handzeichen vor, das nach § 126 I der notariellen Beglaubigung oder nach § 129 II der notariellen Beurkundung bedarf. Es bleibt offen, ob Arbeitszeugnisse unter diesen Voraussetzungen wirksam mit einem Handzeichen unterzeichnet werden können. Quer zum Zeugnistext verlaufende Unterschrift begründet regelmäßig Zweifel an dessen Ernsthaftigkeit und verstößt damit gegen § 109 II 2 GewO. Dabei kommt es nicht auf die subj. Zwecksetzung des Unterzeichnenden an (LAG Hamm NZA-RR 2016, 570).

2 **2. Zeugnisanspruch.** Der Anspruch entsteht mit Kündigung; aus Fürsorgepflicht kann AG aber schon vorher zu Zwischenzeugnis verpflichtet sein. AG (auch Betriebserwerber gem. § 613a) ist bei Erteilung des Endzeugnisses an Inhalt des Zwischenzeugnisses gebunden (BAG NJW 2008, 1175). Verwirkung möglich, BAG NJW 2008, 1175 (Umstände des Einzelfalls); NJW 1988, 1616. Holschuld, BAG NJW 1995, 2373. Erfüllung durch Gehilfen s. LAG Köln NZA 1995, 685. In der Insolvenz schuldet der Insolvenzverwalter das Arbeitszeugnis, BAG NJW 2005, 460. Zum Zeugnisanspruch im Zwangsvollstreckungsverfahren s. BAG NZA 2012, 1244 und bei Betriebsübergang (§ 613a) s. BAG NJW 2008, 1175.

3 **3. Inhalt. a)** Stets Name, Dauer und Art der Dienstleistung, S. 1 (sog. Arbeitsbescheinigung); zu (geänderten) Vornamen und Geschlecht s. LAG Hamm NZA-RR 1999, 455; **b)** auf Verlangen auch Zeugnis über Leistungen **und** Führung (sog. *qualifiziertes* Zeugnis), nicht nur über einen der beiden Punkte; zur Unterscheidung von deskriptivem und evaluativem Teil – und zur Beweislast im Streitfall – informativ LAG Köln NZA-RR 1997, 84. Mitgliedschaft im Betriebsrat soll nur aufgenommen werden, falls mit völliger Freistellung verbunden gewesen, LAG Hamm DB 1976, 1112. Hinsichtlich Bedeutung bestimmter Formulierungen hat sich eine verschlüsselte Sprache entwickelt, etwa „pünktlich“, ArbG Bayreuth NZA 1992, 799, „zu

unserer Zufriedenheit" (= unterdurchschnittliche Leistung, LAG Köln NZA-RR 2000, 235); sa LAG Hamm BB 2000, 1090 mAnm Schleßmann sowie BAG NJW 2012, 1754 mAnm Gäntgen RdA 2012, 371; gute Wünsche und Dank nicht zwingende Bestandteile, s. BAG NJW 2001, 2995; NZA 2013, 324. Hat der AG dem AN im Zeugnis bescheinigt, er habe seine Leistungen „zur vollen Zufriedenheit" erbracht, hat der AN die Tatsachen vorzutragen und zu beweisen, die eine bessere Schlussbeurteilung als „befriedigend" („zur vollen Zufriedenheit") rechtfertigen. Das gilt grundsätzlich auch dann, wenn in der einschlägigen Branche überwiegend gute („stets zur vollen Zufriedenheit") oder sehr gute („stets zur vollsten Zufriedenheit") Endnoten vergeben werden (BAG NJW 2015, 1128). Zum Inhalt ie Schleßmann BB 1988, 1322 ff.; zur Angabe des Vertragsbeendigungsgrundes s. Popp NZA 1997, 588. Form (Firmenbogen) BAG NJW 1993, 2197. **Nicht:** Anspruch auf Berichtigung, BAG NJW 1988, 1616, str. AG ist nicht verpflichtet, ein Arbeitszeugnis mit einer Schlussformel zu versehen, in der er dem AN für die geleistete Arbeit dankt und ihm für die Zukunft alles Gute und viel Erfolg wünscht. Anspruch folgt weder aus § 109 I GewO noch aus einer verfassungskonformen Auslegung dieser Vorschrift oder aus der Rücksichtnahmepflicht gem. § 241 II. Durch eine verpflichtende Aufnahme einer Dankes- und Wunschformel als integraler Bestandteil eines qualifizierten Zeugnisses würde vielmehr die durch Art. 5 I 1 GG gestützte negative Meinungsfreiheit des AG beeinträchtigt. § 109 I 2 und 3 GewO sind abschließend, daher keine Erweiterung des Zeugnisinhalts durch das Rücksichtnahmegebot des § 241 II (BAG NZA 2022, 783). **c)** Geknicktes Zeugnis zulässig, BAG NJW 2000, **4**
1060 mAnm Schleßmann BB 2000, 412.

4. Schadensersatz aus Verzug. Bei nicht rechtzeitiger Erteilung, aus § 280 I **5**
bei Unrichtigkeit oder bei Nichterteilung (Weigerung). Beweiserleichterung nach § 252 S. 2, s. BAG BB 1976, 841; NZA 2014, 31 (bei Berufsausbildung). Schadensersatz erst nach Ausübung des Wahlrechts aus S. 2, s. BAG NZA 2014, 31

5. Abdingbarkeit. Vor Beendigung des Dienstverhältnisses nicht abdingbar; spä- **6**
terer Verzicht ist wohl zulässig (str., offengelassen in BAG NJW 1975, 407 mwN); Ausgleichsklausel im Vergleich regelmäßig kein Verzicht, BAG NJW 1975, 407.

6. Rechtsfolgen des unrichtigen Zeugnisses. a) Im Verhältnis zum Empfän- **7**
ger ist der Aussteller an seine Angaben gebunden, BAG NJW 1972, 1214; NZA 2013, 324. **b)** Bei Nachteilen für den Empfänger aus unrichtigen Angaben → Rn. 3 aE, 5. **c)** Gegenüber Dritten (neuem AG) bei Schönfärberei Schadensersatzpflicht aus § 826 möglich, BGH NJW 1970, 2291; zur „Rückrufpflicht" bei falschem Zeugnis BGHZ 74, 281 (Haftung nach vertraglichen oder vertragsähnlichen Grundsätzen), s. dazu Venrooy, Das Dienstzeugnis, 212 ff. mwN.

Untertitel 2. Behandlungsvertrag

Vorbemerkungen

Lit.: Achterfeld, Aufgabenverteilung im Gesundheitswesen, 2014; Bayer, Die Zurückbehaltung von Krankenunterlagen zum Schutz des Behandelnden, MedR 2017, 211; Bergmann, Telemedizin und das neue E-Health-Gesetz – Überlegungen aus arzthaftungsrechtlicher Perspektive, MedR 2016, 497; Bruns, Vorausverfügungen Minderjähriger für die medizinische Behandlung, 2022; Deutsch, Deutsche Sonderwege zur Arzthaftung, NJW 2012, 2009; Fleischer/Schickhardt/Taupitz/Winkler, Das Recht von Patienten und Probanden auf Herausgabe ihrer genetischen Rohdaten, MedR 2016, 481; Erb, Die Kodifikation des Behandlungsvertragsrechts im BGB, 2018, 384; Gehrlein, Wechselwirkungen zwischen Behandlungsfehler und Aufklärungsmangel bei der ärztlichen Berufshaftung, GesR 2016, 129; Habermalz, Das Akteneinsichtsrecht des Patienten und seine zivilprozessuale Durchsetzung, NJW 2013, 3403; Hart, Ein Patientenrechtegesetz ohne Eigenschaft, GesR 2012, 385; ders., Patientensicherheit nach dem Patientenrechtegesetz, MedR 2013, 159; ders, Haftungsrecht und Standardbildung in der modernen Medizin: e:med und Probleme der Definition des Standards, MedR 2016, 669; ders., Zur Konkurrenz der Impfstoffe gegen COVID-19: Aufklärung und Auswahl, MedR 2021, 317;

He, Anteilige Haftung für ärztliche Behandlungsfehler, 2017; Hebecker/Lutzi, Omnis definitio periculosa est, MedR 2015, 17; Heyers, Bedeutung von Leitlinie für die Arzthaftung, ArztR 2016, 201; Jansen, Der Medizinische Standard, 2019; ders., Heilpraktikerhaftung für Behandlungsfehler: Rechtsgrundlagen, Standardbestimmung, Kausalitätsnachweise, MedR 2021, 1045; Jansen/Katzenmeier, Neuregelung der GKV-Unterstützung bei Behandlungsfehlerverdacht, NZS 2017, 761; Kaeding/Schwenke, Medizinische Behandlung Minderjähriger – Anforderungen an die Einwilligung, MedR 2016, 935; Katzenmeier, Arzthaftung, 2002; ders., Der Behandlungsvertrag – Neuer Vertragstypus im BGB, NJW 2013, 817; ders, Karlsruher Forum 2013: Patientenrechte und Arzthaftung, 2014; ders, Haftungsrechtliche Grenzen ärztlicher Fernbehandlung, NJW 2019, 1769; Kubella, Patientenrechtegesetz, 2011, 260; Lauf/Birck, Minderjährige als Partei des Behandlungsvertrags, NJW 2018, 2230; Laufs/Katzenmeier/Lipp, Arztrecht, 8. Aufl. 2021; Mäsch, Demokratisches Schamanentum in Wahlkampfzeiten – Risiken und Nebenwirkungen des Patientenrechtegesetzes, NJW 2013, 1354; Olzen/Kaya, Primär- und Sekundärschäden als Folge grober Behandlungsfehler, GesR 2013, 1; von Pentz, Aktuelle Rechtsprechung des BGH zum Arzthaftungsrecht, MedR 2018, 283; dies., Aktuelle Rechtsprechung des BGH zum Arzthaftungsrecht, MedR 2019, 351; Pinheiro, Der gerechte Ausgleich der Partei-Interessen in der Arzthaftung, 2019; Preis/Schneider, Das Patientenrechtegesetz – eine gelungene Kodifikation?, NZS 2013, 281; H. Prütting, Die Beweislast im Arzthaftungsprozess und das künftige Patientenrechtegesetz, FS Helmut Rüßmann, 2013, 609; J. Prütting, Essentialia des zivilrechtlichen Arztrechts, StudZR 2/2017, 349; Rehborn, Patientenrechtegesetz 2013 – Behandlungsvertrag, Mitwirkung, Information, Einwilligung, Aufklärung, MDR 2013, 497; ders, Patientenrechtegesetz 2013 – Dokumentation, Haftung, Beweislast, MDR 2013, 564; Reisewitz, Rechtsfragen des Medizintourismus, 2015; Röthel, Elternstreit über Corona-Impfung eines einwilligungsfähigen Kindes, JURA 2022, 646; Schlereth, Die COVID-19-Schutzimpfung Minderjähriger, FamRZ 2022, 668; Schneider, Der Behandlungsvertrag, JuS 2013, 104; Schumacher, Alternativmedizin, 2017; Spickhoff, Die Entwicklung des Arztrechts 2016/2017, NJW 2017, 1790; ders, Die Entwicklung des Arztrechts 2017/2018, NJW 2018, 1725; ders, Die Entwicklung des Arztrechts 2018/2019, NJW 2018/19, 1718; ders., Behandlungsfehler und Offenbarungspflicht, JZ 2015, 15; M. Stürner, Verträge über digitale Produkte: die neuen §§ 327 –327u BGB, JURA 2022, 32; Süss, Die Rechtsprechung deutscher Oberlandesgerichte zum Arzthaftungsrecht, MedR 2017, 107; Thole, Das Patientenrechtegesetz, MedR 2013, 145; Thurn, Das Patientenrechtegesetz – Sicht der Rechtsprechung, MedR 2013, 153; Wölfel, Einschränkungen der ärztlichen Aufklärungspflicht durch das sog. therapeutische Privileg – eine kritische Betrachtung, JURA 2021, 1068; Ziegler/Oynar, Der Beginn der Verjährung im Arzthaftungsrecht, NJW 2017, 2438.

1 **1. Neuregelung.** Titel 8 wurde mit Wirkung zum 26.2.2013 durch das Patientenrechtegesetz vom 20.2.2013 (BGBl. I 277) um den 2. Untertitel erweitert. **Gesetzesbegründung:** BT-Drs. 17/10488; Änderungen im Rechtsausschuss des Bundestags: BT-Drs. 17/11710. Zur **Gesetzgebungsgeschichte** Katzenmeier NJW 2013, 817 mN. Die Normen sollen im Wesentlichen die bis zum Erlass bestehende **Rechtsprechung kodifizieren** (s. BT-Drs. 17/10488, 10). Sie kann daher bei der Normauslegung weiterhin mit der erforderlichen Vorsicht berücksichtigt werden. **Kritik** an Neuregelung ua: Katzenmeier NJW 2013, 822 f.; Preis/Schneider NZS 2013, 281; Thurn MedR 2013, 153; ferner die Polemik bei Mäsch NJW 2013, 1354.

2 **2. Vertragstypus. a) Behandlungsvertrag.** Regelmäßig ist ein Vertrag mit einem Arzt (Zahnarzt) oder anderem medizinischen Therapeuten (dazu → § 630a Rn. 5 f.) dahin auszulegen, dass nur eine den allg. Grundsätzen der ärztlichen Wissenschaft in der Sorgfalt entspr. medizinische Behandlung, nicht aber ihr – immer auch von der körperlichen und seelischen Verfassung des Patienten abhängiges – Gelingen versprochen wird (BGH BeckRS 2011, 11774; BGHZ 63, 306; OLG Zweibrücken NJW 1983, 2094; OLG Karlsruhe MedR 1995, 374 [Prothese]; ausf. Katzenmeier 99 ff. mN). Daher ist ein solcher Vertrag regelmäßig ein **selbstständiger Dienstvertrag** (→ Vorb. § 611 Rn. 3; → § 627 Rn. 2; → § 630b Rn. 1; → § 630h Rn. 11) in der Form des Behandlungsvertrags. Er wird durch die §§ 630a–630h, ergänzend (s. § 630b) durch die §§ 611 ff. geregelt. **Hauptpflichten** sind für den **Behandelnden** die Behandlungspflicht (§ 630a I), die therapeutische Informationspflicht (§ 630c II 1) (Hart MedR 2013, 160) und die Pflicht zur Einholung der Einwilligung (§ 630d). Die Aufklärungspflicht (§ 630e) ist Hauptpflicht

(Hart MedR 2013, 160, str, zum Streitstand s. Achterfeld [Lit. v § 630a] 138). **Nebenpflichten** des Behandelnden sind die wirtschaftliche Informationspflicht (§ 630c III) und die Fehleroffenbarungspflicht (§ 630c II 2). Hauptpflicht des **Patienten** ist die Vergütungspflicht (§ 630a I). § 630c I statuiert für den Patienten nur Obliegenheiten, keine einklagbare Mitwirkungspflicht (→ § 630c Rn. 2). **Gewährleistung**→ § 630h Rn. 11 **b) Werkvertrag.** § 630a ist kein zwingendes Recht. 3
Den Vertragsparteien steht es – wie bish. – frei, durch Parteiabrede den Behandlungsvertrag zu modifizieren und zB auch als Werkvertrag auszugestalten. Es entscheidet die Vertragsabrede über Tätigkeitspflicht oder Erfolgsversprechen als vertragstypische Leistungspflicht, → Vorb. § 631 Rn. 3 f. Zur Schlechterfüllung → § 630b Rn. 5, → § 630h Rn. 1 f., → § 611 Rn. 16. **c) Gemischter Vertrag.** Das Gewährleis- 4
tungsrecht des Werkvertrages (§§ 634 ff.) gilt bei Verträgen insoweit, als eine spezifisch (zahn)ärztliche Heilbehandlung nicht vorliegt, sondern es sich um die technische Anfertigung der **Prothese** handelt (OLG Dresden NJW 2020, 1229, 1230 Rn. 18 mN; BeckRS 2016, 112176 Rn. 4), sofern der Mangel die Prothese selbst betrifft. Hinsichtlich der Defizite in der spezifisch (zahn)ärztlichen Planung und Gestaltung der neuen Versorgung (zB Bisshöhe, fehlende Okklusion, Größe der neu gestalteten Zähne) und hinsichtlich des Einsetzens wie Anpassen der technischen Anfertigung am Körper gilt Dienstvertragsrecht (BGH BeckRS 2011, 11774; BGHZ 63, 305), jetzt in der Form des Behandlungsvertrags. **d) Sozialversiche-** 5
rung. Auch der Behandlungsvertrag eines sozialversicherten Patienten ist regelmäßig Dienstvertrag (BGHZ 76, 261 [zur pVV]; 97, 276, str, bejaht von zivilrechtlich hM, verneint von sozialrechtlich hM, s. Katzenmeier S. 94 ff.). Das ist nun auch aus § 630a zu folgern (Katzenmeier NJW 2013, 817 Fn. 11; BT-Drs. 17/10488, 18 f.; sa Rehborn MDR 2013, 497; krit. Preis/Schneider NZS 2013, 282). Inhalt des Behandlungsvertrags mit sozialversichertem Patienten weitgehend durch SGB V bestimmt, s. Rehborn MDR 2013, 497. **e) Angestellter Arzt.** Klinikärzte, 6
Betriebsärzte, Schiffsärzte usw sind im jeweiligen Anstellungsverhältnis gegenüber dem Dienstberechtigten (Klinik usw) unselbstständig Dienstverpflichtete (s. zum Krankenhausvertrag → § 630a Rn. 13 ff.).

3. Intertemporaler und internationaler Anwendungsbereich. Die §§ 630a– 7
630h sind auf alle Behandlungsverträge anzuwenden, die am oder nach dem 26.2.2013 (Stichtag) geschlossen wurden. Patientenrechtegesetz (→ Rn. 1) hat auf Übergangsregelung (etwa in Art. 229 EGBGB) verzichtet. Es gilt daher das allg. Regelungsprinzip des intertemporalen Privatrechts für das Vertragsrecht. Danach fallen nur die ab dem Stichtag des Inkrafttretens von Neuvorschriften abgeschlossenen Verträge insgesamt unter das neue Rechtsregime (entspr. Art. 229 § 5 S. 1 EGBGB). Für die **zuvor abgeschlossenen Verträge** sind die §§ 630a–630h (entspr. Art. 229 § 5 S. 2 EGBGB) insoweit anzuwenden, als es Vorgänge nach Inkrafttreten der §§ 630a–630h betrifft, wie zB die Erfüllung von am oder nach dem Stichtag anfallenden Informations-, Aufklärungs- oder Dokumentationspflichten, die Befolgung von Mitwirkungsobliegenheiten oder die Erfüllung der Pflicht zur Einholung von am oder nach dem Stichtag erforderlich werdenden Einwilligungen, zur dann zu gewährenden Akteneinsicht und zur Dokumentation der Behandlungen, die am *oder nach dem 26.2.2013* erfolgen. Es dürften in der Praxis **keine bes. intertemporalen Probleme** auftreten, da sich der Gesetzgeber weitgehend erfolgreich um Kontinuität der Rechtslage bemüht hat und versucht hat, das geltende Richterrecht zu kodifizieren. **Internationales Privatrecht, internationale Zuständigkeit:** s. dazu Reisewitz 41 ff. (internationale Zuständigkeit nach der EuGVVO), 101 ff. (nach dem LugÜ), 103 ff. (nach der ZPO), 173 ff. (Vertragsstatut nach der Rom I-VO), 225 ff. (Deliktsstatut nach der Rom II-VO), 273 ff. (Eingriffsnormen und ordre public). Beachte: § 7 IV (Muster-)Berufsordnung für die in Deutschland tätigen Ärztinnen und Ärzte (MBO-Ä) idF des Beschlusses des 121. Deutschen Ärztetages 2018 in Erfurt bzw. die entspr. Vorschriften der 17 Berufsordnungen der einzelnen Landesärztekammern enthalten ein grds. **Fernbehandlungsverbot,** das auch

grenzüberschreitende Fernbehandlung erfasst, dazu OLG München BeckRS 2016, 12692. Danach unzulässig, wenn in Deutschland ansässigen Augenoptiker ein Foto der Augenhintergründe des Kunden elektronisch an einen im Ausland ansässigen Arzt übermitteln und dessen Diagnose an den Kunden. § 7 IV MBO-Ä ist seit 14.12.2018 gelockert und lautet nun „Ärztinnen und Ärzte beraten und behandeln Patientinnen und Patienten im persönlichen Kontakt. Sie können dabei Kommunikationsmedien unterstützend einsetzen. Eine ausschließliche Beratung oder Behandlung über Kommunikationsmedien ist im Einzelfall erlaubt, wenn dies ärztlich vertretbar ist und die erforderliche ärztliche Sorgfalt insbesondere durch die Art und Weise der Befunderhebung, Beratung, Behandlung sowie Dokumentation gewahrt wird und die Patientin oder der Patient auch über die Besonderheiten der ausschließlichen Beratung und Behandlung über Kommunikationsmedien aufgeklärt wird." Bei der Fernbehandlung kann es nach deutschem Recht leicht zu einem Befunderhebungsfehler infolge unzulässigem Verzichts auf persönliche Untersuchung kommen, auch ist eine Aufklärung per Fernkommunikationsmitteln im Einzelfall (bei schwerwiegenden Eingriffen) nicht ausreichend (Katzenmeier NJW 2019, 1769, 1773).

8 **4. Konkurrenzen.** Die §§ 630a–630h und die Vertragshaftung gem § 280 (→ § 630h Rn. 2) verdrängen das **deliktische Arzthaftungsrecht** (→ § 823 Rn. 108 ff.) nicht. Zum Verhältnis beider → § 630h Rn. 4 ff.

9 **5. Normauslegung.** Die §§ 630a–630h sollen dem bis zum 26.2.2013 entwickelten **Richterrecht** entsprechen (→ Rn. 7). Daher kann – mutatis mutandis – auf die bish. Rspr. zur Vertragshaftung von Behandelnden bei der Auslegung der Normen zurückgegriffen werden.

10 **6. Anwendungsbereich. a) Vertragsordnung der §§ 630a–630h.** Von ihrem **systematischen Standort** aus regeln die §§ 630a–630h **nur Vertragspflichten** und mit diesen zusammenhängende Rechtsfragen. Dies wird auch in der Gesetzesbegründung deutlich, wenn es dort zu § 630h heißt „Die Norm basiert auf der allgemeinen Haftungsregelung des § 280 I und regelt die davon abweichenden Besonderheiten der Beweislastverteilung im Anwendungsbereich der §§ 630a ff. für das Vertragsrecht. Die Haftung nach den deliktischen Vorschriften der §§ 823 ff. bleibt hiervon grds. unberührt." Der Regelungsanspruch der §§ 630a–630h ergreift nicht auch das Deliktsrecht. Das gilt im Grundsatz auch für die Normen betreffend vertragliche Pflichten zur Aufklärung, Information, Dokumentation, Einholung von Einwilligungen oder Gestattung der Akteneinsichtnahme. Nur wenn sie ihren systematischen Standort im **Allg. Teil des BGB** oder des **Schuldrechts** gefunden hätten, hätten sie unmittelbare Anwendung bei deliktischen und vertraglichen Schuld-
11 verhältnissen finden können. **b) Ausstrahlungswirkung auf das Deliktsrecht.** Bis zum Inkrafttreten der §§ 630a ff. wurde in Urteilen vielfach nicht ausreichend klar zwischen der behandlungsrechtlichen Vertrags- und der entsprechenden Deliktshaftung unterschieden; beide Haftungsordnungen wurden soweit wie möglich **parallel entwickelt,** insbes. bei Fragen der Information, Aufklärung, Dokumentation, Einwilligung, Akteneinsicht usw. Es steht zu erwarten, dass es zu Wechselwirkungen der vertragsbezogenen Vorschriften der §§ 630a–630h auf die Deliktshaftung kommen wird, etwa im Bereich der deliktischen Informations-, Aufklärungspflichten oder bei der Einwilligung als Rechtfertigungsgrund der mit der Durchführung einer medizinischen Maßnahme verbundenen Körperverletzung (dazu → § 823
12 Rn. 3, 110). **c) §§ 630a ff. als Schutzgesetze.** Offen ist, ob einzelne Normierungen von Vertragspflichten durch die §§ 630a–630h als Schutzgesetze iSv § 823 II zu qualifizieren sind. Deutsch (NJW 2012, 2012) weist darauf hin. Er bejaht (auf der Grundlage des insoweit vom Gesetz nicht abw. Regierungsentwurfs) den Schutzgesetzcharakter etwa von § 630a II (Behandlung nach anerkanntem Standard) und stellt fest, dass die Entwicklung der Rechtsprechung insoweit völlig offen erscheint.
13 **d) Eigenständigkeit des Deliktsrechts.** Eigenständige Bedeutung hat die Delikts-

haftung (wie bish., → § 823 Rn. 108 ff.), soweit eine vertragliche Haftungsgrundlage fehlt, sei es, dass einer Behandlung kein Behandlungsvertrag zugrunde liegt oder der Geschädigte keine vertraglichen Ansprüche aus dem Behandlungsvertrag gegen denjenigen, der die Behandlung durchgeführt hat, geltend machen kann (so BT-Drs. 17/10488, 17). Die Rspr. kann ferner das Feld der Deliktshaftung (als alleinigen oder mit der Vertragshaftung konkurrierenden Haftungsgrund) nutzen, um das Recht der Behandlungshaftung methodisch **einfacher fortzubilden,** als dies nun wegen des Normenkorsetts der §§ 630a ff. im Vertragsrecht möglich ist.

§ 630a Vertragstypische Pflichten beim Behandlungsvertrag

(1) **Durch den Behandlungsvertrag wird derjenige, welcher die medizinische Behandlung eines Patienten zusagt (Behandelnder), zur Leistung der versprochenen Behandlung, der andere Teil (Patient) zur Gewährung der vereinbarten Vergütung verpflichtet, soweit nicht ein Dritter zur Zahlung verpflichtet ist.**

(2) **Die Behandlung hat nach den zum Zeitpunkt der Behandlung bestehenden, allgemein anerkannten fachlichen Standards zu erfolgen, soweit nicht etwas anderes vereinbart ist.**

1. Vertragsparteien. Parteien des Behandlungsvertrages sind nach **I** zu unter- 1
scheiden von den realiter behandelnden und den behandelten Personen. Kein Vertrag entsteht bei der Behandlung eines Bewusstlosen oder nicht vertretenen (beschränkt) **Geschäftsunfähigen;** hier gelten die Regeln der GoA, auch hinsichtlich der Behandlungskosten (Looschelders BT § 31 Rn. 5). **a) Behandelnder.** Das ist – 2
entgegen dem allg. Wortsinn (Katzenmeier NJW 2013, 818) – die natürliche oder jur Person, welche die Behandlung verspricht. Das ist nicht notwendigerweise die natürliche Person, welche die Behandlung in personam durchführt. So können zB eine Praxisgemeinschaft bzw. Berufsausübungsgemeinschaften (Rehborn MDR 2013, 498), ein Krankenhausträger oder der Träger eines Medizinischen Versorgungszentrums (§ 95 SGB V) Behandelnder iSv § 630a sein. Die in concreto behandelnden Ärzte sind dann die **Erfüllungsgehilfen** des Behandelnden (§ 278), nicht aber selbst Behandelnde iSv § 630a (s. BT-Drs. 17/10488, 18). Ob *Konsiliararzt* (beauftragter Arzt, Konsiliarius) Erfüllungsgehilfe des Behandelnden ist, entscheidet der konkrete Sachverhalt. Er ist es, wenn er beauftragt wird, weil es dem Krankenhaus an eigenem fachkundigem Personal mangelt, der Krankenhausträger mit der Beauftragung des Konsiliararztes seine Verpflichtung gegenüber dem Patienten erfüllt und der Krankenhausträger den Konsiliararzt dafür vergütet. Kein Erfüllungsgehilfe, wenn zwischen **Konsiliararzt** und Patient eine eigene vertragliche Beziehung zu Stande kommt und Konsiliarius selbst liquidiert (BGH NJW-RR 2014, 1051 Rn. 26 mN). Dies gilt, wenn zugezogener Arzt lediglich „Zwischenleistungen" (zB Röntgen) erbringt und der Patient im Übrigen in der Behandlung des überweisenden Arztes (Vertragsarzt) verbleibt. Das gilt auch bei beauftragtem Laborarzt, mit dem der Patient keinen direkten Kontakt hat, sofern er selbst liquidiert oder gegenüber seiner Kassenärztlichen Vereinigung aufgrund des Überweisungsscheines abrechnet (BGH R+S 1999, 503). Ist der Behandelnde eine jur Person (zB Krankenhausträger) und wird für ihn ein weisungs*un*abhängiger Arzt (regelmäßig zB **Chefarzt**) tätig, so haftet der Behandelnde für die Behandlung durch diesen Arzt vertraglich nach §§ 280, 31, ggf. 89 (zu den möglichen Haftungsgründen iSv § 31 s. NK-BGB/Heidel/Lochner § 31 Rn. 8). Mitglieder einer ärztlichen **Gemeinschaftspraxis** mit gleicher Gebietsbezeichnung, die gemeinschaftlich auftreten, haften dem Patienten gegenüber vertraglich als **Gesamtschuldner** für die Versäumnisse des behandelnden Arztes (BGH R+S 1999, 503). **Durchgangsarzt** ist der von Berufsgenossenschaft als Träger der gesetzlichen Unfallversicherung (§ 114 SGB VII) gem. § 34 II SGB VII beauftragte Arzt, der – insoweit als Träger eines öffentlichen Amtes (BGH NJW-RR 2020, 790 Rn. 13) – entscheidet, ob gem. § 34 I SGB VII berufsgenossen-

schaftliche Behandlung oder die allgemeine (kassenärztliche) Heilbehandlung durchzuführen ist. Für Fehler haftet Berufsgenossenschaft nach Art. 34 S. 1 GG iVm § 839 BGB (BGH NJW-RR 2020, 790 Rn. 13). Öffentliches Amt auch: Untersuchungen zur Diagnosestellung und Diagnose, Überwachung des Heilungsverlaufs bei Nachschau, soweit nur entschieden wird, allgemeine Heilbehandlung fortzuführen bzw. in besondere Heilbehandlung zu überweisen (BGH NJW-RR 2020, 790 Rn. 14). Sofern Arzt weitere Behandlung übernimmt, handelt er privat, nicht als Durchgangs-
3 arzt, dann eigener Behandlungsvertrag. **b) Patient.** Das ist der andere Vertragspartner, dem der Behandelnde die Leistungserbringung durch die Behandlung verspricht. Der Patient verpflichtet sich, für diese Behandlung eine Vergütung zu gewähren, sofern der Behandlungsvertrag (wie regelmäßig) entgeltlich ist (dazu → Rn. 10 ff.). Patient ist nicht zwingend die natürliche Person, an welcher die Heilbehandlung erfolgt. Patient iSv § 630a sind zB die Eltern des zu behandelnden Kindes bzw. Betreuer, wenn sie den Vertrag über die Behandlung des **Kindes** bzw. **Betreuten** in eigenem Namen abschließen (ebenso BeckOK BGB/Katzenmeier Rn. 83; Hebecker/Lutzi MedR 2015, 17 ff.) (zum Abschluss des Behandlungsvertrag durch Minderjährige s. Lauf/Birck NJW 2018, 2230 ff.). Schließen sie ihn im Namen des Kindes bzw. Betreuten ab, so sind Patient und behandelte Person identisch. Ist der Patient (Vertragspartner des Behandelnden) nicht die behandelte Person, dann ist sie regelmäßig berechtigter Dritter iSv § 328 I (→ § 328 Rn. 5; Medicus SchR II 673; Looschelders BT § 31 Rn. 5; Staudinger/Klumpp § 328 Rn. 195; zum Behandlungsvertrag des Sorgeberechtigten zugunsten seines Kindes s. BGH NJW2022, 2269; 1984, 1400). Fall des § 328 I zB auch: Gasteltern schließen Behandlungsvertrag in eigenem Namen zugunsten eines volljährigen Au-pairs ab. Ob berechtigender (echter) oder ermächtigender (unechter) Behandlungsvertrag zgDr (generell zur Unterscheidung → Vorb. § 328 Rn. 5) vorliegt, entscheidet die Vertragsgestaltung, Auslegungsfrage des Einzelfalls, §§ 133, 157. Eine Pflicht, sich der Behandlung zu unterziehen, entsteht für den Dritten aus dem **Behandlungsvertrag zugunsten Dritter** nicht. Das Rechtsverhältnis zwischen dem Dritten (behandelte Person) und dem Versprechenden (Behandelnder) ist vertragsähnlich; aus ihm können sich dann, *wenn* der Dritte die Behandlung in Anspruch nimmt, beiderseitige Sorgfaltspflichten (→ § 328 Rn. 11) und weitere Nebenpflichten des Dritten gegenüber dem Behandelnden sowie Obliegenheiten des Dritten ergeben, wie die Möglichkeit des Mitverschuldens (§ 254) (Staudinger/Klumpp § 328 Rn. 25). Ist die behandelte Person weder Patient noch berechtigter Dritter kann sie in den **Schutzbereich des Behandlungsvertrags** einbezogen sein (dazu → § 328 Rn. 35; zur Behandlung einer Schwangeren und der Rechtsstellung des [ungeborenen] Kindes s. BGH NJW 1989, 1541); auch hieraus erwächst für den Dritten keine Pflicht, sich der Behandlung zu unterziehen.

4 **2. Vertragstypische Behandlungspflicht.** Die vertragscharakteristische Leistung des Behandlungsvertrages wird von natürlichen Personen an natürlichen Personen erbracht. Sie können, müssen aber nicht notwendig auch die Vertragspartner (→ Rn. 1 ff.) sein. Vertragsprägend ist die medizinische Behandlung einer Person, nicht notwendig eines Patienten (→ Rn. 3), durch die behandelnde Person, die nicht notwendig der Behandelnde iSv I ist (→ Rn. 2). Zum Vertragstypus → Vorb. § 630a Rn. 2. Zur **(nachvertraglichen) Informationspflicht** → § 630c Rn. 2.
5 **a) Behandlung.** Das ist die Behandlung **am Menschen.** Dazu gehören Diagnose, Therapie und „damit sämtliche Maßnahmen und Eingriffe am Körper eines Menschen, um Krankheiten, Leiden, Körperschäden, körperliche Beschwerden oder seelische Störungen nicht krankhafter Natur zu verhüten, zu erkennen, zu heilen oder zu lindern“ (BT-Drs. 17/10488, 17 unter Zitierung von Laufs/Kern, Handbuch des Arztrechts, 4. Aufl. 2010, § 29 Rn. 4 ff.). Auch **medizinästhetische Behandlungen** (zB Schönheitsoperationen) sind daher iSv **I** Behandlungsverträge. Der Vertragstypus setzt keine medizinische Indikation voraus (Katzenmeier NJW 2013, 818 Fn. 15; BT-Drs. 17/10488, 17), also nicht zwingend eine **Heilbehand-**

lung. **b) Kein Arztvorbehalt.** Unter § 630a ff. fallen nach BT-Drs. 17/10488, 17 **alle** humanmedizinischen Behandlungen durch Angehörige der **Heilberufe:** Ärzte, Zahnärzte, psychologische Psychotherapeuten, Kinder- und Jugendpsychotherapeuten und Angehörige anderer Heilberufe (zur Parallelität bei der deliktischen Arzthaftung → § 823 Rn. 109: Hebamme, Krankengymnast). Das sind nach BT-Drs. 17/10488, 17 jedenfalls diejenigen, deren Ausbildung nach Art. 74 I Nr. 19 GG durch Bundesgesetz (Hebammen, medizinische Masseure und medizinische Bademeister, Ergotherapeuten, Logopäden, Physiotherapeuten usw) geregelt ist. Bei ihnen setzt die Berufsausübung oder die Führung der Berufsbezeichnung eine staatlich geregelte Ausbildung voraus (ähnliche Definition in § 4 Nr. 1 Kinderschutz-Kooperationsgesetz). Dazu zählen auch die nichtärztlichen Psychotherapeuten, Orthoptisten, Podologen. Die Gesetzesbegründung hat somit die Behandlung nicht auf den Kreis der Berufsträger eines akademischen (universitären) Heilberufs beschränkt (krit. Thurn MedR 2013, 154). **Heilpraktiker** fallen in den Kreis der Behandelnden iSv § 630a (OLG München BeckRS 2021, 5395 Rn. 31). Für sie ist zwar keine bes. medizinische Ausbildung vorgeschrieben, aber sie werden erst nach einer Überprüfung ihrer Kenntnisse und Fähigkeiten zur Heilbehandlung zugelassen (BT-Drs. 17/10488, 17). Vor allem substituieren sie oft eine ärztliche Tätigkeit nach ihrem Selbstverständnis und dem ihrer Patienten. **c) Auftreten als Behandelnder.** Erfüllt ein Behandelnder nicht die beruflichen Qualifikationen iSv → Rn. 4 f., 6; täuscht er deren Vorliegen gegenüber dem Patienten aber vor (zB Auftreten als Arzt oder anerkannter Heilpraktiker) und verspricht er eine Behandlung iSv → Rn. 4 f., so liegt ein Behandlungsvertrag vor (übereinstimmend MüKo-BGB/Wagner Rn. 9). **d) Kein Behandelnder.** Berufsträger der **Hilfsberufe** wie zB medizinische Fachangestellte (Arzthelfer), Medizinisch-technische Assistenten usw sind keine Behandelnden iSv § 630a. Mit ihnen schließt der Patient zudem regelmäßig keine eigenen Verträge. Sie können aber Erfüllungsgehilfen des Behandelnden sein, wenn sie im Rahmen seiner Pflichten zur Behandlung entsprechend eingesetzt werden (zB Setzen von Spritzen, Blutabnahme usw). Unter I fallen nicht Verträge mit **Apothekern,** da sie nicht zur Behandlung befugt sind (so BT-Drs. 17/10488, 17; krit. Thurn MedR 2013, 154). Keine Behandlung iSv I sind **Pflege oder Betreuung.** Für Verträge über die Erbringung reiner Pflege- oder Betreuungsleistungen gelten die §§ 630a ff. nicht, sondern §§ 611 ff., ggf. mit Elementen anderer Vertragstypen wie Miete, Kauf usw (gemischter Vertrag), vorrangig etwa das Gesetz über Wohnraum mit Pflege- oder Betreuungsleistungen (BT-Drs. 17/10488, 18). Zur Schlechterfüllung eines **Heimunterbringungs-**/Pflegevertrags s. OLG Düsseldorf ZfS 2003, 278. Keine Behandlung iSv I erfolgt bei der **Gesundheits- und Körperpflege** (zB durch Fitness- und Sporttrainer, Kosmetiker, Orthopädieschuhmacher, Sauna- oder Solarienbetreiber, Schönheitspfleger usw). Das **Tätowieren** ist keine Behandlung iSv I; hier gilt Werkvertragsrecht (→ Vorb. § 611 Rn. 8). **e) Tiermedizin.** Tierbezogene Verträge sind regelmäßig Dienstverträge (→ Vorb. § 611 Rn. 21). Es sind keine Behandlungsverträge iSv § 630a, da die Informationspflichten der §§ 630c ff. auf die Behandlung von Menschen ausgerichtet sind und dem Schutz ihres Rechts zur Selbstbestimmung dienen (BT-Drs. 17/10488, 18). Einzelregelungen, etwa die Grundsätze zur Beweislastverteilung (→ § 630h; BGH NJW 2016, 2502), können auf tiermedizinische Verträge entspr. angewendet werden (BT-Drs. 17/10488, 18, zur bish. Rspr. s. BGH BeckRS 2005, 04007; NJW 2016, 2502; OLG Schleswig BeckRS 2011, 18128 unter II B 1b cc mN). Aus dem tierärztlichen Behandlungsvertrag schuldet der Tierarzt nur eine an wirtschaftlichen, ideellen und den Anforderungen des Tierschutzes ausgerichtete Beratung, die Vorschriften über die humanärztliche Aufklärung können hierauf nicht überragen werden (OLG Dresden NJW-RR 2020, 405). Die Rspr. zum Entscheidungskonflikt bei unterlassener Eingriffsaufklärung in der Humanmedizin ist auf die Haftung des Veterinärmediziners nicht anwendbar (s. OLG Oldenburg RdL 2013, 93). 6 7 8 9

3. Vergütungspflicht des Patienten. Der Behandlungsvertrag ist regelmäßig ein **entgeltlicher Austauschvertrag** (→ § 611 Rn. 1, 4). Den Patienten (→ Rn. 3) 10

trifft im Regelfall eine Vergütungspflicht nach I. Behandlungs- und Vergütungspflicht
11 stehen sich als synallagmatische Hauptpflichten gegenüber. **a) Entgeltlichkeit.** Die Entgeltlichkeit wird nach §§ 630b, 612 vermutet (s. bei § 612). Unentgeltlicher Behandlungsvertrag ist zulässig. § 630a I, §§ 612 iVm § 630b sind dispositiv. Zu Abgrenzung und Beispielen für den Behandlungsvertrag → Vorb. § 611 Rn. 1, → § 612 Rn. 6; → § 662 Rn. 5. Fehlt ausnahmsweise Abrede über die Vergütungshöhe, so ist nach § 612 II der einschlägige staatlich festgesetzte Vergütungssatz (Taxe), sonst die übliche Vergütung geschuldet. Es gelten in ihrem Anwendungsbereich die einschlägigen Gebührenordnungen als zwingendes (s. Rehborn MDR 2013, 498) Preisrecht, zB GOÄ für Ärzte, GOZ für Zahnärzte, KrankenhausG, Krankenhausent-
12 geltG. **b) Privatpatient, Kassenpatient.** Auch ein sozialversicherungspflichtiger Patient (Kassenpatient) schließt einen Behandlungsvertrag mit dem Behandelnden ab (→ Vorb. § 630a Rn. 5). Den Besonderheiten beim Vergütungsanspruch trägt I, letzter Hs. Rechnung: „soweit nicht ein Dritter zur Zahlung verpflichtet ist." BT-Drs. 17/10488, 18 mN: Der Arzt hat sich durch seine kassenärztliche Zulassung und seine Mitgliedschaft in der Kassenärztlichen Vereinigung mit der Abrechnung seiner Behandlungsleistung über die Kassenärztliche Vereinigung mit den Krankenkassen einverstanden erklärt. Aus seinem Mitgliedschaftsrecht folgt gem § 85 IV 1, 2 SGB V sein öffentlich-rechtlicher und vor den Sozialgerichten zu verfolgender Vergütungsanspruch gegen die Kassenärztliche Vereinigung. Diese rechnet er selbst auf der Grundlage der mit den Krankenkassen geschlossenen öffentlich-rechtlichen Gesamtverträge nach den § 82 ff., 85 SGB V ab. Daher entsteht bei Kassenpatienten kein unmittelbarer Vergütungsanspruch des Behandelnden gegen den Patienten für solche Leistungen, die von den gesetzlichen Krankenkassen erstattet werden. Allerdings Vergütungsanspruch gegen den Patienten, wenn er Kostenerstattung nach § 13 II SGB V gewählt hat (BT-Drs. 17/10488, 18). Die **Abtretung** ärztlicher Honorarforderung an eine gewerbliche Verrechnungsstelle erfordert die Einwilligung des Patienten, anderenfalls ist sie nach § 134 iVm § 203 I Nr. 1 StGB nichtig (→ § 138 Rn. 12; BGH NJW 2014, 141, 142 Rn. 9).

13 **4. Krankenhausvertrag.** Das Patientenrechtegesetz will an dem Krankenhausvertrag mit seinen drei Erscheinungsformen nichts ändern (krit. Preis/Schneider
14 NZS 2013, 282). **a) Vertragsgestaltungen.** Es sind weiterhin wie bisher drei Grundtypen (hierzu Uhlenbruck NJW 1973, 1399; BT-Drs. 17/10488, 18 f.; Looschelders BT § 31 Rn. 23 ff.; ausf. BeckOK BGB/Katzenmeier Rn. 75 ff.) zu unterscheiden: **Totaler** Krankenhausvertrag: Bei totaler, alle Leistungen umfassender Aufnahme gemischter Vertrag, in dem Elemente des selbstständigen Dienstvertrages vorherrschend und wesensbestimmend sind. **Gespaltener** Krankenhausvertrag: Getrennte Dienstverträge mit Krankenhausträger und (Beleg-)Arzt. Totaler Krankenhausaufnahmevertrag **mit Arzt-Zusatzvertrag** (wie 1. Alt. plus zusätzliche ärztliche Leistungen); vgl zur Frage, wer Vertragspartner eines in einer Krankenhaus**ambulanz** behandelten Kassenpatienten ist, BGH NJW 2006, 767; 2010, 2580; s. ferner BeckOK BGB/Katzenmeier Rn. 72 ff. Es entscheidet konkrete Vertragsab-
15 rede. **b) Wahlärztliche Behandlung.** Neuregelung ändert Grundlage für die Rspr. zur wahlärztlichen Behandlung im Rahmen eines stationären Krankenhausaufenthalts nicht (BT-Drs. 17/10488, 18). Es ist hier regelmäßig anzunehmen, dass der Patient mit dem Krankenhausträger einen Krankenhausvertrag und mit dem behandelnden liquidationsberechtigten Arzt einen zusätzlichen Behandlungsvertrag für die Wahlleistung abschließt (BT-Drs. 17/10488, 18, s. den Überblick bei BeckOK BGB/Katzenmeier Rn. 70 ff., 81; ferner Bamberger/Roth/Fuchs § 611 Rn. 17). Arzt als Behandelnder iSv I wird dabei in der Praxis oft durch Krankenhausträger vertreten (bei entspr. Wahlleistungsvereinbarung zwischen Arzt und Patient im Rahmen des Krankenhausvertrags), oder es kommt zu einer isolierten Abrede zwischen dem Arzt und dem Patienten.

16 **5. Geschuldete Sorgfalt (II).** II konkretisiert § 276 II (BT-Drs. 17/10488, 19
17 spricht von „ergänzen"). **a) Fachlicher Standard.** Der Behandelnde schuldet nach

II Hs. 1 die Behandlung nach den zum Zeitpunkt der Behandlung bestehenden, allg. anerkannten fachlichen Standards seines jeweils ausgeübten Heilberufs (zum ärztlichen Standard s. Laufs/Katzenmeier/Lipp/Katzenmeier, Arztrecht, 8. Aufl. 2020, X B Rn. 7 ff.; Katzenmeier NJW 2013, 818; umfassend Jansen, Der Medizinische Standard, 2019; zum Standardbegriff aus den Perspektiven verschiedener Berufsgruppen s. Frahm/Jansen/Katzenmeier/Kienzle/Kingreen/Lungstras/Saeger/Schmitz-Luhn/Woopen MedR 2018, 447 ff.; zur Standardbildung in der modernen Medizin – big data, e:med – s. Hart MedR 2016, 669 sowie zum Standard in der Telemedizin Bergmann MedR 2016, 497). Der Standard gibt Auskunft darüber, welches Verhalten von einem gewissenhaften und aufmerksamen Berufsträger in der konkreten Behandlungssituation aus der berufsfachlichen Sicht seines Fachbereichs im Zeitpunkt der Behandlung erwartet werden kann. Er repräsentiert den jeweiligen Stand der naturwissenschaftlichen Erkenntnisse und der jeweiligen heilberuflichen Erfahrung, der zur Erreichung des Behandlungsziels erforderlich ist und sich in der Erprobung bewährt hat (BGH NJW 2021, 1536; 2016, 713, 714 Rn. 8 mAnm J. Prütting MedR 2016, 795; NJW-RR 2014, 1053 Rn. 11 mN; BT-Drs. 17/10488, 19; bish. zB BGHZ 102, 17, 24 f.; 113, 301; NJW 1999, 1778; BGHZ 144, 296, 305 f.). Um den erforderlichen Erkenntnisstand zu erlangen, muss der behandelnde Arzt die einschlägigen Fachzeitschriften des entspr. Fachgebiets, in dem er tätig ist, regelmäßig lesen (OLG Hamm NJW 2000, 1802; BGH NJW 1991, 1535). Es gilt insoweit der **Facharztstandard,** der für das jeweilige Fachgebiet im Zeitpunkt der Behandlung maßgeblich ist. Etwas Anderes kann nur dann gelten, soweit es auf die Spezialkenntnisse des Facharztes im Einzelfall gerade nicht ankommt (BT-Drs. 17/10488, 19). Ein **Abweichen** des Behandelnden vom allg. Standard führt nicht zwingend zu einem Behandlungsfehler, denn das auf ärztliche Behandlung gerichtete Vertragsverhältnis legt etwa den Arzt grds. nicht auf ein bestimmtes ärztliches Vorgehen fest, sondern verpflichtet ihn im Zweifel allein zu dem in der jeweiligen Situation sachgerechten ärztlichen Vorgehen (BGH NJW 1989, 1540). Doch ist Absehen von einer ärztlichen Maßnahme nicht erst dann behandlungsfehlerhaft, wenn die Maßnahme zwingend geboten war, sondern bereits dann, wenn ihr Unterbleiben dem im Zeitpunkt der Behandlung bestehenden medizinischen Standard ohne Grund zuwiderlief (BGH NJW 2016, 713, 714 Rn. 8). Abweichungen von dem allg. Standard sind auch zulässig, wenn der Behandelnde nachvollziehbar begründet, dass die Befindlichkeit seines Patienten so stark von der Regel abweicht, dass eine modifizierte Strategie ergriffen werden muss (BT-Drs. 17/10488, 19). Insoweit soll dem Behandelnden nach BT-Drs. 17/10488, 19 sowohl beim Diagnoseverfahren wie auch bei der Therapie ein ausreichender Beurteilungs- und Entscheidungsspielraum verbleiben, in dessen Rahmen er zur sachgerechten Ausübung seines Ermessens verpflichtet ist (BT-Drs. 17/10488, 20). Hierzu bedarf es keiner abweichenden Vereinbarung iSv II Hs. 2; dies liegt vielmehr im Rahmen des Behandlungsermessens (anders vielleicht Katzenmeier NJW 2013, 818). Zu abweichenden Vereinbarungen → Rn. 20 f.; für Wettkampfarzt gilt Standard eines Allgemeinmediziners mit Schwerpunkt Sportmedizin, nicht der eines Notfallmediziners (OLG Dresden MedR 2017, 808 ff.). – Der Tatrichter hat zur **Ermittlung** des berufsfachlichen Standards einen Sachverständigen heranzuziehen (BGH NJW *2015, 1601). Zum* Standard bei zahnärztlichem Implantat s. BGH NJW 2018, 3513. **Grundsatz horizontaler Arbeitsteilung:** Jeder Arzt hat seine Behandlung zu verantworten. Er hat aber (solange keine offensichtlichen Qualifikationsmängel oder Fehlleistungen erkennbar) keine Überwachungspflicht für Kollegen anderer Fachgebiete, sondern darf auf deren sorgfältige Berufsausübung in ihrem abgegrenzten Fachgebiet vertrauen (Vertrauensgrundsatz) (BGH NJW 2020, 2467 Rn. 14).

b) Leit- und Richtlinien. Die von wissenschaftlichen Fachgesellschaften, -gremien 18
oder -verbänden festgestellten sog. Leitlinien (dazu Achterfeld [Lit. v § 630a] 276 f.) haben trotz ihrer wissenschaftlichen Fundierung allein Informationscharakter. Sie können nicht unbesehen mit dem zur Beurteilung eines Behandlungsfehlers gebotenen medizinischen Standard gleichgesetzt werden (BGHZ 144, 1, 9; Gesundheits-

recht 2008, 361; VersR 2011, 1202; NJW-RR 2014, 1053 Rn. 17 mN; Achterfeld [Lit v § 630a] 278 f.; Heyers ArztR 2016, 201; Heyers ist aber nicht darin zu folgen, leitliniengerechtes Verhalten als Indiz für behandlungsfehlerfreies Handeln zu werten, denn sie sind keine aus sich heraus verbindliche Handlungsanleitung für Behandelnde (OLG Köln BeckRS 2013, 03953; unzutreffend BT-Drs. 17/10488, 19, zur Kritik an BT-Drs. s. auch Katzenmeier NJW 2013, 818 Fn. 17), da ihre diskutierte Legitimität als rechtlich verbindlicher Standard, ihre unterschiedliche Qualität und Aktualität dies nicht erlauben (OLG Köln BeckRS 2013, 03953). Dies gilt in bes. Maße für Leitlinien, die erst nach der zu beurteilenden medizinischen Behandlung veröffentlicht worden sind. Die Leitlinien können zwar eine zu beachtende Erkenntnisquelle zur Feststellung des relevanten Sorgfaltsstandards sein. Im Einzelfall können sie den medizinischen Standard für den Zeitpunkt ihres Erlasses zutr beschreiben; sie können aber auch Standards ärztlicher Behandlung fortentwickeln oder ihrerseits veralten. Sie sind daher nur dann eine jur relevante Erkenntnisquelle zur Feststellung des relevanten Sorgfaltsstandards, wenn sie den maßgeblichen Standard des entspr. Heilberufs bzw. bei Ärzten den relevanten Facharztstandard für den zu begutachtenden Fall mit seinen individuellen Gegebenheiten im Behandlungszeitpunkt wiedergeben. Das bedeutet, dass eine medizinische Behandlung, die nicht den Leitlinien entspricht, nicht zwingend behandlungsfehlerhaft ist (OLG Köln BeckRS 2013, 03953; sa BGH NJW-RR 2014, 1053 Rn. 17; ferner BGH NJW 2016, 639, 640 f.), sondern auch umgekehrt das Abweichen von einer Leitlinie oder Richtlinie im Einzelfall gerade geboten sein kann (Laufs/Katzenmeier/Lipp/Katzenmeier, Arztrecht, 8. Aufl. 2020, X B Rn. 11). Sie können daher im Prozess auch kein Sachverständigengutachten ersetzen (BGH Gesundheitsrecht 2008, 361; NJW-RR 2014, 1053 Rn. 17). Auch die von der Bundesärztekammer herausgegebenen **Richtlinien** können den Erkenntnisstand der medizinischen Wissenschaft nur deklaratorisch wiedergeben, nicht aber konstitutiv begründen (OLG Hamm NJW 2000, 1802 mN).

19 Zu diesem → Rn. 16. **c) Nichtärztliche Heilberufe.** Bei den nichtärztlichen Gesundheitsfachberufen (→ Rn. 5 f.) ist im Rahmen von **II** auf die sich aus dem Berufsstand jeweils ergebenden **heilberuflichen Sorgfaltsanforderungen** und Standards abzustellen. Die Einhaltung ärztlicher Standards wird dabei nicht verlangt. II fordert vielmehr die typischerweise von einem Angehörigen dieses Heilberufs zu erwartenden fachgerechten medizinischen Behandlungskenntnisse (BT-Drs. 17/10488, 19, dort insbes. auch zu den Anforderungen an Standards der Heilpraktiker, dazu sa VG Oldenburg AZR 2009, 48–56 Rn. 58; vertiefend Jansen MedR 2021, 1045). Da es an einem einheitlichen Berufs- und Kenntnisstand des Berufsstands der Heilpraktiker fehlt, will BGH NJW 1991, 1537 auf den Erwartungshorizont eines durchschnittlichen Patienten zurückgreifen, der sich von einem Heilpraktiker behandeln lässt (sa OLG Bamberg VersR 2002, 323). Das ist der eines ausgebildeten und praktizierenden Heilpraktikers, auch bei alternativen Behandlungsmethoden, nicht aber fachärztlicher Standard oder der eines Schamanen oder Wunderheilers. Er gilt auch bei alternativen Behandlungsmethoden (OLG München BeckRS 2021, 5395). Widerspricht im Falle einer todbringenden Krankheit (zB: Zervixkarzinom) ein Heilpraktiker seinem Patienten bei dessen Entscheidung zum Abbruch der schulmedizinisch indizierten Therapie (zB: Strahlentherapie) zugunsten einer nicht evidenzbasierten Maßnahme der Alternativmedizin (zB: Horvi-Schlangengift-Therapie) nicht mit Nachdruck, so kann hierin auch dann ein Behandlungsfehler des Heilpraktikers in Gestalt eines Fehlers der therapeutischen Aufklärung liegen, wenn die behandelnden Ärzte den Patienten über die Wahrscheinlichkeit des Todes im Falle des Abbruchs der schulmedizinischen Behandlung aufgeklärt haben (OLG München BeckRS 2021, 5395 Rn. 41–62). Heilpraktiker oder ein Angehöriger eines anderen Gesundheitsfachberufs, der **invasive Behandlungsmethoden** bei seinen Patienten anwendet, hat hinsichtlich dieser Methoden insoweit dieselben Sorgfaltspflichten zu erfüllen wie ein Arzt für Allgemeinmedizin, der sich solcher Methoden bedient. Das gilt auch hinsichtlich seiner Fortbildung und hinsichtlich der Nutzen und Risiken dieser Therapiearten (für den Heilpraktiker: BGH NJW 1991, 1535; OLG Hamm BeckRS 2012, 14530; OLG Bamberg VersR 2002, 323; BT-Drs. 17/10488, 19). **d) Methodenwahl.** Soweit sich in einem Bereich noch **kein Standard** entwickelt hat, ist die Sorgfalt eines vorsichtig Behandelnden geschuldet (BT-Drs. 17/10488, 19 unter Bezug auf BGH VersR 2007, 997). Soweit **gleichwertige Behandlungsmethoden** zur Verfügung stehen, ist der Behandelnde bei der Wahl der richtigen Behandlungsmethode grds. frei und nur an die Regeln der medizinischen Wissenschaft gebunden, die eine maßvolle Behandlung gebietet (BT-Drs. 17/10488, 19; Laufs/Katzenmeier/Lipp/Katzenmeier, Arztrecht, 8. Aufl. 2020, X B Rn. 12 f.; zur Wahlfreiheit bei COVID-19-Impfstoffen Hart MedR 2021, 317). Die **Therapiewahl** ist primär Sache des **Arztes,** der weiten Beurteilungsspielraum hat. Arzt ist bei der Wahl der Therapie insbes. nicht stets auf den jeweils sichersten therapeutischen Weg festgelegt (BGH NJW 2007, 2774 Rn. 13; NJW 1987; NJW 2020, 1358, 1359 Rn. 14 mN; Laufs/Katzenmeier/Lipp/Katzenmeier, Arztrecht, 8. Aufl. 2020, Kap. X Rn. 83 ff.; Katzenmeier NJW 2006, 2738, 2739). Der **Patient** ist in bestimmten Konstellationen über die Methodenwahl so **aufzuklären,** damit er die **Entscheidung** der Methodenwahl treffen kann (→ § 630e Rn. 2). Die Entscheidung des Arztes für die Wahl **einer nicht allgemein anerkannten Behandlungsmethode** (zB: ganzheitliche Zahnmedizin) setzt eine sorgfältige und gewissenhafte medizinische Abwägung von Vor- und Nachteilen unter Berücksichtigung aller Umstände des Einzelfalls und des Wohls des konkreten Patienten voraus. Dabei sind auch die Untersuchungs- und Behandlungsmöglichkeiten der **Schulmedizin** zu erwägen. Je schwerer und radikaler der Eingriff in die körperliche Unversehrtheit des Patienten ist, desto höher sind die Anforderungen an die medizinische Vertretbarkeit der gewählten Behandlungsmethode (BGH NJW 2017, 2685). Nicht allg. anerkannte Behandlungsmethode darf nur angewendet werden, wenn eine verantwortliche medizinische Abwägung unter Vergleich der zu erwartenden Vorteile dieser Methode und ihrer abzusehenden und zu vermutenden Nachteile mit der standardgemäßen Behandlung unter Berücksichtigung des Wohls des Patienten die Anwendung dieser Methode rechtfertigt (BGH NJW 2006, 2477 Rn. 6; NJW 2007, 2767 Rn. 11, 17 f.; NJW 2017, 2685 Rn. 7; Laufs/Katzenmeier/Lipp/Katzenmeier, Arztrecht, 8. Aufl. 2020, Kap. Rn. X 94 ff.) Höhere Belastungen oder Risiken für den Patienten müssen in den Besonderheiten des konkreten Falls oder in einer günstigeren Heilungsprognose eine sachliche Rechtfertigung finden (BGH NJW 2007, 2774 Rn. 13; NJW 1987, 2927; Laufs/Katzenmeier/Lipp/Katzenmeier, Arztrecht, 8. Aufl. 2020, Rn. 94 ff.). Anwendung eines nicht allg. anerkannten, den Korridor des medizinischen Standards verlassenden Behandlungskonzepts ist **nicht per se behandlungsfehlerhaft** (BGH NJW 2006, 2477 Rn. 6; NJW 2007, 2767 Rn. 11; NJW 2007, 2774 Rn. 12; NJW 2017, 2685 Rn. 6; NJW 2020, 1358, 1359 Rn. 14 mN). Zum ärztlichen Standard bei Alternativmedizin s. Schumacher, Alternativmedizin, S. 61 ff. **e) Privatautonome Standardabweichung (II Hs. 2).** II Hs. 2 erlaubt abw Standardvereinbarungen. Daher kann der Behandelnde mit dem Patienten auch neue, unerprobte Behandlungsmethoden verabreden. Er kann auch, soweit es ohne Gesundheitsgefährdung der behandelten Person möglich ist, Standardabweichungen nach unten (zB bei Zahnbehandlung) vereinbaren, nicht aber über die Grenze der gesundheitlichen Dispositionsbefugnis (§ 228 StGB) hinaus. Der Patient kann mit dem Behandelnden bei mehreren möglichen Behandlungsmethoden die anzuwendende vereinbaren. Arzt hat über Behandlungsalternativen aufzuklären (§ 630e I 3). Bei Abrede einer bestimmten Behandlungsalternative ist der die Behandlung als Erfüllungsgehilfe durchführende Arzt nicht befugt, das gewählte Behandlungskonzept eigenmächtig zu ändern (BGH NJW 1989, 1540). Ist der Patient mit der zu behandelnden Person nicht identisch und vertritt der Patient die behandelte Person nicht (wie zB Eltern das Kind nach §§ 164, 1629), treten bei privatautonomen Standardabweichungen besondere Aufklärungs- und Einwilligungsfragen auf, s. bei § 630c ff.

§ 630b Anwendbare Vorschriften

Auf das Behandlungsverhältnis sind die Vorschriften über das Dienstverhältnis, das kein Arbeitsverhältnis im Sinne des § 622 ist, anzuwenden, soweit nicht in diesem Untertitel etwas anderes bestimmt ist.

1 **1. Allgemeines.** § 630b hat nur **klarstellende Funktion.** Subsidiär sind neben den §§ 630a–630h die §§ 611 ff. anzuwenden, sofern sie den selbstständigen Dienstvertrag (und nicht den Arbeitsvertrag) regeln. Dies folgt schon daraus, dass der Behandlungsvertrag ein spezieller Dienstvertrag ist (→ Vorb. § 630a Rn. 2). Die Verweisung ist eine **Rechtsgrundverweisung. Gewährleistung** → § 630h Rn. 11.

2 **2. Vergütung.** § 612, → § 630a Rn. 9 f.

3 **3. Persönliche Leistungserbringung.** § 613. Dienste sind iZw persönlich zu erbringen, § 613 S. 1 (dazu → § 611 Rn. 6). Im Behandlungsvertrag kann **Delegationserlaubnis** vereinbart werden; ist Behandelnder jur Person (→ § 630a Rn. 1), so ist regelmäßig nicht nur Behandlung durch Organ (zB Chefarzt, → § 630a Rn. 2), sondern auch durch angestellte Ärzte etc. als Erfüllungsgehilfen vereinbart (→ § 630a Rn. 2). Grundlegend zur Delegation s. Achterfeld [Lit. v § 630a] 38 ff. Durchführung der Aufklärung nach § 630e II Nr. 1 kann auf eine Person übertragen werden, die über die zur sachgerechten Aufklärung notwendige Befähigung verfügt. **Arztvorbehalte** aus anderen Vorschriften bleiben unberührt (BT-Drs. 17/10488, 20 f.). Nach § 15 I 2 SGB V dürfen erforderliche Hilfeleistungen anderer Personen nur erbracht werden, wenn sie vom (Zahn-)Arzt angeordnet und von ihm verantwortet werden. Die Übertragung einer solchen, der Delegation zugänglichen medizinischen Behandlungsmaßnahme auf einen anderen als den eigentlich Behandelnden bedarf der Zustimmung des Patienten (BT-Drs. 17/10488, 21). IÜ bleiben die Vorschriften betreffend den Ausschluss von Delegationen unberührt. Ist der Patient mit der zu behandelnden Person nicht identisch und vertritt der Patient die behandelte Person nicht (wie zB Eltern das Kind nach §§ 164, 1629), treten bei Delegation bes. Aufklärungs- und Einwilligungsfragen auf, s. bei § 630c ff. Zu den engen Grenzen der Zulässigkeit der Vertretung bei sog. **Chefarztbehandlung** bei Wahlleistungen s. BGH NJW 2008, 987. IZw ist vereinbarte Chefarztbehandlung als persönliche Leistung des Chefarztes geschuldet. Zur engen Auslegung von Wahlleistungsvereinbarung („Wahlärzte sind alle an der Behandlung beteiligten Ärzte des Krankenhauses") s. BGH NJW 2018, 2117; NJW 2019, 1519.

4 **4. Fälligkeit der Vergütung.** § 614. Die Fälligkeitsregelungen der **Gebührenordnungen** gehen vor, s. zB § 12 I GOÄ, § 10 GOZ (zust Achterfeld [Lit v § 630a] 110).

5 **5. Kündigung.** §§ 626 ff. Anwendbarkeit des § 627 auf den Behandlungsvertrag hängt von Tatbestandserfüllung des § 627 im Einzelfall ab. AG Köln 31.8.2016, 117 C 81/16 zum fristlosen Kündigungsrecht des Patienten ohne Schadensersatzpflicht. Behandlungsvertrag als selbstständiger, nicht dauernder Dienstvertrag mit einem Arzt oder Zahnarzt fällt darunter (→ § 627 Rn. 2); nach Katzenmeier NJW 2013, 818 für Heilpraktiker offen.

6 **6. Arbeitsvertrag.** → Vorb. § 630a Rn. 6.

§ 630c Mitwirkung der Vertragsparteien; Informationspflichten

(1) **Behandelnder und Patient sollen zur Durchführung der Behandlung zusammenwirken.**

(2) [1]**Der Behandelnde ist verpflichtet, dem Patienten in verständlicher Weise zu Beginn der Behandlung und, soweit erforderlich, in deren Verlauf sämtliche für die Behandlung wesentlichen Umstände zu erläutern, insbe-**

sondere die Diagnose, die voraussichtliche gesundheitliche Entwicklung, die Therapie und die zu und nach der Therapie zu ergreifenden Maßnahmen. [2]Sind für den Behandelnden Umstände erkennbar, die die Annahme eines Behandlungsfehlers begründen, hat er den Patienten über diese auf Nachfrage oder zur Abwendung gesundheitlicher Gefahren zu informieren. [3]Ist dem Behandelnden oder einem seiner in § 52 Absatz 1 der Strafprozessordnung bezeichneten Angehörigen ein Behandlungsfehler unterlaufen, darf die Information nach Satz 2 zu Beweiszwecken in einem gegen den Behandelnden oder gegen seinen Angehörigen geführten Straf- oder Bußgeldverfahren nur mit Zustimmung des Behandelnden verwendet werden.

(3) **[1]Weiß der Behandelnde, dass eine vollständige Übernahme der Behandlungskosten durch einen Dritten nicht gesichert ist oder ergeben sich nach den Umständen hierfür hinreichende Anhaltspunkte, muss er den Patienten vor Beginn der Behandlung über die voraussichtlichen Kosten der Behandlung in Textform informieren. [2]Weitergehende Formanforderungen aus anderen Vorschriften bleiben unberührt.**

(4) **Der Information des Patienten bedarf es nicht, soweit diese ausnahmsweise aufgrund besonderer Umstände entbehrlich ist, insbesondere wenn die Behandlung unaufschiebbar ist oder der Patient auf die Information ausdrücklich verzichtet hat.**

1. Zusammenwirken (I). a) Allgemeines. Allg. Obliegenheit des Patienten 1
und des Behandelnden zur Durchführung der Behandlung im Rahmen des Behandlungsvertrages einvernehmlich zusammenzuwirken (Hart GesR 2012, 386: Mitwirkungsobliegenheit). Soll nach BT-Drs. 17/10488, 21 den Partnerschaftsgedanken zwischen dem Behandelnden und dem Patienten betonen. I hat eher lyrischen Charakter, kann aber als Auslegungsdirektive herangezogen werden. Rehborn MDR 2013, 498 mN: I ist Manifestierung der §§ 242, 254. Berechtigte Normkritik bei Thurn MedR 2013, 154 („für Kabarettisten, regelungsarm, banal"). **b) Informati-** 2
onsobliegenheit des Behandelten. Patient soll die für Behandlung bedeutsamen Umstände zeitnah offen legen und dem Behandelnden auf diese Weise ein Bild von seiner Person und seiner körperlichen Verfassung vermitteln (BT-Drs. 17/10488, 21). Dies folgt auch ohne I daraus, dass ihn bei Schadensersatzverlangen sonst ein Mitverschulden (§ 254) trifft. Sind Patient und behandelte Person nicht identisch (→ § 630a Rn. 3), besteht kein Behandlungsverhältnis iSv §§ 630a I, 630c I, aber Nebenpflichten und Mitverschulden des Dritten aus vertragsähnlicher Beziehung iSv § 328 möglich (→ § 630a Rn. 3). Gleiches Ergebnis wird im Rahmen der Deliktshaftung (s. § 630h) unabhängig von I über § 254 erreicht. **Nachvertragliche Informationspflicht.** Aus Behandlungsvertrag fließt nachwirkende Schutz- und Fürsorgepflicht gem §§ 280 I, 241 II. Arzt muss daher auch nach Ende des Behandlungsvertrags sicherstellen, dass Patient von Arztbriefen mit schwerwiegenden bedrohlichen Befunden – und ggf. Behandlungshinweisen – Kenntnis erhält. Arzt muss Informationsfluss sichern, wenn sich aus der Information selbst nicht eindeutig ergibt, dass der Patient oder der diesen weiterbehandelnde Arzt sie ebenfalls erhalten hat (BGH NJW 2018, 3382, 3384 Rn. 16 → grober Behandlungsfehler → § 630h Rn. 24).

2. Therapiebezogene Informationspflicht des Behandelnden (II 1). II 1 3
regelt **therapeutische Aufklärung** zur Sicherung des Behandlungserfolgs (deshalb auch **Sicherungsaufklärung**) zu Beginn der Behandlung und fortlaufend bei weiterer Notwendigkeit infolge neuer Entwicklungen des Behandlungsverlaufs. II 1 will inhaltlich die von der Rspr. entwickelten und als „therapeutische Aufklärung" bzw. als „Sicherungsaufklärung" bezeichneten Grundsätze, die fortgelten sollen, kodifizieren (BT-Drs. 17/10488, 21; BGH NJW 2021, 2364). Ist die Person, welche die Behandlung durchführt, nicht Behandelnder (→ § 630a Rn. 2), trifft jene Person dieselbe Pflicht als deliktische Pflicht. Information ist der Person geschuldet, die

behandelt wird, auch wenn sie nicht Patient iSv § 630a I sein sollte (→ § 630a Rn. 3), denn sie dient der Sicherung des Erfolgs der Behandlung an dieser Person. Bei Minderjährigen und Betreuten nehmen deren Informationsrechte deren Vertreter wahr. § 630d I 2 gilt entspr. **a) Erforderlicher Inhalt.** Information über die zur und nach der Therapie zu ergreifenden Maßnahmen, zB über die Medikation (Einnahme, Dosis, Unverträglichkeiten, Nebenfolgen), über einen Verbandswechsel, Nachuntersuchungen usw, soweit für eigenes therapiegerechtes Verhalten und zur Vermeidung einer möglichen Selbstgefährdung der behandelten Person erforderlich (BT-Drs. 17/10488, 21 unter Verweis auf BGH VersR 2005, 228). Sicherungsaufklärung, die sich auf die allg. Risiken der Erkrankung beschränkt, auch wenn diese die Konsequenz möglichen Versterbens umfassen, ist nicht ausreichend, wenn sich aus Medikamentenumstellung bes. Gefahren ergeben. Sicherungsaufklärung muss dann spezifisch darüber informieren (OLG Köln BeckRS 2012, 12874). Da Arzt grds. verpflichtet ist, den medizinischen Behandlungsstandard nicht zu unterschreiten, muss er Patienten nicht zusätzlich therapeutisch darüber aufklären, dass es für diesen sicherer wäre, wenn der medizinische Behandlungsstandard eingehalten und nicht unterschritten wird. Arzt schuldet solchen therapeutischen Sicherheitshinweis erst dann, wenn der Patient angebotene indizierte, medizinischen Stand entspr. Behandlung ganz ablehnt oder eine wählen möchte, die hinter dem medizinischen Standard zurückbleibt (OLG Braunschweig BeckRS 2019, 43592). Abgrenzung zwischen ärztlichem Befunderhebungsfehler (→ § 630h Rn. 22) und Fehler bei der therapeutischen Aufklärung: Wird Patient über kontrollbedürftigen Befund und die medizinisch gebotene Maßnahme informiert, kommt er aber Kontrollaufforderung nicht nach, liegt kein Befunderhebungsfehler vor. Vielmehr kommt allein Verstoß gegen die Pflicht zur therapeutischen Beratung, etwa wegen eines unterlassenen Hinweises auf die Dringlichkeit der gebotenen Maßnahme, in Betracht (BGH NJW 2018, 621). **b) Begleitinformationen.** Informationen über die Diagnose, Therapie, voraussichtliche gesundheitliche Entwicklung, Anamnese, mögliche Untersuchungen sowie Notwendigkeit von Befunderhebungen dienen primär nicht der Sicherung des Behandlungserfolgs, sondern der Selbstbestimmungsaufklärung des § 630e II (deshalb krit. zum Normtext Katzenmeier NJW 2013, 818; Spickhoff ZRP 2012, 67). Erweiterte Information auch über diese Umstände dient jedoch im Rahmen der Sicherungsaufklärung dazu, Notwendigkeit und Wirksamkeit der Informationen zur Sicherung des Behandlungserfolgs zu erhellen. Sie sollen Patienten zur **Mitwirkung iSv I** bei der Sicherung des Therapieerfolgs veranlassen. **c) Verstoß gegen II 1: Haftung** nach § 280 (daneben aus § 823). Abgrenzung zum Befunderhebungsfehler → § 630h Rn. 24. Bei einer auf eine konkrete Verhaltensweise ausgerichteten Sicherungsaufklärung spricht eine tatsächliche **Vermutung für ein aufklärungsrichtiges Verhalten** des Patienten, bei unzureichender Sicherungsaufklärung kein **Mitverschulden** des Patienten wegen Entlassungswunsch (OLG Köln BeckRS 2012, 12874).

Margin numbers: 4 (beside "ter wahr. § 630d I 2 gilt entspr. a) Erforderlicher Inhalt."), 5 (beside "621). b) Begleitinformationen."), 6 (beside "kung iSv I … c) Verstoß gegen").

7 **3. Fehlerbezogene Informationspflicht des Behandelnden (II 2).** Behandelnder hat ihm erkennbare Umstände, welche die Annahme eines Behandlungsfehlers von ihm, einem anderen Behandelnden, Erfüllungsgehilfen oder Organen von Behandelnden (→ § 630a Rn. 2) nahelegen, Patienten (bzw. dem Dritten, → § 630a Rn. 3) offenzulegen (ausf. Spickhoff JZ 2015, 15 ff.; krit. Thurn MedR 2013, 155; Preis/Schneider NZS 2013, 283; allg. dazu Olzen/Uzunovic JR 2012, 447; Schelling/Wartnjen MedR 2012, 506). II 2 soll status quo kodifizieren (BT-Drs. 17/10488, 21; krit. zu dieser Wertung Katzenmeier NJW 2013, 819 mN). *Nur über die* **Umstände** (Normtext: „über diese"), nicht über die Bewertung als Behandlungsfehler hat Behandelnder zu informieren. Nur ihm **erkennbare** Umstände sind erfasst. Keine Nachforschungspflicht (BT-Drs. 17/10488, 21). Informationspflicht nur auf **Nachfrage** des Patienten (bzw. des Dritten, → § 630a Rn. 3). Konkludente Nachfrage reicht aus (Spickhoff JZ 2015, 15 [22] mN, str); ausdr (und beweisbare) Nachfrage ist aber anzuraten. **Ungefragt nur** zur Abwen-

dung fortbestehender oder künftig möglicher gesundheitlicher Gefahren, die diese Umstände hervorgerufen haben bzw. künftig hervorrufen können. Behandelnder hat keine umfassende Pflicht zur Wahrung der Interessen des Behandelten, sondern allein Pflicht zur **Gesundheitsfürsorge** (BT-Drs. 17/10488, 21). II 2 hat nicht auch Sekundärzweck, die Vorbereitung von Arzthaftungsansprüchen zu erleichtern (Katzenmeier NJW 2013, 819; aA Wagner VersR 2012, 795); zur vermögensrechtlichen Bedeutung bei Verzögerungsschäden s. Spickhoff JZ 2015, 15, 25 f. Information muss in **verständlicher Weise** erfolgen, ggf. ist Dolmetscher zuzuziehen. Information muss so erfolgen, dass der Patient (bzw. behandelter Dritter) auch sprachlich folgen kann (s. OLG Karlsruhe BeckRS 2012, 24993; OLG Köln VersR 2016, 994; OLG Koblenz BeckRS 2018, 12969 Rn. 17; sa Spickhoff ZMGR 2016, 21). Keine versicherungsrechtlichen Nachteile für Behandelnden gegenüber seinem Haftpflichtversicherer, wenn Behandelnder der Pflicht aus II 2 nachkommt (Rehborn MDR 2013, 499). **Unterlassen der Information:** Haftung nach § 280 I, ohne praktische haftungsrechtliche Bedeutung (s. Katzenmeier NJW 2013, 819 mN; ferner Wagner VersR 2012, 796 ff.), kann aber berufsrechtliche Bedeutung erlangen (s. Rehborn MDR 2013, 499). Fehlerfolge von II 2 ist nicht Beweislastumkehr (s. Thurn MedR 2013, 155). II 2 regelt **Vertragspflicht;** sofern die die Behandlung durchführende Person keine eigene Vertragsbindung mit Patienten hat, entscheidet allein das Deliktsrecht, ob ihn eine entsprechende deliktische Offenbarungspflicht trifft. II 2 ist kein **Schutzgesetz** iSv § 823 II (Spickhoff JZ 2015, 23). Zur Bedeutung für die **Verjährung** s. Spickhoff JZ 2015, 15, 24 f.

4. Beweisverwertungsverbot (II 3). Pflicht aus II 2 soll keine straf- oder ord- 8
nungswidrigkeitsrechtlichen Folgen haben, daher sieht II 3 ein strafprozessuales Beweisverwertungsverbot vor (dazu ausf. Wagner VersR 2012, 796 f.). Einbezogen werden Behandlungsfehler von den in § 52 I StPO bezeichneten Angehörigen des Behandelnden, auf die er nach II 2 (→ Rn. 7) hinweisen muss (Angehörigenbezug erst im Rechtsausschuss s. BT-Drs. 17/11710, 10).

5. Kostenbezogene Informationspflicht des Behandelnden (III). III 1 9
regelt die **wirtschaftliche Aufklärung** (zur bish. Rspr. Thurn MedR 2013, 156). Es ist über die voraussichtliche **Kostenhöhe,** nicht nur die Art und Weise der Kostenberechnung zu informieren (BGH NJW 2020, 1211; Katzenmeier NJW 2013, 819; Rehborn MDR 2013, 500 mN; für weitherzige Auslegung Thurn MedR 2013, 156; für enge Grenzen hingegen Schelling/Warntjen MedR 2012, 509). III 1 Pflicht zur wirtschaftlichen Information soll den Patienten vor finanziellen Überraschungen schützen. Pflicht zielt allerdings nicht auf eine umfassende wirtschaftliche Folgenaufklärung des Patienten; dabei ist zwischen gesetzlich und privat versicherten Patienten zu differenzieren (BGH NJW 2020, 1211 Rn. 13 f.) Arzt, der eine neue, noch nicht allgemein anerkannte Behandlungsmethode anwendet, muss die Möglichkeit in den Blick nehmen, dass der private Krankenversicherer die dafür erforderlichen Kosten nicht in vollem Umfang erstattet. Beweislast dafür, dass sich der Patient bei ordnungsgemäßer Information über die voraussichtlichen Behandlungskosten gegen die in Rede stehende medizinische Behandlung entschieden hätte, trägt nach allgemeinen Grundsätzen der Patient. Eine Beweislastumkehr erfolgt nicht (BGH NJW 2020, 1211 Rn. 26 ff.). Information muss mindestens (→ § 126b Rn. 4) in **Textform** (§ 126b) erfolgen. Fehlerfolge: Nichtigkeit (§ 125 S. 1, Staudinger/Hertel § 126b Rn. 36). Keine weitergehende wirtschaftliche Beratungspflicht (BT-Drs. 17/10488, 22). **III 2:** Weitergehende Formanforderungen aus anderen Vorschriften bleiben unberührt (zB 17 II KrankenhausentgeltG). Unterlassen der wirtschaftlichen Aufklärung: Haftung nach § 280 I (BGH NJW 2020, 1211 Rn. 23 ff.), Patient kann mit Schadensersatzanspruch gegen Entgeltanspruch des Behandelnden aufrechnen (BT-Drs. 17/10488, 22 unter Hinweis auf BGH VersR 2000, 999). Insoweit keine Beweislastumkehr zugunsten des Patienten (BT-Drs. 17/10488, 22).

6. Wegfall der Informationspflichten (IV). Unter den Voraussetzungen des 10
IV können die Informationspflichten nach II und III entfallen oder (maiore ad

minus) im Standard gemindert sein. Unaufschiebbarkeit der Behandlung oder Informationsverzicht des Patienten sind nur **Regelbeispiele. Anforderungen an Verzicht** sind hoch anzusetzen; Verzichtswille ist im Zweifel nicht anzunehmen. Bewusstsein der Komplikationsmöglichkeit bei Eingriff erforderlich (OLG München BeckRS 2010, 13666). Nur ganz ausnahmsweise Wegfall der Informationspflicht aus therapeutischen Gründen wegen sonst drohendem schweren körperlichen oder seelischen Schaden (→ § 823 Rn. 113 mN: grds. **kein therapeutisches Privileg**). BT-Drs. 17/10488, 23 sieht bes. Umstände iSv IV auch, wenn Patient nötige Sachkunde besitzt, zB weil er selbst Arzt ist oder Kenntnis aufgrund ähnlicher Vorbehandlungen oder **Vorwissens** hat. Nur unter engen Voraussetzungen dadurch Wegfall der Informationspflicht, → § 630e Rn. 9 f.

§ 630d Einwilligung

(1) [1]**Vor Durchführung einer medizinischen Maßnahme, insbesondere eines Eingriffs in den Körper oder die Gesundheit, ist der Behandelnde verpflichtet, die Einwilligung des Patienten einzuholen.** [2]**Ist der Patient einwilligungsunfähig, ist die Einwilligung eines hierzu Berechtigten einzuholen, soweit nicht eine Patientenverfügung nach § 1827 Absatz 1 Satz 1 die Maßnahme gestattet oder untersagt.** [3]**Weitergehende Anforderungen an die Einwilligung aus anderen Vorschriften bleiben unberührt.** [4]**Kann eine Einwilligung für eine unaufschiebbare Maßnahme nicht rechtzeitig eingeholt werden, darf sie ohne Einwilligung durchgeführt werden, wenn sie dem mutmaßlichen Willen des Patienten entspricht.**

(2) **Die Wirksamkeit der Einwilligung setzt voraus, dass der Patient oder im Fall des Absatzes 1 Satz 2 der zur Einwilligung Berechtigte vor der Einwilligung nach Maßgabe von § 630e Absatz 1 bis 4 aufgeklärt worden ist.**

(3) **Die Einwilligung kann jederzeit und ohne Angabe von Gründen formlos widerrufen werden.**

1 **1. Einwilligungserfordernis (I 1).** Normzweck von I 1 ist Wahrung des **Selbstbestimmungsrechts** des Patienten (Art. 1 I, Art. 2 I GG, s. BT-Drs. 17/10488, 23). Behandelnden trifft **Vertragspflicht** gegenüber dem Patienten, vor Durchführung einer medizinischen (therapeutischen oder diagnostischen) Maßnahme Einwilligung des Patienten (bzw. des Dritten, wenn er die behandelte Person ist, → § 630a Rn. 3) einzuholen. Durchführung ohne erforderliche (→ Rn. 6) Einwilligung (oder nachträgliche Zustimmung [Genehmigung]) ist **Vertragsverletzung.** Dann Haftung nach § 280 I. Bei Eingriff in den Körper oder die Gesundheit ist Einwilligung zugleich **deliktischer Rechtfertigungsgrund** (näher → § 823 Rn. 110 ff.). Ärztliche Heileingriffe bedürfen grds der Einwilligung des Patienten **(I 1),** um rechtmäßig zu sein. Die wirksame Einwilligung des Patienten setzt nach → § 630e **I 1** dabei dessen ordnungsgemäße Aufklärung voraus (BGH NJW 2019, 1283, 1284 Rn. 15; s. noch BGH NJW-RR 2017, 533 Rn. 8; NJW 2015, 74 Rn. 6; BGH NJW-RR 2007, 310 Rn. 7; BGH NJW 2006, 2108 Rn. 6).

2 **2. Aufklärung und Einholung (I, II).** Behandelnder hat ausdr und unmissverständlich nach Einwilligung aktiv zu fragen (I 1). Einwilligung nach II nur **wirksam** (zur Rechtslage außerhalb § 630a ff. s. Nachweise bei Looschelders BT § 31 Rn. 8), wenn zuvor fehlerfrei und ausreichend nach § 630e aufgeklärt wurde oder Aufklärungspflicht nach § 630e III entfiel (s. näher § 630e). II ist deklaratorisch, da § 630e eingreift. Alternativrechtfertigung mit hypothetischer Einwilligung möglich: § 630h II 2. **Beweislast:** § 630h *II*.

3 **3. Einwilligungs-, Aufklärungsfähigkeit (I 2, II Hs. 2).** Einwilligung ist keine Willenserklärung (→ § 823 Rn. 54). Einwilligungsfähigkeit wird durch natürliches Einsichtsvermögen des Behandelten (→ Rn. 1) und seine Urteilskraft bezogen auf die Art und Bedeutung der medizinischen Maßnahme (→ Rn. 1) bestimmt.

Volljährige sind grds. einwilligungsfähig, näher → § 823 Rn. 54, 111 ff. Der Behandelnde muss sich davon überzeugen, dass der Patient die natürliche Einsichts- und Steuerungsfähigkeit besitzt und Art, Bedeutung, Tragweite und Risiken der medizinischen Maßnahme erfassen und seinen Willen hiernach ausrichten kann (BT-Drs. 17/10488, 23). **Beweislast** hat, wer sich auf Einwilligungsunfähigkeit beruft (BT-Drs. 17/10488, 23). Bei **Minderjährigen** kommt es für die Einwilligung auf die Umstände des *Einzelfalles* an, ob seine Eltern als gesetzliche Vertreter, ggf. der Minderjährige allein oder auch der Minderjährige und seine Eltern gemeinsam einwilligen müssen (BT-Drs. 17/10488, 23 unter Verweis auf Nebendahl MedR 2009, 197; zu einem Vetorecht s. BGH NJW 2007, 217). Nach OLG Frankfurt (NJW-RR 2021, 1301) bedarf es bei einwilligungsfähigem 16-jährigen Minderjährigen der Co-Einwilligung der Sorgeberechtigten (dagegen: Schlereth FamRZ 2022, 668, 672) in Corona-Schutzimpfung. Bei Uneinigkeit Entscheidung nach § 1628 BGB. Dann bei Impfwillen des Kindes und entsprechender Empfehlung der Ständigen Impfkommission des Bundes Sorgerechtsübertragung auf impfwilligen Elternteil (OLG Frankfurt NJW-RR 2021, 1301). Die Einwilligungsfähigkeit Minderjähriger ist im Regelfall dann gegeben, wenn sie über die behandlungsspezifische natürliche Einsichtsfähigkeit verfügen (Kaeding/Schwenke MedR 2016, 935). Ebenso bei **Betreuten.** Bei Einwilligungsunfähigkeit bedarf es der ersatzweisen Einwilligung durch den **Berechtigten (I 2, II Hs. 2),** s. noch § 630e. Das ist bei Minderjährigen der gesetzliche Vertreter (Eltern: § 1629, Vormund: §§ 1793, 1800); zu Grenzen s. §§ 1631b, 1631c bei Unterbringung und Sterilisation. Einwilligung der Eltern kann ggf. nach § 1666 III Nr. 5 ersetzt werden. Bei einem Betreuten ist Berechtigter der Betreuer (→ § 1896–1908a Rn. 16) bzw. der in einer Vorsorgevollmacht bestellte rechtsgeschäftliche Vertreter (§ 1896 II, dazu → §§ 1896–1908a Rn. 15, 26), zu Grenzen s. §§ 1904–1906 bei schwerwiegenden Maßnahmen, Unterbringung und Sterilisation (dazu → §§ 1896–1908a Rn. 20–22). Zu ergänzender Erläuterung gegenüber behandelter Person mit Verständnisproblemen s. **§ 630e IV, V.**

4. Patientenverfügung (I 2 Hs. 2). Eine Patientenverfügung nach § 1901a ist 4
zu beachten (§ 1901b). Es bestehen aber bes. Anforderungen, dazu BT-Drs. 17/10488, 23 f.: Eine Patientenverfügung, die eine Einwilligung in eine ärztliche Maßnahme enthält, ist nur mit vorangegangener ärztlicher Aufklärung oder bei erklärtem Aufklärungsverzicht wirksam. Enthält eine Patientenverfügung keinen ausdr erklärten Verzicht auf eine ärztliche Aufklärung, ist die Patientenverfügung in diesen Fällen nur als Indiz für den mutmaßlichen Willen zu werten. Es bedarf dann immer einer Entscheidung des Betreuers oder des Bevollmächtigten über die Zulässigkeit des ärztlichen Eingriffs (BT-Drs. 16/8442, 14).

5. Sonstige Anforderungen an Einwilligung (I 3). I 3 stellt klar, dass weiter- 5
gehende Anforderungen an die Einwilligung aus anderen Vorschriften (s. zB zu Grenzen bei Einwilligungsunfähigkeit → Rn. 3; dem **Gendiagnostikgesetz,** dazu und zu seiner **Spezialität** Preis/Schneider NSZ 2013, 284, bei Patientenverfügung → Rn. 4) unberührt bleiben.

6. Entbehrlichkeit (I 4). I 4 regelt, unter welche Voraussetzungen (Unaufschieb- 6
barkeit der *Maßnahme*, zB bei Notfall) keine Einwilligung erforderlich ist. Die Behandlung muss aber stets dem mutmaßlichen Willen des Behandelten entsprechen. Dazu BT-Drs. 17/10488, 24 unter Bezug auf BGH NJW 1977, 338; VersR 2000, 605: Der mutmaßliche Wille ist aus den persönlichen Umständen des Betroffenen und seinen individuellen Interessen, Wünschen, Bedürfnissen und Wertvorstellungen zu ermitteln. Obj. Kriterien, etwa wie sich eine verständige durchschnittliche behandelte (zu behandelnde) Person üblicherweise entscheiden würde, treten in den Hintergrund. Diese können lediglich für die Ermittlung ihres individuellen hypothetischen Willens herangezogen werden.

7. Widerruf (III). Einwilligung kann jederzeit (aber nicht mit Rückwirkung) 7
ohne Angabe von Gründen formlos gegenüber Behandelndem (oder anderer behan-

delnden Person, → § 630a Rn. 2) mit Wirkung ab Widerrufszugang – auch konkludent (Achterfeld [Lit v § 630a] 140) – widerrufen werden. Eventuelle Willensmängel des Patienten sind bei der Auslegung und der Wirksamkeit der Einwilligung und ggf. im Rahmen einer Anfechtung zu berücksichtigen; insoweit bedarf es keines Widerrufs (BT-Drs. 17/10488, 41).

§ 630e Aufklärungspflichten

(1) [1]**Der Behandelnde ist verpflichtet, den Patienten über sämtliche für die Einwilligung wesentlichen Umstände aufzuklären.** [2]**Dazu gehören insbesondere Art, Umfang, Durchführung, zu erwartende Folgen und Risiken der Maßnahme sowie ihre Notwendigkeit, Dringlichkeit, Eignung und Erfolgsaussichten im Hinblick auf die Diagnose oder die Therapie.** [3]**Bei der Aufklärung ist auch auf Alternativen zur Maßnahme hinzuweisen, wenn mehrere medizinisch gleichermaßen indizierte und übliche Methoden zu wesentlich unterschiedlichen Belastungen, Risiken oder Heilungschancen führen können.**

(2) [1]**Die Aufklärung muss**

1. **mündlich durch den Behandelnden oder durch eine Person erfolgen, die über die zur Durchführung der Maßnahme notwendige Ausbildung verfügt; ergänzend kann auch auf Unterlagen Bezug genommen werden, die der Patient in Textform erhält,**
2. **so rechtzeitig erfolgen, dass der Patient seine Entscheidung über die Einwilligung wohlüberlegt treffen kann,**
3. **für den Patienten verständlich sein.**

[2]**Dem Patienten sind Abschriften von Unterlagen, die er im Zusammenhang mit der Aufklärung oder Einwilligung unterzeichnet hat, auszuhändigen.**

(3) **Der Aufklärung des Patienten bedarf es nicht, soweit diese ausnahmsweise aufgrund besonderer Umstände entbehrlich ist, insbesondere wenn die Maßnahme unaufschiebbar ist oder der Patient auf die Aufklärung ausdrücklich verzichtet hat.**

(4) **Ist nach § 630d Absatz 1 Satz 2 die Einwilligung eines hierzu Berechtigten einzuholen, ist dieser nach Maßgabe der Absätze 1 bis 3 aufzuklären.**

(5) [1]**Im Fall des § 630d Absatz 1 Satz 2 sind die wesentlichen Umstände nach Absatz 1 auch dem Patienten entsprechend seinem Verständnis zu erläutern, soweit dieser aufgrund seines Entwicklungsstandes und seiner Verständnismöglichkeiten in der Lage ist, die Erläuterung aufzunehmen, und soweit dies seinem Wohl nicht zuwiderläuft.** [2]**Absatz 3 gilt entsprechend.**

1 **1. Selbstbestimmungsaufklärung (I). a) Allgemeines.** Behandelnder hat eine sog. **Eingriffs- und Risikoaufklärung** durchzuführen. § 630e soll bisherige **Rspr. kodifizieren,** aber keine Neuerungen bringen (BT-Drs. 17/10488, 24). Inhaltliche Parallelität zur Selbstbestimmungsaufklärung im Deliktsrecht (näher → § 823 Rn. 113 ff.) soll gewahrt bleiben. **I 1** begründet eine **Vertragspflicht.** Behandelte Person (Patient oder behandelter Dritter, → § 630a Rn. 3) bzw. zur Einwilligung Berechtigter (§ 630 I 2) kann nur wirksam iSv § 630d einwilligen, wenn Einwilligung auf der Basis ausreichender Kenntnis der Tragweite, Chancen und Gefahren der medizinischen Maßnahme, in die sie einwilligen soll, erfolgt. Nur dann ist ihr **Selbstbestimmungsrecht** über ihre Person gewahrt (BT-Drs. 17/10488, 24 unter Bezug auf BGH VersR 1959, 153). **Beweislast:** Aufklärung und Einwilligung iSv §§ 630d, 630e hat der Behandelnde zu beweisen (§ 630h II). **Unterlassene oder unzureichende (fehlerhafte) Aufklärung** nach § 630e:
2 → § 630d Rn. 1 ff. **b) Inhalt.** Art und Weise sowie Umfang und Intensität der

Aufklärung richten sich nach der individuell-konkreten jeweiligen Behandlungssituation, der geplanten medizinischen Maßnahme, ihrer Dringlichkeit (s. hierzu BGH NJW 2016, 563) und ihrer Erfolgschancen (s. Katzenmeier NJW 2013, 820 mit Fn. 43; zu den Wechselwirkungen zwischen Behandlungssituationen bzw. -fehlern und Aufklärungsmängeln s. Gehrlein GesR 2016, 129). Die in Betracht kommenden Risiken müssen nicht exakt medizinisch beschrieben werden. Es genügt eine **allg. Aufklärung** („im Großen und Ganzen") über Chancen und Risiken der Behandlung, so dass Patient dadurch eine allg. Vorstellung von dem Ausmaß der mit dem Eingriff verbundenen Risiken zu vermitteln, ohne sie zu beschönigen oder zu verschlimmern (BGH NJW 2019, 1283, 1284 Rn. 15; BGH NJW-RR 2017, 533 Rn. 10; NJW 2010, 3230 Rn. 11; BGH NJW 2006, 2108 Rn. 13; NJW 1992, 2351 2353; BGH NJW 1984, 1397). Dabei ist es nicht erforderlich, dem Patienten genaue oder annähernd genaue Prozentzahlen über die Möglichkeit der Verwirklichung eines Behandlungsrisikos mitzuteilen. Erweckt der aufklärende Arzt beim Patienten aber durch die unzutreffende Darstellung der Risikohöhe eine falsche Vorstellung über das Ausmaß der mit der Behandlung verbundenen Gefahr und verharmlost dadurch ein verhältnismäßig häufig auftretendes Operationsrisiko, so kommt er seiner Aufklärungspflicht nicht in ausreichendem Maße nach (BGH NJW 2019, 1283, 1284 Rn. 15; NJW 1992, 2352). **I 2** zählt beispielshaft und nicht abschließend regelmäßig **aufklärungsrelevante Umstände** auf. Dazu zählen auch **Behandlungsalternativen (I 3),** s. hierzu → § 630a Rn. 20; näher dazu → § 823 Rn. 114. Therapiefreiheit des Behandelnden ist insoweit eingeschränkt (BT-Drs. 17/10488, 24; BGH NJW-RR 2022, 462; 2005, 1718). OLG Karlsruhe BeckRS 2012, 24993 (unter II 3a): Arzt muss über Behandlungsalternativen aufklären, „wenn gleichermaßen indizierte und übliche Behandlungsmethoden mit wesentlich unterschiedlichen Risiken und Erfolgschancen eine echte Wahlmöglichkeit für den Patienten begründen. Zwar ist die **Wahl der Behandlungsmethode** grds. primär Sache des **Arztes** (→ § 630a Rn. 20). Er muss dem Patienten daher im Allgemeinen nicht ungefragt erläutern, welche Behandlungsmethoden theoretisch in Betracht kommen, solange er eine Therapie anwendet, die dem medizinischen Standard genügt. Die Wahrung des Selbstbestimmungsrechts des Patienten erfordert aber eine Unterrichtung über eine alternative Behandlungsmöglichkeit, wenn für eine medizinisch sinnvolle und indizierte Therapie mehrere gleichwertige Behandlungsmöglichkeiten zur Verfügung stehen, die zu jeweils unterschiedlichen Belastungen des Patienten führen oder unterschiedliche Risiken und Erfolgschancen bieten. Dem **Patienten** muss in diesem Fall nach entsprechend vollständiger ärztlicher **Aufklärung** die **Entscheidung** überlassen bleiben, auf welchem Wege die Behandlung erfolgen soll und auf welches Risiko er sich einlassen will" (vgl BGH VersR 2011, 1146, juris Rn. 10 mwN; NJW 2014, 1529). Insbes. muss der Arzt darüber aufklären, dass eine Operation nur relativ indiziert ist und durch eine konservative Behandlung vermeidbar sein könnte (BGH NJW 2014, 1529 Rn. 8 mN). Aufklärungspflicht über Behandlungsalternativen nicht erst, wenn die wissenschaftliche Diskussion über bestimmte Risiken einer Behandlung bereits abgeschlossen ist und zu allg. akzeptierten Ergebnissen geführt hat, sondern schon, wenn ernsthafte Stimmen in der medizinischen Wissenschaft auf bestimmte, mit einer bestimmten Behandlung verbundene Gefahren hinweisen, die so bei Behandlungsalternative nicht bestehen (BGH NJW 1996, 776, 777; OLG Köln BeckRS 2016, 05696 Rn. 19 mN). Ist ein Risiko einer bestimmten Behandlungsalternative im Zeitpunkt der Behandlung noch nicht bekannt, besteht keine Aufklärungspflicht (BGH NJW 2018, 3652). Ist es dem behandelnden Arzt nicht bekannt und muss es ihm auch nicht bekannt sein, etwa weil es nur in anderen Spezialgebieten der medizinischen Wissenschaft diskutiert wird, wird Aufklärungspflicht nicht verletzt (OLG Köln BeckRS 2016, 05696 Rn. 19 mN). Nach OLG Dresden keine Pflicht einer Zahnarztpraxis zur Aufklärung der Möglichkeit einer kieferchirurgischen Behandlung bei der Entfernung der Weisheitszähne, da die kieferchirurgische Osteotomie hinsichtlich Chancen und Risiken lediglich gleichwertig und damit keine echte Behandlungsalternative sei (OLG Dresden MedR 2021, 1085). **Gesteigerte Aufklärungspflicht** zur Wahrung des Selbstbestimmungsrechts des Patienten bei Anwendung einer (noch) nicht allgemein anerkannten medizinischen Behandlungsmethode. Patienten muss nicht nur das Für und Wider dieser Methode erläutert werden, sondern auch, dass der geplante Eingriff nicht oder noch nicht medizinischer Standard ist. Eine Neulandmethode darf nur dann am Patienten angewandt werden, wenn diesem zuvor unmissverständlich verdeutlicht wurde, dass die neue Methode die Möglichkeit unbekannter Risiken hat (BGH NJW-RR 2021, 866). Über mögliche andere alternative therapeutische Verfahren, die sich erst in der Erprobung befinden und damit noch nicht zum medizinischen Standard zählen, muss der Behandelnde den Patienten (bzw. zur Einwilligung Berechtigten, → Rn. 1) nach BT-Drs. 17/10488, 24 aber nicht ungefragt aufklären, selbst wenn sie an sich als Therapiealternativen in Betracht kämen (dagegen aber zu Recht für Heilversuch Katzenmeier NJW 2013, 820 mN). Aufklärungspflicht daher, wenn Patient nach neuen Verfahren ausdr. fragt. Aufklärung auch ohne Patientennachfrage ist erforderlich, wenn Arzt eine nicht allg. anerkannte Behandlungsmethode einsetzen möchte (zur **Methodenwahl** → § 630a Rn. 20). Einwilligung des Patienten in Heileingriff (→ § 630d) setzt seine ordnungsgemäße Aufklärung (§ 630e) voraus. Nach Katzenmeier (Laufs/Katzenmeier/Lipp/Katzenmeier, Arztrecht, 8. Aufl. 2020, Kap. V B Rn. 35) auch Aufklärungspflicht, wenn ein Verfahren, das noch erprobt wird, dem Patienten die einzig verbliebene Chance auf Überleben bzw. Heilung bieten könnte. Zur Aufklärungspflicht bei alternativen nicht-schulmedizinische Heilmethoden s. Schumacher, Alternativmedizin S. 109 ff.). **Aufklärungsmaßstab:** Motive verlangen schonende Aufklärung bei Heileingriffen und schonungslose Aufklärung bei kosmetisch-ästhetischen Eingriffen (BT-Drs. 17/10488, 25, dort allerdings fälschlich als Frage der Verständlichkeit der Aufklärung angesprochen). Entscheidend für das Maß der Aufklärung ist allein die Frage der Erforderlichkeit des Eingriffs, die bei Heilbehandlung regelmäßig anders zu bewerten ist als bei kosmetischer Behandlung, und die mit ihm verbundenen Gefahren, nicht aber eine sittliche Bewertung des Behandlungswunschs. S. bish. etwa OLG Stuttgart NJW-RR 2003, 89: Arzt ist bei experimenteller [Laser-]Therapie, die in ihrer Zielsetzung einer kosmetischen Operation nahe steht (Brillenersatz), zur intensiven und schonungslosen Aufklärung des Patienten verpflichtet. Bei einer Versorgung im Grenzbereich zur **experimentellen Behandlung** und hohem Mortalitätsrisiko bedarf es der konkreten Feststellung, dass, durch wen und wie das Krankenhaus den Versicherten über die relevanten Aspekte der abstrakten sowie der konkret-individuellen Chancen, der Risiken und der Risikoabwägung aufgeklärt hat. (BSG BeckRS 2020, 5697 Rn. 38). – **Zur Kausalität unterlassener Aufklärung:** Eine Haftung wegen Unterlassens der (vorgezogenen) Aufklärung über die Behandlungsalternative der Sectio kommt auch dann in Betracht, wenn die Sectio später durchgeführt wird als sie bei rechtzeitiger Aufklärung durchgeführt worden wäre und diese Verzögerung zu einem Geburtsschaden geführt hat (Hierzu

3 BGH NJW-RR 2019, 17, 18 Rn. 25 f.). **c) Anforderungen an Aufklärung (II).** II 1 regelt die formellen Anforderungen an eine ordnungsgemäße Aufklärung, s. Normtext II 1, dazu Katzenmeier NJW 2013, 820; Rehborn MDR 2013, 501. In einfach gelagerten Fällen kann der Arzt den Patienten grds. auch in einem telefonischen Gespräch über die Risiken eines bevorstehenden Eingriffs aufklären, wenn der Patient damit einverstanden ist (BGH NJW 2010, 2430; BT-Drs. 17/10488, 24). Aufklärung kann nicht durch Textform ersetzt werden, nur ergänzt (II 1 Nr. 1, zu Textform → § 630c Rn. 9). Wahrscheinlichkeitsangaben im Rahmen der Selbstbestimmungsaufklärung vor einer ärztlichen Behandlung haben sich grundsätzlich nicht an den in Beipackzetteln für Medikamente verwendeten Häufigkeitsdefinitionen des Medical Dictionary for Regulatory Activities zu orientieren. Dies gilt auch, wenn die Wahrscheinlichkeitsangaben in einem (schriftlichen) Aufklärungsbogen enthalten sind (BGH NJW 2019, 1283, 1284 Rn. 16 ff. mN zum Streitstand).

4 **d) Aufklärende Person (II 1 Nr. 1).** Aufklärung kann durch Behandelnden oder spezielle Aufklärungsperson erfolgen (Überblick und Diskussion bei Achterfeld [Lit.

v § 630a] 141 ff.). Arzt, der einen operativen Eingriff durchführt, muss daher zB nicht mit der Person des Aufklärenden identisch sein (BT-Drs. 17/10488, 24). Aufklärungsperson ist nur der, der von dem Behandelnden mit der Aufklärung betraut wird und über die zur Durchführung der einwilligungsrelevanten Maßnahme notwendige Ausbildung (zur kurzfristigen Änderung im Gesetzgebungsverfahren Hart MedR 2013, 162) verfügt. Nimmt ein Arzt den Eingriff vor, so muss auch ein Arzt die Aufklärung durchführen (zur selbstständigen Haftung des aufklärenden Arztes bei fehlerhafter oder nicht ausreichender Aufklärung aus unerlaubter Handlung s. BGH NJW 2015, 477). Entsprechendes gilt für die anderen Gesundheitsberufe wie zB Hebammen, Krankengymnasten usw. Delegation an Assistenten oder Praxishelfer mit anderer Ausbildung ist nicht zulässig (BT-Drs. 17/10488, 42; ebenso Achterfeld [Lit. v § 630a] 150 ff. mN. Einen weiteren Interpretationsspielraum im Normtext nehmen an Katzenmeier NJW 2013, 820; folgend Achterfeld [Lit. v § 630a] 150 m. Fn. 95, beide mN zum bisherigen Meinungsstand, der auch eine entsprechende Ausbildung der aufklärenden Person verlangt). II 1 Nr. 1 verlangt die erforderliche adäquate fachliche Qualifikation, deren Vorliegen grds. durch den entsprechenden Ausbildungsabschluss nachgewiesen wird. Im Falle einer Einwilligung zB in eine anstehende Operation muss die aufklärende Person den notwendigen theoretischen und praktischen Kenntnisstand besitzen, denn nur dann hat sie die zur *Durchführung* der Maßnahme *notwendige* Ausbildung. Ausbildung meint hier nicht nur die theoretische, sondern auch praktische Ausbildung (aA Achterfeld [Lit. v § 630a] 144 mN zum Streitstand; Rehborn MDR 2013, 501: theoretische Kenntnisse sollen ausreichen, erforderliche praktische Erfahrung sei nicht vorausgesetzt; im Ergebnis ebenso Katzenmeier NJW 2013, 820; skeptisch Hart MedR 2013, 162). Soweit Literatur davon ausgeht, Norm verlange nicht auch die praktische Ausbildung, sondern allein die theoretische, hat Behandelnder Kontroll- und Organisationspflicht hinsichtlich der Sicherstellung der Qualität der Aufklärung durch allein theoretisch ausreichend Ausgebildete (s. Hart MedR 2013, 162; Achterfeld [Lit. v § 630a] 145 f.). Aufklärung für gesonderte Maßnahmen muss unter Umständen jeweils eigenständig erfolgen. So hat nach BT-Drs. 17/10488, 24 etwa der Operateur über die Risiken der Operation und ein Anästhesist über die Risiken der Narkose aufzuklären. **e) Rechtzeitigkeit (II 1 Nr. 2).** Aufklärung muss zu einem 5
so frühen Zeitpunkt erfolgen, dass behandelte Person ausreichend (Normtext: „rechtzeitig", „wohlüberlegt") Bedenkzeit hat. Frage des Einzelfalls; hängt von Schwere, Art, Risiken des Eingriffs und den Heilungschancen usw ab. Bedenkzeit soll Wahrnehmung des Selbstbestimmungsrechts ermöglichen. BT-Drs. 17/10488, 25 will es bei operativen Eingriffen regelmäßig ausreichen lassen, wenn die Aufklärung am Vortag des Eingriffs erfolgt. 30 Minuten zwischen Beginn der Aufklärung und der Einleitung der Narkose dürfte hingegen danach zu kurz sein. **f) Verständ-** 6
lichkeit (II 1 Nr. 3). Aufklärung muss sich an Verständnishorizont des Empfängers orientieren, jedenfalls soweit als möglich fachsprachenfrei; ggf. Dolmetscher (OLG Köln VersR 2016, 994), Gebärdendolmetscher (Kostentragungspflicht des Sozialleistungsträgers nach 17 II SGB I). Kann Patient wegen Verständnisschwierigkeiten dem Aufklärungsgespräch nicht folgen, fehlt es an einer hinreichenden Aufklärung, die Grundlage einer wirksamen Einwilligung sein könnte (OLG Koblenz BeckRS 2018, 12969 Rn. 17). **g) Mündlichkeit (II 1 Nr. 1).** Aufklärung muss mündlich erfolgen 7
(II 1 Nr. 1); schriftliche Aufklärung nicht ausreichend (Rehborn MDR 2013, 501 unter Hinweis auf abw. bish. Rspr.; Laufs/Katzenmeier/Lipp/Katzenmeier, Arztrecht, 8. Aufl. 2020, V B Rn. 57 mN). Keine ordnungsgemäße Aufklärung allein aufgrund der Aufklärungsbögen; sie sind allenfalls ein Indiz für Inhalt und Umfang des Aufklärungsgesprächs. Sie sind jedoch kein Beleg dafür, dass tatsächlich ein ausreichendes Aufklärungsgespräch stattgefunden hat (BGH NJW 2021, 3528; OLG Koblenz BeckRS 2018, 12969 Rn. 15). §§ 307 I, II, 308, 309 sind nicht anwendbar, da für die ärztliche Aufklärung durch die Rechtsprechung des BGH entwickelte eigenständige Regeln gelten, die auch das Beweisregime erfassen (BGH NJW 2021, 3528). **h) Unterlagenaushändigung (II 2).** Hat behandelte Person im Zusammen- 8

hang mit der Aufklärung oder Einwilligung Unterlagen (zB Aufklärungsprotokolle, schriftliche Einwilligungserklärungen etc.) *unterzeichnet*, so sind ihr davon nach II 2 Abschriften auszuhändigen. Abschriften: Durchschrift, Kopie. Behandelte Person muss nicht danach fragen. Gesetz regelt Fehlerfolge nicht. Zweck: Eigendokumentation. Ferner (Rehborn MDR 2013, 502) Verhinderung der späteren Manipulation durch Behandelnden von Dokumenten zum Beweis der Einwilligung und Aufklärung; führt zu **Beweisvorteil** des Einwilligenden.

9 **2. Aufklärungsadressat (IV, V).** Adressat der Aufklärung ist derjenige, dessen Einwilligung es bedarf. Das ist die behandelte Person (→ Rn. 1). Ist sie **einwilligungsunfähig,** bedarf es der Einwilligung des **Berechtigten** (s. § 630e I 2, dazu → § 630d Rn. 3). Aufklärung (I – III) hat sich dann an diesen zu richten **(IV).** In diesem Fall muss behandelte Person in angepasster Weise von der Maßnahme und ihrer Bedeutung (I, → Rn. 2) informiert werden, soweit sie eine Verständnismöglichkeit hat. Art und Weise der Information hängt von den individuellen Umständen der Person und der medizinischen Maßnahme ab, für die es der Einwilligung bedarf (V 1). Erläuterung kann nach V 2, III (→ Rn. 9 f.) entbehrlich sein.

10 **3. Entbehrlichkeit oder Standardminderung (III).** III regelt, unter welchen Voraussetzungen (Unaufschiebbarkeit der Maßnahme, zB bei Notfall, Verzicht) keine Aufklärung erforderlich ist oder (maiore ad minus) im Standard geminderte, allg. Aufklärung erfolgen kann (Laufs/Katzenmeier/Lipp/Katzenmeier, Arztrecht, 8. Aufl. 2020, V B Rn. 38 ff. mN). Parallelregelung in § 630c IV, s. daher näher → § 630c Rn. 10. Regelmäßig kein Wegfall der Aufklärungspflicht aus therapeutischen Gründen, da im Regelfall **kein therapeutisches Privileg** (→ § 630c Rn. 10; BT-Drs. 17/10488, 25). **Vorwissen** der behandelten Person kann Aufklärungspflicht uU entfallen lassen, wenn sich Vorwissen präsent und konkret auf durchzuführende Maßnahme bezieht. Rspr. zum Deliktsrecht ist mit Annahme einer Entbehrlichkeit wegen **Voraufklärung** zu Recht zurückhaltend, s. BGH NJW 1994, 2414 (Risiko muss Patient klar vor Augen stehen, damit Voraufklärung ausreichend ist); OLG Köln MedR 2004, 567 (bei Dauerbehandlung verzichtbar); OLG Hamm BeckRS 2013, 04815; die restriktive Handhabung hat erst recht im Vertragsrecht zu gelten, denn hier ist Aufklärungspflicht bes. Vertragspflicht.

§ 630f Dokumentation der Behandlung

(1) [1]**Der Behandelnde ist verpflichtet, zum Zweck der Dokumentation in unmittelbarem zeitlichen Zusammenhang mit der Behandlung eine Patientenakte in Papierform oder elektronisch zu führen.** [2]**Berichtigungen und Änderungen von Eintragungen in der Patientenakte sind nur zulässig, wenn neben dem ursprünglichen Inhalt erkennbar bleibt, wann sie vorgenommen worden sind.** [3]**Dies ist auch für elektronisch geführte Patientenakten sicherzustellen.**

(2) [1]**Der Behandelnde ist verpflichtet, in der Patientenakte sämtliche aus fachlicher Sicht für die derzeitige und künftige Behandlung wesentlichen Maßnahmen und deren Ergebnisse aufzuzeichnen, insbesondere die Anamnese, Diagnosen, Untersuchungen, Untersuchungsergebnisse, Befunde, Therapien und ihre Wirkungen, Eingriffe und ihre Wirkungen, Einwilligungen und Aufklärungen.** [2]**Arztbriefe sind in die Patientenakte aufzunehmen.**

(3) **Der Behandelnde hat die Patientenakte für die Dauer von zehn Jahren nach Abschluss der Behandlung aufzubewahren, soweit nicht nach anderen Vorschriften andere Aufbewahrungsfristen bestehen.**

1 **1. Dokumentationspflicht (I). a) Allgemeines.** Pflicht aus I ist vertragliche **Nebenpflicht** des Behandelnden gegenüber dem Patienten bzw. dem behandelten Dritten iSv → § 630a Rn. 3. Unabhängig von I auch deliktische und berufsrechtli-

che Pflicht (Thurn MedR 2013, 156); setzt dann keine Vertragsbindung zwischen behandelndem Arzt und behandelter Person voraus. Norm nimmt bish. (deliktische) Rspr. auf, s. Hart GesR 2012, 387. § 630f gilt nicht für Lehranalyse, da keine Behandlung. Dokumentationspflicht kann sich nur aus der der Lehranalyse zugrundeliegenden vertraglichen Abrede zwischen Lehranalysand und Analytiker ergeben; zur Frage der Dokumentationspflicht bei Lehranalyse → § 630g Rn. 2, 9 f.; BGH NJW 2014, 298 Rn. 21 f. **b) Normzweck. I** dient **primär** der Sicherung der 2
folgerichtigen Durchführung der Behandlung, der Behandlungskontinuität, der Vermeidung von Doppeluntersuchungen und erleichtert Arztwechsel. Pflicht hat insoweit **therapeutischen** Zweck (BT-Drs. 17/10488, 25 f.; BGH NJW 2021, 2364). Weitere **sekundäre Zwecke:** Wahrung der **Persönlichkeitsrechte** des Behandelten durch Dokumentation und Rechenschaftspflicht des Behandelnden; Behandelter soll Behandlung nachvollziehen können. Zudem **faktische Beweissicherung** für den Fall eines etwaigen Behandlungsfehlers (BT-Drs. 17/10488, 25 f.), noch → Rn. 4. Pflicht zur Dokumentation von Aufklärung und **Einwilligung** in **II 1** hat auch therapeutische Bedeutung (aA Preis/Schneider NZS 2013, 285; Rehborn MDR 2013, 566), denn es wird die Zulässigkeit der Therapie dokumentiert, von Bedeutung besonders bei Dauertherapie. Daneben wird Beweissicherungszweck verfolgt. **c) Dokumentationsform (I 1).** Papierform oder elektronische Form, zB 3
auch elektronisch gespeichertes Video von einem operativen Eingriff (BT-Drs. 17/10488, 25 f. **d) Dokumentationsfrist und -gegenstand (II).** II benennt den 4
Dokumentationsgegenstand (ausf. dazu Rehborn MDR 2013, 566). Die Aufzählung des II 1 ist nicht abschließend. Über bish. Rspr. geht die Pflicht zur Dokumentation von Einwilligungen und Aufklärungen hinaus (Rehborn MDR 2013, 566). Nach II 2 sind auch Arztbriefe als Transferdokumente, die der Kommunikation zwischen zwei Ärzten dienen, aufzunehmen, weil sie Auskunft über den Gesundheitszustand der behandelten Person geben können (BT-Drs. 17/10488, 26). Aufzunehmen sind auch elektronische Befundergebnisse (zB elektronische Röntgen-, oder Videoaufnahmen). **Frist:** Die Eintragungen in die Patientenakte sollen zur Vermeidung von Unrichtigkeiten nach I 1 in unmittelbarem zeitlichem Zusammenhang mit der Behandlung vorgenommen werden; das verlangt einen direkten Bezug zur jeweiligen Maßnahme (relativierend Achterfeld [Lit v § 630a] 67 f. mN). Rehborn (MDR 2013, 565) erachtet Monatsfrist regelmäßig als ausreichend. Dies erscheint zu lange. **e) Berichtigungen (I 2, 3).** I 2, 3 schaffen die Vertragspflicht, Berichtigungen 5
transparent und nachvollziehbar vorzunehmen. Normvorbilder sind §§ 239 III HGB, 146 IV AO. Norm begegnet damit explizit einer gelegentlichen Praxis, Patientendokumentation für forensische Verwendung nachzubessern. Motive (BT-Drs. 17/10488, 26) nennen als Normzweck die fälschungssichere Organisation der Dokumentation (s. hierzu → Rn. 1) in Anlehnung an die Grundsätze ordnungsgemäßer Buchführung. I 3 stellt klar, dass dies auch bei elektronisch geführter Patientenakte gilt und die eingesetzte Software nachträgliche Änderungen erkennbar machen muss. Elektronischer Dokumentation, die nachträgliche Änderungen nicht erkennbar macht, kommt keine positive Indizwirkung dahingehend zu, dass die dokumentierte Maßnahme von dem Behandelnden tatsächlich getroffen worden ist (BGH NJW 2021, 2364).

2. Dokumentationsversäumnis. Bei Dokumentationsfehlern zu Lasten des 6
Behandelnden besondere **Beweislastregelung** des § 630h III. Bei fehlender Dokumentation von Einwilligung und Aufklärung wird Fehlen der Aufklärung und Einwilligung vermutet, sofern beide als „medizinisch gebotene wesentliche Maßnahme" iSv § 630h III qualifiziert werden (an dieser Qualifikation zweifelnd Preis/Schneider NSZ 2013, 285). Ferner: **Haftung** nach § 280 I, sofern Dokumentationsmangel kausal für Schaden ist (selten nachweisbar); regelmäßig nur dann, wenn Dokumentationsmangel Ursache für Fehlbehandlung ist, zB weil Medikation übersehen oder (Katzenmeier NJW 2013, 821) Ursache für Falschbehandlung durch nachfolgenden Arzt ist.

7 **3. Aufbewahrungsfrist (III). a) Frist.** Zehnjahresfrist orientiert sich an § 10 III der (Muster-)Berufsordnung für die deutschen Ärztinnen und Ärzte (Stand 2018).
8 Sie entspricht § 12 I 1 GenDG. **b) Fristenlauf (III Hs. 1).** Taggenaue **Berechnung,** kein ultimo-Fristablauf zum Jahresende. **Beginn** der Frist nach III: Abschluss der Behandlung einer bestimmten Erkrankung (ebenso Rehborn MDR 2013, 566).
9 **c) Fehlerfolge.** Wird Patientenakte nicht aufbewahrt, wird vermutet, dass medizini-
10 sche Maßnahme nicht getroffen wurde (§ 630h III Hs. 2). **d) Andere Vorschriften (III Hs. 2).** GenDG ist lex specialis (dazu Preis/Schneider NZS 2013, 284). Sonstige Normen mit kürzeren bzw. längeren Fristen (zB § 28 III 1 RöntgenVO; § 42 I StrahlenschutzVO: 30 Jahre; § 12 I 3 GenDG: einzelfallbezogene Verlängerung) bleiben unberührt. BT-Drs. 17/10488, 26 entnimmt III, dass der gesundheitliche Zustand des Patienten oder die Gegebenheiten im Einzelfall längere Aufbewahrungszeiten erfordern können. Dies ist dem Normtext von III nicht zu entnehmen und kann im Einzelfall allenfalls durch Auslegung (§§ 133, 157) dem Vertrag entnommen werden. Katzenmeier NJW 2013, 820 Fn. 54; BT-Drs. 17/10488, 26 empfehlen zur effektiven Haftungsprophylaxe eine Aufbewahrung bis Ablauf der maximalen Verjährungsfrist von 30 Jahren gem § 199 II.

§ 630g Einsichtnahme in die Patientenakte

(1) [1]**Dem Patienten ist auf Verlangen unverzüglich Einsicht in die vollständige, ihn betreffende Patientenakte zu gewähren, soweit der Einsichtnahme nicht erhebliche therapeutische Gründe oder sonstige erhebliche Rechte Dritter entgegenstehen.** [2]**Die Ablehnung der Einsichtnahme ist zu begründen.** [3]**§ 811 ist entsprechend anzuwenden.**

(2) [1]**Der Patient kann auch elektronische Abschriften von der Patientenakte verlangen.** [2]**Er hat dem Behandelnden die entstandenen Kosten zu erstatten.**

(3) [1]**Im Fall des Todes des Patienten stehen die Rechte aus den Absätzen 1 und 2 zur Wahrnehmung der vermögensrechtlichen Interessen seinen Erben zu.** [2]**Gleiches gilt für die nächsten Angehörigen des Patienten, soweit sie immaterielle Interessen geltend machen.** [3]**Die Rechte sind ausgeschlossen, soweit der Einsichtnahme der ausdrückliche oder mutmaßliche Wille des Patienten entgegensteht.**

1 **1. Einsichtnahmerecht (I 1 Hs. 1). a) Allgemeines.** Pflicht zur Gewährung der Einsichtnahme (I 1) bzw. der Ablehnungsbegründung (I 2) ist **vertragliche Nebenpflicht** des Behandelnden gegenüber der **behandelten Person** (Patienten bzw. behandelter Dritter iSv → § 630a Rn. 3). Ist behandelte Person nicht Patient (→ § 630a Rn. 3), dann kein Einsichtsrecht des Patienten aus Vertrag, aber aus sonstigen Bestimmungen, zB kraft elterlicher Sorge oder Betreuungsrecht, allg. Persönlichkeitsrecht oder Deliktsrecht. Norm nimmt bish. (deliktische) Rspr. auf, s. Hart GesR 2012, 387; Rehborn MDR 2013, 566, die bezogen auf behandelnde Personen ohne Vertragsbindung zur behandelten Person weiterhin eigene Bedeutung hat. Für Einsichtsrecht des Patienten ohne Vertragsbindung aus § 630g Habermalz NJW 2013, 3403, 3404. Zum Verhältnis von 630g zu Art. 15 III DSGVO → Riemer DSB 2019, 223 ff. EuGH muss auf Vorlage des BGH über die Auslegung von Art. 15 III 1 iVm Art. 12 V, 23 I DSGVO bezüglich der Reichweite des unionsrechtlichen Anspruchs des Patienten gegen den behandelnden Arzt auf kostenfreie Zurverfügungstellung einer ersten Kopie seiner in der Patientenakte verarbeiteten personenbezogenen Daten und der Möglichkeit einer Beschränkung dieses Anspruchs durch § 630g II 2 entscheiden (BGH MedR 2022, 839 mAnm Buchner).
2 **b) Normzweck.** § 630g beruht auf informationellem Selbstbestimmungsrecht der behandelten Person (BT-Drs. 17/10488, 26; Katzenmeier NJW 2013, 821). Sie hat Recht auf Datenkenntnis, da die Dokumentation höchstpersönliche Daten umfasst. Norm geht auf BVerfG (NJW 2006, 1116) zurück. Infolge der möglichen erhebli-

chen Bedeutung der in Patientenunterlagen enthaltenen Informationen für selbstbestimmte Entscheidungen des Behandelten hat er generell ein geschütztes Interesse daran zu erfahren, wie mit seiner Gesundheit umgegangen wurde, welche Daten sich dabei ergeben haben und wie man die weitere Entwicklung einschätzt. Dies gilt im gesteigerten Maße für Informationen über die psychische Verfassung (BGH NJW 2014, 298 Rn. 17 unter Verweis auf BVerfG NJW 2006, 1116, 1118). Daher hat Patient grds. ein Einsichtsrecht in die Krankenunterlagen auch über seine psychiatrische Behandlung, soweit nicht ausnahmsweise therapeutische Gründe entgegenstehen (BGH NJW 2014, 298 Rn. 17 ff. unter Verweis auf BGHZ 106, 146, 148). – § 630g *analog* auch für Lehranalysand bei seiner eigenen Lehranalyse in die geführte Dokumentation, auch wenn Lehranalyse keine Behandlung im üblichen Sinn ist. Denn zwar sind die Ziele einer Lehranalyse (keine Behandlung) und einer Psychoanalyse (Behandlung) nicht gleich. Doch werden sie in gleicher Weise vorgenommen, daher besteht in beiden Fällen ein gleichgerichtetes Interesse auf Einsichtnahme in die geführte Dokumentation. Denn auch bei der Lehranalyse ist es nicht ausgeschlossen, dass es zu Fehlern bei der Lehranalyse kommt, die Schadensersatzansprüche des Lehranalysanden nach sich ziehen können (BGH NJW 2014, 298 Rn. 21). **c) Einsichtnahme.** Behandelnder (aufgrund Deliktsrechts auch Arzt ohne 3
Vertragsbindung zum Patienten oder davon abweichender dritter Person, → § 630a Rn. 3) muss Einsicht in **Originalpatientenakte** gewähren. Nach I 1 ist die Akte vollständig vorzulegen, also alle Aktenbestandteile (Ausnahme → Rn. 10; zum Verjährungsbeginn bei nachgereichten Aktenteilen s. OLG Koblenz MedR 2016, 337). Akte meint auch die elektronische Akte, s. II, → § 630f Rn. 3. **d) Unverzüglich.** 4
Auf Verlangen unverzüglich, also ohne schuldhafte Verzögerung (→ § 121 Rn. 2), zu gewähren, aber nicht zwingend sofort (sofort: so schnell wie obj. möglich, also schneller als unverzüglich, → § 859 Rn. 2). Arzt bleibt kurze Prüfungsfrist hinsichtlich der Grenzen des Einsichtsrechts (→ Rn. 7 ff.); zu großzügig in der Zeitbemessung Rehborn MDR 2013, 567. Zulässig erscheint, dass Patient in Sprechstunde Einsichtnahme in Sprechstundenunterlagen verlangt und Arzt in seinem Beisein die Prüfung durchführt, sofern das in dem vorgesehenen Sprechstundentermin zeitlich möglich ist. Patient kann dann zur Beweissicherung Fotografie der Aktenteile anfertigen (→ Rn. 5). **e) Einsicht und Einsichtsort (I 3). Einsicht:** Ausreichend Zeit 5
zur Durchsicht und Anfertigung von Notizen, ggf. Fotografien oder Fotokopien (→ Rn. 4). **f) Einsichtsort (I 3).** An ungestörtem Ort. Einsichtsort: s. I 3, § 811, 6
dort, wo Akte sich bestimmungsgemäß befindet, aus wichtigem Grund auch an anderem Ort, dann Kostentragung durch Einsichtsberechtigten, s. I 3, § 811 II. Bsp nach BT-Drs. 17/10488, 26: Recht auf Einsichtnahme am Aufenthaltsort des Einsichtsberechtigten bei einer schweren Erkrankung oder bei Umzug des Behandelnden, sonst aber (so LG Hannover MedR 2016, 730) grds. kein Anspruch des Patienten auf Übersendung von Abschriften der Behandlungsdokumentation. Behandelnder hat aber Einsichtnahme an seinem Sitz anzubieten.

2. Grenzen (I 1 Hs. 2). Einsichtnahme kann nur aus therapeutischen Gründen 7
oder erheblichen Rechten Dritter verweigert werden. Stets Einzelfallbetrachtung nötig. Keine schematische Verweigerung per se. Stets Herstellung der **praktischen Konkordanz** (zum Abwägungsprozess allgemein Hesse, Grundzüge des Verfassungsrechts der Bundesrepublik Deutschland, 20. Aufl. 1999, Rn. 318 ff.) zwischen den grundrechtlichen Positionen des Einsichtswilligen und der anderen Personen erforderlich. Abzuwägen sind der Schutz des Einsichtsberechtigten, die Achtung seines Einsichtsrechts und das Persönlichkeits- und informationelle Selbstbestimmungsrecht betroffener Dritter. **a) Therapeutische Gründe.** Nur zum Schutz der 8
behandelten Person. Nur, wenn erheblicher Schaden bei behandelter Person durch Einsichtnahme zu erwarten ist. BT-Drs. 17/10488, 26: Behandelte Person hat grds. selbst eigenverantwortlich zu entscheiden, wo die Grenzen ihres Informationsbedürfnisses sind. Behandelnder hat dies nicht für behandelte Person zu entscheiden. Verweigerung zulässig bei sonst zu erwartender erheblicher gesundheitlicher

9 (Selbst-)Schädigung des Patienten. Stets Einzelfallbetrachtung nötig. **b) Rechte Dritter.** Verweigerung zulässig, soweit in die Aufzeichnungen sensible Informationen über die Persönlichkeit dritter Personen eingeflossen sind, die ihrerseits schutzwürdig sind (BT-Drs. 17/10488, 26 f. unter Hinweis auf Laufs/Katzenmeier/Lipp/Katzenmeier, Arztrecht, 6. Aufl. 2009, IX B Rn. 59) (Schutz des Persönlichkeitsrechts des Dritten). Aber auch, wenn Dritte sensible Informationen über die behandelte Person mitgeteilt haben und als **Informationsgeber** schutzwürdig sind (Schutz des informationellen Selbstbestimmungsrechts des Dritten). Bsp (in Anlehnung an BT-Drs. 17/10488, 26): Minderjähriger Patient und Informationen über Persönlichkeit des Minderjährigen oder die seiner sorgeberechtigten **Eltern** sind in Akte enthalten. Stets Einzelfallbetrachtung erforderlich (BT-Drs. 17/10488, 26). Aufzeichnung vornehmender **Behandelnder** muss regelmäßig Einsichtnahme auch in Niederschriften seiner persönlichen Eindrücke oder subj. Wahrnehmungen betreffend die behandelte Person hinnehmen, da Gesetzestext insoweit keine Ausnahme vorsieht (krit. unter Hinweis auf andere deliktische Rspr. und das Berufsrecht Preis/Schneider NZS 2013, 285). Im Regelfall daher kein Einsichtsverweigerungsrecht des Behandelnden hinsichtlich seiner Notizen zu seinen subj. Wahrnehmungen. Behandelnder ist nicht Dritter iSv I 1 Hs. 2, kann sich aber im Einzelfall auf Schutz seines allg. Persönlichkeitsrechts berufen (Rehborn MDR 2013, 566 f. mN). Bei **Lehranalyse** (zur entspr. Anwendung von § 630g → Rn. 2) darf Lehranalytiker den Teil seiner Aufzeichnungen, deren Preisgabe sein eigenes Persönlichkeitsrecht verletzen würde, schwärzen. IÜ kann er, soweit bei einer Lehranalyse eine Dokumentation (→ § 630f Rn. 1) nicht gefordert ist, den Umfang der Dokumentation selbst bestimmen und insoweit eine Einsichtnahme durch den Lehranalysanden durch schlichtes Unterlassen der Dokumentation ausschließen. Soweit aber eine Dokumentation von intimen Informationen über den Lehranalysanden erfolgt ist und die Offenbarung nicht das Persönlichkeitsrecht des Lehranalytikers verletzt, weil es nicht um eigene Informationen aus seinem Intimbereich geht, kann das Einsichtsrecht des Lehranalysanden auf Grund des allein schon durch die Dokumentation erfolgten Eingriffs in das allg. Persönlichkeitsrecht nicht verneint werden (BGH NJW 2014, 298 Rn. 24 mN zum fr. Recht). Im Einzelfall auch Verweigerungsrecht des Behandelnden zum Schutz seines Leib und Lebens wegen sonst drohender Gefährdung durch Patienten denkbar, dazu Bayer MedR
10 2017, 211. **c) Partielle Verweigerung bzw. begleitete Einsichtnahme.** Wenn die Verweigerungsgründe (→ Rn. 7 ff.) sich nur auf Aktenteile beziehen, dann ist nur partielle Verweigerung zulässig (Ausnahme zu → Rn. 3), keine Totalverweigerung, denn Verweigerung soll bes. Einzelfall sein. Im Einzelfall kommt partielle **Schwärzung** durch den Behandelnden bzw. Lehranalytiker (→ Rn. 2) in Betracht (dazu am Bsp der Lehranalyse BGH NJW 2014, 298 Rn. 21 f. mN, dort auch zur erforderlichen Hinnahme der Missbrauchsgefahr). BT-Drs. 17/10488, 26 erwägt statt Total- oder Teilverweigerung eine durch den Behandelnden unterstützende oder eine begleitete Einsichtnahme, ferner ob dritte Person Einsichtsnehmenden bei Einsichtnahme unterstützend begleiten soll. Stets Einzelfallbetrachtung nötig. Erforderlich ist eine Abwägung der berechtigten Interessen der betroffenen anderen Personen mit dem Selbstbe-
11 stimmungsrecht des Patienten. **d) Begründung (I 2).** Ablehnung bzw. Schwärzung (→ Rn. 10) ist zu begründen (I 2); Begründung kann aus Schutzgründen Verweigerungsgrund nicht detailliert offen legen, sonst liefe Verweigerungsrecht leer. Daher sind an Begründung keine zu hohen Anforderungen zu stellen; unzulässig ist aber Pauschalbegründung.

12 **3. Abschriften (II).** II 1 gibt Einsichtsberechtigtem Recht auf Abschrift von in *Textform erstellter* wie von elektronischer Dokumentation durch Ausdrucke, Kopien, maschinenlesbare Datenkopien oder Dateien in elektronischer Form, ggf. auch Kopie einer Videoaufnahme. Einsichtsberechtigter kann auch (maiore ad minus) Patientenakte fotografieren. Ist Holschuld, kein Anspruch auf Herausgabe der Originale; kein Anspruch auf beglaubigte Abschriften, eidesstaatlicher Versicherungen der Vollständigkeit der Abschriften etc (Rehborn MDR 2013, 566 f.). Zum

Anspruch auf Herausgabe genetischer Rohdaten Fleischer/Schickhardt/Taupitz/Winkler MedR 2016, 481. II 2: **Kostentragung** durch Einsichtsberechtigten. Entspricht § 811 II 1, dazu → § 811 Rn. 8. Nur Aufwendungsersatz, kein Zeithonorar für Erstellung der Abschriften, s. Rehborn MDR 2013, 567.

4. Postmortales Einsichtsrecht (III). Einsichtsberechtigt sind – wie schon bish. 13
(s. Laufs/Katzenmeier/Lipp/Katzenmeier, Arztrecht, 8. Aufl. 2020, IX B Rn. 69 ff., ebenso BT-Drs. 17/10488, 27 unter Hinweis auf Arztrecht 6. Aufl. 2009) – im Falle des Todes des Einsichtsberechtigten Erben oder nahe Angehörige (str, aA Staudinger/Kunz § 1922 Rn. 545 mN), je nach verfolgtem Interesse (zur Unterscheidung zwischen postmortalen vermögensrechtlichen und ideellen Interessen s. BGH NJW 2000, 2195). **a) Erben.** Nur hinsichtlich vermögensrechtlicher Interessen, zB für 14
Arzthaftungsprozess oder (Rehborn MDR 2013, 567) für Ermittlung Geschäfts- bzw. Testierfähigkeit. Erben: § 1922 I. **b) Nächste Angehörige.** Nur hinsichtlich 15
immaterieller Interessen, zB für Klage aus postmortalem Persönlichkeitsrecht; im Rahmen von Strafverfolgungsmaßnahmen. Nächste Angehörige: s. § 1a Nr. 5 Transplantationsgesetz. **c) Grenze.** Kein Einsichtsrecht Dritter gegen ausdr oder mut- 16
maßlichen Willen behandelter Person zur Wahrung seiner postmortalen Grundrechtspositionen (zu diesen BGH NJW 2000, 2195).

§ 630h Beweislast bei Haftung für Behandlungs- und Aufklärungsfehler

(1) **Ein Fehler des Behandelnden wird vermutet, wenn sich ein allgemeines Behandlungsrisiko verwirklicht hat, das für den Behandelnden voll beherrschbar war und das zur Verletzung des Lebens, des Körpers oder der Gesundheit des Patienten geführt hat.**

(2) [1]**Der Behandelnde hat zu beweisen, dass er eine Einwilligung gemäß § 630d eingeholt und entsprechend den Anforderungen des § 630e aufgeklärt hat.** [2]**Genügt die Aufklärung nicht den Anforderungen des § 630e, kann der Behandelnde sich darauf berufen, dass der Patient auch im Fall einer ordnungsgemäßen Aufklärung in die Maßnahme eingewilligt hätte.**

(3) **Hat der Behandelnde eine medizinisch gebotene wesentliche Maßnahme und ihr Ergebnis entgegen § 630f Absatz 1 oder Absatz 2 nicht in der Patientenakte aufgezeichnet oder hat er die Patientenakte entgegen § 630f Absatz 3 nicht aufbewahrt, wird vermutet, dass er diese Maßnahme nicht getroffen hat.**

(4) **War ein Behandelnder für die von ihm vorgenommene Behandlung nicht befähigt, wird vermutet, dass die mangelnde Befähigung für den Eintritt der Verletzung des Lebens, des Körpers oder der Gesundheit ursächlich war.**

(5) [1]**Liegt ein grober Behandlungsfehler vor und ist dieser grundsätzlich geeignet, eine Verletzung des Lebens, des Körpers oder der Gesundheit der tatsächlich eingetretenen Art herbeizuführen, wird vermutet, dass der Behandlungsfehler für diese Verletzung ursächlich war.** [2]**Dies gilt auch dann, wenn es der Behandelnde unterlassen hat, einen medizinisch gebotenen Befund rechtzeitig zu erheben oder zu sichern, soweit der Befund mit hinreichender Wahrscheinlichkeit ein Ergebnis erbracht hätte, das Anlass zu weiteren Maßnahmen gegeben hätte, und wenn das Unterlassen solcher Maßnahmen grob fehlerhaft gewesen wäre.**

1. Anspruchsgrundlagen. §§ 630a–630h regeln nicht die Anspruchsgrundlage 1
der Haftung für Behandlungs- und Informations-, Aufklärungsfehler und sonstige Vertragsverletzungen. Es gelten daher die allg. Vorschriften (zu ihnen → § 823 Rn. 108 f.). **a) Vertragshaftung.** Insbes. §§ 280 (näher → Rn. 7, 9, 11), 281, 282; 2
nur ausnahmsweise § 283, ggf. iVm §§ 278 bzw. 31, 89 (→ § 630a Rn. 2). Arzt haftet bei fehlgeschlagener **Schwangerschaftsverhütung** in Höhe des zur Existenzsicherung des Kindes erforderlichen Unterhaltsbetrags; auch der nichtehel. Vater

ist in Schutzbereich des Behandlungsvertrags einbezogen (BGH NJW 2007, 989).
3 **b) Deliktshaftung.** § 823 I, II, ggf. iVm §§ 31, 89, §§ 831, ggf. § 839, Art. 34 GG,
4 s. zur Deliktshaftung → § 823 Rn. 108–123. **c) Allgemeines.** Zur Arzthaftung s. umfassend Katzenmeier; sa Spindler/Rieckers JuS 2004, 272 (zu Auswirkungen des SMG und der Schadensrechtsreform), im Vergleich zur Anwaltshaftung s. Adam VersR 2010, 44; OLG Karlsruhe MedR 2003, 104 (kein Mitverschulden des Patienten, wenn Arzt eine kontraindizierte Operation auf drängenden Patientenwunsch durchführt; Arzt muss Operation in jedem Fall verweigern). Zur (uU unterschiedlichen) **Verjährung** von Ansprüchen wegen Aufklärungs- und Behandlungsfehlern s. BGH NJW 2017, 949 mAnm M. Stürner und MedR 2017, 960 mAnm Budzikiewicz; Ziegler/Oynar, NJW 2017, 2438 ff. → § 199 Rn. 4. – Nach **§ 66 SGB V** sind die **Krankenkassen** verpflichtet („sollen") die gesetzlich Versicherten bei der Verfolgung von Schadensersatzansprüchen, die bei der Inanspruchnahme von Versicherungsleistungen aus Behandlungsfehlern (Jansen/Katzenmeier NZS 2017, 761, 762: auch wegen eines Fehlers bei der Selbstbestimmungsaufklärung) entstanden sind und nicht nach § 116 SGB X auf die Krankenkassen übergehen, unterstützen. S. dazu ausf. Jansen/Katzenmeier NZS 2017, 761. Zur Art der Unterstützung (Prüfung der Unterlagen auf Vollständigkeit und Plausibilität, ggf. auf Wunsch Anforderung weiterer Unterlagen bei den Leistungserbringern, Veranlassung einer sozialmedizinischen Begutachtung durch den Medizinischen Dienst) → § 66 S. 2, 3 SGB V, zu unbenannten **Unterstützungsleistungen** in Zusammenhang mit Haftungsklage s. Jansen/Katzenmeier NZS 2017, 761, 765.

5 **2. Vertrags- und Deliktshaftung. a) Anspruchskonkurrenz.** Beide Haftungsarten stehen weiter in freier Anspruchskonkurrenz (BT-Drs. 17/10488, 17). Infolge der Neuregelung des Schmerzensgeldanspruchs 2002 durch § 253 nF kann auch bei vertraglichen Schadenersatzansprüchen Schmerzensgeld gewährt werden. Daher besteht **kein Rechtsfolgenunterschied** zwischen beiden Haftungsarten.
6 **b) Wechselwirkungen.** Zur Auslegung der §§ 630a–630h und den Wechselwirkungen zum Deliktsrecht → Vorb. § 630a Rn. 8 f.

7 **3. Normzweck.** § 630h trifft besondere Regelungen für die **Beweislastverteilung bei der Vertragshaftung** für Behandlungs- und Aufklärungsfehler im Rahmen von Behandlungsverträgen iSv § 630a. Nach der Gesetzesbegründung ist es das Ziel des § 630h, die von der **Rspr. entwickelten Grundsätze** zur Beweislastverteilung aus dem Arzthaftungsrecht systematisch in einer Vorschrift zusammenzufassen und auf sämtliche medizinischen **Behandlungsverträge** zu erstrecken. Die Gesetzesbegründung betont zu Recht (→ Vorb. § 630a Rn. 10 ff.), dass die Haftung nach den deliktischen Vorschriften der §§ 823 ff. hiervon grds. unberührt bleibt (BT-Drs. 17/10488, 27).

8 **4. Vertragliche Haftungsgrundlage und Beweislast.** § 630h ergänzt § 280 um
9 eine abweichende Beweislastregel. **a) Zentrale Haftungsnorm. § 280** ist die zentrale Haftungsnorm für Haftung aus Behandlungsvertrag (dazu auch BT-Drs. 17/10488, 27). Verletzt der Behandelnde, sein Erfüllungsgehilfe (§ 278) oder Organ (§§ 31, 89) (→ § 630a Rn. 2) eine Pflicht aus dem Behandlungsvertrag, insbes. die Behandlungspflicht nach § 630a, so liegt darin Pflichtverletzung iSv § 280 I. Der Patient (bzw. der den Vertragsanspruch erhebende Berechtigte oder in den Schutzbereich einbezogene behandelte Dritte, → § 630a Rn. 3) muss **zur Anspruchsbegründung beweisen** (näher → § 280 Rn. 27): (1) den Abschluss eines Behandlungsvertrages, (2) das Bestehen der Vertragspflicht iSv § 280 I, (3) die obj. Verletzung der Pflicht, (4) die haftungs*begründende Kausalität zwischen* dem Tun oder Unterlassen des Behandelnden (ggf. iVm §§ 278 bzw. 31, 89) und der Pflichtverletzung, (5) seinen Schaden und (6) die haftungsausfüllende Kausalität der Pflichtverletzung für seinen Schaden (s. dazu noch OLG Köln MedR 2015, 264, 266 mit krit. Anm. Mäsch 267 ff.). (7) Der Behandelnde (ggf. iVm §§ 278 bzw. 31, 89) muss die Pflichtverletzung auch subj. zu vertreten
10 haben iSv § 276 (innere Sorgfalt). **b) Vermutung des § 280 I 2.** Steht die obj.

Pflichtverletzung fest, zB der Behandlungsfehler, dann greift die Vermutung des § 280 I 2 ein (→ § 280 Rn. 27; ebenso BT-Drs. 17/10488, 27 unter Hinweis auf Katzenmeier, Arzthaftung, § 8 S. 491 f., 493; Grüneberg/Grüneberg § 280 Rn. 34, 42; BeckOK BGB/Katzenmeier Rn. 9. S. ferner etwa Deutsch NJW 2012, 2012 mN; ausf. Kubella 125 ff.; Prütting FS Rüssmann, 2013, 617 f.; zur fr. abw. Rspr. s. Katzenmeier NJW 2013, 821 mN). Nach § 280 I 2 muss der Behandelnde beweisen, dass er die obj. Pflichtverletzung subj. nicht zu vertreten hat. **c) Gesetzliche Tatsachenvermutungen (I – V).** I – V stellen widerlegliche gesetzliche Tatsachenvermutungen iSv § 292 ZPO auf (Katzenmeier NJW 2013, 821; Prütting FS Rüssmann, 2013, 616; Achterfeld [Lit v. § 630a] 211 mN). Somit **Beweislastumkehr** zugunsten des Anspruchstellers; die vermutete Tatsache (Vertragsverletzung) braucht nicht behauptet zu werden (Thomas/Putzo § 292 ZPO Rn. 3). Der Behandelnde kann nach § 292 S. 1 ZPO die Tatsachenvermutung nur durch den Beweis des Gegenteils (Vollbeweis) widerlegen (BGH NJW 2016, 1447 Rn. 8) oder nach allg. Regeln einen Gegenbeweis gegen die Vermutungsbasis erbringen. Insoweit genügt dann die Erschütterung der Überzeugung des Richters vom Vorliegen der Vermutungsbasis (MüKo-ZPO/Prütting § 292 Rn. 22; BT-Drs. 17/10488, 28). I – V wollen die bish. **Rspr. kodifizieren** und nehmen zT wörtlich Urteilsleitsätze auf (Hart MedR 2013, 163; Katzenmeier NJW 2013, 821; Thurn MedR 2013, 156). **d) Gewährleistung.** Der Behandlungs- **11**
vertrag ist ein Dienstvertrag (→ Vorb. § 630a Rn. 2; → § 630b Rn. 1). Es gilt daher das Gewährleistungsrecht des Dienstvertrags (dazu → § 611 Rn. 14 ff., 16). Aus den allg. Regeln folgt: keine Minderung bei fehlerhafter Behandlungsleistung (→ § 611 Rn. 16; zum Behandlungsvertrag BGH NJW 2018, 3513, 3514 Rn. 16; OLG Köln BeckRS 2015, 14256 Rn. 3 f.; OLG Koblenz MedR 2014, 247, 249). Patient hat Rechte aus § 628 I 2 bzw. § 280 I (→ § 611 Rn. 16; zum Behandlungsvertrag BGH NJW 2018, 3513, 3514 Rn. 16 mN). Nach § 628 I 2 Fall 2 verliert der Arzt, bei der durch den Behandlungsfehler ausgelösten Kündigung des Patient gem § 626 oder § 627 BGB ganz bzw. teilw. den Vergütungsanspruch, soweit seine bish. Leistungen für den Patienten ohne Bedeutung sind. Bei einem zu vertretenden Behandlungsfehler hat der Patient ferner einen Anspruch auf Schadensersatz aus § 280 I (→ § 611 Rn. 16; zum Behandlungsvertrag BGH NJW 2018, 3513, 3514 Rn. 17 mN). Die für die fehlerhafte Behandlung zu zahlende Vergütung ist ein Teil des durch die Schlechterfüllung entstandenen und nach § 280 zu ersetzenden Mindestschadens (→ § 611 Rn. 16 mN; zum Behandlungsvertrag BGH NJW 2018, 3513, 3514 Rn. 16 mN). Dann ist der Schadensersatzanspruch unmittelbar auf Befreiung von der Vergütungspflicht gerichtet, wenn bislang weder der Patient noch seine Versicherung bereits gezahlt haben (→ § 611 Rn. 16 mN; zum Behandlungsvertrag BGH NJW 2018, 3513, 3514 Rn. 17; OLG Köln MedR 1994, 198, 199; OLG München MedR 2006, 596; Grüneberg/Weidenkaff, § 630a Rn. 41). Als Schadensersatz können die Kosten für eine fehlerbedingt erforderlich gewordene Nachbehandlung verlangt werden (→ § 611 Rn. 16; zum Behandlungsvertrag BGH NJW 2018, 3513, 3514 Rn. 17 mN). Ist die erbrachte Dienstleistung völlig unbrauchbar, so dass sie als ein völliges Ausbleiben der Leistung anzusehen ist, und ist gleichzeitig die geschuldete Dienstleistung als solche noch nachholbar (anderenfalls Unmöglichkeit nach § 275 I), dann liegt Nichterfüllung vor (→ § 611 Rn. 16; zum Behandlungsvertrag, allerdings ohne Differenzierung zwischen Nichterfüllung [„völlig unbrauchbare Behandlungsleistung“] und Schlechterfüllung [„fehlerhafte Behandlungsleistung“] BGH NJW 2018, 3513, 3514 Rn. 17 mN). Im Fall der Nichterfüllung idR keine Fälligkeit des Vergütungsanspruchs und es greift § 320 (→ § 611 Rn. 16).

5. Voll beherrschbares Risiko (I). a) Normzweck. I entspricht der Rspr. zum **12**
„voll beherrschbaren Risiko“ (BGH VersR 1991, 1059; NJW 1995, 1618; NJW 2007, 1682; NJW-RR 2016, 1360; NJW-RR 2019, 467, 468; NJW-RR 2019, 17; OLG Naumburg NJW-RR 2013, 537; → § 823 Rn. 119 f. aE). Darlegungs- und Beweislast hat Behandelnder, soweit Risiken nicht vorrangig aus den Eigenheiten des menschlichen Organismus erwachsen, sondern durch den Klinikbetrieb oder die

Arztpraxis gesetzt und durch dessen ordnungsgemäße Gestaltung – wie sachgerechte Organisation und Koordinierung des Behandlungsgeschehens – obj. voll ausgeschlossen werden können (sog. voll beherrschbare Risiken). Denn wenn obj. eine Gefahr besteht, deren Quelle jeweils festgestellt und die deshalb mit Sicherheit ausgeschlossen werden kann, ist das Risiko dem Behandler zuzuweisen (BGH NJW-RR 2019, 17, 19 Rn. 31 mN; NJW 2007, 1682 Rn. 11; NJW-RR 2016, 1360 Rn. 6). Sie sind abzugrenzen von den Gefahren, die aus den Unwägbarkeiten des menschlichen Organismus bzw. den Besonderheiten des Eingriffs in diesen Organismus erwachsen und die deshalb der Patientensphäre zuzurechnen sind (BGH NJW-RR 2019, 17, 19 Rn. 31 mN; NJW-RR 2016, 1360; NJW 2007, 1682). Folge: Behandlungsfehler und damit eine obj. Pflichtverletzung wird vermutet, wenn die Verletzung des Lebens, des Körpers oder der Gesundheit des Patienten aus einer Gefahr herrührt, die dem Herrschafts- und Organisationsbereich des Behandelnden zuzuordnen ist, soweit der Behandelnde die Gefahren aus diesem Bereich obj. voll beherrschen kann. Für gesetzliche Vermutung unbeachtlich, wieweit das Risiko konkret vermeidbar war. Entscheidend ist vielmehr die Zuordnung des Risikos zu dem Herrschafts- und Orga-
13 nisationsbereich des Behandelnden (BT-Drs. 17/10488, 28). **b) Voraussetzungen.** Anspruchssteller muss darlegen und beweisen, dass eines der Rechtsgüter iSv I verletzt ist und dass sich dabei ein für den Behandelnden voll beherrschbares Behandlungsrisiko (gleichgültig, ob allg. oder spezielles Risiko) verwirklicht hat (BGH NJW-RR 2019, 17, 19 Rn. 31 mN; Katzenmeier MedR 2013, 821; Hart GesR 2013, 387: allg. Behandlungsrisiko ist auch schlechte Behandlungsorganisation). Alle von der Rspr. unter dem Oberbegriff des voll beherrschbaren Risikos entwickelten Fallgruppen werden durch I erfasst (BT-Drs. 17/10488, 28): Geräteeinsatz, Hygienestandards, Koordinierung und Organisation von Behandlungsabläufen, Lagerungsfehler, Transportverletzung usw (BT-Drs. 17/10488, 28; Rehborn DR 2013, 568 mN). **Voll beherrschbare Risiken** (s. BGH NJW-RR 2019, 17, 19 Rn. 32) sind zB: ordnungsgemäßer Zustand eines Tubus (BGH NJW 1975, 2245), Funktionstüchtigkeit des eingesetzten Narkosegeräts (BGH NJW 1978, 584), Reinheit des benutzten Desinfektionsmittels (BGH NJW 1978, 1683), Sterilität der verabreichten Infusionsflüssigkeit (BGH NJW 1982, 699), unbemerkt gebliebene Entkoppelung eines Infusionssystems (BGH NJW 1984, 1400), Zurückbleiben eines Tupfers im Operationsgebiet (BGH BeckRS 1981, 30383792), vermeidbare Keimübertragung durch an der Behandlung beteiligte Personen (BGH NJW 2007, 1682 Rn. 8 f.; BGH NJW 1991, 1541). Voll beherrschbar ist auch die richtige Lagerung des Patienten auf dem Operationstisch (BGH NJW 1995, 1618; NJW 1984, 1403; NJW-RR 2018, 205, 206 Rn. 19 mN), sofern nicht eine ärztlicherseits nicht im Voraus erkennbare, seltene körperliche Anomalie vorliegt, die Patienten für den eingetretenen Schaden anfällig gemacht hat. Denn liegt eine seltene und mit vertretbarem Aufwand nicht vorab aufdeckbare **Anomalie** vor, was zur Beweislast der Behandlungsseite steht, ist das damit verbundene Risiko für sie nicht mehr uneingeschränkt beherrschbar (BGH NJW-RR 2018, 205, 206 Rn. 19 mN). Die Gefahr der Überschreitung der empfohlenen Zeit von der Entscheidung zur Sectio bis zur Entwicklung des Kindes (EE-Zeit) ist für den Behandler nicht voll beherrschbar; die entsprechende Beweislast trägt der Geschädigte (BGH NJW-RR 2019, 17, 20 Rn. 34 ff.). Bei ungeklärter Infektionsquelle kein Fall des I, da dann nicht feststeht, dass der Gesundheitsschaden aus der von der Behandlungsseite
14 vollbeherrschbaren Sphäre hervorgegangen ist (BGH NJW-RR 2016, 1360). **c) Vermutung.** Es wird vermutet, dass der Behandelnde seine Behandlungspflichten verletzt hat. Der Behandelnde kann dann nach § 292 ZPO die Vermutung durch den Beweis des Gegenteils entkräften. Dieser kann sowohl durch den vollen Beweis dafür erbracht werden, *dass ein* Behandlungsfehler, der die Pflichtverletzung begründet, nicht vorliegt als auch durch den Gegenbeweis gegen die Vermutungsbasis geführt werden. Im letzteren Fall genügt es, die Überzeugung des Richters vom Vorliegen des voll beherrschbaren Behandlungsrisikos zu erschüttern (MüKo-ZPO/Prütting § 292 Rn. 22; BT-Drs. 17/10488, 28). An die **primäre Darlegungslast des Behandelten** sind nur maßvolle Anforderungen zu stellen, keine medizinische Sachkenntnis, keine

Pflicht, sich zur ordnungsgemäßen Prozessführung medizinisches Fachwissen anzueignen (BGH NJW-RR 2019, 467, 468 Rn. 15; NJW 2016, 1328, 1329 Rn. 6). Den Behandler trifft die **sekundäre Darlegungslast,** sofern (1) der Patient außerhalb des von ihm vorzutragenden Geschehensablaufs steht und ihm eine nähere Substantiierung nicht möglich oder nicht zumutbar ist, während (2) der Behandler alle wesentlichen Tatsachen kennt oder unschwer in Erfahrung bringen kann und es ihm (3) zumutbar ist, nähere Angaben zu machen. In diesem Fall darf sich der Patient auf einen Vortrag beschränken, der die Vermutung eines fehlerhaften Verhaltens des Arztes aufgrund der Folgen für den Patienten gestattet, wenn es dem Arzt möglich und zumutbar ist, den Sachverhalt näher aufzuklären (BGH NJW-RR 2020, 720; 2019, 467, 468 Rn. 15; NJOZ 2018, 1982, 1983 f. Rn. 19; NJW 2015, 1601 Rn. 19; BGH NJW 2004, 2825). So ist der zB Patient nicht verpflichtet, mögliche Entstehungsursachen einer Infektion und eines Hygieneverstoßes zu ermitteln und vorzutragen (BGH BeckRS 2020, 7538 Rn. 11; NJW-RR 2019, 467, 468 Rn. 15 mN). Behandler hat daher sekundäre Darlegungslast und muss auf die Behauptungen des Patienten substantiiert, also mit näheren Angaben erwidern, wenn Bestreiten des Behandlers nach § 138 II, III ZPO beachtlich sein soll. Die Anforderungen an die Darlegungslast des Behandlers bestimmen sich dabei weitgehend nach den Umständen des Einzelfalls, sie richten sich nach der Art des im Raum stehenden Vorwurfs und stehen – wie auch sonst – im Wechselspiel zu der Tiefe des primären Vortrags des Patienten. Beweiserleichterungen resultieren aus der sekundären Darlegungslast allerdings nicht (BGH NJW-RR 2019, 467, 468 Rn. 17 mN). Eine Änderung der **Beweislast** oder sonstige Beweiserleichterungen sind mit der sekundären Darlegungslast nicht verbunden (BGH BeckRS 2020, 7538 Rn. 10; NJW-RR 2019, 1360 Rn. 11 mN). **Kausalitätsfragen** sind von I nicht erfasst (Laufs/Katzenmeier/Lipp/Katzenmeier, Arztrecht, 8. Aufl. 2020, XI B Rn. 125 mN).

6. Einwilligung und Aufklärung (II). a) Normzweck. II regelt die Beweislast im Zusammenhang mit der Aufklärung und der Einwilligung. BT-Drs. 17/10488, 28: Die Regelung ist nötig, um die insoweit bestehende bish. Beweislastverteilung, die auf dem Deliktsrecht beruht (dazu → § 823 Rn. 113 ff.), an das neue vertragliche Regelungskonzept anzupassen. Nach den allg. vertraglichen Haftungsgrundsätzen wäre ansonsten, anders als nach bish. geltendem Recht, der Patient sowohl für seine Behauptung, die Aufklärung sei fehlerhaft oder sei unterblieben als auch für seine Behauptung, der Behandelnde habe die Einwilligung in den Eingriff nicht eingeholt, beweisbelastet. Von diesem Grundsatz macht II 1 daher eine Ausnahme und weist dem Behandelnden die Beweislast für die erfolgte Aufklärung und für die Einholung einer wirksamen Einwilligung zu (zum Vorstehenden BT-Drs. 17/10488, 28). Nach BGH NJW 2014, 1527 Rn. 11, 13 dürften an die Erfüllung der Beweislast keine überzogenen Anforderungen gestellt werden (BGH NJW 1985, 1399: Es solle dem Arzt iZw geglaubt werden). So können auch die schlüssigen Angaben des Arztes über eine erfolgte Risikoaufklärung berücksichtigt werden, für die „einiger Beweis" erbracht wurde. Dem unterzeichneten Einwilligungsformular komme hierbei Indizwirkung bzgl des Inhalts des Aufklärungsgesprächs zu. Auch wenn man in der stationären Behandlung eine Dokumentation der Tatsache eines Aufklärungsgesprächs und des wesentlichen Inhalts erwarten könne, dürfe an das Fehlen einer Dokumentation keine allzu weitgehende Beweisskepsis geknüpft werden. Diese Rspr. einer sehr großzügigen Beweiserleichterung der Aufklärung widerspricht nun dem Normzweck des II 1 (sachgerecht hingegen OLG Köln MedR 2015, 264, 266 unter 2). **b) Beweislast für die Einwilligung (II 1).** Vielmehr muss der Behandelnde beweisen, dass er den Patienten (bzw. behandelte Person, → § 630a Rn. 3) oder den zur Einwilligung gemäß § 630d I 2 Berechtigten ordnungsgemäß nach Maßgabe des § 630e über sämtliche maßgeblichen Umstände einer Maßnahme aufgeklärt und eine wirksame Einwilligung eingeholt hat (BT-Drs. 17/10488, 28; → § 823 Rn. 113 ff.). Hat der Behandelnde den Patienten (bzw. behandelte Person, → § 630a Rn. 3) zwar teilw. nicht ordnungsgemäß aufgeklärt, verwirklicht sich jedoch ein (ande-

15

16

res) Risiko, über das der Behandelnde umfassend und ordnungsgemäß aufgeklärt hat, so kann sich der Patient auf den Aufklärungsfehler nicht berufen. (BT-Drs. 17/10488, 28 unter Hinweis auf BGH NJW 2000, 1784; näher Laufs/Katzenmeier/Lipp/Katzenmeier, Arztrecht, 8. Aufl. 2020, V B Rn. 67 f.; sa → § 823 Rn. 115). Haben sich bei einem mangels ordnungsgemäßer Aufklärung rechtswidrigen ärztlichen Eingriff nur Risiken verwirklicht, über die nicht aufzuklären war, kommt ein Wegfall der Haftung des Arztes für Aufklärungsversäumnisse lediglich dann in Betracht, wenn der Patient wenigstens eine Grundaufklärung über die Art und den Schweregrad des Eingriffs erhalten hat; das gilt auch dann, wenn das realisierte – nicht aufklärungspflichtige – Risiko mit den nicht realisierten – aufklärungspflichtigen – Risiken nach Bedeutung und Auswirkung für den Patienten nicht vergleichbar ist (BGH NJW 2019, 2320).

17 **c) Hypothetische Einwilligung (II 2).** II 2 überträgt dem Behandelnden die Darlegungs- und Beweislast für den hypothetischen Kausalverlauf (s. OLG München BeckRS 2011, 27037). Hätte der Patient den Eingriff ohnehin vornehmen lassen, fehlt es an dem für die Schadenersatzhaftung erforderlichen Ursachenzusammenhang zwischen der unterbliebenen bzw. unzureichenden Aufklärung und dem eingetretenen Schaden. Die Folge ist, dass der Behandelnde nicht für die Verletzung seiner Pflicht zur Einholung einer Einwilligung und die Verletzung seiner Aufklärungspflicht einzustehen hat und dem Patienten weder zum Ersatz eines Schadens noch zur Zahlung eines Schmerzensgeldes verpflichtet ist (so BT-Drs. 17/10488, 28). An den Beweis der hypothetischen Einwilligung sind strenge Anforderungen zu stellen; er ist durch den Behandelnden nicht geführt, wenn der Patient plausible Gründe dafür darlegen kann, dass er sich auch bei ordnungsgemäßer Aufklärung in einem ernsthaften Entscheidungskonflikt über die Vornahme der Maßnahme befunden hätte (BGH BeckRS 2022, 17791; NJW-RR 2022, 462; NJW 2019, 3072, 3074; VersR 1998, 766 f.; Laufs/Katzenmeier/Lipp/Katzenmeier, Arztrecht, 8. Aufl. 2020, V B Rn. 70 ff.). Ausreichend ist eine im Einzelfall nachvollziehbare und plausible Darlegung des Patienten, dass ihn die Frage, ob er die Maßnahme in dem konkreten Umfang tatsächlich durchführen soll, ernsthaft und nachhaltig in einen inneren Konflikt versetzt hätte. Hierfür sind allein der jeweilige Patient und dessen Entscheidung im Einzelfall maßgeblich. Kann der Patient durch plausible Darlegung **eines ernsthaften Entscheidungskonflikts** ernsthafte Zweifel an der Behauptung des Behandelnden wecken, der Patient hätte auch bei ordnungsgemäßer Aufklärung in die Maßnahme eingewilligt, ist der Beweis der hypothetischen Einwilligung nicht geführt und die Durchführung der Maßnahme als pflichtwidrig im Sinne des § 280 I zu charakterisieren (so BT-Drs. 17/10488, 28; BGH BeckRS 2022, 17791; NJW-RR 2022, 462; VersR 1998, 766, 767; s. dazu noch Rehborn MedR 2013, 567; Katzenmeier NJW 2013, 821). Der **Einwand rechtmäßigen Alternativverhaltens,** der darauf zielt, der Patient sei mit der Vornahme des Eingriffs durch einen anderen Operateur einverstanden gewesen, ist nicht erheblich, weil dies dem Schutzzweck des Einwilligungserfordernisses bei ärztlichen Eingriffen widerspricht (BGH NJW 2016, 3523). Keine entspr. Anwendung der Grundsätze der hypothetischen Einwilligung gem. II 2 auf **Transplantation,** auch nicht bei Lebendnierenspende zugunsten nächsten Angehörigen (BGH NJW 2019, 1076, 1080 ff.; BeckRS 2019, 1867).

18 **7. Dokumentationsmangel (III).** Nach III wird vermutet (→ BGH NJW 2020, 1071), dass medizinisch gebotene wesentliche Maßnahmen, die entgegen der Dokumentationspflicht des § 630 f. nicht in der Patientenakte dokumentiert sind, nicht getroffen wurden (dazu Katzenmeier NJW 2013, 821; Rehborn MedR 2013, 568; BGH VersR 1999, 190 f.; NJW 2015, 411 ff.; BT-Drs. 17/10488, 28). Aber *nur Vermutung,* dass der Befund ansonsten ein für den Behandelnden reaktionspflichtiges Ergebnis erbracht hätte (BT-Drs. 17/10488, 28 f.; Laufs/Katzenmeier/Lipp/Katzenmeier, Arztrecht, 8. Aufl. 2020, XI B Rn. 116). Vermutung entfällt weder deshalb, weil in der Praxis mitunter der Pflicht zur Dokumentation nicht nachgekommen wird, noch deshalb, weil die Dokumentation insgesamt lückenhaft ist (BGH NJW 2015, 411, 413 Rn. 21).

8. Fehlende Befähigung (IV). War der Behandelnde für die von ihm vorgenommene Behandlung nicht befähigt, so stellt bereits die Übertragung einen Behandlungsfehler dar (→ § 823 Rn. 120; sa Katzenmeier NJW 2013, 821 Fn. 70; Achterfeld [Lit v § 630a] 178 mN). Nach IV wird vermutet, dass Befähigungsmangel für den Eintritt der Verletzung des Lebens, des Körpers oder der Gesundheit ursächlich war (Rehborn MedR 2013, 568; Laufs/Katzenmeier/Lipp/Katzenmeier, Arztrecht, 8. Aufl. 2020, XI B Rn. 132). Befähigung: tatsächliche Fachkompetenz (Rehborn MedR 2013, 568). **19**

9. Grober Behandlungsfehler (V). V nimmt Rspr. zum groben Behandlungsfehler auf (Katzenmeier NJW 2013, 821 f.; Rehborn MDR 2013, 568 f.; BGH NJW 2014, 688 Rn. 14). dazu näher → § 823 Rn. 119 ff.; sa Looschelders BT § 31 Rn. 21; BT-Drs. 17/10488, 30 ff. **Entspr. Anwendung:** BGH für entspr. Anwendung bei grober Verletzung von spezifisch dem Schutz von Leben und Gesundheit dienenden Berufs- oder Organisationspflichten (Kernpflichten), zB durch Bademeister (BGH MedR 2018, 481 mit ablehnender Anmerkung Laumen MedR 2018, 485, medizinische Hausnotrufdienste (BGH MedR 2018, 90 mit abl Anm Katzenmeier MedR 2018, 93), nicht aber bei pflichtwidrig unterlassenen Erste-Hilfe-Maßnahmen von Sportlehrern bei einem Unglücksfall während des Sportunterrichts (BGH NJW 2019, 1809). **Grundsatz:** Steht ein grober Behandlungsfehler (OLG München BeckRS 2021, 5395 Rn. 68: V gilt auch für Heilpraktiker als Behandler) fest, so kehrt sich die Beweislast im Zusammenhang mit der haftungsbegründenden Kausalität zu Gunsten des Patienten und zum Nachteil des Behandelnden um. Gleichwohl soll dem Behandelnden in Übereinstimmung mit der bish. Rspr. die Möglichkeit verbleiben, dieser Beweislastumkehr entgegen zu wirken. Dies ist etwa möglich, indem der Behandelnde beweist, dass der Behandlungsfehler nicht generell geeignet war, einen Gesundheitsschaden der eingetretenen Art herbeizuführen. Die Beweislastumkehr kommt ferner dann nicht in Betracht, wenn der **Behandelnde beweist,** dass jeglicher Ursachenzusammenhang zwischen dem groben Behandlungsfehler und der Rechtsgutsverletzung aufgrund der besonderen Umstände des Einzelfalls **„äußerst unwahrscheinlich"** ist (BGH NJW 1995, 1611; 98, 1780; BGHZ 159, 48, 56 f.; NJW 2011, 2508; 2014, 74 Rn. 13; BT-Drs. 17/10488, 30 f.). **20**

Aus **V 1** („für diese Verletzung") folgt: Für den Kausalitätsnachweis für Folgeschäden (Sekundärschäden), die erst durch die infolge des Behandlungsfehlers eingetretene Gesundheitsverletzung (Primärschaden) entstanden sein sollen, gelten sie nur dann, wenn der Sekundärschaden eine **typische Folge des Primärschadens** ist (BGH NJW 2014, 688 Rn. 32; BT-Drs. 17/10488, 31; Olzen/Kaya GesR 2013, 1, 4; so bereits fr. stRspr, s. nur BGH NJW 2014, 688 Rn. 32). Das gilt auch für die Haftung für Schäden, die durch eine (einfach oder grob fehlerhaft) unterlassene oder verzögerte Befunderhebung entstanden sein könnten (BGH NJW 2014, 688 Rn. 32 mN; zur versäumten Überweisung an Facharzt als Befunderhebungsfehler OLG Koblenz NJW-RR 2016, 539). **21**

Nach **V 2** Beweislastumkehr für haftungsbegründende Kausalität auch bei Unterlassung der Befunderhebung **(Befunderhebungsfehler)** (→ § 630c Rn. 4), wenn (1) Unterlassung einer aus medizinischer Sicht gebotenen Befunderhebung einen groben ärztlichen Fehler darstellt oder (2) „wenn sich bei der gebotenen Abklärung der Symptome mit hinreichender Wahrscheinlichkeit ein so deutlicher und gravierender Befund ergeben hätte, dass sich dessen Verkennung als fundamental oder die Nichtreaktion hierauf als grob fehlerhaft darstellen würde und diese Fehler generell geeignet sind, den tatsächlich eingetretenen Gesundheitsschaden herbeizuführen," wahrscheinlich braucht der Eintritt eines solchen Erfolgs hingegen nicht zu sein (BGH NJW 2016, 563, 564 Rn. 17; NJW 2014, 74, 76 f. Rn. 13 mN; NJW 2014, 688 Rn. 14 mN; Laufs/Katzenmeier/Lipp/Katzenmeier, Arztrecht, 8. Aufl. 2020, XI B Rn. 112 ff.; zum Befunderhebungsfehler bei Über- und Unterdiagnostik s. Wever FS Bergmann, 363; statistische Analyse zur Rspr. des Befunderhebungsfehlers bei Kniepert/Moeller MedR 2019, 464). **Bsp:** Befunderhebungsfehler, wenn die medizinisch gebotene Befundung mit einem **22**

von Beginn an nur notdürftig reparierten Gerät unternommen wird, auch wenn das Gerät zunächst noch verwertbare Aufzeichnungen liefert (BGH MedR 2020,
23 212: CTG-Kontrolle mittels mit einem Heftpflaster geflicktem CTG-Gerät). **Diagnosefehler,** wenn der Behandelnde erhobene oder sonst vorliegende Befunde falsch interpretiert und deshalb nicht die aus der berufsfachlichen Sicht seines Fachbereichs gebotenen – therapeutischen oder diagnostischen – Maßnahmen ergreift (BGHZ 188, 28, 35; NJW-RR 2014, 1051, Rn. 19; NJW 2016, 1447, 1448 Rn. 6 mN). Ein Diagnoseirrtum setzt aber voraus, dass der Arzt die medizinisch notwendigen Befunde überhaupt erhoben hat, um sich eine ausreichende Basis für die Einordnung der Krankheitssymptome zu verschaffen. Hat dagegen die unrichtige diagnostische Einstufung einer Erkrankung ihren Grund bereits darin, dass der Arzt die nach dem medizinischen Standard gebotenen Untersuchungen erst gar nicht veranlasst hat – er mithin aufgrund unzureichender Untersuchungen vorschnell zu einer Diagnose gelangt, ohne diese durch die medizinisch gebotenen Befunderhebungen abzuklären – dann ist dem Arzt ein Befunderhebungsfehler vorzuwerfen. Denn bei einer solchen Sachlage geht es im Kern nicht um die Fehlinterpretation von Befunden, sondern um deren Nichterhebung (BGH NJW 2003, 2827; NJW 2016, 1447, 1448
24 Rn. 6 mN; zur Abgrenzung sa Hausch MedR 2012, 231). Unterlässt es ein Arzt, den Patienten über die Dringlichkeit der – ihm ansonsten zutreffend empfohlenen – medizinisch gebotenen Maßnahmen zu **informieren** und ihn vor Gefahren zu **warnen,** die im Fall des Unterbleibens entstehen können, liegt grds. kein Befunderhebungsfehler (→ Rn. 22), sondern ein Verstoß gegen die Pflicht zur therapeutischen Beratung des Patienten (**Sicherungsaufklärung,** therapeutische Aufklärung iSv § 630c II 1 → § 630c Rn. 3) vor (BGHZ 107, 222, 227; NJW 2016, 563, 564 Rn. 18; OLG Köln NJW-RR 2001, 92; OLG Hamm VersR 2005, 837 mit BGH VersR 2005, 837), da dann der Schwerpunkt der Vorwerfbarkeit ärztlichen Fehlverhaltens regelmäßig nicht in der unterbliebenen Befunderhebung als solcher, sondern in dem Unterlassen von Warnhinweisen zum Zwecke der Sicherstellung des Behandlungserfolgs liegt. Die **fehlende Weiterleitung** relevanter Befunde oder Therapieempfehlungen ist ein grober Behandlungsfehler (BGH NJW 2018, 3382, 3384 Rn. 17 ff.), auch wenn Weiterleitung erst nach Vertragsende unterbleibt (nachwirkende Informationspflicht → § 630c Rn. 2). Beweislastumkehr gem. V 1 gilt grds. auch in Fällen einer fehlerhaften **therapeutischen Aufklärung** (OLG München
24 BeckRS 2021, 5395 Rn. 68). **Ausnahmsweise keine Beweislastumkehr,** wenn ein haftungsbegründender Ursachenzusammenhang äußerst unwahrscheinlich ist, oder wenn sich nicht das Risiko verwirklicht hat, dessen Nichtbeachtung den Fehler als grob erscheinen lässt, oder wenn der Patient durch sein Verhalten eine selbständige Komponente für den Heilungserfolg vereitelt hat und dadurch in mindestens gleicher Weise wie der grobe Behandlungsfehler des Arztes dazu beigetragen hat, dass der Verlauf des Behandlungsgeschehens nicht mehr aufgeklärt werden kann (OLG München BeckRS 2021, 5395 Rn. 69, 71 ff. iVm BGH NJW 2005, 427, 428). Das Vorliegen einer solchen Ausnahme hat Behandler zu beweisen. Bei Patientenmitverschulden ist daneben § 254 anzuwenden.

Titel 9. Werkvertrag und ähnliche Verträge

Untertitel 1. Werkvertrag

Vorbemerkungen

Lit. (allgemein): Fikentscher, Der Werkverschaffungsvertrag, AcP 190, 35; Greimer, Grenzfragen des Erfolgsbezugs im Werkvertragsrecht, AcP 211, 221; Hager/Maultzsch, Verjährung von Mängelrechten und Vorteilausgleichung in Werkvertragsketten, FS Werner, 2009, 393; Halfmeier, Schadensersatz für nicht beseitigte Mängel, BauR 2019, 391; Kapellmann, Die AGB-Festigkeit von § 1 III, IV und § 2 V, VI VOB/B angesichts des neuen BGB-Bauvertragsrechts, NZBau 2017, 635; Lembcke, Der neue § 310 Abs. 1 Satz 3 BGB, ZGS 2009, 308; Looschelders,

Fiktive Mängelbeseitigungskosten – Absage der Vorlage an den Großen Zivilsenat, NJW 2021, 1501; Mehring, Der Anspruch auf großen Schadensersatz im Werkvertragsrecht, ZGS 2009, 310; Ott, Werkvertragliche Mängelrechte bei im Zeitpunkt des Vertragsschlusses fertiggestellten Gebäuden, NZM 2016, 576; Popescu, Das Ende der fiktiven Schadensabrechnung im Werkvertragsrecht, BauR 2018, 1599; Schlechtriem, Haftung des Nachunternehmers gegenüber dem Bauherrn, ZfBR 1983, 101; Schlier, Mängelrechte vor der Abnahme im BGB-Bauvertrag, 2017; A. Teichmann, Empfiehlt sich eine Neukonzeption des Werkvertragsrechts? Gutachten 55. DJT, 1984; Wendehorst, Das Vertragsrecht der Dienstleistungen im deutschen und künftigen europäischen Recht, AcP 204, 205; Weyers, Werkvertrag, Gutachten II, 1115; ders., Typendifferenzierung im Werkvertragsrecht, AcP 182, 60.

Lit. (zur Reform 2002 und zu Spezialfragen): Böttcher, Die Kündigung eines Werkvertrages aus wichtigem Grund nach dem Schuldrechtsmodernisierungsgesetz, ZfBR 2003, 213; Däubler, Zugverspätungen als Rechtsproblem, NJW 2003, 2651; Derleder, Der Wechsel zwischen den Gläubigerrechten bei Leistungsstörungen und Mängeln, NJW 2003, 998; ders, Wohnungseigentum unter modernisiertem Werkvertragsrecht, NZM 2003, 81; ders, Die Modernisierung des Werkvertragsrechts und das Wohnungseigentum, ZWE 2003, 211; Gebauer/Wiedmann/Maifeld, Europäisches Zivilrecht, 3. Aufl. 2021, Kapitel 14 Werkvertragsrecht; Grobe, Ein Plädoyer für die erweiterte Auslegung des Nacherfüllungsanspruchs im Werkvertragsrecht, NZBau 2012, 347; Gsell, Zum Verhältnis von vertraglicher und deliktsrechtlicher Haftung beim Werkvertrag, JZ 2005, 1171; Hertel, Werkvertrag und Bauträgervertrag nach der Schuldrechtsreform, DNotZ 2002, 6; Hofmann/Joneleit, Veräußerung bebauter Grundstücke: Rückkehr zu dogmatischen Abgrenzungskriterien, NZBau 2003, 641; Horsch/Hänsel, Konzernbürgschaften – taugliche Sicherungsmittel nach § 648a BGB?, BauR 2003, 462; Kilian, Der Begutachtungsvertrag nach der Schuldrechtsreform, NZV 2004, 489; Koch, Macht Parametrisierung Standardsoftware zur unvertretbaren Sache?, ITRB 2004, 13; J. Kohler, Verfassungswidrigkeit des § 640 Abs. 2 BGB?, JZ 2003, 1081; C. Knütel, Zur Selbstvornahme nach § 637 Abs. 1 BGB nF, BauR 2002, 689; Mankowski, Werkvertragsrecht – Die Neuregelung durch § 651 BGB und der Abschied vom Werklieferungsvertrag, MDR 2003, 854 (mit umfassenden Nachw.); Maultzsch, Zum zeitlichen Anwendungsbereich der kauf- und werkvertraglichen Mängelrechte am Beispiel der §§ 439 Abs. 3, 635 Abs. 3 BGB, ZGS 2003, 411; Meub, Schuldrechtsreform – Das neue Werkvertragsrecht, DB 2002, 131; Mundt, Baumängel und der Mängelbegriff des BGB-Werkvertragsrechts nach dem Schuldrechtsmodernisierungsgesetz, NZBau 2003, 73; Neyheusel, Rechtsfragen bei der „Baubegleitenden Qualitätsüberwachung“, BauR 2004, 401; Pause, Baucontrolling – Baubegleitende Qualitätsüberwachung, BTR 2004, 72; Peters, Das Baurecht im modernisierten Schuldrecht, NZBau 2002, 113; Reinkenhof, Das neue Werkvertragsrecht, JURA 2002, 433; H. Roth, Die Reform des Werkvertragsrechts, JZ 2001, 543; ders., Das neue Kauf- und Werkvertragsrecht, in: Koller/H. Roth/Zimmermann, Schuldrechtsmodernisierungsgesetz 2002, 2002, 67; ders, Die Einordnung von Forschungs- und Entwicklungsleistungen, JZ 2003, 371; Richardi, Die Bedeutung der Entgeltrisikozuweisung für den Dienst- und Werkvertrag, FS Georgiades, 2005, 349; Schudnagies, Das Werkvertragsrecht nach der Schuldrechtsreform, NJW 2002, 396; Schuhmann, Recht und Management der Projektverträge, BuW 2004, 417; Schweinoch/Roas, Paradigmenwechsel für Projekte: Vertragstypologie der Neuerstellung von Individualsoftware, CR 2004, 326; Sienz, Anmerkungen zu einer richtlinienkonformen Auslegung der §§ 633 Abs. 2, 651 BGB nF, FS Thode, 2005, 627; Spindler/Klöhn, Fehlerhafte Informationen und Software usw – Vertragsrechtliche Haftung, VersR 2003, 273; Stamm, Die Einordnung des Verbraucherwerkvertrags, NJW 2020, 3057; A. Teichmann, Kauf- und Werkvertrag in der Schuldrechtsreform, ZfBR 2002, 13; C. Teichmann, Schuldrechtsmodernisierung 2001/2002 – Das neue Werkvertragsrecht, JuS 2002, 417; Tettinger, Nahe Mangelfolgeschäden nach der Schuldrechtsreform, ZGS 2006, 96; Thode, Die wichtigsten Änderungen im BGB-Werkvertragsrecht usw, NZBau 2002, 297, 360; Vogel, Werkvertragliche Haftung des Veräußerers eines einer Neuherstellung gleichkommenden sanierten Altbaus usw, ZfIR 2005, 139; Voit, Die Änderungen des allgemeinen Teils des Schuldrechts durch das Schuldrechtsmodernisierungsgesetz und ihre Auswirkungen auf das Werkvertragsrecht, BauR 2002, 145 ff. (Sonderheft 1); Vorwerk, Mängelhaftung des Werkunternehmers und Rechte des Bestellers nach neuem Recht, BauR 2003, 1; Wertenbruch, Die Anwendung des § 275 BGB auf Betriebsstörungen beim Werkvertrag, ZGS 2003, 53; Weyer, § 639 II BGB aF durch § 203 nF ersetzt, nicht ersatzlos weggefallen, NZBau 2002, 366.

Lit. (zur Reform 2008 – Forderungssicherungsgesetz): Christiansen, Bauvertrag – Vorleistung und vorzeitige Leistung – unter Einbeziehung des Entwurfs zum Forderungssicherungsgesetz BR-Dr. 458/04, ZfBR 2004, 736; Deckers, Unwirksame VOB/B-Klauseln im Verbrauchervertrag, NZBau 2008, 627; Frerick, Modifizierter Entwurf eines Forderungssicherungsgesetzes – der wesentliche Inhalt, ZfBR 2004, 627; Ganten, Wie sollte ein „Forderungssicherungsgesetz“ im BGB aussehen?, ZfBR 2006, 203; von Gehlen, Das Gesetz zur Sicherung von Werkunternehmeransprüchen und zur verbesserten Durchsetzung von Forderungen, NZBau 2008, 612; Grauer, Deutscher Baugerichtstag – Arbeitskreis I – „Empfehlen sich neue gesetzliche Regelungen zur Absicherung des Vergütungsanspruchs des Bauunternehmers?", BauR 2006, 1557; Heiland, Forderungssicherungsgesetz: Als Anspruch ist § 648a BGB ein scharfes Schwert!, IBR 2008, 493; ders., FoSiG: Abschlagszahlungen nach dem neuen § 632a BGB: Alte und neue Zweifelsfragen!, IBR 2008, 627; ders, FoSiG: Drei gute Gründe für die Klagbarkeit des Anspruchs aus dem neuen § 648a BGB im Urkundsprozess!, IBR 2008, 628; Hildebrandt, Das neue FoSiG, BauR 2009, 4; Horne, Gesetzgebungsaktivitäten im Bereich des privaten Baurechts, BauR 2005, 449; Huber, FoSiG – Neues aus der zivilrechtlichen Reformküche des Gesetzgebers, JuS 2009, 23; Kniffka, Offene Fragen zu § 648a BGB, BauR 2007, 246; Kupka/Brei, Verbesserte Rechtsstellung der Bauhandwerker durch das Forderungssicherungsgesetz?, ZfBR 2006, 3; Leidig, Volle Kraft zurück? – Die neuerlichen Änderungen des Bauforderungssicherungsgesetzes, NJW 2009, 2919; Möller, Der Entwurf eines Forderungssicherungsgesetzes (EFoSiG), BauR 2005, 1849; Otto/Spiller, Überblick über das neue FoSiG, ZfIR 2009, 1; Pauly, Das neue Forderungssicherungsgesetz (FoSiG) im Überblick, ZGS 2009, 347; Peters, Kritische Würdigung des Entwurfs eines Forderungssicherungsgesetzes, ZRP 2006, 142; Scherzer, Die Sicherung von Forderungen der am Bau Tätigen aus rechtsvergleichender Sicht, 2008; Schubert, Die Durchgriffsfälligkeit nach § 641 Abs. 2 BGB – eine wenig bekannte und unterschätzte Vorschrift – unter besonderer Berücksichtigung des Bauträgervertrages, ZfBR 2005, 219; Seibel, Die Prüfungskompetenz des Gerichtsvollziehers bei Zug um Zug zu erbringenden Mängelbeseitigungsmaßnahmen, ZfBR 2008, 330; Stammkötter, Bauforderungssicherungsgesetz 2009 (früher GSB): Die wichtigsten Neuerungen, IBR 2008, 630; Wronna, Kündigung: § 648a-Bürgschaft sichert nur Vergütungsanspruch für erbrachte Leistungen!, IBR 2008, 325 – s. ferner NZBau, Beilage zu Heft 10/2008 (Wiedergabe Gesetzestext und Arbeitshilfen).

Lit. (zur Reform 2018 – Bauvertragsrechtsreform): Lit. ist vor § 650a nachgewiesen.

Lit. (zur Covid-19-Pandemie): Schmidt, COVID-19, Rechtsfragen zur Corona-Krise, 1. Aufl. 2020; Weller/Lieberknecht/Habrich: Virulente Leistungsstörungen – Auswirkungen der Corona-Krise auf die Vertragsdurchführung, NJW 2020, 1017; Wolf/Eckert/Denz/Gerking/Holze/Künnen/Kurth, Die zivilrechtlichen Auswirkungen des Covid-19-Gesetzes – ein erster Überblick, JA 2020, 401. Lit. zum Bauvertrag → § 650a.

1 **1. Allgemeines.** Das SchRModG hat durch den Wegfall des Werklieferungsvertrags (→ § 650 Rn. 1) vor allem zahlreiche bisher dem Werkvertragsrecht unterstellte Verträge dem Kaufrecht zugeordnet (s. ausf Mankowski MDR 2003, 854). Es hat ferner bedeutsame Änderungen bei der Haftung des Unternehmers für die vertragsgemäße Beschaffenheit und der Verjährung gebracht, §§ 633 ff. Der Unternehmer muss nicht nur „herstellen", sondern auch rechtsmängelfrei „verschaffen", dh ggf Besitz übertragen und übereignen. Das Gesetz zur Sicherung von Werkunternehmeransprüchen und zur verbesserten Durchsetzung von Forderungen (**Forderungssicherungsgesetz** – FoSiG) vom 23.10.2008 soll die Durchsetzung der Vergütungsansprüche des Unternehmers (insbes des Bauunternehmers) verbessern. Es trat in der Fassung der Beschlussempfehlung des Rechtsausschusses (BT-Drs. 16/9787) am 1.1.2009 in Kraft (BGBl. 2008 I 2022; Gesetzesantrag: BR-Drs. 878/05, Gesetzesentwurf: BT-Drs. 16/511). Das Gesetz hat ua §§ 632a, 641 II u III, 648a I, IV aF u V, 649 aF (ab dem 1.1.2018 → § 648) geändert und den wirkungslosen § 641a aF (Fertigstellungsbescheinigung mit Abnahmefiktion) gestrichen sowie § 204 I Nr. 8 an die Streichung angepasst; s. dazu Pauly ZGS 2009, 347. Zu den Änderungen in §§ 308, 309 u 310 s. dort; vGehlen NZBau 2008, 618 f.; Deckers NZBau 2008, 627, Lembcke ZGS 2009, 308, jeweils auch zu den Auswirkungen auf VOB/B (zu VOB → Rn. 21). Zu den zum 1.1.2009 in Kraft getretenen Änderungen des **Bauforderungssicherungsgesetz**es s. Leidig NJW 2009, 2919. Übergangsrecht: Art. 229 § 18 EGBGB (richtig: 19); zum zeitlichen Anwendungsbereich des *FoSiG* sa *BGH* NJW-RR 2013, 393. Das **Gesetz zur Reform des Bauvertragsrechts,** zur Änderung der kaufrechtlichen Mängelhaftung, etc. vom 28.4.2017 (BGBl. I 969; Schlussempfehlung und Bericht des Rechtsausschusses: BT-Drs. 18/11437; Regierungsentwurf: BT-Drs. 18/8486) hat den 9. Titel umgestaltet. **Untertitel 1** ist wie bish dem Werkvertragsrecht gewidmet. §§ 631–650 sind zum **Kapitel 1 (Allgemeine Vorschriften)** zusammengefasst. Sie gelten für alle Werkver-

träge, sofern Kapitel 2–4 keine spezielleren Regelungen enthalten (→ § 650 I 2, → § 650i III). Neu geschaffen wurde **Kapitel 2** (§§ 650a–650h). Es regelt den **Bauvertrag.** In das Kapitel 2 wurden als spezifisch die Regelungen zur Bauhandwerkersicherung und Sicherungshypothek (§§ 648, 648a aF) als §§ 650e und 650f übernommen. **Kapitel 3** (§§ 650i–650n) behandelt erstmals den **Verbraucherbauvertrag. Kapitel 4** (§ 650o) legt die **Unabdingbarkeit** bestimmter Vorschriften fest. **Untertitel 2** (**Architektenvertrag und Ingenieurvertrag,** §§ 650p–650t) und **Untertitel 3** (**Bauträgervertrag,** §§ 650u–651) wurden neu geschaffen. Das Recht des **Reisevertrags** (§§ 651a–651m) ist jetzt in **Untertitel 4** (früher Untertitel 2). **Intertemporal:** Neufassung gilt für Verträge, die am oder nach dem **1.1.2018** abgeschlossen wurden → Art. 229 § 39 EGBGB. Das in Art. 240 § 1 EGBGB bisherige Fassung (→ Art. 240 § 1 EGBGB) geregelte **COVID 19** bedingte temporäre Leistungsverweigerungsrecht (→ § 611 Rn. 1) wurde mWv 1.10.2022 durch Ges. v. 27.3.2020 (BGBl. I S. 569) aufgehoben. Es galt auch bei Werkverträgen mit Dauerschuldcharakter (jurisPK-BGB/Berg Art. 240 § 1 EGBGB Rn. 13), sofern die Voraussetzungen des Art. 240 § 1 EGBGB bisherige Fassung erfüllt waren. Es bedurfte daher eines Werkvertrags, der ein wesentliches Dauerschuldverhältnis iSv Art. 240 § 1 I (für Verbraucher), II (für Kleinstunternehmen) EGBGB bisherige Fassung ist. S. noch → § 650a Rn. 1; einschlägige **Lit.** ist bei § 650a nachgewiesen.

2. Vertragsparteien/-gegenstand. Unternehmer iSv §§ 631 ff. meint den 2
Werkverpflichteten (§ 14 ist nicht anzuwenden). **Gegenstand des Werkvertrages** können sowohl die Herstellung oder Veränderung einer Sache, insbes deren Reparatur, als auch andere, durch Dienstleistungen erreichbare Leistungs**ergebnisse** sein, § 631 II. Es können auch nichtverkörperte Ergebnisse geschuldet sein. Durch die Neuregelung des § 650 ist das Werkvertragsrecht des § 631 bei Herstellung beweglicher Sachen auf Fälle der Veränderung bestellereigener Sachen oder Herstellung aus bestellereigenem Material ohne Eigentumserwerb des Unternehmers nach § 950 beschränkt (→ § 650 Rn. 1). Bei Bauwerk auf Grundstück des Unternehmers, das nach Fertigstellung auf Besteller zu übereignen ist – etwa Eigentumswohnung –, wohl Kaufrecht, s. § 438 I Nr. 2a), → Rn. 5. Gleichwohl bleiben die §§ 631 ff. auf eine Vielfalt von Werkvertragstypen anwendbar, s. Mankowski MDR 2003, 856; Weyers, Gutachten II, 1196 sowie ders zur Funktion als AT für ausdifferenzierte Sonderregelungen AcP 182, 76 ff. Keine analoge Anwendung von § 478 II, → § 650 Rn. 1.

3. Abgrenzung von anderen Vertragstypen. Die große Spannbreite der als 3
Gegenstand eines Werkvertrages möglichen Leistungen erfordert Abgrenzung von anderen Vertragstypen. Entscheidendes **Abgrenzungsmerkmal** ist nach hM (s. umfassend und krit dazu Wendehorst AcP 204, 239 ff. mN) das vom Unternehmer geschuldete Ergebnis, der „Erfolg". Genauer: Die Abgrenzung richtet sich danach, ob der Schuldner ein **Erfolgseintrittversprechen** (Werkvertrag) oder ein Versprechen sorgfältigen Tätigwerdens (Erfolgsbemühen: Dienstvertrag) abgibt (BGH NJW-RR 2018, 1319 Rn. 12; BGH 145, 190 f.; 151, 330 ff.; NJW 2002, 1572, alle mN; A. Teichmann Gutachten 19 ff., 29; zur Rspr s. Ganten FS Thode, 2005, 21 ff.; sa Wendehorst AcP 204, 240 f., zu Auflösungserscheinungen s. 245 f., zu einer Präzisierung anhand der Entgeltrisikozuweisung s. Richardi FS Georgiades, 2005, 355 ff., zu Vorschlägen de lege ferenda im europäischen Kontext [allgemeiner Dienstleistungsvertrag] 279–281, 298 f.). Nicht relevant (auch abl Wendehorst AcP 204, 243 f.) ist die Unterscheidung danach, ob die Leistung punktuell ausgetauscht wird (soll Indiz für Werkvertrag sein) oder dauerhaft erbracht wird (soll Indiz für Dienstvertrag sein). Das Zeitmoment hat keine Grundlage in § 631. Eine Abgrenzung danach würde in Teilen eine Neuqualifikation anerkannter Vertragsarten verlangen, die nicht angezeigt ist. Ebensowenig ist deshalb auf das Kriterium der Leistungsteuerung abzustellen (s. Wendehorst AcP 204, 244 f.). Bei **gemischten Verträgen** kommt es darauf an, welche Leistungen dem Vertrag das Gepräge geben → Rn. 9. Ein **Leistungserfolg** ist beim **körperlichen** wie auch beim **unkörperli-**

chen Werk geschuldet, s. Weyers AcP 182, 65. **Entgeltlichkeit** ist typisch, aber nicht Wesensmerkmal des Werkvertrages (s. § 632 I) (A. Teichmann Gutachten 33). Ist Entgeltlichkeit verabredet, dann Werkvertrag. Bei Unentgeltlichkeit iZw Auftrag. Unentgeltlicher Werkvertrag aber möglich, wenngleich keinesfalls typisch. Entscheidend für die Annahme eines Werkvertrags ist dann der Parteiwille, die mit differenzierten Gewährleistungsregeln abgesicherten Erfolgspflichten des Werkvertrags übernehmen zu wollen. Sind **Lieferung und Montage** geschuldet, liegt ein Kauf- oder Werklieferungsvertrag (→ 650) vor, wenn Schwerpunkt auf der mit dem Warenumsatz verbundenen Übertragung von Eigentum und Besitz liegt, ein Werkvertrag, wenn Schwerpunkt Herstellung eines funktionstauglichen Werks ist (BGH NJW 2018, 3380 Rn. 25; MDR 2018, 1109 Rn. 19).

4 **4. Abgrenzungsbeispiele.** Bspe zur Abgrenzung ie (Vertragstypen nach alphabetisch geordneten Stichworten): **Abschlepp**vertrag (Werkvertrag, aber 407 ff. HGB, s. LG Frankfurt a. M. VersR 2002, 1260, dazu Protsch 1261); **Access-Provider**-Vertrag (schwerpunktmäßig Dienstvertrag, BGH NJW 2005, 2076; → § 611 Rn. 7a); **Anwalt** (regelmäßig Dienstvertrag, → Vor § 611 Rn. 19; § 675 gilt); Erwerb von **Altbauten** (BGH NJW 2007, 3275: Werkvertrag, wenn Bauleistung nach Umfang und Bedeutung Neubauarbeiten vergleichbar; sa Werkvertrag, wenn mit Herstellungsverpflichtung verbunden, BGH NJW 2005, 1115); **Anbau eines Senkrechtlifts** (Werkvertrag, BGH NJW 2018, 3380 Rn. 25); **Anlagen**vertrag (bei Errichtung auf bestellereigenem Grundstück Werk, sonst § 650, sa Dünnweber, Vertrag zur Erstellung einer schlüsselfertigen Anlage im internationalen Wirtschaftsverkehr, 1984; bei grenzüberschreitendem Vertrag über bewegliche Sache uU CISG anwendbar); **Anschriftendatei** (Generierung und Erfassung von Anschriften in Computerdatei: Werkvertrag, OLG Düsseldorf ZGS 2004, 437); **Anzeigen**vertrag (Werkvertrag, Abnahme: → § 646 Rn. 3); **Architekt** → § 650p; **Arzt** (regelmäßig Dienstvertrag, → Vor § 630a Rn. 21 ff.; Zahnarzt → Vor § 630a Rn. 2; BGH NJW 2011, 1674 mN; bei Zahnprothesen Werkvertrag nur hinsichtlich der technischen Anfertigung der Prothese → Vor § 630a Rn. 4; Tierarzt: → § 630a Rn. 9; Röntgenaufnahme für anderen Arzt s. OLG Düsseldorf MDR 1985, 1028; **Auskunft** (Werkvertrag, falls bestimmte Information beschafft werden soll – Erfolg –, RGZ 115, 125; ferner OLG München BB 1980, 717 – Steuerberater –); **Auto-Wasch-**
5 **straße** (Werkvertrag, BGH NJW 2018, 2956 Rn. 12) **Austauschmotor** (Werkvertrag, OLG Karlsruhe NJW-RR 1992, 1014); **Bauingenieur** → § 650p; **Bauvertrag** → § 650a; Verbraucherbauvertrag → 650i; **Bauträgervertrag** → § 650u (zur Rechtslage vor dem 1.1.2018: Bauvertrag ist Werkvertrag, es sei denn, Unternehmer hat Eigentum oder Miteigentum nach vollständiger Fertigstellung zu übertragen, dann Kauf, s. § 438 I Nr. 2a; s. Palandt/Sprau, 76. Aufl. 2017, Vor § 631 Rn. 3; aA BGH NJW 2016, 2878 mN; Ott NZM 2016, 576: Ansprüche der Erwerber wegen Mängeln an neu errichteten Häusern oder Eigentumswohnungen richteten sich grds nach Werkvertragsrecht, mochte auch das Bauwerk bei Vertragsschluss bereits fertiggestellt gewesen sein); **Baucontrolling** (Werkvertrag, BGHZ 149, 57; OLG Brandenburg NJW-RR 2016, 215; sa Heinrich, Der Baucontrolling-Vertrag, 1987; Neyheusel BauR 2004, 404 f.); **Beförderung** (Werkvertrag, jedoch → Rn. 10, §§ 407 ff. HGB und Sondergesetze können eingreifen); ie: Beförderung mit Luftfahrzeug BGH NJW 1974, 852 mwN; auf Binnenschiff BGH NJW 1959, 1366; auf Seeschiff s. RG SeuffA 58, Nr. 84; mit Kraftfahrzeug RGZ 62, 119; **Bodenaushub** (Werk, s. OLG Düsseldorf NJW-RR 1999, 1432); **Buchführung** (s. BGH NJW
6 2002, 1571: Werk- oder typengemischter Vertrag); **Computersoftware** (Herstellung eines individuellen Programms – Werkvertrag, BGH NJW 1990, 3008; Entwicklung s. von Westphalen CR 2000, 73: Werk; abw Schneider CR 2003, 317 mN; Schweinoch/Roas CR 2004, 326; Verkauf Standardsoftware: Kaufvertrag; Parametrisierung von Standardsoftware idR Werkvertrag, s. Koch ITRB 04, 13); zum **Cloud-Computing**-Vertrag s. Kirn/Müller-Hengstenberg NJW 2017, 433; **Deckvertrag** (Werkvertrag, Breslau OLG 18, 96); **Detektivvertrag** (Werkvertrag,

wenn Erfolg versprochen, ansonsten Dienstvertrag, s. näher Vor § 611 Rn. 26); **Entsorgung von Dung** (Werkvertrag, OLG Oldenburg NJW-RR 1999, 1575); **Flugreise** (BGH NJW 2018, 2954 Rn. 8; NJW 2018, 2039 Rn. 18); **Forschungs**- und Entwicklungsvertrag (→ Vor § 611 Rn. 21a); **Garantievertrag** (kein Werkvertrag, da Erfolgsbezogenheit keine Wertschöpfung beinhaltet); **Gebäudereinigung** (Werkvertrag, OLG Hamburg MDR 1972, 866); **Gutachten** (Werkvertrag, BGH NJW 2006, 2472; 67, 719 mwN); **Ingenieur** (Werkvertrag, falls Ergebnis geschuldet, zB Vermessung, BGHZ 58, 225; § 634 I Nr. 2; sa freier Mitarbeiter: Dienstvertrag, BGH NJW 1995, 2629); „Internet-System-Vertrag" (Werkvertrag, BGH NJW 2010, 1449); **Klassifikationsvertrag** (s. Basedow/Wurmnest VersR 2005, 328 ff.); **Konzert** (Werk, s. AG Herne-Wanne NJW 1998, 3651); Überlassung von **Kran mit Personal** → Rn. 9; **Kommissionsvertrag** (hL Dienstvertrag, str); **Lohnbrauvertrag** (Werkvertrag, FG München ZfZ 2004, 245); **Lohnveredelung** Textil (Werkvertrag, BGH NJW-RR 1992, 626); **Verlegung von Parkettboden** (Werkvertrag statt Kaufvertrag mit Montagepflicht, BGH IBR 2013, 593 Rn. 8); **Partnervermittlung** (nach OLG Karlsruhe NJW 1985, 2035 überwiegend Dienstvertrag, str); wiederkehrende **Prüfung durch Sachkundigen** zur Erfüllung von berufsgenossenschaftlichen Unfallverhütungsvorschriften (Werkvertrag, BGH NJW-RR 2009, 1398); **Projektsteuerung** s. BGH NJW 1999, 3118 (Auslegungsfrage); **Rei-** 7
severanstalter (s. §§ 651a–k); **Schleppvertrag** (regelmäßig Werkvertrag, BGH NJW 1958, 1629); **Softwareinstallationsvertrag** (Anpassung der vom Unternehmer bereitgestellten Software durch den Unternehmer an die Bedürfnisse des Bestellers und die Schaffung von Schnittstellen zu den Online-Shops ist Werkvertrag, s. BGH NJW-RR 2014, 1204 Rn. 13; sa NJW 2010, 2200 Rn. 14); **Sterilisation** 8
(wohl Dienstvertrag, s. BGHZ 76, 254 [261], jetzt § 630a); allg Wahrnehmung steuerlicher Interessen durch **Steuerberater** (Dienstvertrag, BGH NJW-RR 2006, 1490); Erstellung der **Steuererklärung** oder Erbringung einer sonstigen abgeschlossenen einmaligen Leistung (Gutachten, Rechtsauskunft, Bilanz, Prüfung der Insolvenzreife) durch Steuerbevollmächtigten (Werkvertrag BGH NJW 2012, 3166 mN mAnm Keller; NJW-RR 2006, 1490; KG NJW 1977, 110; aA Martens NJW 1977, 766); **Tätowierung** (Werkvertrag s. AG Heidelberg NJW-RR 2003, 19); **Telekommunikationsvertrag** (idR Dienstvertrag, s. BGH NJW 2002, 361, str., sa Schuster CR 2006, 444, Downloadvertrag kann Werk- oder Kaufvertrag sein, s. Spindler/Klöhn CR 2003, 81; Sondernormen → Rn. 10); **Verbraucherverträge zur Bereitstellung digitaler Produkte** → Rn. 9a; Verbraucherwerkvertrag → Rn. 9b; **Verlagsvertrag** (→ Rn. 10); **Verwaltervertrag** (WEG) → Rn. 9; **Wartung** Datenverarbeitungsanlage (Werkvertrag, OLG Frankfurt a. M. WRP 1983, 626); **Webdesign** (Werkvertrag, OLGR Düsseldorf 2003, 309); **Werbung** (kann Werkvertrag sein, s. BGH NJW 1984, 2406; sa Fikentscher AcP 190, 37 ff.: Werkverschaffung; auch Platzierung von Internetwerbung, BGH NJW-RR 2018, 1319 Rn. 13, 826 Rn. 15 und 687 Rn. 12; s. Anzeigenvertrag → Rn. 4); **Winterdienst** (Werkvertrag, s. BGH NJW-Spezial 2019, 716 Rn. 26; NJW 2013, 3022 Rn. 9–12); **Wirtschaftsprüfer** (Werkvertrag, § 675; OLG Saarbrücken BB 1978, 1434).

5. *Gemischte Verträge und Verbraucherverträge.* a) Bei **gemischten Ver-** 9
trägen kommt es darauf an, welche Leistungen dem Vertrag das Gepräge geben: **Schwerpunkttheorie** (BGH NZBau 2021, 519 Rn. 9 mN). Gemischter Vertrag bildet einheitliches Ganzes und kann deshalb bei der rechtlichen Beurteilung nicht in dem Sinn in seine verschiedenen Bestandteile zerlegt werden, dass etwa auf den Dienstvertragsanteil Dienstvertragsrecht und auf den Werkvertragsanteil Werkvertragsrecht anzuwenden wäre. Der Eigenart des Vertrags wird vielmehr **grundsätzlich** nur die Unterstellung unter ein einziges Vertragsrecht gerecht, nämlich dasjenige, in dessen Bereich der Schwerpunkt des Vertrags liegt. Allerdings können **ausnahmsweise** für **klar abgrenzbare Einzelaspekte** Bestimmungen des Vertragsrechts herangezogen werden (**Trennungstheorie**), bei dem der Schwerpunkt

des Vertrags nicht liegt, wenn (→ § 311 Rn. 30 ff., insbes. 33) allein hierdurch die Eigenart des Vertrags richtig gewürdigt werden kann (BGH NZBau 2021, 519 Rn. 9 mN; BGH NZM 2020 57 Rn. 12 mN). **Beispiel:** WEG-**Verwaltervertrag** ist ein auf Geschäftsbesorgung gerichteter Dienstvertrag (BGH NZBau 2021, 519 Rn. 8 mN; NZM 2018, 469 Rn. 15; 2011, 454 Rn. 18). Soweit Verwalter nach § 28 II 2 WEG zur Jahresabrechnung in beschlussfähiger Form verpflichtet ist, schuldet er einen Erfolg. Nur insoweit gilt Werkvertragsrecht (OLG Hamm OLGZ 1994, 32, 33 f.). Verwalter schuldet auch Nachbesserung fehlerhafter oder unbrauchbarer Jahresabrechnung und Erstellung prüf- und beschlussfähiger Jahresabrechnung zu ersetzen (Staudinger/Häublein § 28 WEG Rn. 240). Daher ist auch § 637 III insoweit anzuwenden, wenn (zur Beschlussvorbereitung) nur das Zahlenwerk verlangt wird. **Beispiel: Überlassung Kran mit Personal** (BGH WM 1996, 1786; NJW-RR 2016, 498, 499 Rn. 19; ähnlich OLG Celle BauR 2005, 603; OLG Oldenburg NJOZ 2016, 1281 Rn. 26): Schwerpunktbetrachtung, wenn eine gespaltene Betrachtung des jeweils gestörten Elements nicht durchführbar ist (→ § 311 Rn. 30 ff., insbes 33). Ein Vertrag über die entgeltliche Überlassung eines Krans bei gleichzeitiger Gestellung von Bedienungspersonal kann je nach Ausgestaltung der Vertragsbeziehung im Einzelfall als Mietvertrag verbunden mit einem Dienstverschaffungsvertrag (Krangestellungsvertrag; dann, wenn Arbeitsdurchführung ausschließlich bei dem Besteller liegt und das vom Vermieter gestellte Bedienungspersonal den Weisungen des Bestellers unterworfen, BGH NJW-RR 1996, 1203, 1204), als Mietvertrag verbunden mit einem Dienst- oder Werkvertrag oder in vollem Umfang als Mietvertrag, Dienstvertrag oder Werkvertrag anzusehen sein (BGH NJW-RR 2016, 498 Rn. 19). Wird nicht lediglich das Arbeitsgerät nebst dem Bedienungspersonal mit der Möglichkeit überlassen, dieses für sich zu nutzen, sondern ein Werk oder ein bestimmter Arbeitserfolg geschuldet, so liegt ein Werkvertrag vor (BGH NJW-RR 2016, 498 Rn. 19; NJW-RR 1996, 1203, 1204; OLG Stuttgart BeckRS 1998, 30891753; KG BauR 2010, 470). Verträge über Kranarbeiten, die auf den Erfolg einer Ortsveränderung von Gütern gerichtet sind, sind Frachtverträge, sog. Kranarbeitsvertrag (Koller TransportR, 8. Aufl., § 407 HGB Rn. 10 Fn. 25). Gemischte Verträge mit werkvertragsähnlichen Elementen sind häufig, zB Industrieanlage und **Management für bestimmte Zeit; Buchführung** (BGH NJW 2002, 1571); **Access-Provider**-Verträge enthalten werk-, dienst-, miet- und pachtrechtliche Elemente (s. Gey KR 2005, 120); zu ihrer Vertragsqualifikation als Dienstvertrag
9a → Rn. 3, → § 611 Rn. 7a. **b) Verbraucherverträge zur Bereitstellung digitaler Produkte** erfüllen die Voraussetzungen der §§ 327 ff. und zugleich der §§ 631
9b bzw. 650 (→ § 611 Rn. 1, → § 650 Rn. 10). **c) Verbraucherwerkvertrag** nach § 474 I 2. Danach auch Verbrauchsgüterkauf, wenn bei Verkauf einer beweglichen Sache auch Dienstleistung Vertragsgegenstand, insbes. wenn Unternehmer Dienstleistung als Nebenleistung (Montage, Installation, Anpassung, sonstige Handreichungen) zu seiner Hauptpflicht zur Übergabe und Übereignung gekaufter Sache erbringt. Da Dienstleistung untergeordnete Bedeutung, gilt umfassend Kaufrecht (BT-Drs. 17/12637 S. 69) → § 474 Rn. 5. Nach BT-Drs. 17/12637 S. 69, 60 soll § 474 I 2 jedoch auch Fälle erfassen, in denen die Dienstleistung im Verhältnis zur Übereignung der Ware nicht nur untergeordnete Bedeutung hat; abzulehnen, da Grenze zu Werkvertrag bzw. Werklieferungsvertrag verwischt würde und überschießende, systemwidrige Regelung (Stamm NJW 2020, 3057, 3060). Daher teleologische Reduktion des § 474 I 2, da überschießende Umetzung der VerbrR-RiLi. § 474 I 2 gilt deshalb richtlinienkonform lediglich in Bezug auf Beginn der Widerrufsfrist gem. → § 356 II, das Leistungsverweigerunsgrecht des Unternehmers gem. → § 357 IV und für Leistungszeit gem. → § 475 I (umfassend und überzeugend dazu Stamm NJW 2020, 3057, 3062). Ansonsten gelten die Grundsätze für gemischte Verträge → Rn. 9.

10 **6. Sonderregelungen. a)** Für Werkverträge über **Beförderung**sleistungen wird die Regelung des BGB teilw durch spezielle Vorschriften verdrängt; s. für Land-

frachtgeschäfte §§ 407 ff. HGB, zum Abschleppvertrag → Rn. 4; für Seefrachtgeschäfte §§ 556, 664 ff. HGB Die VO (EG) 261/2004 regelt Mindestrechte von Fluggästen bei Verzögerung und Nichtbeförderung, s. dazu Giesberts/Kleve NVZ 2010, 273; Hoppendietzel/Schmied NJW 2010, 1905; Tonner VuR 2010, 209; EuGH NJW 2015, 221; 2013, 671; 2011, 3776; 2011, 2865; 2010, 43; BGH NJW-RR 2015, 823; BeckRS 2013, 00107; NJW 2013, 682; 2010, 2281; 2009, 2740; zu den Fluggastrechten bei Fluglotsenstreik s. BGH BeckRS 2014, 17221; bei Turbinenschaden infolge Vogelschlags s. BGH BeckRS 2013, 19627. S. ferner die parallele Schiffs-Fahrgast-VO (ABl. 2010 L 334, 1) und Bus-Fahrgast-VO (ABl. 2011 L 55, 1). **b)** für **grenzüberschreitende** Beförderungen gelten zahlreiche in internationalen Abkommen – zB CIV, CIM, CMR, WA, Haager Regeln – geregelte Vorschriften; **c) Telekommunikation**sverträge: TDG, TKG, TKV. Gesetz zur Bekämpfung des Missbrauchs von 0190er-/0900er-Mehrwertdiensterufnummern (BGBl. 2003 I 1590) regelt in §§ 43a, 43b TKG für Verträge mit Letztverbrauchern Preisgrenzen, Verbindungshöchstdauer, Legitimierungsverfahren, Preisansagepflichten etc bei Mehrwertdiensterufnummern. Entgeltanspruch nur bei Einhaltung der Preisansagepflichten (§ 43b I); Kunde muss zwar keinen Dialer-Schutz installieren (BGHZ 158, 201, dazu Oechsler LMK 2004, 114), aber alle ihm zumutbaren, geeigneten Maßnahmen treffen, um eine von ihm nicht gewollte Nutzung seines Anschlusses zu unterbinden (s. BGH NJW 2012, 2878). Zur Hinweispflicht des Telekommunikationsanbieters: bzgl zu Kostenexplosion führender Nutzung s. BGH NJW 2012, 2878; bei Änderung der Entgeltberechnung s. BGH NJW 2012, 2103. Zur Beweislast bei Abrechnung von Leistungen durch Betreiber eines Mobilfunknetzes s. AG Aachen NJW-RR 2004, 1569; s. aber noch LG Duisburg MMR 2005, 195. Zur Wirksamkeit von AGB-Klauseln für Mobilfunkverträge mit bestimmter Laufzeit und für Prepaidkarten-Verträge s. BGH VersR 2012, 323. **d)** Verlagsvertrag wird durch das Verlagsgesetz geregelt. **e)** Werkverträge werden häufig zu **Standardbedingungen** geschlossen. AGB iSv § 305 I 1 nur bei Absicht der Mehrfachverwendung im Zeitpunkt des Vertragsschlusses, BGH WM 2001, 2346. Einbeziehungs- und Inhaltskontrolle s. §§ 305 ff., Einbehalt der Vergütung durch Besteller s. BGHZ 136, 32 (nur bei angemessener Austauschmöglichkeit zulässig), BGH BB 2002, 593; Einbeziehung → Rn. 21; zur Unwirksamkeit einer „bring-or-pay-AGB-Klausel" s. BGH ZfBR 2013, 151; zu VOB/B s. BGH NZBau 2008, 640, dazu und zu Änderungen durch FoSiG s. Deckers NZBau 2008, 627 ff.; Lembcke ZGS 2009, 308; Pauly ZGS 2009, 247, ferner Nachw → Rn. 2; sa Lit. zu VOB → Rn. 21. 11

7. Abschluss. a) Für den Abschluss des Werkvertrags gelten die allg. Vorschriften (Ausnahmen → Rn. 10). Eine Annahme eines Angebots unter Veränderung der Bauzeit ist daher eine Ablehnung verbunden mit einem neuen Antrag (BGH NJW 2012, 3505; 2005, 1653). Zum Vertragsschluss bei online-Buchung und dabei erforderlicher Personenbezeichnung des Fluggastes bei Nutzung eines automatisierten Buchungs- oder Bestellsystems s. BGH NJW 2013, 599 f. mAnm Hopperdietzel: Im Zweifel kein Vertragsschluss, wenn zwingend verlangte Personenbezeichnung unterbleibt. Bei Auslegung kommt konkreten Leistungsbeschreibungen größere Bedeutung als Plänen zu (BGH NJW 2003, 743 zum Dissens); Vergütungsvereinbarung wegen § 632 nicht zwingend, s. OLG Düsseldorf NZBau 2002, 279; zur Darlegungs- und Beweislast von nach Zeitaufwand bemessenen Lohnansprüchen s. BGH NJW 2009, 3426; dazu → § 632 Rn. 14. Er ist grds **formfrei,** doch können die Parteien für den Vertrag oder einzelne Abreden Einhaltung bestimmter Formen verabreden (§ 29 VOB/A); zur Einbeziehung der VOB → Rn. 21. Bei gemischten oder zusammengesetzten Verträgen, die Teile eines formbedürftigen Geschäftes enthalten, besteht Formzwang, soweit einheitlicher Vertrag vorliegt (Bsp: Verpflichtung zur Übertragung eines Grundstücks und zur Erstellung eines Gebäudes auf diesem Grundstück, s. BGH NJW 1981, 274; mwN s. Jagenburg NJW 1993, 105). Zur direkten **Vertretung** von Bauherren durch Baubetreuer s. BGHZ 76, 86; von Unternehmer durch Subunternehmer s. OLG Koblenz BauRB 2005, 70 (dort feh- 12

lende Vollmacht). Zur Abgrenzung Vertragsänderung/neuer selbstständiger Vertrag (wenn neues Leistungsziel verabredet) s. BGH NJW 2002, 1492; zur Erweiterung des Leistungsprogramms eines Pauschalpreisvertrags s. BGH NJW-RR 2002, 740.
13 **b)** Werkverträge können **sittenwidrig** sein. An der Unfallstelle geschlossene **Abschleppverträge** (→ Rn. 4, 10), vom BGH als wettbewerbswidrig beurteilt (BGH NJW 1975, 689 [691]), können auch sittenwidrig sein, falls Ausnutzung einer
14 Notlage und Übervorteilung vorliegen. **c)** Werkverträge können **wegen Gesetzesverstoßes nichtig** sein, § 134; s. zu TKG → Rn. 10. Zur **Schwarzarbeit** und
15 ihren Folgen beim Werkvertrag → § 138 Rn. 11, 15. **d) Haustürverträge,** zB Reparaturen, s. § 312; Widerrufsrecht (s. für Bauvertrag BGHZ 171, 364; OLG Koblenz BauR 2004, 1951; für Montage eines Außenlifts: BGH NJW 2018, 3380).
16 **e)** Zur Anfechtung wegen Kalkulationsirrtums → § 119 Rn. 10. **f) Ausschreibung** ist invitatio ad offerendum, Angebot = Offerte, Zuschlag = Annahme, doch gelten Besonderheiten für Ausschreibungen der öffentl. Hand, §§ 97 ff. GWB, hierzu Jagenburg/Brück NJW 2000, 2242. Auch sonst Verhaltensgebote Geheimhaltung, Gleichbehandlung Bieter, Information, Transparenz; Verletzung evtl cic, BGH NJW 2001, 3698 (öffentl Auftraggeber).

17 **8. Mehrere Unternehmer. a)** Soll ein Gesamtwerk auf Grund rechtlich selbstständiger Werkverträge mit unterscheidbaren Leistungsgegenständen erreicht werden, dann schulden die einzelnen Unternehmer jeweils nur ihr eigenes Werk und sind nicht Gesamtschuldner des gesamten Bauwerks oder aller Teilwerke (BGH BauR 1975, 131). Sind ihre Leistungen so aufeinander bezogen, dass Leistungsstörungen eines Unternehmers sich notwendig im Werk eines anderen Unternehmers auswirken, dann werden die Verpflichteten hinsichtlich der Primärleistungen deshalb nicht Gesamtschuldner, doch gebietet der gemeinsame Zweck der Gewährleistungsverpflichtungen, dem Besteller für den im Bauwerksmangel konkretisierten Nachteil der mangelhaften Leistungen Ansprüche gegen die Beteiligten – zB Architekt und Bauunternehmer – als **Gesamtschuldner** zu gewähren (BGHZ 43, 230 f.; OLG Rostock BauRB 2005, 74), und zwar auch, soweit ein Beteiligter (noch) Mängelbeseitigung schuldet oder Rücktritt oder Minderung geltend gemacht werden kann (BGHZ 51, 278; sa Kaiser ZfBR 1985, 101 ff.). Sind mehrere Unternehmer mit gesonderten werkvertraglichen Beziehungen zum Besteller an der Herstellung eines Bauwerks beteiligt (zB Metallbauhalle) und bauen ihre Leistungen aufeinander auf (zB Glasbauer und Metallbauer), so trifft Besteller eine **Obliegenheit zur Abstimmung der Funktionalität beider Gewerke** (zB wasserdichter Anschluss von Metallkante und Glasfassade). Die Auslegung der Werkverträge ergibt regelmäßig, dass zweiter Unternehmer, der auf Leistung des ersten aufbaut (zB Glasbauer) im Verhältnis zum Besteller die Einhaltung dieser Abstimmungsobliegenheit des Bestellers werkvertraglich übernommen hat. Nimmt zweiter Unternehmer Abstimmung nicht vor, sondern verändert er das Gewerk des anderen Unternehmers (zB durch Ausbau einer Tropfkante des Metallbauers) und führt das zum Mangel des Werkes (zB Glasfassade ohne taugliche Abdichtung), ist sein Werk im Verhältnis zum Besteller mangelhaft. Wenn die dem zweiten Unternehmer (zB Glasbauer) übertragene Mitwirkungsobliegenheit die Vermeidung des Mangels bezweckte (zB einen wasserdichten Anschluss seines sich mit dem Metallbauer überschneidenden Gewerks zu ermöglichen) und darauf ausgerichtet war, den eingetretenen Schaden (zB Wasserschaden) zu vermeiden, ist dem Besteller dessen Versäumnis als **Verschulden gegen sich selbst** über die §§ 278, 254 I, II 1 Alt. 1 und S. 2 zuzurechnen. Dieses kann der erste Unternehmer (zB Metallbauer) dem gegen ihn gerichteten Gewährleis*tungsanspruch* des Bestellers anspruchsmindernd entgegenhalten (OLG Oldenburg NJW 2022, 73). Gesamtschuldnerische Haftung auch, wenn Mängel Ursache in Gewerken beider Unternehmer haben und wirtschaftlich sinnvoll nur einheitlich beseitigt werden können (BGH JZ 2004, 248, 249 mAnm Ehmann). Unternehmer und Verkäufer eines Werkvertragsgegenstands haften uU ebenfalls gesamtschuldnerisch (BGH NJW 2012, 1070; 2012, 1071 – Gesamtschuldnerschaft von Tierverkäu-

fer und ankaufsuntersuchendem Tierarzt). Im Innenverhältnis richtet sich der Ausgleich danach, wer die Verantwortung für den Baumangel nach seinem Pflichtenkreis und dem Gewicht seiner Pflichten im Verhältnis zu denen des oder der anderen zu tragen hat, BGHZ 58, 221; JZ 2004, 248, 250 mAnm Ehmann; Wussow NJW 1974, 14. UU kann der geschädigte Bauherr aus § 254 verpflichtet sein, zunächst nur einen der Verantwortlichen in Anspruch zu nehmen (BGH JZ 1963, 596). Zur Prüfungs- und **Hinweispflicht** des Unternehmers gegenüber dem Besteller bei Verwendung von Leistungen anderer Unternehmer → § 634 Rn. 6. **b)** Sind meh- **18**
rere Unternehmer an der Werkentstehung beteiligt und ist die Verantwortung für einen Mangel str., dann muss der Besteller Verursachung und Vertragsverletzung durch den jeweils in Anspruch Genommenen beweisen, BGH BauR 1975, 131. Zur Mitursächlichkeit der Vertragsverletzungen mehrerer Unternehmer s. BGH WM 1971, 1058; zu **Beweiserleichterungen** bei bewiesener Mangelhaftigkeit und möglicher Mitverursachung BGH BauR 1975, 131. Soweit ausnahmsweise deliktische Haftung mehrerer in Betracht kommt, wird die Situation des Verletzten durch die Anwendbarkeit des § 830 I 2 erleichtert, s. LM Nr. 4 zu § 830; OLG Düsseldorf
NJW 2016, 168. **c)** Bei Beteiligung mehrerer Unternehmer an einem wirtschaftlich **19**
einheitlichen Werk ist zu beachten, inwieweit ein Unternehmer im Verhältnis zum anderen bei der Mängelentstehung als Erfüllungsgehilfe des Bestellers gesehen werden kann. Beauftragt Besteller in selbstständigen Verträgen einen Unternehmer (zB Architekt) und einen Sonderfachmann (zB Bodengutachter), ist keiner der Erfüllungsgehilfe des Bestellers im Vertragsverhältnis zum jeweils anderen (BGH ZIP
2003, 1990). **d)** Zwischen **Subunternehmern** des Unternehmers und Werkbesteller **20**
bestehen grds keine Vertragsbeziehungen, BGH BauR 1975, 134 (s. jedoch LG Kassel NJW 1983, 827, BGH NZBau 2007, 703), es sei denn, der Hauptunternehmer konnte den Besteller auf Grund Vertretungsmacht verpflichten (zum Baubetreuer → Rn. 12) Der Besteller kann jedoch Ansprüche gegen die Subunternehmer aus § 328 oder auf Grund Abtretung erwerben (hierzu Schlechtriem ZfBR 1983, 101); auch Schutzpflichten zu seinen Gunsten können direkt entstehen, → § 631 Rn. 15. Zwischen Unternehmer und Besteller vereinbarter Haftungsausschluss kann sich auf durch Unternehmer beauftragten Subunternehmer erstrecken, BGH VersR 2010, 1230. Hauptunternehmer kann *Gewährleistungsansprüche gegen den Subunternehmer* geltend machen, unabhängig davon, ob er die gleiche Leistung seinem Besteller versprochen und geleistet hat, und auch unabhängig davon, ob der Besteller ihm zustehende Ansprüche seinerseits geltend macht bzw. geltend machen kann (BGH NJW 2013, 3297 Rn. 17 ff.). Nach der Rspr des BGH (BGH NJW 2013, 3297 Rn. 21 ff. mAnm Schwenker; dazu zust M. Schwab JuS 2014, 447; BGHZ 173, 83 = NJW 2007, 2695; 2007, 2697 [Bauvertrag]; s. dazu Schiemann NJW 2007, 3037; krit. Hager/Maultzsch FS Werner, 2009, 393, 404 ff.) soll aber aufgrund normativer, billigkeitsrechtlicher Überlegungen aus Treu und Glauben *einschränkend* gelten: Steht fest, dass der Unternehmer vom Werkbesteller wegen Mängeln am Werk nicht mehr in Anspruch genommen wird, so kann er nach den Grundsätzen der Vorteilsausgleichung gehindert sein, seinerseits Schadensersatzansprüche wegen dieser Mängel gegen den Subunternehmer geltend zu machen. Aus dem gleichen Grund will der BGH dem Hauptunternehmer in einem solchen Fall nach § 242 die Berechnung der Minderung auf Basis der Mängelbeseitigungskosten versagen (BGH NJW 2013, 3297 Rn. 24; dazu M. Schwab Jus 2014, 447, 449). Dargestellte Einschränkung durch den BGH ist zweifelhaft, denn aufgrund der Relativität der Vertragsverhältnisse sind beide Vertragsbeziehungen getrennt zu betrachten. Gründe, warum ein Vorteil beim Subunternehmer deshalb verbleiben soll, weil der Hauptunternehmer den entsprechenden Vorteil nicht zum Besteller durchreichen muss, sind nicht überzeugend dargetan. Ein Schaden entsteht bei dem Hauptunternehmer bereits durch die Überzahlung der erbrachten minderwertigen Leistung des Subunternehmers. – Erbringt Subunternehmer Teil der geschuldeten Leistung auf Grund gesonderten Vertrags unmittelbar an Besteller, wird Leistungserbringung gegenüber Hauptunternehmer unmöglich, BGH NJW 2010, 1282 (auch zur Vergütungsberechnung des Sub- gegen Hauptunternehmer). Beauftragt

Unternehmer einen Dritten mit der Herstellung der vom Unternehmer beim Besteller einzubauenden Sache, so ist der Dritte nicht der **Erfüllungsgehilfe** des Unternehmers bei der Erfüllung des Vertrags mit dem Besteller, auch nicht im Falle eines Werklieferungsvertrags zwischen dem Unternehmer und dem Besteller (BGH NJW 2014, 2183 Rn. 33 ff.; zust Grüneberg/Grüneberg § 278 Rn. 14; Looschelders JA 2015, 68, 70 mN). Anders aber, wenn Besteller mit Hersteller im Rahmen des § 650 auch eine echte Herstellungspflicht des Unternehmers vereinbart. In diesem Fall ist der Dritte dann Erfüllungsgehilfe iSv § 278 BGB des Unternehmers (überwiegende Literatur, s. Looschelders JA 2015, 68, 70 mN; BGH hat diese Konstellation offenbar noch nicht entschieden).

21 **9. Werkverträge über Bauleistungen.** Die **Vergabe- und Vertragsordnung für Bauleistungen (VOB)** – Teil B – ist nicht Rechtsnorm, sondern Mustervertrag, so dass ihre Geltung der Vereinbarung bedarf. Zum Verhältnis zur Regelung für Bauverträge in den §§ 650a ff. → Vor § 650a Rn. 3; zum Verhältnis AGB – VOB s. § 308 Nr. 5 und § 309 Nr. 8b) ff. (Einbeziehung nur im Ganzen); zur Inhaltskontrolle vor der Schuldrechtsreform: BGHZ 157, 346 (jede, selbst geringfügige inhaltliche Abweichung, eröffnet Inhaltskontrolle, dazu Gehlen NZBau 2004, 313; Hartung NJW 2004, 2139); BGHZ 86, 139 ff.; 96, 129 (keine isolierte Übernahme der Verjährungsfrist aus § 13 VOB/B, aber auch BGH NJW 1987, 837; OLG Zweibrücken BB 1995, 13 (Unwirksamkeit einzelner Klauseln); Einbeziehung gegenüber Privatmann nicht durch bloßen Hinweis, BGH NJW 1990, 715, sa NJW-RR 1999, 1246 sowie Jagenburg/Reichelt NJW 2000, 2630; Einbeziehung in Bauträgervertrag s. Tempel NZBau 2003, 465; Mehrings NJW 1998, 3457; zu § 13 VOB/B: BGHZ 153, 244; Weyer BauR 2003, 613; zur Fälligkeit von Werklohnforderung mangels Beanstandungen der Prüfbarkeit der Schlussrechnung binnen Zweimonatsfrist gem. § 16 Nr. 3 VOB/B s. BGH NJW 2011, 918. **Lit.** zur VOB: Heiermann/Riedl/Rusam, Handkommentar zur VOB, 14. Aufl. 2017; Ganten/Jansen/Voit, Beck'scher VOB- und Vergaberechts-Kommentar. VOB Teil B – Allgemeine Vertragsbedingungen für die Vergabe von Bauleistungen, 3. Aufl. 2013; Ingenstau/Korbion/Kratzenberg/Leupertz, VOB – Teile A und B, 21. Aufl. 2019; Korbion/Mantscheff/Vygen, Honorarordnung für Architekten und Ingenieure: HOAI, 10. Aufl. 2022; Langen, „Guter Preis bleibt gut, schlechter Preis wird gut“: Folgen der AGB-Unwirksamkeit der VOB/B nach neuem Recht, NZBau 2019, 10; Nicklisch/Weick/Jansen/Seibel, VOB. Verdingungsordnungen für Bauleistungen – Teil B, 5. Aufl. 2019; zur Auswirkung des FoSiG → Rn. 1, 11.

Kapitel 1. Allgemeine Vorschriften

§ 631 Vertragstypische Pflichten beim Werkvertrag

(1) **Durch den Werkvertrag wird der Unternehmer zur Herstellung des versprochenen Werkes, der Besteller zur Entrichtung der vereinbarten Vergütung verpflichtet.**

(2) **Gegenstand des Werkvertrags kann sowohl die Herstellung oder Veränderung einer Sache als auch ein anderer durch Arbeit oder Dienstleistung herbeizuführender Erfolg sein.**

Lit.: Hildebrandt, Aufgedrängte Abnahme – Keine Abnahme gegen den Willen des Auftragnehmers vor Fertigstellung des Werkes, BauR 2005, 788.

I. Hauptpflichten des Unternehmers

1 **1. Gegenseitiger Vertrag.** § 631 regelt die für den Werkvertrag charakteristischen Hauptpflichten und beschreibt in II die möglichen Gegenstände dieses Vertragstyps. Der Werkvertrag ist ein gegenseitiger Vertrag. Synallagmatisch verbunden sind Herstellung und Verschaffung in vertragsgemäßer Beschaffenheit – § 633 –

durch den „Unternehmer" mit der Verpflichtung des „Bestellers", die vereinbarte Vergütung zu entrichten, I. Der Vertrag legt Art und Eigenschaften des Werkes – s. § 633 II, III – Herstellungszeitraum, Fertigstellungszeitpunkt, Erfüllungsort (Bauleistungen s. BGH NJW 2012, 861) und Auftragsumfang („vorauseilende Leistung" s. OLG Düsseldorf NJW-RR 1996, 269) fest. Bei stufenweiser Beauftragung sind einzelne Werke geschuldet und zu vergüten, zB Entwurfsplanung, Genehmigungsplanung usw, BGH NJW 1998, 135 f. Machen Änderungen auf einer vorgelagerten Planungsstufe Änderungen der auf einer nachgelagerten Planungsstufe (auf Verlangen des Bestellers) bereits erbrachten Leistungen notwendig, sind diese nur bei ausdr vertraglicher Regelung von der Leistungspflicht des Unternehmers erfasst und iÜ gesondert zu vergüten, s. BGH NZBau 2007, 653. Für Leistungsstörungen gelten die allg. Regeln, für Abweichungen von der vertragsgemäßen Beschaffenheit enthalten die §§ 634 ff. ergänzende Vorschriften.

2. Persönliche Leistungspflicht. Das Werk ist im Regelfall **nicht** persönlich herzustellen, Hinzuziehung von Gehilfen ist deshalb möglich. Aus der Natur des geschuldeten Werkes kann sich aber anderes ergeben (Bsp: Portrait). Für hinzugezogene Dritte (auch Subunternehmer) Schadensersatzhaftung auf Grund § 278, soweit sie in den Herstellungsvorgang einbezogen sind, → Vor § 631 Rn. 19, evtl auch aus Delikt bei Verletzung einer Kontrollpflicht, BGH ZIP 1998, 1075; zum **Subunternehmer** sa Schmeel MDR 2000, 999 und → Vor § 631 Rn. 20; ansonsten schuldet Unternehmer Herstellungserfolg unabhängig von Störungsursachen (eigenes Versagen, Ausfall Dritter usw). 2

3. Gläubiger. Gläubiger der Werkleistung ist der Besteller. Begünstigung eines Dritten ist möglich. Wichtig ist die Einbeziehung Dritter bei den Schutzpflichten (→ Rn. 15). 3

4. Herstellungsrecht. Ein Recht des Unternehmers auf Herstellung besteht **nicht.** Es kann aber verabredet werden und sich auf Grund Auslegung des Vertrages ergeben (Bsp: Auftritt eines Künstlers). 4

II. Nebenpflichten des Unternehmers

1. Nebenleistungspflichten. Sie können sich aus der Natur des Werkvertrages ergeben, zB zur **Beratung** (OLG Düsseldorf NZBau 2004, 453: Hinweis auf wirtschaftliche Risiken des Bauvorhabens; OLG Düsseldorf BB 2019, 2817: Hinweis auf weiteren Reparaturbedarf), **Information** (OLGR Saarbrücken 2005, 190: technische Eignung des Werks; OLG Düsseldorf NJW 2016, 721: Besonderheiten des Werks für aufbauende Nacharbeiten durch andere Unternehmer), **Prüfung, Aufklärung, Überwachung** (BGH NJW-RR 2016, 859: Hinweis auf fehlende Versicherung gegen das Risiko des Verlustes durch Diebstahl und Raub, wenn diese wie bei der Entgegennahme von Schmuck branchenüblich ist; NJW 2014, 3511: Beratung hinsichtlich Genehmigungsfähigkeit; NJW 13, 3442 Rn. 18: Erörterungspflicht baugrundbezogener Umweltrisiken selbst bei sachkundigem Besteller [iRd Grundlagenermittlung als Hauptleistungspflicht]; NJW 2000, 280: Prüfung vom Besteller angelieferter Sachen; BGH NJW 2011, 2645 mN; OLG Köln NJW-RR 2016, 141 *Rn. 17 f.*: Prüfung der Vorarbeiten oder Planungen eines anderen Unternehmers; BGHR 2003, 1053: Hinweis auf erkennbare Gefahren für Werk, zB Frostschadensgefahr an verlegtem Rohr; BGH NJW 2011, 3291 mAnm Kapellmann: Information über Gefahr von Rissbildung in Bodenplatte im Winter), Herausgabe von Versicherungsleistungen s. OLG Dresden NJW-RR 1998, 373; bei Bauvertrag aus oder entspr VOB (Beseitigung von Bauschutt usw). Generell sind Vertragspartner einander und deshalb auch Unternehmer verpflichtet alles zu tun, was Leistungserfolg herbeiführt, und zu unterlassen, was diesen beeinträchtigen oder gefährden könnte, BGH NJW-RR 1995, 1241 f.; Einschränkung BGH NJW 2000, 2102. Eine ges. Nebenpflicht regelt § 649 II; zumeist aber sind Nebenpflichten Ergebnis normativer Vertragsauslegung. Bei Zeithonorar besteht Nebenpflicht zur **wirtschaftlichen** 5

6 **Leistungserbringung,** → § 632 Rn. 15. **Ermittlung der Bausumme** (Kostenschätzung) als Nebenleistungspflicht aus Architektenvertrag, s. BGH NJW 1994, 857 zur aF sowie § 632 III; bei selbstständigem Vertrag eigener Werkvertrag. Haftung nach § 280 I 1, III iVm § 281; Rücktritt (nur) nach § 323 V 1. Bauträger muss
7 den Bauherrn bei der **Durchsetzung abgetretener Gewährleistungsansprüche** gegen die Bauhandwerker unterstützen (Ohmen DNotZ 1975, 346 f.). Kann das
8 hergestellte Werk nur mit **Bedienungsanleitungen** oder **Gebrauchsanweisungen** richtig benutzt werden, dann wird der Unternehmer regelmäßig verpflichtet sein, sie mitzuliefern. Zur **Abstimmungspflicht** mehrerer Werkunternehmer BGH
9 WM 1970, 355. **Übereignung** und **Besitzverschaffung** gehören zum Pflichtenprogramm des Unternehmers, falls und soweit erforderlich (jedoch → § 650 Rn. 1), so dass auch Verschaffung frei von Rechtsmängeln geschuldet ist, § 633 I, III; sa § 632a I 4, → § 633 Rn. 2. Ein **nachträglicher EV** ist zwar wirksam, kann aber vertragswidrig sein (Bsp: Austauschmotor, BGHZ 18, 226). Als Nebenleistungspflicht kann eine Verpflichtung des Unternehmers, das hergestellte Werk dem
10 Besteller **zur Abnahme zu bringen** oder bis **zur Abholung zu verwahren,** gegeben sein; Rechnungslegung kann Gegenstand einer Nebenpflicht sein (s. § 14
11 VOB/B). Der Architekt schuldet **Aufklärung** über Ursachen sichtbarer Baumängel, BGH BauR 2007, 423. Pflicht des umfassend beauftragten Architekten/Ingenieurs zur Klärung von Mängelursachen, selbst wenn zu diesen eigene Planungs- oder Aufsichtsfehler gehören, s. BGH NJW 2011, 3086 f.; diese Pflicht besteht aber für andere Sonderfachleute grundsätzlich nicht, s. BGH ebd **Nachvertragliche** Aufklärungs- und Betreuungspflichten s. BGH NJW 1983, 876 (Bauunternehmer), NJW-RR 2001, 383 (Architekt); Pflicht zur Erstattung versehentlich durch den Besteller gezahlter Bauabzugssteuer (BGH NJW 2014, 55). **Beweis:** Anscheinsbeweis für Nebenpflichtverletzung erfasst auch die Frage, ob das schädigende Ereignis in Ausführung des Werkvertrags eingetreten ist (BGH NJW-RR 2014, 1115 Rn. 11).

12 **2. Schutz- und Sicherungspflichten.** Aus § 241 II. **a)** Regelmäßig treffen den Unternehmer **Schutzpflichten** (→ Rn. 18) zugunsten der Rechtsgüter des Bestellers. **Verkehrssicherungspflichten** zwischen Vertragspartnern sind zugleich Vertragspflichten (BGH NJW 2013, 3366, 3368 Rn. 25). Auch die auf den Besteller bezogene vorvertraglichen Verkehrssicherungspflicht des Unternehmers geht nicht weiter als dessen werkvertragliche Schutzpflicht (BGH NJW 2018, 2956 Rn. 12; NJW-RR 2013, 534 Rn. 15; NJW 2013, 3366, 3368 Rn. 25). Geschützt aus § 241 II etwa die körperliche Integrität des Bestellers, so bei Beförderungsverträgen – der Reisende soll heil, nicht nur überhaupt ans Ziel kommen – und bei Bau- und Architektenverträgen. Der Unternehmer, der eine **Gefahrenlage** (zB eine Autowaschanlage) schafft, ist grds verpflichtet, die notwendigen und zumutbaren Vorkehrungen zu treffen, um eine Schädigung anderer möglichst zu verhindern. Er muss die Maßnahmen treffen, die ein umsichtiger und verständiger, in vernünftigen Grenzen vorsichtiger Anlagenbetreiber für notwendig und ausreichend hält, um andere vor Schäden zu bewahren. Zumutbarkeit von Sicherungsvorkehrungen bestimmt sich dabei unter Abwägung der Wahrscheinlichkeit der Gefahrverwirklichung, der Gewichtigkeit möglicher Schadensfolgen und der Höhe des Kostenaufwands, der mit etwaigen Sicherungsvorkehrungen einhergeht, und der in dem entsprechenden Bereich herrschenden Verkehrsauffassung (BGH NJW 2018, 2956 Rn. 17 f.). Zu Informationsnebenpflichten (→ § 242 Rn. 19) des Architekten s. OLG Düsseldorf NZBau 2002, 457. Für entspr Anwendung des § 619 in einem Sonderfall auf Handwerker, der dauerhaft im Betrieb als Werkunternehmer tätig ist: HessLAG BB 2013,
13 1726 ff. (*nicht rechtskräftig*). **b) Obhut:** Der Unternehmer muss die zu bearbeitende Sache vor Schaden oder Verlust bewahren (BGH NJW 2018, 2956 Rn. 17 –19; NJW 1983, 113; Versicherungspflicht s. AG Düsseldorf VersR 1987, 1122 mAnm Gaster). **Nichtvertragsgemäße Bearbeitung** und dadurch verursachte Verschlechterung werden durch die spezielleren §§ 634 ff. geregelt; zur Haftung aus Delikt → § 634a Rn. 1; der aus Delikt in Anspruch genommene trägt die Beweislast

für Einwilligung in Tätigwerden infolge Werkvertrags, s. BGH VersR 2005, 282. **c)** Den Unternehmer können auch **Obhutspflichten** auf Grund § 241 II bezüglich bestellereigener Sachen treffen, die nicht selbst Gegenstand des herzustellenden Werkes sind (s. BGH VersR 1976, 166: Brandverursachung bei Schweißarbeiten). Die Abgrenzung zur Hauptpflicht, vertragsgemäß herzustellen und den zu bearbeitenden Gegenstand nicht zu verschlechtern, kann bei zusammengesetzten Sachen schwierig sein. Zu Obhutspflichten beim Personentransport s. OLG Celle ReiseRecht aktuell 02, 86 (betrunkener Fahrgast). **d)** Der Werkvertrag hat **Schutzwirkungen** auch **zgDr,** zB Familienangehöriger (BGH BB 1994, 1455), GmbH-Gesellschafter/-Geschäftsführer (BGH NJW 2012, 3165 mAnm Keller), Betriebsangehöriger (BGH VersR 1974, 889), der Nachunternehmer des Unternehmers (Schlechtriem ZfBR 1983, 101 [102]; aA hM, s. nur MüKo-BGB/Busche Rn. 36 mN). Erweiterungen (zB Kreditgeber und andere Finanzierungsbeteiligte, Kapitalanleger, Käufer) können sich aus dem konkreten Vertrag ergeben (BGH WM 1971, 1100; NJW 2004, 3035: Gutachterauftrag für Bodenwertgutachten). **Sachwalterhaftung** s. § 311 III 2.

14 15

III. Rechtsfolgen von Pflichtverletzungen

1. Verletzung von Hauptpflichten. Störungen der Hauptleistungspflicht „Herstellung des versprochenen Werks“ richten sich nach §§ 280 ff. (Schadensersatz neben oder statt der Leistung), §§ 323 ff. (Rücktritt), evtl mit Schadensersatz, § 325, § 326 I (Wegfall der Vergütungspflicht, aber § 326 II), evtl § 314 (Kündigung aus wichtigem Grund); einklagbarer Erfüllungsanspruch § 241, sofern nicht § 275. Zu Mängeln s. → §§ 634 ff. Unberechtigte Vertragsaufsage vor Fälligkeit der Leistungsverpflichtung des Unternehmers (antizipierter Vertragsbruch) jetzt § 323 IV. 16

2. Verletzung von Nebenleistungspflichten. Bei Nebenleistungspflichten kann auf Erfüllung geklagt werden; Verletzungen, Schadensersatz §§ 280 ff., Rücktritt § 323 (aber V 1), dabei unerheblich, ob Verspätung der Herstellung auf Verletzung von Haupt- oder Nebenpflicht zurückzuführen, s. zur aF BGH NJW 2001, 2024; Kündigung § 314, aber auch § 649. 17

3. Verletzung von Schutzpflichten. Schadensersatz §§ 282, 280, Rücktritt § 324. 18

4. Verjährung. Geregelt in §§ 195, 199, 218; Ansprüche und Rechte wegen Werkmangels (§ 634) verjähren nach §§ 634a, 218 (klarstellend dazu OLG Rostock BeckRS 2021, 4304 Rn. 55. ff.; bestätigt durch BGH NJW 2022, 3347). 19

IV. Pflichten des Bestellers

1. Hauptpflichten. Hauptpflichten des Bestellers sind Leistung der Vergütung und Abnahme. Handwerkersicherung nach §§ 650e, 650f zählen nicht zu den Hauptpflichten, a.A. Grüneberg/Retzlaff Rn. 23, 24 unter Verweis insbes. auf das Kündigungsrecht nach § 650f V; zur Fragestellung Schmitz BauR 2009, 714. Der sog. Werklohn muss nicht in Geld bestehen (BGH WM 1974, 391: Überlassung demontierter Halle). Vertragliche Modifikationen der Gegenleistungspflicht des Bestellers sind in den Grenzen der §§ 134, 138 sowie der §§ 305 ff. zulässig Formen der Vergütungsvereinbarung (Pauschalpreis, Einheitspreis, Stundenlohn, Selbstkostenpreis) s. Grimme Lit. zu § 632; Abschlagszahlungen s. § 632a. Beschränkungen der Abtretbarkeit des Werklohnanspruchs sind grds nicht sittenwidrig (BGHZ 51, 113). Der Vergütungsanspruch entsteht mit Vertragsschluss, er wird fällig mit Abnahme bzw. Abnahmefiktion (§ 641), falls nichts anderes vereinbart ist. Verjährung des Herstellungsanspruchs des Bestellers führt aber nicht zur Fälligkeit des Werklohnanspruchs des Unternehmers. Sie steht der Abnahme oder den Abnahmesurrogaten nicht gleich (BGH NJW 2020, 2270). Die Regelung der Fälligkeit mit Fertigstellungsbescheinigung ist mit Aufhebung des § 641a durch das FoSiG (→ Vor § 631 Rn. 1) weggefallen. Werklohnforderung ist, wenn keine Vorleistungspflicht 20

des Bestellers vereinbart ist, vor Erbringung der Werkleistung nicht durchsetzbar (§ 320) – selbst bei vertraglicher Abweichung von § 641, s. BGH BeckRS 2013, 03816 mN. Für Höhe und Berechnungsmodalitäten ist der Vertragsinhalt ausschlaggebend (s. § 632). Grds liegt das Risiko eines Vertragsschlusses auf der Grundlage einer für den Unternehmer erkennbar unvollständigen Leistungsbeschreibung bzw eines dieser zugrunde liegenden Gutachtens beim Unternehmer (OLG Düsseldorf BeckRS 2015, 07597 Rn. 102 ff. mN). – Kündigt Besteller, kann er verlangen, dass Vergütung für die bis zur Kündigung erbrachten Teilleistungen des Unternehmers aus der dem gesamten Vertrag zu Grunde liegenden Vergütungsvereinbarung nachvollziehbar abgeleitet wird. Besteller kann sich aber auch damit einverstanden erklären, dass Unternehmer den ihm nach einer Kündigung noch zustehenden Werklohn in der Weise abrechnet, dass er vom vereinbarten Werklohn die unstreitigen Drittunternehmerkosten des Bestellers für die Fertigstellung des Werks abzieht (BGH NJW 2014, 1804 Rn. 3 f.). Nachträgliche konkludente Stundenlohnabrede idR nicht durch Unterzeichnung von Stundenlohnnachweisen, idR auch keine Vollmacht des Bauleiters/Architekten zur Änderung der Werklohnabrede, s. BGH NZBau 2004,
21 31. **Erfüllungsort** bei Bauvertrag s. BGH NJW 2012, 861; 86, 935 (Ort der Bauleistung); für Vergütungsanspruch bei Anwaltswerkvertrag s. BGH NJW 2004, 55 (nur bei Abrede am Kanzleisitz [zu § 29 ZPO]). Erhöhung nach Treu und Glauben s. RGZ 150, 91 ff.; Korrekturen wegen fehlender Geschäftsgrundlage BGH VersR 1965, 804 sowie jetzt § 313 III. Zulässig sind als „Kostenanpassungsklauseln" (OLG Hamm DB 1975, 684) usw bezeichnete Bestimmungsvorbehalte (§ 316) in Individualabreden; formularmäßige Preisänderungsklauseln s. dagegen BGH BB 1985, 1351, § 309 Nr. 1, 307. Schlussrechnung als Ausübung eines Bestimmungsrechts s. Schiebel BB 1991, 2089 ff. Zur Bestimmbarkeit s. Micklitz ZIP 1986, 285. Errichten Bauherren gemeinschaftlich eine Wohnungseigentumsanlage, dann schulden sie entgegen § 427 nur anteilig, BGHZ 75, 26. **Mitwirkung** bei Werkerstellung ist keine Hauptpflicht, nur bei bes Abrede, regelmäßig auch keine Nebenpflicht, sondern
22 Obliegenheit, → § 642 Rn. 1. **Verjährung** der Vergütungsansprüche: §§ 195, 199; bei gleichzeitiger Verpflichtung zur Grundstücksveräußerung § 196 Hs. 2. Verwirkung: BGH NJW 2003, 824. Zur Verjährung des Rückforderungsanspruchs bei überzahlter Vergütung: BGH NJW 2012, 3569 (Architektenhonorar).

23 **2. Neben- und Schutzpflichten. a) Nebenpflichten** des Bestellers können Nebenleistungs- oder Schutzpflichten sein. Zur erforderlichen Mitwirkung des Bestellers s. § 642. Nebenleistungspflichten können sich aus entspr. Abreden (Bsp: Abruf der Werkleistung, BGH NJW 1972, 99) oder aus §§ 241 II, 242 (Bsp: Mitführen des für die Einreise erforderlichen Visums bei Flugreise (BGH NJW 2018, 2954 Rn. 9 ff., aber Rn. 12 ff. Mitverschulden der Gesellschaft, wenn keine Visakontrolle) ergeben. Neben(duldungs)pflicht des Bestellers, Foto-Veröffentlichung des (zu seinem Grundstück gehörigen) künstlerischen Werks im Internet zu Werbezwecken des Unternehmers zu dulden (OLG Brandenburg NJW-RR 2021, 597 Rn. 36 ff.).
24 Verjährung: §§ 195, 199. **b) Schutzpflichten** hinsichtlich der Rechts- und Lebensgüter des Unternehmers sind auf der Grundlage von § 241 II je nach Art des Werkes und den Umständen seiner Herstellung anzunehmen; dazu ua BGH BeckRS 2013, 03235 (Fürsorgepflicht bzgl Beschädigung eines Mähdreschers). Der Bauunternehmer hat die Baustelle durch zumutbare Vorkehrungen so abzusichern, dass der von ihm beauftragte Subunternehmer vor Schaden bewahrt bleibt (BGH VersR 1975, 41). Falls der Unternehmer Leistungen im Bereich des Bestellers zu erbringen hat, ist § 618 analog anwendbar (BGHZ 5, 62 f.; aA OLG Stuttgart NJW 1984, 1904 *für Verlust aus* Unfall eines AN). § 619 gilt jedoch nicht beim Werkvertrag, BGHZ 56, 274, soweit es nicht um AN des Unternehmers geht, BGHZ 26, 372. Mangels anderweitiger vertraglicher Regelung haben mehrere Unternehmen jedenfalls Obliegenheit (sonst kann § 254 eingreifen), ihre jeweiligen Werkleistungen zu koordinieren. (OLG Karlsruhe NJW 2016, 1829; OLG Jena BeckRS 2013, 14714; Revison: BGH NJW 2013, 3180).

3. Schutzpflichten beider Parteien. Die Schutzpflichten beider Seiten für Gesundheit und Eigentum des jeweils anderen, deren Verletzung Schadensersatzansprüche oder Rücktrittsrecht – §§ 282, 324 – auslöst, sind allg. Verhaltenspflichten, die durch die Werkvertragssituation konkretisiert worden sind; sie bestehen schon bei Vertragsanbahnung, § 311 II, und sind von der Gültigkeit des Werkvertrages unabhängig (Thiele JZ 1967, 649 ff. mwN). Ihr Vorteil gegenüber deliktischer Schadenshaftung liegt in der Anwendbarkeit des § 278. Verjährung: §§ 195, 199. 25

§ 632 Vergütung

(1) **Eine Vergütung gilt als stillschweigend vereinbart, wenn die Herstellung des Werkes den Umständen nach nur gegen eine Vergütung zu erwarten ist.**

(2) **Ist die Höhe der Vergütung nicht bestimmt, so ist bei dem Bestehen einer Taxe die taxmäßige Vergütung, in Ermangelung einer Taxe die übliche Vergütung als vereinbart anzusehen.**

(3) **Ein Kostenanschlag ist im Zweifel nicht zu vergüten.**

Lit.: Bauer, Der langsame Gutachter – treuwidrige Abrechnung „verbummelter" Stunden, JZ 2010, 181; Cuypers, Der Werklohn des Bauunternehmers, 2000; Greimer, AcP 211, 221; Grimme, Die Vergütung beim Werkvertrag, 1987; Kilian, Deregulierung des anwaltlichen Vergütungsrechts im Bereich Beratung und Begutachtung, BB 2006, 1509; Orlowski, Besiegelt der EuGH das Ende der HOAI?, NJW 2019, 2505.

1. Allgemeines. I trifft Vorsorge für den Fall, dass keine Vergütungsvereinbarung getroffen worden ist, II will die durch unterlassene Bestimmung der Höhe der Vergütung gebliebene Lücke füllen. Fehlende Preisangabe hindert deshalb nicht Vertragsschluss wegen Einigungsmangels. § 632 findet auch Anwendung, wenn ein Werkvertrag geändert und zusätzliche Leistungen vereinbart werden, ohne dass deren Vergütung geregelt wird. III eingefügt durch SchRModG. **Abschlagzahlungen** s. § 632a, Fälligkeit ansonsten § 641 (BGH NJW 2002, 2640: betagte Verbindlichkeit). Zu Telekommunikationsgebühren bei Mehrwertdienstenummern (Dialern) → Vor § 631 Rn. 10. Zur Gebührenvereinbarung in Verträgen mit Architekten und Tragwerksingenieuren s. § 7 HOAI (s. zur Vorgängerregelung § 4 HOAI aF BGH NJW 2009, 2199 – Wirksamkeit eines Zeithonorars; NJW-RR 2012, 653 – Mindestsatzüberschreitung und Tafelhöchstwertunterschreitung; NJW 2012, 1792 mAnm Preussner – Mindestsatzunterschreitung). Zur Rechtslage bei Gebührenvereinbarungen für außergerichtliche anwaltliche Tätigkeit s. Kilian BB 2006, 1509; Schneider NJW 2006, 1905. Verjährung: → § 631 Rn. 22. Die Regelung zu Mindest- und Höchstsätzen des § 7 **HOAI** ist **unionsrechtswidrig** wegen Verstoßes gegen Art. 15 I, II lit. g, III der RiLi v 12.12.2006 über Dienstleistungen im Binnenmarkt (EuGH NJW 2019, 2529; dazu Orlowski NJW 2019, 2505). Die HOAI (→ § 632 Rn. 10) ist allerdings, bis der deutsche Gesetzgeber tätig wird, weiter anzuwenden (EuGH NJW 2022, 927; OLG Hamm NJW 2020, 247 ff.; aA OLG Düsseldorf NZBau 2021, 265, 267 Rn. 31; OLG Celle NZBau 2020, 242 Rn. 35 ff., 39). 1

2. Werkvertragsschluss/-inhalt und § 632. § 632 gilt nur für die **Vergütungspflicht aus zustande gekommenem Werkvertrag. Angebotskosten** und Vorarbeiten fallen nicht darunter, falls der Vertragsschluss scheitert, BGH NJW 1979, 2202; 1982, 766 (zu § 9 AGBG), es sei denn, bestimmte Projektierungsleistungen sind Gegenstand eines eigenen Vertrages (BGH NJW-RR 2005, 20; sa OLG Hamburg MDR 1985, 321; Vygen FS Korbion, 1986, 439; ferner § 20 VOB/A). 2
Die anrechenbaren Kosten des Unternehmers werden durch den Vertragsgegenstand bestimmt und begrenzt (s. BGH BauR 1999, 1045). Ob reine Planungskosten vergütungsrelevant sind, entscheidet die Vertragsabrede, ohne bes Abrede sind sie in den Ausführungskosten enthalten (BGH NJW-RR 2003, 593). **Vorentwurf** eines Architekten wird regelmäßig für vergütungspflichtig gehalten (BGH BB 1967, 263; 3

sa OLGR Bremen 2004, 423), auch wenn er als „unverbindlich" zugesagt wurde (sa § 15 HOAI); jedenfalls, wenn Werkleistung nachträglich vom Auftraggeber entgegengenommen und verwertet wird (OLG Saarbrücken BauR 2005, 7768). **Kostenanschlag** als solcher iZw nicht vergütungspflichtig; zu AGB A. Teichmann ZfBR 2002, 13, 19. Konkludenter Vertragsabschluss mit Vergütungspflicht nach II, wenn Unternehmer Besteller vor Mängeluntersuchung (hinreichend deutlich, sonst kein Entgelt: OLG Celle BauR 2003, 265) mitteilt, dass er bei Mängelfreiheit die Untersuchungskosten in Rechnung stellen werde und Besteller auf Untersuchung besteht (OLG Karlsruhe MDR 2003, 1108).

4 **3. Anwendungsbereich. a)** § 632 kommt nicht zur Anwendung, falls der Preis bestimmt oder als bestimmbar (hierzu jedoch Micklitz ZIP 1986, 285) vereinbart ist. Auch aus Handelsbrauch kann sich ein bestimmter Preis ergeben, LM Nr. 3. Zu AGB-Entgeltklauseln s. BGH NJW-RR 2012, 1261: Wird eine Leistung (zB Grundeintrag in ein Branchenverzeichnis im Internet) regelmäßig unentgeltlich angeboten, so wird eine Entgeltklausel, die nach der drucktechnischen Gestaltung des Antragsformulars so unauffällig in das Gesamtbild eingefügt ist, dass sie von dem Vertragspartner des Klauselverwenders dort nicht vermutet wird, nach § 305c I nicht Vertragsbestandteil. **Kostenanschlag** ist noch keine Preisvereinbarung (s. § 649), kann aber in den Vertrag als Vergütungsbestimmung übernommen worden sein.
5 **b)** Preis kann Pauschal- oder Einheitspreis sein; Preisbestimmung liegt auch dann vor, falls der Endpreis anhand bestimmter Daten wie Massen und Mengen beim Einheitspreis berechnet werden muss, die erst nach Fertigstellung vorliegen (Aufmaß), der preisbestimmende Berechnungsfaktor aber vereinbart ist; zu Lohngleitklauseln s. Mantscheff BauR 1975, 189. Im Pauschalpreis nicht vorgesehene erhebliche Zusatzleistungen sind gesondert zu vergüten, s. BGH NJW-RR 2002, 742.
6 Bedeutung **Festpreis** ist Auslegungsfrage. **c)** Nichterwähnung der **Mehrwertsteuer** führt nicht zur Anwendung des II oder gar zur Verpflichtung des Bestellers, die Mehrwertsteuer als Teil der üblichen Vergütung zu zahlen; sie ist vielmehr in einem Pauschalpreis enthalten (OLG Karlsruhe OLG 72, 202); s. aber auch BGH DB 1975, 1741 f. und § 9 HOAI. Für Kaufleute kann auf Grund Handelsbrauchs anderes
7 maßgebend sein, s. Schaumburg/Schaumburg NJW 1975, 1261 f. **d)** II scheidet aus, wenn ein Bestimmungsrecht hinsichtlich des Preises eingeräumt worden ist
8 (→ § 631 Rn. 20). Er ist aber lex specialis zu § 316 (→ Rn. 12). **e)** Bei behördlichen Preisfestsetzungen, die zwingend sind, gilt § 632 nicht (s. zB §§ 20 ff. GüKG, BGHZ 8, 69 f.; zur Vergütung öffentlich bestellter Vermessungsingenieure s. Holt-
9 hausen NZBau 2004, 479). **f)** Sondervorschriften für Bauverträge enthält § 2 VOB/B. Zur Bedeutung einer Schlussrechnung s. §§ 14 Nr. 3, 16 Nr. 3 VOB/B; zur Schlussrechnung eines Architekten BGH NJW 1978, 319. BGH NJW-RR 2015, 469 Rn. 13 ff.: Haben die Parteien eines BGB-Werkvertrages Voraus- oder Abschlagszahlungen vereinbart, folgt ein etwaiger Rückzahlungsanspruch auf Grund eines sich nach einer Abrechnung ergebenden Überschusses aus dem Vertrag selbst.

10 **4. Voraussetzungen und Rechtsfolgen des II. a)** Zur Bestimmung der Höhe ist zunächst auf die **Taxe,** dh behördlich festgesetzte, aber abdingbare Preise abzustel-
11 len. **b) Üblichkeit:** Unternehmer kann nur die übliche, ersatzweise (→ Rn. 12) eine im Rahmen ergänzender Vertragsauslegung ermittelte angemessene oder jedenfalls eine der Billigkeit iSv § 315 III entsprechende Vergütung verlangen (BGH NJW 2015, 1298 Rn. 17; NJOZ 2014, 976 Rn. 28; BGHZ 167, 139 = NJW 2006, 2472 8 ff.). **Üblichkeit** bedeutet Vergütung, die zur Zeit des Vertragsschlusses nach allg Auffassung der beteiligten Kreise am Ort der Werkleistung gezahlt wird. Vergleichs*maßstab sind* Leistungen gleicher Art, gleicher Güte und gleichen Umfangs. Die Anerkennung der Üblichkeit setzt gleiche Verhältnisse in zahlreichen Einzelfällen voraus (BGH NJW 2014, 1376 Rn. 12; NJW-RR 2007, 123 [ggf. auch am Markt verbreitete Berechnungsregel]; 2006, 2472; 2004, 3484; 2001, 151, 152; gilt auch für Abrechnung nach Kündigung nach § 649 S. 2, BGH NZBau 2000, 73. Eine branchenübliche Vergütung entspricht nicht zwingend der ortsüblichen Vergütung;

der Maßstab ist ein rein tatsächlicher (BGH NJW 2015, 1298 Rn. 17; 2004, 3484 [3486]). HOAI darf als verkehrsüblich angesehen werden, OLG Düsseldorf BauR 1981, 401, gilt also mangels abw Preisvereinbarungen beim Architekten- oder Ingenieurvertrag, mit Ausnahme der dort festgesetzten Mindest- und Höchstsätze, die unionsrechtswidrig sind (→ Rn. 1). Zur Vergütung außergerichtlicher anwaltlicher Tätigkeit (Gutachten) s. Kilian BB 2006, 1509; Schneider NJW 2006, 1906. **c)** Gibt 12
es weder eine Taxe noch verkehrsübliche Preise, so erfolgt ergänzende Vertragsauslegung (BGH NJW 2006, 2472), führt sie nicht weiter, so sind § 316 iVm § 315 anzuwenden (BGHZ 94, 100; diff Staudinger/Peters Rn. 54).

5. Beweislast. a) Umstände, nach denen Leistung nur gegen Vergütung zu 13
erwarten ist, hat Unternehmer (Architekt, s. BGH NJW 1997, 3017; NJW-RR 2005, 21), dass gleichwohl unentgeltlich geleistet werden sollte, hat Besteller zu beweisen, BGH NJW 1987, 2742; OLG Saarbrücken NZBau 2002, 576; OLGR Celle 2004, 479 (Sicherheits- und Gesundheitskoordinator); OLG Stuttgart NZBau 2015, 620.
b) Beweislast **für** bestimmte **Vergütung** oder fehlende Vergütungsabrede gegenüber 14
substantiierter Behauptung des Bestellers hat Unternehmer, BGH NJW-RR 1992, 848; NJW 1997, 3017 (Architekt, Bauvoranfrage); NJW-RR 2002, 159; NJW 2006, 2472; OLG Düsseldorf NZBau 2003, 442; OLG Koblenz MDR 2004, 386; Baumgärtel FS Heiermann, 1995, 4, str.; Unterzeichnung von Stundenlohnnachweisen durch Bauleiter genügt für entspr Lohnabrede nicht, s. BGH NJW-RR 2004, 92. Bei Mehrleistungen: Beweis, dass Festpreis nicht Mehrleistung erfasst und Beweis der Mehrleistungsabrede durch Unternehmer (BGH NJW 2002, 740; OLG Nürnberg NJW-RR 2002, 1099). Zu den Anforderungen an nachträgliche Stundenlohnabreden s. BGH NJW-RR 2004, 92; Behauptung **nachträglicher** Vereinbarung des Preises (statt „üblicher") hat Besteller zu beweisen, BGH BauR 2003, 1382; NJW 1982, 1523
(Maklervertrag). **c)** Bei **Zeithonorar** (Stundensatz, Tagessatz verabredet) muss Unter- 15
nehmer nach BGH NJW 2009, 2199, 3426 Anzahl der Stunden und vereinbarten Stundensatz darlegen und beweisen, er muss Arbeitsstunden nicht einzelnen Tätigkeiten zuordnen oder zeitlich aufschlüsseln, denn Unternehmer ist frei, wann er seine Leistungen erbringt. Abweichende **Aufschlüsselungsabrede** kann ausdr oder konkludent getroffen worden sein. Vertragliche Aufschlüsselungsabrede muss sich hinreichend deutlich aus den Umständen ergeben, da Unternehmer zur Erfüllung Dokumentationsaufwand zu betreiben hat. Nach BGH NJW 2000, 1107; NJW 2009, 2199, 3426 (ebenso: OLG Karlsruhe BauR 2003, 739 f.; OLG Düsseldorf NJW-RR 2003, 455; OLG Hamm BauR 2002, 320 f.; OLG Celle NZBau 2004, 41; Staudinger/Peters Rn. 14) begründet die Vereinbarung einer Stundenlohnvergütung für Werkleistungen nach § 242 zugleich eine vertragliche **Nebenpflicht zur wirtschaftlichen Leistungserbringung.** Bei Nebenpflichtverletzung hat Besteller Anspruch aus § 280 I auf Freistellung von der Vergütung des zeitlichen Aufwands, der auf einer unwirtschaftlichen Leistungserbringung beruht, wofür Besteller Beweislast hat (BGH NJW 2000, 1107; NJW 2009, 2199, 3426; OLG Hamm NJW-RR 2021, 124 Rn. 36 ff.; OLG Karlsruhe BauR 2003, 739 f.; OLG Düsseldorf NJW-RR 2003, 455; BauR 2003, 1418; BeckOK BGB/Voit § 631 Rn. 83; Keldungs BauR 2002, 322; aA OLG Celle NZBau 2004, 41, Voraufl. Rn. 14: Keine Aufspaltung in Durchführungshauptpflicht und Wirtschaftlichkeitsnebenpflicht; ebenso Bauer JZ 2010, 181, 190: Unwirtschaftlichkeitseinrede aus § 242 gegen vollen Vergütungsanspruch; ähnlich OLG Hamm BauR 2002, 320 f.; ferner Staudinger/Peters Rn. 14 als Werklohn soll entsprechend § 670 nur die wirtschaftlich notwendige Vergütung geschuldet sein, wofür Unternehmer beweispflichtig sei). Besteller muss für § 280 I Tatsachen beweisen, aus denen sich die Unwirtschaftlichkeit der Leistungserbringung des Unternehmers ergibt. Ist Besteller aber Beweisführung mangels Einsicht in konkrete Unternehmerleistung nicht möglich, trifft Unternehmer sekundäre Darlegungslast (BGH NJW 2009, 3426); zum Umfang der sekundären Darlegungslast s. BGH NJW 2009, 2199, hinsichtlich Darlegungslastverteilung übereinstimmend Bauer JZ 2010, 181. Nach OLG Celle NZBau 2004, 41 Umkehr der Darlegungs- und Beweislast bei vorbehaltloser **Unter-**

zeichnung des Stundenzettels durch Besteller, sofern auf Abrechnungszettel Arbeiten nach Art und Umfang, Dauer, Person genau bezeichnet. – Unterzeichnung Abrechnungszettel/Rechnung ist kein Anerkenntnis, s. OLG Düsseldorf NJW-RR 2003, 455.

§ 632a Abschlagszahlungen

(1) [1]**Der Unternehmer kann von dem Besteller eine Abschlagszahlung in Höhe des Wertes der von ihm erbrachten und nach dem Vertrag geschuldeten Leistungen verlangen.** [2]**Sind die erbrachten Leistungen nicht vertragsgemäß, kann der Besteller die Zahlung eines angemessenen Teils des Abschlags verweigern.** [3]**Die Beweislast für die vertragsgemäße Leistung verbleibt bis zur Abnahme beim Unternehmer.** [4]**§ 641 Abs. 3 gilt entsprechend.** [5]**Die Leistungen sind durch eine Aufstellung nachzuweisen, die eine rasche und sichere Beurteilung der Leistungen ermöglichen muss.** [6]**Die Sätze 1 bis 5 gelten auch für erforderliche Stoffe oder Bauteile, die angeliefert oder eigens angefertigt und bereitgestellt sind, wenn dem Besteller nach seiner Wahl Eigentum an den Stoffen oder Bauteilen übertragen oder entsprechende Sicherheit hierfür geleistet wird.**

(2) **Die Sicherheit nach Absatz 1 Satz 6 kann auch durch eine Garantie oder ein sonstiges Zahlungsversprechen eines im Geltungsbereich dieses Gesetzes zum Geschäftsbetrieb befugten Kreditinstituts oder Kreditversicherers geleistet werden.**

1 **1. Allgemeines.** Eingefügt durch das ZBG, geltend ab 1.5.2000 für geschlossene Verträge (229 § 1 II 1 EGBGB). Durch FoSiG (→ Vor § 631 Rn. 1 mit Wirkung zum 1.1.2009, s. Art. 229 § 19 EGBGB) wurden II–IV angefügt, I neu gefasst und an Parallelbestimmung des § 16 Nr. 1 VOB/B angepasst. Dadurch wird Anspruch auf Abschlagszahlungen ausgeweitet (BT-Drs. 16/511, 14). Durch BauvertragsrechtG (→ Vor § 631 Rn. 1) mit Wirkung zum 1.1.2018 geändert. § 632a soll Vorleistungs- und Vorfinanzierungslast des Unternehmers durch Ansprüche auf Abschlagszahlungen mildern. Die Vorschrift soll sicherstellen, dass der Unternehmer eine Abschlagszahlung verlangen kann, wenn der Besteller einen festen Wert bekommen hat (BT-Drs. 16/9787, 18). Sie gilt für alle Werkverträge. **Lit.** zu § 632a aF s. 12. Aufl. **Vorauszahlungen** (Grüneberg/Retzlaff Rn. 4) erfasst § 632a nicht. Zum **Rückzahlungsanspruch**
2 bei Voraus- oder Abschlagszahlungen s. BGH NJW-RR 2015, 469 **Abweichende Vereinbarungen** zulässig, in AGB jedoch § 307; § 632a hat Leitbildfunktion, BGH NJW 2016, 1945 Rn. 70 f.; Ullmann NJW 2002, 1075. Zur Unwirksamkeit einer AGB-Abschlagszahlungsklausel bei Verbrauchervertrag (III) s. BGH NJW 2013, 219.

3 **2. Voraussetzungen (I). a) Teilw erbrachte Unternehmerleistung (I 1–4):** Jede Erfüllungshandlung des Unternehmers (Tätigkeit, Sachzuwendung, zB Material, auch alle über § 946 in das Bestellereigentum gelangten Sachen). Nicht mehr entscheidend, ob Teilleistung einen abgeschlossenen Teil des Werks darstellt oder nicht (BT-Drs. 16/511, 14). Teilleistungen können einen Abschlagszahlungsanspruch auch auslösen, wenn keine Eigentumsübertragung am Teilwerk erfolgt oder dafür Sicherheit geleistet wird (BT-Drs. 16/511, 14: zB bei Entwicklung individueller Software oder bei Erstellung eines aus mehreren Teilen bestehenden Gutachtens).
4 **b)** Leistung muss **vertragsgemäß** sein; andernfalls besteht Recht auf **Verweigerung (I 2)** soweit Leistung nicht mangelfrei (→ § 633 Rn. 4 ff.) ist (vgl Grüneberg/Retzlaff Rn. 6). Höhe des verweigerten Abschlags muss angemessen sein. Was angemessen ist, ist nach **I 4** entsprechend → § 641 III zu bestimmen: Zweifache der zu
5 erwartenden Kosten der Mangelbeseitigung (→ § 641 Rn. 6). **c)** Nachweis gemäß **I 5** durch klar nachvollziehbare und daher **prüfbare Aufstellung** der erbrachten Leistungen und des auf sie entfallenden Vergütungsanteils. Sie muss rasche und
6 sichere Beurteilung der Leistungen ermöglichen (BT-Drs. 16/9787, 18). **d) Höhe**

der Abschlagszahlung richtet sich nach Wert der Unternehmerleistung (anders als nach § 632a I 1 aF; danach war Wertzuwachs bei Besteller entscheidend). **e)** I 1–5 7
gelten nach I 5 auch für **Stoffe und Bauteile. Eigentumserwerb** des Bestellers an Teilwerk, Stoffen oder Bauteilen durch Übereignung (§§ 929 ff.), I 5 oder Einbau (§ 946 → Rn. 3). Bei fehlendem Eigentumserwerb des Bestellers kann Unternehmer Anspruch auf Abschlagszahlung durch **Sicherheitsleistung** in Höhe der Zahlung erreichen **(I 6 Hs. 2).** Wahlrecht zwischen Eigentumsübertragung und Sicherheit für den Besteller in I 5 entspricht § 16 VOB/B (BT-Drs. 16/511, 15).
f) Beweislast. Unternehmer hat Vereinbarung oder Voraussetzung Teilleistung, 8
Herstellung, Lieferung oder Bereitstellung von Stoffen oder Bauteilen sowie Art, Umfang, Wert und Mangelfreiheit (→ **I 3**) der Unternehmerleistungen, Besteller Fälligkeit der Gesamtvergütung, s. OLG Hamm NJW-RR 1999, 528. Zu (behaupteten) Überzahlungen und Rückzahlungsansprüchen → § 632 Rn. 9, zur Behauptungs- und Beweislast s. BGH NJW 2002, 1567, NJW-RR 2008, 328.

3. Rechtsfolgen. Anspruch auf Abschlagszahlung (I) in wertentsprechender 9
Höhe zu den Teilleistungen einschl. MWSt auch ohne Abnahme (bei Abnahme § 641 I 2). Vereinbarungen über Höhe von Teilleistungen haben Vorrang, s. BGHZ 140, 365. Selbstständiger (Teil)Vergütungsanspruch, der aber im Gesamtvergütungsanspruch nach § 631 I aufgeht, sobald dieser fällig ist; Anspruch erlischt mit Schlussrechnungsreife (OLG Stuttgart NJW 2019, 2708). Gestaffelte Abschlagszahlungen je nach Fortschritt des Werks möglich. Verlangt Unternehmer ohne sachlichen Grund **Vielzahl von Abschlagszahlungen,** hat Besteller wegen Rechtsmissbrauchs (→ § 242 Rn. 37 ff.) das Recht, nur einzelne (im Betrag entsprechend erhöhte) Abschlagszahlungen zu erbringen. Wegen ihres vorläufigen Charakters stellen Abschlagszahlungen **keine Teilabnahmen** (→ § 640 Rn. 6) dar (BT-Drs. 16/511, 15).

4. Art der Sicherheit (II). S. **II;** §§ 232 ff. nach Wahl des Unternehmers. Zur 10
Sicherheitsleistung s. inhaltsgleichen → § 650f II 1, → § 650k III. **Rückgabe** der Sicherheit durch Besteller, wenn Unternehmer vollständig und mangelfrei erfüllt hat, denn dann kann Sicherungsfall nicht mehr eintreten. **Verwertung** durch Besteller, wenn gesicherter Anspruch wegen mangelhafter Erfüllung durch Unternehmer entstand.

Vorbemerkungen zu den §§ 633–639

§§ 633–639, die §§ 633–639 aF ersetzen, sind dogmatisch stringenter als die aF konzipiert. Das Pflichtenprogramm des Unternehmers hinsichtlich der Beschaffenheit – § 633 – ist in enger Anlehnung an das Pflichtenprogramm des Verkäufers geregelt, die Rechtsbehelfe des Bestellers bei vertragswidriger Beschaffenheit, dh bei Sach- oder Rechtsmängeln, sind in weitgehender Parallele zum Kaufrecht mit dem allg System der Rechtsbehelfe bei Pflichtverletzungen des Schuldners verzahnt, s. § 634. Für altem Recht unterliegende Verträge – dh vor dem 1.1.2002 geschlossene Verträge, Art. 229 § 5 S. 1 EGBGB, bei Werkverträgen als Dauerschuldverhältnisse noch bis zum 31.12.2002, S. 2 – wird auf 9. Aufl. verwiesen; zur Übergangsregelung für die Verjährung → § 634a Rn. 13.

§ 633 Sach- und Rechtsmangel

(1) **Der Unternehmer hat dem Besteller das Werk frei von Sach- und Rechtsmängeln zu verschaffen.**

(2) [1]**Das Werk ist frei von Sachmängeln, wenn es die vereinbarte Beschaffenheit hat.** [2]**Soweit die Beschaffenheit nicht vereinbart ist, ist das Werk frei von Sachmängeln,**

1. wenn es sich für die nach dem Vertrag vorausgesetzte, sonst
2. für die gewöhnliche Verwendung eignet und eine Beschaffenheit aufweist, die bei Werken der gleichen Art üblich ist und die der Besteller nach der Art des Werkes erwarten kann.

[3]**Einem Sachmangel steht es gleich, wenn der Unternehmer ein anderes als das bestellte Werk oder das Werk in zu geringer Menge herstellt.**

(3) **Das Werk ist frei von Rechtsmängeln, wenn Dritte in Bezug auf das Werk keine oder nur die im Vertrag übernommenen Rechte gegen den Besteller geltend machen können.**

1 **1. Allgemeines. a)** I verpflichtet Unternehmer zur Herstellung eines Werks frei
von Sach- und Rechtsmängeln und legt in II fest, wie die vertragsgemäße
2 *(Soll)*beschaffenheit zu bestimmen ist. **b)** „Zu verschaffen“ in I 1 meint in Ergänzung
zu § 631 I auch Übereignung und Übergabe, soweit erforderlich (→ § 631 Rn. 9,
3 § 632a II). **c)** Maßgebender **Zeitpunkt** für vertragsgemäße Beschaffenheit: Gefahrübergang, § 644 (BGH NJW 2019, 2169 Rn. 25; NJW 2017, 1604: grundsätzlich Abnahme; nicht abw LG Leipzig BauR 2004, 1457: kein Mangel im Zeitpunkt § 644, wenn Werk (Tür) zur Zeit des Vertragsschlusses, nicht aber bei Abnahme BauO entspricht, sofern die geänderte Norm nur eine Bauordnungsvorschrift ist, die der vorbeugenden Gefahrenabwehr dient, sie aber noch nicht als Regel der Technik zu verstehen ist).

4 **2. Vertragsgemäße Beschaffenheit (II 1, 2).** *Mängelfreiheit.* **a) Vereinbarung,** II 1, legt primär Sollbeschaffenheit fest. Jede Vereinbarung in oder auch außerhalb des eigentlichen Werkvertrages genügt. Bes Zusicherung ist nicht erforderlich, kann aber evtl Garantie iSv §§ 276, 639 sein, woran hohe Anforderungen zu stellen sind (OLG Düsseldorf BauR 2016, 1489 mN). Vereinbarung grds formfrei möglich. Auch lediglich einseitige Vorstellung einer Partei kann genügen, wenn die andere in Kenntnis des Willens des Erklärenden den Vertrag schließt (BGH NJW 2004, 2156 zu Wohnfläche). Zur vereinbarten **Beschaffenheit** gehören alle Eigenschaften des Werks, die nach der Vereinbarung der Parteien den vertraglich geschuldeten Erfolg herbeiführen sollen (BGH NJW 2019, 2169 Rn. 23; NJW 2011, 3780 mAnm Voit; NJW 2008, 512). Unter Berücksichtigung der gesamten Umstände des Vertrags ist zu prüfen, ob eine bestimmte Qualität der Ausführung stillschweigend vereinbart ist. Entspr Qualitätsanforderungen können sich nicht nur aus dem Vertragstext, sondern auch aus sonstigen vertragsbegleitenden Umständen, den konkreten Verhältnissen des Bauwerks und seines Umfelds, dem qualitativen Zuschnitt, dem architektonischen Anspruch und der Zweckbestimmung des Gebäudes ergeben. Deshalb kann daraus, dass ein bestimmtes Ausführungsdetail nicht erwähnt ist, nicht ohne weiteres geschlossen werden, dass es nicht geschuldet ist. Entspricht das versprochene Bauwerk dem üblichen (→ Rn. 6) Qualitäts- und Komfortstandard, kann der Besteller in der Regel auch die Ausführung nicht näher beschriebener Details in diesem Standard verlangen und muss sich nicht mit einem Mindeststandard zufriedengeben (BGH NJW 2014, 620 Rn. 11 mN). Der vertraglich geschuldete Erfolg bestimmt sich nicht allein nach der zu seiner Erreichung vereinbarten Leistung oder Ausführungsart, sondern auch danach, welche Funktion das Werk nach dem Willen der Parteien erfüllen soll (BGH NJW 2011, 2645 mN; OLG Düsseldorf NJW-RR 2015, 341; krit Pioch AcP 219, 703 ff.). Abweichung von der vereinbarten Beschaffenheit **(Mangel)** gegeben, wenn der mit dem Vertrag verfolgte Zweck der Herstellung eines Werks nicht erreicht wird und das Werk seine vereinbarte oder nach dem Vertrag vorausgesetzte Funktion nicht erfüllt (BGH NJW 2019, 2169 Rn. 22; NJW 2013, 2268 Rn. 12; 2011, 3780 f. mAnm Voit; NJW 2008, 512 f. mwN), unabhängig von der Mangelursache (BGH NJW 2019, 2169 Rn. 24). Die vereinbarte Beschaffenheit liegt danach zB nicht vor, wenn die Planung eines Architekten die vertraglich vorausgesetzte Funktionalität nicht erfüllt und Parteien die erwartete Funktionalität nicht durch Vereinbarungen eingeschränkt haben (BGH

NJW 2013, 2268 Rn. 12 f.; 2013, 684). Das gilt unabhängig davon, ob die Parteien eine bestimmte Ausführungsart vereinbart haben oder die anerkannten Regeln der Technik eingehalten worden sind (BGH NJW 2008, 512). Ist die **Funktionstauglichkeit** für den vertraglich vorausgesetzten oder gewöhnlichen Gebrauch vereinbart und ist dieser Erfolg mit der vertraglich vereinbarten Leistung (im Sinne einer technischen Durchführungsvereinbarung) oder Ausführungsart oder den anerkannten **Regeln der Technik** nicht zu erreichen, schuldet der Unternehmer die vereinbarte Funktionstauglichkeit (BGH NJW 2014, 3365 Rn. 14; 2011, 3781; 2008, 512 f.; je mwN; OLG Hamm NJW 2017, 268; OLG Düsseldorf NJW 2016, 168: stillschweigende Einbeziehung der Anforderungen der Energieeinsparverordnung). Generell: Bei Divergenz von Vereinbarung und anerkannten Regeln der Technik (hierzu → Rn. 3, 6) geht Vereinbarung vor (BGH NJW 2014, 3365 Rn. 14; 2008, 512 f. mwN; WM 2006, 447; NJW-RR 2002, 1533; NJW-RR 1995, 472; OLG Oldenburg CR 2004, 175; Medicus ZfBR 1984, 155, zu DIN-Normen Motzke ZfBR 1987, 2, 5, sa BGH NJW 2009, 2439). Sachmangel auch dann gegeben, wenn eine Abweichung von der vereinbarten Beschaffenheit nicht zu einer Beeinträchtigung des Werts oder der Gebrauchstauglichkeit des Werks führt. Aber: Wirkt sich Abweichung von der vereinbarten Beschaffenheit nicht oder nur in geringem Maße nachteilig aus, kann das den Einwand des Unternehmers gegen Mängelansprüche des Bestellers begründen, der Mängelbeseitigungsaufwand sei unverhältnismäßig hoch (BGH NJW-RR 2015, 1300). Eine Entsprechung zu § 434 I 3 – **öffentliche Äußerungen** von Herstellern usw – fehlt, doch wird man Zurechnung solch öffentlicher Äußerungen, etwa in der Werbung, zur Vertragsschlusserklärung des Unternehmers auch dann, wenn sie nicht selbst von ihm stammen, nicht ausschließen können (Auslegungsfrage, s. OLG Düsseldorf BauR 2015, 982 Rn. 14; OLG Brandenburg BeckRS 2016, 16201), etwa, wenn der Unternehmer in Vertragsverhandlungen sich für Material, Einbauteile usw auf Herstellerprospekte bezieht. **Beweislast** hat, wer sich auf bestimmte Beschaffenheitsvereinbarungen oder Abweichung beruft, also Besteller für Pflichtenprogramm hinsichtlich Beschaffenheit und Mangelsymptome (s. BGHZ 110, 101 [zum Architektenwerk BGH NJW 1998, 135; OLG Frankfurt a. M. NJW-RR 2015, 1165]; BGHR 2004, 1604; OLGR Frankfurt 04, 259), der Unternehmer für Erfüllung in vertragsgemäßer Beschaffenheit (s. Nierwetberg NJW 1993, 1745); zu Substantiierungsanforderungen des Bestellers bezüglich der Mangelsymptome s. BGH NJW-RR 2021, 147. Unternehmer trägt Beweislast, dass Mangel auf bestellereigene Sache zurückzuführen ist (OLG Braunschweig NZBau 2004, 550), dass Nichterfüllung der Funktion auf bindender Anordnung einer untauglichen Ausführungsweise durch den Besteller beruht (BGH NJW 2011, 3780 mAnm Voit). Unternehmer ist dann *nicht* für den Werkmangel *verantwortlich*, wenn er auf verbindliche Vorgaben des Bestellers oder von diesem gelieferte Stoffe oder Bauteile oder Vorleistungen anderer Unternehmer zurückzuführen ist und der Unternehmer seine Prüfungs- und Hinweispflicht erfüllt hat, → § 634 Rn. 6. – Nach Abnahme bzw Abnahmefiktion iSv § 641 I 3 trägt Besteller Beweislast für Mängel (BGH NJW 2019, 2169 Rn. 26). **Einzelfälle:** Wird eine technisch nicht erreichbare Funktionalität (bruchsichere Glasfassade) vereinbart, ist anfängliche Unmöglichkeit gegeben; Besteller hat allein Schadensersatzanspruch (§§ 634 Nr. 4, 311a II). Unterschied zwischen vereinbarter und tatsächlicher **Bauausführung** ist Mangel, auch wenn Werk funktionstauglich ist, s. OLG Celle BauR 2003, 1408 (Schornstein), OLG Schleswig BauR 2004, 1946 (Wärmedämmung), oder sogar technisch besser ist (BGH NJW 2002, 3543). Architektenplanung ist mangelhaft, wenn sie zu Mängeln des Bauwerks führt (OLG Hamm BauR 2015, 1872) oder wenn vereinbarte **Baukosten**obergrenze überschritten wird (BGH NJW 2019, 2997 Rn. 24, 28; NJW 2013, 1593 Rn. 9 mN; OLG Celle NJW-RR 2009, 1177); Kostentoleranz nur bei entsprechender Vertragsabrede, s. BGH NJW 2017, 386; NJW 2013, 1593 Rn. 10 mN; BGH NJW-RR 2003, 877; OLG Naumburg IBR 2005, 31 (rechtskräftig: BGH 30.9.2004 – VII ZR 318/03; BGH NJW-RR 2003, 593, dazu Schwenker EWiR 2004, 487. Architekt verletzt regelmäßig seine Vertrags-

pflichten, wenn er ohne verlässliche Kenntnis von den wirtschaftlichen Möglichkeiten des privaten Bestellers das Wohnhaus plant. Er muss Besteller aufklären und darf nicht ohne Rücksicht auf dessen finanzielle Verhältnisse planen (BGH NJW 2013, 1593 Rn. 9 mN). – Vereinbaren die Parteien, dass für Inhalt und Umfang der Werkvertragspflichten des Architekten das Leistungsbild des § 15 II HOAI entspr gilt, hat der Architekt ein **Bautagebuch** zu führen, sonst liegt ein Leistungsmangel vor: Pflicht zu Aushändigung an Besteller besteht grds nicht; Einbehaltung durch Architekten begründet keinen Leistungsmangel (BGH NZBau 2011, 622 zu § 634 aF). IÜ richten sich Pflichten des Architekten nach den vertraglich begründeten Interessen des Bestellers (BGHZ 159, 376: Zusammenstellung der Vorplanungsergebnisse). **Risiko** geringerer Haltbarkeit, kürzerer Nutzungsdauer, erhöhter Betriebs- oder Instandsetzungskosten bedingen Mangel, auch bei (zurzeit) voller Funktionsfähigkeit (BGHZ 153, 280). BGH NJW 2008, 511 (fehlende Funktionsfähigkeit einer Heizung); BGHZ 153, 280 (Mangel, wenn Betondecke nicht vereinbarte Nutzlast tragen kann, auch wenn sie nach derzeitigem Erkenntnisstand für alle denkbaren Benutzungsfälle ausreicht); BGH NJW 1998, 3708; sa LG Lübeck NJW-RR 2003, 305; Weitersheim BauR 2004, 381. Beim Bauträgervertrag mit Übereignungspflicht sind vereinbarte **Wohnflächen** Beschaffenheitsmerkmale (BGH NJW 2004, 2156; 1999, 1859; BGHZ 146, 256; 145, 129 mN); Unterschreitung bei Bauerstellung begründet Mangel (BGH NJW 2004, 2156; 1999, 1859; BGHZ 146, 256 mN). **Tragwerksplaner** kann sich nicht durch einen einseitigen formelhaften Hinweis *freizeichnen*, seine Baugrundannahme (zB hinsichtlich Bodenverhältnisse, Grundwasser etc) sei vor Baubeginn vom ausführenden Unternehmer und von der Bauleitung allein verantwortlich zu prüfen Der Tragwerksplaner muss sich, sofern er keine anderen Vereinbarungen mit dem Besteller getroffen hat, die für die ordnungsgemäße Erfüllung seines Auftrags notwendigen Kenntnisse verschaffen und ggf durch eigene Initiative dafür sorgen, dass ihm die erforderlichen Angaben vom Besteller oder dessen Architekten gemacht werden. Das gilt insbes für Angaben zu den Bodenverhältnissen, ohne deren Kenntnis eine ordnungsgemäße Erledigung des Auftrags idR nicht denkbar ist (BGH NJW 2013, 2268 Rn. 14 mN). OLG Köln NJW 2016, 2430 (Haftung des Architekten und des Tragwerkplaners wegen kaum nutzbaren Autostellplatzes). **Verspätung** eines Flugs ist kein Mangel (BGH NJW
5 2009, 2743). **b)** II 2 enthält **Auslegungsregeln,** die eingreifen, soweit Vereinbarungen fehlen oder unbeweisbar bleiben; dogmatisch handelt es sich (zum Parallelproblem bei § 434 I 2, 3 s. Mansel AcP 204, 418) um vermutete Vereinbarungen. An erster Stelle kommt es auf die nach dem Vertrag vorausgesetzte Verwendung an (Bsp: Gebäude für Chip-Herstellung: Reinlufträume); auch Eignung als Grundlage für Folgeleistungen, OLG Köln NJW-RR 1994, 1045. In der Sache entspricht II 2 Nr. 1 dem „nach dem Vertrag vorausgesetzten Gebrauch" in § 633 I aF; erforderlich ist also auch nach der Neufassung Kenntnis des Unternehmers („*vorausgesetzte* Ver-
6 wendung"). **c)** Hilfsweise greift II 2 Nr. 2 ein, der nach seiner Funktion „Wert oder Tauglichkeit zu dem gewöhnlichen Gebrauch" in § 633 I aF entspricht. Hier gewinnen auch technische Regelwerke Bedeutung, s. OLG Hamm BauR 1994, 246: Schallschutz; im Allgemeinen ist deshalb Werkleistung mangelhaft, wenn sie zZ der Abnahme anerkannten Regeln der Technik als vertraglichem Mindeststandard nicht entspricht (BGH NJW 1998, 2815), es sei denn, aus der Abrede folgt anderes, → Rn. 4. Kein Mangel, wenn nur eine Bauordnungsvorschrift verletzt wird, die noch nicht als Regel der Technik zu verstehen ist, → Rn. 3. Gegenüber Gesetzesfassung vor 2002 erfolgt jetzt stärkere Einschränkung durch Berechtigung der Erwartungen des Bestellers *(erwarten kann)* sowie den Verweis auf die *übliche* Beschaffenheit von Werken der gleichen Art. Bsp: Individualsoftware, die wohl nie fehlerfrei läuft, gleichwohl aber vertragsgemäß beschaffen, also mangelfrei, sein kann (zu unvermeidbaren Softwarefehlern s. Heussen CR 2004, 1).

7 **3. Aliud und Minus (II 3).** Sie werden als Mängel behandelt, II 3. Wichtig ist
8 das für die Verjährung, aber auch für Rücktritt, s. § 323 V 1 oder 2. **a) Aliud** ist

mangelhaftes Werk stets (und nur) dann, wenn Unternehmer damit erfüllen wollte; anders Ersatzangebot (evtl. GoA). **b) Minus** ist jede Unvollständigkeit des Werks, 9
etwa nur teilw Inspektion eines Kanals (BGH NJW 2002, 816 zur aF: Teilw Nichtausführung des Werks als Mangel). Bei teilw Nichtleistung – Bsp: Verputz für mehrere Reihenhäuser nur an einem Haus angebracht (Mengenfehler) – bleibt es bei den allg. Regeln für Teil(nicht)leistung (Grüneberg/Retzlaff § 633 Rn. 8).

4. Rechtsmängelfreiheit (III). Dingliche oder obligatorische, auch Immaterial- 10
güterrechte (hergestellte Software verletzt UrheberR) Dritter. Nicht: Nur behauptete Rechte. Öffentliche Nutzungsbeschränkungen sind Sachmangel; Unterscheidung von Rechts- und Sachmangel hat wegen Gleichbehandlung jedoch Bedeutung verloren. **Beweislast** für Rechtsmängelfreiheit hat Unternehmer (nur), wenn Besteller substantiiert Rechte Dritter behauptet.

§ 634 Rechte des Bestellers bei Mängeln

Ist das Werk mangelhaft, kann der Besteller, wenn die Voraussetzungen der folgenden Vorschriften vorliegen und soweit nicht ein anderes bestimmt ist,

1. **nach § 635 Nacherfüllung verlangen,**
2. **nach § 637 den Mangel selbst beseitigen und Ersatz der erforderlichen Aufwendungen verlangen,**
3. **nach den §§ 636, 323 und 326 Abs. 5 von dem Vertrag zurücktreten oder nach § 638 die Vergütung mindern und**
4. **nach den §§ 636, 280, 281, 283 und 311a Schadensersatz oder nach § 284 Ersatz vergeblicher Aufwendungen verlangen.**

Lit.: Hillig, Die Mängelhaftung des Bauunternehmers im deutschen und englischen Recht, 2010; Lorenz, „Brauchen Sie eine Rechnung?“: Ein Irrweg und sein gutes Ende, NJW 2013, 3132; Peters, Die fehlerhafte Planung des Bestellers und ihre Folgen, NZBau 2008, 609.

1. Allgemeines. § 634, Rechtsgrundverweisung, die Rechte und Ansprüche des 1
Bestellers bei vertragswidriger Beschaffenheit des Werks in das allg System der Rechtsbehelfe des Gläubigers bei Pflichtverletzungen des Schuldners integriert, wobei wie in der Parallelnorm zum Kaufrecht – § 434 – zusätzlich zu den allg. Voraussetzungen für Rechtsbehelfe, auf die hier zu verweisen ist – s. §§ 280, 323 ff. –, in den §§ 634, 635 ff. noch spezielle, auf die Besonderheiten vertragswidriger Beschaffenheit abgestimmte positive oder negative Voraussetzungen geregelt sind. Keine Mängelansprüche bestehen wegen Vertragsnichtigkeit bei Verstoß gegen **§ 1 II Nr. 2 SchwarzArbG;** die Berufung auf die Gesamtnichtigkeit des Vertrages ist auch nicht treuwidrig (dazu → § 134 Rn. 11. Anders nach der Rechtslage vor dem 1.8.2004, vgl OLG Brandenburg, NJW 2019, 2784, Rn. 88). Zur Sekundärhaftung eines Architekten, der nur mit Aufgaben der Leistungsphasen 1–6 gem. § 15 II HOAI betraut ist, s. BGH NJW 2009, 3360; sa NJW 2011, 3086: Grds keine Übertragbarkeit der Sekundärhaftungsgrundsätze auf Sonderfachleute. Zur Abgrenzung zw deliktsrechtlicher Amts- und werkvertraglicher Mängelhaftung s. BGH NJW 2013, 603.

2. Ansprüche und Gestaltungsrechte. a) Vorrangig kann – und muss – der 2
Besteller Nacherfüllung nach Maßgabe des § 635 verlangen, Nr. 1; Anspruch auf Aufwendungsersatz im Falle berechtigter Selbstvornahme, s. zunächst § 637; Recht zum Rücktritt oder zur Minderung s. §§ 323, 326 V, 636 (Rücktritt, dazu → § 636 Rn. 2–6) oder § 638 (Minderung); Ansprüche auf Schadensersatz s. §§ 636, 280, 281, 283 sowie 311a II (dazu → § 636 Rn. 7–11); Anspruch auf Aufwendungsersatz s. § 284; Einzelheiten s. Kommentierung dieser Vorschriften. Bei anfänglicher Unmöglichkeit entfällt der Erfüllungsanspruch und damit der Nacherfüllungsanspruch (§§ 634 Nr. 1, 635), das Selbstvornahmerecht einschließlich des Vorschussanspruchs (§§ 634 Nr. 2, 637), sofern keine andere Art der Erfüllung bzw. Nacherfüllung, die den Interessen der Parteien gerecht wird, besteht

(Bsp: Besteller kann bei verabredeter Bruchsicherheit der Glasfassade keinen Austausch der Glasscheiben gegen andere verlangen, die auch einer Bruchgefahr unterlägen und deshalb der vereinbarten Funktionalität nicht genügten). Besteller hat Schadensersatzanspruch unter den Voraussetzungen von §§ 634 Nr. 4, § 311a II (BGH NJW 2014, 3365, 3567 Rn. 24 f. mN). Ohne abw Vereinbarung gelten für Mängelbeseitigungsrecht nur ges. Einschränkungen (s. BGH NJW 2010, 3649: Unternehmer hat Mängelbeseitigungspflicht, auch wenn Verantwortlichkeit bei Inanspruchnahme noch ungeklärt, u darf Mängelbeseitigung nicht von Verpflichtung durch Besteller zur Kostenübernahme für Verantwortlichkeitsuntersuchung
3 abhängig machen). **b)** §§ 634 ff. gelten erst **ab Gefahrübergang,** dh zumeist nach Abnahme (BGH NJW 2017, 1604, 1606 Rn. 31 ff.; BeckRS 2017, 102864 Rn. 25; aA de lege lata und de lege ferenda für deutlich früheres Eingreifen der Gewährleistungsrechte Schlier, Mängelrechte vor der Abnahme im BGB-Bauvertrag, 2017); vorher hat Besteller bei sich abzeichnenden Mängeln den allg Erfüllungsanspruch aus § 633 I, evtl Rücktrittsrecht aus § 323 IV. **Ausnahmsweise** Mängelrechte des Bestellers schon vor Gefahrübergang, dh idR **vor Abnahme, wenn (1)** Besteller **nicht mehr Erfüllung** des Vertrags **verlangen kann** und das Vertragsverhältnis in ein Abrechnungsverhältnis übergegangen ist (BGH NJW 2017, 1604, 1606 Rn. 44). Macht Besteller gegenüber dem Unternehmer nur noch Schadensersatz statt der Leistung nach § 634 Nr. 4, 280, 281 in Form des kleinen Schadensersatzes geltend, entfällt der Primäranspruch (§ 281 IV). Gleiches, soweit Besteller gem § 638 mindert (BGH NJW 2017, 1604, 1606 Rn. 44; NJW 2017, 1607, 1609 Rn. 46; BeckRS 2017, 102864). **(2)** wenn Besteller Vorschuss für die Beseitigung eines Mangels im Wege der Selbstvornahme nach § 637 verlangt und Besteller ausdr oder konkludent zum Ausdruck bringt, unter keinen Umständen mehr mit dem Unternehmer, der ihm das Werk als fertiggestellt zur Abnahme angeboten hat, zusammenarbeiten zu wollen (BGH NJW 2017, 1604, 1607 Rn. 47 f.). **(3)** Auf das Fehlen der Abnahme kann sich der Unternehmer nach § 242 nicht berufen, wenn er die Abnahme verhindert oder zur Mängelbeseitigung nicht willens oder nicht in der Lage ist (BGH NJW-RR 2016, 1143, 1144 Rn. 24; NJW 2016, 2878, 2883 Rn. 57; OLG Hamm NJW 2015, 960).
4 Nacherfüllungsanspruch und Schadensersatzanspruch können grds **abgetreten** werden, auch wenn Werk nicht mitveräußert wird; auch die Gestaltungsrechte Rücktritt und Minderung können an einen Dritten, insbes den Erwerber des Werks oder Grundstücks, auf dem Bauwerk errichtet worden ist, übertragen oder ihm zur Ausübung überlassen werden; evtl Ermächtigung des Zedenten zur Ausübung im eigenen Namen und Prozessführungsbefugnis (Bsp: Bauträger, der Mängelansprüche an Erwerber abgetreten hat, s. BGHZ 70, 389). Zur **Geltendmachung** von Gewährleistungsansprüchen durch die Wohnungseigentümergemeinschaft im Wege ges oder gewillkürter Prozessstandschaft s. BGH NJW 2007, 1952; Hat Wohnungseigentümergemeinschaft durch Beschluss die Ausübung gemeinschaftsbezogener Gewährleistungsrechte wegen Mängeln an der Bausubstanz an sich gezogen, ist die fristgebundene Aufforderung zur Beseitigung der betreffenden Mängel mit Ablehnungsandrohung seitens eines einzelnen Wohnungseigentümers unwirksam, wenn diese mit den Interessen der Wohnungseigentümergemeinschaft kollidiert. Das kann etwa der Fall sein, wenn die Wohnungseigentümergemeinschaft in dem Zeitpunkt, in dem der einzelne Wohnungseigentümer die Mängelbeseitigung verlangt, diese nicht zulässt, weil sie eine weitere Klärung der gebotenen Mängelbeseitigungsmaßnahmen für erforderlich
5 hält (BGH NJW 2014, 1377). **c)** Vorrangig gelten **§§ 320–322.** Besteller kann Bezahlung einer fälligen Abschlagsforderung wegen bis dahin aufgetretener Baumängel gem. § 320 in angemessenem Verhältnis zum voraussichtlichen Beseitigungsaufwand verweigern, s. BGH NJW 2012, 56 f. mN. Scheitert Fertigstellung daran, dass angebotene Mängelbeseitigung abgelehnt wird, kann Unternehmer
6 nach § 322 II vorgehen, BGH NJW 2002, 1262. **d) Befreiung von Sach- und Rechtsmangelhaftung:** Nach **§ 242** Befreiung von Mängelhaftung, wenn Man-

gel auf verbindliche Vorgaben des Bestellers oder von ihm gelieferte Stoffe oder Bauteile oder Vorleistungen anderer Unternehmer zurückzuführen ist und Unternehmer seine eigene **Prüfungs- und Hinweispflicht erfüllt** hat (BGH NJW 2011, 3781; 2008, 511 = BGHZ 174, 110, s. dazu Lucenti NJW 2008, 962; NZBau 2011, 747 mN; 2005, 456; BGH LM § 633 BGB Nr. 3; NJW 1987, 643, alle mN; s. ausf Peters NZBau 2008, 609; Fehlverständnis bei Vorwerk BauR 2003, 6; s. aber OLG Hamm NJW 2016, 3038). Haftung widerspräche dann der ges Risikozuordnung iSv § 645 (BGH NJW 2008, 514 = BGHZ 174, 110 mwN). Es ist dann nach § 242 geboten, den Unternehmer unter der Voraussetzung aus der Mängelhaftung zu entlassen, dass er seine ebenfalls auf die ordnungsgemäße Vertragserfüllung gerichtete Pflicht erfüllt hat, den Besteller auf die Bedenken hinzuweisen, die ihm bei der gebotenen Prüfung gegen die Geeignetheit der verbindlichen Vorgaben, der gelieferten Stoffe oder Bauteile oder der Vorleistung anderer Unternehmer gekommen sind oder bei ordnungsgemäßer Prüfung hätten kommen müssen. Unternehmer trägt daher Beweislast dafür, dass er seine Prüfungs- und Hinweispflicht in Bezug auf unzureichende Vorleistung eines anderen Unternehmers erfüllt hat (BGH NJW 2011, 3781; 2008, 511 = BGHZ 174, 110, s. dazu Lucenti NJW 2008, 962). Zu weitgehend BGH NJW 2014, 3365 Rn. 19 mN: Birgt die ausgeschriebene Werkvariante ein Risiko, dass die vertraglich vereinbarte Funktionalität nicht erreichbar sein könnte (zB Bruchsicherheit einer Glasfassade), welches Besteller erkennbar nicht übernehmen will, müsse der Unternehmer, wenn er dieses Risiko auch nicht tragen will, Besteller darauf hinweisen und mit ihm vertraglich einen Ausschluss des Risikos vereinbaren. Denn Unternehmer dürfe Besteller nicht im Ungewissen lassen und für den Fall der Risikoverwirklichung die Auffassung vertreten, die Wahl einer bestimmten Ausführungsweise führe dazu, dass die vereinbarte Funktionstauglichkeit eine andere sei als der Besteller sich vorgestellt habe. Forderung nach vertraglichem Risikoausschluss ist mit Vertragsfreiheit nicht zu vereinbaren. Ausreichend, wenn Unternehmer seine Bedenken dem Besteller klar mitteilt, dann Haftungsentlastung nach § 242, s. zuvor. Ausmaß, **Inhalt** und Grenzen der Prüfungs- und Hinweispflicht sind im **Einzelfall** nach **Zumutbarkeit** zu bestimmen (BGH NJW 2008, 514; 1987, 643). **Faktoren:** vom Unternehmer zu erwartendes Fachwissen, alle Umstände, die für den Unternehmer bei hinreichend sorgfältiger Prüfung als bedeutsam erkennbar sind (s. BGH aaO; NJW 2002, 1565). Bei engem Zusammenhang des Werks mit Vorarbeit oder Planung eines anderen muss Unternehmer uU durch Erkundigungen prüfen, ob Vorarbeiten, Stoffe, Bauteile oder Planung eine geeignete Grundlage für sein Werk bieten und keine Eigenschaften besitzen, die den Erfolg seiner Arbeit in Frage stellen können (BGH NJW 2011, 2645; 2008, 514; 1987, 643 [s aber BGH NJW 2013, 2268 Rn. 20 ff.: Mitverschulden des Bestellers bei Zurverfügungstellung unzutreffender Pläne bzw Planungsgrundlagen). Die Vorgaben einer fachkundigen Planung und eines auf einer solchen Grundlage erstellten Leistungsverzeichnisses braucht der Unternehmer nur auf offenkundige, im Rahmen seiner eigenen Sachkunde ohne weiteres ins Auge springende Mängel zu überprüfen, OLG Köln NJW-RR 2016, 790. Auch wenn er den Besteller darauf hingewiesen hat, dass bestimmte Voraussetzungen für sein Werk vorliegen *müssen, muss er sich* grds vor Ausführung seines Werks vergewissern, ob diese Voraussetzungen eingehalten sind (s. BGH NJW 2000, 280). Es bedarf regelmäßig der eigenständigen Überprüfung, bloße Absprachen mit Vorunternehmer genügen nicht (Frage der Zumutbarkeit im Einzelfall).

§ 634a Verjährung der Mängelansprüche

(1) **Die in § 634 Nr. 1, 2 und 4 bezeichneten Ansprüche verjähren**

1. vorbehaltlich der Nummer 2 in zwei Jahren bei einem Werk, dessen Erfolg in der Herstellung, Wartung oder Veränderung einer Sache oder

in der Erbringung von Planungs- oder Überwachungsleistungen hierfür besteht,
2. **in fünf Jahren bei einem Bauwerk und einem Werk, dessen Erfolg in der Erbringung von Planungs- oder Überwachungsleistungen hierfür besteht, und**
3. **im Übrigen in der regelmäßigen Verjährungsfrist.**

(2) **Die Verjährung beginnt in den Fällen des Absatzes 1 Nr. 1 und 2 mit der Abnahme.**

(3) [1]**Abweichend von Absatz 1 Nr. 1 und 2 und Absatz 2 verjähren die Ansprüche in der regelmäßigen Verjährungsfrist, wenn der Unternehmer den Mangel arglistig verschwiegen hat.** [2]**Im Falle des Absatzes 1 Nr. 2 tritt die Verjährung jedoch nicht vor Ablauf der dort bestimmten Frist ein.**

(4) [1]**Für das in § 634 bezeichnete Rücktrittsrecht gilt § 218.** [2]**Der Besteller kann trotz einer Unwirksamkeit des Rücktritts nach § 218 Abs. 1 die Zahlung der Vergütung insoweit verweigern, als er auf Grund des Rücktritts dazu berechtigt sein würde.** [3]**Macht er von diesem Recht Gebrauch, kann der Unternehmer vom Vertrag zurücktreten.**

(5) **Auf das in § 634 bezeichnete Minderungsrecht finden § 218 und Absatz 4 Satz 2 entsprechende Anwendung.**

Lit.: Hager/Maultzsch, Verjährung von Mängelrechten und Vorteilsausgleichung in Werkvertragsketten, FS Werner, 2009, 393; Hormann, Die Sekundärhaftung des Architekten, BTR 2005, 202; Lauer, Verjährung des Mängelanspruchs und Sekundärhaftung im Architektenrecht, BauR 2003, 1639; Budzikiewicz in: Mansel/Budzikiewicz, Das neue Verjährungsrecht, 2002, § 5 Rn. 202–288; Putzier, Wann beginnt die fünfjährige Gewährleistungsfrist für den Architekten?, NZBau 2004, 177; Saerbeck, Verjährungsprobleme im Baurecht zum Jahreswechsel 2004/2005, ZfIR 2004, 885; Sterner/Hildebrandt, Hemmung und Unterbrechung der Verjährung von Mängelansprüchen nach neuem Recht und neuester Rechtsprechung, ZfIR 2006, 349; Schudnagies, Die Verjährung im Architektenrecht nach der Schuldrechtsreform, 2006; Ulmer, Verjährung der Mängelansprüche beim Werkvertrag, ITRB 2003, 162; Virneburg, Die Verlängerung der Verjährungsfrist für Werkmängelansprüche durch Auftraggeber-AGB – Die Rechtslage nach altem und neuem Recht, FS Thode, 2005, 201; Weyer s. Lit. vor § 611.

1 **1. Allgemeines. a)** Die **Sonderregelung** des § 634a gilt für die Rechtsbehelfe des *Bestellers* bei *vertragswidriger Beschaffenheit* des Werks. Verjährungsfrist des § 634a **beginnt** erst zu laufen, wenn die Abnahme erfolgt oder endgültig verweigert wird (BGH NJW-RR 2013, 969; NJW 2010, 3573 in Änderung von BGH NZBau 2000, 22) oder Umstände gegeben sind, nach denen eine Erfüllung des Vertrages nicht mehr in Betracht kommt (BGH NJW 2011, 1224) oder ein Verzicht auf die Abnahme gegeben ist (OLG Hamm BeckRS 2011, 1909). Auch die Verjährung eines vor der Abnahme des Bauwerks auf Grund eines VOB-Vertrags entstandenen Anspruchs des Auftraggebers auf Ersatz der Mängelbeseitigungskosten (§ 8 Nr. 3 II 1 VOB/B) beginnt grds nicht vor der Abnahme (s. BGH NJW 2012, 1137 mAnm Schwenker – noch zu § 638 I aF).

Hingegen gelten die **allg Verjährungsvorschriften** der §§ 195, 199, ggf. (zB Erfüllungsansprüche aus Bauträgervertrag mit Grundstücksübereignungspflicht, s. näher Mansel/Budzikiewicz § 4 Rn. 32–37; NK-BGB/Budzikiewicz § 196 Rn. 25) §§ 196, 200 für die Ansprüche und (iVm § 218) für die Rechte des Unternehmers sowie für andere Rechtsbehelfe des Bestellers als solche wegen Mängeln (zum Schadensersatz statt der Leistung Stöber ZGS 2005, 291 ff.), für Ansprüche *auf Grund* Rücktritts oder Minderung, selbst wenn sie sich aus Mängelrechten des Bestellers ergeben (zB Anspruch auf Rückzahlung des Vorschusses auf Mängelbeseitigung, BGH NJW 2010, 1195; Anspruch auf Schadensersatz wegen Beauftragung von Drittunternehmern nach Kündigung wegen wichtigen Grundes, BGH NJW 2020, 605 Rn. 32). Nach hM (s. zB BGH NJW 2021, 1883, 1885 Rn. 21 [Installateur haftet deliktisch, wenn infolge seiner mangelhaften Arbeiten Wasser austritt und dadurch andere Bauteile Schaden nehmen] BeckOK BGB/Voit Rn. 34 mN; Staudinger/Peters Rn. 12 mit älteren Nachweisen; krit. aber iE zust. NK-BGB/Katzenmeier § 823 Rn. 31, 39 ff. mN; s. noch Gsell JZ 2005, 1171) gelten die §§ 195, 199 auch für mangelverursachte Deliktsansprüche (zB Weiterfresserschäden). Nach der Gegenauffassung findet § 634a auf konkurrierende Deliktsansprüche wegen mangelverursachter Schäden an den durch den Unternehmer bearbeiteten Sachen des Bestellers und an seinen sonstigen Rechtsgütern (mit Ausnahme für Verletzung von Leben, Gesundheit, Körper) Anwendung, näher Mansel/Budzikiewicz § 5 Rn. 274 ff.; dies. JURA 2003, 1 mN; zust. ua Roth JZ 2001, 544. **b) Vereinbarungen** über die Verjährung s. §§ 202, 307, 309 Nr. 7, Nr. 8b ff. (zur AGB-Kontrolle s. BGH NJW 2014, 206; NJW-RR 2002, 664). **c) Hemmung oder Neubeginn** des Fristlaufs richten sich nach §§ 203–213, die Rechtsfolgen der Verjährung nach §§ 212 ff. Insbesondere ist jetzt § 639 II aF als § 203 verallgemeinert worden (näher Mansel/Budzikiewicz § 7 Rn. 21 ff.; BeckOK BGB/Voit Rn. 19 mN; Weyer NZBau 2002, 366); zT greift auch eine stillschweigende Verjährungsabrede ein (Mansel/Budzikiewicz § 7 Rn. 21 ff.; dies. in NK-BGB § 203 Rn. 36, 38). Ausfüllung des Verhandlungsbegriffs in § 203 S. 1 durch die Rechtsprechung zu § 852 II, 639 II aF, vgl. BGH NJW 2007, 587. Für Hemmung der Verjährung genügt Hinweis auf Mangelerscheinungen, Darlegung von Ursachen bedarf es nicht, s. BGH NJW 2008, 576. Zur Reichweite der Verjährungsunterbrechung auf Grund einer Streitverkündung (§ 204 I Nr. 6) in einem Bauprozess, s. BGH NJW 2012, 674 (zu § 209 II Nr. 4 aF). In Zusage der Mängelbeseitigung liegt **konkludentes Anerkenntnis bzw. Verjährungsverzicht** nur, wenn Auslegung ergibt, dass Zusage unabhängig von Verjährungseintritt gelten soll. Das ist nur anzunehmen, wenn nach §§ 133, 157 davon auszugehen ist, dass Erklärender drohenden Verjährungseintritt erkannt hat, sa OLGR OLG München 2005, 112: Zum Neubeginn nach § 639 I aF (jetzt Hemmung nach § 204 I Nr. 7) bei **selbstständigem Beweisverfahren,** das Wohnungsverwalter betreibt, s. BGH NJW 2003, 3196 (s. zur Beendigung des selbstständigen Beweisverfahrens und zum Ende der damit verbundenen Hemmung BGH NJW 2011, 594); OLG München NZM 2002, 1032; ein selbstständiges Beweisverfahren wegen Mängeln hat keinen Einfluss auf Verjährung der Werklohnforderung. Ihre Verjährung wird aber gem. § 204 I Nr. 7 gehemmt, wenn der Auftragnehmer zur Aufklärung von Werkmängeln ein selbstständiges Beweisverfahren veranlasst, um die Abnahmereife seiner Werkleistungen und die tatsächlichen Voraussetzungen für die Fälligkeit seines Werklohnanspruchs nachweisen zu können, s. BGH NJW 2012, 1140. Nach § 213 erstreckt sich die Hemmung der Verjährung eines Anspruchs auf Schadensersatz wegen des Mangels eines Werks gemäß §§ 634 Nr. 4, 280, 281 auch auf einen **Vorschussanspruch** gemäß §§ 634 Nr. 2, 637 III. Diese Hemmung ist auch dann nicht auf die Höhe des Schadensersatzanspruchs beschränkt, wenn dessen Verjährungshemmung durch die Geltendmachung einer Aufrechnung des Anspruchs im Prozess herbeigeführt wurde (BGH ZfBR 2021, 151). **d)** Das Dogma, Gestaltungsrechte könnten nicht verjähren, hat zu der kuriosen Regel des **§ 218** geführt, die für Rücktritt oder Minderung wegen Mängeln in IV 1, V in Bezug genommen wird.

(Randnummern: 2 bei „b) Vereinbarungen“, 3 bei „c) Hemmung oder Neubeginn“, 4 bei „d)“)

2. Anwendungsbereich. a) § 634a unterscheidet drei Gruppen von Werken und darauf bezogene Verjährungsnormen; ergänzend gilt Regelverjährung für Rechtsbehelfe wegen arglistig verschwiegener Mängel, III 1 (→ Rn. 11). Die bisherigen Sonderverjährungen nach § 51b BRAO und § 68 SteuerberaterGes wurden zum 15.12.2004, 51a WirtschaftsprüferO wurde zum 1.1.2004 zugunsten der Regelverjährung aufgehoben (näher Mansel/Budzikiewicz NJW 2005, 321; Sontheimer DStR 2005, 834). **b)** Die Sonderfristen gelten für alle vertraglichen Ansprüche und Rechtsbehelfe des Bestellers, so dass bei Schadensersatzansprüchen nicht mehr zu differenzieren ist zwischen Mangelschaden, näheren und entfernten Mangelfolgeschäden (s. dazu Tettinger ZGS 2006, 96; krit. zur gesetzgeberischen Einbeziehung vertraglicher Schadensersatzansprüche viele, vgl. Zimmermann JZ 2001, 689 f., Mansel/Budzikiewicz § 5 Rn. 17 ff., 121 mN).

7 **3. Arbeiten an Bauwerken (I Nr. 2). a) Arbeiten am Bauwerk (I Nr. 2)** Rechtsbehelfe wegen Mängeln bei Bauwerken sowie Werken, deren Erfolg in der Erbringung von Planungs- oder Überwachungsleistungen für ein Bauwerk besteht, verjähren in fünf Jahren, I Nr. 2; Fristbeginn Abnahme, II, dazu Mansel/Budzikiewicz § 5 Rn. 202 ff. I Nr. 2 auch, wenn Sachen iSv I Nr. 2 lit. b bezeichneten Art vom Käufer selbst für ein Bauwerk verwendet (eingebaut) werden (BT-Drs. 14/6040, 227; BGH NJW 2014, 845 Rn. 18 mN). **Bauwerk** entspricht → § 650a; er deckt sich mit dem des § 638 I 1 aF. Bauwerk ist – sachenrechtliche Einordnung ohne Bedeutung – eine unbewegliche, durch Verwendung von Arbeit und Material in Verbindung mit dem Erdboden hergestellte Sache (BGH NJW 2013, 602; NJW-RR 2003, 1320 – beide mN zu § 638 I 1 aF). Bauwerk ist daher nicht gleich Gebäude, sondern ein umfassenderer Begriff, s. BGHZ 57, 61 (Rohrbrunnen), BGH NJW 1983, 567 (Schwimmbecken), BGHZ 117, 121 (Containerkombination), BGH NJW-RR 1998, 89 (Autowaschanlage); BGH NJW-RR 2002, 664 (Müllpresse). BGH NJW 2013, 602 (zu § 638 I 1 aF): Erneuerung eines Trainingsplatzes mit Rollrasen, Rasentragschicht, Bewässerungsanlage, Rasenheizung und Kunstfaserverstärkung ist Bauwerk. OLG München NJW-RR 2011, 379: Einbau allein der Rasentragschicht kein Bauwerk, sondern Arbeit an einem Grundstück. **Arbeiten am Bauwerk:** Maßgebend ist weiter, ob ein Bauwerk „hergestellt" oder „wiederhergestellt" iwS wird, wozu alle für Bestand (BGH NJW 1984, 168 – Drainage), Erneuerung oder Ergänzung (BGH NJW 1974, 136 – Klimaanlage; BGH NJW-RR 1990, 787 – Einbauküche; BGH NJW 1991, 2486 – Teppichboden; BGH NJW 2019, 1593 – in Fassade integrierte Photovoltaikanlage; BGH NJW 2013, 601 – Trainingsplatz mit umfangreicher Ausstattung, s. o.) wesentlichen Arbeiten gehören. Erforderlich ist die **Neuerrichtung oder grundlegende Erneuerung** durch Erneuerungs- und Umbauarbeiten an einem errichteten Gebäude, wenn sie für Konstruktion, Bestand, Erhaltung oder Benutzbarkeit des Gebäudes von wesentlicher Bedeutung sind und wenn die eingebauten Teile mit dem Gebäude fest verbunden sind (BT-Drs. 14/6040, 227; BGH NJW 2019, 1593 Rn. 14; BGH NJW 2014, 845 Rn. 18 mN). Grundlegende Erneuerungsarbeiten sind daher Arbeiten an bestehendem Bauwerk, die insgesamt einer ganzen oder teilweisen Neuerrichtung gleichzuachten sind (BGH NJW 2013, 602 mN; 2002, 2100 mN; OLG Düsseldorf NJW 2004, 3140). Grund: Normzweck der längeren Verjährungsfrist bei solchen umfassenden Erneuerungsarbeiten (Bsp: Altbaukernsanierung) gleich, da wie bei Neuerrichtung allgemein die Gefahr besteht, dass Mängel erst nach Jahren erkannt werden (BGH NJW 1984, 168; OLG Düsseldorf NJW 2004, 3140); Erkennbarkeit im Einzelfall schließt § 634a I Nr. 2 nicht aus (BGH NJW 2019, 1593 Rn. 17). Daher nicht erfasst: bloße Bearbeitung oder Reparatur, die nach Umfang, Art, Funktion einer Neuerrichtung nicht gleichkommt (Kosten und Dauer der Maßnahmen können Indiz sein). Als Arbeiten am Bauwerk sind auch **Einzelleistungen** von Bauhandwerkern, die wesentliche Bestandteile des Gebäudes betreffen und der Neuerrichtung oder Erneuerung dienen sollen, zu sehen (s. Mansel/Budzikiewicz § 5 Rn. 80, 224; OLG Düsseldorf NJW 2004, 3140), zB Dach, BGHZ 19, 325 f., Estrich, Fußboden, Außenanstrich, umfangreiche Malerarbeiten, BGH NJW 1993, 3195, Reparatur Küchenzeile KG NJW-RR 1996, 1010; BGH NJW-RR 2003, 1320 mN. Dies gilt auch bei Bearbeitung oder Fertigung von Bauwerksteilen, die nicht auf der Baustelle ausgeführt werden, BGH NJW 1980, 2081, sondern von Subunternehmern, s. BGH NJW 2002, 2100 mN (dem steht Selbsteinbau durch Besteller nicht gleich, s. BGH NJW 2002, 2100); BGH NJW-RR 1990, 1108. Auch: Dach-Photovoltaikanlage (BGH VII. Senat BeckRS 2016, 11657; aA BGH VIII. Senat NJW 2014, 845, beide zu § 634a). Erstellung von Software für die Steuerung einer (Heizungs)anlage (OLG Düsseldorf NJW 2003, 3140. Kein Bauwerk, sondern **Arbeit an Grundstück,** s. I Nr. 1: Reinigung eines Hausabwasserkanals (BGH NJW-RR 2002, 1238); Aufbringen von Straßenbelag (OLG Bran-
8 denburg BauR 2004, 1313). **b)** I Nr. 2 Hs. 2 erfasst die **geistigen Planungs- und Überwachungsleistungen,** die der Errichtung eines Bauwerks dienen. Das sind

vor allem die Leistungen der Architekten, Statiker, Vermessungsingenieure und weiterer Ingenieure, die bestimmungsgemäß ihre Verkörperung im Bauwerk finden (OLG Düsseldorf NJW 2003, 3140, § 638 I 1 aF wurde bereits wie I Nr. 2 Hs. 2 ausgelegt, dazu BGH NJW 2013, 602; 1999, 2434; OLG Düsseldorf NJW-RR 1999, 815; OLG München MDR 1974, 753). Leistungen iSv → § 650p sind davon erfasst. Auch erfasst Baucontrollerleistungen. Entscheidend: Leistung muss für ein Bauwerk („hierfür") bestimmt sein. Nr. 2 greift auch ein, wenn die Mängel dieser geistigen Werke sich nicht als Bauwerksmängel niedergeschlagen haben, etwa, weil das Bauwerk nicht errichtet wird (Grüneberg/Retzlaff Rn. 8). Gleichbehandlung aller am Bauwerk Beteiligten hinsichtlich Frist ist nicht voll durchzuhalten, da der Fristbeginn unterschiedlich sein kann (zum Verjährungsfristbeginn von Mängelrechten bei Kündigung eines Architektenvertrags BGH IBR 2009, 277). Ausgleich bei mehreren auf Grund Mängelgewährleistung Verpflichteten nach §§ 426, 254.

4. Arbeiten an Sachen (I Nr. 1). Arbeiten an Grundstücken oder beweglichen Sachen, s. § 90. Zur Abgrenzung Arbeiten an Grundstück von Bauwerken → Rn. 7. Bei **beweglichen Sachen** wird **Herstellung** meist zu § 650 führen, → § 651 Rn. 1. Da jeweils 2-Jahresfrist, Unterschiede nur beim Fristbeginn (Ablieferung nach § 438 II, Abnahme nach § 634a II). **Wartung** oder **Veränderung** einer Sache sowie Planungs- oder Überwachungsleistungen *hierfür* verjähren in zwei Jahren. **Sonderfachleute** auch hier Architekten, Statiker, Ingenieure usw (→ Rn. 8). Fristbeginn mit Abnahme (II), dazu Mansel/Budzikiewicz § 5 Rn. 202 ff. 9

5. Sonstige Werkleistungen (I Nr. 3). Alle nicht unter I Nr. 1 und Nr. 2 zu subsumierenden Werkleistungen unterliegen nach **I Nr. 3** den allgemeinen Verjährungsregeln. Insbesondere unkörperliche Werke, sofern nicht Planungs- oder Überwachungsleistungen nach Nr. 1 oder Nr. 2, also zB Gutachten, Beförderungen, Erstellung einer Anschriftendatei (→ Vor § 631 Rn. 5, OLG Düsseldorf ZGS 2004, 437), auch Individualsoftwareentwicklung (Mansel NJW 2002, 96; ders./Budzikiewicz § 5 Rn. 246; zustimmend BeckOK BGB/Voit Rn. 12 mN). Ferner erfasst: Leistungen am menschlichen Körper und an Tieren (zum tierärztlichen Behandlungsvertrag Bemmann VersR 2005, 762), soweit hier Werkvertrag (selten, → Vor § 611 Rn. 21). Abgrenzung zum Dienstvertrag aus Gründen der Verjährung nicht erforderlich (wohl aber bei der AGB-Kontrolle wegen Leitbild). Es gilt gem. I Nr. 3 die Regelverjährung (auch für Beginn) der §§ 195, 199, dazu Mansel/Budzikiewicz § 5 Rn. 202 ff. Bei Individualsoftwareentwicklung soll nach Metzger AcP 204, 243 aber für Fristbeginn § 634a II entspr. gelten. 10

6. Arglist. Bei arglistigem Verschweigen eines Mangels gelten nach III 1 wieder Regelfristen der §§ 195, 199. Bei Mängeln von Bauwerken oder entsprechenden Planungs- oder Überwachungsleistungen jedoch Ablaufhemmung nach III 2: Arglist privilegiert nicht. Arglist, wenn Unternehmer bewusst abredewidrig nicht erprobten (Bau)stoff verwendet und treuwidrig hierauf und auf das verbundene Risiko nicht hinweist (BGH NJW 2002, 2776; LG Hamburg IBR 2004, 309). Arglistig verschweigt, wer sich bewusst ist, dass ein bestimmter Umstand für die Entschließung seines Vertragspartners erheblich ist, nach Treu und Glauben diesen Umstand mitzuteilen *verpflichtet* ist und ihn trotzdem nicht offenbart, s. BGH NJW 2002, 2776 (Bewusstsein fehlt, wenn Verursacher Mangel als solchen nicht wahrnimmt, s. BGH NJW-RR 2010, 1604, zu § 638 I aF; sa BGH NZBau 2012, 360). Unternehmer verschweigt Gründungsmangel arglistig, wenn er trotz entsprechender Vertragspflicht die Baugrunduntersuchung unterlassen hat und den Besteller bei der Abnahme des Hauses nicht darauf und die damit verbundenen Risiken hinweist (BGH NZBau 2012, 359 mAnm Pützenbacher). Die Arglistverjährung führt regelmäßig zum Unterlaufen der Sonderverjährungsfristen (Mansel/Budzikiewicz § 5 Rn. 252 f.; zu § 638 I aF s. 9. Aufl. Rn. 2). Denn Arglist wird schon angenommen bei Verschweigen von Mängeln trotz Offenbarungspflicht nach Treu und Glauben (BGH 117, 318); Unternehmer muss sich arglistiges Verschweigen seiner Leute (evtl auch seiner Subunterneh- 11 mer und deren für die Prüfung der Leistung verantwortlichen Mitarbeiter, vgl. BGHZ 169, 255) zurechnen lassen. Arglist auch, wenn ein Organisationsmangel zur Unkenntnis des Unternehmers geführt hat (BGHZ 117, 318; 174, 32; gilt jedoch nur, wenn Unternehmer vorgeworfen werden kann, er habe durch entsprechende Organisation die Arglisthaftung vermeiden wollen, BGH NJW-RR 2010, 1604). Arglist auch bei eigener Ausführung der geschuldeten Leistung, wenn sich der Unternehmer bewusst unwissend hält, s. OLG Düsseldorf NZBau 2005, 402.

12 **7. Zurückbehaltungsrecht.** Trotz Verjährung der Rechtsbehelfe wegen Mängeln kann der Besteller – weitergehend als nach §§ 639 I, 478 aF, da Rüge nicht vorausgesetzt – seine Leistung zurückhalten, sofern er auf Grund Rücktritts oder Minderung hätte zurückhalten können, IV 2, V; geleistete Anzahlungen können jedoch nicht zurückverlangt werden, § 214 II. Bei Zurückhaltung trotz Unwirksamkeit des Rücktritts auf Grund Verjährung kann der Unternehmer zurücktreten, IV 3, um Beendigung der Schwebelage und des Vertrages zu erreichen.

13 **8. Übergangsregelung.** Neuregelung ab 1.1.2002, EGBGB 229 § 6 I 1, aber bei über den Jahreswechsel laufenden Verjährungsfristen gilt grundsätzlich die kürzere bzw. früher endende Frist, 229 § 6 III, IV EGBGB. Für Beginn, Hemmung, Ablaufhemmungen, Neubeginn und Ende von Unterbrechungen nach altem Recht s. 229 § 6 I 2, 3 II EGBGB (s. Mansel/Budzikiewicz § 10).

§ 635 Nacherfüllung

(1) **Verlangt der Besteller Nacherfüllung, so kann der Unternehmer nach seiner Wahl den Mangel beseitigen oder ein neues Werk herstellen.**

(2) **Der Unternehmer hat die zum Zwecke der Nacherfüllung erforderlichen Aufwendungen, insbesondere Transport-, Wege-, Arbeits- und Materialkosten zu tragen.**

(3) **Der Unternehmer kann die Nacherfüllung unbeschadet des § 275 Abs. 2 und 3 verweigern, wenn sie nur mit unverhältnismäßigen Kosten möglich ist.**

(4) **Stellt der Unternehmer ein neues Werk her, so kann er vom Besteller Rückgewähr des mangelhaften Werkes nach Maßgabe der §§ 346 bis 348 verlangen.**

Lit.: Jungmann, Die Verknüpfung der kauf- und werkvertraglichen Rückgewährsansprüche (§§ 439 Abs. 4, 635 Abs. 4 BGB) mit Ersatzlieferungs- bzw. Neuherstellungsansprüchen, ZGS 2004, 263; Kohler, Nutzungsvergütung in Fällen der §§ 439 Abs. 4 und 635 Abs. 4 BGB?, ZGS 2004, 48; Mehring, Der Anspruch auf großen Schadensersatz im Werkvertragsrecht, ZGS 2009, 310; Muffler, Das Mängelbeseitigungsrecht des Werkunternehmers und die Doppelsinnigkeit der Nacherfüllung, BauR 2004, 1356; Rodemann/Schwenker, Gibt es im Kauf- und Werkvertragsrecht einen verschuldensunabhängigen Anspruch auf Ersatz der Aus- und Einbaukosten mangelhafter Baustoffe?, ZfBR 2011, 634; Schroeter, Das Recht zur zweiten Andienung im System des Schuldrechts, AcP 207, 35.

1 **1. Allgemeines. Nacherfüllungsanspruch** ist modifizierter Erfüllungsanspruch (BGH NJW 2016, 711 Rn. 17) und primärer Rechtsbehelf des Bestellers (dazu Schroeter AcP 207, 35), doch lässt I dem Unternehmer die Wahl, auf welche Art der Nacherfüllung er den versprochenen Erfolg „mangelfreies Werk" erreicht, dh durch Mängelbeseitigung oder Neuherstellung. Soweit möglich (s. § 275 I), muss Nachbesserung zu fehlerfreiem Werk führen; bei möglicher Nachbesserung kann Unternehmer nicht Minderleistung als Nachbesserung erbringen und Minderwert durch Minderungsbetrag abgelten, sofern Besteller nicht zustimmt (BGH BauR 2019, 255; ZIP 2003, 1203). Ist Mängelbeseitigung nur auf eine bestimmte Weise möglich, ist Unternehmer verpflichtet, diese vorzunehmen. Abweichendes Beseitigungsangebot des Unternehmers ist dann untauglich; Besteller kann es zurückweisen (BGH NJW 2011, 1872). Ändern sich allgemein anerkannte Regeln der Technik nach Abnahme, ist

Stand bei Mangelbeseitigung maßgeblich (OLG Schleswig, BauR 2019, 1796 Rn. 24). Auch bei Rechtsmängeln ist Nacherfüllung nach Wahl des Unternehmers durch Ablösung des Rechts des Dritten oder Herstellung eines unbelasteten Werks zu leisten. Zur Verwirkung des Rechts auf Nacherfüllung s. OLG Köln NJW-RR 2003, 802. Einverständnis mit bestimmter Art der Nachbesserung bedeutet nicht Verzicht auf (sonstige) Rechtsbehelfe, BGH WM 2002, 861 mAnm Kellermann JA 2002, 532 (zu § 633 aF). Nach fruchtlosem Ablauf der dem Unternehmer zur Nacherfüllung gesetzten Frist (§§ 636, 323 I, 637) ist der Besteller nicht verpflichtet, das Unternehmerangebot zur Mängelbeseitigung anzunehmen (BGHZ 154, 123). Nachbesserung hinsichtlich Einzelleistung mit werkvertraglichem Charakter scheidet jedenfalls dann aus, wenn Fehler erst nach Beendigung des zugrundeliegenden Dienstverhältnisses von neu beauftragtem Dienstverpflichtetem entdeckt wurde, BGH NJW-RR 2006, 1491 (bezogen auf Steuerberatungsleistungen, → Vor § 631 Rn. 8).

2. Nacherfüllungskosten (II). a) Nacherfüllung muss für den Besteller **unentgeltlich** sein, II: Nacherfüllungskosten sind durch die nach § 631 I geschuldete Vergütung für den versprochenen Erfolg abgegolten, s. schon BGH NJW 1996, 3270 mwN (Nachbesserungskosten gehören zum Erfüllungsrisiko), soweit Besteller Kosten zum Auffinden des Mangels und Durchsetzung des Nacherfüllungsanspruchs hat, zB Transport-, Gutachter-, Anwaltskosten, hat er Erstattungsanspruch s. BGHZ 113, 261; BGH NJW-RR 1999, 813; BayObLG NJW-RR 2002, 1668; sa BeckOK BGB/Voit Rn. 10 f. mN; daneben bei Verschulden Schadensersatzanspruch (§§ 634 Nr. 4, 636, 280, 281) s. BGH NJW-RR 2003, 452. **b)** Unternehmer muss nachbessern, bis die vereinbarte Funktionstauglichkeit erreicht ist. Sind dazu Leistungen notwendig, die von der vereinbarten Leistung oder Ausführungsart nicht erfasst sind, ist zu prüfen, ob der Besteller deren Kosten im Rahmen der Vorteilsausgleichung unter dem Gesichtspunkt der Sowieso-Kosten zu übernehmen hat (BGH NJW 2008, 513 = BGHZ 174, 110; NJW-RR 2007, 597; NJW 1994, 2826; BGHZ 91, 211, alle mwN). **„Sowieso-Kosten“** sind notwendige Mehrkosten ordnungsgemäßer Ausführungen. Sie hat Besteller zu tragen, es sei denn, Unternehmer hat Höhe der Herstellungskosten garantiert (BGH NJW 1994, 2826); zur Berechnung s. BGH ZfBR 1993, 12. Vorteilsausgleich auch für unvermeidbaren Mehrwert durch Mängelbeseitigung, BGHZ 91, 206; NJW 2002, 131 f. (bessere Wärmedämmung). **c)** Mit **Mängelbeseitigung verbundene Vorbereitungs- und Nebenarbeiten** sowie zur Wiederherstellung des früheren Zustandes erforderliche Arbeiten (BGHZ 96, 221; OLG Koblenz NJW 2015, 1967), etwa Behebung der durch Nachbesserung unvermeidbaren Schäden, sind erfasst, Grüneberg/Retzlaff Rn. 6. Nicht erfasst: Mangelfolgeschäden an anderen Sachen als dem Werk, insoweit nur Schadensersatz aus § 280 (BGHZ 96, 221) oder Delikt (→ § 634a Rn. 1); ebenso Gewinnentgang während Mängelbeseitigung: (nur) Schadensersatz nach § 280 (BGHZ 72, 31). Nicht von der Nacherfüllung erfasst ist Beseitigung von Schäden, die durch den Mangel des Werkes entstanden sind *und* durch die Vornahme der versprochenen Leistung (Nacherfüllung) nicht beseitigt würden, → § 636 Rn. 8. **d)** Mitverursachung eines Mangels durch Besteller: teilweise Kostentragung entspr. § 254, s. BGH NJW 1999, 416; Grüneberg/Retzlaff Rn. 7. Zur Bestimmung der Höhe der anteiligen Kosten s. BGH NJW 2010, 2571; OLG Hamm NJW-RR 2015, 969. **e)** Vertraglich vereinbarte **Kostenerstattung** durch Besteller s. BGH NJW 1999, 416. **f)** Im Prozess Vergütung **Zug um Zug** gegen Mängelbeseitigung (s. zu § 322 II BGH NJW 2002, 1262), diese evtl. Zug um Zug gegen Zuschusszahlung bei Sowieso-Kosten, Vorteilsausgleich oder Mitverursachung des Bestellers („doppelte Zug um Zug-Verurteilung“, BGHZ 90, 354).

2, 3, 4, 5, 6

3. Einwendungen und Einreden. Unternehmer kann **Nacherfüllung verweigern,** wenn Erreichen des versprochenen Erfolgs durch Nacherfüllung jeglicher Art **a)** objektiv oder subjektiv **unmöglich** ist, § 275 I (Einwendung), also faktische Unmöglichkeit auf Grund Natur des Werkes (zeitgebundene Leistung), technische Unmöglichkeit, Werk in der vereinbarten Qualität (Funktionalität) zu errichten 7

(s. BGH NJW 2014, 3365: Uneingeschränkte Bruchsicherheit einer Glasfassade ist technisch nicht zu verwirklichen, Besteller hat ausschließlich Schadensersatzanspruch iSv § 634 Nr. 4, § 311a II, → Rn. 2) oder juristische Unmöglichkeit (Bau-
8 verbot, s. BGH NJW 2001, 1642), **b)** im Rahmen der nach § 275 II oder III anzustellenden Abwägungen wirtschaftlich oder persönlich **unzumutbar** ist (Einrede), s.
9 § 275 II, III. **c)** Allein auf Grund unverhältnismäßiger Kosten, **III** (Einrede); entspr. § 633 II 3 aF, wobei **Unverhältnismäßigkeit** vor allem im Vergleich des **Aufwands zur Mangelbeseitigung** – berechnet nach dem Zeitpunkt, in dem die vertragsgemäße Leistung geschuldet war – zu dem durch die **Beseitigung der Mängel erzielbaren Erfolg** stünde, das heißt zu dem Vorteil, den der Auftraggeber dadurch erlangt. Beide dürfen in keinem vernünftigen Verhältnis zueinander stehen. Dabei bedarf es einer Gesamtabwägung aller Umstände (OLG Düsseldorf NJW 2018, 627, 634 Rn. 147 mN). Zu berücksichtigen ist etwa das durch vertragl. Vereinbarung der teureren Ausführung bekundete obj. Interesse des Bestellers an einer höherwertigen Leistung im Vergleich zu dem Aufwand zur Mangelbeseitigung; hat der Besteller obj. ein berechtigtes Interesse an einer ordnungsgemäßen Erfüllung des Vertrages, kann ihm der Unternehmer regelmäßig die Nachbesserung wegen hoher Kosten der Mängelbeseitigung nicht verweigern. Einwand der Unverhältnismäßigkeit ist nur dann gerechtfertigt, wenn das Bestehen auf ordnungsgemäßer Vertragserfüllung im Verhältnis zu dem dafür erforderlichen Aufwand unter Abwägung aller Umstände einen Verstoß gegen Treu und Glauben darstellt. Von Bedeutung bei der gebotenen Abwägung ist auch, ob und in welchem Ausmaß der Unternehmer den Mangel verschuldet hat (BGH NJW-RR 2008, 971, 972 Rn. 16 – Rn. 18; BGH NZBau 2006, 110; Grüneberg/Retzlaff Rn. 11; ferner OLG Celle BauR 2005, 1176. Verschuldensgrad des Unternehmers ist in Unverhältnismäßigkeitsabwägung einzubeziehen, s. BGH NJW 2013, 370 Rn. 12 mAnm Zepp.; aA MüKo/Busche Rn. 38)
10 **d) Folge der** berechtigten **Leistungsweigerung** durch Unternehmer: Anspruch auf Werklohn bleibt zwar bestehen und Leistungsweigerungsrecht des Bestellers nach § 641 III scheidet aus, ebenso Recht der Selbstvornahme, § 637 I aE, aber Besteller hat ohne Fristsetzung Rücktrittsrecht bei erheblichen Mängeln, §§ 326 V, 323 V 2 oder Minderungsrecht, § 638 I 1 (auch bei unerheblichen Mängeln: § 638 I 2). Hat Unternehmer unterbleibende Nacherfüllung zu vertreten, dann Schadensersatz statt der Leistung, §§ 280 I, II, III, 281 I, 284, 636 (→ § 636 Rn. 7–10), oder neben der Leistung, § 280 I. Bei unerheblichen Mängeln kein Schadensersatz statt der *ganzen* Leistung (§§ 281 I 3 bzw. 283 2). Fristsetzung nach § 281 I 1 ist dann, wenn Leistungsverweigerungsrecht des Unternehmers nach § 635 III ausgeübt wird, nach § 636 nicht erforderlich (s. BGH NJW 2013, 370 Rn. 8 mAnm Zepp).

11 **4. Schlechterfüllung. Mangelhafte Nacherfüllung** ist erneute Pflichtverletzung, die über § 634 die gleichen Rechtsbehelfe des Bestellers wie beim Erstmangel auslöst, aber vor allem als Fehlschlagen der Nacherfüllung sofort zum Recht auf Selbstvornahme, § 637 I, II 2, sowie zum Rücktritt und Schadensersatzanspruch, § 636, führt. Ist durch Nacherfüllung der vertragsgemäße Werkzustand nicht vollständig zu erreichen, dann kann für unvermeidbaren Minderwert gemindert werden, → § 638 Rn. 6.

12 **5. Vertragliches Rückabwicklungsverhältnis (IV).** Wählt Unternehmer Neuherstellung, hat Besteller das mangelhafte Werk, soweit erhalten, nach §§ 346, 348 zurückzugewähren.

§ 636 Besondere Bestimmungen für Rücktritt und Schadensersatz

Außer in den Fällen der §§ 281 Abs. 2 und 323 Abs. 2 bedarf es der Fristsetzung auch dann nicht, wenn der Unternehmer die Nacherfüllung gemäß § 635 Abs. 3 verweigert oder wenn die Nacherfüllung fehlgeschlagen oder dem Besteller unzumutbar ist.

1. Allgemeines. Aufgrund der Verweisung in § 634 Nr. 3, 4 richten sich die Rechtsbehelfe „Rücktritt" und „Schadensersatz" des Bestellers bei vertragswidriger Beschaffenheit nach den allgemeinen Regeln; § 636 entbindet zusätzlich in bestimmten Fällen von der nach den allgemeinen Regeln grundsätzlich erforderlichen Fristsetzung für die Nacherfüllung, wobei die Regelung in § 636 sich teilweise mit den allgemeinen Gründen für die Entbehrlichkeit der Fristsetzung überschneidet. 1

2. Rücktritt. Grundsätzlich ist Fristsetzung zur Nacherfüllung Voraussetzung, § 323 I; auch nach neuem Recht muss Besteller mit Fristsetzung jedenfalls Mangelerscheinungen angeben, s. OLG Düsseldorf NJW 2016, 168; vgl. zur aF BGHZ 150, 226; BGH NJW-RR 1999, 1330 f.; Ausnahmen von Fristsetzung s. §§ 323 II, 326 V, → § 323 Rn. 11 ff., → § 326 Rn. 27 ff.; zu unangemessen kurzen Fristen → § 323 Rn. 8; bei Prüfung der Angemessenheit ist zu berücksichtigen, dass, wenn Besteller zuvor in Annahmeverzug war, Unternehmer es nicht zuzumuten ist, sich dauernd zur Erbringung der restlichen Werkleistung bereitzuhalten, BGH NJW 2007, 2761. **Fristsetzung** ist aber ferner **entbehrlich,** – in der Prüfungsreihenfolge oft vorrangig – **a)** wenn Unternehmer Nacherfüllung nach § 635 III wegen unver- 3
hältnismäßiger Kosten **verweigert** (BGH NJW 2013, 370 Rn. 8 mAnm Zepp); Weigerung aus anderen Gründen muss gleichstehen, § 323 II Nr. 1. Keine Fristsetzung, wenn Unternehmer Gewährleistungspflicht schlechthin bestreitet oder die Mangelbeseitigung in anderer Weise bestimmt und endgültig verweigert (BGH NJW-RR 2003, 1602). **b)** Wenn Nacherfüllung **fehlgeschlagen** ist; entsprechend 4
§ 440 S. 2 wird man regelmäßig zwei Versuche zugestehen müssen (enger Grüneberg/Retzlaff Rn. 15); in jedem Fall ausreichend sind drei fehlgeschlagene Versuche bei wesentlichem Werkmangel (OLGR Bremen 2006, 37); **c)** wenn Nacherfüllung 5
für den Besteller **unzumutbar** ist, zB bei schwerwiegenden Unannehmlichkeiten, Interessewegfall durch Zeitablauf (Grüneberg/Retzlaff Rn. 16). Entscheidend: Nacherfüllung ist aus Sicht des Bestellers bei obj. Betrachtung unzumutbar (OLGR Bremen 2006, 37). **d) Kein Rücktritt** trotz Fristablaufs oder Entbehrlichkeit der 6
Fristsetzung bei „unerheblichem" Mangel, § 323 V 2; bei Werkmängeln, insbesondere Bauwerkmängeln, ist bei Beurteilung der „Unerheblichkeit" den Besonderheiten des jeweiligen Werks und den Schwierigkeiten der Rückabwicklung Rechnung zu tragen. Soweit Rückgabe, etwa nach der Natur des Werkes oder auf Grund Einbaus als wesentlicher Bestandteil (Bauwerk) nicht in Betracht kommt, ist Wertersatz geschuldet § 346 II, wobei mangelbedingter Minderwert abzuziehen ist (§ 638 III analog – s. BGH NJW 2011, 3085). Grundlage für die Wertersatzermittlung: Werklohn (BGH NJW 2011, 3085. **Rücknahmepflicht** des Unternehmers nach Rücktritt s. BGHZ 87, 104).

3. Schadensersatz. a) Zusätzliche Voraussetzung ist „Vertretenmüssen", 7
→ § 280 Rn. 8 ff., § 311a Rn. 7; bei Werkherstellung dürften anfängliche Mängel iS § 311a II Ausnahme sein, etwa bei zu verwendenden, schon vorhandenen Materialien (BGH NJW 2014, 3365 Rn. 25 ff.: vereinbarte Funktionalität eines Materials nicht gegeben), Plänen usw.; Unternehmer (zB Architekt) muss die Fachkenntnisse aufweisen, die für die versprochene Werkerstellung erforderlich sind; keine Entschuldigung durch Hinweis, dass Kenntnisse in Ausbildung (Studium) nicht vermittelt wurden (BGH ZIP 2003, 1990). Ein Werkunternehmer oder Bauträger hat seinen Verzug nicht zu vertreten (§ 286 IV), soweit er durch schwerwiegende, unvorhersehbare und unabwendbare Umstände an der rechtzeitigen Erfüllung gehindert war. Nach § 286 IV wird Vertretenmüssen vermutet (BGH NZBau 2011, 286). Daher genügt zB zur Entlastung pauschale Berufung auf infolge der **Corona-Pandemie** unterbrochene Lieferketten, insbes. für Baumaterialien, auf Hemmung des Baufortschritts durch Hygienevorschriften und Abstandsregeln den Arbeitsfortschritt oder Ausbleiben von ausländischen Leiharbeitern infolge Einreisesperren als Vortrag nicht. Unternehmer hat darzulegen, wie sich ein von ihm nicht zu verantwortender Umstand im Einzelnen auf den Herstellungsprozess ausgewirkt und ihn wie und wie lange verzögert hat („bauablaufbezogene Darstellung") (KG NZBau 2022,

590 Rn. 20 ff., Rn. 23 f.) Zur **haftungsausfüllenden Kausalität** → Vor § 242 Rn. 24 f., 32; grds. zu Äquivalenz, Adäquanz, Zurechnungszusammenhang → BGH NJW 2018, 944, 945 Rn. 14–23: Erfasst sind die äquivalenten und adäquaten Schadensfolgen, in denen sich die Gefahren realisieren, zu deren Abwendung die verletzte Norm erlassen oder die verletzte Vertragspflicht übernommen wurde. Zwischen der durch den Schädiger geschaffenen Gefahrenlage und dem Schaden muss bei wertender Betrachtung ein innerer Zusammenhang bestehen, der nicht rein zufällig ist. Haftungsrechtliche Zurechnung wird nicht ausgeschlossen, wenn noch weitere Ursachen zu dem eingetretenen Schaden beigetragen haben. Notwendiger Zurechnungszusammenhang fehlt bei einem (rechtmäßigen oder rechtswidrigen) Dazwischentreten des Geschädigten nur, wenn die zweite Ursache den Geschehensablauf so verändert hat, dass der Schaden bei wertender Betrachtung nur noch in gleichsam „zufälligem" Zusammenhang zu der durch die erste Ursache geschaffenen Gefahrenlage steht. Wirken die durch die erste Ursache gesetzten besonderen Gefahren im Schaden fort, fehlt der Zurechnungszusammenhang nicht. Bsp. Ein Dichtungsmangel an einem Heizungs- und Warmwassergerät kann für große Wasserschäden adäquat kausal sein. Kontrollversäumnisse des Eigentümers der beschädigten Immobilie stellen den Zurechnungszusammenhang zwischen dem Dichtungsmangel und dem Wasserschaden nicht infrage (BGH NJW 2018, 944, 945 Rn. 17 ff.). Zum **Erfüllungsgehilfen** → Vor § 631 Rn. 19. **Mitverschulden** des Bestellers nach § 254, zB wenn Besteller selbst Werkleistungen erbringt und dazu Leistungen seines Subunternehmers ungeprüft übernimmt (BGH NJW-RR 2003, 1238), wenn er blind auf rechtliche Annahmen eines Architekten vertraut hat (BGH NJW 2013, 684), wenn Besteller Risiko kannte, dass vereinbarte Funktionalität nicht herstellbar ist (BGH NJW 2014, 3365 Rn. 29 mN); nicht, wenn Maßnahmen von einem vernünftigen, wirtschaftlich denkenden Menschen nach Treu und Glauben nicht verlangt werden können (NJW 2018, 944 Rn. 27). Besteller muss sich Verschulden des von ihm mit der Planung beauftragten Architekten zurechnen lassen (§§ 254 II 2, 278 I), wenn Architekt zwar nicht einseitig eine Planungsänderung vorgibt, sie aber auf sein Betreiben hin einvernehmlich zwischen Besteller und Unternehmer vereinbart wird und der Architekt hinsichtlich dieser Änderung die Planungsverantwortung übernimmt (BGH NJW 2014, 3645 Rn. 24 f.); ebenso, wenn Besteller dem Architekten nicht die für eine mangelfreie Planungserstellung erforderlichen Pläne und Unterlagen zur Verfügung stellt (BGH NJW 2016, 3022); ggf. auch Verstoß gegen Schadensminderungspflicht nach § 254 II, wenn Besteller Baumangel erst nach Jahren beseitigen lässt (BGH NJW-RR 2004, 739) oder mit (sich später herausstellend) erfolgloser Mängelbeseitigungsmaßnahme einverstanden ist (BGH NJW 2010, 3299). Veräußerung der Sache berührt Schadensersatzanspruch in Höhe der zur Mängelbeseitigung erforderlichen Kosten nicht (stRspr BGH NJW-RR 2004, 1462 mN). Vorteilsanrechnung bei Selbstnutzung oder Erzielung von Mieteinnahmen (s. BGH NJW 2006, 53; 09, 1870; NZBau 2006, 312); jedoch keine Vorteilsanrechnung „neu für alt", wenn Vorteile ausschließlich auf Verzögerung der Mängelbeseitigung beruhen (s. OLG Koblenz VersR 2009, 1282); ebenfalls nicht anrechenbar: Eigenheimzulage (s. BGH NJW 2010, 675). In Bezug auf vergebliche Aufwendungen kommt dem Besteller grundsätzlich die Rentabilitätsvermutung (widerleglich) zugute (zB bei Finanzierungskosten für Wohnungserrichtung, s. BGH NJW 2009, 1870); allerdings nicht für Aufwendungen, die erst in Folgegeschäften mit dem Vertragsgegenstand getätigt worden sind, s. BGH NJW-RR 2006, 1310 f.

8 **b)** Aufgrund Verweisung auf §§ 280 ff., 311a II ist zu unterscheiden: Besteller kann **Schadensersatz neben der Leistung,** etwa für Mangelfolgeschaden, Schaden aus Schutzpflichtverletzung, § 282, oder – unter den weiteren Voraussetzungen des § 286 – **Verzugsschaden** verlangen; insoweit ist Nachfrist (oft) ohnehin entbehrlich. Bei Unternehmerverzug mit Wohnungsübergabe, die Erwerber nicht selbst beziehen, sondern vermieten will, besteht Schaden des Erwerbers in den Vermietungserlösen, die ihm verzugsbedingt entgangen sind; bei Selbstbezug Mietkosten für Ersatzwohnung; zudem in beiden Fällen für Verzögerungszeitraum zusätzlich

angefallene Bereitstellungszinsen der kreditfinanzierenden Bank (KG NZBau 2022, 590 Rn. 27 ff.). Bei **Mangelschaden** (Minderwertschaden) ist dagegen grundsätzlich Fristsetzung zur Nacherfüllung erforderlich, es sei denn, § 636 (→ Rn. 3–5) greift ein; gleichstehen müssen Berufung des Unternehmers auf § 275 sowie die Fälle des § 281 II; sa BGH NJW-RR 2012, 268, 269. Mangelbedingter Schaden ist Schaden neben der Leistung (§§ 634 Nr. 4, 280 I), sofern er durch Nacherfüllung (Bewirkung der versprochenen Leistung) nicht beseitigt würde (BGH NJW 2019, 1867 Rn. 17–19; BGH NJW 2018, 1463, 1468 Rn. 58). Ist zB ein Unternehmer nach einem Wasserschaden in einem Gebäude beauftragt, den Fußbodenaufbau zu trocknen, so schuldet er den Trocknungserfolg durch Vornahme einer Maßnahme unter Beachtung der substanzschonendsten anerkannten Regeln der Technik (→ § 633 Rn. 4). Seine Leistung ist daher nur mangelfrei, wenn er den Trocknungserfolg mit einer Maßnahme herbeiführt, welche den geringsten Eingriff in die Bausubstanz erfordert (Schutz des Integritätsinteresses). Wählt er eine Methode, die zu vermeidbaren Schäden in der Bausubstanz führt, ist das Werk daher mangelhaft. Ersatz vermeidbaren Schadens an Bausubstanz ist hier als Schadensersatz neben der Leistung zu qualifizieren, weil der Substanzschaden nach seinem Eintritt nicht mehr durch Vornahme der substanzschonendsten Nacherfüllungshandlung zur Trocknung der Böden entfallen würde. Ersatz für Beseitigung des Substanzschadens daher nicht verschuldensunabhängig nach §§ 635, 637, sondern nur verschuldensabhängig nach nach §§ 634 Nr., 4, 636, 280 I zu leisten (BGH NJW-RR 2012, 268, 269; sa Looschelders JA 2012, 547, 548, mN). BGH (NJW-RR 2012, 268 Rn. 9 f.; dazu Looschelders JA 2012, 547; krit. Grobe NZBau 2012, 347) wendet § 280 I, 241 II an, sofern Unternehmer keine Pflicht zur Substanzschonung übernahm, anderenfalls §§ 634 Nr. 4, 280 III, 281, wobei Fristsetzung entbehrlich sei, weil der geltend gemachte Schaden durch eine Nacherfüllung nicht mehr beseitigt werden konnte. Schadensersatzanspruch gegen Architekten wegen Planungs- bzw. Überwachungsfehlern, die zu Mangel an Bauwerk führen, ist stets auf Schadensersatz neben der Leistung gerichtet (BGH NJW 2018, 1463, 1468 Rn. 58; s. auch Rn. 67 zu Anspr. auf Vorauszahlung eines zweckgebundenen und abzurechnenden Betrags). **c) Scha-** 9
densersatz statt der Leistung erfordert regelmäßig Fristsetzung, es sei denn, Unternehmer kann Nacherfüllung nach § 275 verweigern, § 283, die Voraussetzungen des § 281 II liegen vor oder Nachfrist ist nach § 636 entbehrlich (zu § 636 Var. 1 s. BGH NJW 2013, 370 Rn. 8 mAnm Zepp; → Rn. 3–5); Entsprechendes gilt für Ersatz der frustrierten Aufwendungen, § 284. **d)** Der **Schadensersatzanspruch** 10
statt der Leistung tritt ganz oder teilweise an die Stelle des Erfüllungsanspruchs, richtet sich also nach der Reichweite der Nacherfüllung (BGH NJW 2019, 1867, Rn. 17). Er muss so bemessen sein, dass dem Besteller die Mittel zur Verfügung gestellt werden, den vertraglich geschuldeten Erfolg (Kompensation für die fehlerhafte Leistung) herbeizuführen (sa BGH NJW 2013, 370, 371 f.; NJW 2006, 2912, 2914). Es gibt dabei zwei Berechnungsweisen: kleiner und großer (Schadensersatz statt der ganzen Leistung) Schadensersatz, näher → § 281 Rn. 18, 22; Mehring ZGS 2009, 310. Der Schadensersatz statt der **ganzen Leistung** setzt nach § 281 I 3 einen erheblichen Mangel (Mangel ist Pflichtverletzung iSv § 280 ff.) voraus. Schadensersatz statt der ganzen Leistung meint die Liquidation des ganzen Vertrages, dh Besteller kann dann das volle Erfüllungsinteresse unter Rückgabe des mangelhaften Werks bzw. an den Gegenständen des Bestellers Wiederherstellung des früheren Zustands (bei mangelhaftem Bauwerk zB Abriss, s. BGH NJW 2006, 2914) verlangen, vgl. § 281 V. Ein bereits geleisteter Werklohn ist dabei ein Mindestschadensposten des Bestellers. Der noch nicht erfüllte Werklohnanspruch geht dann (jedenfalls wenn noch keine Fälligkeit durch Abnahme eintrat) unter (BGH NJW 2006, 2912). Der Schadensersatz bemisst sich danach, welche Kosten erforderlich sind, um das versprochene Werk zu errichten. **e)** Beim **kleinen** Schadensersatz behält der Bestel- 11
ler die Werkleistung und zahlt den Werklohn, daneben kann er als Schadensersatz wahlweise die – tatsächlich angefallenen (BGH NJW 2018, 1463, 1466 f. Rn. 45–47) oder noch anfallenden (BGH NJW 2018, 1463, 1466 f. Rn. 45, 48–51) – Man-

gelbeseitigungskosten oder den eingetretenen merkantilen Minderwert der Werkleistung verlangen (BGH NJW 2018, 1463, 1465 Rn. 27–30; sa BGH NJW 2013, 371 Rn. 10 mN und mAnm Zepp; NJW-RR 2005, 1039 unter II 2a); **Ersatz fiktiver Mängelbeseitigungskosten** kann der Besteller nach einer Grundsatzentscheidung des VII. Zivilsenats (BGH NJW 2018, 1463, 1465 f. Rn. 31–37 mAnm Looschelders JA 2018, 627; Mäsch JuS 2018, 907; Liebetrau/Seifert BauR 2018, 1608; Picker JZ 2018, 676; Voit NJW 2018, 2166) entgegen dessen früherer Rspr. (vgl. BGH NJW 2007, 2697) angesichts der hierdurch entstehenden Gefahr der Überkompensation nicht mehr verlangen. VII. Zivilsenat hält dieser Rechtsauffassung fest, wonach der Schadensersatz statt der Leistung (kleiner Schadensersatz) gem. §§ 634 Nr. 4, 280, 281 I nicht anhand der voraussichtlich erforderlichen, aber (noch) nicht aufgewendeten („fiktiven") Mängelbeseitigungskosten bemessen werden darf (BGH NJW 2021, 53, sa NJW-RR 2020, 1471, 1472 Rn. 15; zu dieser Rspr. und zur abweichenden Rspr. des V. Zivilsenats im Kaufrecht s. Looschelders NJW 2021, 1501). Weiter als VII. Zivilsenat hingegen Grüneberg/Retzlaff Rn. 13: Dennoch Ersatz fiktiver Mängelbeseitigungskosten, wenn sie geeignet seien, den Minderwert der mangelbehafteten Sache angemessen abzubilden, wovon bei günstiger Kosten-Nutzen-Relation auszugehen sei. Verlangt der Besteller Ersatz der tatsächlich angefallenen Mangelbeseitigungskosten, bleibt es ihm unbenommen, weiteren Schadensersatz für einen verbleibenden Rest-Minderwert zu erhalten. Zur Schätzung (287 I ZPO) eines Mindestbetrags für einen merkantilen Minderwert s. BGH NJW 2013, 525 (Minderwert eines Gebäudes nach Beseitigung von Rissen im Innen- und Außenputz – noch zu § 635 aF); hat der Besteller die geschaffene oder bearbeitete Sache verkauft, ist Minderwert im Regelfall der konkrete Mindererlös (BGH NJW 2018, 1463, 1465 Rn. 28). Nach BGH NJW 2005, 2771 (dazu Kessen BauR 2005, 1691) stehen sich Werklohn und Schadensersatzanspruch für die Mehrkosten, die der Besteller zur Fertigstellung aufwenden musste, aufrechenbar gegenüber (keine Verrechnung, ebenso BeckOK BGB/Voit Rn. 55 mN zum Streitstand). Deshalb greifen insoweit auch vertragliche bzw. gesetzliche Aufrechnungsverbote (aber Überprüfung ggf. nach § 309 Nr. 3, § 307 I: Aufrechnungsverbot in AGB des Bauunternehmers, das synallagmatisch verknüpfte Gegenforderungen des Bestellers erfasst, ist wegen dessen unangemessener Benachteiligung auch im kaufmännischen Geschäftsverkehr unwirksam, s. OLG Brandenburg NJW-RR 2022, 598 Rn. 15 f.), sofern
12 die Auslegung ergibt, dass sie diese Aufrechnungslage erfassen sollen. **f)** Bei der Berechnung des kleinen und des großen Schadensersatzes sind die Kosten für die fehlerfreie Werkerstellung zu ersetzen (→ Rn. 10 f.). Entsprechend § 251 II (s. BGH NJW 2006, 2912 zum großen, BGHZ 59, 365 f., NJW-RR 2005, 1039 zum kleinen Schadensersatz; die altrechtlichen Entscheidungen sind auf das 2002 reformierte Gewährleistungsrecht übertragbar; an diese Rspr. anknüpfend BGH NJW 2013, 370, 371; aA Mehring ZGS 2009, 310) und dem Rechtsgedanken des § 635 III kann der Unternehmer einwenden, die Kosten der Herstellung des vertragsgerechten Zustandes seien unverhältnismäßig (vgl. jetzt BGH NJW 2013, 370, 371 f.; aA Mehring ZGS 2009, 310: keine Notwendigkeit für Analogie, da Abwägung im Rahmen des Merkmals „mehr als unerhebliche Pflichtverletzung" vorzunehmen sei). Maßgebend ist der gesamte Aufwand, ggf. auch für die Entfernung des mangelhaften Werkes und die Herstellung eines neuen Werkes. **Kostenunverhältnismäßigkeit** ist dann anzunehmen, wenn der damit in Richtung auf die Beseitigung des Mangels erzielte (Teil-)Erfolg bei Abwägung aller Umstände des Einzelfalls in keinem vernünftigen Verhältnis zur Höhe des dafür gemachten Geldaufwandes steht. In einem solchen Fall würde es Treu und Glauben widersprechen, wenn der Besteller diese Aufwendungen dem Unternehmer anlasten könnte. Unverhältnismäßigkeit idR nur (s. BGH NJW 2013, 370, 371), wenn einem objektiv geringen Interesse des Bestellers an einer ordnungsgemäßen Leistung ein ganz erheblicher und deshalb unangemessener Aufwand gegenübersteht (nach Ansicht v. Mehring ZGS 2009, 310 ist insbes. auch Weiterverwertungsmöglichkeit des Werks durch Unternehmer nach Rückabwicklung zu berücksichtigen). Hat Besteller objektiv

berechtigtes Interesse, insbes. weil Funktionsfähigkeit des Werkes spürbar beeinträchtigt ist, dann kann ihm regelmäßig nicht wegen hoher, aber unter Abwägung aller Umstände noch verhältnismäßiger Kosten die Kompensation für die fehlende Vertragserfüllung verweigert werden. Sind die Kosten verhältnismäßig, dann folgt insoweit aus der Schadensminderungspflicht (§ 254 II) und § 242 nichts anderes. Beansprucht der Besteller werkvertraglichen Schadensersatz in Höhe der Mängelbeseitigungskosten, ist die Unverhältnismäßigkeit iSd § 251 II 1 ebenso zu beurteilen wie die des unverhältnismäßigen Nacherfüllungsaufwands (BGH NJW 2013, 370 Rn. 12). Besteller kann mangelbedingten Schadensersatz stets nur in Höhe der **Verkehrswertminderung,** nicht aber in Höhe der **Mangelbeseitigungskosten** beanspruchen, wenn der Unternehmer die Nacherfüllung zu Recht nach § 635 als unverhältnismäßig verweigert hat (BGH NJW 2013, 370 Rn. 12 mAnm Zepp; anders noch 14. Aufl., wonach bei Unverhältnismäßigkeit statt der Mängelbeseitigungskosten die Kosten für eine verhältnismäßige Ersatzlösung und ggf. der merkantile Minderwert bzw. ein evtl Benutzungsmehraufwand als Schaden verlangt werden können sollte). Aus § 636 ergibt sich, dass die Verweigerung der Nacherfüllung nach § 635 III nicht den Schadensersatzanspruch statt der Leistung gemäß §§ 634 Nr. 4, 280 I, III, 281 I entfallen lässt (dazu BGH NJW 2013, 370 Rn. 8 mN). **g)** Bei **Bauherren-** 13
gemeinschaft kann jeder Bauherr Ersatz der gesamten Kosten verlangen, die zur Mängelbeseitigung statt Nacherfüllung durch Unternehmer erforderlich sind, vgl. zu § 635 aF BGH NJW 1999, 1705.

§ 637 Selbstvornahme

(1) **Der Besteller kann wegen eines Mangels des Werkes nach erfolglosem Ablauf einer von ihm zur Nacherfüllung bestimmten angemessenen Frist den Mangel selbst beseitigen und Ersatz der erforderlichen Aufwendungen verlangen, wenn nicht der Unternehmer die Nacherfüllung zu Recht verweigert.**

(2) [1]**§ 323 Abs. 2 findet entsprechende Anwendung.** [2]**Der Bestimmung einer Frist bedarf es auch dann nicht, wenn die Nacherfüllung fehlgeschlagen oder dem Besteller unzumutbar ist.**

(3) **Der Besteller kann von dem Unternehmer für die zur Beseitigung des Mangels erforderlichen Aufwendungen Vorschuss verlangen.**

Lit.: Dauner-Lieb/Dötsch, § 326 II 2 BGB (analog) bei der Selbstvornahme?, NZBau 2004, 233; Herresthal/Riehm, Die eigenmächtige Selbstvornahme im allgemeinen und besonderen Leistungsstörungsrecht, NJW 2005, 1457; Katzenstein, Kostenersatz bei eigenmächtiger Selbstvornahme der Mängelbeseitigung nach § 326 Abs. 2 Satz 2 BGB?, ZGS 2004, 144; ders., Kostenersatz bei eigenmächtiger Selbstvornahme der Mängelbeseitigung – ein Plädoyer für die Abkehr von einer verfestigten Rechtspraxis, ZGS 2004, 300; Kniffka, Keine Kostenerstattung bei verfrühter Selbstvornahme, BauR 2005, 1024; Markworth, Die Dogmatik der Selbstvornahmetatbestände des Leistungsstörungsrechts, AcP 219, 64; ders., Vorschuss und Aufwendungsersatz für die schuldrechtliche Selbstvornahme, JZ 2019, 172; Mundt, Zur angemessenen Nachbesserungsfrist bei witterungsabhängigen Nachbesserungsarbeiten, BauR 2005, 1397; Weise, Ersatzansprüche nach eigenmächtiger Selbstvornahme der Nacherfüllung, NJW-Spezial 2005, 261.

1. Allgemeines. Entspricht in der Funktion § 633 III aF, aber Abweichungen in 1
den Voraussetzungen sowie Ergänzung um Anspruch auf Kostenvorschuss, III; sa § 13 Nr. 5 II VOB/B.

2. Voraussetzungen Selbstvornahme. a) Ablauf einer angemessenen Frist zur 2
Nacherfüllung (sa BGH NZBau 2013, 32), es sei denn (dazu Knütel BauR 2002, 689), Fristsetzung ist entsprechend § 323 II entbehrlich, II 1, oder Nacherfüllung ist fehlgeschlagen oder für Besteller unzumutbar, II 2 (wie für Rücktritt oder Schadensersatz, vgl. → § 636 Rn. 4, 5). Zur Folge der Selbstvornahme ohne erforderliche Fristsetzung → Rn. 11. **b)** *Vertretenmüssen* des Unterbleibens der Nacherfüllung 3
in der gesetzten Frist *nicht* erforderlich, deshalb Wirkung des Fristablaufs auch bei

entschuldbarer Unkenntnis seiner Bedeutung. Nachbesserungsangebot nach Fristablauf muss nicht angenommen werden (OLG Frankfurt a. M. WE 2005, 237); jedoch
4 **c)** kein Recht zur Selbstvornahme, wenn Unternehmer nach §§ 275, 635 III, also *zu Recht,* Nacherfüllung verweigern kann; soweit wirksame Verweigerung Erhebung der entspr. Einrede verlangt, muss sich Unternehmer auf Verweigerungsgrund berufen (haben). Hält Besteller nach Fristablauf an seinem Nacherfüllungsverlangen fest, ist ihm Berufung auf § 637 verwehrt (§ 242), OLG Celle NZBau 2005, 153. Aufforderung, Sicherheit gem § 650 f. zu bestellen, hindert Recht zur Selbstvornahme nicht (OLG Köln BeckRS 2005, 12592). Nur Mangelbeseitigung ist Selbstvornahme, nicht aber die bloße Beseitigung nachteiliger Wirkungen des Mangels (zB keine Selbstvornahme durch Einbau längerer Türen bei zu niedrigem Estrich), s. BGH NJW-RR 2009, 1175 (zu § 633 III aF).

5 **3. Rechtsfolgen. a)** Anspruch auf Ersatz der erforderlichen Aufwendungen, die durch Mängelbeseitigung durch Besteller oder beauftragten Dritten entstehen, für letzteren Fall sa § 257. Ersatz auch bei nutzlosen, BGH NJW-RR 1989, 88, oder fehlgeschlagenen Aufwendungen; entscheidend „Erforderlichkeit", dh aus wirtschaftlicher Sicht und ggf. auf Grund sachkundiger Beratung geeignete und Erfolg versprechende Maßnahmen zur Mängelbeseitigung einschließlich der Kosten des Auffindens der Mangelursachen, s. BGH 113, 251 (aA: Markworth JZ 2019, 173 ff.: grds. ex-post-Betrachtung sachgerecht). Jedoch besteht keine Vermutung, dass stets sämtliche von einem Drittunternehmer im Zuge einer Mängelbeseitigungsmaßnahme durchgeführten Arbeiten ausschließlich der Mängelbeseitigung dienen (BGH ZfBR 2015, 676). Besteller darf grundsätzlich den sichersten Weg der Mangelbeseitigung wählen, nicht notwendigerweise die billigste Lösung (OLG Celle BauR 2016, 530). Evtl. höhere Kosten als bei Nacherfüllung durch Unternehmer gerechtfertigt, Grenze: Rechtsgedanke des § 254 II 1. „Sowieso-Kosten" → § 635 Rn. 3. Haben einzelne Wohnungseigentumserwerber Mängel am Gemeinschaftseigentum beseitigt, muss nicht Zahlung an die Eigentümergemeinschaft verlangt werden; Klage auf
6 Zahlung an sich selbst ist zulässig, vgl. BGH NJW-RR 2005, 1472 f. **b)** Anspruch auf Kostenvorschuss (Geldbetrag), es sei denn, Besteller kann – BGH 68, 372; NJW-RR 2003, 1601; OLG Nürnberg NJW-RR 2003, 1601 – oder will – s. hierzu BGH NJW 2010, 1192 – Mangel nicht innerhalb angemessener Frist (BGH NJW 2010, 1192 – Angemessenheit der Frist) beseitigen. Für den Anspruch auf Kostenvorschuss kommt es auf die Abnahme der Werkleistung nicht an (OLG Celle NJW 2016, 2754). Zum Rückzahlungsanspruch bei bereits entrichtetem Kostenvorschuss s. BGH NJW 2010, 1192; zur Verjährung des Rückzahlungsanspruchs → § 634a
7 Rn. 1. Höhe: Mutmaßliche Mängelbeseitigungskosten; auch hier § 254 II 1 entspr anwendbar. Zur Aufrechnung gegen Werklohn s. Verzinsung s. BGH NJW 1985,
8 2325; Übergang vom Vorschussanspruch zum Schadensersatzanspruch: Klageänderung, BGH WM 1998, 1142. Kein Vorschuss, falls bereits ausreichende Sicherheit
9 gestellt, BGHZ 47, 272, oder Werklohneinbehalt möglich, s. OLG Karlsruhe Justiz 83, 386. Trotz Vorschusses kann noch Schadensersatz verlangt und gegen Rückzahlungsanspruch aufgerechnet werden, BGHZ 105, 106 f. Beweislast für Verwendung des Vorschusses zur Mängelbeseitigung – Besteller – s. BGH NJW 1990, 1476.
10 **c) Verjährung** § 634a. **d) Anspruchskonkurrenz:** Ansprüche aus Bereicherung
11 oder GoA stehen dem Besteller daneben nicht zu, da sonst die Voraussetzungen (→ Rn. 2–4) unterlaufen werden könnten (aA Katzenstein ZGS 2004, 304 f.; Herresthal/Riehm NJW 2005, 1459 f.). Auch keine Anrechnung ersparter Aufwendungen nach **§ 326 II 2, IV (analog),** wenn Besteller den Mangel beseitigt, ohne zuvor die erforderliche Nachfrist zu setzen (s. Dauner-Lieb/Dötsch NZBau 2004, 235; aA BeckOK BGB/Voit Rn. 18; zum Kaufrecht: BGH NJW 2005, 1349 ff., 3211 mN).

§ 638 Minderung

(1) [1]**Statt zurückzutreten, kann der Besteller die Vergütung durch Erklärung gegenüber dem Unternehmer mindern.** [2]**Der Ausschlussgrund des § 323 Abs. 5 Satz 2 findet keine Anwendung.**

(2) **Sind auf der Seite des Bestellers oder auf der Seite des Unternehmers mehrere beteiligt, so kann die Minderung nur von allen oder gegen alle erklärt werden.**

(3) [1]**Bei der Minderung ist die Vergütung in dem Verhältnis herabzusetzen, in welchem zur Zeit des Vertragsschlusses der Wert des Werkes in mangelfreiem Zustand zu dem wirklichen Wert gestanden haben würde.** [2]**Die Minderung ist, soweit erforderlich, durch Schätzung zu ermitteln.**

(4) [1]**Hat der Besteller mehr als die geminderte Vergütung gezahlt, so ist der Mehrbetrag vom Unternehmer zu erstatten.** [2]**§ 346 Abs. 1 und § 347 Abs. 1 finden entsprechende Anwendung.**

Lit.: Deckers, Minderung des Architektenhonorars trotz plangerechter und mängelfreier Entstehung des Bauwerks, BauRB 2004, 373; Schmid, Welchen Wert haben Reisepreisminderungstabellen?, NJW 2005, 2945; Siemens, Architektenhonorarkürzung bei unvollständig erbrachten Teilleistungen, BauR 2005, 1843.

1. Allgemeines. SchRModG hat Minderung als Gestaltungsrecht geregelt, die Berechnungsformel aus §§ 634 II 3, 472 aF beibehalten, für die Einsatzfaktoren der Minderungsformel aber Schätzung zugelassen, III 2. Minderung schließt einen Schadensersatzanspruch des Bestellers statt der Leistung nach §§ 634 Nr. I Nr. 4, 281 I 1, 280 I nicht aus, soweit kleiner Schadensersatz (→ § 636 Rn. 11) begehrt wird (BGH NJW 2017, 1607, 1610 Rn. 49ff. mwN). 1

2. Voraussetzungen. a) Mangel iSv § 633 II bis III, also einschl. Rechtsmangel 2
oder Minderleistung. **b)** „Statt Rücktritt“: Alle Rücktrittsvoraussetzungen müssen 3
gegeben sein, insbesondere regelmäßig Frist zur Nacherfüllung; jedoch Minderung auch bei unerheblichem Mangel möglich, I 2 (teilweise abw von §§ 459 I 2, 462 aF).

3. Minderungserklärung. Geltendmachung der Minderung durch einseitige, bedingungsfeindliche, unwiderrufliche, empfangsbedürftige (Gestaltungs)Erklärung des Bestellers. Bei mehreren Beteiligten Erklärung nur von allen oder gegen alle, II; gilt nicht bei getrennten Verträgen. 4

4. Berechnungsformel (III). Wie § 441 III 1. Einsatzfaktoren, „Wert des mangelfreien Werks“ und (wirklicher) Wert des mangelhaften Werks, und damit Minderungsbetrag insgesamt sind ggf. durch Schätzung zu ermitteln, III 2. Stichtag Vertragsschluss, III 1. Berücksichtigung des Verhaltens des Bestellers nach § 242, BGH NJW 1984, 2457; mE auch Rechtsgedanke des § 254 anwendbar. Keine Berechnung nach Mängelbeseitigungskosten, wenn Nachbesserung unmöglich oder unverhältnismäßig (BGHZ 153, 280). Bei Berechnung nach Mangelbeseitigungskosten kann zur Vermeidung einer Überkompensation nur der Nettobetrag berücksichtigt werden (OLG Schleswig NJW 2016, 2580). III gilt analog für vom Besteller geschuldeten Wertersatz nach Rücktritt wegen eines Mangels (BGH NJW 2011, 3085). 5

5. Rechtsfolgen. a) Minderung, evtl völliger Wegfall der Vergütungspflicht. 6
Rückerstattung auf Grund Minderung zu viel gezahlter Vergütungen: Eigener vertraglicher Rückabwicklungsanspruch, IV 1, der sich auf den zu erstattenden Betrag und evtl gezogene Nutzungen richtet, IV 2 iVm § 346 I, uU auch auf mögliche, aber unterbliebene Nutzungen, s. IV 2 iVm § 347 I 1 (nicht S. 2). Wegen eines **technischen Minderwerts** des erbrachten im Vergleich zum geschuldeten Werk kann gemindert werden. Führt technischer Minderwert zu eingeschränkter Verwertbarkeit, dann auch Minderung für **merkantilen Minderwert** (BGHZ 153, 280).
b) Inwieweit sich Minderung und Schadensersatzanspruch bezogen auf denselben 7
Mangel ausschließen, ist umstritten. Der BGH verneint Ausschluss des kleinen Schadensersatzes statt der Leistung (BGH NJW 2017, 1607 Rn. 49); nach wohl hM ist Schadensersatz statt der ganzen Leistung aber ausgeschlossen (so zB MüKo-BGB/Busche § 634 Rn. 35 mwN).

8 **6. Verjährung.** Durch Unwirksamkeit der erklärten Minderung bei verjährtem Nacherfüllungsanspruch → § 634a Rn. 4.

§ 639 Haftungsausschluss

Auf eine Vereinbarung, durch welche die Rechte des Bestellers wegen eines Mangels ausgeschlossen oder beschränkt werden, kann sich der Unternehmer nicht berufen, soweit er den Mangel arglistig verschwiegen oder eine Garantie für die Beschaffenheit des Werkes übernommen hat.

Lit.: Budzikiewicz in: Mansel/Budzikiewicz, Das neue Verjährungsrecht, 2002, § 5 Rn. 202–288; Podehl, Lieferung von Investitionsgütern/Anlagenbauverträge: Der Ausschluss der Haftung für sog. Folgeschäden, DB 2005, 2453; Seibt, Rechtssicherheit beim Unternehmens-, Beteiligungs- und Anlagenverkauf – Analyse der Änderungen bei §§ 444, 639 BGB, NZG 2004, 801; Stadler, Haftungsrisiken bei Übernahme von Beschaffenheitsgarantien in IT-Verträgen nach neuem Recht, ITRB 2004, 233.

1 **1. Allgemeines.** Durch SchRModG eingefügte, § 444 entsprechende Vorschrift übernimmt zum einen § 637 aF (Arglist) und zum anderen, in modifizierter Form, 11 Nr. 11 AGBG (Garantie) in das neue Recht. Der Normtext wurde durch Ges. v 2.12.2004 neu gefasst. Bislang schloss die Norm in ihrer 2. Alternative ausdrücklich nur aus, dass uneingeschränkt formulierte Beschaffenheitsgarantien durch intransparente oder überraschende, gesonderte Abreden ausgehöhlt werden. Jetzt Klarstellung, dass § 639 auch nicht hindert, selbstständige oder unselbstständige (s. [zu § 444] Canaris Karlsruher Forum 2002, 85; Faust ZGS 2002, 271 f. mN auch zur Gegenansicht) Beschaffenheitsgarantien nur eingeschränkt zu erteilen, zB nach Haftungshöhe oder Haftungszeitraum zu beschränken. Das ist zulässig, wenn die Garantieerklärung selbst die Haftungsbeschränkung vorsieht (so bereits vor der Normtextänderung [meist zu § 444] Dauner-Lieb/Dötsch, Schuldrecht Aktuell, 2003; Canaris Karlsruher Forum 2002, 85; Faust ZGS 2002, 272; Mansel/Budzikiewicz § 5 Rn. 178, 228; sa BMJ ZGS 2003, 207; zur klarstellenden Änderung s. Seibt NZG 2004, 801; vertiefend zum Anlagenvertrag s. Michaelis de Vasconcellos NZBau 2002, 121). Zur Verjährung von Garantieansprüchen s. Mansel/Budzikiewicz § 5 Rn. 288. Zur AGB-Beschränkung insbes. durch § 309 Nr. 8, 12 s. Mansel NJW 2002, 97 mN.

2 **2. Voraussetzungen. a) Alt. 1: Arglistiges Verschweigen** von Mängeln, dh Verschweigen eines als solchen bekannten Mangels im Bewusstsein, dass für Entscheidung des Bestellers zur Abnahme von Bedeutung; Offenbarungspflicht aus § 242 bei Abnahme oder Vollendung, s. BGHZ 62, 63. Zurechnung der (erforderlichen) Kenntnis von entscheidungsbefugten Mitarbeitern, insbesondere, wenn an Abnahme beteiligt, nicht jedoch Kenntnis jedes Arbeiters; Verschweigen von Subunternehmern zurechenbar evtl nach § 278, BGHZ 66, 43; 169, 255; Verschweigen von für die Prüfung der Leistung verantwortlichen Mitarbeitern des Subunternehmers uU zurechenbar, s. BGHZ 169, 255; allgemein zum Organisationsmangel,
3 der zur Zurechnung von Mitarbeiterkenntnissen führt, → § 634a Rn. 11. **b)** oder **Alt. 2: Garantie** ist Verpflichtung, unabhängig von Verschulden Beschaffenheitszusagen zu verantworten („Vertretenmüssen", s. § 276), also wie bei Zusicherung alten Rechts Haftungswille erforderlich, der aber bei objektiver Auslegung aus Wortwahl zu schließen ist.

4 **3. Rechtsfolgen. a)** Auf unzulässig einschränkende Vereinbarung kann sich Unternehmer nicht berufen, so dass die ges. Rechtsbehelfe vom Besteller unbeschadet der Beschränkung geltend gemacht werden können. Werkvertrag als solcher bleibt gültig, da Vereinbarung nicht nichtig („nicht berufen"), § 139 ist deshalb nicht
5 zu prüfen. **b)** Zeitpunkt der Vereinbarung – vor oder nach Abnahme – unerheblich,
6 Grüneberg/Retzlaff Rn. 4. **c)** Gilt insbesondere für Individualvereinbarungen; §§ 305 ff. bleiben unberührt, deshalb auch § 307 evtl. zu Lasten des Bestellers als
7 Verwender. **d)** Soweit weitergehende Rechte eingeräumt worden sind, müssen ihre

Rechtsfolgen parteiautonom modifiziert werden können, s. § 443 I, → Rn. 1. **e)** Nur auf arglistig verschwiegene Mängel bzw. garantierte Beschaffenheit bezogen; für andere Mängel bleiben vorbehaltlich §§ 307–309 parteiautonome Beschränkungen der Rechtsbehelfe des Bestellers möglich. Beim Erwerb neu errichteter oder so zu behandelnder Häuser ist ein formelhafter Ausschluss der Sachmängelgewährleistung grundsätzlich auch im notariellen Individualvertrag unwirksam (§ 242), es sei denn ausführliche Belehrung des Erwerbers, s. BGH BauR 2007, 1036.

§ 640 Abnahme

(1) [1]**Der Besteller ist verpflichtet, das vertragsmäßig hergestellte Werk abzunehmen, sofern nicht nach der Beschaffenheit des Werkes die Abnahme ausgeschlossen ist.** [2]**Wegen unwesentlicher Mängel kann die Abnahme nicht verweigert werden.**

(2) [1]**Als abgenommen gilt ein Werk auch, wenn der Unternehmer dem Besteller nach Fertigstellung des Werks eine angemessene Frist zur Abnahme gesetzt hat und der Besteller die Abnahme nicht innerhalb dieser Frist unter Angabe mindestens eines Mangels verweigert hat.** [2]**Ist der Besteller ein Verbraucher, so treten die Rechtsfolgen des Satzes 1 nur dann ein, wenn der Unternehmer den Besteller zusammen mit der Aufforderung zur Abnahme auf die Folgen einer nicht erklärten oder ohne Angabe von Mängeln verweigerten Abnahme hingewiesen hat; der Hinweis muss in Textform erfolgen.**

(3) **Nimmt der Besteller ein mangelhaftes Werk gemäß Absatz 1 Satz 1 ab, obschon er den Mangel kennt, so stehen ihm die in § 634 Nr. 1 bis 3 bezeichneten Rechte nur zu, wenn er sich seine Rechte wegen des Mangels bei der Abnahme vorbehält.**

Lit.: Bartsch, Themenfelder einer umfassenden Regelung der Abnahme, CR 2006, 7; Basty, Zur Abnahme von Gemeinschaftseigentum durch einen sondernutzungsberechtigten Wohnungseigentümer, MittBayNot 2005, 228; Bolz/Gross, Ausgewählte Rechtsfragen zur Abnahme, BauRB 2005, 274; Böggering, Die Abnahme beim Werkvertrag, JuS 1978, 512; Brügmann/Kenter, Abnahmeanspruch nach Kündigung von Bauverträgen, NJW 2003, 2121; Buchwitz, Vorbehaltlose Abnahme einer Werkleistung in Kenntnis eines Mangels, NJW 2017, 1777; Cuypers, Die Abnahme beim Bauvertrag in Theorie und Praxis, BauR 1990, 537; Fritsch, Die Abnahme des Gemeinschaftseigentums vom Bauträger durch den Verwalter und sonstige Dritte, BauRB 2004, 28; Henkel, Werkvertrag – Der abschließende Charakter der Abnahmefiktion in § 640 Abs. 1 S. 3 BGB, MDR 2003, 913; ders., Die Pflicht des Bestellers zur Abnahme des unwesentlich unfertigen Werks, MDR 2004, 361; Hildebrandt, Die Abnahme des Gemeinschaftseigentums vom Bauträger nach der Schuldrechtsreform, BTR 2004, 211; ders., Aufgedrängte Abnahme – Keine Abnahme gegen den Willen des Auftragnehmers vor Fertigstellung des Werkes, BauR 2005, 788; Jakobs, Die Abnahme beim Werkvertrag, AcP 183, 145; Keilholz, Um eine Neubewertung der Abnahme im Werkvertrags- und Baurecht, BauR 1982, 121; Kniffka, Abnahmeverweigerung wegen Mangels mit erheblichem Gefahrenpotential und geringen Beseitigungskosten, BauR 2005, 732; Kohler, Verfassungswidrigkeit des § 640 Abs. 2 BGB?, JZ 2003, 1091; Schliemann, Leistungsverweigerungsrecht des Unternehmers bei pflichtwidrig verweigerter Abnahme, ZfIR 2005, 683; Schneider, Die Abnahme in der Praxis internationaler Bau- und Anlagenverträge, ZfBR 1984, 101; Temming, Die Abnahme im Werkvertrag, AcP 215, 17; Thode, Werkleistung und Erfüllung im Bau- und Architektenvertrag, ZfBR 1999, 116.

1. Allgemeines. a) Die Abnahme verändert die Gefahrtragung (§ 644), erlaubt die Geltendmachung der Mängelrechte gem. § 634 (→ § 634 Rn. 3), kann einzelne Ansprüche abschneiden (III), verschiebt die Beweislast (→ Rn. 10), lässt die Vergütung fällig (und verzinslich) werden (§ 641) und die Verjährungsfristen nach § 634a beginnen. Den unterschiedlichen Funktionen der Abnahme entsprechen an sich verschiedene Momente beim Abnahmevorgang: Während der Gefahrübergang wie beim Kauf eher auf eine Änderung der Besitzlage zugeschnitten ist (Abnahme als körperliche Übergabe an den Besteller), sind die Folgen für Gewährleistung, Fällig- 1

keit der Vergütung und Verjährungsfrist eher an einer rechtsgeschäftlichen Billigung des Werkes orientiert (teilw abweichend Böggering JuS 1978, 515 ff.). Zur Abnahmepflicht bei gekündigtem Vertrag s. BGH NJW 2003, 1452; Brügmann/Kenter NJW 2003, 2121. Abnahme von Gemeinschaftseigentum (Eigentumswohnungen) ist von jedem „Erwerber" vorzunehmen, BGH NJW 2016, 2878; NJW-RR 2016,
2 1143; NJW 1985, 1552. **b)** Zu unterscheiden (Grüneberg/Retzlaff Rn. 2) zwischen rechtsgeschäftlicher Abnahme (I), die auch konkludent erfolgen kann, (→ Rn. 3) und Abnahmefiktion (II → Rn. 9) sowie Abnahmeersatz durch Vollendung (→ § 646). Rechtgeschäftliche Abnahme ist **„körperliche Hinnahme"** verbunden mit der „Anerkennung als in der Hauptsache vertragsmäßige Erfüllung" (BGHZ 48, 262; NJW-RR 1993, 1462). Entgegennahme des reparierten Fahrzeugs allein ist nicht Abnahme, OLG Düsseldorf NZV 1994, 433. Bau auf dem Grundstück des Bestellers, ferner Architekten- (BGHZ 37, 345; sa Jagenburg BauR 1980, 406), Geologen- (BGH 72, 261) und Statikerwerk (BGH 48, 263), erfordern zur Abnahme Billigungserklärung, die aber schlüssig dem Unternehmer gegenüber zum Ausdruck gebracht werden kann, BGH WM 1992, 1580; NJW-RR 2010, 748 (Statik); (keine) Abnahme durch begünstigte Dritte, sofern nicht ermächtigt, s. BGH NJW-RR
3 2000, 164. Abnahme beim Anzeigenvertrag: → § 646 Rn. 3. **c) Stillschweigende Abnahme,** wenn Besteller dem Unternehmer gegenüber ohne ausdrückliche Erklärung erkennen lässt, dass er dessen Werk als im Wesentlichen vertragsgemäß billigt. Erforderlich ist ein tatsächliches Bestellerverhalten, das geeignet ist, seinen Abnahmewillen dem Unternehmer gegenüber eindeutig und schlüssig zum Ausdruck zu bringen. Entscheidend ist, ob nach den Umständen des Einzelfalls das Verhalten des Bestellers den Schluss rechtfertigt, er billige das Werk als im Wesentlichen vertragsgemäß (BGHZ 207, 296 Rn. 30; NJW 2016, 2878; ZfBR 2014, 362 Rn. 15, 18 mN; NJW 2013, 3513 Rn. 18 mN NZBau 2006, 123; NJW-RR 1999, 1246). **Abnahmereife:** Konkludente Abnahme setzt regelmäßig Einschätzung durch Parteien voraus, dass Werk abnahmefähig erbracht ist (BGH NJW 2019, 2322, Rn. 79; NJW-RR 2006, 303; OLG Karlsruhe BauR 2022, 811; OLG Karlsruhe NJW 2016, 2755). Abnahmereife auf Grund I 2 auch bei unwesentlichen Mängeln (s. § 12 Nr. 3 VOB/B, krit. Motzke NZBau 2000, 493; nach Henkel MDR 2004, 361 auch bei wenigen noch offenen Restarbeiten); Beweislast für Unwesentlichkeit trägt Unternehmer, Kiesel NJW 2000, 1676. Auch eine mangelhafte oder unvollständige Leistung kann konkludent abgenommen werden, wenn unzweifelhaft angenommen werden kann, dass Besteller die erbrachte Leistung als im Wesentlichen vertragsgerecht billigt. Hat Unternehmer zB Werk im Wesentlichen erbracht und stehen nur Restleistungen aus (zB Übergabe von Detailplänen), dann hindert das die konkludente Abnahme nicht, wenn der Besteller die Erbringung der Restleistungen nicht mehr gefordert hat und auch ohne sie bereit war, das erbrachte Werk als im Wesentlichen vertragsgerecht zu akzeptieren (ZfBR 2014, 362 Rn. 15, 18 mN; BauR 2014, 1023 f.; NJW 2013, 3513 Rn. 22). **Beispiele:** Hausabnahme durch Schlüsselübergabe s. OLG Hamm NJW-RR 1993, 341. Vorbehaltlose Zahlung der Schlussrechnung OLG Karlsruhe BauR 2004, 1994 (Tragwerksplaner). Bestimmungsgemäße Ingebrauchnahme kann stillschweigende Abnahme sein, wenn auch noch nicht mit der ersten Nutzungshandlung (BGH NJW 1985, 732; sa OLGR Jena 2005, 898); nicht bei Abnahmeweigerung wegen Mängeln, BGH NJW-RR 1999, 1246 zur aF, jetzt evtl I 2. Daher kann konkludente Abnahme einer Architektenleistung darin liegen, dass der Besteller nach Fertigstellung der Leistung, Bezug des fertiggestellten Bauwerks und Ablauf einer Prüfungsfrist von sechs Monaten keine Mängel der Architektenleistungen rügt. Länge der Frist richtet sich nach allgemeiner Verkehrserwartung. Vor Fristablauf kann Architekt im Regelfall redlicherweise keine Billigung seines Werks erwarten (BGH NJW 2013, 3513 Rn. 19 ff., 22). Ist **förmliche Abnahme** vereinbart, dann müssen zur Annahme einer stillschweigenden Abnahme Tatsachen festgestellt sein, aus denen sich unzweideutig ergibt, dass die Parteien auf die vereinbarte förmliche Werkabnahme durch schlüssiges Verhalten verzichtet haben, s. BGH NJW 1993, 1065 mN. Berufung auf vereinbarte förmliche Abnahme

kann treuwidrig sein, s. OLGR Jena 2005, 898. Besonderheiten beim Bauvertrag Cuypers, BauR 1990, 537, 541. Sa § 646 zum Wegfall des Abnahmeerfordernisses auf Grund Beschaffenheit des Werkes. **d)** Außerhalb der speziellen Werkvertragsvor- 4
schriften hat die mit Abnahme geschehene Annahme der Leistung des Unternehmers ebenfalls Wirkungen, zB Verlust des Anspruchs auf Vertragsstrafe bei vorbehaltloser Annahme (s. OLG Hamm BB 1975, 852 f. – § 341 III kann in AGB nicht abbedungen werden).

2. Abnahmepflicht(verletzung). Nach I ist der Besteller zur Abnahme ver- 5
pflichtet, soweit Abnahme in Betracht kommt; Klage auf Abnahme s. BGH NJW 1996, 1749; hierzu Siegburg ZfBR 2000, 507. Nicht abnahmefähiges Werk: § 646. Die **Abnahmepflicht ist Hauptpflicht** (BGH NJW 2019, 2166 Rn. 29); vorausgesetzt ist **Abnahmereife** (→ Rn. 3). Besteller kommt bei unberechtigter Abnahmeweigerung in Verzug, und der Unternehmer kann nach §§ 323, 281 vorgehen. Zur **Abnahmefiktion** bei Verstreichen einer gesetzten Abnahmefrist → Rn. 9. Der Nichteintritt der Abnahmewirkungen kann gem. § 256 I ZPO Gegenstand einer negativen Feststellungsklage sein (BGH BauR 2019, 1648).

3. Teilabnahmen. Sind möglich (s. I 1), doch ist der Besteller dazu nicht ver- 6
pflichtet, falls entspr. Vereinbarungen nicht getroffen wurden (s. aber § 12 Nr. 2 VOB/B). Teilabnahme und der dafür erforderliche Wille des Bestellers können nicht vermutet werden (s. BGH NJW 2017, 265 Rn. 41; NJW 1964, 647: Benutzung eines Bauwerks nicht notwendig Teilabnahme des Architektenwerks; s. aber BGH NJW 1985, 732 zur teilw Ingebrauchnahme). Teilleistung als Grundlage für Abschlagszahlung iSv 632a ist für sich genommen keine Teilabnahme (→ § 632a Rn. 9); Eine Teilabnahme setzt grundsätzlich eine vertragliche Vereinbarung – auch in AGB (BGH NJW 2014, 206 Rn. 29; BauR 2001, 1928, 1929) – voraus. Dabei muss wegen der schwerwiegenden Folgen der Abnahme der Wille des Bestellers zur Vorwegabnahme klar zum Ausdruck kommen (BGH NJW 2014, 206 Rn. 29; NJW-RR 2006, 1248).

4. Abnahme trotz Mangelkenntnis (III). a) Bei Mängeln bleibt Erfüllungsan- 7
spruch als Mängelbeseitigungsanspruch bestehen, s. BGHZ 96, 120. **Vorbehaltlose Abnahme** trotz Mangelkenntnis führt nach III zum Verlust bestimmter Ansprüche – § 634 Nr. 1, 2 – und Rechte – § 634 Nr. 2, 3 –, belässt Besteller aber Schadensersatzansprüche (nach OLG Schleswig NJW 2016, 1744 lediglich hinsichtlich Mangelfolgeschäden, nicht hinsichtlich Mangelbeseitigungskosten). Im Gebrauch des Werks allein ist ein solcher Verzicht aber nicht zu sehen, da Gebrauch zur Minderung des Nutzungsausfallschadens nach § 254 II geboten sein kann. Unterschiede zwischen § 640 III und § 442 I (Kaufvertrag) werden (als verfassungsrechtlich) nicht gerechtfertigt angesehen (s. näher Kohler JZ 2003, 1081). **b)** III gilt nicht bei Abnahmefikti- 8
onen aus **II.**

5. Abnahmefiktion. Liegt keine rechtsgeschäftliche Abnahme iSv I (→ Rn. 2) 9
vor, tritt unter Voraussetzungen des **II 1 Abnahmefiktion** mit allen Abnahmewirkungen (→ Rn. 2) ein (dazu Breitling NZBau 2017, 393, 395). Die Fiktion tritt ein, wenn Besteller sich entweder überhaupt nicht zu dem Abnahmeverlangen äußert *oder wenn* er die Abnahme ohne Benennung von Mängeln verweigert. II setzt keine Abnahmereife voraus, da es an einer Anordnung iSv I 2 (→ Rn. 3) fehlt. Erforderlich ist **(1) Fertigstellung,** dh erbrachte Werkleistung muss bei Dritten, der das vertragliche Leistungsprogramm kennt, den Eindruck der Herstellung iSv § 631 entstehen lassen können. Denn nach BT-Drs. 18/8486 S. 49 liegt Fertigstellung vor, wenn die im Vertrag genannten Leistungen erbracht sind – unabhängig davon, ob mangelfrei oder nicht. Begriff der Fertigstellung iSv II 1unterscheidet sich nach gesetzgeberischem Willen von dem Begriff der vollständigen Fertigstellung in § 3 II 2 Nr. 2 Makler- und Bauträgerverordnung (MaBV), der voraussetzt, dass sämtliche Arbeiten erbracht und alle wesentlichen Mängel behoben worden sind. Fertigstellung meint daher nicht Abnahmereife (Grüneberg/Retzlaff Rn. 14). **(2)**

Abnahmefiktion **bei Verbraucher** als Besteller nur, wenn Unternehmer den Besteller in Textform (→ § 126b) über Rechtsfolge der Abnahmefiktion iSv II **informiert.** Von II 2 kann nicht zum Nachteil des Verbrauchers abgewichen werden → § 650o. **(3)** Verstreichen einer dem Besteller vom Unternehmer zur Abnahme **gesetzten angemessenen Frist** iSv II (zuvor I 3 aF) ohne Abnahmeverweigerung unter **Benennung wenigstens eines Mangels** (II 1). Weitere Mängel, die der Besteller zunächst nicht angegeben hat, können dennoch bei der anschließenden Bewertung der Abnahmereife berücksichtigt werden (BT-Drs. 18/8486 S. 48). Fristsetzung und angemessene Fristlänge wie bei → §§ 281 I 1, 323 I (→ § 281 Rn. 6, → § 323 Rn. 8). Es genügt, wenn Unternehmer durch sein Abnahmeverlangen deutlich macht, dass Besteller für Abnahme nur ein begrenzter (bestimmbarer) Zeitraum zur Verfügung stehen soll; der Angabe eines fixen **Zeitraums** oder eines genau bestimmten (End-)Termins bedarf es nicht (BGH NJW 2009, 3153 zu § 281 I). Zu kurze löst angemessene Frist aus. § 12 V Nr. 1 VOB/B (→ Vor § 633 Rn. 21) sieht bei Abnahme eines Bauwerks Frist von mindestens zwölf Werktagen vor (→ Rn. 11). (4) Kennt Unternehmer schweren Mangel bei Fristsetzung (oder kennt er ihn grobfahrlässig nicht) ist Berufung auf Abnahmefiktion **rechtsmissbräuchlich** (→ § 242 Rn. 37 ff.), s. Kniffka BauR 2017, 1746, 1769.

10 **6. Beweislast.** Bei Abnahmeweigerung hat der Unternehmer vollständige Herstellung, dh Mängelfreiheit bzw. Unwesentlichkeit von Mängeln (→ Rn. 3) zu beweisen; nach Abnahme trifft die Beweislast für Mängel den Besteller (BGH NJW 2019, 2169 Rn. 26; BGHR 2004, 1603, → § 633 Rn. 4). Der Unternehmer hat etwaige Kenntnis des Bestellers zu beweisen, falls III zu prüfen ist, der Besteller ggf. seinen behaupteten Vorbehalt. Wer sich auf Verjährung beruft, hat ggf. auch Abnahme zu beweisen, BGH NJW 1974, 96.

11 **7. VOB/B.** Der Unternehmer kann nach Fertigstellung Abnahme verlangen, § 12 Nr. 1 und 2 VOB/B (→ Vor § 631 Rn. 21); wird keine Abnahme verlangt, so gilt sie mit Ablauf von 12 Werktagen nach schriftlicher Mitteilung über die Fertigstellung als erfolgt, § 12 Nr. 5 VOB/B; bei Inbenutzungnahme gilt die Abnahme nach 6 Werktagen als erfolgt, § 12 Nr. 5 II VOB/B; dazu auch Cuypers BauR 1990, 537, 541.

§ 641 Fälligkeit der Vergütung

(1) [1]**Die Vergütung ist bei der Abnahme des Werkes zu entrichten.** [2]**Ist das Werk in Teilen abzunehmen und die Vergütung für die einzelnen Teile bestimmt, so ist die Vergütung für jeden Teil bei dessen Abnahme zu entrichten.**

(2) [1]**Die Vergütung des Unternehmers für ein Werk, dessen Herstellung der Besteller einem Dritten versprochen hat, wird spätestens fällig,**

1. **soweit der Besteller von dem Dritten für das versprochene Werk wegen dessen Herstellung seine Vergütung oder Teile davon erhalten hat,**
2. **soweit das Werk des Bestellers von dem Dritten abgenommen worden ist oder als abgenommen gilt oder**
3. **wenn der Unternehmer dem Besteller erfolglos eine angemessene Frist zur Auskunft über die in den Nummern 1 und 2 bezeichneten Umstände bestimmt hat.**

[2]**Hat der Besteller dem Dritten wegen möglicher Mängel des Werks Sicherheit geleistet, gilt Satz 1 nur, wenn der Unternehmer dem Besteller entsprechende Sicherheit leistet.**

(3) **Kann der Besteller die Beseitigung eines Mangels verlangen, so kann er nach der Fälligkeit die Zahlung eines angemessenen Teils der Vergütung verweigern; angemessen ist in der Regel das Doppelte der für die Beseitigung des Mangels erforderlichen Kosten.**

(4) **Eine in Geld festgesetzte Vergütung hat der Besteller von der Abnahme des Werkes an zu verzinsen, sofern nicht die Vergütung gestundet ist.**

Lit.: von Gehlen, Das Gesetz zur Sicherung von Werkunternehmeransprüchen und zur verbesserten Durchsetzung von Forderungen, NZBau 2008, 612; Schubert, Die Durchgriffsfälligkeit nach § 641 Abs. 2 BGB – eine wenig bekannte und unterschätzte Vorschrift – unter besonderer Berücksichtigung des Bauträgervertrages, ZfBR 2005, 219. Lit. zu § 641 aF s. 12. Aufl.

1. Allgemeines. II, III eingefügt durch ZBG und durch FoSiG (→ Vor § 631 Rn. 1) geändert. Übergangsrecht: EGBGB 229 § 1 II, § 19. Die **Fälligkeit der Vergütung** ergibt sich ebenso wie die Verpflichtung zu Anzahlungen, Abschlagszahlungen oder das Recht, einen Teilbetrag als Sicherheit einzubehalten, dh insoweit die Fälligkeit hinauszuschieben, in erster Linie aus den Parteivereinbarungen (s. BGH MMR 2002, 700 und → Rn. 5), hilfsw aus § 641. Schlussrechnung hat für Fälligkeit grundsätzlich keine Bedeutung, OLG Stuttgart NJW 1994, 17, es sei denn, sie ist von Parteien als Fälligkeitsvoraussetzung vereinbart worden (BGH MMR 2002, 700; Auslegungsfrage, OLG Stuttgart NJW-RR 1999, 527); s. jedoch zur Bindungswirkung für Gläubiger OLG Frankfurt a. M. NJW-RR 1998, 374. Unabhängig vom vereinbarten oder hilfsw nach § 641 zu bestimmenden Fälligkeitszeitpunkt wird der Unternehmer durch die grundlose, endgültige **Weigerung** des Bestellers, **Mitwirkungshandlung** vorzunehmen, berechtigt, den Werklohn vor Fertigstellung des Werkes zu fordern als Schadensersatz bzw. gemäß § 326 II (Grüneberg/Retzlaff Rn. 6; BGHZ 50, 178 f.; BGH NJW 2005, 1650; Grüneberg/Retzlaff Rn. 6), entspr. § 648 S. 2 reduziert um ersparte Aufwendungen (Grüneberg/Retzlaff Rn. 6 unter Hinweis auf BGH NJW 2011, 989 Rn. 31); bei Abnahmeweigerung s. § 640 I 2 sowie → § 640 Rn. 5. 1

2. Fälligkeit (I). Nach I ist der Unternehmer iZw **vorleistungspflichtig** (s. OLG Frankfurt a. M. ZfBR 1982, 166; sa BGH NJW 2010, 1449; aA Peters 341); sein Vergütungsanspruch wird erst fällig bei Abnahme, Abnahmefiktion nach § 640 II 1 oder annahmeäquivalenter Vollendung (s. § 646, BGH WM 1989, 151 zu Frachtvertrag) des Werkes; gilt auch für Vergütungsforderung aus einem gekündigten Bauvertrag (BGH NJW 2006, 2476). **Annahmeverzug** ersetzt für sich genommen die Abnahme nicht (BGHZ 149, 289). Nimmt der Besteller die vom Unternehmer angebotene ausreichende Mängelbeseitigung nicht an, gerät er in Annahmeverzug; der Unternehmer kann dann gemäß § 322 II auf Werklohn nach Empfang der Gegenleistung klagen (BGHZ 149, 289). **Fälligkeit ohne Abnahme** nach stRspr bei mangelhaftem Werk auch, wenn der Besteller nicht mehr Erfüllung des Vertrages, sondern Minderung oder Schadensersatz verlangt (BGH NJW 2006, 2476; 2005, 3575; 2002, 3019; OLG Koblenz BauR 2003, 1728) oder die Abnahme des Werks ernsthaft und endgültig verweigert wird (BGH NJW 2006, 2476; → Rn. 1). – Rechnungsstellung unerheblich, BGHZ 79, 178 f.; Grimme NJW 1987, 468, str; anders zB § 8 I HOAI (prüffähige Schlussrechnung); anderes, zB Fälligkeit bei prüffähiger Rechnung, kann vereinbart werden, zur VOB/B → Rn. 8. Bei Verschlechterung der Leistungskapazität des Bestellers jedoch § 321, s. zur aF BGH WM 1985, 1297. Bei berechtigter Abnahmeweigerung auch keine teilw Fälligkeit für mangelfreie Teilleistungen, sofern nicht I 2 gegeben ist (OLG Karlsruhe MDR 1967, 669); sa BGH NJW-RR 2005, 1260: Teilleistungen werden nicht allein dadurch fällig, dass das Werk (Sanierung) einverständlich nicht vollendet wird (zu HOAI). 2

3. Teilabnahme (I 2). → § 640 Rn. 6. Sie lässt den Vergütungsanspruch teilw fällig werden, muss vereinbart sein und setzt bestimmte Teilvergütung(en) voraus. 3

4. Durchgriffsfälligkeit (II). a) Betrifft Fälligkeit in der **Leistungskette** (Grüneberg/Retzlaff Rn. 9). Fälligkeit spätestens – vereinbarte Fälligkeit hat Vorrang –, wenn Besteller seinerseits von einem Dritten für das Werk (Leistungsidentität, Grüneberg/Retzlaff Rn. 9) ganz oder teilweise (auch Abschlagszahlungen) Vergü- 4 tung erhalten hat (II 1 Nr. 1), *soweit* das Werk des Bestellers von Drittem nach § 640 I 1 abgenommen bzw. Abnahmefiktion des § 640 II 1 (→ § 640 Rn. 5) eingreift (II 1 Nr. 2) *oder* erfolglos Auskunft iSv II 1 Nr. 3 verlangt wurde. Bsp: Generalunternehmer hat vom Auftraggeber Zahlung erhalten für abgenommenes Werk des Subunternehmers, Vergütungsanspruch des Subunternehmers wird dadurch unabhängig von Abnahme fällig; andere Fälligkeitsvoraussetzungen bleiben unberührt (s. Grüneberg/Retzlaff Rn. 9; Ganten ZfBR 2006, 206). Entspr Auskunftsanspruch des (Sub)Unternehmers, Kiesel NJW 2000, 1678. Unrichtige Auskunft iSv II 1 Nr. 3 löst Schadensersatzanspruch des Unternehmers nach § 280 I aus (Grüneberg/Retzlaff Rn. 9), keine Fälligkeit (Grüneberg/Retzlaff Rn. 9; Hildebrand BauR 2009, 9; aA Möller BauR 2005, 1853; Leinemann NJW 2008, 3748: Fälligkeit tritt ein).

5 **b) Sicherheitsleistung (II 2),** durch die Besteller Zahlung seines Vertragspartners trotz Mängel des Werks erlangt, löst Durchgriffsfälligkeit nur aus, wenn und soweit Unternehmer seinerseits Sicherheit leistet; nicht nur die Höhe, sondern auch die Art der Sicherheit soll derjenigen entsprechen, die der Besteller dem Dritten geleistet hat (BT-Drs. 16/511, 16).

6 **5. Zurückbehaltungsrecht (III).** Wegen vertragswidriger Beschaffenheit des Werks aus § 320; Höhe entspr. Nacherfüllungskosten, jedoch hatte Rspr. **Druckzuschlag** entwickelt (s. 9. Aufl. § 633 Rn. 29), dessen Minimum jetzt III konkretisiert. III greift **ab Fälligkeit** des Mangelbeseitigungsanspruchs ein (vor dem 1.1.2009 wurde auf Abnahme abgestellt, Änderung durch FoSiG, → Vor § 631 Rn. 1). III ändert nichts daran, dass der Unternehmer darlegungs- und beweispflichtig ist in Bezug auf die Unangemessenheit der einbehaltenen Vergütung und damit auf die Höhe der Mängelbeseitigungskosten, BGH NJW-RR 2008, 401. Befindet sich Besteller mit Annahme der Mängelbeseitigung im Verzug, steht ihm Zurückbehaltungsrecht nur noch in Höhe der einfachen Nacherfüllungskosten zu (OLG Celle NZBau 2004, 328). Zurückbehaltungsrecht in Bezug auf Bareinbehalt nach § 17 Nr. 8 S. 2 VOB/B entspricht in Höhe Leistungsverweigerungsrecht nach §§ 320, 641 III, BGH NJW-RR 2008, 401. Jedoch darf der Auftraggeber eine als Sicherheit für Mängelansprüche erhaltene Bürgschaft nach Ablauf der zweijährigen Sicherungszeit nicht (mehr) zurückhalten, wenn diese Mängelansprüche verjährt sind und der Auftragnehmer die Einrede der Verjährung erhebt, BGH NJW 2015, 2961. Nach Heiland BauR 2004, 1209 ist Abwendung durch **Sicherheitsleistung** nach § 273 III (anders als nach § 320 I 3) bei § 641 III zulässig (aA Kohler BauR 2003, 1807).

7 **6. Zinspflicht (IV).** Sie besteht ab Fälligkeit, für den Zinssatz gilt wieder Parteivereinbarung, hilfsweise §§ 246, 288, 247; prüffähige Rechnung als vereinbarte Voraussetzung für Zinslauf s. OLG Frankfurt a. M. NJW-RR 2000, 755.

8 **7. Vereinbarte Fälligkeiten.** Sie sind insbes. in VOB/B 14 I Nr. 1, 16 Nr. 3 enthalten – Abschlagszahlungen entspr. den tatsächlich erbrachten Leistungen (Nr. 1), Schlusszahlungen spätestens 2 Monate nach Prüfung und Feststellung der Schlussrechnung (Nr. 3). Grundsätzlich setzt Fälligkeit des (Rest-)Werklohnanspruchs auch nach § 16 VOB/B Abnahme voraus, s. ZfBR 1985, 127. Formularmäßiges Hinausschieben (60 Monate) unzulässig, OLG Hamm NJW-RR 1988, 726. Zur Leitbildfunktion des § 641 bei Kontrolle von AGB (hier: Einbehalt zur Sicherheit) BGH NJW 2011, 2195 (unangemessene Benachteiligung des Auftragnehmers, wenn er für einen Zeitraum über die Abnahme hinaus wegen Gewährleistungsansprüchen eine Sicherheit von 10 % der Auftrags- bzw. Abrechnungssumme leisten muss); BGH ZfBR 2011, 754 (zur Unwirksamkeit einer Sicherungsabrede, wenn auf die Einrede aus § 768 verzichtet wird); BGH NZBau 2005, 219; NJW 1997, 2598 (zu 9 AGBG [§ 307]: 5 % unzulässig, wenn kein angemessener Ausgleich zugestanden wird; Möglichkeit der Ablösung durch Bürgschaft auf erstes Anfordern ist kein angemessener Ausgleich); BGHZ 157, 29 (zu 9 AGBG: 5 % der Bausumme für Dauer der Gewährleistungsfrist zulässig, wenn Ablösung durch selbstschuldneri-

sche unbefristete Bürgschaft möglich); OLG Rostock BauR 2005, 1037 (zu 9 AGBG: 5 % für Dauer der Gewährleistung auch dann unzulässig, wenn Einbehalt bzw. Bürgschaft auf erstes Anfordern nach zwei Jahren freizugeben ist, sofern bei einer Kontrollbegehung keine Mängel festgestellt werden); sa BGH NJW-RR 2006, 599 (5 % weicht vom Leitbild des § 8 II HOAI ab).

§ 641a *(aufgehoben)*

§ 641a aF regelte eine Abnahmefiktion durch Erteilung einer Fertigstellungsbescheinigung. Norm wurde durch ZBG eingefügt, war in der Praxis bedeutungslos und wurde mit Wirkung vom 1.1.2009 aufgehoben durch FoSiG (→ Vor § 631 Rn. 1). Das Vorhaben, § 641a durch ein Institut der vorläufigen Zahlungsanordnung (ZPO 302a-Entwurf) zu ersetzen (BT-Drs. 16/511, 16), wurde einstweilen fallen gelassen (BT-Drs. 16/9787, 19). § 641a aF gilt für Verträge, die zwischen 1.5.2000 bis 31.12.2008 abgeschlossen wurden, s. 229 § 1 II und § 18 (richtig: 19) II EGBGB.

§ 642 Mitwirkung des Bestellers

(1) **Ist bei der Herstellung des Werkes eine Handlung des Bestellers erforderlich, so kann der Unternehmer, wenn der Besteller durch das Unterlassen der Handlung in Verzug der Annahme kommt, eine angemessene Entschädigung verlangen.**

(2) **Die Höhe der Entschädigung bestimmt sich einerseits nach der Dauer des Verzugs und der Höhe der vereinbarten Vergütung, andererseits nach demjenigen, was der Unternehmer infolge des Verzugs an Aufwendungen erspart oder durch anderweitige Verwendung seiner Arbeitskraft erwerben kann.**

§ 643 Kündigung bei unterlassener Mitwirkung

[1]Der Unternehmer ist im Falle des § 642 berechtigt, dem Besteller zur Nachholung der Handlung eine angemessene Frist mit der Erklärung zu bestimmen, dass er den Vertrag kündige, wenn die Handlung nicht bis zum Ablauf der Frist vorgenommen werde. [2]Der Vertrag gilt als aufgehoben, wenn nicht die Nachholung bis zum Ablauf der Frist erfolgt.

Anmerkungen zu den §§ 642, 643

Lit.: Armbrüster/Bickert, Unzulängliche Mitwirkung des Auftraggebers beim Bau- und Architektenvertrag, NZBau 2006, 153; Hartmann, Der Gegenleistungsanspruch des Werkunternehmers bei unterlassener Mitwirkung des Bestellers, BB 1996, 322; Lachmann, Die Rechtsfolgen unterlassener Mitwirkungshandlungen des Werkbestellers, BauR 1990, 409; Müller-Foell, Die Mitwirkung des Bestellers beim Werkvertrag, 1982; M Schneider, Der finanzielle Ausgleich unterlassener Gläubigermitwirkung im Werkvertragsrecht, 2018. **Lit. mit Bezug zur Covid-19-Pandemie:** *Koblizek/Finke*, Auswirkungen der Corona-Krise auf Bauverträge, NZBau, 2020, 279–283; Krebs, Entschädigungsansprüche des Unternehmers aus § 642 BGB bei Bauablaufstörung im Covid-19-Pandemiefall, ZfBR 2020, 434–437; Tomic, Auswirkungen von Corona – Pandemiebedingte Risikoanalyse und Neubewertung im privaten Baurecht, ZfBR 2020, 419–427; Weiser, Das Coronavirus und seine Auswirkungen auf den Bauablauf, NZBau 2020, 203–207.

1. Allgemeines. Das Ges. hat dem Besteller hinsichtlich der erforderlichen **Mitwirkung** nicht eine Neben(leistungs)pflicht auferlegt, sondern eine „Obliegenheit" (OLG Düsseldorf NJW-RR 2016, 533; differenzierend Armbrüster/Bickert NZBau 2006, 154; Müller-Foell 103). Der Besteller kann sich jedoch zur Mitwirkung (zB Abruf) verpflichten, s. BGH NJW 1972, 99. Darüber hinaus hat die Rspr. des BGH 1

Mitwirkung als „Vertragspflicht im weitesten Sinne" qualifiziert (BGHZ 11, 83); Vereinbarung als echte Leistungspflicht möglich. Vergütungsanspruch bei Verweigerung der Mitwirkung s. OLG Düsseldorf NJW-RR 2000, 466 (Baustellenverweis). Zur Auswirkung auf Abnahme → § 641 Rn. 1. Zur Prüfungs- und Hinweispflicht des *Unternehmers* → § 634 Rn. 6. **Mitwirkungshandlungen** des Bestellers (Tun oder Unterlassen) sind die Handlungen, die dem Besteller *nach dem Vertrag obliegen* und ohne deren Vornahme durch den Besteller die Herstellung des Werks nicht erfolgen kann. Art und Umfang der erforderlichen Mitwirkungshandlung sind durch Vertragsauslegung unter Berücksichtigung der Umstände des Einzelfalls, insbesondere der Art und Beschaffenheit des vom Unternehmer herzustellenden Werks und der von ihm übernommenen Leistungspflichten, sowie der Verkehrssitte zu bestimmen. **Bsp:** Mitwirkungshandlung des Bestellers ist zB die Bereitstellung von Räumen zur Erbringung der Werkleistung (zB BGH NJW 1972, 99, 101: Abruf des Werks – Einbau der Anlage in die Bestellerräume – bei entsprechendem Baufortschritt). Ebenso die zur Verfügungstellung des Baugrundstücks im vertraglich bestimmten Zustand (zB Rohbau erstellt, s. BGH NJW 2000, 1336, nicht überflutet, s. BGH NJW-RR 2006, 306, nicht vereist, s. BGH NJW 2017, 2025). Baugrundstück muss in der vereinbarten Weise so zur Verfügung gestellt werden, dass Unternehmer seine Werkleistungen erbringen kann, daher sind zB erforderliche Vorarbeiten, die nicht von dem Unternehmer zu leisten sind, rechtzeitig zuvor vom Besteller durchzuführen bzw. durchführen zu lassen. Wenn diese Mitwirkungshandlung aber aufgrund höherer Gewalt nicht möglich ist, liegt keine Mitwirkungshandlung iSv § 642 vor, sofern die **Abwehr der Auswirkungen höherer Gewalt im Vertragsprogramm** des Werkvertrags nicht dem Besteller zugewiesen ist. Daher zB **keine erforderliche Mitwirkungshandlung iSv § 642 BGB,** während der Dauer des Herstellungsprozesses außergewöhnlich ungünstige Witterungseinflüsse auf das Baugrundstück in Form von Frost, Eis und Schnee, mit denen nicht gerechnet werden musste, abzuwehren (BGH NJW 2017, 2025). Wohl aber unterlassene Mitwirkungshandlung, wenn Unterbrechung der Bauausführung aufgrund eines unzureichend geplanten bzw. errichteten Hochwasserschutzes durch den Besteller erfolgen musste, es sei denn, dass mit diesem Hochwasser nicht gerechnet bzw. dagegen keine geeignete Vorkehrung getroffen werden konnte. Anderenfalls ist von Besteller zu errichtender Hochwasserschutz Mitwirkungshandlung iSv § 642 (BGH NJW-RR 2006, 306). Entscheidend ist nicht der Grund der Unterlassung der Handlung, sondern die vorgelagerte Frage, *ob* die Handlung eine dem Besteller nach dem Vertrag obliegende Mitwirkungshandlung ist.

Unterbleibt eine Bestellerhandlung aus Anlass der Covid-19-Pandemie, stellt sich die Frage, ob der Tatbestand des § 642 I erfüllt ist. Das ist eine Frage der Bewertung des Einzelfalls. **Erlass zur Covid-19-Pandemie des Bundesministeriums des Innern,** für Bau und Heimat zu bauvertraglichen Fragen vom 23.3.2020 (GMBl 2020 291, auch abgedruckt in ZfBR 2020, 488) ändert das nicht. Er betrifft Baustellen des Bundes und gibt die Rechtsauffassung des Bundes als Bauherr (Besteller) wieder. Erlass **bindet** Gerichte **nicht.** Für den Fall, dass eine Mitwirkungshandlung aus Anlass der Covid-19-Pandemie unterblieb, geht Erlass davon aus, dass Covid-19-Pandemie „grundsätzlich geeignet" ist, den Tatbestand der höheren Gewalt zu erfüllen. Bei höherer Gewalt gerate der Unternehmer nicht in Annahmeverzug; die Voraussetzungen des § 642 BGB seien nicht gegeben. Ausführungen zu außergewöhnlich ungünstigen Witterungsverhältnissen in BGH NJW 2017, 2025 seien erst recht „auf eine Pandemie übertragbar." Das gelte insbesondere auch für Fallkonstellationen, in denen ein Vorgewerk aufgrund höherer Gewalt nicht rechtzeitig erbracht werden kann und nun das nachfolgende Gewerk deswegen Ansprüche wegen Behinderung gegen den Auftraggeber erhebe. Der bloße Hinweis auf die Corona-Pandemie und eine rein vorsorgliche Arbeitseinstellung erfülle den Tatbestand der höheren Gewalt aber nicht. Nach ständiger Rspr. ist „**höhere Gewalt** ein betriebsfremdes, von außen durch elementare Naturkräfte oder durch Handlungen dritter Personen herbeigeführtes Ereignis, das nach menschlicher Einsicht und Erfahrung unvorhersehbar ist, mit wirtschaftlich erträglichen Mitteln auch durch die äußerste nach der Sachlage vernünftigerweise zu erwartende Sorgfalt nicht verhütet oder unschädlich gemacht werden kann und auch nicht wegen seiner Häufigkeit vom Betriebsunternehmer in Kauf zu nehmen ist" (BGH NJW-RR 2008, 335, 336 Rn. 14; BGH NJW 1953, 184; RGZ 171, 104, 105). Die **Covid-19-Pandemie** als solche kann als ein Ereignis höherer Gewalt begriffen werden, denn sie ist außergewöhnlich und betriebsfremd, da sie durch eine Naturkraft (Coronavirus) ausgelöst wird. Sie kann auch bei äußerster Sorgfalt mit angemessenen Mitteln als Pandemie für den Besteller nicht beherrschbar sein. Die COVID-19-Pandemie kann die Erbringung von Werkleistungen beeinträchtigen, insbes. durch Reiseverbote, Quarantäne etc für das Personal, behördliches Betretungsverbot zB für Werkplatz oder fehlende Beschaffbarkeit von Arbeitsmaterial (zB wegen Lieferkettenunterbrechung). Sie kann ebenso die Vornahme von Mitwirkungshandlungen hindern. Ein Fall des § 642 ist aber nur gegeben, wenn Besteller alles ihm nach dem Vertragsprogramm Zumutbare getan hat, um eine Störung durch die Auswirkungen der Covid-19-Pandemie zu hindern. Sofern Besteller **zumutbare Vorsorgemaßnahmen,** mit denen nach Vertragsprogramm zu rechnen war, getroffen hat, liegt **keine Unterlassung** einer Mitwirkungshandlung iSv § 642 vor, sondern ein Covid-19-bedingter Fall von höherer Gewalt (im Ergebnis ebenso: Koblizek/Finke, NZBau, 2020, 279, 280; Krebs, ZfBR 2020, 434, 436; Tomic, ZfBR 2020, 419, 425; Weiser, NZBau 2020, 203, 206).

2. Rechtsbehelfskonkurrenzen. Kommt der Besteller durch das Unterlassen der erforderlichen Mitwirkung in Annahmeverzug (→ §§ 295 ff.), so kann der Unternehmer **Entschädigung** verlangen – § 642 I – oder nach § 643 vorgehen und damit ggf. zur **Aufhebung des Vertrages** kommen, s. OLG Düsseldorf NJW-RR 2000, 466 (Baustellenverweis durch Besteller); allg. Rechtsbehelfe bleiben daneben möglich, BGHZ 50, 178. Haftung gegenüber Nachunternehmen s. BGH NJW 2000, 1336, dazu Gehlen ZfBR 2000, 291. Zu den temporären vertragsrechtlichen Sonderregeln aus Anlass der Covid-19-Pandemie → Vor. § 241 Rn. 6. 2

3. Angemessene Entschädigung. a) § 642 II gewährt eigenständigen Entschädigungsanspruch (RGZ 100, 47; BGH NJW 2020, 1293 Rn. 42: Anspruch sui generis; MüKo-BGB/Busche § 642 Rn. 16; aA Staudinger/Peters § 642 Rn. 24: „Vergütungsanspruch eigener Art") und setzt Vertretenmüssen nicht voraus. Grund für die Unterlassung *gebotener* (→ Rn. 1) Mitwirkungshandlung ist irrelevant. Bei obj. unmöglich gewordener Mitwirkung des Bestellers gilt § 645. Die Höhe der Entschädigung bestimmt sich nicht nach §§ 249 ff. (auch § 254 unanwendbar, Grüneberg/Grüneberg § 254 Rn. 4), sondern nach § 642 II (BGH NJW 2020, 1293 Rn. 42; sa. OLG Brandenburg NJW-RR 2016, 653); der Unternehmer soll dafür entschädigt werden, dass seine zeitlichen Dispositionen beeinträchtigt werden und Nachteile durch das **Bereithalten von** Arbeitskraft, Geräten und Kapital, also **Produktionsmitteln** zur Herstellung der Werkleistung entstehen (BGH NJW 2020, 1293 Rn. 42, 51; NJW 2018, 544 Rn. 33). Angemessene Entschädigung richtet sich einerseits nach Dauer des Annahmeverzugs und Höhe der vereinbarten Vergütung, andererseits nach demjenigen, was der Unternehmer infolge des Annahmeverzugs an Aufwendungen erspart oder durch anderweitige Verwendung seiner Arbeitskraft erwerben könnte. Diese **Kriterien** bilden den Rahmen für die Abwägungsentscheidung *zur Bemessung* der Entschädigung. Daher kein Ersatz von Mehrkosten wie Überstundenvergütung (OLG Köln NJW-RR 2004, 818) oder gestiegene Lohn- und Materialkosten, die zwar aufgrund des Annahmeverzugs des Bestellers, aber erst nach dessen Beendigung anfallen, nämlich bei Ausführung der verschobenen Werkleistung. Denn Bemessungskriterium für Entschädigungshöhe nach Normtext § 642 II ist Dauer des Annahmeverzugs (BGH NJW 2018, 544 Rn. 18, 28). **Angemessene Entschädigung** ist im Ausgangspunkt an den während des Annahmeverzugs auf die unproduktiv bereitgehaltenen Produktionsmittel entfallenden Vergütungsanteilen einschließlich der Anteile für allgemeine Geschäftskosten sowie für Wagnis und Gewinn zu orientieren (BGH NJW 2020, 1293 Rn. 43 ff., 48 ff., 51 mN, str.). § 642 gibt daher **keinen vollständigen Ausgleich** für die während des 3

Annahmeverzugs nicht erwirtschaftete Vergütung (BGH NJW 2020, 1293 Rn. 47, 52 f.). Nach § 642 II ist zu berücksichtigen, inwieweit Unternehmer während des Annahmeverzugs Produktionsmittel nur unproduktiv bereithalten konnte, und die hierauf entfallenden Anteile aus der vereinbarten Gesamtvergütung zu berücksichtigen (Schätzung nach § 287 ZPO zulässig). Dazu gehört nicht die infolge des Annahmeverzugs ersparten Aufwendungen einschließlich darauf entfallender Anteile für **allgemeine Geschäftskosten, Wagnis und Gewinn** (BGH NJW 2020, 1293 Rn. 48, 55, 58; aA OLG Braunschweig BauR 2004, 1621: Baustopp wegen archäologischer Funde). Ferner zu berücksichtigen, ob Unternehmer seine **Produktionsmittel** während des Annahmeverzugs **anderweitig – produktiv – eingesetzt** hat oder hätte einsetzen können. Dabei ist es ohne Bedeutung, ob die anderweitige Einsatzmöglichkeit auf einem sogenannten „echten Füllauftrag" beruht, also auf einem Auftrag, der nur wegen des Annahmeverzugs angenommen und ausgeführt werden kann. Das Kriterium des anderweitigen Erwerbs ist im Rahmen von § 642 eigenständig und nicht in Anlehnung an § 648 S. 2 (§ 649 S. 2 BGB aF) auszulegen, da Interessenlage im Hinblick auf die spätere Ausführung der Leistung eine andere ist als diejenige bei der freien Kündigung ist (BGH NJW 2020, 1293 Rn. 57). Darlegungs- und **Beweislast** für § 642 II hat nach allgemeinen Grundsätzen der
4 Unternehmer als Anspruchssteller (BGH NJW 2020, 1293 Rn. 57).**b)** Die Entschädigung kann, falls der Vertrag durchgeführt wird, neben der uneingeschränkt zu leistenden **Vergütung** verlangt werden (RGZ 100, 47; BGH NZBau 2000, 187); bei Kündigung kann sie neben der Teilvergütung (§§ 643, 645 I 2) gefordert werden (→ Rn. 7). **Weitergehende Schadensersatzansprüche** wegen zu vertretender Pflichtverletzung des Bestellers bleiben **möglich,** s. BGH NJW 1972, 100; Armbrüster/Bickert NZBau 2006, 155 ff. Anwendbarkeit neben 6 Nr. 6 VOB/B s. BGHZ 159, 161, ZfBR 2000, 248. Keine entsprechende Anwendung auf Vorhaltekosten des Bieters bei verzögerter Zuschlagserteilung im Vergabeverfahren (BGH NJW 2018, 2561).

5 **4. Fristsetzung und Kündigungsandrohung. a)** Durch Fristsetzung kann sich Unternehmer nach § 643 Klarheit verschaffen. Fristsetzung durch Vertreter ohne Vertretungsmacht: Genehmigung (§ 177) nur bis Fristablauf (BGH NJW-RR 2003, 303). – Die Aufhebung nach Ablauf der Frist gilt nur, falls der Unternehmer nichts anderes erklärt. Er kann deshalb die Wirkung der Fristsetzung bis zum Fristablauf zurücknehmen. Kann der Besteller die Mitwirkung nicht erbringen, dann erübrigt
6 sich Fristsetzung, RGZ 94, 29 f. **b)** Die Frist muss so bemessen sein, dass von einem
7 vertragstreuen Partner die Mitwirkung erbracht werden kann. **c)** Die Aufhebung des Vertrages mit Ablauf der Frist gibt deFm Unternehmer einen Anspruch auf einen der geleisteten Arbeit entspr. Teil der Vergütung und Ersatz der in der Vergütung nicht inbegriffenen Auslagen, § 645 I. Daneben können die nach § 642 ersatzfähigen „Bereithaltekosten" verlangt werden. Ein weitergehender Schadensersatzanspruch verbleibt dem Unternehmer bei Verschulden des Bestellers, § 645 II. Grundsätzlich kein Einfluss der Kündigung auf Schadensersatzanspruch des Bestellers wegen mangelhafter Teilleistungen (BGH NJW-RR 2006, 1309).

8 **5. Abdingbarkeit/Sonderregeln.** Die §§ 642, 643 sind dispositives Recht; 9 Nr. 1–3 VOB/B entspricht ihnen weitgehend. Neben § 643 hat Unternehmer Kündigungsrecht aus wichtigem Grund (→ § 648a, Rechtsgedanke § 314; bei Bauvertrag s. noch Kündigung nach → § 650f V, → § 650h).

§ 644 Gefahrtragung

(1) [1]**Der Unternehmer trägt die Gefahr bis zur Abnahme des Werkes.** [2]**Kommt der Besteller in Verzug der Annahme, so geht die Gefahr auf ihn über.** [3]**Für den zufälligen Untergang und eine zufällige Verschlechterung des von dem Besteller gelieferten Stoffes ist der Unternehmer nicht verantwortlich.**

(2) **Versendet der Unternehmer das Werk auf Verlangen des Bestellers nach einem anderen Ort als dem Erfüllungsort, so findet die für den Kauf geltende Vorschrift des § 447 entsprechende Anwendung.**

§ 645 Verantwortlichkeit des Bestellers

(1) [1]**Ist das Werk vor der Abnahme infolge eines Mangels des von dem Besteller gelieferten Stoffes oder infolge einer von dem Besteller für die Ausführung erteilten Anweisung untergegangen, verschlechtert oder unausführbar geworden, ohne dass ein Umstand mitgewirkt hat, den der Unternehmer zu vertreten hat, so kann der Unternehmer einen der geleisteten Arbeit entsprechenden Teil der Vergütung und Ersatz der in der Vergütung nicht inbegriffenen Auslagen verlangen.** [2]**Das Gleiche gilt, wenn der Vertrag in Gemäßheit des § 643 aufgehoben wird.**

(2) **Eine weitergehende Haftung des Bestellers wegen Verschuldens bleibt unberührt.**

Anmerkungen zu den §§ 644, 645

Lit.: Bolz, Zur Gefahrverteilung nach §§ 644, 645 BGB und den Ansprüchen des Auftragnehmers bei Beschädigung der Werkleistung vor Abnahme, BauRB 2004, 313.

1. Allgemeines. §§ 644, 645 modifizieren die allg. Regeln der Gefahrtragung. 1
Schadensersatzansprüche wegen Pflichtverletzung(en), die von einer Seite zu vertreten sind, bleiben unberührt (→ Rn. 11 ff.). Bei der Gefahrtragung wird zwischen Leistungs- und Vergütungsgefahr unterschieden. Entscheidende Bedeutung kommt sowohl für die Leistungsgefahr (teilw. aA Kohler JZ 2003, 1081) als auch für die Vergütungsgefahr der Abnahme zu. § 645 ist eigene Anspruchsgrundlage (s. Maties JURA 2009, 379). Nach BGHZ 83, 203 ist in § 645 I 1 letztlich „Billigkeitsgedanke verankert"; die Vorschrift hat deshalb bei der Kontrolle von AGB Maßstabsfunktion, s. BGH WM 1985, 58; OLG Naumburg NZBau 2005, 107. Zur Anwendung auf VOB-Vertrag BGH NJW 1998, 457. Abschluss eines Aufhebungsvertrages nach Unmöglichwerden der Werkleistung hindert Anwendbarkeit des § 645 nicht, BGH NZBau 2005, 285 mAnm Motzke BrBp 2005, 302. Zur Anwendung der allg. Gefahrtragungsregeln im Werkvertragsrecht mit Bezug zu den Auswirkungen der **Covid-19-Pandemie** s. Spenner/Estner, BB 2020, 852, 855.

2. Leistungsgefahr. Vor der Abnahme muss der Unternehmer das untergegan- 2
gene (OLG Saarbrücken NJW-RR 2015, 649: Diebstahl) oder beschädigte Werk ggf. neu herstellen; Grenze § 275 I oder II, III. Nach Abnahme bzw. bei Abnahmefiktion nach § 640 II 1 und nach Vollendung in den Fällen des § 646 wird der Unternehmer bei nicht zu vertretendem Untergang oder Verschlechterung frei. Bei Annahmeverzug des Bestellers werden die zu vertretenden Umstände und damit die Leistungsgefahr nach § 300 I gemildert.

3. Vergütungsgefahr. Regelung der Vergütungsgefahr bei vom Unternehmer 3
nicht zu überwindendem Leistungshindernis (§ 275) s. § 326 I, II. **a)** Abw. von 4
§ 326 I wird jedoch die Vergütungsgefahr dem Unternehmer nach § 644 I vor der vollständigen Leistungsbewirkung bereits **mit Abnahme** – oder Abnahmefiktion nach § 640 II 1 sowie bei abnahmeäquivalenter Vollendung, § 646 – abgenommen; er kann die volle Vergütung verlangen, wenn das Werk nach Abnahme untergeht oder aus anderen Gründen nicht mehr vollständig erbracht werden kann, bei Teilvollständigkeit freilich nur für die bis zum Schadensereignis erbrachte Leistung, BGH NJW 1998, 457; Berechnung nach den gleichen Grundsätzen, die Rspr. für Vergütung erbrachter Leistungen nach gekündigtem Werkvertrag entwickelt hat, BGH NJW 1999, 2036 f. Minderungsrechte wegen Mängeln oder andere, vor Abnahme bereits entstandene Gewährleistungsbehelfe bleiben, soweit ihre Erfüllung noch möglich ist, dem Besteller erhalten. Entspr. § 326 II geht die Vergütungsgefahr

nach § 644 I 1 auch bei Annahmeverzug des Bestellers über; geht also das Werk infolge leichter Fahrlässigkeit unter, braucht der Unternehmer nicht neu herzustellen (§ 300 I), kann aber Vergütung verlangen. Schließlich kann der Unternehmer nach § 644 II iVm § 447 I die Vergütung verlangen, falls das auf Verlangen des Bestellers
5 versandte Werk auf dem Transport untergeht. **b) Ursächlichkeit** des Bestellers für das Leistungshindernis beließe dem Unternehmer den Vergütungsanspruch nach § 326 II 1 nur, wenn der Besteller den ursächlich gewordenen Umstand zu vertreten hatte. Darüber hinaus rechnet § 645 I 1 dem Besteller bereits solche Ursachen zu, die den Werkerfolg vor Abnahme auf Grund von Mängeln des „gelieferten" Stoffes oder von Anweisungen des Bestellers (zB Anweisung der Arbeitseinstellung führt zu späteren Frostschäden) verhindern oder beeinträchtigen, zB Anordnung der Verwendung ungeeigneter Baustoffe, BGH NJW 1996, 2372 f. Allerdings kann der Unternehmer dann nicht die volle Vergütung verlangen, sondern nur einen seiner geleisteten Arbeit entsprechenden Vergütungsteil sowie Ersatz der Auslagen, die durch die Vergütung nicht gedeckt sind (s. zur Berechnung → Rn. 4, BGH NJW 1999, 2036 f.). *Wunsch* des Bestellers ist jedoch nicht Anweisung, s. BGHZ 77, 324.
6 **aa)** „Mangel" bedeutet jede bei Übergabe oder Arbeitsbeginn angelegte Untauglichkeit zur vertragsgemäßen Herstellung, **„Stoff"** ist jedes Objekt, ggf. auch die Person des Bestellers oder eines Dritten, mit oder an der das Werk hergestellt werden soll (BGHZ 60, 20; NJW-RR 2016, 498; NZBau 2005, 285; sa Köhler, Unmöglichkeit und Geschäftsgrundlage bei Zweckstörungen im Schuldverhältnis, 1971, S. 34 ff., 46; Picker JZ 1985, 693, 703; ders. FS Huber, 2006, 520 – „Substratsgefahr"), zB auch der Baugrund (BGH NJW-RR 2016, 498), selbst wenn Besteller nicht Eigentümer ist (OLG Naumburg NZBau 2005, 107); aber von Baugrundrisiko zu unterscheiden sind spezifische Anforderungen an die Standsicherheit von Kränen. Standsicherheit ist Risiko des Kranunternehmers kraft überlegenen Fachwissens, zB bei Aufstellen und Betreiben eines rund 500 t schweren Krans (BGH NJW-RR 2016, 498). Bestellerrisiko: Unternehmer muss Arbeit am Drehbuch beenden, weil Besteller Rechte am Drehbuchstoff verloren hat (OLGR Brandenburg 2005, 440 zum Dienstvertrag). Zeitweiliges Erfüllungshindernis (Krieg, politische Verhältnisse) kann nach Rspr. gleichstehen, wenn Risiko des Bestellers, weil dieser ihm näher steht, BGHZ 83, 200 [203] (dazu Vetter RIW 1984, 170); abzulehnen, → Rn. 10.
7 **bb)** Dagegen ist § 645 I 1 unanwendbar, wenn der Unternehmer die Unausführbarkeit mitverursacht und zu vertreten hat, etwa bei fehlerhafter Aufklärung über erforderliche Stoffbeschaffenheit oder gesundheitliche Voraussetzungen, bei unterlassenen Warnungen vor Ungeeignetheit der vom Besteller gegebenen Anweisungen, versäumter Prüfung des gestellten Materials, des Baugrundes auf seine Geeignetheit hin usw. Zur Prüfungs- und Hinweispflicht des Unternehmers → § 634 Rn. 6.
8 **c)** Die teilw. Vergütung ist nicht Entschädigung, sondern Quote der vereinbarten Vergütung, die sich in Relation zur teilw Erbringung des Werkes errechnet, → Rn. 4. Auslagenersatz ist dagegen ein Teil des negativen Interesses, der aber durch die Teilvergütung partiell mit abgedeckt sein kann.

9 **4. Risikoverlagerung. a)** Risikoverlagerung **analog** § 645 I 1 nur bei vergleichbaren Tatbeständen (Einzelfallanalogie). Die § 326 modifizierende Risikoverteilung des § 645 I 1 kann daher in vorsichtiger Analogie auf *einzelne* Leistungshindernisse angewendet werden, in denen Maßnahmen oder Verhalten des Bestellers eine Gefahrerhöhung für das Werk veranlasst haben, und die Gefahrverwirklichung zur Verhinderung vollständiger Werkherstellung geführt hat (s. BGHZ 40, 75: abgebrannte Scheune), oder Gründe in der Person des Bestellers oder seine Handlungen Untergang oder Unmöglichkeit vollständiger Herstellung bewirkt haben, s. BGH NJW
10 1998, 457 (Schürmann-Bau). **b)** § 645 I 1 soll entspr. anwendbar sein, wenn Leistungshindernis aus politischen Verhältnissen folgt, denen Besteller „näher steht", BGH 83, 203, → Rn. 6. Das ist wegen des begrenzten Anwendungsbereichs (→ Rn. 9) des § 645 nicht zulässig. Deshalb ist auch (allg) **Sphärentheorie** (insbes. Beuthien, Zweckerreichung und Zweckstörung im Schuldverhältnis, 1969,

S. 242 ff.: Risikoverlagerung für *alle* aus der Bestellersphäre kommenden Leistungshindernisse; weites Verständnis auch bei Köhler [Rn. 6] S. 38 ff.) abzulehnen (hL, s. näher Soergel/Buchwitz § 645 Rn. 2, 13, 17 mwN; offengelassen in BGHZ 60, 19; s. ferner ZfBR 1982, 24 [71]). Lediglich kann der Begriff „Stoff" behutsam zurückhaltend erweiternd ausgelegt werden (so auch Soergel/Buchwitz § 645 Rn. 13, 17). Im Verhältnis Bau- zu Generalunternehmer kann Störung durch Bauherren für Bauunternehmer Entschädigungsanspruch auslösen, OLG München NJW-RR 1992, 348. Nicht: Von anderen Handwerkern verursachter Untergang, BGHZ 78, 352, oder Fehler eines Vorunternehmers, BGHZ 95, 128.

5. Zu vertretende Leistungsstörungen. a) Bei vom **Besteller** zu vertretender Verhinderung vollständiger Werkerbringung kann nach § 645 II eine weitergehende Haftung nach den allg. Regeln eintreten: Unternehmer behält nach § 326 II 1 den Anspruch auf die – uU um ersparte Aufwendungen zu kürzende – Vergütung; bei Beschädigung oder Verschlechterung, die eine Herstellung möglich bleiben lassen, kann der Unternehmer seine Mehraufwendungen aus § 280 I ersetzt verlangen. 11
b) Vom **Unternehmer** zu vertretende Leistungsstörungen richten sich ebenfalls grundsätzlich nach allg. Regeln. Für eventuelle Beeinträchtigungen des vom Besteller gestellten Materials hält § 644 **I 2** noch einmal fest, dass eine Haftung des Unternehmers für Zufall nicht eintritt; Beweislast für Vertretenmüssen s. § 280 I 2. Geht das Werk unter, während der Unternehmer im Verzug ist, gilt § 287 S. 2. Verschlechterungen des bestellereigenen Materials vor Abnahme, die sich als Mängel des Werks auswirken, richten sich dagegen, wenn Herstellung möglich bleibt, nur nach 12
§§ 633 ff. **c)** Hat ein **Dritter** die Beschädigung oder den Verlust des Werkes vor Abnahme zu vertreten, so kann Besteller nach den Grundsätzen der Drittschadensliquidation (→ vor 249–253 Rn. 19) Verlust des Unternehmers geltend machen und muss seine Ansprüche dem Unternehmer auf Verlangen abtreten (BGH NJW 2016, 1089; NJW 1970, 41). 13

6. Sonderregeln. Finden sich für die Gefahrverteilung zB in §§ 420 II, 630 HGB, § 33 VerlagsG sowie in AGB. 7 VOB/B lässt die Vergütungsgefahr bereits mit (gänzlicher oder teilweiser) „Ausführung" vor Abnahme übergehen, falls der Unternehmer die Beschädigung oder Zerstörung des Teilwerks nicht zu vertreten hat; sa BGH NJW 2012, 2105. 14

§ 646 Vollendung statt Abnahme

Ist nach der Beschaffenheit des Werkes die Abnahme ausgeschlossen, so tritt in den Fällen des § 634a Abs. 2 und der §§ 641, 644 und 645 an die Stelle der Abnahme die Vollendung des Werkes.

1. Allgemeines. § 646 lässt die Abnahmewirkungen „Verjährungsbeginn", „Fälligkeit und Verzinslichkeit der Vergütung" und „Gefahrtragung" dann mit Vollendung des Werkes eintreten, wenn nach seiner Beschaffenheit eine **Abnahme ausgeschlossen** ist. Wann Abnahme auf Grund Beschaffenheit des Werkes nicht in Betracht kommt, ist str. Teilw. wird die Grenze zwischen verkörpertem und nicht verkörpertem Werk gezogen (RGZ 110, 406 ff.; aA Soergel/Buchwitz Rn. 2), teilw wird jedes Werk als abnahmefähig angesehen, so dass § 646 funktionslos wäre (Staudinger/Peters Rn. 7 ff.). Zutr., dass Rechtsverkehr auch ohne § 646 auskommen könnte. Aber Gesetz soll dann zu erwartende Billigungsfiktionen vermeiden. Daher wurde Vollendung als Kategorie eingeführt. Deshalb kann Abgrenzung nur mittels der **Verkehrsanschauung** erfolgen. Vielfach wird bei nicht-körperlichen Werken, bei denen Hinwegnahme nach der Natur der Sache ausscheidet, nach der Verkehrsanschauung auch eine Billigungserklärung nicht erwartet, weil ein endgültiger, nicht mehr abänderbarer Zustand geschaffen wurde (aber → Rn. 3), zB Theateraufführung, nach Ankunft am Zielort auch Personen- und Güterbeförderung, oder weil Besteller gerade davon freigestellt werden soll, Einzeleinsätze einzeln zu billigen 1

(Winterdienst, s. BGH NJW 2013, 3022 Rn. 16). Geltung der Vollendung statt Abnahme kann vereinbart werden.

2 **2. Vollendung.** Ist im Wesentlichen vertragsgemäße Fertigstellung (BGH NJW 1993, 1064 f. „bei natürlicher Betrachtung als Erfüllung der geschuldeten Leistung zu sehen"). Mängel oder Fehlen zugesicherter Eigenschaften schließen Vollendung iSd § 646 nicht aus, denn die Verweisung auf § 634a II würde andernfalls leerlaufen. In den Fällen, in denen die Abnahme nach der Natur der Sache ausgeschlossen ist und der Unternehmer die Leistung in Erfüllung seiner gesamten Verbindlichkeit erbracht hat, sind die §§ 634 ff. anzuwenden, wenn die Leistung unvollständig ist (BGH NJW 2013, 3022 Rn. 17).

3 **3. Einzelfälle.** Architektenwerk (BGHZ 37, 345, s. Putzier NZBau 2004, 179 f.) und Statikerleistung (BGHZ 48, 263) sind abnahmefähig; AG Dresden NJW-RR 1999, 562 für Anzeigenwerbevertrag: Abnahme (des Anzeigenentwurfs, Staudinger/Peters Vor §§ 631 ff. Rn. 33) trotz Vollendung erforderlich (aA Vollendung: LG Hannover NJW-RR 1989, 1525; AG Rheda-W. MDR 2002, 509). Beförderung dagegen: Vollendung bei vollständiger Ausführung, s. BGH WM 1989, 151 mN; OLG Düsseldorf VersR 1983, 632 mN.

§ 647 Unternehmerpfandrecht

Der Unternehmer hat für seine Forderungen aus dem Vertrag ein Pfandrecht an den von ihm hergestellten oder ausgebesserten beweglichen Sachen des Bestellers, wenn sie bei der Herstellung oder zum Zwecke der Ausbesserung in seinen Besitz gelangt sind.

Lit.: Kartzke, Unternehmerpfandrecht des Bauunternehmers nach § 647 an beweglichen Sachen des Bestellers, ZfBR 1993, 205.

1 **1. Allgemeines.** Das Vorleistungsrisiko des Unternehmers wird durch die in §§ 647, 650e, 650f geregelten Sicherheiten zu mildern versucht. An beweglichen Sachen des Bestellers, die Gegenstand oder Ergebnis der werkvertraglichen Herstellungspflicht und dazu in den Besitz des Unternehmers gelangt sind, hat dieser deshalb ein ges. Pfandrecht für seine vertraglichen Ansprüche.

2 **2. Gesicherte Ansprüche.** Nur, aber alle **Ansprüche aus dem Werkvertrag** sind gesichert, also solche auf Vergütung, Auslagen- und Aufwendungsersatz, Entschädigung (§ 642) und Schadensersatz, Schadensersatzpauschalen oder Vertragsstrafen (zur AGB-Inhaltskontrolle, 5 % Bausumme, s. BGH NJW-RR 2003, 836, MüKo-BGB/Busche Rn. 14. Nicht gesichert sind Ansprüche aus Delikt, GoA oder Bereicherung).

3 **3. Bewegliche Sachen des Bestellers. a)** Die beweglichen Sachen (für Bauwerke, Bauwerksteile oder Schiffe s. §§ 647a, 650e, für Schiffe oder Schiffsbauten § 647a; zum Verhältnis § 647 zu § 648 aF s. Kartzke ZfBR 1993, 205, 206) müssen Eigentum des Bestellers sein. Gehören zu verarbeitende Materialien weiter dem Unternehmer oder wird er nach § 950 (zunächst) Eigentümer, entsteht kein Pfandrecht; dann jedoch ohnehin § 650 und Sicherung durch EV; zum Eigentumserwerb bei bestellereigenem Material → § 650 Rn. 1. Gehören die Sachen einem Dritten, kommt nur Erwerb eines **Vertrags**pfandrechts (mit Zustimmung des Eigentümers oder auf Grund guten Glaubens) in Betracht; das ges. Pfandrecht nach § 647 kann dagegen nicht gutgl oder auf Grund Verfügungsermächtigung erworben werden (BGHZ 34, 125 f.; 34, 153 ff.; str., ie → § 1257 Rn. 2). Zum Verwendungsersatz und Zurückbehaltungsrecht des Unternehmers an Sachen, die dem Besteller (Leasingnehmer) nicht gehören, gemäß § 1000 und § 273 s. BGH NJW 2002, 2875;
4 OLGR Hamm 2004, 182. **b)** Ein **ges. Pfandrecht** kann dagegen an einer Anwartschaft des Bestellers entstehen (s. BGH NJW 1965, 1475 für Vermieterpfandrecht), ist aber beim EVkauf durch die Rücktrittsmöglichkeit des Verkäufers im Krisenfall

gefährdet. Dem Unternehmer helfen aber bei Beendigung der Besitzberechtigung durch Rücktritt des Eigentümers vom Kaufvertrag die §§ 994, 1000, 1003 (s. BGHZ 34, 127 ff.; aA → Vor §§ 994–1003 Rn. 5).

4. Sonderregeln. Beförderungsunternehmen des **Handelsrechts** können ges. Pfandrechte am Beförderungsgut auch gutgläubig erwerben (s. §§ 441 ff., 366 III, 623 HGB). 5

§ 647a Sicherungshypothek des Inhabers einer Schiffswerft

[1]Der Inhaber einer Schiffswerft kann für seine Forderungen aus dem Bau oder der Ausbesserung eines Schiffes die Einräumung einer Schiffshypothek an dem Schiffsbauwerk oder dem Schiff des Bestellers verlangen. [2]Ist das Werk noch nicht vollendet, so kann er die Einräumung der Schiffshypothek für einen der geleisteten Arbeit entsprechenden Teil der Vergütung und für die in der Vergütung nicht inbegriffenen Auslagen verlangen. [3]§ 647 findet keine Anwendung.

1 Norm gilt in vorliegender Fassung **seit 1.1.2018** (→ Vor § 681 Rn. 1). Sie entspricht inhaltlich unverändert § 648 II aF. § 648a I aF ist seitdem § 650e. Bei Schiffsbauten oder Schiffsreparaturen gibt das Ges. anders als bei beweglichen Sachen nach § 647 dem Unternehmer nicht eine ipso iure entstehende dingliche Sicherheit), sondern nur einen schuldrechtlichen Anspruch auf ihre Einräumung. Da dieser Anspruch erst mit Baubeginn entsteht, kommt der Unternehmer wegen bereits bestehender Belastungen des Schiffs häufig zu spät. Der Unternehmer muss ggf. versuchen, eine Vormerkung, notfalls vermittels einstw Verfügung (§ 885 I), zur Sicherung des Anspruchs auf Einräumung der Schiffshypothek ins Schiffsregister bzw. Schiffsbauwerkregister zu bringen, → § 650e. Es gelten die Ausführungen zu § 650e entsprechend. **S. 1** deckt sich mit → § 650e S. 1 (= § 648a I aF), **S. 2** mit → § 650e S. 2. **S. 3:** § 647 gilt nicht, daher hat Unternehmer kein ex lege dingliche Sicherheit am Schiff oder Schiffsbauwerk, sondern nur einen schuldrechtlichen Anspruch auf ihre Einräumung.

§ 648 Kündigungsrecht des Bestellers

[1]Der Besteller kann bis zur Vollendung des Werkes jederzeit den Vertrag kündigen. [2]Kündigt der Besteller, so ist der Unternehmer berechtigt, die vereinbarte Vergütung zu verlangen; er muss sich jedoch dasjenige anrechnen lassen, was er infolge der Aufhebung des Vertrags an Aufwendungen erspart oder durch anderweitige Verwendung seiner Arbeitskraft erwirbt oder zu erwerben böswillig unterlässt. [3]Es wird vermutet, dass danach dem Unternehmer 5 vom Hundert der auf den noch nicht erbrachten Teil der Werkleistung entfallenden vereinbarten Vergütung zustehen.

Lit.: Boldt, Die Kündigung des Bauvertrags aus wichtigem Grund durch den Auftraggeber nach neuem Recht, NZBau 2002, 655; Leineweber, Kündigung bei Pauschalverträgen – Möglichkeiten und Problemlösungen für den Auftragnehmer im Zusammenhang mit der Abrechnung, ZfBR 2005, 110; Markus, § 649 S. 2 BGB: Die Anrechnung der tatsächlich ersparten Aufwendungen auf die kalkulierten Kosten, NZBau 2005, 417; Quack, Einige Probleme der Vergütungsabrechnung nach § 649 s. 2 BGB, FS von Craushaar, 1997, 309; Rodemann, Die Abrechnung eines Bauvertrags nach Kündigung, BauRB 2004, 22; Schmidt, Zur unberechtigten Kündigung aus wichtigem Grund beim Werkvertrag, NJW 1995, 1313; Ultsch, Rückgabe von Fußball-WM-Tickets nach § 649 BGB, ZGS 2005, 261; Voit, Die außerordentliche Kündigung des Werkvertrages durch den Besteller, BauR 2002, 1776; ders., FS Honsell, 2002, 415

1. Allgemeines. Norm war bis einschließlich 31.7.2017 § 649 (→ Vor § 631 Rn. 1). S. 1 gewährt (nur) dem Besteller ein Kündigungsrecht. Auch anwendbar auf für unbestimmte Dauer über fortgesetzte Werkleistung geschlossene Verträge (BGH 1

NJW 2011, 915; BeckOK BGB/Voit Rn. 1, 27; aA OLG Hamburg MDR 1972, 866; OLG Düsseldorf BeckRS 2011, 04208; Erman/Schwenker/Rodemann Rn. 9; MüKo-BGB/Busche Rn. 4; Staudinger/Peters Rn. 65). Gründe müssen für die Kündigung nicht angeführt werden. Dem Unternehmer wird als Ausgleich für dieses einseitige Kündigungsrecht des Bestellers im Falle seiner Ausübung der Anspruch auf die Vergütung belassen, S. 2 (→ Rn. 4). Vertragliche Modifikation → Rn. 11. Zum Kündigungsrecht des Unternehmers → §§ 642, 643 Rn. 8. **Covid-19-Pandemie:** Wird Werkvertrag aus freiwilligem Infektionsschutz ohne behördliche Untersagung ausgesetzt, liegt Kündigung nach § 648 vor (Wolf/Eckert/Denz/Gerking/Holze/Künnen/Kurth, JA 2020, 401, 403; aA [§ 275 III, § 241 II; § 326 II 1 analog] Weller/Lieberknecht/Habrich NJW 2020, 1017, 1021). Bei Covid-19-bedingter Kündigung nach § 648 will Christiansen (ZfBR 2020, 428, 430 f.) Anspruch aus S. 2 um 50 % über § 313 BGB kürzen.

2 **2. Durchführung.** Kündigung erfolgt durch einseitige, empfangsbedürftige Willenserklärung. Sie ist formlos, auch durch schlüssiges Verhalten (OLG Hamm NJW-RR 1992, 889) möglich, es sei denn, die Parteien haben etwas anderes vereinbart (zur VOB → Rn. 11). Schlüssig durch eigene Werkausführung des Bestellers zum Ausdruck gebrachte Kündigungsabsicht nach entspr. Vorankündigung (s. BGH WM 1972, 1026) oder bei Beauftragung anderen Unternehmers (OLG Düsseldorf NZBau 2002, 515; OLG Saarbrücken BauRB 2005, 76; s. aber OLG Koblenz NJW-RR 2004, 1670). Im Regelfall ist eine außerordentliche Kündigung zugleich als freie Kündigung nach § 648 zu verstehen, s. BGHZ 156, 82.

3 **3. Folgen. a) Auflösung** ex nunc. Für die Vergangenheit bleibt der Werkvertrag in Kraft, zB als Rechtsgrund für bereits erbrachte Leistungen, BGH NJW 1982, 2553. Der Besteller kann (RGZ 104, 94) und muss deshalb bereits geleistete Teilwerke behalten. Auch ein nach § 642 entstandener Entschädigungsanspruch bleibt von der Kündigung unberührt, da seine Erfüllung nicht weitere Durchführung des gelösten Werkvertrags bedeutet. Durch Kündigung wird Vertrag auf den bis zur Kündigung erbrachten Teil der Werkleistungen beschränkt. Für diesen Teil beendet Kündigung nicht das Erfüllungsstadium des Vertrags, so dass dem Besteller die Erfüllungsansprüche für diesen Werkteil (zum Vergütungsanspruch → Rn. 4) noch zustehen (BGH NJW 2003, 1452). Unternehmer hat daher diesen Werkteil (für sich genommen) mangelfrei zu erbringen (BGH NJW 2003, 1452; Mängelbeseitigungsrecht des Unternehmers s. BGH WM 1989, 1434; zur Beweislast: KG NZBau 2003, 37). Erfüllungsstadium endet auch bei gekündigtem Vertrag erst mit Abnahme bzw. Abnahmefiktion, -ersatz (→ § 640 Rn. 2) (BGH NJW 2006, 2476; 2003, 1452; aA BeckOK BGB/Voit Rn. 8 f.; Soergel/Buchwitz Rn. 18). Kündigung ist keine konkludente Abnahme (s. BGH NJW 2006, 2476; 2003, 1452). Der bis zur Kündigung noch nicht erbrachte Werkteil ist nicht mehr geschuldet; zum entspre-
4 chenden Vergütungsanspruch → Rn. 4. **b) Vergütung** bereits **erbrachter Leistungen** (→ Rn. 3): Vertragsabrede bzw. § 632; für Fälligkeit dieses Werklohnanteils ist Abnahme (bzw. Abnahmefiktion, -ersatz, → § 640 Rn. 2) der erbrachten Teilleistung erforderlich, da die Abnahme hier die gleiche Funktion erfüllt wie bei einem nicht gekündigten Vertrag (BGH NJW 2006, 2476; aA bisherige Rspr. und hM, s. BGH NJW 1993, 1973). Vergütungsanspruch entfällt, falls das bereits erbrachte (Teil-)Werk infolge von Mängeln für den Besteller völlig wertlos ist (BGH NJW 1975, 826; Beweislast für Mangelfreiheit des Teilwerks trägt Unternehmer, BGH NJW 1993, 1974). Hinsichtlich **nicht mehr erbrachten Werkteils** bleibt nach S. 2 der (anteilige!) Vergütungsanspruch des Unternehmers grundsätzlich unberührt, aber Abzüge (→ Rn. 5, s. aber auch § 649 I); MWSt s. BGHZ 101, 130, aber auch BGH NJW 1999, 3261 zur RiLi 77/388; USt s. BGHZ 174, 267. Abzurechnen ist der konkrete Vertrag; Vergütung kann nicht nach Üblichkeit berechnet werden, BGH NJW 1998, 1064. Maßgebend ist der auf erbrachte Leistungen entfallende Vergütungsanteil, nicht hingegen vereinbarte Zahlungsmodalitäten (s. BGH NJW 2011, 915). Der Anspruch aus S. 2 ist der ursprüngliche Vergütungsanspruch

(BGH NJW 1984, 1455; Beigel BauR 1997, 782), nicht etwa ein Entschädigungsanspruch; er entfällt, wenn Vertrag wirksam widerrufen wurde (zB nach § 312, s. BGHZ 171, 364). Anspruch umfasst den Geschäftsgewinn, belässt aber auch einen evtl Geschäftsverlust beim Unternehmer (Einzelheiten s. van Gelder NJW 1975, 190 f.); zur Berechnung beim Einheitspreisvertrag s. BGH NJW 1996, 1282, zum Pauschalpreisvertrag s. BGH NJW 2000, 1257 (Wert der erbrachten Leistungen im Verhältnis zum Wert der geschuldeten Gesamtleistung), BGH NZBau 2004, 503 (Prüfbarkeit der Schlussrechnung setzt nicht notwendig Aufmaß voraus), BGH NZBau 2004, 549; 2004, 503 (Beweiserleichterung durch Schätzung nach § 287 ZPO). Funktionell ist der Vergütungsanspruch einem Schadensersatzanspruch allerdings vergleichbar (BGH NJW 1973, 1191 für einen vertraglich vereinbarten Vergütungsanspruch; sa OLG Düsseldorf NJW-RR 1997, 625: Unberechtigte Erhebung eines Schadensersatzanspruchs als Kündigung iSv § 648). Gilt auch bei unberechtigter fristloser Kündigung des Bestellers, krit. B. Schmidt NJW 1995, 1313 [1315]. **Pauschaler Vergütungsanspruch** nach S. 3: Widerlegliche Vermutung, dass Vergütungsanspruch 5 % des Werklohns umfasst, der auf die nicht erbrachte Werkleistung entfällt. Zur Darlegungslast des Unternehmers s. BGH NJW-RR 2011, 1588.
c) Nach S. 2 Hs. 2 mindert sich der Vergütungsanspruch um **ersparte Aufwendungen** (hierzu ausführlich Markus NZBau 2005, 417) und (oder) **anderweitigen** – 5
möglichen oder aktuellen – **Erwerb** durch Einsatz der freigewordenen Arbeitskraft des Unternehmers (zur Kausalität zwischen Kündigung und Ersatzauftrag s. OLG Saarbrücken NZBau 2005, 693). Überobligationsmäßiger Ersatzerwerb kommt Besteller nicht zugute. Der Besteller hat nicht etwa (aufrechenbare) Gegenansprüche oder nur Einrede, sondern der Vergütungsanspruch des Unternehmers ist nach Maßgabe dieser Vorschrift von vornherein begrenzt, BGH WM 1980, 1450. Der Grund- 6
gedanke der Vorschrift – gebotene Vorteilsanrechnung – erlaubt eine entspr. Anwendung auf den Fall, dass der Unternehmer sein Arbeits**ergebnis** anderweitig gewinnbringend verwerten kann oder verwertet hat (BGH NJW 1969, 238 – Architektenpläne; BGH WM 1988, 1572; OLG Hamm NJW-RR 1992, 889 – Veräußerungserlös für gefertigte Teile). Bei Feststellung der ersparten Aufwendungen, die nur für das konkrete Geschäft erforderlich gewesen sein dürfen, bleiben allg. Geschäftsunkosten außer Betracht. Bei Verlustgeschäft kann der Vergütungsanspruch 7
völlig entfallen, wenn verlustbringende Aufwendungen erspart worden sind (Einzelheiten van Gelder NJW 1975, 190 f.). Beweislast für ersparte Aufwendungen, anderweitig erfolgten oder böswillig unterlassenen Erwerb hat Besteller, BGH NJW 2001, 385; jedoch muss Unternehmer dazu Grundlagen der Kalkulation offenlegen, BGH NJW 1997, 733. BGH NJW 1996, 3271: keine Pauschalierung, abzustellen ist auf den konkreten Vertrag, Darlegungslast beim Unternehmer, BGHZ 131, 362, s. jedoch auch BGH NJW 1999, 1254 f. (evtl differenzierte Darstellung der Kalkulation entbehrlich; keine schematische Festlegung der Anforderungen an Kalkulation), OLG Düsseldorf BauRB 2005, 71 (Gesamtbetrachtung kann zulässig sein); zur Kostenentwicklung s. BGH NJW 1999, 3261. Zur „Böswilligkeit" des Unterlassens anderweitigen Erwerbs s. OLG Koblenz NJW-RR 1992, 851: Schädigungsabsicht nicht erforderlich. **d)** Allein wegen der Kündigung des Bestellers hat Unternehmer keinen Schadensersatzanspruch (→ Rn. 9 f.). **e) Kündigung aus wichtigem** 8
Grund *für beide* Vertragsparteien Recht zur Kündigung aus wichtigem Grund → § 648a.

4. Andere Rechtsbehelfe des Bestellers. Bleiben unberührt, zB Schadensersatz (s. BGH NJW 1983, 2439), Widerrufsrecht (BGH NJW 2018, 3380 Rn. 34), Kündigung aus wichtigem Grund nach §§ 648a, 314 mit Teilvergütungspflicht (→ Rn. 10) oder Kündigung ohne Vergütungspflicht, falls der Unternehmer schuldhaft die erfolgreiche Durchführung des Vertrages gefährdet (BGHZ 31, 229). 9
Zur **außerordentlichen Kündigung** → § 648a. 10

5. Sonderregeln/Abdingbarkeit. Ges. Sonderregeln finden sich im Beförderungsrecht, s. §§ 415, 667 ff. HGB, § 27 KVO, Art. 12 I WA. Vertragliche Modifika- 11 tionen sind in AGB und individualvertraglich grundsätzlich zulässig, s. BGHZ 87, 120; 92, 244; BGH NJW 1999, 3261. Im Einzelnen: Kündigungsrecht nach § 648 S. **1** kann individualvertraglich ausgeschlossen werden (BGH NJW 2011, 917 Rn. 16; zum stillschweigenden Ausschluss s. OLG Düsseldorf BauRB 2005, 71); Ausschluss in **AGB** ist bei Bauvertrag (BGH NJW 1999, 3261), nicht aber bei Personenluftbeförderungsvertrag (BGH NJW 2018, 2039), mit wesentlichen Grundgedanken der gesetzlichen Regelung unvereinbar. Kein Ausschluss des § 648 S. **2** durch isolierte Vereinbarung der Abrechnungsregelung aus 6 Nr. 5 VOB/B (BGHZ 92, 244). Vor allem aber sind (in Architektenverträgen) Abrechnungsklauseln unwirksam, die dem Auftragnehmer die Möglichkeit des Nachweises nehmen, dass der Unternehmer (Architekt) höhere Aufwendungen erspart hat (BGH NJW 1997, 259; s. aber auch BGH NJW-RR 1998, 594: Architekt kann nicht höheres als das pauschalierte Honorar verlangen); sa → Rn. 7. Zur AGB-Vergütungsabrede (10 % der Gesamtkosten) s. OLG Düsseldorf ZGS 2005, 357. Beachte 8 Nr. 5 VOB/B (Schriftform für Kündigung). Prüfungsmaßstäbe für die Wirksamkeit einer vom Unternehmer gestellten AGB-Klausel, welche die Höhe der Vergütung des Unternehmers nach § 648 S. 2 bei vorzeitiger Vertragsbeendigung mit einer Pauschale regelt: §§ 308 Nr. 7a, 309 Nr. 5b (BGH NJW 2011, 3030 mAnm Schwenker). § 648 S. **3** ist kein ges. Leitbild für Pauschalierungsabreden für den Fall einer freien Kündigung (BGH NJW 2011, 1954).

§ 648a Kündigung aus wichtigem Grund

(1) [1]**Beide Vertragsparteien können den Vertrag aus wichtigem Grund ohne Einhaltung einer Kündigungsfrist kündigen.** [2]**Ein wichtiger Grund liegt vor, wenn dem kündigenden Teil unter Berücksichtigung aller Umstände des Einzelfalls und unter Abwägung der beiderseitigen Interessen die Fortsetzung des Vertragsverhältnisses bis zur Fertigstellung des Werks nicht zugemutet werden kann.**

(2) **Eine Teilkündigung ist möglich; sie muss sich auf einen abgrenzbaren Teil des geschuldeten Werks beziehen.**

(3) **§ 314 Absatz 2 und 3 gilt entsprechend.**

(4) [1]**Nach der Kündigung kann jede Vertragspartei von der anderen verlangen, dass sie an einer gemeinsamen Feststellung des Leistungsstandes mitwirkt.** [2]**Verweigert eine Vertragspartei die Mitwirkung oder bleibt sie einem vereinbarten oder einem von der anderen Vertragspartei innerhalb einer angemessenen Frist bestimmten Termin zur Leistungsstandfeststellung fern, trifft sie die Beweislast für den Leistungsstand zum Zeitpunkt der Kündigung.** [3]**Dies gilt nicht, wenn die Vertragspartei infolge eines Umstands fernbleibt, den sie nicht zu vertreten hat und den sie der anderen Vertragspartei unverzüglich mitgeteilt hat.**

(5) **Kündigt eine Vertragspartei aus wichtigem Grund, ist der Unternehmer nur berechtigt, die Vergütung zu verlangen, die auf den bis zur Kündigung erbrachten Teil des Werks entfällt.**

(6) **Die Berechtigung, Schadensersatz zu verlangen, wird durch die Kündigung nicht ausgeschlossen.**

1 **1. Allgemeines.** In der bis 31.12.2017 geltenden Fassung regelte die Vorschrift die Bauhandwerkersicherung. Diese Regelung wurde mit Wirkung zum 1.1.2018 aus systematischen Gründen als § 650f (→ § 650f) inhaltsgleich in Kapitel 2 eingestellt. § 648a gilt in der vorliegenden Fassung seit dem 1.1.2018 (→ Vor § 631 Rn. 1). Sie nimmt eine frühere Rechtsprechung (s. dazu Jauernig/Mansel 16. Aufl. 2015 § 649 Rn. 8, Rn. 10, Voit FS Honsell, 2002, 431 ff.; ferner BGH NJW 2016, 1945 Rn. 40 f., 53; OLG Brandenburg NJW-RR 2017, 850, 852 Rn. 44), insbes. zum Architekten-, Bau- und Ingenieurvertrag auf, die entsprechend § 314 eine

Kündigung aus wichtigem Grund bei einem Werkvertrag, dessen Erfüllung eine längere vertrauensvolle Zusammenarbeit der Vertragsparteien voraussetzt, als zulässig erachtete. Da § 314 für Dauerschuldverhältnisse gilt (→ § 314 Rn. 4), der Werkvertrag aber ein erfolgsgerichteter, idealtypisch punktueller Austauschvertrag ist, ist § 314 nicht direkt anwendbar. § 648a greift diese Rechtsprechung auf, weitet sie auf **jeden Werkvertrag** aus (**nicht:** Werklieferungsvertrag → § 650 S. 1, 3; Bauträgervertrag → § 650u II), unabhängig von der Dauer des Erfüllungszeitraums und losgelöst von dem Ausmaß eines Kooperationserfordernisses (s. aber → Rn. 6) und schafft erstmals eine eindeutige gesetzliche Grundlage (BT-Drs. 18/8486 S. 49 f.). **Unterschied** zum freien Kündigungsrecht des Bestellers nach § 648: Nach § 648a **2**
(1) bedarf es eines wichtigen Grunds, (2) hat neben Besteller auch Unternehmer das Kündigungsrecht, vor allem (3) behält Unternehmer bei Kündigung iSv § 648 vollen Vergütungsanspruch und muss sich ggf. lediglich Ersparnis- und anderweitige Gewinnabzüge gefallen lassen (→ § 648 Rn. 4, → § 648 Rn. 5), während bei Kündigung nach § 648a Unternehmer nur Vergütung für erbrachte Leistungen erhält (II), unabhängig davon, ob Besteller oder Unternehmer kündigt.

2. Voraussetzungen (I). Recht zur **fristlosen** Kündigung hat **jede Vertragspartei** (I 1). **Wichtiger Grund** (I 2): Generalklausel wie § 314, s. dort → § 314 Rn. 5, s. zur Rspr. zu §§ 649 aF, 314: BGH NZBau 2001, 621; ZIP 2000, 1535; NJW-RR 1999, 560; NJW 1993, 1973; s. BGH NJW-RR 1989, 1249; OLG Köln NJW 1993, 73 (Störung des Vertrauensverhältnisses); zur Beweislast für tatsächliche Voraussetzungen BGH WM 1990, 1756. Bei **Verletzung einer Verhaltenspflicht** **4**
des Unternehmers kann Frist zur **Abhilfe** bzw. **Abmahnung** erforderlich sein. Dazu und zu deren Entbehrlichkeit verweist III auf § 314 II (→ § 314 Rn. 6). Es **5**
bedarf nach I 2 stets Gesamtabwägung aller Umstände des Einzelfalls (BT-Drs. 18/8486 S. 51). Keine Beschränkung des Kündigungsrechts auf Werkverträge, die auf **6**
eine **längere Dauer** der Zusammenarbeit angelegt sind (→ Rn. 1). Bei solchen Werkverträgen (zB Vertrag mit Architekten, über Planung und Einrichtung größerer EDV-Anlagen oder Erstellung eines Computerprogrammes nach den besonderen Anforderungen des Bestellers) wird jedoch Unzumutbarkeit der Fortsetzung des Vertrags bis zur Fertigstellung des Werks eher gegeben sein als bei Werkverträgen des einmaligen Leistungsaustauschs. (BT-Drs. 18/8486 S. 51). Wichtiger Grund kann in **7**
Insolvenz des Unternehmers liegen, Denn Leistungsfähigkeit und Zuverlässigkeit des Unternehmers haben wesentliche Bedeutung für Vertragsschluss (BGHZ 96, 34). Insolvenz lässt daran zweifeln und erhöht Risiko des Bestellers, da Unternehmerinsolvenz regelmäßig zu Einstellung der Erfüllungsarbeiten oder jedenfalls verspäteter Herstellung führt (BT-Drs. 18/8486 S. 51). Bei **Schutzschirmverfahren** nach **8**
§ 270b InsO ist Bescheinigung nach § 270b I 3 InsO Umstand, der für Zumutbarkeit der Vertragsfortsetzung sprechen kann. Es bedarf auch in der Unternehmerinsolvenz für die Annahme eines wichtigen Grundes der Gesamtabwägung (BT-Drs. 18/8486 S. 51). **Kündigungserklärung:** → wie § 648 Rn. 2. **Ausschlussfrist** zur Erklä- **9**
rung: **III** iVm § 314 III → § 314 Rn. 7)

3. Teilkündigung (II). Teilkündigung bezogen auf **abgrenzbaren Teil des geschuldeten Werks** ist *nach **II** zulässig*. Entscheidend: klare leistungsgegenstandsbezogene Abgrenzung; nur abgrenzbar, sofern Unternehmer die geschuldete Restleistung ohne Beeinträchtigung durch Teilkündigung noch erbringen kann. Insoweit s. → § 648 Rn. 3–4. Das Abgrenzungskriterium ist weniger strikt als das des in sich abgeschlossenen Teils der Leistung iSv § 8 III VOB/B (BT-Drs. 18/8486 S. 51). **10**

4. Feststellung des Leistungsstandes (IV). IV folgt § 8 VI VOB/B, der die Vertragspartner nach einer Kündigung zu einem gemeinsamen Aufmaß verpflichtet (dazu BGH BauR 2003, 1207). **IV 1** sieht vor, dass beide Vertragsparteien nach der Kündigung eines Werkvertrags zu einer gemeinsamen Feststellung des Leistungsstandes verpflichtet sind, wenn eine Vertragspartei dies verlangt. Die Feststellung des Leistungsstandes dient – allein – der quantitativen Bewertung der bis zur Kündigung **11**

erbrachten Leistung und soll späterem Streit über den Umfang der erbrachten Leistungen vorbeugen. Sie hat keine der Abnahme vergleichbaren Rechtsfolgen (BT-
12 Drs. 18/8486 S. 51). **Beweislast (IV 2):** Lehnt eine der Vertragsparteien die Mitwirkung an der Feststellung des Leistungsstandes ab oder bleibt sie einem vereinbarten oder innerhalb angemessener Frist bestimmten Termin zur Feststellung des Leistungsstandes fern, trifft sie nach IV 2 Beweislast hinsichtlich des Leistungsstandes zum Zeitpunkt der Kündigung. Dies gilt nicht, wenn die betreffende Vertragspartei aufgrund eines Umstandes fernbleibt, den sie nicht zu vertreten und der anderen Vertragspartei unverzüglich mitzuteilen hat (BT-Drs. 18/8486 S. 51).

13 **5. Rechtsfolgen (V, VI).** (1) Kündigung aus wichtigem Grund – gleich durch welche Vertragspartei – **beendet Vertrag fristlos** mit Zugang der Kündigungserklärung. Die Primärleistungspflichten für die noch ausstehenden Leistungsteile entfallen ex nunc. Für bereits erbrachte Leistungen bleibt Vertrag als Rechtsgrundlage bestehen (wie → § 648 Rn. 3). (2) Unternehmer hat nur Anspruch auf den **Teil der Vergütung,** der den bis zur Kündigung bereits erbrachten Werkteilleistungen entspricht. Sind diese Teilleistungen mangelhaft oder unbrauchbar, gelten die Regeln für die werkvertragliche Gewährleistung wie im Fall der Kündigung nach § 648 (s. dort → § 648 Rn. 3 ff.). Besteller hat insoweit dann wegen der Mängel Zurück-
14 behaltungsrecht. **VI** stellt klar, dass die außerordentliche Kündigung den Schadensersatzanspruch einer Vertragspartei gegen die andere (insbesondere nach §§ 280, 281 oder §§ 634 Nr. 4, 636, 280, 281) nicht berührt. Ein solcher Schadensersatzanspruch kann etwa bestehen, wenn der wichtige Grund, der Anlass für die Kündigung war, von einer Partei schuldhaft herbeigeführt worden ist (BT-Drs. 18/8486 S. 52).

§ 649 Kostenanschlag

(1) **Ist dem Vertrag ein Kostenanschlag zugrunde gelegt worden, ohne dass der Unternehmer die Gewähr für die Richtigkeit des Anschlags übernommen hat, und ergibt sich, dass das Werk nicht ohne eine wesentliche Überschreitung des Anschlags ausführbar ist, so steht dem Unternehmer, wenn der Besteller den Vertrag aus diesem Grund kündigt, nur der im § 645 Abs. 1 bestimmte Anspruch zu.**

(2) **Ist eine solche Überschreitung des Anschlags zu erwarten, so hat der Unternehmer dem Besteller unverzüglich Anzeige zu machen.**

Lit.: Köhler, Die Überschreitung des Kostenanschlags, NJW 83, 1633; Kirschnek, Der unverbindliche Kostenanschlag, 2000 (Diss Tübingen); Pahlmann, Die Bindungswirkung des unverbindlichen Kostenvoranschlags, DRiZ 1978, 367; Rohlfing/Thiele, Überschreitung des Kostenvoranschlags durch Werkunternehmer, MDR 1998, 632; Schenk, Der Kostenvoranschlag nach § 650 BGB und seine Folgen, NZBau 2001, 465; Werner, Anwendungsbereich und Auswirkungen des § 650 BGB, FS Korbion, 1986, 473.

1 **1. Allgemeines.** § 649 entspricht ohne Änderung § 650 BGB aF. Zum 1.1.2018 (→ Vor § 631 Rn. 1) wurde lediglich die Nummerierung der Norm geändert. **I** modifiziert § 648: Kann die Kündigung auf eine wesentliche Überschreitung des dem Werkvertrag zugrundegelegten Kostenanschlags gestützt werden, dann schuldet der Besteller nur die nach I zu berechnenden Vergütungsteile und Auslagen. Eine sich abzeichnende Kostenüberschreitung muss der Unternehmer unverzüglich anzeigen **(II);** Pflichtverletzungsfolgen nach allgemeinen Regeln, insbesondere § 280 I 1.

2 **2. Voraussetzungen der Kündigung. a) Kostenanschlag** muss beim **Abschluss** als (Teil der) Geschäftsgrundlage **zugrunde gelegt** worden sein. Er kann vom Besteller oder vom Unternehmer oder von beiden gemeinsam erstellt worden sein; setzt voraus, dass Unternehmer sich zwecks fachmännischer Kalkulation informiert, OLG Köln NJW-RR 1998, 549 (Spediteur). § 649 unanwendbar, wenn Überschreitung auf unzutreffende Bestellerangaben (zB Umfang des Werkes)

zurückzuführen ist, s. BGH NJW 2011, 989. Der Kostenanschlag nach § 649 muss sich auf das vom Unternehmer als eigenes zu erbringende Werk beziehen – Überschreitung der Bausumme ist beim Vertrag mit dem Architekten kein Kündigungsgrund nach § 649, obwohl der Vergütungsanspruch des Architekten dadurch erhöht werden kann (BGHZ 59, 339). Kostenanschlag ist unverbindlich (OLG Frankfurt a. M. NJW-RR 1989, 209); wird er in den Vertrag als Werklohnvereinbarung einbezogen, dann gilt § 649 nicht, denn es besteht dann kein Grund, dem Besteller eine Kündigung zu erleichtern. **b)** Die Überschreitung muss **wesentlich** sein, dh die 3
Endkosten müssen die Summe des Anschlags **erheblich** überschreiten; s. dazu Köhler NJW 1983, 1633. Auch darf die Kostensteigerung nicht durch nachträglich vom Besteller veranlasste Änderungen des Werks verursacht sein, da insoweit der Kostenanschlag nicht Geschäftsgrundlage sein konnte. **c)** Das Werk darf noch nicht 4
abgenommen sein (Grüneberg/Retzlaff Rn. 5).

3. Folgen. Es treten die gleichen Folgen wie bei einer Kündigung nach § 648 5
ein (→ § 648 Rn. 3 ff.), doch wird durch Verweisung auf § 645 I die Verpflichtung des Bestellers beschränkt auf Leistung einer Teilvergütung und Ersatz der darin nicht inbegriffenen Auslagen (s. zur Berechnung → § 645 Rn. 8); § 648 S. 3 hat hier keine Entsprechung.

4. Anzeige (II). Sie soll Besteller informieren und Entscheidung ermöglichen. 6
a) Schadensersatzanspruch bei Verletzung geht auf Wiederherstellung des Zustandes, der bei rechtzeitiger Anzeige entstanden wäre – regelmäßig hätte der Besteller gekündigt und deshalb nur noch den nach I iVm § 645 I geschuldeten Teil seiner Verpflichtung zu erfüllen gehabt. Nach OLG Frankfurt a. M. OLGZ 1984, 198 zum alten Recht Freistellungsanspruch bzgl über Kostenanschlag hinausgehender Vergütungspflicht; Einzelheiten str., s. Köhler NJW 1983, 1634; Werner FS Korbion, 1986, 476. § 254 bleibt jedoch anwendbar, falls der Besteller die zu erwartende Überschreitung kennen musste. **b)** Bei positiver Kenntnis fehlt bereits der 7
Kausalzusammenhang zwischen unterlassener Anzeige und Schaden. Anzeigepflicht auch bei Kostenüberschreitung auf Grund Weisungen des Bestellers.

5. Konkurrenz. a) Bei Irrtum des Bestellers bezüglich der Kosten bleiben die 8
allg. Anfechtungsregeln anwendbar (zum Kalkulationsirrtum → § 119 Rn. 10); bei Täuschung durch den Unternehmer kann nach § 123 I angefochten werden. **b)** Eine 9
schuldhaft falsche Kostenschätzung durch den Unternehmer vor Vertragsschluss kann cic sein (OLG Frankfurt a. M. NJW-RR 1989, 210), s. § 311 II, evtl auch Delikt (§§ 826, 823 II iVm 263 StGB). Zur Haftung des Architekten für falsche Kostenschätzung → § 631 Rn. 6; Rspr. zur aF in ZfBR 1982, 161.

§ 650 Werklieferungsvertrag; Verbrauchervertrag über die Herstellung digitaler Produkte

(1) [1]Auf einen Vertrag, der die Lieferung herzustellender oder zu erzeugender beweglicher Sachen zum Gegenstand hat, finden die Vorschriften über den Kauf Anwendung. [2]§ 442 Abs. 1 Satz 1 findet bei diesen Verträgen auch Anwendung, wenn der Mangel auf den vom Besteller gelieferten Stoff zurückzuführen ist. [3]Soweit es sich bei den herzustellenden oder zu erzeugenden beweglichen Sachen um nicht vertretbare Sachen handelt, sind auch die §§ 642, 643, 645, 648 und 649 mit der Maßgabe anzuwenden, dass an die Stelle der Abnahme der nach den §§ 446 und 447 maßgebliche Zeitpunkt tritt.

(2) [1]Auf einen Verbrauchervertrag, bei dem der Unternehmer sich verpflichtet,
1. digitale Inhalte herzustellen,
2. einen Erfolg durch eine digitale Dienstleistung herbeizuführen oder

3. einen körperlichen Datenträger herzustellen, der ausschließlich als Träger digitaler Inhalte dient,

sind die §§ 633 bis 639 über die Rechte bei Mängeln sowie § 640 über die Abnahme nicht anzuwenden. [2]An die Stelle der nach Satz 1 nicht anzuwendenden Vorschriften treten die Vorschriften des Abschnitts 3 Titel 2a. [3]Die §§ 641, 644 und 645 sind mit der Maßgabe anzuwenden, dass an die Stelle der Abnahme die Bereitstellung des digitalen Produkts (§ 327b Absatz 3 bis 5) tritt.

(3) [1]Auf einen Verbrauchervertrag, bei dem der Unternehmer sich verpflichtet, einen herzustellenden körperlichen Datenträger zu liefern, der ausschließlich als Träger digitaler Inhalte dient, sind abweichend von Absatz 1 Satz 1 und 2 § 433 Absatz 1 Satz 2, die §§ 434 bis 442, 475 Absatz 3 Satz 1, Absatz 4 bis 6 und die §§ 476 und 477 über die Rechte bei Mängeln nicht anzuwenden. [2]An die Stelle der nach Satz 1 nicht anzuwendenden Vorschriften treten die Vorschriften des Abschnitts 3 Titel 2a.

(4) [1]Für einen Verbrauchervertrag, bei dem der Unternehmer sich verpflichtet, eine Sache herzustellen, die ein digitales Produkt enthält oder mit digitalen Produkten verbunden ist, gilt der Anwendungsausschluss nach Absatz 2 entsprechend für diejenigen Bestandteile des Vertrags, welche die digitalen Produkte betreffen. [2]Für einen Verbrauchervertrag, bei dem der Unternehmer sich verpflichtet, eine herzustellende Sache zu liefern, die ein digitales Produkt enthält oder mit digitalen Produkten verbunden ist, gilt der Anwendungsausschluss nach Absatz 3 entsprechend für diejenigen Bestandteile des Vertrags, welche die digitalen Produkte betreffen.

Lit.: Bräutigam/Rücker, Softwareerstellung und § 651 BGB, CR 2006, 361; Fischer, Umsatzrealisationszeitpunkt bei Werklieferungsverträgen nach der Schuldrechtsreform, BB 2004, 657; Hagen, Der neue Warenlieferungsvertrag, JZ 2004, 713; Klinck, Der Einfluss des § 651 BGB auf das Eigentum am Werk, JR 2006, 1; Koch, Macht Parametrisierung Standardsoftware zur unvertretbaren Sache?, ITRB 2004, 13; Konopka/Acker, Schuldrechtsmodernisierung – Anwendungsbereich des § 651 BGB im Bau- und Anlagenbauvertrag, BauR 2004, 251; Leistner, Die richtige Auslegung des § 651 BGB im Grenzbereich von Kaufrecht und Werkvertragsrecht, JA 2007, 88; Metzger, Der neue § 651 BGB, AcP 204, 231; Mankowski, s. Vor § 631; Müller-Hengstenberg, Vertragstypologie der Computersoftwareverträge, CR 2004, 161; Nitschke, Das bewegliche Fußballstadion, BauR 2004, 1340; Redeker, Softwareerstellung und § 651 BGB, CR 2004, 88; Roth, s. Vor § 631; Schmidl, Softwareerstellung und § 651 BGB, MMR 2004, 590; Schuhmann, Werkvertrag oder Kaufvertrag – § 651 BGB im Lichte der Verbrauchsgüterkaufrichtlinie, ZGS 2005, 250; ders., Formularverträge im Grenzbereich von Kauf- und Werkvertragsrecht, JZ 2008, 115; Schweinoch/Roas, Paradigmenwechsel für Projekte: Vertragstypologie der Neuerstellung von Individualsoftware, CR 2004, 326; Ulbrich/Ulbrich, Probleme der kaufmännischen Rügepflicht bei Werklieferungsverträgen in Verbindung mit Bauwerken, FS Thode, 2005, 181.

1 **1. Voraussetzungen. a)** § 650 entspricht ohne Änderung § 651 BGB aF. Zum 1.1.2018 (→ Vor § 631 Rn. 1) wurde lediglich die Nummerierung der Norm geändert. Das SchRModG hat den Werklieferungsvertrag aF entfallen lassen (insoweit in teils überschießender [krit. Roth JZ 2001, 546] Umsetzung der VerbrGüKauf-RiLi, s. Mankowski MDR 2003, 854 f.; zur richtlinienkonformen Auslegung s. Metzger AcP 204, 253 ff.). § 650 erfasst nur Verträge über **bewegliche Sachen,** also alle körperlichen Gegenstände (§ 90), die nicht Grundstück oder Grundstücksbestandteil (§§ 93 f.) sind. Verträge über Herstellung eines Bauwerks und Arbeiten am **Grundstück** fallen daher nicht unter § 650 (BGH NJW 2006, 904; 06, 2551; *OLG* Düsseldorf BauR 2005, 1636: Ausbau-, Fertighaus; zur Vertragstypisierung grundstücksbezogener Leistungen sa Schuhmann ZGS 2005, 250; zum Einbau beweglicher Sachen in Bauwerke und zu Scheinbestandteilen iSv § 95 s. Mankowski MDR 2003, 856; Metzger AcP 204, 263; Knopka/Acker BauR 2004, 251, je mN zum Streitstand). Verträge über **geistige** und **künstlerische Leistungen** (zB Auftragsoper, Gutachten, Drehbuch, Buchführungsunterlagen, Theateraufführung,

Architektenwerk, Designentwurf, individuelles Kunstwerk wie Portrait, Skulptur usw) fallen auch dann nicht unter § 650, wenn die Leistungsergebnisse schriftlich oder sonst verkörpert sind. Grund: Vertragsprägend ist geistige bzw. künstlerische Leistung. Bei Verträgen über Massenproduktion (also nicht, wenn Künstler limitierte Auflage von Lithographien herstellt) der Verkörperung solcher Werke (zB Poster von Portraitstudie, Grüneberg/Retzlaff Rn. 7: Porzellanfiguren in Serie) ist Schwerpunkt nicht mehr die geistige Leistung, sondern die Massenfabrikation. Sie sind Verträge über Sachherstellung und unterfallen § 650. Gleiches gilt für **Herstellung von Medikamenten in Krankenhausapotheke** (BGH NJW-RR 2021, 342 Rn. 17 [dabei von Patienten und einem Krankenhaus bezüglich der Herstellung und Lieferung von Zytostatika getroffenen Vergütungsvereinbarungen sind regelmäßig als Bruttopreisabreden zu werten]; NJW 2019, 2299 Rn. 21 f.). Herstellung von **Individualsoftware** ist Werkvertrag (BGH NJW 2001, 1719; 2004, 782); zu Verträgen über Softwareerstellung s. noch Bräutigam/Rücker CR 2006, 361. Auf die **Herstellung vertretbarer Sachen** (→ § 91 Rn. 1: nach Verkehrsanschauung austauschbar, s. BGH NJW 1971, 1793: nicht, wenn individuell auf Besteller zugeschnitten) findet – wie nach § 651 aF – Kaufrecht ohne Ergänzungen Anwendung (sog. Lieferungskauf); auf Herstellung und Lieferung **unvertretbarer Sachen** Kaufrecht mit ergänzenden Vorschriften des Werkvertragsrechts (s. BGH BB 2010, 1561; s. aber auch NJW-RR 2011, 1240 zu § 651 aF). Kaufvertragsrecht ist auf alle Verträge (auch **zwischen Unternehmen**) über Lieferung herzustellender und erzeugender beweglicher Sachen anzuwenden, auch wenn sie Planungsleistungen umfassen, sofern diese nicht den Schwerpunkt des Vertrags bilden, sonst Werkvertragsrecht (BGH NJW 2009, 2877). **Erzeugung** ist tierische und pflanzliche Produktion; sie steht der Sachherstellung gleich. **Abgrenzung:** Neuherstellung fällt unter § 650; Arbeit an Sache, die nicht Neuherstellung bedeutet: Werkvertrag (OLG Koblenz NZV 2016, 89: Einbau eines Austauschmotors). Ist Sache bereits neuhergestellt oder ist Anfertigung der Sache nicht (Auslegungsfrage, §§ 133, 157) Vertragsgegenstand (zB Subskriptionskauf eines noch zu bindenden Buchs): Kaufrecht. Ob Neuherstellung vorliegt, ist entsprechend § 950 (→ § 950 Rn. 3) zu beurteilen: Entscheidend sind wirtschaftliche Gesichtspunkte und Verkehrsanschauung. § 650 setzt weiter voraus, dass Besteller nicht bereits **Eigentümer** der Sache ist und Eigentumsverschaffung schuldet (ua BeckOK BGB/Voit Rn. 8 ff.; Grüneberg/Retzlaff Rn. 5), denn § 650 geht von Übereignungspflicht des Unternehmers („Lieferung") aus, die er nicht hat, wenn Besteller bereits Eigentümer ist. Daher: Falls Verarbeitung bestellereigenen Materials zu Eigentum des Unternehmers führt, ist § 650, nicht Werkvertragsrecht anzuwenden. Falls Verarbeitung zu Eigentum des Bestellers führt, greift § 650 nicht, sondern Werkvertragsrecht. Dazu, ob der Unternehmer bei Verarbeitung von **bestellereigenem Material** zur neuen Sache Eigentümer nach § 950 wird, → § 950 Rn. 8 aE (bisherige hM: nein, vielmehr Besteller; aA vor dem Hintergrund des durch das SchRModG neu gefassten § 651 aF = § 650: Röthel NJW 2005, 628 f.; sa Hagen JZ 2004, 716 ff.; abl. dazu Klinck JR 2006, 1). Von § 650 **abweichende Vereinbarungen** sind im Rahmen der zwingenden Normen (zB § 475) des sonst nach § 650 eigentlich bestimmten Vertragstypus möglich (sa Grüneberg/Retzlaff Rn. 4; Schuhmann JZ 2008, 115). **b)** Das **Pflichtenprogramm** des Herstellers bestimmt sich nach §§ 433 I, 434, 435. Rechte des Bestellers bei Pflichtverletzungen des Lieferanten: § 437; der Besteller ist nach § 433 II zur Abnahme und Kaufpreiszahlung verpflichtet. Zur Haftung für Werbeaussagen nach §§ 650, 434 I 3 s. Mankowski MDR 2003, 860. **c)** Ist der Besteller/Käufer **Verbraucher,** dann gelten ergänzend §§ 474 ff. (ohne §§ 478 f., s. Mankowski MDR 2003, 858). Mangels planwidriger Regelungslücke kein **Rückgriff des Unternehmers** auf den Lieferanten analog § 478 II, wenn ein Werkvertrag zwischen einem Unternehmer und einem Verbraucher am Ende der Lieferkette steht (BGH BeckRS 2013, 15325 Rn. 9 f.; Beispiel: Zuschnitt und Verlegen von mangelhaften Parkettstäben, die Unternehmer von Lieferant erwarb; ebenso Lorenz LMK 2014, 359378; Witt NJW 2014, 2156 [2157]; Analogie nicht erwogen von BGH NJW 2014, 2183

2

3

Rn. 38) **d)** Für **Bauwerk** herzustellende Fertigteile: Kauf (BGH NJW 2009, 2877: Zweckbestimmung der Teile nicht maßgebend), obwohl evtl Eigentumserwerb nach § 946; sa OLG Düsseldorf NJW-RR 2002, 14; Grüneberg/Retzlaff Rn. 5: Ein Hausbausatzvertrag, bei dem die Lieferung des zum Selbsteinbau vorgesehenen Baumaterials im Vordergrund steht und der Lieferant zusätzlich lediglich die Erstellung der Pläne und der Statik übernimmt sowie zusagt, dass sein technischer Sachbearbeiter dem Erwerber bei der Bauausführung gerne beratend zur Seite stehe, ist ein Kaufvertrag mit werkvertraglichen Zusatzleistungen.

4 **2. Mängelhaftung des Herstellers/Verkäufers (S. 2).** Im Falle eines Mangels des vom Besteller gelieferten Stoffes entfällt sie nach S. 2 entsprechend § 442 I 1. § 637 I, III gelten nicht; Kaufrecht kennt keine Selbstvornahme und keinen Vorschussanspruch (s. BGH NJW 2005, 1350 mN, 3211; str., → § 439 Rn. 8; zur Kontroverse: Dauner-Lieb/Dötsch ZGS 2003, 250; Lorenz NJW 2003, 1417 ff.; ders. ZGS 2003, 398 f.). § 377 HGB anwendbar. Zur Einschaltung von **Erfüllungsgehilfen** → Vor § 631 Rn. 19.

5 **3. Ergänzend anzuwendende Werkvertragsvorschriften. S. 3** sieht Anwendung der §§ 642, 643, 645, 648, 649 auf die Lieferung nicht vertretbarer Sachen vor (Ausnahme Verbrauchsgüterkauf, § 474 II): **a) Nach S. 3 ist bei nicht vertretbaren Sachen** der Besteller zur Mitwirkung verpflichtet (arg. § 642); bei unterlassener Mitwirkung kann der Verkäufer/Unternehmer angemessene Entschädigung verlangen, wenn der Käufer dadurch in Abnahmeverzug kommt. Nach § 643 kann er auch Nachfrist mit Kündigungsandrohung setzen mit der Folge § 643 S. 2. Höhe
6 der Vergütung bei Aufhebung des Vertrages durch Fristablauf s. § 645 I 2. **b)** Beruht Untergang, Verschlechterung oder Unausführbarkeit des Werkes ursächlich auf Mangel des vom Käufer gestellten Stoffes oder seinen für die Werkausführung erteilten Anweisungen, kommt es zum Gefahrübergang, falls nicht der Unternehmer/Verkäufer diesen Umstand zu vertreten hat. Unternehmer hat jedoch nur Anspruch
7 auf Teilvergütung, § 645 I 1. **c)** Der Käufer einer herzustellenden nicht vertretbaren Sache kann jederzeit kündigen, schuldet dann aber den Preis abzüglich ersparter Aufwendungen oder anderweitigen Erwerbs des Unternehmers/Verkäufers, § 648
8 S. 2. **d)** Ein Kostenanschlag ist grundsätzlich unentgeltlich (s. § 632 III), doch gibt Überschreitung dem Käufer ein Kündigungsrecht ohne volle Vergütung, dh nur Teilvergütung nach § 649, 645 I 1, S. 3. Anzeigepflicht des Verkäufers/Unternehmers: § 649 II.

9 **4. Verjährung.** Lieferansprüche Käufer §§ 195, 199 I, IV, Gewährleistungsansprüche § 438, evtl § 479; Ansprüche gegen Sonderfachleute, die Herstellung von Baumaterial, herzustellende Fertigteile (→ Rn. 3) usw planen und überwachen, sollten in § 634a I Nr. 2 entspr. erweiternder Auslegung des § 438 I Nr. 2 in 5 Jahren ab Abnahme *ihrer* Leistung verjähren, s. Mansel (Lit. vor § 634a) 170. Ansprüche des Verkäufers/Unternehmers §§ 195, 199 I, IV.

10 **5. Verbrauchervertag über die Herstellung digitaler Produkte (II-IV). a) Allgemeines.** II-IV gelten seit 1.1.2022. Sie sind nach Art. 229 § 57 I, II EGBGB auf die Verträge anzuwenden, bei denen die Bereitstellung der herzustellenden digitalen Produkte für die Zeit nach dem 31.12.2021 geschuldet ist. Die Vorschriften beruhen auf DI-RiLi-UG (→ Vor § 327 Rn. 2 ff.; dazu L. Bittner VuR 2022, 9; M. Stürner JURA 2022, 159), das DI-RiLi umsetzt. Der bis zum 31.12.2021 geltende Text des § 650 aF wurde dessen erster Absatz in der ab dem 1.1.2022 geltenden Fassung. Die Überschrift von § 650 BGB ist neu gefasst. Mit der neuen Formulierung „Werklieferungsvertrag" wird der Geltungsbereich der bisherigen Vorschrift (jetzt: I) zusammengefasst. Die Bezeichnung „Verbrauchervertrag über die Herstellung digitaler Produkte" beschreibt den Regelungsgegenstand der neu eingefügten Absätze II-IV (BT-Drs. 19/27653, 86). Nach ErwG 12 DI-RiLi lässt RiLi „die Rechtsnatur von Verträgen über die Bereitstellung digitaler Inhalte oder digitaler Dienstleistungen" unberührt. Die „Klärung der Frage, ob solche Verträge beispiels-

weise einen Kauf-, Dienstleistungs- oder Mietvertrag oder einen Vertrag sui generis darstellen", soll nach nationalem Recht erfolgen (BT-Drs. 19/27653, 37 f.). II-IV sind **halbzwingend** (→ Rn. 16). **b) Anwendungsbereich.** Nach → § 327 IV 11
sind §§ 327–327u auch auf Verbraucherverträge anzuwenden, die digitale Produkte zum Gegenstand haben, welche nach den Spezifikationen eines Verbrauchers entwickelt werden. **Doppelqualifikation:** Für Werkverträge iSVv → § 631 und Werklieferungsverträge iSv → I (→ Rn. 1–3) zwischen **Verbraucher** iSv § 13 als Besteller und **Unternehmer** iSv § 14 als Werkunternehmer, welche die **Herstellung digitaler Produkte** zum Gegenstand haben und zugleich Voraussetzungen der → §§ 327 ff. erfüllen (→ § 611 Rn. 1, → vor § 631 Rn. 7a), regeln II-IV das anwendbare Gewährleistungsrecht und die Bedeutung der Abnahme sowie das Verhältnis des Abschnitts 3 Titel 2a (§§ 327–327u) zum Werkvertragsrecht (§§ 631–650). Folgende **werkvertragliche Leistungen,** zu denen der Unternehmer sich gegenüber einem Verbraucher verpflichten kann, fallen in den Anwendnungsbereich der II-IV: **aa)** Herstellung digitaler Inhalte (→ § 327 1 1 Alt. 1), **bb)** Herbeiführung eines Erfolgs durch eine digitale Dienstleistung (→ § 327 I 1 Alt. 2), **cc)** Herstellung eines körperlichen Datenträgers, der ausschließlich als Träger digitaler Inhalte dient (→ § 327 V), **dd)** Lieferung eines herzustellenden körperlichen Datenträgers, der ausschließlich als Träger digitaler Inhalte dient (Werklieferungsvertrag → § 327 V), **ee)** Herstellung einer Sache, die ein digitales Produkt enthält oder mit ihr verbunden ist (→ § 327a II), **ff)** Lieferung einer herzustellenden Sache, die ein digitales Produkt enthält oder mit ihr verbunden ist (Werklieferungsvertrag → § 327a II). **c) Verhält-** 12
nis Werkvertragsrecht zu §§ 327 ff. (II). (S. dazu BT-Drs. 19/27653, 87). In den Konstellationen b) aa) – cc) (→ Rn. 11) gelten die §§ 631 ff. II regelt für diese Konstellationen das Verhältnis der §§ 633–640 zu den §§ 327 ff. Danach sind gem. **II 1** die §§ 633 bis 639 (Mängelgewährleistung) sowie § 640 (Abnahme) nicht anzuwenden auf einen Verbrauchervertrag, bei dem der Unternehmer sich verpflichtet, digitale Inhalte herzustellen (**II 1 Nr. 1**), einen Erfolg durch eine digitale Dienstleistung herbeizuführen (**II 1 Nr. 2**) oder einen körperlichen Datenträger, der ausschließlich als Träger digitaler Inhalte dient, herzustellen (**II 1 Nr. 3**). Insoweit gelten stattdessen §§ 327–327u, insbes. die Gewährleistungsregeln der → §§ 327d bis 327n. § 640 findet keine Anwendung, da insoweit Unternehmer nach → § 327k die Beweislast für einen Zeitraum von einem Jahr nach der Bereitstellung des digitalen Produkts trägt. Nach **II 3** sind die auf die Abnahme abstellenden §§ 641, 644, 645 mit der Maßgabe anzuwenden, dass an die Stelle der Abnahme die Bereitstellung des digitalen Produkts (→ § 327b III-V) tritt. **d) Verhältnis Werklieferungsver-** 13
tragsrecht zu §§ 327 ff. (III). (S. dazu BT-Drs. 19/27653, 87 f.). III betrifft das Verhältnis des Werkvertragsrechts (**I**) zu §§ 327–327u für einen Verbrauchervertrag, bei dem der Unternehmer sich verpflichtet, einen herzustellenden körperlichen Datenträger, der ausschließlich als Träger digitaler Inhalte dient, zu liefern (Werklieferungsvertrag). Da es sich bei einem solchen Datenträger um eine bewegliche Sache handelt, sind auf ihn gem. I grundsätzlich die Vorschriften über den Kauf anzuwenden. Konkurrenzverhältnis zum §§ 327–327u entspricht daher dem in → § 475a I (→ § 475a Rn. 4) für den Verbrauchsgüterkaufvertrag geregelten, der einen ausschließlich als Träger digitaler Inhalte dienenden körperlichen Datenträger *zum Gegenstand hat.* ***III*** sieht deshalb ebenfalls vor, dass anstelle der §§ 433 I 2, 434 bis 442, 475 III 1, IV-VI, 476 und 477 die §§ 327–327u anzuwenden sind. **e)** 14
Sonderregelung hinsichtlich zu Sachen gehörender digitalen Produkte (IV). (S. dazu BT-Drs. 19/27653, 88). IV gilt seit 1.1.2022 und ist nach Art. 229 § 57 I, II EGBGB auf die Verträge anzuwenden, bei denen die Bereitstellung der digitalen Dienstleistung für die Zeit nach dem 31.12.2021 geschuldet ist. IV beruht auf DI-RiLi-UG (→ Vor § 327 Rn. 2 ff.) **aa) Werkvertrag.** IV ergänzt → § 327a II. Verpflichtet sich Unternehmer gegenüber Verbraucher nach § 631, eine Sache herzustellen, die digitale Produkte enthält oder mit digitalen Produkten verbunden ist, gilt **II** entsprechend, sofern die Herstellungsverpflichtung sich auf die Sache und das digitale Produkt bezieht (doppelte Herstellungsverpflichtung, s. Gansmeier/

Kochendörfer ZfPW 2022, 1, 34 f.) Nach § 327a II 2 gilt II aber ausschließlich für
15 die Gewährleistungsrechte betreffend das digitale Produkt. **bb)** Für den **Werklieferungsvertrag,** bei dem der Unternehmer sich verpflichtet, eine herzustellende Sache zu liefern, die digitale Produkte enthält oder mit digitalen Produkten verbunden ist, gilt III entsprechend, aber gem. § 327a II 2 nur betreffend die Mängelrechte
16 hinsichtlich des digitalen Produkts. **f) Abweichende Vereinbarungen.** Nach → § 327s sind abweichende Vereinbarungen hinsichtlich der Anwendung der §§ 327–327r zu Lasten des Verbrauchers eingeschränkt. Soweit II-IV auf §§ 327–327s verweisen, gilt § 327s auch für die Verträge iSv II-IV.

Kapitel 2. Bauvertrag

Vorbemerkungen

Lit. (zur neuen Gesetzeslage): Breitling, Abnahme und Zustandsfeststellung nach neuem Recht, NZBau 2017, 393; Glöckner, Bauverträge im Bürgerlichen Gesetzbuch, JZ 2020, 63; Illmer, Warum nur Bauverträge?, ZRP 2017, 122; Jochem, Vorauseilender Gehorsam der Gerichte schon vor Inkrafttreten der Bauvertragsrechtsreform?, NZBau 2017, 346; Kuhn, Das künftige Recht der Architekten und Ingenieure auf Teilabnahme nach § 650r-E, ZfBR 2017, 211; Magnus, Das Widerrufsrecht beim Verbraucherbauvertrag, JZ 2019, 224; Motzke, Der Reformgesetzgeber am Webstuhl des Architekten- und Ingenieursrechts, NZBau 2017, 251; Motzke, Hintergründe und Rechtsfolgen zweier unterschiedlicher Bauvertrag-Legaldefinitionen, NZBau 2017, 515; Omlor, Der neue Verbraucherbauvertrag, NJW 2018, 817; von Rintelen, Die Preisfortschreibung nach § 2 V und VI VOB/B im Lichte des neuen Bauvertragsrechts, NZBau 2017, 315; Vogel, § 650 f. VI BGB und die Erosion des Verbraucherschutzes, BauR 2020, 388; Werner/Tschäpe, Die Zustandsfeststellung nach Abnahmeverweigerung gemäß § 650g-E, ZfBR 2017, 419.

Lit. (mit Bezug zur Covid-19-Pandemie): Brübach, § 6 Bauvertrag, in: Schmidt, COVID-19, Rechtsfragen zur Corona-Krise, 1. Aufl. 2020; Christiansen, Coronabedingte Ausführungs- und Verwendungshindernisse im Bauvertrag, ZfBR 2020, 428; Hänsel, Baurechtliche Auswirkungen der Corona-Krise, NJW-Spezial 2020, 236; Koblizek/Finke, Auswirkungen der Corona-Krise auf Bauverträge, NZBau, 2020, 279; Krebs, Entschädigungsansprüche des Unternehmers aus § 642 BGB bei Bauablaufstörung im Covid-19-Pandemiefall, ZfBR 2020, 434; Tomic, Auswirkungen von Corona – Pandemiebedingte Risikoanalyse und Neubewertung im privaten Baurecht, ZfBR 2020, 419; Tschäpe, ZfBR 2020, 438 (mit konkreten Klauselvorschlägen für die Gestaltungspraxis); Weiser, Das Coronavirus und seine Auswirkungen auf den Bauablauf, NZBau 2020, 203.

1 Kapitel 2 umfasst die §§ 650a–650h. Sie regeln erstmals den **Bauvertrag.** Sie wurden durch das Gesetz zur Reform des Bauvertragsrechts, zur Änderung der kaufrechtlichen Mängelhaftung, etc vom 28.4.2017 (BGBl. 2017 I 969; Schlussempfehlung und Bericht des Rechtsausschusses: BT-Drs. 18/11437; Regierungsentwurf: BT-Drs. 18/8486) in das BGB eingestellt. Sie gelten für Verträge, die am oder nach dem **1.1.2018** abgeschlossen wurden (→ Vor § 631 Rn. 1). **Zweck** der Neuregelung: Detailregelungen für die komplexen, auf eine längere Erfüllungszeit angelegten Bauverträge sollen geschaffen werden (BT-Drs. 18/8486 S. 1, 26). Zum Verbraucherbauvertrag → 650i. In Kapitel 2 wurden die bisher im allgemeinen Werkvertragsrecht verstreuten Vorschriften zum Bauvertrag (§ 648 I aF, § 648a aF zur Sicherungshypothek des Bauhandwerkers und zur Bauhandwerkersicherung, jetzt §§ 650e, 650f) zusammengefasst. Neu sind eine Definition des Bauvertrags (§ 650a), Regelungen zum Anordnungsrecht des Bestellers (§ 650b) sowie Vorgaben für die Preisberechnung bei Mehr- oder Minderleistungen (§ 650c). Mit § 650f werden *Regelungen* über die Zustandsfeststellung in dem Fall, dass die Abnahme verweigert wird, getroffen. § 650g normiert ein generelles Schriftformerfordernis für die Kündi-
2 gung von Bauverträgen (BT-Drs. 18/8486 S. 1, 52). Für **Bauverträge** gelten die §§ 650a–650h **allgemein.** Soweit diese keine Regelung enthalten, gelten die §§ 631–650 **subsidiär.** Die §§ 650a–650h, subsidiär die §§ 631–650 gelten für **Verbraucherbauverträge** (→ § 650i), sofern nicht die §§ 650i–650n speziellere Rege-

…n vorsehen. Zur Geltung der §§ 650a–650h bei **Bauträgerverträgen** § 650u, bei **Architekten- und Ingenieurverträgen** → § 650q. In der Ver- 3
…ragspraxis wird für die meisten Bauverträge die Geltung der Musterbedingungen der Vergabe- und Vertragsordnung für Bauleistungen (**VOB) – Teil B** – (VOB/B) (→ Vor § 631 Rn. 9) vereinbart. Das Regelungswerk der VOB ist detaillierter als das der §§ 650a ff. iVm §§ 631 ff. Die VOB/B ist gemäß § 310 I 1, 3 in der Inhaltskontrolle gegenüber anderen Allgemeinen Geschäftsbedingungen privilegiert, da §§ 307 I, II, 308 Nr. 1a und 1b auf Verträge, die die VOB/B insgesamt einbezogen haben, in Bezug auf eine Inhaltskontrolle einzelner Bestimmungen nicht anzuwenden sind. Die §§ 650a ff. verdrängen die VOB/B nur, soweit §§ 650a ff. zwingend sind, von ihnen also nicht durch Vereinbarung abgewichen werden kann. Unabdingbarkeit regelt insoweit → § 650o. Soweit die VOB/B der Inhaltskontrolle der §§ 307 ff. unterliegt (zu den Grenzen → § 310 I 3), stellen die §§ 650a ff. das **neue gesetzliche Leitbild** iSv § 307 II Nr. 1 dar.

§ 650a Bauvertrag

(1) [1]**Ein Bauvertrag ist ein Vertrag über die Herstellung, die Wiederherstellung, die Beseitigung oder den Umbau eines Bauwerks, einer Außenanlage oder eines Teils davon.** [2]**Für den Bauvertrag gelten ergänzend die folgenden Vorschriften dieses Kapitels.**

(2) **Ein Vertrag über die Instandhaltung eines Bauwerks ist ein Bauvertrag, wenn das Werk für die Konstruktion, den Bestand oder den bestimmungsgemäßen Gebrauch von wesentlicher Bedeutung ist.**

Lit.: S. Vor § 650a.

1. Allgemeines. Die §§ 650a–650h gelten nur für Bauverträge. **I 1** gibt eine 1
Legaldefinition des Bauvertrags. Sie orientiert sich an der bisherigen Rspr. zum Begriff des Bauwerks iSv § 634a I Nr. 2 und der Außenanlage iSv § 648a aF (BT-Drs. 18/8486 S. 52 f.). II bestimmt, wann Instandshaltungsverträge Bauverträge sind. Art. 240 § 1 EGBGB bisherige Fassung (→ Art. 240 § 1 EGBGB nF) regelte ein **COVID-19**-bedingtes temporäres **Leistungsverweigerungsrecht** (→ § 611 Rn. 1). Art. 240 EGBGB bisherige Fassung wurde mWv 1.10.2022 durch Ges. v. 27.3.2020 (BGBl. I S. 569) aufgehoben. Es galt auch bei Bauverträgen mit Dauerschuldcharakter (jurisPK-BGB/Berg Art. 240 § 1 EGBGB Rn. 13), sofern die Voraussetzungen des Art. 240 § 1 EGBGB bisheriger Fassung erfüllt waren. Es bedurfte daher eines Bauvertrags, der ein wesentliches Dauerschuldverhältnis iSv Art. 240 § 1 I (für Verbraucher), II (für Kleinstunternehmer) EGBGB bisheriger
Fassung ist. **Normzweck:** Bestimmung des Anwendungsbereichs der §§ 650a– 2
650h.

2. Bauvertrag. Bauwerk (I 1) wie § 634a I Nr. 2 → § 634a Rn. 7 (BT-Drs. 18/ 3
8486 S. 53). **Außenanlage** (wie § 648a aF) (I 1): Nicht lediglich Arbeiten außerhalb 4
eines Bauwerks, sondern Arbeiten an einer Außenanlage. Das sind Grundstücksflächen, die einem bestimmten Zweck dienen und dazu in besonderer Weise hergerichtet *sind, wodurch das* Grundstück in bestimmter Weise gestaltet wird. Darauf, ob die Anlage in einen Zusammenhang mit einem Bauwerk steht (was aber häufig der Fall ist) oder nicht, kommt es nicht notwendig an (BT-Drs. 18/8486 S. 67). Arbeiten an Außenanlage müssen Arbeiten am Bauwerk im weitesten Sinne **vergleichbar** sein (BGH NJW-RR 2005, 750; OLG Köln BeckRS 2014, 21849 Rn. 37), also eine gewisse Wesentlichkeit erlangen. Nicht jede Vereinbarung über Arbeiten an einem Grundstück ist daher als Bauvertrag über eine Außenanlage zu qualifizieren, sondern nur die Herstellung, die Wiederherstellung, die Beseitigung oder der Umbau einer Anlage sowie deren gestalterische Planung. Dies ist etwa bei der Planung, Einrichtung oder Umgestaltung eines Gartens, eines Parks, eines Teichs oder eines Dammes der Fall. Daher kann auch eine Freianlage iSv § 39 HOAI als

Außenanlage iSv § 650a qualifiziert werden (BT-Drs. 18/8486 S. 67), ebenso zB bei Verkehrsanlagen, Brücken oder Tunnel. Auch: Photovoltaikanlage (BGH VII. Senat BeckRS 2016, 11657; aA BGH VIII. Senat NJW 2014, 845, beide zu § 634a).

5 Erfasst: **Werkleistung,** die an der Substanz des Bauwerks oder seiner Teile bzw. der Außenanlage vorgenommen wird. Arbeiten zur Planung (→ § 650p) oder Errichtung der Anlage bzw. des Bauwerks können ebenso darunter fallen (BGH NJW-RR 2005, 750) wie etwa Gartengestaltung, Erdarbeiten, Entwässerung etc (BT-Drs. 12/4526 S. 10). Genauer Unterscheidung nach der Art der Werkleistung (Herstellung, Wiedererrichtung, Beseitigung, Umbau) bedarf es daher im Einzelfall nicht: **Herstellung** → § 634a Rn. 8. **Wiedererrichtung:** erneute Herstellung eines früher vorhandenen Bauwerks. **Beseitigung:** Abriss eines Bauwerks. **Umbau:** Umgestaltung eines Bauwerks. Entspricht HOAI 3 Nr. 5. Danach sind Umbauten Umgestaltungen eines vorhandenen Objekts mit wesentlichen Eingriffen in Konstruktion und Bestand. § 3 Nr. 6 HOAI kann auch Modernisierungen erfassen (BT-Drs. 16/

6 511 S. 15). **II:** Vertrag über die Instandhaltung eines **Bauwerks** fällt unter § 650a; nach dem Normtext ist Instandhaltung einer **Außenanlage** nicht erfasst. **Instandhaltung:** Arbeiten, die zur Erhaltung des Soll-Zustandes des Bauwerks dienen. Instandhaltung setzt voraus, dass das Werk für die Konstruktion, den Bestand oder den bestimmungsgemäßen Gebrauch des Bauwerks von **wesentlicher** Bedeutung ist, da allein dann Instandhaltungsvertrag nach Art und Umfang der Werkleistungen den Werkleistungen iSv I entspricht (BT-Drs. 18/8486 S. 53). Wesentliche Bedeutung bei Pflege-, Wartungs- und Inspektionsleistungen, die der Erhaltung und/oder der Funktionsfähigkeit des Bauwerks dienen, etwa Inspektion von Brücken, Pflege und Wartung von tragenden oder sonst für den Bestand eines Bauwerks wichtigen

7 Teilen (BT-Drs. 18/8486 S. 53). **I** erfasst auch Arbeiten an **Teilen** von Bauwerken bzw. Außenanlagen und ebenso **Teilleistungen** iSv Rn. 6 ff. Teilleistung sind typisch für Bauvorhaben, die oft aus verschiedenen Gewerken bestehen. Gleiches gilt nach **II** auch für die **Instandhaltung** von Bauwerken oder (entsprechend I) von Bauwerksteilen. Bsp. Instandhaltung eines Kühllagers in einem Bauwerk.

8 **3. Geltung der allgemeinen Werkvertragsrechtsregeln. §§ 631–650** gelten **subsidiär** zu den §§ 650a–650h → Vor § 650a Rn. 2. **Unternehmerpflichten:** s. zum **Erfüllungsort** bei Bauvertrag → § 631 Rn. 1. Nebenleistungspflichten des Unternehmers zur **Prüfung, Aufklärung, Überwachung** → § 631 Rn. 5; zur **Ermittlung der Bausumme** → § 631 Rn. 6; zur **Durchsetzung abgetretener Gewährleistungsansprüche** gegen die Bauhandwerker → § 631 Rn. 6; zu **nachvertraglichen Aufklärungs- und Betreuungspflichten** → § 631 Rn. 11; zur **Erstattung** versehentlich durch den Besteller gezahlter Bauabzugssteuer → § 631 Rn. 11; zu **Schutz- und Sicherungspflichten** → § 631 Rn. 12, 24). **Bestellerpflichten:** zur **Vergütungspflicht** → § 632 Rn. 13 f.; zur Vergütungsgesamtschuld → § 631 Rn. 21.

§ 650b Änderung des Vertrags; Anordnungsrecht des Bestellers

(1) [1]Begehrt der Besteller

1. eine Änderung des vereinbarten Werkerfolgs (§ 631 Absatz 2) oder
2. eine Änderung, die zur Erreichung des vereinbarten Werkerfolgs notwendig ist,

streben die Vertragsparteien Einvernehmen über die Änderung und die infolge der Änderung zu leistende Mehr- oder Mindervergütung an. [2]Der Unternehmer ist verpflichtet, ein Angebot über die Mehr- oder Mindervergütung zu erstellen, im Falle einer Änderung nach Satz 1 Nummer 1 jedoch nur, wenn ihm die Ausführung der Änderung zumutbar ist. [3]Macht der Unternehmer betriebsinterne Vorgänge für die Unzumutbarkeit einer Anordnung nach Absatz 1 Satz 1 Nummer 1 geltend, trifft ihn die Beweislast hierfür. [4]Trägt der Besteller die Verantwortung für die Planung des

Bauwerks oder der Außenanlage, ist der Unternehmer nur dann zur Erstellung eines Angebots über die Mehr- oder Mindervergütung verpflichtet, wenn der Besteller die für die Änderung erforderliche Planung vorgenommen und dem Unternehmer zur Verfügung gestellt hat. [5]Begehrt der Besteller eine Änderung, für die dem Unternehmer nach § 650c Absatz 1 Satz 2 kein Anspruch auf Vergütung für vermehrten Aufwand zusteht, streben die Parteien nur Einvernehmen über die Änderung an; Satz 2 findet in diesem Fall keine Anwendung.

(2) **[1]Erzielen die Parteien binnen 30 Tagen nach Zugang des Änderungsbegehrens beim Unternehmer keine Einigung nach Absatz 1, kann der Besteller die Änderung in Textform anordnen. [2]Der Unternehmer ist verpflichtet, der Anordnung des Bestellers nachzukommen, einer Anordnung nach Absatz 1 Satz 1 Nummer 1 jedoch nur, wenn ihm die Ausführung zumutbar ist. [3]Absatz 1 Satz 3 gilt entsprechend.**

Lit.: Althaus, Gesetzgebungsverfahren zum neuen gesetzlichen Bauvertragsrecht, Anordnungsrechte und Preisanpassung, BauR 2017, 412; Oberhauser, § 650b I BGB – Änderungen des Vertrags durch Einvernehmen der Parteien, NZBau 2019, 3; Orlowski, Das neue Anordnungsrecht des Bestellers, BauR 2017, 1427; Pioch, Der „vereinbarte Werkerfolg" in § 650b BGB und der funktionale Mangelbegriff des BGH, AcP 219, 703; Schranke/Keilmann, Das Anordnungsrecht des Bestellers und der Streit um die Vergütung, NZBau 2016, 333; Weise, Die einseitige Anordnung im neuen Bauvertragsrecht, NJW-Spezial 2017, 492.

1. Allgemeines, Normzweck. Norm führt einseitiges gesetzliches **Vertragsänderungsrecht** des Bestellers in das BGB ein. Ähnlich § 1 Absatz 3 und 4 VOB/B kann Besteller nach II einseitig Änderungen der vertraglichen Werkleistungen anordnen, wenn **Änderungseinigung** nach **I** ausbleibt. **Anordnungsrecht** nach **II** erlaubt einseitige Vertragsanpassung, wenn während der Ausführung des Baus Veränderungen erforderlich werden. Änderung können solche des vereinbarten Werkerfolgs **(I 1 Nr. 1)** oder solche, die zur Erreichung des vereinbarten Werkerfolgs notwendig sind **(I 1 Nr. 2),** sein. **Normzweck:** Anpassung des vertraglichen **Leistungsprogramms** während der Erfüllungsphase des Vertrags an neu entstandene oder neu erkannte sachliche Leistungsanforderungen. 1

2. Änderungsverlangen (I 1). Änderungsverlangen (I 1) des Bestellers ist empfangsbedürftige **Willenserklärung** (→ Vor § 104 Rn. 8). Änderung muss ausreichend **bestimmt** sein, um Rechtsfolge des II auszulösen. Änderungen nach I 1 Nr. 1 und Nr. 2 zielen darauf, das Leistungsprogramm zu verändern. 2 Änderung kann erforderlich werden, um **veränderten Werkerfolg** herbeizuführen **(I 1 Nr. 1):** Das meint Änderung der vertraglich geschuldeten Beschaffenheit (Grüneberg/Retzlaff Rn. 4), die sich im Endergebnis niederschlagen, zB Fenstergröße, Wandfarbe, Änderung des Raumzuschnitts. Grund für Änderungsbegehren des Bestellers ist irrelevant; zB ausreichend, dass sich die Vorstellungen des Bestellers geändert haben (zB Fliesen statt Wandputz gewollt) oder er bei der Planung Umstände, etwa unterzubringende Möbel oder sonstige Gegenstände, nicht berücksichtigt hat (BT-Drs. 18/8486 S. 53). 3 Änderung des **Herstellungsprogramms** dient dazu, den **vereinbarten und nicht veränderten Werkerfolg** zu erreichen **(I 1 Nr. 2).** Änderungen beziehen sich auf die geschuldeten Leistungen, die erforderlich sind, um vereinbarten Werkerfolg herzustellen. Veränderte Herstellungsweise zB infolge Änderungen der Rechtslage (zB andere Wärmedämmung vorgeschrieben) oder behördlicher Vorgaben (zB neue Genehmigungsauflagen) oder weil ursprüngliche Leistungsbeschreibung des Bestellers lücken- oder fehlerhaft ist und ihre Umsetzung deshalb nicht zur Herstellung eines funktionstauglichen Bauwerks führen würde. Anordnung kann dann ein Bedenkenhinweis des Unternehmers (→ § 631 Rn. 5) vorausgehen (BT-Drs. 18/8486 S. 53) (Bsp. Asbestfund in Bauphase verlangt erhöhte Sicherungsmaßnahmen). 4

3. Angebotspflicht (I 2). Pflicht des Unternehmers ein Angebot zur Änderung des Bauvertrags zum Zweck der Realisierung des Änderungsverlangens (I 2 5

→ Rn. 2 ff.) zu erstellen und dem Besteller zuzustellen. **Voraussetzung: (1)** Ausreichend **bestimmtes (2) Änderungsverlangen** (→ Rn. 2 ff.) und **(3)** zusätzlich im Falle von **I 1 Nr. 1** (Änderung des Werkerfolgs → Rn. 3) **Zumutbarkeit** der Änderung für Unternehmer **(I 2 Hs. 2)** → Rn. 12. **(5)** Weitere **Grenzen** der Angebotspflicht: Trägt der Besteller die Planungsverantwortung, ist der Unternehmer nach **I 4** nur dann zur Erstellung eines Angebots über die Mehr- oder Mindervergütung verpflichtet, wenn Besteller Planungsunterlagen zur Verfügung stellt, denn erst dann ist Unternehmer Angebot über die Mehr- oder Mindervergütung möglich. Keine Angebotspflicht des Unternehmers, soweit nach § 650c I 2 keine Vergütungs-
6 pflicht des Bestellers begründet **(I 5).** Angebot muss **Leistungsbeschreibung** nach Vorgaben des Bestellers, ggf. nach vorausgehender Planung (→ Rn. 5) sowie **Kostenangaben** iSv I 2 (Mehr- oder Mindervergütung) umfassen. Keine besondere
7 **Form** vorgeschrieben. Bei Pflichtverletzung hat Besteller **Schadensersatzanspruch** → § 280 I und **Kündigungsrecht** → § 648a.

8 **4. Einigungsobliegenheit. Obliegenheit** zur Einigung **(Einvernehmen)** für Unternehmer, um Anordnungsrecht des Bestellers iSv → Rn. 8 auszuschließen (s. auch MüKo-BGB/Busche Rn. 8). § 650b–§ 650d gelten nur, sofern es an Einigung zwischen Besteller und Unternehmer fehlt. Einvernehmen führt zur rechtsgeschäftli-
9 chen **Vertragsänderung** durch Änderungsvertrag (→ § 311 Rn. 18). **Umfang** der Vertragsänderung: Im Zweifel liegt Einvernehmen über die Änderung des Leistungsprogramms wie über entsprechende Änderung der Vergütung vor **(I 1).** Ausnahme: **I 5.** Danach streben die Parteien nur Einigung über die Änderung des Werkerfolges, nicht auch über die Vergütung an, wenn dem Unternehmer unter den Voraussetzungen → § 650c I 2 kein Anspruch auf Vergütung für vermehrten Aufwand zusteht.

10 **5. Anordnungsrecht des Bestellers (II):** Besteller hat nach **II** Recht zur **Anordnung der Vertragsänderung.** Das ist ein gesetzliches **einseitiges Leistungsbestimmungsrecht** wie das iSv § 315 (→ § 315 Rn. 8 ff.). **Voraussetzung: (1)** Unternehmer hat **Angebotspflicht** (→ Rn. 5), **(2) keine Einigung** über Änderung (→ Rn. 8 f.) **(3)** innerhalb der **Frist** des II 1 (→ §§ 187 I, 188 I). Fristbeginn mit Zugang iSv → § 130 des Änderungsverlangens beim Unternehmer → Rn. 2 ff. **(4)** Ausführung der angeordneten Änderungen muss Unternehmer **zumutbar** sein (→ Rn. 12). **(5)** Ausübung durch **Anordnung** der Vertragsänderung. Anordnung ist **einseitige,** empfangsbedürftige **Willenserklärung** des Bestellers gegenüber Unternehmer. Es gelten die §§ 104 ff., 116 ff., 130–132. Unwiderruflich, aber geänderte Anordnungen können ergehen. Grenzen der wiederholten Änderungen: → § 226, → § 242 Rn. 32 ff. **Textform (II 1)** erforderlich
11 → § 126b. **Rechtsfolge: Einseitige Vertragsänderung** entsprechend berechtigter Anordnung **(II 1, 2 Hs. 1). Zeitpunkt:** Mit Zugang der Anordnung bei Unternehmer (→ § 130). **Inhalt:** Geändertes Leistungsprogramm ist zu erfüllen. Vergütung → § 650c. Unternehmer kann **einstweilige Verfügung gegen Anordnung** beantragen, wenn er die Anordnung für unberechtigt erachtet → § 650d.

12 **6. Zumutbarkeitsgrenze (I 2, 3, II 2, 3). a) Spezielle Zumutbarkeitsgrenze** bei **I 1 Nr. 1 (I 2, 3, II 2, 3).** Bei **Änderung des vereinbarten Werkerfolgs** nach I 1 Nr. 1 (→ Rn. 3) keine Angebotspflicht des Unternehmers iSv **I 2** (→ Rn. 5) und kein Anordnungsrecht des Bestellers **(II 1, 2)** (→ Rn. 10), **soweit** Unternehmer Ausführung der Änderung **unzumutbar** ist. Zumutbarkeitskriterium ist in I 2 und II 2 **identisch** auszulegen. Unzumutbarkeit zB, wenn das zur Ausführung notwendige Material nicht im Handel erhältlich ist (BT-Drs. 18/8486 S. 54), Bauunternehmer nicht über die aufgrund der Änderung neu erforderlich gewordenen zusätzlichen technischen Fertigkeiten und Möglichkeiten, besondere Ausstattung oder spezielle Qualifikation verfügt oder infolge **betriebsinterner Umstände,** in die der Besteller keinen Einblick hat (BT-Drs. 18/8486 S. 53): zB Auslastung der Mitarbeiter oder Arbeitsmittel, etwa Maschinen (Grüneberg/Retzlaff Rn. 6).
13 **Feststellung** der Unzumutbarkeit durch **Gesamtabwägung** unter Einbezug der

Interessen beider Vertragsparteien (BT-Drs. 18/8486 S. 53). **Abwägungsgesichtspunkte:** Anordnung ändert vertragliches Leistungsprogramm. Daher ist Unzumutbarkeit **früher** anzunehmen **als** nach dem entsprechenden allgemeinen Leistungsverweigerungsrecht iSv **§ 275 II, III.** Auch zu beachten: Wechsel des Bauunternehmers in vertraglicher Planungs- oder Erfüllungsphase führt regelmäßig zu **Kostenerhöhung** und **Verzögerung** der Fertigstellung (BT-Drs. 18/8486
S. 54). Es bedarf daher der Abwägung **im Einzelfall. Beweislast** für Zumutbar- 14
keit hat **Besteller** als Gläubiger der Angebotspflicht (I 2) bzw. des Anordnungs-
rechts (II 1) (BT-Drs. 18/8486 S. 54). Ausnahme: **Beweislast** nach **I 3** bzw. **II** 15
3 bei Unternehmer für **betriebsinterne Vorgänge,** die die Unzumutbarkeit begründen und in welche Besteller keinen Einblick hat. Für Unzumutbarkeit aus betriebsinternen Gründen bei einem Generalunternehmer hat Gesamtbetrachtung unter Einschluss der Nachunternehmer zu erfolgen: Betrieb des Generalunternehmers selbst und auch betriebliche Möglichkeiten der Nachunternehmer, ohne die Generalunternehmer den Auftrag nicht erhalten hätte, sind in der Gesamtabwägung der Unzumutbarkeit der Herstellung für den Generalunternehmer zu
berücksichtigen (BT-Drs. 18/8486 S. 54). **b) Allgemeine Zumutbarkeitsgrenze** 16
iSv § 275 II, III gilt für Änderungen nicht des Werkerfolgs, sondern **des Herstellungsprogramms** iSv **I 1 Nr. 2** (→ Rn. 4) als alleinige Grenze. In den Fällen des **I 1 Nr. 1** gilt sie zusätzlich neben der speziellen Zumutbarkeitsgrenze (→ Rn. 12 ff.), wobei die allgemeine wegen der geringeren Eingriffsanforderungen der speziellen kaum praktisch wird.

§ 650c Vergütungsanpassung bei Anordnungen nach § 650b Absatz 2

(1) [1]**Die Höhe des Vergütungsanspruchs für den infolge einer Anordnung des Bestellers nach § 650b Absatz 2 vermehrten oder verminderten Aufwand ist nach den tatsächlich erforderlichen Kosten mit angemessenen Zuschlägen für allgemeine Geschäftskosten, Wagnis und Gewinn zu ermitteln.** [2]**Umfasst die Leistungspflicht des Unternehmers auch die Planung des Bauwerks oder der Außenanlage, steht diesem im Fall des § 650b Absatz 1 Satz 1 Nummer 2 kein Anspruch auf Vergütung für vermehrten Aufwand zu.**

(2) [1]**Der Unternehmer kann zur Berechnung der Vergütung für den Nachtrag auf die Ansätze in einer vereinbarungsgemäß hinterlegten Urkalkulation zurückgreifen.** [2]**Es wird vermutet, dass die auf Basis der Urkalkulation fortgeschriebene Vergütung der Vergütung nach Absatz 1 entspricht.**

(3) [1]**Bei der Berechnung von vereinbarten oder gemäß § 632a geschuldeten Abschlagszahlungen kann der Unternehmer 80 Prozent einer in einem Angebot nach § 650b Absatz 1 Satz 2 genannten Mehrvergütung ansetzen, wenn sich die Parteien nicht über die Höhe geeinigt haben oder keine anderslautende gerichtliche Entscheidung ergeht.** [2]**Wählt der Unternehmer diesen Weg und ergeht keine anderslautende gerichtliche Entscheidung, wird die nach den Absätzen 1 und 2 geschuldete Mehrvergütung erst nach der Abnahme des Werks fällig.** [3]**Zahlungen nach Satz 1, die die nach den Absätzen 1 und 2** ***geschuldete*** **Mehrvergütung übersteigen, sind dem Besteller zurückzugewähren und ab ihrem Eingang beim Unternehmer zu verzinsen.** [4]**§ 288 Absatz 1 Satz 2, Absatz 2 und § 289 Satz 1 gelten entsprechend.**

Lit.: S. Vor § 650b.

I. Allgemeines

Normzweck: Berechnungsmodell für die Mehr- oder Mindervergütung bei 1
Änderungsanordnungen des Bestellers nach § 650b II. Sondervorschriften für Vergü-
tung von Bauverträgen enthält § 2 VOB/B (→ Vor § 631 Rn. 9). Vorschrift ist **lex** 2
specialis zu § 632. Nach BT-Drs. 18/8486 S. 55 würde eine Berechnung der Mehr-

oder Mindervergütung nach der üblichen Vergütung iSv § 632 bei Änderungsnachträgen, bei denen nur die Art der Ausführung der Bauleistung, nicht jedoch der Aufwand (Material, Zahl der Arbeitsstunden etc) geändert wird, nicht zu angemessenen Ergebnissen führen. **Anspruchsgrundlage** für die Änderungsvergütung ist §§ 631 I, 632. Es gelten die für die Vergütung getroffenen Vertragsabreden auch insoweit. § 650c regelt **Höhe** der Änderungsvergütung (→ Rn. 4 ff.) und **Vergütungsausschluss** im Falle von **I 2** (→ Rn. 4). Sonderregelung zur Sicherheitsleis-
3 tungen in **III** → Rn. 10. § 650c ist **dispositiv,** → § 650o enthält keine entsprechende Anordnung der Unabdingbarkeit bei Verbraucherbauvertrag. Sonderregeln für Abschlagszahlungen und Sicherheitsleistung bei Verbrauchervertrag infolge Änderung des Vergütungsanspruchs → § 650.

II. Vergütungsanpassung (I, II)

4 **1) Voraussetzung: a)** Gemäß **I 1** wirksame Änderungsanordnung iSv → § 650b; **b)** keine abweichende Parteiabrede über Vergütung für Änderungsleistungen; **c)** gemäß **I 2** keine Änderungsvergütung, **soweit** Änderung allein des Herstellungsprogramms iSv § 650b I 1 Nr. 2 (→ § 650b Rn. 4) und Unternehmer auch die Planung des Bauwerks bzw. der Außenanlage bauvertraglich schuldete. Norm ist dahin auszulegen, dass Vergütungsanspruch nur für die Planungsänderungen entfällt, die der Unternehmer verabredungsgemäß vor der Änderungsanordnung schuldete. Ergibt sich Erfordernis zur Planungsänderung hingegen erst nach Abschluss des Bauvertrags, zB infolge neuer Rechtslage, oder war es nicht vom Unternehmer verursacht, zB durch vom Besteller dem Unternehmer vorgelegtes fehlerhaftes Baugrundgutachten, das Unternehmer nicht zu überprüfen hatte, greift I 2 nach seinem Normzweck
5 nicht ein; Änderungsvergütung ist dann insoweit zu zahlen. **2) Rechtsfolge (I, II). a) Änderungskosten.** Die für die unveränderten Vertragsleistungen vereinbarte Vergütung iSv §§ 631 I, 632 bleibt unberührt. Dieser reguläre Vergütungsanspruch wird erweitert um die Vergütung für die Vertragsänderung durch Bestelleranordnung → § 650b. Nach Vertragsschluss angeordnete Änderungsleistungen sind auf Grundlage der tatsächlich erforderlichen Änderungskosten zu vergüten. Kalkulationsgrundlage des vereinbarten Vertrags **(Urkalkulation)** ist nicht zugrundezulegen **(I 1 Hs. 1).** Denn sie kann sich nach Vertragsabschluss zB infolge Marktlage (allgemeiner Preiswettbewerb, Preissteigerungen bei Rohstoffen, Tarifsteigerungen bei den Mitarbeitern) positiv oder negativ verändert haben. **Berechnungsmaßstab** der tatsächlich erforderlichen Kosten soll Besteller auch vor ungerechtfertigten Preiserhöhungen schützen (BT-Drs. 18/8486 S. 55); diese Argumentation ist bei Änderungen des vereinbaren Herstellungsprogramms zur Erreichung des unveränderten Werkerfolgs (§ 650b I 1 Nr. 2) zweifelhaft, da Unternehmer nicht mehr an besonders kostengünstiger Urkalkulation festgehalten wird, auch wenn derselbe Werkerfolg weiter erstrebt wird. – Bei der Ermittlung des veränderten Aufwandes nach den tatsächlichen Kosten ist die Differenz zwischen den hypothetischen Kosten, die ohne die Anordnung des Bestellers entstanden wären, und den Ist-Kosten, die aufgrund der Anordnung tatsächlich entstanden sind, zu bilden. Sie ist Grundlage für die Vergütung des geän-
6 derten Aufwands. **b) Zuschläge.** Nach **I 1 Hs. 2** kann Unternehmer Zuschläge für allgemeine Geschäftskosten, Wagnis und Gewinn berechnen. Sie müssen angemessen sein. **Beurteilungszeitpunkt:** Zugang der Änderungsanordnung iSv 650b. Der bloße Verweis des Unternehmers auf die Urkalkulation genügt nicht, um die Ange-
7 messenheit der Zuschlagssätze darzulegen. **3) Berechnungsvermutung (II):** Nach II wird vermutet, dass der bei Anwendung der Rechengrößen der Urkalkulation errechnete Betrag zur Vergütung der Änderungsleistungen den nach I berechneten tatsächlichen Kosten entspricht. Bei unternehmensbezogen kalkulierten Zuschlägen bezieht sich Vermutung auch auf die in der Urkalkulation ausgewiesenen Ansätze und Bezugsgrößen, wie Umsatz, Bauzeit oder projektbezogene Festbeträge (BT-Drs. 18/8486 S. 55 f.). Nach II 2 wird vermutet, dass die in einer Urkalkulation enthaltenen Rechnungsansätze den tatsächlich erforderlichen Kosten entsprechen.

Auf die Mehrvergütung als solche, die der Unternehmer als Endergebnis der Preisfortschreibung unter Verwendung der Urkalkulation ermittelt hat, erstreckt sich die Richtigkeitsvermutung jedoch nicht (KG NZBau 2021, 523 Rn. 64). **Voraussetzung** für Vermutung: **a) Urkalkulation** ist vereinbarungsgemäß hinterlegt; die Art 8
und Weise der **Hinterlegung** (bei Besteller, bei dritter Stelle, etwa baubetreuendem Architekten) muss bauvertraglich geregelt sein. Hinterlegung steht Mitteilung an Besteller vor Änderungsanordnung gleich (s. auch BT-Drs. 18/8486 S. 56: „wenn die vom Unternehmer offenbarte oder zumindest hinterlegte Urkalkulation"), da auch dann der Zweck der Hinterlegung erreicht wird. Zweck der Hinterlegung ist der Ausschluss jeder nachträglichen Manipulationsmöglichkeit des Unternehmers. **b)** Urkalkulation muss ausreichend **aufgeschlüsselt** sein. **c)** Besteller widerlegt 9
Vermutung nicht durch **Gegenbeweis** (§ 292 ZPO). Beispiel: Es wird vermutet, 10
dass Zuschlag für allgemeine Geschäftskosten weiter zutreffend ist. Besteller kann dies iSv § 292 ZPO widerlegen durch gegengerichtete Nachweise. **4) Wahlrecht:** 11
Unternehmer kann **wahlweise** Änderungsvergütung nach **I** berechnen **oder** sich auf Vermutung nach **II** berufen. Sind die tatsächlichen Herstellungskosten (I) für die Änderung höher als die vermuteten (II), haben sich zB die allgemeinen Geschäftskosten erhöht, kann Unternehmer Berechnungsmethode nach I heranziehen. Unternehmer kann Wahlrecht für die Vergütung jeder einzelnen Änderungsanordnung aber nur insgesamt ausüben („Vergütung für den Nachtrag"). Je nachdem wie er sich entschieden hat, hat er konsequent entweder die Urkalkulation fortzuschreiben oder die tatsächlich erforderlichen Mehr- oder Minderkosten für die nachträglich angeordnete Leistung darzulegen.

III. Abschlagszahlungen (III)

Abschlagszahlung → § 632a. **III 1** regelt Berechnung im Wege der **Pauschalierung** von vereinbarten oder gemäß § 632a geschuldeten Abschlagszahlungen für die 12
nach I, II geschuldete Mehrvergütung, wenn sich die Parteien nicht über die Höhe geeinigt haben und keine anderslautende gerichtliche Entscheidung (zB nach § 650d) ergeht. III sieht vor, dass der Unternehmer einen der Höhe nach umstrittenen Mehrvergütungsanspruch in einer Abschlagsrechnung mit 80% ansetzen kann und dies bis zu einer anderslautenden gerichtlichen Entscheidung als richtig gilt. Damit regelt diese Vorschrift ein vorläufiges einseitiges Preisbestimmungsrecht des Unternehmers im Fall einer geänderten Leistung für den Fall einer Abschlagszahlung. Sie teilt das Irrtumsrisiko zwischen den Vertragsparteien, die sich über die preisliche Bewertung nicht einig sind, auf zugunsten des Unternehmers um den „Preis" eines Abschlags von 20% von seinem Angebot. Eine weitergehende rechtliche Bedeutung hat die 80%-Regelung aber nicht. Das folgt aus dem Normtext von III 2, dem eine Richtigkeitsvermutung des 80%-Vergütungsansatzes, die in jedem Kontext gilt – also auch für gerichtliche Entscheidungen –, nicht entnommen werden kann. Sie gilt nur für den Fall der Abschlagszahlung. Nach III wird aber nicht vermutet, dass 80% der vom Unternehmer wegen einer Leistungsänderung beanspruchten Mehrvergütung auch in einem gerichtlichen Verfahren als zutreffend ermittelt gilt (KG NZBau 2021, 523 Rn. 57). Hält Besteller Anspruch auf Abschlagszahlung für überhöht, muss er gerichtlichen Rechtsschutz in Anspruch nehmen. *Fälligkeit der restlichen* Mehrvergütung im Falle des Abschlags: **III 2.** Für den Fall, dass sich bei Schlussabrechnung eine Überzahlung durch den Besteller ergibt, gewährt **III 3** ihm einen **Rückgewähranspruch. Verzinsungspflicht** für Überzahlung: III 3; **Höhe: III 4** iVm §§ 288 I 2, II, 289 S. 1 (Verbot des Zinseszins), also 5 Prozentpunkte über dem Basiszinssatz, wenn Besteller Verbraucher (→ § 13) ist, sonst 9 Prozentpunkte.

§ 650d Einstweilige Verfügung

Zum Erlass einer einstweiligen Verfügung in Streitigkeiten über das Anordnungsrecht gemäß § 650b oder die Vergütungsanpassung gemäß

§ 650c ist es nach Beginn der Bauausführung nicht erforderlich, dass der Verfügungsgrund glaubhaft gemacht wird.

1 Norm lehnt sich an §§ 885 I 2, 899 II 2 ZPO an und begründet **Vermutung** für das Vorliegen eines **Verfügungsgrundes** im Rahmen eines Verfahrens auf Erlass einer einstweiligen Verfügung nach §§ 935 ff. ZPO bei Streitigkeiten der Vertragsparteien im Zusammenhang mit **Änderungsanordnungen** nach § 650b I bzw. **Vergütungsanpassung** nach § 650c. Nach Beginn der Bauausführung wird danach widerleglich vermutet, dass ein Verfügungsgrund im Sinne der §§ 935, 940 ZPO gegeben ist, und damit eine Entscheidung im Wege der einstweiligen Verfügung zur Abwendung wesentlicher Nachteile notwendig ist. Diese Vermutung ist im Hinblick auf die sich ständig ändernde Sachlage am Bau und die drohende Schaffung vollendeter Tatsachen, wenn ohne vorherige gerichtliche Entscheidung über die Rechtmäßigkeit der Anordnung weitergebaut wird, gerechtfertigt und vereinfacht die Erlangung einstweiligen Rechtsschutzes (BT-Drs. 18/8486 S. 57 f.). Die Dringlichkeitsvermutung von § 650d begünstigt auch Verfügungsanträge, die auf einstweilige Zahlungen an den Unternehmer gerichtet sind. Wenn der Unternehmer seine Leistungen abgeschlossen hat und Schlussrechnungsreife eingetreten ist, entfällt sie nicht (KG NZBau 2021, 523).

§ 650e Sicherungshypothek des Bauunternehmers

[1]Der Unternehmer kann für seine Forderungen aus dem Vertrag die Einräumung einer Sicherungshypothek an dem Baugrundstück des Bestellers verlangen. [2]Ist das Werk noch nicht vollendet, so kann er die Einräumung der Sicherungshypothek für einen der geleisteten Arbeit entsprechenden Teil der Vergütung und für die in der Vergütung nicht inbegriffenen Auslagen verlangen.

Lit. (noch zu § 648 aF): Busz, Der Anspruch des Werkunternehmers bei nicht fristgerechter Sicherheitsleistung des Auftraggebers, NZBau 2004, 10; Litzka, § 648 BGB: Ein zahnloser Tiger gegenüber Lebensversicherungsunternehmen?, BauR 2004, 1214; Motzke, Die Bauhandwerkersicherungshypothek, 1981; Scheef, Risiken bei der zwangsweisen Durchsetzung der Eintragung einer Bauhandwerkerversicherung, BauRB 2004, 186; Siegburg, Die Bauwerksicherungshypothek, 1989.

1 **1. Allgemeines. a) Standort.** Norm entspricht bis auf kleine redaktionelle Änderungen § 648 I aF (BT-Drs. 18/8486 S. 58). Bisherige Judikatur und Lehre kann grds. weiter herangezogen werden. Zur neuen systematischen Stellung → Vor § 650a Rn. 1. **Anwendungsbereich** des bisherigen § 648 I aF wird in § 650e erweitert, da auch der mit der Errichtung einer Außenanlage betrauter Unternehmer
2 nach § 650e Sicherungshypothek verlangen kann. **b) Normzweck.** Bei Bauwerken (→ § 650a Rn. 3) oder Außenanlagen (→ § 650a Rn. 4) gibt das Ges. anders als bei beweglichen Sachen nach § 647 dem Unternehmer nicht eine ipso iure entstehende dingliche Sicherheit, sondern nur einen schuldrechtlichen Anspruch auf ihre Einräumung. Da dieser Anspruch erst mit Baubeginn entsteht, kommt der Unternehmer wegen bereits bestehender Belastungen des Grundstücks häufig zu spät. Der Unternehmer muss ggf. versuchen, eine Vormerkung, notfalls vermittels einstw Verfügung (§ 885 I), zur Sicherung des Anspruchs auf Einräumung der Hypothek ins Grundbuch zu bringen, → Rn. 11; s. hierzu jedoch Peters, NJW 1981, 2550. AGB-Verzicht auf diesen Anspruch ist unwirksam, BGHZ 91, 145; OLG Karlsruhe NJW-RR 1997, 658. Nicht anwendbar bei Abriss eines Hauses, OLG Bremen MDR *1996, 45. c) Eine Verbesserung* der Stellung von Baugläubigern bezweckte das **BauFdgG,** dessen Sicherungsmittel „Bauvermerk", „Bauhypothek" und „Baugeldhypothek" mangels der erforderlichen DVO keine Bedeutung erlangt haben. BauFdgG wurde durch FoSiG mit Wirkung zum 1.1.2009 (→ Vor § 631 Rn. 1) modifiziert und auf Baubetreuer erstreckt. BauFdgG ist als **SchutzG** iSv § 823 II

für Praxis bedeutsam, so dass Bauträger, Generalunternehmer, Baubetreuer usw und ihre Organe deliktisch haften, falls ihnen zugeflossenes „Baugeld" nicht an Baugläubiger, zB Subunternehmer, gelangt, s. BGH NJW 1982, 1038 (Generalunternehmer als Baugeldempfänger), NJW 1986, 1105 (Verkäufer schlüsselfertiger Häuser); WM 1986, 489 (Bauträgerkredit als Baugeld); OLG Dresden BauR 2005, 1649 (auch bei unwirksamem Vertragsverhältnis zw. Baugläubiger und Baugeldempfänger); Orlowski, Rsprübersicht, ZfBR 1987, 195. Zur Baugeldverwendungspflicht sowie Darlegungs- und Beweislast BGH NJW-RR 2013, 340. Zum erforderlichen Vorsatz BGH NJW 1985, 135; zum Ganzen Schulze-Hagen NJW 1986, 2403. **c) Weitergehende** 3
Sicherung von Bauunternehmern nach § 650f; soweit eine nach dieser Vorschrift zu beanspruchende Sicherheit gestellt worden ist, entfällt der Anspruch aus § 650e s. § 650f IV. Dagegen entfällt Sicherungsanspruch nicht auf Grund vereinbarten Sicherungseinbehalts, BGH NJW 2000, 1639; aA Kleefisch/Herchen NZBau 2006, 202 ff.

2. Pfandobjekt. Verlangt werden kann Einräumung einer **Sicherungshypo-** 4
thek am **Baugrundstück** des **Bestellers** (s. BGH NJW 2015, 552). Bau*material* kann dagegen Pfandobjekt nach § 647 sein, s. Kratzke (Lit. vor § 647). Zur Sicherungshypothek s. §§ 1184, 1185, 873 I, 1113 ff. **a)** Pfandobjekt ist das dem Besteller 5
gehörende Grundstück, auf dem das vertraglich vereinbarte Bauwerk (dazu auch → Rn. 7) hergestellt wird. Beim Bau auf fremdem Boden (zB durch Bauträger) besteht kein Anspruch gegen den Eigentümer des Baugrundstückes aus § 650e. Wirtschaftliche Verflechtung von Grundstückseigentümer und Besteller reicht nicht aus, um in „wirtschaftlicher Betrachtungsweise" Identität von Eigentümer und Besteller anzunehmen, schon gar nicht mehr nach Einführung des § 648a, Raabe, BauR 1997, 757; aA KG NJW-RR 1999, 1247, sa OLG Naumburg NZBau 2000, 79; in Ausnahmefällen kann Berufung auf jur Verschiedenheit jedoch an § 242 scheitern, BGHZ 102, 95, 100; OLG Celle BauR 2006, 543; Schlechtriem FS Korbion, 1986, 359. Bei Durchgriffshaftung des Gesellschafters/Eigentümers ebenfalls Anspruch auf Eintragung, s. KG NJW-RR 1987, 1231; aA Slapnicar BB 1993, 236. Baut der Besteller ein Gebäude teils auf eigenem, teils auf fremdem Grundstück, dann kann auf dem bestellereigenen Grundstück eine Hypothek für die gesamte Werklohnforderung eingetragen werden, BGH NJW 2000, 1862; bei mehreren Grundstücken des Bestellers Gesamthypothek, BGH NJW 2000, 1862, ohne dass es auf die den einzelnen Grundstücken zugeflossenen Werte ankommt. Erst recht kann bei nach Baubeginn aufgeteiltem Baugrundstück Gesamthypothek verlangt werden, OLG Frankfurt a. M. OLGZ 1985, 193. Pfandobjekt kann auch ein Erbbaurecht des Bestellers (BGHZ 91, 142) oder Wohnungseigentum (Einzelheiten s. § 1114; ferner Weitnauer § 3, 29 f.) sein. **b)** Wird belastetes Grundstück später in 6
Wohnungseigentum aufgeteilt, dann setzt sich die Sicherungshypothek als Gesamthypothek an den einzelnen Einheiten fort. Entspr. ist auch das Verlangen auf Einräumung einer Gesamthypothek an mehreren Eigentumswohnungen sowie einer entspr. Vormerkung (OLG Hamm NJW-RR 1999, 383) gerechtfertigt, solange Besteller und Wohnungseigentümer noch identisch sind (OLG München NJW 1975, 221; OLG Köln OLG 1975, 20, str; aA OLG Frankfurt a. M. NJW 1974, 62 f. mAnm Schmalzl). Die Käufer sind nur durch rechtzeitige Auflassungsvormerkungen zu schützen.

3. Zu sichernde Forderungen. a) Die Sicherungshypothek kann zur **Siche-** 7
rung aller Forderungen aus dem **konkreten Werkvertrag** verlangt werden (→ § 647 Rn. 2; zur Sicherungsfähigkeit eines Anspruchs auf Verzugsschaden s. BGH NJW 1974, 1761; nicht: Schadensersatz wegen Bauunterbrechung, OLG Jena OLG-NL 1998, 150). **b) Sicherungsfähigkeit.** Lieferanten, die Bauteile oder 8
Materialien auf Grund Kaufvertrags leisten, haben keinen Anspruch aus I, auch wenn sie durch den Einbau ihr Eigentum verlieren. Der Unternehmer muss aber nicht notwendig Bauunternehmer sein. Entscheidend für die Sicherungsfähigkeit ist die rechtliche Beziehung, durch die sich jemand als Unternehmer zur Herstellung

eines Bauwerks (→ § 650a Rn. 3) oder einer Außenanlage (→ § 650a Rn. 4) auf bestellereigenem Grundstück verpflichtet. **Subunternehmer,** die vertragliche Beziehungen nur mit dem Unternehmer, nicht aber mit dem Bauherrn-Eigentümer haben, können keine Sicherungshypothek verlangen, OLG Dresden NJW-RR
9 2000, 1412. **c) Sicherungsbedürfnis.** Durch die Sicherungsfähigkeit von Forderungen wegen Herstellung von Bauwerksteilen werden die einzelnen Handwerker geschützt, die am Neubau oder bei Umbauten oder Reparaturen Bauwerksteile auf Grund Werkvertrages mit dem Eigentümer herstellen. Arbeiten **an** einem Grundstück oder **an** einem Gebäude, durch die nicht ein Bauwerk oder Bauwerksteil hergestellt wird, sollen nicht sicherungsfähig sein (Malerarbeiten an Altbau: OLG Celle NJW 1954, 1607; Teppichboden: LG Düsseldorf NJW-RR 1999, 383); zweifelhaft, da **entscheidend** für das Sicherungsbedürfnis die **durch Vorleistung erbrachte Wertschöpfung** des Unternehmers sein sollte, die nicht zurückbehalten oder anders als Sicherheit verwendet werden kann (s. Prot. II, 326; BGHZ 68, 183; gegen Parallele zu § 638 aF auch Motzke 167). Zutr. hat deshalb auch der BGH dem Architekten Anspruch auf Einräumung einer Sicherungshypothek nach I gegeben (BGHZ 51, 190 ff.; aA Tempel JuS 1973, 416 f.; sa OLG Düsseldorf NJW-RR 2000, 166 für gekündigten Architektenvertrag). Auch andere geistige Leistungen, zB die des Statikers, sind deshalb sicherungsfähig, falls auf Grund Vertrages mit dem Eigentümer erbracht. Architekt hat erst dann Anspruch auf eine Sicherung seiner Honorarforderung, wenn Bauarbeiten begonnen haben (OLG Hamburg NJW-RR 2010, 376; sa BGHZ 144, 138). Kein Sicherungsbedürfnis besteht nach § 650f VI Nr. 1 analog, wenn Besteller eine juristische Person des öffentlichen Rechts ist, über deren Vermögen ein Insolvenzverfahren unzulässig ist (vgl. OLG Köln BauR 2020, 130
10 zu § 648 I aF). **de) Werkmangel.** Soweit und solange **Werk mangelhaft** ist, kann Einräumung einer Sicherungshypothek oder eine entspr. Vormerkung nicht verlangt werden, BGHZ 68, 180; OLG Celle BauR 1986, 588 (subsidiäre Haftung des Unternehmers); aA Peters, NJW 1981, 2551, OLG Hamm NJW-RR 2000, 571: Herabsetzung der zu sichernden Werklohnforderung. Soweit Zahlung verweigert werden kann – sa § 641 III –, jedenfalls kein Sicherungsanspruch; Prüfung eines Antrags auf Vormerkung im Wege der einstweiligen Verfügung muss deshalb auch Leistungsverweigerungsrechte des Bestellers berücksichtigen, str.

11 **4. Teilsicherung (I 2). a)** Obwohl vor Abnahme, Abnahmefiktion oder Vollendung Vergütungsansprüche nach (§§ 641 I, 646) nicht fällig werden, kann der Unternehmer nach I 2 bereits vorher für einen der **geleisteten Arbeit** entspr. **Vergütungsteil** und darin nicht mit abgegoltene Auslagen Sicherung verlangen. Auch hier ist der Grundgedanke, eine notwendig als Vorleistung („geleistete Arbeit") dem Besteller zugutekommende Werterhöhung sicherungsfähig zu machen. Folgerichtig wird der Anspruch versagt, wo Leistung des Unternehmers keine Werterhöhung des Grundstücks bewirkt hat, OLG Jena NJW-RR 1999, 384, oder Vorarbeiten noch nicht als Werkleistung wenigstens teilw dem Bauwerk zugutegekommen sind, sei es, dass der Unternehmer die zum Einbau vorgesehenen Teile zurückgehalten hat (RGZ 58, 303) oder die Pläne des Architekten keine Verwendung gefunden haben (OLG Düsseldorf NJW 1972, 1863; umfassend Siegburg (Lit. vor § 650e) 219 ff.). Für künftige Forderung jedoch Vormerkung, OLG Düsseldorf NJW-RR 1994, 786.

12 **5. Abdingbarkeit. a)** In AGB: nein, Siegburg (Lit. vor § 650e) 285 ff.; sa BGHZ 91, 139 und → Rn. 1.

§ 650f Bauhandwerkersicherung

(1) [1]**Der Unternehmer kann vom Besteller Sicherheit für die auch in Zusatzaufträgen vereinbarte und noch nicht gezahlte Vergütung einschließlich dazugehöriger Nebenforderungen, die mit 10 Prozent des zu sichernden Vergütungsanspruchs anzusetzen sind, verlangen.** [2]**Satz 1 gilt in dem-**

selben Umfang auch für Ansprüche, die an die Stelle der Vergütung treten. [3]Der Anspruch des Unternehmers auf Sicherheit wird nicht dadurch ausgeschlossen, dass der Besteller Erfüllung verlangen kann oder das Werk abgenommen hat. [4]Ansprüche, mit denen der Besteller gegen den Anspruch des Unternehmers auf Vergütung aufrechnen kann, bleiben bei der Berechnung der Vergütung unberücksichtigt, es sei denn, sie sind unstreitig oder rechtskräftig festgestellt. [5]Die Sicherheit ist auch dann als ausreichend anzusehen, wenn sich der Sicherungsgeber das Recht vorbehält, sein Versprechen im Falle einer wesentlichen Verschlechterung der Vermögensverhältnisse des Bestellers mit Wirkung für Vergütungsansprüche aus Bauleistungen zu widerrufen, die der Unternehmer bei Zugang der Widerrufserklärung noch nicht erbracht hat.

(2) **[1]Die Sicherheit kann auch durch eine Garantie oder ein sonstiges Zahlungsversprechen eines im Geltungsbereich dieses Gesetzes zum Geschäftsbetrieb befugten Kreditinstituts oder Kreditversicherers geleistet werden. [2]Das Kreditinstitut oder der Kreditversicherer darf Zahlungen an den Unternehmer nur leisten, soweit der Besteller den Vergütungsanspruch des Unternehmers anerkennt oder durch vorläufig vollstreckbares Urteil zur Zahlung der Vergütung verurteilt worden ist und die Voraussetzungen vorliegen, unter denen die Zwangsvollstreckung begonnen werden darf.**

(3) **[1]Der Unternehmer hat dem Besteller die üblichen Kosten der Sicherheitsleistung bis zu einem Höchstsatz von 2 Prozent für das Jahr zu erstatten. [2]Dies gilt nicht, soweit eine Sicherheit wegen Einwendungen des Bestellers gegen den Vergütungsanspruch des Unternehmers aufrechterhalten werden muss und die Einwendungen sich als unbegründet erweisen.**

(4) **Soweit der Unternehmer für seinen Vergütungsanspruch eine Sicherheit nach Absatz 1 oder 2 erlangt hat, ist der Anspruch auf Einräumung einer Sicherungshypothek nach § 650e ausgeschlossen.**

(5) **[1]Hat der Unternehmer dem Besteller erfolglos eine angemessene Frist zur Leistung der Sicherheit nach Absatz 1 bestimmt, so kann der Unternehmer die Leistung verweigern oder den Vertrag kündigen. [2]Kündigt er den Vertrag, ist der Unternehmer berechtigt, die vereinbarte Vergütung zu verlangen; er muss sich jedoch dasjenige anrechnen lassen, was er infolge der Aufhebung des Vertrages an Aufwendungen erspart oder durch anderweitige Verwendung seiner Arbeitskraft erwirbt oder böswillig zu erwerben unterlässt. [3]Es wird vermutet, dass danach dem Unternehmer 5 Prozent der auf den noch nicht erbrachten Teil der Werkleistung entfallenden vereinbarten Vergütung zustehen.**

(6) **[1]Die Absätze 1 bis 5 finden keine Anwendung, wenn der Besteller**

1. **eine juristische Person des öffentlichen Rechts oder ein öffentlich-rechtliches Sondervermögen ist, über deren Vermögen ein Insolvenzverfahren unzulässig ist, oder**
2. **Verbraucher ist und es sich um einen Verbraucherbauvertrag nach § 650i oder um einen Bauträgervertrag nach § 650u handelt.**

[2]Satz 1 Nummer 2 gilt nicht bei Betreuung des Bauvorhabens durch einen zur Verfügung über die Finanzierungsmittel des Bestellers ermächtigten Baubetreuer.

(7) **Eine von den Absätzen 1 bis 5 abweichende Vereinbarung ist unwirksam.**

Lit. (noch zu § 648a aF): Heiland, Forderungssicherungsgesetz: Als Anspruch ist § 648a BGB ein scharfes Schwert!, IBR 2008, 493; ders., FoSiG: Drei gute Gründe für die Klagbarkeit des Anspruchs aus dem neuen § 648a BGB im Urkundsprozess!, IBR 2008, 628; Kniffka, Offene Fragen zu § 648a BGB, BauR 2007, 246; Maties, Bauhandwerkersicherung gemäß § 648a BGB als Möglichkeit zur Lösung vom Vertrag?, JURA 2009, 379; Schmitz, Der neue § 648a BGB,

BauR 2009, 714; Wronna, Kündigung: § 648a-Bürgschaft sichert nur Vergütungsanspruch für erbrachte Leistungen!, IBR 2008, 325.

1 **1. Allgemeines. a) Standort.** Norm entspricht bis auf kleine redaktionelle Änderungen § 648a aF (BT-Drs. 18/8486 S. 58). Bisherige Judikatur und Lehre kann grds. weiter herangezogen werden. Zur neuen systematischen Stellung → Vor § 650a Rn. 1. **Anwendungsbereich** des bisherigen § 648a aF wird in § 650f erweitert, da auch der mit der Errichtung einer Außenanlage betrauter Unternehmer
2 nach § 650f Sicherungshypothek verlangen kann. **b) Normzweck.** Unzureichender Schutz des § 648 für Bauhandwerker (→ § 650e Rn. 2, 5) war Anlass für das am 1.5.1993 in Kraft getretene BauhandwerkersicherungsGes und § 648a, teilw. nF durch SchRModG, nicht hingegen bauvertraglich geregelte Sicherheitenbestellungen zu beschränken (BGH NJW 2010, 2272), s. dazu 16. Aufl. zu § 648a.

3 **2. Voraussetzungen. a)** Werkvertrag über **Bauwerk** (→ § 650a Rn. 3 f.) oder Bauwerksteile. Kreis der **geschützten Baugläubiger** wie in § 650e I, also auch Architekt (auch nur planender, OLG Düsseldorf NJW-Spezial 2005, 169), Statiker, nicht aber: Bauteilelieferant (BR-Drs. 12/1836, 8), lediglich mit vorbereitenden Rodungsarbeiten beauftragter Unternehmer (BGH NZBau 2005, 281, abl. Vogel ZfIR 2005, 285); Bauträger s. Wagner WM 2001, 723; Anlagenbau s. Buscher/Theurer BauR 2005, 902. Geschützt aber auch Nach- oder Subunternehmer gegenüber Hauptunternehmer; KG BauR 2005, 1035: Nachunternehmer gegenüber Dach-ARGE); aA wohl Gutbrod DB 1993, 1560). Auf Bauträgerverträge mangels Ausschluss gem. § 650u II anwendbar. **Nicht anwendbar** gem. VI Nr. 2 auf Verbraucherbauvertrag (→ § 650i) und Bauträgervertrag mit Verbraucher (→ § 650u). Nicht anwendbar auf Werklieferungsvertrag (→ § 650), da § 650 allein Verträge
4 über bewegliche Sachen erfasst, nicht unbewegliche wie Bauwerke. **b) Zu sichernde Ansprüche** des Unternehmers: offene Vergütungsansprüche des Unternehmers (**I 1,** auch bei Kündigung s. **V**), insbes. nach § 632 bzw. § 649 S. 2, einschließlich Zins- und anderen Nebenforderungen (Grüneberg/Retzlaff Rn. 6), aber nach II Nebenforderungen bis maximal 10 Prozent des zu sichernden Vergütungsanspruchs. Ansprüche auf Vergütungssurrogat **(I 2)** wie zB auf Schadensersatz statt Leistung (§ 280). Auch für **bereits erbrachte und abgenommene Leistungen** (BGH NJW 2004, 1525; s. ausführlich Maties JURA 2009, 381); auch nach Kündi-
5 gung des Werkvertrags durch den Besteller (BGH NJW 2014, 2186 Rn. 14). **) c) Ausgeschlossene Besteller.** Norm gilt nicht, wenn Besteller **öffentliche Hand (VI Nr. 1)** ist, da kein Insolvenzrisiko besteht, oder Verbrauchervertrag iSv **Verbraucherbauvertrag** iSv § 650i oder **Bauträgervertrag** iSv § 650u vorliegt **(VI Nr. 2).** (Änderung: nach § 648a VI Nr. 2 aF fanden die Vorschriften zur Bauhandwerkersicherung keine Anwendung, wenn der Besteller eine natürliche Person war, die Bauarbeiten zur Herstellung oder Instandsetzung eines Einfamilienhauses mit oder ohne Einliegerwohnung ausführen ließ). Künftig sind auch Verträge eines Verbrauchers über den Bau eines Mehrfamilienhauses vom Verbraucherprivileg erfasst. **Nicht** nach VI **ausgeschlossen:** Von Verbrauchern geschlossene Werkverträge, die keine Verbraucherbauverträge iSv § 650i oder Bauträgerverträge iSv § 650u sind, zB kleinere Baumaßnahmen wie Wiederherstellungsmaßnahmen, kleinere Umbaumaßnahmen (BT-Drs. 18/8486 S. 58).

6 **3. Rechtsfolge. a)** Unternehmer hat gegen Besteller Anspruch auf Bestellung einer **Sicherheit (I).** Verjährung: §§ 195, 199. Sicherheiten s. §§ 232–239, Sicherheit nach **II** (Garantie oder sonstiges Zahlungsversprechen); unter II fallen etwa Bürgschaften (nicht aber Abtretung der durch Bürgschaft gesicherten Werklohnforderung des Bestellers gegen seinen Auftraggeber, BGH NJW-RR 2006, 29), Garantien, Schuldbeitritte, Abtretung einer Darlehenszusage (BGH NJW-RR 2004, 1347), wechsel- oder scheckrechtliche Indossamentsverbindlichkeiten bestimmter, im Geltungsbereich dieses Gesetzes zum Geschäftsbetrieb befugter (dazu § 32 KWG; zu Instituten aus anderen Staaten s. §§ 53b, 53c KWG) Kreditinstitute oder Kreditversicherer. Gedacht ist vor allem an Auszahlungsgarantien der das Bauvorhaben

durch Darlehen an den Besteller finanzierenden Bank, denn die Garantie soll eng an die Baufinanzierung angelehnt sein. Garantie oder Bürgschaft „auf erstes Anfordern" zu zahlen zulässig, BGH NJW 2002, 1198; Geltendmachung kein Rechtsmissbrauch, BGH NJW 2002, 1198 **b)** Sicherheit bis zur **Höhe** des voraussichtlichen 7 Vergütungsanspruchs, einschließlich Nebenforderungen, Ansatz 10 % des zu sichernden Vergütungsanspruchs **(I 1);** gesamter Werklohn maßgebend und sicherungsfähig, auch wenn Raten- oder Abschlagszahlungen vereinbart sind, BGH NJW 2001, 823 f. Von Bürgschaft nicht umfasst (§ 767 I 3) sind Entgeltforderungen für spätere Auftragserweiterungen nach § 1 Nr. 3, Nr. 4 S. 1 oder § 1 Nr. 4 S. 2 VOB/B, selbst wenn bei Bürgschaftsvertragsschluss ersichtlich, dass Werkvertrag VOB/B unterliegt (BGH NJW 2010, 1668 mN, str). Sicherungsanspruch auch bei Mängeln, solange Unternehmer zur Beseitigung bereit und in der Lage ist, BGH NJW 2001, 824 f.; NJW-RR 2008, 31. Bei Berechnung werden die Ansprüche nicht angesetzt, mit denen Besteller gegen Vergütungsanspruch **aufrechnen** kann, es sei denn, Fall **I 4** liegt vor. **c)** Sicherheit ist tauglich trotz vorbehaltenen **Widerrufs** des Siche- 8 rungsgebers, I 5. Bei Widerruf der Sicherheit nach I 5 hat Unternehmer **Verschlechterungseinrede** nach § 321. **d)** Bei Bestellung (nicht aber durch das bloße 9 Verlangen, OLG Düsseldorf NJW-RR 2004, 18) einer Sicherheit kein Anspruch auf Sicherungshypothek nach § 650e, vgl. **IV.** Folgen unterlassener oder unzureichender Sicherheitsleistung: **Leistungsverweigerungsrecht** (s. BGH NJW-RR 2009, 892: auch bei erfolgter Abtretung der Gewährleistungsrechte durch Besteller) und **Kündigungsrecht** nach **V.** Hat Besteller wegen Sachmängeln eigene Einrede des nichterfüllten Vertrages, kann Unternehmer Vergütung nicht schon wegen unterbliebener Sicherheitsleistung, sondern erst nach Kündigung gem. V Alt. 2 verlangen (OLG Karlsruhe NJW 2019, 2098). Nachfrist nach V, § 643 S. 1 kann erst nach fruchtlosem Ablauf der Frist zur Sicherleistung nach § 650f I gesetzt werden (BGH NJW-RR 2011, 235 zu § 648a aF. **e) Kostentragung s. III. AGB:** Zu den Grenzen formular- 10 vertraglicher Vertragserfüllungsbürgschaften zur Sicherung der Ansprüche des Bestellers s. BGH NJW 2014, 1725; 2014, 456.

4. Herausgabe der Sicherheit. Erst nach vollständiger Bezahlung des Auftrag- 11 nehmers, OLG Brandenburg NJW-Spezial 2005, 167.

5. Abdingbarkeit. Anspruch auf Bestellung einer Sicherheit und Rechtsbehelfe 12 sind **freizeichnungsfest, VII;** Befristung macht als Sicherheit gestellte Bürgschaft nicht unwirksam, OLG Oldenburg EWiR 1999, 111 (Siegburg). Keine Anwendung des VII, wenn Sicherungsabrede vertraglich vereinbart wurde, BGH NJW 2006, 2475.

6. Verjährung. Anwendbar sind die → §§ 195, 199 (BGH NJW 2021, 2112 13 Rn. 15). Anspruch auf Stellung einer Bauhandwerkersicherung nach I 1 ist verhaltener Anspruch (s. Mansel/Budzikiewicz § 3 Rn. 88 f.); Verjährung beginnt nicht vor dem Verlangen des Unternehmers nach Sicherheit (BGH NJW 2021, 2112 Rn. 19 ff. zum parallelen § 648a aF).

§ 650g Zustandsfeststellung bei Verweigerung der Abnahme; Schlussrechnung

(1) [1]**Verweigert der Besteller die Abnahme unter Angabe von Mängeln, hat er auf Verlangen des Unternehmers an einer gemeinsamen Feststellung des Zustands des Werks mitzuwirken.** [2]**Die gemeinsame Zustandsfeststellung soll mit der Angabe des Tages der Anfertigung versehen werden und ist von beiden Vertragsparteien zu unterschreiben.**

(2) [1]**Bleibt der Besteller einem vereinbarten oder einem von dem Unternehmer innerhalb einer angemessenen Frist bestimmten Termin zur Zustandsfeststellung fern, so kann der Unternehmer die Zustandsfeststellung auch einseitig vornehmen.** [2]**Dies gilt nicht, wenn der Besteller infolge**

eines Umstands fernbleibt, den er nicht zu vertreten hat und den er dem Unternehmer unverzüglich mitgeteilt hat. [3]Der Unternehmer hat die einseitige Zustandsfeststellung mit der Angabe des Tages der Anfertigung zu versehen und sie zu unterschreiben sowie dem Besteller eine Abschrift der einseitigen Zustandsfeststellung zur Verfügung zu stellen.

(3) **[1]Ist das Werk dem Besteller verschafft worden und ist in der Zustandsfeststellung nach Absatz 1 oder 2 ein offenkundiger Mangel nicht angegeben, wird vermutet, dass dieser nach der Zustandsfeststellung entstanden und vom Besteller zu vertreten ist. [2]Die Vermutung gilt nicht, wenn der Mangel nach seiner Art nicht vom Besteller verursacht worden sein kann.**

(4) **[1]Die Vergütung ist zu entrichten, wenn**
1. **der Besteller das Werk abgenommen hat oder die Abnahme nach § 641 Absatz 2 entbehrlich ist und**
2. **der Unternehmer dem Besteller eine prüffähige Schlussrechnung erteilt hat.**

[2]Die Schlussrechnung ist prüffähig, wenn sie eine übersichtliche Aufstellung der erbrachten Leistungen enthält und für den Besteller nachvollziehbar ist. [3]Sie gilt als prüffähig, wenn der Besteller nicht innerhalb von 30 Tagen nach Zugang der Schlussrechnung begründete Einwendungen gegen ihre Prüffähigkeit erhoben hat.

Lit.: Breitling, Abnahme und Zustandsfeststellung nach neuem Recht, NZBau 2017, 393.

1 **1. Allgemeines. a) Normgehalt.** Vorschrift ist neu → Vor § 650a Rn. 1. Bei vom Besteller einseitig behaupteten **(I)** oder von ihm und dem Unternehmer gemeinsam angenommenen **(II)** Mängeln des Bauwerks bzw. der Außenanlage kommt es nicht zur (uneingeschränkten) Abnahme iSv § 640. Bei mangelmotivierter Abnahmeweigerung des Bestellers schafft § 650g Obliegenheit des Bestellers zur Mitwirkung an einer **Mängelfeststellung** des Bauwerks, der Außenanlage **(I)** und ersatzweises Recht des Unternehmers zur einseitigen Zustandsfeststellung **(II).** Norm ergänzt → § 640 II und trifft in Ergänzung zu § 644 eine Vermutungsregelung zur **Gefahrtragung (III)** (BT-Drs. 18/8486 S. 26, 59). **IV** regelt **Fälligkeit**
2 der Vergütung **speziell** zu → § 641. **b) Normzweck:** Dokumentation des Zustand des Werks zum Zeitpunkt des Abnahmeverlangens, um späteren Streit über Mangelhaftigkeit zu vermeiden und sonst in einem späteren Prozess die Sachaufklärung zu
3 erleichtern (BT-Drs. 18/8486 S. 59). **c) Parteiabrede.** Norm ist **dispositiv**
4 (Umkehrschluss aus → § 650o). **d) Keine Ausschlusswirkung:** Recht des Unternehmers, eine **fiktive Abnahme** (→ § 640 II) oder ein selbständiges **Beweisverfahren** (§ 485 ff. ZPO) durchzuführen, wird durch § 650g nicht berührt.

5 **2. Allgemeine Voraussetzungen (I, II). a) Anwendbarkeit.** Nur anwendbar auf **Bauvertrag** (→ § 650a und → § 650i), Architekten- oder Ingenieurvertrag
6 (→ § 650q I) oder Bauträgervertrag (→ § 650u I 2). **b) Abnahmefähiges Bauwerk.** Aus Sicht des Unternehmers abnahmereifes (Abnahmereife → § 640 Rn. 3)
7 Bauwerk (→ § 650a Rn. 3) bzw. Außenanlage (→ § 650a Rn. 4). **c) Abnahmeverweigerung** des Bestellers nach Abnahmeaufforderung des Unternehmers. Verweigerung unter Angabe von mindestens einem Mangel (sonst Abnahme iSv § 640 II → § 640 Rn. 9) des Bauwerks bzw. der Außenanlage (I). Abnahmebegriff → § 640 Rn. 2 ff. Erforderlich ist die Angabe mindestens eines Mangelsymptoms (Grüneberg/Retzlaff Rn. 4). Da Zustandsfeststellung vorgesehen ist, greift § 650g nur bei
8 **Sachmangel** (→ § 633 Rn. 2 ff.) ein. **d) Mitwirkungsverlangen.** Aufforderung des Unternehmers an Besteller zur Mitwirkung an der Feststellung, in welchem Zustand das Werk ist, ob und welche Mängel bzw. Mangelsymptome es hat.

9 **3. Mitwirkungsobliegenheit zur gemeinsamen Zustandsfeststellung (I). a) Obliegenheit (I).** Besteller trifft Obliegenheit, auf Verlangen des Unternehmers an einer gemeinsamen Feststellung des Zustands des Werks mitzuwirken (BT-

Drs. 18/8486 S. 59), um einseitige Zustandsfeststellung durch Unternehmern nach II zu vermeiden. Bestellermitwirkung ist entgegen Normtext („hat…mitzuwirken“) keine Pflicht des Bestellers. Unternehmer kann Mitwirkung nicht einklagen, da alleinige Sanktion der Mitwirkungsverweigerung des Bestellers die einseitige Zustandsfeststellung iSv II ist. **b) Mitwirkung.** Besteller muss für gemeinsame 10
Zustandsfeststellung dem Unternehmer Zugang zum Werk eröffnen, Mängel(symptome) benennen und Untersuchung ermöglichen. **Kosten** → Rn. 24. **c) Termin** 11
gemeinsamer Zustandsfeststellung. Anforderungen an Zustandsfeststellung → Rn. 22 ff. **Termin** zur gemeinsamen Feststellung muss nach Vereinbarung der Parteien bzw. vom Unternehmer innerhalb angemessener Frist festgesetzt worden sein (so **II 1**). **d) Angemessen:** Einzelfallbezogene Wertung je nach Feststellungs- 12
aufwand. **e) Unterschriften.** Dokumentation der Zustandsfeststellung ist nach **I 2** 13
wegen Dokumentationsfunktion von beiden Vertragsparteien zwingend zu unterschreiben (Unterschrift → § 126 Rn. 2, Rn. 5 f.), sonst ist gemeinsame Zustandsfeststellung unwirksam. Höchstpersönlichkeit ist nicht angordnet. Keine Abgabe von Willenserklärungen (→ Rn. 22); Wissensvertretung entsprechend §§ 164 ff. ist zulässig; Unterschrift kann durch bevollmächtigten Wissensvertreter des Bestellers bzw. Unternehmers erfolgen. **f) Datum.** Angabe des Datums der Ausfertigung ist 14
nach **I 2** (Sollerfordernis, soweit bloße Ordnungsvorschrift, s. BT-Drs. 18/8486 S. 60) vorgesehen. Fehlt es an dem Datum, so ist gemeinsame Zustandsfeststellung dennoch wirksam. Beginn der Vermutung des Gefahrübergangs iSv III auf Besteller (letzte der beiden Unterschriften unter Zustandsfeststellung) ist dann anders zu beweisen. Datumangabe liegt daher im Interesse des Unternehmers. **g) Rechts-** 15
folge. Vermutung des III zugunsten des Unternehmers (→ Rn. 25); Zustandsfeststellung *kann* bei entsprechender Dokumentation des Zustandes ein **Tatsachenanerkenntnis** enthalten. Das ist eine „als Zeugnis des Anerkennenden gegen sich selbst“ zu wertende Bestätigungserklärung. (Wissens-, nicht Willenserklärung (→ Rn. 22). Sie schafft ein Indiz, das der Richter im späteren Prozess – mit der gleichzeitigen Möglichkeit einer Entkräftung – bei seiner Beweiswürdigung verwerten kann. Tatsachenanerkenntnis kann im Prozess eine Umkehr der Beweislast bewirken (allgemein dazu BGHZ 66, 250, 254 f.; BGH NJW 2009, 580, 581 Rn. 9; OLG Düsseldorf BeckRS 2015, 119205 Rn. 34). Einem in der gemeinsamen Zustandsfeststellung enthaltenes Tatsachenanerkenntnis kommt daher lediglich die Wirkung eines **Zeugnisses beider Parteien** jeweils gegen sich selbst zu und dieses stellt ein **Indiz** für den Prozessrichter in einem Prozess zwischen beiden Parteien im Rahmen der Beweiswürdigung hinsichtlich der Frage der Mangelhaftigkeit des Werks dar. Die gemeinsame Zustandsfeststellung wirkt als Tatsachenanerkenntnis für und gegen Besteller und Unternehmer. Die Zustandsbeschreibung führt jedoch **nicht zur Beweislastumkehr,** denn der Gesetzgeber sieht in III allein eine Beweislastumkehr zugunsten des Unternehmers (→ Rn. 25) betreffend den Zeitpunkt der Entstehung eines offenkundigen Mangels vor (Umkehrschluss).

4. Einseitige Zustandsfeststellung (II). a) Voraussetzung. aa) Voraussetzun- 16
gen der **gemeinsamen Zustandsfeststellung** gegeben (→ Rn. 10 f.) und **bb)** 17
Termin ordnungsgemäß **festgelegt** (→ Rn. 11). **cc) Fernbleiben** des Bestellers 18
erforderlich (**I 1**). **Kein** Fernbleiben, **wenn (1)** Besteller infolge eines Umstands fernbleibt, den er **nicht zu vertreten** (§§ 276, 278) und den er dem Unternehmer unverzüglich (→ § 121 I 1) mitgeteilt hat (**II 2**); **(2)** zur Zustandsfeststellung bevollmächtigter **Wissensvertreter** des Bestellers (→ Rn. 13) erscheint; **(3)** sich beide Vertragsparteien zu einer gemeinsamen Zustandsfeststellung einfinden und Besteller an der Feststellung auch mitwirkt, sich aber beide in der Folge **nicht** auf den festzustellenden Zustand **einigen** können (BT-Drs. 18/8486 S. 60). In diesen Fällen steht es den Parteien offen, in einem selbständigen Beweisverfahren gemäß §§ 485 ff. ZPO (→ Rn. 4) den Zustand des Werks von einem gerichtlich bestellten Sachverständigen feststellen zu lassen (zur letzten Konstellation s. BT-Drs. 18/8486 S. 60). Beachte: Gemeinsame Zustandsfeststellung erfolgt, lediglich in einzelnen Punkten

wird Dissens festgehalten. Das ist kein Fall des Fernbleibens, sondern einer gemeinsa-
19 men Feststellung → Rn. 23. **dd) Einseitige Zustandsfeststellung.** Unternehmer
kann Werkzustand selbst feststellen. Anforderungen an Zustandsfeststellung
→ Rn. 22 ff. Ging Werk vor der Abnahme bereits in den Einflussbereich des Bestel-
lers über, dann folgt aus ergänzender Vertragsauslegung (§§ 133, 157, 242, → § 157
Rn. 2 ff.) und nicht aus § 650g ein Anspruch des Unternehmers gegen Besteller
ihm ggf. den **Zugang zum Werk zu Untersuchungszwecken** zu eröffnen, soweit
die Voraussetzungen des § 650g II vorliegen und das dem Besteller nach den
20 Umständen des Einzelfalls zumutbar ist. **ee) Unterschrift und Übergabe (II 3).**
Unternehmer hat einseitige Zustandsfeststellung zu **unterschreiben,** mit dem
Datum der Anfertigung zu versehen und dem Besteller eine Abschrift der einseiti-
gen Zustandsfeststellung zur Verfügung zu stellen. Normzweck: Verhinderung nach-
21 träglicher Manipulation durch den Unternehmer zu Lasten des Bestellers. **b)
Rechtsfolge. Vermutung des III** zugunsten des Unternehmers (→ Rn. 25);
Zustandsfeststellung *kann* bei entsprechender Dokumentation des Zustandes ein
Tatsachenanerkenntnis allein des Unternehmers enthalten; zu dessen Wirkung
→ Rn. 15; es wirkt insoweit zu Lasten des Unternehmers und zugunsten des Bestel-
lers, als es Mangelfeststellungen enthält. Mangels Mitwirkung des Bestellers kein
Tatsachenanerkenntnis durch ihn zu seinen Lasten.

22 **5. Zustandsfeststellung (I, II). a) Inhalt.** Zustandsfeststellung ist allein
Zustandsbeschreibung, also Dokumentation des physischen Werkzustands und
eventueller Mängelsymptome. Anerkennung einer Mangelhaftigkeit im Sinne des
§ 634 ist nicht erforderlich, lediglich Tatsachenbeschreibung. Zustandsfeststellung
iSv I, II ist **Wissenserklärung,** keine Willenserklärung, daher Wissensvertretung
23 (→ Rn. 13). **b) Form.** Da I 2 (→ Rn. 13) und II 3 (→ Rn. 20) für gemeinsame
und einseitige Zustandsfeststellung Unterschrift verlangen, hat Zustandsfeststellung
schriftlich (→ § 126) zu erfolgen; eindeutige **Bezugnahmen** auf Pläne, Fotogra-
fien, Videos, Zeichnungen sind möglich. Diese sind dann der unterschriebenen
Zustandsdokumentation beizufügen. Bei einer gemeinsamen Zustandsfeststellung ist
es unschädlich, wenn zu **einzelnen Tatsachen Dissens** hinsichtlich der Zustands-
beschreibung dokumentiert wird, ansonsten aber einvernehmliche Tatsachenfeststel-
lung erfolgt. Wirkung der Zustandsfeststellung (→ Rn. 25) reicht dann nur soweit,
24 wie einvernehmlich dokumentiert wurde **c) Kosten.** Jede Partei trägt ihre Kosten,
da Zustandsfeststellung im Interesse beider Vertragspartner liegt. Ausnahme, wenn
Voraussetzungen eines Schadensersatzanspruchs vorliegen (§ 280 I), zB weil Unter-
nehmer den Besteller zur Abnahme auffordert, obwohl das Werk offensichtlich
25 wesentliche Mängel aufweist (BT-Drs. 18/8486 S. 60). **d) Wirkung. Vermutungs-
wirkung des III** (→ Rn. 25); **Tatsachenanerkenntnis** beider Parteien
(→ Rn. 13) oder allein des Unternehmers (→ Rn. 22). Zustandsfeststellung ersetzt
aber nicht die Abnahme und hat auch keine sonstigen Ausschlusswirkungen, sie
dient – entsprechend ihrer Bezeichnung – lediglich der Dokumentation des Zustands
des Werks, um späterem Streit vorzubeugen (BT-Drs. 18/8486 S. 60).

26 **6. Gefahrtragung, Vermutungswirkung (III). a) Normzweck.** Nach § 644
I trägt Unternehmer die Leistungsgefahr bis zur Abnahme des Werks; er bleibt bis
dahin zur Herstellung eines mangelfreien Werkes verpflichtet und hat bis zur
Abnahme die Mangelfreiheit zu beweisen (→ § 644 Rn. 2). Häufig geht das Werk
vor der Abnahme bereits in den Einflussbereich des Bestellers über. Wurde das Werk
zwischenzeitlich durch den Besteller selbst beeinträchtigt, muss Unternehmer diese
Mängel ebenfalls beseitigen, sofern er nicht nachweisen kann, dass sie vom Besteller
27 verursacht wurden. III schränkt dieses Risiko des Unternehmers ein. **b) Vorausset-
zungen. aa) Werkverschaffung.** Werk ist Besteller verschafft, wenn es in Einfluss-
bereich des Bestellers übergegangen ist bzw. von diesem genutzt wird (BT-Drs. 18/
8486 S. 60). Es bedarf also der Einflussmöglichkeit des Bestellers auf das Werk. Dies
setzt regelmäßig **unmittelbaren Besitz** des Bestellers voraus (BT-Drs. 18/8486
28 S. 60). **bb) Zustandsfeststellung.** Wirksame gemeinsame oder einseitige Zustands-

feststellung (I, II) vor oder nach Werkverschaffung. **cc) Nichtangabe offenkundigen Mangels.** In Zustandsfeststellung ist offenkundiger **Sachmangel** (→ Rn. 7) nicht angegeben worden. Mangel ist aber angegeben, wenn er in einer gemeinsamen Zustandsfeststellung von einer der beiden Parteien unter Widerspruch der anderen dokumentiert wurde (partieller Dissens → Rn. 23). Mangel ist **offenkundig,** wenn er bei einer ordnungsgemäßen Zustandsfeststellung ohne weiteres hätte entdeckt werden müssen. Bei der Auslegung des Begriffs „offenkundig" ist die jeweilige Fachkunde des Bestellers zu berücksichtigen (BT-Drs. 18/8486 S. 60). **dd) Mögliche Verursachung.** Nach **III 2** muss Mangel seiner Art nach grundsätzlich vom Besteller verursacht worden sein können. Dies ist etwa nicht der Fall, wenn es sich um einen Materialfehler handelt oder der Mangel darin besteht, dass das Werk nicht nach den Planungsvorgaben hergestellt wurde (BT-Drs. 18/8486 S. 60). Eines Verursachungsnachweises im konkreten Einzelfall bedarf es nicht, nur des Nachweises der grundsätzlichen Geeignetheit der Bestellerverursachung. **c) Rechtsfolge. III 1** ordnet Vermutung dahin an, dass der offenkundige Mangel nach der Zustandsfeststellung entstanden und vom Besteller zu vertreten ist. **aa) Beweislastumkehr.** III 1 ordnet eine durch Erbringung von Gegenbeweis widerlegliche Vermutung iSv **§ 292 ZPO** an, dass Mangel nach Zustandsfeststellung entstand. Beweislast für Widerlegung von III 1 und für Voraussetzungen iSv III 2 hat Besteller. Beweislast für Voraussetzungen iSv III 1 hat Unternehmer. **bb) Vermutungswirkung.** Greift die Vermutung, so hat Unternehmer das Werk ohne diesen offenkundigen Mangel mangelfrei erbracht. III 1 ordnet aber **keinen Gefahrübergang** iSv § 644 an. Unternehmer hat daher noch **Mangelbeseitigungspflicht** bis Abnahme bzw. Abnahmefiktion iSv § 644 I, II. Weitergehende **Haftung des Bestellers** gemäß **→ § 645 II:** Macht der offenkundige Mangel es dem Unternehmer unmöglich, das Werk mangelfrei herzustellen, so wird Unternehmer nach § 275 I von Mangelbeseitigungspflicht frei, er kann infolge der **Verschuldensvermutung** des III 1 nach § 326 II **Werklohn** abzüglich ersparter Aufwendungen verlangen. Ist der offenkundige Mangel beseitigbar, kann Unternehmer nach § 280 I vom Besteller Schadensersatz in Höhe der **Mangelbeseitigungskosten** verlangen (→ §§ 644, 645 Rn. 11). Über Verschuldensvermutung des III 1 können dem Besteller Mängel zugerechnet werden, die **Dritte verursacht** haben. Besteller kann das abwenden, wenn er die Vermutung des III 1 entkräftet. Sachgerecht, da III 1 voraussetzt, dass Werk in Besitz des Bestellers ist (BT-Drs. 18/8486 S. 60).

29 30 31 32 33

7. Vergütungsfälligkeit (IV). a) Regelungsziel. IV wurde auf Vorschlag des Bundesrats und des Rechtsausschusses (BT-Drs. 18/11437 S. 43) eingefügt. IV geht § 641 vor, soweit spezielle Regelung vorgesehen. Regelt für alle Verträge iSv § 650g (→ Rn. 5) **Fälligkeit** der Gesamtvergütung. **b) Voraussetzungen: (1) IV 1 Nr. 1. Abnahme** (→ § 640 I), Abnahmefiktion (→ § 640 II), Abnahmeentbehrlichkeit (→ § 641 II) **(2) IV 1 Nr. 2. Schlussrechnung** schlüsselt die Leistungen auf, für welche Gesamtwerklohn abschließend verlangt wird. **(3) IV 1 Nr. 2, IV 3. Prüffähigkeit.** Basisangaben sind Parteien, Werk, Leistungen, Forderungshöhe, Berechnungsgrundlagen. Schlussrechnung muss übersichtlich und für den Besteller *nachvollziehbar sein.* Anforderung an die Prüfbarkeit der Rechnung ist je nach Art und Komplexität des Auftrags unterschiedlich. Regelanforderung: Aufstellung, wie oft die jeweiligen Einzelleistungen erbracht wurden. Je nach Art und Umfang der erbrachten Leistungen sind Mengenberechnungen, Zeichnungen und sonstige Belege beizufügen (BT-Drs. 18/11437 S. 43). **(4) IV 3. Keine Einwendung gegen Prüffähigkeit.** Prüffähigkeit wird unwiderlegbar unterstellt, wenn in 30-Tagefrist (Berechnung: §§ 187 I, 188 I) ab Zugang (→ § 130) bei Besteller dieser keine konkreten Einwendungen gegen die Prüffähigkeit (nicht ausreichend: Angabe von Werkmängeln) gegenüber dem Unternehmer (Zugang iSv § 130 erforderlich) erhoben und nachvollziehbar begründet hat. Begründung muss innerhalb der Frist erfolgen („begründete Einwendungen erhoben"). Erforderlich

34 35 36 37 38

sind konkrete Beanstandungen bestimmter Rechnungsposten. Pauschale Berufung auf fehlende Prüffähigkeit unzureichend (BT-Drs. 18/11437 S. 43).

§ 650h Schriftform der Kündigung

Die Kündigung des Bauvertrags bedarf der schriftlichen Form.

1 **Normzweck:** Übereilungsschutz (BT-Drs. 18/8486 S. 61). Nur **anwendbar** auf
Bauvertrag (→ § 650a und → § 650i), Architekten- oder Ingenieurvertrag
(→ § 650q I) oder Bauträgervertrag (→ § 650u I 2, aber dort nach § 650u II kein
2 Kündigungsrecht nach §§ 648, 648a). **Schriftform** erforderlich → §§ 126, 126a,
127, 127b. **Nicht** ausreichend wegen Übereilungsschutz: **Textform** (§ 126b) (BT-
3 Drs. 18/8486 S. 61). **Sachlicher Anwendungsbereich.** Gilt für **gesetzliche Kündigungsrechte,** also freie Kündigung (→ § 648), Kündigung aus wichtigem Grund
(→ § 648a) und für Kündigungen nach §§ 650f V 1, 650r. Auch für vertragliche
Kündigungsrechte, soweit Schriftform insoweit nicht abbedungen (Grüneberg/
4 Retzlaff Rn. 2). **Formmangel** führt zu **Nichtigkeit** → § 125.

Kapitel 3. Verbraucherbauvertrag

Lit.: S. Vor § 650a

§ 650i Verbraucherbauvertrag

(1) **Verbraucherbauverträge sind Verträge, durch die der Unternehmer von einem Verbraucher zum Bau eines neuen Gebäudes oder zu erheblichen Umbaumaßnahmen an einem bestehenden Gebäude verpflichtet wird.**

(2) **Der Verbraucherbauvertrag bedarf der Textform.**

(3) **Für Verbraucherbauverträge gelten ergänzend die folgenden Vorschriften dieses Kapitels.**

1 **1. Allgemeines. a) Normzweck.** §§ 650i–650n dienen dem besonderen Schutzbedürfnis der Verbraucher beim Abschluss größerer Bauverträge. Sie schließen an die Vorgaben der VerbrR-RiLi (ABl. 2011 L 304, 64) zu den vorvertraglichen Informationspflichten an. Danach ist der Verbraucher vor Vertragsschluss über die wesentlichen Eigenschaften der Leistung zu informieren (Art. 5 lit. a VerbrR-RiLi). Ausgenommen vom Anwendungsbereich der Richtlinie sind Verträge über den Bau von neuen Gebäuden und erhebliche Umbaumaßnahmen an bestehenden Gebäuden (Art. 3 III lit. f, Art. 6 I lit. a VerbrR-RiLi). Für diese Bauverträge, die mit einem höheren **Finanzrisiko** für den Verbraucher verbunden sind, führen die §§ 650i–
650n spezielle vorvertragliche Informationspflichten und weitere Schutzvorschriften
2 ein. **b) Abdingbarkeit.** Nicht zum Nachteil des Verbrauchers abdingbar → § 650o
3 S. 1; **Umgehungsverbot** → § 650o S. 2. **c) Anzuwendende Normen.** Es sind die §§ 631–650h anzuwenden, soweit nicht die §§ 650i–650n speziellere Regelungen treffen **(III)** → Vor § 650a Rn. 2. Für Bauverträge, die Verbraucherbauverträge nach I sind, sind gem. → § 312 II Nr. 3 die Vorschriften der §§ 312 I, 312a I, III, IV, VI anzuwenden. Für Bauverträge, die keine Verbaucherbauverträge nach I sind, können die verbraucherschützenden Vorschriften der §§ 312 I, 312a–312c uneingeschränkt anwendbar sein, deren Anwendungsvoraussetzungen selbständig zu prüfen sind (dazu jurisPK/Segger-Piening Rn. 1, Rn. 25ff). Das **COVID-19**-bedingte temporäre **Leistungsverweigerungsrecht** aus Art. 240 § 1 EGBGB bisherige Fassung (→ § 611 Rn. 1) wurde mWv 1.10.2022 durch Ges. v. 27.3.2020 (BGBl. I S. 569) aufgehoben. Es galt auch bei Verbraucherbauverträgen mit Dauerschuldcharakter (jurisPK-BGB/Berg Art. 240 § 1 EGBGB Rn. 13), dazu → § 650a Rn. 1.

2. Vertragsparteien (I). a) Besteller ist Verbraucher (→ § 13). **b) Unterneh-** 4
mer ist Unternehmer iSv → § 631 und → § 14. Spaltet Verbraucher das Bauvorha- 5
ben in mehrere Bauverträge auf, die er mit **mehreren Unternehmern** isoliert abschließt, liegt kein Fall des § 650i I vor, da Verbraucherbauvertrag die Errichtung oder den Umbau des Gebäudes als Ganzes erfasst (str., KG NZBau 2022, 401; OLG München NJW 2022, 3724; Grüneberg/Retzlaff Rn. 4; Omlor, NJW 2018, 817 818; Magnus JZ 2019, 224, 227; tendenziell auch in richtlinienkonformer Auslegung österreichischer OGH BeckRS 2022, 9986 Rn. 39, 42 zum österreichischen Recht; aA OLG Hamm NZBau 2021, 664, 668 Rn. 52–77; Motzke, NZBau 2017, 515, 518; Vogel, BauR 2020, 388, 394 f.; jurisPK/Segger-Piening Rn. 18–22 mit umfassenden Nachweisen zum Streitstand), denn nur dann besteht Risikokumulation für Verbraucher in einem Vertrag.

3. Vertragsgegenstand (I). a) Vertragstypus. Spezifischer **Bauvertrag** iSv 6
→ § 650a I, der Vertragsgegenstand iSv **I** hat. **b) Neues Gebäude.** Gebäude 7
→ § 836 Rn. 3, → § 908 Rn. 3. Neu errichtet meint neu hergestellt iSv → § 650a Rn. 5, das umfasst auch die Wiedererrichtung eines früher vorhandenen Bauwerks
(→ § 650a Rn. 5). **c) Erhebliche Umbaumaßnahme.** Umbau → § 650a Rn. 5. 8
Erheblichkeit der Maßnahme ähnlich Erwägungsgrund 26 zu Art. 3 III lit. f VerbrR-RiLi zu beurteilen. Erheblich sind solche Umbaumaßnahmen, die dem Bau eines neuen Gebäudes vergleichbar sind; zB Errichtung eines Gebäudes hinter der Fassade eines alten Gebäudes, nicht dagegen die Entfernung des alten Dachs (Dachstuhl und -ziegel) samt Herstellung des neuen Dachs, österreichischer OGH BeckRS 2022, 9986 Rn. 40–44 (zum österreichischen Recht in richtlinienkonformer Auslegung unter argumentativer Heraniehung von Quellen zum deutschen Recht). Kriterien zur Abgrenzung: Umfang und Komplexität des Eingriffs sowie das Ausmaß des Eingriffs in die bauliche Substanz des Gebäudes (zustimmend österreichischer OGH BeckRS 2022, 9986 Rn. 35–38). Deshalb **nicht erfasst** von I: Verträge zur Errichtung von **Anbauten** (wie zB Garage, Wintergarten, Veranda, Carport, Terrasse, Balkon, Geräteschuppen etc) sowie zur **Instandsetzung** bzw. **Renovierung** von Gebäuden, ohne dass es sich dabei um erhebliche Umbauarbeiten handelt (BT-Drs. 18/8486 S. 62), da nicht erheblich für das Gesamtgebäude (jurisPK/Segger-Piening Rn. 17, Rn. 23 f. mN, str.). Auch wesentliche **Instandhaltungsarbeiten** iSv § 650a II (→ § 650a Rn. 6) sind keine iSv I.

4. Textform (II). Textform erforderlich → **§ 126b.** Sie beugt **Beweisschwie-** 9
rigkeiten über den Vertragsinhalt vor und sichert ab, dass Verbraucher während der häufig länger andauernden Bauausführung und später nach Fertigstellung jederzeit nachhalten kann, was vertraglich geschuldet ist (BT-Drs. 18/11437 S. 43).

§ 650j Baubeschreibung

Der Unternehmer hat den Verbraucher über die sich aus Artikel 249 des Einführungsgesetzes zum Bürgerlichen Gesetzbuche ergebenden Einzelheiten in der dort vorgesehenen Form zu unterrichten, es sei denn, der Verbraucher oder ein von ihm Beauftragter macht die wesentlichen Planungsvorgaben.

Art. 249 § 1 EGBGB Informationspflichten bei Verbraucherbauverträgen

Der Unternehmer ist nach § 650j des Bürgerlichen Gesetzbuchs verpflichtet, dem Verbraucher rechtzeitig vor Abgabe von dessen Vertragserklärung eine Baubeschreibung in Textform zur Verfügung zu stellen.

Art. 249 § 2 EGBGB Inhalt der Baubeschreibung

(1) [1]In der Baubeschreibung sind die wesentlichen Eigenschaften des angebotenen Werks in klarer Weise darzustellen. [2]Sie muss mindestens folgende Informationen enthalten:

1. allgemeine Beschreibung des herzustellenden Gebäudes oder der vorzunehmenden Umbauten, gegebenenfalls Haustyp und Bauweise,

2. Art und Umfang der angebotenen Leistungen, gegebenenfalls der Planung und der Bauleitung, der Arbeiten am Grundstück und der Baustelleneinrichtung sowie der Ausbaustufe,
3. Gebäudedaten, Pläne mit Raum- und Flächenangaben sowie Ansichten, Grundrisse und Schnitte,
4. gegebenenfalls Angaben zum Energie-, zum Brandschutz- und zum Schallschutzstandard sowie zur Bauphysik,
5. Angaben zur Beschreibung der Baukonstruktionen aller wesentlichen Gewerke,
6. gegebenenfalls Beschreibung des Innenausbaus,
7. gegebenenfalls Beschreibung der gebäudetechnischen Anlagen,
8. Angaben zu Qualitätsmerkmalen, denen das Gebäude oder der Umbau genügen muss,
9. gegebenenfalls Beschreibung der Sanitärobjekte, der Armaturen, der Elektroanlage, der Installationen, der Informationstechnologie und der Außenanlagen.

(2) [1]Die Baubeschreibung hat verbindliche Angaben zum Zeitpunkt der Fertigstellung des Werks zu enthalten. [2]Steht der Beginn der Baumaßnahme noch nicht fest, ist ihre Dauer anzugeben.

1 **1. Allgemeines. a) Normzweck.** Norm stellt Mindestanforderungen für den Inhalt der Baubeschreibung auf und begründet einen **vorvertraglichen Informationsanspruch** des Verbrauchers gegen den Unternehmer beim Verbraucherbauvertrag. Unternehmer hat Pflicht, bei Verbraucherverträgen die angebotene Leistung umfassend zu beschreiben. Das dient dem Schutz der aufgrund der Vertragsverhandlungen entstandenen, gerechtfertigten Erwartungen des Bestellers. Die Beschreibung ermöglicht ihm zudem eine **Überprüfung der angebotenen Leistung** durch einen sachverständigen Dritten und einen Preis-/Leistungsvergleich mit anderen Angeboten. Das gewährleistet den Unternehmerwettbewerb. Die Pflicht zur verbindlichen Bauzeitangabe soll dem Besteller **verlässliche Zeitplanung** ermöglichen. Speziell bei größeren Baumaßnahmen, wie die iSv § 650j, ist Besteller hinsichtlich des Fertigstellungszeitpunkts mit Blick auf Baufinanzierung, Kündigung eines bisherigen Mietvertrags und Umzugsplanung besonders schutzwürdig (BT-
2 Drs. 18/8486 S. 62). **Abdingbarkeit.** Nicht zum Nachteil des Verbrauchers abdingbar → § 650o S. 1; **Umgehungsverbot** → § 650o S. 2.

3 **2. Baubeschreibung. a) Inhalt.** Unternehmer ist verpflichtet, den Verbraucher über die in Art. 249 EGBGB genannten Einzelheiten in der dort vorgegebenen Form zu unterrichten. Unternehmer muss Besteller rechtzeitig vor Abgabe von dessen Vertragserklärung eine **Baubeschreibung** in **Textform** (→ § 126b) zur Verfügung stellen (Art. 249 § 1 EGBGB), in der die wesentlichen Eigenschaften des angebotenen Werks in klarer und verständlicher Weise darzustellen sind (Art. 249 § 2 I 1 EGBGB). Die Baubeschreibung hat auch verbindliche Angaben zur Bauzeit
4 zu enthalten (Art. 249 § 2 II EGBGB) (BT-Drs. 18/8486 S. 62). **b) Ausnahme.** Pflicht zur Übergabe der Baubeschreibung durch den Unternehmer entfällt, wenn der Besteller oder ein von ihm Beauftragter, beispielsweise ein Architekt, die wesentlichen **Planungsvorgaben** für das Bauprojekt macht (Hs. 2) (BT-Drs. 18/8486
5 S. 62). **c) Form.** Textform → Art. 249 § 1 EGBGB **d) Fehlen.** Wird vorvertraglich
6 keine Baubeschreibung übergeben oder fehlen essentiale Angaben (→ Rn. 3), so berührt das die **Wirksamkeit** des Vertrages nicht (→ § 650k I Hs. 2, II 1). Verbraucher hat bei Verletzung der Baubeschreibungspflicht des § 650j einen **Schadensersatzanspruch** nach allgemeinen Regelungen (§§ 311 II, 280 I), da sie vorvertragliche Pflicht ist (BT-Drs. 18/8486 S. 63), gegebenenfalls auch gemäß § 823 II (wohl aA Grüneberg/Retzlaff Rn. 4), zudem die **Rechte** aus §§ 648a, 324.

§ 650k Inhalt des Vertrags

(1) Die Angaben der vorvertraglich zur Verfügung gestellten Baubeschreibung in Bezug auf die Bauausführung werden Inhalt des Vertrags, es sei denn, die Vertragsparteien haben ausdrücklich etwas anderes vereinbart.

(2) [1]Soweit die Baubeschreibung unvollständig oder unklar ist, ist der Vertrag unter Berücksichtigung sämtlicher vertragsbegleitender Umstände, insbesondere des Komfort- und Qualitätsstandards nach der übrigen Leis-

tungsbeschreibung, auszulegen. [2]Zweifel bei der Auslegung des Vertrags bezüglich der vom Unternehmer geschuldeten Leistung gehen zu dessen Lasten.

(3) **[1]Der Bauvertrag muss verbindliche Angaben zum Zeitpunkt der Fertigstellung des Werks oder, wenn dieser Zeitpunkt zum Zeitpunkt des Abschlusses des Bauvertrags nicht angegeben werden kann, zur Dauer der Bauausführung enthalten. [2]Enthält der Vertrag diese Angaben nicht, werden die vorvertraglich in der Baubeschreibung übermittelten Angaben zum Zeitpunkt der Fertigstellung des Werks oder zur Dauer der Bauausführung Inhalt des Vertrags.**

1. Allgemeines. a) Normzweck. Norm will asymmetrische Informationslage zwischen Verbraucher und Bauunternehmer bezüglich der Bauausführung beseitigen. **b) Abdingbarkeit.** § 650k ist nicht zum Nachteil des Verbrauchers abdingbar → § 650o S. 1; **Umgehungsverbot** → § 650o S. 2. 1 2

2. Vertragsinhalt. a) Mindestinhalt. Die Angaben zur Bauausführung in der vorvertraglich übergebenen **Baubeschreibung** iSv § 650j iVm Art. 249 § 2 EGBGB (→ § 651j Rn. 3) werden nach **I Hs. 1** grundsätzlich **ipso iure** Inhalt des Vertrags **(I, III)** (BT-Drs. 18/8486 S. 26). Haben die Parteien **ausdrücklich** andere Angaben zur Bauausführung (Baubeschreibung) **vereinbart,** gehen diese abweichenden Vereinbarungen über Gegenstände einer Baubeschreibung iSv § 650j nach **I Hs. 2** vor und werden Vertragsinhalt des Verbraucherbauvertrags. Soweit keine vertraglichen Abreden über solche Gegenstände getroffen werden, bleibt es bei der Geltung der vorvertraglichen Baubeschreibung als Vertragsinhalt iSv I. Regelung des **I entspricht** derjenigen des → **§ 312d I 2** (setzt Art. 6 V VerbrR-RiLi um) betreffend vorvertragliche Informationspflichten bei Fernabsatz- und Haustürverträgen (BT-Drs. 18/8486 S. 63). Die dazu ergangene Rechtsprechung kann zur Orientierung bei der Auslegung des I herangezogen werden. (→ § 312d Rn. 2). Das Tatbestandsmerkmal der **Ausdrücklichkeit** ist wegen des Verbraucherschutzzwecks eng auszulegen (→ § 312d Rn. 2). **b) Insbesondere Fertigstellungszeitpunkt.** Der Bauvertrag muss verbindliche Zeitangaben zur Fertigstellung des Baus enthalten. Zu nennen ist der Fertigstellungszeitpunkt. Kann er bei Vertragsabschlussß noch nicht bestimmt werden, zB wegen einer vom Verbraucher einzuholenden Genehmigung, ist die Bauzeit zu benennen **(III 1).** Fehlt es daran, gelten gemäß **III 2** die in der nach § 650j vorvertraglich zu übermittelnden Baubeschreibung enthaltenen Zeitangaben (BT-Drs. 18/8486 S. 62 f.). Es gelten die allgemeinen Regelungen zum Schuldnerverzug (→ §§ 286, 288). Für den Fall, dass Unternehmer bereits eine Teilleistung bewirkt hat, aber offensichtlich ist, dass das Fertigstellungsdatum nicht eingehalten wird, hat der Besteller auch Kündigungsrecht nach → § 648a I (BT-Drs. 18/8486 S. 63). 3 4

3. Vertragsauslegung (II). a) Auslegungshinweise. II ergänzt §§ 133, 157 für den Fall einer § 650j nicht genügenden oder fehlenden Baubeschreibung. Ziel ist es, den Vertrag auch bei Mängeln der Baubeschreibung möglichst aufrechtzuerhalten. **II 1 Hs. 1** ist **Spezifizierung** der §§ 133, 157. Zur Auslegung sind Gesamtumstände des Vertragsschlusses und des Vertrags heranzuzienenheranzuziehen („vertragsbegleitende Umstände"). Dazu zählen (s. etwa BGH NJW 2007, 2983; NJW 2014, 620) erläuternde oder konkretisierende Erklärungen der Vertragsparteien, die konkreten Verhältnisse des Bauwerks und seines Umfeldes, der qualitative Zuschnitt, der architektonische Anspruch und die Zweckbestimmung des Bauwerks (BT-Drs. 18/8486 S. 62). **II 1 Hs. 2** bestimmt, dass auf das **Leistungsniveau der Baubeschreibung** im Übrigen abzustellen ist. Verbraucher soll sich nicht mit einer geringeren Qualität (zB allgemeiner technischer Standard) begnügen müssen oder sich sogar zu einer Kündigung genötigt sehen, weil der Unternehmer dem übrigen höheren Niveau entsprechende Leistungen verweigert (BT-Drs. 18/8486 S. 62). **a) Zweifelsregel.** Erst bei nicht nach → Rn. 5 behebbaren Auslegungszweifeln gilt die **Unklarhei-** 5 6

tenregelung des **II 2.** Im Zweifel gilt diejenige (von mindestens zwei) Auslegungsalternativen, die dem Verbraucher günstiger ist. II 2 entspricht in der Regelungstechnik § 305c II (BT-Drs. 18/8486 S. 62). Die dazu ergangene Rechtsprechung kann daher bei II 2 cum grano salis sinngemäß herangezogen werden (→ § 305 Rn. 6).

§ 650l Widerrufsrecht

[1]Dem Verbraucher steht ein Widerrufsrecht gemäß § 355 zu, es sei denn, der Vertrag wurde notariell beurkundet. [2]Der Unternehmer ist verpflichtet, den Verbraucher nach Maßgabe des Artikels 249 § 3 des Einführungsgesetzes zum Bürgerlichen Gesetzbuche über sein Widerrufsrecht zu belehren.

Art. 249 § 3 EGBGB Widerrufsbelehrung

(1) [1]Steht dem Verbraucher ein Widerrufsrecht nach § 650l Satz 1 des Bürgerlichen Gesetzbuchs zu, ist der Unternehmer verpflichtet, den Verbraucher vor Abgabe von dessen Vertragserklärung in Textform über sein Widerrufsrecht zu belehren. [2]Die Widerrufsbelehrung muss deutlich gestaltet sein und dem Verbraucher seine wesentlichen Rechte in einer an das benutzte Kommunikationsmittel angepassten Weise deutlich machen. [3]Sie muss Folgendes enthalten:

1. einen Hinweis auf das Recht zum Widerruf,
2. einen Hinweis darauf, dass der Widerruf durch Erklärung gegenüber dem Unternehmer erfolgt und keiner Begründung bedarf,
3. den Namen, die ladungsfähige Anschrift und die Telefonnummer desjenigen, gegenüber dem der Widerruf zu erklären ist, gegebenenfalls seine Telefaxnummer und E-Mail-Adresse,
4. einen Hinweis auf die Dauer und den Beginn der Widerrufsfrist sowie darauf, dass zur Fristwahrung die rechtzeitige Absendung der Widerrufserklärung genügt, und
5. einen Hinweis darauf, dass der Verbraucher dem Unternehmer Wertersatz nach § 357e des Bürgerlichen Gesetzbuchs schuldet, wenn die Rückgewähr der bis zum Widerruf erbrachten Leistung ihrer Natur nach ausgeschlossen ist.

(2) Der Unternehmer kann seine Belehrungspflicht dadurch erfüllen, dass er dem Verbraucher das in Anlage 10 vorgesehene Muster für die Widerrufsbelehrung zutreffend ausgefüllt in Textform übermittelt.

1 **1. Allgemeines. a) Überblick.** Verbraucher kann Verbraucherbauvertrag (→ § 650i I) innerhalb von 14 Tagen nach Vertragsschluss widerrufen. **Schutzzweck:** Schutz des Verbrauchers vor Finanzrisiken durch Bauprojekt. Verbraucherbauverträge werden von Verbrauchern meist nur einmal im Leben geschlossen und sind regelmäßig mit hohen finanziellen Verpflichtungen für sie verbunden (Einsatz aller Ersparnisse zur Baufinanzierung und langfristige Immobiliendarlehen). Probleme bereiten in der Praxis der Vertrieb von schlüsselfertigen Häusern, bei denen Verbraucher mit zeitlich begrenzten Rabattangeboten zu schnellen Vertragsabschlüs-
2 sen gedrängt werden (BT-Drs. 18/8486 S. 63) (näher Magnus JZ 2019, 224 ff.). **b) Abdingbarkeit.** § 650l ist nicht zum Nachteil des Verbrauchers abdingbar → § 650o S. 1; **Umgehungsverbot** → § 650o S. 2.

3 **2. Widerrufsrecht des Verbrauchers. a) Grundsatz. S. 1 Hs. 1** ordnet gesetzliches Widerrufsrecht iSv § 355 für Verbraucher bei Verbraucherbauvertrag an. Es gelten die Regelung der → §§ 355 ff. **Spezielle** ergänzende **Regelungen** treffen: → § 356e **(Widerrufsfrist),** → § 357d **(Rückgewährrecht).** Für zusammenhängende Verträge, insbesondere Kreditverträge s. → § 360. Art. 249 § 3 EGBGB regelt die zeitlichen und formalen Anforderungen an die **Widerrufsbelehrung** näher und sieht vor, dass der Unternehmer bei Verwendung der als Anlage 10 hinzugefügten Musterwiderrufsbelehrung seiner gesetzlichen Belehrungspflicht genügt. **Fehlerhafte Belehrung:** Widerrufsfrist beginnt nicht → § 356e S. 1, Ausschlussfrist beginnt mit Vertragsabschluss → § 356e S. 2. Schadensersatzanspruch nach §§ 280
4 I, 311 II, III möglich. **b) Ausnahme vom Widerrufsrecht.** Kein Widerrufsrecht nach **S. 1 Hs. 2,** wenn Bauvertrag notariell beurkundet wird. Ausnahme wegen Schutz des Verbrauchers durch die Belehrungspflichten des Notars und die in § 17 IIa Nr. 2 BeurkG vorgesehene Zeit für die Prüfung des Vertragsentwurfs (im Regelfall zwei Wochen) gerechtfertigt (BT-Drs. 18/8486 S. 63).

§ 650m Abschlagszahlungen; Absicherung des Vergütungsanspruchs

(1) Verlangt der Unternehmer Abschlagszahlungen nach § 632a, darf der Gesamtbetrag der Abschlagszahlungen 90 Prozent der vereinbarten Gesamtvergütung einschließlich der Vergütung für Nachtragsleistungen nach § 650c nicht übersteigen.

(2) [1]Dem Verbraucher ist bei der ersten Abschlagszahlung eine Sicherheit für die rechtzeitige Herstellung des Werks ohne wesentliche Mängel in Höhe von 5 Prozent der vereinbarten Gesamtvergütung zu leisten. [2]Erhöht sich der Vergütungsanspruch infolge einer Anordnung des Verbrauchers nach den §§ 650b und 650c oder infolge sonstiger Änderungen oder Ergänzungen des Vertrags um mehr als 10 Prozent, ist dem Verbraucher bei der nächsten Abschlagszahlung eine weitere Sicherheit in Höhe von 5 Prozent des zusätzlichen Vergütungsanspruchs zu leisten. [3]Auf Verlangen des Unternehmers ist die Sicherheitsleistung durch Einbehalt dergestalt zu erbringen, dass der Verbraucher die Abschlagszahlungen bis zu dem Gesamtbetrag der geschuldeten Sicherheit zurückhält.

(3) Sicherheiten nach Absatz 2 können auch durch eine Garantie oder ein sonstiges Zahlungsversprechen eines im Geltungsbereich dieses Gesetzes zum Geschäftsbetrieb befugten Kreditinstituts oder Kreditversicherers geleistet werden.

(4) [1]Verlangt der Unternehmer Abschlagszahlungen nach § 632a, ist eine Vereinbarung unwirksam, die den Verbraucher zu einer Sicherheitsleistung für die vereinbarte Vergütung verpflichtet, die die nächste Abschlagszahlung oder 20 Prozent der vereinbarten Vergütung übersteigt. [2]Gleiches gilt, wenn die Parteien Abschlagszahlungen vereinbart haben.

1. Allgemeines. a) Überblick. Norm ergänzt und **modifiziert § 632a.** Es werden Obergrenzen für die Zahlung von Abschlägen durch den Verbraucher, die den Unternehmer sichern **(I),** und für die Absicherung des Vergütungsanspruchs des Unternehmers eingeführt **(IV)** (BT-Drs. 18/8486 S. 26). **II** und **III** entsprechen §§ 632a III, IV aF. I und II gelten **nebeneinander** (BT-Drs. 18/8486 S. 64). **b)** 1 2
Abdingbarkeit. § 650m ist **dispositiv,** denn → § 650o stellt **kein Verbot** der Abbedingung auch zum Nachteil des Verbrauchers auf. § 650m ist aber Leitbild der AGB-Kontrolle iSv § 307 II Nr. 1 (→ § 307 Rn. 3 ff.). Damit die dem Schutz des Bestellers dienenden Regelungen nicht durch **AGB** zum Nachteil der Verbraucher abbedungen werden können, wird in → **§ 309 Nr. 15** ergänzend ein entsprechendes Klauselverbot in Bezug auf I (Abschlagszahlungen) und II (Sicherheitsleistung) aufgenommen (BT-Drs. 18/8486 S. 64).

2. Höchstgrenze für Abschlagszahlungen (I). I schützt Verbraucher durch 3
Obergrenze (90 % vereinbarter Gesamtvergütung iSv → § 632, → § 632a, einschließlich Nachtragsvergütung iSv → § 650c), wenn Unternehmer **Abschlagszahlungen** nach § 632a verlangt. **Schutzzweck:** Bei Verbraucherverträgen besteht 4
sonst Gefahr, dass es durch überhöhte Abschlagsforderungen des Bauunternehmers *zu versteckten* Vorauszahlungen kommt, da sich für den fachlich unkundigen Verbraucher oftmals nicht ohne weiteres ersehen lässt, ob die Höhe der Abschlagsforderung korrekt ermittelt wurde (BT-Drs. 18/8486 S. 64). Der **Restbetrag** der Vergütung wird nach → § 641 I mit der Abnahme fällig. Damit kann der Verbraucher effektiv von dem **Zurückbehaltungsrecht** des → § 641 III Gebrauch machen. Danach kann Besteller nach Fälligkeit einen Teil der Vergütung zurückbehalten, wenn er die Beseitigung eines Mangels am Werk verlangen kann (BT-Drs. 18/8486 S. 64).

3. Sicherheit für Verbraucher (II, III). a) Neuerungen. II, entspricht weitge- 5
hend **§ 632a III aF.** Angepasst wurde der Anwendungsbereich an den in § 650i normierten Begriff des Verbraucherbauvertrags. Neu aufgenommen wurde in **II 2**

der Fall, dass sich der Vergütungsanspruch durch eine Anordnung des Bestellers nach
6 den § 650b und § 650c erhöht (BT-Drs. 18/8486 S. 64). **b) Sicherungszweck.** Besteller entsteht häufig erheblicher Mehraufwand, wenn das Bauwerk insbesondere im Fall der Insolvenz des Bauunternehmers nicht vollendet oder mangelhaft errichtet wird. Diesem Sicherungsbedürfnis soll II bei einem Verbraucherbauvertrag Rechnung tragen: Sicherheit für die rechtzeitige und vollständige Herstellung des Werkes ohne wesentliche Mängel zu leisten. Sicherheit deckt alle Ansprüche ab, die darauf beruhen, dass die Unternehmerleistung hinter der vertraglich vorausgesetzten Tauglichkeit oder Werthaltigkeit zurückbleibt. Erfasst werden auch alle Ansprüche wegen
7 Überschreitung der Bauzeit. **c) Erste Abschlagszahlung (II 1).** Besteller kann Sicherheitsleistung bei seiner ersten Abschlagszahlung für seinen Erfüllungsanspruch in Höhe von 5 % der Vergütung beanspruchen. Sicherungsumfang orientiert sich
8 an § 14 Nr. 2 VOB/A für Bauaufträge der öffentlichen Hand. **d) Weitere Abschlagszahlung (II 2).** Weitere Sicherheit s. II 2 (jeweils 5 % der zusätzlichen
9 Vergütung): 10 %-Grenze gilt ab zweiter Abschlagszahlung. **e) Art der Sicherheit (II 3, III).** → §§ 232 ff. nach Wahl des Unternehmers. Er kann nach **II 3** Sicherheitsleistung durch **Einbehalt** verlangen (entspricht § 17 Nr. 6 VOB/B). Der Besteller hat dann Abschlagszahlungen so lange zurückzuhalten, bis die geschuldete Sicherheit erbracht ist. Bei Einbehalt iSv II 3 erhält der Unternehmer zunächst lediglich 90 % der Vergütung abzüglich der als Sicherheit einbehaltenen 5 % (BT-Drs. 18/8486 S. 64). Zahlt der Besteller auf unwirksame AGB-Klausel vorzeitig den vollen Preis, kann er diesen i.H. der ihm zustehenden Sicherheit zurückfordern kann (OLG Schleswig NZBau 2020, 376, 383 Rn. 177–187, 218, str.). Nach **III** wahlweise **andere Sicherheit. Rückgabe** der Sicherheit durch Besteller, wenn Unternehmer vollständig und mangelfrei erfüllt hat, denn dann kann Sicherungsfall nicht mehr eintreten. **Verwertung** durch Besteller, wenn gesicherter Anspruch wegen mangelhafter oder verspäteter Erfüllung durch Unternehmer entstand.

10 **4. Sicherheit für Unternehmer (IV). Obergrenze.** Der Verbraucher ist – im Gegensatz zum sonstigen Besteller – nicht gesetzlich verpflichtet, dem Unternehmer auf dessen Anforderung eine Bauhandwerkersicherung (→ § 650f I – V) zu leisten. Da privatautonom in Verbraucherbauverträgen Sicherheitsbestellungen vereinbart wurden und entsprechende AGB-Klauseln nicht nach § 307 unwirksam waren (BGH DNotZ 2010, 910), legt IV nun **Obergrenzen** für die Höhe von **vereinbarten Sicherheitsleistungen (IV 1)** und **Abschlagszahlungen (IV 2)** des Verbrauchers auf den Vergütungsanspruch des Unternehmers fest. Sicherheitsleistung des Verbrauchers kann maximal bis zur Höhe des jeweils bestehenden Vorleistungsrisikos des Unternehmers vereinbart werden. Bei Abschlagszahlungen des Bestellers ist Absicherungsbedürfnis des Unternehmers auf den Betrag der nächsten Abschlagszahlung begrenzt. Daher ist nur Abrede über Absicherung in Höhe der nächsten Ratenzahlung (IV 1 Hs. 1) zulässig oder alternativ Pauschalgrenze von pauschal 20 Prozent der Auftragssumme (IV 1 Hs. 2) (BT-Drs. 18/8486 S. 64).

§ 650n Erstellung und Herausgabe von Unterlagen

(1) [1]**Rechtzeitig vor Beginn der Ausführung einer geschuldeten Leistung hat der Unternehmer diejenigen Planungsunterlagen zu erstellen und dem Verbraucher herauszugeben, die dieser benötigt, um gegenüber Behörden den Nachweis führen zu können, dass die Leistung unter Einhaltung der einschlägigen öffentlich-rechtlichen Vorschriften ausgeführt werden wird.** [2]**Die Pflicht besteht nicht, soweit der Verbraucher oder ein von ihm Beauftragter die wesentlichen Planungsvorgaben erstellt.**

(2) **Spätestens mit der Fertigstellung des Werks hat der Unternehmer diejenigen Unterlagen zu erstellen und dem Verbraucher herauszugeben, die dieser benötigt, um gegenüber Behörden den Nachweis führen zu können,**

dass die Leistung unter Einhaltung der einschlägigen öffentlich-rechtlichen Vorschriften ausgeführt worden ist.

(3) **Die Absätze 1 und 2 gelten entsprechend, wenn ein Dritter, etwa ein Darlehensgeber, Nachweise für die Einhaltung bestimmter Bedingungen verlangt und wenn der Unternehmer die berechtigte Erwartung des Verbrauchers geweckt hat, diese Bedingungen einzuhalten.**

1. Allgemeines. a) Überblick. § 650n gewährt Verbraucher einklagbaren 1
Anspruch gegen Unternehmer, Planungsunterlagen über das Bauwerk (→ Rn. 3) zu erstellen, die der Verbraucher zum Nachweis der Einhaltung öffentlich-rechtlicher Vorschriften (I, II) oder zB zur Erlangung eines Kredits (III) benötigt, und diese Unterlagen an den Verbraucher herauszugeben. Norm entscheidet bislang in der Rechtsprechung noch nicht endgültig geklärte Streitfragen (BT-Drs. 18/8486 S. 64). So war umstritten, ob Bauunternehmer oder Architekten dem Bauherrn Baupläne, statische Berechnungen, Entwässerungspläne, Bewehrungspläne usw zu überlassen haben (grundsätzlich bejahend OLGR Köln 2005, 152, es sei denn, Auftrag wurde entzogen und durch anderen Unternehmer vollendet; dann letzterer herausgabepflichtig; s. für Kauf OLG Hamm MDR 1976, 43, bejahend; OLG Karlsruhe NJW
1975, 694, abl., dazu Koeble NJW 1975, 695). **b) Abdingbarkeit.** § 650n ist nicht 2
zum Nachteil des Verbrauchers abdingbar → § 650o S. 1; **Umgehungsverbot** → § 650o S. 2.

2. Herstellungs- und Herausgabepflicht. a) Planungsunterlagen iSv I. Alle 3
Bauinformationen über das Bauwerk, die zu seiner baulichen Errichtung und behördlichen Genehmigung des Bauvorhabens erforderlich sind, zB Informationen zu den verwendeten Baustoffen, technische Angaben, zB zur Wärmedämmung oder dem Brandschutz, Berechnungen, zB der Statik, und Zeichnungen, zB Bauzeichnungen und Lagepläne. **Unterlagen iSv II** sind Bauinformationen, welche die Erstellung und Herausgabe von Unterlagen in Bezug auf die ordnungsgemäße Ausführung der Bauleistungen betreffen. Für den Bauherrn kann sich auch nach Vertragsdurchführung die Notwendigkeit ergeben, die Einhaltung öffentlich-rechtlicher Vorschriften nachzuweisen: Beispielsweise sieht das Erneuerbare-Energien-Wärmegesetz Prüfungspflichten durch die zuständigen Behörden vor, denen der Verbraucher durch Vorlage von Nachweisen nachzukommen hat. Das Nichtvorhandensein dieser Nachweise ist eine Ordnungswidrigkeit. Zum anderen benötigt der Besteller die Unterlagen für die spätere Unterhaltung und Instandsetzung des Bauwerks oder für einen etwaigen Umbau. Der in II genannte Zeitpunkt für die weitere Herausgabepflicht soll sicherstellen, dass der Verbraucher bei seiner Abnahmeentscheidung auf die Unterlagen über die Errichtung zurückgreifen kann (BT-Drs. 18/8486 S. 65).
b) Unternehmerpflicht (I, II). Unternehmer hat angemessene Zeit **vor Beginn** 4
der Ausführung einer geschuldeten Leistung **(I 1)** bzw. **nach Baubeginn,** spätestens nach Fertigstellung **(II 1),** jeweils diejenigen Bauinformationen zu **erstellen** und dem Verbraucher **herauszugeben,** die dieser im jeweiligen Zeitpunkt benötigt, um gegenüber Behörden den Nachweis führen zu können, dass die Leistung unter Einhaltung der einschlägigen öffentlich-rechtlichen Vorschriften ausgeführt werden wird bzw. wurde. Denn Besteller ist regelmäßig Verpflichteter der öffentlich-rechtlichen Vorschriften. Zudem soll Besteller dadurch die Möglichkeit erhalten, die Einhaltung der öffentlich-rechtlichen Vorschriften durch einen sachverständigen Dritten schon während der Bauphase überprüfen zu lassen. **c) Erfasste** 5
Bauinformationen. aa) Öffentlich-rechtliche Zweckrichtung. Nach I und II müssen nur die Bauinformationen erstellt und herausgegeben werden, die Besteller für nach öffentlich-rechtlichen Vorschriften erforderliche Prüfungsverfahren
benötigt. **bb) Private Zweckrichtung. III** erweitert die Unternehmerpflicht iSv 6
I und II auf die Erstellung und Herausgaben von von Bauinformationen, die Besteller für nicht-öffentlich-rechtliche Zwecke benötigt. Nur diejenigen erfasst, hinsichtlich deren Erstellung der Unternehmer berechtigte Erwartung des Verbrau-

chers geweckt hat. III ist eine **Auslegungsregel** für die Abgrenzung der Unternehmerpflichten. Hat Unternehmer berechtigte Verbrauchererwartungen geweckt, trifft ihn eine entsprechende Herstellungspflicht. Ohne die Anordnung des III ließen sich regelmäßig die gleichen Ergebnisse durch (ergänzende) Vertragsauslegung herstellen. Insoweit kommt III lediglich eine **Klarstellungs- und Vereinfachungsfunktion** betreffend die Vertragsauslegung zu. **Beispiele:** Darlehensgeber oder ein Fördermittelgeber verlangt bestimmte Bauinformationen; finanziert Bauvorhaben nur bei Nachweis bestimmter Förderbedingungen (BT-Drs. 18/8486
7 S. 65). **d) Ausnahme.** Nach **I 2** keine entsprechende Pflicht, wenn Planung vereinbarungsgemäß nicht zu den Herstellungspflichten des Unternehmers gehört, weil sie der Verbraucher oder ein von ihm beauftragter (zB Architekt) selbst übernimmt (wie § 650j Hs. 2 → § 650j Rn. 4). In diesem Fall sind die wesentlichen Planungsunterlagen durch den Besteller bzw. seinen Beauftragten selbst zu erstellen. Gleiches kann im Ausnahmefall für Unterlagen iSv II entsprechend gelten.

Kapitel 4. Unabdingbarkeit

§ 650o Abweichende Vereinbarungen

[1]Von § 640 Absatz 2 Satz 2, den §§ 650i bis 650l und 650n kann nicht zum Nachteil des Verbrauchers abgewichen werden. [2]Diese Vorschriften finden auch Anwendung, wenn sie durch anderweitige Gestaltungen umgangen werden.

1 **a) Halbseitig zwingend (S. 1).** Damit von den dem Schutz der Verbraucher dienenden Vorschriften aus dem Kapitel 3 und in § 640 nicht zu Lasten der Verbraucher abgewichen werden kann, wird in § 650o angeordnet, dass es sich hierbei um halbseitig zwingende Vorschriften handelt, die nur zum Vorteil des Verbrauchers dispositiv sind. Erfasst wird auch Art. 249 EGBGB, soweit die Norm die §§ 650i–650n ergänzt und konkretisiert (Grüneberg/Retzlaff Rn. 1). **Negative Abweichung:** isolierte Einzelabwägung der Abweichung wie bei § 476 I (dazu BeckOGK/Augenhofer § 476 Rn. 21). **Ausnahme:** Anderes gilt für die Regelungen in § 650m, von denen durch Individualvereinbarungen abgewichen werden können soll. (BT-Drs. 18/8486 S. 65). **Wirkung** bei Verstoß: **Nichtigkeit** der konkreten abweichenden Abrede (→ § 134 Rn. 14: Soweit nichtig, wie nötig, um Verbot durchzusetzen),
2 gegebenenfalls Gesamtnichtigkeit nach → § 139 (s. auch → § 134 Rn. 1). **b) Umgehungsverbot (S. 2).** Wie bei § 476 I (dazu → § 476 Rn. 6).

Untertitel 2. Architektenvertrag und Ingenieurvertrag

Lit. (zur neuen Gesetzeslage): Dammert, Das geplante Gesetz zur Reform des Bauvertragsrechts – Architekten- und Ingenieurvertrag, BauR 2017, 421; Deckers, Das neue Architekten- und Ingenieurvertragsrecht im Bürgerlichen Gesetzbuch, ZfBR 2017, 523; Fuchs, Regelung des Architekten- und Ingenieurvertrags, NZBau 2015, 675; Kuhn, Das künftige Recht der Architekten und Ingenieure auf Teilabnahme nach § 650r -E, ZfBR 2017, 211; Motzke, Der Reformgesetzgeber am Webstuhl des Architekten- und Ingenieursrechts, NZBau 2017, 251; Pause, Verbraucherbaurecht und Bauträgerrecht – zugleich ein Ausblick auf weitere Entwicklungen im Gesetzgebungsverfahren, BauR 2017, 430. **Zum bisherigen Recht:** Bohl/Döbereiner/Graf Keyserlingk, Die Haftung der Ingenieure im Bauwesen, 1980; Hebel, Haftung des Objektüberwachers für Baumängel, BauR 2006, 221; Jebe/Vygen, Der Bauingenieur in seiner rechtlichen Verantwortung, 1981; Kesselring/Hennig: Die Entwicklung des Architekten- und Ingenieurrechts der Jahre 2016 und 2017, NJW 2017, 2323; Kirberger, Haftung des Objektüberwachers auch für Planungsfehler, BauR 2006, 239; Kirchner, Rechtliche Probleme bei Ingenieurverträgen, BB 1971, 67; Löffelmann, Zum Umfang der „Planprüfungspflicht" des nur objektüberwachenden Architekten, FS Motzke, 2006, 229; Motzke/Preussner/Kehrberg, Die Haftung des Architekten, 11. Aufl. 2019; Osenbrück, Der Ingenieurvertrag, 1982; Reichert, Die Haftung des Architekten, BauR 2014, 626; Retzlaff, Architektenhonorar und Baukostengrenze, NZBau 2017, 131; Thode/Wenner, Internationales Architekten- und Bauvertragsrecht, 1998; Thode/Wirth/Kuffer, Praxishandbuch Architektenrecht, 2. Aufl. 2016; Schmalzl, Zur Rechtsnatur des Statikervertrages, MDR 1971, 349.

§ 650p Vertragstypische Pflichten aus Architekten- und Ingenieurverträgen

(1) **Durch einen Architekten- oder Ingenieurvertrag wird der Unternehmer verpflichtet, die Leistungen zu erbringen, die nach dem jeweiligen Stand der Planung und Ausführung des Bauwerks oder der Außenanlage erforderlich sind, um die zwischen den Parteien vereinbarten Planungs- und Überwachungsziele zu erreichen.**

(2) [1]**Soweit wesentliche Planungs- und Überwachungsziele noch nicht vereinbart sind, hat der Unternehmer zunächst eine Planungsgrundlage zur Ermittlung dieser Ziele zu erstellen.** [2]**Er legt dem Besteller die Planungsgrundlage zusammen mit einer Kosteneinschätzung für das Vorhaben zur Zustimmung vor.**

1. Allgemeines. a) Vertragstypus. Einordnung des Architektenvertrags und des Ingenieurvertrags als Dienst- oder Werkvertrag war umstritten. Der BGH hat den Architektenvertrag als Werkvertrag qualifiziert (BGH 31, 227, ZfBR 86, 123, auch für bestimmte Teilleistungen des Architektenwerks, die Gegenstand selbstständiger Verträge sind, BGH 45, 376; Genehmigungsplanung BGH NJW 03, 287; Bauführung BGH NJW 82, 438; aber OLG Hamm NJW-RR 95, 401: Beratung über Mängelbeseitigung als Dienstvertrag), denn die Vertragsleistung des Architekten ziele auf Herstellung eines Bauwerks, also auf die Herbeiführung eines Erfolges iSv § 631. Mit Wirkung zum 1.1.2018 regeln die **§§ 650p–§ 650t** den Architektenvertrag und Ingenieurvertrag in Titel 9 (Werkvertrag und ähnliche Verträge) als **Unterfall des Werkvertrags** in Untertitel 2. Den Besonderheiten dieses Vertragstyps wird so durch spezielle Regelungen Rechnung getragen (BT-Drs. 18/8486 S. 66) Allerdings ist **nicht jeder Vertrag** mit einem Architekten oder Ingenieur über seine beruflich angebotenen Leistungen zugleich ein Vertrag iSv §§ 650p ff. → Rn. 7. Auch ist der Anwendungsbereich der **HOAI** (→ § 631 Rn. 1) nicht völlig identisch mit dem der §§ 650p ff. Beide Regelungskomplexe sind selbständig voneinander zu prüfen. Normtext nimmt keinen Bezug auf die HOAI, in der die beim Architekten- und Ingenieurvertrag in der Regel zu erbringenden Leistungsbilder und Leistungsphasen definiert sind. Grund (→ § 631 Rn. 1): HOAI ist eine Gebührenordnung, die in ihren Regelungen zu Mindest- und Höchstsätzen unionsrechtswidrig ist (→ § 632 Rn. 1, Rn. 10). Sie deckt zudem nicht notwendig alle Leistungen ab, die der Architekt oder der Ingenieur im Einzelfall vertraglich schuldet (BT-Drs. 18/8486 S. 67). 1

b) Vertragsparteien. aa) Unternehmer. Unternehmer iSv § 650p kann, muss 2
aber nicht Unternehmer iSv → § 14 sein. Er kann, muss aber **nicht,** Architekt bzw. Ingenieur **im berufsrechtlichen Sinn** sein; er muss also zB nicht in Architektenrolle eingetragen sein. **I** benennt Unternehmer denn auch nicht als Architekten oder als Ingenieur. Daher ist der persönliche Anwendungsbereich des § 650p nicht auf Architekten und Ingenieure im berufsrechtlichen Sinn beschränkt, sondern ist vielmehr **leistungsbezogen zu beurteilen.** Auch jemand, der nicht berufsrechtlich als Architekt qualifiziert ist, kann deshalb Unternehmer iSv§ 650p sein, soweit er die in § 650p beschriebene **Architekten- oder Ingenieuraufgaben** (zu diesen s. → Rn. 6 ff.) erfüllt (so zur Parallelfrage zum persönlichen Anwendungsbereich der HOAI BGHZ 136, 1 Rn. 9 ff.; OLG Köln BeckRS 2016, 15950 mwN). **bb)** 3

Besteller. Er kann, muss aber nicht, Verbraucher sein. Ist Besteller Verbraucher und Unternehmer iSv §§ 631, 650p auch Unternehmer iSv → § 14, so kann Vertrag iSv § 650p zugleich **Verbrauchervertrag** iSv → § 312 sein (Pause, BauR 2017,
4 430, 432). **c) Regelungsgehalt.** In § 650p werden die vertragstypischen Pflichten des Architekten oder Ingenieurs normiert (BT-Drs. 18/8486 S. 27) → Rn. 6 ff.
5 **Anwendbare Vorschriften** → § 650q. **d) Abdingbarkeit, Form.** Vorschriften sind dispositiv. Vertrag ist formfrei.

6 **2. Vertragspflichten (I, II). a) Unternehmerische Planungs- und Überwachungserfolgspflichten. aa) Vertragscharakteristika.** § 650p konkretisiert **§§ 631, 632.** § 650p ist **(1)** auf alle **Werkverträge** anzuwenden, **(2)** bei welchen der Unternehmer als vertragstypische Pflicht die Herstellung bestimmter **Planungs- und/oder Überwachungserfolge** bei der Planung und/oder Ausführung eines **(3) Bauwerks** bzw. der **Außenanlage** iSv § 650a (→ § 650a Rn. 3 ff.) versprochen hat. Erfasst sind daher die bauwerks- bzw. außenanlagenbezogenen Planungs- und Überwachungsleistungen. Das sind die **geistigen Leistungen,** welche **bestimmungsgemäß** ihre **Verkörperung** im Bauwerk bzw. der Außenanlage finden (sollen) (wie → § 634a Rn. 8). Erfasst sind Architekten- und Ingenieurleistungen somit **nur,** soweit sie sich auf Verkörperung in einem Bauwerk oder
7 einer Außenanlage iSv § 650a (→ § 650a Rn. 3 ff.) beziehen. **bb) Nicht erfasst** daher zB **Bauleitplanung** iSv §§ 17 ff. HOAI, da sie ohne Bezug auf konkrete Bauwerke oder konkrete Außenanlagen ist; ebenso nicht geistige Leistungen, die nicht auf eine Verkörperung in einem Bauwerk oder einer Außenanlage zielen, daher fällt zB die bloße **Schadensbegutachtung** oder **Wertermittlung** nicht unter § 650p. Für solche Verträge gelten die allgemeinen Regeln der Abgrenzung zwischen §§ 631–650 und §§ 611 ff.; regelmäßig wird ein **Werkvertrag** iSv
8 §§ 631–649 vorliegen (→ Vor § 631 Rn. 3 ff.). **cc) Erfolgsbezogene Leistungspflichten.** Architekten- und Ingenieurverträge umfassen typischerweise eine Reihe verschiedener Pflichten. Dabei ist zwischen dem **Planungserfolg** und den **Planungs- und Leistungsschritten** zu unterscheiden (BT-Drs. 18/8486 S. 66). Erfasst werden alle Planungsphasen. **II 1** macht klar, dass auch die Schaffung erst einer **Planungsgrundlage** unter § 650p fällt (→ Rn. 10). Die Umsetzung der Planungsgrundlage in **Planungen zur Verwirklichung** und in Überwachungsschritte bei der Umsetzung der Planungen sind unter **I** zu fassen. I und II schaffen keine unterschiedlichen Vertragstypen, sondern beschreiben verschiedene Erfolgsziele. Ein Architekten- bzw. Ingenieurvertrag kann sowohl Leistungserfolge iSv II (Herstellung der Planungsgrundlage) wie I (Verwirklichung der Planungsgrundlage in Planung und deren Umsetzung) umfassen oder sich je nach Vereinbarung nur auf einen der genannten Leistungserfolge beschränken. Im jeweiligen Vertrag ist zu bestimmen, welche Leistungserfolge (Erstellung der Planungsgrundlage, Erstellung der konkreten Planungen, zB der Baupläne, Einholung der Baugenehmigung, Überwachung der Planungsumsetzung, zB durch Bauleitung) der Unternehmer vertraglich schuldet. Bei einem **gestaffelten Abschluss** einzelner Werkverträge (zB Zielfindung, Erstellung des Bauplans mit Genehmigungsplanung, Überwachung der Bauerstellung) zwischen denselben Parteien (→ Rn. 11) sind die einzelnen Verträge jeweils getrennt abzuwickeln und jeweils gesondert zu vergüten
9 (→ § 631 Rn. 1). **dd) Dynamische Konkretisierung.** Leistungspflicht kann **bei Fortschreiten** der Planungen und Bauausführungen „*nach dem jeweiligen Stand der Planung und Ausführung*" (I 1) weiter konkretisiert werden. Hier werden keine neuen Leistungserfolge definiert, sondern die Leistungshandlungen werden auf die vereinbarten Leistungserfolge nach Bedarf neu ausgerichtet. Mit Hilfe der vereinbarten Planungs- und Überwachungserfolge sind die vom Unternehmer geschuldeten Leistunghandlungen (I 1, II) zu konkretisieren. Davon zu unterscheiden: Erweiterungen der Leistungspflichten können sich aus Anordnungen iSv §§ 650p I, 650q I iVm → § 650b I Nr. 2 ergeben (Änderung des Herstellungsprogramms → § 650b Rn. 4). **I 1** und **II** dienen dazu, die im Laufe der Planentwick-

lung notwendige Konkretisierung des vereinbarten Erfolgs iSv I 1 von der Änderungsanordnung iSv § 650b abzugrenzen. Die **Abgrenzung** ist erforderlich, weil **Änderungsanordnungen** Mehr- oder Mindervergütung auslösen (→ § 650q II), während die Konkretisierung der Leistungspflichten iSv I im Rahmen des ursprünglich vereinbarten Leistungsprogramms erfolgt, so dass nur die vereinbarte, aber keine Mehr- oder Mindervergütung geschuldet wird (BT-Drs. 18/8486 S. 67). **ee) Insbesondere Ermittlung der Planungs- und Überwachungziele** 10 **(II). (1) Zielfindungsphase.** Hier ist der versprochene Werkerfolg die Bestimmung der Planungs- und Überwachungsziele. **II 1** soll die Sachverhalte regeln, bei denen der Besteller noch vage Vorstellungen von dem zu planenden Bauvorhaben oder der Außenanlage hat und den Architekten oder Ingenieur beauftragt, die Wünsche und Vorstellungen des Bestellers zu erfassen und auf ihrer Grundlage eine **Planungsgrundlage** zur Ermittlung der noch offenen Planungs- und Überwachungsziele zu erstellen. Steht zB fest, welchen Zweck das zu planende Gebäude haben soll, sind jedoch noch wesentliche Fragen offen, wie etwa die Art des Daches, die Zahl der Geschosse oder ähnliche für die Planung grundlegende Fragen, dann ist erst die Grundlage für die genaue Planung zu erarbeiten. Planungsgrundlage meint nicht die detaillierte Planung (zB Bauplan, Statikberechnung etc), sondern deren Vorstufe (Grundlage), etwa eine erste Skizze oder eine Beschreibung des zu planenden Vorhabens, auf der dann die konkrete Planung aufbauen kann (BT-Drs. 18/8486 S. 67). **(2) Kosteneinschätzung (II 2).** Unternehmer hat Pla- 11 nungsgrundlage iSv II 1 (→ Rn. 10) zusammen mit einer Kosteneinschätzung für das Vorhaben dem Besteller vorzulegen. Kosteneinschätzung: Grobe Einschätzung der zu erwartenden Kosten für seine Finanzierungsplanung geben, keine detaillierte Kostenplanung (BT-Drs. 18/8486 S. 67). **Entscheidungsgrundlage des Bestellers:** Planungsgrundlage und Kosteneinschätzung zusammen sollen Besteller eine begründete Entscheidung ermöglichen, ob er das Projekt (Bauwerk, Außenanlage) fortführen möchte (BT-Drs. 18/8486 S. 67). **(a)** Hat er einen auf die Zielfindungsphase beschränkten Architekten- bzw. Ingenieurvertrag abgeschlossen, kann er entscheiden, ob er einen neuen Vertrag für die Planungs- und Leistungsphase eingehen möchte (**gestaffelter Abschluss** → Rn. 8). **(b)** Hat er einen über die Zielfindungsphase hinausreichenden Vertrag abgeschlossen, so kann Besteller entscheiden, ob er ihn **kündigt** (→ § 650r I) oder nicht. Falls keine Kündigung durch Besteller erfolgt, legt der Unternehmer die Kosteneinschätzung dem Besteller „zur Zustimmung" vor. **Vorlegen** meint Zugang (→ § 130) der Planungsgrundlage und Kosteneinschätzung in geeigneter Form bei dem Besteller. **Zustimmung** meint Einverständnis des Bestellers mit Planungsgrundlage und Kosteneinschätzung. Zustimmung ist Willenserklärung, die Unternehmer zugehen muss. Zielfindungsphase (II) ist dann abgeschlossen und die Planungs- und Leistungsphase (I) beginnt auf der Grundlage von Planungsgrundlage und Kosteneinschätzung. – Unternehmer kann **Frist zur Zustimmung** setzen; zum **Sonderkündigungsrecht** des Unternehmers → § 650r II. **ff) Mängelgewährleistung.** 12 Die nach Rn. 6 – Rn. 10 bestimmten Werkerfolge sind Grundlage der Beschaffenheitsvereinbarung iSv § 633 (→ § 633 Rn. 4). **b) Vergütungspflicht. aa)** 13 **Grundsatz.** Pflicht des Bestellers zur Entrichtung der vereinbarten Vergütung ergibt sich aus den allgemeinen werkvertraglichen Vorschriften (→ § 650q iVm → **§ 631 I,** → § 632, → § 632a). Für die Höhe der Vergütung sind außerdem die Regelungen der HOAI zu beachten (→ § 631 Rn. 1; beachte → § 632 Rn. 1, Rn. 10 zur Vereinbarkeit mit Europarecht), wenn das geschuldete Werk durch die dort beschriebenen Leistungsbilder geprägt ist (BT-Drs. 18/8486 S. 67). **Mehr- und Mindervergütungen** → Rn. 9. Vergütungsanspruch bei **Sonderkündigung** → § 650t III. **bb) Zweifelsregel.** Durch **II 1** soll Bestellererwartung auf 14 kostenfreie Zielfindung in der Praxis entgegengewirkt werden (BT-Drs. 18/8486 S. 67). II 1 stellt klar, dass in Zielfindungsphase nach gesetzgeberischem Leitbild im Zweifel bereits ein **entgeltlicher Vertrag** abgeschlossen wird. Bedeutsam auch wegen § 632 I.

§ 650q Anwendbare Vorschriften

(1) **Für Architekten- und Ingenieurverträge gelten die Vorschriften des Kapitels 1 des Untertitels 1 sowie die §§ 650b, 650e bis 650h entsprechend, soweit sich aus diesem Untertitel nichts anderes ergibt.**

(2) [1]**Für die Vergütungsanpassung im Fall von Anordnungen nach § 650b Absatz 2 gelten die Entgeltberechnungsregeln der Honorarordnung für Architekten und Ingenieure in der jeweils geltenden Fassung, soweit infolge der Anordnung zu erbringende oder entfallende Leistungen vom Anwendungsbereich der Honorarordnung erfasst werden.** [2]**Im Übrigen gilt § 650c entsprechend.**

1 **1. Anwendbare Normen (I). a) Grundsatz.** Auf den Architekten- und Ingenieurvertrag iSv § 650p (→ § 650p Rn. 1, → § 650p Rn. 7) sind **vorrangig** die § 650p–§ 650t anzuwenden, **subsidiär** die → §§ 650b, 650e bis 650h in entsprechender, also sinngemäßer Anwendung; **lückenfüllend** (I) dann die allgemeinen Vorschriften des Werkvertragsrechts (§§ 631–650 BGB), wobei § 650 insoweit gegenstandslos
2 ist, da er lediglich bewegliche Sachen betrifft. **b) Entsprechende Anwendung.** Auf den Architekten- und Ingenieurvertrag sind gemäß I entsprechend anzuwenden: **aa)** → § 650b **(Anordnungsrecht),** dazu → Rn. 3. **bb)** → § 650e (**Sicherungshypothek** des Unternehmers). **cc)** → § 650f **(Bauhandwerkersicherung).** Hier soll durch die entsprechende Anwendnung Spielraum für die Gerichte bestehen, die bisherige Rechtsprechung zur Sicherung des Honoraranspruchs des Architekten oder Ingenieurs nach §§ 648, 648a aF (s. zB BGHZ 51, 190 ff.; BGHZ 144, 138; OLG Düsseldorf NJW-RR 2000, 166; OLG Hamburg NJW-RR 2010, 376) auch unter neuem Recht fortzusetzen (BT-Drs. 18/8486 S. 67). **dd)** → § 650g **(Zustandsfeststellung),** wobei infolge der entsprechenden Anwendung die Zustandsfeststellung auf die im Bauwerk bzw. der Außenanlage enthaltenen Mängel ausgedehnt werden kann, sofern diese die Verkörperung von Mängeln der geistigen Planungs- bzw. Überwachungsleistungen des Unternehmers sind. Ansonsten wäre die entsprechende Anwendung des § 650g allein auf das geistige Architekten- bzw. Ingenieurwerk kaum sinnvoll. **ee)** → § 650h **(Schriftformerfordernis**).

3 **2. Änderungsbedingte Mehr- oder Mindervergütung (II). a) Anordnungsrecht.** Besteller hat gemäß II iVm § 650b auch im Rahmen von Architekten- oder Ingenieurverträgen ein **Anordnungsrecht** (→ § 650b, → § 650p Rn. 9). Für die sich an eine solche Anordnung anschließende positive oder negative Vergütungsanpassung trifft II eine spezielle Regelung für Architekten- und Ingenieurverträge
4 (krit. Deckers ZfBR 2017, 523, 535). **b) HOAI (II 1).** Soweit HOAI (→ § 631 Rn. 1; beachte → § 632 Rn. 1, Rn. 10 zur Vereinbarkeit mit Europarecht) anwendbar ist, gilt sie auch für Mehr- oder Mindervergütung. Dies gilt dann, wenn die nach § 650b zusätzlich angeordneten oder entfallenden Leistungen Grundleistungen im Sinne der HOAI sind. Zur Anwendbarkeit von **§ 10 HOAI (II 1):** § 10 HOAI regelt die Berechnung des Honorars bei vertraglichen Änderungen des Leistungsumfangs. Norm setzt nach ihrem Wortlaut voraus, dass eine Parteiabrede über die geänderten beauftragten Leistungen getroffen wird. Sie liegt vor bei der **gemeinsamen Änderung** iSv § 650b I. Sie fehlt bei der **einseitigen Anordnung** iSv § 650b II. Hier kann § 10 HOAI entsprechend angewendet werden, da HOAI durch die Einführung des einseitigen Anordnungsrechts nach § 650b II nachträglich lückenhaft
5 wurde (offen BT-Drs. 18/8486 S. 68). **c) Hilfsweise (II 2).** → **§ 650c.**

§ 650r Sonderkündigungsrecht

(1) [1]**Nach Vorlage von Unterlagen gemäß § 650p Absatz 2 kann der Besteller den Vertrag kündigen.** [2]**Das Kündigungsrecht erlischt zwei Wochen nach Vorlage der Unterlagen, bei einem Verbraucher jedoch nur dann, wenn der Unternehmer ihn bei der Vorlage der Unterlagen in Textform über das**

Kündigungsrecht, die Frist, in der es ausgeübt werden kann, und die Rechtsfolgen der Kündigung unterrichtet hat.

(2) [1]**Der Unternehmer kann dem Besteller eine angemessene Frist für die Zustimmung nach § 650p Absatz 2 Satz 2 setzen.** [2]**Er kann den Vertrag kündigen, wenn der Besteller die Zustimmung verweigert oder innerhalb der Frist nach Satz 1 keine Erklärung zu den Unterlagen abgibt.**

(3) **Wird der Vertrag nach Absatz 1 oder 2 gekündigt, ist der Unternehmer nur berechtigt, die Vergütung zu verlangen, die auf die bis zur Kündigung erbrachten Leistungen entfällt.**

1. Allgemeines. a) Normzweck. Besteller und uU Architekt bzw. Ingenieur 1
sollen nach Abschluss der Zielfindungsphase (→ § 650p Rn. 10) nicht an einen über diese Phase hinausreichenden Vertrag gebunden sein (→ § 650p Rn. 8, 11). Besteller soll seine Finanzierungslasten minimieren können, wenn Planungsgrundlage und Kosteneinschätzung (→ § 650p Rn. 10, 11) ihm entsprechende Erkenntnisse verschaffen. Kündigungsrecht soll Besteller (insbesondere Verbraucher) vor den Rechtsfolgen eines häufig übereilt abgeschlossenen umfassenden Architektenvertrags schützen, insbesondere, wenn er alle neun Leistungsphasen des § 3 HOAI beinhaltet (BT-Drs. 18/8486 S. 69). § 650r schließt andere Kündigungsrechte etc nicht aus. **b)** 2
Abdingbarkeit. § 650r ist abdingbar. § 650r ist aber Leitbild der AGB-Kontrolle iSv § 307 II Nr. 1 (→ § 307 Rn. 3 ff.). **c)** Wirkung (III). Kündigung nach I (→ Rn. 4) 3
oder II (→ Rn. 5) führt zur Vertragsbeendigung ex nunc (wie → § 648 Rn. 3). Unternehmer hat Teilvergütungsanspruch nach III (wie → § 648 Rn. 3).

2. Sonderkündigungsrecht des Bestellers (I). I 1 gibt Besteller ein freies 4
befristetes Sonderkündigungsrecht. **Voraussetzung: (1) Abschluss der Zielfindungsphase (I 1)** nach Vorlage der Planungsgrundlage und der Kosteneinschätzung iSv § 650p II → § 650p Rn. 10. **(2) Kündigungserklärung (I 1)** wie → § 648 Rn. 2; **Schriftform** → § 650q I iVm § 650h (→ § 650q Rn. 2). **(3) Kündigungsbegründung.** Angabe eines Kündigungsgrunds ist nicht erforderlich, aber sinnvoll (mit Blick auf ggf. auch begründetes Kündigungsrecht gemäß § 648). **(4)** Einhaltung der **Frist (I 2 Hs. 1). Ausnahme:** Besteller ist **Verbraucher.** Frist ist in diesem Fall unter Voraussetzungen **I 2 Hs. 2 unbegrenzt:** Architekt bzw. Ingenieur muss dann Verbraucher (→ § 650p Rn. 3) über das besondere Kündigungsrecht, die Frist, in der dieses ausgeübt werden kann, und die Rechtsfolgen dieser Kündigung in Textform (→ § 126b) unterrichten. (anders bei allgemeinem Kündigungsrecht nach § 649), anderenfalls besteht das Kündigungsrecht des Verbrauchers weiter. Frist wird durch spätere Unterrichtung **nicht** ausgelöst (BT-Drs. 18/8486 S. 69).

3. Kündigungsrecht des Unternehmers (II). Architekt bzw. Ingenieur kann 5
nach **(1) Abschluss Zielfindungsphase** (→ Rn. 4) Besteller eine **(2)** angemessene **Frist** für die Zustimmung nach § 650p II 2 (→ § 650p Rn. 10) setzen **(II 1).** Angemessenheit ist nach den Umständen des Einzelfalls (Finanzierungsbedarf, Komplexität) zu bestimmen; Besteller bedarf ausreichender Prüfungs- und Überlegungsfrist **(3)** Besteller **verweigert** Zustimmung oder gibt innerhalb der Frist **keine Zustimmungserklärung** ab. **(4) Kündigungserklärung (II 1)** wie **→ § 648 Rn. 2; Schriftform** → Rn. 4. **(5) Kündigungsbegründung** → Rn. 4.

§ 650s Teilabnahme

Der Unternehmer kann ab der Abnahme der letzten Leistung des bauausführenden Unternehmers oder der bauausführenden Unternehmer eine Teilabnahme der von ihm bis dahin erbrachten Leistungen verlangen.

1. Allgemeines. a) Normzweck. Unternehmer hat Recht auf eine Teilab- 1
nahme seines (geistigen) Werks, wenn das Bauwerk (die Außenanlage), in welchem seine Leistungen durch die Bauausführung verkörpert wurden, abgenommen wurde

(I). **Ziel:** Gleichlauf der Verjährungsfrist der Mängelhaftung hinsichtlich des überwiegenden Teils der Leistungen des Architekten bzw. Ingenieurs mit der des bauausführenden Unternehmers. Relevant nur, wenn Architekt oder Ingenieur mit über die Planungs- und Bauüberwachungsphase hinausgehenden Tätigkeiten beauftragt ist (dazu näher BT-Drs. 18/8486 S. 70). Zur konkludenten Abnahme einer Architektenleistung → § 640 Rn. 3, Rn. 7. Hat der Architekt oder Ingenieur von seinem Recht auf Teilabnahme Gebrauch gemacht, schließt sich nach Erfüllung aller seiner geschuldeten Leistungen die Schlussabnahme durch den Besteller an (BT-Drs. 18/
2 8486 S. 70). **b) Abdingbarkeit.** § 650s ist abdingbar. § 650s ist aber Leitbild der AGB-Kontrolle iSv § 307 II Nr. 1 (→ § 307 Rn. 3 ff.).

3 **2. Voraussetzungen. (1) Abnahme Bauunternemerleistungen.** Abnahme (→ § 640) aller („letzten") Leistungen des Bauunternehmers bzw. aller beteiligten Bauunternehmer durch Besteller. **(2) Verlangen** der Teilabnahme der Architekten- bzw. Ingenieursleistungen („verlangen"). **Teilabnahme.** → § 640 Rn. 6, § 641 Rn. 3.

§ 650t Gesamtschuldnerische Haftung mit dem bauausführenden Unternehmer

Nimmt der Besteller den Unternehmer wegen eines Überwachungsfehlers in Anspruch, der zu einem Mangel an dem Bauwerk oder an der Außenanlage geführt hat, kann der Unternehmer die Leistung verweigern, wenn auch der ausführende Bauunternehmer für den Mangel haftet und der Besteller dem bauausführenden Unternehmer noch nicht erfolglos eine angemessene Frist zur Nacherfüllung bestimmt hat.

1 **1. Allgemeines. a) Rechtsfolge.** Bei Mängeln, die auf einem Mangel der Bauleistung des ausführenden Bauunternehmers *und* einem Überwachungsfehler des Architekten/Ingenieurs beruhen, hat der vom Besteller auf Schadensersatz nach den → §§ 634 Nr. 4, 280, 281 in Anspruch genommene Architekten/Ingenieur ein Leistungsverweigerungsrecht, wenn nicht der Besteller dem bauausführenden Unternehmer bereits erfolglos eine angemessene Frist zur Nacherfüllung nach § 634
2 Nr. 1 gesetzt hat. **b) Normzweck** Vorrang der Nacherfüllung durch den bauausführenden Unternehmer, um die überproportionale Beanspruchung der Architekten und Ingenieure im Rahmen der gesamtschuldnerischen Haftung abzumildern. Da Architekten und Ingenieure aufgrund ihrer Berufsordnung zum Abschluss einer Berufshaftpflichtversicherung verpflichtet sind, werden sie sonst als solvente Schuldner regelmäßig zuerst in Anspruch genommen. Ist die Realisierung des Regressanspruchs des Architekten/Ingenieurs bzw. seiner Versicherung aus § 426 I, II (→ § 426 Rn. 14 ff., Rn. 17 ff., Rn. 21), § 86 VVG (→ § 426 Rn. 21) gegenüber dem bauausführenden Unternehmer nicht mehr möglich, etwa weil das bauausführende Unternehmen zwischenzeitlich insolvent ist, führte dies ohne Leistungsverweigerungsrecht iSv § 650t zu einer wirtschaftlich stärkeren Belastung der Architekten und Ingenieure als dies ihrem Beitrag zum Mangel entspricht. (s. näher BT-Drs. 18/8486 S. 70). Mit dem Leistungsverweigerungsrecht wird zumindest bei kleineren – leicht zu behebenden – Baumängeln eine vorschnelle Inanspruchnahme des Architekten oder Ingenieurs verhindert. Gleichzeitig wird einer erfolgversprechenden Nachbesserung der Vorrang vor der Geltendmachung eines Schadensersatzanspruchs auch in dem durch die Gesamtschuld entstehenden Dreipersonenverhältnis zwischen Bauherr, Architekt bzw. Ingenieur und bauausführendem Unternehmer eingeräumt wie dies bereits im Verhältnis zwischen Besteller und bauausführendem
3 Unternehmer der Fall ist. **c) Abdingbarkeit.** § 650t ist abdingbar. § 650t ist aber Leitbild der AGB-Kontrolle iSv § 307 II Nr. 1 (→ § 307 Rn. 3 ff.).

4 **2. Voraussetzungen. a) Sachmangel.** Sachmangel des Werks des/der bauaus-
5 führenden Unternehmers/Unternehmer (→ § 633). **b) Überwachungsfehler.**

Überwachungsfehler des Architekten bzw. Ingenieurs (Sachmangel des geistigen Werks des Architekten bzw. Ingenieurs → § 650p Rn. 12), der zu dem Sachmangel im Bauwerk/der Außenanlage iSv → Rn. 3 führt. Bauüberwachung durch den Architekten bzw. Ingenieur meint Kontrolle der Leistungen der bauausführenden anderen Unternehmer auf Plangerechtigkeit, Mangelfreiheit etc. **c) Nachfrist.** Es 6
genügt, dass Architekt bzw. Ingenieur bauausführendem Unternehmer **erfolglos** eine angemessene (wie → § 650r Rn. 5) Frist zur Nacherfüllung gesetzt hat. Keine Einrede der Vorausklage: Nicht erforderlich ist, dass der Besteller gegen den bauausführenden Unternehmer erfolglos geklagt hat (BT-Drs. 18/8486 S. 70). **d) Nacher-** 7
füllungsanspruch des Bestellers gegen bauausführenden Unternehmer muss (noch) bestehen und durchsetzbar sein, denn Leistungsverweigerungsrecht des Architekten bzw. Ingenieurs ist akzessorisch zu Nacherfüllungsanspruch des Bestellers.

Untertitel 3. Bauträgervertrag

Lit. (zur neuen Gesetzeslage): Basty, Baurechtsreform 2017 und Bauträgervertrag, MittBayNot 2017, 445; Illmer, Warum nur Bauverträge?, ZRP 2017, 122; Vogel, Der neue Vertragstyp „Bauträgervertrag" als haftungsrechtliche Grundlage, NZM 2017, 681; Weber, Die Auswirkungen des neuen Bauvertragsrechts auf das Bauträgerrecht, notar 2017, 379. **Zum bisherigem Recht:** Basty, Der Bauträgervertrag, 10. Aufl. 2020; Blank, Bauträgervertrag, 5. Aufl. 2015; Derleder, Der Bauträgervertrag nach der Schuldrechtsmodernisierung, NZBau 2004, 237; Grziwotz, Hinweisbrief und Bauträgervertrag, MDR 2005, 1270; Hertel, Werkvertrag und Bauträgervertrag nach der Schuldrechtsreform, DNotZ 2002, 6; Hildebrandt, Die Abnahme des Gemeinschaftseigentums vom Bauträger nach der Schuldrechtsreform, BTR 2004, 211; Kanzleiter, Vertragsfreiheit und Bauträgervertrag nach der Schuldrechtsreform, DNotZ 2006, 246; Pause, Bauträgerkauf und Baumodelle, 5. Aufl. 2011; Schubert, Die Durchgriffsfälligkeit nach § 641 Abs. 2 BGB – eine wenig bekannte und unterschätzte Vorschrift – unter besonderer Berücksichtigung des Bauträgervertrages, ZfBR 2005, 219; Ullmann, Bauträgervertrag – quo vadit, NJW 2002, 1073; sa Keilholz, Baurecht, Gutachten III, 241; Locher, Das private Baurecht, 8. Aufl. 2012; Vogel, Auswirkungen und Einfluss des Gemeinschaftsrechts auf das private Baurecht, BauR 2006, 744; sa Lit. zu § 633; zur **MaBV** s. Marcks, Makler- und Bauträgerverordnung mit § 34c GewO, 9. Aufl. 2014; Zum **Bauforderungssicherungsgesetz** → Vor § 631 Rn. 1.

§ 650u Bauträgervertrag; anwendbare Vorschriften

(1) [1]**Ein Bauträgervertrag ist ein Vertrag, der die Errichtung oder den Umbau eines Hauses oder eines vergleichbaren Bauwerks zum Gegenstand hat und der zugleich die Verpflichtung des Unternehmers enthält, dem Besteller das Eigentum an dem Grundstück zu übertragen oder ein Erbbaurecht zu bestellen oder zu übertragen.** [2]**Hinsichtlich der Errichtung oder des Umbaus finden die Vorschriften des Untertitels 1 Anwendung, soweit sich aus den nachfolgenden Vorschriften nichts anderes ergibt.** [3]**Hinsichtlich des Anspruchs auf Übertragung des Eigentums an dem Grundstück oder auf Übertragung oder Bestellung des Erbbaurechts finden die Vorschriften über den Kauf Anwendung.**

(2) **Keine Anwendung finden die §§ 648, 648a, 650b bis 650e, 650k Absatz 1 sowie die §§ 650l und 650m Absatz 1.**

1. Allgemeines. a) Regelungsgehalt. § 650u und § 650v regeln den Bauträger- 1
vertrag als eigenständigen gesetzlichen Unterfall des Werkvertrags. Sie sehen keine grundlegende Neuordnung des bisher im Wesentlichen durch die Rechtsprechung gestalteten Bauträgervertragsrechts vor. Sie bringt lediglich Klarstellungen und Anpassungen des Bauträgervertragsrechts an das geänderte Recht des Bauvertrags (§§ 650a ff.) und des Verbraucherbauvertrags (§§ 650i ff.). § 650u nimmt die bisher in § 632a II enthaltene Definition des Bauträgervertrags auf. Es wird in Übernahme der bisherigen Rechtsprechung zum Bauträgervertrag klar gestelltklargestellt, dass hinsichtlich der Errichtung oder des Umbaus – vorbehaltlich speziellerer Vorschriften – die §§ 631–650 anzuwenden sind, wobei § 650 nicht relevant wird, da diese

Norm sich nur auf bewegliche Sachen bezieht. Hinsichtlich des Anspruchs auf Verschaffung der dinglichen Rechte an dem Baugrundstück (Eigentum, Erbbaurecht des Bestellers) wird darin auf das Kaufrecht verwiesen (BT-Drs. 18/8486 S. 27, 71).

2 **b) Abdingbarkeit, Form.** § 650u ist nicht zum Nachteil des Verbrauchers abdingbar → **I 2, II iVm § 650o S. 1;** generell: § 650u ist Leitbild der AGB-Kontrolle iSv § 307 II Nr. 1 (→ § 307 Rn. 3 ff.). **Umgehungsverbot** → I 2, II iVm § 650o S. 2. **Formzwang:** Vertrag ist vollständig (→ § 311b Rn. 15) nach § 311b I 1 (→ § 311b Rn. 6 ff.) bzw. § 11 II ErbbauG **notariell** (→ § 128) zu beurkunden.

3 **2. Vertragstypus (I 1). a) Qualifikation.** Gesetzlich vertypter **typengemischter** Vertrag mit werkvertraglicher Herstellungspflicht und kaufrechtlicher Pflicht
4 zur Verschaffung dinglicher Rechte (Eigentum, Erbbaurecht) an Grundstück. **ba) Vertragstypische Mindestpflichten:** Der Vertrag über den Erwerb vom Bauträger ist ein Vertrag des (Bestellers) Erwerbers mit einem **Generalunternehmer,** welcher
5 die **aa) Herstellung** des Hauses (→ Rn. 8 f.) verantwortet und **bb)** dem Erwerber
6 das **Eigentum** (bzw. Erbbaurecht) an dem Hausgrundstück zu **verschaffen** hat. Durchführung und Abwicklung erfolgt durch einen **einheitlichen Vertrag** mit einem Vertragspartner des Erwerbers (BGH NJW 2002, 2470, 2472). Bauträger muss nicht **Eigentümer** des Hausgrundstücks sein. Notwendiger Vertragsinhalt ist aber Verschaffungspflicht wie bei Kauf oder Tausch (→ § 433 Rn. 19, § 480). Besteller darf nicht bereits Eigentümer des Grundstücks sein, anderenfalls liegt kein
7 Bauträgervertrag iSv § 650u vor. Entsprechendes gilt für Erbbaurecht. **cb) Haus.** Ist ein Gebäude (wie → § 650i Rn. 7), das zum Aufenthalt von Menschen gedacht ist (Grüneberg/Retzlaff Rn. 7). Vergleichbares Bauwerk: **Bauwerk** wie → § 650a Rn. 3. **Vergleichbar:** Kann durch Menschen betreten werden und ist vergleichbar
8 stabil wie ein Haus. **dc) Errichten.** Ist Herstellen iSv iSv → § 650a Rn. 5, umfasst auch Planung iSv → § 650p Rn. 8. Errichten ist auch Wiedererrichtung eines frü-
9 her vorhandenen Bauwerks (→ § 650a Rn. 5). **ed) Umbau.** Umbau ist Umgestaltung eines Bauwerks → § 650a Rn. 5. Erheblichkeit des Umbaus ist nicht erforderlich (anders als bei § 650i → § 650i Rn. 8).

10 **3. Anwendbares Recht (I 2, 3, II). a) Kaufrecht (I 3).** Nur der Anspruch auf Grundstücksübereignung bzw. Erbbaurechtverschaffung unterliegt **§§ 433–473,** wobei die Vorschriften über Wiederkauf und Vorkauf (§§ 456–473) nicht einschlägig sind und die über den Verbrauchsgüterkauf (§§ 474–479) nicht passen, da sie nur bewegliche Sachen betreffen. **Grundstücksgewährleistung,** zB für Altlastenmängel, Grundstücksgröße, unverbaubare Sicht, Rechtsmängel des Grundstücks etc
11 richtet sich nach den §§ 434 ff. **b) Werkvertragsrecht. aa) Grundsatz (I 2). Ansonsten** unterliegt der Vertrag den Vorschriften der §§ 633–650o, soweit II (→ Rn. 12 ff.) und I 3 (→ Rn. 10) nicht Spezielleres regeln. **Herstellungspflicht** betreffend das **Bauwerk** iSv I 1 (Haus) richtet sich daher grundsätzlich nach **§§ 631–650o,** wobei § 650 nicht einschlägig ist, da er nur bewegliche Sachen betrifft. **Bauwerksgewährleistung** betreffend das hergestellte Bauwerk (Haus), zB für verein-
12 barte Wohnflächen (→ § 633 Rn. 4), richtet sich nach → § 633 ff. **bb) Ausnahmen (II). II bestimmt,** welche Vorschriften des Werkvertragsrechts keine
13 Anwendung auf den Bauträgervertrag finden. **Nicht anzuwenden** sind: **(1) § 648** (freie Kündigung). Die Möglichkeit einer freien Kündigung des Bauträgervertrags wurde schon bisher von der Rechtsprechung mit Blick auf die kaufvertraglichen Elemente und das wirtschaftliche Ziel eines Bauträgervertrags verneint (BGH NJW
14 1986, 925). **(2) § 648a** (Kündigung aus wichtigem Grund). Auch Teilkündigung des werkvertraglichen Teils eines Bauträgervertrags ist nicht mehr zugelassen (anders *noch zum* früheren Recht BGH NJW 1986, 925). Nur noch eine Gesamtabwicklung des Vertrages nach Rücktrittsrecht (→ § 634 Nr. 3 iVm §§ 636, 323, 326 V,
15 §§ 324, 241 II) (BT-Drs. 18/8486 S. 72). **(3) §§ 650b, 650c, 650d** (Anordnungs-
16 recht). **(4) § 650e** (Bauhandwerkersicherungshypothek) greift schon tatbestandlich
17 nicht, da Grundstück nicht in Eigentum des Bestellers. **(5) §§ 650k I (**Baubeschreibung als Vertragsinhalt). Der Regelungszweck des § 650k I wird durch den Form-

zwang (→ Rn. 2) erreicht (BT-Drs. 18/8486 S. 72). **(6) §§ 650l** (Widerrufsrecht) 18
greift schon tatbestandlich nicht, da Widerrufsrecht nach § 650l I 1 wegen notwendig notarieller Beurkundung (Formzwang → Rn. 2) nicht besteht. **(7) §§ 650m I** 19
(Obergrenze für Abschlagszahlung). Norm findet auf Bauträgerverträge keine Anwendung, da sie mit der in § 3 II Makler- und Bauträgerverordnung (MaBV) enthaltenen Regelungen über die Zahlung von Teilbeträgen je nach Baufortschritt nicht vereinbar ist (BT-Drs. 18/8486 S. 73). **cc) Verbraucher.** Sind Voraussetzun- 20
gen des § 650i erfüllt (→ § 650i) sind auch die **§§ 650i–650n** mit Ausnahmen → Rn. 17, → Rn. 18, → Rn. 19. Auch anwendbar: → § 650o.

§ 650v Abschlagszahlungen

Der Unternehmer kann von dem Besteller Abschlagszahlungen nur verlangen, soweit sie gemäß einer Verordnung auf Grund von Artikel 244 des Einführungsgesetzes zum Bürgerlichen Gesetzbuche vereinbart sind.

Das Recht der Abschlagszahlungen bei Bauträgerverträgen bleibt unverändert. § 650v schreibt die bisher in § 632a II aF getroffene Regelung fort. Eine inhaltliche Änderung ist damit nicht verbunden. (BT-Drs. 18/8486 S. 27, 73). Norm stellt Verhältnis zu anderen Abschlagszahlungsregelungen klar. **Dynamische Verweisung** auf Art. 244 EGBGB (BT-Drs. 16/511, 15). **Voraussetzunge**n für Abschlagszahlungen bei Bauträgerverträgen sind geregelt in: § 632a I, Art. 244 EGBGB iVm Verordnung über die Abschlagszahlungen bei Bauträgerverträgen vom 23.5.2001 (BGBl. 2001 I 981, geändert durch Art. 4 BauvertragsrechtsänderungsG → Vor § 650a Rn. 1) unter Verweis auf die MaBV sowie bei **Verbrauchern** noch → § 650m II – IV. An die Stelle einer nach 3 II, 12 MaBV iVm § 134 nichtigen Zahlungsvereinbarung tritt nicht § 632a, sondern § 641 I, s. BGHZ 171, 364. Nicht zum Nachteil des Bestellers **abdingbar** (Grüneberg/Retzlaff Rn. 1), unabhängig von § 650o, auch wenn Besteller nicht Verbraucher ist.

§ 651 *(nicht mehr belegt)*

Bisheriger § 651 (Anwendung des Kaufrechts) wurde mit Wirkung vom 1.1.2018 durch G v 28.4.2017 (BGBl. I S. 969) **zu § 650.**

Untertitel 4a. Pauschalreisevertrag, Reisevermittlung und Vermittlung verbundener Reiseleistungen

Vorbemerkungen

Lit. zur Neufassung des Gesetzes: Führich, Umsetzung der neuen EU-Pauschalreise-Richtlinie in das BGB unter besonderer Berücksichtigung des Anwendungsbereichs – Kritische Anmerkungen, RRa 2016, 210; Jannik, Das neue BGB-Reiserecht, ZJS 2018, 230; Methmann, Das neue Reiserecht: Untergang eines hohen Verbraucherschutzstandards, RRa 2017, 162; Sonnentag, Das neue Reisevertragsrecht, VersR 2018, 967; Thöle, Das Gesetz zur Umsetzung der EU-Paulschalreiserichtlinie – Ein „Bürokratiemonster" erblickt das Licht der Welt, RRa 2017, 165; Tonner, Die neue Pauschalreiserichtlinie, EuZW 2016, 95; Tonner, Das neue Pauschalreiserecht, MDR 2018, 305.

Lit. allg. (auch zu §§ 651a ff. aF): Führich/Staudinger, Reiserecht, 8. Aufl. 2019; Rspr.-Übersichten bei Bergmann, VuR 2019, 451; Führich, MDR 2019, 718; 1089; 2021, 777; Marx, DAR 2020, 487; 2021, 489; Staudinger/Schröder, NJW 2020, 886; 3149; 2021, 901; Staudinger/Busse NJW 2021, 2860; 2022, 909.

a) Allgemeines. aa) Entstehungsgeschichte, Zweck. Die seit 1.7.2018 gel- 1
tende Neufassung des Reisevertragsrechts (BGBl. 2017 I S. 2394; dazu RegEntw BT-

Drs. 18/10822, Ausschuss BT-Drs. 18/12600) setzt die PauschalreiseRiLi (EU) 2015/2302 vom 25.11.2015 (ABl. 2015 L 326, S. 1 ff.) um. RiLi und Ges. sollen der Entwicklung Rechnung tragen, dass der „klassische" Reisevertrag, in dem der Reiseveranstalter im Katalog eine komplette Reise mit Transport, Unterkunft und uU zusätzlichen Elementen wie Unterhaltung, Kursen usw anbietet, in weitem Umfang durch Online-Buchungen ergänzt wird, in denen der Reisende sich über vermittelnde Pools einzelne Leistungen oder Pakete nach individuellen Bedürfnissen zusammen-
2 stellt. Für diese Vorgänge besteht ein vergleichbares Schutzbedürfnis. **bb) Regelungsgegenstände.** Die §§ 651a ff. beziehen sich deshalb nicht mehr allein auf den von einem **Reiseveranstalter** angebotenen Pauschalreisevertrag, sondern sie sollen auch **Vermittlern** (Reisebüros, Online-Firmen), die komplette Reisen, aber auch einzelne Bestandteile (zB Unterkünfte an verschiedenen, nacheinander aufzusuchenden Orten) vermitteln, bestimmte Verpflichtungen auferlegen. Dafür wird neben dem Angebot der Pauschalreise selbst (§ 651a) deren Vermittlung (§ 651v) und die Vermittlung sog. „verbundener Reiseleistungen" (§ 651w) in das Gesetz aufgenommen, was notwendigerweise Abgrenzungsprobleme auslöst (→ § 651b Rn. 4 ff., auch sogleich → Rn. 3).
3 **cc)** Mit dem **Begriff des Pauschalreisevertrags** statt des bisherigen Reisevertrags wird nicht mehr auf den eigenverantwortlich auftretenden Veranstalter einer „Urlaubsreise" als zentrales Merkmal für die Normanwendung abgestellt (s. zB BGHZ 203, 335 Rn. 13), sondern es wird an die **Kombination von „Reiseleistungen"** angeknüpft, die durch verschiedene Merkmale gekennzeichnet werden (→ § 651a Rn. 1 ff.). Die Abgrenzung zwischen Reisevertrag und Vermittlungsgeschäften wird aufgrund sehr formaler Kriterien bis hin zum Abstellen auf die Anzahl von Kontakten zwischen den Beteiligten (§ 651w) und auf Zeitspannen zwischen einzelnen Vertragsabschlüssen (§ 651c und § 651w) vorgenommen. Dies wird vermutlich im Einzelfall bei der Rechtsanwendung auf den Reisevertrag sowie bei der Abgrenzung zur Vermittlung recht unbefriedigende Ergebnisse zur Folge haben. **dd)** Pauschalreisen können nun auch für **geschäftliche Zwecke** organisiert werden. Das Reisevertragsrecht
4 ist damit nicht mehr allein Verbraucherschutzrecht. **b) Ausschließlichkeit.** Von der Richtlinie abweichende ges. Bestimmungen sind unzulässig (RiLi 2015/2302 Art. 4). **Soweit keine Regelung** getroffen ist, kann ergänzend auf andere Bestimmungen und allg. Grundsätze zurückgegriffen werden (Art. 2 RiLi 2015/2302). Bsp: Kündigung des Vertrages durch Veranstalter gem. § 314 wegen Ungeeignetheit des Reisenden zur Teilnahme (s. LG Frankfurt a. M. NJW-RR 2013, 1464, dort konkret verneint), wegen der Verletzung von Verhaltenspflichten, wegen Drogenbesitzes beim Gastschulaufenthalt (OLG Frankfurt a. M. NJW-RR 2013, 1272); Schadensersatz wegen Sachbeschädigung gem. §§ 280, 282; zu § 313 → § 651i Rn. 10 f.

§ 651a Vertragstypische Pflichten beim Pauschalreisevertrag

(1) [1]Durch den Pauschalreisevertrag wird der Unternehmer (Reiseveranstalter) verpflichtet, dem Reisenden eine Pauschalreise zu verschaffen. [2]Der Reisende ist verpflichtet, dem Reiseveranstalter den vereinbarten Reisepreis zu zahlen.

(2) [1]Eine Pauschalreise ist eine Gesamtheit von mindestens zwei verschiedenen Arten von Reiseleistungen für den Zweck derselben Reise. [2]Eine Pauschalreise liegt auch dann vor, wenn
1. **die von dem Vertrag umfassten Reiseleistungen auf Wunsch des Reisenden oder entsprechend seiner Auswahl zusammengestellt wurden oder**
2. **der Reiseveranstalter dem Reisenden in dem Vertrag das Recht einräumt, *die Auswahl der Reiseleistungen* aus seinem Angebot nach Vertragsschluss zu treffen.**

(3) [1]Reiseleistungen im Sinne dieses Gesetzes sind
1. **die Beförderung von Personen,**
2. **die Beherbergung, außer wenn sie Wohnzwecken dient,**

3. die Vermietung
a) von vierrädrigen Kraftfahrzeugen gemäß § 3 Absatz 1 der EG-Fahrzeuggenehmigungsverordnung vom 3. Februar 2011 (BGBl. I S. 126), die zuletzt durch Artikel 7 der Verordnung vom 23. März 2017 (BGBl. I S. 522) geändert worden ist, und
b) von Krafträdern der Fahrerlaubnisklasse A gemäß § 6 Absatz 1 der Fahrerlaubnis-Verordnung vom 13. Dezember 2010 (BGBl. I S. 1980), die zuletzt durch Artikel 4 der Verordnung vom 18. Mai 2017 (BGBl. I S. 1282) geändert worden ist,
4. jede touristische Leistung, die nicht Reiseleistung im Sinne der Nummern 1 bis 3 ist.

[2]**Nicht als Reiseleistungen nach Satz 1 gelten Reiseleistungen, die wesensmäßig Bestandteil einer anderen Reiseleistung sind.**

(4) [1]**Keine Pauschalreise liegt vor, wenn nur eine Art von Reiseleistung im Sinne des Absatzes 3 Satz 1 Nummer 1 bis 3 mit einer oder mehreren touristischen Leistungen im Sinne des Absatzes 3 Satz 1 Nummer 4 zusammengestellt wird und die touristischen Leistungen**
1. keinen erheblichen Anteil am Gesamtwert der Zusammenstellung ausmachen und weder ein wesentliches Merkmal der Zusammenstellung darstellen noch als solches beworben werden oder
2. erst nach Beginn der Erbringung einer Reiseleistung im Sinne des Absatzes 3 Satz 1 Nummer 1 bis 3 ausgewählt und vereinbart werden.

[2]**Touristische Leistungen machen im Sinne des Satzes 1 Nummer 1 keinen erheblichen Anteil am Gesamtwert der Zusammenstellung aus, wenn auf sie weniger als 25 Prozent des Gesamtwertes entfallen.**

(5) **Die Vorschriften über Pauschalreiseverträge gelten nicht für Verträge über Reisen, die**
1. nur gelegentlich, nicht zum Zwecke der Gewinnerzielung und nur einem begrenzten Personenkreis angeboten werden,
2. weniger als 24 Stunden dauern und keine Übernachtung umfassen (Tagesreisen) und deren Reisepreis 500 Euro nicht übersteigt oder
3. auf der Grundlage eines Rahmenvertrags für die Organisation von Geschäftsreisen mit einem Reisenden, der Unternehmer ist, für dessen unternehmerische Zwecke geschlossen werden.

1. Begriff der Pauschalreise (II–IV). a) Vertragsgegenstand. Die Pauschal- 1
reise wird als **Kombination** von mindestens **zwei verschiedenartigen eigenständigen Reiseleistungen** definiert. Erfasst werden auch Verträge, die gestatten, dass Reisende Module nachträglich auswählt (sog „Geschenkbox", **II 2 Nr. 2**). Unter dem Begriff der „Reiseleistung" werden vier Arten aufgelistet: (1) Beförderung, (2) Beherbergung, (3) Vermietung von Pkw oder Motorrädern, (4) bestimmte andere, unter dem Begriff „touristisch" zusammengefasste Leistungen. **b)** Die **vier Arten** 2
der Reiseleistung umfassen im Einzelnen **(III): aa) Beförderung von Personen.** Erfasst wird zunächst der reine Transport mit sämtlichen Transportmitteln (Land, Wasser, Luft) als Dienstleistung. Dieser Leistung werden zugeordnet andere Leistungen, die, wenn sie angeboten werden, als „wesensmäßig Bestandteil" der Beförderung gelten **(III 2).** Bsp: Mahlzeiten, Gepäckbeförderung, Benutzung des Schlafwagens, auch Zwischenübernachtung (BT-Drs. 18/10822 S. 67 zu § 651a III). **bb) Beherbergung außer zu Wohnzwecken.** Da von den Kriterien, die eine Wohnungsmiete kennzeichnen (dauerndes Bewohnen zum Schlafen, Kochen, Essen und zur sonstigen privaten Benutzung → § 549 Rn. 2), die Merkmale Kochen und Essen zwar typisch, aber nicht konstitutiv sind, wird für die Abgrenzung im Wesentlichen die vertragliche Dauer maßgebend sein. Die Grenze zur Wohnungsmiete mit eigenständigem Aufenthalt – etwa für Ausbildungs- oder Fortbildungszwecke – dürfte bei zwei bis drei Monaten liegen (zu Gastschulaufenthalten s. § 651u). „Wesensmäßig Bestandteil" und damit einer Beherbergung unselbständig

zugeordnet können zB sein: Verpflegung und Zugang zum Wellnessbereich im Hotel, Transfer zwischen Bahnhof/Flughafen und Hotel, Tagestickets für öffentl. Verkehrsmittel (ErwG 17 der RiLi). **cc) Vermietung von** vierrädrigen **Kfz** zur Teilnahme am Straßenverkehr mit mehr als 25 km/h Höchstgeschwindigkeit sowie **Motorrädern** mit mehr als 50 ccm Hubraum oder vergleichbaren dreirädrigen Fahrzeugen. „Wesensmäßig Bestandteil" können zB Benzingutscheine und Reiseführer sein. **dd) Sonstige touristische Leistungen.** Erfasst werden sollen Leistungsbestandteile, die zur Beförderung, Beherbergung und Vermietung vertragsmäßig (außerhalb eines wesensmäßigen Bestandteils) hinzutreten wie zB Eintrittskarten für Veranstaltungen und zu Örtlichkeiten, Skipässe, Überlassen von Ausrüstungen, Wellnessbehandlungen (ErwG 18 der RiLi; iE s. Grüneberg/Retzlaff § 651a
3 Rn. 25). **c) „Gesamtheit" von mindestens zwei eigenständigen Reiseleistungen. aa) Kombination mindestens zweier eigenständiger Reiseleistungen iSv III Nr. 1–3.** Es müssen zwei verschiedene Nummern betroffen sein (BT-Drs. 18/10822 S. 65 f.). Bsp: Transport mit Beherbergung (Flug mit Unterkunft); Fahrzeugvermietung mit Beherbergung (Kfz für Rundreise mit Übernachtungen), Kreuzfahrt (Transport, Beherbergung, Programme). Nicht: Anreise (mit Flug oder Bahn) und Zwischenübernachtung (→ Rn. 2) zur transsibirischen Eisenbahn, da nur eine Nr. betroffen ist (→ § Rn. 5). **bb) Kombination von** (nur) **einer Reiseleistung iSv III Nr. 1–3 mit mindestens einer sonstigen touristischen Leistung (II Nr. 4). Bsp:** Hotel und Tennisunterricht, Sprachkurs, Töpferkurs, Ticket für Open-Air-Konzert etc. Die als Zusatz bezeichnete Vereinbarung von Nebenleistungen führt nicht zu einer Pauschalreise (Führich NJW 2018, 2926). Eine Pauschalreise liegt bei der Kombination mit einer sonstigen zusätzlichen Leistung allerdings *nur dann* vor, wenn entweder der Anteil der touristischen Leistung(en) mindestens 25 % des Gesamtwertes (-preises) ausmacht **(IV 1 Nr. 1 Fall 1 iVm IV 2)** oder die Leistung(en) den Charakter des Gesamtpakets prägt/prägen **(IV 1 Nr. 1 Fall 2)** bzw. als solche beworben wird/werden **(IV 1 Nr. 1 Fall 3).** Die Auswahl und Vereinbarung einer touristischen Leistung **nach Beginn der Inanspruchnahme** einer (isolierten) Reiseleistung begründet *keine* Pauschalreise **(IV 1 Nr. 2).** Grund: Der anfänglich geschlossene, nicht als Pauschalreise qualifizierte Reisevertrag soll nicht nachträglich seinen Charakter ändern (zur Qualifikation der nachträglichen Vereinbarung → Rn. 4). Das Abstellen auf den Zeitpunkt soll Umgehungen durch gemeinsam beabsichtigte, aber hintereinander geschlossene Einzelverträge verhindern (BT-Drs. 18/10822 S. 67). Bsp: Entscheidung für die Buchung von Tennisunterricht (erst) im Hotel. Zur Einordnung einer solchen Vereinbarung → Rn. 4.

4 **2. Abgrenzungen. a) Nicht erfasste Reiseleistungen (V). aa) Gelegentliche,** für einen begrenzten Personenkreis bestimmte Reisen ohne Absicht der Gewinnerzielung **(V Nr. 1).** Der RegE nennt als Bsp. eine vom Unternehmer selbst organisierte Betriebsreise pro Jahr (BT-Drs. 18/10822 S. 68). Vorstellbar ist auch das caritative Engagement eines Veranstalters für eine gemeinnützige Organisation (Reise für Jugendliche). **bb)** Auf **Tagesreisen (V Nr. 2)** bis zu einem Preis von 500 € ist das Ges. nicht anwendbar, obwohl sie sehr häufig angeboten werden, sie von den §§ 651a ff. aF (bis auf die Verpflichtung zum Sicherungsschein) erfasst wurden und durchaus ein Schutzbedürfnis der Teilnehmer besteht. Die Veranstalter sollen von den jetzt erhöhten ges. Anforderungen verschont bleiben (BT-Drs. 18/12600 S. 18), was freilich den Teilnehmern den bisherigen Schutz nimmt. **cc)** Für die zu einer Pauschalreise selbständig **hinzu gebuchten Leistungen** (Bsp: Wellnessbehandlung, Tagesausflug am Reiseort) trifft das Ges. keine Regelung. Es kann *damit auf* die bisher ergangene Rspr. zurückgegriffen werden, wonach durch Auslegung anhand aller Umstände zu ermitteln ist, ob ein eigenständiger Vertrag mit einem Unternehmer geschlossen oder der Pauschalreisevertrag ergänzt werden sollte (s. BGH NJW-RR 2016, 948; Führich/Staudinger, § 8 Rn. 1). **dd)** Verträge aufgrund von **Rahmenverträgen.** Zu verstehen sind darunter unternehmerische Reiseverträge, denen ein Grundvertrag zugrunde liegt, nach dem die dienstlichen Rei-

sen von Betriebsangehörigen durch den Veranstalter organisiert werden sollen. **b) Analoge Anwendung auf eine einzelne bzw. nur einen Typus enthaltende Reiseleistung? aa)** In dem Bestreben, generell die auf dem Markt angebotene Urlaubsreise dem Schutz der §§ 651a ff. aF zu unterstellen, hatte die Rspr. die früheren Bestimmungen unmittelbar oder analog auf Einzelleistungen angewandt, wenn sie von einem Reiseveranstalter angeboten werden. Bsp: Ferienhaus (BGH NJW 2013, 308 mkritAnm Müller); Mobilheim (OLG Düsseldorf NJW-RR 1998, 50); Hotelzimmer für Urlaub (BGH NJW 2014, 2955); Boots-Charter (OLG Hamm NJW-RR 1994, 441, nach BGHZ 130, 130 jedoch Mietvertrag). Für die Beibehaltung solcher Regelungen, beispielsweise zu „Bestimmungen für eigenständige Verträge über einzelne Reiseleistungen (wie etwa die Vermietung von Ferienwohnungen)", bleiben die Mitgliedstaaten ausdrücklich weiter befugt (ErwG 21 der RiLi). Eine analoge Anwendung wäre in der Sache dringend geboten: Die Buchung einer Leistung von einem Veranstalter als Pauschalreise (Bsp: Ferienwohnung und Bahn) oder einer einzelnen Reiseleistung (Buchen desselben Objekts bei eigener Anreise) beruht eher auf Zufällen (zur Gebotenheit eines Analogieschlusses bei Zufallsergebnissen s. zB BGHZ 108, 186). Die Schutzbedürftigkeit des Reisenden als Verbraucher ist in beiden Varianten offensichtlich gleich (zu einer Gesetzeslücke wegen einer gegen den Gleichheitsgrundsatz verstoßenden Planwidrigkeit s. zB BGHZ 201, 380). Wohl auf Drängen der Verbände (so Führich NJW 2017, 2945 f.) wurde jedoch eine Fortführung der Rspr. ausdrücklich abgelehnt (s. BT-Drs. 18/10822 S. 65 f.; sa Ausschuss für Recht und Verbraucherschutz, BT-Drs. 18/12600 S. 13 mit der Bitte um Beobachtung der tatsächlichen Entwicklung und evtl. Korrektur des Ges.; gegen eine Ausdehnung auch Staudinger, DAR 2017, 127). Da gem. Art. 20 III GG das Fachgericht seine eigene materielle Gerechtigkeitsvorstellung nicht an die Stelle derjenigen des Gesetzgebers setzen darf (BVerfG NJW 2011, 836 Rn. 52; sa BGH NJW-RR 2017, 1416 Rn. 22), muss die Regelung hingenommen und eine Gesetzeslücke als Voraussetzung für einen Analogieschluss verneint werden (ebenso MüKoBGB/Tonner, § 651a Rn. 11 ff.). **bb) Analog angewendet** werden sollten die Bestimmungen, wenn ein Veranstalter **Leistungen derselben** Art (→ Rn. 2) mit unterschiedlicher Zweckrichtung anbietet, zB eine Reise mit der transsibirischen Eisenbahn mit Hin- und Rückflug vom jeweiligen Ausgangs- bzw. Endpunkt (→ Rn. 3; für eine unmittelbare Anwendung Führich/Staudinger, § 5 Rn. 4). **c)** Liegt **kein Reisevertrag** vor, so ist nach allg. Kriterien zu qualifizieren. 6
Es kann zB ein Mietvertrag über eine Wohnung geschlossen sein (LG Frankfurt a. M. NJW-RR 1989, 48) oder ein Werk-, Geschäftsbesorgungs- bzw. typengemischter Vertrag mit demjenigen vorliegen, der die Leistung erbringt (Fluggesellschaft, Hotel). In diesem Fall tritt das Reisebüro bzw. der Reiseveranstalter als Vermittler auf (→ § 651b Rn. 2).

3. Vertragsbeteiligte. a) Reiseveranstalter ist, wer als **Unternehmer** iSd § 14 I, also nicht nur gelegentlich handelnd (Voraussetzung gem. Art. 3 Nr. 7 und Nr. 8 der RiLi), mit dem Reisenden einen **Pauschalreisevertrag** schließt oder zu schließen beabsichtigt (zum gelegentlichen Handeln eines Unternehmers → Rn. 4). Dies gilt – was auch selbstverständlich ist – unabhängig davon, ob er sich selbst als solchen bezeichnet (BT-Drs. 18/10822 S. 65). Auch nichtkommerzielle Organisationen können, wenn sie Pauschalreiseverträge abschließen, Veranstalter sein (MüKoBGB/Tonner, § 651a Rn. 7). Damit behält das bisher verwandte Merkmal weiter Bedeutung, dass Veranstalter derjenige ist, der die Reise aus der Sicht eines „durchschnittlichen Reisekunden" (BGH NJW 2013, 309) erkennbar (BGH NJW 2014, 2955) in **eigener Verantwortung** auf den Markt bringt (Führich/Staudinger, § 5 Rn. 19; sa BT-Drs. 18/10822 S. 65). Es kommt darauf an, wie ein verständiger Empfänger (BGH NJW 2011, 599) Äußerungen, zB die Werbung (Katalog, Internet), das Anmeldeformular, ausgehändigte AGB, uU auch die Rechnung verstehen darf (s. LG Düsseldorf RRa 2010, 176). Dieses Kriterium kann insbes. für Reisebüros bedeutsam werden (→ § 651b Rn. 1, § 651w Rn. 2). **b) Reisender.** Nach 8

ErwG 7 der RiLi benötigten häufig auch Vertreter kleinerer Unternehmen oder Geschäftsleute, die über dieselben Kanäle wie Verbraucher Reisen zu geschäftlichen oder beruflichen Zwecken buchen, einen vergleichbaren Schutz. Deshalb wird dem Unternehmer als Veranstalter generell der „Reisende" als **Vertragspartner** gegenübergestellt, der sowohl Unternehmer wie Verbraucher sein kann. Er muss nicht selbst an der Reise teilnehmen. Bei **mehreren Reiseteilnehmern** kann der Buchende alleiniger Vertragspartner eines Vertrages für sich und zugunsten Dritter sein (die auch in den Schutzbereich einbezogen sind → § 651i Rn. 10). Bsp: Familienreise (BGH NJW 2010, 2950); Schülerreise (OLG Hamm NJW-RR 2021, 1355 Rn. 22: grds. Schulträger). Er kann auch als Bote (LG Frankfurt a. M. NJW-RR 1988, 247) oder als Stellvertreter der übrigen Reisenden auftreten (BGH NJW 2002, 2238). Er kann sich schließlich, was durch AGB nicht ausgeschlossen werden
9 kann (BGH NJW 2012, 2107), Ansprüche abtreten lassen. **c) Andere Beteiligte.** Zum **Reisebüro,** sofern es nicht als Veranstalter angesehen wird, → § 651b Rn. 1, § 651w Rn. 2; zum **Kundengeldabsicherer** → § 651r III. Mit den sog. **Leistungserbringern** wie zB Paketanbieter, Fluggesellschaft, Busunternehmen, Bahn (BGH NJW 2011, 371; 2021, 1880: Zug zum Flug als eigene Leistung), Hotel kommt keine Vereinbarung zustande. Da sich der Reisende in weitem Umfang dem Reiseveranstalter während der Reise anvertraut, wird man den Vertrag zwischen Veranstalter und Leistungserbringer (zB Geschäftsbesorgung, Werkvertrag, Dienstvertrag, Miete) als Vertrag mit Schutzwirkung für den Reisenden (→ § 328 Rn. 19 ff.) auslegen können (weitergehend BGHZ 93, 273 ff.: Vertrag zgDr, zust. Gitter JR 1985, 460, Gottwald JZ 1985, 575).

10 **4. Einfluss des AGG auf den Pauschalreisevertrag. a) Anwendungsbereich des AGG.** Da Reiseleistungen definitionsgemäß auf dem Markt, also öffentlich und typischerweise für eine Vielzahl von Personen zu gleichen Bedingungen angeboten werden (s. § 2 Nr. 8 AGG), ist § 19 I Nr. 1 AGG anwendbar. Damit sind bei Abschluss und Durchführung der Reise Differenzierungen nach Rasse und ethnischer Herkunft (s. § 1 AGG) generell unzulässig (s. § 19 II AGG, keine Ausnahme durch § 20 AGG). Differenzierungen wegen des Geschlechts, der Religion oder Weltanschauung, einer Behinderung, des Alters oder der sexuellen Identität bedürfen einer sachlichen Rechtfertigung (§ 20 I AGG). Dies dürfte bei einer schlüssigen Konzeption unproblematisch sein. Bsp: Reisen für Jugendliche, Senioren, Familien, Männer, Frauen (RegEntw BT-Drs. 16/1780, 43), Reisen für Vereinsmitglieder, Reisen religiösen Inhalts (BT-Drs. 16/1786, 44), Reisen, die bestimmte Anforderungen stellen (zB Hochgebirgstour). Kein sachlicher Grund ist die Befürchtung, andere Reisende würden den Teilnehmer wegen einer der im Ges. genannten Merkmale nicht akzeptieren (→ § 651i Rn. 6). **b)** Der Reisende muss **Indizien nachweisen,** die eine Diskriminierung nahelegen. Dann trägt der Veranstalter die Beweislast dafür, dass nicht gegen das AGG verstoßen wurde (§ 15 AGG). **c) Rechtsfolgen.** Anspruch auf Teilnahme als **Beseitigungsanspruch** (§ 21 I AGG), **Anspruch auf Schadensersatz** im Fall des Vertretenmüssens mit Beweislastumkehr (§ 21 II AGG), Entschädigung wie nach § 253 II (§ 21 II AGG, BT-Drs. 16/1786, 46; iE → § 253 Rn. 5).

11 **5. Abschluss des Pauschalreisevertrages.** IdR gibt der Reisende das **Angebot** mit seiner Anmeldung ab. Ein **Reisebüro** handelt, wenn es eingeschaltet wird, idR als Empfangsbote, uU auch als Stellvertreter des Veranstalters (zur Abgrenzung → § 164 Rn. 14). Das Angebot kann sofort oder in der Frist des § 147 II (als angemessen gelten zwei Wochen; s. Führich/Staudinger, § 5 Rn. 30: 14 Tage) **angenommen** werden. Das Reisebüro ist dann Erklärungsbote oder Stellvertreter des Veranstalters. Bei **Online-Verträgen** kommt der Vertrag idR durch das Einbuchen von Daten des Kunden und die – uU sofortige – Annahme zustande. **AGB** müssen gem. § 305 einbezogen werden. Zur Vereinbarung zuzüglicher Vertragsgebühren und zur Verpflichtung zum Aushändigen einer **Reisebestätigung** bei oder

unverzüglich nach Vertragsschluss → § 651d Rn. 1 iVm Art. 250 EGBGB § 6. Zum **Widerrufsrecht** → § 312 Abs. 7.

12 **6. Pflichten des Reiseveranstalters. a) Vorvertragliche Pflichten.** Zur allg. **Information** einschließlich Aushändigung eines Formblatts → § 651d Rn. 1. Eine bes. Bedeutung hat die Verpflichtung zu Informationen, die den Reisenden veranlassen können, diese Reise nicht zu wählen. Bsp: bes. körperliche Anforderungen (OLG Frankfurt RRa 1994, 8: Gebirgs-Trekking); Risiken, die über die am jeweiligen Ort üblichen deutlich hinausgehen (OLG Frankfurt NJW-RR 2013, 1324 Rn. 18: keine Hinweispflicht auf bestehende allg. Diebstahls- und Überfallgefahren). *Vor der Abreise* muss auf neu aufgetretene Risiken hingewiesen werden, die veranlassen können, von der gebuchten Reise Abstand zu nehmen. Bsp: Einschränkungen von Nutzungsmöglichkeiten infolge der Covid-19-Pandemie; Warnung vor kriegerischen Unruhen (LG Leipzig NJW-RR 2005, 995), vor Hurrikan (BGH NJW 2002, 3700). Eine Pflichtverletzung kann zu Ansprüchen aus § 311 II führen. **b) Verschaffungspflicht.** Mit diesem Begriff (statt „erbringen“ gem. § 651a I aF) 13
wird die *Händlerfunktion* des Veranstalters stärker betont, ohne dass sich der Inhalt der Pflichten verändert: Er hat in eigener Verantwortung (→ Rn. 7) mit den von ihm selbst (Bsp: Busunternehmer als Veranstalter einer Städtereise) und/oder von Dritten (den „Leistungserbringern“) zu erbringenden Reiseleistungen den Vertrag zu erfüllen (BT-Drs. 18/10822 S. 65). **c)** Zur **Verschaffung einer Reise ohne** 14
Reisemängel → § 651i Rn. 1 ff., zur Aushändigung eines **Sicherungsscheins** → §§ 651r–651t Rn. 5.

15 **7. Pflichten des Reisenden (I 2). a)** Zahlen des vereinbarten **Reisepreises** und evtl. Zusatzkosten (Visa, Versicherung). Eine **Anzahlung** darf nur bei vorheriger Aushändigung eines Sicherungsscheins gefordert werden (§ 651t) und darf nach der jüngeren Rspr. – was vermutlich auf die künftige Vertragsgestaltung Einfluss haben wird – 20 % des Reisepreises übersteigen, wenn der Veranstalter seinerseits entspr. Vorauszahlungen an Leistungsträger und Provisionen an Vermittler vor Reisebeginn leisten muss (BGH NJW 2017, 3212). Damit wird der bisher als maßgebend angesehene Grundsatz des § 320 (BGHZ 203, 335 Rn. 26) auch ggü. erforderlichen Vorinvestitionen bei anderen Vertragstypen unangemessen ausgehöhlt. Die **Fälligkeit der Restzahlung** kann im Regelfall auf ca. 30 Tage vor Reisebeginn vereinbart werden (BGHZ 203, 335 Rn. 35). Der Veranstalter hat dann bei Nichtzahlung (neben der Stornogebühr → § 651h Rn. 4) noch hinreichend Zeit zum Rücktritt und zur anderweitigen Verwertung. Zu Änderungen des Reisepreises (→ §§ 651f–651g Rn. 2 f.). **b)** Die **Teilnahme** selbst gehört 16
nicht zur Leistungspflicht. Nimmt der Reisende teil, so ergeben sich weitere **Nebenpflichten.** Bsp: Vorlage von Reisedokumenten (zB Pass, uU Visum [sa BGH NJW 2018, 2954 Rn. 9 zur Einzelreise], Impfnachweis – zur Informationspflicht des Veranstalters Art. 250 § 3 Nr. 6 EGBGB [abgedruckt im → Anhang zu § 651y], Melden ansteckender Krankheiten, Negativ-Test bei Covid-19-Pandemie, Kontakte zu Covid-19-Infizierten, rechtzeitiges Boarding, Pünktlichkeit beim Erscheinen zu Veranstaltungen, Obhutspflichten für die von ihm genutzten Gegenstände, korrektes Verhalten gegenüber Personal und Mitreisenden (zu den Rechtsfolgen, die sich nach allg. Regeln richten, → Vor § 651a Rn. 4), Einhalten der Hotelordnung (LG Frankfurt a. M. NJW 1994, 375).

§ 651b Abgrenzung zur Vermittlung

(1) [1]**Unbeschadet der §§ 651v und 651w gelten für die Vermittlung von Reiseleistungen die allgemeinen Vorschriften.** [2]**Ein Unternehmer kann sich jedoch nicht darauf berufen, nur Verträge mit den Personen zu vermitteln, welche alle oder einzelne Reiseleistungen ausführen sollen (Leistungserbringer), wenn dem Reisenden mindestens zwei verschiedene**

Arten von Reiseleistungen für den Zweck derselben Reise erbracht werden sollen und

1. **der Reisende die Reiseleistungen in einer einzigen Vertriebsstelle des Unternehmers im Rahmen desselben Buchungsvorgangs auswählt, bevor er sich zur Zahlung verpflichtet,**
2. **der Unternehmer die Reiseleistungen zu einem Gesamtpreis anbietet oder zu verschaffen verspricht oder in Rechnung stellt oder**
3. **der Unternehmer die Reiseleistungen unter der Bezeichnung „Pauschalreise" oder unter einer ähnlichen Bezeichnung bewirbt oder auf diese Weise zu verschaffen verspricht.**

[3]**In diesen Fällen ist der Unternehmer Reiseveranstalter.** [4]**Der Buchungsvorgang im Sinne des Satzes 2 Nummer 1 beginnt noch nicht, wenn der Reisende hinsichtlich seines Reisewunsches befragt wird und zu Reiseangeboten lediglich beraten wird.**

(2) [1]**Vertriebsstellen im Sinne dieses Gesetzes sind**

1. **unbewegliche und bewegliche Gewerberäume,**
2. **Webseiten für den elektronischen Geschäftsverkehr und ähnliche Online-Verkaufsplattformen,**
3. **Telefondienste.**

[2]**Wird bei mehreren Webseiten und ähnlichen Online-Verkaufsplattformen nach Satz 1 Nummer 2 der Anschein eines einheitlichen Auftritts begründet, handelt es sich um eine Vertriebsstelle.**

Lit.: Meier, Die Abgrenzung von Reisevermittlern und Reiseveranstaltern im neuen Pauschalreiserecht, RRa 2019, 150; ders., Die Vorgaben für Reisevermittler im neuen Reiserecht, RRa 2020, 102.

1 **1. Funktion der Norm.** Der Vertrieb von Reisen, die aus mehreren Elementen iSd § 651a III bestehen, hat sich insbes. durch Angebote im Netz stark ausdifferenziert (ErwG 8 ff. der RiLi 2015/2302): Neben die „klassische" Pauschalreise, die ein Veranstalter komplett von Anreise bis Rückkehr anbietet, tritt die Kombination einzelner Elemente, die der Reisende selbst beim Veranstalter, aber auch bei einem Unternehmen bucht, das sie selbst als „Leistungserbringer" **(§ 651b I 2)** durchführt oder die Verträge ganz oder teilweise an andere Leistungserbringer vermittelt. § 651b I 2 dehnt nun den für eine Pauschalreise entwickelten Schutz auf bestimmte, wirtschaftlich einer Pauschalreise entsprechenden Vermittlungsgeschäfte **(I 2)** aus (s. **I 3:** „In diesen Fällen ist der Unternehmer Reiseveranstalter"). Gleichzeitig wird bestätigt, dass der „klassische" Vertrieb von Pauschalreisen eines Veranstalters durch ein Reisebüro oä weiterhin zulässig ist und den allg. Regelungen unterliegt **(I 1).**

2 **2. Vermittlung von Pauschalreiseverträgen eines Veranstalters (I 1).** Vermittelt ein Reisebüro oder ein Unternehmen im Netz dem Kunden eine Pauschalreise in fremdem Namen und auf fremde Rechnung mit einem auch eindeutig als solchen benannten **Veranstalter als Partner** (ErwG 22 der RiLi 2015/2302), gilt wie schon nach altem Recht: Der Reisevertrag kommt mit dem Veranstalter zustande, der Vertrag mit dem Vermittler ist als Geschäftsbesorgungsvertrag gem. § 675 mit dienst- und werkvertraglichen Elementen zu werten (hL, s. zB Führich/Staudinger, § 8 Rn. 2; MüKoBGB/Tonner § 651b Rn. 56 f.; OLG München RRa 2018, 222 Rn. 6; offen gelassen in BGH NJW 2006, 2321 Rn. 8; nun aber BGH NJW 2014, 1168 Rn. 33: „Reisevermittlungsvertrag"). Die §§ 651a–651t (zum Gastschulaufenthalt → § 651u Rn. 1 ff.) sind nicht anwendbar. Der ges. als **„Reisevermittler"** definierte Unternehmer **(§ 651v I 3)** muss als erste Kontaktperson bei Vertragsschluss dem Reisenden bestimmte Informationen über die beabsichtigte Reise geben. Außerdem regelt das Ges. die mögliche Übernahme einzelner Funktionen etwa bei der Weiterleitung von Zahlungen (→ § 651v Rn. 2) oder bei Mängelrügen (→ § 651k Rn. 1).

3. Vermittlung von Verträgen mit Leistungserbringern (I 2). a) Normzweck. Für die Fälle, in denen ein Reisebüro o.ä. **nicht** eine von einem **Reiseveranstalter** angebotene **Pauschalreise,** sondern einzelne, von **Leistungserbringern** angebotene Reiseleistungen vermittelt, trifft das Ges. in verschiedenen Bestimmungen eine abgestufte Regelung in unterschiedlicher Schutzintensität anhand formaler Kriterien. Dies kann die Reisebüros bei der vertraglichen Gestaltung überfordern und führt auch nicht immer zu befriedigenden Lösungen für die Reisenden selbst. 3
b) Fallgruppen. aa) Werden durch ein Reisebüro oä **einzelne oder gleichartige Leistungen** iSd § 651a III (also nur Beherbergungen, Transport etc.) vermittelt, bleibt es bei der alleinigen Anwendung der allg. Regelungen (zur Vermietung zB von Ferienwohnungen → § 651a Rn. 5). **bb)** Vermittelt es **zwei oder mehr verschiedenartige Leistungsmodule,** kann es sich unter bestimmten Kriterien (→ § 651w Rn. 2) um die Vermittlung „verbundener Reiseleistungen" handeln. Den Vermittler treffen bestimmte Informationspflichten (→ § 651w Rn. 1). **cc)** Im **Normbereich des § 651b** als lex specialis geht es darum, ob bestimmte Formen einer Vermittlung zwingend als Abschluss eines Pauschalreisevertrages zu werten und damit das **vermittelnde Unternehmen selbst als Reiseveranstalter** zu behandeln ist. Die rechtliche Einordnung als Veranstalter einer Pauschalreise, damit aber auch die Kennzeichnung der Freiräume für die Reisebüros etc., wird anhand **obj.** – durchaus aber auslegungsfähiger – **Kriterien** vorgenommen. 4
c) Tatbestand des I 2 Nr. 1: Der Reisende entscheidet sich *abschließend* (Verpflichtung zur Zahlung) in einer einzigen „Vertriebsstelle" eines Betreibers (→ § 651b Rn. 8) im Rahmen desselben Buchungsvorgangs für mehrere Reisebestandteile (auch mehrerer Leistungserbringer), die zusammen eine Pauschalreise (→ § 651a Rn. 1) ausmachen. Dies ist nach ErwG 10 der RiLi „beispielsweise" der Fall, „wenn verschiedene Arten von Reiseleistungen von einer einzigen Vertriebsstelle aus für dieselbe Reise erworben werden und wenn diese Reiseleistungen vor der Zustimmung des Reisenden zur Zahlung ausgewählt wurden" (zum Beweis zB AG Hannover BeckRS 2022, 10213 Rn. 16). Allerdings kann sich der Reisende nach einer Beratung auch noch für „verbundene Reiseleistungen" und damit für eine Vermittlung gem. § 651w entscheiden (BT-Drs. 18/10822 S. 68 f.) – was eine Normanwendung kaum vorhersehbar macht. 5
d) Tatbestand des I 2 Nr. 2 und 3: Die nicht scharf voneinander zu trennenden Tatbestände sind „klassische" Beispiele einer sog. protestatio facto contraria, in der ein verständiger Empfänger das Auftreten als Handeln eines Reiseveranstalters verstehen darf und ein entgegenstehender Hinweis unbeachtlich bzw. missbräuchlich ist. Bsp: „All-inclusive", „Komplettangebot", „Kombireise" (BT-Drs. 18/10822 S. 69; ErwG 10 der RiLi). 6
e) Die **Rechtsfolgen** sind unterschiedlich benannt: **I 2** deutet bei beim Vorliegen der formulierten Tatbestände auf eine Einwendung, **I 3** macht daraus eine Legaldefinition. 7

4. Umschreibung des Begriffs „Vertriebsstelle" (II). Mit den Formulierungen wird zur Interpretation des Begriffs der Vertriebsstelle Art. 3 Nr. 15 der RiLi 2015/2302 umgesetzt, wobei zu Nr. 2 der Begriff „Einzelhandels-Webseiten" etc. verwendet und darauf hingewiesen wird, dass die Seite (auch) dem Endnutzer offenstehen muss. Vertriebsstellen sind also (weiterhin) Reisebüros, weiter elektronische *(Webseite)* oder *telefonisch* organisierte Angebots- bzw. Vermittlungsstellen (MüKoBGB/Tonner § 651b Rn. 38). 8

§ 651c Verbundene Online-Buchungsverfahren

(1) **Ein Unternehmer, der mittels eines Online-Buchungsverfahrens mit dem Reisenden einen Vertrag über eine Reiseleistung geschlossen hat oder ihm auf demselben Weg einen solchen Vertrag vermittelt hat, ist als Reiseveranstalter anzusehen, wenn**

1. er dem Reisenden für den Zweck derselben Reise mindestens einen Vertrag über eine andere Art von Reiseleistung vermittelt, indem er den

Zugriff auf das Online-Buchungsverfahren eines anderen Unternehmers ermöglicht,

2. **er den Namen, die Zahlungsdaten und die E-Mail-Adresse des Reisenden an den anderen Unternehmer übermittelt und**
3. **der weitere Vertrag spätestens 24 Stunden nach der Bestätigung des Vertragsschlusses über die erste Reiseleistung geschlossen wird.**

(2) **Kommen nach Absatz 1 ein Vertrag über eine andere Art von Reiseleistung oder mehrere Verträge über mindestens eine andere Art von Reiseleistung zustande, gelten vorbehaltlich des § 651a Absatz 4 die vom Reisenden geschlossenen Verträge zusammen als ein Pauschalreisevertrag im Sinne des § 651a Absatz 1.**

(3) **§ 651a Absatz 5 Nummer 2 ist unabhängig von der Höhe des Reisepreises anzuwenden.**

Lit.: Fricke/Ruks, Das verbundene Online-Buchungsverfahren im neuen Pauschalreiserecht – § 651c auf dem Prüfstand, jM 2019, 178.

1 **1. Funktion der Norm.** Zum Schutz des Reisenden soll der Begriff der Pauschalreise auf eine weitere Fallgruppe der Zusammenstellung von Reiseleistungen ausgedehnt werden, etwa wenn der Kunde im online-Handel aufgrund einer verdichteten Geschäftsbeziehung zwischen Unternehmern zB im Click-Through-Verfahren zu einem weiteren Anbieter zur Ergänzung des Reiseprogramms weitergeleitet wird und insgesamt eine Pauschalreise zustande kommt. Die Schutzbedürftigkeit soll dann bestehen, wenn im Zusammenhang mit einer Vermittlung „der Name, die Zahlungsdaten und die E-Mail-Adresse des Reisenden zwischen den Unternehmern übermittelt werden, spätestens 24 Stunden nach Bestätigung der Buchung der ersten Reiseleistung ein weiterer Vertrag geschlossen wird" (ErwG 11 der RiLi) und wenn dadurch eine Pauschalreise zustande kommt. Auch hier ist zweifelhaft, ob die technisch wenig flexible Regelung zweckmäßig und praktikabel ist (Bedenken auch bei Fricke/Ruks jM 2019, 178; Führich/Staudinger, § 6 Rn. 3).

2 **2. Tatbestand, Rechtsfolgen. a)** Bei der Buchung einer Online-Reise in mehreren Schritten muss **(1)** ein Unternehmer (→ § 651a Rn. 7) *als erster* eine **Vereinbarung** folgenden Inhalts mit dem Reisenden getroffen haben: entweder als Reiseveranstalter über eine Einzelreiseleistung bzw. über Leistungen unterhalb der Schranke des § 651a IV, als Vermittler über „verbundene Reiseleistungen" gem. § 651w oder als Leistungserbringer über eine Reiseleistung oder touristische Leistung (I HS 1). Dieser erste Unternehmer muss **(2)** danach über das Ermöglichen eines Zugriffs auf die Seite eines anderen Unternehmers eine eigenständige **nicht gleichartige Reiseleistung** (→ § 651a Rn. 3) für dieselbe Reise **vermitteln** (I HS 2 Nr. 1) sowie mindestens Name, Zahlungsdaten (Kontoinhaber, IBAN, uU BIC) und E-Mail-Adresse weitergeben (I HS 2 Nr. 2). Der zusätzliche Vertrag muss **(3)** innerhalb von **24 Stunden nach Bestätigung** des ersten Vertragsschlusses
3 zustande kommen (I HS 2 Nr. 2). **b)** Als **Rechtsfolge** werden, sofern die Kriterien des § 651a IV überschritten werden, die getroffenen Vereinbarungen als ein Pauschalreisevertrag gewertet, der mit dem *z*uerst Handelnden abgeschlossen ist (I HS 1 iVm II).

§ 651d Informationspflichten; Vertragsinhalt

(1) [1]**Der Reiseveranstalter ist verpflichtet, den Reisenden, bevor dieser seine Vertragserklärung abgibt, nach Maßgabe des Artikels 250 §§ 1 bis 3 des Einführungsgesetzes zum Bürgerlichen Gesetzbuche zu informieren.** [2]**Er erfüllt damit zugleich die Verpflichtungen des Reisevermittlers aus § 651v Absatz 1 Satz 1.**

(2) **Dem Reisenden fallen zusätzliche Gebühren, Entgelte und sonstige Kosten nur dann zur Last, wenn er über diese vor Abgabe seiner Vertragser-**

klärung gemäß Artikel 250 § 3 Nummer 3 des Einführungsgesetzes zum Bürgerlichen Gesetzbuche informiert worden ist.

(3) [1]**Die gemäß Artikel 250 § 3 Nummer 1, 3 bis 5 und 7 des Einführungsgesetzes zum Bürgerlichen Gesetzbuche gemachten Angaben werden Inhalt des Vertrags, es sei denn, die Vertragsparteien haben ausdrücklich etwas anderes vereinbart.** [2]**Der Reiseveranstalter hat dem Reisenden bei oder unverzüglich nach Vertragsschluss nach Maßgabe des Artikels 250 § 6 des Einführungsgesetzes zum Bürgerlichen Gesetzbuche eine Abschrift oder Bestätigung des Vertrags zur Verfügung zu stellen.** [3]**Er hat dem Reisenden rechtzeitig vor Reisebeginn gemäß Artikel 250 § 7 des Einführungsgesetzes zum Bürgerlichen Gesetzbuche die notwendigen Reiseunterlagen zu übermitteln.**

(4) **Der Reiseveranstalter trägt gegenüber dem Reisenden die Beweislast für die Erfüllung seiner Informationspflichten.**

(5) [1]**Bei Pauschalreiseverträgen nach § 651c gelten für den als Reiseveranstalter anzusehenden Unternehmer sowie für jeden anderen Unternehmer, dem nach § 651c Absatz 1 Nummer 2 Daten übermittelt werden, die besonderen Vorschriften des Artikels 250 §§ 4 und 8 des Einführungsgesetzes zum Bürgerlichen Gesetzbuche.** [2]**Im Übrigen bleiben die vorstehenden Absätze unberührt.**

1. Funktion der Norm. a) Normzweck. ErwG 1 der RiLi betont die Verpflichtung, den Reisenden vor Vertragsschluss über den Inhalt der Reise, seine Rechte und Pflichten in angemessener Form zu informieren, und folgt damit dem aus anderen Bereichen des Verbraucherschutzes bekannten Informationsmodell. In Umsetzung der RiLi wurden die Informationspflichten mit dem Bezug auf Art. 250 EGBGB (→ Anhang zu § 651y) inhaltlich umfassend, formal durch die Vorgabe bestimmter auszuhändigender Formblätter und Unterlagen **vor und nach Vertragsschluss** (→ Rn. 4) geregelt. **b) Verpflichtet** sind Reiseveranstalter und Reisevermittler (→ § 651v Rn. 1), wobei der Reisevermittler frei wird, wenn der Veranstalter den potentiellen Reisenden hinreichend informiert hat **(I 2).** Bei einer durch Online-Module gebildeten Reise (→ § 651c Rn. 2) müssen die jeweils auf Unternehmerseite Beteiligten über ihre Leistungsanteile informieren. Damit sind die Verpflichtungen der anderen Unternehmer im Blick auf diesen Anteil erfüllt **(I 2).** Die **Beweislast** für eine vollständige Information trägt der Veranstalter **(IV).** **c)** Im **Aufbau** legt **I** den Inhalt der zu leistenden Informationen dar, **III 2, 3** Fragen der Form und **II** ergänzt die allg. Sanktionen für Vertragsverletzungen. **V** regelt den Sonderfall der Online-Buchung gem. § 651c.

1 (margin, beginning of paragraph) · 2 (at "b) Verpflichtet") · 3 (at "c) Im Aufbau")

2. Tatbestände, Rechtsfolgen. a) Zu **Inhalt und Umfang** der erforderlichen Informationen → Anhang zu § 651y. **Form:** Der als Reiseveranstalter geltende Unternehmer muss die erforderlichen Informationen dem Reisenden auf einem **dauerhaften Datenträger** wie Papier, E-Mail, USB-Stick, CD-ROM, Speicherkarte, Festplatte oder Computerfax (BT-Drs. 18/10822 S. 72 zu § 651e II; sa → § 126 Rn. 2) zur Verfügung stellen **(V 1 iVm Art. 250 § 8 EGBGB).** Als Beispiele für notwendige **Reiseunterlagen** neben dem Vertragstext **(III 2)** werden in Art. 250 § 7 EGBGB genannt: Buchungsbelege, Gutscheine, Beförderungsausweise, Eintrittskarten. **b) Sanktionen.** Die erforderlichen Informationen sind als solche ges. geschuldet; eine Nichterfüllung oder unzulässige Abweichung stellt einen **Reisemangel** dar (→ § 651i Rn. 14). Außerdem können zusätzlich zum Reisepreis zu zahlende Gebühren nur bei ordnungsgemäßer Information verlangt werden **(II).** **c) Abweichende Vereinbarungen** vom ges. vorgegebenen Inhalt sind zulässig, müssen aber **ausdrücklich** geschehen **(III 1),** sich also erkennbar aus dem Wortlaut der geschlossenen Vereinbarung ergeben (MüKoBGB/Armbrüster Vor § 116 Rn. 6).

§ 651e Vertragsübertragung

(1) [1]**Der Reisende kann innerhalb einer angemessenen Frist vor Reisebeginn auf einem dauerhaften Datenträger erklären, dass statt seiner ein Dritter in die Rechte und Pflichten aus dem Pauschalreisevertrag eintritt.** [2]**Die Erklärung ist in jedem Fall rechtzeitig, wenn sie dem Reiseveranstalter nicht später als sieben Tage vor Reisebeginn zugeht.**

(2) **Der Reiseveranstalter kann dem Eintritt des Dritten widersprechen, wenn dieser die vertraglichen Reiseerfordernisse nicht erfüllt.**

(3) [1]**Tritt ein Dritter in den Vertrag ein, haften er und der Reisende dem Reiseveranstalter als Gesamtschuldner für den Reisepreis und die durch den Eintritt des Dritten entstehenden Mehrkosten.** [2]**Der Reiseveranstalter darf eine Erstattung von Mehrkosten nur fordern, wenn und soweit diese angemessen und ihm tatsächlich entstanden sind.**

(4) **Der Reiseveranstalter hat dem Reisenden einen Nachweis darüber zu erteilen, in welcher Höhe durch den Eintritt des Dritten Mehrkosten entstanden sind.**

Lit.: Harke, Vertragsübertragung als allgemeines Verbraucherrecht?, VuR 2020, 209.

1 **1. Allgemeines. a) Normzweck.** Angesichts dessen, dass Verträge über Pauschalreisen häufig lange im Voraus geschlossen werden (ErwG 30 der RiLi), aber auch, weil viele, auch kurzfristige Gründe einen Reisenden daran hindern können, die Reise anzutreten, soll er die Möglichkeit haben, für sich oder für einen anderen Teilnehmer (zB Familienangehörigen) eine Ersatzperson zu benennen, um den kost-
2 spieligen Rücktritt zu vermeiden. **b) Konstruktion.** Das Ges. geht von der allg. anerkannten Zulässigkeit einer rechtsgeschäftlichen Übertragung der gesamten Vertragsposition durch eine **Vereinbarung zwischen Reisendem und Ersatzperson** aus (→ § 398 Rn. 32) und knüpft die Wirksamkeit gegenüber dem Veranstalter lediglich an eine (rechtzeitig abgegebene) Erklärung **(I 1).** Sie ist also nicht von der Zustimmung des Veranstalters abhängig (zum Widerspruchsrecht → Rn. 4).

3 **2. Tatbestand. a)** Die **Vertragsübernahme** durch den Dritten geschieht nach allg. Grundsätzen und unterliegt keiner Form. Die **Erklärung, dass ein Dritter** an der Reise **teilnimmt,** ist, der Abtretungsanzeige gem. § 409 vergleichbar (→ § 409 Rn. 1), eine rechtsgeschäftsähnliche Handlung. Sie muss dem Reiseveranstalter bzw. einem von ihm Bevollmächtigten auf einem **dauerhaften Datenträger** (also zB nicht nur telefonisch → § 126b Rn. 2) zugehen. **Inhaltlich** müssen die erforderlichen persönlichen Daten des neuen Reisenden enthalten sein und bei bestimmten vertraglich festgelegten Anforderungen an die Reise (→ § 651a Rn. 12) die Informationen, die dem Veranstalter ermöglichen, über die Ausübung seines Widerspruchsrechts (→ Rn. 4) zu entscheiden. **Rechtzeitig** ist der Zugang, wenn dem Veranstalter der zeitliche Raum verbleibt, ein Widerspruchsrecht zu prüfen und auszuüben. Im Regelfall ist ein Zugang sieben Tage vor Reiseantritt rechtzeitig (Bsp: Reisebeginn am Mittwoch am Mittwoch davor, 24.00 Uhr, § 188 I). Im Einzelfall, zB bei kurzfristig möglichen Anmeldungen, kann auch eine kürzere Spanne rechtzeitig sein. Umständliche Änderungsformalitäten (zB Voranmeldung im Ziel-
4 land) können jedoch einen Widerspruch begründen. **b) Recht zum Widerspruch (II).** Die Norm ist weit gefasst. **Bes. Erfordernisse** können zB Eigenschaften des Reisenden sein (Bsp: Tropentauglichkeit, spezielle Kenntnisse und Fähigkeiten; Zugehörigkeit zu dem Personenkreis, für den die Reise ausgeschrieben ist), öffentl. *Regelungen (Bsp: Impf*bestimmungen, Sammelvisa, ges. Vorschriften, die dem Hotelier eine Auswechslung untersagen), Bedingungen eines Leistungserbringers, sofern sie Vertragsbestandteil geworden sind (Bsp: Landessitten, die dem Hotelier die Aufnahme des Dritten untersagen, Sicherheitsregeln, die von einer Flug- oder Schifffahrtsgesellschaft entwickelt werden und die eine kurzfristige Auswechslung ausschließen). Die Beweislast liegt beim Veranstalter. Ein **unzulässiger Wider-**

spruch beeinträchtigt nicht den Anspruch des Eintretenden auf Erfüllung der Reise und löst einen Schadensersatzanspruch nach §§ 651i, 651n aus (→ § 651i Rn. 1; aA Führich/Staudinger, § 13 Rn. 12: Anspruch des ursprünglichen Reisenden).

3. Rechtsfolgen. a) Übergang des Reisevertrages. Durch den Zugang der Anzeige wird die Vertragsübernahme auflösend durch einen zulässigen Widerspruch bedingt (→ § 158 Rn. 2) wirksam. Bereits erfüllte Verpflichtungen, zB Zahlungen an den Veranstalter, Informationen durch den Veranstalter (§ 651d), wirken für und gegen den Eintretenden; zur gesamtschuldnerischen Haftung für die Vertragskosten und die Mehrkosten → §§ 421 ff. **b) Erstattung der Mehrkosten.** Sie müssen konkret berechnet werden und unterliegen einer Angemessenheitskontrolle **(III 2).** Zu erstatten sind auch Beträge, die ein Leistungserbringer (Fluggesellschaft) für eine Stornierung und Neubuchung in Rechnung stellt, weil tarifgemäß keine Umschreibung vorgenommen wird (BGH VersR 2017, 108 Rn. 11 ff.). Eine **Vorleistungspflicht** für den Reisenden auch iS eines Vorschusses kann, da die Kosten individuell zu berechnen sind, nicht vereinbart werden (s. LG Frankfurt a. M. RRa 2012, 76). 5

§ 651f Änderungsvorbehalte; Preissenkung

(1) [1]**Der Reiseveranstalter kann den Reisepreis einseitig nur erhöhen, wenn**

1. **der Vertrag diese Möglichkeit vorsieht und zudem einen Hinweis auf die Verpflichtung des Reiseveranstalters zur Senkung des Reisepreises nach Absatz 4 Satz 1 sowie die Angabe enthält, wie Änderungen des Reisepreises zu berechnen sind, und**
2. **die Erhöhung des Reisepreises sich unmittelbar ergibt aus einer nach Vertragsschluss erfolgten**
   a) **Erhöhung des Preises für die Beförderung von Personen aufgrund höherer Kosten für Treibstoff oder andere Energieträger,**
   b) **Erhöhung der Steuern und sonstigen Abgaben für vereinbarte Reiseleistungen, wie Touristenabgaben, Hafen- oder Flughafengebühren, oder**
   c) **Änderung der für die betreffende Pauschalreise geltenden Wechselkurse.**

[2]**Der Reiseveranstalter hat den Reisenden auf einem dauerhaften Datenträger klar und verständlich über die Preiserhöhung und deren Gründe zu unterrichten und hierbei die Berechnung der Preiserhöhung mitzuteilen.** [3]**Eine Preiserhöhung ist nur wirksam, wenn sie diesen Anforderungen entspricht und die Unterrichtung des Reisenden nicht später als 20 Tage vor Reisebeginn erfolgt.**

(2) [1]**Andere Vertragsbedingungen als den Reisepreis kann der Reiseveranstalter einseitig nur ändern, wenn dies im Vertrag vorgesehen und die Änderung unerheblich ist.** [2]**Der Reiseveranstalter hat den Reisenden auf einem dauerhaften Datenträger klar, verständlich und in hervorgehobener Weise über die Änderung zu unterrichten.** [3]**Eine Änderung ist nur wirksam, wenn sie diesen Anforderungen entspricht und vor Reisebeginn erklärt wird.**

(3) **§ 308 Nummer 4 und § 309 Nummer 1 sind auf Änderungsvorbehalte nach den Absätzen 1 und 2, die durch vorformulierte Vertragsbedingungen vereinbart werden, nicht anzuwenden.**

(4) [1]**Sieht der Vertrag die Möglichkeit einer Erhöhung des Reisepreises vor, kann der Reisende eine Senkung des Reisepreises verlangen, wenn und soweit sich die in Absatz 1 Satz 1 Nummer 2 genannten Preise, Abgaben oder Wechselkurse nach Vertragsschluss und vor Reisebeginn geändert haben und dies zu niedrigeren Kosten für den Reiseveranstalter führt.** [2]**Hat der Reisende mehr als den hiernach geschuldeten Betrag gezahlt, ist der**

Mehrbetrag vom Reiseveranstalter zu erstatten. [3]Der Reiseveranstalter darf von dem zu erstattenden Mehrbetrag die ihm tatsächlich entstandenen Verwaltungsausgaben abziehen. [4]Er hat dem Reisenden auf dessen Verlangen nachzuweisen, in welcher Höhe Verwaltungsausgaben entstanden sind.

§ 651g Erhebliche Vertragsänderungen

(1) **[1]Übersteigt die im Vertrag nach § 651f Absatz 1 vorbehaltene Preiserhöhung 8 Prozent des Reisepreises, kann der Reiseveranstalter sie nicht einseitig vornehmen. [2]Er kann dem Reisenden jedoch eine entsprechende Preiserhöhung anbieten und verlangen, dass der Reisende innerhalb einer vom Reiseveranstalter bestimmten Frist, die angemessen sein muss,**
1. das Angebot zur Preiserhöhung annimmt oder
2. seinen Rücktritt vom Vertrag erklärt.
[3]Satz 2 gilt für andere Vertragsänderungen als Preiserhöhungen entsprechend, wenn der Reiseveranstalter die Pauschalreise aus einem nach Vertragsschluss eingetretenen Umstand nur unter erheblicher Änderung einer der wesentlichen Eigenschaften der Reiseleistungen (Artikel 250 § 3 Nummer 1 des Einführungsgesetzes zum Bürgerlichen Gesetzbuche) oder nur unter Abweichung von besonderen Vorgaben des Reisenden, die Inhalt des Vertrags geworden sind, verschaffen kann. [4]Das Angebot zu einer Preiserhöhung kann nicht später als 20 Tage vor Reisebeginn, das Angebot zu sonstigen Vertragsänderungen nicht nach Reisebeginn unterbreitet werden.

(2) **[1]Der Reiseveranstalter kann dem Reisenden in einem Angebot zu einer Preiserhöhung oder sonstigen Vertragsänderung nach Absatz 1 wahlweise auch die Teilnahme an einer anderen Pauschalreise (Ersatzreise) anbieten. [2]Der Reiseveranstalter hat den Reisenden nach Maßgabe des Artikels 250 § 10 des Einführungsgesetzes zum Bürgerlichen Gesetzbuche zu informieren. [3]Nach dem Ablauf der vom Reiseveranstalter bestimmten Frist gilt das Angebot zur Preiserhöhung oder sonstigen Vertragsänderung als angenommen.**

(3) **[1]Tritt der Reisende vom Vertrag zurück, findet § 651h Absatz 1 Satz 2 und Absatz 5 entsprechende Anwendung; Ansprüche des Reisenden nach § 651i Absatz 3 Nummer 7 bleiben unberührt. [2]Nimmt er das Angebot zur Vertragsänderung oder zur Teilnahme an einer Ersatzreise an und ist die Pauschalreise im Vergleich zur ursprünglich geschuldeten nicht von mindestens gleichwertiger Beschaffenheit, gilt § 651m entsprechend; ist sie von gleichwertiger Beschaffenheit, aber für den Reiseveranstalter mit geringeren Kosten verbunden, ist im Hinblick auf den Unterschiedsbetrag § 651m Absatz 2 entsprechend anzuwenden.**

Anmerkungen zu den §§ 651f, 651g

1 **1. Rechtsproblematik der Bestimmungen.** Für Pauschalreisen ist charakteristisch, dass der Veranstalter auf die Entwicklung bestimmter **Kosten,** etwa auf Wechselkurse, Gebühren, kurzfristige Flugpreiserhöhungen aufgrund veränderter Treibstoffpreise keinen Einfluss hat und sich auch nicht absichern kann. Vergleichbares gilt für **Leistungsteile** wie etwa Flugpläne, Routen bei Kreuzfahrten oder Öffnungszeiten von Ausstellungen. Andererseits darf der Reisende erwarten, dass die Reise so durchgeführt wird, wie sie vereinbart wurde. In den Normen wird ein *Kompromiss in der Weise* gesucht, dass geringfügige Änderungen unter bestimmten Voraussetzungen hingenommen werden müssen, bei schwerer wiegenden dem Reisenden jedoch die Möglichkeit eingeräumt wird zu entscheiden, ob er an der Reise mit ihren veränderten Konditionen festhalten oder auf sie verzichten will. Technisch ist die Abgrenzung für **Preiserhöhungen** durch eine exakte Prozentzahl leicht zu lösen, wobei rechtspolitisch die Marge von 8 % (→ Rn. 2) als zu hoch angesetzt

erscheint (sie betrug in § 651a Abs. 5 aF 5 %). Bei **Veränderungen von Teilen der Reiseleistung** ist eine Regelung technisch wie konzeptionell schwieriger (→ Rn. 5 ff.).

2. Änderung des Reisepreises. a) Erhöhung bis zu 8%. aa) Voraussetzungen. Es muss ein *Abänderungsvorbehalt* mit bestimmten konkreten *Hinweisen* vereinbart sein **(§ 651f I 1 Nr. 1),** die genannte Erhöhung beruht auf genau gekennzeichneten, *nach Vertragsschluss* eingetretenen Gründen und wird ohne Zuschläge („unmittelbar") weitergegeben **(§ 651f I 1 Nr. 2),** der Reisende wird („klar und verständlich", s. § 307 I 2) über Höhe und Gründe auf dauerhaftem Datenträger (→ § 126b Rn. 2) *unterrichtet* **(§ 651f I 2),** Information und Erhöhungserklärung (empfangsbedürftige einseitige Willenserklärung → Vor § 104 Rn. 8) müssen dem Reisenden *spätestens 20 Tage* vor Reisebeginn **(§ 651f I 3)** zugehen (→ § 130 Rn. 4,11). Bsp: Beginn der Reise 30. Juni, letztmöglicher Zugang 10. Juni (§ 187). **bb) Rechtsfolgen.** Die Preiserhöhung als Vertragsänderung wird (nur) wirksam, wenn alle Voraussetzungen erfüllt sind **(§ 651f I 3).** Auf geringfügige Ungenauigkeiten sollte sich der Reisende gem. § 242 nicht berufen können. **b) Erhöhung um mehr als 8%. aa)** Die **allg. Voraussetzungen** im ursprünglichen Reisevertrag und die **berechtigenden Gründe** (→ Rn. 2) sind dieselben wie bei einer niedrigeren Preiserhöhung **(§ 651g I 1).** Es besteht eine **bes. Informationspflicht** gem. Art. 250 § 10 EGBGB **(§ 651g II 2). bb)** Notwendig ist weiter eine konkrete **Abänderungsvereinbarung.** Sie setzt ein Angebot des Veranstalters voraus, das dem Reisenden ein zeitlich begrenztes Rücktrittsrecht gewähren muss und eine **Ersatzreise** anbieten kann **(§ 651g III).** Ist ein ordnungsgemäßes Angebot erteilt, kommt die Vereinbarung zustande, wenn der Reisende, das Angebot annimmt oder die Frist verstreichen lässt **(§ 651g III).** Eine zu kurze Frist dabei ist auf eine angemessene Spanne zu verlängern (s. zB → § 250 Rn. 2). **cc) Rechtsfolgen.** Zur Akzeptanz der Preiserhöhung (→ Rn. 2). Die Annahme des Angebots zu einer Ersatzreise schafft einen neuen Vertrag über eine Pauschalreise. Sie kann vertragsgemäß geringerwertige Leistungen haben (zum Ausgleich → § 651g III) und unterliegt der allg. Mängelhaftung. Für den Fall, dass der Reisende zurücktritt, → § 651g III. **c) Reduktion des Reisepreises bei Kostensenkungen (§ 651f IV). aa) Voraussetzungen.** Es muss die Möglichkeit zu einer Erhöhung wirksam vereinbart sein (→ Rn. 7); iÜ s. GesText. **bb) Rechtsfolge.** Der Reisende gewinnt einen Anspruch auf – teilweise – Rückerstattung.

2

3

4

3. Änderungen von Reiseleistungen. a) Abgrenzungsproblematik. aa) Allgemeines. Das Ges. bezeichnet als hinnehmbar eine „unerhebliche" Änderung **(§ 651f II 1)** und stellt dem die „erhebliche Änderung einer der wesentlichen Eigenschaften der Reiseleistungen" gegenüber. Als weiteres Beispiel einer erheblichen Änderung wird die „Abweichung von besonderen Vorgaben des Reisenden" hinzugefügt **(§ 651g I 2).** Es werden also andere Begriffe als der eines Mangels verwendet. Sie sind selbständig (Grüneberg/Retzlaff § 651f Rn. 10) im Blick auf die angeordneten Rechtsfolgen zu interpretieren. **bb) Unerhebliche Änderungen** muss der Reisende einseitig als vertragsgemäß hinnehmen. Damit die Mängelgewährleistung nicht unterlaufen werden kann, können grds. nur solche Abweichungen vom vereinbarten Leistungsinhalt erfasst werden, die als Beeinträchtigungen (noch) keinen Mangel darstellen (→ § 651i Rn. 4) oder die zwar wegen des weiten Mangelbegriffs (→ § 651i Rn. 1) als Mangel zu qualifizieren sind, aber nicht beeinträchtigend wirken (Grüneberg/Retzlaff § 651f Rn. 10). **cc)** Anders als bei der Preiserhöhung (→ Rn. 2) findet sich eine **Zwischengruppe:** Bei **nicht unerheblichen** (vorhersehbaren) Beeinträchtigungen unterhalb der Schranke des § 651g I 3 (→ Rn. 7) muss der Veranstalter, falls keine individuelle Vereinbarung getroffen wird, die Reise durchführen, der Reisende bleibt vertraglich gebunden. Es gelten die allg. Mängelrechte. **dd)** Eine **erhebliche Änderung** kann, wie schon aus dem Zusatz „einer der wesentlichen Eigenschaften der Reiseleistungen" und dem Verweis auf Art. 250 § 3 Nr. 1 EGBGB folgt, nicht jede Abweichung sein, die nicht unerheb-

5

lich ist. Darauf weisen auch die Rechtsfolgen (ua Rücktrittsmöglichkeit, § 651g III) hin. Zum praktisch gleichlautenden § 651a V aF hat der BGH darauf hingewiesen, es dürfe kein Wertungswiderspruch zu § 651e aF (→ jetzt § 651l Rn. 1) auftreten (BGH NJW 2018, 1534 Rn. 14); dies gilt auch weiterhin (Staudinger/Ruks DAR 2020, 314, 317). Abgestellt werden kann etwa darauf, welche Bedeutung die Änderung für den Charakter der Reise hat, wie intensiv ein Reiseabschnitt unter Berücksichtigung der Kompensation betroffen ist und in welchem Verhältnis der betroffene Abschnitt zur Gesamtreise steht (s. BGH NJW 2018, 1534 Rn. 15); zur vergleichbaren Berechnung der Minderung (→ § 651m Rn. 1). Erheblich sind idR die Änderung des Reiselands und der Ausfall oder Austausch der Besichtigung einer bekannten Sehenswürdigkeit, die Änderung des Ein- und Ausschiffungshafens und der
6 Flughäfen (Staudinger/Ruks DAR 2020, 314, 317). **b) Unerhebliche Reiseänderungen** (zum **Begriff** → Rn. 5). **aa) Zulässigkeitsvoraussetzungen.** Zum **Änderungsvorbehalt** → Rn. 2. Die **Information** muss auf einem dauerhaften Datenträger nicht nur wie bei der Preiserhöhung „klar und verständlich" sein, sondern „in hervorgehobener Weise" geschehen. Sie darf also zB nicht im allg. Layout untergehen (Grüneberg/Retzlaff § 312f Rn. 6). Zeitlich muss die Mitteilung „vor Reisebeginn" (§ 651f II 2), also vor Inanspruchnahme der ersten Leistung (theoretisch noch beim Einchecken) zugehen. **bb) Rechtsfolgen.** Der Reisevertrag besteht mit dem geänderten Leistungsinhalt fort; iÜ → Rn. 3. Sind die Auswirkungen der Änderung gravierender als angegeben, liegt ein Mangel vor (OLG Celle MDR
7 2020, 278). **c) Erhebliche Reiseänderungen. aa) Tatbestand.** Zur Erheblichkeit → Rn. 6. **Besondere Vorgaben** können akzeptierte bes. Wünsche des Reisende sein (Bsp: Hilfe beim Transport, behindertengerechtes Zimmer, vegetarische Kost). **bb) Zulässigkeitsvoraussetzungen.** Zum **Änderungsvorbehalt** → Rn. 2. Der Veranstalter muss aufgrund obj. Umstände, die nach Vertragsschluss eingetreten sind, **nicht in der Lage** sein, die Reise in der vereinbarten Form zu verschaffen. Auf eine Vertretbarkeit durch den Veranstalter oder den Leistungserbringer als Erfüllungsgehilfen kommt es nicht an. Erhebliche Änderungen aufgrund der COVID-9-Pandemie sind damit ohne Weiteres erfasst. **cc)** Zur **Abänderungsvereinbarung** → Rn. 3. Das Angebot kann bis zum Beginn der Reise (Inanspruchnahme der ersten Reiseleistung → Rn. 6) unterbreitet werden **(§ 651g I 4). dd)** Zu den **Rechtsfolgen** → Rn. 3).

§ 651h Rücktritt vor Reisebeginn

(1) [1]**Vor Reisebeginn kann der Reisende jederzeit vom Vertrag zurücktreten.** [2]**Tritt der Reisende vom Vertrag zurück, verliert der Reiseveranstalter den Anspruch auf den vereinbarten Reisepreis.** [3]**Der Reiseveranstalter kann jedoch eine angemessene Entschädigung verlangen.**

(2) [1]**Im Vertrag können, auch durch vorformulierte Vertragsbedingungen, angemessene Entschädigungspauschalen festgelegt werden, die sich nach Folgendem bemessen:**
1. **Zeitraum zwischen der Rücktrittserklärung und dem Reisebeginn,**
2. **zu erwartende Ersparnis von Aufwendungen des Reiseveranstalters und**
3. **zu erwartender Erwerb durch anderweitige Verwendung der Reiseleistungen.**

[2]**Werden im Vertrag keine Entschädigungspauschalen festgelegt, bestimmt sich die Höhe der Entschädigung nach dem Reisepreis abzüglich des Werts der vom Reiseveranstalter ersparten Aufwendungen sowie abzüglich dessen, was er durch anderweitige Verwendung der Reiseleistungen erwirbt.** [3]**Der Reiseveranstalter ist auf Verlangen des Reisenden verpflichtet, die Höhe der Entschädigung zu begründen.**

(3) [1]**Abweichend von Absatz 1 Satz 3 kann der Reiseveranstalter keine Entschädigung verlangen, wenn am Bestimmungsort oder in dessen unmit-**

telbarer Nähe unvermeidbare, außergewöhnliche Umstände auftreten, die die Durchführung der Pauschalreise oder die Beförderung von Personen an den Bestimmungsort erheblich beeinträchtigen. [2]Umstände sind unvermeidbar und außergewöhnlich im Sinne dieses Untertitels, wenn sie nicht der Kontrolle der Partei unterliegen, die sich hierauf beruft, und sich ihre Folgen auch dann nicht hätten vermeiden lassen, wenn alle zumutbaren Vorkehrungen getroffen worden wären.

(4) **[1]Der Reiseveranstalter kann vor Reisebeginn in den folgenden Fällen vom Vertrag zurücktreten:**

1. für die Pauschalreise haben sich weniger Personen als die im Vertrag angegebene Mindestteilnehmerzahl angemeldet; in diesem Fall hat der Reiseveranstalter den Rücktritt innerhalb der im Vertrag bestimmten Frist zu erklären, jedoch spätestens
   a) 20 Tage vor Reisebeginn bei einer Reisedauer von mehr als sechs Tagen,
   b) sieben Tage vor Reisebeginn bei einer Reisedauer von mindestens zwei und höchstens sechs Tagen,
   c) 48 Stunden vor Reisebeginn bei einer Reisedauer von weniger als zwei Tagen,

2. der Reiseveranstalter ist aufgrund unvermeidbarer, außergewöhnlicher Umstände an der Erfüllung des Vertrags gehindert; in diesem Fall hat er den Rücktritt unverzüglich nach Kenntnis von dem Rücktrittsgrund zu erklären.

[2]Tritt der Reiseveranstalter vom Vertrag zurück, verliert er den Anspruch auf den vereinbarten Reisepreis.

(5) **Wenn der Reiseveranstalter infolge eines Rücktritts zur Rückerstattung des Reisepreises verpflichtet ist, hat er unverzüglich, auf jeden Fall aber innerhalb von 14 Tagen nach dem Rücktritt zu leisten.**

Lit.: Bergmann/Blankenburg, Unvermeidbare außergewöhnliche Umstände im Pauschalreise- und Luftverkehrsrecht, NJW 2019, 3678; Binger, Der entschädigungslose Rücktritt gem. § 651h Abs. 3 BGB in der Corona-Pandemie, RRa 2021, 207; Führich, Reisebuchungen und Corona-Pandemie – noch unvermeidbare außergewöhnliche Umstände?, NJW 2022, 1641; Harke, Reisepreis ohne Reiseleistung?, RRa 2020, 207; Hopperdietzel, Zum Rücktritt vom Pauschalreisevertrag wegen der SARS-CoV-2-Pandemie, RRa 2022, 3; Ruks, „Voreiliger“ Rücktritt des Pauschalreisenden und spätere Reisewarnung – § 326 BGB als Rettungsanker?, RRa 2022, 12; Tonner, Reisestornierungen in Pandemiezeiten…, RRa 2021, 55; Ullenboom, Stornopauschalen in Reiseverträgen unter Geltung des neuen Pauschalreiserechts, RRa 2022, 55.

1. Allgemeines. a) Funktion. Die Vorschrift regelt in dogmatisch recht unbefriedigender Weise verschiedene Fallgruppen eines **Rücktritts vor Antritt der Reise** (zur Kündigung nach Reiseantritt wegen eines Mangels → § 651l Rn. 1, iÜ gilt § 314 [dazu OLG Köln MDR 2021, 1453]; zur Nichtanwendbarkeit auf den „Rücktritt“ vor Vertragsschluss AG Singen NJW-RR 2022, 1067 Rn. 16 f.). **aa)** Zum einen geht es um die Rücktrittsrechte des **Reisenden (I–III),** und zwar sowohl um das freie Rücktrittsrecht *mit Entschädigungspflicht* als auch um den Rücktritt bei Undurchführbarkeit der beabsichtigten Reise dank „unvermeidbarer, außergewöhnlicher Umstände“ die *außerhalb der Risikosphäre des Veranstalters* liegen (bisher „höhere Gewalt“; zur Änderung der Formulierung → Rn. 6). Diese Problematik wird aber nicht mehr im Tatbestand gefasst, sondern im Rahmen der Rechtsfolge (Entfallen der Entschädigungspflicht) nach einem erklärten Rücktritt. **Nicht geregelt** ist ein Recht zur Kündigung für den Reisenden *ohne volle Entschädigungspflicht*, wenn ihn Umstände am Antritt der Reise hindern, die außerhalb seiner (persönlichen) Risikosphäre liegen (→ § 651i Rn. 15). **bb)** Des Weiteren werden die Rechte des **Veranstalters (IV, V)** zum Rücktritt normiert, wobei die Fälle „höherer Gewalt“ wie bisher auf der Tatbestandsebene erfasst werden. **b) Verhältnis zu** 1 2

anderen Normen. Praktisch überlagert die Bestimmung, weil es hier auf einen Grund nicht ankommt, § 651g I (Kündigung bei Änderung der Reise) und § 651i III iVm § 651l I (Kündigung bei vorhersehbaren Mängeln). Der Reisende wird aber in solchen Fällen wegen der vergleichsweise ungünstigeren Rechtsfolgen regelmäßig seine Auflösungserklärung nicht auf § 651h stützen wollen (Auslegung; so zutr. LG Leipzig NJW-RR 2005, 995 zu § 651j aF). Zu Art. 8 II FluggastrechteVO EuGH NJW-RR 2019, 940 mAnm Bollweg/Wilcke RRa 2019, 259.

3 **2. Rücktritt des Reisenden ohne Begründung (I). a) Erklärung.** Es gelten die allg. Bestimmungen. Eine Form ist nicht vorgeschrieben. **Frist:** bis vor Inan-
4 spruchnahme der ersten Reiseleistung (zB noch vor dem Einchecken). **b) Rechtsfolgen. aa) Stornoklauseln.** Wie bisher kann die Höhe der **Entschädigung,** die an die Stelle des Reisepreises tritt, in AGB pauschaliert werden. Dabei wird § 309 Nr. 5 durch **II 1 Nr. 1–3** als Spezialnorm verdrängt. Inhaltlich ändert sich durch die Neufassung nichts: Die Gebühr soll die durch den Rücktritt entstehenden **Mehrkosten** und das durchschnittliche **Ausfallrisiko** abdecken (BGH NJW 2015, 1449). Zulässig bleibt die Angabe von Prozentsätzen. Da das Ausfallrisiko (Storno gegenüber dem Leistungsträger, anteilige Gemeinkosten, entgangener Gewinn) nach der Art der Reise (Charter, Linienflug, Ferienhaus, Hotel, s. dazu OLG Frankfurt NJW-RR 2001, 1498; OLG Hamm NJW-RR 2002, 1348: Theater) unterschiedlich ist, muss danach auch wegen der geforderten Angemessenheit innerhalb der ges. vorgegebenen Kriterien differenziert werden (anders BT-Drs. 18/10822 S. 75 zu E § 651h II: nicht mehr vorgeschrieben, aber möglich; wie hier Ullenboom RRa 2022, 55, 57 mwN). Möglich erscheinen für Flugkosten bei Rücktritt bis 30-22-15-7 Tage vor Beginn der Reise 20 %-30 %-40 %-50 %, bis Reisebeginn 55 % und danach (Nichtantritt) 75 %, bei Ferienhäusern und Rücktritt mindestens 60/35 Tage vor vertraglich vorgesehener Nutzung 20 %/50 %, später 80 % (vgl. Führich/Staudinger, § 16 Rn. 15; sa AG Bochum RRa 2021, 113: Unwirksamkeit einer Stornopauschale von 30 % bei Rücktritt bis 30 Tage vor Reiseantritt). Für die Angemessenheit ist der Veranstalter darlegungs- und beweispflichtig (OLG Rostock RRa 2014, 52). Dem Reisenden darf der **Gegenteilsbeweis** nicht abgeschnitten werden, dass der *konkrete Schaden* des Veranstalters wesentlich niedriger ist als die geltend gemachte Pauschale; §§ 308 Nr. 7, 309 Nr. 5b sind anwendbar (BGH NJW 1992, 3158; 92, 3163; Tempel NJW 2002, 2005). **bb)** Für die **konkrete Berechnung** der Entschädigung **(II 2)** macht das Ges. Vorgaben, die für den Veranstalter günstiger sind als früher („erwirbt" statt „erwerben kann"). Der Einwand, der Veranstalter habe eine andere Verwendung der Reiseleistung treuwidrig unterlassen, muss möglich sein. Die **Beweislast** für die Höhe trägt gem. **II 3** der Veranstalter (BGH RRa 2022, 125 Rn. 17 zu § 651i aF), der sich nicht auf seinerseits vereinbarte Pauschalen mit einem verbundenen Unternehmen berufen kann (BGH VersR 2022, 1033 Rn. 24 ff. zu § 651i aF); ein einklagbarer Auskunftsanspruch ergibt sich aus II 3 jedoch nicht (BGH NJW 2022, 1808 Rn. 16 ff. zu § 651i aF).

5 **3. Rücktritt des Reisenden wegen des Eintritts unvermeidbarer außergewöhnlicher Umstände (III). a) Anwendungsbereich.** Bei der Bestimmung handelt es sich um eine Spezialvorschrift aus dem Bereich der Störung der Geschäftsgrundlage (s. dazu BGH NJW 2013, 1674 mwN), die neben die §§ 651i ff. tritt. § 313 ist anwendbar, wenn die Störung außerhalb des Leistungsbereichs der Pauschalreise, dh außerhalb des Risikobereichs des Veranstalters bzw. des Reisenden
6 liegt (→ 651i Rn. 16). **b) Tatbestand. aa) Außergewöhnliche Umstände.** Auf den früheren Begriff der „höheren Gewalt" wurde verzichtet, weil eine unterschiedliche Interpretation in den Mitgliedstaaten vermieden und ein Gleichklang zur FluggastrechteVO (VO EG 261/04, ABl EG 2004, L 46, 1) hergestellt werden sollte. Erfasst werden Umstände, die außerhalb dessen liegen, was üblicherweise mit dem Ablauf der vereinbarten Reise verbunden ist oder verbunden sein kann (BGH NJW 2014, 3304 zur FluggastrechteVO). Damit kann nach dem Zweck der Reise (Erholungsurlaub, Abenteuer, Nothilfeeinsatz in Katastrophengebiet → § 651a Rn. 2)

differenziert werden. Bsp: Unwetter (OLG Frankfurt RRa 2000, 165, Hurrikan), Terroranschlag, massive gewalttätige Unruhen (LG Frankfurt a. M. RRa 2015, 8), Reaktorunfall (BGHZ 109, 224, Tschernobyl, dazu Teichmann JZ 1990, 436); Covid-19-Pandemie bzw. die zu ihrer Eindämmung ergriffenen Maßnahmen (näher Führich NJW 2022, 1641 Rn. 11 ff.; zu SARS s. AG Augsburg RRa 2005, 84), insbes. mit den Folgen von Einreisesperren sowie Schließen von Restaurants, Unterkünften, Museen, Parks etc (iE Weller/Lieberknecht/Habrich NJW 2020, 1021). Mit dem Hinweis auf die **unmittelbare Nähe** wird der Aspekt der konkreten Gefährdung der Reise gekennzeichnet. So soll es bei möglichen terroristischen Anschlägen darauf ankommen, ob das konkrete Urlaubsziel im Blickpunkt steht und angesichts von Wollen und Kapazität mit der ernsthaften Möglichkeit eines Anschlags gerechnet werden muss (LG Amberg NJW-RR 2004, 1140: Anschläge auf Bali gefährden nicht die gesamte Insel; LG Düsseldorf RRa 2008, 117: einzelne zeitgleiche Anschläge in der Türkei führen nicht zu einer allg. Gefährdung). Bei flächendeckenden Gefährdungen durch Radioaktivität muss die Gefährdung naheliegen (bejaht von OLG Bremen MDR 2013, 142: Fukushima). **bb) Nichtbe- 7**
herrschbarkeit. Auf die genannten Bsp. hat (auch) der Reisende keinen Einfluss, so dass er unabhängig vom Veranstalter den Rücktritt erklären kann. **cc)** Mit einer **8**
erheblichen Beeinträchtigung der Durchführung der Reise sind Auswirkungen gekennzeichnet, die für den Teilnehmer die Reise unter Berücksichtigung des mit ihr verfolgten Zwecks aus nachvollziehbaren Gründen unzumutbar machen; ein (erwarteter) Mangel muss nicht vorliegen (LG Düsseldorf RRa 2022, 30, 31). Primär maßgebende Kriterien sind dabei Sicherheit und (auch psychische) Gesundheit des Teilnehmers. Die Pflicht zum Tragen einer Mund-Nasen-Bedeckung ist auch bei einer Busreise keine erhebliche Beeinträchtigung (LG Frankfurt a. M. NJW-RR 2022, 70616 f.); ebenso wenig Abstandsregeln, das Fehlen eines All-Inclusive-Buffets oder von Animation (Ullenboom RRa 2021, 155, 158 mwN). Das Revisionsgericht überprüft die tatrichterliche Feststellung nur eingeschränkt auf angemessene Berücksichtigung der maßgebenden Umstände, Denkgesetze und Erfahrungssätze. **dd)** Da **9**
der Wortlaut auf die Zeit vor dem Reisebeginn abstellt, muss bei der Kündigungserklärung (BGHZ 109, 226) eine **Prognoseentscheidung** getroffen werden, wobei grds. der Zeitpunkt der Rücktrittserklärung entscheidet, aber bei ex ante unbegründeter Furcht ausreicht, dass die Reise tatsächlich später wegen der nämlichen Beeinträchtigung nicht stattfand (BeckOGK/Harke § 651h Rn. 48; ders. RRa 2020, 207; str., a.A. LG Duisburg RRa 2022, 69 71; offenlassend LG Frankfurt a. M. NJW-RR 2022, 706 Rn. 10; BeckRS 2022, 3192 Rn. 18 mwN). Bei drohenden Naturereignissen (Hurrikan) soll angesichts der Risiken uU auch für das Leben eine Wahrscheinlichkeit, dass das Urlaubsgebiet betroffen wird, iHv 25 % genügen (BGH NJW 2002, 258; AG Neuwied RRa 2006, 170). Für Epidemien soll ausschlaggebend sein, ob eine „flächendeckende" Verbreitung im Urlaubsgebiet mit entspr. Infektionsgefahr befürchtet werden muss (krit. Führich RRa 2003, 55). Maßgebend sind obj. Kriterien, wobei Warnungen des Auswärtigen Amtes ein Indiz, aber kein ausschließliches Kriterium sind (OLG Hamm NJW-RR 2021, 1355 Rn. 33; LG Frankfurt a. M. BeckRS 2022, 3192 Rn. 22 mwN). Die Aufnahme der Worte **„Beförderung von Personen an den Bestimmungsort"** macht wenig Sinn, da nach ErwG 31 der RiLi eine Beförderung als Bestandteil der Reise gemeint ist. **ee)** Die **Beweislast** liegt beim Reisenden.

4. Auswirkungen der Covid-19-Pandemie. Traten bei einem vor dem **9a**
8.3.2020 geschlossenen Vertrag der Reisende oder der Veranstalter gem. **I, III** und **IV 1 Nr. 2** zurück, so konnte der Veranstalter dem Reisenden einen bis 31.12.2021 geltenden Gutschein statt der Rückerstattung der Anzahlung anbieten; der Reisende konnte jedoch auf der Rückzahlung bestehen (Art. 240 § 6 EGBGB, eingefügt durch Ges. v. 10.7.2020, BGBl. I S. 1643). Der Erstattungsbetrag war durch den Kundengeldabsicherer, notfalls ges. durch die Bundesrepublik abgedeckt.

10 **5. Rücktritt des Reiseveranstalters (IV, V). a) Unterschreiten der Mindestteilnehmerzahl (IV 1 Nr. 1).** Gem. Art. 250 § 3 Nr. 5 ist der Reisende über die Mindestzahl zu informieren sowie darüber, bis wann dem Reisenden eine Rücktrittserklärung zugegangen sein muss. Nur dann wird die Bestimmung Ver-
11 tragsbestandteil, § 651d III 1. **b) Eintritt unvermeidbarer außergewöhnlicher Umstände. aa)** Der Begriff der **außergewöhnlichen Umstände** deckt sich zum einen mit denen für den Reisenden geltenden Bereich (→ Rn. 6 ff.); denn auch für den Veranstalter ist die Durchführung einer Reise unzumutbar, wenn Teilnehmer gem. **III** gefährdet werden. Umstände können auch **Einzelmaßnahmen** Dritter sein, auf die Veranstalter und Leistungserbringer keinen Einfluss haben, wie behördliche Anordnungen (OLG Frankfurt RRa 2004, 258 mBespr Führich RRa 2005, 50), Streik des nicht zur Sphäre des Veranstalters zählenden Personals (Fluglotsen, BGHZ 194, 267, krit. Schmid NJW 2014, 3279; Zoll). **bb)** Im Rahmen der **Nichtbeherrschbarkeit** kann sich uU die Frage stellen, ob der Veranstalter den Zweck der Reise durch (für beide Seiten) zumutbare Änderungen weiterhin erfüllen kann. **cc)** Zur **erheblichen Beeinträchtigung** → Rn. 8. **dd)** Die **Beweislast** liegt beim Veranstalter.

§ 651i Rechte des Reisenden bei Reisemängeln

(1) **Der Reiseveranstalter hat dem Reisenden die Pauschalreise frei von Reisemängeln zu verschaffen.**

(2) [1]**Die Pauschalreise ist frei von Reisemängeln, wenn sie die vereinbarte Beschaffenheit hat.** [2]**Soweit die Beschaffenheit nicht vereinbart ist, ist die Pauschalreise frei von Reisemängeln,**

1. **wenn sie sich für den nach dem Vertrag vorausgesetzten Nutzen eignet, ansonsten**
2. **wenn sie sich für den gewöhnlichen Nutzen eignet und eine Beschaffenheit aufweist, die bei Pauschalreisen der gleichen Art üblich ist und die der Reisende nach der Art der Pauschalreise erwarten kann.**

[3]**Ein Reisemangel liegt auch vor, wenn der Reiseveranstalter Reiseleistungen nicht oder mit unangemessener Verspätung verschafft.**

(3) **Ist die Pauschalreise mangelhaft, kann der Reisende, wenn die Voraussetzungen der folgenden Vorschriften vorliegen und soweit nichts anderes bestimmt ist,**

1. **nach § 651k Absatz 1 Abhilfe verlangen,**
2. **nach § 651k Absatz 2 selbst Abhilfe schaffen und Ersatz der erforderlichen Aufwendungen verlangen,**
3. **nach § 651k Absatz 3 Abhilfe durch andere Reiseleistungen (Ersatzleistungen) verlangen,**
4. **nach § 651k Absatz 4 und 5 Kostentragung für eine notwendige Beherbergung verlangen,**
5. **den Vertrag nach § 651l kündigen,**
6. **die sich aus einer Minderung des Reisepreises (§ 651m) ergebenden Rechte geltend machen und**
7. **nach § 651n Schadensersatz oder nach § 284 Ersatz vergeblicher Aufwendungen verlangen.**

1 **1. Reisemangel (I, II). a) Systematik.** Der neue Begriff „Reisemangel" hat drei wesentliche Charakterzüge. Wurde in § 651c I aF noch auf einen „Fehler" abgestellt, der zu einer Beeinträchtigung des Wertes oder der Tauglichkeit der Reise führte, so kommt es **(1)** jetzt allein auf eine **Abweichung von der vereinbarten Beschaffenheit** an, unabhängig davon, von welcher Art diese Abweichung ist. Damit wird die reiserechtliche Gewährleistung in die durch das SchRModG geschaffene Systematik der Leistungsstörungen – wie etwa vorher in § 633 II 1 (dazu BGH

NJW-RR 2015, 1300 Rn. 21) – eingefügt (BT-Drs. 18/10822 S. 77). Für den **Leistungsbereich** wird **(2)** weiter an die *„Einheitslösung"* angeknüpft, die der BGH schon in einer älteren Entscheidung entwickelt hatte. Ein reiserechtlicher Mangel liegt danach vor, wenn eine nach dem Vertrag geschuldete Leistung (s. jetzt **§ 241 I**) „aus Gründen, die nicht allein in der Person des Reisenden liegen, ganz oder teilweise nicht erbracht wird" (BGHZ 97, 255 Rn. 15, zust. Teichmann JZ 1986, 759). Als Mangel gelten damit über den traditionellen Sachmangel hinaus Nichtleistung, Verspätung sowie die Nichterfüllung vorvertraglicher (§ 311 II) und nachvertraglicher Leistungsverpflichtungen. Schließlich erfasst § 651i **(3)** auch das Nichteinhalten von **Schutzpflichten** gem. **§ 241 II** (→ § 241 Rn. 10), da Art. 3 Nr. 13 der RiLi ebenfalls einen globalen, über die Schlechtleistung hinausgreifenden (BT-Drs. 18/10822 S. 77) Begriff der „Vertragswidrigkeit" verwendet (lack of conformity in the performance of the package travel contract). Sie sichern im Gegensatz zum Leistungsinteresse („Bekommen") das *Integritätsinteresse* („Bewahren") des Reiseteilnehmers, also die körperliche Integrität, das Eigentum (zB Reisegepäck) und das Vermögen (s. BT-Drs. 16/6040 S. 125 zu E § 241 II). Die wegen der gemeinsamen Wurzel nicht immer scharf durchzuhaltende Unterscheidung innerhalb des § 241 (s. BT-Drs. 16/6040 S. 125 zu E § 241 II) ist auch im Reiserecht zu berücksichtigen; denn bei den Einschränkungen der Verpflichtungen zeigen sich systematische Unterschiede (→ Rn. 1, 9). **Beweislast für einen Reisemangel:** Reisender (sa AG Hannover RRa 2020, 281: bei Nichtantritt wegen angekündigter Mängel sekundäre Darlegungslast des Veranstalters). **b) Nicht vertragsgemäß erbrachte Leistung als Reisemangel. aa) Anspruchsberechtigte.** Der Pauschalreisevertrag ist im Blick auf Reiseteilnehmer, die nicht Vertragspartner sind, ein Vertrag zugunsten Dritter (→ § 651a Rn. 8). **bb) Voraussetzungen.** Entspr. der subj. Fehlertheorie ist zunächst wie in § 633 I ein Reisemangel **(1)** jede der Risikosphäre des Veranstalters zuzurechnende **Abweichung vom vereinbarten Leistungsinhalt.** Dieser wird primär durch die Angaben nach Art. 250 § 3 EGBGB (→ Anhang zu § 651y) und die davon abweichenden vertraglichen Regelungen bestimmt (→ § 651d III), zur Konkretisierung durch den zum Zeitpunkt des Vertrages erkennbar gültigen (LG Landau NJW-RR 1998, 192; Tempel RRa 1998, 147) Reiseprospekt, der aus dem Empfängerhorizont zu werten ist (zur Bindung des Veranstalters s. § 651d III). Ist, was in der Praxis kaum vorkommen wird, der Vereinbarung keine Konkretisierung der Leistungsverpflichtung zu entnehmen, so treten an die Stelle des Parteiwillens ersatzweise obj. Kriterien **(II).** Sie setzen allerdings, was das Abstellen auf eine „Eignung" nahelegt, beeinträchtigende Auswirkungen voraus. Für eine weitere Konkretisierung kann auf andere Normen zurückgegriffen werden, etwa die §§ 631 ff. oder im Bereich der Beherbergung auf mietrechtliche Regelungen. Naturgemäß bleiben § 157 und § 242 anwendbar. „Nicht vertragsgerecht" ist auch **(2)** eine nicht einschränkende Abweichung, wenn eine **konkrete Leistung** mit bestimmten Eigenschaften vereinbart („zugesichert" in früherer Dogmatik) wurde (BGH VersR 2018, 370 Rn. 3, 9 zu § 651i aF: anderes gleichwertiges Hotel). Ein Vertretenmüssen ist nicht Voraussetzung. Zu Abweichungen, die dem Veranstalter nicht zurechenbar sind → Rn. 11. **cc) Einschränkungen.** Gem. § 157 gelten Beeinträchtigungen nicht als Mangel, die als gesellschaftlich angemessen hinzunehmen sind (zB AG Bad Homburg RRa 2001, 38: Senioren im Hotel; AG Duisburg RRa 2004, 119: Schulkinder im Hotel; AG Rostock RRa 2021, 88: Kinderlärm auf Kreuzfahrt). Auch Wertungen des AGG (→ § 651a Rn. 10) begrenzen den Mangelbegriff. Ebenso sind sog. Unannehmlichkeiten des Massenverkehrs vertragsimmanent (zB AG Duisburg RRa 2004, 119: Wartezeiten am Buffet; OLG Düsseldorf, RRa 2015, 114: Hellhörigkeit der Zimmer; Servicegeräusche ab 8 Uhr; iE s. Rodegra MDR 2012, 681). Im Blick auf die Beschaffenheit von Einrichtungen sind ortstypische (niedrigere) Standards zu berücksichtigen (OLG Bamberg NJW-RR 2013, 1148 mwN; OLG Düsseldorf, RRa 2015, 114 Rn. 97). Kein Mangel liegt schließlich vor, wenn der Veranstalter nicht das Risiko für die Beeinträchtigung übernommen hat und auch nicht gem. § 242 übernehmen musste (LG Hannover NJW-RR 1989,

820: Streik des Sicherungspersonals; Ruks jM2021, 2, 5: Quarantänepflicht für
7 Reiserückkehrer); zum Fortfall der Geschäftsgrundlage → Rn. 15 f.). **dd) Räumliche Ausdehnung.** Zur „vereinbarten Beschaffenheit" **(II)** der Reise zählt auch das Vorliegen bzw. Nichtvorliegen von Umständen *außerhalb des Leistungsbereichs*, wenn eine entspr. Vereinbarung (ohne Vorbehalt) getroffen wurde. Bsp: Großwildjagd (BGHZ 77, 310 Rn. 42); Packeis-Passage (OLG Hamburg RRa 2009, 17, dort iE zweifelhaft); Zutritt zu Sehenswürdigkeiten, Museen (zur Beeinträchtigung infolge außergewöhnlicher, nicht beherrschbarer Umstände → § 651h Rn. 4). Darüber hinaus sollten Beeinträchtigungen des Umfeldes (Bsp: nicht-hoteleigener Strand), obwohl nicht im Leistungsprogramm und damit kein Mangel, als eine typische Störung mit erfasst werden, wenn der Veranstalter dafür das Verwendungsrisiko übernommen hat (iE Teichmann JZ 1990, 118 f.; sehr str.; desgl LG Essen RRa
8 2003, 24; a.A. AG Bad Homburg RRa 2004, 210). **ee) Fallgruppen:** Mangel ist der **Ausfall eines zentralen Bestandteils** der Reise, etwa der Kreuzfahrt bei erfolgter Anreise zum Abfahrtshafen (LG Rostock BeckRS 2020, 19203; sa LG Hamburg/OLG Hamburg, RRa 2022, 139/138: Verweigerung des An-Bord-Gehens trotz ärztlich bescheinigter Reisetauglichkeit). Mängel können weiter auftreten beim **Transport** des Reisenden (AG Frankfurt a. M. RRa 2003, 168: einfacher statt Komfortbus; LG Kleve NJW-RR 2002, 1058: nicht im Katalog genannte Fluggesellschaft) oder seines Gepäcks (AG Frankfurt a. M. RRa 2002, 22: Verzögerung). Flugverspätungen müssen sich auf die Qualität der Reise auswirken (→ Rn. 1). Dies wird idR bei einer Verzögerung von 3 Std. und mehr angenommen (s. zB AG Düsseldorf RRa 2009, 83; AG Hannover RRa 2020, 86, 87: „regelhaft" Reisemangel; iE s. Teichmann JZ 2006, 448 f.; zu direkten Ansprüchen gegen das Flug- bzw. Bahnunternehmen → § 651n Rn. 11); keine solche Grenze gilt freilich, wenn sich der Transport wegen eines anderen Zielflughafens und anschließender Bahnfahrt zum ursprünglich geplanten Flughafen insgesamt verlängert (AG München RRa 2019, 163). Auch Vorverlegungen der Abflugzeit können einen Mangel darstellen (Staudinger/Busse NJW 2022, 909, 913 f.). Mangelhaft sein können weiter die **Unterkunft** (BGH VersR 2018, 370 Rn. 3, 9: anderes Hotel; OLG Frankfurt MDR 2002, 267: nicht fertig gestelltes Hotel; AG Hannover RRa 2020, 86, 87: kein Meerblick – auch bei erst nächtlicher Ankunft; LG Frankfurt a. M. RRa 2008, 25: nicht behindertengerechtes Hotel; OLG Düsseldorf RRa 2001, 49: verschmutztes Hotel; OLG Celle RRa 2005, 17: niedrigere Kategorie; AG Kleve NJW-RR 2002, 562: fehlendes Kinderbett; OLG Düsseldorf RRa 2001, 49: Ungeziefer; AG Düsseldorf NJW-RR 2021, 716: strenge Kontaktbeschränkungen; LG Frankfurt a. M. RRa 2012, 221: Baulärm; LG Frankfurt a. M. RRa 2005, 165: nächtliches Fußballspielen; zum Lärm iE s. Rodegra NJW 2014, 661), die **Verpflegung** (OLG Celle RRa 2005, 17: mindere Qualität; LG Düsseldorf NJW 2001, 1872; AG Hannover NJW-RR 2021, 563: nicht bei coronabedingter Schließung einiger Restaurants im Hotel und eingeschränktem Speisenangebot – zweifelhaft), auch nicht vertragsgerechte **Dienstleistungen** (LG Frankfurt a. M. RRa 1997, 33: fehlende Kinderbetreuung; AG Neuwied RRa 2003, 269: fehlende Animation; LG Osnabrück BeckRS 2022, 4784 Rn. 25: Stadtführung statt Musicalbesuch; AG Köln RRa 2022, 191: bei Kreuzfahrt coronabedingt eingeschränkter Service, andere Reiseroute, aus-
9 gefallene Landgänge). **c) Nicht ordnungsgemäß wahrgenommene Schutzpflicht als Reisemangel. aa) Inhalt.** Aufgrund des Vertrages muss sich der Reisende mit den von ihm mitgebrachten Vermögensgegenständen in den für ihn nicht beeinflussbaren Verantwortungs- und Gefahrenbereich der vom Veranstalter ausgesuchten Leistungserbringer begeben und erfährt demgemäß einen entspr. Schutz gem. § 241 II. Soweit nicht im Vertrag ausdrücklich erwähnt (Bsp: Gebirgstrekking), bestimmen sich die Schutzpflichten gem. § 157 bzw. § 242 ua nach Art der Reise und dem Risikopotential der jeweiligen Leistung (BGH NJW 1982, 1521: Abenteuerreise, dort abgelehnt). IdR entsprechen sie den Verkehrssicherungspflichten (BGH NJW 2008, 3778; OLG Koblenz, VersR 2018, 1015, 1016) bzw. den Verpflichtungen, die zu vergleichbaren Verträgen (Miete, Nutzung einer Freizeiteinrichtung,

Beförderungsvertrag) entwickelt worden sind. **bb) Personeller Umfang.** Der Pauschalreisevertrag ist, soweit es die Schutzpflichten betrifft, (auch) ein Vertrag mit Schutzwirkungen für Dritte (→ § 328 Rn. 19 ff.), also zugunsten der Mitreisenden, die nicht Vertragspartner sind. **cc) Risikoabgrenzungen.** Ein **verletzender Eingriff durch Dritte** kann ein Mangel sein, wenn sich der Reisende bzw. dessen Rechtsgut (Gepäck) bei der Schadenszufügung im Obhutsbereich des Veranstalters befindet und das Schadensrisiko mit dem Obhutsbereich verbunden wird (Bsp: Verletzung des Reisenden auf dem Transport im Pkw durch einen dritten Falschfahrer, BGH NJW 2017, 958). **Kein Reisemangel** liegt vor, wenn eine Rechtsgutsverletzung **(1) nicht dem Verantwortungs- und Gefahrenbereich des Veranstalters** entstammt. Bsp: Unfall oder Opfer einer Straftat außerhalb des Hotelbezirks (BGH NJW 2017, 958 Rn. 10); Unfall beim Schwimmen im Meer außerhalb der Markierung (OLG Köln RRa 2008, 111); erkennbar außerhalb des für Reisende bestimmten Bereichs angepflocktes Tier (OLG Celle RRa 2003, 13); Quarantäneanordnung wegen Kontakts einer mit COVID-19 infizierten Person (AG München BeckRS 2021, 41721 Rn. 15 ff.). **Innerhalb des Verantwortungsbereichs** des Veranstalters **(2)** besteht keine Schutzpflicht vor (orts-) üblichen Gefahren, die **aufgrund angemessener Sorgfalt erkannt** werden können. Bsp: nasse Fliesen am Pool (OLG Frankfurt NJW-RR 2002, 1485). Sie sind dann dem **Lebensrisiko** (→ Vor § 823 Rn. 3) des Reisenden zuzurechnen. **dd) Fallgruppen:** Das Nichteinhalten der Schutzpflicht mit einer Rechtsgutsverletzung als Folge kann sich im gefährdenden **Zustand einer Sache** äußern (Bsp: Hochbett ohne Absturzsicherung, OLG Karlsruhe NJW-RR 2017, 624; schwer erkennbare Stufe im Hotel, OLG Düsseldorf NJW-RR 2003, 14; Nahrungsmittel mit Salmonellen, LG Düsseldorf NJW 2001, 1872), in einer **Handlung** (Tun oder Unterlassen) des **Veranstalters** bzw. seiner **Erfüllungsgehilfen** (Bsp: fahrlässiges Auslösen eines Sturzes im Speisesaal durch Bedienung, unzutr. OLG Köln MDR 2018, 1235 Rn. 5 ff.; kein Unterbinden des Werfens von Schuhen bei einer Animation, BGH NJW 2007, 2549), im Einzelfall auch **durch Eingriffe von außen** bzw. ein **Handeln Dritter** (→ Rn. 8). Für den Mangel kommt es auf ein Verschulden nicht an (ausdr. BGH NJW 2017, 958: Falschfahrer). Zum Schadensersatz → § 651n Rn. 6). **ee)** Ein durch einen Mangel verursachter **Unfall** bzw. eine durch einen Mangel ausgelöste **Erkrankung eines nahen Angehörigen** kann die Reise des Mitreisenden beeinträchtigen und damit einen Mangel auch für ihn darstellen (LG Düsseldorf NJW 2001, 1872). **d) Nicht wahrgenommene Informationspflichten. aa)** Zu den auf die **Leistung** bezogenen Informationspflichten → § 651d. **bb)** Bei auf den **Schutz** des Reisenden gerichteten vorvertraglichen Information haben diejenigen eine bedeutsame Rolle, die den Reisenden veranlassen können, diese Reise nicht zu wählen. Bsp: bes. körperliche Anforderungen (OLG Frankfurt RRa 1994, 8: Gebirgs-Trekking); Risiken, die über die am jeweiligen Ort üblichen deutlich hinausgehen (OLG Frankfurt NJW-RR 2013, 1324 Rn. 18: keine Hinweispflicht über allg. Diebstahls- und Überfallgefahr). **cc)** Informationspflicht vor der Abreise. Es muss auf neu aufgetretene Risiken hingewiesen werden, die veranlassen können, von der gebuchten Reise Abstand zu nehmen. Bsp: Warnung vor kriegerischen Unruhen (LG Leipzig NJW-RR 2005, 995), vor Hurrikan (BGH NJW 2002, 3700).

10 11 12 13 14

2. Ergänzung: Reisemangel und Fortfall der Geschäftsgrundlage. a) Leistungsstörungen, deren Ursache außerhalb der Risikosphäre des Veranstalters liegt. Die RiLi hat Leistungsstörungen infolge „höherer Gewalt" (bei anderem Wortlaut → § 651h Rn. 7) an zwei Stellen abschließend geregelt: im Rahmen einer Kündigung vor Beginn der Reise (§ 651h) und für den Fall, dass *wegen eines erheblichen Reisemangels* eine Rückbeförderung nicht möglich ist (§ 651k I, IV). Damit sind die Fälle, in denen während einer Reise die weitere Durchführung infolge außenstehender nicht beherrschbarer Umstände nicht möglich oder erheblich beeinträchtigt wird, nicht geregelt. So führen zB ein Hurrikan (BGH NJW 2002, 3700) oder ein Reaktorunfall (BGHZ 109, 224) methodisch nicht zu einem Reisemangel, 15

weil der Veranstalter vertraglich nicht das Risiko eines solchen Geschehens übernommen hat (→ Rn. 6). Mangel und Geschäftsgrundlage sind nach ganz einhelliger Ansicht (BGHZ 191, 139 Rn. 12 mwN, → auch § 242 Rn. 20) anhand der betroffenen Risikosphäre scharf voneinander zu trennen. Auch der in der RiLi verwandte Begriff der „Vertragswidrigkeit" (→ Rn. 3) stellt auf den Inhalt der Parteivereinbarung und damit auf die getroffene Risikoverteilung ab. Es bietet sich an, § 651k IV und § 651l III entspr. anzuwenden, weil die Fürsorgepflicht des Veranstalters in Notfällen eines der zentralen Anliegen des Ges. ist. Offen ist aber die Kostenverteilung, die anders als bei dem Vorliegen eines Mangels getroffen werden muss. Hier bietet sich der Rückgriff auf den Fortfall der Geschäftsgrundlage an. Da der RegE betont, das Verhältnis zum allg. Recht der Leistungsstörungen werde durch die Neuregelung nicht tangiert (BT-Drs. 18/10822 S. 78), ist der Rückgriff auf § 313 I
16 weiterhin möglich. **b)** Unproblematisch gilt § 313, wenn die **Störung auf Seiten des Reisenden** nicht dessen Risikosphäre zuzurechnen ist. Hier sind allerdings Sachverhalte schwer vorstellbar, weil zB Erkrankung, Unfall (des Reisenden selbst, naher Angehöriger) zum Lebensrisiko gerechnet werden (vgl. Führich/Staudinger, Anhang zu § 21 Rn. 136 ff., aber gegen Anwendung von § 313, aaO § 14 Rn. 4, § 17 Rn. 3). Auch die Ungültigkeit des Reisepasses infolge eines Versehens der Behörde fällt in die Risikosphäre des Reisenden (BGH NJW 2017, 2677 Rn. 14). Ein Bsp. ist die Unmöglichkeit der eigenen Anreise zum Ausgangspunkt einer Kreuzfahrt in den USA wegen des Ausbruchs des Vulkans Eyjafjallajökull (BGH NJW 2013, 1674).

17 **3. Verweisungen (III).** Die Vorschrift „gibt … einen Überblick über die einzelnen Rechte des Reisenden, …fasst diese Rechte zusammen und trägt im Sinne der Rechtsklarheit nach dem Vorbild der §§ 437, 634 BGB auch zur leichteren Orientierung des Rechtsanwenders bei" (BT-Drs. 18/10822 S. 79). Sie hat also keinen eigenen Inhalt.

§ 651j Verjährung

[1]Die in § 651i Absatz 3 bezeichneten Ansprüche des Reisenden verjähren in zwei Jahren. [2]Die Verjährungsfrist beginnt mit dem Tag, an dem die Pauschalreise dem Vertrag nach enden sollte.

1 Wie früher verjähren die **Ansprüche des Reisenden** in zwei Jahren nach dem vertraglich vorgesehenen Zeitpunkt für die Ankunft am letzten Zielort (Bsp: vorgesehene Rückkehr am 5.8.2020, Verjährung am 5.8.2022, → § 188 II). Für Ansprüche aus der FluggastrechteVO gilt § 651j nicht (AG Hamburg BeckRS 2022, 20343
2 Rn. 19 ff.). Für **Ansprüche des Veranstalters** gelten nach dem Ges. die allg. Verjährungsfristen. Parallel zu § 548 sollten insoweit die Ansprüche beider Parteien durch eine analoge Normanwendung gleichbehandelt werden.

Vorbemerkungen zu den §§ 651k, 651l

1 **Überblick.** Die Bestimmungen nehmen für die **Rechtsfolgen eines Reisemangels** die Systematik des allgemeinen Schuldrechts auf: Wird nicht ordnungsgemäß erfüllt, so erwirbt der Gläubiger (Reisende) zunächst gem. **§ 651k** einen Anspruch auf (hier uU modifizierte) **Nacherfüllung,** vgl. § 281 I. Dabei werden – bei unscharfer Abgrenzung (→ § 651k Rn. 2) – **zwei Komplexe** getrennt: die **Abhilfe,** die zur Mangelfreiheit der vereinbarten Reiseleistung führen soll (→ Rn. 651k Rn. 2), und die **Ersatzleistung,** die aufgrund einer Zusatzvereinbarung an die Stelle einer nicht möglichen oder wirtschaftlich nicht sinnvollen Abhilfe mit dem Ziel tritt, noch einen befriedigenden, die Interessen des Reisenden möglichst wahrenden Abschluss der Reise zu ermöglichen (→ § 651k Rn. 4). Sie setzt allerdings einen **qualifizierten** Mangel voraus: Es muss „ein erheblicher Teil der

Reiseleistungen“ durch den Mangel beeinträchtigt sein (→ § 651k Rn. 5). Erst wenn im Blick auf die Nacherfüllung eine (im Einzelfall entbehrliche) angemessene Frist erfolglos gesetzt wurde, kann sich der Reisende gem. **§ 651l** vom Vertrag lösen, vgl. § 323 I. Dies setzt allerdings einen **noch stärker qualifizierten Mangel,** eine „erhebliche Beeinträchtigung der (gesamten) Reise“ voraus (→ § 651l Rn. 1). Den Behelfen zeitlich vorgeschaltet ist die Obliegenheit für den Reisenden, einen Mangel unverzüglich **anzuzeigen** (→ § 651o Rn. 1).

§ 651k Abhilfe

(1) [1]**Verlangt der Reisende Abhilfe, hat der Reiseveranstalter den Reisemangel zu beseitigen.** [2]**Er kann die Abhilfe nur verweigern, wenn sie**
1. **unmöglich ist oder**
2. **unter Berücksichtigung des Ausmaßes des Reisemangels und des Werts der betroffenen Reiseleistung mit unverhältnismäßigen Kosten verbunden ist.**

(2) [1]**Leistet der Reiseveranstalter vorbehaltlich der Ausnahmen des Absatzes 1 Satz 2 nicht innerhalb einer vom Reisenden bestimmten angemessenen Frist Abhilfe, kann der Reisende selbst Abhilfe schaffen und Ersatz der erforderlichen Aufwendungen verlangen.** [2]**Der Bestimmung einer Frist bedarf es nicht, wenn die Abhilfe vom Reiseveranstalter verweigert wird oder wenn sofortige Abhilfe notwendig ist.**

(3) [1]**Kann der Reiseveranstalter die Beseitigung des Reisemangels nach Absatz 1 Satz 2 verweigern und betrifft der Reisemangel einen erheblichen Teil der Reiseleistungen, hat der Reiseveranstalter Abhilfe durch angemessene Ersatzleistungen anzubieten.** [2]**Haben die Ersatzleistungen zur Folge, dass die Pauschalreise im Vergleich zur ursprünglich geschuldeten nicht von mindestens gleichwertiger Beschaffenheit ist, hat der Reiseveranstalter dem Reisenden eine angemessene Herabsetzung des Reisepreises zu gewähren; die Angemessenheit richtet sich nach § 651m Absatz 1 Satz 2.** [3]**Sind die Ersatzleistungen nicht mit den im Vertrag vereinbarten Leistungen vergleichbar oder ist die vom Reiseveranstalter angebotene Herabsetzung des Reisepreises nicht angemessen, kann der Reisende die Ersatzleistungen ablehnen.** [4]**In diesem Fall oder wenn der Reiseveranstalter außerstande ist, Ersatzleistungen anzubieten, ist § 651l Absatz 2 und 3 mit der Maßgabe anzuwenden, dass es auf eine Kündigung des Reisenden nicht ankommt.**

(4) **Ist die Beförderung des Reisenden an den Ort der Abreise oder an einen anderen Ort, auf den sich die Parteien geeinigt haben (Rückbeförderung), vom Vertrag umfasst und aufgrund unvermeidbarer, außergewöhnlicher Umstände nicht möglich, hat der Reiseveranstalter die Kosten für eine notwendige Beherbergung des Reisenden für einen höchstens drei Nächte umfassenden Zeitraum zu tragen, und zwar möglichst in einer Unterkunft, die der im Vertrag vereinbarten gleichwertig ist.**

(5) **Der Reiseveranstalter kann sich auf die Begrenzung des Zeitraums auf höchstens drei Nächte gemäß Absatz 4 in folgenden Fällen nicht berufen:**
1. **der Leistungserbringer hat nach unmittelbar anwendbaren Regelungen der Europäischen Union dem Reisenden die Beherbergung für einen längeren Zeitraum anzubieten oder die Kosten hierfür zu tragen,**
2. **der Reisende gehört zu einem der folgenden Personenkreise und der Reiseveranstalter wurde mindestens 48 Stunden vor Reisebeginn von den besonderen Bedürfnissen des Reisenden in Kenntnis gesetzt:**
   a) **Personen mit eingeschränkter Mobilität im Sinne des Artikels 2 Buchstabe a der Verordnung (EG) Nr. 1107/2006 des Europäischen Parlaments und des Rates vom 5. Juli 2006 über die Rechte von behinderten Flugreisenden und Flugreisenden mit eingeschränkter Mobili-**

tät (ABl. L 204 vom 26.7.2006, S. 1; L 26 vom 26.1.2013, S. 34) und deren Begleitpersonen,

b) Schwangere,

c) unbegleitete Minderjährige,

d) Personen, die besondere medizinische Betreuung benötigen.

Lit.: Sorge, Abhilfe durch Ersatzleistungen – ein Versuch zur Strukturierung des neuen § 651k Abs. 3 BGB, VuR 2020, 363; Staudinger/Scharnetzki, Pflichten von Airlines, Veranstaltern, Versicherern und Hoteliers, wenn Reisende etwa durch Pandemien im Ausland „stranden", DAR 2021, 131.

1 **1. Verlangen nach Abhilfe (I), Recht zur Selbsthilfe (II). a) Anspruch auf Abhilfe nach Eintritt eines Mangels (I). aa)** Im **Abhilfeverlangen** muss der Reisende den Mangel substantiiert kennzeichnen und den Veranstalter auffordern, ihn – auch innerhalb einer bestimmten Frist – zu beseitigen. Es ist grds. an diejenige Stelle zu richten, die der Veranstalter gem. Art. 250 § 6 II Nr. 4 EGBGB benannt hat (idR den örtlichen Reiseleiter); zur Bevollmächtigung des Reisebüros und anderer Vermittler → § 651v Rn. 4. Es unterliegt keiner Form, kann also zB telefonisch geschehen. Ein Abhilfeverlangen ist **nicht erforderlich,** wenn es eine „Förmelei" wäre, weil zB der Veranstalter von vornherein eine Abhilfe verweigert (BGH NJW 2012, 2107). Die **Beweislast** für Zugang und Fristsetzung trägt der Reisende.
2 **bb)** Die geschuldete **Abhilfe** ist zunächst auf *Mängelbeseitigung* im Rahmen der vertraglich vorgesehenen Leistungen gerichtet. Sie erfasst aber auch *Ersatzleistungen,* es sei denn, sie lösen unverhältnismäßige Kosten aus (s. I 2 Nr. 2). Bsp.: Unterbringung in einem anderen Hotel. Diese Leistung muss zumindest gleichwertig sein (LG Frankfurt a. M. NJW 1985, 1474). Es müssen aber auch bessere Leistungen im zumutbaren Rahmen erbracht werden, wenn eine gleichwertige Leistung nicht vorhanden ist oder sie den Zweck der Pauschalreise nicht erfüllt (Bsp: Taxi bei nicht gestelltem Bus, Zimmer höherer Kategorie, KG NJW-RR 1993, 1209). Die **Beweislast** für eine ordnungsgemäße Abhilfe bzw. die Verhinderungsgründe **(I 2)**
3 trägt der Veranstalter. **b) Recht zur Selbsthilfe (II).** Da die frühere Bestimmung mit geringfügigen textlichen, sachlich nicht relevanten Veränderungen fortgeführt werden konnte (BT-Drs. 18/10822 S. 80), ist die bisherige Rspr. weiter verwertbar (i.Ü. → § 637). – Die **angemessene Frist** kann relativ kurz bemessen sein, da eine spätere Abhilfe wegen der zeitlich begrenzten Leistungszeit die Mangelhaftigkeit der Reise nicht mehr entscheidend beeinflusst (BT-Drs. 8/786, 26). Eine Frist ist **entbehrlich,** wenn die mangelhafte Leistung für den Reisenden zentral ist (Bsp: überbuchtes Hotel bei Ankunft in der Nacht) oder Anschlussleistungen gefährdet werden (Bsp: Taxi statt Hotelbus zum Flughafen). **Aufwendungsersatz:** Wie bei der Abhilfe können Kosten für eine bessere als die vertraglich vorgesehene „erforderlich" sein (→ Rn. 2). Konkurrenzen: Ein und derselbe Posten kann nicht gleichzeitig als Aufwendungsersatz und als Schadensersatz verlangt werden; iÜ ist aber Aufwendungsersatz neben Schadensersatz (insbes. § 651n II) möglich (OLG Hamburg RRa 2022, 138, 139).

4 **2. Ersatzleistung bei berechtigter Verweigerung einer Abhilfe (III). a) Allgemeines. aa) Funktion der Bestimmung.** Für den Fall, dass der Veranstalter eine Abhilfe ablehnen kann, den Vertrag also nicht ordnungsgemäß erfüllen muss, wird das Prinzip der (modifizierten) Nacherfüllung noch einen Schritt weitergeführt: Der Veranstalter wird ges. zu dem Angebot einer *Vertragsänderung* verpflichtet. Dieses Angebot kann der Reisende unter bestimmten Voraussetzungen ablehnen. In der Konstruktion einer Vereinbarung über die Ersatzleistung unterscheidet sich die Regelung von § 635 I (a.A. MüKoBGB/Tonner § 651k Rn. 10). **bb) Gestaltungsvarianten.** Situationsbedingt bestehen fünf Möglichkeiten: Ist **(1)** der *Veranstalter* zu einem Angebot *nicht in der Lage,* gelten gem. **III 4** die Rechtsfolgen des § 651l II und III (→ § 651l Rn. 2). Macht **(2)** der *Veranstalter unberechtigt* kein Angebot, stehen dem Reisenden die Gewährleistungsrechte aus dem abgeschlossenen Vertrag zu. Ein Anspruch aus § 241 II iVm § 280 I wegen der entgangenen Ersatz-

leistung hat dabei wohl nur theoretische Bedeutung. ***Nimmt* (3)** der *Reisende* das Angebot ***an***, so bekommt der Reisevertrag teilweise – auf Leistungs-, uU auch auf der Vergütungsseite – ***einen neuen Inhalt*** **(III 2).** Naturgemäß können bei dem neuen Reiseteil neue Mängel auftreten. *Lehnt* **(4)** der *Reisende* das Angebot *berechtigt ab*, gelten ebenfalls gem. **III 4** die Rechtsfolgen des § 651l II und III. *Lehnt* **(5)** der *Reisende* das Angebot *unberechtigt ab*, ist die Reise hinsichtlich des gerügten Mangels als mangelfrei anzusehen. Eine angebotene Herabsetzung des Reisepreises **(III 3)** sollte auch hier berücksichtigt werden. Der Veranstalter sollte durch die Ablehnung seines Angebots nicht bessergestellt werden als bei einer Durchführung der Ersatzreise (so bereits LG Düsseldorf RRa 1997, 117 zu § 651c aF). **b) Voraussetzungen** 5
(III 1). aa) Ein **erheblicher Teil der Reiseleistung** ist betroffen, wenn dem Reisenden nicht zugemutet werden kann, die Reise unverändert auch bei Berücksichtigung der entstandenen Gewährleistungsrechte fortzusetzen. In Abgrenzung zu § 651l I muss die Reise aber noch mit einer angemessenen Ersatzleistung „zu retten" sein (→ § 651l Rn. 1). **bb)** Die **Unmöglichkeit einer Abhilfe** führt gem. § 275 I zum Entfallen der Leistungspflicht; **I 2 Nr. 1** beschreibt damit (nur) eine Rechtsfolge. Denkbar sind Fälle der obj. wie auch subj. Unmöglichkeit (→ § 275 Rn. 12 ff., 17 ff.). Das unverhältnismäßige **Missverhältnis zwischen Leistung und Aufwand (I 2 Nr. 2)** wird ebenfalls durch § 275 II erfasst, wobei die Grenze der Unzumutbarkeit für den Veranstalter angesichts dessen, dass der Reisende durch die Ersatzleistung eine Kompensation erhält, relativ niedrig angesetzt werden kann (→ § 275 Rn. 25). **c) Angemessenheit der Ersatzleistung (III 1).** Die Ersatzleis- 6
tung kann sich auf jeden Reisebestandteil – Beförderung, Beherbergung, Vermietung von Kfz, sonstige touristische Leistungen – beziehen (→ § 651a Rn. 2). Der Charakter der Reise darf sich nicht ändern, sog. Gleichartigkeit. Bsp: kein Badeurlaub statt Besichtigung. Weiter muss die Ersatzleistung für den Reisenden nach dem Reisezweck zumutbar sein. Bsp: kein Ersatzhotel weit entfernt vom See statt Hotel mit Uferabschnitt (OLG Frankfurt OLGR 1992, 193). Gleichartigkeit und Zumutbarkeit sind aufgrund einer wertenden Gesamtbetrachtung aus der Sicht eines verständigen Durchschnittsreisenden zu beurteilen, es sei denn, es sind vertragliche Besonderheiten vereinbart. Kommt es zum Abbruch der Reise wegen äußerer Umstände („höherer Gewalt"), ist für die Zumutbarkeit bes. abzuwägen. **d)** Zur 7
Herabsetzung des Reisepreises bei nicht gleichwertiger Beschaffenheit der Reise → § 651m Rn. 1. **e)** Ein **Ablehnungsrecht des Reisenden (III 3)** besteht **(1)** zum einen, wenn Vergleichbarkeit und Zumutbarkeit der Ersatzleistung für den Reisenden (→ Rn. 6) nicht gegeben sind. Dabei sind vom Reisenden gewisse Erschwerungen hinzunehmen. Unzumutbar sind jedoch wesentliche Veränderungen der Reise (LG Frankfurt a. M. RRa 2003, 26: Verkürzung einer Busreise um mehrere Tage). Bei einem Wechsel der Fluggesellschaft wird teilw. auf die subj. Befindlichkeit des Reisenden (LG Köln RRa 2001, 115), zutr. jedoch auf obj. Kriterien der Zuverlässigkeit abgestellt (LG Bonn RRa 2001, 115). Die Ersatzleistung kann weiter **(2)** abgelehnt werden, wenn die fehlende Gleichwertigkeit nicht durch eine Herabsetzung des Reisepreises ausgeglichen wird. Eine Annahme unter Vorbehalt sollte hier gem. § 242 möglich sein.

3. Verpflichtung zur zeitweisen Unterbringung (IV, V). Die Bestimmung 8
erweitert die vertragliche Verpflichtung zur Beförderung (§ 651a III 1) an den Ausgangspunkt der Reise oder eine andere vereinbarte Stelle („Rückbeförderung", **IV**) im Fall außergewöhnlicher zeitlicher Hinderungsgründe um die Pflicht, die Übernachtungskosten (für eine Beherbergungspflicht Staudinger/Scharnetzki DAR 2021, 131, 134) für drei Tage oder in Sonderfällen **(V)** auch für länger zu übernehmen. **V Nr. 1** greift die Rspr. des EuGH auf, wonach gem. der FluggastrechteVO (→ § 651h Rn. 6) auch bei längerer Unterbrechung der Flugmöglichkeit das Luftfahrtunternehmen die Betreuungskosten tragen muss (EuGH NJW 2013, 921, Rn. 34, 40, Ausbruch des Vulkans Eyjafjallajökull). Dies soll bei einer Pauschalreise auf den Veranstalter durchschlagen (BT-Drs. 18/10822 S. 81).

§ 651l Kündigung

(1) [1]**Wird die Pauschalreise durch den Reisemangel erheblich beeinträchtigt, kann der Reisende den Vertrag kündigen.** [2]**Die Kündigung ist erst zulässig, wenn der Reiseveranstalter eine ihm vom Reisenden bestimmte angemessene Frist hat verstreichen lassen, ohne Abhilfe zu leisten; § 651k Absatz 2 Satz 2 gilt entsprechend.**

(2) [1]**Wird der Vertrag gekündigt, so behält der Reiseveranstalter hinsichtlich der erbrachten und nach Absatz 3 zur Beendigung der Pauschalreise noch zu erbringenden Reiseleistungen den Anspruch auf den vereinbarten Reisepreis; Ansprüche des Reisenden nach § 651i Absatz 3 Nummer 6 und 7 bleiben unberührt.** [2]**Hinsichtlich der nicht mehr zu erbringenden Reiseleistungen entfällt der Anspruch des Reiseveranstalters auf den vereinbarten Reisepreis; insoweit bereits geleistete Zahlungen sind dem Reisenden vom Reiseveranstalter zu erstatten.**

(3) [1]**Der Reiseveranstalter ist verpflichtet, die infolge der Aufhebung des Vertrags notwendigen Maßnahmen zu treffen, insbesondere, falls der Vertrag die Beförderung des Reisenden umfasste, unverzüglich für dessen Rückbeförderung zu sorgen; das hierfür eingesetzte Beförderungsmittel muss dem im Vertrag vereinbarten gleichwertig sein.** [2]**Die Mehrkosten für die Rückbeförderung fallen dem Reiseveranstalter zur Last.**

1 **1. Recht zur Kündigung (I). a)** Zum **Mangel** → § 651i Rn. 1 ff. Ein (nicht behebbarer) Mangel kann auch bereits vor Antritt der Reise bestehen. Bsp: Verschiebung der Reise durch den Veranstalter über die Urlaubszeit hinaus (LG Hanau NJW-RR 1994, 1264); Umbau des gebuchten Hotels. **b)** Die **Erheblichkeit der Beeinträchtigung,** vom Revisionsgericht nur eingeschränkt auf angemessene Berücksichtigung der maßgebenden Umstände, Denkgesetze und Erfahrungssätze zu überprüfen, ist im Wesentlichen wie bei § 651h III 1 (→ § 651h Rn. 8) zu bestimmen (LG Düsseldorf RRa 2022, 30, 31; Ullenboom RRa 2021, 155, 158; Führich NJW 2020, 2137). Es bedarf einer Gesamtwürdigung, ob durch Art und Dauer von Mängeln einzelner Reiseleistungen die Gesamtbeeinträchtigung ein Ausmaß erreicht hat, dass bei einer prognostizierten Fortsetzung Zweck und Charakter der Reise nicht mehr angemessen realisiert werden können. Indiz ist eine hohe, aber keine starre Minderungsquote (BGH NJW 2013, 3171). Bsp: um drei Tage verspätete Anreise bei nur 10-tägiger Kreuzfahrt (AG Bremen BeckRS 2020, 5101 Rn. 21). **Beweislast** zu a) und b) beim Reisenden. **c) Fristablauf ohne Abhilfe** (→ § 651k Rn. 3) ist grds. Voraussetzung einer wirksamen Kündigung (AG Bochum RRa 2021, 113, 114).

2 **2. Ausübung der Kündigung, Rechtsfolgen (II, III). a)** Die (Willens-) **Erklärung** kann dem Veranstalter direkt oder der vom Veranstalter benannten Stelle (→ § 651k Rn. 1) zugehen; zur Bevollmächtigung des Reisebüros und anderer Vermittler → § 651v Rn. 4. Sie ist formfrei möglich, kann also auch per Telefon oder schlüssig, zB durch das Verlangen nach sofortigem Rücktransport (LG Frankfurt a. M. RRa 2013, 13) oder Rückflug statt Weiterflug von einer Zwischenstation (LG Frankfurt a. M. RRa 20018, 22) geschehen. Die **Beweislast** für den Zugang
3 liegt beim Reisenden. **b) Rechtsfolgen.** Die Kündigung wirkt wie bei jedem Dauerschuldverhältnis ex nunc (→ § 314 Rn. 8). Weil bei einer Pauschalreise die Organisationskompetenz beim Veranstalter liegt, trifft ihn aus nachvertraglicher Fürsorge die Verpflichtung, für die Rückbeförderung (zum Begriff → § 651k Rn. 8) des Reisenden einschließlich der noch erforderlichen Beherbergung (BT-Drs. 18/10822 S. 82; Staudinger/Scharnetzki DAR 2021, 131, 134) zu sorgen. Der Veranstalter kann, anders als nach § 651h II, keine Entschädigung verlangen (AG Köln RRa 2021, 70, 71), behält aber zum Ausgleich den Vergütungsanspruch für diesen Reiseteil, der sich bei einem Qualitätsabfall entspr. mindert. Auch Schadensersatzansprüche können weiterhin ausgelöst werden.

§ 651m Minderung

(1) [1]**Für die Dauer des Reisemangels mindert sich der Reisepreis.** [2]**Bei der Minderung ist der Reisepreis in dem Verhältnis herabzusetzen, in welchem zur Zeit des Vertragsschlusses der Wert der Pauschalreise in mangelfreiem Zustand zu dem wirklichen Wert gestanden haben würde.** [3]**Die Minderung ist, soweit erforderlich, durch Schätzung zu ermitteln.**

(2) [1]**Hat der Reisende mehr als den geminderten Reisepreis gezahlt, so ist der Mehrbetrag vom Reiseveranstalter zu erstatten.** [2]**§ 346 Absatz 1 und § 347 Absatz 1 finden entsprechende Anwendung.**

Lit.: Rodegra, Würzburger Tabelle zum Reiserecht bei Kreuzfahrten, 2022; Schattenkirchner, Preisminderung bei Reisemängeln, 2. Aufl. 2012.

1. Minderung (I). a) Allgemeines. Wie im Mietrecht tritt die Minderung kraft Gesetzes mit dem Auftreten des Reisemangels, also ohne eine Erklärung des Berechtigten ein. Zur **Mängelanzeige** → § 651o Rn. 1 f. **b) Berechnung.** Als Bezugspunkt gilt der Reisepreis (ohne Versicherungen). Bei zeitlich begrenzten Beeinträchtigungen (zB Flugverspätungen, Unfällen) wird teilw. im Ansatz (sa → Rn. 3) auf den **Tagesreisepreis** abgestellt (Gesamtpreis geteilt durch die Reisetage, s. OLG Celle RRa 2003, 10; AG Köln RRa 2022, 191, 194 f.; krit. Putzka RRa 2008, 10). Dadurch werden Einzelkalkulationen vermieden und Ungleichgewichte in den Kosten (Flug, Beherbergung) ausgeglichen. Die Anzahl der Tage richtet sich nach der *Dauer der Beeinträchtigung*, um Fortwirkungen eines Ereignisses (Unfall, verdorbene Speise, Erkrankung) zu berücksichtigen (OLG Celle NJW-RR 2015, 1463). 1 2

c) Bei der **Bestimmung der Minderungsquote** ist in einem ersten Schritt das prozentuale Ausmaß der Störung an der beeinträchtigten Teilleistung zu ermitteln. Danach ist der Anteil der beeinträchtigten Leistung an der auf den Tag bezogenen Gesamtleistung (zB Beherbergung neben Animation, s. OLG Frankfurt RRa 2003, 256) festzustellen. Auswirkungen auf den Gesamtcharakter der Reise, zB die Beeinträchtigung von Höhepunkten der Reise, sind angemessen (erhöhend) zu berücksichtigen (BGH NJW 2013, 3172; iE Führich/Staudinger, § 21 Rn. 27 [zu 3]; eine Minderung um 100% ist nicht ausgeschlossen, s. zB LG Hamburg RRa 2022, 139, 141). Bei (sonstigen) touristischen (Zusatz-)Leistungen iSd § 651a III Nr. 4 (Bsp: Tenniskurs im Ferienurlaub) geschieht der Abzug von dem gesondert ausgewiesenen Betrag, uU erfolgt zusätzlich eine Reduktion des Tagesreisepreises wegen der beeinträchtigten Freizeitgestaltung (LG Frankfurt a. M. NJW-RR 1990, 760; OLG Düsseldorf NJW-RR 1992, 1461); entscheidend ist stets der Gesamtnutzen der Reise (LG Osnabrück BeckRS 2022, 4784 Rn. 28 f.: bei ausgefallenem Musicalbesuch nicht einfach Abzug des Ticketpreises). Teilw. sind aus zahlreichen Urteilen **Minderungstabellen** mit Tatbestand und Beträgen entwickelt worden (s. zB LG Frankfurt a. M. NJW 1994, 1639; ADAC NJW 2005, 25). Sie grenzen allerdings den Wertungsspielraum stark ein (krit. zB Schmid NJW 2005, 2945) und haben an Bedeutung verloren. Stattdessen geschieht eine Orientierung an vergleichbaren Entscheidungen (ausführlich differenzierend Führich/Staudinger, Anh zu § 21). Lässt sich das Verhältnis, in welchem zur Zeit des Vertragsschlusses der Wert der Reise in mangelfreiem Zustand zu dem wirklichen Wert gestanden haben würde, nicht sinnvoll rechnerisch ermitteln, darf das Gericht unter Würdigung aller Umstände den Minderungsbetrag **schätzen (I 3);** konkrete Ausführungen zur „Berechnung" sind dann nicht erforderlich (OLG Koblenz RRa 2021, 240, 243). 3

d) Zeitliche Auswirkungen. Wird durch einen Mangel die Folgezeit mit beeinträchtigt, liegt auch insoweit ein Mangel vor (Bsp: Das Hotel steht nicht rechtzeitig zur Verfügung, die verzögerte Ankunft in der Nacht beeinträchtigt den nächsten Tag). Eine **Rückwirkung** der Minderung auf frühere mangelfreie Leistungsteile kommt bei schwerwiegenden Reisemängeln in Betracht (BGHZ 177, 249 Rn. 11; BGH NJW 2017, 958 Rn. 15; zust. Buxbaum RRa 2009, 58 mwN, abl. Voraufl.; Teichmann JZ 1993, 990, 994). Möglich sind jedenfalls Ansprüche auf Schadensersatz (→ § 651n Rn. 1 ff.). 4

5 **2. Erstattung (II).** Wegen der **Rückzahlung** wird wie in § 441 IV 2 und § 638 IV 2 auf die **Rücktrittsvorschriften** verwiesen **(II 2);** ob diese auch bei anderen Überzahlungen (§§ 651h, 651l) zur Anwendung kommen, ist str., aber zu bejahen. Zur **Anrechenbarkeit** erhaltener Erstattungsbeträge → § 651p Rn. 3.

§ 651n Schadensersatz

(1) **Der Reisende kann unbeschadet der Minderung oder der Kündigung Schadensersatz verlangen, es sei denn, der Reisemangel**
1. ist vom Reisenden verschuldet,
2. ist von einem Dritten verschuldet, der weder Leistungserbringer ist noch in anderer Weise an der Erbringung der von dem Pauschalreisevertrag umfassten Reiseleistungen beteiligt ist, und war für den Reiseveranstalter nicht vorhersehbar oder nicht vermeidbar oder
3. wurde durch unvermeidbare, außergewöhnliche Umstände verursacht.

(2) **Wird die Pauschalreise vereitelt oder erheblich beeinträchtigt, kann der Reisende auch wegen nutzlos aufgewendeter Urlaubszeit eine angemessene Entschädigung in Geld verlangen.**

(3) **Wenn der Reiseveranstalter zum Schadensersatz verpflichtet ist, hat er unverzüglich zu leisten.**

1 **1. Systematik, Normanwendung. a)** Die Bestimmung umgreift **alle Ansprüche** auf Ersatz eines Schadens, den der Reisende **infolge der Vertragswidrigkeit** erlitten hat (Art. 14 II RiLi 2015/2302). Erfasst werden damit Schäden aus einer nicht oder nicht ordnungsgemäß erbrachten **Leistung,** also aus Nichterfüllung (Schadensersatz statt der Leistung), Schlechterfüllung (Mangel- und Mangelfolgeschäden), aus Verzögerung, aus der Verletzung einer **Schutzpflicht** sowie aus **vorvertraglicher** (BGH NJW 2008, 2772 zu § 536c) und **nachvertraglicher Pflicht-**
2 **verletzung** (→ § 651i Rn. 1). **b) Zu ersetzen** sind *materielle* und *immaterielle* Schäden (§ 253). Der Ersatz vergeblicher *Aufwendungen* wird über den an den bloßen Mangel anknüpfenden Verweis in § 651i III Nr. 7 auf § 284 gewährleistet. Bsp: Aufwendungen für eine Selbsthilfe (BGH NJW 2012, 2107) wie Kosten für die Suche einer anderen Unterkunft, Taxikosten, Telefonkosten, Mehrpreis für eine andere Unterkunft, aber auch Aufwendungen, weil eine Selbsthilfe nicht möglich war, zB Rückflug mit Linienmaschine, Kosten für Hin- und Rückfahrt bei Ferienwohnung mit eigener Anreise (bei analoger Anwendung, → § 651a Rn. 5; s. zB LG Berlin NJW-RR 2005, 79 zu § 651f aF). Für ein und denselben Posten kann nicht Schadensersatz und Aufwendungsersatz verlangt werden (Verbot der Mehrfachkompensation), wohl aber für verschiedene Posten neben Aufwendungsersatz (zB Hotelkosten) Schadensersatz (zB entgangene Urlaubsfreuden; OLG Hamburg RRa 2022, 138, 139). Bei Körperverletzungen schuldet der Veranstalter auch
3 *Schmerzensgeld* gem. § 253 II (→ § 253 Rn. 3 ff.; iE Jaeger RRa 2010, 58). **c)** Zu den **Ausschlussgründen** s. I HS 2 Nr. 1–3. Zu Nr. 1 und Nr. 2 ist zu beachten, dass Art. 14 III Nr. 3a RiLi dem Reisenden den Anspruch verwehrt, wenn ihm der Mangel „zuzurechnen" ist. Dies deutet wohl nicht auf eine reine Kausalität (so aber Führich/Staudinger, § 22 Rn. 11), aber über Vorsatz und Fahrlässigkeit hinaus auf eine zu verantwortende Mitverursachung iSd § 254 (→ § 254 Rn. 5). Ein coronabedingter Reisemangel war jedenfalls 2020 ein unvermeidbarer, außergewöhnlicher Umstand iSd I HS 2 Nr. 3 (OLG Koblenz RRa 2021, 240, 243; AG München RRa 2021, 138, 139). **d)** Zur **Mängelanzeige** → § 651o Rn. 1 f.

4 **2. Schadensersatzanspruch wegen nicht ordnungsgemäßer Erfüllung gem. § 241 I. a) Voraussetzungen. aa)** Zum **Reisemangel** → § 651i Rn. 1 ff. Auf die Erheblichkeit der Beeinträchtigung kommt es nicht an. Allerdings muss die Toleranzschwelle des § 651i I (→ § 651i Rn. 6) erreicht sein. **bb) Vertretenmüssen.** Trotz der komplizierten, durch die RiLi vorgegebenen Formulierungen in **I**

Nr. 1–3 setzt die Bestimmung schlicht voraus, dass die Pflichtverletzung iSd §§ 276, 278 vom Veranstalter zu vertreten sein muss. Der RegE (BT-Drs. 18/10822 S. 84) bezieht sich ausdrücklich auf BGHZ 161, 179 Rn. 21, wonach die (in der Sache identischen) Formulierungen in der Vorgänger-RiLi keine anderen Maßstäbe kennzeichnen, als sie im Sorgfaltsmaßstab des § 276 I festgelegt sind. Das Vertretenmüssen kann sich auf die Sphäre des Veranstalters selbst (zB Prospektangaben, Planung, Auswahl und Überwachung der Leistungsträger einschließlich der Einrichtungen, s. BGHZ 103, 298; grds. zust. Teichmann JZ 1988, 661) oder die des Leistungserbringers beziehen (BGH RRa 2012, 166 m. differenzierender Anm. Führich RRa 2012, 166: Flughafenbetreiber als Erfüllungsgehilfe des Veranstalters). Ein **Streik** des Personals ist außerhalb der Einflusssphäre des Leistungserbringers dem Veranstalter nicht als zu vertretender Umstand zuzurechnen (BGHZ 194, 267 für Flugentschädigung, → Rn. 11). **b) Beweislast.** Der Veranstalter muss beweisen, dass der 5
Mangel entweder vom Reisenden (unter evtl. Anwendung des § 254 II 2) oder (für den Veranstalter weder vorhersehbar noch vermeidbar) von einem unbeteiligten Dritten zurechenbar verursacht (→ Rn. 4) bzw. durch unvermeidbare, außergewöhnliche Umstände ausgelöst wurde.

3. Schadensersatzanspruch wegen einer Schutzpflichtverletzung gem. 6
§ 241 II. a) Kennzeichnung. Nachdem die reiserechtlichen Bestimmungen jetzt *sämtliche Pflichtverletzungen* erfassen, die auf dem Vertrag beruhen, kann der allg. Schuldrechtssystematik entspr. die Verletzung einer Schutzpflicht direkt als Reisemangel ausgewiesen werden (→ § 651i Rn. 9). Der daraus entstandene Schaden ist damit ein **Mangelschaden** (Anspruch aus § 651n iVm § 280 I, 282), nicht ein Mangelfolgeschaden, der auf einer nicht ordnungsgemäß erbrachten Leistung beruht (a.A. Führich/Staudinger, § 22 Rn. 1). **b) Abgrenzung.** Von den dem Veranstalter 7
zurechenbaren Rechtsgutsverletzungen (körperliche Integrität, Eigentum) sind diejenigen Schäden zu trennen, die in das **Lebensrisiko** (→ § 651i Rn. 11) des Reisenden fallen. Insoweit wird der Veranstalter so gestellt, als habe er keine Pflicht verletzt (OLG Frankfurt VersR 2008, 1398). Bsp: erkennbare Gefahren, die bei der Nutzung entspr. Einrichtungen häufiger auftreten, Verwirklichung von Risiken, die auch bei einer privaten Reise eintreten können (OLG Düsseldorf NJW-RR 2003, 777: Diebstahl im Hotel) und die insbes. in dem vom Reisenden gewählten Zielland kaum vermeidbar sind (Diebstahls- und Überfallsgefahr im Zielgebiet, OLG Frankfurt NJW-RR 2013, 1324; sa AG Bad Homburg RRa 1997, 154: Schlange im Hotelzimmer in Senegal; iE s. Teichmann RRa 2009, 258 ff.); nicht: fahrlässiges Auslösen eines Sturzes durch Bedienung im Speisesaal (unzutr. OLG Köln MDR 2018, 1235 Rn. 5).

4. Schadensersatz wegen nutzlos aufgewendeter Urlaubszeit (II). a) Tatbestand. 8
Ein **Mangel** iSe Vereitelung – bei der es keiner Kündigung bedarf – liegt auch vor, wenn der Veranstalter als Ersatzleistung (→ § 651k Rn. 4) einen anderen nicht voll geeigneten Urlaubsort anbietet und der Reisende dies zu Recht ablehnt (BGHZ 161, 389, s. dazu Fischer RRa 2005, 98), ebenso, wenn der Veranstalter einen erheblichen Mangel im Vorfeld mitteilt und sich der Reisende daher berechtigt vom Vertrag löst (AG Hannover RRa 2020, 281). Für die **Erheblichkeit der Beeinträchtigung** gelten grds. dieselben Maßstäbe wie in § 651l (s. BGH NJW 2013, 3172 zu § 651e aF). **b)** Die **Höhe der Entschädigung** hängt, da ein immate- 9
rieller Schaden geltend gemacht wird, nicht vom Einkommen des Reisenden ab (BGH JZ 2005, 732; OLG Frankfurt NJW-RR 2014, 1141); auch einem *Kind,* nicht aber einem Säugling oder einem Kleinkind, steht eine Entschädigung zu (LG Frankfurt RRa 2020, 68, 69). Zutr. wird teilw. vom Reisepreis (auch Tagesreisepreis) ausgegangen, weil die Störung des durch die konkrete Reise (in obj. Wertung) erwarteten Befindens und uU der emotionalen Belastung ausgeglichen werden soll (zur Ausgleichsfunktion des Schmerzensgeldes → § 253 Rn. 3). Da bei Ausfall der Reise idR die Zeit anderweit genutzt werden konnte, sind geringere Anteile des Tagesreisepreises anzusetzen. Nach dem BGH sind 50 % (BGHZ 161, 389) bzw.

73 % bei Totalausfall (BGH NJW 2018, 3173 mkritAnm Führich) nicht zu beanstanden; zutr. hat das OLG Celle wegen weiterer Beeinträchtigungen im Zusammenhang mit der Regulierung 85 % zugesprochen (OLG Celle RRa 2019, 206 Rn. 13). Anstelle der Reisepreis-Anteile wird teilw. ein fester Tagessatz zugrunde gelegt (zB OLG Düsseldorf NJW-RR 2003, 59 und OLG Celle NJW-RR 2003, 200: 52 EUR); davon soll dem Reisenden ein der Minderungsquote entspr. Betrag zustehen. Bei Reiseausfall wird der Anspruch nicht dadurch reduziert, dass der Reisende während der COVID-19-Pandemie ohnehin mit einem Ausfall rechnen musste (LG Hannover RRa 2022, 128, 129).

10 **5. Sonderfrage: Haftung des Veranstalters aus § 823 I.** Zusätzlich können den Veranstalter eigene Organisationspflichten als **Verkehrssicherungspflichten** (→ § 823 Rn. 35 ff.) treffen; denn er bietet die Reise in eigener Verantwortung an (§ 651a Rn. 7) und eröffnet damit eine Gefahrenquelle. Er muss sich deshalb bei der Auswahl des Leistungsträgers und danach in Abständen vergewissern, dass dessen Anlagen und Einrichtungen einen ausreichenden Sicherheitsstandard bieten (grundlegend BGHZ 103, 290 mzustAnm Teichmann/Mildner JZ 1988, 664; OLG Düsseldorf RRa 2016, 219 Rn. 92). Die am Ort geltenden Sicherheitsvorschriften sind dabei Mindeststandard (BGH NJW 2019, 3375 Rn. 18; NJW-RR 2020, 751). Im Blick auf den allg. Betrieb (KG VersR 2016, 1067) und die Durchführung von Veranstaltungen (BGH NJW 2007, 2549 Rn. 15) kann er ohne gegenteiligen Anlass davon ausgehen, dass ein als zuverlässig einzuschätzender Leistungsträger die üblichen Sicherheitsanforderungen einhält.

6. Ergänzung: Unmittelbare Ansprüche gegen den Leistungserbringer.

Lit.: Schmid, Fluggastrechte-Verordnung, 2. Aufl. 2021; Hopperdietzel RRa 2012, 210.

11 **a) Flüge. aa)** Dem Reisenden steht im Fall einer Nichtbeförderung oder einer Verspätung (s. zB EuGH NJW 2018, 2032) ein **Ausgleichsanspruch** nach VO (EG) 261/04 (FluggastrechteVO) Art. 7 zu und zwar auch dann, wenn ein gebuchter Anschlussflug verpasst wurde (EuGH NJW 2013, 1291). Er beträgt zB bei einer Verspätung der Ankunft um mehr als 3 Std. bei Flügen von mehr als 1.500 km innerhalb der EU 400 EUR, über die EU hinaus 600 EUR (BGH NJW 2010, 2282, zust. Schmid RRa 2010, 74; EuGH NJW 2010, 43, dazu Staudinger/Schürmann NJW 2010, 2779; Staudinger RRa 2010, 14). Zu berücksichtigen ist die *Entfernung* zwischen dem Ort des ersten Abflugs und dem Endziel (EuGH NJW 2018, 529 Rn. 29). *Zeitlich* maßgebend ist das Öffnen der Türen zum Aussteigen (EuGH NJW 2015, 221) am gebuchten Ziel, auch bei Anschlussflügen (BGH NJW
12 2019, 2604 Rn. 16). **bb) Kein Anspruch** besteht, wenn die Beeinträchtigung auf außergewöhnliche Umstände zurückgeht, die sich auch dann nicht hätten vermeiden lassen, wenn alle zumutbaren Maßnahmen ergriffen worden wären, Art. 5 III FluggastrechteVO. Außergewöhnlich sind Umstände, die „außerhalb dessen liegen, was üblicherweise mit dem Ablauf der Personenbeförderung im Luftverkehr verbunden ist oder verbunden sein kann" (BGH NJW 2014, 3304). Erst dann ist die (Nicht-)
13 Beherrschbarkeit zu prüfen. **Bsp:** Zum **Risiko der Fluggesellschaft** gehören ua idR technische Mängel (EuGH NJW 2015, 3429: unerwartetes, auch nicht auf einem Wartungsfehler beruhendes Ausfallen eines Triebwerks; EuGH RRa 2015, 15: Flugzeugbeschädigung durch Treppenfahrzeug; BGH NJW 2017, 956: Kollision mit wegrollendem Gepäckwagen). Zur **Entlastung** führten zB ein Vogelschlag (EuGH NJW 2017, 2665; BGH NJW 2014, 862); ein Lieferengpass bei Enteisungsmitteln (OLG Brandenburg RRa 2014, 81), der Streik des Flugpersonals (BGHZ 194, 267), des Personals der Passagierkontrolle (BGH NJW 2019, 300 Rn. 12 ff. mit Einschränkungen bei einer Annullierung), von Fluglotsen (BGH NJW 2014, 3304, krit. Schmid NJW 2014, 3279), eine verspätet erteilte Landeerlaubnis (BGH NJW 2014, 859), ein Reifenschaden infolge eines Gegenstandes auf der Rollbahn (EuGH NJW-RR 2019, 562 Rn. 24; in Rn. 36 zur Beschaffungspflicht), ein Ausfall des Computersystems für das Einchecken aufgrund einer Ursache, die außerhalb

des Einflussbereichs der Fluggesellschaft liegt (BGH NJW 2019, 1369 Rn. 18); ein randalierender Passagier (EuGH EuZW 2020, 617). Passagiere, die dennoch das Gate zeitgerecht erreicht haben, müssen, wenn zumutbar, transportiert werden (BGH NJW 2019, 300 Rn. 15 ff.; mzustAnm Tonner). Bei *vorhersehbaren Beeinträchtigungen* kann eine Entschädigung bei einer Information innerhalb bestimmter Fristen entfallen, Art. 5 I c FluggastrechteVO. **b) Bahnreisen.** Eine Verspätung von mehr 14
als 60 Min. löst Ausgleichsansprüche gem. VO (EG) 1371/07 und Ges. v. 26.5.2009 (BGBl. I 11469) aus, und zwar auch bei höherer Gewalt (EuGH NJW 2013, 3429, krit. Krüger NJW 2013, 3407; iE s. Bollweg RRa 2010, 106). **c)** Zur **Anrechenbarkeit** erhaltener Erstattungsbeträge → § 651p Rn. 3.

§ 651o Mängelanzeige durch den Reisenden

(1) **Der Reisende hat dem Reiseveranstalter einen Reisemangel unverzüglich anzuzeigen.**

(2) **Soweit der Reiseveranstalter infolge einer schuldhaften Unterlassung der Anzeige nach Absatz 1 nicht Abhilfe schaffen konnte, ist der Reisende nicht berechtigt,**
1. die in § 651m bestimmten Rechte geltend zu machen oder
2. nach § 651n Schadensersatz zu verlangen.

1. Umfang und Inhalt der Anzeigeobliegenheit (I). a) Zweck und Reichweite. 1
Die Anzeige soll dem Veranstalter, der ja nicht ständig vor Ort vertreten sein muss, Gelegenheit geben, durch die Beseitigung eines Mangels für die Zukunft eine vertragsgemäße Leistung sicherzustellen (BGH NJW 2016, 3304 Rn. 15) und damit auch Standards abzusichern. Auch weil die Abgrenzung zwischen hinzunehmender Unannehmlichkeit und Mangel nicht immer eindeutig sein muss (LG Duisburg RRa 2006, 22), liegt es im Interesse beider Parteien, wenn der Veranstalter mit einem Sachverhalt – uU durch verschiedene Reisende – rasch konfrontiert wird. Deshalb sind auch Mängel mitzuteilen, die dem Veranstalter **bekannt** sind (BGH NJW 2016, 3304 Rn. 15; zust. Hopperdietzel NJW 2016, 3306; a.A. noch 17. Aufl.; Bedenken bei Führich/Staudinger, § 18 Rn. 2). **b) Ausschluss.** Die Obliegenheit 2
zur Anzeige entfällt, wenn eine **Abhilfe nicht möglich** ist oder der Veranstalter von vornherein zu erkennen gibt, dass er **nicht abhelfen will** (BGH NJW 2016, 3304 Rn. 15 mwN); sie entfällt naturgemäß auch dann, wenn der Reisende wegen eines vom Veranstalter selbst angekündigten Mangels die Reise gar nicht antritt, also den Mangel gar nicht wahrnehmen kann (AG Hannover RRa 2020, 281, 283). **c) Durchführung.** Die Anzeige muss **unverzüglich** (§ 121) gegenüber der vom 3
Veranstalter benannten Stelle (→ § 651k Rn. 1) erfolgen. Bei einem Mangel, der sich nachts zeigt, reicht die Anzeige am Folgetag (AG Hannover RRa 2020, 86, 88); bei längeren Reisen hat der Reisende eine längere Prüf- und Bedenkzeit (AG Köln BeckRS 2018, 46006 Rn. 24: bei zweiwöchiger Reise 2–3 Tage). Zur parallelen Bevollmächtigung des Reisebüros anderer Vermittler, eine Anzeige entgegenzunehmen, → § 651v Rn. 4. Sie kann **formfrei,** zB telefonisch geschehen. Inhaltlich muss die Anzeige zur Möglichkeit der Nachprüfung sämtliche Mängel hinreichend substantiiert beschreiben (LG Essen RRa 2003, 24). In einem ordnungsgemäßen Abhilfeverlangen ist sie enthalten (Grüneberg/Retzlaff Rn. 2). Die **Beweislast** für den Zugang **(I)** liegt beim Reisenden, für ein schuldhaftes Unterlassen **(II)** grds. beim Veranstalter. Nach den Grundsätzen der sekundären Darlegungs- und Beweislast (→ § 823 Rn. 115a) muss der Reisende substantiiert die Umstände darlegen, die ihn am Absenden gehindert haben (Grüneberg/Retzlaff Rn. 5).

2. Schuldhaft unterlassene Anzeige (II). a) Der Veranstalter wird im Blick 4
auf die **Minderung** und den Anspruch auf **Schadensersatz** (einschließlich des Aufwendungsersatzes, § 651i III Nr. 7) so gestellt, als wäre die Anzeige zu einem bestimmten Zeitpunkt eingegangen bzw. habe er anderweitig Kenntnis erlangt. Ob

und wann er den Mangel dann behoben hätte, hängt von den einzelnen Umständen ab. Die **Beweislast** liegt beim Veranstalter dafür, dass er erreichbar war. Der Reisende muss den Zugang der Anzeige beweisen bzw., dass die Anzeige entbehrlich
5 oder eine Unterlassung nicht zu vertreten war. **b) Weitere Rechtsfolge.** Da den Reisenden eine Obhutspflicht für die Sache treffen kann (→ § 651a Rn. 16), sind darüber hinaus Schadensersatzansprüche des Leistungserbringers aus §§ 241 II, 280 I, 282 (Geltendmachung im Wege der Drittschadensliquidation, dazu → Vor §§ 249 ff. Rn. 19 ff.), uU auch Ansprüche aus unerlaubter Handlung denkbar.
6 **c) Unterbliebener Hinweis.** Gem. Art. 250 § 6 II Nr. 5 EGBGB muss der Reisende in der Abschrift oder Bestätigung des Vertrags auf die Anzeigeobliegenheit hingewiesen werden; fehlt ein solcher Hinweis, kann sich der Veranstalter nicht auf eine unterlassene Anzeige berufen (BGH DAR 2018, 681 mAnm Staudinger/Ruks zu § 651c III aF).

§ 651p Zulässige Haftungsbeschränkung; Anrechnung

(1) **Der Reiseveranstalter kann durch Vereinbarung mit dem Reisenden seine Haftung für solche Schäden auf den dreifachen Reisepreis beschränken, die**
1. **keine Körperschäden sind und**
2. **nicht schuldhaft herbeigeführt werden.**

(2) **Gelten für eine Reiseleistung internationale Übereinkünfte oder auf solchen beruhende gesetzliche Vorschriften, nach denen ein Anspruch auf Schadensersatz gegen den Leistungserbringer nur unter bestimmten Voraussetzungen oder Beschränkungen entsteht oder geltend gemacht werden kann oder unter bestimmten Voraussetzungen ausgeschlossen ist, so kann sich auch der Reiseveranstalter gegenüber dem Reisenden hierauf berufen.**

(3) [1]**Hat der Reisende gegen den Reiseveranstalter Anspruch auf Schadensersatz oder auf Erstattung eines infolge einer Minderung zu viel gezahlten Betrages, so muss sich der Reisende den Betrag anrechnen lassen, den er aufgrund desselben Ereignisses als Entschädigung oder als Erstattung infolge einer Minderung nach Maßgabe internationaler Übereinkünfte oder von auf solchen beruhenden gesetzlichen Vorschriften erhalten hat oder nach Maßgabe**
1. **der Verordnung (EG) Nr. 261/2004 des Europäischen Parlaments und des Rates vom 11. Februar 2004 über eine gemeinsame Regelung für Ausgleichs- und Unterstützungsleistungen für Fluggäste im Fall der Nichtbeförderung und bei Annullierung oder großer Verspätung von Flügen und zur Aufhebung der Verordnung (EWG) Nr. 295/91 (ABl. L 46 vom 17.2.2004, S. 1),**
2. **der Verordnung (EG) Nr. 1371/2007 des Europäischen Parlaments und des Rates vom 23. Oktober 2007 über die Rechte und Pflichten der Fahrgäste im Eisenbahnverkehr (ABl. L 315 vom 3.12.2007, S. 14),**
3. **der Verordnung (EG) Nr. 392/2009 des Europäischen Parlaments und des Rates vom 23. April 2009 über die Unfallhaftung von Beförderern von Reisenden auf See (ABl. L 131 vom 28.5.2009, S. 24),**
4. **der Verordnung (EU) Nr. 1177/2010 des Europäischen Parlaments und des Rates vom 24. November 2010 über die Fahrgastrechte im See- und Binnenschiffsverkehr und zur Änderung der Verordnung (EG) Nr. 2006/2004 (ABl. L 334 vom 17.12.2010, S. 1) oder**
5. **der Verordnung (EU) Nr. 181/2011 des Europäischen Parlaments und des Rates vom 16. Februar 2011 über die Fahrgastrechte im Kraftomnibusverkehr und zur Änderung der Verordnung (EG) Nr. 2006/2004 (ABl. L 55 vom 28.2.2011, S. 1).**

[2]**Hat der Reisende vom Reiseveranstalter bereits Schadensersatz erhalten oder ist ihm infolge einer Minderung vom Reiseveranstalter bereits ein Betrag erstattet worden, so muss er sich den erhaltenen Betrag auf dasjenige anrechnen lassen, was ihm aufgrund desselben Ereignisses als Entschädigung oder als Erstattung infolge einer Minderung nach Maßgabe internationaler Übereinkünfte oder von auf solchen beruhenden gesetzlichen Vorschriften oder nach Maßgabe der in Satz 1 genannten Verordnungen geschuldet ist.**

Lit.: Möllring, Kein doppelter Anspruch bei Flugausfällen, MDR 2019, R5.

1. Vertragliche Haftungsbeschränkung (I). Der Veranstalter kann, weil die RiLi keine weiteren Möglichkeiten vorsieht, seine Haftung nur noch für *nicht zu vertretende* Pflichtverletzungen begrenzen. Angesichts dessen, dass der Veranstalter ein fehlendes Verschulden beweisen muss (→ § 651n Rn. 5), hat eine entspr. Vertragsklausel kaum eine entlastende Wirkung. Zu den Körperschäden, für die die Haftung nicht begrenzt werden kann, zählen auch Gesundheitsschäden (→ § 823 Rn. 3) und die Verletzung des Lebens selbst (Staudinger/Staudinger § 651h aF Rn. 16 mwN). 1

2. Haftungsbeschränkung aufgrund internationaler Übereinkommen etc. (II). Hat der Schaden des Reisenden seine Ursache lediglich im Bereich des Leistungserbringers, soll die Haftung des Veranstalters nicht weiter gehen als die des Leistungserbringers (BT-Drs. 18/10822 S. 86). 2

3. Anrechnung erhaltener Kompensationen (III). Die Bestimmung soll verhindern, dass der Reisende für denselben Reisemangel (s. „aufgrund desselben Ereignisses") eine Überkompensation, also einen geldwerten Vorteil (unabhängig davon, ob in Form einer Ermäßigung oder Rückzahlung) sowohl vom Veranstalter als auch vom Leistungserbringer (tatsächlich) erhält. Dies gilt unabhängig von der Art des geltend gemachten Anspruchs (zB auf Rückzahlung nach Minderung; nicht aber auf Rückzahlung nach Kündigung, s. AG Bremen BeckRS 2020, 5101 Rn. 42f. – obiter dictum). Demgemäß ordnet **III 1** an, dass sich der Reisende Zahlungen von Leistungserbringern (→ § 651f Rn. 7) bei Ansprüchen gegen den Veranstalter anrechnen lassen muss (vgl. BGH NJW 2020, 40 Rn. 17; MDR 2019, 1437 Rn. 15), und **III 2,** dass umgekehrt Zahlungen des Veranstalters bei Ansprüchen gegen einen Leistungserbringer anzurechnen sind (vgl. BGH NJW 2021, 2729 Rn. 18ff.; BeckRS 2020, 11015 zum früheren Recht). 3

§ 651q Beistandspflicht des Reiseveranstalters

(1) **Befindet sich der Reisende im Fall des § 651k Absatz 4 oder aus anderen Gründen in Schwierigkeiten, hat der Reiseveranstalter ihm unverzüglich in angemessener Weise Beistand zu gewähren, insbesondere durch**

1. **Bereitstellung geeigneter Informationen über Gesundheitsdienste, Behörden vor Ort und konsularische Unterstützung,**
2. **Unterstützung bei der Herstellung von Fernkommunikationsverbindungen und**
3. **Unterstützung bei der Suche nach anderen Reisemöglichkeiten; § 651k Absatz 3 bleibt unberührt.**

(2) **Hat der Reisende die den Beistand erfordernden Umstände schuldhaft selbst herbeigeführt, kann der Reiseveranstalter Ersatz seiner Aufwendungen verlangen, wenn und soweit diese angemessen und ihm tatsächlich entstanden sind.**

a) Inhalt. Die Bestimmung konstituiert **neue Pflichten** für den Veranstalter außerhalb des vertraglich *vereinbarten* Leistungs- und Schutzprogramms (anders RegE 1

BT-Drs. 18/10822 S. 87). Angesichts dessen, dass der Veranstalter **idR unentgeltlich** leisten muss (II), sollten die Verpflichtungen gem. Art. 16 der RiLi im Rahmen der Zumutbarkeit begrenzt bleiben. Welche Form des Beistands zu leisten ist, ist
2 eine Frage des Einzelfalls; die in I genannten Formen sind nur Beispiele. **b) Regress.** Grds. nur bei schuldhafter Herbeiführung der Notlage durch den Reisenden (II) und begrenzt auf die Aufwendungen, die tatsächlich entstanden sind (dh kein Ersatz von „Vorhaltekosten") und angemessen sind. Darüber hinaus kommt allenfalls in Ausnahmefällen ein Regress mithilfe von § 242 in Betracht (großzügiger die Voraufl.).

§ 651r Insolvenzsicherung; Sicherungsschein

(1) [1]**Der Reiseveranstalter hat sicherzustellen, dass dem Reisenden der gezahlte Reisepreis erstattet wird, soweit im Fall der Zahlungsunfähigkeit des Reiseveranstalters**

1. **Reiseleistungen ausfallen oder**
2. **der Reisende im Hinblick auf erbrachte Reiseleistungen Zahlungsaufforderungen von Leistungserbringern nachkommt, deren Entgeltforderungen der Reiseveranstalter nicht erfüllt hat.**

[2]**Umfasst der Vertrag auch die Beförderung des Reisenden, hat der Reiseveranstalter zudem die vereinbarte Rückbeförderung und die Beherbergung des Reisenden bis zum Zeitpunkt der Rückbeförderung sicherzustellen.** [3]**Der Zahlungsunfähigkeit des Reiseveranstalters stehen die Eröffnung des Insolvenzverfahrens über sein Vermögen und die Abweisung eines Eröffnungsantrags mangels Masse gleich.**

(2) [1]**Die Verpflichtungen nach Absatz 1 kann der Reiseveranstalter vorbehaltlich des Satzes 2 ab dem 1. November 2021 nur durch einen Absicherungsvertrag mit einem nach dem Reisesicherungsfondsgesetz zum Geschäftsbetrieb befugten Reisesicherungsfonds erfüllen.** [2]**Reiseveranstalter, die im letzten abgeschlossenen Geschäftsjahr einen Umsatz im Sinne des § 1 Nummer 2 Buchstabe a des Reisesicherungsfondsgesetzes von weniger als 10 Millionen Euro erzielt haben, können im jeweils darauffolgenden Geschäftsjahr die Verpflichtungen nach Absatz 1 auch erfüllen**

1. **durch eine Versicherung bei einem im Geltungsbereich dieses Gesetzes zum Geschäftsbetrieb befugten Versicherungsunternehmen oder**
2. **durch ein Zahlungsversprechen eines im Geltungsbereich dieses Gesetzes zum Geschäftsbetrieb befugten Kreditinstituts.**

[3]**Der Reiseveranstalter muss die Verpflichtungen nach Absatz 1 ohne Rücksicht auf den Wohnsitz des Reisenden, den Ort der Abreise und den Ort des Vertragsschlusses erfüllen.**

(3) [1]**Der Reisesicherungsfonds, der Versicherer oder das Kreditinstitut (Absicherer) kann dem Reisenden die Fortsetzung der Pauschalreise anbieten.** [2]**Verlangt der Reisende eine Erstattung nach Absatz 1, hat der Absicherer diesen Anspruch unverzüglich zu erfüllen.** [3]**Versicherer und Kreditinstitute können ihre aus Verträgen nach Absatz 2 Satz 2 Nummer 1 und 2 folgende Einstandspflicht für jede Insolvenz eines Reiseveranstalters, der im letzten abgeschlossenen Geschäftsjahr einen Umsatz im Sinne des § 1 Nummer 2 Buchstabe a des Reisesicherungsfondsgesetzes von weniger als 3 Millionen Euro erzielt hat, auf 1 Million Euro begrenzen.** [4]**Übersteigen in diesem Fall die zu erbringenden Leistungen den vereinbarten Höchstbetrag, so verringern sich die einzelnen Leistungsansprüche der Reisenden in dem Verhältnis, in dem ihr Gesamtbetrag zum Höchstbetrag steht.**

(4) [1]**Zur Erfüllung seiner Verpflichtungen nach Absatz 1 hat der Reiseveranstalter dem Reisenden einen unmittelbaren Anspruch gegen den Absicherer zu verschaffen und durch eine von diesem oder auf dessen Veranlas-**

sung gemäß Artikel 252 des Einführungsgesetzes zum Bürgerlichen Gesetzbuche ausgestellte Bestätigung (Sicherungsschein) nachzuweisen. [2]Der im Vertrag gemäß Artikel 250 § 6 Absatz 2 Nummer 3 des Einführungsgesetzes zum Bürgerlichen Gesetzbuche genannte Absicherer kann sich gegenüber dem Reisenden weder auf Einwendungen aus dem Absicherungsvertrag berufen noch auf dessen Beendigung, wenn die Beendigung nach Abschluss des Pauschalreisevertrags erfolgt ist. [3]In den Fällen des Satzes 2 geht der Anspruch des Reisenden gegen den Reiseveranstalter auf den Absicherer über, soweit dieser den Reisenden befriedigt.

§ 651s Insolvenzsicherung der im Europäischen Wirtschaftsraum niedergelassenen Reiseveranstalter

Hat der Reiseveranstalter im Zeitpunkt des Vertragsschlusses seine Niederlassung im Sinne des § 4 Absatz 3 der Gewerbeordnung in einem anderen Mitgliedstaat der Europäischen Union oder in einem sonstigen Vertragsstaat des Abkommens über den Europäischen Wirtschaftsraum, so genügt er seiner Verpflichtung zur Insolvenzsicherung auch dann, wenn er dem Reisenden Sicherheit in Übereinstimmung mit den Vorschriften dieses anderen Staates zur Umsetzung des Artikels 17 der Richtlinie (EU) 2015/2302 des Europäischen Parlaments und des Rates vom 25. November 2015 über Pauschalreisen und verbundene Reiseleistungen, zur Änderung der Verordnung (EG) Nr. 2006/2004 und der Richtlinie 2011/83/EU des Europäischen Parlaments und des Rates sowie zur Aufhebung der Richtlinie 90/314/EWG des Rates (ABl. L 326 vom 11.12.2015, S. 1) leistet.

§ 651t Rückbeförderung; Vorauszahlungen

Der Reiseveranstalter darf eine Rückbeförderung des Reisenden nur vereinbaren und Zahlungen des Reisenden auf den Reisepreis vor Beendigung der Pauschalreise nur fordern oder annehmen, wenn

1. ein wirksamer Absicherungsvertrag besteht oder, in den Fällen des § 651s, der Reiseveranstalter nach § 651s Sicherheit leistet und
2. dem Reisenden klar, verständlich und in hervorgehobener Weise Name und Kontaktdaten des Absicherers oder, in den Fällen des § 651s, Name und Kontaktdaten der Einrichtung, die den Insolvenzschutz bietet, sowie gegebenenfalls der Name und die Kontaktdaten der von dem betreffenden Staat benannten zuständigen Behörde zur Verfügung gestellt wurden.

Anmerkungen zu den §§ 651r–651t

1 **1. Zweck der Bestimmungen.** Der Reisende, der regelmäßig zu einer Vorleistung vertraglich verpflichtet wird, soll von dem Risiko, dass der Veranstalter vor Abschluss der Reise zahlungsunfähig wird, durch einen zusätzlichen **Anspruch gegen einen „solventen Dritten" (§§ 651r, 651s)** – den Reisesicherungsfonds, bei kleinen Veranstaltern auch ein Versicherer oder Kreditinstitut (Absicherer) – geschützt werden. Das frühere deutsche Absicherungsmodell, das in III 3 aF generell eine summenmäßige Begrenzung vorgesehen hatte und unionsrechtswidrig war (AG Frankfurt a. M. BeckRS 2021, 46290 Rn. 8; BeckRS 2021, 46289 Rn. 8; BeckRS 2021, 46057 Rn. 10; BeckRS 2021, 46058 Rn. 10), reichte bei der Insolvenz der Thomas Cook plc bei Weitem nicht aus. Deshalb muss die Absicherung seit 1.7.2021 (Ges. v. 25.6.2021, BGBl. I S. 2114) grds. über einen Reisesicherungsfonds erfolgen; eine summenmäßige Begrenzung ist nur noch ausnahmsweise möglich (§ 651r II).
2 Im Rahmen des Systems darf der Veranstalter eine vereinbarte **Vorleistung des Reisenden nur verlangen und annehmen (§ 651t),** wenn er zur Reise einen wirksamen Absicherungsvertrag mit einem Kundengeldabsicherer abgeschlossen und

die entspr. Kontaktdaten dem Reisenden mitgeteilt hat. Über die Absicherung ist – nicht konstitutiv – ein Sicherungsschein auszustellen und auszuhändigen.

2. Tatbestand des § 651r I, II.

Lit.: Drechsler, Zur richtlinienkonformen Rechtsfortbildung anhand der Insolvenzsicherung im Pauschalreisevertragsrecht, EuZW 2022, 261; Falk, Zur Unzulässigkeit einer richtlinienkonformen Rechtsfortbildung contra legem am Beispiel des § 651r BGB, ZIP 2021, 2261; Steinrötter/Bohlsen, Beschränkung des Sicherungsumfangs im Reiseinsolvenzrecht, ZRP 2020, 105; Tonner, Die neue Insolvenzsicherung durch Reisesicherungsfonds, MDR 2021, 1240.

3 **a) Absichernder Dritter** ist in erster Linie ein Reisesicherungsfonds; Unternehmen mit einem Umsatz unter 10 Mio. € können sich auch durch Versicherungen (Regelfall) und Banken (Bankgarantie, selbstschuldnerische Bürgschaft) absichern
4 (§ 651r II). **b) Abzusichernde Sachverhalte. aa)** Es muss (selbstverständlich) eine **Pauschalreise** iSd § 651a vereinbart sein. Die nach der RiLi gegebene Möglichkeit, auch Einzelreisen versicherungspflichtig zu machen, ist ges. nicht aufgegriffen worden. **bb) Sicherungsfälle** sind, jeweils (nur) auf den Veranstalter bezogen, Zahlungsunfähigkeit (s. § 17 II InsO), Eröffnung des Insolvenzverfahrens (§ 27 InsO) oder Abweisung des Eröffnungsantrags mangels Masse (§ 26 InsO). **cc) Gesichert** sind bei geleisteten Vorauszahlungen *Ansprüche auf Rückgewähr* wegen der Nichtdurchführung der Reise zB infolge einer Insolvenz (EuGH NJW 2012, 1135, zust. Staudinger RRa 2012, 106), im Fall des Rücktritts durch den Reisenden oder den Veranstalter gem. § 651h (BGH NJW 2012, 997: Veranstalterrücktritt), *Aufwendungen* für das vom Veranstalter nicht bezahlte Hotel (EuGH NJW 1998, 2201, dazu Tonner EuZW 1998, 348; Huff RRa 1998, 131), *Kosten des Reisenden* einschließlich einer Unterkunft (→ § 651k IV, V) *für die Rückkehr*, das als Summe überwiesene, sukzessiv auszuhändigende *Taschengeld* bei einem Gastschulaufenthalt (→ § 651u; OLG Köln RRa 2003, 136); **nicht:** Gewährleistungsansprüche (BGH NJW-RR 2005, 783).

5 **3. Sicherungsvertrag, Sicherungsschein (§ 651r II, IV).** Der Vertrag zwischen Veranstalter und Absicherer ist ein Vertrag zgDr, der dem Reisenden (anders als in § 334) einen einwendungs- und einredefreien Anspruch verschafft **(IV 2).** Der Sicherungsschein (Muster in BT-Drs. 18/10822 S. 47) hat nur deklaratorische Bedeutung, der eine Abwicklung im Schadensfall erleichtern soll (BT-Drs. 18/10822 S. 90).

6 **4. Leistungspflichten des Absicherers (§ 651r III).** Aufgrund praktischer Erfahrungen soll der Absicherer die Möglichkeit haben, dem Reisenden eine kostengünstigere **Fortsetzung der Reise** statt der Rückbeförderung **(III 1)** anzubieten. Der Reisende kann gem. § 242 verpflichtet sein, dieses Angebot anzunehmen. Die Begrenzung der Gesamtentschädigung – hier als vertragliche Möglichkeit – ist zB aus der Produkthaftung bekannt (→ § 823 Rn. 153), allerdings viel zu niedrig angesetzt (→ Rn. 1).

7 **5. Sicherung der im Europäischen Wirtschaftsraum (außerhalb der Bundesrepublik Deutschland) niedergelassenen Reiseveranstalter (§ 651s).** Mit der Vorschrift wird dem in Art. 18 I der RiLi enthaltenen Grundsatz entsprochen, dass die Mitgliedstaaten jede Insolvenzsicherung anzuerkennen haben, die ein Reiseveranstalter gemäß den Maßnahmen seines Niederlassungsmitgliedstaats leistet (BT-Drs. 18/10822 S. 91).

8 **6. Fälligkeit der Vorauszahlung (§ 651t).** Die Vorauszahlung wird für den Reisenden fällig, wenn ein entspr. Zahlungstermin vereinbart, der Veranstalter bis spätestens zu diesem Datum einen Kundengeldabsicherungsvertrag wirksam abgeschlossen (bzw. bei Sitz im Ausland eine Maßnahme nach § 651s getroffen) und dem Reisenden Name und Kontaktdaten des Absicherers „klar, verständlich und in hervorgehobener Weise" (→ § 312j II) mitgeteilt hat. IdR wird dies durch die Aushändigung des Sicherungsscheins geschehen. Das Unterlassen stellt eine Ordnungswidrigkeit gem. § 147b GewO dar. Zur Höhe von Anzahlungen → § 651a Rn. 15.

§ 651u Gastschulaufenthalte

(1) [1]Für einen Vertrag, der einen mindestens drei Monate andauernden und mit dem geregelten Besuch einer Schule verbundenen Aufenthalt des Gastschülers bei einer Gastfamilie in einem anderen Staat (Aufnahmeland) zum Gegenstand hat, gelten § 651a Absatz 1, 2 und 5, die §§ 651b, 651d Absatz 1 bis 4 und die §§ 651e bis 651t entsprechend sowie die nachfolgenden Absätze. [2]Für einen Vertrag, der einen kürzeren Gastschulaufenthalt (Satz 1) oder einen mit der geregelten Durchführung eines Praktikums verbundenen Aufenthalt bei einer Gastfamilie im Aufnahmeland zum Gegenstand hat, gelten diese Vorschriften nur, wenn dies vereinbart ist.

(2) Der Anbieter des Gastschulaufenthalts ist als Reiseveranstalter bei Mitwirkung des Gastschülers verpflichtet,
1. für eine nach den Verhältnissen des Aufnahmelands angemessene Unterkunft, Beaufsichtigung und Betreuung des Gastschülers in einer Gastfamilie zu sorgen und
2. die Voraussetzungen für einen geregelten Schulbesuch des Gastschülers im Aufnahmeland zu schaffen.

(3) Tritt der Reisende vor Reisebeginn vom Vertrag zurück, findet § 651h Absatz 1 Satz 3, Absatz 2 nur Anwendung, wenn der Reiseveranstalter den Reisenden auf den Aufenthalt angemessen vorbereitet und spätestens zwei Wochen vor Antritt der Reise jedenfalls über Folgendes informiert hat:
1. Name und Anschrift der für den Gastschüler nach Ankunft bestimmten Gastfamilie und
2. Name und Erreichbarkeit eines Ansprechpartners im Aufnahmeland, bei dem auch Abhilfe verlangt werden kann.

(4) [1]Der Reisende kann den Vertrag bis zur Beendigung der Reise jederzeit kündigen. [2]Kündigt der Reisende, ist der Reiseveranstalter berechtigt, den vereinbarten Reisepreis abzüglich der ersparten Aufwendungen zu verlangen. [3]Der Reiseveranstalter ist verpflichtet, die infolge der Kündigung notwendigen Maßnahmen zu treffen, insbesondere, falls der Vertrag die Beförderung des Gastschülers umfasste, für dessen Rückbeförderung zu sorgen. [4]Die Mehrkosten fallen dem Reisenden zur Last. [5]Die vorstehenden Sätze gelten nicht, wenn der Reisende nach § 651l kündigen kann.

1. Gastschulaufenthalt ab drei Monaten (I 1). a) Normzweck. Unabhängig 1
von der RiLi hat der Gesetzgeber, was nach ErwG 21 der RiLi zulässig ist, für den *kommerziell organisierten* (s. **I** mit dem Hinweis auf **§ 651a V**) längerfristigen Gastschulaufenthalt im Ausland **(I 1: ab drei Monaten)** ein spezielles Recht durch eine „entsprechende Anwendung" (I 1) der meisten Bestimmungen zum Pauschalreisevertrag (ohne Online-Verfahren) geschaffen, weil sich vergleichbare Schutzprobleme für den Reisenden (Vertragschließenden) wie auch für den Reiseteilnehmer (Schüler) stellen (s. zB Führich NJW 2001, 3083 zu § 651l aF) Hinzu treten vertragstypische Sonderregelungen **(II, III). b) Reisender** ist auch hier der Vertragspartner, der mit dem Gastschüler regelmäßig nicht identisch ist (Bsp: Vertrag mit den Eltern zugunsten des häufig minderjährigen Kindes). **c) Vertragstypische Pflichten (II).** Die Sorge für eine angemessene Unterkunft und Betreuung sowie einen „geregelten Schulbesuch" richten sich nach den durchschnittlichen Verhältnissen im Aufnahmeland (Führich/Staudinger, § 7 Rn. 5). Dies trifft zB bei einer nach dem Zufall vorgenommenen Auswahl einer (generell geeigneten) Gastfamilie zu. Gesichert sein muss eine dem vereinbarten Niveau entspr. altersgerechte schulische und außerschulische Betreuung, die auf erzieherischen Fähigkeiten und auch Engagement beruhen (vgl. BT-Drs. 14/5944 S. 14 zu § 651l aF). Eine **Abhilfe** wird idR durch die Auswechselung der Gasteltern, uU auch der Schule geschehen (s. zB AG Frankfurt a. M. RRa 2010, 43).

2 **2. Gastschulaufenthalt etc. unter drei Monaten (I 2).** Bei **kürzerfristigen Schulaufenthalten** oder Aufenthalten, die mit einem **Praktikum** verbunden sind, gilt § 651u – was selbstverständlich ist –, wenn dessen Anwendung vereinbart wird **(I 2).** Eine solche Vereinbarung ist naturgemäß auch bei dem Anbieten von Au-Pair-Plätzen möglich. Sinn der ges. Regelung ist, hier flexiblere vertragliche Regelungen zu ermöglichen (BT-Drs. 18/10822 S. 92). Eine Vereinbarung soll zulässig sein, weil die Aufnahme in einer Familie nicht als „Unterbringung" zu werten sei und damit keine Pauschalreise vorliege (EuGH EuZW 1999, 219, sehr zweifelhaft). Wird keine oder eine lückenhafte Vereinbarung getroffen, so erscheint angesichts der Interessenähnlichkeit von Familienaufnahme und „Beherbergung" eine entspr. Anwendung des § 651u zweckmäßiger als ein Rückgriff auf dienstvertragliche, werkvertragliche oder mietrechtliche Normen. Dabei muss freilich die Analogiefähigkeit im Einzelnen geklärt werden (s. dazu Teichmann RRa 1998, 233).

§ 651v Reisevermittlung

(1) [1]**Ein Unternehmer, der einem Reisenden einen Pauschalreisevertrag vermittelt (Reisevermittler), ist verpflichtet, den Reisenden nach Maßgabe des Artikels 250 §§ 1 bis 3 des Einführungsgesetzes zum Bürgerlichen Gesetzbuche zu informieren.** [2]**Er erfüllt damit zugleich die Verpflichtungen des Reiseveranstalters aus § 651d Absatz 1 Satz 1.** [3]**Der Reisevermittler trägt gegenüber dem Reisenden die Beweislast für die Erfüllung seiner Informationspflichten.**

(2) [1]**Für die Annahme von Zahlungen auf den Reisepreis durch den Reisevermittler gilt § 651t Nummer 2 entsprechend.** [2]**Ein Reisevermittler gilt als vom Reiseveranstalter zur Annahme von Zahlungen auf den Reisepreis ermächtigt, wenn er dem Reisenden eine den Anforderungen des Artikels 250 § 6 des Einführungsgesetzes zum Bürgerlichen Gesetzbuche entsprechende Abschrift oder Bestätigung des Vertrags zur Verfügung stellt oder sonstige dem Reiseveranstalter zuzurechnende Umstände ergeben, dass er von diesem damit betraut ist, Pauschalreiseverträge für ihn zu vermitteln.** [3]**Dies gilt nicht, wenn die Annahme von Zahlungen durch den Reisevermittler in hervorgehobener Form gegenüber dem Reisenden ausgeschlossen ist.**

(3) **Hat der Reiseveranstalter im Zeitpunkt des Vertragsschlusses seinen Sitz nicht in einem Mitgliedstaat der Europäischen Union oder einem anderen Vertragsstaat des Abkommens über den Europäischen Wirtschaftsraum, treffen den Reisevermittler die sich aus den §§ 651i bis 651t ergebenden Pflichten des Reiseveranstalters, es sei denn, der Reisevermittler weist nach, dass der Reiseveranstalter seine Pflichten nach diesen Vorschriften erfüllt.**

(4) [1]**Der Reisevermittler gilt als vom Reiseveranstalter bevollmächtigt, Mängelanzeigen sowie andere Erklärungen des Reisenden bezüglich der Erbringung der Reiseleistungen entgegenzunehmen.** [2]**Der Reisevermittler hat den Reiseveranstalter unverzüglich von solchen Erklärungen des Reisenden in Kenntnis zu setzen.**

Lit.: S. vor § 651b.

1 **1. Vorvertragliche Informationspflicht des Reisevermittlers (I).** Weil der Vermittler den Vertrag über eine Pauschalreise selbst im Namen des Veranstalters abschließt bzw. direkten Kontakt hat, soll er den Reisenden vor dessen Entscheidung *zum Abschluss* in demselben Umfang informieren und ihm dieselben Unterlagen zur Verfügung stellen **wie der Veranstalter** bei unmittelbarem Vertragsabschluss. Zutr. wird keine Gesamtschuld angenommen (BT-Drs. 18/10822 S. 93), sondern ein Nebeneinander selbständiger Verpflichtungen, die bei der Information durch den Ersten auch für den anderen erfüllt werden. Erteilt der Vermittler die Informati-

onen, muss er auch über spätere Veränderungen informieren, s. Art. 250 § 1 II EGBGB. Die (vorvertragliche) Verpflichtung endet für den Vermittler konsequent mit Abschluss des Reisevertrages (Meier RRa 2020, 102, 103). Dann obliegen weitere Informationen allein dem Veranstalter (BT-Drs. 18/10822 S. 93).

2. Annahme von Zahlungen durch den Reisevermittler (II). Der Vermittler darf Zahlungen nur annehmen, wenn dem Reisenden die Daten des Kundengeldabsicherers etc. gem. § 651t Nr. 2 mitgeteilt sind **(II 1).** Eine Verletzung dieser Pflicht führt zum Schadensersatz (BGH NJW 2015, 853 zu § 651k IV aF). Eine Wirksamkeitskontrolle für den Sicherungsvertrag obliegt ihm nicht (kein Verweis auf § 651t Nr. 1). – Unter den Voraussetzungen des **II 2** gilt der Vermittler **zum Inkasso ermächtigt** (Ausnahme: ausdrücklicher gegenteiliger Hinweis in der Reisebestätigung, II 3, s. Führich NJW 2001, 3086). Die Zahlung hat dann Erfüllungswirkung, auch wenn der Vermittler den Betrag nicht weiterleitet (OLG Dresden MDR 2014, 1132). 2

3. Sekundäre Mängelhaftung des Reisevermittlers (III). Mit der Bestimmung wird Art. 20 der RiLi umgesetzt. Der **Vermittler** ist ***neben*** **dem Veranstalter** verpflichtet; die Pflichten treffen also beide (Meier RRa 2020, 102, 105). 3

4. Empfangsvollmacht des Reisevermittlers (IV). Der Vermittler ist schon nach allgemeinen Regeln typischerweise Empfangsvertreter des Veranstalters (BGHZ 82, 219, 221: idR Entgegennahme von Angeboten, nicht Erklärung der Annahme). **IV 1** erklärt die **Vollmacht** für **zwingend** (→ § 651y), soweit es um den Empfang von Mängelanzeigen und „anderen" Erklärungen geht; **IV 2** statuiert eine **Weiterleitungspflicht im Innenverhältnis.** „Anderen Erklärungen" sind einseitige, auf die Leistung und ihre evtl. Anpassung bezogene Erklärungen wie das Abhilfeverlangen, Fristsetzungen, auch die Kündigung gem. § 651l (weitergehend Führich/Staudinger, § 26 Rn. 8: Vertragsübertragungserklärung gem. § 651e). Die praktische Bedeutung von IV ist gering. Der Veranstalter muss gem. Art. 250 § 6 II Nr. 4 lit. b EGBGB dem Reisenden einen **örtlichen Repräsentanten** benennen. Dieser ist wegen seiner konkreten Verantwortlichkeit für die Durchführung der Reise, seiner Nähe zum Leistungserbringer und damit seiner Möglichkeit, rascher Maßnahmen auszulösen, der primäre Ansprechpartner. 4

§ 651w Vermittlung verbundener Reiseleistungen

(1) [1]**Ein Unternehmer ist Vermittler verbundener Reiseleistungen, wenn er für den Zweck derselben Reise, die keine Pauschalreise ist,**

1. **dem Reisenden anlässlich eines einzigen Besuchs in seiner Vertriebsstelle oder eines einzigen Kontakts mit seiner Vertriebsstelle Verträge mit anderen Unternehmern über mindestens zwei verschiedene Arten von Reiseleistungen vermittelt und der Reisende diese Leistungen getrennt auswählt und**
   a) **getrennt bezahlt oder**
   b) **sich bezüglich jeder Leistung getrennt zur Zahlung verpflichtet oder**
2. **dem Reisenden, mit dem er einen Vertrag über eine Reiseleistung geschlossen hat oder dem er einen solchen Vertrag vermittelt hat, in gezielter Weise mindestens einen Vertrag mit einem anderen Unternehmer über eine andere Art von Reiseleistung vermittelt und der weitere Vertrag spätestens 24 Stunden nach der Bestätigung des Vertragsschlusses über die erste Reiseleistung geschlossen wird.**

[2]**Eine Vermittlung in gezielter Weise im Sinne des Satzes 1 Nummer 2 liegt insbesondere dann nicht vor, wenn der Unternehmer den Reisenden lediglich mit einem anderen Unternehmer in Kontakt bringt.** [3]**Im Übrigen findet auf Satz 1 § 651a Absatz 4 Satz 1 Nummer 1, Satz 2 und Absatz 5 Num-**

mer 1 und 3 entsprechende Anwendung. [4]§ 651a Absatz 5 Nummer 2 ist unabhängig von der Höhe des Reisepreises entsprechend anzuwenden.

(2) **Der Vermittler verbundener Reiseleistungen ist verpflichtet, den Reisenden nach Maßgabe des Artikels 251 des Einführungsgesetzes zum Bürgerlichen Gesetzbuche zu informieren.**

(3) **[1]Nimmt der Vermittler verbundener Reiseleistungen Zahlungen des Reisenden auf Vergütungen für Reiseleistungen entgegen, hat er sicherzustellen, dass diese dem Reisenden erstattet werden, soweit Reiseleistungen von dem Vermittler verbundener Reiseleistungen selbst zu erbringen sind oder Entgeltforderungen anderer Unternehmer im Sinne des Absatzes 1 Satz 1 noch zu erfüllen sind und im Fall der Zahlungsunfähigkeit des Vermittlers verbundener Reiseleistungen**
1. **Reiseleistungen ausfallen oder**
2. **der Reisende im Hinblick auf erbrachte Reiseleistungen Zahlungsaufforderungen nicht befriedigter anderer Unternehmer im Sinne des Absatzes 1 Satz 1 nachkommt.**

[2]Hat sich der Vermittler verbundener Reiseleistungen selbst zur Beförderung des Reisenden verpflichtet, hat er zudem die vereinbarte Rückbeförderung und die Beherbergung bis zum Zeitpunkt der Rückbeförderung sicherzustellen. [3]Der Zahlungsunfähigkeit stehen die Eröffnung des Insolvenzverfahrens über das Vermögen des Vermittlers verbundener Reiseleistungen und die Abweisung eines Eröffnungsantrags mangels Masse gleich. [4]§ 651r Absatz 2 bis 4 sowie die §§ 651s und 651t sind entsprechend anzuwenden.

(4) **Erfüllt der Vermittler verbundener Reiseleistungen seine Pflichten aus den Absätzen 2 und 3 nicht, finden auf das Rechtsverhältnis zwischen ihm und dem Reisenden § 312 Absatz 7 Satz 2 sowie die §§ 651e, 651h bis 651q und 651v Absatz 4 entsprechende Anwendung.**

(5) **[1]Kommen infolge der Vermittlung nach Absatz 1 ein oder mehrere Verträge über Reiseleistungen mit dem Reisenden zustande, hat der jeweilige andere Unternehmer den Vermittler verbundener Reiseleistungen über den Umstand des Vertragsschlusses zu unterrichten. [2]Die Pflicht nach Satz 1 besteht nicht, wenn der Vermittler verbundener Reiseleistungen den Vertrag als Vertreter des anderen Unternehmers geschlossen hat.**

1 **a) Normzweck.** Die Bestimmung schließt an die die Unterscheidung zwischen einem **Pauschalreisevertrag** (§ 651a bzw. § 651v) und einem **Vertrag über sog. verbundene Reiseleistungen** (§ 651b) an und regelt, welche Pflichten den Unternehmer (Reisebüro etc.) treffen, wenn er *nicht als Reiseveranstalter*, sondern als **Vermittler** für Leistungserbringer zu qualifizieren ist. Da nach der RiLi in der Praxis die Vermittlung von Reisemodulen häufig in enger Konkurrenz zur Vermittlung eigentlicher Pauschalreisen stehe (ErwG 13 der RiLi), müssten die Reisevermittler den Reisenden darüber informieren, dass keine Pauschalreise zustande komme (und damit das Schutzniveau niedriger ist). Weiter müssten Vermittler für den Fall, dass sie Zahlungen annehmen, ebenfalls Schutz vor der Zahlungsunfähigkeit des ausführenden Unternehmens bieten und schließlich auch die Rückbeförderung (→ § 651k Rn. 8) gewährleisten, wenn sie für die Beförderung von Personen ver-
2 antwortlich sind (ErwG 43 der RiLi). **b) Umschreibung der Vermittlung „verbundener Reiseleistungen“. aa)** Es muss bei einem **einzigen Besuch oder Kontakt** zusätzlich zu einer vermittelten Reise, die **keine Pauschalreise** ist (*in diesem Fall greift § 651v ein*), mindestens **eine weitere Reiseleistung** iSd § 651a III Nr. 1–4 (Beförderung, Beherbergung, Vermietung von Kfz, sonstige touristische Leistung) vermittelt werden, **ohne** dass eine (weitere) **Pauschalreise** entsteht **(I Nr. 1).** Formal wird die Trennung durch eine getrennte Auswahl der Leistungen und die Vereinbarung getrennter Zahlungsverpflichtungen definiert **(I Nr. 1 lit. b).**

Eine additive Zusammenrechnung führt nicht zu einem Gesamtpreis. Dementsprechend kann die Zahlung dann auch für alle Leistungen gemeinsam erfolgen (**I Nr. 1 lit. a,** s. BT-Drs. 18/12600 S. 15 im Anschluss an BGH NJW 2011, 599). **bb)** Bei 3
der Buchung einer weiteren andersartigen Reiseleistung in einem **zweiten Kontakt innerhalb von 24 Stunden** darf die Vermittlung bei einem anderen Unternehmer nicht **„in gezielter Weise"** vermittelt werden **(I Nr. 2).** Damit soll die bloße Information von Anbietern (Bsp: Liste verfügbarer Hotels bei Buchung einer Transportleistung) von der eigenen Werbung für konkrete Anbieter unterschieden werden (BT-Drs. 18/12600 S. 95). Demgemäß soll „insbesondere" **(I 2)** die schlichte Weiterleitung zu einem Anbieter nicht genügen. Als Bsp. für eine „gezielte Weise" wird erwähnt: Bei einer Online-Vermittlung erhält der Reisende mit der Bestätigung der Buchung der ersten Reiseleistung und dem Link zum Portal eines anderen Unternehmers eine konkrete Aufforderung, am Bestimmungsort eine Hotelunterkunft zu buchen; es wird ihm eine entspr. E-Mail zugesandt (BT-Drs. 18/10822 S. 95. **cc)** Ein weiterer Kontakt **nach 24 Stunden** (und einer Minute/Sekunde) ist 4
auch bei einer Vermittlung in gezielter Weise **unschädlich.** Aufgrund der unklaren inhaltlichen und starren formalen Kriterien ist hier in bes. Weise zu befürchten, dass die Abgrenzung nicht zu befriedigenden Ergebnissen führen wird.

§ 651x Haftung für Buchungsfehler

Der Reisende hat Anspruch auf Ersatz des Schadens,

1. **der ihm durch einen technischen Fehler im Buchungssystem des Reiseveranstalters, Reisevermittlers, Vermittlers verbundener Reiseleistungen oder eines Leistungserbringers entsteht, es sei denn, der jeweilige Unternehmer hat den technischen Fehler nicht zu vertreten,**
2. **den einer der in Nummer 1 genannten Unternehmer durch einen Fehler während des Buchungsvorgangs verursacht hat, es sei denn, der Fehler ist vom Reisenden verschuldet oder wurde durch unvermeidbare, außergewöhnliche Umstände verursacht.**

Die Bestimmung schafft eine **Sonderregel** zur Haftung bei technischen Fehlern 1
im Buchungssystem (Nr. 1) und Fehlern, die von Unternehmerseite während des Buchungsvorgangs verursacht wurden (Nr. 2). Der Sache nach handelt es sich um eine besondere c.i.c.-Haftung, bei der der Buchungsvorgang als Vertragsanbahnung gegenüber allen beteiligten Unternehmern ausreicht und eine Anfechtung nach §§ 119 ff. ausscheidet. **Voraussetzungen** sind ein Buchungsvorgang, der aufgrund 2
der in Nr. 1 oder Nr. 2 genannten Umstände zu keiner oder einer falschen Buchung geführt hat, und eine Zurechnung zu einem der beteiligten Unternehmer, wobei insoweit die Beweislast umgekehrt ist (→ § 651n Rn. 4 f.); ein Mitverschulden – das nur bei Nr. 2 vorkommen kann – führt konsequenterweise auch nur dort zum Anspruchsausschluss. Unklar ist die **Passivlegitimation.** Richtigerweise haftet stets 3
derjenige, dessen System den technischen Fehler aufwies (Nr. 1) oder der den Fehler verursacht hat (Nr. 2) sowie uU gesamtschuldnerisch noch der (beabsichtigte) Vertragspartner, sofern der für den Fehler unmittelbar verantwortliche Unternehmer als dessen Erfüllungsgehilfe angesehen werden kann (str.).

§ 651y Abweichende Vereinbarungen

[1]Von den Vorschriften dieses Untertitels darf, soweit nichts anderes bestimmt ist, nicht zum Nachteil des Reisenden abgewichen werden. [2]Die Vorschriften dieses Untertitels finden, soweit nichts anderes bestimmt ist, auch Anwendung, wenn sie durch anderweitige Gestaltungen umgangen werden.

1 Die reiserechtlichen Bestimmungen sind zugunsten des Reisenden **halbzwingend,** auch wenn dies in einer konkreten Prozesssituation dem Reisenden nachteilig ist (vgl. LG Frankfurt, Urt. v. 7.4.2022 – 2-24 S 123/21, juris); ggf. gilt ein Verbot der geltungserhaltenden Reduktion (Ullenboom RRa 2022, 55 Rn. 11 zu den
2 Stornopauschalen, § 651h). Zur **Umgehung** → § 134 Rn. 18.

Anhang: Artikel 250 EGBGB: Informationspflichten bei Pauschalreiseverträgen (Auszug)

§ 1 Form und Zeitpunkt der vorvertraglichen Unterrichtung

(1) **Die Unterrichtung des Reisenden nach § 651d Absatz 1 und 5 sowie § 651v Absatz 1 des Bürgerlichen Gesetzbuchs muss erfolgen, bevor dieser seine Vertragserklärung abgibt. Die Informationen sind klar, verständlich und in hervorgehobener Weise mitzuteilen; werden sie schriftlich erteilt, müssen sie leserlich sein.**

(2) **Änderungen der vorvertraglichen Informationen sind dem Reisenden vor Vertragsschluss klar, verständlich und in hervorgehobener Weise mitzuteilen.**

§ 2 Formblatt für die vorvertragliche Unterrichtung

(1) **Dem Reisenden ist gemäß dem in Anlage 11 enthaltenen Muster ein zutreffend ausgefülltes Formblatt zur Verfügung zu stellen.**

(2) …

§ 3 Weitere Angaben bei der vorvertraglichen Unterrichtung

Die Unterrichtung muss folgende Informationen enthalten, soweit sie für die in Betracht kommende Pauschalreise erheblich sind:

1. die wesentlichen Eigenschaften der Reiseleistungen, und zwar
   a) Bestimmungsort oder, wenn die Pauschalreisemehrere Aufenthalte umfasst, die einzelnen Bestimmungsorte sowie die einzelnen Zeiträume (Datumsangaben und Anzahl der Übernachtungen),
   b) Reiseroute,
   c) Transportmittel (Merkmale und Klasse),
   d) Ort, Tag und Zeit der Abreise und der Rückreise oder, sofern eine genaue Zeitangabe noch nicht möglich ist, ungefähre Zeit der Abreise und Rückreise, ferner Orte und Dauer von Zwischenstationen sowie die dort zu erreichenden Anschlussverbindungen,
   e) Unterkunft (Lage, Hauptmerkmale und gegebenenfalls touristische Einstufung der Unterkunft nach den Regeln des jeweiligen Bestimmungslandes),
   f) Mahlzeiten,
   g) Besichtigungen, Ausflüge oder sonstige im Reisepreis inbegriffene Leistungen,
   h) sofern dies nicht aus dem Zusammenhang hervorgeht, die Angabe, ob eine der Reiseleistungen für den Reisenden als Teil einer Gruppe erbracht wird, und wenn dies der Fall ist, sofern möglich, die Angabe der ungefähren Gruppengröße,
   i) sofern die Nutzung touristischer Leistungen im Sinne des § 651a Absatz 3 Satz 1 Nummer 4 des Bürgerlichen Gesetzbuchs durch den

Reisenden von einer wirksamen mündlichen Kommunikation abhängt, die Sprache, in der diese Leistungen erbracht werden, und

j) die Angabe, ob die Pauschalreise im Allgemeinen für Personen mit eingeschränkter Mobilität geeignet ist, sowie auf Verlangen des Reisenden genaue Informationen über eine solche Eignung unter Berücksichtigung der Bedürfnisse des Reisenden,

2. die Firma oder den Namen des Reiseveranstalters, die Anschrift des Ortes, an dem er niedergelassen ist, die Telefonnummer und gegebenenfalls die E-Mail-Adresse; diese Angaben sind gegebenenfalls auch bezüglich des Reisevermittlers zu erteilen,

3. den Reisepreis einschließlich Steuern und gegebenenfalls aller zusätzlichen Gebühren, Entgelte und sonstigen Kosten, oder, wenn sich diese Kosten vor Vertragsschluss nicht bestimmen lassen, die Angabe der Art von Mehrkosten, für die der Reisende gegebenenfalls noch aufkommen muss,

4. die Zahlungsmodalitäten einschließlich des Betrags oder des Prozentsatzes des Reisepreises, der als Anzahlung zu leisten ist, sowie des Zeitplans für die Zahlung des Restbetrags oder für die Stellung finanzieller Sicherheiten durch den Reisenden,

5. die für die Durchführung der Pauschalreise erforderliche Mindestteilnehmerzahl sowie die Angabe, bis zu welchem Zeitpunkt vor dem vertraglich vereinbarten Reisebeginn dem Reisenden die Rücktrittserklärung des Reiseveranstalters gemäß § 651h Absatz 4 Satz 1 Nummer 1 des Bürgerlichen Gesetzbuchs zugegangen sein muss,

6. allgemeine Pass- und Visumerfordernisse des Bestimmungslands, einschließlich der ungefähren Fristen für die Erlangung von Visa, sowie gesundheitspolizeiliche Formalitäten,

7. den Hinweis, dass der Reisende vor Reisebeginn gegen Zahlung einer angemessenen Entschädigung oder gegebenenfalls einer vom Reiseveranstalter verlangten Entschädigungspauschale jederzeit vom Vertrag zurücktreten kann,

8. den Hinweis auf den möglichen Abschluss einer Reiserücktrittskostenversicherung oder einer Versicherung zur Deckung der Kosten einer Unterstützung einschließlich einer Rückbeförderung bei Unfall, Krankheit oder Tod.

Titel 10. Maklervertrag

Vorbemerkungen

1. Allgemeines. a) Gesetzessystematik und Begriff. Der 10. Titel (§§ 652–656d) regelt den Maklervertrag in 4 Untertiteln (**Allgemeine Vorschriften** und Zivilmakler → §§ 652–655, **Verbraucherfinanzmakler** etc. → §§ 655a–655e, **Ehemakler** → § 656, **Wohnungskaufmakler** etc. → §§ 656a–656d, in Kraft seit dem 23.12.2020 → Vorb. §§ 656a–656d Rn. 1). Sonderregeln für **Mietwohnungsmakler** finden sich in §§ 1 I, 7 WoVermG (→ Rn. 13) und für **Handelsmakler** in §§ 93–104 HGB (→ Rn. 12). Zu gewerberechtlichen Normen s. → Rn. 19. Die in den §§ 652–656 verwendeten Begriffe Mäklervertrag, Mäkler, Mäklerlohn sind mit Wirkung vom 23.12.2020 durch ihre aktuellen Sprachvarianten ersetzt worden (→ §§ 656a–656d Rn. 1). **Maklervertrag** ist der zwischen Auftraggeber (§§ 652 ff. verwenden diesen Begriff nicht) und Makler geschlossene Vertrag, durch den sich der Auftraggeber dem Makler gegenüber zur Zahlung einer Vergütung (zur ergänzenden Vertragsauslegung betreffend Maklerprovisionsrecht s. Würdinger ZfIR 2006, 6; zum Typus des Maklervertrags und den Grenzen seiner judikativen Ausgestaltung s. Thomale JZ 2012, 716) für den Fall verpflichtet, dass ein Vertragsschluss 1

mit einem Dritten (Hauptvertrag) auf Grund der (Nachweis- oder Vermittlungs-)Tätigkeit des Maklers zustande kommt. Zu den einzelnen Merkmalen näher → § 652 Rn. 4–27. Überblick: Waibel/Reichstädter JURA 2002, 649; Weishaupt JuS 2003, 1166; zu Reformüberlegungen s. Seidenberg, Die notwendige Neuordnung des Wohnungs- und Immobilienmaklerrechts und seine Integration in das
2 BGB, 2000; zu den Umsetzungschancen Neises NZM 2001, 886. **b) Arten.** Nach der Art der Maklerleistung zu unterscheiden sind **Nachweis-** und **Vermittlungsmakler** (→ § 652 Rn. 8 ff.), nach ihrem Gegenstand **Zivil-** (→ Rn. 9) und **Han-**
3 **delsmakler** (→ Rn. 12). **c) Rechtsnatur.** Der gewöhnliche Maklervertrag (zum Alleinauftrag → § 652 Rn. 33 ff.) ist, da der Makler zum Tätigwerden lediglich berechtigt, aber nicht verpflichtet ist, kein gegenseitiger Vertrag (BGHZ 94, 100 mN), sondern ein **einseitig** den Auftraggeber **verpflichtender Vertrag eigener Art** (hM). Auch die Provisionspflicht des Auftraggebers entsteht nur (bedingt) bei erfolgreichem Tätigwerden des Maklers, nämlich bei Zustandekommen des Hauptvertrags **(Erfolgsprovision).** Vorher wird der Auftraggeber durch die Einschaltung des Maklers nicht in seiner **Entschließungs-** und **Abschlussfreiheit** beschränkt: Er kann den Auftrag jederzeit widerrufen, sich selbst weiterhin um einen Vertragsabschluss bemühen, weitere Makler einschalten und sogar ein seinem Auftrag voll entspr. Angebot ablehnen (BGH NJW 1967, 1226; 1975, 648; KG NJW-RR 1986, 598: wesentlicher Grundgedanke der ges. Regelung). Als echter Vertrag erzeugt allerdings auch der Maklervertrag **Nebenpflichten** (ie → § 654 Rn. 3 ff.), deren
4 Verletzung die Parteien schadensersatzpflichtig macht. **d) Verhältnis zur Gegenpartei.** Mit dem Vertragspartner des Auftraggebers ist der Makler – abgesehen vom Doppelauftrag (Doppelmandat; dazu → § 654 Rn. 11) – **vertraglich nicht verbunden.** Er haftet deshalb bei bewusst falscher Auskunft oder arglistigem Verschweigen idR nur auf Grund unerlaubter Handlung (§ 826), bei fahrlässigen Falschangaben ausnahmsweise als Dritter nach cic-Grundsätzen (§ 311 III 1); Bsp: Handelsmakler (§ 98 HGB); Anlagevermittler (BGHZ 74, 109; NJW 1983, 1731; sa allg. → § 676 Rn. 9); Vermittler im Börsentermin- (BGH NJW 1981, 1266) und Gebrauchtwagenhandel (BGHZ 79, 283; NJW 1983, 218). **Vertretungsmacht** besitzt der Makler als Vermittler **nicht;** er ist **Dritter** iSd § 123 II, uU aber **Erfüllungsgehilfe** einer Vertragspartei (vgl. BGH NJW 1996, 451 f. mN; NJW-RR 1997, 116).

5 **2. Abgrenzung zu Dienstleistungs- und anderen Verträgen.** Zur Abgrenzung s. Gilles NJW 1983, 365. **a)** Im Gegensatz zum **Auftrag** (§ 662) ist der Maklervertrag entgeltlich; der Makler kann allerdings nicht wie der Beauftragte Ersatz seiner Aufwendungen verlangen (§ 652 II gegenüber § 670; ie → § 652 Rn. 31 f.). Str. ist auch, ob der Makler, da er nur für den Fall eines erfolgreichen Tätigwerdens Ansprüche gegen seinen Auftraggeber hat, überhaupt ein Geschäft für einen anderen besorgt (abl. Reuter NJW 1990, 1324 mN). Eine Geschäftsbesorgung scheidet jedenfalls bei Fehlen eines Vertragsschlusses aus (BGH DB 1981, 1818; wichtig
6 für § 354 HGB). **b)** Im Gegensatz zum **Dienstvertrag** (§ 611) wird durch den Maklervertrag keine Pflicht zum Tätigwerden begründet (BGH NJW 1985, 2478). Wird eine solche Pflicht vereinbart, so wird der Vertrag zum Maklerdienstvertrag (BGH NJW 2019, 1596; NJW-RR 1991, 628; bei Vermittlung einer Finanzierung: OLG Hamm NJW-RR 2015, 825). IdR besteht auch hier ein Vergütungsanspruch nur bei Erfolg der Maklertätigkeit (BGHZ 99, 382; Bsp: Alleinauftrag, → § 652 Rn. 33 ff.); die Parteien können aber auch eine Vergütung nur für die Tätigkeit als solche vereinbaren (BGHZ 87, 313; NJW 1988, 968 mN); zum Ehevermittlungsdienstvertrag vgl. → § 656 Rn. 4. **Plattformnutzungsvertrag** zur Vermittlung von Vermittlung von Beförderungsleistungen über Onlineformate wie **Uber,** mytaxi (Linke/Jürschik NZV 2018, 496; Grüneberg/Retzlaff, Einf. v § 652, Rn. 22) oder von vorübergehender Wohnraumnutzung über **Internetportale** wie **Airbnb,** Wimdu, 9flats (Henke/Singbartl/Zintl, NZM 2018, 1, 3; Grüneberg/Retzlaff, Einf. v § 652 Rn. 22) sind typengemischten Verträge mit Elementen aus Dienstvertrags-,

Treuhand- und Zahlungsdiensterecht, kein Maklervertrag. Zum **Sportmanagementvertrag** als gemischt dienst- und maklerrechtlichem Vertrag s. Karakaya/Buch ZRP 2002, 193. **c)** IGgs zum **Werkvertrag** (§ 631) fehlt die Pflicht, einen Vermitt- 7
lungserfolg zu gewährleisten. Ein ausnahmsweises Einstehen für einen solchen Erfolg kann aber vereinbart werden (selten; Bsp: BGH NJW 1988, 968: dann Maklerwerkvertrag; krit. Schäfer NJW 1989, 210). Zur Abgrenzung vom Maklerdienstvertrag s. BGH NJW-RR 1991, 628; vom **Geschäftsbesorgungsvertrag** s. BGH NJW-RR 1991, 915; **Handelsvertretung** s. BGH NJW 1992, 2819 f. mN; → § 652 Rn. 14. Das **Reisebüro** ist (iGgs zum Veranstalter: BGHZ 119, 158 f.) idR Vermittler (Makler; LG Konstanz NJW-RR 1992, 691); zur Vermittlung von **Pauschalreiseverträgen** → § 651v. **d)** Verpflichtet sich der Käufer dem Verkäufer gegenüber 8
zur Zahlung einer Gebühr an den vom Verkäufer beauftragten Makler, so kann darin (abw. von § 329) ein **Vertrag zgDr** (§ 328 I) liegen (BGHZ 138, 172; → § 328 Rn. 5; zu vorvertraglichen Aufklärungspflichten des drittbegünstigten Maklers s. Althammer NZM 2006, 163 ff.); desgl. sind negative Provisionsklauseln im Hauptvertrag möglich (s. OLG Düsseldorf NJW-RR 1995, 1525).

3. Maklerrecht. a) Anwendungsbereich. Die §§ 652 ff. gelten nur für bürger- 9
lich-rechtliche Geschäfte (insbes. Grundstücks- und Geschäftsverkäufe, Miet-, Pacht- und Darlehensverträge [zur Kreditvermittlung für Verbraucher und Existenzgründer iSv § 507 durch Unternehmer gegen Entgelt s. §§ 655a–e und Anm. dort], Hypothekengeschäfte, Spieler- bzw. Athleten [OLG Koblenz BeckRS 2020, 4057; OLG Dresden SpuRt 2004, 257, 258], Ehen [für diese Vermittlung vgl. ferner § 656]) vermittelnden (nachweisenden) **Zivilmakler,** subsidiär auch für den **Handelsmakler;** zur Abgrenzung vgl. → Rn. 12; gilt auch für **Gelegenheitsmakler** (Makler, der in einem so geringen Ausmaß als Makler tätig ist, dass er kein Unternehmer iSd § 14 BGB ist, s. BT-Drs 19/19203 S. 20). **b) Bedeutung.** Der Makler führt 10
Angebot und Nachfrage zusammen und übt damit eine wichtige volkswirtschaftliche Funktion in der Marktwirtschaft aus. Die **ges. Regelung** des **BGB** ist zu dürftig (s. BGH NJW 1987, 2431) und wird der großen praktischen Bedeutung des Maklerrechts nicht gerecht (daran hat das SchRModG nichts geändert). Das Ges. wird durch eine **umfangreiche Kasuistik** der Rspr. ergänzt. Daneben sind bes. Gebräuche und die Verkehrssitte von Bedeutung (§§ 157, 242). Ergänzend gelten **Sonderregelungen** (→ Rn. 12 ff.). **c) Abdingbarkeit.** Die Regelung des BGB ist grundsätz- 11
lich **dispositiv** (§§ 652–654, vgl. BGH NJW 1983, 1131; zwingend: §§ 655, 656). Da sie den Schutz des Auftraggebers verfolgt („Maklers Müh ist oft umsonst“), sind den Makler begünstigende abw. Vereinbarungen in der Praxis verbreitet (dazu → § 652 Rn. 28 ff., 31 f.). Vereinbarungen, durch die vom ges. **Leitbild des Maklervertrags** iSd § 652 (s. BGHZ 60, 247, 381 und 390; 61, 21; 99, 382; 119, 33 f.; dazu gehören: Erfolgsabhängigkeit der Provision; Entschließungsfreiheit des Auftraggebers; Ursächlichkeit von echter Maklertätigkeit für den Vertragsschluss; → § 652 Rn. 28 ff.) abgewichen wird, können nur durch Individualvereinbarung (§ 305 I 3) wirksam getroffen werden (§ 307 II Nr. 1; BGHZ 99, 382); ferner sind bei Verwendung von AGB (verbreitet die des Rings Deutscher Makler) und Formularverträgen die Schranken des Abschnitts 2 des Buches 2 (§§ 305 ff.), insbes. §§ 308 Nr. 5, 6, 7; 309 Nr. 5, 6, 12 zu beachten (→ § 652 Rn. 29, 32, 41 f.). **d) Sonderre-** 12
gelungen. aa) Der **Handelsmakler** (§ 93 ff. HGB) vermittelt gewerbsmäßig bestimmte Handelsgeschäfte (§ 93 I HGB: über Waren, Wertpapieren, Versicherungen, Güterbeförderungen, Schiffsmiete oder sonstige Gegenstände des Handelsverkehrs; § 93 II HGB: nicht Immobilien); Kaufmannseigenschaft ist nicht erforderlich (§ 93 III HGB); Zivilmakler kann Kaufmann sein; Unterschied wichtig vor allem für § 354 I HGB (s. dazu BGHZ 95, 398). Anwendungsbereich von § 354 I HGB wurde durch Neufassung von § 1 I HGB ausgeweitet (Heße NJW 2002, 1835). Immobilienmakler ist als solcher stets Zivilmakler, § 93 II HGB (aA Heße NJW 2002, 1835, mN). **bb) Wohnungsmietvermittler** ist, wer (nicht notwendig 13
gewerbsmäßig) Mietverträge über Wohnraum vermittelt oder entspr. Abschlussmög-

lichkeiten nachweist (§§ 1 I, 7 **WoVermG;** ie BGH NJW-RR 1995, 880; OLG Hamburg NJW-RR 1995, 880 mN). Zur Rspr. des BGH s. Fischer NJW 2007, 3107. **Lit.:** Breiholdt NJW 1988, 398; v. Hoyningen-Huene BB 1973, 920; Morath NZM 2006, 330; Rebmann DB 1972, 125. Die weitgehend zwingend ausgestaltete ges. Regelung enthält zahlreiche Schutzbestimmungen zugunsten des Wohnungssuchenden. Besonderheiten: nur Erfolgsprovision ist zulässig (§ 2 I, V WoVermG) und auf zwei Monatsmieten beschränkt (§ 3 II WoVermG), die Vereinbarung von Auslagenerstattung (§ 3 WoVermG) und Vertragsstrafen (§ 4 WoVermG) nur eingeschränkt möglich; die Leistung von Vorschüssen ist untersagt (§ 2 IV, V WoVermG; dazu LG Hamburg NJW-RR 1990, 1490). Koppelungsgeschäfte sind unzulässig (§ 3 IV 1 WoVermG); Ausschluss von § 817 S. 2 (§ 5 WoVermG); uU [s. §§ 195, 199 I] kurze Verjährung). Verwalter sind von der Vermittlung ausgeschlossen (§ 2 II Nr. 2, 3 WoVermG; → § 652 Rn. 14); Wohnungsvermittler darf Wohnräume nur bei Beauftragung durch Berechtigten (idR Vermieter) anbieten (§ 6 I WoVermG; Maklervertrag bei Verstoß nicht nach § 134 nichtig; dazu BGH NJW 2002, 3015; krit. Tonner JZ 2003, 158); eine Provisionszusage des Mieters an den Wohnungsvermittler ist nicht schon deshalb unwirksam, weil dieser gegenüber dem Eigentümer oder Vermieter eine Mietgarantie übernommen hatte (BGH NJW-RR 2006, 728). § 2 Ia, V WoVermG (in Kraft seit **1.6.2015,** eingeführt durch Art. 3 MietrechtsnovellierungsG, BGBl. 2015 I 610) führt **Bestellerprinzip** ein: wohnungssuchender Mieter hat Provision nur dann zu zahlen, wenn ausschließlich er den Maklerauftrag erteilt hat, abweichende Vereinbarungen sind unwirksam (verfassungskonform: BVerfG WM 2016, 1497; Verfassungsmäßigkeit der Neuregelung wurde zuvor bestritten, s. Hufen NZM 2014, 663; dazu Derleder NZM 2014, 263; rechtspolitisch kritisch Bethge ZMR 2014, 931). Vormieter, der mit Vermietererlaubnis selbst Nachmieter sucht, ist „anderer Berechtigter" iSv § 2 I a WoVermittG (BGH NJW 2019, 3231,
14 3232 Rn. 21). **cc)** Zum Darlehensvermittler und zum Darlehensvermittlungsvertrag
15 iSv § 655a vgl. Anm. dort. **dd)** Der **Versicherungsmakler** ist idR Handelsmakler (§ 93 I HGB; BGHZ 94, 359; NJW 1986, 1037; Looschelders/Götz JR 2006, 65; Spielberger VersR 1984, 1014). Zu besonderen Mitteilungs- und Beratungspflichten
16 sowie Vertretungsregeln s. § 59 ff. VVG. **ee)** Der gewerbsmäßige **Anlagevermittler** bedarf der Erlaubnis (→ Rn. 19). **ff) Arbeitsvermittlung:** s. § 655. **e) Vermittlungsverbote. aa)** Die private **Adoptionsvermittlung** ist verboten (§ 5
17 AdVermG). **bb)** Die entgeltliche **Darlehensvermittlung** ist im Reisegewerbe verboten (§ 56 I Nr. 6 GewO); Folge bei Verstoß: § 134, da nur dann der Darlehensnehmer genügend geschützt ist (BGH NJW 1999, 1637). Zu **Verbraucherdarlehens-**
18 **verträgen** im Reisegewerbe → § 134 Rn. 9. **cc) Notare** dürfen keine Darlehen und Grundstücksgeschäfte vermitteln (§ 14 IV BNotO; § 134 gilt für beurkundenden Notar: BGH NJW-RR 1990, 948). Rechtsanwälte als Sozien eines Anwaltsnotars dürfen keine Maklerverträge über Grundstücke schließen (bei Verstoß: Nichtigkeit, BGH NJW 2001, 1570). **Steuerberater** dürfen nicht gewerbsmäßige Makler sein (aber kein Fall von § 134, uU aber von § 138: BGHZ 95, 83 ff.). Für **Rechtsanwälte** besteht kein entspr. Verbot (BGH NJW 2004, 212; 1992, 682; s. aber o. zu BGH NJW 2001, 1570), aber Maklertätigkeit – als Vermittler von Finanzdienstleistungen oder als Grundstücksmakler – ist mit beruflicher Stellung des Anwalts grundsätzlich unvereinbar (BGH NJW 2004, 212; NJW 2008, 517; NJW 2019, 3065, 3070 Rn. 59). Eine Tätigkeit als Makler rechtfertigt den Entzug der Zulassung zur Rechtsanwaltschaft (BGH NJW-RR 2016, 814 Rn. 19; NJW 2019, 3065, 3070 Rn. 59). Einem Rechtsanwalt ist es auch nicht gestattet, im Zweitberuf als Versicherungsmakler tätig zu sein (BGH BeckRS 1993, 31170524; NJW 1995, 2357; NJW 2019, 3065, 3070 Rn. 59); jedoch stellt die Tätigkeit eines RA iZw keine Maklertätigkeit dar (BGH NJW 1985, 2642; OLG Hamm NJW-RR 1995, 951; anders aber bei Anlageberatung und -vermittlung: BGH NJW 1980, 1855); Folge bei Vereinbarung von Erfolgshonorar: § 49b II BRAO (BGH NJW 1992, 682 mN); Folge bei dauerhafter Maklertätigkeit: Entzug der Anwaltszulassung wegen Unvereinbarkeit mit Anwaltstätigkeit (BGH NJW 2019, 3065, 3070 Rn. 59; NJW

2004, 212; 1992, 682 mN). **dd)** Gelegenheitsmaklertätigkeit (→ Rn. 9) eines **Beamten** ohne Genehmigung macht den Maklervertrag nicht nichtig (OLG Schleswig SchlHA 1974, 205). **f) Gewerberechtliche Vorschriften.** Einer behördlichen 19 **Erlaubnis** bedarf der gewerbliche Makler von Grundstücken, Wohn- und Geschäftsräumen, Darlehen und Kapitalanlagen (§ 34c I Nr. 1–3 GewO; dazu → § 652 Rn. 6; Ausnahme: Vermittlung von Teilzeitnutzung von Wohngebäuden, vgl. § 34c V Nr. 6 GewO). Zusätzliche **Pflichten** (zB Sicherheitsleistung, Auskunft, Aufbewahrung von Geschäftsunterlagen) für diesen Personenkreis begründet iVm § 34c III GewO die MaBV; dazu Glaser JR 1975, 274; Schmidt BB 1975, 995. Ein Verstoß gegen Vorschriften der MaBV ist für die Wirksamkeit des Vertrages ohne Bedeutung (OLG Frankfurt a. M. NJW 1979, 878; Halbe NJW 1977, 1437; speziell zur Sicherheitsleistung OLG Bremen NJW 1977, 638: pVV).

4. Hilfsgeschäfte bei Zusammenarbeit mehrerer Makler. Der Makler kann 20 sich bei der Erbringung der Maklertätigkeit der Mitarbeit von Hilfskräften (§ 278) bedienen; er kann auch mit anderen Maklern zusammenarbeiten (ie Breiholdt MDR 1986, 549). **a)** Ein **Gemeinschaftsgeschäft** liegt vor, wenn mehrere Makler vereinbarungsgemäß auf entgegengesetzter Seite tätig werden und gegenseitig Mitteilungen (zu den Anforderungen an deren Qualität vgl. OLG Hamburg MDR 1973, 225) über konkrete Geschäftsmöglichkeiten austauschen (BGH NJW-RR 1987, 171; ie Breiholdt BB 1993, 600); Inhalt ist idR partiarisches RGeschäft (Breiholdt BB 1993, 600 und MDR 1986, 549), ggf. gem. § 157 zu ergänzen (BGH NJW 1982, 1052). Rechtsfolge: Gebührenteilung (BGH BB 1963, 835), uU Schadensersatz (OLG Karlsruhe NJW-RR 1993, 762). **b)** Beschränkt sich die Mitarbeit auf 21 gelegentliche Mitteilungen einzelner Vertragsmöglichkeiten ohne Zusammenarbeitsvereinbarung, so handelt es sich um ein sog. **Zubringergeschäft** mit nur geringerem Provisionsanteil des Zubringermaklers (BGH NJW 1974, 1082). **c)** Beim **Untermaklervertrag** verbinden sich Haupt- und Untermakler zur 22 gemeinsamen Durchführung von Maklergeschäften derart, dass der Untermakler an den entspr. Provisionen beteiligt wird (partiarisches Rechtsverhältnis bes. Art, BGH BB 1966, 1367; Abgrenzung zum freien Mitarbeiter: BGH BB 1982, 1876 f.). Vertragspartner des Auftraggebers ist allein der Hauptmakler, der – abgesehen vom Fall der Arglist (OLG Hamburg BB 1954, 173) – trotz Bestehens eines Untermaklervertrages in seinen Entschließungen frei bleibt (BGH BB 1968, 729).

Untertitel 1. Allgemeine Vorschriften

§ 652 Entstehung des Lohnanspruchs

(1) [1]**Wer für den Nachweis der Gelegenheit zum Abschluss eines Vertrags oder für die Vermittlung eines Vertrags einen Maklerlohn verspricht, ist zur Entrichtung des Lohnes nur verpflichtet, wenn der Vertrag infolge des Nachweises oder infolge der Vermittlung des Maklers zustande kommt.** [2]**Wird der Vertrag unter einer aufschiebenden Bedingung geschlossen, so kann der Maklerlohn erst verlangt werden, wenn die Bedingung eintritt.**

(2) [1]**Aufwendungen sind dem Makler nur zu ersetzen, wenn es vereinbart ist.** [2]**Dies gilt auch dann, wenn ein Vertrag nicht zustande kommt.**

1. Allgemeines.

Lit.: Altmeppen, Provisionsansprüche bei Vertragsauflösung, 1987; Derleder, Wer den Mietwohnungsmakler bestellt, bezahlt ihn auch, NZM 2014, 263; Fischer, Die Entwicklung des Maklerrechts seit 2014, NJW 2015, 3278 und WM 2016, Heft 9 Sonderbeilage 1; Hamm/Schwerdtner, Maklervertrag, 2016; Hufen, Das geplante „Bestellerprinzip“ im Recht der Wohnungsvermittlung auf dem Prüfstand des Verfassungsrechts, NZM 2014, 663; Knauer, Spielervermittlung im Berufsfußball, SpoPrax 2022, 154, 205; Pauly, Der Makleralleinauftrag, MDR 2021, 401; J. Schmidt, Maklerlohn nach der Reform 2020: Wer verteilt? Wer zahlt? Und was? Vor allem: Wann?, NZM 2021, 289; Schrader, Grundkonstellationen des Immobilien- und Wohnungsmaklervertrages, JA 2015, 561; Thomale, Der Maklervertrag als Hybrid der Vertragstypenlehre, JZ 2012, 716; Wistokat, Jahr 1 nach der Reform des Maklerrechts: Mehr Fragen als Antworten, NZM 2021, 905; Würdinger, Die drei Säulen des Maklerprovisionsrechts, JZ 2009, 349.

1 **a)** Der **Vergütungsanspruch** des Maklers (dazu → Rn. 26, 27) setzt nach dem **ges. Leitbild** des Maklervertrags (→ Vor § 652 Rn. 11) voraus: Zustandekommen eines Maklervertrages (→ Rn. 4 ff.) sowie des Hauptvertrags mit einem Dritten (→ Rn. 11 ff. und 16 ff.), Ursächlichkeit der Maklerleistung (→ Rn. 8 ff.) für den Abschluss des Hauptvertrages (→ Rn. 24) und Kenntnis von der Maklertätigkeit spätestens bei Vertragsschluss (→ Rn. 25). Dies gilt beim **gewöhnlichen** Maklervertrag (→ Vor § 652 Rn. 1 und 3) wie bei der verkehrstypischen Sonderform des **Alleinauftrags** (BGHZ 60, 381; → Rn. 33 ff.). Durch **Vereinbarung** können die Voraussetzungen für den Vergütungsanspruch ohne Änderung des Vertragstyps nur in bestimmten Grenzen **abbedungen** werden (→ Rn. 29, 30); andererseits können vertraglich **weitere Voraussetzungen** geschaffen werden (→ Rn. 30). Anspruch des Auftraggebers auf **Maklerhauptleistung** (→ Rn. 8 ff.). Makler ist Interessenvertreter des Auftraggebers, daraus folgen **Maklernebenpflichten** (→ § 654
2 Rn. 3 ff.). **b)** Ein **Aufwendungserstattungsanspruch** des Maklers muss stets bes. vereinbart sein (→ Rn. 31 ff.; → Vor § 652 Rn. 5). **c) Schadensersatzansprüche** des Maklers kommen praktisch nur beim Alleinauftrag vor (→ Rn. 33 ff., Rn. 40;
3 sa allg. → § 654 Rn. 9). **d)** Einen **Rückforderungsanspruch** hat der **Auftraggeber,** wenn der Makler Leistungen (Vergütung; Aufwendungsersatz) empfangen hat, ohne dass ein entspr. Anspruch bestanden hat (§ 812 I 1 Alt. 1; ie Wank NJW 1979, 193). Bsp: Zahlung nicht geschuldeter erfolgsunabhängiger Provision. Bei unwirksamer AGB-Klausel steht § 814 idR nicht entgegen (s. BGH NJW 1981, 278). **Sondervorschriften** für **Wohnungsvermittlung** → Vor § 652 Rn. 13, dort auch zum Bestellerprinzip, § 5 WoVermG (Ausschluss von § 817 S. 2; uU [s. §§ 195, 199 I] kurze Verjährung).

4 **2. Maklervertrag. a) Zustandekommen.** Der Vertragsschluss ist **stillschweigend** möglich (vgl. § 653 I; zu Formzwang: → Rn. 5; Pauly MDR 2006, 549). Stillschweigender Abschluss, wenn Interessent die Vermittlungsdienste entgegennimmt und dabei weiß oder wissen muss, dass der Vermittler hierfür von ihm bei Abschluss des beabsichtigten Hauptvertrages eine Vergütung verlangen wird (OLG Hamm BeckRS 2020, 4057 Rn. 9 ff. → § 652 Rn. 4). Der Maklervertrag ist ein unternehmensbezogenes Geschäft, Folge: → § 164 Rn. 3. Zu beachten ist, dass nicht jede Inanspruchnahme von Maklerdiensten in Kenntnis der Maklereigenschaft des Leistenden zu einem Vertragsschluss führt; insbes. wenn der Makler bereits für einen Auftraggeber tätig ist, sind strenge Anforderungen an den Verpflichtungswillen des mit ihm in Kontakt tretenden Interessenten zu stellen (BGH MMR 2019, 827, 828 Rn. 12; NJW 2017, 368, 369 Rn. 15 mN; NJW 2012, 2269 Rn. 10; BGHZ 95, 396 f.; NJW-RR 1991, 371). Jedenfalls bei ausdrücklichem Provisionsverlangen liegt eine entsprechende Vertragserklärung des Maklers vor (BGH MMR 2019, 827, 828 Rn. 12; NJW-RR 2017, 368, 369 Rn. 15 mN). Makler muss gegenüber Interessenten klarstellen, für wen er Maklerleistungen erbringen will (BGH MMR 2019, 827, 828 Rn. 12; NJW 2016, 2317, 2320 Rn. 36; NJW-RR 1999, 361, 362). **Abschlusszweifel** gehen zu Lasten des Maklers (BGH NJW 1984, 232; OLG Düsseldorf NJW-RR 1998, 565; iE BGH NJW 2016, 2317, 2320 Rn. 36). **Einzelfragen** (eingehend mN MüKo-BGB/Roth Rn. 44 ff.; zur Rspr. des BGH s. Fischer NJW 2007, 3107): In der Nachfrage des Interessenten auf die Suchanzeige des Maklers (weder Angebot noch Aufforderung dazu: KG NJW 1958, 64) liegt idR noch kein schlüssiges Vertragsangebot, das vom Makler durch die Erteilung der gewünschten Auskünfte oder Entfaltung vermittelnder Tätigkeit angenommen werden könnte (BGHZ 95, 395 mN; aA OLG Hamburg MDR 1985, 673); Grund: Der Interessent darf davon ausgehen, dass der Makler (lediglich) für seinen (einen)

Auftraggeber tätig wird (BGH NJW 2005, 3779; BGHZ 95, 395; NJW-RR 1987, 173); anders aber, wenn sich der Kunde mit einem Suchauftrag an den Makler wendet (BGH NJW 2005, 3779; OLG Köln NJW-RR 1987, 1529; OLG Hamburg NJW-RR 1996, 1464; einschr. OLG Hamm NJW-RR 1994, 1540). Will der Makler (auch) mit dem Interessenten in Vertragsbeziehungen treten **(Doppelmakler/ Doppelmandat),** muss er ihn **klar und deutlich** (dazu Fischer NZM 2002, 480 mN), wenn auch nicht notwendig ausdr. (LM Nr. 6; bloße Beifügung von AGB reicht aber nicht: OLG Bremen OLGZ 1965, 20; aA OLG Koblenz WM 1984, 1192; OLG Hamm NJW-RR 1988, 688: uU aber unwirksam gem. § 305c I) auf die entstehende Provisionsverpflichtung hinweisen, **bevor** die Maklerleistung erbracht und entgegengenommen wird (BGHZ 95, 395; NJW-RR 1987, 173 f.). Gefallen lassen von Maklerdiensten – in Kenntnis des Provisionsverlangens (BGH NJW-RR 2007, 401 f.; OLG Schleswig NJW 2007, 1982) – führt dann zum Vertragsschluss (BGHZ 95, 397). Übermittelt Immobilienmakler Kaufinteressenten ein **Exposé,** das ein eindeutiges Provisionsverlangen enthält, macht er ein Angebot auf Abschluss eines Maklervertrags. Kaufinteressent nimmt Angebot konkludent schon an, wenn er Makler um Vereinbarung eines Besichtigungstermins bittet (nicht erst mit Wahrnehmung des Besichtigungstermins mit dem Makler (BGH NJW 2017, 1024, 1025 Rn. 17, 22 mN; NJW-RR 2017, 368, 369 Rn. 19 f.). Aber: Nachweismakler macht kein Angebot auf Abschluss eines Maklervertrags mit ihm selbst durch bloße Übergabe eines Exposés eines anderen Maklers an Interessenten, wenn nicht ausdrückliches Provisionsverlangen auch für diesen Fall erklärt wird (BGH NJW 2016, 2317, 2320 Rn. 36 ff.). Die Bekanntgabe der (zu übernehmenden) „Käuferprovision“ genügt nicht, wenn sie der Käufer als Bestandteil des (künftigen) **Kaufvertrags** verstehen darf (BGHZ 95, 396; OLG Hamm NJW-RR 1995, 819) (Auslegungsfrage des Einzelfalls). Stillschweigender Vertragsschluss (§§ 133, 157), wenn der Makler in einem **Zeitungs- oder Internetinserat** (invitatio ad offerendum) sein Provisionsverlangen ausdrücklich und für einen durchschnittlichen Interessenten unmissverständlich zum Ausdruck gebracht hat und Interessent auf seine daraufhin erfolgte Makleranfrage Namen und Anschrift des Verkäufers erhält (BGH MMR 2019, 827, 828 Rn. 12; NJW 2017, 1024, 1025 Rn. 15; NJW-RR 2017, 368, 369 Rn. 13; NJW 2012, 2269 Rn. 11 [zum Internetinserat] im Anschluss an MüKo-BGB/Roth Rn. 51, sa Rn. 54; OLG Hamm BeckRS 2012, 16603 folgt BGH „jedenfalls für den Fall im Internet beworbener Objekte“); anders bei Wohnungsvermittlung nach Einf. des „Bestellerprinzips“ (BGH MMR 2019, 827, 828 Rn. 13). Dabei genügt die Angabe „Provision“. Im Regelfall ist die genauere Angabe „Käuferprovision“ nicht erforderlich, da nach der Verkehrsanschauung bei typischer Vertragsgestaltung regelmäßig der Käufer die Provision zu übernehmen hat. Anders, wenn sonstige Umstände oder Hinweise in der Anzeige die Vermutung nahelegen, es sei nicht an das Provisionsverlangen des Maklers gegenüber den möglichen Käufern gedacht. Der bloße Umstand, dass der Makler bereits in vertraglicher Beziehung mit dem Verkäufer steht, genügt dabei aber nicht (BGH NJW 2012, 2270 Rn. 13). Auch bei entspr. Hinweis des Maklers führt die Verwertung der Maklerinformation dann nicht zum Vertragsschluss, wenn der Interessent eine Provisionszahlung vorher abgelehnt hat (BGH NJW 2013, 2269 Rn. 10; BGHZ 95, 396; NJW-RR 1996, 114 f.); die Bekanntgabe des Objekts vor Vertragsschluss geschieht auf eigenes Risiko des Maklers (BGHZ 95, 400). Kein Vertragsschluss, wenn Interessent vor (später erfolgter) Inanspruchnahme der Maklerdienste mitteilt, eine Provision (zB wegen Vorkenntnis des Objekts) nicht zahlen zu wollen (BGH ZIP 2002, 1091). Ein Maklervertrag kann auch **nach erfolgter Maklerleistung** abgeschlossen werden, dabei liegt es in der Hand des Kunden, bei einem bereits voreilig erteilten Nachweis den anschließenden Abschluss des ihm angetragenen Maklervertrags zu verweigern (BGH NJW-RR 2014, 1272). **b) Wirksamkeit. aa)** Abschluss grundsätzlich **form-** 5
frei möglich; Ausnahmen: § 311b I 1 gilt bei Übernahme entspr. Veräußerungs-/ Erwerbspflicht durch den Auftraggeber (→ Rn. 42), § 126 bei Auftragserteilung durch Gemeinde (BGH MDR 1966, 753), § 655b I für Darlehensvermittlungsauf-

träge (→ § 655b Rn. 13). Ist Übersendung des Exposés per E-Mail erfolgt und hat Kaufinteressent Besichtigungstermin per E-Mail oder fernmündlich vereinbart, ist der Maklervertrag unter ausschließlicher Verwendung von **Fernkommunikationsmitteln** zustande gekommen; ebenso bei Nutzung eines Onlinemarktplatzes (zB: ImmobilienScout24) und entsprechender Kommunikation. Dann wegen **Fernabsatz Widerrufsrecht** nach §§ 312g, 355 bei Verbrauchervertrag iSv §§ 312b, 312c; dem steht nicht entgegen, wenn Makler den Interessenten nach Vertragsschluss zu den Besichtigungsterminen begleitet. Für Anwendung des Fernabsatzrechts auf Nachweis- und Vermittlungsmaklerverträge spricht Sinn und Zweck der verbraucherschützenden Regelungen für Vertragsabschlüsse im Fernabsatz (hM, s. BGH NJW 2017, 1024, 1026 Rn. 25 ff., 43; NJW-RR 2017, 368, 370 Rn. 25 ff., 40, beide zum alten Recht, jeweils mN, iE ebenso BGH MMR 2019, 827, 828 Rn. 12, str.). Da Dienstleistungs-, kein Veräußerungsvertrag, unterfällt Grundstücksmaklervertrag nicht Bereichsausnahme des § 312 II Nr. 2 (BGH NJW-RR 2017, 368, 372
6 Rn. 44 ff., zum parallelen § 311b III Nr. 4 aF). **bb)** Bsp. für sonstige **Unwirksamkeitsgründe:** Verstoß gegen ges. Vermittlungsverbote (→ Vorb. § 652 Rn. 16 ff.); Verstoß gegen RBerG (vgl. BGHZ 37, 258), jedoch ist dem Makler in gewissem Umfang rechtsberatende Tätigkeit erlaubt (sehr weitgehend BGH NJW 1974, 1328: Fertigung von Vertragsentwürfen); unzulässiges Koppelungsgeschäft bei Wohnungsvermittlung berührt die Wirksamkeit des Maklervertrags nicht (§ 3 IV 2 WoVermG), desgleichen nicht die fehlende Gewerbeerlaubnis (→ Vorb. § 652 Rn. 19) des gewerbsmäßig tätigen Grundstücksmaklers (BGHZ 78, 271). **cc) Bsp. für § 138:** Vermittlung unter Einsatz von Schmiergeld (BGHZ 94, 272; NJW-RR 1987, 42); Vermittlung von wucherischem (sittenwidrigem) Kredit; Vereinbarung auffällig überhöhter Provision (BGH WM 2003, 2036; BGHZ 125, 137 ff.: Übererlösklausel;
7 mR krit. Martinek JZ 1994, 1048). **c)** Die **Dauer** ist grundsätzlich unbestimmt. Kündigung (Widerruf) durch den Auftraggeber ist idR jederzeit möglich (BGH WM 1986, 72 f.; OLG Koblenz OLGZ 1984, 491 mN; wie § 671 I Hs. 1, vgl. → Vorb. § 652 Rn. 3), durch den Makler nur gem. § 626 (str.; aA Grüneberg/Retzlaff Rn. 12; MüKo-BGB/Roth Rn. 96; Staudinger/Arnold §§ 652, 653 Rn. 65: jederzeitiges Kündigungsrecht, wenn keine eigene Ausführungspflicht übernommen); Vereinbarung von fester Laufzeit und von Kündigungsfristen aber möglich und bei Alleinauftrag üblich (→ Rn. 33 f.). Hat der Makler seine Leistung bereits erbracht, kann sich der Auftraggeber nicht durch Kündigung seiner Provisionspflicht entziehen. Das Vertragsverhältnis endet mit dem **Tod des Maklers** (§ 673 S. 1 entspr.; BGH NJW 1965, 964) und bei **Insolvenz des Auftraggebers** (§§ 115, 116 InsO entspr.); keine Beendigungsgründe sind der Tod des Auftraggebers (§ 672 S. 1 entspr.; lediglich Kündigungsrecht der Erben) und die Insolvenz des Maklers; der vor oder nach Verfahrenseröffnung entstandene Provisionsanspruch gehört zur Masse (§ 35 InsO). **d) Beweislast:** Makler für Vertragsinhalt (BGH NJW-RR 1990, 629). **e) IPR:** OLG München BeckRS 2020, 2231 zum anwendbaren Recht und der (internationalen) Zuständigkeit.

8 **3. Maklerleistung. Lit.:** Fischer, Nachweis- und Vermittlungsleistung im Lichte der maklerrechtlichen Rechtsprechung, NJW 2007, 183; ders., Aktuelle höchstrichterliche Rechtsprechung zum Immobilien-Maklerrecht, NZM 2011, 529. Makler trifft eine Tätigkeitspflicht nur bei entsprechender Vertragsabrede (→ Vorb. § 652 Rn. 1); **Tätigkeitsabrede** insbes. bei Alleinauftrag (→ Rn. 33 f.). **a) Nachweis der Gelegenheit** zum Vertragsschluss setzt voraus, dass der Makler dem Auftraggeber den Gegenstand und den Vertragspartner des angestrebten Geschäfts derart benennt, dass er von sich aus die Vertragsverhandlungen mit der ihm bis dahin als Interessenten unbekannten Person aufnehmen kann (BGHZ 161, 349; NJW-RR 1988, 1398 mN; NJW-RR 2010, 1386 mN); bloße Objektangabe als solche genügt nicht (BGHZ 119, 33; NJW-RR 1997, 884), es sei denn, Angaben sind offenkundig, zB weil die Anschrift des Verkäufers mit der Objektadresse übereinstimmt (s. BGH NJW 2006, 3062, dazu Armbrüster LMK 2006, 189640). Ein indirekter Nachweis

(Hinführung zu dem dann vermittelnden Makler) genügt nicht (zur Abgrenzung BGH NJW 1977, 41). Grundstücksnachweis setzt idR voraus, dass der benannte Dritte Eigentümer oder verfügungsberechtigt ist (KG OLGZ 1985, 369; einschr. BGH NJW-RR 1996, 113: Verschaffungsmöglichkeit genügt). Käufernachweis scheitert nicht an Unentschlossenheit des potentiellen Käufers bzgl. des konkreten Objekts (BGH NJW-RR 2009, 1283 f.). Nachweis *vor* Abschluss des Maklervertrags ist möglich (BGH NJW 1998, 63; NJW-RR 1991, 686). **b) Vermitteln** eines 9
Vertrages verlangt, dass der Makler die Verbindung zu einem dem Auftraggeber nicht notwendig unbekannten (BGH NJW 1981, 277; DB 1984, 980; → Rn. 8) Dritten aufnimmt und auf diesen in Richtung eines Vertragsschlusses mit dem Auftraggeber einwirkt (BGHZ 114, 95; NJW 1990, 2745; NJW-RR 2021, 177, 178 f. Rn. 21), die Abschlussbereitschaft des künftigen Vertragspartners und damit den Vertragsschluss bewusst und final herbeiführt (BGH NJW 2019, 1803; BGHZ 112, 63; NJW-RR 2009, 1282; 2021, 177, 178 f. Rn. 21; OLG Hamm NJW-RR 2015, 825, 826 Rn. 30) oder fördert (BGH NJW 1976, 1844); die Zusendung eines Exposés ist nicht ausreichend, da bloße Werbung ohne Einfluss auf Willensentschließung (BGH NJW 2019, 1803); Ermöglichung bzw. Durchführung einer Besichtigung ist ebenso noch keine Vermittlungstätigkeit (BGH NJW 2019, 1803). Eine Mitwirkung beim Vertragsschluss ist weder erforderlich (BGH WM 1974, 257) noch ausreichend (LG München I BB 1974, 1319 mit zust. Anm. v. Hoyningen-Huene; LG Hamburg MDR 1974, 490). Vermittlungsleistung des Maklers muss für Abschluss des Hauptvertrags zumindest mitursächlich werden und zudem insofern wesentlich sein, als Makler bei dem Vertragspartner seines Auftraggebers ein entsprechendes Vertragsabschlussmotiv gesetzt haben muss, das nicht völlig bedeutungslos war (BGH BB 1971, 1124, OLG Hamm NJW-RR 2015, 825, 826 Rn. 30), denn der Vermittlungsmakler wird für seinen Arbeitserfolg entlohnt; fehlende Vermittlung gegenüber dem späteren Vertragsgegner ausnahmsweise dann unerheblich, wenn stattdessen auf Person eingewirkt wird, die mit diesem in besonders enger persönlicher oder wirtschaftlicher Beziehung steht (BGH NJW 2019, 1803); Maklertätigkeit und darauf beruhender Abschluss des Hauptvertrags haben als Anspruchsvoraussetzungen gleiches Gewicht (BGH NJW 2008, 651 Rn. 12 mwN; OLG Hamm NJW-RR 2015, 825, 826 Rn. 30). Bsp: Vertragsschluss durch den abschlussbevollmächtigten Makler mit einem abschlusswilligen Interessenten ist kein „Vermitteln" (→ Rn. 14). **c) Nicht ausreichend** ist eine **sonstige** den Vertragsschluss oder 10
einen gleichwertigen wirtschaftlichen Erfolg **fördernde Tätigkeit;** Bsp: Sachkundige Beratung des Bieters in der Zwangsversteigerung (BGHZ 112, 60 ff. mN, auch zur aA; 119, 34); Betreuung; Anlageberatung; Beschaffung von Unterlagen und dergl. (→ Rn. 39). **Ob** eine Nachweis- oder Vermittlungstätigkeit geschuldet ist, ist iZw durch Auslegung zu ermitteln (nachträgliche Änderung möglich); zu entspr. Kriterien vgl. BGH NJW 1967, 1366; OLG Koblenz NJW-RR 1992, 891 f. „Vermittlungsprovision" kann daher (§§ 133, 157) auch für Nachweis geschuldet sein (OLG München NJW-RR 1996, 239). **d) Abdingbar** durch selbstständige Provisionsversprechen: → Rn. 29.

4. Verschiedenheit von Makler und Drittem. a) Allgemeines. Das Erfor- 11
dernis der Selbstständigkeit von Makler und Drittem folgt aus der für den Maklervertrag typischen Dreiecksbeziehung (→ Vorb. § 652 Rn. 1) und dem Gebot der Unparteilichkeit (Neutralität) des Maklers (vgl. § 654; § 2 II Nr. 2, 3 WoVermG). Als „Dritter" iSv → Rn. 1 kommt daher nicht in Frage, wer – wirtschaftlich betrachtet – mit einer Vertragspartei identisch ist (→ Rn. 12), als Makler nicht, wer mit dem Vertragsgegner seines Auftraggebers wirtschaftlich oder rechtlich verflochten ist (→ Rn. 13) oder in einem Abhängigkeitsverhältnis zu ihm steht (→ Rn. 14).
b) Eigengeschäfte des Maklers. Kein Provisionsanspruch entsteht beim **Selbst-** 12
eintritt des Maklers (BGH NJW 2019, 1596; NJW 1992, 2819 mN, allgM). Das Gleiche gilt bei erheblicher wirtschaftlicher **Mitbeteiligung** des Maklers am Hauptgeschäft (BGH NJW 1973, 1649; 75, 1216); Grund: Eigeninteresse des Maklers.

Bsp: Gegenstand des Hauptvertrags ist eine dem Makler gehörige Sache oder ein ihm zustehendes Recht oder eine seiner Nutzung oder seiner Verwaltung unterliegende Sache (vgl. § 2 II Nr. 2 WoVermG; unterscheidend beim Verwalter einer
13 Wohnungseigentumsanlage LG Hamburg MDR 1988, 407 f.). **c) „Verflechtung" des Maklers.** Kein Vergütungsanspruch entsteht, wenn der Makler mit der Gegenpartei wirtschaftlich oder rechtlich „verflochten" ist (BGH NJW 2019, 1596; BGHZ 138, 174; NJW 1992, 2818); uU kann Anspruch aufgrund eines unabhängigen Provisionsversprechens bestehen, wenn der Auftraggeber die Zusage in Kenntnis der Verflechtung abgibt (BGHZ 112, 242 mN; 138, 173; BGH NJW 2003, 1249, 1393 mAnm Tonner LMK 2003, 121; OLG Karlsruhe VersR 2003, 202; Breiholdt/Adamy Wohnungseigentümer, 2002, 87 zur sonstigen Rspr.; → Rn. 29). Abweichendes Verständnis bei Thomale JZ 2012, 719 f.: provisionsbezogene Nebenpflicht des Maklers zur Offenlegung der Verflechtung, bei Verletzung Verlust des Provisionsanspruchs. **aa) „Echte" Verflechtung.** Makler ist schon begrifflich nicht, wer mit einer der Vertragsparteien wirtschaftlich identisch ist (s. BGH NJW 2019, 1596). Grund: Fehlen echter Maklerleistung (→ Rn. 8 ff.). Entscheidend sind wirtschaftliche Verhältnisse und nicht gesellschaftsrechtliche Gestaltung (BGH NJW 2019, 1596; NJW 1985, 2473). Bsp: Kapitalmäßige Beteiligung an Vertragsgegner und umgekehrt (BGH MDR 1977, 126; ungenügend: einflussloser Aktienbesitz als „Kleinaktionär"); Zugehörigkeit zu gemeinsamer Obergesellschaft (BGH NJW 1974, 1130); Identität von Vertretungsorganen (BGHZ 116, 296); nicht erforderlich ist wechselseitige Beherrschung (BGH MDR 1977, 126; teilw. abw. OLG Karlsruhe NJW-RR 1996, 630). Keine Fiktion einer tatsächlich nicht bestehenden Verflech-
14 tung über § 15 I HGB (BGH NJW 2009, 1809 f.). **bb) „Unechte" Verflechtung.** Makler kann auch nicht sein, wer zur Gegenpartei seines Kunden in einer solchen Beziehung steht, dass er sich im Falle eines Streits bei regelmäßigem Verlauf auf die Seite der Gegenpartei stellen wird (BGH NJW 2019, 1596; NJW-RR 1998, 992, str.; aA Dehner NJW 1993, 2225: § 654 entspr.). Grund: Institutionalisierter Interessenkonflikt (BGHZ 112, 242 mN; 138, 174). Bsp: Makler wird im Rahmen eines Dienst-, Arbeits-, Organschafts- oder Vertretungsverhältnisses zur Gegenpartei tätig (BGHZ 138, 174 ff.) oder ist deren Handelsvertreter (BGH NJW-RR 1998, 992 mN). Auf Dauer angelegte Tätigkeit eines Versicherungsmaklers für einen Lebensversicherer kann für Annahme einer „unechten" Verflechtung reichen, wenn Makler die Produkte unter seinem Namen besonders bewirbt (BGH NJW 2012, 1504). Im Falle WEG-Verwalter (als Makler des Käufers) kein Verflechtungstatbestand (BGH NJW 2003, 1394 mN; NJW-RR 2005, 1033), es sei denn, von seiner Zustimmung nach § 12 WEG hängt der Wohnungsverkauf ab (BGH NJW 2003, 1249 mN; Rspr.-Überblick bei Breiholdt/Adamy Wohnungseigentümer 2002, 87). Wer in freier Mitarbeit als Asset-Manager für den Veräußerer eine Vielzahl von Wohneinheiten bei einer angemessenen monatlichen Vergütung betreut, kann nicht als Makler für den Käufer tätig werden (OLG Schleswig NJW-RR 2015, 1324). Im Fall der Bevollmächtigung durch die Gegenpartei aber nur, wenn der Makler über den Abschluss des Hauptvertrags selbstständig zu entscheiden hat (BGH NJW-RR 1998, 992; Dehner NJW 1993, 2225). Unschädlich ist die mit dem **Auftraggeber** bestehende (unechte) Verflechtung, denn sie begründet für den Makler keinen Interessenkonflikt (BGH WM 1976, 1334; Staudinger/Arnold §§ 652, 653 Rn. 161 zu Recht gegen OLG Köln NZM 2003, 241 für WEG-Verwalter, der als Makler des Verkäufers tätig wird). Keine unechte Verflechtung, wenn in dem Grundbuch des vermittelten Grundstücks eine **Grundschuld** eingetragen ist, welche die Darlehnsforderung einer Bank gegen den Makler sichert, sofern nicht Zusatzumstände hinzutreten, zB Maklerverschuldung, Zinsratenverzug etc. und Partizipation am Veräußerungserlös (OLG Hamm NJW-RR 2020, 687). **cc) Zwingende Sonderregelung** bei Wohnungsvermittler: § 2 II Nr. 2, 3; V WoVermG (dazu BVerfG 76, 128 ff.); der Wohnungsverwalter (auch bei Zuhilfenahme eines Gehilfen, BGH NZM 2018, 875) kann nicht Vermittler sein (§ 2 II Nr. 2 WoVermG; Norm gilt nicht für WEG-Verwalter [BGH NJW 2003, 1393 mN auch zur überwiegenden Gegenansicht], es

sei denn, er nimmt für Wohnungseigentümer weitergehende Aufgaben wahr [s. LG Hannover MDR 1997, 1115; Bethge/Gause NJW 1997, 2800; Breiholdt MDR 1986, 284]); Wohnungsvermittler ist dann als Wohnungsverwalter tätig, wenn sich die Tätigkeit über einen längeren Zeitraum erstreckt und aufgrund ihres Umfangs weder von einer maklertypischen Serviceleistung, noch von einer gelegentlich ausgeführten Gefälligkeit gesprochen werden kann (BGH NZM 2018, 875). **d)** Das 15 **Bestehen einer Ehe** zwischen Makler und Vertragsgegner steht einem Provisionsanspruch idR entgegen (BVerfG 78, 130; BGH NJW 1987, 1009), wobei es auf tatsächliche Interessenkollision ankommt (BGH NZM 2018, 875); jedenfalls unschädlich bei Offenlegung (BVerfG 78, 131; BGH NJW 1987, 1009; krit. Schäfer MDR 1989, 699). IdR unschädlich sind rein persönliche Beziehungen zum Vertragsgegner (BGH NJW 1987, 1008 f. mN).

5. Zustandekommen des Hauptvertrags. a) Maßgeblicher Vertrag ist der 16 vom Makler herbeizuführende Vertrag (BGH NJW-RR 1991, 51), uU auch Folgevertrag (Begriff: → Rn. 29 [bb]; BGH NJW-RR 1991, 51). Der Provisionsanspruch entsteht – schon und erst – mit Abschluss des **schuldrechtlichen Verpflichtungsvertrags** (BGH NJW 1983, 1131); unerheblich sind Weiterbestand (→ Rn. 23) und Vertragsdurchführung (dingliche Erfüllungsgeschäfte), nicht ausreichend die Eingehung vorbereitender Bindungen (→ Rn. 18). Der Vergütungsanspruch des Kredit-/Finanzmaklers setzt allerdings – trotz der ges. Einordnung des Darlehens als Konsensualvertrag (§ 488 I) – **Auszahlung der Darlehenssumme** an den Auftraggeber voraus (OLG Köln MDR 1993, 1175; Dehner NJW 1991, 3255 mN, str.; aA BGH NJW 1982, 2662 mN: Abschluss bindenden Darlehensversprechens genügt; differenzierend BGH NJW 1988, 968 f.: Auslegungsfrage im Einzelfall). Grund: Erst dann ist der wirtschaftliche Erfolg der Maklertätigkeit (Erfolgshonorar) eingetreten (sa §§ 655c, 655e, 495, 503 I zum Darlehensvermittlungsvertrag zwischen Unternehmer und Verbraucher). **b) Zeitpunkt.** Eine zeitli- 17 che Begrenzung für den Abschluss besteht nicht. Nicht erforderlich ist, dass der Zeitpunkt des Zustandekommens in die Laufzeit des Maklervertrags fällt (BGH NJW 1966, 2008); auch Abschluss nach dem Tod des Maklers berührt den Provisionsanspruch nicht (BGH NJW 1984, 359). **c) Inhalt.** Der geschlossene Vertrag 18 muss dem beabsichtigten bei wirtschaftlicher Betrachtung inhaltlich entsprechen (BGH NJW 2019, 1803; NJW 1988, 968 mN); maßgebend ist, ob der vom Auftraggeber erstrebte wirtschaftliche Erfolg eintritt (BGH NJW 1998, 2278; 2008, 652); unwesentliche Abweichungen sind unschädlich (BGH NJW 1982, 2663). Entscheidend für Kongruenz des nachgewiesenen zum abgeschlossenen Geschäft ist, ob sich unter Würdigung aller besonderen Umstände der abgeschlossene Vertrag als ein wirtschaftlich anderer darstellt als der vom Makler nachgewiesene (BGH NJW 2014, 2352). Bsp. für **inhaltliche Identität (Gleichwertigkeit):** Abweichungen in den Bedingungen (zB Preis; Höhe des Darlehensbetrags; Nebenpunkte) in gewissen Grenzen (BGH NJW 2020, 2792, 2795 Rn. 42; 1988, 968); wirtschaftlich gleichwertiges Objekt (OLG Frankfurt a.M. MDR 1975, 315); uU Erwerb von wesentlichem Teil (BGH NJW-RR 1990, 185); Übernahme von Besitz-GmbH anstelle von Grundstückskauf (BGH NJW 1998, 2277); Teilanmietung bei Gesamtvermietungsnachweis (BGH NJW-RR 1996, 114). Bsp. für *wirtschaftliche Ungleichheit:* Erheblicher Preisunterschied (BGH NJW 2014, 2352; NJW-RR 2014, 1272: mehr als 50 %; bei bis zu 15 % wirtschaftliche Kongruenz zu bejahen; OLG München MDR 2010, 615: 38 %; OLG Dresden NJW-RR 2009, 931: 25 %; OLG Düsseldorf NJW-RR 1993, 1272: 22 %; OLG Celle MDR 2007, 1410: über 20 %; OLG Brandenburg NJW-RR 2000, 1505: über 15 %); Erwerb in der Zwangsversteigerung statt Kauf (BGHZ 112, 60; BGH NJW 1999, 2271, str.; zur Abgrenzung s. BGH NJW-RR 1993, 120). Wirtschaftliche Identität, wenn Preisabweichung im allgemein erwartbaren Rahmen ist, zB weil das Objekt längere Zeit am Markt erfolglos angeboten wurde oder Vertragsverhandlungen Preissenkung herbeiführte (Umstand, dass gegenüber ursprünglicher Preisvorstellung nach-

gegeben wurde, grds. unbeachtlich, iÜ kein allzu strenger Maßstab, s. BGH NJW 2019, 1226). Preisnachlässe von bis zu 15% stellen wirtschaftliche Kongruenz im Allgemeinen nicht in Frage, bei mehr als 50% ist sie regelmäßig zu verneinen (BGH NJW 2019, 1226). Keine Identität bei grundlegenden Veränderungen im Zuschnitt des Objekts. Es ist kein strenger Maßstab anzulegen (BGH NJW-RR 2014, 1272 Rn. 21 ff.). Provisionspflicht durch AGB nicht vereinbar (BGHZ 119, 32 ff.; abl. Schwarz NJW 1993, 306); Kauf-Vorvertrag (Kaufanwartschaftsvertrag) statt Kauf (BGH NJW 1975, 647; WM 1976, 28; abw. Vereinbarung aber möglich, vgl. → Rn. 29); Verpachtung statt Verkauf; Erwerb eines Grundstücksteils statt des Alleineigentums (BGH NJW 1987, 1628: Frage des Einzelfalls; ebenso BGH NJW 2008, 652: Gleichwertigkeit im konkreten Fall angenommen). **Keine** Frage inhaltlicher Identität ist Erwerb vom (benannten) Nichteigentümer und Zwischenerwer-
19 ber statt „unmittelbar" vom Eigentümer (vgl. BGH NJW-RR 1996, 113). **d) Parteien** des Hauptvertrags müssen der Auftraggeber und der vom Makler nachgewiesene (vermittelte) Dritte sein (abw. Vereinbarung auch in AGB möglich, s. BGH NJW 1987, 2431). Abweichungen in der **persönlichen Identität,** dh Dritterwerbe können aber unschädlich sein, wenn das zustande gekommene Geschäft für den Auftraggeber wirtschaftlich gleichwertig ist (BGH NJW-RR 1997, 1276; 1998, 411); dies ist bei bes. engen persönlichen, rechtlichen oder wirtschaftlichen Beziehungen zwischen ihm und der Partei des Hauptvertrags idR der Fall (BGH NJW 2019, 1803; NJW 2019, 1226; NJW-RR 1998, 411), eine verwandtschaftliche Beziehung allein reicht für sich jedoch nicht aus (BGH NJW 2019, 1226). Kriterium: Auftraggeber muss die Maklerleistung, wenn auch auf Umwegen, ebenfalls in irgendeiner Weise zugutekommen (OLG Jena NJW-RR 2005, 1509), sodass es gegen Treu und Glauben verstieße, sich darauf zu berufen, dass der Vertrag nicht von einem selbst, sondern einem Dritten abgeschlossen wurde (BGH NJW 2019, 1803 mwBsp; NJW 2019, 1226 mwBsp). Bsp: Abschluss durch einen nahen Familienangehörigen des Auftraggebers (BGH NJW 1976, 1844; aA OLG Hamm NJW-RR 1988, 686), seinen Lebensgefährten (BGH NJW 1991, 490), seinen Erben (OLG Düsseldorf BeckRS 2015, 14832 Rn. 34 ff., im konkreten Fall aber mangels Mitursächlichkeit verneinend) oder eine mit ihm verflochtene (BGH NJW 1984, 359; OLG Koblenz NJW-RR 1994, 180; OLG München NJW-RR 1995, 1526; OLG Schleswig NJW-RR 2015, 1324 → Rn. 13) oder wirtschaftlich identische Gesellschaft (BGH NJW 1995, 3311; OLG Karlsruhe NJW-RR 1995, 1137); Erwerb durch eine Zweckgesellschaft, deren maßgeblicher Gesellschafter seine Anteile treuhänderisch für einen bereits in früherer Zeit erheblich erwerbsinteressierten Dritten hält, der nach erfolgreichem Erwerb geplant die Anteilsmehrheit übernimmt (zu einer solchen Konstellation BGH NJW-RR 2016, 175, 176 Rn. 10 f., im konkreten Fall zurückverwiesen). Auftraggeber oder sein Rechtsnachfolger (BGH WM 1993, 2259) erwirbt das nachgewiesene Objekt nicht von dem ihm benannten Dritten, sondern von einem an dessen Stelle getretenen anderen Vertragspartner (BGH WM 1976, 28). Zur Ausübung eines Vorkaufsrechts → Rn. 21. Der BGH ließ offen, ob gegen den Maklerkunden ein Anspruch auf Provision wegen der wirtschaftlichen Identität des nachgewiesenen mit dem abgeschlossenen Vertrag auch dann besteht, wenn der Makler gegenüber dem mit dem Kunden persönlich oder gesellschaftsrechtlich verbundenen Dritterwerber ebenfalls einen (konkludent zustande gekommenen) Maklerlohnanspruch geltend machen
20 kann (BGH NJW 2019, 1226). **e) Wirksamkeit.** Der Hauptvertrag muss wirksam zustande gekommen und darf nicht wegen einer im Vertragsschluss selbst liegenden Unvollkommenheit wieder beseitigt worden sein. Ein Provisionsanspruch besteht daher nicht, wenn der Hauptvertrag an Bestandsmängeln leidet (→ Rn. 21) oder noch nicht vollwirksam geworden ist (→ Rn. 22): Umstände, die wirksamen Abschluss des Hauptvertrags verhindern oder ihn als von Anfang an unwirksam erscheinen lassen (Formnichtigkeit, Gesetzwidrigkeit, Sittenwidrigkeit, anfängliche objektive Unmöglichkeit, Anfechtung wegen Irrtums oder arglistiger Täuschung), schließen Provisionspflicht aus, selbst dann, wenn der Auftraggeber des Maklers

die Unwirksamkeit selbst verschuldet hat. Ebenso entfällt Provisionsanspruch, wenn Kunde von seinem Recht aus §§ 311 II Nr. 1, 280 I, 249 I Gebrauch macht, im Wege des Schadensersatzes so gestellt zu werden, als ob der Vertrag nicht geschlossen worden sei. Anders, wenn Kunde an dem Vertrag unter Geltendmachung eines einfachen Schadensersatzanspruchs gem. § 280 festhält (BGH NJW-RR 2021, 1215, 1216 f. Rn. 17). Dagegen ist die nachträgliche Beseitigung eines fehlerfrei zustande gekommenen Vertrags für den Provisionsanspruch bedeutungslos (→ Rn. 23). **aa) Anfängliche Mängel** des Hauptvertrags. **Bsp:** (1) **Formnichtigkeit** (§ 125); der Provisionsanspruch entsteht erst bei Heilung (zB gem. § 311b I 2), nicht schon, wenn die Gegenseite zur Durchführung des formnichtigen Vertrags bereit ist (OLG Celle OLGZ 1969, 417), auch nicht, wenn der Auftraggeber für den Formmangel verantwortlich ist (OLG Köln MDR 1956, 738 und hM; aA Rust MDR 1959, 449; sa Kohler NJW 1957, 327). (2) Wirksame **Anfechtung** (§§ 119, 123, 142 I), auch wegen Täuschung durch den Auftraggeber (hM, s. BGH NZM 2022, 110, 111 Rn. 16; aber abw. Vereinbarung in AGB möglich: BGH NJW 1988, 3012 f.); Grund: Auch bei ordnungsgemäßem Verhalten kein Vertragsschluss. Vertragsaufhebung aus Gründen, die zur Anfechtung berechtigen (OLG Köln NJW-RR 1997, 693), und Rückabwicklung eines nach § 123 I anfechtbaren Vertrags nach vertraglichem Gewährleistungsrecht innerhalb der Anfechtungsfrist (BGH NJW 2001, 967; GuT 2008, 155 f.) steht der Anfechtung gleich. Ebenso die fristlose Kündigung des Beitritts zu einer Publikums-KG (BGH NJW 1979, 976). (3) Ausübung eines **Vorkaufsrechts** bei Erstkäufer als Auftraggeber (BGH NJW 1982, 2663; zur evtl. Provisionspflicht des Vorkaufsberechtigten vgl. BGHZ 131, 321 ff. mN; klarstellend BGH NJW-RR 2007, 564: keine Begründung der Provisionspflicht im vermittelten Vertrag, sondern lediglich Verteilung bereits entstandener Maklerkosten). (4) Zum Fall der **anfänglichen Unmöglichkeit** der Erfüllung des Hauptvertrags s. Würdinger ZMR 2005, 324. **bb) Späteres Vollwirksamwerden** des Hauptvertrags. **Bsp:** Bei Vereinbarung einer **aufschiebenden Bedingung** entsteht der Vergütungsanspruch erst mit Bedingungseintritt **(I 2);** bis zum Bedingungseintritt ist (abw. von → Rn. 23) provisionsfreie Vertragsaufhebung möglich (BGH NJW 1984, 359); beim **genehmigungsbedürftigen Vertrag** erst mit der Erteilung der Genehmigung (BGHZ 60, 385; NJW-RR 1991, 1073; 1992, 558 f.; 2008, 564 f.; sa 2001, 840); ist ein befristetes **vorbehaltloses Rücktrittsrecht** vereinbart, erst mit Ablauf der Rücktrittsfrist (BGH NJW 2020, 2792, 2794 Rn. 21; BGHZ 66, 270; NJW-RR 1993, 249; Dehner NJW 1997, 21 f.; zum Rücktrittsvorbehalt iÜ → Rn. 23). **f) Nachträglicher Wegfall des Vertrags.** Ohne Einfluss auf den mit Abschluss des Vertrags (→ Rn. 16) entstehenden Provisionsanspruch sind: Vereinbarung einer **auflösenden Bedingung** (BGH NJW 1982, 2663 mN; aA Erman/Fischer Rn. 38 mN), (vorzeitige) Kündigung (BGHZ 162, 67), Ausübung eines **ges. Rücktrittsrechts** (BGH NJW 1974, 695), großer Schadensersatz statt der Leistung (BGH NJW 2009, 2810 f. zu § 463 aF; aber Wegfall Provisionsanspruch bei großem Schadensersatz statt der Leistung gem. §§ 311 II Nr. 1, 280 I, 249 I infolge vorvertraglicher Pflichtverletzung → Rn. 20) oder Erklärung der **Minderung,** Ausübung eines **vertraglichen Rücktrittsrechts,** soweit es an bestimmte sachliche Voraussetzungen geknüpft ist (BGH NJW 1997, 1582 mN), anders, wenn der Vertrag in der Schwebe bleiben sollte (BGH NJW-RR 1993, 249; OLG Schleswig NJOZ 2010, 1982; OLG Karlsruhe NJW-RR 2005, 574. Grund: **I 2** entspr.: BGH NJW 1997, 1582; BB 1998, 1028; §§ 133, 157: BGH NJW 1997, 1583 f. mit krit. Anm. Theobald JZ 1997, 1120; Rücktrittsvorbehalt ist Auslegungsindiz für Schwebesituation, s. LG Berlin ZMR 2005, 459); **vertragliche Wiederaufhebung** des abgeschlossenen Vertrags (BGH NJW 1987, 1628). Grund: Das Risiko der (nicht sachgerechten) Erfüllung des Hauptvertrags trägt iZw der Auftraggeber (BGH NJW 1986, 1166). Dass der Vertragspartner des Maklers das mit dem Hauptvertrag bezweckte Ziel erreicht, ist nicht **Geschäftsgrundlage** des Maklervertrags (BGH NJW-RR 2005, 1506; zur Störung der Geschäftsgrundlage s. Würdinger NZM 2006, 167).

Randnummern: 21 (bei „aa) Anfängliche Mängel“), 22 (bei „bb) Späteres Vollwirksamwerden“), 23 (bei „f) Nachträglicher Wegfall des Vertrags“)

24 **6. Kausalzusammenhang. Lit.:** Diebold, Voraussetzung des Provisionsanspruchs, 1987; Fischer, Nachweis- und Vermittlungsleistung im Lichte der maklerrechtlichen Rechtsprechung, NJW 2007, 183; Schwerdtner, Erfolg und Arbeitserfolg, NJW 1989, 2987. Die Maklerleistung (→ Rn. 8 ff.) muss für den Vertragsschluss (→ Rn. 16 ff.) **ursächlich** geworden sein (**I 1: „infolge"**; BGH NJW 2020, 2792, 2793 Rn. 14; BGHZ 60, 381; zwingend in § 2 I, V WoVermG; iÜ abw. Individualvereinbarungen möglich: → Rn. 29, 30), bei Folgeverträgen idR zu bejahen (BGH NJW-RR 1991, 51 mN). Die zum *Schadensersatz*anspruch entwickelten Grundsätze sind nicht uneingeschränkt anwendbar. Grund: Der Kausalbeitrag ist Voraussetzung für den – vollen – *Vergütungs*anspruch. **Mitursächlichkeit** genügt (BGH LM Nr. 25; NJW 1980, 124; MüKo-BGB/Roth Rn. 192; krit. und einschr. Knütel ZHR 144, 302 ff.) (→ Rn. 9), soweit die *Maklerleistung* einen für das Zustandekommen des Hauptvertrags wesentlichen Kausalbeitrag bildet (BGH NJW 2020, 2792, 2793 Rn. 14; 1983, 1849 f.; ie und klarstellend BGHZ 141, 45 ff.). Die Maklerleistung ist auch dann wesentlich, wenn der ursprüngliche Nachweis des Maklers sich erst im späteren Vertragsschluss niederschlägt, der in angemessenem nachfolgendem Zeitabstand erfolgt (BGH NJW 1999, 1255 ff.). **Unterbrechung des Kausalzusammenhangs** ist möglich (Rspr. stellt strenge Anforderungen, vgl. Lauer MDR 1986, 810 f.; bedenklich, wenn der Makler den Erfolg nicht *allein* herbeiführen konnte), soll aber bei Wiederaufnahme unterbrochener Verhandlungen ohne den Makler idR zu verneinen sein (so BGH NJW 1980, 123 f.; NJW-RR 1996, 691; krit. Knütel ZHR 144, 324 f.; abw. OLG Bamberg NJW-RR 1998, 565 bei Unterbrechung von ca. 1½ Jahren), zumindest bei nur vorübergehendem Sinneswandel (BGH NJW 2019, 1226; NJW 2008, 652) und selbst bei Abschluss eines anderweitigen Vertrages mit zeitlich befristetem vorbehaltlosen Rücktrittsrecht vor dessen endgültiger Wirksamkeit (BGH NJW 2020, 2792, 2794 Rn. 21; BGH NJW-RR 2007, 403). Für die Beurteilung der Ursächlichkeit ist unerheblich, ob der Makler zum Zeitpunkt des Vertragsschlusses weiterhin mit der Vermakelung des Objekts betraut war (BGH NJW 2019, 1226). Ein **Nachweis** des Maklers ist idR nur bei fehlender Vorkenntnis des Auftraggebers ursächlich (BGH WM 1984, 62; OLG Karlsruhe NJW-RR 1994, 509; einschr. OLG Celle NJW-RR 1995, 501), bei entspr. Nachweis durch mehrere Makler also idR nur der Erstnachweis (OLG Hamm BB 1995, 1977; NJW-RR 2014, 881); eine Zweitinformation eines anderen Maklers ist gleichwohl aber dann kausal, wenn sie den Anstoß gab, sich näher mit dem Objekt zu befassen (vgl. BGH NJW 1983, 1849; Lauer MDR 1986, 809) und zusätzliche Informationen enthält (BGH NJW-RR 1990, 1270; 1996, 115). Der Auftraggeber muss auf seine **Vorkenntnis hinweisen** (OLG Hamburg NJW-RR 1987, 175; sa OLG Naumburg OLGR 2006, 418 str.; aA OLG Stuttgart NJW-RR 2002, 1482; OLG Koblenz NJW-RR 1991, 249; ie → § 654 Rn. 9). Der Ursachenbeitrag eines dem Auftrag entspr. (vgl. → Rn. 18) Erstnachweises braucht nicht schon mit einem günstigeren Zweitnachweis eines anderen Maklers zu entfallen (BGH NJW 1981, 388); ist aber der Vertrag auf Grund einer (von der nachgewiesenen ersten verschiedenen) anderen Abschlussmöglichkeit zustande gekommen, so fehlt es an einem entspr. Nachweis (BGH NJW-RR 1991, 950; OLG Karlsruhe NJW-RR 1995, 753). Für die Ursächlichkeit der **Vermittlung** genügt, dass die Bemühungen des Maklers die Abschlussbereitschaft des Gegners irgendwie gefördert haben (→ Rn. 9) oder spätere Neuverhandlungen auf ihnen aufbauen (OLG Karlsruhe NJW-RR 1995, 753). Zur Kausalität bei späterem Vertragsabschluss durch Verwandte des Auftraggebers s. OLG München NZM 2005, 71; durch Erben s. OLG Düsseldorf BeckRS 2015, 14832 Rn. 34 ff. **Beweislast:** Makler für (mit-)ursächliches Angebot und Vertragsschluss (BGH NJW 2020, 2792 Rn. 14; 1979, 869), Auftraggeber für (mögliche) Vorkenntnis (BGH WM 1984, 63), Makler für Mitursächlichkeit trotz Vorkenntnis (BGH NJW 1971, 1135; ie Baumgärtel/Laumen/Prütting I 19 ff.) sowie für Kausalzusammenhang (BGH NJW 2019, 1226; NJW-RR 2014, 1272 Rn. 16). Makler hat Darlegungs- und Beweislast für die wirtschaftliche Kongruenz. Maklerkunde hat aber bezüglich der Umstände, die nicht

Makler, sondern nur Maklerkunden bekannt sind – wie etwa der Verlauf der Vertragsverhandlungen zwischen Verkäufer- und Käuferseite – sekundäre Darlegungslast (BGH NJW-RR 2014, 1272 Rn. 23 mN). **Beweiserleichterungen:** Kommt es in angemessenem Zeitabstand (bis zu einem Jahr, bei längerer Zeitspanne nicht mehr zwingend, s. BGH NJW 2020, 2792, 2793 Rn. 14; 2019, 1226) nach Zugang eines Maklerangebots an den Auftraggeber zu einem entspr. Vertragsschluss, so ist von dessen Ursächlichkeit auszugehen (BGH NJW 2020, 2792, 2793 Rn. 14; 2019, 1226; BGHZ 141, 40; NJW 1971, 1133; 1977, 42); dies gilt nicht bei gleichzeitigem Zugang inhaltsgleicher Angebote verschiedener Makler (BGH NJW 1979, 869; sa BGH NJW-RR 2014, 1272 Rn. 16). Diese zugunsten des Maklers sprechende Vermutung der Kausalität der Maklerleistung für den nachfolgenden Hauptvertragsabschluss kann der Auftraggeber **widerlegen.** Kein Provisionsanspruch, wenn Makler tatsächlich bestehende Möglichkeit zum Erwerb eines Objekts nachweist, diese Gelegenheit sich aber zerschlägt, weil der Eigentümer die Verkaufsabsicht endgültig aufgegeben oder sich für einen anderen Interessenten entschieden hat, diese Verkaufsgelegenheit dann aber später unter veränderten Umständen neu entsteht und nunmehr von dem Kunden ohne Hinweis des Maklers genutzt wird (BGH NJW-RR 2007, 402, 403 Rn. 14 mN). Das gilt auch für Maklerleistung, die zum Abschluss eines Darlehensvertrags führen soll (BGH NJW 2020, 2792, 2793 Rn. 18).

7. Kenntnis. Kenntnis von der Maklertätigkeit seitens des Auftraggebers spätestens bei Abschluss des Hauptvertrags (hM, aber str., s. Dehner NJW 1997, 22 mN; einschr. BGH NJW-RR 1994, 1261, wenn der Vertrag auch bei Kenntnis so geschlossen worden wäre). Selbstverschuldete Unkenntnis steht gleich (OLG München NJW 1968, 894). Sicherung des Maklers durch Rückfrageklauseln: → Rn. 29 (bb). 25

8. Vergütung. a) Die **Höhe** der **Vergütung** (Bezeichnungen: „Lohn", Provision, Gebühr, Courtage) richtet sich nicht nach dem Umfang der aufgewendeten Maklertätigkeit, sondern nach dem Interesse des Auftraggebers am Vertragsschluss (Erfolgsprovision, → Vorb. § 652 Rn. 3, 11). Maßgebend ist die Vereinbarung, sonst § 653. IdR wird ein Hundertsatz des Kaufpreises (zu dessen Berechnung für den Verkäufermakler beim Unternehmenskauf s. BGH NJW 1995, 1739) vereinbart (vgl. BGHZ 125, 139: „bekanntermaßen"), bei gewerbsmäßiger Wohnungsvermittlung muss ein Bruchteil oder Vielfaches der Wohnungsmiete angegeben werden (§ 3 I, 7 WoVermG). Erreicht der Verkäufer eine Erhöhung des vom Makler zunächst niedriger ausgehandelten Kaufpreises, so ist dieser maßgebend (OLG Nürnberg OLGZ 1977, 219). Die Herabsetzung einer unverhältnismäßig hohen Vergütung ist nur ausnahmsweise nach § 655 möglich (für entspr. Anwendung MüKo-BGB/Roth Rn. 70). **Schranken** für Provisionshöhe: § 138 (→ Rn. 6, 29, 30: Übererlösklauseln); § 291 I Nr. 4 StGB; bei der Wohnungsvermittlung ist die Provision auf zwei Monatsmieten begrenzt (§ 3 II 1 WoVermG). Zum **Halbteilungsgrundsatz** bei Wohnimmobilienmakler und Verbraucher als Auftraggeber → § 656c, → § 656d. Zur Provisionsberechnung steht dem Makler ein **Auskunftsanspruch** gegen den Kunden zu (→ § 654 Rn. 9). Mit Abschluss des Hauptvertrags kann Maklerleistung nicht mehr in Natur zurückgegeben werden. **Wertbemessung** im Falle der §§ 357 I 1, 346 nicht nach § 346 II Nr. 1, sondern nach objektivem Wert der Maklerleistung, soweit er das vertragliche Entgelt nicht übersteigt (BGH NJW 2014, 1655 Rn. 22 f. mN). **b)** Die **Fälligkeit** tritt erst mit Vollwirksamkeit 26
des Vertrages ein (→ Rn. 20–22). Fälligkeitsklauseln: → Rn. 29 (bb). Sonderregelung bei Wohnimmobilienmakler und Verbraucher als Auftraggeber → § 656d I 2. **c) Verjährung.** §§ 195, 199 I. 27

9. Abw. Vereinbarungen über Ursächlichkeit und über Vergütung. Durch Vereinbarung können in gewissen Grenzen die ges. Voraussetzungen des Provisionsanspruchs (→ Rn. 8–25) zugunsten des Maklers abbedungen werden (→ Rn. 29, 30); andererseits kann die Vergütung auch zugunsten des Auftraggebers von zusätzlichen Voraussetzungen abhängig gemacht werden (→ Rn. 30). **a) Erweiterungen** 28 29

des Vergütungsanspruchs. aa) Allgemeines. Eine **erfolgsunabhängige Provision** widerspricht dem „ges. Leitbild" des Maklervertrags (→ Vor § 652 Rn. 11). Sie kann nicht vereinbart werden bei der **Wohnungsvermittlung** (§ 2 I, V, 5 WoVermG; vgl. BGH NJW-RR 2010, 1386) und durch **AGB** (§§ 305c I, 307 II Nr. 1; vgl. BGHZ 99, 382; 103, 240; auch nicht als Entgelt für Reservierung im Rahmen einer Nebenabrede, BGH NJW 2010, 3569 f.), sondern nur durch Einzelabrede (vgl. § 305 I 3 und dazu BGH NJW 1991, 1679 betr. 1 II AGBG, ie str.; s. Schwerdtner NJW 1990, 369). Unwirksam sind daher alle nicht individuell getroffenen Abreden (sa OLG Jena NJW-Spezial 2005, 243), die die Abhängigkeit des Vergütungsanspruchs vom wirksamen Zustandekommen des Hauptvertrags oder einer ursächlich gewordenen Maklerleistung aufheben oder lockern (BGHZ 61, 21; NJW 1984, 2163; NJW-RR 1986, 347). Bsp: Provision unabhängig von behördlicher Genehmigung des Hauptvertrags (BGHZ 60, 385; sa OLG Hamburg MDR 1975, 663), schon bei Abschluss eines Vorvertrags (BGH NJW 1975, 647; NJW-RR 1991, 1073), bei wegen Verflechtung fehlender oder nicht provisionspflichtiger Maklerleistung (BGH LM Nr. 54; BB 1978, 1089; WM 1977, 416); **selbstständiges Provisionsversprechen** (selten) setzt entspr. klare Vereinbarung voraus (vgl. BGH NJW 1981, 278; WM 1984, 63; NJW-RR 1993, 430). Es stellt keinen eigenen Vertragstyp dar. Nur bei völlig fehlender Gegenleistung kann Provisionszusage als Schenkungsversprechen ausgelegt werden; diese Auslegung liegt im geschäftlichen Verkehr aber fern (BGH NJW-RR 2007, 56 mwN). Vorherige Aufklärung über eine bestehende Verflechtung (→ Rn. 13) ist erforderlich (BGH NJW 1991, 168). **bb) Einzelne Klauseln (alphabetische Reihenfolge). Fälligkeitsklauseln:** Zulässig, soweit (nur!) die Fälligkeit auf einen Zeitpunkt vor Vollwirksamwerden des Hauptvertrags vorverlegt (nicht aber durch AGB: OLG Hamm NJW-RR 1996, 1527) oder auf den der Vertragsdurchführung hinausgeschoben wird (BGH MDR 1980, 1007); Schranke bei Wohnungsvermittlung: Vorschuss unzulässig (§ 2 IV, V WoVermG). **Folgegeschäftsklauseln:** Provisionspflicht des Auftraggebers besteht bei entspr. Vertragsinhalt (→ Rn. 16; §§ 133, 157) auch bei Abschluss weiterer Geschäfte, die sich aus dem vom Makler vermittelten (nachgewiesenen) Erstgeschäft ergeben (BGH NJW-RR 1991, 51). In AGB unwirksam (§§ 305c I, 307 II Nr. 1; BGHZ 60, 243; abw. bei Versicherungsmakler BGH NJW 1986, 1036), ausgeschlossen bei Wohnungsvermittlung durch § 2 II Nr. 1, V WoVermG („Fortsetzung, Verlängerung oder Erneuerung des Mietvertrags"). **Fortzahlungsklausel:** Formularmäßige Fortzahlungsverpflichtung ist unabhängig vom späteren Schicksal des Hauptvertrages bei selbstständigen Provisionsabreden wirksam (s. BGHZ 162, 67; VersR 2005, 404, dazu Loritz NJW 2005, 1757; Reiff LMK 2005, 88 [zum vermittelten Versicherungsvertrag]). **Gleichstellungsklauseln:** Provisionspflicht des Auftraggebers auch bei Erwerb in der Zwangsvollstreckung oder eines anderen Objekts; in AGB unwirksam (BGHZ 119, 32; → Rn. 18). In einer **Reservierungsvereinbarung** kann eine erfolgsunabhängige Teilprovision nicht vereinbart werden (BGHZ 103, 239; NJW 2010, 3569 f.; OLG Hamm NJW-RR 1989, 1209; → Rn. 32). **Rückforderungsausschlussklausel:** Ausschluss des Rechts auf Rückforderung bereits gezahlter Provision. In AGB unwirksam (§ 307 II Nr. 1; BGH NJW 1984, 2163). **Rückfrageklauseln:** Der Auftraggeber ist vor Abschluss eines Vertrags ohne Mitwirkung des Maklers während der Laufzeit des Maklervertrags zur Rückfrage beim Makler verpflichtet, andernfalls kann er die Nichtursächlichkeit der Maklertätigkeit nicht geltend machen. In AGB unwirksam (§§ 307 II Nr. 1, 309 Nr. 12). **Übererlösklauseln:** Der Auftraggeber beteiligt den Makler durch erhöhte Provision an einem über den vorgegebenen Betrag hinausgehenden Erlös; uU sittenwidrig (BGHZ 125, 138 ff.; dazu Martinek JZ 1994, 1048) oder treuwidrig (→ § 654 Rn. 10), jedenfalls bestehen gesteigerte Maklerpflichten (OLG Düsseldorf NJW-RR 1996, 1012). **Verweisungs- und Widerrufsklauseln:** → Rn. 42. **Vorkenntnisklauseln:** Der Auftraggeber ist zu Anzeige oder Widerspruch innerhalb bestimmter Frist verpflichtet, da andernfalls das Objekt als bisher unbekannt gilt oder anerkannt wird. In AGB unwirksam bei Ursächlichkeitsfiktion (§ 309 Nr. 12;

BGH NJW 1971, 1133; 1976, 2346; einschr. OLG München OLGZ 1978, 448). **Weitergabeklauseln** begründen Provisionspflicht, wenn unbefugte Weitergabe des Nachweises zum Abschluss mit einem Dritten führt (BGH NJW 1987, 2431; OLG Frankfurt a.M. MDR 1994, 36). Zu Maklerklauseln in Kaufverträgen s. Bethge NZM 2002, 193. **b) Einschränkungen des Vergütungsanspruchs.** Einzelne Abre- 30
den: **Hinausschieben der Provisionszahlung** bis zur Ausführung des Hauptvertrags (zB Auflassung und Eintragung; Baubeginn); iZw nur **Fälligkeitsabrede** (dann Fälligwerden spätestens nach angemessener Frist, § 87a III HGB entspr.), nicht zusätzliche Entstehungsbedingung (dann § 162; s. BGH NJW 1986, 1035, str.). **Abwälzung der Provisionszahlung** auf den Vertragspartner des Auftraggebers: Auftraggeber haftet dem Makler nur dann, wenn die Voraussetzungen für einen Provisionsanspruch vorliegen (LM Nr. 25) und die Provision vom Vertragspartner (zB Käufer, Mieter) nicht zu erlangen ist (OLG Hamburg MDR 1969, 665; Piehler DNotZ 1983, 29 f.). **Vereinbarungen über die Provision im Hauptvertrag** sind als echter **Vertrag zgDr** möglich (BGHZ 138, 172) und begründen einen unmittelbaren Anspruch des Maklers gegen die Vertragspartei (idR den Käufer, s. BGHZ 138, 172; → Vorb. § 652 Rn. 8). Zwingende **Sonderregelung** (**Halbteilungsgrundsatz**) bei **Wohnimmobilienmakler** und Verbraucher als Auftraggeber → § 656c, → § 656d.

10. Aufwendungen (II). Ein Aufwendungsersatzanspruch besteht nicht kraft 31
Ges., auch dann nicht, wenn kein Provisionsanspruch entsteht **(II 2),** sondern bedarf bes. **Vereinbarung (II 1;** Ausnahme: → Rn. 39). **Schranken: a) Wohnungsvermittlung.** Auslagenerstattung ist grundsätzlich ausgeschlossen (§ 3 III 1 WoVermG; kein Entgelt für Besichtigungen: LG Stuttgart NZM 2016, 902); zulässig ist die Vereinbarung der Erstattung nachweisbar entstandener Auslagen im Nichterfolgsfall in voller Höhe (§ 3 III 3 WoVermG), im Erfolgsfall nur, soweit diese eine Monatsmiete übersteigen (§ 3 III 2 WoVermG). **b) AGB-Vereinbarung.** Das ges. Leitbild 32
des Maklervertrags verbietet die Vereinbarung eines – auch erfolgsunabhängigen – **Aufwendungsersatzanspruches** nicht (BGHZ 99, 383; NJW 1988, 411). Dieser muss sich aber auf den Ersatz der konkreten Aufwendungen beziehen (BGHZ 99, 383). Eine Pauschalierung ist nur bis zu einem mäßigen Höchstbetrag zulässig; unzulässig ist jedoch die Vereinbarung einer Aufwendungspauschale in Höhe eines Prozentanteils des Preises oder Gegenstandswerts (BGHZ 99, 384). Eine **Reservierungsvereinbarung** (→ Rn. 29 [bb]) kann, auch soweit formfrei möglich, uU (Bsp: fehlende Befristung, unangemessen niedriger Kaufpreis) sittenwidrig sein (BGHZ 103, 241 f.). **Einzelne Klauseln:** → Rn. 42.

11. Alleinauftrag. a) Allgemeines s. Pauly, MDR 2021, 401. **aa) Begriff.** 33
Maklervertrag bes. Art, wobei das Wort „Alleinauftrag" zunächst nur besagt, dass neben dem beauftragten Makler kein weiterer Makler (Zweitmakler) beauftragt werden darf (BGH NJW 1964, 1467, 1468) und bei dem der Makler im Zweifel **verpflichtet** ist, während einer **bestimmten Zeit** auf die Vermittlung oder die Gelegenheit zum Abschluss eines Vertrags **hinzuwirken,** also tätig zu werden (ie → Rn. 35–40). **bb) Bedeutung.** Durch den Alleinauftrag wird der **Pflichtenkreis** 34
des Maklers erweitert (→ Rn. 36) und eine echte vertragliche **Bindung des Auftraggebers** begründet; die Chance erfolgreicher Maklertätigkeit wird dadurch erhöht. Unberührt bleiben die Grundsätze der Entschließungs-/Abschlussfreiheit des Auftraggebers (BGH NJW 1967, 1225) und der Erfolgsprovision (BGHZ 60, 381; 99, 382; → Rn. 38). **cc) Rechtsnatur. Maklerdienstvertrag** (BGH NJW 1988, 968 mN; → Vor § 652 Rn. 6), der aber **kein gegenseitiger** Vertrag ist (BGHZ 63, 74 mAnm Knüfer LM Nr. 51, str.). **b) Voraussetzungen. aa) Zustan-** 35
dekommen. IdR durch **ausdr.** Erklärungen (Bsp: „Alleinauftrag", „Festauftrag", „Festanhandgabe" uä), stillschweigender Abschluss nur bei Eindeutigkeit der Vereinbarung (selten), seit 1.1.1999 (Inkrafttreten des GWB idF der Bek. vom 26.8.1998, BGBl. I 2547) idR formfrei möglich (aA zu GWB 34 aF Heße NJW 1998, 561; E. Schneider MDR 1998, 69, je mN; wegen Ausnahmen → Rn. 5), auch in AGB möglich (BGH NJW 2020, 3306, 3307 Rn. 19 f.). **bb) Inhalt. Tätigkeitspflicht** 36

des Maklers: Der Makler ist verpflichtet, mit aller Kraft für den Auftraggeber tätig zu werden und dessen Interessen zu wahren (BGH NJW 1985, 2478; 1992, 2819, allgM); ihn trifft auch die Pflicht zu sachkundiger Beratung (BGH WM 1973, 1383). **Unterlassungspflicht des Auftraggebers:** Der Auftraggeber darf während der Laufzeit des Vertrags (→ Rn. 37) **keine Dienste weiterer Makler** in Anspruch nehmen **(Verbot von Zweitaufträgen);** dagegen besteht für den Auftraggeber **kein Verbot von Eigengeschäften** („Direktabschlüssen"; BGHZ 60, 382 mN; 88, 371); soll auch diese Möglichkeit ausgeschlossen werden, so bedarf es einer bes. eindeutigen Vereinbarung; eine Aufnahme in AGB genügt dazu nicht (BGHZ 60, 377; 88, 371; NJW 1991, 1679; Schwerdtner NJW 1990, 369). Nicht ausreichend ist zB die kombinierte Bezeichnung als „Allein- und Festauftrag" (OLG Düsseldorf MDR 1973, 582) oder als „Alleinverkaufsrecht" (BGH WM 1976, 533). Bei Alleinauftrag an Vertrauensmakler für längere Zeit ist Doppeltätigkeit durch Vermittlung für zwei Parteien (Käufer und Verkäufer) **treuwidrig** (→ § 654 Rn. 11), sofern Makler Doppeltätigkeit nicht offenlegt (BGH NJW 1964, 1467, 1468; BGH NJW-RR 1998, 992, 993; BGH NJW-RR 2000, 430, 431; BeckOGK/Meier § 654 Rn. 12; Erman/Fischer § 654 BGB Rn. 2; abw. MüKo-BGB/Roth § 654 Rn. 15, danach ist bei Alleinauftrag die Doppeltätigkeit wegen Interessenkollision grds. unzulässig; abw. BeckOK BGB/Kneller § 654 Rn. 13 f.; Staudinger/Arnold § 654 Rn. 5: bei Vertrauensmakler führt auch Offenlegung nicht zur Zulässigkeit).

37 **cc) Dauer.** Der Alleinauftrag ist idR für eine **bestimmte Frist** „fest" (→ Rn. 35) abgeschlossen (**Ausschluss des Widerrufsrechts** des Auftraggebers), danach kündbar. Fehlt eine zeitliche Begrenzung, so gilt angemessene Frist (Bsp: 6 Monate; uU auch erheblich länger, vgl. BGH NJW-RR 1994, 560 mN). Zur Wirksamkeit von in AGB vereinbarten Klauseln zur Verlängerung des Alleinauftrags bei nicht erfolgtem Widerruf vgl. BGH NJW 2020, 3306, 3309 Rn. 37 ff. Ein der Vereinbarung widersprechender Widerruf ist dem Makler gegenüber unwirksam. Ausnahmsweise besteht jederzeitiges Widerrufsrecht des Auftraggebers bei wichtigem Grund (§ 626 entspr.); Bsp: BGH NJW 1969, 1626; WM 1970, 1459. Ist der Makler für längere Zeit untätig geblieben, so kann Vertragsbeendigung uU ohne Auflösungserklärung
38 eintreten (BGH WM 1977, 871). **c) Rechtsfolgen. aa)** Der **Provisionsanspruch** besteht auch beim Alleinauftrag nur, wenn die Voraussetzungen der → Rn. 4–25 erfüllt sind. Zur wirksamen Abbedingung der Ursächlichkeit der Maklerleistung und zur Vereinbarung einer erfolgsunabhängigen Provision vgl. → Rn. 41, 42.

39 **bb) Aufwendungsersatz. II** gilt auch für den Alleinauftrag; Schranken für vereinbarten Erstattungsanspruch: wie → Rn. 31, 32, einzelne Klauseln: → Rn. 42. **Ohne** entspr. **Vereinbarung** kann ausnahmsweise Ersatzanspruch dann gegeben sein, wenn der Makler konkrete über die übliche Maklertätigkeit hinausgehende Leistungen übernimmt und es nicht zur Entstehung eines Vergütungsanspruchs
40 kommt (OLG Hamm NJW 1973, 1976 arg. §§ 675, 670). **cc) Schadensersatz.** Durch einen vertragswidrigen Abschluss während der Bindungsdauer (→ Rn. 36, 37) macht sich der Auftraggeber dem Makler nach allg. Grundsätzen schadensersatzpflichtig (pVV; BGH NJW 2020, 3306, 3308 Rn. 30; BGHZ 60, 381; ie → § 654 Rn. 9). Der Schaden besteht in der entgangenen Verdienstmöglichkeit (§ 252), uU in nutzlosen Aufwendungen. Der zweite Makler kann für diesen Schaden aus cic (§ 311 II) haften, wenn er den Auftraggeber über die Schadensersatzpflicht gegenüber dem ersten Makler nicht aufklärt (OLG Hamm NJW-RR 1998, 842). **Beweislast:** Makler für schuldhafte Vertragsverletzung des Auftraggebers, ferner dafür, dass er einen anderen zum Abschluss unter den vertragsmäßigen Bedingungen bereiten und fähigen Interessenten gestellt hätte (BGH NJW 2020, 3306, 3308 Rn. 30; 1966, 2008). Ges. Erleichterungen: § 252 S. 2; § 287 ZPO; Änderung (Aufhebung) der
41 Beweislastverteilung durch AGB: → Rn. 41, 42. **d) Bes. Abreden. aa) Allgemeines.** Das Interesse des Maklers geht dahin, sich vor **Vertragsverletzungen** seines Auftraggebers zu schützen und den **Nachweis eines entstandenen Schadens** nicht führen zu müssen. Hierfür in Frage kommende Klauseln: **Erweitertes Provisionsversprechen** (Provisionspflicht auch für vom Makler nicht verursachtes

Geschäft; kein Verschuldens- und Schadensnachweis); **pauschalierter Schadensersatzanspruch** (kein Schadensnachweis seitens des Maklers); Versprechen einer (herabsetzbaren: § 343) **Vertragsstrafe;** Vereinbarung von **Auslagenerstattung** bei Nichtentstehen eines Provisionsanspruchs. Für die Wirksamkeit derartiger Klauseln (→ Rn. 29–32) gilt: Bei der **Wohnungsvermittlung** sind erweiterte Provisionsversprechen unwirksam (§ 2 I, V WoVermG); in gewissen Grenzen zulässig sind die Vereinbarung der Erstattung nachweislich entstandener Auslagen (§ 3 III WoVermG) und von geringen Vertragsstrafen (§ 4 WoVermG). In **AGB** unwirksam sind Klauseln, die eine erfolgsunabhängige Provision vorsehen oder in die Abschlussfreiheit des Auftraggebers eingreifen (§§ 305c I, 307 II Nr. 1; BGH NJW 1985, 2478); Schranken bestehen für die Pauschalierung von Ersatzansprüchen und für Vertragsstrafen (§ 309 Nr. 5, 6, 12; sa Beuthien FS Larenz, 1973, 495). **bb) Einzelne Klauseln** (alphabetische Reihenfolge). **Nichtabschlussklauseln:** Der Auftraggeber ist verpflichtet, bei Nichtabschluss mit einem abschlussbereiten Interessenten die (Gesamt-)Provision („Reugeld" und dergl.) zu bezahlen. Keine echte Vertragsstrafe, da keine Anknüpfung an vertragswidriges Verhalten des Auftraggebers (uU aber Strafgedinge gem. § 343 II; s. BGHZ 76, 47). In AGB unwirksam (BGHZ 103, 239 f.; NJW 1979, 367), auch in Individualabrede uU beim Doppelmakler (BGHZ 61, 17); soweit überhaupt zulässig, bedarf die Abrede bei Grundstücken wegen des mittelbaren Abschlusszwangs der Form des § 311b I 1 (BGHZ 76, 47; NJW-RR 1994, 559 zu § 313 aF str.). Formfrei möglich ist die Vereinbarung von wesentlich unter dem Provisionsanspruch liegendem (pauschaliertem) Aufwendungsersatz (BGHZ 61, 24 mAnm Pfretzschner LM Nr. 46; 76, 48 mN; nach BGHZ 103, 239 mN; OLG Dresden BB 1997, 2342 höchstens 10 % der vereinbarten Provision; → Rn. 32). **Verweisungs- und Zuziehungsklauseln:** Der Auftraggeber ist verpflichtet, sämtliche Interessenten (auch „eigene") an den Makler zu verweisen; bei Abschluss des Geschäfts ohne die Mitwirkung („Hinzuziehung") des Maklers hat er die volle (uU doppelte) Provision zu zahlen. IZw Schadenspauschale (so zutr. Hauß Anm. LM Nr. 44; Grund: Anknüpfung an Vertragsverletzung des Auftraggebers), nicht Vertragsstrafe (BGHZ 60, 384 gegenüber BGHZ 49, 89). In AGB unwirksam, soweit bei Abschluss mit einem vom Auftraggeber selbst gefundenen Interessenten volle Provision oder angemessene Vergütung geschuldet sein soll (BGH NJW-RR 2021, 177, 179 Rn. 27; BGHZ 60, 377; 88, 371 f.; 99, 377, neuere Rspr.); zulässig aber Vereinbarung von Auslagenerstattung für den Fall des Vertragsbruchs des Auftraggebers (BGHZ 60, 382). **Widerrufsklauseln:** Der Auftraggeber ist verpflichtet, die Gesamtprovision zu zahlen, wenn er den Alleinauftrag vorzeitig widerruft (kündigt, zurückzieht usw). Die Klausel ist stets dahin zu ergänzen, dass eine Provisionspflicht nur besteht, wenn der Widerruf zu einem vertragswidrigen Abschluss geführt hat (BGH NJW 1967, 1226; KG NJW 1965, 1277). Kein Reugeld iSv § 359 (unzutr. OLG München NJW 1969, 1630), sondern Schadenspauschalierung oder Vertragsstrafeversprechen gem. § 343 II. Wirksamkeit: wie „Verweisungs- und Zuziehungsklauseln". In AGB unwirksam sind auch **Bindungsklauseln,** durch die sich der Auftraggeber langfristig zur Unterlassung von Eigengeschäften verpflichtet (BGH NJW 1986, 1173).

42

§ 653 Maklerlohn

(1) **Ein Maklerlohn gilt als stillschweigend vereinbart, wenn die dem Makler übertragene Leistung den Umständen nach nur gegen eine Vergütung zu erwarten ist.**

(2) **Ist die Höhe der Vergütung nicht bestimmt, so ist bei dem Bestehen einer Taxe der taxmäßige Lohn, in Ermangelung einer Taxe der übliche Lohn als vereinbart anzusehen.**

1. Bedeutung. I begründet ges. **Vermutung** für Entgeltlichkeit des zustande gekommenen (→ Rn. 2) Maklervertrags (entspr. §§ 612 I, 632 I, 689), **II** ist **Auslegungsregel** für die **Höhe** der (unbestimmt) vereinbarten Vergütung. 1

2 **2. Voraussetzungen.** In beiden Fällen rechtswirksames Zustandekommen eines Maklervertrags (auch stillschweigend: → § 652 Rn. 4) und Übertragung einer konkreten Maklerleistung (BGH NJW-RR 1989, 1072; 1991, 371, stRspr); Fehlen einer (ausdr.) Vergütungsvereinbarung **(I)** oder einer (ausdr.) Vereinbarung über die Höhe der Vergütung **(II);** Vorliegen von für die Entgeltlichkeit der Maklerleistung sprechenden „Umständen" bei **I** (dazu BGH NJW-RR 1988, 1198 mN). Bsp: Gewerbsmäßige Maklertätigkeit (sa § 354 HGB); dagegen idR nicht: Gelegenheitsvermittlung durch Architekten (BGH NJW 1970, 700). Die **Beweislast** für die tatsächlichen Voraussetzungen der Vermutung trifft den Makler (BGH NJW 1965, 1226), für die Vereinbarung der Unentgeltlichkeit den Auftraggeber (BGH NJW-RR 2010, 257; NJW 1981, 1444), desgl. für die nachträgliche Vereinbarung einer niedrigeren Vergütung (BGH NJW 1982, 1523 f.). Ist der Vorkaufsberechtigte bei Ausübung des Vorkaufsrechts nicht gem. § 464 II verpflichtet, die unüblich hohe Maklerprovision aus dem Kaufvertrag zwischen Vorkaufsverpflichtetem und Drittem zu leisten, so besteht für den Vorkaufsberechtigten auch keine Verpflichtung, eine auf die übliche Höhe reduzierte Maklerprovision zu zahlen (BGH WM 2016, 1845).

3 **3. Rechtsfolgen. a)** Vergütungsanspruch des Maklers bei **I;** für die Höhe gilt idR → Rn. 3 (b); bestehende **Obergrenzen:** → § 652 Rn. 26 aE. **b)** Die Höhe der Vergütung **(II)** wird in folgender Reihenfolge bestimmt: Zunächst gilt der taxmäßige Lohn (Taxen bestehen nicht), sodann die (orts-)**übliche Vergütung** (vgl. dazu BGHZ 125, 139); allg. Verkehrsgeltung bei den beteiligten Kreisen ist erforderlich. Auskunft geben die Industrie- und Handelskammer und der örtliche Maklerverband. Ist ein „fester" Satz nicht feststellbar, so wird im Rahmen der **„üblichen Vergütungsspanne"** eine **angemessene** Provision geschuldet (BGHZ 94, 103 f.): §§ 315, 316 sind idR unanwendbar (BGHZ 94, 102 f.; NJW-RR 1994, 1261 mN; krit. Dehner NJW 1997, 23; ie Vollkommer JZ 1985, 879 ff.).

§ 654 Verwirkung des Lohnanspruchs

Der Anspruch auf den Maklerlohn und den Ersatz von Aufwendungen ist ausgeschlossen, wenn der Makler dem Inhalt des Vertrags zuwider auch für den anderen Teil tätig gewesen ist.

1 **1. Allgemeines. a) Bedeutung:** Sonderfall der Verwirkung (dh des Verlustes) des Vergütungsanspruchs wegen schwerer Treuepflichtverletzung des Maklers. **b) Anwendungsbereich.** § 654 gilt unmittelbar nur für die unerlaubte **Doppeltätigkeit** (→ Rn. 11), ist jedoch in anderen Fällen schwerer Verletzung der maklerrechtlichen Treuepflicht **entspr. anwendbar** (→ Rn. 10). Eine entspr. Anwendung des § 654 auf andere **Rechtsverhältnisse** ist nur in engen Grenzen möglich (zB bei vorsätzlichem Parteiverrat iSv § 356 StGB eines RA: BGH NJW 1981, 1212; ferner bei Handelsvertreter, vgl. BGH NJW 1974, 137; Insolvenzverwalter, s. BGH NJW 2019, 935; BGHZ 159, 131, NJW 2011, 1732, NZI 2016, 892; NJW-RR 2015, 369; Vermögensverwalter, vgl. BGH NJW-RR 2012, 411, und Zwangsverwalter, s. BGH NJW-RR 2009, 1710; 2010, 426; auch öffentl.-rechtlich bestellter gerichtlicher Sachverständiger, s. BGH NStZ 2019, 462). Ausgeschlossen ist eine entspr. Anwendung **zu Lasten des** (treuwidrig handelnden) **Auftraggebers** (BGH
2 MDR 1968, 405; OLG Frankfurt a.M. MDR 1994, 35). **c) Abgrenzung.** Schuldhafte Verletzung maklervertraglicher Treue-/Nebenpflichten (→ Rn. 3 ff.) führt nach allg. Grundsätzen (pVV) zu **Anspruch auf Schadensersatz** (§ 280 I) und damit auch zu Einwendungen gegen den Vergütungsanspruch (→ Rn. 13). **d) Sonderregelung** *des Provisionsanspruchs bei Doppel*tätigkeit des **Wohnimmobilienmaklers** und Verbraucher als Auftraggeber (Halbteilungsgrundsatz) → § 656c, → § 656d.

3 **2. Maklervertragliche Treuepflichten. a) Allgemeines.** Der Maklervertrag begründet für beide Parteien ein bes. Treueverhältnis, aus dem sich verschiedene Nebenpflichten ergeben, die sich zu einer bes. Treuepflicht steigern können (Pauly

JR 1998, 354 f.; ie str.). Die Treuepflicht ist umso strenger, je enger das Vertrauensverhältnis ist (zB beim Vertrauensmakler). Maßgebend im Einzelfall sind auch die wirtschaftliche Bedeutung des Geschäfts und die Unerfahrenheit des Auftraggebers (ie → Rn. 4–8). **Rechtsfolgen** bei Pflichtverletzung: Schadensersatzanspruch unter den Voraussetzungen der pVV (§ 280 I, s. BGH NJW 2019, 1596), jedes Verschulden genügt (BGH NJW 1982, 1146, 1147); idR in Geld gem. § 251 I, aber nicht zwingend (s. BGH NJW 2019, 1596); Ermittlung des Schadens nach der Differenzmethode (s. BGH NJW 2019, 1596). Schranken der Freizeichnung bei Treuepflichtverletzung: → Rn. 12, 13; vgl. iÜ § 309 Nr. 7 Buchst b. **b)** Der **Makler** ist allg. 4
verpflichtet, im Rahmen des Zumutbaren die Interessen seines Auftraggebers zu wahren (BGH NJW 1983, 1848). Darf er für beide Seiten tätig werden (**Doppelmakler,** dazu → Rn. 11), ist er in strenger Unparteilichkeit zu gleichmäßiger Interessenwahrung verpflichtet (BGHZ 48, 348; 61, 23 – „ehrlicher Makler"). Nebenpflicht besteht auch dann (nach beiden Seiten: OLG Karlsruhe BeckRS 2016, 01957 Rn. 12). Ie kommen als **Nebenpflichten** in Frage: **aa) Mitteilungs- und Aufklä-** 5
rungspflichten. Der Makler muss alle ihm bekannten Umstände, die sich auf den Geschäftsabschluss beziehen und für die Willensentschließung des belehrungsbedürftigen Auftraggebers erkennbar von Bedeutung sind, mitteilen (BGH NJW 2019, 1223; 1981, 2686; 1982, 1146; NJW-RR 2020, 1247; 1988, 366; OLG Hamm NJW-RR 2020, 687, 690 Rn. 63). Nicht notwendig maßgebend sind die allg. Informationspflichten gem. MaBV 10, 11. Makler verletzt Pflichten, wenn er Eigenschaften des Objekts behauptet oder sonstige – eigene oder sich zu eigen gemachte – Informationen über dieses erteilt, ohne sich die dafür erforderlichen Grundlagen verschafft zu haben und diese fehlende Informationsgrundlage nicht offenlegt (BGH NJW-RR 2007, 711, 712 Rn. 12 f.); ebenso dann, wenn er Bedingungen eines Kaufangebots falsch darstellt oder ein Kaufangebot verschweigt (s. BGH NJW 2019, 1596); bei Alleinauftrag Pflichtverletzung, wenn Makler Kontakt zu Kaufinteressenten abreißen lässt, Interessenten wahrheitswidrig mitteilt, das Objekt sei bereits vergeben, oder keine ausreichenden Bemühungen unternimmt, das Objekt zu vermarkten (s. BGH NJW 2019, 1596; → § 652 Rn. 33, Rn. 36). Daneben ist § 241 II anzuwenden. Bsp: Wirtschaftliche Verhältnisse des Vertragsgegners (BGH WM 1969, 880; OLG Koblenz NJW-RR 1997, 888; sa BGHZ 25, 125); Unzuverlässigkeit des bauleitenden Architekten (BGH JZ 1968, 69); Höhe des als Provision vereinbarten Übererlöses (OLG Düsseldorf NJW-RR 1996, 1012; → § 652 Rn. 29, 30); drohender Anfall doppelter Provision (OLG Hamm BB 1995, 1978); Falschangaben des Kunden über Hausbockbefall des vermittelten Objekts (BGH NJW 2005, 3778, dazu Althammer NZM 2006, 168; Benedict EwiR 2005, 857). Verleugnung der verwandtschaftlichen Beziehung auf ausdrückliche Nachfrage ist obj. schwerwiegende Treuepflichtverletzung (OLG Düsseldorf BeckRS 2016, 7090 Rn. 40 ff.; OLG Hamm NJW-RR 2020, 687, 690 Rn. 64). Aufklärungspflicht kann auch rechtliche Hinweise gebieten (BGH NJW 1981, 2686: bestehende Kündigungsschranken; s. 5 Nr. 1 RBerG). Im Allgemeinen keine Aufklärungspflicht hinsichtlich des Maklervertrags selbst (BGH NJW-RR 2007, 1504). **bb)** Umfassende **Bera-** 6
tungs- und Aufklärungspflichten bestehen bei Anlage- (BGH BeckRS 2013, 01194; NJW 1982, 1095 mN; → Vor § 652 Rn. 4), Finanzierungs- (BGH NJW-RR 1991, 628; OLG Oldenburg NJW-RR 2005, 1287) und Versicherungsvermittlung (BGHZ 94, 358 ff.; NJW-RR 2009, 1688; BGH WM 2016, 1632 → Vor § 652 Rn. 15, 16). Grds. nicht hinsichtlich steuerlicher Fragen, es sei denn Makler tritt hinsichtlich bestimmter Steuerfragen als Fachmann auf, erweckt dadurch beim Auftraggeber besonderes Vertrauen oder berühmt sich langjähriger Tätigkeit und Erfahrung auf dem Gebiet (BGH NJW 2019, 1223); anders im Einzelfall bei Grundstückkauf, wenn Makler aufgrund besonderer Umstände des Einzelfalls Anlass zu der Vermutung haben muss, seinem Kunden drohe ein Schaden, weil er sich der Gefahr des Entstehens einer besonderen Steuerpflicht wie etwa gem. §§ 22 I Nr. 2, 23 I 1 Nr. 1 EStG nicht bewusst ist (BGH NJW 2019, 1223). **cc) Erkundigungs-** 7
und Nachforschungspflichten obliegen dem Makler idR nur bei entspr. Verein-

barung oder Verkehrssitte. Bsp: Ermittlung der zulässigen Bebauung bei Baugrundstück (BGH NJW 1982, 1147), von anfallenden Steuern bei Grundstücksverträgen
8 (OLG München NJW 1961, 1534; zulässig: 5 Nr. 1 RBerG). **dd) Prüfungspflichten** bestehen ebenfalls nur bei entspr. Vereinbarung (auch durch Ankündigung). Der Makler ist idR nicht verpflichtet, Angaben des Verkäufers vor ihrer Weitergabe an den Kaufinteressenten nachzuprüfen (BGH NJW 1982, 1147; OLG Hamm NJW-RR 1996, 1081 f.), es sei denn, sie sind nach in seinem Berufsstand vorauszusetzenden Kenntnissen als unrichtig, nicht plausibel oder bedenklich einzustufen (BGH NJW-RR 2007, 711); bei Weitergabe von Behördenauskünften gilt § 276 (BGH NJW 1982, 1147). Erweiterte Nebenpflicht, wenn Makler seinem Kunden gegenüber faktisch die Rolle eines Wertsachverständigen übernimmt, sich auf seine besondere Expertise beruft und entsprechendes Vertrauen in Anspruch nimmt. In diesem Fall hat er wie ein Wertsachverständiger einzustehen, daher ist Fehleinschätzung hinsichtlich des Verkehrswerts einer Immobilie von 22 % pflichtwidrig. Haftung auf negatives Interesse: Differenz zwischen erzieltem und gutachterlich ermitteltem erzielbarem Kaufpreis zu tragen, ohne dass es auf eine bei Schätzungen hinzunehmende Toleranzschwelle ankäme (OLG Karlsruhe BeckRS 2016, 01957 Rn. 12 – Rn. 14; zur Berechnung zustimmend BGH NJW-RR 2016, 374). Grds. keine Nebenpflicht, steuerrechtliche Fragen zu prüfen → Rn. 6. **ee) Nachwirkende Treuepflicht** (OLG Düsseldorf NJW-RR 1990, 372 f.; OLG Hamm NJW-
9 RR 1997, 889). **c)** Den **Auftraggeber** treffen Pflichten zur Verschwiegenheit, Vertraulichkeit (BGH NJW 1987, 2432; regelmäßig schadensersatzpflichtig, wenn er Informationen über die Möglichkeit eines Vertragsabschlusses an Interessenten des Objekts weitergibt, also einen Nachweis des Maklers nicht vertraulich behandelt, s. BGH NJW 2019, 1226, offengelassen, ob dies auch bei Familienangehörigen zutrifft), Sorgfalt und Aufklärung (BGH WM 1972, 444; Pauly JR 1998, 354 f.), auch über bestehende Vorkenntnis (MüKo-BGB/Roth § 652 Rn. 199, 210; Staudinger/Arnold §§ 652, 653 Rn. 209, iE auch OLG Hamburg NJW-RR 1987, 175; OLG Karlsruhe NJW-RR 1994, 510; einschr. OLG Celle NJW-RR 1995, 501, str.; aA BGH WM 1984, 63; OLG Koblenz MDR 1990, 1115; nach BGH kann Anzeigepflicht bzgl. Vorkenntnis auch nicht durch AGB begründet werden, NJW 1976, 2345). **Rechtsfolgen** bei unberechtigter Weitergabe usw: → Rn. 3 (BGH NJW 1987, 2432), uU sogar Provisionspflicht (Schäfer BB 1990, 2277 ff.; Pauly JR 1998, 356; § 162 entspr., str.; → § 652 Rn. 19 und 29 [bb]). **Auskunft** kann der Makler nur über die für die Entstehung und Berechnung des Provisionsanspruchs maßgeblichen Tatsachen verlangen, nicht über die Höhe (BGH NJW-RR 1990, 1371 mN; OLG Koblenz NJW-RR 2004, 414; OLG Düsseldorf NJW-RR 1996, 1464; → §§ 259–261 Rn. 3). Für die **Grundbucheinsicht** des Maklers besteht berechtigtes Interesse iSv § 12 GBO (vgl. OLG Stuttgart Rpfleger 1983, 272).

10 **3. Verwirkung (Verlust) des Vergütungsanspruchs. a) Voraussetzungen (alternativ). aa) Schwerwiegende Treupflichtverletzung des Maklers.** Erforderlich ist **(obj.),** dass der Makler unter Verletzung wesentlicher Vertragspflichten (→ Rn. 4–8) dem Interesse des Auftraggebers in schwerwiegender Weise zuwidergehandelt hat (BGH NJW-RR 2021, 177, 179 Rn. 26); **(subj.)** schweres Verschulden des Maklers (BGH NJW-RR 2021, 177, 179 Rn. 26: Vorsatz oder diesem nahekommende grobe Leichtfertigkeit; § 278 ist anwendbar, KG NJW-RR 1988, 686) und **Lohnunwürdigkeit:** Makler hat den Lohn nach allg. Rechts- und Billigkeitsempfinden nicht verdient (BGH NJW 2019, 935; BGHZ 36, 327; 92, 185 f.; krit. Reuter NJW 1990, 1325 f.). Unerheblich ist, ob dem Auftraggeber durch die Treuwidrigkeit ein Schaden entstanden ist (Grund: Strafsanktion; vgl. BGH NJW 2019, 935, BGHZ 36, 326; NJW 1987, 1008 mN; NJW-RR 1990, 372; anders in den Fällen von → Rn. 3). Bsp: Treuwidrige Übererlösklausel bei Alleinauftrag (OLG Düsseldorf NJW-RR 1997, 1278) (→ § 652 Rn. 33 ff.); nicht ausreichend: Verwendung unzulässiger AGB (zB erfolgsunabhängiges Provisionsversprechen, Verweisungsklausel) ohne erschwerende weitere Umstände (BGH NJW 2021, 177, 179

Rn. 27; 2012, 3718 im Anschluss an NJW-RR 2005, 1423). Der Grund für die Verwirkung kann auch in einem Verhalten des Maklers nach Abschluss seiner Tätigkeit liegen (BGHZ 92, 185 f. mN), nicht aber nach Abschluss des Hauptvertrages und Zahlung der Provision (BGHZ 92, 187). Bsp: Bestechung von Angestellten oder Beratern des Auftraggebers durch den Makler (LM Nr. 2; MüKo-BGB/Roth Rn. 23); Verheimlichung von mit dem Gegner getroffenen Sondervereinbarungen gegenüber dem Auftraggeber (Bsp: OLG Hamm NJW-RR 1988, 689), wie Provisionszahlung des Kreditinstituts an den Kreditvermittler (OLG Karlsruhe NJW-RR 1995, 500); verheimlichtes Eigeninteresse am Geschäft (BGH NJW 1983, 1848); Nichtweitergabe von günstigem Angebot und Ausnutzung für eigenen Zwischengewinn (OLG Brandenburg NJW-RR 1995, 696); anschließende Vermittlung an einen Käufer, den der vorherige Auftraggeber strikt abgelehnt hat (OLG Hamm NJW-RR 1997, 889); Vortäuschung von formgültiger Ankaufsverpflichtung oder Reservierungsvereinbarung (BGH NJW-RR 1992, 818 mN); Verhinderung von Preisverhandlungen (OLG Hamm NJW-RR 1997, 371). Zu Konstruktionsfragen s. Thomale JZ 2012, 720. **bb) Doppeltätigkeit** ist dem Makler nicht grundsätzlich 11
untersagt (BGHZ 61, 23; NJW-RR 1998, 993; WM 2003, 2061 mN; OLG Köln NJW-RR 2004, 271; OLG Saarbrücken NJW-RR 2016, 58) und ist teilw. üblich (zB bei Grundstücksmaklern); zur Doppeltätigkeit bei Alleinauftrag → § 652 Rn. 36. **Erlaubte** Doppeltätigkeit setzt voraus: Vertragliche Gestattung (**Doppelmandat/Doppelauftrag:** Einverständnis beider Auftraggeber zu Doppeltätigkeit: BGHZ 61, 21) oder fehlende Interessenkollision. Bsp: Vermittlungsmakler für Verkäufer kann Nachweismakler für Käufer sein (BGH WM 2003, 2062 [auch ohne Gestattung] mN, auch zur Gegenansicht; BGH NJW 1970, 1075; OLG Dresden NJW-RR 1994, 885 f.). Im Zweifel Nachweismakler für beide Seiten, wenn Grundpfandgläubiger nach Anordnung der Zwangsversteigerung einen Makler mit der Suche nach Interessenten an einem freihändigen Erwerb des Objekts beauftragt und derselbe Makler in einem „Kaufanwärter/Maklervertrag" auch von dem Kaufinteressenten beauftragt wird; diese Doppeltätigkeit ist grds. auch ohne ausdrückliche Gestattung zulässig, und zwar selbst dann, wenn dem Maklerkunden die Doppeltätigkeit des Maklers unbekannt gewesen war (OLG Saarbrücken NJW-RR 2016, 58). Aber keine Kombination von Vertrauens- und Vermittlungsmakler (BGH NJW 1964, 1468). **Treuwidrige** Doppeltätigkeit: Erforderlich ist (obj.) eine **unerlaubte** Doppeltätigkeit des Maklers; die subj. Erfordernisse gem. → Rn. 10 brauchen hierzu nicht vorzuliegen (BGHZ 48, 350). Bei erlaubter Doppeltätigkeit liegt Treuwidrigkeit immer dann vor, wenn der Doppelmakler seine **Pflicht zur Unparteilichkeit** (→ Rn. 4) verletzt. Bsp: Einseitiges Eingreifen in Preisverhandlungen zugunsten einer Partei (BGHZ 48, 344); Vereinbarung einer erfolgsunabhängigen Provision mit dem einen Auftraggeber ohne entspr. Bindung des anderen (BGHZ 61, 17); Abschluss einer (formnichtigen) „Ankaufsverpflichtung" mit dem zweiten Auftraggeber, um ihm eine (in Wahrheit nicht bestehende) Abschlussbindung vorzutäuschen (BGH NJW 1981, 280; KG NJW-RR 1986, 598). Bei beidseitigem Vermittlungsmakler muss **Doppeltätigkeit** für beide Seiten wenigstens **erkennbar** sein und darf Auftraggeberinteressen durch konkrete Maklertätigkeit nicht verletzen (BGH NJW-RR 2003, 991; WM 2003, 2062; OLG Köln NJW-RR 2004, 271; OLG Karlsruhe OLGR 2006, 3). **b) Rechtsfolgen.** Bei unerlaubter/treuwidriger 12
Doppeltätigkeit (→ Rn. 11): Kein Vergütungs- und Aufwendungsersatzanspruch, keine bloße Kürzung der Vergütung auf einen noch angemessenen (Rest-)Betrag, s. BGH NJW 2019, 935; § 254 ist unanwendbar (BGHZ 36, 326); Rückgewährpflicht, soweit nicht verdienter Lohn bereits geleistet (KG NJW-RR 1986, 600; anders aber bei verdientem Lohn: BGHZ 92, 186 f.), uU Pflicht zum Schadensersatz (→ Rn. 13; BGH NJW-RR 2005, 1425: Mindestschaden besteht in Maklerprovision) oder Anfechtbarkeit des Maklervertrages gem. § 123 (OLG Frankfurt a.M. NJW-RR 1988, 1199). Keine Freizeichnung von Beschränkungen des Doppelmaklers (BGH NJW 1964, 1467).

13 **4. Konkurrenzen.** Bei Entstehung eines (Folge-)Schadens können sich der Schadensersatzanspruch aus § 280 I (→ Rn. 3, 12) und die Verwirkungsfolge überschneiden (zur Abgrenzung: BGHZ 36, 323; 92, 186). Für den Schadensersatzanspruch gilt § 254 (BGHZ 36, 328; ie Budde MDR 1986, 896). Minder schwere Treuepflichtverletzungen (→ Rn. 4–8) berühren den Bestand des Vergütungsanspruchs nicht unmittelbar (BGH NJW 1981, 2297), wohl aber bestehen idR Gegenrechte gem. §§ 273 I, 387 (s. zB BGH NJW 1981, 2685).

§ 655 Herabsetzung des Maklerlohns

[1]Ist für den Nachweis der Gelegenheit zum Abschluss eines Dienstvertrags oder für die Vermittlung eines solchen Vertrags ein unverhältnismäßig hoher Maklerlohn vereinbart worden, so kann er auf Antrag des Schuldners durch Urteil auf den angemessenen Betrag herabgesetzt werden. [2]Nach der Entrichtung des Lohnes ist die Herabsetzung ausgeschlossen.

Der **Anwendungsbereich von § 655** umfasst nur Nachweis und Vermittlung von Dienstverträgen, zB die zulässige Arbeitsvermittlung. Sonderregelung der Vermittlungsverträge mit Arbeitssuchenden durch §§ 296 ff., 402, 404, 421 SGB III; § 296 III SGB III verdrängt § 655 (Staudinger/Arnold Rn. 11 mN; aA BGH NJW 2010, 3225, denn im Einzelfall kann der vereinbarte Maklerlohn auch unterhalb der gesetzlichen Höchstgrenze unter Berücksichtigung des Vermittlungsaufwands des Maklers und des wirtschaftlichen Nutzens aus dem vermittelten Arbeitsvertrag unverhältnismäßig hoch sein). Eine **entspr.** Anwendung von § 655 auf sonstige Maklerverträge scheidet aus (BGH NJW 2016, 3233; hM; aA MüKo-BGB/Roth Rn. 10 „wenigstens" für Alleinaufträge). § 655 entspricht § 343, die Grundsätze gem. 1 → § 343 Rn. 4 ff. gelten entspr. (vgl. BGH NJW 2010, 3226). „Unverhältnismäßig hoch" ist die im Vergleich zur „üblichen" (→ § 653 Rn. 3) erheblich überhöhte Vergütung; maßgebend ist das obj. Leistungsmissverhältnis (wie bei § 138 I, aber ohne die „bes. Umstände"; vgl. dazu BGHZ 125, 137 ff.) zZ der Geltendmachung (abw. von § 138 I, → § 138 Rn. 3, 4), nicht der Umfang der entfalteten Maklertätigkeit (aA Rieble DB 1994, 1780).

Untertitel 2. Vermittlung von Verbraucherdarlehensverträgen und entgeltlichen Finanzierungshilfen

Vorbemerkungen

Lit.: Habersack/Schürnbrand, Der Darlehensvermittlungsvertrag nach neuem Recht, WM 2003, 261; Kohte, Zum Anspruch des Kreditvermittlers auf Auslagenerstattung, VuR 2003, 187; Stillner, Verbraucherkreditgeschäfte – Eine Einführung, VuR 2002, 79.

1 **1. Vorschriften des Untertitel 2.** Diese entsprechen weitgehend den aufgehobenen VerbrKrG 1 I, II, 15–18. Daher haben Lit. und Rspr. zu diesen Bestimmungen auch jetzt noch Bedeutung; sachlicher Anwendungsbereich verengt, da nur Vermittlung eines Darlehensvertrags, s. Habersack/Schürnbrand WM 2003, 261. Änderung durch Art. 1 Nr. 39–43 Gesetz zur Umsetzung der Verbraucherkreditrichtlinie, des zivilrechtlichen Teils der Zahlungsdiensterichtlinie sowie zur Neuordnung der Vorschriften über das Widerrufs- und Rückgaberecht v. 29.7.2009 (Wirkung ab 11.6.2010), BGBl. 2009 I 2355, und Art. 1 Nr. 10–13 Gesetz zur Einführung einer Musterwiderrufsinformation für Verbraucherdarlehensverträge, zur Änderung der Vorschriften über das Widerrufsrecht bei Verbraucherdarlehensverträgen und zur Änderung des Darlehensvermittlungsrechts v. 24.7.2010 (Wirkung ab 30.7.2010), BGBl. 2010 I 977. Zu intertemporalen Fragen Bülow NJW 2010, 1713.

2 **2. Unterscheidung. Drei Verträge** sind zu unterscheiden: **a)** der **Darlehensvermittlungsvertrag** zwischen einem Unternehmer (§ 14), dem sog Darlehensver-

mittler (§§ 655b–655d), und einem Verbraucher (§ 13); § 655a; **b)** der **Verbraucherdarlehensvertrag** zwischen dem Verbraucher (§ 13) als (künftigem) Darlehensnehmer, dem der Darlehensvertrag vermittelt (nachgewiesen) werden soll oder vermittelt (nachgewiesen) worden ist (→ Rn. 2), und einem Unternehmer (§ 14) als Darlehensgeber (§ 491 I), der nicht mit dem Darlehensvermittler als Makler identisch sein darf; **c)** die **Vergütungsvereinbarung** zwischen Darlehensvermittler (Unternehmer, §§ 14, 655a, → Rn. 2) und Darlehensgeber (Unternehmer, §§ 14, 491 I). Zum Darlehensvermittler beachte § 655a II 1, Art. 247 § 13 II Nr. 2 EGBGB. 3 4

3. Existenzgründer. Zur Gleichstellung eines **Existenzgründers iSv § 512** s. § 655e II (ie → §§ 655a–655e Rn. 15). Anwendung auf seit dem 11.6.2010 geschlossene Verträge über die Vermittlung entgeltlicher Finanzierungshilfen; für Altfälle keine **entsprechende Anwendung** der §§ 655a ff. auf Vermittlung entgeltlicher Zahlungsaufschübe, Teilzahlungsgeschäfte, Finanzierungsleasing etc (Grüneberg/Retzlaff § 655a Rn. 3; zum früheren Recht Habersack/Schürnbrand WM 2003, 262). 5

§ 655a Darlehensvermittlungsvertrag

(1) [1]**Für einen Vertrag, nach dem es ein Unternehmer unternimmt, einem Verbraucher**
1. **gegen eine vom Verbraucher oder einem Dritten zu leistende Vergütung einen Verbraucherdarlehensvertrag oder eine entgeltliche Finanzierungshilfe zu vermitteln,**
2. **die Gelegenheit zum Abschluss eines Vertrags nach Nummer 1 nachzuweisen oder**
3. **auf andere Weise beim Abschluss eines Vertrags nach Nummer 1 behilflich zu sein,**

gelten vorbehaltlich des Satzes 2 die folgenden Vorschriften dieses Untertitels. [2]**Bei entgeltlichen Finanzierungshilfen, die den Ausnahmen des § 491 Absatz 2 Satz 2 Nummer 1 bis 5 und Absatz 3 Satz 2 entsprechen, gelten die Vorschriften dieses Untertitels nicht.**

(2) [1]**Der Darlehensvermittler ist verpflichtet, den Verbraucher nach Maßgabe des Artikels 247 § 13 Absatz 2 und § 13b Absatz 1 des Einführungsgesetzes zum Bürgerlichen Gesetzbuche zu informieren.** [2]**Der Darlehensvermittler ist gegenüber dem Verbraucher zusätzlich wie ein Darlehensgeber gemäß § 491a verpflichtet.** [3]**Satz 2 gilt nicht für Warenlieferanten oder Dienstleistungserbringer, die in lediglich untergeordneter Funktion als Darlehensvermittler von Allgemein-Verbraucherdarlehen oder von entsprechenden entgeltlichen Finanzierungshilfen tätig werden, etwa indem sie als Nebenleistung den Abschluss eines verbundenen Verbraucherdarlehensvertrags vermitteln.**

(3) [1]**Bietet der Darlehensvermittler im Zusammenhang mit der Vermittlung eines Immobiliar-Verbraucherdarlehensvertrags oder entsprechender entgeltlicher Finanzierungshilfen Beratungsleistungen gemäß § 511 Absatz 1 an, so gilt § 511 entsprechend.** [2]**§ 511 Absatz 2 Satz 2 gilt entsprechend mit der Maßgabe, dass der Darlehensvermittler eine ausreichende Zahl von am Markt verfügbaren Darlehensverträgen zu prüfen hat.** [3]**Ist der Darlehensvermittler nur im Namen und unter der unbeschränkten und vorbehaltlosen Verantwortung nur eines Darlehensgebers oder einer begrenzten Zahl von Darlehensgebern tätig, die am Markt keine Mehrheit darstellt, so braucht der Darlehensvermittler abweichend von Satz 2 nur Darlehensverträge aus der Produktpalette dieser Darlehensgeber zu berücksichtigen.**

§ 655b Schriftform bei einem Vertrag mit einem Verbraucher

(1) [1]**Der Darlehensvermittlungsvertrag mit einem Verbraucher bedarf der schriftlichen Form.** [2]**Der Vertrag darf nicht mit dem Antrag auf Hingabe des Darlehens verbunden werden.** [3]**Der Darlehensvermittler hat dem Verbraucher den Vertragsinhalt in Textform mitzuteilen.**

(2) **Ein Darlehensvermittlungsvertrag mit einem Verbraucher, der den Anforderungen des Absatzes 1 Satz 1 und 2 nicht genügt oder vor dessen Abschluss die Pflichten aus Artikel 247 § 13 Abs. 2 sowie § 13b Absatz 1 und 3 des Einführungsgesetzes zum Bürgerlichen Gesetzbuche nicht erfüllt worden sind, ist nichtig.**

§ 655c Vergütung

[1]**Der Verbraucher ist zur Zahlung der Vergütung für die Tätigkeiten nach § 655a Absatz 1 nur verpflichtet, wenn infolge der Vermittlung, des Nachweises oder auf Grund der sonstigen Tätigkeit des Darlehensvermittlers das Darlehen an den Verbraucher geleistet wird und ein Widerruf des Verbrauchers nach § 355 nicht mehr möglich ist.** [2]**Soweit der Verbraucherdarlehensvertrag mit Wissen des Darlehensvermittlers der vorzeitigen Ablösung eines anderen Darlehens (Umschuldung) dient, entsteht ein Anspruch auf die Vergütung nur, wenn sich der effektive Jahreszins nicht erhöht; bei der Berechnung des effektiven Jahreszinses für das abzulösende Darlehen bleiben etwaige Vermittlungskosten außer Betracht.**

§ 655d Nebenentgelte

[1]**Der Darlehensvermittler darf für Leistungen, die mit der Vermittlung des Verbraucherdarlehensvertrags oder dem Nachweis der Gelegenheit zum Abschluss eines Verbraucherdarlehensvertrags zusammenhängen, außer der Vergütung nach § 655c Satz 1 sowie eines gegebenenfalls vereinbarten Entgelts für Beratungsleistungen ein Entgelt nicht vereinbaren.** [2]**Jedoch kann vereinbart werden, dass dem Darlehensvermittler entstandene, erforderliche Auslagen zu erstatten sind.** [3]**Dieser Anspruch darf die Höhe oder die Höchstbeträge, die der Darlehensvermittler dem Verbraucher gemäß Artikel 247 § 13 Absatz 2 Satz 1 Nummer 4 des Einführungsgesetzes zum Bürgerlichen Gesetzbuche mitgeteilt hat, nicht übersteigen.**

§ 655e Abweichende Vereinbarungen, Anwendung auf Existenzgründer

(1) [1]**Von den Vorschriften dieses Untertitels darf nicht zum Nachteil des Verbrauchers abgewichen werden.** [2]**Die Vorschriften dieses Untertitels finden auch Anwendung, wenn sie durch anderweitige Gestaltungen umgangen werden.**

(2) **Existenzgründer im Sinne des § 513 stehen Verbrauchern in diesem Untertitel gleich.**

Anmerkungen zu den §§ 655a–655e

1 **1. Allgemeines.** Der **Darlehensvermittlungsvertrag** ist ein speziell ausgeformter **Maklervertrag** hinsichtlich der Vertragspartner (→ Vor § 655a Rn. 2), des Vertragsgegenstandes (§ 655a), der Vergütung (§ 655c), der Form (§ 655b) und des Verschlechterungsverbots (§ 655e I). §§ 655a–655e neugefasst mit Wirkung vom 21.3.2016 (Gesetz zur Umsetzung der Wohnimmobilienkreditrichtlinie und zur Änderung handelsrechtlicher Vorschriften vom 11.3.2016, BGBl. I S. 396; Richtlinie

2014/17/EU vom 4.2.2014 über Wohnimmobilienkreditverträge für Verbraucher und zur Änderung der Richtlinien 2008/48/EG und 2013/36/EU und der Verordnung [EU] Nr. 1093/2010; dazu Omlor ZIP 2017, 112f.). § 655a I 1 nF stellt klar, dass auch der Vertragshelfer in den Anwendungsbereich der Norm fällt. § 655a II 1 nF verweist auf Art. 247 § 13 II, § 13b I EGBGB, die Informationspflichten von Darlehensvermittlern statuieren. § 655 III regelt Pflichten des Darlehensvermittlers, der im Zusammenhang mit der Vermittlung eines Immobiliar-Verbraucherdarlehensvertrags oder entsprechender entgeltlicher Finanzierungshilfen Beratungsleistungen anbietet. **Lit.** Omlor, Die Wohnimmobilienkreditrichtlinie und ihre Umsetzung in Deutschland, ZIP 2017, 112.

2. Vertragspartner. § 655a; dazu → Vorb. § 655a Rn. 2. Der Darlehensvermittler (Unternehmer, § 14) kann Zivil- oder Handelsmakler sein (→ Vorb. § 652 Rn. 9, 12). Auftraggeber (kein Ausdruck der §§ 652ff., → Vorb. § 652 Rn. 1) ist der (künftige) Darlehensnehmer; er muss Verbraucher sein (§ 13, s. Anm. dort). 2

3. Vertragsgegenstand. Nachweis *oder* **Vermittlung** eines **Verbraucherdarlehensvertrags** (Begriff: § 491 I). Der Zweck des Darlehens liegt in der Privatsphäre des Darlehensnehmers (Verbrauchers) oder im Bereich seiner unselbstständigen Berufstätigkeit (ie → § 13 Rn. 3). Der **Zweck** muss im Vertrag angesprochen sein (nicht notwendig ausdr., dann Auslegung). Unterfällt der Gegenstand des Verbraucherdarlehensvertrags dem § 491 II (Nettodarlehensbetrag nicht über 200 Euro, verbilligtes AG-Darlehen oder verbilligtes öffentl. Wohnungsbauförderdarlehen), so sind die §§ 655b–655e unanwendbar, **§ 655a I 2.** 3

4. Vergütung. a) Nachweis oder Vermittlung **muss** gegen Entgelt erfolgen. Gläubiger: der Darlehensvermittler; Schuldner: der Darlehensnehmer oder ein Dritter (infolge der Neuregelung 2010 [→ §§ 655a–655e Rn. 1] auch der Darlehensgeber; für vor dem 11.6.2010 abgeschlossene Verträge war es noch ungenügend, dass Darlehensgeber schuldet und beim Darlehensnehmer Regress nehmen kann, vgl. § 329). **b)** Vor Vertragsschluss ist die **Höhe** der Vergütung anzugeben, zu den erforderlichen Angaben s. § 655a II 1 iVm Art. 247 § 13 I Nr. 1 EGBGB. **c) Voraussetzungen** für Vergütungspflicht **entspr. dem Maklervertrag** (→ § 652 Rn. 4–27): Kausalität der Tätigkeit des Darlehensvermittlers (Maklers) für den wirksamen Abschluss eines Verbraucherdarlehensvertrags; zum Schutz des Verbrauchers treten **weitere Voraussetzungen** hinzu: **Auszahlung** des Darlehens an den Verbraucher (bloßer Abschluss des Darlehensvertrags als Konsensualvertrag [vgl. § 488 I] garantiert nicht die Auszahlung), **kein Widerrufsrecht** bzgl. des Darlehensvertrags mehr, § 655c S. 1 mit §§ 495, 355 (erst dann, nicht solange das Widerrufsrecht noch gegeben ist, besteht die Vergütungspflicht). Zur bes. Lage bei **Umschuldungsdarlehen** vgl. § 655c S. 2. **d)** Ein **zusätzliches Entgelt** („Nebenentgelt") für die Maklertätigkeit darf der Darlehensvermittler nicht vereinbaren, außer Erstattung erforderlicher Auslagen, § 655d; Schriftform → Rn. 9; Begrenzung auf die vor Vertragsschluss mitgeteilte Höhe (§ 655d S. 2). Auslagen: Aufwendungen für Rechnung des Auftraggebers, zB Kosten Wertgutachten. Keine Abwälzung von Betriebskosten (zB Fahrtkostenentgelt), s. AG Daun VuR 2003, 187 mAnm Kohte. **e) Abw. Vereinbarungen** zum Nachteil des Verbrauchers sind unwirksam, § 655e I 1. Zum **Umgehungsverbot** → § 134 Rn. 18. Widerrufsrecht nach § 312 kann bestehen (Habersack/Schürnbrand WM 2003, 263f.). 4 5 6 7 8

5. Form des Darlehensvermittlungsvertrags. a) Grundsatz: **Schriftform,** § 655b I 1 (dazu § 126 I, II); möglich: elektronische Form (§ 126 III: kein Ausschluss in § 655b I) und notarielle Beurkundung (§ 126 IV). Formerfordernisse gelten auch für Vollmacht zum Abschluss des Vermittlungsvertrags (Habersack/Schürnbrand WM 2003, 262f. mN, auch zur Gegenmeinung). **b)** Rechtzeitig vor Vertragsschluss sind Angaben zur **Vergütung des Darlehensvermittlers,** (→ Rn. 5) in Textform mitzuteilen (§ 655a II 1 iVm Art. 247 § 13 EGBGB), ferner die zwischen Darlehensvermittler und Darlehensgeber vereinbarte Vergütung, (→ Vor § 655a Rn. 4). 9 10

11 **c)** Der Vermittlungsvertrag darf nicht mit dem Antrag auf Hingabe des Darlehens (dh mit der Vertragserklärung des [künftigen] Darlehensnehmers) verbunden werden **(Verbindungsverbot),** § 655b I 2, damit Vermittlungs- und Darlehensvertrag
12 erkennbar getrennt sind. **d)** Der **Vertragsinhalt** ist dem Verbraucher vom Darlehensvermittler in **Textform** (§ 126b) mitzuteilen (einklagbare Nebenpflicht des Darlehensvermittlers), § 655b I 3. Grund: Der Verbraucher soll den Vertrag lesbar in Händen halten (das ist nach §§ 126 II 1, 126a II nicht gewährleistet; bei Einhaltung von § 126 II 2 ist die Mitteilung in Textform überflüssig, da die Urkunden ausgetauscht werden und den gesamten Vertragstext enthalten [müssen], → § 126
13 Rn. 5). **e) Bei Nichteinhaltung** von § 655b I 1 und 2 (Schriftform oder zulässiger Ersatz; Beachtung des Verbindungsverbots: → Rn. 11) und § 655a II 1 (vorvertragliche Informationspflichten) ist der Vermittlungsvertrag **nichtig,** § 655b II. Schutzzweck der §§ 655a ff. schließt dann jeglichen Vergütungs(ersatz)anspruch aus, insbes. aus § 812, § 354 HGB (ähnlich BGHZ 163, 332 [zu 15 II VerbrKG], dazu Heinrichs LMK 2005, II, 102). Verletzung von § 655b I 3 (Vertragsmitteilung in Textform) führt nicht zur Nichtigkeit.

14 **6. Charakter der §§ 655a–655e.** Die §§ 655a–655e sind **halbzwingend,** dh **Abweichungen zuungunsten des Verbrauchers** sind **unwirksam,** § 655e I 1, zB Vereinbarung eines leistungsunabhängigen Entgelts (→ Rn. 8, 9). Zum Umgehungsverbot, § 655e I 2, → § 134 Rn. 18.

15 **7. Darlehensvermittlungsverträge.** Für **Darlehensvermittlungsverträge** eines Unternehmers (§ 14) mit einem **Existenzgründer** gelten die §§ 655a–655e I (§ 655e II mit § 512). **Voraussetzungen:** Der Existenzgründer ist eine natürliche Person (→ § 13 Rn. 2), der ein Darlehensvertrag nicht über 75.000 Euro zwecks Aufnahme einer gewerblichen oder selbstständigen beruflichen Tätigkeit nachgewiesen oder vermittelt werden soll (vgl. § 512). Der Existenzgründer iSv § 513 ist kein Verbraucher; daher ist § 655e II notwendig.

Untertitel 3. Ehevermittlung

§ 656 Heiratsvermittlung

(1) [1]**Durch das Versprechen eines Lohnes für den Nachweis der Gelegenheit zur Eingehung einer Ehe oder für die Vermittlung des Zustandekommens einer Ehe wird eine Verbindlichkeit nicht begründet.** [2]**Das auf Grund des Versprechens Geleistete kann nicht deshalb zurückgefordert werden, weil eine Verbindlichkeit nicht bestanden hat.**

(2) **Diese Vorschriften gelten auch für eine Vereinbarung, durch die der andere Teil zum Zwecke der Erfüllung des Versprechens dem Makler gegenüber eine Verbindlichkeit eingeht, insbesondere für ein Schuldanerkenntnis.**

1 **1. Allgemeines. a) Zweck** des Ausschlusses des Rechtsschutzes (der Rechtsverbindlichkeit; → Rn. 5): Ehemaklerprozesse sind wegen ihrer Eingriffe in die Intimsphäre der Ehegatten unerwünscht und sollen verhindert werden (BGHZ 106, 347; krit. Gilles FamRZ 1985, 132 f.). Rechtspolitisch umstr. (vgl. MüKo-BGB/Roth Rn. 2 mN; deswegen einschr. LG Berlin MDR 1983, 753). § 656 mit GG vereinbar (BVerfG 20, 31; OLG Frankfurt a.M. NJW 1983, 397; MüKo-BGB/Roth Rn. 2
2 mN zur aA). **b) Anwendungsbereich.** Gilt für **sämtliche** Ehemaklerverträge, auch soweit sie nicht am „Leitbild" des § 652 orientiert, sondern (wie häufig in AGB) als **Eheanbahnungsverträge** (→ Rn. 4) ausgestaltet sind (BGHZ 106, 347 mN, str.; Abgrenzung zur Partnerschaftsanbahnung: → Rn. 3). Erfasst werden auch **Umgehungsgeschäfte,** wie zum Zweck der Erfüllung des Provisionsversprechens eingegangene (selbstständige) Verbindlichkeiten **(II).** Bsp: Abgabe eines Schuldanerkenntnisses (II) oder Eingehung einer Wechselverbindlichkeit; uU auch Forderungs-

abtretung (LG Köln NJW 1985, 2957 mN) und Nebenverträge des Auftraggebers mit Dritten (zum finanzierten Ehemaklervertrag näher → Rn. 5). Uneingeschränkt **wirksam** sind Nebenverträge des Maklers mit Dritten (BGH NJW 1964, 546). Gilt auch für Vermittlung von Lebenspartnerschaften (LPartG). **c) Abgrenzung.** 3
Entspr. angewandt wird § 656 mit Blick auf dessen Zweck (→ Rn. 1) auf Verträge über die bloße (von Eheschließungs- bzw. LPart-Gründungsvorhaben unabhängige) Vermittlung (den Nachweis) eines **Partners** („Partnerschaftsvermittlungsverträge" und dergl.: BGHZ 112, 122; FamRZ 2004, 775; OLG Hamm MDR 1989, 452 f.; OLG Oldenburg NJW-RR 1992, 445; AG Braunschweig NJW-RR 1991, 183; 1992, 446; 1993, 954; Compensis/Reiserer BB 1991, 2457 ff. mN; aA OLG Düsseldorf NJW-RR 1987, 691; Peters NJW 1989, 2795 mN; Vollkommer/Grün JZ 1991, 96). § 656 **nicht** anzuwenden auf Verträge zur Online-Partnervermittlung, bei denen die Leistungspflicht in der Zurverfügungstellung einer Online-Plattform liegt und die Kunden den Kontakt zu potentiellen Partnern selbst herstellen (BGH NJW-RR 2021, 1141, 1142 Rn. 18), Begründung der Mitgliedschaft in „Freizeitclubs" (OLG Frankfurt a.M. NJW 1984, 180 f.; LG Frankfurt a.M. NJW-RR 1992, 312) oder auf Vermittlung von bloßen „Freizeitkontakten", auf gemeinsame Teilnahme an bestimmten Freizeitunternehmungen, die nicht auf Vermittlung einer (Lebens-)Partnerschaft ausgerichtet ist (OLG Jena 7.11.2016 – 2 W 533/16 –, juris Rn. 18 f.). Es handelt sich – trotz vielfach abw. AGB-Ausgestaltung – nicht um Werk-, sondern um Dienstverträge iSv §§ 611, 627 (so BGHZ 106, 343 ff. mN; OLG Koblenz NJW-RR 2004, 268, auch zur aA). Rechtsfolgen: → Rn. 5, 6. AGB, die die Form der Kündigung bei einem Online-Partnervermittlungsvertrag anders gestalten als Form der Vertragsbegründung, sind unangemessen iSv § 307 I 1: BGH NJW 2016, 2800 mAnm Szalai NJ 2016, 380. Ausdrückliche Regelung gegen Formerschwerung der Kündigung in § 309 Nr. 13. Neufassung § 309 Nr. 13 lit. b, in Kraft seit 1.10.2016, erlaubt keine AGB-Erschwerung der Kündigungsform über die Textform hinaus (dazu Szalai NJ 2016, 380, 381). **d) Gewerberechtliche Bestimmungen** für die Ehevermittlung enthält zT das Landesrecht (vgl. VGH München GewA 1984, 122).

2. Ehemaklervertrag. a) Vertragsgestaltung. Gewöhnlicher, auf Ehesch- 4
ließung gerichteter Maklervertrag iSd § 652 I (selten) oder (in AGB verbreitet) **Eheanbahnungsvertrag** (→ Rn. 2 mN); bei diesem verpflichtet sich der „Dienstleistungsverpflichtete", gegen eine nach Zeitabschnitten bemessene, vom Zustandekommen der Ehe unabhängige Vergütung zur Förderung der Eheschließung wiederkehrende (Dienst-)Leistungen zu erbringen; Leitbild: §§ 611 ff. (BGHZ 99, 382). Konsequenz wegen **I 2** (vgl. → Rn. 2 mN): Hohe (häufig drittfinanzierte) Vorauszahlungen bei Vertragsschluss (Bezeichnungen: „Anmeldegebühr", Mitgliedsbeitrag, Einschreibgebühr, Unkostenpauschale) ohne entspr. Leistungsanspruch (→ Rn. 5). Zur Inhaltskontrolle pauschalierter Schadens- und Aufwandsersatzklauseln bei Rücktritt in Vermittlungsvertrags-AGB (zu → Rn. 3): BGH NJW 1991, 2763; OLG Hamm NJW-RR 1991, 182, sa Vahle VuR 1995, 238 ff. **b) Rechtsfolgen.** 5
aa) Allgemeines. Der Ehemaklervertrag begründet eine „unvollkommene Verbindlichkeit (Naturalobligation), die zwar erfüllt, nicht aber eingeklagt werden kann" (BGHZ 87, 314 f. mN; zu dieser Einordnung und ihren Folgen s. Schulze Die Naturalobligation, 517 ff.). Sie ist damit (nichtdurchsetzbare) Forderung, nicht bloßer Erwerbsgrund (Schulze Die Naturalobligation, 517 ff.). Er schafft einen die Rückforderung ausschließenden Erwerbsgrund iSd § 812 I 1 Fall 1 **(I 2),** ferner Schutz- und Sorgfaltspflichten, deren Verletzung zu Schadensersatzansprüchen aus pVV führen kann (BGHZ 25, 124; OLG München NJW-RR 1986, 796 f.). Leistungsansprüche auf **Vergütung (I 1), Aufwendungsersatz** (hM, s. Müller JuS 1981, 256 mN) oder **Tätigwerden des Maklers** (BGH NJW 1986, 928), desgl. Ansprüche auf **Schadensersatz** wegen Nichterfüllung (BGHZ 25, 124; NJW 1986, 928) oder vorzeitiger Vertragsbeendigung (s. OLG Hamm NJW-RR 1991, 183) sind jedoch nicht durchsetzbar; ihre Titulierung und Vollstreckung ist uU (§ 826)

unzulässig (ie str.; s. BVerfG NJW 1993, 1125; AG Braunschweig NJW-RR 1993, 954 f.). Zur Finanzierung des Maklervertrags wird häufig Darlehen aufgenommen. Str., ob Wirkung des § 656 auf Verhältnis zum Darlehensgeber erstreckt werden
6 soll, vgl. Staudinger/Arnold Rn. 17 f. mN. **bb) Ansprüche des Auftraggebers auf Rückforderung erbrachter Leistungen** (Bezeichnungen: → Rn. 4). **Ausgeschlossen** ist nur die auf **I 1, II** gestützte Rückforderung **(I 2); zulässig** ist sie dagegen, soweit (andere) Unwirksamkeits- oder Beendigungsgründe geltend gemacht werden (BGHZ 106, 347). Bsp: Vertragsnichtigkeit (§§ 104 ff.; 119, 123, 142; zur Anfechtbarkeit bei „Lockvogelangeboten" s. BGH NJW 2008, 982); Vertragsbeendigung durch **Kündigung** (§§ 627, 628, vgl. BGHZ 106, 347; NJW 1991, 2763; OLG Nürnberg NJW-RR 1997, 1556; AG Frankfurt a.M. VuR 2000, 251; Dehner NJW 1993, 3242 ff.), bei Anbahnungsverträgen aber nicht schon Erfolglosigkeit der Maklertätigkeit während der Vertragsdauer (BGHZ 87, 321; anders für reinen Vermittlungsvertrag OLG Koblenz MDR 1993, 420). **c)** Bei Fallgestaltung gem. → Rn. 3 und 4 ist **jederzeitiges Kündigungsrecht** nicht ausschließbar (BGHZ 87, 319; 106, 346 [für AGB]; OLG Düsseldorf NJW-RR 1987, 691; Beckmann FamRZ 1985, 23, str.); der Vertrag endet spätestens entspr. § 672 (AG Dortmund NJW-RR 1991, 689).

Untertitel 4. Vermittlung von Kaufverträgen über Wohnungen und Einfamilienhäuser

Vorbemerkungen

1 **1. Allgemeines. a) Gesetzesinhalt.** Untertitel 4 (§§ 656a–656d) wurde mWv 23.12.2020 durch Ges. über die Maklerkosten bei der Vermittlung von **Kaufverträgen über Wohnungen und Einfamilienhäuser** v. 12.6.2020 (BGBl. 2020 I S. 1245) eingeführt. Die Begriffe Mäklervertrag, Mäkler und Mäklerlohn wurden in den §§ 652–656 sprachlich aktualisiert. Zur Gesetzesgeschichte s. Fischer NJW 2019, 3277, NJW 2020, 1268; ferner Fachdienst-Mietrecht 2020, 425670. Diese Maklerverträge benötigen der Textform (→ § 656a). Bei Verbraucherkäufern gilt (→ § 656b): Wird der Makler aufgrund zweier Maklerverträge als Interessenvertreter sowohl für den Käufer als auch für den Verkäufer tätig, kann er den Maklerlohn nur von beiden Parteien zu gleichen Teilen verlangen (→ § 656c). Wurde er nur von einer Partei beauftragt, so schuldet diese den Maklerlohn. Abreden, um die Kosten der anderen Partei aufzubürden, sind nur zulässig, wenn die weitergereichten Kosten maximal 50 Prozent der insgesamt zu zahlenden Courtage ausmachen (→ § 656d). Zur Entwicklung nach der Reform: J. Schmidt, NZM 2021, 289;
2 Wistokat, NZM 2021, 905. **b) Gesetzeszweck.** Senkung der Erwerbsnebenkosten für den Käufer bei Privatkauf von Wohnimmobilien; erstmalig bundesweit einheitliche, transparente Regelungen der Maklerlohnaufteilung zwischen Verkäufer und Käufer zur Ermöglichung der Preisfindung nach Marktgrundsätzen und zum Schutz des Käufers vor der Ausnutzung seiner faktischen Zwangslage als Kaufinteressent auf einem Nachfrage-dominierten Verkäufermarkt (BT-Drs. 19/15827 S. 2 f.). Bei geringerer Nachfrage als Wohnimmobilienangebot wird entsprechend Verkäufer geschützt.

3 **2. Anwendungsbereich. a) Zeitlich.** Nach Art. 229 § 53 EGBGB, in Kraft seit dem **23.12.2020,** finden die §§ 656a–656d auf Rechtsverhältnisse Anwendung, die ab diesem Stichtag entstanden sind. Entstanden meint nicht Fälligkeit (anders bei § 199 I Nr. 1 → § 199 Rn. 4), sondern wirksamen Vertragsabschluss (BT-Drs. 19/15827 S. 20). Bei aufschiebend bedingten Maklerverträgen ist auf den Bedingungseintritt abzustellen (Wirksamkeit iSv § 158 I → § 158 Rn. 2, Rn. 7); bei aufschiebend befristeten auf den Anfangstermin (Wirksamkeit iSv § 163 → § 163 Rn. 1,
4 Rn. 4). **b) Sachlich.** §§ 656a–656d gelten für **Maklerverträge** (→ Vorb. § 652 Rn. 1, → § 652 Rn. 4 ff.), die Kaufverträge über Wohnungen und Einfamilienhäu-

ser betreffen. **Wohnung:** Zusammenfassung von Räumen, die zu Wohnzwecken dient. Rechtsrahmen ist ohne Bedeutung. Erfasst sind Wohnungseigentum (→ § 1 II WEG), Wohnungserbbaurecht (→ § 30 WEG), Dauerwohnrecht (→ § 31 I 1 WEG) und Miteigentumsanteile an einem Grundstück mit im Grundbuch eingetragener Wohnungsnutzungsvereinbarung iSv → § 1010 (BT-Drs. 19/15827 S. 18). **Einfamilienhaus:** Gebäude, das primär zur Wohnung der Mitglieder eines einzelnen Haushalts dient; weitere Wohnung in diesem Gebäude ist unschädlich, wenn sie untergeordnete, also nicht prägende Bedeutung für das Haus hat (zB Einliegerwohnung) (BT-Drs. 19/15827 S. 18). Erfasst wird jedes entsprechende Gebäude, das mit dem Grundstückseigentum (→ §§ 93, 94 BGB) oder dem Erbbaurecht (→ § 11 ErbbauRG) erworben werden soll. **Nicht erfasst:** zB Kauf einer Gewerbeimmobilie, Kauf eines Mehrwohnungenhauses, Kauf eines Grundstücks zum geplanten Bau eines Familienwohnheims. Nach dem Normtext des § 656a fallen der **Nachweis-** 5
und der Vermittlungsmakler unter die §§ 656a und 656d. **c) Persönlich.** Keine 6
Beschränkung auf gewerbliche **Makler;** auch Gelegenheitsmakler (→ Vorb. § 652 Rn. 9) werden von §§ 656a–656d erfasst. **Auftraggeber** kann natürliche oder juristische Person, muss kein Verbraucher iSd § 13 sein. Allerdings setzen §§ 656c und 656d Verbrauchereigenschaft des Auftraggebers voraus (→ § 656b Rn. 1).

§ 656a Textform

Ein Maklervertrag, der den Nachweis der Gelegenheit zum Abschluss eines Kaufvertrags über eine Wohnung oder ein Einfamilienhaus oder die Vermittlung eines solchen Vertrags zum Gegenstand hat, bedarf der Textform.

a) Anwendungsbereich. Erfasste Maklerverträge s. → Vorb. §§ 656a–656d 1
Rn. 3–Rn. 6, nicht nur Verbraucherverträge. Auch Nebenabreden unterliegen dem Formzwang des § 656a (→ § 125 Rn. 7–Rn. 8). **b) Normzweck** ist die Beweissi- 2
cherung und Dokumentation des Vertragsinhalts zur Streitvermeidung, **Vertragstransparenz** und Kostenklärung (BT-Drs. 19/15827 S. 18). **c) Form.** Für Vertrags- 3
wirksamkeit ist Zugang beider Willenserklärungen (→ § 126b Rn. 3) in mindestens (→ § 126b Rn. 4) der **Textform** (→ § 126b Rn. 1–Rn. 2) erforderlich. **d) Fehl-** 4
erfolge. Vertrag ist nach § 125 S. 1 **nichtig** (→ § 125 Rn. 10).

§ 656b Persönlicher Anwendungsbereich der §§ 656c und 656d

Die §§ 656c und 656d gelten nur, wenn der Käufer ein Verbraucher ist.

Vorschrift regelt persönlichen Anwendungsbereich der §§ 656c, 656d. Normtext 1
spricht von „Käufer", gemeint ist nach Normzweck der **Auftraggeber** (Vertragspartner des Maklers → Vorb. § 652 Rn. 1). §§ 656c, 656d sollen Provisionspflichtigen schützen, also den Auftraggeber. Käufer und Auftraggeber sind idR identisch, Ausnahme bei Maklervertrag mit Drittem zugunsten des Käufers (zum Kaufvertrag als Vertrag zugunsten des Maklers → § 652 Rn. 30). Nach § 656b muss Auftraggeber **Verbraucher iSv § 13** sein; daher gelten §§ 656c, 656d nur für natürliche Personen als Auftraggeber, die zu privaten Zwecken handeln. Nicht erfasst sind somit solche, die im Rahmen ihrer gewerblichen Tätigkeit eine Immobilie kaufen; erfasst aber nichtkommerzielle Außen-GbR von Verbrauchern (sa Beschlussempfehlung Rechtsausschuss BT-Drs. 19/19203 S. 20). Zum **Verbraucherbegriff** s. → § 13 Rn. 2–Rn. 7. **Immobilieninvestoren,** die in größerem Umfang Wohnimmobilien erwerben, fallen idR aus faktischen Gründen nicht in den Anwendungsbereich der §§ 656c, 656d. Sie sind idR als juristische Person organisiert (BT-Drs. 19/19203 S. 20); auch natürliche Personen sind als Investoren dann keine Verbraucher iSv § 13, wenn es zur Vermögensanlage und -verwaltung erworbener Wohnimmobilien eines gewerbsmäßigen Geschäftsbetriebs bedarf (OLG Düsseldorf

NJW-RR 2005, 13, 17: Vermietung von zwei Einfamilienhäusern und Einlieger-
2 wohnung ausreichend für Unternehmer iSd § 14). Begrenzung auf Verbraucher als Auftraggeber entspricht **Schutzrichtung** der §§ 656c u 656d, denn sie sollen vor Ausnutzung der faktischen Zwangslage der Kaufinteressenten bei der Suche nach typischerweise einem Familienwohnheim oder einer Kapitalanlage zur Alterssicherung schützen; zudem ist Erwerb einer Wohnimmobilie durch Verbraucher regelmäßig tatsächlich und wirtschaftlich Investition von besonderer Tragweite für deshalb besonders schutzwürdigen Verbraucher (→ Vorb. § 656a Rn. 2; BT-Drs. 19/19203
3 S. 20). Persönliche Anwendungsbereich auf Seiten des **Maklers** ist wie bei § 656a uneingeschränkt (→ § 656a Rn. 6). Ob der **Verkäufer** eine natürliche oder eine juristische Person, Verbraucher oder Unternehmer ist, ist unerheblich (s. BT-Drs. 19/19203 S. 20).

§ 656c Lohnanspruch bei Tätigkeit für beide Parteien

(1) [1]Lässt sich der Makler von beiden Parteien des Kaufvertrags über eine Wohnung oder ein Einfamilienhaus einen Maklerlohn versprechen, so kann dies nur in der Weise erfolgen, dass sich die Parteien in gleicher Höhe verpflichten. [2]Vereinbart der Makler mit einer Partei des Kaufvertrags, dass er für diese unentgeltlich tätig wird, kann er sich auch von der anderen Partei keinen Maklerlohn versprechen lassen. [3]Ein Erlass wirkt auch zugunsten des jeweils anderen Vertragspartners des Maklers. [4]Von Satz 3 kann durch Vertrag nicht abgewichen werden.

(2) [1]Ein Maklervertrag, der von Absatz 1 Satz 1 und 2 abweicht, ist unwirksam. [2]§ 654 bleibt unberührt.

1 **1. Allgemeines.** Anwendungsbereich. Wohnimmobilienmakler mit Verbraucher als Auftraggeber → § 656b Rn. 1, Rn. 3. § 656c führt aus Gründen des Verbraucherschutzes (→ § 656b Rn. 2) zu einem starken Eingriff in die Vertragsfreiheit und den marktbestimmten Preisbildungsprozess. Wohnung und Einfamilienhaus s. → Vorb. § 656a Rn. 4. § 656c erfasst nicht Auftrag des Auftraggebers an Makler unter Ausschluss von dessen Doppeltätigkeit (→ § 654 Rn. 11, → § 656d) auch für die andere Vertragspartei des Kaufvertrags; dieser Maklervertrag (zB ausschließlicher Suchauftrag des Kaufinteressenten oder alleiniger Vermittlungsauftrag des Verkäufers) und die darin getroffenen Provisionsregelungen bleiben durch die §§ 656a–656c unverändert zulässig, auch wenn Auftraggeber Verbraucher ist. Denn dann besteht die Vertragsbeziehung allein zu dem Auftraggeber und nur er schuldet die vereinbarte Provision (BT-Drs. 19/15827 S. 19); beachte aber Sonderregel → § 656d. Zur Höhe des Maklerlohns → § 652 Rn. 26. Nach II 2 bleibt → § 654 (Verwirkung des Provisionsanspruchs bei unerlaubter oder treuwidriger Doppeltätigkeit → § 654 Rn. 12) anwendbar.

2 **2. Halbteilungsgrundsatz bei Doppeltätigkeit (I). a) Inhaltsverbot.** Bei zulässiger **Doppeltätigkeit** (→ § 654 Rn. 11; bei Unzulässigkeit nach § 654 kein Vergütungsanspruch → Rn. 1) des Wohnimmobilienmaklers mit einem Verbraucher als Auftraggeber (→ § 656c: Käufer) des einen Maklervertrags und dem Verkäufer als Auftraggeber des zweiten Maklervertrags (zu erhöhten Anforderungen an konkludenten Anschluss des Maklervertrags mit Käufer → § 652 Rn. 4) erlaubt **I 1** allein jeweils die Abrede der hälftigen Verpflichtung der beiden Auftraggeber zur Zahlung der Summe des gesamten Maklerlohns für die vermakelte Wohnimmobilie **(Halbteilungsgrundsatz),** der sich aus der Addition der Provisionsforderungen beider Verträge ergibt. **Abweichende Abrede** führt zur Unwirksamkeit beider
3 Maklerverträge (→ Rn. 6). **b) Keine Umgehung** durch **Unentgeltlichkeitsabrede (I 2).** Wenn Makler in Maklervertrag mit erstem Auftraggeber (regelmäßig Verkäufer) unentgeltliches (es kann offenbleiben, ob Auftrag iSv § 662 vorliegt oder ein Maklervertrag) und im Vertrag mit dem zweiten Auftraggeber (regelmäßig Käu-

fer) entgeltliches Tätigwerden verabredet (zu diesem typischen Fall in der Praxis BT-Drs. 19/15827 S. 19), ist der entgeltliche Maklervertrag unwirksam (→ Rn. 7, dort auch zum unentgeltlichen Vertrag). Das gilt auch, wenn unentgeltlicher Maklervertrag nichtig sein sollte, etwa wegen fehlender Textform gemäß §§ 656a iVm 125 (→ § 656a Rn. 1–Rn. 3). Denn auch dann wird der Makler tatsächlich für die Partei des unentgeltlichen Maklervertrags tätig (BT-Drs. 19/15827 S. 19). **c) Keine** 4 **Umgehung** durch **Erlass.** (BT-Drs. 19/15827 S. 20) Erlass ist formfrei und kann konkludent erfolgen (→ § 397 Rn. 2). **I 3** ordnet kraft Gesetzes **zwingend (I 4)** die Wirkungserstreckung des Erlasses (→ § 397) einer der beiden Provisionsforderungen auch auf die aus dem anderen Vertrag an **(gesetzlicher Forderungserlass).** Ein nachträglicher Wegfall oder eine Herabsetzung des Provisionsanspruchs gegen eine Partei wirkt sich auch zugunsten der anderen Partei aus (BT-Drs. 19/15827 S. 20). **d) Vertraglicher Auskunftsanspruch.** Auftraggeber hat vertraglichen 5 Nebenanspruch gegen andere Partei des Kaufvertrags aus diesem bzw. gegen den Makler aus dem Maklervertrag auf Auskunft über Bestehen eines Maklervertrags der beiden über dasselbe Kaufobjekt und ergänzend ggf. über Höhe eines entspr. Provisionsanspruchs des Maklers daraus, denn nur dann kann erster Auftraggeber seine Rechte aus § 656d realisieren (zum umgekehrten Auskunftsanspruch des Maklers → § 652 Rn. 26, → § 654 Rn. 9).

3. Fehlerfolge (II). a) Fall I 1. Ziel des II 1 ist es, dass der Makler keinen 6 vertraglichen Provisionsanspruch geltend machen kann, wenn er gegen die Vertragsvorgaben des I verstößt. Von I 1 **abweichende Vereinbarungen** zum Maklerlohn führen nach **II 1** nicht dazu, dass „hälftige Teilung der Provision in diesen Fällen zwingend" vorgesehen wird und „abweichende Vereinbarungen [...] deshalb unwirksam" sind (so aber Gesetzesbegründung (BT-Drs. 19/15827 S. 19 f.), sondern nach dem Normtext weitergehend zur **Unwirksamkeit beider Maklerverträge** („Ein Maklervertrag, der [...] abweicht"). Damit entfallen Provisionsansprüche aus beiden Verträgen. Wegen **§ 814** kein Bereicherungsanspruch des Maklers (§§ 812 I 1, 818 II) auf Wertersatz für Maklerleistung, wenn er seine fehlende Leistungspflicht aufgrund II 1 kannte, wovon bei gewerbsmäßigem Makler idR auszugehen ist. **b) Fall I 2.** Hier nach **II 1 Unwirksamkeit** des **entgeltlichen** 7 **Maklervertrags,** da nur er I 2 widerspricht. Unentgeltlicher Maklervertrag bleibt hingegen wirksam.

§ 656d Vereinbarungen über die Maklerkosten

(1) [1]**Hat nur eine Partei des Kaufvertrags über eine Wohnung oder ein Einfamilienhaus einen Maklervertrag abgeschlossen, ist eine Vereinbarung, die die andere Partei zur Zahlung oder Erstattung von Maklerlohn verpflichtet, nur wirksam, wenn die Partei, die den Maklervertrag abgeschlossen hat, zur Zahlung des Maklerlohns mindestens in gleicher Höhe verpflichtet bleibt.** [2]**Der Anspruch gegen die andere Partei wird erst fällig, wenn die Partei, die den Maklervertrag abgeschlossen hat, ihrer Verpflichtung zur Zahlung des Maklerlohns nachgekommen ist und sie oder der Makler einen Nachweis hierüber erbringt.**

(2) **§ 656c Absatz 1 Satz 3 und 4 gilt entsprechend.**

1. Allgemeines. Anwendungsbereich. Wohnimmobilienmakler mit Ver- 1 **braucher als Auftraggeber** → § 656b Rn. 1, Rn. 3. **Wohnung** und **Einfamilienhaus** s. → Vorb. § 656a Rn. 4. **I** ergänzt → § 656c und verfolgt denselben Schutzzweck (→ § 656c Rn. 1) für den Fall, dass nur ein Maklervertrag durch eine der Parteien des Kaufvertrags abgeschlossen wurde, aber die Provisionszahlung ganz oder teilweise vertraglich auf die andere Partei des Kaufvertrags abgewälzt werden soll.

2 **2. Provisionsabwälzung (I 1, II). a) Vereinbarung.** I 1 erlaubt Vereinbarungen zur anteiligen Übernahme der Maklerkosten durch die Kaufvertragspartei, die in keinem Vertragsverhältnis zu dem Makler steht. Jede **entsprechende Vereinbarung** erfasst: Vereinbarungen zwischen Kaufvertragsparteien, aus denen unmittelbarer oder mittelbarer Anspruch des Maklers folgt (zB Vertrag zgDr, Erfüllungsübernahme, Freistellung); Vereinbarungen des Maklers mit der Kaufvertragspartei, die
3 nicht sein Vertragspartner ist (zB Schuldübernahme). **b) Wirksamkeitsbedingung.** Vereinbarung selbst **nur wirksam,** wenn anderer Kaufvertragspartei, die nicht Auftraggeber ist, mit **maximal 50%** der Provisionszahlung **belastet** wird. Daher **Schuldbeitritt** (zu mehr als 50%) der nicht am Maklervertrag beteiligten Partei **unwirksam,** da er zu Gesamtschuld führt, Makler könnte somit von dieser Partei Gesamtbetrag fordern (→ § 421 S. 1) (BT-Drs. 19/15827 S. 20). Unwirksamkeit ordnet I 1 begrenzt nur für einzelne entsprechende Abrede zur Provisionsabwälzung an, nicht insgesamt für den Vertrag, der die Abwälzungsvereinbarung enthält (zB
4 Kaufvertrag, Maklervertrag). **c) Keine Umgehung.** II ordnete analoge Anwendung von § 656c I 3, 4 an. Einseitiger nachträglicher Erlass wirkt daher zwingend auch
5 für andere Vertragspartei (→ § 656c Rn. 4). **d) Auskunftsanspruch.** Entspr. → § 656c Rn. 5.

6 **3. Bedingte Fälligkeit (I 2). a) Leistungszeit. I 2** bestimmt Leistungszeitpunkt abhängig von **Vorleistung des Auftraggebers.** Erst mit dem Erfüllungsnachweis wird vereinbarter Zahlungsanspruch (→ Rn. 2) in anteiliger Höhe der Provisionsforderung gegen andere Kaufvertragspartei iSv § 271 I 1 Alt. 1 fällig **(gesetzliche**
7 **Fälligkeitsbestimmung). b) Fälligkeit** setzt nach I 2 **Nachweis der Auftraggeberzahlung** voraus. **Nachweisform** ist offen, zB Vorlage eines Kontoauszugs oder eines Überweisungsbelegs. §§ 362 ff. bleiben unberührt (BT-Drs. 19/15827 S. 20). **Nachweispflichtig** ist **Makler,** der Fälligkeitsvoraussetzungen seines Anspruchs
8 beweisen muss. Nachweis kann auch durch Auftraggeber geführt werden (I 2). **c) Schutzzweck.** Vermeidung, dass die andere Partei vorrangig in Anspruch genommen wird und der Makler seinen Anspruch gegenüber dem eigentlichen Auftraggeber nicht geltend macht. Käufer soll dann nicht auf Durchsetzung seines bereicherungsrechtlichen Rückzahlungsanspruchs verwiesen werden (BT-Drs. 19/15827 S. 20).

Titel 11. Auslobung

§ 657 Bindendes Versprechen

Wer durch öffentliche Bekanntmachung eine Belohnung für die Vornahme einer Handlung, insbesondere für die Herbeiführung eines Erfolges, aussetzt, ist verpflichtet, die Belohnung demjenigen zu entrichten, welcher die Handlung vorgenommen hat, auch wenn dieser nicht mit Rücksicht auf die Auslobung gehandelt hat.

1 **1. Allgemeines. a) Begriff:** Öffentlich bekannt gemachtes Versprechen einer Belohnung für die Vornahme einer Handlung, insbes. die Herbeiführung eines Erfolgs, § 657 Hs. 1. Bei Auslegung kommt dem für Dritte erkennbaren Interesse des Auslobenden maßgebliche Bedeutung zu (OLG Stuttgart 16.2.2016 – 12 U 63/15 –, juris Rn. 73). **b) Rechtsnatur:** Kein Vertragsangebot an einen unbestimmten Personenkreis, sondern **einseitiges Rechtsgeschäft** (BGH NJW 1983, 443; → Vor § 104 Rn. 5, → § 311 Rn. 1; zur Möglichkeit der Ausgestaltung als Naturalobligation s. Schulze, Die Naturalobligation, 566; vollst. andere Konzeption bei Staudinger/Bergmann Rn. 14: besonderes Modell des Vertragsschlusses; tendenziell folgend, im Ergebnis aber offenlassend FG Rheinland-Pfalz DStRE 2016, 1053, 1064; dagegen MüKo-BGB/Schäfer Rn. 4 f.). Zugang und Annahme der Willenserklärung
2 (§§ 104 ff.) sind unerheblich; → Rn. 2 [e]. **c)** Eine bes. Art der Auslobung ist das

Preisausschreiben für wissenschaftliche, künstlerische, sportliche oder sonstige Zwecke (s. § 661). Fernsehquizsendung „Wer wird Millionär?" ist Auslobung (OLG Köln NJW-RR 2014, 1138). Wird ein **städtisches Grundstück** im Wege eines „Auslobungsverfahrens" zum Erwerb angeboten, so finden zwar die Vorschriften über eine öffentliche Ausschreibung keine Anwendung; es kommt allerdings ein Schuldverhältnis zwischen Stadt und dem Bieter nach § 657 in Betracht (OLG Koblenz NJW 2017, 3310). Vom Arbeitgeber einseitig angekündigter **Anwesenheitsbonus,** mit dem Arbeitnehmer davon abgehalten werden sollen, das Arbeitsverhältnis vor dem angekündigten Zeitpunkt der Werksschließung zu beenden oder infolge von Erkrankung ihre Arbeitsleistung nicht mehr zu erbringen, ist Auslobung (Sächsisches LSG 20.10.2016 – L 3 AL 127/14 –, juris Rn. 25). Belohnung **(Treueprämien)** für bestimmte Kundenhandlungen (Kaufen der Aktionsware, Punkte-Sammeln etc) ist Auslobung (offengelassen von FG Rheinland-Pfalz DStRE 2016, 1053, 1065). **d)** Zur uU schwierigen **Abgrenzung** von Spiel und Wette (Verträge!) → Rn. 5 aE; zur Gewinnzusage (gesetzliches Schuldverhältnis) → § 661a Rn. 2. Bedingte Schenkung mit öffentlichem Angebot (§ 518 II!), wenn remuneratorischer Zuwendungszweck (→ § 516 Rn. 19) den Zweck der Förderung der Vornahme der Auslobungsaktivität verdrängt (s. OLG München NJW 1983, 759, 760: Geldzuwendung für den Fall, dass Fußballmannschaft in der Spielklasse verbleibt; dazu auch FG Rheinland-Pfalz DStRE 2016, 1053, 1064) **e) Entspr. Anwendung** der §§ 657–661 auf vertragliche Beziehungen ist möglich (BGHZ 17, 366; Knütel ZHR 144, 311 zu § 660 I).

2. Voraussetzungen. a) Die zugesagte **Belohnung** kann in jedem, auch einem 3
nichtvermögenswerten Vorteil bestehen (BGH NJW 1984, 1118). Sie darf nicht gegen zwingende ges. Bestimmungen, wie zB §§ 134, 138, § 1 UWG, § 2 II WoVermG verstoßen (AG Freiburg NJW-RR 1991, 12). **b) Öffentl. Bekanntma-** 4
chung bedeutet Kundgabe nicht unbedingt gegenüber jedermann, jedoch gegenüber einem individuell unbestimmten Personenkreis (OLG München NJW 1983, 759), zB durch Presse, Rundfunk, Anschläge. Zum Ausschluss einzelner Personen bei Quizgewinnspielen s. OLG München NJW-RR 2005, 1401; BGH NJW-RR 2007, 392; zum Widerruf § 658. **c) Vornahme einer Handlung** (auch Unterlas- 5
sung) ist Realakt (Geschäftsfähigkeit nicht erforderlich); **Herbeiführung eines bestimmten Erfolgs** ist zwar der Hauptanwendungsfall (zB Wiedererlangung einer verlorenen Sache, Aufdeckung einer strafbaren Handlung, Mitteilung einer Beobachtung), aber nicht begriffsnotwendig. Ein Interesse an der Vornahme der Handlung seitens des Auslobenden ist nicht zu fordern; eine Auslobung ist also auch dann gegeben, wenn der Auslobende (meist zu Reklame- und Werbezwecken) gerade die Unmöglichkeit der Vornahme der Handlung **(negative Auslobung)** beweisen will (Bsp: OLG Stuttgart 16.2.2016 – 12 U 63/15 –, juris Rn. 68, 79 ff. zum wissenschaftlichen Beweis der Existenz des vom Auslobenden als sicher inexistent angesehenen Masern-Virus; ferner OLG Karlsruhe Justiz 1980, 436; dazu Kornblum JuS 1981, 801). Bei Quiz als Auslobung (→ Rn. 1) steht Mitwirkenden Anspruch auf Einhaltung der vom Auslobenden vorab festgelegten Quizregeln und bei Erreichung des Spielzieles Anspruch auf den erreichten Gewinn zu (OLG Köln NJW-RR 2014, 1138). Zur Abgrenzung von Auslobung und Spiel bei Fernsehquiz sa OLG Köln NJW-RR 2014, 1138 (1139); Ernst NJW 2006, 186. Bei ganz leicht zu erfüllenden Bedingungen kann genehmigungsbedürftige Ausspielung (§§ 762, 763) vorliegen (OLG Stuttgart MDR 1986, 757; OLG Düsseldorf NJW 1997, 2122; LG München MMR 2005, 389; Ernst NJW 2006, 186, str.; → § 763 Rn. 2 aE). Abgrenzung zur Wette: Gergen JA 2004, 760.

3. Rechtsfolge. Der **Anspruch auf Belohnung** hängt nicht davon ab, dass der 6
Handelnde Kenntnis von der Auslobung hatte (→ Rn. 1 [b]). Ob allerdings auch eine Handlung vor Bekanntmachung der Auslobung genügt, ist Auslegungsfrage. Beim Tod des Auslobenden geht die Verpflichtung zur Gewährung der Belohnung auf dessen Erben über (§§ 1922, 1942). Zur Bedeutung der häufig verwendeten

Klausel „Der Rechtsweg ist ausgeschlossen" s. Staudinger/Bergmann Rn. 92. Kein vollständiger Ausschluss des Rechtswegs in AGB möglich (OLG Köln NJW-RR 2014, 1138).

§ 658 Widerruf

(1) [1]**Die Auslobung kann bis zur Vornahme der Handlung widerrufen werden.** [2]**Der Widerruf ist nur wirksam, wenn er in derselben Weise wie die Auslobung bekannt gemacht wird oder wenn er durch besondere Mitteilung erfolgt.**

(2) **Auf die Widerruflichkeit kann in der Auslobung verzichtet werden; ein Verzicht liegt im Zweifel in der Bestimmung einer Frist für die Vornahme der Handlung.**

Widerruf durch nicht empfangsbedürftige öffentl. Bekanntmachung der Art, in der die Auslobung erfolgte, oder empfangsbedürftige Willenserklärung an diejenigen (auch bestimmte Personen, BGH NJW-RR 2007, 392), denen gegenüber widerrufen werden soll, ist bis zur Vornahme der Handlung (→ § 657 Rn. 5) **frei** möglich. Kein Kontrahierungszwang (OLG München NJW-RR 2005, 1401). **Ausnahme:** Verzicht auf Widerruf in der Auslobung (iZw bei Fristbestimmung, § 658 II Hs. 2; notwendig bei § 661 I) oder durch Erklärung best. Personen gegenüber. Bei **wirksamem Widerruf** kein Aufwendungs- oder Schadensersatzanspruch für Vorbereitungshandlungen. Anfechtung entspr. §§ 119 ff., 123 ist auch bei Widerrufsverzicht zulässig; sie ist in der Widerrufsform des § 658 I zu erklären. Der Widerruf iSv § 658 ist kein Fall des § 355.

§ 659 Mehrfache Vornahme

(1) **Ist die Handlung, für welche die Belohnung ausgesetzt ist, mehrmals vorgenommen worden, so gebührt die Belohnung demjenigen, welcher die Handlung zuerst vorgenommen hat.**

(2) [1]**Ist die Handlung von mehreren gleichzeitig vorgenommen worden, so gebührt jedem ein gleicher Teil der Belohnung.** [2]**Lässt sich die Belohnung wegen ihrer Beschaffenheit nicht teilen oder soll nach dem Inhalt der Auslobung nur einer die Belohnung erhalten, so entscheidet das Los.**

§ 660 Mitwirkung mehrerer

(1) [1]**Haben mehrere zu dem Erfolg mitgewirkt, für den die Belohnung ausgesetzt ist, so hat der Auslobende die Belohnung unter Berücksichtigung des Anteils eines jeden an dem Erfolg nach billigem Ermessen unter sie zu verteilen.** [2]**Die Verteilung ist nicht verbindlich, wenn sie offenbar unbillig ist; sie erfolgt in einem solchen Fall durch Urteil.**

(2) **Wird die Verteilung des Auslobenden von einem der Beteiligten nicht als verbindlich anerkannt, so ist der Auslobende berechtigt, die Erfüllung zu verweigern, bis die Beteiligten den Streit über ihre Berechtigung unter sich ausgetragen haben; jeder von ihnen kann verlangen, dass die Belohnung für alle hinterlegt wird.**

(3) **Die Vorschrift des § 659 Abs. 2 Satz 2 findet Anwendung.**

Anmerkung zu den §§ 659, 660

§§ 659, 660 enthalten **dispositive Regelungen,** abw. Bestimmungen (§§ 657, 133) sind möglich (OLG Karlsruhe Justiz 1980, 437; Kornblum JuS 1981, 803). Konkurrieren mehrere selbstständige Anspruchsprätendenten (§ 659), so gilt zunächst der **Prioritätsgrundsatz** (I), iÜ wie stets im Falle der Herbeiführung des einheitlichen Erfolgs durch das Zusammenwirken mehrerer (§ 660) der **Teilungsgrundsatz** (§§ 659 II 1, 660 I) und bei Unteilbarkeit der Belohnung **Entscheid durch Los** (§§ 659 II 2, 660 III). Zur Abgrenzung von § 659 und § 660: BGHR BGB § 659 I Beweislast 1. Bei Streit unter den Beteiligten iSv § 660 II darf (§ 372) bzw. bei Verlangen eines Beteiligten muss (§ 660 II Hs. 2) der Auslobende für alle hinterlegen. Näher zu Prozessfragen des § 660 Wieser Rn. 1 ff. **Entspr.** Anwendung: → § 657 Rn. 2 [e].

§ 661 Preisausschreiben

(1) **Eine Auslobung, die eine Preisbewerbung zum Gegenstand hat, ist nur gültig, wenn in der Bekanntmachung eine Frist für die Bewerbung bestimmt wird.**

(2) [1]**Die Entscheidung darüber, ob eine innerhalb der Frist erfolgte Bewerbung der Auslobung entspricht oder welche von mehreren Bewerbungen den Vorzug verdient, ist durch die in der Auslobung bezeichnete Person, in Ermangelung einer solchen durch den Auslobenden zu treffen.** [2]**Die Entscheidung ist für die Beteiligten verbindlich.**

(3) **Bei Bewerbungen von gleicher Würdigkeit findet auf die Zuerteilung des Preises die Vorschrift des § 659 Abs. 2 Anwendung.**

(4) **Die Übertragung des Eigentums an dem Werk kann der Auslobende nur verlangen, wenn er in der Auslobung bestimmt hat, dass die Übertragung erfolgen soll.**

Preisausschreiben ist eine Auslobung mit der Besonderheit, dass eine **Teilnahme an einem Wettbewerb** („Bewerbung") erfolgen muss **(I)** und dass über die Berechtigung durch bes. Preiszuerkennung **(Preisrichter)** entschieden wird **(II 1).** Die Stellung des in der Auslobung bestimmten Preisrichters oder des Auslobenden selbst ist der des Schiedsrichters ähnlich. Dessen Entscheidung ist **bindend (II 2);** → § 657 Rn. 2. §§ 317–319 gelten nicht. Eine sachliche Überprüfung durch das Gericht ist ausgeschlossen (BGH MDR 1966, 572). Grobe Verfahrensfehler können im Rahmen von § 1059 ZPO geltend gemacht werden (BGH NJW 1983, 442; 1984, 1118). Bei einem Einladungswettbewerb für Architekten steht nur dem ersten Preisträger ein Rechtsanspruch auf weitere Beauftragung zu. Der Auslober darf keinen Nachplatzierten beauftragen. Grund: Bindung an Urteil des Preisgerichts (OLG München NJW-RR 2001, 1532). Zur Möglichkeit der Lösung des Auslobers von der Zusage bei sog Realisierungswettbewerben BGH MDR 2004, 1048; Schudnagies BauR 2005, 1244. Sinn der beim Preisausschreiben notwendigen **Fristbestimmung (I)** ist die Vermeidung von Verzögerungen durch den Auslobenden und die Preisrichter (BGH NJW 1984, 1119). Folge der Fristbestimmung: Unwiderruflichkeit des Preisausschreibens nach § 658 II (Anfechtung bleibt möglich). Zur Abgrenzung vom Spiel → § 657 Rn. 5 aE. Der Veranstalter des Preisausschreibens erlangt keine Eigentums-, Urheber- oder Verwertungsrechte an eingesandten Preiswerken, diese muss er sich – soweit möglich (s. 31 ff. UrhG) – in den Bedingungen gesondert übertragen lassen (s. **IV** für das Eigentum). Erklärungen in Preisausschreiben über die „beabsichtigte" Übertragung von Leistungen an einen Preisträger sind iZw verbindlich (BGHZ 88, 382 ff.; NJW 1987, 2370 und allg. → § 241 Rn. 23 ff.). Zur Bedeutung der häufig verwendeten Klausel „Der Rechtsweg ist ausgeschlossen" s. Staudinger/Bergmann § 657 Rn. 92.

§ 661a Gewinnzusagen

Ein Unternehmer, der Gewinnzusagen oder vergleichbare Mitteilungen an Verbraucher sendet und durch die Gestaltung dieser Zusendungen den

Eindruck erweckt, dass der Verbraucher einen Preis gewonnen hat, hat dem Verbraucher diesen Preis zu leisten.

Lit.: Baldus, Kann sich dem objektiven Empfängerhorizont etwas aufdrängen?, ZGS 2004, 297; Braun, Einklagbarkeit von aus dem Ausland stammenden Gewinnzusagen, MDR 2003, 351; Dörner, Haftung für Gewinnzusagen, FS Kolhosser, 2004, II 75; Felke/Jordans, Internationalrechtliche Fragen von Gewinnzusagen, IPRax 2004, 409; Leible, Luxemburg locuta, NJW 2005, 796; ders., Gewinnbestätigung aus Luxemburg, IPRax 2003, 28; ders., Bingo! – Gewinnbestätigung jetzt auch aus Karlsruhe, NJW 2003, 407; Leipold, Der Anspruch aus Gewinnzusage usw, FS Musielak, 2004, 317; S. Lorenz, Gewinnmitteilung als geschäftsähnliche Handlung, NJW 2006, 472; ders, Internationale Zuständigkeit deutscher Gerichte und Anwendbarkeit von § 661a usw, IPRax 2002, 192; ders., Gewinnmitteilungen aus dem Ausland usw, NJW 2000, 3305; Mörsdorf-Schulte, Autonome Qualifikation der isolzierten Gewinnzusage, JZ 2005, 770; Piekenbrock/Schulze, Internationale Zuständigkeit usw, IPRax 2003, 328; T. Pfeiffer, Internationale Zuständigkeit usw, LMK 2003, 79; Schäfer, Gewinnzusage nach § 661a BGB im System des Bürgerlichen Rechts, JZ 2005, 982; Schmidt-Räntsch, Gewinnzusagen im Schuldrecht, FS Huber, 2006, 575; Schneider, Erfüllungszwang bei Gewinnzusage – verfassungsmäßig?, BB 2002, 1653; Slonina, Haftung aus Gewinnzusagen in IPR und IZPR zwischen Verbraucherschutz und Lauterkeitsrecht, RdW 2006, 748; Schreiber, Verbrauchersachen, NJW 2002, 543; Schulze, Die Naturalobligation, 2008, 566 f.; Schwartze, Die Bestimmung des auf grenzüberschreitende Gewinnzusagen anwendbaren Rechts nach Rom I und Rom II, FS Koziol, 2010, 407; Staudinger, Internationale Zuständigkeit usw, JZ 2003, 852; Timme, Internationalzivilprozessuale Aspekte und Auslegungsfragen bei Gewinnmitteilungen aus dem Ausland gem. § 661a BGB, JuS 2003, 638; M. Vollkommer, Der Verbraucher als Wettbewerbshüter usw, GS W. Blomeyer, 2004, 845; G. Wagner/Potsch, Gewinnzusagen aus dem Inland und Ausland, JURA 2006, 401; Weber, Neue Erscheinungsformen der Gewinnzusage im Internet, MMR 10/2008, X.

1 **1. Allgemeines. a) Zweck:** Verbraucher- und Wettbewerbsschutz durch Begründung von Leistungspflichten (Zwang zur Einhaltung der Gewinnzusage). Damit soll die irreführende Werbepraxis unterbunden werden, dass Unternehmer Verbrauchern Mitteilung über (angebliche) Gewinne machen, die sie zum Warenkauf oder Abschluss von anderen Verträgen verleiten soll, während der Gewinn den Verbrauchern auch bei Nachfrage nicht bzw. nicht vollständig ausgehändigt wird (BGH NJW 2003, 428; ZIP 2004, 38 mN). § 661a ist verfassungsgemäß (BGH NJW 2003, 3620; BVerfG NJW 2004, 762). Die Norm wurde anlässlich der Umsetzung der FernAbsRiLi geschaffen, beruht aber nicht auf gemeinschaftsrechtlichen Vorgaben. § 661a ergänzt das UWG und hat allgemein-zivilrechtlichen Sanktionscharakter (dazu Schäfer JZ 2005, 981 ff.), setzt aber keinen UWG-Verstoß des Unternehmers tatbestandlich voraus, doch wird er idR gegeben sein (Lorenz NJW 2000, 3306 mN). § 661a ordnet keine Strafzahlung an, sondern Erfüllungsanspruch (BGH ZIP 2004, 38 f. mN, auch zur Gegenauffassung; Schmidt-Räntsch FS Huber, 2006, 576). Zur Verbindlichkeit als Sanktion missbräuchlichen Verhaltens s. Schulze
2 567. **b)** § 661a regelt kein rechtsgeschäftliches, sondern ein **gesetzliches Schuldverhältnis** (so jetzt auch BGH NJW 2006, 230 [232]; offen noch BGH NJW 2003, 3621; ZIP 2004, 38; aA Staudinger/Bergmann Rn. 15 f.: rechtsgeschäftlich; für rechtsgeschäftsähnliches Schuldverhältnis, s. § 311 II, LG Braunschweig IPRax 2002, 214: Sonderform der cic). Der Anspruch auf Leistung des mitgeteilten Preises setzt keine Willenserklärung des Unternehmers oder des Verbrauchers voraus. **Abgrenzung:** Auslobung (§ 657) verlangt (anders als § 661a) die öffentl. Bekanntmachung einer entspr. Willenserklärung und die Herbeiführung eines Erfolgs. § 661 (Preisausschreiben) setzt zusätzlich die Preisbewerbung (→ § 661 Rn. 1) voraus, die Gewinnzusage jeweils nicht. Kann eine Gewinnmitteilung und die Reaktion des Empfängers darauf als eine Ausspielung (§§ 762 f.) oder eine Schenkung (§ 516) ausgelegt werden (s. Lorenz NJW 2000, 3306 mN), so wird idR wegen § 763 (fehlende staatliche Genehmigung) bzw. § 518 I 1 (fehlende notarielle Beurkundung) kein vertraglicher
3 Leistungsanspruch bestehen. **c) Anwendungsbereich. Persönlich:** → Rn. 5. **Intertemporal** ist § 661a auf alle Sachverhalte anzuwenden, die nach dem 29.6.2000 entstanden sind (Art. 229 § 2 EGBGB; zu Vorwirkungen über § 242 s. AG Heinsberg NJW-RR 2001, 1274). Die Zusendung der Mitteilung erfolgt idR

vom Ausland aus; zum **int.** Anwendungsbereich und **Gerichtsstand** s. EuGH NJW 2005, 811, 814: Bei Gewinnzusage in Zusammenhang mit Warenbestellung und bei isolierter Gewinnzusagen gilt der Vertragsgerichtsstand des Art. 7 Nr. 1 lit. a EuGVÜ/EuGVVO, wenn nicht (s. EuGH EuZW 2009, 489) der Verbrauchergerichtsstand des Art. 17 I lit. c EuGVVO eingreift, der lex specialis ist. § 661a ist als international zwingende Norm iSv Art. 9 Rom I-VO (so BGH NJW 2006, 232 zu Art. 34 aF EGBGB; → Vor Rom I-VO Rn. 52) bzw. – bei deliktischer Qualifikation – Art. 16 Rom II-VO (Nachweise zu den VO → Vor § 241 Rn. 13) durch deutsche Gerichte stets anzuwenden. Der Anwendungsbereich, welcher der beiden Verordnungen eröffnet ist, hängt von der Qualifikation der Gewinnzusage als vertraglich oder deliktisch ab (dazu auch → Vor Rom I-VO Rn. 11). Sie ist str., s. nur den Meinungsstand bei Staudinger/Fezer/Koos Int. Wirtschaftrecht Rn. 409 ff. Für vertragliche Qualifikation: Grüneberg/Thorn Art. 9 Rom I-VO Rn. 8, Art. 1 Rom I-VO Rn. 3, Art. 1 Rom II-VO Rn. 4 (Anwendung von Art. 6 Rom I-VO und nicht von Art. 9 Rom I-VO); MüKo-BGB/Junker Art. 1 Rom II-VO Rn. 22.

2. Voraussetzungen. a) Die **Mitteilung** muss bei einem durchschnittlichen 4
Verbraucher in der Lage des Empfängers den Eindruck erwecken, dass er einen Preis (bereits!) gewonnen hat (Auslegung nach dem obj. erklärten Willen, → § 133 Rn. 10; s. AG Cloppenburg NJW-RR 2001, 1275; Lorenz NJW 2000, 3306). Ein entspr. subj. Verständnis bei dem konkreten Anspruchsteller ist (wegen des Sanktionscharakters, → Rn. 1) nicht erforderlich. Einschränkungen des Preisgewinns (zB Unverbindlichkeitserklärungen) sind unbeachtlich, wenn sie in der obj. Erscheinungsform deutlich hinter der Gewinnmitteilung zurücktreten (OLG Dresden IPRax 2002, 421; OLG Hamm MDR 2003, 17; OLG Koblenz VersR 2003, 377). Allg. Aussagen wie „Es gelten unsere anzufordernden Ausspielbedingungen" sind daher idR ohne Bedeutung (zur AGB-Kontrolle s. AG Cloppenburg NJW-RR 2001, 1275, auch zur Unbeachtlichkeit einer an den Preis gekoppelten Forderung einer Unkostenpauschale). Gewinnzusage ist zu bejahen, auch wenn die Preisauszahlung erst durch den Verbraucher angefordert werden muss. Gewinnmitteilung muss **verkörpert** sein, zB Schriftstück, Fax, oder verkörperbar wie bei SMS-Textnachricht, E-Mail (ebenso LG Köln BeckRS 2008, 19101). Nicht ausreichend daher (scheinbar) individualisierter Werbebanner als Pop-up-Fenster auf aufgerufener Internetseiten (LG Köln BeckRS 2008, 19101; aA Weber MMR 2008, X mit guten Argumenten). Als **Preis** kommt jeder Vorteil (Forderung, Bargeld, Sachen, Dienstleistungen usw; OLG Koblenz VersR 2003, 377: Guthaben), auch ein nichtvermögensrechtlicher (zB Einladung in das Heim eines bekannten Künstlers, sa Schmidt-Räntsch FS Huber, 2006, 581) in Betracht. Spielelement nicht erforderlich (AG Brehm NJW-RR 2002, 417). Bestimmbarkeit des Preises genügt. Die Mitteilung ist **geschäftsähnliche Handlung** (Lorenz NJW 2000, 3307; jetzt auch BGH NJW 2006, 232; aA Staudinger/Bergmann Rn. 26: Willenserklärung). Die allg. Vorschriften für RGeschäfte gelten daher grundsätzlich *entspr.* (→ Vor § 104 Rn. 23), etwa auch § 164 II (AG Cloppenburg NJW-RR 2001, 1275). Unternehmer muss geschäftsfähig sein; Verbraucher kann geschäftsunfähig sein, da der ges. Anspruch ohne sein Zutun entsteht und ihm nicht nachteilig ist. Deshalb (abweichend vom Grundsatz bei geschäftsähnlichen Handlungen) keine entspr. Anwendung des § 131 (sa Schmidt-Räntsch FS Huber, 2006, 582; aA Staudinger/Bergmann Rn. 49: § 131 gilt, da Mitteilung Willenserklärung ist). § 661a ist spezielle Regelung gegenüber Anfechtung nach § 119 I durch den Unternehmer wegen Irrtums über den Gewinnmitteilungscharakter oder Rechtsfolgenirrtum. **Widerruf** der Mitteilung (analog § 658) ist wegen des Sanktionscharakters (→ Rn. 1) nicht möglich (ebenso: AG Jena 14.5.2014 – 26 C 871/13 –, juris Rn. 21 f.; Dörner FS Kohlosser II, 2004, 78; Grüneberg/Retzlaff Rn. 4; Schäfer JZ 2005, 981, 985).
b) Schuldner ist der Versender. Das ist nach der Rspr. des BGH derjenige, den ein 5
durchschnittlicher Verbraucher in der Lage des Empfängers der Gewinnzusage als Versprechenden ansieht (BGH NJW-RR 2005, 1365; NJW 2005, 827; 2004, 3555),

wenn dieser die Gewinnmitteilung an den Empfänger veranlasst hat. Es gelten die Vertretungsvorschriften (→ Rn. 4), insbes. die Grundsätze für unternehmensbezogene Geschäfte und die Grundsätze für Handeln unter fremdem/falschem Namen (→ § 164 Rn. 3 ff.). Danach ist Sender auch derjenige, der dem Empfänger unter nicht existierenden oder falschen Namen, Firmen, Geschäftsbezeichnungen oder Anschriften Gewinnmitteilungen zukommen lässt (BGH NJW-RR 2005, 1365; NJW 2005, 827; 2004, 3555). § 661a gestattet keinen Durchgriff auf den Geschäftsführer oder Gesellschafter einer die Gewinnzusage erteilenden juristischen Person (BGH NJW 2004, 3039), wenn diese nicht selbst als Versender im obigen Sinn eingestuft werden kann. Für einen weiteren, wettbewerbsrechtlich-deliktisch geprägten Versenderbegriff M. Vollkommer GS Blomeyer, 2004, 852 f.; sa OLG Frankfurt a.M. NJW-RR 2005, 1366 ff.; LG Wuppertal NJW-RR 2001, 1275 f. Der Schuldner muss Unternehmer iSv § 14 sein. Absendung der Mitteilung wird von dem Unternehmer oft bestritten; zu Beweisfragen (§ 286 ZPO): AG Cloppenburg NJW-RR 2001, 1275; LG Wuppertal NJW-RR 2001, 1275 f. **Gläubiger** ist der Mitteilungsempfänger; er muss Verbraucher iSv § 13 sein. Für §§ 13 f. ist auf den begleitenden Vertragsabschluss, den die Gewinnmitteilung herbeiführen soll (zB beworbene Warenbestellung, s. LG Wuppertal NJW-RR 2001, 1276), abzustellen, bei isolierten Gewinnzusagen darauf, dass Mitteilung für den Sender seiner gewerblichen/beruflichen Tätigkeit zugeordnet werden kann, für den Empfänger hingegen nicht (Wagner/Potsch JURA 2006, 402). Die Mitteilung muss dem Empfänger als gerade an ihn persönlich gerichtet zugegangen sein, da sonst kein obj. Erklärungswert der Gewinnzusage an ihn besteht; daher ist idR die namentliche Bezeichnung des Adressaten erforderlich. Erklärungen an unbestimmten Personenkreis ohne Individualisierung Einzelner sind nicht ausreichend (Grüneberg/Retzlaff Rn. 2; weiter Staudinger/Bergmann Rn. 40).

6 **3. Rechtsfolge.** Der Anspruch auf Erfüllung der Gewinnzusage entsteht mit Zugang (→ § 130 Rn. 5 ff.) der Mitteilung beim Verbraucher (OLG Nürnberg NJW 2002, 3640). Erfüllungsort: Verbraucherwohnsitz (BGH NJW 2006, 234; aA Staudinger/Bergmann Rn. 54; differenzierend Mörsdorf-Schulte JZ 2005, 778). Leistungsstörungen: §§ 280 ff., 311a; wird Schadensersatz statt des Preises verlangt: § 280 III bzw. § 311a II. Bei Kopplung von Gewinnzusage und Vertragsangebot kommt § 138 I in Bezug auf den daraufhin abgeschlossenen Vertrag in Betracht (BGH NJW 2005, 2991). Sofern der Verbraucher einen Anspruch auf Erfüllung einer Gewinnzusage in der Insolvenz des Versenders geltend macht, ist er nachrangiger Insolvenzgläubiger (BGH ZIP 2008, 975).

Titel 12. Auftrag, Geschäftsbesorgungsvertrag und Zahlungsdienste

Untertitel 1. Auftrag

§ 662 Vertragstypische Pflichten beim Auftrag

Durch die Annahme eines Auftrags verpflichtet sich der Beauftragte, ein ihm von dem Auftraggeber übertragenes Geschäft für diesen unentgeltlich zu besorgen.

1 **1. Allgemeines. a) Begriff. Auftrag** ist die vertragliche Übernahme der unentgeltlichen Geschäftsbesorgung für einen anderen (ie → Rn. 8 ff.). Der allg. Sprachgebrauch und zT auch BGB und ZPO verwenden den Begriff in einem abw. –
2 weiteren – Sinn; Bsp: §§ 662, 663; §§ 176 II, 194 I, 753 ZPO. **b) Rechtsnatur.** Der Auftrag ist ein unvollkommen zweiseitiger Vertrag (→ § 311 Rn. 12), weil der Auftraggeber nur uU und auch nicht als Gegenleistung Pflichten übernimmt (→ Rn. 13). Wegen der Unentgeltlichkeit (→ Rn. 7 und 11) ist er Gefälligkeitsver-

trag (ohne Haftungserleichterung, → Rn. 14). **c) Bedeutung.** Der Auftrag gehört zu den Dienstleistungsverträgen iwS (Esser/Weyers § 27 I); kann sowohl auf Dienste wie auf einen Erfolg gerichtet sein. Kennzeichnend ist das bes. Vertrauensverhältnis (zB → § 671 Rn. 1). Er ist die Grundform für alle Verträge auf fremdnützige Interessenwahrung. Bsp: Unentgeltlicher Treuhandvertrag unterfällt §§ 662 ff. (BGH NJW 2002, 2460; zum Bankauftrag BGH NZBau 2003, 670; unentgeltliche Anlagevermittlung OLG Frankfurt a.M. NJW-RR 2003, 414); entgeltlicher § 675, → § 675 Rn. 12. Die Hauptbedeutung der §§ 662 ff. liegt in der Ergänzung des Rechts der entgeltlichen Geschäftsbesorgungsverträge (ie Musielak, Gutachten II, 1229 ff.). 3

d) Anwendungsbereich. Die Auftragsvorschriften sind vollst. oder teilw. **entspr.** anwendbar zB gem. §§ 27 III, 48 II, 86, 675, 675c I, 681 S. 2, 683, 713, 1877 I, 1991, 2218 I. Ein Auftrag bzw. auftragsähnliches Rechtsverhältnis besteht zwischen **Ehegatten,** von denen der eine das Vermögen des anderen verwaltet (BGH NJW 2000, 3200 mN; OLG Köln MDR 1998, 911; → § 1413 Rn. 2; Gerhard FamRZ 2006, 1793; Übernahme der Wirtschaftsführung allein genügt nicht; an die Annahme eines Vertragsverhältnisses unter Ehegatten sind keine geringen Anforderungen zu stellen: BGH NJW 2000, 3200), im eigenen Namen versichert (LG Köln NJW 1977, 1969) oder dem anderen die Aufnahme von Bankkrediten durch Begebung von Sicherheiten ermöglicht (BGH NJW 1989, 1920; OLG Karlsruhe WM 1991, 1163; OLG Bremen NJW 2005, 3502). Ehegatte, der dem anderen die Aufnahme von Bankkrediten durch Einräumung von dinglichen Sicherheiten ermöglicht hat, kann nach Scheitern der Ehe Befreiung von solchen Verbindlichkeiten nach den Regeln des Auftragsrechts verlangen. Grenzen nach § 242 wegen Nachwirkung der Ehe sind im Einzelfall gegeben, Vorlage eines Tilgungsplans kann verlangt werden (BGH NJW-RR 2015, 641). Erteilung einer Kontovollmacht unter Ehegatten sagt alleine noch nichts darüber aus, ob zwischen den Ehegatten begleitender Auftrag abgeschlossen wird: BGH NJW 2000, 3200; ähnlich für nichteheliche Lebensgemeinschaft: OLGR Zweibrücken 2005, 132. Die Auftragsvorschriften sind auf **öffentl.-rechtliche Auftragsverhältnisse** entspr. anwendbar (§ 62 S. 2 VwVfG; ie MüKo-BGB/Schäfer Rn. 36; VG Potsdam LKV 2006, 284). Zur entspr. Anwendbarkeit gem. § 61 S. 2 SGB X auf öffentl.-rechtliche Verträge, die Geschäftsbesorgung zum Gegenstand haben oder zumindest Züge einer solchen aufweisen, nur, soweit vergleichbare Interessenlage besteht (näher BGH BeckRS 2021, 6631 Rn. 40 f.). Nach Beendigung der **staatlichen Verwaltung** von Vermögenswerten gelten die §§ 666–668 für die gesamte Verwaltungszeit (§ 11a III VermG: BGHZ 126, 324; 140, 360; 144, 109; NJW 2000, 3059, auch zu Art. 22 Einigungsvertrag s. 109 f.; § 15 I VermG: BGHZ 140, 11 und 356; zur privaten Verwaltung von Bodenreformgrundstücken s. Art. 233 § 11 IV 2 EGBGB: BGHZ 143, 375). 4

2. Abgrenzung. a) Gefälligkeitsverhältnis. Der Unterschied liegt im Rechtsbindungswillen. Er fehlt bei Zusagen im gesellschaftlichen Bereich sowie bei Gefälligkeiten des täglichen Lebens oder bei Vorgängen, die diesen ähnlich sind (BGH NJOZ 2021, 1224, 1225 Rn. 14), zB bei Fahrdienst von Familienangehörigen für minderjährige Mitglieder eines Amateursportvereins (BGH NJW 2015, 2880). Sein Vorliegen ist nach den Umständen des Einzelfalles nach obj. Kriterien zu beurteilen (vgl. BGHZ 88, 382 mN und näher → § 241 Rn. 23 ff.). Maßgeblich ist insoweit, wie sich dem obj. Beobachter – nach Treu und Glauben unter Berücksichtigung der Umstände des Einzelfalls mit Rücksicht auf die Verkehrssitte – das Handeln des Leistenden darstellt. Bindungswille wird idR bei Gefälligkeitshandeln des täglichen Lebens, bei Zusagen im gesellschaftlichen Bereich oder bei Vorgängen, die diesen ähnlich sind, zu verneinen sein (BGH NJOZ 2021, 1224, 1225 Rn. 14; BGH NJW 2021, 765, 767 Rn. 29). Abgrenzung erfolgt unter Berücksichtigung der Art der Tätigkeit, ihrem Grund und Zweck, ihrer wirtschaftlichen und rechtlichen Bedeutung für den Geschäftsherrn, der Umstände, unter denen sie erbracht wird und der dabei entstehenden Interessenlage der Parteien (Bsp. für rechtlich erhebliches Auftraggeberinteresse: BGH NJW 2021, 765, 767 Rn. 31 zu Helmut Kohl-Proto- 5

kollen). Reziprozität und Utilität, d.h. der Ausgleich zwischen Chancen und Risiken, sind bei der Würdigung in Ausgleich zu bringen. Im Zweifel ist Rechtsbindungswille zu verneinen (Mansel GS Lüderitz, 2000, 487 ff.). Stehen erkennbar wirtschaftliche Interessen des Auftraggebers auf dem Spiel (BGHZ 56, 210; NJW-RR 1990, 205 mN; 1993, 795; NJW 2012, 3367; 2021, 765, 767 Rn. 29, 32; NJOZ 2021, 1224, 1225 Rn. 14) und vertraut er auf die Leistungszusage (so BGH NJW 2021, 765, 767 Rn. 29; NJOZ 2021, 1224, 1225 Rn. 14), so lässt dies idR auf Rechtsbindungswillen schließen, wirtschaftliche Interessen müssen „wesentlich" sein (BGH NJW 2021, 765, 767 Rn. 29; NJOZ 2021, 1224, 1225 Rn. 14). Insbes. *kann* auch bei Nachbarschaftshilfe ein Auftrag vorliegen (s. OLG Hamm NJW-RR 2001, 455), etwa wenn eine erhöhte allg. Schadensgefahr besteht. Übernahme einer ärztlichen Hilfeleistung im Einvernehmen mit Unfallopfer (oder anwesenden Angehörigen) durch einen zufällig anwesenden und seinen Beruf nennenden Arzt begründet regelmäßig Auftrag, nicht entgeltlichen Behandlungsvertrag (OLG München NJW 2006, 1883). Rangieren des Fahrzeugs eines anderen in dessen Interesse aus Parklücke unter Anleitung und im Beisein des anderen in einer überschaubaren, nicht besonders gefahrgeneigten Verkehrssituation, ohne dass eine dringende Notsituation vorliegt, ist idR reine Gefälligkeit, kein Auftrag. Abweichende Vereinbarung ist aber grundsätzlich denkbar (BGH NJOZ 2021, 1224, 1225 f.). Regelmäßige Beauftragung eines Bekannten mit Bargeldabhebungen von Konto und Ablieferung des Geldes ist wegen der wirtschaftlichen Relevanz Auftrag (OLG Naumburg NJOZ 2003, 657). Bei Auflassungsvollmacht zugunsten des Urkundspersonals beim Grundstückskaufvertrag liegt wegen wirtschaftlicher Bedeutung idR kein Gefälligkeitsverhältnis, sondern Auftrag zugrunde (BGH DNotZ 2003, 836). Bei Übernahme politischer Tätigkeit ist ein Rechtsbindungswille idR zu verneinen (BGHZ 56, 204); zur unentgeltlichen Raterteilung: § 675 II. Ehrenamtliche Tätigkeit ist regelmäßig Auftrag, nicht Dienstvertrag (→ Vor § 611 Rn. 11, dort Abgrenzung zum Dienst-
6 vertrag); Abgrenzung zum Werkvertrag → Vor § 631 Rn. 3. **b) Auftrag und Vollmacht.** Die einseitig zu erteilende Vollmacht ist streng von dem ihr zugrundeliegenden Rechtsverhältnis, zB einem Auftragsvertrag, zu unterscheiden. Der Auftrag betrifft das Innenverhältnis zwischen Auftraggeber und Auftragnehmer, die Vollmacht hingegen das Außenverhältnis zu einem Dritten (ie → § 167 Rn. 1). Eine isolierte Vollmacht ist denkbar, aber unüblich. Einer Vollmacht liegt bei Unentgeltlichkeit idR ein Auftrag zugrunde (BGH DNotZ 2003, 836; zur Auflassungsvollmacht → Rn. 5); dagegen ist der Auftrag nicht ohne weiteres mit einer Vollmachts-
7 erteilung verbunden. **c)** Vom **Geschäftsbesorgungsvertrag** (und damit auch vom Dienst- und Werkvertrag: § 675) unterscheidet sich der Auftrag durch seine Unentgeltlichkeit (→ Rn. 11; → § 675 Rn. 4 ff.).

8 **3. Voraussetzungen des Auftrags. a)** Abschluss, Vertragsabwicklung und Beendigung des Auftrags folgen grds. den allg. Regeln über Verträge. Stillschweigender Vertragsschluss etwa, wenn Kaufvertragsparteien sich einigen, dass losgelöst v. § 439 der Käufer die Nacherfüllungshandlungen vornehmen soll (dazu Hellwege AcP 206, 166). Benennung eines Bezugsberechtigten für eine Lebensversicherung im Todesfall ist regelmäßig als konkludenter Auftrag des Versicherungsnehmers an den Lebensversicherer auszulegen, dem Begünstigten das darin liegende Schenkungsangebot zu übermitteln (BGH NJW 2013, 2588 Rn. 9 mN); Begünstigter nimmt das Angebot regelmäßig durch die Entgegennahme der Versicherungsleistung an (s. BGH NJW 2008, 2702 mN). Konkludente Beauftragung eines Miterben zur Nachlassabwicklung durch Ausführung der geschäftlichen Angelegenheiten für die Erbengemeinschaft (OLG Düsseldorf ZEV 2016, 259 Rn. 27). – Vertrag ist **formfrei.** *Ausnahme*: Treuhänderischer Auftrag, im eigenen Namen für Rechnung des Auftraggebers ein Grundstück zu beschaffen, ist nur hinsichtlich der Erwerbspflicht des Beauftragten nach → § 311b I 1 formbedürftig, nicht aber hinsichtlich Verpflichtung des Beauftragten zur späteren Weiterübertragung des Grundstücks an Auftraggeber, denn sie folgt schon unmittelbar aus Gesetz (→ § 667), nicht erst aus

entsprechender Vertragsabrede (BGH DNotZ 2022, 42, 45 f. Rn. 9, 13 ff., Rn. 20; BGH NJW-RR 2021, 1244, 1246 Rn. 13, 16; BGHZ 85, 248 f.; näher → § 311b Rn. 24; zu *Sonderfall*, dass A Grundstückskaufvertrag für sich abschließt, danach Treuhandabrede [Auftrag] über Erwerb für B mit B trifft und dann das Grundstück an A aufgelassen wird. Treuhandabrede ist in Bezug auf Übereignungspflicht formfrei, denn durch zeitlich nach dem Kaufvertrag vereinbarte Treuhandabrede wird dasselbe wirtschaftliche Ergebnis erzielt wie durch die Verpflichtung zur Abtretung des Übereignungsanspruchs, die formlos möglich ist, weil der Übereignungsanspruch keine dem Grundstückseigentum wesensähnliche Rechtsposition darstellt, s. BGH NJW-RR 2021, 1244, 1246 Rn. 21). Formbedürftige vertragliche Übereignungspflicht des Beauftragten nur gegeben, soweit sie über die Herausgabepflicht aus § 667 hinaus ginge (BGH DNotZ 2022, 42, 48 Rn. 25). Daher nicht formbedürftig, wenn Beauftragter Grundstück nach Vertragsabrede nicht an Auftraggeber, sondern Dritten übereignen soll, denn das führt lediglich zu einer für Beauftragten rechtlich nicht belastenden Modifikation der Pflicht aus § 667, nicht zu ihrer Erweiterung (BGH NJW-RR 2021, 1244, 1246 Rn. 18). Anders, wenn Beauftragter bereits Grundstückseigentümer ist oder Anwartschaftsrecht darauf innehat. Dann formbedürftig gem. → § 311b I 1, denn dann folgt Pflicht zur Übereignung an Auftraggeber nicht aus § 667, da Eigentum nicht aus Auftrag erlangt (BGH NJW-RR 2021, 1244, 1246 f. Rn. 22 f.). Bei bereits tatsächlicher oder rechtlicher Gebundenheit des Auftraggebers an das Grundstücksgeschäft bedarf es aber der notariellen Form, soweit für dieses Formpflicht besteht (ebenso für die mit dem Auftrag verbundene Abschlussvollmacht, → § 311b Rn. 29; zur Formbedürftigkeit eines unwiderruflichen Auftrags zur Nachlassverwaltung für den Todesfall s. allg. RGZ 139, 43). Bei Nichtigkeit des Vertrags gelten nach der Rspr. §§ 677 ff. (str.; ie → § 677 Rn. 6). Beweislast für erteilte Weisungen bei Auftraggeber (BGH NJW-RR 2004, 927).

b) Der Beauftragte ist zur **Besorgung eines Geschäfts** für den Auftraggeber ver- 9
pflichtet. Der Begriff der Geschäftsbesorgung ist weit auszulegen und umfasst jede – selbstständige oder unselbstständige, wirtschaftliche oder nichtwirtschaftliche – Tätigkeit in fremdem Interesse (BGHZ 56, 207; NJW 2012, 3367; 2021, 765, 767 f. Rn. 36). Er ist damit weiter als in § 675 (Musielak, Gutachten II, 1222 mN; hM, → § 675 Rn. 4 ff.). **aa)** Die Verpflichtung muss auf eine einzelne oder einen Komplex von **Tätigkeiten** (Verwaltung) – rechtlicher oder tatsächlicher Art – gerichtet sein. Bloßes Unterlassen, Gewährenlassen, Dulden oder Geben (dann § 516) fallen nicht darunter. Geschuldet ist nicht Erfolg, sondern sorgfältiges (§ 276) Bemühen um Ausführung des Auftrags (OLG Bamberg NJOZ 2003, 665; sa BGH NJW-RR
2002, 1272 zur Effektenkommission). **bb) In fremdem Interesse** liegt die Tätig- 10
keit, wenn sie eigentlich der Sorge eines anderen obliegen würde und dessen Interesse fördert (RGZ 97, 65 f.; BGH NJW 2012, 3367; näher Oetker/Maultzsch § 11 B II 1 mN). Dies wird nicht dadurch ausgeschlossen, dass der Beauftragte zugleich eigene Interessen mitverfolgt (BGHZ 56, 207). Das Interesse kann auch nichtvermögensrechtlich sein. **cc)** Bsp. für mögliche Geschäftsbesorgungen: Innenverhältnis zwischen Hauptschuldner und Bürgen oder anderem Sicherungsgeber (RGZ 59, 10, 12; 59, 207, 209; BGH LM Nr. 2 zu § 516), zB bei der Sicherungsübereignung und -zession (RGZ 59, 191; einschr. LG Hamburg MDR 1978, 51) oder bei der Sicherungsgrundschuld (Budzikiewicz ZGS 2002, 279, 357 mN; zur GoA nach Fortfall des Sicherungszwecks → Vor § 677 Rn. 7); Gefälligkeitsakzept (RGZ 120, 208); Kreditauftrag iSd § 778 (RGZ 56, 134 f.); Geltendmachung abgetretener Gewährleistungsansprüche, wenn der Zedent das Risiko der Schadloshaltung trägt (BGHZ 92, 126 f.); Unfallhilfe (BGHZ 33, 257); Abgabe von Willenserklärungen als Vertreter (→ Rn. 5 f. zur Auflassungsvollmacht) oder Bote (BGH NJW 2013, 2588 Rn. 10). Auftrag zwischen Darlehensnehmer und Insolvenzschuldner, wenn Darlehensgeber auf Anweisung des Darlehensnehmers an Insolvenzschuldner zahlt und Darlehensnehmer dem Insolvenzschuldner Weisung erteilt, den Betrag an einen Dritten weiterzuleiten. Betrag ist Vorschuss iSd § 669 (OLG München BeckRS 2005, 04192; zum Fall der Umwandlung eines Herausgabeanspruchs aus § 670 in

Vereinbarungsdarlehen BGH NJW 2016, 2115, 2118 Rn. 29). Keine Geschäftsbesorgung des Versicherers, der ein Sachverständigengutachten zur Untersuchung und Berechnung des seinem Versicherten entstandenen Schadens in Auftrag gibt, sondern Erfüllung einer eigenen Pflicht aus dem Versicherungsverhältnis. Folge: kein Aufwendungsersatzanspruch nach § 670 gegen Versicherungsnehmer (BGH NJW 2019,
11 150, 152 f. Rn. 22). **c)** Die Geschäftsbesorgung erfolgt **unentgeltlich** (zum Aufwendungsersatz entsprechend § 1877 III (= § 1835 III aF) → § 670 Rn. 2). Ein vereinbarter Aufwendungsersatz beseitigt die Unentgeltlichkeit nicht, denn er gleicht allein die Vermögenseinbußen des Beauftragten aus. Eine Zuwendung des Auftraggebers nach Vertragsschluss ist iZw nicht als Schenkung zu werten (RGZ 72, 191; 74, 142); dazu, ob darin eine nachträgliche Umwandlung in ein entgeltliches Geschäftsbesorgungsverhältnis gesehen werden kann, vgl. RGZ 72, 191. Liegen Umstände gem. § 612 I (§ 632 I) vor, trägt die Beweislast für die Unentgeltlichkeit der Geschäftsbesorgung der Dienstberechtigte (BGH MDR 1975, 739).

12 **4. Rechtsfolgen. a) Pflichten des Beauftragten.** Dazu ie §§ 663–668. Daneben bestehen auf Grund des dem Auftrag eigentümlichen Vertrauensverhältnisses im Einzelfall weitere Pflichten, zB Pflicht des Beauftragten zur Verschwiegenheit (BGHZ 27, 246; s. ähnlich zur konkludenten Verschwiegenheitsverpflichtung bei Ghostwritingvertrag OLG Köln NJW-RR 2015, 1258; OLG Köln BeckRS 2018, 10512, bestätigend BGH NJW 2021, 765, 767 Rn. 33 ff. mAnm. Obergfell/Fink NJW 2021, 771, alle zu den Helmut Kohl-Protokollen von Heribert Schwan und Tilman Jens), zur Prüfung, Information, Belehrung und ggf. auch Warnung (BGHZ 131, 353), insbes. wenn der Beauftragte sachverständig ist (vor allem bei Banken, Rechtsanwälten und Steuerberatern: BGHZ 23, 222; 72, 102; NJW 1985, 43; 1994, 2541; 1998, 1486; bei Treuhändern im Rahmen von Bauherrenmodellen: BGHZ 102, 225; OLG Nürnberg OLGZ 1990, 447, 449 f.; → § 665 Rn. 6; → § 666 Rn. 2), Obhutspflicht bezüglich übergebener Sachen, uU Pflicht zum Ergreifen von Vorsichts- und Sicherungsmaßnahmen (BGHZ 32, 70; NJW-RR 1993, 795); uU kann auch eine Schutzpflicht (§ 241 II) gegenüber Angehörigen und Vertragspartnern des Auftraggebers bestehen (→ § 328 Rn. 36, 39). Auftragsverhältnis verleiht dem Auftragnehmer keinerlei Berechtigung, die erlangten Informationen für die Abfassung eigener Werke zu nutzen (BGH NJW 2021, 765, 767 Rn. 33 ff. zu den Kohl-Protokollen). **Pflichtverletzung** führt zu Schadenshaftung nach § 280 I (BGH NJOZ 2021, 1563, 1564 f. Rn. 11; BGH NJW-RR 2008, 1373 Rn. 12; NJW 2002, 2459, 2460: zu § 280 I iVm § 667 bzw. § 662 wegen entgangener Zinsen aufgrund der unterbliebenen Wiederanlage von Geld). Wird bei der Verletzung von Leistungspflichten (§§ 662, 666, 667, zur Abgrenzung noch → § 667 Rn. 4 unter c) oder im Fall des § 282 Schadensersatz statt Leistung oder stattdessen Aufwendungsersatz (§ 284) verlangt, so sind die §§ 280 II, III, 281 ff. zusätzlich heranzuziehen (Oetker/Maultzsch § 11 B IV 5). Bei anfänglicher Unmöglichkeit der Leistungserbringung durch den Beauftragten gilt § 311a II. Unrichtige Auskunft ist Pflichtverletzung iSv § 280 I 1, es sei denn, Schuldner hat sie nicht gem. § 280 I 2 zu vertreten (BGH NJW 2021, 765, 769 f. Rn. 49 ff.; sa BGH NJW 1993, 1704,
13 1705 f.; BGH NJW 1971, 656). **b)** Mögliche **Pflichten des Auftraggebers** folgen aus §§ 669, 670 (Leistungsstörungen: §§ 280 ff., es gilt → Rn. 12 aE entspr.). Er hat nicht die Pflicht, dem Beauftragten die Erfüllung des Auftrags zu ermöglichen (→ § 669 Rn. 2). Doch muss er den Beauftragten genügend informieren und ihn auf ihm bekannte Gefahren aufmerksam machen (§ 241 II). Falls die übernommene Leistung bei Vereinbarung einer Vergütung dienstvertraglicher Art wäre, besteht eine Fürsorge- und Schutzpflicht analog §§ 618 f. (BGHZ 16, 265) bzw. ist § 241 II inhaltlich entspr. §§ 618 f. auszulegen. Zur Haftung für Zufallsschäden → § 670
14 Rn. 8 ff. **c) Haftungsmaßstab bei Pflichtverletzungen:** § 276, falls nichts anderes vereinbart ist (BGHZ 30, 40, 47). Die Anwendung eines milderen Haftungsmaßstabes (entspr. §§ 521, 599, 690, 708, 1359) wird im allg. unter Hinweis auf das zwischen den Parteien bestehende Vertrauensverhältnis abgelehnt (BGHZ 21, 110;

→ § 241 Rn. 26). Auch die Grundsätze über die Haftung des Arbeitnehmers bei betriebsbedingter Tätigkeit (→ § 276 Rn. 53; → § 619a Rn. 2 ff.) können nicht entspr. herangezogen werden (BGHZ 30, 40, 49; Erman/Berger Rn. 25; str.; aA Erman/Ehmann [12. Aufl.] Rn. 21 [§ 690 analog] mN). Dagegen wird man bei einem Auftrag zur Abwendung einer dringenden Gefahr § 680 entspr. anwenden können. Für Gehilfenhaftung §§ 664, 278.

§ 663 Anzeigepflicht bei Ablehnung

[1]Wer zur Besorgung gewisser Geschäfte öffentlich bestellt ist oder sich öffentlich erboten hat, ist, wenn er einen auf solche Geschäfte gerichteten Auftrag nicht annimmt, verpflichtet, die Ablehnung dem Auftraggeber unverzüglich anzuzeigen. [2]Das Gleiche gilt, wenn sich jemand dem Auftraggeber gegenüber zur Besorgung gewisser Geschäfte erboten hat.

1. Anwendungsbereich. Überwiegend bei der Anbahnung von entgeltlichen Geschäftsbesorgungsverträgen (§ 675). Sondervorschrift für Rechtsanwälte: § 44 BRAO. Amtshaftungsbestimmungen gehen vor, falls das Verhalten eine Amtspflichtverletzung bedeutet. § 663 gilt auch für die in § 362 HGB aufgeführten Personen, falls die bes. Voraussetzungen dieser Vorschrift fehlen. 1

2. Voraussetzungen. a) Öffentl. Bestellung: nicht notwendig durch Behörde (ebenso hM: Grüneberg/Sprau Rn. 2; MüKo-BGB/Schäfer Rn. 6; NK BGB/Schwab Rn. 3; Staudinger/Martinek/Omlor Rn. 2; aA BeckOGK/Riesenhuber Rn. 16; Erman/Berger Rn. 3), sondern dem Publikum gegenüber auch durch private Organisationen. **b) Öffentl. Sicherbieten,** zB durch Presse, im Internet auf einer Website, durch Postwurfsendungen oder Massen-Email, Anschläge, in öffentl. Geschäftslokal (Aufforderung zur Auftragserteilung). **c)** Gegensatz zu o b) ist individuelles **Sicherbieten gegenüber Auftraggeber (S. 2).** 2

3. Rechtsfolgen. § 663 regelt für den darin aufgeführten Personenkreis eine (zu § 311 II spezielle) vorvertragliche Pflicht (sondertatbestandliche Ausprägung der cic) zur unverzüglichen (§ 121) Mitteilung der Ablehnung eines Auftrages (Anzeige). Mitteilung ist geschäftsähnliche Handlung (Staudinger/Martinek/Omlor Rn. 11), Erfüllung dieser Pflicht mit Absendung, Zugang nicht erforderlich (str., s. BeckOK BGB/Fischer Rn. 3 mN). Bei entgeltlicher Geschäftsbesorgung s. noch § 675a. Folge eines Schweigens ist nicht wie in § 362 HGB die Fiktion der Annahme, sondern die Begründung eines Schadensersatzanspruchs wegen Verletzung der ges. Mitteilungspflicht (§§ 280 I, 663, anders Oetker/Maultzsch § 11 B III: §§ 311 II, 280 I). Zu ersetzen ist der **Vertrauensschaden,** also der dem Auftraggeber durch die unterbliebene oder verspätete Ablehnung entstandene Schaden (da ein Fall der cic, vgl. BGH NJW 1984, 867; Grunewald JZ 1984, 708; zum Ersatz des neg. Interesses s. NK-BGB/Magnus Vor §§ 249–255 Rn. 24). Liegt eine Annahme zB gem. § 151 vor, so entfällt § 663. 3

§ 664 Unübertragbarkeit; Haftung für Gehilfen

(1) **[1]Der Beauftragte darf im Zweifel die Ausführung des Auftrags nicht einem Dritten übertragen. [2]Ist die Übertragung gestattet, so hat er nur ein ihm bei der Übertragung zur Last fallendes Verschulden zu vertreten. [3]Für das Verschulden eines Gehilfen ist er nach § 278 verantwortlich.**

(2) **Der Anspruch auf Ausführung des Auftrags ist im Zweifel nicht übertragbar.**

1. Allgemeines. a) I 1 und **II** geben Auslegungsregeln. **b) Entspr. Anwendung** von I auf entgeltliche Geschäftsbesorgungsverträge ist nicht schlechthin ausgeschlos- 1 sen, obwohl § 675 den § 664 nicht nennt (BGH NJW 2010, 2346; näher → § 675 Rn. 11).

2 **2. Übertragung der Ausführung (Substitution). a) Begriff und Abgrenzung.** Substitution bedeutet, dass der Beauftragte die Geschäftsbesorgung ganz oder teilw. einem Dritten zu eigener Verantwortung überträgt; nicht erforderlich ist, dass er selbst aus jeder Tätigkeit ausscheidet (BGH NJW 1993, 1705; Koller ZIP 1985, 1247). Demgegenüber dient die **Zuziehung von Gehilfen** (I 3, → Rn. 5 f.) lediglich der Unterstützung des Beauftragten. Weder Substitution noch Gehilfenzuziehung liegen vor, wenn der (erste) Beauftragte lediglich die Einschaltung eines weiteren Beauftragten zu „veranlassen" hat (sog. weitergeleiteter Auftrag; ie Kümpel WM
3 1996, 1893; → Rn. 6). **b) Zulässigkeit.** Substitution ist wegen des bes. Vertrauensverhältnisses iZw **verboten** (I 1) und nur bei **Gestattung** (I 2; nicht allg. durch AGB: LG Köln WM 2000, 720; Hansen BB 1989, 2424; Kümpel WM 1996, 1896; str., offen: OLG Bamberg NJOZ 2003, 667) **ausnahmsweise** zulässig. Für die Gestattung ist der Beauftragte beweispflichtig. Gestattung kann schlüssig erklärt werden (Soergel/Beuthien Rn. 4; OLG Bamberg NJOZ 2003, 667); sie kann sich aus der Verkehrssitte (§ 157) oder aus § 665 ergeben. Sonderregeln der geschäftsbesorgungsrechtlichen Substitution enthält § 36 Kapitalanlagegesetzbuch, wonach Kapitalverwaltungsgesellschaft investmentrechtliche Aufgaben auf ein Auslagerungsunternehmen auslagern kann (dazu Schimansky/Bunte/Lwowski, Bankrechts-Handbuch,
4 5. Aufl. 2017, § 113 Rn. 213). **c) Rechtsfolgen.** Bei **erlaubter Substitution** entsteht ein unmittelbares Vertragsverhältnis zwischen dem Auftraggeber und dem Dritten, wenn der Beauftragte als Vertreter im Namen und mit Vollmacht des Auftraggebers den Dritten beauftragt hat. Der Beauftragte haftet nur für eigenes Verschulden bei der Übertragung, lediglich ausnahmsweise auch bei der Anleitung und Überwachung des Dritten (BGH NJW 1993, 1706). Hat der Erstbeauftragte den Dritten in eigenem Namen unterbeauftragt, entsteht Auftragsverhältnis nur zwischen ihnen, nicht zwischen Drittem und Erstauftraggeber. Schadensersatzansprüche des Erstbeauftragten gegen den Dritten aus Verletzung des Unterauftrags hat der Erstbeauftragte an den Erstauftraggeber nach § 667 abzutreten; keine Abtretung, soweit Erstbeauftragter selbst wegen Auswahl- und Überwachungspflichten dem Erstauftraggeber gegenüber haftet. Bei der **verbotenen Substitution** haftet der Beauftragte nach I 1 iVm § 280 I für jeglichen aus der Weitergabe des Auftrags adäquat entstandenen Schaden (s. Koller ZIP 1985, 1248). Zwischen Auftraggeber und Drittem bestehen keine unmittelbaren Vertragsbeziehungen; doch kann der Beauftragte den „Drittschaden" des Auftraggebers geltend machen (→ Vor § 249 Rn. 19 ff.) bzw. er muss seinen Schadensersatzanspruch gem. § 667 an den Auftraggeber abtreten. Drittausführung muss Auftraggeber (in den Grenzen § 242) nicht als Erfüllung durch Auftragnehmer annehmen (Grüneberg/Sprau Rn. 5).

5 **3. Zuziehung von Gehilfen. a)** Sie ist **zulässig,** sofern sich aus dem Auftrag oder der Eigenart des aufgetragenen Geschäfts nichts anderes ergibt. **b) Haftung.** Bei zulässiger Zuziehung eines Gehilfen wird dessen Verschulden dem Beauftragten gemäß I 3, § 278 zugerechnet; iÜ haftet der Beauftragte wie bei nicht gestatteter
6 Substitution (→ Rn. 4). **c) Abgrenzung** zur Substitution: → Rn. 2. Keine Gehilfenzuziehung liegt vor, wenn der Beauftragte überhaupt nur verpflichtet ist, eine geeignete Person zur Durchführung einer Aufgabe heranzuziehen. Bsp: Hausverwalter beauftragt Handwerker mit Durchführung von Reparaturen.

7 **4. Unübertragbarkeit des Anspruchs auf Ausführung (II).** Vgl. → Rn. 1 und zu den Folgen der Unübertragbarkeit → §§ 399, 400 Rn. 5. Die übrigen aus dem Auftrag erwachsenen Ansprüche (zB §§ 666, 667) sind idR übertragbar.

§ 665 Abweichung von Weisungen

[1]Der Beauftragte ist berechtigt, von den Weisungen des Auftraggebers abzuweichen, wenn er den Umständen nach annehmen darf, dass der Auf-

traggeber bei Kenntnis der Sachlage die Abweichung billigen würde. [2]Der Beauftragte hat vor der Abweichung dem Auftraggeber Anzeige zu machen und dessen Entschließung abzuwarten, wenn nicht mit dem Aufschub Gefahr verbunden ist.

1. Allgemeines. a) Grundsatz. Der Beauftragte ist an Weisungen (→ Rn. 2) 1
des Auftraggebers gebunden (BGH NZG 2015, 364 Rn. 26: Weisungsrecht ist dem Auftragsverhältnis immanent; obiter dictum: BAG NJW 2017, 426 Rn. 26: Beauftragter unterliegt den Weisungen des Auftraggebers); § 665 erwähnt nur eine (von mehreren) Ausnahmen (→ Rn. 4–6). Mehrere Auftraggeber können Weisungsrecht grds. nur gemeinsam ausüben, da im Innenverhältnis Gesamthandsgemeinschaft (BGB-Gesellschaft) oder – im Falle von Treuhandverhältnissen – Rechtsgemeinschaft iSd §§ 741, 744 I besteht (BGH NZG 2015, 364 Rn. 27). Auftraggeber kann seine Weisungen (durch Gegenweisung) frei widerrufen
(BGHZ 103, 145; → Rn. 2 f.). **b) Weisung. aa)** Sie regelt die Vertragspflichten 2
des Beauftragten und ist eine empfangsbedürftige, einseitige Willenserklärung (BGH GRUR 2021, 478, 481 Rn. 38). Für den **Inhalt** der Weisung ist nicht deren Wortlaut maßgebend, er ist ggf. durch Auslegung unter Berücksichtigung des mutmaßlichen Willens des Auftraggebers und der Verkehrssitte zu ermitteln. Bei Zweifeln muss nachgefragt werden (BGH NJW 1991, 488; OLG München NJW-RR 1995, 814: mehrdeutiger Betrag); auf vom Beauftragten erkannte Risiken muss er ggf. Auftraggeber hinweisen, wenn er nicht davon ausgehen kann, diese seien jenem bewusst (→ Rn. 5). Risiko, den Auftrag auf Grund der Weisung nicht mehr ausführen zu können, liegt beim Auftraggeber (KG MDR 2007, 451), ebenso Beweislast für Weisungsinhalt (BGH NJW-RR 2004, 927). Weisung ist zB die Anlagerichtlinie im Rahmen eines Vermögensverwaltungsvertrags (BGHZ 137, 73 ff.); das Unterschreiben des Belastungsbelegs durch den Kreditkarteninhaber (BGH NJW 2002, 3698; OLG Karlsruhe NJW-RR 1991, 238 mN; LG Tübingen NJW-RR 1995, 746, str.). Grds. ist Weisung des Kreditkarteninhabers unwiderruflich, hM, BGH NJW 2002, 3698. Das Fälschungsrisiko trägt bei Weisungen idR der Beauftragte (BGH NJW 2001, 2969; 1994, 2358 und 3345 mN, stRspr; sa u. → Rn. 8); Ausn.: der Auftraggeber hat einen Rechtsschein geschaffen, der sich gerade auf die Echtheit der Weisung bezieht (BGH NJW 2001, 2968, 2969 mN). Überweisungsauftrag (zum mehrgliedrigen Überweisungsverkehr, Geltung § 675, s. BGH NJW 2003, 1399 f. mN; BKR 2003, 217) im Rahmen eines Girovertrags ist Weisung (BGHZ 98, 26; ie Häuser NJW 1994, 3121), § 675f II, III 2 speziell; Übergangsrecht s. Art. 228 EGBGB. Zur Auslegung des Überweisungsbelegs (Bedeutung von Empfängerbezeichnung, Kontonummer) s. BGH NJW 2003,
1389 f. mN. **bb)** Der **Widerruf** wirkt nur für die Zukunft (BGHZ 17, 326). Er 3
ist nur möglich, solange die Weisung noch nicht ausgeführt ist (BGHZ 103, 145). Beim Einzugsermächtigungsverfahren ist auf Widerspruch des Kontoinhabers die Belastungsbuchung rückgängig zu machen (BGHZ 95, 106; NJW 1996, 989; s. Häuser WM 1991, 1 ff.; Rinze JuS 1991, 203 ff.).

2. Ausnahmen (S. 1, 2). a) Der Beauftragte ist zur Abweichung von Weisun- 4
gen **berechtigt, aa)** wenn er den Umständen nach annehmen darf, dass der Auftraggeber bei Kenntnis der Sachlage die Abweichung billigen würde und Gefahr im Verzuge ist oder er den Auftraggeber von seinem Vorhaben unterrichtet, innerhalb angemessener Frist (§ 147 II) jedoch eine gegenteilige Entschließung des Auftraggebers nicht erhalten hat (BGH NJW 2018, 541, 542 Rn. 11 ff.; 2015, 770, 771
Rn. 19; Musielak, Gutachten II, 1230, hM); **bb)** bei entspr. **Erlaubnis. b)** Der 5
Beauftragte kann aber uU auch **verpflichtet** sein, von den erteilten Weisungen 6
abzuweichen oder den Auftraggeber zumindest auf Bedenken hinzuweisen (→ Rn. 2; in § 665 als Minus mitgeregelt, folgt aber sonst aus §§ 157, 242, 241 II; enger BeckOGK/Riesenhuber Rn. 58 f.: folgt aus § 241 II), insbes. bei Eintritt unvorhergesehener Umstände, die dem Auftraggeber unbekannt sind; Gleiches gilt für einen kundigen Beauftragten (zB Bank, RA, Steuerberater) ggü. einem

unkundigen Auftraggeber (zB Bankkunde, Mandant; vgl. auch → § 662 Rn. 12). **Fehlt** es an einer erforderlichen Weisung, kann der Beauftragte zu ihrer Herbeiführung verpflichtet sein (vgl. BGHZ 131, 352 f.). Unterlässt er Hinweis bzw. Abweichung, so ist Haftung gem. § 280 möglich. Keine Hinweis-, Abweichungspflicht, wenn Auftraggeber (wirtschaftliches) Risiko kennt, s. OLG Brandenburg NZG 2002, 675.

7 **3. Rechtsfolgen. a)** Bei **berechtigter Abweichung** (→ Rn. 4 f.) ist der Beauftragte in jedem Fall zur nachträglichen Benachrichtigung des Auftraggebers verpflichtet (§ 666). Bei Verletzung der Pflicht kann eine Haftung nach § 280 begründet sein (näher → § 662 Rn. 12). Bestand eine **Pflicht zur Abweichung** (→ Rn. 6), so hat der Beauftragte weitergehende Aufklärungs- und Belehrungspflichten und Warnpflichten (→ Rn. 5, → § 662 Rn. 12, → § 666 Rn. 2). Bei **Banken** dürfen diese allerdings nicht überspannt werden, da diesen die Rechtsbeziehungen zwischen ihrem Kunden und dem Dritten zumeist unbekannt sind (zB BGH NJW 1963, 1872; 1978, 1852). Eine Rechtspflicht der Banken, ihre Kunden vor einem risikobehafteten Geschäft zu warnen, besteht im Allgemeinen nicht (BGH NJW 1992, 2147 mN; NJW-RR 1992, 880 ff. mN; Vortmann WM 1989, 1557 mN); jedoch kann uU Abweichendes gelten (zB BGHZ 72, 92; 123, 126; NJW 1997, 1362; NJW-RR
8 1992, 374 f.; OLG Köln WM 1995, 384); → § 280 Rn. 60. **b)** Bei **unberechtigter Abweichung** von Weisungen des Auftraggebers macht sich der Beauftragte schadensersatzpflichtig (BGHZ 137, 69; NJW 2015, 770 Rn. 19 f.) gem. § 280 (näher → § 662 Rn. 12), sofern Schaden entsteht. Übermittelt rechtlicher Berater versehentlich ohne Mandantenabstimmung für diesen eine Selbstanzeige der Finanzverwaltung, liegt in der anschließend gegen den Mandanten festgesetzten Steuernachzahlung kein ersatzfähiger Schaden (BGH NJW 2018, 541, 543 Rn. 26). Ferner: Der Auftraggeber braucht das ausgeführte Geschäft nicht als Erfüllung gelten zu lassen. Folge: Kein Erstattungsanspruch des Beauftragten gem. § 670 (BGH NJW 1980, 2131; OLG Hamm NJW-RR 1992, 1139), wohl aber Rückerstattungsanspruch des Auftraggebers gem. § 667 (BGHZ 108, 390; 130, 91; → § 667 Rn. 2 ff.). Ist der Auftraggeber für die Abweichung mitverantwortlich, kann der Anspruch entspr. § 254 gemindert oder ausgeschlossen sein (BGHZ 130, 95 mN; BGH NJW-RR 2000, 273). Die Geltendmachung ist unzulässig (→ § 242 Rn. 32 ff.), wenn trotz der Abweichung der erstrebte Zweck erreicht wurde (BGHZ 130, 96; NJW 1991, 3209; OLG München WM 1995, 2139). Ausgeführte gefälschte Weisungen (→ Rn. 2) können dem Auftraggeber nach Rechtsscheingrundsätzen (§§ 172 II, 173) zuzurechnen sein (zu Überweisungsaufträgen nach bisherigem Recht [→ Rn. 2]: BGH NJW 2001, 2969; 1994, 2358 und 3345 mN; BGHZ 130, 92; NJW-RR 1992, 1265). Der Auftraggeber trägt die **Beweislast** für Inhalt und Umfang des erteilten Auftrags bzw. der Weisung, der Beauftragte für die weisungsgemäße Erfüllung (BGHZ 130, 94 f. mN) und eine evtl. Änderung der Weisung (BGH NJW 1991, 487).

§ 666 Auskunfts- und Rechenschaftspflicht

Der Beauftragte ist verpflichtet, dem Auftraggeber die erforderlichen Nachrichten zu geben, auf Verlangen über den Stand des Geschäfts Auskunft zu erteilen und nach der Ausführung des Auftrags Rechenschaft abzulegen.

1 **1. Allgemeines.** Die **dispositive Vorschrift** (einschr. BGH MDR 1985, 32) begründet eine Vorleistungspflicht des Beauftragten; dieser kann daher einem Anspruch nach § 666 gegenüber idR **kein Zurückbehaltungsrecht** geltend machen (→ § 273 Rn. 13; Ausnahme: s. OLG Hamm WM 1992, 1100). Zur **Abtretbarkeit** und Vererblichkeit eines solchen Anspruchs vgl. → §§ 259–261 Rn. 2. Informationspflichten aus § 666 auf **Benachrichtigung, Auskunft und Rechenschaft** bezwecken, dem Auftraggeber die ihm regelmäßig fehlenden Infor-

mationen zu verschaffen, die er braucht, um seine im Zuge der Auftragserledigung sich ändernde Rechtsstellung beurteilen und Folgerungen daraus ziehen zu können (BGH NJW-RR 2016, 1391, 1393 Rn. 29; 2019, 637; 2022, 984, 985 Rn. 16). Sie sind regelmäßig **unselbstständige Nebenpflichten** zum Anspruch auf Auftragsdurchführung und daher abhängig von Bestand und Inhalt des Auftrags- bzw. Geschäftsbesorgungsvertrags (BGH NJW-RR 2016, 842, 846 Rn. 43; NJW 2012, 917; NJW-RR 2021, 1337, 1338 Rn. 12; 2022, 984, 985 Rn. 16). So treffen den Mittelverwendungskontrolleur eines Anlagenfonds nach §§ 675 I, 666 Auskunfts- und Informationspflichten ggü. dem Geschäftsherrn, ohne dass dieser den Informationszweck offenlegen muss (BGH BeckRS 2017, 132370 Rn. 22; NJW 2007, 1528 Rn. 6; 2012, 58 Rn. 12f.; ZIP 2012, 929 Rn. 15). Auftraggeber (zB WEG-Gemeinschaft) kann nach §§ 675, 666, 259 I von Verwalter Rechnungslegung zur Vorbereitung des Jahresabschlusses verlangen (BGH NZM 2021, 510, 512f. Rn. 17ff., dort auch zum inhaltsidentischen Nacherfüllungsanspruch nach §§ 675, 635). Diese Ansprüche verjähren deshalb grds. nicht vor Beendigung des Auftragsvertrags; §§ 195, 199 sind anzuwenden. Anspruch auf Auskunft bzw. Rechnungslegung ist verhaltener Anspruch; er wird erst fällig, wenn Auftraggeber ihn geltend macht (→ Rn. 3f.) (BGH NJW 2012, 917; NJW-RR 2016, 1391, 1394 Rn. 37ff.; OLG Düsseldorf ZEV 2016, 259, 260 Rn. 33). Bei Verletzung der Informationspflichten ist der Beauftragte **schadensersatzpflichtig** nach § 280 I, II (→ § 662 Rn. 12). Zur entsprechenden Anwendung s. Soergel/Beuthien Rn. 19; BGH WM 2002, 2425 (zu § 3 III VermG); BGH VIZ 2002, 409 (zu § 11a III 1 VermG). Bei **Kontopfändung** sind zwei auf § 666 beruhende Auskunftsansprüche zu unterscheiden: (1) Der als Nebenanspruch des gepfändeten Hauptanspruchs auf den Gläubiger übergehende (§§ 412, 401) Auskunftsanspruch zielt darauf ab, Gegenstand und Betrag des Hauptanspruchs zu ermitteln. Zum Übergang als unselbstständiges Nebenrecht bei der Forderungspfändung sa LG Cottbus JurBüro 2002, 659. (2) Der Anspruch des Kontoinhabers auf Erteilung von Kontoauszügen und Rechnungsabschlüssen ist ein selbstständiger Anspruch aus dem Girovertrag bzw. Zahlungsdienstevertrag (§ 675f), der bei einer Kontenpfändung nicht als Nebenanspruch mit der Hauptforderung mitgepfändet werden kann (BGH NJW 2006, 217 zum Girovertrag). Zum Verhältnis Girovertrag/Zahlungsdienstevertrag s. § 675 f; Grüneberg/Sprau § 675 f Rn. 10.

2. Informationspflichten. Sie stehen dem Geschäftsherrn zu und treffen den Beauftragten teils unaufgefordert (su [a]), teils nur auf Verlangen (→ Rn. 3f., → Rn. 1). Bei **mehreren** Auftraggebern gilt nach bisher hM § 432 (ist Individualanspruch des einzelnen Auftraggebers ausnahmsweise nach § 242 möglich: BGH NJW 1996, 657; LG Kleve WM 2007, 830f.). Berechtigten **Dritten** iSv § 328 I (zB Fondsanlegern) stehen die aus dem Vertragsverhältnis zwischen dem Schuldner (zB Mittelverwendungskontrolleur) und dem Versprechensempfänger (zB Fondsgesellschaft) fließenden Informationsansprüche gemäß § 666 (ggf. iVm § 675 I) gegen den Schuldner zu. Das gilt nicht, wenn der Vertrag lediglich Schutzwirkungen zugunsten der Dritten entfaltet (BGH NJW 2018, 2629, 2630 Rn. 18; BeckRS 2017, 132370 Rn. 19ff.; NJW 2010, 1277 Rn. 2; 2010, 1279 Rn. 16; 2013, 1434 Rn. 3, 20; dort jeweils auch dazu, dass keine Vermutung zugunsten § 328 bei Mittelverwendungsvertrag besteht). Bei Vertrag mit Schutzwirkung für Dritte kommt bei Verletzung der Drittpflichten ein eigener vertraglicher Schadensersatzanspruch der Anleger in Betracht, zu dessen Vorbereitung Auskunfts- und Rechenschaftsansprüche aus § 242 geltend gemacht werden können (BGH BeckRS 2017, 132370 Rn. 24). – Die Informationsrechte sind dem Auftraggeber selbstständig zustehende Rechte; sie setzen keinen weitergehenden Anspruch voraus, zu dessen Vorbereitung die begehrte Information dienen soll, allg. Informations- oder Kontrollinteresse des Auftraggebers, um sich Klarheit über seine Rechtsstellung zu verschaffen, genügt (BGH NJW 2001, 1486; NJW-RR 2016, 1391, 1393 Rn. 29; 2021, 1337, 1338 Rn. 12, 16; zur prozessualen Folge: BGH 2

NJW 2000, 3199 f.). Die Informationspflicht besteht unabhängig davon, ob der Auftraggeber die Information selbst auf zumutbare Weise erlangen kann. Eine Auskunft kann bei berechtigtem Interesse mehrfach begehrt werden, etwa weil bereits erteilte Informationen verloren gingen (BGH NJW 2001, 1487). Die Informationspflicht ist nach Inhalt und Umfang durch § 242 begrenzt (BGH NJW-RR 2016, 1391, 1393 Rn. 29; 2021, 1337, 1338 Rn. 12; 2022, 984, 985 Rn. 16); sie bezieht sich stets auf konkretes Rechtsverhältnis und ist in den Grenzen des § 242 am Maßstab der Erforderlichkeit und Zumutbarkeit zu orientieren (BGH NJW-RR 2022, 984, 985 Rn. 16). Im Zweifel überwiegt Informationsinteresse des Auftraggebers. Anspruch unterliegt ansonsten lediglich den Schranken des Schikaneverbots (§ 226) und der unzulässigen Rechtsausübung (§ 242), s. zur Anwaltsauskunft OLG Karlsruhe NJW-RR 2002, 708. Zweifelhaft: OLG Koblenz ZMR 2003, 111 geht davon aus, dass ein Auftraggeber, der über längere Zeit den Eindruck erweckt, keine näheren Informationen zu wünschen, sein Recht aus § 666 verwirken kann. Soweit die Information nur Zug um Zug gegen Kostenerstattung (§ 670) erteilt werden muss, ist der Informationsaufwand für den Beauftragten kein Weigerungsgrund (BGH NJW 2001, 1487 f.). Bei der Erfüllung der Informationspflichten aus § 666 gilt § 130 I 1 nicht (BGH NJW 2002, 2703), idR insoweit geschäftsähnl. Handlungen (→ vor § 104 Rn. 23). Ob eine Informationspflicht auch die Pflicht umfasst, auf die Konsequenzen und die (wirtschaftliche) Bedeutung der vollständig und unmissverständlich erteilten Informationen hinzuweisen, hängt von der näheren Ausgestaltung des Auftrags ab; sie ist nicht gegeben bei einem Geschäftsbesorgungsvertrag (→ § 675 Rn. 1) in Form eines Wertpapierdepotvertrags (BGH NJW 2005, 1113 Klarstellung zu NJW 2002, 2703). Beachte noch § 675a. **a) Benachrichtigungspflicht.** Umfang der notwendigen Mitteilungen bestimmt sich nach dem Einzelfall. Sie kann sich uU zur **Warnpflicht** steigern (→ § 662 Rn. 12, → § 665 Rn. 5, 7). Bsp: Unterrichtung über die Nichteinlösung einer Lastschrift (BGH NJW 1989, 1671; zust. Terpitz NJW 1989,
3 2740). **b)** Die **Auskunftspflicht** bezieht sich auf den – uU laufenden – Stand des Geschäfts. GmbH-Geschäftsführer ist gegenüber Gesellschaft gem. § 666 iVm §§ 675, 611 zur Auskunft auch nach seiner Abberufung und Beendigung des Geschäftsführeranstellungsvertrags verpflichtet (BGH NJW-RR 2021, 1337, 1338 Rn. 11). Auskunftsumfang: → §§ 259–261 Rn. 4–6; BGH NJW 2012, 919. Sonderfall des § 260, allerdings setzt § 666 nicht notwendig einen konkreten Hauptanspruch voraus, dessen Durchsetzung das Auskunftsrecht dienen muss (OLG Saarbrücken NJW-RR 2010, 1333). **Inhalt** richtet sich danach, was nach dem Gegenstand der Besorgung, der Üblichkeit im Geschäftsverkehr und dem Zweck der verlangten Information unter Berücksichtigung von Treu und Glauben erwartet werden kann (BGH NJW 2021, 765, 768 Rn. 42; 2020, 1585, 1586 Rn. 15;
4 2012, 917 Rn. 20 mN). **c)** Die **Rechenschaftspflicht** besteht nach Ausführung des Auftrags, nicht erst nach vollständiger Erledigung (RGZ 56, 118; BGH NJW 2012, 919). Bei laufender Verwaltung hat sie uU periodisch zu erfolgen; sofern nicht anders geregelt, ist auch dieser periodische Anspruch erst mit Geltendmachung fällig (BGH NJW-RR 2016, 1391, 1394 Rn. 38). Der Beauftragte hat die **Beweislast** für die Richtigkeit der Rechnung. Pflichteninhalt: → §§ 259–261 Rn. 8; darüber hinaus ist der Beauftragte verpflichtet, in verkehrsüblicher Weise die wesentlichen Einzelheiten seines Handelns zur Auftragsausführung darzulegen und dem Auftraggeber die notwendige Übersicht über das besorgte Geschäft zu verschaffen (BGHZ 109, 266; NJW 2021, 765, 768 Rn. 42). Auskunftsanspruch aus § 666 Fall 3 ist gem. § 362 I **erfüllt,** wenn Angaben des Schuldners nach seinem erklärten Willen die Auskunft im geschuldeten Gesamtumfang darstellen (BGH NJW 2021, 765, 768 Rn. 43; 2014, 3647 Rn. 17 mN). Wird Auskunft in dieser Form erteilt, steht ihre etwaige inhaltliche Unrichtigkeit einer Erfüllung nicht entgegen. Der Verdacht, dass die erteilte Auskunft unvollständig oder unrichtig ist, kann einen Anspruch auf Rechnungslegung in weitergehendem Umfang nicht begründen, sondern führt lediglich zu einem Anspruch auf eidesstattliche

Versicherung der Vollständigkeit der erteilten Auskunft gem. § 260 II. Wesentlich für die Erfüllung des Auskunftsanspruchs ist daher die – gegebenenfalls konkludente – Erklärung des Auskunftsschuldners, dass die Auskunft vollständig ist (BGH NJW 2021, 765, 768 Rn. 43). Auch **Belege,** die nicht bereits nach § 667 (→ § 667 Rn. 4) herauszugeben sind, müssen vorgelegt werden (BGHZ 109, 266). Ein Verzicht auf exakte Rechnungslegung (konkludent zB durch widerspruchslose, mehrjährige Hinnahme ungenauer, gerundeter Abrechnungen) kann einen Verzicht auf sich bei genauer Abrechnung ergebende Zahlungsansprüche beinhalten. Doch ist das nur für verhältnismäßig geringfügige Ansprüche anzunehmen (BGH NJW 2001, 1131). Eine Einschränkung des Anspruchs ist gem. § 242, nach BDSG (va § 4 I) oder bei legitimen **Geheimhaltungsinteressen** des Schuldners oder eines Dritten möglich, insbes. wenn Schuldner und Gläubiger in einem Wettbewerbsverhältnis stehen. BGH NJW 2012, 58: Vermittler für Vermietung einer Ferienwohnung muss dem Eigentümer die Mietverträge und die Abrechnungen mit den Mietern herausgeben, auch wenn dadurch ein Wettbewerbsverhältnis mit dem Eigentümer entsteht. Keine Einschränkung bei überwiegendem Kontrollinteresse des Auftraggebers, s. dazu zB BGH NJW 2007, 1528 f. – BGH NJW-RR 2018, 1328, 1329 Rn. 6 ff.: Die anwaltliche Schweigepflicht des insolventen Mandanten kann dem Auskunfts- und Rechenschaftsverlangen von dessen Insolvenzverwalter nicht entgegengehalten werden, soweit die Masse betroffen ist. BGH NJW 2020, 1585, 1586 Rn. 14: Finanziert Rechtsschutzversicherer mit Einverständnis seines Versicherungsnehmers einen Prozess und überlässt der Mandant dem beauftragten Rechtsanwalt den Verkehr mit dem Rechtsschutzversicherer, ist auch von konkludenter Entbindung des Rechtsanwalts von Verschwiegenheitsverpflichtung durch rechtsschutzversicherten Mandanten auszugehen, soweit es die Abrechnung des Mandats betrifft.

§ 667 Herausgabepflicht

Der Beauftragte ist verpflichtet, dem Auftraggeber alles, was er zur Ausführung des Auftrags erhält und was er aus der Geschäftsbesorgung erlangt, herauszugeben.

Lit.: Helms, Gewinnherausgabe als haftungsrechtliches Problem, 2007.

1. Allgemeines. a) Herausgabepflicht ist Folge der **Fremdnützigkeit des Auftrags.** Der Beauftragte soll durch dessen Ausführung weder Vor- noch Nachteile haben (BGH NJW-RR 1992, 561; BGHZ 199, 355). Vorschrift ist dispositiv (BGH NJW-RR 2021, 1244, 1246 Rn. 19). Da auch § 667 Fall 2, § 384 II HS 2 Fall 2 HGB dispositiv sind, sind Behaltensvereinbarungen (Ansprüche des Kunden auf Herausgabe von Vertriebsvergütungen sind danach ausgeschlossen) in den durch §§ 307 ff. gezogenen rechtlichen Grenzen grds. wirksam. Zweck ist die Abschöpfung des bei dem Beauftragten vorhandenen Vorteils, nicht aber der Ausgleich eines bei dem Auftraggeber entstandenen Vermögensausfalls (BGH NJW 2001, 2477, noch → Rn. 7; zur Durchsetzung der Interessenwahrungspflicht des Beauftragten ggü. dem Auftraggeber weitergehend Mülbert ZHR 172, 197 ff.). Herausgabepflicht kann abbedungen oder modifiziert werden (BGH NJW-RR 1997, 778; BAG ZIP 2008, 1184; BGH NJW-RR 2017, 496, 498 Rn. 20); das kann auch in Satzung geregelt sein, Bsp: Arbeitgeber bedient sich einer rechtlich selbstständigen Unterstützungskasse, um die von ihm übernommenen Versorgungsverpflichtungen zu erfüllen. Deren Satzung schließt Rückforderungsansprüche hinsichtlich des für Mitglied (Arbeitgeber) jeweils gebildeten Kassenvermögens aus. Ausschluss in Satzung erfasst auch Ansprüche aus §§ 667, 675 (BGH NJW-RR 2017, 496, 498 Rn. 21 ff.; BAG NZA-RR 2016, 550 Rn. 25). **b) Entspr. Anwendung:** §§ 675, 675c I, 681 S. 2, 687 II; private Amtsverhältnisse (zB Vereinsvorstand, Testamentsvollstrecker, Pfleger, Betreuer (OLG Saarbrücken NJW-RR 2013, 1476, 1477 mN); Verwalter, §§ 27 III, 1

48 II, 86, 713, 2218; §§ 26 ff. WEG); Treuhandverhältnisse; staatliche Verwaltung iSd VermG bzw. private Verwaltung bei Bodenreformgrundstücken (→ § 662 Rn. 4 aE); zum Arztvertrag → Rn. 4.

2 **2. Voraussetzungen.** Der Auftragnehmer muss auf Grund eines rechtswirksamen **Auftragsvertrags** (sonst §§ 812 ff.) **etwas** zur Auftragsausführung **erhalten** (→ Rn. 3) oder aus der Geschäftsbesorgung **erlangt** (→ Rn. 4) haben. Nicht erforderlich ist, dass das Empfangene beim Auftragnehmer noch vorhanden ist, denn der Erstattungsanspruch besteht (gerade) auch bei auftrags-(weisungs-)widriger Verwendung (BGHZ 87, 380; 130, 91; WM 2004, 184; ebenso zu nicht bestimmungsgemäß verbrauchten Geldern BGH NJW 2022, 2397, 2398 Rn. 7) und setzt kein Verschulden voraus (BGH NJW-RR 2000, 273; dies gilt auch für Rechtsfolgenverweisung des § 1978 I 1, s. BGH ZEV 2008, 237); → § 665 Rn. 8; uU ist aber der Rechtsgedanke der §§ 635 III, 251 II zu beachten (BGH NJW 1988, 700). Zum Übergang des Anspruchs aus § 667 als unselbstständiges Nebenrecht nach § 401 s. BGH NJW
3 2020, 1585, 1586 Rn. 12; BGH NJW-RR 2007, 846. **a) Zur Ausführung des Auftrags erhalten** ist alles, was dem Beauftragten zum Zweck der Auftragsausführung vom Auftraggeber oder einem Dritten zur Verfügung gestellt wird (BGH NJW-RR 2004, 1290). Bsp: Urkunden, Zeichnungen, Werkzeug, Schlüssel von Wohnungseigentumsanlage (BayObLG ZMR 1985, 307), Steuerunterlagen (BGH NJW 2002, 825), namentlich Geld (BGH NJW-RR 2004, 121; NJW 2009, 840; OLG Karlsruhe NJW-RR 2016, 1328), auch als Vorschuss (BGH NJW 1997, 48), insbes. in Form von Giroguthaben (KG NJW-RR 1996, 427). Auf die Eigentumsverhältnisse (dazu → Rn. 5) kommt es nicht an; Frage des Einzelfalls, ob der Beauftragte an ihm übergebenem Geld Eigentum erlangt (RGZ 101, 307). Von der Verpflichtung, das für die Ausübung des Auftrags vom Auftraggeber an den Beauftragten übergebene Geld wieder zurückzuzahlen, wird der Beauftragte frei, wenn er nachweist, dass er das Geld auftragsgemäß verwendet hat, zB für ein Investment weitergeleitet hat (BGH NJW 1997, 47; NJOZ 2001, 2044; NJW-RR 2004, 121).
4 **b) Aus der Geschäftsbesorgung erlangt** sind alle Gegenstände (Vermögenswert ist nicht erforderlich), die der Beauftragte im inneren Zusammenhang mit der Geschäftsbesorgung (auch durch weisungswidriges Verhalten, OLG Koblenz VersR 2009, 405; BGH NJW-RR 2016, 1391, 1393 Rn. 31 f. NJW 2021, 2589, 2590 f. Rn. 14; 2021, 765, 768 Rn. 42; nicht: bei Gelegenheit) tatsächlich erhält (BGHZ 109, 264; NJW 2000, 2672; NJW-RR 2004, 1290). Herauszugeben sind nicht nur von Dritten erhaltene körperliche Gegenstände, sondern jeder Vorteil, den der Beauftragte auf Grund eines inneren Zusammenhangs mit dem geführten Geschäft erhalten hat (BGH NJW 2016, 317, 320 Rn. 36; NJW-RR 2004, 1290; 1992, 560). Für die Herausgabepflicht ist es unerheblich, ob das Erlangte dem Beauftragten gehört (RGZ 105, 392, 395; KG NJW 1971, 566, 567; BGH NJW 2016, 317, 320 Rn. 36 mN). Nur so ist der Auftraggeber im Stande, darüber zu entscheiden, ob und wie die Angelegenheit nach dem Ende des Auftrags fortgeführt oder abgewickelt werden soll (→ Rn. 1). Diesem Interesse muss der Beauftragte auf Grund der allgemeinen Leistungstreuepflicht Rechnung tragen (BGH NJW 2016, 317, 320 Rn. 36). – Erfasst werden auch die Früchte, Zinsen, Nutzungen und Ansprüche gegen Dritte (zB Schadensersatzanspruch gegen einen Unterbeauftragten, § 664; auch Restitutionsanspruch nach VermG, vgl. BGH DtZ 1996, 28), ferner auch Urkunden, Unterlagen und Belege (BGH NJW 1988, 2607: nicht aber für sich selbst angefertigte private Arbeitsunterlagen; ebenso LG Nürnberg WM 2007, 647 für Bankaufzeichnungen nach dem WpHG wie Datenerfassungsbogen bei Wertpapierdepot; für RA § 50 BRAO: ie BGHZ 109, 264 ff.); Tonbänder von Interviews (BGH NJW 2021, 765, 768 Rn. 42; BGH NJW 2016, 317, 320 Rn. 35 betreffend Interviews mit Helmut Kohl, s. ferner KG NJW 1971, 567; OLG Hamm NJW-RR 1988, 269). Es sind daher auch die vom Beauftragten über die Geschäftsbesorgung selbst angelegten Akten, sonstigen Unterlagen, Notizen und Dateien – mit Ausnahme von privaten Aufzeichnungen – herauszugeben (RGZ 105, 395; BGH

NJW-RR 2004, 1290; BGHZ 109, 264 f.; NJW 2012, 59: Vermittler für Vermietung einer Ferienwohnung muss Mietverträge und Abrechnungen mit den Mietern herausgeben; 2021, 765, 768 Rn. 42); BGH NJW-RR 2015, 186 Rn. 11, 13 (*obiter dictum*); 2019, 637 f. Rn. 17; NJW 2018, 2319 Rn. 12; 2020, 3725, 3726 Rn. 11: Anwalt hat Handakten an Mandanten herauszugeben. Unterlagen, die Mandant dem Anwalt überlässt iSv § 667 Alt. 1, werden Inhalt der Handakte. Eigentum daran bleibt unberührt. Aus der Geschäftsbesorgung erlangt ist daher drittgerichteter Schriftverkehr, auch Kopien eigener Schreiben des Anwalts für den Mandanten; auch Notizen über Besprechungen, die der Anwalt im Rahmen der Besorgung des Geschäfts geführt hat. Unterlagen, die Anwalt in Wahrnehmung seines Auftrags für den Mandanten erlangt und an ihn gem. § 667 Alt. 2 iVm § 50 III BRAO hinauszugeben hat, gehen unmittelbar in das Eigentum des Mandanten über. Der Anwalt wird bei dem Eigentumserwerb hinsichtlich der dinglichen Einigung als Vertreter (§ 164 I) und hinsichtlich der Übergabe als Besitzmittler (§§ 929, 868, 675) des Mandanten tätig. BGH NJW 2018, 2319 Rn. 15: Nicht erlangt iSv § 667 Alt. 2 sind die Anwaltsunterlagen, die dessen persönliche Eindrücke oder vertrauliche „Hintergrundinformationen" aufzeichnen. BGH NJW-RR 2019, 637: Zur Herausgabepflicht des Kanzleiabwicklers. BGH NJW 2020, 3725, 3726 Rn. 13, 17 ff.: Anspruch auf Herausgabe der Handakten aus § 667 verjährt nach §§ 195, 199; Verjährung beginnt unabhängig von Herausgabeverlangen; § 695; S. 2 gilt nicht entspr. § 50 BRAO (Aufbewahrungspflicht bei Handakten) hat auf Verjährung des Anspruchs aus § 667 keinen Einfluss. Zum Erlangen eines **Schadensfreiheitsrabatts** s. Gregor VersR 2006, 485. Nicht erlangt sind vertraglich geschuldete **Arbeitsergebnisse** (BGH NJW 1989, 1217, näher u. [c]). Erlangt sind auch die dem Auftragnehmer zugewendeten **Sondervorteile** (Sonderprovisionen und **Schmiergelder**), die eine Willensbeeinflussung zum Nachteil des Auftraggebers befürchten lassen. Dass sie nach dem Willen des Dritten gerade nicht für den Auftraggeber bestimmt waren, ist unbeachtlich (BGHZ 39, 1; NJW-RR 1992, 560 f.; NJW 2000, 2672 mN; 2001, 2477 mN; NJW-RR 2016, 1391, 1393 Rn. 31; OLG Koblenz NJW-RR 1991, 921 f.; LG Bonn NJW-RR 2003, 1502, str., s. Medicus JuS 1985, 662; bei Beamten folgt der Anspruch auf Schmiergeldherausgabe nicht aus §§ 681, 667, 666, sondern ggf. aus § 71 II BBG, → Vor § 677 Rn. 8). Erlangt sind auch sog. Bonusmeilen aus Auftragsreisen (BAG NJW 2006, 3804 f.); Auftraggeber als dem Gefahr- und Kostentragenden gebühren alle Vorteile. **Nicht** hierher gehören persönliche Geschenke, die der Beauftragte anlässlich der Geschäftsbesorgung erhält (RGZ 55, 91), sowie allg. übliche Trinkgelder. In **zeitlicher** Hinsicht „erlangt" hat der Beauftragte mit der Vollendung des Rechtserwerbs (BGH NJW 2007, 2640 unter Aufgabe von BGHZ 71, 380, daher entsteht zB Anspruch aus § 667 auf Herausgabe von Mandantengeldern erst mit Gutschrift auf Anwaltskonto und nicht schon bedingt oder betagt mit Begründung des Anwaltsmandats. Hat insolvenzrechtliche Relevanz.). Kenntnis vom Erlangen ist nicht erforderlich. Eine Gutschrift ist erlangt, sobald der Überweisungsauftrag unwiderruflich geworden ist und dem Empfänger ein Recht auf den überwiesenen Betrag zusteht, → § 665 Rn. 3. BGH NJW 2021, 2589, 2591 Rn. 14 zu an den RA erstatteten Gerichtskosten: Mandanten steht gem. §§ 675 I, 667 Anspruch auf Herausgabe hinsichtlich der Zahlungen zu, die ein Prozessgegner an den Rechtsanwalt erbringt (sa BGH NJW 2020, 1585 Rn. 11). **Leistungen Dritter,** die Rechtsanwalt aufgrund seiner Tätigkeit im Rahmen des Anwaltsvertrags für den Mandanten erhält, sind aus der Geschäftsführung erlangt. BGH NJW 2022, 1020, 1021 Rn. 9, 11; 2021, 2589, 2590 Rn. 14; 2019, 1458 Rn. 6; NJW-RR 2018, 700 Rn. 11: §§ 675, 667 „mindestens entsprechend" auf die **Rückzahlung** des Teils geleisteter **Vorschüsse** beim Anwaltsvertrag, der die Vergütung übersteigt, anzuwenden. BGH NJW 2022, 1020, 1021 Rn. 11: Anspruch auf Rückzahlung eines nicht verbrauchten Vorschusses für Anwaltsgebühren entsteht aufschiebend bedingt bereits mit Vorschusszahlung. **c) Vertragliche Leistung (Arbeitsergebnis).** Nicht aus § 667, sondern aus § 662 (ggf. iVm § 675) folgt die Pflicht zur Übergabe des vertraglich geschuldeten Arbeitsergebnisses (zB Gutachten, Jahresabschluss, Steuererklärung etc) (s. BGH NJW-RR 2004, 1290; NJW 1988, 2607; 1989, 1217), denn es ist nicht erlangt, sondern Gegenstand des vertraglichen Erfüllungsanspruchs aus § 662. Relevant wird der Unterschied vor allem in der Insolvenz des Beauftragten: Das vertraglich geschuldete Arbeitsergebnis kann der Insolvenzverwalter nicht honorarfrei zur Masse ziehen (BGH NJW 2004, 1290). Die vom Beauftragten über die Geschäftsbesorgung **selbst angelegten Akten** und **Dateien** (zB DATEV-Unterlagen eines Steuerberaters; ferner Kundenanschriften eines Handelsvertreters, auch wenn dieser die Kunden selber geworben hat, BGH NJW 2009, 1420) sind nach § 667 herauszugeben, soweit sie das versprochene Arbeitsergebnis vorbereiten, und nach § 662, soweit sie das Arbeitsergebnis enthalten (BGH NJW-RR 2004, 1290 mN). An den vom Auftraggeber zur Auftragsausführung überlassenen Unterlagen und anderen Gegenständen können dem Auftraggeber – jedenfalls wenn er Eigentümer blieb – im Einzelfall Rechte aus § 771 ZPO bzw. § 47 S. 1 InsO zustehen (zur Lage hinsichtlich des obligatorischen Herausgabeanspruchs aus § 667 s. BeckOK BGB/Fischer Rn. 7 mN; aA Staudinger/Martinek/Omlor Rn. 21).

5 **3. Rechtsfolgen. a) Inhalt des Anspruchs.** Schuldrechtlicher Herausgabeanspruch auf das (tatsächlich) Erhaltene oder Erlangte (→ Rn. 6). Ie richtet sich der Inhalt des Herausgabeanspruchs nach der Art des Herausgabeobjekts (Sache, Recht, Geld) und der daran bestehenden Rechtslage, also auf Besitzverschaffung, wenn Auftraggeber bereits unmittelbar Eigentum erworben hat (zB gem. § 164; durch antizipiertes Besitzkonstitut, § 930, oder Geschäft für den, den es angeht, → § 164 Rn. 5), sonst auf Rechts-(Eigentums-)übertragung (§§ 398, 873, 925, 929; BGH NJW 2010, 3440: bei treuhänderischer Registrierung eines Domainnamens auf dessen Übertragung oder Umschreibung; OLG Brandenburg NJW-RR 2014, 931: entsprechend bei Registrierung durch geschäftsführenden Gesellschafter einer GbR). Bei abzutretenden Forderungen ist § 392 II HGB nicht ausdehnungsfähige Sondervorschrift (krit. Musielak, Gutachten II, 1302 ff., 1312). Auch im Fall des § 925 (Bsp: BGHZ 82, 296) bedarf Auftrag nicht der Form des § 311b (→ § 662 Rn. 8). **Verjährung:** §§ 195, 199 (OLG Brandenburg NJW-RR 2014, 931, 932). Ist der Anspruch auf Grundstücksübereignung gerichtet, gelten §§ 196, 200. Die lange Frist des § 197 I Nr. 2 gilt nicht (NK-BGB/Budzikiewicz § 197 Rn. 31). Verjährungsbeginn setzt Anspruchsfälligkeit voraus (→ § 199 Rn. 2 bzw. → § 200 Rn. 2). **Fälligkeit** richtet sich nach den getroffenen Vereinbarungen (§ 271 I Alt. 1), hilfsweise nach den Umständen des jeweiligen Falls (§ 271 I Alt. 2). Grundsatz: Fälligkeit ab Herausgabeverlangen, spätestens ab Auftragsbeendigung (vgl. zum Anwaltsvertrag BGH NJW 2020, 3725, 3726 Rn. 14). Herausgabeanspruch iSv **Alt. 1** (Erhaltenes) wird nach § 271 I Alt. 2 ohne abweichende Abrede fällig, wenn der Zweck des Auftrags erreicht ist oder wenn der Zweck endgültig verfehlt wird (BGH NJW 2005, 2927, 2929; NZI 2005, 681; OLG Karlsruhe NJW-RR 2016, 1328, 1330 Rn. 29). Geht zB Auftraggeber zunächst fälschlich davon aus, Auftragnehmer habe übergebenes Geld bestimmungsgemäß verwendet, tritt die Fälligkeit erst dann ein, wenn Auftragnehmer mitteilt, dass das Geld verloren ist und er auch nicht in der Lage ist, den Auftrag mit eigenen finanziellen Mitteln zu erfüllen (OLG Karlsruhe NJW-RR 2016, 1328). Herausgabeanspruch iSv **Alt. 2** (Erlangtes) wird nach § 271 I Alt. 2 ohne abweichende Abrede regelmäßig bereits fällig, wenn der Beauftragte etwas erlangt hat, was herauszugeben ist. Abweichende Umstände im Einzelfall können zu anderer Fälligkeit führen, zB wenn Beauftragter das Erlangte zur weiteren Durchführung des Auftrags verwenden soll (BGH NZI 2005, 681 mN; NJW 1990, 510). **Konkurrenzen** mit anderen Herausgabeansprüchen: § 985, wenn das Erhaltene (Erlangte; → Rn. 3 f.) im Eigentum des Auftraggebers steht; § 687 II (str. bei Schmiergeld, → Rn. 4 sowie Helms, Gewinnherausgabe als haftungsrechtliches Problem, 2007, 390); § 823 ff.
6 **b) Umfang:** Herauszugeben ist das Erhaltene und Erlangte (→ Rn. 2 ff.), soweit es dem Beauftragten tatsächlich zugeflossen und nicht verabredungsgemäß verwendet oder an den Geber zurückgeflossen ist (BGH

NJW 2009, 840; WM 2004, 184; NZG 2003, 215; NJW 2001, 2477). Nach BGH NJW-RR 2007, 1373 keine Herausgabe erfolgt, wenn im Einzelfall Auftraggeber nur formal, aber nicht wirtschaftlich über Erlangtes verfügen kann (gilt nicht, soweit Beauftragter nicht vertragswidrig handelte). Ist Geld erlangt, so ist die Herausgabe einer Geldsumme geschuldet, nicht nur die der erlangten Zahlungsmittel (BGHZ 143, 378; NZG 2003, 215, in Abgrenzung zu BGH NJW 2001, 2477). Die Annahme einer gewöhnlichen Geldschuld wäre aber für den Beauftragten zu belastend. Die Herausgabepflicht ist daher nicht erfolgs-, sondern handlungsbezogen. Verzugszins: § 288 I (BGH NJW 2005, 3709 f.), s. noch bei Eigenverwendung § 668. Weisungswidrige Verwendung befreit den Beauftragten nicht (→ Rn. 2), doch kann Mitverschulden des Auftraggebers uU zur Minderung des Anspruchs entspr. § 254 führen (BGHZ 130, 95 f.; NJW-RR 1998, 484; 2000, 273; → § 665 Rn. 8). Weisungsgemäße Verwendung muss Beauftragter beweisen (BGH NJW-RR 2008, 1373; NZG 2003, 215; WM 2004, 184). Hat er pflichtwidrig nichts (zu wenig) erlangt, kommt nur Schadensersatzanspruch in Frage (→ Rn. 7). Beauftragter muss Geld nicht herausgeben, über das er abredegemäß verfügt hat. Dies gilt auch bei Nichtigkeit des Auftragsvertrags (BGH NJW 2012, 3366). **c) Gefahrtragung und Schadensersatz.** Der Auftraggeber trägt die Gefahr des zufälligen Untergangs des vom Beauftragten für den Auftrag Empfangenen und aus dem Auftrag Erlangten (§ 275 I; s. BGHZ 82, 296), das Insolvenzrisiko bei Verfall von Guthaben durch Bankzusammenbruch bei fehlender Absicherung (sa Ostler NJW 1975, 2273; BGH NJW 2006, 987), das Diebstahlsrisiko (BGH NJW 2006, 987) sowie die **Versendungsgefahr** bei Übermittlung von erlangtem Geld (§ 270 I gilt nicht, hM, BGH NJW 2005, 3710; BGHZ 28, 128; → § 270 Rn. 2); Ausnahme bei übernommener Garantie. Der Beauftragte übernimmt allein durch den Auftrag **keine Garantie** iSv § 276 I 1 für die Herausgabe des Erlangten und Erhaltenen (auch nicht für Herausgabe von erlangtem Geld). Hat der Beauftragte den Untergang des herauszugebenden Gegenstands oder seine anderweitige Herausgabeunmöglichkeit zu vertreten (zB bei mangelnder Diebstahlsicherung oder bei Geldanlage bei durch zu niedrigen Sicherungsfonds gesicherter Bank, s. BGH NJW 2006, 987), haftet er auf **Schadensersatz** (§§ 280 I, III, 283, 249 → § 662 Rn. 12). Das gilt wegen der Risikozuweisung an den Auftraggeber im Verhältnis zum Beauftragten (BGH NJW 2005, 3710) (mangels abweichender Abrede) auch für Pflicht zur **Geldsummenherausgabe** nach § 667; es besteht keine verschuldensunabhängige Einstandspflicht (→ § 276 Rn. 40, 45) für Geldsummenherausgabe (→ Rn. 6) (BGH NJW 2006, 987; 2005, 3710; NK-BGB/Schwab Rn. 15; Grüneberg/Sprau Rn. 7; Soergel/Beuthien 19; Beuthien/Hieke JZ 2001, 257; Ostler NJW 1975, 2274; MüKo-BGB/Schäfer Rn. 35; Erman/Berger Rn. 12; aA Erman/Ehmann [12. Aufl. 2008] Rn. 15; Staudinger/Omlor Vor §§ 244 ff. Rn. B 13; noch offen gelassen in BGHZ 143, 378; NJW 2002, 2316; 2003, 743). Ersatzwerte sind herauszugeben (§ 285; s. BGHZ 143, 380; BAG NJW 1986, 865). Als erlangter Ersatz kommen die Befreiung von einer Verbindlichkeit oder ersparte Aufwendungen in Betracht (BGHZ 143, 380). Schadensersatzhaftung nach §§ 280, 249 auch für auftragswidrig **nicht gezogene Vorteile** (näher → § 662 Rn. 12). Bei pflichtwidrigen Handlungen (zB vorzeitiges Eingehen von Bürgschaften, s. BGHZ 143, 380; Verfügung über Auftragsgut) ist der Auftraggeber so zu stellen, als hätte der Beauftragte nicht pflichtwidrig gehandelt (BGH NJW 2002, 2460 mN). **d)** Das **Zurückbehaltungsrecht** (§ 273) des Beauftragten wegen seines Aufwendungsersatzanspruchs (§ 670) kann auch außerhalb entsprechender Vertragsabreden im Einzelfall (§ 242) ausgeschlossen sein (RGZ 160, 59; LM Nr. 15 zu § 313); ebenso das Recht zur **Aufrechnung** (BGHZ 54, 247; 71, 383; OLG Zweibrücken NJW 1985, 1034). **Grenzen der Herausgabepflicht:** Ausnahmsweise können Eigeninteressen des Anwalts oder Geheimhaltungsinteressen Dritter Vorrang genießen, s. BGH NJW 2018, 2319, 2320 Rn. 14 ff. **e) Beweislast.** Darlegungs- und beweispflichtig für die tatsächlichen Voraussetzungen des Herausgabeanspruchs aus § 667 ist der Auftraggeber (BGH NJW 2019, 1458, 1459 Rn. 16). Er muss den Erhalt (Hilfe: § 666) bzw. die Überlassung und den Wert der überlassenen Gegenstände (BGH NJW-RR 1987, 963), der Beauftragte die auftragsmäßige Verwendung und den Verbleib der Einnahmen nachweisen (BGHZ 130, 94; NJW 1997, 48; OLG Karlsruhe NJW-RR 2016, 1328); Haftung für unaufklärbare Kassenfehlbestände: BAG NJW 1999, 1051; s. zur Beweislast bei AN-Haftung § 619a.

§ 668 Verzinsung des verwendeten Geldes

Verwendet der Beauftragte Geld für sich, das er dem Auftraggeber herauszugeben oder für ihn zu verwenden hat, so ist er verpflichtet, es von der Zeit der Verwendung an zu verzinsen.

Bei Eigenverwendung von Geld für sich (BGH NJW 2019, 3003, 3004 Rn. 10: wie ein Berechtigter verfügen, zB Geschenk oder Darlehensgewährung an Dritten) besteht eine von sonstigen Ansprüchen (§ 280; §§ 823 II iVm 246, 266 StGB), insbes. auch vom Verschulden unabhängige Verzinsungspflicht als Mindestfolge (BGH NJW-RR 2021, 1100, 1104 Rn. 28). Zinshöhe: § 246, § 352 HGB. Zu Verzugszinsen (§ 288 I) → § 667 Rn. 6.

§ 669 Vorschusspflicht

Für die zur Ausführung des Auftrags erforderlichen Aufwendungen hat der Auftraggeber dem Beauftragten auf Verlangen Vorschuss zu leisten.

1 **1. Allgemeines.** Die **nicht zwingende Vorschrift** kann auch auf Grund der Natur des Auftrags ausgeschlossen sein, zB beim Kreditauftrag (§ 778). Spezialregelung: §§ 637 III, 775. **Entspr.** Anwendung bei §§ 27 III, 48 II, 86; 675 I, 675c I, 713, 1716, 1908i I, 1915.

2 **2. Umfang und Durchsetzbarkeit.** Vorschuss ist nur für die obj. erforderlichen (anders § 670) Aufwendungen (Begriff: → § 670 Rn. 2) auf Anforderung („Verlangen“) in Geld zu leisten (MüKo-BGB/Schäfer Rn. 9: arg. § 256 iVm § 670: „Betrag“) (verhaltener Anspruch), sofern nichts Abweichendes vereinbart ist, zB Vorschuss in Form von Wertpapieren etc. (Ellenberger/Bunte/Seiler/Geier, Bankrechts-Handbuch, § 84 Rn. 60), Naturalien wie Treibstoff etc. Bei Nichtleistung kann der Beauftragte die Ausführung des Auftrags verweigern (BGHZ 77, 63). Der Anspruch auf Vorschuss kann idR nicht eingeklagt werden (Grund: kein Recht zur Ausführung, → § 662 Rn. 13), str.; anders in den Fällen der §§ 637 III (→ § 637 Rn. 6 ff.), 675; zu zeitlichen Grenzen der Vorschussrückerstattung bei Reisescheckdiebstahl s. OLG Frankfurt a.M. NJW-RR 2003, 555.

§ 670 Ersatz von Aufwendungen

Macht der Beauftragte zum Zwecke der Ausführung des Auftrags Aufwendungen, die er den Umständen nach für erforderlich halten darf, so ist der Auftraggeber zum Ersatz verpflichtet.

Lit.: Fonk, Auslagenersatz für Aufsichtsratsmitglieder, NZG 2009, 761; Genius, Risikohaftung des Geschäftsherrn, AcP 173, 481; Honsell, Die Risikohaftung des Geschäftsherrn, FS v. Lübtow, 1980, 485; Köhler, Arbeitsleistungen als „Aufwendungen“?, JZ 1985, 359; sa Lit. zu § 683.

1 **1. Allgemeines. a)** Pflicht zum Aufwendungsersatz ist Folge der Fremdnützigkeit der Geschäftsbesorgung (→ § 667 Rn. 1; BGH NZI 2012, 256; BGH NJW 2022, 2397, 2398 Rn. 9), die auch durch Entgeltlichkeit (§ 675; vgl. u. [b]) nicht ausgeschlossen wird. § 670 ist abdingbar (BGH NJW 2012, 2338 Rn. 19; Grüneberg/Sprau Rn. 1), vertragliche Abreden zum Aufwendungsersatz gehen vor. **b)** Weiter **Anwendungsbereich** über Geschäftsbesorgungsvertrag (§ 675) und GoA

(→ § 683 Rn. 6; sa allg. → § 662 Rn. 4 mit Bsp.); vielfach bestehen Sonderregelungen (vgl. → Rn. 2); zur „entspr." Anwendung → Rn. 2 aE, 11.

2. Aufwendungsersatzanspruch. a) Voraussetzungen. aa) Aufwendungen 2
müssen auf einem tatsächlich **erteilten Auftrag** beruhen (BGH NJW 2001, 2969; → § 665 Rn. 2). Beweislast für Auftrag und Aufwendung hat Beauftragter (BGH NJW-RR 2009, 1667; AG Essen NJW-RR 2001, 699). Aufwendungen sind alle freiwilligen Vermögensopfer, die der Beauftragte zur Erreichung des Auftragszwecks erbringt (BGH NJW 1989, 1285 mN; BAG BB 1998, 2528; BGHZ 140, 361; BeckRS 2016, 18606 Rn. 17; zur Abgrenzung vom Schaden: → Rn. 9; allg. BGH NJW-RR 1994, 87; → § 249 Rn. 3 f.). Dazu gehören auch die auf Weisung des Auftraggebers getätigten (RGZ 93, 53; BGH WM 2012, 1344 Rn. 41) und die mit der Auftragsausführung notwendig verbundenen Aufwendungen (RGZ 75, 212; BGHZ 8, 228), darüber hinaus nach hM auch bestimmte Zufallsschäden (ie → Rn. 9). Jede Leistung von Vermögenswerten kommt in Frage, zB die Ausgabe von Geld (Auslagen, Kosten, Steuern, zB entstandene MWSt, s. Schaumburg NJW 1974, 1737, uU verauslagte Schmiergelder, vgl. → Rn. 4, uU Prozesskosten, vgl. BGH NJW 1989, 1285; NJW-RR 1998, 1511); uU Verteidigerkosten (BAG NJW 1995, 2372); Vorstellungskosten (BAG NZA 1989, 468); uU Reparaturkosten (BAG BB 1996, 433: Schaden am betrieblich genutzten AN-eigenen Pkw); auch die Eingehung von Verbindlichkeiten (s. § 257; BGH NJW 1989, 1922; NJW-RR 2005, 890); Stellung von Kreditsicherheiten für Ehepartner (BGH NJW-RR 2015, 641; OLG Hamm FamRZ 2003, 670; OLG München FPR 2003, 502); Kreditaufnahme für Zwecke des Ehepartners (OLG München FPR 2003, 502); **nicht** aber, da unentgeltlich zur Verfügung zu stellen, die eingesetzte Arbeitskraft, der entgangene Verdienst (BGH NJW-RR 1988, 746; BGHZ 140, 361), ferner nicht allgemeine Geschäftsunkosten und der normale Sachverschleiß bei Auftragsdurchführung (BAG BB 1998, 2528); anders (entsprechend § 1877 III) nur, wenn sich die Notwendigkeit bestimmter Dienstleistungen, die dem Beruf oder Gewerbe des Beauftragten angehören, erst im Verlauf der Auftragsausführung ergibt (ie Köhler JZ 1985, 359, 360 f.; weitergehend bei GoA → § 683 Rn. 6; aA BeckOK BGB/Fischer Rn. 9). Bei **Geschäftsbesorgungsverträgen** (→ Rn. 1, b) ist die Vergütung für die Besorgung des Geschäfts vereinbart bzw. gilt als stillschweigend vereinbart (§§ 612, 632); § 670 greift insoweit nur für andere Aufwendungen ein; uU sind gewisse Aufwendungen schon durch die vereinbarte Vergütung mit abgegolten (Musielak, Gutachten II, 1297; BayObLG NJW-RR 2001, 1232). Entspr. Anwendung bei Aufwendung von **AG-Aufsichtsratsmitgliedern** ist str., nach Fonk NZG 2009, 761, 771 sollen stattdessen die Vorschriften über Honorierung gerichtlich bestellter Aufsichtsratsmitglieder analog gelten. Entspr. Anwendung des § 670 auf **Arbeitsverträge** in stRspr (s. zB BAG BB 1998, 2527 f.; NZA 2012, 97; NZA-RR 2016, 565), zur Risikohaftung → Rn. 11. Haben die Parteien des Arbeitsvertrags von einer Regelung des Aufwendungsersatzes nicht versehentlich, sondern bewusst abgesehen, fehlt es an der unbewussten Regelungslücke für eine entspr. Anwendung des § 670. Daher hat ein Lehrer keinen Anspruch aus § 670 gegen AG auf Ersatz seiner Aufwendungen für ein von ihm genutztes häusliches Arbeitszimmer (BAG NZA 2012, 97). Bei entspr. Anwendung des § 670 außerhalb von Vertragsverhältnissen (→ § 662 Rn. 4 aE: **staatliche Verwaltung** usw) schließt der Aufwendungsersatzanspruch des Geschäftsführers den Anspruch auf die übliche Vergütung mit ein, wenn die Geschäftsbesorgung in die berufliche oder gewerbliche Tätigkeit des Geschäftsführers fällt und im zugrunde liegenden Rechtsverhältnis – anders als bei § 662 – Unentgeltlichkeit nicht vorgegeben ist (BGHZ 140, 361 mN). Sonderregelungen für: RA (§ 46 RVG), Handelsvertreter (§ 87d HGB), Kommissionär (§ 396 II HGB), OHG-Gesellschafter (§ 110 HGB). Aufwendungen bei Dienst- und Arbeitsverträgen: BAG NZA 1986, 324 f.; ie → § 611 Rn. 45. **bb) Sorgfaltsmaßstab.** Der 3
Beauftragte muss die Aufwendung nach allg. verständigem Ermessen **für erforderlich halten dürfen** (nicht der Fall bei entgegenstehendem Verbot: BGHZ 37, 263 f.;

NJW 1977, 432; BB 1978, 1416; → § 677 Rn. 5); entscheidend ist das Interesse des Auftraggebers (BGHZ 95, 388 f.). BGH NJW 2012, 2337 Rn. 20, 27 ff. mN: subjektiv-objektiver Maßstab. Ist Aufwendung obj. nicht notwendig, Ersatz nur, wenn Beauftragter sie nach sorgfältiger, den Umständen des Falls nach gebotener Prüfung für erforderlich halten durfte. Maßgebend ist der Zeitpunkt der Tätigung
4 der Aufwendung (BGH NJW 1989, 1285). **b) Rechtsfolge:** Anspruch auf **Wertersatz,** grds. gerichtet auf Geld (Verzinsungspflicht: § 256), bei Eingehung einer Verbindlichkeit auf Schuldbefreiung (§ 257). BGH NZG 2012, 1024 Rn. 30: Umwandlung des Freistellungs- in Zahlungsanspruch bei ernsthafter und endgültiger Erfüllungsverweigerung. Kein Schadensersatzanspruch, §§ 249 ff. gelten nicht. Der Anspruch ist vom Erfolg der Tätigkeit des Beauftragten unabhängig (iE **nutzlose Aufwendungen**), doch sind verschuldete (→ Rn. 3) und von der Rechtsordnung missbilligte Aufwendungen (idR Schmiergelder, vgl. BGHZ 94, 272) nicht erstattungsfähig. Verjährung: §§ 195, 199. Aufwendungsersatzansprüche entstehen (werden fällig, → § 199 Rn. 2) iSv § 199 I Nr. 1 in dem Zeitpunkt, in welchem die jeweilige Aufwendung gemacht wird (→ § 199 Rn. 2; BGH NJW 2018, 2714, 2717 Rn. 26 ff.). – Die Rechtsgrundsätze zur insolvenzfesten Sicherungsmöglichkeit eines Anspruchs aus § 774 gelten auch für den Aufwendungsersatzanspruch des Bürgen aus §§ 675, 670, s. BGH NJW 2008, 1007.

5 **3. Schadensersatzanspruch. a) Allgemeines.** Eine Haftung des Auftraggebers (Geschäftsherrn) für Schäden, die der Beauftragte (Geschäftsführer) bei Auftragsdurchführung erleidet, kann sich ergeben: **aa)** bei **Verschulden** des Auftraggebers aus §§ 280 ff. (insbes. § 280 I, → § 662 Rn. 13), ggf. mit § 311 II (cic) (Verletzung von Schutz- und Aufklärungspflichten, § 241 II; die §§ 618, 619 gelten entspre-
6 chend, → § 662 Rn. 13; BGHZ 16, 269; sa Pflicht gem. § 254 II 1); **bb) ohne Verschulden** (Zufallsschäden) aus bes. vertraglicher Haftungsübernahme (→ § 276 Rn. 39 ff.: Garantieübernahme, selten) und aus **Risikohaftung** (→ Rn. 8 ff.). **cc)** Bei Schädigung Dritter im Rahmen öffentl.-rechtlicher Inanspruchnahme zu Dienst- und Hilfeleistungen (zB durch Polizei oder Verwaltungsbehörden) scheidet Auftrag (§§ 662, 670) als Anspruchsgrundlage idR aus (abw. noch zB RGZ 94, 169; 98, 195); in Frage kommen bei amtlichem Verschulden **Amtshaftung** (Art. 34 GG,
7 § 839), sonst **Aufopferung** (→ § 839 Rn. 1). **dd)** Ges. **Unfallversicherungsschutz** des Helfers: §§ 2 I Nr. 11, 13, 128 I Nr. 7 SGB VII. Besteht unabhängig von einem Verschulden (BSG MDR 1983, 699 f.). Zum Forderungsübergang vgl. → Rn. 10. **Versorgungsanspruch** nach **OEG** bei Gesundheitsschaden durch Vor-
8 satztat: → § 683 Rn. 9. **b) Risikohaftung des Auftraggebers. aa) Voraussetzungen.** Der Beauftragte erleidet als adäquate Folge der Auftragsausführung ohne Verschulden des Auftraggebers einen Schaden, der auf einer der Geschäftsbesorgung eigentümlichen erhöhten Gefahr (Gegensatz: allg. Lebensrisiko) beruht (vgl. BGH NJW 1993, 2235 mN). Bsp: Verletzung des vom Opfer zugezogenen Helfers bei
9 Festnahme eines bewaffneten Rechtsbrechers (BGHZ 52, 115). **bb) Rechtsgrundlage.** BGB enthält keine Regelung (RGZ 94, 171); Annahme eines konkludenten Garantievertrags bei der GoA (so RGZ 94, 169) versagt regelmäßig; die hM will in „entspr." Anwendung von § 670 die infolge bewusst übernommener Gefahren erlittenen Schäden den Aufwendungen (→ Rn. 2) gleichstellen (BGHZ 92, 271 mN; NJW 1993, 2235; NJOZ 2021, 1224, 1225 Rn. 13; NK-BGB/Schwab Rn. 11; MüKo-BGB/Schäfer Rn. 12 ff. iVm § 683 Rn. 38; Staudinger/Martinek/Omlor Rn. 23 ff. mit Einschränkungen Rn. 24–30). Gekünstelt; auch würde die folgerichtige Anwendung der Grundsätze von → Rn. 4 vielfach zu unbefriedigenden Ergebnissen führen (iE allgM). Nach anderer und zutr. Auffassung folgt die Zufallshaftung des Auftraggebers aus dem Grundsatz der **Risikozurechnung** bei schadensgeneigter Tätigkeit in fremdem Interesse (BGHZ 89, 157 mN und 160; Honsell FS v. Lübtow, 1980, 496; Genius AcP 173, 511 ff.; Canaris RdA 1966, 41; BeckOGK/Riesenhu-
10 ber Rn. 65, str.; → § 683 Rn. 7). **cc) Rechtsfolge.** Echter **Schadensersatzanspruch** (str., aA BGHZ 92, 271; vgl. → Rn. 9), §§ 249 ff. gelten, insbes. auch

§ 254 (BAG NJW 1981, 702, offen gelassen in BGHZ 52, 123), bei Tod des Helfers auch §§ 844, 845 (RGZ 167, 89). **Schadensumfang:** Der Grundsatz der Totalreparation (→ Vor § 249 Rn. 2) ist gem. § 242 eingeschränkt (Grund: keine Verschuldenshaftung); weitergehend soll nach hM überhaupt nur „angemessene Entschädigung" geschuldet sein (BGHZ 38, 279; OLG Celle NJW 1965, 2350; Wollschläger, Die Geschäftsführung ohne Auftrag, 1976, 298; s. auch Erman/Berger Rn. 20). Anspruch auf Schmerzensgeld besteht entspr. § 253 (BeckOGK/Riesenhuber Rn. 73; Däubler JuS 2002, 626) (aufgehobener [→ § 253 Rn. 1] § 847 aF war nicht entspr. anwendbar, BGHZ 52, 117). **Konkurrenzen:** Konkurrenz zu Erstattungspflicht aus § 439 II ist streitig, s. Hellwege AcP 206, 162 ff.; Ansprüche aus ges. Unfallversicherung (→ Rn. 7) schließen Ersatzanspruch nicht aus (BGHZ 52, 115; NJW 1981, 760); idR Forderungsübergang auf Sozialversicherungsträger gem. § 116 I SGB X (bis 30.6.1983 § 1542 I RVO; vgl. BGHZ 92, 271; ie Otto JuS 1984, 688, str.), nicht auf AG gem. § 6 EntGFG (vgl. LG Trier NJW-RR 1994, 483 zu heute aufgehobenem § 4 LFZG). **dd) Entspr. Anwendung** auf **Geschäftsbesor- 11 gungs- und Arbeitsverträge** (§§ 675, 611) bei außergewöhnlichem, nicht bereits durch Vergütung mit abgegoltenem Schaden (BAGE 59, 203; NJW 1995, 2372; BB 1998, 2528; NJW 2004, 2036; Berndt NJW 1997, 2215; ie → § 611 Rn. 45); zur entspr. Anwendung auf Erstattungspflicht aus § 439 II s. Kandler, Kauf und Nacherfüllung, 2004, 446 mN; zur entspr. Anwendung auf Vereinsmitglieder, dabei Anspruch auf Freistellung von der Haftung Dritter, s. BGH NJW 2005, 981.

§ 671 Widerruf; Kündigung

(1) **Der Auftrag kann von dem Auftraggeber jederzeit widerrufen, von dem Beauftragten jederzeit gekündigt werden.**

(2) [1]**Der Beauftragte darf nur in der Art kündigen, dass der Auftraggeber für die Besorgung des Geschäfts anderweit Fürsorge treffen kann, es sei denn, dass ein wichtiger Grund für die unzeitige Kündigung vorliegt.** [2]**Kündigt er ohne solchen Grund zur Unzeit, so hat er dem Auftraggeber den daraus entstehenden Schaden zu ersetzen.**

(3) **Liegt ein wichtiger Grund vor, so ist der Beauftragte zur Kündigung auch dann berechtigt, wenn er auf das Kündigungsrecht verzichtet hat.**

1. Allgemeines. a) Grund. Die jederzeitige Lösbarkeit des Auftragsverhältnisses 1 folgt für den Auftraggeber aus dem bes. persönlichen Vertrauensverhältnis, für den Beauftragten aus der Unentgeltlichkeit seiner Tätigkeit (vgl. Nichtzitat von § 671 in § 675 HS 1). **b)** Widerruf (→ Rn. 3) und Kündigung (→ Rn. 4) sind einseitige 2 empfangsbedürftige **Willenserklärungen** (→ Vor § 104 Rn. 1 f.), die auch unter einer Bedingung möglich sind (bei Kündigung str.). Wirkung: → Rn. 5. **c) Andere Beendigungsgründe** sind **aa)** allg.: zB Zeitablauf, Zweckerreichung, Unmöglichkeit, **bb)** im Bes.: §§ 672, 673, § 115 InsO.

2. Beendigung des Auftrags. a) durch Widerruf des Auftraggebers (I). Das 3 (vererbliche: → § 672 Rn. 3) Widerrufsrecht ist beim lediglich oder überwiegend *fremdnützigen Auftrag* **unverzichtbar** (Grund: uneingeschränkte Bindung des Auftraggebers an den Willen des Beauftragten mit persönlichem Vertrauensverhältnis unvereinbar, vgl. → Rn. 1), anders nur dann, wenn der Beauftragte ein erhebliches Eigeninteresse an der Auftragsdurchführung hat (BAG ZIP 2008, 1184; BGH WM 1971, 956; OLG Zweibrücken OLGZ 1985, 46 mN) oder auch den Interessen Dritter dient (BAG ZIP 2008, 1184). Ausschluss des Users eines Internetforums durch Widerruf gem. I möglich, s. Feldmann/Heidrich CR 2006, 406. **Zeitliche Schranke** für Widerrufsrecht: vollständige Auftragsdurchführung (BGH NJW 1991, 2210 und → Rn. 2 [aa]). Bei **Mehrheit von Auftraggebern** ist grundsätzlich jeder Einzelne zum Widerruf berechtigt (BGH BB 1964, 699), sofern sich aus dem Gemeinschaftsverhältnis nichts Gegenteiliges ergibt (RGZ 160, 127). Vom Auftrags-

widerruf zu unterscheiden ist Widerruf einer **Weisung** innerhalb eines bestehenden
4 Auftrags (→ § 665 Rn. 3). **b)** durch **Kündigung des Beauftragten.** Jederzeitiges Kündigungsrecht **(I)** kann vertraglich eingeschränkt werden (Bsp: OLG Karlsruhe WM 1991, 1163). Grenze: Kündigungsrecht aus wichtigem Grund (dazu → § 314 Rn. 5 f.; → § 626 Rn. 6 ff.; BGH NJW-RR 2015, 641, 642 Rn. 22) ist unverzichtbar (**III,** zwingend). Verbot der **Kündigung zur Unzeit** (**II;** entspr. Anwendung: vgl. § 675 I HS 2) berührt die **Wirksamkeit** der dennoch erklärten Kündigung nicht (allgM, krit. Venrooy JZ 1981, 57; aber allg. → § 242 Rn. 36). Beauftragter, der ohne wichtigen Grund zur Unzeit kündigt, macht sich aber (unabhängig von § 280 I und auch ohne Verschulden [str., abw. in der Begründung BeckOGK/Riesenhuber Rn. 45.1 mN: II 2 als spezielle Ausprägung der allg. Verschuldenshaftung gem. § 280 I, bei der das Vertretenmüssen bereits im Fehlen des „wichtigen Grundes" liegt]) nach **II 2 schadensersatzpflichtig.** Schadensumfang: Vertrauensinteresse (str., anders BeckOGK/Riesenhuber Rn. 47.1).

5 **3. Rechtsfolgen.** Widerruf und Kündigung beenden das Auftragsverhältnis für die Zukunft; sie haben **keine dingliche Wirkung.** Entstandene Rechte aus §§ 667, 670 werden fällig. Eine erteilte **Vollmacht** erlischt mit Auftrag (§ 168 S. 1, beachte §§ 672 S. 2, 674), im Prozess gilt § 87 ZPO. Ermächtigung infolge gewillkürter Prozessstandschaft erlischt (BGH NJW 2000, 738).

§ 672 Tod oder Geschäftsunfähigkeit des Auftraggebers

[1]Der Auftrag erlischt im Zweifel nicht durch den Tod oder den Eintritt der Geschäftsunfähigkeit des Auftraggebers. [2]Erlischt der Auftrag, so hat der Beauftragte, wenn mit dem Aufschub Gefahr verbunden ist, die Besorgung des übertragenen Geschäfts fortzusetzen, bis der Erbe oder der gesetzliche Vertreter des Auftraggebers anderweit Fürsorge treffen kann; der Auftrag gilt insoweit als fortbestehend.

1 **1. Allgemeines. a) Bedeutung. S. 1** enthält eine widerlegbare **Auslegungsregel,** die gem. § 168 S. 1 auch für die mit dem Auftrag (Geschäftsbesorgungsvertrag, § 675; Zahlungsdienstevertrag: § 675c I) verbundene Vollmacht gilt (→ Rn. 3). Gegenteiliges kann sich aus der ausdr. Vereinbarung oder aus den Umständen (höchstpersönlicher Inhalt des Auftrags) ergeben (BGH NJW-RR
2 1990, 131). **b) Anwendungsbereich.** Die Auslegungsregel (→ Rn. 1) gilt auch im **Grundbuchverkehr** für den Vollmachtsnachweis (§ 29 GBO), Vorlage einer entspr. Urkunde des Erblassers genügt (KG DNotZ 1972, 20; Staudinger/Martinek/Omlor Rn. 17, str.). Sie ist **entspr.** anwendbar bei beschränkter Geschäftsfähigkeit des Auftraggebers, Wegfall der ges. Vertretung und Erlöschen einer jur. Person (str.).

3 **2. Fortdauer des Auftragsverhältnisses.** Aufträge zgDr auf den Todesfall sind möglich (auch zur Vornahme von Schenkungen: → § 331 Rn. 3 ff.); doch geht beim Tod des Auftraggebers das **Widerrufsrecht** (→ § 671 Rn. 3) uneingeschränkt (Ausschluss unzulässig: BGH WM 1976, 1130) auf den **Erben** über (→ § 331 Rn. 7). War der Beauftragte zugleich bevollmächtigt (→ Rn. 1), kann er nach dem Tode des Auftraggebers von der (postmortalen) Vollmacht Gebrauch machen, ohne die Stellungnahme des Erben einholen zu müssen (BGH NJW 1969, 1245 mit abl. Anm. Finger S. 1624, str.; aA Flume II § 51 Rn. 5b arg. Pflichtbindung des Beauftragten gegenüber dem Erben).

4 **3. Erlöschen des Auftragsverhältnisses (S. 2).** Beauftragten trifft Fürsorgepflicht, uU **Notbesorgungspflicht;** insoweit Fiktion der Fortdauer des Auftrags. Folge: Auftragsrecht gilt, nicht GoA. Verletzung der Pflicht begründet Schadensersatzpflicht. Bei fehlender Kenntnis vom Erlöschen: §§ 674, 169. **Sonderregelung:** § 115 II, III InsO.

§ 673 Tod des Beauftragten

[1]Der Auftrag erlischt im Zweifel durch den Tod des Beauftragten. [2]Erlischt der Auftrag, so hat der Erbe des Beauftragten den Tod dem Auftraggeber unverzüglich anzuzeigen und, wenn mit dem Aufschub Gefahr verbunden ist, die Besorgung des übertragenen Geschäfts fortzusetzen, bis der Auftraggeber anderweit Fürsorge treffen kann; der Auftrag gilt insoweit als fortbestehend.

1. Allgemeines. Grund der (dem § 672 entgegengesetzten) **Auslegungsregel** 1 des **S. 1:** persönliches Vertrauensverhältnis zum Beauftragten. Gilt nicht entspr. bei Geschäftsunfähigkeit und beschränkter Geschäftsfähigkeit des Beauftragten; insoweit richtet sich Erlöschen des Auftrags nach den allg. Regeln (→ § 671 Rn. 2 [c]; BeckOGK/Riesenhuber Rn. 9; aA BeckOK BGB/Fischer Rn. 3 mN). Bsp: Auftrag zum rechtsgeschäftlichen Handeln wird mit Eintritt der Geschäftsunfähigkeit unmöglich (§§ 105, 275).

2. Rechtsfolgen. Erlischt der Auftrag (Geschäftsbesorgungsvertrag, § 675), trifft 2 die Erben eine **Fürsorgepflicht** (Inhalt: Anzeige, uU Notbesorgung, S. **2;** vgl. → § 672 Rn. 4; evtl. auch § 259 II, BGHZ 104, 372), **besteht er fort,** folgt Anzeigepflicht der Erben bereits aus §§ 662 ff., 666, 1922.

3. Entsprechende Anwendung. Anwendung bei Geschäftsbesorgungsvertrag 3 (§ 675 I), Zahlungsdienstevertrag (§ 675c I), Tod des Testamentsvollstreckers (§ 2218 I), Erlöschen jur. Person (anders bei Verschmelzung wegen unvereinbarer Sonderregelung des UmwG: BGH NZG 2021, 1370, 1371 f. Rn. 10; BGHZ 200, 221; LG Koblenz NJW-RR 1998, 39; abw.: K. Schmidt DB 2001, 1019 ff.).

§ 674 Fiktion des Fortbestehens

Erlischt der Auftrag in anderer Weise als durch Widerruf, so gilt er zugunsten des Beauftragten gleichwohl als fortbestehend, bis der Beauftragte von dem Erlöschen Kenntnis erlangt oder das Erlöschen kennen muss.

1. Allgemeines. a) Zweck. Schutz des gutgläubigen Beauftragten gegen Schä- 1 den aus Durchführung eines vermeintlich noch fortbestehenden Auftrags (BGHZ 74, 257 f.). **b) Anwendungsbereich.** Gilt nicht beim **Widerruf** des Auftrags (→ § 671 Rn. 3); Grund: Beauftragter ist durch § 130 idR ausreichend geschützt. **Sonderregelung:** § 115 III InsO.

2. Voraussetzungen. a) Beendigung des Auftragsverhältnisses (Geschäftsbesor- 2 gungsvertrags, § 675, Zahlungsdienstevertrags § 675c I) in anderer Weise als durch Widerruf (→ § 671 Rn. 2 [c]). **b)** Unverschuldete Unkenntnis des Beauftragten von o a) (vgl. § 122 II).

3. Rechtsfolgen. Fiktion des Fortbestands des Auftrags zugunsten des Beauftrag- 3 ten, dh bis zum Zeitpunkt der Kenntniserlangung (fahrlässigen Unkenntnis) vom Auftragswegfall (Bsp: BGH NJW 2000, 739 f.) bestehen vertragliche Ansprüche gegen den Auftraggeber (Rechtsnachfolger), insbes. aus § 670 (wichtig, weil im Fall von → Rn. 2 [a] regelmäßig GoA und damit § 683 ausscheidet); im gleichen Umfang besteht auch die Vollmacht gegenüber gutgläubigen Dritten fort, § 169. Bei Tätigwerden treffen aber den Beauftragten auch die Pflichten aus §§ 666, 667; iÜ kann der Auftraggeber aus § 674 keine Rechte herleiten.

Untertitel 2. Geschäftsbesorgungsvertrag

§ 675 Entgeltliche Geschäftsbesorgung

(1) **Auf einen Dienstvertrag oder einen Werkvertrag, der eine Geschäftsbesorgung zum Gegenstand hat, finden, soweit in diesem Untertitel nichts**

Abweichendes bestimmt wird, die Vorschriften der §§ 663, 665 bis 670, 672 bis 674 und, wenn dem Verpflichteten das Recht zusteht, ohne Einhaltung einer Kündigungsfrist zu kündigen, auch die Vorschrift des § 671 Abs. 2 entsprechende Anwendung.

(2) **Wer einem anderen einen Rat oder eine Empfehlung erteilt, ist, unbeschadet der sich aus einem Vertragsverhältnis, einer unerlaubten Handlung oder einer sonstigen gesetzlichen Bestimmung ergebenden Verantwortlichkeit, zum Ersatz des aus der Befolgung des Rates oder der Empfehlung entstehenden Schadens nicht verpflichtet.**

(3) **Ein Vertrag, durch den sich der eine Teil verpflichtet, die Anmeldung oder Registrierung des anderen Teils zur Teilnahme an Gewinnspielen zu bewirken, die von einem Dritten durchgeführt werden, bedarf der Textform.**

Lit.: Assmann, Die Pflicht von Anlageberatern und Anlagevermittlern zur Offenlegung von Innenprovisionen, ZIP 2009, 2125; Habersack, Die Pflicht zur Aufklärung über Rückvergütungen und Innenprovisionen und ihre Grenzen, WM 2010, 1245; Häuser, Giroverhältnis, Gutachten II, 1317; Herresthal, Die Pflicht zur Aufklärung über Rückvergütungen und die Folgen ihrer Verletzung, ZBB 2009, 348; Hopt, Interessenwahrung und Interessenkonflikte im Aktien-, Bank- und Berufsrecht – Zur Dogmatik des modernen Geschäftsbesorgungsrechts, ZGR 2004, 1; ders., Berufshaftung und Berufsrecht der Börsendienste. Anlageberater und Vermögensverwalter, FS Fischer, 1979, 237; Illmer, Systematik der (entgeltlichen) Geschäftsbesorgung, RabelsZ 76 (2012), 836; Lippe/Voigt, Offenlegungspflichten der Anlageberater jenseits von Rückvergütungen – unterschiedliche Anforderungen an Anlageberater bei der Offenlegung von Innenprovisionen durch verschiedene BGH-Senate?, BKR 2011, 151; Martinek, Der KfZ-Zulieferer als kaufmännischer Geschäftsbesorger des KfZ-Herstellers, Juris Monatszeitschrift 2022, 354; Musielak, Entgeltliche Geschäftsbesorgung, Gutachten II, 1209; Rühlicke, Entlastung und Rechtsverlust, 2015; Zugehör, Grundsätze der zivilrechtlichen Haftung der Rechtsanwälte, Steuerberater und Wirtschaftsprüfer, 2009.

1 **1. Allgemeines. a) Zweck und Bedeutung.** § 675 unterstellt bestimmte entgeltliche gegenseitige Verträge, die eine Geschäftsbesorgung zum Inhalt haben, dem Auftragsrecht (ausgenommen §§ 662, 664, eingeschränkt § 671, → Rn. 10). Grund: Es enthält allg. Vorschriften, die bei Tätigkeit im fremden Interessenbereich unabhängig von der Entgeltlichkeit Anwendung finden (→ § 662 Rn. 3). Rechtsverglei-
2 chend: Illmer RabelsZ 76 (2012), 839 ff. **b)** Der **Anwendungsbereich** deckt sich mit dem des Geschäftsbesorgungsvertrags (→ Rn. 3). Eine **Einzelanalogie** zu bestimmten Auftragsvorschriften bei gewöhnlichen Dienst- oder Werkverträgen wird durch § 675 nicht ausgeschlossen (Musielak, Gutachten II, 1229). Bsp: Arbeitsvertrag (BAG 12, 24; 19, 86; NJW 1963, 1221; → § 670 Rn. 11; → Vor § 611 Rn. 14, 18 ff.). Die Abgrenzungsfrage (→ Rn. 4 ff.) verliert dadurch an Bedeutung (Erman/Berger Rn. 1 f.). Für **Zahlungsdienste** (Begriff: § 675c III verweist auf ZahlungsdiensteaufsichtsG, insbes. § 1 II, X) s. § 675c. Für **Gewinnspieldienste** wurde **III** mit Wirkung vom 9.10.2013 (Art. 229 § 33 EGBGB) durch Ges. gegen unseriöse Geschäftspraktiken eingefügt (BGBl. 2013 I 3714; s. dazu BT-Drs. 17/13057, 12). Bei solchen Geschäftsbesorgungsverträgen verpflichtet sich Dienstleister, Auftraggeber bei Gewinnspiel anzumelden bzw. zu registrieren (zB Toto- oder Lottodienst von Vermittlern von Sammellosen). Auftraggeber sind oft Verbraucher; es besteht Gefahr der „langfristigen Bindungen mit erheblichen finanziellen Verpflichtungen […], ohne [dass Verbraucher] sich dieser Folgen ausreichend bewusst" sind, insbes. bei telefonischen Vertragsabschlüssen (BT-Drs. 17/13057, 12). Deshalb verlangt III **Textform** (§ 126b), um insbes. telefonische Vertragsabschlüsse zu verhindern; bei ihrem Fehlen ist Vertrag nach § 125 nichtig.

3 **2. Voraussetzungen. a) Geschäftsbesorgungsvertrag** ist jeder auf eine Geschäftsbesorgung (→ Rn. 4 ff.) gerichtete Dienst- oder Werkvertrag (§§ 611 ff.; 631 ff.). **Verbotene** Geschäftsbesorgung: zB § 3 RDG (Grundsatzverbot außergerichtlicher Rechtsdienstleistungen mit Erlaubnisvorbehalt), § 5 RDG (als berufstypi-

sche Nebenleistung), § 10 I RDG (Inkassodienstleistungen, Renten-, Auslandsrechtsberatung), § 3 StBerG (Steuerberatung),(vergleichbar mit §§ 1, 8 RDG aF/RBerG aF): Umfassende Unfallschadensabwicklung durch Bank (BGH NJW 1961, 317; 1977, 38 und 431; 1978, 2100); rechtliche Abwicklung eines Grundstückserwerbes/Fondsbeitritts im Rahmen eines Steuersparmodells durch GbR-Geschäftsführerin (BGH NJW 2007, 1816). Bei Nichtigkeit des Geschäftsbesorgungsvertrags (zB gem. § 134 bei Verstoß gegen RDG [zum Problem der Teilnichtigkeit s. BGH NJW-RR 2007, 396]) wendet die Rspr. meist (zB BGHZ 157, 175; ZIP 2005, 1599; NJW 2012, 3368 mAnm Armgardt) die §§ 677 ff. an, abl. hL, → § 677 Rn. 6. **b) Geschäftsbesorgung.** Der **Begriff** ist in § 675 **enger** als in §§ 662 (dort 4 → § 662 Rn. 9 f.) und 677 (→ § 677 Rn. 2; vgl. Larenz, SchuldR BT II/1, § 56 V, hM; MüKo-BGB/Schäfer § 662 Rn. 18 ff.). **Geschäftsbesorgung** ist eine selbstständige Tätigkeit wirtschaftlicher Art, die nicht in einer bloßen Leistung an einen anderen, sondern in der Wahrnehmung seiner Vermögensinteressen besteht (BGH NJW 1989, 1217, hM, str.; teilw. krit. Musielak, Gutachten II, 1220 ff.). **aa) Selbst-** 5 **ständigkeit** verlangt eigenverantwortliche Überlegung und Willensbildung des Geschäftsbesorgers; sie fehlt bei Dienstleistungen in abhängiger Stellung, insbes. bei Arbeitsverträgen (str., aber → Rn. 2). **bb) Wirtschaftlicher Art** ist eine Tätigkeit, 6 die sich (unmittelbar) auf das Vermögen des Geschäftsherrn bezieht; fehlt zB bei Arzt (→ § 667 Rn. 4) und Erzieher. **cc) Wahrnehmung fremder Vermögensin-** 7 **teressen** betrifft Angelegenheiten, die an sich der Sorge des Geschäftsherrn obliegen. IdR ist ein Tätigwerden im Rechts-(Prozess-)verkehr erforderlich; kennzeichnend sind Vertretungsmacht, Verfügungsbefugnis, Prozessführungsbefugnis und bes. Treuebindung des Geschäftsbesorgers. Bsp: Besorgung von RGeschäften für Rechnung eines anderen (Kommissionär und andere mittelbare Stellvertreter; Bankgeschäfte); Prozessführung; Rechts- und Vermögensberatung und -verwaltung; Treuhandverhältnisse (ie → Rn. 12). Interessenwahrnehmung **fehlt** bei Führung eigener Geschäfte. Bsp: Leistung von Handwerker (auch Bauunternehmer) „an" den Besteller; Überprüfung bereits diskontierter Wechsel durch die Bank; Schaffung des Aufgabenkreises des Geschäftsherrn erst mit Hilfe des Vertragspartners (Vertrag mit dem nur planenden Architekten, BGHZ 45, 229, str., → Rn. 12). Ein **eigenes** Interesse des Handelnden schließt Geschäftsbesorgung nicht aus (Musielak, Gutachten II, 1225). **dd) Keine** Geschäftsbesorgung ist die Tätigkeit von öffentl. Amtsträgern, 8 wie die des Gerichtsvollziehers (RGZ 82, 85) und Notars (§ 1, 24 I BNotO; BGH NJW-RR 1990, 630; BeckOGK/Teichmann Rn. 97).

3. Rechtsfolgen. a) Anwendung von Auftragsrecht. Primär gelten die ver- 9 traglichen Vereinbarungen, ferner das für die einzelnen Vertragstypen (Handelsvertreter, Kommissionär, Spediteur) bestehende handels- oder berufsrechtliche (zB BRAO) Sonderrecht. Erst sekundär gilt nach Maßgabe des § 675 **Auftragsrecht** und, soweit dieses keine Regelung trifft, Dienst- und Werkvertragsrecht, zB hinsichtlich der Vergütung (§§ 612, 632), der Kündigung (→ Rn. 10 f.). **Entspr. Anwendung** verlangt stets Prüfung, ob durch die Natur des bes. Rechtsverhältnisses die Anwendung nicht ausgeschlossen ist; zum Ersatz von Aufwendungen und Schäden → § 670 Rn. 2 und 11. **Einzelanalogie** zu Auftragsvorschriften: → Rn. 2. Aus dem gesetzlichen Leitbild, das in den §§ 242, 675 I, 667, §§ 383 ff. HGB zum Ausdruck kommt, folgt, dass Anlageberater aus dem **Anlageberatungsvertrag** zur Wahrung der Interessen seines eine Kapitalanlage suchenden Auftraggebers verpflichtet ist. Er muss vertragswidrige Interessenkonflikte in ihrem konkreten Ausmaß offenlegen (BGH WM 2011, 640). Daher **Aufklärungspflicht über** die genaue Höhe der ihm zufließenden **Provision** (Kick back, Innenprovision, Rückvergütung) für die erfolgreiche Empfehlung einer Kapitalanlage, näher → § 242 Rn. 19. Sie besteht stets bei bankmäßig gebundenen Anlageberatern (s. BGH NJW 2010, 2339, 2340 mN). Bei freien, nicht bankmäßig gebundenen Anlageberatern keine entsprechende Aufklärungspflicht – soweit nicht § 70 WpHG eingreift –, wenn der Anleger selbst keine Provision an den Berater zahlt und offen ein Agio oder Kosten

für die Eigenkapitalbeschaffung ausgewiesen werden, aus denen ihrerseits die Vertriebsprovisionen aufgebracht werden, und so lange diese nicht eine Größenordnung von 15 % des einzubringenden Kapitals überschreiten (BGH NJW 2016, 3024, 3025 mN; GWR 2016, 279 mAnm Schneider; NJW-RR 2012, 372; 2011, 913; BeckRS 2012, 03298; 2011, 13871; WM 2011, 640; BGHZ 185, 185); das gilt unabhängig davon, welche Kapitalanlage vermittelt wird. Sie gilt insbes. auch für die Vermittlung von Kapitalanlagen in Form einer Eigentumswohnung (BGH NJW 2016, 3024, 3025 mN; NJW-RR 2006, 685; BeckRS 2015, 04824). Genauso zu behandeln ist eine 100 %ige Tochtergesellschaft einer Bank, die selbstständig in der Anlageberatung tätig ist (BGH NJW 2012, 2952); aufzuklären ist auch über das mögliche Wiederaufleben der Kommanditistenhaftung (nach § 172 IV HGB) durch den Anlageberater (BGH NJW-RR 2015, 298; 2016, 567, 568 Rn. 15). Aufklärung kann auch durch Prospekt erfolgen, dazu bestehen aber qualifizierte Anforderungen an die Informationsqualität eines Prospekts, zudem darf die im Prospekt erfolgte hinreichende Darstellung (insbes.) der Risiken und Chancen der Anlage nicht durch sonstige (insbes. mündliche) Angaben des Beraters entwertet worden sein (BGH NJW-RR 2016, 567, 568 Rn. 16). – BGHZ 196, 370 = NJW 2013, 3293 Rn. 25 ff. mN, stRspr: Discount-Broker, der grds. keine Beratung schuldet (→ Rn. 12), kann im Einzelfall zu einer Warnung des Kunden verpflichtet sein, wenn dessen Aufträge von den zuvor erklärten Zielvorstellungen deutlich abweichen oder wenn erkennbar ist, dass Tragweite und Risiko eines Auftrags falsch eingeschätzt werden. Aufklärungspflicht ferner, wenn der Discount-Broker eine tatsächlich bestehende Aufklärungsbedürftigkeit des Kunden erkannt oder infolge grober Fahrlässigkeit nicht erkannt hat. Bei gestaffelter Einschaltung mehrerer Wertpapierdienstleistungsunternehmen ist grds. nur das kundennähere Unternehmen zur Befragung des Anlegers hinsichtlich seiner Erfahrungen, Kenntnisse, Anlageziele und finanziellen Verhältnisse verpflichtet. Eine Pflicht zur Überwachung des vorgeschalteten Beratungsunternehmens besteht daher in der Regel nicht. Haftungsbewehrte Warnpflicht als Nebenpflicht (§ 241 II) der Execution-only-Dienstleistung besteht, wenn die kundenfernere Direktbank die tatsächliche Fehlberatung des Kunden bei dem in Auftrag gegebenen Wertpapiergeschäft entweder positiv kennt oder wenn diese Fehlberatung auf Grund massiver Verdachtsmomente obj. evident ist. Kapitalanleger hat Darlegungs- und Beweislast für die Kenntnis der Direktbank von der tatsächlichen Fehlberatung bei dem in Auftrag gegebenen Wertpapiergeschäft bzw. für die sich auf Grund massiver Verdachtsmomente aufdrängende obj. Evidenz dieser Fehlberatung. BGHZ 196, 370 = NJW 2013, 3293 Rn. 41 mN; NJW-RR 2014, 367 Rn. 20 f.: Bei gestaffelter Einschaltung mehrerer selbstständiger Wertpapierdienstleistungsunternehmen haftet das kundenfernere Unternehmen nicht analog § 128 HGB für ein Beratungsverschulden des kundennäheren Unternehmens, weil die Unternehmen auch beim Vorliegen von Vertriebsabsprachen regelmäßig keine Gesellschaft bürgerlichen Rechts bilden. S. zur Pflichtenbegründung und der Fallgruppendifferenzierung (str.) Assmann ZIP 2009, 2125; Habersack WM 2010, 1245; Lippe/Voigt BKR 2011, 151; die Frage, ob bei Verstoß gegen diese Aufklärungspflicht vor dem 19.12.2006 ein Fahrlässigkeit ausschließender Rechtsirrtum vorliegt und ob die Rspr. zur Aufklärungspflicht für Sachverhalte, die in den Anwendungsbereich des WpHG nF fallen (Stichtag: 1.11.2007), eingreift bzw. eine Vorlage an den EuGH erfordert, untersucht Herresthal ZBB 2009, 348. – Zu Auslageersatzklauseln s. BGH
10 NJW 2012, 2337. **b) Nicht** anwendbare Vorschriften: → Rn. 1. **aa)** Für die **Vertragsbeendigung,** insbes. die **Kündigung,** gilt Dienst- und Werkvertragsrecht, also anstelle von § 671 I die §§ 620 ff., 643, 649; § 671 II ist jedoch (vgl. **Schlusshalbs.**) anwendbar, wenn der Geschäftsbesorger ohne Einhaltung einer Kündigungsfrist kündigen kann (zB im Fall der §§ 621 Nr. 5, 626, 627 I, sa dort II). Geschäftsbesorgungsvertrag erlischt nach §§ 115, 116 InsO mit Wirkung für die Zukunft (BGH NJW-RR 2005, 51 f.; BGHZ 168, 278; NJW-RR 2007, 848; 2008, 1008, → § 671
11 Rn. 2). **bb) Unterbeauftragung und Weitergabe des Auftrags.** Anstelle von § 664 I 1, II gilt beim Geschäftsbesorgungsdienstvertrag der inhaltsgleiche § 613,

entspr. Anwendung auf Geschäftsbesorgungswerkvertrag ist bei bes. Vertrauensverhältnis möglich (Larenz, SchuldR BT II/1, § 56 V; Musielak, Gutachten II, 1228 f.). Bei § 664 I 2 ist entspr. Anwendung nicht schlechthin ausgeschlossen (Staudinger/Martinek/Omlor § 664 Rn. 20 f.; MüKo-BGB/Heermann Rn. 24; Koller ZIP 1985, 1246, str.). Gestattung der Übertragung der Geschäftsbesorgung und Beschränkung der Haftung des Geschäftsführers auf Auswahlverschulden ist möglich (§ 311 I), jedoch wird auch bei befugter Übertragung der Ausführung von voller Haftung für den Untergeschäftsführer (§ 278) auszugehen sein. Abgrenzung zur „Weiterleitung" von Kundenaufträgen durch Banken: → § 664 Rn. 2 aE; ie Kümpel WM 1996, 1893. Sondervorschriften für Spediteur: § 408 HGB; Anwalt: § 53 BRAO.

4. Einzelne Geschäftsbesorgungsverträge. Agenturverträge, zB Werbeagenturvertrag (OLG Hamm GRUR 1988, 564; Möhring/Illert BB 1974, 65), Agenturvertrag über „in Kommission" („Zahlung") gegebene Gebrauchtwagen (BGHZ 89, 134 f.; Behr AcP 185, 401 ff.; → § 311 Rn. 23, 26; → § 365 Rn. 2; uU Maklervertrag: OLG Stuttgart NJW-RR 1988, 892); zur Einordnung eines Pkw-Verkaufs auf Provision s. BGH NJW 2011, 1726; Mediaagenturvertrag (BGH BeckRS 2016, 12373); uU **Architektenvertrag** (→ Vor § 631 Rn. 4), zB soweit Verhandlungen mit Dritten zu führen sind, die über Hilfstätigkeiten hinausgehen (BGHZ 45, 229, str.; aA – idR § 675 – Musielak, Gutachten II, 1241 ff.); Erbenermittlungsvertrag (BGH NJW-RR 2016, 842); **Bankverträge** (s. Petersen JURA 2004, 627), zB Scheck-, Depot- (BGH NJW 1991, 978, s. ScheckG, DepotG), Effektenkommissions- (OLG Köln WM 1995, 383 f.) und Akkreditivbestellungsvertrag (→ § 783 Rn. 12), Dokumenteninkassoauftrag (BGHZ 95, 154), unechtes Factoring (BGHZ 58, 366; Musielak, Gutachten II, 1253 f.; → § 398 Rn. 31), Avalkredit (BGHZ 95, 380 f.), uU auch Akzeptkredit → Vor § 488 Rn. 19; zur Wirksamkeit von Vorsorgevollmachten → § 1896 Rn. 26 sowie Teersteegen NJW 2007, 1717; Zimmermann BKR 2007, 226; Wertpapiergeschäfte, zB BGH BeckRS 2013, 20965; NJW 2014, 924 (zur Inhaltskontrolle einer Klausel, welche eine abweichende Vereinbarung zu §§ 675, 667, § 384 HGB trifft). Für Verträge über **Zahlungsdienste** s. §§ 675c–676c. **Baubetreuungsverträge:** Baubetreuer ist ua, wer Bauvorhaben gewerbsmäßig in fremdem Namen für fremde Rechnung wirtschaftlich vorbereitet oder durchführt (§ 34c I 1 Nr. 3b GewO; BGHZ 126, 330), auch bei Vereinbarung eines Festpreises (BGHZ 67, 334) und bei Bauerrichtungsgemeinschaft als Auftraggeber (BGHZ 76, 89; Rspr.-Übersicht: Jagenburg NJW 1990, 292 ff.; Doerry WM SonderBeil 8/91, 5 f.; Weber NJW 2010, 1855); die Verträge mit dem **RA** (Geschäftsbesorgungsdienstvertrag: BGHZ 71, 381; NJW 1985, 2642 und → Vor § 611 Rn. 19; → § 276 Rn. 32; zur Anwaltshaftung → § 280 Rn. 60; BGH BeckRS 2016, 07175; NJW 2015, 3519; BeckRS 2011, 11768; NJW 2009, 2949 mAnm Römermann 2924; NJW-RR 2008, 1236; NJW 2007, 2486, 2488 [Umfang der Beratungspflicht]; NJW 2021, 304 [ggf. Verbrauchervertrag, u.U. als Fernabsatzvertrag mit Geltung der §§ 312b, 312c, Widerrufsrecht gem. § 312g], BGH NJW 2020, 1811; BeckRS 2020, 4565 [Unwirksamkeit formularmäßiger Vergütungsabrede, insb. zur Wirksamkeit einer sog. Zeittaktklausel]: 2018, 2476 [Warnungen und Hinweise außerhalb des erteilten Anwaltsmandats]; NJW 2020, 1139, 1140 Rn. 14 ff. [Hinweispflicht auf steuerrechtlichen Beratungsbedarf], NJW-RR 2022, 492, 493; BeckRS 2016, 13601 [Belehrungspflichten bei Abschluss eines gerichtlichen Vergleichs]; NJW 2021, 3324, 3326 f. Rn. 26, Rn. 30 ff. [Belehrungspflicht über Erfolgsaussichten], → § 667 Rn. 4 [Berufspflicht zur Herausgabe von Handakten]; BGH NJW 2020, 3725 NJW 2014, 2795; BeckRS 2015, 13589 [zum Anscheinsbeweis für Rechtsberaterhaftung]; NJW 2013, 2036 mAnm Borgmann [Umfang der Mandantenaufklärung vor Rücknahme eines Rechtsmittels]; 2011, 2649 [Pflicht zur Pfändung und Überweisung der Klageforderung]; 2008, 1310 f. [kein Zurechnungszusammenhang zw. anwaltlicher Pflichtverletzung und Schaden bei bestimmten Fehlern des Gerichts]; 2008, 1307 f. [cic]; 2003, 822 [Wegfall Sekun- 12 därhaftung bei Beauftragung anderen Anwalts]; BeckRS 2015, 13589 [Bestehen Sekundärhaftung bei persönlichem Folgemandat eines als Scheinsozius primär haftenden Anwalts]; BVerfG NJW 2002, 2937 mAnm Zugehör 3225, Anm. Henssler/Müller EWiR 2003, 165; jetzt abweichend BVerfG NJW 2009, 2945 [zu BGH NJW 2009, 987]; BGH NJW 2012, 2435 mAnm Grunewald [Haftung einer Anwaltssozietät]; 2013, 540 mAnm Schultz [zur Haftung wegen eines Vorprozesses]; 2010, 73 ff. [anwaltliche Hinweispflicht, Verhältnis Anwalts-/Gerichtsfehler]; 2019, 1151 [Abgrenzung der Informationsbeschaffungspflicht des Mandanten betreffend Tatsachen von der des Anwalts]; NJW-RR 2017, 540 [RA-Haftung bei unterlassener Rechtsmitteleinlegung und Mitverschulden des Mandanten]; NJW 2016, 957 [Pflicht zur umfassenden Darlegung der Sach- und Rechtslage iRd Prozessvortrags]; NJW-RR 2017, 506 [Verjährung des Schadensersatzanspruchs gegen RA]; zum Einbezug Dritter in den Schutzbereich des Anwaltsvertrags s. BGH NJW 2004, 3630; 2016, 3432; 2020, 3169) und den Angehörigen anderer beratender Berufe wie **Patentanwalt** (BGHZ 52, 361), **Rechtsbeistand** (BGH MDR 1985, 31), **Steuerberater** und **-bevollmächtigter** (BGHZ 115, 386 mN; NJW 2017, 1611, 1612 Rn. 14 [Auftrag, für Kapitalgesellschaft nach §§ 242, 264 HGB erforderlichen Jahresabschluss zu erstellen, enthält stets eine werkvertragliche Verpflichtung mit Geschäftsbesorgungscharakter]; zur Informationspflicht s. BGH NJW-RR 2017, 566; NJW 2015, 2326; NJW-RR 2007, 1556 f.; NJW 2004, 3487; zur Pflicht, den Mandanten vor steuerstrafrechtlicher Verfolgung zu bewahren BGH WM 2010, 993; zum Mitverschulden des Mandanten BGH BeckRS 2011, 18258; zur Einbeziehung Dritter BGH NZG 2011, 1384; WM 2018, 378; zur Pflicht zur Lektüre von Fachzeitschriften s. BGH NJW 2015, 770; zum Anscheinsbeweis für Steuerberaterhaftung s. BGH NJW 2014, 2795; NJW-RR 2019, 373); zur konsolidierten Schadensbetrachtung bei Rechtsanwalts- und Steuerberaterhaftung s. BGH NJW 2021, 1163; bei der Verpflichtung zur Prüfung der Insolvenzreife eines Unternehmens liegt hingegen ein Werkvertrag vor (BGH NJW 2012, 3165 mAnm Keller); **Wirtschaftsprüfer** (ie Brandner ZIP 1984, 1187); zur Einordnung des dauerhaften Vertrags mit einem Wirtschaftsprüferunternehmen als Dienste höherer Art und damit als Dienstvertrag s. BGH NJW 2011, 3575; **Kapitalverwaltungsgesellschaft:** durch KAGB besonders ausgestalteter Dienstvertrag mit Geschäftsbesorgungscharakter gem. §§ 611, 675 I, mit dem die Kapitalverwaltungsgesellschaft fremde Vermögensinteressen eigenverantwortlich wahrnimmt. (BGH NJW-RR 2022, 984 Rn. 13), **Anlageberater** (BGH NZG 2014, 904; ZIP 2004, 1154; OLGR Celle 2005, 60; Musielak, Gutachten II, 1234 ff.); zum stillschweigenden Zustandekommen eines Anlageberatungsvertrags in stRspr (BGHZ 123, 126, 128; BKR 2008, 199 Rn. 12; 2014, 203 Rn. 14; BGHZ 196, 370 = NJW 2013, 3293 Rn. 17; NJW-RR 2016, 567 Rn. 14); BGH NJW-RR 2014, 367 Rn. 14: Tritt Anlageinteressent an eine Bank oder der Anlageberater einer Bank an einen Kunden heran, um über die Anlage eines Geldbetrages beraten zu werden bzw. zu beraten, liegt darin ein Angebot zum Abschluss eines Beratungsvertrages. Es wird *stillschweigend* durch die Aufnahme des Beratungsgespräches angenommen. Kein stillschweigend geschlossener Beratungsvertrag aber anzunehmen, wenn die Bank – wie es Discount-Broker bzw. *Direktbanken* bei Execution-only-Dienstleistungen üblicherweise tun – bereits bei Aufnahme der Geschäftsbeziehung erklärt, sich nur an gut informierte und erfahrene Anleger zu wenden und zur Aufklärung nur durch Übersendung von Informationsbroschüren, nicht aber durch individuelle Hinweise bereit zu sein. Ein Anleger, der der Bank in Kenntnis dessen ohne ein Aufklärungsbegehren eine gezielte Order erteilt, erklärt damit konkludent, dass er keine weiteren Informationen von der Bank benötige, also nicht aufklärungsbedürftig sei. Daher kein Vertragsschluss anzunehmen, sobald die Bank deutlich erklärt, keine Beratungsleistung erbringen zu wollen. BGH GWR 2013, 521: Beratungsvertrag kann grds. auch dadurch (neu) abgeschlossen werden, dass ein Anleger sich nach getroffener Anlageentscheidung bei seiner Bank erkundigt, wie er sich angesichts fallender Kurse verhalten soll; zur Einbeziehung Dritter s. OLG München WM 2010, 1798; zur Beratungspflicht BGH NJW-

RR 2009, 687 ff.; 2010, 349 ff.; 2011, 329; NJW 2011, 1949; in Bezug auf Gesetzesänderungen NJW 2012, 380; zur neu eingefügten Protokollierungspflicht nach § 34 IIa WpHG aF s. Brinkmann BKR 2010, 45; zur Aufklärungspflicht bei Anlageberatung → Rn. 9; zur Plausibilitätsprüfung eines Prospekts BGH NJW-RR 2013, 371; BeckRS 2013, 11561; zum stillschweigenden Beratungsvertrag über Anschlussfinanzierung, BGH NJW 2018, 848; zu fehlerhaften Angaben in einer Werbebroschüre, BGH NJW 2013, 2343; reine **Reisevermittler,** soweit kein Fall des § 651a II vorliegt (OLG Hamburg NJW 1982, 1537; LG Göttingen NJW-RR 1990, 1397), zur Abgrenzung der Reisevermittlung und der Reiseveranstaltung BGH NJW 2011, 599; bei **Schuldverschreibung** richtet sich Rechtsverhältnis zwischen gem. § 19 II SchVG von der Gläubigerversammlung bestellten **gemeinsamen Vertreter** und Gläubigern, soweit SchVG keine abweichenden Bestimmungen trifft, nach §§ 675, 667 ff. (BGH ZRI 2022, 331, 332; NZG 2021, 1037), Vergütung nicht entspr. §§ 675, 667 ff., sondern nach SchVG (BGH NZG 2021, 1037 Rn. 8). SchVG regelt Herausgabepflicht des gemeinsamen Vertreters nicht (BGH ZRI 2022, 331, 332 Rn. 8), die Verträge mit **Treuhändern** (BGHZ 76, 131; 124, 300; NJW 1998, 2969; 2009, 1738 [unselbstständige **Stiftung**]; NZG 2013, 229 [Treuhandgesellschafter]; 2014, 791 [Inkassozessionar]; BeckRS 2015, 05011 [Rechtsanwalt als Treuhänder]; → § 662 Rn. 3; umfassend zum Treuhandvertrag Soergel/Beuthien vor § 662 Rn. 21 ff.; Grundmann, Der Treuhandvertrag, 1997), mit **Verwaltern** (Geschäftsbesorgungsdienstvertrag; BGH NJW-RR 2008, 1270; WM 1965, 1181), zB Haus-, Guts-, Vermögens- oder Wohnungseigentumsverwalter (BGHZ 78, 65; 137, 73; NJW 1998, 681; 2002, 1868 **[Depotverwaltung];** 2022, 2397, 2398 Rn. 9, BGH NZM 2021, 510, 512 Rn. 17; BGH NJW-RR 2011, 1093 **[WEG-Verwalter]**), mit **Organen** von jur. Personen (BGH NJW 1985, 1900: Beirat einer KG; → Vor § 611 Rn. 18; BGH NJW-RR 2021, 1337, 1338 Rn. 11: Auskunftspflicht GmbH-Geschäftsführer nach § 666 iVm §§ 675, 611), **Kommissionären** (§§ 383 ff. HGB; Musielak, Gutachten II, 1258 ff.), **Handelsvertretern** (§§ 84 ff. HGB; Musielak, Gutachten II, 1254 ff.) und **Versicherungsvermittlern** (BGHZ 94, 358 ff.), **Kautionsversicherungsvertrag** (BGH NJW-RR 2008, 1007; BGHZ 168, 276; WM 2010, 1397, auch zur Behandlung in der Insolvenz, krit. Habersack BKR 2007, 74). **Zulieferverträge** sind regelmäßig allein Kauf- oder Werkverträge. Wenn allerdings dauerhaft komplexere Rahmenkooperationspflichten verabredet werden, können sie im Einzelfall auch als gemischte Verträge mit Geschäftsbesorgungselementen ausgestaltet sein, abhängig von der Vertragsgestaltung ist das nicht selten bei Just-in-time-Lieferungsverträgen mit ausgelagerten Qualitäts- und Sicherheitskontrollpflichten so (BeckOGK/Teichmann Rn. 142, vertiefend Staudinger/Martinek/Omlor Rn. B 251 ff.; bei KfZ-just-in-time-Zulieferverträgen stärker § 675 betonend und differenzierend Martinek, Juris Monatszeitschrift 2022, 354 ff.). Zur Rechenschaftspflicht eines Ferienwohnungs-Vermieters s. BGH NJW 2012, 58.

5. Rat, Empfehlung (II).

Lit.: Altenburger, Grundlagen der Dritthaftung von Sachverständigen für fahrlässig falsche Beleihungswertgutachten, WM 1994, 1597; Benedict, Die Haftung des Anlagevermittlers, ZIP 2005, 2129; Breinersdorfer, Die Haftung der Banken für Kreditauskünfte gegenüber dem Verwender, 1991; Canaris, Die Vertrauenshaftung im deutschen Privatrecht, 1971; ders., Die Haftung für falsche Meldungen über Millionenkredite gemäß § 14 KWG, ZIP 1987, 409 und WM 1987, 1441; ders., Die Haftung des Experten gegenüber Dritten, ZHR 163 (1999), 206; ders., Die Schadensersatzpflicht der Kreditinstitute für eine unrichtige Finanzierungsbestätigung als Fall der Vertrauenshaftung, FS Schimansky, 1999, 43; ders., Die Vertrauenshaftung im Lichte der Rechtsprechung des BGH, Festgabe 50 Jahre BGH, 2000, 129; ders., Die Vermutung „aufklärungsrichtigen Verhaltens“ und ihre Grundlagen, FS Hadding, 2004, 3; Czub, Der Beratungsvertrag zur Förderung des Entschlusses zum Immobilienkauf als Kapitalanlage, ZfIR 2007, 41; Damm, Entwicklungstendenzen der Expertenhaftung, JZ 1991, 37; Ebke/Scheel, Die Haftung des Wirtschaftsprüfers für fahrlässig verursachte Vermögensschäden Dritter, WM 1991, 391; Ellenberger, Die neuere Rechtsprechung des Bundesgerichtshofes zu Aufklärungs- und Beratungspflichten bei der Anlageberatung, WM 2001, Sonderbeilage 1; Förster, Die Prospekthaftung der organisierten und grauen Kapitalmärkte, Diss. Gießen 2002; Geibel, Kapitalanlegerschaden, 2002; Grunewald, Zur Haftung von Fachleuten im Zivilrechtsverkehr, JZ 1982, 631; Heese, Beratungspflichten, 2015; Herrmann, Die Sachwalterhaftung vermögenssorgender Berufe, JZ 1983, 424; Hirte, Berufshaftung, 1996; Honsell, Zum stillschweigenden Auskunftsvertrag mit Schutzwirkung für Dritte, JZ 1985, 953; Hopt, Nichtvertragliche Haftung usw, AcP 183, 608; Jost, Vertragslose Auskunfts- und Beratungshaftung, 1991; Kersting, Die Dritthaftung für Informationen im Bürgerlichen Recht, 2007; Kieninger, Informations-, Aufklärungs- und Beratungspflichten beim Abschluss von Versicherungsverträgen, AcP 198, 194; Klöhn, Die „allgemein bekannte Tatsache" im Recht der Anlageberatung und Anlagevermittlung, ZIP 2010, 1005; Koch, § 311 Abs. 3 BGB als Grundlage einer vertrauensrechtlichen Auskunftshaftung, AcP 204, 59; Köndgen (Hgb), Neue Entwicklungen im Bankhaftungsrecht, 1987; Koller, Anmerkung, Zum Auskunftsvertrag bei der Anlagevermittlung, EWiR 2005, 665; Lang, Aufklärungspflichten bei der Anlageberatung, 1995; Lammel, Zur Auskunftshaftung, AcP 179, 358; Lorenz, Haftung für primäre Vermögensschäden bei der Erteilung einer unrichtigen Auskunft, FS Larenz, 1973, 575; Loewenheim, Zur Abgrenzung von vertraglicher und deliktischer Verantwortlichkeit, JZ 1980, 469; Mansel, Immaterialität, Ubiquität und Paradoxität der Information und das Produkthaftungsgesetz, FS Schütze, 1999, 485; ders., Reziprozität und Utilität als Auslegungselemente bei konkludentem Vertragsschluß – am Beispiel unentgeltlicher Informationsgewährung, GS Lüderitz, 2000, 487; ders., Eigen- und Fremdverantwortung im Haftungsrecht, 2000, 435; ders., Informationshaftungsrechtliche Verkehrspflichten im Rahmen des § 823 Abs. 1 BGB, FS Werner Lorenz, 2001, 215; Masch, Die Dritthaftung von Banken bei fehlerhaften Eigenauskünften, 2005; Müller, Auskunftshaftung nach deutschem und englischen Recht, Diss. Freiburg 1995; Müller-Graff, Die Geschäftsverbindung als Schutzpflichtverhältnis, JZ 1976, 153; Raeschke-Kessler, Bankenhaftung bei der Anlageberatung usw, WM 1993, 1830; Schlick, Die aktuelle Rechtsprechung des III. Zivilsenats des BGH zum Kapitalanlagerecht, WM 2011, 154; Martin Schwab, Die Vermutung aufklärungsrichtigen Verhaltens bei mehreren hypothetischen Entscheidungsmöglichkeiten, NJW 2012, 3274; Strauch, Rechtsgrundlagen der Haftung für Rat, Auskunft und Gutachten, JuS 1992, 897; Thiel, Die Haftung der Anlageberater und Versicherungsvermittler, 2005.

13 **a) Allgemeines. aa) Zweck.** Klarstellung durch II, dass durch Wissensmitteilung oder Meinungsäußerung (Auskunft, Rat, Empfehlung) allein kein RGeschäft und damit keine Verbindlichkeit begründet wird, soweit nicht bei Unrichtigkeit vertragliche (→ Rn. 16–23) oder deliktische Haftung (→ Rn. 24) eingreifen (Ausnahmen). Wissensmitteilung oder Meinungsäußerung selbst ist nur Wissenserklärung, keine Willenserklärung. Verbindlich ist damit nur die vertragsmäßig oder im Rahmen eines vertragsähnlichen Vertrauensverhältnisses erteilte Auskunft, andernfalls liegt unverbindliche Gefälligkeit vor (vgl. → § 241 Rn. 23 ff.; → § 662 Rn. 5); hier
14 kann Haftung nur auf Delikt gestützt werden (→ Rn. 24). **bb) Bedeutung.** II ist „Norm ohne Regelungsgehalt" und könnte entfallen (Heese Beratungspflichten 102 ff.). Sie hat im Wesentlichen nur Funktion als Standort für thematisch einschlägige Kommentierungen. Auskünfte, die von Personen mit bes. Sachkunde im Rahmen ihres Berufs oder Gewerbes erteilt werden (zB von Auskunftei, Anwalt, Arzt, Bank, öffentl. bestellten Sachverständigen, Steuerberater, Wirtschaftsprüfer usw),
15 ergehen iZw auf vertraglicher Grundlage (→ Rn. 16 ff.). **cc) Auskunftshaftung, Informationshaftung.** Bei der Informationshaftung verwirklicht sich der Informationsschaden allein durch eine Willensinteraktion des Informationsgebers (Auskunftsgeber) und des Informationsverwenders (Auskunftsnehmer). Zu der Fehlinformation des ersten muss die darauf aufbauende Fehldisposition des zweiten hinzutreten. Das Haftungsgeschehen der Informationshaftung ist daher notwendig zweiaktig. Die Informationshaftung ist eine Haftung wegen veranlasster Fehldisposition (s. Mansel FS Henrich, 2000, 425 f.). Die vertragliche Haftung (§ 280) für schuldhaft unsorgfältig erteilte Auskünfte setzt voraus: Bestehen eines Vertrags oder vertragsähnlichen Vertrauensverhältnisses (→ Rn. 16–19), aus dem sich eine Auskunftspflicht ergibt; schuldhafte Verletzung dieser Pflicht durch sorgfaltswidrige Erteilung einer Auskunft und kausal daraus entstehender Schaden (→ Rn. 21 ff.). Rechtsfolge: Schadensersatzpflicht
16 (→ Rn. 23). Außervertragliche Haftung: → Rn. 24. **b) Auskunftsvertrag und geschäftlicher Auskunftskontakt. aa) Selbstständiger Auskunftsvertrag.** Hier ist die Auskunftserteilung Hauptleistung. Bsp: Auskunft durch Auskunftei; Rechtsgutachten durch RA; Anlageberatung durch Bank (BGHZ 100, 118; 123, 128; ie

Raeschke-Kessler WM 1993, 1831); genetische Beratung durch Arzt (BGHZ 124, 130 f.). Er ist seiner Rechtsnatur nach bei Unentgeltlichkeit Auftrag, sonst Dienstvertrag (meist mit Geschäftsbesorgungscharakter, str.; s. Musielak, Gutachten II, 1234) oder Werkvertrag (vgl. BGHZ 67, 4), bei medizinischer Auskunft kann Behandlungsvertrag in Betracht kommen (§ 630a). Sichert der Auskunftsgeber die Richtigkeit ohne Rücksicht auf Verschulden zu, liegt Garantievertrag vor (→ Vor § 765 Rn. 13 ff.). **bb) Auskunft als Nebenpflicht, gemischter Vertrag.** Bei allen Vertragstypen kann 17
eine vertragliche Nebenpflicht zur Auskunftserteilung bestehen. Bsp: Anlageberatung durch geschäftsbesorgenden Anlageberater (BGH NJW-RR 1987, 936; aber uU schon Fall von → Rn. 16), Steuerberater (BGHZ 83, 333) oder RA (BGH NJW 1994, 1406); Beratung über einzuhaltende Verarbeitungsrichtlinien durch Verkäufer (BGHZ 88, 135; → § 433 Rn. 23; allg. → § 241 Rn. 21). Zur Abgrenzung zum Beratungsvertrag BGH BeckRS 2012, 21003. Abgrenzung zum gemischten Vertrag nach Bedeutung der Auskunftspflicht, s. BGH NJW 1978, 997. **cc) Stillschweigender** 18
Vertragsschluss, Vertrauenshaftung. Ein **stillschweigender Auskunftsvertrag** wird angenommen, wenn die Auskunft für den Empfänger erkennbar von erheblicher Bedeutung ist und er sie zur Grundlage wesentlicher Entschlüsse machen will, insbes. wenn der Auskunftsgeber über bes. Sachkunde verfügt oder er mit der Auskunftserteilung eigene wirtschaftliche Interessen verfolgt (BGHZ 74, 106; 123, 128; NJW 1991, 352 mN; 1992, 2082 f. mN; NJW-RR 1995, 620; NJW 2009, 1141, stRspr). In diesem Fall wird der **Wissenserklärung** der Auskunft zugleich eine **Willenserklärung** der rechtsgeschäftlichen Haftungsbereitschaft für sorgfaltsgemäße Erteilung der Wissenserklärung entnommen. Bsp: Kreditauskunft von Bank an Nichtkunden (BGH NJW 1972, 1200); Auskunft von Fachmann über Bonität des zukünftigen Geschäftspartners des Auskunftsempfängers (BGH NJW 2003, 1521 [Auskunft durch Bank]; NJW-RR 1986, 1307 f. [Auskunft durch Wirtschaftsprüfer]); Anlageempfehlung von Anlagevermittler (BGH NJW-RR 2007, 925; NJW 2007, 1362; NJW-RR 2005, 1120; BGHZ 70, 360; 74, 107); Anlagevermittlung durch Bank (BGHZ 100, 118 f.; 123, 126; → Rn. 16). Zur Abgrenzung zum Beratungsvertrag BGH BeckRS 2012, 21003. Vertragsverhandlungen führende Dritte können zur Auskunftserteilung stillschweigend bevollmächtigt sein; der Beratungsvertrag kommt dann mit dem Vertretenen zustande (BGHZ 140, 111; NJW 2003, 1811; 2016, 1251). Indizien für eine vertragliche Bindung sind die Vereinbarung einer Vergütung, die geplante Anknüpfung einer Geschäftsbeziehung (OLG München MDR 1974, 666), dagegen ist bloße Gelegenheitsauskunft meist unverbindliche Gefälligkeit (→ Rn. 13; Bsp: BGH NJW 1991, 352 f.). Bei **Unentgeltlichkeit** ist im Zweifel kein Vertragsschluss anzunehmen (s. Mansel GS Lüderitz, 2000, 506, str.). Bei Herausgabe einer Gebrauchsanweisung liegt idR kein Rechtsbindungswille des Herstellers gegenüber dem Endabnehmer vor (BGH NJW 1989, 1029 f.). Abgrenzung ist oft zweifelhaft, die Annahme stillschweigender Willenserklärungen läuft idR auf bloße Fiktion hinaus (näher Heese Beratungspflichten 135 ff.). **dd) Vertrauenshaftung.** Deshalb wird in der Literatur eine (zT 19
berufsspezifische) Vertrauenshaftung angenommen (grundlegend Canaris, Die Vertrauenshaftung im deutschen Privatrecht, 1971; ders. ZHR 163 [1999], 206; ders. FS Schimansky, 1999, 43; ders., Festgabe BGH, 2000, 129; ferner: Lorenz FS Larenz, 1973, 575, 616 ff.; Lammel AcP 179, 358 ff.; Grunewald JZ 1982, 631; Damm JZ 1991, 375 ff.; ähnlich Hirte, Berufshaftung, 1996, 412 ff.: Dienstleistungshaftung; Jost, Vertragslose Auskunfts- und Beratungshaftung, 1991, 254 ff.: Erklärungshaftung; Koch AcP 204, 59: § 311 III als Grundlage vertrauensrechtlicher Auskunftshaftung). Ähnlich im Falle eines **unmittelbaren (nicht-rechtsgeschäftlichen) Auskunftskontakts** die ältere Rechtsprechung: BGHZ 74, 287: „sozialer Kontakt". Bsp: Auf Dauer angelegte Geschäftsverbindung, wenn sich ein Vertrauensverhältnis herausgebildet hat und die Auskunftserteilung im inneren Zusammenhang mit der Geschäftsverbindung steht (OLG Celle NJW-RR 1989, 37; Müller-Graff JZ 1976, 153); Scheckauskünfte unter Banken (BGHZ 61, 177; OLG Köln ZIP 1983, 1438); Bank-zu-Bank-Auskünfte (BGH NJW-RR 1991, 1265; ie Breinersdorfer WM 1992, 1557); Auskünfte unter Lieferanten über Bonität von Kunden (BGH WM 1969, 247). Die aktuelle Rechtspre-

20 chung nimmt diese Begründungslinien seltener auf. **ee) Mittelbarer Auskunftskontakt.** Beim mittelbaren Auskunftskontakt handelt es sich um Fälle der Weitergabe an Dritte von (idR schriftlich) erteilten Auskünften an den Weitergebenden. Bsp: Erstellung von Gutachten und Berichten durch Sachverständige, Steuerberater, Wirtschaftsprüfer, Banken, Versicherungen usw, die vom Auftraggeber Dritten vorgelegt werden; hierher gehört auch die Ausstellung eines Dienstzeugnisses (BGHZ 74, 289 ff., str.; krit. Loewenheim JZ 1980, 469). Nach hM ist **Auskunftsvertrag zgDr** (§ 328) und **mit Schutzwirkung für Dritte** (→ § 328 Rn. 39) dann anzunehmen, wenn die Auskunft erkennbar (auch) für einen Dritten bestimmt ist (str.; so BGH BeckRS 2004, 08030; NJW 2002, 1197; BGHZ 127, 380 f. mit zust. Anm. Medicus JZ 1995, 308; Kersting, Die Dritthaftung für Informationen im Bürgerlichen Recht, 2007, 548; Grüneberg/Grüneberg § 311 Rn. 60 mN, § 328 Rn. 34; aA J. Koch AcP 204, 59 [über § 311 III]; wN zur aA bei Hirte aaO 390); da obj. Kriterien (iSv → § 328 Rn. 25) fehlen, vielfach nur Fiktion (krit. und abl. Ebke/Scheel WM 1991, 391 ff. mwN). Dagegen begründet die Weitergabe der Auskunft durch einen verdeckten Stellvertreter keinen Fall zulässiger **Drittschadensliquidation** (BGH NJW 1996, 2735; iE aA Altenburger WM 1994, 1597, 1610 f.). Ist die Auskunft für einen abgrenzbaren Personenkreis bestimmt (zB Expertise über Kunstwerk zur Vorlage an Käuferkreis), kann uU Vertrag mit dem, „den es angeht", in Frage kommen (BGHZ 12, 109; NJW 1979, 1596 f.; 1991, 352; Herrmann JZ 1983, 424, str.; einschr. BGH NJW 1973, 321; MDR 1976, 748), bedenklich (Altenburger WM 1994, 1597, 1603, 1610). **Auskunftsvertrag mit dem, den es angeht,** kann nur bei eindeutig erklärtem Haftungswillen des Auskunftsgebers angenommen werden (s. BGH NJW 1979, 1596 f.) und ist im Zweifel zu verneinen. – Zum Drittschutz beim Steuerberatungsvertrag NJW 2012, 3165. **Zum Einbezug** der Gesellschafter und Geschäftsführer in den Schutzbereich eines zwischen GmbH und Steuerberater geschlossenen Vertrags zur Prüfung einer möglichen Insolvenzreife der GmbH s. BGH NJW 2012, 3165.

21 **c) Unrichtige Auskunft und Schaden. aa) Pflichten des Auskunftsgebers.** Auskunftsgeber muss Auskunft **sorgfältig** erstatten und sich um **Richtigkeit und Vollständigkeit** bemühen (BGHZ 74, 110; 116, 211 f.; 123, 129). Fehlen hinreichende Erkenntnisquellen für die Auskunftserteilung, muss dies klar zum Ausdruck gebracht werden (BGHZ 123, 129 f.). Banken obliegt die Pflicht zur *„anlegergerechten"* und zur *„objektgerechten"* Beratung (BGHZ 123, 128 f.; dazu zB Escher-Weingart JZ 1994, 104; Mutter MDR 1994, 233; zu den Bank-Verhaltenspflichten gem. §§ 67 ff. WpHG s. ie Gaßner/Escher WM 1997, 93 ff.; → § 280 Rn. 60). Bestehen und Umfang einer **Pflicht zur Nachforschung** richtet sich nach den Umständen des Einzelfalls (BGHZ 70, 362; 111, 80 mN; NJW-RR 1993, 343). Bsp: Plausibilitätsprüfung von Prospekt bei Anlageberatung (BGHZ 100, 122 f.; BeckRS 2013, 11561) und Anlagevermittlung (BGH NJW-RR 2007, 925; 2005, 1120), uU umfangreiche eigene Informationsbeschaffung (BGHZ 123, 129; weniger streng noch BGHZ 74, 111). Grund: Geschuldet ist anlegergerechte Beratung (BGHZ 123, 129; NJW 1995, 322). Bei Vorwissen des Anlegers besteht nur eingeschränkte Nachforschungspflicht (BGH NJW 1996, 1744: Betreuung durch Vermögensberater). Bei ursprünglich unrichtiger Auskunft besteht eine **Pflicht zur Richtigstellung** nach Kenntnis der Unrichtigkeit (BGHZ 74, 286, 292 für unrichtiges Dienstzeugnis); anders bei nachträglicher Veränderung der Umstände (BGHZ 61, 178 für Scheckauskunft). Ein vorangegangener Aufklärungsmangel wirkt idR bei späteren Folgegeschäften fort (Umstände entscheiden: s. OLG Düsseldorf WM 1995, 1752; OLG Köln NJW-RR 1996, 689). Vertrau-

22 lichkeit der Auskunft richtet sich nach dem Parteiwillen im Einzelfall. **bb) Vertretenmüssen, Mitverschulden.** Haftung für jedes Verschulden (§§ 276, 278), auch leichte Fahrlässigkeit (BGHZ 13, 200; Hopt FS Fischer, 1979, 237, 253 gegen BGHZ 70, 362 f.); bedenkenswert Honsell JZ 1985, 953: bei Unentgeltlichkeit § 521 entspr. Bei Garantievertrag (→ Rn. 16) ohne Verschulden. Für Vorsatz genügt Kenntnis der Unrichtigkeit der Auskunft, auf die Schädigung braucht sich der Vorsatz nicht zu erstrecken (anders bei → Rn. 24). Haftungsausschluss war früher häufig (s. 10 AGB Banken und 7 AGB Sparkassen idF bis 1991; dazu BGHZ 100, 124 mN). Die AGB der

Banken und Sparkassen enthalten seit 1992 keinen Haftungsausschluss mehr (s. Hoeren NJW 1992, 3264). Allg. Schranken bei AGB: §§ 309 Nr. 7, 307; iÜ ist Freizeichnung allg. unwirksam bei Vorsatz und grobem Verschulden von verfassungsmäßig berufenen Vertretern und leitenden Angestellten (zB Filialleiter; Wirtschaftsredakteur eines Börsendienstes: BGHZ 70, 364; allg. → § 276 Rn. 54 ff.), zur Zurechnung bei gestaffelten Dienstleistungen → Rn. 9; ferner nach **§ 242** bei Beratung zum eigenen Vorteil (BGHZ 13, 201; WM 1971, 818). § 254 kann uU bei risikobehafteter Empfehlung eingreifen (BGHZ 70, 365 mN; 100, 125; NJW 1984, 356 f.; NJW-RR 1993, 1115 f.). **cc) Schaden, Kausalität.** Der zu ersetzende **Schaden** (§§ 249 ff.) umfasst 23
idR das negative Interesse (BGH NJW 2003, 1521; BGHZ 116, 214; NJW-RR 1995, 620 mN), begrenzt durch den Schutzzweck der verletzten Pflicht (BGHZ 116, 212 ff.; 124, 134). Bsp: Unterhaltsbedarf für behindertes Kind bei fehlerhafter genetischer Beratung (BGHZ 124, 134 ff.; zust. Deutsch NJW 1994, 776; abl. Roth NJW 1994, 2402). **Verjährung:** §§ 195, 199 (BGH NJW 2010, 3292 Rn. 25 zum Auskunftsvertrag). **Beweiserleichterungen** für beratungsgemäßes Verhalten bestehen beim **Kausalitätsbeweis** (BGHZ 123, 311: Steuerberater; 126, 217; NJOZ 2016, 1042: RA). Zur Kausalitätsvermutung aufklärungsrichtigen Verhaltens s. BGH NJW 2011, 1949 Rn. 40; 2011, 3227 Rn. 33; Canaris FS Hadding, 2004, 3; ferner Geibel, Kapitalanlegerschaden, 2002, 161 ff.; Rohlfing BGHReport 2006, 652; Vermutung beratungsgerechten Verhaltens greift nicht, wenn der vernünftigerweise einzuschlagende Weg Mitwirkung eines Dritten voraussetzt (BGH NJW 2020, 1139, 1140 f. Rn. 24); uU gilt **Beweislastumkehr** (BGH NJW 2012, 2427 mN; ferner NJW 2008, 2854: keine Beweislastumkehr bei fehlerhaften schriftlichen Beratungsunterlagen im Unterschied zur Prospekthaftung; BGHZ 124, 152: Terminoptionsvermittler; ie → § 280 Rn. 29); bei Direktbanken → Rn. 9. **d) Deliktische Informationshaftung.** S. dazu Mansel FS Werner Lorenz, 2001, 215. Eine Haftung kann sich auch 24
ergeben aus Delikt gemäß § 826 bei wissentlich bzw. grob leichtfertig (insbes. Gewissenlosigkeit) falscher Auskunft und dem Bewusstsein möglicher Schädigung durch die erteilte Auskunft (BGH NJW 1986, 181 f.; 1991, 33 und 3282; 1992, 3174; → § 826 Rn. 14); gemäß § 824, § 823 II iVm § 263 StGB; §§ 9 ff. WpPG (§ 44 BörsG aF); ferner bei gerichtlichen Sachverständigen aus § 839a (zur früheren Rechtslage vgl. BVerfG 49, 304 gegen BGHZ 62, 54); bei Amtspflichtverletzungen durch schuldhaft unrichtige amtliche Auskunft aus § 839, Art. 34 GG (zB BGH NJW 2003, 3049). Zur Produkthaftung infolge fehlerhafter Information s. Mansel FS Schütze, 1999, 485.

§ 675a Informationspflichten

Wer zur Besorgung von Geschäften öffentlich bestellt ist oder sich dazu öffentlich erboten hat, stellt für regelmäßig anfallende standardisierte Geschäftsvorgänge (Standardgeschäfte) unentgeltlich Informationen über Entgelte und Auslagen der Geschäftsbesorgung in Textform zur Verfügung, soweit nicht eine Preisfestsetzung nach § 315 erfolgt oder die Entgelte und Auslagen gesetzlich verbindlich geregelt sind.

Lit.: Gößmann/van Look, Die Banküberweisung nach dem Überweisungsgesetz, WM 2000, Sonderbeil. 1; Hoffmann, Spezielle Informationspflichten im BGB und ihre Durchsetzung, ZIP 2005, 829; Nobbe, Neuregelungen im Verbraucherkreditrecht, WM 2011, 625.

1. Normgeschichte. I 2, II aF (s. 13. Aufl.) setzten die RL 97/5/EG über grenz- 1
überschreitende Überweisungen (Überweisungsrichtlinie) enthaltenen Informationspflichten bei Zahlungsdiensten um. Die Überweisungsrichtlinie wurde durch die Zahlungsdiensterichtlinie 2007/64/EG v. 13.11.2007 (ABl. L 319, 1) ersetzt. Diese regelt die von Zahlungsdienstleistern bei der Erbringung von Zahlungsdiensten (§ 675c III) zu beachtenden Informationspflichten abschließend. Daher waren I 2 und II aF mit Wirkung vom 31.10.2009 durch Art. 1 Nr. 46 Ges. zur Umsetzung der Verbraucherkreditrichtlinie, des zivilrechtlichen Teils der Zahlungsdiensterichtlinie sowie zur Neuordnung der Vorschriften über das Widerrufs- und Rückgaberecht

v. 29.7.2009 (BGBl. I 2355) aufzuheben (BT-Drs. 16/11643, 98). Zu diesem Ges. s. Ady/Paetz WM 2009, 1061. Die Verordnungsermächtigung des II aF wurde in Art. 239 EGBGB übernommen. Verweis auf Textform (statt auf „schriftlich, in geeigneten Fällen auch elektronisch“) mit Wirkung v. 24.2.2016 durch Ges. v. 17.2.2016 (BGBl. I S. 233) erfolgte lediglich zur Klarstellung (RegEntw BT-Drs. 18/4631, 18).

2 **2. Voraussetzungen.** Für Geschäftsbesorgungen iSd § 663 (→ § 663 Rn. 2) hat der Beauftragte sog. **Vorabinformationspflichten** zu standardisierten Dienst- und Werkleistungen aufzustellen, wenn er zur Geschäftsbesorgung öffentl. bestellt wurde oder sich erboten hat (wie → § 663 Rn. 2). **Standardgeschäft** ist bei Verwendung von AGB bzw. Preistafeln zu vermuten (ähnlich Grüneberg/Sprau Rn. 2; BT-Drs. 14/765, 15); nach § 675a aE kein Standardgeschäft, wenn eine Preisfestsetzung nach § 315 erfolgt oder die Entgelte und Auslagen gesetzlich verbindlich geregelt sind. **Textform** (→ § 126b). **Aktivlegitimiert** sind nur tatsächliche und potenzielle Kunden oder Auftraggeber des Auskunftspflichtigen, denn § 675a regelt einen individuellen **Anspruch auf Geschäftsanbahnungsinformationen** (BT-Drs. 14/745, 15 zu § 676 E; BGH NJW-RR 2010, 1712). Daher steht der Anspruch nur Personen zu, die Dienstleistungen des Auskunftspflichtigen in Anspruch nehmen und einen Vertrag mit ihm schließen oder dies prüfen (BGH NJW-RR 2010, 1714; Gößmann/van Look WM 2000, Beilage Nr. 1, 16; Staudinger/Martinek/Omlor Rn. 1; MüKo-BGB/Heermann Rn. 7; PWW/Fehrenbacher Rn. 4), nicht Verbraucherverbänden. Mangels Regelungslücke kann § 675a auch nicht zu ihren Gunsten analog angewendet werden (BGH NJW-RR 2010, 1714; OLG Frankfurt a.M. VuR 2010, 228).

3 **3. Rechtsfolge.** Die geschuldete Information muss nur **zur Kenntnisnahme bereitgehalten** werden, zB durch Aushang in den Geschäftsräumen, Bereitstellung im Internet oder an einem Lesegerät (BGH NJW-RR 2010, 1712 unter Hinweis auf Staudinger/Martinek § 675a Rn. 11 [jetzt: Staudinger/Martinek/Omlor § 675a Rn. 8]; MüKo-BGB/Heermann Rn. 13; Grüneberg/Sprau Rn. 4). Eine Übermittlung per E-Mail, Fax oder Briefpost ist nicht geschuldet (BGH NJW-RR 2010, 1712). Der (potentielle) Kunde (dazu BGH NJW-RR 2010, 1712) hat einen ges. Anspruch auf Erfüllung und uU einen Anspruch auf Schadensersatz gem. §§ 311 II, 241 II, 280 I; § 823 II; s. einschränkend Möllers/Leisch JZ 2000, 1085 f.

4 **4. Kreditinstitute.** § 675a regelt nicht Informationspflichten betreffend die Erbringung von **Zahlungsdiensten.** Diese sind in §§ 675d, 248, § 4 UKlaG, Art. 248 § 13 EGBGB geregelt (BGH NJW-RR 2010, 1712). Soweit aber Kreditinstitute nicht zur Erbringung von Zahlungsdiensten, sondern von anderen Diensten tätig werden, ordnet § 675a weiterhin die Pflicht zur Information über deren Entgelte und Auslagen der Geschäftsbesorgung an.

§ 675b Aufträge zur Übertragung von Wertpapieren in Systemen

Der Teilnehmer an Wertpapierlieferungs- und Abrechnungssystemen kann einen Auftrag, der die Übertragung von Wertpapieren oder Ansprüchen auf Herausgabe von Wertpapieren im Wege der Verbuchung oder auf sonstige Weise zum Gegenstand hat, von dem in den Regeln des Systems bestimmten Zeitpunkt an nicht mehr widerrufen.

1 **1. Normgeschichte.** § 675b verkürzt den § 676 aF auf dessen S. 3. § 676 wurde im Zuge des Überweisungsgesetzes und der Umsetzung der Überweisungsrichtlinie (→ § 675a Rn. 1) eingeführt. § 676 S. 3 aF und jetzt § 675b setzt als Ausnahme Art. 5 RL 98/26/EG über die Wirksamkeit von Abrechnungen in Zahlungs- sowie Wertpapierliefer- und -abrechnungssystemen (Finalitätsrichtlinie – ABl. L 166, 45) um. Art. 5 Finalitätsrichtlinie verlangt, dass Zahlungs- und Wertpapieraufträge

innerhalb von Zahlungs- sowie Wertpapierliefer- und -abrechnungssystemen ab dem in den Systemregeln definierten Zeitpunkt unwiderruflich sein müssen (BT-Drs. 16/11643, 98).

2. Voraussetzungen. a) Wertpapierlieferungs- und Abrechnungssystem. 2
Der Begriff des Wertpapierlieferungs- und Abrechnungssystems entspricht demjenigen in § 1 XVI KWG. **b) Übertragungsvertrag.** Das KrInstitut verpflichtet sich 3
in dem Geschäftsbesorgungsvertrag (§ 675), idR in Sammelverwahrung, also nicht beim Institut selbst gehaltene, sog. depotpflichtige Wertpapiere, auf einen anderen zu übertragen. Dies geschieht in der Weise, dass entspr. Miteigentumsanteile am Sammeldepot (§ 6 I DepotG) von dem Wertpapierkonto des Übertragenden abgebucht und gem. § 24 DepotG dem Konto des Begünstigten gutgeschrieben werden (erfolgsbezogene Leistung iSd §§ 675, 631). Bei Wertpapieren in Sonderverwahrung, zB bei einer Depotbank im Ausland, überträgt der Kunde idR zunächst einen Anspruch auf Umschreibung des Eigentums an dem Wertpapier auf den Begünstigten. **c) Vertragliche Beziehungen zwischen den Beteiligten.** Das **Valutaver-** 4
hältnis zwischen dem Übertragenden und dem Begünstigten (Bsp: Kauf, Schenkung) bildet idR die Grundlage für den Transfer. Überweist der Kunde auf ein eigenes anderes Wertpapierkonto, so fehlt es am Valutaverhältnis. Der im Ges. geregelte Übertragungsvertrag zwischen Kunde und ausführendem KrIntitut ist das **Deckungsverhältnis,** das dem Kunden den Transfer, zu dem er sich im Valutaverhältnis verpflichtet hat, ermöglicht. Das **Zuwendungsverhältnis** wird durch uU mehrere Verträge gebildet, in denen sich sog. zwischengeschaltete KrInstitute gegenüber dem jeweiligen Vorinstitut zur Weiterleitung bis zum KrInstitut des Begünstigten verpflichten. **d) Widerruf.** Der Übertragende (Kunde) kann zum einen gegen- 5
über seinem Vertragspartner, also dem erstausführenden KrInstitut, den Vertrag durch Widerruf beenden bzw. die Weisung zur Übertragung widerrufen, das seinerseits dem KrInstitut des Begünstigten Nachricht geben muss. Der Kunde kann aber die Kündigung auch unmittelbar dem KrInstitut des Empfängers zuleiten (BT-Drs. 14/745, 27), das dann als Bote (zB durch Rückleitung der Wertpapiere) das ausführende KrInstitut informiert. **Maßgebender Zeitpunkt:** Das KrInstitut des Begünstigten muss die Möglichkeit haben, im standardisierten Geschäftsverkehr die Gutschrift noch rechtzeitig zu stoppen. Entscheidend ist daher der durch die Regeln des Systems (→ Rn. 2) bestimmte Zeitpunkt.

Untertitel 3. Zahlungsdienste

Vorbemerkungen

1. Allgemeines. Untertitel 3 (§§ 675c bis 676c) behandelt das Recht der Zah- 1
lungsdienste, insbesondere den bargeldlosen **Zahlungsverkehr** (Überweisung, Lastschrift, Kartenzahlung), teilweise auch Barzahlungen. Geregelt sind der Zahlungsdienstevertrag (§§ 675f bis § 675i), die Durchführung von Zahlungsdiensten (§§ 675j bis 675t) und die Haftung der Beteiligten (§§ 675u bis 676c). Die Bestimmungen dienen der Umsetzung der Zahlungsdienste-RiLi II (Art. 107: Vollharmonisierung) und wurden mWv 13.1.2018 neu gefasst.

2. Anwendungsbereich. Die §§ 675c ff. regeln die Abwicklung von Zahlungs- 2
diensten (zum Begriff → § 675f Rn. 1). Sie gelten nur begrenzt für Verträge über die Erbringung von Kontoinformationsdiensten (§ 675c IV), Kleinbetragsinstrumente und E-Geld (§ 675i III). Der räumliche Anwendungsbereich der §§ 675c ff. umfasst den innerstaatlichen Zahlungsverkehr sowie alle Zahlungen mit Auslandsbezug, nicht nur Zahlungen innerhalb der EU-Mitgliedsstaaten; Ausnahmen finden sich zB in §§ 675d VI, 675e II. Die Vorschriften gelten gegenüber Unternehmern und Verbrauchern (sa § 675e IV).

Kapitel 1. Allgemeine Vorschriften

§ 675c Zahlungsdienste und E-Geld

(1) **Auf einen Geschäftsbesorgungsvertrag, der die Erbringung von Zahlungsdiensten zum Gegenstand hat, sind die §§ 663, 665 bis 670 und 672 bis 674 entsprechend anzuwenden, soweit in diesem Untertitel nichts Abweichendes bestimmt ist.**

(2) **Die Vorschriften dieses Untertitels sind auch auf einen Vertrag über die Ausgabe und Nutzung von E-Geld anzuwenden.**

(3) **Die Begriffsbestimmungen des Kreditwesengesetzes und des Zahlungsdiensteaufsichtsgesetzes sind anzuwenden.**

(4) **Die Vorschriften dieses Untertitels sind mit Ausnahme von § 675d Absatz 2 Satz 2 sowie Absatz 3 nicht auf einen Vertrag über die Erbringung von Kontoinformationsdiensten anzuwenden.**

§ 675d Unterrichtung bei Zahlungsdiensten

(1) **Zahlungsdienstleister haben Zahlungsdienstnutzer bei der Erbringung von Zahlungsdiensten über die in Artikel 248 §§ 1 bis 12, 13 Absatz 1, 3 bis 5 und §§ 14 bis 16 des Einführungsgesetzes zum Bürgerlichen Gesetzbuche bestimmten Umstände in der dort vorgesehenen Form zu unterrichten.**

(2) **[1]Zahlungsauslösedienstleister haben Zahler ausschließlich über die in Artikel 248 § 13 Absatz 1 bis 3 und § 13a des Einführungsgesetzes zum Bürgerlichen Gesetzbuche bestimmten Umstände in der Form zu unterrichten, die in Artikel 248 §§ 2 und 12 des Einführungsgesetzes zum Bürgerlichen Gesetzbuche vorgesehen ist. [2]Kontoinformationsdienstleister haben Zahlungsdienstnutzer entsprechend den Anforderungen des Artikels 248 §§ 4 und 13 Absatz 1 und 3 des Einführungsgesetzes zum Bürgerlichen Gesetzbuche zu unterrichten; sie können die Form und den Zeitpunkt der Unterrichtung mit dem Zahlungsdienstnutzer vereinbaren.**

(3) **Ist die ordnungsgemäße Unterrichtung streitig, so trifft die Beweislast den Zahlungsdienstleister.**

(4) **[1]Für die Unterrichtung darf der Zahlungsdienstleister mit dem Zahlungsdienstnutzer nur dann ein Entgelt vereinbaren, wenn die Information auf Verlangen des Zahlungsdienstnutzers erbracht wird und der Zahlungsdienstleister**
1. **diese Information häufiger erbringt, als in Artikel 248 §§ 1 bis 16 des Einführungsgesetzes zum Bürgerlichen Gesetzbuche vorgesehen,**
2. **eine Information erbringt, die über die in Artikel 248 §§ 1 bis 16 des Einführungsgesetzes zum Bürgerlichen Gesetzbuche vorgeschriebenen hinausgeht, oder**
3. **diese Information mithilfe anderer als der im Zahlungsdiensterahmenvertrag vereinbarten Kommunikationsmittel erbringt.**

[2]Das Entgelt muss angemessen und an den tatsächlichen Kosten des Zahlungsdienstleisters ausgerichtet sein.

(5) **[1]Zahlungsempfänger, Dienstleister, die Bargeldabhebungsdienste erbringen, und Dritte unterrichten über die in Artikel 248 §§ 17 bis 18 des Einführungsgesetzes zum Bürgerlichen Gesetzbuche bestimmten Umstände. [2]Der Zahler ist nur dann verpflichtet, die Entgelte gemäß Artikel 248 § 17 Absatz 2 und § 18 des Einführungsgesetzes zum Bürgerlichen Gesetzbuche zu entrichten, wenn deren volle Höhe vor der Auslösung des Zahlungsvorgangs bekannt gemacht wurde.**

(6) [1]**Die Absätze 1 bis 5 sind nicht anzuwenden auf**
1. **die Bestandteile eines Zahlungsvorgangs, die außerhalb des Europäischen Wirtschaftsraums getätigt werden, wenn**
   a) **der Zahlungsvorgang in der Währung eines Staates außerhalb des Europäischen Wirtschaftsraums erfolgt und sowohl der Zahlungsdienstleister des Zahlers als auch der Zahlungsdienstleister des Zahlungsempfängers innerhalb des Europäischen Wirtschaftsraums belegen ist oder**
   b) **bei Beteiligung mehrerer Zahlungsdienstleister an dem Zahlungsvorgang von diesen Zahlungsdienstleistern mindestens einer innerhalb und mindestens einer außerhalb des Europäischen Wirtschaftsraums belegen ist;**
2. **Zahlungsvorgänge, bei denen keiner der beteiligten Zahlungsdienstleister innerhalb des Europäischen Wirtschaftsraums belegen ist.**

[2]**In den Fällen des Satzes 1 Nummer 1 sind die Informationspflichten nach Artikel 248 § 4 Absatz 1 Nummer 2 Buchstabe e, § 6 Nummer 1 sowie § 13 Absatz 1 Satz 1 Nummer 2 des Einführungsgesetzes zum Bürgerlichen Gesetzbuche auch auf die innerhalb des Europäischen Wirtschaftsraums getätigten Bestandteile des Zahlungsvorgangs nicht anzuwenden.** [3]**Gleiches gilt im Fall des Satzes 1 Nummer 1 Buchstabe b für die Informationspflicht nach Artikel 248 § 4 Absatz 1 Nummer 5 Buchstabe g des Einführungsgesetzes zum Bürgerlichen Gesetzbuche.**

§ 675e Abweichende Vereinbarungen

(1) **Soweit nichts anderes bestimmt ist, darf von den Vorschriften dieses Untertitels nicht zum Nachteil des Zahlungsdienstnutzers abgewichen werden.**

(2) **In den Fällen des § 675d Absatz 6 Satz 1 Nummer 1 und 2**
1. **sind § 675s Absatz 1, § 675t Absatz 2, § 675x Absatz 1, § 675y Absatz 1 bis 4 sowie § 675z Satz 3 nicht anzuwenden;**
2. **darf im Übrigen zum Nachteil des Zahlungsdienstnutzers von den Vorschriften dieses Untertitels abgewichen werden.**

(3) **Für Zahlungsvorgänge, die nicht in Euro erfolgen, können der Zahlungsdienstnutzer und sein Zahlungsdienstleister vereinbaren, dass § 675t Abs. 1 Satz 3 und Abs. 2 ganz oder teilweise nicht anzuwenden ist.**

(4) **Handelt es sich bei dem Zahlungsdienstnutzer nicht um einen Verbraucher, so können die Parteien vereinbaren, dass § 675d Absatz 1 bis 5, § 675f Absatz 5 Satz 2, die §§ 675g, 675h, 675j Absatz 2, die §§ 675p sowie 675v bis 676 ganz oder teilweise nicht anzuwenden sind; sie können auch andere als die in § 676b Absatz 2 und 4 vorgesehenen Fristen vereinbaren.**

Anmerkungen zu den §§ 675c–675e

1 **1. Allgemeines.** Der auf die Erbringung von Zahlungsdiensten gerichtete Vertrag ist ein **Geschäftsbesorgungsvertrag** (§ 675c I). Die Vorschriften über die Zahlungsdienste enthalten spezielle Regelungen.

2 **2. Informationspflichten, § 675d.** Dem Zahlungsdienstnutzer sollen transparente Vertragsbedingungen und -informationen zur Verfügung stehen. Zahlungsdienstleister (zum Begriff → § 675f Rn. 2), Zahlungsauslösedienstleister (→ § 675f Rn. 5), Kontoinformationsdienstleister (→ § 675f Rn. 5) und die in § 675d V Genannten treffen daher umfangreiche **Unterrichtungspflichten,** die im Einzelnen in **Art. 248 EGBGB** geregelt sind. Pflichtverletzungen können Schadensersatzansprüche aus §§ 823 II, 280 I, 311 II begründen. Die Informationen sind, soweit sie nach Art und Umfang im ges geregelten Rahmen liegen,

kostenlos zu erbringen (Ausn § 675d IV, aber auch insoweit ist eine Ausrichtung an konkreten Kosten geboten [BGH NJW 2014, 922 Rn. 18 ff. „Nacherstellte Kontoauszüge"]). Die Beweislast für die Unterrichtung liegt beim Zahlungsdienstleister (§ 675d III).

3 **3. Abdingbarkeit, § 675e.** Die Vorschriften über die Zahlungsdienste sind zum Nachteil eines Zahlungsdienstnutzers grundsätzlich **nicht abdingbar,** (§ 675e I) wohl aber zu seinen Gunsten. Abweichende Vereinbarungen zu seinen Lasten sind nur unter den Voraussetzungen des § 675e II-IV zulässig, nach § 675e IV nicht mit einem Verbraucher (§ 13).

Kapitel 2. Zahlungsdienstevertrag

Lit.: Bitter, Das neue Pfändungsschutzkonto (P-Konto) – eine Zwischenbilanz, ZIP 2011, 149; Gondert/Huneke, Das Basiskonto nach dem ZKG: Subjektives Recht, objektive Aufsicht und rechtliche Durchsetzung, VuR 2016, 323; Held, Das neue ZKG: Verfassungswidriger Kontrahierungszwang, BKR 2016, 353; Kropf/Habl, Aktuelle Entwicklungen zur Zulässigkeit von Bankentgelten, BKR 2012, 141.

§ 675f Zahlungsdienstevertrag

(1) **Durch einen Einzelzahlungsvertrag wird der Zahlungsdienstleister verpflichtet, für die Person, die einen Zahlungsdienst als Zahler, Zahlungsempfänger oder in beiden Eigenschaften in Anspruch nimmt (Zahlungsdienstnutzer), einen Zahlungsvorgang auszuführen.**

(2) [1]**Durch einen Zahlungsdiensterahmenvertrag wird der Zahlungsdienstleister verpflichtet, für den Zahlungsdienstnutzer einzelne und aufeinander folgende Zahlungsvorgänge auszuführen sowie gegebenenfalls für den Zahlungsdienstnutzer ein auf dessen Namen oder die Namen mehrerer Zahlungsdienstnutzer lautendes Zahlungskonto zu führen.** [2]**Ein Zahlungsdiensterahmenvertrag kann auch Bestandteil eines sonstigen Vertrags sein oder mit einem anderen Vertrag zusammenhängen.**

(3) [1]**Der Zahlungsdienstnutzer ist berechtigt, einen Zahlungsauslösedienst oder einen Kontoinformationsdienst zu nutzen, es sei denn, das Zahlungskonto des Zahlungsdienstnutzers ist für diesen nicht online zugänglich.** [2]**Der kontoführende Zahlungsdienstleister darf die Nutzung dieser Dienste durch den Zahlungsdienstnutzer nicht davon abhängig machen, dass der Zahlungsauslösedienstleister oder der Kontoinformationsdienstleister zu diesem Zweck einen Vertrag mit dem kontoführenden Zahlungsdienstleister abschließt.**

(4) [1]**Zahlungsvorgang ist jede Bereitstellung, Übermittlung oder Abhebung eines Geldbetrags, unabhängig von der zugrunde liegenden Rechtsbeziehung zwischen Zahler und Zahlungsempfänger.** [2]**Zahlungsauftrag ist jeder Auftrag, den ein Zahler seinem Zahlungsdienstleister zur Ausführung eines Zahlungsvorgangs entweder unmittelbar oder mittelbar über einen Zahlungsauslösedienstleister oder den Zahlungsempfänger erteilt.**

(5) [1]**Der Zahlungsdienstnutzer ist verpflichtet, dem Zahlungsdienstleister das für die Erbringung eines Zahlungsdienstes vereinbarte Entgelt zu entrichten.** [2]**Für die Erfüllung von Nebenpflichten nach diesem Untertitel hat der Zahlungsdienstleister nur dann einen Anspruch auf ein Entgelt, sofern dies zugelassen und zwischen dem Zahlungsdienstnutzer und dem Zahlungsdienstleister vereinbart worden ist; dieses Entgelt muss angemessen und an den tatsächlichen Kosten des Zahlungsdienstleisters ausgerichtet sein.**

(6) **In einem Zahlungsdiensterahmenvertrag zwischen dem Zahlungsempfänger und seinem Zahlungsdienstleister darf das Recht des Zahlungs-**

empfängers, dem Zahler für die Nutzung eines bestimmten Zahlungsinstruments eine Ermäßigung oder einen anderweitigen Anreiz anzubieten, nicht ausgeschlossen werden.

1. Begriff. Die Vorschrift regelt Rechte und Pflichten aus einem Zahlungsdienstevertrag. **Zahlungsdienste** (§ 1 I 2 ZAG) sind neben Barein- und -auszahlungen alle Zahlungsvarianten des bargeldlosen Zahlungsverkehrs (zB Zahlungen per Überweisung, Lastschrift, [Kredit-]Kartenzahlungen), die ein Zahlungsdienstleister (§ 1 I 1 ZAG) erbringt. *Keine* Zahlungsdienste sind die in § 2 ZAG genannten Zahlungsvorgänge, insbesondere unmittelbare Bargeldzahlungen vom Zahler an den Zahlungsempfänger (§ 2 I Nr. 1 ZAG) und die Bereitstellung von Geldbeträgen eines Zahlungsdienstnutzers an einen anderen mittels Scheck, Wechsel, Reisescheck, Postanweisung oder Gutschein (§ 2 I Nr. 6 ZAG). 1

2. Vertragsparteien. a) Zahlungsdienstleister. Gem. § 1 I 1 ZAG sind alle diejenigen Zahlungsdienstleister, die gewerbsmäßig oder in einem Umfang, der einen in kaufmännischer Weise eingerichteten Geschäftsbetrieb erfordert, Zahlungsdienste erbringen. Darunter fallen neben den KrInstituten, auch die E-Geld-Institute, der Bund, die Länder, die Gemeinden und Gemeindeverbände sowie die Träger bundes- oder landesmittelbarer Verwaltung, soweit sie nicht hoheitlich handeln, ferner die Europäische Zentralbank, die Deutsche Bundesbank sowie andere Zentralbanken in den Mitgliedstaaten der EU oder den anderen Staaten des Abkommens über den EWR, wenn sie nicht in ihrer Eigenschaft als Währungsbehörde oder andere Behörde handeln. **b) Zahlungsdienstnutzer** ist jede natürliche oder juristische Person, die Zahlungsdienste in Anspruch nimmt, sei es als Zahler oder als Zahlungsempfänger oder beides (zB bei Geldtransaktionen zugunsten/zulasten des eigenen Zahlungskontos). 2 3

3. Vertragsinhalt. a) Allgemeines. Der Zahlungsdienstevertrag ist Geschäftsbesorgungsvertrag (§ 675c I). Der Vertragsschluss ist formfrei, außer wenn Formbedürftigkeit wegen eines sonstigen Vertrages (s. II 2) zB nach §§ 492, 504, 505 vorliegt. Zur Formbedürftigkeit von Informationen und Vertragsbedingungen s. Art. 248 § 3 ff. EGBGB. Ein Zahlungskonto (II 2 aE) kann die Grundlage für den Zahlungsdiensterahmenvertrag darstellen. Die einzelnen Zahlungsvorgänge werden bei einem zugrundeliegenden Rahmenvertrag durch Weisung iSd § 665 ausgelöst. Der Zahlungsauftrag (IV 2) ergeht im **Deckungsverhältnis** zwischen dem Zahlungsdienstleister und seinem Nutzer. Der Zahlungsdienstnutzer kann einen Zahlungsauslösedienst (§ 1 I 1 Nr. 7 ZAG) oder einen Kontoinformationsdienst (§ 1 I 1 Nr. 8 ZAG) nutzen (III; bei Verweigerung des Zugangs zum Konto → § 675k III). Das Vertragsverhältnis zwischen Zahlungsempfänger und dessen Zahlungsdienstleister **(Inkassoverhältnis)** stellt einen eigenen Zahlungsdienstevertrag dar. Keine Rechtsbeziehungen bestehen zwischen Zahler und Zahlungsdienstleister des Empfängers sowie Zahlungsempfänger und Zahlungsdienstleister des Zahlers. Das Vertragsverhältnis zwischen Zahler und Zahlungsempfänger ist das **Valutaverhältnis;** welcher Rechtsgrund ihm zugrunde liegt, ist unbeachtlich (IV). **b) Einzelne Zahlungsdienste. aa)** Bei der **Überweisung** (§ 1 I 1 Nr. 3 lit. c ZAG) erteilt der Zahlungsdienstnutzer seinem Zahlungsdienstleister die Weisung, dem Zahlungsempfänger (über dessen Zahlungsdienstleister) einen bestimmten Geldbetrag zu übermitteln. Der Zahlungsempfänger erwirbt dadurch einen Anspruch gegen seinen Zahlungsdienstleister auf Gutschrift und aus der Gutschrift (→ § 675t Rn. 2 f.). **bb)** Gem. § 1 I 1 Nr. 3 lit. a ZAG ist eine **Lastschrift** ein vom Zahlungsempfänger ausgelöster Zahlungsvorgang zur Belastung des Zahlungskontos des Zahlers, dem dieser gegenüber dem Zahlungsempfänger, dessen Zahlungsdienstleister oder seinem eigenen Zahlungsdienstleister zustimmt (s. § 675j). **cc)** Beim **Zahlungskartengeschäft** (§ 1 I 1 Nr. 3 lit b ZAG) autorisiert der Zahler (Karteninhaber) mit dem Einsatz seiner Zahlungskarte (Girokarte mit PIN [sog Electronic-Cash] oder Kreditkarte) seinen Zahlungsdienstleister, die 4 5 6 7 8 unter Nutzung der Zahlungskarte eingehenden Zahlungsverpflichtungen zu erfüllen. Die Kartenzahlung dient dem Zahlungsempfänger als Bargeldersatz (BGH NJW 2002, 285). Mit Autorisierung der Zahlung gibt der kartenausgebende Zahlungsdienstleister ein abstraktes Schuldversprechen iSd §§ 780, 781 ab (BGH NJW 2002, 2234), ein Widerruf nach Autorisierung ist daher ausgeschlossen, § 675p II (→ aber § 675x I).

9 **4. Hauptleistungspflichten.** Hauptleistungspflicht des **Zahlungsdienstleisters** ist die Erbringung von Zahlungsdienstleistungen in Form von Zahlungsvorgängen **(IV 1)** für einen Zahlungsdienstnutzer, sei es in Form eines Einzelvorganges wie etwa Barauszahlung am Geldautomat (OLG Naumburg ZIP 2019, 2152, 2153) oder für eine Mehrzahl von Zahlungsvorgängen. Bedeutsam ist diese Unterscheidung lediglich hinsichtlich der Informationspflichten (Art. 248 §§ 3, 10 EGBGB). Der Zahlungsdienstleister schuldet nicht nur die Ausführung des Zahlungsauftrages, sondern auch den Erfolg in Form des vollständigen und fristgerechten Zahlungseingangs
10 beim Zahlungsdienstleister des Zahlungsempfängers (→ § 675s I 1). Der Einzelvertrag endet mit Ausführung, ggf. auch durch Widerruf (§ 675p), der Rahmenvertrag (Dauerschuldverhältnis) kann durch ordentliche Kündigung (§ 675h) oder außerordentlich (§§ 314, 626) beendet werden. Der **Zahlungsnutzer** ist verpflichtet, das für die Leistung vereinbarte Entgelt **(V)** zu entrichten. Bzgl Entgelthöhe gilt § 312a IV Nr. 2 (BGH NJW 2019, 3771 Rn. 59 ff.)

11 **5. Zahlungskonto. a) Begriff.** Gem. § 1 XVII ZAG ist ein **Zahlungskonto** ein auf den Namen eines oder mehrerer Zahlungsdienstnutzer lautendes und der Ausführung von Zahlungsvorgängen dienendes Konto, das die Forderungen und Verbindlichkeiten zwischen dem Zahlungsdienstnutzer und -leister innerhalb der Geschäftsbeziehung buch- und rechnungsmäßig darstellt und für den Zahlungsdienstnutzer dessen jeweilige Forderung gegenüber dem Zahlungsdienstleister bestimmt. Das Zahlungskonto beruht auf einem **gegenseitigen Geschäftsbesorgungsvertrag** iSd § 675 als Rahmenvertrag (Dauerschuldverhältnis). Verbraucher haben einen Anspruch auf den Abschluss eines **Basiskontovertrags** (§ 31 ZKG; sa § 38 II ZKG zum Umfang des Basiskontos [dazu Gondert/Huneke, VuR 2016, 323]). Das Zahlungskonto (als solches auch Girokonto, Held BKR 2016, 353) ist grds. Guthabenkonto (idR unregelmäßige Verwahrung, → § 700 Rn. 3), kann
12 aber gem. II 2 auch einen Darlehensvertrag (§ 488) umfassen. **b) Kontoinhaber** ist regelmäßig der als solcher im Vertrag Bezeichnete (BGH WM 1994, 2270). Minderjährige bedürfen der Einwilligung des ges Vertreters (§ 107) auch bei kostenfrei geführtem Konto, weil zumindest über die einbezogenen AGB besondere
13 Pflichten und Obliegenheiten entstehen. **aa)** Bei einer **Mehrheit von Kontoinhabern** ist bei einem sog **Oder-Konto** jeder Inhaber allein verfügungsberechtigt, es liegt Gesamtgläubigerschaft (§ 428) bzw Gesamtschuldnerschaft (§ 421) vor (BGH NJW-RR 1993, 233). Bei einem sog **Und-Konto** sind die Inhaber nur gemeinsam verfügungsberechtigt, es besteht eine Gesamthands- (GbR, Erbengemeinschaft oder eheliche Gütergemeinschaft) oder eine Bruchteilsgemeinschaft (§ 741). Eine Befugnis jedes Kontoinhabers, nach § 432 Leistung an alle zu verlangen (einfache Forderungsgemeinschaft), besteht nach dem anzunehmenden Parteiwillen nicht (MüKoBGB/Schmidt § 741 Rn. 55; OLG Hamburg NZG 2000,
14 786; str). **bb)** Bei einem **Treuhandkonto** ist zwischen Ermächtigungstreuhand und der Vollrechtstreuhand zu unterscheiden (zur Abgrenzung iE s. OLG Zweibrücken WM 2000, 2489). Bei der Ermächtigungstreuhand bleibt der Treugeber Inhaber des Kontos, über das der Treuhänder im eigenen Namen verfügen darf. Bei der Vollrechtstreuhand ist Kontoinhaber der Treuhänder. Wird das Treuhandverhältnis offengelegt, so verzichtet das Kreditinstitut regelmäßig auf ein Pfandrecht; der Treuhänder ist zudem berechtigt, Drittwiderspruchsklage zugunsten des Treugebers zu erheben (BGH WM 1990, 1954; BVerfG 64, 1 [22]; zur Offenle-
15 gung sa OLG Brandenburg WM 1999, 267). **c)** Der **Vertragsschluss** ist grds. formfrei, wird aber wegen der Legitimationsprüfungspflicht nach § 154 AO und

wegen der Einbeziehung von AGB regelmäßig schriftlich erfolgen. **d) Kontoführung. aa) Allgemeines.** Das Konto ist wie jedes Bankkonto ein Handelsbuch iSv § 238 f. HGB Die Eintragungen im Sinne einer nachvollziehbaren Dokumentation der abgewickelten Geschäfte nach Art, Zeit und Ursache und die sonst erforderlichen Aufzeichnungen (zB über das Bestehen von Vollmachten) müssen vollständig, richtig, zeitgerecht und geordnet vorgenommen werden (§ 239 II HGB). Auch ist der Inhaber durch Auszüge bzw. Zugriff auf die Datei über die Abwicklung zu informieren, § 666. Zum Übergang bei der Forderungspfändung → § 666 Rn. 1. **bb)** IdR wird das Konto als **Kontokorrent** (s. § 355 HGB) 16 17 geführt. Aus Gründen der Vereinfachung werden die einzelnen Geschäftsvorfälle (Abbuchungen, Eingänge) nicht gesondert abgerechnet, sondern innerhalb einer Periode (zB einem Quartal) als Rechnungsposten festgehalten und am Ende durch Verrechnung abgewickelt. Vor der Saldierung haben die Buchungen nur eine deklaratorische Bedeutung, die die Auffassung der KrInstituts zur materiellen Rechtslage (über den Verlauf der durchgeführten Bankgeschäfte) wiedergibt (BGHZ 105, 263, 269). Die widerspruchslose Empfangnahme des Kontoauszugs stellt deshalb auch kein Anerkenntnis des Kunden dar (BGHZ 73, 207). Fehlbuchungen können bis zum Rechnungsabschluss berichtigt werden (BGH NJW 2001, 454; OLG Frankfurt a. M. WM 1999, 3208: Gutschrift bei einem scheinbar Berechtigten; sa BGH NJW 2001, 2629). Anders als beim allg. Kontokorrent kann der Kunde – auf Grund des Verwahrungsvertrages gem § 700 als causa – über sein Guthaben (zB durch Überweisung) verfügen oder es sich auch auszahlen lassen. Im Rahmen der getroffenen Darlehensabrede kann er auch bei einem negativen Kontostand im vertraglich vorgesehenen Rahmen Verfügungen bzw. Auszahlungen vornehmen. Ein Guthaben ist wegen der erwähnten causa pfändbar. Durch die **Saldierung** am Ende der vereinbarten Periode wird der festgestellte Saldo jeweils anerkannt; er stellt eine selbstständige Forderung der einen oder anderen Seite dar (MK-HGB/Hadding/Häuser ZahlungsV A 204 ff. mwN). Zum Anspruch auf Gutschrift und aus der Gutschrift → §§ 675s f. Rn. 2 f. **cc)** Zu 18 Besonderheiten beim **Pfändungsschutzkonto** § 850k ZPO s. Bitter ZIP 2011, 149.

§ 675g Änderung des Zahlungsdiensterahmenvertrags

(1) **Eine Änderung des Zahlungsdiensterahmenvertrags auf Veranlassung des Zahlungsdienstleisters setzt voraus, dass dieser die beabsichtigte Änderung spätestens zwei Monate vor dem vorgeschlagenen Zeitpunkt ihres Wirksamwerdens dem Zahlungsdienstnutzer in der in Artikel 248 §§ 2 und 3 des Einführungsgesetzes zum Bürgerlichen Gesetzbuche vorgesehenen Form anbietet.**

(2) [1]**Der Zahlungsdienstleister und der Zahlungsdienstnutzer können vereinbaren, dass die Zustimmung des Zahlungsdienstnutzers zu einer Änderung nach Absatz 1 als erteilt gilt, wenn dieser dem Zahlungsdienstleister seine Ablehnung nicht vor dem vorgeschlagenen Zeitpunkt des Wirksamwerdens der Änderung angezeigt hat.** [2]**Im Fall einer solchen Vereinbarung ist der Zahlungsdienstnutzer auch berechtigt, den Zahlungsdiensterahmenvertrag vor dem vorgeschlagenen Zeitpunkt des Wirksamwerdens der Änderung fristlos zu kündigen.** [3]**Der Zahlungsdienstleister ist verpflichtet, den Zahlungsdienstnutzer mit dem Angebot zur Vertragsänderung auf die Folgen seines Schweigens sowie auf das Recht zur kostenfreien und fristlosen Kündigung hinzuweisen.**

(3) [1]**Änderungen von Zinssätzen oder Wechselkursen werden unmittelbar und ohne vorherige Benachrichtigung wirksam, soweit dies im Zahlungsdiensterahmenvertrag vereinbart wurde und die Änderungen auf den dort vereinbarten Referenzzinssätzen oder Referenzwechselkursen beruhen.**

[2]Referenzzinssatz ist der Zinssatz, der bei der Zinsberechnung zugrunde gelegt wird und aus einer öffentlich zugänglichen und für beide Parteien eines Zahlungsdienstevertrags überprüfbaren Quelle stammt. [3]Referenzwechselkurs ist der Wechselkurs, der bei jedem Währungsumtausch zugrunde gelegt und vom Zahlungsdienstleister zugänglich gemacht wird oder aus einer öffentlich zugänglichen Quelle stammt.

(4) **Der Zahlungsdienstnutzer darf durch Vereinbarungen zur Berechnung nach Absatz 3 nicht benachteiligt werden.**

§ 675h Ordentliche Kündigung eines Zahlungsdiensterahmenvertrags

(1) **[1]Der Zahlungsdienstnutzer kann den Zahlungsdiensterahmenvertrag, auch wenn dieser für einen bestimmten Zeitraum geschlossen ist, jederzeit ohne Einhaltung einer Kündigungsfrist kündigen, sofern nicht eine Kündigungsfrist vereinbart wurde. [2]Die Vereinbarung einer Kündigungsfrist von mehr als einem Monat ist unwirksam.**

(2) **[1]Der Zahlungsdienstleister kann den Zahlungsdiensterahmenvertrag nur kündigen, wenn der Vertrag auf unbestimmte Zeit geschlossen wurde und das Kündigungsrecht vereinbart wurde. [2]Die Kündigungsfrist darf zwei Monate nicht unterschreiten. [3]Die Kündigung ist in der in Artikel 248 §§ 2 und 3 des Einführungsgesetzes zum Bürgerlichen Gesetzbuche vorgesehenen Form zu erklären.**

(3) **[1]Im Fall der Kündigung sind regelmäßig erhobene Entgelte nur anteilig bis zum Zeitpunkt der Beendigung des Vertrags zu entrichten. [2]Im Voraus gezahlte Entgelte, die auf die Zeit nach Beendigung des Vertrags fallen, sind anteilig zu erstatten.**

(4) **Der Zahlungsdienstleister darf mit dem Zahlungsdienstnutzer für die Kündigung des Zahlungsdiensterahmenvertrags kein Entgelt vereinbaren.**

Anmerkungen zu den §§ 675g, 675h

1 **1. Allgemeines.** Die Vorschriften regeln Änderung und Beendigung des Zahlungsdiensterahmenvertrags. Der einzelne Zahlungsdienst ist mit dessen Ausführung beendet. Für Zusatzvereinbarungen, die nicht Zahlungsdienste betreffen, gelten die allg. Bestimmungen.

2 **2. Änderung des Zahlungsdiensterahmenvertrags, § 675g. a)** Will der Zahlungsdienstleister den Zahlungsdiensterahmenvertrag ändern, muss er dem Zahlungsdienstnutzer sein **Angebot** (§ 145) spätestens **zwei Monate vor der Änderung** unterbreiten. Der Zahlungsdienstleister hat die Änderungen gem Art. 248 § 3 EGBGB in Textform (§ 126b) mitzuteilen. Der Fristlauf beginnt mit Zugang des Angebots (§ 130), die Fristberechnung erfolgt nach §§ 187 I, 188 II, III. Die Vorschrift verpflichtet nur den Zahlungsdienstleister, nicht erfasst sind Vertragsänderungen, die durch den Zahlungsdienstnutzer veranlasst werden. Diese
3 sind nicht § 675g I unterworfen. **b)** Die **vertragliche Änderung** eines Schuldverhältnisses setzt **zwei übereinstimmende Willenserklärungen** voraus. Wer schweigt, gibt keine Erklärung ab (→ § 116 Rn. 10). Dem Schweigen des Zahlungsdienstnutzers kann aber die Bedeutung einer **Annahmeerklärung** (Zustimmungsfiktion) zukommen, wenn dies zwischen den Parteien zuvor vereinbart wurde (s. AGB-Banken Nr. 1 [2]) und der Zahlungsdienstleister seinem Vertragspartner mit dem Änderungsangebot auf die Bedeutung seines Schweigens hingewiesen hat, § 675g II 1, 3 (→ § 308 Nr. 5). Widerspricht der Zahlungsdienstnutzer der Änderung bis zum beabsichtigten Änderungszeitpunkt, bleibt der Vertrag mit altem Inhalt bestehen. Verwendete AGB unterliegen der Überprüfung anhand der §§ 305 ff. (BGH NJW 2021, 2273).

3. Beendigung des Zahlungsdiensterahmenvertrags. a) Durch den **Zahlungsdienstnutzer. aa)** Ist der Vertrag auf bestimmte Zeit geschlossen, endet er mit Zeitablauf. Der Tod des Zahlungsdienstnutzers lässt die Wirksamkeit des Vertrags unberührt, bei Eröffnung des Insolvenzverfahrens über das Vermögen eines Zahlungsdienstnutzers s. §§ 116, 115 InsO. **bb)** Der Zahlungsdienstnutzer kann den Vertrag **ordentlich** ohne weitere Voraussetzungen (§ 675h I) jederzeit kostenfrei und fristlos **kündigen,** abweichend kann vertraglich eine Kündigungsfrist von höchstens einem Monat vereinbart werden. Die Kündigungserklärung ist nicht formbedürftig. Sofern auch die Kontoführung Vertragsinhalt ist, enden mit Kündigung auch die Zusatzvereinbarungen (AGB-Girocard/-Kreditkarten), Guthaben sind auszuzahlen, Verbindlichkeiten zurückzuführen (sa § 355 III HGB). Die idR im Eigentum des Zahlungsdienstleisters (vgl. AGB-Girocard A.II.4) verbliebenen Zahlungskarten sind herauszugeben. **b)** Der **Zahlungsdienstleister** kann ordentlich nur **kündigen,** falls ein Kündigungsrecht vorbehalten wurde (vgl. AGB-Banken 19 [1]). Im Falle der Vereinbarung eines Kündigungsrechts muss die Kündigungsfrist mindestens zwei Monate betragen. Eine privatrechtlich organisierte Bank ist nicht verpflichtet eine Interessenabwägung vorzunehmen, das Recht zur ordentlichen Kündigung kann allenfalls wegen Rechtsmissbrauchs ausgeschlossen sein (BGH BB 2013, 321; zur Kollision mit dem öffentl-rechtl Kontrahierungszwang: OLG Hamburg WM 2012, 1243, OLG Naumburg ZIP 2012, 1119). **c)** Das Recht zur **außerordentlichen Kündigung** aus wichtigem Grund bleibt von § 675h unberührt und richtet sich nach §§ 314, 626. Der Zahlungsdienstnutzer hat bei Vertragsänderungen bis zu deren Inkrafttreten das Recht zur kostenfreien und fristlosen Kündigung, hierauf ist er mit dem Änderungsangebot (→ Rn. 2) hinzuweisen. Zur Form → § 675g Rn. 3, zur Abdingbarkeit → § 675e.

4, 5, 6, 7

§ 675i Ausnahmen für Kleinbetragsinstrumente und E-Geld

(1) [1]**Ein Zahlungsdienstevertrag kann die Überlassung eines Kleinbetragsinstruments an den Zahlungsdienstnutzer vorsehen.** [2]**Ein Kleinbetragsinstrument ist ein Mittel,**

1. **mit dem nur einzelne Zahlungsvorgänge bis höchstens 30 Euro ausgelöst werden können,**
2. **das eine Ausgabenobergrenze von 150 Euro hat oder**
3. **das Geldbeträge speichert, die zu keiner Zeit 150 Euro übersteigen.**

[3]**In den Fällen der Nummern 2 und 3 erhöht sich die Betragsgrenze auf 200 Euro, wenn das Kleinbetragsinstrument nur für inländische Zahlungsvorgänge genutzt werden kann.**

(2) **Im Fall des Absatzes 1 können die Parteien vereinbaren, dass**

1. **der Zahlungsdienstleister Änderungen der Vertragsbedingungen nicht in der in § 675g Abs. 1 vorgesehenen Form anbieten muss,**
2. **§ 675l Absatz 1 Satz 2, § 675m Absatz 1 Satz 1 Nummer 3 und 5 sowie Satz 2 und § 675v Absatz 5 nicht anzuwenden sind, wenn das Kleinbetragsinstrument nicht gesperrt oder eine weitere Nutzung nicht verhindert werden kann,**
3. **die §§ 675u, 675v Absatz 1 bis 3 und 5, die §§ 675w und 676 nicht anzuwenden sind, wenn die Nutzung des Kleinbetragsinstruments keinem Zahlungsdienstnutzer zugeordnet werden kann oder der Zahlungsdienstleister aus anderen Gründen, die in dem Kleinbetragsinstrument selbst angelegt sind, nicht nachweisen kann, dass ein Zahlungsvorgang autorisiert war,**
4. **der Zahlungsdienstleister abweichend von § 675o Abs. 1 nicht verpflichtet ist, den Zahlungsdienstnutzer von einer Ablehnung des Zahlungsauftrags zu unterrichten, wenn die Nichtausführung aus dem Zusammenhang hervorgeht,**

5. der Zahler abweichend von § 675p den Zahlungsauftrag nach dessen Übermittlung oder nachdem er dem Zahlungsempfänger seine Zustimmung zum Zahlungsauftrag erteilt hat, nicht widerrufen kann, oder
6. andere als die in § 675s bestimmten Ausführungsfristen gelten.

(3) [1]**Die §§ 675u und 675v sind für E-Geld nicht anzuwenden, wenn der Zahlungsdienstleister des Zahlers nicht die Möglichkeit hat, das Zahlungskonto, auf dem das E-Geld gespeichert ist, oder das Kleinbetragsinstrument zu sperren.** [2]**Satz 1 gilt nur für Zahlungskonten, auf denen das E-Geld gespeichert ist, oder Kleinbetragsinstrumente mit einem Wert von höchstens 200 Euro.**

1 Kleinbetragsinstrumente (Legaldef I 2, 3) sowie E-Geld (§ 1 II 2 ZAG) unterfallen ebenfalls dem Begriff des Zahlungsdienstes. E-Geld hat zwei Erscheinungsformen: kartengestützes E-Geld (zB Geldkarte, Prepaidkarte) und softwarebasiertes E-Geld (Netzgeld).

Kapitel 3. Erbringung und Nutzung von Zahlungsdiensten

Unterkapitel 1. Autorisierung von Zahlungsvorgängen; Zahlungsinstrumente; Verweigerung des Zugangs zum Zahlungskonto

§ 675j Zustimmung und Widerruf der Zustimmung

(1) [1]**Ein Zahlungsvorgang ist gegenüber dem Zahler nur wirksam, wenn er diesem zugestimmt hat (Autorisierung).** [2]**Die Zustimmung kann entweder als Einwilligung oder, sofern zwischen dem Zahler und seinem Zahlungsdienstleister zuvor vereinbart, als Genehmigung erteilt werden.** [3]**Art und Weise der Zustimmung sind zwischen dem Zahler und seinem Zahlungsdienstleister zu vereinbaren.** [4]**Insbesondere kann vereinbart werden, dass die Zustimmung mittels eines bestimmten Zahlungsinstruments erteilt werden kann.**

(2) [1]**Die Zustimmung kann vom Zahler durch Erklärung gegenüber dem Zahlungsdienstleister so lange widerrufen werden, wie der Zahlungsauftrag widerruflich ist (§ 675p).** [2]**Auch die Zustimmung zur Ausführung mehrerer Zahlungsvorgänge kann mit der Folge widerrufen werden, dass jeder nachfolgende Zahlungsvorgang nicht mehr autorisiert ist.**

1 **1. Zustimmung.** Ein Zahlungsvorgang wird gegenüber dem Zahler wirksam, wenn dessen Zustimmung (Einwilligung oder Genehmigung, §§ 182, 184) vorliegt. Nur dann hat der Zahlungsdienstleister einen Anspruch auf Aufwendungsersatz aus § 675c iVm § 670. Die Zustimmung **(„Autorisierung“)** ist eine einseitige, empfangsbedürftige **Willenserklärung;** hinsichtlich Zugang und Anfechtung gelten die allg. Regeln. IdR wird eine Autorisierung darin liegen, dass der Zahler oder sein Vertreter (§§ 164 ff.) einen Zahlungsauftrag (Weisung, § 665) erteilt. Die Zustimmung eines Vertreters ohne Vertretungsmacht kann dem Zahler nicht nach Rechtsscheinsgrundsätzen zugerechnet werden, weil § 675j abschließend ist (BGH ZIP 2021, 186 Rn. 13). Eine Genehmigung (§ 184) eines Zahlungsvorgangs ist wirksam, wenn dies zuvor zwischen Zahlungsdienstleister und Nutzer vereinbart
2 wurde, I 2. Die **Art und Weise** der Autorisierung kann vertraglich bestimmt werden, auch konkludent. Die Erklärung kann dem Zahlungsdienstleister unmittelbar (zB bei Überweisungen) oder mittelbar über den Zahlungsempfänger (zB bei SEPA-Lastschriften) zugehen. Zum Ausgleich bei fehlender Autorisierung → § 675u–675w, Rn. 1, zur Autorisierung von Lastschriften → § 675 Rn. 10.

3 **2. Widerruf.** Der Widerruf der Zustimmung ist eine formfreie Willenserklärung. Ein Zahlungsauftrag wird nicht wirksam, wenn dem Zahlungsdienstleister vorher

oder gleichzeitig ein Widerruf zugeht (§ 130 I 2). Entscheidend dabei ist allein der Zeitpunkt des Zugangs, nicht der Kenntnisnahme (→ §§ 675n–675q Rn. 1). Zum Erstattungsanspruch bei nichtautorisierten Zahlungen s. § 675u, bei autorisierten Zahlungen s. § 675x, zur Abdingbarkeit s. § 675e.

§ 675k Begrenzung der Nutzung eines Zahlungsinstruments; Verweigerung des Zugangs zum Zahlungskonto

(1) In Fällen, in denen die Zustimmung mittels eines Zahlungsinstruments erteilt wird, können der Zahler und der Zahlungsdienstleister Betragsobergrenzen für die Nutzung dieses Zahlungsinstruments vereinbaren.

(2) [1]Zahler und Zahlungsdienstleister können vereinbaren, dass der Zahlungsdienstleister das Recht hat, ein Zahlungsinstrument zu sperren, wenn
1. **sachliche Gründe im Zusammenhang mit der Sicherheit des Zahlungsinstruments dies rechtfertigen,**
2. **der Verdacht einer nicht autorisierten oder einer betrügerischen Verwendung des Zahlungsinstruments besteht oder**
3. **bei einem Zahlungsinstrument mit Kreditgewährung ein wesentlich erhöhtes Risiko besteht, dass der Zahler seiner Zahlungspflicht nicht nachkommen kann.**

[2]In diesem Fall ist der Zahlungsdienstleister verpflichtet, den Zahler über die Sperrung des Zahlungsinstruments möglichst vor, spätestens jedoch unverzüglich nach der Sperrung zu unterrichten. [3]In der Unterrichtung sind die Gründe für die Sperrung anzugeben. [4]Die Angabe von Gründen darf unterbleiben, soweit der Zahlungsdienstleister hierdurch gegen gesetzliche Verpflichtungen verstoßen würde. [5]Der Zahlungsdienstleister ist verpflichtet, das Zahlungsinstrument zu entsperren oder dieses durch ein neues Zahlungsinstrument zu ersetzen, wenn die Gründe für die Sperrung nicht mehr gegeben sind. [6]Der Zahlungsdienstnutzer ist über eine Entsperrung unverzüglich zu unterrichten.

(3) [1]Hat der kontoführende Zahlungsdienstleister einem Zahlungsauslöse- oder Kontoinformationsdienstleister den Zugang zum Zahlungskonto des Zahlungsdienstnutzers verweigert, ist er verpflichtet, den Zahlungsdienstnutzer in einer im Zahlungsdiensterahmenvertrag zu vereinbarenden Form über die Gründe zu unterrichten. [2]Die Unterrichtung muss möglichst vor, spätestens jedoch unverzüglich nach der Verweigerung des Zugangs erfolgen. [3]Die Angabe von Gründen darf unterbleiben, soweit der kontoführende Zahlungsdienstleister hierdurch gegen gesetzliche Verpflichtungen verstoßen würde.

§ 675l Pflichten des Zahlungsdienstnutzers in Bezug auf Zahlungsinstrumente

(1) [1]Der Zahlungsdienstnutzer ist verpflichtet, unmittelbar nach Erhalt eines Zahlungsinstruments alle zumutbaren Vorkehrungen zu treffen, um die personalisierten Sicherheitsmerkmale vor unbefugtem Zugriff zu schützen. [2]Er hat dem Zahlungsdienstleister oder einer von diesem benannten Stelle den Verlust, den Diebstahl, die missbräuchliche Verwendung oder die sonstige nicht autorisierte Nutzung eines Zahlungsinstruments unverzüglich anzuzeigen, nachdem er hiervon Kenntnis erlangt hat. [3]Für den Ersatz eines verlorenen, gestohlenen, missbräuchlich verwendeten oder sonst nicht autorisiert genutzten Zahlungsinstruments darf der Zahlungsdienstleister mit dem Zahlungsdienstnutzer ein Entgelt vereinbaren, das

allenfalls die ausschließlich und unmittelbar mit dem Ersatz verbundenen Kosten abdeckt.

(2) **Eine Vereinbarung, durch die sich der Zahlungsdienstnutzer gegenüber dem Zahlungsdienstleister verpflichtet, Bedingungen für die Ausgabe und Nutzung eines Zahlungsinstruments einzuhalten, ist nur insoweit wirksam, als diese Bedingungen sachlich, verhältnismäßig und nicht benachteiligend sind.**

§ 675m Pflichten des Zahlungsdienstleisters in Bezug auf Zahlungsinstrumente; Risiko der Versendung

(1) [1]**Der Zahlungsdienstleister, der ein Zahlungsinstrument ausgibt, ist verpflichtet,**

1. **unbeschadet der Pflichten des Zahlungsdienstnutzers gemäß § 675l Absatz 1 sicherzustellen, dass die personalisierten Sicherheitsmerkmale des Zahlungsinstruments nur der zur Nutzung berechtigten Person zugänglich sind,**
2. **die unaufgeforderte Zusendung von Zahlungsinstrumenten an den Zahlungsdienstnutzer zu unterlassen, es sei denn, ein bereits an den Zahlungsdienstnutzer ausgegebenes Zahlungsinstrument muss ersetzt werden,**
3. **sicherzustellen, dass der Zahlungsdienstnutzer durch geeignete Mittel jederzeit die Möglichkeit hat, eine Anzeige gemäß § 675l Absatz 1 Satz 2 vorzunehmen oder die Aufhebung der Sperrung gemäß § 675k Absatz 2 Satz 5 zu verlangen,**
4. **dem Zahlungsdienstnutzer eine Anzeige gemäß § 675l Absatz 1 Satz 2 kostenfrei zu ermöglichen und**
5. **jede Nutzung des Zahlungsinstruments zu verhindern, sobald eine Anzeige gemäß § 675l Absatz 1 Satz 2 erfolgt ist.**

[2]**Hat der Zahlungsdienstnutzer den Verlust, den Diebstahl, die missbräuchliche Verwendung oder die sonstige nicht autorisierte Nutzung eines Zahlungsinstruments angezeigt, stellt sein Zahlungsdienstleister ihm auf Anfrage bis mindestens 18 Monate nach dieser Anzeige die Mittel zur Verfügung, mit denen der Zahlungsdienstnutzer beweisen kann, dass eine Anzeige erfolgt ist.**

(2) **Die Gefahr der Versendung eines Zahlungsinstruments und der Versendung personalisierter Sicherheitsmerkmale des Zahlungsinstruments an den Zahlungsdienstnutzer trägt der Zahlungsdienstleister.**

(3) **Hat ein Zahlungsdienstleister, der kartengebundene Zahlungsinstrumente ausgibt, den kontoführenden Zahlungsdienstleister des Zahlers um Bestätigung ersucht, dass ein für die Ausführung eines kartengebundenen Zahlungsvorgangs erforderlicher Betrag auf dem Zahlungskonto verfügbar ist, so kann der Zahler von seinem kontoführenden Zahlungsdienstleister verlangen, ihm die Identifizierungsdaten dieses Zahlungsdienstleisters und die erteilte Antwort mitzuteilen.**

Anmerkungen zu den §§ 675k–675m

1 **1. Allgemeines.** § 675k regelt Einzelheiten zur Zustimmung (§ 675j) mittels eines Zahlungsinstruments. Ein **Zahlungsinstrument** ist jedes personalisierte Instrument oder Verfahren, das zwischen Zahlungsdienstleister und Zahlungsdienstnutzer für die Erteilung von Zahlungsaufträgen vereinbart wird und das vom Zahlungsdienstnutzer eingesetzt wird, um einen Zahlungsauftrag zu erteilen (§ 675c III, § 1 XX ZAG), zB Girokarte mit PIN oder Unterschrift; Kreditkarte mit PIN oder Unterschrift; Online-Banking unter Nutzung von PIN und (i)TAN oder elektroni-

scher Signatur; Telefonbanking mit Passwort. Die Daten auf Kreditkarten stellen weder ein Zahlungsinstrument noch ein personalisiertes Sicherheitsmerkmal dar, so dass bei **ausschließlicher** Nutzung der Kreditkarte oder einer Überweisung noch **keine Zahlungsauthentifizierung** vorliegt. Die Vertragsparteien können Betragsobergrenzen für auszuführende Zahlungsvorgänge festlegen. Die **Sperrung** eines Zahlungsauthentifizierungsinstruments ist einvernehmlich stets möglich, einseitig nur, wenn die vertragliche Grundlage für die Nutzung entfällt oder wenn eine Sperrmöglichkeit des Zahlungsauthentifizierungsinstruments vertraglich vereinbart wurde (zB AGB-Girocard II.5). Eine derartige Vereinbarung ist nur in den in **§ 675k II** geregelten Fällen zulässig, abweichende vertragliche Vereinbarungen scheitern an § 675e I. Zur Unterrichtung → §§ 675c–675e Rn. 2. Verweigert der Zahlungsdienstleister – entgegen § 675f III – einem Zahlungsauslöse- oder Kontoinformationsdienstleister (→ § 675f Rn. 5) den Zugang zum Zahlungskonto des Zahlungsdienstnutzers, treffen ihn die Unterrichtungspflichten nach § 675k III.

2. Sorgfaltspflichten. a) Unmittelbar **nach Erhalt** (zum Risiko der Versendung s. § 675m II, der auch für die elektronische Versendung gilt [LG Kiel BKR 2018, 528 Rn. 27]) eines Zahlungsauthentifizierungsinstruments ist der Zahler verpflichtet, alle zumutbaren Vorkehrungen zu treffen, um die **personalisierten Sicherheitsmerkmale** (PIN, TAN, Passwort oder Signatur) vor dem unbefugten Zugriff Dritter zu schützen, § 675l I. Unbefugt ist ein Zugriff, wenn er durch vertragliche Vereinbarungen nicht gedeckt ist, zB Bekanntgabe von TANs über Pharming (BGH NJW 2012, 2422). Die Preisgabe von Kartennummer und Ablaufdatum bei Bestellungen per Kreditkarte im Internet stellt keine **Sorgfaltspflichtverletzung** dar, denn die Bekanntgabe entspricht der bestimmungsgemäßen Verwendung der Kartendaten entsprechend einer Vorlage der Kreditkarte im Präsenzgeschäft. Die nicht sichere Verwahrung der Zahlungskarte begründet ausweislich des Wortlauts der Vorschrift **keine Pflichtverletzung** (→ § 675v II), denn die Zahlungskarte ist kein personalisiertes Sicherheitsmerkmal. Die dem Zahlungsdienstnutzer auferlegten Sorgfaltspflichten müssen sachlich, verhältnismäßig und nicht benachteiligend sein (§ 675l II). Die Kosten für den Ersatz sind begrenzt (§ 675l I 3). **b)** Nicht unverzügliche (§ 121) Anzeige des Verlusts oder Missbrauchs (§ 675l I 2) begründet einen Anspruch des Zahlungsdienstleisters aus § 280 I. **Art und Umfang der Sorgfaltspflicht** variieren je nach Zahlungsauthentifizierungsinstrument. Sie kann vertraglich geregelt werden (BT-Drs. 16/11643, 107). Die Wirksamkeit einer solchen Vereinbarung unterliegt der Inhaltskontrolle nach §§ 307 ff.; eine Ausweitung der Sorgfaltspflichten verstößt jedoch gegen § 675e I. Darüber hinaus hat der Zahlungsdienstleister dem Nutzer mitzuteilen, wie dieser die Pflicht zur sicheren Verwahrung erfüllen kann, Art. 248 § 4 Nr. 5 lit. a EGBGB. Zu den Pflichten des Zahlungsdienstleisters in Bezug auf Zahlungsinstrumente → § 675m I. Weitere Pflichten: Auswahl sicherer Verfahren (zB PIN/TAN Systeme [KG WM 2011, 493]), Zurverfügungstellen sicherer Online-Verbindung im Onlinebanking und Pflicht zur Information und Aufklärung über Gefahren (iE Borges NJW 2012, 2385); zur Haftung → §§ 675u ff.

2 (margin, beside "2. Sorgfaltspflichten"); 3 (margin, beside "b) Nicht unverzügliche")

Unterkapitel 2. Ausführung von Zahlungsvorgängen

§ 675n Zugang von Zahlungsaufträgen

(1) [1]**Ein Zahlungsauftrag wird wirksam, wenn er dem Zahlungsdienstleister des Zahlers zugeht.** [2]**Fällt der Zeitpunkt des Zugangs nicht auf einen Geschäftstag des Zahlungsdienstleisters des Zahlers, gilt der Zahlungsauftrag als am darauf folgenden Geschäftstag zugegangen.** [3]**Der Zahlungsdienstleister kann festlegen, dass Zahlungsaufträge, die nach einem bestimmten Zeitpunkt nahe am Ende eines Geschäftstags zugehen, für die Zwecke des § 675s Abs. 1 als am darauf folgenden Geschäftstag zugegangen gelten.** [4]**Geschäftstag ist jeder Tag, an dem der an der Ausführung eines**

Zahlungsvorgangs beteiligte Zahlungsdienstleister den für die Ausführung von Zahlungsvorgängen erforderlichen Geschäftsbetrieb unterhält.

(2) [1]**Vereinbaren der Zahlungsdienstnutzer, der einen Zahlungsvorgang auslöst oder über den ein Zahlungsvorgang ausgelöst wird, und sein Zahlungsdienstleister, dass die Ausführung des Zahlungsauftrags an einem bestimmten Tag oder am Ende eines bestimmten Zeitraums oder an dem Tag, an dem der Zahler dem Zahlungsdienstleister den zur Ausführung erforderlichen Geldbetrag zur Verfügung gestellt hat, beginnen soll, so gilt der vereinbarte Termin für die Zwecke des § 675s Abs. 1 als Zeitpunkt des Zugangs.** [2]**Fällt der vereinbarte Termin nicht auf einen Geschäftstag des Zahlungsdienstleisters des Zahlers, so gilt für die Zwecke des § 675s Abs. 1 der darauf folgende Geschäftstag als Zeitpunkt des Zugangs.**

§ 675o Ablehnung von Zahlungsaufträgen

(1) [1]**Lehnt der Zahlungsdienstleister die Ausführung oder Auslösung eines Zahlungsauftrags ab, ist er verpflichtet, den Zahlungsdienstnutzer hierüber unverzüglich, auf jeden Fall aber innerhalb der Fristen gemäß § 675s Abs. 1 zu unterrichten.** [2]**In der Unterrichtung sind, soweit möglich, die Gründe für die Ablehnung sowie die Möglichkeiten anzugeben, wie Fehler, die zur Ablehnung geführt haben, berichtigt werden können.** [3]**Die Angabe von Gründen darf unterbleiben, soweit sie gegen sonstige Rechtsvorschriften verstoßen würde.** [4]**Der Zahlungsdienstleister darf mit dem Zahlungsdienstnutzer im Zahlungsdiensterahmenvertrag ein Entgelt für den Fall vereinbaren, dass er die Ausführung eines Zahlungsauftrags berechtigterweise ablehnt.**

(2) **Der Zahlungsdienstleister des Zahlers ist nicht berechtigt, die Ausführung eines autorisierten Zahlungsauftrags abzulehnen, wenn die im Zahlungsdiensterahmenvertrag festgelegten Ausführungsbedingungen erfüllt sind und die Ausführung nicht gegen sonstige Rechtsvorschriften verstößt.**

(3) **Für die Zwecke der §§ 675s, 675y und 675z gilt ein Zahlungsauftrag, dessen Ausführung berechtigterweise abgelehnt wurde, als nicht zugegangen.**

§ 675p Unwiderruflichkeit eines Zahlungsauftrags

(1) **Der Zahlungsdienstnutzer kann einen Zahlungsauftrag vorbehaltlich der Absätze 2 bis 4 nach dessen Zugang beim Zahlungsdienstleister des Zahlers nicht mehr widerrufen.**

(2) [1]**Wurde der Zahlungsvorgang über einen Zahlungsauslösedienstleister, vom Zahlungsempfänger oder über diesen ausgelöst, so kann der Zahler den Zahlungsauftrag nicht mehr widerrufen, nachdem er dem Zahlungsauslösedienstleister die Zustimmung zur Auslösung des Zahlungsvorgangs oder dem Zahlungsempfänger die Zustimmung zur Ausführung des Zahlungsvorgangs erteilt hat.** [2]**Im Fall einer Lastschrift kann der Zahler den Zahlungsauftrag jedoch unbeschadet seiner Rechte gemäß § 675x bis zum Ende des Geschäftstags vor dem vereinbarten Fälligkeitstag widerrufen.**

(3) **Ist zwischen dem Zahlungsdienstnutzer und seinem Zahlungsdienstleister ein bestimmter Termin für die Ausführung eines Zahlungsauftrags (§ 675n Abs. 2) vereinbart worden, kann der Zahlungsdienstnutzer den Zahlungsauftrag bis zum Ende des Geschäftstags vor dem vereinbarten Tag widerrufen.**

(4) [1]**Nach den in den Absätzen 1 bis 3 genannten Zeitpunkten kann der Zahlungsauftrag nur widerrufen werden, wenn der Zahlungsdienstnutzer und der jeweilige Zahlungsdienstleister dies vereinbart haben.** [2]**In den Fällen des Absatzes 2 ist zudem die Zustimmung des Zahlungsempfängers zum Widerruf erforderlich.** [3]**Der Zahlungsdienstleister darf mit dem Zahlungsdienstnutzer im Zahlungsdiensterahmenvertrag für die Bearbeitung eines solchen Widerrufs ein Entgelt vereinbaren.**

(5) **Der Teilnehmer an Zahlungsverkehrssystemen kann einen Auftrag zugunsten eines anderen Teilnehmers von dem in den Regeln des Systems bestimmten Zeitpunkt an nicht mehr widerrufen.**

§ 675q Entgelte bei Zahlungsvorgängen

(1) **Der Zahlungsdienstleister des Zahlers sowie sämtliche an dem Zahlungsvorgang beteiligte zwischengeschaltete Stellen sind verpflichtet, den Betrag, der Gegenstand des Zahlungsvorgangs ist (Zahlungsbetrag), ungekürzt an den Zahlungsdienstleister des Zahlungsempfängers zu übermitteln.**

(2) [1]**Der Zahlungsdienstleister des Zahlungsempfängers darf ihm zustehende Entgelte vor Erteilung der Gutschrift nur dann von dem übermittelten Betrag abziehen, wenn dies mit dem Zahlungsempfänger vereinbart wurde.** [2]**In diesem Fall sind der vollständige Betrag des Zahlungsvorgangs und die Entgelte in den Informationen gemäß Artikel 248 §§ 8 und 15 des Einführungsgesetzes zum Bürgerlichen Gesetzbuche für den Zahlungsempfänger getrennt auszuweisen.**

(3) **Zahlungsempfänger und Zahler tragen jeweils die von ihrem Zahlungsdienstleister erhobenen Entgelte, wenn sowohl der Zahlungsdienstleister des Zahlers als auch der Zahlungsdienstleister des Zahlungsempfängers innerhalb des Europäischen Wirtschaftsraums belegen ist.**

(4) **Wenn einer der Fälle des § 675d Absatz 6 Satz 1 Nummer 1 vorliegt,**

1. **ist § 675q Absatz 1 auf die innerhalb des Europäischen Wirtschaftsraums getätigten Bestandteile des Zahlungsvorgangs nicht anzuwenden und**
2. **kann von § 675q Absatz 2 für die innerhalb des Europäischen Wirtschaftsraums getätigten Bestandteile des Zahlungsvorgangs abgewichen werden.**

Anmerkungen zu den §§ 675n–675q

1. Zugang des Zahlungsauftrags, § 675n. Der Zahlungsauftrag muss dem Zahlungsdienstleister des Zahlers entweder unmittelbar durch den Zahler oder mittelbar über den Zahlungsempfänger als dessen Erklärungsboten (→ § 675f Rn. 11 ff.) zugehen, **§ 675n I.** Nach Zugang kann der Zahlungsauftrag grds nicht mehr widerrufen werden, § 675p. **Zugegangen** ist der Zahlungsauftrag, wenn er so in den Machtbereich des Zahlungsdienstleisters gelangt ist, dass dieser unter normalen Verhältnissen die Möglichkeit der Kenntnisnahme hat (→ § 130 Rn. 4; str offenlassend BGH NJW 2019, 2469 Rn. 23). Zum **Bereich des Empfängers** gehören die von ihm zur Entgegennahme von Erklärungen bereitgehaltenen Einrichtungen (zB Onlinebankingserver, Bankbriefkasten, E- Mail-Postfach). Der Zahlungsdienstleister kann iR eines weit gefassten Ermessensspielraums (dazu LG Tübingen Urteil v 2.8.2019, 4 O 475/18 – juris Rn. 61) festlegen, dass Zahlungsaufträge, die ihm nach einer bestimmten **Uhrzeit** (sog cut-off-Zeit) zugehen, erst als am nächsten Geschäftstag zugegangen gelten. Dies hindert Zugang nach Grundsätzen des § 130 I indes nicht (BGH NJW 2019, 2469, Rn. 24). **Geschäftstag** ist der volle Kalendertag, an dem der jeweilige an dem Zahlungsvorgang beteiligte Zahlungsdienstleister den erforderlichen Geschäftsbetrieb unterhält und nicht nur

1 (margin, beside "1. Zugang des Zahlungsauftrags"); 2 (margin, beside "des § 130 I indes nicht … Geschäftstag")

Zeitraum, in dem Geschäftsbetrieb läuft (BGH NJW 2019, 2469 Rn. 34 ff.; str). Abzustellen ist dabei auf die **kontoführende Stelle** des Zahlungsdienstleisters. Da gerade überregionale Zahlungsdienstleister über nur ein Rechenzentrum verfügen, kann dies zu Abweichungen in den Geschäftstagen führen, denn das Rechenzentrum ist nicht notwendigerweise an der kontoführenden Stelle belegen (zB Feiertag im Bundesland am Standort des Rechenzentrums, im Bundesland der kontoführenden Stelle jedoch nicht). Regelungen über Geschäftstage (zB nur werktags außer Samstag, nicht Silvester [AGB-Überweisung 1.4 [2]) in den AGB sind zulässig (BGH NJW 2010, 2879). Zur Mitteilungspflicht s. Art. 248 § 4 I Nr. 2 lit. d, §§ 8, 15 EGBGB. Sobald ein Zahlungsauftrag dem Zahlungsdienstleister des Zahlers wirksam zugegangen ist, beginnt die **Ausführungsfrist** nach **§ 675s** zu laufen. Für **Terminzahlungen** bestimmt **§ 675n II** den vom Zahlungsdienstnutzer bestimmten Termin als Zugangszeitpunkt für den Beginn des Fristlaufs; ein solcher Zahlungsauftrag kann nur bis zum Ende des Geschäftstags vor dem vereinbarten Termin widerrufen werden, § 675p III 2.

3 **2. Ablehnung der Ausführung, § 675o.** Die Ausführung oder Auslösung eines Zahlungsauftrags kann durch den Zahlungsdienstleister nur abgelehnt werden, wenn nicht alle im Zahlungsdienste(rahmen)vertrag vertraglich vereinbarten Ausführungsbedingungen erfüllt sind (§ 675o II). Als mögliche Ablehnungsgründe kommen fehlerhaft ausgefüllte Zahlungsaufträge, fehlendes Guthaben oder Kredit oder Verstöße gegen gesetzliche Regelungen (zB AWG, GWG) in Betracht (sa AGB-Überweisung 1.7 [1]). Bei möglichem Missbrauch der Vertretungsmacht (→ § 164 Rn. 8) steht dem Zahlungsdienstleister ein Weigerungsrecht nur bei ganz erheblichen Verdachtsmomenten zu (BGH WM 2004, 1546). Über eine **Ablehnung** hat der Zahlungsdienstleister seinen Zahlungsdienstnutzer unverzüglich, dh ohne schuldhaftes Zögern (§ 121 I 1) zu **unterrichten (§ 675o I 1–3),** spätestens jedoch innerhalb der Fristen des § 675s. Das kann auf jedem verfügbaren Weg (Telefon, Fax etc) geschehen. Eine Pflichtverletzung kann Schadensersatzansprüche aus § 280 I begründen. Der Zahlungsdienstleister kann ein Entgelt vereinbaren für den Fall, dass er die Ausführung eines Zahlungsauftrags berechtigterweise ablehnt (§ 675o I 4).

4 **3. Unwiderruflichkeit des Auftrags, § 675p. a)** Gem. **§ 675p I** ist der Zahlungsauftrag ab Zugang beim Zahlungsdienstleister **unwiderruflich,** es sei denn, die Vertragspartner haben eine andere Vereinbarung getroffen (s. § 675p IV 1). Für den Zeitpunkt des Zugangs ist § 675n I 2 maßgeblich (BGH NJW 2019, 2469, Rn. 30). Ist ein Termin für die Ausführung des Zahlungsauftrags vereinbart worden, kann bis zum Ende des Geschäftstags vor dem Ausführungstermin widerrufen wer-
5 den (§ 675p III). **b) § 675p II** regelt Besonderheiten der über einen Zahlungsauslösedienstleister oder vom **Zahlungsempfänger ausgelösten, aber vom Zahler autorisierten Zahlungen.** Hierunter fallen insbesondere Kreditkartenzahlungen sowie Zahlungen im Electronic Cash (→ § 675f Rn. 12). Diese Zahlungsaufträge können ab Übermittlung an den Zahlungsempfänger (zB den Zahlungskarten akzeptierenden Händler) nicht mehr widerrufen werden, denn die Kartenzahlung dient diesem als **Bargeldersatz.** Für **Lastschriften** (→ § 675f Rn. 10 f.) gilt die Sonderregelung des **§ 675p II 2.** Im Falle des fristgerechten Widerrufs der Autorisierung von Lastschriftzahlungsaufträgen liegt eine nicht (mehr) autorisierte Zahlung vor.
6 Zum **Abzugsverbot** vgl. § 675q.

§ 675r Ausführung eines Zahlungsvorgangs anhand von Kundenkennungen

(1) [1]**Die beteiligten Zahlungsdienstleister sind berechtigt, einen Zahlungsvorgang ausschließlich anhand der von dem Zahlungsdienstnutzer angegebenen Kundenkennung auszuführen.** [2]**Wird ein Zahlungsauftrag in Übereinstimmung mit dieser Kundenkennung ausgeführt, so gilt er im Hin-**

blick auf den durch die Kundenkennung bezeichneten Zahlungsempfänger als ordnungsgemäß ausgeführt.

(2) **Eine Kundenkennung ist eine Abfolge aus Buchstaben, Zahlen oder Symbolen, die dem Zahlungsdienstnutzer vom Zahlungsdienstleister mitgeteilt wird und die der Zahlungsdienstnutzer angeben muss, damit ein anderer am Zahlungsvorgang beteiligter Zahlungsdienstnutzer oder dessen Zahlungskonto für einen Zahlungsvorgang zweifelsfrei ermittelt werden kann.**

(3) **Ist eine vom Zahler angegebene Kundenkennung für den Zahlungsdienstleister des Zahlers erkennbar keinem Zahlungsempfänger oder keinem Zahlungskonto zuzuordnen, ist dieser verpflichtet, den Zahler unverzüglich hierüber zu unterrichten und ihm gegebenenfalls den Zahlungsbetrag wieder herauszugeben.**

Abweichend vom bisherigen Recht (Kontoaufrufprüfung BGH NJW 2004, 2517) 1
erlaubt dem Zahlungsdienstleister, Zahlungsaufträge allein nach der vom Nutzer angegebenen **Kundenkennung** (IBAN [„*International Bank Account Number*"]) auszuführen. Art. 6 SEPA-VO schreibt die Verwendung der IBAN zwingend vor. Es findet kein Abgleich mehr statt zwischen angegebener Empfängerkontonummer und angegebenem Empfängernamen. Verschreibt oder vertippt sich der Zahler und entspricht die unrichtige Kundenkennung einem anderen als dem beabsichtigten Zahlungsempfänger, ist der Zahlungsdienstleister nicht zur Ausführung des Zahlungsauftrags verpflichtet (klarstellend: BGH NJW 2015, 3093). Er kann ihn aber ausführen und den Zahlungsbetrag dem angegebenen Konto gutschreiben, der **Auftrag** gilt als **ordnungsgemäß** ausgeführt. Der durch die Kundenkennung identifizierte Kontoinhaber (und nicht der namentlich bezeichnete Empfänger) erwirbt den
Anspruch auf Gutschrift gem § 675t I. Der Zahlungsdienstnutzer hat zwar einen 2
bereicherungsrechtlichen Herausgabeanspruch (→ § 812 Rn. 35 ff.) gegen den („falschen") Zahlungsempfänger, er trägt aber das Risiko der Durchsetzbarkeit. Ihm steht allenfalls ein Anspruch auf zumutbare Bemühungen der Wiederbeschaffung des Zahlungsbetrages gegen seinen Zahlungsdienstleister zu, § 675y V. Zwecks Identifizierung des unbekannten Bereicherten hat der Nutzer einen Auskunftsanspruch gegen den eigenen Zahlungsdienstleister aus § 675y VII (→ § 675f Rn. 5: Keine Vertragsbeziehung zum fremden Zahlungsdienstleister). Kann die Kundenkennung erkennbar **keinem** Empfängerkonto zugeordnet werden, hat der Zahlungsdienstleister den Zahler hiervon unverzüglich (§ 121) zu unterrichten und den Betrag aus dem fehlgeschlagenen Zahlungsvorgang wieder gutzuschreiben **(III)**. Erkennbar ist ihm die Unmöglichkeit der Zuordnung, wenn die technische Prüfung (Kohärenzprüfung) der Kundenkennung (ggf. in Zusammenhang mit der Zahlungsdienstleisterkennung) ergeben hat, dass das Konto nicht existent sein kann.

§ 675s Ausführungsfrist für Zahlungsvorgänge

(1) [1]**Der Zahlungsdienstleister des Zahlers ist verpflichtet sicherzustellen, dass der Zahlungsbetrag spätestens am Ende des auf den Zugangszeitpunkt des Zahlungsauftrags folgenden Geschäftstags beim Zahlungsdienstleister des Zahlungsempfängers eingeht.** [2]**Für Zahlungsvorgänge innerhalb des Europäischen Wirtschaftsraums, die nicht in Euro erfolgen, können ein Zahler und sein Zahlungsdienstleister eine Frist von maximal vier Geschäftstagen vereinbaren.** [3]**Für in Papierform ausgelöste Zahlungsvorgänge können die Fristen nach Satz 1 um einen weiteren Geschäftstag verlängert werden.**

(2) [1]**Bei einem vom oder über den Zahlungsempfänger ausgelösten Zahlungsvorgang ist der Zahlungsdienstleister des Zahlungsempfängers verpflichtet, den Zahlungsauftrag dem Zahlungsdienstleister des Zahlers**

innerhalb der zwischen dem Zahlungsempfänger und seinem Zahlungsdienstleister vereinbarten Fristen zu übermitteln. [2]Im Fall einer Lastschrift ist der Zahlungsauftrag so rechtzeitig zu übermitteln, dass die Verrechnung an dem vom Zahlungsempfänger mitgeteilten Fälligkeitstag ermöglicht wird.

(3) **[1]Wenn einer der Fälle des § 675d Absatz 6 Satz 1 Nummer 1 vorliegt, ist § 675s Absatz 1 Satz 1 und 3 auf die innerhalb des Europäischen Wirtschaftsraums getätigten Bestandteile des Zahlungsvorgangs nicht anzuwenden. [2]Wenn ein Fall des § 675d Absatz 6 Satz 1 Nummer 1 Buchstabe a vorliegt,**
1. **ist auch § 675s Absatz 1 Satz 2 auf die innerhalb des Europäischen Wirtschaftsraums getätigten Bestandteile des Zahlungsvorgangs nicht anzuwenden und**
2. **kann von § 675s Absatz 2 für die innerhalb des Europäischen Wirtschaftsraums getätigten Bestandteile des Zahlungsvorgangs abgewichen werden.**

§ 675t Wertstellungsdatum und Verfügbarkeit von Geldbeträgen; Sperrung eines verfügbaren Geldbetrags

(1) **[1]Der Zahlungsdienstleister des Zahlungsempfängers ist verpflichtet, dem Zahlungsempfänger den Zahlungsbetrag unverzüglich verfügbar zu machen, nachdem der Betrag auf dem Konto des Zahlungsdienstleisters eingegangen ist, wenn dieser**
1. **keine Währungsumrechnung vornehmen muss oder**
2. **nur eine Währungsumrechnung zwischen dem Euro und einer Währung eines Vertragsstaates des Abkommens über den Europäischen Wirtschaftsraum oder zwischen den Währungen zweier Vertragsstaaten des Abkommens über den Europäischen Wirtschaftsraum vornehmen muss.**

[2]Sofern der Zahlungsbetrag auf einem Zahlungskonto des Zahlungsempfängers gutgeschrieben werden soll, ist die Gutschrift, auch wenn sie nachträglich erfolgt, so vorzunehmen, dass der Zeitpunkt, den der Zahlungsdienstleister für die Berechnung der Zinsen bei Gutschrift oder Belastung eines Betrags auf einem Zahlungskonto zugrunde legt (Wertstellungsdatum), spätestens der Geschäftstag ist, an dem der Zahlungsbetrag auf dem Konto des Zahlungsdienstleisters des Zahlungsempfängers eingegangen ist. [3]Satz 1 gilt auch dann, wenn der Zahlungsempfänger kein Zahlungskonto unterhält.

(2) **[1]Zahlt ein Verbraucher Bargeld auf ein Zahlungskonto bei einem Zahlungsdienstleister in der Währung des betreffenden Zahlungskontos ein, so stellt dieser Zahlungsdienstleister sicher, dass der Betrag dem Zahlungsempfänger unverzüglich nach dem Zeitpunkt der Entgegennahme verfügbar gemacht und wertgestellt wird. [2]Ist der Zahlungsdienstnutzer kein Verbraucher, so muss dem Zahlungsempfänger der Geldbetrag spätestens an dem auf die Entgegennahme folgenden Geschäftstag verfügbar gemacht und wertgestellt werden.**

(3) **[1]Eine Belastung auf dem Zahlungskonto des Zahlers ist so vorzunehmen, dass das Wertstellungsdatum frühestens der Zeitpunkt ist, an dem dieses Zahlungskonto mit dem Zahlungsbetrag belastet wird. [2]Das Zahlungskonto des Zahlers darf nicht belastet werden, bevor der Zahlungsauftrag seinem Zahlungsdienstleister zugegangen ist.**

(4) **[1]Unbeschadet sonstiger gesetzlicher oder vertraglicher Rechte ist der Zahlungsdienstleister des Zahlers im Fall eines kartengebundenen Zahlungsvorgangs berechtigt, einen verfügbaren Geldbetrag auf dem Zahlungskonto des Zahlers zu sperren, wenn**
1. **der Zahlungsvorgang vom oder über den Zahlungsempfänger ausgelöst worden ist und**

2. der Zahler auch der genauen Höhe des zu sperrenden Geldbetrags zugestimmt hat.

[2]Den gesperrten Geldbetrag gibt der Zahlungsdienstleister des Zahlers unbeschadet sonstiger gesetzlicher oder vertraglicher Rechte unverzüglich frei, nachdem ihm entweder der genaue Zahlungsbetrag mitgeteilt worden oder der Zahlungsauftrag zugegangen ist.

(5) **Wenn ein Fall des § 675d Absatz 6 Satz 1 Nummer 1 Buchstabe a vorliegt,**

1. kann von § 675t Absatz 1 Satz 3 für die innerhalb des Europäischen Wirtschaftsraums getätigten Bestandteile des Zahlungsvorgangs abgewichen werden und

2. ist § 675t Absatz 2 auf die innerhalb des Europäischen Wirtschaftsraums getätigten Bestandteile des Zahlungsvorgangs nicht anzuwenden.

Anmerkungen zu den §§ 675s, 675t

1. Ausführungsfristen. Der Zahlungsdienstleister schuldet den fristgerechten 1 Eingang des Zahlungsbetrags beim Empfängerzahlungsdienstleister, § 675s I. Die in § 675s I normierten **Ausführungsfristen** gelten für Zahlungsvorgänge, bei denen ein Zahlungsbetrag – ggf auch über zwischengeschaltete Institute – weitergeleitet wird, unabhängig davon, ob Zahler oder Zahlungsempfänger ein Zahlungskonto unterhalten. Der Fristenlauf beginnt mit dem Tag, an welchem der Zahlungsauftrag dem Zahlungsdienstleister des Zahlers zugeht (§ 675n I). Fällt der Zeitpunkt des Zugangs nicht auf einen Geschäftstag dieses Zahlungsdienstleisters, gilt der Zahlungsauftrag als am darauffolgenden Geschäftstag zugegangen (§ 675n I 2). Der Zahlungsbetrag muss beim **Zahlungsdienstleister** des Zahlungsempfängers innerhalb der Frist **eingehen.** Dieser hat dem Zahlungsempfänger den Betrag **unverzüglich** (§ 675t I) und ungekürzt (s. aber § 675q II) zur Verfügung zu stellen. Bei **Filialüberweisungen,** bei denen nur ein Zahlungsdienstleister beteiligt ist (Konto von Zahler und Empfänger im gleichen Kreditinstitut), ist § 675t I vorrangig anzuwenden. Im Falle eines Zahlungsvorgangs über den Zahlungsempfänger (**§ 675s II;** zu Lastschriften → § 675f Rn. 8) ist die vertragliche Vereinbarung maßgeblich. Besonderheiten mit Bezug zum EWR in **§ 675s III.**

2. Anspruch auf und aus der Gutschrift. a) Der **Anspruch auf die Gut-** 2 **schrift** steht dem – durch die **Kundenkennung** identifizierten (Bitter WM 2010, 1725 [1728]) – Zahlungsempfänger unverzüglich (§ 121) nach Mittelzufluss an seinen Zahlungsdienstleister zu, § 675t I 1. Eine Verfügbarkeit iSd § 675t I liegt auch 3 dann vor, wenn ein Zahlungsbetrag auf einem debitorisch geführten Konto gutgeschrieben wird. Muss der Zahlungsdienstleister des Zahlungsempfängers – etwa im Falle des Einzugs einer Lastschrift – damit rechnen, dass er im Verhältnis der Zahlungsdienstleister untereinander den Betrag wieder zu erstatten hat (zB wegen des Erstattungsanspruchs des Zahlers aus § 675x), so kann er die Gutschrift unter einer entsprechenden Bedingung („Eingang vorbehalten: E.v.") erteilen. Für den Zinsberechnungsbeginn (valutarische Gutschrift) ist der Betrag dem Zahlungsempfänger taggleich gutzuschreiben (§ 675t I 2). **b)** Einen **Anspruch aus der Gut-** 4 **schrift** erwirbt der Begünstigte, sobald der Zahlungsdienstleister diesem die Daten der Gutschrift durch einen Organisationsakt mit nach außen erkennbarem **Rechtsbindungswillen** (zB durch Kenntnisgabe des schriftlichen oder elektronischen Kontoauszugs) ohne Vorbehalt zugänglich gemacht hat (BGH WM 2000, 25), wobei eine ohne Prüfung in den elektronischen Datenbestand übernommene Gutschrift regelmäßig unter dem Vorbehalt der **Nachdisposition** steht (BGH WM 2005, 1019). Einer Annahme der Gutschrift durch den Begünstigten bedarf es nicht, er braucht auch von der Gutschrift keine Kenntnis zu erlangen (BGH NJW 1988, 1320). Inhaltlich bedeutet die Gutschrift ein **abstraktes Schuldversprechen** iSd 5 §§ 780, 781 (BGH WM 2005, 1019). Wegen der abstrakten Natur sind **Einwendungen und Einreden** sowohl aus dem Deckungs- als auch aus dem Valutaverhält-

nis **unzulässig** (zur Zurückweisung einer Gutschrift durch den Zahlungsempfänger: BGH WM 1995, 149). Hat die Bank dem Empfänger den Zahlungsbetrag gutgeschrieben, kann sie sich grundsätzlich nicht mehr darauf berufen, dass sie selbst keine Deckung erhalten habe. Bei einer **irrtümlichen Gutschrift** kommt eine Stornierung auf Grund vertraglicher Vereinbarung (auch durch AGB; zur Wirksamkeit: LG Bonn BKR 2007, 519) in Betracht, allerdings nur bis zum nächsten Rechnungsabschluss. Das Stornorecht setzt regelmäßig ein Versehen der Bank bei der Gutschrift voraus (BGH NJW 2001, 453). Danach hat die Bank nur noch Ansprüche
6 aus § 812 oder die Einrede aus § 821 (BGHZ 72, 9; ZIP 2000, 1291). Ausnahmsweise ist eine **Sperrung** von Geldbeträgen unter den Voraussetzungen des **§ 675t IV** möglich. Bedeutung hat das bei Kreditkartenzahlungen (Autovermietung, Hotel). Der Kartenaussteller kann dem Zahlungsempfänger schon vor seiner Leistungserbringung an den Karteninhaber eine Zahlung zusichern und den dazu erforderlichen Betrag durch eine Verringerung des Verfügungsrahmens blockieren.

Unterkapitel 3. Haftung

Lit.: → vor § 675c; s. § 675r; Borges, Haftung für Identitätsmissbrauch im Online-Banking, NJW 2012, 2385; Landschein: Die Direktkondiktion gegen den Überweisungsempfänger bei der Rückabwicklung von Fehlüberweisungen – Ein Schritt zur Verwirklichung eines einheitlichen europäischen Zahlungsverkehrsraums?, BKR 2016, 457, Rademacher, § 675u BGB: Einschränkung des Verkehrsschutzes im Überweisungsrecht?, NJW 2011, 2196; Scheibengruber, Zur Zulässigkeit und Sinnhaftigkeit der Verlagerung des Missbrauchsrisikos bei Zahlungsdiensten auf die Nutzer, BKR 2010, 15.

Vorbemerkungen zu den §§ 675u–676c

1 Die §§ 675u–676c regeln Einzelheiten zur Haftung von Zahlungsdienstleister und Zahlungsdienstnutzer, wobei §§ 675u, 675v und 675w die nicht autorisierten Zahlungen betreffen, § 675x Rückerstattungsansprüche bei autorisierter Zahlung, §§ 675y, 676 und 676a nicht oder fehlerhaft ausgeführte Zahlungsvorgänge und §§ 675z, 676b sowie § 676c insbesondere Ausschluss und Beschränkung der Haftung sowie das Verhältnis zu anderen Haftungsansprüchen regeln. Der Rechtsbegriff der Haftung beinhaltet neben Erstattungs- und Schadensersatzansprüchen auch Erfüllungsansprüche (zum Begriff → § 241 Rn. 18).

§ 675u Haftung des Zahlungsdienstleisters für nicht autorisierte Zahlungsvorgänge

[1]Im Fall eines nicht autorisierten Zahlungsvorgangs hat der Zahlungsdienstleister des Zahlers gegen diesen keinen Anspruch auf Erstattung seiner Aufwendungen. [2]Er ist verpflichtet, dem Zahler den Zahlungsbetrag unverzüglich zu erstatten und, sofern der Betrag einem Zahlungskonto belastet worden ist, dieses Zahlungskonto wieder auf den Stand zu bringen, auf dem es sich ohne die Belastung durch den nicht autorisierten Zahlungsvorgang befunden hätte. [3]Diese Verpflichtung ist unverzüglich, spätestens jedoch bis zum Ende des Geschäftstags zu erfüllen, der auf den Tag folgt, an welchem dem Zahlungsdienstleister angezeigt wurde, dass der Zahlungsvorgang nicht autorisiert ist, oder er auf andere Weise davon Kenntnis erhalten hat. [4]Hat der Zahlungsdienstleister einer zuständigen Behörde berechtigte Gründe für den Verdacht, dass ein betrügerisches Verhalten des Zahlers vorliegt, schriftlich mitgeteilt, hat der Zahlungsdienstleister seine Verpflichtung aus Satz 2 unverzüglich zu prüfen und zu erfüllen, wenn sich der Betrugsverdacht nicht bestätigt. [5]Wurde der Zahlungsvorgang über einen Zahlungsauslösedienstleister ausgelöst, so treffen die Pflichten aus den Sätzen 2 bis 4 den kontoführenden Zahlungsdienstleister.

§ 675v Haftung des Zahlers bei missbräuchlicher Nutzung eines Zahlungsinstruments

(1) **Beruhen nicht autorisierte Zahlungsvorgänge auf der Nutzung eines verloren gegangenen, gestohlenen oder sonst abhandengekommenen Zahlungsinstruments oder auf der sonstigen missbräuchlichen Verwendung eines Zahlungsinstruments, so kann der Zahlungsdienstleister des Zahlers von diesem den Ersatz des hierdurch entstandenen Schadens bis zu einem Betrag von 50 Euro verlangen.**

(2) **Der Zahler haftet nicht nach Absatz 1, wenn**
1. **es ihm nicht möglich gewesen ist, den Verlust, den Diebstahl, das Abhandenkommen oder eine sonstige missbräuchliche Verwendung des Zahlungsinstruments vor dem nicht autorisierten Zahlungsvorgang zu bemerken, oder**
2. **der Verlust des Zahlungsinstruments durch einen Angestellten, einen Agenten, eine Zweigniederlassung eines Zahlungsdienstleisters oder eine sonstige Stelle, an die Tätigkeiten des Zahlungsdienstleisters ausgelagert wurden, verursacht worden ist.**

(3) **Abweichend von den Absätzen 1 und 2 ist der Zahler seinem Zahlungsdienstleister zum Ersatz des gesamten Schadens verpflichtet, der infolge eines nicht autorisierten Zahlungsvorgangs entstanden ist, wenn der Zahler**
1. **in betrügerischer Absicht gehandelt hat oder**
2. **den Schaden herbeigeführt hat durch vorsätzliche oder grob fahrlässige Verletzung**
   a) **einer oder mehrerer Pflichten gemäß § 675l Absatz 1 oder**
   b) **einer oder mehrerer vereinbarter Bedingungen für die Ausgabe und Nutzung des Zahlungsinstruments.**

(4) [1]**Abweichend von den Absätzen 1 und 3 ist der Zahler seinem Zahlungsdienstleister nicht zum Schadensersatz verpflichtet, wenn**
1. **der Zahlungsdienstleister des Zahlers eine starke Kundenauthentifizierung im Sinne des § 1 Absatz 24 des Zahlungsdiensteaufsichtsgesetzes nicht verlangt oder**
2. **der Zahlungsempfänger oder sein Zahlungsdienstleister eine starke Kundenauthentifizierung im Sinne des § 1 Absatz 24 des Zahlungsdiensteaufsichtsgesetzes nicht akzeptiert.**

[2]**Satz 1 gilt nicht, wenn der Zahler in betrügerischer Absicht gehandelt hat.** [3]**Im Fall von Satz 1 Nummer 2 ist derjenige, der eine starke Kundenauthentifizierung nicht akzeptiert, verpflichtet, dem Zahlungsdienstleister des Zahlers den daraus entstehenden Schaden zu ersetzen.**

(5) [1]**Abweichend von den Absätzen 1 und 3 ist der Zahler nicht zum Ersatz von Schäden verpflichtet, die aus der Nutzung eines nach der Anzeige gemäß § 675l Absatz 1 Satz 2 verwendeten Zahlungsinstruments entstanden sind.** [2]**Der Zahler ist auch nicht zum Ersatz von Schäden im Sinne des Absatzes 1 verpflichtet, wenn der Zahlungsdienstleister seiner Pflicht gemäß § 675m Abs. 1 Nr. 3 nicht nachgekommen ist.** [3]**Die Sätze 1 und 2 sind nicht anzuwenden, wenn der Zahler in betrügerischer Absicht gehandelt hat.**

§ 675w Nachweis der Authentifizierung

[1]**Ist die Autorisierung eines ausgeführten Zahlungsvorgangs streitig, hat der Zahlungsdienstleister nachzuweisen, dass eine Authentifizierung erfolgt ist und der Zahlungsvorgang ordnungsgemäß aufgezeichnet, verbucht sowie nicht durch eine Störung beeinträchtigt wurde.** [2]**Eine Authenti-**

fizierung ist erfolgt, wenn der Zahlungsdienstleister die Nutzung eines bestimmten Zahlungsinstruments, einschließlich seiner personalisierten Sicherheitsmerkmale, mit Hilfe eines Verfahrens überprüft hat. [3]Wurde der Zahlungsvorgang mittels eines Zahlungsinstruments ausgelöst, reicht die Aufzeichnung der Nutzung des Zahlungsinstruments einschließlich der Authentifizierung durch den Zahlungsdienstleister und gegebenenfalls einen Zahlungsauslösedienstleister allein nicht notwendigerweise aus, um nachzuweisen, dass der Zahler

1. den Zahlungsvorgang autorisiert,
2. in betrügerischer Absicht gehandelt,
3. eine oder mehrere Pflichten gemäß § 675l Absatz 1 verletzt oder
4. vorsätzlich oder grob fahrlässig gegen eine oder mehrere Bedingungen für die Ausgabe und Nutzung des Zahlungsinstruments verstoßen

hat. [4]Der Zahlungsdienstleister muss unterstützende Beweismittel vorlegen, um Betrug, Vorsatz oder grobe Fahrlässigkeit des Zahlungsdienstnutzers nachzuweisen.

Anmerkungen zu den §§ 675u–675w

1 **1. Nicht autorisierter Zahlungsvorgang. a) Allgemeines.** Bei nicht autorisierter Ausführung einer Zahlung steht dem Zahlungsdienstleister nach § 675u S. 1 kein Aufwendungsersatz aus § 675c I iVm § 670 zu, er ist auf Ansprüche aus § 675v beschränkt. Wurde dennoch ein Konto des Zahlers belastet, hat dieser einen **Erstattungsanspruch** (§ 675u S. 2). Der Zahler ist von seinem Zahlungsdienstleister (oder Zahlungsauslösedienstleister, § 675u S. 5) – unverzüglich (Einzelheiten s. § 675u S. 3–4) – so zu stellen, wie er stünde, wenn er die Zahlung nicht ausgelöst hätte, dh der Zahlungsbetrag und evtl angefallene Sollzinsen sind zu erstatten, entgangene Guthabenzinsen zu vergüten. Diese Regelung ist abschließend (§ 675z S. 1). Auch Ansprüche aus § 812 I 1 sind ausgeschlossen (BGH NJW 2015, 3093; BGH ZIP 2021, 186 Rn. 23 ff. [Ausnahme Schadensersatzansprüche]). Die Bank kann nur beim Zahlungsempfänger kondizieren. Zu Zustimmung und Widerruf der Autorisierung (→ § 675j Rn. 2); zur Informationspflicht s. Art. 248 § 4 I Nr. 5 lit e
2 EGBGB. **b) Verschuldensunabhängige Haftung,** § 675v I 1. Der Zahlungsdienstnutzer haftet verschuldensunabhängig, wenn der nicht autorisierte Zahlungsvorgang durch die Nutzung eines nach Erhalt (→ §§ 675k–675m Rn. 2) nicht grob **fahrlässig abhanden gekommenen** (arg § 675v III Nr. 2) körperlichen Zahlungsinstruments (→ §§ 675k–675m Rn. 1 f.) ausgelöst wurde (BT-Drs 16/11643, 114: kein Abhandenkommen bei Herstellung einer Kreditkartenkopie; Fälschen einer Unterschrift). Der Anspruch des Zahlungsdienstleisters ist als **Schadensersatzanspruch** ausgestaltet und auf (nur) 50 Euro beschränkt (§ 675v I). Er entfällt vollständig für Schäden, die nach Anzeige des Abhandenkommens eingetreten sind (§ 675v V), ferner wenn der Zahler das Abhandenkommen oder eine missbräuchliche Verwendung des Zahlungsinstruments nicht bemerken konnte (§ 675v II Nr. 1) oder falls der Verlust des Zahlungsinstruments durch Dritte verursacht worden war, deren
3 Handeln sich der Zahlungsdienstleister zurechnen lassen muss (§ 675v II Nr. 2). **c) Verschuldensabhängige Haftung.** Beruht der nicht autorisierte Zahlungsvorgang auf einer sonstigen missbräuchlichen Verwendung eines Zahlungsinstruments (zB Phishing, Pharming, Skimming) bei Vorliegen einer fahrlässigen **Pflichtverletzung des Zahlers** aus § 675l, hat der Zahler dem Zahlungsdienstleister den gesamten
4 Schaden zu ersetzen, wenn er betrügerisch gehandelt hat (§ 675v III Nr. 1). **dbb)** Bei **vorsätzlicher oder grob fahrlässiger** Verletzung seiner Sorgfaltspflichten aus § 675l (§ 675v III Nr. 2 lit. a) oder einer vereinbarten Nutzungs- und Ausgabebedingung des Zahlungsauthentifizierungsinstruments (§ 675v III Nr. 2 lit. b) haftet der
5 Nutzer ebenfalls für den gesamten Schaden. **Grobe Fahrlässigkeit** liegt vor: bei gemeinsamer Verwahrung von Karte und PIN (BGH WM 2012, 164), bei Zurücklassen der Zahlungskarte in einem Einkaufswagen oder einem verschlossenen, aber

Dritten zugänglichen Raum (OLG Düsseldorf BKR 2008, 41) oder in verschlossenem Pkw (LG Berlin WM 2010, 2353). **Keine grobe Fahrlässigkeit** hingegen, wenn ein Dritter Zahlungskarte und PIN nicht in einem Zugriff erlangen kann (BGH NJW 2001, 286), Eingabe von mehreren TANs nach Aufforderung (sog Pharming od Phishing BGH NJW 2012, 2422; KG WM 2011, 493; anders LG Berlin NJW- RR 2012, 570), bei Mitführen der als Telefonnummer verschlüsselten PIN (OLG Frankfurt a. M. NJW-RR 2004, 206). Zum Haftungsausschluss s. **V.** Zur Abdingbarkeit → § 675e.

2. Beweislast. Die **Beweislast** für die Autorisierung eines Zahlungsvorgangs liegt nach § 675w S. 1 grundsätzlich beim Zahlungsdienstleister, der dazu Authentifizierung (nach § 675w S. 2) und Aufzeichnung sowie Verbuchung des Zahlungsvorgangs und Nichtvorliegen einer Störung beweisen muss. Die Aufzeichnung der Authentifizierung, also die Nutzung des Zahlungsauthentifizierungsinstruments nebst persönlicher Sicherheitsmerkmale reicht weder für den Beweis einer Zahlungsautorisierung noch einer Pflichtverletzung und damit des Verschuldens des Zahlungsdienstnutzers aus, § 675w S. 3 (BGH NJW 2016, 2024). Im Übrigen freie Beweiswürdigung (§ 286 ZPO). 6

§ 675x Erstattungsanspruch bei einem vom oder über den Zahlungsempfänger ausgelösten autorisierten Zahlungsvorgang

(1) [1]**Der Zahler hat gegen seinen Zahlungsdienstleister einen Anspruch auf Erstattung eines belasteten Zahlungsbetrags, der auf einem autorisierten, vom oder über den Zahlungsempfänger ausgelösten Zahlungsvorgang beruht, wenn**

1. **bei der Autorisierung der genaue Betrag nicht angegeben wurde und**
2. **der Zahlungsbetrag den Betrag übersteigt, den der Zahler entsprechend seinem bisherigen Ausgabeverhalten, den Bedingungen des Zahlungsdiensterahmenvertrags und den jeweiligen Umständen des Einzelfalls hätte erwarten können; mit einem etwaigen Währungsumtausch zusammenhängende Gründe bleiben außer Betracht, wenn der zwischen den Parteien vereinbarte Referenzwechselkurs zugrunde gelegt wurde.**

[2]**Ist der Zahlungsbetrag einem Zahlungskonto belastet worden, so ist die Gutschrift des Zahlungsbetrags auf diesem Zahlungskonto so vorzunehmen, dass das Wertstellungsdatum spätestens der Geschäftstag der Belastung ist.** [3]**Auf Verlangen seines Zahlungsdienstleisters hat der Zahler nachzuweisen, dass die Voraussetzungen des Satzes 1 Nummer 1 und 2 erfüllt sind.**

(2) **Unbeschadet des Absatzes 3 hat der Zahler bei SEPA-Basislastschriften und SEPA-Firmenlastschriften ohne Angabe von Gründen auch dann einen Anspruch auf Erstattung gegen seinen Zahlungsdienstleister, wenn die Voraussetzungen für eine Erstattung nach Absatz 1 nicht erfüllt sind.**

(3) **Der Zahler kann mit seinem Zahlungsdienstleister vereinbaren, dass *er keinen* Anspruch auf Erstattung hat, wenn er seine Zustimmung zur Ausführung des Zahlungsvorgangs direkt seinem Zahlungsdienstleister erteilt hat und er, sofern vereinbart, über den anstehenden Zahlungsvorgang mindestens vier Wochen vor dem Fälligkeitstermin vom Zahlungsdienstleister oder vom Zahlungsempfänger unterrichtet wurde.**

(4) **Ein Anspruch des Zahlers auf Erstattung ist ausgeschlossen, wenn er ihn nicht innerhalb von acht Wochen ab dem Zeitpunkt der Belastung des betreffenden Zahlungsbetrags gegenüber seinem Zahlungsdienstleister geltend macht.**

(5) [1]**Der Zahlungsdienstleister ist verpflichtet, innerhalb von zehn Geschäftstagen nach Zugang eines Erstattungsverlangens entweder den**

vollständigen Betrag des Zahlungsvorgangs zu erstatten oder dem Zahler die Gründe für die Ablehnung der Erstattung mitzuteilen. [2]Im Fall der Ablehnung hat der Zahlungsdienstleister auf die Beschwerdemöglichkeiten gemäß den §§ 60 bis 62 des Zahlungsdiensteaufsichtsgesetzes und auf die Möglichkeit, eine Schlichtungsstelle gemäß § 14 des Unterlassungsklagengesetzes anzurufen, hinzuweisen. [3]Das Recht des Zahlungsdienstleisters, eine innerhalb der Frist nach Absatz 4 geltend gemachte Erstattung abzulehnen, erstreckt sich nicht auf den Fall nach Absatz 2.

(6) **Wenn ein Fall des § 675d Absatz 6 Satz 1 Nummer 1 Buchstabe b vorliegt,**
1. **ist § 675x Absatz 1 auf die innerhalb des Europäischen Wirtschaftsraums getätigten Bestandteile des Zahlungsvorgangs nicht anzuwenden und**
2. **kann von § 675x Absatz 2 bis 5 für die innerhalb des Europäischen Wirtschaftsraums getätigten Bestandteile des Zahlungsvorgangs abgewichen werden.**

1 **1. Erstattung bei Blankoautorisierung, I.** Die Vorschrift gewährt dem Zahler einen Erstattungsanspruch gegen seinen Zahlungsdienstleister im Falle der Belastung durch einen vom Zahlungsempfänger ausgelösten Zahlungsvorgang, den der Zahler zwar **dem Grunde** aber **nicht der Höhe** nach autorisiert hat. Von **I** sind vom Zahlungsempfänger ausgelöste und nicht genehmigte **(VI)** Zahlungen (insbesondere Kreditkartenbelastungen) erfasst, bei denen die Kreditkartendaten im Telefon- oder Mailorderverfahren angegeben oder ein Blankokartenabdruck (BT-Drs. 16/11643, 115) erstellt wurde. Der **Zahlungsbetrag** wird erst durch den **Zahlungsempfänger** festgelegt. Trotz Autorisierung (§ 675j) des Zahlungsvorgangs gewährt die Vorschrift dem Zahler einen Anspruch auf Wiedergutschrift, wenn bei der Autorisierung der genaue Betrag nicht angegeben worden war und der Zahlungsbetrag den **Betrag übersteigt,** den der **Zahler vernünftigerweise hätte erwarten** können. Kann dieser unter Berücksichtigung der Umstände nach I Nr. 2 darlegen (I 3), dass er mit einer solchen Belastung nicht hat rechnen müssen, hat er einen Anspruch auf Erstattung des vollständigen Betrags, bei Belastung eines Zahlungskontos auf Gutschrift mit Wertstellung zum Belastungsdatum (I 2). Ansprüche aus dem Grundgeschäft (Valutaverhältnis) bleiben von der Vorschrift unberührt.

2 **2. Erstattungen im Lastschriftverfahren, II, III. a)** Im **Lastschriftverfahren** können Nutzer und Zahlungsdienstleister über I hinausgehende Erstattungsansprüche vereinbaren. **II** erfasst Zahlungsvorgänge im Einzugsermächtigungs-, **SEPA-Basislastschriftverfahren** und Zahlungen im ELV (→ § 675f Rn. 11). **III** betrifft Lastschriften im Abbuchungs- und SEPA-Firmenlastschriftverfahren (→ § 675f Rn. 10). Hier kann der Anspruch auf Erstattung ausgeschossen werden. Für Verbraucher gilt dies im Abbuchungslastschriftverfahren nur dann, wenn keine Blankoauto-
3 risierung vorlag, andernfalls besteht der Anspruch aus I, § 675e I, IV. **b) Regress.** Macht der Nutzer von seinem Erstattungsanspruch Gebrauch, so hat ihm der Zahlungsdienstleister den belasteten Betrag gutzuschreiben **(II).** Der Zahlungsdienstleister hat dann seinerseits auf Grund der SEPA-Interbanken-Verfahrensregeln (SEPA [CORE/B2B] Direct Debit Scheme Rulebook; vgl. → Vor §§ 675c–675e Rn. 3) einen Anspruch auf Rückvergütung gegen das Empfängerinstitut. Dieses wiederum wird auf Grund eines in der Inkasso-Vereinbarung (s. AGB-Banken Nr. 9.[1]) vorbehaltenen Rückbelastungsrechts den Zahlungsempfänger belasten. Die Rückbelastung des Zahlungsempfängers lässt die Erfüllung im Valutaverhältnis rückwirkend (§§ 158 II, 159) entfallen (Canaris BankR Rn. 636; Bitter WM 2010, 1725; BGH *NJW 2010, 3510*; str). Der Anspruch fällt im Falle der Eröffnung eines Insolvenzverfahrens in analoger Anwendung des § 377 I nicht in die Insolvenzmasse (BGH NJW 2010, 3510; krit Bitter WM 2010, 1725).

4 **3. Ausschlussfrist.** Gem. **IV** muss der Zahler den Anspruch innerhalb einer Ausschlussfrist von acht Wochen (zur Fristberechnung: §§ 187 I, 188 II) ab dem

Zeitpunkt der Belastung geltend machen. Dieses Recht ist kein Widerrufsrecht iSd § 675j II, sondern gibt dem Belasteten einen **eigenständigen** Anspruch, der die Autorisierung des Zahlungsvorgangs nicht entfallen lässt (BGH NJW 2010, 3510). Der Zahlungsdienstleister hat innerhalb der Frist des **V** auf das Erstattungsverlangen entweder durch Zahlung oder Ablehnung des Anspruchs zu reagieren; den Anspruch auf Erstattung einer Einzugsermächtigungs- bzw. SEPA-Basislastschrift **(II)** kann der Zahlungsdienstleister nicht ablehnen, **V 3.** – Bei **Drittstaatenbezug** s. **VI.**

§ 675y Haftung der Zahlungsdienstleister bei nicht erfolgter, fehlerhafter oder verspäteter Ausführung eines Zahlungsauftrags; Nachforschungspflicht

(1) [1]**Wird ein Zahlungsvorgang vom Zahler ausgelöst, kann dieser von seinem Zahlungsdienstleister im Fall einer nicht erfolgten oder fehlerhaften Ausführung des Zahlungsauftrags die unverzügliche und ungekürzte Erstattung des Zahlungsbetrags verlangen. [2]Wurde der Betrag einem Zahlungskonto des Zahlers belastet, ist dieses Zahlungskonto wieder auf den Stand zu bringen, auf dem es sich ohne den fehlerhaft ausgeführten Zahlungsvorgang befunden hätte. [3]Wird ein Zahlungsvorgang vom Zahler über einen Zahlungsauslösedienstleister ausgelöst, so treffen die Pflichten aus den Sätzen 1 und 2 den kontoführenden Zahlungsdienstleister. [4]Soweit vom Zahlungsbetrag entgegen § 675q Abs. 1 Entgelte abgezogen wurden, hat der Zahlungsdienstleister des Zahlers den abgezogenen Betrag dem Zahlungsempfänger unverzüglich zu übermitteln. [5]Weist der Zahlungsdienstleister des Zahlers nach, dass der Zahlungsbetrag ungekürzt beim Zahlungsdienstleister des Zahlungsempfängers eingegangen ist, entfällt die Haftung nach diesem Absatz.**

(2) [1]**Wird ein Zahlungsvorgang vom oder über den Zahlungsempfänger ausgelöst, kann dieser im Fall einer nicht erfolgten oder fehlerhaften Ausführung des Zahlungsauftrags verlangen, dass sein Zahlungsdienstleister diesen Zahlungsauftrag unverzüglich, gegebenenfalls erneut, an den Zahlungsdienstleister des Zahlers übermittelt. [2]Weist der Zahlungsdienstleister des Zahlungsempfängers nach, dass er die ihm bei der Ausführung des Zahlungsvorgangs obliegenden Pflichten erfüllt hat, hat der Zahlungsdienstleister des Zahlers dem Zahler gegebenenfalls unverzüglich den ungekürzten Zahlungsbetrag entsprechend Absatz 1 Satz 1 und 2 zu erstatten. [3]Soweit vom Zahlungsbetrag entgegen § 675q Abs. 1 und 2 Entgelte abgezogen wurden, hat der Zahlungsdienstleister des Zahlungsempfängers den abgezogenen Betrag dem Zahlungsempfänger unverzüglich verfügbar zu machen.**

(3) [1]**Wird ein Zahlungsvorgang vom Zahler ausgelöst, kann dieser im Fall einer verspäteten Ausführung des Zahlungsauftrags verlangen, dass sein Zahlungsdienstleister gegen den Zahlungsdienstleister des Zahlungsempfängers den Anspruch nach Satz 2 geltend macht. [2]Der Zahlungsdienstleister des Zahlers kann vom Zahlungsdienstleister des Zahlungsempfängers verlangen, die Gutschrift des Zahlungsbetrags auf dem Zahlungskonto des Zahlungsempfängers so vorzunehmen, als sei der Zahlungsvorgang ordnungsgemäß ausgeführt worden. [3]Wird ein Zahlungsvorgang vom Zahler über einen Zahlungsauslösedienstleister ausgelöst, so trifft die Pflicht aus Satz 1 den kontoführenden Zahlungsdienstleister. [4]Weist der Zahlungsdienstleister des Zahlers nach, dass der Zahlungsbetrag rechtzeitig beim Zahlungsdienstleister des Zahlungsempfängers eingegangen ist, entfällt die Haftung nach diesem Absatz.**

(4) [1]**Wird ein Zahlungsvorgang vom oder über den Zahlungsempfänger ausgelöst, kann dieser im Fall einer verspäteten Übermittlung des Zah-**

lungsauftrags verlangen, dass sein Zahlungsdienstleister die Gutschrift des Zahlungsbetrags auf dem Zahlungskonto des Zahlungsempfängers so vornimmt, als sei der Zahlungsvorgang ordnungsgemäß ausgeführt worden. [2]Weist der Zahlungsdienstleister des Zahlungsempfängers nach, dass er den Zahlungsauftrag rechtzeitig an den Zahlungsdienstleister des Zahlers übermittelt hat, ist der Zahlungsdienstleister des Zahlers verpflichtet, dem Zahler gegebenenfalls unverzüglich den ungekürzten Zahlungsbetrag nach Absatz 1 Satz 1 und 2 zu erstatten. [3]Dies gilt nicht, wenn der Zahlungsdienstleister des Zahlers nachweist, dass der Zahlungsbetrag lediglich verspätet beim Zahlungsdienstleister des Zahlungsempfängers eingegangen ist. [4]In diesem Fall ist der Zahlungsdienstleister des Zahlungsempfängers verpflichtet, den Zahlungsbetrag entsprechend Satz 1 auf dem Zahlungskonto des Zahlungsempfängers gutzuschreiben.

(5) **[1]Ansprüche des Zahlungsdienstnutzers gegen seinen Zahlungsdienstleister nach Absatz 1 Satz 1 und 2 sowie Absatz 2 Satz 2 bestehen nicht, soweit der Zahlungsauftrag in Übereinstimmung mit der vom Zahlungsdienstnutzer angegebenen fehlerhaften Kundenkennung ausgeführt wurde. [2]In diesem Fall kann der Zahler von seinem Zahlungsdienstleister jedoch verlangen, dass dieser sich im Rahmen seiner Möglichkeiten darum bemüht, den Zahlungsbetrag wiederzuerlangen. [3]Der Zahlungsdienstleister des Zahlungsempfängers ist verpflichtet, dem Zahlungsdienstleister des Zahlers alle für die Wiedererlangung des Zahlungsbetrags erforderlichen Informationen mitzuteilen. [4]Ist die Wiedererlangung des Zahlungsbetrags nach den Sätzen 2 und 3 nicht möglich, so ist der Zahlungsdienstleister des Zahlers verpflichtet, dem Zahler auf schriftlichen Antrag alle verfügbaren Informationen mitzuteilen, damit der Zahler einen Anspruch auf Erstattung des Zahlungsbetrags geltend machen kann. [5]Der Zahlungsdienstleister kann mit dem Zahlungsdienstnutzer im Zahlungsdiensterahmenvertrag ein Entgelt für Tätigkeiten nach den Sätzen 2 bis 4 vereinbaren.**

(6) **Ein Zahlungsdienstnutzer kann von seinem Zahlungsdienstleister über die Ansprüche nach den Absätzen 1 und 2 hinaus die Erstattung der Entgelte und Zinsen verlangen, die der Zahlungsdienstleister ihm im Zusammenhang mit der nicht erfolgten oder fehlerhaften Ausführung des Zahlungsvorgangs in Rechnung gestellt oder mit denen er dessen Zahlungskonto belastet hat.**

(7) **Wurde ein Zahlungsauftrag nicht oder fehlerhaft ausgeführt, hat der Zahlungsdienstleister desjenigen Zahlungsdienstnutzers, der einen Zahlungsvorgang ausgelöst hat oder über den ein Zahlungsvorgang ausgelöst wurde, auf Verlangen seines Zahlungsdienstnutzers den Zahlungsvorgang nachzuvollziehen und seinen Zahlungsdienstnutzer über das Ergebnis zu unterrichten.**

(8) **Wenn ein Fall des § 675d Absatz 6 Satz 1 Nummer 1 Buchstabe b vorliegt, ist § 675y Absatz 1 bis 4 auf die innerhalb des Europäischen Wirtschaftsraums getätigten Bestandteile des Zahlungsvorgangs nicht anzuwenden.**

1 **1. Allgemeines.** Die Vorschrift regelt Ansprüche des Nutzers bei Leistungsstörungen; solche sind: Nicht erfolgte oder gescheiterte Ausführung, nicht vollständige Weiterleitung des Zahlungsbetrages, verspätete oder fehlgeleitete Ausführung. Der Zahlungsdienstleister haftet für Störungen nach allg. Regeln (s. §§ 280 I, 276). Zur Informationspflicht s. Art. 248 § 4 I Nr. 5 EGBGB.

2 **2. Leistungsstörungen im Deckungsverhältnis, I. a)** Der Zahlungsdienstleister des Nutzers schuldet (nur) den **rechtzeitigen Eingang** des **(ungekürzten)**
3 **Betrags** beim Zahlungsdienstleister des Zahlungsempfängers, § 675s I. **b)** Bei **nicht erfolgter Ausführung** eines Zahlungsvorgangs sieht die Vorschrift keine Rechts-

folge vor. In einem solchen Fall bleibt der durch Weisung (§ 665) konkretisierte Erfüllungsanspruch bestehen. Daneben hat der Zahlungsdienstnutzer einen verschuldensabhängigen Schadensersatzanspruch aus § 280 I iVm § 675z S. 2. **c)** Ist eine 4
dem Konto des Zahlers belastete Zahlung nicht beim Empfängerinstitut eingegangen oder kann bei einem über den Empfänger ausgelösten Zahlungsvorgang (zB Lastschrift) der Zahlungsdienstleister des Zahlungsempfängers keinen Zahlungseingang verzeichnen **(verloren gegangene Zahlung),** ist der Zahler von seinem Zahlungsdienstleister so zu stellen, wie er stünde, wenn die Zahlung nicht ausgelöst worden wäre **(I 1, II 2),** dh der Zahlungsbetrag und evtl. angefallene Sollzinsen sind zu erstatten, entgangene Guthabenzinsen zu vergüten (Grüneberg/Sprau Rn. 8: valutarische Rückbuchung). Das gilt auch, wenn ein Zahlungsdienstauslöser den Zahlungsvorgang ausgelöst hatte **(I 3).** Bei Nichtausführung aufgrund vom Zahlungsdienstnutzer angegebener fehlerhafter Kundenkennung s. **V. d)** Im Fall **verspäteter** 5
Zahlungsvorgänge (→ § 675s) hat der Zahler **(III)** oder Zahlungsempfänger **(IV)** Ansprüche so gestellt zu werden, als sei die Zahlung ordnungsgemäß ausgeführt worden. Für weitere Folgeschäden besteht ein Schadensersatzanspruch aus § 280 II, 286; zu dessen Begrenzung s. § 675z S. 2. **e)** Im Fall einer **gekürzten** Weiterleitung 6
des Zahlungsbetrags vgl. **I 4;** Zum Erstattungsanspruch von Zinsen und Entgelten vgl. **VI.** Zur Nachforschungspflicht vgl. **VII.**

3. Leistungsstörungen im Inkassoverhältnis, II. a) Ab **Zahlungseingang** 7
beim Empfängerzahlungsdienstleister hat der Zahlungsempfänger einen Anspruch auf ungekürzte (→ § 675q II) und unverzügliche (→ § 675t I) Gutschrift. **b)** Im 8
Falle einer über den **Zahlungsempfänger ausgelösten Zahlung** schuldet der Zahlungsdienstleister des Empfängers die **ordnungsgemäße Übermittlung** des Zahlungsauftrags an den Zahlungsdienstleister des Zahlers, **II 1. c)** Im Fall eines 9
Abzugs von Entgelten vgl. **II 3;** Zum Erstattungsanspruch von Zinsen (→ Rn. 4) und Entgelten vgl. **VI.** Zur Nachforschungspflicht vgl. **VII.**

4. Ausschluss. Der Zahlungsdienstnutzer hat keine Erstattungsansprüche gegen 10
seinen Zahlungsdienstleister, wenn die fehlerhafte Ausführung auf eine fehlerhafte Kundenkennung (§ 675r) zurückzuführen ist, **V 1.** Allerdings bestehen Informationsansprüche **V 3, 4** und ein Anspruch auf Wiedererlangung **(V 2).**

§ 675z Sonstige Ansprüche bei nicht erfolgter, fehlerhafter oder verspäteter Ausführung eines Zahlungsauftrags oder bei einem nicht autorisierten Zahlungsvorgang

[1]Die §§ 675u und 675y sind hinsichtlich der dort geregelten Ansprüche eines Zahlungsdienstnutzers abschließend. [2]Die Haftung eines Zahlungsdienstleisters gegenüber seinem Zahlungsdienstnutzer für einen wegen nicht erfolgter, fehlerhafter oder verspäteter Ausführung eines Zahlungsauftrags entstandenen Schaden, der nicht bereits von § 675y erfasst ist, kann auf 12 500 Euro begrenzt werden; dies gilt nicht für Vorsatz und grobe Fahrlässigkeit, den Zinsschaden und für Gefahren, die der Zahlungsdienstleister besonders übernommen hat. [3]Zahlungsdienstleister haben hierbei ein Verschulden, das einer zwischengeschalteten Stelle zur Last fällt, wie eigenes Verschulden zu vertreten, es sei denn, dass die wesentliche Ursache bei einer zwischengeschalteten Stelle liegt, die der Zahlungsdienstnutzer vorgegeben hat. [4]In den Fällen von Satz 3 zweiter Halbsatz haftet die von dem Zahlungsdienstnutzer vorgegebene zwischengeschaltete Stelle anstelle des Zahlungsdienstleisters des Zahlungsdienstnutzers. [5]§ 675y Absatz 5 Satz 1 ist auf die Haftung eines Zahlungsdienstleisters nach den Sätzen 2 bis 4 entsprechend anzuwenden. [6]Wenn ein Fall des § 675d Absatz 6 Satz 1 Nummer 1 Buchstabe b vorliegt, ist § 675z Satz 3 auf die innerhalb des Europäischen Wirtschaftsraums getätigten Bestandteile des Zahlungsvorgangs nicht anzuwenden.

§ 676 Nachweis der Ausführung von Zahlungsvorgängen

Ist zwischen dem Zahlungsdienstnutzer und seinem Zahlungsdienstleister streitig, ob der Zahlungsvorgang ordnungsgemäß ausgeführt wurde, muss der Zahlungsdienstleister nachweisen, dass der Zahlungsvorgang ordnungsgemäß aufgezeichnet und verbucht sowie nicht durch eine Störung beeinträchtigt wurde.

§ 676a Ausgleichsanspruch

(1) **Liegt die Ursache für die Haftung eines Zahlungsdienstleisters gemäß den §§ 675u, 675y und 675z im Verantwortungsbereich eines anderen Zahlungsdienstleisters, eines Zahlungsauslösedienstleisters oder einer zwischengeschalteten Stelle, so kann der Zahlungsdienstleister von dem anderen Zahlungsdienstleister, dem Zahlungsauslösedienstleister oder der zwischengeschalteten Stelle den Ersatz des Schadens verlangen, der ihm aus der Erfüllung der Ansprüche eines Zahlungsdienstnutzers gemäß den §§ 675u, 675y und 675z entsteht.**

(2) **Ist zwischen dem kontoführenden Zahlungsdienstleister des Zahlers und einem Zahlungsauslösedienstleister streitig, ob ein ausgeführter Zahlungsvorgang autorisiert wurde, muss der Zahlungsauslösedienstleister nachweisen, dass in seinem Verantwortungsbereich eine Authentifizierung erfolgt ist und der Zahlungsvorgang ordnungsgemäß aufgezeichnet sowie nicht durch eine Störung beeinträchtigt wurde.**

(3) **Ist zwischen dem kontoführenden Zahlungsdienstleister des Zahlers und einem Zahlungsauslösedienstleister streitig, ob ein Zahlungsvorgang ordnungsgemäß ausgeführt wurde, muss der Zahlungsauslösedienstleister nachweisen, dass**
1. **der Zahlungsauftrag dem kontoführenden Zahlungsdienstleister gemäß § 675n zugegangen ist und**
2. **der Zahlungsvorgang im Verantwortungsbereich des Zahlungsauslösedienstleisters ordnungsgemäß aufgezeichnet sowie nicht durch eine Störung beeinträchtigt wurde.**

§ 676b Anzeige nicht autorisierter oder fehlerhaft ausgeführter Zahlungsvorgänge

(1) **Der Zahlungsdienstnutzer hat seinen Zahlungsdienstleister unverzüglich nach Feststellung eines nicht autorisierten oder fehlerhaft ausgeführten Zahlungsvorgangs zu unterrichten.**

(2) [1]**Ansprüche und Einwendungen des Zahlungsdienstnutzers gegen den Zahlungsdienstleister nach diesem Unterkapitel sind ausgeschlossen, wenn dieser seinen Zahlungsdienstleister nicht spätestens 13 Monate nach dem Tag der Belastung mit einem nicht autorisierten oder fehlerhaft ausgeführten Zahlungsvorgang hiervon unterrichtet hat.** [2]**Der Lauf der Frist beginnt nur, wenn der Zahlungsdienstleister den Zahlungsdienstnutzer über die den Zahlungsvorgang betreffenden Angaben gemäß Artikel 248 §§ 7, 10 oder § 14 des Einführungsgesetzes zum Bürgerlichen Gesetzbuche unterrichtet hat; anderenfalls ist für den Fristbeginn der Tag der Unterrichtung maßgeblich.**

(3) **Für andere als die in § 675z Satz 1 genannten Ansprüche des Zahlungsdienstnutzers gegen seinen Zahlungsdienstleister wegen eines nicht autorisierten oder fehlerhaft ausgeführten Zahlungsvorgangs gilt Absatz 2 mit der Maßgabe, dass der Zahlungsdienstnutzer diese Ansprüche auch nach**

Ablauf der Frist geltend machen kann, wenn er ohne Verschulden an der Einhaltung der Frist verhindert war.

(4) [1]**Wurde der Zahlungsvorgang über einen Zahlungsauslösedienstleister ausgelöst, sind Ansprüche und Einwendungen des Zahlungsdienstnutzers gegen seinen kontoführenden Zahlungsdienstleister ausgeschlossen, wenn der Zahlungsdienstnutzer den kontoführenden Zahlungsdienstleister nicht spätestens 13 Monate nach dem Tag der Belastung mit einem nicht autorisierten oder fehlerhaften Zahlungsvorgang hiervon unterrichtet hat.** [2]**Der Lauf der Frist beginnt nur, wenn der kontoführende Zahlungsdienstleister den Zahlungsdienstnutzer über die den Zahlungsvorgang betreffenden Angaben gemäß Artikel 248 §§ 7, 10 oder § 14 des Einführungsgesetzes zum Bürgerlichen Gesetzbuche unterrichtet hat; anderenfalls ist für den Fristbeginn der Tag der Unterrichtung durch den kontoführenden Zahlungsdienstleister maßgeblich.**

(5) **Für andere als die in § 675z Satz 1 genannten Ansprüche des Zahlungsdienstnutzers gegen seinen kontoführenden Zahlungsdienstleister oder gegen den Zahlungsauslösedienstleister wegen eines nicht autorisierten oder fehlerhaft ausgeführten Zahlungsvorgangs gilt Absatz 4 mit der Maßgabe, dass**

1. **die Anzeige an den kontoführenden Zahlungsdienstleister auch zur Erhaltung von Ansprüchen und Einwendungen des Zahlungsdienstnutzers gegen den Zahlungsauslösedienstleister genügt und**
2. **der Zahlungsdienstnutzer seine Ansprüche gegen den kontoführenden Zahlungsdienstleister oder gegen den Zahlungsauslösedienstleister auch nach Ablauf der Frist geltend machen kann, wenn er ohne Verschulden an der Einhaltung der Frist verhindert war.**

§ 676c Haftungsausschluss

Ansprüche nach diesem Kapitel sind ausgeschlossen, wenn die einen Anspruch begründenden Umstände

1. **auf einem ungewöhnlichen und unvorhersehbaren Ereignis beruhen, auf das diejenige Partei, die sich auf dieses Ereignis beruft, keinen Einfluss hat, und dessen Folgen trotz Anwendung der gebotenen Sorgfalt nicht hätten vermieden werden können, oder**
2. **vom Zahlungsdienstleister auf Grund einer gesetzlichen Verpflichtung herbeigeführt wurden.**

Anmerkungen zu den §§ 675z–676c

1. Haftungsbegrenzung, § 675z. Die in den §§ 675u, 675y geregelten Ansprüche des Zahlungsdienstnutzers gegen seinen Zahlungsdienstleister wegen fehlerhafter, verspäteter oder nicht autorisierter Zahlungsaufträge sind **abschließend.** Die Ansprüche unterliegen der Ausschlussfrist des **§ 676b II.** Die Unterrichtung hat *unverzüglich* (§ 121) nach Feststellung des fehlerhaften Zahlungsvorgangs zu erfolgen, § 676b I. Ansprüche des Zahlungsdienstnutzers aus anderen Anspruchsgrundlagen, die auf Grund der Regelverjährung nach §§ 195, 199 für den Nutzer günstiger sind, bestehen daneben nicht. Zur Beweislast für eine ordnungsgemäße Ausführung des Zahlungsauftrages s. § 676. 1

2. Haftungsumfang. Folgeschäden (zB Verzugsschäden oder entgangener Gewinn) wegen mangelhafter oder nicht autorisierter Ausführung von Zahlungsaufträgen unterfallen nicht den §§ 675u, 675y und sind als **verschuldensabhängiger** Schadensersatz gem. § 280 I geltend zu machen. Der Zahlungsdienstleister kann die Haftung für fahrlässiges Handeln der Höhe nach begrenzen, § 675z S. 2. Für Folgeschäden, die aus nicht autorisierten Zahlungen (§ 675u) erwachsen, haftet der 2

Zahlungsdienstleister unbeschränkt, arg. § 675z S. 2. Die Ansprüche unterliegen ebenfalls der 13-monatigen Ausschlussfrist des§ 676b II, **§ 676b III.**

3 **3. Zwischengeschaltete Zahlungsdienstleister.** Diese handeln als Erfüllungsgehilfen (§ 278) des Zahlungsdienstleisters, dessen Nutzer die Zahlung veranlasst hat, es sei denn, der Nutzer hat die Einschaltung einer bestimmten zwischengeschalteten Stelle vorgegeben und die wesentliche Ursache für den Fehler liegt bei dieser Stelle, **§ 675z S. 3.** Haftet der Zahlungsdienstleister aus den §§ 675u, 675y für einen Erfüllungsgehilfen, kann er von diesem Erstattung seines Schadens verlangen, **§ 676a.**

4 **4. Haftungsausschluss, § 676c.** Ansprüche sind ausgeschlossen, wenn die sie begründenden Umstände auf höherer Gewalt oder Gesetzesänderung beruhen, § 676c. Die Fälschung von Zahlungsanweisungen stellt für ein Kreditinstitut grundsätzlich kein ungewöhnliches und unvorhersehbares Ereignis dar (BGH ZIP 2021, 186 Rn. 20).

Titel 13. Geschäftsführung ohne Auftrag

Vorbemerkungen

Lit.: Baldringer/Jordans, Beurteilung des „Abschleppfalles" nach bürgerlichem Recht usw, NZV 2005, 75; Berger, Geschäftsführung ohne Auftrag zwischen Verwaltungsträgern, DÖV 2014, 662; Bergmann, Die GoA als Subordinationsverhältnis, 2010; Beuthien, Die unberechtigte GoA im bürgerlichrechtlichen Anspruchssystem, FS Söllner, 2000, 125; Brennecke, Ärztliche Geschäftsführung ohne Auftrag, 2010; Deppenkemper, Negotiorum gestio – Geschäftsführung ohne Auftrag, 2014; Dörnis, Das Dilemma der Erbensucher, JZ 2012, 592; Ebert, Das Recht auf den Eingriffserwerb, ZIP 2002, 2296; Falk, Von Titelhändlern und Erbensuchern – Die GoA-Rechtsprechung am Scheideweg, JuS 2003, 833; Forschner, Zum Regress des „überobligatorisch" leistenden Scheinvaters, FamRZ 2013, 1700; Giesen, Das Recht der fremdnützigen Geschäftsbesorgung (Unberechtigte und unechte GoA), Jura 1996, 344; Gursky, Der Tatbestand der GoA, AcP 185, 13; Gutzeit/Vrban, Bestattung ohne Auftrag, NJW 2012, 1630; Hahn, Vergütungsansprüche für Dienstleistungen bei fehlender vertraglicher Grundlage, 2004; Hau, Geschäftsführung ohne Verbraucherauftrag, NJW 2001, 2863; Heinz, Die echte Geschäftsführung ohne Auftrag. Eine Untersuchung des Anwendungsbereichs unter Heranziehung der Principles of European Law, 2013; Helm, Gutachten III, 335; Henssler, Grundfälle usw im Recht der GoA, JuS 1991, 924; Hilbert, Das auch fremde Geschäft in der Rechtsprechung: Gerechtfertigte Rechtsanwendung oder bloße Billigkeitsrechtsprechung?, 2015; Hopt, Interessenwahrung und Interessenkonflikt usw, ZGR 2004, 1; Kossek, Honoraransprüche des gewerblichen Erbensuchers in Deutschland und Österreich. Zugleich ein Beitrag zur Begrenzung des Instituts der Geschäftsführung ohne Auftrag, 2010; Lambertz/Wistuba, Zu den Grundsätzen der Geschäftsführung ohne Auftrag, r+s 2016, 168; Lange, Geschäftsführung ohne Auftrag bei nicht geschuldeten Schönheitsreparaturen?, NZM 2007, 785; Loyal, Die „entgeltliche" Geschäftsführung ohne Auftrag, 2011; ders., Der fremdnützige Leistungszweck, JZ 2012, 1102; Martinek/Theobald, Grundfälle zum Recht der GoA, JuS 1997, 612, 805, 992, JuS 1998, 27; Meier, Das subjektive System der Geschäftsführung ohne Auftrag, 2019; Oppermann, Konstruktion und Rechtspraxis der GoA, AcP 193, 497; Rebler, Straßenverkehr – Ansprüche aus GoA in den Fällen der Nothilfe oder Selbstaufopferung, MDR 2013, 254; Reichard, Negotium alienum und ungerechtfertigte Bereicherung – Zur Entbehrlichkeit des § 687 Abs. 2 BGB, AcP 193, 567; Röthel, Die Rechtsfolgen der unberechtigten GoA, JURA 2022, 547; Schirmacher/Pfeiffer, Die Haftung des Geschäftsführers ohne Auftrag, JURA 2022, 566; B. Schmidt, Der Anwendungsbereich der berechtigten GoA, JuS 2004, 862; ders., Die berechtigte Geschäftsführung ohne Auftrag, 2008; D. Schmidt, Geschäftsführung ohne Auftrag und Stellvertretung, JZ 2019, 543; Schoch, Geschäftsführung ohne Auftrag im Öffentlichen Recht – Entwicklung der Rechtsprechung im letzten Jahrzehnt, Die Verwaltung 38 (2005), 91; Schubert, Der Tatbestand der GoA, AcP 178, 425; Seiler, Grundfälle zum Recht der GoA, JuS 1987, 368; Stamm, Regressfiguren im Zivilrecht, 2000; ders., Die Rückführung der sog. „auch fremden Geschäfte" von der Geschäftsführung ohne Auftrag auf die Gesamtschuld, Jura 2002, 730; Thole, Die Geschäftsführung ohne Auftrag auf dem Rückzug – Das Ende des „auch fremden" Geschäfts?, NJW 2010, 1243; Wenckstern, Die Geschäftsanmaßung als Delikt, AcP 200, 240; Wendtland, Der Dombrandfall usw, Jura 2004, 325; Wittmann, Begriff und Funktion der GoA, 1981; Wollschläger, Die Geschäftsführung ohne Auftrag, 1976.

1. Allgemeines. a) Begriff. GoA liegt vor, wenn jemand (Geschäftsführer) für einen anderen (Geschäftsherrn) Angelegenheiten wahrnimmt („ein Geschäft besorgt"), ohne von ihm beauftragt oder sonstwie dazu berechtigt zu sein (§ 677). Vor Übernahme der Geschäftsführung fehlt zwischen den Parteien *jede* auf Geschäftsbesorgung gerichtete Rechtsbeziehung (→ § 677 Rn. 6 f.), Geschäftsführung „oA" daher ungenau. **b) Bedeutung.** Das bes. ges. Ausgleichsschuldverhältnis (→ § 677 Rn. 8) will fremdnütziges Handeln durch Begünstigung des rechtmäßig handelnden Fremdgeschäftsführers (§§ 680, 683 → Rn. 4) fördern, andererseits den Geschäftsherrn vor unbefugter und unerwünschter Einmischung in seine Angelegenheiten schützen (§§ 677, 678, 684 → Rn. 5 f.). Es dient insoweit auch der Lückenfüllung im Rechtsschutzsystem (HKK/Jansen §§ 677–687 I Rn. 127: Hauptfunktion). Demgegenüber sieht Wollschläger, Die Geschäftsführung ohne Auftrag, 1976, die Hauptaufgabe der GoA in einer richtigen Güter-, Lasten- und Risikozuweisung bei vertragsloser Tätigkeit für andere am Maßstab einer obj. bestimmten Güter- und Lastenzuständigkeit (krit. Schubert AcP 178, 432 ff.; Wittmann, Begriff und Funktion der GoA, 1981; vermittelnd Helm, Gutachten III, 364 ff.; Oppermann AcP 193, 502). Zu den zahlreichen Parallelen zwischen GoA und Stellvertretung s. Schmidt JZ 2011, 543 ff. Rechtsvergleichend und zum Europäischen Privatrecht s. v. Bar, The Principles of European Law on Benevolent Intervention in Another's Affairs and Unjust Enrichment, ERA-Forum 2006, 204 mN; rechtsvergleichend (mit zahlreichen Länderberichten zum kontinentaleuropäischen Recht, auch zum common law) und zu europäischen soft law-Prinzipien und rechtsgeschichtlich Deppenkemper. **c) Rechtsnatur.** Geschäftsübernahme ist kein RGeschäft, ob geschäftsähnliche Handlung ist str.; → § 682 Rn. 2.

1 (Rn. 1 beginnt bei „1. Allgemeines“), 2 (Rn. 2 beginnt bei „b) Bedeutung“), 3 (Rn. 3 beginnt bei „c) Rechtsnatur“)

4 **2. Arten und Abgrenzung. a)** Bei der **berechtigten GoA** liegt die Übernahme der Geschäftsführung im Interesse des Geschäftsherrn und entspricht seinem Willen (vgl. § 683 S. 1, Voraussetzungen ie → § 677 Rn. 2 ff.). Folge: Zwischen Geschäftsführer und Geschäftsherrn kommt ein **auftragsähnliches ges. Schuldverhältnis** zustande. Inhalt: → § 677 Rn. 8. Anwendbar sind: §§ 677, 679, 680–683, 684 S. 2, 686. Berechtigte GoA ist **Rechtsgrund** iSv § 812 I (hM; BGH NJW 2012, 526 Rn. 41; 1993, 3196; NJW 1969, 1207; Wittmann, Begriff und Funktion der GoA, 1981, 139 f.; NK-BGB/Schwab Rn. 83 mN; anders [§§ 677 ff. gehen bei berechtigter und unberechtigter GoA als lex specialis den §§ 812 ff. vor] Staudinger/Bergmann Vor § 677 Rn. 242 mN; Bergmann 210; Heinz 309; Meier 165) und **Rechtfertigungsgrund** (hM; BGH LM BGB § 683 Nr. 2; Wittmann, Begriff und Funktion der GoA, 1981, 141 ff.; NK-BGB/Schwab Rn. 84 mN; anders [beide Arten der echten GoA haben rechtfertigende Wirkung] Meier 206; anders [kein Rechtfertigungsgrund, Rechtfertigung nur durch allgemeine Güter- und Pflichtenabwägung] MüKo-BGB/Schäfer § 677 Rn. 104; Staudinger/Bergmann Vor § 677 Rn. 245 mN. Für eine mutmaßliche Einwilligung des Geschäftsherrn dagegen BeckOGK/Thole § 677 Rn. 67). Geschäftsführer haftet nur für **„Ausführungsverschulden"**, → § 678 Rn. 3 (Schirmacher/Pfeiffer JURA 2022, 566). GoA begründet **keine Vertretungsmacht** für den Geschäftsführer (BGHZ 69, 327); schließt dieser für den Geschäftsherrn mit einem Dritten ein RGeschäft (vgl. → § 677 Rn. 2), so gelten im Außenverhältnis die §§ 177 ff. (bei §§ 679, 680 aA Bertzel AcP 158, 148). Zum **Verhältnis** der §§ 179, 684 (Anspruchskonkurrenz) s. BGH NJW-RR 2004, 81; NJW 2001, 3185; NJW-RR 1989, 970. Geschäftsführer hat keinen Anspruch auf Genehmigung (BGH NJW 1951, 398, str.). Zum Ausgleich bei Gesamtschuld → § 426 Rn. 14 ff. § 426 ist keine zu §§ 677 ff. abschließende Sonderregelung. – Von dem gesetzlichen Schuldverhältnis der GoA unterscheidet der BGH das Nichtschuldverhältnis der (außerrechtlichen) **„Geschäftsführung aus Gefälligkeit"** im Bereich des gesellschaftlichen Lebens und der Handlungen aus Sitte (BGH NJW 2015, 2880, 2881 Rn. 9 ff. mN; wohl hL, str., umfassende Darstellung bei Schmidt Rn. 1144 ff.; Staudinger/Bergmann Vor § 677 Rn. 110 ff.). Ist wegen des tatsächlichen Charakters der GoA (keine WE) **abzulehnen** (im Übrigen

wurzelt die GoA gerade in der Verrechtlichung solcher Dienste, dazu rechtsgeschichtlich Deppenkemper 23 ff.). Auch dann liegt GoA vor, aber Anwendung des → § 685 führt zu sachgerechten Ergebnissen (ebenso BGB – RGRK/Steffen,
5 12. Aufl., Vor § 677 Rn. 8). **b)** Bei der **unberechtigten GoA** (Kritik an der Kategorie: Staudinger/Bergmann Vor § 677 Rn. 96 ff. mN) fehlen die Voraussetzungen gem. → Rn. 4, das ges. Schuldverhältnis entsteht nicht. Die mit der Geschäftsführung verbundenen Eingriffe in den fremden Rechtskreis sind widerrechtlich (§§ 823 ff.), Vermögensverschiebungen rechtsgrundlos (§§ 684 S. 1, 812 ff.) (BeckOGK/Thole § 677 Rn. 64 f. [§ 812 ff.], 66 f. [§§ 823 ff.]). Der Geschäftsführer haftet bei Übernahmeverschulden auch ohne Ausführungsverschulden (§ 678), iÜ gelten auch die §§ 680, 681 S. 1, 682. Der Geschäftsherr kann mit der Folge der
6 → Rn. 4 genehmigen, §§ 684 S. 2, 184 I. **c) Unechte GoA.** Überhaupt kein Fall der Geschäftsführung (→ Rn. 1) liegt vor, wenn jemand ein fremdes Geschäft als sein eigenes behandelt. Fälle: irrtümliche und angemaßte Eigengeschäftsführung (§ 687 I und II). Bei letzterer stehen aber dem Geschäftsherrn die Rechte aus GoA zu (§ 687 II).

7 **3. Anwendungsbereich.** Rechtsfolgenverweisungen enthalten §§ 539 I, 601 II, 994 II, 1049, 1216, 1959, 1978. GoA kann vorliegen, wenn nach Beendigung des Auftrags Geschäfte weitergeführt werden (Budzikiewicz ZGS 2002, 279, 357 mN). GoA ist **ausgeschlossen,** sofern sie die ges. (zivil- oder öffentl.-rechtlich) vorgesehene **Risikoverteilung** zwischen den Beteiligten verändern würde (BGH NJW 2000, 73) (noch → § 677 Rn. 6 f.). Daher keine GoA, wenn Geschäftsführer durch die Geschäftsführung einen Vertragsabschluss mit dem Geschäftsherrn herbeiführen möchte, denn jede Seite trägt das Risiko eines Scheiterns der Vertragsverhandlungen (Privatautonomie). Insoweit getätigte Aufwendungen des Geschäftsführers fallen in seinen Risikobereich und können nicht dem Geschäftsherrn angelastet werden (BGH NJW-RR 2006, 656; BeckRS 2014, 14132; NJW 2000, 73 mAnm Schulze JZ 2000, 523, Anm. Emmerich JuS 2000, 603, Anm. Ehmann LM Nr. 40 zu § 677: Erbensucher kann von ermittelten Erben keinen Aufwendungsersatz verlangen; zustimmend Hahn 326 f.; nur im Ergebnis zustimmend: Kossek [Lit. vor § 677] 299 ff.; ablehnend Dornis JZ 2012, 592; anders noch BGHR BGB § 677 Erbensucher 1990, 1). Keine GoA bei abschließender ges. **Sonderregelung** (BGHZ 140, 109 f. mN; NJW-RR 2001, 1283; BSG 85, 110). Bsp: § 241a (Erbringung unbestellter Leistungen durch einen Unternehmer an einen Verbraucher, dazu näher Hau NJW 2001, 2863 [2864 f.]; → § 241a Rn. 5; LG Berlin NJW-RR 2005, 64 [obiter dictum]); §§ 437, 439 (keine GoA bei Selbstvornahme der Nacherfüllung: BGH NJW 2005, 1350 mN, 3211); §§ 965 ff. (Fund); §§ 740, 749 HGB (Hilfeleistung in Seenot, dazu BGHZ 69, 197); § 89 ZPO (Geschäftsführung im Prozess); §§ 62, 63 VVG (Schadensminderung); §§ 90, 91 BSHG (Rückgriff bei Sozialhilfe); § 52 BVG (Rückgriff bei Unterhaltsleistungen); → § 677 Rn. 6 f. GoA ist idR ausgeschlossen, sofern die Geschäftsbesorgung in der Erbringung von Leistungen für einen sozialrechtlichen Leistungsträger besteht, da das Sozialrecht den Rückgriff abschließend regelt (anders begründet: BGH NJW-RR 2001, 1283). Ansprüche aus GoA können neben solche aus § 89 II WHG treten (BGH NJW 1999, 3635), ebenso neben solche aus § 21 II WEG (BGH NJW 2016, 1310). GoA ist ausgeschlossen, soweit das Naturalleistungsprinzip (§ 2 II 1 SGB V) in der ges. Krankenversicherung gilt (BGHZ 140, 104 ff. mAnm Ruland JuS 1999, 618 und Eichenhofer JZ 1999, 363).
8 GoA im **öffentl. Recht** ist möglich (Überblick: Schoch Die Verwaltung 38 [2005], 91 ff.; Berger DÖV 2014, 662), sofern keine abschließende Sonderregelung, s. BGH NJW 2004, 513; für die Abgrenzung zwischen öffentl.-rechtlicher und privatrechtlicher GoA kommt es nicht auf die Rechtsnatur der vom Geschäftsführer ergriffenen Maßnahmen, sondern darauf an, welchen Charakter das Geschäft gehabt hätte, wenn es vom Geschäftsherrn selbst ausgeführt worden wäre (BGH NJW 2018, 2714; 2716 Rn. 17; NVwZ 2016, 870; dazu Waldhoff JuS 2016, 1050; NJW 2012, 1648 Rn. 15; NJW 1971, 1218). BVerfG NJW 2011, 3217 Rn. 13 (Erstattungsanspruch aus GoA

wegen Abschleppens ist nicht nach Bay. Polizeirecht zu bemessen) mN, dazu Linke DVBl 2006, 148; BayObLGZ 2002, 35 (Aufwendungsersatz der Feuerwehr nach Bay. Landesrecht); LG Berlin NJW-RR 2005, 64 f. (Verwaltungsakt nach Berliner Ordnungsrecht enthält abschließende Kostenregelung); BVerwG NJW 2002, 1968 (Schmiergeldherausgabe nach § 70 S. 1 BBG, → § 667 Rn. 4); VG Gelsenkirchen NJW 2002, 1818 (Kostenerstattung der Eltern an Schule wegen Klassenfahrt); OVG Koblenz DVBl 2003, 411 (Straßenbauarbeiten); AG Peine NVwZ-RR 2002, 711 (Rettungseinsatz, dazu → § 683 Rn. 6); (BGHZ 30, 169; BGHZ 109, 358; 140, 110; 143, 14; NJW-RR 2001, 1283; 2014, 439; BVerwG 80, 170; BSG NJW 1991, 2373; BSG 85, 110; OLG Köln NJW-RR 1995, 570, hM, str.; aA AG Frankfurt a. M. NJW-RR 1990, 731 mN); ie Erman/Dornis Vor § 677 Rn. 32 ff.; Oppermann AcP 193, 513 ff.; sa Bsp. in → § 677 Rn. 3 f.; ferner Ell NVwZ 2003, 913 (zur Erstattung verkehrsrechtlicher Kosten); BGH NJW-RR 2014, 439; OVG Münster DVBl 2014, 49 (Gewässerverunreinigung); Dahm NVwZ 2005, 172; Geres NJW 2004, 1909 (zu Befreiungs-/Freilassungskosten entführter Auslandsdeutscher). Die §§ 677 ff. sind im Bereich des öffentl. Rechts bei Vorliegen einer planwidrigen Lücke je nach Regelungszusammenhang anwendbar. Kommt danach eine öffentl.-rechtliche GoA in Betracht, so entsprechen die Voraussetzungen denen der §§ 677 ff. (BGH NJW-RR 2014, 439, zu Einschränkungen s. BGH NJW-RR 2001, 1284; zum auch-privaten Geschäft s. VGH Mannheim NVwZ-RR 2004, 473). Diensthandlung Beamter kann GoA für Körperschaft begründen, nicht für Beamten selbst (BGH NJW 2004, 515). Zur persönlichen Haftung des Bürgermeisters wegen nichtigen Rechtsgeschäfts der Gemeinde s. BGHZ 157, 168.

§ 677 Pflichten des Geschäftsführers

Wer ein Geschäft für einen anderen besorgt, ohne von ihm beauftragt oder ihm gegenüber sonst dazu berechtigt zu sein, hat das Geschäft so zu führen, wie das Interesse des Geschäftsherrn mit Rücksicht auf dessen wirklichen oder mutmaßlichen Willen es erfordert.

1. Bedeutung und Anwendungsbereich. Umschreibung der **Hauptpflicht** 1 des Geschäftsführers (→ Rn. 9) bei berechtigter GoA (→ Vor § 677 Rn. 4), Anspruchsgrundlage bei fehlerhafter Geschäftsführung (→ Rn. 9 [cc]). Bei unberechtigter GoA (→ Vor § 677 Rn. 5) gilt § 677 nicht (str., s. zum Problem Staudinger/Bergmann Vor § 677 Rn. 96 f., dort Kritik Rn. 98 mN, str.), der Geschäftsführer hat die Ausführung des Geschäfts zu unterlassen.

2. Voraussetzungen der berechtigten GoA. Die Voraussetzungen der berech- 2 tigten GoA ergeben sich aus § 677; su [a]; → Rn. 3 ff. und § 683 S. 1 (→ Rn. 5). **a) Geschäftsbesorgung** ist wie in → § 662 Rn. 9 f. iwS zu verstehen; umfasst tatsächliche Handlungen (BGH NJW 1978, 1258) des Geschäftsführers (auch bloßes Geben, str.) und Rechtsgeschäfte. Handeln in eigener Person ist nicht erforderlich; Geschäftsführer kann Hilfsperson einsetzen (Geschäftsführungsgehilfe) (BGHZ 67, 371). Keine teleologische Reduktion zugunsten der außerrechtlichen Gefälligkeit ohne Auftrag → Vor § 677 Rn. 4. **b) Fremdes Geschäft** (Geschäft für einen 3 „anderen") ist jede Angelegenheit, die nicht ausschließlich eine solche des Geschäftsführers selbst ist, sondern zumindest auch in den Sorgebereich eines anderen fällt (BGH NJW 2021, 2023, 2028 f. Rn. 54; NJW-RR 2001, 1284 mN). Die Zugehörigkeit zum fremden Rechtskreis kann sich bereits aus dem Inhalt des Geschäfts ergeben **(obj. fremdes Geschäft).** Bsp: Hilfeleistungen, Rettungshandlungen (BGHZ 33, 254 ff.; 67, 371); Notstromlieferung durch Energieversorger (BGH WM 2005, 1712; aber Duldung der Stromentnahme nach Vertragsbeendigung durch Stromversorger ist nicht dessen Geschäft, sondern das des Grund- und Ersatzversorgers, s. BGH NVwZ-RR 2022, 756, 759 Rn. 18), Maßnahmen der Gefahrenabwehr (BGHZ 43, 191 f.; NJW 1978, 1258); die sog. Selbstopferung im Straßenverkehr dann, wenn sich der Kraftfahrer nach § 7 II StVG entlasten kann (BGHZ 38,

275; 72, 154 [obiter]; ie Rebler MDR 2013, 254; Frank JZ 1982, 737 mN; → § 683 Rn. 7); Tilgung fremder Schuld (BGHZ 198, 381 Rn. 20; 47, 370; WM 1999, 2032); Stellung einer Sicherheit für fremde Schuld (BGH NJW 2007, 63); Veräußerung fremder Sache (RGZ 138, 48 f.); Nutzungen aus Pfandsache ohne Vereinbarung eines Nutzungspfands (BGH NJW 2014, 3570 Rn. 19 f., ebenso bereits obiter RGZ 105, 408, 409 f., denn zieht der Pfandgläubiger ihm nicht zustehende Nutzungen, besorgt er ein Geschäft des Pfandschuldners entweder für diesen [§ 677] oder als eigenes Geschäft [§ 687 II]). Pflicht zur Herausgabe des aus der Nutzung Erlangten folgt aus §§ 681 S. 2, 667 (keine Anrechnung nach § 1214 II), da unerlaubt gezogener Nutzungsertrag (§ 1213 I) weder zur Erhöhung der Sicherheit noch zur Vorabbefriedigung des Pfandgläubigers bestimmt ist. Herausgabepflicht hat auch Insolvenzverwalter, der die Fruchtziehung als Pfandgläubiger fortsetzt und die Erträge für die Masse einnimmt. GoA-Herausgabeanspruch gehört, soweit er nach Eröffnung der Insolvenz über das Vermögen des Pfandgläubigers entsteht, zu den Masseverbindlichkeiten (§ 55 I Nr. 1 InsO) (BGH NJW 2014, 3570 Rn. 19 f.). – **Kein obj. fremdes Geschäft:** unberechtigte Untervermietung (BGHZ 131, 306: Vertragswidriger Gebrauch); Registrierungsantrag für domain, die fremde Kennzeichnungskraft verletzt (so BGH K&R 2002, 309; dazu Pahlow WRP 2002, 1228; aA Kieser K&R 2002, 547). – Veranlasst naher Angehöriger Bestattung des Verstorbenen (s. noch → § 679 Rn. 2) fehlt obj. Fremdbezogenheit, da Angehörigenwille erkennbar, dem Verstorbenen eine würdige Bestattung zu bereiten und nicht zum Zwecke der Gefahrenabwehr durch die Behörde zu handeln (OVG Lüneburg 14.6.2017 – 8 LB 127/16 –, juris Rn. 30). Fehlt obj. Fremdbezogenheit, bedarf es einer erkennbaren Bestimmung durch den Geschäftsführer (BGHZ 82, 330 f.; NJW-RR 2001, 1283) **(subj. fremdes Geschäft).** Der Fremdheit des Geschäfts steht nach der Rechtsprechung des BGH nicht entgegen, dass der Geschäftsführer mit der Handlung auch – sogar vornehmlich – eigene Belange wahrnimmt (**„auch-fremdes" Geschäft;** BGHZ 40, 30; 82, 330; 110, 314; 114, 250; 143, 15; BGH NJW-RR 2005, 641; ausf. Nachweise: BGH NZBau 2004, 35; NJW 2000, 72; NJW 2009, 2590; NJW 2014, 1583 Rn. 27; BeckRS 2018, 1598 Rn. 8; NJW 2018, 2714, 2716 Rn. 20; NJW 2021, 1818, 2021 Rn. 39 mN; krit. BGH NJW-RR 2001, 1283, str.; krit. und stark einschr. Soergel/Beuthien Rn. 9 ff.; MüKoBGB/Schäfer Rn. 41; abl. Schubert AcP 178, 435 ff.; grundlegend Stamm [Lit. vor § 677] 95 ff., 163 ff.; ders. Jura 2002, 730; sa Falk JuS 2003, 833; → Rn. 7; abl. Kossek [Lit. vor § 677] 299 ff.). Selbst wenn der Geschäftsführer nach **privatem oder öffentlichem Recht** (BGHZ 143, 9 [14]; OLG Düsseldorf DAR 2014, 322 Rn. 14) auch verpflichtet ist, das Geschäft zu besorgen, kann nach der Rechtsprechung zugleich eine GoA für einen anderen vorliegen (OLG Düsseldorf DAR 2014, 322 Rn. 14: Verwahrung eines polizeilich sichergestellten schrottreifen Fahrzeugs ohne Versicherungsschutz ist GoA, aber nicht im Interesse des Halters als Geschäftsherrn, wenn es nur noch Schrottwert hat). Bsp: Löschen des Brandes durch die Feuerwehr ist GoA für den Brandverursacher (BGHZ 40, 28); Gefahrenbeseitigung durch die Polizei für den Störer (BGHZ 65, 354); Bergungsmanöver durch die Behörde für den Berechtigten des verlorenen oder verunglückten Gegenstands (BGHZ 63, 167; 65, 385); Störungsbeseitigung durch den beeinträchtigten Besitzer (AG Frankfurt NJW 1990, 917: Abschleppen von Privat, ie str.; s. mN Janssen NJW 1995, 624 f.; Baldringer/Jordans NZV 2005, 75) oder Eigentümer (Eigentümer, der Störung – zB kontaminierte Erde – selbst beseitigt hat, kann von dem nach § 1004 I 1 an sich hierzu verpflichteten Störer Ersatz der erforderlichen Beseitigungsaufwendungen verlangen: hM und stRspr s. BGH NJW 2005, 1366 mN; 12, 1080 Rn. 6), auch bei eigener Polizeipflicht (BGHZ 110, 314 ff.; abw. OLG Stuttgart NJW-RR 1996, 850); – BGH BeckRS 2018, 1598 Rn. 8 f.: Setzt ein öffentl.-rechtlicher Entsorgungsträger nach Vertragsbeendigung mit einem bestimmten Betreiber eines dualen Systems, wonach der Entsorgungsträger auch den auf den Systembetreiber entfallenden Anteil an Entsorgungsgut (zB Papier etc) erfasst und verwertet, seine Tätigkeit faktisch fort, so liegt obj. weder ein neutrales noch ein nur dem Entsor-

gungsträger obliegendes Eigengeschäft vor, sondern ein Geschäft, das auch den Betreiber betrifft. Der Fremdgeschäftsführungswille wird dann vermutet (→ Rn. 4). Berechtigte *vorprozessuale* **Abmahnung** – zB durch den Wettbewerbsverband für den Wettbewerbsstörer – ist berechtigte GoA (so BGHZ 52, 399; 115, 212; BGH NJW 2002, 1494; NJW 2016, 942; NJW 2017, 78; NJW 2021, 2023, 2029 Rn. 56; OLG Düsseldorf NJW-RR 2002, 122, weiter noch OLG Düsseldorf NJW-RR 2003, 566; Schranken: § 13 V UWG, → § 683 Rn. 6; aA ua Einsiedler WRP 2003, 354 mN; sa LG Frankfurt a. M. NJW-RR 2003, 547); nicht aber unberechtigte wettbewerbsrechtliche Abmahnung (urheberrechtliche oder AGB-Abmahnung), weil sie weder auf Erfüllung einer Pflicht des Abgemahnten iSd § 679 hinwirken kann noch mutmaßlichem Willen des Abgemahnten entspricht (BGH 2023, 2029 Rn. 56 f.; NJW 2014, 2360 Rn. 12; BGH NJW 1995, 715; sa AG Lahr NJW-RR 2002, 1125 zum Abschlussschreiben); anders als bei einer vor Einleitung eines Gerichtsverfahrens ausgesprochenen Abmahnung besteht kein Interesse des Schuldners, *nach* Erlass einer Verbotsverfügung noch abgemahnt zu werden (BGH NJW-RR 2010, 1132). Abmahnung des Rechtsinhabers gegenüber dem Inhaber eines Internetanschlusses, der für die über diesen begangene Urheberrechtsverletzung nicht verantwortlich ist, ist keine berechtigte GoA. – Aufwendungsersatzanspruch des Abmahnenden für seine mit einer berechtigten Abmahnung verbundenen Rechtsverfolgungskosten aus §§ 677, 683 S. 1, 670 BGB → § 683 Rn. 6, dort auch zu spezialgesetzlichen Aufwendungsersatzansprüchen. GoA: Mangelbeseitigung auch für anderen Unternehmer (OLG Hamm NJW-RR 1992, 849, str.); Heimpflege eines Sozialhilfeberechtigten (OLG Köln NJW-RR 1995, 570); nicht jedoch Heilbehandlung eines Untersuchungsgefangenen (BGHZ 109, 358); Erfüllung eines (vermeintlich bestehenden) Verwaltungsverhältnisses nach dem VermG ist GoA für Grundstückseigentümer (BGHZ 143, 14 f.). Ausdrücklich offengelassen für Polizeihandeln etc: BGH WM 2004, 514. GoA ausgeschlossen bei Geschäftsführung zum Zweck der Vorbereitung und Anbahnung eines Vertrags zwischen dem Geschäftsführer und dem Geschäftsherrn (→ Vor § 677 Rn. 7). Geschäftsbesorgung zugleich für **mehrere Geschäftsherren** ist möglich. Bsp: Unfallhilfe ist GoA für den Verletzten, den Unterhaltspflichtigen und die Krankenkasse (vgl. BGHZ 33, 251; vgl. auch BGHZ 67, 372: anderer Rettungspflichtiger); doch ist außer dem unmittelbar Begünstigten nicht schon jeder an der Geschäftsführung **mittelbar interessierte** Geschäftsherr (BGHZ 54, 161; 72, 153; 82, 330; NJW-RR 2012, 163). Bsp: Die Vermietbarkeit erhöhende Umbaumaßnahmen durch den Gläubiger sind keine GoA für den Mietausfallbürgen (BGHZ 82, 329); Beseitigung von Ölschaden ist keine GoA im Verhältnis zum Haftpflichtversicherer des Tankwagenhalters (BGHZ 72, 153); ein Mieter, der auf Grund einer unerkannt unwirksamen Endrenovierungsklausel Schönheitsreparaturen in der Mietwohnung vornimmt, führt kein Geschäft des Vermieters, sondern wird nur im eigenen Rechts- und Interessenkreis tätig, weil er eine Leistung erbringen will, die rechtlich und wirtschaftlich Teil des von ihm für die Gebrauchsüberlassung an der Wohnung geschuldeten Entgelts ist (BGH NJW 2009, 2591 f.). Abgrenzung oft zweifelhaft; krit. zur Rspr. Schubert AcP 178, 444 ff., grundsätzlich zust. dagegen Wollschläger, Die Geschäftsführung ohne Auftrag, 1976 (rechtstatsächlicher Regelfall der GoA). **c) Fremdgeschäftsführungswille.** Der 4
Geschäftsführer muss den Willen und das Bewusstsein haben, die Angelegenheiten eines anderen zu besorgen oder wenigstens mitzubesorgen (BGHZ 40, 30; 63, 170; 65, 357 und 387); Rspr. stellt nur geringe Anforderungen. Bei **obj. fremden** Geschäften (→ Rn. 3) wird er **vermutet** (BGHZ 40, 31; 70, 396; 98, 240; 143, 14 f. mN; NJW 2000, 72 mN; NJW-RR 2001, 1284; 2004, 82 mN; NJW 2012, 1650 Rn. 16; NJW-RR 2014, 439 Rn. 11; NJW 2018, 2714, 2716 Rn. 20; BeckRS 2018, 1598 Rn. 8, NJW 2021, 2023; stRspr; NK-BGB/Schwab Rn. 59; Grüneberg/Sprau Rn. 4; BeckOGK/Thole § 677 Rn. 99), str.; krit. Stamm Jura 2002, 730; Staudinger/Bergmann Vor § 677 Rn. 170 mN; Kossek [Lit. vor § 677] 218 ff., 299 ff.); Gegenteil ist zu beweisen. Dies gilt **auch** bei den **obj. „auch-fremden"** **Geschäften** (→ Rn. 3) (BGHZ 65, 357; 98, 240; 143, 15; NJW 2000, 73 mN;

NJW-RR 2001, 1284 mN; NJW-RR 2004, 82 mN; BeckRS 2018, 1598 Rn. 8; NJW 2018, 2714, 2716 Rn. 20, hM; krit. Beuthien JuS 1987, 848; Gursky AcP 185, 38 ff.; Thole NJW 2010, 1243, 1244 [Fremdgeschäftsführungswille ist nicht zu vermuten, sondern positiv festzustellen, auch mit Blick auf die europäische Tendenz im DCFR]; für eine stärkere, fallgruppenorientierte Differenzierung BeckOGK/ Thole § 677 Rn. 106), selbst bei Reflexhandlungen im Straßenverkehr (→ Rn. 3). Zu einer solchen Vermutung bei Durchführung der baurechtlichen Erschließung s. differenzierend BGHZ 61, 363; NVwZ 2002, 511 f. Bei subj. fremden Geschäften (→ Rn. 3) ist der Geschäftsführer für den Fremdgeschäftsführungswillen beweispflichtig (BGHZ 40, 31; 82, 331). Der Wille, das Geschäft gleichzeitig für den Geschäftsherrn zu führen, muss nach außen hinreichend deutlich geworden sein (BGH NJW-RR 2001, 1284 mN; OLG Stuttgart 2002, 26 f.). Dass der Geschäftsführer in Erfüllung einer eigenen (öffentl.-rechtlichen oder gegenüber einem Dritten [→ Rn. 6 f.] bestehenden privatrechtlichen) Verpflichtung handelt, schließt den Geschäftsbesorgungswillen nicht aus (hM, str.; aA Schubert AcP 178, 425 ff.; → Rn. 6). Bsp: Hilfsmaßnahmen von Feuerwehr, Polizei usw im Rahmen ihrer Pflichtaufgaben, Nachw. in → Rn. 3. Irrtum über die Person des Geschäftsherrn berührt Geschäftsführungswillen nicht (§ 686), wohl aber Irrtum über die Fremdheit des Geschäfts (§ 687 I; s. zB zum Regress des „überobligatorisch“ leistenden Scheinvaters Forschner FamRZ 2013, 1700). Der Geschäftsherr braucht noch nicht zu existieren (OLG Nürnberg NJW-RR 1987, 406). Fehlt trotz Kenntnis der Fremdheit Fremdgeschäftsführungsabsicht, liegt § 687 II vor. – **Widerlegung der Vermutung** bedarf klarer Indizien (BeckOGK/Thole § 677 Rn. 94 ff.; BGH BeckRS 2018, 1598 Rn. 14). – Bei obj. (nur) **eigenem** oder **neutralem Geschäft** wird der Fremdgeschäftsführungswille **nicht vermutet.** Der Wille, ein solches Geschäft zugleich für einen anderen zu führen, muss vielmehr hinreichend nach außen in Erscheinung treten (BGH BeckRS 2018, 1598 Rn. 8; ferner NJW 2000, 72 f.; NJW-RR 2007, Rn. 15; BGH NJW-RR 2004, 81, 82 f.; BGH NJW 2009, 2590
5 Rn. 18). **d) Wille und Interesse des Geschäftsherrn.** Die Übernahme der Geschäftsführung muss grds. dem Interesse und dem – bes. festzustellenden (BGHZ 82, 331) – wirklichen oder mutmaßlichen Willen des Geschäftsherrn entsprechen (§ 683 S. 1 mit § 677; → Rn. 2 ff.). Erweiterungen bestehen im Fall der §§ 683 S. 2 iVm 679 und bei nachträglicher Genehmigung der Geschäftsführung, §§ 684 S. 2, 184 I. Bei irrtümlicher Annahme des Vorliegens eines dieser „Berechtigungsgründe“ ist GoA nicht berechtigt (→ § 683 Rn. 2 ff.); beruht Irrtum auf Fahrlässigkeit, gilt
6 § 678. **e) Fehlen bestehender Geschäftsbesorgungsberechtigung. aa)** Zwar hindert der Umstand, dass sich der Geschäftsführer zur Leistung verpflichtet hat oder für verpflichtet hält, nach der Rspr. des BGH (s. NJW-RR 2005, 639 unter II 3a; NZG 2005, 41 unter II 3b; NJW 1993, 3196 unter II 2a; NJW 1971, 609 unter III 2a; 2012, 3368 Rn. 27; BGHZ 37, 262 f.) einen Rückgriff auf § 677 (zum auch fremden Geschäft → Rn. 3) grds. nicht. Die GoA ist aber **ausgeschlossen,** wenn zwischen den **Parteien** ein bes. **vertragliches** (BGH NZBau 2004, 35 mN; Bsp: Auftrag einschließlich entgeltlicher Geschäftsbesorgung, § 675; Werkvertrag mit WEG-Verwalter schließt GoA-Anspruch gegen begünstigten WEG-Eigentümer aus [BGH NZBau 2004, 34, 36]; Gesellschaft; Kommission; bes. Benutzungsverhältnis [BGHZ 63, 120] ua) oder **ges. Rechtsverhältnis** (Bsp: Rechtsstellung als ges. Vertreter, Organ, Träger eines privaten Amtes; bes. öffentl.-rechtliches Rechtsverhältnis: BGHZ 109, 358; AG Frankfurt NJW-RR 1990, 731 mN) besteht, aus dem sich bereits eine Geschäftsführungsbefugnis bzw. -pflicht für den Geschäftsführer ergibt, **sofern** (s. BGH NJW-RR 2004, 83; 2004, 956; NVwZ-RR 2011, 925 Rn. 8 mAnm Haager; NVwZ-RR 2012, 707 Rn. 16 zu GoA bei Straßenreinigung) es die Geschäftsbesorgung einschließlich der Entgeltfrage **abschließend** (→ Vor § 677 Rn. 7) regelt. Dann gelten nur die Regeln des bes. Geschäftsbesorgungsverhältnisses (BGH NZBau 2004, 35 mN; BGH NJW-RR 1989, 1256 f. für Vertrag zwischen GmbH und Geschäftsführer; → Vor § 677 Rn. 7). Das gilt auch, wenn die Tätigkeit des „Geschäftsführers“ (zB Bauunternehmers) auf einem mit einem

Dritten (zB Generalunternehmer) geschlossenen Vertrag beruht, der die Rechte und Pflichten beider, insbes. das Entgelt umfassend regelt. Eine solche umfassende Regelung ist grundsätzlich abschließend, auch im Verhältnis zu den Auftraggebern des Dritten (Bauherren), denen die Tätigkeit des Bauunternehmers auch zugutekommt. Mit der vertraglich vereinbarten Vergütung erhält er die Bezahlung, die er (im Rahmen der Zuweisung des Insolvenzrisikos) innerhalb der Privatrechtsordnung erwarten kann. Die spätere Insolvenz des vergütungspflichtigen Vertragspartners (Generalunternehmers) eröffnet nicht den GoA-Rückgriff auf dessen Auftraggeber (Bauherr) (BGH NJW-RR 2004, 83 und 956 mN). Zur GoA bei unbestellten Bauleistungen s. Leupertz BauR 2005, 775. Bei Geschäftsführung auf Grund eines **nichtigen Vertragsverhältnisses** scheidet GoA aus (Erman/Dornis § 677 Rn. 51 mN; Soergel/Beuthien Rn. 23; Canaris NJW 1985, 2405 mN; Lorenz NJW 1996, 885 ff.; OLG Koblenz NJW 1999, 2904; iE LG Mainz NJW-RR 1998, 48; Meier [Lit. vor § 677] 336 f., str.; **aA** BGHZ 37, 263; 101, 399 mN; 109, 152; 140, 109; 143, 9 [13, 16] [obiter dictum]; 157, 175; NJW 1993, 3196; 1994, 578; 1997, 48; 2000, 73 und 422; 2000, 973 mN [obiter dictum]; 2012, 3368 Rn. 27 [GoA durch Geldübermittlung im Schenkkreis]; ZIP 2005, 1599; NJW 2015, 1020 Rn. 6 mN [Verweigerung der Genehmigung nach §§ 106 ff., 1903 bei Rechtsgeschäft eines beschränkt Geschäftsfähigen, dazu sa BGH NJW 1971, 609, 612, bzw. Betreuten, BGH NJW 2015, 1020 zu Kosten der spätabendlichen Öffnung der Wohnungstür für eine mit Einwilligungsvorbehalt im Bereich der Vermögensangelegenheiten Betreute]; BayObLG NJW-RR 2000, 155; BGH NJW-RR 1993, 200 f. [Formmangel]; BGH NJW-RR 1989, 970 f.; BeckOK BGB Rn. 18; Staudinger/Bergmann Vor § 677 Rn. 336 mN [bei verweigerter Genehmigung bei falsus procurator]; beiläufig abw. BGH NJW 1995, 727: Anwendung von § 812; dazu Lorenz NJW 1996, 886; wie BGH: PWW/Fehrenbacher Rn. 18; Staudinger/Bergmann Vor § 677 Rn. 334 f.; anders NK-BGB/Schwab Rn. 43 ff.: GoA mit entspr. Anwendung der §§ 814, 815, 817 S. 2) Grund: Vorrang von §§ 812 ff. **bb)** Regelmäßig **nicht ausgeschlossen** (aber → Rn. 6 zur abschließenden Drittvertragsregelung, → Vor § 677 Rn. 7) wird GoA durch die einem **Dritten** gegenüber bestehende Pflicht zur Vornahme der Handlung (BGHZ 61, 363; BGHZ 143, 14, 16; WM 2004, 184; str.; aA OLG Koblenz OLGZ 1992, 332; LG Landau NJW 2000, 1046; Weishaupt NJW 2000, 1003 mN; Schubert AcP 178, 435 ff., 443, teilw. zust. MüKo-BGB/Schäfer Rn. 41). Bsp: Heilbehandlung von (vermögenslosen) Familienangehörigen (aA OLG Koblenz OLGZ 1992, 332); durch bestehende **allg. Hilfeleistungspflicht** nach StGB § 323c: GoA dann vielmehr geboten (Rettungshandlungen!); durch bestehende **Selbsthilferechte** des Geschäftsführers, zB gem. §§ 859 I, III, 227, 229; Grund: Fehlende Ausgleichsregelung (vgl. MüKo-BGB/Schäfer Rn. 59; aA Staudinger/Bergmann Vor § 677 Rn. 293: Ausgleichsanspruch ergibt sich aus Selbsthilferecht selbst). Auch kein Ausschluss der GoA, wenn RGeschäft (BGH NJW 2000, 424; WM 2000, 973; NJW-RR 2005, 641) oder bes. öffentl.-rechtliches Verhältnis (BGHZ 143, 16), das den Geschäftsführer zur Geschäftsführung berechtigen würde, irrtümlich als bestehend angenommen wird. Anders bei nichtigem Vertrag: → Rn. 6. 7

3. Rechtsfolgen der berechtigten GoA. a) Allgemein: Zwischen Geschäftsführer und Geschäftsherrn entsteht ein auftragsähnliches (§§ 662 ff.) **ges. Ausgleichsschuldverhältnis,** aus dem notwendigerweise Pflichten des Geschäftsführers (→ Rn. 9), uU auch Pflichten des Geschäftsherrn (→ Rn. 10) entstehen (**unvollkommen zweiseitiges Schuldverhältnis,** → § 311 Rn. 12). **b) Pflichten des Geschäftsführers. aa)** Die **Hauptpflicht** besteht in der ordnungsgemäßen **Ausführung** (Durchführung) des übernommenen Geschäfts (§ 677); maßgebend ist dabei in erster Linie das obj. Interesse des Geschäftsherrn, nicht so sehr sein Wille (arg. Wortlaut § 677 „mit Rücksicht" iGgs zu § 683 S. 1 „und"; str.). Pflicht zur Fortführung einer begonnenen Geschäftsführung besteht im allg. nicht, doch darf Tätigkeit nicht zur Unzeit abgebrochen werden (§ 671 II entspr.). Da GoA nur auf 8 9

Überbrückung eines Zeitraums angelegt, beschränkt sich die Pflicht auf bewahrende Maßnahmen. Nicht erfasst sind darüber hinausgehende („nützliche") Maßnahmen, welche die Rechtsposition des Geschäftsherrn verändern (BGH NJW-RR 2008, 759: keine Pflicht zur Mieterhöhung). Zuziehung von Hilfskräften ist zulässig (→ Rn. 2). **bb)** Die **Nebenpflichten** entsprechen denen eines Beauftragten: → § 681 Rn. 1. **cc) Haftung** des Geschäftsführers bei Verletzung der Pflichten
10 gem. §§ 677, 681: → § 678 Rn. 3. **c) Pflichten des Geschäftsherrn:** Aufwendungs- und Schadensersatz → § 683 Rn. 6 ff. **d) Verjährung** der Ansprüche des Geschäftsführers und Geschäftsherrn idR nach §§ 195, 199; Ansprüche aus § 670 auf Ersatz von Aufwendungen, die im Rahmen einer mehraktigen Geschäftsbesorgung in aufeinander folgenden Jahren getätigt worden sind, entstehen sukzessive und verjähren nach § 199 I S. 1 nacheinander, BGH NJW 2018, 2714, 2717 Rn. 27 ff.; zu Ausnahmen beim Erstattungsanspruch vgl. → § 683 Rn. 10.

§ 678 Geschäftsführung gegen den Willen des Geschäftsherrn

Steht die Übernahme der Geschäftsführung mit dem wirklichen oder dem mutmaßlichen Willen des Geschäftsherrn in Widerspruch und musste der Geschäftsführer dies erkennen, so ist er dem Geschäftsherrn zum Ersatz des aus der Geschäftsführung entstehenden Schadens auch dann verpflichtet, wenn ihm ein sonstiges Verschulden nicht zur Last fällt.

1 **1. Bedeutung.** Anspruchsgrundlage für selbstständigen **Schadensersatzanspruch** bei **unberechtigter GoA** (→ Vor § 677 Rn. 5). Die verschärfte Haftung (→ Rn. 2) dient dem Schutz des Geschäftsherrn.

2 **2. Haftungsvoraussetzungen.** Voraussetzung der Haftung des **unberechtigten Geschäftsführers** ist ein **Übernahmeverschulden** (§ 276 I, aber § 680). Zu ersetzen sind alle bei der Ausführung adäquat kausal entstandenen Schäden (auch Zufallsschäden!). Bsp: Dazu zählen auch die Anwaltskosten des zu Unrecht wettbewerbsrechtlich Abgemahnten (LG Düsseldorf NZBau 2001, 583; zum Anspruch des Abmahnenden → § 683 Rn. 6). **Beweislast** für HS 1 sowie Umfang des Schadens und Kausalzusammenhang: Geschäftsherr; Hilfen: §§ 681, 666 (dazu BGH NJW 1984, 1462). Ohne Übernahmeverschulden haftet der unberechtigte Geschäftsführer für ein **Ausführungsverschulden** nur nach §§ 823 ff.

3 **3. Haftung bei berechtigter GoA.** Bei berechtigter GoA haftet der Geschäftsführer nur wegen fehlerhafter Ausführung (→ § 677 Rn. 9 [cc]; nie wegen Übernahme, → Vor § 677 Rn. 4) wegen Verletzung der Pflichten aus dem ges. Schuldverhältnis, §§ 280 ff. Verschuldensmaßstab: § 276 I, Erleichterung: § 680. **Anspruchskonkurrenz** mit §§ 823 ff., 839 möglich, doch ist § 839 I 2 nicht anwendbar, vgl. → § 680 Rn. 1.

§ 679 Unbeachtlichkeit des entgegenstehenden Willens des Geschäftsherrn

Ein der Geschäftsführung entgegenstehender Wille des Geschäftsherrn kommt nicht in Betracht, wenn ohne die Geschäftsführung eine Pflicht des Geschäftsherrn, deren Erfüllung im öffentlichen Interesse liegt, oder eine gesetzliche Unterhaltspflicht des Geschäftsherrn nicht rechtzeitig erfüllt werden würde.

Lit.: Luig, Historische Betrachtungen zur Frage der Unbeachtlichkeit des entgegenstehenden Willens des Geschäftsherrn nach § 679 BGB bei der Geschäftsführung ohne Auftrag, FS Wiegand, 2005, 1015.

1 **1. Allgemeines.** Ausn. von § 678, Erweiterung von § 683 S. 1 (vgl. dort S. 2). Die Übernahme und die Ausführung des Geschäfts sind trotz entgegenstehenden

Willens des Geschäftsherrn gerechtfertigt. **Folgen:** Keine Haftung nach § 678, Aufwendungsersatz gem. § 683 S. 2 und allg. → § 677 Rn. 8 ff.

2. Voraussetzungen (alternativ). a) Pflicht des Geschäftsherrn, deren Erfüllung und Übernahme durch den Geschäftsführer (zusätzliches Erfordernis; fehlt zB bei der Tilgung einer fremden Geldstrafe) im **öffentl. Interesse** liegt. Allg. Rechtstreueinteresse reicht nicht. § 679 verlangt ein gesteigertes öffentl. Interesse; gegeben, wenn Nichtvornahme die Belange der Allgemeinheit beinträchtigen würde (RGRK/Steffen Rn. 5; Staudinger/Bergmann Rn. 21; enger NK-BGB/Schwab Rn. 3; enger auch OLG Düsseldorf DAR 2014, 322 Rn. 25: Erfüllung der Pflicht muss allein im öffentlichen Interesse liegen, nicht bei Verwahrung eines polizeilich sichergestellten Schrottfahrzeuges ohne Versicherungsschutz, die auch im eigenen Interesse des Geschäftsführers zur Vermeidung eigener ordnungsbehördlicher Störereigenschaft liegt). Bsp: Erfüllung einer Verkehrssicherungspflicht (BGHZ 65, 358 und 386); uU Errichtung von Gefahrenschutzanlage gegenüber Fernstraße (BGH NJW 1978, 1258); Abwehr konkreter Gefahren- und Notsituation für hochwertige Rechtsgüter (AG Bremen NJW-RR 1986, 355; AG Schöneberg NJW 1984, 2954); Rettungseinsatz (AG Peine NVwZ-RR 2002, 711, dazu → § 683 Rn. 6); Beseitigung von Zustandsstörungen (BGHZ 110, 318) und von Wettbewerbsverstößen (nur durch Berechtigte, nicht durch jedermann, → § 677 Rn. 3; zum Abschlussschreiben s. AG Lahr NJW-RR 2002, 1125; → § 683 Rn. 6; sa § 13 V UWG), idR auch von Parkverstößen (einschr. AG Frankfurt NJW-RR 1990, 731; dagegen zutr. Janssen NJW 1995, 625 mN); rechtzeitige Erfüllung sozialrechtlicher Leistungen (BSG NJW 1991, 2374); Übernahme der Bestattungskosten (BGH NJW 2012, 1648; dazu Gutzeit/Vrban NJW 2012, 1630 mit Hinweis auf Rsprtendenz 1633; s. noch → § 677 Rn. 2). Erfüllung der Pflicht aus öffentl.-rechtlicher Norm zur Schaffung von Kfz-Stellplätzen bei Bauvorhaben (BGH NJW-RR 2008, 686). Verwaltungsakt kann abschließende Konkretisierung des öffentl. Interesses enthalten (LG Berlin NJW-RR 2005, 64 zu Sicherungskosten bei der „Love-Parade"). Notwendig ist eine privat- oder öffentl.-rechtliche **Rechtspflicht;** eine sittliche Verpflichtung allein genügt nicht (kein Anspruch von Pflegeeltern gegen Gemeinde bei Vollzeitpflege des Pflegekindes: OLG Karlsruhe JAmt 2005, 40). Die Rettung eines **Selbstmörders** ist entspr. § 679 wegen der Wertung des § 323c StGB stets als berechtigte GoA anzusehen (BayObLGZ 1968, 204; BeckOK BGB Rn. 6; für eine Unbeachtlichkeit des Willens des Suizidenten nach § 679 sa Meier [Lit. vor § 677] 364; sa RGRK/Steffen Vor § 677 Rn. 71; Staudinger/Bergmann Rn. 24 [wegen § 323c StGB nicht unter § 679]; aA MüKo-BGB/Schäfer Rn. 13 [falle nicht unter § 679, aber beim geretteten sog. Appellselbstmörder entspreche die Geschäftsführung idR dessen Willen § 683 Rn. 23]; sa Soergel/Beuthien Rn. 13; aA Erman/Dornis § 683 Rn. 9 [Geschäftsführer müsse sein Handeln auf das Interesse eines vernünftigen und rechtschaffenen Geschäftsherrn ausrichten: § 683, da Suizid Appellcharakter habe und wirklicher Wille auf Rettung gerichtet sei]; → § 683 Rn. 5); iU ausnahmsweise anzuerkennende sittliche Verpflichtung (Larenz, SchuldR II 1 § 57 I a: Menschenpflicht); nach BeckOGK/Thole § 679 Rn. 27 ist in Bezug auf das öffentliche Interesse § 679 direkt anzuwenden. Zur Haftung nach § 823 wegen Herausforderung der Rettungsmaßnahme s. MüKo-BGB/Schäfer § 683 Rn. 23; R. Zimmermann FamRZ 1979, 103 ff.; aber: für § 823 I erforderliches Verschulden und Rechtswidrigkeit der Handlung des Selbstmörders ist nicht gegeben; zum Deliktsanspruch des herausgeforderten Nothelfers allgemein noch → § 683 Rn. 9. **b) Ges. Unterhaltspflicht** umfasst auch die Verschaffung ärztlicher Hilfe (BGHZ 33, 256). Öffentl. Interesse insoweit stets gegeben. 2 3

§ 680 Geschäftsführung zur Gefahrenabwehr

Bezweckt die Geschäftsführung die Abwendung einer dem Geschäftsherrn drohenden dringenden Gefahr, so hat der Geschäftsführer nur Vorsatz und grobe Fahrlässigkeit zu vertreten.

Lit.: Dietrich, Auftraglose Hilfeleistung in gefährlichen Situationen, JZ 1974, 535.

1 **1. Allgemeines. a) Zweck.** Die **Haftungserleichterung** für den Geschäftsführer soll die Bereitschaft zur Nothilfe fördern. **b) Anwendungsbereich.** § 680 gilt bei berechtigter und unberechtigter GoA (§§ 677, 678), für Übernahme- und Ausführungsverschulden; für konkurrierende Ansprüche des Geschäftsherrn aus §§ 823 ff. (BGH NJW 1972, 475; OLG Hamburg VersR 1984, 759); bei Zusammentreffen mit Amtshaftung (§ 839, Art. 34 GG; abl. Wollschläger, Die Geschäftsführung ohne Auftrag, 1976, 284) kommt eine weitere Einschränkung der Haftung des Geschäftsführers aus § 839 I 2 nicht in Betracht (BGHZ 63, 171). Bei Schadensersatzanspruch des Geschäftsführers gegen den Geschäftsherrn (§§ 683, 823 ff.) gilt § 680 iVm 254, dh bei nur leichter Fahrlässigkeit des Geschäftsführers trägt Geschäftsherr dessen Schaden voll (BGHZ 43, 194; MDR 1972, 487). **Einschränkung (teleologische Reduktion):** Haftungsmilderung **gilt nicht** im Fall von → § 677 Rn. 7 für „professionelle Nothelfer" wie Notärzte und Rettungssanitäter, Bergwacht, Feuerwehr (hM; Wollschläger, Die Geschäftsführung ohne Auftrag, 1976, 283 f., Brennecke [Lit. vor § 677] 132, tendenziell ebenso OLG München NJW 2006, 1885; MüKo-BGB/Schäfer Rn. 9; Staudinger/Bergmann Rn. 15; Soergel/Beuthin Rn. 5; Grüneberg/Sprau Rn. 1; Erman/Dornis Rn. 2; Roth, NJW 2006, 2814, 2816; zust. mindestens bei Ausübung eines öffentlichen Amtes zur Gefahrenabwehr BGH NJW 2018, 2723, 2727 Rn. 48 ff. [am Bsp. Feuerwehr] mwN; diff. BeckOGK/Thole § 680 Rn. 21). **Grund:** Es wäre widersprüchlich, bei solchen – in der Regel auch haftpflichtversicherten – Geschäftsführern Aufwendungsersatz gem. § 683 S. 1 in Gestalt der üblichen Vergütung zu gewähren und ihn andererseits nicht mit dem gewöhnlichen Haftungsrisiko nach § 276 zu belasten (BGH NJW 2018, 2723, 2727 Rn. 52). Kein Haftungsprivileg bei pflichtwidrig unterlassener Erste-Hilfe-Leistung von Sportlehrer bei **Schulsportunfall** (BGH NJW 2019, 1809, 1812 f. Rn. 32, arg. Lehrer hat öffentl.-rechtliche Amtspflicht auch zur Abwehr von Gesundheitsschäden der Schüler).

2 **2. Voraussetzungen.** Die **Gefahr** für die Person oder das Vermögen des Geschäftsherrn oder seiner nächsten Angehörigen (entspr. bei Wahrung öffentl. Interessen, LG München I NJW 1976, 898, str.) braucht tatsächlich nicht zu bestehen (Grüneberg/Sprau Rn. 2, hM; aA Staudinger/Bergmann Rn. 12 f.; MüKo-BGB/Schäfer Rn. 7); der Geschäftsführer muss jedoch ohne grobe Fahrlässigkeit (Grüneberg/Sprau Rn. 2; aA BAG NJW 1976, 1230; Dietrich JZ 1974, 539 mN, hM: unverschuldet) vom Bestehen einer derartigen Gefahr überzeugt sein. Ob Eingreifen erfolgreich ist, ist unerheblich (BGHZ 43, 192).

3 **3. Haftungsmaßstab. Vorsatz** und **grobe Fahrlässigkeit:** → § 276 Rn. 15 ff., 33 ff.

§ 681 Nebenpflichten des Geschäftsführers

[1]Der Geschäftsführer hat die Übernahme der Geschäftsführung, sobald es tunlich ist, dem Geschäftsherrn anzuzeigen und, wenn nicht mit dem Aufschub Gefahr verbunden ist, dessen Entschließung abzuwarten. [2]Im Übrigen finden auf die Verpflichtungen des Geschäftsführers die für einen Beauftragten geltenden Vorschriften der §§ 666 bis 668 entsprechende Anwendung.

Konkretisierung der Nebenpflichten des Geschäftsführers (Hauptpflicht: → § 677 Rn. 9). S. **1: Anzeige-** und **Abwartepflicht** (entspr. § 665 S. 2). Bei schuldhafter Nichtanzeige Schadensersatzpflicht (→ § 678 Rn. 3; Bsp: BGH NJW-RR 2005, 1428; LAG Düsseldorf MDR 1989, 1027), doch bleibt der Aufwendungsersatzanspruch des Geschäftsführers (§ 683) unberührt (BGHZ 65, 357). **S. 2: Weitere Nebenpflichten:** Auskünfte über den Stand des Geschäfts und Rechenschaftslegung (§ 666); Herausgabe des aus der Geschäftsführung Erlangten (§ 667, umfasst Eingriffserwerb, vgl. → § 687 Rn. 8 f.); Verzinsung fremdbestimmten Geldes

(§ 668). Keine Verzinsungspflicht nach § 668 BGB bei Veräußerungen restitutionsbelasteter Grundstücke im Anwendungsbereich des Investitionsvorranggesetzes (InVorG) (BGH BeckRS 2017, 140247). Keine Verzinsung des nach § 3 I 4 HS 2 (Bruchteilsrestitution), IV 3 (Einzelrestitution) VermG herauszugebenden (anteiligen) Veräußerungserlöses gem. §§ 681 S. 2, 668 (BGH NJW-RR 2021, 1100). Ebenfalls keine Zinspflicht nach § 668 bei versehentlicher Weiterleitung der vom Prozessgegner auf die Kostenfestsetzungsbeschlüsse geleisteten Zahlungen an den Mandanten statt an die im Hinblick auf § 86 I S. 1 VVG berechtigten Rechtsschutzversicherung (BGH NJW 2019, 3003).

§ 682 Fehlende Geschäftsfähigkeit des Geschäftsführers

Ist der Geschäftsführer geschäftsunfähig oder in der Geschäftsfähigkeit beschränkt, so ist er nur nach den Vorschriften über den Schadensersatz wegen unerlaubter Handlungen und über die Herausgabe einer ungerechtfertigten Bereicherung verantwortlich.

1. Allgemeines. a) Zweck: Schutz des nicht vollgeschäftsfähigen (§§ 104, 106, 1
114) Geschäftsführers. **b)** Inhalt der **Haftungsbeschränkung. aa)** bei **Schadensersatz:** §§ 823 ff. iVm §§ 827 ff. statt §§ 677, 678, 681 S. 1; 687 II; **bb)** bei **Herausgabe:** §§ 812 ff. statt 681 S. 2, 667, 668. Es handelt sich jeweils um Rechtsgrundverweisungen (str., ie Hassold JR 1989, 360 ff.; Wörlen/Leinhas JA 2006, 22).

2. Geschäftsfähigkeit des Geschäftsführers. Ist keine Voraussetzung für die 2
Entstehung des ges. Schuldverhältnisses (→ §§ 677 Rn. 8 ff.). Grund: GoA ist im Verhältnis zum Geschäftsherrn nur tatsächliches Tun; das ges. Schuldverhältnis bringt wegen § 682 für den geschützten Personenkreis keine Gefahren, andererseits stehen ihm die Rechte aus der Geschäftsführung, insbes. der Aufwendungs-(Schadensersatz-)anspruch gem. § 683 zu (str., ebenso Larenz, SchuldR II 1 § 57 I a aE; Hassold JR 1989, 362; MüKo-BGB/Schäfer Rn. 1, 4; einschr. Staudinger/Bergmann Rn. 4; aA Loyal [Lit. vor § 677] 293 ff., ders. JZ 1921, 1107 mN [Willenserklärung, jedenfalls geschäftsähnliche Handlung]; LG Aachen NJW 1963, 1253 [geschäftsähnliche Handlung, §§ 107 ff. entspr. anwendbar], früher hM).

3. Geschäftsfähigkeit des Geschäftsherrn. Ist unerheblich; soweit es auf sei- 3
nen Willen ankommt (vgl. §§ 683 S. 1, 684 S. 2), ist der seines ges. Vertreters maßgebend.

§ 683 Ersatz von Aufwendungen

[1]Entspricht die Übernahme der Geschäftsführung dem Interesse und dem wirklichen oder dem mutmaßlichen Willen des Geschäftsherrn, so kann der Geschäftsführer wie ein Beauftragter Ersatz seiner Aufwendungen verlangen. [2]In den Fällen des § 679 steht dieser Anspruch dem Geschäftsführer zu, auch wenn die Übernahme der Geschäftsführung mit dem Willen des Geschäftsherrn in Widerspruch steht.

Lit.: Chiusi, Der Ersatz von Aufwendungen des Geschäftsführers ohne Auftrag, FS Ress, 2005, 1425; v Hippel, Die Entschädigung des Nothelfers, FS K. Sieg, 1976, 171; Otto, Ausgleichsansprüche des Geschäftsführers bei berechtigter GoA, JuS 1984, 684; Stoll, Rechtsfragen bei Hilfeleistung in vermeintlicher Not, FS Weitnauer, 1980, 411; sa Lit. zu § 670, Vor §§ 677.

1. Allgemeines. § 683 umschreibt (zusammen mit § 677, vgl. → § 677 Rn. 2 ff.) 1
die **Voraussetzungen** der berechtigten GoA und bildet die **Anspruchsgrundlage** für Ansprüche des Geschäftsführers gegen den Geschäftsherrn (→ Rn. 6 ff.; → § 677 Rn. 10).

2. Voraussetzungen. Die Voraussetzungen für Erstattungsansprüche (sie ent- 2
sprechen den Voraussetzungen für die berechtigte GoA überhaupt, → § 677

Rn. 2ff.), insbes. die Voraussetzungen gem. S. 1 müssen **obj.** vorliegen (→ Rn. 3f.), auch schuldlos irrige Annahme durch den Geschäftsführer genügt nicht (OLG Frankfurt a. M. MDR 1976, 1021; MüKo-BGB/Schäfer Rn. 4, 8, allgM); dies gilt auch im Fall des § 680 bei vermeintlicher Notsituation (hM, vgl. Stoll FS Weitnauer, 1980, 414f. mN, str.; aA Dietrich JZ 1974, 539; Fricke MDR
3 1977, 315), unbefriedigend; Abhilfe: → Rn. 9. **a)** Im **Interesse des Geschäftsherrn** liegt die Übernahme der Geschäftsführung, wenn sie ihm obj. nützlich ist (Würdigung der Gesamtumstände), sie „sachgemäß" ist (OLG Düsseldorf NJW-RR 2015, 1064 Rn. 25 im Anschluss an MüKo-BGB/Schäfer Rn. 9: Abwägung zwischen der Höhe des eingegangenen Risikos eines Personen- oder Sachschadens des Retters und der Größe des drohenden Personen- oder Sachschadens des Geretteten). OLG Düsseldorf DAR 2014, 322: kein obj. Interesse der Sicherungseigentümerin an Dauerverwahrung eines Schrottfahrzeugs. Maßgebender Zeitpunkt: Übernahme (OLG Frankfurt a. M. NJW-RR 1996, 1337); ob Ausführung erfolgreich, ist daher unerheblich (OLG Frankfurt a. M. NJW-RR 1996, 1337; existiert die andere Person noch nicht, ist Zeitpunkt ihrer Entstehung maßgebend (OLG Nürnberg NJW-RR 1987, 406). Daneben bestehendes eigenes Interesse des Geschäftsfüh-
4 rers schadet nicht (BGHZ 52, 399; → § 677 Rn. 3f.). **b) Wille des Geschäftsherrn.** In erster Linie ist der wirkliche – ausdrücklich oder konkludent – **geäußerte Wille** maßgebend (OLG Düsseldorf DAR 2014, 322; OLG Koblenz NJW-RR 1995, 15). Fehlt dieser oder ist er nicht erkennbar geäußert (nicht notwendig für den Geschäftsführer), so kommt es auf den **mutmaßlichen Willen** an (Frage: Hätte der Geschäftsherr bei obj. Beurteilung der Gesamtumstände der Geschäftsübernahme zugestimmt?); dieser entspricht idR dem Interesse (BGHZ 47, 374; NJW-RR 1989, 970). BGH NJW 2016, 2407: Aufwendungsersatz für die Entfernung eines in verbotener Eigenmacht auf Privatgrundstück abgestelltem Pkw. Dagegen kein wirklicher oder mutmaßlicher Wille eines Fahrzeughalters, als Adressat einer Unterlassungsaufforderung ermittelt zu werden (BGH NJW 2016, 863, 866 Rn. 32
5 [Aufgabe von BGH NJW 2012, 3781]). **c)** Interesse **und** Willen muss die Geschäftsführung idR entsprechen (Kumulation; Anforderungen: BGHZ 82, 331). Allein das Interesse entscheidet im Fall des S. 2 mit § 679. Bei ausnahmsweisem Auseinanderfallen von Interesse und wirklichem (aber unvernünftigem) Willen geht der **interessenwidrige Wille** vor (vgl. BGHZ 138, 287, str.); Grund: Niemandem soll etwas gegen seinen Willen aufgezwungen werden.

6 **3. Rechtsfolgen. a) Aufwendungsersatz.** Der Anspruch richtet sich nach Auftragsrecht (S. 1 – „wie ein Beauftragter" – iVm § 670). Zu ersetzen sind alle (auch erfolglose) Aufwendungen (zum Begriff: → § 670 Rn. 2), die der Geschäftsführer nach seinem subj. vernünftigen Ermessen unter Berücksichtigung seiner Pflichten nach § 677 für **erforderlich** halten durfte. Bsp: Abschleppkosten eines verbotswidrig geparkten Kfz (AG Frankfurt NJW 1990, 917; dazu Baldringer/Jordans NZV 2005, 75; Röthel JURA 2022, 547); Kosten von Rettungseinsatz (LG Köln NJW-RR 1991, 990); Besuchskosten von nahen Angehörigen eines Unfallverletzten in angemessenem Umfang (BGH NJW 1979, 598); Beerdigungskosten (KG OLGZ 1979, 430; BGH NJW 2012, 1648) auch bei Inanspruchnahme eines totenfürsorgeberechtigten Nichterben (BGH NJW 2012, 1651 mN); notwendige vorprozessuale Abmahnungskosten (BGH NJW 2021, 2023, 2029 Rn. 56f.; BGHZ 52, 399, 400; GRUR 2012, 305; BGHZ 115, 212: kurze Verjährung § 21 UWG; → § 683 Rn. 3; → § 677 Rn. 3; → § 678 Rn. 2; → § 679 Rn. 2; → § 280 Rn. 51). Aufwendungsersatzanspruch aus § 683 wird durch spezialgesetzliche Aufwendungsersatzansprüche gem. § 13 III UWG; § 97a III 1 UrhG begrenzt. **Weitergehend** als bei § 670 umfasst der Anspruch die übliche Vergütung, wenn die Geschäftsführung in den Bereich der gewerblichen oder beruflichen Tätigkeit des Geschäftsführers fällt (BGHZ 65, 389f.; 69, 36; NJW-RR 1989, 970f.; BGHZ 143, 16 mN; NJW 2012, 1648; NJW 2015, 1020; hM; Gründe: ua § 1835 III entspr.; ie Köhler JZ 1985, 361ff. mN; aA Loyal [Lit. vor § 677]: Lösung über Bereicherungsrecht), und die

allg. Geschäftskosten (sog Gemeinkostenzuschlag; BGHZ 65, 389); deshalb unzutreffend AG Peine NVwZ-RR 2002, 711 (Rettungskosten ohne Vorhaltekosten). **Abmahnkosten** sind regelmäßig erforderliche Aufwendungen, wenn die Abmahnung berechtigt war und dem Abmahnenden gegenüber dem Abgemahnten im Zeitpunkt der Abmahnung ein Unterlassungsanspruch zustand (BGH NJW 2019, 3295, 3299 Rn. 45; NJW 2017, 78, 83 Rn. 59; NJW 2014, 2360 Rn. 12; NJW 2016, 942, 949 Rn. 68); dies bezieht sich jedoch lediglich auf die erste Abmahnung, eine zweite Abmahnung entspricht nicht dem Interesse und mutmaßlichen Willen des Geschäftsherrn (BGH NJW 2010, 1209), aber Sonderregelungen betreffend Abmahnkosten gehen GoA-Vorschriften vor, zB § 12 I UWG, § 97a III UrhG. Kosten für Patentanwalt als Zweitanwalt nur erforderlich, soweit Mitwirkung des Patentanwalts erforderlich. Im Regelfall anzunehmen, soweit der Patentanwalt Aufgaben übernommen hat, die (zB Recherchen zum Registerstand oder zur Benutzungslage) zum typischen Arbeitsgebiet eines Patentanwalts gehören (BGH GRUR 2012, 756). Kosten für Abmahnungsbeauftragung eines RA sind nicht erforderlich, wenn der Abmahnende (zB RA, Unternehmen mit einer eigenen Rechtsabteilung oder Verbände zur Förderung gewerblicher Interessen) in der Lage ist, Verstöße selbst zu erkennen und zu verfolgen. Das ist er bei typischen und durchschnittlich schwer zu verfolgenden Wettbewerbsverstößen (stRspr BGH NJW 2004, 2448 mN; BGH NJW 1984, 2525; OLG Düsseldorf NJW-RR 2002, 122; AG Frankenberg MDR 2001, 466 mit im konkreten Fall zu Recht krit. Anm. Schneider 467; zudem BGH NJW 2004, 2448: keine Eigenmandatierung des abmahnenden RA; ähnlich AG Hamburg MDR 2002, 167: Kein obj. nützliches Geschäft für den Abgemahnten, wenn die Widerrechtlichkeit des abgemahnten Verhaltens in den Verkehrskreisen des Abgemahnten offensichtlich bekannt. Bsp: Mahnt ein Rechtsanwalt in eigener Sache einen Versender von Werbefaxen ab, dann ist der Hinweis auf die Widerrechtlichkeit des Versendens von Werbefaxen kein obj. nützliches Geschäft, da diese Information allgemein bekannt ist; das berufliche Tätigwerden ist nicht erforderlich); zu Kosten der Gegenabmahnung BGH MMR 2004, 667, dazu Dittmer EWiR 2005, 207; zum Anspruch gegen den Abmahnenden → § 678 Rn. 2; dies gilt auch außerhalb des Wettbewerbsrechts: Nicht erforderlich ist die sofortige Einschaltung eines RA zur Geltendmachung von einfach gelagerten Schadensersatzansprüchen, wenn der Geschädigte über die notwendigen Kenntnisse zur Abwicklung des konkreten Schadensfalls verfügt (BGH NJW-RR 2007, 713; 856). Die Haftung des Bürgen für Rechtsverfolgungskosten des Gläubigers ist in § 767 II speziell geregelt, sodass daneben die Grundsätze der GoA nicht anwendbar sind (BGH NJW 2009, 1882). **b) Schadensersatz.** Der Geschäftsherr haftet dem Geschäftsführer auch für 7
erlittene **Schäden,** die aus einer mit der Geschäftsführung typischerweise verbundenen Gefahr erwachsen sind (BGH NJW 1993, 2235 mN; OLG Saarbrücken OLGZ 1991, 483 mN). Entscheidend (s. OLG Düsseldorf NJW-RR 2015, 1064 Rn. 23 im Anschluss an MüKo-BGB [7. Aufl. 2014]/Seiler Rn. 19; s. jetzt MüKo-BGB/Schäfer § 683 Rn. 38): Durch die Art der Geschäftsbesorgung bestimmte, besondere und für ihn erkennbare tätigkeitsspezifische Gefährdung des Geschäftsführers. Begründung: → § 670 Rn. 8 ff. Bsp: Selbstopferung im Straßenverkehr (dazu → § 677 Rn. 3; MüKo-BGB/Schäfer Rn. 38); Hilfeleistung und Rettungshandlungen in Notfällen (vgl. mN → § 679 Rn. 2). **c) Unfallversicherungsschutz** des 8
Geschäftsführers bei Rettungshandlungen: → § 670 Rn. 7 und 10. **d) Konkurren-** 9
zen. Der Nothelfer hat gegen denjenigen, der die Gefahrenlage durch rechtswidrige und schuldhafte Handlung herbeigeführt hat, einen Schadensersatzanspruch gem. §§ 823 ff., wenn sein Eingreifen „herausgefordert" war (BGHZ 101, 220 mN; → § 823 Rn. 24); weitergehend nach Stoll (FS Weitnauer, 1980, 423 ff.) gegen den (vermeintlich) Gefährdeten einen Billigkeitsanspruch entspr. § 829; gegen das Land einen Versorgungsanspruch, wenn er (ua) bei der Abwehr eines vorsätzlichen, rechtswidrigen tätlichen Angriffs auf einen anderen einen Gesundheitsschaden erlitten hat (ie §§ 1, 4 OEG). Allg. → Vor § 677 Rn. 4. **e)** Der Anspruch gem. → Rn. 6 10
verjährt gem. §§ 195, 199 (→ § 677 Rn. 10); Ausnahmen können im Einzelfall

bestehen, wenn kürzer verjährende Schulden getilgt worden sind (ie BGHZ 115, 211 f. zu § 21 UWG; Bsp: Abmahnkosten, → Rn. 6).

§ 684 Herausgabe der Bereicherung

[1]Liegen die Voraussetzungen des § 683 nicht vor, so ist der Geschäftsherr verpflichtet, dem Geschäftsführer alles, was er durch die Geschäftsführung erlangt, nach den Vorschriften über die Herausgabe einer ungerechtfertigten Bereicherung herauszugeben. [2]Genehmigt der Geschäftsherr die Geschäftsführung, so steht dem Geschäftsführer der in § 683 bestimmte Anspruch zu.

1 **1. S. 1.** Bei **unberechtigter GoA** sind bereits empfangene Leistungen rechtsgrundlos erfolgt (→ Vor § 677 Rn. 5); deshalb Rechtsfolgenverweisung (str., aA Gursky AcP 185, 40; umfassend Loyal JZ 2012, 1102 mN: Rechtsgrundverweisung; ebenso BeckOGK/Thole § 684 Rn. 6) auf die §§ 812 ff. (Ausn.: § 685 I). Der Anspruch auf Wertersatz (S. 1 iVm § 818 II) ist der Höhe nach durch § 670 beschränkt (M. Wolf JZ 1966, 470; aA Loyal JZ 2012, 1108 mN; Koller DB 1974, 2388). Dazu zählen auch die ersparten Aufwendungen des Geschäftsherrn (BGH NJW 2021, 157, 159 Rn. 15). Beruht die Bereicherung auf der Erfüllung einer gegenüber einem Dritten bestehenden Verpflichtung (→ § 677 Rn. 7), besteht der Anspruch nicht (OLG Hamm NJW 1974, 952).

2 **2. S. 2.** Die **Genehmigung** (§ 184 entspr., s. BGH NJW 1989, 1673; Bsp: BGHZ 144, 354) macht die Geschäftsführung (Innenverhältnis) zu einer berechtigten ohne Vorliegen der Voraussetzungen des § 683 (BGHZ 128, 213); ein Auftragsverhältnis entsteht dadurch nicht. Zum Erfordernis einer (konkludenten) Genehmigung einer Einzugsermächtigungslastschrift vgl. BGH BB 2011, 204 ff.; NJW 2010, 3510 ff.; WM 2010, 2307 ff. Zum Außenverhältnis → Vor § 677 Rn. 4.

§ 685 Schenkungsabsicht

(1) **Dem Geschäftsführer steht ein Anspruch nicht zu, wenn er nicht die Absicht hatte, von dem Geschäftsherrn Ersatz zu verlangen.**

(2) **Gewähren Eltern oder Voreltern ihren Abkömmlingen oder diese jenen Unterhalt, so ist im Zweifel anzunehmen, dass die Absicht fehlt, von dem Empfänger Ersatz zu verlangen.**

1 **I:** Schließt nicht nur § 683, sondern auch § 684 S. 1 aus (BGH NJW 1985, 314), nicht aber Ausgleich gem. § 812 I 2 Alt. 1 (BGHZ 111, 128 ff.). Beweislast: Geschäftsherr. Bsp: Baut ein Lebensgefährte die gemeinsam mit der Lebensgefährtin bewohnte und deren Vater gehörende Wohnung aus, so steht regelmäßig die gemeinsame Lebensführung der Lebensgefährten im Vordergrund; das spricht gegen die Absicht, Aufwendungsersatz vom Vater zu erlangen (OLG Hamm FamRZ 2002, 160; LG Karlsruhe FamRZ 2005, 517). Erfolgt Geschäftsführung aus **sittlichem Empfinden oder im gesellschaftlichen Bereich,** ist von fehlender Ersatzabsicht des Geschäftsführer auszugehen (→ § 677 Rn. 4) **II:** Ges. Vermutung für fehlende Ersatzabsicht (BGHZ 38, 305; NJW 1998, 979); sie greift ein, soweit die Unterhaltsleistungen des Elternteils usw über das geschuldete Maß (vgl. § 1610; sonst schon Ausschluss gem. § 1648 letzter HS.) hinausgehen (BGH NJW 1998, 979).

§ 686 Irrtum über die Person des Geschäftsherrn

Ist der Geschäftsführer über die Person des Geschäftsherrn im Irrtum, so wird der wirkliche Geschäftsherr aus der Geschäftsführung berechtigt und verpflichtet.

Vgl. → § 677 Rn. 4. Irrtum über die Voraussetzungen berechtigter GoA: → § 683 Rn. 2 ff.; über Geschäftsführungspflicht: → § 677 Rn. 7; über Gefahrenlage iSd § 680 → § 680 Rn. 2. 1

§ 687 Unechte Geschäftsführung

(1) **Die Vorschriften der §§ 677 bis 686 finden keine Anwendung, wenn jemand ein fremdes Geschäft in der Meinung besorgt, dass es sein eigenes sei.**

(2) [1]**Behandelt jemand ein fremdes Geschäft als sein eigenes, obwohl er weiß, dass er nicht dazu berechtigt ist, so kann der Geschäftsherr die sich aus den §§ 677, 678, 681, 682 ergebenden Ansprüche geltend machen.** [2]**Macht er sie geltend, so ist er dem Geschäftsführer nach § 684 Satz 1 verpflichtet.**

Lit.: Beuthien, Was ist vermögenswert, die Persönlichkeit oder ihr Image? Begriffliche Unstimmigkeiten in den Marlene-Dietrich-Urteilen, NJW 2003, 1220; Helms, Gewinnherausgabe als haftungsrechtliches Problem, 2007; Isele, Die Reichweite des Anspruchs auf Herausgabe des Eingriffserwerbs nach BGB § 687 Abs. 2, FS Cohn, 1976, 75; sa Lit. zu § 667.

1. Allgemeines. I enthält lediglich **Klarstellung** (→ Vor § 677 Rn. 6), **II** eine 1
(in Rechtsfolgenverweisung gekleidete) **selbstständige Anspruchsgrundlage** (→ Rn. 5), die die allg. schadensersatz- und bereicherungsrechtlichen Ansprüche (→ Rn. 3 f.) sowie spezielle Entschädigungsansprüche (→ Rn. 10 ff.) ergänzt.

2. Irrtümliche Eigengeschäftsführung (I). a) Voraussetzungen: aa) obj.: 2
wie → Rn. 6; **bb) subj.:** Der eigennützig (→ Rn. 7) Handelnde irrt über die Fremdheit des Geschäfts. Irrtum kann auch verschuldet sein. **b) Rechtsfolgen:** GoA-Recht (auch § 684 S. 2) unanwendbar (**I;** → Rn. 1). Der Geschäftsführer
haftet nach den allg. Vorschriften. Anspruchsgrundlagen: **aa)** Bei Verschulden 3
Schadensersatzanspruch aus uH (§§ 823 ff., 249 ff.). Erleichterungen und Sondervorschriften bei Eingriffen in fremde Ausschließlichkeitsrechte: → Rn. 10 ff.;
bb) unabhängig von Verschulden **Bereicherungsanspruch** (§§ 812 I 1 Alt. 2, 4
818 I, II – Eingriffskondiktion –) auf Herausgabe des Erlangten bzw. Wertersatz (zB Nutzungsvergütung, angemessene und übliche Lizenzgebühr, BGHZ 99, 248), im Fall des § 816 I einschließlich des Verletzergewinns (str., → § 816 Rn. 8–10); **cc)** sonstige Anspruchsgrundlagen: §§ 946 ff.; 985 ff. Haftung des **Geschäftsherrn:** §§ 812 ff.; 994 ff. **dd)** Dem Wohnungseigentümer, der eigenmächtig **WEG-Instandsetzungs- und Instandhaltungsarbeiten** am Gemeinschaftseigentum durchführt, steht kein Ersatzanspruch aus GoA oder Bereicherungsrecht zu. Das gilt auch dann, wenn die von dem Wohnungseigentümer durchgeführte Maßnahme ohnehin hätte vorgenommen werden müssen (BGH NJW 2019, 3780, 3782 Rn. 18 ff., 20 ff. mN zum Streitstand).

3. Unerlaubte Eigengeschäftsführung (II). a) Allgemeines. aa) Bedeu- 5
tung. Die auf Herausgabe des **Eingriffserwerbs** gerichtete **selbstständige Anspruchsgrundlage** enthält eine wesentliche Verbesserung der Rechtsstellung des Geschäftsherrn gegenüber den allg. Vorschriften (§§ 249, 252 S. 2; 818 II; → Rn. 3 f.). **bb) Grund.** Niemand soll aus widerrechtlichen Eingriffen in den fremden Rechtskreis (s. BGHZ 119, 259) unverdient eigene Vorteile ziehen; der Verletzergewinn gebührt dem Rechtsinhaber, denn der eigennützig und unredlich Handelnde ist gegenüber dem Verletzten nicht schutzwürdig. HKK/Jansen § 687 Rn. 55, 57: Treuhandgedanke. **cc) Entspr. Anwendbarkeit** des Rechtsgedankens
aus II 1 im Schadensrecht: → Rn. 10. **b) Voraussetzungen. aa) obj.:** Führung 6
eines obj. fremden Geschäfts (BGHZ 75, 205; → § 677 Rn. 3) gegen (ohne) den Willen des Berechtigten (BGHZ 119, 259). Jedes unbefugte Tätigwerden im fremden Rechtskreis genügt (→ Rn. 5 [bb]; HKK/Jansen § 687 II Rn. 35 ff.: Jeder unberechtigte Eingriff in den Zuweisungsgehalt eines fremden Rechts mittels einer

dem Rechtsgutsinhaber vorbehaltenen wirtschaftlichen Nutzung oder Verwertung). Bsp: Veräußerung (Vermietung, Nutzung, Verwertung) einer fremden Sache (BGHZ 75, 205), auch Nutzung durch Pfandgläubiger ohne Nutzungspfand (BGH NJW 2014, 3572); Eingriff in fremde vermögenswerte Ausschließlichkeitsrechte, nicht Vertragsverletzungen (BGH NJW-RR 1989, 1256 f.) wie unbefugte Untervermietung (BGHZ 131, 306 mN, str.), Verletzung eines Alleinvertriebsrechts (BGH NJW 1984, 2411) oder eines vertraglichen Wettbewerbsverbots (BGH NJW 1988, 3018; abweichend für Verletzung von § 88 I AktG durch den Vorstand der AG Köln VersR 2000, 108), soweit nicht in vertragliche Beziehungen zwischen dem Berechtigten mit einem Dritten eingegriffen wird (BGH NJW-RR 1989, 1257). Handeln im eigenen Namen ist möglich. Gleichgültig ist, ob der Geschäftsherr das
7 Geschäft überhaupt für sich vorgenommen hätte. **bb) subj.:** Der Eingreifer muss **wissen,** dass es sich um ein fremdes Geschäft (→ Rn. 6) handelt (Vorsatz, s. BGHZ 119, 259), und es zum **eigenen Vorteil** ausführen wollen (eigennütziges Verhalten; kein Fremdgeschäftsführungswille). Kenntnis der Anfechtbarkeit des zur Geschäftsführung berechtigenden RGeschäfts genügt (§ 142 II; dazu RGZ 138, 49), nicht aber fahrlässige Unkenntnis der Fremdheit (dann → Rn. 2 ff.); zu einer möglichen Ausnahme bei immaterialgüterrechtlicher „dreifacher Schadensberechnung"
8 s. HKK/Jansen § 687 II Rn. 39 ff. **c) Rechtsfolgen. aa) Ansprüche** des durch die unerlaubte Eigengeschäftsführung Betroffenen: Er hat: (1) Anspruch auf **Herausgabe** des durch den Eingriff **Erlangten** (**II 1,** §§ 681, 667 – Eingriffserwerb) einschließlich des Verletzergewinns (BGHZ 82, 308); Umfang wie → § 667 Rn. 4 ff. (umfasst gezogene Nutzungen, Zinsen [**II 1,** §§ 681, 668] und Ersatzwerte aus Folgegeschäften), ob der Geschäftsherr den Gewinn erzielt hätte, ist gleichgültig (→ Rn. 5 [bb]); (2) Anspruch auf **Auskunft und Rechnungslegung** (**II 1,** §§ 681, 666); (3) Anspruch auf **Schadensersatz** (**II 1,** § 678; umfasst zufällige Ausführungsschäden, → § 678 Rn. 2). **Verjährung:** §§ 195, 199 (→ § 677 Rn. 10). Die Geltendmachung der Rechte nach **II 1** lässt die Rechtswidrigkeit des Eingriffs unberührt; lediglich die Verfügung des Geschäftsführers wird wirksam (§ 185 II 1 Alt. 1). IÜ stehen dem Geschäftsherrn die allg. Ansprüche zu (→ Rn. 3 f.); Geltendmachung von Verletzungsschaden neben Gewinnherausgabe ist ausgeschlossen, nicht aber von weitergehendem Begleitschaden (BGHZ 44, 382 zur Lizenzgebühr).
9 **bb) Ansprüche des Geschäftsführers:** Ersatz von Aufwendungen in Höhe der Bereicherung des Geschäftsherrn (**II 2,** § 684 S. 1; Helms, Gewinnherausgabe als haftungsrechtliches Problem, 2007, 194). Da der Bereicherungsanspruch Geltendmachung der Rechte gem. II 1 durch den Geschäftsherrn voraussetzt (BGHZ 39, 188), führt er idR zu einem Abzug von dem herauszugebenden Gewinn (→ Rn. 8).

10 **4. Sonderfälle. a) Allgemeines.** Bei **Eingriffen in fremde Ausschließlichkeitsrechte** (insbes. Immaterialgüterrechte) kann nach gewohnheitsrechtlicher Fortbildung der §§ 249, 252 auch eine angemessene Lizenzgebühr oder die Herausgabe des Verletzergewinns als („bes. berechneter") Schaden verlangt werden (BGHZ 57, 117 ff.; 119, 25 ff. [29]; Erman/Dornis Rn. 16 ff.; Helms, Gewinnherausgabe als haftungsrechtliches Problem, 2007, 134; zu Ansprüchen aus Eingriffskondiktion
11 → § 818 Rn. 21–25). **b)** Bei Verletzung von **Urheberrechten** und **gewerblichen Schutzrechten** ist Gewinnherausgabeanspruch zT Gegenstand von Sondervorschriften (§ 97 UrhG; § 47 II PatG; § 15 II GebrMG; § 14a I GeschmMG). Gleiche Grundsätze gelten bei Verletzung von geschützten **Marken** und **Kennzeichen** (*arg.* MarkenG §§ 14 VI, 128 II; sa zum früheren WZG BGHZ 34, 320; 44, 374; 99, 247). Daneben gilt **II 1** (vgl. § 97 III UrhG, § 14a II GeschmMG und BGHZ 34, 320), Verjährung infolge Änderung der für II 1 geltenden §§ 195, 199 und der für die Sondervorschriften geltenden § 102 UrhG, § 33 III PatG, § 24c GebrMG, § 20
12 MarkenG, § 14a III GeschmMG jetzt einheitlich. **c)** Auf Eingriffe in den Zuweisungsgehalt des **Eigentums** (Bsp: gewerbliche Verwertung des Bildes einer fremden Sache) ist **II 1** anwendbar (Ruhwedel JuS 1975, 245; Schmieder NJW 1975, 1164; sa Baur JZ 1975, 493; Pfister JZ 1976, 156), nicht dagegen bei unberechtigter Füh-

rung eines fremden **Unternehmens** (BGHZ 7, 218, str.). **d)** Bei Eingriff in **wettbewerbsrechtliche Positionen** kann **II 1** eingreifen, zB bei wettbewerbswidriger sklavischer Nachahmung (BGHZ 57, 116); ie str., s. Staudinger/Bergmann Rn. 26 ff. **e)** Bei Verletzung des **Persönlichkeitsrechts** (grundlegend Beuthien NJW 2003, 1220; Helms, Gewinnherausgabe als haftungsrechtliches Problem, 2007, 173), insbes. durch unbefugte Bildverwertung, hat der Verletzte Anspruch auf angemessene Lizenzgebühr (BGHZ 20, 353 und 354 f.; → Rn. 10) oder den vom Verletzer erzielten Gewinn (Beuthien NJW 2003, 1220), soweit nicht die Genehmigung der Verwertung von vornherein ausgeschlossen ist (BGHZ 26, 353; 44, 375, str.; s. Beuthien NJW 2003, 1220, ferner allg. → § 812 Rn. 49–55). **II 1** ist bei kommerzieller Verwertung anwendbar (Schlechtriem DRiZ 1975, 69 und FS Hefermehl, 1976, 458 f.); bei schwerwiegender ideeller Beeinträchtigung besteht Anspruch auf Ersatz des Nichtvermögensschadens (BGHZ 35, 369, stRspr; ie → § 823 Rn. 88; → § 253 Rn. 4).

13 14

Titel 14. Verwahrung

§ 688 Vertragstypische Pflichten bei der Verwahrung

Durch den Verwahrungsvertrag wird der Verwahrer verpflichtet, eine ihm von dem Hinterleger übergebene bewegliche Sache aufzubewahren.

Lit.: Herrmann, Von einem verschwiegenen Landstrich, einem Schlüsselbegriff und Typenproblemen, FS Reuter, 2010, 525.

1. Allgemeines. a) Begriff. Der Verwahrungsvertrag ist ein (uU gegenseitiger, → Rn. 5) Vertrag, bei dem der Verwahrer als Hauptpflicht (→ Rn. 9, 14) die Aufbewahrung einer ihm vom Hinterleger übergebenen Sache schuldet. Verwahrung ist **fremdnützige,** im Interesse des Hinterlegers geleistete Tätigkeit (ähnlich: § 662). Konsequenzen daraus: §§ 690, 693, 695. **b) Gegenstand.** Verwahrung ist nur bei beweglichen Sachen (→ Vor § 90 Rn. 2 f.) und Tieren (§ 90a, OLG Schleswig SchlHA 2000, 196; OLG Brandenburg NJW-RR 2006, 1558) möglich; bei Bewachung von Grundstücken kommen Dienstvertrag (§ 611) oder Auftrag (§ 662) in Betracht. **c)** Zum **Zustandekommen** des Vertrags ist Übergabe der Sache nicht erforderlich (Konsensualvertrag, Larenz SchuldR BT II/1 § 58; BGHZ 46, 48 für Lagervertrag; v. Westphalen WM 1984, 18 für Depotvertrag; aA [Realvertrag] Enneccerus/Lehmann § 169 Rn. 1), jedoch begründet nur der durch Übergabe vollzogene Vertrag ein Dauerschuldverhältnis (→ § 311 Rn. 14). Das COVID 19 bedingte **temporäre Leistungsverweigerungsrecht** aus Art. 240 § 1 EGBGB nF (→ Rn. § 611 Rn. 1; NK-BGB/Illner/Beneke Art. 240 EGBGB Rn. 1 ff.) soll auch bei der Verwahrung gelten (jurisPK-BGB/Berg Art. 240 § 1 EGBGB Rn. 13), sofern die Voraussetzungen des Art. 240 § 1 EGBGB erfüllt sind. Bei der Verwahrung wird nur ausnahmsweise ein wesentliches Dauerschuldverhältnis iSv Art. 240 § 1 Abs. 1 (für Verbraucher), Abs. 2 (für Kleinstunternehmer) EGBGB vorliegen.

1 2 3

2. Arten der Verwahrung. a) Unentgeltliche Verwahrung ist, da nicht notwendig auch Pflichten des Hinterlegers entstehen (zB aus §§ 693, 694), unvollkommen zweiseitiger Vertrag (→ § 311 Rn. 12). **b) Entgeltliche Verwahrung** ist gegenseitiger Vertrag, §§ 320 ff. sind anwendbar (→ Rn. 14 ff.). Stillschweigende Entgeltvereinbarung: → § 689 Rn. 1. Für die wirtschaftlich bedeutsamsten Fälle bestehen **Sonderregelungen. aa)** Lagergeschäft nach §§ 467 ff. HGB und OrderlagerscheinVO v. 16.12.1931; bei Kommission ist Kommissionär nach § 390 HGB für Verlust des in seiner Verwahrung befindlichen Guts verantwortlich und hat Schadensersatz zu leisten, s. OLG Frankfurt a. M. NJW-RR 2004, 835. **bb)** Wertpapierverwahrung nach DepotG. **Lit.:** Peters JuS 1976, 424; zu (international) intermediär verwahrten Wertpapieren s. Reuschle IPRax 2003, 495; ders. BKR 2003,

4 5

562. **cc) Bewachungsgewerbe:** § 34a GewO und VO v. 1.6.1976 (BGBl. 1976 I 1341). **c) Unregelmäßige Verwahrung** (Hinterlegungsdarlehen): § 700 mit
6 → Rn. 1 f. **d) Öffentl.-rechtliche Verwahrung.** Ein öffentl.-rechtliches Verwahrungsverhältnis (Beljin/Micker JuS 2003, 972 f.) entsteht, wenn eine Behörde (AG Hamm MDR 1978, 51; weitergehend Müller JuS 1977, 232 mN) bei Wahrnehmung einer öffentl.-rechtlichen Aufgabe fremde Sachen in Besitz nimmt und den Berechtigten dadurch an eigenen Sicherungs- und Obhutsmaßnahmen hindert (BGH MDR 1975, 213 mN; NJW 2014, 2579; NJW 2019, 2618 f. Rn. 14, stRspr); diese Voraussetzungen fehlen bei der Beschlagnahme von Forderungen und Bankguthaben (BGHZ 34, 354; WM 1962, 1033). Haftung der verwahrenden Behörde: §§ 688 ff. (mit Ausnahme von § 690) (BGHZ 4, 192; NJW 2014, 2577 Rn. 14; NJW 2019, 2618, 2619 Rn. 14; VG Arnsberg MDR 1975, 255), §§ 254, 276, 278 (BGH NJW 1990, 1230 f.), §§ 280 ff. (BGH NJW 2014, 2577 Rn. 14; NJW 2019, 2618, 2619 Rn. 14) entspr. anwendbar. § 839 I 2 gilt nicht (BGH NJW 1990, 1231). Der ordentliche Rechtsweg ist gegeben (§ 40 II VwGO; BGHZ 76, 12; einschr. Müller
7 JuS 1977, 233 mN). Zum Rückgabeort → § 697 Rn. 1. **e)** Die **Hinterlegung** nach der HinterlO ist ges. bes. geregelt; → Rn. 6 gilt nicht. Bedeutsam ua bei §§ 372 ff. § 700 ist nicht anwendbar. **f)** Einlagerung durch den **Gerichtsvollzieher** (§§ 808 ff. ZPO) begründet uU Verwahrungs-(Lager-)vertrag mit dem Justizfiskus (BGHZ 89, 84 f.). **g) Besondere amtliche Verwahrung** gem. §§ 2258a und b, 2300; s. ferner §§ 54a ff. BeurkG (Verwahrung durch Notar), dazu OLG Frankfurt a. M. NJW-RR 2003, 1646.

8 **3. Abgrenzung der Verwahrung von anderen Schuldverhältnissen.** **a)** Vom **reinen Gefälligkeitsverhältnis** bei Unentgeltlichkeit (→ Rn. 4): Interessenlage (→ § 241 Rn. 24; → § 662 Rn. 5) und Einzelumstände (AG Berlin-Schöneberg NJW-RR 1986, 113) sind zu berücksichtigen. **b) Auftrag** (§ 662) verlangt ein Tätigwerden (→ § 662 Rn. 9 f.); → Rn. 14. **c) Sachdarlehen** (§ 607):
9 → § 700 Rn. 1 f. **d) Gebrauchsüberlassungsverträge** (§§ 535; 598) gestatten Gebrauch der Sache. Bei Verbringung von Sachen in fremde Räume ist entscheidend, ob der Raumgeber zusätzlich (→ Rn. 14) eine Obhutspflicht als Hauptpflicht (dann Verwahrung) oder nur als Nebenpflicht (dann atypische Miete) übernimmt (vgl. BGHZ 3, 200). **Einzelfragen:** Verwahrung in Bank- und Gepäckschließfach ist Miete (RGZ 141, 99; OLG Hamburg OLGZ 2001, 354). Aufbewahrung in Spind im Umkleideraum eines Schwimmbads, wobei Badbenutzer den Spindschlüssel behält, ist keine Verwahrung, da nur Gewahrsamslockerung, keine Sachherrschaftsaufgabe (OLG Hamm NJW-RR 2005, 1334). Bei Einstellen von Kfz in gewöhnlichem Parkhaus liegt idR Miete der Stellfläche vor, nicht Verwahrung (OLG Düsseldorf NJW-RR 2001, 1607 für „Urlauberparkhaus" nahe Flughafen; vermittelnd Medicus Karlsruher Forum 1983, 174: Kombinationsvertrag); eine Bewachungspflicht obliegt aber dem Unternehmer beim bewachten Parkplatz (deshalb für Verwahrungsvertrag OLG Köln NJW-RR 1994, 25; offengelassen von BGH NJW 1968, 1718; OLG Karlsruhe NJW-RR 2004, 1610) und bei Sammelgaragen (Verwahrungsvertrag: AG Frankfurt VersR 1965, 1063; Mietvertrag mit Nebenpflicht: KG VersR 1968, 441; offen BGH DB 1974, 426), dagegen idR nicht dem Hotelinhaber bei Inanspruchnahme eines entgeltlichen Hotelparkplatzes (OLG Hamburg VersR 1989, 1266 mN; → § 701 Rn. 10). Vorhandensein einer Videoanlage berechtigt noch nicht zur Annahme einer Bewachung des Parkplatzes (OLG Düsseldorf NJW-RR 2001, 1607). Pferdeeinstellungsvertrag ist Verwahrung, nicht
10 Miete (BGH NJW 2020, 328, 329 Rn. 8; LG Ulm NJW-RR 2004, 854). **e) Sonstige Rechtsverhältnisse mit Obhutspflichten für fremde Sachen.** Zahlreiche Rechtsverhältnisse bringen es mit sich, dass Sachen der einen Vertragspartei in Gewahrsam und Gefahrenbereich der anderen gelangen. Bsp: Miete (→ Rn. 9), Beherbergung (→ § 701 Rn. 7–9), Leihe, Kauf (→ § 433 Rn. 20), Werkvertrag (zur Reparatur übergebene Sache), Geschäftsbesorgungsverträge usw. Inwieweit den betreffenden Vertragsteil **überhaupt** Obhutspflichten treffen, ob diese **Neben-**

pflichten (→ § 241 Rn. 9) im Rahmen des zwischen den Parteien bestehenden Vertragsverhältnisses sind oder ob gar ein **selbstständiger Verwahrungsvertrag** zustandekommt, ist Frage des Einzelfalls. **Überblick: aa) Keine Verwahrungs-** 11
pflicht wird im Allg. für Angehörige freier Berufe (Arzt, RA) und Gewerbetreibende (Gaststätte) durch Garderobenablage in Wartezimmern und Geschäftsräumen begründet (RGZ 99, 35; BGH NJW 1980, 1096; AG Seligenstadt MDR 1990, 439; AG Miesbach VersR 2003, 32); auch nicht für Betreiber einer Ballettschule bei Möglichkeit zur Beaufsichtigung der Gegenstände im Unterrichtsraum (Bad Segeberg NJW-RR 2013, 1435, 1436). Verwahrungspflicht nur, wenn eine Notwendigkeit, ein Zwang bzw. eine Anweisung zur Ablage in einem besonderen, seiner Beaufsichtigung entzogenen Raum besteht (KG MDR 1984, 846; LG Hamburg NJW-RR 1986, 829; Bad Segeberg NJW-RR 2013, 1435, 1436; → Rn. 12); nicht ausreichend: Angebot des Kellners, Jacke an der Garderobe aufzuhängen (AG Miesbach VersR 2003, 32). **bb)** Vielfach folgt eine Verwahrungspflicht als **Neben-** 12
pflicht aus dem zwischen den Parteien bestehenden Rechtsverhältnis. Bsp: Verwahrung von Sachen durch Vormünder, Geschäftsführer, Beauftragte, Ärzte (LG Hannover NJW 1983, 1381; → Rn. 11), Krankenhausträger (OLG Karlsruhe DB 1974, 2298) und Arbeitgeber (BAG 7, 283; 9, 34; 17, 231; zur Diskussion, ob die Aufbewahrungspflicht des Arbeitgebers eine Haupt- oder eine Nebenleistungspflicht ist, s. Herrmann FS Reuter, 2010, 532 ff.) im Rahmen ihres Pflichtenkreises; Theatergarderobe; Obhutspflichten von Kommissionär und Spediteur: §§ 388 ff., 407 ff. HGB; von Kfz-Betrieb (OLG Nürnberg OLGZ 1979, 220); Annahmeverzug des Gläubigers (§ 304). In erster Linie gelten dann die Regeln des betr. Rechtsverhältnisses, daneben finden die §§ 688 ff. (außer § 690) ergänzend Anwendung. **cc) Selbst-** 13
ständiger Verwahrungsvertrag kommt zB bei bes. bewachter (entgeltlicher) Garderobenablage (Theater, Museen usw; zu Gaststätten → Rn. 11) in Frage (RGZ 113, 425). Zur Inanspruchnahme von Parkplätzen: → Rn. 9; zur Freizeichnung: → Rn. 16. Bei „stehengelassenen" Grundschulden will Amann DNotZ 2002, 122 §§ 688 ff., insbes. § 695 S. 1 analog anwenden; dagegen mR Budzikiewicz ZGS 2002, 357.

4. Pflichten des Verwahrers. a) Hauptpflicht besteht in **Gewährung von** 14
Raum und Obhut (BGHZ 3, 200), umfasst also Schutz vor Schaden sowie Be- und Überwachung (Fürsorgepflicht). Welche Maßnahmen insoweit ie zu treffen sind, hängt vom jeweiligen Verwahrungsobjekt (zB Fütterung und Pflege bei Tieren; dann Aufwendungsersatz nach § 693) und der drohenden Gefahr (zB Mitteilung von Pfändung, Erkrankung von Tieren, OLG Schleswig SchlHA 2000, 196) ab. Die Obhutspflicht erstreckt sich auf die Sachen in ihrer Gesamtheit (auch Inhalt eines Kfz: BGH NJW 1969, 790). Ohne bes. Abrede besteht keine Instandhaltungspflicht, aber auch kein Gebrauchsrecht. **b) Nebenpflicht** (nie im Gegenseitigkeits- 15
verhältnis) ist die Pflicht zu (vollständiger) **Rückgabe** der (unbeschädigten) Sache gem. §§ 695, 697. **c) Haftung des Verwahrers** bei Nichterfüllung der Pflichten 16
gem. → Rn. 14 f. wegen Pflichtverletzung nach §§ 280 I wegen Verletzung seiner Obhutspflicht, nach aA gemäß §§ 280 I, III iVm § 281 (behebbare Beschädigung) bzw. § 283 (unbehebbare Beschädigung), str. (zum Streitstand und weiteren Ansichten s. Looschelders BT § 46 Rn. 11). Erleichterung § 690. Hinterleger kann Drittschaden geltend machen (→ Vor § 249 Rn. 20). **Beweislast:** § 280 I 2 (§ 282 aF: BGH NJW 1990, 1230 f.). Beweislastverschiebung in AGB zu Lasten des Hinterlegers ist unwirksam (§ 309 Nr. 12a, BGHZ 41, 151). **Freizeichnung** ist in den Schranken der §§ 276 II, 278 S. 2, 134, 138, 242; §§ 307, 309 Nr. 7 und 8, 310 möglich. Bei Verwendung vorformulierter Klauseln (zB bei Parkplätzen, Garderoben usw) ist zur Einbeziehung deutlich sichtbarer Aushang am Ort des Vertragsschlusses erforderlich (§ 305 II Nr. 1; RGZ 113, 427). Die Bewachungspflicht darf durch Haftungsausschluss nicht nahezu vollständig ausgehöhlt werden (BGHZ 33, 216; ie Güllemann NJW 1972, 891 mN). **Verjährung:** §§ 195, 199; für Rückforderungs-

recht und Rücknahmeanspruch s. aber § 695 S. 2 und § 696 S. 3; Sondervorschriften: §§ 475a, 439 HGB.

17 **5. Pflicht des Hinterlegers. a) Hauptpflicht: Vergütung,** soweit entgeltlich (§ 689; → Rn. 5). **b) Nebenpflichten:** Anzeigepflicht zugunsten des Verwahrers (§ 694); Ersatz von Aufwendungen (§ 693); Rücknahme der Sache nach §§ 696 f. **c) Haftung** des Hinterlegers: § 694 mit Anm.

§ 689 Vergütung

Eine Vergütung für die Aufbewahrung gilt als stillschweigend vereinbart, wenn die Aufbewahrung den Umständen nach nur gegen eine Vergütung zu erwarten ist.

1 Höhe der Vergütung: §§ 612 I, 632 II entspr., sonst § 316. Sonderregelung: §§ 354 I, 467 II HGB. Aufwendungsersatz (§ 693) steht auch dem unentgeltlichen Verwahrer zu.

§ 690 Haftung bei unentgeltlicher Verwahrung

Wird die Aufbewahrung unentgeltlich übernommen, so hat der Verwahrer nur für diejenige Sorgfalt einzustehen, welche er in eigenen Angelegenheiten anzuwenden pflegt.

1 Haftungsmaßstab: § 277. Haftungserleichterung unabhängig vom Rechtsgrund (auch §§ 823 ff.; OLG Koblenz AnwBl 89, 50) wegen Unentgeltlichkeit (weitergehend §§ 521, 599, 680). Gilt **nicht** (§ 276 anwendbar) bei entgeltlichem Verwahrungsvertrag (→ § 688 Rn. 5, 13), bei Verwahrung als Nebenpflicht eines entgeltlichen Vertrags (→ § 688 Rn. 10 ff.), bei öffentl.-rechtlicher Verwahrung (→ § 688 Rn. 6).

§ 691 Hinterlegung bei Dritten

[1]Der Verwahrer ist im Zweifel nicht berechtigt, die hinterlegte Sache bei einem Dritten zu hinterlegen. [2]Ist die Hinterlegung bei einem Dritten gestattet, so hat der Verwahrer nur ein ihm bei dieser Hinterlegung zur Last fallendes Verschulden zu vertreten. [3]Für das Verschulden eines Gehilfen ist er nach § 278 verantwortlich.

1 Grund: Vertrauensverhältnis. Ausnahmen: §§ 3, 5 DepotG. Folgen bei befugter und unbefugter Weitergabe: wie → § 664 Rn. 4, 6.

§ 692 Änderung der Aufbewahrung

[1]Der Verwahrer ist berechtigt, die vereinbarte Art der Aufbewahrung zu ändern, wenn er den Umständen nach annehmen darf, dass der Hinterleger bei Kenntnis der Sachlage die Änderung billigen würde. [2]Der Verwahrer hat vor der Änderung dem Hinterleger Anzeige zu machen und dessen Entschließung abzuwarten, wenn nicht mit dem Aufschub Gefahr verbunden ist.

1 Anders als bei § 665 keine Bindung an einseitige Weisungen. Unberechtigte Änderung: Schadensersatzpflicht (→ § 688 Rn. 16).

§ 693 Ersatz von Aufwendungen

Macht der Verwahrer zum Zwecke der Aufbewahrung Aufwendungen, die er den Umständen nach für erforderlich halten darf, so ist der Hinterleger zum Ersatz verpflichtet.

Umfang wie bei § 670; keine Erstattung von Aufwendungen, zu deren Übernahme der Verwahrer nach dem Vertrag verpflichtet ist, vor allem Raumgewährung (s. zB OLG Hamm NJW-RR 2016, 91 Rn. 41, zwar sind Auslagen für Futter, tierärztliche Behandlung von überlassenen Tieren etc zu ersetzen, nicht aber, da Inhalt des Verwahrungsvertrags, die Kosten der Raumgewährung und Arbeitskraft). Aufwendungsersatzanspruch gibt Zurückbehaltungsrecht (§ 273); ges. Pfandrecht nur nach § 475b HGB. Zum Aufwendungsersatz während Zurückbehaltung: OLG Celle NJW 1967, 1967. 1

§ 694 Schadensersatzpflicht des Hinterlegers

Der Hinterleger hat den durch die Beschaffenheit der hinterlegten Sache dem Verwahrer entstehenden Schaden zu ersetzen, es sei denn, dass er die Gefahr drohende Beschaffenheit der Sache bei der Hinterlegung weder kennt noch kennen muss oder dass er sie dem Verwahrer angezeigt oder dieser sie ohne Anzeige gekannt hat.

Verletzung der Anzeigepflicht (→ § 688 Rn. 17) begründet **Haftung** aus 1
§§ 280 I, 282, 241 II für **vermutetes Verschulden** des Hinterlegers. Voraussetzungen für Entlastung: Schuldlosigkeit des Hinterlegers, Anzeigeerstattung oder Kenntnis des Verwahrers (bei fahrlässiger Unkenntnis gilt § 254).

§ 695 Rückforderungsrecht des Hinterlegers

[1]Der Hinterleger kann die hinterlegte Sache jederzeit zurückfordern, auch wenn für die Aufbewahrung eine Zeit bestimmt ist. [2]Die Verjährung des Anspruchs auf Rückgabe der Sache beginnt mit der Rückforderung.

1. Modalitäten der Rückforderung. Hinterleger hat stets (auch bei → § 688 1
Rn. 5) ein jederzeitiges (doch nicht zur Unzeit ausübbares, § 242), abdingbares (MüKo-BGB/Henssler Rn. 2, str., zum Streitstand s. BGH NJW 2020, 328, 330 Rn. 18) **Rückforderungs-** und damit **Kündigungsrecht.** Vertragsbeendigung daher bereits vor Rückgabe möglich (str.). Rückgabe kann im Rahmen depotmäßiger Wertpapierübertragung durch Umbuchung erfolgen (BGHZ 161, 101 f., zust. Henrichs/Kastberg LMK 2005, 73). **Haftung** des Verwahrers bei Nichtrückgabe: → § 688 Rn. 16. **Gegenrechte** des Verwahrers: §§ 273, 689, 693; während der Zurückbehaltung besteht kein Vergütungsanspruch (OLG Celle NJW 1967, 1967).

2. Verjährung. Wegen der nunmehr **kurzen Verjährungsfrist** von drei Jahren 2
(§ 195), musste der Beginn der Verjährung neu geregelt werden (bisher Verjährungsbeginn sog. verhaltener Ansprüche sofort, dh mit Hinterlegung, BGH NJW-RR 2000, 647); sonst Anspruchsverlust des Hinterlegers nach drei Jahren (Spezialregelung zu § 199).

§ 696 Rücknahmeanspruch des Verwahrers

[1]Der Verwahrer kann, wenn eine Zeit für die Aufbewahrung nicht bestimmt ist, jederzeit die Rücknahme der hinterlegten Sache verlangen. [2]Ist eine Zeit bestimmt, so kann er die vorzeitige Rücknahme nur verlangen, wenn ein wichtiger Grund vorliegt. [3]Die Verjährung des Anspruchs beginnt mit dem Verlangen auf Rücknahme.

S. 1 (nicht aber S. 2, Staudinger/Bieder Rn. 7, str.) ist abdingbar. Nichtrücknahme führt nach §§ 293 ff. zum Annahmeverzug und nach § 286 zum Schuldnerverzug (dann ggf. § 280: BayObLG ZMR 2002, 67). Sonderregelung: § 473 HGB. Zur Neuregelung des Verjährungsbeginns → § 695 Rn. 2. Für Verallgemeinerung der Regelung in §§ 604 V, 695 S. 2, 696 S. 3 für alle verhaltenen Ansprüche Mansel/Budzikiewicz § 3 Rn. 88.

§ 697 Rückgabeort

Die Rückgabe der hinterlegten Sache hat an dem Ort zu erfolgen, an welchem die Sache aufzubewahren war; der Verwahrer ist nicht verpflichtet, die Sache dem Hinterleger zu bringen.

1 Abdingbar (Grüneberg/Sprau Rn. 1). Verdrängt für Geldschulden § 270 (Grüneberg/Sprau Rn. 1). Rückgabe von in Strafverfahren beschlagnahmten Sachen erfolgt am Aufbewahrungsort, keine Zusendung (BGH NJW 2005, 988; bestätigt in NJW 2019, 2618 Rn. 13; abweichend Kemper NJW 2005, 3681 f. mN).

§ 698 Verzinsung des verwendeten Geldes

Verwendet der Verwahrer hinterlegtes Geld für sich, so ist er verpflichtet, es von der Zeit der Verwendung an zu verzinsen.

§ 699 Fälligkeit der Vergütung

(1) [1]**Der Hinterleger hat die vereinbarte Vergütung bei der Beendigung der Aufbewahrung zu entrichten.** [2]**Ist die Vergütung nach Zeitabschnitten bemessen, so ist sie nach dem Ablauf der einzelnen Zeitabschnitte zu entrichten.**

(2) **Endigt die Aufbewahrung vor dem Ablauf der für sie bestimmten Zeit, so kann der Verwahrer einen seinen bisherigen Leistungen entsprechenden Teil der Vergütung verlangen, sofern nicht aus der Vereinbarung über die Vergütung sich ein anderes ergibt.**

1 Parteien können durch Individualvereinbarung oder AGB vereinbaren, dass eine vorzeitige Beendigung der Aufbewahrung den Vergütungsanspruch des Verwahrers nicht schmälern soll (BGH NJW 2020, 328, 330 Rn. 20 unter Hinweis auf BeckOGK/Schlinker Rn. 9).

§ 700 Unregelmäßiger Verwahrungsvertrag

(1) [1]**Werden vertretbare Sachen in der Art hinterlegt, dass das Eigentum auf den Verwahrer übergehen und dieser verpflichtet sein soll, Sachen von gleicher Art, Güte und Menge zurückzugewähren, so finden bei Geld die Vorschriften über den Darlehensvertrag, bei anderen Sachen die Vorschriften über den Sachdarlehensvertrag Anwendung.** [2]**Gestattet der Hinterleger dem Verwahrer, hinterlegte vertretbare Sachen zu verbrauchen, so finden bei Geld die Vorschriften über den Darlehensvertrag, bei anderen Sachen die Vorschriften über den Sachdarlehensvertrag von dem Zeitpunkt an Anwendung, in welchem der Verwahrer sich die Sachen aneignet.** [3]**In beiden Fällen bestimmen sich jedoch Zeit und Ort der Rückgabe im Zweifel nach den Vorschriften über den Verwahrungsvertrag.**

(2) **Bei der Hinterlegung von Wertpapieren ist eine Vereinbarung der im Absatz 1 bezeichneten Art nur gültig, wenn sie ausdrücklich getroffen wird.**

1. Allgemeines. a) Wesen. Der nur bei vertretbaren Sachen (→ § 91 Rn. 2) mögliche **unregelmäßige** (uneigentliche) **Verwahrungsvertrag** (depositum irregulare, Summenverwahrung) ist weder Darlehen noch Verwahrung, sondern begründet (Konsensualvertrag) ein Schuldverhältnis eigener Art (Hinterlegungsdarlehen, typengemischter Vertrag). Merkmale: Eigentumsübergang auf den Verwahrer (wie § 607 und § 488, abw. von § 688), überwiegendes Verwahrungsinteresse des Hinterlegers (wie → § 688 Rn. 1, abw. von §§ 488, 607). **b) Rechtsfolgen.** Eigentumsverlust des Hinterlegers durch Übereignung. Entstehen eines schuldrechtlichen Liefer- oder Zahlungsanspruchs; ie gelten §§ 488 ff. bzw. 607 ff., sa BGH r+s 2008, 165 f. (**I 1** und **2** – redaktionelle Anpassung an Neufassung der Darlehensvorschriften), doch hat Hinterleger ein jederzeitiges (abdingbares) Rückforderungsrecht (**I 3,** §§ 695, 697); Folge davon: niedrigerer Zinsfuß als bei Darlehen. Keine Verzinsungspflicht aus § 698, da Norm nur den Fall der pflichtwidrigen Verwendung hinterlegten Geldes durch den Verwahrer bei einer regelmäßigen Verwahrung iSv § 688 betrifft (MüKo-BGB/Henssler § 698 Rn. 5). 1 2

2. Anwendungsbereich. Fälle der Summenverwahrung, insbes. Einlagen (Guthaben) auf Girokonto (BGHZ 124, 257 f.; 131, 63 f.; 145, 339; NJW 1996, 2032 f.; NJW-RR 2012, 503 Rn. 11, sa NJW 2012, 2422 Rn. 15 (incidenter); Canaris WM 1996, 238; MüKo-BGB/Henssler Rn. 1, 15 ff.; aA v. Westphalen WM 1995, 1212 ff., 1215) (nicht Girovertrag selbst → § 675c Rn.); Spareinlagen (→ § 808 Rn. 5; OLG München WM 1983, 1295; aA [§§ 488 ff. in unmittelbarer Anwendung] BGHZ 64, 278; Grüneberg/Sprau § 808 Rn. 6 mN) (zur Legitimationswirkung einer Empfangsbestätigung und zur Beweislastumkehr zugunsten des Kreditinstituts s. LG Frankfurt a. M. BKR 2004, 39); Eingänge auf Anderkonto (BGHZ 76, 13); Prämiensparverträge (BGH NJW 2019, 2920, 2921 Rn. 23; MüKo-BGB/Henssler Rn. 3). Zur Abgrenzung v. Darlehen und unregelmäßiger Verwahrung s. Servatius BKR 2005, 297. Auf die regelmäßige Wertpapierverwahrung (→ § 688 Rn. 5) findet § 700 keine Anwendung (§ 15 I DepotG). Die unregelmäßige Verwahrung wird durch die Vorschrift des **II** (verschärft durch § 15 II DepotG) erschwert. 3

Titel 15. Einbringung von Sachen bei Gastwirten

§ 701 Haftung des Gastwirts

(1) **Ein Gastwirt, der gewerbsmäßig Fremde zur Beherbergung aufnimmt, hat den Schaden zu ersetzen, der durch den Verlust, die Zerstörung oder die Beschädigung von Sachen entsteht, die ein im Betrieb dieses Gewerbes aufgenommener Gast eingebracht hat.**

(2) [1]**Als eingebracht gelten**

1. **Sachen, welche in der Zeit, in der der Gast zur Beherbergung aufgenommen ist, in die Gastwirtschaft oder an einen von dem Gastwirt oder dessen Leuten angewiesenen oder von dem Gastwirt allgemein hierzu bestimmten Ort außerhalb der Gastwirtschaft gebracht oder sonst außerhalb der Gastwirtschaft von dem Gastwirt oder dessen Leuten in Obhut genommen sind,**
2. **Sachen, welche innerhalb einer angemessenen Frist vor oder nach der Zeit, in der der Gast zur Beherbergung aufgenommen war, von dem Gastwirt oder seinen Leuten in Obhut genommen sind.**

[2]**Im Falle einer Anweisung oder einer Übernahme der Obhut durch Leute des Gastwirts gilt dies jedoch nur, wenn sie dazu bestellt oder nach den Umständen als dazu bestellt anzusehen waren.**

(3) **Die Ersatzpflicht tritt nicht ein, wenn der Verlust, die Zerstörung oder die Beschädigung von dem Gast, einem Begleiter des Gastes oder einer**

Person, die der Gast bei sich aufgenommen hat, oder durch die Beschaffenheit der Sachen oder durch höhere Gewalt verursacht wird.

(4) **Die Ersatzpflicht erstreckt sich nicht auf Fahrzeuge, auf Sachen, die in einem Fahrzeug belassen worden sind, und auf lebende Tiere.**

Lit.: Hellwege, Der formularmäßige Ausschluss der Haftung der Gastwirte für eingebrachte Sachen im Deutschland des 19. Jahrhunderts, ZNR 2007, 240; Hohloch, Grundfälle zur Gastwirtshaftung, JuS 1984, 357; Kunz, Schlafwagenrecht – Ein unbekanntes Rechtsgebiet, VersR 1986, 7; Lindemeyer, Die Haftung des Hotelwirts für die eingebrachten Sachen des Gastes, insbesondere bei Diebstählen, BB 1983, 1504; Medicus, Zur Haftung für untergestellte Kfz, Karlsruher Forum 1983, 171; Müller/Doepfner, Ein Wochenende in München, JA 2005, 108; Zimmermann, Die Geschichte der Gastwirtshaftung in Deutschland, Usus modernus pandectarum, K. Luig zum 70. Geburtstag, 2007, 271.

1 **1. Allgemeines. a) Ges. Erfolgshaftung.** Der Gastwirt haftet gem. §§ 701 ff. unabhängig vom Bestehen eines Vertrags und unabhängig von einem Verschulden (Zufallshaftung aus ges. Schuldverhältnis: Staudinger/Werner Vor § 701 Rn. 5; Zimmermann, Die Geschichte der Gastwirtshaftung, 2007, 318) summenmäßig beschränkt (§ 702) aber grundsätzlich unabdingbar für eingebrachte Sachen des Gastes. **Grund:** Ges. Einstandspflicht für Schäden, in denen sich die Betriebsgefahr verwirklicht; bes. Schutzwürdigkeit des Gastes (fehlende Beaufsichtigungs- und unzureichende Verschlussmöglichkeit). Zur Geschichte der Gastwirtshaftung in Deutschland s. Hellwege ZNR 2007, 240 ff.; Zimmermann, Die Geschichte der
2 Gastwirtshaftung, 2007, 271 ff. **b) Anspruchskonkurrenzen.** Die §§ 701 ff. wollen nur einen Mindestschutz des Gastes sichern, weitergehende vertragliche (§ 280) und ges. Ansprüche (Körperschaden des Gastes; Kfz-Schaden) bleiben daher unberührt
3 (BGHZ 63, 336). Vor allem kommen Ansprüche in Frage: **aa)** aus gleichzeitig abgeschlossenem **Hotelaufnahme-**(Beherbergungs-)**vertrag.** Er ist ein gemischter Vertrag (→ § 311 Rn. 30) mit stark mietrechtlichem Einschlag (§§ 535 ff.; BGHZ 71, 177; 77, 119; Ramrath AcP 189, 561), auf den aber auch §§ 611 ff., 631 ff. und uU 433 ff. zur Anwendung kommen (BGH NJW 1963, 1449). Für Beschädigung des auf dem zugewiesenen Hotelparkplatz abgestellten Pkw daher Haftung gem. § 536a (BGHZ 63, 333; ie Medicus Karlsruher Forum 1983, 171 ff.) oder aus vertraglicher Pflichtverletzung (§§ 280 iVm 276, 278; 311 II, 241 II) möglich (LG Frankfurt a. M. NJW-RR 1996, 1425: Schneeräumschaden). **bb)** aus selbstständigem **Verwahrungsvertrag** (§§ 688 ff.). Selten, nur bei bes. Anhaltspunkten (zB gebührenpflichtige Hotelgarage; vgl. BGH NJW 1969, 790), bloße Zurverfügungstellung von Abstellplatz genügt nicht (arg. IV); **cc)** iÜ aus §§ 823 ff., 831 (Bsp:
4 OLG Köln NJW-RR 1987, 1111). **c) Abgrenzung.** §§ 701 ff. iVm § 278 gelten **nicht** für den **Reiseveranstalter** iSv § 651a I (LG Frankfurt a. M. NJW 1994, 1477; OLG München RRa 1999, 174; OLG Düsseldorf NJW-RR 2003, 776 f.; LG Duisburg RRa 2005, 225, früher str.).

5 **2. Haftungsvoraussetzungen. a) Gastwirt (I)** ist nur der gewerbsmäßige Herbergswirt, also der **Inhaber eines Beherbergungsbetriebs** (Hotel, Pension, Fremdenheim usw), nicht der Schank- oder Speisewirt (Inhaber von Gaststätte, Restaurant; vgl. BGH NJW 1980, 1096). Beherbergung setzt gewissen Service voraus, die bloße Vermietung von Räumen (Zimmern, Appartements, Tagungsräumen) genügt daher nicht (nur § 535: Liecke NJW 1982, 1801), desgl. nicht das Stellen eines Campingplatzes (OLG Koblenz NJW 1966, 2017). Der Beherbergungszweck darf gegenüber anderen Zwecken (zB Ausbildung, Durchführung von Heilverfahren, Beförderung) nicht in den Hintergrund treten; Beherbergungsbetrieb iSv I fehlt daher idR bei Internat, Sanatorium (RGZ 112, 58), Passagierschiff (anders bei
6 „schwimmendem Hotel"), Schlafwagen (Kunz VersR 1986, 11, str.). **b) Gastaufnahme (I)** setzt voraus, dass zwischen Gast und Wirt ein **tatsächlicher Kontakt** (§§ 104 ff. unanwendbar) **zum Zweck der Beherbergung** (nicht: zur Einnahme von Mahlzeiten, s. AG Miesbach VersR 2003, 1400) hergestellt ist. Zustandekommen eines (wirksamen) Beherbergungsvertrages ist unerheblich (BGHZ 63, 71 und

336); aufgenommen sind auch die Begleitpersonen (zB Angehörige) des zahlenden Gastes. **Zeitlich** ist die Aufnahme bereits vor dem Beginn der eigentlichen Beherbergung möglich (zB bei Abholen vom Bahnhof) und kann sich über diese hinaus erstrecken (zB bis zur Abholung von eingestelltem Gepäck; arg. II Nr. 2). **c) Sacheinbringung (I, II). aa) Eingebracht** sind alle in die Obhut des Gastwirts gelangten Sachen, ie: die während der (angemessen erweiterten, → Rn. 9) Beherbergungsdauer vom Gast (→ Rn. 6) in die Räumlichkeiten des Betriebs (zB auch unentgeltlich zur Verfügung gestellte Tagungsräume, LG Koblenz NJW 1983, 760; Lindemeyer BB 1983, 1505; aA Liecke NJW 1982, 1800) verbrachten Gegenstände, ferner alle dem Wirt oder seinem Personal außerhalb der Betriebsräume übergebenen Sachen (kasuistische Umschreibung: II Nr. 1). **Besitz** verbleibt (Unterschied zu § 688) dem Gast (daher auch Kleidungsstücke eingebracht). **Eigentumslage** unerheblich, auch nicht dem Gast gehörende Sachen werden erfasst (ges. geregelter Fall der Drittschadensliquidation). **bb) Leute** des Gastwirts: Alle Hilfskräfte (Angestellte, Arbeiter, auch Familienangehörige), die im Zusammenhang mit dem Gewerbebetrieb, wenn auch nur vorübergehend, für den Gastwirt tätig werden und entweder von ihm bestellt oder den Umständen nach als bestellt anzusehen sind (II aE). Tätigwerden in Erfüllung des Beherbergungsvertrags wird nicht vorausgesetzt (→ Rn. 5, 6), Begriff ist daher weiter als der des Erfüllungsgehilfen nach § 278. **cc)** Die **Einbringungszeit** geht weiter als die eigentliche Beherbergungsdauer (vgl. II Nr. 2) und entspricht der Aufnahmedauer (→ Rn. 6). Eingebracht sind bereits vorausgesandtes Gepäck und noch für eine angemessene Dauer vom Wirt sichergestellte zurückgelassene Sachen (Lindemeyer BB 1983, 1504; einschr. Grüneberg/Sprau Rn. 9). **d) Nicht geschützte Objekte. IV:** Kfz und lebende Tiere. **Grund:** Diebstahlsrisiko bei Kfz trifft den Halter; er kann sich dagegen durch Versicherung schützen. Tierobhut ist für Gastwirt betriebsfremd. Der Begriff des **Fahrzeugs** umfasst Fahrzeuge aller Art (auch Motorräder, Fahrräder), gleich, ob zur Anreise benutzt oder nur mitgeführt (zB Boot; LG Bückeburg NJW 1970, 1853), nicht aber Kinderwagen und Krankenfahrstühle (str., Nachw. bei LG Bückeburg NJW 1970, 1853). Vertragliche Haftung des Gastwirts wird durch IV nicht ausgeschlossen (→ Rn. 2 f.). **e) Schadensverursachung (III).** Wer den Schaden verursacht hat (Wirt, Hotelpersonal, andere Gäste, Dritte), ist grundsätzlich gleichgültig, ebenso etwaiges Verschulden (→ Rn. 1). **Ausgenommen** sind außerhalb des Betriebsrisikos liegende Schäden. Dies ist der Fall **aa) bei Alleinverursachung** durch den Gast oder dessen Begleiter; Verschulden unerheblich. Bei Mitverschulden des Gastes gilt § 254 (BGHZ 32, 150); Mitverschulden bei unterlassener Safenutzung: OLG Köln JMBl NW 2005, 44, bei Nutzung von Zimmersafe statt Hotelsafe OLG Karlsruhe NJW-RR 2005, 462, bei Liegenlassen von Wertgegenständen im Zimmer s. Zimmermann, Die Geschichte der Gastwirtshaftung, 2007, 320; Hinweispflicht des Gastwirts auf Sicherheitsmängel; → § 702 Rn. 3. **bb)** bei **Sachbeschaffenheit** als Ursache; **cc) bei höherer Gewalt,** dh Ursache ist ein äußeres, betriebsfremdes Ereignis, das bei aller Vorsicht nicht voraussehbar und abwendbar war (RGZ 75, 390; LG Gießen NJW-RR 1997, 627). Bsp: Brand bei Brandstiftung, Raubüberfall; dagegen nicht innen entstandener Hotelbrand, Hoteldiebstähle (Lindemeyer BB 1983, 1505).

7 8 9 10 11

3. Beweislast. Gast muss das Einbringen und den Verlust während der Einbringungszeit beweisen (Baumgärtel/Laumen/Prütting Rn. 1), der Wirt höhere Gewalt. 12

§ 702 Beschränkung der Haftung; Wertsachen

(1) **Der Gastwirt haftet auf Grund des § 701 nur bis zu einem Betrag, der dem Hundertfachen des Beherbergungspreises für einen Tag entspricht, jedoch mindestens bis zu dem Betrag von 600 Euro und höchstens bis zu dem Betrag von 3 500 Euro; für Geld, Wertpapiere und Kostbarkeiten tritt an die Stelle von 3 500 Euro der Betrag von 800 Euro.**

(2) **Die Haftung des Gastwirts ist unbeschränkt,**

1. **wenn der Verlust, die Zerstörung oder die Beschädigung von ihm oder seinen Leuten verschuldet ist,**
2. **wenn es sich um eingebrachte Sachen handelt, die er zur Aufbewahrung übernommen oder deren Übernahme zur Aufbewahrung er entgegen der Vorschrift des Absatzes 3 abgelehnt hat.**

(3) [1]**Der Gastwirt ist verpflichtet, Geld, Wertpapiere, Kostbarkeiten und andere Wertsachen zur Aufbewahrung zu übernehmen, es sei denn, dass sie im Hinblick auf die Größe oder den Rang der Gastwirtschaft von übermäßigem Wert oder Umfang oder dass sie gefährlich sind.** [2]**Er kann verlangen, dass sie in einem verschlossenen oder versiegelten Behältnis übergeben werden.**

1 **1. Allgemeines.** Die Gastwirtshaftung (→ § 701 Rn. 1) ist grundsätzlich summenmäßig beschränkt (→ Rn. 2) und insoweit unabdingbar (§ 702a I 1); bei Verschulden, bes. übernommener Aufbewahrung oder deren unberechtigter Ablehnung ist sie dagegen unbeschränkt (→ Rn. 3), jedoch zT abdingbar (§ 702a I 2).

2 **2. Grundsatz der summenmäßig beschränkten Haftung (I).** Die Beschränkung errechnet sich aus einer Kombination des täglichen Beherbergungspreises (Nettopreis ohne Zuschläge für Bedienung, Heizung, Frühstück) mit Mindest- (600 Euro) und Höchstsätzen (3.500 Euro; bei Geld, Wertpapieren und Kostbarkeiten 800 Euro). Zum Begriff der Kostbarkeit: → § 372 Rn. 2; umfasst Luxusuhren (AG Frankfurt VersR 1986, 271), idR nicht Pelze (RGZ 105, 204; OLG Hamm VersR 1982, 1081). Bei **Beherbergung mehrerer** in einem Zimmer haftet der Gastwirt jedem einzelnen bis zum (nach dem anteiligen Beherbergungspreis ermittelten) Höchstbetrag; dies gilt auch bei Aufnahme einer Familie, unabhängig von der Person des Vertragschließenden (BGHZ 63, 65). Bei **mitwirkendem Verschulden** des Gastes (§ 254) ist erst die Schadenssumme nach dem Grad der Verursachung zu teilen und dann der auf den Gastwirt entfallende Teil auf den Höchstbetrag nach I zurückzuführen (BGHZ 32, 149; 63, 73).

3 **3. Fälle der unbeschränkten Haftung (II).** Beweislast hat Gast (OLG Bamberg OLGR 2002, 307). **a) Nr. 1: Verschulden.** Hauptanwendungsgebiet: Verletzung von Verkehrssicherungspflichten (ie Lindemeyer BB 1983, 1506 f.; Itzehoe VersR 2000, 894: Sicherheitsschlösser nicht erforderlich). Gastwirt muss auf verborgene Sicherheitsmängel des Zimmersafes hinweisen, s. OLG Karlsruhe NJW-RR 2005, 462. Leichte Fahrlässigkeit genügt. **b) Nr. 2: Aufbewahrung** (nicht nur von Wertsachen) ist mehr als Übernahme der Obhut (§ 701), echte Nebenabrede mit Einigung der Parteien iSv § 688 (aA MüKo-BGB/Henssler Rn. 13). Die Verpflichtung zur Aufbewahrung **(III 1)** richtet sich nach Wert, Umfang und Beschaffenheit der Sache im Verhältnis zu Größe und Rang der Gastwirtschaft. Übergabe in verschlossenem oder versiegeltem Behältnis kann (zB bei Geldscheinen) verlangt werden **(III 2).**

§ 702a Erlass der Haftung

(1) [1]**Die Haftung des Gastwirts kann im Voraus nur erlassen werden, soweit sie den nach § 702 Abs. 1 maßgeblichen Höchstbetrag übersteigt.** [2]**Auch insoweit kann sie nicht erlassen werden für den Fall, dass der Verlust, die Zerstörung oder die Beschädigung von dem Gastwirt oder von Leuten des Gastwirts vorsätzlich oder grob fahrlässig verursacht wird oder dass es sich um Sachen handelt, deren Übernahme zur Aufbewahrung der Gastwirt entgegen der Vorschrift des § 702 Abs. 3 abgelehnt hat.**

(2) **Der Erlass ist nur wirksam, wenn die Erklärung des Gastes schriftlich erteilt ist und wenn sie keine anderen Bestimmungen enthält.**

Summenmäßig beschränkte **Haftung** (→ § 702 Rn. 2) ist **zwingend (I 1).** 1
Unbeschränkte Haftung (→ § 702 Rn. 3) ist zwingend **(I 2)** bei vorsätzlicher oder grob fahrlässiger Verursachung des Schadens (enger als § 702 II Nr. 1) und zu Unrecht abgelehnter Aufbewahrung (§ 702 II Nr. 2 Alt. 2 iVm III). **Freizeichnung** also nur möglich für über die summenmäßige Begrenzung hinausgehende Schäden infolge leichter Fahrlässigkeit (vgl. § 702 II Nr. 1) sowie an zur Aufbewahrung übergebenen Sachen (§ 702 II Nr. 2 Alt. 1). **Form der Freizeichnung (II):** § 126; Rechtsfolge bei Formverstoß: § 125.

§ 703 Erlöschen des Schadensersatzanspruchs

[1]Der dem Gast auf Grund der §§ 701, 702 zustehende Anspruch erlischt, wenn nicht der Gast unverzüglich, nachdem er von dem Verlust, der Zerstörung oder der Beschädigung Kenntnis erlangt hat, dem Gastwirt Anzeige macht. [2]Dies gilt nicht, wenn die Sachen von dem Gastwirt zur Aufbewahrung übernommen waren oder wenn der Verlust, die Zerstörung oder die Beschädigung von ihm oder seinen Leuten verschuldet ist.

Anzeige **(S. 1)** nach § 130 soll dem Gastwirt ermöglichen, Ermittlungen zum 1
Schaden anzustellen; deshalb konkrete Angaben nötig. Zur Unverzüglichkeit: → § 121 Rn. 3. Verschuldensmaßstab **(S. 2)** wie in → § 702 Rn. 3 [a].

§ 704 Pfandrecht des Gastwirts

[1]Der Gastwirt hat für seine Forderungen für Wohnung und andere dem Gast zur Befriedigung seiner Bedürfnisse gewährte Leistungen, mit Einschluss der Auslagen, ein Pfandrecht an den eingebrachten Sachen des Gastes. [2]Die für das Pfandrecht des Vermieters geltenden Vorschriften des § 562 Abs. 1 Satz 2 und der §§ 562a bis 562d finden entsprechende Anwendung.

Ges. besitzloses Pfandrecht (§ 1257) des Gastwirts (→ § 701 Rn. 5) an pfändbaren (S. 2 iVm § 562 I 2) dem Gast gehörenden (iGgs zu § 701 → § 701 Rn. 7; gutgläubiger Erwerb ausgeschlossen, → § 1257 Rn. 2) Sachen (Weimar ZMR 1980, 68 mN, str.). Erfasst sind nur eingebrachte Sachen (§ 701 II). Ein Vermieterpfandrecht besteht daneben nicht. Zu § 562a S. 2: Der Mitnahme des ganzen Gepäcks bei Abreise, nicht aber der vorübergehenden Entfernung einzelner Gepäckstücke kann der Wirt widersprechen. Vgl. iÜ Anm. zu §§ 562–562d.

Titel 16. Gesellschaft

§ 705 Inhalt des Gesellschaftsvertrags

Durch den Gesellschaftsvertrag verpflichten sich die Gesellschafter gegenseitig, die Erreichung eines gemeinsamen Zweckes in der durch den Vertrag bestimmten Weise zu fördern, insbesondere die vereinbarten Beiträge zu leisten.

Lit.: Armbrüster, Die Entwicklung der Rechtsfähigkeit der GbR seit „ARGE Weißes Ross", ZGR 42 (2013), 366; Ascheuer, Der Anteil des Gesamthänders am Gesamthandsvermögen, 1992; Altmeppen, Schutz vor „europäischen" Kapitalgesellschaften, NJW 2004, 97; ders, Die akzessorische Haftung der Gesellschafter einer Personengesellschaft für einen Drittanspruch ihres Mitgesellschafters, NJW 2009, 2241; Bartels, Die Scheingesellschaft als Teilnehmerin am Rechtsverkehr, ZGR 42 (2013), 482; Baumann, Die Einmann-Personengesellschaft, BB 1998, 225; Bestelmeyer, Die klinisch tote BGH-GbR, Rpfleger 2010, 169; Beuthien, Zur Grundlagenungewissheit des deutschen Gesellschaftsrechts, NJW 2005, 855; Blaurock/Gimmler, Zur Gewährung von Schadensersatzansprüchen bei fehlerhafter (stiller) Beteiligung an Publikumsgesellschaften, ZGR 43 (2014), 371; Canaris, Die Übertragung des Regelungsmodells der §§ 125–130 HGB auf die Gesellschaft bürgerlichen Rechts als unzulässige Rechtsfortbildung contra legem, ZGR 2004, 69; Cordes, Die Gesellschaft bürgerlichen Rechts auf dem Weg zur juristischen Person?, JZ 1998, 545; Decker, Der Cashpool als Gesellschaft bürgerlichen Rechts, ZGR 42 (2013), 392; Fleischer, Perspektiven des Personengesellschaftsrechts, ZGR 43 (2014), 107; Eickmann, Die Gesellschaft bürgerlichen Rechts im Grundbuchverfahren, Rpfleger 1985, 85; Geibel, Folgeprobleme der Rechtsfähigkeit von Gesellschaften bürgerlichen Rechts, WM 2007, 1496; Göckeler, Die Stellung der Gesellschaft des bürgerlichen Rechts im Erkenntnis-, Vollstreckungs- und Konkursverfahren, 1992; Grunewald, Der Ausschluß aus Gesellschaft und Verein, 1987; Gummert, Haftung und Haftungsbeschränkung bei der BGB-Außengesellschaft, 1991; Heller, Der Zivilprozeß der Gesellschaft bürgerlichen Rechts, 1989; Hopt, Europäisches Gesellschaftsrecht – Krise und neue Anläufe, ZIP 1998, 96; Jagenburg/Schröder, Der ARGE-Vertrag, 3. Aufl 2012; Jaschke, Gesamthand und Grundbuchrecht, 1991; Kummer, Die Grundzüge der fehlerhaften Gesellschaft bürgerlichen Rechts, Jura 2006, 330; Lautner, Alles wieder beim Alten? Die gesetzliche Neuregelung zur Teilnahme der GbR am Grundstücksverkehr, DNotZ 2009, 650; Lutter, Theorie der Mitgliedschaft, AcP 180, 84; Offermann-Burckart, Sozietätsverträge im Visier der Rechtsprechung, NJW 2014, 434; Pohlmann, Rechts- und Parteifähigkeit der GbR, WM 2002, 1421; von Proff, Nachlassinsolvenz, Nachlassverwaltung und Testamentsvollstreckung an Personengesellschaftsanteilen, NJW 2018, 828 ff.; Schäfer, Vom Einstimmigkeitsprinzip zum treupflichtgetragenen Mehrheitsentscheid im Personengesellschaftsrecht, ZGR 42 (2013), 237; ders., Empfiehlt sich eine grundlegende Reform des Personengesellschaftsrechts?, Gutachten zum 71. DJT 2016; Scherer, Neuregelung für Grundstücksgeschäfte mit einer GbR – Rückschritt auf dem Weg zur Rechtsfähigkeit der GbR, NJW 2009, 3063; Schlinker, Haftung für Beratungsfehler nach Umwandlung einer Anwalts-GbR in eine LLP, NJW 2011, 2091; K. Schmidt, Zur Vermögensordnung der Gesamthands-BGB-Gesellschaft, JZ 1985, 909; ders, Zur „Außenhaftung der Innengesellschaft", JuS 1988, 444; ders, Die BGB-Außengesellschaft: rechts- und parteifähig, NJW 2001, 993; ders, Die Gesellschafterhaftung bei der GbR als gesetzliches Schuldverhältnis, NJW 2003, 1897; Schürnbrand, Publikumspersonengesellschaften in Rechtsprechung und Literatur, ZGR 43 (2014), 256; Schulze-Osterloh, Der gemeinsame Zweck der Personengesellschaften, 1973; Schwark, Voraussetzungen und Grenzen der persönlichen Gesellschafterhaftung in der GbR, DZWir 1992, 441; Sommer/Treptow/Dietlmeier, Haftung für Berufsfehler nach Umwandlung einer Freiberufler-GbR in eine Partnerschaftsgesellschaft, NJW 2011, 1551; Stürner, 20 Jahre Rechtsfähigkeit der Gesellschaft bürgerlichen Rechts. Zur Geschichte einer rechtlich wirkungslosen, aber gleichwohl wirkungsmächtigen Entscheidung des Bundesgerichtshofs (BGHZ 146, 341) – Ein Kuriosum der deutschen jüngeren Rechtsgeschichte, Jura 2021, 235; Suttmann, Grundstücksgeschäfte mit Beteiligung einer GbR – Hinweise für die Praxis, NJW 2013, 423; A. Teichmann, Gestaltungsfreiheit in Gesellschaftsverträgen, 1970; Timm, Die Rechtsfähigkeit der Gesellschaft bürgerlichen Rechts und ihre Haftungsverfassung, NJW 1995, 3209; Ulmer, Die höchstrichterlich „enträtselte" Gesellschaft bürgerlichen Rechts, ZIP 2001, 583; ders, Die Haftungsverfassung der BGB-Gesellschaft, ZIP 2003, 1113; ders, Gläubigerschutz bei Scheinauslandsgesellschaften, NJW 2004, 1201; Ulmer/Steffek, Grundbuchfähigkeit einer rechts- und parteifähigen GbR, NJW 2002, 330; Wagner, Aktuelle Fragen und Probleme bei Publikumsgesellschaften, NJW 2013, 198; Weimar, Einmann-Personengesellschaften – ein neuer Typ des Gesellschaftsrechts?, ZIP 1997, 1769; Wertenbruch, Die Parteifähigkeit der GbR – die Änderungen für die Gerichts- und Vollstreckungspraxis, NJW 2002, 324; ders, Die Rechtsprechung zum Personengesellschaftsrecht in den Jahren 2003–2005, NZG 2006, 408; H. P. Westermann, Vertragsfreiheit und Typengesetzlichkeit im Recht der Personengesellschaften, 1970; ders, Die Gesellschaft bürgerlichen Rechts auf dem Wege in die Rechtsfähigkeit, WM 2013, 441; ders., Überlegungen zur Reform des Personengesellschaftsrechts, NJW 2016, 2625; Wiedemann, Rechte und Pflichten des Personengesellschafters, WM/Sonderbeilage 7/92; Wischemeyer/Hönisch, Gesellschafterhaftung in der Insolvenz von Anwaltssozietäten – Erstreckung auf (ausgeschiedene) Scheingesellschafter?, NJW 2014, 881. – Rspr-Übersichten: Brandes WM 1989, 1357; 1990, 1221; Grunewald/Müller JZ 97, 698; Koch NJW 90, 158; 89, 2662; 87, 2483; 86, 1651; Langenfeld BWNotZ 2003, 1; Reuter JZ 1986, 16, 72; Hirte NJW 2010, 2177, 2182; 2011, 656, 660 f.; 2012, 581, 584; 2013, 1204, 1208; 2015, 1219, 1222 ff.; 2016, 1216, 1220 ff.; Böttcher NJW 2012, 822 u 2769; 2020, 2604 Rn. 22 ff. 2020, 2606 Rn. 22 ff. (GbR u Immobilienverkehr).

Ausgewählte Literatur zur Reform zum 1.1.2024: Altmeppen NZG 2020, 822 (teilw. krit); Armbrüster, Außengesellschaft und Innengesellschaft, ZGR Sonderheft 23. 2020, 143; Bachmann NJW 2021, 3073–3076 (Überblick); ders. NZG 2020, 612 ff.; Behrens/Seemaier DStR 2021, 1673 (steuerliche Folgen); Bergmann/Drescher/Fleischer et al., Modernisierung des Personengesellschaftsrechts, 2020 (Sammelband mit Beiträgen zu allen wesentlichen Fragen); Clausen/Pieronczyk NZG 2021, 620 (Beschlussmängelrecht); Fleischer BB 2020, 2144; WM 2020,

1897; Füssenich NJW 2022, 511 Rn. 42 (steuerliche Folgen); Habersack ZGR 2020, 537; Heinze DStR 2020, 2107, 2108 (steuerliche Folgen); Hermanns DNotZ 2022, 3 (Überblick aus notarieller Sicht); Kilian NJW 2022, 2527 ff. (anwaltliche Berufsausübungsgesellschaften); Lieder ZRP 2021, 34 ff. (Überblick); Martens AcP 221 (2021), 68; Mayer/Käshammer NWB 2021, 2514, 2517 (steuerliche Folgen); Nolting NJW 2022, 113 (Beschlussrecht und Beschlussanfechtung); Sänger/Kunzmann NZG 2021, 1477 ff. (anwaltliche Berufsausübungsgesellschaften); K. Schmidt ZHR 187 (2023), 107 ff. (Beschlussmängelrecht); Schäfer/Liebscher, Das neue Personengesellschaftsrecht, 2022; Stöber DStR 2021, 2137 ff. (anwaltliche Berufsausübungsgesellschaften); Stürner Jura 2021, 235 (Vorgeschichte); Wilhelm NZG 2020, 1041.

1. Wesen der Gesellschaft. Konstitutive Merkmale des Gesellschaftsvertrags sind der vereinbarte gemeinsame Zweck und die entspr Förderungspflicht aller Vertragspartner. Die Förderung muss allerdings nicht unbedingt in einem bes Beitrag bestehen, sie kann zB bei angesehenen und kreditwürdigen Gesellschaftern schon in der bloßen Beteiligung liegen (vgl zur „beitraglosen" Beteiligung → § 706 Rn. 9). Die mit Abschluss des Gesellschaftsvertrages entstehende Gesellschaft war nach seit 1900 bestehender hM eine *Personengemeinschaft ohne eigene Rechtsfähigkeit bzw Teilrechtsfähigkeit* (offen BGH NJW 1998, 1220; 1998, 2904; 1999, 3484 f.). Dementspr folgerte man auf fehlende Parteifähigkeit (BGHZ 80, 227; BGH NJW 1997, 1236; 2000, 291 [292]) und Beteiligtenfähigkeit (BFHE 129, 528 [529]), fehlende Konkursfähigkeit (BGHZ 23, 313), fehlende Grundbuchfähigkeit (BGHZ 45, 348; OLG Düsseldorf NJW 1997, 1991), fehlende Markenrechtsfähigkeit (BGH NJW-RR 2001, 114 [116]) und fehlende Wechselfähigkeit (BGHZ 59, 184); ebenso auf ihre Unfähigkeit, Verwalter nach dem WEG (BGH NJW 1989, 2060; Fortgeltung gem BGH NJW 2006, 2190 ungeachtet der grundsätzlichen Anerkennung der Teil-Rechtsfähigkeit), für sich allein Arbeitgeber (BAG NJW 1989, 3035), Unternehmer im sozialrechtlichen Sinne (BSGE 61, 15 [17]) oder Schuldner (BGHZ 74, 241 ff.; 117, 176; offen BGHZ 142, 321 = NJW 1999, 3483) zu sein; endlich noch in neuerer Zeit auf Anwendbarkeit des Verbraucherschutzes (BGH JZ 2002, 456 mAnm von Artz JZ 2002, 457: §§ 13, 488 ff. nF bzw VerbrKrG aF; anders für den Fall, dass eine juristische Person in Gestalt einer GmbH Gesellschafterin ist, neuerdings BGH NJW 2017, 2752 Rn. 23 ff.). Die neuere Entwicklung betonte hingegen die rechtliche Verselbstständigung des Sondervermögens: Parteifähigkeit im Steuerverfahren (BFH NJW 1987, 1720: Grunderwerbsteuer; BFH NJW-RR 1998, 392: Umsatzsteuer; BFHE 224, 233 [237 ff.] = NJW 2009, 2624: „Dreiobjektgrenze" ohne Einrechnung der Gesellschafter, EStG 15); Insolvenzfähigkeit gem § 11 II Nr. 1 InsO (hierzu Prütting ZIP 1997, 1725); Scheckfähigkeit (BGHZ 136, 258 unter Aufgabe der früheren Gegenansicht zur Wechselfähigkeit). Die Möglichkeit der Mitgliedschaft in anderen Gesellschaften bzw jur Personen wird weithin bejaht (BGHZ 118, 83 [99 f.] für AG; BGHZ 116, 86 für eG; BGHZ 78, 311 für GmbH; BGH NJW 1998, 376 für BGB-Gesellschaft; BGH NJW 2001, 3122 für KG; vgl dazu HGB 162 I 2). Eine grundlegende Änderung der Rspr brachte das – allerdings nicht rechtskräftig gewordene – Versäumnisurteil BGHZ 146, 341 ff. (zum Fortgang BGH NJW 2002, 1207), das *(Teil-)Rechtsfähigkeit* der (Außen-)Gesellschaft (§ 14 II) bejaht; in entspr Umfang nimmt spätere Rspr auch Parteifähigkeit an (BGH NJW 2011, 1595 zu § 116 I Nr. 2 ZPO; zur Klagumstellung auf einzelne Gesellschafter OLG Celle NJW-RR 2010, 238) und Schuldnerstellung mit akzessorischer Gesellschafterhaftung analog § 128 f. HGB (BGH NZG 2010, 264 Rn. 40 ff.: gleiche Verjährung wie Gesellschaftsschuld, § 197 I Nr. 4). Trotz grundsätzlicher Rechtsfähigkeit kann sich bei einzelnen Rechtspositionen aus dem jeweiligen Gesetzeszweck ergeben, dass die Gesellschaft als Zuordnungsobjekt nicht in Betracht kommt (vgl BGH NJW 2006, 2190: kein WEG-Verwalter; BVerwG NZG 2006, 268: keine Finanzportfolioverwaltung iSd § 1 I a 2 Nr. 3 KWG; dazu BVerwG NVwZ 2006, 926). Das Urteil ist zwar im Schrifttum überwiegend positiv aufgenommen worden (vgl ua K. Schmidt NJW 2001, 993; Ulmer ZIP 2001, 585; Habersack BB 2001, 477; Westermann NZG 2001, 289; Wiedemann JZ 2001, 661; Armbrüster ZGR 1942 (2013), 366; krit Canaris ZGR 2004, 69) und hat in der Rspr – regelmäßig ohne 1 tiefer gehende Erwägungen – breite Gefolgschaft gefunden (BAG NJW 2005, 1004; BFH NJW 2004, 2773; BPatG GRUR 2006, 170; BSG NJW 2013, 813 Rn. 21). Auch die Obergerichte haben sich in späteren Entscheidungen fast ausnahmslos dem BGH angeschlossen (vgl auch VGH Mannheim NVwZ 2003, 1403; offen BVerwG NVwZ 2005, 268). Die Eigentumsgrundrechtsfähigkeit und Parteifähigkeit bzgl der Verfahrensgrundrechte aus Art. 101 I 2 und 103 GG bejaht eine Kammer des BVerfG (NJW 2002, 3533; krit Stürner JZ 2003, 44; Jura 2021, 235). Die Grundsatzentscheidung BGHZ 146, 341, die eine nicht rechtskräftige Versäumnisentscheidung war, nach Einspruch und Erledigung fortfiel und deshalb korrekterweise – wenn überhaupt – so und nicht anders auch vom BGH in den zahlreichen Folgeentscheidungen zu zitieren wäre, stößt freilich nicht nur im Hinblick auf die unterbliebene Anrufung des Großen Senats nach § 132 III, IV GVG und des Gemeinsamen Senats der obersten Gerichtshöfe des Bundes (§ 2 I RsprEinhG) auf Bedenken (dazu Jauernig NJW 2001, 2232; Heilungsversuche im erledigungsbedingten Kostenbeschluss BGH NJW 2002, 1207; dazu Stürner JZ 2002, 1108). Als einem verfassungsrechtlich bedenklichen Akt (BVerfGE 34, 269 [286 ff.]; 49, 304 [320]; 65, 182 [191 ff.]; ohne Tiefgang insoweit leider BVerfG NJW 2002, 3533; krit Stürner JZ 2003, 44) richterlicher Rechtsfortbildung contra legem (vgl insbes § 736 ZPO; zutr insoweit Prütting EWiR 2001, 342 und Canaris ZGR 2004, 117; dazu wiederum BGH NJW 2011, 2049 mit der üblichen „Umdeutung" der Vorschrift), für den keine zwingende Veranlassung bestand (Zöllner FS Kraft, 1998, 701), ist ihm – entgegen der hM – nicht uneingeschränkt voll zu folgen (abwertend zu kritischen Stimmen Altmeppen NJW 2011, 1905: „so gut wie niemand"). Zwar wurden in der Zwischenzeit einige offen gebliebene Fragen geklärt (Ulmer ZIP 2003, 1113): Anwendbarkeit von § 31 analog (BGHZ 172, 169 [172] = NJW 2007, 2491; BGH NJW 2003, 1445; vgl → §§ 714, 715 Rn. 7) und von § 130 HBG analog (BGH NJW 2003, 1803; vgl → §§ 738–740 Rn. 4). Dennoch bleiben weiterhin störende Probleme: fehlende Registerpublizität (Wertenbruch NJW 2002, 324 [329]; Wagner ZZP 117, 322 f.; BGH NJW 2002, 1194 [1195]; 2004, 838; 2006, 2190 mit folgerichtiger Verneinung der Möglichkeit, WEG-Verwalter zu sein; vgl aber auch LG Berlin NZG 2005, 281), fortbestehende Unklarheiten bei der Grundbuchfähigkeit und Teilnahme am Grundstückrechtsverkehr (dazu BGHZ 179, 102 [104] = NJW 2009, 594; NJW 2011, 1958; 2008, 1378), die auch der neue § 899a nicht befriedigend klären konnte (Lautner DNotZ 2009, 650; Scherer NJW 2009, 3063; Krüger NZG 2010, 801; Steffek ZIP 2009, 1445; Bestelmeyer Rpfleger 2010, 169; Altmeppen NJW 2011, 1905 und Kesseler NJW 2011, 1909; ferner OLG Zweibrücken NJW 2010, 384; OLG Saarbrücken ZIP 2010, 1290; KG NZG 2010, 861; OLG Oldenburg ZIP 2010, 1846; OLG München NJW-RR 2010, 888; OLG Brandenburg NJW-RR 2011, 166; Hirte NJW 2011, 660; Suttmann NJW 2013, 423); an sich regelwidrige Anwendung des § 174 S. 1 auf organschaftliche Vertretung (BGH NJW 2002, 1194 [1195]; 2014, 1587); Anpassungsschwierigkeiten bei der Zwangsvollstreckung vor allem in Grundstücke (BGH NJW 2011, 616 f.; 2011, 1449; dazu Reymann NJW 2011, 1412 und → §§ 714, 715 Rn. 10), Abgrenzung teilrechtsfähiger Außengesellschaften von „gewöhnlichen" BGB-Gesellschaften (Ulmer ZIP 2001, 585 [592]; K. Schmidt NJW 2003, 1897 [1903]), Anwendbarkeit von § 28 HGB analog (abl für Anwaltssozietät BGH NJW 2004, 837; für aufnehmende Partnerschaft BGH NJW 2010, 3721; → §§ 738–740 Rn. 4), Wirrnis bei der Frage des Einzelmandats in Sozietäten (letztlich spitzfindig BGH NJW 2012, 2435 Rn. 73, 74; kurzangebunden Grunewald NJW 2012, 2443), Anrechnung von Tilgungen bei quotaler Gesellschafterhaftung (BGH NJW 2011, 2040; 2011, 2045; K. Schmidt NJW 2011, 2001), Zurechnung des Eigenbedarfs eines Gesellschafters zur vermietenden Gesellschaft (für analoge Anwendung des § 537 II Nr. 2 BGH NJW 2017, 547 Rn. 16 ff.; 2011, 994; 2009, 2738; 2007, 2845; → §§ 738–740 Rn. 4 aE); Geltung des Minderjährigenschutzes (§§ 1643, 1821) bei Grundstücksverfügungen, falls ein Gesellschafter minderjährig ist (OLG Nürnberg NJW 2013, 82; hierzu Wertenbruch NJW 2015, 2150 f.); Treuwidrigkeit der Berufung auf rechtliche Eigenstän-

digkeit der GbR, wenn der von ihr in Anspruch genommene Dritte einen gegen alle Gesellschafter gerichteten Schadensersatzanspruch aus einer vorherigen Gesellschaftsbeziehung geltend macht (BGH NJW 2014, 1107 Rn. 25: „Durchbrechung des Trennungsprinzips"). Angesichts der Dauerbeschäftigung von Gerichten und Gesetzgeber mit den Folgen dieser forschen Rechtsfortbildung contra legem stellt sich mehr denn je die Frage nach der „Entzauberung" der Lehre von der rechtsfähigen BGB-Gesellschaft (Beuthien NZG 2011, 481; zurückhaltend Westermann WM 2013, 441; nach wie vor überzeugt K. Schmidt NJW 2011, 2007; Altmeppen NJW 2011, 1905; Schäfer NJW 2017, 3089). Sie wird mehr und mehr zum Beispiel einer gesetzesdurchbrechenden Rechtsfortbildung, die einer allzu selbstbewussten Richterschaft und Rechtslehre ihre Entstehung verdankt und mehr Wirrnis als bessere Übersicht zur Folge hatte (zur neuesten Reformdiskussion insbes Schäfer, Gutachten 71. DJT 2016; Westermann NJW 2016, 2625). Die Kommentierung erfolgt deshalb weiterhin „zweigleisig" unter Berücksichtigung der neuen Lehre und der traditionellen Auffassung, was auch den Vorteil sachgerechter Einordnung neuer und älterer Entscheidungen hat, vor allem wenn die fortbestehende Bedeutung älterer Entscheidungen noch nicht endgültig geklärt ist. Die *„traditionelle" Auffassung* (BGHZ 146, 344) hat demgegenüber nach wie vor den Vorzug dogmatischer Stimmigkeit. Träger von Rechten und Pflichten sind nach ihr die einzelnen Gesellschafter in ihrer Verbundenheit *(Gesamthandsgemeinschaft).* Organisationsvorschriften regeln das Verhältnis der gesamthänderisch verbundenen Gesellschafter untereinander und gegenüber Dritten: Geschäftsführung (§§ 709 ff.) und Vertretung (§§ 714, 715), Zuordnung des Gesamthandsvermögens (§§ 718 ff.). Die fehlende Rechtsfähigkeit der Gesellschaft führt zu bes Regelungen vor allem bei der *Geltendmachung von Rechten* (vgl → §§ 709–713 Rn. 10 ff.) und der *Haftung* (vgl → Vor § 420 Rn. 3 f.; → §§ 714, 715 Rn. 1–7, 9 ff.; → §§ 738–740 Rn. 2 ff.). Die Verbindung der 2
Gesellschafter zu gemeinsamer Zweckerreichung fordert wechselseitiges persönliches Vertrauen; es gilt deshalb der *Grundsatz der personellen Geschlossenheit der Gesellschaft.* Dieser Grundsatz findet deutlichen Ausdruck in §§ 717, 718, 723 ff., wird aber durch mannigfache Arten des vereinbarten Gesellschafterwechsels (vgl → §§ 718–720 Rn. 7 ff.; → §§ 736, 737 Rn. 1, 10, 11; → §§ 738–740 Rn. 1 ff.) praktisch oft durchbrochen. Die *Treuepflicht* des Gesellschafters gegenüber seinen 3
Mitgesellschaftern (§ 242) fordert die Förderung des gemeinsamen Zwecks und die Rücksichtnahme auf die Belange der Mitgesellschafter im Rahmen dieses Zwecks (BGH NJW 2014, 1107 Rn. 14 ff.; auch im Abwicklungsstadium, BGH NJW 1960, 718 ff.; OLG Hamm NZG 1999, 996), beinhaltet aber keine Fürsorgepflicht für persönliche Interessen der Mitgesellschafter (BGH NJW 1962, 859); obwohl das Ges ein Wettbewerbsverbot nicht normiert, gilt es insbes bei gewichtiger Stellung des Gesellschafters entspr § 112 HGB (s. BGH 89, 165, str; Römermann BB 1998, 1489; Armbrüster ZIP 1997, 261 [272]); auch nach Ausscheiden verstößt nicht jedes Wettbewerbsverbot gegen § 138 I (BGH NJW 1991, 700; 2005, 3061 für Mandatsschutzklausel; s. aber BGH NJW 2000, 2584; BGH NZG 2004, 35; BGH NJW 2015, 1012 Rn. 11: zwei Jahre als regelmäßige Obergrenze; BGH NJW 2002, 3536 und BGH NJW 2002, 3538 für aus Gemeinschaftspraxis ausscheidenden Vertragsarzt; dazu Wertenbruch NJW 2003, 1904). Von der Treuepflicht des Gesellschafters ist die gesteigerte Treuepflicht des geschäftsführenden Gesellschafters zu unterscheiden (BGH NJW 2014, 1107 Rn. 14), die weiterreichende Folgen haben kann (insbes zur „Geschäftschancenlehre" → § 708 Rn. 1; → §§ 709–713 Rn. 13 ff.). Die Treuepflicht kann auch die Mitwirkung bei Vertragsänderung oder bestimmten Geschäftsführungsmaßnahmen gebieten (vgl → §§ 709–713 Rn. 2 und 9). Der *Grundsatz gleichmäßiger Behandlung* (vgl §§ 706 I, 709, 711, 722 I, 734, 735) 4
aller Gesellschafter verlangt, dass insbes bei der Beurteilung materieller Wirksamkeit von Mehrheitsbeschlüssen (→ §§ 709–713 Rn. 8) der Grundsatz der Gleichbehandlung ausreichend zu beachten ist (zur Grenze der Sittenwidrigkeit BGH NJW-RR 2013, 1258 Rn. 25; → § 706 Rn. 2 und → §§ 721, 722 Rn. 6); nur ausnahmsweise besteht bei unberechtigten Sonderzuwendungen ein Gleichstellungsanspruch (OLG

Karlsruhe ZIP 1983, 445: idR Rückabwicklung). Die sog *Publikumsgesellschaften* stehen zum Zwecke der Kapitalansammlung einer Vielzahl von Gesellschaftern zum Beitritt offen, der auf der Grundlage eines vorgefertigten Vertrages erfolgt. Typisch für sie ist eine teilweise körperschaftliche Struktur, die der Vielzahl persönlich nicht verbundener Gesellschafter Rechnung trägt, wobei häufig steuerliche Gründe die Wahl dieser strukturell eigentlich ungeeigneten Gesellschaftsform veranlassen. Für Kapitalanlagen noch häufiger als die GbR war schon bisher die handelsrechtliche Variante der Kommanditgesellschaft. *Investmentvermögen* (zum Bereich von nicht unter diesen Begriff fallenden Investitionen Niewerth/Rybarz WM 2013, 1156 [1157 f.])) unterliegen nunmehr den Vorschriften des KAGB, die an die Geschäftsführung, Struktur und Organisation bestimmte Anforderungen durchaus gesellschaftsrechtlichen Charakters stellen (dazu Burgard/Heimann WM 2014, 821 ff.; van Kann/Redeker/Keiluweit DStR 2013, 1483 ff.; Niewerth/Rybarz WM 2013, 1154 ff.)). Von den Personengesellschaften wird unter dem neuen KAGB im Bereich der Kapitalanlage der vom Gesetzgeber dort neu ausgestalteten Investmentkommanditgesellschaft die Hauptrolle zukommen. Inwieweit für die GbR noch ein nennenswerter Anwendungsbereich insoweit überhaupt verbleibt, ist schwer absehbar (zu Recht skeptisch Palandt/Sprau § 705 Rn. 40, 47). Immerhin gelten §§ 705 ff. auch für die Kommanditgesellschaft, soweit Sondervorschriften nicht greifen (§§ 105 II; 161 II HGB). Die Rspr hat für Publikumsgesellschaften teilweise besondere Regeln entwickelt (→ Rn. 22, 23, → § 707 Rn. 3, → § 708 Rn. 3, → §§ 709–713 Rn. 3, 4, 7, 8, 12, → §§ 713, 714 Rn. 10, → §§ 736, 737 Rn. 4, 10), die auch die Rechtsfortbildung im Bereich der „gewöhnlichen" GbR beeinflussen. **Neuere Lit.:** Blaurock/Gimmler ZGR 43 (2014), 371; Schürnbrand ZGR 43 (2014), 256. Die GbR unterliegt als nicht eingetragene Personengesellschaft trotz ihrer nach hM anzunehmenden Teilrechtsfähigkeit *keiner Meldepflicht nach dem Geldwäschegesetz* (§ 20 I GwG; hierzu Kotzenberg/Lorenz NJW 2017, 2433 [2434]); hingegen können andere eingetragene Kapital- oder Personengesellschaften einer Meldepflicht unterliegen, die Gestaltungen mit Hilfe einer GbR betrifft (zB Stimmrechtskonsortien oder ähnliche Poolverträge über Geschäftsanteile, Treugeberstellung einer GbR bezüglich eines oder mehrer Geschäftsanteile, Unterbeteiligungen, teilw str, Kotzenberg/Lorenz NJW 2017, 2433 [2435]).

5 **2. Abgrenzungen. a)** Bei der **Bruchteilsgemeinschaft** (§§ 741 ff.) erschöpft sich der Zweck in werterhaltender Verwaltung und Abwicklung, die Gesellschaft erfordert einen der bloßen Rechtsverbundenheit übergeordneten Zweck (vgl → § 741 Rn. 1–3). Die Regelungen zur Bruchteilsgemeinschaft haben als „Mini-
6 malregelungen" Auffangfunktion (vgl → § 741 Rn. 4). **b)** Der **nichtrechtsfähige Verein** ist entgegen § 54 S. 1 vielfach nach Vereinsrecht zu beurteilen (→ § 54 Rn. 5 ff., 12 ff.). Körperschaftliche Struktur (→ §§ 709–713 Rn. 4) und Mitgliederwechsel (→ §§ 736, 737 Rn. 1 ff.) als Elemente gesellschaftsvertraglicher Gestaltung gestatten fließende Übergänge von vereins- zu gesellschaftsmäßigen Formen mit gemischter Rechtsanwendung (BGH NJW 1979, 2305 – Werbegemeinschaft; Reuter AcP 181, 3 [8]; ZGR 1981, 364). Für den rechtsfähigen Verein in Gründung gilt Gesellschaftsrecht oder das für nicht rechtsfähige Vereine geltende Recht (BGHZ
7 146, 190 [197]). **c)** Von der **OHG** unterscheidet sich die BGB-Gesellschaft dadurch, dass deren Zweck auf den Betrieb eines Handelsgewerbes unter gemeinsamer Firma gerichtet ist (hierzu BGHZ 32, 311 ff.; BGH NJW-RR 1990, 799; zum Namensrecht OLG Karlsruhe NJW-RR 1986, 582) und der aufgenommene Geschäftsbetrieb dann tatsächlich kaufmännisches Handelsgewerbe ist (§§ 105 I, 123 I HGB; BGHZ 70, 134). Sofern es hieran in irgendeinem Stadium fehlt (§§ 1 II, 2, 3 HGB), besteht eine BGB-Gesellschaft (BGHZ 32, 313; 59, 181 ff.; 69, 97; BGH NJW 1967, 821 f.; BAG NJW 1988, 223; OLG Koblenz ZIP 1990, 1269), es sei denn, die Firma ist ins Handelsregister eingetragen (§§ 2 S. 1, 19 I Nr. 2 HGB; hierzu K. Schmidt NJW 1998, 2164 mN); der Wandel von der BGB-Gesellschaft zur OHG und umgekehrt vollzieht sich unter voller Wahrung der Identität (hM), so dass zB

keine Rechtsübertragung nötig ist und die Verbindlichkeiten übergehen (BGHZ 69, 101; 76, 324). Bei der Haftung der BGB-Gesellschafter nach außen sind die Grundsätze der Rechtscheinhaftung zu berücksichtigen (BGHZ 32, 313; BGH NJW 1982, 45 für § 5 HGB; BGHZ 61, 65; 69, 99; BGH NJW 1980, 785 für kommanditistengleiche Haftung, → §§ 714, 715 Rn. 4 ff., 10); zu prüfen ist bei nicht entstandener Handelsgesellschaft überdies Vertreterhaftung entspr § 179 I (BGHZ 63, 48; 69, 101; 76, 322), ferner bei noch nicht entstandener GmbH und Co KG Haftung des Handelnden analog § 11 II GmbHG (vgl aber BGHZ 69, 102; 76, 324). **d) Vorgesellschaften** sind als Kapitalgesellschaften im Gründungsstadium 8
zwischen Satzungsfeststellung und Eintragung keine BGB-Gesellschaften, sondern Vereinigungen sui generis, auf die das Recht der zu gründenden jur Personen Anwendung findet (BGHZ 79, 241; 80, 214; 143, 314 [319]), ausgenommen Regeln, die volle Rechtsfähigkeit voraussetzen (BGHZ 51, 32; 80, 214; 143, 314 [319] mN); bes umstrittener Spezialfall: Einmann-Vorgesellschaften bei GmbH (Hüffer und K. Schmidt ZHR 1981, 521 [540]; sa Baumann BB 1998, 225; Weimar ZIP 1997, 1772). Rspr und hM erachten die Vorgesellschaft für aktiv (BGHZ 169, 270 = NJW 2007, 589; BGH NJW 1998, 1080 mN; 2008, 2441: auch nach Aufgabe der Eintragungsabsicht) und passiv parteifähig (BGHZ 79, 241; aA bei fehlender Eintragungsfähigkeit OLG Köln NJW-RR 1998, 1047) sowie beteiligtenfähig im fG-Verfahren des FamFG (zum früheren FGG BGHZ 117, 323), nach hM ist sie darüber hinaus unabhängig vom Streit um die (Teil-)Rechtsfähigkeit der BGB-Gesellschaft sowohl aktiv als auch passiv scheck- und wechselfähig (vgl BGH NJW 1998, 1080; sa BGH NJW 1997, 2755: Scheckfähigkeit der ARGE; → Rn. 1) und grundbuchfähig (BGHZ 45, 348). Die körperschaftlichen Organe können als Vertreter der Vorgesellschaft handeln, im kaufmännischen Verkehr mit nach außen unbeschränkbarer Vertretungsmacht (Beuthien NJW 1997, 565). Vom Handeln im Namen der Vorgesellschaft ist das Handeln für eine nicht existente Kapitalgesellschaft zu unterscheiden; für Letzteres gelten § 41 I 2 AktG, § 11 II GmbHG (BGHZ 80, 129; 182; BGH NJW 1982, 932; 1998, 1645; OLG Karlsruhe ZIP 1998, 958: Haftung für rechtsgeschäftsähnliches Handeln; hierzu Michalski NZG 1998, 248). Nach alter Rspr hafteten für Verpflichtungen aus Handeln der Vertretungsorgane die Vorgesellschafter als Gesamtschuldner, wobei regelmäßig der Wille zur Haftungsbegrenzung auf das einzusetzende Kapital anzunehmen war (BGHZ 65, 382; 72, 47 ff.; 80, 144; 86, 125). Mit Eintragung der jur Person erlosch die Vorgesellschafterhaftung, weil jetzt die Kapitalgesellschaft haften sollte (kein „Vorbelastungsverbot“, BGHZ 80, 129; 182; BGH NJW 1982, 932). Für eine Unterbilanz, die aus dieser Vorbelastung resultierte, hafteten die Vorgesellschafter nunmehr der Kapitalgesellschaft (BGHZ 80, 129; 105, 300). Nach neuerer Rspr soll die Vorgesellschafteraußenhaftung ganz entfallen, die Gläubiger sind auf die Pfändung der unbeschränkten Ansprüche der (Vor-)Gesellschaft gegen die Vorgesellschafter aus einer bis zur Eintragung andauernden Verlustdeckungshaftung bzw aus einer an die Eintragung geknüpften Vorbelastungs-(Unterbilanz-)haftung verwiesen (BGH ZIP 1996, 590 mAnm von K. Schmidt; BGHZ 134, 333 = NJW 1997, 1507 mAnm von Altmeppen; hierzu K. Schmidt ZIP 1997, 671; Ensthaler BB 1997, 257; zur bilanzmäßigen Bewertung BGH NZG 1998, 102; BAG ZIP 1996, 1548; BAG NJW 1997, 3331; *1998, 628*; BSG ZIP 1996, 1549; aA LSG BW NJW-RR 1997, 1463 mAnm von Altmeppen ZIP 1997, 1653; LAG Köln ZIP 1997, 1921; zum Ganzen Baumann JZ 1998, 597; Michalski/Barth NZG 1998, 525). Bei Vermögenslosigkeit der Vorgesellschaft oder Geschäftsfortführung nach Aufgabe der Eintragungsabsicht haften die Gründer für sämtliche Verbindlichkeiten, auch für die bis zum Scheitern entstandenen, nach personengesellschaftsrechtlichen Grundsätzen (BGHZ 152, 290; 80, 129 [142 f.]; BGH NJW 2008, 2442; BFHE 185, 356; BAGE 93, 151; BAG NZG 2006, 673; BSGE 85, 192 [200]; offen BGHZ 143, 314 [319 f.]; 134, 341). Die *Auflösung* einer Vorgesellschaft erfolgt gem §§ 723, 730 ff. (BGH 51, 34); die Zuständigkeit ergibt sich abweichend von §§ 730 ff. aus §§ 60 ff., 66 GmbHG, § 265 I AktG; keine Nachschusspflicht gem § 735, jedoch Aufwendungsersatzansprüche der gem § 11

GmbHG haftenden Geschäftsführer (§§ 675, 670, 421; BGHZ 86, 125). **Lit.:** Ghas-
9 semi-Tabar/Eckner NJW 2012, 806. **e) Vorgründungsgesellschaften** entstehen durch Vorvertrag, der auf künftige Gesellschaftsgründung gerichtet ist. Sie sind BGB-Gesellschaften, soweit nicht §§ 105 ff. HGB eingreifen; dies gilt auch, wenn eine Kapitalgesellschaft geplant ist (BGHZ 91, 151; BGH NJW 1998, 1645 = NZG 1998, 382 mAnm von Reinersdorff: keine Identität mit späterer Gesellschaft; BGH NJW 2004, 663; OLG Stuttgart NZG 2002, 910). Außenhaftung der Vorgesellschafter gestaltet sich wie bei BGB-Gesellschaft (BGH WM 1996, 722; BGH NJW 1998, 1645), ohne dass sie auf die später entstandene Vorgesellschaft oder Kapitalgesellschaft ohne bes RGeschäft übergeht (BGH NJW-RR 2001, 1042 [1043]). Möglich ist auch eine faktische Vorgründungsgesellschaft, wenn künftige Gründer der GmbH ohne Gründungsvertrag gemeinsam auftreten (OLG Düsseldorf NJW-RR 1996,
10 551). **f)** Beim **partiarischen Vertrag** besteht das Entgelt eines Teils (auch) in der Beteiligung an dem Gewinn, den der andere Teil mit Hilfe der gewährten Leistung erzielt (zB Darlehen); es fehlt also letztlich am gemeinsamen Zweck, da nur das beiderseitige Eigeninteresse die vertragliche Verbindung bestimmt (vgl BGH BB 1967, 349; BGH FamRZ 1987, 678; BGH NJW 1990, 574; 1992, 2696; BGHZ 127, 176). Die Übergänge zur Gesellschaft sind allerdings fließend („gesellschaftsähnliche Verträge"). Je stärker das wechselseitige Vertrauensverhältnis und die Verbindung der beiderseitigen Belange, desto eher liegt die entspr Anwendung gesellschaftsrechtlicher Normen nahe, die allerdings den konkreten Vertragszweck berücksichtigen muss (BGH LM Nr. 6 zu § 723); entspricht der Gewinn- eine Verlustbeteiligung, liegt stets die Annahme eines Gesellschaftsverhältnisses nahe (BGH FamRZ 1987, 677; OLG Düsseldorf NJW-RR 1995, 1247; OLG Schleswig NZG 2000, 1176). Negativbeispiele: Vertrag Reisebüro-Kaufhaus (BGH LM Nr. 13 zu § 276 [H]); Vertrag Künstler – Manager (BGH NJW 1983, 1191); Vertrag Verlag – Buchklub mit exklusiven Vertriebsrechten (BGH WM 1982, 588). **g)** Seit dem 1.7.1995 steht nach dem Partnerschaftsgesellschaftsgesetz v 25.7.1994 (BGBl. I 1744) natürlichen Personen zur gemeinsamen Ausübung best freier Berufe die **Partnerschaft** als registerfähige Gesellschaftsform zur Verfügung (**Lit.:** Eggesiecker, Die Partnerschaftsgesellschaft für Freie Berufe, 1996; Henssler, Partnerschaftsgesellschaftsgesetz, 3. Aufl. 2018; Meilicke/v. Westphalen/Hoffmann/Lenz/Wolff, PartGG, 3. Aufl. 2015; Michalski/Römermann, PartGG, 5. Aufl. 2017; MüKoBGB/Ulmer/Schäfer, PartGG; K. Schmidt NJW 1995, 1 mwN; W. Lüke JuS 1995, 847; Römermann/Spönemann NZG 1998, 15). Bis zu ihrer Eintragung ins Partnerschaftsregister (VO v 16.6.1995, BGBl. I 808; hierzu Schaub NJW 1996, 625) folgt sie dem Recht der BGB-Gesellschaft, danach dem des PartGG, das weitgehend auf das Recht der OHG verweist. Der Zusatz „Partnerschaft" bzw „und Partner" ist Gesellschaften anderer Rechtsform im Falle der Neugründung oder Umbenennung nach Inkrafttreten des PartGG verwehrt (BGH NJW 1997, 1854; so auch OLG Karlsruhe NZG 1998, 179 mAnm von Römermann für den Fall der Unternehmensveräußerung gem § 22 HGB, § 2 PartGG; sa KG NZG 2004, 614: „Partners" unzulässig; Bedenken wegen EGV 43, 48 von Wertenbruch NZG 2006, 409); nach § 11 PartGG ist dieser Zusatz seit dem 1.7.1997 darüber hinaus auch für bereits bestehende BGB-Gesellschaften bzw OHG unzulässig und der Partnerschaft vorbehalten, sofern kein Hinweis auf eine andere Rechtsform hinzugefügt wird (s. Seibert ZIP 1997, 1046; Römermann NZG 1998, 121). § 28 HGB ist auf Partnerschaft für Altschulden eintretender früherer GbR-Sozien nicht anwendbar (BGH NJW 2010, 3720). Der eintretende Partner haftet für Fehler seines Vorgängers bei Erledigung eines übernommenen Auftrags (BGH NJW 2010, 1360). Zur Haftung nach Umwandlung einer GbR in eine Partnerschaft s. Sommer/Treptow/Dietlmeier NJW 2011, 1551; zur Partnerschaft mit beschränkter Berufshaftung Hirte NJW 2013, 1208; Lieder/Hoffmann NJW 2015, 897. **h)** Auf EU-Ebene steht mit der **Europäischen wirtschaftlichen Interessenvereinigung** (EWIV, BGBl. I 1988, 514) Partnern unterschiedlicher EU-Staaten eine bes Kooperationsform zur Verfügung. Die EWIV kann wie die OHG selbst Träger von Rechten und Pflichten sein; zur Firma der EWIV s. EuGH ZIP 1998, 68; vgl auch § 19 I Nr. 2 HGB. **Lit.:** Leutner, Das

Recht der EWIV, 1994; Bach BB 1990, 1432; Schlüter EuZW 2002, 589; Selbherr/Manz, Kommentar zur EWIV, 1995; Steding BuW 2002, 197. **i)** Zur Bedeutung der BGB-Gesellschaft als Auffangrechtsform nicht anerkennungsfähiger **ausländischer Gesellschaften** → Rn. 12 aE.

3. Anwendungsfälle der BGB-Gesellschaft. (Sa K. Schmidt § 58 II, III): 11
Kleingewerblich tätige Gesellschaften, wenn die Firma nicht ins Handelsregister eingetragen ist (vgl §§ 105 I, 1 II, 105 II 1 HGB; → Rn. 7); Anwaltssozietäten (BGHZ 56, 357; 124, 47; 172, 69; BGH NJW-RR 1987, 1073; 2000, 1561; 2003, 169; K. Schmidt NJW 2005, 2801; zur Haftung bei Umwandlung in eine LLP Schlinker NJW 2011, 2091), auch mit Steuerberatern (BGHZ 83, 330; BGH NJW 1990, 2133) und von Anwaltsnotaren mit Wirtschaftsprüfern (BVerfG NJW 1998, 2269; unzulässig jedoch eine Sozietät Steuerberater-Diplom-Finanzwirt, BGH NJW-RR 1997, 761) sowie überörtliche Sozietäten (BGHZ 108, 294 f.); ärztliche Gemeinschaftspraxis (BGHZ 97, 276 f.; BGH NJW 2002, 3536; 2002, 3538; 2006, 438 für Belegärzte), wobei allerdings die bloße Vereinbarung über gemeinschaftliche Praxisbenutzung von der vollen beruflichen Sozietät zu unterscheiden ist (zur „Scheinsozietät" mit entspr Haftungsfolgen BGHZ 70, 249; 124, 47; BGH NJW 1991, 1225; 2000, 1334; 2000, 1561; sa zum PartGG → Rn. 10, ferner → §§ 709–713 Rn. 10, → §§ 714, 715 Rn. 7); Arbeitsgemeinschaft von Unternehmen als Gelegenheitsgesellschaft zur Durchführung größerer Vorhaben (BGHZ 72, 271; 146, 341; BGH NJW 1982, 2816; 1997, 2755; BAG ZIP 1982, 987; aA wegen § 1 II nF HGB OLG Dresden NJW-RR 2003, 258 und OLGR Frankfurt 2005, 258: OHG; offen KG NJW-RR 2010, 1602; → Rn. 12), insbes in der Bauwirtschaft oft körperschaftlich strukturiert (→ §§ 709–713 Rn. 4); Bauherrengemeinschaften (BGH NJW-RR 1988, 220; 1988, 617; 1996, 869; 2014, 349; BGH NJW 1992, 1882: Innengesellschaft, im Außenverhältnis Bruchteilsgemeinschaft; → Rn. 24 ff.); Durchführung eines Beratungsauftrags durch mehrere Berater (BGH NJW 1999, 1180; s. aber BGH NJW-RR 2014, 367 Rn. 20 f.: keine Außengesellschaft zwischen Direktbank und selbständigem Anlagenberater); Kooperationsverträge zur Entwicklung von Software (Taeger NJW 2013, 19 [22]); Betrieb eines Modeateliers durch Modedesignerin und Geschäftspartner (BSG NJW 2013, 813); gemeinschaftlicher Altimmobilienerwerb (Reithmann NJW 1992, 651); Erhaltung eines historischen Gebäudes (OLG Karlsruhe NZG 2003, 325); Beteiligung an einem Hotel (OLG Saarbrücken NJW-RR 1998, 550); Immobilienfonds (aber → Rn. 4; ferner BGHZ 150, 1; BGH NJW 2001, 2719; 2013, 1089; EuGH NJW 2010, 1511 mAnm von Miras und BGHZ 186, 167 = NJW 2010, 3096; BGH NJW 2013, 155: Beitritt als Haustürgeschäft); Vorgründungs- (OLG Karlsruhe NJW-RR 1987, 671; OLG Hamm NJW-RR 1989, 616; BB 1992, 1081; → Rn. 9) und Sanierungsgesellschaf-
ten (OLG Hamm NJW-RR 1988, 1119; zur Sanierungsvereinbarung als „Gemein- 12
schaft mit gesellschaftsrechtlichen Zügen" BGHZ 116, 327); Poolverträge zur gemeinschaftlichen Verwertung von Sicherheiten in der Insolvenz (BGH NJW 1989, 896 – differenzierend Stürner ZZP 94 (1981), 263 ff., 275 ff.); Stimmrechtskonsortien unter Aktionären (Schröder ZGR 1978, 578; BGH NJW 1987, 891; 2010, 1208 = NZG 2010, 62) oder Kommanditisten einer Publikumsgesellschaft (BGHZ 125, 77); GbR zur indirekten Mitarbeiterbeteiligung (BAG NJW 2022, 1477 = BeckRS 2021, 45682); Gemeinschaft an GmbH-Anteil bei Errichtung (BGHZ 78, 311; krit Koch ZHR 1982, 118; → §§ 714, 715 Rn. 5) sowie an Anteil an anderer GbR (BGH NJW 1998, 376); Schutzgemeinschaften im Gesellschaftsrecht (Schrötter NJW 1979, 2592); Gesellschaften zur Poolung von Ansprüchen bei Massenklagen (Koch NJW 2006, 1649; Mann NJW 2010, 2391; Heß AG 03, 113 [123]; s. aber BGH NJW 2011, 2581 u BGH NJW 2012, 2435: wegen § 134, RBerG Art. 1 § 1 I 1 RBerG keine wirksame Prozessführungsbefugnis aus gewillkürter Prozessstandschaft; nunmehr §§ 2 II, 6 I, 10 I Nr. 1 RDG u dazu Mann NJW 2010, 2391); uU Holding-Gesellschaften bei verbundenen Unternehmen oder Kartelle (BGH NJW 1983, 818); Interessengemeinschaften, zB für Vergnügungsfahrten (BGHZ 46, 315),

Fahr- (Mädrich NJW 1982, 859) und Wohngemeinschaften (Brunn MDR 1989, 130), gemeinsame Heizölbestellung (LG Konstanz NJW 1987, 2521; aA LG Augsburg NJW-RR 2004, 853; krit auch K. Schmidt JuS 1988, 444; → § 741 Rn. 4); Tippgemeinschaften in Form der Innengesellschaft (OLG Karlsruhe NJW-RR 1988, 1267; OLG München NJW-RR 1988, 1268 mN; LG Arnsberg NJW 2017, 2421 Rn. 29 ff.: fehlender Rechtsbindungswillen für gemeinsamen Einsatz anlässlich gemeinsamer Wochenendreise); Organisationsverbund von Schülern zur Veranstaltung einer Abiturfeier (LG Detmold NJW 2015, 3176; zu Recht krit zur Annahme einer Außengesellschaft Hippeli NJW 2015, 3177 f.); Vertriebsgesellschaften (BGH NJW 1983, 1188); Verwertungsgemeinschaft mehrerer Miturheber (BGH NJW 1982, 641; 1983, 1192; BGH NZG 1998, 501; §§ 8, 9 UrhG); Nutzungs- und Entwicklungsgemeinschaft an einem Grundstück (BGH NJW-RR 1998, 1488). §§ 1 ff., 105 nF HGB können gegenüber dem geschilderten Fallmaterial teilweise eine Grenzverschiebung zugunsten der OHG bzw KG bewirken (s. dazu K. Schmidt NJW 1998, 2164 ff.; Rohrbeck NZG 1999, 104; bei Arbeitsgemeinschaft im Bauwesen OLG Dresden NJW-RR 2003, 258 und OLGR Frankfurt 2005, 258 für OHG; offen KG NJW-RR 2010, 1602; sa Joussen BauR 1999, 1063). Bei **ausländischen Gesellschaften** richtet sich die Rechts- und Parteifähigkeit nach Gründungsrecht, soweit Niederlassungsfreiheit Anerkennung verlangt, wie dies innerhalb der EU (zutreffend BGH NJW 2003, 1461; zu EG 43, 48 aF (= AEUV 49, 54 nF); EuGH NJW 1999, 2027; 2003, 3331 [3333]; zu den EFTA-Staaten BGH NJW 2005, 3351) und gegenüber den USA der Fall ist (BGH NJW 2003, 1607; Art XXV V Deutsch-amerikanischer Freundschaftsvertrag). Versuche des BGH, den Erfordernissen der Niederlassungsfreiheit gerecht zu werden, indem man ausländische Gesellschaften als teilrechtsfähige BGB-Gesellschaften behandelt (BGHZ 151, 204), haben sich als verfehlt und kurzsichtig erwiesen wie auch Bestrebungen der Literatur, die sog „Sitztheorie" zu retten (Absage daher in BGH NJW 2003, 1461; sa BGH NJW 2005, 1649: keine Anwendung von § 11 GmbHG; kritisch Altmeppen NJW 2004, 99; dagegen Ulmer NJW 2004, 1201; sa Goette ZIP 2006, 541). BGHZ 151, 204 mag für ausländische Gesellschaften von Bedeutung bleiben, für die Niederlassungsfreiheit nicht gilt (vgl OLG Hamburg BB 2007, 1519; zu den Folgen des Brexit für
13 eine englische Ltd. Grupp NJW 2017, 2065 [2069]). Zwischen **Eheleuten,** die in Gütertrennung oder Zugewinngemeinschaft leben, kann eine (Innen)Gesellschaft bestehen, wenn ein Ehegatte über das Maß ehelicher Pflicht hinaus im Erwerbsgeschäft des anderen Teils mitarbeitet oder wenn ein Ehegatte Vermögen (als Kapital oder Haftungssubstrat) für ein Erwerbsgeschäft zur Verfügung stellt, das dem Familienunterhalt dient (BGH WM 1990, 1464; BGH NJW-RR 1990, 736; 1988, 261; BGH NJW 1989, 1921 f.: stets kommt es auf die Umstände des Einzelfalles an; BFH NJW 2018, 3408 = BeckRS 2018, 22760: konkludente Mitunternehmerschaft von Landwirtsehegatten bei gemeinsamer Bewirtschaftung von Grundstücken im Einzeleigentum der Ehegatten). Die Innengesellschaft kann durch schlüssiges Verhalten zustande kommen, sofern ausdr getroffene Vereinbarungen nicht im Widerspruch dazu stehen (BGH NJW 1995, 3384), rein faktische Willensübereinstimmung reicht nicht (BGH NJW 1999, 2966; dazu Grziwotz DNotZ 2000, 486; BGHZ 165, 6 = NJW 2006, 1269; BGH NJW 2012, 3375; KG NJW 2017, 3246 Rn. 19 ff.). Nicht ausreichend für eine Innengesellschaft ist idR die beiderseitige Finanzierung eines Familienwohnheims (BGHZ 84, 366; BGH FamRZ 1989, 148; BGH NJW 2015, 2581 Rn. 18; NJW 1983, 1846; NJW 1974, 1554) oder überhaupt das Bestreben, die eheliche Lebensgemeinschaft zu verwirklichen (BGH NJW 1974, 2045; Vermögensanlage zur späteren Alterssicherung kann darüber hinausgehen, OLG Schleswig NJW-RR 2004, 972). Insbesondere sind im Hinblick auf § 1931 IV bei Gütertrennung strenge Anforderungen an die schlüssige Vereinbarung einer Innengesellschaft für Grundstücke zu stellen (BGH NJW 2015, 2581 Rn. 19). Jedoch können Ehe-
14 leute *ausdrücklich* eine Außengesellschaft zum Erwerb eines Eigenheims gründen („Eigenheim-Gesellschaft": BGH NJW 1982, 170; krit K. Schmidt AcP 182, 481), aber auch durch abweichende vertragliche Gestaltung Gesellschaftsrecht ganz ver-

drängen (BGH NJW-RR 1988, 261; BGHZ 165, 5 f. = NJW 2006, 1269). Bei Ehegatteninnengesellschaft erfolgt Abwicklung durch Wertausgleich in Geld (BGH NJW 1983, 2375; 1974, 2279). Entspr Anspruch besteht neben dem Anspruch auf Zugewinnausgleich (BGHZ 165, 7 f. = NJW 2006, 1269). Beim Fehlen einer Gesellschaft können im Falle der Eheauflösung Rückabwicklungsansprüche auf Grund Wegfalls der Geschäftsgrundlage bestehen (BGHZ 177, 193 Rn. 15; 183, 242; 84, 368; BGH NJW 1974, 1554; 1974, 2045; 1999, 2965; dazu Grziwotz DNotZ 2000, 486; BGH NJW 2011, 2880; 2012, 3375; BGH NJW-RR 1990, 834; BGHZ 115, 264 mAnm Tiedtke JZ 1992, 1025 für Verlöbnis bedingte Wertschöpfung; BGH NJW 1997, 2747 betr ehebezogene Zuwendungen bei Güterstandwechsel während intakter Ehe); uU Auftragsrecht (BGH NJW 1989, 1922); zur Bruchteilsgemeinschaft bei gemeinsamem Erwerb → § 741 Rn. 2; zum Ausgleich gesamtschuldnerischer Haftung → § 426 Rn. 5 ff.; zur Systematik des „Nebengüterrechts" und zur Zuständigkeit nach § 266 I Nr. 3 FamFG Giers NJW 2018, 357; Herr NJW 2012, 1847 u 3486. Zwischen Eltern und Kind wird regelmäßig keine Gesellschaft vereinbart sein (OLGR Saarbrücken 2004, 389 für Förderung einer Profisportkarriere des Kindes). Bei **nichtehelichen Lebensgemeinschaften** kann 15
vor allem bezüglich wertvollerer Gegenstände eine Innengesellschaft vorliegen, wenn beim Erwerb ein gemeinsamer Wert geschaffen werden soll und nicht nur gemeinsame Benutzung geplant ist (BGHZ 77, 55; 84, 390; 177, 193 Rn. 17=NJW 2008, 3277; BGH NJW 1986, 51; 1996, 2727; 1997, 3371 f.; 2013, 2187; BGH FamRZ 1989, 147). Entgegen früherer Rechtsprechung (BGH NJW 1999, 2964; BGH NJW-RR 1996, 1473; BGH WM 2000, 522) ist wie bei der Ehegatteninnengesellschaft (→ Rn. 13) ein zumindest schlüssig zustande gekommener Vertrag erforderlich (BGHZ 165, 10 = NJW 2006, 1270; BGH NJW 2008, 443; 2011, 2881). Indiz für eine Innengesellschaft ist neben der formal-dinglichen Zuordnung auch die Bedeutung des Wertschöpfungsbeitrags des Partners, der nicht (Mit-)Eigentümer ist (BGH NJW 1992, 906; BGH NJW-RR 1993, 774; BGH NJW 1997, 3371 f.), auch hier (vgl → Rn. 13) ist aber immer eine Gesamtwürdigung aller Umstände erforderlich (BGH NJW-RR 2003, 1659). IdR gibt es keine Gesellschaft bezüglich des gesamten Vermögens (OLG Düsseldorf NJW 1979, 1509; OLG Saarbrücken NJW 1979, 2050; OLG Frankfurt a. M. NJW 1982, 1885), ebenso wenig wenn sich der Zweck auf das eheähnliche Zusammenleben beschränkt (hM, zB BGHZ 177, 193 = NJW 2008, 3277; BGH NJW 2011, 2881; Diederichsen NJW 1983, 1023; FamRZ 1988, 895; aA zB Battes ZHR 143, 385; JZ 1988, 909 ff.); dagegen Annahme einer Gesellschaft bezogen auf das gemeinsame Mietverhältnis (str, vgl OLG Düsseldorf NJW-RR 1998, 658). Soweit nach Beendigung der 16
Lebensgemeinschaft noch Darlehen für Gegenstände des anderen Teils zu tilgen sind, bestehen Aufwendungsersatzansprüche, §§ 662, 677, 670 (BGH NJW 1981, 1503; s. aber die Abgrenzung BGH NJW 1983, 1055 und OLG Oldenburg NJW 1986, 1817); uU § 826 bei Täuschung über Trennungsabsicht (OLG Celle NJW 1983, 1065). Bei erheblichen finanziellen oder persönlichen Zuwendungen in ein Unternehmen des Lebensgefährten liegen Absicht zur Schaffung eines gemeinsamen Werts und damit Innengesellschaft nahe (BGHZ 84, 388). Rückabwicklung der Innengesellschaft erfolgt durch Geldzahlung (BGH NJW 1983, 2376; 1985, 1841; 1986, 51; OLG Köln FamRZ 1993, 433; → Rn. 24 aE). Bei klarer vertraglicher Abrede kann über Beendigung des Zusammenlebens hinaus wechselseitige Leistungspflicht gewollt sein (BGH NJW 1986, 374 für Unterhalt von Mutter und Kindern; hierzu Battes JZ 1986, 240; ähnlich OLG Hamm FamRZ 1983, 1120); denkbar sind auch vertragliche Abwicklungsregelungen (KG FamRZ 1983, 1117). Die neuere Rspr lässt bei Schaffung von Vermögenswerten erheblicher wirtschaftlicher Bedeutung, deren Alleininhaber der andere Partner ist (hierzu OLG Bremen NJW-RR 2013, 197), neben gesellschaftsrechtlichen Ansprüchen vermehrt bereicherungsrechtliche Ausgleichansprüche oder Ansprüche wegen Wegfalls der Geschäftsgrundlage zu (BGHZ 177, 201 ff. = NJW 2008, 3279 ff.; 3282; zust von Proff NJW 2008, 3266; BGH NJW 2011, 2881 ff.; 2013, 2187 [2189]; einschrän-

kend aber BGHZ 183, 242 = NJW 2010, 998). Haftungsmilderung während des Zusammenlebens analog §§ 708, 1359 (OLG Oldenburg NJW 1986, 2259). Zur Bruchteilsgemeinschaft → § 741 Rn. 3; zum Ausgleich gesamtschuldnerischer Haftung → § 426 Rn. 8; zu Ansprüchen der Eltern der Lebensgefährtin auf Rückabwicklung BGH NJW 2015, 1523 und von Poff NJW 2015, 1482. Für **eingetragene Lebenspartner alten Rechts** (zur Möglichkeit der Umwandlung in eine Ehe neuen Rechts → § 20a LPartG i.d.F. des G zur Einführung des Rechts auf Eheschließung für Personen gleichen Geschlechts vom 20.7.2017, BGBl. I Nr. 52, 2787; hierzu Schmidt NJW 2017, 2225) müssen die für Eheleute geltenden Regeln entspr Anwendung finden (→ Rn. 13), weil sie der Sache nach eine Korrektur des Güterrechts darstellen, wie es auch für Lebenspartner gelten soll (LPartG §§ 6, 7).

17 **4. Gesellschaftsvertrag. a)** Der **Abschluss** des Gesellschaftsvertrages unterliegt *regelmäßig keiner Form*. Sonderfälle (sa Reimann DStR 1991, 154): Einbringung von Grundstücken (→ § 706 Rn. 6 f.); Erwerbsverpflichtung der beitretenden Gesellschafter (BGH NJW 1978, 2506), nicht aber Pflicht der Gesellschaft zur Verschaffung *fremden* Grundeigentums oder wenn Zweck einer Grundstücksgesellschaft allein auf „Verwaltung und Verwertung" ohne bindende Erwerbspflicht gerichtet ist (BGH NJW 1996, 1280; 1998, 376); schenkweise Beteiligung (→ § 706 Rn. 9); Gründung einer Gesellschaft durch Eheleute in Gütergemeinschaft, §§ 1418, 1410 (BGHZ 65, 81 ff.; anders bei Drittbeteiligung, BayObLG DNotZ 1982, 174: § 1417 II). *Gesellschafter* können auch jur Personen oder Handelsgesellschaften sein, ebenso die BGB-Gesellschaft (BGH NJW 1998, 376; RGZ 136, 240; OLG Düsseldorf NJW-RR 1986, 1295; aA BGHZ 49, 296; OLG Zweibrücken OLGZ 1982, 156; bejahend bei GmbH-Vorgesellschaft BGHZ 78, 311; str) oder der nichteingetragene Verein; umgekehrt kann die BGB-Gesellschaft nach nunmehr hM überall Mitglied sein (BGHZ 118, 83 [99 f.]: AG; BGHZ 116, 86: eG; BGHZ 78, 311: GmbH; BGH NJW 2001, 3122: KG; BGH NJW-RR 1990, 799: Verschmelzung mit Personenhandelsgesellschaft; aA noch BGHZ 46, 296; BGH ZIP 1990, 505 für OHG bzw KG; → Rn. 1 mN). Die GbR kann aber keinen Anteil an sich selbst halten (sog „Eigenanteil; wie hier K. Schmidt ZIP 2014, 493; aA Priester ZIP 2014, 245). Ebenso wenig ist eine Einpersonen-GbR grundsätzlich nicht möglich, sondern allenfalls als Übergangslösung in Sonderkonstellationen denkbar (K. Schmidt ZIP 2014, 493 [497] mN; → §§ 718–720 Rn. 8; → §§ 723–728 Rn. 3; → §§ 736, 737 Rn. 5). Ist die BGB-Gesellschaft Gesellschafterin einer AG oder GmbH, so besteht für die BGB-Gesellschafter hinsichtlich der Einlageverpflichtung keine Möglichkeit zur Haftungsbeschränkung (BGHZ 78, 311; BGH NJW 1992, 2226; → §§ 714, 715 Rn. 5). *Bei Minderjährigen* besteht Genehmigungserfordernis (§§ 1643 I, 1822 Nr. 3 oder 10 aF u § 1852 Nr. 1 b u 2 nF ab 1.1.2023; dazu Wertenbruch NJW 2015, 2150 ff.) und ggf Notwendigkeit einer Pflegerbestellung, §§ 1629 II, 1795 II aF bzw §§ 1629 II, 1789 II S. 2, 1824 II nF ab 1.1.2023, 181 (OLG Zweibrücken OLGZ 1980, 214), aber keine Notwendigkeit zur Genehmigung von Grundstücksveräußerungen bei Minderjährigkeit eines Gesellschafters (BGHZ 55, 5 = NJW 1971, 375; aA OLG Koblenz NJW 2003, 1401 und OLG Nürnberg NJW 2013, 82; zutreffend abl Wertenbruch NJW 2015, 2150); zur Haftungsbegrenzung § 723 und → §§ 723–728 Rn. 17 mN. Ein Treugeber kann über einen *Treuhänder* mittelbar an einer GbR beteiligt sein; dies führt im Grundsatz zur Gesellschafterstellung allein des Treuhänders, jedoch kann der Gesellschaftsvertrag vorsehen, dass der Treugeber im Innenverhältnis wie ein Gesellschafter zu behandeln sei (qualifizierter Treugeber; zum Ganzen → §§ 718–720 Rn. 8; → §§ 714, 715 Rn. 2; **b)** Zur **Abände-**
18 **rung** des Gesellschaftsvertrages vgl → §§ 709–713 Rn. 7 ff. **c)** Die **Anwendung der Vorschriften über den gegenseitigen Vertrag** (§§ 320 ff.) ist nur in sehr modifizierter Form denkbar. ZB ist ein Leistungsverweigerungsrecht gem § 320 bei mehrgliedriger Gesellschaft abzulehnen, weil andernfalls das Säumen eines Gesellschafters die Gesellschaft lahmlegen könnte (BGH LM Nr. 11 zu § 105 HGB). Wegen Leistungsstörungen im Zusammenhang mit der gesellschaftsvertraglichen

„Hauptpflicht", der Beitragspflicht, vgl → § 706 Rn. 3 ff. **d) Abschlussmängel** 19
(**Lit.:** K. Schmidt § 6 und AcP 186, 421). Sofern der Gesellschaftsvertrag nach allg Vorschriften von Anfang an nichtig wäre, etwa auf Grund von §§ 104 ff., 134, 138 (vgl BGH NJW-RR 2013, 1258), 142 I, Dissens (BGH NJW 1992, 1502), Vertretungsmangel (BGH NJW-RR 2013, 1373 Rn. 16), Verstoß gegen §§ 305c, 306a, 307 (verneinend für Pflichtmitgliedschaft des Mieters in einem Einkaufszentrum BGH NJW 2016, 2489; sa BGH NJW 2016, 2492 Rn. 21) oder widerrufen werden kann (BGH NJW 2001, 2718; BGH NJW-RR 2005, 628: §§ 2, 3 aF HWiG bzw §§ 312 aF, 312g nF, 355 nF, dazu EuGH NJW 2010, 151 mit Besprechung Kindler NZG 2010, 603; BGH WM 2008, 1026; BGHZ 186, 167 = NJW 2010, 3096 für Immobilienfonds; ähnlich BGH NJW 2013, 155; BGH NJW-RR 2012, 1060; 2011, 1060), gelten zum Schutze des Rechtsverkehrs und zur zweckentspr Rückabwicklung unter den Gesellschaftern bes Regeln (*„fehlerhafte Gesellschaft"*). Voraussetzung dafür ist allerdings der Abschluss eines – wenn auch unwirksamen – Vertrages (BGH NJW 2011, 68), eine bloße Scheingesellschaft reicht nicht aus; insoweit können aber die Grundsätze der Rechtsscheinhaftung zur Haftung nicht selbst handelnder Scheingesellschaften führen (BGH NJW 2011, 68). **aa) Voraussetzungen.** Die Gesellschaft muss „in Vollzug gesetzt" sein, und zwar entweder durch Aufnahme von Rechtsbeziehungen zu Dritten oder durch Erfüllung von Einlagepflichten (vgl für Vorgesellschaft BGHZ 13, 321; für Gesellschafterbeitritt BGH NJW 1978, 2506; 1992, 1502; 1988, 1323: Mitwirkung aller Gesellschafter nötig; für Gesellschafternachfolge BGH NJW 1988, 1324 mwN – str; BGH NJW-RR 2013, 1373 Rn. 18: Einlagenleistung und Entgegennahme von Ausschüttungen). **bb) Rechtsfolgen.** Die Fehlerhaftigkeit des Vertrages ist ein zur Auflösung 20
führender wichtiger Grund (vgl für OHG und KG BGHZ 3, 290 ff.; 47, 300 ff.; 63, 345 f.), der zur Kündigung analog § 723 berechtigt und damit zur Auseinandersetzung (§§ 731 ff.) oder uU zum Ausscheiden (§§ 736 f.; BGH NJW 1982, 879; 2000, 3559 f.; 2001, 2720; 2003, 2821; 2013, 1373 Rn. 19 ff.; 2014, 305; BGHZ 63, 345 ff. und OLG Hamm NJW 1978, 225) führt (vgl aber → §§ 736, 737 Rn. 3). Die Gesellschaft ist im Verhältnis zu den Gläubigern und zwischen den Gesellschaftern rechtlich wirksam (vgl BGHZ 63, 344; 55, 8; BGH NJW 1992, 2698; 1992, 1502; 2001, 2720; BGH NJW-RR 2007, 259: Insolvenzfähigkeit). Der Fehler kann jedoch je nach dem Schutzzweck der Normen, die gewöhnlicherweise zur Nichtigkeit führen, auf das Gefüge der Gesellschaft bzw Abwicklungsgesellschaft von Einfluss sein (vgl BGH NJW 2005, 1785). Der *Schutz des Minderjährigen* hat zur Folge, dass den Minderjährigen keine Pflichten treffen (zB Beitragspflicht, Geschäftsführungspflicht, Außenhaftung: BGHZ 17, 167 ff.; sa zur Haftungsbegrenzung zugunsten Minderjähriger § 723 I nF; hierzu → §§ 723–728 Rn. 17 mN), wohl aber die übrigen Gesellschafter (BGH NJW 1983, 748); hingegen wird seine Teilnahme an der Gewinnverteilung zu bejahen sein; Einlagen kann er nach allg Vorschriften (§§ 985, 812 ff.) zurückfordern. Gleiches gilt für die Fälle des § 105 II (BGH NJW 1992, 1503). Der *arglistig Getäuschte* oder *Bedrohte* muss keine Beiträge leisten, soweit sie nicht Gläubigern, sondern dem Täuschenden zugute kämen (vgl BGHZ 26, 335; BGH NJW-RR 1988, 1379; vgl auch → § 706 Rn. 3). Zu Besonderheiten bei der stillen Gesellschaft BGH NJW-RR 2004, 1408; 2006, 180; 2013, 1373 Rn. 17; 2014, 305 Rn. 26 ff.; Wertenbruch NJW 2005, 2823; Blaurock WuB II H § 230 HGB 1.05. Sofern der *Gesellschaftszweck* gegen die guten Sitten (§ 138 I, zB Bordellbetrieb, einschr BGH NJW-RR 1988, 1379; sa BGH NZG 2003, 771) oder gegen das Ges verstößt (BGHZ 62, 240: RBerG, nunmehr RDG; BGHZ 75, 217: ApothG; BGHZ 97, 250: BerufsO), verdient das Verhältnis unter den Gesellschaftern keinen Bestandsschutz, so dass es in diesen Fällen zur üblichen Rückabwicklung (§§ 812 ff.) kommt. **cc)** Die **Nichtigkeit einzelner Klauseln** (zB Sittenwidrigkeit 21
der Gewinnbeteiligungsquote einer Geliebten BGH NJW 1970, 1541) führt zunächst zur Geltung dispositiven Rechts bzw einer angemessenen Regelung (BGHZ 47, 301). Nur wenn gem § 139 der Gesamtvertrag nichtig wäre, gelten die Grundsätze der fehlerhaften Gesellschaft (BGH NJW 1982, 879). **dd)** Bei **fehler-** 22

haftem Eintritt oder Ausscheiden eines Gesellschafters (BGHZ 44, 236; BGH NJW 2016, 2492 Rn. 22; NJW 2003, 1252; NJW 2000, 3558; NJW 1978, 2506; BGH NJW-RR 2003, 533; → §§ 736, 737 Rn. 6) bleibt in entspr Anwendung der dargestellten Grundsätze (BGH NJW 2003, 2821; NJW 2014, 305 Rn. 13; NJW 2016, 2492 Rn. 22) die Änderung des Gesellschafterbestandes wirksam (anders für Vorgesellschaft BGH NJW-RR 2005, 469) und es bewendet idR bei Abfindungsansprüchen nach Kündigung gem § 723 I 2 (→ §§ 736, 737 Rn. 6 und → Rn. 10; dort auch Bem. zu Besonderheiten der stillen Gesellschaft). Der BGH hält hieran auch im Falle nichtiger Übertragung im Rahmen einer Treuhand-Publikumsfondgesellschaft fest (BGHZ 186, 264 ff. = NJW-RR 2010, 1405). Nach hM ist zwar der Beitritt zu einer Gesellschaft nach § 312 aF, 312g nF widerruflich (→ Rn. 19), allerdings nur mit der Folge der Anwendung der Grundsätze über die fehlerhafte Gesellschaft (dazu BGH WM 2008, 1026; EuGH NJW 2010, 1511; BGHZ 186, 169 f. = NJW 2010, 3096; BGH NJW 2013, 158; BGH NJW-RR 2012, 1063). Für beschränkt Geschäftsfähige (§ 105 II) sollen auch hier die Grundsätze der fehlerhaften Gesellschaft *nicht* gelten (BGH NJW 1992, 1503). Sind **gewöhnliche Vertragsänderungen** fehlerhaft, besteht nur ausnahmsweise ein Bedürfnis für einen Bestandsschutz (BGHZ 62, 27; BGH NJW 1992, 302 für Nachfolgeregelung).

23 **e) Inhaltskontrolle und Verbraucherschutz.** Bei *formularmäßigen Massenverträgen* gilt der Grundsatz objektiver Vertragsauslegung, die das Revisionsgericht vornehmen kann (BGH NJW 1999, 3113; 2011, 921; 2011, 1669; 2012, 1440; BGH NZI 2011, 868 für Publikumsgesellschaften). Es besteht trotz § 23 I aF AGBG bzw § 310 IV nF die Möglichkeit richterlicher Inhaltskontrolle gem §§ 242, 315 (vgl BGHZ 64, 241; 84, 14; BGH NJW 1982, 879; 2495 für Publikums-KG; Schneider ZGR 1978, 1; BGHZ 127, 176 für stille Gesellschaft); zur Bedeutung der EU-Richtlinie Drygale ZIP 1997, 968; unklare belastende Klauseln sind eng auszulegen (BGH NJW 1979, 2102; BGH JZ 1979, 190). §§ 312 I 1 Nr. 2, 355 finden auf Verträge über den Beitritt zu einer Gesellschaft Anwendung, die der Kapitalanlage dienen soll (EuGH NJW 2010, 1511; BGHZ 186, 167 = NJW 2010, 3096; BGH NJW 2013, 156; BGH NJW-RR 2011, 1060; 2012, 1060 mit Ausführungen zu einem vereinbarten Widerrufsrecht gem §§ 355, 357; → §§ 736, 737 Rn. 10).

24 **5. Innengesellschaft.** Bei der sog Innengesellschaft (**Lit.:** Steckhan, Die Innengesellschaft, 1966; sa K. Schmidt JuS 1988, 444), die auch stillschweigend begründet werden kann (BFH NJW 1997, 2702 ff. mN; zurückhaltend BGH NJW-RR 2009, 178), tritt im Rechtsverkehr nur ein Gesellschafter im eigenen Namen auf („Außengesellschafter"); er ist Träger von Rechten und Pflichten (Bsp: Innengesellschaft der Treugeber eines treuhänderischen Kommanditisten einer Publikumsgesellschaft: BGH NJW 2010, 439; 2011, 921; 2013, 452; 2013, 862 mNw; Stöber NJW 2013, 832). Im Innenverhältnis haben sich aber alle Gesellschafter zur Erreichung eines gemeinsamen Zwecks verpflichtet, es können im Innenverhältnis – von den Vertretungs- (§§ 714 f.) und Vermögensvorschriften (§§ 718 ff.) abgesehen – alle gesellschaftsrechtlichen Regeln Anwendung finden (BGH NJW 2019, 161, Rn. 11; 2018, 3014 Rn. 20): Geschäftsführungsregeln; Kontrollrechte (BGH NJW 2010, 439; 2011, 921); Beitragspflicht; Gewinn- und Verlustbeteiligung etc (vgl BGHZ 12, 315). Typischerweise bleibt der in eigenem Namen handelnde Gesellschafter Inhaber aller Rechte, so dass ein Gesamthandsvermögen mit Außenbeziehung nicht entsteht (BGH WM 1965, 793; sa BGH NJW 1988, 414 und BGH WM 1990, 1465; BGH NJW 1992, 832); soweit allerdings gesellschaftsvertragliche Ansprüche gegen Mitgesellschafter (zB auf Beitragsleistung an den Außengesellschafter oder auf ordnungsmäßige Geschäftsführung) den Gesellschaftern gemeinsam zustehen (vgl → § 706 Rn. 2 ff., → §§ 709–713 Rn. 11), wird doch im Verhältnis zwischen den Gesellschaftern Gesamthandsvermögen vorliegen; nicht bestimmungsgemäße Verwendung der Einlage verpflichtet zu Schadensersatz, der im Ausgleich des Wertverlustes der Beteiligung besteht (BGH NJW 1988, 414, dazu Windbichler ZGR 1989, 440 ff.). Bei der Regelung des Innenverhältnisses, insbes der Geschäftsführungsbe-

fugnis, gelten §§ 709–713 (BGH NJW 2019, 161 Rn. 20: grundsätzliches Zustimmungsrecht aller Gesellschafter), die rechtsgeschäftliche Gestaltungsfreiheit reicht jedoch von Gesamtgeschäftsführung (§ 709) über die häufig vereinbarte Alleinbefugnis des Außengesellschafters bis zur Alleinbefugnis eines nach außen nicht handlungsbefugten Innengesellschafters (BGH LM Nr. 11). Bei Auflösung einer Innengesellschaft entstehen idR Zahlungsansprüche gegen den Vermögenstreuhänder (entspr § 235 HGB, §§ 738 ff.; BGH NJW-RR 2009, 178), eine Liquidation (§§ 730 ff.) findet nicht statt, jedoch finden §§ 730 ff. auf die vereinfachte Auseinandersetzungsrechnung zur Festlegung des Zahlungsanspruchs entsprechende Anwendung (zu Einzelheiten §§ 731–735 Rn. 10); zum Bewertungszeitpunkt der Auflösung BGHZ 142, 155 f. = NJW 1999, 2967; → Rn. 16). Die *stille BGB-Gesellschaft* (**Lit.:** Blau- 25
rock, Handbuch der Stillen Gesellschaft, 7. Aufl. 2010) ist eine Sonderform der Innengesellschaft mit abw Sonderregelung insbes zur Beteiligung am Geschäftsergebnis (zur Abgrenzung OLG Köln NJW-RR 1996, 28). §§ 230 ff. HGB finden auf stille BGB-Gesellschaft weithin entspr Anwendung (MüKoBGB/Ulmer/Schäfer § 705 Rn. 287; BGH NJW 1982, 99 und JuS 1982, 139; BGH NJW 1992, 2697; sa BGH NJW 1997, 3370 betr Vorausabtretung der Auseinandersetzungsforderung; BFH NJW 1997, 2703; KG NJW-RR 2014, 858). Sofern der Vertrag die interne Beteiligung des „Stillen" am *ganzen* Gesellschaftsvermögen vorsieht, liegt eine atypische stille Gesellschaft vor (BGHZ 7, 177 f.; sa BGH NJW 1998, 1946). Die *Unterbe-* 26
teiligung (**Lit.:** Blaurock, Unterbeteiligung und Treuhand an Gesellschaftsanteilen, 1981; Paulick ZGR 1974, 253; Kühne/Rehm NZG 2013, 561) ist eine BGB-Innengesellschaft, die sich auf den Anteil an einer Personen- oder Kapitalgesellschaft bezieht (BGH NJW 1994, 2887 – Abgrenzung zur Treuhand; BGH NJW-RR 2012, 567: Unterbeteiligung zu Anlagezwecken); §§ 723, 724 sind daher für die Unterbeteiligung zwingendes Recht (BGHZ 50, 320 ff.). Auflösung der Hauptgesellschaft kann Kündigungsgrund sein (BGHZ 84, 379). Der Anspruch auf Rechnungsabschluss (§ 721 I) wird durch § 233 I HGB präzisiert, nicht durch § 666 (BGHZ 50, 323; BGH NJW-RR 1995, 166); ein neutraler Dritter kann Bücher der Hauptgesellschaft zur Kontrolle einsehen (aA BGHZ 50, 324; sa BGH WM 1984, 807). Vorschriften über stille Gesellschaft (§§ 230 ff. HGB) sind weitgehend entspr anwendbar (MüKoBGB/Ulmer Vor § 705, Rn. 92). Bei Unterbeteiligungen zu Anlagezwecken findet § 708 auf Aufklärungspflichtverletzungen im vorvertraglichen Stadium keine Anwendung (BGH NJW-RR 2012, 569). Unklare Abfindungsvereinbarungen bedürfen einer Auslegung, die nicht nur einseitig die Interessen des Unterbeteiligten im Blick hat (BGH DStR 2003, 563).

6. Prozessuales. Zur Parteifähigkeit und zur Streitgenossenschaft im Aktivpro- 27
zess vgl → §§ 709–713 Rn. 10 und im Passivprozess vgl → §§ 714, 715 Rn. 10, dort auch zur Realisierung der Haftung durch Zwangsvollstreckung. Der Gesellschaftsvertrag kann vorsehen, dass bei Streitigkeiten unter den Gesellschaftern der Klage vor den ordentl Gerichten der Schlichtungsversuch eines Gesellschaftsorgans (→ §§ 709–713 Rn. 4) vorzuschalten ist (BGH NJW 1977, 2263).

**7. Die am 1.1.2024 in Kraft tretende Reform des Rechts der BGB-Gesell- 28
schaft und ihre Berücksichtigung in dieser Kommentierung. a) Entstehungsgeschichte.** Das damalige BJVM hat im Jahre 2018 eine Expertenkommision zur Reform des Personengesellschaftsrechts eingesetzt. Sie hat ihre Arbeit mit der Vorlage eines Entwurfes für ein Gesetz zur Modernisierung des Personengesellschaftsrechts (Stand April 2020) abgeschlossen (zu diesem „Mauracher Entwurf" und seiner Entstehung die Mitteilung des BJVM vom 20. April 2020 mit dem Text des Entwurfs und einem Tätigkeitsbericht sowie den Thesenpapieren der einzelnen Arbeitsgruppen der Kommission). Der Entwurf enthält vor allem den Vorschlag einer weitgehenden Neufassung der §§ 705–- 740c BGB und einer Anpassung und Überarbeitung des Rechts der OHG (§§ 105 ff. HGB) und KG (§§ 161 ff. HGB), um auf diese Weise der Entwicklung der Rechtsprechung und Vertragsgestaltung der letzten Jahrzehnte Rechnung zu tragen (teilw. krit. Altmeppen NZG 2020, 822; Westermann DZWiR

2020, 321 ff.; Heckschen ZGR 2020, 761 ff.). Der Gesetzentwurf der Bundesregierung vom 17.3.2021 (BT Drs. 19/27635), der die Vorschläge des Mauracher Entwurfs weithin übernimmt und im Wesentlichen Gesetz geworden ist (G zur Modernisierung des Personengesellschaftsrechts – MoPeG – v. 10.8.2021, BGBl. 2021 I Nr. 53, S. 3436 ff.), enthält vor allem folgende inhaltliche Neuerungen zum Recht der GbR mit Folgewirkungen auf zahlreiche andere Rechtsgebiete: die Klarstellung der Rechtsfähigkeit der GbR, soweit sie nach dem Willen ihrer Gesellschafter am Rechtsverkehr teilnehmen soll; die Einführung eines Gesellschaftsregisters für die GbR; die Freiwilligkeit der Eintragung als eGbR, mit der sich aber vor allem beim Erwerb registrierter Rechte Vorteile verbinden; kurze Vorschriften zur Innengesellschaft; Regelungen zum Statuswechsel und zur Umwandlung. Ein ausführliches Beschlussmängelrecht für alle Personengesellschaften, das sich stark an der aktienrechtlichen Anfechtungsklage orientiert, ist nur für das handelsrechtliche Personengesellschaftsrecht Gesetz geworden (§§ 108 ff. HGB nF), nicht aber für die GbR, bei der allerdings das Recht der Beschlussfassung eine ausführlichere Regelung als bisher erfährt (§§ 714 ff. nF) und es den Gesellschaftern der GbR freistehen soll, in ihrem Gesellschaftsvertrag das Beschlussfassungsrecht der OHG zu vereinbaren (dazu BT-Drs. 19/27635, S. 111). In der Sache handelt es sich bei der Reform des Rechts der GbR zu einem guten Teil um die gesetzgeberische Verarbeitung der Entscheidung des BGH zur Rechtsfähigkeit der GbR contra legem mit all ihren verfahrensrechtlichen Merkwürdigkeiten und einer Fülle von Folgeentscheidungen zur Bewältigung neu aufkommender Probleme (dazu oben → Rn. 1) und um die Anpassung an die vom bisherigen Recht weithin abweichende kautelarjuristische Vertragsgestaltung vor allem in Fällen mitgliedschaftlicher Veränderungen sowie um den sanften Versuch zur Beseitigung der von der Rechtsprechung des BGH verursachten Rechtsunsicherheit im Beschlussmängelrecht
29 (dazu §§ 709–713 Rn. 7 ff., 19 ff.). **b) Intertemporales Recht.** Das MoPeG soll grundsätzlich am 1.1.2023 in Kraft treten (Art. 137 MoPeG). Ausnahmen des Inkrafttretens mit der Verkündung betreffen die Vorbereitung des Gesellschaftsregisters (§ 707d) und entsprechende Anpassungen der § 376 Abs. 2 Satz 1, § 387 FamFG. Besondere Regelungen eines Übergangsrechts finden sich in Art. 229 § 21 EGBGB für Grundbucheintragungen unter Geltung des § 899a BGB, der bis zum 31.12.2023 in Kraft bleibt (Art. 1 Nr. 4 MoPeG), und des § 47 GBO aF sowie für am 1.1.2024 schwebende Verfahren; ähnliche Regelung für die Schiffsregisterordnung. Art. 229 § 61 gestattet – besonders wichtig – in beschränktem Umfang eine Option für die Fortgeltung der §§ 723- 728 aF mit ihren Auflösungstatbeständen über den 1.1.2024 hinaus, falls im Gesellschaftsvertrag anderweitige Regelungen fehlen, ein Gesellschafter bis zum 31.12.2024 für die Fortgeltung optiert und kein zurückweisender Mehrheitsbeschluss der Gesellschafter zustande kommt. Mit diesen vereinzelten Regelungen ist allerdings für alle anderen Altfälle nichts gesagt, also zu Streitigkeiten, die vor Inkrafttreten des MoPeG unter altem Recht entstanden sind. Nach allgemeinen Grundsätzen des intertemporalen Rechts gilt für sie der Rechtszustand im Zeitpunkt abgeschlossenen Entstehung der für den Rechtstreit erheblichen Tatsachen, soweit das Gesetz keine rückwirkenden Sonderregelungen trifft, denen allerdings in Fällen sog. echter Rückwirkung aus rechtsstaatlichen Gründen enge Grenzen gesetzt sind (zu diesen Grundsätzen, die insbes. aus den Überleitungsvorschriften in anderen Fällen schuldrechtlicher Rechtsänderungen wie z.B. Art. 170 aF, Art. 220 I, 232 EGBGB abgeleitet werden Grüneberg (vormals Palandt)/Grüneberg, Einl. v. § 241 Rn. 6 mN; zum Parallelproblem beim Wechsel kollisionsrechtlicher Normen MüKoBGB/von Hein, 8. Aufl. 2020, Einl. zum IPR Rn. 84 f.; ausführlich von Bar/Mankowski, Internationales Privatrecht, Bd. I, 2. Aufl. 2003, § 4 Rn. 174 ff.). Nachdem aber der Gesetzgeber in Art. 229 § 61 EGBGB nur in einem Falle eine Fortgeltung alten Rechts und in Art. 137 MoPeG nur sehr vereinzelt eine Anwendung des neuen Rechts auf den grundsätzlich alten Rechtszustand angeordnet hat, ist davon auszugehen, dass es im Übrigen bei der Grundregel bleibt, die nach abgeschlossenen Entstehungstatbeständen vor und nach dem 1.1.2014 differenziert. Dies aber bedeutet, dass die Rechtspraxis noch einige Zeit mit Rechtsfällen unter altem Recht beschäftigt sein wird. Soweit

das alte Recht der Reform teilweise richterrechtlich vorgegriffen hat, ist es nicht ausgeschlossen, dass bei offen gebliebenen Rechtsfragen das reformierte Recht zur Lückenfüllung sinngemäße Beachtung findet. Zu beachten ist allerdings, dass sich im Recht der Berufsausübungsgesellschaften von freien Berufe bereits zum 1.8.2022 ein Rechtswechsel vollzogen hat, soweit die Zulässigkeit von Gesellschaftsformen und interprofessionellen Gesellschaften sowie bestimmter Kapitalstrukturen in Frage steht (Gesetz zur Neuregelung des Berufsrechts der anwaltlichen und steuerberatenden Berufe, BGBl. 2021 I Nr. 41vom 12.7.2021, Art. 36 I und dementsprechend §§ 59b -59q BRAO mit Übergangsvorschriften für bereits unter altem Recht bestehende Berufsausübungsgesellschaften (§ 209a BRAO) und mit Folgewirkungen für das Berufsrecht anderer freier Berufe, z.B. Art. 65 MoPeG: Anpassungen des PGG; § 33 Zulassungsordnung für Vertragsärzte: Berufsausübungsgemeinschaften); BVerfG NJW 2022, 3146 – Kammer: Berufsausübungsgesellschaft als alleinige Komplementärin einer Anwalts – GmbH. **c) Parallele Kommentierung.** Die Kommentierung wird 30
angesichts der bestehenden Zweispurigkeit des Rechts der GbR zunächst noch beide Gesetzesfassungen berücksichtigen und dabei auch auf Fälle fortbestehender Bedeutung der alten Rechtsprechung und die Möglichkeit eingehen, im Wege gesellschaftsvertraglicher Vereinbarung eine Option für die Fortgeltung das alten Rechtszustandes auszuüben. Dabei wird das neue Recht soweit möglich in Synopse zum alten Recht kommentiert werden.

Allgemeine Bestimmungen nach der Reform §§ 705–708 nF (in Kraft ab 1.1.2024)

Titel 16. Gesellschaft

Vorbemerkung

Die Gliederung der zum 1.1.2014 in Kraft tretenden Neufassung unterscheidet sich von der bisherigen Fassung, die keine förmliche Untergliederung kennt. Die Neuregelung gliedert sich in folgende Untertitel und Kapitel: Untertitel 1, Allgemeine Bestimmungen *(§ 705)*; Untertitel 2, Rechtsfähige Gesellschaft *(§§ 706–739)*, mit folgenden Kapiteln: Kap. 1: Sitz; Registrierung (*§§ 706–707d*); Kap. 2: Rechtsverhältnis der Gesellschafter untereinander und der Gesellschafter zur Gesellschaft (*§§ 708–718*); Kap. 3: Rechtsverhältnisse der Gesellschaft zu Dritten (*§§ 719–722*); Kap. 4: Ausscheiden eines Gesellschafters (*§§ 723–728b*); Kap. 5: Auflösung der Gesellschaft *(§§ 729 – 734)*; Kap. 6: Liquidation der Gesellschaft (*§§ 735–739*); Untertitel 3: Nicht rechtsfähige Gesellschaft (*§§ 740–740c*). Die synoptische Darstellung des alten und neuen Rechts (→ § 705 alt Rn. 30) hat den Vorteil leichterer Vergleichbarkeit und raschen Überblicks über alte Rechtsprechung und Literatur, die zum neuen Text passt. Den Nachteil des Auseinanderreißens von nach der Neugliederung zusammengehörigen Texten muss man dabei in Kauf nehmen. Die Gesetzestexte der Neufassung sind kursiv gedruckt, nicht aber die zugehörigen Erläuterungen. Die dem alten Recht inhaltlich entsprechende Neufassung folgt immer auf die Kommentierung des alten Rechts, soweit es im alten Recht eine entsprechende Regelung überhaupt gibt.

Untertitel 1. Allgemeine Bestimmungen

§ 705 *Rechtsnatur der Gesellschaft*

(1) Die Gesellschaft wird durch den Abschluss des Gesellschaftsvertrags errichtet, in dem sich die Gesellschafter verpflichten, die Erreichung eines gemeinsamen Zwecks in der durch den Vertrag bestimmten Weise zu fördern.

(2) ***Die Gesellschaft kann entweder selbst Rechte erwerben oder Verbindlichkeiten eingehen, wenn sie nach dem gemeinsamen Willen der Gesellschafter am Rechtsverkehr teilnehmen soll (rechtsfähige Gesellschaft), oder sie kann den Gesellschaftern zur Ausgestaltung ihres Rechtsverhältnisses unter einander dienen (nicht rechtsfähige Gesellschaft).***

(3) ***Ist der Gegenstand einer Gesellschaft der Betrieb eines Unternehmens unter gemeinschaftlichem Namen, so wird vermutet, dass die Gesellschaft nach dem gemeinsamen Willen der Gesellschafter am Rechtsverkehr teilnimmt.***

1 **1. Zweck und Wesen der GBR.** *§ 705 I* stimmt weitgehend mit § 705 alt überein. Die Vorschrift enthält wie ihre Vorgängerin eine Legaldefinition der GbR, in der sie die Unterschiede zur Bruchteilsgemeinschaft deutlich werden lässt. Konstitutiv für die GbR ist das vertragliche Schuldverhältnis zwischen mehreren Personen zur Förderung eines vertraglich festgelegten Zwecks. Von der Existenz all dieser drei Komponenten hängt ihr künftiger Fortbestand ab. Nicht mehr erwähnt sind Gegenseitigkeit und Beitragspflicht. Damit soll der Eindruck einer Gegenseitigkeit der Beitragspflichten und anderer gesellschaftsrechtlicher Pflichten vermieden werden, die auch zur Rechtsfähigkeit noch weniger passt als zum Modell der Gesamthand unter altem Recht (zum Ganzen BT-Drs. 9/27635, S. 125). Die richterrechtlich stark modifizierte Anwendung des Leistungsstörungsrechts des gegenseitigen Vertrags bei Störung der Beitragsleistungen (→ § 705 aF Rn. 18; → § 706 aF Rn. 3–5) schließt auch die neue Rechtslage nicht aus (BT-Drs. aaO S. 125), nachdem sie von der Rspr. nur mit vorsichtigem Maß befürwortet wird.

2 **2. Die beiden Grundtypen der GbR.** *§ 705 II* beschreibt in Gestalt der rechtsfähigen und nicht rechtsfähigen GbR die beiden gesetzlichen Grundtypen einer GbR. Die Figur der rechtsfähigen Gesellschaft implementiert die vom BGH in der rechtlich nicht existenten, weil durch Erledigung fortgefallenen Entscheidung BGHZ 146, 341 (dazu → § 705 alt Rn. 1; Jura 2021, 235; mit zu zitieren wäre der Kostenbeschluss nach Erledigung NJW 2002, 1207) beschriebene OHG-Struktur für die GbR (BT-Drs. aaO S. 125). Es ist dies eine Gesellschaft, die als solche am Rechtsverkehr mit Dritten teilnimmt. Die gegenübergestellte nicht rechtsfähige GbR beschränkt sich nach den Vorgaben des Gesetzgebers strikt auf die Regelung des Rechtsverhältnisses unter Gesellschaftern ohne jede direkte Außenwirkung. Sie wird deshalb in *§ 740* als nicht vermögensfähig und vermögenslos beschrieben; zur Problematik einer solchen Konstruktion → *§§ 740–740c* nF Rn. 1 ff.).

3 **3. Vermutung.** Nach seinem klaren Wortlaut stellt *§ 705 III* die Vermutung auf, dass beim Betrieb eines Unternehmens unter gemeinschaftlichem Namen auf einen gemeinsamen Willen der Gesellschafter zur Teilnahme am Rechtsverkehr zu schließen sei. Es liegt nahe, diese Vorschrift im Zusammenhang mit § 14 I zu lesen, die u.a. eine rechtsfähige Personengesellschaft als Unternehmer definiert, wenn sie in Ausübung einer gewerblichen oder freiberuflichen Tätigkeit handelt. Die Vermutung betrifft folgerichtig insbesondere Arbeitsgemeinschaften (ARGE) mehrerer gewerblicher Unternehmer, die den BGH (BGHZ 146, 341) zu einer Rechtsfortbildung motivierten, der die rechtsfähige GbR ihre Geburt verdankt, und denen gemäß § 14 I freiberufliches Unternehmertum z.B. in Gesellschaften anwaltlicher, steuerberatender oder heilberuflicher Tätigkeit gleichsteht. Die Begründung des Gesetzgebers (BT-Drs. aaO S. 126) führt entgegen dem klaren Wortlaut etwas missverständlich aus, von einer gesetzlichen Vermutungsregel sei abgesehen, vielmehr sei aus den Gegebenheiten des Einzelfalles auf den gemeinsamen Willen der Gesellschafter zur Teilnahme am Rechtsverkehr zu schließen. Allerdings sind die in *§ 705 III* beschriebenen Aktivitäten stets zwingend mit einer Teilnahme am Rechtsverkehr verbunden, so dass insoweit eher von einer

unwiderleglichen gesetzlichen Vermutung auszugehen ist als von einer bloß indiziellen Auslegungsregel.

4. Abgrenzungen. a) Die Abgrenzung zur **Bruchteilsgemeinschaft** ist 4 unverändert (§ 705 alt Rn. 5). **b)** Für den eingetragenen rechtsfähigen **Verein** ohne wirtschaftliche Zwecksetzung gelten stets §§ 21 ff. (zur ergänzenden Anwendung von gesellschaftsrechtlichen Vorschriften bei körperschaftlicher Struktur und beim noch einzutragenden rechtsfähigen Verein in Gründung → § 705 aF Rn. 6). Für Vereine mit wirtschaftlicher Zwecksetzung ohne nach § 22 verliehene Rechtsfähigkeit gilt gemäß *§ 54 I Satz 2* idF des Art. 1 MoPeG Gesellschaftsrecht, also fallangepasst das Recht der GbR oder der OHG (BT-Drs. aaO S. 123/124). Nach *§ 54 I Satz 1* idF des Art. 1 MoPeG ist wie bisher auf nicht eingetragene Vereine ohne wirtschaftliche Zwecksetzung das Recht eingetragener Vereine entsprechend anzuwenden. Die Haftungsvorschrift des *§ 54 II* ordnet bei allen nicht eingetragenen Vereinen die gesamthänderische Haftung der nach außen handelnden Personen an und entspricht damit § 54 aF, wobei bei Vereinen mit wirtschaftlicher Zwecksetzung das anwendbare Gesellschaftsrecht nicht immer zu deckungsgleichen Ergebnissen führen wird und § 54 II insoweit das nach außen wirkende gesellschaftsrechtliche Haftungsregime verdrängen dürfte (fraglich; zum Ganzen Habersack ZGR 2020, 539, 558 f). **c)** Die Ausführungen zur Abgrenzung gegen- 5 über der **OHG** (→ § 705 aF Rn. 7) behalten grundsätzlich ihre Geltung, sind aber um die Folgen der neuen Vorschriften zum Statuswechsel zu ergänzen (*§ 707c* u. *§§ 106 III – VII, 107 II Satz 2* HGB idF des Art. 51 MoPeG). Dabei spielt vor allem auch die neu geschaffene Möglichkeit eine Rolle, dass vermögensverwaltende Gesellschaften und Berufsausübungsgesellschaften freier Berufe durch Eintragung im Handelsregister handelsrechtliche Personengesellschaften (OHG, KG, GmBH GmbH & Co KG) werden können und ihnen berufsrechtlich teilweise auch kapitalgesellschaftsrechtliche Organisation erlaubt ist (dazu § 59b II BRAO; § 52b PAO; § 49 SteuerberaterG; § 27 WPO; restriktiver § 9 BNotO sowie § 33 der Zulassungsordnung für Vertragsärzte; teilw. krit. zu dieser Entwicklung Stürner, FS 60 Jahre Bundesrechtsanwaltskammer, 2019, S. 273 ff., 330 ff.; insgesamt positiv Henssler AnwBl. Online 2018, 564 ff.: DAJV-Vorschlag; Bachmann NJW 2021, 3071 Rn. 34). Soweit die Rechtsprechung des BGH hier teilweise Schranken gesetzt hat (→ dazu § 705 aF Rn. 11, aber auch die sich öffnende Rechtsprechung BGHZ 202, 92 für Personengesellschaften zwischen Wirtschaftsprüfern und Steuerberatern sowie BVerfGE 135, 90 ff.; 144, 82 ff.) ist sie durch das neue Recht obsolet. Für die Definition freier Berufe kann auf die Legaldefinition des § 1 II PartGG und die dort wiedergegebene Aufzählung zurückgegriffen werden (BT-Drs. aaO S. 224). **d)** Der bisherige Rechtszustand für **Vorgesellschaften** 6 (→ § 705 aF Rn. 8) und **Vorgründungsgesellschaften** (→ § 705 aF Rn. 9) bleibt unverändert. Dasselbe gilt für die Abgrenzung zum **partiarischen Vertrag** (→ § 705 aF Rn. 10). Das **PartGG** erfährt überwiegend redaktionelle Anpassungen an das geänderte BGB und HGB (Art. 68 MoPeG). Wichtig ist allerdings, dass § 8 PartGG mit seinem Haftungsregime eine Beschränkung der Haftung der Partnerschaft für Berufsausübungsschäden auf das Gesellschaftsvermögen ausdrücklich zulässt („Partnerschaft mit beschränkter Berufshaftung", mbB) und die Außenhaftung der Gesellschafter ohnehin unabhängig von einer solchen Beschränkung auf die einen Auftrag bearbeitenden Gesellschafter beschränkt. Damit sind die Partner besser gestellt als bei der GbR, wo eine GbR mit beschränkter Haftung ausdrücklich ausgeschlossen bleibt *(§§ 720 III, 721 nF;* zur schwankenden Rechtsprechung unter altem Recht §§ 714, 715 aF Rn. 5). Vertragliche Vereinbarungen entsprechend geltender Rechtsprechungspraxis sollen wohl weiterhin zulässig sein (BT-Drs. aaO S. 163 f., 165; → *§§ 719–722 nF* Rn. 4) und sind z.B. in § 52 BRAO unter bestimmten Voraussetzungen auch ausdrücklich erlaubt.

5. Anwendungsfälle der BGB-Gesellschaft. Bei *freien Berufen* (§ 705 aF 7 Rn. 11) ist zwar die rechtsfähige GbR auch unter neuem Recht eine durchaus wählbare Gestaltungsform, sie könnte aber zu Gunsten der Partnerschaftsgesellschaft und handelsrechtlicher Personen- und Kapitalgesellschaften oder auch von Mischformen stark an Boden verlieren (→ oben *Rn. 5)*, eine Entwicklung, die bereits vor dem MoPeG deutlich eingesetzt hat. In anderen Bereichen *unternehmerischer Zusammenschlüsse* unter einem gemeinsamen Namen wie der ARGE mag die rechtsfähige GbR (→ *§ 705 III nF*) weiter ein Instrument der Wahl sein, zumal eine Registrierung nicht unbedingt notwendig erscheint, so lange eine Registrierung in anderen Registern nicht ansteht und sich nicht störende Haftungsfragen erheben. In manchen Fällen unternehmerischer Zusammenarbeit (zB Poolvereinbarungen zur Stimmrechtswahrnehmung, Vereinbarungen über gemeinsame Entwicklungsprojekte etc) kann auch eine nicht rechtsfähige Gesellschaft ohne Teilnahme am Rechtsverkehr mit Dritten ausreichen. Unter *Eheleuten* (→ § 705 alt Rn. 13 f.) oder *nichtehelichen Lebensgemeinschaften* (→ § 705 alt Rn. 15 f.) wird die nicht rechtsfähige GbR – Innengesellschaft überwiegen. Die registrierte rechtsfähige Gesellschaft wird nur dort eine maßgebliche Rolle spielen, wo wertvollere registrierungsfähige gemeinsame Werte geschaffen werden (Grundstücke und Gebäude bzw. grundstücksgleiche Rechte, Beteiligungen an Gesellschaften oder Wertpapieranlagen) und beide Eheleute eine Verdinglichung ihrer Positionen anstreben. Im Übrigen wird abzuwarten sein, wie sich die Öffnung der Personenhandelsgesellschaften für vermögensverwaltende Verbindungen (→ *§ 107 I Satz 1 HGB nF*) auswirken wird. Auch die Entwicklung der Besteuerung der GbR könnte ganz allgemein die bestehenden Präferenzen auf Dauer verändern; die Begründung zur Reform geht zwar von einer unveränderten *Besteuerung* der Gesellschafter einer rechtsfähigen GbR aus (BT-Drs. 19/31105, 6.), es bestehen aber durchaus gewisse Zweifel an der künftigen Haltung des Gesetzgebers (beruhigend Bachmann NJW 2021, 3073 Rn. 13: „fiktive gesamthänderische Zuordnung des Gesellschaftsvermögens"; aufschlussreich der Arbeitskreis Bilanzrecht der Hochschullehrer ZIP 2021, Beil. Heft 2, 3; Schall NZG 2021, 494). Generell könnte die Möglichkeit raschen Statuswechsels bei Änderungen der Qualität des Gegenstandes gemeinsamen Wirtschaftens (→ *Rn. 6*) zu entwicklungsangepasster stärkerer Beweglichkeit führen.

8 **6. Der Gesellschaftsvertrag.** Der Abschluss des Gesellschaftsvertrags unterliegt nach wie vor *keiner Formpflicht*, sofern er keine besonderen formpflichtigen Verpflichtungen enthält (→ § 705 aF Rn. 17). Mitglied der GbR kann jede natürliche oder juristische Person oder rechtsfähige Personengesellschaft sein, also auch eine andere GbR (*§ 707 II Nr. 2 a nF*). Die fakultative *Registrierung* der rechtsfähigen Gesellschaft (*§ 707 I nF*) ist notwendige Voraussetzung für die Teilnahme an anderen registrierungspflichtigen Vorgängen z.B. im Gesellschafts- oder Handelsregister (*§§ 706, 707a I Satz 2, 707c nF; §§ 30 I nF, 106 II Nr. 2 b nF HBG, § 40 I Satz 3 nF GmbHG, § 67 I Satz 3 nF AktG*) oder Grundbuch (*§ 47 II GBO nF* u. Art. 229 § 21 I EGBGB) und ersetzt teilweise die schriftliche Dokumentation des Gesellschaftsvertrags. Werden *Minderjährige* Gesellschafter (→ § 705 aF Rn. 17), so bedürfen die Eltern wie bisher in bestimmten Fällen der Zustimmung des Familiengerichts (*§§ 1643 I, insbes. iVm 1850 Nr. 1–3, 5, 1852 Nr. 1 b, 2 nF* zum 1.1.2023). Der volljährig gewordene Minderjährige kann die Gesellschaft kündigen (*§ 725 IVnF*), die Gesellschaft muss ihn von Verbindlichkeiten befreien und den Wert seines Anteils auszahlen (*§ 728 nF*), seine Verlust- und Nachhaftung *(§§ 728a, 728 b nF)* beschränket sich jedoch grundsätzlich auf das bei Eintritt seiner Volljährigkeit vorhandene eigene Vermögen (§§ 1629a I Satz 2, 1990, 1991). Der Rechtsverkehr ist durch die Eintragung des Geburtsdatums in das Gesellschaftsregister gewarnt (*§ 707 II Nr. 2 a;* gleich *§ 106 II Nr. 2 a HGB nF* für das Handelsregister); zur eingeschränkten Anwendbarkeit der *Vorschriften über den gegenseitigen Vertrag* → Rn. 1. Bei *Abschlussmängeln* oder fehlerhaftem vertraglichen Eintritt oder Ausscheiden finden auch unter neuem Recht die Regeln über Nichtigkeit bzw. Unwirksamkeit allenfalls sehr stark modifiziert Anwendung und werden aus Gründen des Verkehrsschutzes in vielen Fällen durch gesellschaftsrechtliche Auflösungs- und Abwicklungsregeln ersetzt

(→ § 705 aF Rn. 19–22). Auch die Regeln über die Inhaltskontrolle (→ § 705 aF Rn. 23) bleiben anwendbar.

7. Innengesellschaft. Die Reform behandelt die nicht rechtsfähige GbR als reine Innengesellschaft (*§§ 740–740c*) und erklärt sie für vermögens*un*fähig (*§ 740 I nF*). Der Gesetzgeber begnügt sich im Übrigen etwas lustlos mit dem Verweis auf alle Vorschriften zur rechtsfähigen GbR, soweit sie nicht das Verhältnis zu Dritten betreffen (*§§ 740 II, 740a III, 740b II, 740c II nF*), verbunden mit dem Hinweis auf entsprechende Anwendung (zu Recht mit etwas kritischen Unterton *Bachmann* NJW 2021, 3073 Rn. 22 ff.). Der Gesetzgeber bestätigt damit zwar weithin den alten Rechtzustand, für den die Rechtsprechung ebenfalls die entsprechende Anwendung aller Vorschriften praktiziert hat, soweit sie nicht die Drittwirkung betreffen (→ § 705 aF Rn. 24). Während aber unter altem Recht der Gedanke von gesamthänderischen Ansprüchen der Gesellschafter gegen den treuhänderischen „Außengesellschafter" oder eine parallel existierende Bruchteilsgemeinschaft immerhin diskutabel schienen, wird nunmehr dieser Weg gesetzgeberisch versperrt, und die Gesellschafter werden auf Ansprüche verwiesen, die eine Rechtsgemeinschaft nicht voraussetzen (dazu → *§§ 740 – 740c nF* Rn. 1 ff.). Immerhin können die Entscheidungen zur entsprechenden Anwendung von nicht drittbezogenen Vorschriften alten Rechts zur Klärung von Einzelheiten entsprechender Anwendung unter neuem Recht noch hilfreich sein, soweit die neuen Rechtsvorschriften inhaltlich identisch oder sehr ähnlich sind. Die *stille Gesellschaft* als Sonderform der nicht 10
rechtsfähigen GbR folgt nunmehr den Regeln der *§§ 740 ff. nF*, (vgl. → § 705 aF Rn. 25); bei der entsprechenden Anwendung der §§ 230 ff. HGB ist zu beachten, dass sich das Informationsrecht des stillen Gesellschafters künftig nach dem *§ 166 nF HGB* (Informationsrecht des Kommanditisten) richtet (*§ 233 nF HGB*) und in *§ 234 I nF HGB* bei der Kündigung durch den Gesellschafter oder Privatgläubiger auf *§§ 132, 133 nF HGB* verwiesen ist und dabei der Verweis auf § 723 aF oder seine Nachfolgevorschrift (*§ 725 II nF*) entfällt. Die *Unterbeteiligung* als Innengesell- 11
schaft zur Beteiligung an einem Personengesellschafts- oder Kapitalgesellschaftsanteil folgt ebenfalls dem reformierten Recht der nicht rechtsfähigen GbR und teilweise den reformierten *§§ 230 ff.* HGB (vgl. → § 705 aF Rn. 26; zur Reform der §§ 230 ff. HGB vgl. → § 705 Rn. 11), wobei insbesondere beim Informationsrecht der Verweis auf *§ 166* nF HGB zu beachten bleibt. In Fällen der stillen Gesellschaft und der Unterbeteiligung bleibt die alte Rechtsprechung hilfreich, soweit sie sich mit modifizierender Anwendung alter Rechtsvorschriften befasst.

8. Prozessuales. Die rechtsfähige GbR (*§ 705 II 1. Alt. nF)* ist auch im Zivilprozess parteifähig (*§ 50 nF ZPO* idF ab 1.1.2024 und § 50 I aF ZPO), so dass sich der vom BGH vertretene Standpunkt (BGHZ 146, 341 mit NJW 2002, 2017) nunmehr auch gesetzgeberisch durchgesetzt hat und sich alte Streitfragen (vgl. → § 705 aF Rn. 27; → §§ 709–713 aF Rn. 10; → § 714, 715 aF Rn. 10) insoweit erledigt haben. Sofern die nicht rechtsfähige Gesellschaft trotzdem als solche verklagt wird, ist die Klage als unzulässig abzuweisen, also der Streit um rechtsfähig oder nicht rechtsfähig bereits im Rahmen der Zulässigkeitsprüfung zu entscheiden; für die Vollstreckung s. *§ 722 nF* (→ *§§ 719–722 nF* Rn. 11). Sofern Rechtsstreitigkeiten zwischen der nicht rechtsfähigen GbR und ihrem treuhänderische Außengesellschafter entstehen sollten, wäre auf Gläubigerseite der nicht rechtsfähigen GbR von individuellen Forderungen der einzelnen Gesellschafter oder von einer Bruchteilsgemeinschaft der restlichen Mitgesellschafter an der vertraglichen Forderung auszugehen (vgl. → § 741 Rn. 5; *§§ 740–740c nF* Rn. 1) mit der Folge einer einzelnen oder mehrheitlichen Klage nach § 432 oder einer gemeinsamen Klage aus Forderungsgemeinschaft, wobei bei mehreren Klägern wohl eine notwendige Streitgenossenschaft gegeben wäre (unklar und teilw. str., vgl. → § 432 Rn. 4 u. → § 741 Rn. 5). Auf der Schuldnerseite wäre meist Gesamtschuldnerschaft (§ 427) anzunehmen mit der regelmäßigen Folge einfacher Streitgenossenschaft (vgl. → § 421 Rn. 11).

Untertitel 2. Rechtsfähige Gesellschaft

Kapitel 1. Sitz; Registrierung

§ 706 *Sitz der Gesellschaft*

Sitz der Gesellschaft ist der Ort, an dem deren Geschäfte tatsächlich geführt werden (Verwaltungssitz). [2]Ist die Gesellschaft im Gesellschaftsregister eingetragen und haben die Gesellschafter einen Ort im Inland als Sitz vereinbart (Vertragssitz), so ist abweichend von Satz 1 dieser Ort Sitz der Gesellschaft.

1 **1. Zweck.** Aus der Möglichkeit einer Registrierung der GbR (*§ 707 nF*) folgt die Notwendigkeit einer Zuständigkeitsregelung für das Registergericht. Die zunächst naheliegende räumliche Anknüpfung ist der Ort, an dem die Geschäfte geführt werden (Verwaltungssitz). Eine andere Möglichkeit besteht darin, den Gesellschaften die Wahl des Sitzes zu überlassen (Vertragssitz). Er hat den Vorteil, dass bei einer Änderung des geschäftlichen örtlichen Schwerpunktes keine Neuregistrierung beim Gericht des neuen Verwaltungssitzes zu erfolgen hat, was insbesondere dann zur Notwendigkeit einer Neugründung führen kann, wenn sich der neue Verwaltungssitz im Ausland befindet. Im Recht der Kapitalgesellschaften hat sich deshalb in jüngerer Zeit (G v.om 23.10.2008, BGBl. I 2008 S. 2026 – MoMiG-) der Vertrags- bzw. Satzungssitz als Regel durchgesetzt, der solche Schwierigkeiten vermeidet (§§ 4a GmbHG, 5 AktG).

2 **2. Neuausrichtung des Sitzrechts der Personengesellschaften.** Der Gesetzgeber hat in Folge dieser Entwicklung für den Bereich der Personengesellschaften neben dem Verwaltungssitz den Vertragssitz zugelassen, der sich aber in Deutschland befinden muss. Es ist auf diese Weise möglich, einen Verwaltungssitz in einem anderen Staat der EU oder einem Drittstaat entsprechend den wirtschaftlichen Bedürfnissen zu begründen, den Vertragssitz aber in Deutschland zu belassen und so die kontinuierliche Zuständigkeit des deutschen Registergerichts zu erreichen (vgl. zum Ganzen → BT-Drs. 19/27635, S. 126/127; ferner Koch ZHR 173 (2009), 101 ff.). Der neue *§ 706* findet im Wege des Verweises auf die OHG *(§ 105 III HGB iVm Art. 49 MoPeG)* die KG (§ 162 II HGB) und die Partnerschaftsgesellschaft (§ 1 IV PartGG) Anwendung. Außer dem Vorteil kontinuierlicher Zuständigkeit des deutschen Registergerichts vermeidet die Harmonisierung mit dem Kapitalgesellschaftsrecht auch Schwierigkeiten, die sich bei gemischten Gesellschaftstypen wie etwa der GmbH & Co KG durch auseinanderfallende Zuständigkeiten ergeben könnten.

§ 707 *Anmeldung zum Gesellschaftsregister*

(1) ***Die Gesellschafter können die Gesellschaft bei dem Gericht, in dessen Bezirk sie ihren Sitz hat, zur Eintragung in das Gesellschaftsregister anmelden.***

(2) ***Die Anmeldung muss enthalten:***

1. folgende Angaben zur Gesellschaft:
   - ***a) den Namen,***
   - ***b) den Sitz und***
   - ***c) die Anschrift, in einem Mitgliedstaat der Europäischen Union***

2. folgende Angaben zu jedem Gesellschafter:
   - ***a) wenn der Gesellschafter eine natürliche Person ist: dessen Namen, Vornamen, Geburtsdatum und Wohnort;***
   - ***b) wenn der Gesellschafter eine juristische Person oder rechtsfähige Personengesellschaft ist: deren Firma oder Namen, Rechtsform, Sitz und, soweit gesetzlich vorgesehen, zuständiges Register und Registernummer;***

3. die Angabe der Vertretungsbefugnis der Gesellschafter;

4. die Versicherung, dass die Gesellschaft nicht bereits im Handels- oder im Partnerschaftsregister eingetragen ist.

(3) Wird der Name der im Gesellschaftsregister eingetragenen Gesellschaft geändert, der Sitz an einen anderen Ort verlegt oder die Anschrift geändert oder ändert sich die Vertretungsbefugnis eines Gesellschafters, ist dies zur Eintragung in das Gesellschaftsregister anzumelden. ²Ist die Gesellschaft im Gesellschaftsregister eingetragen, so sind auch das Ausscheiden eines Gesellschafters und der Eintritt eines neuen Gesellschafters zur Eintragung in das Gesellschaftsregister anzumelden.

(4) Anmeldungen sind vorbehaltlich der Sätze 2 und 3 von sämtlichen Gesellschaftern zu bewirken. ²Scheidet ein Gesellschafter durch Tod aus, kann die Anmeldung ohne Mitwirkung der Erben erfolgen, sofern einer solchen Mitwirkung besondere Hindernisse entgegenstehen. ³Ändert sich nur die Anschrift der Gesellschaft, ist die Anmeldung von der Gesellschaft zu bewirken.

1. Zweck der fakultativen Anmeldung. Zweck der Registrierung ist sowohl der Gläubigerschutz als auch die Verbesserung des Wirkungsgrades der GbR als Instrument wirtschaftlicher Aktivitäten. Beides hängt miteinander zusammen. Einerseits sind die Gläubiger durch die mit der Registrierung im Gesellschaftsregister geschaffenen Transparenz ausreichend informiert, wenn sie im Grundstücksverkehr oder im kaufmännischen Verkehr mit einer GbR Geschäfte tätigen, weil sie die Bonität der einzelnen Gesellschafter besser einschätzen können und mit dem Register und dem von ihm ausgehenden Schutz des gutgläubigen Verkehrs auch ein gesteigertes Maß an Rechtssicherheit über die Geschäftsführungs- und Vertretungsbefugnisse innerhalb der GbR geschaffen ist. Gleichzeitig erweitert die erhöhte Transparenz aber den der GbR zugänglichen Geschäftskreis, weil die erhöhte Publizität und ihre Vertrauenswirkung Geschäftspartner zum Austausch von Gütern und Dienstleistungen ermuntert (hierzu und zum Folgenden BT- Drucks. 19/27635, S. 127–129). Man könnte um dieser positiven Wirkungen einer Registrierung willen eine obligatorischen Registrierung aller rechtsfähigen GbR für vorzugswürdig halten. Gleichwohl hat der Gesetzgeber angesichts der Diskussionen um eine umfassende Registrierungspflicht eine so radikale Lösung bewusst verworfen, weil damit das Bedürfnis der Wirtschaft nach einer Gesellschaftsform mit deutlich weniger Publizität, als es bei der OHG oder KG der Fall ist, vollständig außer Acht gelassen worden und die Rechtsentwicklung insoweit hinter den Stand nach der Entscheidung BGHZ 146, 341 zurück geworfen worden wäre. 1

2. Einzelheiten. a) Die *Anmeldung* kann *beim Gericht* des inländischen Verwaltungssitzes oder beim Gericht des Vertragssitzes erfolgen (zu den Vorzügen des Vertragssitzes → *§ 706 Rn. 1 u. 2 nF*); zur örtlichen, sachlichen und funktionellen Zuständigkeit s. §§ 374 Nr. 2, 376 I u.II FamFG (idF des Art. 45 Nr. 2 u. 4 b, c, aa MoPeG), 23a I Nr. 2, II Nr. 3 GVG und § 3 Nr. 1 lit. n RpflG (idF des Art. 30 Nr. 1 a, bb MoPeG) **b)** Die *Angaben zur Gesellschaft* nach *§ 707 I nF* (Namen, Sitz und Anschrift) sollen die postalische und räumliche Erreichbarkeit der GbR sicherstellen und unterfallen der Publizitätswirkung des § 15 HGB. Für gerichtliche Zustellungen gelten insbesondere §§ 170, 178–180 ZPO, welche die Zustellung an *einen oder* den vertretungsberechtigten Gesellschafter persönlich, in den Geschäftsräumen oder auch in der Wohnung des Gesellschafters gestatten. Die Adresse muss nicht im Inland liegen, wohl aber in einem EU-Mitgliedstaat, in dem unter der EuZVO iVm §§ 1067 ff. ZPO zugestellt werden kann (gleich § 106 II Nr. 1 c HGB idF des Art. 52 MoPeG). Man wird davon auszugehen haben, dass die angegebene Adresse im EU – Ausland nicht mit der Adresse des Vertragssitzes im Inland zusammenfallen muss, die für die Zuständigkeit des deutschen Registergerichtes maßgeblich ist, also als Adresse z.B. der tatsächliche Verwaltungssitz im Ausland ausreicht. Von einer Erleichterung öffentlicher Zustellung bei Fehlerhaftigkeit der registrierten Adresse (§§ 15a HGB, 185 Nr. 2 ZPO) hat der Gesetzgeber bei der GbR und anderen Personengesellschaften bewusst abgesehen (→ BT-Drs. 19/27635, S. 130)

Margin numbers: 2 (beside "2. Einzelheiten"), 3 (beside "Nr. 1 a, bb MoPeG) b)")

4 **c)** Die *Angaben zu den Gesellschaftern* müssen bei natürlichen Personen neben vollem Namen und Wohnort auch das Geburtsjahr angeben, um Dritte vor den möglichen Rechtsfolgen der Minderjährigkeit eines Gesellschafters zu warnen (dazu *§ 725 IV nF* und → *§ 705 nF* Rn. 9 mN, zum geltenden alten Recht → § 723 I Nr. 2 u. → §§ 723–728 aF Rn. 17). Bei juristischen Personen oder rechtsfähigen Personengesellschaften wie auch der GbR sind neben Name, Rechtsform und Sitz Angaben zur Registrierung erforderlich, wobei sich die Einschränkung „soweit gesetzlich vorgesehen" auf privatrechtliche Stiftungen und juristische Personen des öffentlichen Rechts, die auch nicht nach § 33 I HGB registriert sind, sowie auf ausländische Gesellschaften bezieht, für die nicht in allen Fällen eine Registrierung vorgesehen sein muss (zur entsprechenden Anwendung der § 13e ff. HGB bei der Festlegung
5 notwendiger Angaben BT-Drs. 19/27635, S. 131). d) *Angaben zur Vertretungsbefugnis* sind nach dem strengen Wortlaut des *§ 707 II Nr. 3 nF* um der Klarheit willen auch dann zu machen, wenn sie der Grundregel des *§ 720 I nF* entspricht und der Gesellschaftsvertrag die Vertretungsbefugnis nicht auf einen oder mehrere Gesellschafter beschränkt (BT-Drs. aaO S. 131). Die Ermächtigung eines Gesamtvertretungsberechtigten zur alleinigen Vornahme bestimmter Geschäfte (*§ 720 II nF*) ist nicht zu registrieren, sondern folgt den Regeln rechtsgeschäftlicher Vollmacht und ist im Rechtsverkehr auch entsprechend nachzuweisen bzw. zu prüfen (BT-Drs. aaO
6 S. 163; zum alten Recht sa → §§ 714, 715 aF Rn. 4. u. 5). **e)** Angaben zu einer *bereits existierenden Registrierung* sollen die Beachtung des registerrechtlichen Grundsatzes absichern, dass ein Statuswechsel immer zuerst bei dem Registergericht anzumelden ist, bei dem die Gesellschaft mit ihrem alten Status bereits registriert ist (*§ 705c I nF*; gleich *§§ 106 III–V, 107 II* u. *III* HGB idF des Art. 51 MoPeG; *§ 4 IV PartGG* idF des Art. 68 MoPeG).

7 **3. Änderungen des Registereintrags.** *§ 707 III nF* enthält eine Aufzählung eintragungspflichtiger Änderungen (Namensänderung, Sitzverlegung, Änderungen der Vertretungsbefugnis, Ausscheiden oder Eintritt eines Gesellschafters), die in den *§§ 733, 736c nF* für die Fälle der Auflösung und Liquidation eine Ergänzung erfährt. Die notwendigen Angaben orientieren sich an *§ 707 II nF.* Unterlassene Meldung zur Registrierung führt zur Unrichtigkeit des Gesellschaftsregisters mit negativen Folgen für die Beteiligten in Fällen des registerrechtlichen Verkehrsschutzes (*§ 707a III Satz 1 nF* iVm § 15 HGB).

8 **4. Anmeldungsverpflichtete.** Die Verpflichtung zur gemeinsamen Anmeldung durch alle Gesellschafter (*§ 707 IV nF*) soll unredliche Manipulation und wechselseitige Missverständnisse unter den Gesellschaftern vermeiden. Im Falle des Todes eines Gesellschafters kann es sein, dass die Erben oder einzelne Erben noch nicht feststehen und ihre Ermittlung ebenso wie die Bestellung eines Nachlasspflegers Zeit beansprucht. Hier kann das Registergericht bei feststehendem Tod auf Antrag der überlebenden Gesellschafter und eventuell bereits feststehender Miterben eine Registrierung vornehmen, um eine Haftung des Nachlasses für noch nach dem Tode entstehende Gesellschaftsverbindlichkeiten sicher auszuschließen (BT-. – Drucks. aaO S. 131/132; sa zum ähnlichen Fall einer anstehenden Grundbuchberichtigung unter altem Recht → §§ 723–728 alt Rn. 14 mN). Die erleichterte Registrierung einer Änderung der Anschrift kann die Gesellschaft selbst durch ihre vertretungsberechtigten Gesellschafter oder deren rechtsgeschäftliche Vertreter vornehmen.

§ 707a *Inhalt und Wirkungen der Eintragung im Gesellschaftsregister*

(1) Die Eintragung im Gesellschaftsregister hat die in § 707 Absatz 2 Nummer 1 bis 3 genannten Angaben zu enthalten. [2]Eine Gesellschaft soll als Gesellschafter nur eingetragen werden, wenn sie im Gesellschaftsregister eingetragen ist.

(2) Mit der Eintragung ist die Gesellschaft verpflichtet, als Namenszusatz die Bezeichnungen „eingetragene Gesellschaft bürgerlichen Rechts" oder „eGbR" zu

führen. ***[2]Wenn in einer eingetragenen Gesellschaft keine natürliche Person als Gesellschafter haftet, muss der Name eine Bezeichnung enthalten, welche die Haftungsbeschränkung kennzeichnet.***

(3) ***Die Eintragung bewirkt, dass § 15 des Handelsgesetzbuchs mit der Maßgabe entsprechend an- zuwenden ist, dass das Fehlen der Kaufmannseigenschaft nicht an der Publizität des Gesellschaftsregisters teilnimmt. [2]Die Eintragung lässt die Pflicht, die Gesellschaft zur Eintragung in das Handelsregister anzumelden (§ 106 Absatz 1 des Handelsgesetzbuchs), unberührt.***

(4) ***Nach Eintragung der Gesellschaft findet die Löschung der Gesellschaft nur nach den allgemeinen Vorschriften statt.***

1. Inhalt der Registereintragung. *§ 707a I Satz 1 nF* beschränkt den Inhalt der Eintragung auf die in *§ 707 II nF* erwähnten Pflichtangaben. Dieser strenge Wortlaut intendiert Registrierung zur klaren und schnellen Orientierung und will eine Überladung der Register bis hin zur Unübersichtlichkeit verhindern. Jede den Registerinhalt ausweitende Rechtsfortbildung ist nach der Gesetzesbegründung ausgeschlossen (BT – Drs. 19/27635) Auch besonders verkehrswichtige Merkmale der Gesellschaftsanteile wie etwa ihre Größe bei individueller vertraglicher Vereinbarung (*§§ 708, 709 nF*) gehen nicht aus dem Register hervor und entsprechende Informationen bleiben einer Vertragseinsicht nach entsprechender Erlaubnis vorbehalten; anders z.B. bei einer GmbH als haftender Gesellschafterin einer rechtsfähigen und registrierten ARGE, bei der ihre Gesellschafterliste als Bestandteil des Handelsregisters (§ 40 GmbHG) weitreichende Information gewährt; zur Entwicklung der Rechtsprechung zur Eintragungsfähigkeit von im Gesetz nicht benannten Daten im Handelsregister ausführlich MüKoHGB/Krafka, 5: Aufl. 2021, HGB § 8 Rn. 37; MüKoHGB/Krebs, aaO HGB § 15 Rn. 29 für eintragungspflichtige Daten). 1

2. Registrierung einer GbR als Gesellschafter. Eine GbR kann *Gesellschafter* einer anderen GbR sein (dazu BVerf NJW 2022, 3146 für eine Berufsausübungsgesellschaft unter altem GbR – Recht aber bereits neuem anwaltlichen Berufsrecht), wobei unter neuem Recht der GbR die registrierte Mitgliedschaft in einer registrierten rechtsfähigen Gesellschaft auch die Registrierung des Mitglieds voraussetzt (*§ 707a I Satz 2 nF*). Im übrigen ist davon auszugehen, dass die Mitgliedschaft in einer nicht registrierten GbR einer registrierten oder nicht registrierte GbR offen steht, und zwar unabhängig davon, ob die aufnehmende GbR selbst rechtsfähig ist oder nicht. Ist eine nicht registrierte Gesellschaft Mitglied einer ebenfalls nicht registrierten Gesellschaft und lässt diese sich registrieren, ohne dass die Mitgliedsgesellschaft registriert ist, so kann die Mitgliedsgesellschaft nicht als Mitglied in das Register eingetragen werde, sie behält aber ihre Gesellschafterposition als stille Gesellschafterin ohne Drittwirkung ihrer Gesellschafterstellung (unklar insoweit die Gesetzesbegründung BT-Drs. 19/27365). 2

3. Namenszusatz. Die registrierte GbR muss gemäß *§ 707a II nF* den Namenszusatz eGbR führen, nicht zuletzt um so ihre mit Publizität versehene Dispositionsbefugnis über die Gestaltung der Vertretungsmacht der Gesellschafter *§§ 707 II Nr. 3, 720 I nF* (hierzu → *§ 707 nF* Rn. 5) nach außen zu dokumentieren. Zudem muss im Namen sichtbar werden, wenn nur beschränkt haftende Gesellschaften Mitglieder der GbR sind und keine natürlichen Personen (z.B. „GmbH eGbR“). 3

4. Publizitätswirkung des Gesellschaftsregisters. *§ 707a III nF* verweist für die Publizitätswirkung der Eintragung ins Gesellschaftsregister auf § 15 HGB. Das Hauptgewicht der Regelung liegt dann aber auf der Einschränkung des Verweises. Das Fehlen der Kaufmannseigenschaft ist von der Publizitätswirkung ausgenommen mit der Folge, dass sich die GbR in eine OHG verwandelt, falls sie ein Handelsgewerbe gemäß § 1 II HGB betreibt. Nach § 106 II HGB besteht dann die Pflicht, 4 die Eintragung als OHG ins Handelsregister anzumelden, die gemäß *§ 707c nF* nach den Vorschriften zum Statuswechsel zu vollziehen ist. Wegen des Ausschlusses einer Berufung auf die fehlende Kaufmannseigenschaft auf Grund der Registereintragung als eGbR gilt die GbR zu Gunsten von Dritten als OHG, falls sie kaufmännische Geschäfte betreibt. Umgekehrt kann sich aber auch der Dritte nicht auf die Eintragung als GbR berufen, wenn ihm dies günstiger erscheint (str, s. dazu BT-Drs. 19/27635 S. 133 mit einer abl. Haltung zur sog. „Rosinentheorie"; zu ihr statt vieler MüKoHGB/Krebs, HGB § 15 Rn. 58). Mit der generellen Anwendbarkeit des § 15 HGB, dessen entstehungsgeschichtlich unterschiedliche Textteile zur weiteren Komplizierung der ohnehin schwierigen Lehre von der registerrechtlichen Rechtsscheinwirkung beitragen, wird auch das Recht der GbR mit den Auswirkungen dieser verunglückten Vorschrift des HGB beschwert.

5 **5. Löschung nach allgemeinen Vorschriften.** *§ 707a IV nF* verbietet im Interesse der Rechtssicherheit und Rechtsklarheit die Löschung der Registrierung einer eGbR auf Antrag der Gesellschafter, weil die ursprünglich durchaus freiwillige Registrierung mit Vorteilen für die GbR im Falle ihrer Beteiligung an registrierungspflichtigen Rechtsgeschäften verbunden war und die GbR damit am Rechtsverkehr in der Rechtssicherheit besonders verpflichteten Bereichen teilnehmen konnte, die ihr ohne Registrierung nicht zugänglich gewesen wären.. Die Möglichkeit antragsgemäßer Löschung Löschung im rechtsähnlichen Fall des § 105 II Satz 2 aF HGB ist durch die Reform ebenfalls beseitigt worden (*§ 107 II u. III HGB* idF des Art. 51 MoPeG). Die Löschung setzt deshalb im Regelfalle eine Abwicklung durch Liquidation (*§ 738 nF*) oder eine insolvenzmäßige Abwicklung voraus (*§ 735 II* nF, §§ 200 II, 31–33, 215 II InsO); zur grundbuchrechtlichen Übergangsregelung Art. 229 EGBGB § 21 idF des Art. 49 MoPeG; dazu Herrler ZGR Sonderheft 23 (2020), 39).

§ 707b *Entsprechend anwendbare Vorschriften des Handelsgesetzbuchs.*

Folgende Vorschriften des Handelsgesetzbuchs sind auf eingetragene Gesellschaften entsprechend anzuwenden:
1. ***auf die Auswahl und den Schutz des Namens der Gesellschaft: die §§ 18, 21 bis 24, 30 und 37,***
2. ***auf die registerrechtliche Behandlung der Gesellschaft und die Führung des Gesellschaftsregisters: die §§ 8, 8a Absatz 1, § 9 Absatz 1 Satz 1 und Absatz 3 bis 6, die §§ 10 bis 12, 13h, 14, 16 und 32 und***
3. ***auf die registerrechtliche Behandlung der Zweigniederlassung einer Gesellschaft: die §§ 13 und 13d mit der Maßgabe, dass eine Verpflichtung zur Anmeldung der Zweigniederlassung nicht besteht.***

1 **1. Regelungsgegenstand.** *§ 707b nF* behandelt im Wege des Verweises auf das HGB sehr unterschiedliche Materien: Das Namensrecht der GbR mit durchaus materiellrechtlichem Charakter (Nr. 1) und wesentliche Teile des Registerverfahrensrechts (Zif. 2 u. 3).

2 **2. Namensrecht der GbR.** .Das Namensrecht der GbR übernimmt in wesentlichen Punkten das firmenrechtliche Namensrecht des HGB (schon ursprünglich rechtsähnlich und geringfügig angepasst durch Art. 68 Nr. 2 b MoPeG der § 2 II PartGG). Es gelten die Grundsätze der Firmenwahrheit (§§ 18, 23 HGB), der Namensbeständigkeit (§§ 21, 22, 24 HGB) und der hinreichenden Unterscheidbarkeit (§ 30 HGB idF des Art. 51 Nr. 2 MoPeG) und die firmenrechtlichen Rechtsbehelfe gegen Namensrechtsverletzungen (§ 37 HGB).

3 **3. Registerverfahrensrecht.** Von den für das Handelsregister geltenden Verfahrensregeln sind in *§ 707b Nr. 2 nF* übernommen: §§ 8 u. 8a I HGB (elektronische Führung durch Gerichte, Namensschutz für die Bezeichnung Gesellschaftsregister, Wirksamkeit der Eintragung mit ihrer Speicherung in lesbar reproduzierbarer Form);

§ 9 I Satz 1, III – VI HGB (Recht der Einsichtnahme, Beglaubigung der Korrektheit übermittelter Daten, Recht auf einen Ausdruck und eine Bestätigung über das Fehlen weiterer Eintragungen, Geltung dieser Regeln für Einsichtnahme ins Unternehmensregister), § 10 HGB (Bekanntmachung der Eintragung), § 10a HGB (Anpassung der Auskunft an die Erfordernisse der EU – Datenschutzgrundverordnung), § 11 HGB (Übermittlung der Daten innerhalb der EU mit eingereichter Übersetzung), § 12 HGB (elektronische Einreichung in öffentlich beglaubigter Form nach notarieller Prüfung der Identität des Anmeldenden und der Eintragungsfähigkeit der Anmeldung, Einreichung durch den Notar in strukturierter maschinenlesbarer Form §§ 378 III Satz 2, 387 III u. IV FamFG, 39a BeurkG), § 13h HGB (Anmeldung der Verlegung des Sitzes einer Hauptniederlassung), § 14 HGB (Zwangsgeld bei Nichtanmeldung), § 32 HGB (amtswegige Eintragung einer Insolvenzeröffnung, Aufhebung des Eröffnungsbeschlusses, von Verfügungsverboten u. anderen verfahrensbestimmenden Entscheidungen des Insolvenzgerichts; §§ 13 u.13d HGB (Registrierungsrecht der Zweigniederlassungen ohne Verpflichtung zur Anmeldung).

§ 707c *Statuswechsel*

(1) ***Die Anmeldung zur Eintragung einer bereits in einem Register eingetragenen Gesellschaft unter einer anderen Rechtsform einer rechtsfähigen Personengesellschaft in ein anderes Register (Statuswechsel) kann nur bei dem Gericht erfolgen, das das Register führt, in dem die Gesellschaft eingetragen ist.***

(2) ***[1]Wird ein Statuswechsel angemeldet, trägt das Gericht die Rechtsform ein, in der die Gesellschaft in dem anderen Register fortgesetzt wird (Statuswechselvermerk). [2]Diese Eintragung ist mit dem Vermerk zu versehen, dass die Eintragung erst mit der Eintragung der Gesellschaft in dem anderen Register wirksam wird, sofern die Eintragungen in den beteiligten Registern nicht am selben Tag erfolgen. [3]Sodann gibt das Gericht das Verfahren von Amts wegen an das für die Führung des anderen Registers zuständige Gericht ab. [4]Nach Vollzug des Statuswechsels trägt das Gericht den Tag ein, an dem die Gesellschaft in dem anderen Register eingetragen worden ist. [5]Ist die Eintragung der Gesellschaft in dem anderen Register rechtskräftig abgelehnt worden oder wird die Abmeldung zurückgenommen, wird der Statuswechselvermerk von Amts wegen gelöscht.***

(3) ***[1]Das Gericht soll eine Gesellschaft, die bereits im Handels- oder im Partnerschaftsregister eingetragen ist, in das Gesellschaftsregister nur eintragen, wenn***
1. ***der Statuswechsel zu dem anderen Register angemeldet wurde,***
2. ***der Statuswechselvermerk in das andere Register eingetragen wurde und***
3. ***das für die Führung des anderen Registers zuständige Gericht das Verfahren an das für die Führung des Gesellschaftsregisters zuständige Gericht abgegeben hat.***

[2]§ 707 Absatz 2 bleibt unberührt.

(4) ***[1]Die Eintragung der Gesellschaft hat die Angabe des für die Führung des Handels- oder des Partnerschaftsregisters zuständigen Gerichts, die Firma oder den Namen und die Registernummer, unter der die Gesellschaft bislang eingetragen ist, zu enthalten. [2]Das Gericht teilt dem Gericht, das das Verfahren abgegeben hat, von Amts wegen den Tag der Eintragung der Gesellschaft in das Gesellschaftsregister und die neue Registernummer mit. [3]Die Ablehnung der Eintragung teilt das Gericht ebenfalls von Amts wegen dem Gericht, das das Verfahren abgegeben hat, mit, sobald die Entscheidung rechtskräftig geworden ist.***

(5) ***[1]Wird ein Gesellschafter Kommanditist, ist für die Begrenzung seiner Haftung für die zum Zeitpunkt seiner Eintragung im Handelsregister begründeten Verbindlichkeiten § 728b entsprechend anzuwenden. [2]Dies gilt auch, wenn er in der Gesellschaft oder einem ihr als Gesellschafter angehörenden Unternehmen geschäftsführend tätig wird. [3]Seine Haftung als Kommanditist bleibt unberührt.***

§ 707d *Verordnungsermächtigung*

(1) [1]Die Landesregierungen werden ermächtigt, durch Rechtsverordnung nähere Bestimmungen über die elektronische Führung des Gesellschaftsregisters, die elektronische Anmeldung, die elektronische Einreichung von Dokumenten sowie deren Aufbewahrung zu treffen, soweit nicht durch das Bundesministerium der Justiz und für Verbraucherschutz nach § 387 Absatz 2 des Gesetzes über das Verfahren in Familiensachen und in den Angelegenheiten der freiwilligen Gerichtsbarkeit entsprechende Vorschriften erlassen werden. [2]Dabei können sie auch Einzelheiten der Datenübermittlung regeln sowie die Form zu übermittelnder elektronischer Dokumente festlegen, um die Eignung für die Bearbeitung durch das Gericht sicherzustellen. [3]Die Landesregierungen können die Ermächtigung durch Rechtsverordnung auf die Landesjustizverwaltungen übertragen.

(2) [1]Die Landesjustizverwaltungen bestimmen das elektronische Informations- und Kommunikationssystem, über das die Daten aus den Gesellschaftsregistern abrufbar sind, und sind für die Abwicklung des elektronischen Abrufverfahrens zuständig. [2]Die Landesregierung kann die Zuständigkeit durch Rechtsverordnung abweichend regeln; sie kann diese Ermächtigung durch Rechtsverordnung auf die Landesjustizverwaltung übertragen. [3]Die Länder können ein länderübergreifendes, zentrales elektronisches Informations- und Kommunikationssystem bestimmen. [4]Sie können auch eine Übertragung der Abwicklungsaufgaben auf die zuständige Stelle eines anderen Landes sowie mit dem Betreiber des Unternehmensregisters eine Übertragung der Abwicklungsaufgaben auf das Unternehmensregister vereinbaren.

Anmerkungen zu §§ 707c, 707d

1 **1. Rechtsnatur.** *§§ 707c u.707d nF* enthalten ganz überwiegend registerverfahrensrechtliche Regelungen eher technischen Charakters, der auch mit der sich anbahnenden vollen Digitalisierung des Registerwesens und der damit verbundenen Notwendigkeit enger lückenloser Taktung von registerwechselnden Vorgängen zusammenhängt. Es finden sich in diesen Vorschriften aber auch Regelungen materiellrechtlicher Natur, soweit die verfahrensrechtliche Gestaltung eng an materiellrechtliche Vorgaben anknüpft. Das Recht der OHG und KG kennt im HGB parallele registerrechtliche Regelungen (§§ 106, 107, u. Art. 89 I EGHGB idF des Art. 52 MoPeG), und das Recht der Partnerschaftsgesellschaften ist insoweit dem BGB und HGB angepasst (dazu §§ 4 u.5 PartGG idF des Art. 68 Nr. 4 u. 5 MoPeG). Der Gesetzgeber geht dabei zu Recht davon aus, dass Statusänderungen zwischen diesen Rechtsformen sehr häufig sein werden, und möchte solchen Statuswechsel erleichtern und gegenüber den Vorschriften des Umwandlungsrechtes vereinfachen (dazu BT-Drs. 19/27635 S. 137). Diese Vereinfachung ist nur im Falle von Wechseln zwischen Rechtsformen rechtfähiger Personengesellschaften möglich, weil deren Verwaltungs- und Haftungsstrukturen große Ähnlichkeit aufweisen, nicht aber beim Wechsel zwischen Personengesellschaften und Kapitalgesellschaften, die insoweit doch sehr unterschiedlich strukturiert sind und deshalb bei Wechseln umwandlungsrechtliches Instrumentarium notwendig erscheinen lassen (dazu insbesondere §§ 190 ff, 191 I Nr. 1 u. II, 198 UmwG; §§ 214 ff., 214 I, 222, 198: Personen- in Kapitalgesellschaften; §§ 228 ff., 228 III, 198: Kapital- in Personengesellschaften, alle Vorschriften idF des Art 60 I Nr. 1, II Nr. 1, Nr. 18–20 MoPeG).

2 **2. Registerrechtliche Gestaltung des Statuswechsels.** .Der Rechtsformwechsel zwischen Personengesellschaften (Statuswechsel) kann gemäß *§ 707c nF* Drittwirkung durch eine vereinfachte Umregistrierung erlangen. Die Vereinfachung besteht darin, dass eine Anmeldung immer nur bei dem Registergericht notwendig ist, bei dem bereits eine erste Eintragung als Personengesellschaft erfolgt ist. Dieses Registergericht nimmt die gesamte Anmeldung eines Wechsels entgegen und registriert in seinem Register diese Anmeldung durch einem Wechselvermerk. Dann leitet es die Anmeldung an das zuständige Registergericht weiter, das die Eintragung

vollzieht und eine Vollzugsmeldung an das Anmeldegericht zurücksendet (zum Ganzen *§ 707c I – IV nF*). Das etwas pedantisch wirkende gesetzliche System mit seinen genauen inhaltlichen Vorgaben zu jedem Schritt und der Verpflichtung zu bestätigender Rückmeldung und Registrierung ist für sichere voll digitalisierte Umsetzung geschaffen und voll geeignet. Ob Regelungen solch ausführlicher Technizität in das BGB oder HGB gehören und im Interesse leichter Abänderbarkeit bei technischen Änderungen nicht besser in einer Rechtverordnung wie der Handelsregisterverordnung untergebracht wären, mag dahinstehen.

3. Die Verordnungsermächtigung. Den sinnvollen Weg der Verordnungsermächtigung geht der Gesetzgeber in *§ 707d nF* für Fragen der Aufteilung technischer Organisation zwischen Bund und Ländern und der Festlegung einiger zu erfüllender Anforderungen an die Leistungsfähigkeit der digitalen Systeme. Auch insoweit leuchtet die Verortung im BGB nicht ein, das EGBGB wäre hierfür der richtige Platz; zum vorgezogenen Inkrafttreten → § 705 aF Rn. 29. 3

4. Rechtsformwechsel zur KG. Inmitten registerrechtlicher Vorschriften findet sich dann aber in *§ 707c V nF* doch noch eine gewichtige materiellrechtliche Vorschrift zur Stellung eines Gesellschafters einer GbR, der sich beim Rechtsformwechsel zum Kommanditisten der entstehenden KG wandelt, also Subjekt einer Strukturveränderung ist. Der Gesetzgeber wählt für die Nachhaftung des früheren GbR-Gesellschafters folgerichtig die allgemein für ausscheidende Gesellschafter geltende Lösung und verweist auf *§ 728b nF* (sa → §§ 738–740 aF Rn. 2 mN). Der Verweis auf die neben der Nachhaftung fortbestehende Haftung als Kommanditist (*§ 707c V Satz 3 nF*) sagt Selbstverständliches und ist eigentlich unnötig, ebenso der Hinweis in Satz 2 auf die Unerheblichkeit einer Tätigkeit als Geschäftsführer der KG oder eines ihr als Gesellschafter angehörenden Unternehmens. 4

§ 708 *Gestaltungsfreiheit*

Von den Vorschriften dieses Kapitels kann durch den Gesellschaftsvertrag abgewichen werden, soweit im Gesetz nichts anderes bestimmt ist.

1. Eingeschränkte Aussagekraft des § 708. Die Vorschrift, die am Anfang des Kap. 2 (Rechtsverhältnis der Gesellschafter untereinander und der Gesellschafter zur Gesellschaft) des Untertitels 2 (Rechtsfähige Gesellschaft) steht, betont die Gestaltungsfreiheit der Gesellschafter, soweit das Gesetz wie in *§§ 715a Satz 3, 715b II, 717 II Satz 2, III Satz 2 nF* nichts anderes bestimmt. Diese Vorschrift ist insoweit missglückt, als sich schon die Gesetzesbegründung zu einer Relativierung gezwungen sieht, die eigentlich jedem Leser ins Auge fallen muss, der das gesamte Reformwerk überliest (BT-Drs. 19/27635 S. 140/141). In Kap. 2 des Untertitels 2 gibt es durchaus weitere Vorschriften, die nicht beliebiger Abänderung unterliegen. Dies gilt etwa für die Beschlussfassung (*§§ 709 III, 714 nF*) durch eine Gesellschaftermehrheit bei grundlegenden Vertragsänderungen, wo der BGH unter altem Recht eine weitgehende Inhaltskontrolle beansprucht (vgl. → §§ 709–713 aF Rn. 7 u. 8), aber auch bei der vertraglichen Regelung eingeschränkter Übertragbarkeit einzelner Ansprüche der Gesellschafter aus dem Gesellschaftsverhältnis (*§ 711a nF*) oder der Pflicht zur Mitwirkung bei registerrechtlichen Anmeldungen (*§ 715 I iVm § 703 III u. IV nF*). 1

2. Beschränkungen der Gestaltungsfreiheit in anderen Kapiteln. Obwohl die gesellschaftsvertragliche Gestaltungsfreiheit in anderen Kapiteln nicht besonders erwähnt ist, gibt es dort eine beachtliche Anzahl von Vorschriften, die ausdrücklich die Unwirksamkeit entgegenstehender Vereinbarungen anordnen (*§§ 719 II, 720 III, 721 Satz 2, 721a Satz 2, 725 VI, 731 II, 736a I Satz 2 nF*). In anderen Fällen kann sich aber trotzdem allein aus dem Normzweck die Unwirksamkeit abändernder Gestaltung ergeben. 2

3 **3. Folgerungen für die Auslegungspraxis.** Der Zweck des *§ 708 nF* beschränkt sich nicht zuletzt auch angesichts seiner gesetzgeberischen Kommentierung letztlich auf den zutreffenden Hinweis, dass im Innenverhältnis zwischen Gesellschaftern und zwischen Gesellschaft und Gesellschaftern für freie vertragliche Gestaltung mehr Raum ist als in Bereichen der Drittwirkung von Vorschriften. Im Übrigen können Maß und Inhalt abweichender Vertragsgestaltung zu einer Flexibilisierung der Wirksamkeitskontrolle beitragen. Eine eher programmatische Vorschrift ohne konkreten Ertrag und besonderen Neuigkeitswert.

Bestimmungen zum Recht der Beiträge der Gesellschafter unter altem und neuem Recht (in Kraft ab 1.1.2024)

§ 706 Beiträge der Gesellschafter (in Kraft bis 31.12.2023)

(1) **Die Gesellschafter haben in Ermangelung einer anderen Vereinbarung gleiche Beiträge zu leisten.**

(2) [1]**Sind vertretbare oder verbrauchbare Sachen beizutragen, so ist im Zweifel anzunehmen, dass sie gemeinschaftliches Eigentum der Gesellschafter werden sollen.** [2]**Das Gleiche gilt von nicht vertretbaren und nicht verbrauchbaren Sachen, wenn sie nach einer Schätzung beizutragen sind, die nicht bloß für die Gewinnverteilung bestimmt ist.**

(3) **Der Beitrag eines Gesellschafters kann auch in der Leistung von Diensten bestehen.**

1 **1. Terminologie.** Beiträge sind noch zu bewirkende Leistungen, Einlagen sind bereits bewirkte Leistungen der Gesellschafter an die Gesellschaft (vgl §§ 706 I, 707; str).

2 **2. Anspruch auf Beitragsleistung. a) Anspruchsinhaber** ist die Gesellschaft bzw die Gesamthandsgemeinschaft (→ §§ 709–713 Rn. 11), die Ansprüche fallen in das Gesamthandsvermögen (§ 718 I). **b)** Die **Beitragshöhe** richtet sich nach dem Gesellschaftsvertrag, die Gleichbehandlungsregel gem I gilt nur subsidiär. Die *Bewertung* der Einlage ist nur für das Verhältnis der Gesellschafter untereinander von Bedeutung (Gewinnbeteiligung, Anteil am Liquidationserlös), da ja gegenüber Gläubigern – anders als bei Kapitalgesellschaften und Kommanditisteneinlage – volle persönliche Haftung besteht; folglich ist die Bewertung der freien Vereinbarung der Gesellschafter überlassen bis zur Grenze der Sittenwidrigkeit (BGHZ 17, 134; BGH
3 NJW-RR 2013, 1258 Rn. 25). **c)** Bei **Leistungsstörungen** im Zusammenhang mit der Beitragspflicht sind die allg schuldrechtlichen Vorschriften nur gesellschaftsrechtlich modifiziert anwendbar (vgl → § 705 Rn. 18). **aa)** Ein Gesellschafter kann den Beitrag nicht gem § 320 verweigern, weil ein Mitgesellschafter auch nicht erfüllt (BGH LM Nr. 11 zu § 105 HGB); anders bei unmotiviertem Herausgreifen eines von mehreren säumigen Gesellschaftern oder bei Zweimanngesellschaft (hM). Die Täuschung eines Gesellschafters beim Vertragsschluss berechtigt ihn allenfalls zur Verweigerung des Beitrags, wenn der Beitrag im Rahmen der faktischen Gesellschaft dem Betrüger zugute käme, nicht aber wenn der Beitrag der Verteilung des Verlusts auf alle gutgl Gesellschafter dienen soll (BGHZ 26, 335; zur grundsätzlichen Beitragspflicht bei faktischer Gesellschaft bis zur Kündigung nach fehlerhaftem Beitritt BGH NJW 2016, 2492 Rn. 20 ff.; ferner. → § 705 Rn. 22; → §§ 736, 737 *Rn. 10*). § 321 gewährt dem Beitragspflichtigen ein Leistungsverweigerungsrecht nur für den Fall, dass sich die Vermögenslage aller übrigen Gesellschafter in einer Weise verschlechtert hat, die den Gesellschaftszweck in Frage stellt (teilw str).
4 **bb)** Nicht zu vertretende Unmöglichkeit führt zur Leistungsbefreiung (§ 275 I) nur, wenn nach dem Vertrag nicht ersatzweise Geldleistung geschuldet ist (BGH DB 1972, 2201); die übrigen Gesellschafter werden nicht ohne weiteres frei, uU sind

aber §§ 723, 726 gegeben. Minderung des Gewinnanteils entspr § 323 I aF bzw
§ 326 I nF ist zu erwägen (teilw abw RGZ 158, 326). **cc)** § 326 II ist bei Nichtleis-
tung anwendbar, die andere Gesellschafter und damit die Gesellschaft (§ 278) zu
vertreten haben; Ersatzanspruch der Gesellschaft gegenüber dem schuldigen Gesell-
schafter. **dd)** Verschuldete Pflichtverletzungen berechtigen die Gesellschaft zu Scha- **5**
densersatz (§§ 280, 286); dagegen ist bei einer in Vollzug gesetzten Gesellschaft
Rücktritt gem § 323 für alle Teile (Gesellschaft, Mitgesellschafter, beitragspflichtiger
Gesellschafter bei gestörter Gewinnauszahlung) ausgeschlossen; statt dessen gelten
§§ 723, 737 (vgl BGH WM 1967, 420 und BGH NZG 2005, 472). **ee)** PVV –
nunmehr: Schadensersatz aus § 280 I iVm § 241 II – ist gegeben, wenn ein Gesell-
schafter die Einlage durch widerrechtliche Entnahmen eines Mitgesellschafters finan-
ziert; Schadensersatzpflicht besteht dann in Höhe der Entnahmen (BGH LM Nr. 1).
d) Einbringungsarten (vgl Sudhoff NJW 1978, 1401; ferner BSG NJW 2013, **6**
813 Rn. 23: grundsätzlich jede Art von Leistung). **aa)** Für die **Übertragung zu
vollem Eigentum** gibt Abs. II eine ges Vermutung, die bei Sachen gem §§ 91, 92
und geschätzten Sachen gilt, sofern die Schätzung nicht bloß interner Bewertung
(vgl → Rn. 2) dient. Bei Einbringung von Grundstücken sind §§ 311b, 925, 873
zu beachten (BGH WM 1967, 951). Einbringung von Wirtschaftsgütern gegen
Einräumung von Mitgliedsrechten oder Schuldentilgung unterliegt grundsätzlich
voll der Umsatzsteuer (BFHE 179, 189 mN; BFH NJW-RR 1998, 392 betr Vorsteu-
erabzugsberechtigung der GbR – vor dem Hintergrund der vom BFH angenomme-
nen Teilrechtsfähigkeit der GbR konsequent; vgl aber → § 705 Rn. 1). Gutgl
Erwerb setzt Gutgläubigkeit aller Gesellschafter – auch des einbringenden – voraus
(BGH BB 1959, 318; allg zur Erheblichkeit der Kenntnis einzelner Gesellschafter
BGHZ 34, 297). *Rechtsmängelhaftung* und *Sachmängelhaftung* (§§ 434 ff., 459 ff. aF)
sind im reformierten Schuldrecht einheitlich in §§ 434 f., §§ 437 ff. iVm §§ 280 ff.,
323, 326 geregelt; diese Vorschriften gelten modifiziert: An die Stelle des Rücktritts-
rechts treten bei schweren Fällen §§ 723, 737 aF (→ Rn. 5). Bei Minderung oder
völliger Unbrauchbarkeit kann Wertersatz geschuldet sein. Nach Maßgabe der
§§ 437, 440, 323 I wird nunmehr allerdings regelmäßig zunächst eine Aufforderung
zur mängelfreien Nacherfüllung (§ 439) vorausgehen müssen. § 447 ist unanwendbar
(hM). Bei Einbringung von Vermögen galt § 419 aF *nicht* (BGH WM 1964, 114),
ebenso wenig gilt § 28 HGB bei Einbringung eines Einzelhandelsgeschäfts in eine
OHG (vgl BGH WM 1972, 22). Aus Abs. II kann nicht geschlossen werden, dass
gesellschaftsvertraglich vorgesehene Kapital- bzw Einlagenrückzahlungen wieder
zugeführt werden müssen (verallgemeinerungsfähig BGH NJW 2013, 2278 Rn. 12:
kein im Innenverhältnis wirkender Kapitalerhaltungsgrundsatz bei Personengesell-
schaften). **bb)** Bei **Einbringung dem Werte nach** bleibt der Gesellschafter nach **7**
außen Eigentümer, im Innenverhältnis wird aber die Sache wie Gesamthandseigen-
tum behandelt (BGH NJW-RR 2009, 1698: keine dingliche Drittwirkung). Die
formnichtige Einbringungspflicht bei Grundstücken (vgl → Rn. 6) kann eine
Pflicht zur Einbringung dem Werte nach beinhalten (BGH WM 1967, 951). **cc)** Bei
Einbringung zum Gebrauch gelten §§ 535 ff. entsprechend (s. BGH NJW 2013,
1881 Rn. 21: Rückgabeanspruch der Gesellschafter bei Beendigung der Gebrauchs-
überlassung). *Neben die* Ansprüche aus §§ 536 ff. kann uU Wertersatzanspruch oder
Kündigungsrecht (§ 723) treten. §§ 535 I 2, 538 sind nicht ohne weiteres anwendbar.
Für Gefahrtragung gelten §§ 707, 732 S. 2. **dd)** Für die **Einbringung von Diens- 8**
ten gem Abs. III (hierzu BSG NJW 2013, 813 Rn. 23) gelten §§ 611 ff. sinngemäß
(s. OLG Köln NZG 2001, 165); soweit erfinderische Tätigkeit zur Dienstleistung
gehört, ist idR ein Anspruch der Gesellschaft auf Übertragung des in der Person des
Erfinders entstandenen Patents zu bejahen (BGH NJW 1955, 542). Schlechtleistung
verpflichtet zu Schadensersatz, früher aus pVV (BGH NJW 1983, 1189), nunmehr
aus § 280 I (ggf iVm § 241 II). **ee) Leistung an Erfüllungs Statt** kann bei Erfüllung
einer Gesamthandsschuld aller Gesellschafter vorliegen (BGH NJW 1984, 2290;
ähnlich OLG Karlsruhe NJW-RR 1996, 746).

9 **3. Beitragslose Beteiligung.** Die beitragslose Beteiligung eines Gesellschafters am Gesellschaftsvermögen ist bei der Außengesellschaft nicht Schenkung, soweit der Gesellschafter persönliche Haftung bzw Verlustbeteiligung übernimmt (BGH BB 1959, 574; 65, 472); anders wohl aber bei Zuwendung eines weiteren Kapitalanteils an den bereits haftenden Gesellschafter, bei Zuwendung eines Kommanditanteils (BGH WM 1990, 1381) und bei Zuwendung eines Anteils an einer Innengesellschaft (sa Herrmann ZHR 1983, 313). Im letzteren Falle ist die Schenkung nicht schon mit dem Abschluss des Vertrages und der Einbuchung des Anteils vollzogen, so dass keine Heilung des formnichtigen Vertrags (§ 518 II) eintritt (BGHZ 7, 179; 7, 380; BFHE 220, 515 = NJW-RR 2008, 986; sehr str, mit der Rspr zum Anteilsübergang auf den Todesfall kaum zu vereinbaren, vgl → § 2325 Rn. 5 mN).

10 **4. Verpflichtungen aus besonderem Vertrag.** Die Abgrenzung von gesellschaftsvertraglicher Beitragsleistung und Verpflichtungen kraft bes Vertrages hängt davon ab, ob die Leistungspflicht der Gesellschafterstellung entspringt oder ob es sich um ein gewöhnliches Schuldverhältnis wie zu einem Dritten handelt („Drittverhältnis"; OLG München NZG 2000, 1124); Bsp: Beschäftigungsverhältnis (BSG NJW 1966, 2186); Miete (BGH NJW 1983, 749; hierzu Walter JZ 1983, 260); Ansprüche aus gleichzeitiger Bruchteilsgemeinschaft zwischen den Gesellschaftern (BGH WM 1975, 196). Die Pflicht eines Gesellschafters zur Darlehensgewährung kann Beitrag bzw Einlage sein (BGHZ 70, 63; 93, 161; BGH NJW 1985, 974 für Publikumsgesellschaften).

§ 709 *Beiträge: Stimmkraft; Anteil an Gewinn und Verlust* ***(in Kraft ab 1.1.2024)***

(1) Der Beitrag eines Gesellschafters kann in jeder Förderung des gemeinsamen Zwecks, auch in der Leistung von Diensten, bestehen.

(2) Im Zweifel sind die Gesellschafter zu gleichen Beiträgen verpflichtet.

(3) [1]Die Stimmkraft und der Anteil an Gewinn und Verlust richten sich vorrangig nach den vereinbarten Beteiligungsverhältnissen. [2]Sind keine Beteiligungsverhältnisse vereinbart worden, richten sie sich nach dem Verhältnis der vereinbarten Werte der Beiträge. [4]Sind auch Werte der Beiträge nicht vereinbart worden, hat jeder Gesellschafter ohne Rücksicht auf den Wert seines Beitrags die gleiche Stimmkraft und einen gleichem Anteil am Gewinn und Verlust.

1 **1. Zweck und wesentlicher Inhalt.** Die Vorschrift stellt in Abs. I u. II zunächst klar, dass Beiträge zur Förderung des Zwecks der Gesellschaft nicht auf Gegenstände finanzieller Wertigkeit beschränkt sind und unbedingt die künftige Haftungsmasse durch Einlagen mehren müssen, sondern insbesondere auch Dienstleistungen als Beiträge eingebracht werden können. Dies entspricht auch schon unter § 706 III aF der Rechtslage ebenso wie die Zweifelsregel gleicher Höhe der Beiträge in § 706 I aF, falls eine andere vertragliche Einigung über die Beitragshöhe nicht zustande gekommen oder nicht erweislich ist. Nicht übernommen hat die Reform den für Sachleistungen unternommenen Versuch (§ 706 II aF), die unterschiedlichen Arten der Beitragsleistung rechtlich genauer zu beschreiben. Dazu ist die Zahl denkbarer Arten von Beiträgen zu groß, so dass immer nur ein beispielhafter Ausschnitt möglicher Beiträge hätte im Gesetz abgehandelt werden können. Diesen Raum vielfältiger Formen denkbarer Beiträge und ihrer Abwicklung voll auszuschreiten bleibt der Kasuistik und Kommentarliteratur überlassen (s. dazu den Überblick in → § 706 aF Rn. 5–8). Dies gilt auch für die rechtliche Einordnung beitragsloser Mitgliedschaft (vgl. → § 706 aF Rn. 9) und für Verpflichtungen kraft besonderer vertraglicher Vereinbarung (vgl. → § 706 aF Rn. 10).

2 **2. Beitragsverpflichtung.** Eine Verpflichtung zur Beitragsleistung ist in § 709 nicht ausdrücklich formuliert, aber doch als selbstverständlich vorausgesetzt, falls sich aus dem Vertrag nichts Gegenteiliges im Sinne beitragsloser Mitgliedschaft ergibt.

Gläubiger des Anspruchs auf Beitragsleistung ist die rechtsfähigen Gesellschaft (so schon → § 706 aF Rn. 1; zur nicht rechtsfähigen GbR → *§ 705 nF* Rn. 13).

3. *§ 709 III nF* behandelt die Stimmkraft und Beteiligung am Gewinn und Verlust, die bei der synoptischen Darstellung bei § 709 aF (Stimmkraft) und § 721 aF (Gewinn und Verlust) eingeordnet ist. 3

§ 707 Erhöhung des vereinbarten Beitrags (in Kraft bis 31.12.2003)

Zur Erhöhung des vereinbarten Beitrags oder zur Ergänzung der durch Verlust verminderten Einlage ist ein Gesellschafter nicht verpflichtet.

1. Anwendungsbereich. a) § 707 betrifft allein das **Innenverhältnis.** Wegen fehlender Erhöhungspflicht kann der geschäftsführende Gesellschafter Aufwendungsersatz (§§ 713, 670; § 110 HGB) grundsätzlich nur aus dem Gesamthandsvermögen, nicht vom einzelnen Gesellschafter verlangen (BGHZ 37, 101; BGH NJW 1980, 340; 2011, 1731; G. Walter JuS 1982, 82 mN; vgl → §§ 714, 715 Rn. 12), es sie denn, die Gesellschaft hat keine freien Mittel; dann können die einzelnen Gesellschafter beschränkt auf ihren Verlustanteil schon vor der Auseinandersetzung beansprucht werden (BGH NJW 1980, 339; 2011, 1731; → §§ 731–735 Rn. 9). **b) Zeitlich** gilt die Vorschrift nur bis zur Auflösung; im Abwicklungsstadium besteht Nachschusspflicht gem § 735. **c)** Im **Außenverhältnis** haftet der Gesellschafter den Gesellschaftsgläubigern, auch soweit es sich um Forderungen von Gesellschaftern aus Drittverhältnissen handelt (vgl → § 706 Rn. 10). Wenn ein Gesellschafter einen Gesellschaftsgläubiger befriedigt hat, kann er trotz § 707 die Mitgesellschafter als Gesamtschuldner anteilig beanspruchen, wobei sich der Ausgleich gemäß § 426 an der Gewinn- und Verlustbeteiligung oder an § 254 orientiert (BGH NJW-RR 2008, 256; 2009, 49; → §§ 714, 715 Rn. 2). Aus der Treuepflicht des nicht ausgeschiedenen, ausgleichsberechtigten Gesellschafters folgt allerdings die bloß subsidiäre Haftung der Mitgesellschafter, solange sich im Gesamthandsvermögen frei verfügbare Mittel zur Befriedigung finden (BGHZ 37, 302; BGH NJW 1980, 340; 1981, 1096; 2011, 1731; BGHZ 103, 72 = NJW 1988, 1376; BGH NJW-RR 1989, 866; G. Walter JuS 1982, 83 f.; Hadding/Häuser WM 1988, 1587 f.; vgl iÜ → § 426 Rn. 4; → §§ 714, 715 Rn. 11 f.; → §§ 731–735 Rn. 9; zur subsidiären gesamtschuldnerischen Haftung gegenüber Mitgesellschaftern nach Gläubigerbefriedigung bei Publikumsgesellschaften Wagner NJW 2013, 200). 1 2

2. Inhalt. a) Abweichend von § 707 kann der Gesellschaftsvertrag über die Einlageschuld hinausgehende Beitragspflichten vorsehen, Voraussetzung ist eine **vertraglich vereinbarte** oder zumindest objektiv bestimmbare oder voraussehbare **Beitragshöhe** (BGHZ 183, 6 = NJW 2010, 67; BGH NJW 2012, 1440, [1441];BGH NJW-RR 2007, 832; 2008, 419; 2909, 753; 2009, 1667); sofern die Höhe nur aus Sinn und Zweck der Gesellschaft bestimmbar ist, kann in diesem Rahmen Beitragserhöhung verlangt werden (BGH NJW 1980, 340; BGH NJW-RR 2005, 1348; 2006, 828; 2006, 830: Festlegung dann iZw durch Geschäftsführer, nicht durch Gesellschaftsbeschluss). Bei genauer Bestimmung bleibt indessen bei Notlage nur die Auflösung (§ 726, vgl aber auch OLG Celle NZG 2006, 18). **b) Beitragserhöhung auf Grund Mehrheitsbeschlusses** kann der Gesellschaftsvertrag vorsehen, wobei nach neuerer Rechtsprechung die früher geforderte hinreichende Deutlichkeit (BGH NJW 1979, 419; 83, 164) nicht mehr erforderlich ist (BGH NJW 2015, 859 Rn. 17), vielmehr genügt zur formellen Legitimation eines Erhöhungsbeschlusses die generelle Ermächtigung zur Änderung des Vertrages auf Grund Mehrheitsbeschlusses als Ergebnis einer allgemeinen Regeln folgenden Vertragsauslegung (vgl → §§ 709–713 Rn. 8). Die materielle Wirksamkeit gegenüber den betroffenen Gesellschaftern, die einer solchen Erhöhung nicht zugestimmt haben (zur Wirksamkeit gegenüber zustimmenden Gläubigern BGH NJW-RR 2009, 1264) entscheidet sich nach der Zumutbarkeit im Rahmen einer Interessenabwägung, die aber regel- 3 mäßig eine Zustimmung belasteter Gesellschafter voraussetzen wird (zur neueren Rspr BGH NJW 2015, 859 Rn. 17; BGHZ 183, 1=NJW 2010, 65; BGH NJW-RR 2007, 757; NJW-RR 2007, 1521). **c)** Aus der fehlenden Nachschusspflicht folgt, dass die **Leistungsgefahr** nach Leistung der Einlage die Gesellschaft trifft. **d) Die Erhöhung** bedarf zwar – wie ausgeführt – grundsätzlich der **Zustimmung** aller betroffenen Gesellschafter (Gewinn- und Verlustquote!) und ihre Verweigerung ist nur ausnahmsweise treuwidrig (BGH NJW-RR 2006, 829. Im Sonderfall notwendiger Sanierung von Publikumsgesellschaften unter Kapitalerhöhung kann aber ein Gesellschafter vor die Wahl gestellt werden, entweder bei einer Kapitalerhöhung mitzuwirken oder aber einverständlich auszuscheiden („Sanieren oder Ausscheiden“: BGHZ 183, 8 ff. = NJW 2010, 67 f.; BGH NJW 2015, 2882 Rn. 16 ff. mAnm von Schimrick; anders BGH NJW 2011, 1667 für den Fall einer vertraglichen Regelung des Verbleibs unter Verringerung der quotalen Beteiligung). **e)** Zu Beitragsklauseln in **Massengesellschaften** BGH NJW-RR 2005, 1348; 2006, 828; 2006, 830 f. und → § 705 Rn. 23.

§ 710 *Mehrbelastungsverbot*

[1]Zur Erhöhung des vereinbarten Beitrags oder zur Ergänzung der durch Verlust verminderten Einlage ist ein Gesellschafter nicht verpflichtet. [2]Die §§ 728a und 737 bleiben unberührt.

1 Die reformierte Vorschrift übernimmt den Inhalt des § 707 aF, versucht aber die sprachliche Fassung zu verbessern und stellt klar, dass die Erhöhung des vereinbarten Beitrags und die Ergänzung der durch Verlust verminderten Einlage die Fehlbetragshaftung der *§§ 728a, 737 nF* unberührt lässt, die unter altem Recht in §§ 735 (Nachschusspflicht), 739 (Fehlbetragshaftung) geregelt sind – eine eigentlich nicht kodifikationswürdige Selbstverständlichkeit.

Haftungsmaßstab für die Gesellschafter untereinander nach altem und neuem Recht (In Kraft ab 1.1.2024)

§ 708 Haftung der Gesellschafter

Ein Gesellschafter hat bei der Erfüllung der ihm obliegenden Verpflichtungen nur für diejenige Sorgfalt einzustehen, welche er in eigenen Angelegenheiten anzuwenden pflegt.

1 **1. Zweck und Inhalt.** Nach dem Zweck der Vorschrift sollen sich die Gesellschafter so nehmen, wie sie sind (RGZ 143, 215); § 708 verweist auf § 277. Die vielfach als rechtspolitisch verfehlt betrachtete Regelung wird eng ausgelegt. Sie **gilt nur** bei Wahrnehmung spezifisch gesellschaftsvertraglicher Pflichten (zB Geschäftsführung; Pflichten von Mitgliedern einer Seilschaft, Schünemann VersR 1982, 827, 1131), erfasst dann allerdings vertragliche und deliktische Ansprüche (BGH LM Nr. 1a zu § 708 BGB) und insbesondere Fälle einer Überschreitung der Geschäftsführungsbefugnis mit der Folge einer Haftung früher aus pVV, nunmehr aus §§ 280 I, 241 II (BGH NJW 2019, 161 Rn. 26; BGH NJW-RR 1988, 996 und BGH NJW 1997, 314 für OHG; ausführlich → MüKoBGB/Ulmer/Schäfer, § 708 Rn. 8 ff.; Hirte NJW 2019, 1187, 1192), wobei sich bei Innengesellschaften (§ 705 Rn. 24) der die Geschäfte abwickelnde Außengesellschafter durch den Nachweis der Unschädlichkeit seines Pflichtverstoßes entlasten kann. Für den Geschäftsführer einer GbR gilt die sog Geschäftschancenlehre, nach der er seine Treuepflicht verletzt, wenn er im Geschäftszweig seiner Gesellschaft eigennützige Geschäfte ohne Zustimmung der Gesellschafter betreibt (BGH NJW-RR 2013, 365); § 113 HGB ist nicht entsprechend anzuwenden, so dass es bei Schadensersatzansprüchen mit Verjährung

gem § 195 bleibt (BGH NJW-RR 2013, 366). Die Haftungserleichterung des § 708 **gilt nicht a)** Im Rahmen von sog „Drittverhältnissen" (→ § 706 Rn. 10) zwischen Gesellschaft und Gesellschafter (BGH NJW 1980, 232). **b)** Im Straßenverkehr beim Lenken eines Kraftfahrzeugs durch einen Gesellschafter (BGHZ 46, 317 f.; str); wohl aber hat sie Geltung beim Lenken eines Flugzeugs als gesellschafterische Aufgabe (BGH LM Nr. 1a zu § 708 BGB, zweifelhaft). **c)** Bei der Gemeinschaft gem §§ 741 ff. (BGHZ 62, 245) und bei partiarischen Rechtsverhältnissen (BGH LM Nr. 13 zu § 276 [H]), wohl aber bei zweigliedrigen Gesellschaften (BGH NJW-RR 2008, 256 Rn. 27; offen BGH NJW 1990, 573; 2013, 3573, teilw str). **d)** Für die Pflichten eines Gesellschafters als **Organwalter einer Publikumsgesellschaft** mit körperschaftlicher Struktur (→ §§ 709–713 Rn. 4) ohne persönliches Vertrauensverhältnis (BGHZ 69, 209; 75, 327, hierzu Hüffer ZGR 1981, 348). **e)** Für Pflichtverletzungen gegenüber künftigen Mitgesellschaftern bei Haftung früher aus cic, nunmehr aus §§ 311 II, 241 II, 280 I (BGH NJW-RR 2012, 569: Verletzung der Aufklärungspflicht bei Kapitalanlagen; KG NZG 1999, 199). 2 3

2. Prozessuales. Die Beweislast für den abgemilderten Sorgfaltsmaßstab liegt bei dem in Anspruch genommenen Gesellschafter (BGH NJW 1990, 575). Gleichzeitige Selbstschädigung des haftenden Gesellschafters reicht als Beweistatsache nicht aus, vielmehr ist der Entlastungsbeweis anhand des generellen Verhaltens im entsprechenden Pflichtenkreis zu führen (BGH NJW 1990, 573 [575]; 2013, 3572 Rn. 14). 4

3. Fortfall in der Reformgesetzgebung ab 1.1.2024. § 708 aF ist in der Reformgesetzgebung ersatzlos fortgefallen. Die Gesetzesbegründung führt dazu aus (BT-Drs. 19/27635 S. 108, 140), die Haftungsprivilegierung der Gesellschafter untereinander entstamme einer archaischen familialen Tradition dieser Rechtsform mit besonderer Treuebindung und passe nicht mehr zu ihrer häufigen Verwendung als professionelle Erwerbsgesellschaft. In der modernen rechtsfähigen GbR hafte der Gesellschafter gegenüber der GbR mit gewöhnlichen Haftungsmaßstäben, womit die teilweise Enthaftung der Gesellschafter untereinander nicht harmoniere. Auch die verschiedentlich vorgeschlagene Differenzierung zwischen Personenhandelsgesellschaften und GbR überzeuge nicht, zumal die Rechtsprechung den abgemilderten Haftungsmaßstab in wichtigen Anwendungsbereichen der GbR nicht mehr anwende (Publikumsgesellschaft, kapitalistisch strukturierte Gesellschaft, Haftung im Straßenverkehr; dazu ausführlicher → § 708 alt Rn. 2 mit weiteren Beispielen). In geeigneten Fällen sei mit anderen Grundsätzen einer Milderung des Haftungsmaßstäben adäquate Abhilfe möglich (stillschweigend vereinbarter Haftungsausschluss, verkehrskreisbezogene Bestimmung des Sorgfaltsmaßstabs nach § 276 I Satz 1). 5

Beschlussfassung und Geschäftsführung unter altem Recht (in Kraft bis 31.12.2023)

§ 709 Gemeinschaftliche Geschäftsführung

(1) **Die Führung der Geschäfte der Gesellschaft steht den Gesellschaftern gemeinschaftlich zu; für jedes Geschäft ist die Zustimmung aller Gesellschafter erforderlich.**

(2) **Hat nach dem Gesellschaftsvertrag die Mehrheit der Stimmen zu entscheiden, so ist die Mehrheit im Zweifel nach der Zahl der Gesellschafter zu berechnen.**

§ 710 Übertragung der Geschäftsführung

[1]**Ist in dem Gesellschaftsvertrag die Führung der Geschäfte einem Gesellschafter oder mehreren Gesellschaftern übertragen, so sind die übrigen**

Gesellschafter von der Geschäftsführung ausgeschlossen. [2]Ist die Geschäftsführung mehreren Gesellschaftern übertragen, so findet die Vorschrift des § 709 entsprechende Anwendung.

§ 711 Widerspruchsrecht

[1]Steht nach dem Gesellschaftsvertrag die Führung der Geschäfte allen oder mehreren Gesellschaftern in der Art zu, dass jeder allein zu handeln berechtigt ist, so kann jeder der Vornahme eines Geschäfts durch den anderen widersprechen. [2]Im Falle des Widerspruchs muss das Geschäft unterbleiben.

§ 712 Entziehung und Kündigung der Geschäftsführung

(1) **Die einem Gesellschafter durch den Gesellschaftsvertrag übertragene Befugnis zur Geschäftsführung kann ihm durch einstimmigen Beschluss oder, falls nach dem Gesellschaftsvertrag die Mehrheit der Stimmen entscheidet, durch Mehrheitsbeschluss der übrigen Gesellschafter entzogen werden, wenn ein wichtiger Grund vorliegt; ein solcher Grund ist insbesondere grobe Pflichtverletzung oder Unfähigkeit zur ordnungsmäßigen Geschäftsführung.**

(2) **Der Gesellschafter kann auch seinerseits die Geschäftsführung kündigen, wenn ein wichtiger Grund vorliegt; die für den Auftrag geltende Vorschrift des § 671 Abs. 2, 3 findet entsprechende Anwendung.**

§ 713 Rechte und Pflichten der geschäftsführenden Gesellschafter

Die Rechte und Verpflichtungen der geschäftsführenden Gesellschafter bestimmen sich nach den für den Auftrag geltenden Vorschriften der §§ 664 bis 670, soweit sich nicht aus dem Gesellschaftsverhältnis ein anderes ergibt.

Anmerkungen zu den §§ 709–713

1 **1. Regelungsbereich.** Die Vorschriften behandeln nur die **Geschäftsführungsbefugnis** und damit das Innenverhältnis zwischen den Gesellschaftern. Gem. § 714 entspricht aber die Vertretungsbefugnis nach außen der Geschäftsführungsbefugnis.

2 **2. Formen der Geschäftsführung. a) Einstimmigkeitsprinzip,** § 709 I. Eine Verpflichtung der einzelnen Gesellschafter zur Zustimmung besteht zwar grundsätzlich nicht. Die übrigen Gesellschafter haben aber einen klagbaren Anspruch auf Zustimmung, wenn eine notwendige Geschäftsführungsmaßnahme gem § 744 II Hs. 2 ansteht (BGHZ 17, 183) oder wenn ein Gesellschafter einer Maßnahme nicht zustimmt, die Zweck und Interesse der Gesellschaft erfordern und gegen die sich kein Zweckmäßigkeitsgesichtspunkt vorbringen lässt (BGH LM Nr. 2/3 zu § 709; OLG Stuttgart NJW-RR 2011, 40). Darüber hinaus kann die beharrliche Verweigerung jeder Mitwirkung bei der Willensbildung und Beschlussfassung zu einem Anspruch auf Zustimmung führen, gegen den nicht mehr Unzweckmäßigkeit sondern nur noch Pflichtwidrigkeit der geplanten Maßnahme eingewendet werden kann (BGH NJW 1972, 862). Einstimmigkeit ist die
3 ges Regelform, anders bei der OHG gem § 115 HGB. **b)** Das **Mehrheitsprinzip** mit Auslegungsregel zugunsten gleichen Stimmrechts aller Gesellschafter (§ 709 II); praktisch häufig ist jedoch das Stimmrecht nach Kapitalbeteiligung (BGH NJW 1983, 819). Insbesondere bei Publikumsgesellschaften entspricht idR Beschlussfassung durch die Gesellschafterversammlung nach dem Mehrheitsprinzip gesellschaftsvertraglicher Regelung (BGH NJW 2012, 1440: Beschluss über Auseinandersetzungsbilanz). **c) Geschäftsführungsbefugnis mehrerer Gesell-**

schafter mit der Wahlmöglichkeit zwischen Einstimmigkeits- und Mehrheitsprinzip (§ 710). **d) Einzelgeschäftsführung** eines oder mehrerer Gesellschafter (§§ 710, 711). Der Widerspruch der übrigen geschäftsführenden Gesellschafter hat Außenwirkung (§ 714), soweit der Geschäftspartner vom Widerspruch unterrichtet war (str, vgl BGHZ 16, 397; BGH DStR 2008, 1745 f.; Loritz WM 1980, 294); zur OHG vgl §§ 126 II, 115 HGB mit abw Regelung. Ein Widerspruch, der Gesellschaftsinteressen offensichtlich außer Acht lässt, ist wirkungslos (vgl BGH LM Nr. 11 zu § 105 HGB; BGH NJW 1986, 844). Soll ein Vertrag erkennbar nur durch mehrere Gesellschafter gemeinsam abgeschlossen werden können, so kommt er iZw erst dann zustande, wenn der letzte dieser Gesellschafter die notwendige Willenserklärung abgegeben hat. Dies gilt auch, wenn vorher bereits ein einzelvertretungsbefugter Gesellschafter dem Vertragsschluss zugestimmt hat (BGH DStR 2008, 1743). Wenn der einzige einzelgeschäftsführungsbefugte Gesellschafter wegfällt, so entsteht gem § 709 I die Gesamtgeschäftsführungsbefugnis der verbliebenen Gesellschafter (BGH NJW 2014, 3779 Rn. 14: kein Notgeschäftsführer analog § 29; → Rn. 4 u 10). **e)** Die **gesellschaftsvertragliche Gestaltung** kann abw 4
von den ges Typen Arbeitsteilung zwischen den Geschäftsführern oder Zustimmungspflichten nicht geschäftsführungsberechtigter Gesellschafter (BGH NJW 1999, 572; BSG NJW 2013, 813 Rn. 21) vorsehen und eine körperschaftsähnliche Organisation mit bes Beschluss- und Vertretungsorganen (zB „Beirat") schaffen (vgl BGH BB 1961, 304; **Lit.:** Nitschke, Die körperschaftlich strukturierte Personengesellschaft, 1970). Die Geschäftsführung kann aber nicht insgesamt auf Dritte übertragen werden (→ § 717 Rn. 2), organschaftlicher Geschäftsführer bzw Vertreter kann nur ein Gesellschafter sein (BGHZ 33, 108; 36, 292; 41, 369; BGH NJW-RR 1994, 98); jedoch können Dritte durch Auftrag mit umfassenden Geschäftsführungsbefugnissen betraut und Generalbevollmächtigte sein, was faktisch zur weitgehenden Durchbrechung des Prinzips der *Selbstorganschaft* führt (BGHZ 36, 294 ff.; BGH NJW 1982, 877; 1982, 1817; 1983, 2499; 2006, 2981; 2011, 2042; BGH NJW-RR 1994, 98; 2014, 349 Rn. 21: Liquidator; BGH ZIP 2005, 1363; Werra, Zum Stand der Diskussion um die Selbstorganschaft, 1991 – noch → Rn. 7). Das Prinzip der Selbstorganschaft widerstreitet auch der Bestellung eines Notgeschäftsführers analog § 29 (s. BGH NJW 2014, 3780), für die allenfalls bei Publikumsgesellschaften ein Bedürfnis denkbar erscheint. Bei Publikumsgesellschaften kann die Geschäftsführung für die Gesellschafter eine Rechtsberatung darstellen, die unter die Zulässigkeitskontrolle des Rechtsberatungsrechtes fällt (so für das alte RBerG BGH NJW-RR 2007, 1200). **f)** Die **vertragliche** 5
Vereinbarung über die Geschäftsführung kann formlos und schlüssig getroffen sein (BGHZ 16, 396). Bei Umwandlung einer OHG in eine BGB-Gesellschaft gelten die alten Geschäftsführungsregeln weiter (BGH NJW 1971, 1698; 1987, 3126).

3. Gegenstand der Geschäftsführung. Dies sind alle Maßnahmen rechtsge- 6
schäftlicher und tatsächlicher Art, die vom Gesellschaftszweck gedeckt sind. Eine der OHG entspr Regelung (§ 116 I HGB) mit der Einschränkung auf „gewöhnliche Geschäfte" kann gesellschaftsvertraglich vereinbart werden. Nicht zur Geschäftsführung gehören „Grundlagengeschäfte"; zur sog Geschäftschancenlehre → § 708 Rn. 1.

4. Grundlagengeschäfte. Unter diesen überkommenen Begriff fasst man alle 7
Geschäfte, die Zweck und Organisation der Gesellschaft ändern, insbes also Art der Geschäftstätigkeit, Höhe der Beiträge (vgl → § 707 Rn. 3), Gewinnbeteiligung (vgl → §§ 721, 722 Rn. 6), Auflösung, Ausschließung (vgl → §§ 736, 737 Rn. 7 ff.), Änderung der Geschäftsführungsbefugnisse etc. Er hat unter der neueren Rspr des BGH zur formellen Legitimation der Mehrheitsentscheidung an Bedeutung verloren (BGH NJW-RR 2014, 349 Rn. 23: („früher sogenanntes ‚Grundlagengeschäft'"; sa BGH ZIP 2013, 68 Rn. 25). **a)** Für „sognannte" Grundlagengeschäfte gilt grundsätzlich der **Grundsatz der Einstimmigkeit,** weil sie den von allen Gesellschaftern

als Vertragspartner geschlossenen Gesellschaftsvertrag ändern; anders uU bei Publikumsgesellschaften, wo das Einstimmigkeitserfordernis etwa für die Abberufung bzw Neubestellung eines Geschäftsführers mit § 242 kollidieren kann (BGH NJW 1982, 2495; BGH WM 1983, 1407 betr Fremdgeschäftsführer; BGHZ 102, 178 f. betr Gründungsgesellschafter). Vertragsänderung kann bei fehlender Aufklärung jugendlich unerfahrener Gesellschafter anfechtbar sein (BGH NJW 1992, 302). Stillschweigende Änderung durch widerspruchslose Übung ist denkbar (BGH NJW 1995, 2844; 1996, 1678 [1680]; zurückhaltend BGH NJW-RR 2005, 1196; OLG Köln NZG 1998, 767; anders bei Publikumsgesellschaft: BGH NJW 1990, 2684).

8 **b)** Änderungen durch **Mehrheitsentscheidungen** (**Lit.:** K. Schmidt § 16 II 4, III; Röttger, Die Kernbereichslehre im Recht der Personenhandelsgesellschaften, 1989; Schäfer ZGR 42 (2013), 237; zum Verfahren → Rn. 19 ff.) kann der Gesellschaftsvertrag vorsehen. Für wesentliche Änderungen genügten aber nach ursprünglicher Rspr allgemeingehaltene Klauseln nicht, vielmehr musste sich nach dem sogenannten *Bestimmtheitsgrundsatz* das Mehrheitsprinzip insoweit aus dem Vertrag konkret und deutlich ergeben (BGHZ 8, 41 ff.; 48, 253; 66, 85; BGH NJW 1983, 164); großzügiger verfuhr die Rspr verständlicherweise wiederum bei bes mitgliedsstarken Gesellschaften bzw Publikumsgesellschaften (BGHZ 85, 350; 71, 58; 170, 283; 179, 13; BGH NJW 1985, 973 [974]; 1991, 692; 2012, 1440; hierzu schon Marburger NJW 1984, 2252; Wiedemann JZ 1983, 559; sa für Neueintritt bei Massengesellschaften → §§ 738–740 Rn. 10). Der BGH, dessen selbstbewusst agierender Gesellschaftssenat immer wieder zu eher verunklarenden als Rechtssicherheit schaffenden Entscheidungen zu neigen scheint (→ § 705 Rn. 1), hat diese plausible Differenzierung ohne sichtbar zwingenden Anlass aufgegeben (BGH NJW-RR 2014, 349 Rn. 23 ff.; BGH ZIP 2013, 65 Rn. 14; ZIP 2013, 68 Rn. 19 ff., 25 ff.; BGH NJW 2015, 859 Rn. 14) und hebt statt auf Bestimmtheit generell auf das „eindeutige" Ergebnis der Vertragsauslegung ab, was angesichts des im Gesellschaftsrecht sehr weitreichend praktizierten gerichtlichen Spielraums (→ § 705 Rn. 1) voraussehbare Ergebnisse nicht unbedingt erwarten lässt (zur Relativierung des Erfordernisses eines eindeutigen Auslegungsergebnisses und seiner Reduktion auf normale Anforderungen an die Qualität des Auslegungsergebnisses sehr weitgehend BGH NJW 2015, 859 Rn. 15, der vom ursprünglichen Eindeutigkeitserfordernis praktisch nichts mehr übrig lässt). Die alte differenzierende Rechtsprechung ist angesichts einer nunmehr kaum noch voraussehbaren und sinnvoll begrenzten richterlichen Eingriffsmöglichkeit in die Privatautonomie zumindest für den Fall überschaubarer Gesellschafterzahl entschieden vorzuziehen (im Ergebnis ähnlich Altmeppen NJW 2015, 2065). Nach der neuen Rspr des Gesellschaftsrechtssenates gelten nunmehr folgende Grundregeln: In einer ersten Stufe der Prüfung der formellen Legitimation eines Mehrheitsbeschlusses ist festzustellen, ob nach allgemeinen Auslegungsregeln das Regelwerk des Gesellschaftsvertrags einen Mehrheitsbeschluss vorsieht, wobei dies in Form ausdrücklicher Anführung des Beschlussgegenstandes in einem Katalog, einer umfassenden oder entsprechend auszulegenden allgemeinen Mehrheitsklausel oder auch einer konkludenten Vereinbarung der Mehrheitszuständigkeit geschehen kann (BGH NJW 2015, 859 Rn. 14). In einer zweiten Stufe ist dann zu prüfen, ob eine treuwidrige Ausübung der Mehrheitsmacht die Mehrheitsentscheidung unwirksam erscheinen lässt (BGH NJW 2015, 859 Rn. 12 ff.; BGH NJW-RR 2014, 349 Rn. 23 ff., 27 ff.; BGH ZIP 2013, 68 Rn. 22 ff., 35 ff.). Die Treuwidrigkeit der Ausübung der Mehrheitsmacht soll nicht mehr davon abhängen, ob und inwieweit in den *Kernbereich der Stellung von Gesellschaftern* eingegriffen wird, vielmehr soll stets die Abwägung maßgeblich sein, ob der Eingriff im Interesse der Gesellschaft geboten und dem Gesellschafter unter Berücksichtigung seiner schutzwürdigen Belange zumutbar ist (BGH NJW 2015, Rn. 19). Nur im Rahmen dieser Abwägung können die Zugehörigkeit der betroffenen Gesellschafterrechte zum Kernbereich gesellschaftlicher Rechte oder das Vertrauen auf die Fortexistenz bereits entstandener Ansprüche einzelner Gesellschafter Berücksichtigung finden (s. BGH NJW 2015, 859 Rn. 19 ff.; BGH NJW-RR 2014, 349 Rn. 25 ff.; BGH ZIP 2013, 68 Rn. 38 ff.;

aus der früheren Rechtsprechung BGHZ 170, 288; 179, 21; BGH NJW 1985, 973 [974]; 1995, 195; 2012, 1441; zur nachträglichen Beitragserhöhung BGH NJW 2015, 859 Rn. 17 und ausführlicher → § 707 Rn. 3); Gleiches gilt nunmehr wohl auch für die Beachtung des *Gleichbehandlungsgrundsatzes* (→ § 705 Rn. 4; hierzu aus der früheren Rspr BGHZ 85, 361; BGH NJW 1985, 974). Falls der Gesellschaftsvertrag allgemein eine Vertragsänderung mit einfacher oder qualifizierter Mehrheit erlaubt, können auch Vertragsklauseln auf der Basis dieser allgemeinen Bestimmung geändert werden, die für einzelne Fragen eine besondere qualifizierte höhere Mehrheit vorsehen (BGH ZIP 2013, 68; ZIP 2013, 65), allerdings wohl nur für den Fall, dass im Zeitpunkt der Beschlussfassung die Voraussetzungen für die Anwendbarkeit dieser besonderen Klausel noch nicht gegeben sind. In Fragen der Voraussetzungen wirksamer Mehrheitsentscheidungen wäre eine strengere Formalisierung der für die Praxis sinnvollere Weg, der den Rückgriff auf schwammige richterrechtliche Kasuistik ersparen sollte; zur Neuordnung des Beschlussrechts der Personengesellschaften und insbesondere der GbR in der Reform Nolting NJW 2022, 113 Rn. 9 ff., 23 ff., der zutreffend auch künftig für strenge Anforderungen vor allem bei Geltung des Einstimmigkeitsprinzips bzw. „Vertragsprinzips" plädiert (s. aber → *§§ 709 III, 714, 716 nF* Rn. 2). **c)** Eine **Verpflichtung zur Zustimmung** kraft gesellschaftlicher 9
Treuepflicht (→ § 705 Rn. 3) ist nur ausnahmsweise anzunehmen, wenn die verständige Weiterverfolgung des Gesellschaftszwecks eine Anpassung dringend gebietet (BGHZ 44, 41; 64, 257; BGH NJW 2011, 1669; neuere Beispielsfälle: BGH NJW 1985, 973 [974]: Erhaltung der Liquidität, s. aber BGH NJW 2011, 1669; NJW 1987, 953 f. und BGH NJW-RR 2005, 264: Nachfolgeregelung; BGHZ 102, 176: Abberufung eines Geschäftsführers aus wichtigem Grund – zum Ganzen Horn AcP 181, 271) und die Anpassung auch unter Berücksichtigung der eigenen Belange zumutbar erscheint (BGHZ 64, 257 f.; BGH NJW 1987, 954; 1995, 195; BGHZ 183, 1 = NJW 2010, 65; BGH NJW 2011, 1670); idR ist Zustimmungsklage erforderlich, anders bei Publikumsgesellschaften (BGH NJW 1985, 974; NJW-RR 1989, 995) oder bei ganz existentieller Bedeutung der Beschlussfassung (BGH WM 1986, 1557).

5. Befugnis zur Rechtswahrnehmung. Die Befugnis zur Verfolgung von 10
Ansprüchen und Rechten der Gesellschaft bzw Gesellschafter ist primär eine Frage der Rechtsinhaberschaft und Geschäftsführungsbefugnis; die Stellvertretung nach außen wirft demgegenüber kaum Probleme auf. Es ist zu unterscheiden: **a) Ansprüche gegen Dritte** bzw gegen Gesellschafter aus Drittverhältnissen (vgl → § 706 Rn. 10): Anspruchsinhaber ist die Gesamthand (BGH NJW 1998, 1220: Mietzinsansprüche, entspr Anwendung von § 566 nach Gesellschafterwechsel; hierzu → §§ 738–740 Rn. 4). Zur Rechtsverfolgung und Stellvertretung (§ 714) sind nur die geschäftsführungsbefugten Gesellschafter berufen, §§ 709–711 (BGHZ 39, 15; 102, 154; BayObLGZ 1990, 261). Partei eines Prozesses sind *nach traditioneller Auffassung* die durch ihre Geschäftsführer vertretenen Gesellschafter als notwendige Streitgenossen (BGH NJW 2000, 291; BGH WM 1963, 729; OLG Rostock NJW-RR 1995, 381); sofern ein Gesellschafter aus Drittverhältnis verklagt wird, nur die „übrigen" Gesellschafter. Bei unvollständiger Angabe der Gesellschafter ist Berichtigung des Rubrums ausreichend – Aktivlegitimation und Prozessführungsbefugnis sind nicht betroffen (BGH NJW 1997, 1236). Hält man die Gesellschaft mit der hM für *parteifähig* (BGHZ 146, 341; → § 705 Rn. 1), so tritt sie selbst als Kläger auf, die Gesellschafter können nur als Prozessstandschafter klagen (OLG Dresden NZG 2006, 622; OLG Brandenburg NZG 2006, 381 f.: schutzwürdiges eigenes Interesse hieran besteht grundsätzlich nicht; s. aber BGH NJW 2002, 2958; regelmäßig ist Klage der Gesellschaft gewollt – fragwürdig LG Berlin NJW-RR 2002, 1378 –, deswegen bei entsprechender Klarstellung kein Parteiwechsel, sondern Rubrumsberichtigung, BGH NJW 2003, 1043; dazu Jacoby NJW 2003, 1645; Eckert EWiR 2003, 357; BGH NJW-RR 2006, 42; zur Rechtsmittelbefugnis BGH NZG 2004, 613; zur Gesellschaft auf Beklagtenseite → §§ 714, 715 Rn. 10). § 432, der Ansprü-

che des einzelnen Gesellschafters rechtfertigen könnte, wird durch die spezielleren Organisationsvorschriften der §§ 709–711 verdrängt. Nur *ausnahmsweise* greifen die gesellschaftsrechtlichen Sondervorschriften nicht ein, wenn nämlich die anderen Gesellschafter im Zusammenwirken mit dem Schuldner die Rechtsverfolgung gesellschaftswidrig verweigern; dann besteht der Anspruch des Einzelgesellschafters aus § 432 unabhängig von der Geschäftsführungsbefugnis (großzügiger noch BGHZ 12, 313; sehr einschr aber BGHZ 17, 346; 39, 14 ff.; 102, 155; BGH NJW 2000, 734; OLG Stuttgart NJW-RR 2011, 41; OLG Koblenz NJW-RR 2014, 45; BGH WM 1991, 1753: wirksames Handeln eines Gesellschafters einer zweigliedrigen Gesellschaft, wenn anderer Gesellschafter auf Grund § 181 selbst am Handeln gehindert ist und gleichzeitig seinen Gesellschaftsanteil treuhänderisch für den handelnden Gesellschafter hält). Diese Ausnahme gilt nur für die BGB-Gesellschaft, nicht für die OHG (BGH NJW 1973, 2199). Sofern die Voraussetzungen des *Notgeschäftsführungsrechts* (§ 744 II) für einen Gegenstand des Gesamthandsvermögens oder für die Gesellschaft insgesamt (BGH NJW 2018, 3014 Rn. 24; hierzu Schirrmacher NJW 2018, 3348) vorliegen, kann bei *allen* Personengesellschaften der Gesellschafter in *eigenem* Namen auf Leistung an alle Gesellschafter klagen (BGHZ 17, 187; BGH NJW 1992, 113; allgemein zum Notgeschäftsführungsrecht BGH NJW 2018, 3014 Rn. 23 f.; 2014, 3779 Rn. 15: wegen § 744 II keine Bestellung eines Notgeschäftsführers analog § 29; s. aber BFH NZG 1998, 476: keine Anfechtungsbefugnis bzgl an GbR gerichteten Umsatzsteuerbescheid, zweifelhaft, vgl → § 705 Rn. 1 mN; zur Zustellung einer Ordnungsverfügung an den Notgeschäftsführer VG Bautzen NJW 2019, 1763 Rn. 15); der konstruktiv richtige Weg zu diesem Ergebnis führt über § 432: der entspr geltende § 744 II setzt die gesellschaftsrechtlichen Organisationsnormen außer Kraft und schafft damit Raum für die Grundnorm § 432 (str; offen BGH DB 1979, 979; vgl aber OLG Düsseldorf NJW-RR 2003, 514 und OLGR Karlsruhe 2006, 237; → §§ 743–748 Rn. 15). Wenn die Voraussetzungen einer ausnahmsweisen Geltung des § 432 nicht vorliegen, muss der Gesellschafter notfalls die geschäftsführungsbefugten Mitgesellschafter auf Mitwirkung verklagen (BGH NJW 1982, 641; 1983, 1193; OLG Stuttgart NJW-RR 2011, 41). Zulässig ist gewillkürte Prozessstandschaft eines Gesellschafters (BGH NJW 2016, 2492 Rn. 19; BGH NJW 1988, 1586 f.; NJW 1996, 2860) bzw Einziehungsermächtigung (BGH NJW 1987, 3122). Für Gebührenforderungen der Anwaltssozietät nahm BGH NJW 1996, 2859 Gesamthandsgläubigerschaft an, s. aber nunmehr → §§ 428–430 Rn. 3.

11 **b) Ansprüche der Gesellschaft aus dem Gesellschaftsverhältnis** (**Lit.:** Hadding, Actio pro socio, 1966; Steding, Actio pro socio – unfreundlicher Akt in Personengesellschaften?, Wirtschaftsrecht 1993, 58; Bork/Oepen, Einzelklagebefugnisse des Personengesellschafters, ZGR 2001, 551) werden von den geschäftsführungs- und vertretungsbefugten Gesellschaftern bzw vertretungsberechtigten Dritten (BGH NJW 1983, 2498; → Rn. 4) geltend gemacht; sie gehen auf Leistung an die Gesellschaft bzw nach traditioneller Auffassung an die Gesamtheit der Gesellschafter (Ausnahme: Auskunftsanspruch, der auf Leistung an die übrigen Gesellschafter geht). *Daneben* hat jeder Gesellschafter als Partner des Gesellschaftsvertrages einen Anspruch auf Erfüllung der vertraglichen Leistungspflichten an die Gesamthand (actio pro socio; BGH NJW 2000, 505: Rückführung ungerechtfertigter Entnahmen); er entspricht dem Vertrag und bedarf keiner Herleitung aus § 432 (BGHZ 10, 101; 25, 49 f.; BGH NJW 1973, 2199; 1992, 1892: Gesellschaftsvertrag prägt auch inhaltliche Ausformung der actio, zB kein umfassender Auskunftsanspruch eines Kommanditisten). Die Einordnung als Prozessstandschaft oder vertraglicher Anspruch lässt BGH NJW-RR 2010, 1123 offen und BGH NJW 2016, 2492 Rn. 19 bejaht bei Ermächtigung eines Gesellschafters die Prozessstandschaft für die Verfolgung eines Anspruchs aus § 706. Nur ausnahmsweise kann Leistung an den Anspruchsinhaber verlangt werden, wenn der Anspruchsgegenstand bei Auseinandersetzung einer Zweimanngesellschaft allein ihm zukommt (BGHZ 10, 102). Ihre Verfolgung kann vor dem Hintergrund treuwidrigen Verhaltens des klagenden Gesellschafters rechtsmissbräuchlich sein (BGH NJW-RR 2010, 1123). Die actio pro socio wird mit dem

Ausscheiden des klagenden Gesellschafters unzulässig (OLG Karlsruhe NJW 1995, 1296; hierzu Früchtl NJW 1996, 1327 mN); ohne Zustimmung der übrigen Gesellschafter ist eine gewillkürte Prozessstandschaft nicht möglich. **c) Ansprüche eines Gesellschafters gegen Mitgesellschafter** können entstehen, wenn dem Gesellschafter durch treuwidriges Verhalten des Mitgesellschafters individueller Schaden entstanden ist (BGH NJW 1962, 859; OLG Düsseldorf WM 1983, 1320: rechtswidriger Ausschluss). Hierher gehören Ansprüche kapitalanlegender Gesellschafter einer Publikumsgesellschaft gegen Mitgesellschafter oder vertrauensbildende Repräsentanten der Publikumsgesellschaft, früher aus cic, nunmehr aus §§ 311 II, 241 II, 280 I, falls bei Vertragsschluss Aufklärungspflichten verletzt sind (BGHZ 71, 286; 115, 213; BGH NJW 1995, 1025; 2001, 360; BGH NJW-RR 2004, 1408; 2006, 180; 2010, 1070; zur Spezialität – auch analog angewandter – sondergesetzlicher Haftung bei Prospektausgabe BGH NJW 2015, 237 Rn. 63 ff.; keine Geltendmachung von Ansprüchen nach Vertragsrecht unter KapMuG aF, s. BGH NJW 2015, 237 Rn. 134 ff.; s. aber nunmehr § 1 I Nr. 3 KapMuG nF); Verjährung ursprünglich analog § 127 V aF InvG, § 13 aF VerkProsG, § 46 aF BörsG in einem Jahr seit Kenntnis mit dreijährigem Fristenlauf (zum vorausgehenden alten Recht mit Sechsmonatsfrist BGHZ 83, 222; BGH NJW 2001, 1203 für Immobilienfond); diese Vorschriften sind aufgehoben bzw durch Vorschriften ohne Sonderregeln für Verjährung ersetzt (§§ 23 ff. WpPG, §§ 20 ff. VermögensanlageG; § 306 KAGB mit Übergangsvorschriften; sa Suchomel NJW 2013, 1129; Schüppen/J. Stürner, WP Handbuch 2014, Bd. II, 14. Aufl. 2014, S. 1593 ff. mN), so dass nunmehr von der Geltung der Regelverjährung gem §§ 195, 199 auszugehen ist (zur für den Verjährungsbeginn maßgeblichen Kenntnis fehlerhafter Information BGHZ 186, 152; 196, 233 Rn. 28 ff.; zur grob fahrlässigen Unkenntnis gem § 199 I Nr. 2 BGH NJW 2017, 2187; 2011, 3573 Rn. 11; BGH NZG 2019, 1181 Rn. 17; BGH BeckRS 2019, 11447 Rn. 27; Stackmann NJW 2020, 16 ff. 198 mwN; zur Behandlung der Verjährung im Verfahren nach dem KapMuG BGH NJW 2015, 237 Rn. 137 ff.; 2019, 3444 Rn. 19 ff.; sa BGH NJW-RR 2013, 98 Rn. 21 zur zeitlichen Geltung nach Änderung des Verjährungsrechts; zur Wirkung der Anmeldung zu einem Musterverfahren § 204 I Nr. 6a). Die Haftung greift nur gegenüber kapitalanlegenden Gesellschaftern, nicht gegenüber Gesellschaftsgläubigern (BGH NJW 1981, 2810); die Grundsätze der Gesellschafterhaftung gelten auch für Gründungsgesellschafter, die sich eines Vertriebs bedienen (BGH NJW 2017, 1117 Rn. 8–11 für Kommanditisten), und für treuhänderische Gesellschafter (BGH NJW-RR 2017, 750 Rn. 26 f.; 2017, 930 Rn. 16 für Kommanditisten). Die geschilderten Haftungsgrundsätze können auch bei Bauherren- und ähnlichen Anlagemodellen für die Haftung der „Hintermänner“ in Frage kommen (hierzu BGHZ 111, 314; 115, 213; 126, 166; Verjährung nun nach §§ 195, 199: 3 Jahre relativ; 10 Jahre absolut). 12

6. Rechtsverhältnis zwischen Geschäftsführer und Gesamthand. a) Auszugehen ist von der **grundsätzlichen Geltung des Gesellschaftsrechts,** so dass Auftragsrecht nur subsidiär gilt (§ 713). Der geschäftsführende Gesellschafter erfüllt gesellschaftsvertragliche Pflichten und haftet der Gesellschaft bzw der Gesamtheit der Gesellschafter (vgl → Rn. 11) aus §§ 705, 242, 708, 277 (vgl aber → § 708 *Rn. 1 und 3*). Es ist ihm insbesondere nicht erlaubt, im Geschäftszweig der Gesellschaft ohne ausdrückliche Erlaubnis eigene Geschäfte zu tätigen oder gar Geschäfte der Gesellschaft auf eigene Rechnung abzuwickeln („Geschäftschancenlehre“; s. BGH NJW 2013, 363 [365]; 2014, 1107 Rn. 14; → § 708 Rn. 1). Zu Unrecht verneint der BGH den Anspruch auf Unterlassung von Maßnahmen, welche die Geschäftsführungsbefugnis überschreiten (BGHZ 76, 168; hierzu Scheider JR 1980, 466; s. aber BGH NJW 1999, 572: Feststellungsklage). Sofern der Arbeitseinsatz für die Gesellschaft durch Ausübung eines Abgeordnetenmandats gemindert wird, besteht keine Schadensersatzpflicht des Gesellschafters, der sich zur ausschließlichen Widmung seiner Arbeitskraft für die Gesellschaft verpflichtet hatte (BGHZ 43, 384). Das gesellschaftsvertragliche Geschäftsführungsverhältnis ist kein Auftrags- und 13

Dienstverhältnis (vgl aber → Rn. 16) und von „Drittverhältnissen" (→ § 706 Rn. 10) mit geschäftsbesorgerischem Inhalt zu unterscheiden (vgl auch → Rn. 10); zur Übertragung der Geschäftsführung auf Dritte vgl → Rn. 4 und §§ 713, 664.

14 **b) Subsidiäre Geltung des Auftragsrechts** (§ 713): **aa)** Die **Informationspflichten** gem §§ 713, 666 (Huber ZGR 1982, 541; Wagner NZG 1998, 657) sind vom Kontrollrecht der Gesellschafter (§ 716) und vom Rechnungslegungsanspruch vor Gewinnverteilung, Auseinandersetzung und Abfindung zu unterscheiden (§§ 721, 730, 738). Gläubiger ist die Gesellschaft bzw die Gesamtheit der Gesellschafter, Schuldner der Geschäftsführer; zur Geltendmachung dieses gesellschaftsvertraglichen Anspruchs vgl → Rn. 11. Der Anspruchsinhalt folgt aus § 259. Die vollständige Entbindung von der Rechnungslegungspflicht für die gesamte Dauer des Gesellschaftsverhältnisses kann gegen § 138 verstoßen (BGH WM 1965, 710).

15 **bb)** Gläubiger des **Herausgabeanspruchs** (§ 667) ist die Gesellschaft bzw die Gesamthand; vgl → Rn. 11. Regelmäßig wird der Geschäftsführer aber als Vertreter der Gesellschafter handeln, so dass Direkterwerb der Gesamthand vorliegt (s. aber OLG Brandenburg NJW-RR 2014, 931: Herausgabe einer vom Geschäftsführer zur Nutzung durch die GbR erworbenen Internet-Domaine); für Erfindungen des Geschäftsführers vgl → § 706 Rn. 8. **cc) Aufwendungsersatz** erfasst entspr § 110 I HGB auch Verluste, die unmittelbar durch die Geschäftsführung und die mit ihr untrennbar verbundenen Gefahren entstehen (Soergel/Hadding § 713 Rn. 11; offen BGH NJW 1960, 1569); aber kein Aufwendungsersatz für Schäden, die aus Verquickung mit eigenen Geschäften entstehen (BGH NJW 1960, 1568). Gläubiger ist der Geschäftsführer, Schuldner die Gesamtheit der Gesellschafter mit dem Gesamt-

16 handsvermögen (vgl → § 707 Rn. 1). **c) Entgeltlichkeit** der Geschäftsführung bedarf bes – ausdr oder stillschweigender – Vereinbarung (BGHZ 17, 301; OLG Koblenz WM 1986, 590). Das vertragliche Entgelt ist – anders als die Gewinnbeteiligung – nur zu zahlen, wenn der Geschäftsführer seine Tätigkeit tatsächlich ausübt (BGHZ 10, 53). Die Vorschriften der §§ 611 ff. finden *entspr* Anwendung, es handelt sich um ein dienstvertraglich geprägtes gesellschaftliches Rechtsverhältnis, nicht aber um ein Drittverhältnis (unklar BGH NJW 1963, 1052). Sofern gem § 616 die Vergütung bei unfallbedingter Krankheit fortbezahlt wird, kann sich der Schädiger im Verhältnis zum geschäftsführenden Gesellschafter hierauf nicht berufen (BGH NJW 1963, 1051); anders bei fortbestehender Gewinnbeteiligung (BGH WM 1964, 1272; aM zu Recht Kollhosser ZHR 129, 143). Zur Pflicht, der Erhöhung einer gesellschaftsvertraglichen Vergütung zuzustimmen, vgl BGHZ 44, 41 und → Rn. 9; zur Dienstleistung als Einlage → § 706 Rn. 8.

17 **7. Entziehung und Kündigung.** Sie folgen § 712 (hierzu Szerkus NJW 2022, 671). **a)** Die Vorschrift betrifft insgesamt nur die **vertraglich vereinbarte Befugnis,** nicht also § 709 I (sehr str). Für die Entziehung gem I folgt diese Beschränkung aus dem Vergleich mit dem bewusst weiter formulierten § 117 HGB, der auch die ges Befugnis erfasst. Für die Kündigung gem Abs. II differenziert die hM ebenfalls zwischen BGB-Gesellschaft und OHG, bei der auch die ges Geschäftsführung kündbar sein soll. **b)** Der **Entziehungsgrund** muss für die Zukunft den anderen Gesellschaftern die Fortsetzung der Geschäftsführung bei Abwägung aller Interessen *unzumutbar* erscheinen lassen (BGH WM 1967, 417; BGH NJW-RR 2008, 705), wobei strenge Anforderungen zu stellen sind. **c) Verfahren:** Einstimmiger oder mehrheitlicher Beschluss unter Ausschluss des betroffenen Gesellschafters, keine Klage; anders bei der OHG gem § 117 HGB. Bei Zweimanngesellschaft genügt Beschluss des anderen Teils (RGZ 162, 83; str). Zustimmungspflicht nach den Grundsätzen des Grundlagengeschäfts, vgl → Rn. 7 ff. (auch zu Besonderheiten bei Publikumsgesell-

18 schaften). **d)** Die **Wirkung** besteht in der Wiederherstellung der ges Regelung des § 709 I für alle Geschäftsführer (vgl BGHZ 33, 108; str; zu Einzelheiten Metzing NJW 2017, 3194, 3197); der gerechtfertigte Beschluss hat sofortige Wirkung, eine spätere gerichtliche Entscheidung nicht gestaltende, nur feststellende Bedeutung (BGH NJW 1983, 939). Bloße *Beschränkungen* sind durch Entziehung nicht erreich-

bar, nur durch Vertragsänderung. **e) Vertraglicher Ausschluss** der Gestaltungsrechte ist nach hM zulässig mit der Folge, dass nur §§ 723, 736, 737 zum Zuge kommen (sehr str). **f) Kündigung aus wichtigem Grund** ist Amtsniederlegung und führt unmittelbar zum Verlust der Geschäftsführungs- bzw Vertretungsbefugnis (zT krit K. Schmidt DB 1988, 2241).

8. Grundregeln für Gesellschafterbeschlüsse. a) Rechtsnatur und Form 19
des Beschlusses. Er ist ein „Sozialakt körperschaftlicher Willensbildung", also weder ein Vertrag noch sonst ein RGeschäft unter Gesellschaftern (BGHZ 52, 318 für die GmbH; str). Diese Charakterisierung gilt für einstimmige Beschlüsse (sehr str) und Mehrheitsbeschlüsse; Mehrheit bedeutet iZw (vgl § 709 II) Mehrzahl aller – nicht nur der abstimmenden – Gesellschafter. Grundsätzlich ist der Beschluss formlos möglich (BGH NJW-RR 2005, 1196: auch stillschweigend, → Rn. 7). **b) Anwendungsbereich:** Vgl §§ 709, 710 S. 2, 712, 715, 737. Der Gesellschaftsvertrag kann weitere Fälle der Beschlussfassung vorsehen, wobei sich angesichts der neueren Rspr des Gesellschaftsrechtssenats Eindeutigkeit und Sorgfalt empfehlen, um wachsenden richterlichen Eingriffsbedürfnissen gerade auf Gebiet der Vertragsänderung durch Mehrheitsbeschlüsse vorzubeugen; vgl → Rn. 4 und 8. **c) Unwirksamkeit des** 20
Beschlusses (zur Prüfung nach der Zweistufentheorie mit ihrer Unterscheidung zwischen formellen und materiellen Unwirksamkeitsgründen BGH NJW 2009, 669 Rn. 16; Wertenbruch NZG 2013, 641): s. zuerst → Rn. 8; ferner versäumte Ladung eines Gesellschafters (zur GmbH: BGH NJW 1962, 538 und für schwerwiegende Frist- und Formmängel BGH NJW-RR 2006, 832; BGH NZG 2014, 621; anders bei Publikumsgesellschaft, insbesondere bei fehlender Relevanz der betroffenen Stimmen BGH WM 2013, 311 Rn. 47; sa BGH WM 1983, 1407; BGH NJW 1987, 1263 und 1987, 3121, auch zur Darlegungs- und Beweislast, gegebenenfalls Anwendung der Regeln für GmbH oder AG, BGH NJW 2010, 65 Rn. 12), aber § 32 I 2 bei Einstimmigkeitsprinzip unanwendbar (BGH ZIP 1994, 1523); verfehlte Schriftform (BGHZ 66, 86 f.). Unwirksamkeit kann inzidenter (OLG München NZG 2004, 807) oder durch Feststellungsklage geltend gemacht werden (BGH WM 1966, 1036; BGH BB 1992, 595; BGH NZG 2012, 625; 2013, 664; zum Streit um Unwirksamkeit Westermann NZG 2012, 1121). **d)** Die **Stimmabgabe** ist eine 21
empfangsbedürftige Willenserklärung, auf welche die Vorschriften über Anfechtung und Nichtigkeit Anwendung finden (BGHZ 14, 267); Widerrufbarkeit besteht bis zum Zugang bei allen Gesellschaftern bzw beim Sitzungsleiter (teilw aA OLG Köln NZG 1998, 767: Bindung von zustimmender Abgabe), bei Geschäftsführungsmaßnahmen jedoch bis zu ihrer Ausführung (sehr str); anders bei zuvor – auch schlüssig – erklärtem Bindungswillen (BGH NJW-RR 1990, 800). Eine Stimmrechtsabtretung ist unwirksam (vgl → § 717 Rn. 2), die – *widerrufliche* – Bevollmächtigung zur Stimmrechtsabgabe können Gesellschaftsvertrag oder Gesellschafterbeschluss zulassen (BGHZ 3, 357 f.; 20, 364; BGH NJW 1970, 468), nicht aber kann obligatorische Vertretung einer Gesellschaftergruppe Vertragsinhalt sein (K. Schmidt ZHR 1982, 527; offen BGHZ 46, 297; anders bei Kommanditisten, dazu BGH NJW-RR 2005, 39). Ein Gesellschafter kann das Stimmrecht zugleich für sich selbst und als Vertreter 22
eines anderen Gesellschafters ausüben, weil § 181 auf den Sozialakt der Beschlussfassung *nicht* anzuwenden ist (BGHZ 52, 318; 65, 95 ff.; Röll NJW 1979, 630); anders bei vertragsändernden Beschlüssen (BGH NJW 1961, 724; BGHZ 65, 96; BGH NJW 1991, 692). Bei Interessenkollisionen ist iÜ Analogie zu § 34 (vgl → §§ 743–748 Rn. 11), § 136 I AktG, § 47 IV GmbHG (Siegmund BB 1981, 1674), § 43 VI GenG denkbar (vgl BGHZ 34, 371), uU auch Anwendung des § 181 (BGH NJW 1991, 691 für Bestellung zum Geschäftsführer). Jedenfalls besteht kein Stimmrecht des betroffenen Gesellschafters, wenn wichtige Maßnahmen *gegen* ihn Beschlussgegenstand sind (BGHZ 102, 176; BGH NJW 1969, 1484;NJW 1987, 1889; NJW 1987, 1891: Abberufung als Geschäftsführer aus wichtigem Grund; BGHZ 97, 28: Geltendmachung von Ersatzansprüchen – alle für GmbH; hierzu K. Schmidt NJW 1986, 2018). Eine – klagbare – Pflicht zur Zustimmung besteht nur ausnahmsweise

23 (vgl → Rn. 2 und 9; zur Arglisteinrede bei pflichtwidriger Verweigerung vgl BGHZ 14, 37 f.). Die vertragliche Stimmrechtsbindung *unter Gesellschaftern* ist wirksam, es besteht klagbarer Erfüllungsanspruch, der gem ZPO 894 zu vollstrecken ist (BGHZ 48, 163 ff. für GmbH); aber keine einstweilige Verfügung (OLG Frankfurt a. M. BB 1982, 274 – großzügiger OLG Stuttgart NJW 1987, 2449; Gerkan ZGR 1985, 167 – differenzierend Baur/Stürner/Bruns Rn. 53.21); bei *außenstehenden Dritten* ist die Vereinbarkeit mit der gesellschaftlichen Treuepflicht zu prüfen (vgl iÜ → § 717 Rn. 2). Der Ausschluss oder Entzug des Stimmrechts eines Gesellschafters ist grundsätzlich möglich, gilt aber nicht für Beschlüsse, die unmittelbar in die Gesellschafterstellung des Ausgeschlossenen eingreifen (BGHZ 20, 363; BGH NJW 1987, 3125); auch die Stimmrechtseinräumung an Dritte ist zulässig (BGH NJW 1960, 964).

Beschlussfassung und Geschäftsführung nach der Reform §§ 709 und 714–716 nF (in Kraft ab 1.1.2024)

§ 709 *Beiträge;* ***Stimmkraft;*** *Anteil an Gewinn und Verlust*

(1) Der Beitrag eines Gesellschafters kann in jeder Förderung des gemeinsamen Zwecks, auch in der Leistung von Diensten, bestehen.

(2) Im Zweifel sind die Gesellschafter zu gleichen Beiträgen verpflichtet.

(3) ***[1]Die Stimmkraft*** *und der Anteil an Gewinn und Verlust* ***richten sich vorrangig nach den vereinbarten Beteiligungsverhältnissen. [2] Sind keine Beteiligungsverhältnisse vereinbart worden, richten sie sich nach dem Verhältnis der vereinbarten Werte der Beiträge. [3] Sind auch Werte der Beiträge nicht vereinbart worden, hat jeder Gesellschafter ohne Rücksicht auf den Wert seines Beitrags die gleiche Stimmkraft*** *und einen gleichen Anteil am Gewinn und Verlust.*

§ 714 ***Beschlussfassung***

Gesellschafterbeschlüsse bedürfen der Zustimmung aller stimmberechtigten Gesellschafter.

§ 715 ***Geschäftsführungsbefugnis***

(1) ***Zur Führung der Geschäfte der Gesellschaft sind alle Gesellschafter berechtigt und verpflichtet.***

(2) ***[1]Die Befugnis zur Geschäftsführung erstreckt sich auf alle Geschäfte, die die Teilnahme der Gesellschaft am Rechtsverkehr gewöhnlich mit sich bringt. [2]Zur Vornahme von Geschäften, die darüber hinausgehen, ist ein Beschluss aller Gesellschafter erforderlich.***

(3) ***[1]Die Geschäftsführung steht allen Gesellschaftern in der Art zu, dass sie nur gemeinsam zu handeln berechtigt sind, es sei denn, dass mit dem Aufschub eines Geschäfts Gefahr für die Gesellschaft oder das Gesellschaftsvermögen verbunden ist. [2]Dies gilt im Zweifel entsprechend, wenn nach dem Gesellschaftsvertrag die Geschäftsführung mehreren Gesellschaftern zusteht.***

(4) ***[1]Steht nach dem Gesellschaftsvertrag die Geschäftsführung allen oder mehreren Gesellschaftern in der Art zu, dass jeder allein zu handeln berechtigt ist, kann jeder andere geschäftsführungsbefugte Gesellschafter der Vornahme des Geschäfts widersprechen. [2]Im Fall des Widerspruchs muss das Geschäft unterbleiben.***

(5) ***[1]Die Befugnis zur Geschäftsführung kann einem Gesellschafter durch Beschluss der anderen Gesellschafter ganz oder teilweise entzogen werden, wenn ein wichtiger Grund vorliegt. [2]Ein wichtiger Grund ist insbesondere eine grobe Pflichtverletzung***

des Gesellschafters oder die Unfähigkeit des Gesellschafters zur ordnungsgemäßen Geschäftsführung.

(6) [1]Der Gesellschafter kann seinerseits die Geschäftsführung ganz oder teilweise kündigen, wenn ein wichtiger Grund vorliegt. [2]§ 671 Absatz 2 und 3 ist entsprechend anzuwenden.

§ 715a *Notgeschäftsführungsbefugnis*

[1]Sind alle geschäftsführungsbefugten Gesellschafter verhindert, nach Maßgabe von § 715 Absatz 3 Satz 3 bei einem Geschäft mitzuwirken, kann jeder Gesellschafter das Geschäft vornehmen, wenn mit dem Aufschub Gefahr für die Gesellschaft oder das Gesellschaftsvermögen verbunden ist. [2]Eine Vereinbarung im Gesellschaftsvertrag, welche dieses Recht ausschließt, ist unwirksam.

§ 715b *Gesellschafterklage*

(1) [1]Jeder Gesellschafter ist befugt, einen auf dem Gesellschaftsverhältnis beruhenden Anspruch der Gesellschaft gegen einen anderen Gesellschafter im eigenen Namen gerichtlich geltend zu machen, wenn der dazu berufene geschäftsführungsbefugte Gesellschafter dies pflichtwidrig unterlässt. [2]Die Befugnis nach Satz 1 erstreckt sich auch auf einen Anspruch der Gesellschaft gegen einen Dritten, wenn dieser an dem pflichtwidrigen Unterlassen mitwirkte oder es kannte.

(2) Eine Vereinbarung im Gesellschaftsvertrag, welche das Klagerecht ausschließt oder dieser Vorschrift zuwider beschränkt, ist unwirksam.

(3) [1]Der klagende Gesellschafter hat die Gesellschaft unverzüglich über die Erhebung der Klage und die Lage des Rechtsstreits zu unterrichten. [2]Ferner hat er das Gericht über die erfolgte Unterrichtung in Kenntnis zu setzen. [3]Das Gericht hat auf eine unverzügliche Unterrichtung der Gesellschaft hinzuwirken.

(4) Soweit über den Anspruch durch rechtskräftiges Urteil entschieden worden ist, wirkt die Entscheidung für und gegen die Gesellschaft.

§ 716 *Ersatz von Aufwendungen und Verlusten; Vorschusspflicht; Herausgabepflicht; Verzinsungspflicht*

(1) Macht ein Gesellschafter zum Zwecke der Geschäftsbesorgung für die Gesellschaft Aufwendungen, die er den Umständen nach für erforderlich halten darf, oder erleidet er unmittelbar infolge der Geschäftsbesorgung Verluste, ist ihm die Gesellschaft zum Ersatz verpflichtet.

(2) Für die erforderlichen Aufwendungen hat die Gesellschaft dem Gesellschafter auf dessen Verlangen Vorschuss zu leisten.

(3) Der Gesellschafter ist verpflichtet, der Gesellschaft dasjenige, was er selbst aus der Geschäftsbesorgung erlangt, herauszugeben.

(4) [1]Verwendet der Gesellschafter Geld für sich, das er der Gesellschaft nach Absatz 3 herauszugeben hat, ist er verpflichtet, es von der Zeit der Verwendung an zu verzinsen. [2]Satz 1 gilt entsprechend für die Verzinsung des Anspruchs des Gesellschafters auf ersatzfähige Aufwendungen oder Verluste.

Anmerkungen zu §§ 709 III, 714–716 nF

1. Einstimmigkeit und Mehrheit sowie Stimmkraft bei Gesellschafterbeschlüssen sind in *§§ 709 III und 714 nF* geregelt. **a) Gesetzgeberische Widersprüche.** Die Wahl recht verschiedener Stellen zur Regelung dieses einheitlichen Komplexes in der Neukodifikation wirkt ewas irritierend, weil der Gesetzeswortlaut das Verhältnis beider Normen zueinander ungeklärt lässt und sie dann etwas wider- 1

sprüchlich nebenander stehen. Der Wortlaut des *§ 714 nF* erhebt das Einstimmigkeitsprinzip zu einem wichtigen Grundsatz, während der Rechtsanwender in *§ 709 III nF* schon erfahren hat, dass sich die Stimmkraft vorrangig nach den vereinbarten Beteiligungsverhältnissen richtet, in zweiter Linie nachdem Verhältnis der Werte vereinbarter Beiträge, und erst bei Versagen dieser Kriterien soll gleiche Stimmkraft und damit Mehrheit nach Köpfen gelten. Wenn aber bei Gesellschafterbeschlüssen grundsätzlich die Notwendigkeit der Zustimmung aller Gesellschafter als Grundsatz gelten soll, wie dies *§ 714 nF* für alle Gesellschafterbeschlüsse formuliert, ohne auf § 709 III in irgendeiner Form Bezug zu nehmen, wäre die Bedeutung des *§ 709 III nF* stark reduziert, weil es bei grundsätzlich notwendiger voller Zustimmung aller Gesellschafter nicht mehr darauf ankommt, ob die sich alle einigen Gesellschafter verschiedene Stimmkraft haben. Dabei handelte es sich dann bei *§ 709 III nF* nicht um einen Grundsatz, sondern um eine Ausnahme für den Fall, dass trotz des Einstimmigkeitsgrundsatzes eine Mehrheitsentscheidung überhaupt möglich sein soll. So will der Gesetzgeber das Zusammenspiel der beiden Vorschriften aber gerade nicht verstanden wissen. In der Gesetzesbegründung zu *§ 709 III nF* ist ausgeführt, dass die Bemessung der Stimmkraft nach vereinbarten Beteiligungen oder Beitragswerten der Verwirklichung der Gleichbehandlung der Gesellschafter und damit des Gleichheitssatzes und seines Differenzierungsgebotes bei ungleichen Sachverhalten diene und die Kopfmehrheit eine Auffanglösung sei (BT-Drs. 19/27635 S. 142, 143). Zu *§ 709 III nF* und zu *§ 714 nF* wird dann in der Begründung auf die verbreitete Praxis verwiesen, vertraglich das Einstimmigkeitsprinzip zu Gunsten des Mehrheitsprinzips mit gewichteter Stimmkraft abzuwählen, was auch stillschweigend geschehen könne (BT-Drs. aaO S. 142, 149/150). Weil eine solche Disposition über *§ 714 nF* seit langem sehr üblich sei, müsse der Gesetzgeber diese Wahlfreiheit nicht eigens erwähnen, zumal diese Wahlfreiheit Teil der dem Kapitel 2 zur Gestaltung des Rechtsverhältnisses der Gesellschafter untereinander und der Gesellschafter zur Gesellschaft als tragender Grundsatz vorangestellt sei *(§ 708 nF* und dazu BT-
2 Drs. 19/27635 S. 149). **b) Geschäftsführung, Grundlagengeschäfte und Einstimmigkeit.** Zur Klarheit trägt es auch nicht bei, wenn die Gesetzesbegründung zu *§ 714 nF* am Anfang bemerkt, die Vorschrift regele „in Abgrenzung zur Geschäftsführung die Grundlagen der gesellschaftsinternen Willensbildung und Entscheidungsfindung durch Beschlussfassung". Diese Bemerkung könnte den Eindruck erwecken, der Gesetzgeber wolle in *§ 714 nF* für Grundlagengeschäfte anders als bei Entscheidungen über Maßnahmen bloßer Geschäftsführung durch alle Gesellschafter Einstimmigkeit vorschreiben. Die bereits zitierten anderen Ausführungen zeigen aber deutlich, dass dies so nicht gemeint sein kann und die vom BGH entwickelten Grundsätze zur vertragsändernden Mehrheitsentscheidung weiter Geltung haben sollen (zu diesen Grundsätzen → §§ § 709–713 aF Rn. 7 ff.).

3 **2. Grundregeln für Gesellschafterbeschlüsse.** Die Reform lässt die seither geltenden und von der Rechtsprechung und Lehre entwickelten Grundregeln zur Rechtsnatur, Unwirksamkeit und der Art und Weise der Stimmabgabe unberührt (hierzu → §§ 709–713 aF Rn. 19, 20 und 21 ff.). Aus *§ 714 nF* ergibt sich nunmehr auch mit gewisser und noch ausreichender Deutlichkeit, dass es bei der Bewertung von Einstimmigkeit und dann wohl auch Mehrheit grundsätzlich auf die Zahl der *stimmberechtigten* Gesellschafter und nicht der abstimmenden Gesellschafter ankommen soll (so auch die Gesetzesbegründung BT-Drs. aaO S. 149). Auch diese Regel unterliegt aber der Möglichkeit der Abänderung, wobei gerade in diesem Punkte die Möglichkeit stillschweigender Änderung zu einer schwer vertretbaren Rechtsunsicherheit führen könnte und deshalb insoweit möglichst nicht bemüht werden sollte. Nicht realisiert hat sich im Recht der GbR die ursprüngliche Absicht, die *Aufhebung von Gesellschafterbeschlüssen durch ein förmliches Anfechtungsverfahren* nach dem Vorbild des Aktienrechtes im Interesse der Rechtssicherheit stärker zu formalisieren (dazu die Gesetzesbegründung BT-Drs. aaO S. 111 f.). Nachdem der BGH vor allem auf dem Gebiet vertragsändernder Mehrheitsbeschlüsse die formalen Kriterien für die

Zulässigkeit solcher Beschlüsse stark aufgeweicht hat, hätte auch der GbR eine genauere und teilweise präkludierende Regelung der Beseitigung von Beschlussmängeln nicht geschadet, wie sie nun allein für die Personen*handels*gesellschaften gilt (§§ 110–115 HGB idF des Art. 51 MoPeG). Indessen erscheint es angesichts der starken Tendenz zur Formalisierung des Beschlussverfahrens bei Handelsgesellschaften mit der Folge verfahrensmäßiger Differenzierung zwischen Anfechtbarkeit (*§ 110 I – 113 HGB nF*), Nichtigkeit und Nichtigkeitsklage (*§§ 110 II, 114 HGB nF*) und gerichtlicher Beschlussfeststellung (*§ 115 HGB nF*) verständlich, dass der Gesetzgeber bei der personalistischen GbR von einer solchen Regelung abgesehen hat und für Fälle einer kapitalistischen GbR mit körperschaftlicher Struktur auf die Möglichkeit vertraglicher Vereinbarung verweist (BT-Drs. aaO S. 110 113; sa → § 705 aF Rn. 28). In einigen Vorschriften schließt das Gesetz den betroffenen Gesellschafter von einer Mitwirkung bei der Beschlussfassung ausdrücklich aus (*§§ 715 V Satz 1, 720 IV, 727 Satz 1 nF*), woraus sich die allgemeine Regel ableiten lässt, dass bei schwerer Interessenkollision von einem *Stimmverbot* für den betroffenen Gesellschafter auszugehen ist, obwohl sich der Gesetzgeber im Falle der GbR zu einer allgemeineren Regelung nicht entschließen konnte (BT-Drs. 19/27365 S. 149/150), wie sie z.B. im Vereinsrecht (§ 34) und für die GmbH (§ 47 IV GmbHG) gilt und weitere Fälle wie den Abschluss von Rechtsgeschäften des Gesellschafters mit der Gesellschaft oder die Abstimmung über eine Entlastung oder die Befreiung von einer Verbindlichkeit mit einschließen; damit beiben alte Streitfragen gesetzgeberisch offen und die alte Kasuistik zu einzelnen Rechtsfragen hilfreich (dazu → §§ 709–713 aF Rn. 22).

3. Die Geschäftsführungsbefugnis. a) Abgrenzungen. Zu recht betont die Gesetzesbegründung die Nowendigkeit, die Regelung der Geschäftsführungsbefugnis von den Regeln der *Vertretung der Gesellschaft* nach außen deutlich abzugrenzen, was auch gesetzgeberisch insgesamt geglückt ist (*§§ 715–716 nF* einerseits und *§ 720 nF* andererseits), wenngleich sich bei *§ 715b nF* (Gesellschafterklage) unvermeidbare Überscheidungen ergeben. Bei der *Willensbildung für Gesellschafterbeschlüsse* gelten ebenfalls andere Regeln als bei der Willensbildung zur Geschäftsführung (*§ 715 III u. IV nF*). Die Abgrenzung beider Bereiche mit der Unterscheidung zwischen gewöhnlichen Geschäften des Rechtsverkehrs und darüber hinausgehenden Geschäften (*§ 715 II nF*) ist zwar sicherlich hilfreich, lässt aber doch die bereits aufgezeigten Unschärfen, wenn man die Möglichkeit stillschweigender Verschiebung der Grenzen in Gestalt einer Vertragsänderung durch schlüssiges Verhalten mitberücksichtigt (vg. oben → Rn. 1 mN).**b) Rechtsnatur und ihre Folgen.** *§ 715 I nF* stellt klar, dass die Geschäftsführung Recht und Pflicht der Gesellschafter ist. Die Folgerungen aus ihrem Pflichtcharakter bleiben indessen offen (hierzu BT-Drs. aaO S. 150). Dies gilt für Fragen der Selbstorganschaft (→ §§ 709–713 aF Rn. 4) ebenso wie für grundsätzliche Unentgeltlichkeit. Unentgeltlichkeit kann aber wie vor der Reform (dazu §§ 709–713 aF Rn. 16) durch Vereinbarungen abbedungen werden, wobei dann eine bloße Gewinnvorauszahlungsvereinbarung oder eine Vergütungsvereinbarung gesellschaftsvertraglicher Natur gegeben sein kann, aber – so sehr dezidiert die Gesetzesbegründung – auch ein zur gesellschaftsrechtlichen Geschäfts*führungspflicht hinzu*tretender Dienstvertrag im Sinne eines Drittverhältnisses (BT-Drs. aaO S. 150). **c) Versuch einer näheren Inhaltsbestimmung.** Es ist bereits angedeutet (→ oben Rn. 4), dass die Abgrenzung zwischen Geschäften, „die die Teilnahme der Gesellschaft am Rechtsverkehr gewöhnlich mit sich bringt" und Geschäften, „die darüber hinausgehen" im neuen *§ 725 II nF* zwar durchaus hilfreich sein kann, wenn es darum geht, den Geltungsbereich der Regeln für die Geschäftsführung gegen den Bereich der Geltung der Regeln für Gesellschafterbeschlüsse abzugrenzen, zu dem vertragsändernde Grundlagengeschäfte, aber auch andere „außergewöhnliche" Geschäfte gehören. Die Gesetzesbegründung ist sich der Offenheit der gewählten Wortwahl bewusst, versucht dann aber durch einige Beispiele den Begriff außergewöhnlicher Geschäfte zu füllen und benennt vor allem

Margin numbers: 4 (at "3. Die Geschäftsführungsbefugnis"), 5 (at "b) Rechtsnatur"), 6 (at "c) Versuch").

Geschäfte, die nach Inhalt und Bedeutung und den mit ihnen verbundenen Gefahren für die Gesellschafter außergewöhnlich erscheinen wie etwa die Neuausrichtung der Geschäftspolitik durch Auswechslung des Hauptvertragspartners oder die Bestellung einer Generalvollmacht (BT-Drs. aaO S. 151). Es ist allerdings bereits darauf hingewiesen, dass die Parteidisposition über diese Abgrenzung, die auch schlüssig durch entsprechende Übung ausgeübt werden kann, das Gewicht dieser Legaldefinition stark mindert und letztlich dem BGH die gewohnte Freiheit bei der Auslegung und Rechtsfortbildung lässt (oben → Rn. 2).

7 **4. Ausübungsberechtigte.** Die Reform übernimmt im Wesentlichen die Regelung der §§ 709 I, 710 Satz 2 aF (zu ihrer Kommentierung → §§ 709–713 aF Rn. 2 u. 3). Sie ist gegenüber dem Entwurf redaktionell verändert worden u. enthält in der endgültigen Fassung nur zwei statt drei Sätzen bei gleichem Inhalt. Zur Ausübung der Geschäftsführungsbefugnis sind gemäß *§ 715 III Satz 1 nF* grundsätzlich alle Gesellschafter zusammen berechtigt (*Gesamtgeschäftsführungsbefugnis*). Die Vorschrift des *§ 715 III Satz 2 nF* enthält eine Auslegungsregel zu Gunsten einer Gesamtgeschäftsführungsbefugnis auch für den Fall, dass nur ausgewählte Gesellschafter zur Geschäftsführung befugt sein sollen. Neu und begrüßenswert ist die unmittelbare Berechtigung zu einer Notgeschäftsführung für den Fall fehlender rascher Erreichbarkeit oder anderweitiger vorübergehender Verhinderung einzelner Gesellschafter, so dass in diesen Falle die Geschäftsführungsbefugnis den erreichbaren bzw. nicht verhinderten geschäftsführungsberechtigten Gesellschaftern alleine zusteht, wenn ein verständigungsbedingter Aufschub eine Gefahr für die Gesellschaft oder das Gesellschaftsvermögen auslösen würde (dazu BT-Drs. 19/27635 S. 152 u. 153). Die Befugnis zur Notgeschäftsführung ersetzt nur die Zustimmung der nicht erreichbaren oder sonst verhinderten Gesellschafter, so dass sie nicht möglich ist, wenn ein erreichbarer bzw. nicht verhinderter Gesellschafter der Geschäftsführungsmaßnahme widerspricht. In diesem Falle bleibt nur die Notgeschäftsführung nach *§ 715a nF*, die immer erst greift, wenn eine Erledigung nach *§ 715 III nF* nicht zustande kommt (so zutreffend die Gesetzesbegründung BT-Drs. 19/27635 S. 153). Vorschlägen, auch bei der GbR wie bei Personenhandelsgesellschaften (§ 116 III HGB idF des Art. 51 MoPeG) die Einzelgeschäftsführung zumindest für die eGbR zur Regel zu machen, ist der Gesetzgeber bewusst nicht gefolgt, weil in der Praxis bei der GbR Gesamtgeschäftsführungsbefugnis gepaart mit einer entsprechenden
8 Vertretungsregelung häufiger gewählt werde als die Einzelvertretungsbefugnis. *§ 715 IV nF* übernimmt die Regelung des § 711 aF. (hierzu → §§ 709–713 aF Rn. 3), soweit sie eine Vereinbarung der *Einzelgeschäftsführungsbefugnis* im Gesellschaftsvertrag vorsieht. Der Widerspruch eines anderen geschäftsführungsbefugten Gesellschafters hat nur Wirkung im Innenverhältnis, aber grundsätzlich keine Außenwirkung im Sinne einer Einschränkung der Vertretungsbefugnis *(§ 720 III Satz 2 nF* und dazu → *§§ 719–722 nF* Rn. 4; s. aber zum alten Recht → §§ 709–713 aF Rn. 3 u. → §§ 714, 715 aF Rn. 4).

9 **5. Entziehung der Geschäftsführungsbefugnis.** *§ 715 V nF* übernimmt grundsätzlich die Regelung des § 712 aF (dazu → §§ 709–713 aF Rn. 17 u. 18), führt aber zwei wesentliche Änderungen gegenüber der alten Rechtslage ein. Einmal kann die Geschäftsführung nicht nur im Falle vertraglich übertragener Befugnis entzogen werden, wie dies der wohl hM unter altem Recht entsprach, sondern auch im Falle gesetzlich bestimmter Geschäftsführungsbefugnis, wie dies für die OHG unter altem und neuem Recht gilt (dazu § 117 HGB aF u. *§ 116 VI HGB* idF des Art. 51 MoPeG); allerdings erfolgt bei der OHG die Entziehung durch gerichtliche Entscheidung und nicht wie bei der GbR durch bloßen Gesellschafterbeschluss. Zum andern kann die Befugnis nur teilweise entzogen (z.B. für bestimmte Geschäftsbereiche; anders für die Vertretungsbefugnis, *§ 723 III nF*) oder auf eine Gesamtgeschäftsführungsbefugnis beschränkt werden.

10 **6. Kündigung der Geschäftsführung durch den Gesellschafter.** *§ 715 VI nF* übernimmt weithin den Wortlaut des § 712 II aF mit der Ausnahme, dass nun

der Gesellschafter nicht nur ganz, sondern auch teilweise kündigen kann. Als Gegenstück zur Entziehung der Geschäftsführungsbefugnis durch die übrigen Gesellschafter, die ebenfalls ganz oder teilweise erfolgen kann, schafft die Vorschrift Waffengleichheit für den Gesellschafter, der bei bestehendem wichtigen Grund zur Beendigung seiner Geschäftsführung nicht soll zuwarten müssen, wie die anderen Gesellschafter reagieren werden, sondern selbst mit gleichem Instrumentarium gestaltend eingreifen kann. Die nach alter Rechtslage bestehende Kasuistik für das Vorliegen eines wichtigen Grundes behält ihre Gültigkeit (dazu → §§ 709–713 aF Rn. 17).

7. Befugnis zur Rechtswahrnehmung. a) Grundsätze. Die Rechtswahrnehmung zugunsten der Gesellschaft ist zunächst einmal Teil des Rechts und der Pflicht zur Geschäftsführung der hierzu durch Gesetz oder Vertrag bestimmten Gesellschafter. Gläubigerin ist nach nunmehr eindeutiger gesetzlichen Regelung die rechtsfähige GbR, als deren Organ geschäftsführende Gesellschafter handeln, so dass sich alte Streitigkeiten um die Parteistellung der GbR erledigt haben (hierzu → §§ 709–713 aF Rn. 10 u. 11). Die Vertretung der rechts- u. parteifähigen (§ 50 ZPO), aber nicht prozessfähigen GbR im Prozess (§ 51 I ZPO) bestimmt sich nach den von der Geschäftsführungsberechtigung zu unterscheidenden Regeln über die Vertretung im Verhältnis zu Dritten (*§ 720 nF*; hierzu Thomas/Putzo/Hüßtege, ZPO, 43. Aufl. 2022, § 51 Rn. 6a ff.). Diese Geschäftsführungsbefugnis erfasst Ansprüche gegen Dritte ebenso wie Ansprüche der GbR gegen Gesellschafter wie z.B. ihren Anspruch auf Leistung des vereinbarten Beitrags (vgl. → *§ 709* nF Rn. 2). **b) Notgeschäftsführungsbefugnis.** Die Notgeschäftsführungsbefugnis gemäß *§ 715a nF* steht Gesellschaftern ohne gesetzliche oder vertragliche Geschäftsführungsbefugnis zu. Sie greift ein, wenn alle geschäftsführungsberechtigten Gesellschafter an der Geschäftsführung verhindert sind. Dies bedeutet, dass die Geschäftsführung gem. *§ 715a nF* gegenüber der Regelung des *§ 715 III nF* subsidiär ist, die bei bestehender Gesamtgeschäftsführungsbefugnis in Fällen der Unerreichbarkeit oder sonstiger Verhinderung den verbleibenden erreichbaren bzw. nicht verhinderten gesamtgeschäftsführungsberechtigten Gesellschaftern ein Notgeschäftsführungsrecht einräumt (dazu oben → Rn. 7). Wiederum ist zu beachten, dass *§ 715a nF* als reine Geschäftsführungsregelung keine Vertretungsbefugnis nach außen verleiht, sondern der Gesellschafter in eigenem Namen handelt oder als Vertreter ohne Vertretungsmacht. Falls bei Handeln in fremden Namen keine Genehmigung erfolgt und er selbst haftet, kann er sich im Innenverhältnis bei der Gesellschaft nach *§ 716* nF oder auf Grund von Schadensersatzansprüchen und Ansprüchen aus GoA (§§ 683, 679) ebenso erholen wie bei Handeln in eigenem Namen (dazu BT-Drs. 19/27635 S. 154), falls sich seine Aktivität bei objektiver Beurteilung der Gefahrensituation ex post als vertretbar und vernünftig erweist (BT-Drs. aaO S. 154). Der notgeschäftsführende Gesellschafter kann im Prozess in eigenem Namen das Recht der Gesellschaft im Wege der Prozessstandschaft geltend machen (dazu die Gesetzesbegründung BT-Drs. aaO, S. 155/156 – allerdings ohne genauere prozessuale Einordnung der Klagebefugnis bei *§ 715a nF*). In der Sache ersetzt die neue Vorschrift das aus § 744 II hergeleitete richterrechtliche Notgeschäftsführungsrecht (dazu → §§ 709–713 aF Rn. 10), findet aber nunmehr über Rechtsverweisungsnormen auch auf alle anderen Personengesellschaften Anwendung (*§§ 105 III, 161 II HGB* idF des Art. 51 MoPeG; *§ 1 IV PartGG* idF des Art. 68 MoPeG). **c) Gesellschafterklage.** *§ 715b nF* ist die nunmehr gesetzliche Ausformung der von der Rechtsprechung unmittelbar aus dem Pflichtengefüge des Gesellschaftsvertrages in ihren Einzelheiten entwickelten actio pro socio (dazu → §§ 709–713 aF Rn. 11). Der Anspruch unterscheidet zwischen Ansprüchen der Gesellschaft gegen Gesellschafter, die pflichtwidrig von geschäftsführungsbefugten Gesellschaftern nicht geltend gemacht werden (z.B. Anspruch auf Erbringung des Beitrags, Schadensersatzansprüche der Gesellschaft gegen geschäftsführende Gesellschafter wegen Verletzung von Geschäftsführerpflichten etc.) und Ansprüchen gegen Dritte, die an dem pflichtwidrigen Unterlassen mitwirkten oder

Margin numbers: 11 (line "7. Befugnis zur Rechtswahrnehmung…"), 12 (line "…b) Notgeschäfts-"), 13 (line "IV PartGG … c) Gesellschafterklage.")

es kannten, wobei es sich oft um den Schuldner des Anspruchs oder um Personen, die dem Schuldner nahestehen, handeln wird (dazu BGH NJW-RR 2008, 1484 mN). Die Klagebefugnis ist nach überwiegender Auffassung ein Fall der gesetzlichen Prozessstandschaft, weil der klagende Gesellschafter in eigenem Namen einen Anspruch der rechtsfähigen GbR geltend (vgl. die Gesetzesbegründung BT-Drs. 19/27635 S. 154 u. 155 unter Ablehnung der Theorie eines parallelen Anspruchs des klagenden Gesellschafters). Die *Voraussetzungen* für diese in der Sache subsidiäre Klagebefugnis eines Gesellschafters sind hoch. Einmal hat die Möglichkeit eines die fehlsame Entscheidung betreffenden Aufhebungsverlangens oder einer Klage gegen einen entsprechenden fehlerhaften Beschluss der geschäftsführenden Gesellschafter oder gar einer Mehrheit der Gesellschafter Vorrang vor einer Gesellschafterklage, was das Gericht als Voraussetzung einer Prozessführungsbefugnis von Amts wegen zu beachten hat. Allerdings sollte man die Verbindung einer Beschlussmängelklage mit einer Gesellschafterklage zulassen (zutreffend Lieder ZGR Sonderheft 23 (2020), 169, 198). Zum andern sind bei Drittklagen an den Nachweis aktiver Beteiligung des Dritten insoweit hohe Anforderungen zu stellen, als bloße Anhaltspunkte nicht genügen, sondern eine aktive Beteiligung positiv feststehen muss. *§ 715b II nF* schließt die *vertragliche Abbedingung* der Gesellschafterklage aus, wobei die Gesetzesbegründung eine sehr flexible Handhabung dieser Vorschrift vorschlägt, die zufriedenstellende Ersatzlösungen akzeptiert (z.B. Abberufungsrechte, Bestellung von Sondergeschäftsführern etc.). Mit Rücksicht auf die Rechtskraftwirkungen des *§ 715b IV nF* sieht *§ 715b III nF Informationspflichten* des klagenden Gesellschafters gegenüber der Gesellschaft vor, für deren Erfüllung das Prozessgericht Sorge tragen muss. Die *Rechtskrafterstreckung des § 715b IV nF* auf die GbR soll sicherstellen, dass eine Rückgewährklage gegen die GbR ausgeschlossen bleibt, wenn die Klage durch Sachurteil entschieden ist; bei klagabweisendem Prozessurteil spricht gegen eine Rechtskrafterstreckung auf die GbR, dass es der GbR möglich bleiben muss, selbst ein Leistungsurteil zu erwirken (dazu Gesetzesbegründung BT-Drs. aaO S. 156); nicht überzeugend hingegen aber die Ablehnung einer Rechtskrafterstreckung eines klagabweisenden Sachurteils zu Lasten der klagenden Gesellschaft auf die anderen Gesellschafter in der Gesetzesbegründung (BT-Drs. aaO S. 156/157), für deren erneute Klagen es aber dann doch an einer Sachurteilsvoraussetzung fehlen soll, wohl weil das Nichtbestehen eines Anspruchs der Gesellschaft feststehe und damit die Sachurteilsvoraussetzungen für eine Gesellschafterklage fehlten – im Ergebnis also doch eine Rechtskrafterstreckung bezüglich einer Sachurteilsvoraussetzung? (BT-Drs. aaO S. 156/157). Nach der Gesetzesbegründung soll es in geeigneten Fällen trotz der neu eingeführten Gesellschafterklage auch noch möglich sein, analog §§ 46 Nr. 8 GmbHG, 147 II Satz 1 AktG zur Wahrung der Gesellschafterrechte einen besonderen Vertreter zu bestellen, was vor allem bei einer körperschaftlich strukturierten GbR in Fragen kommen könnte. Offen bleibt die Frage der Rechtshängigkeitswirkung der Gesellschafterklage, wenn die Gesellschaft später doch noch selbst Klage erhebt (Sperrwirkung der Rechtshängigkeit der Gesellschafterklage oder Fortfall der Prozessführungsbefugnis des klagenden Gesellschafters mit Erledigungs-
14 wirkung?; hierzu BT-Drs. aaO S. 157). **d) Ersatz von Aufwendungen und Verlusten; Vorschusspflicht; Herausgabepflicht; Verzinsungspflicht.** *§ 716 nF* regelt die aus Geschäftsführung durch einen Gesellschafter entstehenden Rechte und Pflichten des Gesellschafters gegenüber der Gesellschaft. Er ersetzt den § 713 aF, der geschäftsführenden Gesellschaftern die Stellung eines Beauftragten zuweist. Dagegen enthält § 110 HGB aF bereits eine gegenüber dem Auftragsrecht verselbständigte Regelung, die für alle Gesellschafter unabhängig von einer vertraglichen Geschäftsführungsbefugnis in allen Fällen gerechtfertigter Interessenwahrnehmung für die Gesellschaft gilt. Im Recht der OHG in seiner Neufassung (Art 51 MoPeG) entfällt § 110 HGB aF, und *§ 116 HGB nF* modifiziert den nach *§ 105 III HGB* nF nunmehr grundsätzlich auch für Personenhandelsgesellschaften geltenden *§ 716 nF.* Diese Vorschrift übernimmt die Grundkonzeption des § 110 HGB aF ergänzt um einige weitere Einzelvorschriften. *§ 116 HGB* nF findet in allen Fällen der

Geschäftsführung nach *§§ 715–715b nF* Anwendung (zur Gesetzgebungsgeschichte ausführlich BT-Drs. aaO S. 157 f.) Der *Aufwendungsersatzanspruch* des Gesellschafters gegen die GbR gemäß *§ 716 I nF* hat drei Voraussetzungen: subjektiv den Willen eines Tätigwerdens zum Zwecke der Geschäftsbesorgung für die GbR; objektiv ein Handeln im Geschäftskreis der GbR; Erforderlichkeit der Aufwendungen nach dem Maßstäben eines sorgfältig prüfenden Gesellschafters. Diese Voraussetzungen stellen den Gesellschafter besser als das Auftragsrecht oder das Recht der GoA (dazu Fleischer BB 2020, 2114, 2116). Der Anspruch auf *Ersatz von Verlusten,* die unmittelbar infolge der Geschäftsbesorgung entstehen, ist Teil des Aufwendungsersatzanspruches und greift für tätigkeits- oder geschäftstypische Schäden bei objektiv erkennbarem Zusammenhang mit der Tätigkeit des Gesellschafters. *§ 716 II nF* gewährt wie §§ 713, 669 aF einen *Anspruch auf Vorschussleistung,* allerdings nur für objektiv erforderliche Aufwendungen. *§ 716 III nF* verpflichtet den Gesellschafter wie unter altem Recht §§ 713, 667 aF zur *Herausgabe* des aus der Geschäftsführung Erlangten. Beim Handeln eines geschäftsführungsberechtigten Gesellschafters wird das Erworbene meist unmittelbar Bestandteil des Gesellschaftsvermögens werden, wenn der Gesellschafter offen für die Gesellschaft handelt; anders jedoch bei Handeln in eigenem Namen gegenüber Dritten im Interesse der GbR, wo der Herausgabeanspruch an Bedeutung gewinnen und grundsätzlich auch rechtswidrige Leistungen an den Gesellschafter umfassen kann wie z.B. „Sonderprovisionen" oder Schmiergelder (dazu Gesetzesbegründung BT-Drs. aaO S. 158; sa → §§ 709–713 aF Rn. 13). *§ 715 IV nF* enthält noch eigens Regelungen über die *Verzinsung,* falls der Gesellschafter aus der Geschäftsführung erlangtes Geld zunächst für sich selbst verwendet, und umgekehrt über die Verzinsung von Geldforderungen im Rahmen des Erstattungsanspruchs des Gesellschafters gegen die Gesellschaft. Sie gehen tatbestandsmäßig über die gesetzlichen Verzinsungsvorschriften der §§ 288 u. 256 hinaus, verdrängen sie aber nicht, soweit diese die Verzinsung nach *§ 715 IV nF* im Einzelfall überbieten (s. BGH WM 2005, 2194). Zu den *Informationspflichten* des geschäftsführenden Gesellschafters (§ 713 aF iVm § 666) und der GbR gegenüber jedem Gesellschaftern (§ 716 aF) unter neuem Recht s. *§ 717 nF,* der beide alten Vorschriften inhaltlich zusammenfasst (dazu unten die Anmerkungen zu → *§ 717* nF Rn. 1).

Rechtsverhältnis der Gesellschaft zu Dritten (Stellvertretung und Haftung) unter altem Recht (in Kraft bis 31.12.2023)

§ 714 Vertretungsmacht

Soweit einem Gesellschafter nach dem Gesellschaftsvertrag die Befugnis zur Geschäftsführung zusteht, ist er im Zweifel auch ermächtigt, die anderen Gesellschafter Dritten gegenüber zu vertreten.

§ 715 Entziehung der Vertretungsmacht

Ist im Gesellschaftsvertrag ein Gesellschafter ermächtigt, die anderen Gesellschafter Dritten gegenüber zu vertreten, so kann die Vertretungsmacht nur nach Maßgabe des § 712 Abs. 1 und, wenn sie in Verbindung mit der Befugnis zur Geschäftsführung erteilt worden ist, nur mit dieser entzogen werden.

Anmerkungen zu den §§ 714, 715

Lit.: Altmeppen, Haftung der Gesellschafter einer Personengesellschaft für Delikte, NJW 1996, 1017; ders, Deliktshaftung in der Personengesellschaft, NJW 2003, 1553; Armbrüster, Die Schranken der „unbeschränkten" persönlichen Gesellschafterhaftung in der BGB-Gesellschaft, ZGR 2005, 34; Beuthien, Die Haftung von Personengesellschaftern, DB 1975, 725, 773; Brehm/Winter, Die Haftung des Vermögens einer Gesellschaft bürgerlichen Rechts für private Schulden der Gesellschafter, KTS 1983, 21, 349; Flume, Schuld und Haftung bei der Gesellschaft bürgerlichen Rechts, FS H. Westermann, 1974, 119; Gummert, Haftung und Haftungsbeschränkung bei der BGB-Außengesellschaft, 1991; Hadding, Haftungsbeschränkung in der unternehmerisch tätigen Gesellschaft bürgerlichen Rechts, FS F. Rittner, 1991, 133; Henssler/Michel, Vertretung durch sozietätsverbundene Rechtsanwälte bei einseitigen Willenserklärungen, NJW 2015, 11; Kornblum, Die Haftung der Gesellschafter für Verbindlichkeiten von Personengesellschaften, 1972; Lindacher, Grundfälle zur Haftung bei Personengesellschaften, JuS 1981, 431, 578, 818; JuS 1982, 36, 349, 504, 592; Markworth, Anwaltsvertragsschlüsse für eine Sozietät, NJW 2015, 2152; Nicknig, Die Haftung der Mitglieder einer BGB-Gesellschaft für Gesellschaftsschulden, 1972; K. Schmidt, Zum Haftungsstatus unternehmenstragender BGB-Gesellschaften, FS Fleck, 1988, 271; ders, Schwierigkeiten mit dem Prozessrecht der GbR, oder: Steine statt Brot?, NJW 2008, 1841; Timm, Die Rechtsfähigkeit der Gesellschaft bürgerlichen Rechts und ihre Haftungsverfassung, NJW 1995, 3209; P. Ulmer, Vertretung und Haftung bei der Gesellschaft bürgerlichen Rechts, FS R. Fischer, 1979, 785; ders, Unbeschränkte Gesellschafterhaftung in der Gesellschaft bürgerlichen Rechts, ZGR 2000, 339; G. Walter, Der Gesellschafter als Gläubiger seiner Gesellschaft, JuS 1982, 81; sa Lit § 705.

1 **1. Außenverhältnis.** Im Außenverhältnis zwischen der Gesamthand und Dritten ist – ebenso wie bei sog Drittverhältnissen mit Gesellschaftern (vgl → § 706 Rn. 10) – *nach traditioneller Auffassung* davon auszugehen, dass die Gesellschaft – anders als etwa die OHG (§ 124 I HGB) – nicht (teil)rechtsfähig ist und folglich immer nur Rechte und Pflichten der gesamthänderisch verbundenen Gesellschafter entstehen können. Die Begriffe Gesamthands- und Individualschuld sollen nur zur Unterscheidung der Haftung von Gesamthands- und Privatvermögen dienen (→ Vor § 420 Rn. 3; BGH NJW-RR 1990, 567) und entgegen der neuerdings hM in Rspr und Lit (→ § 705 Rn. 1) nicht als Ausdruck einer Teilrechtsfähigkeit der BGB-Gesellschaft verstanden werden (Larenz SchR II § 60 IV c; Zöllner FS Kraft, 1998, 701). Abzulehnen ist gegen BGHZ 146, 358 nach wie vor (→ § 705 Rn. 1) die teilw Gleichbehandlung von OHG und BGB-Gesellschaft und damit die akzessorische Gesellschafterhaftung entspr §§ 128 ff. HGB (so noch BGHZ 117, 176; 74,
2 242; → § 705 Rn. 1 mN). Demgegenüber gehen mit einer *neueren Lehre* der BGH (BGHZ 146, 358; 148, 201; 150, 1; BGH NJW 2001, 2718 [2720]; 2003, 1445; 2003, 1803; BGHZ 178, 275 = NJW-RR 2009, 255; BGH NJW 2011, 2042; 2011, 2045]; dazu K. Schmidt NJW 2011, 2001; BGH NJW 2012, 2435 Rn. 71) und einflussreiche Teile der Literatur (vgl K. Schmidt NJW 2003, 1897; Ulmer ZIP 2003, 1116; Westermann NZG 2001, 289; Wiedemann JZ 2001, 661) zumindest für die unternehmerisch tätige Außengesellschaft von der Teilrechtsfähigkeit aus; die Gesellschaft ist danach Gläubigerin und Schuldnerin; die Gesellschafter haften analog §§ 128 ff. HGB als Gesamtschuldner akzessorisch (BGH NJW 2011, 2043; 2013, 452; 2013, 863; 2013, 1090; 2013, 3573; 2012, 2435 [2441]; BGH NJW-RR 2008, 257; → Rn. 10). Dies gilt auch bei berufsrechtlicher Haftung einer Sozietät (BGH NJW 2007, 2490 Rn. 29; 2012, 2435 Rn. 67 ff. für gemischte Sozietäten mit verschiedenen Berufsgruppen (sa → Rn. 4). Die Haftungsquote im Rahmen des Haftungsausgleichs gem § 426 bestimmt sich idR nach dem Maßstab der Gewinn- und Verlustbeteiligung, sofern nicht bei Verschuldenshaftung der Gedanke des § 254 greift (BGH NJW 2013, 3572 Rn. 10; BGH NJW-RR 2008, 256; 2009, 49). Der Haftungsausgleich, der auf Freistellung (BGH NJW-RR 2008, 256 Rn. 14; sa BGH NJW 2010, 2197 zur Verjährung eines Freistellungsanspruchs) oder Zahlung gehen kann, ist gegenüber dem Erstattungsanspruch gegen die nach hM teilrechtsfähige Gesellschaft (§§ 421, 426 analog, → § 421 Rn. 3) subsidiär (BGH NJW-RR 2008, 256 Rn. 257; → § 707 Rn. 2). § 128 S. 1 HGB setzt Haftung der Gesellschaft voraus und damit ihre Existenz im Zeitpunkt der Entstehung und Fälligkeit der Forderung (BGH NJW 2014, 2223 Rn. 16); wenn zwischen Direktbank und Anlageberater keine Außengesellschaft besteht (→ § 705 Rn. 11), scheidet auch eine analoge Anwendung des § 128 HGB aus (BGH NJW-RR 2014, 367 Rn. 20 f.). Ein *Treugeber*, für den ein Gesellschafter als Treuhänder einen Gesellschaftsanteil hält, haftet nicht nach §§ 128 ff. HGB (BGHZ 178, 275 ff. = NJW-RR 2009, 255; BGHZ 186, 261 = NJW-RR 2010, 1404; teilw str, s. Schäfer ZHR 2013, 619; zur

Freistellungspflicht des Treugebers gegenüber dem haftenden Treuhandgesellschafter BGH NJW 2011, 2351; 2013, 452; 2013, 862; Stöber NJW 2013, 832; → § 387 Rn. 12); allerdings kann der Treugeber als sog qualifizierter Treugeber im Innenverhältnis mit den übrigen Gesellschaftern vereinbaren, dass ihm Rechte und Pflichten eines vollen Gesellschafters zukommen (BGH NJW 2013, 2190 Rn. 13 ff.: Auskunftsanspruch; BGH NJW-RR 2003, 1392: Gewinnauszahlungsansprüche; BGH NJW 2012, 937: Schadensersatzansprüche aus Prospekthaftung; BGH NJW 2015, 1169: Abfindungsansprüche; → §§ 709–713 Rn. 12). Zwischen Gesellschaft und Gesellschaftern besteht keine Gesamtschuld; §§ 420 ff. gelten wie bei der OHG nur entspr (BGH NJW 2011, 2046: „gesamtschuldähnliches Verhältnis"; → § 421 Rn. 3; → §§ 422–424 Rn. 5; → § 425 Rn. 6, 10). Dagegen ist entsprechend § 426 I eine Ausgleichspflicht der Mittreugeber zu bejahen, wenn der qualifizierte Treugeber-Gesellschafter Gesellschaftsverbindlichkeiten begleicht und von der Gesellschaft selbst keinen Aufwendungsersatz erlangt (so für die Kommanditisten BGH NJW 2015, 3789 Rn. 14 ff.; zustimmend Hirte NJW 2016, 1216, 1221; teilw krit Altmeppen NJW 2016, 1761; zur entspr Rechtslage bei der GbR → § 707 Rn. 2). Fragwürdig BGH NJW 2004, 840 (sa BGH ZIP 2005, 1364; dazu krit Ulmer ZIP 2005, 1341 und Altmeppen ZIP 2006, 1; BGH NJW-RR 2006, 840; dazu Goette DStR 2006, 337): Trotz Verpflichtung der Gesellschaft soll auch Gesellschafter gegenüber Kreditgeber eine Vollstreckungsunterwerfungserklärung abgeben müssen.

2. Rechte und Pflichten aus rechtsgeschäftlichem Handeln. a) Vertretung oder Selbsthandeln? Selbsthandeln der Gesamthand, also aller Gesellschafter, ist nach *traditioneller Auffassung* der ges Regelfall (s. § 709 I); bei solchem Selbsthandeln findet überhaupt keine Stellvertretung statt. Die Gesellschafter erwerben – gesamthänderisch gebundene – Rechte und werden nach traditioneller Lehre als Gesamthänder und persönlich verpflichtet. Nach *neuerer Auffassung* ist zumindest die unternehmerisch tätige (Außen)Gesellschaft selbst berechtigt und verpflichtet und wird durch die geschäftsführungsbefugten Gesellschafter nach § 714 *vertreten* (BGH NJW 2010, 2886); dies gilt auch bei der Erteilung rechtsgeschäftlicher Vollmacht (aA anscheinend OLG München NZI 2018, 696; 2017, 612: Vollmachterteilung nur durch alle Gesellschafter unter fehlsamer Berufung auf BGH MittBayNot 2011, 494, wo aber nur auf den Grundsatz der Gesamtgeschäftsführung und Gesamtvertretung verwiesen ist und nichts über seine Abdingbarkeit gesagt sein wollte; zutreffend Böttcher NJW 2019, 2746, 2749 f. mNw). Für die Gesellschafterhaftung gelten §§ 128 ff. HGB analog. Die Gesellschaft bzw die Gesellschafter gemeinschaftlich verfügen über Gegenstände und sie bzw die Gesellschaft verlieren dadurch Eigentum bzw Rechtsinhaberschaft. Verfügungen zugunsten eines Gesellschafters unterliegen §§ 2–4 AnfG nF (früher §§ 2, 3 AnfG aF) und führen zur Gesamtrückabwicklung nach §§ 11, 1 nF AnfG (früher §§ 7, 1 aF AnfG), auch wenn nur die Rechtshandlung *eines* Gesellschafters anfechtbar war (BGHZ 116, 222 zum alten Recht; hierzu Gerhardt JZ 1992, 724). **b) Stellvertretung durch einzelne Gesellschafter oder die Gesellschaftermehrheit** findet gem § 714 statt, wenn der Gesellschaftsvertrag (BGH NJW 2010, 2887) die Geschäftsführungsbefugnis einzelnen Gesellschaftern oder der Mehrheit zugesteht (vgl → §§ 709–713 Rn. 2 ff.). Dabei decken sich iZw Umfang der Geschäftsführungsbefugnis und der Vertretungsmacht (BGHZ 38, 34; gleich bei Drittgeschäftsführung, BGH WM 1983, 929, → §§ 709–713 Rn. 4). Ungeachtet der neuen BGH-Rspr zur (Teil-) Rechtsfähigkeit der BGB-Gesellschaft (BGHZ 146, 341, → § 705 Rn. 1) gilt gegenüber einem alleinvertretungsberechtigten Gesellschafter weiterhin das Zurückweisungsrecht aus § 174 S. 1, wenn die Vollmacht nicht nachgewiesen wird (BAG NJW 2020, 1456 Rn. 33 ff.; BGH NJW 2002, 1194 [1195]; 2014, 1587 unter Berufung auf die mangelnde Publizität der BGB-Gesellschaft; hierzu Henssler/Michel NJW 2014, 11). Die Vollmacht zur Veräußerung eines Grundstücks bedarf eines Nachweises in der Form des § 29 GBO (OLG Hamm Rpfleger 2007, 602 f.; für Besonderheiten bei „Altvollmachten" OLG München NJW-RR 2010, 888). Einschränkungen der Vertretungsmacht im Gesell-

schaftsvertrag können Außenwirkung entfalten (BGH NJW-RR 1996, 673). Bei Anwaltssozietäten ist idR jeder Anwalt geschäftsführungs- und damit vertretungsbefugt, so dass er jeweils alle Mitglieder der Sozietät berechtigt und verpflichtet (BGHZ 56, 357; 83, 330; 124, 47; BGH NJW 2000, 1334; NJW 2000, 1561; NJW 2012, 2435 Rn. 67 ff.; teilw krit Markworth NJW 2015, 2152; zur „Scheinsozietät" BGHZ 70, 249; BGH NJW-RR 1988, 1300; BGH NJW 1991, 1225; 1994, 257; 1999, 3040; 2000, 1334; vgl → Rn. 7, → § 431 Rn. 1 und → §§ 428–430 Rn. 3); Gleiches gilt für die echte ärztliche Gemeinschaftspraxis (BGHZ 97, 277 ff.) sowie die Steuerberater-Sozietät (BGH WM 1990, 191) u die gemischte Sozietät (BGH NJW 2011, 2302; 2012, 2435 Rn. 67 ff.) oder die Sozietät von Architekten (s. BGH NJW 2012, 539). Die Wirkung des Widerspruchs (§ 711) bei Einzelvertretungsbefugnis mehrerer Gesellschafter im Außenverhältnis ist bei Unterrichtung des Geschäftspartners zu bejahen (str, vgl → §§ 709–713 Rn. 3). Einzelmandat bedarf besonderer ausdrücklicher oder stillschweigender Vereinbarung (BGH NJW 2000, 1333; 1560; wohl auch BGH NJW 2011, 2302; 12, 2435 Rn. 73 unter Hinweis auf § 51a II 2 und 3 BRAO und Ablehnung einer Analogie zu § 8 II PartGG). Bei Gesamtvertretung durch zwei Gesellschafter führt der Wegfall eines vertretungsberechtigten Gesellschafters iZw nicht zur Alleinvertretung des verbleibenden Vertreters, vielmehr gilt die ges Regelung gem §§ 709, 714 (vgl BGHZ 41, 368). Übernimmt bei zweigliedriger Gesellschaft ein Gesellschafter den Abschluss nahezu sämtlicher Verträge, liegt konkludente Bevollmächtigung zur alleinigen Vertretung nahe (BGH NZG 2005, 345; für konkludente Änderung des Gesellschaftsvertrags hingegen Wertenbruch NZG 2005, 463; sa Wiedemann/Wimber EWiR 2005, 629). Einer von zwei gesamtvertretungsberechtigten Geschäftsführern, der mit der Gesellschaft einen Vertrag abschließen will, kann den anderen Geschäftsführer wirksam zur Alleinvertretung der Gesellschafter ermächtigen (BGHZ 64, 72 ff. für OHG; BAG NJW 1981, 2374 für GmbH); statthaft kann auch eine eng gezogene Ermächti-
5 gung zu bestimmten Drittgeschäften sein (BGH NJW-RR 1986, 778). Ein Insichgeschäft (§ 181) zwischen Gesellschaft und einem der beiden gesamtvertretungsberechtigten Gesellschafter bedarf der Genehmigung des anderen vertretungsberechtigten Gesellschafters (BGHZ 184, 42 f. = NJW 2010, 862: konkludente Erteilung bei ausreichendem Kenntnisstand des nicht kontrahierenden Gesellschafters). Einen Vertretungsmangel im Prozess können die anderen Gesellschafter durch Eintritt in den Prozess als Vertreter und Genehmigung seitheriger Prozessführung heilen (BGH NJW 2010, 2886). Heilung eines Vertretungsmangels bei Gesamtvertretung kann nur durch Genehmigung aller vertretungsberechtigten Gesellschafter erfolgen (OLG Saarbrücken NJW-RR 2009, 1489: § 179 für nicht vertretungsberechtigten Gesellschafter). Ggf. muss Mitwirkung bei Prozessführung im Falle der Gesamtvertretung eingeklagt werden (OLG Stuttgart NJW-RR 2011, 40; → §§ 709–713 Rn. 2, 10). Der Gesellschaftsvertrag kann die Vertretungsbefugnis abweichend von der Geschäftsführungsbefugnis regeln. Insbes ist eine Beschränkung der Vertretungsbefugnis in der Weise möglich, dass Verpflichtungen der übrigen Gesamthänder nur mit auf das Gesamthandsvermögen *beschränkter Haftung* erfolgen dürfen (BGH NJW 1979, 2306; 1992, 1503; anders bei Einlageverpflichtung für GmbH und AG, BGHZ 78, 311; BGH NJW 1992, 2226); diese Beschränkung gilt nicht für Steuerschulden (BFH NJW 1990, 3294; BVerwG NJW 1994, 603). Nach bislang hM musste die Beschränkung Dritten bei Prüfung erkennbar sein (BGH NJW 1979, 2306; 1985, 619; 1987, 3125; 1992, 1503; BGH NJW-RR 1990, 867; 1994, 99; sa Loritz WM 1980, 294), bei fester Geschäftsverbindung bedurfte es eines ausdrücklichen Hinweises (BGH NJW 1987, 3125 f. mwN, dazu Rehbein JR 1988, 153 f.). Abweichend hiervon lehnt der BGH nunmehr (BGH NJW 1999, 3484; BGH NJW-RR 2005, 401; BGH MittBayNot 2008, 68) die Möglichkeit einer Haftungsbeschränkung durch einseitige Handlung der Gesellschaft (zB durch Bezeichnung als „GbR mbH") generell ab; erforderlich sei eine individualvertragliche Vereinbarung – sehr zweifelhaft! Zumindest für bestimmte Gesellschaftstypen (zB geschlossene Immobilienfonds, Bauherrengemeinschaft) sollen allerdings formularmäßige Beschränkungen weiterhin zulässig sein

(BGHZ 150, 1; dazu Ulmer ZIP 2003, 1116 ff.; Kirberger EWiR 2002, 1079; BGH NJW 2011, 2042; 2011, 2045; 2013, 1091). Tritt eine GbR als KG auf und ist sie auch als solche eingetragen, so können die „Kommanditisten" ihre Haftungsbeschränkung auf die aus dem Handelsregister ersichtliche Einlage geltend machen (BGH JZ 1991, 1035 mAnm von Hadding zum alten Recht, nunmehr HGB §§ 161 II, 105 II HGB). Denkbar ist auch die *quotale Beschränkung* der Haftung mit dem Privatvermögen (BGHZ 134, 226; BGH NJW 2011, 2040; 2011, 2045; NJW 2013, 1091: keine Erhöhung der Quote bei Nichterreichen der geplanten Anzahl von Gesellschaftern ohne vertragliche Vereinbarung; weiterer Beispielsfall BGH NJW 2014, 1107 Rn. 11). Sie bedarf ebenfalls der Vereinbarung zwischen Gläubigern und Schuldnern und führt nur zur Anrechnung einer Leistung der Gesellschaft auf die quotale Haftung soweit sich dies aus dem Vertrag ergibt, § 366 ist nicht anwendbar (BGH NJW 2011, 2040; 2011, 2045 gegen BGHZ 134, 226; zust K. Schmidt NJW 2011, 2001; BGH NZI 2011, 868; → § 366 Rn. 1). Bei Überschreiten der Vertretungsmacht gelten §§ 177 ff., für Insichgeschäfte gilt § 181 (vgl aber → §§ 709–713 Rn. 22). Für Grundlagengeschäfte besteht ohne entspr Ermächtigung keine Vertretungsbefugnis der 6
geschäftsführenden Gesellschafter (vgl → §§ 709–713 Rn. 7), wohl aber für Drittverhältnisse zu einzelnen Gesellschaftern (vgl → § 706 Rn. 10). Die *Wirkung* der Stellvertretung liegt nach traditioneller Auffassung in der Berechtigung und Verpflichtung aller Gesellschafter mit den Besonderheiten gesamthänderischer Organisation (vgl → Rn. 8 und 9 ff.), nach neuer Lehre in Berechtigung und Verpflichtung der Gesellschaft selbst (→ § 705 Rn. 1, → §§ 714, 715 Rn. 2). Ausnahmsweise haften Vertreter der Gesellschafter aus vorvertraglichem Schuldverhältnis (§§ 311 II, 241 II, 280 I) selbst, wenn ein Geschäft sich auf ihren persönlichen Kredit gründet (→ §§ 709–713 Rn. 12). Die *Sonderregelung* für OHG und KG schafft die von der Geschäftsführungsbefugnis unabhängige Vertretungsmacht der Vollgesellschafter (§§ 125, 126, 170 HGB); zur Wirkung vgl → Rn. 1 f.

3. Schadensersatzpflichten aus rechtswidrigem Verhalten. a) Sofern entspr 7
der traditionellen Lehre **alle Gesellschafter Vertragspartei** sind (vgl → Rn. 3 ff.), haften sie alle für das Verschulden ihres Mitgesellschafters gem § 278. Bei der Anwaltssozietät bzw ärztlichen Gemeinschaftspraxis begründete der BGH diese Haftung mit dem Garantiecharakter des mit der Sozietät geschlossenen Vertrags (BGHZ 56, 361; 97, 279 f.; BGH NJW-RR 1988, 1299; 1996, 314); ausdr nunmehr § 8 PartGG, § 51a II BRAO mit Beschränkungsmöglichkeit; → § 425 Rn. 5. Auch wenn man mit der neueren Lehre die Gesellschaft selbst als Vertragspartei betrachtet, haftet sie für ihre Gesellschafter nach § 278 (aA Wertenbruch NZG 2006, 413: § 31). **b)** Die **deliktische Haftung** trifft nach traditioneller Auffassung zunächst den handelnden Gesellschafter, die Mitgesellschafter nur gem § 831, der allerdings wegen des erforderlichen Abhängigkeitsverhältnisses selten vorliegen dürfte. Eine Haftung gem § 31 lehnte die Rspr ab (BGHZ 45, 311; vgl aber Beuthien DB 1975, 725 [773]; Altmeppen NJW 1996, 1026); anders dagegen bei der stärker körperschaftlich strukturierten OHG (BGH NJW 1952, 537). Die neuere Lehre von der Rechtsfähigkeit führt wie bei der OHG zur Haftung der Gesellschaft selbst nach § 31 und zur Haftung der Gesellschafter entspr § 128 HGB (BGH NJW 2003, 1445; BGHZ 172, 172 f. = NJW 2007, 2491; die Anwendung von § 128 HGB auf Deliktsverbindlichkeiten abl Altmeppen NJW 2003, 1553; zust K. Schmidt NJW 2003, 1897). Eine Anwaltssozietät kann für deliktisches Verhalten eines Scheinsozius entsprechend § 31 haften (s. BGHZ 172, 172 NJW 2007, 2491).

4. Geltendmachung gesamthänderisch gebundener Rechte. Vgl ausführ- 8
lich → §§ 709–713 Rn. 10 ff.

5. Gesamthand und Haftung für Verbindlichkeiten. Vgl zur dogmatischen 9
Einordnung gesamthänderischer Verpflichtung → Vor § 420 Rn. 3, 4 und → Rn. 1 f.; ie gilt Folgendes: **a) Dritte als Gläubiger. aa)** Sofern man mit der *traditionellen Auffassung* die Gesellschafter als Schuldner ders Verbindlichkeit betrach-

tet (vgl → Rn. 3 ff. und 7), haften sie als **Gesamtschuldner** (BGHZ 56, 361; 72, 271). Dies folgt für vertragliche Schulden aus §§ 427, 431 (BGH NJW 1992, 2226), für Ersatzpflichten aus unerlaubter Handlung aus § 840 I. Der eintretende Gesellschafter kann Altschulden übernehmen (BGH NJW 1992, 1503; → §§ 738–740 Rn. 4). Auch bei Rückabwicklung eines Vertrages nach Bereicherungsrecht haften die Gesellschafter als Gesamtschuldner analog § 427 (BGHZ 61, 342; BGH NJW 1983, 1905; 1985, 1828; OLG Frankfurt a. M. NJW 1986, 3144; zT krit H. P. Westermann ZGR 1977, 552; Reuter JZ 1986, 74; Crezelius JuS 1986, 685; Kowalski NJW 1991, 3183), ebenso für Lohn-, Gewerbe- und Umsatzsteuerschulden (BFH NJW 1986, 2970; 90, 3294; BVerwG NJW 1994, 602) und damit zusammenhängende Nebenleistungen (BFH NJW 1990, 2086). Da die „Haftung der Gesellschaft" nach dieser traditionellen Auffassung nichts anderes ist als die Haftung der Gesellschafter mit ihrem Gesellschaftsvermögen (→ §§ 714, 715 Rn. 1), stehen jedem Gesellschafter immer alle Einwendungen und Einreden zu, die durch Gesamthandeln (→ §§ 714, 715 Rn. 3 f.) begründet sind (im Ergebnis gleich BGH NJW 1998, 2905). Hat der Dritte als Treuhänder eine gegen die Gesellschaft bestehende Forderung mit Mitteln eines Mitgesellschafters erworben, so können die beklagten weiteren Gesellschafter die Einwendungen entgegenhalten, die ihnen gegen den Mitgesellschafter zustehen (BGH NJW-RR 2002, 1461; Dauner-Lieb/Dötsch LMK 2003, 28). *Ausnahmsweise* kann nach traditioneller Auffassung eine **gemeinschaftliche Schuld** aller Gesellschafter vorliegen, wenn nämlich die Leistung nicht von einem Gesellschafter, sondern nur von allen Gesellschaftern zusammen erbracht werden kann (zB Auflassung eines Gesellschaftsgrundstücks, str). Entgegen § 425 II haftet in solchen Fällen jeder Gesellschafter mit dem Gesamthandsvermögen auch für Nichterfüllungsansprüche (Larenz SchR I § 36 II c). Die *neuere Lehre* kommt hingegen in allen Fällen zumindest der unternehmerisch tätigen Außengesellschaft zur Haftung der Gesellschaft selbst und zur akzessorischen Haftung der Gesellschafter analog §§ 128 f. HGB bzw des eintretenden Gesellschafters analog § 130 HGB (→ § 705 Rn. 1; → §§ 714, 715 Rn. 2; → §§ 738–740 Rn. 4). Der Erfüllungsort für die Schuld der Gesellschaft ist auch für die Verbindlichkeiten der Gesellschafter maßgeblich (BayObLG ZIP 2002, 1998), ebenso die Verjährungsfrist (BGH NZG 2010, 264 Rn. 40 ff.). Die Abgrenzung zwischen rechtsfähiger und nicht rechtsfähi-
10 ger Gesellschaft bleibt unklar! **bb) Verfahrensrecht.** Die verklagten Gesellschafter waren und sind nach zutr traditioneller Auffassung **einfache Streitgenossen** (aA offenbar BGHZ 146, 348: notwendige Streitgenossen). Gegenseitige Informationspflichten verwehren dem Einzelnen ein Bestreiten mit Nichtwissen bzgl der Geschäftstätigkeit der Gesellschaft (OLG Celle NJW-RR 1997, 290). Bei Massengesellschaften konnte der Kläger die Liste der Beklagten nach Angaben der Gesellschaft später noch ergänzen (BGH NJW-RR 1990, 867). Der Titel gegen alle Gesellschafter (bzw Gesamtheit von Einzeltiteln) berechtigt zur Vollstreckung in das Gesamthandsvermögen (§ 736 ZPO) und das übrige persönliche Vermögen der Gesellschafter (Baur/Stürner/Bruns Rn. 20.26 ff.). Der Einzeltitel berechtigt nur zur Vollstreckung in das persönliche Vermögen des Gesellschafters (vgl § 719 I), zu dem aber der Gesellschaftsanteil gehört (§ 59 I ZPO; vgl → §§ 723–728 Rn. 11). *Ausnahmsweise* kann nach traditioneller Auffassung bei gemeinschaftlicher Schuld **notwendige Streitgenossenschaft** bestehen (RoSchwab/Gottwald § 49 III 1b, str; aA BGHZ 146, 348: *stets* notwendige Streitgenossenschaft). Die Pfändung eines Anspruchs gegen die Gesamthand erfordert Zustellung des Pfändungsbeschlusses an alle Gesamthänder oder alternativ an den geschäftsführenden Gesellschafter (BGH NJW 1998, 2904; sa BGH NJW 2007, 995). Die *neuere Lehre* sieht in Fällen der unternehmerisch tätigen Außengesellschaft die Gesellschaft selbst als Partei, ein Titel gegen die Gesellschaft berechtigt (BayObLG NJW-RR 2002, 992: nur) zur Vollstreckung in das Gesellschaftsvermögen (§ 736 ZPO; BGH 146, 341 [348, 353]). Die mitverklagten Gesellschafter sind Gesamtschuldner (→ Rn. 2) und unter sich einfache Streitgenossen (§ 59 ZPO), ein Titel gegen sie erlaubt Vollstreckung in das jeweilige Privatvermögen (BGHZ 146, 341 [357]; § 129 IV HGB). Für die Zustel-

lung an die Gesellschaft genügt die an einen der Gesellschafter, wenn kein Geschäftsführer bestellt ist (BGH NJW 2006, 2192; OLG Celle NZG 2004, 614: § 170 I, III ZPO; für Zustellung von Ordnungsverfügungen an alle Gesellschafter bei fehlender Bestellung von Geschäftsführern VG Bautzen NJW 2019, 1763 Rn. 14; s. aber für Abgabenbescheide §§ 34 II, 122 I 2 AO). Zwischen Gesellschaft und Gesellschafter gelten §§ 420 ff. nur analog (→ § 421 Rn. 3; → §§ 422–424 Rn. 5; → § 425 Rn. 6, 10; → §§ 714, 715 Rn. 2). Urteil zugunsten der Gesellschaft wirkt für Gesellschafter; Urteil gegen Gesellschaft schneidet dem Gesellschafter Einwendungen insoweit ab (BGH NJW 2011, 2048 Rn. 9; 2014, 1107 Rn. 13; BGH NJW-RR 2006, 1269; § 129 HGB analog); aber keine Rechtskraftwirkung eines Urteils gegen die Gesellschafter für und gegen die Gesellschaft selbst (BGH NJW 2011, 2048 Rn. 9). Nach der Rspr (BGH NJW 2004, 3634; 2007, 1813; OLGR Schleswig 2006, 188) reicht eine Gesamtheit von Einzeltiteln gegen die Gesellschafter weiterhin zur Vollstreckung in das Gesellschaftsvermögen aus (aA MüKoBGB/Schäfer § 705 Rn. 321 und Habersack BB 2001, 481: § 124 II HGB analog). Immobiliarrechtliche Vollstreckungsmaßnahmen (Zwangsversteigerung, Zwangsverwaltung) gegen die Gesellschaft setzen nur voraus, dass die im Titel aufgeführten Gesellschafter im Grundbuch eingetragen sind (BGH NJW 2011, 617; 1449; dazu § 899a, §§ 47 II, 82 S. 3 GBO; anders noch BGHZ 179, 102 [111 f.]; ferner Reymann NJW 2011, 1412; → § 705 Rn. 1). Die Haftung der Gesellschafter einer GbR für die Verbindlichkeiten der Gesellschaft ermöglicht es aber nicht, die Gesellschafter zur Abgabe einer Willenserklärung zu verurteilen, die die Gesellschaft schuldet (BGH NJW 2008, 1379). Hat die Gesellschaft einen Anwalt beauftragt, so ist eine Kostenfestsetzung nach § 11 RVG gegen die Gesellschafter persönlich nicht zulässig (BGH NJW 2005, 157 zu § 19 aF BRAGO). **cc)** Zum **Ausgleichsanspruch** des Gesellschafters, der einen Gläubiger befriedigt hat, vgl → § 707 Rn. 2. **dd) Haftungsbeschränkung** auf das Gesamthandsvermögen kann durch individuelle vertragliche Vereinbarung erreicht werden (BGH NJW 2013, 1090, ausf → Rn. 5). Für vor der Änderung der Rspr geschlossene Verträge soll eine solche Beschränkung aus Gründen des Vertrauensschutzes fortwirken (BGHZ 150, 1; BGH NJW 2013, 1090). Sofern die Gesellschafter die Rechtsscheinhaftung von KG-Gesellschaftern trifft, weil sie dem Auftreten als KG zugestimmt haben (→ § 705 Rn. 7; sa BGH JZ 1991, 1035 und → Rn. 4 f.), haften „Scheinkommanditisten" nur bis zur Höhe ihrer Einlage.

b) Gesellschafter als Gläubiger. aa) Als **Gläubiger eines Drittverhältnisses** 11
(vgl → § 706 Rn. 10, → § 707 Rn. 1, → § 708 Rn. 1 und 2, → §§ 714, 715 Rn. 4 ff.; → §§ 731–735 Rn. 9 aE) hat der Gesellschafter grundsätzlich die Stellung eines normalen Gläubigers (vgl → Rn. 9). Zur Vollstreckung in das Gesellschaftsvermögen genügt nach traditioneller Ansicht der Titel gegen die übrigen Gesellschafter (vgl § 736 ZPO), nach neuerer Lehre entsteht ein Titel gegen die Gesellschaft selbst. Mit ihrem Privatvermögen haften die Gesellschafter als Gesamtschuldner (§ 427 bzw § 128 I HGB analog) unter Abzug des Verlustanteils des Gläubigers (BGH NJW 1983, 749 mAnm von G. Walter JZ 1983, 260; Altmeppen NJW 2009, 2241); str, ob der – nicht ausgeschiedene – Gesellschaftergläubiger zuerst Befriedigung aus dem Gesamthandsvermögen suchen muss (*Subsidiarität;* wohl hM, s. BGH NJW 2011, 1731; Walter JuS 1982, 85) oder ob primäre Haftung gilt (offen BGH NJW 1983, 749; → § 707 Rn. 2 mN). **bb)** Als **Gläubiger aus dem Gesellschaftsverhältnis** 12
hat der Gesellschafter Ansprüche auf Aufwendungsersatz (§§ 713, 670) oder rückständigen Gewinnanteil (§ 721 II) gegen die Gesellschaft bzw die übrigen Gesellschafter nur als Träger des Gesamthandsvermögens ohne deren weitere persönliche Haftung (vgl → § 707 Rn. 1); ein Titel gegen die Gesellschaft bzw alle übrigen Mitgesellschafter (§ 736 ZPO) ist erforderlich. Für den Abfindungsanspruch des Ausscheidenden (→ §§ 738–740 Rn. 7) soll im Anschluss an BGHZ 146, 341 nunmehr § 128 HGB gelten (BGHZ 148, 201 [206]). Ansprüche im Rahmen der Auseinandersetzung folgen eigenen Regeln, §§ 731 ff. **c) Sonderregelung** für OHG: §§ 124, 128 HGB. **d) Haftung bei Gesellschafterwechsel:** vgl → §§ 738–740 Rn. 2 ff.

13 **6. Entziehung gesellschaftsvertraglicher Vertretungsmacht.** Zu § 715 vgl die entspr Ausführungen bei → §§ 709–713 Rn. 17 f.; Sonderregelung in § 127 HGB.

Rechtsverhältnis der Gesellschaft zu Dritten nach der Reform ab 1.1.2024 gemäß Untertitel 2, Kapitel 3, §§ 719–722 nF

§ 719 *Entstehung der Gesellschaft im Verhältnis zu Dritten*

(1) Im Verhältnis zu Dritten entsteht die Gesellschaft, sobald sie mit Zustimmung sämtlicher Gesellschafter am Rechtsverkehr teilnimmt, spätestens aber mit ihrer Eintragung im Gesellschaftsregister.

(2) Eine Vereinbarung, dass die Gesellschaft erst zu einem späteren Zeitpunkt entstehen soll, ist Dritten gegenüber unwirksam.

§ 720 *Vertretung der Gesellschaft*

(1) Zur Vertretung der Gesellschaft sind alle Gesellschafter gemeinsam befugt, es sei denn, der Gesellschaftsvertrag bestimmt etwas anderes.

(2) Die zur Gesamtvertretung nach Absatz 1 befugten Gesellschafter können einzelne von ihnen zur Vornahme bestimmter Geschäfte oder bestimmter Arten von Geschäften ermächtigen.

(3) [1]Die Vertretungsbefugnis der Gesellschafter erstreckt sich auf alle Geschäfte der Gesellschaft. [2]Eine Beschränkung des Umfangs der Vertretungsbefugnis ist Dritten gegenüber unwirksam. [3]Dies gilt insbesondere für die Beschränkung, dass sich die Vertretung nur auf bestimmte Geschäfte oder Arten von Geschäften erstreckt oder dass sie nur unter gewissen Umständen oder für eine gewisse Zeit oder an einzelnen Orten stattfinden soll.

(4) Die Vertretungsbefugnis kann einem Gesellschafter in entsprechender Anwendung von § 715 Absatz 5 ganz oder teilweise entzogen werden.

(5) Ist der Gesellschaft gegenüber eine Willenserklärung abzugeben, genügt die Abgabe gegenüber einem vertretungsbefugten Gesellschafter.

§ 721 *Persönliche Haftung der Gesellschafter*

[1]Die Gesellschafter haften für die Verbindlichkeiten der Gesellschaft den Gläubigern als Gesamtschuldner persönlich. [2]Eine entgegenstehende Vereinbarung ist Dritten gegenüber unwirksam.

§ 721a *Haftung des eintretenden Gesellschafters*

(Diese Vorschrift ist zur Wahrung des Gesamtzusammanhanges mit der Regelung im alten Recht in §§ 738–740 aF Rn. 4 im Anschluss an diese Vorschriften erörtert); → (*§§ 721a, 723–728b nF* Rn. 2).

§ 721b *Einwendungen und Einreden des Gesellschafters*

(1) Wird ein Gesellschafter wegen einer Verbindlichkeit der Gesellschaft in Anspruch genommen, kann er Einwendungen und Einreden, die nicht in seiner Person begründet sind, insoweit geltend machen, als sie von der Gesellschaft erhoben werden können.

(2) Der Gesellschafter kann die Befriedigung des Gläubigers verweigern, solange der Gesellschaft in Ansehung der Verbindlichkeit das Recht zur Anfechtung oder

Aufrechnung oder ein anderes Gestaltungsrecht, dessen Ausübung die Gesellschaft ihrerseits zur Leistungsverweigerung berechtigen würde, zusteht.

§ 722 *Zwangsvollstreckung gegen die Gesellschaft oder gegen ihre Gesellschafter*

*(1) **Zur Zwangsvollstreckung in das Vermögen der Gesellschaft ist ein gegen die Gesellschaft gerichteter Vollstreckungstitel erforderlich.***

*(2) **Aus einem gegen die Gesellschaft gerichteten Vollstreckungstitel findet die Zwangsvollstreckung gegen die Gesellschafter nicht statt.***

Anmerkungen zu den §§ 719–722 nF

1. Entstehung der rechtsfähigen Gesellschaft. Die GbR ist mit Abschluss des Gesellschaftsvertrages bereits errichtet *(§ 705 nF)*, allerdings aber nicht im Verhältnis zu Dritten. *§ 719 I nF* stellt klar, dass die Außenwirkung der Gründung und damit Rechtsfähigkeit erst eintritt, wenn die GbR im Gesellschaftsregister eingetragen ist (*§§ 706 ff. nF*) oder mit Zustimmung sämtlicher Gesellschafter und nicht bloß mit der Mehrheit der Gesellschafter am Rechtsverkehr teilnimmt (zu dieser bewussten Entscheidung gegen eine bloße Mehrheit als Kriterium entstehender Rechtsfähigkeit BT-Drs. 19/27635 S. 161/162). Dabei ist aber die Vermutung des § 705 III (→ *§ 705 nF* Rn. 3) zu beachten, nach der von einem gemeinsamen Willen zur Teilnahme am Rechtsverkehr auszugehen ist, wenn der Betrieb eines Unternehmens Gegenstand der GbR ist. Sofern also in diesem Falle nach dem Gesellschaftsvertrag voll vertretungsberechtigte Gesellschafter (*§ 720 I nF*) in den Rechtsverkehr eintreten, wird vom Beginn der Rechtsfähigkeit auszugehen sein (wohl str). Einigkeit besteht darüber, dass das Merkmal „am Rechtsverkehr teilnimmt" als Teilnahme am *Rechtsverkehr mit Dritten* auszulegen ist (z.B. Errichtung eines Bankkontos, Abschluss anderer Geschäfte jeder Art). Ob diese Teilnahme dem *rechtsgeschäftlichen* Verkehr zu gelten hat (so die Gesetzesbegründung BT-Drs. aaO S. 162), ist zweifelhaft, weil der Gesetzestext die Teilnahme am Rechtsverkehr als solchem genügen lässt, so dass auch Anträge bei Verwaltungsbehörden oder Gerichten genügen sollten. Wenn allerdings die Gesetzesbegründung bei einer Klage der GbR gegen säumige Beitragszahler unter den Gesellschaftern die Entstehung einer Art Rechtfähigkeit im Innenverhältnis bereits vor dem Zeitpunkt des § 719 I Satz 1 anzunehmen scheint (BT-Drs. aaO S. 162), so ist eine solche Konstruktion schwer vertretbar und unnötig. Im Falle einer Klageerhebung nimmt die GbR vertreten durch ihre vertraglichen Vertreter gegenüber Dritten, nämlich dem Gericht, mit dem Antrag auf Rechtsschutzgewährung am Rechtsverkehr teil und wird damit rechtsfähig; sofern nur alle oder einige Gesellschafter gemeinsam vertretungsberechtigt sein sollten und eine Klage daran zu scheitern droht, helfen in letzter Konsequenz *§§ 715a, 715b neu* mit ihren Prozessstandschaftsregeln (zur nicht rechtsfähigen GbR → *§§ 740–740c nF* Rn. 2). *§ 719 II* stellt klar, dass die Parteien im Interesse der Rechtsklarheit über den Entstehungszeitpunkt der GbR nicht durch vertragliche Regelungen abweichend von *§ 719 I* disponieren können, der schon selbst durch das Kriterium der Teilnahme am Rechtsverkehr reichlich Gelegenheit zu fehlender Klarheit lässt. 1

2. Stellvertretung. a) Grundsätze. *§ 720 nF* regelt anders als § 714 aF die *Vertretung der Gesellschaft unabhängig von bestehender Geschäftsführungsbefugnis* und bricht damit auch mit der im alten Recht bestehenden Zweifelsregel zu Gunsten der Vertretungsbefugnis eines geschäftsführenden Gesellschafters. Da ein Zusammenfallen von Geschäftsführungs- und Vertretungsbefugnis häufiger Praxis entspricht, gesteht auch der moderne Gesetzgeber trotz der Vorliebe für eine strikte Trennung beider Funktionskategorien von der notwendigen Beachtung eines gewissen *Parallelismus* aus, dessen rechtliche Auswirkungen aber offen bleiben (zum Ganzen BT-Drs. 19/27635 S. 162). Die organschaftliche Vertretung der rechtsfähigen GbR durch ihre vertretungsberechtigten Gesellschafter schließt die Möglichkeit *rechtsge-* 2

schäftlicher Bevollmächtigung nicht aus, deren Erteilung durch vertretungsberechtigte Gesellschafter erfolgen muss (so im Falle einer kraft Richterrechts rechtsfähigen GbR BGH DNotZ 2011, 361 mAnm L. Böttcher). Eine solche Vollmacht kann – anders als die Prokura bei Handelsgesellschaften im Handelsregister – nicht im *Gesellschaftsregister* eingetragen werden – wenigstens nach Auffassung des Gesetzgebers, wobei die Rechtsentwicklung aus praktischen Erwägungen aber auch anders verlau-
3 fen könnte (dazu allgemein → *§ 707a Rn. 1 nF*). **b) Vertretungsberechtigung.** *§ 720 I* wählt (anders als *§ 124 I HGB neu* idF des Art. 51 MoPeG) die *Gesamtvertretungsbefugnis aller Gesellschafter* als gesetzlichen Regelfall, von dem aber die vertragliche Regelung abweichen kann, entweder zu Gunsten einer Gesamtvertretungsbefugnis nur bestimmter Gesellschafter oder der Vertretungsbefugnis nur eines Gesellschafters oder zu Gunsten einer *Einzelvertretungsbefugnis* eines Gesellschafters oder mehrerer Gesellschafter; wobei auch Formen der Gesamt- oder Einzelvertretungsbefugnis kombiniert werden können. Die *Ermächtigung* einzelner zur Gesamtvertretung berechtigten Gesellschafter (*§ 720 II nF*) zur Wahrnehmung der Gesamtvertretungsbefugnis für alle gesamtberechtigten Gesellschafter in bestimmten Geschäften oder bestimmten Arten von Geschäften durchbricht den Grundsatz persönlicher Ausübung der Vertretungsbefugnis und kann so wenig wie die rechtsgeschäftliche Bevollmächtigung eines Vertreters durch die Gesellschaft (oben → Rn. 2) ins Gesellschaftsregister eingetragen werden. Auf die Ermächtigung finden die Vorschriften über die Vollmachterteilung weithin Anwendung, also insbesondere § 174 bei einseitigen Rechtsgeschäften (dazu → §§ 714, 715 alt Rn. 4 mN).
4 **c). Umfang der Vertretungsbefugnis.** Die sehr weitgefasste Vertretungsbefugnis umfasst alle Geschäfte der Gesellschaft. Das Verbot jeder Beschränkung der Vertretungsbefugnis entspricht einem gesellschaftsrechtlichen Grundsatz (vgl. § 126 II HBG alt und nach der Reform § 124 IV neu idF des Art. 51; §§ 37 II GmbHG, 82 I AktG, 27 II GenG). Gleichwohl bricht die Regelung des *§ 720 III Satz 2 u. 3 nF* mit dem bisherigen richterrechtlichen Rechtszustand, der zwar eine GbR mbH und Formen einseitiger Haftungsbeschränkung letztlich nicht tolerierte, wohl aber konkrete vertragliche Vereinbarungen über Haftungsbeschränkungen zulässt (vgl. → §§ 714, 715 alt Rn. 5 u. 10 mN). Die Gefahr unzumutbarer Unsicherheit für den Rechtsverkehr, auf die sich die Gesetzesbegründung beruft (BT-Drs. aaO S. 163 f. mit überwiegend formaldogmatischer Argumentation), vermag die volle Anpassung des Rechts der GbR an das Recht der Handelsgesellschaften nicht so überzeugend zu rechtfertigen, dass sie den Bruch mit dem alten Recht wirklich
5 sinnvoll erscheinen lässt. **d) Entziehung der Vertretungsbefugnis.** Die Entziehung der Vertretungsbefugnis kann gem. *§ 720 IV nF* aus den gleichen Gründen erfolgen wie die Entziehung der Geschäftsführungsbefugnis nach *§ 715 V nF.* Geschäftsführungsbefugnis und Vertretungsbefugnis können gemeinsam oder entsprechend dem Grundsatz der Trennung beider rechtlichen Kompetenzen unabhängig voneinander beschlossen werden. Häufig ist eine gleichzeitige Entziehung, die Entziehung der Vertretungsbefugnis bei fortexistierender Geschäftsführungsbefugnis erscheint demgegenüber als moderatere und verhältnismäßigere Maßnahme zur Abwehr von Gefahren für die GbR, und es ist zudem auch möglich, eine Einzelvertretungsbefugnis in eine Gesamtvertretungsbefugnis zu verwandeln, also sozusagen nur einen Teil der Befugnis zu entziehen. Anders als im Falle des *§ 715 V u. VI* nF bei der Geschäftsführung besteht nach der Gesetzesbegründung (BT-Drs. aaO S. 164) für ein *Kündigungsrecht* des vertretungsberechtigten Gesellschafters kein gewichtiger Bedarf, weil sachgerechtes Handeln zuvörderst ein Element pflichtgemäßer Geschäftsführung sei, während die Wahrnehmung der Vertretung nur Entscheidungen der Geschäftsführung vollzieht und der Vertreter eines Lösungsrechts weniger dringend bedarf als der Geschäftsführer; eine nicht besonders überzeugende Begründung, die übersieht, dass auch die Wahrnehmung der Vertretungsbefugnis pflichtgemäß zu erfolgen hat und insbesondere sachwidrige Geschäftsführung den bloß vertretungsberechtigten Gesellschafter unverhofft in Pflichtenkollisionen bringen kann, die eine Kündigung gerade der Vertretungsbefugnis sinnvoll erscheinen

lassen können. Insoweit zeigen sich Schwächen einer strikten Trennung von Geschäftsführungs- und Vertretungsbefugnis. **e) Obligatorische passive Vertretungsbefugnis.** Schon vor der Reform hat der BGH aus §§ 125 II Satz 3 HGB aF, 35 II Satz 3 GmbHG, 78 II Satz 2 AktG; 25 I Satz 3 GenG und anderen Vorschriften den allgemeinen Grundsatz hergeleitet, dass einer Personenmehrheit eine Willenserklärung durch Abgabe gegenüber einem der Gesamtvertreter zugeht (BGH ZIP 2012, 581 Rn. 34 mN) u. diesen Grundsatz auch auf die GbR angewandt. Der Reformgesetzgeber setzt diesen Grundsatz in *§ 720 V* neu auch für die GbR ausdrücklich um (für die OHG nunmehr in *§ 124 VI HGB* idF des Art. 51 MoPeG). 6

3. Persönliche Haftung der Gesellschafter. a) Der Grundsatz und seine Grenzen. *§ 721 nF* kodifiziert die Rechtsprechung des BGH zur gesamtschuldnerischen Haftung aller Gesellschafter nach dem Vorbild der OHG, für die dieser Grundsatz schon immer galt und in § 128 aF (nunmehr ab 1.1.2024 *§ 126 neu* idF des Art. 51 MoPeG) festgeschrieben ist (zur Rspr. des BGH § 705 alt Rn. 1, §§ 714, 715 alt Rn. 1 u. 2 mit Kritik an dieser Rspr.; ferner Stürner Jura 2021, 235 ff.). Diesen Grundsatz erklärt der Gesetzgeber in *§ 721 Satz 2 nF* zu einer eisernen Regel, indem er einer der Haftung entgegenstehenden allgemeinen Regelung im Gesellschaftsvertrag die Außenwirkung abspricht. Allerdings schließt dies nicht aus, dass sich aus Besonderheiten einer GbR, insbesondere ihrer Zwecksetzung und ihrer Einbindung in eine spezifische Risikoverteilung im Zusammenwirken mit der Gestaltung des Rechtsverhältnisses zwischen der GbR und den Vertragspartnern ein Ausschluss oder eine Modifikation der gesamtschuldnerischen Haftung der Gesellschafter neben der GbR ergeben könnte, wie dies der BGH schon vor der Kodifikation seiner Rspr. zur Rechtsfähigkeit der GbR angenommen hat (BGHZ 150, 1 ff., für die Gesellschafter eines geschlossenen Immobilienfonds in der Form einer GbR bei entsprechenden AGB sowie für Bauherrengemeinschaften künftiger Wohnungseigentümer durch die Annahme anteiliger Haftung kraft Vertragsauslegung; gleich BGHZ 156, 46 ff. für Gesellschafter von Publikumsgesellschaften in Bezug auf Ansprüche wegen betrügerische Aktionen der Initiatoren und Gründer der GbR). Bereits seit 1.8.2022 in Kraft ist das neue Berufsrecht für freie Berufe (s. schon → § 705 alt Rn. 29 mN) und insbesondere rechtberatende Berufe, das Berufsausübungsgesellschaften in fast allen gesellschaftsrechtlichen Formen und damit auch in Gestalt von Personengesellschaften wie der GbR, OHG, KG und der Partnerschaftsgesellschaft erlaubt und dabei auch Haftungsbegrenzungen für die Haftung der Gesellschafter von Personengesellschaften vorsieht (vgl. z.B. §§ 51, 52, 59o BRAO, § 8 PartGG idF des Art. 68 Nr. Nr. 8 MoPeG) ebenso wie die Wahl haftungsbegrenzender Gesellschaftsformen nicht nur in Gestalt von Kapitalgesellschaften, sondern auch von Personengesellschaften nach dem PartGG (zum Zusatz mbB – „mit beschränkter Berufshaftung" – § 8 IV PartGG alt u. neu). Nicht ohne Grund betont deshalb die Gesetzesbegründung, der Normenkomplex der *§§ 721 -721b nF* sei keine abschließende Regelung, die institutionelle Haftungsbeschränkungen stets ausschließe, z.B. durch vertragliche, auch stillschweigende Vereinbarungen, ergänzende Vertragsauslegung, Analogie sowie Rückgriff auf adäquate andere Haftungsmodelle wie Haftung nach Kopfteilen, anteilige Haftung oder Haftung handelnder Personen (hierzu BT-Drs. aaO S. 165) – ein deutliches Zeichen für Schwächen und Grenzen einer Einheitslösung nach dem Muster der OHG. **b) Akzessorietät gesamtschuldnerischer Gesellschafterhaftung.** Die Höhe der Haftung richtet sich genau nach der Haftung der GbR, sie ist akzessorisch, aber nicht subsidiär, so dass der Gesellschafter Gläubiger nicht auf eine primäre Haftung der GbR mit ihrem Vermögen verweisen kann. Dies schließt haftungsbeschränkende Vereinbarungen zwischen Gläubigern und einzelnen Gesellschaftern über ihre persönliche Haftung nicht aus (zu den Folgen auf den Innenausgleich zwischen den gesamtschuldnerischen Gesellschaftern s. → § 426 Rn. 4, 22, 23; zum insoweit noch zumindest teilweise beachtenswerten alten Recht → § 707 aF Rn. 2; → §§ 714, 715 aF Rn. 9 ff.). Eine Registrierung haftungsbeschränkender Vereinbarungen einzelner 7 8

Gesellschafter im Gesellschaftsregister ist nicht zulässig. Gläubiger können mithaftende Gesellschafter nach ihrer Wahl in voller Höhe oder teilweise beanspruchen. Die beanspruchten Gesellschafter können sich bei der Gesellschaft nach § 716 nF (s. oben Rn. → *§§ 715–716 nF* Rn. 14; zum alten Recht → § 707 aF Rn. 2; → §§ 714, 715 aF Rn. 11) erholen. Zwischen der Gesellschaft und den haftenden Gesellschaftern besteht wie unter altem Recht bei der GbR und OHG keine Gesamtschuld (→ § 421 Rn. 3; → §§ 422–424 Rn. 5; → § 425 Rn. 6, 10; → §§ 714, 715 alt Rn. 2), folglich auch keine Ausgleichsansprüche aus § 426 der
9 in Anspruch genommenen Gesellschafter gegen die Gesellschaft. **c) Gesetzlich begründete Verbindlichkeiten** aus Delikt, Bereicherung, GoA etc. unterfallen gleich wie rechtsgeschäftliche Verbindlichkeiten *§ 721 nF.* Wichtigste Zurechnungsnorm ist dabei § 31 (dazu die Gesetzesbegründung BT-Drs. 19/27635 S. 166; ferner → §§ 714, 715 aF Rn. 7 mN). Zur *Haftung des eintretenden Gesellschafters gemäß*
10 *§ 721a neu* s. unten → *§§ 721a, 723–728b nF* Rn. 2). **d) Einwendungen und Einreden.** *§ 721b I neu* erstreckt wie schon § 129 I HGB alt entsprechend den Grundsätzen akzessorischer Haftung die Wirkungen von der Gesellschaft gegen die Gesellschaftsverbindlichkeit zustehenden Einwendungen auf die haftenden Gesellschafter, wobei der Gesellschafter im Prozess entsprechende Tatsachen vortragen muss, deren rechtliche Wirkung dann das Gericht von Amts wegen zu beachten hat. Weitergehend als § 129 I HGB alt umfasst die Erstreckung nun auch die Befugnis zur Berufung auf der Gesellschaft aktuell zustehende Einreden. *§ 721b II neu* fasst die in § 129 II u. III HGB alt geschaffenen Einreden bzw. Leistungsverweigerungsrechte der Anfechtbarkeit des der Verbindlichkeit zu Grunde liegenden Rechtsgeschäfts oder der Aufrechenbarkeit mit einer Gegenforderung der Gesellschaft zusammen und erweitert den Grundgedanken dieser Leistungsverweigerungsrechte auf alle Fälle noch ausübbarer Gestaltungsrechte der Gesellschaft, deren Ausübung die Verbindlichkeit erlöschen ließe (z.B. Rücktritt vom zu Grunde liegenden Vertrag) oder in sonstiger Weise ihrerseits eine Leistungsverweigerung im untechnischen Sinne rechtfertigen würde (unglücklich der Gesetzeswortlaut, der insinuiert, dass z.B. aus dem Rücktritt oder einer Kündigung der Gesellschaft durch Gestaltungserklärung nur ein Leistungsverweigerungsrecht der Gesellschaft entstünde, was im technischen Sinne so nicht der Fall ist). Die Reform schafft in *§ 128 neu HGB* idF des Art. 51 MoPeG eine wortgleiche Vorschrift für die OHG (zur Gesetzgebungsge-
11 schichte und ihrer Begründung s. BT-Drs. aaO S. 168). **e) Zwangsvollstreckung gegen Gesellschaft und haftende Gesellschafter.** Die rechtsfähige GbR hat wie die insoweit als Vorbild gewählte OHG eigenes Vermögen (*§§ 705 II, 713 neu*) und kennt wie die OHG akzessorische Haftung ihrer Gesellschafter (*§ 721 neu*). Es ist deshalb folgerichtig, dass für die Zwangsvollstreckung ebenfalls die bei der OHG geltende Regelung greift (§§ 124 II, 129 IV HGB alt) und für eine Vollstreckung immer ein Titel gegen die jeweiligen rechtsfähigen Schuldner als Träger der vollstreckungsunterworfenen Vermögen notwendig ist. *§ 722 I u. II nF* übernehmen nur geringfügig an neuere Terminologie angepasst den Wortlaut der §§ 124 I u. 129 IV HGB aF. (zur Neufassung der für die OHG geltenden Vollstreckungsregeln s. § 129 HGB neu idF des Art. 51 MoPeG mit identischem Wortlaut wie *§ 722 neu* für die GbR). Im Ergebnis ist für eine Vollstreckung in das Vermögen der GbR eine Titel gegen die GbR notwendig, Titel gegen alle einzelnen Gesellschafter reichen nicht mehr aus; § 736 alt ZPO, der eine solche Vollstreckung zuließ, ist zum 1.1.2024 aufgehoben, und § 736 neu ZPO (idF des Art. 34 Nr. 4 MoPeG) enthält nunmehr eine Übergangsvorschrift für Fälle, in denen die Entscheidung noch unter altem Recht erfolgte, die GbR erst nach Urteilserlass registriert worden ist und aus dem unter altem Recht entstandenen Titel vollstreckt werden soll. Zur Vollstreckung in das Privatvermögen der Gesellschafter, zu dem auch der jeweilige Gesellschaftsanteil gehört (dazu § § 725 alt u. *§ 726 neu* sowie → §§ 723–728 alt Rn. 9–12 u. → *§§ 721a, 723–728b neu* Rn. 6) bedarf es eines gesonderten Titels gegen den jeweiligen Gesellschafter, der Titel gegen die Gesellschaft reicht nicht aus und kann auch nicht auf den Gesellschafter als akzessorisch Haftenden umgeschrieben werden

(sa unten → Rn. 12 zur Rechtskrafterstreckung unter materiellem Recht, die keine Rechtsnachfolge im Sinne der §§ 727 ff. ZPO beinhaltet). **f) Erkenntnisverfahren.** 12
Das Recht des zivilprozessualen Erkenntnisverfahrens entspricht im Wesentlichen noch dem Stand, wie er für die Zeit nach der durch die Rechtsprechung verordneten Rechtsfähigkeit der GbR erarbeitet ist (dazu §§ 714, 715 alt Rn. 10 mN): GbR als Partei eines Zivilprozesses (§ 50 ZPO) mit der Möglichkeit des Erwerbs eines vollstreckbaren Titels gegen die GbR; §§ 421 ff. gelten zwischen GbR und Gesellschaftern nicht unmittelbar, sondern nur modifiziert; Rechtskrafterstreckung eines obsiegenden Urteils gegen die GbR auf die Gesellschafter, soweit die Rechtskraft der GbR Einwendungen gegen den Anspruch abschneidet (arg. aus § 129 I HGB aF u. *§ 128 I HGB* neu), kann sie die GbR und damit auch der einzelne Gesellschafter nicht mehr erheben (anders § 425 II, der für Rechtskraft von Gesamtschuldnern Einzelwirkung anordnet); Rechtskrafterstreckung eines klagabweisenden Urteils zu Gunsten der GbR, weil damit das Fehlen einer Verbindlichkeit endgültig feststeht und folglich die akzessorische Haftung der Gesellschafter ebenfalls fortfällt; einfache Streitgenossenschaft der verklagten Gesellschafter untereinander; Einzelwirkung der Rechtskraft gem. § 425 II; keine Erstreckung der Rechtskraft eines Urteils zu Gunsten oder zu Lasten einzelner Gesellschafter auf die GbR.

Information und Kontrolle nach altem und neuem Recht

§ 716 Kontrollrecht der Gesellschafter (in Kraft bis 31.12.2023)

(1) **Ein Gesellschafter kann, auch wenn er von der Geschäftsführung ausgeschlossen ist, sich von den Angelegenheiten der Gesellschaft persönlich unterrichten, die Geschäftsbücher und die Papiere der Gesellschaft einsehen und sich aus ihnen eine Übersicht über den Stand des Gesellschaftsvermögens anfertigen.**

(2) **Eine dieses Recht ausschließende oder beschränkende Vereinbarung steht der Geltendmachung des Rechts nicht entgegen, wenn Grund zu der Annahme unredlicher Geschäftsführung besteht.**

a) Der **Inhalt** des Kontrollrechts umfasst grundsätzlich keine Auskunft oder Infor- 1
mation. Ein Auskunftsanspruch eines Gesellschafters gegenüber der Gesellschaft bzw der Gesamtheit der Mitgesellschafter ist nur ausnahmsweise zu bejahen, wenn §§ 716, 713, 666 keine ausreichende Information gewährleisten (BGHZ 14, 59 für GmbH alten Rechts; BGH BB 1972, 1245; BGH WM 1983, 910); er folgt dann aus §§ 716, 242, zB wenn die Namen und Daten der Mitgesellschafter computermäßig gespeichert sind und ein Ausdruck verlangt wird (BGH NJW 2010, 439; ähnlich BGH NJW 2011, 921; 2013, 2190 Rn. 12). Zur *Abgrenzung* vom Auskunftsanspruch gegen den Geschäftsführer vgl → §§ 709–713 Rn. 14. Kontrollrecht kann Anspruch auf Aushändigung der Geschäftsunterlagen begründen: OLGR Zweibrücken 2005, 445. **b) Gläubiger** des Kontrollanspruchs ist der Gesellschafter, **Schuldner** sind die übrigen Gesellschafter, soweit sie die Unterrichtung tatsächlich verhindern oder ermöglichen können (BGH WM 1962, 883). **c)** Das **Kontrollrecht als Verwal-** 2
tungsrecht ist grundsätzlich höchstpersönlich auszuüben. Die Beauftragung eines Dritten ist nur ausnahmsweise (lange Krankheit oder Abwesenheit) zulässig (BGHZ 25, 122 ff.); die Wahrnehmung durch ges Vertreter Minderjähriger oder Betreuer (§§ 1896, 1902; s. BGHZ 44, 98 ff.) ist stets möglich. Die Höchstpersönlichkeit steht der Zuziehung eines geeigneten Sachverständigen nicht entgegen (BGHZ 25, 123), dessen ausnahmsweise Entbehrlichkeit die übrigen Gesellschafter zu beweisen haben (BGH WM 1962, 883); uU Einschaltung eines neutralen Dritten zum Geheimnisschutz (BGH WM 1982, 1403; zum Ganzen Saenger NJW 1992, 348). **d)** Der 3
ausgeschiedene Gesellschafter kann zur Kontrolle seines Abfindungsanspruchs

Bucheinsicht gem §§ 810 f. verlangen, das Kontrollrecht gem § 716 erlischt mit dem Ausscheiden (BGH NJW 2008, 2991). **e) Sonderregelungen:** §§ 118, 166 HGB (hierzu Huber ZGR 1982, 539), 233.

§ 717 *Informationsrechte und -pflichten* (in Kraft ab 1.1.2024)

***(1)** [1]Jeder Gesellschafter hat gegenüber der Gesellschaft das Recht, die Unterlagen der Gesellschaft einzusehen und sich aus ihnen Auszüge anzufertigen. [2]Ergänzend kann er von der Gesellschaft Auskunft über die Gesellschaftsangelegenheiten verlangen. [3]Eine Vereinbarung im Gesellschaftsvertrag, welche diese Rechte ausschließt oder dieser Vorschrift zuwider beschränkt, steht ihrer Geltendmachung nicht entgegen, soweit dies zur Wahrnehmung eigener Mitgliedschaftsrechte erforderlich ist, insbesondere, wenn Grund zur Annahme unredlicher Geschäftsführung besteht.*

***(2)** [1]Die geschäftsführungsbefugten Gesellschafter haben der Gesellschaft von sich aus die erforderlichen Nachrichten zu geben, auf Verlangen über die Gesellschaftsangelegenheiten Auskunft zu erteilen und nach Beendigung der Geschäftsführertätigkeit Rechenschaft abzulegen. [2]Eine Vereinbarung im Gesellschaftsvertrag, welche diese Verpflichtungen ausschließt, ist unwirksam.*

1 **1. Zweck und Inhalt.** *§ 717 neu* regelt die bisher in § 713 aF iVm § 666 und § 716 aF geregelten Informationsrechte in einer einzigen Vorschrift. Dabei enthalten §§ 713 aF, 666 eine kollektives Informationsrecht der GbR bzw. der Gesellschafter in ihrer gesamthänderischen Verbundenheit gegenüber geschäftsführenden Gesellschaftern (dazu → §§ 709–713 alt Rn. 14), während § 716 aF das individuelle Informationsrecht jedes einzelnen Gesellschafters gegenüber der rechtsfähigen GbR regelt. *§ 717 nF* hält an dieser Unterscheidung fest und behandelt in § 717 I den individuellen Informationsanspruch des einzelnen Gesellschafters gegen die GbR und in § 717 II den „kollektiven" Informationsanspruch der GbR gegen geschäftsführende Gesellschafter. Insgesamt ist das neue Recht informationsfreundlicher als die überkommenen Regelungen. Neben diesen gesetzlich ausdrücklich vorgesehenen Informationsrechten sind auch unter neuem Recht Informationsrechte und -pflichten als Ausfluss gesellschaftsrechtlicher Treuepflicht aller Mitglieder (vgl. BGH NZG 2003, 73; Fleischer DB 2020, 827, 834) oder als Folge einer Geschäftsführungsbefugnis (*§ 715 nF*) denkbar.

2 **2. Der individuelle Informationsanspruch des Gesellschafters gegen die GbR.** Der Informationsanspruch des Gesellschafters besteht zunächst einmal wie bisher im Recht zur Einsicht in alle Unterlagen zur Schaffung voller Übersicht über den Geschäftsgang, und er schließt das Recht zur Anfertigung von Auszügen ein (*§ 717 I Satz 1*). Während aber unter bisherigem Recht eine zusätzliche Auskunft nur in Ausnahmefällen verlangt werden konnte, ist unter künftigem Recht ein Auskunftsanspruch immer gegeben *(§ 717 I Satz 2*), wenn plausible Gründe dafür sprechen, dass bloße Einsicht für eine vollständige Information zum Verständnis geschäftlicher Vorgänge nicht ausreicht (sehr eng die Gesetzesbegründung BT-Drs. 19/27635 S. 159, die von strenger Subsidiarität ausgeht, aber im Wortlaut des Gesetzes insoweit keine Stütze findet). Wie unter altem Recht (§ 716 II aF) ist ein Ausschluss oder eine Beschränkung des Kontrollrechts nicht unbedingt gänzlich unwirksam, sie greifen aber nicht, wenn – weitergehend als unter altem Recht – die Information zur Wahrnehmung eigener Mitgliedschaftsrechte notwendig erscheint oder wenn -so auch nach altem Recht – Grund zur Annahme unredlicher Geschäftsführung besteht. Die bisher geltenden Maßgaben zur Ausübung des Kontrollrechts gelten auch unter neuem Recht (→ § 716 alt Rn. 2 u. 3); gemäß § 105 III HGB *nF* gilt *§ 717 nF* auch für die OHG.

3 **3. Unterrichtung und Auskunft durch geschäftsführende Gesellschafter.** *§ 717 II nF* behandelt den Anspruch der GbR gegen geschäftsführungsbefugte Gesellschafter. Er deckt sich in Teilen mit dem Anspruch alten Rechts nach §§ 713

aF, 666. Er beinhaltet zunächst die Pflicht geschäftsführungsbefugter Gesellschafter, spontan erforderliche Berichte zu liefern. Diese Unterrichtungspflicht sollte sich bei der Auswahl zu berichtender Tatsachen an dem objektiven Maßstab des Gewichts von Ereignissen für die Geschäfte der GbR sowie ihrer Bedeutung für den Zweck der Gesellschaft und ihre Vermögenslage orientieren. Aufgabe der hinzutretenden Auskunftspflicht ist es demgegenüber, das stärker subjektiv bestimmte Informationsinteresse der nicht geschäftsführungsbefugten Gesellschafter zu befriedigen, wie es die GbR im Streitfalle durch ihre vertretungsbefugten Gesellschafter gegenüber geschäftsführungsbefugten Gesellschaftern zu artikulieren hätte (hierzu die Gesetzesbegründung BT-Drs. 19/27635 S. 160). Die Rechnungslegungspflicht bei Beendigung der Geschäftsführertätigkeit (zum Inhalt § 259) hat vor allem Bedeutung bei vorzeitigem Ausscheiden aus der Geschäftsführung, weil regelmäßig am Ende des Geschäftsjahres ein Rechnungsabschluss zu errichten ist (*§ 718 nF*) und deshalb für eine außerordentliche Rechnungslegung nur selten Bedarf sein wird (s. aber zur Beendigung der Geschäftsführung bei Liquidation nach Auflösung *§ 736b nF*). *§ 717 II Satz 2 nF* verbietet einen gesellschaftsvertraglichen Ausschluss der Pflichten zur Unterrichtung, Auskunft und Rechnungslegung, gestattet aber Regelungen zu den Anforderungen an die genaue Art der Informationsgewährung (nicht sehr klar die Gesetzesbegründung BT-Drs. aaO S. 160).

Übertragung einzelner Gesellschafterrechte nach altem und neuem Recht

§ 717 Nichtübertragbarkeit der Gesellschafterrechte (in Kraft bis 31.12.2023)

[1]Die Ansprüche, die den Gesellschaftern aus dem Gesellschaftsverhältnis gegeneinander zustehen, sind nicht übertragbar. [2]Ausgenommen sind die einem Gesellschafter aus seiner Geschäftsführung zustehenden Ansprüche, soweit deren Befriedigung vor der Auseinandersetzung verlangt werden kann, sowie die Ansprüche auf einen Gewinnanteil oder auf dasjenige, was dem Gesellschafter bei der Auseinandersetzung zukommt.

1. Anwendungsbereich. Die Vorschrift betrifft nur *Einzelrechte,* die der Gesell- 1
schafterstellung entfließen (zB Mitwirkung bei Geschäftsführung, Recht auf Entziehung der Geschäftsführungsbefugnis, Widerspruchsrecht gem § 711, Informations- und Kontrollrecht, s. OLG Hamm NZG 2006, 823). Sie behandelt *nicht* die Übertragung der Mitgliedschaft insgesamt (vgl dazu → §§ 718–720 Rn. 7 f.), ebenso wenig die Verfügung über den Anteil am Gesamthandsvermögen bzw an einzelnen Gesamthandsgegenständen (§ 719 I). Wie die grundsätzliche Unübertragbarkeit der Mitgliedschaft bzw des Vermögensanteils ist die Unübertragbarkeit von Einzelrechten Konsequenz des persönlichen Vertrauensverhältnisses unter den Gesellschaftern.

2. Unzulässigkeit der Übertragung einzelner Rechte. Sie ist *zwingenden* 2
Rechts (str). Der Gesellschaftsvertrag kann also *nicht* vorsehen: die volle Übertragung der Geschäftsführung (vgl → §§ 709–713 Rn. 4), die Stimmrechtsübertragung (vgl → §§ 709–713 Rn. 21 ff.), die Übertragung aller gesellschaftlichen Rechte an einen nicht weisungsgebundenen und nicht abberufbaren Treuhänder (BGHZ 44, 158). Jedoch können einem Treugeber, für den ein Gesellschafter den Anteil treuhänderisch hält, im Gesellschaftsvertrag unmittelbare Rechte zugebilligt werden (BGHZ 178, 276 = NJW-RR 2009, 255; 2003, 1392).

3. Ausnahmsweise abtretbare vermögensrechtliche Ansprüche. a) Auf- 3
wendungsersatz aus Geschäftsführung (§§ 713, 670), nicht aber Vorschussansprüche (§§ 713, 669). **b)** Ansprüche auf Gewinnanteil (§§ 721, 722; BGH WM 1985, 1343) und Auseinandersetzungs- bzw Abfindungsguthaben (BGH JuS 1981, 774; BGH

NJW 1998, 1551 [1552]; BGH WM 2008, 1745; §§ 731–734, 738 I 2). Sofern künftige Ansprüche vor ihrer Entstehung (BGH NJW 1989, 453) abgetreten werden, hat der Zessionar keinen Anspruch auf Mitgestaltung der Bilanz (str), er kann aber Mitteilung der Gewinnhöhe von den Gesellschaftern verlangen (BGH LM Nr. 2 zu § 338 HGB aF; sa § 235 HGB). Die Abtretung künftiger Ansprüche geht ins Leere, wenn vor Entstehung der Ansprüche der Gesellschaftsanteil insgesamt an einen Dritten übertragen wird (BGHZ 88, 205 für GmbH; BGH NJW 1997, 3370 für stille Gesellschaft); gleich bei nachträglicher Pfändung des Gesellschaftsanteils (BGHZ 104, 351; BGH NJW-RR 1987, 989); anders bei Nachfolge des Erben in die Gesellschaft (BGH NJW 1997, 3370; BGH NJW-RR 1987, 989); → § 398 Rn. 9.

§ 711a *Eingeschränkte Übertragbarkeit von Gesellschafterrechten (in Kraft ab 1.1.2024)*

[1]Die Rechte der Gesellschafter aus dem Gesellschaftsverhältnis sind nicht übertragbar. [2]Hiervon ausgenommen sind Ansprüche, die einem Gesellschafter aus seiner Geschäftsbesorgung für die Gesellschaft zustehen, soweit deren Befriedigung außerhalb der Liquidation verlangt werden kann, sowie Ansprüche eines Gesellschafters auf einen Gewinnanteil oder auf dasjenige, was ihm im Fall der Liquidation zukommt.

1 **1. Zweck.** *§ 711a Satz 1 nF* soll eine Aufspaltung mitgliedschaftlicher Rechte auf verschiedene Personen verhindern und mit dem mitgliedschaftlichen Gefüge eng verflochtene Rechte der Gesellschafter an die Mitgliedschaft binden – in gewisser Weise eine Auswirkung des nur noch abgeschwächt geltenden Grundsatzes personeller Geschlossenheit der GbR (dazu → § 705 aF Rn. 2).

2 **2. Verhältnis zu § 717 aF.** *§ 711a nF* übernimmt den Inhalt des § 717 aF praktisch unverändert. Änderungen im genauen Wortlaut sind der Tatsache geschuldet, dass unter Geltung des § 719 aF mit seinem Verbot der Verfügung über den Gesellschaftsanteil § 717 aF nicht zuletzt auch die Funktion hat, eine Umgehung dieses Verfügungsverbots durch Übertragung von Einzelrechten zu verhindern, was schon jetzt und künftig angesichts der häufig zugelassenen Übertragbarkeit des Gesellschaftsanteils (*§ 711 nF*) nicht mehr der Zwecksetzung der Vorschrift voll entsprechen kann (hierzu auch die Gesetzesbegründung BT-Drs. aaO S. 145 f.).

Gesellschaftsvermögen und Übertragung von Anteilen nach altem und neuem Recht

§ 718 Gesellschaftsvermögen (in Kraft bis 31.12.2023)

(1) **Die Beiträge der Gesellschafter und die durch die Geschäftsführung für die Gesellschaft erworbenen Gegenstände werden gemeinschaftliches Vermögen der Gesellschafter (Gesellschaftsvermögen).**

(2) **Zu dem Gesellschaftsvermögen gehört auch, was auf Grund eines zu dem Gesellschaftsvermögen gehörenden Rechts oder als Ersatz für die Zerstörung, Beschädigung oder Entziehung eines zu dem Gesellschaftsvermögen gehörenden Gegenstands erworben wird.**

§ 719 Gesamthänderische Bindung (in Kraft bis 31.12.2023)

(1) **Ein Gesellschafter kann nicht über seinen Anteil an dem Gesellschaftsvermögen und an den einzelnen dazu gehörenden Gegenständen verfügen; er ist nicht berechtigt, Teilung zu verlangen.**

(2) **Gegen eine Forderung, die zum Gesellschaftsvermögen gehört, kann der Schuldner nicht eine ihm gegen einen einzelnen Gesellschafter zustehende Forderung aufrechnen.**

§ 720 Schutz des gutgläubigen Schuldners (in Kraft bis 31.12.2023)

Die Zugehörigkeit einer nach § 718 Abs. 1 erworbenen Forderung zum Gesellschaftsvermögen hat der Schuldner erst dann gegen sich gelten zu lassen, wenn er von der Zugehörigkeit Kenntnis erlangt; die Vorschriften der §§ 406 bis 408 finden entsprechende Anwendung.

Anmerkungen zu den §§ 718–720

Lit.: Flume, Gesellschaft und Gesamthand, ZHR 136, 177; Kießling, Das Gesamthandsprinzip bei Personalgesellschaften, FS Hadding, 2004, 477; K. Schmidt, Zum Haftungsstatus unternehmenstragender BGB-Gesellschaften, ZGR-Sonderheft 7, 271; Weber-Grellet, Die Gesamthand – ein Mysterienspiel?, AcP 182, 316; H. Wiedemann, Die Übertragung und Vererbung von Mitgliedschaftsrechten bei Handelsgesellschaften, 1965; sa Lit zu § 705.

1. Wesen des Gesellschaftsvermögens. Es ist ein dinglich gebundenes Sondervermögen der gesamthänderisch verbundenen Gesellschafter. Nach traditioneller Auffassung besteht keine begrenzte Rechtsfähigkeit der Gesellschaft; anders aber nunmehr der BGH und weite Teile der Literatur für die unternehmerisch tätige Außengesellschaft (BGHZ 146, 341; vgl → § 705 Rn. 1; → §§ 714, 715 Rn. 1 f.). 1

2. Bestandteile des Gesellschaftsvermögens. a) Aktive Bestandteile sind die *Einlagen* der Gesellschafter und der Anspruch auf ihre Beiträge (vgl → § 706 Rn. 2 ff.). Erwerb von Forderungen und Herrschaftsrechten durch Geschäftsführung entweder *unmittelbar* im Wege gesamthänderischen Selbsthandelns bzw der Stellvertretung (vgl → §§ 714, 715 Rn. 3 ff.) oder *mittelbar* durch Handeln des Geschäftsführers in eigenem Namen, wobei dann die Gesamthand einen Übertragungsanspruch gegen den Geschäftsführer hat (vgl → §§ 709–713 Rn. 15). Auch der Geschäftswert einer anwaltlichen Praxis gehört zum Gesellschaftsvermögen (BGH LM Nr. 2 zu § 718). Die Surrogation (§ 718 II) erfasst insbes Früchte (§ 99) und Schadensersatz- bzw Versicherungsforderungen. **b) Passive** Bestandteile sind die Verbindlichkeiten, welche die Gesellschaft bzw die gesamthänderisch verbundenen Gesellschafter gemeinsam treffen; vgl hierzu → §§ 714, 715 Rn. 9 ff. **c) Besitzer** kann nach tradi- 3
tioneller Auffassung angesichts fehlender Rechtsfähigkeit nicht die „Gesellschaft" sein, sondern immer nur der einzelne Gesellschafter (aA MüKoBGB/Schäfer § 718 Rn. 36); dabei kann schlichter Mitbesitz oder gesamthänderischer Mitbesitz vorliegen, uU auch mehrstufiger Besitz bei unmittelbarem Einzelbesitz nur einiger Gesellschafter (BGHZ 86, 307; 86, 344; Baur/Stürner, SachenR, 18. Aufl. 2009, § 7 Rn. 79 f.); anders bei OHG bzw KG (BGHZ 57, 167; str). Wenn man bei unternehmerisch tätiger BGB-Gesellschaft (Teil-)Rechtsfähigkeit bejaht (BGHZ 146, 341; BGH NJW 2002, 1207; → § 705 Rn. 1), gilt insoweit dasselbe wie bei der OHG: Besitz der Gesellschaft durch ihre „Organe".

3. Gesamthänderische Bindung des Vermögens. a) Das **Verbot der Verfügung über den Anteil am Gesellschaftsvermögen** (§ 719 I) ist zwingend und nicht vertraglich abdingbar. Von der Verfügung über den Vermögensanteil sind aber Verfügungen über einzelne Ansprüche des Gesellschafters (→ §§ 721, 722 Rn. 1) oder über den Gesellschaftsanteil insgesamt zu unterscheiden (vgl hierzu → Rn. 7 ff.). **b)** Das **Verbot der Verfügung über den Anteil an einzelnen Gegenständen** (§ 719 I) ist ebenfalls unabdingbar und zwingend; bei Verfügung eines Gesellschafters über den *ganzen* Gegenstand können Gutglaubensvorschriften oder § 185 zur Wirksamkeit führen. Pfändungsverbot gem § 859 I 2 ZPO; zur gesamthänderischen Verfügung → §§ 714, 715 Rn. 3 ff. **c)** Der **Ausschluss eines** 5
Teilungsrechtes muss im Zusammenhang mit §§ 730 ff., 738 I 2 gesehen werden, 4

die Auseinandersetzung nach Auflösung bzw Ausscheiden vorsehen. **d)** Die **Aufrechnung gegen eine Gesamthandsforderung** scheitert gem § 719 II an der Gegenseitigkeit, soweit der aufrechnende Gläubiger nur einen einzelnen Gesellschafter zum Schuldner hat; jedoch Verjährungsunterbrechung gem § 204 I Nr. 5 (BGHZ 80, 222; Tiedtke BB 1981, 1920). Der einzelne Gesellschafter kann aber die Erfüllung einer Gesamtschuld aller Gesellschafter (vgl → §§ 714, 715 Rn. 9 f.) verweigern, wenn ihr eine aufrechenbare Forderung der Gesamthand gegenübersteht, arg § 770 II, § 129 III HGB (vor BGH 146, 341 str; für die Erbengemeinschaft BGHZ 38, 126; vgl → § 387 Rn. 4).

6 **4. Gutglaubensschutz.** Der Schutz gutgl Schuldner, denen die gesamthänderische Bindung einer Forderung unbekannt ist (§ 720), ist vor allem bei mittelbarer Vertretung (vgl → Rn. 2) von Bedeutung; er gilt auch bei Surrogationserwerb (hM). § 851 ist lex specialis.

7 **5. Verfügungen über den Gesellschaftsanteil. a)** Die **Abtretung des Gesellschaftsanteils insgesamt** ist wirksam mit Einwilligung der übrigen Gesellschafter (BGH NJW-RR 2010, 924 mN), sie ist bis zur Genehmigung schwebend unwirksam (vgl §§ 182 ff.; s. auch OLG Hamm OLGZ 1989, 169). Dabei handelt es sich nicht um eine Änderung des Gesellschaftsvertrages, sondern um eine *Verfügung* über ein Recht (arg § 2033 I 1). Gegenstand der Anteilsveräußerung ist nicht das Gesamthandsvermögen, sondern die Mitgliedschaft als solche. Der Erwerber tritt als Einzelrechtsnachfolger voll in die mitgliedschaftliche Stellung des abtretenden Gesellschafters ein, ohne dass eine Übertragung einzelner Rechte und Pflichten stattfände (BGH NJW 1999, 715 [717]; 1998, 376); das Vermögen bleibt der Gesellschaft bzw dem jeweiligen Gesellschafterkreis zugeordnet (BayObLG NJW-RR 1999, 688). Daher gibt es keinen gutgl Erwerb von Grundeigentum (§ 892) bei Veräußerung der Anteile durch fälschlicherweise eingetragene Gesellschafter (BGH NJW 1997, 860). Aus §§ 717, 719 I folgt zwar das Zustimmungserfordernis, sie statuieren aber insoweit weder ein ges Verbot (§ 134) noch ein relatives Veräußerungsverbot (§ 135).

8 Wenn ein Gesellschafter die Genehmigung verweigert, ist die Abtretung endgültig unwirksam (zum Ganzen BGHZ 13, 179 ff.). Diese Grundsätze gelten auch bei treuhänderischer Abtretung (BGHZ 24, 114), bei Verpfändung (BGH NJW-RR 2010, 924) und bei gleichzeitiger Abtretung aller Gesellschaftsanteile (Gesellschafterauswechslung, BGHZ 44, 231; OLG Düsseldorf NJW-RR 1999, 699: Erlöschen bei einem einzigen Erwerber; → §§ 723–728 Rn. 3; → §§ 736–737 Rn. 5). Die Gesellschaft kann aber einen Anteil nicht als „Eigenanteil" selbst erwerben (K. Schmidt ZIP 2014, 493 gegen Priester ZIP 2014, 245, → § 705 Rn. 17). Der Gesellschaftsvertrag kann die Zustimmungserklärung enthalten, die uU aus wichtigem Grund widerrufbar ist; sofern statt Einstimmigkeit der Mehrheitsbeschluss genügen soll, muss dies der Vertrag zweifelsfrei bestimmen (BGH WM 1961, 303; vgl aber → §§ 709–713 Rn. 8). Die Übertragbarkeit kann auf einen bestimmten Personenkreis beschränkt sein (BGH NJW-RR 1989, 1259). Der abtretende Gesellschafter und der Neugesellschafter können im – zustimmungsbedürftigen (offen BGH NJW-RR 2009, 754) – Abtretungsvertrag bestimmen, inwieweit Ansprüche und Verbindlichkeiten aus dem Gesellschaftsverhältnis auf den Neugesellschafter übergehen (BGHZ 45, 221; BGH WM 1986, 1315); bei fehlender Vereinbarung gehen iZw im Interesse der Rechtsklarheit alle Rechte und Pflichten, die im Gesellschaftsvertrag ihre Grundlage haben, auf den Neugesellschafter über (BGH WM 1986, 1315; BGH ZIP 2003, 435), nicht nur die aus den Büchern ersichtlichen (BGHZ 45, 221; BGH WM 1973, 169; OLG Köln NZG 2000, 979); vgl auch → §§ 738–740 Rn. 10. Ansprüche aus Grundstücksvermietung gehen analog § 566 I auf Neugesellschafter über (BGH NJW 1999, 716; 1998, 1220; → §§ 709–713 Rn. 10; → § 740 Rn. 4). Das kausale *Verpflichtungsgeschäft* ist formfrei, auch wenn Anteile an Grundstücksgesellschaften übertragen werden sollen (BGHZ 86, 367; BGH NJW 1998, 377; OLG Frankfurt a. M. NJW-RR 1996, 1123; Ausnahme:
9 reine Umgehungsgeschäfte). **b) Pfändung:** § 859 I 1 ZPO, § 725; → §§ 723–728

Rn. 9 ff. **c) Nießbrauchbestellung.** Unterscheide (BFH NJW 1995, 1919; Soergel/Stürner § 1068 Rn. 7–7g): **aa)** Nießbrauch an Gewinnansprüchen; zulässig (→ § 717 Rn. 3), aber unpraktisch (MüKoBGB/Schäfer § 705 Rn. 107). **bb)** Nießbrauch am Gewinnstammrecht als dem Inbegriff aller dem Anteil entfließenden Gewinnansprüche; Zulässigkeit fraglich (BGH BB 1975, 295), einkommensteuerrechtlich nicht anerkannt (BFH NJW 1976, 1656; Soergel/Stürner § 1068 Rn. 7b). **cc)** Nießbrauch am Gesellschaftsanteil, wobei str ist, ob eine Aufspaltung der Mitgliedschaftsrechte erfolgt (MüKoBGB/Schäfer § 705 Rn. 96 und die notarielle Praxis) oder ob treuhänderische Übertragung des Anteils auf den Nießbraucher geboten ist (Soergel/Stürner § 1068 Rn. 7c–g; offen BGHZ 58, 318; BGH NJW 1999, 572). Unstr verbleibt dem Gesellschafter die Kompetenz zur Mitwirkung bei Grundlagenentscheidungen (BGH NJW 1999, 572). Einwilligung der übrigen Gesellschafter stets notwendig. Eintragung durch Grundbuchberichtigung (OLG Hamm DNotZ 1977, 376; OLGZ 1987, 178; Stürner/Münch WuB § 859 ZPO 1/87; str). **d) Testamentsvollstreckung** vgl → § 2205 Rn. 3. **e)** Für **Verpfändung** gilt Gleiches wie für Nießbrauchbestellung (§ 1274 II). Bsp: LG Hamburg Rpfleger 1982, 142; BGH NJW-RR 2010, 924. Verpfändung des Anteils erlaubt Zugriff auf Gewinnbezugsrecht erst nach Vollstreckung aus dem Pfandrecht, § 1289 ist nicht analog anwendbar (BGH NJW-RR 2010, 925: anders bei Verpfändung des Gewinnbezugsrechts, die § 1280 zu beachten hat; → §§ 721, 722 Rn. 1).

6. Übernahme des Gesellschaftsvermögens. Sie führte grundsätzlich nicht zur Haftung gem § 419 I aF, weil idR nur ein Teil des Gesamtvermögens jedes Gesellschafters übernommen wurde (BGHZ 27, 263; BGH WM 1985, 867; BGH NJW 1992, 112; → § 419 Rn. 6, 8. Aufl.); zur Übernahme von Gesellschaftervermögen vgl → § 706 Rn. 6; zur Anfechtung von gesamthänderischen Verfügungen → §§ 714, 715 Rn. 3. 10

§ 711 *Übertragung und Übergang von Gesellschaftsanteilen (in Kraft ab 1.1.2024)*

(1) ***[1]Die Übertragung eines Gesellschaftsanteils bedarf der Zustimmung der anderen Gesellschafter. [2]Die Gesellschaft kann eigene Anteile nicht erwerben.***

(2) ***[1]Ist im Gesellschaftsvertrag vereinbart, dass im Fall des Todes eines Gesellschafters die Gesellschaft mit seinem Erben fortgesetzt werden soll, geht der Anteil auf den Erben über. [2]Sind mehrere Erben vorhanden, fällt der Gesellschaftsanteil kraft Gesetzes jedem Erben entsprechend der Erbquote zu. [3]Die Vorschriften über die Erbengemeinschaft finden insoweit keine Anwendung.***

§ 713 *Gesellschaftsvermögen (in Kraft ab 1.1.2024)*

Die Beiträge der Gesellschafter sowie die für oder durch die Gesellschaft erworbenen Rechte und die gegen sie begründeten Verbindlichkeiten sind Vermögen der Gesellschaft.

Anmerkungen zu den §§ 711, 713 nF ab 1.1.2024

1. Rechtsfähigkeit der GbR und Zuordnung des Gesellschaftsvermögens. 1 *§ 713 nF* stellt klar, dass die rechtsfähige GbR Trägerin des Gesellschaftsvermögens mit all seinen Rechten und Verbindlichkeiten ist. Mit dieser Neuregelung haben die §§ 718–720 aF ihre Bedeutung verloren: Die Konstruktion gesamthänderischen Vermögens in § 718 aF entfällt zu Gunsten der gewöhnlichen Zuordnung von Vermögen an einen rechtsfähigen Rechtsträger (plastisch Bachmann NJW 2021, 3073 Rn. 12: „Abschaffung der Gesamthand"; seine Kritik am Überleben einiger Elemente der Gesamthand, z. B. in *§ 711 I Satz 2 nF*, wirkt ihrerseits etwas überzogen, sind Denkfiguren der Dogmatik doch ihrerseits Konstrukte zur Verknüpfung von Einzelfallregelungen mit Grundsätzen, wie z.B. dem Grundsatz personeller Geschlossenheit und damit auch Verbundenheit bei Personengesellschaften, der sich historisch als Ausfluss des Gesamthand versteht – bei aller das gegenwärtige Gesellschaftsrecht beherrschenden Abneigung gegen Typizität trotzdem eine hilfreiche rechtgeschichtliche Reminiszenz). Das Verbot der Verfügung über einen Anteil am Gesellschaftsvermögen (§ 719 I aF) entfällt ersatzlos ebenso wie das Aufrechnungsverbot (§ 719 II aF), weil die dort beschriebenen Rechtsfolgen bei voller Rechtsfähigkeit der GbR als Vermögensträger selbstverständlich sind. Auch § 720 aF wird unnötig, weil ein Forderungserwerb der GbR als Zessionar ohnehin der Regelung der §§ 398 ff. voll unterfällt. *§ 713 nF* erwähnt eigens die Beiträge der Gesellschafter um klarzustellen, dass nicht erst geleistete Einlagen zum Vermögen gehören, sondern bereits die Beitragspflicht mit zugehörigem Anspruch der GbR auf Beitragsleistung (dazu die Gesetzesbegründung BT-Drs. aaO S. 148). Anders als der eng formulierte Text des § 718 aF I („durch die Geschäftsführung für die Gesellschaft erworbene Gegenstände") erfasst der Wortlaut des *§ 713 nF* jedweden Rechtserwerb, sei er rechtsgeschäftlich oder gesetzlich, und die in § 718 II aF angeordnete Surrogation zu Gunsten der Gesellschaft ist selbstverständliche Folge der Rechtsfähigkeit und Rechtsträgerschaft der GbR und bedarf keiner gesonderten Regelung. Immerhin können Anmerkungen zu §§ 718–720 aF mit ihrem Fallmaterial auch künftig noch zur rechtlichen Analyse des Erwerbs- oder Verschuldungsgeschehens beitragen. *§ 713 nF* gilt auch für die OHG, KG und Partnerschaftsgesellschaft (§ 105 III HGB idF des Art. 51 Nr. 3 MoPeG; § 161 II HGB u. § 1 IV PartGG idF des Art. 68 Nr. 1 b) MoPeG).

2 **2. Übertragung von Gesellschaftsanteilen. a)** Die **Übertragung unter Lebenden** (*§ 711 I Satz 1 nF*) ist Verfügungsgeschäft gemäß § 413, das *keiner Form* bedarf, auch wenn die Gesellschaft selbst formpflichtige Geschäfte wie z.B. Grundstücksgeschäfte (§§ 311b I Satz 1, 925) im Rahmen der Verwaltung ihres Vermögens oder ihres Geschäftsbetriebs tätigt (vgl. die Gesetzesbegründung BT-Drs. 19/27635 S. 144). Das Grundgeschäft kann insbesondere Kauf oder Schenkung sein, wobei durch die Einbuchung und spätestens durch Registrierung des neuen Gesellschafters Heilung bei Formnichtigkeit eintritt (§ § 518 I u. II); allerdings ist nicht jede unentgeltliche Übernahme Schenkung, weil der Wert des Anteils wegen hoher Verbindlichkeiten niedrig und die Mitübernahme der Haftung (*§ 721 nF*) auch Teil einer sanierenden Übernahme sein kann (sa § 707 aF Rn. 9 zur beitragslosen Beteiligung). Im Erfordernis der Zustimmung der übrigen Gesellschafter ist dem Grundsatz personeller Geschlossenheit (→ § 705 aF Rn. 2) trotz der Rechtsfähigkeit noch Rechnung getragen. Die Kodifikation der rechtsgeschäftlichen Übernahme folgt in weitem Umfang der von Kautelarjurisprudenz und Richterrecht geprägten Rechtswirklichkeit, so dass wegen vieler Einzelheiten auf die Kommentierung alten Rechts verwiesen werden kann (→ §§ 718–720 aF Rn. 7–9). Das *Verbot der Übernahme eigener Anteile* durch die GbR (*§ 711 I Satz 2 nF*) entspricht nach hM einem Grundsatz des Personengesellschaftsrechts (dazu die Gesetzesbegründung BT-Drs. aaO S. 144 mN). Er ist zwar in die eine personalistische Struktur betonenden Gesamthand besser eingebettet als in einer rechtsfähigen GbR, jedoch sprechen trotzdem viele Gesichtspunkte gegen das Halten eigener Gesellschaftsanteile durch Personengesellschaften (K. Schmidt ZIP 2014, 493; ihm folgend die Gesetzesbegründung BT-Drs. aaO S. 144 f.), vor allem die Notwendigkeit struktureller Grenzziehung gegenüber Kapitalgesellschaften und ein letztlich fehlendes dringendes praktisches Bedürfnis, weil z.B. für ein Vorhalten von Gesellschaftsanteilen der Einsatz von Treuhandgesellschaftern ausreichen dürfte. **b) Gesellschaftsvertraglicher Übergang von Todes wegen auf die Erben.** *§ 7011 II nF* enthält eine Kodifikation der von der Kautelarjurisprudenz und der Rechtsprechung entwickelten Sondererbfolge durch eine erbrechtliche Nachfolgeklausel im Gesellschaftsvertrag (hierzu ausführlich → § 2032 Rn. 6 u. 10 mN): Fortsetzung der Gesellschaft mit dem Erben des verstorbenen Gesellschafters; bei mehreren Erben kein Anfall des Anteils bei der Erbengemeinschaft (*§ 711 II Satz 3 nF*), sondern bei den einzelnen Miterben entsprechend ihrer Erbquote (*§ 711 II Satz 2 nF*). Die Gesetzesbe-

gründung stellt klar (BT-Drs. aaO S. 145), dass mit dieser Regelung weitere von Kautelarjurisprudenz und Judikatur entwickelte Varianten erbrechtlicher Nachfolge in Gesellschaftsanteile wie insbesondere die qualifizierte Nachfolgeklausel, die nur ausgewählte Miterben als Gesellschafter zulässt (→ § 2032 Rn. 7), oder die verwaltende Testamentsvollstreckung eines Gesellschaftsanteils des oder der Erben (→ § 2205 Rn. 3) nicht ausschließen soll. Dies wird auch für die gesellschaftsvertragliche Eintrittsklausel nach dem Tode eines Gesellschafters zu gelten haben, die nach dem Todesfall einen Eintritt in die Gesellschaft unabhängig vom Erbgang vorsieht (→ § 2032 Rn. 8).

Gewinn, Verlust und Rechnungslegung unter altem und neuem Recht

§ 721 Gewinn- und Verlustverteilung (in Kraft bis 31.12.2023)

(1) **Ein Gesellschafter kann den Rechnungsabschluss und die Verteilung des Gewinns und Verlusts erst nach der Auflösung der Gesellschaft verlangen.**

(2) **Ist die Gesellschaft von längerer Dauer, so hat der Rechnungsabschluss und die Gewinnverteilung im Zweifel am Schluss jedes Geschäftsjahrs zu erfolgen.**

§ 722 Anteile am Gewinn und Verlust (in Kraft bis 31.12.2023)

(1) **Sind die Anteile der Gesellschafter am Gewinn und Verlust nicht bestimmt, so hat jeder Gesellschafter ohne Rücksicht auf die Art und die Größe seines Beitrags einen gleichen Anteil am Gewinn und Verlust.**

(2) **Ist nur der Anteil am Gewinn oder am Verlust bestimmt, so gilt die Bestimmung im Zweifel für Gewinn und Verlust.**

Anmerkungen zu den §§ 721, 722

1. Anspruch auf Gewinn. a) Inhalt. Gewinn ist der Überschuss des aktiven 1
Vermögens über die Gesellschaftsschulden und Einlagen am Stichtag (vgl § 734 für den Fall der Gewinnverteilung nach Auflösung). Gem. § 722 I gilt mangels abw Regelung (zur schlüssigen Vereinbarung BGH NJW-RR 1990, 736) Gewinnteilung nach Kopfteilen, *nicht* nach Kapitalanteilen (Personalgesellschaft!; s. BGH NJW 1999, 2762 [2767] für Innengesellschaft; ferner das Beispiel BSG NJW 2013, 813 Rn. 21). Ein trotz umfangreicher Recherchen nicht erreichbarer Gesellschafter ist bei der Aufteilung von Gewinn und Verlust nicht zu berücksichtigen, so dass sich der Anteil der anderen Gesellschafter entsprechend erhöht (BGH NJW 2019, 161 Rn. 15 für Innengesellschaft) **b) Anspruchsentstehung.** Der Anspruch entsteht bei der sog Gelegenheitsgesellschaft mit der Auflösung als Auseinandersetzungsanspruch (*§§ 730, 734*), bei Dauergesellschaften am Jahresschluss mit Feststellung der Bilanz (§ 721; zum Gewinnanspruch bei indirekter Mitarbeiterbeteiligung über eine GbR BAG NJW 2022, 1477 = BeckRS 2021, 45682). Aus dem Gesellschaftsvertrag können Abweichungen folgen. Der Anspruch ist abtretbar und verpfändbar (BGH NJW-RR 2010, 925; zur Unterscheidung von der Verpfändung des Anteils → §§ 718–720 Rn. 9). **c) Parteien und Geltendmachung** vgl → §§ 714, 715 2
Rn. 12. **d) Nicht beanspruchter Gewinn** bleibt Gesellschaftsschuld (Berücksichtigung bei Auseinandersetzung gem § 733 I) und erhöht nicht die Einlage; anders § 120 II HGB. Der Auszahlungsanspruch verjährte nach altem Recht 30 Jahre nach Feststellung der Bilanz durch die Gesellschafter (BGHZ 80, 358); nunmehr gilt gem § 195 die regelmäßige Dreijahresfrist (sa BGH NJW 2014, 717 Rn. 32: Verzicht auf

Verjährungseinrede gegenüber Gewinnanspruch erfasst nicht einen zeitlich vorausliegenden arbeitsvertraglichen Gewinnanspruch).

3 **2. Anspruch auf Rechnungsabschluss. a) Parteien und Inhalt.** Der Anspruch auf Rechnungsabschluss richtet sich gegen die übrigen Gesellschafter und geht auf Rechnungslegung (§ 259), bei wirtschaftlichem Gesellschaftszweck auf Errichtung der Bilanz (BGHZ 80, 358) durch die geschäftsführenden Gesellschafter oder auf Mitwirkung bzw Veranlassung des Abschlusses. Die Feststellung des Jahres-
4 abschlusses ist Angelegenheit der laufenden Verwaltung (BGHZ 170, 283). **b) Entstehung** vgl → Rn. 1. **c)** Der Anspruch auf Rechnungsabschluss bereitet den Anspruch auf Gewinnauszahlung vor (BGH NJW 2000, 506) und ist vom Auskunfts- und Rechnungslegungsanspruch gegen den Geschäftsführer (→ §§ 709–713 Rn. 14) und vom Kontrollrecht (§ 716) zu unterscheiden. Der Anspruch auf Rechnungsabschluss schließt den Anspruch auf Rechnungslegung in sich (BGH WM 1960, 1122).

5 **3. Verlustausgleichspflicht.** Eine *Verpflichtung* zum Verlustausgleich bzw ein Anspruch der Gesamthand auf Verlustausgleich entsteht erst im Rahmen der Auseinandersetzung (vgl §§ 707, 721 I, 735). Verlust ist der Fehlbetrag zwischen Gesellschaftsschulden und Einlagen einerseits und dem Aktivvermögen andererseits (§ 735). Der Verlust wird iZw nach Kopfteilen geteilt.

6 **4. Abw. vertragliche Vereinbarungen.** Sie können betreffen den Entstehungszeitpunkt, selbstständige Entnahmerechte (BGH NJW 2000, 506; BGH NJW-RR 1994, 996; BSG NJW 2013, 813 Rn. 21; zur Rückforderung → §§ 709–713 Rn. 11) oder die Anteilshöhe (zB Abhängigkeit vom Kapitaleinsatz, BGH NJW 1982, 2816); Ermittlung im Wege ergänzender Vertragsauslegung ist möglich (BGH NJW 1982, 2817; BGH NJW-RR 1990, 737 für Ehegatteninnengesellschaft). Die Verlustbeteiligung kann ganz ausgeschlossen werden (BGH WM 1967, 346; BGH NJW-RR 2013, 1258 Rn. 25); ebenso nach hM die Gewinnbeteiligung (Soergel/Hadding/Kießling § 722 Rn. 3; BSG NJW 2013, 813 Rn. 21; für GmbH BGHZ 14, 271). Die Grenze zur Sittenwidrigkeit (§ 138) abweichender vertraglicher Gewinn- und Verlustbeteiligung ist erst überschritten, wenn zur Ungleichbehandlung im Rahmen einer Gesamtwürdigung weitere Umstände hinzutreten wie zB eine verwerfliche Gesinnung des Begünstigten (BGH NJW-RR 2013, 1258 Rn. 25 ff.: im konkreten Fall verneint für Ehefrau eines Geschäftspartners als Mitgesellschafterin zu nachteiligen Konditionen; → § 705 Rn. 4; → § 706 Rn. 2). Die *Änderung* der Gewinn- bzw Verlustbeteiligung ist Grundlagengeschäft (→ §§ 709–713 Rn. 7 ff.); stillschweigende Änderung durch langjährige Übung ist möglich (BGH NJW 1966, 826 für OHG).

7 **5. Sonderregelungen.** §§ 120–122; 167–169; 231–233 HGB.

§ 709 Beiträge; Stimmkraft; ***Anteil an Gewinn und Verlust (in Kraft ab 1.1.2024)***

(1) Der Beitrag eines Gesellschafters kann in jeder Förderung des gemeinsamen Zwecks, auch in der Leistung von Diensten, bestehen.

(2) Im Zweifel sind die Gesellschafter zu gleichen Beiträgen verpflichtet.

(3) [1]Die Stimmkraft und ***der Anteil an Gewinn und Verlust*** *richten* ***sich vorrangig nach den vereinbarten Beteiligungsverhältnissen. [2]Sind keine Beteiligungsverhältnisse vereinbart worden, richten sie sich nach dem Verhältnis der vereinbarten Werte der Beiträge. [3]Sind auch Werte der Beiträge nicht vereinbart worden, hat jeder Gesellschafter ohne Rücksicht auf den Wert seines Beitrags die gleiche Stimmkraft und einen gleichen Anteil am Gewinn und Verlust.***

§ 718 Rechnungsabschluss und Gewinnverteilung (in Kraft ab 1.1.2024)

Der Rechnungsabschluss und die Gewinnverteilung haben im Zweifel zum Schluss jedes Kalenderjahrs zu erfolgen.

Anmerkungen zu §§ 709 III, 718 nF ab 1.1.2024

1. Gewinn und Verlustverteilung. Die alte Vorschrift des § 722 aF verweist primär auf die gesellschaftsvertragliche Regelung der Gewinn- und Verlustbeteiligung und stellt bei fehlender vertraglicher Vereinbarung auf die formal gleiche Verteilung nach Kopfzahl ab sowie auf die im Zweifel gleiche Behandlung von Gewinn und Verlust. Die Neuregelung des *§ 709 III nF* bricht mit dieser allzu großen Zurückhaltung des Gesetzgebers, mit Vorschlägen für vertragliche Gestaltung den Parteien sinnvolle Hinweise zur Ausfüllung ihrer vertraglichen Gestaltungsfreiheit zu geben. Er orientiert sich dabei an einem materiellen Verständnis des Gleichheitssatzes, nach dem Gleiches gleich und Ungleiches ungleich zu behandeln ist, und an der sich die letzten Jahrzehnte entwickelnden Praxis der Vertragsgestaltung durch die Parteien (hierzu die Gesetzesbegründung BT-Drs. 19/27635 S. 142/143). Auf dieser Bewertungsbasis gelangt er zu folgender Reihung der Präferenzen im Falle fehlender vertraglicher Regelung: in erster Linie das vereinbarte Beteiligungsverhältnis, das den Buchwert wirtschaftlicher Beteiligung am Gesellschaftsvermögen ausdrückt („Kapitalanteil") und dabei aber nicht dem vereinbarten Wert des zu erbringenden Beitrags entsprechen muss; in zweiter Linie das Verhältnis der einzubringenden Beiträge (Beitragsquote) und dann ganz hilfsweise formale Gleichheit durch nach der Kopfzahl bestimmte Anteile. Dabei liegt die deutliche Präferenz des Gesetzgebers im Falle vertraglicher Vereinbarung bei der Verteilung nach dem vereinbarten Beteiligungsverhältnis, das schwer und kostspielig zu entscheidende Streitfragen korrekter Bewertung der Beiträge vermeidet. Nachdem *§ 709 nF* der vertraglichen Gestaltungsfreiheit der Parteien *(§ 708 nF)* unterliegt, können die Parteien entweder diesen Vorschlägen folgen, aber auch ganz von ihnen abweichen bis hin zum vollen Ausschluss der Gewinn- und/oder Verlustbeteiligung (hierzu auch unter neuem Recht noch insgesamt zutreffend → §§ 721, 722 aF Rn. 6; sa → *§§ 709, 714–716* nF Rn. 1). 1

2. Rechnungsabschluss und Gewinnverteilung. *§ 718 nF* bricht mit der Regelung des § 721 I aF. Diese geht eher von der Gelegenheitsgesellschaft aus, die regelmäßig rascher Auflösung mit Erreichung des Gesellschaftszwecks unterliegt und erst dann nach einen Rechnungsabschluss verlangt, und betrachtet GbRs mit längerer Dauer eher als Ausnahme, bei denen sie dann Abrechnung am Schluss des Geschäftsjahres vorsieht. *§ 718 nF* geht vom Leitbild der Dauergesellschaft aus und verordnet deshalb im Zweifel Abrechnung am Schluss jedes Kalenderjahres. Der *Anspruch auf Abrechnung* richtet sich gegen die rechtsfähige GbR vertreten durch ihre vertretungsbefugten Gesellschafter. Der *Anspruch auf Gewinnauszahlung* richtet sich ebenfalls gegen die rechtsfähige GbR und entsteht mit der Abrechnung am Jahresende (dazu Gesetzesbegründung BT-Drs. 19/27635 S. 161; zum alten Recht → §§ 714, 715 aF Rn. 12). Einen Anspruch auf periodische Verlustverteilung im Sinne einer Nachschusspflicht schließt *§ 710 nF* aus (→ *§ 710 nF* Rn. 1), Solvenzprobleme führen zur Liquidation oder Insolvenz, und innerhalb dieser Verfahren ist dann die Verlustbeteiligung einzufordern bzw. zu berücksichtigen (s. *§ 737 nF* für den Fall der Liquidation). Immer ist auch hier zu beachten, dass die Parteien Abrechnungszeitpunkt und -modus vertraglich vereinbaren können *(§ 708 nF)* ebenso wie die Modalitäten der Gewinnauszahlung und frühzeitiger Verlustbeteiligung (dazu gleich und immer noch informativ §§ 721, 722 aF Rn. 6). 2

Kündigung und Auflösung der Gesellschaft unter altem und neuem Recht in Kraft bis 31.12.2023

§ 723 Kündigung durch Gesellschafter

(1) [1]**Ist die Gesellschaft nicht für eine bestimmte Zeit eingegangen, so kann jeder Gesellschafter sie jederzeit kündigen.** [2]**Ist eine Zeitdauer**

bestimmt, so ist die Kündigung vor dem Ablauf der Zeit zulässig, wenn ein wichtiger Grund vorliegt. [3]Ein wichtiger Grund liegt insbesondere vor,
1. wenn ein anderer Gesellschafter eine ihm nach dem Gesellschaftsvertrag obliegende wesentliche Verpflichtung vorsätzlich oder aus grober Fahrlässigkeit verletzt hat oder wenn die Erfüllung einer solchen Verpflichtung unmöglich wird,
2. wenn der Gesellschafter das 18. Lebensjahr vollendet hat.

[4]Der volljährig Gewordene kann die Kündigung nach Nummer 2 nur binnen drei Monaten von dem Zeitpunkt an erklären, in welchem er von seiner Gesellschafterstellung Kenntnis hatte oder haben musste. [5]Das Kündigungsrecht besteht nicht, wenn der Gesellschafter bezüglich des Gegenstands der Gesellschaft zum selbständigen Betrieb eines Erwerbsgeschäfts gemäß § 112 ermächtigt war oder der Zweck der Gesellschaft allein der Befriedigung seiner persönlichen Bedürfnisse diente. [6]Unter den gleichen Voraussetzungen ist, wenn eine Kündigungsfrist bestimmt ist, die Kündigung ohne Einhaltung der Frist zulässig.

(2) [1]Die Kündigung darf nicht zur Unzeit geschehen, es sei denn, dass ein wichtiger Grund für die unzeitige Kündigung vorliegt. [2]Kündigt ein Gesellschafter ohne solchen Grund zur Unzeit, so hat er den übrigen Gesellschaftern den daraus entstehenden Schaden zu ersetzen.

(3) Eine Vereinbarung, durch welche das Kündigungsrecht ausgeschlossen oder diesen Vorschriften zuwider beschränkt wird, ist nichtig.

§ 724 Kündigung bei Gesellschaft auf Lebenszeit oder fortgesetzter Gesellschaft

[1]Ist eine Gesellschaft für die Lebenszeit eines Gesellschafters eingegangen, so kann sie in gleicher Weise gekündigt werden wie eine für unbestimmte Zeit eingegangene Gesellschaft. [2]Dasselbe gilt, wenn eine Gesellschaft nach dem Ablauf der bestimmten Zeit stillschweigend fortgesetzt wird.

§ 725 Kündigung durch Pfändungspfandgläubiger

(1) Hat ein Gläubiger eines Gesellschafters die Pfändung des Anteils des Gesellschafters an dem Gesellschaftsvermögen erwirkt, so kann er die Gesellschaft ohne Einhaltung einer Kündigungsfrist kündigen, sofern der Schuldtitel nicht bloß vorläufig vollstreckbar ist.

(2) Solange die Gesellschaft besteht, kann der Gläubiger die sich aus dem Gesellschaftsverhältnis ergebenden Rechte des Gesellschafters, mit Ausnahme des Anspruchs auf einen Gewinnanteil, nicht geltend machen.

§ 726 Auflösung wegen Erreichens oder Unmöglichwerdens des Zweckes

Die Gesellschaft endigt, wenn der vereinbarte Zweck erreicht oder dessen Erreichung unmöglich geworden ist.

§ 727 Auflösung durch Tod eines Gesellschafters

(1) *Die Gesellschaft* wird durch den Tod eines der Gesellschafter aufgelöst, sofern nicht aus dem Gesellschaftsvertrag sich ein anderes ergibt.

(2) [1]Im Falle der Auflösung hat der Erbe des verstorbenen Gesellschafters den übrigen Gesellschaftern den Tod unverzüglich anzuzeigen und, wenn mit dem Aufschub Gefahr verbunden ist, die seinem Erblasser durch den

Gesellschaftsvertrag übertragenen Geschäfte fortzuführen, bis die übrigen Gesellschafter in Gemeinschaft mit ihm anderweit Fürsorge treffen können. ²Die übrigen Gesellschafter sind in gleicher Weise zur einstweiligen Fortführung der ihnen übertragenen Geschäfte verpflichtet. ³Die Gesellschaft gilt insoweit als fortbestehend.

§ 728 Auflösung durch Insolvenz der Gesellschaft oder eines Gesellschafters

(1) **¹Die Gesellschaft wird durch die Eröffnung des Insolvenzverfahrens über das Vermögen der Gesellschaft aufgelöst. ²Wird das Verfahren auf Antrag des Schuldners eingestellt oder nach der Bestätigung eines Insolvenzplans, der den Fortbestand der Gesellschaft vorsieht, aufgehoben, so können die Gesellschafter die Fortsetzung der Gesellschaft beschließen.**

(2) **¹Die Gesellschaft wird durch die Eröffnung des Insolvenzverfahrens über das Vermögen eines Gesellschafters aufgelöst. ²Die Vorschrift des § 727 Abs. 2 Satz 2, 3 findet Anwendung.**

Anmerkungen zu den §§ 723–728

1. Überblick. Die Vorschriften der §§ 723–728 nennen die ges Auflösungsgründe, die durch vertragliche Bestimmungen ergänzt werden können. Die Wirkung der Auflösung liegt in der Änderung des Gesellschaftszwecks, der nunmehr in der Liquidation bzw Abwicklung besteht; hierzu §§ 729, 730; §§ 731–735. Stets ist aber die Möglichkeit bloßen Ausscheidens (§§ 736–740) unter Vermeidung der Auflösung zu beachten. § 728 ist der InsO angepasst, die der BGB-Gesellschaft anders als das frühere Recht Insolvenzfähigkeit zuerkennt (§ 11 II Nr. 1 InsO; vgl → § 705 Rn. 1). 1

2. Auflösungsgründe kraft vertraglicher Vereinbarung. a) Der **Zeitablauf** als vertraglicher Auflösungsgrund kann kalendermäßig festgelegt sein oder aus einem *Ereignis* folgen, dessen Eintritt aber anders als die Bedingung (vgl § 158 II) den „früheren Zustand“ *nicht* eintreten lässt; ausdr Vereinbarung ist nicht erforderlich (BGH NJW 1992, 2698). Durch einstimmigen Fortsetzungsbeschluss, der auch konkludent möglich ist, kann die Gesellschaft fortgeführt werden (zuletzt BGH NJW-RR 2004, 472 f.; BGH NJW 1995, 2844: Aufschub der Liquidation nicht ausreichend). **b)** Die **Auflösung durch Gesellschafterbeschluss** ist stets möglich als einstimmiger Beschluss, als Mehrheitsbeschluss nur bei entspr vertraglicher Vereinbarung. An die Eindeutigkeit solcher Vereinbarungen sind hohe Anforderungen zu stellen (vgl → §§ 709–713 Rn. 8); zum Beschlussverfahren vgl → §§ 709–713 Rn. 19 ff. In der Veräußerung aller gesamthänderisch gebundenen Vermögensgegenstände im Rahmen eines Liquidationsvergleichs kann ein stillschweigender Auflösungsbeschluss liegen (BGHZ 26, 130). **c) Sonderregelung:** § 131 I Nr. 1 und 2 HGB. 2

3. Vereinigung aller Gesellschaftsanteile in einer Hand. Sie ist zwingender Auflösungsgrund: keine Einmanngesellschaft (OLG Düsseldorf NJW-RR 1999, 619; BGHZ 65, 83; BGH NJW 1978, 1525; 1981, 1956 für OHG; 2008, 2992; 2010, 3100; BayObLGZ 1987, 56 für KG; aA wenn ein Anteil belastet oder mit Sonderrechten ausgestattet ist Baumann BB 1998, 225; Weimar ZIP 1997, 1769; LG Hamburg NZG 2005, 927 für Belastung mit Nießbrauch; sa OLGR Schleswig 2006, 141 und für Vorgesellschaften → § 705 Rn. 8); → § 705 Rn. 17; → §§ 718–720 Rn. 8; → §§ 736, 737 Rn. 5. 3

4. Kündigung durch Gesellschafter. a) Rechtsnatur. Die Kündigung ist eine einseitige empfangsbedürftige Willenserklärung gegenüber den Mitgesellschaftern (BGH NJW 2016, 1492 Rn. 25; OLG Celle NZG 2000, 586: Weiterlei- 4

tung durch Geschäftsführer). Da sie die gesellschaftsvertragliche Grundlage betrifft, kann der geschäftsführende Gesellschafter ohne bes Vollmacht (BGH NJW 2016, 2492 Rn. 25; OLG Celle NJW-RR 1999, 1337 [1339]) die Erklärung nicht für die übrigen Gesellschafter entgegennehmen (vgl → §§ 709–713 Rn. 6 ff.); anders bei Publikumsgesellschaften (BGH NJW 2000, 3558). Die Gestaltungswirkung der Kündigung (vgl → Rn. 1) verbietet ihre Bedingung, jedoch ist uU die vom Willen des Empfängers abhängige Bedingung zulässig, weil sie keine Rechtsunklarheit schafft (zB Kündigung, falls der Mitgesellschafter nicht einer Vertragsänderung zustimmt; sehr str). Die Kündigung kann nur einheitlich für den gesamten Anteil eines Gesellschafters erfolgen (BGHZ 24, 106 [108]; BGH WM 1989, 1221
5 [1223]; str). **b)** Eine **Gesellschaft auf unbestimmte Zeit** (§ 723 I 1) liegt vor, wenn das Gesellschaftsende weder kalendermäßig noch durch ein Ereignis ausdr oder stillschweigend feststeht (vgl → Rn. 2); s. iÜ § 724. Eine Unterbeteiligung, die auf die Dauer einer für unbestimmte Zeit abgeschlossenen Hauptgesellschaft gelten soll, besteht ebenfalls auf unbestimmte Zeit (BGH 50, 322). Den Grundsatz ordentlicher fristloser Kündigung (§ 723 I 1) kann der Vertrag durch eine Kündigungsfrist modifizieren, die aber das Recht auf außerordentliche fristlose Kündigung (vgl → Rn. 6) unberührt lässt (§ 723 I 2; zur Umdeutung BGH NJW 1998, 1551). Der Gesellschaftsvertrag kann trotz § 723 III die ordentliche Kündigung für *bestimmte* Zeit ausschließen (hierzu BGHZ 50, 321; BGH NJW 1992, 2698), während der dann nur außerordentliche fristlose Kündigung möglich ist; für die Art der Zeitbestimmung gilt das zur Vertragsdauer Gesagte entspr (vgl → Rn. 2), insbes ist konkludenter Ausschluss der ordentlichen Kündigung denkbar (BGHZ 10, 98; BGH NJW 1979, 2305 mit Abgrenzung zu § 39 bei körperschaftlich
6 strukturierten Gesellschaften; vgl → § 705 Rn. 6). **c)** Die **Gesellschaft auf bestimmbare Zeit** (vgl → Rn. 2) kennt nur die außerordentliche fristlose Kündigung. Ein *wichtiger Grund* ist das Ergebnis einer Gesamtabwägung (BGH NJW 1996, 2573; für zweigliedrige Gesellschaft: BGH NJW 2006, 845) zwischen dem Gemeinschaftsinteresse der übrigen Gesellschafter und dem Individualinteresse des Kündigenden (BGHZ 84, 383; 169, 270; BGH NJW 2007, 589, BGH NJW-RR 2012, 1062); § 723 I 3 Nr. 1 nennt nur Bsp Ein wichtiger Grund liegt vor, wenn eine Fortsetzung der Gesellschaft unzumutbar ist, weil das Vertrauensverhältnis zwischen den Gesellschaftern grundlegend gestört ist oder ein gedeihliches Zusammenwirken aus anderen, insbes auch wirtschaftlichen Gründen nicht mehr möglich erscheint (BGHZ 84, 382 f.; BGH NJW 2000, 3491; BGH NJW-RR 2012, 1062). Es gelten strenge Anforderungen (BGH NJW 1998, 3771). *Obj Umstände,* zB endgültiges Fehlen jeglicher Rentabilität oder schwerwiegende Strukturveränderungen, berechtigen uU unabhängig von persönlicher Schuld zur Kündigung (BGHZ 71, 61; 84, 382; BGH WM 1980, 868); vorübergehende Schwierigkeiten (zB augenblickliche Verluste) oder zumutbare Strukturänderungen reichen dagegen nicht (BGHZ 84, 382). *Subj Umstände* als wichtiger Grund sind zunächst die vom Ges genannten Fälle (§ 723 I 3 Nr. 1 und 2; zum Kündigungsgrund der Nr. 2 nF → Rn. 17), ferner alle Verhaltensweisen, die ein Verbleiben in der Gesellschaft unzumutbar machen, weil das wechselseitige Vertrauensverhältnis zerstört ist (BGHZ 80, 347 für GmbH; BGH NJW 1996, 2573 für Rechtsanwaltssozietät; BGH 2000, 3492 für Wirtschaftsprüfer; BGH ZIP 2002, 570 für Steuerberater), zB kollusiver Vollmachtsmissbrauch (BGH WM 1985, 998); dies auch dann, wenn der geschäftliche Erfolg ungeschmälert bleibt (vgl BGHZ 4, 112 f. für § 142 aF HGB; zur Aufhebung K. Schmidt NJW 1998, 2166). Das Verhalten im persönlichen Lebensbereich kommt nur in Betracht bei unmittelbaren Auswirkungen auf das Gesellschaftsverhältnis (zB Ehebruch mit Ehefrau des Mitgesellschafters, *BGHZ* 4, 114; Kündigung der nichtehelichen Lebensgemeinschaft, OLG Schleswig FamRZ 2002, 96 f.). Die Insolvenz eines Mitgesellschafters, die nach dem Gesellschaftsvertrag zu seinem Ausscheiden führt (§ 736), rechtfertigt ohne weitere besondere Gründe nicht die Kündigung aus wichtigem Grund durch andere Gesellschafter (BGH NJW-RR 2012, 1062). *Maßgebende Gründe* sind solche, die

bei Abgabe der Kündigungserklärung bestanden; nach den allg Grundsätzen (hierzu BGH NJW 1958, 1136) können zunächst nicht benannte Gründe nachgeschoben werden, nicht aber erst später eintretende Gründe, die einen neuen Auflösungsgrund ergeben, soweit sie nicht Indizwirkung für alte Gründe haben (BGH NJW 2000, 3492). Alte Gründe, über die eine Einigung bestanden hat, können zur Erhärtung neuer Auflösungsgründe herangezogen werden (BGH LM Nr. 2 zu § 723). **d)** Das **Verbot des Ausschlusses bzw der Beschränkung** von Kündi- 7
gungsrechten (§ 723 III) gilt nicht bei Ausschluss der ordentlichen Kündigung für bestimmte Zeit (vgl → Rn. 5), es sei denn der Zeitraum ist unangemessen lang (BGH NJW 2007, 295: 30 Jahre; BGH NJW-RR 2012, 1242: 31 Jahre bei Anlagebeteiligung), wohl aber bei völligem Ausschluss (BGH LM Nr. 1 zu § 723). Eine nichtige Beschränkung kann in einer unangemessen niedrigen Abfindung beim Ausscheiden (§§ 736, 738) liegen (vgl BGH NJW 1973, 652; 1985, 193; BGH NZG 2006, 425; BGH NJW-RR 2006, 1270; BGHZ 116, 359; 126, 232; ähnlich OLG Bamberg NZG 1998, 897; OLG Bremen NJW 2013, 2527 [2528]: Anpassung gem § 242 als Rechtsfolge; → §§ 738–740 Rn. 8 und P. Ulmer NJW 1979, 81 ff.; Skusa/Thürauf NJW 2015, 3478), ebenso in einer Vertragsklausel, die den Ausscheidenden mit gesellschaftsvertraglichen Rentenansprüchen verbleibender älterer Sozien unangemessen belastet (LG München NJW 2014, 478) oder der Mehrheit die Entscheidung über die Verlängerung uneingeschränkt und ohne Rücksicht auf das Kündigungsrecht des Einzelnen überlässt (BGH NJW 1973, 1602). Eine gesellschaftsvertragliche Fortsetzungsklausel stellt keine unzulässige Beschränkung dar (BGH NJW 2008, 1943; 2008, 2987; auch → §§ 736, 737 Rn. 3). § 723 III gilt für OHG (BGH LM Nr. 1 zu § 723), KG (BGH NJW 1973, 1602) und stille Gesellschaft (BGHZ 23, 10; 50, 321; BGH NJW 1992, 2698). Eine den Anteilswert deutlich übersteigende Abfindungsregelung ist an § 138, nicht an § 723 III zu messen (OLGR München 2006, 516). **e) Kündigung zur** 8
Unzeit ist ein Unterfall **missbräuchlicher Kündigung;** während die unzeitige Kündigung wirksam ist und nur Schadensersatzfolgen hat (§ 723 II 2), ist die missbräuchliche Kündigung grundsätzlich unwirksam (§ 242; BGH NJW 2000, 3491 für arglistige Herbeiführung des Grundes). Aus diesen unterschiedlichen Rechtsfolgen folgt die Abgrenzung: Wo Schadensersatz als Ausgleich genügt, gilt § 723 II; ansonsten führt Missbrauch zur Unwirksamkeit als ultima ratio (aA van Venrooy JZ 1981, 53). Der Gedanke des Rechtsmissbrauchs kann nie zum völligen Ausschluss der Kündigung führen (BGHZ 23, 16: Kündigung einer durch Vergleich eingeräumten Gesellschafterstellung). Macht ein Gesellschafter von einem wichtigen Kündigungsgrund keinen Gebrauch, dann besteht nach über einem Jahr die Vermutung, dass der Grund durch die spätere Entwicklung der gesellschaftlichen Beziehungen weggefallen ist (BGH NJW 1966, 2160: angebliche Veruntreuungen eines OHG-Gesellschafters). **f)** Zum Verhältnis zwischen **Rücktritt** und Kündigung vgl → § 706 Rn. 5. **g) Sonderregelung:** §§ 131 I Nr. 4 iVm 133–134; 131 III 1 Nr. 3, 5 und 6 HGB.

5. Kündigung durch Pfändungsgläubiger. Sie folgt § 725. **a) Pfandobjekt** 9
ist der Gesellschaftsanteil insgesamt, nicht dagegen ein einzelner Vermögensgegenstand (§ 859 I ZPO; BGHZ 116, 224; vgl → §§ 718–720 Rn. 4, 7 ff.). **b)** Das **Pfändungsverfahren** folgt § 857 ZPO (Baur/Stürner/Bruns Rn. 32.7; Rupp/Fleischmann Rpfleger 1984, 223; Behr NJW 2000, 1137 [1139]; zum Verfahren ferner Roth ZGR 2000, 187). Zustellung des Beschlusses an geschäftsführende Gesellschafter reicht aus (BGHZ 97, 392; → § 715 Rn. 10 und Baur/Stürner/Bruns Rn. 32.7 Fn. 30). Die Pfändung kann nicht in das Grundbuch eingetragen werden, da sie keine Änderung in der Verfügungsbefugnis der Gesellschafter für einzelne Gegenstände bewirkt (OLG Hamm OLGZ 1987, 175); etwas anderes gilt bei der Verpfändung (OLG Düsseldorf NJW-RR 2004, 1111; str aA MüKoBGB/Schäfer § 719 Rn. 56), bei der Nießbrauchbestellung am Gesellschaftsanteil (vgl → §§ 718–720 Rn. 9) und bei der Pfändung eines Miterbenanteils (vgl → § 2033 Rn. 7).

10 **c) Wirkung** des Pfändungspfandrechtes. **aa)** Während des Fortbestehens der Gesellschaft verbleiben die Verwaltungsrechte beim Gesellschafter (BGHZ 116, 229); der Gläubiger kann gem Abs. II nach Pfändung und Überweisung des Anteils nur den Gewinnanspruch (vgl → §§ 721, 722 Rn. 1 f.) geltend machen. **bb)** Der Gläubiger kann auf Grund des *endgültig* vollstreckbaren Titels kündigen. Rechtskräftiges Vorbehaltsurteil reicht bei noch anhängigem Nachverfahren nicht aus (LG Lübeck NJW-RR 1986, 836); Kündigung gegenüber einem Gesellschafter reicht, soweit die übrigen Kenntnis erlangen (BGH NJW 1993, 1002). Das Pfandrecht am Gesellschaftsanteil erfasst den Auseinandersetzungsanspruch (§ 717 S. 2) und ermächtigt den Gläubiger zu allen der Befriedigung dienenden Maßnahmen, soweit sie im Recht des Gesellschafters begründet sind (§ 836 I ZPO), also insbes zur gesellschaftergleichen Durchführung der Auseinandersetzung (BGHZ 116, 229; offen für Hilfsrechte wie zB Auskunftsansprüche; sa Gerhardt JZ 1992, 724); in entsprechender Anwendung der für die Pfändung geltenden Regeln auf den Fall der Nachlassverwaltung und Nachlassinsolvenz bei Fortsetzung des Gesellschaft mit Erben des Gesellschafters im Wege der Sondererbfolge entsteht zwar ein Kündigungsrecht des Verwalters, jedoch bleibt die Abwicklung als solche in den Händen der zur Fortsetzung berufenen Gesellschafter, weil sich die Befugnisse des Verwalters nicht auf die Verwaltung der Gesellschaftsanteile erstrecken, die nicht zum Nachlass gehören (BGH NJW 2017, 3715 Rn. 19 f.; sa → Rn. 14 für den Fall des § 727; ferner von Proff NJW 2018,
11 828, 830; Böttcher NJW 2018, 2936, 2937). **d) Gläubiger** ist entspr §§ 131 III 1 Nr. 4, 135 HGB nur der *Privatgläubiger* des einzelnen Gesellschafters, also nicht der Gläubiger aller Gesamthänder (hM, Schönle NJW 1966, 1798); nur er kann also pfänden *und* kündigen. Der Gläubiger der Gesellschaft bzw aller Gesamthänder kann in das Gesamthandsvermögen vollstrecken (vgl → §§ 714, 715 Rn. 9 ff.) und bedarf deshalb nicht der Auflösungsmöglichkeit. Im Rahmen der Vollstreckung in das persönliche Vermögen ist ihm aber die Möglichkeit einer Pfändung des Anteils *ohne* Kündigungsrecht zuzubilligen (vgl → §§ 714, 715 Rn. 10), die den Gewinnanspruch zuweist (vgl → Rn. 10). Ein Mitgesellschafter ist Privatgläubiger bei außergesellschaftlichen Ansprüchen; nur unter bes Umständen verstößt die Kündigung
12 gegen § 242 (BGHZ 51, 87 für § 135 aF HGB). **e)** Der **Rang** zwischen Pfandrechten an Einzelansprüchen (vgl → § 717 Rn. 3) und dem Pfandrecht am Anteil bestimmt sich nach dem Prioritätsgrundsatz; anders bei Abtretung künftiger Ansprüche und nachträglicher Pfändung des Gesellschaftsanteils, → § 717 Rn. 3; → § 398 Rn. 9 mN. **f) Gegenwehr** der Mitgesellschafter: §§ 268; 736. **g) Sonderregelung:** §§ 131 III 1 Nr. 4, 135 HGB (hierzu BGH NJW 1982, 2773; BGH NJW-RR 2009, 1698).

13 **6. Zweckerreichung bzw Zweckfortfall. a)** Der Auflösungsgrund (§ 726) des Zweckfortfalls (zB BGH NJW 1981, 749) ist **zwingend.** Die Gesellschafter können *nach* Eintritt des Auflösungsgrundes die Fortsetzung der Gesellschaft mit einem anderen Zweck beschließen. Ein solcher Beschluss bedarf aber der Zustimmung *aller* Gesellschafter (BGH WM 1963, 729). Zweckerreichung (zB BGH NJW-RR 2005, 1008) kann erst eintreten, wenn alle Gesellschafter das geschuldete Kapital geleistet haben (BGH WM 1988, 661). Auch eine Innengesellschaft wird durch Zweckerreichung beendet und durch einen auf vereinfachter Auseinandersetzungsrechnung gegründeten Direktanspruch abgerechnet (BGH NJW 2019, 161 Rn. 13 ff.; sa zur Innengesellschaft → § 705 Rn. 24, §§ 731–735 Rn. 10). **b)** Die **Unmöglichkeit** ist nicht mit fehlender Rentabilität zu verwechseln und muss endgültig, nicht nur vorübergehend sein (BGHZ 24, 293; 84, 381).

14 **7. Tod eines Gesellschafters. a)** Er ist **Auflösungsgrund** (§ 727 I) sowie Beendigungsgrund in der zweigliedrigen Gesellschaft (BGH NJW 1991, 844; aA Baumann BB 1998, 225; Weimar ZIP 1997, 1769; → Rn. 3), nicht aber Auflösung einer OHG oder jur Person, die an einer GbR beteiligt ist (BGH 84, 379). Der Erbe tritt in der Abwicklungsgesellschaft (vgl → Rn. 1) mit allen Rechten an die Stelle des Erblassers; ebenso die Erbengemeinschaft (BGH NJW 1982, 171);

Grundbuchberichtigung unter Vorlage von Erbschein und Gesellschaftsvertrag (BayObLGZ 1991, 301; 1992, 259; für § 29 GBO OLG Schleswig MittRhNotK 1992, 151; OLG München NJW-RR 2010, 1667). Die Haftung der Erben – auch für die Sonderpflichten gem § 727 II – folgt § 708. Die Liquidationsgesellschaft unter Beteiligung des Erben (§ 727 II) kann durch einstimmigen Beschluss aller Gesellschafter in eine werbende Gesellschaft rückumgewandelt werden (OLG Frankfurt a. M. NJW-RR 1988, 225). Bei Nachlassinsolvenz geht die dingliche Verfügungsbefugnis im Rahmen der Abwicklungsgesellschaft auf den Nachlassinsolvenzverwalter über, weshalb im Grundbuch ein Insolvenzvermerk einzutragen ist; anders bei Fortsetzung der Gesellschaft auf Grund einer Nachfolgeklausel (BGH NJW 2017, 3715 Rn. 16 ff. sa → Rn. 10). **b)** Zur **abw gesellschaftsvertraglichen Gestaltung** vgl → § 2032 Rn. 5 ff. und 10 und zusammenfassend BGH-NJW-RR 2022, 1241 Rn. 16–18; NZG 2022, 1250 Rn. 13 ff.; ferner Böttcher (NJW 2020, 2604 Rn. 22 ff.). Berichtigungsanträge nach § 22 GBO verlangen Vorlage von Erbschein oder notariellem Testament mit Eröffnungsprotokoll und Gesellschaftsvertrag in Form des § 29 GBO (BGH NJW-RR 2022, 1241 Rn. 11; OLG München NZG 2015, 487); möglich ist auch nach Antragstellung durch einen Grundpfandgläubiger Eintragung nach Bewilligung durch die eingetragenen Restgesellschafter gem.§ 19 GBO (BGH NZG 2022, 1250 Rn. 13 ff. unter teilweiser Aufhebung von KG NZG 2016, 555) sowie die im Gesellschaftsvertrag benannten Rechtsnachfolger (OLG München NZG 2017, 941). Falls nur ein schriftlicher oder gar mündlicher Gesellschaftsvertrag vorliegt, ist insoweit die Form des § 29 GBO nicht erfüllt (OLG München NZG 2020, 191); Abhilfe durch Erklärungen der Restgesellschafter und der Erben über den Vertragsinhalt in Form des § 29 GBO oder entsprechende eidesstattliche Versicherungen (BGH NJW-RR 2022, 2022, 1241 Rn. 21 ff.; OLG München NJW-RR 2016, 83; OLG Schleswig ZEV 2012, 434) sa für den Fall einer Testamentsvollstreckung über die ererbten Gesellschaftsanteile → § 2205 Rn. 3. **c)** Zur Verwaltung eines Gesellschaftsanteils durch einen **Testamentsvollstrecker** vgl → § 2205 Rn. 3–5; zur Nachlassverwaltung → §§ 1984, 1985 Rn. 3. **d) Sonderregelung:** § 131 III 1 Nr. 1 HGB.

8. Insolvenz eines Gesellschafters. Die Auflösung durch die Insolvenz eines 15 Gesellschafters (§ 728 II) schließt die Fortsetzung mit dem Gemeinschuldner *zwingend* aus; § 736 erlaubt aber die Fortsetzung durch die übrigen Gesellschafter (sa K. Schmidt ZIP 2008, 2337; zur Parallelinsolvenz von Gesellschafter und GbR BGH NZG 2014, 897). **a)** Zur **Insolvenzmasse** gehört gem §§ 35, 36 InsO, § 859 I 1 ZPO der Gesellschaftsanteil, nicht dagegen der einzelne Gegenstand des Gesamthandsvermögens (daher keine Eintragung eines Insolvenzvermerks für Grundstücke der Gesellschaft, vgl OLG Rostock NJW-RR 2004, 260; OLG Zweibrücken ZIP 2001, 1209; aA OLG Dresden ZIP 2012, 439: Eintragung beim gem § 47 II GBO eingetragenen insolventen Gesellschafter). Die nicht insolvente GbR kann über ein Grundstück wirksam verfügen (KG ZIP 2011, 370). Der Insolvenzverwalter übt die Rechte des Inhabers des Gesellschaftsanteils aus (OLG Zweibrücken ZIP 2001, 1209; KG ZIP 2011, 370) und betreibt außerhalb der Insolvenz die Auseinandersetzung (§ 84 I InsO); das Nettoguthaben gehört zur Masse, bei Fortsetzung der Gesellschaft der gesellschaftsvertragliche Abfindungsanspruch (BGHZ 170, 206). Ansprüche der Gläubiger *aller* Gesamthänder sind gem § 733 I vorweg befriedigt; gesellschaftsbezogene Ansprüche eines Gesellschafters gegen den Gemeinschuldner gewähren ein Absonderungsrecht am Nettoguthaben (vgl §§ 731 S. 2, 756 S. 1, § 84 I 2 InsO). Weil einzelne Vermögensgegenstände bei Insolvenz einzelner Gesellschafter nicht insolvenzbefangen sind, können Gläubiger aller Gesamthänder gem § 736 ZPO vollstrecken (so gegen die Logik der Teilrechtsfähigkeit BGH NJW 2011, 2048 Rn. 8, 11 ff.; → § 705 Rn. 1). Bei Insolvenz *aller* Gesellschafter ist fraglich, ob noch in das Gesellschaftsvermögen vollstreckt werden kann, obwohl hier auch die einzelnen Vermögensgegenstände von allen Insolvenzverfahren *gemeinsam*

ergriffen werden (zum Recht vor Geltung der InsO verneinend BGHZ 23, 314 f.; str, abl mwN Baur/Stürner II Rn. 33.2; offen OLG Zweibrücken ZIP 2001, 1208 f.). Die Insolvenzfähigkeit der BGB-Gesellschaft und die damit zusammenhängenden Vorschriften (§ 728 I mit §§ 11 II Nr. 1, 93 InsO) führen bei Insolvenz der GbR für die Ansprüche gegen die Gesellschafter analog §§ 128, 129 HGB zur Monopolisierung beim Insolvenzverwalter als gesetzlichem Prozessstandschafter (BGH WM 2007, 122). Sonderfall: Nachlassinsolvenz; hier fällt nur der Anspruch auf das Auseinandersetzungsguthaben in die Masse (→ § 717 Rn. 3), der Verwalter kann entspr § 725 kündigen (BGHZ 91, 135 für OHG). **b)** Korrespondenzvorschrift
16 zu § 728 II 2 ist § 118 InsO. **c) Sondervorschriften:** § 131 III 1 Nr. 2 HGB (hierzu K. Schmidt NJW 1998, 2166); zur Insolvenzfähigkeit der OHG §§ 131 I Nr. 3, 144 HGB, §§ 11 II Nr. 1, 93 InsO. **d)** Ein **Vergleichsverfahren** über das Vermögen eines Gesellschafters konnte früher wichtiger Kündigungsgrund sein; denkbar war auch die Erfüllungsablehnung entspr §§ 50 II, 52 aF VerglO, die aber entgegen der Rspr (RGZ 147, 340) keine Gesellschaftsauflösung bewirkte (sehr str). Seit Inkrafttreten der InsO am 1.1.1999 geht die Eröffnung des Insolvenzverfahrens dem Insolvenzplanverfahren (§§ 217 ff. InsO) notwendig voraus (§§ 218 I 2, 13 I, 27 ff. InsO), so dass stets die Rechtsfolge nach § 728 II eintritt; schon vorher könnte aber die Anordnung von Sicherungsmaßnahmen gem §§ 21 ff. InsO im Eröffnungsverfahren als wichtiger Grund zur Kündigung berechtigen (str).

17 **9. Kündigung nach Eintritt der Volljährigkeit. Lit.:** Grunewald ZIP 1999, 597; Glöckner ZEV 2001, 46. Das BVerfG hat die unbegrenzte Verschuldung Minderjähriger durch Eltern für verfassungswidrig erklärt (BVerfG NJW 1986, 1859). Die am 1.1.1999 in Kraft getretene *Reform* gestattet die Haftungsbeschränkung auf das bei Eintritt der Volljährigkeit existente Vermögen (§ 1629a, §§ 1990, 1991). Falls der Volljährige eine Gesellschaft nicht binnen drei Monaten kündigt, gilt die Vermutung für das Entstehen einer Verbindlichkeit *nach* Eintritt der Volljährigkeit und die Vermutung für die Existenz gegenwärtigen Vermögens bei Volljährigkeitseintritt. § 723 I wird diesem Zusammenhang gerecht. Zum Verkehrsschutz ist die Minderjährigkeit eines Kaufmanns oder Komplementärs ins Handelsregister einzutragen (§§ 106 II Nr. 1, 162 I, HGB bzw. § 24 Handelsregisterverordnung); zur Rechtslage nach der Reform ab 1.1.2024 → *705 Rn. 9*; → § 1967 Rn. 6, 7; → § 2032 Rn. 4, 9 und Habersack/Schneider FamRZ 1997, 649 mN; → § 705 Rn. 17.

Auflösung der Gesellschaft gemäß Untertitel 2 Kapitel 5 §§ 729–734 nF nach der Reform ab 1.1.2024

§ 729 *Auflösungsgründe*

(1) Die Gesellschaft wird aufgelöst durch:
1. ***Ablauf der Zeit, für welche sie eingegangen wurde;***
2. ***Eröffnung des Insolvenzverfahrens über das Vermögen der Gesellschaft;***
3. ***Kündigung der Gesellschaft;***
4. ***Auflösungsbeschluss.***

(2) Die Gesellschaft wird ferner aufgelöst, wenn der Zweck, zu dem sie errichtet wurde, erreicht oder seine Erreichung unmöglich geworden ist.

(3) [1]Eine Gesellschaft, bei der kein persönlich haftender Gesellschafter eine natürliche Person ist, wird ferner aufgelöst:
1. ***mit der Rechtskraft des Beschlusses, durch den die Eröffnung des Insolvenzverfahrens mangels Masse abgelehnt worden ist;***
2. ***durch die Löschung wegen Vermögenslosigkeit nach § 394 des Gesetzes über das Verfahren in Familiensachen und in den Angelegenheiten der freiwilligen Gerichtsbarkeit.[2]Dies gilt nicht, wenn zu den persönlich haftenden Gesellschaftern eine***

andere rechtsfähige Personengesellschaft gehört, bei der mindestens ein persönlich haftender Gesellschafter eine natürliche Person ist.

(4) Im Gesellschaftsvertrag können weitere Auflösungsgründe vereinbart werden.

§ 730 *Auflösung bei Tod oder Insolvenz eines Gesellschafters*

(1) [1]Ist im Gesellschaftsvertrag vereinbart, dass die Gesellschaft durch den Tod eines Gesellschafters aufgelöst wird, hat der Erbe des verstorbenen Gesellschafters den anderen Gesellschaftern dessen Tod unverzüglich anzuzeigen. [2]Wenn mit dem Aufschub Gefahr für die Gesellschaft oder das Gesellschaftsvermögen verbunden ist, hat der Erbe außerdem die laufenden Geschäfte fortzuführen, bis die anderen Gesellschafter in Gemeinschaft mit ihm anderweitig Fürsorge treffen können. [3]Abweichend von § 736b Absatz 1 gilt für die einstweilige Fortführung der laufenden Geschäfte die dem Erblasser durch den Gesellschaftsvertrag übertragene Geschäftsführungs- und Vertretungsbefugnis als fortbestehend. [4]Die anderen Gesellschafter sind in gleicher Weise zur einstweiligen Fortführung der laufenden Geschäfte berechtigt und verpflichtet.

(2) Absatz 1 Satz 4 gilt entsprechend, wenn im Gesellschaftsvertrag vereinbart ist, dass die Gesellschaft durch die Eröffnung des Insolvenzverfahrens über das Vermögen eines Gesellschafters aufgelöst wird.

§ 731 *Kündigung der Gesellschaft*

(1) [1]Ein Gesellschafter kann die Gesellschaft jederzeit aus wichtigem Grund ohne Einhaltung einer Kündigungsfrist kündigen, wenn ihm die Fortsetzung der Gesellschaft nicht zuzumuten ist. [2]Ein wichtiger Grund liegt insbesondere vor, wenn ein anderer Gesellschafter eine ihm nach dem Gesellschaftsvertrag obliegende wesentliche Verpflichtung vorsätzlich oder grob fahrlässig verletzt hat oder wenn die Erfüllung einer solchen Verpflichtung unmöglich wird.

(2) Eine Vereinbarung im Gesellschaftsvertrag, welche das Kündigungsrecht ausschließt oder dieser Vorschrift zuwider beschränkt, ist unwirksam.

§ 732 *Auflösungsbeschluss*

Hat nach dem Gesellschaftsvertrag die Mehrheit der Stimmen zu entscheiden, muss ein Beschluss, der die Auflösung der Gesellschaft zum Gegenstand hat, mit einer Mehrheit von mindestens drei Viertel der abgegebenen Stimmen gefasst werden.

§ 733 *Anmeldung der Auflösung*

(1) [1]Ist die Gesellschaft im Gesellschaftsregister eingetragen, ist ihre Auflösung von sämtlichen Gesellschaftern zur Eintragung in das Gesellschaftsregister anzumelden. [2]Dies gilt nicht in den Fällen der Eröffnung oder der Ablehnung der Eröffnung des Insolvenzverfahrens über das Vermögen der Gesellschaft (§ 729 Absatz 1 Nummer 2 und Absatz 3 Satz 1 Nummer 1); dann hat das Gericht die Auflösung und ihren Grund von Amts wegen einzutragen. [3]Im Fall der Löschung der Gesellschaft (§ 729 Absatz 3 Satz 1 Nummer 2) entfällt die Eintragung der Auflösung.

(2) Ist aufgrund einer Vereinbarung im Gesellschaftsvertrag die Gesellschaft durch den Tod eines Gesellschafters aufgelöst, kann die Anmeldung der Auflösung der Gesellschaft ohne Mitwirkung der Erben erfolgen, sofern einer solchen Mitwirkung besondere Hindernisse entgegenstehen.

§ 734 ***Fortsetzung der Gesellschaft***

(1) Die Gesellschafter können nach Auflösung der Gesellschaft deren Fortsetzung beschließen, sobald der Auflösungsgrund beseitigt ist.

(2) Hat nach dem Gesellschaftsvertrag die Mehrheit der Stimmen zu entscheiden, muss der Beschluss über die Fortsetzung der Gesellschaft mit einer Mehrheit von mindestens drei Viertel der abgegebenen Stimmen gefasst werden.

(3) War die Gesellschaft vor ihrer Auflösung im Gesellschaftsregister eingetragen, ist die Fortsetzung von sämtlichen Gesellschaftern zur Eintragung in das Gesellschaftsregister anzumelden.

Anmerkungen zu den §§ 729–734 nF ab 1.1.2024

Vorbemerkungen

1 **1. Gliederung des neuen Rechts.** Die Reform trennt konsequent zwischen Ausscheiden eines Gesellschafters *(§§ 723–728 b nF)* und Auflösung der Gesellschaft *(§§ 729–734 nF)* mit der Folge der Liquidation *(§§ 735–739 nF)*. Das Ausscheiden eines Gesellschafters, das nach den Vorstellungen der Reform als das mildere Mittel zur Bewältigung von Störungen der Zusammenarbeit unter Gesellschaftern ist, regelt der Gesetzgeber nunmehr als vorzugswürdige Lösung vor der Auflösung in Kapitel 4, auf das dann in Kapitel 5 die Auflösung der gesamten Gesellschaft und in Kapitel 6 ihre Liquidation folgt. Das alte Recht verfährt gerade umgekehrt und behandelt in §§ 723–728 aF die Auflösung mit nachfolgender Auseinandersetzung (§§ 729–735 aF) und erst nachher in §§ 736, 737 aF das Ausscheiden mit nachfolgender Auseinandersetzung beim Ausscheiden (§§ 738–740 aF). Die synoptische Darstellung folgt naturgemäß der Gliederung des alten Rechts, um den Vergleich zu erleichtern.

2 **2. Das veränderte Verhältnis zwischen individuellem Ausscheiden und Auflösung.** Der Gesetzgeber ging ursprünglich von einer *personalistischen Struktur der GbR* aus, wie sie sich nicht zuletzt in der Gesamthand und ihrer personellen Geschlossenheit manifestiert. Ihr entspricht die kürzerem gemeinsamem Einsatz für einen besonderen Zweck gewidmete Gelegenheitsgesellschaft und bei längerer Dauer enges persönliches Zusammenwirken zwischen den Beteiligten. Bei diesem Ausgangspunkt leuchtet die Wahl der Gesellschaftsauflösung als Regelfolge persönlicher Veränderungen ein. Mit dem Aufkommen der *kapitalistisch orientierten GbR mit häufig körperschaftlich strukturierten Organisationselementen* begann der einzelne Gesellschafter und seine Persönlichkeit an Gewicht zu verlieren, und die wirtschaftlichen Vorzüge einer Fortsetzung der GbR ohne individuell bedingte Störfaktoren und unter Auswechslung von Gesellschaftern gewann an Bedeutung als Mittel der Wahl bei gesellschaftsvertraglicher Gestaltung. (zur Gesetzgebungsgeschichte und der bereits 1998 vollzogenen Umstellung im Recht der Personen*handels*gesellschaften BT-Drs. 19/27635 S. 169). Der Gesetzgeber war aber zu Recht darauf bedacht, der *Freiheit inhaltlicher Vertragsgestaltung* auch auf dem Gebiet voller oder teilweiser Abwicklung der GbR ausreichend Raum zu lassen und überließ deshalb wie schon weithin das alte Recht den Parteien die Wahl zwischen Auflösung und Ausscheiden, wo immer dies sinnvoll erscheint. Dies führt allerdings zu der Notwendigkeit, bei der Rechtanwendung zu beachten, dass der gleiche Grund gestörten persönlichen Zusammenhalts verschiedene Rechtsfolgen haben kann (Gesetzesbegründung BT-Drs. aaO S. 170), wie z.B. bei persönlich bedingten Misshelligkeiten die Kündigung der GbR durch einen Gesellschafter mit Auflösungsfolge *(§ 731 nF)* oder die Kündigung der Mitgliedschaft in der GbR durch einen Gesellschafter oder seinen pfändenden Gläubiger mit der Folge seines Ausscheidens *(§§ 725, 726 nF)* oder schließlich der Ausschluss (bzw. die „Kündigung") eines Gesellschafters durch die GbR *(§§ 723 I Nr. 5, 727 nF)* mit der Folge des Ausscheidens. Meist kann dabei aber noch der

Gesellschaftsvertrag die gesetzliche vorgesehene Regelfolge geändert oder modifiziert haben.

Anmerkungen zu den einzelnen Vorschriften

1. Die Vorschrift des ***§ 729 nF*** fasst im alten Recht des BGB oder im Recht der OHG bereits bestehende Auflösungsgründe zusammen. **§ 729 I: Nr. 1 nF** (Zeitablauf, sa → §§ 723–728 aF Rn. 2) entspricht § 131 II Nr. 1 HGB alt; **Nr. 2** (Insolvenz der GbR) entspricht § 728 I aF; **Nr. 3** (Kündigung der GbR durch Gesellschafter, sa → §§ 723–728 aF Rn. 4 ff., nicht zu verwechseln mit Kündigung eigener Mitgliedschaft durch Gesellschafter gem. *§ 725 nF* u. § 736 I aF) ersetzt teilweise iVm *§ 731 nF* die §§ 723, 724 aF; **Nr. 4** (Auflösungsbeschluss, sa → §§ 723–728 aF Rn. 2) entspricht § 131 II Nr. 2 HGB aF und wird durch *§ 732 nF* ergänzt. **§ 729 II** (Erreichung des Zwecks oder Unmöglichkeit der Erreichung; sa → §§ 723–728 aF Rn. 13) entspricht § 726 aF. **§ 729 III** (Masselosigkeit bzw. Vermögenslosigkeit einer GbR ohne eine voll haftende natürliche Person als Mitglied oder als Mitglied einer der GbR als Mitglied angehörenden Personengesellschaft, dazu die Gesetzesbegründung BT-Drs. aaO S. 178; Schäfer ZRI 2020, 333, 336) entspricht § 131 II HGB aF. **§ 729 IV** weist auf die Freiheit der Parteien hin, weitere Auflösungsgründe zu vereinbaren, wozu teilweise auch Gründe gehören können, für die der Gesetzgeber in *§ 723 nF* das Ausscheiden eines Gesellschafters als Regelfall vorsieht, also zB Tod oder Insolvenz eines Gesellschafters nach dem Vorbild alten Rechts (§§ 727, 728 aF; dazu → §§ 723–728 aF Rn. 14 u. 15 sowie *§ 730 nF*). Bei Verweisen auf den Ursprung einer Norm im HGB aF ist zu beachten, dass inzwischen auch das Recht der OHG durch das MoPeG ebenfalls grundlegend reformiert wurde und ab 1.1.2024 die zitierten Vorschriften außer Kraft sind; § 138 HGB idF des Art. 51 MoPeG stimmt mit § 729 nF textlich überein. 1

2. ***§ 730 nF*** behandelt bei Tod oder Insolvenz eines Gesellschafters den Fall vertraglich gewählter Auflösung unter Abwahl möglichen Ausscheidens gemäß *§ 723 Nr. 1 u. 3 nF*. **a)** ***§ 730 I nF*** übernimmt dabei teilweise den Wortlaut des § 727 II aF, der allerdings klarstellt, dass der Erbe oder die Erbengemeinschaft in die Position des verstorbenen Gesellschafters eintreten und ihm also in der Notgeschäftsführung nur insoweit nachfolgen, wie der Erblasser die Geschäftsführungsbefugnis selbst inne hatte. Die Gesetzesbegründung scheint diese Lesart für *§ 730 I nF* zu übernehmen, obwohl der Wortlaut des *§ 730 I nF* insoweit weniger klar scheint (hierzu BT-Drs. 19/27635 S. 178 f.). Soweit die übrigen Gesellschafter durch Benachrichtigung erreichbar sind, richtet sich nach Fortfall des Erblassers die Geschäftsführung nach *§§ 715, 715 a nF* ohne Mitwirkung der Erben oder einer neuen Ad-Hoc-Vereinbarung. Sind sie nicht erreichbar, so soll der Erbe bzw. die Erbengemeinschaft im Rahmen der Geschäftsführungsbefugnis des Erblassers bei Unaufschiebbarkeit zu notwendigen Maßnahmen befugt sein und dabei auch Vertretungsbefugnis nach außen habe (s. Gesetzesbegründung BT-Drs. aaO S. 179). Offen bleibt der Fall, dass die notwendige Maßnahme zur Gefahrenabwehr nicht von der Geschäftsführungsbefugnis des Erblassers gedeckt ist oder dass er überhaupt nicht geschäftsführungsbefugt war – ein Fall des *§ 715a nF* mit dem Erben bzw. der Erbengemeinschaft als Notgeschäftsführer auch in diesem Falle? Insgesamt keine so ganz voll ausgereifte Regelung. Die anderen Gesellschafter müssen bei Kenntnis des Todesfalles und der Gefahrenlage im Rahmen ihrer seitherigen Befugnisse und Möglichkeiten die Geschäfte zur notwendigen Gefahrenabwehr fortführen (*§ 730 I Satz 4 nF*). Die Befugnis zur Notgeschäftsführung und Vertretung versteht sich in allen Fällen als Ausnahmevorschrift zu *§ 736d II nF*. **b)** ***§ 730 II nF*** legt die einstweilige Notgeschäftsführungs- und Vertretungsbefugnis im Falle der Auflösung wegen Insolvenz eines Gesellschafters in die Hände der verbleibenden Gesellschafter, die im Rahmen der *§§ 715, 715 a nF* ihre alten Befugnisse ausüben dürfen und müssen (ähnlich schon § 728 II Satz 2 aF); unklar, ob sich bei divergierenden Vertretungsbefugnissen (*§ 720 nF*) auch in diesem Falle Geschäftsführungs- und Vertretungsbefugnisse für Notmaßnahmen decken (aA wohl die Gesetzesbegründung 2

BT-Drs. aaO S. 179), wobei die strenge Trennung von Geschäftsführung und Vertretung in diesem Ausnahmefall zur Bürde werden könnte. Aus *§ 730 II nF,* dass keinesfalls der Insolvenzverwalter in die Position des geschäftsführenden oder vertretungsberechtigten insolventen Gesellschafters einrückt.

3 **3.** ***§ 731 nF*** ersetzt für den Fall der Auflösung der Gesellschaft die Vorschrift der §§ 723, 724 aF, deren Anforderungen für den Fall der Kündigung der Gesellschaft durch einen Gesellschafter zu gering sind. ***§ 731 I*** nF stellt im Falle der Auflösung und damit der unmittelbaren Betroffenheit aller Gesellschafter an den wichtigen Grund zu Recht höhere Anforderungen als *§ 725 nF* im Falle der Kündigung mit Ausscheidensfolge allein für den kündigenden Gesellschafter. Maßgebende Voraussetzung fristloser Kündigung ist die klare Unzumutbarkeit einer Fortsetzung der Gesellschaft wegen schwerer Verstöße anderer Gesellschafter gegen grundlegende vertragliche Pflichten oder die Unmöglichkeit der Erfüllung solcher Pflichten durch Mitgesellschafter (zum Ganzen die Gesetzesbegründung BT-Drs. 19/27635 S. 179 f.). Eine Kündigung kommt deshalb nicht in Frage, wenn mildere Eingriffe in das Gesellschaftsgefüge wie Kündigung und Ausscheiden des Störers bzw. eine entsprechende Entziehung der Geschäftsführungs- oder Vertretungsbefugnis zur Behebung der Störung ausreichen, was auch häufig von der Haltung weiterer Gesellschafter zum eingetretenen Unfrieden abhängen wird. ***§ 731 II nF*** erklärt den Ausschluss oder die zweckwidrige Beschränkung des Kündigungsrechts für unwirksam.

4 **4.** ***§ 732 nF*** legt die **Voraussetzungen des Auflösungsbeschlusses** fest, der nach *§ 729 I Nr. 4 nF* eine Auflösung bewirken kann. Als actus contrarius zum Vertragsschluss ist er durch einstimmigen Beschluss der Gesellschafter sicher immer rechtmäßig und wirksam (sa → §§ 709–713 aF Rn. 8 und → §§ 723–728 aF Rn. 2). *§ 732 nF* erlaubt davon abweichend einen Mehrheitsbeschluss verlangt aber eine qualifizierte Mehrheit von ¾ aller abgegebenen Stimmen, deren Stimmkraft sich nach *§ 709 III nF* richtet. Eine gesellschaftsvertragliche Vereinbarung kann eine einfache Mehrheit vorsehen, muss aber dann in Gesellschaftsvertrag eine eindeutige klare Regelung erfahren (dazu die Gesetzesbegründung BT-Drs. 19/27635 S. 180). Ein allgemeines Verbot der Abbedingung enthält *§ 732 nF* nicht.

5 **5. Die Anmeldung der Auflösung gemäß *§ 733 nF*** zur Eintragung im Gesellschaftsregister muss grundsätzlich durch alle Gesellschafter erfolgen, wobei das Gesetz erleichternde Ausnahmen im Falle der Eröffnung oder Ablehnung der Eröffnung eines Insolvenzverfahrens über das Vermögen der der GbR (Eintrag von Amts wegen auf Veranlassung des Insolvenzgerichts) und im Falle der Löschung wegen Vermögenslosigkeit gemäß § 729 III Satz 1 Nr. 2 (Löschung schon erfolgt) vorsieht und bei der Auflösung nach dem Tod eines Gesellschafters auf die Mitwirkung der Erben bei entsprechenden Hindernissen (Streit über Erbfolge, fehlende Erreichbarkeit) verzichtet (sa *§ 707 IV Satz 2 nF* u. → *§ 707 nF Rn. 4*)

6 **6.** ***§ 734 nF*** entspricht § 729 aF und regelt die **Fortsetzung der Gesellschaft nach ihrer Auflösung.** Die Fortsetzung der Gesellschaft nach Auflösung hat drei Voraussetzungen: Auflösung, aber noch keine volle Beendigung (S. BT-Drs. 19/27635 S. 181); Beseitigung des Auflösungsgrundes; Beschluss der Gesellschafter (*§ 734 I nF*). Die *Beseitigung des Auflösungsgrundes* ist nicht im eigentlichen Sinne notwendig, wenn der Fortsetzungswille alleine den Auflösungsgrund aufhebt (Auflösung durch Zeitablauf, Auflösung auf Grund Gesellschafterbeschlusses). In Fällen gesetzlicher Hindernisse für die Fortexistenz als Grund der Auflösung muss das einschlägige Hindernis ausgeräumt werden (neue Zweckvereinbarung bei erreichtem oder nicht erreichbarem alten Zweck; Einstellung (§ 213 InsO) oder Aufhebung (§§ 217 ff. InsO) eines Insolvenzverfahrens über das Vermögen der GbR; Behebung des Grundes für die Unzumutbarkeit einer Fortsetzung der GbR nach fristloser Kündigung etc.). Der *Gesellschafterbeschluss zur Fortsetzung* kann *einstimmig* durch alle Gesellschafter erfolgen und ist dann sogar stillschweigend durch einvernehmliche Geschäftsfortführung denkbar, falls er von einer bloßen Aufschiebung der Liquida-

tion zuverlässig unterschieden werden kann und im Gesellschaftsvertrag nicht eine förmliche abstimmende Beschlussfassung verlangt ist. Falls der Gesellschaftsvertrag eine Mehrheitsentscheidung genügen lässt *(§ 734 II nF)*, bedarf es jedoch wie beim mehrheitlichen Auflösungsbeschluss *(§ 732 nF)* einer ¾ Mehrheit der abgegebenen Stimmen, wobei fragwürdig ist, ob es sich um eine Auslegungsregel für Fälle vertraglich nicht geregelter Mehrheitsverhältnisse handelt oder um insoweit zwingendes Recht, was eher sinnvoll wäre (s. aber die Skepsis der Gesetzesbegründung BT-Drs. aaO S. 181 vor allem in Fällen vertraglich festgelegter Auflösungsgründe). Immerhin spricht aber das Gewicht einer Entscheidung für Fortsetzung nach Auflösung für zwingendes Recht. *§ 734 III nF* verlangt die Anmeldung der Fortsetzung in Gesellschaftsregister durch alle Gesellschafter, sie ist aber für den Fortsetzungszeitpunkt nicht entscheidend.

Auseinandersetzung nach Auflösung unter altem Recht gemäß §§ 729, 730 aF und §§ 731–735 aF (in Kraft bis 31.12.2023)

§ 729 Fortdauer der Geschäftsführungsbefugnis

[1]Wird die Gesellschaft aufgelöst, so gilt die Befugnis eines Gesellschafters zur Geschäftsführung zu seinen Gunsten gleichwohl als fortbestehend, bis er von der Auflösung Kenntnis erlangt oder die Auflösung kennen muss. [2]Das Gleiche gilt bei Fortbestand der Gesellschaft für die Befugnis zur Geschäftsführung eines aus der Gesellschaft ausscheidenden Gesellschafters oder für ihren Verlust in sonstiger Weise.

§ 730 Auseinandersetzung; Geschäftsführung

(1) **Nach der Auflösung der Gesellschaft findet in Ansehung des Gesellschaftsvermögens die Auseinandersetzung unter den Gesellschaftern statt, sofern nicht über das Vermögen der Gesellschaft das Insolvenzverfahren eröffnet ist.**

(2) **[1]Für die Beendigung der schwebenden Geschäfte, für die dazu erforderliche Eingehung neuer Geschäfte sowie für die Erhaltung und Verwaltung des Gesellschaftsvermögens gilt die Gesellschaft als fortbestehend, soweit der Zweck der Auseinandersetzung es erfordert. [2]Die einem Gesellschafter nach dem Gesellschaftsvertrag zustehende Befugnis zur Geschäftsführung erlischt jedoch, wenn nicht aus dem Vertrag sich ein anderes ergibt, mit der Auflösung der Gesellschaft; die Geschäftsführung steht von der Auflösung an allen Gesellschaftern gemeinschaftlich zu.**

Anmerkungen zu den §§ 729, 730

1. Wirkung der Auflösung. Vgl schon → §§ 723–728 Rn. 1. Sie liegt *nicht* in der Beendigung der Gesellschaft. Sie besteht vielmehr fort, ändert aber ihren Zweck, der nunmehr ausschließlich in der Abwicklung besteht (§ 730 II 1). Die Formulierung des § 729 S. 2 ist insofern etwas missverständlich, als sie sich auf die *Fortsetzung* der Gesellschaft unter den verbleibenden Gesellschaftern bezieht, die gerade keine Auflösung der Gesellschaft bewirkt. Die Pflichten der Gesellschafter der aufgelösten Gesellschaft sind dem geänderten Zweck anzupassen, und zwar sowohl Zahlungspflichten (BGH NJW 1960, 434; BGH NJW-RR 1992, 543 für Schadensersatzansprüche; → §§ 731–735 Rn. 8 und 9) als auch Treuepflichten (kein Wettbewerbsverbot, BGH NJW 1971, 802; anders aber Verbot einseitiger Nutzung immaterieller Gesellschaftsgüter, BGH NJW 1980, 1629; 2010, 2660: Mandantenwerbung nach reiner Sachteilung bei Freiberuflersozietät); daraus kann ein Anspruch gegen die Mitgesellschafter folgen, in die Kündigung von durch die Gesellschaft genutzten 1

Telefon- und Faxanschlüssen einzuwilligen (OLG Hamm NJW-RR 2006, 929; zur Kündigung der Ehewohnung bei Ehegatteninnengesellschaft: OLG Hamburg NJW-RR 2001, 1013; OLG München FamRZ 2004, 1876).

2 **2. Geschäftsführungs- und Vertretungsbefugnis.** Die Geschäftsführungsbefugnis (§ 730 II 2) und damit die Vertretungsbefugnis steht allen Gesellschaftern gemeinschaftlich zu, die Verteilung der Geschäftsführung für die werbende Gesellschaft verliert im Abwicklungsstadium ihre Gültigkeit (vgl BGH NJW 2011, 3088; BGH WM 1963, 249; OLG Köln NJW-RR 1996, 28). Der Gesellschaftsvertrag kann für die Abwicklung eine andere Lösung vorsehen, die auch im Wege ergänzender Vertragsauslegung ermittelt werden kann (BGH NJW 2011, 3088); sie wird aber zB nicht zur Aufrechterhaltung der alten Geschäftsführung führen, wenn die seitherige Einzelgeschäftsführung für den Misserfolg verantwortlich ist. Auch bei einer Publikums-GbR bleibt es grundsätzlich bei der Grundregel des § 730 II 2, für eine analoge Anwendung von § 265 AktG und damit das Fortbestehen der alten Geschäftsführungs- und Vertretungsregelung zur Liquidation bedarf es einer ausgeprägten kapitalgesellschaftlichen Struktur (BGHZ 155, 123 f.; BGH NJW 2011, 3089; LG Nürnberg-Fürth NJW 2010, 2960). Der *Schutz vor Unkenntnis* des Wechsels in der Geschäftsführungs- bzw Vertretungsbefugnis erfolgt über §§ 729, 169. Eine Auseinandersetzung nach Regeln des BGB findet bei Eröffnung des Insolvenzverfahrens über das Gesellschaftsvermögen nach neuem Recht (§ 730 I Hs. 2, § 11 II Nr. 1 InsO) nicht statt; vielmehr wird nach den Regeln der InsO liquidiert (§§ 156 ff. InsO) oder saniert (§§ 217 ff. InsO, § 728 I 2). Des Weiteren findet – wie vor Geltung der InsO – keine Auseinandersetzung statt, falls gemeinsames Vermögen nicht (OLG Frankfurt a. M. NJW-RR 1996, 102) oder nicht mehr (BGH ZIP 1993, 1307) vorhanden ist.

§ 731 Verfahren bei Auseinandersetzung

[1]Die Auseinandersetzung erfolgt in Ermangelung einer anderen Vereinbarung in Gemäßheit der §§ 732 bis 735. [2]Im Übrigen gelten für die Teilung die Vorschriften über die Gemeinschaft.

§ 732 Rückgabe von Gegenständen

[1]Gegenstände, die ein Gesellschafter der Gesellschaft zur Benutzung überlassen hat, sind ihm zurückzugeben. [2]Für einen durch Zufall in Abgang gekommenen oder verschlechterten Gegenstand kann er nicht Ersatz verlangen.

§ 733 Berichtigung der Gesellschaftsschulden; Erstattung der Einlagen

(1) **[1]Aus dem Gesellschaftsvermögen sind zunächst die gemeinschaftlichen Schulden mit Einschluss derjenigen zu berichtigen, welche den Gläubigern gegenüber unter den Gesellschaftern geteilt sind oder für welche einem Gesellschafter die übrigen Gesellschafter als Schuldner haften. [2]Ist eine Schuld noch nicht fällig oder ist sie streitig, so ist das zur Berichtigung Erforderliche zurückzubehalten.**

(2) **[1]Aus dem nach der Berichtigung der Schulden übrig bleibenden Gesellschaftsvermögen sind die Einlagen zurückzuerstatten. [2]Für Einlagen, die nicht in Geld bestanden haben, ist der Wert zu ersetzen, den sie zur Zeit der Einbringung gehabt haben. [3]Für Einlagen, die in der Leistung von Diensten oder in der Überlassung der Benutzung eines Gegenstands bestanden haben, kann nicht Ersatz verlangt werden.**

(3) **Zur Berichtigung der Schulden und zur Rückerstattung der Einlagen ist das Gesellschaftsvermögen, soweit erforderlich, in Geld umzusetzen.**

§ 734 Verteilung des Überschusses

Verbleibt nach der Berichtigung der gemeinschaftlichen Schulden und der Rückerstattung der Einlagen ein Überschuss, so gebührt er den Gesellschaftern nach dem Verhältnis ihrer Anteile am Gewinn.

§ 735 Nachschusspflicht bei Verlust

[1]Reicht das Gesellschaftsvermögen zur Berichtigung der gemeinschaftlichen Schulden und zur Rückerstattung der Einlagen nicht aus, so haben die Gesellschafter für den Fehlbetrag nach dem Verhältnis aufzukommen, nach welchem sie den Verlust zu tragen haben. [2]Kann von einem Gesellschafter der auf ihn entfallende Beitrag nicht erlangt werden, so haben die übrigen Gesellschafter den Ausfall nach dem gleichen Verhältnis zu tragen.

Anmerkungen zu den §§ 731–735

1. Überblick. Das **Verfahren der Auseinandersetzung** regelt nur die Verpflichtungen der Gesellschafter untereinander. Die *Außenhaftung* der Gesamthänder (vgl → §§ 714, 715 Rn. 9 f.) bleibt unberührt. Deshalb können die Gesellschafter auch ein anderes Verfahren vereinbaren (→ §§ 709–713 Rn. 7 ff.; Bsp: BGH ZIP 1982, 1323; BGH NJW 1994, 796; 2010, 2660: Teilung ärztlicher Gemeinschaftspraxis oder anderer Freiberuflersozietät; BGH ZIP 1998, 956: Abfindungsanspruch anstelle von Auseinandersetzungsguthaben; BGH NJW 2010, 2660: Aufteilung des Mandantenstammes durch Wettbewerb um bisherige Mandanten ohne zusätzliche Abfindung); Abweichungen können sich auch aus dem bei Auseinandersetzung zu beachtenden Grundsatz der Wirtschaftlichkeit ergeben (vgl OLG Hamm NZG 2004, 1106). 1

2. Gesetzliches Verfahren der Auseinandersetzung. Hier gilt folgende Reihenfolge (vgl aber stets → Rn. 6 ff.): **a) Aussonderung fremder Vermögensgegenstände.** Hierzu gehören auch Einlagen, die zum Gebrauch eingebracht sind (§ 732 S. 1; vgl → § 706 Rn. 7); kein Wertersatz für den Gebrauch (§ 733 II 3) oder bei Zufallsschaden (§ 732 S. 2). Bei Einbringung dem Werte nach (vgl → § 706 Rn. 7) gilt Wertersatz (BGH WM 1965, 745). **b)** Zur **Berichtigung gemeinschaftlicher Schulden** ist das Gesellschaftsvermögen erforderlichenfalls zu versilbern (§ 733 III; s. BGH NJW-RR 2014, 149 Rn. 8 ff.: Teilungsversteigerung eines Gesellschaftsgrundstücks auf Antrag eines Gesellschafters). Es sind zu begleichen: Schulden gegenüber Dritten (vgl → §§ 714, 715 Rn. 9 f.); Schulden gegenüber einem Gesellschafter aus einem Drittverhältnis (vgl → §§ 714, 715 Rn. 11); Schulden gegenüber einem Gesellschafter aus dem Gesellschaftsvertrag (vgl → §§ 714, 715 Rn. 12), wozu insbes auch nicht *beanspruchter früherer Gewinn* zählt (→ §§ 721, 722 Rn. 2). *Nicht* hierher gehören Schulden nur eines Gesellschafters gegenüber einem Mitgesellschafter (vgl → §§ 709–713 Rn. 12); gem §§ 731 S. 2, 756 hat aber der Mitgesellschafter einen Anspruch auf Befriedigung aus dem Auseinandersetzungsguthaben (vgl → §§ 723–728 Rn. 15). **c)** Die **Rückerstattung der Einlagen** ist ein Wertanspruch, es besteht kein Recht auf Rückgabe in Natur (§ 733 II 1). Die Versilberung des Vermögens (§§ 733 III, 731 S. 2, 753, 754) ist der Regelfall (BGHZ 116, 228) bei illiquidem Gesamthandsvermögen (s. aber zur Innengesellschaft → § 705 Rn. 24 ff.). § 733 II 3 soll Bewertungsstreitigkeiten ausschließen; uU kann die Vertragsauslegung Wertersatzpflicht ergeben, zB wenn nicht bewertbare Dienste durch die Gewinnbeteiligung offenkundig nicht abgegolten sein sollten (BGH NJW 1966, 501; 1980, 1744) oder sich als bleibender Wert im Gesellschafts- 2 3 4

5 vermögen niederschlagen (BGH NJW 1986, 51). **d) Verteilung von Gewinn und Verlust. aa)** Der **Gewinn** (vgl → §§ 721, 722 Rn. 1) kann durchaus in Natur verteilt werden (§§ 731 S. 2, 752), ggf ist also zB Auflassung nötig; jedoch wird Versilberung gem §§ 731 S. 2, 753 f. die Regel sein; vgl auch → Rn. 3 aE. **bb)** Die **Verlustbeteiligung** dient der Deckung von Schulden und Einlagen, so dass die Rückzahlung der Einlagen Gemeinschaftsrisiko der Gesellschafter ist (BGH NJW 1980, 1745). Der Vertrag kann Verlustbeteiligung ausschließen (BGH WM 1967, 346; OLG Düsseldorf NJW-RR 2014, 723 [724]), was sich insbesondere zur Erhaltung des Vorteils einer Haftungsbegrenzung empfiehlt, weil sonst der titulierte Anspruch gegen die Gesellschaft eine Pfändung des Anspruchs der Gesellschaft gegen ihren Gesellschafter gestatten würde, die den Zweck einer Haftungsbegrenzung unterliefe (s. dazu bei der PartmbH Zimmermann NJW 2014, 1142 [1145]); vgl auch → § 707 Rn. 1 f., → §§ 714, 715 Rn. 5; → §§ 721, 722 Rn. 5, 6. Bei einer Publikumsgesellschaft kann die außerordentliche Nachschusspflicht gem § 735 S. 2 durch Mehrheitsbeschluss zusammen mit der Aufstellung der Auseinandersetzungsbilanz beschlossen werden, falls greifbare Anhaltspunkte für entsprechende Ausfälle bestehen (BGH NJW 2012, 1441 f.; BGH NJW-RR 2014, 349 Rn. 40: Einziehung der Nachschüsse durch Liquidator, → §§ 709–713 Rn. 4).

6 **3. Ansprüche der Gesellschafter einer Abwicklungsgesellschaft. a)** Jeder Gesellschafter hat gegen alle übrigen Gesellschafter einen **Anspruch auf Zustimmung zu einem Auseinandersetzungsplan,** der den ges Regeln (vgl → Rn. 2 ff.) entspricht, ferner auf Vornahme der notwendigen Vollzugsmaßnahmen. Auch die öffentliche Veräußerung kann vom kündigenden Gesellschafter verlangt werden, soweit sich die übrigen Gesellschafter jeder Liquidation widersetzen und das Gesellschaftsvermögen nur aus einem einzigen Gut besteht (BGHZ 116, 227; hierzu Gerhardt JZ 1992, 724). Darüber hinaus besteht der vorbereitende **Anspruch auf Rechnungsabschluss** (vgl → §§ 721, 722 Rn. 3 f.). Auskünfte, die zur Abrechnung notwendig sind, dürfen nicht wegen vermeintlicher anderweitiger Ansprüche zurückgehalten werden (BGH WM 1969, 591). Die gesellschaftsrechtliche Treuepflicht verlangt von den Gesellschaftern eine zutreffende und vollständige Information der Mitgesellschafter über im Rahmen der Auseinandersetzung rele-
7 vante vermögensrechtliche Belange (BGH NJW-RR 2003, 169). **b) Ansprüche auf Erstattung der Einlage und Gewinnauszahlung** gehen grundsätzlich im Anspruch auf das Auseinandersetzungsguthaben auf, der erst nach Erstellung des Auseinandersetzungsplans (→ Rn. 6), Schuldentilgung (BGH NJW-RR 2006, 468: anders bei vermögensloser zweigliedriger Gesellschaft) und Versilberung geltend gemacht werden kann (BGH LM Nr. 5 zu § 730; BGH NJW-RR 1988, 1379; BGH NJW 1995, 189; 1999, 3557). Grund: Vermeidung von Hin- und Herzahlungen. Ausnahmsweise ist isolierte Geltendmachung unmittelbar bei Auflösung möglich, wenn das Guthaben jedes Gesellschafters bei überschaubaren Verhältnissen ohne bes Abrechnungsverfahren sofort zu ermitteln ist (BGH LM Nr. 5 zu § 730; BGH NJW 2019, 161 Rn. 17; 1995, 188; 1999, 3557), wenn ein Anspruch auf Rückzahlung der Einlage unabhängig vom Verlust bestehen soll (BGH WM 1967, 346) oder wenn in einer GbR kein zu liquidierendes sonstiges Gesellschaftsvermögen mehr vorhanden ist, wobei es dann auch keiner Auseinandersetzungsbilanz bedarf (BGH NJW 2019, 161 Rn. 14; BGH NJW-RR 2016, 292 Rn. 15; 2007, 245 für zweigliedrige Gesellschaft). Der Anspruch aus § 732 S. 1 (vgl → Rn. 2) kann grundsätzlich sofort geltend gemacht werden. Der Anspruch des einzelnen Gesellschafters richtet sich gegen die übrigen Gesellschafter; zur Zulässigkeit einer Klage auf Feststellung einer Gewinnbeteiligung BGH
8 NJW 2019, 1002 Rn. 10 ff. **c) Ansprüche der Gesellschaft bzw der gesamthänderisch verbundenen Gesellschafter gegen einen einzelnen Gesellschafter** (vgl → §§ 709–713 Rn. 11), zB auf Zahlung rückständiger Beiträge oder auf Schadensersatz, werden auch während der Auseinandersetzung nach allg Regeln (insbes actio pro socio) geltend gemacht. Sie erlöschen aber und werden

zum bloßen Abrechnungsposten, wenn der geschuldete Betrag zur Abwicklung nicht benötigt wird und dem schuldenden Gesellschafter auf jeden Fall ein Guthaben auch bei Berücksichtigung der Verbindlichkeit verbleibt (BGH NJW 1960, 433 f.; 1978, 424; BGH NJW-RR 1992, 543); Klage auf Feststellung des Teilpostens bei Auseinandersetzung ist zulässig (BGH NJW 1984, 1455; BGH BB 1984, 1787; sa → Rn. 7). **d) Gesellschaftsvertragliche Ansprüche des einzelnen** 9
Gesellschafters gegen die Gesellschaft bzw die Gesamthänder (vgl → §§ 714, 715 Rn. 12) können nicht mehr selbstständig geltend gemacht werden, sie sind im Abwicklungsstadium (BGH NJW 2011, 1732) vielmehr unselbstständige Rechnungsposten der Auseinandersetzungsrechnung (BGHZ 37, 304, stRspr, s. BGH NZG 2006, 460). Dies gilt auch für den Anspruch eines Mitgesellschafters gegen den andern auf anteilige Erstattung nach Erfüllung einer alle Gesamthänder treffenden Gesamtschuld (§ 426 I) und den nach § 426 II übergegangenen Anspruch des Gläubigers (BGHZ 37, 305; 103, 72; BGH NJW 2005, 2620; → § 707 Rn. 2; krit zum Forderungsübergang nach § 426 II Hadding/Häuser WM 1988, 1585 [1592]); es entfällt dann auch die Zahlungspflicht des für den Ausgleichsanspruch akzessorisch haftenden Bürgen (OLG Koblenz NJW-RR 1988, 1250). Ansprüche bestehen aber fort (vgl ähnlich → Rn. 7), wenn schon vor Beendigung der Auseinandersetzung feststeht, dass *mindestens* der verlangte Betrag verlangt werden kann (BGHZ 37, 305; 103, 72; BGH NJW 1980, 1628; BGH WM 1981, 487; BGH NJW-RR 1988, 997; 1991, 549; BGH NJW 1995, 188 mN; 2011, 1731; → § 707 Rn. 1) oder wenn sich aus dem Gesellschaftsvertrag die Selbstständigkeit der Ansprüche ergibt (BGH NJW 1998, 376). Feststellungsklage gegen/auf Berücksichtigung eines Betrages als Auseinandersetzungsposten ist stets zulässig (BGH NJW 1995, 189), bei auf Grund fehlender Auseinandersetzungsrechnung noch unbegründeter Leistungsklage ist entspr Umdeutung geboten (BGH NJW-RR 1993, 1187; BGH NJW 1995, 189; BGH NZG 2002, 519; 2003, 215). Ansprüche aus einem *Drittverhältnis* (vgl → §§ 714, 715 Rn. 11) unterliegen auch im Abwicklungsstadium keiner Durchsetzungssperre und können selbstständig geltend gemacht werden (BGH NZG 2006, 460 – Aufgabe von BGH WM 1971, 932; 78, 90; sa schon BGH NJW-RR 2000, 1296 für den Gegenleistungsanspruch für nach Ausscheiden an Gesellschaft erbrachte Leistung). Kein Anspruch aus einem Drittverhältnis ist gegeben und deshalb isolierte Geltendmachung möglich bei einem Ausgleichanspruch (§ 426 I) wegen vor Ausscheiden entstandener, aber erst danach erfüllter Steuerschuld der Gesellschaft (BGH NJW 2005, 2620).
e) Bei **Abwicklung einer Innengesellschaft** (→ § 705 Rn. 24) nach Auflösung 10
der Gesellschaft (§§ 723–728 Rn. 13) bedarf es wie bei einer vermögenslosen aufgelösten Außengesellschaft (→ Rn. 7) keiner durch die Gesellschafter festgestellten Auseinandersetzungsbilanz, wenn – wie im Regelfalle (§ 705 Rn. 24) – kein zu liquidierendes Gesellschaftsvermögen vorhanden ist. Vielmehr können die übrigen Gesellschafter gegen den ausgleichungspflichtigen „Außengesellschafter", der alle Geschäfte in eigenem Namen abgewickelt hat und die aus der Geschäftstätigkeit erworbenen Vermögensgegenstände treuhänderisch hält, auf Grund einer vereinfachten Auseinandersetzungsrechnung ihre Ausgleichsansprüche unmittelbar *geltend machen* (BGH NJW 2019, 161 Rn. 14 ff.; NJW 1990, 573 = WM 1989, 1850, 1851), vor allem wenn der Zweck der Innengesellschaft nur in einem einzigen Projekt besteht (BGH NJW-RR 2009, 2139 Rn. 15). In diese Auseinandersetzungsrechnung werden grundsätzlich alle wechselseitigen Ansprüche entsprechend §§ 730–735 eingestellt, auch z.B. Nachschussansprüche (§ 735, BGH NJW 2019, 161 Rn. 16) oder Schadensersatzansprüche aus Überschreiten der Geschäftsführungsbefugnisse durch den die Geschäfte führenden „Außengesellschafter" (→ §§ 709–713 Rn. 13, und → § 708 Rn. 1; BGH NJW 2019, 161 Rn. 26; zur Geltung der §§ 709–713 bei Innengesellschaften → § 705 Rn. 24).

4. Sonderregelungen. §§ 145, 149, 154, 155 ff., 235 HGB. 11

Liquidation der rechtsfähigen Gesellschaft gemäß Untertitel 6 §§ 735–739 nF nach der Reform in Kraft ab 1.1.2024

Vorbemerkung

Die Vorschriften des Kapitel 6 ersetzen inhaltlich die Normen §§ 729–735 aF über die Auseinandersetzung der GbR. Dabei folgt das reformierte Recht in Aufbau, Terminologie und Inhalt sehr stark der Regelung für Handelsgesellschaften nach dem Muster der Liquidation der OHG in §§ 143 ff. HGB nF (Art. 51 Nr. 3 MoPeG) in Kraft ab 1.1.2024. Die Gesetzesbegründung (BT-Drs. 19/27635 S. 182) erhofft sich von der Neufassung bessere Übersicht verglichen mit dem alten Rechtszustand. Entgegen ihren Angaben ersetzt die Neuregelung auch § 729 Satz 1 aF, der wie künftig § 146 II HGB nF eine Übergangsregelung zu Gunsten der seither geschäftsführungs- und vertretungsberechtigten Gesellschafter enthält.

§ 735 *Notwendigkeit der Liquidation; anwendbare Vorschriften*

(1) [1]Nach Auflösung der Gesellschaft findet die Liquidation statt, sofern nicht über das Vermögen der Gesellschaft das Insolvenzverfahren eröffnet ist. [2]Ist die Gesellschaft durch Löschung wegen Vermögenslosigkeit aufgelöst, findet eine Liquidation nur statt, wenn sich nach der Löschung herausstellt, dass noch Vermögen vorhanden ist, das der Verteilung unterliegt.

(2) [1]Die Gesellschafter können anstelle der Liquidation eine andere Art der Abwicklung vereinbaren. [2]Ist aufgrund einer Vereinbarung im Gesellschaftsvertrag die Gesellschaft durch die Kündigung eines Privatgläubigers eines Gesellschafters oder durch die Eröffnung des Insolvenzverfahrens über das Vermögen eines Gesellschafters aufgelöst, bedarf eine Vereinbarung über eine andere Art der Abwicklung der Zustimmung des Privatgläubigers oder des Insolvenzverwalters. [3]Ist im Insolvenzverfahren Eigenverwaltung angeordnet, tritt an die Stelle der Zustimmung des Insolvenzverwalters die Zustimmung des Schuldners.

(3) Die Liquidation erfolgt nach den folgenden Vorschriften dieses Kapitels, sofern sich nicht aus dem Gesellschaftsvertrag etwas anderes ergibt.

§ 736 *Liquidatoren*

(1) Zur Liquidation sind alle Gesellschafter berufen.

(2) Ist über das Vermögen eines Gesellschafters das Insolvenzverfahren eröffnet und ein Insolvenzverwalter bestellt worden, tritt dieser an die Stelle des Gesellschafters.

(3) Mehrere Erben eines Gesellschafters haben einen gemeinsamen Vertreter zu bestellen.

(4) [1]Durch Vereinbarung im Gesellschaftsvertrag oder durch Beschluss der Gesellschafter können auch einzelne Gesellschafter oder andere Personen zu Liquidatoren berufen werden. [2]Das Recht, einen solchen Liquidator nach § 736a Absatz 1 Satz 1 zu berufen, bleibt unberührt.

(5) Hat nach dem Gesellschaftsvertrag die Mehrheit der Stimmen zu entscheiden, gilt dies im Zweifel nicht für die Berufung und Abberufung eines Liquidators.

§ 736a *Gerichtliche Berufung und Abberufung von Liquidatoren*

(1) [1]Ist die Gesellschaft im Gesellschaftsregister eingetragen, kann auf Antrag eines Beteiligten ein Liquidator aus wichtigem Grund durch das Gericht, in dessen Bezirk die Gesellschaft ihren Sitz hat, berufen und abberufen werden. [2]Eine Vereinbarung im Gesellschaftsvertrag, welche dieses Recht ausschließt, ist unwirksam.

(2) Beteiligte sind:
1. jeder Gesellschafter (§ 736 Absatz 1),
2. der Insolvenzverwalter über das Vermögen des Gesellschafters (§ 736 Absatz 2),
3. der gemeinsame Vertreter (§ 736 Absatz 3) und
4. der Privatgläubiger des Gesellschafters, durch den die zur Auflösung der Gesellschaft führende Kündigung erfolgt ist (§ 735 Absatz 2 Satz 2).

(3) [1]Gehört der Liquidator nicht zu den Gesellschaftern, hat er Anspruch auf Ersatz der erforderlichen Aufwendungen und auf Vergütung für seine Tätigkeit. [2]Einigen sich der Liquidator und die Gesellschaft hierüber nicht, setzt das Gericht die Aufwendungen und die Vergütung fest. [3]Gegen die Entscheidung ist die Beschwerde zulässig; die Rechtsbeschwerde ist ausgeschlossen. [4]Aus der rechtskräftigen Entscheidung findet die Zwangsvollstreckung nach der Zivilprozessordnung statt.

§ 736b Geschäftsführungs- und Vertretungsbefugnis der Liquidatoren

(1) [1]Mit der Auflösung der Gesellschaft erlischt die einem Gesellschafter im Gesellschaftsvertrag übertragene Befugnis zur Geschäftsführung und Vertretung. [2]Diese Befugnis steht von der Auflösung an allen Liquidatoren gemeinsam zu.

(2) Die bisherige Befugnis eines Gesellschafters zur Geschäftsführung und, sofern die Gesellschaft nicht im Gesellschaftsregister eingetragen ist, zur Vertretung gilt gleichwohl zu seinen Gunsten als fortbestehend, bis er von der Auflösung der Gesellschaft Kenntnis erlangt hat oder die Auflösung kennen muss.

§ 736c Anmeldung der Liquidatoren

(1) [1]Ist die Gesellschaft im Gesellschaftsregister eingetragen, sind die Liquidatoren und ihre Vertretungsbefugnis von sämtlichen Gesellschaftern zur Eintragung in das Gesellschaftsregister anzumelden. [2]Das Gleiche gilt für jede Änderung in der Person des Liquidators oder seiner Vertretungsbefugnis. [3]Wenn im Fall des Todes eines Gesellschafters anzunehmen [illegible] entspricht, kann die Eintragung erfolgen, auch ohne dass die Erben bei der Anmeldung mitwirken, sofern einer solchen Mitwirkung besondere Hindernisse entgegenstehen.

(2) Die Eintragung gerichtlich berufener Liquidatoren sowie die Eintragung der Abberufung von Liquidatoren geschieht von Amts wegen.

§ 736d Rechtstellung der Liquidatoren

(1) [1]Die Liquidatoren haben, auch wenn sie vom Gericht berufen sind, den Weisungen Folge zu leisten, welche die Beteiligten in Bezug auf die Geschäftsführung beschließen. [2]Hat nach dem Gesellschaftsvertrag die Mehrheit der Stimmen zu entscheiden, bedarf der Beschluss der Zustimmung der Beteiligten nach § 736a Absatz 2 Nummer 2 und 4.

(2) [1]Die Liquidatoren haben die laufenden Geschäfte zu beendigen, die Forderungen der Gesellschaft einzuziehen und das übrige Vermögen in Geld umzusetzen. [2]Zur Beendigung der laufenden Geschäfte können die Liquidatoren auch neue Geschäfte eingehen.

(3) Ist die Gesellschaft im Gesellschaftsregister eingetragen, haben die Liquidatoren bei Abgabe ihrer Unterschrift dem Namen der Gesellschaft einen Liquidationszusatz beizufügen.

(4) [1]Aus dem Vermögen der Gesellschaft sind zunächst die Gläubiger der Gesellschaft zu befriedigen. [2]Ist eine Verbindlichkeit noch nicht fällig oder ist sie streitig, ist das zur Berichtigung der Verbindlichkeit Erforderliche zurückzubehalten.

(5) [1]Aus dem nach der Berichtigung der Verbindlichkeiten verbleibenden Gesellschaftsvermögen sind die geleisteten Beiträge zurückzuerstatten. [2]Für Beiträge, die

nicht in Geld bestanden haben, ist der Wert zu ersetzen, den sie zur Zeit der Einbringung gehabt haben. [3]Für Beiträge, die in der Leistung von Diensten oder in der Überlassung der Benutzung eines Gegenstands bestanden haben, kann im Zweifel kein Ersatz verlangt werden.

(6) Das nach Berichtigung der Verbindlichkeiten und Rückerstattung der Beiträge verbleibende Vermögen der Gesellschaft ist unter den Gesellschaftern nach dem Verhältnis ihrer Anteile am Gewinn und Verlust zu verteilen.

§ 737 Haftung der Gesellschafter für Fehlbetrag

[1]Reicht das Gesellschaftsvermögen zur Berichtigung der Verbindlichkeiten und zur Rückerstattung der Beiträge nicht aus, haben die Gesellschafter der Gesellschaft für den Fehlbetrag nach dem Verhältnis ihrer Anteile am Gewinn und Verlust aufzukommen. [2]Kann von einem Gesellschafter der auf ihn entfallende Betrag nicht erlangt werden, haben die anderen Gesellschafter den Ausfall nach dem gleichen Verhältnis zu tragen.

§ 738 Anmeldung des Erlöschens

Ist die Gesellschaft im Gesellschaftsregister eingetragen, ist ... Gesellschaft von sämtlichen Liquidatoren zur Eintragung in das Gesellschaftsregister anhzumelden, sobald die Liquidation beendet ist.

§ 739 Verjährung von Ansprüchen aus der Gesellschafterhaftung

(1) Ist die G... gegen einen Ges...ation oder auf andere Weise erloschen, verjähren die Ansprüche ... sofern nicht der Anspruch gegen die ... Verbindlichkeiten der Gesellschaft ... fünf Jahren, ... gegen die Gesellschaft einer kürzeren Verjährung unterliegt.

(2) Die Verjährun... Gesellschaft Kenntnis erlangt oder das Erlö... bald der Gläubiger von dem Erlöschen ...sregister eingetragen worden ist. ... schaft im Gesel... Verjährung des Anspruchs gegen die Gesellschaft ... der Gesell-

... Anspruchs gegenüber der Gesellschaft nach den §§ 203, 204, 206 ge... Zeit ...

(3) Begin... Verjährung..., wirkt dies auch gegenüber den Gesellschaftern, die der Gesellschaft zur ... Erlöschens angehört haben.

Anmerkungen zu den §§ 735–739 nF in Kraft ab 1.1.2024

1 **1. Notwendige Liquidation.** *§ 735 I Satz 1 nF* ordnet die obligatorischen Liquidation nach Auflösung an wie schon § 730 aF die obligatorische Auseinandersetzung, sofern nicht nach der InsO abzuwickeln ist. *§ 735 I Satz 2 nF* korrespondiert mit *§ 729 III S. 1 Nr. 2 nF*, der bei Vermögenslosigkeit einer GbR ohne persönlich haftende natürliche Person die liquidationslose Löschung mit der Folge der Auflösung anordnet und eine Liquidation überflüssig macht, soweit sich nicht ausnahmsweise nach Löschung doch noch vorhandenes Vermögen herausstellt (sa §§ 729–734 nF Rn. 1). *§ 735 II Satz 1 u. III nF* verweisen auf die auch für die Abwicklung geltende Vertragsfreiheit der Parteien, die eine von den *§§ 735 ff. nF* abweichende Art der Abwicklung vorsehen können. So könnte sich z.B. für Altverträge die Wahl der §§ 72ff. aF anbieten, falls der Vertrag bereits ohnehin den Besonderheiten der GbR angepasste modifizierte Auseinandersetzungsvorschriften enthält. Der Gesetzgeber denkt bei abweichenden Liquidationsvereinbarungen insbesondere an atypische Liquidationsverfahren, die eine Zerschlagung des von der GbR betriebenen Unternehmens vermeiden, wie Übernahme des ganzen Unternehmens durch einen Gesellschafter, Realaufteilung des Unternehmens unter die Gesellschafter, Übertragung des Unternehmens insgesamt auf Dritte oder Einbrin-

gung in eine bestehende oder neu gegründete Gesellschaft (dazu BT-Drs. 19/27635 S. 182 f. unter Hinweis auf MüKoHGB/K. Schmidt, 4. Auf. 2016, § 145 Rn. 38–42). Unklarheiten lässt die Gesetzesbegründung bei der Bestimmung von Grenzen der Parteidisposition, soweit Schutzvorschriften zu Gunsten Dritter wie z.B. *§ 736d IV nF* (vorrangige Gläubigerbefriedigung) betroffen sind, und verweist auf klärende Rechtsprechung – vielleicht doch ein deutlicher Hinweis auf die mit einer gewillkürten Liquidation verbundenen Unsicherheiten und Gefahren, die dem Gesellschaftsrechtssenat ein weites Arbeitsfeld richterlicher Gestaltung eröffnen. *§ 735 III nF* entspricht inhaltlich § 731 Satz 1 aF, indem er den grundsätzlichen Vorrang von Parteivereinbarungen eigens festschreibt. Der praktisch nicht sehr bedeutsame Hinweis des § 731 Satz 2 aF auf die hilfsweise Geltung der §§ 741 ff. ist nicht übernommen. Die Parteidisposition über die Abwicklung hat deutliche gesetzliche Grenzen in zwei erwähnten Fällen, in denen die Abwicklung auch im unmittelbaren Interesse Dritter erfolgt, nämlich soweit auf Grund gesellschaftsvertraglicher Gestaltung *(§ 729 III nF)* Auflösung der Gesellschaft und nicht nur Ausscheiden eines Gesellschafters in Fällen der Insolvenz über das Vermögen eines Gesellschafters (vgl.*§§ 723 I Nr. 3, 728* mit *§ 736 II nF*) oder der Kündigung der Mitgliedschaft durch einen vollstreckenden Privatgläubiger (*§§ 723 I Nr. 4, 726 nF*) erfolgt; hier werden die Betroffenen vor nachteiligen Abwicklungsvereinbarungen dadurch geschützt, dass sie der Zustimmung des Insolvenzverwalters – bei Eigenverwaltung (§ 170 InsO) des insolventen Gesellschafters – oder des Privatgläubigers bedürfen.

2. Liquidatoren. sind grundsätzlich alle Gesellschafter **(§ 736 I nF)** bzw. der die Befugnisse eines insolventen Gesellschafters wahrnehmende Insolvenzverwalter (*§ 736 II nF*; dazu oben → Rn. 1; und Einzelheiten bei MüKoHGB/K. Schmidt, 4. Aufl. 2016, § 146 HGB Rn. 45 u. 47). Dies entspricht der Regelung der *§§ 715, 720 nF* für die „lebende" GbR und des § 730 I aF für das seitherige Auseinandersetzungsverfahren (dazu → §§ 729, 730 aF Rn. 2). Der Gesellschaftsvertrag oder eine während der Abwicklung geschlossene Vereinbarung der Gesellschafter kann aber die Berufung nur eines Gesellschafters oder mehrerer bestimmter Gesellschafter und sogar Dritter vorsehen (*§ 736 III nF*), wobei bei Berufung oder Abberufung Einstimmigkeit die Regel darstellt und sonst für Gesellschafterbeschlüsse bestehende vertragliche Mehrheitsregelungen im Zweifel keine Anwendung finden (*§ 736 V nF*; sa *§ 736b I Satz 2 nF*)). Mehrere Erben eines Gesellschafters, dessen Tod aufgrund vertraglicher Vereinbarung zur Auflösung geführt hat ((vgl.*§§ 723 Nr. 1, 729 IV* nF) oder während der Liquidation eintritt, so dass eine gesellschaftsrechtliche Nachfolge der einzelnen Miterben in den Gesellschaftsanteil nicht in Frage kommt (s. *§ 711 II nF*; dazu → *§§ 711, 713 nF* Rn. 2 u. → § 2032 Rn. 6 f.), müssen einen Vertreter bestellen (*§ 736 III nF*), damit die Liquidation nicht durch die Mitwirkung einer Erbengemeinschaft (§ 2038!) erschwert wird. 2

3. Gerichtliche Berufung und Abberufung von Liquidatoren. Bei einer im Gesellschaftsregister eingetragenen GbR kann auf Antrag aus wichtigem Grund das Gericht des Sitzes der Gesellschaft einen Liquidator berufen oder abberufen (*§ 736a I nF*). Antragsberechtigt (*§ 736 a II nF*) sind die einzelnen Gesellschafter, der Insolvenzverwalter über das Vermögen eines Gesellschafters iSv *§ 736 II nF* (dazu oben *Rn. 1 u. 2*), der gemeinsame Vertreter mehrerer nicht in die Gesellschaft gemäß *§ 711 II nF* nachrückender Erben (*§ 736 III nF*; dazu oben Rn. 2) und der in einen Gesellschaftsanteil vollstreckende Privatgläubiger (*§§ 735 II Satz 2, 726* nF; dazu oben Rn. 1), wobei es sich bei den Nichtgesellschaftern um kein in voller Zahl allzu häufiges Phänomen handeln dürfte, weil sie nur in Sonderfällen (gesellschaftsvertraglicher Erweiterung der Auflösungsgründe oder fehlende testamentarische Vorsorge eines Gesellschafters) auftreten. Gerichtliche Berufung von Nichtgesellschaftern führt zu der in *§ 736a III* nF näher beschriebenen Vergütungspflicht, die alle bereits von § 265 IV AktG bekannten Regelungsdefizite importiert (dazu die Begründung BT-Drs. aaO S. 185). Die Gesetzesbegründung geht davon aus, dass an die Berufung fremder Dritter vor allem bei körperschaftlich strukturierten GbRs 3 wie Publikumsgesellschaften als notwendiges Korrektiv gegen drohende Verschleierung von Unregelmäßigkeiten gedacht war und bei personalistische strukturierten GbRs weniger Bedarf bestehen wird. Sie schließt auch zu Recht eine analoge Anwendung im Falle nicht registrierter GbRs nicht völlig aus (BT-Drs. aaO S. 184).

4 **4. Geschäftsführungs- und Vertretungbefugnis.** *§ 736b nF* entspricht inhaltlich §§ 729 Satz 1 aF u. 730 II Satz 2 aF (hierzu die Gesetzesbegründung BT-Drs. 19/27635 S. 185). ***§ 736b I nF*** konstatiert das Ende der Geschäftsführungs- und Vertretungsbefugnis, wie sie der Gesellschaftsvertrag für die Zeit vor der Auflösung regelt, und diese Befugnisse stehen nun allen Liquidatoren gemeinsam zu, allerdings nur soweit der Gesellschaftsvertrag für die Zeit nach der Auflösung nichts anderes bestimmt (*§ 736 II nF*; dazu oben Rn. 2). Für die Phase der Liquidation decken sich nach der Vorstellung des Gesetzgebers Geschäftsführungs- und Vertretungsbefugnis anders als vor der Auflösung (s. *§§ 715, 720 nF*; s. aber zum alten Recht § 714 aF), und es ist zweifelhaft, ob eine vertragliche Regelung hiervon abweichen könnte. *§ 736b II nF* übernimmt die Regelung des § 729 Satz 1 aF, die den gutgläubigen Gesellschafter schützt, solange er von der Auflösung noch keine Kenntnis erlangt hat und auch die Auflösung nicht kennen musste. Für die Vertretungsbefugnis gilt dies aber nur im Falle einer nicht ins Gesellschaftsregister eingetragenen Gesellschaft. Bei der eingetragenen GbR kann sich der Geschäftsgegner des vertretungsbefugten Gesellschafters so lange auf die Vertretungsbefugnis berufen, wie sie im Gesellschaftsregister eingetragen ist, wobei der Gesellschafter an der Änderung der Eintragung selbst mitzuwirken hat (s. *§§ 707a III Satz 1 nF, 736c I nF*, 15 II HGB). Die Wirksamkeit der Willenserklärungen des Gesellschafters namens der GbR bleibt also bis zur Änderung der Eintragung bestehen und bindet die GbR, so dass die Frage der Gutgläubigkeit idR nur für eine Haftung im Innenverhältnis wegen einer Überschreitung der Geschäftsführungsbefugnis entscheidend werden kann.

5 **5. Anmeldung der Liquidatoren im Gesellschaftsregister.** Nach ***§ 736c I*** müssen die Gesellschafter die Liquidatoren und ihre Vertretungsberechtigung beim Handelsregister anmelden, und zwar unabhängig davon, ob sie selbst Liquidator sind oder nicht. Die Eintragung ist für die Vertretungsbefugnis nicht konstitutiv, aber zum Schutz des Rechtsverkehrs wegen der Wirkung des § 15 HGB (*§ 707a III nF*) notwendig. Soweit die Vertretungsberechtigung eines Liquidators oder ihre Beendigung bzw. Änderung durch Gerichtsbeschluss angeordnet wird (*§ 736a nF*), erfolgt die Eintragung auf Anordnung des Gerichts von Amts wegen (*§ 736c II nF*).

6 **6. Aufgaben und rechtliche Stellung der Liquidatoren.** Die Liquidatoren müssen gemäß *§ 736a I nF* die ***Weisungen** der Beteiligten* im Sinne des *§ 736a II* nF beachten, also insbesondere der Gesellschafter, des gemeinsamen Vertreters der Erben eines verstorbenen Gesellschafters und des in den Gesellschaftsanteil vollstreckenden Privatgläubigers oder Insolvenzverwalters über das Vermögen eines insolventen Gesellschafters (zu deren Position schon *§§ 735–739 nF* Rn. 1). Soweit nicht einstimmig zu entscheiden ist, wie dies der gesetzlichen Grundregel des *§ 714 nF* entspricht, sondern der Gesellschaftsvertrag allgemein oder für die Entscheidung nach *§ 736a I* nF Stimmenmehrheit genügen lässt, müssen besondere Vermögensinteressen verfolgende Beteiligte (Insolvenzverwalter, vollstreckender Privatgläubiger) wie schon bei Vereinbarung von abweichenden Abwicklungsarten *(§ 735 II nF*; oben → Rn. 1) gesondert zustimmen. Allerdings dürfen diese „Sonderbeteiligten" bei ihrer Beschlusskontrolle ihre Rechtsposition nicht zu Blockaden missbrauchen, *die z.B. die Fehl*betragshaftung (*§ 737 nF*) oder die Gesellschafterhaftung (*§ 739 nF*) der Gesellschafter zu verschärfen geeignet sind, und sich dabei dem Vorwurf des Rechtsmissbrauchs (§ 242) aussetzen (so zutreffend die Gesetzesbegründung BT-Drs. aaO S. 187). *§ 736d II nF* legt für die Liquidatoren in groben Zügen den Beginn eines **Liquidationsprogramms** fest: laufende Geschäfte beendigen einschließlich der möglichen Erleichterung durch neue Hilfsgeschäfte, Forderungen

einziehen einschließlich der Forderungen gegen Gesellschafter aus Drittgeschäften, Versilberung des übrigen Vermögens. Die Versilberung des gesamten übrigen Vermögens schließt künftig eine Realteilung übrigen Vermögens unter den Gesellschafter aus, wie sie §§ 731 Satz 2 aF iVm § 753 durchaus noch vorsieht (dazu §§ 731–735 aF Rn. 5). Dieser Effekt kann aber z.T. auch dadurch erzielt werden, dass die an Realteilung interessierten Gesellschafter den Versilberungspreis zahlen und sich dann mit ihrem Anteil am Gewinn wieder ganz oder teilweise erholen. Es ist auch möglich, dass sich die Gesellschafter und die „Sonderbeteiligten" noch auf die Möglichkeit einer Realteilung während des Liquidationsverfahrens einigen, falls nicht schon der Gesellschaftsvertrag diese Möglichkeit erwähnt (sa Vorbemerkung zu *§§ 729–734 nF Rn. 2*) *§ 736d IV nF* ist § 733 I aF nachgebildet und ordnet als nächsten Schritt der Liquidation die **Befriedigung der Gesellschaftsgläubiger** an, wozu auch Gesellschafter mit ihren Forderungen aus Drittverhältnisse oder mit ihren offenen Ansprüchen aus dem Gesellschaftsvertrag gehören (→ §§ 731–735 aF Rn. 3), verbunden mit Rückstellungen für noch nicht fällige oder streitige Verbindlichkeiten. *§ 736d V nF* beschreibt nach dem Vorbild des § 733 II aF als nächste Abwicklungsstufe die Rückerstattung der geleisteten Beiträge bzw. Einlagen soweit möglich und in *§ 736d VI nF*, der dem § 734 aF nachgebildet ist, die aus einem verbleibenden Überschuss nach dem Verhältnis der Gewinn- und Verlustverteilung (*§ 709 III nF*) auszuzahlenden Überschussanteile der Gesellschafter. *§ 736d V nF* formuliert auch Bewertungsregeln für zurückzuerstattende Einlagen, die nicht in Geldzahlungen bestanden haben: im Zweifel kein Ersatz für geleistete Dienste oder Nutzungsgewährung an Gegenständen, im Übrigen Wertersatz nach Zeitwert im Zeitpunkt der Erbringung (→ §§ 731–735 aF Rn. 4 zur seitherigen Rspr.) Offengelassen hat der Gesetzgeber *Notwendigkeit, Art und Zeitpunkt eines Rechnungsabschlusses* sowie die Frage nach einer *Durchsetzungssperre* während des Liquidationsverfahrens für wechselseitige Forderungen zwischen Gesellschaftern und GbR, und er tut es darin der alten Gesetzesfassung gleich (vgl. → §§ 731–735 aF Rn. 6 u. 9 mit Nachweisen zum richterlichen Fallrecht). Feste Regeln lassen sich in der Tat nicht aufstellen. Die *Pflicht zur Buchführung und Ergebnisrechnung* bei einer GbR in Liquidation reicht je nach der Art des Gesellschaftszwecks und dem Geschäftsumfang von einer schlichten Rechnungslegungspflicht (§ 259) bis zur Pflicht zur Buchführung mit geordneter Kontenführung und zeitlich abgeschichteter Bilanzierung sowie Gewinn- und Verlustrechnung mit Jahresabschlüssen und Schlussbilanz (dazu → §§ 721, 722 aF Rn. 3). Die von der Rspr. im Rahmen des Auseinandersetzungsverfahrens entwickelte *Durchsetzungssperre* verlangt den Gesellschaftern und der GbR in Liquidation grundsätzlich ein wechselseitiges Stillhalten bis zur Schlussrechnung bzw. Schlussbilanz ab, die dann Gegenstand prozessualer Auseinandersetzung sein kann. Die Durchsetzungssperre wird indessen zu Recht flexibel gehandhabt. Sie kann in rechnerisch eindeutigen Fällen durchbrochen werden und schließt auch Feststellungsklagen nicht aus (→ §§ 731–735 aF Rn. 9 mN). Eine allgemeine Regel, die diese Grundsätze festhält, wäre wünschenswert und wichtiger gewesen als etwa die Vorschrift des *§ 736d III nF*, die sich mit der Art der Unterschrift der Liquidatoren befasst.

7. Fehlbetragshaftung der Gesellschafter. Die Haftung der Gesellschafter für Fehlbeträge gemäß ***§ 737 nF*** übernimmt weithin § 735 aF (dazu → §§ 731–735 aF Rn. 5). Wichtig ist dabei, dass die Verlustbeteiligung der Deckung von Schulden *und* ausstehender Einlagenrückzahlung dient. Der Verteilungsmaßstab verweist auf *§ 709 III nF* (→ *§§ 709 III–718 nF* Rn. 1). 7

8. Anmeldung des Erlöschens. ***§ 738 nF*** ordnet die Anmeldung des Erlöschens der GbR nach Beendigung der Liquidation und damit der Vollbeendigung der GbR als Rechtsträger durch alle Gesellschafter an. Diese obligatorische Registrierung ist für das Erlöschen der GbR nicht konstitutiv, dient aber der Information und dem Schutz der gutgläubigen Teilnehmer des Rechtsverkehrs, die sich insbesondere bei fehlender Registrierung im Gesellschaftsregister bei missbräuchlichem Fortwirken 8 der früheren Gesellschafter oder Liquidatoren trotz der Vollbeendigung im Namen der GbR in Liquidation auf eine dem Registerstand entsprechende Haftung der Handelnden berufen können (*§§ 707a III nF*, 15 HGB); zur Terminologie der Vorschrift BT-Drs. 19/27635 S. 188.

9 **9. Ansprüche aus der Gesellschafterhaftung.** Die Frage nach der Forthaftung der Gesellschafter der GbR gemäß *§§ 721–721b nF* wird sich regelmäßig nicht stellen, weil die Fehlbetragshaftung der Gesellschafter nach *§ 737 nF* (→ oben Rn. 7) meist zu einer vollen Befriedigung der Gläubiger im Rahmen des Liquidationsverfahrens führen wird. Jedoch kann beispielsweise nach Insolvenzverfahren eine akzessorische Forthaftung der Gesellschafter einer GbR in Frage kommen, wenn etwa der Insolvenzplan die Forthaftung der GbR nach Verfahrensbeendigung bestimmt (s. § 227 I u. II InsO idF des Art. 35 Nr. 7 b MoPeG) oder wenn es bei Nichteröffnung oder Einstellung des Insolvenzverfahrens mangels Masse (§§ 207 ff. InsO) auch unter Beachtung des *§ 729 III nF* ausnahmsweise zu einer Nachhaftung (§ 215 II InsO) kommt (zum Ganzen die Andeutungen in der Gesetzesbegründung BT-Drs. aaO S. 189). Allerdings kann sich der Gesellschafter auf die gegenüber der GbR eingetretene Verjährung berufen *(§ 721b nF)*, so dass angesichts der kurzen Regelverjährung von drei Jahren (§ 195) eine Gesellschafterhaftung nur noch selten in Frage kommt, wenn beim Anspruch gegen die GbR besondere längere Verjährungsfristen oder Hemmungsvorschriften greifen. Für solche Fälle legt *§ 739 Abs. 1 nF* eine besondere Verjährungsfrist von fünf Jahren fest, die nach *§ 739 II nF* zu dem Zeitpunkt beginnt, in dem beim Gläubiger Kenntnis des Erlöschens der GbR gegeben ist oder die Eintragung des Erlöschens im Gesellschaftsregister erfolgt. *§ 739 III nF* stellt klar, dass Neubeginn und Hemmung der Verjährung des Anspruchs gegen die GbR auch für die akzessorischen Ansprüche gegen die Gesellschafter gilt (zu Einzelfragen sehr gründlich BT-Drs. aaO S. 189 f.).

Ausscheiden von Gesellschaftern und damit verbundene Rechtsfragen gemäß §§ 736, 737 aF und §§ 738–740 aF (in Kraft bis 31.12.2023)

§ 736 Ausscheiden eines Gesellschafters, Nachhaftung

(1) **Ist im Gesellschaftsvertrag bestimmt, dass, wenn ein Gesellschafter kündigt oder stirbt oder wenn das Insolvenzverfahren über sein Vermögen eröffnet wird, die Gesellschaft unter den übrigen Gesellschaftern fortbestehen soll, so scheidet bei dem Eintritt eines solchen Ereignisses der Gesellschafter, in dessen Person es eintritt, aus der Gesellschaft aus.**

(2) **Die für Personenhandelsgesellschaften geltenden Regelungen über die Begrenzung der Nachhaftung gelten sinngemäß.**

§ 737 Ausschluss eines Gesellschafters

[1]Ist im Gesellschaftsvertrag bestimmt, dass, wenn ein Gesellschafter kündigt, die Gesellschaft unter den übrigen Gesellschaftern fortbestehen soll, so kann ein Gesellschafter, in dessen Person ein die übrigen Gesellschafter nach § 723 Abs. 1 Satz 2 zur Kündigung berechtigender Umstand eintritt, aus der Gesellschaft ausgeschlossen werden. [2]Das Ausschließungsrecht steht den übrigen Gesellschaftern gemeinschaftlich zu. [3]Die Ausschließung erfolgt durch Erklärung gegenüber dem auszuschließenden Gesellschafter.

Anmerkungen zu den §§ 736, 737

Lit.: Gehrlein, Neue Tendenzen zum Verbot der freien Hinauskündigung eines Gesellschafters, NJW 2005, 1969; Heckelmann, Abfindungsklauseln in Gesellschaftsverträgen, 1973; Rimmelspacher, Das Recht auf Übernahme des Gesellschaftsvermögens in der Zweimann-Gesellschaft des Bürgerlichen Rechts, AcP 173, 1; H. Wiedemann, Die Übertragung und Vererbung von Mitgliedschaftsrechten bei Handelsgesellschaften, 1965.

1. Ausscheiden eines Gesellschafters und seine Folgen. Beide Vorschriften 1 behandeln das **Fortbestehen der Gesellschaft** trotz Ausscheidens eines Gesellschafters nicht erschöpfend. Neben weiteren Formen des Ausscheidens sind denkbar der Neueintritt eines Gesellschafters und die Abtretung eines Gesellschaftsanteils. Nach dem Grundsatz der personellen Geschlossenheit der Gesellschaft müssen personelle Veränderungen stets im Gesellschaftsvertrag vorgesehen sein, weil kein Gesellschafter sie gegen seinen Willen hinzunehmen braucht. Die **Wirkungen** personeller Änderungen regeln §§ 738–740 und der neu eingefügte § 736 II (vgl → §§ 738–740 Rn. 2).

2. Fortbestand der Gesellschaft bei Ausscheiden (§ 736). a) Das Gesetz 2 regelt die **Fälle des Fortbestehens** nicht abschließend. Der Gesellschaftsvertrag kann auch in anderen Fällen das Ausscheiden eines Gesellschafters bei Fortbestand der Gesellschaft vorsehen, zB bei Kündigung durch einen Pfandgläubiger (§ 725; ähnlich OLG Frankfurt a. M. NZG 1999, 990), bei Erreichen einer Altersgrenze oder bei Wiederverheiratung usw. **b) Voraussetzung** des Fortbestehens sind entwe- 3
der gesellschaftsvertragliche Vereinbarung oder einstimmiger Beschluss (regelmäßig *vor* Eintritt des Auflösungstatbestandes, aber auch → §§ 723–728 Rn. 2) oder Mehrheitsbeschluss, wenn ihn der Gesellschaftsvertrag für *diesen* Fall (vgl → §§ 709–713 Rn. 8) vorsieht. Eine solche Fortsetzungsklausel schränkt das Kündigungsrecht der ausscheidenden Gesellschafter nicht unzulässig iSd § 723 III ein (auch → §§ 723–728 Rn. 7), selbst wenn die vertraglichen Abfindungsregeln wegen unangemessener Benachteiligung der ausscheidenden Gesellschafter unwirksam sind (BGH NJW 2008, 1945; 2990; dazu → §§ 738–740 Rn. 8). Sie findet auch Anwendung, wenn die Mehrheit der Gesellschafter die Mitgliedschaft kündigt (BGH NJW 2008, 1944 f.). Ein gesellschaftsvertragliches Ausscheiden von Gesellschaftern gilt auch dann, wenn der Ausscheidenstatbestand erst im Abwicklungsstadium erfüllt ist (BGH WM 1964, 1086 für Konkurs bzw Betriebseinstellung eines Gesellschafters; aA für Kündigung gegenüber einer Publikums-KG BGH NJW 1979, 765). Sofern die Gesellschafter erst *nach* Eintritt des Auflösungstatbestandes (zB Kündigung) die Fortsetzung beschließen und damit den Gesellschaftsvertrag ändern, muss auch der ausscheidende Gesellschafter der Fortsetzung zustimmen (BGHZ 48, 254 ff.). **c)** Sofern 4
Kündigung ein Ausscheidenstatbestand ist und die Kündigung durch einen *wichtigen Grund* verursacht ist, kann die Fortsetzungsklausel für diesen Fall einschränkend auszulegen oder die Berufung auf die Fortsetzungsklausel unzulässige Rechtsausübung sein, wenn das Ausscheiden dem Gesellschafter gegenüber der Auflösung Nachteile bringt (RGZ 162, 392 [394]; → §§ 723–728 Rn. 7). Ebenso kann die Berufung auf die Ausschlusswirkung einer Kündigung rechtsmissbräuchlich sein, falls ein Gesellschafter in arglistiger Weise die Pfändung des Anteils eines Mitgesellschafters und damit die Kündigung veranlasst hat (BGHZ 30, 200 ff.). Beim Massenaustritt aus einer Publikumsgesellschaft ist die Fortsetzungsklausel uU unanwendbar (OLG Stuttgart JZ 1982, 766 mAnm von U. Schneider; s. aber OLG Hamm NJW-RR 2000, 917: Massenkündigung der Anleger bei Treuhandgesellschafter). Bestimmt der Gesellschaftsvertrag, dass die Gesellschaft bei Kündigung eines Gesellschafters fortgesetzt wird, handelt es sich idR um eine allg Fortsetzungsklausel, die auch dann gilt, wenn mehrere Gesellschafter kündigen (BGH NJW 2008, 1944).
d) Die Fortsetzung der Gesellschaft erfordert **zwei verbleibende Gesellschafter,** 5
weil es die Einmannpersonalgesellschaft nicht gibt (BGH NJW 2008, 2992; 2010, 3100; 2011, 3671; BayObLGZ 1987, 57; aA Baumann BB 1998, 225; Weimar ZIP 1997, 1769; vgl → § 705 Rn. 17; → §§ 718–723 Rn. 8; → §§ 723–728 Rn. 3). Scheidet der vorletzte Gesellschafter aus, kommt es zu einer liquidationslosen Beendigung der Gesellschaft und zur Anwachsung des Gesellschaftsvermögens beim letzten verbliebenen Gesellschafter (BGH NJW 2011, 3671; 2010, 3100; 2008, 2993; BVerwG NJW 2011, 3671; KG ZIP 2007, 1506; auch → Rn. 3); aber uU fortbeste-

hende Parteifähigkeit für Entscheidung über Zulässigkeit einer Berufung (BGH NJW 2010, 3100). Die Gesellschafter können aber auch die **Übernahme des Gesellschaftsvermögens durch nur einen Gesellschafter** vereinbaren, der dann ohne bes Übertragungsakt sein Alleininhaber wird (BGHZ 32, 314; BGH NJW 1966, 827; 1992, 2758; 1994, 796; BGH NJW-RR 1993, 1443; OLG Köln NJW 1995, 2232; OLG Hamm NJW-RR 2000, 482; Soergel/Stürner § 925 Rn. 7): nach § 140 I 2 HGB, § 738 erfolgt Anwachsung; bei Wohnungseigentums-GbR trotz fehlenden Grundbucheintrags (OLG Köln NJW-RR 2002, 519). Die Fortsetzungsklausel der ursprünglich mehrgliedrigen Gesellschaft ist bei späterer Zweigliedrigkeit als Übernahmeklausel auszulegen (OLG München BB 1981, 1117; OLG Stuttgart
6 NZG 2004, 768). **e)** Die **Anfechtung** einer Vereinbarung über das Ausscheiden oder ein ansonsten fehlerhaft vollzogenes Ausscheiden eines Gesellschafters führen idR nicht zur Wiedereinsetzung des Gesellschafters (BGH NJW 1969, 1483; 1992, 1504; BGH NJW-RR 2003, 533), insoweit gelten die Regeln über fehlerhafte Gesellschaftsverträge (BGH NJW 1992, 1504: Vorrang des Schutzes Geschäftsunfähiger); unwirksam sind nur schuldrechtliche Vereinbarungen insbes über die Abfindung des ausgeschiedenen Gesellschafters, so dass der Abfindungsbetrag ggf neu zu bestimmen ist. Hingegen soll der *Rücktritt* von einer Ausscheidensvereinbarung bei einer Zweipersonengesellschaft zur Wiederherstellung des Gesellschaftsverhältnisses verpflichten (BGH ZIP 1982, 1322); anders bei Vorliegen gesetzlicher Ausschließungsgründe; → § 705 Rn. 19 ff., 22. **f) Sonderregelung:** § 131 III HGB.

7 **3. Gesellschafterausschluss (§ 737). a) Ges Voraussetzungen: aa)** Fortsetzungsklausel für den Fall der Kündigung durch einen Gesellschafter. Bei Übernahmerecht des einzigen verbleibenden Gesellschafters besteht ein entspr Ausschließungsrecht (vgl → Rn. 5 und BGH WM 1965, 1037). **bb)** An den **wichtigen Grund** (vgl schon → §§ 723–728 Rn. 6) sind bes strenge Anforderungen zu stellen (BGH NJW 1998, 3771: keine Abschwächung nach § 242). Die Ausschließung ist das äußerste Mittel, das nur dann angewendet werden darf, wenn auf andere Weise eine befriedigende Regelung nicht zu erreichen ist (BGHZ 4, 110; BGH WM 1966, 31); uU Vertragsanpassung (Horn AcP 181, 272). Ein wichtiger Grund in diesem Sinne liegt gem § 723 I 2 vor, wenn auf Grund persönlicher Umstände des auszuschließenden Gesellschafters den anderen Gesellschaftern bei verständiger Gesamtwürdigung die Fortsetzung des Gesellschaftsverhältnisses unzumutbar ist (BGHZ 4, 112 ff.; 31, 304 ff.), wobei uU auch eigenes Fehlverhalten der ausschließenden Gesellschafter zu berücksichtigen bleibt (BGHZ 4, 111; 31, 306; BGH ZIP 2003, 1037; BGH NJW 2006, 845; BGHZ 32, 35 für OHG; BGHZ 80, 351 für GmbH). Maßgeblich ist dabei nicht die subj Einschätzung oder Befürchtung der übrigen Gesellschafter, sondern die obj Tatsachenlage (BGH WM 1965, 1038 für wirtschaftliche Gefährdung durch Mitgesellschafter; BGH WM 1985, 998 für kollusiven Vollmachtmissbrauch). Zur Haftung aus Pflichtverletzung nach rechtswidrigem
8 Ausschluss → §§ 709–713 Rn. 12. **b)** Die **bes. vertraglichen Voraussetzungen** können Erschwerungen oder Erleichterungen vorsehen; als *Erschwerungen* zB das Vorliegen genau beschriebener wichtiger Gründe; als *Erleichterungen* zB den Ausschluss auch *ohne* wichtigen Grund (vgl BGHZ 34, 83; BGH NJW 1973, 651; 1973, 1606), wobei dann allerdings aus dem Fehlen jedes sachlichen Grundes für eine solche Regelung Unwirksamkeit folgen kann (BGHZ 68, 215; 81, 263; 84, 14; 105, 213; 107, 351; 125, 79; BGH NJW 1985, 2421; 2004, 2014 f.; BGH NJW-RR 1996, 235; BGH NZG 2005, 480 für GmbH; sa Flume JZ 1985, 1106 und DB 1986, 629; Behr ZGR 1985, 475; 1990, 370; Weber/Hikel NJW 1986, 2752; Loritz JZ 1986, 1073; zur Ausübungskontrolle gem § 242 BGH NJW 2004, 2015; sog Manager- und Mitarbeitermodell zulässig: BGH NJW 2005, 3642; 3645); und unangemessene Abfindungsklauseln nichtig sind (vgl → §§ 738–740 Rn. 7 f.; Hennerkes/Binz NJW 1983, 73; Engel NJW 1986, 345; U. Huber ZGR 1980, 177). Zulässig ist aber ein nach freiem Ermessen auszuübendes befristetes Kündigungsrecht, das an ein festes Tatbestandsmerkmal (zB Tod eines Gesellschafters) anknüpft

(BGHZ 105, 213). Ist eine Bestimmung des Gesellschaftsvertrages grundsätzlich nichtig, weil sie ein nach freiem Ermessen auszuübendes Ausschließungsrecht einräumt (vgl BGH ZIP 1990, 1058 für GmbH mwN), so kann bei entspr Anwendung des § 139 die Klausel insoweit wirksam sein, als sie die Ausschließung *aus wichtigem Grund* zulässt (BGHZ 107, 355; krit Behr ZGR 1990, 370). Es besteht keine Pflicht eines Gesellschafters, einer Änderung des Gesellschaftsvertrages zuzustimmen, die seinen Ausschluss erlaubt, weil er sich der Alternative „sanieren oder ausscheiden" widersetzt, wenn der Gesellschaftsvertrag von der Möglichkeit des Verbleibs bei geänderten Anteilen ausgeht (BGH NJW 2011, 1667; s. aber BGHZ 183, 1 = NJW 2010, 65; ferner → §§ 709–713 Rn. 9; → § 707 Rn. 3). **c) Verfahren.** Das ges 9
Einstimmigkeitsprinzip kann durch Mehrheitsprinzip abgelöst werden (vgl auch → §§ 709–713 Rn. 7 ff.); der Ausschluss wird mit dem Zugang der Ausschließungserklärung wirksam (vgl BGHZ 31, 298 [302] für KG). Rechtliches Gehör ist dem auszuschließenden Gesellschafter nicht zu gewähren (sehr str). Die Richtigkeit der Ausschließung ist in vollem Umfang gerichtl nachprüfbar (BGHZ 13, 10; anders beim nichtrechtsfähigen Verein). Auch im Liquidationsstadium ist Ausschließung möglich (BGH WM 1964, 1086). **d) Sonderregelung:** § 140 HGB.

4. Neueintritt eines Gesellschafters. Die Gesellschafter können durch Ver- 10
tragsänderung einen neuen Gesellschafter aufnehmen, sich im Gesellschaftsvertrag der Aufnahmeentscheidung der Mehrheit oder eines Organs der Gesellschaft unterwerfen (RGZ 128, 176; BGH NJW 1978, 1000; 2011, 1667; vgl auch → §§ 709–713 Rn. 7 ff.) oder Nichtgesellschafter zum Vertragsschluss bevollmächtigen (BGH NJW 1982, 879). Sie können auch einem Dritten ein Aufnahmerecht gem § 328 gewähren; vgl hierzu insbes → § 2032 Rn. 8. Mit dem Neueintritt eines Dritten kann das Ausscheiden eines anderen Gesellschafters (zB Tod, Kündigung, § 736) in wirtschaftlichem Zusammenhang stehen; stets ist aber der Neueintritt von der Abtretung bzw Übertragung des Gesellschaftsanteils (→ Rn. 11) streng zu unterscheiden. Der Eintritt in einen GbR-Immobilienfonds unterliegt den Regeln des Haustürgeschäfts, falls er in Haustürsituation erfolgt (EuGH NJW 2010, 1511 mAnm von Miras; BGHZ 186, 167 = NJW 2010, 3096; BGH NJW-RR 2012, 1060; → § 705 Rn. 19, 22 u 23). Rechtsfolge eines fehlerhaften Eintritts ist nach den Regeln der fehlerhaften Gesellschaft (→ § 705 Rn. 20) idR ein außerordentliches Kündigungsrecht des eingetretenen Gesellschafters, der einen Abfindungsanspruch geltend machen kann (BGH NJW 2003, 2821; BGH NJW 2014, 305 Rn. 13: Fall des Betrugs; BGH NJW 2016, 2492 Rn. 22); er ergibt sich aus der auf den Abfindungsstichtag zu erstellenden Bilanz (BGH NJW 2014, 305 Rn. 17 ff.). Ein nach allgemeinen Grundsätzen begründeter Rückgewähranspruch greift nur ganz ausnahmsweise (BGH NJW-RR 2005, 627; BGH NJW 2014, 305 Rn. 27 ff. für zweigliedrige stille Gesellschaft).

5. Verfügung über den Gesellschaftsanteil insgesamt. Hierzu → §§ 718– 11
720 Rn. 7 f. Durch sie kann unter Lebenden ein Gesellschafterwechsel herbeigeführt werden; zum Übergang durch Erbfall vgl → § 2032 Rn. 6 und 7. Hier rückt der Rechtsnachfolger in die Gesellschafterstellung des Vorgängers ein. Der ausgeschiedene Gesellschafter kann nicht nachträglich gegen einen neuen ausgewechselt werden (OLG Stuttgart NZG 2004, 766). Sonderregelung: § 139 HGB.

6. Prozessuales. Zur gerichtlichen Überprüfung des Ausschlusses eines Gesell- 12
schafters vgl → Rn. 9. Der Betroffene kann gegen die übrigen Gesellschafter Feststellungsklage erheben (BGHZ 91, 132). Bei der Personenhandelsgesellschaft ist Klage auch gegen diese selbst möglich, wenn der Gesellschaftsvertrag entspr abgeändert wurde (BGH WM 1990, 309; 675); dasselbe muss für eine (teil)rechtsfähige BGB-Gesellschaft (→ § 705 Rn. 1) gelten.

§ 738 Auseinandersetzung beim Ausscheiden

(1) [1]**Scheidet ein Gesellschafter aus der Gesellschaft aus, so wächst sein Anteil am Gesellschaftsvermögen den übrigen Gesellschaftern zu.** [2]**Diese**

sind verpflichtet, dem Ausscheidenden die Gegenstände, die er der Gesellschaft zur Benutzung überlassen hat, nach Maßgabe des § 732 zurückzugeben, ihn von den gemeinschaftlichen Schulden zu befreien und ihm dasjenige zu zahlen, was er bei der Auseinandersetzung erhalten würde, wenn die Gesellschaft zur Zeit seines Ausscheidens aufgelöst worden wäre. [3]Sind gemeinschaftliche Schulden noch nicht fällig, so können die übrigen Gesellschafter dem Ausscheidenden, statt ihn zu befreien, Sicherheit leisten.

(2) **Der Wert des Gesellschaftsvermögens ist, soweit erforderlich, im Wege der Schätzung zu ermitteln.**

§ 739 Haftung für Fehlbetrag

Reicht der Wert des Gesellschaftsvermögens zur Deckung der gemeinschaftlichen Schulden und der Einlagen nicht aus, so hat der Ausscheidende den übrigen Gesellschaftern für den Fehlbetrag nach dem Verhältnis seines Anteils am Verlust aufzukommen.

§ 740 Beteiligung am Ergebnis schwebender Geschäfte

(1) **[1]Der Ausgeschiedene nimmt an dem Gewinn und dem Verlust teil, welcher sich aus den zur Zeit seines Ausscheidens schwebenden Geschäften ergibt. [2]Die übrigen Gesellschafter sind berechtigt, diese Geschäfte so zu beendigen, wie es ihnen am vorteilhaftesten erscheint.**

(2) **Der Ausgeschiedene kann am Schluss jedes Geschäftsjahrs Rechenschaft über die inzwischen beendigten Geschäfte, Auszahlung des ihm gebührenden Betrags und Auskunft über den Stand der noch schwebenden Geschäfte verlangen.**

Anmerkungen zu den §§ 738–740

Lit.: Altmeppen, Zur Enthaftung des ausscheidenden Personengesellschafters, NJW 2000, 2529; Heckelmann, Abfindungsklauseln in Gesellschaftsverträgen, 1978; Kanzleiter, Zur richterlichen Inhaltskontrolle von Gesellschaftsverträgen, FS BayNot 1987, 231; Reinicke/Tiedtke, Die Ausschließung der Ertragswert-Methode bei der Berechnung des Auseinandersetzungsguthabens eines ausscheidenden Gesellschafters, DB 1984, 703; K. Schmidt, „Anwachsung“: Was ist das, und … gibt es das noch? Gedanken zu § 738 I 1 BGB vor dem Hintergrund der „Gesamthandsdiskussion“, FS U. Huber, 2006, 969; Schulze-Osterloh, Das Auseinandersetzungsguthaben des ausscheidenden Gesellschafters einer Personenhandelsgesellschaft nach § 738 Abs. 1 Satz 2 BGB, ZRG 86, 545; Skusa/Thürauf, Die Wirksamkeit von Abfindungsregelungen bei der Gesellschaft bürgerlichen Rechts, NJW 2015, 3478; Sterzinger, Steuerliche Folgen der Auseinandersetzung freiberuflich tätiger Personengesellschaften, NJW 2011, 3057; van Randenborgh, Abfindungsklauseln in Gesellschaftsverträgen, BB 1986, 75; Wollweber, Steuerfolgen des Sozietätswechsels, NJW 2016, 1549; s. auch die Lit bei §§ 736, 737 Rn. 8.

1 **1. Wirkungen einer Änderung des Gesellschafterbestandes.** §§ 738–740 regeln sie nur für das *Innenverhältnis,* teilweise Regelung des Außenverhältnisses in § 736 II. Außenverhältnis und Innenverhältnis sind für alle Fälle der Gesellschafterbestandsänderung zu unterscheiden.

2 **2. Außenverhältnis. a)** Der **ausgeschiedene Gesellschafter** (§§ 736, 737) **haftet** gem § 736 II, § 160 I 1 HGB weiterhin als Gesamtschuldner für Verbindlichkeiten, die für die Gesellschaft bzw für alle Gesamthänder während seiner Gesellschafts*zugehörigkeit bereits in* ihrer Rechtsgrundlage entstanden waren (BGHZ 142, 324 [329]; BGH NJW 2020, 3315; OLG Dresden NJW-RR 1997, 163), vor Ablauf von fünf Jahren nach dem Ausscheiden fällig werden und bis zum Ablauf dieser Frist entsprechend § 197 I Nr. 3–5 festgestellt bzw Gegenstand einer Vollstreckungshandlung oder eines Vollstreckungsantrags oder schriftlich anerkannt (§ 160 II HGB) waren. Vertragliche Erfüllungsansprüche u aus ihnen resultierende Ersatzansprüche

entstehen nach diesen Grundsätzen bereits mit Vertragsschluss. Ebenso sollte man bei durch spätere Handlungen entstehenden Bereicherungsansprüchen (BGH NZG 2012, 221 = ZIP 2012, 369) und bei späteren Schadensersatz begründenden Pflichtverletzungen für die Entstehung auf den Zeitpunkt der Existenz des vermeintlichen Rechtsgrundes oder des die Pflichtverletzung begründenden Rechtsverhältnisses abstellen und nicht auf den Zeitpunkt der Verwirklichung des haftungsbegründenden Tatbestandes durch hinzutretendes Verhalten (aA Voraufl. und Schlinker/Hammerschmid NJW 2012, 657; str, wie hier Wischemeyer/Honisch NJW 2014, 881 [882]; BGH NZG 2012, 221=ZIP 2012, 369 [370]). Auch bei Dauerschuldverhältnissen, die in der Zeit der Gesellschaftszugehörigkeit begründet oder fortgesetzt worden sind, haftet der Ausscheidende für Forderungen, die binnen 5 Jahren nach Ausscheiden fällig werden (§ 736 II, § 160 I nF HGB; BGH NJW 2002, 2171; 2006, 765; BGH NJW 2020, 3315 Rn. 13 ff.: Beitragspflicht der GbR aus § 16 II WEG; krit. K. Schmidt NJW 2020, 3319 unter Hinweis auf § 728b des Reformgesetzes; sa Bartholome NJW 2021, 2168, Rn. 13); es kommt nicht darauf an, ob das Dauerschuldverhältnis hätte früher beendigt werden können (BGHZ 142, 331; BAG NJW 2004, 3288: keine Geltung der „Kündigungstheorie"). Der Beginn der Enthaftungsfrist ist unklar, weil § 160 I nF HGB auf Registereintragung abhebt, die es bei GbR gerade nicht gibt; die hM hält die positive Gläubigerkenntnis vom Ausscheiden für maßgeblich (K. Schmidt ZIP 1994, 243 [244]; BGH NJW 2007, 3784 Rn. 17; 2022, 57 Rn. 18 ff.; OLG Dresden NJW-RR 1997, 163). Übergangsregelung: Art. 35, 36 EGHGB (dazu OLG Hamm NJW 2008, 101; Reichold NJW 1994, 1621). Soweit der BGH die für die Nachhaftung geltende Zeitgrenze mit überzeugenden Gründen auch auf den Fall der Herabsetzung der Haftsumme bei Kommanditisten anwendet (BGH NJW 2022, 57 Rn. 14 ff.), ist dies bei der GbR im entsprechenden Falle einer Herabsetzung des Gesellschaftsanteils für die Außenhaftung ebenso wenig von Belang wie bei der OHG und kann nur beim Innenausgleich unter den haftenden Gesellschaftern eine Rolle spielen (so auch *§§ 126 HGB nF, 721* idF 1.1.2024; dazu → § 426 Rn. 4 u. → § 707 aF Rn. 2). Die Verjährung ist unabhängig von § 160 I HGB zu beurteilen (s. entspr der hM § 129 I HGB), für festgestellte Ansprüche ist aber § 197 I Nr. 3–5 zu beachten. Hemmung gegenüber Gesellschaft wirkt nicht für den ausgeschiedenen Gesellschafter (BGH NJW 2012, 2435 Rn. 77). § 736 II iVm § 160 I 1 HGB setzen ein Ausscheiden und damit den Fortbestand der Gesellschaft voraus, wenn es daran fehlt, kommt auch eine analoge Anwendung nicht in Betracht (BAG NJW 2014, 2223 Rn. 18 u 19; dazu Hirte NJW 2015, 1219 [1223]). Vgl iÜ für das Verhältnis von OHG und haftendem Gesellschafter → § 421 Rn. 3; → §§ 422–424 Rn. 5; → § 425 Rn. 6, 10. Durch Abwachsung verliert der ausgeschiedene Gesellschafter seine gesamthänderische Gläubigerposition an Forderungen (vgl → §§ 709–713 Rn. 10 ff.; → §§ 714, 715 Rn. 3 ff.), arg § 738 I 1. **b)** Der 3
rechtsgeschäftliche Erwerber des gesamten Gesellschaftsanteils haftet nach traditioneller Auffassung für neue Verbindlichkeiten der Gesellschaft bzw aller Gesamthänder, für alte Verbindlichkeiten hingegen muss er nur die Vollstreckung in das Gesamthandsvermögen dulden (arg § 736 ZPO), weil sonst jede Vollstreckung in das Gesamthandsvermögen unmöglich wäre (BGHZ 74, 241 mAnm Wiedemann und P. Ulmer JZ 1980, 195; 354; Wiesner JuS 1981, 331; → §§ 714, 715 Rn. 1 f.; *BGH NJW 1981*, 1096; BGHZ 79, 378). Die neue Lehre von der (Teil)Rechtsfähigkeit der unternehmerisch tätigen Außengesellschaft (→ § 705 Rn. 1, → §§ 714, 715 Rn. 2) führt zur analogen Anwendung von § 130 HGB und damit vollen Haftung auch für Altverbindlichkeiten (BGH NJW 2003, 1803; → Rn. 4). Der *Veräußerer* haftet wie der ausgeschiedene Gesellschafter (→ Rn. 2). Der Erwerber rückt in die Gesellschaft bzw die gesamthänderische Gläubigerstellung ein (→ §§ 709–713 Rn. 10) und kann deshalb Verträge genehmigen, die in vollmachtloser Vertretung des Anteilsveräußerers geschlossen worden sind (BGHZ 79, 374). **c)** Der **einrü-** 4
ckende Erbe haftet nach traditioneller Auffassung für alte Verbindlichkeiten der Gesellschaft bzw der Gesamthänder (§§ 1922 I, 1967), kann aber gem erbrechtlichen Grundsätzen die Haftung auf die Erbschaft beschränken (MüKoBGB/Ulmer § 727

Rn. 21; BGH NJW 1982, 45; 1995, 3315). Die abw Haftungslage bei der OHG (vgl → § 1967 Rn. 7) sollte mE auch die neue Lehre nicht auf die BGB-Gesellschaft anwenden, weil Haftungsbeschränkung anders als bei der OHG (§ 139 I, IV HGB) dann nicht unter Verbleib denkbar wäre (s. aber Ulmer ZIP 2003, 1121 f.; C. Schäfer NJW 2005, 3667 f.). **d)** Der **neu eintretende Gesellschafter** (vgl → §§ 736, 737 Rn. 10) haftet wie der rechtsgeschäftliche Erwerber des Anteils (→ Rn. 3). Volle persönliche Haftungsübernahme gegenüber den Mitgesellschaftern gibt nach traditioneller Auffassung den Gläubigern iZw *keinen* Anspruch (vgl § 329); ein Anspruch der Altgläubiger soll nach dieser Auffassung nur entstehen, wenn sich der Eintretende die Gesellschaftsschuld dem Gläubiger gegenüber „zu eigen gemacht" hat (BGHZ 74, 240; BGH NJW 1992, 1501; OLG Düsseldorf ZIP 2002, 616; → §§ 714, 715 Rn. 9). Nach *neuer Lehre* greift demgegenüber – zumindest angesichts einer Tendenz zur Verallgemeinerung bedenklich – die Haftung analog § 130 HGB (BGH NJW 2003, 1803; zust K. Schmidt NJW 2003, 1897; abl Dauner-Lieb FS Ulmer, 2003, 73 [81 ff.]; zu Altfällen vor Bekanntwerden der Entscheidung vom 7.4.2003 BGH NJW 2006, 766; BGH NZI 2011, 867; BVerfG NJW 2013, 523 – Kammer; OLG Dresden NZG 2005, 551; Anwendung auf Verbindlichkeiten aus beruflichen Haftungsfällen offen gelassen von BGH NJW 2003, 185; dafür LG Hamburg NJW 2004, 3495; LG Frankenthal NJW 2004, 3190); auch § 28 HGB soll analog anwendbar sein (vgl K. Schmidt NJW 2003, 1903; aA für Anwaltssozietät bzgl Pflicht aus Mandatsvertrag BGH NJW 2012, 239; 2004, 837; abl K. Schmidt BGHR 2004, 593 und Grunewald JZ 2004, 683; sa OLGR Naumburg 2006, 461; keine analoge Anwendung auf Schulden der in Partnerschaft eintretenden GbR-Sozietät: BGH NJW 2010, 3720). § 566 I findet auf den neu eintretenden Gesellschafter der vermietenden Gesellschaft Anwendung (BGH NJW 1998, 1221; 2003, 2158; 2007, 2845; BGH NJW-RR 2004, 657; 2012, 238: sehr weitgehende Berücksichtigung des Eigenbedarfs; → § 705 Rn. 1); vgl iÜ → §§ 709–713 Rn. 10; → §§ 718–720 Rn. 8. *Sonderregelung:* § 130 HGB, der nach BAG NJW 1988, 222 nur eingreifen soll, wenn bei Eintritt des neuen Gesellschafters die Handelsgesellschaft ihre Erwerbstätigkeit noch nicht eingestellt hatte – Fortgeltung wegen der nunmehr analogen Anwendung auf BGB-Gesellschaft fraglich.

5 **3. Innenverhältnis. a) Zwischen ausscheidendem und verbleibenden Gesellschaftern. aa)** Gem. der zwingenden (OLG Hamm Rpfleger 1985, 289) Vorschrift § 738 I 1 tritt **Anwachsung** beim Verbleib und Abwachsung beim Ausscheiden ein, Übertragungshandlungen (zB Auflassung) sind also nicht erforderlich (zur Grundbuchberichtigung s. BGH NJW 1990, 1171; NJW 1998, 1221; OLG Köln NJW 1995, 2232; KG OLGZ 1992, 404; OLG Frankfurt a. M. Rpfleger 1982, 469 mAnm von Meyer-Stolte, Soergel/Stürner § 894 Rn. 6 mwN); dies gilt auch bei der Übernahme durch *einen* Gesellschafter (s. BGHZ 32, 307; BGH NJW 1999, 2348; NJW 1993, 1194; NJW 2011, 2293 u NJW 2011, 3671; BVerwG NJW 2011, 3671; ferner → §§ 736, 737 Rn. 5). Vom Ausscheiden unter Anwachsung ist die Abtretung von Gesellschaftsanteilen an einen verbleibenden Gesellschafter zu unterscheiden (OLG Hamm Rpfleger 1985, 289; → §§ 718–720 Rn. 7 f.), bei der
6 § 738 unanwendbar bleibt (BGH NJW 1981, 1096). **bb) Ansprüche** bestehen nach heute hM gegen die teilrechtsfähige Gesellschaft (BGH NJW 2016, 3597 Rn. 9 ff.; NJW 2011, 2355) und nach traditioneller Ansicht gegen die übrigen Gesellschafter in ihrer gesamthänderischen Verbundenheit. Daneben haften die einzelnen Gesellschafter persönlich als Gesamtschuldner, nach schon früher hM gem § 427 (zB OLG Saarbrücken NZG 2000, 369; aA OLG Köln NZG 2001, 469) und nach heute hM *analog* § 128 HGB (BGHZ 148, 206 f.; NJW 2016, 3597 Rn. 9; NJW 2011, 2355; NJW 2013, 158; MüKoBGB/Ulmer/Schäfer § 738 Rn. 17; Altmeppen NJW 2013, 1025). Dem *Anspruch auf Rückgabe* von Sachen, die als Einlage zum Gebrauch (→ § 706 Rn. 7) übergeben waren, kann ein Zurückbehaltungsrecht (§ 273) wegen Verlusthaftung (§ 739) entgegenstehen (BGH NJW 1981, 2802: Bilanz in angemessener Zeit!). Der *Anspruch auf Schuldbefreiung* (vgl → Rn. 2) umfasst befreiende

Zahlung oder Schuldübernahme (BGH NJW 1999, 2438), aber auch die Ablösung von Sicherheiten, die der ausscheidende Gesellschafter aus seinem Privatvermögen für Geschäftsverbindlichkeiten eingeräumt hat (BGH NJW 1974, 899); zum Feststellungsantrag bei fehlender Gewissheit über Grund u Höhe BGH NJW 2013, 158. Auch dem Befreiungsanspruch kann ein Zurückbehaltungsrecht entgegengehalten werden, wenn die Abschichtungsbilanz einen Verlustanteil des ausscheidenden Gesellschafters ergibt (BGH NJW 1974, 900; BGHZ 47, 164 f.); zur Sicherheitsleis- 7
tung gem § 738 I 3 s. Görmer NJW 2012, 263. Der *Abfindungsanspruch* entsteht mit Ausscheiden (BGH NJW 1989, 453; NJW 2011, 2356; 2021, 2647 Rn. 8), er ist reiner Wertanspruch und ersetzt den internen Ausgleich unter den Gesellschaftern (BGH NJW 2016, 3597 Rn. 9 ff.; NJW 2012, 1439; BGH NJW-RR 2016, 292) sowie alle Geldansprüche auf Einlagenerstattung und Gewinnauszahlung ebenso wie gegenläufige Ansprüche der Gesellschaft (zur sog Durchsetzungssperre BGH NJW 2005, 2618; NJW 2011, 2356; NJW-RR 2012, 1063; NJW 2013, 367; NJW 2015, 1956 Rn. 15 für stille Gesellschaft); Ausnahme: Feststehen eines im Übrigen positiven Abschlussbetrags erlaubt isolierte Klage auf Gewinnauszahlung (BGH NJW 1999, 3557; BGH WM 1981, 487; BGH NJW-RR 1988, 1249; → §§ 731–735 Rn. 7 und 9); Schadensersatzanspruch der Gesellschaft auf Naturalrestitution gegen den ausscheidenden Gesellschafter (BGH NJW-RR 2013, 367; nicht bei Wertersatzansprüchen, BGH NJW 2013, 367 Rn. 46). Ist im Gesellschaftsvertrag ein Fälligkeitszeitpunkt bestimmt, so kann Zahlungsklage erhoben (BGH NJW 2021, 2647 Rn. 9) und der Streit um die Abrechnung im Rahmen dieses Rechtsstreits entschieden werden (BGH NJW-RR 1987, 1386; NJW 2011, 2356); zum Abfindungsanspruch des qualifizierten Treugebers eines treuhänderischen Gesellschafters BGH NJW 2015, 1169 (s. auch → §§ 714, 715 Rn. 2). Der Abfindungsanspruch verjährt gem. § 195 in drei Jahren gerechnet vom Ende des Jahres nach seiner Entstehung bei ausreichender Kenntnis der anspruchsbegründenden Tatsachen (→ § 199 I), an der es regelmäßig fehlt, wenn über die Berechtigung des Ausschlusses selbst ein Rechtsstreit schwebt, der angesichts bestehender Unsicherheit eine Klageerhebung vor rechtkräftiger Entscheidung über den Ausschluss unzumutbar erscheinen lässt (BGH NJW 2021, 2647 Rn. 11 ff.). Zur Wertbestimmung ist eine *Abschichtungsbilanz* auf den Stichtag des Ausscheidens zu errichten (BGH NJW 2016, 3597 Rn. 13 ff., 22; NJW 2014, 305 Rn. 17; NJW 1993, 1194; von Westphalen BB 1982, 1894; zur Möglichkeit einer Stufenklage BGH NJW 2016, 3597 Rn. 14); nachträglich gewonnene Bewertungserkenntnisse sind berücksichtigungsfähig (BGH WM 1981, 452). Der ausgeschiedene Gesellschafter kann die Richtigkeit der Bilanz anhand der Geschäftsbücher prüfen (§ 810). Für die Berechnung des Abfindungsanspruchs kommt es nicht auf den Bilanzwert des Gesellschaftsvermögens an, sondern auf den wirklichen Wert des lebenden Unternehmens einschließlich aller stillen Reserven und des good will (BGHZ 17, 136; BGH NJW 1985, 193 mN; s. auch Reinicke/Tiedtke DB 1984, 703). Im allg ist der Wert zugrunde zu legen, der sich bei einem Verkauf des Unternehmens als Einheit ergeben würde (BGH NJW 1985, 193); bei Warenvorräten ist der marktgängige Einkaufspreis anzusetzen (BGH NJW 1974, 312); zu Einzelfragen der Bewertung BGHZ 116, 371; BGH WM 1979, 432; BGH NJW 1995, 1551; BGH NZG 2005, 395; BGH WM 2006, 777; Großfeld ZGR 1982, 141; JZ 1981, 641; JZ 1981, 769. Abw. *Abfindungsklauseln* sind zulässig 8
(zB Buchwert, BGH WM 1980, 1363; BGH ZIP 1990, 1201: Ausschluss des Anspruchs auf Geschäftswert; OLG Hamm MDR 1992, 1040: Beschränkung auf Inventarwert; BGH NJW 1994, 796; NJW 2010, 2660; NJW 2011, 2356; NJW 2016, 3597 Rn. 16: Teilung des Inventars und Möglichkeit der Patienten-/Mandantenübernahme), wenn kein erhebliches Missverhältnis zum wirklichen Wert entsteht (BGH NJW 1985, 193; NJW 89, 2685: vereinbarte Kürzung auf die Hälfte sittenwidrig; BGHZ 126, 242 f.; BGH NJW 1993, 2101; 1993, 3193; OLG Bamberg NJW 2013, 2527 [2528]: notwendige Anpassung der Abfindungsregelung [→ §§ 723–728 Rn. 7]; BGH NJW 1997, 2592 mAnm Grunewald JZ 1997, 1066 und Notthoff NZG 1998, 26: erhebliches Missverhältnis ausnahmsweise unschädlich

bei rein ideeller Zwecksetzung – fragwürdig; BGH WM 2006, 776 mAnm Lux MDR 2006, 1203: Beschränkung auf Ertragswert bei wesentlich höherem Liquidationswert; BGH NJW 2008, 1949; 2008, 2990: Verlust von Mandantschaft oder Versorgungsanwartschaft bei Sozietät; → §§ 736, 737 Rn. 3, 4). Wertabweichungen sind schenkungssteuerlich beachtlich (BFH NJW 1993, 158; dazu Krumm NJW 2010, 187), Übernahme des Mandantenstamms unter Anrechnung auf den Abfindungsanspruch kann umsatzsteuerpflichtig sein (BFH BeckRS 2013, 95747; dazu Wollweber NJW 2016, 1549 [1550]). Sofern ein Ausschluss ohne wichtigen Grund erfolgen kann (vgl → §§ 736, 737 Rn. 8), verstoßen unangemessen niedrige Vereinbarungen gegen § 138 I (dazu BGHZ 116, 359 [370] für GmbH; BGH NJW 1979, 104; hierzu P. Ulmer und Flume NJW 1979, 81; 902; Engel NJW 1986, 345 mN; → §§ 736, 737 Rn. 8). Die Vertragslücke schließt ergänzende Auslegung, nur notfalls Rückgriff auf § 738. Der Ausscheidende kann der Gesellschaft bzw den verbleibenden Gesellschaftern wegen des Abfindungsanspruchs ein Zurückbehaltungsrecht (§ 273) gegenüber deren Grundbuchberichtigungsansprüchen entgegenhalten (BGH NJW 1990, 1172). Sofern der ausscheidende Gesellschafter dem übernehmenden Gesellschafter die Fortsetzung des Betriebs treuwidrig unzumutbar erschwert, kann dem Abfindungsanspruch die Arglisteinrede ohne genaueren Schadensnachweis entgegenstehen (BGH NJW 1960, 718 ff.). Der Abfindungsanspruch ist abtretbar (→ § 717 Rn. 3), in gescheiterter Anteilsabtretung ohne Zustimmung der übrigen Gesellschafter (→ §§ 718–720 Rn. 7 f.) kann Anspruchsabtretung lie-
9 gen (BGH JuS 1981, 774). **cc)** Der **Anspruch auf Zahlung des Verlustanteils** (§ 739) steht nach heute hM der teilrechtsfähigen Gesellschaft (BGH NJW 2011, 2292) und nach traditioneller Auffassung den übrigen Gesellschaftern als Gesamthänder zu; daneben besteht ein gesellschaftsvertraglicher Anspruch der einzelnen Gesellschafter (→ §§ 709–713 Rn. 11); uU schon vor Feststellung der Abschichtungsbilanz, falls eine Mindesthöhe vorher feststeht (OLG Hamm BB 1984, 1466). Er besteht auch, wenn der ausgeschiedene Gesellschafter die Einlage geleistet hat (BGH WM 1965, 975). Ihm kann ein Zurückbehaltungsrecht wegen des Befreiungsanspruchs bzgl der gemeinschaftlichen Schulden und der dafür gegebenen Sicherheiten (§ 738 I 2, 3) einredeweise entgegengehalten werden (vgl BGH NJW 1999, 2439 f.). Es gilt die Regelverjährung gem §§ 195, 199 (BGH NJW 2011, 2293). **dd)** Über die **Beteiligung** an schwebenden Geschäften (§ 740) ist unabhängig vom Abfindungsanspruch bzw dem Anspruch auf Verlustbeteiligung *gesondert* abzurechnen (BGH LM Nr. 1 zu § 740; K. Schmidt DB 1983, 1964, DB 1983, 2401; vgl Hörstel NJW 1994, 2269). Auf die Rechnungslegung findet § 259 Anwendung (BGH LM Nr. 1 zu § 740). § 740 ist abdingbar (BGH WM 1979, 1065; BGH ZIP 1991, 1220). Dauerschuldverhältnisse sind keine Geschäfte iSv § 740 (zB Sandabbau, BGH NJW-RR 1986, 454; Mietverträge, BGH NJW-RR 1986, 1160). Teilleistungen aus schwebenden Geschäften, die vor dem Ausscheiden des Gesellschafters bereits erbracht worden sind, unterfallen dagegen § 740 (BGH NJW 1993, 1194).
10 **b)** Zwischen **abtretendem Gesellschafter, den übrigen Gesellschaftern und dem Erwerber** gilt die Übernahmeregelung des Vertrages (vgl → §§ 718–720 Rn. 7 f.). Der bisherige Gesellschafter hat gegenüber dem neuen Gesellschafter keinen Freistellungsanspruch (BGH NJW 1975, 166) gem § 738 I 2; die Freistellung muss bes vereinbart sein. Dasselbe gilt im Verhältnis zu den verbleibenden Gesellschaftern; jedoch kann dem Ausgleichsanspruch (§ 426) verbleibender Gesellschafter § 707 entgegenstehen (BGH NJW 1981, 1096; → § 707 Rn. 2). Wird der Anteil auf einen Mitgesellschafter übertragen, so wird regelmäßig stillschweigend vereinbart sein, dass der Ausscheidende aus einer internen Mithaftung für eine von den Gesell*schaftern zugunsten der* Gesellschaft eingegangenen Bürgschaftsverpflichtung entlas-
11 sen wird (BGH NJW-RR 1989, 685). **c)** Zwischen **neueintretendem Gesellschafter und den übrigen Gesellschaftern** gelten die gesellschaftsvertraglichen Regeln der Eintrittsvereinbarung; An- und Abwachsung analog § 738 I 1; Eintragung des neuen Gesellschafters im Grundbuch nach Auflassung an Gesellschaft alten Bestandes ohne erneute Auflassung (BayObLGZ 1991, 320).

Regelung des Entritts und des Ausscheidens von Gesellschaftern durch die Reform in Kraft ab 1.1.2024

Aus Kapitel 2 und Kapitel 3

§ 712 *Ausscheiden eines Gesellschafters; Eintritt eines neuen Gesellschafters*

(1) Scheidet ein Gesellschafter aus der Gesellschaft aus, so wächst sein Anteil an der Gesellschaft den übrigen Gesellschaftern im Zweifel im Verhältnis ihrer Anteile zu.

(2) Tritt ein neuer Gesellschafter in die Gesellschaft ein, so mindern sich die Anteile der anderen Gesellschafter an der Gesellschaft im Zweifel im Umfang des dem neuen Gesellschafter zuwachsenden Anteils und in dem Verhältnis ihrer bisherigen Anteile.

§ 712a *Ausscheiden des vorletzten Gesellschafters*

(1) [1]Verbleibt nur noch ein Gesellschafter, so erlischt die Gesellschaft ohne Liquidation. [2]Das Gesellschaftsvermögen geht zum Zeitpunkt des Ausscheidens des vorletzten Gesellschafters im Wege der Gesamtrechtsnachfolge auf den verbleibenden Gesellschafter über.

(2) In Bezug auf die Rechte und Pflichten des vorletzten Gesellschafters sind anlässlich seines Ausscheidens die §§ 728 bis 728b entsprechend anzuwenden.

§ 721a *Haftung des eintretenden Gesellschafters*

[1]Wer in eine bestehende Gesellschaft eintritt, haftet gleich den anderen Gesellschaftern nach Maßgabe der §§ 721 und 721b für die vor seinem Eintritt begründeten Verbindlichkeiten der Gesellschaft. [2]Eine entgegenstehende Vereinbarung ist Dritten gegenüber unwirksam.

Kapitel 4 Ausscheiden eines Gesellschafters

§ 723 *Gründe für das Ausscheiden; Zeitpunkt des Ausscheidens*

(1) Folgende Gründe führen zum Ausscheiden eines Gesellschafters aus der Gesellschaft, sofern der Gesellschaftsvertrag für diese Fälle nicht die Auflösung der Gesellschaft vorsieht:
1. Tod des Gesellschafters;
2. Kündigung der Mitgliedschaft durch den Gesellschafter;
3. Eröffnung des Insolvenzverfahrens über das Vermögen des Gesellschafters;
4. Kündigung der Mitgliedschaft durch einen Privatgläubiger des Gesellschafters;
5. Ausschließung des Gesellschafters aus wichtigem Grund.

(2) Im Gesellschaftsvertrag können weitere Gründe für das Ausscheiden eines Gesellschafters vereinbart werden.

(3) Der Gesellschafter scheidet mit Eintritt des ihn betreffenden Ausscheidensgrundes aus, im Fall der Kündigung der Mitgliedschaft aber nicht vor Ablauf der Kündigungsfrist und im Fall der Ausschließung aus wichtigem Grund nicht vor Mitteilung des betreffenden Beschlusses an den auszuschließenden Gesellschafter.

§ 724 *Fortsetzung mit dem Erben; Ausscheiden des Erben*

(1) Geht der Anteil eines verstorbenen Gesellschafters auf seine Erben über und erfüllt die Gesellschaft die Voraussetzungen nach § 107 Absatz 1 des Handelsgesetz-

buchs, um in das Handelsregister eingetragen zu werden, so kann jeder Erbe gegenüber den anderen Gesellschaftern antragen, dass ihm die Stellung eines Kommanditisten eingeräumt und der auf ihn entfallende Anteil des Erblassers als seine Kommanditeinlage anerkannt wird.

(2) Nehmen die anderen Gesellschafter einen Antrag nach Absatz 1 nicht an oder ist eine Fortführung der Gesellschaft als Kommanditgesellschaft nicht möglich, ist der Erbe befugt, seine Mitgliedschaft in der Gesellschaft ohne Einhaltung einer Kündigungsfrist zu kündigen.

(3) [1]Die Rechte nach den Absätzen 1 bis 2 können von dem Erben nur innerhalb von drei Monaten nach dem Zeitpunkt, zu dem er von dem Anfall der Erbschaft Kenntnis erlangt hat, geltend gemacht werden. [2]Auf den Lauf der Frist ist § 210 entsprechend anzuwenden. [3]Ist bei Ablauf der drei Monate das Recht zur Ausschlagung der Erbschaft noch nicht verloren, endet die Frist nicht vor dem Ablauf der Ausschlagungsfrist.

(4) Scheidet innerhalb der Frist des Absatzes 3 der Erbe aus der Gesellschaft aus oder wird innerhalb der Frist die Gesellschaft aufgelöst oder dem Erben die Stellung eines Kommanditisten eingeräumt, so haftet er für die bis dahin entstandenen Gesellschaftsverbindlichkeiten nur nach Maßgabe der Vorschriften, welche die Haftung des Erben für die Nachlassverbindlichkeiten betreffen.

§ 725 *Kündigung der Mitgliedschaft durch den Gesellschafter*

(1) Ist das Gesellschaftsverhältnis auf unbestimmte Zeit eingegangen, kann ein Gesellschafter seine Mitgliedschaft unter Einhaltung einer Frist von drei Monaten zum Ablauf des Kalenderjahres gegenüber der Gesellschaft kündigen, es sei denn, aus dem Gesellschaftsvertrag oder aus dem Zweck der Gesellschaft ergibt sich etwas anderes.

(2) [1]Ist für das Gesellschaftsverhältnis eine Zeitdauer vereinbart, ist die Kündigung der Mitgliedschaft durch einen Gesellschafter vor dem Ablauf dieser Zeit zulässig, wenn ein wichtiger Grund vorliegt. [2]Ein wichtiger Grund liegt insbesondere vor, wenn ein anderer Gesellschafter eine ihm nach dem Gesellschaftsvertrag obliegende wesentliche Verpflichtung vorsätzlich oder grob fahrlässig verletzt hat oder wenn die Erfüllung einer solchen Verpflichtung unmöglich wird.

(3) Liegt ein wichtiger Grund im Sinne von Absatz 2 Satz 2 vor, so ist eine Kündigung der Mitgliedschaft durch einen Gesellschafter stets ohne Einhaltung einer Kündigungsfrist zulässig.

(4) [1]Ein Gesellschafter kann seine Mitgliedschaft auch kündigen, wenn er volljährig geworden ist. [2]Das Kündigungsrecht besteht nicht, wenn der Gesellschafter bezüglich des Gegenstands der Gesellschaft zum selbständigen Betrieb eines Erwerbsgeschäfts gemäß § 112 ermächtigt war oder der Zweck der Gesellschaft allein der Befriedigung seiner persönlichen Bedürfnisse diente. [3]Der volljährig Gewordene kann die Kündigung nur binnen drei Monaten von dem Zeitpunkt an erklären, in welchem er von seiner Gesellschafterstellung Kenntnis hatte oder haben musste.

(5) [1]Die Kündigung darf nicht zur Unzeit geschehen, es sei denn, dass ein wichtiger Grund für die unzeitige Kündigung vorliegt. [2]Kündigt ein Gesellschafter seine Mitgliedschaft ohne solchen Grund zur Unzeit, hat er der Gesellschaft den daraus entstehenden Schaden zu ersetzen.

(6) Eine Vereinbarung im Gesellschaftsvertrag, welche das Kündigungsrecht nach den Absätzen 2 und 4 ausschließt oder diesen Vorschriften zuwider beschränkt, ist unwirksam.

§ 726 *Kündigung der Mitgliedschaft durch einen Privatgläubiger des Gesellschafters*

Hat ein Privatgläubiger eines Gesellschafters, nachdem innerhalb der letzten sechs Monate eine Zwangsvollstreckung in das bewegliche Vermögen des Gesellschafters ohne Erfolg versucht wurde, aufgrund eines nicht bloß vorläufig vollstreckbaren Schuldtitels die Pfändung des Anteils des Gesellschafters an der Gesellschaft erwirkt, kann er dessen Mitgliedschaft gegenüber der Gesellschaft unter Einhaltung einer Frist von drei Monaten zum Ablauf des Kalenderjahrs kündigen.

§ 727 *Ausschließung aus wichtigem Grund*

[1]Tritt in der Person eines Gesellschafters ein wichtiger Grund ein, kann er durch Beschluss der anderen Gesellschafter aus der Gesellschaft ausgeschlossen werden. [2]Ein wichtiger Grund liegt insbesondere vor, wenn der Gesellschafter eine ihm nach dem Gesellschaftsvertrag obliegende wesentliche Verpflichtung vorsätzlich oder grob fahrlässig verletzt hat oder wenn ihm die Erfüllung einer solchen Verpflichtung unmöglich wird. [3]Dem Beschluss steht nicht entgegen, dass nach der Ausschließung nur ein Gesellschafter verbleibt.

§ 728 *Ansprüche des ausgeschiedenen Gesellschafters*

(1) [1]Sofern im Gesellschaftsvertrag nichts anderes vereinbart ist, ist die Gesellschaft verpflichtet, den ausgeschiedenen Gesellschafter von der Haftung für die Verbindlichkeiten der Gesellschaft zu befreien und ihm eine dem Wert seines Anteils angemessene Abfindung zu zahlen. [2]Sind Verbindlichkeiten der Gesellschaft noch nicht fällig, kann die Gesellschaft dem Ausgeschiedenen Sicherheit leisten, statt ihn von der Haftung nach § 721 zu befreien.

(2) Der Wert des Gesellschaftsanteils ist, soweit erforderlich, im Wege der Schätzung zu ermitteln.

§ 728a *Haftung des ausgeschiedenen Gesellschafters für Fehlbetrag*

Reicht der Wert des Gesellschaftsvermögens zur Deckung der Verbindlichkeiten der Gesellschaft nicht aus, hat der ausgeschiedene Gesellschafter der Gesellschaft für den Fehlbetrag nach dem Verhältnis seines Anteils am Gewinn und Verlust aufzukommen.

§ 728b *Nachhaftung des ausgeschiedenen Gesellschafters*

(1) [1]Scheidet ein Gesellschafter aus der Gesellschaft aus, so haftet er für deren bis dahin begründete Verbindlichkeiten, wenn sie vor Ablauf von fünf Jahren nach seinem Ausscheiden fällig sind und

1. *daraus Ansprüche gegen ihn in einer in § 197 Absatz 1 Nummer 3 bis 5 bezeichneten Art festgestellt sind oder*
2. *eine gerichtliche oder behördliche Vollstreckungshandlung vorgenommen oder beantragt wird; bei öffentlich-rechtlichen Verbindlichkeiten genügt der Erlass eines Verwaltungsakts.*

[2]Ist die Verbindlichkeit auf Schadensersatz gerichtet, haftet der ausgeschiedene Gesellschafter nach Satz 1 nur, wenn auch die zum Schadensersatz führende Verletzung vertraglicher oder gesetzlicher Pflichten vor dem Ausscheiden des Gesellschafters eingetreten ist. [3]Die Frist beginnt, sobald der Gläubiger von dem Ausscheiden des Gesellschafters Kenntnis erlangt hat oder das Ausscheiden des Gesellschafters im Gesellschaftsregister eingetragen worden ist. [4]Die §§ 204, 206, 210, 211 und 212 Absatz 2 und 3 sind entsprechend anzuwenden.

(2) Einer Feststellung in einer in § 197 Absatz 1 Nummer 3 bis 5 bezeichneten Art bedarf es nicht, soweit der Gesellschafter den Anspruch schriftlich anerkannt hat.

Anmerkungen zu §§ 712, 712a, 721a, 723–728b neu

Vorbemerkung. S. zunächst die Vorbemerkungen *Vor §§ 729–734 nF* und *Vor §§ 735–739 nF.* Der Reformgesetzgeber hat nicht nur Ausscheiden und Auflösung voneinander voll getrennt, sondern auch zum Eintritt und Ausscheiden in *§§ 712 712a nF* und *§ 721a nF* neue allgemeine Regeln geschaffen. Die Kommentierung zu §§ 736, 737 aF und §§ 738–740 aF zum Ausscheiden behandeln neben dem Ausscheiden den bis dahin nicht oder nur teilweise geregelten Gesellschafterwechsel durch Anteilsübertragung und Eintritt in die Gesellschaft. Da sich der Gesetzgeber weithin an dem durch Kautelarjurisprudenz und Richterrecht bestätigten Rechtszustand orientiert, erscheint es sinnvoll, die Neuregelung des gesamten Gesellschafterwechsels im Zusammenhang mit dem alten Rechtszustand hinter seiner Kommentierung darzustellen und zu kommentieren.

1 **1. Anwachsung und Abwachsung bei Eintritt und Ausscheiden.** ***§ 712 nF*** übernimmt die Regelung in § 738 I Satz 1 aF, der die Anwachsung ausdrücklich und die Abwachsung konkludent regelt (→ §§ 738–740 aF Rn. 5). Anders als § 738 aF ist aber *§ 712 nF* als Zweifelsregel formuliert, die nur greifen soll, wenn nichts anderes ausdrücklich oder auch schlüssig erkennbar vereinbart ist; der Unterschied zum alten Recht ist aber insoweit gering, weil auch das alte Recht abweichende Vereinbarungen zuließ. Bei der Übertragung von Gesellschaftsanteilen *(§ 711 nF)* findet *§ 712 nF* keine Anwendung, weil in diesem Falle kein freier Anteil entsteht; anders bei Teilübertragung unter vollem Ausscheiden. Beim *Ausscheiden eines Gesellschafters* kommt es gem. *§ 712 I nF* zur Anwachsung bei den verbleibenden Gesellschaftern (zur Regelung des Innenausgleichs bei Ausscheiden s. *§ 728 nF*, der Außenhaftung *§§ 728 a f.* nF., s. unten Rn. 8–10; zum alten Recht → §§ 736, 737 aF Rn. 1 ff.; → §§ 738–740 aF Rn. 5 ff; → §§ 738–740 aF Rn. 1 ff.), beim *Eintritt eines neuen Gesellschafters* zur Abwachsung bei den bereits vorhandenen Gesellschaftern (zur Außenhaftung beim Eintritt *§ 721a nF;* zum alten Recht → §§ 736, 737 aF Rn. 10, → §§ 738–740 aF Rn. 4). ***§ 712 a nF*** behandelt den *Sonderfall des Ausscheidens des vorletzten Gesellschafters*, den *§ 712 a I nF* grundsätzlich gleich regelt wie die Anwachsung bei verbleibenden Gesellschaftern nach Ausscheiden eines Gesellschafters: volle „Gesamtrechtsnachfolge" des verbleibenden Gesellschafters mit Auflösung der Gesellschaft (keine Einmanngesellschaft) und Löschung im Gesellschaftsregister auf Antrag des übernehmenden Gesellschafters, im Übrigen entsprechende Anwendung der für ausscheidende Gesellschafter generell geltenden Vorschriften *(§§ 712 a II* nF iVm *§ 728 nF* und *§§ 728 a f. nF*; zur weitgehenden Übereinstimmung mit dem alten Recht → §§ 723–728 aF Rn. 3; → §§ 736, 737 aF Rn. 5). Nicht verwirklicht hat der Gesetzgeber den Vorschlag des Regierungsentwurfs, die Anwachsung beim letzten Gesellschafter von seiner zustimmenden Gestaltungserklärung abhängig zu machen (dazu BT-Drs. 19/27635).

2 **2. Haftung bei Neueintritt.** Im alten Recht ist sowohl der Neueintritt durch vertraglichen Beitritt zum Gesellschaftsvertrag als auch der Neueintritt durch den Erwerb eines Gesellschaftsanteils nicht geregelt. Die Reform erwähnt den Neueintritt durch Beitritt zum Gesellschaftsvertrag im Zusammenhang mit der Abwachsung *(§ 712 II nF*; s. oben Rn. 1) und regelt in *§ 711 I nF* die rechtsgeschäftliche Übertragung eines Gesellschaftsanteils (→ *§§ 711, 713 nF Rn. 2*). Die Frage der Haftung beim Neueintritt ist dann in *§ 721a* nF allgemein für beide Fälle im Sinne einer vollen Gesellschafterhaftung (*§§ 721, 721b nF*) gelöst. Diese Lösung hat auch nach alter Rechtlage letztendlich die Rspr gewählt, so dass die Reform insoweit inhaltlich nur den bestehenden Rechtzustand bestätigt (dazu für den Neueintritt kraft Gesellschaftsvertrags → §§ 736, 737 aF Rn. 10; → §§ 738–740 aF Rn. 4; für den rechtsgeschäftlichen Erwerb → §§ 718–720 aF Rn. 8 u.9; → §§ 736, 737 aF Rn. 11; → §§ 738–740 aF Rn. 3). Beim rechtsgeschäftlichen Erwerb eines Gesellschaftsanteils gilt für den ausscheidenden Veräußerer im Innenverhältnis zur Gesellschaft *§ 728 nF*, der dem nach alter Rechtslage anwendbaren § 738 Satz 2 aF entspricht (vgl. → §§ 738–740 aF Rn. 6).

3 **3. Die Tatbestände des Ausscheidens.** ***§ 723 I nF*** zählt Tatbestände auf, an die der Gesetzgeber bei fehlender anderweitiger gesellschaftsvertraglicher Vereinba-

rung die Rechtsfolge des Ausscheidens eines Gesellschafters und nicht der Auflösung der ganzen Gesellschaft knüpft. *§ 723 II nF* stellt indessen klar, dass sich aus dem Gesellschaftsvertrag weitere Gründe für das Ausscheiden ergeben können (zur vertraglichen Wahl zwischen Ausscheidungsgrund und Auflösung und eingeschränkt umgekehrt (*vgl. §§ 723 II, 729 II nF* und → *Vor §§ 729–734 nF Rn. 2*). Die Aufzählung in *§ 723 I nF* benennt Tatbestände, die in nachfolgenden Vorschriften näher ausgeführt und in *§§ 724 ff. nF* teilweise auch mit spezifizierten Rechtsfolgen ausgestattet werden. Es ergeben sich folgende Paarungen: *§ 723 I Nr. 1 nF* mit § 724 nF, *Nr. 2* mit *§ 725 nF*, *Nr. 4* mit *§ 726 nF* und *Nr. 5* mit *§ 727 nF*). **a) Stellung der** 4
Erben eines verstorbenen Erblassers. *§ 724 nF* korrespondiert mit *§ 711 II nF*, nach dem der Gesellschaftsvertrag die Fortsetzung einer GbR mit den Erben vereinbaren kann, die dann mit dem Todesfall Mitglieder der GbR werden (s → *§ 711 nF* Rn. 2; → § 2032 Rn. 10 u. 6 unter Verweis auf § 139 HGB aF, künftig der mit *§ 711 nF* fast identische *§ 131 HGB nF* iVm Art. 53 Nr. 3 MoPeG). Es ist Zweck des *§ 724 nF*, die in die GbR eintretenden Erben vor der vollen Haftung für Gesellschaftsschulden zu schützen (*§ 721a nF*; sa → oben Rn. 2), indem sie ihnen die Möglichkeit gewährt, mit den übrigen Gesellschaftern in Verhandlungen über eine Änderung des Gesellschaftsvertrages zur Umwandlung ihres Anteils in einen Kommanditanteil einzutreten (*§ 724 I nF*) oder aber von ihrem Recht auf sofortige Kündigung Gebrauch zu machen, falls die Verhandlungen scheitern oder – kaum unterscheidbar – sich die Fortführung der GbR als KG als unmöglich erweist (*§ 724 II nF*). Falls während einer dreimonatigen Frist dieses Wahlrecht ausgeübt wird (*§ 724 III nF* mit Einzelheiten zum Fristlauf) und der Erbe ausscheidet, Kommanditist wird oder die Gesellschafter sich auf eine Auflösung der GbR einigen (zu dieser Möglichkeit *§ 729 IV*, dazu → *Vor §§ 729–734 nF* Rn. 2 u. oben Rn. 3), haftet der Erbe „für die bis dahin entstandenen Verbindlichkeiten" nur nach Maßgabe der Vorschriften über die Beschränkung der Erbenhaftung (*§ 724 IV nF* iVm §§ 1975 ff.; zum Ganzen BT-Drs. 19/27635 S. 171). Die missverständliche Formulierung „bis dahin entstandene Verbindlichkeiten" meint nicht eine Beschränkung auf während dieses Zeitraums der *GbR* neu entstandene Verbindlichkeiten, sondern alle dem zunächst eintretenden *Gesellschafter* nach *§§ 721a, 721, 721b nF* entstandenen Verbindlichkeiten (so wohl auch BT-Drs. aaO S. 172). **b) Kündigung der Mitglied-** 5
schaft durch Gesellschafter. ***§ 725 nF*** übernimmt die Kündigungsgründe des §§ 723, 724 aF mit notwendigen Modifikationen. Die *ordentliche Kündigung* bei einer GbR auf unbestimmte Zeit gemäß *§ 725 I Satz 1 nF* ist anders als in § 723 aF (dazu → §§ 723–728 aF Rn. 4) an eine Frist gebunden (drei Monate zum Ablauf des Kalenderjahres), um eine gewisse Planbarkeit und Vorhersehbarkeit für die übrigen Gesellschafter zu schaffen, wie dies schon bisher gesellschaftsvertraglicher Gestaltung häufig entsprochen hat. Diese Befristung ist nun wieder ihrerseits disponibel bis zur Grenze der Sittenwidrigkeit (§ 138) und soll dazuhin auch einer stillschweigenden abweichenden Vereinbarung an Hand des Gesellschaftszwecks unterliegen – eine etwas weitreichende Ermächtigung zugunsten richterlicher Billigkeitserwägungen. Die *fristlose Kündigung aus wichtigem Grund bei einer GbR auf bestimmte Zeit* (*§ 725 II nF*) verlangt eine wesentliche Vertragsverletzung durch andere Gesellschafter, wie sie auch gleich bei der Kündigung der *Gesellschaft* durch einen Gesellschafter als Auflösungsgrund vorausgesetzt wird (*§ 731 I nF*; dazu → *§§ 729–734 nF* Rn. 3); fraglich ist diese Gleichsetzung, nachdem der Gesetzgeber das Ausscheiden nach *§ 725 nF* als gegenüber der Auflösung mildere Rechtsfolge betrachtet (→ *§§ 729–734 nF* Rn. 3; zum wichtigen Grund unter altem Recht die Kasuistik bei → §§ 723–728 aF Rn. 6). Die Kündigung aus wichtigem Grund gemäß *§ 725 II nF* ist nur beschränkt disponibel (*§ 725 VI nF*). *§ 725 III nF* gestattet die *Kündigung aus wichtigen Grund allgemein* auch bei gesetzlicher oder vertraglich vereinbarter Kündigungsfrist (dazu die Gesetzesbegründung BT-Drs. 19/27635 S. 173; gleich, aber missverständlich schon § 723 I Satz 6 aF). *§ 725 IV nF* iVm §§ 1629a, 1990, 1991 übernimmt inhaltlich gleich und sprachlich modifiziert die verfassungsrechtlich gebotene *Kündigungsmöglichkeit des volljährig gewordenen Gesellschafters*, wie sie § 723

I Satz 3 Nr. 2 u. Sätze 4 u. 5 aF entspricht, mit der Folge der Haftungsbeschränkung für Gesellschaftsschulden auf das im Zeitpunkt der Volljährigkeit existierende Vermögen (dazu → §§ 729, 730 aF Rn. 17). Aus diesem Grunde ist das Geburtsdatum eines Gesellschafters zum Schutz des Rechtsverkehrs wie bei Personenhandelsgesellschaften in das Handelsregister auch bei der GbR in das Gesellschaftsregister einzutragen (dazu *§ 707 II Nr. 2 a nF*; sa → *§ 707 nF* Rn. 4). *§ 725 IV nF* ist nicht abdingbar oder beschränkbar (*§ 725 VI nF*). Für die *missbräuchliche Kündigung zur Unzeit* verordnet *§ 725 IV nF* wie schon § 723 II aF gegenüber geschädigten Mitgesellschaftern eine Schadensersatzpflicht gegenüber der durch die Kündigung geschädigten GbR (zum alten Recht → §§ 723–728 aF Rn. 8 mit Bemerkungen zur ausnahmsweisen Nichtigkeit in schwersten Fällen); offen bleibt dabei ein Anspruch eines einzelnen Gesellschafters gegen den Kündigenden für rein individuelle Schäden (§§ 280 II, 282, 241 II, 823, 826, 249), die sich im Schaden der Gesellschaft nicht berücksichtigt finden (dazu unter altem Recht → § 708 aF Rn. 1, wobei der Fortfall des § 708 aF die Möglichkeit solcher Haftung verschärft). Das *Verbot der Abbedingung oder Beschränkung von Kündigungsrechten* in *§ 725 VI nF* betrifft nur die dort genannten Sonderkündigungsrechte, Rechte zur ordentlichen Kündigung sind grundsätzlich bis zur Grenze der Sittenwidrigkeit (§ 138) abdingbar oder beschränkbar (s. BT-
6 Drs. aaO S. 173/174). **c) Kündigung der Mitgliedschaft durch Privatgläubiger.** ***§ 726 nF*** entspricht zwar weitgehend § 725 aF (dazu → §§ 723–728 aF Rn. 9–12), enthält aber neue beschränkende Elemente (dazu die Gesetzesbegründung BT-Drs. aaO S. 174). Neben den seitherigen Voraussetzungen (wirksame Pfändung, endgültig vollstreckbarer Titel wie rechtskräftiges Urteil, rechtskräftiger Vollstreckungsbescheid, gerichtlicher oder gerichtlich bestätigter Vergleich, vollstreckbare Urkunde etc.) hat die Kündigung nunmehr zwei weitere Voraussetzungen, nämlich die innerhalb der letzten sechs Monate versuchte, aber erfolglose Vollstreckung in das bewegliche Vermögen des schuldnerischen Gesellschafters und die Einhaltung einer Kündigungsfrist von drei Monaten für die auf das Kalenderjahresende zulässige Kündigung. Trotz des etwas missverständlichen Wortlauts, der aus § 135 HGB aF insoweit leider übernommen wurde, ist es keine Voraussetzung wirksamer Pfändung, dass Vollstreckungsversuche sechs Monate vor der Pfändung unternommen wurden (kein „gradus executionis" mit Fristen), und auch für die Zulässigkeit der Kündigung reicht es aus, wenn beides während der letzten sechs Monate stattfand und im Zeitpunkt der Kündigung gegeben ist, wobei unklar ist, ob die Zulässigkeit der Kündigung von der Reihenfolge zwischen Vollstreckungsversuch und Pfändung abhängen soll (für § 135 HGB aF mit guten Gründen verneinend MüKo/Karsten Schmidt/Fleischer HGB § 135, 5. Aufl. 2022, § 135 Rn. 20) und dies besser nicht angenommen werden sollte (*§ 133 HGB nF* iVm 51 Nr. 3 MoPeG lässt insoweit leider die gleiche textliche Unklarheit). Ob die solche erschwerenden neuen Voraussetzungen rechtfertigende Interessenabwägung zugunsten der GbR und ihrer Gesellschafter letztlich überzeugt (so die Gesetzesbegründung BT-Drs. aaO S. 174), erscheint für eine Gesellschaft, deren Kredit von der Bonität ihrer Gesellschafter
7 abhängt, höchst zweifelhaft. **d) Ausschließung aus wichtigem Grund.** ***§ 727 nF*** gestattet der Gesellschaft die Ausschließung eines Gesellschafters aus wichtigem Grund und folgt darin § 737 aF (vgl. → §§ 736, 737 aF Rn. 7 ff.). Die Definition des wichtigen Grundes deckt sich mit dem Kündigungsgrund des vertragstreuen Gesellschafters nach *§ 725 II nF* wegen Pflichtverletzungen eines Mitgesellschafters und erlaubt es damit der Gesellschaft, sich des Anlasses für die Kündigung durch vertragstreue Gesellschafter durch Ausschließung zu entledigen. Der dem § 140 I Satz 2 HGB aF nachgebildete *§ 727 Satz 3 nF* stellt klar, dass eine Ausschließung auch gegenüber dem vorletzten Gesellschafter einer GbR zulässig ist (sa *§ 712a nF*). Der Ausschluss wird durch einen einstimmigen rechtsgestaltenden Beschluss der anderen Gesellschafter herbeigeführt, sofern nur ein Gesellschafter verbleibt, geschieht dies durch Gestaltungserklärung dieses Gesellschafters (so zutreffend die Begründung BT-Drs. aaO S. 175). *§ 727 nF* unterliegt der Parteidisposition, die den

Grund für Ausschlüsse inhaltlich modifizieren und auch einen Mehrheitsbeschluss zulassen kann (dazu die Auslegungsregel *§ 709 III nF*).

4. Folgen des Ausscheidens. a) Innenverhältnis. Im Innenverhältnis zwischen 8 GbR und dem ausgeschiedenen Gesellschafter regelt *§ 728 Satz 1 nF* nach dem Vorbild des § 738 aF den Anspruch des Gesellschafters auf Befreiung von der Haftung für noch nicht beglichene Verbindlichkeiten der GbR (s. § 721 nF; Befreiung durch Zahlung oder Schuldübernahme) und auf Abfindung für den Wert seines Anteils. Diese Ansprüche richten sich gegen die GbR, wobei aber die verbleibenden Gesellschafter gemäß *§ 721 nF* für sie auch persönlich haften (dazu zum alten Recht MüKoBGB/Schäfer, 8. Aufl. 2020, § 738 Rn. 17). Für nicht fällige Verbindlichkeiten kann die GbR auch Sicherheit leisten (*§ 728 I Satz 2 nF*). Der Abfindungsanspruch berücksichtigt idR in einer Verrechnung alle noch ausstehenden wechselseitigen Ansprüche, die nur bei voller rechnerischer Klarheit über ihren endgültigen Fortbestand oder aufgrund besondere Billigkeitserwägungen einzeln geltend gemacht werden können (sog. Durchsetzungssperre). Der Geschäftswert des Anteils ist durch eine Abschichtungsbilanz auf den Stichtag des Ausscheidens des Gesellschafters festzustellen. Vertragliche Regelungen sind grundsätzlich zulässig, dürfen aber die Grenze des § 138 nicht überschreiten, indem sie ein deutliches Missverhältnis zwischen dem wahren Wert des Geschäftsanteils und der vertraglichen Abfindung verursachen, soweit dies nicht ausnahmsweise durch die Art der Gesellschaft oder besondere Umstände gerechtfertigt erscheint. Die Rechtsprechung des BGH zum § 738 I aF hat zu diesen Grundsätzen eine reiche Kasuistik entwickelt, in die der Gesetzgeber trotz gegenläufiger Vorschläge nicht eingreifen wollte (dazu die Begründung BT-Drs. aaO S. 175/176) und die folglich auch unter neuem Recht Beachtung verdient (→ §§ 738–740 aF Rn. 7 u. 8). *§ 728 II nF* erlaubt wie schon § 738 II aF ausdrücklich eine *Schätzung des Wertes* von Gesellschaftsanteilen, die nach Maßgabe der Gesetzesbegründung gegenüber § 287 II ZPO größere Spielräume schafft, um so der Tatsache gerecht zu werden, dass der Anteils- oder Unternehmensbewertung um ihrer besonderen Schwierigkeit willen eine spezifische Schätzunsicherheit immanent sei (Begründung BT-Drs. aaO S. 176). Dies ist so wahr, dass sich bei der Vertragsgestaltung der Versuch lohnt, gegen die Selbstsicherheit mancher Gutachter gewisse Schutzmechanismen vorzusehen. **b) Fehlbetrags-** 9 **haftung.** ***§ 728a nF*** ordnet auch für den ausgeschiedenen Gesellschafter wie seine Vorgängervorschrift § 739 aF eine Haftung gegenüber der GbR an, wenn sich nach der Begleichung der Verbindlichkeiten und der Ermittlung des Abfindungsanspruchs (oben → Rn. 8) ein Fehlbetrag ergibt, an dem sich der ausgeschiedene Gesellschafter entsprechend seiner Gewinn- und Verlustbeteiligungsquote (*§ 709 III nF*) beteiligen muss. Auf diese Weise entsteht eine entsprechende Forderung der GbR gegen den ausgeschiedenen Gesellschafter, wobei diese Nachschusspflicht der gleichen Pflicht bei Auflösung und Liquidation entspricht (s. *§ 737 nF*). **c) Nachhaftung** 10 **nach Ausscheiden.** ***§ 728 b nF*** ist die Nachfolgevorschrift von § 736 II aF iVm § 160 HGB und gleichzeitig die Parallelvorschrift zu *§ 739 nF* im Falle der Auflösung der GbR. In der Sache handelt es sich um eine spezielle und haftungsbeschränkende Variante der persönlichen Haftung der Gesellschafter für Verbindlichkeiten der Gesellschaft gemäß *§ 721 nF.* Die Nachhaftung setzt voraus: (1) Feststellung der Forderung gegen die GbR gemäß *§§ 728 b I nF,* 197 I Nr. 3–5 durch rechtskräftige Gerichtsentscheidung, vollstreckbaren Vergleich, vollstreckbare Urkunde, die Insolvenztabelle (§§ 201 II, 215 II Satz 2, 257 InsO), durch schriftliches Anerkenntnis (*§ 728 b II nF*), oder durch Verwaltungsakt im Falle öffentlich- rechtlicher Forderungen (*§ 728 b I Nr. 2, 2 Var. nF*) oder eine Forderung, die schon Gegenstand gerichtlicher oder behördlicher Vollstreckung oder entsprechender Anträge war; (2) Fälligkeit vor Ablauf von fünf Jahren nach Ausscheiden (*§ 728 b I nF*); (3) Begründetheit der Forderung vor Ausscheiden des Gesellschafters aus der GbR. Die Vorschrift erläutert für den Schadensersatzanspruch den Vorgang ihrer Entstehung dahin, dass auch der Schaden vor dem Ausscheiden eingetreten sein muss (*§ 728 b I Satz 2 nF*). Die

Fünfjahresfrist nach Ausscheiden beginnt spätestens mit der Registrierung des Ausscheidens im Gesellschaftsregister bei der eingetragenen GbR und stets mit der Kenntnis der Gläubiger vom Ausscheiden bei eingetragener und nicht eingetragener GbR (hierzu die Gesetzesbegründung aaO S. 177 unter Hinweis auf BGHZ 174, 7). Trotz der perfektionistischen gesetzgeberischen Akribie bleiben für die Rechtsprechung noch Zweifelsfragen bei der Anspruchsentstehung, soweit nicht die insoweit eigens geregelten Schadensersatzforderungen in Frage stehen (hierzu neben teilweise durch die Reform gelösten anderen Streitfragen → §§ 738–740 aF Rn. 2), auf welche die Gesetzesbegründung als zufriedenstellend verweist (Begründung BT-Drs. aaO S. 177). *§ 728 b I Satz 4 nF* erklärt die dort zitierten Hemmungsvorschriften oder den Neubeginn des Fristenlaufs anordnenden Vorschriften für entsprechend anwendbar. Die Begründung hält ausdrücklich fest, dass die Befristung von fünf Jahren als Einwendung und nicht als Einrede konzipiert sei (BT-Drs. aaO S. 177).

Regelungen zur nicht rechtsfähigen Gesellschaft nach der Reform in Kraft ab 1.1.2024

Untertitel 3. Nicht rechtfähige Gesellschaft

§ 740 *Fehlende Vermögensfähigkeit; anwendbare Vorschriften*

(1) Eine nicht rechtsfähige Gesellschaft hat kein Vermögen.

(2) Auf das Rechtsverhältnis der Gesellschafter untereinander sind die §§ 708, 709, 710, 711, 711a, 712, die §§ 714, 715, 715a, 716, 717 Absatz 1 sowie § 718 entspechend anzuwenden.

§ 740a *Beendigung der Gesellschaft*

(1) Die nicht rechtsfähige Gesellschaft endet durch:
1. Ablauf der Zeit, fürwelche sie eingegangen wurde;
2. Auflösungsbeschluss;
3. Tod des Gesellschafters;
4. Kündigung durch einen Gesellschafter;
5. Eröffnung des Insolvenzverfahrens über einen Gesellschafter;
6. Kündigung der Gesellschaft durch einen Privatgläubiger eines Gesellschafters.

(2) Die Gesellschaft endet ferner, wenn der vereinbarte Zweck erreicht oder seine Erreichung unmöglich geworden ist.

(3) Auf die Beendigungder Gesellschaft sind die §§ 725, 726, 730, 732 und § 734 Abs. 1 und 2 entsprechend anwendbar.

§ 740b *Auseinandersetzung*

(1) Nach der Beendigung der nicht rechtsfähigen Gesellschaft findet die Auseinandersetzung unter den Gesellschaftern statt.

(2) Auf die Auseiandersetzung sind die § 736 d Abs. 2, 4 und 5 und § 737 entsprechend anwendbar.

§ 740c *Ausscheiden eines Gesellschafters*

(1) Ist im Gesellschaftsvertrag vereinbart, dass abweichend von den in § 740a Abs. 1 Nummer 3 bis 6 genannten Beendigungsgründen die Gesellschaft fortbestehen soll, so tritt mangels abweichender Vereinbarung an die Stelle der Beendigung der Gesellschaft das Ausscheiden des Gesellschafters, in dessen Person der Ausscheidungsgrund eintritt.

*(2) **Auf das Ausscheiden eines Gesellschafters sind die §§ 727, 728 und 728 a entsprechend anzuwenden.***

Anmerkungen zu den §§ 740–740c nF

Vorbemerkung. Untertitel 3 verdankt seine Entstehung der Entscheidung für die grundsätzlich rechtsfähige GbR einerseits und die strikt vermögenslose nicht rechtsfähige GbR andererseits. Diese Entscheidung für die vermögenslose nicht rechtsfähige GbR sollte verhindern, dass die alte gesamthänderische nicht rechtsfähige GbR mit ihrer Vermögenszuordnung und ihrer als beschwerlich kritisierten Teilnahme am Rechtsverkehr überleben könnte (zum Gang der Reformdiskussion um die Gestaltung gerade der nicht rechtsfähigen statt vieler GbR MüKoBGB/Schäfer, 8. Aufl. 2020, BGB § 705 Rn. 30; ders. Gutachten E zum 71. DJT 2016, S. E 53 ff.; Beschlüsse des 71. DJT. 2016 Zif. II. 7; Armbrüster ZGR Sonderheft 23 (2020), 143 ff., 152; krit. Stürner Jura 2021, 235, 244/245). Die nun Gesetz gewordene Gestaltung der vermögenslosen GbR zeichnet sich leider dadurch aus, dass die eigentlich praktisch wesentlichen Fragen keine Regelung erfahren, sondern sich entweder hinter Hinweisen auf entsprechende Anwendung von Normen zur rechtsfähigen GbR verbergen oder hinter andeutungsweisen Verweisen in der Begründung auf Formen mittelbarer Vermögensträgerschaft bei traditionellen Innengesellschaften (vgl. die Begründung BT-Drs. 19/27635 S. 190).

1. Vermögenslosigkeit nicht rechtsfähigen GbR. *§ 740 I nF* soll klarstellen, 1
dass die nicht rechtsfähige GbR „kein Vermögen hat" (Begründung BT-Drs. aaO S. 190). Unklar bleibt allerdings, ob sich damit trotz *§§ 740 II, 708 nF* das schlichte Verbot vertraglich geschaffener Gesamthand verbindet mit der Folge der Unwirksamkeit entsprechender vertraglicher Regelungen. Dinglich wirkende gesamthänderische Rechtsinhaberschaft wird sich allein vertraglich ohne gesetzliche Regelung nicht schaffen lassen, so dass die eigenartige Formulierung letztlich insoweit Verbotswirkung entfaltet. Weil allseits bekannt ist, dass auch nicht rechtsfähige GbRs in vielen Bereichen nur arbeitsfähig sind, wenn sie auf die notwendigen sächlichen und räumlichen Grundlagen sowie personellen Ressourcen Zugriff haben, empfiehlt die Begründung entweder die Gründung paralleler Bruchteilsgemeinschaften (§§ 741 ff.) zur zweckgebundenen Verwaltung sächlicher Mittel der GbR oder aber die wirtschaftlich und verwaltungsmäßig notwendige Teilnahme am Rechtsverkehr durch einen Treuhänder in Gestalt eines Mitgesellschafters („Außengesellschafter") oder eines Dritten nach den herkömmlichen Regeln der Innengesellschaft oder der stillen Gesellschaft (Vollrechtsübertragung von Gegenständen als Beitragsleistungen an den „Hauptgesellschafter", Handeln des „Hauptgesellschafters" in eigenem Namen mit alleiniger schuldrechtlicher Berechtigung oder Verpflichtung und alleinigem dinglichem Erwerb von Rechtsinhaberschaft; schuldrechtliche Teilgläubigerschaft (§ 420) der Innengesellschafter gegen den Außengesellschafter bzw. Hauptgesellschafter, sie durch Zahlung von Abfindungsguthaben oder andere Verteilungsmaßnahmen so zu stellen, als seien sie Gesellschafter einer GbR; zum Ganzen BeckOK BGB/Schöne, 63. Ed. 1.5.2022, BGB § 705 Rn. 161 ff.; MüKoBGB/Schäfer, 8. Auf. 2020, BGB § 705 Rn. 283 ff.). Allerdings wird schon hier bei Rechnungslegungs- und Abrechnungsansprüchen sichtbar, dass jeder Innengesellschafter die gleiche volle Rechnungslegung und Abrechnung bekommen muss und sich die Frage nach gemeinschaftlicher Gläubigerschaft gemäß § 432 stellt. Falls der Außen- oder Hauptgesellschafter erlaubterweise in Vollmacht auch für die Innengesellschafter handelt, liegt die Annahme einer insoweit begründeten parallelen Bruchteilsgemeinschaft nahe, die eine Forderungsgemeinschaft und Gesamtschuldnerschaft sowie eine Rechtsinhaberschaft nach ideellen Bruchteilen begründet (hierzu § 741 Rn. 2 u. 5, §§ 743–748 Rn. 12 ff.), deren wirtschaftliches Ergebnis in die Abrechnung des Abfindungsanspruchs nach Innengesellschaftsrecht eingehen muss. Auch bei existierenden parallelen Bruchteilsgemeinschaften wird es oft sinnvoll sein, deren finanzielle Ergebnisse bei einem treuhänderisch die Finanzverwaltung führenden

und überwachenden Treuhänder der Gesellschaft weiterzuleiten, beispielsweise entweder an einen gleichzeitig als Außengesellschafter fungierenden geschäftsführenden Gesellschafter oder einen Dritten als Finanztreuhänder. Angesichts der denkbaren Vielfalt von Gestaltungsformen erscheint es nicht sehr befriedigend, wenn der Gesetzgeber nur auf treuhänderische Gestaltungsformen verweist oder auf die Bruchteilsgemeinschaft, die wiederum ihrerseits viele ungeklärte und vor allem komplizierte Fragen bereithält. Der Vorschlag, als Modell für die Geschäfts- und Vermögensorganisation eine bürgerlich rechtlichen Innengesellschaft eine stille Gesellschaft bürgerlichen Rechts in ihren Grundstrukturen zu kodifizieren (s. Schäfer, Gutachten zum 71. DJT, aaO S. E 60/61), ist leider nicht verwirklicht worden. Der Verweis auf entsprechende Anwendung ausgewählter zum Innenverhältnis unter Gesellschaftern der rechtsfähigen GbR bestehende Vorschriften in *§ 740 II nF* vermag eine solche Kodifikation nicht sinnvoll zu ersetzen.

2 **2. Entspechende Anwendung der Vorschriften zum Verhältnis der GbR-Gesellschafter untereinander auf die nicht rechtsfähige GBR.** Im Folgenden einige kurzen Bemerkungen zur entsprechenden Anwendung gemäß *§ 740 II nF*: Durch *§ 708 nF* wird der Grundsatz vertraglicher Gestaltungsfreiheit auf die als Innengesellschaft ausgestaltete GbR insgesamt übertragen, also nicht nur soweit die verwiesenen Normen in Frage stehen. Allerdings ist parteiautonome vertragliche Gestaltung nur in den Grenzen des *§ 740 I nF* zulässig, sie darf also nicht die GbR selbst zum Träger von Rechten und Pflichten gegenüber Dritten machen (→ oben Rn. 1). *§ 709 nF* erlaubt im Rahmen vertragliche Zweckbestimmung *(§ 705 nF)* den Innengesellschaftern eine vertagliche Absprache über Beiträge der Innengesellschafter, die z.B. in bestimmtem Produktionsverhalten, Abstimmungsverhalten in Gremien anderer Gesellschaften, aber auch in der Einbringung von gegenständlichen Beiträgen oder Zahlungen zu Händen einer parallelen Bruchteilsgemeinschaft oder eines treuhänderischen Außengesellschafters liegen können. *§ 740 I nF* schließt zwar auch gemeinsame Rechtsträgerschaft der Gesellschafter gegenüber Mitgesellschaftern aus, nicht aber den Einzelanspruch der Gesellschafter auf Erfüllung des Gesellschaftsvertrags durch Mitgesellschafter, so dass ein Anspruch aller einzelnen Mitgesellschafter auf Beitragsleistung besteht, der von den Mitgesellschaftern als einfache Streitgenossen – gegebenenfalls unter Bevollmächtigung eines einzelnen Gesellschafters – auch eingeklagt werden kann. *§ 710 nF* mit seinem Verbot der Beitragserhöhung gilt dabei auch für die Innengesellschafter, ebenso der Verweis auf die Pflicht zum Fehlbetragsausgleich gemäß *§§ 728 a, 737 nF.* Auch der Anteil an einer Innengesellschaft ist unter gleichen Voraussetzungen wie bei der rechtsfähigen GbR unter Lebenden und auf den Todesfall übertragbar (*§ 711 I und II nF*), und die beschränkte Übertragbarkeit von einzelnen Gesellschafterrechten macht gerade bei einer Innengesellschaft ebenso Sinn wie die Regelung der An- und Abwachsung bei Ausscheiden oder Eintritt neuer Gesellschafter (*§ 712 nF*). Die entsprechende Anwendung der Regeln über Beschlussfassung und Geschäftsführung (*§§ 714, 715 nF*) ist angesichts der klaren Trennung von Geschäftsführung und Stellvertretung bei der rechtsfähigen GbR für die Innengesellschaft durchaus passend. Die Geschäftsführung und gegebenenfalls alle Gesellschafter müssen auch über die notwendige Wahrnehmung der Rechte der Einzelgesellschafter gegenüber dem treuhänderischen Außengesellschafter oder Dritten wachen und gegebenenfalls im eigenen Namen und als Bevollmächtigter der übrigen Gesellschafter gegen den Treuhänder klagen. Auch die Notgeschäftsführung durch einen nicht geschäftsführungsberechtigten Gesellschafter macht für gesellschaftsvertragliche Ansprüche oder parallel laufende andere Einzelansprüche der Gesellschafter Sinn, wenn ihre Nichtverfolgung den Gesellschaftszweck gefährdet, wobei selbst die für *§ 715 a nF* angenommene Prozessstandschaft in solchen Fällen greifen sollte.*§ 716 nF* ist gerade für die Innengesellschaft von besonderer Bedeutung, weil diese Geschäftsführungsvorschrift zunächst einmal Ad- Hoc-Außengeschäfte aber auch eine weitreichende treuhänderische Funktion eines beauftragten Gesellschafters erlaubt, der in eigenem Namen handelt und erworbene

Gegenstände in eigenem Namen auf Dauer oder vorübergehend für die Innengesellschaft hält, um sie den Gesellschaftern für die gesellschaftlichen Geschäfte zur Verfügung zu stellen, an eine Bruchteilsgemeinschaft der Gesellschafter weiterzugeben oder bei einer späteren Auseinandersetzung zu versilbern und den Erlös als Guthaben in die Verteilungssumme einzubringen (s. zur Stellung der Gesellschafter als Gläubiger und Schuldner von wechselseitigen Ansprüchen oben Rn. 1). *§ 717 I nF* setzt zwar eine rechtsfähige GbR als Schuldner der Informationsrechte voraus, erlaubt aber bei entsprechender Anwendung, von einer Schuldnerschaft des treuhänderische Außengesellschafters, des mit dem Controlling beauftragten geschäftsführenden Gesellschafters oder einzelner Gesellschafter auszugehen, soweit ihre Geschäftsführung z.B. im Rahmen eines Konsortiums als Hersteller und Verkäufer im Außenverhältnis für die Innengesellschaft bei der Gewinn- und Verlustbeteiligung von Bedeutung sein kann (vgl. die Gesetzesbegründung BT-Drs. aaO S. 191: „gegen denjenigen Gesellschafter, der über Informationen verfügt"; wegen der Gläubiger und Schuldnerstellung sa oben Rn. 1). Die Verteilung von Gewinn und Verlust (*§§ 718, 709 III nF*) mit entsprechender Bilanzierung und Kontenführung oder in einfachen Fällen mit Rechnungslegung nach § 259, 260 wird häufig der Außengesellschafter oder treuhänderische Dritte als Verwalter der Sach- und Finanzwerte vornehmen mit der Folge entsprechender gesetzlicher (*§§ 716 III u. IV, 717 I nF*) oder aber vertraglich geregelter Informationsansprüche. Überhaupt ist davon auszugehen, dass bei gewichtigen eGbRs ausführliche vertragliche Regelungen existieren und eine rein nach gesetzlichen Regeln ablaufende Abwicklung nur in einfachen Fällen gegeben sein wird, so dass die gewährte privatautonome Gestaltungsbefugnis (*§ 708 nF*) gerade bei der Innengesellschaft insoweit großes Gewicht hat.

3. Beendigung der Gesellschaft. *§ 740a I u. II nF* zählen als Beendigungsgründe nur die mit ihrer Vermögenslosigkeit und fehlenden Rechtsfähigkeit harmonierenden Auflösungsgründe auf. Beim Auflösungsgrund des *§ 740 a I Nr. 6* (Kündigung der Gesellschaft durch einen Privatgläubiger eines Gesellschafters) erscheint eine Pfändung des Gesellschaftsanteils durch Privatgläubiger nach § 857 ZPO, *§ 740 a I Nr. 6 nF, § 740 a II nF* unter entsprechender Anwendung des *§ 726 nF* nicht erfolgsträchtig und dürfte so kaum versucht werden. Die Begründung meint (BT-Drs. aaO S. 192), *§ 740 a I Nr. 6 nF* greife nur Platz, „wenn nach Beendigung verteilungsfähiges Vermögen zum Beispiel in Gestalt schuldrechtlich gebundener Bruchteilsrechte an einzelnen Vermögensgegenständen oder in Gestalt einzelner treuhänderisch verwalteter Vermögensgegenstände existiert". Bei der gebotenen Konstruktion einer vermögenslosen GbR (s. oben Rn. 1) sind aber die erwähnten schuldrechtlichen Forderungen aus Treuhand gerade nicht anteilig im Gesellschaftsanteil gespeicherte Vermögenswerte, sondern Forderungen der *einzelnen Gesellschafter* aus Treuhand oder direkt aus gemeinsamer Bruchteilsgemeinschaft. Sie fließen zwar in eine Endabrechnung und einen Verteilungsplan ein, die von der Gesellschaft bzw. ihren Geschäftsführern entworfen und beschlossen werden, aber wiederum durch Befriedigung von Ansprüchen der einzelnen Gesellschafter gegen einen für die anderen Gesellschafter treuhänderisch Konten haltenden Gesellschafter oder Dritten vollzogen werden müssen. Gläubiger müssen also diese Auszahlungsansprüche pfänden, die nie Bestandteil das Anteils an der vermögenslosen Gesellschaft waren und auch bei der Abwicklung nicht sind. Die Pfändung des Gesellschaftsanteils könnte nur Sinn machen, wenn der pfändende Gläubiger bei der Liquidation zustimmen müsste, was aber gerade nicht der Fall ist (*§§ 740 b II, 736 d II, IV, V, VI nF*, nicht aber I). Das Ergebnis wäre nur anders, wenn mit der Beendigung die GbR Inhaber der Treuhandansprüche würde, damit der Gesellschaftsanteil einen vermögensrechtlichen Wert umfasste und in der Phase der Liquidation vertretungsbefugte Gesellschafter hätte. So weitgehend aber wird die entsprechende Anwendung kaum auszulegen sein (in diesem Sinne umdeutend auch die Begründung BT-Drs. aaO S. 192), zumal bei der typischen stillen Gesellschaft die Gläubiger des stillen Gesellschafters auch nur schuldrechtliche Ansprüche pfänden können und nicht irgendeinen nicht 3 existenten Gesellschaftsanteil (vgl. MüKoHGB/Karsten Schmidt, 4. Aufl. 2019, HGB § 235 Rn. 30) und bei der BGB-Innengesellschaft bei der Auseinandersetzung typischerweise Zahlungsansprüche der Gesellschafter gegen den Vemögenstreuhänder entstehen (s. § 705 aF Rn. 24 f.mN). Besser steht es mit dem Beendigungsgrund des *§ 740 a I Nr. 5 nF* (Insolvenz eines Gesellschafters) und der Regelung entsprechender Geltung in den *§§ 740 a II, 730 II nF*. Hier führt die Insolvenzeröffnung zur Fortführung der Geschäfte durch die anderen Gesellschafter (*§ 730 II u. I Satz 4 nF*). Auch die anderen Beendigungsgründe hängen nicht von einer vermögenswerten Substanz des Gesellschaftsanteils in Gestalt von der Zuordnung einer Mitinhaberschaft an Ansprüchen ab.

4 **4. Auseinandersetzung der Innengesellschaft.** ***§ 740 b I*** nF findet die Auseinandersetzung nach Beendigung „unter den Gesellschaftern statt". Diese Formulierung ist insofern zutreffend, als die Innengesellschafter über die Abwicklung und die Ergebnisentscheidung beschließen. Der Eindruck, dass zwischen den Gesellschaftern unmittelbar Zahlungsansprüche aus einem Teilungsplan entstehen, wäre aber in dieser Weise nicht richtig. Denn – wie bereits ausgeführt – haben die Gesellschafter einer vermögenslosen nicht rechtsfähigen GbR kein Gesellschaftsvermögen im Sinne eines gesellschaftlichen Sondervermögens, das sie unter sich unter Zuweisung von Ansprüchen und Verbindlichkeiten verteilen könnten. Vielmehr muss die Verteilung von Gewinnen und Verlusten stets über eine treuhänderische Kontenverwaltung eines Gesellschafters oder Dritten in eigenem Namen erfolgen, der aber als Treuhänder den Weisungen der geschäftsführenden Innengesellschaftern folgt. Die in *§ 740 b II nF* angeordnete entsprechende Anwendung der *§ 736 d II, IV, V, VI nF* kann also nur so erfolgen, dass der oder die geschäftsführenden Gesellschafter an die Treuhänder die Weisung erteilen, Geschäfte zu beendigen, Forderungen einzuziehen und das gegenständliche Vermögen in Geld umzusetzen (Versilberung), dann ihre Schulden zu begleichen oder entsprechende Rückstellungen zu bilden, um aus einem Überschuss Beiträge der Gesellschafter an sie zurückzuzahlen und entstehenden Gewinn an die einzelnen Gesellschafter nach Abrechnung gemäß *§§ 709 III, 718 nF* auszuzahlen oder aber im Falle von Verlusten gemäß *§§ 740 b II, 737 nF* bei den einzelnen Gesellschaftern den Fehlbetrag nachzufordern und dann restliche Gläubiger zu befriedigen (in diesem Sinne auch die Begründung BT-Drs. aaO S. 192).

5 **5. Fortsetzung der Gesellschaft bei Ausscheiden einzelner Gesellschafter.** Falls der Gesellschaftsvertrag bei den Auflösungsgründen des *§ 740 a I Nr. 3–6 nF* statt der Auflösung ein Ausscheiden des betroffenen Gesellschafters vorsieht oder – so wäre hinzuzufügen – ein Gesellschafter nach Kündigung aus wichtigem Grunde ausscheiden soll (*§ 727 nF*) – mE in *§ 740 c II nF* statt in *§ 740 c I nF* nicht optimal eingeordnet (aA die Begründung aaO S. 193) – erhält der ausscheidende Gesellschafter einen Abfindungsanspruch gegen den Konten führenden Treuhänder, falls die Abrechnung und die Schätzung seines Anteils am treuhänderisch verwalteten Vermögen für ihn einen Überschuss ergibt *(§§ 740 c II, 728 nF)*, bei errechneten Verlusten muss der Gesellschafter entsprechend *§ 709 III nF* den auf ihn entfallenden Fehlbetrag an den Konten führenden Treuhänder erstatten (*§§ 740 II, 728 a nF*).

Titel 17. Gemeinschaft

§ 741 Gemeinschaft nach Bruchteilen

Steht ein Recht mehreren gemeinschaftlich zu, so finden, sofern sich nicht aus dem Gesetz ein anderes ergibt, die Vorschriften der §§ 742 bis 758 Anwendung (Gemeinschaft nach Bruchteilen).

1 **1. Zweck und Wesen.** Der **Zweck** der Bruchteilsgemeinschaft („schlichte Rechtsgemeinschaft"), liegt in werterhaltender Verwaltung oder bzw und Abwick-

lung, nicht dagegen – wie etwa bei der Gesellschaft (§ 705) – in der Verfolgung eines darüber hinausgehenden gemeinsamen Vertragszwecks. Die Bruchteilsgemeinschaft erschöpft sich also in Wahrung und Ausgleich von Individualinteressen. Demgemäß ist jedes Mitglied Inhaber eines *ideellen* Bruchteils des gemeinschaftlichen Gegenstandes (zur Theorienbildung teiw krit Madaus AcP 212, 251); das Gemeinschaftsgut ist in keiner Weise zu einem Sondervermögen verselbstständigt, sie besitzt also anders als die GbR nach neuerer Lehre (→ § 705 Rn. 1) auch keine Teilrechtsfähigkeit mit der Fähigkeit, Träger von Rechten und Pflichten zu sein (BFH NJW 2019, 701 Rn. 22 und 23: kein umsatzsteuerpflichtiger Unternehmer, sondern rechtlicher Rahmen für Bruchteilsinhaber als Einzelunternehmer; sa Rn. 3). Die Gemeinschaft selbst ist kein ges Schuldverhältnis, sondern nur Quelle einzelner obligatorischer Verpflichtungen, so dass zB Sachbeschädigungen durch Mitberechtigte und ihre Hilfspersonen nicht nach §§ 242, 278 sondern allein nach §§ 823, 831 zu beurteilen sind (BGHZ 62, 246 ff.; sa OLG Naumburg NJW-RR 2014, 1166; ferner BGH NJW 2019, 1596 Rn. 48 ff. für arglistige Täuschung durch einen Miteigentümer beim Kauf). Einzelne Rechte und Pflichten entstehen bei der Nutzung und Verwaltung (§§ 743–745, 748) und bei der Aufhebung (§§ 749 ff.).

2. Entstehung. Die Entstehung der Bruchteilsgemeinschaft ist oft die Folge von Realakten: §§ 947 I, 948, 963, 984, § 469 II HGB, § 6 I DepotG (Kümpel WM 1980, 422) sowie „Oder-Depot“ (BGH NJW 1997, 1435; → §§ 428–430 Rn. 2 f.), § 6 S. 2 PatG (dazu BGH NJW-RR 2001, 477; BGHZ 162, 342 = NJW-RR 2005, 1200); aber keine Bruchteilsgemeinschaft an Heizungsanlage für zwei getrennte Hausgrundstücke bei Mitversorgungsvereinbarung, falls die Anlage nur wesentlicher Bestandteil eines Grundstücks ist (BGH NJW-RR 2013, 650 Rn. 15). Gemeinschaft auf Grund RGeschäfts entsteht in folgenden Fällen: Forderungsgemeinschaft bei gemeinschaftlichem Verkauf (BGH NJW 1984, 1357; BGH MDR 1991, 646; OLG Zweibrücken NJW-RR 1997, 973; → Rn. 6) oder Kauf (BGH NJW 1984, 796), zB von Grundstücken; Forderungsgemeinschaft bei gemeinschaftlicher Vermietung gemeinsamen Eigentums nach Bruchteilen (BGH NJW 2012, 3583; 2014, 536 Rn. 15; 2020, 683 Rn. 37: „Vermietergemeinschaft“; sa → § 432 Rn. 1; BGH NJW 2017, 547 Rn. 43 ff.: Eigenbedarfskündigung der Vermietergemeinschaft zu Gunsten eines Miteigentümers) oder gemeinsamer Vermietung unabhängig von gemeinsamen Eigentum (offen BGH NJW 2012, 3583 Rn. 22); gemeinsamer Anspruch auf Telefonnutzung (OLG Hamm NJW-RR 2001, 245); Grundstückserwerb zur gemeinsamen Verwaltung, falls keine Gesellschaft auf Grund Parteiwillens (OLG Zweibrücken OLGZ 1980, 213; MüKoBGB/Schmidt, § 741 Rn. 4 f.; BGHZ 140, 63: Rittergut); bei Übertragung aller Erbteile auf mehrere Erwerber zu gleichen Teilen entsteht eine Bruchteilsgemeinschaft an den Erbteilen bei fortbestehender Erbengemeinschaft, erst nach Auflassung eines Nachlassgrundstücks durch die Erbengemeinschaft an die Erwerber entsteht eine Bruchteilsgemeinschaft am Grundeigentum (BGH NJW 2016, 493 Rn. 6 ff.; → § 2033 Rn. 5)); Erwerb von Konsumgütern anlässlich eines gemeinsam finanzierten Ausflugs (LG Arnsberg NJW 2017, 2421 Rn. 32 ff.); gemeinsamer Erwerb von Bedarfsgütern durch Eheleute (§ 1357 Rn. 8) oder anderer Gegenstände zur ehelichen Nutzung, insbes von Wohngrundstücken (BGHZ 68, 299; BGH FamRZ 1990, 978; zur ausdr Vereinbarung der „Eigenheimgesellschaft“ BGH NJW 1982, 170, → § 705 Rn. 14), *Sonderregeln:* 3
§§ 1416, 1418 II Nr. 3, § 6 LPartG iVm den eherechtlichen Bestimmungen (sa → § 705 Rn. 16 zum LPartG idF 2017); bei nichtehelicher Lebensgemeinschaft entsteht nur bei erkennbarem Willen beider Partner zum gemeinsamen Erwerb Miteigentum (OLG Celle NJW 1983, 1065; OLG Düsseldorf FamRZ 1992, 670; Vermutung für Miteigentum bei LG Aachen FamRZ 1983, 61, dagegen OLG Hamm NJW 1989, 909; → § 705 Rn. 15 f.); Gemeinschafts- bzw „Und“-Konten (BGH NJW 2000, 2348; BGH WM 1980, 438; Schebesta WM 1985, 1329; Sachsen-Anhalt FamRZ 2007, 1105; zum „Oder“-Konto → §§ 428–430 Rn. 3); bei Einzelkonto eines Ehegatten uU konkludente Begründung einer Bruchteilsgemeinschaft (BGH

NJW 2002, 3702; OLG Bremen NJW-RR 2005, 1668); Innenverhältnis zwischen mehreren Mietern derselben Sachen (BGHZ 62, 245; BGH NJW 1985, 490; ähnlich, wenngleich unklar OLG Naumburg NJW-RR 2014, 166 für Verwaltung von Wegen und Organisation von Streupflichten durch Mieter einzelner Wohnungen in einem Gebäude; aber Gesamthand- oder Gesamtgläubigerschaft bei gemeinsamer Miete im Außenverhältnis, BGH NJW 1972, 249; OLG Hamm FamRZ 1984, 1017; LG München FamRZ 1992, 1077; → § 705 Rn. 15; → §§ 729, 730 Rn. 1 aE und für deliktische Außenhaftung → Rn. 1); getrennte Veräußerung von einheitlich vermieteten Sachen (Haus und Garage) begründet Forderungsgemeinschaft der Erwerber (BGH NJW 2005, 3781); Sonderfall: § 92 I 1 KAGB (entspricht den aufgehobenen § 30 I 1 InvG und vorher § 6 I 2 KAAG) für Investmentanteile (MüKoBGB/Schmidt § 741 Rn. 50). Mehrere Miterfinder bilden iZw mangels abweichender Verabredung insbesondere zur Gründung einer Gesellschaft eine Bruchteilsgemeinschaft am Patent (BGH NJW-RR 2001, 477 f.; BFH NJW 2019, 701 Rn. 32: deshalb auch umsatzsteuerlich Einzelunternehmen der Bruchteilsinhaber und keine Unternehmereigenschaft der Gemeinschaft als solcher; anders bei Organisation als GbR: BFH NJW-RR 1998, 392; sa → § 705 Rn. 1) oder am leistungsrechtlichen Schutz als Datenbank gemäß §§ 87a ff. UrhG (Walter NJW 2019, 3609, 3611), ebenso uU mehrere Beteiligte eines künftigen Leistungsschutzrechtes für Industrie 4.0-Daten (hierzu Ernsthaler NJW 2016, 3473 [3477]). Eine Bruchteilsgemeinschaft können auch die Gläubiger eines gemeinschaftlichen Vermächtnisses gem § 2157 bilden (dazu Muscheler NJW 2012, 1399). Die Bruchteilsgemeinschaft **endet** grundsätzlich mit Vereinigung aller Anteile in einer Hand; anders, wenn an den Bruchteilen trotz des gemeinsamen Rechtsinhabers unterschiedliche Verfügungsmacht besteht (BGH NJW-RR 2004, 1513; BGH WM 2010, 860).

4 **3. Entsprechende und hilfsweise Anwendung der Vorschriften.** Sie erklärt sich bei anderen Arten von Gemeinschaften daraus, dass es sich um individualistisch ausgestaltete Minimalregelungen handelt (vgl → Rn. 1). **a) Ges Verweis:** §§ 731 S. 2, 1477 I, 2038 II 1, 2042 II, 2044 I 2; § 10 II 1 WEG. **b) Gesetzeslücken** bei Regelungen anderer Gemeinschaften sind durch §§ 741 ff. zu schließen; so bestimmen §§ 742, 748 die Unterhaltungskosten bei Grunddienstbarkeiten (BGHZ 161, 115; BGH MittBayNot 2006, 495). **c)** Bei der sog **schlichten Interessengemeinschaft** besteht keine bruchteilsmäßige Inhaberschaft an einem Recht, vielmehr beruht der Gedanke gemeinsamer Gefahrtragung letztlich auf Treu und Glauben. – Bsp: Beim Sammelversendungskauf (zB LG Augsburg NJW-RR 2004, 853; → § 705 Rn. 12) geht die Liefer- und Preisgefahr mit Konkretisierung bzw Absendung auf die Käufer über (§§ 243 II, 447; anders § 474 II), der Verkäufer bleibt aber Alleineigentümer; beim Teiluntergang muss sich analog §§ 749 ff. jeder Käufer seine Lieferung anteilsmäßig kürzen lassen. Ebenso liegt der Fall bei beschränkter Gattungsschuld, falls Teilunmöglichkeit vorliegt (RG 84, 125).

5 **4. Gegenstand der Bruchteilsgemeinschaft. a) Dingliche Rechte** aller Art (vgl §§ 1008 ff., 1066, 1258); → §§ 428–430 Rn. 2; → § 432 Rn. 2; → §§ 743–748 Rn. 15. Der Nießbrauch mehrerer Berechtigter kann Bruchteilsgemeinschaft sein (OLG München NJW 2009, 3312; BGH NJW 1981, 177), er kann in Gesamtgläubigerschaft gehalten werden (BGH NJW 1981, 177; → §§ 428–430 Rn. 2), aber nach hM nicht in gemeinschaftlicher Gläubigerschaft nach § 432 (OLG München NJW 2009, 3311 f.; BGH NJW 1981, 177; aA für beschränkte dingliche Rechte mit guten Gründen Amann DNotZ 2008, 324, (337, 344, 346]). **b) Besitz,** § 866 (BGHZ 62, 245). **c) Forderungen: aa)** Teilbare Forderungen folgen grundsätzlich § 420. Bsp: Im Unterhaltsvergleich wird der mehreren Gläubigern zu leistende Unterhalt in einer Summe ausgedrückt (KG OLGZ 1971, 386); vgl iÜ
6 → § 420 Rn. 2. **bb)** Unteilbare Forderungen kann jeder Bruchteilsinhaber gem § 432 einziehen (BGHZ 94, 119; 106, 226; 121, 25; BGH NJW 1983, 2020; 1984, 1357; → Rn. 2); sie können aber auch gem §§ 744 I, 747 S. 2 von allen Bruchteilsinhabern zusammen geltend gemacht werden („schlichte Forderungsge-

meinschaft"; dazu BGHZ 187, 169 = NJW-RR 2011, 165). Die einer Bruchteilsgemeinschaft (zB Eigentümer- oder Forderungsgemeinschaft) entwachsenden Forderungen sind unteilbare Forderungen (zB Mietzins, Schadensersatz, Mängelrechte: BGHZ 94, 119; BGH NJW 1958, 1723; 1969, 839; 1984, 796; 2005, 3782; 2012, 3584; BGH NJW-RR 2001, 369; BGH NJW 2012, 64: Anspruch vermietender Miteigentümer auf Duldung von Modernisierungsmaßnahmen; OLG Zweibrücken NW-RR 97, 973: Zahlungsanspruch aus Verkauf eines Miterbbaurechts; OLG Düsseldorf NJW-RR 1998, 11: Räumungsanspruch nach Ende gemeinschaftlicher Vermietung; OLG Brandenburg OLGR 2007, 805: Verkauf mehrerer Grundstücke zu Gesamtkaufpreis; BGHZ 175, 297 = NJW 2008, 1807: Anspruch auf Bargebot nach Teilungsversteigerung); nur durch diese „rechtliche Unteilbarkeit" ist gewährleistet, dass nach Abzug von Unkosten (§ 748) allein der Überschuss (§ 743 I) verteilt wird (BGH NJW 1984, 796 mN; 2020, 683 Rn. 36 u. 37: Mietzins nach Grundstücksteilung). Am Anspruch auf Rückgewähr einer Grundschuld besteht Bruchteilsgemeinschaft der Miteigentümer des belasteten Grundstücks (BGH NJW 1982, 928; BGH NJW-RR 1993, 386; BGHZ 187, 169 = NJW-RR 2011, 164 f.); nur die Miteigentümer gemeinsam können deshalb den Sicherungsvertrag ändern (BGH NJW 2010, 936). Ein *„Und-Konto"* begründet gemeinschaftliches Verfügungsrecht, idR keine Einziehung gem § 432 (OLG Köln NJW-RR 1990, 1008, str).

5. Gesetzliche Sonderfälle. Dies sind vor allem Miteigentum (§§ 1008–1011) 7
und *Wohnungseigentum* (WEG 10 ff.). Die Rechtsbeziehungen zwischen den Wohnungseigentümern sind – anders als die schlichte Rechtsgemeinschaft (vgl → Rn. 1) – so weitgehend ausgestaltet, dass von einem bes ges Schuldverhältnis
und damit der Anwendbarkeit des § 278 auszugehen ist (BGHZ 62, 247; BayObLG 8
NJW 1970, 1551). Die Sonderregeln gelten – jedenfalls im Innenverhältnis – schon dann, wenn vormerkungsgesicherte künftige Wohnungseigentümer die Wohnanlage in Besitz genommen haben (nunmehr § 8 III WEG, schon vorher die Rechtsprechung: BGH NJW-RR 2016, 461; 1987, 1036). Entgegen der früher hM geht das reformierte WEG in Anschluss an BGHZ 163, 154 (krit Bork ZIP 2005, 1205; Pohlmann EWiR 2005, 715; zust Bub/Petersen NJW 2005, 2591; Raiser ZWE 2005, 366; Armbrüster ZWE 2005, 371) in § 9a WEG von der (Teil-)Rechtsfähigkeit der Wohnungseigentümergemeinschaft aus. Die Wohnungseigentümer sind einerseits Miteigentümer des gemeinsamen Grundstücks nach Bruchteilen (§§ 1008 ff.) und Inhaber eines mit diesem Miteigentum verbundenen Sondereigentums an einer Wohnung oder anderweitig nutzbaren Räumen (§ 1 II, III, §§ 3, 5 und 6 WEG), andererseits aber Mitglieder einer rechtsfähigen Wohnungseigentümergemeinschaft, welche die Rechte aus dem gemeinschaftlichen Eigentum und Rechte der Wohnungseigentümer wahrnimmt, die eine einheitliche Rechtsverfolgung erfordern (§ 9a I u. II WEG). Sie haftet für Verbindlichkeiten, die aus der Verwaltung des gemeinschaftlichen Eigentums und aus gemeinsamer Rechtsverfolgung entstehen (§ 9a II letzter Halbs. WEG). Nach außen haftet der einzelne Wohnungseigentümer für Verbindlichkeiten der teilrechtsfähigen Wohnungseigentümergemeinschaft neben der Gemeinschaft regelmäßig nur als Teilschuldner entsprechend seinem Miteigentumsanteil, (§ 9a IV WEG), es sei denn, er hat sich klar und eindeutig nach außen neben der teilrechtsfähigen Gemeinschaft allein oder zusammen mit anderen Wohnungseigentümern gesamtschuldnerisch verpflichtet (→ § 421 Rn. 3). Welche Auswirkungen sich aus der nicht unkomplizierten Rechtslage einer gespaltenen rechtlichen Organisation für die Geltendmachung von Rechten vor allem aus *Kauf- oder Werkverträgen ergeben,* ist im Einzelnen nicht immer leicht zu bestimmen. Gläubiger der Mängelansprüche aus Bauverträgen sind zB auch nach *neuerer* Rechtslage die einzelnen Wohnungseigentümer (§ 9a II WEG). Die Geltendmachung aller das gemeinschaftliche Eigentum betreffenden Mängelansprüche, über die nur einheitlich entschieden werden kann, erfolgt ausschließlich durch die Wohnungseigentümergemeinschaft als Prozessstandschafterin. Mängel, die nur das Sondereigentum einzelner Wohnungseigentümer betreffen, müssen sie selbst geltend machen; anders

aber, wenn sie mit Mängeln des Gemeinschaftseigentums zusammenhängen oder wenn ihre Beseitigung das Gemeinschaftseigentum berührt, was oft der Fall sein wird. Schwieriger wird es, wenn ein gemeinsamer Unternehmer nur das Sondereigentum berührende Mängel verursacht hat; in solchen Fällen kann die rechtliche Gestaltung des Vertrages ausschlaggebend sein, der zur Beauftragung des gemeinsamen Unternehmers führte (Vergabe durch den Verwalter der Gemeinschaft auf Beschluss der Eigentümerversammlung oder durch die Wohnungseigentümer selbst). Der gesetzgeberische Trend geht dahin (dazu das Wohnungseigentumsmodernisierungsgesetz – WEModG, in Kraft seit 1.12.2020), im Zweifel vor allem bei Baumaßnahmen zur Modernisierung oder Erhaltung für die Kompetenz der Gemeinschaft zu entscheiden und nur bei eindeutiger alleiniger wirtschaftlicher Betroffenheit einzelner Eigentümer eine Kompetenz der Gemeinschaft zu verneinen, zB wenn nur noch Schadensersatz für Wertverlust des Wohnungseigentums bei unterschiedlicher Betroffenheit oder Schadenshöhe in Frage steht oder wenn gegen Störungen des Wohnungseigentums durch Lärm Unterlassungsklage erhoben werden soll, aber nur ein Teil der Wohnungseigentümer gestört ist oder sich gestört fühlt. Die Rechtsentwicklung hat zu einer Verstärkung korporativer Elemente geführt, die ein Mischgebilde aus Bruchteilsgemeinschaft und Verwaltungs-GbR entstehen ließ.

9 **6. Grundbuch.** Zur Grundbucheintragung vgl § 47 GBO.

§ 742 Gleiche Anteile

Im Zweifel ist anzunehmen, dass den Teilhabern gleiche Anteile zustehen.

1 **1. Auslegungsregel.** Der Anteil an der Gemeinschaft ist kein realer Anteil an der gemeinsamen Sache, sondern ein *ideeller* Anteil am gemeinsamen Recht. Die Auslegungsregel zugunsten gleicher Anteile (Bsp: Sparguthaben von Eheleuten, BGH NJW 2000, 2348; BFH NJW 2012, 1837) gilt nicht bei abw vertraglicher oder ges Bestimmung (vgl zB § 947 I Hs. 2, § 6 I 2 DepotG), ferner nicht bei Festlegung der Anteile auf Grund sachbezogener Umstände (RGZ 169, 239; BGH NJW 1997, 1435: „Oder-Depot"). Die *schenkungssteuerlichen* Folgen gleicher Beteiligung können sehr überraschend sein (s. BFH NJW 2012, 1837).

2 **2. Prozessuales.** Die Vorschrift betrifft Zweifel bezüglich abw Vereinbarung (sa BGH NJW-RR 1991, 947) und ist keine Beweisvermutung zugunsten gleicher Teile, wenn bei abw ges Aufteilung (zB §§ 947, 948) eine Partei den vollen Beweis für die Höhe ihres Anteils nicht führen kann (BGH LM Nr. 1 zu § 742); der Schätzung gem § 287 ZPO gebührt hier der Vorzug (Hoche NJW 1958, 1534; str).

§ 743 Früchteanteil; Gebrauchsbefugnis

(1) **Jedem Teilhaber gebührt ein seinem Anteil entsprechender Bruchteil der Früchte.**

(2) **Jeder Teilhaber ist zum Gebrauch des gemeinschaftlichen Gegenstands insoweit befugt, als nicht der Mitgebrauch der übrigen Teilhaber beeinträchtigt wird.**

§ 744 Gemeinschaftliche Verwaltung

(1) **Die Verwaltung des gemeinschaftlichen Gegenstands steht den Teilhabern gemeinschaftlich zu.**

(2) **Jeder Teilhaber ist berechtigt, die zur Erhaltung des Gegenstands notwendigen Maßregeln ohne Zustimmung der anderen Teilhaber zu treffen;**

er kann verlangen, dass diese ihre Einwilligung zu einer solchen Maßregel im Voraus erteilen.

§ 745 Verwaltung und Benutzung durch Beschluss

(1) [1]**Durch Stimmenmehrheit kann eine der Beschaffenheit des gemeinschaftlichen Gegenstands entsprechende ordnungsmäßige Verwaltung und Benutzung beschlossen werden.** [2]**Die Stimmenmehrheit ist nach der Größe der Anteile zu berechnen.**

(2) **Jeder Teilhaber kann, sofern nicht die Verwaltung und Benutzung durch Vereinbarung oder durch Mehrheitsbeschluss geregelt ist, eine dem Interesse aller Teilhaber nach billigem Ermessen entsprechende Verwaltung und Benutzung verlangen.**

(3) [1]**Eine wesentliche Veränderung des Gegenstands kann nicht beschlossen oder verlangt werden.** [2]**Das Recht des einzelnen Teilhabers auf einen seinem Anteil entsprechenden Bruchteil der Nutzungen kann nicht ohne seine Zustimmung beeinträchtigt werden.**

§ 746 Wirkung gegen Sondernachfolger

Haben die Teilhaber die Verwaltung und Benutzung des gemeinschaftlichen Gegenstands geregelt, so wirkt die getroffene Bestimmung auch für und gegen die Sondernachfolger.

§ 747 Verfügung über Anteil und gemeinschaftliche Gegenstände

[1]**Jeder Teilhaber kann über seinen Anteil verfügen.** [2]**Über den gemeinschaftlichen Gegenstand im Ganzen können die Teilhaber nur gemeinschaftlich verfügen.**

§ 748 Lasten- und Kostentragung

Jeder Teilhaber ist den anderen Teilhabern gegenüber verpflichtet, die Lasten des gemeinschaftlichen Gegenstands sowie die Kosten der Erhaltung, der Verwaltung und einer gemeinschaftlichen Benutzung nach dem Verhältnis seines Anteils zu tragen.

Anmerkungen zu den §§ 743–748

1 **1. Überblick.** Die Vorschriften regeln für den Fall der gemeinsamen Nutzung bzw Verwaltung das Innenverhältnis zwischen den Bruchteilsinhabern und das Außenverhältnis zwischen Bruchteilsinhabern und Dritten, wobei für das Außenverhältnis zusätzlich auf allg Vorschriften zurückzugreifen ist. Sie finden keine (analoge) Anwendung bei fehlender dinglicher Mitinhaberschaft, auch wenn gemeinsame Nutzung einer Anlage ihrer vertraglichen Widmung entspricht (BGH NJW-RR 2013, 650 Rn. 15).

2 **2. Innenverhältnis zwischen den Bruchteilsinhabern. a) Verteilung der Nutzungen** (§ 100): **aa)** Der Anspruch auf einen **Bruchteil der Früchte** (§§ 743 I, 99) geht davon aus, dass an Früchten Bruchteilsinhaberschaft besteht (vgl insbes § 953 und → § 741 Rn. 6) und nach Abzug von Unkosten (§ 748), wozu auch Rücklagen gehören können (BGHZ 140, 72 f.), ihre Teilung entspr §§ 752, 753 erfolgt (dazu BGH NJW-RR 2010, 1587: Maßgeblichkeit des tatsächlich Erlangten, nicht des bei ordnungsmäßiger Verwaltung Erzielbaren); uU entspr Anwendung des § 756 (BGH WM 1983, 1085). Abw. Vereinbarung ist zulässig (OLG Düsseldorf

WM 1982, 1265: Verwendung des Mietkontos bei gemeinsamem Grundstück).
3 **bb) Gebrauch:** Jeder Teilhaber hat die unmittelbare Gebrauchsbefugnis gem § 743 II, also nicht nur einen Anspruch auf tatsächlichen Gebrauch. Bei Streitigkeiten verbietet § 866 den Besitzschutz unter Mitbesitzern; diese sind auf die Klage gem § 745 II verwiesen (unklar BGH NJW 1978, 2157). Die Vorschriften zur Nutzung von Bruchteilseigentum erlangen besondere Bedeutung bei *gestörter oder geschiedener Ehe.* Für Hausratsgegenstände treffen §§ 1361a, 1568b eine vorrangige Sonderregelung, §§ 741 ff. gelten nur, soweit eine Regelung nach §§, 1361a, 1568b nicht greift (dazu Jacobs NJW 2012, 3601 [3605]). Für die *eheliche Wohnung* in Miteigentum der Eheleute schaffen § 1361b (BGHZ 199, 322=NJW 2014, 462; BGH NJW 2017, 2544 Rn. 35 ff.) und § 1568a I u V Sonderregelungen, nach Scheidung gilt § 745 (sa → §§ 749–758 Rn. 6 und 8), falls ein Verfahren gem § 1568a I u V nicht zustande kommt, weil sich die Eheleute über die Nutzung grundsätzlich einig sind (zum Ganzen BGH NJW-RR 2010, 1585; OLG Brandenburg NJW 2013, 3794 [3795]; OLG Schleswig FamRZ 2010, 1985; OLG Stuttgart FamRZ 2012, 33); zur Zuständigkeit nach §§ 112 Nr. 3, 200, 266 I Nr. 3 FamFG und den damit verbundenen Streitfragen Thomas/Putzo/Hüßtege, § 200 FamFG Rn. 6; für weitreichende familiengerichtliche Zuständigkeit im sog „Nebengüterrecht" BGH NJW 2013, 616; 2017, 2768 Rn. 15 ff. (Teilungsversteigerung der im Miteigentum stehenden ehelichen Wohnung nach rechtskräftiger Scheidung); sa OLG Brandenburg NJW 2013, 3794; OLG Bremen NJW-RR 2013, 838; OLG Hamm NJW-RR 2014, 523 (524); ferner Giers NJW 2018, 357, 358. Die Klage nach § 745 II muss sich nur gegen die widersprechenden Gemeinschafter richten (BGH FamRZ 1992, 50). Kein Bereicherungsanspruch des nicht nutzenden Gemeinschafters; uU § 823 I bei hartnäckiger Nutzungsverweigerung oder vertragsgleicher Schadensersatz nach schweren Pflichtverletzungen (BGHZ 87, 271; BGH NJW 1966, 1708; 1991, 571; ähnlich BGH NJW 1998, 373 [374]; LG Arnsberg NJW 2017, 2421 Rn. 32 ff.).
4 Grundlegende Änderung der Verhältnisse (BGH NJW 1993, 3326: Zweitehe; BGH FamRZ 1990, 977: Scheidungsklage; BGH NJW 2007, 149: durch Pfändungs- und Überweisungsbeschluss überwiesene Ausübung des Nießbrauchs an als Ehewohnung genutztem Haus) gibt Anspruch auf Nutzungsneuregelung (§ 745 II), die Entgeltvereinbarung beinhalten kann (BGHZ 87, 271; BGH NJW 1986, 1340 [1341]; 1994, 1722; 1996, 2154; BGH NJW-RR 2010, 1586; für gemeinschaftliches Patent BGHZ 162, 346 ff. = NJW-RR 2005, 1201). Der Anspruch auf Neuregelung muss gegenüber allen Gemeinschaftern geltend gemacht werden (OLG Stuttgart NJW-RR 1987, 1098; zu expliziter oder schlüssiger Geltendmachung OLG Stuttgart ZEV 2019, 144). Der Entgeltanspruch entsteht mit dem Änderungsverlangen (BGH NJW 1982, 1754; NJW 1984, 46; NJW 1989, 1031; NJW 1998, 373; NJW 2015, 2581 Rn. 21; NJW-RR 2005, 1201 – Leistungsklage, nicht Gestaltungsklage – Bezifferung nicht erforderlich), spätestens mit Klageerhebung (BGH NJW 1966, 1709); er kann nicht für einen zurückliegenden Zeitraum klagweise geltend gemacht werden (BGH NJW-RR 1993, 386 [387]: hinreichend deutliches Verlangen; OLG Bremen NJW 2014, 2129 [2130]; OLG Hamm NJW 2014, 1022: „Zahlung oder Auszug"), wohl aber dem Anspruch auf Lastentragung (§ 748) noch nachträglich entgegengehalten werden (BGH NJW-RR 1993, 387; OLG Celle NJW-RR 1990, 266; OLGR Bremen 05, 317; sa → § 426 Rn. 7; BGH NJW-RR 2015, 1473 Rn. 34; A. Weber NJW 2016, 3076 [3081]). Der Anspruch auf Nutzungsentgelt setzt den Entfall einer zuvor bestehenden Nutzungsmöglichkeit voraus (OLG Brandenburg NotBZ 2008, 122). Durch eine nachträgliche Veränderung der tatsächlichen Verhältnisse kann der Anspruch auf angemessenen Ausgleich entfallen (BGH NJW 1989, 1031; 98, 373;
5 sa MüKoBGB/Schmidt §§ 744, 745 Rn. 30). Die bloße Tatsache, dass ein Gemeinschafter die im Miteigentum stehende Wohnung nach Auszug des anderen allein nutzt, führt nicht zwangsläufig zu einem Anspruch auf Nutzungsentgelt. Die vom ausgezogenen Ehegatten angestrebte Nutzungsregelung muss im Interesse *beider* Gemeinschafter liegen. Hieran fehlt es, wenn die Wohnung den obj Wohnraumbedarf und die Leistungsfähigkeit des verbleibenden Ehegatten übersteigt und er einer

Verwertung des Gemeinschaftseigentums nicht widerspricht (OLG Düsseldorf FamRZ 1987, 706). Der getrennt lebende Ehegatte, der schon vor Scheidung aus der Wohnung im Gemeinschaftseigentum ausgezogen ist, kann vom alleinwohnenden Teil kein Entgelt verlangen (zur Rechtsnatur des Anspruchs s. Erbarth NJW 2000, 1381 mN), wenn die Regelung von Unterhalt und Schuldentilgung usw die Wohnungsnutzung schon berücksichtigt (BGHZ 87, 272; BGH NJW 1986, 1340 mN; OLG Celle NJW 2000, 1426; BGH NJW 1996, 2154 für Wohnrecht gem § 1093; sa BGH NJW 2011, 1586; krit Erbarth NJW 1997, 974; BGH NJW 2000, 1381; anders OLG Karlsruhe NJW-RR 2005, 1241 bei Berücksichtigung iRd Kindesunterhalts; sehr weitgehend BGH NJW 1997, 732: Pflicht zur Übernahme der an den Erwerber des Miteigentums zu zahlenden Nutzungsentschädigung aus ehelichem Scheidungsvergleich); ohne besonderen Grund kein Recht des verlassenden Eheteils auf Zutritt (OLG Bremen NJW 2017, 3245). Für *nichteheliche Lebensgemeinschaften* gelten bei Trennung für § 745 II die gleichen Grundsätze wie bei Trennung von Eheleuten (OLG Koblenz NJW-RR 2010, 653); → § 426 Rn. 5 ff., 8. Bei freiwilligem Verlassen der Ehewohnung besteht ein Konkurrenzverhältnis zwischen § 745 II und § 1361b III 2, letztere Vorschrift ist wohl lex specialis (Thüringen NJW-RR 2008, 956; OLG München NJW 2008, 381; aA KG NJW-RR 2007, 798 bei endgültigem Verlassen der Ehewohnung; offen gelassen BGH NJW-RR 2006, 1081; → § 1361b Rn. 9); zum „Nebengüterrecht" Herr NJW 2012, 1847 u NJW 2012, 3486. **cc)** Eine **Vereinbarung** über die entgeltliche Benutzung einer 6
gemeinschaftlichen Sache durch einen Mitinhaber ist Miete (zuletzt zusammenfassend BGH NJW 2018, 2472 Rn. 15 ff.); dem steht nicht entgegen, dass der mietende Mitinhaber gleichzeitig auf der Vermieterseite beteiligt ist (BGH NJW 2018, 2472 Rn. 21 ff.; s. dort auch Rn. 20 zu prozessualen Anforderungen an eine Klage gegen die Vermieterseite). Der Inhalt des Mietvertrags wird aber durch § 745 II bestimmt und muss auch gegebenenfalls den Anforderungen dieser Bestimmung angepasst werden; sofern die Mietzinshöhe oder eine andere notwendige inhaltliche Regelung offen gelassen oder anzupassen ist, erfolgt ihre Festsetzung oder Anpassung gemäß § 745 II, nach dessen Sinn und Zweck nicht nutzende Mitinhaber eine der Üblichkeit entsprechende mietvertragliche Regelung verlangen können, aber auch gegebenenfalls sofort Zahlungs- oder Leistungsklage erheben dürfen (BGH NJW 1974, 364 f.; 1982, 1754; 1994, 1721; ähnlich BGH NJW 1998, 373). Im Falle einer Veräußerung des Bruchteils eines nicht nutzenden Inhabers gilt gegenüber seinem Rechsnachfolger bei Wohnraummiete § 566, § 1010 I steht der Fortgeltung das Mietrvertrages insoweit nicht entgegen (BGH NJW 2018, 2472 Rn. 34 ff.; NJW-RR 2012, 150 Rn. 23). Wenn die Parteien eine vom Ges abw Nutzungsverteilung vereinbaren, auf die § 566 I oder andere mietrechtliche Schutzvorschriften keine Anwendung finden, so gilt diese grundsätzlich auch für Rechtsnachfolger (§ 746). Bei Grundeigentum ist aber § 1010 zu beachten. Schließen hier die Gemeinschafter eine Vereinbarung nicht mietrechtlichen Charakters ohne Eintragung (zB jeder Bruchteilsinhaber erhält die Nutzungen eines der drei Gebäude auf einem gemeinschaftlichen Grundstück), so haften sie für den Erfolg der Vereinbarung auch bei Weiterübertragung oder Nießbrauchbestellung an ihrem Anteil; beansprucht also zB der Nießbraucher eine gesetzliche Verteilung gem § 743 I, weil die Nutzungsvereinbarung nicht im Grundbuch eingetragen war (§ 1010 I), dann haftet der nießbrauchbestellende Bruchteilseigner den anderen Gemeinschaftern auf Schadensersatz (BGHZ 40, 329 ff.; sa auch OLG München NJW-RR 2013, 135 zu § 746, § 10 III WEG). § 745 II gilt entspr bei gleichberechtigter Nutzungsbefugnis vom Eigentümer des dienenden Grundstücks und Grunddienstbarkeitsberechtigten (BGH NJW 2008, 3703; 2019, 2615 Rn. 10 ff. mAnm. Kessler NJW 2019, 2617 f.); eine Klage auf Zahlung angemessener Kostenbeteiligung (§§ 748, 742), wie sie einer Vereinbarung nach § 745 II entspräche, ist wie auch in allen anderen Fällen des § 745 II schon vor Zustandekommen der Vereinbarung möglich (BGH NJW 2019, 2615 Rn. 16 ff., 22). **dd) Mehrheitsbeschlüsse** oder **gerichtl Entscheidungen** können 7
zwar die Art der Nutzung festlegen, nicht aber die quotenmäßige wirtschaftliche

Beteiligung der Gemeinschafter (§ 745 III 2; s. BGH NJW-RR 2008, 984); festlegbar ist also zB Nutzung durch Vermieten (→ Rn. 11) unter Ausschluss der Eigennutzung, nicht aber eine Quotenänderung bei der Ertragsverteilung. Durch Mehrheitsbeschluss kann auch in den Grenzen des § 745 III einem Miteigentümer ein schuldrechtlich wirkendes Sondernutzungsrecht eingeräumt werden, das ihn insoweit zur exklusiven Nutzung bzw Fruchtziehung berechtigt (BGH NJW 2009, 1273; 2014, 1879 Rn. 12 unter Hinweis auf § 1010); § 743 setzt ein bestehendes Nutzungsrecht aller Miteigentümer voraus, das aber gerade durch Mehrheitsbeschluss oder Vereinbarung abbedungen werden kann. Auf die Rechtsbeziehungen der sondernutzungsberechtigten Miteigentümer kann Nachbarrecht entspr anzuwenden sein (BGHZ 174, 22 = NJW 2007, 3636). Ein Mehrheitsbeschluss kann bei Verstoß gegen § 745 I und III sowie Gesetz- oder Sittenwidrigkeit unwirksam sein (OLG Düsseldorf NJW-RR 1987, 1256; OLG Schleswig NZG 2010, 103; zur negativen Feststellungsklage BGH NJW-RR 2010, 1312). Das WEG verdrängt grundsätzlich Vorschriften über gemeinsame Verwaltung (s. zu § 745 II → § 741
8 Rn. 8). **b) Kosten und Lasten** sind gem § 748 – dem Gegenstück zu § 743 – anteilig zu tragen (zur Abdingbarkeit der Vorschrift BGH NJW-RR 2015, 1473 Rn. 36). Stehen Gebrauch und Fruchtziehung abw von § 743 einem Teilhaber alleine zu, so ist dieser iZw auch alleiniger Träger der Kosten und Lasten (OLG Schleswig NJW-RR 2007, 892). Auch wenn ein Teilhaber aus einer Maßnahme einen weitaus höheren Nutzen als die übrigen Teilhaber zieht, kann er die Kosten alleine zu tragen haben (BGH NJW 2008, 2032). Kosten u Lasten müssen die Erhaltung, Verwaltung u gemeinsame Benutzung betreffen, Aufwendungen zur Begründung der Gemeinschaft an einem Gegenstand oder zu seiner wertsteigernden Veränderung fallen nicht unter § 748 (BGH NJW-RR 2010, 1514: Darlehen zum Erwerb des gemeinsamen ehelichen Heims – Abhilfe über stillschweigend vereinbarte Ausgleichspflicht); zur entsprechenden Kostenverteilung zwischen Eigentümer und Dienstbarkeitsberechtigten bei gemeinsamer Nutzung analog §§ 748, 742 BGH NJW 2019, 2615 Rn. 16 ff. und → Rn. 6. **aa)** Die Teilhaber haben einen Anspruch auf Vorausentrichtung künftiger Aufwendungen und auf Erstattung erbrachter Aufwendungen, uU auf Befreiung übernommener Verbindlichkeit (BGH ZIP 1992, 28). Auch der einzelne Teilhaber, der über seine Quote hinaus Kosten getragen hat, kann sich auf § 748 berufen (BGH NJW 2000, 1945: Ausgleichsanspruch gem § 426; → § 426 Rn. 5–8). Dies gilt auch, wenn ein Ehegatte nach endgültigem Scheitern der Ehe Lasten allein getragen hat (BGH NJW-RR 2015, 1473 Rn. 36; OLG Hamm FamRZ 1989, 740; OLG Köln FamRZ 1992, 832 für getrennt lebende Ehegatten) oder wenn für die vereinbarte einseitige Kostenlast die Geschäftsgrundlage entfällt (BGH NJW 1992, 2282 für werterhöhende Aufwendungen im Falle der Teilungsversteigerung). Die Kosten der Erhaltung, Verwaltung und gemeinschaftlichen Benutzung müssen für die Gemeinschaft erforderlich gewesen sein oder es muss sich um einverständliche Aufwendungen handeln (BGH ZIP 1992, 28). Werden Ansprüche nach § 748 über einen längeren Zeitraum wechselseitig nicht geltend gemacht, liegt konkludenter Ausschluss nahe (KGR 2004, 264: 10 Jahre).
9 **bb)** Konkurrenz kann vorliegen mit mietvertraglichen Ansprüchen (§ 539), sofern ein Teilhaber Mieter war; dann ist zu unterscheiden, ob die Aufwendung im Mieterinteresse oder im Erhaltungsinteresse der Gemeinschaft gemacht war (BGH NJW 1974, 744), und dementspr für die Verjährung (§ 548 II) zu differenzieren (sehr zweifelhaft!). Gegenüber §§ 677 ff., 812 ff. ist § 748 lex specialis, so dass diese Vorschriften nur beim Fehlen der Voraussetzung des § 748 zum Zuge kommen (BGH NJW 1987, 3001: Überschreiten des Notverwaltungsrechts); keine analoge Anwendung des § 748 auf das Verhältnis zwischen Eigentümer u Wohnungsrechtsinhaber
10 gem § 1093 bei Gemeinschaftsanlagen (BGH NJW 2012, 523). **c)** Die **Verwaltung** richtet sich nach Vereinbarung (§ 745 II), Mehrheitsbeschluss (§ 745 I; unförmlich, aber nach Gehör: BGHZ 140, 71), Gerichtsentscheidung (§ 745 II); erst wenn dies alles nicht zutrifft, gilt der Grundsatz des Gesamthandelns (§ 744 I). *Vereinbarungen* über die Verwaltung durch einen Gemeinschafter können die übrigen Gemeinschaf-

ter (uU auf Grund Mehrheitsbeschlusses) aus wichtigem Grund ohne Aufhebung der Gemeinschaft kündigen (BGHZ 34, 369 ff.; BGH NJW 1983, 450); notwendig ist Verletzung der Pflicht zu ordnungsmäßiger Verwaltung, bloßer Vertrauenswegfall genügt nicht (BGH WM 1981, 1136; BGH NJW 1983, 450). Liegen solche Kündigungsgründe bereits bei der mehrheitlichen Beschlussfassung über die Übertragung der Verwaltung vor, bindet der Beschluss nicht (OLG Düsseldorf NJW-RR 1987, 1256). Mehrheitsbeschlüsse und Entscheidungen können nicht wesentliche Veränderungen gegen den Willen eines Bruchteilseigners herbeiführen (§ 745 III 1) oder ihr anteilsmäßiges Recht auf Nutzungen (§ 745 III 2) beeinträchtigen (BGH NJW-RR 2008, 984; → Rn. 7). Ein Beschluss zur Rücklagenbildung für Notmaßnahmen (§ 744 II) liegt im Rahmen des § 745 III 2 (BGHZ 140, 71 ff.). Im Errichten eines Behelfsbaus ohne Beanspruchung der Mitteilhaber, dem Wiederaufbau einer Ruine mit Versicherungsgeldern oder der Änderung der Raumeinteilung wird keine wesentliche Änderung zu sehen sein (BGH NJW 1953, 1427; 1983, 933); anders bei Kostenbeteiligung aller Teilhaber (BGH LM Nr. 14 zu § 1004; BGH NJW 1983, 933) oder einschneidender Änderung von Gestalt oder Zweckbestimmung eines gemeinschaftlichen Gegenstandes (OLG Hamburg OLGZ 1990, 144: Garagen statt Kfz-Stellplätze); noch hinzunehmen hingegen der künftige Ausschluss der Eigennutzung eines Appartement-Hotels durch Mehrheitsbeschluss der Eigentümergemeinschaft (BGH NJW-RR 1995, 267). Auch die Verfügung über Eigentumsrechte kann **11**
eine ordnungsgemäße Verwaltung darstellen, wenn die Grenze des § 745 III 1 nicht überschritten wird, insbes wenn die Miteigentümer nicht übermäßig finanziell belastet werden (BGHZ 101, 24: Zustimmung zur Widmung einer Privatstraße; zur Belastung des Gemeinschaftseigentums zur Abwendung der Zwangsvollstreckung, BGH WM 1987, 985; zur Bewilligung einer Zufahrtsbaulast, BGH WM 1991, 823; BGH NJW-RR 2004, 810; zum Tausch einzelner aus einer Gesamtheit gemeinschaftlicher Grundstücke, BGHZ 140, 66 ff.; ähnlich BGHZ 164, 186 f. = NJW 2006, 440 f.); ebenso die Entscheidung über die Einziehung von Mietforderungen (BGH NJW 2005, 3782; 2012, 3584; 2013, 166) oder die Beendigung eines Mietverhältnisses (so grundsätzlich BGH NJW 2014, 536 Rn. 15; ferner BGH NJW-RR 2010, 1313; 95, 267; BGHZ 183, 138 ff. = NJW 2010, 765 [767]: Kündigung von Mietverhältnissen aus vernünftigen wirtschaftlichen Erwägungen; ähnlich BGH NJW 2011, 63; 2012, 3584; OLG Düsseldorf NJW-RR 1998, 11: Widerspruch gegen die Verlängerung; OLG Brandenburg NJW-RR 2012, 336: Kündigung eines Kontos zur Zinserhöhung bei gleicher Sicherheit; → § 2038 Rn. 1). Bei Interessenwiderstreit in der Person eines Gemeinschafters greift uU Stimmrechtsausschluss analog § 34 (vgl BGHZ 34, 372; 56, 52; OLG Düsseldorf NJW-RR 1998, 12; vgl → §§ 709–713 Rn. 22); zur Berechnung ausreichender Stimmenmehrheit bei Auschluss durch Interessenkollision und im Falle abwesender oder nicht vertretener minderjähriger oder betreuter Bruchteilsinhaber BVerfG NJW 2019, 2690 Rn. 27 ff. – Kammer (rechtsähnlicher Fall der §§ 2038 II 1, 745). Maßnahmen der **Notverwaltung** (§ 744 II) kann jeder Teilhaber vornehmen; stets nur Erhaltungsmaßnahmen (also zB idR keine Kündigung, BGH NJW 1982, 641; 1983, 1193; für ein Bsp vgl OLG München WuM 2002, 519); zur Anwendung des § 744 II im Personengesellschaftsrecht → §§ 709–713 Rn. 10; zur Obliegenheit des Käufers eines Miteigentumsanteils an einem Grundstück, nach §§ 744 II, 745 II die Zustimmung der übrigen Miteigentümer zur Beseitigung eines Kaufmangels im Wege der Nacherfüllung zu erwirken BGH NJW 2020, 2104, Rn. 62; dazu Looschelders NJW 2020, 2074 Rn. 12.

3. Außenverhältnis. a) Verpflichtungsgeschäfte: Handelt der Teilhaber allein **12**
und in eigenem Namen, so wird nur er allein berechtigt und verpflichtet (zB Vermietung durch *einen* Miteigentümer, OLG Karlsruhe NJW 1981, 1278). Handeln alle Teilhaber zusammen, so sind sie idR Gesamtschuldner (§ 427, BayObLGZ 1981, 345; Gewährleistungsansprüche von Mietern eines Bruchteilsgrundstücks, BGH NJW 2020, 683 Rn. 36; sa § 421 Rn. 4), ausnahmsweise aber auch Teilschuldner

(§ 420) oder gemeinschaftliche Schuldner (zB Verpflichtung zur Auflassung des Gemeinschaftsgrundstücks, BGH NJW 1980, 2464; OLG Braunschweig NJW-RR 1997, 1038; van Venrooy JuS 1982, 95; Verpflichtung zur Bestellung dinglicher Rechte, vgl BGHZ 36, 187; vgl iÜ → Vor § 420 Rn. 4, → § 431 Rn. 2 ff.). Zur Gläubigerstellung vgl → § 741 Rn. 6 und zur deliktischen Haftung → § 741 Rn. 1.
13 *Stellvertretung* ist denkbar bei Vereinbarung und Zustimmung, auf die ein durchsetzbarer Anspruch bestehen kann (§§ 744 II, 745 II). Der Mehrheitsbeschluss im Rahmen ordnungsmäßiger Verwaltung berechtigt die Mehrheitsteilhaber zur Vertretung der Minderheit (BGHZ 56, 50 ff.; BGH WM 1985, 282; enger BGHZ 49, 192). Bei Notvertretung gem § 744 II ist entgegen der wohl noch hM (MüKoBGB/Schmidt §§ 744, 745 Rn. 46) ebenfalls Vertretungsmacht anzunehmen (offen BGH NJW 1982, 641); entgegen älterer Rspr (BGHZ 17, 184) besteht nach neuerer Ansicht dingliche Vertretungsmacht (→ Rn. 14), die fehlende schuldrechtliche Vertretung müsste zu unübersichtlichen und schwer verständlichen Differenzierungen führen (zB MüKoBGB/Schmidt §§ 744, 745 Rn. 46). Sofern man die Vertretungsbefugnis auf Grund Notverwaltungsrechts verneint, zwingt man zu umständlichen Klagen auf Zustimmung gem §§ 744 II Hs. 2, 745 II (hierzu BGHZ 56, 50;
14 → §§ 709–713 Rn. 10). **b)** Für **Verfügungsgeschäfte** ordnet § 747 S. 2 gemeinschaftliche Verfügung an (zB OLG Karlsruhe NJW 1986, 63; BGHZ 187, 169 = NJW-RR 2011, 165: gemeinsame Geltendmachung des Anspruchs auf Rückgewähr der Grundschuld an einem Grundstück der Miteigentümer). Dies geschieht durch eine Verfügung der Gemeinschaft über den gemeinschaftlichen Gegenstand insgesamt (BGH NJW 1994, 1471; Palandt/Sprau § 747 Rn. 4) und nicht durch eine koordinierte Verfügung aller Teilhaber über ihre Bruchteile (so MüKoBGB/Schmidt §§ 747, 22). Bei unwirksamer Mitwirkung eines Teilhabers ist die Verfügung schwebend unwirksam, § 139 findet keine Anwendung (BGH NJW 1994, 1471). Ausnahmsweise besteht für Notverwaltungsmaßnahmen (§ 744 II) Vertretungsmacht (BGH NJW 1985, 490; MüKoBGB/Schmidt §§ 744, 745 Rn. 45: „Verfügungsmacht"), ebenso bei Mehrheitsbeschlüssen zur ordnungsmäßigen Verwaltung (§ 745 I; offen BGHZ 49, 192; 56, 50; wie hier MüKoBGB/Schmidt §§ 744, 745 Rn. 31; ferner nunmehr BGH NJW-RR 2010, 1313; BGHZ 183, 138 ff. = NJW 2010, 766 f.; BGH NJW 2011, 63; 2013, 166). §§ 744 II, 745 I sind insoweit leges speciales gegenüber § 747 S. 2; zur Erbengemeinschaft → § 2038 Rn. 1–6, → § 2040
15 Rn. 1–3. **c)** Im **Aktivprozess** können die Gemeinschafter Forderungen gemeinsam einklagen, sie sind dann notwendige Streitgenossen, da der Einzelprozess im Fall des Obsiegens Rechtskraft für alle Teilhaber bewirkt (vgl Soergel/Stürner § 1011 Rn. 2 mwN; aA BGHZ 92, 351 für Miteigentümer und → § 1011 Rn. 3; s. auch → § 2039 Rn. 6 f., → §§ 709–713 Rn. 10; für Beteiligtenfähigkeit der Vermietungs-Bruchteilsgemeinschaft BFH NJW 2004, 2775); es kann aber auch jeder Teilhaber aus § 432 auf Leistung an alle klagen (→ § 741 Rn. 6). Aus §§ 744 II, 745 I soll keine prozessuale Vertretungsbefugnis folgen (BGHZ 17, 184), wohl aber soll § 744 II einen Gemeinschafter zur Klage in eigenem Namen auf Leistung an sich selbst ermächtigen (BGHZ 94, 120; ähnlich BGH NJW 2000, 3272; NJW 2018, 3014 Rn. 24). Gewillkürte Prozessstandschaft mit Ermächtigung zur Leistung an einen Teilhaber (§§ 362 II, 185 I) soll einverständlich oder im Rahmen ordnungsmäßiger Verwaltung mit Stimmenmehrheit stets möglich sein (BGHZ 94, 121 m abl Anm Tiedtke JZ 1985, 890; BGH NJW 2013, 166; zum Innenverhältnis → Rn. 11). Besser wäre es, an gemeinschaftlicher Klage bzw § 432 festzuhalten und für §§ 744 II, 745 I prozessuale Vertretung zu gestatten; für die – verwirrende – Prozessstandschaft wäre dann kein Raum. Im **Passivprozess** besteht bei Gesamtschuldnerschaft einfache, bei gemeinschaftlicher Schuld (zB Grundstücksauflassung) dagegen notwendige Streitgenossenschaft (BGHZ 36, 187; BGH NJW 1984, 2210; 1994, 1471; 1996, 1061).

16 **4. Verfügungsbefugnis über den ideellen Bruchteil.** Diese Verfügungsbefugnis entspricht der individualistischen Grundkonzeption. Es gelten die ges Regeln für

Verfügungen über das Vollrecht, wobei Übergabe durch Übertragung des Mitbesitzes ersetzt wird. Die Übertragung eines Miteigentumsanteils an einen Miteigentümer ist ein Verkehrsgeschäft iSd § 892 (BGHZ 173, 71). Ein Verfügungsverbot, das die Miteigentümer vereinbaren, hat trotz § 137 dingliche Wirkung (Soergel/Stürner Vor § 1008 Rn. 6; Baur/Stürner § 3 Rn. 28; aA 12. Aufl.). Ein Verzicht des Miteigentümers nach § 928 ist unwirksam, weil §§ 749 ff. Sonderregeln für die Aufhebung der Gemeinschaft enthalten (BGHZ 115, 7 mN; 172, 209); dies gilt auch für das Wohnungs- und Teileigentum (BGHZ 172, 338). Eine teilweise Verfügung über einen Bruchteil ist wirksam (für Quotenänderung unter Miteigentümern BayObLG DNotZ 1983, 752; aA allg Hilbrandt AcP 02, 631 [643]). Die **Zwangsvollstreckung** erfolgt bei beweglichen Sachen und Forderungen gem §§ 857 I und II, 828 ff. ZPO, bei Immobilien gem §§ 864 II, 866 I. ZPO. Der Pfändungsgläubiger kann statt der Verwertung des ideellen Bruchteils die Aufhebung betreiben (§ 751 S. 2; → §§ 749–758 Rn. 4 ff.); Teilungsverfahren gem § 752 oder § 753 iVm §§ 1233 ff. Bei Immobilien kann Zwangsversteigerung bzw -verwaltung des ideellen Bruchteils erfolgen oder man kann – oft Erfolg versprechender – durch Pfändung des Aufhebungsanspruchs zur Teilungsversteigerung (§§ 180 ff. ZVG) kommen (BGHZ 90, 211; BGH NJW 2006, 849; BGH NJW-RR 2010, 1098; 2014, 740; K. Schmidt JR 1979, 320; Baur/Stürner/Bruns Rn. 32.1, 34.9, 34.14). Die Pfändung des Aufhebungsanspruchs hindert aber einen anderen Miteigentümer ebensowenig am Betreiben einer Teilungsversteigerung wie die Beschlagnahme des dem betreibenden Eigentümer zustehenden Miteigentumsanteils im Wege der Forderungsvollstreckung (BGH NJW 2017, 2768 Rn. 25 ff., 37 ff.). **Lit.:** Gramentz, Die Aufhebung der Gemeinschaft nach Bruchteilen durch den Gläubiger eines Teilhabers, 1989 (hierzu Kohler ZZP 104 [1991], 83). 17

5. Sondernachfolge. Der Sondernachfolger ist gem § 746 an die Regelungen der Teilhaber gebunden; § 751 S. 1 ergänzt diese Bindung für den Ausschluss der Aufhebung. Sonderregelung bei Grundeigentum: § 1010 I. Keine analoge Anwendung auf GbR (BGH NJW-RR 2009, 515). 18

6. Prozessuales. Zu Aktiv- und Passivprozessen der Gemeinschafter vgl → Rn. 15. Zur Zwangsvollstreckung in den ideellen Bruchteil → Rn. 17. 19

§ 749 Aufhebungsanspruch

(1) **Jeder Teilhaber kann jederzeit die Aufhebung der Gemeinschaft verlangen.**

(2) **[1]Wird das Recht, die Aufhebung zu verlangen, durch Vereinbarung für immer oder auf Zeit ausgeschlossen, so kann die Aufhebung gleichwohl verlangt werden, wenn ein wichtiger Grund vorliegt. [2]Unter der gleichen Voraussetzung kann, wenn eine Kündigungsfrist bestimmt wird, die Aufhebung ohne Einhaltung der Frist verlangt werden.**

(3) **Eine Vereinbarung, durch welche das Recht, die Aufhebung zu verlangen, diesen Vorschriften zuwider ausgeschlossen oder beschränkt wird, ist nichtig.**

§ 750 Ausschluss der Aufhebung im Todesfall

Haben die Teilhaber das Recht, die Aufhebung der Gemeinschaft zu verlangen, auf Zeit ausgeschlossen, so tritt die Vereinbarung im Zweifel mit dem Tode eines Teilhabers außer Kraft.

§ 751 Ausschluss der Aufhebung und Sondernachfolger

[1]Haben die Teilhaber das Recht, die Aufhebung der Gemeinschaft zu verlangen, für immer oder auf Zeit ausgeschlossen oder eine Kündigungs-

frist bestimmt, so wirkt die Vereinbarung auch für und gegen die Sondernachfolger. [2]Hat ein Gläubiger die Pfändung des Anteils eines Teilhabers erwirkt, so kann er ohne Rücksicht auf die Vereinbarung die Aufhebung der Gemeinschaft verlangen, sofern der Schuldtitel nicht bloß vorläufig vollstreckbar ist.

§ 752 Teilung in Natur

[1]Die Aufhebung der Gemeinschaft erfolgt durch Teilung in Natur, wenn der gemeinschaftliche Gegenstand oder, falls mehrere Gegenstände gemeinschaftlich sind, diese sich ohne Verminderung des Wertes in gleichartige, den Anteilen der Teilhaber entsprechende Teile zerlegen lassen. [2]Die Verteilung gleicher Teile unter die Teilhaber geschieht durch das Los.

§ 753 Teilung durch Verkauf

(1) [1]Ist die Teilung in Natur ausgeschlossen, so erfolgt die Aufhebung der Gemeinschaft durch Verkauf des gemeinschaftlichen Gegenstands nach den Vorschriften über den Pfandverkauf, bei Grundstücken durch Zwangsversteigerung und durch Teilung des Erlöses. [2]Ist die Veräußerung an einen Dritten unstatthaft, so ist der Gegenstand unter den Teilhabern zu versteigern.

(2) Hat der Versuch, den Gegenstand zu verkaufen, keinen Erfolg, so kann jeder Teilhaber die Wiederholung verlangen; er hat jedoch die Kosten zu tragen, wenn der wiederholte Versuch misslingt.

§ 754 Verkauf gemeinschaftlicher Forderungen

[1]Der Verkauf einer gemeinschaftlichen Forderung ist nur zulässig, wenn sie noch nicht eingezogen werden kann. [2]Ist die Einziehung möglich, so kann jeder Teilhaber gemeinschaftliche Einziehung verlangen.

§ 755 Berichtigung einer Gesamtschuld

(1) Haften die Teilhaber als Gesamtschuldner für eine Verbindlichkeit, die sie in Gemäßheit des § 748 nach dem Verhältnis ihrer Anteile zu erfüllen haben oder die sie zum Zwecke der Erfüllung einer solchen Verbindlichkeit eingegangen sind, so kann jeder Teilhaber bei der Aufhebung der Gemeinschaft verlangen, dass die Schuld aus dem gemeinschaftlichen Gegenstand berichtigt wird.

(2) Der Anspruch kann auch gegen die Sondernachfolger geltend gemacht werden.

(3) Soweit zur Berichtigung der Schuld der Verkauf des gemeinschaftlichen Gegenstands erforderlich ist, hat der Verkauf nach § 753 zu erfolgen.

§ 756 Berichtigung einer Teilhaberschuld

[1]Hat ein Teilhaber gegen einen anderen Teilhaber eine Forderung, die sich auf die Gemeinschaft gründet, so kann er bei der Aufhebung der Gemeinschaft die Berichtigung seiner Forderung aus dem auf den Schuldner entfallenden Teil des gemeinschaftlichen Gegenstands verlangen. [2]Die Vorschrift des § 755 Abs. 2, 3 findet Anwendung.

§ 757 Gewährleistung bei Zuteilung an einen Teilhaber

Wird bei der Aufhebung der Gemeinschaft ein gemeinschaftlicher Gegenstand einem der Teilhaber zugeteilt, so hat wegen eines Mangels im Recht oder wegen eines Mangels der Sache jeder der übrigen Teilhaber zu seinem Anteil in gleicher Weise wie ein Verkäufer Gewähr zu leisten.

§ 758 Unverjährbarkeit des Aufhebungsanspruchs

Der Anspruch auf Aufhebung der Gemeinschaft unterliegt nicht der Verjährung.

Anmerkungen zu den §§ 749–758

1. Rechtliche Konstruktion des Auflösungsvorgangs. Sie ist umstritten. 1
a) Nach hM bestehen *dreierlei* Ansprüche des auflösungswilligen Teilhabers: Anspruch auf Einwilligung in die Aufhebung (§§ 749, 758); Anspruch auf Einwilligung in einen bestimmten Teilungsplan (§§ 752–756); Anspruch auf den Vollzug des Teilungsplanes (vgl die Einzelregelung in § 757). Der auflösungswillige Teilhaber kann alle drei Ansprüche in einer einzigen Klage verbinden. Alle Ansprüche richten sich immer nur auf Aufhebung in Bezug auf den auflösungswilligen Teil, die übrigen können die Gemeinschaft (ggf am Erlös, § 753) fortsetzen. **b)** Die wohl richtigere 2
Mindermeinung (Esser-Schmidt I § 38 IV 2c; OLG Hamm NJW-RR 1992, 665; OLG Rostock NZG 2000, 369; offen BGHZ 90, 214) sieht im Auflösungsverlangen ein Gestaltungsrecht, das den Anspruch auf einen ges vorgeformten Teilungsvertrag schafft. Der praktische Unterschied ist wegen der möglichen Klagehäufung gering. Zur Parallelproblematik bei Erbengemeinschaft vgl → § 2042 Rn. 7 f.

2. Vertragliche Regelung. Die Gesamtheit *aller* Teilhaber kann einen vom Ges 3
abw **Aufhebungs- und Teilungsvertrag** schließen. Sofern er Grundstücke betrifft, gilt für *gesetzesabweichende* Verpflichtungen § 311b I nF bzw § 313 aF (OGHZ 1, 208); keine Heilung durch Auflassung und Grundbucheintragung als Miteigentümer (BGH NJW 2002, 2560); die Vollzugsgeschäfte folgen den allg Vorschriften. Mehrheitsbeschlüsse genügen zur gesetzesabweichenden Teilung nicht (vgl § 745 III 1).

3. Recht auf Aufhebung. Es ist unverjährbar (§ 758) und gem §§ 749 II, III, 4
751 S. 1 nur beschränkt abdingbar (vgl auch § 750); auch konkludent (OLG Köln ZMR 2004, 268). Ein wichtiger Grund gem § 749 II – für dessen Annahme ein strenger Maßstab anzulegen ist (BGH DB 1995, 317) – kann in der Gebrauchsvereitelung durch andere Teilhaber liegen (BGH WM 1962, 464; anders BGH NJW-RR 1995, 268), Verfeindung der Teilhaber reicht nur bei unmittelbarer Wirkung auf die Gemeinschaft aus (BGH WM 1984, 873; BGH ZIP 1995, 114); überwiegendes Verschulden der Gegenseite ist nicht erforderlich, hingegen kann deutlich überwiegendes Verschulden des Aufhebung begehrenden Teils der Aufhebung entgegenstehen (BGH WM 1984, 873). Aufhebungsbegehren kann unzulässige Rechtsausübung 5
(§ 242) sein, wenn es für übrige Teilhaber besondere Härte bedeutet – dann Anspruch auf wirtschaftlichen Wert gegen Übertragung des Anteils (BGH NJW-RR 2005, 309: der gemeinschaftlichen Berufsausübung dienendes Miteigentum; BGH NJW-RR 2008, 612: Miteigentum an Privatweg zur Erschließung von Grundstücken). Dem Recht auf Aufhebung einer Miteigentümergemeinschaft zwischen Eheleuten (vgl → § 741 Rn. 2) kann bei bestehender Ehe der Gedanke der ehelichen Lebensgemeinschaft entgegenstehen (BGHZ 37, 38 ff.), uU § 1365 (BayObLG FamRZ 1981, 47; allerdings nicht mehr ab Rechtskraft einer zwischenzeitlich beantragten Scheidung OLG München NJW-RR 2006, 1518); nach Scheidung darf Aufhebung nicht verlangt werden, wenn der andere Teil die Rückübertragung des während der Ehe eingeräumten ideellen Bruchteils fordern kann (BGHZ 68, 299 ff.). Das Verlangen, die Bruchteilsgemeinschaft nach Scheidung aufzuheben, ist nur dann ausnahmsweise

rechtsmissbräuchlich, wenn sie dem widersprechenden Ehegatten schlechthin unzumut-
6 bar ist (OLG München FamRZ 1989, 980). Gegen das Aufhebungsrecht können keine *Gegenrechte* geltend gemacht werden, die nicht in der Gemeinschaft wurzeln, insbes nicht § 273 wegen gemeinschaftsfremder Gegenansprüche (BGHZ 63, 348; 90, 197; 199, 71; BGH NJW 2017, 2544 Rn. 29 ff.; BGH NJW-RR 1987, 892). Gemeinschaftsbezogene Ansprüche sollen mit auseinandergesetzt werden, andere nicht gemeinschaftsbezogene Ansprüche sollen die Auseinandersetzung nicht stören (arg § 756; sa → Rn. 8 insbes für eheliche Grundstücke). Folgerichtig kann gegen den Anspruch auf Freigabe des Enderlösanteils *nach* vollzogener Auseinandersetzung § 273 greifen (BGH NJW-RR 1990, 134). Zum *Aufhebungsrecht des vollstreckenden Gläubigers* vgl → §§ 743–748 Rn. 17. Ist die Aufhebung zwischen den Gemeinschaftern ausgeschlossen, so kann bei Pfändung eines Anteils (§ 751 S. 2) der andere Teilhaber die Gläubigerforderung ablösen (§ 268; OLG Karlsruhe MDR 1992, 588).

7 **4. Teilungsplan und sein Vollzug.** Vgl §§ 752–757. **a)** Der **Grundsatz der Naturalteilung** (§ 752) wird durchbrochen bei fehlender Teilbarkeit (§ 753), ferner bei Vorwegerfüllung von Verbindlichkeiten (§§ 755 III, 756 S. 2). Teilbarkeit ist zu bejahen bei Geld, Wertpapieren, ferner beim Gesamthandsanteil an einer Erbengemeinschaft (vgl → § 2033 Rn. 1) oder bei Bruchteilsgemeinschaft an der Eigentümergrundschuld auf dem ehelichen Grundstück im Miteigentum (BGHZ 187, 169 = NJW-RR 2011, 165: Teilung in gleichrangige Teilgrundschulden). Die hM verneint regelmäßig die Teilbarkeit von Wohngrundstücken (OLG München NJW 1952, 1297) und idR bei Grundstücken überhaupt (BGH NJW-RR 2010, 521; OLG Hamm NJW-RR 1992, 666), ebenso bei gewerblichen Schutzrechten (BGHZ 162, 345 = NJW-RR 2005, 1200 für Patent). Der Vollzug des geschuldeten Naturalteilungsplans kann Willenserklärungen und Realakte erforderlich machen; zur Klagehäufung vgl → Rn. 1, 10. Die Mängelrechte des übernehmenden Teilhabers gegenüber den übrigen Teilhabern richten sich nach Kauf (§ 757), wobei bei Man-
8 gelhaftigkeit aller übertragenen Teile keine Haftung besteht. **b)** Der **Verkauf zur Versilberung** kann auch bei unteilbaren Gegenständen ausnahmsweise ausgeschlossen sein, wenn die Interessenabwägung für eine Realteilung in ungleiche, aber gleichwertige Teile spricht (BGHZ 58, 146 ff.). Eine Teilung nach § 753 I setzt einen zweiaktigen Tatbestand voraus, den Pfändungsverkauf bzw die Zwangsversteigerung und die Verteilung des Erlöses (BGHZ 175, 297; BGH NJW 2017, 2544 Rn. 24). Der Verkauf *beweglicher* Sachen erfolgt gem §§ 1233–1247, wobei für den Fall der Uneinigkeit ein vollstreckbarer Titel notwendig ist (str, aA MüKoBGB/Schmidt § 753 Rn. 13). Bei *unbeweglichen* Sachen gelten §§ 80–184 ZVG, die keinen Titel gegen die übrigen Miteigentümer verlangen; diese müssen sich analog § 771 ZPO gegen die Versteigerung wehren, sofern sie §§ 749, 753 nicht entspricht (BGH WM 1984, 539; uU Schadensersatzanspruch aus § 280 I, vgl OLG Brandenburg FPR 03, 133; zum Ganzen Baur/Stürner/Bruns Rn. 34.7 ff.). § 765a ZPO ist anwendbar (KG NJW-RR 1999, 434; BGH NJW 2007, 3430; sa → Rn. 10). Am Erlös setzt sich die Bruchteilsgemeinschaft fort (§ 753 I 1; BGHZ 175, 302 = NJW 2008, 1809; BGH NJW 2017, 2544 Rn. 21). Besteht der Erlös in einem *Anspruch gegen den Ersteigerer,* entsteht eine Forderungsgemeinschaft (→ § 741 Rn. 6), wobei nach Auffassung des BGH hier § 432 gelten soll (BGHZ 175, 302 = NJW 2008, 1809; BGHZ 199, 71 Rn. 16; BGH NJW 2017, 2544 Rn. 21; OLG Koblenz FamRZ 2012, 1665); ungleiche Belastung der Miteigentumsanteile ist zu berücksichtigen (BGH NJW 1983, 2451; 1984, 2527; BGH FamRZ 1990, 976; BGH NJW-RR 2010, 521; zur Abwicklung einer Teilung und Versteigerung bei Belastung des Miteigentums am ehelichen Grundstück mit einer nicht mehr valutierten Grundschuld BGHZ 187, 169 = NJW-RR 2011, 164; 1993, 386). Auch bei gemäß § 117 II 3 ZVG *hinterlegtem Erlös* entsteht eine Bruchteilsgemeinschaft an der Forderung gegen die Hinterlegungsstelle, für die nach Auffassung des BGH grundsätzlich ebenfalls § 432 gelten soll; nur wenn sich die Gemeinschafter auf eine Verteilung einigen oder über einen Teilungsplan gerichtlich entschieden ist, steht jedem Teilhaber ein Anspruch gegen die Hinterlegungsstelle entspr seiner

Beteiligungsquote (§ 420) zu (BGHZ 199, 71 Rn. 18 u 19; BGH NJW 2017, 2544 Rn. 22, 25 f.). Der ersteigernde Miteigentümer kann beim Fehlen vorweg zu berichtigender Verbindlichkeiten verlangen, dass die Einziehung der Forderung aus Teilungsversteigerung gem § 432 mit anschließender Auseinandersetzung unterbleibt und eine direkte Abwicklung nach Beteiligungsquote erfolgt (BGHZ 199, 71 Rn. 30 ff.; OLG Koblenz FamRZ 2012, 1665 [1667]; dazu A. Weber NJW 2013, 3071 [3077]; NJW 2014, 3072 [3078]. Bei Versteigerung eines ehelichen Grundstücks gelten auch für ein Zurückbehaltungsrecht eines Eheteils gegen die Erlösverteilung nach Anteilen die allgemeinen Grundsätze (vgl, → Rn. 6), nach denen nur gemeinschaftsbezogene und keine gemeinschaftsfremde Gegenforderungen berücksichtigt werden können (BGHZ 199, 71 = NZFam 2014, 168; BGH NJW 2017, 2544 Rn. 29 ff.; Kogel NJW 2016, 2294; ders NJW 2017, 2520); nicht berücksichtigungsfähig sind deshalb Ansprüche auf güterrechtlichen Zugewinnausgleich (BGH NJW 2017, 2544 Rn. 33), Nutzungsentschädigung wegen des Getrenntlebens gemäß § 1361b (BGH NJW 2017, 2544 Rn. 34 ff.; anders bei Ansprüchen auf Nutzungsentschädigung nach rechtskräftiger Scheidung aus § 745 II, BGH NJW 2017, 2544 Rn. 39 ff.; sa → §§ 743–748 Rn. 3), Unterhaltsansprüche, Ansprüche aus ehebebezogenen Zuwendungen oder Schenkungen, Ansprüche aus Ehegatteninnengesellschaften etc. (Kogel NJW 2017, 2520 [2521]). **c) Gemeinschaftliche Forderungen** (vgl → § 741 Rn. 5 f.) sind idR gem 9
§ 754 einzuziehen (BGH NJW 1982, 928; 2001, 369 f. zur Einziehung von Mietzinsforderung gegen einen Teilhaber), der Erlös ist gem § 752 zu verteilen. **d) Verbindlichkeiten:** Gemeinschaftliche Berichtigung aus den notfalls versilberten (vgl → Rn. 7) Gegenständen kann nur für Gesamtschulden (vgl zur Entstehung → §§ 743–748 Rn. 12 f.) verlangt werden, für die im Innenverhältnis § 748 gilt; vgl § 755. Die Berichtigung der gemeinschaftsbezogenen Forderung eines Teilhabers aus dem – versilberten – Anteil des schuldnerischen Teilhabers (§ 756) kann insbes im Rahmen des § 748 praktisch werden (vgl → §§ 743–748 Rn. 8 f.); vgl iÜ → Rn. 4 ff.

5. Prozessuales. Nimmt man mit der hM einen dreifachen Anspruch des die 10
Auflösung begehrenden Gemeinschafters an (vgl → Rn. 1), so ist prozessuale Verbindung im Wege der obj Klagehäufung zulässig (Soergel/Hadding § 749 Rn. 4 und 5). Die Beweislast für ein Aufhebungshindernis (→ Rn. 5 f.) trägt, wer sich auf den Ausschluss der Aufhebung beruft (BGH NJW-RR 1991, 947). Die Kosten der Entscheidung über einen Einstellungsantrag eines Miteigentümers im Zwangsversteigerungsverfahren (§§ 30a, 180 II und III ZVG, 765a ZPO) gemäß §§ 180–185 ZVG im Rahmen der Abwicklung der Gemeinschaft (→ Rn. 8) sind Kosten der Verwaltung (§§ 748, 753), so dass – anders als bei besonderen Rechtsbehelfen wie Erinnerung oder Beschwerde – keine Kostenentscheidung nach §§ 91 ff. ZPO ergeht (BGH NJW 2019, 1462 Rn. 7 ff.), und der Antragsteller Erholung für seine außergerichtlichen Kosten nach § 748 zu suchen hat.

Titel 18. Leibrente

§ 759 Dauer und Betrag der Rente

(1) **Wer zur Gewährung einer Leibrente verpflichtet ist, hat die Rente im Zweifel für die Lebensdauer des Gläubigers zu entrichten.**

(2) **Der für die Rente bestimmte Betrag ist im Zweifel der Jahresbetrag der Rente.**

§ 760 Vorauszahlung

(1) **Die Leibrente ist im Voraus zu entrichten.**

(2) **Eine Geldrente ist für drei Monate vorauszuzahlen; bei einer anderen Rente bestimmt sich der Zeitabschnitt, für den sie im Voraus zu entrichten ist, nach der Beschaffenheit und dem Zwecke der Rente.**

(3) **Hat der Gläubiger den Beginn des Zeitabschnitts erlebt, für den die Rente im Voraus zu entrichten ist, so gebührt ihm der volle auf den Zeitabschnitt entfallende Betrag.**

§ 761 Form des Leibrentenversprechens

[1]Zur Gültigkeit eines Vertrags, durch den eine Leibrente versprochen wird, ist, soweit nicht eine andere Form vorgeschrieben ist, schriftliche Erteilung des Versprechens erforderlich. [2]Die Erteilung des Leibrentenversprechens in elektronischer Form ist ausgeschlossen, soweit das Versprechen der Gewährung familienrechtlichen Unterhalts dient.

Anmerkungen zu den §§ 759–761

Lit.: Bergschneider/Engels, Leibrente statt Unterhalt, FamRZ 2014, 436; Kesseler, Neue Formerfordernisse für Vermögensübergaben gegen Versorgungsleistungen, DStR 2011, 799; Lafrentz, Die Leibrente – Begriff und Rechtsfolgen, Diss. Hamburg 1994; M. Roth, Private Altersvorsorge: Betriebsrentenrecht und individuelle Vorsorge, 2012.

1 **1. Allgemeines. a) Leibrente.** Zweck ist die Versorgung des Berechtigten auf Lebenszeit. Legaldefinition fehlt in der lückenhaften Regelung. Die einzelnen Begriffsmerkmale sind jedoch wichtig für die **Abgrenzung** zu ähnlichen Rechtsverhältnissen sowie im Hinblick auf das **Formerfordernis** in § 761. Nach dem **Begriff** der Rspr ist Leibrente ein einheitliches nutzbares Recht (**Stammrecht**), das dem Berechtigten für die Lebensdauer eines Menschen eingeräumt ist und dessen Erträge aus fortlaufend wiederkehrenden, gleichmäßigen und in gleichen Zeitabständen zu gewährenden Leistungen in Geld oder vertretbaren Sachen bestehen (RGZ 67, 212; BGH WM 1980, 594; NJW-RR 1991, 1035, stRspr; Grüneberg/Sprau Rn. 1). Diese **Stammrechtstheorie** geht von einem einheitlichen Gesamtanspruch aus, bei dem sich die einzelnen Rentenzahlungen als Nutzungen des Stammrechts darstellen (§§ 99, 100). Dies führt zu dreistufiger Konstruktion: Verpflichtung (Leibrentenversprechen) zur Begründung des Stammrechts (→ Rn. 2), Entstehung des abstrakten Stammrechts (= Erfüllung des Leibrentenvertrags, meist zugleich mit Grundgeschäft) und die aus dem Stammrecht fließenden, isoliert zu betrachtenden Rentenansprüche als Nutzungen. In der Lit. wird inzwischen mehrheitlich die Theorie des einheitlichen **kausalen Verpflichtungsgeschäfts** vertreten, wonach im Versprechen der Leibrente wie bei jedem Dauerschuldverhältnis schon die Verpflichtung zu einzelnen Rentenleistungen enthalten ist (BeckOK/Litzenburger § 759 Rn. 1; Erman/Müller § 759 Rn. 9; MüKoBGB/Raude § 759 Rn. 3; ausf BeckOGK/Hundertmark § 759 Rn. 74 ff). Dies ist vorzugswürdig; die Theorien zeigen aber wenige praktische Unterschiede (s. zum Verzugsfall BeckOGK/Hundertmark § 759 Rn. 80; → Rn. 7; zur Verjährung
2 → Rn. 9). **b) Leibrentenversprechen.** Das Stammrecht (→ Rn. 1) wird nach der Rspr. begründet durch einen **abstrakten** und **einseitigen Bestellungsvertrag** (§ 761), durch den die sich aus dem zugrundeliegenden Kausalgeschäft ergebende Verpflichtung zur Rentenbestellung erfüllt (§ 362); nach der Gegenmeinung bedarf es nur des kausalen Verpflichtungsgeschäfts. **Verpflichtungsgeschäft** kann jeweils sein: (1) Vertrag; sowohl entgeltlicher (gegenseitiger, zB Rentenkauf; Veräußerung von Grundstück gegen Verpflichtung zur Rentenbestellung [KG NJW-RR 2020, 964) als auch unentgeltlicher (zB Schenkung einer Leibrente). Vertrag zgDr möglich (§ 330; § 328); (2) einseitiges RGeschäft (zB Vermächtnis einer Leibrente in letztwilliger Verfügung; Auslobung [MüKoBGB/Raude § 759 Rn. 6]).

3 **2. Voraussetzungen. a) Gegenstand** der Leistung: nur Geld oder vertretbare Sachen (§ 91), nicht Kost und Wohnung (RGZ 104, 273) wie beim Altenteilsrecht (Art. 96 EGBGB). **b) Bestimmtheit.** Die einzelnen Leistungen müssen zeitlich und inhaltlich genau bestimmt sein (RGZ 137, 261). Bei Geldrente ist betragsmäßige Bestimmtheit erforderlich; Wertsicherungsklauseln zulässig (→ Rn. 8); fehlt bei Abhängigkeit der Rente vom Reingewinn eines Betriebs (RGZ 137, 262) oder von

der Bedürftigkeit des Berechtigten, wie idR bei Unterhaltsverträgen (RGZ 150, 391; MüKoBGB/Raude § 759 Rn. 7), **Auslegungsregeln:** §§ 759 II, 760. **c) Dauer.** Die 4 Rente muss **auf Lebenszeit** eines Menschen zugesagt sein, des Berechtigten (iZw nach § 759 I), des Schuldners oder eines Dritten (hM, RGZ 67, 204, 208). IÜ ist zeitliche Begrenzung durch Nebenbestimmungen zulässig, soweit der Zweck der Lebensversorgung des Berechtigten gewahrt bleibt (zB bis zu Wiederheirat, höchstens 30 Jahre, bis zum 80. Lebensjahr). **d)** Die wiederkehrenden Leistungen sind aus einem 5 einheitlichen Kapitalwert abgeleitet. Vereinbarung von Rentenleistungen im Rahmen eines Kausalgeschäfts durch Modifizierung sich daraus ergebender Ansprüche genügt nicht. Leibrente liegt daher nicht vor: bei Ruhegehaltsversprechen des Arbeitgebers (enger Zusammenhang mit Dienstvertrag), auch wenn erst nach Beendigung des Dienstvertrags gegeben (BAG NJW 1959, 1746); bei gesellschaftsvertraglicher Versorgungsrente (BGH FamRZ 1989, 948); bei Rentenpflicht auf Grund Vergleiches über Schadensersatz- (RGZ 89, 261), Abfindungs- (BGH BB 1966, 305) oder Erbansprüche (RGZ 91, 7). Vgl zu einzelnen Abgrenzungsfällen MüKoBGB/Raude § 759 Rn. 9 ff.).

3. Rechtsfolgen. a) Formzwang. Die Erteilung des Versprechens (nicht die 6 Annahme) bedarf beim Leibrentenvertrag der Schriftform (§§ 761, 126); nach der Rspr soll dies direkt nur für die Begründung des Leibrentenstammrechts gelten und – in analoger Anwendung – für das Grundlagengeschäft. Formmangel: § 125. Ersetzung durch notarielle Beurkundung oder Prozessvergleich (§§ 126 IV, 127), nicht durch elektronische Form in Fällen des § 761 S. 2. Soweit erfüllt, ist **Heilung** des Formmangels entspr §§ 311b I 2, 518 II, 766 S. 2 zu bejahen (Staudinger/Liebrecht § 761 Rn. 15: Formmängel des Verpflichtungsgeschäfts werden bei der Stammrechtslehre durch die Bestellung des Stammrechts geheilt). **Weitergehende Formvorschriften** gehen vor, zB §§ 311b I, III, 518 I; dann gilt auch § 313b I 2 unmittelbar: BGH NJW 1978, 1577, str. **b) Nichtleistung** einzelner Raten: 7 Rücktritt nach § 323 nur ausgeschlossen, wenn man der Stammrechtstheorie folgt (Grund: → Rn. 2,offen BGH NJW-RR 1991, 1035 mN), dann nur Verzugsschaden nach § 286 I (RGZ 106, 96) und uU Rückforderung nach § 812 I 2 Var. 2; krit zum Risiko des Rentengläubigers bei Wegfall der Bereicherung, Staudinger/Liebrecht, Vor § 759 Rn. 35a; MüKoBGB/Raude Rn. 81. **c) Wegfall** 8 **der Geschäftsgrundlage** (§ 313) möglich (BayObLG MDR 1980, 238; iE MüKoBGB/Raude § 759 Rn. 31 ff.); was zur Geschäftsgrundlage gehört, bedarf einer Einzelfallbetrachtung (nicht: Lebensdauer des Berechtigten; ggf. wirtschaftliche Verhältnisse bei Unterhaltssicherung, nicht bei Leistungsaustausch). Zur Vereinbarung von **Wertsicherungsklauseln:** → §§ 244, 245 Rn. 18–25. Ist danach Änderung des Lebenshaltungskostenindex nur auf Verlangen zu berücksichtigen, muss höherer Versorgungsbetrag nicht rückwirkend auf Zeitraum vor Geltendmachung bezahlt werden (BGH NJW-RR 2015, 67). **d) Verjährung:** Nach der 9 Rspr.: für Stammrecht gilt § 195 und insbes § 197 I Nr. 4 Fall 2; für Einzelansprüche sa § 197 II; problematisch, wenn 3 Jahre keine Rentenzahlungen erbracht werden (BeckOGK/Hundertmark, § 759 Rn. 166). Die Gegenmeinung wendet auf die einzelnen Leibrentenzahlungen die Regelverjährung an, § 195.

Titel 19. Unvollkommene Verbindlichkeiten

§ 762 Spiel, Wette

(1) [1]**Durch Spiel oder durch Wette wird eine Verbindlichkeit nicht begründet.** [2]**Das auf Grund des Spieles oder der Wette Geleistete kann nicht deshalb zurückgefordert werden, weil eine Verbindlichkeit nicht bestanden hat.**

(2) **Diese Vorschriften gelten auch für eine Vereinbarung, durch die der verlierende Teil zum Zwecke der Erfüllung einer Spiel- oder einer Wett-**

schuld dem gewinnenden Teil gegenüber eine Verbindlichkeit eingeht, insbesondere für ein Schuldanerkenntnis.

Lit.: Brünning/Thomsen, Das Online-Glückspiel nach dem Glückspiel-Staatsvertrag 2021, NVwZ 2021, 11; Ernst, Das TV-Zuschauerquiz im BGB zwischen Auslobung und Spiel, NJW 2006, 186; Hendricks/Lüder, Die bereicherungsrechtliche Rückforderung von Verlusten bei illegalem Online-Glücksspiel im Kontext des § 817 S. 2 BGB, VuR 2021, 333; Henssler, Risiko als Vertragsgegenstand, 1994; Kröner, Wettschulden sind Ehrenschulden – Die Regelung von Spiel und Wette im BGB, ZfPW 2006, 71; Kuntz, Praxisfragen bei Onlinespielen, NJW 2010, 561; Rock, „Cutting the Cash Flow", ZfWG 2018, 20; Terhechte, Staat und Spiel, 2016; Selle/Kretschmer, Drei unten, drei oben: 6 Treffer an der Torwand? Grenzen der Rechtlosstellung beim privaten Spielvertrag, ZfWG 2006, 294; Sharei, Die zivilrechtliche Behandlung von Spiel und Wette im Lichte der Privatautonomie, ZfWG 2023, 41; Unterreitmeier, Glücksspielanbieter ohne Glück – Kein Schadensersatz trotz rechtswidriger Untersagung von Glücksspielen, NJW 2013, 127; Wormit, Grundstrukturen und aktuelle Entwicklungslinien der deutschen Glücksspielregulierung, NVwZ 2017, 281; s. auch Lit. zu § 763.

1 **1. Allgemeines.** Die **zwingende** (→ Rn. 7 aE) Regelung verhindert, dass (Erfüllungs- oder Rückgewähr-)Ansprüche aus Spiel- und Wettverträgen Gegenstand von Leistungsklagen werden. Der **Grund** hierfür liegt nicht etwa in ihrer Unsittlichkeit, sondern in ihrer **Gefährlichkeit** (Schutz der Spieler, MüKo/Habersack Rn. 1, dort auch zur verfassungsrechtlichen Problematik), wohl auch in ihrer fehlenden Schutzwürdigkeit, die Gerichte in Anspruch zu nehmen (vgl OLG Hamm NJW-RR 1997, 1008). Auf die nach §§ 284 ff. StGB **verbotenen Spiele** (Ausspielungen) findet § 762 keine Anwendung; entspr Verträge sind nach § 134 nichtig (Folge: → Rn. 10). Seit Inkrafttreten des GlüStV 2021 (1.7.2021) sind Online-Poker, Online-Casinospiele unter gewissen Voraussetzungen erlaubnisfähig (§§ 4a, b GlüStV 2021; zur Def. § 3 Ia GlüStV 2021); zur Überwachung von monatlichen Einzahlungslimits gibt es eine zentrale Limitdatei (zur Rückzahlung von Spielverlusten im Rahmen von Spielen nach § 4 IV GlüStV idF bis 30.6.2021, LG Gießen VuR 2021, 231).

2 **2. Begriffe und Abgrenzungen. a) Grundsatz.** Spiel und Wette sind idR (zumindest im Hinblick auf wechselseitige Verpflichtung, ein Zufallsergebnis zu akzeptieren) gegenseitige (auch gesellschaftsähnliche, selten einseitige, dazu → Rn. 5) Verträge (wie hier Henssler, Risiko als Vertragsgegenstand, 1994, 440 ff.; Roberts BKR 2015, 330, 331; aA MüKoBGB/Habersack Rn. 5; diff. Mülbert/Böhmer WM 2006, 937, 943), in denen die Parteien den Geschäftserfolg mehr oder weniger vom Zufall (ungewisses zukünftiges Ereignis; Entscheidung bestehender Ungewissheit) abhängig machen (Glücksverträge). Abgrenzung zwischen Spiel und Wette ist strafrechtlich von Bedeutung (§§ 284 ff. StGB) und für GlüStV. Glückspiel iSv § 3 I 1 GlüStV ist gegeben, wenn für den Erwerb einer Gewinnchance ein Entgelt verlangt wird und die Entscheidung über den Gewinn ganz oder überwiegend vom Zufall abhängt. Vertragszweck von Spiel und Wette besteht in der Unterhaltung oder (und) Gewinnerzielung (**Spiel**) bzw der Bekräftigung einer Behauptung (**Wette**); weitere wirtschaftliche oder sonstige ernstliche Zwecke fehlen (BGHZ 69, 301; ergibt **Abgrenzung** zu **verbindlichen** Verträgen mit **aleatorischem** Moment, zB Versicherungsvertrag, Leibrentenversprechen ua); Internetauktion daher kein Spiel oder Wette (BGH NJW 2002, 365; Deutsch WM 2005, 778 mN) ebensowenig das Fernsehquiz „Wer wird Millionär" (OLG Köln NJW-RR 2014, 1138). Zu Spielverträgen mit staatlich konzessionierten Spielbanken → § 763 Rn. 3. Zu **Gewinnzusagen** → § 661a Rn. 2 (Erfüllungspflicht auch bei Spiel/Wette oder unechtem Preisausschreiben); zur Abgrenzung eines Spiels zu einem Darlehensvertrag: LG Karlsruhe NJW-RR 2007, 200. Alle **Finanztermingeschäfte** iSd §§ 99, 100 WpHG (es muss *mindestens ein* Vertragsteil ein Unternehmen sein, das in qualifizierter Weise Finanztermingeschäfte abschließt, vermittelt oder sonst betreibt) sind dem Spieleinwand entzogen und voll verbindlich (zB Derivate, Optionsscheine). Zweiseitige Differenzgeschäfte, die nicht von § 99 S. 1 WpHG erfasst sind, können unter § 762 fallen (BT-Drs. 14/8017, S. 96), einseitige Differenzgeschäfte sind grds. verbindlich (zum Ganzen MüKoBGB/Habersack

Rn. 10). **b) Spiel.** Beim Spiel verpflichten sich die Parteien unter entgegengesetzten Bedingungen zu einer Leistung. Ziel ist die Erzielung eines Vermögensvorteils zulasten anderer. **Arten: aa) Glücksspiele** (wichtig für §§ 284 ff. StGB, dazu → Rn. 1): Die Gewinnchance ist (anders als bei → Rn. 4) im Wesentlichen vom Zufall abhängig (BGHSt 2, 276; OLG Köln NJW-RR 2014, 1138; Schapper WM 2022, 1917). Sportwetten sind dann Glücksspiel, wenn das Zufallselement überwiegt (BGH JZ 2003, 858). **Sonderfälle** des Glücksspiels: Lotterie und Ausspielung (§ 763; BeckOGK/Härtlein Rn. 81). **bb) Geschicklichkeitsspiele/Sportwettkämpfe** 4 **mit Preisgeld:** Die Gewinnchance ist überwiegend (auch) von den Fähigkeiten und Kenntnissen der Spieler abhängig, daher durchsetzbarer Anspruch auf Preisgeld (hM, s. BGH NJW 2011, 139 [Reitturnier als Auslobung]; ebenso Wissensquiz, → Rn. 2 aE; Schach, Skat etc. BeckOGK/Härtlein Rn. 81). Es fehlt die spieltypische Gefährlichkeit (→ Rn. 1). Geringe Geschicklichkeit des Durchschnitts der Spieler kann aber zum Glücksspiel führen (BGHSt 2, 276). **cc) Kein** Spiel sind Sportwettkämpfe um Gewinn (Ertüchtigungszweck). **c) Wette.** Bei der Wette ver- 5 spricht jede Partei der anderen eine Leistung für den Fall, dass von zwei gegensätzlichen Behauptungen die ihrige sich als unrichtig erweist. Sie dient also der Positionierung in einem Meinungsstreit (MüKoBGB/Habersack Rn. 7). Auch einseitige Wette ist möglich (RGZ 61, 156). **Keine** Wette (kein ernstlicher Meinungsstreit), sondern Spiel sind die Renn- und Sport„wetten", sog **Spielwetten** (s. § 3 I GlüStV 2021). Zur Abgrenzung von rechtsverbindlichen Gesellschaftsverträgen (Spiel- und Tippgemeinschaften) s. BGH ZfWG 2011, 378; Fleischer/Hahn NZG 2017, 1; Henssler, Risiko als Vertragsgegenstand, 1994, 507 f.

3

3. Rechtsfolgen. Spiel und Wette begründen weder **eine Verbindlichkeit** (und 6 damit: keine Forderung, § 241 I) **im Rechtssinn** (I 1), gehören aber nach der gesetzlichen Überschrift zu den sog „unvollkommenen Verbindlichkeiten" (zu diesem Vertragstyp ausführlich BeckOGK/Härtlein Rn. 2), ihre Wirkungen erschöpfen sich im Behaltendürfen, dh sie stellen einen rechtlich anerkannten **Erwerbsgrund** dar (→ Rn. 9), können aber nicht erfolgreich eingeklagt werden. Vorheriger Verzicht auf den „Spieleinwand" ist nicht möglich (BeckOGK/Härtlein Rn. 98). **a)** Dem **Gläubiger** steht **kein Erfüllungs-** oder Schadensersatz**anspruch** wegen 7 Nichterfüllung (BGH 25, 126) zu, ferner kein Zurückbehaltungs- (§ 273) oder Aufrechnungsrecht (§ 389). Im Prozess ist der Mangel der Verbindlichkeit **von Amts wegen** zu beachten und führt dazu, dass die Klage als unbegründet abgewiesen wird (BeckOGK/Härtlein Rn. 24; anders bei sog unklagbaren Ansprüchen [§§ 1297 I, 1958, 75 f HGB], bei denen schon Sachurteilsvoraussetzung fehlt, Musielak/Voit/Foerste, ZPO, § 253 Rn. 6). **b)** Durch **Eingehung neuer Verbindlichkeiten (II)** 8 kann **I 1** nicht umgangen werden. **II** erstreckt sich auch auf Schuldanerkenntnis und -versprechen (§§ 780, 781) des verlierenden Teils (nicht auch des anderen: BGH NJW 1988, 1087), insbes Saldoanerkenntnis (BGHZ 92, 325; 93, 312; 94, 266) und Verrechnungsabrede im Rahmen eines Kontokorrents (BGHZ 93, 312, str; dazu Canaris ZIP 1987, 885), Scheck- und Wechselverbindlichkeiten (BGH NJW 1981, 1898 f.), Vereinbarungsdarlehen (→ Vor § 488 Rn. 6), Umschuldungsdarlehen (BGHZ 92, 325) sowie Schuldumschaffung (→ § 311 Rn. 18). Unwirksam sind auch die auf den Spiel-(Wett-)anspruch bezogenen **akzessorischen Sicherheiten** (zB Bürgschaft, RGZ 52, 40; Pfandbestellung, RGZ 47, 52; Vertragsstrafe, § 344; Vergleich; für Hypothek s. §§ 1163 I, 1177 I). Nicht-akzessorische Sicherheiten wie Sicherungseigentum und -abtretung können wirksam bestellt werden (hM, s. BeckOGK/Härtlein Rn. 107 mN), es besteht mangels zu sichernder Forderung aber ein Rückgewähranspruch aus dem Sicherungsvertrag; vor Erfüllung kann er als Einrede gegen Verwertung erhoben werden. **c) Ausschluss der Rückforderung** 9 **bei Erfüllung (I 2).** Die Leistung des Schuldners muss (effektiven) Tilgungscharakter haben (§§ 362 oder 364 I; fehlt bei Verrechnung [Aufrechnung] im Rahmen eines Kontokorrents: BGHZ 102, 207 f.; NJW 1998, 2526 → Rn. 8) und darf nicht nur erfüllungshalber (§ 364 II) erfolgt sein oder in einer Sicherheitsleistung bestehen

(dann rückforderbar: BGHZ 86, 118). **I 2** erfasst auch im Voraus erbrachte Erfüllungsleistungen (OLG Düsseldorf WM 1989, 55; zB Spieleinsatz, aber nur, wenn Spiel/Wette beendet, dh Gewinnereignis eingetreten; bei „Abbruch" besteht Rückforderungsrecht, BeckOGK/Härtlein Rn. 117); pauschale Vorauserfüllungs- und Abrechnungsvereinbarungen genügen jedoch nicht (vgl BGHZ 107, 197 f.; 117, 141; NJW 1991, 2705). Unkenntnis der Unverbindlichkeit bewirkt kein Rückforderungsrecht (BGH NJW 1989, 2121). Widerruf nach § 355 führt grds. zur Unwirksamkeit (und Rückabwicklung nach §§ 355 ff), § 312g II Nr. 12 schließt aber Widerruf bei Wett- und Lotteriedienstleistungen aus, wenn nicht die dort genannte
10 Ausnahme greift. **d)** Ist der Spiel-(Wett-)vertrag wegen Gesetzesverstoßes (§ 134: **verbotenes Spiel,** → Rn. 1), Sittenwidrigkeit (§ 138; Bsp: „Schneeballsystem" bzw „Schenkkreis" [BGH NJW 1997, 2314, dazu Willigmann NJW 1997, 2932; OLG Köln NJW 2005, 3290; LG Bonn NJW-RR 2005, 490; LG Freiburg NJW-RR 2005, 491]; unüberschaubare, existenzgefährdende Risiken [LG Karlsruhe NJW-RR 2007, 200]; sa §§ 4 Nr. 5, 6 UWG) oder erfolgreicher Anfechtung (zB gem §§ 123, 142 I: Falschspiel) **nichtig,** gilt I 2 nicht (BGH NJW 1997, 2314, 2315; Willigmann NJW 1997, 2932, 2933); Rückforderung gem §§ 812, 814, 817 ist möglich, bei Falschspiel auch gem §§ 823 ff., 826. **§ 817 S. 2** steht der Rückabwicklung angesichts des Spielerschutzes nicht entgegen (LG Gießen VuR 2021, 231 zust Maier aaO; aA LG München GRUR-Prax 2021, 424; LG Duisburg BeckRS 2016, 140146; diff. Hendricks/Lüder VuR 2021, 333 [teleolog Reduktion von § 817 S. 2 nur bei pathologischer Spielsucht]).

11 **4. Neben- und Hilfsverträge.** Insoweit ist § 762 **entspr** anwendbar (RGZ 51, 159; BGH NJW 1974, 1705; 1829, allgM). Aus spiel- und wettbezogenen (Ermöglichung, Erleichterung) Vereinbarungen (Bsp: Auftrag, Geschäftsbesorgungs-, Gesellschaftsvertrag usw) entstehen daher keine Ansprüche auf Ausführung bzw Schadensersatz wegen Nicht-(Schlecht-)ausführung (BGHZ 93, 309 f.; 94, 267; OLG Hamm NJW-RR 1997, 1008). **Anders** beim Anspruch aus §§ 280 I, 311 II (cic, LG Berlin NJW 1992, 2707), ferner beim Anspruch auf Gewinnherausgabe (gegen Auslagenerstattung), der nur die Zuweisung an den wahren Berechtigten bezweckt (aA BGH NJW 1980, 1958 für § 60 BörsenG). Bei bargeldloser Erfüllung von Spielschulden (Autorisierung nach § 675j) kann dem Anspruch des **Zahlungsdienstleisters** (§§ 675c I, 670) der Spieleinwand nicht entgegen gehalten werden (OLG Düsseldorf BeckRS 2020, 6572). Die hM gibt dem Zahlungsdienstleister auch bei Mitwirkung an **verbotenem Spiel** einen Aufwendungsersatzanspruch gegen den Spieler (zB OLG München WM 2020, 736; OLG Düsseldorf BeckRS 2020, 6572; LG Bonn BeckRS 2020, 40418; LG Hamburg ZfWG 2020, 296; LG Köln GWR 2021, 103; LG Nürnberg-Fürth ZfWG 2021, 116; Brüggemann ZfWG 2020, 319, 324; aA nur LG Ulm BeckRS 2019, 34329); zum Zahlungsverkehr auf Spielkonten nach § 4 GlüStV 2021 Brünning/Thomsen NVwZ 2021, 11. Ein zu Spielzwecken gegebenes **Darlehen** ist nicht ohne weiteres unwirksam (vgl aber → Rn. 8); doch gilt **I 1** bei (verkapptem) Spielen auf Kredit (LG Mönchengladbach WM 1994, 1376 f. mN; AG Rendsburg NJW 1990, 916). **§ 138** bei Hingabe gegen Wechsel aus eigennützigen Beweggründen (BGHZ 131, 140 mN; NJW 1992, 316 mN), **§ 134** bei Darlehensvergabe zum Zweck verbotenen Spiels (§ 285 StGB; OLG Nürnberg MDR 1978, 669). Wirksam ist die Verpflichtung eines Dritten zur Erstattung bereits entstandener Verluste (BGHZ 101, 302). Spiel und Darlehen können unter § 358 fallen.

§ 763 Lotterie- und Ausspielvertrag

[1]Ein Lotterievertrag oder ein Ausspielvertrag ist verbindlich, wenn die Lotterie oder die Ausspielung staatlich genehmigt ist. [2]Anderenfalls findet die Vorschrift des § 762 Anwendung.

Lit.: Ennuschat, Europäischer Gerichtshof kippt Glücksspielmonopol! Oder doch nicht?, GewArch 2010, 425; Ennuschat/Klestil, Der Glücksspielstaatsvertrag auf dem Prüfstand der

Rechtsprechung, ZfWG 2010, 153; Kubiciel, Das Verbot von Online-Casinospielen aus verfassungs- und unionsrechtlicher Sicht, NVwZ 2018, 841; ders., Unionsrechtliche Anforderungen an die Rechtfertigung des Verbots von Online-Casinos, EuZW 2017, 494; Möschel, Glücksspiel und europäischer Binnenmarkt, EuZW 2013, 252; Pagenkopf, Der neue Glücksspielstaatsvertrag – Neue Ufer, alte Gewässer, NJW 2012, 2918; Pischel, Verfassungsrechtliche und europarechtliche Vorgaben für ein staatliches Glücksspielmonopol, GRUR 2006, 630; Reeckmann/Walter, Die Spielersperre nach dem Glücksspielstaatsvertrag im Lichte des Verbraucherschutzes, ZfWG 2014, 383; Unterreitmeier, Glücksspielanbieter ohne Glück, NJW 2013, 127; s. auch Lit. zu § 762.

1. Allgemeines. a) Bedeutung. Wichtige Einschränkung des Anwendungsbereichs von § 762 für alle Arten von staatlich genehmigten Glücksspielen (→ Rn. 3 f.). Die sonst gegebene Gefährlichkeit (→ § 762 Rn. 1) wird durch die staatliche Kontrolle (→ Rn. 4) begrenzt; außerdem besteht regelmäßig ein fiskalisches Interesse; zur Berufsausübungsfreiheit BVerfGE 102, 197, 215. S. 2 hat nur deklaratorische Bedeutung. Nichtkonzessionierte öffentliche Lotterien sind strafbar (§ 287 StGB), entsprechende Verträge nach § 134 nichtig. **b) Begriffe. Lotterie** 2 (iwS) ist jede Veranstaltung eines Glücksspiels (→ § 762 Rn. 3; § 3 I GlüStV), bei der der Unternehmer den spielplanmäßig aus einer Mehrheit von Einsatz leistenden Teilnehmern ermittelten Gewinnern einen Gewinn (bei Geld Lotterie **ieS,** RG 77, 344, sonst **Ausspielung**) verspricht. Der Einsatz kann offen (Loskauf, dazu → § 433 Rn. 12) oder versteckt (Entrichtung von Kaufpreis für Waren, Eintritt ua) zu leisten sein. Die Teilnehmer stehen untereinander nicht in einer spielvertraglichen Beziehung. Bsp für Lotterie: Klassenlotterie, Zahlenlotto, Fußballtoto, Renn„wetten" (→ § 762 Rn. 5); für Ausspielung: Tombola, uU Preisrätsel und Preisausschreiben. Zu **Gewinnzusagen** → § 661a Rn. 2. Zu Onlinepoker etc s. §§ 4a, b GlüStV 2021. 1

2. Rechtsfolgen. a) Staatlich genehmigtes Spiel (S. 1). aa) Spielverträge 3 **jeder Art** sind bei staatlicher Genehmigung **vollwirksam** (→ § 762 Rn. 6 ff. unanwendbar), nicht nur Lotterie- und Ausspielverträge (→ Rn. 2), in **entspr Anwendung** von S. 1 auch staatlich genehmigte Sportwetten (BGH NJW 1999, 54), ordnungsgemäße Spielverträge bei staatlich konzessionierten Spielbanken (BGH NJW 1974, 1821) und bei behördlich zugelassenen Spielautomaten (§§ 33c ff. GewO; hierzu: OLG Brandenburg MDR 2013, 1272). Es besteht kein Kontrahierungszwang, einseitige Spielsperre/Hausverbot ist möglich (BGH NJW 2006, 362 Rn. 9). Ein trotz sog **Eigensperre** (einvernehmliche Spielsperre) abgeschlossener ordnungsgemäßer Spielvertrag war nach früher Rspr unwirksam, Gewinne und Einsätze nach §§ 812 ff. zurückzuerstatten (OLG Hamm NJW-RR 2003, 971). Anders BGH NJW 2006, 362 (unter Aufgabe von BGH NJW 1996, 248), der bei Verletzung der vertraglich übernommenen Schutzpflicht und zumutbarer Überwachungspflichten Anspruch aus § 280 I bejaht (BGH aaO Rn. 13 mAnm Lorenz LMK 2006, 166228). Ein Spielvertrag, bei dem kein vorgesehenes Spiellimit gesetzt wurde, ist wirksam (BGH NJW 2008, 2026, Online-Roulette). Auch **Nebenverträge** (vgl → § 762 Rn. 11) sind in den Grenzen von § 138 gültig (Bsp: Toto- oder Lottogemeinschaft, BGH NJW 1974, 1705 dazu Kornblum JuS 1976, 571; Spieldarlehen, BGH NJW 1974, 1821), soweit überhaupt eine Rechtsbindung gewollt ist, was bei der Verpflichtung des Spielbeauftragten zur Ausfüllung und Einreichung von „Wett"scheinen idR zu verneinen ist (BGH NJW 1974, 1706; iE abw OLG Hamm NJW-RR 1997, 1008). **bb)** Die **Erteilung der staatlichen** Genehmigung folgt Landesrecht 4 (sa § 4 GlüStV 2021) und muss bei Abschluss des Spiel-/Wettvertrags wirksam erteilt sein (Einzelheiten BeckOGK/Härtlein Rn. 18). Für die verschiedenen Arten von Lotterien (→ Rn. 2) bestehen zahlreiche Sondervorschriften. Überblick: Erman/Müller Rn. 4. Bei Teilnahme an ausländischen Lotterien gilt das dort anwendbare Recht, im Inland kann nur bei Genehmigung der Lotterie durch deutsche Behörden geklagt werden (BeckOK/Janoschek, Rn. 1). **b) Fehlt** die **staatliche Genehmi-** 5 **gung,** gilt § 762 (→ § 762 Rn. 6 ff.), soweit nicht § 134 mit § 284 StGB, § 3 UWG; § 6 I Nr. 4 TMG eingreift (dann → § 762 Rn. 10). Die Entscheidung des BVerfG, wonach das staatliche Monopol für Sportwetten nur unter engen Voraussetzungen mit Art. 12 I GG zu vereinbaren ist (BVerfG NJW 2006, 126; hierzu Ennuschat GewArch 2010, 425), hat keine unmittelbaren Auswirkungen auf die Rspr zu § 763. Wird für bestimmte Spiele oder (Geld-)Spielgeräte vom Betreiber schuldhaft der falsche Eindruck staatlicher Zulassung erweckt, greifen §§ 311 II, 241 II, 282, 280 I (OLG Brandenburg NJW-RR 2014, 373); Aufklärungspflicht über Risiken nur ausnahmsweise.

§ 764 *(aufgehoben)*

Titel 20. Bürgschaft

Vorbemerkungen

Lit.: Derleder, Die Einschränkung der Verrechnungsfreiheit der Kreditinstitute gegenüber dem Bürgen, NJW 2015, 817; Förster, Problematische Bürgschaftsverpflichtungen in Allgemeinen Geschäftsbedingungen, WM 2010, 1677; Grüneberg, Aktuelle höchstrichterliche Rechtsprechung zur Bürgschaft, WM 2010, Sonderbeilage Nr 2, 2; Habersack, Schiedsvereinbarung und akzessorische Haftung, FS Geimer, 2017, 163; Hadding/Welter, Zur schuldrechtlichen Qualifizierung bei einer „Bürgschaft auf erstes Anfordern", WM 2015, 1545; Kehl, Alles auf Anfang? Die Widerruflichkeit von Verbraucherbürgschaften nach der Neufassung von § 312 Abs. 1 BGB, WM 2022, 507; Klose, Die Bürgschaft bei Wegfall des Hauptschuldners, WM 2009, 300; Kollrus, Die Sittenwidrigkeit von Angehörigenbürgschaften, MDR 2014, 1357; Kopp, Die Bürgschaft auf erstes Anfordern – Grenzen vertraglicher Beschränkungen der bürgschaftsrechtlichen Akzessorietät, 2008; ders., Der Anspruch des Bürgen auf „Rückgabe der Bürgschaft", Juristische Rundschau 2022, 213; Kuntz, Angemessenheit weiter formularmäßiger Zweckerklärungen bei Globalbürgschaften, Grundschulden und anderen Sicherungsrechten, AcP 209, 242; Lange, Bürgschaft und Verjährung, BKR 2017, 447; Lorenz, Innenverhältnis und Leistungsbeziehungen bei der Bürgschaft, JuS 1999, 1145; Schmolke, Bürgschaft und Verjährung, WM 2013, 148.

1 **1. Allgemeines. a) Begriff** des **Bürgschaftsvertrags:** → § 765 Rn. 2. **b) Bedeutung.** Bürgschaft ist „persönliche" (dh schuldrechtliche) Sicherung einer fremden Forderung. Sie bildet das wichtigste „persönliche" Kreditsicherungsgeschäft; weitere Formen: → Rn. 11 ff. Dingliche Sicherungen: §§ 1204 ff.; 1113 ff.; 1191 ff.; Sicherungsübereignung und -zession (→ § 930 Rn. 19 ff.); sa § 232. **c)** Eine **Bürgschaftshaftung kraft Ges** ordnen zB §§ 566 II 1, 1251 II 2; § 36 II 2 VerlagsG an.

2 **2. Arten der Bürgschaft.** Von der Regelbürgschaft abw Sonderformen sind nur zT bes geregelt (vgl → Rn. 3, 6); iÜ handelt es sich um verkehrstypische Verträge. **a) Selbstschuldnerische Bürgschaft** (§ 773 Nr. 1). **b)** Der **Ausfallbürge** haftet nur, soweit der Gläubiger trotz Zwangsvollstreckung in das gesamte Vermögen des Schuldners und infolge Versagens anderer Sicherheiten (zB Pfand, gewöhnliche Bürgschaft) einen Ausfall erleidet (BGH NJW 1989, 1855 mN); eine abw Bestimmung des „Ausfalls" durch die Parteien ist möglich (BGH NJW 1986, 3133), in AGB aber nur eingeschränkt (vgl BGH NJW 1998, 2138, 2141; Trapp WM 1999, 301). Ausfall ist Anspruchsvoraussetzung (Beweislast des Gläubigers, Einrede aus § 771 erübrigt sich, vgl BGH NJW 1999, 1470 mN). Verhältnis zum gewöhnlichen Bürgen: → § 769 Rn. 1; → § 774 Rn. 10; vom Gläubiger verschuldeter Ausfall:
3 → § 765 Rn. 19. **c) Mitbürgschaft** (§§ 769, 774 II). **d)** Bei der **Gesamtschuldbürgschaft** richtet sich die Hauptforderung gegen mehrere Gesamtschuldner (§§ 421, 427). Hat sich der Bürge für die volle Gesamtschuld (dh für sämtliche Gesamtschuldner) verbürgt, so kann er bei Leistung gem § 774 I 1 gegen sämtliche Gesamtschuldner Rückgriff nehmen (BGHZ 46, 15); hat er sich nur für einen Gesamtschuldner verbürgt, geht bei Leistung an den Gläubiger die Hauptforderung gegen diesen Gesamtschuldner auf ihn über, gegen die übrigen nur insoweit, als diese dem haftenden Gesamtschuldner gem § 426 II ausgleichspflichtig sind (BGHZ

46, 16; OLG Hamm OLGZ 1990, 338 f. mN; str). **e)** Bei der **Teilbürgschaft** haftet der Bürge nur für einen bestimmten Teil (Betrag) der Hauptschuld; Bsp: Für die ersten 1.000 Euro bei einer Forderung von 2.000 Euro. Folge: Mit Tilgung des gesicherten Forderungsteils (vgl aber § 366 II) wird der Bürge frei. **f) Höchstbetragsbürgschaft.** Haften mehrere Bürgen mit unterschiedlichen Höchstbeträgen für dieselbe Forderung, liegt idR keine Teilbürgschaft vor (Glöckner ZIP 1999, 823). Dies folgt aus der Tatsache, dass sich die Höchstbetragsbürgschaft auf die ganze Hauptschuld bezieht; die Bürgschaftsverpflichtung ist aber umfangmäßig auf den vereinbarten Höchstbetrag begrenzt (bei Haftungserweiterung auf Kosten und Zinsen trägt Bürge zweckwidrig unkalkulierbares Risiko, daher Verstoß gegen § 307: BGHZ 151, 374; OLG Stuttgart NJW-RR 1997, 301; für Anwendung von § 305c I: OLG Nürnberg NJW 1991, 233; OLG Hamm WM 1995, 1874). Folge: Der Bürge haftet, solange noch ein Forderungsrest besteht, bis zur Höchstgrenze. Ausgleich: → § 774 Rn. 9. **g) Zeitbürgschaft** (§ 777). **h) Kreditbürgschaft** (→ § 765 Rn. 12, 14 f.) ist die Verbürgung für einen zu gewährenden oder laufenden Kredit, häufig als **Kontokorrentbürgschaft,** dh für Forderungen, die in die laufende Rechnung aufgenommen sind (§§ 355–357 HGB). Begrenzung der Haftung ist möglich durch Teil- und Höchstbetragsbürgschaft. Auslegungsfrage, ob Höchstbetrag nur Bürgschaft (dann iZw → Rn. 5) oder auch Kredit begrenzt (dann iZw → Rn. 4; hierzu Derleder NJW 1986, 100). Zu den Grenzen formularmäßiger Haftungsausdehnung → § 765 Rn. 14, zur zeitlich-/gegenständlichen Begrenzung → § 777 Rn. 2. **i)** Der **Nachbürge** steht dem Gläubiger für die Erfüllung der Verpflichtung des Vor-(Haupt-)bürgen ein. Befriedigt der Nachbürge den Gläubiger, so erlangt er entspr § 774 I 1 sowohl dessen Rechte gegen den Hauptschuldner als auch gegen den Vorbürgen (BGHZ 73, 96 f. mN, str), gegen den Vorbürgen uU auch einen Aufwendungsersatzanspruch gem § 670 (OLG Köln WM 1995, 1226). Einwendungen, die dem Hauptschuldner gegen den Vorbürgen zustehen, kann er nicht entspr § 774 I 3 dem Nachbürgen entgegenhalten (OLG Köln MDR 1975, 932; Dörner MDR 1976, 708; aA OLG Hamm MDR 1961, 708; differenzierend Tiedtke WM 1976, 174). **k)** Der **Rückbürge** verbürgt sich dem Hauptbürgen gegenüber für die Erfüllung der Rückgriffsschuld des Hauptschuldners (BGHZ 95, 379 f.). Entstehen der Schuld also erst mit Befriedigung des Gläubigers durch den Hauptbürgen (vgl § 765 II). Befriedigt der Rückbürge den Hauptbürgen, so geht nach § 774 I 1 dessen Rückgriffsforderung (übergangene Forderung des Gläubigers) gegen den Hauptschuldner auf ihn über (MüKoBGB/Habersack § 765 Rn. 122; Soergel/Gröschler vor § 765 Rn. 49, str; aA Grüneberg/Sprau Einf. v § 765 Rn. 10: Abtretung erforderlich). Abgrenzung zur (formfreien) Erfüllungsübernahme (§ 329) gegenüber dem Bürgen: BGH NJW 1972, 576. **l) Sicherheits-** und **Prozessbürgschaft** (§§ 232 II, 239 II; § 108 ZPO; iE Kotzur DGVZ 1990, 161); bes Sicherungszweck: BGHZ 69, 272; OLG München WM 1994, 1900; Umfang: OLG Köln NJW-RR 1989, 1396; Zustellungserfordernis: → § 766 Rn. 4; Dauer: § 777 I gilt iZw nicht (BGH NJW 1979, 418); Erlöschen: § 109 II 1 ZPO; Verjährung: BGH NJW 2015, 351 und BGHZ 203, 162 ff. (Fälligkeit der Prozessbürgschaft zur Abwendung der vorläufigen Vollstreckung mit Rechtskraft des Urteils, es gilt die 3jährige Regelverjährungsfrist, nicht § 197 I Nr. 3 analog); Austausch nach § 242: BGH NJW 1994, 1351. **m) Gewährleistungsbürgschaft** dient der Sicherung von Ansprüchen des Auftraggebers wegen mangelhafter Leistung (s. BGHZ 136, 27; NJW 2000, 1863; OLG Celle MDR 2014, 459; OLG Brandenburg NJW 2014, 3793; inhaltliche Beschränkungen zB auf „fertiggestellte und ohne Beanstandung abgenommene Arbeiten" ist möglich, OLG Frankfurt NJW 2017, 964 mN). Zur Bürgschaft nach § 7 MaBV: BGHZ 162, 378 mN. Zur AGB-Inhaltskontrolle → § 765 Rn. 13; in **Verbraucherbauverträgen** gilt seit 1.1.2018 § 650m (Bürgschaft iHv 5 % der Gesamtvergütung ist bei erster Abschlagszahlung zu gewähren). Nach Verjährung bzw Fristablauf für Mängelansprüche (und Erhebung der Verjährungseinrede durch den Auftragnehmer) ist sie zurückzugewähren (BGHZ 204, 346 = NJW 2015, 1952; ebenso zu § 17 Nr. 8 II VOB/B BGHZ 206, 203 = NJW

2015, 2961). In AGB darf die Herausgabepflicht nicht so ausgestaltet sein, dass nur eine Rückgabe der Bürgschaft insgesamt in Betracht kommt und eine teilweise Enthaftung unberücksichtigt bleibt (BGHZ 204, 346). Der Auftragnehmer kann Herausgabe an sich verlangen (BGHZ 206, 203 Rn. 18; OLG Düsseldorf WM
11 2017, 811). **n)** Eine **Gesellschafterbürgschaft** kann uU kapitalersetzende Leistung sein (§ 32a III GmbHG; zB BGHZ 81, 252; 127, 341; BGH NJW 1996, 722; iE
12 Pape ZIP 1996, 1409; Weisang WM 1997, 201). **o)** Bei der **Bürgschaft auf erstes Anfordern** verpflichtet sich der Bürge auf einfaches (formalisiertes) Verlangen des Gläubigers (BGH NJW 2001, 1857; NJW 1997, 255) sofort und unter einstweiligem Verzicht auf Einwendungen (eigene [BGH NJW 2000, 1564 mN] und solche nach § 768, Ausnahme: Missbrauch formaler Rechtsposition durch den Gläubiger) zu zahlen (BGH NJW 1998, 2280). In Anforderung und Erstprozess muss daher idR weder die Hauptschuld noch deren Fälligkeit dargelegt werden (OLG München WM 1998, 342). Etwas Anderes gilt, wenn sich die Einwände des Bürgen aus dem unstreitigen Sachverhalt oder dem Inhalt der Vertragsurkunden unzweifelhaft als gerechtfertigt erweisen (BGH WM 2007, 1609); bei Gewährleistungsbürgschaft muss ggf konkreter Mangel dargelegt werden (OLG München NJW-RR 1995, 498; aA OLG Köln NJW-RR 1998, 1393; offen BGH NJW-RR 2001, 308). Durch Parteivereinbarung können bes Voraussetzungen (zB Urkundenvorlage) festgelegt werden (BGH NJW 2001, 3616; Schmidt WM 1999, 308). Verpflichtungen in AGB sind idR unwirksam, soweit die Bürgschaft auf erstes Anfordern zu stellen ist (BGHZ 151, 299; BGH NJW-RR 2004, 880 mN; Fischer JZ 2005, 535; Oepen NJW 2009, 1110; v. Westphalen NJW 2004, 1993; für Mietverträge: aA OLG Karlsruhe MDR 2005, 85); Auslegungsfrage, ob dann eine selbstschuldnerische oder eine einfache Bürgschaft vorliegt (BGH NJW 1998, 2280 mN). Gläubiger ist jedoch nicht zur Herausgabe der Bürgschaft verpflichtet, sondern muss sich gegenüber Sicherungsgeber verpflichten, die Bürgschaft nicht auf erstes Anfordern geltend zu machen (BGHZ 154, 378). Einwendungen bleiben einem späteren **Rückforderungsprozess** (BGH NJW 1989, 1606: § 812 I 1 Var. 1, nach aA Bürgschaftsvertrag: Bydlinski WM 1990, 1402 f., wohl auch BGHZ 152, 252) vorbehalten (einschränkend für Garantie auf erstes Anfordern BGH JZ 1999, 464), **Ausnahme:** offensichtlicher Rechtsmissbrauch (BGH NJW 2002, 1493; NJW 2001, 1563; NJW 1997, 255 f.; zu § 648a II 2: BGH WM 2002, 556); masselose Insolvenz des Bürgschaftsgläubigers (OLG Brandenburg WM 2002, 2161). Im Erstprozess beachtlich sein kann auch die Frage, für welche Forderung gebürgt wurde oder ob sie im Verhältnis zum Hauptschuldner ohne Rechtsgrund besteht (Einrede nach § 768 I: BGHZ 143, 388; NJW 2001, 1857) bzw unstreitig noch nicht fällig ist (BGH NJW-RR 2003, 14). Sie muss sich jedoch wegen der bes Funktion des Instituts aus dem unstr Parteivortrag bzw der Bürgschaftsurkunde und dort in Bezug genommenen Urkunden beantworten lassen (BGH NJW 1999, 2362; NJW 2001, 1857; NJW 2002, 1493; BGHZ 143, 388; Bülow LM Nr. 152; aA OLG Düsseldorf MDR 2000, 328). Der Gläubiger, der sich in masseloser Insolvenz befindet, hat nur die Rechte aus gewöhnlicher Bürgschaft, nicht Zahlungsanspruch auf erstes Anfordern (BGHZ 151, 236). Die **Beweislast** im Rückforderungsprozess entspricht der des Bürgenprozesses (BGHZ 152, 251; NJW 1989, 1607). Die Rückforderung richtet sich allein danach, ob Gläubiger die Leistung nach materiellem Bürgschaftsrecht behalten darf, nicht nach Einhalten der Voraussetzungen für erstes Anfordern (BGHZ 152, 252; 153, 317). Die dem Rückforderungsprozess vorbehaltenen Einwendungen können nicht im Nachverfahren des Urkundenprozesses geltend gemacht werden (Grund: Verlust des Liquiditätsvorteils für Gläubiger durch §§ 600 II, 302 IV 2–4 ZPO; BGHZ 148, 283 mN; NJW 1997, 255; str); idR auch nicht ihrerseits im Urkundenverfahren (BGHZ 148, 283; aA Lang WM 1999, 2334 f.). Der Schuldner muss wegen der Wirkung für den Rückgriff mit Bürgschaft auf erstes Anfordern einverstanden sein (BGH NJW 2001, 1536; zu dessen Rückgriffsanspruch gegen den Gläubiger BGHZ 137, 212; 139, 331). Nach erfolgreichem Bürgenrückgriff steht die Rückforderung dem Hauptschuldner zu (BGHZ 152, 252).

Lit.: Fischer, Schutz vor missbräuchlicher Nutzung der Bürgschaft auf erstes Anfordern, WM 2005, 529; Kupisch, Bona fides und Bürgschaft auf erstes Anfordern, WM 2002, 1626; Lang, Rückforderung des auf eine Bürgschaft auf erstes Anfordern Geleisteten im Urkundenprozess, WM 1999, 2329; Musielak, Bürgschaft auf erstes Anfordern, JA 2015, 161; Oepen, Auf erstes Anfordern versprochene Bürgschaften und Garantien, NJW 2009, 1110; Pioch, Einstweilige Verfügung gegen die Inanspruchnahme einer Bürgschaft auf erstes Anfordern, JuS 2018, 438; Schnauder, Zahlungsversprechen auf erstes Anfordern im System des Schuldrechts, WM 2000, 2073; Schulz/Mettke, Die Garantie auf erstes Anfordern als Sicherungsinstrument im Kreditgeschäft, WM 2014, 54; v Westphalen, Ist das rechtliche Schicksal der „auf erstes Anfordern" zahlbar gestellten Bürgschaft besiegelt?, BB 2003, 116.

3. Andere schuldrechtliche Sicherungsgeschäfte. a) Garantievertrag. 13
aa) Begriff. Der selbstständige Garantievertrag ist ein einseitig verpflichtender Vertrag, durch den sich der Garant verpflichtet, den Gläubiger (Garantienehmer) im Garantiefall so zu stellen, als ob der ins Auge gefasste Erfolg eingetreten oder der Schaden nicht entstanden wäre (BGHZ 82, 401; NJW 1985, 2941 f. mN; NJW 1996, 2570). Er ist ein ges nicht geregelter verkehrstypischer Vertrag (BGHZ 104, 90). §§ 443, 477 regeln aber nun sog „Herstellergarantie" (→ § 443 Rn. 8, → § 276 Rn. 41, 42). **bb) Rechtsfolge.** Dem Gläubiger steht bei Nichteintritt des garantier- 14
ten Erfolgs (Verwirklichung der übernommenen Gefahr) ein **selbstständiger, in Entstehung und Fortbestand** von der gesicherten Schuld unabhängiger Anspruch gegen den Garanten zu (Haftungsverschärfung gegenüber Bürgschaft) – Auslegungsfrage (BGH NJW-RR 2000, 1581). **cc) Gegenstand** der Garantie kann jeder 15
Erfolg, insbes die Tauglichkeit einer Ware oder eines Werks **(Eigenschaftsgarantie)** oder die Sicherung einer Leistung (auch eines Dritten) sein **(Leistungsgarantie).** Bsp: Einlösungs- (Bsp: Scheckeinlösungszusage, vgl BGHZ 110, 265 mN; Scheckkartengarantie, BGHZ 93, 80; 122, 160), Bonitäts-, Preis-, Kursgarantie (BGH BB 1976, 1430), Ausfall- (vgl BGH NJW 1999, 711), Forderungs- (Marwede BB 1975, 986 mN), Zahlungsgarantie (BGHZ 94, 172); zur Abgrenzung von der unselbstständigen Garantie → § 443 Rn. 9; zur Garantie auf erstes Anfordern s. Rüßmann/Britz WM 1995, 1825; Schnauder WM 2000, 2073. **dd) Anwendbares Recht.** 16
§§ 765 ff., insbes §§ 766, 767–771 gelten nicht entspr, Abschluss daher **formfrei** möglich (BGH WM 1982, 632, hM; aA Rüßmann FS Heinrichs, 1998, 451), soweit nicht zB § 311b I eingreift (OLG Celle NJW 1977, 52 betr Ausbietungsgarantie) oder § 477 II; auch → Rn. 18: Schriftform nach § 492. Der Garantieanspruch (→ Rn. 12; Verjährung: §§ 195, 199, vgl BGH NJW 1982, 1810; Haas BB 2001, 1319; zur unselbstständigen Garantie Mansel/Budzikiewicz § 5 Rn. 178) ist nicht akzessorisch (BGHZ 94, 170) und selbstständig abtretbar (BGHZ 90, 291); soweit auf Schadloshaltung gerichtet, ist er **Erfüllungsanspruch** (Verschulden des Garanten unerheblich), doch finden auf den Umfang der Leistungspflicht des Garanten die §§ 249 ff. Anwendung (BGH NJW 1999, 1542; NJW 1985, 2942). Der **Regress** des leistenden Garanten gegen den Hauptschuldner richtet sich nach dem zwischen ihnen bestehenden Rechtsverhältnis (§§ 774, 401 gelten nicht: MüKoBGB/Habersack Vor § 765 Rn. 21 mN, aber – entgegen hM – für analoge Anwendung von §§ 775–777). **ee) Abgrenzung zur Bürgschaft** bei Zahlungsgarantie uU schwie- 17
rig (eingehend: Marwede BB 1975, 986 mN). Fehlen klare Abmachungen, spricht Eigeninteresse an der Erfüllung der Hauptverbindlichkeit für Garantievertrag (BGH WM 2001, 1567; NJW 1981, 2295 mN). Bsp: Gesellschafter übernimmt Haftung für Gesellschaftsschuld; Auslegungsfrage bei Vereinbarung von „Zahlung auf erstes Anfordern" (BGHZ 74, 247; NJW 1988, 2610 mN; iE Canaris ZIP 1998, 498 f.; → Rn. 12; → §§ 780, 781 Rn. 23). IZw ist zum Schutz des Verpflichteten (vgl → Rn. 12 und 14) lediglich Bürgschaft anzunehmen (BGHZ 6, 397; ZIP 1984, 33; Horn NJW 1980, 2154). Zur Bedeutung des Verzichts des Bürgen auf Einwendungen für den Vertragstyp vgl → § 767 Rn. 2; → § 768 Rn. 8; → § 770 Rn. 3.
b) Schuldmitübernahme (Schuldbeitritt). aa) Begriff. Formfrei möglicher 18
Vertrag zwischen dem Übernehmer und dem Gläubiger oder dem bisherigen Schuldner, durch den sich der Übernehmer verpflichtet, künftig als **Gesamtschuld-**

ner für die Verbindlichkeit des Schuldners einzustehen (→ §§ 414, 415 Rn. 1 ff.).
19 **bb) Folge.** Selbstständige und eigene Verbindlichkeit des Übernehmers, die idR zwar in der Entstehung, nicht aber im Fortbestand und Umfang von der Hauptschuld abhängig ist (BGH NJW 1987, 2076 mN; NJW 1996, 249); Haftung des Übernehmers ist weder subsidiär (vgl § 421) noch streng akzessorisch (vgl § 425; aA MüKoBGB/Habersack Rn. 15 ff für den Sicherungsbeitritt iGz Übernahmebeitritt, so dass alle akzessoritätsbezogenen Vorschriften der §§ 765 ff analog gelten sollen).
20 **cc) Abgrenzung zur Bürgschaft.** Bei klarem Wortlaut der Haftungserklärung (Bsp: „als Gesamtschuldner"; „als selbstschuldnerischer Bürge") entscheidet dieser (BGH NJW 2005, 973; MDR 1972, 138; BB 1976, 1431; zurückhaltend BGH NJW 2009, 2672 [im Hinblick auf starke Verhandlungsposition der Bank und Verwendung von Formularen; BGH NJW–RR 2017, 241 Rn. 15: Wortlaut als Ausgangspunkt jeder Auslegung!]; krit Reifner ZIP 1990, 432); unmittelbares **eigenes (wirtschaftliches) Interesse** des Übernehmers spricht für Schuldbeitritt (BGH NJW 1986, 580; OLG Hamm NJW 1993, 2625; iE Kohte JZ 1990, 1000 f.; gegen dieses Krit. MüKoBGB/Habersack Vor § 765 Rn. 15), iZw gelten §§ 765 ff. (BGHZ 6, 397; NJW 1986, 580; NJW 1996, 249; wichtig ua wegen §§ 766, 767 I 3; die hM lehnt Formpflicht ab BGHZ 138, 321, 327; 121, 1, 3; BeckOGK/Madaus Rn. 435; Grüneberg/Grüneberg Vor § 414 Rn. 4); (Mit-)Darlehensnehmer ist trotz solcher Bezeichnung in Formular nur, wer eigenes Interesse an Kreditaufnahme hat und gleichberechtigt über Auszahlung und Verwendung entscheidet, BGH NJW-RR 2017, 241 Rn. 16); ein nichtiger Schuldbeitritt kann ggf in eine Bürgschaft umgedeutet werden (BGHZ 174, 39; NJW 2008, 1070 [öffentlichrechtl Hauptschuld]; strenger Grüneberg/Sprau Einf. v § 765 Rn. 15); iE → Vor § 414 Rn. 6. **dd)** Auf den Schuldbeitritt eines Verbrauchers zu einem Kreditvertrag war das **VerbrKrG entspr** anwendbar (BGHZ 133, 74; 134, 97; NJW 1997, 3170; ZIP 2000, 1523; Bülow NJW 1996, 2891 und JZ 1997, 471). Nun gilt § 492; unerheblich ist, ob es sich um einen gewerblichen oder Verbraucherkredit des Kreditnehmers
21 handelt (vgl BGHZ 133, 71 und BGHZ 133, 220, str); iE → § 765 Rn. 12. **c) Kreditauftrag,** vgl § 778. **d) Delkredere** ist das bürgschaftsähnliche Einstehen eines Handelsvertreters (§ 86b HGB) oder Kommissionärs (§ 394 HGB). **e) Wechsel- und Scheckbürgschaft** sind selbstständige Verpflichtungen eigener Art ohne
22 strenge Akzessorietät (Art. 30 ff. WG; Art. 25 ff. ScheckG; BGHZ 35, 19). **f)** Eine **Patronatserklärung** kann den Erklärenden gegenüber einem Gläubiger (OLG Celle NdsRpfl 2000, 309) zu einer bürgschaftsähnlichen Kapitalausstattung des Schuldners (idR Tochtergesellschaft) verpflichten (BGH NJW-RR 2017, 298 Rn. 7; NZI 2011, 536); iE str s. Fleischer WM 1999, 666; Habersack ZIP 1996, 258; im Falle der Insolvenz der Tochtergesellschaft kann sie sich in Zahlungsanspruch wandeln, BGH NJW-RR 2017, 298 (SchadE bei Insolvenzanfechtung der Zahlung der Tochtergesellschaft oder nicht erfüllter Ausstattungspflicht); OLG München DB 2003, 711; v. Rosenberg/Kruse BB 2003, 642: §§ 280 I 1, 283 mN). Eine rechtsverbindliche, garantieähnliche Verpflichtung folgt nur aus sog „harter" Patronatserklärung, mangels Rechtsbindungswillens liegt sonst nur unverbindliche Absichtserklärung vor (vgl Schäfer WM 1999, 153; BGHZ 117, 127); zur Nichtigkeit wegen Unbestimmtheit LG München I ZIP 1998, 1956 und von Bernuth ZIP 1999, 1501.

§ 765 Vertragstypische Pflichten bei der Bürgschaft

(1) **Durch den Bürgschaftsvertrag verpflichtet sich der Bürge gegenüber dem Gläubiger eines Dritten, für die Erfüllung der Verbindlichkeit des Dritten *einzustehen.***

(2) **Die Bürgschaft kann auch für eine künftige oder eine bedingte Verbindlichkeit übernommen werden.**

1 **1. Allgemeines.** Die Haftung des Bürgen setzt voraus: **a)** Zwischen Gläubiger und Bürge muss ein wirksamer **Bürgschaftsvertrag** (→ Rn. 2 ff.) zustandegekom-

men sein; **b)** dem Gläubiger muss gegen den Hauptschuldner eine Hauptforderung (→ Rn. 14 ff.) zustehen (→ § 767 Rn. 3 ff.); **c)** die Hauptschuld muss notleidend geworden sein (Hauptschuldner hat trotz Fälligkeit nicht bezahlt, sog Bürgschaftsfall); **d)** der Gläubiger muss (uU erforderliche) Rechtshandlungen vorgenommen haben (vgl §§ 771–773, 777). **e)** Einwendungen und Einreden des Bürgen dürfen nicht entgegenstehen, → § 768 Rn. 2 ff. **f)** Der Bürgschaftsanspruch (→ Rn. 20 f.) kann bei Verstoß des Gläubigers gegen Nebenpflichten entfallen (→ Rn. 22 ff.). **g) IPR:** Art. 3 f. Rom I-VO, unabhängig von Statut der Hauptschuld; ordre public steht Anerkennung ausländischer Verurteilung nur entgegen, wenn Bürge wehrloses Objekt von Fremdbestimmung (BGHZ 140, 395 u → Rn. 4). **h) Rechtsweg und Zuständigkeit:** Zivilrechtsweg auch für Bürgschaft, die öffentl-rechtlliche Forderung sichert (OLG Brandenburg BeckRS 2019, 28406); Sonderzuständigkeit für Bausachen nach § 72a S. 1 Nr. 2 GVG greift nicht für Erfüllungsbürgschaft (KG NJW-RR 2019, 593).

2. Bürgschaftsvertrag. a) Allgemeines. aa) Begriff. Einseitig verpflichtender Vertrag zwischen dem Bürgen und dem Gläubiger eines (am Vertrag nicht beteiligten) Dritten (sog Hauptschuldner), durch den sich der Bürge dem Gläubiger gegenüber verpflichtet, für die Erfüllung der Hauptschuld einzustehen. Es handelt sich um eine rechtlich selbstständige, ihren Rechtsgrund in sich tragende („kausale") Verpflichtung, die grundsätzlich von der Rechtsbeziehung zwischen Bürge und Hauptschuldner (Innenverhältnis, vgl → § 774 Rn. 7 f., → § 775 Rn. 1) unabhängig ist (BGH NJW 2001, 1857). Mit der Hauptschuld ist sie nur durch das Akzessorietätsprinzip verbunden (→ Rn. 14 ff.). **bb)** Die Bürgschaft ist (Kredit-)Sicherungsmittel, nicht Kreditvertrag (→ Rn. 8; → Rn. 1 Vor § 765). Ihr **Inhalt** besteht in der Sicherung der Hauptschuld (→ Rn. 14 ff.) durch Begründung einer eigenen Schuld (nicht nur Haftung) des Bürgen; es entsteht keine Gesamtschuld mit dem Hauptschuldner (→ § 774 Rn. 1). **cc) Parteien.** Die notwendige Verschiedenheit zwischen Bürge und Hauptschuldner ist gegeben bei einer Bürgschaft des Komplementärs für die KG (RGZ 139, 254), eines Gesellschafters für die OHG und des Einmanngesellschafters für die GmbH (BGH MDR 1977, 1012). Identität der Gläubigerstellung von Hauptschuld und Bürgschaft ist erforderlich (BGHZ 115, 183 mN), die Bürgschaft gegenüber einem nur zur Einziehung der Hauptforderung Berechtigten ist unwirksam (BGH NJW-RR 1989, 317); bei Forderungsabtretung vor Verbürgung fehlt Gläubigeridentität, jedoch greift II, wenn (Sicherungs-)Zedent Forderung später rückerwerben soll (OLG Karlsruhe WM 2001, 729). Der Bürgschaftsvertrag kann **zugunsten eines Dritten** geschlossen sein, wenn dieser Gläubiger der Hauptforderung ist (BGH NJW 2003, 2233; ZIP 2001, 1707; NJW-RR 1989, 317). Zur „Verbraucherbürgschaft" → Rn. 12. **b) Zustandekommen und Bestand. aa) Einigung** folgt allg Regeln. Wille zur bürgschaftsrechtlichen Verpflichtung muss erkennbar sein (→ § 766 Rn. 3); für Annahme durch Gläubiger gilt § 151 I 1 (BGH NJW 1997, 2233); bereits das Behalten einer übersandten Bürgschaftserklärung durch den Gläubiger genügt (OLG Brandenburg WM 2006, 1855); Genehmigung: § 1822 Nr. 10; § 1365 nicht anwendbar (BGH NJW 2000, 1566). **bb) Form und Auslegung.** Schriftform der Bürgschaftserklärung: § 766 mit Anm; Erteilung in elektronischer Form (§ 126a) ist ausgeschlossen (s. § 766 I 2); Umfang: → § 126 Rn. 7; Auslegungsregel bei Befristung: § 777 mit Anm Durch ergänzende Vertragsauslegung ist Anpassung an Zinsänderung der Hauptschuld zulässig (BGH NJW 2000, 2580, abl Tiedtke NJW 2001, 1017); zur Auslegung sog „Vorauszahlungsbürgschaft" BGH NJW 1999, 1106 f. **cc) Unwirksamkeitsgründe.** Zur AGB-Kontrolle → Rn. 13. **(1)** Inhaltskontrolle ist nach **§ 138 I** möglich (BVerfGE 89, 214). Ein teilweises Aufrechterhalten der Bürgschaftsverpflichtung scheidet bei Sittenwidrigkeit aus (BGHZ 136, 347; NJW 2000, 1185). Ansatzpunkte in der Lit, diese Rechtsfolge zu relativieren, indem nicht an Sittenwidrigkeit, sondern an vorvertragliche Pflichtverletzungen angeknüpft wird (vgl Wagner AcP 205, 715 mN) vermochten sich bislang nicht durchzusetzen. Vollstreckung ist auch aus rechtskräfti-

Margin numbers: 2 (beside "2. Bürgschaftsvertrag"), 3 (beside "b) Zustandekommen und"), 4 (beside "cc) Unwirksamkeitsgründe")

gen Urteilen, die vor genannter Entscheidung des BVerfG zur strengeren Handhabung der Sittenwidrigkeit ergangen sind, nicht zulässig, § 79 II 2 BVerfGG wird
5 analog angewandt (BVerfG ZIP 2006, 60; aA noch BGHZ 151, 316). **(a)** Im Wege der **Inhaltskontrolle** muss Gesamtbetrachtung erfolgen, die auch vertragliche Abreden einbezieht, welche nach AGB-Regeln ggf unwirksam sind (BGHZ 136, 355 f.). Auch ohne „krasse Überforderung" (s. unten) kann sich Sittenwidrigkeit aus bes nachteiliger Vertragsgestaltung (BGH ZIP 2002, 167) oder nach allg Kriterien, zB „Überrumpelung" (BGH ZIP 1997, 446) ergeben. IÜ haben sich aus der reichhaltigen Rspr folgende Fallgruppen herausgebildet (Überblick: Tiedtke NJW 2001, 1015; Horn ZIP 2001, 98; für Angehörigenbürgschaft Musielak JA 2015, 161): Objektiver Ausgangspunkt ist ein **grobes Missverhältnis** zwischen Bürgenhaftung (ggf sind aufeinander aufbauende selbstständige Bürgschaftsverpflichtungen zusammen zu betrachten, OLG Köln WM 2003, 288) und gegenwärtiger bzw erwartbarer wirtschaftlicher Leistungsfähigkeit des Bürgen **(„krasse Überforderung")** unter Zugrundelegen der eigenen Vermögensverhältnisse des Bürgen (BGH WM 2010, 32; Hauptschuldner bleibt außer Betracht: BGH NJW 2013, 1534; NJW 2000, 1183 f. mN zur abw früheren Rspr) und des Nennwerts der Bürgschaft (uU können andere Sicherheiten des Gläubigers aber das Risiko der Inanspruchnahme mindern; BGHZ 136, 353 f.; NJW 2000, 1182). Das gilt auch bei AN-Bürgschaft (BGH
6 NJW 2018, 3637 Rn. 16 f. mablAnm Kulke). **(b)** Eine **„krasse Überforderung"** liegt vor, wenn bei **Vertragsschluss** (BGH NJW 1999, 2587; krit Kulke ZIP 2000, 960) erkennbar ist (Prognose auf Zeitpunkt der Inanspruchnahme zulässig, BGH ZIP 2002, 170), dass der Bürge wesentliche Teile der Forderung voraussichtlich nicht tilgen kann, insbes wenn schon die laufenden Zinsen nicht aufgebracht werden können (so stRspr des XI. Senats BGHZ 135, 70; NJW 2009, 2674 mN; NJW 1999, 2584 [Vorlagebeschl erledigt durch Rücknahme der Revision]; ausdrückliche Aufgabe der „25%"-Berechnung durch BGH NJW 2000, 1183); Verwertung von Eigenheim zumutbar (BGH NJW 2001, 2468). Dingliche Belastungen sind für die Leistungsfähigkeit des Bürgen wertmindernd zu berücksichtigen (BGHZ 151, 38 gegen IX. Senat: BGH NJW 1996, 1470 und NJW 1998, 450). Nicht vorhersehbare, spätere berufliche Besserstellung des Bürgen hindert Sittenwidrigkeit nicht (BGH ZIP 2003, 797; zur Beweislast bei vorhersehbarer Besserstellung OLG Köln WM 2009, 2040); ebenso wenig mögliche Restschuldbefreiung gem §§ 286 ff. InsO, da § 138 Vertragsfreiheit schützen soll (BGH NJW 2009, 2671; OLG Frankfurt a. M. NJW 2004, 2392; OLG Celle WM 2008, 269; Wagner NJW 2005, 2956; iE ebenso Krüger MDR 2002, 855 mN; aA Schnabl WM 2006, 706; Kapitza ZGS 2005, 133). Anderweitige (dingliche) Sicherheiten können die Bewertung des Bürgschaftsvertrags beeinflussen, die Überforderung des Bürgen aber nur ausgleichen, wenn
6a sichergestellt ist, dass er nur subsidiär haftet (BGH NJW 2009, 2673). **(c)** Zur finanziellen Überforderung müssen **weitere „erschwerende Umstände"** hinzukommen; alternativ sind möglich Übernahme nur aus **emotionaler Verbundenheit** mit Hauptschuldner (insbes bei „Angehörigenbürgschaften"; zu Ehe- bzw Lebenspartnern BGH NJW 2009, 2671; ZIP 2014, 1016) oder ein **unerträgliches Ungleichgewicht** der Verhandlungslage, zB wegen Beschönigung des Bürgschaftsrisikos durch Gläubiger oder Personen, deren Verhalten ihm zuzurechnen ist (BGH NJW-RR 2002, 1130 mN), geschäftlicher Unerfahrenheit des Bürgen (BGHZ 98, 178; 128, 267), dem Gläubiger zurechenbares Ausüben psychischen Drucks seitens des Hauptschuldners (BGH WM 1997, 512) oder Täuschung über Zahlungsunfähigkeit des Schuldners (BGH NJW 2001, 2467 f.). Fehlendes Eigeninteresse des Bürgen im Sinne fehlender unmittelbarer geldwerter Vorteile (mittelbarer Nutzen genügt nicht: Kulke ZIP 2000, 958; BGH ZIP 2005, 432: Mitarbeit des Bürgen im künftigen Gewerbebetrieb in verantwortlicher Position; BGH NJW 2000, 1183: Mitwohnen in dem aus gesichertem Darlehen finanzierten Haus des Hauptschuldners; ausreichend für Eigeninteresse Miteigentum an Erwerbsobjekt: BGH WM 2003, 1565) kann Indiz für Übernahme allein aus emotionaler Verbundenheit sein. AN-Bürgschaft kann sittenwidrig sein, wenn sie ihn krass überfordert und allein aus Sorge um

Erhalt des Arbeitsplatzes übernommen wurde (BGH NJW 2018, 3637; tatsächliche Vermutung in Zeiten hoher Arbeitslosigkeit, BGH NJW 2004, 161). **(d) Subjektiv** **6b** müssen dem Gläubiger die genannten Umstände bekannt oder grob fahrlässig unbekannt sein (BGH NJW 2001, 268). Bei besonderem Interesse des Gläubigers (Zugriff auf künftigen Vermögenserwerb des Bürgen, Schutz gegen Vermögensverlagerungen) muss dieser beschränkte Haftungszweck grundsätzlich im Vertrag niedergelegt sein, um der Sittenwidrigkeit wegen Überforderung entgegen zu wirken. Dies gilt auch für Bürgschaften, die vor dem 1.1.1999 erteilt wurden (BGHZ 151, 34 [XI. Senat] verzichtet auf zeitliche Beschränkung; anders noch BGH NJW 1999, 60 [IX. Senat]). **(e)** Die **Beweislast** für die Voraussetzungen der Unwirksamkeit liegt beim **7** Bürgen; außer bei Gesellschafter-, Geschäftsführer- (krit Tiedtke NJW 2003, 1361) und AN-Bürgschaften (BGHZ 156, 303; Seifert NJW 2004, 1707) begründet aber Tatsache der Überforderung tatsächliche Vermutung für Übernahme auf Grund emotionaler Verbundenheit (BGH NJW-RR 2017, 241; NJW 2002, 1339; NJW 2002, 2634; WM 2002, 1350). Bei Ehegatten und nahen Angehörigen wird Kausalität emotionaler Bindung für Bürgschaftsübernahme widerleglich vermutet (BGHZ 151, 319; NJW 2003, 967; NJW-RR 2002, 130); Vermutung wird durch anderweitige Sicherheiten des Sch nur widerlegt, wenn eine nicht sittenwidrige „Ausfallhaftung" des Bürgen verbleibt, dh er erst nach ordnungsgem Verwertung anderer Sicherheiten in Anspruch genommen werden darf (BGH NJW-RR 2017, 241 Rn. 23). Hingegen gilt bei Gesellschaftsschuld umgekehrt Vermutung für **Eigeninteresse des dafür bürgenden Gesellschafters** (BGH NJW 2002, 956; WM 2002, 923; anders bei Gesellschafter-Bürgen mit „Bagatellbeteiligung": BGH NJW 2003, 967). War für die Bank erkennbar, dass Gesellschafter-Bürge lediglich Strohmannfunktion hat, also ohne eigenes wirtschaftliches Interesse handelt, gelten die Grundsätze der Angehörigenbürgschaft mit entspr Vermutungswirkung (BGH ZIP 2002, 2251). **(2)** Nicht mehr anwendbar sind **§ 134** iVm § 56 I Nr. 6 GewO (idF seit dem **8** 17.12.1990; zur aF abl BGHZ 105, 364; 113, 290), § 311b II (BGHZ 107, 103; NJW 1991, 2016) und mangels Äquivalenzverhältnisses **§ 138 II** (BGH NJW 2001, 2467; NJW 1991, 2017; aA LG Münster NJW 1990, 1669). **dd) Willensmängel.** **9** Anfechtung wegen Irrtums über wesentliche Eigenschaften des Hauptschuldners (vgl § 119 II) stark eingeschränkt; Grund: Bürge übernimmt Insolvenzrisiko des Hauptschuldners. Daher keine Anfechtung bei Irrtum über die Kreditfähigkeit des Schuldners (BGH WM 1956, 889); anders, wenn Vorstellungen hierüber Vertragsinhalt geworden sind (dann → Rn. 7) oder bei Irrtum über den Wert einer anderen für die Hauptschuld bestehenden Sicherung (BGH WM 1966, 94; aber → Rn. 7). **Täuschung** durch falsche Angaben des **Gläubigers** über die Vermögensverhältnisse des Hauptschuldners oder arglistiges Verschweigen zu offenbarender Umstände (vgl aber → Rn. 18 ff.) gibt Anfechtungsrecht gem § 123 I (BGH NJW 2001, 3331; NJW-RR 2002, 1133). Täuscht **Hauptschuldner,** ist dieser idR Dritter iSd § 123 II; anders, wenn Hauptschuldner als Vertreter oder Verhandlungsgehilfe des Gläubigers auftritt (BGH NJW 2002, 957; NJW-RR 1992, 1006 mN). Zur **Drohung** mit Zwangsmaßnahmen (Strafanzeige, Eröffnungsantrag gem InsO 13) vgl BGH WM 1973, 36; nicht ausreichend, Ankündigung, Kredit an Hauptschuldner zu verweigern oder zu kündigen (BGH NJW 1997, 1980). **ee) Kündigung** möglich **10** bei Vereinbarung, sonst nach § 314 trotz fehlenden Charakters als Dauerschuldverhältnis bei Bürgschaft auf unbestimmte Dauer (noch aus § 242 ableitend BGHZ 126, 178; 130, 23; OLG Düsseldorf NJW 1999, 3128 mit Einschränkung für Mietbürgschaft). Mit Wirksamwerden der Kündigung wird die Bürgschaft auf die bis zu diesem Zeitpunkt begründeten Verbindlichkeiten des Schuldners begrenzt, § 777 gilt nicht (BGH NJW 1985, 3008). **ff)** Für **Wegfall der Geschäftsgrundlage** **11** (§ 313) ist idR kein Raum (BGHZ 104, 242 f.; 107, 103 f.; BGH ZIP 1999, 877). Grund: Auch unvorhersehbarer Vermögensverfall des Hauptschuldners ist vom übernommenen Bürgschaftsrisiko umfasst (BGH NJW 1988, 3206; → Rn. 5), ebenso der Wegfall anderer gleichrangiger Sicherheiten (BGH NJW 1994, 2147). Außerhalb des Bürgschaftsrisikos liegende Umstände (zB Scheidung der Ehe Bürge-Schuldner;

idR nicht Aufgabe von Gesellschafterstellung des Bürgen bei Schuldner, BGH ZIP 1999, 878) können Geschäftsgrundlage sein. Vor Verwirklichung des gesicherten Risikos ist Klage gegen Bürgen „derzeit" unbegründet (BGH NJW 2000, 362).

12 **c) Anwendbarkeit von Verbraucherschutzvorschriften. aa) Bürgschaft als**
12a **Haustürgeschäft bzw als außerhalb von Geschäftsräumen geschlossener Vertrag.** Die unmittelbare Anwendung des HWiG war str („entgeltliche Leistung"; abl BGH NJW 1991, 976; aA BGH NJW 1996, 930 – Vorlage an EuGH). Im Anschluss an den EuGH (NJW 1998, 1295) bejahte Rspr (BGHZ 139, 21; nach EuGH aaO aus Akzessorietätsgründen) Widerrufsrecht (§§ 312 aF, 355 aF), wenn für Bürge *und* Hauptschuldner Verbraucher- und Haustürgeschäft vorliegen; in weiterer Abänderung ließ die Rspr genügen, wenn diese Voraussetzungen allein beim Bürgen vorlagen (BGH NJW 2006, 846). Nach Umsetzung der **Verbraucherrechte-RL** sprach sich die Lit. überwiegend dafür aus, dass die Bürgschaft weiterhin unter § 312 fällt (→ § 312 Rn. 6; Schwab/Hromek JZ 2015, 274; Hilbig-Lugani ZJS 2013, 444; PWW/Stürner § 312 Rn. 7; Hoffmann ZIP 2015, 1365; aA schon von Loewenich WM 2016, 2011) Der höhere Schutzstandard war im Hinblick auf das Prinzip der Vollharmonisierung nicht unproblematisch. Der BGH (BGHZ 227, 72 Rn. 20 ff) will nun § 312 nur noch auf Austauschverträge anwenden und verneint Widerrufsrecht des Bürgen in direkter oder analoger Anwendung von § 312 I (für Vorlage an EuGH, die BGH ablehnt, Maier VuR 2021, 23; Knops JZ 2021, 299; Kulke MDR 2021, 526). Die zum 1.1.2022 erfolgte Neufassung von § 312 dürfte hieran
12b nichts ändern (aA Kehl WM 2022, 507 mit weitem Preisbegriff). **bb) Bürgschaft als Verbraucherkredit.** Im Anschluss an die EuGH-Rspr zu Haustürgeschäften verneinte BGHZ 138, 321 = NJW 1998, 1939 die Anwendbarkeit von Verbraucherkreditrecht, wenn Verbraucher für Geschäftskredit bürgt; etwas Anderes gilt für den Schuldbeitritt des Verbrauchers (BGH NJW 1997, 655; NJW 1997, 1443; ZIP 2000, 1523). Analoge Anwendung des VerbrKrG (Bürgschaft ist nach zutr hA kein Kreditvertrag, sondern Kredit*sicherung;* aA Bülow NJW 1996, 2892) war str, auf Vorlage des LG Potsdam (ZIP 1998, 1147) verneinte auch EuGH (NJW 2000, 1323) direkte Anwendbarkeit der RL 87/102/EWG auf Bürgschaft (kein Kreditvertrag), selbst wenn Bürge und/oder Schuldner Verbraucher sind. Wegen der praktischen und wirtschaftlichen Austauschbarkeit von Schuldbeitritt und Bürgschaft plädierte die Lit teilw für einen nach RL 98/102/EWG zulässigen weitergehenden Verbraucherschutz und die Subsumtion der Verbraucherbürgschaft unter §§ 491, 495, 355 aF (Holznagel Jura 2000, 582; zust Tiedtke NJW 2001, 1027; Kulke NJW 2006, 2223; ders VuR 2007, 154; aA OLG Düsseldorf WM 2007, 2009; OLG Frankfurt a. M. ZGS 2007, 240). Schutzzweck und fehlende gesetzgeberische Korrektur bzw Klarstellung von §§ 491, 499 zum 1.1.2002 sprechen gegen die Anwendung des
13 Verbraucherkreditrechts (iErg BeckOK/Rohe Rn. 21 f.). **d) AGB-Kontrolle von Bürgschaftsklauseln (§§ 305–310).** Durch AGB kann Bürgenhaftung des Abschlussvertreters nicht begründet werden (§ 309 Nr. 11), formularmäßige Globalbürgschaft ist auch für Unternehmer idR unwirksam (→ Rn. 18), ebenso Bürgschaft auf erstes Anfordern (→ Vor § 765 Rn. 12) sowie ein formularmäßiger Ausschluss der Rechte aus § 768 (→ § 768 Rn. 8) und § 776 (BGH 144, 52, → § 776 Rn. 4), zur Unwirksamkeit formularmäßiger Verpflichtung Gewährleistungsbürgschaft iHv 7 % bzw 8 % der Auftragssumme zu stellen: BGH NJW 2014, 3642 (zulässig 5% BGH NJW 2014, 1725); NJW 2015, 856, nach BGH NJW 2016, 2802 ist Gesamtbelastung von Erfüllungsbürgschaft [5%] und Einbehalt [15%] von 20% unangemessen; s. auch OLG Celle BeckRS 2017, 111363 (notw wechselseitige Ablösung von Vertragserfüllungs- und Gewährleistungsbürgschaft; zur Austauschsicherheit unter Verzicht auf § 770 II: OLG Dresden NJW-RR 2015, 16), zur Unverhältnismäßigkeit von Freigabepflicht BGH NJW 2015, 1952. Allg zum Verhältnis von Gewährleistungs- und Erfüllungsbürgschaft BGHZ 139, 325; MüKoBGB/Habersack Rn. 119 f.). Erfüllungsbürgschaft iHv 10% unwirksam, wenn nur Abschlagszahlungen von 90% vereinbart (OLG Celle NJW-RR 2020, 79). Zur formularmäßigen Erweiterung einer Höchstbetragsbürgschaft → Vor § 765 Rn. 5;

→ § 307 Rn. 11. Bei **Verbraucherbauverträgen** ist seit 1.1.2018 § 650m II, III zu beachten.

3. Hauptschuld. a) Sicherbare Forderungen. Die Bürgschaft ist akzessorisch (→ § 767 Rn. 3 ff.) und setzt eine durchsetzbare Hauptschuld voraus (BGHZ 210, 348 Rn. 23 f.; missverständlich OLG Dresden BeckRS 2018, 36924). Jede **schuldrechtliche Verbindlichkeit** des Hauptschuldners, gleich welchen Inhalts, welcher Art und aus welchem Rechtsgrund (BGH NJW 1989, 1857); **nicht:** dingliche „Schulden" (bei §§ 1113 I, 1204 I nur die zu Grunde liegende Forderung sicherbar, sonst Garantie, → Vor § 765 Rn. 15). **aa) Inhalt.** Nicht nur **Geldschulden** 15 **(Regelfall),** auch Ansprüche auf vertretbare (vgl § 91), unvertretbare und höchstpersönliche Leistungen (zum Inhalt der Bürgenverpflichtung: → Rn. 17). **bb) Art:** 16 Auch **bedingte** (§ 158; Bsp: Rückbürgschaft, → Vor § 765 Rn. 8) und **künftige** (Bsp: Kreditbürgschaft, → Vor § 765 Rn. 6) Verbindlichkeiten (**II;** Bürgschaft ist hier zunächst schwebend unwirksam), ferner **Gesamtschulden** (→ Vor § 765 Rn. 3) und bei Abschluss der Bürgschaft bereits verjährte Forderungen (s. § 214 II 2, BGHZ 121, 177), nicht aber unvollkommene Verbindlichkeiten (→ § 762 Rn. 6, Grüneberg/Sprau Rn. 28). **cc)** Aus jedem **Rechtsgrund** also (1) **vertragliche** 17 **Ansprüche:** Erfüllungsansprüche (Regelfall), aber auch Schadensersatz- und Nebenansprüche (→ § 767 Rn. 4 f.); Gewährleistung (2) **ges Ansprüche** aus einem zwischen Gläubiger und Hauptschuldner bestehenden ges Schuldverhältnis. Bsp: Unterhalts-, Bereicherungs- und Schadensersatzansprüche (zB §§ 122, 812 ff., 823 ff.); (3) **öffentl-rechtliche Ansprüche** (BGHZ 90, 190; WM 2009, 1180), zB Steuerschuld. **b) Gesicherte Forderung.** Ob und in welchem Umfang eine 18 Forderung durch Bürgschaft gesichert und damit „Hauptschuld" ist, ergibt sich aus dem (auszulegenden) Bürgschaftsvertrag (ie → Rn. 19). **aa) Bestimmtheit und summenmäßige Begrenzung.** Soweit die Hauptschuld nicht im Bürgschaftsvertrag bezeichnet ist (vgl → § 766 Rn. 3), muss sie zumindest **bestimmbar** sein (BGH NJW 1988, 907; wichtig bei → Rn. 16). Verbürgung für „alle" künftigen Verbindlichkeiten des Hauptschuldners daher unwirksam (BGHZ 25, 318, iE allgM; s. BGHZ 130, 22: Fall von Unübersehbarkeit), sachliche Begrenzung erforderlich (BGHZ 130, 22). In Individualvertrag ausreichend: alle bestehenden und künftigen Ansprüche aus einer bestimmten bankmäßigen Geschäftsverbindung oder bes Vertragsverhältnis (BGHZ 25, 318; 130, 21 f.; NJW 2000, 1569; BAG ZIP 2000, 1351), eine summenmäßige Haftungsbegrenzung wird nicht verlangt (BGHZ 130, 21 f. mN, aA Reinicke/Tiedtke DB 1995, 2301). Dagegen kann durch **AGB** eine Global-Bürgschaft (auch mit summenmäßiger Begrenzung) nicht wirksam vereinbart werden (BGHZ 130, 23 ff.; 132, 8 f.; 137, 155 f.; NJW 1998, 2816; BAG ZIP 2000, 1351; zum Ganzen Kuntz AcP 209, 242; krit im Hinblick auf § 307 III Horn ZIP 1997, 528; Masuch BB 1998, 2590), auch nicht im kaufmännischen Verkehr (BGH NJW-RR 2002, 344; NJW 1998, 3708). Grund: Soweit nicht schon überraschend (§ 305c I), jedenfalls Verstoß gegen § 307 II iVm § 767 I 3: Verbot der Fremddisposition, soweit später entstandene Forderungen betroffen, iÜ gegen Transparenzgebot (BGHZ 130, 33; 143, 99; BAG NJW 2000, 3301; → § 767 Rn. 8). **Folge:** Normale Bürgschaft für den **„Anlass"-Kredit** (BGHZ 130, 27 f.; 132, 9), beim Kontokorrentkredit in Höhe des bei Vertragsschluss bestehenden „Kreditlimits" (BGHZ 130, 19; 132, 9 f.); ist kein Limit festgelegt, in Höhe des Tagessaldos (BGHZ 137, 153). Dies gilt auch für die Höchstbetragsbürgschaft (BGHZ 143, 100 unter Aufgabe von BGH WM 1996, 766), nicht aber bei enger wirtschaftlicher Verbindung von Bürge und Hauptschuldner und Einfluss- bzw Informationsmöglichkeit des Bürgen (BGHZ 143, 101; 142, 216 mN; 153, 297: Geschäftsführer/[Mehrheits-]Gesellschafter-Bürgschaft, OLG Zweibrücken NJW-RR 2002, 1037 [Einfluss auf Kredithöhe ohne Gesellschafter-/Geschäftsführerstellung genügt]; krit Tiedtke DNotZ 2000, 283; Koch NJW 2000, 1996). Die Aufrechterhaltung für den „Anlasskredit" stellt eine bedenkliche geltungserhaltene Reduktion einer wegen „Unbestimmtheit" unwirksamen Bürgschaft dar; die schriftliche Fixierung des übernommenen Bürgen-

risikos (→ § 766 Rn. 3) fehlt (mR krit Schmitz-Herscheidt ZIP 1998, 1218; Masuch BB 1998, 2590; zust Horn ZIP 2001, 96; BGHZ 143, 102: ergänzende Vertragsauslegung). Trotz Unwirksamkeit der weiten Zweckerklärung, kann Bürge für zukünftige Forderung haften, wenn Grund und Umfang bei Vertragsschluss klar
19 erkennbar sind (BGH ZIP 2001, 1362 mN). **bb) Umfang.** Grundsätzlich erstreckt sich die Bürgschaftsverpflichtung auf die **ganze Hauptverbindlichkeit** in ihrem jeweiligen Umfang (→ § 767 Rn. 4 f.). Beschränkung auf **Teile** der Hauptschuld, **Höchstbeträge** (Teil- und Höchstbetragsbürgschaft, → Vor § 765 Rn. 4 f.) und begrenzte **Zeitdauer** (→ § 777 Rn. 4) sowie ausdr Erstreckung auf Nebenforderungen ist möglich. **Auslegung** des Bürgschaftsvertrags (§§ 133, 157) entscheidet (vgl BGH NJW 1992, 2629 f.; NJW-RR 1991, 562; → § 766 Rn. 2 ff.); Unklarheiten über den Umfang der Bürgschaft gehen iZw zu Lasten des Gläubigers (BGHZ 76, 189). Anhaltspunkte: Von der Bürgschaft umfasst sind idR Kosten der Kündigung und der Rechtsverfolgung (§ 767 II) sowie (rückständige) Zinsen (→ § 767 Rn. 4), uU auch Vertragsstrafen (BGH NJW-RR 1990, 811 mN; anders § 1210). Auslegungsfrage, ob bei Nichtentstehen der Hauptverbindlichkeit (→ § 767 Rn. 3) auch Bereicherungs- und Schadensersatzansprüche (→ Rn. 17) unter die Bürgschaft fallen (BGH NJW 2001, 1860; NJW 1987, 2077); auch bei sittenwidrigen Darlehen (§ 138 I) idR zu bejahen (BGH NJW 1992, 1235 f.; abw Tiedtke ZIP 1990, 414 f.), insbes bei eigenem wirtschaftlichen Interesse des Bürgen (BGH NJW 1987, 2077), desgl bei Darlehen an Geschäftsunfähigen (OLG Köln OLGZ 1976, 331). Vertragliche Umwandlung der Hauptverbindlichkeit ohne Änderung ihrer wirtschaftlichen Identität lässt Bürgenhaftung unberührt (vgl BGHZ 95, 94), desgl Gesamtrechtsnachfolge in die Hauptforderung (BGHZ 77, 170; 95, 93; zur Einzelrechtsnachfolge → Rn. 16; → § 401 Rn. 1).

20 **4. Pflichten des Bürgen. a) Allgemeines.** Der Bürgschaftsvertrag begründet für den Bürgen eine (von der Hauptschuld verschiedene) selbstständige Verbindlichkeit, die jedoch in Entstehung **(I),** Inhalt (→ Rn. 15) Fortbestand (§ 767 I) und Rechtszuständigkeit auf Gläubigerseite von der Hauptschuld abhängig **(akzessorisch)** ist (dazu → § 767 Rn. 3 ff.). Die Bürgschaftsforderung ist als solche nicht abtretbar (§ 399; BGHZ 115, 180 ff. mN; anders aber bei Verselbstständigung gem → § 767 Rn. 9: BGHZ 82, 328 f.; OLG Düsseldorf WM 2003, 1318) und damit unpfändbar (§ 851 ZPO); zulässig ist die Erteilung einer Einziehungsermächtigung (BGH NJW-RR 1989, 317). Wird die Hauptforderung abgetreten, geht Bürgschaft mit über (§ 401; uU auch als künftige Sicherheit BGH NJW 2002, 3462), bei Vertragsübernahme bleibt sie bestehen (BGHZ 95, 97 f.), bei Schuldübernahme erlischt sie (§ 418); ebenso bei Abtretung der Hauptforderung ohne die Rechte aus der Bürgschaft (BGHZ 115, 183 ff., OLG Düsseldorf WM 2003, 1320 mN zum Streitstand; → § 401 Rn. 1). Die Bürgenschuld hat einen eigenen Erfüllungsort (→ § 269 Rn. 8, idR Wohnsitz des Bürgen BGHZ 134, 127) und unterliegt selbst-
21 ständiger Verjährung (→ § 768 Rn. 4). **b)** Der **Inhalt** entspricht der verbürgten Hauptschuld (Identitätserfordernis: BGH NJW 1980, 2412) und ist damit idR *Geldschuld* (vgl BGHZ 92, 300); bei gegenständlicher Leistung haftet der Bürge iZw nur auf das Erfüllungsinteresse (BGH NJW 1989, 1857). Durch AGB kann eine Verpflichtung des Bürgen zur Stellung (dinglicher) Sicherheiten für seine Verpflichtung nicht begründet werden (BGHZ 92, 300; NJW 1991, 100). **c)** Der **Umfang** der Bürgschaftsverpflichtung ergibt sich aus dem Bürgschaftsvertrag (→ Rn. 18 f.) und seinem (uU eingeschränkten) Zweck (→ Rn. 11). **d)** Den Bürgen treffen idR **keine** Warnpflichten gegenüber dem Gläubiger (BGH NJW 1987, 1631), uU aber Treue- und Nebenpflichten (s. BGH NJW-RR 1989, 1395), Bank trifft bei drohender Insolvenz ihres Kreditnehmers Aufklärungspflicht über mögliche Insolvenzanfechtung des Bürgschaftsvertrags (OLG München WM 2008, 442). Auf Erfordernis aufsichtsrechtlicher Genehmigung für wirksamen Bürgschaftsvertrag muss bürgende Körperschaft aber hinweisen (BGHZ 142, 60: Haftung aus cic).

5. Pflichten des Gläubigers. Keine Hauptleistungspflichten (wegen → Rn. 2; anders, wenn ausnahmsweise als gegenseitiger Vertrag, §§ 320 ff., geschlossen; selten); Rückgabe der Bürgschaftsurkunde (§ 371) nach Erlöschen der Bürgschaftsverpflichtung (vgl OLG Celle MDR 2010, 398). Bei der Anerkennung von **Nebenpflichten** (§ 242) ist Zurückhaltung geboten, um die Bürgschaft nicht als Sicherungsmittel zu entwerten (BGH NJW 1994, 2148, stRspr); nur ausnahmsweise besteht Aufklärungspflicht (→ Rn. 24). **a)** für **Bejahung:** Gläubiger darf keine fal- 23 schen Angaben über das Bürgschaftsrisiko machen (BGHZ 72, 204; NJW 1988, 3206; OLG Oldenburg WM 1997, 2076; → Rn. 9; → § 767 Rn. 8), es insbes nicht verharmlosen (BVerfGE 89, 235; BGH NJW 1994, 1343); den Bürgschaftsfall nicht selbst herbeiführen (BGH WM 1984, 586) und das Bürgschaftsrisiko nicht leichtfertig erhöhen (KG NJW-RR 1988, 111; krit Ruthke WM 1987, 1094); er hat dem Bürgen eine wesentliche Verschlechterung der Vermögensverhältnisse des Schuldners mitzuteilen (sa Art. 45 II WG; Art. 42 II ScheckG; sehr str, zurückhaltend OLG Bamberg WM 2000, 1585) und alles zu unterlassen, was den Bürgenregress vereiteln oder beeinträchtigen könnte (vgl BGHZ 104, 244; arg § 776 → § 776 Rn. 1). Eine erhöhte **Aufklärungspflicht** besteht, wenn der Gläubiger einen dem Hauptschuldner bislang unbekannten Bürgen „vermittelt" (OLG Hamm ZIP 1999, 749). **b)** für **Verneinung:** Gläubiger darf nur im Verhältnis zum Hauptschuldner 24 bestehendes Kreditlimit überschreiten (BGH MDR 1969, 475) und den Kredit ohne ausreichende Bonitätsprüfung ausweiten (OLG Frankfurt a. M. WM 1996, 716); ihn trifft zugunsten des Bürgen idR keine Aufklärungspflicht (BGHZ 107, 103; 125, 218 mN; NJW 1997, 3231 f.), auch nicht wenn der Bürge zugleich Kunde der Gläubigerbank ist (OLG Köln NJW-RR 1990, 756); *anders* aber bei geringem Alter oder Unerfahrenheit des Bürgen, emotionalem Näheverhältnis zum Hauptschuldner und hohem Haftungsrisiko (BVerfGE 89, 235; NJW 1994, 2750; BGHZ 125, 212 f., 215 f.; NJW 1994, 1343; NJW 1997, 54 → Rn. 4 ff.) oder erkennbarem Irrtum über Tragweite der Verpflichtung (BGH NJW 1999, 2814); ebenso besteht idR keine Warn- (BGH NJW 1988, 1512 mN), Fürsorge- und Rücksichtnahmepflicht (BGHZ 78, 144; NJW 1984, 2456); keine Pflicht für wirksame Bestellung weiterer Sicherheit zu sorgen (BGH NJW 1994, 2146). Rechtsfolge bei **Nebenpflichtverletzung:** Bürge haftet iE nicht (§§ 123, 142 [vgl → Rn. 9, 23 mN]; § 138 [→ Rn. 4]; cic gem §§ 280, 311 II [vgl BGHZ 72, 204; NJW 1983, 1850; OLG Oldenburg WM 1997, 2076; Lorenz NJW 1997, 2597]; Pflichtverletzung gem §§ 280, 282, 241 II). Langjährige Nichtgeltendmachung der Bürgschaft kann zu **Verwirkung** (→ § 242 Rn. 53 ff.) führen (OLG Frankfurt a. M. MDR 1978, 52); ebenso, wenn Gläubiger treuwidrig wirtschaftlichen Zusammenbruch des Schuldners verursacht (BGH NJW 2004, 3779).

§ 766 Schriftform der Bürgschaftserklärung

[1]Zur Gültigkeit des Bürgschaftsvertrags ist schriftliche Erteilung der Bürgschaftserklärung erforderlich. [2]Die Erteilung der Bürgschaftserklärung in elektronischer Form ist ausgeschlossen. [3]Soweit der Bürge die Hauptverbindlichkeit erfüllt, wird der Mangel der Form geheilt.

1. Allgemeines. a) Formzweck: Warnfunktion (BGHZ 121, 229; 132, 122, 1 124 f.), Bürgenschutz (BGH NJW 1998, 1940 f.). **b) Anwendungsbereich:** § 766 gilt auch für den Bürgschaftsvorvertrag (LM Nr. 8), für die Vollmacht (BGHZ 132, 124 f. unter Einschränkung von § 167 II, BGH NJW 2000, 1180, → Rn. 4 und allg → § 167 Rn. 10), die Ermächtigung zur Blankettausfüllung (→ Rn. 4) sowie für die Verpflichtung zur Bürgschaftsübernahme gegenüber dem Hauptschuldner (MüKoBGB/Habersack Rn. 2), dagegen **nicht** für die im Rahmen seines Handelsgewerbes eingegangene Bürgschaft eines Kaufmanns (§ 350 HGB), für bürgschaftsähnliche Verpflichtungserklärungen (§ 778; → Vor § 765 Rn. 13 ff. und 1 ff., str), für die Erfüllungsübernahme gegenüber dem Bürgen (§ 329; BGH NJW 1972, 576).

Genehmigung vollmachtlos erteilter Bürgschaft oder weisungswidrig ausgefüllten Blanketts bedarf entgegen § 182 Form des S. 1 (MüKoBGB/Habersack Rn. 21; aA Grüneberg/Sprau Rn. 4; Fischer JuS 1998, 208 [Neuvornahme]). **c)** Weitergehender Formzwang für **Verbraucher-Bürgschaft** besteht mangels Anwendbarkeit der Vorschriften über Verbraucherkredit (§ 492) nicht (str, → § 765 Rn. 12).

2 **2. Formerfordernis. a) Ges Schriftform** nach § 126 I; Telegramm (BGHZ 24, 297) oder **Telefax** genügt nicht (BGHZ 121, 229 f. mN). Die Schriftform wird ersetzt durch notarielle Beurkundung (§ 126 III), Beurkundung im Prozess (§§ 159, 127a ZPO) oder im Insolvenzverfahren (§ 4 InsO). Ausdrücklich ausgeschlossen wegen bes Warnfunktion ist die Erteilung in elektronischer Form (§ 126a) nach S. 2
3 iVm § 126 III. **b) Umfang.** Formbedürftig ist nur die Erklärung des Bürgen, nicht die des Gläubigers (BGH NJW 1999, 1106; OLG Frankfurt a. M. MDR 2005, 919). Das Formerfordernis bezieht sich auf alle Punkte, auf die sich die Bürgschaftsverpflichtung erstrecken soll. Der Verbürgungswille muss in der Urkunde selbst zum Ausdruck kommen (BGH NJW 1986, 929), bloße Mitunterzeichnung ohne eigene Erklärung des Mitunterzeichnenden genügt nicht (RGZ 78, 39). Sondervorschriften: Art. 31 III WG; Art. 26 III ScheckG 26. Zum **notwendigen Inhalt** der Bürgschaftserklärung gehört ie eine deutliche Verpflichtungserklärung (BGH WM 2001, 268; interessengerechte Auslegung ohne bloße Orientierung am Wortlaut: BGH NJW 2002, 748; 02, 1964; OLG Koblenz NJW-RR 2001, 1109), die Bezeichnung des Gläubigers (BGHZ 77, 171; NJW 2001, 3327 f.), der verbürgten Hauptschuld und des Hauptschuldners (BGHZ 132, 122 f. mN) sowie der übernommenen Bürgenleistung; er muss zumindest durch Auslegung, auch anhand von außerhalb der Urkunde liegenden Umständen aus dieser zweifelsfrei bestimmbar sein (BGH NJW 2001, 3328 mN; NJW 2000, 1570; OLG Schleswig NJW-RR 2014, 568; Grund: Haftungsstrenge); das ist bei geltungserhaltender Reduktion von „globalen" Haftungsklauseln nicht der Fall (→ § 765 Rn. 13). Str ist, inwieweit (auch) zweifelsfrei feststehender Vertragsinhalt in der Urkunde selbst zum Ausdruck gekommen sein muss (bejahend BGH NJW 1989, 1485 f., dazu krit Tiedtke WM 1989, 737; abl BGH NJW 1992, 1449; weniger streng: BGH NJW 1993, 725; sa allg → § 126 Rn. 7 f.). Bsp: beiderseitige unbewusste Falschbezeichnung unschädlich (BGH NJW 1995, 1887). Die Angabe der Bürgschaftssumme kann uU die Hauptforderung (vgl BGH NJW 1989, 1485), die Übernahme einer Rückbürgschaft (→ Vor § 765 Rn. 8) die Person des Hauptschuldners klarstellen (Tiedtke WM 1989, 738 gegen BGH NJW 1989, 1485). Bei Bürgschaft in unbeschränkter Höhe (→ § 765 Rn. 14) ist entspr ausdr Hinweis nicht erforderlich (BGH NJW 1986, 928, str). Erweiternde **Nebenabreden** des Bürgschaftsvertrages (zB Verzicht auf Vorausklage, bes Zweckvereinbarungen, Erstreckung auf weitere Forderungen, BGH NJW 1997, 625; NJW 1968, 2332; Tiedtke NJW 1999, 1212; Sicherheitenfreigabe, BGHZ 197, 335 = NJW 2013, 2508) sind stets formbedürftig; nicht dagegen einschränkende (s. BGH NJW 1994, 1657 mN); für Beschränkung des Haftungszwecks (zB Schutz vor Ver-
4 mögensverlagerung schon → § 765 Rn. 6, 11). **c) Erteilung der Bürgschaft** bedeutet Entäußerung der Urkunde (Urschrift: BGHZ 94, 384 bzw Ausfertigung notarieller Urkunde) in der Weise, dass der Gläubiger darüber verfügen kann (BGHZ 121, 228 ff. mN; Vollkommer/Gleußner JZ 1993, 1008); Übergabe einer **Blanketturkunde** mit formloser Ausfüllungsermächtigung genügt nicht (BGH NJW 2000, 1179; BGHZ 132, 126 ff. – Rspr-Änderung, auch für Altfälle ohne Genehmigungsmöglichkeit [insoweit ausdr offen BGH NJW 2000, 1180]; krit Keim NJW 1996, 2774; Bülow ZIP 1996, 1694; mR iE zust Fischer JuS 1998, 205; → Rn. 1, 5 und → § 126 Rn. 6); Grund: Warnfunktion (→ Rn. 1); § 172 II gilt analog (→ Rn. 5). Bei Prozessbürgschaft genügt Zustellung einer beglaubigten Abschrift (hM, so BGH NJW 1979, 418; aA OLG Frankfurt a. M. NJW 1978, 1442: Original; str), Einhaltung von § 132 I ist nicht erforderlich (zutr OLG Frankfurt a. M. NJW 1978, 1442). Nachträglicher **Verlust** der übergebenen Urkunde ist unschädlich (OLG Hamburg NJW 1986, 1691 f.; uU anders bei Rückgabeklausel: BGHZ 94, 384).

3. Folgen eines Formverstoßes. Nichtigkeit nach § 125 S. 1; Berufung darauf aber uU nach § 242 unzulässig (BGHZ 26, 151; 132, 128 f.; allg → § 125 Rn. 7); Bsp: Bürgschaft wurde jahrelang als gültig behandelt, Bürge zog daraus Vorteile (BGHZ 132, 129). Bei **Blanko-Bürgschaft** (→ Rn. 4) kommt Rechtsscheinhaftung entspr § 172 II in Frage (BGHZ 132, 127 f.; OLG Brandenburg WM 2006, 1855; str vgl Bülow ZIP 1996, 1694). **Heilung** des Formmangels durch Erfüllung, **S. 2,** auch Erfüllungssurrogate (§ 364, §§ 372 ff. [BGH LM Nr. 8], §§ 387 ff. [nur seitens des Bürgen], nicht §§ 780, 781). Die **Beweislast** für formgültige Erteilung liegt beim Gläubiger (BGH NJW 2000, 1181); hingegen muss bei formwirksamer Bürgschaft der Bürge abredewidriges Ausfüllen eines Blanketts beweisen (BGH NJW-RR 1989, 1324; § 440 II ZPO). 5

§ 767 Umfang der Bürgschaftsschuld

(1) [1]**Für die Verpflichtung des Bürgen ist der jeweilige Bestand der Hauptverbindlichkeit maßgebend.** [2]**Dies gilt insbesondere auch, wenn die Hauptverbindlichkeit durch Verschulden oder Verzug des Hauptschuldners geändert wird.** [3]**Durch ein Rechtsgeschäft, das der Hauptschuldner nach der Übernahme der Bürgschaft vornimmt, wird die Verpflichtung des Bürgen nicht erweitert.**

(2) **Der Bürge haftet für die dem Gläubiger von dem Hauptschuldner zu ersetzenden Kosten der Kündigung und der Rechtsverfolgung.**

1. Allgemeines. a) Der Grundsatz der dauernden Abhängigkeit der Bürgschaft von der Hauptschuld (**Akzessorietätsprinzip,** → Rn. 3 ff.; → § 765 Rn. 20 f.; → § 768 Rn. 6) ist nicht starr durchgeführt. **Durchbrechungen** ergeben sich zum Schutz des **Gläubigers** aus dem Sicherungszweck der Bürgschaft (→ Rn. 9) und zum Schutz des **Bürgen** gegen nachträgliche rechtsgeschäftliche Erweiterungen der Hauptschuld (→ Rn. 8). 1
b) Die Akzessorietät der Bürgenschuld ist **zwingend** (BGHZ 95, 356 f. mN str); sie gehört zu den wesentlichen Grundgedanken der ges Regelung (BGH NJW 1993, 1919); durch einschr Abreden ändert sich der Vertragstyp (Garantievertrag; vgl BGHZ 95, 357; MüKoBGB/Habersack Rn. 2; → § 768 Rn. 8; → § 770 Rn. 3; → §§ 780, 781 Rn. 23). 2

2. Durchführung des Akzessorietätsgrundsatzes. a) Abhängigkeit in der Entstehung. Ohne gültige Hauptschuld keine Bürgenschuld (→ § 765 Rn. 21; sehr missverständlich daher OLG Dresden BeckRS 2018, 36924 Rn. 11. Bsp: Hauptvertrag anfänglich oder rückwirkend unwirksam (§§ 108, 125, 134, 138, 142, 177). 3
b) Abhängigkeit im Umfang. Der Umfang der Hauptschuld bestimmt den Umfang der Bürgenschuld (**I 1;** → § 765 Rn. 21 [c]). Frage der Auslegung des Bürgschaftsvertrages, inwieweit Ansprüche gem §§ 122, 346 ff., 812 ff. gesichert (→ § 765 Rn. 19). **aa) Erweiterungen der Hauptschuld** werden von der Bürgschaftsschuld umfasst, soweit sie nicht auf nachträglichen rechtsgeschäftlichen Vereinbarungen beruhen (dazu → Rn. 8). Dazu gehören: **Schadensersatzansprüche** wegen schuldhafter Pflichtverletzungen des Schuldners **(I 2)** nach §§ 280 ff. einschließlich Verzug (§§ 280, 286); ferner bestimmte **Nebenforderungen** ohne Rücksicht auf Verschulden (**II;** iÜ → § 765 Rn. 19) insbes ges und vereinbarte **Zinsen** (vgl → § 765 Rn. 19; BGH NJW 1986, 1429: Verzugszinsen; sa BGH NJW-RR 2012, 374: kein doppelter Zinsanspruch, wenn sich sowohl Hauptschuldner als auch Bürge im Verzug befinden), bei einer Kontokorrentbürgschaft (→ Vor § 765 Rn. 6) auch Zinseszinsen (vgl § 355 f. HGB; BGHZ 77, 259; 77, 262); Vorfälligkeitsentschädigung bei vorgezogener Darlehensrückzahlung (OLG Frankfurt a. M. WM 2002, 1388). Nicht erweitert wird der (beschränkte) Umfang der für eine Gesellschaft übernommenen Bürgschaft dadurch, dass der Bürge nachträglich sämtliche Gesellschaftsanteile übernimmt (BGH BB 1977, 1116). 4
bb) Einschränkungen der Hauptschuld (zB Ermäßigung einer von der Leistungsfähigkeit des 5

Schuldners abhängigen Unterhaltsschuld gem §§ 1581, 1603; aber auch → Rn. 9) beschränken auch die Bürgenschuld. Dies gilt auch für einschr **Vereinbarungen** zwischen Gläubiger und Hauptschuldner (Bsp: Stundung der Hauptschuld; s. BGHZ
6 72, 201). **c) Abhängigkeit im Erlöschen** (dh vom Fortbestehen der Hauptschuld): Mit dem (teilw) Erlöschen der Hauptschuld erlischt zugleich die Bürgenschuld. Gleichgültig ist der Grund für den Untergang der Hauptschuld. Bsp: Erfüllung (auch gem § 267, soweit kein Fall des Forderungsübergangs, vgl §§ 268 III 1, 426 II 1, 774 I 1, 1143 I, 1225); Erfüllungssurrogate (§§ 364–397); Aufhebung des Hauptvertrags (§ 311 I), Beseitigung durch Vergleich (BGH NJW 2003, 60); Schuldumschaffung der Hauptschuld (Ausnahme: § 356 HGB; ob Novation gewollt, ist Auslegungsfrage, iZw nur Vertragsänderung BGH NJW 1999, 3709; NJW 2000, 2581); Leistungsbefreiung gem § 275; Anfechtung (BGHZ 95, 356) und Rücktritt des Schuldners (§§ 323–326, vgl → Rn. 3; des Gläubigers: → Rn. 4); idR auch Unzulässigkeit der Rechtsausübung (→ § 242 Rn. 32 ff.), Schuldnerwechsel (§ 418 I 1) und völliger Wegfall des Hauptschuldners (BGHZ 82, 326; NJW 1993, 1918; dazu aber auch → Rn. 9). **d) Verknüpfung in der Rechtszuständigkeit** (dh Fortbestand der
7 Gläubigeridentität): → §§ 399, 400 Rn. 2–4; → § 765 Rn. 2, 20. **e) Beweislast:** Gläubiger für Begründung, Bürge für Erfüllung der Hauptschuld (BGH NJW 1995, 2161 f.; NJW 1996, 719; Hilfe: § 810). Bei Kontokorrentschuld wirkt Saldoanerkenntnis und damit verbundene Beweislast auch gegen Bürgen (BGH WM 1999, 1499; NJW-RR 2002, 986). **f) Prozessuales:** Ein Grundurteil (ZPO 304) erfordert Feststellung der Hauptschuld (BGH NJW 1990, 1367). Klageabweisung gegen den Hauptschuldner wirkt auch für Bürgen (str, ob Rechtskrafterstreckung oder § 768 I, der sich nur auf „Einreden" bezieht [so aber BGHZ 210, 348; BGH NJW-RR 1987, 685] → § 768 Rn. 6), aber keine Rechtskrafterstreckung der Verurteilung des Hauptschuldners auf Bürgen (BGHZ 107, 96; NJW 1998, 2973 f., s. aber zu § 768 II bei Verjährungsverzicht des Hauptschuldners → § 768 Rn. 6), es sei denn abweichende Erklärung des Bürgen liegt vor (OLG Koblenz MDR 1998, 1022). Bsp: uU Prozessbürgschaft wegen ihres bes Sicherungszwecks (OLG Köln NJW-RR 1989, 1396).

8 **3. Durchbrechung des Akzessorietätsgrundsatzes. a)** Der **Umfang der Hauptschuld** ist für die Bürgenverpflichtung nicht maßgebend, wenn er auf nachträglichen, ohne Zustimmung des Bürgen (vgl aber → § 766 Rn. 3) getroffenen rechtsgeschäftlichen Erweiterungen beruht (zB Verlängerung von Fertigstellungsfrist bei Vertragserfüllungsbürgschaft, BGH WM 2004, 724 mN; Bauauftragserweiterung trotz Kenntnis des Bürgen von Anwendung der VOB/B, BGH NJW 2010, 1668 mAnm Hayn-Habermann NJW-Spezial 2010, 236; Wittmann MDR 2010, 477) **(I 3);** Bürge haftet dann im bisherigen Rahmen. **I 3** hat als Ausprägung des „Verbots der Fremddisposition" Leitbild-Charakter (BGHZ 130, 32 f.; 137, 155 f.; NJW 2000, 2582; NJW-RR 2002, 1131). Bsp für RGeschäfte iSv **I 3:** Schuldanerkenntnis (dadurch auch kein Einfluss auf Verjährung der Bürgschaftsforderung, OLG Düsseldorf MDR 1975, 1019); Verkürzung der Fälligkeit (BGH NJW 2000, 2581); Modifizierung der vertraglich vereinbarten förmlichen Abnahme (BGH NJW-RR 2007, 1170); Erweiterung durch Vergleich bzw Änderung der Rückzahlungsmodalitäten; Begründung neuer Verbindlichkeiten nach Kündigung der Geschäftsverbindung (BGH NJW 1989, 28) oder nach Schuldnerwechsel (BGH NJW 1993, 1918). Das Gleiche gilt bei früheren, dem Bürgen nicht mitgeteilten, das Bürgschaftsrisiko erhöhenden Vereinbarungen zwischen Gläubiger und Hauptschuldner (BGH NJW 1980, 2413), soweit nicht schon ein Fall von → § 765 Rn. 23 vorliegt. Zu Rechtsverfolgungskosten iSd **II** gehören nicht die Kosten einer Insolvenzanfechtung (BGH NJW 2009, 1879). I 3 ist nicht anwendbar, wenn sich die Hauptschuld durch Verwaltungsakt ändert (BGH WM 2017, 1356 Rn. 53, auch nicht analog, wenn
9 VA Fälligkeit nicht hinausschiebt, sondern originär festlegt). **b)** Der Akzessorietätsgrundsatz wird durch den in der Bürgschaftsvereinbarung zum Ausdruck kommenden **Sicherungszweck** begrenzt (BGHZ 82, 326 f.; 95, 385; NJW 1991, 98; NJW

1993, 1133). Die Bürgenschuld bleibt dann trotz **Wegfalls** (Einschränkung, Herabsetzung, Einredebehaftetheit) **der Hauptschuld** voll (durchsetzbar) bestehen. Hauptfall: Wegfall der Hauptverbindlichkeit beruht auf Vermögensverfall des Hauptschuldners. Bsp: Beschränkte Haftung von Erben (§§ 768 I 2, 1975 ff.) und Minderjährigen (§§ 1629a III, 1793 II); Herabsetzung der Hauptschuld durch Insolvenzplan (§ 254 II 1 InsO, s. BGH NJW 2003, 60: nicht jedoch bei außergerichtlichem Vergleich in Gesamtvollstreckung [§ 16 GesO]; ebenso nicht bei Schuldenbereinigungsplan vor Insolvenzeröffnung, LG Hamburg NZJ 2002, 114); Ausschluss der Rückforderung eines Gesellschafterdarlehens wegen eigenkapitalersetzenden Charakters (BGH NJW 1996, 1343; → Vor § 488 Rn. 17); bei Bürgschaft für Gesellschaftsdarlehen kann sich Bürge nicht auf eine Rückzahlungssperre zur Sicherung des Eigenkapitals der Gesellschaft berufen, wenn die Bürgschaft auch diesen Krisenfall abdecken sollte (BGH WM 2008, 1350). Die Bürgschaft bleibt auch bestehen bei Löschung einer jur Person (AG, KGaA, GmbH) wegen Vermögenslosigkeit § 394 FamFG); Beendigung einer zahlungsunfähigen Handelsgesellschaft (BGHZ 82, 326; NJW 2003, 1250: Bürge kann sich aber auf Verjährung der Hauptforderung berufen) oder Übernahme durch einen übrigbleibenden Gesellschafter (BGH NJW 1993, 1918); Wegfall der Geschäftsgrundlage (§ 313) wegen individueller Notlage des Hauptschuldners (Larenz/Canaris, SchR II/2, § 64 I; für Unterhaltspflicht RGZ 163, 99; BGH LM Nr. 2). Bei Zusammentreffen mehrerer Bürgschaften lässt die Herabsetzung der vorrangigen Bürgschaft durch einen Insolvenzplan (§ 254 II InsO) die Haftung der nachrangigen Bürgen (→ Vor § 765 Rn. 7 f.) unberührt (BGHZ 73, 98 für § 82 II VglO).

§ 768 Einreden des Bürgen

(1) [1]**Der Bürge kann die dem Hauptschuldner zustehenden Einreden geltend machen.** [2]**Stirbt der Hauptschuldner, so kann sich der Bürge nicht darauf berufen, dass der Erbe für die Verbindlichkeit nur beschränkt haftet.**

(2) **Der Bürge verliert eine Einrede nicht dadurch, dass der Hauptschuldner auf sie verzichtet.**

1 **1. Allgemeines. a) Bedeutung. I 1** enthält eine weitere Ausprägung des **Akzessorietätsgrundsatzes** (→ Rn. 6 ff.; vgl iÜ → § 767 Rn. 3 ff.), die Einschränkung gem **II** entspricht § 767 I 3 (→ § 767 Rn. 8). **I 2** ist eine Durchbrechung des Akzessorietätsprinzips (→ § 767 Rn. 9). § 768 ist **nicht zwingend** (→ Rn. 8). **b) Überblick.** Der Bürge kann dem Gläubiger entgegenhalten (vgl 2 auch Tiedtke JZ 2006, 940): **aa)** Alle dem Hauptschuldner gegenüber der Hauptforderung zustehenden (rechtshindernden, -vernichtenden, -hemmenden) **Einwendungen** (Folge der Abhängigkeit in der Entstehung und im Erlöschen, → § 767 Rn. 3, 6). **bb)** Alle dem Hauptschuldner gegenüber dem Gläubiger zustehenden 3 **Einreden** ieS (Anwendungsbereich von **I 1**, dazu → Rn. 6 ff.). **cc)** Alle ihm selbst 4 aus dem Bürgschaftsvertrag gegenüber dem Gläubiger zustehenden **Einwendungen** (zB §§ 766, 125; vgl iÜ → § 765 Rn. 3 ff.) **und Einreden** (nicht von 768 erfasst, da selbstverständlich). Bürgschaftsforderung unterliegt selbstständiger Verjährung (BGHZ 95, 384; NJW 2016, 397; Einsiedler MDR 2010, 603) binnen der regelmäßigen Frist (§ 195; Fristbeginn mit Fälligkeit der Bürgschaftsforderung; bei selbstschuldnerischer Bürgschaft mit Fälligkeit der Hauptforderung: BGHZ 175, 161; NJW-RR 2004, 1190; Keilmann MDR 2008, 843; auch für Bürgschaft auf erstes Anfordern, BGH WM 2008, 1731); die Verjährung der Hauptschuld ist nicht maßgebend (BGHZ 76, 225; aA Bydlinski ZIP 1989, 953). Die Verjährung der Bürgschaftsforderung kann durch Vereinbarung mit dem Gläubiger (auch in AGB aufgrund Interessenabwägung wirksam, BGHZ 205, 84) nach § 202 II (maßvoll – im konkreten Fall auf 5 Jahre) verlängert werden. Die Bürgschaftsklage unterbricht bzw hemmt nicht die Verjährung der Hauptschuld, die damit noch während des Abschlusses des Bürgschaftsprozesses eintreten kann (BGHZ 139, 216 f. [Ausnahme,

wenn Hauptschuldner als Rechtsperson untergegangen und Verjährung nicht durch Klage abwendbar, BGHZ 182, 76; 153, 337]; zum umgekehrten Fall → Rn. 7), der Bürge kann in diesem Fall nach § 767 I, II ZPO vorgehen (BGH NJW 1999, 278; NJW-RR 2000, 1717; krit Lieb GS Lüderitz, 2000, S. 455; Schmolke WM 2013, 154); weitere eigene Einreden des Bürgen, zB Stundung, bes Bürgeneinreden gem §§ 770f. (in § 768 als selbstverständlich nicht erwähnt); Einrede nach § 821 (OLG München WM 2008, 442 für Insolvenzanfechtung der Bürgschaft). Rückforderung nach § 813 I 1 (BGHZ 216, 274 Rn. 14 mN zur Gegenansicht [Regress beim Hauptschuldner], zustAnm Rohe NJW 2018, 462), sa → § 812 Rn. 49.

5 **dd) Nicht** aber **Gestaltungsrechte** des Hauptschuldners; deren Geltendmachung bleibt ausschließlich diesem vorbehalten (eine Analogie jedoch bejahend: Thomale AcP 212, 962). Der Bürge hat bis zum Zeitpunkt der möglichen Ausübung dieser Rechte aber eine verzögerliche Einrede nach § 770.

6 **2. Abhängigkeit der Bürgschaftsforderung bei der Durchsetzung. a)** Alle **Einreden** (iwS, nicht nur Gegenrechte: BGHZ 107, 214), die dem Hauptschuldner gegenüber dem Gläubiger zustehen, kann auch der Bürge wirksam geltend machen, § 813 I 1 gilt (BGH NJW 2018, 458). Darunter fällt auch die Unwirksamkeit der Sicherungsabrede zwischen Hauptschuldner und Gläubiger (§ 821; BGH NJW-RR 2022, 847; BGHZ 179, 374; 153, 311, 316; 143, 381, 384; NJW 2014, 3642; OLG Frankfurt BeckRS 2017, 145044, etwas Anderes gilt, wenn Bürge bewusst mehr einräumt [Bürgschaft auf erstes Anfordern statt gewöhnliche Bürgschaft] als der Schuldner versprochen hat). Auch bei § 773 Nr. 1: BGHZ 107, 214 mN; vorbehaltlich II nicht mehr, wenn Hauptschuldner selbst Einrede verloren hat (BGHZ 210, 348 = NJW 2016, 3158 Rn. 16; WM 2017, 1356 Rn. 56f. Feststellung der Hauptforderung zur Insolvenztabelle). Entscheidend ist Vorliegen im Zeitpunkt der letzten Tatsachenverhandlung (BGHZ 210, 348 Rn. 17; WM 2017, 1356 Rn. 56). Bsp: Einrede der **Verjährung** (§ 214 I, vgl BGHZ 139, 216; NJW 2016, 397; Hemmung nach § 203 wirkt auch gegenüber dem Bürgen, BGHZ 182, 76; ebenso für § 205 BGH NJW 2016, 397; Einsiedler MDR 2010, 604), auch wenn sie erst nachträglich eingetreten ist (→ § 768 Rn. 4), § 216 I gilt nicht entspr (BGHZ 138, 53f.); Einrede aus nachträglichen Stillhalteabkommen und zwar auch dann, wenn sich Gläubiger in diesem ausdrücklich Geltendmachung aus Bürgschaft vorbehält (BGH NJW 2018, 701); Einrede der nachträglichen **Stundung** (→ §§ 205–209 Rn. 2), des nicht erfüllten Vertrags (§ 320), des Zurückbehaltungsrechts (§ 273; BGHZ 24, 99; NJW
7 2010, 1284); Mängeleinreden (Tiedtke JZ 2006, 940). **b)** Durch **Verzicht** des **Hauptschuldners** verliert der Bürge die Einrede nicht (**II;** Verbot der Fremddisposition → § 767 Rn. 8). Beim **Verjährungsverzicht** greift II, unabhängig davon, ob bei Verzichtserklärung schon Verjährung eingetreten war oder nicht (BGHZ 182, 76; DNotZ 2008, 278). Nichterhebung der Verjährungseinrede steht Verzicht gleich (BGHZ 76, 222; 210, 348 Rn. 35). Dem Verzicht nach II stehen Prozessverhalten des Schuldners, wie die Nichterhebung der Verjährungseinrede, Säumnis oder Anerkenntnis gleich (BGHZ 210, 348 = NJW 2016, 3158; OLG Celle BeckRS 2020, 44503; für Anerkenntnis insbes. BGH BeckRS 2007, 18303; OLG München WM 2006, 687 mN). Im Fall „schlechter Prozessführung" (Verjährungseinrede des Hauptschuldners erhoben, aber erfolglos), kann II nicht analog angewendet werden (BGHZ 210, 348 Rn. 35ff.). Auch ohne Verzicht soll der Bürge die Einrede der Verjährung nach I 1 verlieren, wenn Hauptschuldner rechtskräftig verurteilt wird (BGHZ 210, 348 [Rn. 21: keine Folge von § 325 ZPO – Klarstellung zu BGHZ 76, 229; abl Mayer JZ 2017, 317; Thomale JZ 2018, 1129 u Leitmeier NJW 2017, 1273, die darin de facto eine unzulässige Rechtskrafterstreckung sehen]; s. auch → § 767 Rn. 7); Einredeverlust soll auch für Einrede nach § 821 eintreten, wenn Hauptschuldner die Unwirksamkeit der Sicherungsabrede erfolglos in Vorprozess geltend gemacht hat (OLG Celle BeckRS 2020, 44503 Rn. 24). Gegen solche Schlechterstellungen des Bürgen wendet sich die Lit. zu Recht (etwa MüKoBGB/Habersack Rn. 18), denn dem Bürgen darf die Prozessführung des Hauptschuldners

nicht angelastet werden. Nur ein dem Hauptschuldner günstiges Urteil wirkt auch für den Bürgen (BGH NJW 1970, 279; hM). Verjährungsfrist läuft für den Bürgen fiktiv weiter, wenn Hauptschuldner als Rechtsperson untergeht oder über sein Vermögen das Insolvenzverfahren eröffnet wird (BGHZ 153, 337; OLG Düsseldorf NJW-RR 2005, 1495; krit Peters NJW 2004, 1430; Tiedtke JZ 2006, 940). **c) Abw.** 8
Vereinbarungen. Durch individualvertraglich möglichen (sonst uU unwirksam gem § 307 I, II: BGH NJW 2001, 1858; NJW 2003, 61; jedoch keine Unwirksamkeit der Sicherungsvereinbarung iÜ BGHZ 179, 374) **Verzicht des Bürgen** auf ihm zustehende Einreden (→ Rn. 6 f.; → § 770 Rn. 3) bedarf der Schriftform des § 766 (Grüneberg/Sprau Rn. 8), hierdurch kann uU der Vertragstyp geändert werden (→ § 767 Rn. 2; dann § 307 II Nr. 1 beachten); uU ergeben sich auch Auswirkungen auf das Innenverhältnis zum Hauptschuldner (dazu → § 774 Rn. 3).

§ 769 Mitbürgschaft

Verbürgen sich mehrere für dieselbe Verbindlichkeit, so haften sie als Gesamtschuldner, auch wenn sie die Bürgschaft nicht gemeinschaftlich übernehmen.

1. Allgemeines. a) Begriff. Mitbürgschaft ist die Verbürgung mehrerer für dieselbe Verbindlichkeit. **b) Abgrenzung.** Keine Mitbürgen sind Vor-, Nach-, Haupt- und Rückbürge (→ Vor § 765 Rn. 7 f.; Grund: Keine Identität der gesicherten Forderung); mehrere Teilbürgen (→ Vor § 765 Rn. 4) nicht, soweit sie für verschiedene Teile der Hauptschuld haften; idR auch nicht der Ausfallbürge (→ Vor § 765 Rn. 2) im Verhältnis zum gewöhnlichen Bürgen (Grund: §§ 421 ff. gelten nicht, Ausfallbürge haftet subsidiär, BGH ZIP 1986, 973). **c) Begründung.** Gemein- 1 2
schaftlich durch einheitlichen Vertrag (§ 427, einheitliche Urkunde nicht notwendig) oder unabhängig durch selbstständige Verträge (Wissen der Mitbürgen voneinander unerheblich). Ist bei gemeinschaftlicher Verbürgung (§ 427) ein Bürgschaftsvertrag nichtig oder nicht wirksam zustande gekommen, so führt § 139 iZw (Sicherungsinteresse des Gläubigers!) nicht zu Gesamtnichtigkeit (OLG Köln BB 1999, 758 mN; RGZ 138, 272, str). **d)** § 769 ist **nicht zwingend** (BGHZ 88, 3
188, str; sehr weitgehend Bayer ZIP 1990, 1526), jedoch berührt abw Abrede im Bürgschaftsvertrag nicht notwendig den Ausgleich zwischen den Bürgen im Innenverhältnis (BGHZ 88, 189 f.; NJW 1987, 3127; OLG Hamm NJW 1991, 297; krit Wolf NJW 1987, 2472; Siegmund WM 2008, 2349). Bürgen mehrere mit unterschiedlichen Höchstbeträgen, sind sie bezüglich der gesamten Hauptschuld Gesamtschuldner, nicht nur für den mehrfach gesicherten Betrag (Glöckner ZIP 1999, 824 mN, str), der Ausgleich im Innenverhältnis erfolgt auch für Gesellschafter einer GmbH nach dem Verhältnis der jeweils übernommenen Höchstbeträge (BGH NJW 2017, 557 mN; sonst grds im Zweifel anteiliger Innenausgleich in Höhe der Anteile, BGH NJW 2017, 557; NJW 1986, 1097; NJW 1992, 3228; MüKoBGB/Habersack § 774 Rn. 24; Staudinger/Horn § 774 Rn. 53).

2. Haftung der Mitbürgen. a) im Verhältnis zum Gläubiger nach §§ 421–425; **b) im Innenverhältnis:** § 774 II iVm § 426; vgl → § 774 Rn. 9 ff. 4

§ 770 Einreden der Anfechtbarkeit und der Aufrechenbarkeit

(1) **Der Bürge kann die Befriedigung des Gläubigers verweigern, solange dem Hauptschuldner das Recht zusteht, das seiner Verbindlichkeit zugrunde liegende Rechtsgeschäft anzufechten.**

(2) **Die gleiche Befugnis hat der Bürge, solange sich der Gläubiger durch Aufrechnung gegen eine fällige Forderung des Hauptschuldners befriedigen kann.**

1 **1. Allgemeines. a) Bedeutung.** § 770 ergänzt den Abhängigkeitsgrundsatz (hier: → § 767 Rn. 3, 6) für den Fall, dass hinsichtlich der Hauptschuld eine Anfechtungs- oder Aufrechnungslage besteht. Da der Bürge das (höchstpersönliche) Gestaltungsrecht nicht ausüben kann (vgl → § 768 Rn. 5), hat er für die Dauer der Anfechtungs-(Aufrechnungs-)lage eine **verzögerliche Einrede** (Leistungsverweigerungsrecht; sa §§ 1137, 1211). Grund: Keine Inanspruchnahme des Bürgen, solange hinsichtlich der Hauptschuld ein Schwebezustand besteht (I) bzw sich der Gläubiger durch Aufrechnung befriedigen kann (II). Praktische Bedeutung hat dies nur für die Anfechtung nach § 123, denn die Irrtumsanfechtung muss nach § 121 unverzüglich durch Schuldner erfolgen (BGH NJW-RR 2022, 847 Rn. 26).
2 **b) Entspr Anwendung: aa) I** gilt auch für andere **Gestaltungsrechte** wie das ges (§§ 323, 326, 437 Nr. 2, 634 Nr. 3) und vertragliche (§ 346; insoweit str) Rücktrittsrecht, das Recht auf Minderung (§§ 437 Nr. 2, 441; 634 Nr. 3, 638 [RGZ 66, 334], str; nach aA Fall von § 768, → § 768 Rn. 6, zutr für kraft Ges eintretende Mietminderung nach § 536 I); nach Verjährung des kaufrechtlichen Rücktritts- oder Minderungsrechts besteht Einrede nach § 438 IV 2, V iVm § 768 I 1. **bb) II** gilt
3 allg bei Aufrechnungslage (→ Rn. 7). **c) Verzicht** des Bürgen auf die Einreden gem I und II ist möglich (BGH WM 2002, 1179; vgl → § 768 Rn. 8), auch durch AGB-Vereinbarung (BGH NJW-RR 2022, 847; BGHZ 95, 350; OLG Frankfurt BeckRS 2020, 11837; aber kein Verzicht auf Berufung auf bereits erklärte Aufrechnung; NJW 1995, 1888, str), allerdings nicht, wenn die Gegenforderung iSv II unbestritten oder rechtskräftig festgestellt ist (BGHZ 216, 274 Rn. 31; 153, 299 insoweit unter Aufgabe von BGHZ 95, 360; NJW 1986, 930 – nach § 307 unwirksam ist daher auch durch AGB in Bauvertrag übernommene Verpflichtung, eine solche [unwirksame] Gewährleistungsbürgschaft zu stellen, BGHZ 216, 288; diff Vogel NJW 2018, 861) oder der Bürge durch zusätzliche Bedingungen unangemessen benachteiligt wird (OLG Dresden NJW 2015, 16); im Fall uneingeschränkten Ausschlusses greift Verbot geltungserhaltender Reduktion (BGHZ 153, 299, 300). Vertraglicher Ausschluss hindert aber nicht Berufung auf *bereits erklärte* Aufrechnung und damit Erlöschen der Hauptforderung (BGH WM 2002, 1181). Die Klausel „Zahlung auf erstes Anfordern" kann vorläufigen Einredeverzicht iSv II enthalten (ausführlich → Vor § 765 Rn. 12).

4 **2. Gestaltungsrecht (I). a)** Die **Einrede** (→ Rn. 1) setzt Bestehen des Gestaltungsrechts voraus und erlischt mit dessen Verlust (wie → § 767 Rn. 3, 6). Bsp: Ablauf von Anfechtungsfristen (§§ 121, 124). **Verzicht** des Hauptschuldners auf Ausübung des Gestaltungsrechts wirkt (anders als bei § 768 II) auch gegen den Bürgen (Grund: Bürge muss die Entschließung des Gestaltungsberechtigten hinnehmen, → Rn. 1); nur bei gleichzeitig gegebener Einrede gem § 768 I (zB aus § 853,
5 s. BGHZ 95, 357), kann diese dem Bürgen nicht entzogen werden (§ 768 II). **b) Bei Leistung** des Bürgen in Unkenntnis der Einrede besteht kein Rückforderungsanspruch (Grund: Hauptforderung bestand, kein Fall des § 813 I 1, da keine „dauernde" Einrede), wohl aber bei Leistung nach erklärter Anfechtung und bei Anfechtung **nach** der Leistung des Bürgen (§ 812 I 1 Var. 1 iVm § 142 I), sofern nicht § 814 entgegensteht. Der Schuldner ist dem Bürgen über bestehende Gestaltungsrechte auskunftspflichtig (Staudinger/Horn Rn. 19).

6 **3. Aufrechnung (II). a) Aufrechnungsbefugnis des Gläubigers** setzt Aufrechnungslage zwischen Gläubiger und Schuldner (§ 387) voraus, doch muss (abw von § 387) auch die Forderung des Hauptschuldners fällig sein (vgl II); der Fälligkeit der Hauptforderung steht gleich, wenn der Gläubiger auf künftige Leistung klagen kann (§§ 257 ff. ZPO; BGHZ 38, 128). Einrede des Bürgen besteht auch, wenn zwar Gläubiger, nicht aber Hauptschuldner (wegen § 767 II ZPO) aufrechnen kann
7 (BGHZ 153, 301). **b)** Bei **Aufrechnungsbefugnis des Hauptschuldners** (nicht erwähnt in II; wichtig bei §§ 393, 394) besteht ein Zurückbehaltungsrecht des Bürgen in entspr Anwendung von II (Zimmermann JR 1979, 496 ff. mN; aA Kiehnle AcP 208, 635 ff.) oder I (MüKoBGB/Habersack Rn. 10; unentschieden BGHZ 42,

398; NJW 1987, 2078). **c)** Bei **Leistung des Bürgen** in Unkenntnis der Aufrechnungslage besteht kein Rückforderungsanspruch (wie → Rn. 5). 8

§ 771 Einrede der Vorausklage

[1]Der Bürge kann die Befriedigung des Gläubigers verweigern, solange nicht der Gläubiger eine Zwangsvollstreckung gegen den Hauptschuldner ohne Erfolg versucht hat (Einrede der Vorausklage). [2]Erhebt der Bürge die Einrede der Vorausklage, ist die Verjährung des Anspruchs des Gläubigers gegen den Bürgen gehemmt, bis der Gläubiger eine Zwangsvollstreckung gegen den Hauptschuldner ohne Erfolg versucht hat.

1. Grundsatz der Subsidiarität der Bürgenhaftung. § 771 begründet für den Bürgen eine **echte** (verzögerliche) **Einrede** iS eines Leistungsverweigerungsrechts. Nötig ist ein ordnungsgemäßer Vollstreckungsversuch (Besonderheiten für Geldforderungen: § 772), Klage weder erforderlich (§ 794 ZPO) noch ausreichend, Bezeichnung als „Einrede der Vorausklage" daher irreführend. Der neu eingefügte S. 2 schützt den Gläubiger vor Verjährungseintritt, solange er gegen Hauptschuldner vorgeht (von § 205 nicht erfasst; zum umgekehrten Fall → § 768 Rn. 4); str, ob Verjährungshemmung davon abhängig ist, dass die Einrede tatsächlich erhoben wird (Schlößer NJW 2006, 646 mN; krit Schmolke WM 2013, 150).

2. Ausnahmen. → § 773 Rn. 1 f.

§ 772 Vollstreckungs- und Verwertungspflicht des Gläubigers

(1) **Besteht die Bürgschaft für eine Geldforderung, so muss die Zwangsvollstreckung in die beweglichen Sachen des Hauptschuldners an seinem Wohnsitz und, wenn der Hauptschuldner an einem anderen Orte eine gewerbliche Niederlassung hat, auch an diesem Orte, in Ermangelung eines Wohnsitzes und einer gewerblichen Niederlassung an seinem Aufenthaltsort versucht werden.**

(2) **[1]Steht dem Gläubiger ein Pfandrecht oder ein Zurückbehaltungsrecht an einer beweglichen Sache des Hauptschuldners zu, so muss er auch aus dieser Sache Befriedigung suchen. [2]Steht dem Gläubiger ein solches Recht an der Sache auch für eine andere Forderung zu, so gilt dies nur, wenn beide Forderungen durch den Wert der Sache gedeckt werden.**

Bedeutung: Nähere Regelung der erforderlichen Befriedigungsversuche des Gläubigers (§ 771) bei **Geldforderungen** (Regelfall). **Vollstreckungsversuch (I).** Objekte: **Nur** bewegliche Sachen (§ 90) des Hauptschuldners, nicht Grundstücke (OLG Hamm WM 1984, 832) oder Forderungen; Ort: nur dessen idR inländischer (wegen § 773 I Nr. 2, 4, → § 773 Rn. 4) Wohnsitz (Aufenthaltsort). **Einrede der Sachhaftung (II).** Objekte: Bewegliche Sachen des Hauptschuldners, an denen dem Gläubiger ein Pfand- (§§ 1204, 1257; § 804 ZPO) oder Zurückbehaltungsrecht (§ 369 HGB; aber auch § 273 iVm § 809 ZPO) zusteht; gleichgestellt: Rechte aus SÜ und EV (außer, soweit § 503 II 4 anwendbar). **Kein** Verweisungsrecht bei unzulänglicher Pfanddeckung für verbürgte und unverbürgte Forderung (**II 2;** wie § 777 S. 2 ZPO).

§ 773 Ausschluss der Einrede der Vorausklage

(1) **Die Einrede der Vorausklage ist ausgeschlossen:**

1. **wenn der Bürge auf die Einrede verzichtet, insbesondere wenn er sich als Selbstschuldner verbürgt hat,**

2. **wenn die Rechtsverfolgung gegen den Hauptschuldner infolge einer nach der Übernahme der Bürgschaft eingetretenen Änderung des Wohnsitzes, der gewerblichen Niederlassung oder des Aufenthaltsorts des Hauptschuldners wesentlich erschwert ist,**
3. **wenn über das Vermögen des Hauptschuldners das Insolvenzverfahren eröffnet ist,**
4. **wenn anzunehmen ist, dass die Zwangsvollstreckung in das Vermögen des Hauptschuldners nicht zur Befriedigung des Gläubigers führen wird.**

(2) **In den Fällen der Nummern 3, 4 ist die Einrede insoweit zulässig, als sich der Gläubiger aus einer beweglichen Sache des Hauptschuldners befriedigen kann, an der er ein Pfandrecht oder ein Zurückbehaltungsrecht hat; die Vorschrift des § 772 Abs. 2 Satz 2 findet Anwendung.**

1 **1. Ausschluss der Einrede der Vorausklage. a) durch Vertrag: aa)** selbstschuldnerische Bürgschaft (→ Rn. 3); **bb)** Ausfallbürgschaft (→ Vor § 765 Rn. 2); **cc)** Sicherheitsleistungsbürgschaft (§§ 232 II, 239 II); **dd)** Insolvenzplan-Bürgschaft
2 (§ 257 II InsO); **b) durch Ges: aa)** Bürgschaft des Kaufmanns (§ 349 HGB); **bb)** Fälle der erschwerten Rechtsverfolgung gegen den Hauptschuldner oder ihrer voraussichtlichen Erfolglosigkeit (→ Rn. 4); **cc)** Fälle der bürgschaftsgleichen Haftung (→ Vor § 765 Rn. 1 [c]).

3 **2. Selbstschuldnerische Bürgschaft (I Nr. 1).** Wortlaut der formbedürftigen (→ § 766 Rn. 3) Verzichtserklärung ist unerheblich; in AGB zulässig (BGHZ 95, 350, 361). Nur die Subsidiarität der Bürgschaft (→ § 771 Rn. 1) entfällt (auch bei bloßer Leistungsunwilligkeit des Hauptschuldners: BGHZ 104, 242 f.), nicht die Akzessorietät (§§ 767, 768; RGZ 148, 66). Fälligkeit tritt, sofern nicht anders vereinbart, mit Fälligkeit der Hauptforderung ein (BGH WM 2008, 729). Der Gläubiger kann sich sogleich – ohne vorherige Verwertung von Sicherheiten (Nichtzitat von Nr. 1 in II, vgl auch BGH NJW 1966, 2010) – an einen seiner beiden Schuldner halten (BGH WM 1986, 12), jedoch haften Bürge und Schuldner nicht als Gesamtschuldner (BGH JZ 1956, 99).

4 **3. Erschwerte Rechtsverfolgung, Vermögensverfall des Hauptschuldners. a) Nr. 2:** idR anwendbar bei Wohnsitzverlegung ins Ausland, aber nicht im Anwendungsbereich der EuGVVO oder EuVTO (vgl § 917 II ZPO). **b) Nr. 3:** Insolvenzverfahren muss (noch: InsO) bis Schluss der mündlichen Verhandlung der letzten Tatsacheninstanz eröffnet sein (§§ 27, 200, 207 ff. InsO.); nach Beendigung des Insolvenzverfahrens gilt Nr. 4. **c) Nr. 4:** Bsp: Ablehnung der Eröffnung des Insolvenzverfahrens mangels Masse (§ 26 InsO); Erfolglosigkeit der Zwangsvollstreckung wegen einer anderen Forderung. **d)** Bei **Nr. 3** und **4** (nicht auch zB bei Nr. 1, vgl → Rn. 3) kann der Gläubiger auf eine bestehende Sachhaftung (→ § 772 Rn. 1) verwiesen werden **(II).**

§ 774 Gesetzlicher Forderungsübergang

(1) **[1]Soweit der Bürge den Gläubiger befriedigt, geht die Forderung des Gläubigers gegen den Hauptschuldner auf ihn über. [2]Der Übergang kann nicht zum Nachteil des Gläubigers geltend gemacht werden. [3]Einwendungen des Hauptschuldners aus einem zwischen ihm und dem Bürgen bestehenden Rechtsverhältnis bleiben unberührt.**

(2) **Mitbürgen haften einander nur nach § 426.**

Lit.: Bayer, Ausgleich zwischen Höchstbetragsbürgen, ZIP 1990, 1523; Derleder, Einschränkung der Verrechnungsfreiheit der Kreditinstitute gegenüber dem Bürgen, NJW 2015, 817; Glöckner, Ausgleich zwischen mehreren Bürgen bei unterschiedlichen Höchstbetragsbeschränkungen, ZIP 1999, 821; Kopp, Der Regress unter Mitbürgen bei geleisteten Teilzahlungen (§§ 774 Abs. 2, 426 Abs. 1 und 2 BGB), JR 2016, 347; Reinicke, Gesamtschuldklausel und Sicherungsklausel im Bürgschaftsrecht, JZ 1987, 491; Weitzel, Höchstbetragsbürgschaft und

Gesamtschuld, JZ 1985, 824; Zeising, Cessio legis und Gläubigerschutz bei Regress des Bürgen, WM 2010, 2204.

1. Allgemeines. a) Zweck. Ausgleich zwischen dem leistenden Bürgen und dem im Verhältnis zu ihm allein verpflichteten Hauptschuldner. **b) Bürgenregress.** Befriedigt der Bürge den Gläubiger, so erlischt lediglich seine Bürgschaftsschuld (→ § 765 Rn. 20 f.), dagegen bleibt die **Hauptschuld bestehen** und wird auf den Bürgen **übergeleitet** *(cessio legis)*. Folge: Für die Hauptschuld bestehende Sicherungsrechte erlöschen nicht und kommen dem Bürgen zugute (§ 401), zum Zusammentreffen mit dinglichen Sicherheiten → Rn. 12. Der übergeleitete Rückgriffsanspruch sichert den sich idR bereits aus dem der Bürgschaftsübernahme zugrundeliegenden **Innenverhältnis** ergebenden Ersatzanspruch (→ Rn. 7 f.). Zwischen beiden Ansprüchen (Fall von **Anspruchskonkurrenz,** hM, str) kann der Bürge **wählen** (RGZ 59, 209; OLG Köln NJW-RR 1989, 1266; zum unterschiedlichen Umfang der Schuldnereinwendungen vgl → Rn. 6 und 8). **c)** Der Forderungsübergang ist **abdingbar** (BGHZ 92, 382; NJW 2001, 2330; Form: § 766); Ausschluss durch AGB ist bedenklich (*arg* Bürgenschutz, so auch Fischer WM 1998, 1712 f.; für zulässige Beschränkung s. BGH NJW 2001, 2330). **d) Keine entspr Anwendung** von **I 1** auf Garantie (→ Vor § 765 Rn. 16) und Schuldmitübernahme (→ Vor § 765 Rn. 18 ff.). 1 2 3

2. Rückgriff aus der übergegangenen Hauptschuld (I 1). a) Voraussetzungen. Bestand der Hauptschuld (BGH NJW 2000, 1565); endgültige **Befriedigung** des Gläubigers durch Erfüllung oder Erfüllungssurrogate (BGH WM 1969, 1104); Bsp: Aufrechnung mit eigener Forderung des Bürgen gegen den Gläubiger (RGZ 53, 405); befreiende Hinterlegung (§ 378); Übernahme neuer Verbindlichkeit (§ 364 II; Bsp: BGH NJW-RR 1988, 62 mN). **Keine** Erfüllung sind die bloße Sicherheitsleistung (zu entspr AGB-Klausel BGHZ 92, 374; dazu Reinicke/Tiedtke JZ 1990, 327 ff.); die Zahlung zur Abwendung der vorläufigen Zwangsvollstreckung (BGHZ 86, 270 mN); der Erlass der Bürgschaftsschuld (BGH NJW 1990, 1301). **Teilbefriedigung** genügt, zum Verhältnis zwischen Bürge und Gläubiger vgl → Rn. 5. **b) Rechtsfolge.** Übergang der **Hauptforderung** so, wie sie im Zeitpunkt der Befriedigung (→ Rn. 4) bestand, einschließlich aller Neben- und Sicherungsrechte (**I 1** iVm **§§ 401, 412**). **aa) Rechtsstellung des Bürgen.** Die Rückgriffsforderung umfasst im Rahmen der verbürgten Hauptschuld (→ § 765 Rn. 14 f.) vom Bürgen erfüllte Nebenforderungen, zB rückständige (ges und vertragliche) Zinsen und verwirkte Vertragsstrafen. Dem Bürgen stehen auch die (zwischen Hauptschuldner und Gläubiger) **vertraglich vereinbarten** (künftigen) **Zinsen** zu (BGHZ 35, 172, str), ferner nicht verbrauchte vorausentrichtete Zinsen (Disagio) bei vorzeitiger Darlehenstilgung (hM). Bei Verbürgung für eine **Gesamtschuld** ist der Regress gegen die Gesamtschuldner uU eingeschränkt (→ Vor § 765 Rn. 3). Akzessorische **Sicherungs-** und **Nebenrechte** (dazu → § 401 Rn. 1 ff.) gehen auf den Bürgen über, auch wenn sie erst nach Übernahme der Bürgschaft entstanden sind (arg § 776 S. 2); selbstständige Sicherungsrechte bedürfen bes Übertragung (s. BGHZ 130, 107; 136, 352; NJW 1999, 1182; NJW 2001, 2330; → § 401 Rn. 5); Leistungsort ist der Sitz des Gläubigers (BGH NJW 1995, 1546). Zum Zusammentreffen mehrerer Bürgschaften sowie der Bürgschaft mit dinglichen Sicherheiten Dritter vgl → Rn. 9 ff. und 12. Bei bloßer **Teilbefriedigung** erfolgt entspr teilw Forderungsübergang (I 1: „Soweit"). In diesem Fall steht der Bürge bei der Verwertung eines übergegangenen Sicherungsrechts dem Gläubiger nach **(I 2).** I 2 gilt auch dann, wenn das teilw übergangene (übertragene) Nebenrecht (§ 401) neben der verbürgten auch eine andere Forderung des Gläubigers sichert (BGHZ 110, 46 mN; aA Reinicke/Tiedtke DB 1990, 1953). **bb) Rechtsstellung des Hauptschuldners.** Der Hauptschuldner hat gegenüber der übergegangenen Forderung sämtliche Einwendungen aus dem **Hauptschuldverhältnis,** die im Zeitpunkt des Übergangs gegen den Gläubiger begründet waren (§§ 404, 412; Bsp: Verjährung der Hauptforderung). Er kann im Rahmen des § 406 noch gegenüber dem Bürgen aufrechnen (aA Tiedtke DB 1970, 1721) und ist bei eigener Leistung in Unkenntnis 4 5 6 des Übergangs geschützt (§ 407). Ferner hat er gegen den Bürgen alle Einwendungen aus dem **Innenverhältnis** mit diesem (**I 3:** vgl → Rn. 7 f.). Bsp: Bürgschaftsverpflichtung als Schenkung an den Schuldner; Freistellungsverpflichtung des Bürgen (s. BGH NJW-RR 1992, 811); anteilige gesamtschuldnerische Haftung des Bürgen gem § 426 I 1 (OLG Stuttgart NJW-RR 1994, 876; → Rn. 8).

7 **3. Rückgriff aus dem Innenverhältnis. a) Voraussetzung** ist, dass zwischen Hauptschuldner und Bürge ein Rechtsverhältnis besteht, auf Grund dessen sich der Bürge verbürgt hat (Bsp: §§ 662 ff.; 675; 677 ff.; nicht bei §§ 516 ff.); Bürge hat geleistet (wie → Rn. 4). Den Bürgen trifft hinsichtlich der Hauptschuld eine Prüfungs-, Sorgfalts- und Mitteilungspflicht; Einwendungen muss er geltend machen
8 (BGHZ 95, 388 f.; Tiedtke BB 1986, 541 f.). **b) Rechtsfolgen. Aufwendungserstattungsanspruch** des Bürgen (§§ 670, 675, 683; uU 684; vgl OLG Köln NJW-RR 1989, 1267); der Hauptschuldner kann dem Anspruch **nur** Einwendungen aus dem Innenverhältnis (Bsp: Schadensersatzanspruch wegen Nichtgeltendmachung von Einreden gem §§ 768, 770 im Verhältnis zum Gläubiger) entgegenhalten (→ Rn. 7), dagegen (anders als bei → Rn. 6) nicht Einwendungen aus dem Hauptschuldverhältnis zum Gläubiger.

9 **4. Ausgleich zwischen mehreren Bürgen. a) Mitbürgschaft** (§ 769). **II** enthält eine Einschränkung von I 1, §§ 401, 412 (→ Rn. 5 f.) bei mehrfacher Bürgensicherung der Hauptschuld. Auf den zahlenden Mitbürgen gehen Bürgschaftsansprüche gegen die übrigen Mitbürgen nur in der Höhe über, in der er von ihnen Ausgleich verlangen kann, idR also nur in Höhe des auf den einzelnen Mitbürgen entfallenden Kopfteils (§ 426 I, II; BGH NJW 2000, 1034); abw Vereinbarung ist auch stillschweigend möglich (BGH NJW 2000, 1034; NJW 1987, 376); für Ausgleich unter Gesellschaftern als Bürgen für eine Gesellschaftsschuld ist idR das Verhältnis der Gesellschaftsteile maßgebend bzw Verlustbeteiligung (BGH NJW 2017, 557; NJW 1986, 1097; NJW 1992, 3228; NJW-RR 1989, 685; OLG Köln NJW 1995, 1685; MüKoBGB/Habersack Rn. 27). Bei **Höchstbetrags**bürgschaften ist das Verhältnis der Höchstbeträge maßgebend (BGHZ 137, 294 ff.; NJW 2009, 437; NJW 2000, 1035; Glöckner ZIP 1999, 825 ff. mN; Grüneberg WM 2010, SB 2, 27; str; nach aA: Ausgleich nach Kopfteilen in Höhe der sich deckenden Bürgschaftssummen); dies gilt auch für Gesellschafter einer GmbH (BGH NJW 2017, 557 mN).

Bei **Teilzahlung** kann der leistende Mitbürge idR sofort (nicht nur bei Überschreitung des auf ihn entfallenden Anteils) Ausgleich verlangen (BGH NJW 2000, 1035; NJW 1987, 3128); dies gilt nicht, wenn die Inanspruchnahme der übrigen Mitbürgen bevorsteht und der Hauptschuldner zahlungsunfähig ist (BGHZ 83,
10 209 f.; OLG Köln NJW 1995, 1686). **b) Sonderformen.** Der leistende **Nachbürge** hat vollen Regress gegen den Vorbürgen (→ Vor § 765 Rn. 7), der **Ausfallbürge** gegen den gewöhnlichen Bürgen (BGH NJW 2012, 1947; → Vor § 765 Rn. 2; → § 769 Rn. 1), der vom Hauptbürgen in Anspruch genommene **Rückbürge** nur
11 gegen den Hauptschuldner (→ Vor § 765 Rn. 8). **c) II** gilt **entspr** für das Verhältnis von Bürgen und dem zur Sicherung des Hauptschuldners beigetretenen **Gesamtschuldner** (OLG Hamm OLGZ 1990, 339; iE Schmitz FS Merz, 1992, S. 553 ff. mN).

12 **5. Ausgleich bei dinglichen Sicherheiten.** Trifft die Bürgschaft bei mehrfach gesicherter Hauptschuld mit *akzessorischen* (Pfandrecht, Hypothek) und *nicht akzessorischen* Sicherungsrechten (zB Grundschuld) zusammen (daran fehlt es, wenn Bürgschaft zB nach § 138 nichtig, OLG Köln EWiR 2002, 613), so hat Gläubiger freie Wahl unter den Sicherheiten. Bei Zusammentreffen akzessorischer Sicherheiten findet bei Leistung eines Mitsicherers unter sämtlichen gleichstufig haftenden Sicherungsgebern ein **anteiliger Ausgleich** entspr § 426 statt (BGHZ 108, 182 ff.; NJW 2009, 437; NJW 1992, 3229; Ehlscheid BB 1992, 1290, str; krit Tiedtke DNotZ 1993, 291; Mertens/Schröder Jura 1992, 305); Grund: → § 242 Rn. 9; ges Regelung führt zu widersprüchlichen (I 1, §§ 1143, 1225 jeweils iVm §§ 412, 401 I;

dagegen § 1192 I) und zufallsabhängigen Ergebnissen („Wettlauf der SG"; BGHZ 108, 184; → § 1225 Rn. 2). Treffen *akzessorische* und *nicht akzessorische* Sicherheiten zusammen, kommt es bei Leistung eines SG nicht zu einem Übergang der jeweils anderen Sicherheit auf den Leistenden. Damit tritt die gegenteilige Situation des „Wettlaufs der SG" ein. Der Leistende hat dennoch Anspruch auf einen Ausgleich im Innenverhältnis. Nach hA kann der zahlende Bürge vom Gläubiger aus dem Bürgschaftsvertrag analog §§ 774, 401 Übertragung der weiteren Sicherheit verlangen (BGHZ 42, 56; NJW 1990, 903 mwN). Zahlt der SG der nicht akzessorischen Sicherheit, kann dieser aus dem Sicherungsvertrag Übertragung der Forderung gegen den Schuldner verlangen (und erlangt dann über § 401 die Bürgschaft; → § 401 Rn. 5 und iE Grüneberg/Sprau Rn. 9). Für die Höhe des Innenausgleichs gilt wiederum § 426 analog (Kopfanteile bzw Aufteilung nach dem übernommenen Haftungsrisiko). Die Sicherungsgeber können untereinander vertraglich Haftungsquoten vereinbaren; eine solche Vereinbarung bindet den späteren Erwerber eines belasteten (haftenden) Grundstücks nicht, wenn sie für ihn nachteilig ist (BGH ZIP 2002, 656). § 776 ist auf den entstandenen (→ § 426 Rn. 14 f.) Ausgleichsanspruch nicht entspr anwendbar (BGH NJW-RR 1991, 500).

§ 775 Anspruch des Bürgen auf Befreiung

(1) **Hat sich der Bürge im Auftrag des Hauptschuldners verbürgt oder stehen ihm nach den Vorschriften über die Geschäftsführung ohne Auftrag wegen der Übernahme der Bürgschaft die Rechte eines Beauftragten gegen den Hauptschuldner zu, so kann er von diesem Befreiung von der Bürgschaft verlangen:**

1. **wenn sich die Vermögensverhältnisse des Hauptschuldners wesentlich verschlechtert haben,**
2. **wenn die Rechtsverfolgung gegen den Hauptschuldner infolge einer nach der Übernahme der Bürgschaft eingetretenen Änderung des Wohnsitzes, der gewerblichen Niederlassung oder des Aufenthaltsorts des Hauptschuldners wesentlich erschwert ist,**
3. **wenn der Hauptschuldner mit der Erfüllung seiner Verbindlichkeit im Verzug ist,**
4. **wenn der Gläubiger gegen den Bürgen ein vollstreckbares Urteil auf Erfüllung erwirkt hat.**

(2) **Ist die Hauptverbindlichkeit noch nicht fällig, so kann der Hauptschuldner dem Bürgen, statt ihn zu befreien, Sicherheit leisten.**

1. Allgemeines. a) Bedeutung. Anpassung des Auftragsrechts an Besonderheiten des Innenverhältnisses zwischen Hauptschuldner und „Auftragsbürgen" (→ § 774 Rn. 7 f.); nicht anwendbar bei fehlendem Rückgriffsanspruch (BGH NJW 2000, 1643: Bürge trägt Beweislast für Auftrag; aA Reinicke/Tiedtke JZ 2001, 46). Der (gem §§ 257, 670 unbeschränkte) **Befreiungsanspruch** wird eingeschränkt auf Fälle nachträglicher Erhöhung (Realisierung) des Bürgenrisikos (kasuistische Umschreibung: I Nr. 1–4); §§ 669, 671 sind (als mit dem Wesen des Bürgschaftsauftrags unvereinbar) ausgeschlossen. Zur (ausnahmsweisen) Kündigung des Bürgen gegenüber dem Gläubiger → § 765 Rn. 10. Ein Zahlungsanspruch des Bürgen entsteht erst nach Leistung an den Gläubiger (§ 774; BGHZ 140, 273 f.; u → Rn. 3). **b) Anwendbar** auch bei selbstschuldnerischer Bürgschaft, §§ 773 I Nr. 1, 778. 1

2. Befreiungsanspruch. IdR kaum realisierbar. **a) Voraussetzung** ist das Vorliegen (alternativ) bestimmter Gefährdungstatbestände (Befreiungsgründe). **Nr. 1:** Vermögensverschlechterung wie in §§ 321, 490 I (vgl Anm dort). **Nr. 2** entspricht § 773 I Nr. 2. **Nr. 3:** Vom Gläubiger nachträglich ohne Zustimmung des Bürgen gewährte Stundung beseitigt den (entstandenen) Befreiungsanspruch nicht (RGZ 59, 12; BGH NJW 1986, 979). Teilverzug berechtigt nur zu Teilbefreiung (BGH 2

NJW 1995, 2637 mN). **Nr. 4:** § 704 I ZPO (beide Alt.: LG Meiningen ZIP 1998, 993), gleichgestellt ZPO 700, dagegen nicht Titel, die auf einer Mitwirkung des
3 Bürgen beruhen (zB § 794 Nr. 1 und 5 ZPO). **b) Inhalt** der Leistung: Wie der Schuldner Befreiung leistet, ist ihm überlassen. Erfüllung der Hauptschuld oder Erwirkung der Entlassung des Bürgen aus der Haftung (Vollstreckung: § 887 ZPO; BGHZ 25, 1), nicht Zahlung, auch nicht ausnahmsweise bei Zahlungsunfähigkeit des Hauptschuldners und feststehender Inanspruchnahme des Bürgen (BGHZ 140, 270 mN; NJW 2000, 1643; str). Mangels Gleichartigkeit daher keine Aufrechnung gegen Zahlungsanspruch des Hauptschuldners (hM, statt vieler MüKoBGB/Habersack Rn. 12). Vor Fälligkeit der Hauptforderung (nur bei Nr. 1, 2 möglich) kann der Hauptschuldner wahlweise (**II,** kein Recht des Bürgen) Sicherheit leisten (§§ 232 ff.). § 775 ist **abdingbar** (BGH NJW 1995, 2637: Einschränkung des Bürgenrisikos möglich); **Verzicht** auf den Befreiungsanspruch (§ 766 nicht anzuwenden) und **Beschränkung** (Geltendmachung nur mit Zustimmung des Gläubigers) möglich (BGH LM Nr. 1; Hoffmann JR 2001, 221).

§ 776 Aufgabe einer Sicherheit

[1]Gibt der Gläubiger ein mit der Forderung verbundenes Vorzugsrecht, eine für sie bestehende Hypothek oder Schiffshypothek, ein für sie bestehendes Pfandrecht oder das Recht gegen einen Mitbürgen auf, so wird der Bürge insoweit frei, als er aus dem aufgegebenen Recht nach § 774 hätte Ersatz erlangen können. [2]Dies gilt auch dann, wenn das aufgegebene Recht erst nach der Übernahme der Bürgschaft entstanden ist.

1 **1. Allgemeines.** Besteht für die verbürgte Hauptforderung eine weitere Sicherheit (→ Rn. 2), so trifft den Gläubiger im Verhältnis zum Bürgen ausnahmsweise (so hM, Müller WM 2015, 869; Hoffmann JZ 2013, 1005; Derleder NJW 2015, 817, 820; aA: bes Ausprägung von allg Rechtsgedanken; → § 765 Rn. 22 ff.) eine **Sorgfaltspflicht.** Grund: Schutz des Bürgen vor Rechtsverlusten beim Rückgriff gegen den dinglichen Sicherungsgeber oder Mitbürgen (§§ 774, 401, 412; → § 774 Rn. 5 f., 9, 12).

2 **2. Voraussetzungen. a)** Bestehen eines **Sicherungs- oder Vorzugsrechts.** Außer den in S. 1 (wie § 401, → § 401 Rn. 7) genannten in **entspr Anwendung** auch Grund- und Rentenschuld (OLG Köln NJW 1990, 3214), Sicherungs- (BGH NJW 1966, 2009), Vorbehaltseigentum (BGH 46, 56) und Sicherungsabtretung (BGHZ 78, 143; NJW 2000, 2583), soweit der Gläubiger (wie idR) vertraglich zur Übertragung auf den leistenden Bürgen verpflichtet ist (Nachw → § 774 Rn. 5, → § 401 Rn. 5), **entspr** wohl auch bestehende Ausfall-(Kasko-)versicherung (abl OLG Köln WM 1995, 1965), **nicht** aber Aufrechnungsmöglichkeit des Gläubigers
3 (BGH NJW 1984, 2456). Entstehungszeitpunkt: **S. 2. b) Aufgabe** (auch teilw) setzt **vorsätzliches** aktives Handeln voraus; fahrlässige Schlechtverwertung der Sicherheit genügt nicht (BGH NJW 1966, 2009; vgl aber → Rn. 4), wohl aber Verwertung für eine andere als die durch die Bürgschaft gesicherte Forderung (BGH NJW 2000, 2583 mN; Derleder NJW 2015, 817, 820). Von Gläubigerbank geduldete Verfügung über Sicherungsobjekte gem AGB-Banken ist uU keine „Aufgabe" (BGHZ 144, 56; krit Vollkommer/Heinemann JZ 2000, 1165). Führt der Gläubiger nach Eigenverwertung Teilerlös an Insolvenzmasse ab, liegt in Höhe des Kostenbeitrags nach § 170 II InsO keine freiwillige Aufgabe (Vollkommer/Heinemann JZ 2000, 1166; s. auch OLG Hamm WM 1999, 1226 für Massekostenvorschuss).

4 **3. Rechtsfolgen. a) Erlöschen** der Bürgschaftsverpflichtung (nicht bloße Einrede) im Umfang der Rechtsaufgabe. Wiedererlangung der aufgegebenen Sicherheit lässt die Haftung des Bürgen nicht wiederaufleben (BGH NJW 2013, 2508; Müller WM 2014, 869). **Verzicht** des Bürgen (liegt iZw in der Zustimmung zur Freigabe) individualvertraglich möglich (BGH ZIP 2000, 966), nicht jedoch ein undifferen-

zierter Verzicht in AGB (§ 307, BGHZ 144, 57 f., Tiedtke JZ 2006, 949 mN); zulässig jedoch Verzicht, soweit er nur Sicherungsrechte gem Nr. 14 AGB-Banken betrifft (BGHZ 144, 56; NJW 2002, 295; aber → Rn. 3). Durch fahrlässige Schlechtverwertung der Sicherheit kann der Gläubiger Pflichten aus dem Hauptschuldverhältnis verletzen (§ 276); dann hat der Bürge uU Einwendungen (Einreden) gem §§ 767, 768, 770 II (BGH NJW 1966, 2009). **b)** Bei der Entlassung eines 5
Mitbürgen bleibt seine Ausgleichspflicht im **Innenverhältnis** (§§ 774 II, 426) idR bestehen (BGH NJW 2000, 1034; NJW 1992, 2287 f.; → §§ 422–424 Rn. 3).

§ 777 Bürgschaft auf Zeit

(1) [1]**Hat sich der Bürge für eine bestehende Verbindlichkeit auf bestimmte Zeit verbürgt, so wird er nach dem Ablauf der bestimmten Zeit frei, wenn nicht der Gläubiger die Einziehung der Forderung unverzüglich nach Maßgabe des § 772 betreibt, das Verfahren ohne wesentliche Verzögerung fortsetzt und unverzüglich nach der Beendigung des Verfahrens dem Bürgen anzeigt, dass er ihn in Anspruch nehme.** [2]**Steht dem Bürgen die Einrede der Vorausklage nicht zu, so wird er nach dem Ablauf der bestimmten Zeit frei, wenn nicht der Gläubiger ihm unverzüglich diese Anzeige macht.**

(2) **Erfolgt die Anzeige rechtzeitig, so beschränkt sich die Haftung des Bürgen im Falle des Absatzes 1 Satz 1 auf den Umfang, den die Hauptverbindlichkeit zur Zeit der Beendigung des Verfahrens hat, im Falle des Absatzes 1 Satz 2 auf den Umfang, den die Hauptverbindlichkeit bei dem Ablauf der bestimmten Zeit hat.**

1. Allgemeines. a) Begriff. Zeitbürgschaft ist die zeitlich beschränkte Bürgschaft für eine idR bereits bestehende (**S. 1;** vgl aber → Rn. 2) Verbindlichkeit (Zeitbestimmung bezieht sich auf die Bürgschaftsverpflichtung selbst). **b) Abgrenzung. Gegenständlich** (nicht zeitlich) **beschränkt** ist die Bürgschaft für die innerhalb eines bestimmten Zeitraums entstehende Verbindlichkeit (Zeitbestimmung dient der Begrenzung des Umfangs der Bürgschaftsverpflichtung, die Bürgschaft selbst ist zeitlich unbegrenzt; vgl BGH NJW 2004, 2233 mN). Bei Verbürgung für künftige (§ 765 II) oder in der Entwicklung befindliche Forderungen (Bsp: Kontokorrentkredit, → Vor § 765 Rn. 6; Gewährleistungsrechte, OLG Köln NJW-RR 1986, 511 f., offen OLG München NJW-RR 1995, 499; öffentl geförderter Betriebsmittelkredit, KG NJW-RR 1995, 1199) liegt idR gegenständliche Begrenzung vor (BGH NJW 1988, 908 mN; KG NJW-RR 1995, 1199; Kollrus MDR 2013, 1437), abw Auslegung im Einzelfall jedoch möglich (dazu Voss MDR 1990, 495). Die Prozessbürgschaft ist iZw nicht iSv I befristet (→ Vor § 765 Rn. 9); dagegen ist eine Vertragserfüllungsbürgschaft (auch) als Zeitbürgschaft möglich (BGH NJW 1999, 56); weiteres Bsp für → Rn. 1: Verbürgung für in Raten mit gestaffelter Fälligkeit geschuldete Kaufpreisverbindlichkeit (BGH NJW 1997, 2234). **c) Bedeutung.** § 777 enthält (nur) für den Fall der → Rn. 1 eine **Auslegungsregel** 3
zugunsten des Gläubigers (vgl BGHZ 76, 85): Die Zeitbürgschaft erlischt nicht *schon mit* Fristablauf (Verdrängung von §§ 163, 158 II), sondern erst, wenn der Gläubiger bestimmte rechtserhaltende Maßnahmen nicht trifft (→ Rn. 5).

2. Voraussetzungen. a) Zeitbestimmung (I 1), nicht notwendig kalendermä- 4
ßig; Bsp: Bürgschaft für die Dauer der Zugehörigkeit zur haftenden Gesellschaft, des Bestehens der Ehe mit dem Hauptschuldner (OLG Braunschweig FamRZ 1978, 111) oder bis zur Werkabnahme bei Erfüllungsbürgschaft (BGH NJW 1999, 56). **b) Anzeige** (auch unbeziffert möglich: OLG Karlsruhe MDR 1985, 585) ist emp- 5
fangsbedürftiges RGeschäft (RG 153, 126, str); **Zeitpunkt:** bei gewöhnlicher Zeitbürgschaft (Einrede gem § 771 besteht) unverzüglich (§ 121 I 1) nach dem Vollstreckungsversuch (**I 1** iVm § 772); bei selbstschuldnerischer Zeitbürgschaft spätestens unverzüglich (§ 121 I 1) nach Fristablauf **(I 2);** bei (abw von I möglicher) *Befristung*

der Inanspruchnahme innerhalb der vereinbarten Frist (BGHZ 91, 351; 99, 291; NJW 1989, 172). Liegt gleichzeitig mit selbstschuldnerischer Zeitbürgschaft – eine Ausfallbürgschaft vor, kommt nur I 1 zur Anwendung (BGH NJW 2002, 2869). Bei Wahl gerichtlicher Geltendmachung gilt die Rückbeziehung gem §§ 270 III, 693 II ZPO nicht (BGH NJW 1982, 172; zust Raudszus NJW 1983, 668). Voran-
6 zeige genügt (BGHZ 76, 83 f. mN; 91, 354). **c) Fälligkeit** der Hauptschuld innerhalb der Bürgschaftszeit (BGHZ 91, 355; NJW 2000, 3138). Ein Zusammentreffen von Fälligkeit der Hauptschuld und Ende der Bürgschaftszeit genügt (BGH NJW 1989, 1857 f.).

7 **3. Rechtsfolge bei rechtzeitiger Anzeige.** Fortbestand der Bürgschaftsverpflichtung im Umfang der Hauptschuld zum maßgeblichen Zeitpunkt (Vollstreckungsversuch bei gewöhnlicher Zeitbürgschaft [→ Rn. 5], iÜ Fristablauf [BGH NJW 1983, 751]; Einschränkung der Akzessorietät gem **II**). Befreiung bei unterbliebener Anzeige gem I 2 ist durch AGB nicht ausschließbar (OLG Köln NJW 1985, 2722 f.; Tiedtke DB 1990, 411, str).

§ 778 Kreditauftrag

Wer einen anderen beauftragt, im eigenen Namen und auf eigene Rechnung einem Dritten ein Darlehen oder eine Finanzierungshilfe zu gewähren, haftet dem Beauftragten für die aus dem Darlehen oder der Finanzierungshilfe entstehende Verbindlichkeit des Dritten als Bürge.

1 **1. Allgemeines. a) Begriff.** Kreditauftrag ist echter Auftrag (§ 662; auch entgeltliche Beauftragung nach § 675), durch dessen Annahme sich der Beauftragte gegenüber dem Auftraggeber verpflichtet, im eigenen Namen und für eigene Rechnung einem Dritten Kredit zu geben. Die Terminologie ist der Neufassung des Darlehensrechts angepasst (§§ 488, 491, 499, 607, vgl Bülow NJW 2002, 1145)
2 und erfasst das Sachdarlehen (§ 607) nicht mehr. **b) Abgrenzung zur Bürgschaft** (bedeutsam insbes wegen des fehlenden Formerfordernisses, vgl → Rn. 5). Für den (Kredit-)Beauftragten muss eine verbindliche Verpflichtung zur Gewährung eines Darlehens oder einer Finanzierungshilfe an den Dritten begründet werden (BGH WM 1956, 465); die Haftung des Auftraggebers „als Bürge" (→ Rn. 6) ist zwar ges Folge, nicht (wie bei § 765) Vertragsinhalt, jedoch muss auch beim Auftraggeber ein rechtsgeschäftlicher Verpflichtungswille erkennbar sein; Indiz dafür: Eigenes Interesse an der Gewährung (BGH DB 1956, 890; WM 1960, 880; OLG Frankfurt a. M. NJW 1967, 2361). Bei § 765 (insbes Kreditbürgschaft) ist das Interesse des
3 Gläubigers an Sicherung vorherrschend. **c) Kein Kreditauftrag** sind Kreditanweisung und Kreditbrief (Akkreditiv), sondern Unterarten der Anweisung (s. dazu §§ 783 ff.).

4 **2. Anzuwendendes Recht (nicht zwingend). a)** Für die **gesamte Vertragsdauer** gilt (mit Einschränkungen) **Auftragsrecht.** Anwendbar: §§ 662–668; 672–675; unanwendbar nach dem Sinn des Vertrags: § 669; § 670 ist gem § 778 durch
5 §§ 765 ff. ersetzt (→ Rn. 6). **b) Bis zur Kreditgewährung** (verbindlichen Zusage) gilt **auch** § 671, nicht aber bei § 675 (→ § 675 Rn. 10), dann aber § 490 entspr anwendbar (hM, str). Bürgschaftsrecht gilt in diesem Abschnitt **nicht,** insbes nicht § 766; für die Pflichten des Beauftragten gilt → § 662 Rn. 12, nicht → § 765
6 Rn. 18 ff. **c) Nach der Gewährung** des Darlehens oder der Finanzierungshilfe gilt für die Haftung des Auftraggebers für die Verbindlichkeit des Dritten **Bürgschaftsrecht,** einschließlich der Vergünstigungen gem §§ 771, 774, 775.

Titel 21. Vergleich

§ 779 Begriff des Vergleichs, Irrtum über die Vergleichsgrundlage

(1) **Ein Vertrag, durch den der Streit oder die Ungewissheit der Parteien über ein Rechtsverhältnis im Wege gegenseitigen Nachgebens beseitigt wird**

(Vergleich), ist unwirksam, wenn der nach dem Inhalt des Vertrags als feststehend zugrunde gelegte Sachverhalt der Wirklichkeit nicht entspricht und der Streit oder die Ungewissheit bei Kenntnis der Sachlage nicht entstanden sein würde.

(2) **Der Ungewissheit über ein Rechtsverhältnis steht es gleich, wenn die Verwirklichung eines Anspruchs unsicher ist.**

Lit.: Althammer, Die Bindung des Rechtsnachfolgers an den vom Rechtsvorgänger abgeschlossenen Prozessvergleich, JZ 2019, 286; Bork, Der Vergleich, 1988; Häsemeyer, Zur Doppelnatur des außergerichtlichen Vergleichs usw, ZZP 108, 289; Danwerth, Gestaltung von Vergleichen mit Gesamtwirkung zugunsten aller Gesamtschuldner, NJW 2017, 2869; Fischer, Der unvorteilhafte Vergleich, JuS 2006, 140; Krüger, Das unbekannte Risiko des zivilrechtlichen Vergleichs: Die steuerrechtlichen Folgen, NJW 2015, 203 ff.; Lang, Chancen und Risiken beim Abfindungsvergleich und der Kapitalisierung von Ansprüchen, VersR 2019, 385; Magnus, Die Wirkungen des Vergleichs im Musterfeststellungsverfahren, NJW 2019, 3177; Röß, Die Bindung der angemeldeten Verbraucher an einen Kollektivvergleich, NJW 2020, 2068; Schäfer, Das Abstraktionsprinzip beim Vergleich, 1992; Scholten, Merkpunkte bei der Abfindung von Personenschäden, NJW 2018, 1302; Weidlich, Typische Fehlerquellen bei der vergleichsweisen Regelung erbrechtlicher Ansprüche im gerichtlichen Verfahren, ZEV 2018, 242.

1. Allgemeines. a) Begriff des Vergleichs: **I Hs. 1. b) Vergleichszweck:** Neuregelung (Klarstellung) des streitigen (ungewissen) Rechtsverhältnisses im Wege gegenseitigen Nachgebens. **c) Bedeutung** von **I:** Legaldefinition des Vergleichs und Regelung eines **bes Unwirksamkeitsgrundes** (→ Rn. 16, 17). **d) Rechtsnatur.** Der Vergleich ist seiner Funktion nach **Feststellungsvertrag** (Larenz SchR I § 7 IV; einschr MüKoBGB/Habersack Rn. 31; BAG NJW 2005, 524: „nicht typischer Vertrag"). Inhaltlich ist er gegenseitiger (→ Rn. 12), regelmäßig nicht unmittelbar verfügender Vertrag (→ Rn. 13). **e) Sonderformen.** § 779 gilt für den Prozess- (→ Rn. 22), Schieds- (§ 1053 ZPO) und Anwaltsvergleich (§ 796a ZPO), uU für Schuldbestätigung (→ § 781 Rn. 20 [bb]), nicht aber für den bes geregelten Insolvenz- (§§ 217 ff. InsO.) und Schuldenbereinigungsplan (§§ 305 ff. InsO; der Insolvenzverwalter kann jedoch mit einzelnen Gläubigern einen Vergleich schließen, wenn dieser dem Zweck des Verfahrens nicht zuwiderläuft, BGHZ 208, 228 = NJW 2016, 1592). Öffentl-rechtlicher Vergleich: § 55 VwVfG; § 106 VwGO; § 54 SGB X (hierzu Sandner/Wittmann JuS 2020, 225). Das VSBG führt bei erfolgreicher Schlichtung zu einem gewöhnlichen privatrechtlichen Vergleich iSv § 779 BGB (statt vieler Gössl NJW 2016, 838, 840); einen Vergleich mit bes Bindungswirkung erlaubt § 611 ZPO (hierzu Magnus NJW 2019, 3177).

Randnummern: 1, 2, 3

2. Voraussetzungen des Vergleichs. a) Der Verfügung der Parteien unterliegendes Rechtsverhältnis. aa) Bestehende oder als bestehend behauptete **Rechtsverhältnisse** (iwS, BGH NJW 1972, 157) **jeder Art** können Vergleichsgegenstand sein; Bsp: Schuldverhältnisse, auch künftige, bedingte und betagte Ansprüche (BGH NJW 1972, 2265), Gestaltungsrechte (BGHZ 26, 236); Rechtsbeziehungen dinglicher, familien-, erb-, arbeits- und öffentl-rechtlicher Natur, auch gesellschaftliche und lediglich moralische Verpflichtungen. Bsp: Ein Rechtsverhältnis zwischen Eigentümer und Enteignungsberechtigtem besteht erst nach Einleitung des Enteignungsverfahrens, nicht schon vorher (BGHZ 59, 71; NJW 1972, 2265; str). **bb)** Die Parteien müssen **vergleichsfähig,** dh berechtigt sein, über das Rechtsverhältnis einen Vergleich zu schließen (vgl § 106 VwGO; § 101 SGG; BSG NJW 1989, 2565). Vergleichsfähigkeit **fehlt** bei Vergleich über Bestehen oder Gültigkeit der Ehe; über ges Unterhaltspflicht bei § 1614 (anders aber bei § 1585c); über das Erbrecht als solches (anders aber bei Vergleich über die Gültigkeit eines Testaments, arg §§ 2033, 2371); über Tariflohn (arg § 4 IV 1 TVG , str); über ges Mindesturlaub (BAG NZA 1990, 935); auch der Zedent, der trotz Abtretungsverbot gem § 354a HGB wirksam über die Forderung verfügt hat, kann keinen Vergleich mehr schließen (ihm bleibt nur Empfangs-, nicht Dispositionsbefugnis, BGH NJW 2009, 439 mN zum Streitstand). Zur Befugnis des Insolvenzverwalters, Vergleich auch zum

Nachteil der Gläubiger abzuschließen BAG ZIP 2008, 846. Ist Gegenstand des Vergleichs (entgegen hM, → Rn. 13) eine Verfügung, so muss die verfügende Ver-
6 gleichspartei **verfügungsbefugt** sein. **b) Streit oder Ungewissheit** über das Rechtsverhältnis (→ Rn. 4, 5). Umfang gleichgültig. Maßgebend ist die subj Beurteilung der Sach- und Rechtslage durch die Parteien und die Absicht, gerade die Unsicherheit zu beseitigen (OLG Koblenz NJW-RR 2018, 121). **aa) Streit** besteht,
7 wenn die Parteien gegensätzliche Rechtsstandpunkte vertreten. **bb)** Die **Ungewissheit** kann auf tatsächlichem oder rechtlichem Gebiet liegen. Der Umfang von Entschädigungsansprüchen (§§ 249 ff.; Art 14 III GG) ist idR ungewiss (arg § 287 ZPO). Der Ungewissheit steht nach **II** die **Unsicherheit der Rechtsverwirklichung** gleich. Bsp: bedingter Anspruch; Fehlen von Beweismitteln; unsichere Leis-
8 tungsfähigkeit des Schuldners bei Fälligkeit. **c) Gegenseitiges Nachgeben. Beide** Parteien müssen **einander** Zugeständnisse irgendwelcher Art (iwS) machen. Jedes auch nur geringfügige (BGHZ 39, 63) Nachgeben genügt, wirtschaftliche oder rechtliche Gleichwertigkeit der gegenseitigen Zugeständnisse wird nicht gefordert (BGH NJW 1964, 1787), Vorbehalt der Freiwilligkeit der Leistung („ohne Anerkennung einer Rechtspflicht") ist ohne Bedeutung. Bsp: Gläubiger gibt nach bei Teilerlass, Stundung, Bewilligung von Teilzahlung, Zinsherabsetzung, Nichtfortsetzung des Prozesses („Verzicht" auf rechtskräftiges Urteil), Vollstreckungsverzicht, Übernahme von Kosten; der Schuldner bei schriftlichem (Teil-) Anerkenntnis. Auf das streitige (ungewisse) Rechtsverhältnis braucht sich das Nachgeben nicht zu beziehen. Bsp: Verpflichtung zur Rücknahme einer Strafanzeige (OLG Frankfurt a. M. MDR 1975, 584) oder eines Strafantrags (zulässig: BGH NJW 1970, 900). **Einseitiges** Nachgeben genügt nicht (dann uU §§ 397, 781). Deshalb kein Vergleich (nur einseitige „Abrechnung"), wenn der Schädiger (Haftpflichtversicherung) einen geringeren als den vom Geschädigten geforderten Betrag zahlt und dieser sich damit zufriedengibt (BGH NJW 1970, 1124; KG MDR 1970, 232, str; aA Leuchte MDR 1970, 192
9 mN, differenzierend OLG München NJW 1969, 1306). **d)** Der Vergleich unterliegt grundsätzlich keiner **Form,** außer er enthält formbedürftige Verpflichtungen oder Verfügungen (zB §§ 311b I 1, II, III, 766 S. 1, 925 I, 2033 I 2, 2371). Der nach §§ 159 ff. ZPO formgerecht beurkundete Prozessvergleich (→ Rn. 22) ersetzt jede erforderliche Form (§§ 127a; 925 I 3); Vergleich nach § 278 VI 1 Var. 2 ZPO setzt Schriftsatzform voraus und kann nicht durch protokollierte Erklärungen ersetzt werden (BGHZ 206, 219, im konkreten Fall aber keine Berufung auf Formmangel wegen widersprüchlichen Verhaltens; hierzu Cordes MDR 2016, 64 [für analoge
10 Anwendung von § 127a]). **e) Legitimation** bestimmter Vertreter und Amtsträger: § 1822 Nr. 12; §§ 49, 54, 55 HGB; 81, 83 ZPO; 160 II Nr. 3 InsO. **f)** Für die **Auslegung** gelten §§ 133, 157, 242. Eine in einem Vergleich über Unfallfolgen enthaltene (vorbehaltslose) **Abfindungserklärung** (Verzicht auf künftige Ansprüche) kann **einschr** auszulegen sein, wenn die Parteien bei Vertragsschluss von einem beschränkten Schadenskreis ausgegangen sind und nachträglich nicht vorhersehbare **Spätschäden** eintreten (BGH LM Nr. 8, 10; Klimke VersR 1975, 686 mN). Hierzu auch → Rn. 20, 21.

11 **3. Rechtsfolgen. a) Bindungswirkung.** Der Vergleich bewirkt idR keine **Umschaffung** (Novation) des bisherigen Rechtsverhältnisses, nur Neuregelung und bindende Feststellung (BGH NJW 2010, 2652; NJW 2002, 1503 mN); gilt grundsätzlich auch für Prozessvergleich (BGH WM 2003, 1582; WM 2009, 1619); anders nur bei entspr Vereinbarung (selten), zB bei verjährtem Anspruch (BGH NJW-RR 1987, 1427; nach § 202 möglich auch bloße Fristverlängerung nach eingetretenem Fristablauf, → § 202 Rn. 2). Die Rechtsnatur der bisherigen Schuld bleibt daher erhalten, Sicherungsrechte bestehen fort; ein vergleichsweise abgegebenes Anerkenntnis ist idR kausal (→ § 782 Rn. 3). Der Rückgriff auf frühere (uU auch künftige) Ansprüche, Einwendungen und Einreden ist **ausgeschlossen,** soweit sie durch den Vergleich erledigt sind (Auslegungsfrage; → Rn. 10 [f]). Bei Gesamtschuld hat Vergleich eines Schuldners mit dem Gläubiger bzgl Erlass nur Einzelwir-

kung (§ 423); Gesamtwirkung kann im Einzelfall bestehen, wenn Schuldner im Innenverhältnis allein verantwortlich ist u Gläubiger dies weiß (BGH NJW 2000, 1942; NJW 2012, 1071; krit mwN Danwerth NJW 2017, 2872). **b) Verpflich-** 12
tungswirkung. Soweit der Vergleich beiderseitige Verpflichtungen enthält (Bsp: Zahlung, Warenlieferung, Unterlassung von Wettbewerb, Vornahme einer Prozesshandlung), stehen diese im Austauschverhältnis (Grund: → Rn. 8), so dass §§ 320 ff. anwendbar sind (BGHZ 16, 392, hM; einschr MüKoBGB/Habersack Rn. 36; Häsemeyer ZZP 108, 307 [310]). **c) Verfügungswirkung.** Im Vergleich „enthaltene" 13
Verfügungen (Begriff: → Vor § 104 Rn. 10; Bsp: Abänderung von Rechten und Pflichten, Erlass, Verzicht, Stundung, Anerkenntnis) sind nicht dessen Teil, sondern nur äußerlich mit ihm zusammentreffende Erfüllungsakte; es gilt grundsätzlich das Abstraktionsprinzip (so hM, zB Grüneberg/Sprau Rn. 21; Schäfer aaO S. 96 ff., 225 ff.; Stadler, Gestaltungsfreiheit und Verkehrsschutz durch Abstraktion, S. 17; MüKoBGB/Habersack Rn. 35; Bork, aaO S. 139 f.). Folgen bei Unwirksamkeit: Für die im Vergleich vorgenommenen Verfügungen gilt stets § 812 (so hM; s. MüKoBGB/Habersack Rn. 35 mN; Schäfer aaO S. 86 ff., 101 ff.), nicht § 139.
d) Unmittelbar **prozessbeendende Wirkung** hat nur der Prozessvergleich 14
(→ Rn. 22), nicht der außergerichtliche, auch nicht bei Verpflichtung zur Klagerücknahme (sie gewährt dem Beklagten nur eine exceptio doli processualis gegen den weiterprozessierenden Kläger [RGZ 142, 2; sa BAG NJW 1982, 788 f.]). Klage oder Rechtsmittel sind dann als unzulässig abzuweisen bzw zu verwerfen (BGH NJW 2019, 2479; NJW 2002, 1503). Zur Beendigung des Schiedsverfahrens durch Vergleich: Bilda DB 2004, 171.

4. Unwirksamkeit und Fehlerhaftigkeit des Vergleichs. Die nachfolgenden 15
Unwirksamkeitsgründe (Mängel) schließen einander nicht aus. **a)** Für die **Nichtigkeit** des Vergleichs gelten die allg Vorschriften (§§ 134, 138, 311b IV; § 1 GWB [dazu BGHZ 65, 150] § 134 InsO [dazu BGH WM 2007, 708]). Kommt es für die **Sittenwidrigkeit** auf ein auffälliges Missverhältnis zwischen Leistung und Gegenleistung an (vgl § 138 II), so ist nicht die Höhe der beiderseits übernommenen Verpflichtungen, sondern das Ausmaß des beiderseitigen Nachgebens maßgebend (BGH NJW 1999, 3113; → § 138 Rn. 21). Der Vergleich ist nicht schon deshalb nichtig, weil er die Rechtsfolgen eines nichtigen Ausgangsgeschäfts regelt (BGH NJW-RR 1989, 1143); zum Vergleich über einen sittenwidrigen Vertrag s. BGH NJW 1989, 40 mN. **b) Unwirksamkeit.** Der **Vergleichsirrtum (I Hs. 2)** stellt 16
einen Sonderfall des Fehlens der (subj) Geschäftsgrundlage dar (neuere Ansicht, BGH WM 1971, 1121; WM 1975, 566; MüKoBGB/Habersack Rn. 63 f., str), sa § 313 II. **Voraussetzungen: aa) Gemeinsamer Grundlagenirrtum:** (Subj) Vergleichsgrundlage und (obj) Wirklichkeit fallen auseinander. **Vergleichsgrundlage** ist der von den Parteien dem Vergleich „als feststehend zugrundegelegte Sachverhalt". Gegensatz dazu: der durch den Vergleich zu regelnde streitige Sachverhalt (Vergleichsgegenstand) einerseits, die Vergleichsregelung selbst andererseits (BGH NJW 2007, 838 mN). **Als feststehend zugrundegelegt** sind diejenigen Umstände des Sachverhalts, die die Parteien übereinstimmend (Erkennbarkeit aus dem Sinn ihrer Erklärungen maßgebend) als unstr oder gewiss ansehen und sich deshalb **außerhalb** des Streits und der Ungewissheit (BGH NJW-RR 2008, 644; NJW 2003, 3193; → Rn. 6, 7) befinden. **Sachverhalt** (iwS zu verstehen) umfasst sowohl tatsächliche als auch rechtliche Verhältnisse im Zeitpunkt des Vergleichsschlusses. Ein Irrtum über **Zukunftserwartungen** ist kein Sachverhaltsirrtum (BGH JZ 1963, 129; NJW 1985, 1835; NJW 1984, 1746; NJW-RR 1986, 946 mN; aA BeckOGK/Hoffmann Rn. 103), kann aber die Geschäftsgrundlage betreffen (→ Rn. 20). Ein Irrtum über den Sachverhalt iSv I kann (unter den weiteren Voraussetzungen) sowohl **Tatsachen-** als auch **Rechtsirrtum** sein (zB Jahreseinkommen bei Unterhaltsvergleich: OLG Schleswig SchlHA 2000, 61; einschr hM: Rechtsirrtum nur, soweit er auf einer Fehleinschätzung von Tatsachen beruht [BGH NJW-RR 2021, 84 Rn. 38 „gewisser Zusammenhang auch mit tatsächlichen Fragen"; LM Nr. 3, 14, 24], nicht

dagegen der reine Rechtsirrtum [BGH NJW-RR 2021, 84; NJW-RR 2008, 644 mN; anders BGH MDR 1982, 664 für BEG; Tiedtke EWiR 2003, 213 mN]). Bsp: Irrtum über Vertragswirksamkeit (BGH NJW 1981, 2803 offenlassend). Die Abgrenzung ist jedoch schwierig, großzügiger zu Recht MüKoBGB/Habersack Rn. 65. Ist Grundlage des Vergleichs ein Gutachten, so begründet die Möglichkeit, dass ein anderer Gutachter zu einem anderen Ergebnis kommen könnte, keinen Einwand nach I (OLG Hamm BeckRS 2018, 17771 Rn. 17). Irrtum über streitige Umstände, die gerade durch den Vergleich bereinigt werden sollen, führt nicht zur Anwendbarkeit des § 779 (BGH NJW-RR 2008, 644; NJW 2000, 2497; OLG
17 Hamm VersR 2009, 532). **bb) Irrtum über streitausschließenden Umstand:** Bei Kenntnis der Sachlage wäre der (die) konkrete, vergleichsweise beseitigte Streit (Ungewissheit) nicht entstanden (BGH NJW 1986, 1349 mN; BAG NZA 1988, 466). Anderer Irrtum: → Rn. 18, 19. – **Rechtsfolge:** Der Vergleich ist ohne weiteres unwirksam (→ Rn. 20 gilt nicht). Bei **teilw** Unwirksamkeit (zB bei Irrtum über teilw streitausschließenden Umstand, RGZ 114, 121) ist § 139 zu beachten.
18 **c) Anfechtung** des Vergleichs. **aa)** Anfechtung nach **§ 119 I, II** ist mit der Einschränkung möglich, dass ein Irrtum über einen Punkt ausscheidet, der Gegenstand des (der) durch den Vergleich beseitigten Streits (Ungewissheit) ist (BGH NJW
19 1983, 2035). Grund: → Rn. 11. **bb)** Für die Anfechtung wegen **Täuschung oder Drohung** (§ 123) gilt diese Einschränkung nicht (BGH NJW-RR 1986, 1259). Bei einem Vergleich zur Bereinigung einer durch Täuschung entstandenen Lage ist der Kausalzusammenhang zwischen Täuschung und Vergleichsschluss idR schon dann gegeben, wenn die getäuschte Partei von einem zu geringen Ausmaß der Täuschung ausgegangen ist (BGH LM Nr. 4 zu § 123). Drohung kann auch von Drittem ausgehen, auf § 123 II kommt es nicht an (BGH NJW 1966, 2399; BAG NZA 2010,
20 1250, 1253). **d)** § 313 I, II (Fehlen und Wegfall der **Geschäftsgrundlage**) ist dann auch anwendbar, wenn die Voraussetzungen des I (→ Rn. 16, 17) nicht vorliegen (zum fr Recht: BGH NJW 1984, 1747; NJW-RR 1994, 435; OLG Köln NJW 1994, 3237). Bsp: Irrtum über künftige Ereignisse (einschränkend bei Abfindungsvergleich über Schmerzensgeldforderung: OLG Koblenz NJW 2004, 782); Risikoverteilung künftiger Veränderungen ist primär durch Auslegung zu ermitteln (BGH NJW-RR 2008, 649); über künftige Entwicklung bei Schadensregulierung (BGH LM Nr. 31; → Rn. 21); reiner Rechtsirrtum (BGHZ 25, 394; 58, 362; MDR 1982, 664 – Fortbestand bestimmter Rspr; aber → Rn. 16); Irrtum über nicht
21 streitausschließenden Umstand (BGH LM Nr. 24). **e)** Das Festhalten am Vergleich kann uU (strenge Anforderungen) **unzulässige Rechtsausübung** sein. Die Rspr gibt beim **Abfindungsvergleich** einen Nachforderungsanspruch, wenn nicht vorhersehbare Spätschäden auftreten und ein krasses Missverhältnis zwischen Schaden und Abfindungssumme besteht (BGH NJW 1984, 115 f.; NJW 1991, 1535; OLG Koblenz NJW-RR 2008, 315; ähnlich BAG BB 1970, 925; krit Grüneberg/Sprau Rn. 12 mN; → Rn. 10).

22 **5. Prozessvergleich.** Er ist stets ein Prozessvertrag, denn er beendet den Rechtsstreit („Beilegung des Rechtsstreits", § 794 I Nr. 1 ZPO). Regelt er, wie meistens, auch die materiellrechtlichen Beziehungen der Parteien bzgl des Streitgegenstands, so ist er *auch* materiellrechtlicher Vergleich iSv § 779. Daher hat er idR eine **Doppelnatur** (BGHZ 206, 219 Rn. 12; NJW 2000, 1943; BAG NJW 1983, 2213; BSG NJW 1989, 2565; BVerwG NJW 1994, 2306 f.; stRspr und hM). Wird er unter Widerrufsvorbehalt abgeschlossen, so ist idR der *Nicht-Widerruf* in der vereinbarten Frist die aufschiebende Bedingung dafür, dass der Vergleich wirksam wird (BGHZ 88, 366 ff. mN; Scharpenack MDR 1996, 883 ff.). Wegen seiner Doppelnatur kann der Prozessvergleich aus materiell- oder aus prozessrechtlichen Gründen **unwirksam** *(nichtig)* sein, zB bei Nichtbeachtung der Form, nach §§ 134, 138 oder bei Unwirksamkeit nach § 779 (→ Rn. 16, 17). Ist die materiellrechtliche Seite von Anfang an nichtig oder entfällt sie durch Anfechtung (OLG Hamm NJW-RR 2016, 1412), Widerruf oder Rücktritt (insoweit str, BAG MDR 2016, 595; sa BAG NJW

2015, 1198 zu den Rücktrittsvoraussetzungen; aA kein Wegfall der prozessbeendigenden Wirkung bei Rücktritt OLG München MDR 2015, 609 [unter Verweis auf arbeitsrechtl Besonderheiten der BAG-Rspr]), so entfällt auch die Prozessbeendigung; ist die prozessuale Seite unwirksam (tritt also keine Prozessbeendigung ein), so kann der Vergleich gem §§ 140, 139 als materiellrechtlicher (§ 779) erhalten bleiben (BVerwG NJW 1994, 2307). Über die Unwirksamkeit des Vergleichs ist idR im alten Prozess zu entscheiden (OLG München MDR 2015, 609, hM vgl Musielak/Voit/Lackmann, ZPO, § 794 Rn. 21; sa BGH NJW 2011, 2142: ausnahmsweise neue Klage, wenn Ausgangsverfahren rechtskr abgeschlossen). Streit über **Auslegung** des Prozessvergleichs ist in einem neuen Verfahren auszutragen (BGH NJW 1977, 583). Berichtigung des Vergleichs durch Beschluss entsprechend § 319 ZPO ist nicht möglich (BAG NJW 2009, 1161); die partiell fehlende Geschäftsfähigkeit einer Partei hindert bei Vertretung durch den Anwalt die Wirksamkeit des Vergleichs nicht (OLG Hamm VersR 2009, 532).

Titel 22. Schuldversprechen, Schuldanerkenntnis

§ 780 Schuldversprechen

[1]Zur Gültigkeit eines Vertrags, durch den eine Leistung in der Weise versprochen wird, dass das Versprechen die Verpflichtung selbständig begründen soll (Schuldversprechen), ist, soweit nicht eine andere Form vorgeschrieben ist, schriftliche Erteilung des Versprechens erforderlich. [2]Die Erteilung des Versprechens in elektronischer Form ist ausgeschlossen.

§ 781 Schuldanerkenntnis

[1]Zur Gültigkeit eines Vertrags, durch den das Bestehen eines Schuldverhältnisses anerkannt wird (Schuldanerkenntnis), ist schriftliche Erteilung der Anerkennungserklärung erforderlich. [2]Die Erteilung der Anerkennungserklärung in elektronischer Form ist ausgeschlossen. [3]Ist für die Begründung des Schuldverhältnisses, dessen Bestehen anerkannt wird, eine andere Form vorgeschrieben, so bedarf der Anerkennungsvertrag dieser Form.

Anmerkungen zu den §§ 780, 781

Lit.: Albers, Das nicht so abstrakte Schuldversprechen, JZ 2018, 115; Baumann, Das Schuldanerkenntnis, 1992; Dastis, Examenswissen zum Schuldanerkenntnis, JuS 2018, 330; Ehmann, Schuldanerkenntnis und Vergleich, 2005; ders., Das Schuldanerkenntnis, WM 2007, 329; Kübler, Feststellung und Garantie, 1967; Marburger, Das kausale Schuldanerkenntnis als einseitiger Feststellungsvertrag, 1971; Wellenhofer-Klein, Das Schuldanerkenntnis – Erscheinungsformen und Abgrenzungskriterien, Jura 2002, 505.

1. Allgemeines. a) Anwendungsbereich. Die §§ 780–782 gelten nur für das 1
abstrakte Schuldversprechen und **-anerkenntnis** (→ Rn. 4–14), nicht für weitere Formen vertraglicher oder einseitiger Forderungsbestätigung, die zT ähnliche
Zwecke verfolgen (iE str, → Rn. 16). **b) Abgrenzung.** Von den Verträgen der 2
→ Rn. 4 ff. sind zu unterscheiden: **aa) Kausaler Schuldanerkenntnisvertrag** (→ Rn. 15–20). **bb) Einseitiges Schuldanerkenntnis:** Einseitige, nichtrechtsgeschäftliche Erklärung des Schuldners, die den Gläubiger von sofortigen Maßnahmen (zB Beweissicherung) abhalten oder ihm den Beweis erleichtern soll. Es lässt gem § 212 I Nr. 1 die Verjährung erneut beginnen, ist als Beweismittel zu würdigen (§ 286 ZPO) und kann nach Widerruf (keine Bindung des Anerkennenden) uU zur Umkehr der Beweislast führen; Entkräftung durch Beweis der Unrichtigkeit ist möglich (BGHZ 66, 254 f.; NJW 1984, 799; NJW 2009, 580). Bsp: → Rn. 25,

27. Tatsachen-Bestätigungen in AGB sind idR unwirksam, § 309 Nr. 12 Buchst b.
3 **cc) Negatives Schuldanerkenntnis:** § 397 II. **dd) Prozessuales Anerkenntnis:** § 307 ZPO; reine Prozesshandlung. **ee) Öffentl.-rechtliches Anerkenntnis** (sa § 54 VwVfG) bezieht sich nur auf öffentl-rechtliche Ansprüche (iE BGHZ 102, 347 ff.).

4 **2. Abstraktes (selbstständiges, konstitutives) Schuldversprechen(-anerkenntnis). a) Allgemeines. aa) Begriff.** Schuldversprechen und Schuldanerkenntnis sind einseitig verpflichtende Verträge, durch die der Schuldner dem Gläubiger gegenüber unabhängig vom Schuldgrund eine Leistung verspricht (Fall des § 780) bzw eine Schuld als bestehend anerkennt (Fall des § 781). Übergang fließend (Formulierung maßgebend), Unterscheidung erübrigt sich im Hinblick auf die übereinstimmende Regelung. Der in § 781 fehlende Nachsatz „… in der Weise …, dass das Anerkenntnis die Verpflichtung selbstständig begründen soll …" ist nach allgM
5 zu ergänzen (Erman/Wilhelmi Vor § 780 Rn. 1a). **bb) Zweck:** Erleichterung der Rechtsverfolgung für den Gläubiger (→ Rn. 10; §§ 253 II Nr. 2, 592, 794 I Nr. 5, 800 ZPO), Klarstellung (Festlegung) von zweifelhaften Forderungen (→ Rn. 11; OLG Frankfurt BeckRS 2021, 34571) und damit Sicherheit des Rechtsverkehrs (BGHZ 121, 4); ggf aber auch nur tatsächliche Erklärung über Erfüllungsbereitschaft
6 (BGH WM 2015, 1154). **cc) Rechtsnatur.** Streng einseitig verpflichtende, abstrakte Verträge (vgl MüKoBGB/Habersack § 780 Rn. 13 f. mN; krit Kübler aaO S. 90 ff.); als gegenseitiger Vertrag (§§ 320 ff.) nicht möglich (aber → Rn. 7). **dd) Gegenstand.** Jede Leistung (Regelfall: Geldleistung) – auch an Dritten – bzw
7 jedes Schuldverhältnis. **b) Voraussetzungen. aa)** Die **vertragliche Einigung** der Parteien muss auf die Begründung von Rechtsfolgen iSd → Rn. 10 gerichtet sein. Trotz der mit ihr verbundenen ungünstigen Beweislast (→ Rn. 14) ist Vereinbarung idR auch mittels **AGB** möglich und wird von Kreditinstituten regelmäßig verwendet (BGHZ 99, 285; 114, 12; 150, 294 [Kreditkartengarantie]; NJW 1992, 972 mN; str; Grund: nach hM kein Fall von § 307 II Nr. 1 oder § 309 Nr. 12, stRspr BGHZ 99, 274; 114, 9, 12; NJW-RR 2017, 241; Grüneberg/Grüneberg, § 309 Rn. 107; aA Stürner JZ 1977, 431 u. 639; → Rn. 23). Feststellung eines entspr Verpflichtungswillens (ggf neben Grundverpflichtung) ie schwierig. Er ist aus dem Wortlaut der Erklärung, dem Zweck der Vereinbarung, der Interessenlage und sonstigen erkennbaren Umständen zu ermitteln (BGH NJW-RR 2015, 950; NJW-RR 1995, 1391 f.; NJW 1999, 574; NJW 1996, 1458; OLG Brandenburg WM 2007, 1879; OLG Köln NJW-RR 2003, 819 [Abgrenzung zur bloßen Auskunft durch Versicherer]; → § 133 Rn. 8). Dabei dürfen auch außerhalb der Urkunde liegende Umstände berücksichtigt werden, zB Vorverhandlungen, Veranlassung (zur Bindungswirkung einer vereinbarten Brautgabe OLG Stuttgart NJW-RR 2008, 742 mN). Nichterwähnung des Verpflichtungsgrundes spricht für ein selbstständiges Schuldversprechen (aber nicht zwingend; BGH NJW-RR 2015, 950; NJW 1999, 574). Genaue Bezeichnung des Schuldgrundes führt idR zur Annahme eines lediglich kausalen Schuldversprechens (BGH NJW 2002, 1792; OLG Saarbrücken MDR 2002, 1360; OLG Brandenburg WM 2003, 134); pauschale Nennung desselben kann dagegen auch bei abstraktem Schuldversprechen erfolgen (BGH BB 1962, 1222); Angabe eines fingierten Kausalverhältnisses spricht für selbstständige Verpflichtung (BGH NJW 1980, 1159; → Rn. 17). Grundsätzlich sind **Bedingung und Befristung** möglich (Grüneberg/Sprau § 780 Rn. 2). Das Schuldversprechen kann auch davon abhängig gemacht werden (§ 158 I), dass der andere Teil eine Gegenleistung erbringt (BGHZ 124, 269; MüKoBGB/Habersack § 780 Rn. 14 aE), jedoch ist es wegen des abstrakten Charakters (→ Rn. 6) nicht möglich, das Schuldversprechen selbst synallagmatisch auszugestalten (MüKoBGB/Habersack § 780 Rn. 14; BeckOK/Gehrlein § 780 Rn. 8). Ein abstraktes Schuldversprechen ist auch **zugunsten Dritter** möglich, Selbstverpflichtung von Banken, ein Girokonto für jedermann einzuführen erfüllt diese Voraussetzungen jedoch nicht (Koch
8 WM 2006, 2242 mN). **bb)** Die **Form** bezweckt außer Beweissicherung und

Rechtsklarheit nach Mindermeinung auch Übereilungsschutz (zutr Dehn WM 1993, 2116 ff.; Larenz/Canaris II/2 § 61 I 1b gegen BGHZ 121, 4 f. mN, MüKoBGB/Habersack § 780 Rn. 21 → Vor § 414 Rn. 2). Die Erklärung des Schuldners (nicht auch des Gläubigers, OLG Koblenz NJW-RR 2010, 861) bedarf der Schriftform nach § 126 I (elektronische Form, §§ 126 III, 126a I, ist ausgeschlossen, §§ 780 S. 2, 781 S. 2); sie muss dem Gläubiger zugehen (§ 130; „Erteilung" wie → § 766 Rn. 4, dh Zugang der Urkunde). **Ausnahme** vom Formerfordernis: § 782, ferner § 397 II, §§ 350, 351 HGB. Formfrei möglich ist auch der Schuldbeitritt (BGHZ 121, 4, str; → Vor § 414 Rn. 2). **Strengere Formerfordernisse** (zB §§ 311b I 1, III, 518 I 2 [Bsp: BGH NJW 1980, 1159; zur Abgrenzung ggü. der causa der Mitgliedschaft in einem Idealverein BGH WM 2008, 447], 2301) bleiben unberührt, **§ 781 S. 3;** dann bedarf der Versprechens-(Anerkennungs-)**vertrag** insges der weitergehenden Form. Ist diese (zB gem § 311b I I) allerdings bereits beim Kausalgeschäft gewahrt, gilt § 781 S. 3 für die Annahmeerklärung nicht (s. Hüffer JR 1988, 240); jedenfalls wäre Berufung auf etwaigen Formmangel idR treuwidrig (BGH NJW 1988, 131). Aufrechterhaltung eines sonstigen (form-)nichtigen abstrakten Leistungsversprechens im Wege der **Umdeutung** (§ 140) als Schuldversprechen(-anerkenntnis) uU möglich (selten, → Rn. 24). **cc) Ges Vertreter** (§§ 1629, 9
1680, 1793) bedürfen nicht der Genehmigung des Vormundschaftsgerichts (§ 1822 Nr. 9, 10 treffen nicht zu), die Verpflichtung Minderjähriger unterliegt aber der beschränkten Haftung (s. §§ 1629a, 1793 II). **dd) Keine** Voraussetzung ist das Bestehen oder die Wirksamkeit eines Grundverhältnisses (**Abstraktion;** aber → Rn. 13 f.). Für Streitigkeit aus Schuldanerkenntnis bestimmt sich jedoch funktionelle Zuständigkeit nach dem anerkannten Anspruch (KG MDR 2021, 557; BeckRS 2020, 47154 je für § 72a GVG). **c) Rechtsfolgen. aa)** Die **schuldbegrün-** 10
dende („konstitutive") **Wirkung** besteht in der Schaffung einer vom Rechtsgrund gelösten (→ Rn. 6) **selbstständigen Verpflichtung** (neue Anspruchsgrundlage), wobei sich der anspruchsbegründende Tatbestand in dem schriftlichen (→ Rn. 8) Leistungsversprechen erschöpft. Ist das Versprechen zur **Schuldverstärkung** gegeben (Regelfall), tritt der neue Anspruch zusätzlich **neben** den (gesicherten) Anspruch aus dem Grundverhältnis (§ 364 II); ist **Schuldersetzung** gewollt (selten), wird das ursprüngliche Schuldverhältnis beseitigt oder umgeschaffen (Novation). Der Anspruch unterliegt selbstständiger **Verjährung** (§ 195; bei Anerkenntnis in vollstreckbarer Urkunde: § 197 I Nr. 4), auch bei kürzerer Verjährung des Grundanspruchs (BGH NJW 1982, 1810 mN); soweit notariell beurkundetes abstraktes Schuldversprechen der Sicherung einer Forderung dient, kann Schuldner nach deren Verjährung nicht Herausgabe der Sicherheit nach § 812 II verlangen, § 216 II 1 gilt analog (BGHZ 183, 169 mAnm Jacoby JZ 2010, 464; iE Kreihenbohm/Niedenstetten WM 2008, 718). Vereinbarung ist möglich (→ § 202 Rn. 1, 2; Schmid-Burgk/Ludwig DB 2003, 1048). Die Verjährung des alten Anspruchs beginnt auf Grund des Schuldanerkenntnisses erneut (§ 212 I Nr. 1), bei bereits eingetretener Verjährung gilt § 214 II 2 (BGH NJW-RR 1986, 649 zum gleichlautenden § 222 II 2 aF).
bb) Umkehr der Beweislast (→ Rn. 14). **cc) Ausschlusswirkung.** Einwendun- 11
gen und Einreden gegenüber der ursprünglichen Forderung können durch Vereinbarung der Parteien ausgeschlossen werden. Eine dahingehende Einigung (meist Auslegungsfrage) ist anzunehmen, wenn die Parteien durch das Leistungsversprechen **ohne Rücksicht** auf das Bestehen der fr Schuld eine klare Rechtslage für die Zukunft schaffen wollten (BGH BB 1962, 1222; WM 1970, 1459; WM 1976, 909; → Rn. 19). **d) Unwirksamkeit und Geltendmachung der Unrichtigkeit.** 12
aa) Unwirksamkeit des abstrakten Vertrags. In Frage kommen Mängel des Entstehungstatbestands (→ Rn. 7–9; zB §§ 104 ff.; 119 ff., auch 779 entspr, 126 iVm 125 S. 1) und inhaltliche Mängel (§§ 134, 138 [selten; Bsp: OLG Koblenz NJW-RR 2003, 1559, krasse Überforderung; OLG Schleswig NJW 2005, 225: Missbrauch der Beweislastumkehr; → Rn. 13], 226, 826, 242, 307 II Nr. 1). **bb) Mängel des** 13
Grundgeschäfts berühren grundsätzlich die Wirksamkeit des abstrakten Leistungsversprechens nicht (→ Rn. 6, 10). **Ausnahmen:** §§ 656 II, 762 II (→ § 762

Rn. 8); entspr Anwendung auf Fälle von §§ 134, 138 str (vgl Albers JZ 2018, 114, 121 mN; MüKoBGB/Habersack § 780 Rn. 53 f. mN; Staudinger/Hau § 780 Rn. 30; dagegen Grüneberg/Sprau § 780 Rn. 9). Bsp für § 138 I: BGH NJW 1987, 2014. Ein Widerruf nach §§ 312 ff erforderte mangels Entgeltlichkeit bzw. infolge Abstraktion weite Auslegung des Preisbegriffs bzw. analoge Anwendung und ist, nachdem BGH auch Anwendung auf Bürgschaft verneint, abzulehnen (→ § 312
14 Rn. 6; großzügiger noch Staudinger/Hau § 780 Rn. 29 mNw). **cc) Rückforderung wegen ungerechtfertigter Bereicherung. Grundsatz:** Ist das Schuldversprechen(-anerkenntnis) zu Unrecht erteilt (die anerkannte [zu sichernde] Forderung bestand nicht (OLG Frankfurt BeckRS 2020, 34571 Rn. 38); ihr stehen Einwendungen entgegen; Zweck des Anerkenntnisses wurde iSv § 812 I 2 Var. 2 verfehlt [BGH NJW-RR 1990, 827]), kann Schuldner Befreiung von der eingegangenen Verbindlichkeit verlangen (§ 812 II) bzw dem Anspruch des Gläubigers die Bereicherungseinrede (§ 821) entgegenhalten (→ § 821 Rn. 1). § 216 II findet auf das abstrakte Schuldversprechen bei Grundschuldbestellung entsprechende Anwendung, wenn gesicherter Anspruch verjährt ist (BGH NJW 2010, 1144; aA OLG Brandenburg OLG-Report 2009, 62); Fuchs EWiR 2008, 167; krit auch Kaiser NJW 2010, 1148). Das Schuldversprechen(-anerkenntnis) bewirkt damit iE eine Umkehr der **Beweislast** (Schuldner ist für die Voraussetzungen von §§ 812 II, 821 darlegungs- und beweisbelastet; hM). § 309 Nr. 12 steht nach hM nicht entgegen (→ Rn. 7). Bereicherungsanspruch(-einrede) ist unabhängig davon, ob das Schuldversprechen(-anerkenntnis) – wie idR – nur erfüllungshalber (§ 364 II) oder an Erfüllungs Statt (§ 364 I) erteilt war (→ Rn. 10), andere Auslegung aber möglich. **Ausnahmen:** Die Kondiktion ist **ausgeschlossen** bei §§ 214 II 2 (→ Rn. 10), 814 sowie einem vertraglich vereinbarten (Auslegung!) Einwendungsausschluss (→ Rn. 11).

15 **3. Kausales (bestätigendes, „deklaratorisches") Schuldanerkenntnis (-versprechen). Allgemeines.** Es ist ein verkehrstypischer (§ 311 I; BGH 104, 24) **schuldbestätigender** Vertrag (OLG Brandenburg BeckRS 202, 17301 Rn. 33), §§ 780–782 gelten nicht (→ Rn. 1, 16). Sein **Zweck** besteht idR darin, das Schuldverhältnis insgesamt oder in bestimmten Beziehungen dem Streit oder der Ungewissheit zu entziehen und (insoweit) endgültig festzulegen (BGHZ 66, 254; 98, 166 mN; NJW 1995, 961; NJW 1998, 306 f.). Die Bezeichnung „deklaratorisch" ist daher eigentlich irreführend (→ Rn. 19). Seiner **Rechtsnatur** nach ist es kausaler Feststellungsvertrag (BGHZ 98, 166 f. mN; MüKoBGB/Habersack § 781 Rn. 3 mN; weitergehend Häsemeyer ZZP 108, 309 ff.: vergleichsähnliche Doppelnatur
16 → Rn. 20 [bb]). **b) Voraussetzungen. aa)** Die **formfrei** gültige (MüKoBGB/Habersack § 781 Rn. 3, 6 mN, hM; aA: § 781 entspr; Pawlowski JZ 1968, 401, 404; Baumann, Schuldanerkenntnis, 1992, S. 243 ff.) **Einigung** ist nicht auf die Begründung einer neuen, selbstständigen Forderung, sondern auf Bestätigung der alten gerichtet, die auf eine sichere Grundlage gestellt werden soll. Die Abgrenzung zum abstrakten Leistungsversprechen einerseits (→ Rn. 7), zum einseitigen Anerkenntnis (→ Rn. 2) andererseits ist schwierig (→ Rn. 21 ff.), vgl OLG Stuttgart NJW 2019, 2708 Rn. 73: „Bestehen der … Forderung wird anerkannt" spricht für nur deklaratorisches Versprechen; Regulierungszusage von Haftpflichtversicherer ist idR deklaratorisches Anerkenntnis im Namen des Versicherungsnehmers (OLG Schleswig NJW-RR 2019, 1001). Bestehende Ungewissheit bzw. Streit über Forderung muss Anlass sein (OLG Brandenburg BeckRS 2021, 12643 Rn. 24), daher sind Prüfung von Rechnung und Bezahlung kein Schuldanerkenntnis (BGH NJW-RR 2007, 530); ebenso wenig ist Übersendung von Abrechnungsschreiben eine
17 darauf gerichtete Willenserklärung (OLG Dresden BeckRS 2020, 16859). **bb)** Das **bestätigte Schuldverhältnis** braucht zwar nicht obj (unstr), muss aber „möglicherweise" bestehen (BGHZ 66, 254; 98, 167; bei Nichtbestehen uU konstitutive Wirkung, → Rn. 19). Es muss der Dispositionsbefugnis der Parteien unterliegen;
18 Schranken: §§ 134, 138 (BGHZ 104, 24). **c) Rechtsfolgen. aa) Schuldbestärkende** („deklaratorische") **Wirkung.** Das kausale Schuldanerkenntnis erzeugt **kei-**

nen neuen, selbstständigen Anspruch, Anspruchsgrundlage bleibt die ursprüngliche Forderung (BGH NJW-RR 1988, 963), jedoch wird dem Gläubiger die Rechtsverfolgung uU über eine **Beweislastumkehr** hinaus erleichtert. Die für das anerkannte Schuldverhältnis geltende **Verjährung** bleibt maßgebend (BGH NJW 1992, 2228; sa BGH EWiR 2003, 101). Erneuter Beginn der Verjährung gem § 212 I Nr. 1 tritt im Rahmen des Anerkenntnisses ein (BGH NJW 1992, 2228). Außerhalb der Wirkung nach § 212 I Nr. 1 kann uU die Verjährungseinrede gegenüber vorbehaltenen zukünftigen Ansprüchen ausgeschlossen sein (→ Rn. 25 aE). **bb)** Tragweite 19
und Umfang der **Ausschlusswirkung** ist Frage des Einzelfalls und durch Auslegung zu ermitteln (BGHZ 66, 255; NJW 1995, 3312; OLG Frankfurt a. M. NJW-RR 1987, 310). Entspr seinem Zweck (→ Rn. 15) hat es idR die Wirkung, dass es alle Einwendungen tatsächlicher und rechtlicher Natur für die Zukunft ausschließt, die der Schuldner bei der Abgabe kannte oder mit denen er zumindest rechnete (BGH NJW 1984, 799; NJW-RR 1987, 44; OLG Hamm WM 2015, 1154 [ggf auch nur Beweiserleichterung]). Verzicht auf unbekannte Einwendungen ist nur ausnahmsweise anzunehmen (BGH NJW 1971, 2220); Regelungen über Gewährleistungsausschluss dürfen nicht umgangen werden (OLG Celle NJW 2003, 3638 mN). Im Rahmen der Ausschlusswirkung hat das Anerkenntnis potentiell **konstitutive** Wirkung (BGHZ 66, 254 mN; sa BGH NJW 1995, 961; OLG Naumburg NJW-RR 1995, 154). **d) Unwirksamkeit und Unrichtigkeit des Anerkenntnisses.** 20
aa) Bei Mängeln des Kausalverhältnisses ist eine Kondiktion nicht möglich (MüKoBGB/Habersack § 781 Rn. 6 mNw; Grund: selbstständiger Leistungsanspruch iSv § 812 II fehlt), aber auch nicht erforderlich, da vorbehaltlich → Rn. 20 (bb) die Mängel des Kausalverhältnisses zugleich das Anerkenntnis ergreifen (BGH 104, 24; Fehlen der Abstraktion). Bsp: Schuldanerkenntnis in Zusammenhang mit sittenwidrigem Grundstückserwerb (BGHZ 104, 24 f.) oder Ratenkredit (OLG Hamm NJW-RR 1987, 1332). **bb)** Soweit die Ausschlusswirkung reicht, ist das Anerkenntnis endgültig **bindend** (BGHZ 66, 254); die Rechtslage entspricht insoweit der beim **Vergleich** (BGHZ 98, 166; NJW-RR 1988, 963 mN; BAG NJW 1985, 2661; → § 779 Rn. 11).

4. Einzelfälle. Abgrenzung ggf. durch Auslegung im Einzelfall nach dem von 21
den Parteien verfolgten Zweck, der Interessenlage, dem situativen Kontext und der Verkehrsanschauung (OLG Brandenburg BeckRS 2021, 17301). (Abkürzungen: SchV, SchA = Schuldversprechen(-anerkenntnis); a = abstrakt; e = einseitig; k = kausal.) **a) Saldoanerkenntnis** bei Kontokorrentverkehr ist idR aSchA (BGHZ 93, 313 f. mN; sa § 782); dagegen ist die „Genehmigung" von Tagesauszügen einer Bank rein tatsächliche Erklärung (Grund: kein Rechnungsabschluss), die bei Unrichtigkeit uU zu Haftung aus § 280 I führen kann (BGHZ 95, 108). Abgrenzung: *Saldobestätigung* im Rahmen einer Lieferbeziehung: → Rn. 28. **b)** Beim **Girover-** 22
trag stellt die Gutschrift der Empfangsbank auf dem Konto des Überweisungsempfängers idR ein aSchA bzw aSchV dar (BGHZ 72, 11; 103, 146 mN; ie Häuser/Welter WM 1994, 788; Bröcker WM 1995, 469), auf andere Rechtsbeziehungen zwischen Bank und Kunde ist dieser Grundsatz jedoch nicht ohne weiteres übertragbar (BGHZ 161, 273). **c)** Die Mitteilung der Akkreditivbank an den Begünstigten (Verkäufer) über die Eröffnung des **Akkreditivs** (→ § 783 Rn. 12) ist idR ein aSchV (BGHZ 60, 264; 108, 350; 132, 316). Die Bank kann dem Begünstigten idR keine Einwendungen aus dem Grundgeschäft entgegenhalten (BGHZ 132, 316 mN), ausnahmsweise jedoch unzulässige Rechtsausübung, § 242 (OLG Köln WM 2018, 1742). **d)** Zahlungsgarantie **„auf erstes Anfordern"** kann uU aSchV sein 23
(BGHZ 94, 170; → Vor § 765 Rn. 15; → § 770 Rn. 3). **e) Übernahme der persönlichen Haftung** für die Zahlung eines Grundschuldbetrags ist aSchV (BGHZ 98, 259; 114, 12; NJW 1992, 972); der Rechtsgrund entfällt nicht, wenn die Grundschuld nicht entsteht (BGH NJW 1992, 972) oder sie in der Zwangsversteigerung (§ 91 ZVG) ohne Befriedigung des Gläubigers erlischt (BGH NJW 1991, 287); in AGB unzulässig bei Sicherung fremder Schulden (BGHZ 114, 13 f. mN, str; iE zust

Stürner DNotZ 1992, 97 ff.). **Darlehensschuldschein** ist uU e-, k- oder aSchA (BGH JR 1986, 103). Zur Sicherung einer Forderung aus aSchV, das seinerseits die eigentlich zu sichernde Darlehensforderung sichert, durch eine **Hypothek** → Vor
24 § 1113 Rn. 17. **f)** Die wechselrechtlich unwirksame **Annahmeerklärung** auf einem gezogenen **Wechsel** kann in ein aSchV umgedeutet werden (§ 140; BGHZ 124, 268 ff. mN, str), nicht die auf einem Scheck (Grund: Art. 4 ScheckG), nicht die Erklärungen von **Ausstellern** und **Indossanten** auf ungültigen Wechseln und Schecks (BGH NJW 1957, 1837; OLG Karlsruhe OLGZ 1977, 236; abw OLG Zweibrücken BB 1998, 181 bei bes Haftungserklärung); Grund: Sonst Verschärfung
25 gegenüber Rückgriffshaftung. **g)** Bei **Erklärungen im Zusammenhang mit einem Unfall** entscheiden die Umstände (ie Künnell VersR 1984, 706). **aa)** aSchA scheidet idR aus (im Einzelfall bejaht in RG 75, 6). **bb)** kSchA ist nur anzunehmen, wenn Auslegung den Willen zur rechtsgeschäftlichen Bindung ergibt, vor allem bei schriftlicher Erklärung der Übernahme des Unfallschadens (KG NJW 1971, 1219 mAnm Mittenzwei NJW 1971, 2229; OLG Hamm MDR 1974, 312; OLG Saarbrücken NJW 2011, 1822; LG Rottweil VersR 1980, 1082). **cc)** IdR wird nur eSchA iSv → Rn. 2 vorliegen (BGH NJW 1984, 799; keine Übertragbarkeit – insbes der Beweislastfolge [→ Rn. 18] – ins Vertragsrecht, BGH NJW 2002, 1340). Die Reparaturkostenübernahmeerklärung des **Haftpflichtversicherers** ist kein kSchA (KG DAR 1989, 302; → § 783 Rn. 15). **dd)** Entgegennahme von Abfindungserklärung mit Vorbehalt betr Zukunftsschaden ist kSchA (BGH NJW 1992, 2228), durch das die Einrede der Verjährung gegenüber dem vorbehaltenen Anspruch im Rahmen von § 202 II ausgeschlossen sein kann (vgl OLG Oldenburg NJW-RR 1997, 1181 mN; nicht beachtet von OLG Karlsruhe NJW-RR 1997, 1318; → Rn. 18 aE).
26 **h)** Die Anerkennung der Leistungspflicht durch den **Unfallversicherer** ist eSchA (BGHZ 66, 257, 259), die versicherungsrechtliche **Deckungszusage** kSchA (OLG
27 Düsseldorf VersR 1985, 729; OLG Frankfurt a. M. NJW-RR 1994, 1510). **i)** Die **Forderungsbestätigung** im Rahmen von Abrechnungsverhandlungen ist kSchA (BGH NJW 1998, 1492; NJW-RR 2003, 1196), desgl die **Abtretungsbestätigung** gegenüber dem Zessionar (BGH NJW 1983, 1904). Die **Drittschuldnererklärung** gem § 840 ZPO ist rein tatsächliche Auskunft (BGHZ 69, 328 mN), die **Unterwerfungserklärung** gem § 794 I Nr. 5 ZPO uU aSchV (BGHZ 99, 284 f.; NJW 1988, 708). **j)** Bei der **Umschuldung** liegt in der Ablösung des Erstkredits idR kein (a
28 oder k) SchA (BGHZ 99, 335 f.). **k)** Die unbeanstandete **Zahlung** einer Vielzahl **von Rechnungen** ist nur ausnahmsweise kSchA (OLG München BeckRS 2021, 10103), jedoch ohne Wirkung auf künftige (gleichartige) Forderungen (BGH NJW 1995, 3312; kein kSchA durch bloße Darlehensablösung, BGH NJW 2008, 342 oder vorbehaltslose Bezahlung einer Rechnung, BGH NJW 2009, 580; so auch für Gewerberaummiete, BGH NJW 2014, 2780); Übersendung von **Abrechnung** ist reine Wissenserklärung (OLG Dresden BeckRS 2020, 16859; BAG BeckRS 2020, 40750 [Lohnabrechnung]); **Saldobestätigung** gegenüber dem Lieferanten bei einer Mehrheit von Rechnungen ist kSchA (OLG München NJW-RR 1997, 945); Saldenbestätigung gegenüber Immobilienverwalter kann ausnahmsweise aSchA sein (OLG Brandenburg WM 2003, 134). **l)** Vertrag zwischen Kreditkartenunternehmer und Vertragsunternehmen ist aSchV, nicht Forderungskauf (BGHZ 157, 256; 150, 286 – Rechtsprechungsänderung). Insbes im sog Mailorderverfahren steht dieser abstrakte Zahlungsanspruch jedoch unter der aufschiebenden Bedingung eines ordnungsgemäß erstellten Leistungsbelegs (BGH NJW-RR 2004, 1122; Schlinher ZGS 2007, 248; krit Meder JZ 2004, 503).

§ 782 *Formfreiheit bei Vergleich*

Wird ein Schuldversprechen oder ein Schuldanerkenntnis auf Grund einer Abrechnung oder im Wege des Vergleichs erteilt, so ist die Beobachtung der in den §§ 780, 781 vorgeschriebenen schriftlichen Form nicht erforderlich.

1. Normzweck. Grund für die **Ausnahmen** vom Formerfordernis der §§ 780, 781 (strengere Formvorschriften bleiben unberührt): Verpflichtungswille des Anerkennenden lässt sich mit hinreichender Sicherheit entnehmen; Erleichterung des rechtsgeschäftlichen Verkehrs. 1

2. Fälle fehlenden Formzwangs. → §§ 780, 781 Rn. 8. **a) Abrechnung** ist jede vertragsmäßige unter Mitwirkung des Gläubigers und des Schuldners getroffene Feststellung eines Rechnungsergebnisses aus mehreren Einzelposten (RGZ 95, 20), bei der ein Teil anerkennt, den zu seinen Lasten ermittelten Saldo der Gegenseite zu schulden (BGH WM 1957, 214). Erfasst wird sowohl die Abrechnung wechselseitiger Forderungen und Gegenforderungen als auch die lediglich einseitige Abrechnung. Wichtigster Fall: Kontokorrent nach § 355 HGB (auch uneigentliches Kontokorrent). Bei Rechnungsabschluss ist § 308 Nr. 6 zu beachten (OLG Oldenburg WM 1992, 1182 f.). **b)** Das **vergleichsweise** erteilte Anerkenntnis ist idR kausal (→ § 779 Rn. 11). 2 3

Titel 23. Anweisung

§ 783 Rechte aus der Anweisung

Händigt jemand eine Urkunde, in der er einen anderen anweist, Geld, Wertpapiere oder andere vertretbare Sachen an einen Dritten zu leisten, dem Dritten aus, so ist dieser ermächtigt, die Leistung bei dem Angewiesenen im eigenen Namen zu erheben; der Angewiesene ist ermächtigt, für Rechnung des Anweisenden an den Anweisungsempfänger zu leisten.

1. Allgemeines. a) Wirtschaftlicher **Zweck** der Anweisung ist, Vermögenswerte indirekt durch Leistung eines Dritten (des „Angewiesenen") zuzuwenden. Die Anweisung des BGB hat als solche keine bes praktische **Bedeutung** erlangt (→ Rn. 15). Sie ist jedoch Grundmodell für einige wirtschaftlich bedeutsame Sonderformen (→ Rn. 13–16). **b) Begriff.** Die Anweisung ist ein **drei Beteiligte** voraussetzendes abstraktes (→ Rn. 5 [d]) RGeschäft (Rechtsnatur str, → Rn. 9; vgl Schnauder JZ 2009, 1092) mit dem Inhalt einer **Doppelermächtigung** (hM, str): Der Angewiesene wird ermächtigt (→ Rn. 9), für Rechnung des Anweisenden zu leisten, und der Anweisungsempfänger (Begünstigte) wird ermächtigt, die Leistung beim Angewiesenen zu erheben (vgl Larenz/Canaris, SchR II/2, § 62 I 2b: Fall von Einziehungsermächtigung). **c) Grundverhältnisse.** Der Anweisung als **Zuwendung** liegen Rechtsverhältnisse zugrunde, aus denen sich der Zweck der Zuwendung ergibt (zB Schuldtilgung, Schuldbegründung, bloße Freigiebigkeit). Nach ihnen ist zu beurteilen, ob der Anweisungsempfänger die Leistung behalten darf, ob der Angewiesene zur Ausführung der Anweisung verpflichtet ist und ggf bei dem Anweisenden Rückgriff nehmen kann. Ie ist zu unterscheiden (vgl BGHZ 88, 234; 89, 378): **aa)** Das **Deckungsverhältnis** zwischen Anweisendem und Angewiesenem; insoweit kann der Angewiesene Schuldner sein (Anweisung auf Schuld, § 787) oder Gläubiger werden (Anweisung auf Kredit), sa Anm §§ 787, 788. **bb)** Das **Valutaverhältnis** zwischen Anweisendem und Anweisungsempfänger; insoweit kann der Anweisungsempfänger sowohl Gläubiger (zB Schuldtilgung durch den Anweisenden), Schuldner (zB Erhalt eines Darlehens) als auch Beauftragter (Einziehungsauftrag) sein. **d)** Die Anweisung ist von den ihr zugrundeliegenden Rechtsverhältnissen (→ Rn. 3 ff.) rechtlich unabhängig **(abstrakt).** 1 2 3 4 5

2. Zustandekommen. a) Voraussetzungen. aa) Urkundlich verkörperte Anweisungserklärung. Form des § 126 ist erforderlich (Rektapapier, dazu → § 793 Rn. 8); mündliche Anweisungen sind aber entspr §§ 783 ff. zu behandeln. Inhalt der Anweisungserklärung: → Rn. 2. Die Ermächtigung (→ Rn. 9) kann bedingt sein und von einer Gegenleistung abhängig gemacht werden (BGHZ 6, 382; 6

7 anders bei § 363 HGB). **bb) Leistungsgegenstand** können nach dem Wortlaut des § 783 nur **Geld** (als Wertbetrag, → § 245 Rn. 2) und **bestimmte Gegenstände** (Wertpapiere, andere vertretbare Sachen) sein. Anweisungen auf andere Sachen sind
8 gleichwohl möglich. Insoweit sind die §§ 783 ff. entspr anwendbar. **cc) Aushändigung** der Anweisungsurkunde an den Begünstigten ist die Übergabe zum Zweck des Gebrauchmachens. Erst mit der Begebung (Vertrag gem § 929, str, vgl Larenz/
9 Canaris, SchR II/2, § 62 I 2d) wird die (einseitige) Anweisung wirksam. **b)** Die **Rechtsfolgen** der Anweisung erschöpfen sich in der (doppelten) Ermächtigungswirkung (Befugnis des Angewiesenen, im Deckungsverhältnis zu Lasten des Anweisenden zu leisten; Rechtsausübungsbefugnis [Legitimation] des Anweisungsempfängers; allg zur Ermächtigung → § 398 Rn. 26–28). Die Anweisung begründet zwischen den Beteiligten kein Vertragsverhältnis (→ Rn. 8) und erzeugt als solche keine Verpflichtungen (erst die Annahme, → § 784 Rn. 4 ff.; vgl aber auch § 789). Die Leistung des Angewiesenen wirkt sich auf die Grundverhältnisse aus (→ Rn. 3 ff.).

10 **3. Abgrenzung. a)** Der Unterschied zum **Auftrag** ergibt sich aus → Rn. 9. Pflichten der Beteiligten, die Leistung zu erbringen (erheben), können sich aus den Grundverhältnissen ergeben (→ Rn. 2). **Keine** Anweisungen iSv § 783 sind unmittelbare Weisungen an den Beauftragten im Rahmen eines Auftrags-(Geschäftsbesorgungs-)verhältnisses gem §§ 675, 665 (BGHZ 91, 224; 152, 8 [für Unterzeich-
11 nung des Belastungsbelegs durch Kreditkarteninhaber]). **b)** Im Gegensatz zur **Vollmacht** ermächtigt die Anweisung, im eigenen Namen zu leisten bzw die Leistung zu erheben. **c)** Im Gegensatz zur **Abtretung** bewirkt die Anweisung keine Rechts-
12 übertragung an den Empfänger; ein Widerruf ist deshalb nach § 790 möglich. **d)** Das **Akkreditiv** dient der Vermittlung von Zahlungen und der Zahlungssicherung. Praktisch bedeutsam ist das **Dokumentenakkreditiv:** Der Käufer verpflichtet sich, eine bestimmte Bank (Hausbank, ggf Einschaltung einer Korrespondenzbank) zu veranlassen, dem Verkäufer den Kaufpreis nach Prüfung und Aushändigung der Dokumente zu zahlen (vgl BGHZ 108, 350 mN; MüKoBGB/Habersack Rn. 42 ff.). IdR liegt kein Anweisungsverhältnis vor (keine Aushändigung von Urkunden an Empfänger), sondern ein Zahlungsauftrag (§ 662) oder zumeist Geschäftsbesorgung (§ 675; BGH NJW 1989, 160; NJW-RR 1998, 1511; → § 675 Rn. 12). Zur Rechtsnatur der Bestätigung des Akkreditivs durch die Bank: → §§ 780, 781 Rn. 22 (c). Die Forderung auf Anzahlung bei einer Garantie auf erstes Auffordern ist eine Anweisung (OLG Frankfurt a. M. WM 2001, 1108).

13 **4. Sonderformen der Anweisung. a)** Die **kaufmännische Anweisung** (§§ 363 ff. HGB) kann auch an (eigene) Order gestellt werden. **b)** Ein Unterfall der kaufmännischen Anweisung ist der **Reisescheck** (str; aA: Scheck). **c) Kreditbrief** (Anweisung auf Zahlung bis zum angegebenen Höchstbetrag), heute weitgehend
14 vom Reisescheck abgelöst. **d)** Der **gezogene Wechsel** ist ausführlich im WG geregelt; daher ist nicht ohne weiteres eine Umdeutung eines formungültigen Wechsels in eine Anweisung möglich (RG JW 1935, 1778; OLG Bamberg NJW 1967, 1913, iE str). **e)** Wichtigste Abweichungen des **Schecks** von der BGB-Anweisung: Art. 4, 5, 32 ScheckG. Umdeutung in Anweisung idR möglich (iE verneinend OLG Karls-
15 ruhe OLGZ 1977, 236). **f)** Die **Reparaturkostenübernahmeerklärung** des Haftpflichtversicherers ist Annahme der Anweisung des Geschädigten zur Leistung an die Werkstätte (KG DAR 1989, 302; → § 781 Rn. 25), desgl die Übernahmeerklä-
16 rung der Krankenkasse gegenüber dem Krankenhausträger. **g)** Zur **Kreditkarte** → Rn. 10.

§ 784 *Annahme der Anweisung*

(1) **Nimmt der Angewiesene die Anweisung an, so ist er dem Anweisungsempfänger gegenüber zur Leistung verpflichtet; er kann ihm nur solche Einwendungen entgegensetzen, welche die Gültigkeit der Annahme betreffen oder sich aus dem Inhalt der Anweisung oder dem Inhalt der Annahme**

ergeben oder dem Angewiesenen unmittelbar gegen den Anweisungsempfänger zustehen.

(2) [1]**Die Annahme erfolgt durch einen schriftlichen Vermerk auf der Anweisung.** [2]**Ist der Vermerk auf die Anweisung vor der Aushändigung an den Anweisungsempfänger gesetzt worden, so wird die Annahme diesem gegenüber erst mit der Aushändigung wirksam.**

1. Allgemeines. a) Wesen. Die Anweisung ist wegen der Wirkungen der Annahme (dazu → Rn. 4–6) grundsätzlich auf eine Annahme durch den Angewiesenen gegenüber dem Anweisungsempfänger gerichtet; erst durch diese erhält sie ihren typischen Charakter. IdR besteht keine Pflicht zur Annahme, insbes auch nicht bei Schuldnerstellung des Angewiesenen (§ 787 II); eine Annahmepflicht kann sich aber aus dem Grundverhältnis ergeben (→ § 783 Rn. 3–5). **b) Rechtsnatur.** Die Annahme begründet einen Vertrag (zB MüKoBGB/Habersack Rn. 2). **c) Voraussetzungen. aa) Form** der Annahmeerklärung: Schriftlicher Vermerk (eigenhändige Unterschrift) auf der Urkunde selbst **(II 1).** Der Annahmewille kann sich aus bloßer Unterschrift ergeben, nicht aber aus Vermerken wie „gesehen", „Kenntnis genommen". Durch außerhalb der Urkunde liegende Umstände kann die schriftliche Annahmeerklärung nicht ersetzt werden (BGH WM 1982, 156). **bb) Aushändigung** der Anweisung an den Anweisungsempfänger. Frühester Zeitpunkt für das Wirksamwerden der Annahme **(II 2),** unabhängig von der Wirksamkeit der Anweisung (Folge von → Rn. 4 ff., hM; aA Kübler, Feststellung und Garantie, 1967, S. 166). 1 2 3

2. Wirkungen der Annahme. a) Sie schafft erstmalig (vgl → § 783 Rn. 9) eine **selbstständige, abstrakte Verbindlichkeit** des Angewiesenen gegenüber dem Anweisungsempfänger, die in einem noch höheren Maße abstrakt ist als das selbstständige Schuldversprechen. **b) Ausgeschlossen** sind nämlich **Einwendungen** aus dem Deckungs- und Valutaverhältnis; auch eine unmittelbare Kondiktion bei Unwirksamkeit dieser Verhältnisse ist idR nicht möglich (BGHZ 88, 234 f.; 89, 378 ff., iE sehr str; zum Problem des Bereicherungsausgleichs im Dreiecksverhältnis vgl → § 812 Rn. 34 ff.). **c) Zugelassen** sind dagegen **Einwendungen** nach **I Hs. 2. d)** Annahme ist noch **keine Leistung** im Valutaverhältnis (§ 788 und → §§ 787, 788 Rn. 1). 4 5 6

§ 785 Aushändigung der Anweisung

Der Angewiesene ist nur gegen Aushändigung der Anweisung zur Leistung verpflichtet.

§ 786 *(weggefallen)*

§ 787 Anweisung auf Schuld

(1) **Im Falle einer Anweisung auf Schuld wird der Angewiesene durch die Leistung in deren Höhe von der Schuld befreit.**

(2) **Zur Annahme der Anweisung oder zur Leistung an den Anweisungsempfänger ist der Angewiesene dem Anweisenden gegenüber nicht schon deshalb verpflichtet, weil er Schuldner des Anweisenden ist.**

§ 788 Valutaverhältnis

Erteilt der Anweisende die Anweisung zu dem Zwecke, um seinerseits eine Leistung an den Anweisungsempfänger zu bewirken, so wird die Leis-

tung, auch wenn der Angewiesene die Anweisung annimmt, erst mit der Leistung des Angewiesenen an den Anweisungsempfänger bewirkt.

Anmerkung zu den §§ 787, 788

Die Vorschriften behandeln einen Gesichtspunkt des Deckungs- (§ 787) bzw Valutaverhältnisses (§ 788): Noch nicht die Annahme, sondern erst die tatsächliche Leistung bedeutet die Leistungsbewirkung. Die sonstigen Regelungen bestimmen sich nach dem zugrundeliegenden Rechtsverhältnis, insbes auch, ob der Anweisungsempfänger zunächst aus der Anweisung (idR) oder aus dem ursprünglichen Schuldverhältnis vorgehen muss. Beim Scheck gilt § 787 I nicht (BGH NJW 1951, 599), wohl aber § 788 (vgl Hadding JZ 1977, 284 mN). Zu unterscheiden ist (→ § 783 Rn. 4) zwischen der **Anweisung auf Schuld** (§ 787), bei der der Angewiesene durch Zahlung an einen Dritten eine eigene Schuld gegenüber dem Anweisenden (Schuldner des Dritten) erfüllt. Bei der **Anweisung auf Kredit** hingegen besteht keine Verpflichtung des Angewiesenen gegenüber dem Schuldner, jener wird erst mit Zahlung an den Dritten Gläubiger des Anweisenden. Die Unterscheidung spielt bei der Insolvenzanfechtung in der Insolvenz des Anweisenden eine Rolle, im Fall des § 787 liegt Gläubigerbenachteiligung vor, weil Anspruch gegenüber dem Angewiesenen erlischt, bei Anweisung auf Kredit findet nur Gläubigeraustausch statt (BGH NZG 2009, 102).

§ 789 Anzeigepflicht des Anweisungsempfängers

[1]Verweigert der Angewiesene vor dem Eintritt der Leistungszeit die Annahme der Anweisung oder verweigert er die Leistung, so hat der Anweisungsempfänger dem Anweisenden unverzüglich Anzeige zu machen. [2]Das Gleiche gilt, wenn der Anweisungsempfänger die Anweisung nicht geltend machen kann oder will.

§ 790 Widerruf der Anweisung

[1]Der Anweisende kann die Anweisung dem Angewiesenen gegenüber widerrufen, solange nicht der Angewiesene sie dem Anweisungsempfänger gegenüber angenommen oder die Leistung bewirkt hat. [2]Dies gilt auch dann, wenn der Anweisende durch den Widerruf einer ihm gegen den Anweisungsempfänger obliegenden Verpflichtung zuwiderhandelt.

§ 791 Tod oder Geschäftsunfähigkeit eines Beteiligten

Die Anweisung erlischt nicht durch den Tod oder den Eintritt der Geschäftsunfähigkeit eines der Beteiligten.

§ 792 Übertragung der Anweisung

(1) **[1]Der Anweisungsempfänger kann die Anweisung durch Vertrag mit einem Dritten auf diesen übertragen, auch wenn sie noch nicht angenommen worden ist. [2]Die Übertragungserklärung bedarf der schriftlichen Form. [3]Zur Übertragung ist die Aushändigung der Anweisung an den Dritten erforderlich.**

(2) **[1]Der Anweisende kann die Übertragung ausschließen. [2]Die Ausschließung ist dem Angewiesenen gegenüber nur wirksam, wenn sie aus der Anweisung zu entnehmen ist oder wenn sie von dem Anweisenden dem Angewiesenen mitgeteilt wird, bevor dieser die Anweisung annimmt oder die Leistung bewirkt.**

(3) [1]**Nimmt der Angewiesene die Anweisung dem Erwerber gegenüber an, so kann er aus einem zwischen ihm und dem Anweisungsempfänger bestehenden Rechtsverhältnis Einwendungen nicht herleiten.** [2]**Im Übrigen finden auf die Übertragung der Anweisung die für die Abtretung einer Forderung geltenden Vorschriften entsprechende Anwendung.**

Titel 24. Schuldverschreibung auf den Inhaber

§ 793 Rechte aus der Schuldverschreibung auf den Inhaber

(1) [1]**Hat jemand eine Urkunde ausgestellt, in der er dem Inhaber der Urkunde eine Leistung verspricht (Schuldverschreibung auf den Inhaber), so kann der Inhaber von ihm die Leistung nach Maßgabe des Versprechens verlangen, es sei denn, dass er zur Verfügung über die Urkunde nicht berechtigt ist.** [2]**Der Aussteller wird jedoch auch durch die Leistung an einen nicht zur Verfügung berechtigten Inhaber befreit.**

(2) [1]**Die Gültigkeit der Unterzeichnung kann durch eine in die Urkunde aufgenommene Bestimmung von der Beobachtung einer besonderen Form abhängig gemacht werden.** [2]**Zur Unterzeichnung genügt eine im Wege der mechanischen Vervielfältigung hergestellte Namensunterschrift.**

1. Allgemeines. a) Begriff. Die **Inhaberschuldverschreibung** ist eine 1
Urkunde, in der sich der Aussteller (je-)dem (verfügungs-)berechtigten Inhaber zu
einer Leistung (§ 241 I) nach Maßgabe des Inhalts der Urkunde verpflichtet (**I 1
Hs. 1;** zu den einzelnen Merkmalen näher → Rn. 10–12). **b)** Ihrer **Rechtsnatur** 2
nach ist sie **Wertpapier** (→ Rn. 5) und zwar Inhaberpapier (→ Rn. 6), zugleich
auch Legitimationspapier (→ Rn. 9, 14). **c) Bedeutung.** Die eine Geldforderung
verbriefenden Inhaberschuldverschreibungen dienen der Kapitalaufnahme und
-anlage; sie werden auf dem Kapitalmarkt (Börse) gehandelt. Gebräuchliche
Erscheinungsformen sind die **Anleihen** öffentl-rechtlicher Gebietskörperschaften
und Sondervermögen, Staatsanleihen, Anleihen privater Kreditinstitute und Industrieunternehmen. Bezeichnungen: Schatzanweisungen, Kommunal- und Industrieobligationen, Pfandbriefe; zu den sog Nebenpapieren (Zins-, Renten-,
Gewinnanteil- und Erneuerungsscheine) vgl → §§ 803–805 Rn. 1 ff. Weitere
Bsp: Abgetrennte Aktienoptionsscheine (BGHZ 114, 180), auf den Inhaber lautende Grund- und Rentenschuldbriefe (§§ 1195, 1199), uU Investmentzertifikate
§§ 33 I aF InvG, 95 KAGB, Lotterielose (nach der Ziehung), Warengutscheine
(AG Bonn VuR 1989, 203 mit krit Anm Tonner). **d) Abgrenzung. Keine** Inha- 3
berschuldversprechen sind die Inhaberaktie (sie verkörpert Mitgliedschaftsrechte,
→ Rn. 6); der Geschäftsanteilschein einer GmbH (nur Beweisurkunde, RGZ 53,
109); jedoch ist die entspr Anwendung des § 793 möglich (OLG Oldenburg AG
2000, 368). Wechsel und Anweisungen können nicht auf den Inhaber gestellt
werden (Art. 1 Nr. 6 WG); der Inhaberscheck (Art. 5 II ScheckG) enthält kein
Leistungsversprechen, sondern ist Zahlungsanweisung. **e)** Die §§ 793–807 enthalten 4
keine abschließende Regelung des Rechts der Inhaberschuldverschreibungen. Die
nicht geregelte Übertragung erfolgt nach den für Inhaberpapiere geltenden Grundsätzen (→ Rn. 2, 6). Überblick über **ergänzend anwendbare Vorschriften: a)** Allg.
und bes Schuldrecht, insbes §§ 248 II 2, 453; **b)** Sachenrecht, insbes §§ 929 ff., 932 ff.
(ergänzt durch §§ 366 f. HGB), 1006 f.; 1081 ff., 1293 ff.; **c)** Familien- und Erbrecht:
§§ 1362 I 3, 1643 I, 1646 I 2, 1814, 1815, 1822 Nr. 9, 1853, 2116 f.

2. Wertpapiere im Allgemeinen. a) Nach dem weiten **Wertpapierbegriff** ist 5
Wertpapier eine Urkunde, die ein privates Recht derart verbrieft, dass die Innehabung der Urkunde zur Ausübung des Rechts erforderlich ist. **b) Arten** der Wertpa- 6
piere. **aa) Inhaberpapiere:** Das verbriefte Recht steht dem jeweiligen nicht
namentlich bezeichneten Inhaber der Urkunde zu und kann ohne ihren Besitz nicht

geltend gemacht werden. Die **Übertragung** findet durch Übereignung des Papiers
(§§ 929 ff.) statt. Es gilt: Das Recht aus dem Papier folgt dem Recht am Papier.
Bsp: Inhaberschuldverschreibung, Inhaberscheck, Inhaberaktie, kleine Inhaberpa-
7 piere nach § 807 (dazu näher dort). **bb) Orderpapiere:** Die Leistung wird dem
namentlich bezeichneten Berechtigten und demjenigen versprochen, an den er das
Papier durch Order weitergibt. Die **Übertragung** erfolgt durch formellen Bege-
bungsvermerk auf der Urkunde (Indossament) und Übereignung nach §§ 929 ff.
Geborene Orderpapiere sind zB Wechsel und Scheck; gekorene Orderpapiere sind
8 die an Order gestellten handelsrechtlichen Papiere in § 363 HGB. **cc) Rektapa-
piere:** Sie lauten auf den Namen einer bestimmten Person (Namenspapiere); nur
diese oder ihr Rechtsnachfolger sind zur Geltendmachung befugt. Die **Übertra-
gung** erfolgt durch Abtretung der Forderung (§ 398). Das Recht am Papier folgt
dem Recht aus dem Papier nach § 952. **Bsp:** Hypothekenbrief, Rektawechsel,
qualifizierte Legitimationspapiere nach § 808 (dazu näher dort), Namensschuldver-
9 schreibungen des Kapitalmarkts (BGH WM 1989, 1640). **c) Abgrenzung. Keine**
Wertpapiere sind die einfachen **Legitimationspapiere.** Sie berechtigen den Aus-
steller (Schuldner), an jeden Inhaber der Urkunde mit befreiender Wirkung zu
leisten; andererseits ist die Vorlage der Urkunde zur Geltendmachung der Forderung
weder notwendig noch ausreichend (Legitimationswirkung nur zugunsten des
Schuldners). **Bsp:** Erneuerungsschein (→ §§ 801–805 Rn. 4) und die in → § 807
Rn. 2 aE genannten Legitimationszeichen; zur Anwendung von § 783 auf sog Token
(Werte in einer Datenbank) als Wertpapiere Kaulartz/Matzke NJW 2018, 3278.

10 **3. Voraussetzungen der Leistungspflicht des Ausstellers. a)** Entstehung der
Verpflichtung aus der Schuldverschreibung. **aa) Förmliche Voraussetzungen.**
α) Ausstellung einer Urkunde; Form: § 126 mit der Einschränkung aus II 2; zusätzli-
che Formerfordernisse sind nach II 1 möglich (zu beachten insoweit Art. 100 Nr. 1
EGBGB). Aussteller kann jedermann sein; Eltern und Vormund bedürfen einer
vormundschaftsgerichtlichen Genehmigung (§§ 1822 Nr. 9; 1643 I). Gläubiger: Die
Urkunde muss die schriftlich niedergelegte Verpflichtung enthalten, an jeden
berechtigten Inhaber zu leisten (Inhaberklausel; eine ausdrückliche Erklärung ist
entbehrlich, wenn die entspr Absicht eindeutig hervorgeht). Inhalt: Selbstständige
(Nennung des Schuldgrundes in der Urkunde wegen § 796 uU dennoch sinnvoll)
Verbriefung eines Forderungsrechts. Die entspr Anwendung von §§ 793 ff. bei Ver-
briefung anderer Rechte (zB Mitgliedschaftsrechte) ist möglich. β) Fristgerechte
11 Vorlegung der Urkunde (§§ 797; 801, 802). **bb) Verpflichtungsgrund.** Vorausset-
zung für die Entstehung der Verbindlichkeit des Ausstellers ist idR ein Begebungs-
vertrag mit dem ersten Inhaber, der aber uU durch einen Rechtsscheintatbestand
ersetzt werden kann (sog modifizierte Vertrags- oder Rechtsscheintheorie, BGH
NJW 1973, 283; Grüneberg/Sprau Rn. 8, hM). IE gilt: Die Urkunde muss
(1) rechtswirksam (volle Geschäftsfähigkeit, Verpflichtungswille) ausgestellt und (2)
auf Grund eines Vertrags an den Gläubiger begeben werden (schuldrechtliches und
dingliches Moment). Sowohl Mängel bei der Begebung als auch bei der Ausstellung
werden bei Gutgläubigkeit eines späteren Erwerbers (nicht des Ersterwerbers, vgl
§§ 932 ff.; zu beachten §§ 935 II, 794 I) geheilt, sofern der Aussteller den Rechts-
schein einer gültigen Verpflichtung zurechenbar veranlasst hat (weitergehend BGHZ
121, 281 ff.). Bei Rückerwerb der Schuldverschreibung durch einen ehemals Bös-
gläubigen kommt diesem der gute Glaube seiner Nachmänner nicht zugute (BGH
12 NJW 1974, 1513 betr Scheck). **b) Sachliche Berechtigung des Inhabers.** Sach-
lich berechtigt ist der Eigentümer der Urkunde und damit Gläubiger der verbrieften
Forderung (vgl → Rn. 6), ferner, wer (auch ohne Eigentümer zu sein) über die
Urkunde verfügungsberechtigt ist. Bsp: Pfandgläubiger (§ 1293), ges Vertreter
(§§ 1626 II, 1793) und private Amtsträger (Insolvenzverwalter, § 80 I InsO; Testa-
mentsvollstrecker, § 2005). Der die Schuldverschreibung vorlegende (§ 797) Inhaber
braucht wegen der Legitimationswirkung der Urkunde seine Berechtigung weder
zu behaupten noch zu beweisen (→ Rn. 13).

4. Legitimationswirkung der Schuldverschreibung. a) Zugunsten des Inhabers. Sie besteht darin, dass der („formell berechtigte") Inhaber, der eine ordnungsgemäße (→ Rn. 10) Urkunde über die Schuldverschreibung vorlegen kann, widerlegbar als der sachlich berechtigte Inhaber (→ Rn. 12) gilt (nicht jedoch materiell Berechtigter wird, BGH ZIP 2013, 1270); Grund: Fassung von **I 1,** letzter Hs. („es sei denn"); Vermutungswirkung des § 1006 gilt für den Besitzer der Urkunde. **Konsequenz:** Der (bestreitende) Aussteller trägt die volle Darlegungs- und Beweislast für die fehlende sachliche Berechtigung des Inhabers. Zu den beschränkt zulässigen Einwendungen vgl iÜ → § 796 Rn. 1 ff. **b) Zugunsten des Ausstellers (I 2).** Sie besteht darin, dass der Aussteller mit befreiender Wirkung an jeden (förmlich legitimierten, → Rn. 13) Inhaber leisten kann. **Einschränkung:** Der Aussteller **kennt** die Nichtberechtigung (grob fahrlässige Unkenntnis steht gleich, *arg* Art. 40 III WG; offen BGHZ 28, 371; → § 808 Rn. 7) **und** kann sie unschwer beweisen (Grüneberg/Sprau Rn. 12, hM; Grund: mangelnde Schutzwürdigkeit des Ausstellers). **c)** Obwohl an sich eine Leistungspflicht nur gegenüber dem sachlich berechtigten Inhaber besteht (→ Rn. 12), führt die Legitimationswirkung (→ Rn. 13 f.) iE zu einer Leistungsverpflichtung auch gegenüber dem Nichtberechtigten, sofern der Aussteller die Nichtberechtigung nicht nachweisen kann. 13 14 15

16 **5. Staatsanleihen.** Bei **ausländischen Staatsanleihen,** die deutschem Recht unterliegen, kann der ausländische Staat die Erfüllung weder wegen seines infolge Zahlungsunfähigkeit erklärten Staatsnotstandes verweigern, noch im Hinblick auf eine mit einer Mehrheit der anderen Gläubiger freiwillig vereinbarten Umschuldung (BGH NJW 2015, 2328 [Griechenland] unter Ablehnung einer entsprechenden völkergewohnheitsrechtlichen Regelung; zur nur fragmentarischen Regelung der Zahlungsunfähigkeit von Staaten und der fehlenden Möglichkeit, sich gegenüber Privatgläubigern auf Staatsnotstand zu berufen bereits BVerfG NJW 2007, 2610; ebenso OLG Frankfurt NJW 2006, 2931; BeckRS 2012, 13241 und BeckRS 2012, 13242 [jeweils für argentinische Anleihen]).

§ 794 Haftung des Ausstellers

(1) **Der Aussteller wird aus einer Schuldverschreibung auf den Inhaber auch dann verpflichtet, wenn sie ihm gestohlen worden oder verloren gegangen oder wenn sie sonst ohne seinen Willen in den Verkehr gelangt ist.**

(2) **Auf die Wirksamkeit einer Schuldverschreibung auf den Inhaber ist es ohne Einfluss, wenn die Urkunde ausgegeben wird, nachdem der Aussteller gestorben oder geschäftsunfähig geworden ist.**

§ 795 *(weggefallen)*

§ 796 Einwendungen des Ausstellers

Der Aussteller kann dem Inhaber der Schuldverschreibung nur solche Einwendungen entgegensetzen, welche die Gültigkeit der Ausstellung betreffen oder sich aus der Urkunde ergeben oder dem Aussteller unmittelbar gegen den Inhaber zustehen.

1. Normzweck. Einschränkungen der zulässigen Einwendungen im Interesse der Verkehrsfähigkeit der Wertpapiere. 1

2. Zulässige Einwendungen. Zulässig sind **a)** Einwendungen gegen die **Gültigkeit der Ausstellung (1. Fall),** zB unvollständige Ausstellung, Verfälschung, Fehlen der Geschäftsfähigkeit oder des Verpflichtungswillens. Heilung dieser Mängel nach den Grundsätzen der Rechtsscheintheorie sind möglich (→ § 793 Rn. 11). In 2

Erweiterung des Wortlauts bestehen auch Einwendungen gegen den **Bestand der Schuldverschreibung,** zB nach Kraftloserklärung (§ 799), Zahlungsverbot (§ 802), bei Nichtigkeit infolge fehlender staatlicher Genehmigung (§ 795 II); **b) aus der Urkunde** sich ergebende Einwendungen **(2. Fall).** Bei Angabe des Schuldgrundes in der Urkunde können, falls dadurch überhaupt eine Begrenzung der Einwendungen bezweckt ist (Auslegungsfrage), alle sich unmittelbar kraft Ges aus dem Grundverhältnis ergebenden Einwendungen, nicht aber darüber hinausgehende bes vertragliche Vereinbarungen geltend gemacht werden; **c) unmittelbar gegenüber dem Inhaber** bestehende Einwendungen **(3. Fall): aa)** Einwendungen aus dem Begebungsvertrag (→ Rn. 1 gilt entspr); **bb)** Einwendungen aus persönlicher Rechtsbeziehung können ausnahmsweise auch einem arglistigen Nachmann gegenüber geltend gemacht werden (unzulässige Rechtsausübung; abw Erman/Wilhelmi Rn. 6 mN: Art. 17 WG, Art. 22 ScheckG entspr); **cc)** Einwendung der fehlenden Verfügungsbefugnis (vgl → § 793 Rn. 12 und 13–15).

3

§ 797 Leistungspflicht nur gegen Aushändigung

[1]Der Aussteller ist nur gegen Aushändigung der Schuldverschreibung zur Leistung verpflichtet. [2]Mit der Aushändigung erwirbt er das Eigentum an der Urkunde, auch wenn der Inhaber zur Verfügung über sie nicht berechtigt ist.

Die **Präsentationspflicht (S. 1)** dient dem Schutz des Ausstellers vor späterer Inanspruchnahme durch gutgläubige Erwerber der Urkunde. Es liegt folglich stets Holschuld vor, auch bei Leistung einer Geldsumme (Abweichung von § 270 I). Zur Leistungszeit: § 801. § 368 (Quittungserteilung) bleibt unberührt. **S. 2** ist notwendige Folge der Legitimationswirkung des § 793 I 2: Soweit der Aussteller auch an einen unberechtigten Inhaber befreiend leisten kann, darf er keinem Herausgabeanspruch des wahren Berechtigten ausgesetzt werden. Der Eigentumsübergang tritt kraft Ges ein (Willenseinigung nicht notwendig). Die **Einschränkung** der Legitimationswirkung gem § 793 I 2 (→ § 793 Rn. 14) gilt – trotz des uneingeschränkten Gesetzeswortlauts – auch für S. 2, dh der Aussteller erlangt kein Eigentum, soweit er ausnahmsweise nicht befreiend leistet (MüKoBGB/Habersack Rn. 6). Für den Erlass eines Pfändungs- und Überweisungsbeschlusses müssen dem Vollstreckungsgericht Schuldverschreibung und Zinsscheine im Original vorgelegt werden, auch wenn sie sich in Sammelverwahrung befinden (BGH BeckRS 2016, 07521= WM 2016, 818; BGHZ 177, 178; NJW 2008, 3144; problematisch BGH WM 2013, 333 [keine Vorlage im Erkenntnisverfahren], krit Müller WM 2017, 69).

§ 798 Ersatzurkunde

[1]Ist eine Schuldverschreibung auf den Inhaber infolge einer Beschädigung oder einer Verunstaltung zum Umlauf nicht mehr geeignet, so kann der Inhaber, sofern ihr wesentlicher Inhalt und ihre Unterscheidungsmerkmale noch mit Sicherheit erkennbar sind, von dem Aussteller die Erteilung einer neuen Schuldverschreibung auf den Inhaber gegen Aushändigung der beschädigten oder verunstalteten verlangen. [2]Die Kosten hat er zu tragen und vorzuschießen.

§ 799 Kraftloserklärung

(1) **[1]Eine abhanden gekommene oder vernichtete Schuldverschreibung auf den Inhaber kann, wenn nicht in der Urkunde das Gegenteil bestimmt ist, im Wege des Aufgebotsverfahrens für kraftlos erklärt werden. [2]Ausgenommen sind Zins-, Renten- und Gewinnanteilscheine sowie die auf Sicht zahlbaren unverzinslichen Schuldverschreibungen.**

(2) [1]**Der Aussteller ist verpflichtet, dem bisherigen Inhaber auf Verlangen die zur Erwirkung des Aufgebots oder der Zahlungssperre erforderliche Auskunft zu erteilen und die erforderlichen Zeugnisse auszustellen.** [2]**Die Kosten der Zeugnisse hat der bisherige Inhaber zu tragen und vorzuschießen.**

§ 800 Wirkung der Kraftloserklärung

[1]**Ist eine Schuldverschreibung auf den Inhaber für kraftlos erklärt, so kann derjenige, welcher den Ausschließungsbeschluss erwirkt hat, von dem Aussteller, unbeschadet der Befugnis, den Anspruch aus der Urkunde geltend zu machen, die Erteilung einer neuen Schuldverschreibung auf den Inhaber anstelle der für kraftlos erklärten verlangen.** [2]**Die Kosten hat er zu tragen und vorzuschießen.**

Anmerkung zu den §§ 799, 800

Bei Papierverlust behält der Inhaber sein Recht; dieses ist jedoch durch einen gutgläubigen Erwerb Dritter gefährdet. Er hat deshalb folgende Möglichkeiten: **a)** Herausgabeklage nach § 985 bei Kenntnis des nichtberechtigten Inhabers. **b)** Bekanntmachung des Verlustes im Bundesanzeiger. Wirkung nur für Bankier: § 367 HGB. Das Verfahren hat sich in der Praxis nicht bewährt (MüKoBGB/Habersack § 799 Rn. 12). **c)** Kraftloserklärung gemäß § 799; abhanden gekommen ist die Urkunde, wenn dem Verfügungsberechtigten ihr genauer Verbleib unbekannt ist (LG Mannheim MDR 1976, 587 zu § 808 II 2). Verfahren: §§ 433–484 FamFG; zu den Wirkungen des Ausschlussbeschlusses (Besitzersetzung oder Erneuerungsanspruch) s. § 800 und § 479 FamFG. **d)** Zahlungssperre gem § 802; §§ 480 ff. FamFG. 1

§ 801 Erlöschen; Verjährung

(1) [1]**Der Anspruch aus einer Schuldverschreibung auf den Inhaber erlischt mit dem Ablauf von 30 Jahren nach dem Eintritt der für die Leistung bestimmten Zeit, wenn nicht die Urkunde vor dem Ablauf der 30 Jahre dem Aussteller zur Einlösung vorgelegt wird.** [2]**Erfolgt die Vorlegung, so verjährt der Anspruch in zwei Jahren von dem Ende der Vorlegungsfrist an.** [3]**Der Vorlegung steht die gerichtliche Geltendmachung des Anspruchs aus der Urkunde gleich.**

(2) [1]**Bei Zins-, Renten- und Gewinnanteilscheinen beträgt die Vorlegungsfrist vier Jahre.** [2]**Die Frist beginnt mit dem Schluss des Jahres, in welchem die für die Leistung bestimmte Zeit eintritt.**

(3) **Die Dauer und der Beginn der Vorlegungsfrist können von dem Aussteller in der Urkunde anders bestimmt werden.**

§ 802 Zahlungssperre

[1]**Der Beginn und der Lauf der Vorlegungsfrist sowie der Verjährung werden durch die Zahlungssperre zugunsten des Antragstellers gehemmt.** [2]**Die Hemmung beginnt mit der Stellung des Antrags auf Zahlungssperre; sie endigt mit der Erledigung des Aufgebotsverfahrens und, falls die Zahlungssperre vor der Einleitung des Verfahrens verfügt worden ist, auch dann, wenn seit der Beseitigung des der Einleitung entgegenstehenden Hindernisses sechs Monate verstrichen sind und nicht vorher die Einleitung beantragt worden ist.** [3]**Auf diese Frist finden die Vorschriften der §§ 206, 210, 211 entsprechende Anwendung.**

§ 803 Zinsscheine

(1) **Werden für eine Schuldverschreibung auf den Inhaber Zinsscheine ausgegeben, so bleiben die Scheine, sofern sie nicht eine gegenteilige Bestimmung enthalten, in Kraft, auch wenn die Hauptforderung erlischt oder die Verpflichtung zur Verzinsung aufgehoben oder geändert wird.**

(2) **Werden solche Zinsscheine bei der Einlösung der Hauptschuldverschreibung nicht zurückgegeben, so ist der Aussteller berechtigt, den Betrag zurückzubehalten, den er nach Absatz 1 für die Scheine zu zahlen verpflichtet ist.**

§ 804 Verlust von Zins- oder ähnlichen Scheinen

(1) [1]**Ist ein Zins-, Renten- oder Gewinnanteilschein abhanden gekommen oder vernichtet und hat der bisherige Inhaber den Verlust dem Aussteller vor dem Ablauf der Vorlegungsfrist angezeigt, so kann der bisherige Inhaber nach dem Ablauf der Frist die Leistung von dem Aussteller verlangen.** [2]**Der Anspruch ist ausgeschlossen, wenn der abhanden gekommene Schein dem Aussteller zur Einlösung vorgelegt oder der Anspruch aus dem Schein gerichtlich geltend gemacht worden ist, es sei denn, dass die Vorlegung oder die gerichtliche Geltendmachung nach dem Ablauf der Frist erfolgt ist.** [3]**Der Anspruch verjährt in vier Jahren.**

(2) **In dem Zins-, Renten- oder Gewinnanteilschein kann der im Absatz 1 bestimmte Anspruch ausgeschlossen werden.**

§ 805 Neue Zins- und Rentenscheine

[1]**Neue Zins- oder Rentenscheine für eine Schuldverschreibung auf den Inhaber dürfen an den Inhaber der zum Empfang der Scheine ermächtigenden Urkunde (Erneuerungsschein) nicht ausgegeben werden, wenn der Inhaber der Schuldverschreibung der Ausgabe widersprochen hat.** [2]**Die Scheine sind in diesem Falle dem Inhaber der Schuldverschreibung auszuhändigen, wenn er die Schuldverschreibung vorlegt.**

Anmerkung zu den §§ 801–805

§ 801 enthält eine Sonderregelung für das Erlöschen und die Verjährung einer in einer Schuldverschreibung verbrieften Hauptforderung (§ 801 I) und der separat in einem Zinsschein verbrieften Zinsforderung (§ 801 II; s. BGH NJW 2016, 2806
1 Rn. 10). Die sog **Nebenpapiere. a)** Der **Zinsschein** (Kupon) wird für eine verzinsliche Schuldverschreibung ausgegeben und verbrieft als selbstständige Urkunde die Zinsforderung (sonst Verpflichtung zur Zinszahlung aus Schuldverschreibung über Hauptforderung); lautet er auf den Inhaber, stellt er eine selbstständige Inhaberschuldverschreibung dar. Die Geltendmachung der Zinsforderung ist bei Ausstellung eines Kupons nur durch dessen Vorlage möglich; die Haupturkunde braucht weder mit vorgelegt zu werden, noch berechtigt sie zum Empfang der Zinsleistung (BGH NJW 2016, 2806 Rn. 11). Folge dieser Selbstständigkeit: **§ 803 I; Ausnahmen** von § 803 I: **aa)** abw Regelung im Zinsschein; **bb)** Zurückbehaltungsrecht hinsichtlich der Hauptleistung bei Nichtrückgabe nicht fälliger Zinsscheine **(§ 803 II);** Fall von entspr Anwendung (str): LG OLG Saarbrücken WM 1992, 1272 mN. **Regelung:** Das Recht der Inhaberschuldverschreibung gilt mit Ausnahme von §§ 799, 800 (vgl § 799 I 2; stattdessen § 804); Sondervorschrift: § 801 II. Sind keine separaten Zinsscheine ausgegeben (Mitverbriefung in der Haupturkunde oder fehlende Verbriefung), so gelten für die Verjährung der Zinsansprüche nicht § 801 I 2 oder
2 II, sondern §§ 195, 199 (BGH NJW 2016, 2806; BeckRS 2013, 09354). **b)** Der **Rentenschein** verbrieft einzelne bestimmte Rentenleistungen, ohne dass ein

Anspruch auf eine Hauptleistung besteht (vgl § 1199). Die Regelung für Inhaberzinsscheine gilt entspr (str). **c)** Der **Gewinnanteilschein** (Dividendenschein) ist vor dem Dividendenbeschluss von dem Rechtsbestand der Haupturkunde (Aktie) abhängig (s. § 72 II AktG; § 803 gilt nicht); erst danach bildet er ein selbstständiges Inhaberschuldpapier. **d)** Der **Erneuerungsschein** (Talon), der den Inhaber gegen Vorlage zum Empfang neuer Zins-, Renten- oder Gewinnanteilsscheine ermächtigt (s. § 805, § 75 AktG), ist lediglich Legitimationspapier (→ § 793 Rn. 9).

3 4

§ 806 Umschreibung auf den Namen

[1]Die Umschreibung einer auf den Inhaber lautenden Schuldverschreibung auf den Namen eines bestimmten Berechtigten kann nur durch den Aussteller erfolgen. [2]Der Aussteller ist zur Umschreibung nicht verpflichtet.

§ 807 Inhaberkarten und -marken

Werden Karten, Marken oder ähnliche Urkunden, in denen ein Gläubiger nicht bezeichnet ist, von dem Aussteller unter Umständen ausgegeben, aus welchen sich ergibt, dass er dem Inhaber zu einer Leistung verpflichtet sein will, so finden die Vorschriften des § 793 Abs. 1 und der §§ 794, 796, 797 entsprechende Anwendung.

1. Anwendungsbereich. § 807 regelt die sog **kleinen** oder **unvollkommenen** 1
Inhaberpapiere, die sich von den eigentlichen Inhaberschuldverschreibungen dadurch unterscheiden, dass sie das Rechtsverhältnis und den Gegenstand der Leistung nur unvollkommen angeben, häufig auch den Aussteller nicht nennen und meistens ohne Namensunterschrift des Ausstellers sind. Schwierig ist die Abgrenzung zu den Legitimationspapieren (vgl → § 793 Rn. 9; → § 808 Rn. 1–3); durch Auslegung ist zu ermitteln, ob ein Verpflichtungswille des Ausstellers gegenüber *jedem Inhaber* aus der Urkunde erkennbar wird (nur dann Inhaberpapier nach § 807; Folge: → § 793 Rn. 6 gilt).

2. Beispiele (maßgeblich ist die bes Gestaltung im Einzelfall): Briefmarken 2
(BGHZ 164, 286; erst seit Privatisierung der Post – zuvor Geldsurrogate); Eintrittskarten (vgl VGH München NJW 1978, 2053; OLG Köln NJW-RR 1994, 687; OLG München NJW-RR 2011, 1359; anders bei personalisierten Eintrittskarten, wie bei der Fußball-WM 2006, näher dazu Gutzeit BB 2007, 113 → § 808 Rn. 3); Fahrkarten und -scheine (idR jedoch nicht Dauer- oder Netzkarten [Rektapapiere]); Telefonkarten (OLG Köln ZIP 2000, 1836 zur Verfallzeit); Geschenkgutscheine zum Einkauf (LG München VuR 1996, 65; Langhanke/Hertel VuR 2013, 253), Kinogutscheine (OLG Hamburg VuR 2000, 451 zur zeitlichen Verfallklausel); Gutscheine (soweit nicht als Inhaberschuldverschreibung ausgestaltet; sa Zwickel NJW 2011, 2754); Bier- und Speisemarken. **Nicht** unter § 807 fallen: Geldsurrogate (enthalten keine Leistungsverpflichtung), zB Geldkarten (Pfeiffer NJW 1997, 1036); **Beweispapiere(-zeichen)** wie Quittungen, Registrierbons, Akkordarbeitsmarken; **Legitimationszeichen,** zB Garderobenmarken, Gepäck- und Reparaturscheine; Garantiekarten (Rehbinder JA 1982, 228); codierte Scheckkarte (BGH ZIP 1988, 426).

§ 808 Namenspapiere mit Inhaberklausel

(1) **[1]Wird eine Urkunde, in welcher der Gläubiger benannt ist, mit der Bestimmung ausgegeben, dass die in der Urkunde versprochene Leistung an jeden Inhaber bewirkt werden kann, so wird der Schuldner durch die Leistung an den Inhaber der Urkunde befreit. [2]Der Inhaber ist nicht berechtigt, die Leistung zu verlangen.**

(2) [1]**Der Schuldner ist nur gegen Aushändigung der Urkunde zur Leistung verpflichtet.** [2]**Ist die Urkunde abhanden gekommen oder vernichtet, so kann sie, wenn nicht ein anderes bestimmt ist, im Wege des Aufgebotsverfahrens für kraftlos erklärt werden.** [3]**Die in § 802 für die Verjährung gegebenen Vorschriften finden Anwendung.**

1 **1. Allgemeines. a) Begriff. Qualifizierte Legitimationspapiere** (hinkende Inhaberpapiere) sind auf einen bestimmten Berechtigten ausgestellte Leistungsversprechen, die den Aussteller berechtigen, an jeden Inhaber der Urkunde mit befreiender Wirkung zu leisten (**Legitimationswirkung zugunsten des Ausstellers, I 1;** zT Besonderheiten beim Sparbuch, dazu → Rn. 7–9), den Inhaber jedoch nicht legitimieren, die verbriefte Leistung zu fordern **(eingeschränkte Inhaberklausel, I 2).** Nur der Gläubiger kann die Leistung verlangen, nachdem er ggf
2 seine Gläubigerstellung nachgewiesen hat. **b) Rechtsnatur und Abgrenzung.** Es handelt sich um **Wertpapiere** iwS (→ § 793 Rn. 5; Grund: **II 1, 2** – Vorlegungserfordernis, bei Verlust Ausschlussbeschluss gem §§ 439, 479, 483 FamFG – er ersetzt Urkundenvorlage, BGH NJW 2005, 1774) und zwar – iGgs zu den Inhaberpapieren (→ § 793 Rn. 6) – um Rektapapiere (→ § 793 Rn. 8; **Namenspapiere** mit Inhaberklausel). Bei einfachen Legitimationspapieren oder bloßen Beweisurkunden fehlt
3 das Vorlegungserfordernis. **c) Bedeutung.** Wichtige Anwendungsfälle sind **Sparbuch** (BGH NJW 2022, 1170; BGHZ 28, 368; NJW-RR 1998, 1661; → Rn. 4 ff.); Kreditkarten (BGHZ 114, 242); weitere Bsp: Versicherungsschein auf den Inhaber (§ 4 I VVG, s. BGH NJW-RR 1999, 898; NJW-RR 2002, 573; NJW-RR 2009, 1327; NJW-RR 2010, 904; OLG Hamm NJW-RR 2018, 92), personalisierte Eintrittskarten (Ensthaler/Zech NJW 2005, 3390; Weller NJW 2005, 934) und Gutscheine (BGH NJW 2005, 1774), uU bestimmte, nicht unter § 807 fallende Legitimationszeichen (→ § 807 Rn. 2 aE; zB Flugschein, Grüneberg/Sprau Rn. 3).

4 **2. Sparbuch. a) Begriff.** Urkunde über eine Spareinlage, die dem Sparer (Einleger) ausgehändigt wird und bei Verfügung über die Einlage vorgelegt werden muss. Es handelt sich um ein sog „hinkendes Inhaberpapier“, das einerseits Leistungsversprechen der Bank an einen bestimmten Gläubiger beinhaltet, andererseits bei Vorlage nur zur Leistung an den Vorlegenden berechtigt, nicht verpflichtet (I 2).
5 **b) Rechtsgrundlage** für die Aushändigung des Sparbuchs ist der **Sparvertrag** als unregelmäßiger Verwahrungsvertrag über Geld, auf den die §§ 488 ff. anwendbar sind (§ 700 S. 1; str nach aA Darlehensvertrag BGHZ 64, 278; Grüneberg/Sprau Rn. 6). Die Einzelheiten werden durch AGB der Kreditinstitute geregelt.
6 **c) Berechtigter** (Gläubiger der Einlageforderung) ist nicht notwendig der im Sparbuch Benannte; maßgebend sind allein die vertraglichen Abmachungen. IdR ist Berechtigter der Kontoinhaber, dh, wer nach dem *erkennbaren Willen* des die Kontoeröffnung beantragenden Kunden Gläubiger der Bank werden soll (BGH NJW 2019, 3075; NJW 2005, 2222; NJW 1994, 931; OLG Saarbrücken MDR 2003, 1003); ob der im Sparbuch Benannte in diesen Fällen ein eigenes Leistungsrecht haben soll (vgl § 328; uU § 331), ist ggf den Umständen (Kontounterlagen; Besitzverhältnisse am Sparbuch) zu entnehmen (vgl hierzu BGHZ 46, 199 mN; NJW 1994, 931; → § 328 Rn. 5). Grundsätzlich kommt im Hinblick auf II 1 auch den *Besitzverhältnissen* eine Indizwirkung zu (BGH NJW 2005, 980: Großeltern, die Sparbuch nicht aus der Hand geben, wollen sich typischerweise alleinige Verfügung vorbehalten; anders für Eltern [weil auch § 868 vorliegen kann] BGH NJW 2019, 3075 Rn. 20). Bei Leistungen an einen Minderjährigen ist uU § 1812 zu beachten (OLG Karlsruhe NJW-RR 1999, 230, Auszahlung der Versicherungssumme an
7 Vormund). **d)** Die **Legitimationswirkung** des Sparbuchs (→ Rn. 1) ist in verschiedener Richtung eingeschränkt (ie str, s. Welter WM 1987, 1123 f. mN). **aa) Bösgläubigkeit.** Durch Leistung an einen nichtberechtigten Vorleger wird der Aussteller **nicht befreit** (Ausnahme von **I 1**), wenn er die Nichtberechtigung des Vorlegers **kennt** (allgM) oder infolge **grober Fahrlässigkeit** nicht kennt (MüKoBGB/Habersack Rn. 15 mNw; OLG Köln VersR 1990, 1338, hM, str;

offenlassend BGHZ 28, 371); strengere Anforderungen als bei Inhaberpapieren (→ § 793 Rn. 14 f.) sind berechtigt; denn der Schuldner braucht nicht ohne Nachweis der Legitimation an den Inhaber zu leisten **(I 2). bb) Vorzeitige Leistung.** 8
Die Leistungsbefreiung tritt nur im Umfang der rechtswirksam **versprochenen Leistung** ein **(I 1);** bei Leistung an Nichtberechtigte unter Außerachtlassung vertraglich vereinbarter Kündigungs- und Auszahlungsfristen schützt daher die Legitimationswirkung nicht (BGHZ 64, 278; NJW 1991, 421 mN, str). **cc) Einschränkung** der Legitimationswirkung durch bes vertragliche **Vereinbarungen** (Bsp: 9
Sperrvermerk, dazu BGH NJW 1988, 2101 mN; NJW 1976, 2211, auch zur Aufhebung). **e)** Die **Übertragung** der Einlageforderung erfolgt formlos gem § 398. 10
Eigentum am Sparbuch: § 952. In der Übergabe des Sparbuchs kann aber eine stillschweigende Zession liegen (BGH WM 1972, 383; Canaris NJW 1973, 827). Dem Besitzer des Sparbuchs kommt jedoch § 1006 nicht zugute (BGH JR 1972, 379; LG Berlin FamRZ 1979, 503). Für die Verpfändung gilt § 1274 I 1; § 1280 ist zu beachten, eine Übergabe (vgl § 1274 I 2) ist nicht erforderlich (BGH NJW-RR 1986, 849). **f) Beweislast.** Der Inhaber für Höhe der Forderung (Sparbuch ist 11
Beweismittel), der Aussteller für eine Auszahlung ohne Vorlage des Sparbuchs (OLG Frankfurt a. M. NJW 1998, 998 mN; OLG Köln VuR 2001, 121; sa BGH NJW 2002, 2707 zur Beweiskraft der Unterschrift im Sparbuch). Auch nach Ablauf der zehnjährigen Aufbewahrungsfrist gem § 257 HGB besteht für das Kreditinstitut keine Beweiserleichterung (so OLG Frankfurt a. M. NJW 1998, 998 f.: interne Buchführung genügt nicht; str). **g) Kraftloserklärung** erfolgt im Wege des Aufge- 12
botsverfahrens (II 2). Es gelten §§ 466–483 FamFG. Antragsberechtigung: § 467 II FamFG (materiell Berechtigter, damit auch Gläubiger, der Spareinlage gepfändet und überwiesen bekommen hat, OLG Karlsruhe WM 2015, 1146). Kraftloserklärung ersetzt die Vorlage der Urkunde, so dass Berechtigter Anspruch aus §§ 700 I 1, 488 I 1 auch bei Verlust des Sparbuchs geltend machen kann (BGH NJW 2022, 1170). Die Position des Berechtigten ist dadurch nicht stärker als zuvor (BGH NJW 2022, 1170 Rn. 29; OLG Karlsruhe BeckRS 2015, 3540). Beweisrechtlich ist die Kraftloserklärung jedoch zugunsten des Schuldners starkes Indiz für Vernichtung bzw. Entwertung des Sparbuchs nach Auszahlung (BGH NJW 2022, 1170 Rn. 32).

§ 808a *(aufgehoben)*

Titel 25. Vorlegung von Sachen

§ 809 Besichtigung einer Sache

Wer gegen den Besitzer einer Sache einen Anspruch in Ansehung der Sache hat oder sich Gewissheit verschaffen will, ob ihm ein solcher Anspruch zusteht, kann, wenn die Besichtigung der Sache aus diesem Grunde für ihn von Interesse ist, verlangen, dass der Besitzer ihm die Sache zur Besichtigung vorlegt oder die Besichtigung gestattet.

§ 810 Einsicht in Urkunden

Wer ein rechtliches Interesse daran hat, eine in fremdem Besitz befindliche Urkunde einzusehen, kann von dem Besitzer die Gestattung der Einsicht verlangen, wenn die Urkunde in seinem Interesse errichtet oder in der Urkunde ein zwischen ihm und einem anderen bestehendes Rechtsverhältnis beurkundet ist oder wenn die Urkunde Verhandlungen über ein Rechtsgeschäft enthält, die zwischen ihm und einem anderen oder zwischen einem von beiden und einem gemeinschaftlichen Vermittler gepflogen worden sind.

§ 811 Vorlegungsort, Gefahr und Kosten

(1) [1]Die Vorlegung hat in den Fällen der §§ 809, 810 an dem Orte zu erfolgen, an welchem sich die vorzulegende Sache befindet. [2]Jeder Teil kann die Vorlegung an einem anderen Orte verlangen, wenn ein wichtiger Grund vorliegt.

(2) [1]Die Gefahr und die Kosten hat derjenige zu tragen, welcher die Vorlegung verlangt. [2]Der Besitzer kann die Vorlegung verweigern, bis ihm der andere Teil die Kosten vorschießt und wegen der Gefahr Sicherheit leistet.

Anmerkungen zu den §§ 809–811

Lit.: Bayer, Ärztliche Dokumentationspflicht und Einsichtsrecht in Patientenakten, 2018; Beckhaus, Die Bewältigung von Informationsdefiziten bei der Sachverhaltsaufklärung, 2010; Freund, Brennpunkte der Organhaftung, NZG 2015, 1419, Habermalz, Das Akteneinsichtsrecht des Patienten und seine zivilprozessuale Durchsetzung, NJW 2013, 3403; Haeffs, Der Auskunftsanspruch im Zivilrecht, 2010; Spindler/Weber, Der Geheimnisschutz nach Art. 7 der Enforcement-Richtlinie, MMR 2006, 711; Zöllner, Der Vorlage- und Besichtigungsanspruch im gewerblichen Rechtsschutz, GRUR-Prax 2010, 74.

1 **1. Allgemeines.** §§ 809 f. begründen unabhängig von sonstigen Rechtsbeziehungen (zB Vertrag) einen ges Anspruch auf Vorlage von Sachen und Urkunden; charakteristisch ist die lediglich **vorbereitende** und unterstützende **Natur** des Anspruchs (entspr dem Auskunftsanspruch, vgl → §§ 259–261 Rn. 1; Anspr aus § 809 unterliegt daher nach teilw. vertretener Ansicht nicht der Verjährung (OLG Karlsruhe NJW-RR 2002, 951; nach hM eigene Regelverjährung: MüKoBGB/Habersack § 809 Rn. 15, Informationsbedürfnis entfällt jedoch ggf. schon vorher mit Verjährung des Hauptanspruchs, OLG Karlsruhe NJW-RR 2002, 951; für Verjährung wie Hauptanspruch BeckOGK/Hoffmann, § 809 Rn. 5 f.; Harte-Bavendamm/Ohly/Kalbfus, GeschGehG, § 8 Rn. 73). Die praktische **Bedeutung** der §§ 809 ff. liegt im Prozessrecht, da §§ 422, 429 ZPO hinsichtlich der Pflicht zur Vorlage von Urkunden auf diese Vorschriften verweisen (→ Rn. 12, aber Erweiterung prozessualer Vorlagepflicht in §§ 142, 144 ZPO, wonach Gericht aber Ermessen hat, das in der Praxis häufig zurückhaltend ausgeübt wird, zB OLG Karlsruhe BeckRS 2018, 25317, allg Musielak/Voit/Stadler, ZPO, 20. Aufl. § 142 Rn. 7). Zahlreiche **Sondervorschriften** begründen weitergehende Einsichtsrechte oder Ansprüche auf Herausgabe von Urkunden (→ Rn. 13). Für die Vorlage und Besichtigung von Sachen sowie Urkunden hat der Gesetzgeber in Umsetzung der RL zur Durchsetzung der Rechte des geistigen Eigentums (2004/48/EG, ABl. 2004 L 195, 16) mit Ges v 1.9.2008 (BGBl. I 1191) eine Reihe sondergesetzlicher Regelungen geschaffen, so dass vor allem § 809 erheblich an praktischer Bedeutung verliert: §§ 140c PatG, 24c GebrMG, 19a MarkenG, 101a UrhG, 46a DesignG, 37c SortenschG. Alle Ansprüche setzen – entspr der „Faxkarten“-Entscheidung des BGH (BGHZ 150, 377, → Rn. 3) – nur eine hinreichende Wahrscheinlichkeit der Rechtsverletzung voraus. Der Vorlage- bzw Besichtigungsanspruch kann im Wege einstweiligen Rechtsschutzes durchgesetzt (nicht nur gesichert) werden (krit zur Umsetzung Stadler FS Leipold, 2009, S. 201 und ZZP 2010, 261). §§ 809, 810 haben als eigenständige Anspruchsgrundlage Bedeutung bei der Verfolgung von Ansprüchen bei Verletzung von Geschäftsgeheimnissen, (s. Harte-Bavendamm/Ohly/Kalbfus, GeschGehG, § 8 Rn. 64; Auskunftsanspruch § 8 GeschGehG).

2 **2. Anspruch aus § 809. a) Voraussetzungen. aa)** Vorlegungspflichtig ist der **Besitzer** (auch Mitbesitzer und mittelbarer Besitzer mit Beschaffungsmöglichkeit [MüKoBGB/Habersack § 809 Rn. 8]) der vorzulegenden Sachen. Bei jur Person richtet sich Anspruch gegen diese; dies gilt auch für OHG, KG und GbR (MüKoBGB/Habersack § 809 Rn. 8). Die Eigentumslage ist gleichgültig (RGZ 69, 406). **bb) Sachen** (Begriff: → Vor § 90 Rn. 2 ff.), auch unbewegliche, uU und in beschränktem Umfang der Leichnam (hM, Erman/Wilhelmi Rn. 4; Staudinger/

Marburger § 809 Rn. 2), nicht aber der Körper eines lebenden Menschen (insoweit gilt § 372a ZPO für die Entnahme von Blutproben); Urkunden nur, soweit § 810 nicht eingreift; ferner technische Aufzeichnungen ohne Urkundenqualität, zB Tonbänder, elektronische Dokumente (vgl § 371 I 2 ZPO), Computerprogramme (KG NJW 2001, 235). **cc)** (Vermeintlich) bestehender **Hauptanspruch** des Vorlegungs- 3
berechtigten gegen den Besitzer **in Ansehung der Sache.** In Frage kommen alle Ansprüche mit einer rechtlichen Beziehung zur Sache iwS, insbes dingliche und obligatorische Herausgabeansprüche, aber auch Unterlassungs- und Schadensersatzansprüche (zur Verletzung von Urheber- und Patentrechten jetzt → Rn. 1, früher BGHZ 150, 380; 93, 199; iE Bork NJW 1997, 1668 ff.); Abhängigkeit vom *Bestand oder der Beschaffenheit* der Sache genügt (**1. Var.;** BGHZ 150, 384; KG NJW 2001, 235). Bestehen des Hauptanspruchs ist nicht erforderlich, falls nur die Vorlage der **Gewissheitsverschaffung** darüber dient **(2. Var.),** aber *gewisser Grad an Wahrscheinlichkeit* (BGH NJW 2019, 771 Rn. 16 [verneinend für Persönlichkeitsrechtsverletzung durch Dokumentarfilm unter Hinweis auf Abwägungsgebot]; BGHZ 93, 208 – „Druckbalken“: „erheblicher Grad an Wahrscheinlichkeit“ erforderlich; streng für Quellcode von Computerprogramm auch OLG Hamburg CR 2001, 434; großzügiger jedoch auf Revision BGHZ 150, 384 ff. („Faxkarte“) mAnm Tilmann/Schreibauer GRUR 2002, 1015 ff.: kein *erheblicher* Grad an Wahrscheinlichkeit, wenn Geheimhaltungsinteressen durch Einschaltung von Sachverständigem gewahrt; OLG Frankfurt a. M. NJW-RR 2006, 1344; so auch RL 2004/48/EG; „gewisser Grad an Wahrscheinlichkeit“ bzgl Quellcode in BGH NJW-RR 2013, 878); dies kann Glaubhaftmachung (§ 294 ZPO) voraussetzen (vgl BGHZ 93, 205 f.). Nach der Rspr (BGH NJW 2019, 771 Rn. 16; BGHZ 93, 191, 205; NJW-RR 2013, 878) müssen nicht von der Besichtigung abhängende Voraussetzungen bereits geklärt sein.
dd) Interesse an der Vorlegung (Besichtigung), nicht notwendig rechtlicher oder 4
vermögensrechtlicher Art, aber ein bes und ernstliches Interesse (vgl BGHZ 93, 213). Bei berechtigten Gegeninteressen des Besitzers (Bsp: Wahrung von **Kunst-, Betriebs- und Gewerbegeheimnissen**) Abwägung nach § 242 (iE BGHZ 150, 386 f.; 93, 205 ff., 210 ff.; Stürner/Stadler JZ 1985, 1104; Kröger/Bausch GRUR 1997, 324; MüKoBGB/Habersack § 809 Rn. 11, § 810 Rn. 11). Im Zweifel darf Besichtigung nur durch einen zur Verschwiegenheit verpflichteten, sachkundigen Dritten erfolgen (BGHZ 150, 389; sa Bornkamm FS Ullmann, 2006, 893; Stadler ZZP 2010, 261 mN); zum „Düsseldorfer Verfahren“ BGH GRUR 2010, 318; Kühnen GRUR 2005, 185; Deichfuß GRUR 2015, 436. In Verfahren, in denen Ansprüche nach dem GeschGehG geltend gemacht werden, ist zum Geheimnisschutz § 19 GeschGehG zu beachten. **b) Rechtsfolgen. aa) Vorlegung** der Sache 5
ist die Handlung, wodurch dem anderen der Gegenstand tatsächlich zur Hand oder doch vor Augen gestellt und seiner sinnlichen Wahrnehmung unmittelbar zugänglich gemacht wird. **bb) Gestattung der Besichtigung** bedeutet die Erlaubnis, die kon- 6
krete Sache oder Sachgesamtheiten (BGH NJW-RR 2004, 916: kein Durchsuchungsrecht) in Augenschein (wie § 371 ZPO) zu nehmen (BGH NJW 2014, 3312: nur konkrete Urkunde, nicht gesamte Akte; BGH NJW 2019, 771 ggf auch Vorbesichtigung von Film), auch durch einen (zugezogenen oder zur Verschwiegenheit verpflichteten) Sachverständigen (BGHZ 126, 116 zu § 259; OLG Karlsruhe NJW-RR 2002, 951; auch → Rn. 12). Dies schließt die Inbetriebnahme, Abnahme von Verkleidungen und den Aus- und Einbau einzelner Teil ein, doch sind (erhebliche) Substanzeingriffe nicht erlaubt (BGHZ 93, 208 ff.; krit Stürner/Stadler JZ 1985, 1103; Bork NJW 1997, 1670 mN; nun für behauptete Urheberrechtsverletzung [offen lassend für Patentverletzung] großzügiger BGHZ 150, 388 mAnm Tilmann/Schreibauer GRUR 2002, 1015 ff.: Befugnisse begrenzt durch Integritätsinteresse des Schuldners, das nicht unzumutbar beeinträchtigt werden darf – Grenze: realistische Gefahr von bleibender Beschädigung). Sachverständiger ist gegenüber dem Berechtigten Beauftragter, gegenüber dem Verpflichteten Treuhänder (OLG München GRUR 1987, 33). Zur prozessualen Umsetzung Stadler ZZP 2010, 261 ff. und → Rn. 12. **cc) Ort** (geographischer Ortsbezirk, wie → § 269 Rn. 9, LG 7

Dortmund NJW 2001, 2806) der Vorlegung bestimmt sich nach **§ 811 I.** An welcher Stelle und unter welchen Bedingungen innerhalb des Ortes Einsicht genommen werden kann, bestimmt der Vorlegungspflichtige nach Treu und Glauben (vgl **I 2**); uU kann auch Pflicht zur Aushändigung bestehen (OLG München NJW 2001,
8 2807; OLG Köln NJW-RR 1996, 382). **dd) Gefahrtragung (§ 811 II)** bedeutet, dass der Berechtigte für Verlust und Beschädigung (nicht bei anderen Gefahren) auch ohne Verschulden haftet. Die **Besichtigungskosten** trägt der Vorlegungsberechtigte (OLG München GRUR 1987, 33).

9 **3. Anspruch aus § 810.** Stellt eine **Erweiterung der Vorlegungspflicht** gem § 809 für **Urkunden mit rechtsgeschäftlichem Inhalt** (u. aa) dar; entspr Anwendung auf vergleichbare Tatbestände ist möglich. Sonderregelung für Einsicht in Patientenakte in § 630g als vertragliche Nebenpflicht des Arztvertrages, für sonstige ärztliche Unterlagen kann § 810 eingreifen (OLG Karlsruhe MDR 2017, 1300). § 810 gibt einen Anspruch, der geltend gemacht werden muss; grds müssen Urkunden nicht unaufgefordert zur Einsicht zur Verfügung gestellt werden (OLG Schleswig NJW-RR 2020, 1351 zu Schadensgutachten im Besitz der Vollkaskoversicherung). **a) Voraussetzungen. aa) Urkunde** ist eine sinnlich wahrnehmbare Verkörperung einer rechtserheblichen Gedankenäußerung in bleibenden Zeichen; rechtsgeschäftliche Bedeutung ist erforderlich (→ Rn. 10); elektronische Doku-
10 mente sind keine Urkunden (→ Rn. 2, Grüneberg/Sprau § 810 Rn. 1). **bb)** Eigene **Beteiligung des Vorlegungsberechtigten an dem beurkundeten Rechtsverhältnis.** Es muss einer der drei alternativ genannten Fälle vorliegen. α) **Im Interesse des Vorlegungsberechtigten errichtet** ist die Urkunde **(1. Fall),** wenn sie – zumindest auch – dazu bestimmt ist (Zweck, nicht Inhalt entscheidet; namentliche Nennung ist nicht erforderlich), ihm als Beweismittel zu dienen oder doch seine rechtlichen Beziehungen zu fördern (BGH LM Nr. 5 zu § 810). Bsp: Vollmachtsurkunde im Verhältnis zum künftigen Vertragspartner; Urkunde über Vertrag zgDr (§ 328); Baubuch im Verhältnis zu Baugläubigern (BGH NJW 1987, 1197); Unterlagen des VKäufers über abgetretene Kundenforderungen beim verlängerten EV (BGHZ 94, 116); Unterlagen bzgl Umsätzen des Mieters bei Umsatzmiete (KG MDR 2012, 516); Vergabeakten des öffentlichen Auftraggebers (Prieß/Gabriel NJW 2008, 331); Krankenunterlagen des behandelnden Arztes oder Tierarztes (BVerfG NJW 2006, 1116; BGH NJW 1983, 328; LG Frankfurt a. M. NJW-RR 2007, 999; Hinne NJW 2005, 2270; Gehrlein NJW 2001, 2773; aA früher BGHZ 85, 337; offen gelassen für Einsicht des Kindes in Behandlungsunterlagen über künstliche heterologe Insemination in BGHZ 204, 54 Rn. 62); abl für Arbeitspapiere des Wirtschaftsprüfers, Ebke, Die Arbeitspapiere des Wirtschaftsprüfers und Steuerberaters im Zivilprozess, 2003 S. 49. β) **Beurkundung eines Rechtsverhältnisses** zwischen dem Vorlegungsberechtigten und einem anderen (nicht notwendig dem Besitzer; **2. Fall**); die Wirksamkeit des Rechtsverhältnisses ist unerheblich; eine nur teilw Beurkundung genügt. Bsp: Vertragsurkunden; im Verhältnis zum Bürgen Handelsbücher des Gläubigers, aus denen sich Zahlung des Hauptschuldners ergibt (BGH NJW 1988, 907); Geschäftsbücher und Bilanzen der Gesellschaft im Verhältnis zum (auch ausgeschiedenen) Gesellschafter (BGH NJW 1989, 226; NJW 1989, 3273; OLG Karlsruhe NZG 2001, 654; OLG Hamm NJW-RR 1994, 934); Unterlagen über Kreditabwicklung (Derleder/Wosnitza ZIP 1990, 906). γ) **Verhandlungen über ein RGeschäft (3. Fall)** umfassen auch die diesem vorausgehende und nachfolgende Korrespondenz, nicht aber Aufzeichnungen nur für private Zwecke (KG
11 NJW 1989, 533). Sondervorschrift: § 2 I NachwG. **cc)** Ein **rechtliches Interesse** besteht, wenn die Einsichtnahme zur Förderung, Erhaltung oder Verteidigung rechtlich geschützter Interessen benötigt wird (BGH NJW 1981, 1733). Bsp: Verlust der Vertragsurkunde beim Einsichtbegehrenden (BGH NJW-RR 1992, 1073; OLG Schleswig NJW-RR 1991, 1338; zu eng OLG Hamm NJW-RR 1987, 1395). Dass die Einsichtnahme zu einer Verbesserung des Wissensstandes und der Prozessaussichten des Berechtigten führt, steht nicht entgegen; Grenze nach hM (MüKoBGB/

Habersack § 810 Rn. 11, 19; Grüneberg/Sprau § 810 Rn. 2): Unzulässige Ausforschung, wenn die Vorlegung dazu dienen soll, *erstmalig* Anhaltspunkte für eine Rechtsverfolgung zu gewinnen (BGHZ 93, 205, 211 für § 809; BGHZ 109, 267 und NJW-RR 1992, 1073; OLG Naumburg OLG-NL 2001, 124 u OLG Nürnberg WM 2007, 647 für § 810). Dies darf jedoch nicht angenommen werden, wenn der Berechtigte seine Vermutung hinsichtlich des Urkundeninhalts plausibel begründen kann und es um Vorgänge aus der Sphäre des Gegners geht. §§ 809, 810 dienen gerade dazu, Darlegungsschwierigkeiten des Berechtigten zu überwinden; lediglich vage Vermutung ist aber nicht ausreichend (BGH NJW 2014, 3312; Tauth/Roeder BB 2013, 1334). Ist die Information aus öffentlich zugänglichen Quellen erhältlich (Jahresabschluss einer Genossenschaft mit Bestätigungsvermerk [§ 339 HGB], besteht kein Anspruch (OLG Schleswig BeckRS 2018, 29709). **b) Rechtsfolgen:** 12
→ Rn. 5–8. **Durchsetzung:** Außerhalb eines anhängigen Prozesses durch Klage gegen den Besitzer (BGH NJW 1989, 226); bei Besitz des Prozessgegners Vorlegungsantrag gem § 421 ZPO oder Anregung richterlicher Anordnung nach § 142 ZPO (für Besichtigung nach § 809: § 144 ZPO). Bei einstweiliger Verfügung wegen Sicherungscharakter idR nur Besichtigung durch neutralen Sachverständigen (s. aber die Neuregelung im gewerblichen Rechtsschutz → Rn. 1); Mitteilung des Ergebnisses an Antragsteller frühestens mit Abschluss von Verfügungsverfahren (KG NJW 2001, 234).

4. Sondervorschriften. → Rn. 1 **a) Einsichtsrechte in Urkunden (Bücher):** 13
zB §§ 716, 896, 1799 II; §§ 87c IV, 102, 118, 157, 166, 258–261 HGB; § 51a GmbHG. **b) Ansprüche auf Herausgabe von Urkunden:** zB §§ 371, 402, 410, 1144; Art. 50 WG; § 836 III ZPO; von Abschriften: 492 III, 655b I 4. § 444 aF jetzt kaufvertragliche Nebenpflicht (Grüneberg/Weidenkaff § 433 Rn. 24 f.). **c) Verhältnis** des Einsichtsrechts zum allg Auskunftsanspruch gem §§ 259, 260: idR Konkurrenz (BGHZ 55, 204).

Titel 26. Ungerechtfertigte Bereicherung

Vorbemerkungen

Lit.: Bartels, Zur bereicherungsrechtlichen Rückabwicklung von Überweisungen nach Umsetzung der Zahlungsdiensterichtlinie, WM 2010, 1828; Belling/Belling, Zahlungsdiensterecht und Bereicherungsausgleich bei nicht autorisierten Zahlungsvorgängen, JZ 2010, 708; Bockholdt, Die Übertragbarkeit rücktrittsrechtlicher Wertungen auf die bereicherungsrechtliche Rückabwicklung gegenseitiger Verträge, AcP 206, 769; Conrad, Die bereicherungsrechtliche Rückabwicklung nach Anfechtung wegen arglistiger Täuschung (§ 123 I Var 1 BGB), JuS 2009, 397; Diekmann, Die SEPA-Überweisung: eine unterschätzte Gefahr für Banken – Zum Rückforderungsanspruch der Bank bei einer Fehlüberweisung, WM 2015, 14; Ellger, Bereicherung durch Eingriff, 2002; Foerster, Nicht autorisierte Zahlungsvorgänge und Ausschlussfrist des § 676 Abs. 2 BGB – Ausgleich in Anweisungsfällen, AcP 213, 405; Fornasier, Der Bereicherungsausgleich bei Fehlüberweisungen und das europäische Recht der Zahlungsdienste, AcP 212, 410; Gaul, Rechtskraft und ungerechtfertigte Bereicherung, FS Schilken 2015, S. 275; Gödicke, Bereicherungsrecht und Dogmatik, 2002; Habersack/Schürnbrand, Zur Geschäftsführung ohne Auftrag bei nichtigem Vertrag, AcP 220, 1; Jerger, Der Ausschluss der Rückforderung erbrachter Leistungen zulasten des Täuschenden, 2016; Katzenstein, Handelsbeziehungen nach Nigeria, betrügerisch veranlasste Zahlungen und Vertrauensschutz des Empfängers – bereicherungsrechtliche Mehrpersonenverhältnisse in der Praxis, WM 2013, 1495; Kohler, Rücktrittsrechtliche Bereicherungshaftung, JZ 2002, 682; Kupisch, Gesetzespositivismus im Bereicherungsrecht, 1978; Leitmeier, Die Zweckkondiktion – eigentlich Treu und Glauben? NJW 2010, 2006; Leszczenski, Rückforderung schwiegerelterlicher Zuwendungen, 2016; Lieb, Werner Flume und das Bereicherungsrecht, AcP 209, 164; Liebrecht, Abschied von der unbenannten Zuwendung, AcP 217, 886; Linardatos, Das Haftungssystem im bargeldlosen Zahlungsverkehr nach Umsetzung der Zahlungsdiensterichtlinie, 2013; Peters, Die Erstattung rechtsgrundloser Zuwendungen, AcP 205, 159; Pioch, Nutzungen und die Rückabwicklung gegenseitiger Verträge, 2016; v. Proff, Der Ausgleich unentgeltlicher Leistungen an die Eltern der Lebensgefährtin, NJW 2015, 1481; Rademacher, § 675 u BGB: Einschränkung des Verkehrsschutzes im Überweisungsrecht?, NJW 2011, 2169; Reuter/Martinek, Ungerechtfertigte Bereicherung, 2. Aufl., 2. Teilband, 2016; Schall, Abrüstung der Bereicherungsdogmatik im Dreipersonenverhältnis, JZ 2013, 753; Schlechtriem, Restitution und Bereicherungsausgleich in Europa, Bd I 2000, Bd II 2001; Schulthess, Gängige Einwände der Kreditinstitute gegen Rückzahlungsansprüche ihrer Kunden nach Zustimmungsfiktion, NJW 2022, 431; Sorge, Condictio ob rem und Rückabwicklung gemeinschaftsbezogener Zuwendungen in nichtehelichen Lebensgemeinschaften, JZ 2011, 660; Thöne, Grundprinzipien des Bereicherungsrechts, JuS 2019, 193; Vollkommer, Bereicherungsausgleich nach Verurteilung zur Doppelleistung im Streit der Rechtskrafttheorien, MDR 2016, 979; Weiss, Die Rückabwicklung einer Blockchain-Transaktion, NJW 2022, 1343; Winkelhaus, Der Bereicherungsausgleich bei fehlerhafter Überweisung nach Umsetzung des neuen Zahlungsdiensterechts, 2012; M. Wolf, Bereicherungsausgleich bei Eingriffen in höchstpersönliche Rechtsgüter, 2017.

1 **1. Allgemeines.** Ob Bereicherungsrecht auf eine einzige, in einem subsumtionsfähigen Begriff fassbare Wertungsgrundlage zurückgeführt werden kann, oder ob die unterscheidbaren Bereicherungsansprüche im Rechtssystem unterschiedliche Funktionen haben, ist str. Bemühungen, alle Fälle des Bereicherungsausgleichs auf ein einheitliches Prinzip zurückzuführen, haben die gemeinrechtliche Lit beherrscht und sind auch noch zum BGB unternommen worden (s. Schäfer, Das Bereicherungsrecht in Europa, 2001, 279 ff.). Sie haben immer wieder Unterstützung erfahren (s. Bälz FS Gernhuber, 1993, S. 4 mN), ohne dass allerdings die neuen Einheitslehren sich schon in einer gemeinsam akzeptierten und anwendbaren Lösung getroffen hätten. Die von Wilburg begründete und auf Grund der Arbeiten v. Caemmerers (FS Rabel I, 1954 = GsI, 209, S. 213) und Essers (SchR, 2. Aufl. 1960, § 187) inzwischen herrschend gewordene Ansicht unterscheidet dagegen mehrere Grundtypen der Bereicherung, die durch die Regelungstechnik des BGB zusammengestellt sind und dogmatisch durch gemeinsame Prinzipien wie das eines allgemeinen Bereicherungsverbots und die Begrenzung der Herausgabepflicht auf die „wirtschaftlich gesehene" per-Saldo-Bereicherung verbunden gesehen werden.
2 Dabei werden die sog **„Leistungskondiktionen"** abgehoben von verschiedenen **„Nichtleistungskondiktionen"** der „Bereicherung in sonstiger Weise", deren wichtigste die sog „Eingriffskondiktion" ist. Auch zwischen den Anhängern einer gegliederten Anspruchstypologie ist vieles str, doch treffen sich die Bemühungen um eine Typologie der Bereicherungsansprüche trotz Unterschieden in der Benennung und Bewertung der Typenmerkmale im Einzelnen in dem Bestreben, durch Konkretisierung der Bereicherungstatbestände und ihrer Rechtsfolgen Bereicherungsrecht praktikabel, anschaulich, berechenbar und nicht zuletzt lehrbar zu halten.

3 **2. Typen der Bereicherungsansprüche. a)** Die **Leistungskondiktionen** dienen der Rückabwicklung von rechtsgrundlosen Leistungen; sie entsprechen funktional anderen ges Rückabwicklungsvorschriften wie zB der Regelung der Rücktrittsfolgen (§§ 346 ff.). Nach hM soll dabei das Merkmal „Leistung" den Bereicherungsgläubiger (als Leistenden) und den Bereicherungsschuldner (als Leistungsempfänger) bestimmen und so von der weiteren Voraussetzung entbinden, dass die Bereicherung „auf Kosten" des Bereicherungsgläubigers erfolgt ist. Auch soll durch dieses Merkmal der Bereicherungsgegenstand festgelegt werden (Einzelheiten → § 812 Rn. 8). Ein Teil der Lit und die Rspr des BGH definiert dabei
4 **Leistung** als „bewusste und zweckgerichtete Vermehrung fremden Vermögens" (BGHZ 40, 277), wobei das zur willentlichen Zuwendung hinzutretende Merkmal der Zweckbestimmung vor allem in Drei-(und Mehr-)Personen-Verhältnissen Bedeutung für die Bestimmung von Bereicherungsgläubiger und -schuldner hat (hierzu → § 812 Rn. 7, 26). Der Leistungsbegriff ist dabei „Kürzel zur rechtspraktischen Bewältigung von Zurechnungs-, Wertungs- und Ordnungsproblemen", Reuter/Martinek (1983) S. 81. Die Kritik richtet sich vor allem gegen die unzureichende Vermittlung und Berücksichtigung wichtiger Wertungsgesichtspunkte wie Risikozuordnung und Abstraktionsprinzip im Leistungsbegriff und schlägt stattdessen vor, auf sie bei der Bestimmung von Bereicherungsschuldner und -gläubiger unmittelbar zurückzugreifen (s. Canaris FS Larenz, S. 857, 859). Auch wird dieser

zentralen Bedeutung des Leistungsbegriffs Entfernung vom Ges vorgeworfen und Rückkehr zu einer Generalklausel, ergänzt durch Analogien (Kupisch S. 62 ff.) oder Gewohnheitsrecht (Kupisch FS Coing, 1982, II, S. 243) gefordert. **b) Nicht- 5**
leistungskondiktionen. Soweit Bereicherung statt durch Leistung „in sonstiger Weise" geschehen ist, kommt vor allem die Kondiktion wegen eines – durch menschliches Verhalten, aber auch zB durch Naturereignisse bewirkten – „Eingriffs" in eine dem Bereicherungsgläubiger zugewiesene Rechtsposition in Frage, § 812 I 1 Fall 2; dabei stellen die nichtberechtigte, aber wirksame Verfügung über ein fremdes Recht – „Gegenstand" in § 816 I 1 – oder die unberechtigte, aber wirksame Einziehung einer fremden Forderung – § 816 II – sowie der Ausgleich für einen weder durch Rechtsgrund noch durch Leistungsbeziehungen dem Rechtsinhaber gegenüber gerechtfertigten Rechtserwerb auf Grund sachenrechtlicher Zuordnungsvorschriften für Verbindung und Verarbeitung – §§ 946 ff., 951 – speziell geregelte Einzelfälle dar. Zur Bereicherung in sonstiger Weise rechnet die hM ferner die Kondiktion wegen Bezahlung fremder Schuld **(Rückgriffskondik- 6**
tion) und die **Verwendungskondiktion,** zur Bereicherung aus unerlaubter Handlung → Rn. 10.

3. Verweisungen. Bereicherungsrecht ist auf Grund zahlreicher Verweisungen **7**
in BGB und Nebenges anzuwenden. Unterschieden werden sog **Rechtsfolgenverweisungen,** bei denen die Voraussetzungen eines Anspruchs speziell geregelt sind und nur für seinen Inhalt und (oder) Umfang Bereicherungsrecht anwendbar wird, von sog **Rechtsgrundverweisungen** (Tatbestands-, Voraussetzungsverweisungen), bei denen für einen Bereicherungsausgleich alle in §§ 812 ff. normierten Voraussetzungen eines Bereicherungsanspruchs gegeben sein müssen, zB § 951 I 1 (s. BGHZ 40, 276; 55, 177).

4. Konkurrenzen. a) Vertragliche Regeln haben Vorrang: **aa)** Geht es um das **8**
Behaltendürfen einer auf Grund Vertrages erbrachten Leistung oder die durch Vertrag erlaubte Verwendung fremden Guts, fehlt schon die Voraussetzung „ohne rechtlichen Grund" für einen Bereicherungsanspruch. **bb)** Soweit die Parteien für den Fall der Beendigung des Vertrages durch Rücktritt, Kündigung usw spezielle Regelungen getroffen haben, gehen diese vor. Auch ergänzende Vertragsauslegung kann hier vorrangige Abwicklungsregeln ergeben, vgl BGHZ 48, 75. **b)** Neben ges Rege- **9**
lungen für die Rückabwicklung beendeter oder gestörter Schuldbeziehungen – wie etwa §§ 346 ff. – sind Regeln der Leistungskondiktionen nicht anzuwenden. **Herausgabeansprüche** aus §§ 985, 1007 konkurrieren mit der Besitzkondiktion (hM, BGH WM 1961, 274; Grüneberg/Sprau Einf. v § 812 Rn. 7). Bereicherungsansprüche wegen Veräußerung/Verbrauch sind durch die Regeln des Eigentümer-Besitzer-Verhältnisses nicht ausgeschlossen; hingegen gehen für Ansprüche des Eigentümers auf Herausgabe/Ersatz von **Nutzungen** nach hM die §§ 987 ff., soweit ihr Geltungsanspruch reicht (sa BGH NJW 2002, 61: Nutzungen durch Überschreitung des Besitzrechts nach Eingriffskondiktion, soweit nicht § 988 greift), einem Bereicherungsanspruch vor (BGH NJW 1996, 52 f.; krit Canaris JZ 1996, 344; ferner → Rn. 13 vor §§ 987–993). Bereicherungsrechtliche Nutzungsersatzansprüche des Vermieters nach Beendigung des Mietvertrages sind aber weder durch § 546a (BGH NJW 2017, 2997; BGHZ 44, 241; NJW 1989, 2133) noch §§ 987 ff. ausgeschlossen (BGH NJW 2017, 2997; NJW 1968, 197). Auch der Anspruch des Besitzers auf Ersatz von **Verwendungen** ist im Regelungsbereich der §§ 994 ff. nicht auf Bereicherungsrecht zu stützen (BGHZ 87, 301; NJW 1996, 52; str wegen des engen Verwendungsbegriffs der Rspr, → §§ 994–1003 Rn. 7–9). **c)** Mit Schadener- **10**
satzansprüchen aus **unerlaubter Handlung** kann ein Bereicherungsanspruch konkurrieren, s. § 852. Diese Vorschrift regelt jedoch nicht einen *weiteren* Bereicherungsanspruch, sondern nur einen in Höhe der Bereicherung unverjährten Schadenersatzanspruch, BGH NJW 1986, 2828. **d)** Bereicherungen durch Leistung **11**
oder in sonstiger Weise können durch spezielle ges Regeln vorrangig geordnet sein. **aa)** Liegen die Voraussetzungen einer **berechtigten GoA** vor, sind etwaige dem

Geschäftsherrn zugeflossene Vorteile im Verhältnis zum Geschäftsführer mit Rechts-
12 grund erlangt. **bb)** Während der Ehe gemachte gegenseitige Zuwendungen zwischen Ehegatten, die im ges Güterstand leben, sind bei Auflösung der Ehe grundsätzlich nicht nach Bereicherungsrecht auszugleichen, weil insoweit das Ges mit dem Zugewinnausgleich eine Abwicklung der vermögensrechtlichen Verhältnisse der Ehegatten vorgesehen hat, s. BGHZ 65, 320; 82, 231; für nichteheliche Gemeinschaft ist neben gesellschaftsrechtlichen Regelungen auch das Bereicherungsrecht anwendbar (BGHZ 177, 93 zu § 812 I 2 Fall 2 unter Aufgabe der bisherigen Rspr, Anm Dethloff JZ 2009, 418; BGH NJW-RR 2009, 1142; v. Proff NJW 2008, 3266; Grädler/Nitze ZGS 2009, 36; Stein NZFam 2014, 303). Gleiches gilt auch für Zuwendungen der Schwiegereltern um der Ehe Willen, BGH NJW 2010, 2202 [evtl auch konkludenter Kooperationsvertrag]; NJW 2010, 2884, → § 313 Rn. 34. Für Zuwendungen von nichtehelichen Lebensgefährten an die Eltern des Partners kommt ebenfalls § 812 I 2 Fall 1 in Betracht (BGH NJW 2012, 605; NJW 2015, 1523 [im konkreten Fall aber Leihvertrag, condictio ob rem scheiterte an Bereicherung] mAnm v. Proff NJW 2015, 1482). Eine Nichtleistungskondiktion ist aber begründet, wenn die Ehefrau ohne Wissen des Ehemannes von dessen Konto Versicherungsprämien zu ihren Gunsten abbuchen lässt (OLG Koblenz BeckRS 2019,
13 38022). **cc)** Soweit Schuldnerentlastung durch spezielle Regressvorschriften ausgeglichen wird – zB §§ 426 (hierzu BGH NJW 1978, 2393), 774 I, 268 III, 1143 I, 1607 II 2 –, ist Bereicherungsrecht nicht anzuwenden. Insolvenzrechtliche Anfechtungsansprüche können aber neben das Bereicherungsrecht treten (BGH NJW 2017,
14 3516). **dd) Verjährung** oder Ablauf von **Ausschlussfristen** können endgültigen Rechtsverlust bewirken, der mit Bereicherungsrecht nicht rückgängig gemacht werden kann, da sonst die Befriedungsfunktion dieser Institute gefährdet wäre. Zur **Ersitzung** → Rn. 60; zum gutgl Erwerb s. zunächst BGH WM 1978, 1054.
15 **ee) Gewährleistungsregelungen** sind gegenüber Bereicherungsrecht spezieller; ihre Voraussetzungen und Schranken – etwa durch Verjährung – können nicht mit
16 Bereicherungsansprüchen unterlaufen werden, vgl BGH NJW 1968, 43. **ff)** Der Schutzzweck einzelner Regelungen im Bereich des Sozialrechts würde unterlaufen, ließe man statt ihrer einen Bereicherungsanspruch zu (BGH NJW 1996, 782: unwirksame Wahlleistungsvereinbarungen nach § 22 II BPflV; BGH NJW 2005, 3635: Gewährung und Berechnung von Zusatzleistungen nach § 88 SGB XI), sa
17 → Rn. 49. **gg)** Keine abschließende Regelung treffen spezialges Normen für die Verletzung von **Ausschließlichkeitsrechten** (zB § 139 II PatG); bereicherungsrechtlicher Ausgleich ist – insbes bei fehlendem Verschulden – auch neben § 687 II möglich; dies gilt auch beim Eingriff in Persönlichkeitsrechte (zur Parallelität mit §§ 823 ff. schon → Rn. 10).

18 **5. Öffentl.-rechtliche Rechtsverhältnisse.** Bereicherungsansprüche nach §§ 812 ff. können wegen Leistungen, die auf Grund öffentl-rechtlicher Rechtsverhältnisse erbracht worden oder als Vermögensveränderungen in sonstiger Weise erfolgt sind, nicht geltend gemacht werden. Allerdings werden Grundgedanken des bürgerlich-rechtlichen Bereicherungsrechts als Ausdruck allgemeiner Rechtsgedanken ergänzend im öffentl Recht angewendet (s. etwa BAG NZS 2003, 34), soweit dies nicht spezielle Regeln (etwa für Wegfall der Bereicherung, BSG WM 2000, 1851; § 53 II BRRG, § 87 II BBG) getroffen oder (und) die Anwendung bereicherungsrechtlicher Grundsätze ausgeschlossen hat; s. auch § 49a I VwVfG, § 50 SGB X [BGH MDR 2016, 872 zur Gleichstufigkeit von öffentlich-rechtlichem Erstattungsanspruch und Bereicherungsanspruch bei Schuldbeitritt des Sozialhilfeträgers], § 118 III und IV SGB VI [BSG ZIP 2002, 517], § 12 III und IV BBesG.

19 **6. Verjährung.** S. §§ 195, 199 I, IV, zur Anwendbarkeit von § 196 auf Bereicherungsansprüche s. BGH WM 2008, 888; zu § 199 I: BGH NJW 2015, 1818 (f Widerspruch gegen Lebensversicherung, § 5 VVG aF), die kenntnisunabhängige Regelverjährung ist europarechtskonform (BGH NJW 2018, 1469, § 5a VVG aF; OLG Dresden NJW-RR 2018, 1435 [Beginn mit Ausübung des Widerspruchs-

rechts]). Sonderges Regelungen: zB §§ 977 S. 3, 1302, 2287 II. Eine auf Gläubigeranfechtung gestützte Zahlungsklage kann auch die Verjährung des Bereicherungsanspruchs hemmen (zu den Voraussetzungen BGH NJW 2015, 3711). Wird ein aufgrund unwirksamer AGB erhobenes Bearbeitungsentgelt bei Verbraucherdarlehen mit sofortiger Fälligkeit mitkreditiert (Abzug vom Darlehensbruttobetrag), entsteht der Bereicherungsanspruch im Zeitpunkt der Valutierung des Darlehens (BGHZ 203, 115 Rn. 24 f.); wird das Entgelt nicht Bestandteil des Darlehensnennbetrages und mit den einzelnen Raten bezahlt, so entsteht der Rückzahlungsanspruch anteilig je Rate (BGH aaO Rn. 28).

7. IPR. S. Art. 10 I Rom-II-VO (Anknüpfung an das Recht einer zwischen den **20** Parteien bestehenden Rechtsverhältnisses), Auffangregelungen in II (gewöhnlicher Aufenthalt in demselben Staat), III (Ort des Bereicherungseintritts) und IV (engere Verbindung) zur Rom II-Verordnung s. Anhang.

§ 812 Herausgabeanspruch

(1) [1]**Wer durch die Leistung eines anderen oder in sonstiger Weise auf dessen Kosten etwas ohne rechtlichen Grund erlangt, ist ihm zur Herausgabe verpflichtet.** [2]**Diese Verpflichtung besteht auch dann, wenn der rechtliche Grund später wegfällt oder der mit einer Leistung nach dem Inhalt des Rechtsgeschäfts bezweckte Erfolg nicht eintritt.**

(2) **Als Leistung gilt auch die durch Vertrag erfolgte Anerkennung des Bestehens oder des Nichtbestehens eines Schuldverhältnisses.**

I. Allgemeines

Das Ges fasst die verschiedenen Bereicherungstatbestände in I in einer Norm **1** zusammen. Die folgenden Vorschriften enthalten teils weitere Bereicherungsansprüche, teils Regelungen des Inhalts und Umfangs eines Bereicherungsanspruchs sowie – §§ 814, 815, 817 S. 2 – Gegenrechte des Schuldners.

II. Voraussetzungen der Leistungskondiktion(en)

1. Leistung. Als Regelung der Rückabwicklung von Leistungen kommt dem **2** Begriff der Leistung entscheidende Bedeutung für die Bestimmung des Gegenstandes der Bereicherung und der Parteien des abzuwickelnden Verhältnisses zu. Auch Leistungen an geschäftsunfähige Personen führen zu einem Bereicherungsanspruch gegen den Geschäftsunfähigen (KG BeckRS 2019, 3338). **a)** „Leistung" wird als **3** **bewusste zweckgerichtete Mehrung fremden Vermögens** verstanden (BGHZ 40, 277; 58, 188; NJW 2018, 1079 Rn. 17; NJW 2019, 2608 Rn. 14; MüKoBGB/Schwab Rn. 47 „zweckgerichtete Hingabe von Vermögensvorteilen"). Entscheidend ist dabei der verschaffte Vorteil, nicht eine Vermögensverschiebung. Auch Tun und Unterlassen können „etwas" verschaffen. Die Vorteilsverschaffung muss bewusst und willentlich erfolgt sein (sonst ggf I 1 Fall 2); es genügt natürlicher, zurechenbarer Wille (aber → Rn. 6); Freiwilligkeit ist nicht notwendig, daher „leistet" auch der Vollstreckungsschuldner, wenn er die Zwangsvollstreckung abwenden will (→ § 814 Rn. 5). **b)** Da der Begriff der Leistung nach hL vor allem auch die Parteien des **4** Bereicherungsausgleichs bestimmen soll und in Drei- und Mehr-Personen-Verhältnissen „gewollte Zuwendung" allein die „richtigen" Rückabwicklungsparteien nicht bezeichnen kann, wird die subj Seite des Leistungsbegriffs um eine **Zweckbestimmung** ergänzt (heute ganz hL, vgl Larenz/Canaris SchR II/2 § 67 II 1d; MüKoBGB/Schwab Rn. 47). Die Bedeutung, die der BGH und ein Teil der Lit der Zweckbestimmung als Bestandteil des zentralen Begriffs „Leistung" zumessen, und die Funktion des so verstandenen Leistungsbegriffs sind freilich umstritten (MüKoBGB/Schwab Rn. 47 ff.). Bei Beurteilung der Bedeutung des „Zwecks" für Leistung und Leistungsrückgewähr ist zu unterscheiden: **aa)** Der mit einer Leistung **5**

verfolgte Zweck ist wichtig für die Anwendung einzelner bereicherungsrechtlicher Vorschriften – I 2 Fall 2, §§ 815, 817 und 820. Die Zwecksetzung ist hier übereinstimmende Zielvorstellung der Parteien (→ Rn. 20) oder – bei § 817 – Erwartung des Leistenden, die eine ausdrückliche Willensäußerung oder rechtsgeschäftliche
6 Vereinbarung nicht erfordern (BGH NJW 1984, 233). **bb)** Kommen zwischen den Parteien mehrere Schuldverhältnisse in Betracht, zu deren Erfüllung die Leistung erbracht werden kann, dann entscheidet – wie bei der Erfüllungswirkung – eine entsprechende Zweckbestimmung des leistenden Schuldners, mit welchem Schuldverhältnis die Leistung zu verknüpfen ist, vgl § 366 I. Zweckbestimmung ist dann einseitiges (uU anfechtbares, vgl BGHZ 106, 166) RGeschäft, eine Zweckvereinbarung ist nicht zu fordern (str, s. Schnauder AcP 187, 150 f. mN); Zuordnung bei fehlender Zweckbestimmung s. BGH NJW 1986, 251. Keine Zurechnung bei
7 Zweckbestimmung durch Geschäftsunfähigen (BGHZ 111, 382). **cc)** Die Zweckbestimmung ist schließlich ein wichtiges, in vielen Fällen entscheidendes Kriterium bei der Zuordnung einer Zuwendung als Leistung bei den zwischen drei und mehr Personen in Betracht kommenden Schuldbeziehungen (BGH BeckRS 2020, 31084; Staudinger/Lorenz Rn. 5). Sie bezeichnet den Leistungsempfänger (vgl BGH NJW 1991, 2139) und damit grundsätzlich den Bereicherungsschuldner (→ Rn. 23 ff.). Fehlt es an einer Willensübereinstimmung hinsichtlich der Zweckbestimmung, gelten → Rn. 26, 27 („Empfängerhorizont").

8 **2. „Etwas".** Bereicherungsgegenstand kann jede Verbesserung der Vermögenssituation sein; Vermögen ist dabei großzügig zu begreifen und *nicht nur* als Vermögens*wert* zu verstehen. Was geleistet werden kann, kann auch Gegenstand eines Bereicherungsanspruchs sein (enger BGH NJW 1952, 417). Bsp: Verschaffung von Eigentum, anderen Rechten, Arbeits- und Dienstleistungen (vgl BAG NJW 1993, 484; BB 1997, 2432, OLG Koblenz NJW 2008, 1679, zB Entwurfsplanung von Architekt – OLG Celle NJW-RR 2019, 796), Gebrauchsvorteilen, Besitz (BGH ZIP 2000, 461; stellt jedoch keinen selbständigen Wert im Vermögen dar, BGHZ 198, 381), Eintragung ins Grundbuch (Buchposition, vgl BGH NJW 1991, 1736), Baulast (BGH NJW 1995, 54), Domaineintragung (BGHZ 192, 215), Schuldbefreiung (vgl BGH NJW 1985, 2700; OLG Saarbrücken NJW-RR 2017, 602), auch vom Gläubiger durch Selbstvornahme bewirkte Schuldbefreiung (OLG Koblenz NJW-RR 2000, 82), Genehmigung privativer Schuldübernahme (BGHZ 110, 321), Begünstigung aus Bankgarantie (s. BGH NJW 1984, 2038), Kreditsicherung (BGH NJW 2002, 1874), Stellung eines Hinterlegungsbeteiligten (BGH NJW-RR 2011, 373), Freigabeerklärung (BGH NJW 1979, 2515), Verzicht auf Rechtserwerb, Versicherungsschutz (s. Kohler VersR 1988, 564; aA OLG Karlsruhe NJW-RR 1988, 151),
9 nach **II** ausdrücklich auch die Anerkennung des Bestehens (BGH NJW 2000, 2502 sowie Saldo BGHZ 72, 12) oder Nichtbestehens eines Schuldverhältnisses (ferner Verschaffung einer Forderung durch abstraktes Schuldversprechen, durch Begebung von Wechsel oder Scheck [hierzu Zöllner ZHR 148, 313]). Dabei muss es sich um eine selbstständige Leistung iSv §§ 397 II, 780, 781 handeln (BGH NJW 1999, 573; Grüneberg/Sprau Rn. 18). Ein nur feststellendes, streitbereinigendes Anerkenntnis kann jedoch nicht kondiziert werden (BGH NJW 2000, 2502; OLG Köln FamRZ 2002, 1341). Auch eine fehlerhafte Gutschrift kann „etwas" sein, doch geht bis zum nächsten Rechnungsabschluss ein vertragliches Stornorecht vor, danach Kondiktion des Saldoanerkenntnisses, OLG Düsseldorf NJW 1985, 2724; OLG Koblenz WM
10 1987, 347; str. **Beweislast** dafür, dass Schuldner „etwas" erlangt hat, trägt Gläubiger, BGH NJW 1983, 626.

11 **3. „Auf Kosten".** Nach heute wohl hM bedeutet „auf Kosten" für die Leistungskondiktion jedenfalls nicht Entreicherung des Gläubigers (s. jedoch BGH WM 1983, 793); darüber hinaus wird das Merkmal von der hA für entbehrlich gehalten, weil der Begriff der Leistung den Bereicherungsgläubiger festzustellen erlaubt, und eine Einbuße nicht Voraussetzung seines Kondiktionsanspruchs ist (s. BGHZ 56,

239; Larenz/Canaris SchR II/2 § 67 II 1b; aA Wilhelm JuS 1973, 1 ff.; Kupisch, Gesetzespositivismus im Bereicherungsrecht, 1978, S. 29).

4. „Ohne rechtlichen Grund". Bei den Leistungskondiktionen bezeichnet 12 „rechtlicher Grund" die schuldrechtliche Beziehung (aus Vertrag oder Gesetz, vgl BGH NJW 1989, 453), deren Gültigkeits- oder Beständigkeitsmängel die Rückabwicklung erforderlich machen (Larenz/Canaris SchR II/2 § 67 III 1a; str, teilweise sieht man Zweckerreichung als Rechtsgrund, Zweckverfehlung – insbesondere Verfehlung des Erfüllungszwecks – als Rechtsgrundlosigkeit [subj Theorie], s. BGH NJW 1985, 2700; OLG Hamm NJW 1988, 2116; Medicus/Lorenz SchR II § 133 V 4; Erman/Buck-Heeb Rn. 44; Reuter/Martinek [1983] S. 107 ff.; Kupisch NJW 1985, 2370). Entscheidend ist, dass der Empfänger aufgrund des zu Grunde liegenden Rechtsverhältnisses das Zugewendete nicht endgültig behalten darf. Grundsätzlich kann sich nur aus dem Schuldverhältnis ergeben, ob Empfänger eine Leistung endgültig behalten darf (obj Theorie). Der Rechtsgrund fehlt daher, wenn die schuldvertragliche Beziehung nicht besteht, eine andere Person als der Empfänger der Gläubiger der Zuwendung gewesen wäre oder die Leistung in anderer Weise als vereinbart erfolgt (BGH NJW 1985, 2700; → Rn. 13). Bei schwebender Unwirksamkeit ist die Leistung „dann ohne rechtlichen Grund erfolgt, wenn sie in Unkenntnis des Schwebezustandes vorgenommen wurde" (BGHZ 65, 123). Das Ges unterscheidet nach den verschiedenen Gründen, die das Fehlen der schuldrechtlichen Unterlage oder ihrer Beständigkeit veranlasst haben. **Fallgruppen der Leistungskondiktion: a)** Bei der *condictio indebiti* (Leistung auf eine Nichtschuld), **I 1** 13
Fall 1 fehlte der Rechtsgrund bei Leistung oder von Anfang an (zB nichtiger Vertrag, beachte aber Heilungsmöglichkeiten zB § 311b I 2), unvollkommene Verbindlichkeit (§§ 656, 762) genügt nicht. Bei unwirksamem Vertrag kann es jedoch als Rechtsgrund genügen, wenn der Leistende die Zuwendung aus einem anderen Grund hätte erbringen müssen (zB aus GoA oder als Schadensersatz, OLG Hamm NJW-RR 2017, 274 Rn. 26; Grüneberg/Sprau Rn. 21). Erfasst werden auch Fälle der *condictio sine causa* (Staudinger/Lorenz Rn. 78), die heute keine eigenständige Bedeutung mehr hat (zB Zuvielzahlung [BAG NJW 2003, 457]; Lieferung eines anderen als vertraglich geschuldeten Gegenstandes; für mangelhafte Ware → Vor § 812 Rn. 15). Für zu viel gezahlte Miete besteht kein Rechtsgrund, wenn die tatsächliche Mietfläche mehr als 10 % unter vereinbarter Fläche liegt (BGH NJW 2010, 292; NJW 2010, 2648). Der Rechtsgrund fehlt gem § 813 auch, wenn ein Anspruch erfüllt wird, dem eine dauernde Einrede entgegenstand. Rechtsgrundlos ist auch die irrtümliche Bezahlung einer Insolvenzforderung als Masseschuld (RGZ 23, 61; BAG DB 1979, 847; OLG Brandenburg WM 2002, 975; str); nicht kondizierbar ist hingegen ein vollstreckbares Schuldanerkenntnis, auch wenn die gerichtliche Durchsetzbarkeit der persönlichen Forderung wegen Erhebung der Verjährungseinrede entfallen ist (OLG Frankfurt a. M. WM 2006, 856). Typische **Einwendung:** § 814, nach hA auch § 817 S. 2 (→ § 817 Rn. 12). **b)** Bei der *condictio ob causam* 14
finitam (Wegfall des rechtlichen Grundes) war der Rechtsgrund bei Leistung vorhanden, ist aber später weggefallen, **I 2 Fall 1.** Bsp: BGHZ 111, 128 (Ausbau einer Wohnung auf Grund unentgeltlicher Nutzungsgestattung, die später durch Mietvertrag ersetzt wurde); BGH NJW 2002, 437 (Wegfall von Leihvertrag); BGH NJW 2000, 2024 (wirkungsloser Vollstreckungsbescheid nach Klagrücknahme); Eintritt auflösender Bedingung (OLG Brandenburg ZIP 1999, 116); Vertragsaufhebung (offen lassend BGH NJW 2003, 506); Anfechtung (trotz § 142, str – wie hier Grüneberg/Sprau Rn. 26); Erfüllungsverweigerung durch Insolvenzverwalter gem § 103 II InsO (BGHZ 68, 379); Widerruf von Schenkung (§§ 530, 531 – BGH LM § 527 Nr. 1 für Zweckschenkung). Zu Rücktritt und Beendigung von Ehe bzw Lebensgem → Vor § 812 Rn. 12; → § 313 Rn. 34. **§§ 814, 815** sind nicht anwendbar; zur Haftungsverschärfung s. § 820 I 2. **c)** Einordnungsschwierigkeiten macht die 15
Kondiktion wegen Zweckverfehlung, **I 2 Fall 2** *(condictio ob rem, condictio causa data causa non secuta).* Teilw. wird sie gleichsam als Grundmodell aller Leistungskondiktio-

nen gesehen, weil ja auch bei – zB – nichtigem Leistungsanspruch der Zweck der Leistung, diesen Anspruch zu erfüllen, verfehlt werde, vgl Mot. II 832; → Rn. 12; nach aA ist sie als historisches Relikt entbehrlich und weitgehend durch den Wegfall der Geschäftsgrundlage ersetzt, § 313; s. Weber JZ 1989, 25). Trotz Abgrenzungsproblemen bleibt jedoch ein praktischer Anwendungsbereich. Wichtig sind zwei
16 Fallgruppen **aa)** Teilw. soll die condictio ob rem (nur noch) dort ein Anwendungsfeld haben, wo Leistung auf einen anderen Zweck hin als zur Erfüllung einer Verpflichtung erfolgt ist (s. Medicus/Petersen BürgerlR Rn. 691 mN; der Rechtsgrund liegt dann im Eintritt des Erfolges, BGH NJW 2013, 2025 Rn. 24). Als Fallgruppen kommen in Betracht Fälle der (nicht geschuldeten) **Leistung in Erwartung eines bestimmten Verhaltens des Empfängers** oder **Leistungen auf eine erst künftig zu begründende Verpflichtung.** Daher erfasst zB Leistung zwecks Erlangung einer Gegenleistung, die mangels wirksamer Verpflichtung nicht geschuldet ist (zB Heilung von formnichtigen Verträgen, OLG Braunschweig NJW-RR 2016, 1493 Rn. 50; Grüneberg/Sprau Rn. 32; BGH NJW-RR 1987, 937: Übersendung eines Schecks auf Treuhandvertrag, der vom Empfänger nicht geschlossen wird; BGH NJW 2004, 512: Finanzierung von Ausbildungskosten im Hinblick auf Bildung einer Steuerberatersozietät; BGHZ 177, 93; 183, 242, bei Auseinandersetzung nichtehelicher Lebensgemeinschaft ist der Tod des Zuwendenden idR keine Zweckverfehlung, BGH NJW 2010, 998) oder überhaupt nicht geschuldet sein kann, zB Erbeinsetzung (BGHZ 44, 323), Heirat (OLG Stuttgart NJW 1977, 1779), „Freikauf" einer Prostituierten (OLG Düsseldorf NJW-RR 1998, 1517), Verbleib in nichtehelicher Lebensgemeinschaft oder Erfüllung eines formnichtigen Vertrages bei Ausbleiben der – ebenfalls unverbindlichen – Gegenleistung (zB Schwarzkauf von Grundstück, s. OLG München NJW-RR 1986, 13; BGH NJW 1980, 451; hierzu auch Singer WM 1983, 254). Bei nichtehelicher Lebensgemeinschaft kommt eine über das Zusammenleben hinausgehende Zweckverfolgung idR nur bei Leistungen in Betracht, die über das zur Gestaltung des täglichen Lebens Erforderliche deutlich hinausgehen (BGH NJW-RR 2009, 1144; NJW 2011, 2880). Eine konkrete Zweckvereinbarung kann in der Schaffung gemeinsamer Vermögenswerte liegen oder wenigstens in der einseitigen Vermehrung des Vermögens des anderen mit der
17 Möglichkeit langfristiger Partizipation (BGH NJW 2011, 2883). Die **praktische Bedeutung** einer Entscheidung für die condictio ob rem in diesen Fällen statt für eine condictio indebiti liegt einmal darin, dass die Kondiktion nicht an § 814 scheitert (vgl BGH NJW 1973, 612 f. einerseits, BGH NJW 1976, 238 andererseits), zum anderen in der Anwendbarkeit des § 815 bei treuwidriger Zweckvereitelung (s. BGH NJW 1968, 245; sa NJW-RR 1990, 827: Strafanzeige trotz Schuldanerkenntnisses zur Abwendung der Anzeige; BGH NJW 1990, 2544: Mehrpreis auf Kaufvertrag gezahlt, um Transportauftrag zu erhalten; Zahlungen zum Erhalt von Familiengrundstück in Erwartung von Erbschaft, OLG Karlsruhe FamRZ 2002, 918). In Fällen von Dienstleistungen, die ohne Vertrag, aber zB in Erwartung künftiger Zuwendung oder Erbeinsetzung erbracht werden, behilft sich die Rspr mit der Annahme eines faktischen Vertrages; Folge: Vergütungsanspr entspr § 612 II (BGH
18 NJW 1965, 1224; MDR 1966, 821). **bb)** Bei **wirksamen Leistungsverpflichtungen** sollten dagegen enttäuschte Erwartungen, sofern ihre Erfüllung nicht überhaupt als vereinbarte Bedingung gesehen werden kann, als Veränderung oder Wegfall der **Geschäftsgrundlage** zu behandeln sein (sa BGH NJW 1975, 776: Ansprüche wegen Wegfalls der Geschäftsgrundlage haben als Rechtsfolgen aus Vertragsverhältnis Vorrang vor Bereicherungsansprüchen; ebenso BAG NJW 1987, 919; OLG Celle FamRZ 2003, 234; mehrdeutig BGH NJW 1984, 233 – Zweckerreichung iSv § 812 I 2 als Geschäftsgrundlage einer Schenkungsabrede –, krit zur Rspr insgesamt Liebs
19 *JZ 1978, 697*; Joost JZ 1985, 10 [16]). **cc)** Ein Teil der Lit und die Rspr wenden **I 2 Fall 2** aber auch dann an, wenn auf eine rechtsgültige und -beständige Verbindlichkeit geleistet, aber ein **weiterer,** über die Erfüllung der Verbindlichkeit hinausgehender **Zweck** verfolgt worden ist (vgl BGHZ 44, 323; NJW-RR 1986, 945: Mietzinsherabsetzung in Erwartung einer Verlängerung der Mietzeit; BGH NJW-

RR 1990, 827: Schuldanerkenntnis zur Abwendung einer Strafanzeige). Hierunter lassen sich auch Zweckverfehlungen bei Zweckschenkung fassen (BGH NJW 1984, 233; OLG Düsseldorf NJW-RR 1996, 517; zur Rückforderung von Schenkungen der Schwiegereltern nach Scheitern der Ehe s. BGH NJW 2010, 2886). Erforderlich ist eine – auch stillschweigend mögliche – tatsächliche **Einigung** über den mit der **20** Leistung bezweckten weiteren Erfolg (BGHZ 44, 323; MDR 2011, 1110; NJW-RR 2009, 1142 [einseitige Vorstellung genügt nicht, aber widerspruchslose Entgegennahme der Leistung, wenn Vorstellung des anderen Teils erkannt wurde]; NJW 1992, 2690; griffig Klinke, Causa und genetisches Synallagma, 1983, 66: bei *vereinbartem* Zweck Kondiktion, bei nichtvereinbartem Zweck Geschäftsgrundlage; aA Sorge JZ 2011, 665). Eine einseitige Erwartung reicht selbst dann nicht aus, wenn sie dem Leistungsempfänger bekannt ist und er ihr zwar nicht widersprochen, aber seinerseits einen anderen Zweck der Leistungsempfangnahme zum Ausdruck gebracht hat (BGH NJW 1973, 612: Hingabe, um Verbleib in eheähnlicher Gemeinschaft zu erreichen, s. aber OLG Stuttgart NJW-RR 1993, 1475), Entgegennahme zur Erfüllung oder Sicherung einer Verbindlichkeit (BGH NJW 1979, 646: Erwartung des Bürgen, dass weitere Sicherheit gestellt werde). Auch muss genau geklärt werden, ob der Zweck nicht bereits erreicht worden ist, vgl BGH NJW 1985, 315: Schaffung einer Familienwohnung (s. auch OLG Celle FamRZ 1991, 948; OLG Köln NJW-RR 1995, 584). **d) Beweislast** für Fehlen eines Rechtsgrundes trägt **21** grundsätzlich Bereicherungsgläubiger (BGHZ 128, 167; NJW 2014, 2275; NJW-RR 1995, 131; NJW-RR 2009, 547; NJW-RR 2009, 1424). Es genügt, dass die vom Empfänger geltend gemachten Rechtsgründe (sekundäre Behauptungslast des Empfängers, s. BGH NJW-RR 2004, 556; LG Düsseldorf NJW-RR 2010, 168) ausgeräumt werden (BGH NJW 1990, 393; NJW-RR 1996, 1212; NJW 2003, 1039; NJW 2003, 1450; NJW 2000, 1718: bei Rückforderung von Vorschuss hat Empfänger Anspruch zu beweisen). **e)** Zur Rückforderung einer Leistung auf Grund **22** **rechtskräftigen Urteils** s. BGHZ 83, 280; auf Grund einstweiliger Anordnung (Unterhalt) BGH NJW 1984, 2096; Prozessvergleich BGH NJW-RR 1991, 1155; NJW 1998, 2433. **f)** Verjährung: § 195 (→ § 195 Rn. 2). Fristbeginn, sobald Gläubiger Kenntnis von Leistung und Tatsachen, aus welchen fehlender Rechtsgrund folgt (BGH NJW 2022, 1303 Rn. 47; NJW 2018, 1469 Rn. 15).

5. Drei- und Mehrpersonen-Verhältnisse.

Lit.: Kropf, Abkehr vom Veranlasserprinzip seitens des BGH beim bereicherungsrechtlichen Ausgleich im Überweisungsverkehr, WM 2016, 67; Müller, Zur Wende in der höchstrichterlichen Rechtsprechung zum Bereicherungsausgleich bei fehlerhaften Banküberweisungen, WM 2015, 809; Schnauder, Die Sonderrechtsprechung zum Bereicherungsausgleich im neuen Zahlungsdienstrecht, JZ 2016, 603; Schneider, Rückgriffskondiktion, 2008.

a) Interessen: Rspr (BGH NJW 1995, 3316) und ein Teil der Lit versuchen, die **23** Parteien des Rückabwicklungsverhältnisses aus Bereicherung vermittels des Leistungsbegriffs (→ Rn. 2, 7) zu bestimmen (teilw aA die Einheitslehren, vgl zB Kellmann JR 1988, 97). Danach soll die Rückabwicklung grundsätzlich innerhalb des jeweiligen Leistungsverhältnisses erfolgen (BGH NJW 2001, 2881). Damit hat eine Leistungsbeziehung in dem Sinne Vorrang, als das durch Leistung an den Empfänger Zugewendete weder vom Leistenden noch von Dritten im Wege der Eingriffskondiktion herausverlangt werden kann (Subsidiarität der Nichtleistungskondiktion; s. BGHZ 56, 228; 36, 30; WM 1999, 484; NJW-RR 1991, 343; → Rn. 83 ff.). „Zuwendung" und Leistung im Rechtssinne als Voraussetzung für den Bereicherungsanspruch werden unterschieden, wobei die Schwierigkeiten in der Wertung liegen, zwischen welchen Personen eine Zuwendung als Leistung im Rechtssinne zu gelten hat. Bei dieser Zuordnung sind die Interessen der Beteiligten mit zu berücksichtigen: Aus dem Rückabwicklungsverhältnis können sich für den Bereicherungsschuldner Einwendungen und Einreden ergeben; umgekehrt werden aber auch die möglichen Gegenrechte auf solche aus dem abzuwickelnden Schuldverhältnis beschränkt. Vor allem entscheidet die Bestimmung des Rückabwicklungsverhält-

nisses darüber, wer wessen Insolvenzrisiko zu tragen hat (zum Ganzen Canaris FS Larenz, S. 802 ff. mN; krit zum Insolvenzrisiko als Zurechnungsgesichtspunkt Häse-
24 meyer KTS 1982, 16 f.). **b) Wertungsmomente der Zuordnung:** Die Rspr beruft sich aber wiederkehrend auf die Formel, wonach sich im Mehrpersonenverhältnis schematische Lösungen verbieten, im Einzelfall seien Vertrauensgesichtspunkte und Risikoverteilung zu beachten (statt vieler BGH NJW 2018, 1079 Rn. 18 mwN – zu Recht krit zu dieser „Verweigerungsformel" Schwab JZ 2018, 524). **aa)** Einem übereinstimmenden **Willen der Beteiligten** kommt überragende Bedeutung zu, BGH NJW 2001, 2881 („allseits richtig verstandene Zweckbestimmung"). Einseitiger Widerruf einer übereinstimmenden Zuordnung (Zweckbestimmung) kann diese allenfalls rückgängig machen, wenn der Leistungsempfänger ihn kennt (vgl BGHZ 61, 289; 87, 398 für widerrufenen Scheck; BGHZ 87, 250 für widerrufenen Überweisungsauftrag). Die Rechtsordnung kann freilich der Parteiautonomie Grenzen
25 setzen: **Verstößt** die **Absicht der Parteien,** die faktisch einem Dritten erbrachte Leistung rechtlich als solche zwischen den Parteien gelten zu lassen, **gegen** die **guten Sitten** oder den Zweck eines **Verbotsges,** dann kann – vgl die Wertung in § 817 S. 2 – zwischen den Parteien kein durchsetzbares Bereicherungsverhältnis entstehen. Soll die einem Dritten erbrachte Zahlung als Auszahlung auf ein zwischen den Parteien vereinbartes, aber gegen ein ges Verbot verstoßendes Darlehensverhältnis bezogen werden, so kann der Schutzzweck des einschlägigen Verbotsges auch einen Bereicherungsausgleich verbieten, vgl BGHZ 71, 365 (nach § 56 I Nr. 6 GewO verbotenes Kreditgeschäft); BGH NJW 1977, 40 f. (gegen das RBerG aF verstoßende Unfallfinanzierung); BGHZ 91, 19 (finanziertes Abzahlungsgeschäft), aber auch BGH NJW 1989, 2881 (Darlehensnehmer habe allenfalls Bereicherungsanspruch erlangt); OLG Hamburg ZIP 1990, 921 (Schutzzweck des § 138 I verbietet
26 Bereicherungsausgleich nicht). **bb)** Fehlt eine Willensübereinstimmung der Parteien, dann kommt zunächst einer **Zweckbestimmung des Zuwendenden** ausschlaggebende Bedeutung zu. Ist sie nicht eindeutig, dann können freilich in die Auslegung des obj Erklärungswertes des Verhaltens des Zuwendenden normative Zurechnungsüberlegungen einfließen. So sind Zahlungen auf ein Treuhandkonto des vorläufigen Insolvenzverwalters als Leistung an diesen, nicht an den Insolvenzschuldner anzusehen (BGH NJW-RR 2015, 1264 in Abgrenzung zu BGH NJW 2011, 1434). Auch kann einseitige Zweckbestimmung in **Drei- und Mehr-Personen-Verhältnissen** allein nicht stets ausreichen, um einen anderen, der nichts erhalten und von dem Vorgang vielleicht keine Kenntnis hat, rechtlich als Leistungsempfänger im Verhältnis zum Zuwendenden und/oder als Leistenden im Verhältnis zum Zuwendungsempfänger gelten zu lassen (vgl Flume NJW 1991, 2522); zumindest ein zurechenbar veranlasster Rechtsschein eines Einverständnisses muss hinzutreten (→ Rn. 34; anschaulich OLG Frankfurt a. M. WM 1986, 99; sa BGH NJW 2001,
27 2881, ferner Gottwald JuS 1984, 845). **cc)** Nach der Rspr hat vor allem die objektivierte „Sicht" des Leistungsempfängers (Sichtweise einer vernünftigen Person in der Lage des Empfängers nach Treu und Glauben mit Rücksicht auf die Verkehrssitte – **„Empfängerhorizont"**) genügend Gewicht, eine Leistung entsprechend den Vorstellungen des Empfängers einem von mehreren in Betracht kommenden Schuldverhältnissen zuzuordnen (BGH BeckRS 2020, 31084 Rn. 18 f.; NJW 2018, 1079 Rn. 17; NJW 2016, 3027; NJW 2016, 2260; NJW 2005, 60; NJW 1974, 1133 [„Hemdenfall"]; dagegen Schnauder NJW 1999, 2843 mN; WM 1996, 1071; für einen rein subjektiven Leistungsbegriff: Staake WM 2005, 2120; für eine Leistungsbestimmung auf Basis des Schuldrechts: Schall JZ 2013, 753); anders BGH NJW-RR 2014, 873; NJW 2001, 1856; NJW 2003, 583: Vertrauensschutz leistet auch
28 § 818 III. **c) Fallgruppen:** Die *wichtigsten* Fallgruppen lassen sich wie folgt bewer-
29 ten: **aa) Lieferungskette:** Verkauft und liefert A an B und dieser dann an C, so sind die Leistungen nach dem übereinstimmenden Willen aller Beteiligten auf die Verträge mit dem jeweiligen Partner bezogen. Die Abrechnung soll im Rahmen der durch diese Verträge geschaffenen Schuldbeziehungen erfolgen, sie sind für Erfüllungswirkungen und Rückabwicklung bei Rücktritt oder Ungültigkeit maßge-

bend. Ein direkter Durchgriff findet nur statt, falls der Empfänger einer rechtsgrundlos erbrachten Leistung sie unentgeltlich weitergeleitet hat, § 822. Die Rückabwicklung über die einzelnen Stationen der Lieferungskette ist auch einzuhalten, wenn mehrere Kausalverhältnisse ungültig oder nicht tragfähig sind (sog **„Doppelmangel“**): Ein Durchgriff kommt grundsätzlich nicht in Betracht, jeder trägt das Insolvenzrisiko seines jeweiligen Partners und ist (nur) dessen Gegenrechten ausgesetzt (vgl statt aller Lorenz JuS 2003, 733; Canaris FS Larenz, S. 801 ff.), es sei denn, der Letztempfänger hat noch keine (Gegen)leistung erbracht (Schlechtriem, Restitution Bd. II, 312 mN: § 822 analog). Geleistet hat der jeweilige Bereicherungsgläubiger in diesen Fällen den Leistungsgegenstand, der deshalb auch den primären Gegenstand der Kondiktion bildet (anders OLG Saarbrücken ZIP 1999, 2057: beim Doppelmangel sei (nur) Kondiktion gegen Zuwendungsempfänger verschafft worden). Bereicherungsgläubiger kann wegen Unmöglichkeit der Naturalherausgabe Wertersatz verlangen, soweit nicht § 818 III eingreift, und nicht etwa nur Abtretung der Bereicherungsansprüche, die dem Schuldner gegen seine Abnehmer zustehen mögen. Das Gleiche muss gelten, wenn Leistungsvorgänge und Schuldverhältnisse sich nicht decken, sondern der abgekürzte Leistungsweg eine oder mehrere Stationen der Kausalkette überspringt. Entscheidend ist, dass nach dem übereinstimmenden Willen aller Beteiligten die Leistung rechtlich den verschiedenen Schuldverhältnissen zugeordnet wird (informativ BGH WM 1983, 793). Es ist dabei unerheblich, 30
ob die **Abkürzung durch Direktleistung** rechtstechnisch durch Anweisung, Vertrag zugunsten des Endabnehmers oder Abtretung von Lieferansprüchen an diesen erreicht wird (hierzu → Rn. 35 ff.): Stets hat jeder seinem Vertragspartner den Leistungsgegenstand „verschafft“ und nicht nur Befreiung von einer (vielleicht einredebehafteten) Verbindlichkeit oder – bei Doppelmangel – nur eine Kondiktion gegen den Abnehmer (sehr str, wie hier v. Caemmerer GS I, 323 f. [332 ff.]; ausführlich Larenz/Canaris SchR II/2 § 70 II). Ausschlaggebendes Kriterium für die Zuordnung 31
der Leistung zu den verschiedenen Schuldverhältnissen ist jedoch der **übereinstimmende Wille** der Parteien. Erfolgt Lieferung dagegen ohne gewollten und erkennbaren Bezug zu bestimmten Schuldverhältnissen, oder stimmen die Absichten der Parteien über die Zuordnung der Lieferung zu den in Betracht kommenden Schuldverhältnissen nicht überein, dann müssen andere Wertungsgesichtspunkte berücksichtigt werden (→ Rn. 26 f.). 32
bb) Bei offener **Stellvertretung** werden vom Stellvertreter im Namen des Vertretenen erbrachte oder in Empfang genommene Zuwendungen nach dem Willen der Beteiligten dem Vertretenen zugerechnet, vgl OLG Hamburg MDR 1982, 670; BGH NJW 1980, 117; zum falsus procurator jedoch auch BGHZ 98, 140; 204, 30 (zum Beginn der Verjährung der Nichtleistungskondiktion der Bank gegen Zahlungsempfänger bei unklarer Rechtslage über „zurechenbare Veranlassung“ [gilt nach neuer Rspr → Rn. 41 entspr für Autorisierung]). 33
Wirtschaftlich ähnlich sind **Zahlungen auf** ein **Bankkonto** des Empfängers; bereichert ist deshalb der Kunde/Empfänger und nicht die Bank (vgl BGH NJW 1985, 2700). Dagegen liegt bei der mittelbaren Stellvertretung eine Leistung des Vertreters oder an diesen vor, so dass über ihn abzuwickeln ist, sofern die Zuwendung nicht von den Beteiligten übereinstimmend als Leistung zwischen mittelbar Vertretenem und Zuwendungsempfänger/Zuwendendem gesehen und bezweckt wird. Zur Leistung an einen Treuhänder s. BGH WM 1961, 651; zur Leistung eines Strohmannes BGH WM 1962, 1174. 34
cc) Weisungsfälle: (1) Bei **wirksamer Weisung** gilt die Zuwendung des Angewiesenen oder Beauftragten an den Empfänger rechtlich als Leistung des Angewiesenen an den Anweisenden und des Anweisenden an den Empfänger, da – und soweit – durch Übereinstimmung aller Beteiligten die Zuordnung der Zuwendung auf Deckungs- und Valutaverhältnis erfolgt (stRspr BGHZ 40, 272; 67, 77; 102, 157; NJW 2001, 2881; NJW 2003, 583; OLG Köln WM 2003, 19; OLG Koblenz WM 2009, 112; anders für Kreditauftrag BGH WM 2006, 2276). Die Bank des Empfängers ist regelmäßig nur Zahlstelle und nicht Leistungsempfänger (auch bei gekündigtem Konto, BFH ZIP 2010, 315). Nach manchen soll der Anweisende die zuordnende Zweckbestimmung treffen, die der 35

Zahlende übernimmt und als Bote mit der Zahlung weiterleitet (anders und zutreffend OLG München WM 1993, 413: Zahlende – angewiesene – Bank trifft selbst Zweckbestimmung). Das gilt auch bei der angenommenen Anweisung – dass der Angewiesene in diesem Falle auch dem Empfänger verpflichtet ist, hindert nicht, dass er das Deckungsverhältnis erfüllen will und nach übereinstimmender Zweckbestimmung aller Beteiligten soll. Etwas Anderes gilt nur, wenn seine Zuwendung im Hinblick auf eine eigene, außerhalb des Anweisungsverhältnisses entstandene oder herzustellende causa erfolgt und entspr zweckbestimmt ist, zB um zu schenken.

36 Auch bei **Mängeln** des **Deckungsverhältnisses** oder **Valutaverhältnisses** bleibt es bei der Zuordnung der auf Grund Weisung erbrachten Leistung zu diesen Verhältnissen und entsprechender Rückabwicklung (BGH BeckRS 2020, 31084 Rn. 21).

37 **(2)** Die Rspr wandte folgende Grundsätze an: **Fehlt** eine **zurechenbare Weisung von Anfang an,** deren Erteilung, Befolgung und Nutzung (durch den Zuwendungsempfänger) die Übereinstimmung hinsichtlich der Zuordnung der geschehenen Zuwendung (Gutschrift auf Grund Überweisungsauftrags, Zahlung auf Scheck usw) zum Ausdruck bringt oder bewirkt hat, dann kann (bzw muss) der Zahlende nach hA direkt vom Empfänger zurückfordern, unabhängig von dessen Kenntnis der fehlenden Weisung (BGH BeckRS 2020, 31084 Rn. 25). Wenn der angeblich „Anweisende" keinen zurechenbaren Rechtsschein gesetzt hatte, war er nach diesen Prinzipien aus der Rückabwicklung herauszuhalten (sog **„Veranlassungsprinzip"**) und die Kondiktion der Bank an den Anweisenden war gesperrt. Dies führte zu einer reichhaltigen Kasuistik: Zahlung auf gefälschten oder nicht unterschriebenen Scheck BGHZ 66, 362; OLG Naumburg WM 1998, 593; Zahlung an den falschen Empfänger BGHZ 66, 372; OLG Brandenburg WM 2002, 2012; Zahlung auf Grund erloschenen Zahlungsauftrags BGHZ 67, 79; bereits erfüllten Zahlungsauftrags OLG Hamburg NJW 1983, 1500; Zuvielüberweisung BGH NJW 1987, 186 [dazu Flume NJW 1987, 635]; BGHZ 176, 234, s. Müller WM 2010, 1293; Doppelüberweisung BGH NJW 2011, 66; AG Ratzeburg WM 2008, 2375; OLG Hamm ZIP 2003, 662; OLG München NJW-RR 1988, 1391; Überweisung auf Konto bei anderer als benannter Bank, OLG Düsseldorf NJW-RR 2009, 205; Zuvielzahlung an Pfändungsgläubiger, OLG Düsseldorf WM 2002, 74; gefälschter Überweisungsauftrag BGH NJW-RR 2005, 1448; NJW 2003, 582; NJW-RR 1990, 1201; widersprochene Buchung im Lastschriftverfahren BGH 167, 174 [zur Beweislast für fehlende Genehmigung einer Lastschrift s. BGH NJW 2011, 2130]; fehlende Vertretungsmacht BGH BeckRS 2020, 31084 Rn. 27 [unwirksame Gesamtvertretung]; NJW 2001, 1856; Fehlbuchung in Folge von Phishing OLG Karlsruhe WM 2008, 633 [dazu Löhnig/Würdinger WM 2007, 961]. Einem Geschäftsunfähigen sollte der Rechtsschein einer Weisung nicht zurechenbar sein (BGHZ 111, 386; NJW 2001, 2880; OLG Stuttgart NJW-RR 2002, 1580; BGH BeckRS 2020, 31084 Rn. 25). In der Insolvenz kann ein Anspruch der Masse aus § 812 I 1, 1. Var gegen den Zahlungsempfänger entstehen, wenn der Insolvenzschuldner an einen Dritten durch Vornahme einer Banküberweisung, die unter Zustimmungsvorbehalt stand, leistet, diese jedoch der Masse gegenüber nach § 81 InsO unwirksam ist (BGH NJW 2014, 547). Gleiches gilt, wenn die Leistung eines Drittschuldners aufgrund einer Einziehungsbefugnis des Dritten erfolgt, die auf einer nach Eintritt eines Verfügungsverbotes vorgenommenen Forderungsabtretung oder Einziehungsermächtigung beruht und nach § 81 InsO nicht befreiend wirkt (BGHZ 218, 261 Rn. 20 [anders im Fall der Abtretung einer Sicherungsgrundschuld]; BGH NJW-RR 2012, 1129).

38 **(3) Widerruf** oder andere **nachträgliche Unwirksamkeit** einer Weisung konnten nach bisheriger Rspr aber die durch die Weisung und die in ihrer Befolgung vom Angewiesenen getroffene Zweckbestimmung „Leistung an den Anweisenden" sowie einen entsprechenden Rechtsschein nicht aufheben; daher erfolgte ein Durchgriff auf Empfänger in diesem Fall nur, wenn der Zuwendungsempfänger den Widerruf der Weisung kannte (BGHZ 87, 400; Lorenz JuS 2003, 840). Der Anweisende muss diese Kenntnis beweisen, falls der Angewiesene für seine Zuwendung an den Dritten Bereicherungsausgleich beim Anweisenden suchte (BGHZ 87, 400 mN für Scheck-

widerruf; sa BGHZ 87, 249: Ausführung eines widerrufenen Überweisungsauftrags; 39
BGHZ 89, 376: Dauerauftrag; sa BGH NJW 1987, 186: Erkennbarkeit einer Zuvielüberweisung); zur fehlenden Autorisierung nach § 675j I → Rn. 37; Rechtsnatur der Kondiktion → Rn. 37. Diese Lösung berücksichtigt vorrangig den Vertrauensschutz des gutgläubigen Empfängers und das schutzwürdige Interesse des Anweisenden: Teilte er den Widerruf dem Zuwendungsempfänger rechtzeitig mit, kann dieser nicht darauf vertrauen, Zahlung auf das Valutaverhältnis zu erhalten (BGH NJW 2018, 1078 für erkennbar rechtsgrundlose Mietzahlung des Jobcenters an Vermieter [Antrag nach § 22 VII 1 SGB II als Anweisung] mwN zur teilweise abweichenden Rspr der Instanzgerichte [Vorrang der Leistungsbeziehung Mieter-Vermieter] aaO Rn. 38 unter Gleichstellung der fehlenden Kenntnis vom Rechtsgrund und derjenigen vom Widerruf – zu Recht krit Schwab JZ 2018, 521). Der Leistungsempfänger 40
ist entsprechend § 822 auch bei **unentgeltlichem Erwerb** nicht schutzwürdig (BGHZ 88, 232; krit Mühl WM 1984, 1441; Gottwald JuS 1984, 841; Flume NJW 1984, 464). Diese Grundsätze gelten im Prinzip fort (offenlassend BGH NJW 2018, 1078 Rn. 34), aber aufgrund der durch **Umsetzung der Zahlungsdienste-RL** 41
eingefügten §§ 675j ff. ist in deren Anwendungsbereich die sog **Autorisierung (§ 675j I 1)** bzw deren Fehlen (zu unterscheiden von fehlendem oder nichtigen Deckungsverhältnis) auch beim Bereicherungsausgleich zu berücksichtigen (BGHZ 205, 377 = NJW 2015, 3093 Rn. 23 ff.; offen gelassen noch in BGHZ 205, 334 = NJW 2015, 2725 Rn. 18; zust Lorenz LMK 2015, 373997; aA Müller WM 2016, 809, 814; Schnauder JZ 2016, 603). Fehlt es an ihr, ist der Zahlungsvorgang gegenüber dem Zahler nicht wirksam, die Bank darf keine Belastungsbuchung vornehmen (§ 675u S. 1). Damit **fehlt** es für den Zahler auch **an einer Zurechnung** der Zahlung an den Empfänger. Die Bank muss sich direkt an den Zahlungsempfänger wenden (BGH NJW 2015, 3093 für den Fall einer trotz Stornierungsvereinbarung ausgeführten Überweisung; BGH BeckRS 20202, 31084 Rn. 23). Der BGH nimmt damit ausdrücklich Abstand von der bisherigen wertenden Betrachtung und vom Veranlasserprinzip mit der Maßgeblichkeit des Empfängerhorizontes, da §§ 675j, 675u ausschließlich auf die Autorisierung des Zahlers abstellen (zur Fortgeltung im Übrigen BGH BeckRS 2020, 31084 Rn. 24). Dies sorgt für mehr Rechtssicherheit (zum Streitstand zuvor Bartels WM 2010, 1831; Belling/Belling JZ 2010, 708; krit Fornasier AcP 212, 410; Rademacher NJW 2011, 2169). Auch der Unterscheidung zwischen anfänglich fehlender und nachträglich entfallener Anweisung kommt keine Bedeutung mehr zu (BGH NJW 2015, 3093; Kropf WM 2016, 67, 71) im Anwendungsbereich der §§ 675j, u. Zu beachten ist, dass in den Fällen des § 675p ein Widerruf von Zahlungsaufträgen nicht mehr zulässig ist. War bislang str, ob die Direktkondiktion Leistungs- oder Nichtleistungskondiktion ist (für Letzteres bereits BGH NJW 2001, 1856; NJW 2003, 583; OLG Bamberg NJW-RR 2001, 129 [dadurch wird § 814 ausgeschaltet], ebenso Bartels WM 2010, 1831 mN; Kropf WM 2016, 67, 71), so legt der BGH (NJW 2015, 3093 Rn. 25) nun ausdrücklich fest, dass bei fehlender Autorisierung grundsätzlich eine **Nichtleistungskondiktion** des Zahlungsdienstleisters gegen den Empfänger erfolgen müsse (zuvor schon BGH NJW 2015, 2725; OLG Brandenburg NJW-RR 2018, 733 [aber: wirksame Autorisierung täuschungsbedingter Überweisung]). **dd)** Beim **Vertrag zugunsten Drit-** 42
ter ist die an den Dritten erbrachte Leistung rechtlich regelmäßig dem Deckungsverhältnis zuzurechnen; Kondiktionsschuldner des Leistenden/Versprechenden ist der Versprechensempfänger. Ein Durchgriff kommt bei nichtigem Deckungsverhältnis grundsätzlich nur in Betracht, wenn das Valutaverhältnis eine unentgeltliche Leistung vorsieht, also § 822 eingreift (Peters AcP 173, 88; BGHZ 88, 237 je mN). Auch bei **Doppelmangel,** also nichtigem Deckungs- und Valutaverhältnis, sind regelmä- 43
ßig die gleichen Rückabwicklungsstationen einzuhalten (aA BGHZ 5, 284 und die früher hM; zum Ganzen Reuter/Martinek 2. Teilbd. 2016 S. 141 ff.; Peters AcP 173, 72 ff.). Entscheidend ist wieder der übereinstimmende Wille der Beteiligten, der die Leistung dem Deckungs- und dem Valutaverhältnis zuordnet, bei wirksamen Kausalverhältnissen deshalb insoweit Erfüllung eintreten lässt, bei Rücktritt und

rechtsgrundloser Leistung die Rückabwicklung zwischen Versprechendem und Versprechensempfänger einerseits, Versprechensempfänger und Leistungsempfänger andererseits vorzunehmen gebietet. Dass beim echten Vertrag zugunsten Dritter der Zuwendungsempfänger einen (bei Nichtigkeit des Deckungsverhältnisses vermeintlichen) eigenen Anspruch gegen den Versprechenden hatte, kann wie bei der angenommenen Anweisung allein nicht durchschlagen (BGH 72, 250; sehr str, aA Kupisch Gesetzespositivismus S. 102 mN: Der Versprechensempfänger habe an den
44 Dritten bereits durch Verschaffung der Forderung geleistet). **ee)** Vom Parteiwillen getragene Abweichungen von der üblichen Zuordnung sind jedoch zu beachten: Bei manchen Verträgen zugunsten Dritter u ähnlichen Verträgen ist für alle Beteiligten deutlich, dass der Versprechende seine Leistung nur dann als solche im Deckungs- und Valutaverhältnis gelten lassen will, wenn das Deckungsverhältnis
45 intakt ist. Die Leistung der **Lebensversicherung** an den Begünstigten soll als Leistung des Versicherungsnehmers nur gelten, wenn ein Versicherungsverhältnis bestand (BGH 58, 189 – zutreffender freilich die Deutung der Wertungsgrundla-
46 gen dieser Entscheidung von Canaris NJW 1972, 1196 ff.). **ff)** Auch bei **Leistung auf einen zedierten** Anspruch ist vieles str (ausf Nachw bei MüKoBGB/Schwab § 812 Rn. 232 ff.). Über die Zuordnung der Leistung zu den in Betracht kommenden Schuldbeziehungen entscheiden regelmäßig die Absichten der Parteien; s. W Lorenz AcP 191, 279 (grundlegend), BGHZ 105, 365, 370; 122, 51. Zahlung auf sicherungszedierten Anspruch ist deshalb regelmäßig Leistung an Zedenten und dort zu kondizieren (BGHZ 105, 365, 368 f.; NJW 2012, 3373; W Lorenz AcP 191, 311; Flume NJW 1991, 2523 [„von selbstverständlicher Richtigkeit"], ders AcP 199, 21; krit Kohler WM 1989, 1629; aA BFH WM 1998, 1483, Dörner NJW 1990, 473; Schubert JR 1989, 371; Tiedtke WM 1999, 518 f.); sa BGH NJW-RR 1990, 206 zur Zahlung auf zedierten Kaufpreisanspruch zwecks Ablösung einer dem Zessionar zustehenden Grundschuld als Leistung des Zedenten an Zessionar (und folglich Leistung des Schuldners an Zedenten). Sonderfall besteht dann, wenn der abgetretene Scheinanspruch aus einem grundsätzlich intakten Rechtsverhältnis (zB Versicherungsvertrag) zwischen Scheinschuldner und Zedent stammt. In diesem Fall erfolgt Kondiktion gegenüber dem Zedenten (BGH NJW 2005, 1369 mN; krit zur versicherungsrechtlichen Grundlage: Sieg BB 1993, 1746; OLG Dresden NJW-RR 2018, 871). In anderen Fällen, in denen der Zedent durch die Zession aus den Rechtsbeziehungen zum Zahlenden hinsichtlich der Forderung ganz ausscheidet oder die Zahlung über die abgetretene Forderung
47 hinausgeht, ist beim **Zessionar** zu kondizieren, vgl BGH NJW 1989, 161 f. mN (Überzahlung an Zessionar); ferner BGHZ 113, 62, 69 zur Zahlung eines Haftpflichtversicherers an vermeintlichen Zessionar des Geschädigten und Kondiktion gegen Zessionar ([krit dazu Canaris NJW 1992, 868]; OLG Hamm NJW-RR 2018, 1048; OLG Frankfurt a. M. ZIP 1998, 148 [Abtretung an Bank zur Senkung des Sollsaldos des Zedenten]; BGH NJW 2006, 1731 [Irrtum des Leistenden in der Person des Gläubigers]). Zur Zahlung auf übergeleiteten Unterhaltsanspruch
48 s. BGHZ 78, 206 f. **gg)** Bei Zahlung des Drittschuldners einer (nicht bestehenden) **gepfändeten Forderung** an Vollstreckungsgläubiger jedoch (nur) Bereicherungsanspruch gegen diesen (BGH NJW 2002, 2871 mN zu hM; OLG Düsseldorf WM 2002, 75 [Überzahlung]; vgl BGHZ 78, 204 für Pfändung bereits abgetretener Forderung; aA – Kondiktion beim Vollstreckungsschuldner – Buciek ZIP 1986, 890); bei Mehrfachpfändung und Zahlung an nachrangigen Pfändungsgläubiger ebenfalls Direktkondiktion bei diesem (BGHZ 82, 28; NJW 2002, 2871).
49 **hh)** Zahlung durch Bürgen oder Garanten s. BGHZ 216, 274 (Kondiktionsan*spruch gegen Gläubiger bei Zahlung trotz Einrede nach* § 768 I, str – für Regress beim Hauptschuldner ua MüKoBGB/Schwab Rn. 199; Tiedtke JZ 2006, 940); sa → § 768 Rn. 4. **ii)** Zu Zahlungen im sozialhilferechtlichen Dreiecksverhältnis BGH NJW 2019, 2612. **jj)** Zum Innenausgleich zwischen Darlehensgeber und Unternehmer beim Widerruf verbundener Verträge → § 358 (s. auch BGH NJW 2019, 2780 [Durchgriffskondiktion nach § 812 I 1, 2. Var]).

III. Kondiktion wegen Bereicherung in sonstiger Weise

1. Eingriffskondiktion. a) Eingriff in fremde Rechtsposition. Die Kondiktion wegen rechtsgrundlosen Eingriffs gehört zum Instrumentarium der rechtschützenden Ansprüche wie § 823 I, Unterlassungsklage und Vindikation. 50
aa) Herrschend zur Einordnung der Eingriffskondiktion ist heute die allerdings ausfüllungsbedürftige **„Zuweisungstheorie“:** Kondiktionsauslösend ist danach die unbefugte Nutzung von Gebrauchs-, Nutzungs- und Verwertungsmöglichkeiten eines Guts, die rechtlich allein dem Inhaber des Rechts „zugewiesen“ sind (zurückgehend auf Wilburg, Die Lehre von der ungerechtfertigten Bereicherung, 1934, 27 ff; heute hM, BGH NJW 2021, 1303; BGHZ 107, 120; Larenz/Canaris SchR II/2 § 69 I 1b; MüKoBGB/Schwab Rn. 287 ff. mNw zu Konkretisierungsversuchen; eher noch auf Rechtswidrigkeit des Eingriffs abstellend Jakobs, Eingriffserwerb und Vermögensverschiebung in der Lehre von der ungerechtfertigten Bereicherung, 1964, 24, 55, 104). Modell sind dabei das Eigentum und die dem Eigentümer zugewiesenen Befugnisse, wobei Eingriff uU auch durch Verfügungsberechtigten unter Verletzung treuhänderischer Bindungen geschehen kann (BGH NJW 1999, 1393 f.). Dem Rechtsinhaber ausschließlich zur Nutzung zugewiesen sind aber nicht nur **absolute Rechte** wie Eigentum (zum Nutzungsrecht des Sicherungseigentümers BGH NJW 2007, 216 [dazu von Olshausen ZIP 2007, 1145]) oder andere dingliche Rechte, zB Nießbrauch, Anwartschaftsrecht des Käufers unter EV, Immaterialgüterrechte (vgl Zurth GRUR 2019, 143), sondern auch 51
Forderungen, deren Einziehung durch einen Nichtberechtigten eine Eingriffskondiktion auslösen kann, § 816 II (der Forderungsinhalt ist dem Forderungsinhaber nicht zugewiesen, s. BGHZ 192, 216; entspr bei Unterlassungsansprüchen, BGH NJW 2013, 783); zum vorgemerkten Auflassungsanspruch, falls Feuerversicherer an nachrangigen Grundschuldgläubiger zahlt, s. BGHZ 99, 387. Ansonsten ist der Forderungsberechtigte grundsätzlich jedoch nur im Verhältnis zum Verpflichteten geschützt (BGH NJW 1987, 772). Dagegen verleiht der berechtigte Besitz zB des Pächters oder Mieters gegen jedermann geschützte Befugnisse. Zur **unberechtigten Untervermietung** Mutter MDR 1993, 303; Koch/Wallmann JZ 2016, 342; BGHZ 167, 320 (zur Doppelvermietung; sa BGH NJW 2012, 3573 zum Wohnrecht). Sie führt weder zu einer Leistungs-, noch zu einer Eingriffskondiktion des Eigentümers gegen den unberechtigt untervermietenden Mieter, denn der Mietzins ist nicht auf Kosten des Eigentümers (der die Nutzungsmöglichkeit bereits dem Mieter eingeräumt hat) erlangt (BGHZ 131, 297; [anders bei nichtvertraglichem Besitz BGH NJW 2002, 60, 61]; Eingriff in Zuweisungsgehalt wegen § 535 II bejahend Koch/Wallmann JZ 2016, 345, dort auch zur unberechtigten Erstvermietung). **bb) Umfang** und **Inhalt** der dem Rechtsinhaber ausschließlich zugewiesenen Befugnisse können freilich Zweifelsfragen aufwerfen, und zwar auch bei solchen Rechten, deren Inhalt ges geregelt ist, wie zB beim Eigentum: Ob und inwieweit dem Eigentümer eines Grundstücks die Nutzung des Grundwassers (s. BVerfG NJW 1982, 748 ff. [Nassauskiesung] zu WHG), von Kavernen (ja, BGH MDR 1981, 567), Mineralien (nein, s. zum Bergrecht Baur/Stürner, Sachenrecht, § 30 II) und des Luftraums (s. § 1 I LuftVG) „zugewiesen“ ist, wird auch durch §§ 903, 905 sowie konkretisierende Spezialges nicht abschließend bestimmt. Ob etwa von einem Gebäude nur der Eigentümer Fotographien herstellen und gewerblich vertreiben kann, ist nicht allg (s. § 59 I 2 UrhG) geregelt (vgl BGH NJW 1989, 2251: Ansprüche verneinend; s. aber BGH JZ 2011, 371 und JZ 2013, 740 m abl Anm Schack, BGH NJW 2015, 2037 je zu § 1004; sa Stadler/Klöpfer JA 2017, 901 ff.). **cc)** Nicht jede faktisch gegebene Möglichkeit der Nutzung, des Ge- oder Verbrauchs ist dem Rechtsinhaber rechtlich allein „zugewiesen“, spezielle Gesetze können die Befugnisse des Rechtsinhabers ebenso konkretisieren und einschränken wie Gebote der Sittenordnung (Kleinheyer JZ 1970, 476 trotz anderen Ansatzes). Andererseits hat Bereicherungsansprüche gegen unberechtigt Nutzende auch, wer sein Recht selbst nicht verwerten kann (statt aller

v. Caemmerer GS I, 230 f. [235]). Die Wertungsfragen, die bei der Bestimmung der bereicherungserheblichen Positionen gestellt sind, werden jedoch mit dem Begriff „Zuweisungsgehalt" adäquat umschrieben (überzeugend Erman/Buck-
55 Heeb Rn. 65). **dd)** Bsp für **Rechtspositionen mit Zuweisungsgehalt:** Gebrauchsmuster und Patente (BGHZ 68, 99; 82, 306 [313]); das Recht an der Erfindung (BGHZ 185, 346); Warenzeichen (BGHZ 99, 246 f.); Ausprägungen des allg Persönlichkeitsrechts (BGH NJW 1992, 2085; NJW 2009, 3032 und NJW 2021, 1303 [Bild]; NJW 1981, 77; NJW 2008, 3782 [Name]; zum postmortalen Persönlichkeitsschutz BGHZ 143, 219 ff. u BGH NJW 2012, 1729); exklusive Nutzungsbefugnis (BGH NJW-RR 1987, 231); Urheberrecht (BGHZ 5, 123 sowie § 102a UrhG; sa BGH NJW 1995, 852: Urheberrecht von Mauermalern durch Veräußerung von Teilen der [Berliner] Mauer). Zur Eingriffskondiktion bei Berechtigung mehrerer am Gegenstand des Eingriffs s. Habermeier AcP 193, 364
56 (unteilbare Wertfortsetzungsansprüche). **ee) Kein geschützter Zuweisungsgehalt:** Recht am eingerichteten und ausgeübten Gewerbebetrieb (BGHZ 71, 98), da dem Inhaber nicht bestimmte Tätigkeitsbereiche mit festen Chancen und Erwerbserwartungen ausschließlich zugewiesen sind; auf Grund UWG bei Mitbewerbern reflexweise geschützte Positionen (Mestmäcker JZ 1958, 526, sehr str; differenzierend Staudinger/Lorenz Vor § 812 Rn. 72 mN); Untersuchungsergebnisse für Pflanzenschutzmittel, die vom Zweitanmelder im Zulassungsverfahren verwendet werden (BGHZ 107, 121); Besetzungsliste für Filmvorhaben (OLG
57 Karlsruhe NJW-RR 2000, 1005). **b) „Ohne rechtlichen Grund"** ist nicht identisch mit der Rechtswidrigkeit, die Voraussetzung eines Delikts- oder Beseitigungsanspruchs ist (so aber hL, vgl Baur JZ 1975, 493; s. dagegen Erman/Buck-Heeb Rn. 66). Der Eingriff in das Persönlichkeitsrecht einer im öffentl Leben stehenden Persönlichkeit kann durch die Pressefreiheit und den Anspruch der Öffentlichkeit auf Information „gerechtfertigt" sein, ohne dass damit für die gleichzeitige Vermarktung von Persönlichkeitsdetails ein Rechtsgrund gegeben sein muss; öffentl-rechtliche Baulast ist kein Rechtsgrund für unentgeltliche Inanspruchnahme von Grundeigentum (BGHZ 94, 164 f.; besitzrechtüberschreitende Nutzung s. BGH NJW 2002, 61). Auch bei „Eingriffen", die nicht auf menschlichem Verhalten beruhen (grenzüberschreitendes Weiden) oder vom Betroffenen selbst vorgenommen worden sind (BGH NJW 1979, 2035), passt der Rechtswid-
58 rigkeitsbegriff nicht. **c) „Auf Kosten"** bedeutet nicht, dass dem Bereicherungsgläubiger ein Vermögensnachteil entstanden sein muss. Dieses Merkmal bezeichnet nur die dem betroffenen Rechtsinhaber zugewiesene Befugnis, deren unberechtigte Nutzung den Bereicherungsanspruch auslösen kann („zu Lasten",
59 MüKoBGB/Schwab Rn. 270). **d) „Unmittelbarkeit",** früher regelmäßig als Voraussetzung (auch) eines Anspruchs wegen Bereicherung in sonstiger Weise genannt, begrenzt die Herausgabeverpflichtung auf den durch den „Eingriff" direkt Begünstigten (BGHZ 68, 277; NJW 2015, 229; NJW 1979, 102 [Patentverletzung]; ein Versionsanspruch gegen Dritte, an die das Erlangte oder sein Wert weitergeflossen ist, wird nach deutschem Recht nicht gegeben; Ausnahmen regeln §§ 816 I 2, 822; zum Ganzen Schlechtriem, Restitution Bd. II, S. 288 ff.
60 **e) Berechtigter Eingriff.** Bei wirksamer Zustimmung des Rechtsinhabers ist der Eingriff nicht **unberechtigt: aa)** Hat der Rechtsinhaber vertraglich die Nutzung seines Rechts **gestattet,** ist ein Rechtsgrund gegeben. Ist der Vertrag, auf dem die Gestattung beruhte, unwirksam, dann kommt eine Leistungskondiktion in
61 Betracht (s. u. Anm II 4b). **bb)** Rechtsgrundlage des Eingriffserwerbs kann auch eine **ges Regelung** sein. Allerdings fehlt es in solchen Fällen regelmäßig schon an der Zuweisung *ausschließlicher* Befugnisse. Kraft Ges geschehende Zuordnungsänderungen erfolgen mit „Rechtsgrund", falls diese Zuordnungsänderung nicht nur sachenrechtliche Reaktion auf faktische Veränderungen wie Verbindung, Vermischung und Verarbeitung ist, sondern im Verkehrsinteresse Rechtserwerb ermöglicht und **als endgültigen bezweckt:** Gutgl Erwerb ist nicht rechtsgrundloser Eingriffserwerb (vgl BGH WM 1978, 1054: „Rechtsgrund (sind) … Vor-

schriften über den Gutglaubensschutz"); Ersitzung – § 937 I – und gutgl Erwerb von Erzeugnissen einer Sache – §§ 955, 993 I 1 – sind als solche nicht „ungerechtfertigter" Erwerb (s. v. Caemmerer GS I, 240 f.). Die früher bei Doppelnichtigkeit von Verpflichtungs- und Verfügungsgeschäft trotz Ersitzung (§ 937) zugelassene Leistungskondiktion (RGZ 130, 72 f.) hat ihre Berechtigung mit Verkürzung der Verjährungsfrist auch für bereicherungsrechtliche Ansprüche verloren – diese verjähren spätestens nach 10 Jahren gem § 199 IV (idR also ohnehin mit oder vor Eigentumserwerb kraft Ersitzung). **f) Eingriffsformen: aa)** Der Eingriff kann 62
durch **Handeln der Bereicherten** geschehen, zB Verbrauch oder Nutzung fremder Sachen, wirksame Verfügung über fremdes Recht (§ 816 I 1, II). Tatsächliche und rechtliche „Verwendung" fremden Guts können zusammenfallen, wo das Sachenrecht bestimmten Verwendungsformen zuordnungsändernde Wirkung beimisst, so bei Verbindung, Vermischung oder Verarbeitung, §§ 946 ff.; § 951 I 1 ist deshalb Rechtsgrundverweisung. **bb)** Der bereichernde **Eingriff** kann nach hA 63
auch **durch den Bereicherungsgläubiger** selbst geschehen sein, vgl BGH NJW 1979, 2035. **cc)** Auch **natürliche,** nicht von Menschen gelenkte **Ereignisse** können „Eingriffe" bewirken, so Anschwemmen, Grasen von Vieh auf fremder Weide (str, aA König Gutachten S. 1550). **dd)** Der Eingriff kann **durch Dritte** erfolgen, 64
so im Falle des Bauunternehmers, der gestohlenes Material verbaut (sa u. → Rn. 83 ff. zum Verhältnis Eingriffskondiktion und Leistungskondiktion), oder durch Handeln staatlicher Organe, so in der **g) Zwangsvollstreckung** (hierzu 65
Gerlach, Ungerechtfertigte Zwangsvollstreckung und ungerechtfertigte Bereicherung, 1986; Stadler/Bensching Jura 2002, 438). **aa)** Bei **unberechtigter Pfändung** und **Verwertung** von schuldnerfremden **Sachen** setzt sich das Recht an der Sache zunächst am Erlös fort. Der Erwerber des in der Zwangsvollstreckung verwerteten Rechts ist durch den wirksamen Erwerb nicht ohne Rechtsgrund bereichert, auch wenn die Pfändung zu Unrecht erfolgte. Unabhängig von der Qualifikation des Zuschlags muss der Rechtserwerb des Erstehers aus Gründen des Verkehrsschutzes Bestand haben und zwar auch dann, wenn der Gläubiger nach § 817 IV ZPO selbst den Zuschlag erhält (BGHZ 100, 100; str). Der bereicherungsrechtlich erhebliche Eingriff in die Rechtsstellung des Rechtsinhabers liegt deshalb (erst) in der **Auskehrung** des Erlöses an Gläubiger, denen der Betroffene nichts schuldete (RGZ 156, 399 f.; aA Günther AcP 178, 456 mN der Gegenansichten), und zwar auch bei Verrechnung mit Gläubigerforderung (BGHZ 100, 100: Bereicherung durch Befreiung von Barzahlungspflicht). Rechtlicher Behaltensgrund für den pfändenden Gläubiger läge in einem wirksamen Pfändungspfandrecht – das an schuldnerfremden Sachen nach hM nicht entstehen kann. **bb)** Auch im Verhältnis der Gläubiger zueinander kann falsch verteilt worden sein: 66
Hat ein Gläubiger im **Verteilungsverfahren** versäumt, Widerspruch klagweise geltend zu machen, so kann er von einem anderen Gläubiger, der deshalb vor ihm befriedigt worden ist, mit der Bereicherungsklage nach § 878 II ZPO Herausgabe verlangen; für ungleiche Verteilung im Vergleichsverfahren sa BGHZ 71, 312. Dagegen ist die **Überzahlung** des Erstehers – etwa auf Grund falscher Berechnung 67
des Bargebots – eine rechtsgrundlose Leistung an den Schuldner/Eigentümer und, falls sie an einen letztrangigen Grundpfandgläubiger ausgekehrt worden ist, eine – evtl rechtsgrundlose – Leistung des Schuldners/Eigentümers an diesen Gläubiger. **Nichtaufnahme** im **Schlussverzeichnis** und dadurch bewirkter Ausschluss eines 68
Insolvenzgläubigers schließt (auch) Bereicherungsansprüche gegen dadurch begünstigte Gläubiger aus, um Endgültigkeit der Verteilung zu wahren (BGHZ 91, 205; krit Weber JZ 1984, 1028). **cc) Forderungspfändung.** Zieht der Gläu- 69
biger eine **gepfändete** und ihm überwiesene **Forderung** ein, die auf Grund früherer Abtretung bereits einem anderen zusteht, so hat der (Erst-)Zessionar einen Bereicherungsanspruch (BGHZ 66, 150; krit Gerlach, ungerechtfertigte Zwangsvollstreckung u ungerechtfertigte Bereicherung, S. 43 ff.), wobei der Bereicherungsschuldner/Vollstreckungsgläubiger nach BGHZ 66, 156 die Vollstreckungskosten von seiner Bereicherung absetzen kann, str; → § 818 Rn. 36. Zum

70 Bereicherungsanspruch des zahlenden Drittschuldners → Rn. 48. **dd)** Der Ersteher ist bereichert, wenn bei der Zwangsverwertung von Immobiliarvermögen der Schuldner/Eigentümer mangels Anmeldung seiner Schuld – § 53 II ZVG – noch persönlich in Anspruch genommen wird, obwohl das Grundpfandrecht bestehen geblieben ist und der Ersteher deshalb weniger gezahlt hat, BGHZ 56, 25; 64, 170; vgl jedoch für den Fall der Übernahme einer nicht voll valutierten Grundschuld BGH NJW 1974, 2280. Dagegen ist der Darlehensschuldner bereichert, wenn eine voll valutierte Darlehenshypothek nach § 91 II ZVG bestehen bleibt,
71 obwohl sie bei der Erlösverteilung ausfällt, BGH NJW 1981, 1602. **h)** Bereicherung durch **Auslandsvollstreckung** neben Inlandskonkurs s. BGHZ 88, 147. **i)** Zum **Inhalt und Umfang der Herausgabepflicht** aus Bereicherung in sonstiger Weise → § 818 Rn. 5, 21, 37; zum Verhältnis zur Leistungskondiktion → Rn. 83 ff. Str ist, ob Einwendung nach § 817 S. 2 anwendbar (verneinend Rspr, s. BGH NJW 2003, 584, → § 817 Rn. 9).

2. Rückgriffskondiktion.

Lit.: Schneider, Rückgriffskondiktion, 2008.

72 **a) Erfüllung fremder Schuld.** Die nach §§ 267, 362 I mögliche Erfüllung fremder Schuld kann zur Erfüllung einer eigenen, jedoch unwirksamen oder sonst nicht tragfähigen Verbindlichkeit des Leistenden gegenüber dem Schuldner geschehen; sie gilt grundsätzlich als Leistung an den Schuldner und wird als solche rückabgewickelt (s. aber OLG Nürnberg NZV 1993, 273 [Zahlung Versicherer an Unfallopfer auf Grund unwirksamen Versicherungsvertrages – Kondiktion beim Zahlungsempfänger]; OLG Düsseldorf NJW-RR 1993, 1376 [Direktkondiktion beim Geschädigten, bei fehlender Einstandspflicht der Versicherung]). Str ist, ob das auch gilt, falls die fremde Schuld gegenüber dem Zahlungsempfänger nicht bestand. Dem Putativschuldner ist dann nur ein Kondiktionsanspruch gegen den Zuwendungsempfänger verschafft worden, da Schuldbefreiung geleistet werden sollte (Wieling JuS 1978, 803 mN; → Rn. 77, 78). Die Rspr nimmt in diesen Fällen inzwischen überwiegend eine Direktkondiktion beim Zahlungsempfänger an (BGHZ 113, 69 [Anspruch der Berufshaftpflicht gegen Zahlungsempfänger]; BGH NJW 2000, 1718 [Vorschuss der Haftpflichtversicherung an Geschädigten]; OLG Saarbrücken NJW-RR 2017, 602 [Zahlung an Kfz-Werkstatt des Geschädigten – Kondiktion des Haftpflichtversicherers beim Geschädigten, wenn sich fehlende Unfallursächlichkeit des reparierten Schadens herausstellt]); aber OLG Dresden NJW-RR 2018, 871 [Kondiktion beim Versicherungsnehmer bei Zahlung in Unkenntnis von Leistungsbefreiung des Versicherers]; OLG Frankfurt NJW-RR 2019, 191 [Kondiktion des Putativschuldners beim Zedenten – Zahnarzt – bei rechtsgrundloser Zahlung von
73 Zahnarzthonorar] → Rn. 77. **b) Andere Ausgleichsmechanismen.** Führt der Leistende mit der Leistung als berechtigter Geschäftsführer ein Geschäft des Schuldners, dann regeln §§ 683, 670 den Rückgriff (BGH WM 1976, 1059); bei entgegenstehendem Willen des Geschäftsherrn (zB Mängeleinrede, Aufrechenbarkeit) kann § 679 ausnahmsweise diesen Regressweg eröffnen. War der Leistende dem Leistungsempfänger selbst neben dem Schuldner verpflichtet, regeln entweder spezielle Regressnormen – zB § 774 I 1 – oder allg § 426 den Innenausgleich (zum Verhältnis §§ 426–812 s. BGHZ 61, 356; NJW 1983, 814); der Regressweg cessio legis schließt eine bereichernde Befreiung des Schuldners aus. Auch kann die Berechtigung zur Zahlung fremder Schuld auf Grund eines Ablösungsrechtes – zB nach § 268 I – gegeben und mit einem speziell geregelten Regress – § 268 III – ausgestattet sein. Im Sozialrecht steht dem nicht primär verpflichteten Sozialhilfeträger – zB Sozialamt – gegen den verpflichteten Träger – zB Bundesanstalt für Arbeit – ein eigenstän-
74 diger Erstattungsanspruch zu, § 102 SGB X (Eichenhofer JuS 1991, 553). **c)** Für die sog **Rückgriffskondiktion** bleiben deshalb nur die von den Fallgruppen a) und b) nicht gedeckten Situationen der Zahlung fremder Schuld (teilw als Sonderfall der Leistungskondiktion gesehen, vgl Eike Schmidt AcP 175, 172, doch muss diese

Ansicht § 814 ausschalten; zur Unanwendbarkeit des § 814 s. BGH NJW 1998, 379). Beispiel: Krankentransport „für" Krankenversicherung (OLG München NJW-RR 1988, 1016). **d) Sonderfälle:** Wird auf eine vermeintlich eigene Schuld gelei- **75** stet, so kann der Leistende vom Empfänger kondizieren. **aa)** Darf der Leistungsempfänger die Zahlung behalten, etwa weil die Rechtskraft eines (unrichtigen) Urteils Rückforderung ausschließt (vgl BGH NJW 1978, 2393) oder wegen § 814, dann ist die korrespondierende Entlastung des wahren Schuldners kondizierbare Bereicherung (BGH NJW 1978, 2393; BGHZ 75, 303). **bb)** Entlastung setzt voraus, dass **76** die Zahlung des Putativschuldners als solche des wirklichen Schuldners gilt. Nach verbreiteter Meinung und der Rspr (s. Grüneberg/Grüneberg § 267 Rn. 3; Flume JZ 1962, 282; BGH NJW 1986, 2700; NJW 1983, 814; NJW 1964, 1899) kann deshalb der Leistende die **Tilgungsbestimmung** seiner Leistung entspr § 267 nachträglich **ändern** und sie damit als solche des schuldenden Dritten gelten lassen mit der Konsequenz, dass dieser dann auf Grund Rückgriffskondiktion Regressschuldner wird (str, einschränkend BGH NJW 1986, 2700). Eine solche Änderung ist jedoch abzulehnen [→ § 267 Rn. 5; zu Recht; abl W Lorenz AcP 168, 308 ff.; Staudinger/Lorenz Rn. 60; MüKoBGB/Schwab Rn. 263 mN]. Der Zahlende soll dies nach der hier abgelehnten Ansicht auch dann können, wenn der Zahlungsempfänger zahlungsunfähig oder nach § 818 III entlastet ist (v. Caemmerer GS I, 351 f.). **e)** Wird zwecks Befreiung des Schuldners auf eine nicht bestehende Schuld geleistet **77** (ohne dass der Leistende sich dem Putativschuldner verpflichtet glaubte, s. → Rn. 72), kann der Leistende nach hM vom Leistungsempfänger kondizieren, (v. Caemmerer GS I, 341 ff.; BGHZ 113, 69; aA Eike Schmidt JZ 1971, 607; differenzierend Canaris FS Larenz, 846 ff.; zum Sozialrecht s. Eichenhofer JuS 1991, 555). Die **Leistung auf fremde Schuld** soll als solche nur gelten, falls die fremde **78** Schuld besteht (v. Caemmerer GS I, 325); nur § 267 oder eine Veranlassung des Putativschuldners (Canaris FS Larenz, 846), nicht aber eine Zwecksetzung des Zuwendenden allein gestatten es, den Scheinschuldner zum Kondiktionsschuldner durch eine Zuwendung zu machen, die er nicht selbst erhalten hat (Reuter/Martinek 2. Teilbd. 2016 S. 123 f.; Kupisch Gesetzespositivismus S. 87); → Rn. 72. **f)** Gegenstand der Bereicherung ist bei der Zahlung fremder Schuld, die nicht als **79** Leistung an den Schuldner beabsichtigt ist, die verschaffte **Schuldbefreiung,** nicht etwa der geleistete Gegenstand oder sein nominaler Wert: Gegenrechte des Schuldners oder Einreden können deshalb die erlangte Bereicherung mindern oder wertlos machen (BGH NJW 2000, 3494 [Verjährung]; sa Canaris FS Larenz, 845, Reuter/Martinek 2. Teilbd. 2016 S. 255 ff., die §§ 404, 406 analog anwenden).

3. Verwendungskondiktion. a) Voraussetzungen und Konkurrenzen. Ver- **80** wendungen auf fremde Sachen können auf Grund (unwirksamen) Vertrages geleistet sein; sie sind dann mit einer Leistungskondiktion abzuwickeln, und zwar auch dann, wenn sie reflexweise einen Dritten begünstigen, etwa den Sacheigentümer oder Sicherungsnehmer. Verwendungen des unberechtigten Sachbesitzers regeln die **§§ 994 ff.** weitgehend specialiter (→ Vor §§ 994–1003 Rn. 7 ff.). Bei Verwendungen in Erwartung einer Erbeinsetzung oder sonstigen Eigentumserwerbs (BGH NJW 2001, 3118) kann eine condictio ob rem gegeben sein (→ Rn. 15 ff.; aA OLG Koblenz NJW 1990, 126: „in sonstiger Weise"). Anspruch besteht auch dann, wenn der Verwender (ohne Besitzer der Sache zu sein), Aufwendungen in der gemeinsamen Erwartung mit dem Eigentümer macht, dass der Wertzuwachs dem Verwender zu Gute komme und dies später nicht eintritt (BGH BeckRS 2020, 32186 Rn. 11: Planungs- und Erschließungskosten von Investor bei bindendem Kaufangebot; zu diesen Fallgruppen allg MüKoBGB/Schwab Rn. 355 ff.). Bei **berechtigter GoA** kann der Verwender Aufwendungsersatz verlangen, §§ 683, 670. In den verbleibenden Fällen, vor allem bei Arbeitsleistungen, die fremde Sachen ohne Rechtsgrund verbessern oder fremdes Vermögen mehren, aber auch bei Verwendungen auf Schenkungsgegenstand, der wegen groben Undanks zurückzugeben ist (BGH NJW 1999, 1630), greift die sog Verwendungskondiktion ein (zum Ver-

hältnis der Verwendungskondiktion zur Leistungsbereicherung Beuthien JuS 1987, 841; unrichtig BGH WM 1999, 1892). Aufgegeben hat der BGH die Rspr, wonach bei eigenmächtigen Instandhaltungsmaßnahmen eines Wohnungseigentümers außerhalb der Notgeschäftsführung des § 21 II WEG ein Bereicherungsanspruch gegen die Wohnungseigentümer in Betracht kommt, wenn die Maßnahme zuvor nicht beschlossen war bzw gegen die Gemeinschaft, wenn Dringlichkeit oder ein Beschluss schon vorliegt (so noch BGHZ 207, 40, 41; verneinend nun – auch bei zwingender Art einer bestimmten Instandhaltungsmaßnahme ohne Ermessensspiel-
81 raum der Gemeinschaft – BGH NJW 2019, 3780 Rn. 13 ff.). **b)** Gegen **„aufgedrängte" Verwendungen** kann der Begünstigte Abwehrmöglichkeiten aus § 1004 haben, die auch einem Vergütungsanspruch entgegengesetzt werden können (BGH NJW 1965, 816). Soweit § 1004 nicht eingreift, kann der Berechtigte einredeweise den Gläubiger auf Wegnahme der Verwendungen analog § 1001 S. 2 verweisen (BGHZ 23, 65). Wo Wegnahme nicht in Betracht kommt – etwa bei Dienstleistungen –, wird man den Bereicherten dadurch schützen müssen, dass ein zu ersetzender Wert nur angenommen werden kann, falls eine obj Wertsteigerung für den Begünstigten nach seinen konkret-individuellen Verhältnissen nutzbar oder doch jedenfalls eine Realisierung zumutbar ist (Canaris JZ 1996, 349; sa Reimer, Die aufgedrängte Bereicherung, 1990, der entsprechend § 254 II dem Bereicherungsschuldner evtl
82 eine Änderung seiner Vermögensplanung zumuten will. **c)** Ist der Wert der erlangten Bereicherung größer als die tatsächlichen Aufwendungen des Gläubigers, so ist der Anspruch durch die aufgewendeten Kosten zu begrenzen, s. Schlechtriem, Restitution Bd. II, 41 ff.

83 **4. Verhältnis der Kondiktionen.** Ein Leistungsvorgang kann gleichzeitig in zugewiesene Rechte eingreifen, so bei einem durch gutgl Erwerb, Verarbeitung oder Verbindung bewirkten Eigentumsverlust. Vor allem nach der Rspr (stRspr, s. BGHZ 40, 278; 56, 240, jüngst BGH BeckRS 2020, 31084 Rn. 17) soll nach dem Grundsatz der „Subsidiarität" der Bereicherung in sonstiger Weise die Leistungsbeziehung vorgehen (krit Analyse bei Thomale/Zimmermann AcP 217, 246 ff.). Es
84 sind zwei Fallgruppen zu unterscheiden. **a)** Im **Zwei-Personen-Verhältnis** geht die schuldrechtliche Sonderbeziehung, die durch eine Leistungskondiktion rückabgewickelt wird, dem allgemeineren Behelf des mit der Eingriffskondiktion gewährten Güterschutzes vor. Decken sich die Bereicherungsinhalte, dann wird insoweit die Bereicherung in sonstiger Weise durch die Leistungskondiktion schon als „begrifflich" ausgeschlossen gesehen (Medicus/Petersen BürgerlR Rn. 727). Im konkreten Fall ist allerdings genau zu unterscheiden, was durch Leistung (etwa der Besitz), durch Verwendungen (vgl BGH WM 1999, 1892) oder in sonstiger Weise (etwa die durch unberechtigte Weiterveräußerung in Anspruch genommene Verfügungsmöglichkeit) erlangt worden ist, vgl Weitnauer NJW 1974, 1733; Medicus/
85 Petersen BürgerlR Rn. 727. **b)** Bei **Drei- und Mehr-Personen-Verhältnissen** beschränkt das Subsidiaritätsprinzip – in der Funktion dem Unmittelbarkeitsprinzip vergleichbar – den Ausgleich auf die Parteien eines Leistungsvorgangs (oder mehrerer Leistungsvorgänge). Vor allem aber schützt das Prinzip die Wirkung und ges Interessenbewertung der sachenrechtlichen Verkehrsschutzregeln (soweit nicht Unentgeltlichkeit des gutgl Erwerbs seine Beständigkeit zu durchbrechen erlaubt, § 816 I 2). Aus-der-Hand-Geben durch den Eigentümer, das gutgl Erwerb eines Dritten ermöglicht und so zum Verlust (auch) der Vindikation führt, muss auch Bereicherungsansprüche des früheren Rechtsinhabers gegen den gutgl Erwerber abschneiden. Wo die Voraussetzungen gutgl Erwerbs vorliegen, tatsächlich aber Erwerb durch
86 **Verbindung** oder **Verarbeitung** – §§ 946 ff. – erfolgt, muss das Gleiche gelten (BGH NJW-RR 1991, 345; abl zur Heranziehung des Subsidiaritätsgrundsatzes, weil primär sachenrechtliche Wertungen das Erg stützen, Thomale/Zimmermann AcP 217, 246 ff., 266 ff.). Bei Bösgläubigkeit des Erwerbers oder abhanden gekommenen Sachen wird dagegen seine Haftung aus §§ 816 I 1 (evtl iVm § 185), 951, 812 I 1 nicht dadurch gehindert, dass die Möglichkeit des Eingriffs durch Leistungen vermit-

telt worden ist: Leistung des Diebes (regelm nur Besitz) schließt deshalb die Eingriffskondiktion des früheren Eigentümers gegen den Verarbeiter gestohlener Gegenstände nicht aus (vgl BGHZ 55, 176 – Jungbullenfall); der Vorbehaltslieferant kann den Bauherrn, der durch Einbau seitens des unbefugt handelnden Bauunternehmers (= Leistung, s. BGHZ 40, 279; 56, 240) erworben hat, dagegen (nur) in Anspruch nehmen, wenn der Bauherr wegen Bösgläubigkeit oder Abhandenkommens auch rechtsgeschäftlich nicht hätte erwerben können (hM, s. Staudinger/Lorenz Rn. 62; Medicus/Petersen BürgerlR Rn. 729; Hager JZ 1987, 879; offengelassen von BGH NJW-RR 1991, 345; aA Jacobs JuS 1973, 152; BGHZ 56, 240 schließt Eingriffskondiktion wegen Subsidiarität grds aus). Allerdings muss in solchen Fällen gutgl Annahme der Einbaubefugnis ausreichen, da dem Bauherrn eine Überprüfung der Voraussetzungen der Verfügungsbefugnis des Unternehmers nicht zugemutet werden kann.

§ 813 Erfüllung trotz Einrede

(1) [1]**Das zum Zwecke der Erfüllung einer Verbindlichkeit Geleistete kann auch dann zurückgefordert werden, wenn dem Anspruch eine Einrede entgegenstand, durch welche die Geltendmachung des Anspruchs dauernd ausgeschlossen wurde.** [2]**Die Vorschrift des § 214 Abs. 2 bleibt unberührt.**

(2) **Wird eine betagte Verbindlichkeit vorzeitig erfüllt, so ist die Rückforderung ausgeschlossen; die Erstattung von Zwischenzinsen kann nicht verlangt werden.**

1. Allgemeines. I ergänzt die Regelung des Anspruchs wegen Zahlung einer 1
Nichtschuld (condictio indebiti) in § 812 I 1 (→ § 812 Rn. 14) und ist deshalb auf andere Bereicherungsansprüche nicht anwendbar.

2. Voraussetzungen zu I. a) Leistung (im Rechtssinne, dazu → § 812 Rn. 2, 2
4 ff.). **b)** Trotz Bestehens einer dauernden (peremptorischen) Einrede; Bsp: §§ 821, 853, 2083, 2345, 1973, 1975, 1990, 1166; BGH LM Nr. 19 zu § 242 [Cd] hält auch § 242 als Grundlage einer dauernden Einrede für möglich; Nichtigkeit des Kaufvertrages beim verbundenen Verbraucherdarlehen BGHZ 174, 341; 183, 112;
sa BGHZ 156, 54 [zu § 9 III VerbrKrG]; s. § 359. **aa) Ausnahme: Verjährung,** 3
s. I 2 iVm § 214 II. Falls jedoch in Zwangsvollstreckung Verjährungseinrede nach § 767 ZPO zu erheben versäumt wurde, kann Vollstreckungsschuldner Bereicherungsanspruch geltend machen: § 214 II gilt nur bei freiwilliger Leistung (BGH NJW 2013, 1884; NJW 1993, 3320 [zu § 222 II aF]; Grüneberg/Sprau Rn. 5). Nach RGZ 144, 94 f. gilt I 2 auch für § 478 aF (jetzt § 438 IV 2, 634a IV 2), da dieser nur Vorwirkung der Verjährung nach § 477 aF herstellt. I 2 steht Rückforderung bei Zahlung auf erstes Anfordern nicht entgegen (→ Vor § 765 Rn. 12).
bb) Keine dauernde Einrede: Stundung, zeitlich begrenztes Zurückbehaltungs- 4
recht (RGZ 139, 21); § 320 (BGH NJW 1963, 1870). **cc) Keine Einrede** ist 5
Anspruchswirksamkeit hinderndes oder vernichtendes Gegenrecht (Einwendung);
dann condictio indebiti. **dd) Gestaltungsrecht** ist keine Einrede (Bsp: Aufrech- 6
nungsmöglichkeit, Anfechtbarkeit, Rücktritts- oder Minderungsmöglichkeit), s. aber § 770 für Bürgen; bei Ausübung eines rechtsvernichtenden Gestaltungsrechtes Rückabwicklung mit condictio indebiti, doch gilt § 814 bei Leistung in Kenntnis des Gestaltungsrechts (sa § 142 II). Hat bei verbundenen Verträgen (§ 358) Verbraucher den finanzierten Vertrag angefochten (§§ 123, 142 I), besteht gegenüber Darlehensgeber Einrede nach § 813 I 1 (BGH NJW-RR 2022, 61; BGHZ 74, 334). Hat Schuldner jedoch durch Aufrechnung in Unkenntnis seines Leistungsverweigerungsrechtes (sonst
§ 814) getilgt, so kann er mit § 813 Wiederherstellung seiner Forderung verlangen. 7
ee) Keine Rückforderung bei Leistung in **Kenntnis der Einrede,** § 814.

3. Zwischenzinsen. II HS 1 hat nur klarstellende Bedeutung; der Ausschluss 8
von Zwischenzinsen ergänzt § 272. Betagte Verbindlichkeit ist auch die Werklohnforderung vor Abnahme; zu früh oder zu viel bezahlte Abschlagszahlungen sind

aber auf vertraglicher Grundlage, nicht bereicherungsrechtlich auszugleichen (BGH NJW 2002, 2641; NJW 1999, 1867). II ist auch auf den öffentlich-rechtlichen Erstattungsanspruch anzuwenden, VGH Mannheim NJW 2010, 1898. Nicht unter II fallen Leistungen auf aufschiebend bedingte oder noch nicht entstandene (künftige) Schuld (RGZ 71, 317). II ist nicht anwendbar, wenn die vorzeitige Annahme der Zahlung ges verboten ist, § 3 I MaBV (BGHZ 171, 373; Herrler DNotZ 2007, 895; Kniffka NZBau 2000, 552; einschränkend OLG Naumburg NJW-RR 2010, 1323), § 486 (Auszahlungsverbot).

§ 814 Kenntnis der Nichtschuld

Das zum Zwecke der Erfüllung einer Verbindlichkeit Geleistete kann nicht zurückgefordert werden, wenn der Leistende gewusst hat, dass er zur Leistung nicht verpflichtet war, oder wenn die Leistung einer sittlichen Pflicht oder einer auf den Anstand zu nehmenden Rücksicht entsprach.

Lit.: Kohte, Die Kondiktionssperre nach § 814, 1. Alt.: Wissenszurechnung gespeicherter Daten im Bereicherungsrecht, BB 1988, 633; Lobinger, Mietminderung und § 814 BGB, JZ 2022, 599; Meyer-Abich, Fallstricke des Mietprozesses: Rechtsirrtümer im Mietrecht, NJW 2022, 31; Manchot, Die sittliche Pflicht im Sinne von § 814 Alt 2 BGB, 2000; Singer, Das Verbot widersprüchlichen Verhaltens, 1993.

1 **1. Allgemeines.** Die Vorschrift gibt einmal – bei Leistung in Kenntnis der Nichtschuld – eine auf das Verbot eines venire contra factum proprium zurückführbare Einwendung (BGH NJW 1998, 2382); in Kenntnis fehlender Verpflichtung erbrachte Leistung ist Freigebigkeit (entfällt Kondiktion wegen §§ 814, 817 S. 2, kann Leistung als unentgeltliche nach Insolvenzrecht anfechtbar sein, BGH NJW 2021, 234; WM 2022, 126). Zum anderen will § 814 Rückforderung von Leistungen ausschließen, die zwar ohne rechtliche Verbindlichkeit erbracht, aber auf Grund moralischer Verpflichtung aufrecht zu erhalten sind. Ein Ausschluss der Rückforderung auf Grund § 242 bleibt möglich, falls Voraussetzungen des § 814 nicht gegeben sind (OLG Hamm WM 1975, 480); zu Normzweck und dogmatischer Einordnung von § 814 s. Lobinger JZ 2022, 599, 601 ff. Im Mietrecht hat der BGH die früher vertretene analoge Anwendung von § 536b (bis 2001: § 539) bei Kenntnis des Mieters von einem Mangel nach Vertragsschluss aufgegeben (BGHZ 155, 380), auch hier gilt § 814, → Rn. 3).

2 **2. Voraussetzungen 1. Fall. a) Leistung** zum **Zweck** der **Erfüllung** einer (nichtigen oder durch dauernde Einrede entkräfteten) Verbindlichkeit, also **nicht anwendbar** bei: **aa)** Bereicherungsanspruch wegen einer nach Leistung weggefallenen Schuld (§ 812 I 2 Fall 1, → § 812 Rn. 14); **bb) nicht** § 817 S. 1 (BGH NJW-RR 2001, 1046; BAG NZA 2018, 528; NJW 1983, 783; MüKoBGB/Schwab § 817 Rn. 9); **cc)** Bereicherungsanspruch wegen Zweckverfehlung, und zwar unabhängig davon, ob man der condictio ob rem einen eigenen Anwendungsbereich belässt oder nicht (→ § 812 Rn. 15); Bsp: Vorauszahlung auf formnichtigen „Schwarzkauf" (BGH NJW 1980, 451); **dd)** in Fällen der Bereicherung in sonstiger Weise (s. Wortlaut: *„Geleistete"*; OLG Düsseldorf WM 2014, 1118); **ee)** Rückgriffskondiktion
3 (→ § 812 Rn. 72). **b) Kenntnis der Nichtschuld:** Positive Kenntnis im Zeitpunkt der Leistung erforderlich (BGH NJW 1978, 2393); grob fahrlässige Unkenntnis genügt nicht (BGH WM 1972, 286; OLG Düsseldorf WM 2002, 77); jeder Tatsachen- oder Rechtsirrtum hindert Kenntnis (BGH NJW 1998, 2352; NJW 2002, 3773). Kennt der Leistende daher die Tatsachen, aus denen sich ein fehlender Rechtsgrund ergibt, genügt dies alleine nicht. Er muss zumindest in einer Parallelwertung in der Laiensphäre zu dem Schluss kommen, dass er nichts schuldet (BGH NJW-RR 2014, 1133; NJW-RR 2008, 824; BAG NJW 2005, 3082; für Rückforderung überzahlter Miete bei Mangel: BGH NJW-RR 2018, 1483 mwN [Mieter muss laienhaft Minderungsquote abschätzen können, Fehlvorstellung über rechtliche

Konstruktion der Minderung lässt Kenntnis entfallen]; eher strenger die Instanzgerichte s. OLG Brandenburg BeckRS 2019, 24879 [Anscheinsbeweis bei üblicher Rechtskenntnis wie Minderungsrecht des Mieters], zum Ganzen Lobinger JZ 2022, 599)). Vorliegen von Kenntnis ist Frage der Würdigung des Einzelfalls durch Tatrichter (BGH NJW-RR 2018, 1483; wer ein betrügerisches Schnellballsystem betreibt und weiß, dass er keine Gewinne, sondern Verluste macht, hat Kenntnis iSv § 814, wenn er Scheingewinne- und -dividenden an Genussrechtsinhaber auszahlt (BGH BeckRS 2021, 41229 Rn. 28 f; BeckRS 2021, 22772; BeckRS 2021, 22761; BeckRS 2021, 41083; NJW 2021, 234). Zur Kenntnis des leistenden Vertreters s. BGH NJW 1999, 1024 (Vertreterkenntnis maßgebend, es sei denn, er handelte auf Weisung des Vertretenen). „Kenntnis" durch Speicherung im Computer s. LG Frankfurt a. M. NJW-RR 1986, 1085; Kenntnis muss beim zuständigen Mitarbeiter vorliegen, OLG Köln NJW-RR 2010, 244; zweifelhaft BAG NZA 2011, 220, abl. BAG BeckRS 2020, 40750: keine Zurechnung entsprechend § 166 I; aA zu Recht MüKoBGB/Schwab Rn. 21); allg zu Wissenszurechnung → § 166 Rn. 2. Kenntnis von Einwendungen oder Bestehen dauernder Einreden im Falle des § 813 steht gleich. § 142 II iVm § 814 spielt keine Rolle, wenn man den angefochtenen Vertrag nach § 812 I 2 Fall 1 rückabwickelt. Steht nur dem Leistungsempfänger ein Anfechtungsrecht zu, welches er bei Leistungserbringung aber noch nicht ausgeübt hat, erfolgt die Leistung mit RGrund und der Leistende kann sich seiner Pflicht nicht entziehen. Daher spielt es für die spätere Rückforderung nach erfolgter Anfechtung keine Rolle, ob der Leistende die Anfechtbarkeit kannte (BGH NJW 2008, 1878; OLG Brandenburg BeckRS 2020, 11365). Könnte der Leistende selbst anfechten, leistet er aber trotzdem in Kenntnis des Anfechtungsgrundes, wird ohnehin häufig ein Fall von § 144 vorliegen. Motiv für die Leistung in Kenntnis der Nichtschuld ist unerheblich; Beweisnot beseitigt die Kenntnis nicht (RGZ 59, 354); anzuraten dann Leistung unter Vorbehalt (→ Rn. 4). Leistung auf formnichtigen Vertrag kann zur Heilung führen; ggf kommt condictio ob rem in Betracht, für die § 814 nicht gilt (→ § 812 Rn. 17, OLG Naumburg OLG-NL 2003, 219; OLG Braunschweig NJW-RR 2016, 1493; sa BGH NJW 1999, 2892). **c) Vorbehalt der Rückforde- 4
rung** bei Leistung schließt § 814 aus und erlaubt Kondiktion (BGHZ 83, 282; WM 1988, 1496). Ausdrücklicher Hinweis bei Zahlung, dass Anspruch nicht berechtigt sei, genügt (OLG Karlsruhe WM 1997, 1049), ebenso Zahlung „ohne Anerkennung von Rechtspflicht" (OLG Hamm NJW-RR 2022, 271; wohl auch BGH NZV 1992, 403; aA OLG Koblenz NJW 1984, 134). Nicht anwendbar soll § 814 sein bei Rentenzahlung trotz Anzeige des Todes des Bezugsberechtigten (OLG Karlsruhe NJW 1988, 1921). Vorbehalt bei Zahlung kann außer Erhalt des Rückforderungsrechts auch so auszulegen sein, dass der Leistungsempfänger bei späterer Rückforderung den Bestand des Rechtsgrundes abw von gewöhnlicher Beweislastverteilung im Rahmen von § 812 beweisen muss (BGH NJW 2003, 2017; 1999, 494; NJW 1983, 1111; OLG Koblenz NJW-RR 2002, 785, sa OLG Düsseldorf NJW-RR 1989, 28). Die Anwendung von § 814 kann nach **Treu und Glauben** auch dann ausgeschlossen sein, wenn der Leistungsempfänger redlicher Weise nicht damit rechnen konnte, das Zugewendete behalten zu dürfen (BGH NJW 2017, 3516 Rn. 20 [rechtsgrundlose Zahlung an Treuhänder, da keine endgültige Zuwendung]; BGHZ 73, 202; OLG München NJW 2011, 82; OLG Dresden BeckRS 2020, 16859; MüKoBGB/Schwab Rn. 8); → Rn. 6. **d) Unfreiwillige Leistungen** schließen 5
§ 814 idR aus. Erfolgt Zahlung etwa erkennbar nur zur Abwendung der Zwangsvollstreckung oder der Inanspruchnahme eines Bürgen, wird dies wie Vorbehalt behandelt (BGH NJW 2003, 2017; NJW 1995, 3052; OLG Düsseldorf NJW-RR 2001, 1028; OLG Hamburg NJW-RR 1999, 1568; OLG Koblenz NJW-RR 2002, 784 [Abwendung von Zurückbehaltungsrecht]). Ebenso kein Kondiktionsausschluss, wenn Leistung notwendig, um Zwangsvollstreckung gem § 756 ZPO zu ermöglichen (Grüneberg/Sprau Rn. 5). **e) Schutzzweck** des die Nichtigkeit bewirkenden 6
Ges kann § 814 ausschließen, BGHZ 113, 106 (Aufrechnung nach § 55 KO, jedoch

nicht mehr nach InsO: BGHZ 179, 137); sa BAG NJW 1983, 783 (zu § 5 II Nr. 1 BBiG).

7 **3. Beweislast.** Anspruchsgegner (Leistungsempfänger) hat Kenntnis bei Leistung zu beweisen (RGZ 90, 316; BGH NJW 2002, 3773; OLG Brandenburg BeckRS 2019, 24879 Rn. 40); Vorbehalt (→ Rn. 4) muss Leistender beweisen; zu den möglichen Folgen des Vorbehalts für Beweislast hinsichtlich Rechtsgrund → Rn. 4.

8 **4. Voraussetzungen 2. Fall.** Sittliche oder Anstandspflicht schließt vor allem Rückforderungen von Unterhaltsleistungen oder Unterhaltsversprechen aus; soweit in Kenntnis der Nichtschuld geleistet worden ist, greift allerdings schon Fall 1 ein, vgl BGHZ 1, 184. **Nicht:** Leistung trotz Nichtigkeit auf Grund Formmangels (BGH NJW 1999, 2892), oder ges Verbots, doch kann der Zweck des ges Verbots Rückforderung ausschließen. Rückforderung auch möglich, wenn Ehemann Entbindungskosten für nichteheliches Kind der Ehefrau bezahlt (BGHZ 26, 217).

§ 815 Nichteintritt des Erfolgs

Die Rückforderung wegen Nichteintritts des mit einer Leistung bezweckten Erfolgs ist ausgeschlossen, wenn der Eintritt des Erfolgs von Anfang an unmöglich war und der Leistende dies gewusst hat oder wenn der Leistende den Eintritt des Erfolgs wider Treu und Glauben verhindert hat.

1 **1. Allgemeines.** Die Regelung des ersten Falles entspricht § 814 und beruht auf dem Gedanken, dass für eine Rückforderung unter den normierten Voraussetzungen kein Rechtsschutzbedürfnis gegeben ist (Reuter/Martinek [1983] S. 196), während der zweite Fall § 162 entspricht (aA Larenz/Canaris SchR II/2 § 68 III 2). Sie greift nur gegenüber einer condictio ob rem (§ 812 I 2 Fall 2, → Rn. 2).

2 **2. Voraussetzungen Fall 1. a) Kondiktion wegen Zweckverfehlung,** § 812 I 2 Fall 2 (→ § 812 Rn. 15), **nicht:** Kondiktion wegen Nichtbestehens oder späteren Wegfalls der Leistungsverpflichtung (BGHZ 29, 171; Staudinger/Lorenz Rn. 3).
3 **b) Unmöglichkeit** der Erreichung des – übereinstimmend erwarteten, → § 812
4 Rn. 20 – **„Erfolges“. c)** positive **Kenntnis** (→ § 814 Rn. 3) dieser Unmöglichkeit; Zweifel genügen nicht, doch kann in solchem Falle Leistung Ausdruck eines Verzichts auf Rückforderung sein (RGZ 71, 317). **Nicht:** Kenntnis des fehlenden Rechtsgrundes (→ Rn. 5).

5 **3. Voraussetzungen Fall 2. a) Kondiktion wegen Zweckverfehlung** (wie → Rn. 2), also nicht Kondiktion wegen späteren Wegfalls des Rechtsgrundes,
6 BGHZ 29, 171 [174 f.]; NJW 1968, 245; **b) bewusste Erfolgsvereitelung,** zB Verhinderung der Eheschließung (BGHZ 45, 262 ff. [„entsprechende“ Anwendung auf den Anspruch aus § 1301 → § 1301 Rn. 2]); Vereitelung der heilenden Vollziehung eines formnichtigen Geschäftes (BGH NJW 1980, 451; sa WM 1983, 1342; OLG Koblenz NJW-RR 2007, 1549; OLG Düsseldorf NJW-RR 1986, 692).

7 **4. Rechtsfolge.** Einwendung gegen Kondiktion; zur verschärften Haftung des Empfängers bei ungewissem Erfolgseintritt s. § 820 I 1.

§ 816 Verfügung eines Nichtberechtigten

(1) [1]***Trifft ein Nichtberechtigter über einen Gegenstand eine Verfügung,* die dem Berechtigten gegenüber wirksam ist, so ist er dem Berechtigten zur Herausgabe des durch die Verfügung Erlangten verpflichtet.** [2]**Erfolgt die Verfügung unentgeltlich, so trifft die gleiche Verpflichtung denjenigen, welcher auf Grund der Verfügung unmittelbar einen rechtlichen Vorteil erlangt.**

(2) **Wird an einen Nichtberechtigten eine Leistung bewirkt, die dem Berechtigten gegenüber wirksam ist, so ist der Nichtberechtigte dem Berechtigten zur Herausgabe des Geleisteten verpflichtet.**

Lit.: König, Gewinnhaftung, FS v Caemmerer, 1978, S. 179; Kupisch, Befreiungswert und Verfügungswert. Zur Rechtsfolge des § 816 I 1, FS Niederländer 1991, 305; Larenz, Zur Bedeutung des „Wertersatzes" im Bereicherungsrecht, FS v Caemmerer, 1978, S. 209; Merle, Risiko und Schutz des Eigentums bei Genehmigung der Verfügung eines Nichtberechtigten, AcP 183, 81; Schlechtriem, Güterschutz durch Eingriffskondiktionen, Symposium König 1984, 57; Wacker, Zur Dogmatik von § 816 Abs 1 BGB 1981; sa Lit vor § 812.

1. Allgemeines. I 1 und II regeln Fälle der Eingriffskondiktion – der Verfügende 1
oder die Forderung Einziehende verwertet eine dem Rechtsinhaber ausschließlich zugewiesene Befugnis zu zuordnungsändernden Verfügungen bzw Einziehung. Dogmatisch ist das Verhältnis zu § 812 ungesichert; praktische Bedeutung kommt der Frage, ob § 816 I 1 und II neben § 812 I 1 überflüssig sind, nur für den Inhalt und Umfang der Herausgabepflicht zu. Grenzfälle – Verfügung eines formal Berechtigten unter Bruch treuhänderischer Bindungen – sind unter Rückgriff auf § 812 zu lösen (BGH NJW 1999, 1393 f.; für § 816 I Jakobs JZ 2000, 31). Auch die Einordnung des „Verfolgungsanspruchs" aus § 816 I 2 ist unsicher; zum Wertungsgehalt → Rn. 19. Ansprüche aus I 1 können grds konkurrieren mit solchen aus §§ 681, 687 II, unerl Handlung und §§ 987 ff. (RGZ 163, 348); → Rn. 7.

2. Voraussetzungen I 1. a) Verfügung ist rechtsgeschäftliche Zuordnungsände- 2
rung, also Übertragung, Belastung, Inhaltsänderung oder Aufhebung des dinglichen Rechts an einem Gegenstand (auch Bezugsberechtigung Lebensversicherung, s. BGHZ 91, 288; Konnossement, vgl OLG Hamburg ZIP 1983, 153). **Nicht:** Verbrauch einer Sache (BGHZ 14, 7); bloße Ermächtigung zur Verfügung (Grüneberg/Sprau Rn. 4; Jülich JA 2011, 407); Vermietung (BGH NJW 2007, 216), Untervermietung (BGHZ 131, 297; diff. Medicus/Petersen BürgerlR Rn. 715 ff.; → § 812 Rn. 52) oder Verpachtung, jedoch → § 812 Rn. 51 (nach aA § 816 I analog). Bei Zuordnungsänderung durch nicht rechtsgeschäftliche Vorgänge (§§ 946 ff.) kann **I 1 analog** angewendet werden, wenn rechtsgeschäftlicher Erwerb möglich wäre (zufallsabhängig, ob erst Übereignung, dann Verarbeitung oder nur letzteres; iE auch Larenz/Canaris SchR II/2 § 69 II 1b); bei Verwertung in der Zwangsvollstreckung gilt ebenfalls I 1 weder direkt noch analog, hierzu → § 812 Rn. 65. **b) Nichtbe-** 3
rechtigung des Verfügenden, also fehlende Inhaberschaft oder Verfügungsberechtigung (→ § 185 Rn. 5; BGH WM 2003, 2237). Genehmigung nach § 185 II macht trotz Rückwirkung den Verfügenden nicht zum Berechtigten, → Rn. 5; hingegen ist bei Verfügung mit Einwilligung des Berechtigten (§ 185 I), § 816 I nicht anwendbar (BGH WM 1998, 856). **c) Wirksamkeit** trotz Nichtberechtigung: Aufgrund 4
aa) gutgl Erwerbs, §§ 932 ff., 892 f., 1207 f., 1412, 2366; § 366 HGB; Art. 16 WG; Art. 21 ScheckG; **bb)** nachträglicher **Genehmigung** des Berechtigten nach 5
§§ 185 II 1, 184 I (BGHZ 29, 158), oder Genehmigung eines dazu Ermächtigten (BGH NJW 1968, 1327). Die Genehmigung kann nach BGHZ 56, 132 ff. auch noch erteilt werden, nachdem die Sache beim Abnehmer des – unwirksam – Verfügenden untergegangen ist oder der Abnehmer durch Ersitzung oder Verarbeitung Eigentum erworben hat, BGHZ 56, 132 ff.; Reuter/Martinek [1983] S. 302 mN; im letzteren Fall muss bei Genehmigung ein Anspruch aus § 951 gegen den verarbeitenden Abnehmer ausscheiden, der Eigentümer also zwischen § 816 und § 951 wählen. **cc)** Regelmäßig wird Genehmigung in der **Klage auf Erlösherausgabe** 6
liegen (RGZ 106, 45); das Risiko des Klägers, bei Undurchsetzbarkeit seines Erlösherausgabeanspruchs auf die Vindikation nicht mehr zurückgreifen zu können, ist durch Klagantrag auf Erlösherausgabe Zug um Zug gegen Genehmigung zu vermeiden (obwohl Anspr aus I 1 erst mit Genehmigung entsteht; hM s. Grüneberg/Sprau Rn. 7; Staudinger/Lorenz Rn. 9; str); teilw wird auch auflösend bedingte Genehmigung befürwortet, obwohl diese als eins RGeschäft bedingungsfeindlich ist (s. Wilckens AcP 157, 399). Im **Verlangen** von **Schadensersatz** liegt 7

noch keine Verweigerung der Genehmigung (BGH NJW 1968, 1327); umgekehrt hindert Eigentumsverlust auf Grund Genehmigung nicht die Geltendmachung von Deliktsansprüchen gegen den Verfügenden (BGH NJW 1991, 696).

8 **3. Rechtsfolgen. a) Herausgabepflicht,** die auf „das durch die Verfügung Erlangte" geht. Die Rspr versteht darunter auch die erlangte Gegenleistung einschließlich Gewinn (BGHZ 29, 159 ff.; WM 1975, 1180; NJW 1997, 190); obwohl diese ja nicht aus der Verfügung stammt (aA daher Medicus/Petersen BürgerlR Rn. 723: „erlangt" ist Befreiung des Verfügenden von Verpflichtung aus Grundge-
9 schäft; § 818 II – Wert des Verfügungsgegenstandes ist herauszugeben). **aa)** Das Erlangte soll in voller Höhe, also unabhängig vom Wert der veräußerten Sache und von etwaigen werterhöhenden Verwendungen, die der Verfügende oder ein Vorgänger auf die Sache gemacht haben (s. BGHZ 29, 159 ff.) herauszugeben sein. Dafür spricht, dass bei Veräußerung von Sachen der Preis regelmäßig dem Wert in etwa entsprechen dürfte und der auf die bes Kapazitäten des Veräußerers entfallende Erlösanteil schwer herauszurechnen sein kann (BGHZ 29, 159 ff.; Larenz/Canaris SchR II/2 § 69 II 1a, diff. § 72 I 2b; zum Streitstand Kupisch [Lit vor § 812] S. 306 ff.). Die abgeführte Umsatzsteuer kann als Entreicherung geltend gemacht werden, BGH NJW-RR 2008, 1369. Zum Erlangten bei Verpfändung fremder Sachen vgl Canaris NJW 1991, 2516 („Haftungsvergütung"); v. Caemmerer GS I, 279 ff., 287 f.: Nicht der gewährte Kredit, sondern der Wert als Kreditunterlage ist dem Berechtigten zu erstatten, umfassend BGH NJW 1997, 190 f. für teilvalutierte
10 Sicherungsgrundschuld. **bb) Gegenleistung,** die der Verfügende selbst für den Erwerb des fremden Rechts aufgewendet hat, kann er nicht absetzen (BGH NJW 1970, 2059; Grüneberg/Sprau Rn. 22), und zwar auch dann nicht, wenn der Berechtigte sie gem § 407 gegen sich gelten lassen müsste (BGH NJW 1970, 2059).
11 **b) Mehrere Anspruchsgegner.** Eigentumsverletzer und Verfügender sind Gesamtschuldner (BGH WM 1983, 1191); der in Anspruch genommene Verfügende kann zwar vom Berechtigten nicht Abtretung von Ansprüchen gegen den Dieb nach § 255 verlangen (BGHZ 29, 161), jedoch nach § 426 Regress nehmen. Zahlt andererseits der Dieb, wird der Verfügende frei; der Dieb hat keine Ausgleichsansprüche
12 (BGHZ 52, 41 ff.). **c) Sonderfälle.** Hat der Verfügende den fremden Gegenstand eingetauscht, so geht der Anspruch aus I 1 auf Herausgabe des Tauschgegenstandes; zur unentgeltlichen Verfügung s. I 2, → Rn. 19–23.

13 **4. Voraussetzungen II. a) Dem Berechtigten,** dh Anspruchsinhaber oder sonst zur Erhebung der Leistung im eigenen Namen Berechtigten **gegenüber**
14 **b) wirksame Leistung – aa)** zB auf Grund ges Vorschriften, §§ 407, 408, 409, 413, 574, 579, 581, 793, 808, 893, 1056, 1155, 2135, 2367, 2368, oder **bb)** auf Grund Genehmigung (§ 185 II) die auch in der Klageerhebung liegen kann (so BGH LM Nr. 6; BGH NJW 1972, 1199; NJW 1988, 496; ZIP 1990, 1126; NJW-RR 2008, 31; Larenz/Canaris SchR II/2 § 69 II 3d; aA Roth JZ 1972, 150; Staudinger/Lorenz Rn. 32) und noch nach Eröffnung des Insolvenzverfahrens beim Schuldner möglich ist, BGH NJW-RR 2009, 705. **cc)** „Abzweigungsanordnung" nach § 48 I SGB I s. BGH NJW 1993, 1788. Zu § 6 VAHRG s. BGH MDR 2003, 933;
15 OLG Düsseldorf FamRZ 2002, 684. **c) Leistung an** einen im Zeitpunkt der Leistung (BGH FamRZ 2008, 1435) zur Einziehung **nicht Berechtigten,** zB Altgläubiger, Scheinzessionar, Gesellschafter, Pfändungsgläubiger (BGHZ 66, 150; BGH NJW 1986, 2430). Meist geht es um Zahlung von mehrfach abgetretenen Geldforderungen an einen Scheingläubiger. Leistung an Scheingläubiger löst § 816 II jedoch nur aus, wenn der Leistende ihn als Gläubiger angesehen hat; Zahlung an Bank als Zahlstelle des Zedenten lässt einen Anspruch gegen die Bank nicht entstehen (BGHZ 53, 141 ff., OLG Dresden EWiR 1999, 209, es sei denn, die Zahlstellenposition wird nur vorgeschoben, vgl BGHZ 72, 320 [krit Blaschczok JuS 1985, 88], oder steht unwirksamer Globalzession gleich, vgl OLG Frankfurt a. M. WM 1981, 972; zum Ganzen: Köper MDR 2005, 1141). Wer die Leistung für den Schuldner befreiend erbringt, ist unerheblich: Auch wenn ein Dritter – etwa eine Teilzahlungs-

bank – an den vermeintlichen Gläubiger – etwa einen Zweitzessionar – für den Schuldner – etwa einen Käufer – zahlt, kann der Berechtigte vom nichtberechtigten Empfänger herausverlangen (BGH NJW 1972, 1197 mN). Zahlt die Bank an die Eltern Beträge aus Sparbuch des Kindes, sind Eltern nicht Nichtberechtigte, wenn sie sich für Beträge, die aus ihrem eigenen Vermögen stammen, im Innenverhältnis Verfügung vorbehalten haben (BGH NJW 2019, 3075). Zahlungen an die Insolvenzmasse können Anspruch nach II auslösen, soweit sie der Erfüllung von Ansprüchen dienen, die dem Insolvenzschuldner als Teil seines insolvenzfreien Vermögens zustehen (BGH NJW 2019, 1451). **d) Einziehung** und **Leistung** können auch durch 16 einen bloßen Umbuchungsvorgang beim Zweitzessionar (Bank) geschehen, der den Schuldner (Bankkunde) belastet (BGH NJW 1974, 944). **e)** Verwertung eines vom 17 Schuldner dem Zedenten gegebenen und an Zessionar diskontierten Wechsels ist *nicht Einziehung* der Grundforderung (BGH NJW 1979, 1704). **f)** Erlangter Vorteil durch Erwerb in Zwangsversteigerung s. OLG Koblenz NJW-RR 2000, 579.

5. Rechtsfolge II. Herauszugeben ist das Geleistete. Eine Gegenleistung des 18 Empfängers an den leistenden Dritten ist nicht abzugsfähig (OLG Nürnberg EWiR 2003, 811 m zust Anm Kohler, einschränkend OLG Koblenz NJW-RR 2010, 1460). § 166 II InsO findet auf den Anspruch eines vorrangigen Sicherungszessionars gegen einen nachrangigen keine Anwendung, wenn der Drittschuldner an letzteren befreiend leistet (§ 408 I). Der Insolvenzverwalter kann den Anspruch aus II daher nicht nach § 166 II InsO geltend machen, sondern nur als Zessionar oder Prozessstandschafter (BGH NJW-RR 2003, 1490). Geht der Anspruch aus II nach § 818 III unter, weil der unberechtigte Empfänger das Erhaltene infolge Insolvenzanfechtung zurückgewährt hat, muss der Insolvenzverwalter das so Erlangte nach § 812 I 1, Var 2 iVm § 55 I Nr. 3 InsO an den Berechtigten herausgeben (BGH NJW-RR 2016, 52 [Insolvenzanfechtung kein Rgrund gegenüber Dritten] in Abgrenzung zu BGH NJW-RR 2012, 687).

6. Verfolgungsanspruch aus § 816 I 2. Dieser ist Ausnahme vom Prinzip, dass 19 die durch gutgl Erwerb geschehende Bereicherung des Erwerbers in sonstiger Weise auf Kosten des Eigentümers ihre innere Rechtfertigung in der ges Bevorzugung des gutgl Erwerbers findet; letztere hat zurückzutreten, wenn der Erwerber unentgeltlich erlangt hat. **a) Voraussetzungen** sind **aa)** wirksame Verfügung eines Nichtberech- 20 tigten (→ Rn. 2 ff., Unterschied zu § 822 → § 822 Rn. 1), auch Veräußerung durch Eigentümer, die Belastung erlöschen lässt (BGHZ 81, 395); Schenkung einer Lebensversicherungsbezugsberechtigung, die zum Gesamtgut gehörte (BGHZ 91, 288); Schenkung von Wertpapieren unter Verletzung treuhänderischer Bindungen (BGH NJW 1999, 1393, → Rn. 1); nicht Abtretung einer Grundschuld durch Grundschuldgläubiger im Hinblick auf § 1156 S. 1 (BGH NJW 2018, 2261). **bb) Unentgeltlichkeit** des der Verfügung zugrunde liegenden Rechtsgeschäftes. 21 Stellung einer Kreditsicherheit geschieht nicht unentgeltlich (Canaris NJW 1991, 2520). Im Übrigen gilt Begriff der Unentgeltlichkeit wie in § 516 I (→ § 516 Rn. 8 f.). Nach BGHZ 37, 368 ff. soll **rechtsgrundlose Verfügung** der unentgeltli- 22 chen gleichstehen, weil bei nichtigem Grundgeschäft die vereinbarte Gegenleistung nicht erlangt werden kann. Die Gegenansicht von der Doppelkondiktion ist herrschend (statt vieler Staudinger/Lorenz Rn. 16 ff., 21 mN). Man verweist zu Recht darauf, dass die Rückabwicklung einer rechtsgrundlos erbrachten Leistung zwischen den Parteien Vorrang haben muss. Lösungsgrundlage ist § 816 I 1: Der Nichtberechtigte hat, sofern er nicht bösgläubig war, die gegen seinen Abnehmer erlangten Bereicherungsansprüche „herauszugeben", so dass der Bereicherungsgläubiger Einwendungen, die dem Erwerber gegen den Verfügenden zustehen, nach § 404 ausgesetzt bleibt. Der nichtberechtigt Verfügende selbst kann Rückübereignung nur an den Bereicherungsgläubiger verlangen; bei Rückgabe an ihn fällt Eigentum direkt an den Berechtigten zurück. **b) Rechtsfolge.** Herausgabepflicht dessen, der unent- 23 geltlich erworben hat; herauszugeben ist der erlangte Gegenstand und (oder) das erworbene Recht. Bei unentgeltlicher Weitergabe an Vierten gilt § 822.

§ 817 Verstoß gegen Gesetz oder gute Sitten

[1]War der Zweck einer Leistung in der Art bestimmt, dass der Empfänger durch die Annahme gegen ein gesetzliches Verbot oder gegen die guten Sitten verstoßen hat, so ist der Empfänger zur Herausgabe verpflichtet. [2]Die Rückforderung ist ausgeschlossen, wenn dem Leistenden gleichfalls ein solcher Verstoß zur Last fällt, es sei denn, dass die Leistung in der Eingehung einer Verbindlichkeit bestand; das zur Erfüllung einer solchen Verbindlichkeit Geleistete kann nicht zurückgefordert werden.

Lit.: Armgardt, Der Kondiktionsausschuss des § 817 S. 2 BGB im Licht der neuesten Rechtsprechung des BGH, NJW 2006, 2070; Dauner, Der Kondiktionsausschluß gemäß § 817 S. 2 BGB, JZ 1980, 495; Heinemeyer, § 817 und das römische Recht, JZ 2017, 918; Dieckmann, § 817 S. 2 BGB als Fall zurechenbarer Vermögensentscheidung, AcP 2021, 809; Hendricks/Lüder, Die bereicherungsrechtliche Rückforderung von Verlusten bei illegalem Online-Glücksspiel im Kontext des § 817 S. 2 BGB, VuR 2021, 333; Honsell, Die Rückabwicklung sittenwidriger oder verbotener Geschäfte, 1974; Klöhn, Die Kondiktionssperre gem. § 817 S. 2 BGB beim beidseitigen Gesetzes- und Sittenverstoß, AcP 210, 804; Lorenz, „Brauchen Sie eine Rechnung?“: Ein Irrweg und sein gutes Ende, NJW 2013, 3132; H. Roth, Verzinsungspflichten bei wucherischen und wucherähnlichen Darlehensverträgen, ZHR 153, 423; Schäfer, Strafe und Prävention im Bürgerlichen Recht, AcP 202, 397; Stamm, Kehrtwende des BGH bei der Bekämpfung der Schwarzarbeit, NJW 2014, 2145; Wagner, Prävention und Verhaltenssteuerung durch Privatrecht – Anmaßung oder legitime Aufgabe?, AcP 206, 352; Wazlawik, § 817 Satz 2 BGB – Eine systemwidrige Vorschrift?, ZGS 2007, 2336; Weyer, Leistungskondiktion und Normzweck des Verbotsgesetzes, WM 2002, 627.

1 **1. § 817 S. 1.** S. 1 enthält mit der *condictio ob turpem vel iniustam causam* eine historisch überkommene und von den Verfassern des BGB als Sanktion verwerflichen Verhaltens des Leistungsempfängers beibehaltene eigenständige Form der Leistungskondiktion (vgl MüKoBGB/Schwab Rn. 4 ff.; ausf. zum Normzweck Dieckman aaO). Der Anspruch ist auf Herausgabe des Geleisteten gerichtet.
2 **a) Anwendungsbereich.** Da **Sitten-** oder **Gesetzwidrigkeit** des Leistungszwecks idR bereits die Gültigkeit des Kausalgeschäfts nach §§ 134, 138 verhindern werden
3 und damit eine *condictio indebiti* auslösen, bleiben als praktisch denkbare Fälle: **aa)** der Leistende könnte wegen seiner Kenntnis der Nichtigkeit – § 814 – (vgl BAG NJW 1983, 783) oder Kenntnis der Unmöglichkeit der Zweckerreichung – § 815 – nicht
4 zurückfordern; **bb)** die Einseitigkeit des Sitten- oder Gesetzesverstoßes beim Leistungsempfänger berührt die Gültigkeit des Kausalgeschäfts ausnahmsweise nicht, was vor allem bei wirtschaftslenkenden Ges vom Gesetzgeber so gewollt sein kann (RGZ 96, 343 ff.; OLG Naumburg NJW-RR 2010, 1323; OLG München NJW-RR 2001, 13 zu § 3 MaBV). Maßgebender Zeitpunkt für Umstände und Wertanschauungen, die Sittenwidrigkeit begründen, ist Vertragsschluss (BGH NJW 1983, 2692).
5 **b) Voraussetzungen. aa)** S. 1 bildet einen Sonderfall der Leistungskondiktion,
6 daher müssen deren allg Vorauss vorliegen (BGH NJW-RR 1998, 1285). **bb) Positive Kenntnis** des Empfängers (oder seines Vertreters, § 166 I) vom Gesetzesverstoß bzw das Bewusstsein, mit der Annahme sittenwidrig zu handeln (BGH NJW 1980, 452; OLG Jena NJW-RR 2003, 269 [„Evidenz der Formnichtigkeit“]; aA Reuter/Martinek [1983] S. 177: obj Verstoß ausreichend). Grob fahrlässige Unkenntnis des Verbots reicht nicht aus (BGHZ 50, 92; Grüneberg/Sprau Rn. 8; uU aber sich „leichtfertiges Verschließen“ BGH NJW 1989, 3217; OLG Stuttgart NJW 2008,
7 3071 – führt aber zu erheblichen Abgrenzungsproblemen!). **cc)** Kenntnis bzw Bewusstsein müssen zurechenbar sein; Annahme durch einen Geschäftsunfähigen kann S. 1 nicht auslösen.

8 **2. § 817 S. 2.** S. 2 führt nicht zum Erlöschen des Rückforderungsanspruchs, nimmt ihm aber die gerichtliche Durchsetzbarkeit, sofern den Leistenden der gleiche Vorwurf eines Sitten- oder Gesetzesverstoßes wie den Leistungsempfänger trifft (BGH NJW 2019, 2923 [Entgeltlichkeit der nicht rückforderbaren Leistung iSv § 134 InsO bejahend]; NZA 2017, 454; BGHZ 36, 395). Damit soll demjenigen

der allg Rechtsschutz versagt werden, der sich selbst außerhalb der Sitten- und Gesetzordnung gestellt hat (BGHZ 44, 6; MüKoBGB/Schwab Rn. 10; Generalprävention). Gleiches Gewicht des Sittenverstoßes auf beiden Seiten ist nicht erforderlich (OLG Köln ZMR 1977, 148 [Schmiergeld]). Es genügt, wenn allein dem Leistenden der Gesetzes- oder Sittenverstoß zur Last fällt. **a) Anwendungsbereich.** 9
Str ist, ob und inwieweit S. 2 auf andere Ansprüche anzuwenden ist. S. 2 gilt nach hM auch bei einer **Leistungskondiktion** aus § 812 I 1 (stRspr., s. BGHZ 36, 399; 50, 91; NJW 2014, 1805 Rn. 18; BeckRS 2021, 41229 Rn. 33; NJW 2021, 234 Rn. 33; BeckRS 2021, 41083; BAG NJW 2009, 2554 [aA Wazlawik ZGR 2007, 336), nicht jedoch für Ansprüche wegen Bereicherung in sonstiger Weise (BGHZ 75, 306: Rückgriffskondiktion). Eine analoge Anwendung des S. 2 auf den Anspruch aus §§ 985, 894 und §§ 987 ff. lehnt die Rspr ab (BGHZ 63, 368; LM Nr. 1, 20; iE MüKoBGB/Schwab Rn. 18 ff.). Für den Fall eines bes gravierenden Sittenverstoßes, der auch das Erfüllungsgeschäft nichtig macht, mutet es allerdings wertungswidersprüchlich an, dass der sittenwidrig Leistende nach § 985 vindizieren kann (vgl Erman/Buck-Heeb Rn. 11 mN). Auch Ansprüche aus § 826 (BGH NJW 1992, 311) und GoA (s. BGHZ 39, 91; NJW-RR 1993, 200; OLG Stuttgart NJW 1996, 666 – Titelkauf –, dazu Hospach NJW 1996, 643) sollen auf Grund S. 2 nicht undurchsetzbar werden; ebenfalls keine Anwendung in öffentl-rechtlichen Rückabwicklungsverhältnissen (BVerwG NJW 2003, 2846; BGH NJW 2010, 297). Richtigerweise entscheidet Verbotszweck der verletzten Norm über ihre Reichweite (BGH NJW 1997, 2383). **b) Voraussetzungen. aa) Leistung,** die endgültig in 10
Vermögen des Empfängers übergehen sollte (BGH NJW 2019, 2923 [Darlehenskapital]; NJW-RR 1994, 293 [nicht Sicherheitsleistungen, durch laufende Posten usw]), deren Annahme sitten- oder gesetzwidrig ist und deshalb einen Anspruch nach § 817 S. 1 auslöst; → Rn. 13. **bb) Bewusster Verstoß** des Leistenden gegen 11
Sittengebot oder ges Verbot, dh Kenntnis des Leistenden, wie in → Rn. 6 aE soll es genügen, wenn Leistender sich der Einsicht in Gesetzes- oder Sittenwidrigkeit leichtfertig verschließt (BGH BeckRS 2021, 41229 Rn. 31; NJW 2019, 1147; NJW 2011, 373; OLG Hamm BeckRS 2020, 39630; OLG Frankfurt NJW-RR 2018, 887) Bsp: BGH NJW 2013, 401 (Telekom-Spitzelaffäre); BGHZ 50, 92 (verbotene Rechtsberatung); BGHZ 75, 302 (verbotene AN-Überlassung); BGHZ 118, 142 (unzulässige Abschlussprüfung); BGHZ 118, 182 (Kontaktanzeigen); BGH NJW 2000, 1562 u OLG Brandenburg BeckRS 2020, 34706 (unerlaubte Besorgung fremder Rechtsangelegenheiten); BGH NJW 2019, 1147 (Verstoß von RA gegen Verbot der Vertretung widerstreitender Interessen, § 43 BRAO); OLG Stuttgart MDR 2022, 880 (Schwarzarbeit); OLG Koblenz NJW 1999, 2905 (Titelkauf); leichtfertiges Tun steht vorsätzlichem Handeln gleich, BGH NJW 1983, 1423; NJW 1993, 2109; OLG Oldenburg NJW 1991, 2217 (verbotene Adoptionsvermittlung); OLG Hamm NZV 1994, 398 (Verstoß gegen RabattGes). Zurechnungsfähigkeit des Leistenden ist erforderlich; RGZ 105, 272 wendet § 827 sinngemäß an; sa BGH NJW 1983, 1423: Persönliches Verschulden. Für Leistung durch Vertreter s. BGHZ 36, 399 ff. **c) Einschränkungen.** Kein Ausschluss nach S. 2, falls Leistung in Eingehung 12
einer Verbindlichkeit bestand (RGZ 73, 144; BGH NJW 1994, 187; Grüneberg/Sprau Rn. 14; anders, falls auf Verbindlichkeit gezahlt). **aa) Restriktive Anwen-** 13
dung von S. 2. Leistungsgegenstand. Ie muss für die Anwendung des § 817 S. 2 genau eingegrenzt werden, für welche Leistungen das **Verbot der Rückforderung** gilt (BGH NJW-RR 1990, 1522; NJW 2021, 234 Rn. 33 [gerade die bewirkte Leistung muss verbots- oder sittenwidrig sein]; Erman/Buck-Heeb Rn. 3, 14; anders für betrügerisches Schneeballsystem Madaus/Wilke/Knauth ZIP 2018, 293): Beim wucherischen Darlehen ist regelmäßig nicht die Kapitalüberlassung für eine bestimmte Zeit (und ggf andere Leistungen, vgl BGH NJW 1983, 1422), sondern Höhe der Verzinsung sittenwidrig, so dass nur Zinsanspruch an S. 2 scheitert (RGZ [GS] 161, 57; BGH NJW-RR 1990, 751; NJW 1995, 1153; NJW 1998, 2896). Andernfalls würde der missbilligte Zweck gleichsam legalisiert (zB OLG Nürnberg MDR 1978, 669 für Darlehen zur Fortsetzung verbotenen Spiels; OLG Düsseldorf

FamRZ 1983, 1023 für Darlehen zwecks Scheinehe); auch soll die Darlehensvaluta nicht endgültig in Vermögen des Empfängers übergehen (BGH NJW 2019, 2923); keine Berufung auf § 818 III (BGH WM 1999, 724). Der Darlehensbetrag muss grundsätzlich für die Vertragslaufzeit zinsfrei belassen werden (BGH NJW 1989, 3218; NJW 1987, 944; BGHZ 99, 338; Grüneberg/Sprau Rn. 21); Verzinsung jedoch nach §§ 819 I, 818 IV, 291, 246 ab Fälligkeit des Rückzahlungsanspruchs (vgl für Ratenkredit BGH NJW 1989, 3218; hierzu H Roth ZHR 153, 423, 428 ff.). Die hM verneint auch eine Verpflichtung zur Zahlung des *angemessenen* Zinses (Grüneberg/Sprau Rn. 21; s. jedoch zur Nutzungserstattung des obj Ertragswertes BGHZ 63, 368 und → § 139 Rn. 9). Bei sitten- oder gesetzwidrigen Pacht- oder Mietverträgen verbleibt dem Pächter/Mieter nicht etwa der überlassene Gegenstand (vgl auch BGH WM 1983, 393 zu Zurückbehaltungsrecht) für immer. Zweck einer Verbotsnorm oder das verletzte Sittengebot kann dabei aber verlangen, dass auch der zum Gebrauch überlassene Gegenstand **sofort** zurückzugeben ist, so, wenn die sittenwidrige Gebrauchsüberlassung eines Gebäudes als Bordell (auch) nicht für die Dauer der Pacht bis zum nächsten Kündigungstermin perpetuiert werden soll, BGHZ 41, 343 f., da andernfalls eine faktische Legalisierung des verbotenen oder sittenwidrigen Zustandes eintreten würde. Ist Vertrag wegen **Steuerhinterziehung** unwirksam, steht S. 2 der Rückforderung nur insoweit entgegen als diese gerade Gegenleistung für die verminderte Steuer war (BGH NZG 2017, 476 in Abgrenzung zur neuen Rspr zu SchwarzarbeiterV → Rn. 14; Dieckmann AcP 2021, 809,
14 826 ff.). **bb) Treu und Glauben (§ 242).** In Ausnahmefällen können Grund und Schutzzweck der Nichtigkeitssanktion gegen eine Kondiktionssperre nach § 817 S. 2 sprechen (teleologische Reduktion): BGH NJW 2006, 45; NJW 2008, 1942; NJW 2009, 984; NJW-RR 2009, 345; OLG München NJW-RR 2009, 1648; OLG Brandenburg NJW-RR 2013, 173; Schmidt-Recla JZ 2008, 60 zu sog „Schenkkreisen"; Klöhn AcP 2010, 804, 853 ff; ausführlich Dieckmann AcP 2021, 809, 820 ff; zur Anwendung von S. 2 bei Rückforderungen im Zusammenhang mit verbotenem Spiel Hendricks/Lüder VuR 2021, 333 sowie → § 762 Rn. 10. Einschränkung von S. 2 auch, um zu verhindern, dass eine sittenwidrige Absprache zulasten Dritter noch verfestigt wird (OLG München NJW 2011, 82); zum Schutz der durch Mietpreisvorschriften Begünstigten (LG Berlin WuM 1993, 185); wenn sich der Leistende auf eine sittenwidrige Vereinbarung nur eingelassen hat, um eine Bedrohung seiner wirtschaftlichen Existenz durch den Empfänger abzuwehren (OLG Köln NJW-RR 2002, 1630: Abrechnungsvereinbarung Arzt-Labor). Die frühere Rspr zur Kondiktion des **Schwarzarbeiters** nach einseitiger Vorleistung (BGHZ 111, 312; zur Nichtigkeit des Werkvertrages BGH NJW 2013, 3167 [keine Mängelansprüche]; zur nachträglichen Schwarzarbeiterabrede BGH NJW 2017, 1808) hat BGHZ 201, 1 Rn. 24 ff. (= NJW 2014, 1805) aufgegeben; ausgeschlossen ist nicht nur die Kondiktion des Schwarzarbeiters (BGHZ 201, 1; zustimmend ua Lorenz NJW 2013, 3132; Stamm NJW 2014, 2145; Stadler JA 2014, 623; präventive Wirkung von S. 2 wurde durch frühere Rspr unterlaufen, mR dagegen daher bereits Tiedtke DB 1990, 2307; Armgardt NJW 2006, 2070; ders JR 2009, 177), sondern auch diejenige des Bestellers (BGHZ 206, 69 = NJW 2015, 2406 m zust Anm Stamm). Rückforderung des Werklohns durch den Auftraggeber scheitert idR an § 814, sonst S. 2 (BGHZ 206, 69 Rn. 14 ff.). Kein Rückgriff auf § 242, wenn der generalpräventive Zweck der Nichtigkeitssanktion dies nicht erfordert und dem Empfänger kein wesentlich schwererer Sittenwidrigkeitsvorwurf zu Last fällt als dem
15 Leistenden (OLG Hamm NJW-RR 2011, 1197: Brautgeldvereinbarung). **d) S. 2** kann dem Rechtsnachfolger des Gläubigers entgegengehalten werden (RGZ 111, 151 für Erben), ebenso dem Insolvenzverwalter (vgl BGHZ 106, 169); Aufrechnung *bleibt möglich, BGH LM Nr. 15.*

§ 818 Umfang des Bereicherungsanspruchs

(1) **Die Verpflichtung zur Herausgabe erstreckt sich auf die gezogenen Nutzungen sowie auf dasjenige, was der Empfänger auf Grund eines erlang-**

ten Rechts oder als Ersatz für die Zerstörung, Beschädigung oder Entziehung des erlangten Gegenstands erwirbt.

(2) **Ist die Herausgabe wegen der Beschaffenheit des Erlangten nicht möglich oder ist der Empfänger aus einem anderen Grunde zur Herausgabe außerstande, so hat er den Wert zu ersetzen.**

(3) **Die Verpflichtung zur Herausgabe oder zum Ersatz des Wertes ist ausgeschlossen, soweit der Empfänger nicht mehr bereichert ist.**

(4) **Von dem Eintritt der Rechtshängigkeit an haftet der Empfänger nach den allgemeinen Vorschriften.**

Lit.: Armbrüster, Bereicherungsrechtliche Rückabwicklung von Lebensversicherungen, NJW 2015, 3065; v. Caemmerer, Mortuus redhibetur, FS Larenz, 1973, S. 621; Canaris, Der Bereicherungsausgleich bei Bestellung einer Sicherheit an einer rechtsgrundlos erlangten oder fremden Sache, NJW 1991, 2513; Flessner, Wegfall der Bereicherung, 1970; Flume, Der Wegfall der Bereicherung in der Entwicklung vom römischen zum deutschen Recht, FS Niedermayer, 1953, S. 103; Heyers, Bereicherungsrechtliche Rückabwicklung fondsgebundener Lebensversicherungsverträge, NJW 2016, 1357; Jakobs, Lucrum ex negotiatione, 1993; Kohler, Die Rechtsfolgen der verschärften Bereicherungshaftung, JuS 2018, 1033; Larenz, Zur Bedeutung des „Wertersatzes" im Bereicherungsrecht, FS v. Caemmerer, 1978, S. 209; Mankowski/Schreier, Zum Begriff des Wertes und des üblichen Preises, insbesondere in § 818 II BGB, AcP 208, 725; Prütting J., Die verschärfte Haftung im Bereicherungsfolgenrecht, AcP 216, 459; Reuter, Die Belastung des Bereicherungsgegenstandes mit Sicherungsrechten, FS Gernhuber, 1993, S. 369; Schuster, Bereicherungsrecht und neues Rücktrittsrecht, 2015; Vollkommer, Die verschärfte Bereicherungshaftung des Geldleistungsschuldners, NJW 2018, 510.

1. Allgemeines. Die Regelung von Inhalt und Umfang der Herausgabeverpflichtung unterscheidet nicht zwischen den verschiedenen Bereicherungsansprüchen. Auch Rspr und die wohl hM in der Lit verzichten hier auf eine Differenzierung der verschiedenen Kondiktionen und bestimmen die Herausgabeverpflichtung des (redlichen) Bereicherungsschuldners grundsätzlich als Saldo der mit dem Bereicherungsvorgang kausal verbundenen Aktiv- und Passivposten ähnlich der Differenzhypothese beim Schadensersatz (BGH NJW 1995, 455; aA zB Erman/Buck-Heeb § 812 Rn. 3; → Rn. 27 ff.). Mehrere Bereicherungsgläubiger sind – auch wenn sie für die ursprüngliche Vertragsverpflichtung Gesamtschuldner waren – im Zweifel Mitgläubiger iSv § 432, nicht Gesamtgläubiger (BGH BeckRS 2021, 8868; BeckRS 2021, 8862). Die Grundsätze der Vorteilausgleichung finden im Bereicherungsrecht keine Anwendung (OLG Köln BeckRS 2020, 21286). 1

2. Kondiktionsgegenstand. a) Bei **Leistungskondiktion** ist herauszugeben, was der Leistende (im Rechtssinne, → § 812 Rn. 23) dem Leistungsempfänger verschafft hat (BGH NJW-RR 1988, 585; NJW 2000, 1032). **aa) Anspruchsgegenstand** Bsp: Eigentum, Besitz (BGH ZIP 2000, 461), Unterhalt, Arbeitsleistung (BAG NJW 1993, 485), Bauplanung (BGH NJW 1982, 880), Schuldbefreiung (s. BGHZ 110, 321), Eintragung ins Grundbuch, Patentnutzung, eine (evtl realisierte) Erwerbsaussicht, Beförderung, Nutzung von Gegenständen (Kfz, Wohnung usw) und Kapital, Instandsetzung und die dafür erforderlichen Materialien (BGHZ 5, 199 ff.), Versicherungsschutz (BGH NJW 1983, 1422, aA OLG Karlsruhe NJW-RR 1988, 151 f.), Kreditsicherung durch Grundschuld (BGH NJW 2002, 1874). Verurteilung zur Herausgabe (nur) wenn feststeht, dass der Schuldner erfüllen kann (BGH NJW 2000, 1032). Verteidigung des Schuldners dann evtl noch § 275, vor allem II, Übergang zum Schadensersatzanspruch nach § 283, jedoch haben III, IV, 819 Vorrang (→ Rn. 46). Sind Nutzungen der primäre Leistungsgegenstand, so sind sie bzw Wertersatz nach II nur zurückzugewähren, wenn sie tatsächlich gezogen wurden (BGH NJW 2013, 2021 [DSL-Anschluss] gegen Literaturansicht, die auf objektiven Wert der Nutzungsmöglichkeit abstellt, s. zB Staudinger/Lorenz Rn. 13; Erman/Buck-Heeb Rn. 10). Da es sich bei Bereicherungsansprüchen, auch wenn sie auf Geld gerichtet sind, nicht um Entgeltforderungen iSv § 288 II handelt, ist kein erhöhter Verzugszins zu zahlen (OLG Braunschweig NJW-RR 2016, 1493; 2

s. auch → § 288 Rn. 6). Zur **Dreijahres-Lösung** beim Widerspruch gegen Preiserhöhung in langjährigen Energielieferverträgen, wenn Erhöhungsklauseln unwirksam, s. → § 306 Rn. 5 sowie BGH BeckRS 2021, 8868; BeckRS 2021, 8862; BeckRS 2021, 7064 (zur Kritik Schulthess NJW 2022, 431, 433 f); nicht anwendbar ist die Dreijahres-Lösung bei Krankenversicherungsverträgen (OLG Köln BeckRS 2020, 21286) und rechtsgrundlos vereinnahmten Bankgebühren (mangels vollwerti-
3 gem Leistungsaustausch, s. Schulthess NJW 2022, 431, 435). **bb) Art der Rückgewähr.** Der Bereicherungsgegenstand, sofern noch vorhanden und herausgebbar, bestimmt dabei auch die Art der Rückgewähr, dh die Erfüllung des Bereicherungsanspruchs, zB durch Rückgabe, Rückübereignung, Wiedereinräumung einer Forderung, Löschung oder Rückverschaffung der erlangten Buchposition (BGH NJW 1973, 613), Befreiung von der rechtsgrundlos verschafften Forderung, Abtretung eines rechtsgrundlos (auf Grund sittenwidrigen Darlehens) erlangten Bereicherungsanspruchs gegen Dritten (= Direktempfänger der Darlehensvaluta), BGH NJW-RR 1990, 751 (zweifelhaft: erlangt, wenn auch vielleicht wieder verloren, war die Darlehensvaluta), Rückübertragung bzw -zahlung durch bereicherte Gesamthand, Unterlassen der Inanspruchnahme einer Garantie (vgl BGH NJW 1984, 2038); sa Schwintowski JZ 1987, 588 zum Unternehmen als Bereicherungsgegenstand.
4 **cc)** Das Erlangte muss sich auch nicht vor dem Bereicherungsvorgang im Vermögen des Leistenden befunden haben, → § 812 Rn. 23 ff. **Belastungen** (auch → Rn. 13) hat der Bereicherungsschuldner idR nicht zu beseitigen (BGHZ 112, 380; teilw abw BGH NJW 2002, 1874) stattdessen Wertersatz (sehr str, hierzu krit Canaris NJW 1991, 2513; Kohler NJW 1991, 1999). Der Ansatz des BGH –
5 Wertersatzhaftung – ist zutreffend (sa Gursky JR 1992, 96 f.). **b)** Auch bei der **Eingriffskondiktion** ist das „Erlangte" Gegenstand der Bereicherung, also der Gebrauchsvorteil, die angemaßte Verfügungsmacht oder das erworbene Eigentum,
6 doch wird hier Rückgewähr des Erlangten oft ausscheiden, → Rn. 21 ff. **c)** Bei der **Rückgriffskondiktion** hat der Bereicherungsschuldner Befreiung von seiner Verbindlichkeit erlangt und ihren Wert zu ersetzen, → § 812 Rn. 79.

7 **3. Nutzungen (§ 100).** Solche aus dem Bereicherungsgegenstand (zu unterscheiden von durch Leistung direkt verschafften Nutzungen, → Rn. 6, MüKoBGB/Schwab Rn. 25) sind ebenfalls in Erweiterung des Hauptanspruchs (BGH NJW 2007, 3127) herauszugeben, I, zB Zinsen (BGH WM 1991, 1983; NJW 2000, 1637), Erträge eines Grundstücks (Mieteinnahmen [nicht umlagefähige Nebenkosten sind abzuziehen], BGH NJW 2014, 854 Rn. 32; Verhältnis zu §§ 987 ff. → Rn. 13 vor §§ 987–993) oder eines Betriebes (BGH LM § 818 II Nr. 7), sowie Gebrauchsvorteile aus einem erlangten Gegenstand (BGH NJW 1998, 2529) wie Ausschüttungen bei Fondsbeteiligungen (OLG Stuttgart ZIP 2008, 1570). Bei Rückabwicklung von **Lebensversicherung** (nach Widerspruch gem. § 5a VVG aF) ist trotz ex tunc-Nichtigkeit der de facto genossene Versicherungsschutz anzurechnen (stRspr., BGH NJW 2020, 2030; NJW-RR 2018, 1368; NJW 2016, 1388; NJW 2015, 3098 Rn. 33 [Grundlage Prämienkalkulation – Risikoanteil];; zust Heyers NJW 2016, 1357; Armbrüster NJW 2015, 3065; aA MüKoBGB/Schwab § 812 Rn. 22; LG Bremen BeckRS 208, 11393). Abschluss- bzw. Vertriebskosten und Verwaltungskosten sind nicht abzuziehen (BGH NJW 2020, 2030 Rn. 14 mNw); zum Zinseszinsverbot OLG Rostock BeckRS 2022, 3725. Versicherer kann sich nicht auf den Wegfall der Bereicherung berufen (BGH NJW 2016, 1388 Rn. 34; WM 2015, 1614 Rn. 42; OLG Karlsruhe BeckRS 2019, 19886 [auch zu alternativer Berechnung]). Fondsverluste muss sich Versicherungsnehmer bereicherungsmindernd anrechnen lassen (BGH NJW 2018, 1817 im Anschluss an NJW 2016, 1388). Erfasst werden nur Nutzungen, die **ab Entstehung des Herausgabeanspruchs** anfallen (anders BGH NJW 2018, 3775 für Rückforderung durch Schenker wegen Verarmung: Nutzungsherausgabe ab Schenkung, krit Zeranski NJW 2018, 3778). II und III sind
8 anwendbar. **a)** Zu differenzieren ist zwischen dem Ertrag des Bereicherungsgegenstandes und den Ergebnissen eigener Leistung des Bereicherungsschuldners, die auch

in einer Erträge erst ermöglichenden Verbesserung des Bereicherungsgegenstandes liegen kann (BGHZ 35, 362). Ob der Gegenstand selbst herausgegeben werden kann oder nur Wertersatz geschuldet ist, spielt insoweit bei der Leistungskondiktion keine Rolle (BGH NJW 1961, 2206: Errichtung von Gebäuden auf fremdem Grund); für Wertkondiktion aus § 951 s. dagegen BGH NJW 1961, 452; krit zu dieser Differenzierung Koppensteiner NJW 1971, 593. **b)** Herauszugeben sind die 9
tatsächlich gezogenen Nutzungen (BGHZ 35, 356; 102, 41; 196, 285 [gilt auch für Nutzungen als primärer Bereicherungsgegenstand, → Rn. 2]; NJW 2016, 1388; OLG Hamburg NJW-RR 1999, 1204 [auch solche, die Gläubiger selbst nicht gezogen hätte]); nicht abstrakt mögliche Nutzungen (anders bei verschärfter Haftung). Berechnung des Wertes von Gebrauchsvorteilen bei Sachen str; nach BGH NJW 1996, 252 f. Wertverzehr maßgebend, krit Gursky JR 1998, 7; mE übliche Vergütung, zB Miete. Bei **Geld** grundsätzlich seit Anspruchsentstehung tatsächlich erlangte Zinsen (BGH WM 1991, 1983; BGHZ 102, 47 zur Kontrolle anderslautender AGB; anders für Zahlungen an eine Bank BGH NJW 2007, 2404), jedoch Vermutung für Nutzung zu üblichen Zinsen (schon RGZ 53, 363, sa BGH NJW 1997, 935; ZIP 1997, 593) möglich. Ersparte Zinsaufwendungen stehen gleich (BGHZ 138, 160 mAnm Schlechtriem JZ 1998, 955; BGH NJW 2016, 156; NJW 1999, 2891). Bereicherung der öffentl Hand sollte nach fr Rspr (BVerwG NJW 1973, 1854) mangels tatsächlicher Nutzung nicht gegeben sein, anders BVerwG NJW 1999, 1202; BayObLG NJW 1999, 1195; Schön NJW 1993, 3289 mN; OLG Hamm NJW 2001, 1287; OLG Dresden OLG-NL 2002, 144. Zum Abzug der Gewinnungskosten s. § 102; Prozesszinsen können nicht neben Nutzungsherausgabe beansprucht werden (BGH NJW 1998, 2529 – auch im Falle verschärfter Haftung: BGH NJW 2019, 2851). **c) Beweislast** für Ziehung und Höhe der Nutzungen 9a
trägt Bereicherungsgläubiger (BGH NJW 2020, 2030 Rn. 16 [Ertragslage des Lebensversicherers muss Nutzung der rechtsgrundlosen Beitragszahlungen abbilden, Berechnung anhand von Eigenkapitalrendite genügt nicht, Rn. 17 mNw zum Streitstand; BeckRS 2021, 36077; OLG Schleswig BeckRS 2021, 36256 zu sekundären Darlegungslast]; BGH NJW 2016, 1388); Beweiserleichterungen bei auf Lebenserfahrung beruhender Vermutung, dass Ertrag erwirtschaftet wird (BGHZ 64, 322; Grüneberg/Sprau Rn. 55; BGH NJW 1997, 933 [betriebl eingesetzes Darlehen], BGH NJW 1998, 2529 [Mittelverwendung durch Banken], offen für Versicherungen BGH NJW 2016, 1388 Rn. 49: keine Vermutung für ges Verzugszinssatz).

4. Surrogate des Bereicherungsgegenstandes. Ebenfalls Herausgabever- 10
pflichtung, I Fall 2, zB der eingezogene Forderungsbetrag, der auf das geleistete Lotterielos entfallende Gewinn, ferner **Ersatzvorteile** wie Schadensersatzanspruch bzw -summe, Versicherungsleistung, Enteignungsentschädigung (aber nicht Ersatzgrundstück bei Umlegung: BGH WM 2012, 1786); zur Abgrenzung von primärem Bereicherungsgegenstand und commodum ex re Reuter/Martinek 2. Teilbd. 2016 S. 279 ff. Herauszugeben sind auch **Nutzungen** (→ Rn. 7 ff.) aus dem Surrogat, also zB Zinsen des eingezogenen Forderungsbetrages. **Nicht: rechtsgeschäftliche** 11
Surrogate (vgl BGHZ 75, 206; 167, 321; Grüneberg/Sprau Rn. 15; sehr str, s. MüKoBGB/Schwab Rn. 46 ff.) oder deren Surrogate, also nicht der Erlös aus dem Weiterverkauf (s. jedoch → Rn. 46), nicht der Lotteriegewinn aus dem Los, das mit rechtsgrundlos geleistetem Geld gekauft wurde, nicht der Schadensersatzanspruch wegen Mängeln des Surrogats (BVerwG NJW 1992, 329), nicht Nutzungen aus dem commodum ex negotiatione (BGH NJW 1983, 1470), nicht der Mieterlös aus Doppelvermietung (BGH NJW 2006, 2323). Bei Bösgläubigkeit aber Gewinnhaftung nach § 285 (→ Rn. 47).

5. Wertersatz. a) Grundsatz. Wertersatz ist (nur) zu leisten, wenn der durch 12
Leistung verschaffte Bereicherungsgegenstand, seine Nutzungen oder ein Surrogat nicht herausgegeben werden können, zB – **obj** – wegen tatsächlichem/rechtlichem Untergang (zB §§ 946 ff., Verbrauch BGH NJW 2017, 320 Rn. 37: Wertersatz für Erdgas nach marktüblichem Preis zum Belieferungszeitpunkt) oder auf Grund der

„Beschaffenheit" des Bereicherungsgegenstandes, zB Dienstleistungen (BAG BB 1993, 485; BGH NJW 1984, 1456: ANÜberlassung), Werkleistung für Grundstück (BGH WM 2001, 1766), Beförderung (BGHZ 55, 128: Flugreise), Nutzung Immaterialgüterrecht (BGH ZIP 1997, 1979), Strom (BGHZ 117, 31), Gebrauchsvorteile einer Wohnung (OLG Düsseldorf ZMR 1988, 221), Versicherungsschutz (BGH NJW 1983, 1422), Anstrich (OLG Koblenz NJW-RR 1995, 156), Jagdfreuden (OLG Hamm NJW-RR 1988, 1268), Schuldbefreiung, Pflegeberechtigung (OLG
13 Koblenz NJW-RR 2002, 512), ferner – **subj Unvermögen** –, weil der Bereicherungsschuldner weiterveräußert oder belastet hat (BGHZ 112, 381; Gursky JR 1992, 95; Canaris NJW 1991, 2513; aA Kohler NJW 1991, 2000; s. jetzt aber auch BGH NJW 2002, 1874: Ablösung der Belastung auf gläubigereigenem Grundstück) oder das bereicherte Gesamthandvermögen versilbert und verteilt worden ist; s. jedoch → Rn. 19; Kundenstamm – Rückgabe von Willen der Kunden abhängig (BGH NJW 2002, 1340; BGHZ 168, 232). Wesentliche Umgestaltung (eines Grundstücks durch Bebauung) kann wirtschaftlich zu einem anderen Gegenstand führen und
14 Herausgabe unmöglich machen (BGH NJW-RR 1988, 585). **b) Berechnung bei Leistungskondiktion. aa)** Maßgebend ist der **obj Wert** des Geleisteten oder als Leistung Verschafften, der regelmäßig dem Verkehrswert entspricht (hM, BGHZ 218, 227; 82, 299; NJW 2013, 2021). **Bsp:** BGHZ 218, 227 (Erhöhung von Grundstückswert bei Verzicht auf Wohnungsrecht – unabhängig von Realisierung durch Veräußerung); BGH NJW 2017, 320 Rn. 37 (Strom/Gas nach üblicher Tarifvergütung); BGH BeckRS 2017, 111483; BGHZ 201, 101 (Rückzahlung von Prämien für Lebensversicherung unter Berücksichtigung des genossenen Versicherungsschutzes, ggf unter Zuhilfenahme von Risikoanteil bei Prämienkalkulation; OLG Karlsruhe NJW-RR 2019, 1439); BGHZ 181, 188 (Wert von Schönheitsreparaturen entspricht Aufwendungen und nicht Wertsteigerung); BGHZ 178, 16 (ortsüblicher Mietzins mit Umsatzsteuerpflicht); BGH WM 2001, 1768 (erforderlicher Aufwand bei anderweitiger Vergabe von Leistungen für Grundstück); BGH NJW 1984, 1456 (Verkehrswert von formnichtiger ANÜberlassung); OLG Köln NJW-RR 1988, 1136 (Nutzungsentschädigung PKW); BAG NJW 1993, 485 (Wert von Arbeitsleistungen); BAG BB 1997, 2432 (übliche Vergütung). Ein von den Parteien höher angesetzter Wert bleibt außer Betracht, vgl BGH WM 1977, 261. Rückgabe von Unternehmen hat im „Ist-Zustand" zu erfolgen (s. BGH NJW 2006, 2847; NJW 2002, 1340: Wertersatz bei fehlender Bereitschaft von Kunden, zum Bereicherungsgläubiger zu wechseln). Zur „aufgedrängten Bereicherung" → § 812 Rn. 81.
15 **bb)** Ein hinter dem obj Wert zurückbleibender Umfang der Bereicherung im Empfängervermögen ist grundsätzlich nur in entspr oder direkter Anwendung von III zu berücksichtigen (grundsätzlich anders die „Differenzhypothese", → Rn. 1), eine den obj Wert übersteigende Bereicherung wird regelmäßig durch die bes Verhältnisse oder Kapazitäten beim Empfänger entstanden sein und ist deshalb nicht zurückzuge-
16 währen. Teilw. wird vertreten, dass eine **dauerhafte, echte Vermögensmehrung,** ggf als Ersparnis eigener Aufwendungen gesehen und berechnet, Voraussetzung des Wertersatzanspruchs sei, da ein gutgl Bereicherungsschuldner durch die Herausgabeverpflichtung nie eine Minderung seines vor der Bereicherung gegebenen Vermögensbestandes erleiden solle (vgl BGHZ 55, 131; BGH WM 1994, 1948). Ist danach auf Grund der Art oder Beschaffenheit des Erlangten dem Vermögen des Bereicherten ein messbarer Wert nie dauerhaft zugewachsen (Bsp: verbrauchte Luxusreise; Befreiung von einer ohnehin nicht durchsetzbaren Schuld), soll dieser Fall genauso zu behandeln sein wie der des späteren Wegfalls des Wertes, III (→ Rn. 31).
17 **cc) Maßgebender Zeitpunkt** für die Wertberechnung ist die Entstehung des Anspruchs, idR also der des vollständigen Erwerbs des Erlangten (BGHZ 5, 200; NJW 2006, 2827; Grüneberg/Sprau Rn. 20, aA Koppensteiner NJW 1971, 589 f.: letzte mündliche Verhandlung), wird die Herausgabe des Erlangten in Natur erst nach Entstehung des Bereicherungsanspruchs unmöglich, ist maßgeblicher Zeitpunkt der Eintritt der Unmöglichkeit (BGHZ 168, 237), bei der Kondiktion wegen
18 Zweckverfehlung der Zeitpunkt, in dem Nichteintritt des Erfolges feststeht. **dd)** Bei

Minderjährigen ist bedenklich, dass Wertersatz erlangter Gebrauchsvorteile faktisch zur Durchführung nichtiger Verträge führen kann, doch schützt das Ges grundsätzlich Minderjährige nicht gegen Verpflichtung auf Grund erlangter Bereicherung (Batsch NJW 1969, 1747, sa Gursky NJW 1989, 2183; zur Saldotheorie u → Rn. 43; zur verschärften Haftung Minderjähriger → § 819 Rn. 5). **ee) Mehrere** 19
Bereicherte haften nicht als Gesamtschuldner, sondern anteilig auf das jeweils Erlangte (BGH NJW 1979, 2207; aA Reuter/Martinek 2. Teilbd. 2016 S. 418 f.; zur Bereicherungshaftung von BGB-Gesellschaftern BGH NJW 1985, 1828; Kowalski NJW 1991, 3183). **ff) Beweislast** für Wert trägt Bereicherungsgläubiger (OLG 20
Koblenz NJW-RR 1995, 156 mN); ebenso für Surrogate oder Umfang gezogener Nutzungen (BGHZ 109, 148); Anspruch auf **Rechnungslegung** (BGH ZIP 1997, 1979). **c) Berechnung bei Eingriffskondiktion.** Bei einer „in sonstiger Weise" 21
erlangten Bereicherung ist nach hM ebenfalls grundsätzlich der obj Wert maßgebend (BGH 5, 201; 82, 307); bei Verletzung gewerblicher Schutzrechte nur angemessene Lizenzgebühr (BGH NJW-RR 2001, 1332; NJW-RR 1998, 1502; MDR 2002, 1140 [auch bei Widerruf des Patents]; NJW-RR 2002, 180 [Konzessionsabgabe]; GRUR 2010, 817; f. Urheberrecht BGH NJW 2015, 3165). **aa)** Für die Berech- 22
nung wird oft darauf abgestellt, was der Schuldner bei korrektem Erwerb des Vorteils dafür hätte aufwenden müssen und folglich erspart hat (RGZ 97, 312: Gleisanlage), doch darf auch insoweit nur der obj (Markt-)Preis, die übliche Lizenzgebühr (vgl BGH NJW 1979, 2206; 1982, 1155) – unabhängig von der Bereitschaft oder Möglichkeit zur Gestattung einer Lizenz, BGHZ 169, 344 – oder Nutzungsvergütung zugrunde gelegt werden, nicht sonstige, zum gleichen Ergebnis führende und evtl höhere Aufwendungen (Medicus/Petersen BürgerlR Rn. 719). **bb)** Beim Bau auf 23
fremdem Grundstück ist die am Ertragswert orientierte Erhöhung des Verkehrswertes des Grundstücks maßgebend (hA, BGHZ 111, 131; Grüneberg/Sprau Rn. 21), nicht der obj Wert des verwendeten Materials (BGH WM 2001, 1768 [da Wertsteigerung nicht messbar]). **cc)** Maßgebender **Zeitpunkt** ist auch hier der des Erwerbs 24
(schon → Rn. 17, iE BGH NJW 1962, 2293; WM 1973, 73). Bei Zweckverfehlungskondiktion wegen Bau auf fremdem Boden ist auf den Zeitpunkt der Zweckverfehlung abzustellen, BGH NJW 1970, 137 (→ Rn. 17). **d)** Bei der **Rückgriffs-** 25
kondiktion ist Wert des Erlangten die ersparte Aufwendung, doch sind auch Minderwert oder Wertlosigkeit einer Forderung wegen Konkurses des Schuldners oder Undurchsetzbarkeit zB nach Verjährung zu berücksichtigen, → § 812 Rn. 79.

6. Wegfall oder Schmälerung der Bereicherung, III. a) Allgemeines. Die 26
Möglichkeit der Berufung auf den Wegfall einer erlangten Bereicherung soll den redlichen Bereicherungsschuldner davor schützen, sein Vermögen durch Erfüllung einer Kondiktion über den Betrag der noch vorhandenen Bereicherung hinaus zu mindern (BGHZ 55, 134; 93, 188; auch Insolvenzverwalter kann sich auf III berufen: BGH NJW-RR 2015, 677). III ist nicht anwendbar bei Leistung unter Vorbehalt (BGH NJW 2003, 2453: Rückforderungsvorbehalt bei öffentl Subvention; OLG Hamm NJW-RR 1997, 705), oder Leistung auf Grund nichtigen oder widerrufenen Darlehensvertrags (BGH NJW 1999, 1637; ZIP 2006, 2120: § 819 entsprechend anzuwenden). Das Ges entlastet nur bei **nachträglichem Wegfall** der Bereiche- 27
rung, doch soll der III zugrundeliegende Gedanke allgemeine Geltung haben und die Haftung des Schuldners überhaupt auf die Bereicherung „per Saldo" beschränken, also auch Vermögensminderungen *vor* Erlangung der Bereicherung, die mit ihr in ursächlichem Zusammenhang stehen, berücksichtigen (s. BGHZ 9, 335; stRspr und hL; Einzelheiten str, hierzu u → Rn. 32 ff.). Um unbillige Ergebnisse zu vermeiden, sind nur solche Aufwendungen/Minderungen abzugsfähig, die ein gutgläubiger Bereicherungsschuldner im Vertrauen auf einen dauerhaften Erwerb vornimmt (OLG Hamm NJW-RR 1995, 1010; Grüneberg/Sprau Rn. 29; MüKoBGB/Schwab Rn. 138). **b) Leistungskondiktion.** Der **redliche Bereicherungs-**
schuldner wird frei **aa)** bei nachträglichem **Untergang** oder **Verlust** des Erlangten 28
oder des nach I herauszugebenden Surrogats. Auch selbst veranlasste Aufgabe des

Erlangten kann die Bereicherung wegfallen lassen, zB Schenkung, oder mindern, zB Verkauf unter Wert (vgl RGZ 75, 363; Verbrauch von Unterhalt s. BGH NJW 1984, 2096; NJW 1998, 2433; Mertens FamRZ 1994, 601); Verbrauch von Geld zum allgemeinen Lebensunterhalt (BGH NJW 2003, 3271; KG NJW-RR 2018, 890 Rn. 56). Bei Tilgung von Schulden mit rechtsgrundlos erhaltenem Geld (Unterhalt) jedoch evtl ersparte Aufwendungen (→ Rn. 16, 38) als Bereicherung (BGH NJW
29 1992, 2416; OLG Köln NJW-RR 1998, 1701). **bb)** Hat der Bereicherungsschuldner das Erlangte schenkweise weitergegeben entfällt Bereicherung vorbehaltlich Rn. 31 (Soergel/Hadding Rn. 43; Grüneberg/Sprau Rn. 43), hat er durch Weitergabe gegen einen Dritten einen Anspruch erlangt (zB auf Gegenleistung), so liegt ein Fall von III nur vor, wenn der Anspruch praktisch wertlos ist (BGHZ 72, 13; NJW 1979, 1598; NJW 1980, 2302; OLG Frankfurt a. M. NJW-RR 1995, 1348; sa BGH NJW 1960, 1712 – Forderung nicht beigetrieben). Ansonsten ist Wertersatz zu leisten (nicht nur Abtretung der erlangten Forderung, OLG München MDR 1998, 1345; Grüneberg/Sprau Rn. 44; Abtretung, wenn Wertbestimmung problematisch [BGHZ 72, 13] oder Anspruchsdurchsetzung ungewiss [BGH NJW 1978, 2149], auch bei Schutzbedürftigkeit des Sch, zB Betreuung, Minderjährigkeit [BGH NJW 2015, 2497 Rn. 25 mwN]). Der Bereicherungsgläubiger trägt also grundsätzlich das
30 **Risiko „unvorteilhafter Verwendung"** des Erlangten durch den Bereicherungsschuldner. Ist die Bereicherung im Vermögen des Schuldners als Gegenleistung oder als Ersparnis von (sonst aus eigenen Mitteln vorgenommenen) Aufwendungen noch vorhanden (vgl BGHZ 83, 283 einerseits, BGH NJW 1981, 2184 andererseits),
31 bleibt es bei II. **cc) Luxusausgaben.** Hat das Erlangte für den Empfänger von vornherein „Luxuscharakter" (Flugreise, s. BGHZ 55, 128) oder verwendet er den Bereicherungsgegenstand in einer Weise, die er sich sonst nicht geleistet hätte (Verbesserung des eigenen Lebensstandards, „Luxusgeschenk" an Dritte [s. aber § 822]), entfällt die Bereicherung, wenn ihm kein verbleibender Vermögenswert zuwächst (schon → Rn. 16; BGH WM 2016, 2319 Rn. 21 f. Eingehen neuer Verbindlichkeiten im Vertrauen rechtsbeständigen Erwerb nicht entreichernd, wenn sonst aus anderen Mitteln bestritten; BGH MDR 1959, 109; OLG Hamm FamRZ 1996, 1406).
32 **dd) Leistungen an Dritte** wirken bei Leistungskondiktion nur dann bereicherungsmindernd, wenn der Bereicherungsgläubiger nach dem zugrunde liegenden Rechtsgeschäft das Risiko zu tragen hat (Grüneberg/Sprau Rn. 33); s. BGHZ 145, 52 (Zinsen für Kaufpreis nicht abzugsfähig); BGHZ 109, 145 (ebenfalls nicht abzugsfähig Erwerbskosten des Leasinggebers im Verh. zu Leasingnehmer); BGH NJW 1995, 3315 (Scheckkauf); BGH NJW 1998, 2529 (Kauf von Optionsscheinen); OLG Dresden ZIP 2009, 1173 (Rückzahlung von Sozialversicherungsbeiträgen an Tochtergesellschaft). Abzugsfähig sind auch Kapitalertragsteuer nebst Solidaritätszuschlag, den Lebensversicherer direkt an Steuerbehörden abgeführt hat (BGH NJW
33 2015, 3098 mN). **ee) Ausgaben und Verwendungen** auf den Bereicherungsgegenstand sind abzugsfähig, soweit auch sie im Vertrauen auf die Beständigkeit des Erwerbs (entfällt bei Leistung unter Vorbehalt: OLG Köln NVersZ 1999, 183) erfolgten – unabhängig von Wertsteigerungen (BGH NJW 1999, 1629); Unterhalts- und Veränderungskosten (BGH NJW 1980, 1790; WM 2000, 1064); Steuern, Reparaturkosten, Ausgaben zur Erhöhung des Lebensstandards bei zu Unrecht erhaltenem Lohn (BGHZ 41, 289; s. auch § 87 II BBG, § 52 II BRRG; zur Beweislast → Rn. 39). Schließt die Natur des Bereicherungsgegenstandes den Abzug von Aufwendungen aus, hat der Bereicherungsschuldner ausnahmsweise **Erstattungsanspruch** (BGH NJW 1981, 2688; NJW-RR 1988, 585: Rückgewähr grds nur Zug-um-Zug gegen Erstattung). **ff) Schäden,** die der Bereicherungsgegenstand verursacht hat (zB bissiger Hund verletzt Bereicherungsschuldner, erkranktes Pferd steckt andere Tiere des Schuldners an), sind grundsätzlich nicht abzugsfähig, da sie unabhängig von der Rechtsgrundlosigkeit in die Risikosphäre des Empfängers fallen (zutr Reuter/Martinek 2. Teilbd. 2016 S. 370 f.; Grüneberg/Sprau Rn. 39).
34 **c) Erwerbskosten.** Bestimmte Erwerbskosten können, obwohl nicht nach Erlangung der Bereicherung aufgewendet, entreichernd geltend gemacht werden („frust-

rierte Aufwendungen", s. Larenz/Canaris SchR II/2 § 73 I 2c): Vertragskosten, Maklergebühren (RGZ 72, 4); Frachtkosten und Zölle; Provision (BGH NJW 1981, 277: nur, wenn abhängig von Bestand des vermittelten Vertrages); MwSt (BGH NJW 1970, 2059; NJW-RR 2008, 1369); steuerliche Mehrbelastung (BGH WM 1992, 748). **d) Sonstige Passivposten.** Darüber hinaus wird III heute teilw so **34a**
verstanden, dass auch andere Passivposten, die bereits vor Erlangung der Bereicherung entstanden sind, abzuziehen sind, sofern sie mit der Bereicherung nur in adäquat ursächlichem Zusammenhang stehen, vgl BGH NJW 1981, 278 („bei wirtschaftlicher Betrachtungsweise"). Bei Rückabwicklung gegenseitiger Verträge schränkt BGH in wertender Zuordnung des Entreicherungsrisikos die Abzugsfähigkeit von Kosten ein (BGHZ 145, 52; 116, 256: Finanzierungskosten des Käufers; BGH BeckRS 2015, 14059 = WM 2015, 1614 verneint Abzugsfähigkeit von Abschluss- und Verwaltungskosten bei Rückabwicklung von Lebens- und Rentenversicherung; ebenso BGH NJW 2016, 1388 Rn. 44 ff.; OLG Köln NJW-RR 2015, 598 [keine Anrechnung von Prämienanteil, der auf Abschluss- und Verwaltungskosten einer Rentenversicherung entfällt; für Anrechnung des Teils, der bei Lebensversicherung auf Risikoanteil entfällt Heyers NJW 2016, 1357, 1359], sa → Rn. 32). Bei Rückabwicklung fondsgebundener Lebensversicherung trägt Versicherungsnehmer das Anlagerisiko, daher kann Versicherer Verluste des Fonds von den rückzuzahlenden Sparanteilen der Prämien abziehen (BGH NJW 2016, 1388 Rn. 37; OLG Stuttgart BeckRS 2017, 118011; Armbrüster NJW 2015, 1357, 3067). **e) Nicht- 35**
leistungskondiktion. Die unter b) genannten Gründe für Wegfall oder Schmälerung der Bereicherung sind auch bei Ansprüchen wegen Bereicherung in sonstiger Weise zu beachten (grds Bedenken bei Prütting J., AcP 216, 459). Bringt eine Bank (Zweitzessionar) den zu Unrecht, aber gegenüber dem berechtigten Erstzessionar wirksam eingezogenen Betrag dem Kreditkonto des Kunden (Zedenten) gut, dann ist ihre nach § 816 II herauszugebende Bereicherung entfallen, falls die Gutschrift nicht storniert werden kann (BGHZ 26, 195; sa Canaris NJW 1981, 258). Doch **36**
können **Gegenleistung** oder sonstige Ausgaben, die im Zusammenhang mit dem den Eingriff „vorbereitenden" Erwerb – der Kaufpreis für den Erwerb der fremden oder abhanden gekommenen Sache bei §§ 951, 816 I 1, die weitere Kreditgewährung auf Grund Sicherungszession einer bereits an einen Dritten abgetretenen Forderung bei § 816 II – und **vor** Erlangung der Bereicherung gemacht worden sind, nicht abgesetzt werden, da sie gegenüber einer Vindikation oder einem Hinweis an den Forderungsschuldner, an den Scheinzessionar nicht zu zahlen, ebenfalls nicht geltend gemacht werden bzw wirken könnten (für § 951 BGHZ 55, 176; für § 816 I 1 BGHZ 9, 333; für § 816 II BGHZ 56, 178 ff.; für nicht bestehende Scheckforderung gezahlter Preis BGH NJW 1995, 3317; aA für Vollstreckungskosten aus Pfändung und Einziehung einer Forderung, die dem Bereicherungsgläubiger zusteht BGHZ 66, 156). Anders als bei der Leistungskondiktion besteht kein Anlass, im **37**
Hinblick auf die Bereicherung entstandenen Vertrauensschaden dem Bereicherungsgläubiger anzulasten, der dieses Vertrauen nicht veranlasst hat, sondern bei der Eingriffskondiktion Betroffener einer Rechtsverletzung ist (vgl Rengier AcP 177, 418, 435 f.; Reuter/Martinek 2. Teilbd. 2016 S. 415 ff.). **f) Schuldentilgung.** Wurde **38**
der Bereicherungsgegenstand verwendet, um Schulden des Empfängers zu tilgen, so *ist dies regelmäßig* kein Fall von III, da die Befreiung eigene Aufwendung erspart (BGH NJW 2003, 3271; NJW 1996, 926; NJW 1985, 2700; s. aber NJW 1979, 1597; anders, wenn Schuldner sonst unter Einschränkung seines Lebensstandards die Schuld getilgt hätte [BGHZ 118, 383] oder er durch anderweitigen Einsatz der freigewordenen Mittel keinen bleibenden Vorteil erlangt hat [BGH WM 2016, 2319]). **g) Beweislast** für Wegfall oder Schmälerung der Bereicherung (rechtsver- **39**
nichtende Einwendung) trägt der Bereicherungsschuldner (BGHZ 118, 383; NJW 1999, 1181; NJW 1995, 2627); auch wenn er geschäftsunfähig ist (BGH NJW 2003, 3271; KG BeckRS 2019, 3338). Die Rspr schafft bei unterem bzw mittlerem Einkommen des Schuldners Beweiserleichterung durch Anscheinsbeweis (Verwendung überzahlter Bezüge, um Lebensstandard zu erhöhen): BGH NJW 2008, 3219;

BAG BB 2001, 2008; NJW 1996, 411; OLG Hamm FamRZ 1996, 1406 (nicht bei Besserverdienern BAG NJW 1994, 2636); s. OLG München WM 2011, 167 zu Handelsvertreter.

40 **7. Rückabwicklung gegenseitiger Verträge. a) Grundsatz.** Bei einer Leistungskondiktion aus gegenseitigem Vertrag kann der Schuldner auch die dem Bereicherungsgläubiger erbrachte Gegenleistung verrechnen **(Saldotheorie),** auch und gerade dann, wenn diese nicht (mehr) zurückgewährt werden kann, der Gläubiger also nach § 818 III entlastet ist. Bei ungleichartigen Leistungen hat Bereicherungsgläubiger Rückgewähr der erhaltenen Leistung Zug um Zug gegen Zahlung anzubieten (Medicus/Petersen BürgerlR Rn. 224; Flume JZ 2002, 322). Die Saldotheorie ist nur anwendbar, wenn beide Parteien ihre Leistungen erbracht haben. **aa)** Die Berücksichtigung der erbrachten Gegenleistung durch Saldierung, die zum Festhalten am Leistungsaustausch führt, ist str (vgl statt aller BGH NJW 2009, 2886; NJW 1988, 3011, dazu krit Kohler NJW 1989, 1850, im Grundsatz bejahend BGHZ 53, 145; NJW 2000, 3064 mN; für Rückabwicklung einer verdeckten Sacheinlage wegen § 183 II 1 AktG aF s. BGH 175, 265; zur Parallelisierung zum Eigentümer-Besitzerverhältnis BGH BB 1995, 2340 ff.; stärker zur Zwei-Kondiktionen-Theorie neigend BGHZ 57, 149; 72, 255). Einheitlicher Anspruch auf den Saldo, deshalb Aufrechnung mit Schadensersatzansprüchen (nur) gegen Saldo (BGH NJW 2000, 3064; sa Flume AcP 194, 427 [435]; Canaris WM
41 1981, 979). **bb)** Es geht bei Saldierung nicht um Wegfall der Bereicherung des Schuldners, (anders BGHZ 57, 145), sondern um **Nachwirkung des Synallagmas** (v. Caemmerer FS Larenz, 634; Reuter/Martinek [1983] S. 598), und zumeist führt die Saldotheorie iE gerade zur Ausschaltung des § 818 III: Der seine Leistung Zurückverlangende kann sich nicht hinsichtlich seiner eigenen Rückgabepflicht auf den Untergang des von ihm Erlangten berufen (BGHZ 72, 254; Medicus/Petersen BürgerlR Rn. 225: Einschränkung von § 818 III), trägt also als Nachwirkung des Synallagmas und als Folge des Gefahrübergangs das Entreicherungsrisiko
42 selbst (vgl Hoffmann Jura 1997, 416). **cc)** IE ebenso die Rspr, die Abzugsfähigkeit von Aufwendungen, also Entreicherungseinwand (des rückgewährspflichtigen Käufers) begrenzt (BGHZ 116, 256: wertende Zuweisung des Entreicherungsrisi-
43 kos; → Rn. 34; krit zur Begründung Kohler NJW 1992, 3145. **b) Ausnahmen** aus dem Zweck der Norm, die zur Nichtigkeit des Grundgeschäftes geführt hat, gelten zugunsten **Minderjähriger,** anderer beschränkt Geschäftsfähiger und **Geschäftsunfähiger** (BGHZ 126, 105; NJW 2000, 3562; anders bei fehlender Termingeschäftsfähigkeit BGHZ 147, 157; abl Reiner JZ 2002, 300), von **Opfern arglistiger Täuschung,** die durch die Saldotheorie nicht „faktisch" am Vertrag festgehalten werden sollen (BGHZ 53, 147; 57, 137; NJW 2009, 1266; NJW 1990, 2882; OLG Köln NJW-RR 1999, 884) oder von Bewucherten (BGH NJW 2001, 1130). Der wegen arglistiger Täuschung anfechtende Käufer kann also den Kaufpreis voll zurückfordern, sich selbst aber auch bei eigenverursachtem Untergang der Kaufsache auf III berufen (vgl auch BGHZ 72, 256, der die Risikobelastung des Verkäufers bei Irrtumsanfechtung auf §§ 819 I, 818 IV stützt, Grüneberg/Sprau Rn. 49; sa Tiedtke DB 1979, 1261; anders Friese [Lit § 818] S. 253 ff.). Auch beim sachmangelverursachten **Untergang der Kaufsache** kann der (wegen Eigenschaftsirrtums) anfechtende Käufer den Kaufpreis voll zurückverlangen (BGHZ 78, 222). § 254 soll in solchen Fällen nicht zu Lasten des Käufers anwendbar sein (BGHZ 37, 370; 57, 151), doch wird mit § 242 eine zu ähnlichen Ergebnissen führende Abwägung gestattet (BGHZ 57, 152 f. und dazu Flessner NJW 1972, 1782; generell zur Einschränkung des III in Fällen eigennütziger und untergangsursächlicher Disposition über den Bereicherungsgegenstand s. v. Caemmerer (Lit § 818) S. 638 Fn. 57; Flume NJW 1970, 1164; Rengier AcP 177, 418, 438 f. – Berufung auf Wegfall als venire contra factum proprium sowie bei „übergeordneten Gesichtspunkten" BGH NJW 1998, 1710). Str ist die Anwendung der Saldotheorie bei wucherähnlichen Geschäften (dagegen BGHZ 146, 298; aA Flume JZ

2002, 324). **c)** Auch bei **verschärfter Haftung** des Rückabwicklungsschuldners gilt die Saldotheorie (RGZ 139, 213; aA BGHZ 57, 150 und die Saldierung iE mit §§ 819 I, 818 IV vermeidend BGHZ 72, 256). 44 **d)** Aufgrund der Saldierung entsteht von vornherein nur ein auf den Saldo gerichteter Bereicherungsanspruch; bei ungleichartigen Leistungen muss Kläger von sich aus Zug-um-Zug-Abwicklung anbieten (→ Rn. 40; BGHZ 146, 307). Im **Insolvenzfall** kann ein Käufer rechtsgrundlos vor Verfahrenseröffnung erbrachte Leistungen nicht iSd Saldotheorie gegen Ansprüche des Insolvenzverwalters auf Herausgabe von nach Eröffnung gezogener Nutzungen verrechnen (BGH NJW 2002, 1052; sa NJW 2010, 2125). 45

8. Haftungsverschärfung. a) Nach IV tritt mit Rechtshängigkeit der Leistungsklage – §§ 261 I, II, 696 III ZPO – verschärfte Haftung ein für die Möglichkeit der Herausgabe der Bereicherung; nicht: Feststellungs- oder Abänderungsklage (BGHZ 118, 383; 93, 183; NJW 1992, 2416, NJW 1998, 2434; aber OLG Hamm NJW-RR 1997, 705 für Unterhaltszahlung unter Vorbehalt; s. auch BGH NJW 2018, 1409) oder Vollstreckungsgegenklage (gegen Unterhaltsvergleich BGH FamRZ 2003, 1087; FamRZ 1987, 368). Haftung nach §§ 292, 989, evtl 990 II, 287 S. 2 auf Schadensersatz, nach §§ 292 II, 987 auf Herausgabe von – gezogenen oder möglichen – Nutzungen, bei Geldschuld nach §§ 291, 288 I auf Zinsen und ggf höheren Schaden aus entgangener Kapitalnutzung, § 288 IV. Soweit Verurteilung zur Erfüllung zulässig früher auch § 283 aF (BGH NJW 2000, 1032), jetzt § 283, jedoch Vorrang von III, IV, da sonst Haftungsverschärfung für unverklagten oder gutgläubigen Schuldner möglich. 46 **b)** Bei unverschuldetem Unvermögen zur Herausgabe galten nach BGH §§ 275, 279 aF, so dass nach dieser Ansicht für die Wertkondiktion Unvermögen stets zu vertreten war (BGHZ 83, 299); jetzt § 276: Verschuldensunabhängige Einstandspflicht des Geldschuldners. § 285 ist anwendbar (BGHZ 75, 203 zu § 281 aF). Ein Wegfall der Bereicherung durch Abrechnung von Nachteilen und Unkosten, für die der Bereicherungsvorgang ursächlich war, findet nicht mehr statt (BGHZ 57, 150: abzugsfähig sind nur notwendige Verwendungen, → § 292 Rn. 4). 47

§ 819 Verschärfte Haftung bei Kenntnis und bei Gesetzes- oder Sittenverstoß

(1) **Kennt der Empfänger den Mangel des rechtlichen Grundes bei dem Empfang oder erfährt er ihn später, so ist er von dem Empfang oder der Erlangung der Kenntnis an zur Herausgabe verpflichtet, wie wenn der Anspruch auf Herausgabe zu dieser Zeit rechtshängig geworden wäre.**

(2) **Verstößt der Empfänger durch die Annahme der Leistung gegen ein gesetzliches Verbot oder gegen die guten Sitten, so ist er von dem Empfang der Leistung an in der gleichen Weise verpflichtet.**

1. Allgemeines. a) Bei Kenntnis der Rechtsgrundlosigkeit – **I** –, der Ges- oder Sittenwidrigkeit – **II** – ist der Bereicherungsschuldner nicht schutzwürdig. Für das dogmatische Verhältnis der Fälle strengerer Haftung, von denen insbes der des bösgläubigen Leistungsempfängers praktisch wichtig ist, zu § 818 und insbes zur Haftungsentlastung aus § 818 III ist unsicher, was Regel und was Ausnahme ist. 1 **b)** Die – herrschende – Ansicht, wonach der Bereicherungsschuldner überhaupt nur verpflichtet ist, falls und soweit er per Saldo bereichert wurde und noch ist (→ § 818 Rn. 40 ff.), und die in § 818 III deshalb eine grundsätzliche Aussage (und nicht nur eine ausnahmsweise Begünstigung des redlichen Schuldners wie v. Caemmerer GS I, 244; Larenz/Canaris SchR II/2 § 73 I 1a und b: Guter Glaube an Rechtsbeständigkeit des Erwerbs) sieht, hat freilich Schwierigkeiten, bei Bösgläubigkeit trotz fehlender Per-Saldo-Bereicherung Haftung anzunehmen (vgl BGHZ 55, 133: „Diskrepanz“, „Ungereimtheiten“; konsequent Friese (Lit § 818) S. 86: nicht Bereicherungs-, sondern Schadenshaftung). Überzeugender lässt sich die strengere Haftung des § 819 I damit erklären, dass § 818 III ausnahmsweise und nur den Gutgläubigen im Vertrauen auf die Beständigkeit des Erwerbs schützt (→ § 818 Rn. 27). 2

3 **2. Voraussetzungen der Haftungsverschärfung nach I. a)** Bestehen eines Bereicherungsanspruchs und **b) positive Kenntnis** des Rechtsgrundmangels beim
4 Empfang (differenzierend Probst AcP 196, 252 ff.); bei späterer Kenntniserlangung tritt Haftungsverschärfung mit diesem Zeitpunkt ein. Kenntnis ist **Tatsachenkenntnis** und ihre richtige rechtliche Würdigung durch den Schuldner (BGH NJW 1992, 2417; NJW 1998, 2434; vgl aber BGH NJW 1996, 2652: Tatsachenkenntnis soll genügen, wenn der Bereicherte sich den rechtlichen Folgen bewusst verschließt; Otte JuS 1998, 246; zu Recht krit Martinek JZ 1996, 1099); nach BGH NJW 1987, 187 ist bei Zuvielüberweisung Überzeugung des obj Denkenden maßgebend; Kenntnis der Rückzahlbarkeit eines Darlehens steht Kenntnis rechtsgrundlosen Empfangs gleich (BGH ZIP 2006, 2120 mwN). Ausnahme § 87 II BBG – Kennenmüssen genügt. Bei **Anfechtbarkeit** s. § 142 II. Bei Zahlung unter Vorbehalt oder auf Grund auflösend bedingter Verpflichtung ist I nicht anwendbar. Kenntnis des Vertretenen schadet auch bei kollusivem Zusammenwirken des Empfängers mit dem
5 Vertreter (BGH NJW 2014, 2790). Kenntnis des **Vertreters** oder **Sachwalters** wird dem Vertretenen zugerechnet (BGH NJW 2014, 1294; BGH NJW-RR 2001, 127: Entsprechende Anwendung auch ohne Vertretungsmacht bei Wahrnehmungsbefugnis des Zuwendungsempfängers; OLG Hamm VuR 2009, 1416; OLG Köln NJW 2000, 1045; OLG Schleswig FamRZ 2008, 512: Entsprechende Anwendung unabhängig von einem Vertretungsverhältnis bei Bösgläubigkeit eines Repräsentanten). Bei **Geschäftsunfähigen** kommt es stets auf Kenntnis des ges Vertreters an (OLG Nürnberg NJW-RR 1989, 1137; KG NJW 1998, 2911); bei **beschränkt Geschäftsfähigen** wird teils Kenntnis des ges Vertreters gefordert (Staudinger/Lorenz Rn. 10; Larenz/Canaris SchR II/2 § 73 II 2a), teils analoge Anwendung der §§ 827–829 befürwortet; teils wird zwischen Bereicherung durch Leistung (§§ 104 ff.) und in sonstiger Weise (§§ 827 ff. analog) unterschieden (MüKoBGB/Schwab Rn. 9; Grüneberg/Sprau Rn. 4; aA BeckOK/Wendehorst Rn. 8 mN). Nach BGHZ 55, 136 f. soll der beschränkt Geschäftsfähige jedenfalls dann verschärft haften, wenn er sich die (Leistungs-)Bereicherung durch eine vorsätzlich unerlaubte Handlung erschlichen und die nach § 828 II erforderliche Verantwortungsreife hatte.

6 **3. Voraussetzungen der Haftungsverschärfung nach II. a)** Erfüllung des Tatbestands des § 817 S. 1 und **b)** Bewusstsein des Ges- oder Sittenverstoßes (BGH NJW-RR 2009, 345) **c)** bei Annahme; spätere Kenntnis schadet nicht.

7 **4. Rechtsfolgen.** S. § 818 Anm 8.

§ 820 Verschärfte Haftung bei ungewissem Erfolgseintritt

(1) [1]**War mit der Leistung ein Erfolg bezweckt, dessen Eintritt nach dem Inhalt des Rechtsgeschäfts als ungewiss angesehen wurde, so ist der Empfänger, falls der Erfolg nicht eintritt, zur Herausgabe so verpflichtet, wie wenn der Anspruch auf Herausgabe zur Zeit des Empfangs rechtshängig geworden wäre.** [2]**Das Gleiche gilt, wenn die Leistung aus einem Rechtsgrund, dessen Wegfall nach dem Inhalt des Rechtsgeschäfts als möglich angesehen wurde, erfolgt ist und der Rechtsgrund wegfällt.**

(2) **Zinsen hat der Empfänger erst von dem Zeitpunkt an zu entrichten, in welchem er erfährt, dass der Erfolg nicht eingetreten oder dass der Rechtsgrund weggefallen ist; zur Herausgabe von Nutzungen ist er insoweit nicht verpflichtet, als er zu dieser Zeit nicht mehr bereichert ist.**

1 **1. Allgemeines.** Ähnlich wie bei §§ 818 IV, 819 muss der Leistungsempfänger in den Fällen I 1 und 2 sich auf die Möglichkeit der Herausgabe einstellen, so dass eine Privilegierung nicht angemessen wäre; II mildert die Haftungsverschärfung hinsichtlich Zinsen und Nutzungen.

2 **2. Voraussetzungen. a) I 1** knüpft an § 812 S. 2 Fall 2 an *(condictio ob rem),* doch dürfte er auch bei einer zur Nichtigkeit der Verpflichtung führenden Zweckverfeh-

lung (→ § 812 Rn. 15) anzuwenden sein; ebenso muss der dieser Vorschrift zugrunde liegende Gedanke auch Rückabwicklung wegen Wegfalls der Geschäftsgrundlage beeinflussen. **Maßgeblicher Zeitpunkt:** Empfang, auch bei späterer Zweckvereitelung durch den Empfänger. **b) I 2** setzt **aa)** eine *condictio ob causam* 3
finitam voraus (→ § 812 Rn. 14) und **bb)** die von den Parteien gesehene und deshalb im RGeschäft berücksichtigte Möglichkeit eines Wegfalls des Schuldgrundes (BGHZ 102, 49); bloße Erkennbarkeit des künftigen Wegfalls reicht nicht (BGH NJW 1992, 2417: beide Vertragsteile müssen von Unsicherheit ausgegangen sein); Bsp: Auflösende Bedingung, unwidersprochen gebliebener Vorbehalt bei Zahlung (BGH NJW 2006, 288; zur Abwendung der Zwangsvollstreckung BGHZ 169, 318; zu Vorbehalt in Unterhaltsvergleich s. jedoch BGH NJW 1998, 2434), Genehmigungsbedürftigkeit; bei Versorgungsbezügen im öffentl Dienst muss der Empfänger bei Änderung der Sachlage auch ohne ausdrücklichen ges Vorbehalt mit einer Änderung der Bezüge rechnen (BVerfGE 46, 114).

3. Rechtsfolge. → § 818 Rn. 46. 4

4. Zinsen u Nutzungen. Nach **II** bleibt es für während des Schwebezustandes 5
gezogene Nutzungen bei § 818 I, III; Haftung also nur für **gezogene** Nutzungen (→ § 818 Rn. 9), soweit noch als Bereicherung vorhanden. HS. 2 schränkt Haftungsverschärfung durch Rückkehr zu § 818 III ein (BGH NJW 1999, 1630). II ist nicht Anspruchsgrundlage für Zinsen, sondern setzt Zinspflicht voraus und regelt nur Zeitpunkt für Beginn der Verzinsungspflicht (BGH WM 1973, 642).

§ 821 Einrede der Bereicherung

Wer ohne rechtlichen Grund eine Verbindlichkeit eingeht, kann die Erfüllung auch dann verweigern, wenn der Anspruch auf Befreiung von der Verbindlichkeit verjährt ist.

1. Allgemeines. Einer rechtsgrundlos eingegangenen Verbindlichkeit kann der 1
Verpflichtete seinen Schuldbefreiungsanspruch aus § 812 I 1, II einredeweise entgegenhalten (BGH NJW-RR 1999, 573 sowie zu Schuldanerkenntnis durch Gutschrift BGH NJW 1991, 2140). § 821 „verlängert" diese Einredemöglichkeit über den Zeitpunkt der Verjährung des Schuldbefreiungsanspruchs hinaus. Nach Verkürzung der Verjährung auf 3 bzw 10 Jahre nach §§ 195, 199 I, IV, dürfte die Bedeutung zunehmen. Eine entspr Anwendbarkeit, etwa gegenüber einer Vindikation aus rechtsgrundlos erlangtem Eigentum, wird befürwortet.

2. Rechtsfolgen. a) Echte, dh nur bei Erhebung zu berücksichtigende **Einrede,** 2
BGH NJW 1991, 2141; **b) dauernde** Einrede, so dass mit § 813 I 1 Geleistetes zurückverlangt werden kann; **c)** für die rechtsgrundlos erlangte Forderung bestellte Sicherheiten sind nach den für die einzelnen Sicherungsrechte geltenden Regeln – zB §§ 1254, 1169 – oder nach Maßgabe der Sicherungsabrede zurückzugewähren oder selbst einredeweise zu entkräften, vgl § 768 I 1 (BGH NJW 2018, 857).
d) § 818 III kann auch auf die Einrede der Rechtsgrundlosigkeit der erlangten For- 3
derung repliziert werden Grüneberg/Sprau Rn. 2). **e)** Geltendmachung gegenüber Konkursverwalter und Sequester (s. *BGH NJW 1995, 1484; OLG Brandenburg* WM 1999, 1083).

§ 822 Herausgabepflicht Dritter

Wendet der Empfänger das Erlangte unentgeltlich einem Dritten zu, so ist, soweit infolgedessen die Verpflichtung des Empfängers zur Herausgabe der Bereicherung ausgeschlossen ist, der Dritte zur Herausgabe verpflichtet, wie wenn er die Zuwendung von dem Gläubiger ohne rechtlichen Grund erhalten hätte.

Lit.: Bockholdt, Die Haftung des unentgeltlichen Erwerbers gem § 822 BGB, 2004; Knütel, § 822 BGB und die Schwächen unentgeltlichen Erwerbs, NJW 1989, 2504; Linardatos, Die Bereicherungshaftung gem. § 822 BGB, JuS 2017, 816; Schilken, Zur Bedeutung des § 822 BGB, JR 1989, 363; Tommaso/Weinbrenner, Bereicherungsrechtliche Mehrpersonenverhältnisse nach § 822 BGB, Jura 2004, 649; Tonikidis, Die Rechtsnatur des § 822 BGB, NJW 2019, 118.

1 **1. Allgemeines.** Unentgeltlicher Erwerb (Begriff → § 816 Rn. 21, → § 516 Rn. 8 f.) eines Dritten wird – obwohl „mittelbar" – in der Abwägung gegen das Interesse des Gläubigers, dessen Bereicherungsanspruch gegen den Bereicherungsschuldner wegen dessen Entreicherung durch Weitergabe scheitert, als weniger schutzwürdig bewertet. Str ist, ob es sich um einen selbständigen Anspruch handelt (so die hM, Staudinger/Lorenz Rn. 2; Linardatos JuS 2017, 816) oder um eine Rechtsfolgenregelung („verlängerter Anspruch" MüKoBGB/Schwab Rn. 2 ff. [ges Schuldübernahme]; ebenso Tonikidis NJW 2019, 118; Bockholdt JZ 2004, 796, 797 [Schuldbeitritt]; offen BGHZ 199, 123 Rn. 16; 158, 63), aber jedenfalls nach hM auch Anwendung bei Rechtsfolgenverweisung auf Bereicherungsrecht (→ Rn. 2). Von § 816 I 2, der ebenfalls Durchgriff auf denjenigen, der unentgeltlich erworben hat, ermöglicht, unterscheidet sich § 822. Letzterer betrifft Verfügungen eines dinglich Berechtigten (der aber bereicherungsrechtlich Rückgabe schuldet), § 816 I 2 setzt Verfügung eines Nichtberechtigten voraus.

2 **2. Voraussetzungen. a) Bereicherungsanspruch** (auch über § 2287 [BGHZ 199, 123 Rn. 16f – entspr Anwendung; Kopp JR 2012, 491] und § 528 [BGH NJW 2004, 1314]) gegen einen Schuldner, der **b)** auf Grund § 818 III wegen **unentgeltli-**
3 **cher Weitergabe** des Erlangten, seiner Surrogate, Nutzungen oder seines Wertes durch Leistung (str, s. Reuter/Martinek [1983] S. 368, aA Schilken JR 1989, 363, 366) nicht haftet. Hat der Bereicherungsempfänger trotz Weggabe der Bereicherung einzustehen, weil §§ 818 IV, 819 oder 820 eingreifen (vgl BGH NJW 1999, 1028), oder weil er Auslagen für ein Pflicht- oder Anstandsgeschenk erspart hat, greift § 822 nicht ein („Subsidiarität" des Anspruchs aus § 822; Grüneberg/Sprau Rn. 9;
4 str, aA Knütel NJW 1989, 2509 mN). **Kein Durchgriff,** wenn der ursprüngliche Bereicherungsschuldner deshalb nicht haftet, weil seine Bereicherung bereits aus anderen Gründen als der Weggabe des Erlangten entfallen ist. Verpflichtung des ursprünglichen Bereicherungsschuldners muss aus Rechtsgründen – § 818 III – erloschen sein; Undurchsetzbarkeit der Kondiktion gegen den Erstschuldner führt nicht zum Durchgriff (BGH NJW 1999, 1028; NJW 1969, 605; aA Schilken JR 1989,
5 363). **c) Unentgeltlichkeit** (→ Rn. 1) liegt vor bei Schenkungen, Vermächtnissen, ferner bei zinslosen Darlehen oder entgeltloser Gebrauchsüberlassung sowie „unbenannten" unentgeltlichen Zuwendungen an Ehegatten (BGH NJW 2000, 134: Durchgriff durch Sozialhilfeträger). Rechtsgrundlosigkeit ist nicht gleichzusetzen (hL, Grüneberg/Sprau Rn. 6 aE; str). Analog anwendbar bei § 528 (BGH NJW 1989, 1479; hierzu auch Knütel NJW 1989, 2506).

6 **3. Rechtsfolge.** Der Dritte haftet als Bereicherungsschuldner auf das Erlangte, Surrogate und Nutzungen, bei Herausgabeunmöglichkeit auf den Wert. Er kann sich auf § 818 III berufen, was ggf zur Bereicherungshaftung eines Vierten nach § 822 führen kann. Die **Beweislast** für die Unentgeltlichkeit des Erwerbs und den daraus folgenden Wegfall der Bereicherung beim Erstschuldner trägt der Gläubiger.

Titel 27. Unerlaubte Handlungen

Vorbemerkungen

I. Deliktsrecht

1 **1. Funktion der Normen. a) Stellung des Deliktsrechts im Rechtssystem.** Die §§ 823 ff. (sog. **Haftungsrecht**) sollen unabhängig vom Bestehen einer Sonder-

beziehung vor Eingriffen Dritter in Rechte oder Rechtsgüter schützen: Geschaffen wird ein Anspruch auf Schadensausgleich (Kompensation) und damit gleichzeitig präventiv eine *allg. Rechtspflicht,* die im Gesetz benannten Rechtsgutsverletzungen zu vermeiden. Durch die Deliktshandlung selbst entsteht ein konkretes ges. Schuldverhältnis. Die Verpflichtung zum Schadensersatz ist daher, anders als im Vertragsrecht, nicht sekundäre Einstandspflicht wegen der Verletzung einer primären Erfüllungspflicht, sondern ursprünglicher Inhalt des Schuldverhältnisses selbst. Art und Umfang des Ersatzes sind im Allgemeinen Teil des Schuldrechts (§§ 249 ff., sog. **Schadensersatzrecht**) und damit in grds. gleicher Weise wie für das Vertragsrecht geregelt. **b) Innere Systematik.** Anders als manche Rechtsordnungen (s. zB 2
Art. 1240 [= Art. 1382 aF] Code Civil: „Tout fait quelconque de l'homme, qui cause à autrui un dommage …") beruhen die §§ 823 ff. auf *der fundamentalen gesetzgeberischen Entscheidung* **gegen** eine Fahrlässigkeitshaftung für **reine Vermögensschäden.** Dementsprechend knüpft das deutsche Deliktsrecht nicht an eine Schadenszufügung als solche an, sondern stellt in § 823 I und § 823 II konkrete Tatbestände auf, die erst mit § 826 durch eine allg. Bestimmung ergänzt werden – dort allerdings unter der Voraussetzung einer *vorsätzlichen sittenwidrigen* Schädigung. Erlittene Schäden, die nicht unter diese oder andere Normen (s. zB §§ 833 ff. bzw. in Spezialgesetzen) fallen, muss der Geschädigte mangels einer Überleitungsnorm auf andere (vgl. auch „casum sentit dominus") als sein „Lebensrisiko" tragen.

2. Verhältnis der Ansprüche aus unerlaubter Handlung und aus Sonderbeziehungen. a) Grundsatz des unabhängigen Nebeneinander. Schon das RG hat in stRspr daran festgehalten, dass die allg. Rechtspflicht, niemanden körperlich zu verletzen (→ Rn. 1), immer und gegenüber jeder Person bestehe, gleichviel ob diese mittels oder ohne Vertrag in den Handlungsbereich des Verletzers gekommen ist (s. zB RGZ 88, 434 f.). Damit tritt die Verpflichtung neben die aus dem Vertrag abgeleitete Pflicht (zB aus § 241 II) und der deliktische Ersatzanspruch neben den vertraglichen. Das als **Anspruchskonkurrenz** gekennzeichnete Prinzip hat zum Inhalt, dass die Ansprüche zB aus Vertrag und aus Delikt nach Voraussetzungen, Inhalt und Durchsetzung selbständig eigenen Regeln folgen (BGH NJW 2014, 3089; 2021, 1883 Rn. 10 mwN) und damit auch selbständig nebeneinander auf ihr Bestehen zu untersuchen sind. Die Befriedigung des einen Anspruchs bringt allerdings den anderen, soweit auf dasselbe Interesse gerichtet, zum Erlöschen. **b) Einschränkung: Einfluss des Vertragsrechts. aa)** Ist der **Haftungsmaßstab** inner- 3 4
halb des Vertragsverhältnisses *durch Ges.* eingegrenzt (zB gem. § 521), so wirkt diese Privilegierung – selbstverständlich nur, soweit sie reicht – auch im Rahmen der Deliktshaftung (BGHZ 93, 23, 29; krit. MüKoBGB/Wagner Vor § 823 Rn. 88 ff.; für § 599 aA Mansel → § 599 Rn. 2); denn sonst würde die Privilegierung faktisch leerlaufen. Ausnahmen: § 430 HGB (BGHZ 46, 140, 144); §§ 453 ff. HGB. Bei einer *vertraglichen Privilegierung* wird allg. angenommen, dass damit auch die Haftung aus unerlaubter Handlung erfasst wird, sofern dieselben Schäden betroffen sind (Erman/Wilhelmi Vor § 823 Rn. 26; Staudinger/Caspers § 276 Rn. 117; BGH NJW 1992, 2016, dort konkret abgelehnt). **bb) Verjährung.** Soweit neben der 5
grds. Gleichbehandlung gem. §§ 195, 199 Sonderbestimmungen bestehen, ist auf deren Schutzzweck abzustellen. Für den deliktischen Anspruch gelten zB ebenfalls die Fristen der §§ 548, 591b, 606, diejenigen der §§ 438, 634a jedoch nicht (zu den Kommentierungen s. jeweils dort).

II. Schadensersatzanspruch und Abwehransprüche

1. Anspruch auf Unterlassung. a) Allgemeines. Mit dem Ersatz seines Scha- 6
dens („dulde und liquidiere") ist dem Träger des geschützten Rechtsguts nicht immer gedient. Mindestens ebenso wichtig kann für ihn sein, bevorstehende Eingriffe **abzuwehren.** Ges. geregelt sind Unterlassungsansprüche in Einzelnormen, zB bei einer drohenden Beeinträchtigung des Besitzes (§ 862 I 2), des Eigentums sowie eigentumsähnlicher Rechte (§ 1004 I 2 mit Verweisungen auf diese Normen, zB

§§ 1027, 1065, 1090 II, 1134 I, 1192 I), der Firma (§ 37 II HGB), von Urheberrechten (§ 97 I UrhG), Patenten (§ 139 I PatG) oder durch wettbewerbswidrige Handlungen (§ 8 I UWG). Für die durch die §§ 823 ff. geschützten Rechtsgüter fehlt eine entspr. Bestimmung. Auf Grund einer längeren, stufenweisen Entwicklung in der Rspr. (s. zB Erman/Wilhelmi Vor § 823 Rn. 20 ff. mwN) wird ein Anspruch auf Unterlassung aus „§ 823 I, § 1004 I analog" allg. anerkannt (s. zB BGH NJW
7 2013, 1681; 2020, 1587, Rn. 26). **b) Voraussetzungen.** Erforderlich ist (a) ein **widerrechtlicher Eingriff** in ein gem. § 823 I geschütztes Recht oder ein anderweit (zB über §§ 823 II, 826) geschütztes Rechtsgut und (b) die Besorgnis eines weiteren Eingriffs für die Zukunft (sog. **Wiederholungsgefahr,** s. BGH NJW 2013, 1683, stRspr). IdR folgt die Wiederholungsgefahr aus der Tatsache des geschehenen Eingriffs, wenn nicht das weitere Verhalten des Verletzers eine sichere Gewähr gegen erneute Eingriffe bietet oder die tatsächliche Entwicklung der Verhältnisse einen erneuten Eingriff unwahrscheinlich macht (BGH NJW 2013, 1683). Die Liquidation der beklagten Gesellschaft allein schließt die Wiederholungsgefahr nicht aus (BGH WRP 2000, 528). Das bloße Versprechen, sich der beanstandeten Handlung in Zukunft zu enthalten, genügt nicht (BGHZ 1, 248). Erforderlich ist eine durch ein Vertragsstrafeversprechen abgesicherte Unterlassungsverpflichtung (BGH ZIP 2006, 1777). Gleichgestellt wird die sog. **Erstbegehungsgefahr,** wenn aufgrund bestimmter Umstände ernsthafte und greifbare tatsächliche Anhaltspunkte bestehen, der Anspruchsgegner werde eine konkrete Verletzungshandlung begehen (BGH ZIP 2012, 1177; NJW-RR 2022, 121 Rn. 35). Die Eingriffe brauchen **nicht**
8 **schuldhaft** verursacht zu sein (BGH NJW 2007, 3429). **c) Anspruchsgegner.** Der Unterlassungsanspruch richtet sich gegen den **Störer.** Störer ist derjenige, der eine Ursache für die Beeinträchtigung setzt (→ § 823 Rn. 21 ff.) oder setzen will, unabhängig davon, ob er als Täter oder Gehilfe zu qualifizieren wäre. Als Gehilfe muss er jedoch mit bedingtem Vorsatz gehandelt haben (BGHZ 172, 119, 129). Auch die Verbreitung fremder Äußerungen kann zum Störer machen (iE mit Differenzierungen je nachdem, ob man „Markt", dh Gelegenheit zur Fremddarstellung, oder Störer ist, BGHZ 66, 182, Fernsehanstalt).

9 **2. Anspruch auf Folgenbeseitigung.** Aus dem gleichen Bedürfnis, das zum Unterlassungsanspruch führt, wird dem Verletzten entspr. § 1004 I ein **Anspruch auf Beseitigung** zuerkannt, wenn er einen rechtswidrigen, nicht schuldhaften Eingriff hat hinnehmen müssen (bei einem rechtswidrigen und schuldhaften Eingriff steht ihm ein Anspruch auf Schadensersatz zu). Voraussetzungen sind neben der obj. widerrechtlichen beeinträchtigenden Handlung (BGHZ 34, 99, 102) eine Fortdauer der Beeinträchtigung (s. zB BGHZ 176, 175, 180: rufschädigende Äußerung; BGH NJW 1997, 2234: Wiederherstellen eines durch Überwuchs zerstörten Platzes). Eine Wiederholungsgefahr ist nicht erforderlich (RGZ 148, 123; OGHZ 1, 191). Bes. Formen des Beseitigungsanspruchs sind das **Recht auf Gegendarstellung** bei Verletzungen durch Presse, Rundfunk und Fernsehen (→ § 823 Rn. 85), der **Anspruch auf Widerruf** und uU ein Anspruch auf Abgabe der **Erklärung, an einer Äußerung werde nicht mehr festgehalten** (→ § 823 Rn. 90), zB bei Persönlichkeitsverletzungen (→ § 823 Rn. 82 ff.) oder bei der Behauptung unwahrer Tatsachen gem. § 824 (→ § 824 Rn. 4).

III. Gefährdungshaftung

Lit.: Blaschczok, Gefährdungshaftung und Risikozuweisung, 1999; v. Caemmerer, Reform der Gefährdungshaftung, 1971; Esser, Grundlagen und Entwicklung der Gefährdungshaftung, 2. Aufl. 1969; Will, Quellen erhöhter Gefahr, 1980.

10 **1. Rechtliche Begründung.** Die Gefährdungshaftung basiert auf der rechtlichen Bewertung, dass jemand, der in rechtmäßiger Weise eine nicht voll beherrschbare Gefahrenquelle (zB Betrieb, Kfz, Tier) unterhält und daraus seinen Nutzen zieht, zum Ausgleich auch unabhängig von einem Verschulden für Schäden aufkommen muss, die Dritte infolge einer Realisierung des bestehenden Risikos erleiden

(Staudinger/Hager Vor § 823 Rn. 28; Esser, Grundlagen und Entwicklung der Gefährdungshaftung, S. 103). Die Gefährdungshaftung ist damit einerseits von der Verschuldenshaftung abzugrenzen, andererseits aber auch von einer reinen (praktisch nicht vorkommenden) Verursachungshaftung, bei der alle und nicht nur diejenigen Schäden zu ersetzen wären, die aus dem jeweiligen spezifischen Gefahrenbereich stammen (BGHZ 67, 130 zur Tiergefahr).

2. Rechtsgrundlagen. Eine Gefährdungshaftung tritt nur ein, wenn sie durch eine spezielle *ges. Vorschrift* angeordnet wird (sog. **Enumerationsprinzip**). Der Umfang ist idR durch Höchstbeträge im Einzelfall, zT auch in der Gesamtsumme begrenzt. Bsp: § 833 S. 1; §§ 29–32 BJagdG; §§ 33, 53, 54 LuftVG (Höchstbeträge § 37); § 1, 2 HPflG (Höchstbeträge §§ 9, 10); §§ 25, 25a, 26 AtomG (Höchstbeträge 31); § 84 AMG (Höchstbeträge § 88); § 1 ProdHaftG (Höchstbeträge § 10). Angesichts der vielfältigen, in sich nicht immer überzeugend abgegrenzten ges. Bestimmungen hat die Rspr. zutr. eine analoge Anwendung auf andere Fälle, etwa bei Produktionsfehlern, abgelehnt (BGHZ 54, 332, 336: Versagen einer Ampelanlage; BGHZ 55, 229, 234: Rohrbruch im gemeindlichen Wassernetz). In einigen Fällen kommt sie jedoch im Ergebnis einer Gefährdungshaftung durch strenge Anforderungen an den Sorgfaltsmaßstab (→ § 823 Rn. 131 f., 134) oder den Entlastungsbeweis (→ § 823 Rn. 132) sehr nahe. 11

§ 823 Schadensersatzpflicht

(1) **Wer vorsätzlich oder fahrlässig das Leben, den Körper, die Gesundheit, die Freiheit, das Eigentum oder ein sonstiges Recht eines anderen widerrechtlich verletzt, ist dem anderen zum Ersatz des daraus entstehenden Schadens verpflichtet.**

(2) [1]**Die gleiche Verpflichtung trifft denjenigen, welcher gegen ein den Schutz eines anderen bezweckendes Gesetz verstößt.** [2]**Ist nach dem Inhalt des Gesetzes ein Verstoß gegen dieses auch ohne Verschulden möglich, so tritt die Ersatzpflicht nur im Falle des Verschuldens ein.**

Lit.: Ahrens/Spickhoff, Deliktsrecht, 2022; Wagner, Deliktsrecht, 14. Aufl 2021; Wandt, Gesetzliche Schuldverhältnisse, 11. Aufl. 2022.

I. Auslegung der Bestimmung

1. Aufbau der Norm. Das BGB kennt keine allg. Bestimmung, wonach das rechtswidrige und schuldhafte Verursachen eines Schadens ersatzpflichtig macht, sondern stellt in § 823 zwei Tatbestände auf, die in ihrem Schutzgehalt und in ihrem Aufbau unterschiedlich sind (→ Vor § 823 Rn. 2). Sie müssen auch auf verschiedene Weise interpretiert werden. **I** macht (nur) die Verletzung bestimmter („absolut geschützter") **Rechtsgüter** ersatzpflichtig. **II** sanktioniert **Verhaltensweisen,** die gegen Normen verstoßen, welche eine Verletzung von konkreten Interessen eines Einzelnen untersagen („Schutzgesetz"). Dieses System wird auf Grund europarechtlicher Einflüsse durch Bestimmungen außerhalb des BGB ergänzt/durchbrochen, wonach ein Verstoß gegen die Norm – auch ohne dass sie einen individuellen Schutzcharakter hat – zur Ersatzpflicht gegenüber **jedem** dadurch **Geschädigten** („Betroffenen") führt, s. zB § 33 I GWB, § 69 TKG, § 32 EnWG. 1

2. Geschützte Rechtsgüter und Rechte in § 823 I. a) Verletzung des **Lebens** bedeutet Tötung. Es entstehen keine Ansprüche der Erben, sondern uU Ersatzansprüche für Unterhaltsberechtigte bzw. Unterhaltsverpflichtete für entgangene Dienste → §§ 844, 845. **b) Körper und Gesundheit. aa) Begriff.** Die Unterscheidung ist zweifelhaft, iÜ ohne Bedeutung. *Körperverletzung* ist jeder Eingriff in die Integrität der körperlichen Befindlichkeit (BGH NJW 2013, 3635) einschließlich der bloßen Schmerzzufügung. Zum Körper zählen auch abgetrennte, für die 2 3

Re-Implantation vorgesehene Teile (BGHZ 124, 54 mit kaum überzeugender Erweiterung auf die Vernichtung von Sperma, → Rn. 71). Verletzung der *Gesundheit* ist die Beeinträchtigung der inneren Funktionen (BGHZ 163, 212, HIV-Infizierung). Dazu zählen physische und **psychische Erkrankungen** (KG VersR 2005, 373 mwN), posttraumatische Belastungsstörungen (BGH NJW 2015, 2247), auch Beeinträchtigungen des Wohlbefindens. Die Rspr. versucht, mittels einer Wertung anhand der allg. Verkehrsauffassung den Begriff der Gesundheitsverletzung einzugrenzen. Eine posttraumatische Belastungsstörung soll nur dann zu berücksichtigen sein, wenn sie zB Folge einer anderen Verletzung ist, nicht aber durch das zufällige Miterleben eines Ereignisses erlitten wird (BGHZ 172, 266 ff.; krit. Teichmann JZ 2007, 1156); zum sog. Hinterbliebenenschaden → § 844 Rn. 9 f. Der **ärztliche Heileingriff** einschließlich der Impfung (BGH NJW 1990, 2312) wird zunächst ohne Rücksicht auf sein Gelingen oder Misslingen als Körperverletzung qualifiziert, weil über die Frage der *Rechtmäßigkeit* eines Eingriffs in den Körper eine eigene Entscheidung getroffen und diese Entscheidung in aller Regel der Autonomie des Patienten überlassen werden muss (eindrucksvoll bereits RGSt 25, 375), stRspr (zB BGHZ 169, 366), hM (MüKoBGB/Wagner § 823 Rn. 1073 ff.; sa → Rn. 113). Damit lassen sich auch die schwierigen Fragen der Einwilligung und der ärztlichen Aufklärungspflicht systemgerecht lösen (→ Rn. 115, 125). Zur **ungewollten**
4 **Schwangerschaft** als Körperverletzung → Rn. 113. **bb) Verletzter** (Rechtsträger) kann auch der nasciturus sein. Einwirkungen auf das Kind vor der Geburt (BGHZ 106, 155), aber auch auf die Mutter vor oder während der Schwangerschaft (BGHZ 93, 355, psychischer Schock) können damit, falls das Kind geschädigt geboren wird, Ersatzansprüche auslösen (zum Problemkreis s. Selb AcP 166, 76 ff.). Die unterbliebene Abtreibung eines erkrankten Fötus löst jedoch keine Ansprüche des Kindes aus (BGHZ 86, 250 ff.; zu den Ansprüchen der Eltern → Vor §§ 249 ff.
5 Rn. 33). **c) Freiheit. aa) Begriff.** Geschützt ist hier allein die körperliche **Bewegungsfreiheit** (so schon RGZ 48, 123 f.; aA Eckert JuS 1994, 625: Entscheidungsfreiheit), genauer die Möglichkeit, einen bestimmten Ort zu *verlassen* (idR keine Verletzung bei der Verhinderung des Zutritts). Entspr. der bei der Gesundheitsverletzung vorgenommenen quantitativen Eingrenzung (→ Rn. 3) wird man geringfügige, nach allg. Lebenserfahrung hinzunehmende Beeinträchtigungen nicht als Freiheitsverletzung qualifizieren dürfen (Bsp: ein kurzfristiges Versperren der Garagenausfahrt genügt nicht, selbst wenn man den Freiheitsbereich als tangiert ansieht). **bb)** Die **Verletzung** kann auf physischem Wege, zB durch Einsperren (EGMR NJW-RR 2006, 308) oder Fixieren, aber auch auf psychische Weise geschehen, zB durch Drohung (RGZ 97, 345 f.; aA MüKoBGB/Wagner § 823 Rn. 239) oder ständiges Fotografieren, sobald man das Haus verlässt (so schon OLG
6 Düsseldorf HRR 1936 Nr. 416). **d) Eigentum. aa) Begriff.** Eigentumsverletzungen sind **Einwirkungen auf die Sache** (BGHZ 55, 159), die den Eigentümer daran hindern, mit ihr seinem Wunsch entspr. (s. § 903) zu verfahren. Die Sache muss vorher ohne die Beeinträchtigung bestanden haben. Löst der Mangel einer zugefügten Sache (auch bei der Herstellung eines Bauwerks) Schäden an dem bisher Vorhandenen aus, so liegt eine Eigentumsverletzung vor (BGHZ 117, 188 f.). Das **fehlerhafte Herstellen** (iE Gsell, Substanzverletzung und Herstellung, 2003) fällt grundsätzlich nicht unter § 823 I (unklar BGHZ 138, 234). Führt allerdings ein begrenzter Fehler eines von der Funktion isolierbaren Teils einer an sich fehlerfrei gelieferten Sache nach Übereignung zur Zerstörung oder wesentlichen Beschädigung dieser Sache, liegt eine Eigentumsverletzung vor (BGHZ 146, 148 ff. mwN; BGH NJW 2021, 1883; iE s. J Schmidt, Der „weiterfressende Mangel" nach Zivil- und Haftpflichtversicherungsrecht, 1996, passim). Bei einer **fehlerhaften Reparatur** sollte nach BGHZ 162, 86 auch bei Eingriffen in die Substanz nur das Äquivalenzinteresse verletzt sein (zutr. krit. Gsell JZ 2005, 1171), offen lassend nun BGH
7 NJW 2021, 1883 Rn. 18. **bb) Erscheinungsformen. (1)** Im Vordergrund stehen **Eingriffe in die Substanz.** Bsp: Zerstören (BGHZ 41, 125 f.: Verderben angebrüteter Eier durch Unterbrechen der Stromzufuhr), Beschädigen (BGHZ 101, 109:

eines Hauses durch Bodenerschütterungen), Verunreinigen (BGH VersR 2013, 1590: Verschmutzung einer Straße durch Dieselöl; BGH NJW 1966, 1360 zu § 1004: Grundwasserverseuchung), Kontaminieren (BGH NJW-RR 1994, 1163), Überschwemmen (BGH NJW 1996, 3208). Das Erkalten geschmolzenen Metalls wegen Stromausfalls soll keinen Substanzeingriff darstellen (OLG Hamm NJW 1973, 760 mAnm Isenfeld NJW 1973, 1755; zutr. krit. Möschel JuS 1977, 2 mwN.
(2) Eingriffe in die Funktion werden erfasst, wenn die bestimmungsgemäße Ver- 8
wendung nicht unerheblich beeinträchtigt wird (BGH NJW-RR 2008, 406, Verschmutzung der Autobahn durch Verkehrsunfall). Bsp: BGH NJW 1994, 516: geschmacksbeeinträchtigendes Gewindeschneidemittel für Wasserrohre; OLG Rostock NJW 2006, 3650: Herbizide auf ökologische Anbaufläche; BGHZ 138, 235: Ausfallen einer elektronischen Steuerungsanlage infolge eines fehlerhaften eingebauten Chips; Koch NJW 2004, 802: Verseuchen eines PC mit Viren; Zugriff auf die Funktion von EDV-Anlagen (Bartsch CR 2008, 613; Roßnagel/Schnabel NJW 2008, 3535 f. im Anschluss an BVerfG NJW 2008, 826 f. – online-Durchsuchung); *nicht:* Verlust eines Schlüssels bei Schließanlage, wenn kein obj. Anlass zum Austausch der Anlage besteht (BGH NJW 2014, 1653). Auch eine mögliche, nachzuprüfende Gefährdung kann eine Beeinträchtigung darstellen (BGH VersR 2012, 447: Ferngasleitung). Bei einem erzwungenen **Stillstand** ist zu fragen, ob der Gebrauch während eines für die Abschreibung relevanten Zeitraums beeinträchtigt wurde (insoweit besteht eine Parallele zur Gesundheits- und Freiheitsverletzung, → Rn. 3, 5). Der zeitweilige Stillstand von Maschinen infolge unterbrochener Stromzufuhr ist damit keine Eigentumsbeeinträchtigung (BGHZ 29, 25; BGH NJW 1968, 1280), desgl. nicht die Unbenutzbarkeit von Lagereinrichtungen wegen Versperrens der Zufahrt (BGH NJW 1983, 2313), der Stillstand von Flugzeugen infolge eines uU rechtswidrigen Streiks (BAG NJW 2016, 667). In dem Festlegen eines Schiffes für acht Monate durch Versperren der Ausfahrt wurde hingegen eine Eigentumsverletzung gesehen (BGHZ 55, 159; unzutr. BGH VersR 2016, 1194 Rn. 17 ff.: Einsperren von Schiffen im Hafen). Auch die **Beeinträchtigung der Verkaufsfähigkeit** stellt eine Eigentumsverletzung dar (BGH VersR 1989, 92, mögliche Kontaminierung von Fischen). Die **Behinderung, eine Sache gewinnbringend zu nutzen,** ist (nur) eine Vermögensbeeinträchtigung (BGH NJW 2015, 1174: Sperre einer Autobahnstrecke
mit Raststätte, zur unklaren Begründung krit. Picker NJW 2015, 2304). **(3)** Als 9
Eigentumsverletzungen sind auch **Einwirkungen** iSd § 903 bzw. Beeinträchtigungen iSd § 1004 anzusehen (zB Steinbrocken, BGHZ 28, 227; chemische Pflanzenschutzmittel, BGHZ 90, 255). Dazu zählen ideelle Einwirkungen, die sich sowohl auf die Nutzungsmöglichkeit eines Grundstücks als auch auf die Anwohner selbst (zB Schrottplatz neben Wohngrundstück) auswirken können (→ § 906 Rn. 2; Erman/Wilhelmi § 823 Rn. 33; sehr str.; aA MüKoBGB/Brückner § 906 Rn. 57; BGH NJW 1975, 170: jedenfalls, soweit kein Extremfall vorliege; stRspr), denn auch dadurch wird in die Gebrauchsfähigkeit der Sache eingegriffen (zum Umfang der Verpflichtung, Einwirkungen als rechtmäßig hinzunehmen, → § 906 Rn. 3 f.).
(4) Eigentumsverletzungen stellen weiter dar der **Entzug der Sache** (BGHZ 109, 10
302), Maßnahmen, die nach §§ 946 ff. zum **Verlust** führen (BGHZ 109, 300), sowie die **Verfügung,** zB die Veräußerung durch einen Nichtberechtigten (sa § 816 I); *dies gilt uU auch dann,* wenn der Eigentümer nachträglich die zunächst unwirksame Verfügung gem. § 185 genehmigt (BGH DB 1976, 814). Gleichzustellen ist eine Verfügung durch den Berechtigten in unzulässiger Weise (s. §§ 1243, 1244, dazu RGZ 100, 276). Der bloße (leicht fahrlässige, aber gutgläubige, s. § 932 II) **Erwerb** ist weder eine Verfügung noch eine Verletzungshandlung. Der Gesetzgeber hat insoweit aus Gründen des Verkehrsschutzes der Eigentumsnutzung Schranken gezogen (BGH JZ 1956, 490). Die **Pfändung** und **Verwertung** einer schuldnerfremden Sache kann Eigentumsverletzung sein (BGHZ 58, 214: „Privatrechtswidrigkeit des Vollstreckungseingriffs"), obwohl das Vollstreckungsverfahren als solches bis zur vorläufigen Vollstreckbarkeit oder Rechtskraft eines Urteils nach § 771 ZPO vollstreckungsrechtlich zulässig ist (Thomas/Putzo/Seiler § 771 Rn. 1). **cc) Sonder-** 11

regelungen. Die Bestimmungen über das **Eigentümer-Besitzer-Verhältnis** (§§ 989 ff.) gehen, soweit sie eine Regelung treffen (zB nicht beim sog Fremdbesitzerexzess → Vor § 987 Rn. 12), als bes. Anordnung für dieses Rechtsverhältnis vor.

12 **e) Sonstiges Recht. aa) Bedeutung.** Der Inhalt des Begriffs erschließt sich aus den zuvor aufgeführten Rechtsgütern: Es sind zum einen weitere einzelne Persönlichkeitsrechte, zum anderen eigentumsähnliche Rechte, die sowohl eine positive Nutzungsfunktion haben als auch absolute (RGZ 57, 356) Abwehrbefugnisse
13 gewähren (Medicus AcP 165, 115 ff.: Ausschlussfunktion). **bb)** Zu den **weiteren Persönlichkeitsrechten** zählt das **Recht am eigenen Bild** (§§ 22–24 KUG), gem. § 12 das **Namensrecht** (BGHZ 8, 318) einschließlich – mit Einschränkungen – der Führung eines Pseudonyms (RGZ 101, 230), nicht jedoch, da nur vertraglich abgesichert, ein **Domainname** (BGHZ 192, 10 f.), weiter das **Firmenrecht** (RGZ 115, 406) einschließlich der Geschäfts- und Unternehmensbezeichnungen (RGZ 102, 89, Telegrammadresse) und Firmenbestandteile mit Verkehrsgeltung (BGHZ 15, 109; 43, 252); sa die Sonderregelungen in §§ 30, 37 II HGB. Zum Schutz eines über diese Einzeltatbestände hinausgehenden **allg. Persönlichkeitsrechts** und der
14 **Ehe** → Rn. 64–94, 95–98. **cc)** Zwischen Persönlichkeits- und Herrschaftsrecht steht die **elterliche Sorge,** die zB durch Vorenthalten des Kindes verletzt werden kann (BGHZ 111, 172; Jayme, Die Familie im Recht der unerlaubten Handlungen, 1971, S. 157 ff. mwN), sowie das *Umgangsrecht* gem. § 1684 (iE BGH JZ 2003, 46 mAnm Henrich JZ 2003, 49; KG NJW 2020, 2415: Verhinderung gemeinsamer
15 Urlaubsreise). **dd) Eigentumsähnliche Rechte** sind **(1) dingliche** (Sicherungs- und Nutzungs-) **Rechte an Sachen** wie Pfandrecht, Hypothek, Grundschuld, Rentenschuld, dingliches Vorkaufsrecht, Dienstbarkeit (BGH VersR 2012, 447), Wegerecht; nicht Gemeingebrauch am Weg. Gleichgestellt sind **dingliche Rechte an absoluten Rechten** (→ Rn. 18). Nicht geschützt ist das Pfandrecht an einer Forderung; denn da das Vollrecht selbst nicht unter § 823 I fällt (→ Rn. 17), kann das Pfandrecht (Teilrecht) nicht besser geschützt sein. Die Verletzung des dinglichen Rechts ist durch Beeinträchtigung des Rechts selbst oder durch Zerstörung, Beschädigung usw. der Sache denkbar (zB BGH WM 1991, 93: Verschlechterung des
16 Grundpfandrechts durch Wegnahme von Zubehör). **(2)** Der unmittelbare und mittelbare **Besitz** ist geschützt, wenn der Besitzer ähnlich dem Eigentümer die Sache nutzen darf und ihm Abwehrbefugnisse zustehen, dh der rechtmäßige Besitz (BGHZ NJW 2019, 1669 Rn. 13) und der Besitz des entgeltlichen redlichen Besitzers vor Rechtshängigkeit, vgl. §§ 987 ff. (so zutr. Medicus AcP 165, 136). Dies gilt jedenfalls für das Geltendmachen eines Nutzungsschadens. Bei einem Substanzschaden ist im Einzelfall darauf abzustellen, ob in die Rechtsposition des Eigentümers eingegriffen wird (s. zB BGH NJW 2019, 1669 Rn. 16 ff. mwN bei geleastem Pkw). Die Rechte bestehen auch gegenüber dem **Mitbesitzer** (bei Besitzstörungen, nicht bei Einwirkungen auf die Sache, BGHZ 62, 248 f.); gegenüber dem unmittelbaren Besitzer hat der mittelbare Besitzer keinen Anspruch aus § 823 I, da ihm insoweit auch der
17 Anspruch aus § 869 nicht zusteht (BGHZ 32, 194, 205). **(3)** Eigentumsähnlich sind absolut geschützte **Vorstufen** des Eigentums wie zB die **Anwartschaft** (BGHZ 114, 163 ff., krit. Selb JZ 1991, 1087). Der Schadensersatz ist aber nicht an den Anwartschaftsberechtigten, sondern analog § 432 oder § 1281 an ihn und den Inhaber des Vollrechts gemeinsam zu leisten (→ § 929 Rn. 25 ff., wobei § 851 zu beachten ist; aA Prütting Rn. 318: Gesamtgläubigerschaft; zur Höhe des Ersatzanspruchs s. BGHZ 55, 31 f.). Geschützt sind weiter **Aneignungsrechte** (zB des Jagdberechtigten, LG Trier NJW-RR 2006, 895, des Fischereiberechtigten, BGH NJW-RR 2007, 1319, des Grundstückseigentümers zur Förderung von Grundwasser, BGHZ 69, 4). Die schuldrechtliche **Forderung** stellt noch keine dingliche Verfestigung im Blick auf die Sache dar, sondern ist ein Anspruch gegen den Schuldner. Auf sie erstreckt sich deshalb § 823 I nicht (BGHZ 12, 317; Medicus FS Steffen, 1995, S. 330 ff.; aA Canaris ebd. S. 85 ff. mwN; differenzierend Becker AcP 196, 436: Eingriff in die Forderungszuständigkeit selbst mache ersatzpflichtig). Die Verletzung des absolut geschützten Rechts kann wie in → Rn. 15 durch Beeinträchtigung des

Rechts selbst oder durch Beschädigung usw. der Sache, auf die sich das Recht bezieht, geschehen. **(4)** Intensiv diskutiert wird, ob nicht dem Persönlichkeitsrecht 18 zuzuordnende (→ Rn. 77 ff.) **Daten,** die von einer Person in ihrer Rechtssphäre gespeichert werden, als ein eigentumsähnliches absolutes Recht eingeordnet werden können (und sollen). Bei allen noch zu bewältigenden Abgrenzungsschwierigkeiten ist dies, wenn sie ausschließlich einem Rechtsträger zustehen, grundsätzlich zu bejahen (s. iE Riehm VersR 2019, 714, 720 ff. mwN; s. iE Kongressbericht Rank JZ 2019, 989). **(5)** Dem Eigentum an Sachen gleichgestellt ist die **Inhaberschaft an** 18a **Rechten,** die ihrerseits eine Nutzungsfunktion und Ausschlussfunktion (→ Rn. 12) haben wie **Patent-, Urheber- und Markenrechte.** § 823 ist aber gegenüber den Sondernormen, zB § 97 UrhG, § 139 PatG subsidiär (BGHZ 26, 59). Als geschützt anzusehen ist auch ein (nicht an Eigentum oder Besitz an der Sache anknüpfendes) **„virtuelles Hausrecht"** des Betreibers eines Internetforums, der wegen seiner Verantwortung für das Forum in der Lage sein muss, unerwünschte Nutzungen abzuwehren und zu sanktionieren (s. zB LG Ulm NJW-RR 2015, 1167; Maume MMR 2007, 620; G. Schulze JZ 2015, 391, 2016, 453, dagegen Baldus JZ 2016, 449). Das **Mitgliedschaftsrecht** in einem e.V. (BGHZ 110, 327 f.), die **Aktie** (RGZ 158, 255) und den **GmbH-Anteil** (RGZ 100, 278) hat die Rspr. als sonstiges Recht angesehen, dabei als Verletzung nur die Beeinträchtigung des Rechtes selbst, nicht die Einschränkung der Ertragsfähigkeit der Gesellschaft anerkannt. Dem ist zuzustimmen (iE K. Schmidt JZ 1991, 157). Der dem Gesellschafter dadurch entstehende Nachteil (s. dazu BGH ZIP 1987, 33 mwN) ist wie beim Anteil an einer Personengesellschaft bloßer Vermögensschaden. **(5)** Zum Recht an dem eingerichteten und ausgeübten **Gewerbebetrieb** → Rn. 95–107. **(6)** Das **Vermögen** als 19 wertmäßige Zusammenfassung der sog. Aktiva einer Person kann wegen der fehlenden Ausschlussfunktion (→ Rn. 12) nicht in seiner Gesamtheit unter § 823 I fallen.

3. Zurechenbarkeit der Rechtsgutsverletzung. a) Grundsatz. Die Verlet- 20 zung eines geschützten Rechtsguts erfüllt nur dann den Tatbestand des § 823 I, wenn sie dem Schädiger als verletzende Handlung objektiv zugerechnet werden kann („wer … verletzt"). Daraus folgen zwei Merkmale. **aa)** Die **Handlung** ist nicht ontologisch, sondern auf jur. Bedürfnisse abgestimmt zu verstehen als ein „der Bewusstseinskontrolle unterliegendes beherrschbares Verhalten" (BGHZ 39, 106). Wer im Zustand der Bewusstlosigkeit einen Unfall verursacht, handelt nicht und kann auch § 823 nicht verwirklichen (BGHZ 98, 137; zur Billigkeitshaftung → Vor § 827 Rn. 4). Die konkrete Beherrschung ist nicht Voraussetzung. Es genügt die Möglichkeit zur Steuerung. Die Handlung kann in einem positiven Tun (→ Rn. 21) oder einem Unterlassen (→ Rn. 29) bestehen. **bb)** Zwischen Handlung und Rechtsgutverletzung muss ein Zusammenhang festgestellt werden, der herkömmlicherweise als **haftungsbegründende Kausalität** (→ Rn. 22, 23, 37) bezeichnet wird. **b) Zurechenbarkeit des positiven Tuns. aa) Tun** ist ein der Außenwelt 21 erkennbares Handeln, ein Etwas-Tun (Fikentscher/Heinemann Rn. 1544). **bb)** Die 22 **haftungsbegründende Kausalität** zwischen Tun und Rechtsgutsverletzung (s. zB BGH NJW 2013, 3095, dort undeutlich auch als „sog. Primärschaden" bezeichnet) kann physisch oder psychisch begründet werden (zB BGH VersR 2007, 803: Die Nachricht über einen Unfall führt zum sog. Schockschaden, einer depressiven Störung mit Krankheitswert; sa BGHZ 93, 355: Schockschaden der Mutter führt zur Schädigung des nasciturus). Im Ausgangspunkt gilt die sog. **äquivalente Kausalität:** Jede Ursache ist kausal, die nicht hinweggedacht werden kann, ohne dass der Geschehensablauf ein anderer gewesen, das Ereignis nicht oder nicht zu diesem Zeitpunkt eingetreten wäre (Theorie der conditio sine qua non, zB Lange/Schiemann § 3 III). Haben mehrere nebeneinander Ursachen gesetzt, die (erst) in ihrem Zusammenwirken die Rechtsgutsverletzung auslösen, so wird jede Handlung als kausal angesehen (sog. *kumulative Kausalität*, Bydlinski, Probleme der Schadensverursachung, 1964, S. 67 f.). Wurde ein Rechtsgut durch mehrere gleichzeitig oder nebeneinander wirkende Umstände verletzt, die jeder für sich den Schaden hätte

auslösen können (sog. *Doppelkausalität*), so gelten zum Schutz des Verletzten trotz der bestehenden Unklarheit alle Umstände als kausal (BGHZ 199, 263; BGH NJW
23 2011, 1443). **cc) Eingrenzung.** Da zahlreiche Ursachen für eine Rechtsgutsverletzung kausal sein können (zB Bau eines Pkw oder von Maschinen zur Kfz-Herstellung für eine Körperverletzung beim Verkehrsunfall, Fernsehbericht über einen Unfall für den Schock eines Zuschauers), ist versucht worden, die Zurechenbarkeit vom naturwissenschaftlichen Kausalitätsbegriff zu lösen und nach wertenden Kriterien zu bestimmen. Das verwandte rechtliche Instrumentarium ist bei kontroversem Meinungsstand vielfältig; teilw. werden die folgenden Methoden auch nebeneinander angewandt. Terminologisch ist nicht stets hinreichend scharf zur sog. haftungs-
24 ausfüllenden Kausalität (→ Vor §§ 249 ff. Rn. 24) unterschieden. **(1)** Eine Auffassung hält an der äquivalenten Kausalität als einzigem Zurechnungskriterium fest und nimmt die notwendige Korrektur im Rahmen des **Verschuldens** vor (Traeger, Der Kausalbegriff im Straf- und Zivilrecht, 1904, S. 219; Deutsch, Fahrlässigkeit und erforderliche Sorgfalt, 1962, S. 67; Deutsch/Ahrens, Deliktsrecht, 6. Aufl. 2014, Rn. 47). Dies setzt voraus, dass im Rahmen des „Verschuldenszusammenhangs" (Deutsch) über die eigentliche Frage der Vorhersehbarkeit und Vermeidbarkeit (→ Rn. 57 ff.) hinaus in einer Wertung festgestellt wird, welche auch erkennbaren Folgen seines Handelns der Schädiger nicht mehr zu vertreten hat (zB keine Haftung bei sachgerecht hergestellten Erzeugnissen für Unfälle). Dogmatisch richtiger erscheint es jedoch, die Wertung der Zurechenbarkeit dort vorzunehmen, wo sie sonst geschieht, also herkömmlich im Rahmen der haftungsbegründenden Kausalität. Gefolgt wird deshalb beiden anschließend dargelegten Auffassungen, die demge-
25 mäß kumulativ anzuwenden sind. **(2)** Teilw. wird bereits hier – der Hauptanwendungsbereich liegt bei der haftungsausfüllenden Kausalität – auf die **adäquate Kausalität** (→ Vor §§ 249 ff. Rn. 27 ff.) abgestellt (BGHZ 41, 125; OLG Düsseldorf NJW 1978, 1693; offengelassen in BGHZ 57, 27 f.): Hat die Handlung nur wegen ganz außergewöhnlicher Umstände zur Verletzung des Rechtsguts geführt, so soll mangels Kausalität (Zurechenbarkeit) bereits der Tatbestand des § 823 I nicht
26 erfüllt sein. **(3)** Schließlich soll auch hier bereits die Lehre vom **Schutzzweck der Norm** (→ Vor §§ 249 ff. Rn. 31 ff.) nutzbar gemacht werden (Stoll, Kausalzusammenhang und Normzweck im Deliktsrecht, 1968, S. 19; BGHZ 164, 50 Rn. 17; BGH NJW 2022, 2747 Rn. 29). Auch wenn ein in § 823 I genanntes Rechtsgut betroffen sei, sei dies dem Schädiger nicht zuzurechnen, wenn der Normzweck nach Art und Entstehungsweise der Schädigung nicht berührt werde (BGH NJW 2014, 2191). Die eingetretene Schädigung sei dann dem allgemeinen Lebensrisiko des Geschädigten zuzurechnen (→ Vor § 823 Rn. 2). Bsp: Eine psychische Erkrankung infolge der Information über einen Unfall *nicht nahestehender* Personen (bedenklich BGHZ 107, 364; zutr. BGHZ 193, 36 f. bei Tötung eines Tieres) oder darüber, dass die Kinder möglicherweise vom Partner eine lebensbedrohende Krankheit geerbt haben (BGH NJW 2014, 2190), werde vom Schutzzweck nicht erfasst. Aufgrund des durch § 823 I idR umfassend gewährten Schutzes bleibt der Anwendungsbereich dieser Lehre jedoch auf Einzelfälle beschränkt (Lange/Schie-
27 mann § 3 IX 2 f.). **dd) Einzelfragen.** Mehrere Fallgruppen sind ua im Rahmen der Zurechnung problematisch geworden: **(1)** Die Rechtsgutsverletzung beruht *auch* auf dem **selbständigen Entschluss eines Dritten** (BGHZ 58, 162 mAnm Deutsch JZ 1972, 551: Nachfolgende, durch einen Unfall am Weiterfahren verhinderte Verkehrsteilnehmer benutzen verkehrswidrig den Bürgersteig und beschädigen ihn; Helfer bei einem Unfall zerstören fahrlässig bisher nicht beschädigte Gegenstände des Verletzten). Der BGH hat darauf abgestellt, ob sich der Dritte *„herausgefordert fühlen durfte"* (dann Zurechnung, BGHZ 63, 192) oder ob der Dritte, obwohl veranlasst, noch „Herr" des Geschehens geblieben sei, aus freier Entscheidung gehandelt habe (LG Berlin NJW-RR 2011, 822: Aufbrechen einer Tür durch Feuer-
28 wehr nach Notruf). **(2)** Die Rechtsgutsverletzung beruht auf dem **Handeln** (zum Unterlassen → Rn. 34) **des Verletzten** selbst (zB BGHZ 192, 241: Rammen eines flüchtigen Kfz durch Polizei). Unter Bezug auf Adäquanz und Schutzbereich der

Norm wird das Merkmal des „Herausforderns" weiter ausdifferenziert: Der in Anspruch Genommene müsse eine im Ansatz zu billigende Motivation für das selbstgefährdende Handeln gesetzt haben (BGHZ 101, 119 ff., zust. Stoll JZ 1988, 153, Nierenspende der Mutter; sa BGH NJW 1988, 1263). Bei einem (missglückten) Rettungsversuch aus Lebensgefahr darf sich der Retter auch zu einer gravierenden Fehlentscheidung herausgefordert fühlen (OLG Düsseldorf NJW-RR 1995, 1365). Im Fall einer Verfolgung müsse sich ein im Vergleich zum allg. Lebensrisiko gesteigertes Risiko realisiert, das in Kauf genommene Risiko dürfe nicht außer Verhältnis zu dem Verfolgungsziel gestanden haben (BGH NJW 2012, 1952). **c) Zurechen-** 29
barkeit des Unterlassens. aa) Begriff. Die Unterscheidung zum Tun wird mit dem Begriff der Gefahrerhöhung verknüpft: Jemand *handelt,* wenn sein Verhalten zu einer erhöhten Gefährdung oder zu einer Verletzung des bedrohten Rechtsguts führt; ein Unterlassen löst hingegen keine Gefahrerhöhung aus. Daran wird deutlich, dass ein Nichtstun rechtlich nur dann relevant sein kann, wenn eine Verpflichtung bestand, eine von anderer Seite – von außen oder durch den Verletzten selbst – drohende Schädigung zu verhindern. Zu Recht wird daher für den Tatbestand eines sog. unechten (nicht durch Ges. geforderten) Unterlassens gefordert, dass eine **Rechtspflicht zur Abwendung der Gefahrerhöhung** bestand (BGHZ 194, 26 Rn. 18). Unterlassen ist damit ein *Etwas*-(das Gebotene)-*Nicht-Tun* (Fikentscher/ Heinemann Rn. 1544) **bb) Abwendungspflichten** können sich zB (a) aus einer 30
Verkehrssicherungspflicht (→ Rn. 35 ff.) oder (b) einer **Garantenstellung** ergeben, die zB aus **Gesetz** (zB § 1353 I 2; LPartG § 2 S. 2; §§ 1626, 1631; aus bes. **Amtsstellungen** (BGH NJW 1977, 626: verantwortlicher Redakteur), aus **dienstlichen Anweisungen,** wenn sie sich (auch) auf den Schutz Dritter beziehen (BGH NJW 1999, 574), oder aus **Verträgen** folgt, wenn sie auch eine bestimmte Fürsorge zum Inhalt haben. **Bsp:** Arzt bei Aufklärung über die Auswirkungen einer Operation (BGH NJW 2007, 2179); Arzt bei Aufklärung über AIDS-Erkrankung des Partners (OLG Frankfurt NJW 2000, 875); Altersheim (zu den Grenzen der Fürsorgepflicht s. BGHZ 163, 55 m. zust. Anm. Lang/Herkenhoff NJW 2005, 1905; Bienwald FamRZ 2005, 1076; sehr krit. Schultze-Zeu/Riehn VersR 2005, 1352, sa BGH NJW 2005, 2613); Hebamme als Inhaberin eines „Geburtshauses" (BGHZ 161, 263 ff.); in Klinik angestellter Arzt bei medizinischer Behandlung (BGH NJW 2000, 2741); Krankenhausträger für Pflegeunfälle (BGH NJW 1991, 2960); eingeschränkt Gastwirt gegenüber betrunkenen Gästen (OLG Naumburg OLGR 2007, 775). Die Garantenstellung kann weiter aus **konkreten Lebensbeziehungen** (Ver- 31
wandtschaft, Lebensgemeinschaft, tatsächliche Übernahme der Aufsicht für ein Kind (OLG Celle VersR 1978, 1172) und aus **vorausgegangenem Tun** folgen. **cc)** Eine 32
eigene Schadensabwendungspflicht, wohl auch aus vorausgegangenem Tun abzuleiten, stellt schließlich die **Organisationspflicht** dar (ungenau auch „Organisationsverschulden" genannt, s. Matusche-Beckmann, Das Organisationsverschulden, 1999, passim). Zunächst für Großbetriebe, dann aber auch für die Organe jur. Personen allg. hat die Rspr. die Forderung aufgestellt, bei einer Garantenpflicht des Organs gegenüber dem Verletzten müsse der Ablauf so organisiert werden, dass Betriebsangehörige hinreichend beaufsichtigt und damit gehindert werden können, schädigende Handlungen zu begehen (BGHZ 109, 302 ff. mwN; OLG Hamm NJW-RR 2014, 283; iE Schlechtriem FS Heiermann, 1995, S. 281 ff. mwN). Auf diese Weise wird die Haftung von § 831 auf § 823 iVm § 31 verlagert und der Entlastungsbeweis ausgeschlossen. Dem ist grds. zuzustimmen, weil sich sonst der Betriebsinhaber bei dezentralisierter Verantwortung regelmäßig der Haftung entziehen könnte. Notwendig ist aber eine eindeutige, restriktive Grenzziehung (Mertens/ Mertens JZ 1990, 488) zB durch eine genaue Umschreibung der Garantenstellung (s. BGHZ 194, 33). Bedenklich ist die Tendenz, allein in dem Unterlassen, einen verantwortlichen Vertreter gem. § 31 zu bestellen, eine Verletzung der Organisationspflicht zu sehen (s. BGH DB 1980, 2237 mwN; OLG Hamburg CR 2003, 61). **dd)** Die **Kausalität** eines Unterlassens für die Rechtsgutsverletzung ist dann 33
anzunehmen, wenn ein pflichtgemäßes Handeln die Verletzung verhindert oder

vermindert hätte (BGHZ 192, 303). Von diesem Ausgangspunkt gelten dann die beim positiven Tun dargestellten Einschränkungen (→ Rn. 23) entsprechend.
34 **ee)** Beruht die Verletzung auch auf einem **Unterlassen des Verletzten selbst,** so ist wie bei seinem Handeln (→ Rn. 28) auf die Beachtlichkeit seiner Motive abzu-
35 stellen (BGH NJW 1985, 673 m. zust. Anm. Deutsch NJW 1985, 674). **d) Die Verletzung von Verkehrssicherungspflichten (VSP) und Verkehrspflichten als Zurechnungskriterium. Lit.:** v. Bar, Verkehrspflichten, 1980, 101 ff.; Mergner/Matz, Anforderungen an die Erfüllung praxisrelevanter Verkehrssicherungspflichten, NJW 2014, 186; Mergner/Matz, Gefahrenquellen und Verkehrssicherungspflichten, NJW 2015, 197. **aa) Grundsatz.** Schon sehr früh hat die Rspr. eine über die §§ 836–838 hinausgehende **Zustandsverantwortlichkeit** für einen räumlichen und gegenständlichen Bereich entwickelt und unter dem Begriff der VSP die allg. Rechtspflicht verstanden, Gefahren, die von diesem Bereich ausgehen, abzuwenden. Dies ist – als sog. **Verkehrspflicht** – zum allg. Grundsatz dahin erweitert worden, dass, wer in seinem Verantwortungsbereich eine Gefahrenquelle schafft oder andauern lässt, die erforderlichen und ihm zumutbaren Vorkehrungen zur Gefahrabwendung treffen muss. So werden für bestimmte selbständige **Berufe** und **Tätigkeiten** über die selbstverständliche sorgsame Ausübung der Tätigkeit hinaus bestimmte **Sicherungsmaßnahmen** zum Schutz von Rechtsgütern Dritter gefordert, die in den Risikobereich gelangen können. Bsp: Ärzte, Produzenten (→ Rn. 111 ff., 132), Architekten (BGH ZMR 1991, 98; Schmalzl NJW 1977, 2041), Bauunternehmer (BGH WM 1990, 1209; NJW 2021, 1883), Händler (BGH NJW 1998, 2436: Verkauf von Feuerwerkskörpern an Kinder), Reiseveranstalter (BGHZ 103, 298, zust. Teichmann/Mildner JZ 1988, 665), Verantwortliche für die Durchführung gefährlicher Veranstaltungen (BGH NJW 1975, 533: Autorennen; BGHZ 84, 801: Eishockey; NJW 2021, 1090: Reitturnier), Sportlehrer (OLG Koblenz NJW-RR 2002, 1252), Kraftfahrer (BGH NJW 1960, 2096: verkehrsunsicheres Kfz; NJW 1971, 459: Verriegeln des Lenkradschlosses, sa § 7 III 1 StVG), Skifahrer (OLG Karlsruhe NJW 1988, 213), Besitzer von Schusswaffen (BGH VersR 1963, 1049). Die Verkehrspflichten haben sowohl im Rahmen des Tuns (Marburger, Die Regeln der Technik im Recht, 1979, S. 443 mwN), vor allem aber für das Bestimmen eines zurechenbaren Unterlassens (→ Rn. 29 ff.) wesentliche Bedeu-
36 tung gewonnen. **bb) Zur Sicherung verpflichtet** ist bei der Verkehrssicherung jeder, der Herrschaft über die Sache ausüben kann, zB der Mieter der Wohnung (OLG Braunschweig OLGR 1999, 55) oder der Gaststättenpächter (BGHZ 9, 383; OLG Karlsruhe ZfS 2002, 568). Im **Straßenverkehr** obliegt die Sicherheit des baulichen Zustandes der Straßenbaubehörde grds. als privatrechtliche Aufgabe (stRspr, s. BGHZ 27, 278; 60, 55 f.); sie ist durch LandesGes häufig zur öffentl. Aufgabe mit der Haftung nach Art. 34 GG, § 839 gemacht worden. Die maßgebliche Körperschaft wird durch Landesrecht bestimmt. Für Bundesfernstraßen sind, soweit keine Übertragung an andere stattgefunden hat (vgl. § 5 FStrG), die Länder zuständig (§ 20 I 2 FStrG). Die Verkehrsregelung obliegt der Straßenverkehrsbehörde als öffentl. Aufgabe (BGH VersR 1969, 539); zur Abgrenzung der Tätigkeitsbereiche
36a s. § 44 StVO. **cc) Geschützter Personenkreis.** Gegenüber Personen, die sich **unbefugt** in den Gefahrenbereich begeben, besteht idR keine Sicherungspflicht (zB OLG Koblenz BauR 2014, 1019: ungesicherter Rohbau). **Kinder** müssen idR durch bes. Sicherungsmaßnahmen am Betreten gehindert werden (OLG Schleswig
37 NJW-RR 2004, 385). **dd) Sorgfaltsmaßstab.** Im Blick auf die *eigene Sorgfalt* **(1)** ist darauf abzustellen, was ein verständiger und umsichtiger, in vernünftigen Grenzen vorsichtiger Angehöriger der betroffenen Verkehrskreise für ausreichend halten darf, um andere vor Schäden zu bewahren, und was einem Versicherungspflichtigen auch *unter Berücksichtigung der Leistungsfähigkeit* zumutbar ist. Dabei ist uU mehr zu leisten, als behördliche Auflagen fordern (OLG Oldenburg, NJW-RR 2018, 406 Rn. 22). Ein absoluter Schutz ist nicht geboten (BGH NJW 2014, 2105, stRspr). Regelmäßige Kontrollen in angemessenem Abstand können genügen (BGH NJW 2014, 1588: gesunde Bäume). Hinsichtlich des *Sicherungsbedürfnisses potentiell gefährde-*

ter Personen **(2)** ist auf ein typisches Nutzerverhalten abzustellen (BGHZ 103, 340; OLG Jena NJW-RR 2011, 961). Ein häufiger anzutreffendes (wohl nicht zu starkes) Fehlverhalten ist mit zu berücksichtigen (OLG Hamm MDR 2014, 1256: Fahrradfahrer), nicht aber ein leichtsinniges Verhalten (OLG Celle NJW-RR 2006, 3285: Rutsche im Schwimmbad). Gegenüber fachkundigen Personen und Unternehmen ist die Sicherungspflicht begrenzt (BGH NJW 2002, 1264), gegenüber zu erwartenden gebrechlichen Personen erhöht (BGH NJW-RR 2014, 344: Laub vor Krankenhaus). Gegenüber **Kindern** müssen, wenn mit ihnen zu rechnen ist, intensivere, wiederum nicht uneingeschränkte (BGH NJW 1999, 2364; iE Czernik VersR 2010, 1416) Sicherungsmaßnahmen ergriffen werden (BGH NJW 1995, 2631 mAnm Möllers VersR 1996, 153: Klettern auf Waggondach; BGHZ 139, 47: Verkauf gefährlicher Gegenstände; BGHZ 139, 82: Warnung des Letztverkäufers vor der Abgabe auch „freier" Feuerwerkskörper an Kinder; OLG Saarbrücken NJW-RR 2006, 1165: Kinderfußballturnier in Turnhalle). Bei **Kleinkindern** darf damit gerechnet werden, dass sie unter Aufsicht bleiben (LG Itzehoe NJW-RR 2010, 1182: Kaufhaus; BGH NJW 2021, 1090 Rn. 12 ff.: Reitturnier). **ee)** Die **Delegation** der 38
Verkehrspflicht ist durch eine Vereinbarung (OLG Hamm NJW 2013, 1376) grds. zulässig (BGH NJW 2008, 1441). Sofern nicht eine Rechtsnorm die *befreiende* Übertragung zulässt (BGH NJW 1972, 1321: Abwälzungsmöglichkeit der Streupflicht durch eine Ortssatzung; sa OLG Schleswig ZMR 2012, 947), bleibt beim Übertragenden die Verpflichtung, allg. Aufsichtsanordnungen zu treffen und ihre Durchführung zu überwachen (BGH NJW 2008, 1441; iE Schmid VersR 2011, 731). Notfalls muss das Streuen selbst vorgenommen werden (BGHZ 149, 212). Der **Dritte** haftet unmittelbar. **ff)** Beispielhafte **Fallgruppen der Verkehrssicherung:** Wer den 39
Zugang zu privaten oder öffentl. Gebäuden gestattet, hat für die Sicherheit der Besucher zu sorgen (s. Grote NJW 2000, 3113; zB BGH NJW 1990, 905: Zugang zum Parkplatz; OLG Karlsruhe VersR 2005, 420: kurzfristige Kontrolle von Fußböden im Lebensmittelmarkt; BGH NJW 2000, 1946: Freibad; BGH NJW 2001, 2019: Gehörschäden durch Musik; zu Bäumen s. Schneider VersR 2007, 743 mwN). Es muss insbes. auf nicht ohne weiteres erkennbare Gefahren hingewiesen werden (BGH VersR 1964, 1245: Weg zur Toilette in einer Gastwirtschaft; BGH VersR 1974, 888: Gefahrenquelle im Kaufhaus). **Öffentl. Wege, Straßen, Plätze, Wasserstraßen** sind in verkehrssicherem Zustand anzulegen und zu erhalten (BGH NJW 2014, 1588: Bäume auf Parkplatz; OLG Hamm NJW-RR 2006, 1100: Stufenanlage auf Marktplatz; Gaisbauer VersR 1979, 9: Trimm-Dich-Pfad;). Dies bedeutet zB die Pflicht zum Anbringen von Geländern an Brücken (RGZ 55, 24), zur Instandhaltung des Pflasters, ggf. zur Beleuchtung (BGHZ 36, 237), zum – uU vorbeugenden (OLG Brandenburg NJW-RR 2007, 975) – **Streuen** bei allg. Glatteis oder Schnee auf Bürgersteigen (BGH NZM 2012, 650; s. aber BGH NZM 2018, 509 Rn. 22: Vermieter grds. nicht auf öffentlichem Gehweg) und Fahrbahnen, jedoch nur an für Fußgänger, uU auch für Radfahrer wichtigen und belebten Stellen (BGH NJW 2003, 3622 mN; zur Tageszeit s. BGH NJW 1993, 2802; NZM 2012, 650; einschränkend für Blitzeis OLG München NJW-RR 2010, 322). Notfalls sind Warnzeichen aufzustellen (BGH VersR 1960, 235; 1963, 1225). **Parkplätze** müssen *nicht* völlig eisfrei sein (BGH NJW-RR 2019, 1304). Bei **Großveranstaltungen** müssen technische wie personelle Maßnahmen ergriffen werden, die eine Verletzung von Teilnehmern durch aggressives Verhalten (zB Wurfgeschosse, Pyrotechnik) oder eine Panik möglichst verhindern (Weller NJW 2007, 961; Weller JZ 2017, 237 f. mwN). **Spielplätze** müssen die aus dem Spiel entstehenden besonderen Risiken auffangen (OLG Koblenz NJW-RR 2005, 1612) und auch den Zugang sichern (BGH NJW 1977, 1965). Ist ein Gerät auf Grund ges. Bestimmungen zertifiziert, so kann der Betreiber ohne gegenteilige Informationen und Erfahrungen von einem sicheren Gebrauch ausgehen (OLG Celle NJW 2003, 2544); zur Sicherung von **Wasserrutschen** in Schwimmbädern s. BGH NJW 2004, 1449; VersR 2005, 280 (Abstand von 30 sec.), OLG Hamm NJW-RR 2014, 985 (Konstruktion einer Wel-

lenrutsche); zur Aufsicht in **Schwimmbädern** allg. s. Mühlenkamp VersR 2012, 833.

40 **4. Tatbestand des § 823 II. a) Funktion der Norm.** Mit II iVm den jeweiligen Schutzbestimmungen hat das Ges. einen in System und Umfang anderen Güterschutz als in I aufgebaut (→ Rn. 1). **aa) Eingrenzung des Anwendungsbereichs.** Der Anwendungsbereich ist zum einen insofern enger, als regelmäßig ein **bestimmtes Verhalten** des Schädigers (konkrete Angriffsart) als Vorausset-
41 zung gefordert wird (→ Rn. 1). **bb) Erweiterung des Anwendungsbereichs.** Der Schutz ist zum anderen in zweierlei Weise wesentlich umfassender. **(1)** Geschützt sind nicht nur einzelne Rechtsgüter, sondern dank der vielfältigen Schutznormen unterschiedliche **Interessen** des Einzelnen wie etwa sein Vermögen (zB durch § 263 StGB), seine Arbeitskraft, sein Ruhebedürfnis (zB durch Lärmschutzvorschriften, PolizeiVOen in Kurorten). **(2)** Schutzvorschriften brauchen sich auch nicht auf ein konkretes Recht oder Interesse zu beziehen, sondern sie können allg. Verhaltensweisen verbieten (sog. Abstrakte Gefährdungsnormen, zB Straßenverkehrsvorschriften). Damit braucht sich auch das zum Schadensersatz verpflichtende Handeln nicht gegen das gesicherte Interesse selbst zu richten, es
42 genügt die **Verletzung der Norm selbst. cc) Konsequenzen.** Probleme der **haftungsbegründenden Kausalität** (→ Rn. 23) können nicht auftreten, da Handeln (als Tun und Unterlassen, → Rn. 29) und Normverletzung zusammenfallen. Die Fragen werden allerdings teilw. in die haftungsausfüllende Kausalität (→ Vor §§ 249 ff. Rn. 24 ff.) verlagert. **Rechtswidrigkeit** und **Verschulden** lassen sich, da allein auf die Norm bezogen, leichter feststellen (zum Verschulden → Rn. 57 ff.). Die **Beweislast** (→ Rn. 63) erstreckt sich für den Verletzten idR
43 bis zur Rechtsgutsverletzung (BGH VersR 1984, 41, stRspr). **b) Begriff des Schutzgesetzes. aa) „Ges.“** iSd BGB ist jede „Rechtsnorm“, Art. 2 EGBGB. Dazu zählen neben den formellen Ges. einschließlich des unmittelbar anwendbaren EU-Rechts (BGHZ 188, 330 f.: Beihilfeverbot) zB RechtsVOen, öffentlich-rechtliche Satzungen, Anstaltsordnungen, Tarifverträge, Gewohnheitsrecht, Richterrecht und Observanz (Grüneberg/Grüneberg EGBGB Art. 2 Rn. 1), nicht die Verkehrspflichten (→ Rn. 30; Canaris FS Larenz, 1983, 77 ff.; aA v. Bar JuS 1982, 637 [645] mwN), und die von Verbänden aufgestellten technischen Regeln und Standardnormen wie zB die Unfallverhütungsbestimmungen der Berufsgenossen-
44 schaften, DIN-Normen oder VDE-Vorschriften. **bb)** Ein **Schutzgesetz** liegt vor, wenn die Norm entspr. ihrem Zweck zumindest *auch* (neben dem Schutz von Interessen der Allgemeinheit) dazu dient, den Einzelnen oder einzelne Personenkreise gegen die Verletzung eines *bestimmten* Rechtsguts zu schützen (BGHZ 197, 227, stRspr; zutr. krit. zur Anwendung auf § 330 StGB Loyal JZ 2014, 306). Außerdem müsse ein Individualschutz mit seiner Anspruchsvervielfältigung sinn-
45 voll sein und tragbar erscheinen (BGH NJW 2012, 1802). **(1) Schrittfolge der Untersuchung.** Die Prüfung, ob der Verstoß gegen eine Norm zum Schadensersatz führt, geschieht zweckmäßigerweise dreistufig. Zunächst **(a)** ist zu fragen, ob das Ges. überhaupt einen Individualschutz bezweckt (→ Rn. 44). Danach **(b)** stellt sich die Frage, ob der Verletzte zum geschützten Personenkreis gehört. Bsp: Das Langsamfahrgebot an Bushaltestellen gem. § 21 StVO schützt auch Fußgänger, die nicht ein- oder aussteigen (BGH NJW 2006, 2112); die Vorschriften über den unverzüglichen Insolvenzantrag bei AG und GmbH schützen potentielle Gläubiger vor Vertragsschluss (iE BGH NJW 2012, 3512 mwN), nicht aber die Bundesagentur für Arbeit (BGHZ 108, 136 f.); das ges. Kartellverbot schützt auch Abnehmer auf der weiteren Vertriebsstufe (BGHZ 190, 149 ff.). Schließlich **(c)** muss das von der verletzten Person geltend gemachte Interesse von der Norm geschützt werden (BGH NJW 2014, 2643). Bsp: § 330 StGB schützt Leben und Gesundheit des Bauherrn, nicht aber sein Eigentum oder Vermögen (BGHZ 39, 366, 367); die rechtswidrige Ablehnung einer Bauvoranfrage schützt auch den beauftragten Architekten, nicht aber dessen Interesse am Honorar (BGH NJW 1994, 1647).

c) Auslegung. Handelt es sich um ein strafrechtliches Schutzgesetz, so sind aus 46
Gründen der Einheitlichkeit die dort geltenden Auslegungsschranken (Analogieverbot) zu beachten (BVerfG NJW 2008, 1726).

5. Rechtswidrigkeit. a) Allgemeines. aa) Funktion. Die dem deutschen 47
Rechtskreis eigentümliche Trennung zwischen Rechtswidrigkeit und Verschulden geht auf Jhering zurück (Das Schuldmoment im Römischen Privatrecht, 1867, S. 4 ff., dort als obj. und subj. Unrecht bezeichnet). Sie schafft die systematische Grundlage für die unterschiedlichen Rechtsfolgen, die an den Tatbestand einer uH anknüpfen: *Rechtmäßige* Verletzungen müssen außer im Fall eines Notstandes (§ 228) hingenommen werden. Gegen *rechtswidrige* (schuldlose) Angriffe bestehen Rechte zu Notwehr und Nothilfe (→ § 227 Rn. 3), Abwehr- und Beseitigungsrechte (→ Vor § 823 Rn. 6 ff.). *Rechtswidrige und schuldhafte* Handlungen lösen einen Anspruch auf Schadensersatz aus (zur Gefährdungshaftung → Vor § 823
Rn. 10 f.). **bb) Feststellung der Rechtswidrigkeit. (1)** Gefolgt wird hier im 48
Grundsatz der hL vom sog. **Erfolgsunrecht.** „Erfolg" wird dabei verstanden als der durch eine zurechenbare Handlung ausgelöste Eintritt eines Tatbestandsmerkmals iSd §§ 823 ff. Nach dieser Auffassung ist im Regelfall die unmittelbare Verletzung eines Rechtsguts iSd **§ 823 I** durch ***positives Tun*** (→ Rn. 21) rechtswidrig, sofern nicht bes. Rechtfertigungsgründe (→ Rn. 52 ff.) eingreifen. Da die in der Bestimmung genannten Güter unter rechtlichen Schutz gestellt sind (→ Vor § 823 Rn. 1), „indiziert" der Verletzungserfolg die Rechtswidrigkeit (s. zB BGH NJW 2014, 3788; OLG Karlsruhe VersR 2006, 229). Auch in der Verletzung eines Schutzgesetzes gem. **§ 823 II** kann ein die Rechtswidrigkeit indizierender rechtlicher „Erfolg" des Handelns gesehen werden. **Ausnahmen** bestehen dort, wo ein 49
Handeln *als solches* von der Rechtsordnung als gerechtfertigt gewertet wird. Dann kann auch eine durch dieses Handeln ausgelöste Verletzung ohne hinzutretende Gründe nicht rechtswidrig sein. **Bsp:** Bei den sog. offenen Tatbeständen wie der Beeinträchtigung des Persönlichkeitsrechts (→ Rn. 65 ff.) und dem Eingriff in den Gewerbebetrieb kann die für die Verletzung selbst vorzunehmende Interessenabwägung (→ Rn. 67 bzw. 103) dazu führen, dass der Eingriff rechtmäßig ist. – Lässt die Verkehrspflicht ein bestimmtes Handeln zu (→ Rn. 37), so ist eine dadurch verursachte Verletzung rechtmäßig (BGH NJW-RR 2011, 888 f.: regelgerechter Schuss bei einer Treibjagd, dessen Geräusch das Scheuen eines Pferdes und damit einen Unfall auslöst). – Das Einleiten eines rechtlichen Verfahrens (Zivilprozess, Zwangsvollstreckung) bleibt, von Extremfällen (§ 826) abgesehen, wegen seiner rechtlichen Garantien auch dann rechtmäßig, wenn der andere dadurch etwa eine psychisch vermittelte Beeinträchtigung der Gesundheit oder eine Gefährdung seines Kredits (vgl. § 824) erleidet (Hopt, Schadensersatz und unberechtigte Verfahrenseinleitung, 1968, S. 165 ff., 228 ff.; BGHZ 95, 19 f.). Keine Ausnahme gilt für ***Unterlassungsdelikte.*** Prüft man bereits im Tatbestand (der Qualifikation eines Unterlassens als Handlung), ob eine Pflicht zur Abwendung eines Risikos bestand, so indiziert im Fall des Bejahens die daraufhin eingetretene Verletzung die Rechtswidrigkeit. **(2)** In den genannten Ausnahmefällen 50
hat die Lehre vom **Handlungsunrecht** (s. zB MüKoBGB/Wagner § 823 Rn. 11 ff.) ihre Berechtigung. Sie lehnt es allerdings generell ab, eine Handlung allein wegen des Erfolgseintritts als rechtswidrig zu qualifizieren. Ein nicht vorsätzliches Verhalten sei nur dann rechtswidrig, wenn der Schädiger entweder gegen eine spezielle Verhaltensnorm (zB ein Schutzgesetz) verstoßen oder die generell geforderte Sorgfalt außer Acht gelassen habe. Mit dieser zu weitgehenden Aussage hebt diese Auffassung jedoch die Trennung zwischen Rechtswidrigkeit und Verschulden auf und wird dem Zweck dieser Trennung (→ Rn. 47) nicht gerecht. Sie nimmt dem (potentiell) Verletzten zB bei fehlendem Verschulden sonst mögliche
Abwehrrechte. **b)** Die **ges. Rechtfertigungsgründe** sind der gesamten Rechts- 51
ordnung zu entnehmen. In Betracht kommen insbes. **Notwehr** (§ 227), **Notstand** (§§ 228, 904) einschließlich des übergesetzlichen Notstandes (§§ 228 ff.), das

Recht zur **vorläufigen Festnahme** (§ 127 StPO), erlaubte allg. **Selbsthilfe** (§ 229), Selbsthilfe von Besitzer und Besitzdiener (§§ 859, 860), Vermieter (§ 562b) und Eigentümer (§ 910), die **Wahrnehmung berechtigter Interessen** (§ 193 StGB), das **Erziehungsrecht** der Eltern im Rahmen des § 1631 II sowie des durch den Erziehungszweck gebotenen, Alter, Gesundheit und Verfassung des Kindes berücksichtigenden Maßes (→ §§ 1631–1633 Rn. 2), **öffentlich-rechtliche**
52 **Befugnisse** (zB § 23 BJagdG: Töten streunender Hunde). **c) Rechtfertigung durch Einwilligung. Lit.:** Kohte AcP 185, 105. **aa) Rechtsnatur.** Die – idR auch konkludent mögliche (BGH NJW 2015, 1450 f.: Fotoaufnahme) – Einwilligung in eine Verletzung ist, da nicht auf einen rechtlichen Erfolg, sondern auf die Unversehrtheit eines eigenen Rechtsgutes bezogen, keine Willenserklärung (BGH JZ 2019, 517 Rn. 31, zust. Spickhoff, JZ 2019, 522). Ob auf die entspr. Anwendung der §§ 104 ff. zurückgegriffen werden kann, ist im Einzelfall zu entscheiden. Sie unterliegt keiner Schriftform (BGH VersR 2019, 484 Rn. 32 ff.), die **Anfechtung** wegen Irrtums ist nicht möglich (BGH NJW 1964, 1178: Unterbringung in einer geschlossenen Anstalt). Eine unter **Drohung** oder **Täuschung** gegebene Einwilligung ist unwirksam (die Verletzung bleibt rechtswidrig), ebenso, wenn sie – etwa bei Tötung oder Verstümmelung – sitten- oder verbotswidrig ist (BGHZ
53 7, 207; 34, 361). **bb) Vertretung bei der Einwilligung.** Für **Willensunfähige** handeln die ges. Vertreter. Notfalls ist ein Betreuer zu bestellen (§§ 1896 ff.). **Minderjährige** können einwilligen, wenn sie die Bedeutung und die Tragweite des verletzenden Eingriffs und seiner Gestattung zu ermessen vermögen (BGHZ 29, 36). Das ist bei Tattoos zumindest bis zu einem bestimmten Alter zu verneinen (ähnlich Hauck NJW 2012, 2398). Die Einwilligung fällt zugleich in den Bereich der elterlichen Personensorge, §§ 1626 I, 1631, wobei häufig (iE BGHZ 105, 48 ff., sa OLG Stuttgart NJW-RR 2011, 747) ein Elternteil als durch den anderen ermächtigt gilt. Je nach Bedeutung des Eingriffs (zB Operation, Verletzung des Persönlichkeitsrechts, → Rn. 70, 79) und Alter des Kindes ist die elterliche Entscheidung allein maßgebend (BGHZ 160, 299), die Einwilligung von Eltern und Minderjährigem erforderlich (BGH WRP 2004, 1495; ähnlich BGH NJW 2007, 218: Vetorecht des Minderjährigen bei nicht unbedingt erforderlichem Eingriff mit schwerwiegenden Risiken; BGH NJW 1974, 1950: Veröffentlichung einer Aktaufnahme) oder die des Minderjährigen allein ausreichend (BGHZ 29, 37;
54 iE Flume II § 13, S. 11 f. **cc)** Zur **Einwilligung in einen Heileingriff** → Rn. 115 ff. Bedarf es (zusätzlich) der Einwilligung des Minderjährigen, so ist er entspr. aufzuklären (BGH NJW 2007, 218 mit der schwer nachvollziehbaren Einschränkung, der Arzt dürfe allg. darauf vertrauen, dass Aufklärung und Einwilli-
55 gung der Eltern genügen). **dd) Einwilligung in Risiken.** Wer sich bewusst in eine Gefahr begibt (zB Autofahrt mit einem Betrunkenen), hofft, dass alles gut gehen werde; er willigt also nicht in tatsächlich eintretende Verletzungen ein (aA OLG Karlsruhe NJW 1978, 705 mwN für Boxen, Autorennen, waghalsige Felsenkletterei). Zutr. hat die Rspr. das **„Handeln auf eigene Gefahr"** als Problem des Mitverschuldens, nicht der Rechtswidrigkeit qualifiziert (→ § 254 Rn. 14 ff.). Etwas anderes soll bei Sportarten mit Verletzungsgefahren (zB Kampfspielen) gelten: Verletzungen, die bei regelgerechtem Spiel nicht zu vermeiden sind (BGH NJW 2010, 538 mwN) oder auf geringfügigem Regelverstoß beruhen (OLG München NJW-RR 1989, 726), werden über die Risiko-Einwilligung als rechtmäßig qualifiziert. Vorzugswürdig erscheint es aus Gründen der systematischen Klarheit wie der Möglichkeit einer Differenzierung in den Rechtsfolgen, auch diese Sportunfälle – bei idR gleichem Ergebnis – als Unterfall des Handelns auf eigene Gefahr allein im Bereich des § 254 anzusiedeln (Teichmann JA 1979, 293
56 [347]; Füllgraf VersR 1983, 705; Kohte AcP 185, 123). **ee)** Auch eine begründet vermutete sog **mutmaßliche Einwilligung** kann letztlich eine Rechtfertigung darstellen. Ist der Betroffene nicht in der Lage, sich zu äußern (zB Schock, Bewusstlosigkeit), besteht eine erhebliche Gefahr für Leben oder Gesundheit des Patienten, wenn der Eingriff nicht vorgenommen oder verschoben wird und kann

in der verbleibenden Zeit kein Betreuer bestellt werden, so ist primär im Rahmen des Zumutbaren zu versuchen, zB durch Befragung von Angehörigen den mutmaßlichen Willen zu ermitteln (OLG Naumburg VersR 2014, 592; sa §§ 1901a II, 1901b II). Ist dies nicht durchführbar, so kann bei Eingriffen (Operationen), die unter den genannten Gesichtspunkten sachlich geboten sind, ohne gegenteilige Anhaltspunkte von einer mutmaßlichen Einwilligung ausgegangen werden.

6. Verschulden. a) Allgemeines. Verschulden setzt Verschuldensfähigkeit 57 (→ Vor § 827 Rn. 1) voraus. Zum zivilrechtlichen Begriff von **Vorsatz** und (obj.) **Fahrlässigkeit** → § 276 Rn. 15 ff., 22 ff. Erforderlich ist hier eine individuelle, nicht nur typisierte (→ § 276 Rn. 29) Feststellung. Das **Verschulden iSv I** muss 58 sich auf den obj. Tatbestand beziehen, also auf den **Verletzungserfolg** (verletztes Rechtsgut, s. dazu OLG Köln NJW 2007, 1757) und die **Verletzungshandlung** einschließlich der haftungsbegründenden **Kausalität** (→ Rn. 20 ff.). Auf den Schaden und die haftungsausfüllende Kausalität (→ Vor §§ 249 ff. Rn. 24 ff.) braucht sich das Verschulden hingegen nicht zu erstrecken (Mot. II 406; BGHZ 59, 39). **b) Verschulden iSv II. aa) Gegenstand.** Vom Verschulden erfasst sein muss hier 59 nach hM lediglich der **Normverstoß.** Sofern also nicht das Schutzgesetz selbst die schuldhafte Verletzung des Betroffenen fordert (wie zB § 230 StGB), braucht sich das Verschulden, etwa bei abstrakten Gefährdungsdelikten, nicht auf die Rechtsgutsverletzung selbst zu erstrecken (BGHZ 51, 103 f., stRspr). **bb) Ausmaß.** Setzt das 60 Schutzgesetz bes. Verschuldensformen (Vorsatz, grobe Fahrlässigkeit) voraus, so müssen sie auch für den Schadensersatz gegeben sein. Ist ein Normverstoß auch ohne Verschulden möglich, so fordert § 823 II 2 zumindest Fahrlässigkeit. **cc)** Handelt es 61 sich bei dem Schutzgesetz um eine **Straf-** (bzw. Ordnungswidrigkeiten-) **Vorschrift,** so muss, weil nur insoweit ein Schutz aufgestellt wurde, auf den strafrechtlichen Verschuldensbegriff zurückgegriffen werden (BGH JZ 2018, 253 Rn. 16; JZ 2018, 419 Rn. 10). Anderes gilt, wenn der Verstoß durch ein (zivil- oder öffentlichrechtliches) Schutzgesetz durch eine **andere Bestimmung strafbar gemacht** wird. Hier gilt im Fall einer Fahrlässigkeit § 276 (zum Vorsatz → § 276 Rn. 15); denn sonst würde der zivilrechtliche Schutz sinnwidrig durch eine (zusätzliche) Strafnorm eingeschränkt (so zutr. Kempelmann/Scholz JZ 2018, 390, 393 gegen BGH JZ 2018, 253 Rn. 16; insoweit krit. auch Schröder JZ 2018, 255 f.). Ein unvermeidbarer Verbotsirrtum schließt zwar nicht den Vorsatz aus, führt aber zur Schuldlosigkeit und damit zum Entfallen der Haftung (BGH JZ 2018, 253 Rn. 17 mzustAnm Schröder).

7. Rechtsfolgen. Zu Unterlassungs- und Beseitigungsansprüchen allg. → Vor 62 § 823 Rn. 6 ff.; zum Widerruf in Einzelfällen → § 823 Rn. 85 ff., zum Schadensersatz (Ersatz des sog. negativen Interesses, BGH NJW 2012, 3510, stRspr) einschließlich der haftungsausfüllenden Kausalität → Vor §§ 249 ff. Rn. 24 f., zum Ersatz des immateriellen Schadens → § 253 Rn. 5, 10 ff.

8. Beweislast. a) Der *Verletzte* hat den **obj. Tatbestand,** also die Verletzung 63 eines Rechtsguts bzw. Schutzgesetzes (BGH NJW-RR 2011, 1662), eine **Handlung** einschließlich des Unterlassens und die **haftungsbegründende Kausalität** (§ 286 ZPO, BGHZ 192, 303 [für Unterlassen]) zu beweisen. Im **Arzthaftungsverfahren** und bei **Berufen,** die, dem Arztberuf ähnlich, **auf den Schutz von Körper und Gesundheit anderer gerichtet** sind, soll den Schädiger *bei grober Fahrlässigkeit* die Beweislast für die Kausalität treffen, wenn der Behandlungsfehler generell geeignet ist, die Rechtsgutsverletzung zu verursachen (BGHZ 61, 121; BGH NJW 2019, 1809 Rn. 18f mwN; der Rspr. zust. Koch JZ 2017, 843; zutr. sehr krit. Mäsch NJW 2017, 2080; Katzenmeier JZ 2018, 417 ff.; J. Prütting NJW 2019, 2661; sa → Rn. 116; → § 630h). Bsp: Organisationspflicht in einem Krankenhaus (BGH NJW 2018, 309 Rn. 13); Hausnotrufvertrag (BGHZ 215, 44 Rn. 24); Aufsicht am Badesee (BGH NJW 2018, 301 Rn. 24, zust. Koch/Rupp NJW 2018, 267); nicht Sportlehrer bei unterlassener erster Hilfe, da hier die Aufsicht nur eine Folgeverpflichtung der eigentlich geschuldeten Leistung ist (BGH NJW 2019, 1809 Rn. 23). **b)** Für das Vorliegen eines **Rechtfertigungsgrundes** obliegt – nach der hier vertretenen Auffassung auch bei einem Unterlassen (→ Rn. 50) – dem *Schädiger* die Beweislast (OLG Düsseldorf VersR 1990, 853). **c)** Den **Verschuldensnachweis** trägt wiederum der *Verletzte*. Die Art der Pflichtverletzung kann allerdings Indizwirkung haben (BGH NJW-RR 2012, 404 f. für den Vorsatz). Zur Haftung des Produzenten nach dem BGB → Rn. 132, 134. **d)** Bei der **Verletzung eines Schutzgesetzes** geht die Rspr. in Anwendung der Regeln zum prima-facie-Beweis (Thomas/Putzo/Seiler § 286 Rn. 12) idR von der Kausalität zwischen Schutzgesetz- und Rechtsgutsverletzung (BGH BB 1986, 2160 mit Einschränkungen) sowie vom Verschulden des Handelnden aus (BGH NJW 1984, 433). **e)** Die Beweislast für die **haftungsausfüllende Kausalität** liegt beim *Verletzten*. Es gilt § 287 ZPO (s. BGH NJW 2014, 688).

II. Besondere geschützte Rechtsgüter

Vorbemerkung

Einige geschützte Rechtspositionen, deren Problematik nach Erlass des BGB ins Blickfeld getreten ist, lassen sich im Aufbau des Tatbestandes und hinsichtlich der Rechtsfolgen nicht in gleicher Weise behandeln wie die im Wortlaut des § 823 I genannten. Sie werden hier gesondert dargestellt.

1. Persönlichkeitsrecht.

Lit.: Büchler, Die Kommerzialisierung von Persönlichkeitsgütern, AcP 206 (2006), 300 ff.; Damm/Rehbock, Widerruf, Unterlassung und Schadensersatz in den Medien, 3. Aufl. 2008; Löffler, Presserecht, 6. Aufl. 2015; v. Pentz, Ausgewählte Fragen des Medien- und Persönlichkeitsrechts im Lichte der aktuellen Rechtsprechung des VI. Zivilsenats, AfP 2014, 8; Pfeifer, Persönlichkeitsrechte im 21. Jahrhundert – Systematik und Herausforderungen, JZ 2013, 853; Seitz, Der Gegendarstellungsanspruch, 5. Aufl. 2017; Soehring/Hoene, Presserecht, 6. Aufl. 2019.

64 **a) Allgemeines. aa) Funktion.** Der enumerative Schutz einzelner Persönlichkeitsgüter (→ Rn. 13) hat sich schon bald nach Entstehen der Bundesrepublik als zu eng und ungenügend erwiesen, weil nun – heute durch elektronische Aufnahmetechniken und die Potentiale des Internet verschärft – vielfältige Verletzungsmöglichkeiten auf der psychischen Ebene, zB durch Auskundschaften der privaten Sphäre, durch Verbreitung von Informationen und Bewertungen in den Medien möglich sind, ohne dass dem Betroffenen angemessene Sanktionsinstrumente zur Verfügung stehen. Notwendig erschien deshalb bald, über die ges. Einzeltatbestände hinaus ein „Recht des Einzelnen gegenüber jedermann auf Achtung seiner Menschenwürde und Entfaltung seiner individuellen Persönlichkeit" (BGHZ 24, 76; 27, 286) zu konstituieren, das vor ungerechtfertigten Beeinträchtigungen und Verletzungen der körperlichen wie seelischen Integrität und des privaten Lebensbereiches schützt. Die teilweise verwandte Bezeichnung als schützenswertes „geistiges Eigentums" an den eigenen immateriellen Persönlichkeitsgütern wird diesem weitreichenden Verständ-
65 nis nicht gerecht. **bb) Rechtsgrundlagen.** Das BVerfG hat aus Art. 2 I iVm Art. 1 GG das Persönlichkeitsrecht als *Grundrecht gegenüber dem Staat* entwickelt, der seinen Schutzauftrag ua durch das gerichtliche Gewähren von Abwehr- und Ausgleichsansprüchen gegen Dritte erfülle (s. BVerfG NJW 2006, 595 mwN). Der BGH hat das Persönlichkeitsrecht als ein weiteres „sonstiges Recht" iSv I qualifiziert (zB BGHZ *139, 99 ff.*, stRspr) und zitiert als **Anspruchsgrundlage** „§ 823 Abs. 1 BGB iVm. Art. 2 Abs. 1, Art. 1 Abs. 1 GG" (s. zB BGH NJW 2014, 3154). Als weitere Anspruchsgrundlage bleibt anwendbar § 823 I selbst, soweit im Tatbestand erwähnte oder über das Merkmal „sonstiges Recht" geschützte Persönlichkeitsgüter (→ Rn. 13) betroffen sind (Bsp: Eine Rufkampagne führt zu einer psychischen

Erkrankung). § 823 II ist iVm strafrechtlichen Schutzgesetzen anwendbar (BGHZ 95, 214). Teilw. bestehen Sondernormen, zB § 22 KUG (BGHZ 156, 208), § 35 BDSG (Löschungsanspruch). Die unbefugte Nutzung eines Persönlichkeitsrechts (zB Name, Bild) kann weiter Ansprüche aus **Eingriffskondiktion** gem. § 812 I 1 auslösen, und zwar unabhängig davon, ob der Betroffene diese Nutzung gestattet hätte (BGHZ 169, 343 ff. mwN, dazu Balthasar NJW 2007, 664; krit. Helle JZ 2007, 444; Siemes AcP 201, 214 ff.; Erlanger, Die Gewinnabschöpfung bei Verletzung des Persönlichkeitsrechts, 2001, passim). **cc) Rechtsträger** ist jede **natürliche Person,** 66 ebenso die **jur. Person** (BGH NJW 2016, 1284, Rn. 11), der nichtrechtsfähige Verein (BGH NJW 1971, 1665) und die Personengesellschaft (BGH DB 1980, 2280: des Handelsrechts), soweit sie in ihrer Funktion, etwa als Wirtschaftsunternehmen oder Arbeitgeber, betroffen wird (sog. Unternehmenspersönlichkeitsrecht, BGH NJW 2005, 2766; GRUR-RS 2022, 21876 Rn. 27 ff.). Auch der **nasciturus** wird, soweit er verletzt werden kann, geschützt. **dd)** Das Persönlichkeitsrecht **erlischt** als solches **mit dem Tode** (BGH NJW 2012, 1728). Es entfaltet jedoch **Nachwirkungen** (sog. postmortales Persönlichkeitsrecht; dazu iE Schack JZ 2019, 864, 876 f.). So unterliegen bestimmte Tatsachen dem **Geheimnisschutz.** Das Behandlungs- und Beratungsgeheimnis gilt ohne vorherige Aufhebung auch gegenüber Erben und Angehörigen für Ärzte (BAG NJW 2010, 1222), Anwälte (§ 43 II BRAO), Notare (§ 18 BNotO). Die bei **Netzanbietern** lagernden Daten sind nicht anders zu behandeln als beim Verstorbenen vorhandene Datenträger wie zB Tagebücher, Briefe (eingehend BGH VersR 2019, 114 Rn. 49 ff. mwN; krit. Martini/Kienle JZ 2019, 235). Weiter dürfen das Andenken des Verstorbenen (BVerfGE 30, 194, Mephisto) nicht beeinträchtigt, seine Privatsphäre (zB Erkrankungen, Straftaten) nicht ausgebreitet, sein Lebensbild nicht verfälscht und er nicht verächtlich gemacht werden (BGH NJW 2014, 3786, sog. Schutz der **ideellen Anteile** des Persönlichkeitsrechts, s. zB Müller VersR 2006, 1293). Bsp: BGHZ 15, 259 (Cosima Wagner), 50, 136 (Mephisto), 107, 392 f. (Emil Nolde), BVerfG NJW 2001, 2959 (Wilhelm Kaiser). Der Schutz besteht in Abwehrrechten, die von den überlebenden *nächsten Angehörigen* wahrgenommen werden (BGH NJW 2002, 2318). Eine Entschädigung wird insoweit zutr. abgelehnt (BGHZ 201, 51 ff.). Über den Tod hinaus geschützt werden schließlich **vermögenswerte Anteile** des Persönlichkeitsrechts, etwa die wirtschaftliche Verwertung des Namens (BVerfG NJW 2006, 3409 mwN, Marlene Dietrich) oder Bildes (BGH NJW 2021, 1311 Rn. 12, Sascha Hehn). Hier bestehen Abwehrrechte und Ansprüche auf Entschädigung, die von den *Erben* wahrgenommen werden. In beiden Gruppen kann das Informationsbedürfnis der Allgemeinheit ein Gegengewicht bilden (BVerfG NJW 2001, 594, Willy-Brandt-Münze, iE Pabst NJW 2002, 999). **Zeitlich** soll der Schutz nach der Rspr. (zu kurz und undifferenziert) auf zehn Jahre nach dem Tod begrenzt sein (BGHZ 169, 198 mwN [Kinski]; krit. Schack JZ 2007, 366). Die physische Integrität des **Leichnams** ist aus Gründen seiner Würde ebenfalls geschützt (OLG Bamberg NJW 2008, 1543: Strafbarkeit der Wegnahme von Zahngold nach Einäscherung; BGH NJW 2014, 3788: Gewebeentnahme [dort in Güterabwägung für zulässig gehalten]). Ansprüche wegen einer Verletzung können von den nächsten Angehörigen und den Testamentserben geltend gemacht werden (BGHZ 15, 259; 50, 140). **b) Feststellung einer Verlet-** 67 **zung. aa) Grundsätze.** Soll die Person in ihrer *psychischen Integrität* geschützt werden, so ist es bereits angesichts der Unterschiedlichkeit in den individuellen Lebensweisen und Tätigkeiten nicht möglich, ein generell zu umschreibendes Schutzgut (wie etwa die Gesundheit → Rn. 3) zu benennen, dessen Verletzung die Rechtswidrigkeit indiziert. Auch müssen in einer kommunikativen Gesellschaft unter dem Grundrecht der Meinungsfreiheit Beeinträchtigungen in weiten Bereichen hingenommen werden. Deshalb wird unter der Umschreibung des Persönlichkeitsrechts als eines „offenen Tatbestandes" bereits für das Feststellen einer Verletzung eine **Güter- und Interessenabwägung** zwischen Verletztem und Handelndem vorgenommen, um den erlaubten von dem rechtswidrigen Eingriff zu unterscheiden. Dabei sind „die [auf beiden Seiten] betroffenen Grundrechte und Gewährleis-

tungen der EMRK interpretationsleitend zu berücksichtigen" (BGH NJW 2012, 769 mwN). Das Übergewicht auf der einen oder anderen Seite entscheidet dann
68 über das Ergebnis. Abwägungsfrei wird bei allerdings unscharfer Abgrenzung (s. KG NJW-RR 2010, 622) ein aus der Menschenwürde abgeleiteter sog **absolut geschützter Raum der Intimsphäre** anerkannt, in den auf keinen Fall ohne Einwilligung eingegriffen werden darf (BVerfGE 119, 23 f. – Esra; BGH NJW 2016,
69 1096; iE Poscher JZ 2009, 267). **bb)** (Erschwerende oder erleichternde) **Gesichtspunkte auf Seiten des Verletzten:** Maßgebend sind zB die Art der erlittenen Rechtsverletzung, die Schwere der Beeinträchtigung, ihr Anlass und das eigene Verhalten vor der Verletzung. **Minderjährige** bedürfen wegen eines möglicherweise entwicklungsbedingten (Fehl-) Verhaltens eines bes. Schutzes vor der Publikation ihres privaten Handelns (BGHZ 207, 348, krit. Derleder JZ 2015, 517: Schülerin in der Pubertät) wie auch beim Auftreten in der Öffentlichkeit. Die Persönlichkeitsentwicklung soll nicht durch eine – auch spätere (zB durch Online-Archiv, → Rn. 79; → Rn. 82) – Stigmatisierung beeinträchtigt werden (BGHZ 206,
70 355; eindringlich Beater JZ 2013, 111). **cc)** (Erschwerende oder erleichternde) **Gesichtspunkte auf Seiten des Verletzers:** Bedeutsam können sein zB Art des Beschaffens von Informationen (BGH NJW 2015, 784: Veröffentlichung von E-Mails), Mittel und Zweck einer Äußerung (s. BGHZ 156, 211 ff.: Fotomontage als Satire; BGH NJW 2007, 688: „Terroristentochter"; OLG Hamburg NJW-RR 2010, 1198: eigene wirtschaftliche Interessen), Art und Dauer des Eingriffs. In einem **rechtsstaatlich geregelten** (zB gerichtlichen) **Verfahren** unterliegen zur Rechtsverteidigung (in Wort und Bild) vorgenommene Äußerungen, auch wenn sie die Persönlichkeit eines anderen verletzen, allein der Kontrolle der Instanz, die das Verfahren durchführt. Sonst würde zB ein von außen ergangenes Unterlassungsgebot die individuelle Rechtsverfolgung unzulässig einschränken (BGH VersR 2018, 818 Rn. 16, stRspr, iE s. Klein NJW 2018, 3143). Eine bes. Rolle spielt bei der Beeinträchtigung durch Medien (→ Rn. 80 ff.) der Schutzbereich von **Art. 5 I GG (Presse-, Rundfunkfreiheit).** Dies hat wiederum zwei Aspekte. Medien erfüllen zum einen als Grundlage der allg. Meinungsbildung das „Interesse der Öffentlichkeit an vollständiger Information über das Zeitgeschehen" (BGHZ 187, 205). Medien stehen aber auch selbst unter dem Schutz des Art. 5 I GG. Zum „Kern der Meinungs- und Medienfreiheit" gehört, dass sie im Grundsatz nach ihren eigenen publizistischen Kriterien entscheiden können, „was sie des öffentlichen Interesses werthalten und was nicht" (BGH NJW 2014, 2278, stRspr). Umfasst werden auch unterhaltende Beiträge (BVerfG NJW 2000, 1921 mwN; BGH NJW 2014, 2278). Die Abwägung soll idR wegen der stärkeren Wirkung bei einer Bildberichterstattung eher zugunsten des Verletzten vorgenommen werden als bei einer Wortberichterstattung (BVerfG NJW 2012, 757; BGHZ 187, 203 ff.). Zu fragen sein soll im *Ergebnis,* ob und in welchem Umfang aus Sicht des Publikationsorgans ein öffentl. Informationsinteresse (nicht allein ein eigenes kommerzielles, BGH VersR 2010, 36; oder die Neugier an privaten Angelegenheiten, BGH VersR 2009, 514) zu bejahen ist und ob der Eingriff in die Privatsphäre in einem angemessenen Verhältnis zu Art und Ausmaß der öffentl. Kundgabe steht (BGH VersR 2009, 269 mwN). Für die **Kunstfreiheit (Art. 5 III GG),** die nicht nur die Gestaltung, sondern auch die Äußerung in der Öffentlichkeit umfasst (BVerfG NJW 2019, 1277 Rn. 16; sa dort Rn. 15 zur Umschreibung der Kunst), werden die Freiräume wegen des fehlenden Gesetzesvorbehalts teilweise noch stärker ausgedehnt (BGH VersR 2009, 1085, insoweit nicht überzeugend; sehr weitgehend auch BGH NJW 2022, 1676: Tina Turner „Tribute Show" mwN zur „Doppelgänger"-Rspr.). Die Einzelergebnisse der obersten Gerichte sind nicht immer kohärent (s. Müller VersR 2009, 1149:
71 „Zankapfel zwischen BGH, BVerfG und EMGR"). **c)** Als **Fallgruppen,** die eine typologische Zuordnung erleichtern (krit. Beater JZ 2018, 213, allerdings mit einer vergleichbaren Anordnung), lassen sich bilden: **aa) Behinderung der Persönlichkeitsentfaltung.** Bsp: Einwirkung auf die berufliche Tätigkeit durch Stigmatisierung (BGH NJW 2005, 592); Vernichtung konservierten Spermas bei vorhersehba-

rer Unfruchtbarkeit und damit definitive Vereitelung des Wunsches nach Kindern (BGHZ 124, 54, dort unzutr. als Körperverletzung gewertet, krit. Neuner AcP 214, 460). **bb) Herabsetzung der Person. (1) Allgemeines.** Nach der Rspr. umfasst **72** das Persönlichkeitsrecht auch den Schutz vor Beeinträchtigungen der sozialen Anerkennung durch abträgliche öffentl. Bemerkungen (BGH NJW 2014, 3154). Zurechenbar sind dabei einem Verletzer idR nur eigene Äußerungen. Übernommene fremde Äußerungen werden (nur) zugerechnet, wenn man sie nicht lediglich ohne Wertung zitiert, sondern sie sich „zu eigen macht", sich mit ihnen identifiziert (BGHZ 206, 103 Rn. 13; BGH JZ 2016, 677 Rn. 28 mkritAnm Paal JZ 2016, 677; EGMR NJW 2017, 795). Zu Ansprüchen gegen Internetforen → Rn. 79, 94. In der Beurteilung wird zunächst zwischen Werturteil und Tatsachenbehauptung unterschieden (zur Abgrenzung → § 824 Rn. 4). **(2) Herabsetzendes Werturteil.** **73** Die Absicherung der Meinungsfreiheit durch Art. 5 GG als unverzichtbare Grundlage für die ständige geistige Auseinandersetzung, den „Kampf der Meinungen", und damit als „schlechthin konstituierend" für eine freiheitlich-demokratische Staatsordnung (BVerfGE 7, 128 [Rn. 32]) hat für das BVerfG zur Folge, dass bei einem Konflikt mit dem Persönlichkeitsrecht eines Betroffenen zu unterscheiden ist zwischen Äußerungen mit einem (inhaltlichen) Bezug zu einer das Öffentlichkeitsinteresse berührenden Sachauseinandersetzung (s. zB BVerfG NJW 2019, 2600 Rn. 18) einerseits und einer allein die private Sphäre berührenden Äußerung andererseits (BVerfGE 7, 128 [Rn. 32]). Der Grundrechtsschutz bestehe im **(a)** *öffentlichen Bereich* unabhängig davon, ob die Äußerung rational oder emotional, begründet oder grundlos ist und ob sie von anderen für nützlich oder schädlich, wertvoll oder wertlos gehalten wird (BVerfGE 93, 266 Rn. 108). Auch scharfe, überspitzte und polemische Formulierungen müssten – etwa beim „Gegenschlag" (BVerfG NVwZ 2016, 761 Rn. 29) – hingenommen werden, um die Gefahr einer Lähmung oder Verengung des Meinungsbildungsprozesses auszuschließen (BVerfGE 85, 1 Rn. 48). Das Recht, Maßnahmen der öffentlichen Gewalt ohne Furcht vor staatlichen Sanktionen kritisieren zu können, gehöre zum Kernbereich der Meinungsfreiheit (BVerfG NJW 2019, 2600 Rn. 17). Bei der erforderlichen **Abwägung** zwischen beiden Rechtsgütern sind, auf den Einzelfall bezogen, neben den individuellen Elementen (→ Rn. 69 f.) die Bedeutung der Meinungsfreiheit, mögliche allg. Auswirkungen einer Untersagung der Äußerung und auch die Intensität der in Frage stehenden Sanktion (zB Unterlassung, Widerruf, Strafbarkeit) zu berücksichtigen (iE s. Teichmann JZ 2020, 549, 555). *Ohne Abwägung unzulässig* sind Äußerungen, die gegen die Menschenwürde verstoßen (BVerfGE 93, 266 Rn. 21; 99, 185 Rn. 34), und sog. Formalbeleidigungen, dh Äußerungen, bei denen sich die Kränkung bereits aus dem Wortlaut und damit ohne Bezug auf die beteiligten Personen und die konkreten Umstände ergibt (BVerfGE 82, 272 Rn. 24, BVerfG NVWZ 2019, 719 Rn. 11). Dies hat das BVerfG zunächst in stRspr auch bei einer sog **Schmähkritik** angenommen, einer Äußerung, bei der nicht mehr die Auseinandersetzung in der Sache, sondern – jenseits auch polemischer und überspitzter Kritik – die Diffamierung der Person im Vordergrund steht (BVerfG NJW 2017, 1460 Rn. 14). Nach neuerer Rspr. des BVerfG soll wohl das Vorliegen einer Schmähkritik grds. nicht angenommen werden, wenn ein Bezug zu einer öffentl. Auseinandersetzung besteht (BVerfG NJW 2019, 2600 Rn. 18). Es sollte jedoch auf den Begriff der Schmähkritik als solchem verzichtet werden. Er verleitet einerseits dazu, sein Vorliegen zu rasch zu bejahen und damit eine Äußerung ungerechtfertigt zu unterbinden, andererseits beim Verneinen einer Schmähkritik eine Äußerung zu Lasten des Persönlichkeitsrechts zu früh als zulässig anzusehen (s. zB BVerfG NJW 2014, 3358: Herabsetzung einer Richterin; BVerfG NJW 2016, 2871 mkritAnm Gostomzyk: „widerwärtige, boshafte, dümmliche Staatsanwältin"; BGH NJW 2018, 2324 Rn. 41 mit Kritik Gounalakis und Muer NJW 2018, 2299, 2301). Die „klassischen" Abwägungselemente (→ Rn. 67 f.) genügen. Dabei müssen allerdings angesichts der das soziale Klima allg. beeinflussenden Breitenwirkungen von Medien und Netz und wegen der naheliegenden psychischen Auswirkungen auf den Betroffenen die

Maßstäbe für eine noch zu tolerierende persönliche Herabsetzung strenger bemessen werden. Eine ehrverletzende Herabwürdigung im politischen Raum, insbes. im Zusammenhang mit einer Tätigkeit im Rahmen einer öffentl. oder gemeinnützigen Institution ist schon aus Gründen des Institutionenschutzes idR nicht zuzulassen (iE s. Teichmann JZ 2020, 549, 553). Bei **(b)** *privaten Äußerungen* kann und sollte bei der Abwägung dem Persönlichkeitsrecht unproblematisch ein stärkeres Gewicht

73a beigelegt werden. **(3)** Eine Sonderstellung nehmen **Satire** und **Karikatur** ein. Sie sind gekennzeichnet durch Elemente der Verzerrung, Verfremdung und Übertreibung (BVerfGE 65, 377; eingehend Oechsler NJW 2017, 757). Dies erfordert, die optische oder graphische Gestaltung („Einkleidung") vom Aussagekern zu unterscheiden. Für die inhaltliche Aussage gelten bei der Abwägung der Verletzung gegenüber Meinungs- oder auch Kunstfreiheit (s. zB BVerfGE 86, 1 Rn. 32) die allg. Grundsätze. Der gestalterische Ausdruck hingegen unterliegt weniger strengen Prüfmaßstäben (BGHZ 156, 211 Rn. 14 mwN; EGMR NJW-RR 2016, 1514 Rn. 31), denn er will nach dem Wesen von Satire und Karikatur gerade nicht „wörtlich" verstanden werden (→ § 824 Rn. 7). Die satirische Gestaltung darf aber – unabhängig vom Geschmack – mit ihrer Verletzung in Form und Intensität den Rahmen einer anlassbezogenen tolerablen Auseinandersetzung nicht überschreiten (s. Oechsler NJW 2017, 757 mit Rückgriff auf den Grundsatz der Verhältnismäßigkeit; LG Hamburg NJW-RR 2017, 36 Rn. 12, OLG Hamburg ZUM-RD 2018, 484, dazu krit. Faßbender NJW 2019, 705 – Böhmermann). Auch einzelne Äußerungen im Rahmen einer Gesamtaussage können, wenn sie aus sich heraus zu interpretieren sind, unzulässig sein (BVerfGE 86, 1 Rn. 43, 44; LG Hamburg NJW-RR 2017, 36 Rn. 12; aA wohl BGHZ 156, 211 Rn. 20 mwN, insoweit zu pauschal).

74 **(4)** Eine **herabsetzende Tatsachenbehauptung** genießt nur insoweit einen grundgesetzlichen Schutz, als und soweit sie eine Voraussetzung für das Bilden einer Meinung ist (BVerfGE 90, 247; BVerfG NJW-RR 2010, 471 mwN). In einer zweiten Stufe ist zu unterscheiden: *Wahre* Behauptungen sind idR zulässig, wenn ein Informationsinteresse besteht (BVerfG NJW-RR 2010, 1197; sehr weitgehend BGH NJW 2015, 785 trotz Rechtswidrigkeit der Beschaffung einer Information). *Bewusst falsche* Behauptungen auf der anderen Seite genießen, weil sie zur geschützten Meinungsbildung nicht beitragen, keinen Schutz. Bei *nicht vorsätzlich unrichtigen* Behauptungen ist je nach der vom Betroffenen gewollten Sanktion zu differenzieren (→ Rn. 86 bzw. → Rn. 91). Der **Verdacht** einer die Öffentlichkeit wesentlich berührenden, in ihrer Wahrheit ungeklärten Tatsache darf – ohne Vorverurteilung – nur nach sorgfältigen Recherchen (sa EGMR NJW 2016, 1374: selbst gutgläubig und professionell vorgegangen) und bei hinreichenden Anhaltspunkten sowie idR nach Einräumen einer vorherigen Möglichkeit zur Stellungnahme für den Betroffenen geäußert werden (BGHZ 203, 239 Rn. 39, BGH NJW-RR 2017, 98 Rn. 38 f.; NJW 2022, 1751 Rn. 27 ff.). Insbesondere ist bei einer Individualisierung die fortbestehende Unschuldsvermutung zugunsten des Betroffenen zu gewichten (BGH NJW 2020, 45 Rn. 46 ff.). Zu Sanktionen → Rn. 86 bzw. → Rn. 91. Bei auf **Tatsachen gestützten Werturteilen** (Schlussfolgerungen) dürften insoweit dieselben

75 ben Grundsätze gelten (unklar EGMR NJW-RR 2011, 983). **(5)** Verletzend ist auch die **Verfälschung des Lebensbildes** in öffentl. Darstellung (BGHZ 50, 144; BVerfG 30, 198: Mephisto, sa Kastner NJW 1982, 601; OLG Bremen NJW 1996, 1000: Arbeit für den KGB; BGHZ 107, 391: gefälschte Nolde-Bilder). Bei künstlerischer Gestaltung ist hier gegenüber der Kunstfreiheit, Art. 5 III GG, sorgfältig abzuwägen (Bsp: Vortäuschen eines tatsächlich nicht geführten Interviews, BGHZ 128, 1). Verletzend sind weiter Fehlzitate oder **verfälschte Wiedergaben von Äußerungen,** die die Person charakterisieren können (BGH NJW 2011, 3516), und die **Verfälschung des Abbildes** (Fotomontage), ohne dass die satirische Komponente erkennbar wird (BVerfG NJW 2005, 3271; s. dazu BGH NJW 2006, 605).

76 **(6) Ehrverletzungen** verletzen unproblematisch das Persönlichkeitsrecht. Bsp: herabsetzende Pressekritik (BGHZ 39, 128) oder Fehlzitat (BGH NJW 1982, 635); Verlesen eines verächtlich machenden Briefes von Mitschülern in der Klasse

durch den Lehrer; ehrenrührige und falsche Behauptungen in Zeitung (OLG Düsseldorf NJW-RR 1990, 1118); krit. Fernsehsendung (BGHZ 66, 182) oder Wahlkampf (BGH NJW 1984, 1102). **cc) Beeinträchtigung der privaten Sphäre.** 77
(1) Grundsatz. Die Rspr. ist insoweit zu einer gewissen Konsolidierung gekommen, als sie aus dem Persönlichkeitsrecht ein „Recht auf Achtung der Privatsphäre" ableitet, „das jedermann einen autonomen Bereich der eigenen Lebensgestaltung zugesteht, in dem er seine Individualität unter Ausschluss anderer entwickeln und wahrnehmen kann" (BGH NJW 2012, 763). Dieser Bereich ist zum einen *physisch* zu verstehen (private Räume, allg. als privat verstandenes Handeln in der Öffentlichkeit) und umfasst weiter den Schutz *thematisch* auf die Person bezogener Tatsachen, die allg. dem Privatbereich zugerechnet werden (sa BGH NJW 2014, 768 mwN und der Abstufung „Privatsphäre, Geheimsphäre und Intimsphäre"; BGH VersR 2020, 500 Rn. 13; NJW 2020, 53 Rn. 23 ff.: „innerer Bereich der Privatsphäre"). **(2) Schutz der räumlichen privaten Sphäre. (a)** Die **Beobachtung des räumlich privaten Bereichs** ist außerhalb des frei Zugänglichen ohne Einwilligung nicht gestattet: Bsp: Fotografieren eines Anwesens mit Teleobjektiv (BGH NJW 2004, 762) oder Drohne; auf privates Grundstück gerichtete Überwachungskamera (BGH NJW 2010, 1534; OLG Köln NJW 2017, 835; iE Stöber NJW 2015, 3681). **(b) Gezieltes Fixieren eines privaten Handelns in der Öffentlichkeit.** Ein gezieltes Handeln, mit dem vom Betroffenen erkennbar nicht gewollt Informationen (zB über Situationen oder Vorgehensweisen) festgehalten werden, ist ohne Einwilligung idR nicht zulässig (OLG Köln NJW-RR 2017, 748: Aufnahme bei einem privaten Besuch einer Gaststätte; anders, aber viel zu weitgehend BGH VersR 2018, 554 Rn. 16 ff., 28: Aufnahme vor Supermarkt). Bes. Rechtfertigungsgründe sind möglich (BGH NJW 1995, 1955: Überwachung eines Hauseingangs durch Videoaufnahmen; KG BeckRS 2016, 119517: Filmaufnahmen durch Detektei). Vergleichbares gilt für eine *eingeschränkte Öffentlichkeit* (zB Veranstaltungen, Kantine). Die *heimliche Videoüberwachung* in Räumen des Arbeitgebers ist zulässig, wenn der konkrete Verdacht einer schweren Verfehlung/Straftat besteht und andere Aufklärungsmittel nicht verfügbar sind (BAG NJW 2012, 3596 f. mAnm Bauer/Schansker NJW 2012, 3537; EGMR NZA 2019, 1697; zust. Hembach NJW 2020, 128). **(c) Aufnahmen in der Öffentlichkeit, die nicht auf eine Information über den Betroffenen zielen,** sind in Grenzen zulässig (BGH NJW 1995, 1955; KG BeckRS 2016, 119517; sa § 23 I Nr. 2 KUG: Zulässigkeit von Aufnahmen, in denen die Personen nur „Beiwerk" neben einer Landschaft oder sonstigen Örtlichkeit sind). Die Nutzung einer sich ständig kurzfristig überschreibenden, nur einen Anlass (zB Unfall) festhaltenden Kamera zB im Pkw **(Dashcam)** wird deshalb nicht als eine Verletzung zu qualifizieren sein (OLG Nürnberg NJW 2017, 3507 Rn. 27 f., 33 mwN; eher unter stärkerer Betonung des BDSG bejahend Lohse VersR 2016, 953; bejahend, aber die Beweisverwertung zulassend, BGH JZ 2018, 935; zust. Ahrens NJW 2018, 2837; weitergehend eindrücklich Heese JZ 2018, 944, der auch eine Beweisverwertung bei langfristiger Speicherung zulassen will). **(d)** Schließlich besteht auch ein besonderer Schutz vor **Berichten aus der inneren Privat- und Intimsphäre** (BGH NJW 2020, 53 Rn. 23 ff.). **(3) Inhaltlicher Schutz der Per-** 78
sönlichkeit. (a) Verletzung des „Rechts auf Nichtwissen". Zum Bereich der autonomen Lebensgestaltung gehört (unter Abwägung mit den Interessen anderer, → Rn. 67) auch die Freiheit zu entscheiden, was man über sich selbst erfahren will, zB über die eigene Abstammung, die genetische Konstellation (BGHZ 201, 268 f.), über mögliche nicht heilbare Erbkrankheiten (Schneider NJW 2014, 3134, zweifelnd BGH NJW 2014, 2192). **(b) Unbefugtes Zukommenlassen von Informationen.** Zur ungestörten Lebensgestaltung gehört auch, von bestimmten Fremdinformationen unbehelligt zu bleiben. Bsp: Spams auf privatem PC, Telefonwerbung (BGHZ 59, 317, dort zu § 1 UWG aF); Werbung durch konkrete E-Mails etc. (BGH VersR 2018, 1397, Rn. 14 ff., auch für Kundenzufriedenheitsbefragungen nach einem Kauf); ausdr. abgelehnte und auch vom Störer in zumutbarer Weise abzustellende Briefwerbung (BGH VersR 1989, 373). Das bloße Auslegen pornogra-

phischer Schriften in einer Buchhandlung stellt, weil keine Annäherung, keine Verletzung dar (BGHZ 64, 182). **(c) Unberechtigtes Innehaben der Verfügungsmacht über höchstpersönliche Daten.** Werden einem anderen höchstpersönliche Daten (zB Fotos) insbesondere aus der Intimsphäre überlassen, so kann (infolge der ausgelösten Befürchtungen) allein die Verfügungsmöglichkeit über diese Daten eine Persönlichkeitsverletzung sein, wenn das Vertrauen in ein sorgsames Bewahren nicht mehr besteht und der Betroffene die Rückgabe bzw. das Vernichten verlangt, seine
78a Einwilligung damit beendet oder widerruft (BGHZ 207, 163 Rn. 26). **(d)** Einen Schwerpunkt in der Rspr. bildet das **unbefugte Ausforschen persönlicher Daten,** das über das allg. Zugängliche hinausgeht. Bsp: heimliches Ortungsgerät am Auto (OLG Koblenz NJW 2007, 2863); Belauschen in der Wohnung (BGH NJW 1970, 1848); nicht offen gelegtes Mithören am Telefon (BGH NJW 2003, 1728 mwN) oder hinter einer Grenzmauer (BGHZ 27, 286); Öffnen von Briefen (BGH VersR 1990, 532); heimliches Mitlesen von E-Mails (OLG München NJW 2020, 779 Rn. 9 ff.; Zugriff auf Speicherinhalte von EDV-Anlagen (Bartsch CR 2008, 613; Roßnagel/Schnabel NJW 2008, 3535 f. im Anschluss an BVerfG NJW 2008, 822, 826 f., online-Durchsuchung); graphologisches Gutachten (BAG NJW
79 1984, 446). **dd) Unbefugte Weitergabe von persönlichen Umständen und Tatsachen. (1) Grundsatz.** Die unbefugte Weitergabe verletzt das Recht auf informationelle Selbstbestimmung. Im Volkszählungsurteil (BVerfG 65, 1, 43 ff.; sa BVerfG 130, 183) hat das BVerfG ein solches Recht als Teil des Persönlichkeitsrechts definiert. Danach kann der Einzelne grds. – also in Abwägung mit gegenläufigen Interessen (→ Rn. 69) – selbst darüber bestimmen, ob, wann und in welchem Umfang seine persönlichen Daten (an Dritte und) in die Öffentlichkeit gebracht werden (BGHZ 206, 354 f.). Dies schließt auch ein, bei zunächst zulässigen älteren Internet-Publikationen die Entfernung von Links bei Suchmaschinen zu verlangen („Recht auf Vergessenwerden", EuGH NJW 2014, 2262 f., zust. Nolte NJW 2014, 2238, differenzierend Spindler JZ 2014, 985 f.; zur Abwägung mit uU fortbestehen-
80 dem öffentl. Interesse s. BGH VersR 2013, 65; 2013, 116). **(2) Fallgruppen. Texte:** Weitergabe von persönlichen Daten über die Grenzen des BDSG hinaus (OLG Köln ZIP 1984, 1340); Veröffentlichung von vertraulichen Aufzeichnungen wie Briefen oder Tagebüchern (BGHZ 13, 338; 15, 262); Veröffentlichung von Mails aus gestohlenem PC (BGH NJW 2015, 782 Rn. 15). **Gespräche:** Publikation des Protokolls eines Telefongesprächs (BGHZ 73, 124 f. mAnm Deutsch JZ 1979, 352); Tonbandaufnahme (BGH NJW 1988, 1017). **Bilder:** Aufnahme eines Hochzeitspaares durch einen berufsmäßigen Fotografen (OLG Hamm GRUR 1971, 84); Verwendung einer nur eingeschränkt freigegebenen persönlichen Aufnahme im Fernsehen (BGH NJW 1985, 1617); Abbildung am Strand infolge zufälliger Nähe zu bestimmter Person ohne Unkenntlichmachung (BGH NJW 2015, 2500 Rn. 14); Veröffentlichung einer Nacktaufnahme (OLG Hamburg AfP 2013, 65; LG Kiel NJW 2007, 1002: Internet; OLG Oldenburg MDR 2018, 1245: WhatsApp). **Schilderungen:** öffentl. Erörterungen familiärer Auseinandersetzungen (LG Oldenburg NJW 1987, 1419); Öffentlichmachen der bisher nicht bekannten Liebesbeziehung eines Künstlers (BGH VersR 2017, 959 Rn. 199); identifizierender Roman ohne offenkundige Verfremdungen (BGH NJW 2005, 2844 mzustAnm Obergfell JZ 2006, 196; unklar stärker differenzierend BVerfG NJW 2008, 45 – Esra – mit Minderheitsvotum, s. dazu Hoffmann-Riehm NJW 2009, 20; im Anschluss BGH NJW 2008, 2587; krit. Enders JZ 2008, 2587); identifizierende Beschreibung der Verhaltensweise einer Grundschülerin in einem Buch (BGHZ 206, 347 Rn. 18). **Tatsachenbasierte Deutungen:** Veröffentlichung eines (selbst angefertigten) Horoskops (BVerfG NJW 2003, 3262). Nicht: Wortprotokoll (BGHZ 80, 42); zu weitgehend BGH NJW *1994, 1281*: Verwendung einer veröffentlichten Bilanz als Schulungsmaterial.
81 **(3)** Der **Schutz** ist **eingeschränkt,** wenn der Betroffene – auch durch eine Straftat (BGH VersR 2012, 997) – eine Angelegenheit selbst in die Öffentlichkeit gebracht und insoweit seine private Sphäre selbst preisgegeben hat (BGH NJW 2017, 1550, Gesundheitszustand; unzutr. BGH NJW 2014, 769 f. mkritAnm Elmenhorst: Äuße-

rungen durch Vater eines jüngeren Kindes; BGH NJW 2012, 768: Pornodarsteller). Im Einzelfall kann ein allg. Interesse überwiegen. Bsp: Die Mitteilung von Bild und Name Tatverdächtiger auch in unterhaltenden Fernsehsendungen soll im Fahndungsinteresse zulässig sein (OLG Celle NJW 2004, 1461, außerhalb extremer Situationen bedenklich), desgl. eine Zeitungsinformation über ein Ermittlungsverfahren (BGHZ 143, 204). Hingegen kann das Interesse eines bereits Verurteilten und zur Entlassung Anstehenden an persönlicher Anonymität (Resozialisierung) schwerer wiegen als das allg. Informationsbedürfnis über eine Aufsehen erregende Straftat (BVerfGE 35, 231, Lebach; s. aber BVerfG NJW 2000, 1859 nach Ablauf von 27 Jahren; anders auch BGHZ 183, 358; BGH NJW 2011, 2285, Onlineportal; zutr. krit. angesichts der möglichen Breitenwirkung und des „Nichtvergessens" Caspar JZ 2011, 211; differenzierend BGH VersR 2012, 998). **ee) Verbreitung privater Tat-** 82
sachen von Personen, die ein öffentliches Interesse auf sich gezogen haben („Darstellungen zu Personen des öffentl. Lebens oder aus dem Bereich der Zeitgeschichte"). Das Interesse kann auf einem längeren Wirken in der Öffentlichkeit, zB im politischen, wirtschaftlichen oder künstlerischen Bereich, und dadurch einer Leitbild- oder Kontrastfunktion beruhen (s. zB BGH VersR 2018, 1199 Rn. 22 f.), des Weiteren aufgrund einer Beteiligung an einem zeitgeschichtlichen Ereignis ausgelöst werden (s. zB OLG Hamm NJW-RR 2015, 936). Die Rspr. hat hier ein an §§ 22, 23 KUG orientiertes sog. **abgestuftes Schutzkonzept** entwickelt (BVerfG NJW 2017, 1376: Kachelmann; BGHZ 171, 278 ff. mwN; BGH NJW 2008, 3195: Simonis; BGHZ 177, 13: Christiansen; BGH NJW 2013, 2891: Tochter Chr. v. Monaco; BGH NJW 2022, 1676 Rn. 26 ff.: Tina Turner; der Rspr. zust. Chr. Teichmann NJW 2007, 1917; sa EGMR NJW 2014, 1645, der die Entscheidungen des BGH nicht beanstandet; einzelne Abwägungsgesichtspunkte in EGMR NJW 2014, 3291). Im **(1) Ausgangspunkt** dürfen persönliche Vorgänge grds. durch eine direkte (zB bildliche) Wiedergabe nicht ohne Einwilligung verbreitet werden (BGH NJW 2011, 744, 747 mwN). Bsp: Bildaufnahme einer Begleitperson (BGHZ 158, 223; KG NJW 2005, 606); identifizierende Abbildung des Wohnhauses (BVerfG NJW 2006, 2837). **(2) Anderes** gilt, wenn ein schützenswertes, der allg. Meinungsbildung oder auch der begrenzten Information über das Zeitgeschehen dienendes **Interesse** besteht (s. zB BGH NJW 2013, 3030: „Mahnwache"; BGH NJW-RR 2014, 1194: Mieterfest einer Wohnbaugenossenschaft; zu weitgehend BGH NJW 2017, 804 mAnm Wanckel: private Aufnahme des Berliner Bürgermeisters in einer Prominentenbar am Tag vor einer wichtigen Abstimmung; anders auch BVerfG NJW 2017, 1377: Kachelmann). **(3)** Dies gilt auch, wenn der **Betroffene selbst** durch sein Verhalten Anlass zur Beschäftigung mit seiner Person gegeben hat (BGHZ 36, 80: Waffenhandel; BGH NJW 1964, 1472: „Sittenrichter"; NJW 1966, 2335: Verhalten während des Nationalsozialismus; BVerfG NJW 2006, 2835; BGH VersR 2020, 429: Bericht über erhebliche Geschwindigkeitsüberschreitung durch bekannte Person; BGH VersR 2020, 429: identifizierende Berichterstattung über die Vermietung von Wohnungen an sog. Medizintouristen in Großstadt. **(4)** Bes geschützt sind **Kinder** sog. Prominenter mit Blick auf ihre kindgerechte Entwicklung sowohl in der Anonymität (BGH NJW 2014, 2276, dort unzutr. verneint; zust. BVerfG NJW 2017, 466 Rn. 10; krit. Ladeur JZ 2015, 308) als uU auch bei ihrem Auftreten in der Öffentlichkeit (BGH NJW 2010, 1455, zust. Ständer-Vorwachs NJW 2010, 1415). Aufnahmen können, wenn sie allg. üblich sind, zulässig sein (BGH NJW 2013, 2891: Sportveranstaltung). Zum Löschen älterer Online-Publikationen → Rn. 79. **ff) Veröffentlichung, öffentl. Bewertung von Tatsachen aus der** 83
beruflichen, wirtschaftlichen oder politischen Tätigkeit (sog. „Sozialsphäre"). Vollzieht sich ein Handeln im sozialen Kontakt mit einer breiteren Umwelt, muss sich der Einzelne auf eine entspr. Beobachtung, Dokumentation und Kritik seiner Leistungen einstellen (BGH NJW 2015, 777: Bewertungsportal). Hier ist eine Kundgabe (einschließlich der Namensnennung, BGH VersR 2007, 511) zulässig, wenn ein gerechtfertigtes Interesse der Öffentlichkeit besteht. Die Aufnahme in ein Bewertungsportal muss der Bewertete jedoch nicht hinnehmen, wenn

Bewertungen durch Dritte gezielt gefiltert oder unterschiedlich dargestellt werden (BGH VersR 2018, 687 Rn. 17 ff.). Unzulässig ist eine Verbreitung, wenn etwa eine Stigmatisierung, soziale Ausgrenzung oder eine Prangerwirkung (BGH NJW 2017, 482 Rn. 21 zu Werturteil; GRUR 2021, 875 Rn. 25) zu befürchten sind, die nicht mehr in angemessenem Verhältnis zu dem Interesse an der Verbreitung der Tatsache steht (BVerfG NJW 2016, 3362). Unzulässig ist eine unbefugte Kommerzialisierung persönlicher Rechte durch die Verwendung von Bild, Fotografie, Name (BGHZ 81, 80; sa BGHZ 126, 216) und des Rufes zu Werbezwecken (BGH NJW 1992, 2084); anders, wenn mit einem Bild für einen Bericht über eine Person der Zeitgeschichte geworben wird (BGHZ 151, 26: Marlene Dietrich, ähnlich BGH NJW-
84 RR 2010, 857: Boris Becker). **d) Rechtswidrigkeit, Verschulden. aa)** Abgesehen von der sowohl den Tatbestand als auch die **Rechtswidrigkeit** berührenden Interessen- und Güterabwägung (→ Rn. 67 ff.) kann sich der Verletzer auf die allg. Rechtfertigungsgründe (→ Rn. 51 ff.) berufen. Im Rahmen eines *rechtlichen Verfahrens* können zur Wahrnehmung eigener Interessen auch ehrverletzende Tatsachen behauptet werden (BGH VersR 2012, 502 mwN). Hat der Betroffene private Tatsachen selbst öffentl. kundgetan (sog. „Selbstbegebung“ oder „Selbstöffnung“), kann dies – je nach Umständen – als Einwilligung verstanden werden (Pfeifer JZ 2013, 831) oder entspr. dem Grundsatz des venire contra factum propium (Lauber-Rönsberg NJW 2018, 3512 mwN, → § 254 Rn. 18) den Schutz mindern (BGH NJW 2018, 3509 Rn. 24, 27). Unter Berücksichtigung der möglicherweise eintretenden Folgen einer weiteren Verbreitung empfiehlt sich dabei Zurückhaltung. **bb)** Hinsichtlich des **Verschuldens** hat die Rspr. insbes. für Veröffentlichungen in den Medien relativ strenge Maßstäbe an die Wahrheitserforschung und die Interessenabwägung aufgestellt (s. zB OLG Saarbrücken NJW 1997, 1377). Auf amtliche Pressemitteilungen darf sich ein Journalist verlassen (OLG Braunschweig NJW 1975, 653). Eine schuldhafte Verletzung der Organisationspflicht stellt es dar, wenn kein ges. Vertreter oder kein Sonderorgan (§ 31) zur Prüfung krit. Beiträge unter dem Gesichtspunkt ua der Persönlichkeitsverletzung bestellt wird (BGHZ 39, 130).
85 **e) Rechtsfolgen** (zu Rechtsverletzungen im Internet → Rn. 94). **aa)** Der **Anspruch auf Schadensersatz** (§ 249) deckt zB neben einem Widerruf die Vernichtung von Bildaufnahmen oder die Löschung von Tonbändern und Dateien als Naturalrestitution sowie Vermögensaufwendungen zur Schadensabwendung, zB für Gegenerklärungen. Gegenüber Presse, Rundfunk und Fernsehen muss sich der Verletzte wegen Art. 5 I 2 GG idR mit einer Gegendarstellung (→ Rn. 92) begnügen (BGHZ 66, 195). Zur Geldentschädigung für immaterielle Beeinträchtigungen
86 → § 253 Rn. 10 ff. **bb) Anspruch auf Löschen, Widerruf, Unterlassen. (1) Voraussetzungen.** Der Anspruch wird als Unterfall des Beseitigungs- bzw. Unterlassungsanspruchs auf § 823 iVm § 1004 analog gestützt und erfordert damit kein Verschulden (BGH VersR 2015, 24). **(2) Ausgestaltungen.** Im Fall eines Eingriffs in das Persönlichkeitsrecht durch eine **unberechtigte Verfügungsmacht** über Daten (→ Rn. 78) kann bei fehlender, erloschener oder widerrufener Einwilligung die Rückgabe oder Vernichtung von Unterlagen bzw. das Löschen der Daten verlangt werden (BGH NJW 2016, 1096 f., zust. Götting JZ 2016, 911, intime Aufnahmen). Bei **Äußerungen** muss eine **Tatsachenbehauptung** vorliegen. *Werturteile* und *Meinungsäußerungen* brauchen wegen Art. 5 I GG nicht widerrufen zu werden (BGH NJW 2018, 3254 Rn. 20; zur Abgrenzung → § 824 Rn. 4). Dabei ist in Abwägung mit Art. 5 GG zu prüfen, ob die Behauptung möglicherweise mehrdeutig ist, dh ob erhebliche Teile eines „verständigen und unvoreingenommenen“ Publikums (BGH NJW 2017, 1617 Rn. 13) sie gleich oder unterschiedlich verstehen. Die *dem Schädiger günstigere Interpretationsversion* ist zugrunde zu legen
87 (BVerfG NJW 2006, 208 f. mwN). **(3) Abstufungen.** Von diesem Ausgangspunkt ist, um in der Abwägung der Rechtspositionen von Beeinträchtigtem und Störer die schonendste geeignete Maßnahme zu wählen (BGH NJW 2018, 3254 Rn. 23), weiter zu differenzieren: Handelt es sich um eine *erwiesen falsche Behauptung,* so ist sie nicht geschützt (BGHZ 139, 101). Sie ist richtigzustellen oder ganz zu widerru-

fen. Steht die Unwahrheit zwar nicht positiv fest, *fehlen* aber *ernsthafte Anhaltspunkte für die Wahrheit*, so kann ein sog **eingeschränkter oder abgeschwächter Widerruf** (Erklärung, die Behauptung werde nicht aufrechterhalten) verlangt werden (BGHZ 69, 182 mwN). Ist der zu unterstellende Inhalt *nicht erweislich wahr,* so kann die Wahrnehmung eines Informationsinteresses das Schutzbedürfnis des Betroffenen überwiegen, wenn der Sich-Äußernde bei der Ermittlung der Umstände eine – nicht zu überspannende – Sorgfaltspflicht beachtet (BVerfG NJW-RR 2010, 471 mwN) und bei ernsthaften Zweifeln auf eine mögliche Unrichtigkeit hingewiesen hat (iE BVerfG NJW 2016, 3360). Hat man *Äußerungen Dritter* als eigene übernommen (→ Rn. 72), so kann es genügen, wenn man davon **abrückt** (BGHZ 66, 189 ff.). Bei einer *entstellenden einseitigen Auswahl* von Tatsachen kann eine **Ergän-** 88
zung gefordert werden (BGHZ 31, 318 f.). Stellt sich eine ursprünglich zutr. Tatsa- 89
chenbehauptung (Bsp: Bericht über eine Straftat) auf Grund späterer gerichtlicher Erkenntnisse in einem anderen Licht dar und dauert die Persönlichkeitsbeeinträchtigung zu diesem Zeitpunkt noch an, so kann der Verletzte als **Folgenbeseitigungsanspruch** eine öffentl. Mitteilung über die geänderte Situation verlangen (BGHZ 57, 325; BVerfG NJW 1997, 2589). Bei einem geäußerten (rechtmäßigen) **Verdacht** (→ Rn. 74) kann, wenn ihn spätere Umstände in einem anderen Licht erscheinen lassen, (nur) eine (den Zusammenhang herstellende) Äußerung über die geänderten Umstände verlangt werden (BVerfG VersR 2018, 1269 Rn. 20 ff. in Abwägung zur negativen Pressefreiheit). Die Erklärung sollte zum Schutz des Betroffenen möglichst an paralleler Stelle und in vergleichbarer Deutlichkeit abgedruckt werden. **Unzutreffende Online-Berichte** im Archiv über einen Verdacht sind zu löschen (zu eng, weil nur auf die ursprüngliche Unzulässigkeit abstellend, BGH NJW-RR 2017,
31). **(4) Inhalt, Form des Widerrufs.** Er muss geeignet sein, einer noch andauern- 90
den (Rückert/Weberling, 44. Kap. Rn. 22) Ansehensminderung entgegenzuwirken (sonst unnötige Demütigung, BGHZ 89, 201 f.). Gefordert werden kann eine eigenhändig unterzeichnete **Erklärung** (BVerfGE 28, 9; aA OLG Frankfurt JZ 1974, 63 mwN), uU **Veröffentlichung** am selben Platz (BGHZ 128, 8: Titelseite). **(5) Unterlassung.** Bei Wiederholungsgefahr kann die Abgabe einer strafbewehrten Unterlassungserklärung und der Ersatz der Abmahnkosten verlangt werden (BGH
NJW 2021, 1311). **cc) Anspruch auf Abgabe einer Erklärung, an der Äuße-** 91
rung werde nicht mehr festgehalten. Niemand kann zu der Erklärung gezwungen werden, er ändere seine geäußerte Meinung ab (BVerfGE 28, 1 Rn. 24). Dem eingeschränkten Widerruf bei Tatsachenbehauptungen vergleichbar (→ Rn. 87) sollte jedoch als Folgenbeseitigungsanspruch auf niedriger Schwelle verlangt werden können, dass an der verletzenden Äußerung nicht mehr festgehalten wird (Teichmann JZ 2020, 549, 556). Dies erscheint in der Abwägung zwischen den in Konflikt gekommenen Grundrechtspositionen zumutbar (sa BVerfGE 28, 1 Rn. 24; für eine zutr. Tatsachenbehauptung BGHZ 203, 239 Rn. 34 f.). Eine Zwangsvollstreckung
könnte nach § 894 ZPO geschehen (Teichmann JZ 2020, 549, 557). **(dd) Recht** 92
auf Gegendarstellung. Zweck: Es handelt sich um einen bes. Rechtsbehelf gegen die Beeinträchtigung des Persönlichkeitsrechts durch Medien (s. BGHZ 66, 195; 70, 39). Der Betroffene soll nach dem Prinzip der „Waffengleichheit" (KG NJW-RR 2009, 767) die Möglichkeit haben, an gleichem Platz – auch Titelseite (BVerfGE 97, 145, 152 ff.) – und in gleicher Textgröße durch eine berichtigende Darstellung aus seiner Sicht (BGHZ 66, 192 mwN) das über ihn entstandene Bild zu korrigieren. **Gegenstand:** Nur Tatsachenbehauptungen (BVerfG NJW 2017, 1537 Rn. 22 ff.), die eindeutig sind oder deren Sinn sich als unabweisbar aufdrängt (BVerfG NJW 2008, 1654; 2014, 767). Die Veröffentlichung hat grundsätzlich in der nächsten für den Druck nicht abgeschlossenen Nummer bzw. nächsten entspr. Sendung zu erfolgen. Sie darf mit dem Vermerk verbunden werden, dies geschehe in Erfüllung einer Verpflichtung ohne Rücksicht auf den Wahrheitsgehalt (OLG Dresden NJW-RR 2013, 1382). **Rechtsgrundlage:** Pressegesetze der Länder, zB Art. 10 BayPrG, § 11 NPresseG/PrG NRW, § 10 LPrG M-V. **Prozessuale Durchsetzung:** §§ 935 ff. ZPO; sachlich zuständig ist das LG, örtl. Zuständigkeit gem. § 13, 17, nicht § 32

93 ZPO (str.). **f) Rechtsweg, Vollstreckung.** Auch gegenüber öffentl. Rundfunk- und Fernsehanstalten ist der Zivilrechtsweg gegeben (BGHZ 66, 185). Die Art der Vollstreckung ist sehr str., wohl zutr. nach § 888 ZPO vorzunehmen (nach BVerfGE 28, 10 verfassungsrechtlich unbedenklich, da durch den Widerruf keine Änderung der eigenen Auffassung gefordert wird). Bei der Abgabe einer Erklärung, an der Äußerung werde nicht mehr festgehalten (→ Rn. 91), kann wie bei einer Willenserklärung eine Zwangsvollstreckung nach § 894 ZPO geschehen (aA Thomas/Putzo/
94 Seiler § 894 Rn. 5c: § 888 ZPO). **g) Sonderfragen bei Verletzung des Persönlichkeitsrechts im Internet. Lit.:** Giebel, Zivilrechtlicher Rechtsschutz gegen Cybermobbing in sozialen Netzwerken, NJW 2017, 977; Guggenberger, Das Netzwerkdurchsetzungsgesetz in der Anwendung, NJW 2017, 2577; Spindler, Persönlichkeitsschutz im Internet, Gutachten F zum 69. DJT 2012; ders., JZ 2016, 813. **(1)** Eine **eigene Äußerung** des Verletzers ist (im Wege des Schadensersatzes oder der Beseitigung → Rn. 85, 86) zu korrigieren bzw. zu löschen. Bei einer inzwischen geschehenen Weiterverbreitung auf anderen Seiten muss, soweit zumutbar, auf eine Löschung hingewirkt werden (BGHZ 206, 294 mzustAnm Pfeifer NJW 2016, 23). **(2)** Hinsichtlich der Weitergabe von **Äußerungen Dritter** gelten für größere sog. Telemediendiensteanbieter, die gewerblich soziale Netzwerke betreiben, seit 1.10.2017 das **NetzDG** (BGBl. 2017 I S. 3352; sa BT-Drs. 18/12356) und § 14 IV TMG aF = **§ 21 III TTDSG** (zur Rechtslage bis 30.9.2017 s. BGH NJW 2018, 2324, Suchmaschine; sa 16. Aufl., § 823 Rn. 91). Nach § 3 II NetzDG müssen Äußerungen, die offenbar gegen bestimmte Normen des StGB verstoßen, auf eine Beschwerde hin innerhalb von 24 Stunden gelöscht, Äußerungen jeden rechtswidrigen Inhalts idR unverzüglich, in der Regel innerhalb von sieben Tagen nach Eingang der Beschwerde entfernt oder der Zugang zu ihnen gesperrt werden. § 14 IV TMG aF bzw. seit 1.12.2021 § 21 III TTDSG sieht die Möglichkeit vor, dass eine Anordnung des für den Verletzten örtlich zuständigen Landgerichts den Telemediendiensteanbieter verpflichtet, Auskunft zu vorhandenen Bestandsdaten über den Verletzer zu erteilen, die erforderlich sind, um gegen ihn Ansprüche wegen dessen Äußerungen durchzusetzen, die gegen die im NetzDG genannten Normen des StGB verstoßen (sa EGMR MR-Int 2015, 53 Rn. 155 ff. [„Delfi II"] zur Zulässigkeit entspr. ges. Verpflichtungen); die Anforderungen an den Vortrag der Rechtsverletzung dürfen nicht überspannt werden (vgl. OLG Celle CR 2022, 62). Die Bestimmung ist allerdings insoweit zu eng, als sie zB bei Unterlassungsansprüchen nicht eingreift.

2. Ehe, eingetragene Lebenspartnerschaft; Familie.

Lit.: Boehmer AcP 155, 181; Jayme, Die Familie im Recht der unerlaubten Handlungen, 1971, 223; Smid, Zur Dogmatik der Klage auf Schutz des „räumlich-gegenständlichen Bereichs" der Ehe, 1983; Stein, Aus der Ehe herrührende Ansprüche, FPR 2011, 85.

95 **a) Grundsatz: Kein deliktischer Schutz der personalen Sphäre.** Ob die Störung einer Ehe – für eine eingetragene Lebenspartnerschaft gilt alles Folgende grds. in gleicher Weise – durch die §§ 823 ff. sanktioniert wird und entspr. Schadensersatz- und Abwehransprüche auslöst, ist zwischen Rspr. und Lit. umstritten. Zunächst ist bei unterschiedlicher Terminologie und systematischer Einordnung eindeutig, dass die eheliche Lebensgemeinschaft als solche und damit der Status einer Person als Partner auch zivilrechtlichen Schutz genießt (s. zB Soergel/Lipp § 1353 Rn. 10 ff.). Schwierigkeiten folgen daraus, dass ein Dritter die personale Beziehung zwischen den Partnern nur unter dem Mitwirken eines Beteiligten beeinträchtigen kann. Der BGH hat sich in einer längeren Kette von Entscheidungen mit differierenden Begründungen (s. BGH NJW 1990, 706) dahin festgelegt, dass die rechtliche Regelung der *personalen ehelichen Beziehung* ausschließlich durch die §§ 1353 ff. geschehe (Entsprechendes muss für §§ 2 ff. LPartG gelten). Die Verletzung dieser Beziehung sei nicht in den Schutzzweck der deliktischen Haftungstatbestände einbezogen (BGHZ 196, 212 mwN; zust. Löhning/Preisner NJW 2013, 2080). Nur so ließe sich auch vermeiden, dass der Ehepartner unmittelbar oder

mittelbar (über den gesamtschuldnerischen Ausgleich zwischen Drittem und Ehepartner) in das Verfahren einbezogen werde und Verschuldenstatbestände ermittelt werden müssten, die entspr. dem Zerrüttungsprinzip selbst für die Scheidung ohne Bedeutung seien (BGH NJW 1990, 706 mwN). Deshalb könne zB der Ehemann den leiblichen Vater eines im Ehebruch gezeugten Kindes (nach Anfechtung der Ehelichkeit) nicht gem. § 823 auf Ersatz des gezahlten Unterhalts in Anspruch nehmen (BGH NJW 1990, 707). Einzelne Positionen (zB Entbindungskosten, Kosten für den Ehelichkeitsanfechtungsprozess, BGHZ 57, 229) können nach familienrechtlichen Bestimmungen geltend gemacht werden. **§ 826** bleibt allerdings wegen seiner ubiquitären Geltung (→ § 826 Rn. 1, 3) anwendbar, wenn ein weiteres sittenwidriges schädigendes Verhalten des Ehegatten hinzutritt (BGHZ 196, 212 f.). Die gegenteilige Lit. (s. zB Gernhuber/Coester-Waltjen § 17 Rn. 7; Jayme, Die Familie im Recht der unerlaubten Handlungen, S. 223) mit dem Bejahen differenzierter, zB an das Abwicklungsinteresse anknüpfenden Rechtsfolgen hat sich nicht durchsetzen können. **b) Schutz des räumlich-gegenständlichen Bereichs der Ehe.** Soweit 96
nicht die personale Beziehung, sondern Raum und Gegenstände betroffen werden, die die sachliche Grundlage für das gemeinsame Leben der Partner und der Familie darstellen (BGH NJW 2014, 1243), lässt die Rspr. **Unterlassungs-** und **Beseitigungsansprüche** zu; insoweit greife das Familienrecht nicht ein. Bsp: Aufnahme des Dritten in die eheliche Wohnung (BGHZ 6, 360), auch Ferienwohnung; Beschäftigung in dem von den Eheleuten gemeinsam betriebenen Geschäft (BGHZ 34, 87; 35, 304; OLG Celle NJW 1980, 711); Nutzung des gemeinsam genutzten Pkw durch den Dritten (s. Soergel/Lipp § 1353 Rn. 69 iVm Rn. 37). Der Betroffene kann gegen den Ehepartner (auf Verweis oder Entlassung des Dritten), gegen den Dritten oder gegen beide vorgehen. Der Umfang des Schutzes richtet sich dabei nach der tatsächlichen Gestaltung der ehelichen Lebensverhältnisse (OLG Zweibrücken NJW 1989, 1614; Einzeldarstellung sehr angreifbar) und endet bei einem endgültigen Verzicht auf die Nutzung durch einen Partner. Ein **Schadenser-** 97
satzanspruch wird bejaht, wenn *ein anderes Rechtsgut* wie zB die Gesundheit des Partners durch den Dritten verletzt wird (BGH NJW 1990, 708: Ansteckung als Folge eines begangenen Ehebruchs). Für psychische Schäden infolge der Störung der personalen Beziehung soll dies wiederum aus den in → Rn. 95 genannten Gründen nicht gelten (BGHZ 26, 22 ff.). **c) Elterliches Sorgerecht und** 98
Umgangsrecht. Das elterliche Sorgerecht (BGHZ 111, 168) und das Umgangsrecht (OLG Karlsruhe FF 2002, 107: Disposition über Umgang dem Kind überlassen; OLG Frankfurt NJW-RR 2005, 1339 u KG NJW 2020, 2415: vereitelte Urlaubsreise; vgl. auch OLG Bremen NJW-RR 2018, 133) sind als absolute Rechte geschützt. Eine Verletzung des elterlichen Sorgerechts gewährt Ansprüche gegenüber Dritten, eine Verletzung des Umgangsrechts auch – und typischerweise – gegenüber dem anderen Ehepartner.

3. Recht am „eingerichteten und ausgeübten Gewerbebetrieb".

Lit.: Biedenkopf, Über das Verhältnis wirtschaftlicher Macht zum Zivilrecht, FS Böhm, 1965, 113; Buchner, Die Bedeutung des Rechts am eingerichteten und ausgeübten Gewerbebetrieb für den deliktsrechtlichen Unternehmensschutz, 1971; Riedl, Das Recht am eingerichteten und ausgeübten Gewerbebetrieb – eine noch zeitgemäße Rechtsfigur?, Diss. Würzburg 2011; Sack, Das Recht am Gewerbebetrieb, Geschichte und Dogmatik, 2007.

a) Rechtliche Entwicklung, Problematik. Schon recht früh hatte das RG 99
(JW 1902, Beil. 228; grundlegend RGZ 58, 29) den Schutz, den ein Unternehmen mit dem Tatbestandsmerkmal „Eigentum" in § 823 I und durch andere einzelne Normen erfuhr (zB §§ 824, 826, § 1 UWG aF, §§ 24, 25 WZG [Warenzeichengesetz] aF), als unbefriedigend und lückenhaft empfunden. In stRspr, der sich der BGH angeschlossen hat (Nachzeichnung der Entwicklung in BGHZ 29, 67; sa BGHZ 45, 307), wurde deshalb von einem „Recht am eingerichteten und ausgeübten Gewerbebetrieb" als sonstigem Recht iSv § 823 I ausgegangen. Dabei sollte nach dem RG zunächst allein die Unternehmenssubstanz (zB Grundstücke, Betriebs-

räume, Gerätschaften, Einrichtungsgegenstände, Warenvorräte) geschützt werden. Der BGH hat diesen Schutz auf den Gewerbebetrieb „in seinem Bestand und in seinen Ausstrahlungen", also „in seiner wirtschaftlichen Tätigkeit, in seinem Funktionieren" ausgedehnt (BGHZ 193, 232 f., stRspr: Geschäftsverbindungen, Kundenkreis, Außenstände). Dann geht es aber nicht mehr um den deliktischen Schutz eines eigentumsähnlichen Rechts, sondern um eine neue Norm, die vor Beeinträchtigungen der unternehmerischen Tätigkeit schützen soll. Da aber in einer marktwirtschaftlichen Ordnung die wirtschaftliche Tätigkeit stets legitimerweise zurückgedrängt werden kann, müssen aus der Unzahl denkbarer Beeinträchtigungen die nicht gebilligten herausgefiltert werden (→ Rn. 101 ff.). Wegen der Weite des Anwendungsbereichs und auch mit der Argumentation, die Konstruktion sei überflüssig, ist die Rspr. teilw. auf heftige Kritik gestoßen (zB Biedenkopf FS Böhm S. 126 f.). Inzwischen lässt sich, im Ergebnis zutr., eine rückläufige Tendenz bei dem Bejahen
100 eines Anspruchs feststellen. **b) Schutzobjekt** ist nach hM die „gegenwärtige", „selbständige" und „gewerbliche" Tätigkeit. Die Begriffe sind weit zu verstehen bzw. sollten weit verstanden werden. Auch *potentielle* Unternehmen sollten geschützt werden, weil sie für den Wettbewerb wesentlich sind (Battes, Erwerbsschutz durch Aufwandsentschädigung, 1969, S. 490 f.; aA BGH NJW 1969, 1208; Buchner, Bedeutung des Rechts am eingerichteten und ausgeübten Gewerbebetrieb…, S. 123), ebenso eine vergleichbare, dh als solche angreifbare *abhängige* Tätigkeit (so, wenn auch mit unzutr. Begründung, LG Münster NJW 1978, 1329: Platzverbot für Sportredakteur). Auf eine *freiberufliche* Tätigkeit hat der BGH zutr. den Schutz ausgedehnt (BGHZ 193, 233: Sporttrainer). Geschützt sein können auch *Non-Profit-Organisationen* (OLG Köln GRUR-RS 2021, 48935 Rn. 90), nicht aber Behörden
101 (OLG Hamm NJW-RR 2022, 54: öffentlich-rechtliche Universität). **c) Eingrenzung der Haftung. aa) Subsidiarität des Anspruchs.** Der Schutz des Rechts am Gewerbebetrieb hat eine *lückenfüllende Funktion* („Auffangtatbestand", BGHZ 36, 256 f.; 138, 315). Wird der fragliche Sachverhalt bereits durch spezielle Normen, insbes. aus dem Wettbewerbsrecht und dem Recht des gewerblichen Rechtsschutzes – positiv wie negativ – geregelt, so ist für den hier behandelten Anspruch kein Raum (stRspr, BGHZ 105, 350). So können Ansprüche aus Wettbewerbsverstößen, die gem. § 11 UWG verjährt sind, nicht unter Ausnutzen der längeren Verjährungsfrist des BGB nach § 823 I geltend gemacht werden. **§ 826** wird wegen seiner Ubiquität (→ § 826 Rn. 1, 3) jedoch nicht verdrängt (BGH NJW 1977, 1877 mwN).
102 **bb) Betriebsbezogenheit des Eingriffs.** Um zu vermeiden, dass dem Träger eines Gewerbebetriebes entgegen dem Grundsatz des § 823 I (→ Vor § 823 Rn. 2) ein allg. Vermögensschutz für seine geschäftliche Sphäre zukommt, muss sich der Angriff unmittelbar gegen den Betrieb selbst richten und darf nicht Rechte oder Rechtsgüter treffen, die sich vom Gewerbebetrieb ohne weiteres ablösen lassen (BGH NJW 2013, 2761 mwN). Keine Ansprüche entstehen deshalb durch die Verletzung eines Arbeitnehmers (BGH VersR 2017, 304 Rn. 9), des Partners eines Eislauftanzpaares (BGH NJW 2003, 1040), des geschäftsführenden Gesellschafters (OLG Celle BB 1960, 170), durch einen (rechtswidrigen) Streik bei dem Geschäftspartner (BAG NJW 2016, 666), durch die Unterbrechung der Stromzufuhr infolge einer Kabelbeschädigung (BGHZ 29, 71; 41, 127; NJW 1968, 1280; str., aA zB Glückert AcP
103 166, 317; zum Anspruch aus Eigentumsverletzung → Rn. 6 ff.). **cc) Güter- und Interessenabwägung.** Schließlich wird das Recht am Gewerbebetrieb, dem Persönlichkeitsrecht vergleichbar, als ein „offener Tatbestand" (BVerfG NJW 2018, 2877 Rn. 19; BGH NJW 2015, 773) mit der Folge verstanden, dass eine Verletzung nicht die Rechtswidrigkeit indiziert (→ Rn. 67), sondern dass abgewogen werden muss, ob der Verletzer möglicherweise stärker zu gewichtende berechtigte Interessen verfolgt hat als der Verletzte (→ Rn. 69 ff.) und damit der Eingriff rechtmäßig war. Eine besondere Rolle spielen dabei die Meinungsfreiheit (zB BVerfG NJW 1989, 321: Aufruf zu Mietboykott; BGHZ 137, 99: Blockade eines Unternehmens; BGH NJW 2002, 1192: scharfe Kritik an Unternehmensleistung) und das Wettbewerbsprinzip, das ein Eindringen in fremde Kundenkreise (mit marktkonformen Mitteln)

geradezu erfordert. **d) Fallgruppen.** Die Sachverhalte, bei denen die Rspr. einen 104
ungerechtfertigten Eingriff in den Gewerbebetrieb angenommen hat, lassen sich etwa in vier Fallgruppen einteilen (ähnlich MüKoBGB/Wagner § 823 Rn. 374 ff.). Die vorzunehmende Interessenabwägung (→ Rn. 103) hat dabei ein unterschiedliches Gewicht. **aa) Rechtliche Verhinderung** gewerblicher Tätigkeit durch 105
Abmahnen, dh durch die Aufforderung, ein Erzeugnis nicht herzustellen oder nicht in dieser Form zu vertreiben, weil ein fremdes (idR dem Abmahnenden zustehendes) gewerbliches Schutzrecht verletzt werde, sog. *Schutzrechtsverwarnung* (stRspr: BGH [GS] 164, 1; dazu krit. Wagner/Thole NJW 2005, 3470; Faust JZ 2006, 365; weiter BGH NJW 2016, 2111; GRUR 2020, 1116). Eine Regelungslücke (→ Rn. 99) besteht nach hL insoweit, als sonst Ansprüche des zu Unrecht Angegriffenen nur unter den Voraussetzungen des § 826 geltend gemacht werden könnten (aA Sack NJW 2009, 1642: § 34 UWG). **bb) Physische Beeinträchtigung** durch Maßnah- 106
men, die die gewerbliche Tätigkeit verhindern oder erschweren. Bsp: Erschwerung des Reparaturdienstes durch Entfernen von Typenschildern an Produkten (BGH DB 1978, 784); Zusenden von „presserechtlichen Informationsschreiben" an Rechtsanwalt ohne faktischen Informationsgehalt (BGH VersR 2019, 429 Rn. 23; OLG München NJW-RR 2022, 124) oder von nicht angeforderten (Werbe-) E-Mails (BGH NJW 2017, 2117 Rn. 15) wegen der Belastung des Betriebsablaufs; „Flashmob"-Aktionen wie das Zustellen von Supermärkten (Konzen FS Reuter, 2010, 603 ff.; Bertke NJW 2014, 1852; unzutr. aA BAG NJW 2010, 633 f., von BVerfG NJW 2014, 1874 gebilligt: zulässig, wenn streikbegleitend); Versperren der Kommunikation mit den Kunden (BGHZ 23, 163 zu Art. 14 GG: Baracke vor Unternehmenslokal); unzulässiger Streik (BAG AP Nr. 32, 34 zu Art. 9 GG Arbeitskampf); Boykott und ähnliche Maßnahmen (BGHZ 193, 235) außerhalb des Wettbewerbs, zB aus (gesellschafts-) politischen Gründen (der Boykott aus Wettbewerbsgründen unterfällt § 21 I GWB und § 4 Nr. 4 UWG); häufig überwiegt aber hier das Recht auf Meinungsfreiheit (BGHZ 45, 308: Höllenfeuer; BGH NJW-RR 2014, 1508: Verbraucherverband). **cc) Verbreitung nachteiliger Werturteile** in 107
unzulässig scharfer Form, die ein Unternehmen oder seine Leistungen herabsetzen, ohne bereits den Tatbestand der § 826, § 185 StGB oder § 1 UWG zu erfüllen (zur Verbreitung **nachteiliger Tatsachen** (→ § 824 Rn. 12). Nach anfänglich sehr strengen Maßstäben hat die Rspr. im Anschluss an BVerfGE 7, 198 (Lüth) das Interesse des Sich-Äußernden und das die Kritik auslösende Verhalten des Angegriffenen stärker berücksichtigt (s. zB OLG Stuttgart NJW-RR 2014, 682 mwN: „Hühnerstall" bei Hotelbewertung). Bei Verbreitung von krit. **Warentests** (iE zB Köhler/Bornkamm/Feddersen, § 6 UWG Rn. 195 ff.) wird das Informationsinteresse der Allgemeinheit betont und auch die Korrekturfunktion von Tests gegenüber der Eigenwerbung gesehen. Die Veröffentlichung von sachkundig ermittelten, um Objektivität auch in der Darstellung (OLG München NJW-RR 2015, 425: Sportschokolade) bemühten Tests stellt daher keinen rechtswidrigen Eingriff dar (BGHZ 138, 320 f.). Bei einem **Verweis (Link)** auf die Seite eines Dritten ist idR nicht davon auszugehen, dass eine dort geäußerte Bewertung als eigene übernommen (→ Rn. 72) wird (BGHZ 206, 103 Rn. 17 ff.). **dd)** Ungerechtfertigte **schädigende** 108
Mitteilung wahrer Tatsachen (zu unwahren Tatsachen s. § 824). Bsp: Verbreitung „schwarzer Listen" von säumigen Zahlern an Nichtinteressierte (BGHZ 8, 145); Information über gestellten Insolvenzantrag ohne eigenes berechtigtes Interesse (BGHZ 36, 23), über Redaktionsinterna einer Zeitung (BGHZ 80, 25; BVerfG 66, 116). Sofern das Interesse an der Verbreitung als solcher überwiegt und sie daher zulässig ist, muss eine schonende und der Sache angemessene Form gewahrt bleiben (zB BGH NJW 1985, 1620; großzügiger BVerfGE 60, 241, „Kredithaie").
e) Rechtswidrigkeit, Verschulden. Die vorzunehmende Interessen- und Güter- 109
abwägung zwischen Angreifendem und Betroffenem wirkt, wie dargelegt, bereits auf den Tatbestand ein (→ Rn. 103). Daneben kann sich der Angreifende auf die allg. Rechtfertigungsgründe (→ Rn. 51 ff.) berufen. Für das Verschulden gelten die allg. Regeln (→ Rn. 57, 58); zum Verschulden bei Schutzrechtsverwarnungen

110 s. BGHZ 62, 29, bei Warentests BGHZ 65, 334 f. **f) Rechtsfolgen.** Wie allg. bei unerlaubten Handlungen stehen den Betroffenen neben den Schadensersatzansprüchen auch Abwehransprüche zu (zB OLG Saarbrücken MDR 2008, 295; iE → Vor § 823 Rn. 6 ff.). Zu Rechtsverletzungen im Internet → Rn. 94.

III. Besondere Haftungsbereiche

1. Haftung bei medizinischer Behandlung.

Lit.: Clausen/Schroeder-Printzen, Münchener Anwalts Handbuch Medizinrecht, 3. Aufl. 2020; Ehlers/Broglie, Arzthaftungsrecht, 5. Aufl. 2014; Geiß/Greiner, Arzthaftpflichtrecht, 8. Aufl. 2022; Laufs/Katzenmeier/Lipp, Arztrecht, 8. Aufl. 2021; Ratzel/Luxenburger, Handbuch Medizinrecht, 4. Aufl. 2020; Spickhoff, Medizinrecht, 4. Aufl. 2023 (Ankündigung); Spickhoff NJW 2019, 1718; 2021, 1713; 2022, 1718 (Rspr.-Übersichten).

111 **a) Allgemeines. aa) Verhältnis zu den §§ 630a ff.** Nach der Einführung der Bestimmungen durch Ges. v. 20.2.2013 (BGBl. I 277) hat sich die mit der Schaffung des § 253 II eingeleitete faktische Verlagerung der Arzthaftung in das Vertragsrecht fortgesetzt. Eine eigenständige Bedeutung kann das Deliktsrecht behalten, wenn – zB wie beim sog. Krankenhausvollvertrag oder totalen Krankenhausvertrag – die Klinik vertraglich auch die ärztliche Versorgung übernimmt und eigenständige Ansprüche gegen den (versicherten) Arzt geltend gemacht werden
112 sollen; iÜ → Vor § 630a Rn. 11 ff. **bb) Anspruchsgegner bei ärztlicher Behandlung.** Bei einem Vertrag mit dem Arzt haftet dieser aus Vertrag und aus Delikt. Bei einem Vertrag mit einem Krankenhausträger haftet der Träger aus Vertrag (iVm § 278) und unter bes. Voraussetzungen aus Delikt, zB bei Verletzung der Organisationspflicht aus § 823 iVm § 31 (BGH NJW 1985, 2180, dazu → Rn. 32), bei dem Fehler eines weisungsabhängigen Arztes aus § 831, bei dem Fehler eines weisungsunabhängigen Chefarztes iVm § 31, evtl. iVm § 89 (BGH NJW 1980, 1901). Daneben haftet, wie erwähnt, der Arzt aus unerlaubter Handlung. **cc)** Die Grds. gelten entspr. für **andere Heilberufe** (OLG Braunschweig VersR 1987, 77: Hebamme; KG VersR 2008, 1267: Krankengymnast; OLG Mün-
113 chen MedR 2021, 1079: Heilpraktiker). **b) Handlung. aa) Systematische Qualifikation.** Von dem Ausgangspunkt, dass der Heileingriff den **Tatbestand einer Körperverletzung** (→ Rn. 3) erfüllt – auch die Medikation kann wegen der Wirkungen der Substanz ein „Eingriff" sein (BGHZ 162, 324 mwN) –, verlagern sich alle Fragen von Pflichten und Pflichtverletzungen in die Rechtswidrigkeit (→ Rn. 115 ff.). Die Verletzung kann bei Bestehen einer entspr. Garantenstellung (BGH NJW 2000, 2742) auch durch **Unterlassen** geschehen. Bsp: Unterbleiben einer Untersuchung (BGH NJW 2014, 689), Absehen von einer nach medizinischem Standard gebotenen Maßnahme (BGH VersR 2016, 464), Unterlassen einer Behandlung (BGH NJW 2016, 714), Nichtberücksichtigen von „Zufallsbefunden" bei einer Untersuchung (BGHZ 188, 34), Unterlassen des Erhebens eines zur weiteren Abklärung erforderlichen Befundes (Befunderhebungsfehler, OLG Oldenburg VersR 2017, 1084), einer Aufklärung über die Notwendigkeit einer gebotenen dringlichen Maßnahme („Sicherungsaufklärung", s. BGH VersR 2016, 563 Rn. 18; 2017, 888 Rn. 15), einer Information nachbehandelnder Ärzte (BGH NJW 1987, 2927). Als Körperverletzung gewertet wird auch das Herbeiführen einer **ungewollten Schwangerschaft** durch eine fehlerhafte Sterilisation (BGH NJW 2008, 2846; aA Schiemann JuS 1980, 711; Schünemann JuS 1981, 576: Eingriff in das Recht auf ungestörte Familienplanung als Teil des Persönlichkeitsrechts) oder das Misslingen eines gebotenen Abbruchs (BGHZ 143, 389, → Vor
114 §§ 249 ff. Rn. 34). **bb) Verletzungshandlung nach der Behandlung.** Kann sich der Patient nach der Behandlung nicht selbst versorgen, so müssen aufgrund einer Garantenstellung uU entspr. Hilfsmaßnahmen veranlasst werden. Ist der Patient infolge der Medikation fahruntüchtig und besteht das Risiko, dass er infolge der Medikation nicht eigenverantwortlich entscheiden kann (diesen Aspekt übersieht Laufs NJW 2003, 2288), muss er an der Nutzung eines Pkws gehindert werden

(BGH NJW 2003, 2309). **c) Rechtswidrigkeit. aa) Rechtfertigung durch Einwilligung. (1) Grundsätze.** Da über seine Behandlung – auch über die Therapieform (BGH NJW 2017, 2685) – dank der ihm zustehenden Autonomie (→ Rn. 3) grds. der Patient selbst entscheidet, ist ein **ohne seine Einwilligung** vorgenommener Eingriff **rechtswidrig** (zu Ausnahmefällen → Rn. 117) und führt, falls ein Verschulden vorliegt, zum vollen Schadensausgleich. Zur **Erteilung der Einwilligung** → Rn. 54 ff. Sie ist ihrerseits an bestimmte Voraussetzungen gebunden und, wenn diese Voraussetzungen nicht vorliegen, **unwirksam.** Eine wirksame Einwilligung ist in aller Regel nach Art und Ausmaß, die festzustellen sind, **begrenzt.** Über Voraussetzungen, Art und Ausmaß der Einwilligung kann nur im Einzelfall differenziert entschieden und der zu ersetzende Schaden als Folge eines *bestimmten* (durch eine gegebene Einwilligung nicht mehr gedeckten) *Fehlverhaltens* konkretisiert werden. **(2) Voraussetzungen.** Die Einwilligung ist nur wirksam **(a)** bei einer **hinreichenden Aufklärung** (iE → Rn. 125 ff.). Bis zur Entscheidung über die Einwilligung selbst muss **(b)** eine angemessene **Zeit zur Überlegung** nach der Aufklärung eingeräumt werden (sa § 630e II 1 Nr. 2). Bei stationären Eingriffen sollte sie idR am Vortag, bei risikoreichen, schwerwiegenden Eingriffen uU früher (OLG Köln VersR 2012, 863) erteilt werden, bei ambulanten und diagnostischen Eingriffen genügt – nach Schwere – eine Frist am selben Tag. Die Einwilligung selbst darf, falls eine sofortige Operation nicht zwingend geboten ist, nicht unmittelbar am Schluss der Aufklärung verlangt werden (OLG Köln MDR 2019, 671 Rn. 20 f.). **Verändert sich** das **Nutzen-Risiko-Verhältnis** vor dem Eingriff, muss im Blick auf eine mögliche Abänderung der getroffenen Entscheidung erneut aufgeklärt werden (BGH VersR 2017, 49 Rn. 6 ff.: Blasensprung vor Geburt). Ist eine präoperative Aufklärung zB wegen eines Unfalls nicht möglich, so muss **nachträglich** informiert werden, damit über mögliche Folgemaßnahmen eigenverantwortlich entschieden werden kann (BGH NJW 2005, 2617, zust. Katzenmeier NJW 2005, 3392). **(3) Inhalt der Einwilligungserklärung.** Sie muss idR für einen **konkreten Eingriff** erteilt werden. Bei der Notwendigkeit einer Ausdehnung der Operation ist daher uU ein Abbruch erforderlich, um eine erweiterte Einwilligung einzuholen (BGH VersR 2000, 603 zu § 223 StGB). Sie kann sich auf **bestimmte Ärzte** (Chefarzt, Vertreter) beziehen (BGH NJW 2010, 2581). Gem. §§ 133, 157 bezieht sie sich nur auf einen **sachgerechten Eingriff.** Dabei muss, sofern im Rahmen des Zulässigen (§ 138) keine Abweichung vereinbart wurde (s. BGH NJW 2017, 2685), der *generelle medizinische Standard* eingehalten werden, wie er sich zB in allg. medizinischen Grundregeln (BGH JZ 2015, 573, zust. Spickhoff JZ 2015, 576; zur Differenzierung zwischen Standard und Leitlinien s. iE BGH NJW-RR 2014, 1054 f.; zur Notwendigkeit eines Sachverständigengutachtens BGH NJW 2021, 1536) und in den Behandlungsleitlinien der Fachverbände niederschlägt. Gebotene Abweichungen im Einzelfall sind zu dokumentieren und zu begründen (Taupitz AcP 211, 376 ff.). Individuell muss der Standard eines erfahrenen, mit der gegenwärtigen Entwicklung vertrauten (BGH NJW 1999, 1799), bei schwierigen Eingriffen eines entspr. erfahrenen (BGH NJW 2003, 2313 mwN; dazu Walter VersR 2003, 1130) Arztes gewährleistet sein (BGH NJW 2000, 2740; OLG Hamm VersR 1990, 53 für Notfallversorgung). Behandlungen durch Anfänger sind deshalb ggf. von einem erfahrenen Arzt zu begleiten (OLG Düsseldorf VersR 2001, 460). Der Arzt muss hinreichend apparativ ausgestattet sein (BGHZ 102, 24 f.), über genügend Personal verfügen (BGH NJW 1998, 2734, stRspr; OLG Hamm NJW 1993, 2387), das Personal sachgerecht aussuchen, einteilen, anweisen und überwachen. Er muss alle gebotenen Untersuchungen fachgerecht vornehmen, den Patienten vor Infektionen schützen (OLG Köln NJW 1985, 1402), Voruntersuchungen auf ihre Plausibilität kontrollieren. Bei der Zusammenarbeit mit Fachärzten kann er sich idR auf jene verlassen (OLG Hamm VersR 1983, 884). **bb) Rechtfertigung ohne Einwilligung.** Kann eine Einwilligung situationsbedingt auch nicht durch einen Bevollmächtigten (zB Betreuer, s. §§ 1896 ff.) eingeholt werden, so mag uU eine

115 116 117

mutmaßliche Einwilligung (s. dazu Merkel JZ 2013, 975) den Eingriff rechtfertigen (→ Rn. 56; sa § 1901b). Ist eine Einwilligung wegen nicht ordnungsgemäßer Aufklärung unwirksam (→ Rn. 116), so kann sich der Arzt unter strengen Voraussetzungen (BGHZ 90, 111) auf ein rechtmäßiges Alternativverhalten (→ Vor 249 Rn. 55 ff.) in dem Sinn berufen, auch bei einer ordnungsgemäßen Aufklärung hätte der Patient nicht anders entschieden (**„hypothetische Einwilligung"**; → Rn. 130; sa § 630h II 2). Ist eine Einwilligung zum Eingriff nur für einen bestimmten Arzt erteilt (zB Chefarztvertrag ohne Stellvertreterklausel), so bleibt auch ein fehlerfreier Eingriff durch einen anderen Arzt rechtswidrig (BGH VersR 2016, 1191 Rn. 7). Gerechtfertigt ist ein Eingriff im Fall eines **Notstandes** (§ 34 StGB), wenn zB die Eltern die Zustimmung zu einem notwendigen Eingriff missbräuchlich verweigern und eine Entscheidung nach § 1666 nicht mehr eingeholt werden kann.

118 **d)** Zum **Verschulden** → Rn. 57 f. Für den Fahrlässigkeitsmaßstab (→ § 276 Rn. 29) wird von einem Arzt ausgegangen, der den aktuellen Standard für seinen Bereich über Fortbildung, Fachliteratur und medizinische Informationstechnologie (Software zu Diagnose und Therapie; iE Taupitz AcP 211, 352 ff.) kennt (BGH NJW 2016, 714: unterlassene Behandlung). Den Patienten kann ein **Mitverschulden** treffen, etwa wenn er Anweisungen und Empfehlungen nicht befolgt. Freilich wird man im Einzelfall prüfen müssen, ob dem Patienten die Risiken einer Nichtbefolgung hinreichend deutlich gemacht worden sind. Im Rahmen der ärztlichen Information ist die Rspr. mit der Annahme eines Mitverschuldens zurückhaltend. Insbes. kann vom Patienten wegen seiner uU auch situationsbedingt eingeschränkten Verständnismöglichkeit idR nicht erwartet werden, dass er bei einer unvollständigen Information nachfragt (BGH NJW 1997, 1635).

119 **e) Darlegungs- und Beweislast. Lit.:** Baumgärtel/Laumen/Prütting, Handbuch der Beweislast, Bd. 3, 2019, § 823 Anh. II, Rn. 1 ff.; Schärtl, Die Beweislastverteilung im Arzthaftungsprozess, NJW 2014, 3601. **aa) Interessenlage.** Bei der ärztlichen Behandlung treten zwei Besonderheiten auf, die eine Abweichung von den grds. geltenden allg. Regeln erfordern: Physiologische, uU auch von psychischen Faktoren abhängige Vorgänge sind häufig im Zusammenhang mit einer Behandlung nicht exakt abzuschätzen und auch nicht aufzuklären. Ein Misserfolg kann, muss aber nicht auf einer Fehlbehandlung beruhen. Der Patient, der möglicherweise einen Eingriff nicht bewusst miterfahren, als Betroffener in einer Regressionsphase auch nicht „objektiv" wahrgenommen hat, kann häufiger entscheidungsrelevante Tatsachen weder darlegen noch beweisen. Der Arzt hingegen kennt die Befunde und die wesentlichen Eingriffsfaktoren oder kann sie unschwer in Erfahrung bringen. Diese Besonderheiten haben in der Rspr. zu einer teilw. Abänderung der Lastenverteilung bei Darlegung und Beweis einzelner Tatbestandsmerkmale geführt.

120 **bb) Regeln.** Im Ausgangspunkt liegen **für ein Fehlverhalten** die Darlegungs- und Beweislast grds. weiterhin (→ Rn. 63) beim Patienten. Es sind jedoch wesentliche Erleichterungen geschaffen. **(1)** Da er idR keine genaue Einsicht in das Behandlungsgeschehen hat und ihm auch das nötige Fachwissen fehlt, kann er sich im Rahmen einer **eingeschränkten primären Darlegungslast** auf den Vortrag von Fakten beschränken, die die Vermutung eines fehlerhaften Verhaltens als Ursache für die Folgen bei ihm nahelegen (BGH NJW-RR 2019, 549 Rn. 15, stRspr). Medizinisches Fachwissen kann dabei nicht verlangt werden (BGH NJW-RR 2019, 467 Rn. 15). **(2)** Weiter ist das **Gericht** „zur Gewährleistung prozessualer Waffengleichheit" gem. § 139 ZPO zur verstärkten Sachverhaltsaufklärung bis hin zum Einholen eines erforderlichen Sachverständigengutachtens **von Amts wegen** verpflichtet (BGH NJW-RR 2019, Rn. 16). **(3)** In den Fällen, in denen der Patient außerhalb des Geschehens steht und keinen Zugang zu den erforderlichen Informationen hat, ihm also eine nähere Substantiierung nicht möglich oder nicht zumutbar ist, während der Behandelnde alle wesentlichen Tatsachen kennt oder sie unschwer in Erfahrung bringen kann, kann sich der Patient im Rahmen der **sekundären Darlegungslast** (auch → § 824 Rn. 13, § 826 Rn. 12) auf Anhaltspunkte

beschränken, die ein fehlerhaftes Verhalten nahelegen. Dieses muss dann substantiiert widerlegt werden (BGHZ 163, 210 Rn. 18; BGH NJW 2020, 755 Rn. 35). **(4)** Hat sich ein Risiko verwirklicht, das nach medizinischem Standard **voll beherrschbar** ist (zB Reinheit des Desinfektionsmittels, BGH VersR 1978, 764; Sterilität einer Infusionsflüssigkeit, BGH VersR 1982, 161; Isolierung einer Unterlage gegen Stromschäden, BGH VersR 2018, 38 Rn. 10), muss der Arzt den Nachweis führen, dass alle erforderlichen Maßnahmen zum Vermeiden des Risikos ergriffen worden sind (BGH VersR 2016, 1380 Rn. 6). *Nach der Feststellung eines Fehlers* bleibt dem Arzt noch der von ihm zu beweisende Einwand, eine ordnungsgemäße Behandlung (rechtmäßiges Alternativverhalten → Vor §§ 249 ff. Rn. 7) hätte dieselbe Schädigung verursacht (BGH NJW 2005, 2073). **cc) Haftungsbe- 121**
gründende Kausalität. (1) Regel. Für die Folgen eines Tuns oder Unterlassens (BGH NJW 2012, 850) trägt der Patient die Beweislast. Anwendbar bleiben die Grundsätze zum Prima-facie-Beweis (→ Vor §§ 249 ff. Rn. 59). **(2) Beweiserleichterungen** gelten zum einen **(2.1)** bei einem obj. festzustellenden (zB BGH NJW 2012, 228) **groben Behandlungsfehler** (zur Unterscheidung von grober Fahrlässigkeit BGH NJW 2022, 1957 Rn. 16 mwN) einem aus obj. Sicht nicht mehr verständlichen Verstoß gegen bewährte ärztliche Behandlungsregeln oder gesicherte medizinische Erkenntnisse, der einem Arzt schlechterdings nicht unterlaufen darf (BGH NJW 2018, 3382 Rn. 18). Bei bes. Berufs- oder Organisationspflichten zum Schutz von Leben und Gesundheit sei es in einem solchen Fall dem Geschädigten nicht zumutbar, das Risiko eines Kausalitätsnachweises zu tragen (BGH JZ 2016, 963 mkritAnm Fielenbach JZ 2016, 966 [nur Vermutung], Tierarzt; BGH VersR 2017, 1024 Rn. 23 zu einem Notruf-Vertrag, aber allg. formuliert). Hier nimmt die stRspr eine **Umkehr der Beweislast** an, wenn der Behandlungsfehler generell geeignet ist, die Rechtsgutsverletzung zu verursachen (BGH NJW 2012, 2653; 2022, 2747 Rn. 18 – beide auch zu den Ausnahmen). Der Arzt muss dann den Gegenteilsbeweis führen, dass der eingetretene Schaden durch den Fehler gerade nicht (mit-) verursacht wurde (BGHZ 188, 37 mit Differenzierungen). Diese Beweislastumkehr (s. auch § 630h V) erfährt vielfache Kritik (zB Schiemann/Haug VersR 2006, 160; Steiner VersR 2008, 472, Fielenbach JZ 2016, 966 gegen BGH JZ 2016, 963 [nur Vermutung], Mäsch NJW 2017, 2080; J. Prütting NJW 2019, 2661; Jauernig/Teichmann, 18. Aufl.); für sie spricht aber, dass die Aufklärung des Behandlungsgeschehens infolge des Fehlers erschwert ist, dies aber billigerweise nicht dem Patienten zum Nachteil gereichen darf (BGH NJW 2022, 2747 Rn. 23 unter Ablehnung des Gedankens der Sanktion besonders schweren Arztverschuldens, wobei jedenfalls terminologisch [„ist keine"] Sein und Sollen verwechselt werden). Gleiches gilt **(2.2)** für einen **groben Diagnosefehler,** der Fehlinterpretation eines Befundes oder einer Dokumentation mit der Folge einer Fehlbehandlung (BGHZ 188, 35). Wegen der einer Diagnose inhärenten Unsicherheiten soll ein grober Fehler allerdings nur dann zu bejahen sein, wenn ein „fundamentaler Irrtum" bei Auswertung und Schlussfolgerung vorliegt (BGHZ 188, 37, bedenklich). Die Grundsätze finden **(2.3)** auch bei einem **groben Befunderhebungsfehler** Anwendung, also dem Unterlassen einer zweifelsfrei gebotenen Untersuchung zur Befunderhebung zur Diagnose (OLG Köln VersR 2019, 764 Rn. 27) bzw. zur weitergehenden Diagnose für die erforderliche Absicherung eines getroffenen Befundes (BGH NJW 2016, 1147). Wird einem Patienten die Dringlichkeit ausstehender Untersuchungen nicht deutlich gemacht (BGH NJW 2016, 563 Rn. 15; sehr krit. Mäsch JZ 2017, 158) oder eine „therapeutische Information" über genaue Verhaltensregeln versäumt (BGH NJW 2022, 2747 Rn. 10 ff.), soll es sich allerdings um einen Beratungsfehler und damit Behandlungsfehler handeln. Entsprechendes gilt nach der Rspr. für **(2.4)** einen **einfachen Befunderhebungsfehler,** wenn (eine zutr. Abklärung unterstellt) die nun vorgenommene bzw. unterlassene Behandlung einen groben Behandlungsfehler darstellen würde und dieser Fehler generell geeignet ist, die Rechtsgutsverletzung zu verursachen (BGH NJW 2016, 564 mwN). Eine ähnliche Beweislastum-

kehr nimmt die Rspr. **(2.5)** schließlich für Schäden bei **Anfängeroperationen** (BGH NJW 1992, 1581) sowie einem **Ausfall technischer Geräte** (BGH NJW
122 1978, 584; Deutsch JZ 1978, 277) an. **(3)** Weitere **Vermutungen.** Werden erforderliche **Krankheitsbefunde nicht erhoben** oder aufbewahrt, so kann auf einen wahrscheinlich positiven Befund geschlossen werden. Durch eine **unvollständige Dokumentation** aller wesentlichen Vorgänge wie Diagnose, Beratung, Therapie, Operationsmethode (OLG Oldenburg NJW-RR 2009, 32; iE Hausch VersR 2006, 612; Muschner VersR 2006, 621) wird die Vermutung begründet, eine nicht dokumentierte Maßnahme sei auch nicht getroffen (BVerfG NJW 2006, 1118; BGH NJW 2020, 1071 Rn. 9). In die Dokumentation ist dem Patienten Einsicht zu gewähren (BGH JZ 1989, 440 mAnm Giesen: vertraglicher Anspruch). Sind Dokumente nicht auffindbar und ist nicht festgehalten, an wen sie ausgehändigt wurden, soll eine Beweislastumkehr zugunsten des Patienten hinsichtlich der sich aus dem Dokument ergebenden Tatsachen eintreten, wenn eine solche Tatsache
123 wahrscheinlich ist (BGHZ 132, 50). **dd) Rechtfertigungsgründe** müssen vom Handelnden bewiesen werden (→ Rn. 63). **ee)** Die Beweislast für ein **Verschulden** trägt der Patient (für vertragliche Ansprüche → § 282 Rn. 8; zu einem Verschulden bei vollständig beherrschbaren Risiken → Rn. 120). **ff)** Im Rahmen des **zu ersetzenden Schadens** (haftungsausfüllende Kausalität) kann der Arzt uU bei einem ohne Einwilligung durchgeführten Eingriff beweisen, dass der Patient bei einem **rechtmäßigen Alternativverhalten** (→ Vor §§ 249 ff. Rn. 55 ff.) – also ohne Eingriff oder einem mit Einwilligung durchgeführten (ordnungsgemäßen) Eingriff – dieselben Beschwerden hätte, weil sich das Grundleiden in mindestens ähnlicher Weise ausgewirkt haben würde (BGH NJW 2016, 3522 Rn. 14).
124 **gg) Krankenhausträger** müssen ähnlich dem Produzenten (→ Rn. 132) bei einem Organisationsmangel (OLG Hamm VersR 2006, 514; iE Deutsch NJW 2000, 1745), beim Fehlverhalten einer Hilfsperson (BGH NJW 2000, 2738) und bei einem fehlerhaft hergestellten Mittel (BGH VersR 1982, 161) den Nachweis
125 führen, dass in ihrer Risikosphäre keine Verletzungshandlung vorliegt. **f) Sonderproblematik Aufklärung. Lit.:** Gödicke, Medizinische Grundaufklärung bei Neulandmethoden, MedR 2017, 770; Hassner, Ärztliche Selbstbestimmungsaufklärung und zivilrechtliche Haftung, VersR 2013, 23; Janda, Der ärztliche Aufklärungsfehler als haftungsrechtliches Problem, JZ 2012, 932; Hinzpeter-Schmidt, Die Einwilligung einer Minderjährigen in den Schwangerschaftsabbruch, JA 2022, 705. **aa) Erforderlichkeit.** Die Aufklärungspflicht soll das Selbstbestimmungsrecht des Patienten sichern (BGH NJW 2019, 1283 Rn. 19). Eine Einwilligung ist deshalb nur wirksam, wenn sie der Patient im Bewusstsein der relevanten Umstände abgibt. Zur Bewahrung dieser Autonomie muss er, da für ihn die komplexe Situation im Regelfall nicht überschaubar ist, über die entscheidungsrelevanten Umstände seinem individuellen Verständnis entsprechend hinreichend informiert werden, und zwar auch dann, wenn die Besorgnis besteht, er werde die Nachricht nur schwer verkraften. Ein – mit der Patientenautonomie schwer zu vereinbarendes – sog. **therapeutisches Privileg** (Deutsch NJW 1980, 1305) hat der BGH nicht anerkannt. Das Unterlassen der Aufklärung soll nur zulässig sein, wenn die Gefahr eines schweren seelischen oder körperlichen Schadens besteht (BGHZ 90, 109; 106, 148, psychiatrische Behandlung; desgl. Giesen S. 71 ff.). Ein auch teilw. **Verzicht** auf eine Aufklärung ist möglich. Feststellung und Dokumentation hinsichtlich dessen Eindeutigkeit und Reichweite unterliegen strengen Voraussetzungen (BGH NJW 1973, 556 [558]; sa Harmann NJW 2010, 1253).
126 **bb)** Zur **Durchführung** der Aufklärung verpflichtet ist der **behandelnde Arzt,** der als solcher auch imstande ist, Rückfragen aufzugreifen. Möglich ist eine Delegation auf einen anderen Arzt mit entsprechenden Fachkenntnissen (zu weitgehend OLG Karlsruhe VersR 2014, 710: Student im praktischen Jahr bei genereller Aufsicht). Durch die **Delegation** verschiebt sich die Verantwortung des Behandelnden nicht, der die ordnungsgemäße Durchführung sicherstellen und kontrollieren muss (BGHZ 169, 367 f.). Zusätzlich haftet der Aufklärende für Fehler, die zu einer

nicht wirksamen Einwilligung führen (BGH NJW-RR 2015, 478: geringe Erfolgsaussicht des Eingriffs). Aufzuklären ist in einem **persönlichen Gespräch** (telefonisch nur in einfachen Fällen, BGH NJW 2010, 2432). Merkblätter (zusätzlich sinnvoll) genügen nicht (OLG Koblenz NJW-RR 2015, 796). Der Patient muss die Information – auch sprachlich (KG VersR 2008, 1650) – verstehen können. **cc) Allgemeiner Inhalt.** Der Patient muss – je nach Situation – informiert wer- 127
den über den Verlauf der Krankheit in behandelter und unbehandelter Form, die Behandlung und ihre (möglichen) Auswirkungen sowie über ernsthaft in Betracht kommende Behandlungsalternativen (BGH NJW 2014, 1529), wenn mehrere gleichwertige Behandlungsmöglichkeiten zur Verfügung stehen, die zu unterschiedlichen Belastungen führen oder unterschiedliche Risiken und Erfolgschancen bieten (BGH NJW-RR 2015, 592: Kaiserschnitt). Bei Wesen und Bedeutung der Behandlung genügt eine Information „im Großen und Ganzen" (BGH VersR 2017, 100 Rn. 10), die ihm eine hinreichend autonome Entscheidung (→ Rn. 115) erlaubt. Die Behandlungsmethode zu wählen, ist grds. Sache des Arztes. Er kann idR davon ausgehen, dass der Patient ihm die Entscheidung überlässt (BGHZ 102, 22 f.; krit. Giesen JZ 1988, 414). In Einzelpunkten ist dem Patienten zuzumuten nachzufragen (BGH NJW 1988, 1515). Bei mehreren in Betracht kommenden Methoden mit unterschiedlichen Risiken und Erfolgsaussichten muss der Patient idR für eine eigene Entscheidung hinreichend informiert werden (BGH NJW 2005, 2616, OLG Hamm VersR 2016, 1192 Rn. 1). **dd) Ein-** 128
zelpunkte (Zusammenfassung in BGH NJW 2011, 375). Aufgeklärt werden muss über **Erforderlichkeit** (eindringlich OLG Köln VersR 2011, 81 bei unbegründeter Krebsangst), bestehende gleichwertige **alternative Behandlungsmöglichkeiten** unter dem Blickwinkel möglicher unterschiedlicher Erfolgschancen, Belastungen und Risiken (BGH NJW-RR 2019, 17), **Dringlichkeit** (BGH NJW 1990, 2928), zu befürchtende **Schmerzen,** über **Erfolgsaussichten** (BGH NJW-RR 2015, 478: hohe Wahrscheinlichkeit eines Misserfolgs), über die Tatsache, dass eine Behandlungsmethode (noch) nicht allgemein anerkannt ist (BGH NJW-RR 2021, 886 Rn. 11: erhöhte Anforderungen; sa OLG Düsseldorf NJW-RR 2003, 90: noch nicht anerkanntes Verfahren; BGHZ 172, 258 f.: nicht abgesicherte Heilmethode); vorhersehbare und mögliche (unerwünschte) **Auswirkungen** (s. zB BGH NJW 2005, 2616: AIDS-Infektion bei Transfusion; BGH NJW 2007, 2771: Ersteinsatz eines mit starken Nebenwirkungen belasteten Medikaments) einschließlich der **Tragweite,** also der möglichen Ausstrahlungen auf die Lebensqualität (OLG Köln VersR 2016 192: Abrollsperre im Fuß; OLG Nürnberg VersR 2016, 196: Dauerschmerz); uU ist auch über mögliche **Kosten** für den Patienten zu in formieren (OLG Köln VersR 2005, 1584: Zahnimplantation). Bei der Information über **Ob, Höhe und Auswirkungen von Risiken** ist im Wesentlichen unabhängig von der Häufigkeit des Eintritts darauf abzustellen, ob sie für einen verständigen Patienten bei der zu treffenden Abwägung ernsthaft ins Gewicht fallen, ein Eintritt den Patienten bes. belasten würde (BGH VersR 2017, 100). Dies erlaubt einmal eine Abstufung nach der Dringlichkeit der Operation (weitergehende Aufklärung bei geringer Dringlichkeit, OLG Oldenburg VersR 2001, 1381, bei kosmetischen Operationen und diagnostischen Eingriffen, OLG Hamm VersR 2011, 1451), zum anderen nach der Schwere der Auswirkungen (BGHZ 162, 324: Schlaganfallrisiko; BGH VersR 2017, 100: dauernde Lähmung eines Fußes; OLG Koblenz VersR 2013, 1447: irreversible Stimmbandlähmung; OLG Koblenz VersR 2013, 61: irreparable Nervschädigung bei Zahntransplantation; OLG Koblenz VersR 2017, 354: dauerhafter Haarverlust). Über Risiken, die der Arzt entpr. seinem Tätigkeitsfeld nicht kennen musste, braucht nicht aufgeklärt zu werden (BGH VersR 2011, 224). **ee) Rechtsfolgen.** Ist **nicht hinreichend** 129
aufgeklärt, so bleibt der Eingriff rechtswidrig und zwar unabhängig davon, ob sich gerade das nicht erwähnte Risiko verwirklicht hat (BGH NJW 1996, 779). Wurde über das Risiko aufgeklärt, das sich verwirklicht hat, so ist unschädlich, dass über nicht eingetretene Risiken nicht aufgeklärt wurde (OLG Hamm VersR

2011, 627 mwN). Es ist, auch wenn kein Behandlungsfehler vorliegt, für alle negativen Folgen Ersatz zu leisten. Dies gilt dann grds. auch für den Eintritt eines anderen Risikos, über das nicht aufgeklärt werden musste (sehr str.; vorsichtig einschränkend BGHZ 106, 396 f. mwN, zust. Giesen JR 1989, 290, krit. Deutsch
130 NJW 1989, 2113). Der Arzt kann **einwenden,** der **Patient hätte in gleicher Weise eingewilligt („hypothetische Einwilligung"),** wenn er ordnungsgemäß, also vollständig und inhaltlich zutreffend aufgeklärt worden wäre (BGH NJW-RR 2022, 462; iE s. Schellenberg VersR 2008, 1298; sa § 630h II 2, → § 630h Rn. 17; zum Einwand rechtmäßigen Alternativverhaltens allg. → Vor §§ 249 ff. Rn. 55 f.). Die Anforderungen an die den Arzt insoweit treffende Beweislast sind hoch, um die Aufklärungspflicht als solche nicht zu gefährden (BGH NJW 2019, 3072 Rn. 17; NJW-RR 2021, 886 Rn. 14). Der Patient muss allerdings plausibel machen, dass ihn die Aufklärung in einen echten Entscheidungskonflikt geführt hätte (BGH NJW 2019, 3072 Rn. 17; iE Ziegler VersR 2021, 1271). In jedem Falle ist der Patient hierzu persönlich anzuhören (BGH NJW 2022, 2682). Bei der **unrichtigen Auskunft** über die Möglichkeiten der Früherkennung vorgeburtlicher Schäden soll der Arzt beweisen müssen, dass sich die Mutter bei richtiger Information dennoch nicht zur Untersuchung und bei dem Erkennen einer Schädigung weiter zum Austragen des Kindes entschieden hätte (BGH NJW 1984, 659;
131 aA Laufs NJW 1985, 1364). **ff)** Die **Beweislast** für eine hinreichende Aufklärung obliegt dem Arzt, wobei die Anforderungen zutr. nicht zu hoch angesetzt werden (stRspr, BGH NJW 2014, 1527; iE Baumgärtel/Laumen/Prütting, § 823 Anh. II Rn. 83). Ein Erwähnen im Krankenblatt und eine schriftliche Einwilligung in die Behandlung selbst sind Indizien. Ihr Fehlen schließt einen Nachweis aufgrund anderer Anhaltspunkte nicht aus (BGH NJW 2014, 1527). Zum Einwand, der Patient hätte auch bei hinreichender Aufklärung eingewilligt, → Rn. 130.

2. Haftung des Produzenten aus § 823 I.

Lit.: Diederichsen, Die Haftung des Warenherstellers, 1967; Ehring/Taeger (Hrsg.), Produkthaftungs- und Produktsicherheitsrecht, 2022; Foerste/v. Westphalen, Produkthaftungshandbuch, 4. Aufl. 2023 (Ankündigung); Hager, Zum Schutzbereich der Produzentenhaftung, AcP 184, 413; Kapoor/Klindt NJW 2021, 1575; 2022, 1573 (Rspr.-Übersichten); Lenz, Produkthaftung, 2. Aufl. 2022; Marburger, Die Regeln der Technik im Recht, 1979; Seiring/Kraus/Steinberger, Produkthaftung, 6. Aufl. 2016.

132 **a) Systematische Einordnung. aa) Ansprüche aus § 823 I und aus §§ 1 ff. ProdHaftG.** Die Problematik der Haftung des Warenherstellers hat ihre Ursache in einer Funktionsaufteilung beim Vertrieb der Ware zwischen Produzent und Handel. Insbes. technische und chemische, aber auch medizinische Produkte (Dutta NJW 2022, 649: Impfschäden) und nichtkörperliche Erzeugnisse (s. dazu Cahn NJW 1996, 2899) sind häufig so kompliziert, dass selbst der Fachhandel nicht mehr in der Lage ist, die Funktionstüchtigkeit und die Sicherheit des Erzeugnisses zu überprüfen. Auch erwartet der Endkunde originalverpackte Produkte, was eine Untersuchung durch den Händler ausschließt. Vielfach kommt der Verkäufer zudem mit dem Produkt gar nicht in Kontakt, sondern überlässt Lagerung und Versand einem Logistikunternehmen oder gar dem Hersteller. Die Rspr. hat dementsprechend die Prüfungspflicht im Wesentlichen auf Transportschäden und – wiederum im Rahmen des technisch Möglichen und Zumutbaren – auf die Fälle eingeschränkt, in denen ein bes. Anlass zur Untersuchung bestand (BGHZ 48, 121); wo der Verkäufer selbst das konkrete Produkt nie sieht, kommen allenfalls eine generelle vorherige Prüfung und Stichproben in Betracht. Verursacht das veräußerte Produkt beim Letztkäufer, etwa einem Verbraucher, einen Schaden, so hat dieser, von den seltenen Fällen einer entspr. Risikoübernahme (→ § 276 Rn. 37 ff.) abgesehen, aus der vertraglichen Sonderbeziehung mit dem *Verkäufer* als dem grds. privilegierten Ort der Schadensabwicklung keine Ansprüche: Es fehlt etwa für einen Anspruch nach § 437 Nr. 3 an einer schuldhaften Pflichtverletzung. Wendet sich der Letztkäufer in der Sache zutreffend an den *Produzenten* als den Schadensverursacher, so konnte er sich vor

Erlass des ProdHaftG (→ Rn. 146 ff.) nur auf die §§ 823 ff. stützen. Diese Normen werden aber in ihrer klassischen Ausformung den erwähnten Besonderheiten der Gefährdung durch Erzeugnisse nicht gerecht: Der verletzte Käufer hat mangels einer Einsicht in die innere Betriebsstruktur kaum die Möglichkeit, ein schuldhaftes Handeln des Inhabers oder eines nach § 31 verantwortlichen Organs nachzuweisen. Für ein mögliches Fehlverhalten von Mitarbeitern (Verrichtungsgehilfen) gelingt dem Produzenten seinerseits häufig der Entlastungsbeweis nach § 831 I 2. Von diesem Ausgangspunkt hat sich im Zuge des allg. Verbraucherschutzes eine komplizierte Entwicklung ergeben, die zu einem zweistufigen Rechtsschutz führt: Die Rspr. hat, angestoßen und begleitet von der Lit., schon in vereinzelten Entscheidungen des RG, insbes. aber seit BGHZ 51, 91 die Interpretation des **§ 823 I** teilw. erheblich zugunsten des geschädigten Käufers modifiziert und damit praktisch ein eigenständiges Rechtsgebiet mit bes. Kriterien und Beweislastregeln ausgestaltet. Die Grundstruktur einer Verschuldenshaftung konnte naturgemäß nicht verändert werden. Eine Gefährdungshaftung hat dann das **Produkthaftungsgesetz** geschaffen, das verschiedene EU-Richtlinien transformiert hat. Die Tatbestände decken sich nicht mit der zu § 823 I entwickelten Haftung des Produzenten. Einzelne Kriterien – wie der Begriff eines Produktfehlers – haben selbstverständlich einen gleichen Inhalt. ProdHaftG und § 823 I sind nebeneinander anwendbar (BGHZ 225, 23 Rn. 41).

bb) Andere Anspruchsnormen. (1) Ansprüche aus § 823 II. Zur Qualifizie- **133**
rung einer Norm als Schutzgesetz → Rn. 44. Hier bedeutsame Bsp. (iE Diederichsen S. 78 ff.): StVZO, AMG, MPG (vgl. BGHZ 225, 23 Rn. 33, 38: PIP – Haftung des TÜV neben dem Hersteller), LFGB, ProdSG; nicht LkSG (§ 3 III 1 LkSG).

(2) Spezialgesetzliche Ansprüche außerhalb des ProdHaftG. Spezialgesetzlich **134**
normiert ist insbes. die Gefährdungshaftung, die stets ein bes. Ges. voraussetzt (→ Vor § 823 Rn. 10), das dann auch die Haftung einschränken kann. Bsp: Wer als pharmazeutischer Unternehmer ein **Arzneimittel** in Verkehr bringt, haftet entspr. den Besonderheiten eines Arzneimittels (nur) bei Tötung oder nicht unerheblicher Verletzung, wenn die Verletzung ihre Ursache im Bereich der Entwicklung oder Herstellung hat, das Mittel bei bestimmungsgemäßem Gebrauch nicht vertretbare schädliche Wirkungen entfaltet und die Verletzung infolge einer dem gegenwärtigen Stand nicht entspr. Kennzeichnung oder Information eingetreten ist (§ 84 AMG, s. zB Gaßner/Reich-Malter MedR 2006, 147). Für Betreiber von **Systemen künstlicher Intelligenz,** die sich durch autonome, nicht sicher vorhersehbare Weiterentwicklung auszeichnen, soll nach dem Parlamentsvorschlag einer EU-Verordnung über Haftung für den Betrieb von Systemen mit künstlicher Intelligenz (2020/2014(INL), dazu Schrader DAR 2022, 9) abhängig vom Risiko entweder Gefährdungshaftung oder Verschuldenshaftung mit vermutetem Verschulden greifen; auch könnte die bevorstehende KI-Verordnung Schutzgesetz iSd § 823 II sein (Grützmacher CR 2021, 433). Die Entwicklung ist noch offen (sa Steege NZV 2021, 6; Mühlböck/Taupitz AcP 221, 179; Katzenmeier MedR 2021, 859). **(3) Ansprüche** **135**
aus Sonderbeziehungen. In der Lit. sind verschiedene Modelle diskutiert worden, um geschäftliche Beziehungen zwischen Produzenten und Verbraucher mit der Folge vertraglicher oder vertragsähnlicher Ansprüche zu konstruieren (zB Sack VersR 2006, 582: §§ 311 III, 241 II). Diese Konstruktionen haben sich jedoch zu Recht nicht durchgesetzt (krit. zB Lukes JuS 1968, 348; Teichmann BB 1966, 175 und JuS 1968, 315; BGH NJW 1989, 1029 für Herstellerinformationen). Möglich sind **Garantieerklärungen** gem. §§ 443, 479 (s. bereits BGHZ 78, 372 mwN, krit. Bunte NJW 1982, 1629; BGH NJW 1981, 2248, zust. Littbarski JuS 1983, 345). Ein solcher, durch Auslegung zu ermittelnder Einstandswille für Schäden wird sich jedoch selten feststellen lassen; Werbeerklärungen mit Hinweisen auf eine bestimmte Qualität, die Verwendung eines Markenzeichens, eines Gütezeichens, die Unterwerfung unter DIN-Normen geben keinen Hinweis auf einen derartigen Willen (BGHZ 48, 122; 51, 99; BGH NJW 1974, 1504). **b) Grundsätze. aa) Haftungs-** **136**
sphären. Handlungen, die spätere Verletzungen (nach dem Inverkehrbringen des Erzeugnisses) auslösen können (der Begriff „*Produkt*haftung" ist somit im Bereich

des § 823 ungenau), sind denkbar als Fehlerverursachung bei der planerischen **Konstruktion** (Konzeption) des Produkts, bei der konkreten **Herstellung** (Fabrikation), weiter im Zusammenhang mit der **Instruktion** über den sachgerechten Gebrauch, schließlich, zeitlich später, bei der Beobachtung im Blick auf ein sich (erst) dann zeigendes Verletzungspotential. Weitere Pflichten können den Hersteller durch Regeln über die ordnungsgemäße und schadlose Entsorgung (s. Gesmann-Nuissel/Wenzel NJW 2004, 117: Art der verwendeten Stoffe) oder die Überwachung der
137 Lieferkette (vgl. § 3 III 2 LkSG, abl. B. Schneider ZIP 2022, 407) treffen. **bb) Hersteller** ist, wer das Produkt herstellt und in den Verkehr bringt (vgl. iE § 2 Nr. 15 ProdSG). Er trägt grundsätzlich die Verantwortung für die von Zulieferern bezogenen Teile, wobei freilich im Einzelfall nach dem Verhältnis von Hersteller und Zulieferer zueinander (zB Einbau erworbener Serienteile durch den Hauptproduzenten oder Anfertigung von Spezialteilen durch den Zulieferer nach Anweisung und Plänen des Produzenten) sowie der jeweiligen fachlichen Qualifikation zu differenzieren ist (BGH VersR 1990, 533). Zum **3D-Druckverfahren** → Rn. 152. Der **Zulieferer** ist für seinen Bereich Hersteller (BGH NJW 1996, 2224). Das unzutr. **Auftreten als Hersteller** (BGH NJW 1980, 1219) oder das Führen einer **Handelsmarke** macht nicht zum (Quasi-) Hersteller (BGH NJW 1994, 519 mwN; aber → Rn. 152 zu § 4 I 2 ProdHaftG). Dies schließt nicht aus, dass den Händler eigene **(händlerspezifische) Sicherungspflichten** treffen können (OLG Hamm NJW-
138 RR 2012, 355 mwN). **cc) Zielmaßstab** ist zunächst der schädigungsfreie **bestimmungsgemäße Gebrauch** durch einen vernünftigen Benutzer (BGHZ 105, 351; BGH NJW 2013, 1303; sa § 3 II ProdSG: keine Gefährdung der Sicherheit von Personen bei bestimmungsgemäßer oder vorhersehbarer Verwendung). Dabei muss der Hersteller beachten, wer – als Erwerber oder auch als Dritter – mit dem Produkt bestimmungsgemäß in Berührung kommen kann (Fachkräfte, Endverbraucher, Kinder, Babys). Sind dies mehrere Benutzergruppen, so ist auf diejenige mit dem höchsten Schutzbedarf abzustellen (BGH NJW 2013, 1303 mwN). Über den bestimmungsgemäßen Gebrauch hinaus muss mit gewissen Ausweitungen (BGHZ 105, 351), Überbeanspruchungen (BGH VersR 1972, 560), auch mit einem Fehlgebrauch zB durch Kinder gerechnet werden (sa § 3 II ProdSG: Sicherheit bei „vorhersehbarer Verwendung"). Eine absolute Freiheit von Gefährdungen wird von der Rspr. zutr.
139 nicht gefordert. **c) Pflichten bei der Konzeption von Produkten.** Produkte müssen schon bei ihrer Entwicklung so geplant werden, dass sie, wenn sie auf den Markt kommen, **sicher** sind. Die Rspr. setzt hier je nach Gefahrenpotential (zB Sachschäden, leichte, lebensgefährdende Verletzungen) hohe Maßstäbe: Erforderlich sollen diejenigen Sicherungsmaßnahmen sein, die nach dem im Zeitpunkt des Inverkehrbringens vorhandenen *neuesten Stand der Wissenschaft und Technik* konstruktiv möglich und bis zur Serienreife entwickelt sind (BGHZ 181, 258 mwN: Airbag [zum ProdHaftG]; grundsätzlich zust. Klindt/Handorn NJW 2010, 1105; desgl. iE OLG Hamm VersR 2011, 638: Herzschrittmacher). Dies ist freilich in Bezug zu setzen zur Zumutbarkeit (s. BGH NJW 2010, 2954 mwN), dh etwa zur preislichen Akzeptanz auf dem Markt. Bei im Preis niedrigeren Erzeugnissen wird man wohl nur den üblichen Standard fordern können. Produkte, die zur Gefahrenabwehr bestimmt sind, dürfen zudem **nicht wirkungslos** sein; sieht der Benutzer im Vertrauen auf die Wirksamkeit von der Verwendung eines anderen wirksamen Produkts ab, haftet der Hersteller deliktisch (BGHZ 80, 186: Pflanzenschutzmittel; BGH NJW 1985, 194: Dachabdeckfolie). Die **Beweislast** für eine ordnungsgemäße Entwicklung des Produkts trägt der Hersteller (BGH NJW 2010, 2954 mwN).
140 **d) Pflichten bei der Herstellung von Produkten. aa)** Die **Maßstäbe** sind im Vergleich zu → Rn. 139 etwas niedriger. Erzeugnisse müssen dem *gegenwärtigen Stand* der Technik (zum Begriff s. Seibel NJW 2013, 3002 f.) entsprechen, der – zB bei hohem Gefährdungspotential – über dem Standard technischer Normen liegen kann (OLG Hamm NJW-RR 2011, 893). Sie müssen bei der Benutzung diejenige Sicherheit bieten, die die herrschende Verkehrsauffassung in dem entspr. Bereich für notwendig hält (BGH NJW 2013, 1303). Auch ein in einer Serie bestehendes

Fehlerrisiko kann bei gravierenden Folgen einen Fehler jedes einzelnen Gegenstandes darstellen (EuGH NJW 2015, 1164; BGH NJW 2015, 2507 Rn. 25; → Rn. 156). Die erforderliche Sicherheit gilt für die verwendeten Materialien (RGZ 163, 26; BGH LM Nr. 5 [C]) einschließlich der Zuliefererteile (→ Rn. 137); sie bezieht sich auf die Sache (BGHZ 105, 355) und auf Schutzvorrichtungen (LG Düsseldorf NJW-RR 2006, 1033). Hinsichtlich ihres Ausmaßes wird in einer im Einzelfall vorzunehmenden Abwägung wiederum zu unterscheiden sein zwischen der stets einzuhaltenden Basissicherheit, die an den Verwendungszweck anknüpft (OLG Düsseldorf NJW 1978, 1693: Operationsgerät) und durch Verkehrserwartungen (BGH NJW 1990, 907) geprägt, auch durch VDE-Bestimmungen, DIN-Normen usw. (dazu Lipps NJW 1968, 279; Lukes JuS 1968, 351) bestimmt wird, sowie zusätzlichen, auch durch die Preiskategorie beeinflussten Sicherungsmaßnahmen (BGH NJW 1990, 907). Deren Fehlen stellt noch keinen allg. Fehler dar. **bb) Beweislast.** Da der verletzte Verbraucher regelmäßig nicht in der Lage ist, 141
betriebsinterne Vorgänge zu überschauen und damit den grundsätzlich ihn treffenden Beweis für alle Tatbestandsmerkmale des § 823 I (→ Rn. 63) zu führen, hat die Rspr. die Beweislast (auch bei Kleinunternehmen, BGHZ 116, 104; OLG Stuttgart NJW-RR 1996, 595: Gaststätte; s. Giesen JZ 1993, 675) nach Risikosphären aufgespalten. Dem Verletzten obliegt die Beweislast für den *Fehler* (anders für bes. gefährdende Produkte BGHZ 104, 330, zust. Damm JZ 1993, 637; BGHZ 129, 361, krit. Foerster VersR 1988, 958) zum Zeitpunkt des Inverkehrbringens (anders bei einer nicht ausreichenden Endkontrolle, BGHZ 129, 365) sowie für die *Kausalität zwischen Fehler und Rechtsgutsverletzung* (EuGH NJW 2017, 2739 Rn. 34 ff. zur Prodhaft-Richtlinie mzustAnm Bomsdorf und Seehawer). Der Hersteller muss nun für den *zeitlich davorliegenden* Vorgang beweisen, dass der Fehler nicht auf einer Fehlhandlung beruht („obj. Pflichtverletzung“, BGH ZIP 1996, 1436) oder ihn kein (zB Planungs-, Kontroll-) *Verschulden* trifft (BGH NJW 1999, 1029). **e) Pflichten bei** 142
der Kontrolle der Herstellung. Der Hersteller muss Kontrollanlagen bzw. -verfahren verwenden, die geeignet sind, vorhersehbare Fehler schon während der Produktion zu ermitteln (BGHZ 129, 363 f.). Notfalls müssen geeignete Prüfgeräte entwickelt werden (BGH VersR 1971, 80, 82). Auch ist durch eine geeignete Organisation (→ Rn. 32) für eine hinreichende Produktkontrolle zu sorgen (OLG Düsseldorf NJW 1978, 1693). Zulieferer muss der Endhersteller sorgfältig auswählen und überwachen und für ihre Produkte eine Eingangskontrolle durchführen (BGH ZfSch 2010, 435). Sog. **Ausreißer** lassen sich dadurch nicht immer vermeiden (krit. zur Ausreißerproblematik insges. Steindorff AcP 170, 99). Soweit der Hersteller im Rahmen des für jedes Produkt und seine Gefährlichkeit zu bestimmenden Zumutbaren geeignete Kontrollmaßnahmen getroffen hat, trifft ihn keine Pflichtverletzung (BGHZ 51, 105; BGH NJW 1975, 1828). **f) Pflicht zur Instruktion der Benut-** 143
zer. aa) Grundsatz. Sind mit dem bestimmungsgemäßen Gebrauch oder einem naheliegenden Fehlgebrauch (BGH NJW 2010, 2954) **generell Gefahren** verbunden, deren Bestehen nicht zum allgemeinen Gefahrenwissen des bestimmungsgemäßen Benutzerkreises (→ Rn. 138) gehört (OLG Saarbrücken NJW 2014, 1601: Montageanweisung für Swimmingpool, dort abgelehnt; OLG Nürnberg NJW-RR 2014, 130: Mountainbike), muss davor in geeigneter Form (zu Produktvideos Ruttloff/Wagner/Schuster BB 2022, 67) gewarnt werden. **Bsp:** ätzende Wirkung von Fertigbeton (OLG Bamberg NJW-RR 2010, 902), Zucker im Fruchtsaft (BGH NJW 1995, 1286; einschränkend OLG Frankfurt NJW-RR 1999, 26), gesüßter Kindertee in Nuckelflasche (BGH NJW 1999, 2273; iE s Kullmann FS Brandner, 1996, 313 ff.). Nicht erforderlich ist ein Hinweis auf Alkoholgefährdung bei Bierflaschen (OLG Hamm NJW 2001, 1654; ähnlich LG Essen NJW 2005, 2714: Coca-Cola; OLG Köln NJW 2005, 3292: Lakritze). Keine Hinweispflicht besteht im Blick auf Gefahren, die durch offenbaren Missbrauch ausgelöst werden (OLG Karlsruhe NJW-RR 2001, 1774: „Schnüffeln“). Treten bei der Verwendung **spezifische** nicht oder nicht hinreichend erkennbare **Gefahren** auf, so muss der Hersteller in geeigneter Weise, zB durch eine beigefügte verständliche Gebrauchsanweisung oder ein an

einer Maschine befestigtes Schild, informieren, wie die Sache gefahrlos benutzt werden kann (BGH NJW 2010, 2954; s. zB BGHZ 47, 316: Betriebsanleitung für Betonmischanlage; BGH NJW 1996, 2226; 99, 2815 m. krit. Anm. Foerste JZ 1999, 949: Papierreißwolf; sa § 6 I 1 ProdSG: Informationen, die bei einem Verbraucherprodukt sicherstellen, um ohne Hinweise nicht erkennbare Risiken zu erkennen und sich davor zu schützen). Auf notwendige Vorsichtsmaßnahmen muss deutlich und in verständlicher Weise hingewiesen werden (BGH VersR 1960, 343: Explosionsgefahr bei der Verwendung eines Klebemittels). Auf Nebenwirkungen, zB bei Verwendung chemischer Mittel (BGHZ 64, 49: Allergie durch Haartonikum; BGHZ 80, 186: Resistenzen bei Pflanzenschutzmittel, mit Differenzierungen zum Zeitpunkt) oder Arzneien sowie auf besondere Risiken bei Gebrauch oder Überdosierung ist, soweit zumutbar, aufmerksam zu machen (BGH NJW 1972, 2217: Estil, zust. Anm. Franz und Schmidt-Salzer; BGHZ 106, 283; sehr weitgehend BGH BB 1977, 1373, krit. v. Westphalen: Unverträglichkeit mehrerer Pflanzenschutzmittel). Bei möglicher **Abgabe an Jugendliche** ist uU (soweit nicht, wie zB bei Alkohol rasch erkennbar) der **Letztverkäufer** über einzuhaltende Altersgrenzen zu informieren (BGH NJW 1998, 2907: Feuerwerkskörper).

144 **bb) Beweislast.** Wie stets trägt der Verletzte die Beweislast für die *Rechtsgutsverletzung.* Weiter soll er auch die Beweislast für die *Handlung,* dh dafür tragen, dass eine Instruktionspflicht bestand und ihr nicht nachgekommen wurde (BGHZ 80, 195 ff., 116, 73; angesichts der besseren Überschaubarkeit von Gefahren durch den Hersteller sehr zweifelhaft). Der Verletzte soll die *haftungsbegründende Kausalität* beweisen müssen, dh, dass er bei ordnungsgemäßer Information die Verletzung vermieden hätte. Dafür soll freilich eine tatsächliche Vermutung sprechen (BGH NJW 1999, 2274 mwN), so dass iE der Hersteller bes. Gründe darlegen und beweisen muss. Der Hersteller trägt die Beweislast, dass ihn kein *Verschulden* trifft, dh dass er die entspr. Erkenntnismöglichkeiten über die durch die Information abzuwendende Gefahr nicht hatte und sich nicht verschaffen konnte (BGHZ 116, 72 f.).

145 **g) Pflicht zu Produktbeobachtung/Rückruf.** Besteht begründeter Anlass, insbes. bei Neukonstruktionen, dass Erzeugnisse trotz ausreichender Kontrolle Fehler aufweisen oder Schäden auslösen können, so muss für eine hinreichende **Beobachtung** nach dem Vertrieb, zB über die Außenorganisation, gesorgt werden (BGHZ 179, 160). Der Hersteller muss ggf. vor dem Gebrauch warnen (OLG Karlsruhe VersR 1998, 69). Eine rechtliche Verpflichtung zum **Rückruf** (und zur kostenlosen Instandsetzung) besteht jedoch aus § 823 I nicht, sofern künftiger Schaden durch die Warnung verhindert werden kann (weitergehend BGHZ 179, 161: Rückruf, wenn zu befürchten sei, dass die Warnung aus Unkenntnis oder absichtlich nicht befolgt werde; krit. iSv einer allg. Rückrufpflicht Wagner JZ 2009, 904; so bereits Schwenzer JZ 1987, 1060; allg. Bodewig, Der Rückruf fehlerhafter Produkte, 1999; Lüftenegger, Die deliktische Pflicht zum Rückruf von Fahrzeugen, NJW 2018, 2087). Sie kann sich aus vertraglichen Beziehungen ergeben. Die **Beweislast** ist wegen der Ähnlichkeit der Problematik wie in → Rn. 144 zu verteilen.

3. Anhang. Haftung nach dem Produkthaftungsgesetz.

Lit.: S. oben bei 2; weiter Joggerst/Wendt, Die Weiterentwicklung der Produkthaftungsrichtlinie, InTeR 2021, 13.

§ 1. Haftung

(1) [1]Wird durch den Fehler eines Produkts jemand getötet, sein Körper oder seine Gesundheit verletzt oder eine Sache beschädigt, so ist der Hersteller des Produkts verpflichtet, dem Geschädigten den daraus entstehenden Schaden zu ersetzen. [2]Im Falle der Sachbeschädigung gilt dies nur, wenn eine andere Sache als das fehlerhafte Produkt beschädigt wird und diese andere Sache ihrer Art nach gewöhnlich für den privaten Ge- oder Verbrauch bestimmt und hierzu von dem Geschädigten hauptsächlich verwendet worden ist.

(2) Die Ersatzpflicht des Herstellers ist ausgeschlossen, wenn
1. er das Produkt nicht in den Verkehr gebracht hat,
2. nach den Umständen davon auszugehen ist, dass das Produkt den Fehler, der den Schaden verursacht hat, noch nicht hatte, als der Hersteller es in den Verkehr brachte,

3. er das Produkt weder für den Verkauf oder eine andere Form des Vertriebs mit wirtschaftlichem Zweck hergestellt noch im Rahmen seiner beruflichen Tätigkeit hergestellt oder vertrieben hat,
4. der Fehler darauf beruht, dass das Produkt in dem Zeitpunkt, in dem der Hersteller es in den Verkehr brachte, dazu zwingenden Rechtsvorschriften entsprochen hat, oder
5. der Fehler nach dem Stand der Wissenschaft und Technik in dem Zeitpunkt, in dem der Hersteller das Produkt in den Verkehr brachte, nicht erkannt werden konnte.

(3) [1]Die Ersatzpflicht des Herstellers eines Teilprodukts ist ferner ausgeschlossen, wenn der Fehler durch die Konstruktion des Produkts, in welches das Teilprodukt eingearbeitet wurde, oder durch die Anleitungen des Herstellers des Produkts verursacht worden ist. [2]Satz 1 ist auf den Hersteller eines Grundstoffs entsprechend anzuwenden.

(4) [1]Für den Fehler, den Schaden und den ursächlichen Zusammenhang zwischen Fehler und Schaden trägt der Geschädigte die Beweislast. [2]Ist streitig, ob die Ersatzpflicht gemäß Absatz 2 oder 3 ausgeschlossen ist, so trägt der Hersteller die Beweislast.

§ 2. Produkt

Produkt im Sinne dieses Gesetzes ist jede bewegliche Sache, auch wenn sie einen Teil einer anderen beweglichen Sache oder einer unbeweglichen Sache bildet sowie Elektrizität.

§ 3. Fehler

(1) Ein Produkt hat einen Fehler, wenn es nicht die Sicherheit bietet, die unter Berücksichtigung aller Umstände, insbesondere
a) seiner Darbietung,
b) des Gebrauchs, mit dem billigerweise gerechnet werden kann,
c) des Zeitpunkts, in dem es in den Verkehr gebracht wurde,

berechtigterweise erwartet werden kann.

(2) Ein Produkt hat nicht allein deshalb einen Fehler, weil später ein verbessertes Produkt in den Verkehr gebracht wurde.

§ 4. Hersteller

(1) [1]Hersteller im Sinne dieses Gesetzes ist, wer das Endprodukt, einen Grundstoff oder ein Teilprodukt hergestellt hat. [2]Als Hersteller gilt auch jeder, der sich durch das Anbringen seines Namens, seines Warenzeichens oder eines anderen unterscheidungskräftigen Kennzeichens als Hersteller ausgibt.

(2) Als Hersteller gilt ferner, wer ein Produkt zum Zweck des Verkaufs, der Vermietung, des Mietkaufs oder einer anderen Form des Vertriebs mit wirtschaftlichem Zweck im Rahmen seiner geschäftlichen Tätigkeit in den Geltungsbereich des Vertrages zur Gründung der Europäischen Wirtschaftsgemeinschaft einführt oder verbringt.

(3) [1]Kann der Hersteller des Produkts nicht festgestellt werden, so gilt jeder Lieferant als dessen Hersteller, es sei denn, dass er dem Geschädigten innerhalb eines Monats, nachdem ihm dessen diesbezügliche Aufforderung zugegangen ist, den Hersteller oder diejenige Person benennt, die ihm das Produkt geliefert hat. [2]Dies gilt auch für ein eingeführtes Produkt, wenn sich bei diesem die in Absatz 2 genannte Person nicht feststellen lässt, selbst wenn der Name des Herstellers bekannt ist.

Anmerkungen zu den §§ 1–4 ProdHaftG

1. Allgemeines. a) Funktion. Durch die Richtlinie vom 25.7.1985 (ABl. 1985 L 210, 29), ergänzt durch die Richtlinie über die allg. Produktsicherung vom 29.6.1992 (ABl. 1992 L 220, 23), soll aus Gründen des Verbraucherschutzes ein gemeinsamer Mindeststandard für die Produkthaftung in den Mitgliedstaaten geschaffen werden (zur Vorgeschichte und zum Ausmaß der erreichten Harmonisierung s. zB Lorenz ZHR 151, 1 ff. [36]). Dazu werden für die Transformation in das jeweilige nationale Recht bestimmte Prinzipien (zB verschuldensunabhängige, auf den gegenwärtigen Stand der Technik bezogene Haftung, Beweislastverteilung, Unabdingbarkeit, Verjährungs- und Ausschlussfristen) und Begriffe (zB Hersteller § 4, Produkt § 2, Fehler § 3, Schadensumfang §§ 7 ff.) verbindlich vorgegeben. Das **ProdHaftG** (Materialien: BR-Drs. 101/88; BT-Drs. 11/2447) transformiert die Produkthaftungsrichtlinie in das deutsche Recht, das ProdSG die Produktsicherungs-Richtlinien. Das ProdHaftG wie das ProdSG sind damit richtlinienkonform auszulegen. **b) Haftungstatbestand** ist das Inverkehrbringen (§ 1 III) eines fehlerhaften (§ 3) Produktes (§ 2) durch einen Hersteller (§ 4). Bei anderem, etwas

146
147
148

undurchsichtigen Aufbau knüpft das ProdHaftG also an dieselben Merkmale wie § 823 an (→ Rn. 132 ff.), schafft allerdings eine verschuldensunabhängige Haftung. Dies kann bei Ausreißern, insbes. aber im handwerklichen Bereich (→ Rn. 154), zu einer erheblichen Haftungsverschärfung führen.

149 **2. Geschützte Rechtsgüter (§ 1 I). a)** Bei der **Verletzung von Personen:** jedermann. **b)** Bei **Zerstörung** oder **Beschädigung von Sachen (§ 1 I 2): aa)** nur (bewegliche und unbewegliche) **Sachen** iSd § 90. Auf EDV-Programme sollte das Ges. entspr. angewandt werden. Wie nach § 823 I ist das Vermögen als solches nicht
150 geschützt. **bb)** Es muss eine **andere** Sache als die gelieferte (das Produkt) geschädigt sein. Die Lehre vom „weiterfressenden Mangel" (→ Rn. 6) ließe sich zwar mit dem Wortlaut, wohl aber kaum mit dem Sinn vereinbaren (Tiedtke NJW 1990, 2961 f.). Im Ansatz ist hier wohl an reine Zulieferteile (Reifen am Pkw) gedacht (iE Sack
151 VersR 1988, 445). **cc) Privater Ge- oder Verbrauch.** Geschützt werden sollen die Sachen, die ein Endverbraucher als Privatperson ohne Erwerbszweck einsetzt (BT-Drs. 11/2447 S. 27). Dies wird mit zwei kumulativen Merkmalen umschrieben: **(a)** „gewöhnlich dazu bestimmt": Die Sache soll typischerweise für den privaten Gebrauch hergestellt sein (Kühlschrank, Laptop, Hobbywerkzeug, nicht aber Berufsbekleidung, Taxi); **(b)** „hauptsächliche Verwendung im privaten Bereich": Dies zielt auf die konkreten Umstände beim Geschädigten ab. Bsp: Geschützt sind (private) Kleidung und Kfz des Arbeitnehmers auch auf dem Weg zur Arbeitsstelle, nicht jedoch ein gewerblich genutztes Fahrzeug (OLG Saarbrücken NJW-RR 2013, 271) oder der Kühlschrank im Sekretariat.

152 **3. Hersteller (§ 4 I 1). a) Hersteller** ist grds. dieselbe Person wie bei der Haftung aus unerlaubter Handlung (→ Rn. 137, sa BGH NJW 2005, 2695; § 2 Nr. 15 ProdSG). Bei Elektrizität (→ Rn. 153) ist auch Hersteller, wer die Energie auf eine andere Spannungsebene transformiert (BGHZ 200, 248 f.: Niederspannungsnetz). Bei **3D-Druckverfahren** (dazu Kreutz JR 2022, 155) sind Hersteller neben dem, der das Produkt druckt, der Hersteller der der Vorlage (Grundstoff, **I**) und der Ersteller der sog. CAD-Datei (Grundstoff, **I**), wenn er sie auf einem Datenträger abspeichert. Bei einer Online-Übermittlung der Daten greift – wegen des dort weiteren Herstellerbegriffs (→ § 823 Rn. 137) – allein § 823 (Oechsler NJW 2018, 1569). **b)** Zum Begriff des **Quasi-Herstellers** s. § 4 I 2. Die Kennzeichnung muss nicht unmittelbar am Produkt angebracht sein (BGH VersR 2013, 1453: Hinweis für Defibrillator im Patientenausweis). Sie kann auch durch einen Dritten (zB den Hersteller selbst) geschehen, wenn ein – auch konkludentes – Einverständnis des Quasi-Herstellers vorliegt. Es muss sich auch auf das In-Verkehr-Bringen beziehen (BGH NJW 2005, 2696 mwN). Eine Haftung trifft schließlich den **Importeur** aus Drittstaaten (§ 4 II), auch von Teilprodukten (s. BGH NJW 2006, 1589 zu § 823 II). Nicht erfasst wird weiterhin, wer selbständig in den Produktionsprozess mit Teilaufgaben ohne eigentliche Produktionsfunktion eingeschaltet ist (Planungsbüro, Kontrollinstitut) oder später das Produkt lediglich umproportioniert (OLG Düsseldorf NJW-RR 2001, 458). **c)** Der **Händler** haftet subsidiär statt des Herstellers unter den Voraussetzungen des § 4 III. Eine *verspätete Benennung* des Herstellers entlastet ihn nicht mehr (MüKoBGB/Wagner § 4 ProdHaftG Rn. 63; aA LG Köln VersR 2012, 867).

153 **4. Produkt (§ 2).** Produkt ist zum einen jede industriell oder handwerklich **hergestellte Sache,** sei sie bewegliche Sache, später eingefügtes Teil einer anderen Sache oder auch eines Grundstücks (zum EDV-Programm → Rn. 149). Nachdem infolge der BSE-Krise § 2 S. 2 aF durch Ges. v 2.11.2000 aufgehoben worden ist, unterfallen **landwirtschaftliche Erzeugnisse** sowohl vor der ersten Verarbeitung (Getreide) als auch wie bisher danach (Brot) der Norm. Des Weiteren sind alle hergestellten **Energieträger** erfasst (zB aus Erdöl erzeugte Treibstoffe, Gas, Fernwärme nach → Rn. 152, Druckluft), auch **Elektrizität,** s. § 2 S. 1 (dazu BGHZ

200, 242 mAnm Oechsler NJW 2014, 2080; OLG Brandenburg VersR 2019, 958: Überspannung).

5. Herstellen und Inverkehrbringen. a) Das Ges. hat eine andere **Systematik** als die Rspr. zu § 823 und kommt damit teilw. auf einfacheren Wegen zu im Wesentlichen denselben Ergebnissen. **b) Berufliches Herstellen, Herstellen für wirtschaftliche Zwecke** (§ 1 II Nr. 3). Die Formel will zB die Herstellung als Hobby oder die karitative Leistung aus der Haftung ausnehmen. Nach § 2 Nr. 15 ProdSG lit. a ist auch Hersteller, wer sich durch ein Kennzeichen als solcher ausgibt. **c)** Unter **Inverkehrbringen** (§ 1 II Nr. 1) ist die freiwillige Auslieferung eines Produkts zum Zweck der Vermarktung zu verstehen (EuGH NJW 2006, 826). Bsp: Auslieferung vom Zulieferer an den Hersteller des Hauptprodukts, Auslieferung an eine Tochtergesellschaft zum Vertrieb. Ausgeschlossen werden soll zB die Haftung bei Diebstahl oder bei der Lieferung an ein Testinstitut. 154 155

6. Fehler. a) Der **Begriff** ist sicherheitsorientiert (§ 3 I) und umfasst auch Risiken eines vorhersehbaren Fehlgebrauchs (§ 3 II, OLG Nürnberg NJW-RR 2014, 1304: Mountainbike). Abgestellt wird nicht auf die Erwartungen des Benutzers, sondern obj. darauf, was die herrschende Verkehrsauffassung als Maßstab für erforderlich hält (BGH NJW 2014, 2107, zust. Oechsler NJW 2014, 2080). Ausgenommen ist die Haftung für Entwicklungsrisiken, § 1 II Nr. 5 (BGHZ 129, 358, krit. Foerster JZ 1995, 1053). Als **potenziellen Fehler** auch mit Blick auf die lebensbedrohenden Folgen hat der EuGH qualifiziert, wenn bei einer Serie von Herzschrittmachern ein erhöhtes Ausfallrisiko besteht (EuGH NJW 2015, 1164; desgl. BGH NJW 2015, 2507; 2015, 3096; grds. zust. Wagner, JZ 2016, 292; sa Koch VersR 2015, 1467 mwN). Der Mangel folgt i.Ü. aus den akut ausgelösten begründeten Ängsten. **b) Haftungsbereiche. aa)** Bei der **Planung (Konzeption)** fordert der BGH das Einhalten des im Zeitpunkt des Inverkehrbringens vorhandenen *neuesten Stands der Wissenschaft und Technik,* sofern die Realisierung konstruktiv möglich und bis zur Serienreife entwickelt ist (BGH NJW 2013, 1302 f.) **bb)** Bei der **Produktion** dürfte sich der auf den gegenwärtigen Stand der Technik bezogene Standard wie bei der Produzentenhaftung (→ Rn. 140) an einer Basissicherheit und einer zusätzlichen, durch Präsentation und Preis (s. § 3 I a) beeinflussten Sicherheitserwartung orientieren. Der Zielmaßstab (§ 3 I b) knüpft an den bestimmungsgemäßen Gebrauch (→ Rn. 138) an. **cc)** Fehler bei der **Kontrolle** (→ Rn. 142) müssen nicht mehr gesondert festgestellt werden; denn es kommt allein auf das fehlerhafte Produkt, nicht auf ein schuldhaftes Handeln an. **c)** Die Grundsätze zur **Instruktion** (→ Rn. 143 f.) gelten in anderer Systematik über § 3 I a: Eine „Darbietung", die nicht auf die Benutzergefahren hinweist, löst höhere Sicherheitserwartungen aus, als sie dem Produkt tatsächlich entsprechen. Es ist damit fehlerhaft (BT-Drs. 11/2447, 18). **d)** Eine **Pflicht zur Produktbeobachtung** (→ Rn. 145) besteht nach dem Ges nicht (Lorenz ZHR 151, 15). Entscheidend ist, ob das Produkt zzt. des Inverkehrbringens den Sicherheitsstandard erfüllt. Zur Anwendung des § 823 → Rn. 169. 156 157 158 159

7. Beweislast. Der Geschädigte muss die Eigenschaft als Normadressat (→ Rn. 144) beweisen (BGH NJW 2005, 2693, krit. Wagner/Wahle NJW 2005, 3179); iÜ → Rn. 132. Ausnahmen s. in § 1 II Nr. 2, 3. 160

8. Rechtsfolgen. Anspruch auf Schadensersatz, s. Anm. 1 ff. zu §§ 7–11. 161

§ 5. Mehrere Ersatzpflichtige

[1]Sind für denselben Schaden mehrere Hersteller nebeneinander zum Schadensersatz verpflichtet, so haften sie als Gesamtschuldner. [2]Im Verhältnis der Ersatzpflichtigen zueinander hängt, soweit nichts anderes bestimmt ist, die Verpflichtung zum Ersatz sowie der Umfang des zu leistenden Ersatzes von den Umständen, insbesondere davon ab, inwieweit der Schaden vorwiegend von dem einen oder dem anderen Teil verursacht worden ist; im Übrigen gelten die §§ 421 bis 425 sowie § 426 Abs. 1 S. 2 und Abs. 2 des Bürgerlichen Gesetzbuchs.

161a S. 1 übernimmt bei mehreren Verantwortlichen (zB Zulieferer, Hersteller) für das **Außenverhältnis** § 840 I (→ § 840 Rn. 2 ff.). Da im **Innenverhältnis** die Verantwortlichen idR nicht vertraglich miteinander verbunden sind, ist § 426 I 1 ausgeschlossen und der Grundgedanke des § 254 (vgl. → § 254 Rn. 5 ff., 8 ff.) auf das Verhältnis zwischen den Schädigern übertragen worden (BT-Drs. 11/2447 S. 52).

§ 6. Haftungsminderung

(1) Hat bei der Entstehung des Schadens ein Verschulden des Geschädigten mitgewirkt, so gilt § 254 des Bürgerlichen Gesetzbuchs; im Falle der Sachbeschädigung steht das Verschulden desjenigen, der die tatsächliche Gewalt über die Sache ausübt, dem Verschulden des Geschädigten gleich.

(2) [1]Die Haftung des Herstellers wird nicht gemindert, wenn der Schaden durch einen Fehler des Produkts und zugleich durch die Handlung eines Dritten verursacht worden ist. [2]§ 5 S. 2 gilt entsprechend.

162 **1. Geltungsumfang von § 254.** Bei der Verletzung einer **Person** gilt § 254 in vollem Umfang, also einschließlich des § 254 II 2 (Grüneberg/Sprau § 6 Rn. 1 ProdHaftG); denn Art. 8 der Richtlinie stellt auf das Verschulden „des Geschädigten oder einer Person" ab, „für die der Geschädigte haftet". Gemeint ist damit die Auslegung iSd Rspr. (→ § 254 Rn. 11). Für **Sachbeschädigungen** wird durch I 2 das Mitverschulden der sog Obhutspersonen (Besitzer und Besitzdiener, §§ 854, 855) dem eigenen Verschulden (ohne Entlastungsmöglichkeit) gleichgestellt.

163 **2. Keine Minderung der Herstellerhaftung.** Geregelt wird ein systematisch zu § 5 gehörender Sachverhalt. Im **Außenverhältnis** haftet der Hersteller auch bei der Mitverursachung durch einen Dritten (Nicht-Hersteller) in vollem Umfang weiter. Bsp: fehlerhafter Einbau des Produkts. Ein Gesamtschuldverhältnis entsteht dadurch nicht. Das **Innenverhältnis** richtet sich nach denselben Grundsätzen, II 2.

§ 7. Umfang der Ersatzpflicht bei Tötung

(1) [1]Im Falle der Tötung ist Ersatz der Kosten einer versuchten Heilung sowie des Vermögensnachteils zu leisten, den der Getötete dadurch erlitten hat, dass während der Krankheit seine Erwerbsfähigkeit aufgehoben oder gemindert war oder seine Bedürfnisse vermehrt waren. [2]Der Ersatzpflichtige hat außerdem die Kosten der Beerdigung demjenigen zu ersetzen, der diese Kosten zu tragen hat.

(2) [1]Stand der Getötete zur Zeit der Verletzung zu einem Dritten in einem Verhältnis, aus dem er diesem gegenüber kraft Gesetzes unterhaltspflichtig war oder unterhaltspflichtig werden konnte, und ist dem Dritten infolge der Tötung das Recht auf Unterhalt entzogen, so hat der Ersatzpflichtige dem Dritten insoweit Schadensersatz zu leisten, als der Getötete während der mutmaßlichen Dauer seines Lebens zur Gewährung des Unterhalts verpflichtet gewesen wäre. [2]Die Ersatzpflicht tritt auch ein, wenn der Dritte zur Zeit der Verletzung gezeugt, aber noch nicht geboren war.

(3) [1]Der Ersatzpflichtige hat dem Hinterbliebenen, der zur Zeit der Verletzung zu dem Getöteten in einem besonderen persönlichen Näheverhältnis stand, für das dem Hinterbliebenen zugefügte seelische Leid eine angemessene Entschädigung in Geld zu leisten. [2]Ein besonderes persönliches Näheverhältnis wird vermutet, wenn der Hinterbliebene der Ehegatte, der Lebenspartner, ein Elternteil oder ein Kind des Getöteten war.

§ 8. Umfang der Ersatzpflicht bei Körperverletzung

[1]Im Falle der Verletzung des Körpers oder der Gesundheit ist Ersatz der Kosten der Heilung sowie des Vermögensnachteils zu leisten, den der Verletzte dadurch erleidet, dass infolge der Verletzung zeitweise oder dauernd seine Erwerbsfähigkeit aufgehoben oder gemindert ist oder seine Bedürfnisse vermehrt sind. [2]Wegen des Schadens, der nicht Vermögensschaden ist, kann auch eine billige Entschädigung in Geld gefordert werden.

§ 9. Schadensersatz durch Geldrente

(1) Der Schadensersatz wegen Aufhebung oder Minderung der Erwerbsfähigkeit und wegen vermehrter Bedürfnisse des Verletzten sowie der nach § 7 Abs. 2 einem Dritten zu gewährende Schadensersatz ist für die Zukunft durch eine Geldrente zu leisten.

(2) § 843 Abs. 2 bis 4 des Bürgerlichen Gesetzbuchs ist entsprechend anzuwenden.

§ 10. Haftungshöchstbetrag

(1) Sind Personenschäden durch ein Produkt oder gleiche Produkte mit demselben Fehler verursacht worden, so haftet der Ersatzpflichtige nur bis zu einem Höchstbetrag von 85 Millionen Euro.

(2) Übersteigen die den mehreren Geschädigten zu leistenden Entschädigungen den in Absatz 1 vorgesehenen Höchstbetrag, so verringern sich die einzelnen Entschädigungen in dem Verhältnis, in dem ihr Gesamtbetrag zu dem Höchstbetrag steht.

§ 11. Selbstbeteiligung bei Sachbeschädigung

Im Falle der Sachbeschädigung hat der Geschädigte einen Schaden bis zu einer Höhe von 500 Euro selbst zu tragen.

Anmerkungen zu den §§ 7–11 ProdHaftG. 1. Funktion. Die Bestimmungen 164
kennzeichnen für Personenschäden (bei Verletzung und Tötung) abschließend die einzelnen Schadensposten und den Schadensumfang, konkretisieren damit § 1 I und nehmen die in den §§ 842 ff. enthaltenen Komplexe der Berechtigung bestimmter Dritter einschließlich des 2017 neu geschaffenen § 844 III (→ § 844 Rn. 9) auf. Nicht übernommen ist der Anspruch des Dienstberechtigten (→ § 845 Rn. 1). § 846 (bzw. § 6 I) sollte auf § 7 II entspr. angewandt werden. **2. Schadensersatz** 165
bei Tötung oder Verletzung einer Person. a) Schadensposten (§ 8). Zu den *Heilungskosten* vgl. → § 249 Rn. 6, zum *erlittenen Vermögensnachteil* vgl. → § 842 Rn. 3 f., zu den *vermehrten Bedürfnissen* vgl. → § 843 Rn. 2. **b) Art des Schadens-** 166
ersatzes (§ 9): Geldrente, vgl. → § 843 Rn. 1, 4, 5. **c) Haftungshöchstbetrag (§ 10). aa) Allgemeines.** Das Ges. hat hier von einer Ermächtigung der Richtlinie (Art. 16) Gebrauch gemacht. Eine Parallele enthält zB § 88 II AMG. **bb) Sachverhalte:** Der Höchstbetrag kann zum einen eingreifen bei der Verletzung Vieler durch ein einzelnes Produkt (sog. *Einzelschaden*). Bsp: Versagen einer Gleisweiche. Die Richtlinie enthält diesen Sachverhalt nicht, er wird aber durch den Sinn gedeckt. Zum anderen fällt unter die Norm eine Verletzung durch gleiche Produkte mit demselben Fehler (sog. *Serienschaden*). Die Gleichheit ist wohl aus der Sicht der Marktgegenseite, also von Funktion und Erscheinungsbild her zu bestimmen. Dasselbe Zulieferteil in mehreren Serien kann damit bei dem Haupthersteller zu mehrfachen Höchstbeträgen führen. **cc) Rechtsfolgen.** Bei voraussichtlicher Überschreitung sind wohl nur ein Teilurteil und die zusätzliche Feststellung möglich; bei tatsächlicher Überschreitung sind auch Rückforderungsansprüche denkbar (aA Grüneberg/Sprau § 10 Rn. 5 ProdHaftG: Rest geht leer aus). **3. Haftung bei Sachbe-** 167
schädigungen (§ 11). a) Zum **geschützten Gut** → §§ 1–4 Rn. 146 ff. **b) Schadensposten.** Anders als bei Personenschäden fehlt eine Umschreibung, so dass auf § 1 I zurückzugreifen ist. Wegen des insoweit mit § 823 I identischen Wortlauts sind auch dieselben Folgeschäden (→ Rn. 62) wie nach den §§ 249–252 zu ersetzen. **c) Schadensumfang.** Der Selbstbehalt (§ 11) – zur Ausgrenzung sog. „Bagatellschäden" – bezieht sich auf die Person des Geschädigten, nicht auf die jeweils beschädigte Sache. Bei Auseinanderfallen von Besitz und Eigentum (zB Mieter, Leasingnehmer) ist auf die vertragliche Gefahrtragung abzustellen. Eine Höchstbetragsgrenze besteht hier nicht.

§ 12. Verjährung

(1) Der Anspruch nach § 1 verjährt in drei Jahren von dem Zeitpunkt an, in dem der Ersatzberechtigte von dem Schaden, dem Fehler und von der Person des Ersatzpflichtigen Kenntnis erlangt hat oder hätte erlangen müssen.

(2) Schweben zwischen dem Ersatzpflichtigen und dem Ersatzberechtigten Verhandlungen über den zu leistenden Schadensersatz, so ist die Verjährung gehemmt, bis die Fortsetzung der Verhandlungen verweigert wird.

(3) Im Übrigen sind die Vorschriften des Bürgerlichen Gesetzbuchs über die Verjährung anzuwenden.

§ 13. Erlöschen von Ansprüchen

(1) [1]Der Anspruch nach § 1 erlischt zehn Jahre nach dem Zeitpunkt, in dem der Hersteller das Produkt, das den Schaden verursacht hat, in den Verkehr gebracht hat. [2]Dies gilt nicht, wenn über den Anspruch ein Rechtsstreit oder ein Mahnverfahren anhängig ist.

(2) [1]Auf den rechtskräftig festgestellten Anspruch oder auf den Anspruch aus einem anderen Vollstreckungstitel ist Absatz 1 Satz 1 nicht anzuwenden. [2]Gleiches gilt für den Anspruch, der Gegenstand eines außergerichtlichen Vergleichs ist oder der durch rechtsgeschäftliche Erklärung anerkannt wurde.

168 **Anmerkung zu den §§ 12, 13 ProdHaftG.** Das zeitliche Geltendmachen der Ansprüche wird durch ein doppeltes System begrenzt, das zT enger ist als das der §§ 195 ff. Zehn Jahre, nachdem das Produkt in den Verkehr gebracht wurde (→ §§ 1–4 Rn. 148 f.), „erlischt" der Anspruch, § 13 (**Ausschlussfrist,** also keine Hemmung, auch kein Neubeginn der Verjährung). Dies führt idR für Zulieferer und Hersteller zu unterschiedlichen Fristen. Durchbrechungen: § 13 II. **Beginn:** § 187 I. **Ende:** §§ 188 II, III, 193. Innerhalb dieser Frist **verjährt** der Anspruch nach § 10.

§ 14. Unabdingbarkeit

Die Ersatzpflicht des Herstellers nach diesem Gesetz darf im Voraus weder ausgeschlossen noch beschränkt werden. Entgegenstehende Vereinbarungen sind nichtig.

§ 15. Arzneimittelhaftung; Haftung nach anderen Rechtsvorschriften

(1) Wird infolge der Anwendung eines zum Gebrauch bei Menschen bestimmten Arzneimittels, das im Geltungsbereich des Arzneimittelgesetzes an den Verbraucher abgegeben wurde und der Pflicht zur Zulassung unterliegt oder durch Rechtsverordnung von der Zulassung befreit worden ist, jemand getötet, sein Körper oder seine Gesundheit verletzt, so sind die Vorschriften des Produkthaftungsgesetzes nicht anzuwenden.

(2) Eine Haftung aufgrund anderer Vorschriften bleibt unberührt.

169 **1. Konkurrenzen.** Nach dem Grundsatz, dass nur ein Mindeststandard gesichert werden soll (→ §§ 1–4 Rn. 146), stellt **II** klar, dass sonst bestehende Ansprüche vertraglicher oder deliktischer Art gegen Hersteller oder andere verantwortliche Personen durch das ProdHaftG nicht ausgeschlossen werden. Es besteht Anspruchskonkurrenz (vgl. → Vor § 823 Rn. 3 f.). Die **§§ 823 ff.** gehen zB weiter, bei *Personenschäden* im Anspruch nach § 845 und durch das Fehlen von Höchstgrenzen; bei *Sachschäden* besteht ein Anspruch auch wegen der fehlerhaften Sache selbst (Bsp: Totalschaden am Kfz), gewerblich genutzte Sachen werden erfasst, es ist kein Eigen-
170 anteil vorgesehen. **2. Sonderbestimmungen.** Für fehlerhafte **Arzneimittel** gilt nach I ausschließlich das AMG und zwar auch dann, wenn die Ansprüche dort niedriger sind (krit. zur Frage, ob dies durch die Richtlinie gedeckt ist, Buchner DB 1988, 36; Sack VersR 1988, 442). Das **AtomG** ist ebenfalls als weitergehendes Spezialges. ausschließlich anwendbar (so ausdr. Richtlinie Art. 14).

§ 824 Kreditgefährdung

(1) **Wer der Wahrheit zuwider eine Tatsache behauptet oder verbreitet, die geeignet ist, den Kredit eines anderen zu gefährden oder sonstige Nachteile für dessen Erwerb oder Fortkommen herbeizuführen, hat dem anderen den daraus entstehenden Schaden auch dann zu ersetzen, wenn er die Unwahrheit zwar nicht kennt, aber kennen muss.**

(2) **Durch eine Mitteilung, deren Unwahrheit dem Mitteilenden unbekannt ist, wird dieser nicht zum Schadensersatz verpflichtet, wenn er oder der Empfänger der Mitteilung an ihr ein berechtigtes Interesse hat.**

1 **1. Allgemeines. a) Bedeutung.** § 824 ist eine Sondernorm zum Schutz gewerblicher Tätigkeit. Sie ergänzt §§ 186, 187 StGB iVm § 823 II, § 826 sowie § 9 UWG und findet, da die Rechtsvoraussetzungen im Einzelnen differieren, neben diesen Bestimmungen Anwendung. Wegen des für § 823 I (Recht am eingerichteten und ausgeübten Gewerbebetrieb) aufgestellten Subsidiaritätsgrundsatzes (→ § 823 Rn. 101) geht § 824 in seinem Anwendungsbereich – *unwahre* Tatsachenbehauptun*gen* (BGHZ 166, 84) – jener Bestimmung vor. Unter § 823 I fallen abträgliche Werturteile und die Mitteilung schädigender wahrer Tatsachen (→ § 823 Rn. 108).
2 **b) Schutzobjekt.** Es genügen bereits Angriffe gegen ein einzelnes Erzeugnis (OLG München NJW-RR 2015, 427: Warentest). Dies erfordert eine Eingrenzung des
3 Tatbestandes (→ Rn. 4). **c) Verletzter** kann neben der natürlichen Person eine juristische Person (BGH NJW 2006, 601 zu § 823 I), eine Personengesamtheit mit

Beleidigungsfähigkeit (etwa eine Arbeitsgemeinschaft von Unternehmen als BGB-Gesellschaft), auch eine Behörde bzw. ihr Träger sein (BGHZ 176, 175: BKA). Wird eine Gesellschaft von einem einzelnen, zB dem Alleininhaber beherrscht, so steht diesem der Schutz des § 824 zu, wenn sich die Behauptung auch inzident auf ihn bezieht (BGH NJW 1993, 930). Bei Angriffen gegen ein Produkt (→ Rn. 2) ist Verletzter der, dem das angegriffene Ereignis zugerechnet wird (Hersteller, Inhaber eines Alleinvertriebsrechts, BGH DB 1989, 922).

2. Tatbestand. a) Die **Behauptung einer Tatsache** ist die Darstellung eines Seienden oder Geschehenen, also durch die obj. Beziehung zwischen Äußerung und Wirklichkeit charakterisiert (BGHZ 206, 298 Rn. 24). Sie ist damit einer Klärung als richtig oder falsch zugänglich und steht grds. dem Beweis offen (BVerfG NJW-RR 2017, 1003 Rn. 13 mwN; EMGR NJW-RR 2013, 292; BGHZ 206, 298 mwN). Demgegenüber sind **Werturteile** (Meinungen) durch die subj. Beziehung des Einzelnen zum Inhalt seiner Aussage, durch das Element der Stellungnahme und des Dafürhaltens geprägt (BVerfG NJW-RR 2017, 1003 Rn. 13 mwN). Wegen dieser Subjektivität lässt sich ihr Inhalt nicht als wahr oder unwahr erweisen. **Tatsachenbehauptungen** werden **wie Werturteile** geschützt, wenn und soweit sie Voraussetzung für die Bildung von Meinungen sind (BVerfG NJW 2012, 3713). Pauschalbehauptungen werden wegen des subj. Einschlags häufig als Werturteile behandelt (BGH NJW 2015, 774: „Scharlatanerieprodukt", „Schwindel"). Bei komplexen Tatbeständen soll es darauf ankommen, ob im Gesamteindruck der Tatsachen- oder der Wertungscharakter überwiegt (BGH NJW 2009, 3580 f.). **b)** Die 4
5
Tatsachen müssen sich „betriebsbezogen" (zur Funktion dieses Merkmals → § 823 Rn. 102, Eingriff in den Gewerbebetrieb) auf **Person, Verhältnisse, Betätigung oder gewerbliche Leistungen des Betroffenen** beziehen. Ein sog. Systemvergleich auf im Wettbewerb stehende verschiedenartige Erzeugnisse bleibt zulässig (OLG Hamburg NJW 1988, 3211: Zucker als „Schadstoff"). **c) Behaupten** einer 6
Tatsache ist die Kundgabe eigener Wahrnehmung, **Verbreiten** die Weitergabe einer von einem anderen aufgestellten Behauptung an mindestens einen Dritten (MüKoBGB/Wagner § 824 Rn. 35), und zwar auch dann, wenn sich der Äußernde davon distanziert (Helle JZ 1997, 786 gegen BGH JZ 1997, 785). Auch eine („rhetorische") Frage kann als Behauptung bzw. Verbreitung einer Behauptung verstanden werden (BGH NJW 2004, 1034). **d)** Die **Unwahrheit,** die feststehen muss, kann 7
auch in dem Zusammenspiel von Aussagen liegen, wodurch eine bestimmte Schlussfolgerung „zwischen den Zeilen" nahegelegt wird (sog. verdeckte Aussage, BGH NJW 2006, 602), in einer falsche Schlüsse nahelegenden Unvollständigkeit (BGH NJW 2006, 603) oder auch in einer übertreibenden Darstellung (RGZ 75, 63). Bei mehrdeutigen oder unvollständigen Äußerungen kommt es entspr. den allg. Auslegungsgrundsätzen auf das Verständnis eines unbefangenen Empfängers (BGHZ 139, 102; BGH NJW 2000, 657) bzw. bei Äußerungen in der Öffentlichkeit auf das Verständnis eines unvoreingenommenen und verständigen Publikums an. Dabei sind auch Begleitumstände zu berücksichtigen, die dem Publikum erkennbar sind (BGH NJW 2017, 1617 Rn. 13; iÜ → § 823 Rn. 83, 86). Im Rahmen einer Satire kann erkennbar sein, dass es sich um eine Verfremdung oder Übertreibung und *damit gerade nicht um* die Behauptung einer wahren Tatsache handelt (BGH NJW 2017, 1617). **e) Eignung zur Kreditgefährdung usw.** Die Mitteilung der Tatsache 8
muss nach allg. Lebenserfahrung zu negativen Reaktionen bei Geschäftspartnern führen können. **Bsp:** (unrichtige) Nachricht über Pfändung (OLG Frankfurt WM 1988, 159), Insolvenz oder Geschäftsaufgabe (BGHZ 59, 79), Nichtzulassung eines Arztes zur Krankenkasse (OLG Karlsruhe HRR 1933 Nr. 1506), Funktionsuntüchtigkeit eines Haushaltsgeräte-Typs (BGH NJW 1966, 2010), Regulierungsverhalten einer Fluggesellschaft (OLG Düsseldorf GRUR-RR 2021, 278 Rn. 23).

3. Rechtswidrigkeit. Es gelten zunächst, soweit übertragbar, die allg. Grundsätze und Rechtfertigungsgründe (→ § 823 Rn. 47 ff., 52 ff.); zur Wahrnehmung berechtigter Interessen → Rn. 11. 9

10 **4. Verschulden. a) Allgemeines.** Zum Verschulden selbst → § 823 Rn. 57. Nach hM muss sich das Verschulden allein auf die Unwahrheit der mitgeteilten Tatsache, also nicht zB auf die Eignung der Behauptung zur Kreditgefährdung beziehen. Richtiger erscheint, der allg. Auslegungssystematik entspr. zu verlangen, dass sämtliche Tatbestandsmerkmale vom Verschulden erfasst werden müssen. **b) Erkundigungspflicht.** Der Handelnde muss, um dem Fahrlässigkeitsvorwurf zu entgehen, in zumutbarem Maß die Richtigkeit der Information nachprüfen. Je einschneidender für den Betroffenen die Mitteilung sein kann, desto höher ist die Erkundigungspflicht (LG Köln VersR 2005, 269: Kreditauskunft, dort verneint; BGHZ 59, 80 mAnm Nüßgens LM Nr. 17: Aufnahme einer Anzeige über Geschäftsaufgabe).

11 **5. Wahrnehmung berechtigter Interessen (II). a) Bedeutung.** Ursprünglich im Interesse von Auskunfteien geschaffen (Prot. II 638), liegt der Schwerpunkt heute in der Wahrnehmung der Rechte aus Art. 5 I 2 GG durch die Medien. Erreicht werden soll, dass Schadensersatz (auch durch Naturalrestitution gem. § 249, also zB durch Rücknahme der Behauptung) nicht gefordert werden kann, solange II gege-
12 ben ist (und die Unwahrheit nicht feststeht, → Rn. 13). **b) Anwendung.** Vorzunehmen ist ähnlich wie beim Eingriff in den Gewerbebetrieb eine Interessenabwägung im Einzelfall (→ § 823 Rn. 103). Bsp: Die Veröffentlichung rechtswidrig beschaffter oder erlangter Informationen durch Medien ist hinzunehmen, wenn erhebliche, die Öffentlichkeit wesentlich berührende Missstände aufgedeckt werden (BGH NJW 2018, 2877 Rn. 21 ff.: heimliche Filmaufnahmen über Massentierhaltung). Zusätzlich verlangt die Rspr., der Sich-Äußernde müsse sorgfältig die Zuverlässigkeit seiner Erkenntnisquelle prüfen (BGH NJW 1985, 1623). Das Verhältnis dieses Merkmals zum Verschulden ist unklar (s. dazu Deutsch JZ 1967, 96).

13 **6. Beweislast.** Der **Verletzte** muss die Unwahrheit der Tatsachenbehauptung (BGHZ 176, 183, dort sowie in OLG Dresden NJW-RR 2021, 979 Rn. 18 auch zur sekundären Behauptungslast des Verletzers, falls nur er die Belegtatsachen für die Behauptung kennt; sa → § 823 Rn. 120), die Eignung zur Kredit-/Rufgefährdung, die Rechtswidrigkeit sowie das Verschulden des Handelnden (keine allg. Verschuldensvermutung bei Unrichtigkeit der Mitteilung) und den eingetretenen Schaden (sa § 287 ZPO) beweisen. Ist der Tatbestand von § 193 StGB erfüllt (Eignung, den anderen verächtlich zu machen oder in der Öffentlichkeit herabzuwürdigen), so trifft den Verletzer die Beweislast für die Richtigkeit der Behauptung (BGHZ 132, 23). Beruft sich der Schädiger auf **II,** so muss er die berechtigten Interessen, der Geschädigte dagegen wiederum die Kenntnis von der Unwahrheit beweisen.

14 **7. Rechtsfolgen.** Der Anspruch auf Unterlassung und Widerruf bei rechtswidrigen, auf Schadensersatz bei schuldhaften Verletzungen außerhalb von II entspricht den Ansprüchen bei Persönlichkeitsverletzungen (→ § 823 Rn. 85 ff.).

§ 825 Bestimmung zu sexuellen Handlungen

Wer einen anderen durch Hinterlist, Drohung oder Missbrauch eines Abhängigkeitsverhältnisses zur Vornahme oder Duldung sexueller Handlungen bestimmt, ist ihm zum Ersatz des daraus entstehenden Schadens verpflichtet.

1 Die Bestimmung nimmt im Anschluss an § 253 eine Modernisierung und Erweiterung des Tatbestandes vor. Sie hat neben § 823 I (Verletzung des Persönlichkeitsrechts) und § 823 II iVm den genannten strafrechtlichen Normen nur eine geringe
2 Bedeutung. In den Schutzbereich einbezogen sind Kinder und Jugendliche, Menschen jeden Geschlechts und jeder Orientierung. Erfasst werden Tatbestände, die in §§ 174 ff. StGB unter Strafe gestellt sind. Hinzutreten müssen, soweit nicht bereits dort enthalten, die qualifizierenden Merkmale des § 825 (Hinterlist, Drohung, Missbrauch eines Abhängigkeitsverhältnisses). Für die Verjährung s. § 197 I Nr. 1.

§ 826 Sittenwidrige vorsätzliche Schädigung

Wer in einer gegen die guten Sitten verstoßenden Weise einem anderen vorsätzlich Schaden zufügt, ist dem anderen zum Ersatz des Schadens verpflichtet.

Lit.: Schricker, Gesetzesverletzung und Sittenverstoß, 1970; Steindorff, Die guten Sitten als Freiheitsbeschränkung, Summum ius, summa iniuria, 1963, S 58; Teubner, Standards und Direktiven in Generalklauseln. Möglichkeiten und Grenzen der empirischen Sozialforschung bei der Präzisierung der Gute-Sitten-Klauseln im Privatrecht, 1971.

I. Allgemeine Interpretation

1. Funktion. a) § 826 stellt, ohne subsidiär zu sein, einen Auffangtatbestand 1
zum Schutz **allg. materieller oder ideeller Interessen,** insbes. des **Vermögens,** freilich nur gegen bestimmte Angriffsformen (Vorsatz, Sittenwidrigkeit) dar (zur Systematik → Vor § 823 Rn. 2). Der Bezug auf die „guten Sitten" sollte einmal erlauben, künftige Entwicklungen und Vorstellungen aufzufangen. In der Praxis hat sich das Haftungsrecht jedoch über den Ausbau des § 823 (s. zB die Sonderfallgruppen → § 823 Rn. 64 ff.) entwickelt. Erhalten geblieben ist eine weitere Funktion, nämlich elementare außerrechtliche, aber rechtlich anzuerkennende Verhaltensanforderungen sowie die in den Grundrechten verwirklichte Wertordnung
mit zu berücksichtigen. **b)** Die Funktion als Auffangnorm hat in letzter Zeit im 2
Gesellschaftsrecht Bedeutung gewonnen, nachdem der BGH in mehreren Fallgruppen teilw. ausschließlich auf § 826 zurückgreift und auf die Ableitung aus bes. gesellschaftsrechtlichen (außernormativen) Grundsätzen verzichtet (s. dazu zB Gehrlein WM 2008, 761; Hönn WM 2008, 761; Förster AcP 209, 400 ff.). Bsp. sind die Existenzvernichtung der Gesellschaft durch kompensationslosen Entzug von Mitteln (BGHZ 173, 251 ff.; BGH WM 2009, 803), Anfechtungsklagen gegen strukturelle Gesellschaftsbeschlüsse mit dem Ziel, sich die Rücknahme der Klage abkaufen zu lassen (OLG Frankfurt WM 2009, 309), Täuschung von (potentiellen) Anlegern über die wirtschaftliche Lage des Unternehmens (BGH NJW-RR 2004, 203), Unterkapitalisierung, die zwangsläufig zu Lasten von Gläubigern geht (BGHZ 176, 204; 176, 210 ff.; 179, 344; → Rn. 27). Es wird sich noch herausstel-
len müssen, ob damit eine sachadäquate Lösung gefunden wurde. **c) Konkurrenzen.** 3
§ 826 ist als übergeordnete allg. Norm (BGH NJW 1990, 708) grundsätzlich neben anderen Anspruchsgrundlagen innerhalb und außerhalb des BGB (zB § 8 UWG; § 97 UrhG) anwendbar. Die Verjährung richtet sich auch insoweit allein nach §§ 194 ff. (BGHZ 36, 256: kein Vorrang von § 21 UWG aF). **Verdrängt** wird § 826 durch § 839 (BGH NJW 2014, 3580, ganz hM), darüber hinaus nach BGHZ 108, 77 ff. auch § 2287 (bedenklich; differenzierend Schubert JR 1990, 159). Innerhalb von Sonderbeziehungen können – ohne dass § 826 rechtlich ausgeschlossen wird – Schadensersatzansprüche faktisch dadurch entfallen, dass der den Betroffenen belastende Vertrag nach § 138 nichtig ist, gem. § 123 angefochten wird (zur Rechtslage nach Fristablauf → § 124 Rn. 2) oder dem Geltendmachen von Ansprüchen die Arglisteinrede entgegensteht.

2. Tatbestand. a) Verstoß gegen die guten Sitten. aa) Grundsatz. In stRspr 4
(RGZ 48, 124; BGH WM 2020, 987 Rn. 24) wird als sittenwidrig verstanden, was „gegen das Anstandsgefühl aller billig und gerecht Denkenden" verstößt. Da aber auf einen allg. moralischen Konsens angesichts einer pluralistischen Gesellschaft und der subtilen Ausdifferenzierung rechtlicher Problemstellungen wie Konfliktsituationen nicht zurückgegriffen werden kann, ist eine rechtliche, eine **normative Wertung** zu treffen, die damit auch revisibel und keine Tatsachenfeststellung ist (BGH
NJW 2014, 1380). **bb)** Als **Maßstab** gilt, was ein am (jeweiligen) Rechtsverkehr 5
Teilnehmender als verbindliches Grundmuster korrekten Verhaltens in einem geordneten Zusammenleben erwarten kann (ähnlich Staudinger/Oechsler § 826 Rn. 28, 46 ff.). Dies erfordert eine sorgfältige abwägende Beurteilung des Einzelfalls. In der

Sache geht es um die grundlegende Missbilligung eines Verhaltens, dessen Verwerflichkeit sich aus dem verfolgten Ziel, den eingesetzten Mitteln, dem Missverhältnis von Zweck und Mittel, einem besonderen Maß an Rücksichtslosigkeit (s. BGH NJW 2014, 1380) oder auch aus den eingetretenen Folgen ergeben kann. Eine Orientierungshilfe für die **Konkretisierung** können Fallgruppen (→ Rn. 13 ff., 25 ff.) anbieten. **cc) Subj. Voraussetzungen.** Zum **Vorsatz** → § 276 Rn. 15 sowie → Rn. 10. Der Handelnde muss nicht das Bewusstsein der Sittenwidrigkeit haben, jedoch die eine Sittenwidrigkeit begründenden tatsächlichen **Umstände kennen** (BGH NJW 2005, 2992; aA Sack NJW 2006, 947 f.). Insofern können bei jur. Personen die Grundsätze der Wissenszurechnung angewendet werden, wonach der jur. Person auch die Kenntnis von Umständen bei einer im Unternehmen tätigen Person zugerechnet werden kann, die mit der Betreuung der Sache in eigener Verantwortung beauftragt worden ist (zur Zurechnung allg. zB BGH NJW 2011, 1799). Der BGH (NJW 2017, 250 Rn. 26; 2021, 1669 Rn. 23) nimmt an, eine Zurechnung sei zwar für eine Arglist, nicht aber für das „moralische Unwerturteil" der Sittenwidrigkeit möglich; insoweit müssten Wissen und Wollen in einer Person zusammentreffen (krit. Wagner JZ 2017, 522, 525). Dem ist, da es gerade nicht um eine moralische Bewertung geht (→ Rn. 4), nicht zu folgen. Arglist oder gewissenlose Leichtfertigkeit können als solche die Sittenwidrigkeit begründen (BGHZ 176,
6 297). Eine redliche Überzeugung vermag uU entlastend zu wirken. **b) Geschütztes Rechtsgut (Schadenszufügung).** Geschützt ist zum einen das **Vermögen als Ganzes** einschließlich hinreichend konkretisierter Erwerbsaussichten (BGHZ 175, 285 f.). Eine Beeinträchtigung ist nicht nur bei einer Wertminderung iSd Differenztheorie (→ Vor §§ 249 ff. Rn. 5), sondern auch dann zu bejahen, wenn über das Vermögen in anderer Weise als ohne Einwirkung gewollt verfügt wird (BGH VersR 2015, 76 u VersR 2022, 654 Rn. 14 mwN [Dieselskandal]: sonst nicht geschlossener Vertrag). § 826 schützt weiter **ideelle Interessen** (bedeutsam für den Abwehran-
7 spruch, → Rn. 11) sowie die **Persönlichkeitssphäre. c) Haftungsbegründende Kausalität.** Die den Sittenverstoß begründende Handlung muss für die Rechtsgutsverletzung (bei einer Vermögensschädigung der Eintritt des ersten Nachteils) kausal sein (dazu → § 823 Rn. 22 ff.; iE BGHZ 175, 64: verspäteter Insolvenzantrag; BGH
8 NJW-RR 2013, 1451, auch zum erforderlichen Nachweis). **d) Geschädigter** (Anspruchsberechtigter) ist derjenige, gegen den sich, uU nur mittelbar, der Schädigungsvorsatz richtet (str., → Rn. 10).

9 **3. Rechtswidrigkeit.** Dem Merkmal kommt, da die Sittenwidrigkeit die Rechtswidrigkeit impliziert (vgl. Staudinger/Oechsler § 826 Rn. 24), für den Anspruch aus § 826 keine bes. Bedeutung zu.

10 **4. Verschulden.** Notwendig ist **Vorsatz;** bedingter Vorsatz genügt (BGHZ 147, 278). Zum Vorsatz eines Verschuldensunfähigen → § 827 Rn. 2. Der Vorsatz ist neben der Sittenwidrigkeit festzustellen (BGH NJW 2014, 1381); ggf. kann er aus den gleichen, die Sittenwidrigkeit begründenden Umständen geschlossen werden (BGH WM 1975, 560 mwN); iE: Der Handelnde muss das *Bewusstsein* haben, das eigene Verhalten werde zum Schaden (zur Rechtsgutsverletzung) führen, er muss dies *wollen* bzw. *in Kauf nehmen* (BGH VersR 2013, 202). Nicht erforderlich ist dabei eine genaue Vorstellung über Kausalverlauf, die Person des Geschädigten und die Höhe des Schadens; jedoch müssen in etwa die Richtung, in der sich das Verhalten zum Schaden anderer auswirken wird, und die Art des möglicherweise eintretenden Schadens vom Vorsatz umfasst sein (BGH NJW 2004, 448). Von hier lässt sich auch der Kreis der anspruchsberechtigten Personen begrenzen (krit. – stattdessen Einführung der Schutzbereichslehre – Wolf NJW 1967, 709).

11 **5. Rechtsfolgen.** Dem Geschädigten stehen **Abwehransprüche** (→ Vor § 823 Rn. 6 f.) und Schadensersatzansprüche zu. Auch kann der Anspruch aus § 826 **einredeweise** gegenüber einem Anspruch des Schädigers erhoben werden (zB BGH

WM 1968, 575; 73, 894); häufig wird allerdings § 826 insoweit durch § 242 überlagert (BGHZ 64, 9 → Rn. 3).

12 **6. Beweislast.** Die Darlegungs- und Beweislast für alle Tatbestandsmerkmale einschließlich der haftungsbegründenden Kausalität zwischen Handeln und Schädigung obliegt dem Geschädigten (BGH VersR 2013, 202). Bei einem arglistigen Verschweigen (Täuschung durch **Unterlassen**) greifen die Grundsätze der sekundären Darlegungslast: Der Schädiger muss die Umstände einer behaupteten Information spezifiziert darlegen, der Geschädigte muss diese Umstände ausräumen (BGHZ 188, 47; BGH DWW 2014, 201; VersR 2022, 896; sa → § 823 Rn. 120).

II. Fallgruppen

13 **1. Allgemeines.** Anders als im Zusammenhang mit § 823 (zB → § 823 Rn. 71 ff., 104 ff.) dient hier die Bildung von Fallgruppen weniger einer Konkretisierung der Norm durch Typisierung, sondern der Orientierung (→ Rn. 3) und Veranschaulichung, in welchen Formen sich individuell vorwerfbares Verhalten häufig zeigt. Der Erkenntniswert der Fallgruppenbildung ist damit notwendigerweise geringer: Einer Prüfung der bes., die Sittenwidrigkeit begründenden Umstände wie auch des Vorliegens der anderen Tatbestands- und Verschuldensmerkmale wird man nicht enthoben. Auch kann sich Sittenwidrigkeit in ganz anderen Fallkonstellationen zeigen. Die Bildung dieser sich im Einzelnen auch überschneidenden Fallgruppen ist in der Lit. in unterschiedlicher Weise vorgenommen worden (s. zB die Übersicht in Staudinger/Oechsler § 826 Rn. 21, 219 ff.). Hier wird versucht, von den Erscheinungsformen des missbilligten Verhaltens (Verhältnis von Mittel zum Zweck) zum einen, des missbilligten Erfolgs zum anderen (→ Rn. 4) auszugehen. Sittenwidriges Handeln kann sich gegen einen anderen richten, möglich ist auch die Kollusion mit einem anderen zu Lasten eines Dritten.

14 **2. Verwerflichkeit des Mittels. a) Arglistige Täuschung aa) des Partners** oder **des Herstellers** bes. beim Vertragsschluss. Bsp: Hypothekenkauf (RGZ 103, 154); Kauf eines Pkw (BGHZ 57, 137); **Dieselskandal** (s. zB BGHZ 225, 316 Rn. 13 ff.; NJW 2020, 2798; 2021, 1669 Rn. 17 ff.; VersR 2022, 771; ECLI:DE:BGH:2022:040822UIIIZR230.20.0; OLG Koblenz NJW 2019, 2237 mAnm Bruns NJW 2019, 2211; Wilt NJW 2017, 3685; Heese NJW 2019, 257; Riehm NJW 2019, 1105; Weller/Smela/Habrich JZ 2019, 1021 ff.; zum ersatzfähigen Schaden → Vor §§ 249 ff. Rn. 39). Die Täuschung kann auch durch Unterlassen beim Bestehen einer Aufklärungspflicht (zum Begriff des Unterlassens → § 823 Rn. 29) begangen werden (BGH NJW 2002, 2777: Warentermingeschäfte). Die Anfechtung nach
§ 123 schließt Ansprüche aus § 826 rechtlich nicht aus (aber → Rn. 3). **bb)** Irreführung von **Dritten** zum eigenen oder fremden Vorteil. 15
Bsp: Ausstellen einer Urkunde über nicht ernstlich gewollten Kauf, um dem Verkäufer Kredit zu ermöglichen (OLG Celle WM 1965, 25); Schweigen über eine durch einen anderen begangene Unterschriftsfälschung auf einem Wechsel trotz Anfrage (BGHZ 47, 114); „Ausplündern" eines Fonds durch Initiatoren (BGH WM 2021, 1219); Insolvenzverschleppung, um während der Zeit scheinbarer Gesundheit des Unternehmens Sondervorteile herauszuziehen (BGH WM 1964, 673; 73, 1355) oder auch nur um das als unabwendbar erkannte Ende eines Unternehmens so lange wie möglich hinauszuzögern (BGH NJW 2021, 3330 Rn. 20, 26); Täuschung über die Kreditwürdigkeit des notleidenden Unternehmens durch eigene Kredite gegen Sicherheit (RGZ 136, 253 f.; 143, 40). Eine bes. Rolle spielen **Gutachten** oder **Auskünfte.** Die Rspr. hält bewusst wahrheitswidrige oder auch leichtfertig ohne genaue Überprüfung der Sachlage („ins Blaue") erteilte Auskünfte für sittenwidrig, falls sich, für den die Auskunft Erteilenden erkennbar, der Empfänger von dem Inhalt der Auskunft leiten lassen will (BGHZ 159, 11 f. mwN; zur Erforderlichkeit des Vorsatzes → Rn. 10). Ähnliches gilt für **Zeugnisse** zB über Arbeitnehmer: In der Kollision zwischen den Interessen des Arbeitnehmers, durch das Zeugnis in seinem Fortkommen nicht

unnötig behindert zu werden, und den Erwartungen des künftigen Arbeitgebers, das Zeugnis enthalte – wenn auch in schonender Form – die für eine Beurteilung notwendigen Angaben (BAG NJW 1960, 1974), dürfen in einem Zeugnis gem. § 630 S. 2 für die Tätigkeit relevante Verfehlungen nicht verschwiegen werden (BGH NJW 1970, 2292; zum Nicht-Erwähnen als ausreichende Information s. BGH VersR 1964, 314; iE Staudinger/Oechsler § 826 Rn. 358 ff.; → § 630
16 Rn. 7); zur **Gläubigerbenachteiligung** durch Täuschung → Rn. 27. **cc) Irreführung von Behörden und Institutionen,** um eine Rechtsposition (zB Erlaubnis) zu erlangen. Auch gegen ein **erschlichenes Urteil** kann nach stRspr § 826 als Einwendung gegenüber der Zwangsvollstreckung oder als Grundlage für den Rückforderungsanspruch eingesetzt werden (BGHZ 101, 383 mwN; BGH ZIP 1989, 287, str.; differenzierend Rosenberg/Schwab/Prütting, § 163 Rn. 8 [nur, wenn eine Restitutionsklage nicht zum Ziel führt]; aA Prütting/Weth, Rechtskraftdurchbrechung bei unrichtigen Titeln, 2. Aufl. 1994, S. 31 ff.; Kohte JR 1989, 152). Voraussetzungen: materiell-rechtliche Unrichtigkeit des Urteils, Kenntnis des Titelgläubigers von der Unrichtigkeit („erschleichen"), zusätzliche gravierende Umstände (zum Anspruch bei einem nicht erschlichenen, aber offenbar unrichtigen Urteil → Rn. 23). **b)** Die unangemessene **Drohung** ist auch hier (vgl. § 123) der
17 arglistigen Täuschung gleichwertig. **c) Pflichtverletzung. aa) Abgrenzung.** Selbstverständlich unterfällt *nicht jede Pflichtverletzung* § 826; anwendbar bleibt idR allein das dafür vorgesehene Sanktionensystem (zB Ansprüche aus §§ 241 II, 280 I; 311a II). Sittenwidrig kann jedoch der bewusste Verstoß gegen *bes. Treuepflichten* sein, wie sie sich aus enger personaler Beziehung oder länger währenden Dauerschuldverhältnissen ergeben (Staudinger/Oechsler § 826 Rn. 321 ff.; Erman/Wil-
18 helmi § 826 Rn. 28). **bb) Verletzung eigener Pflichten gegenüber dem Partner.** Bsp: Verletzung gesellschaftsrechtlicher Treuepflichten (BGHZ 12, 319: Abtretung einer Gesellschaftsforderung für eigene Sicherungszwecke); Vertrauensbruch eines Treuhänders (RGZ 79, 196); Ausführen eines Überweisungsauftrages durch eine Bank, wenn mit dem Zusammenbruch der Empfängerbank zu rechnen
19 ist (BGH NJW 1963, 1873). **cc) Mitwirken** an der **Pflichtverletzung eines anderen.** Bsp: **Verleiten zum Vertragsbruch.** Das bloße Partizipieren am Vertragsbruch eines anderen oder auch die einfache Aufforderung ist noch nicht sittenwidrig; hinzukommen müssen bes. Umstände (BGH NJW 2014, 1380 mwN: planmäßiges Zusammenwirken zum Schaden des Dritten – dort verneint; RG JW 1931, 2238: Übernahme der Regressansprüche; RGZ 81, 91: Übernahme der Vertragsstrafe). Ähnliche Grundsätze gelten auch für die **Abwerbung von Arbeitskräften** (OLG Karlsruhe NJW-RR 2002, 165; iE Lufft NJW 1961, 2000); kollusives Zusammenwirken beim **Missbrauch der Vertretungsmacht** und der damit verbundenen Pflichtverletzung durch den Vertreter (BGH NJW-RR 1989, 642 f.); zum Problem insgesamt → § 164 Rn. 8. **dd) Bestechung** (RGZ 161, 231; Staudinger/Oechsler § 823 Rn. 380) und Zahlen von **Schmiergeldern** (BGH NJW 1962, 1099) sind auch dann sittenwidrig, wenn dem Empfänger keine Pflichtverletzung gegenüber einem Dritten zur Last fällt, sondern sein Ermessen
20 gesteuert werden soll. **d) Missbrauch. aa)** Der **Begriff** des Missbrauchs ist vielschichtig. Zu beachten sind insbes. die allg. Tendenzen zur Objektivierung iSd Funktionswidrigkeit zB im Wettbewerbsrecht (vgl. § 19 II GWB) oder im Zusammenhang mit § 242 (→ § 242 Rn. 37 ff.). Bei § 826 geht es wiederum um den in erheblichem Maß zu missbilligenden, auch durch subj. Elemente geprägten
21 Fehlgebrauch einer Position. **bb)** Missbrauch einer **Machtstellung.** Der für die Rspr. des RG bedeutsame Komplex (zB RGZ 79, 229: Erzwingen unbilliger Bedingungen durch Elektrizitätswerk; RGZ 133, 391: Verweigerung des Theaterbesuchs zur Verhinderung sachlicher Kritik; RGZ 108, 43: Mehrheitsmissbrauch bei Kapitalerhöhung in AG) ist heute im Wesentlichen faktisch durch Sonderbestimmungen (zB §§ 19, 20 GWB; § 1 UWG; §§ 246 ff. AktG) aufgefangen. Weitere Bsp: Verweigerung der Aufnahme in den Landessportbund (BGH NJW 1969, 317); unbilliger Ausschluss aus nichtrechtsfähigem Verein (BGHZ 13, 5, 13).

cc) Die missbräuchliche Ausnutzung einer **formalen Rechtsstellung** zur Schädigung eines anderen kann sittenwidrig sein. Bsp: missbräuchliche Prozessdurchführung (BGHZ 154, 273); Erwerb in Zwangsversteigerung oder Insolvenz, um § 566 zu entgehen (BGH WM 1962, 930); sittenwidriger, aber unanfechtbar gewordener Gesellschafterbeschluss (BGH AG 88, 20); Namensmissbrauch (BGHZ 4, 160: Ausnutzen der Verwechslungsgefahr mit anderem eingetragenen Warenzeichen); Wechselmissbrauch; Missbrauch einer Garantie (OLG München WM 1985, 191), der Vertretungsmacht (→ Rn. 19) und Treuhänderstellung (BGH NJW 1968, 1471; iE Staudinger/Oechsler § 826 Rn. 333, 384). **dd)** Das Ausnutzen eines unzutreffenden, nicht erschlichenen **Urteils/Vollstreckungsbescheids** ist nach der Rspr. sittenwidrig, wenn die Unrichtigkeit offensichtlich ist, der von dem Urteil Gebrauch machende Teil die Unrichtigkeit kennt und – nach strengen Maßstäben zu prüfende – bes. Unrechtsumstände hinzutreten, welche die Verwertung des Urteils als unerträglich oder in hohem Maße als unbillig erscheinen lassen (BGH NJW-RR 2012, 304, dort abgelehnt); zur Sittenwidrigkeit eines erschlichenen Urteils → Rn. 16. **ee)** Missbrauch einer **Vertrauensstellung.** Bsp: Häufiger Umschlag eines Anlagekontos durch Bevollmächtigten zum Gewinnen von Provisionsansprüchen (BGH NJW 2004, 3423); → Rn. 14. 22 23 24

3. Verwerflichkeit des Zwecks. a) Allgemeines. „Zweck" des in § 826 erfassten – vorsätzlichen – Verhaltens ist die Schädigung des Gegenübers oder eines Dritten. Die Sittenwidrigkeit kann daher auch hier nur aus bes., die Verwerflichkeit begründenden Umständen gefolgert werden. Sie können zB ggü. dem Partner in einer demütigenden oder ganz erheblichen Beschneidung seiner Möglichkeiten liegen, ggü. Dritten in einer dem Sinn der Rechtsordnung eklatant widersprechenden Beeinträchtigung. IdR wird die Feststellung der kumulativ oder allein eingesetzten verwerflichen Mittel (→ Rn. 14 ff.) leichter fallen. **b) Verletzung des Partners.** Bsp: In Einzelfällen hat die Denunziation eine Rolle gespielt, dh eine obj. richtige Anzeige, die für den Betroffenen in einem Unrechtsregime zur erheblichen Gefährdung führt (BGHZ 17, 332, krit. Nipperdey MDR 1955, 666: Anzeige in NS-Zeit; sa OLG Köln FamRZ 1962, 72); zur Persönlichkeitsverletzung und Geschäftsschädigung durch Mitteilung wahrer Tatsachen iÜ → § 823 Rn. 74, 108. Sittenwidrig ist weiter die **wirtschaftliche Knebelung** im Rahmen von Kreditverträgen, wenn der Schuldner erheblich über das Sicherungsbedürfnis des Gläubigers hinaus faktisch sein gesamtes Vermögen zur Verfügung stellen muss (BGHZ 19, 12; sa BGH NJW 1984, 728). Wegen der Nichtigkeit der Abrede gem. § 138 wird § 826 kaum praktisch. **c)** Hauptbeispiel der Verletzung Dritter ist die **Gläubigerbenachteiligung.** Regelmäßig greifen hier nur die bes. Gläubigerschutzvorschriften (zB § 15b InsO [§ 64 GmbHG aF], §§ 3 ff. AnfG, §§ 129 ff. InsO) ein (s. BGH VersR 1996, 1287 mwN). Sittenwidrig sind aber, soweit nicht bereits Täuschungshandlungen als verwerfliche Mittel vorliegen (→ Rn. 14), bes. Maßnahmen, welche die Ansprüche faktisch leerlaufen lassen (BGH NJW 1984, 728), Bsp: Sicherungsübernahme des gesamten Vermögens in Kenntnis von Ansprüchen Dritter (BGHZ 96, 231, 235 f.), Insolvenzverschleppung (BGHZ 162, 156: Widerspruch gegen Bankeinzug vor Insolvenz) oder die Zwangsvollstreckung faktisch vereiteln (BGH WM 1964, 614: bewusstes Herbeiführen der Vermögenslosigkeit gemeinsam mit dem Schuldner). Zusammenwirken von Schuldner und Gläubiger, um eine Anfechtung des im Wege der Zwangsvollstreckung erlangten Erwerbs auszuschließen (BGHZ 162, 143 Rn. 34). 25 26 27

Vorbemerkungen zu den §§ 827–829

Lit.: Mecke/Huck, Billigkeit im Recht oder Billigkeit versus Recht? Eine Analyse höchstrichterlicher Rechtsprechung, AcP 220, 861; Schamberg, Der Ausschluss der Deliktsfähigkeit nach §§ 827, 828 BGB, Jura 2021, 758.

1 **1. Bedeutung.** Die §§ 827–829 bilden einen eigenständigen Abschnitt. Mit dem Begriff „nicht verantwortlich" (§§ 827 S. 1, 828 I, II) wird eine dem Verschulden vorgelagerte, materiell etwa § 19 StGB oder § 3 JGG vergleichbare Kategorie eingeführt: die sog. Deliktsfähigkeit (besser Verschuldensfähigkeit bzw. **Verschuldensunfähigkeit**). Abgesehen von der wohl als grundsätzlich empfundenen Notwendigkeit einer solchen Regelung (Mot. II 732; Prot. II 583) soll damit im Gegensatz zu dem typisiert festzustellenden Verschulden (→ § 276 Rn. 29) ein individuell auf den konkreten Schädiger anzuwendender Zurechnungsmaßstab und eine bes. Haftungsregelung ermöglicht werden.

2 **2. Anwendungsbereich.** Die Vorschriften gelten für die an ein Verschulden anknüpfenden **Deliktstatbestände** (§§ 823–826, 830 I 2, 831, 832, 833 S. 2, 834, 836–838) und dank des Verweises in § 276 I 2 auch für **Sonderbeziehungen,** insbes. vertragliche Schuldverhältnisse. Dies hat bes. Bedeutung für die Anwendbarkeit im Rahmen des **§ 254** (BGHZ 34, 366; OLG Düsseldorf Schaden-Praxis 2014, 123; MüKoBGB/Wagner § 827 Rn. 4). Bei einer **Gefährdungshaftung** greifen die §§ 827, 828 nicht ein, ebenso gelten sie nicht für die Eigenschaft als **Handlungsstörer** (OLG Düsseldorf NJW-RR 1996, 211; aA LG Wuppertal BeckRS 2021, 29206 Rn. 32 ff.); einer Klage auf Unterlassung etc. aus § 1004 kann jedoch mangels Vollstreckbarkeit (aA Regenfus JZ 2021, 1027) das Rechtsschutzbedürfnis fehlen.

3 **3. Rechtsnatur.** Verschuldensunfähigkeit und die sie begründenden Tatbestände sind **Rechtsbegriffe,** die sich mit den entspr. medizinischen Begriffen nicht voll decken; der Richter hat daher gem. § 286 ZPO ohne Bindung an Sachverständigengutachten selbst zu entscheiden (BGH VersR 1967, 30; NJW 1970, 1038).

4 **4. Haftung bei Verschuldensunfähigkeit.** Die fehlende Verschuldensfähigkeit schließt eine Haftung nicht grds. aus. Für einzelne Deliktstatbestände greift eine Billigkeitshaftung (§ 829) ein. In den Fällen des § 827 haftet derjenige, der sich schuldhaft in diesen Zustand versetzt hat, in der Weise, „als ob" er die Handlung selbst fahrlässig schuldhaft begangen habe. Zur Haftung der Aufsichtsperson s. § 832.

§ 827 Ausschluss und Minderung der Verantwortlichkeit

[1]Wer im Zustand der Bewusstlosigkeit oder in einem die freie Willensbestimmung ausschließenden Zustand krankhafter Störung der Geistestätigkeit einem anderen Schaden zufügt, ist für den Schaden nicht verantwortlich. [2]Hat er sich durch geistige Getränke oder ähnliche Mittel in einen vorübergehenden Zustand dieser Art versetzt, so ist er für einen Schaden, den er in diesem Zustand widerrechtlich verursacht, in gleicher Weise verantwortlich, wie wenn ihm Fahrlässigkeit zur Last fiele; die Verantwortlichkeit tritt nicht ein, wenn er ohne Verschulden in den Zustand geraten ist.

1 **1. Verschuldensunfähigkeit (S. 1).** Mit beiden Begriffen wird der schwierige Grenzbereich gekennzeichnet, in dem einerseits noch eine Handlung, also ein beherrschbares Verhalten (→ § 823 Rn. 20) vorliegt, im Zeitpunkt der Handlung andererseits die freie Willensentscheidung ausgeschlossen ist. Bsp: Auftreten eines epileptischen Anfalls (BGHZ 127, 188), unfallbedingte Amnesie und falsche Angaben ggü. dem Versicherer (BGH VersR 2007, 389). Eine äußerste Erregung kann im Einzelfall eine Verschuldensunfähigkeit auslösen (BGH NJW 1958, 266); eine allg. Erregung oder momentane Unfähigkeit zum vernünftigen Handeln reichen nicht aus (iE MüKoBGB/Wagner § 827 Rn. 7). Eine alkoholbedingte Bewusstseinsstörung bei einem Pkw-Fahrer setzt sehr hohe Werte voraus (BGH JZ 2012, 47 mwN: 3 ‰ Blutalkohol lediglich als Anzeichen für eine Schuldunfähigkeit; sa OLG Schleswig r+s 2021, 355 Rn. 26: 3,44 ‰).

2 **2. Auslösen der Verschuldensunfähigkeit (S. 2).** Das in der Norm genannte Verhalten führt nicht zur **Fahrlässigkeit** selbst, sondern es wird in der Haftung der

Fahrlässigkeit gleichgestellt. Ist grobe Fahrlässigkeit erforderlich, so muss entspr. grob fahrlässig der Zustand der Verschuldensunfähigkeit herbeigeführt sein (BGH VersR 1967, 944). Daneben ist möglich, in einer „Vorverlagerung des Schuldvorwurfs" (Armbrüster JZ 2012, 51) es als fahrlässig zu werten, wenn der Handelnde zB Alkohol oder andere Mittel zu sich nimmt, ohne Vorkehrungen zu treffen, dass er danach kein Kfz benutzt (BGH JZ 2012, 47 mzustAnm Armbrüster JZ 2012, 49). Für **Vorsatzdelikte** (§§ 826, 839 I 2) ergibt sich keine Haftung nach § 827 S. 1. Es kann aber auf Grundsätze der actio libera in causa (s. dazu Lackner/Kühl § 20 StGB Rn. 25) zurückgegriffen werden, wenn absichtlich für das Begehen einer vorsätzlichen Handlung das Bewusstsein ausschaltende Mittel zu sich genommen werden (MüKoBGB/Wagner § 827 Rn. 13; Armbrüster JZ 2012, 49).

3. Beweislast. Sie obliegt dem Handelnden für die Bewusstlosigkeit etc. (BGH JZ 2012, 47; KG VersR 2022, 1021, 1022), dem Verletzten für die Merkmale des S. 2 HS 1 (→ Rn. 2), dem Handelnden wiederum für S. 2 HS 2 (OLG Schleswig NJOZ 2022, 409 Rn. 32). 3

§ 828 Minderjährige

(1) **Wer nicht das siebente Lebensjahr vollendet hat, ist für einen Schaden, den er einem anderen zufügt, nicht verantwortlich.**

(2) [1]**Wer das siebente, aber nicht das zehnte Lebensjahr vollendet hat, ist für den Schaden, den er bei einem Unfall mit einem Kraftfahrzeug, einer Schienenbahn oder einer Schwebebahn einem anderen zufügt, nicht verantwortlich.** [2]**Dies gilt nicht, wenn er die Verletzung vorsätzlich herbeigeführt hat.**

(3) **Wer das 18. Lebensjahr noch nicht vollendet hat, ist, sofern seine Verantwortlichkeit nicht nach Absatz 1 oder 2 ausgeschlossen ist, für den Schaden, den er einem anderen zufügt, nicht verantwortlich, wenn er bei der Begehung der schädigenden Handlung nicht die zur Erkenntnis der Verantwortlichkeit erforderliche Einsicht hat.**

Lit.: Birr, Die Haftung Minderjähriger im Zivilrecht, 2005; Grüneberg, Die (Mit-)Haftung von Kindern und Jugendlichen bei Verkehrsunfällen, NJW 2013, 2705; Lang, Minderjährigenschutz versus Schutz der anderen Unfallbeteiligten – zwei sich ausschließende Prinzipien?, NVZ 2013, 161, 214.

1. Verantwortlichkeit von Kindern unter sieben Jahren (I). § 828 regelt nur die **Verschuldensunfähigkeit** (→ Vor §§ 827–829 Rn. 1). Kinder bis zu 7 Jahren sind von Ansprüchen aus unerlaubter Handlung grundsätzlich völlig freigestellt (s. aber § 829). 1

2. Verantwortlichkeit von Kindern zwischen 7 und 10 Jahren (II). Kinder dieser Altersstufe werden bei einer *nicht vorsätzlichen* Verursachung eines **Verkehrsunfalls** (bei *Vorsatz* gilt III) ebenfalls freigestellt, weil sie die Gefahren des motorisierten Straßenverkehrs (Entfernung, Geschwindigkeit) idR nicht einzuschätzen vermögen und auch nicht in der Lage sind, adäquat zu reagieren (BT-Drs. 14/7752, 26). Für die Normanwendung muss deshalb eine *verkehrstypische Überforderungssituation* vorliegen (BGH NJW-RR 2005, 327: Haftung gem. III für Beschädigung eines parkenden Kfz beim Fahren mit einem Kickboard auf dem Fußweg; BGHZ 172, 86 f.: keine Haftung bei Auffahren mit dem Fahrrad auf einen an einer Kreuzung haltenden Pkw; zu weit BGH NJW 2008, 147: keine Haftung bei auf Bürgersteig losgelassenem Fahrrad; iE s. LG Saarbrücken NJW 2010, 944 mwN). Die **Beweislast** für ein Fehlen der Überforderungssituation trägt, da eine Ausnahme von der ges. Regelsituation vorliegt, der Geschädigte (BGHZ 181, 371 f.). Bei einer geringfügigen Überschreitung der Altersstufe ist uU die gesetzliche Wertung in die Abwägung der Verursachungsanteile mit einzubeziehen (OLG Celle NJW 2021, 2124 Rn. 15 f.; Heß/Burmann NJW 2013, 1647 mwN). 2

3 **3. Verantwortlichkeit von Jugendlichen zwischen 11 und 18 Jahren (III).** Nach den im 19. Jahrhundert herrschenden, allein an die Rationalität anknüpfenden Vorstellungen stellt die Bestimmung lediglich auf die intellektuelle Einsichtsfähigkeit ab, nicht aber auch auf das emotional gesteuerte Vermögen, entspr. dieser Einsicht tatsächlich handeln zu können. Die Novelle 2002 hat daran nichts geändert. Die Rspr. fühlt sich an den Gesetzestext gebunden (zB OLG Koblenz VersR 2005, 416; aA Teichmann JZ 1970, 618). Faktisch geschieht eine Korrektur dadurch, dass die Schwelle der Einsichtsfähigkeit sehr niedrig angesetzt wird. Es genügt die „Erkenntnis einer allg. Gefahr und eines allg. Schadens" bzw. „das allg. Verständnis dafür, dass das Verhalten in irgendeiner Weise Verantwortung begründen kann" (BGH NJW-RR 2005, 327). Ihr Vorliegen wird regelmäßig bejaht (OLG Nürnberg NJW-RR 2006, 1170, Fußball durch 7-jähriges Kind an Hauslampe mit Augenverletzung durch Splitter; verneint in OLG Hamm VersR 1977, 531: 13-jähriger Hauseigentümer und nicht äußerlich sichtbarer Mangel einer Balkonbrüstung; LG Osnabrück NJW 2007, 522: Erschrecken eines an der Seite stehenden Pferdes). Die eigentliche Entscheidung über die Haftung wird damit in die Prüfung des – bei Fahrlässigkeit allerdings typisierten – Verschuldens (→ § 276 Rn. 2) verlagert. Bsp: Für einen mdj. Mofa-Fahrer mit Erlaubnis gem. § 5 I 2 FeV gelten idR die allg. Sorgfaltsanforderungen (OLG Saarbrücken NJW 2018, 315 Rn. 25). Zur Haftung bei fehlendem Verschulden in entspr. Anwendung des § 829 dort → § 829 Rn. 6. Zum **Umfang** des Ersatzanspruchs ist noch offen, ob es verfassungsrechtlich geboten ist, die Haftungssumme zum Erhalt einer Lebensperspektive zu begrenzen (VerfGH Bln NJW-RR 2010, 1141 mwN). **Beweislast:** Die doppelte Verneinung („nicht verantwortlich, wenn nicht …") zeigt, dass das Gesetz grds. von der Verschuldensfähigkeit des Jugendlichen ausgeht. Der Schädiger muss die Umstände darlegen und ggf. beweisen, aus denen sich seine Verschuldensunfähigkeit ergibt (s. BGH VersR 2005, 1155).

§ 829 Ersatzpflicht aus Billigkeitsgründen

Wer in einem der in den §§ 823 bis 826 bezeichneten Fälle für einen von ihm verursachten Schaden auf Grund der §§ 827, 828 nicht verantwortlich ist, hat gleichwohl, sofern der Ersatz des Schadens nicht von einem aufsichtspflichtigen Dritten erlangt werden kann, den Schaden insoweit zu ersetzen, als die Billigkeit nach den Umständen, insbesondere nach den Verhältnissen der Beteiligten, eine Schadloshaltung erfordert und ihm nicht die Mittel entzogen werden, deren er zum angemessenen Unterhalt sowie zur Erfüllung seiner gesetzlichen Unterhaltspflichten bedarf.

1 **1. Anspruchsvoraussetzungen. a) Obj. Tatbestand einer unerlaubten Handlung.** Durch den Verweis auf die §§ 823–826 sind die übrigen Ausformungen der Grundtatbestände, die §§ 830 I 2, 831, 833 S. 2, 834, 836–838 mit erfasst. Berücksichtigt man die §§ 827, 828 im Rahmen des **§ 254** (→ Vor §§ 827–829 Rn. 2, so ist auch die Anwendung des § 829 in diesem Bereich konsequent. Von der Rspr. wird sie allerdings nur unter großer Zurückhaltung und lediglich in gravierenden Fällen vorgenommen (OLG Celle NJW 1969, 1633 mablAnm Knippel NJW 1969, 2016 und Böhmer JR 1970, 340; BGH NJW 1973, 1795; VersR 1974, 139; OLG Hamm VersR 1975, 667). Auf Schadensersatzansprüche aus Sonderbeziehungen ist, wie der Verweis in § 276 I 2 allein auf die §§ 827, 828 zeigt, § 829 nicht anwendbar; dies muss sich auch auf § 254 im Rahmen von Sonderbeziehungen
2 erstrecken. **b) Ausschluss der Haftung gem. §§ 827, 828.** Zum *Tatbestand* selbst → § 827 Rn. 1, → § 828 Rn. 2. Eine *entspr. Anwendung* über den *Bereich des § 827* hinaus soll aus Gründen der Interessengleichheit nur dann möglich sein, wenn die Bewusstlosigkeit ein solches Maß erreicht hat, dass es juristisch bereits an einer Handlung fehlt. Dem ist zuzustimmen. Problematischer ist die *entspr. Anwendung* über den *Bereich des § 828* hinaus mit der Annahme, ein Jugendlicher, der zwar die

erforderliche Einsichtsfähigkeit besitzt, dem aber bei Berücksichtigung seines Alters kein Fahrlässigkeitsvorwurf zu machen sei (→ § 276 Rn. 29), könne nach § 829 haften (BGHZ 39, 285; zust. Wilts VersR 1963, 1100; Deutsch JZ 1964, 90; Geilen FamRZ 1965, 408). Dies bietet sich infolge des Absinkens der Schwelle des § 828 (→ § 828 Rn. 3) geradezu an, führt aber in den krit. Bereich einer altersbedingten, uU auch für alte Menschen geltenden und kaum abgrenzbaren Gefährdungshaftung. In einer *Reduktion* wird § 829 nicht angewandt, wenn bei gleichen Umständen ein Voll-Verantwortlicher auch nicht haften würde. Sonst würde eine nicht gerechtfertigte Schlechterstellung des Verschuldensunfähigen eintreten (BGH NJW 1962, 2202). **c) Kein Ersatz vom Aufsichtspflichtigen.** Gleichgültig ist, ob ein Auf- 3 sichtspflichtiger nicht vorhanden ist, ob den Aufsichtspflichtigen keine Pflichtverletzung trifft oder ob von ihm aus tatsächlichen Gründen kein Ersatz verlangt werden kann. Eine Vorausklage ist nicht erforderlich. **d)** Bei der Prüfung der **Billigkeit** sind 4 alle Umstände des Einzelfalles wie zB Anlass, Hergang und Folge der Tat (BGH NJW 1979, 2096), die „natürliche" Einsichtsfähigkeit des Verschuldensunfähigen (BGH NJW 1958, 1630 aE) und insbes. die Vermögens- und sonstigen Lebensverhältnisse in Betracht zu ziehen. Da ein Schadensausgleich „erfordert", nicht nur erlaubt sein muss (BGH VersR 2017, 296), müssen die Umstände in erheblichem Ausmaß zuungunsten des Schädigers sprechen („erhebliches Gefälle" der Umstände). Str. ist, wieweit bei den Vermögensverhältnissen des Schädigers eine **Haftpflichtversicherung** zu berücksichtigen ist. Da eine *freiwillige Versicherung* abgeschlossen wird, um sich von geltend gemachten Ansprüchen zu entlasten, nicht aber, um sie gegen sich zu begründen, muss sie bei dem Ob eines Anspruchs unberücksichtigt bleiben (BGHZ 76, 284; BGH VersR 2017, 296 Rn. 15). Ist der Anspruch grundsätzlich entstanden, so kann für dessen Höhe die Versicherung als ein Vermögensteil des Schädigers eine Rolle spielen (BGH VersR 1980, 625). *Ges. Haftpflichtversicherungen* (zB bei Kfz) sind jedoch im Interesse des Geschädigten geschaffen und grundsätzlich zu berücksichtigen (BGHZ 127, 191 f.). Dies gilt auch für allg. gebotene (zB Berufshaftpflicht-) Versicherungen. **e) Kein Mittelentzug** 5 usw. Zum Unterhalt → § 1610, zur ges. Unterhaltspflicht → §§ 1360 ff., 1569 ff., 1601 ff.

2. Rechtsfolgen. Der zu leistende Betrag kann aus Billigkeitsgründen (vgl. 6 „insoweit" im Ges.) unter dem nach §§ 249 ff. zu leistenden Schadensersatz bleiben.

3. Prozessuales. a) Maßgebender **Zeitpunkt** für die Prüfung der Voraussetzun- 7 gen des § 829 ist der nach § 128 ZPO bestimmte Termin (letzte mündliche Tatsachenverhandlung bzw. gem. § 128 II 2 ZPO bestimmter Zeitpunkt). Scheitert derzeit ein Anspruch wegen fehlender Billigkeit, so ist ein **Feststellungsurteil** möglich, dass der Schädiger bei künftigem Eintritt der Voraussetzungen Ersatz zu leisten habe (OLG Stuttgart OLGR 2004, 521). **b) Beweislast.** Zum Tatbestand der Verlet- 8 zungsnorm (→ Rn. 1) s. jeweils dort, zum Ausschluss der Haftung → § 827 Rn. 3, → § 828 Rn. 3. Der Verletzte hat zu beweisen, dass vom Aufsichtspflichtigen kein Ersatz zu erlangen ist (→ Rn. 3). Zur Billigkeit (→ Rn. 4) obliegt dem Verletzten die Beweislast für die eigenen wirtschaftlichen Verhältnisse, dem Schädiger jedoch für die Seinen; denn insoweit hat der Verletzte keinen Einblick (aA Baumgärtel/Laumen/Prütting, Beweislast-HdB § 829 Rn. 2: sekundäre Darlegungslast beim Schädiger, weshalb die Behauptung der Geschädigten über das Schädigervermögen unrichtig sein soll). Dem Schädiger obliegt schließlich der Nachweis, dass ihm Mittel für den angemessenen Unterhalt entzogen werden (→ Rn. 5).

§ 830 Mittäter und Beteiligte

(1) [1]**Haben mehrere durch eine gemeinschaftlich begangene unerlaubte Handlung einen Schaden verursacht, so ist jeder für den Schaden verantwortlich.** [2]**Das Gleiche gilt, wenn sich nicht ermitteln lässt, wer von mehreren Beteiligten den Schaden durch seine Handlung verursacht hat.**

(2) **Anstifter und Gehilfen stehen Mittätern gleich.**

Lit.: Becker/Weidt, Die deliktische Haftung mehrerer, JuS 2016, 481; Brambring, Mittäter, Nebentäter, Beteiligte und die Verteilung des Schadens bei Mitverschulden des Geschädigten, 1973; Eberl-Borges, § 830 BGB und die Gefährdungshaftung, AcP 196, 491; Hellgardt, Beihilfe im Kapitalmarktdeliktsrecht, AG 2021, 784; Oechsler, Teilnahme an der vorsätzlichen sittenwidrigen Vermögensschädigung im Gesellschafts- und Kapitalmarktrecht, AcP 214, 544; Ramming, Zur Anwendung des § 830 Abs. 1 S. 2 BGB in Fällen des unbekannten Schadensortes, RdTW 2021, 47; Röthel, Mittäter, Alternativtäter, Nebentäter (§ 830 BGB), Jura 2019, 1058.

1 **1. Allgemeines. a) Funktion.** Sind mehrere an einer unerlaubten Handlung beteiligt, so steht zwar fest, dass mindestens einer von ihnen die Rechtsgutsverletzung begangen haben muss. Der Geschädigte ist jedoch häufig kaum in der Lage, den konkreten Schädiger zu bezeichnen und für ihn den Nachweis im Blick auf den vollen Tatbestand (→ § 823 Rn. 63) zu führen. Erst dann aber würde sich der Weg zB zu § 823 I oder bei mehreren festgestellten Schädigern zu § 840 I öffnen. Jeder Beteiligte könnte uU unwiderlegbar behaupten, möglicherweise habe ein anderer aus dem in Betracht kommenden Kreis die Verletzung herbeigeführt. Der Verletzte ginge iE leer aus. Entspr. gilt, wenn zwar nicht die Rechtsgutsverletzung selbst, aber die Verursachung für eine bestimmte Schadens*höhe* zweifelhaft ist (sog. Anteilszweifel, BGH NJW 2006, 2399). § 830 **befreit** den Geschädigten **vom Nachweis der haftungsbegründenden Kausalität** (zum Begriff → § 823 Rn. 20 aE), gibt ihm eine **eigene Anspruchsgrundlage** (BGHZ 72, 358 mAnm U. H. Schneider JR 1979, 336) *bei möglicher Kausalität* und verlagert die Risiken der Haftungsverteilung in das Verhältnis der Schädiger untereinander (BGHZ 59, 41 f.). Gerechtfertigt ist diese Überwälzung nur bei entspr. Tatbeiträgen oder Handlungen, die das Ges. in einer quantitativen Abstufung mit Mittäterschaft (I 1), Anstiftung und Beihilfe (II)
2 sowie Beteiligung (I 2) umschreibt. **b) Anwendungsbereich.** § 830 setzt eine unerlaubte Handlung voraus. Eine entspr. Anwendung auf vergleichbare Tatbestände ist möglich (BGHZ 101, 111 mwN), zB bei Tierhalterhaftung (BGH NJW 2018, 3439 Rn. 12), Haftung gem. §§ 241 II, 280 I (BGH NJW 2001, 2539, krit. Henne VersR 2002, 685), vermuteter Verschuldenshaftung, allg. Gefährdungshaftung, § 906.

3 **2. Mittäterschaft (I 1). a) Obj. Tatbestand. aa)** Erforderlich ist ein das rechtswidrige Handeln der Übrigen unterstützender eigener Tatbeitrag (s. OLG Hamm NJW 1985, 203: Demonstration), der **Tatherrschaft** vermittelt (BGH GRUR 2021, 1303 Rn. 30). Die intellektuelle Mitwirkung genügt. Eine bloße Anwesenheit ist nur dann Tatbeitrag, wenn sie sich obj. als Unterstützung auswirkt (BGHZ 137, 104). **bb)** Die Feststellung der **Kausalität** zwischen dem Tatbeitrag und der Rechtsgutsverletzung ist entspr. der Funktion der Norm nicht erforderlich. Gehaftet wird für die *mögliche Kausalität* (BGHZ 59, 41; BGH JZ 1972, 127, 128; Deutsch JZ 1972, 106; enger mit beachtlicher Argumentation Brambring, Mittäter, Nebentäter, Beteiligte …, S. 40, 42 ff.: Es müsse zumindest der Gegenbeweis zugelassen werden,
4 das Verhalten sei nicht kausal gewesen). **b) Rechtswidrigkeit.** Der rechtmäßig handelnde Mittäter scheidet aus dem Haftungsverband der rechtswidrig Handelnden
5 aus (Staudinger/Eberl-Borges § 830 Rn. 61, 82; BGH JZ 1972, 127). **c) Verschulden.** Nach stRspr (BGH NJW 2014, 1381; AG 2022, 443 Rn. 15) und hM (MüKoBGB/Wagner § 830 Rn. 21 f.) muss der Einzelne entspr. dem strafrechtlichen Begriff der Mittäterschaft im Blick auf die Rechtsgutsverletzung (nicht mehr im Blick auf den Folgeschaden, BGHZ 59, 39; BGH NJW 1972, 42) mit zumindest bedingtem Vorsatz gehandelt haben, also die Tat in ihren groben Zügen kennen und den Willen haben, sie als eigene zu begehen oder als fremde zu unterstützen. Für die vom eigenen Vorsatz nicht erfassten Exzesse der Mittäter wird aus § 830 I 1 nicht gehaftet (BGHZ 63, 128: Hausbesetzung; BGHZ 89, 389: Großdemonstration mAnm Stürner JZ 1984, 525, Kornblum JuS 1986, 600; BGH VersR 1992, 499: Freiheitsberaubung mit Körperverletzung). Zum Vorsatz eines Verschuldensunfähigen → § 827 Rn. 2.

3. Anstiftung, Beihilfe (II). a) Obj. Tatbestand. aa) Zum Begriff s. §§ 26, 27 StGB. Wie im Strafrecht ist auch eine Teilnahme an eigenhändigen und an Sonderdelikten möglich (s. BGHZ 75, 107; BGH AG 1984, 185: Teilnahme eines Aufsichtsratsmitgliedes einer AG an der Pflichtverletzung des Vorstandes, Antrag auf Eröffnung des Insolvenzverfahrens zu stellen). Beihilfe ist jede, auch psychische (BGHZ 63, 125) **Förderung der fremden Haupttat** (BGH NJW-RR 2005, 558) oder Vorbereitungshandlung (BGHZ 230, 288 Rn. 11, 13: Lieferung der Motosteuerungssoftware keine Erleichterung oder Förderung von Kapitalmarktdelikten des Pkw-Herstellers im Dieselskandal); OLG Frankfurt AG 2022, 452: Beihilfe zur Vermittlung chancenloser Vermögensanlagen durch Wertpapierhandelsbank). Der eigene Rücktritt schließt nicht aus, dass die Unterstützung fortwirkt (BGHZ 63, 131 f.). Begünstigung und Hehlerei können unterstützend wirken; sonst kommt eine eigene Haftung für den dadurch verursachten Schaden, etwa aus § 826, in Frage. **bb) Kausalität.** Die Anstiftung als Hervorrufen des Tatentschlusses muss für die Haupttat kausal sein, die Beihilfe nicht (BAG NJW 1964, 888: Unterstützung eines wilden Streiks durch Gewerkschaft; BGHZ 63, 130: Hausbesetzung; BGHZ 230, 288 Rn. 11). **cc) Vorsätzliche Haupttat.** Ist der Haupttäter schuldunfähig (§§ 827, 828), so ist zunächst mittelbare Täterschaft zu prüfen (vgl. BGHZ 42, 118, 122); wollte der Anstifter aber nur anstiften, hat er also die Verschuldensunfähigkeit nicht erkannt, ist er als Anstifter zu behandeln (Staudinger/Eberl-Borges § 830 Rn. 36; aA Jauernig/Teichmann, 18. Aufl.). **b)** Zur **Rechtswidrigkeit** und zum **Verschulden** gilt → Rn. 4, 5 entspr.; es gilt wie im Strafrecht das „doppelte Vorsatzerfordernis" (BGHZ 230, 288 Rn. 11; LG Hamburg BeckRS 2022, 25082 Rn. 59). 6 7

4. Beteiligung (I 2). a) Allgemeines. Das Ges. geht hier noch einen Schritt weiter und lässt im Ausgangspunkt für die Haftung des Einzelnen eine unerlaubte Handlung aus dem Kreis mehrerer genügen, ohne dass der Geschädigte nachzuweisen braucht, diese Handlung habe irgendeine Auswirkung auf die Verletzung gehabt. Zur Vermeidung einer Zufallshaftung ist eine einengende, iE schwierige und sehr str. Konkretisierung erforderlich. **b) Obj. Tatbestand. aa)** Es muss eine zur Herbeiführen der Rechtsgutsverletzung **geeignete Handlung** (→ § 823 Rn. 20), also ein Verhalten vorliegen, das zu einer rechtswidrigen Gefährdung der Schutzsphäre des Betroffenen geführt hat und zur Herbeiführung der Verletzung geeignet war, das für die Verletzung kausal sein konnte. Der bloße Verdacht, ein zum Zeitpunkt der Tat Anwesender könne gehandelt haben, reicht nicht aus (BGH NJW 2018, 3439 Rn. 13 mzustAnm Wertenbruch; stRspr). Desgl. ist § 830 I 2 nicht anwendbar, wenn die festgestellte Handlung den Verletzungserfolg nicht herbeizuführen vermochte (OLG Oldenburg VersR 2008, 830: Bei mehreren Rauchern muss feststehen, dass die weggeworfene Zigarette des Einzelnen nicht gelöscht war; zur Beweislast → Rn. 15). **bb)** Der Begriff der **Beteiligung** – anders als im Strafrecht verstanden – wird unterschiedlich interpretiert. Zum einen wird er auf die übrigen Handelnden bezogen und daraus abgeleitet, es müsse ein *Zusammenhang* zwischen „den Beteiligten" bestehen. Dieser Zusammenhang wird idR obj. gefasst: Notwendig ist danach die Feststellung eines sachlich, zeitlich und räumlich zusammenhängenden Vorganges (BGHZ 25, 274). Diese Anforderung hat der BGH im Blick auf den zeitlichen (BGHZ 33, 292) und örtlichen (BGHZ 55, 95) Zusammenhang gelockert. Unverzichtbar sei jedoch, dass die Beteiligten in einer Haftungsgemeinschaft auf Grund der gemeinsamen Gefährdung, zB beim Vorliegen eines einheitlichen Vorganges, zusammengefasst seien (BGHZ 55, 86, 93; OLG Brandenburg NJW-RR 2021, 1034 Rn. 7 f.; wohl auch BGH NJW 2006, 2399). Die Gegenansicht bezieht „Beteiligung" auf den möglichen *Anteil an der Verletzung* und knüpft im Grunde an die Handlung (→ Rn. 9) an: Jeder, dessen Handeln zu dem eingetretenen Erfolg habe führen können, sei Beteiligter (MüKoBGB/Wagner § 830 Rn. 77; OLG Koblenz VersR 2006, 123 mwN; OLG Schleswig OLGR 2008, 396). – Die Lösung ist von der Funktion der Norm her (→ Rn. 1) zu gewinnen. Beteiligung 8 9 10

ist anzunehmen, wenn es dem Geschädigten – bzw. einem Dritten an seiner Stelle – nicht möglich und zumutbar war, bei der möglichen Verletzung durch mehrere Handelnde Feststellungen über den Kausalbeitrag des Einzelnen zu treffen (ähnlich
11 BGHZ 55, 93). **cc) Unklarheit der Verursachung durch einen Beteiligten.** § 830 I 2 setzt voraus, dass der Geschädigte die Kausalität der Handlung eines Beteiligten für die Rechtsgutsverletzung allein wegen der Mehrheit der möglichen Schädiger nicht nachweisen kann (→ Rn. 1). Deshalb ist § 830 I 2 auf einen weiteren Verletzer nicht anwendbar, wenn der Erstverletzer für alle Folgeschäden (→ Vor §§ 249 ff. Rn. 24 ff.) aufkommen muss (BGH VersR 1985, 269, krit. Fraenkel NJW 1979, 1202; Deutsch NJW 1981, 2731). Denkbar sind eigene Ansprüche zB aus § 823 hinsichtlich des tatsächlich festgestellten Beitrags. § 830 I 2 entfällt weiter, wenn der **Geschädigte selbst** möglicher Verursacher ist (BGHZ 60, 181 ff. mwN;
12 aA zB Deutsch HaftungsR Rn. 527). **c) Rechtswidrigkeit.** Handelt nur einer der Beteiligten rechtmäßig, so entfällt der Anspruch aus § 830 I 2 gegen alle; sonst käme es zu einer Haftung für ein möglicherweise rechtmäßiges Verhalten (BGH NJW
13 2006, 2400). **d)** Ein **fehlendes Verschulden** des einzelnen schließt die Haftung der übrigen ebenfalls aus (OLG Brandenburg NJW-RR 2021, 1034 Rn. 9 ff.: § 680 bei Unfall auf alkoholisierter Rettungsfahrt; Staudinger/Eberl-Borges § 830 Rn. 83 mwN; MüKoBGB/Wagner § 830 Rn. 62; aA Larenz/Canaris, SchuldR II 2, § 82 II 3: entspr. Anwendung der Regeln über die gestörte Gesamtschuld [→ § 840 Rn. 8 f.]).

14 **5. Nebentäterschaft.** Eine reine Nebentäterschaft, dh die Verletzung durch mehrere selbständige Einzelhandlungen ohne qualifizierende „Beteiligung", erlaubt die Anwendbarkeit des § 830 nicht (BGH NJW 1988, 1720; aA Brambring, Mittäter, Nebentäter, Beteiligte …, S. 57); → § 840 Rn. 5.

15 **6. Beweislast.** Der Verletzte muss die Tatbestandsmerkmale einer zurechenbaren Handlung bis auf die haftungsbegründende Kausalität beweisen, statt der Kausalität die Merkmale von I 1, II oder I 2 (OLG Frankfurt BeckRS 2021, 34369 Rn. 69). Im Falle von I 2 kann der mögliche Schädiger den Nachweis führen, seine Handlung sei nicht ursächlich (→ Rn. 9) gewesen (OLG Bremen MDR 2006, 92) bzw. es stehe ein anderer Schädiger fest (→ Rn. 11). Zur str. Frage, ob ein Gegenteilsbeweis auch bei der Mittäterschaft (I 1) möglich ist, → Rn. 3. Ein rechtskräftiges Strafurteil bindet nicht, erhöhte aber die sekundäre Darlegungslast (BGH NJW 2022, 705 Rn. 11 f.).

§ 831 Haftung für den Verrichtungsgehilfen

(1) [1]**Wer einen anderen zu einer Verrichtung bestellt, ist zum Ersatz des Schadens verpflichtet, den der andere in Ausführung der Verrichtung einem Dritten widerrechtlich zufügt.** [2]**Die Ersatzpflicht tritt nicht ein, wenn der Geschäftsherr bei der Auswahl der bestellten Person und, sofern er Vorrichtungen oder Gerätschaften zu beschaffen oder die Ausführung der Verrichtung zu leiten hat, bei der Beschaffung oder der Leitung die im Verkehr erforderliche Sorgfalt beobachtet oder wenn der Schaden auch bei Anwendung dieser Sorgfalt entstanden sein würde.**

(2) **Die gleiche Verantwortlichkeit trifft denjenigen, welcher für den Geschäftsherrn die Besorgung eines der im Absatz 1 Satz 2 bezeichneten Geschäfte durch Vertrag übernimmt.**

1 **1. Allgemeines. a) Funktion.** § 831 begründet entgegen verbreiteter Fehlvorstellung keine Haftung für das Handeln des Gehilfen, sondern einen ***selbständigen Anspruch*** gegen den Geschäftsherrn wegen *eigenen* Auswahl-, Ausrichtungs- oder Überwachungsverschuldens mit einer Beweislasterleichterung für den Geschädigten (→ Rn. 10 ff.). Die zum Schadensersatz verpflichtende **Handlung** ist also das Unterlassen (→ § 823 Rn. 29 ff.) der ordnungsgemäßen Auswahl usw. eines ande-

ren. Die Haftung wird ausgelöst durch dessen rechtswidriges Fehlverhalten. **Rechtfertigungsgründe** für den Geschäftsherrn sind kaum denkbar. Er muss **verschuldensfähig** (→ Vor §§ 827–829 Rn. 1 ff.) sein und **schuldhaft** gehandelt haben. Der Gesetzesaufbau entspricht nicht dem üblichen Deliktsaufbau, sondern trennt nach der *Beweislast* (I 1 einerseits, I 2 bes. mit Blick auf das Verschulden andererseits).
b) Einordnung der Norm in das Anspruchssystem. Neben § 831 kann sich 2
gegen den Geschäftsherrn ein Anspruch aus § 823 wegen eines sog Organisationsmangels (→ § 823 Rn. 32) ergeben. Bestehen zwischen Geschädigtem und Geschäftsherrn Sonderbeziehungen (zB ein Vertrag), so haftet der Geschäftsherr (als Schuldner) gem. § 278 S. 1 Alt. 2 bei Verletzung seiner Schuldnerpflicht für das *fremde Verschulden* derselben Person (insoweit „Erfüllungsgehilfe" genannt) unter den dort genannten Voraussetzungen. – Ansprüche gegen den Verrichtungsgehilfen selbst können sich zB aus § 823 ergeben. Es entsteht eine gesamtschuldnerische
Haftung gem. § 840 I. **c) Anwendungsbereich.** Ansprüche aus unerlaubter Hand- 3
lung innerhalb und außerhalb des BGB. **d) Einschränkung der wirtschaftlichen** 4
Tragweite. Weil die grundsätzliche, wenn auch erschwerte Möglichkeit des Entlastungsbeweises (I 2) häufig als unbefriedigend empfunden wird, sind nicht nur Rechtsinstitute vertragsähnlicher Beziehungen (zB § 311 II, insbes. § 311 III 2; Vertrag mit Schutzwirkung für Dritte) entwickelt, sondern andere Haftungstatbestände ausgebaut und damit die Relevanz des § 831 faktisch reduziert worden: Die Möglichkeit, Verrichtungsgehilfen zu bestellen und ihnen zur eigenen Verantwortung Aufgaben zu übertragen, wird eingeschränkt (BGH VersR 1964, 297: keine Entlastung des Geschäftsinhabers durch das Einstellen eines Betriebsleiters); bei juristischen Personen wird der Kreis der „verfassungsmäßig berufenen Vertreter" gem. § 31 weit gezogen und damit eine Haftung zB nach §§ 823, 31 erreicht; ist für bestimmte Aufgabengebiete kein Organ bestellt, so gilt dies als selbst zu verantwortender Organisationsmangel (→ § 823 Rn. 32).

2. Haftungsvoraussetzungen (I 1). a) Zu einer Verrichtung bestellt. 5
aa) Verrichtung ist nach der Rspr. jede entgeltliche oder unentgeltliche Tätigkeit [höherer oder niederer Art], also rein tatsächliche Handlungen wie auch die Vornahme von Rechtsgeschäften, die in Abhängigkeit von einem anderen zu leisten ist (BGH NJW 2009, 1741). Die Abhängigkeit setzt eine ***Weisungsgebundenheit*** voraus (BGH VersR 2014, 467). Sie kann generell oder auch nur partiell für einzelne Tätigkeitsbereiche, für die allein § 831 dann gilt, bestehen (die Gleichsetzung mit „sozialer Abhängigkeit" ist deshalb unpräzise). Die Weisungsgebundenheit ist abzugrenzen zB gegen die schuldrechtliche Verpflichtung, eine bestimmte Leistung (etwa das Herstellen einer genau beschriebenen Sache) zu erbringen. Das Weisungsrecht wird in der Rspr. umschrieben als die – nicht unbedingt bis ins Einzelne reichende – Befugnis, auf das Verhalten des Handelnden tatsächlich Einfluss zu nehmen (BGH NJW-RR 2014, 615), dessen Tätigkeit jederzeit beschränken, entziehen oder nach Zeit und Umfang bestimmen zu können (BGH VersR 2013, 204), wobei wohl im
Schwerpunkt auf Umfang und Zeit abzustellen ist. **bb) Beispiele.** § 831 ist *generell* 6
anwendbar auf Arbeitnehmer, Angestellte (BGH VersR 1960, 19: Assistenzarzt; NJW 1959, 2302: Krankenschwester), Praxisvertreter eines Arztes (BGH NJW 1989, 771), auch Notfallarzt, der für einen praktischen Arzt einspringt (offen gelassen in BGH NJW 2009, 1741), Arbeitnehmer, der in ein anderes Unternehmen vollständig auf feste Zeit ausgegliedert ist (BGH NJW-RR 1995, 659: bei nicht vollständiger Ausgliederung Haftung beider Unternehmen); Schleusenbeamte der BRD für Verkehrssicherungspflicht im Zusammenhang mit Schleusenbetrieb (OLG Köln [als SchOG] RdTW 2022, 321 Rn. 85 ff.). § 831 ist *partiell anwendbar* auf Handelsvertreter hinsichtlich konkret übertragener Aufgaben (BGH NJW-RR 2013, 1514), auf einen mit der Nachuntersuchung beauftragten Vertrauensarzt einer Kasse (RGZ 131, 70). § 831 ist *nicht anwendbar* auf Mitgesellschafter (BGHZ 45, 313; Sellert AcP 175, 77), auf selbstständige, mit einer Aufgabe beauftragte Unternehmer oder Handwerksmeister (BGH VersR 1953, 358; NJW 2020, 1798 Rn. 11: von WEG beauftragtes

Baumpflegeunternehmen; OLG Hamm BeckRS 2022, 14292 Rn. 4 ff.: von Grund-
stückseigentümer beauftragte Verwaltungsgesellschaft, deren Hausmeisterdienst,
dessen Mitarbeiter), „beauftragte" Gerichtsvollzieher (RG Warn 1913, 30; zum
„Auftrag", der nach heute hM einen Antrag darstellt, Jauernig/Berger/Kern,
Zwangsvollstreckungsrecht, § 8 Rn. 6) und Anwälte (Grund: Sie können als von
den Parteien unabhängige Organe der Rechtspflege ua über ihre Zeit frei verfügen;
aA OLG Koblenz NJW-RR 1989, 363; Blach VersR 2022, 800, 805; offenlassend
7 OLG Hamm NZG 2022, 1211 Rn. 241 f.). **b)** Es muss der Tatbestand einer **zure-
chenbaren unerlaubten Handlung** (→ § 823 Rn. 20) **des Verrichtungsgehil-**
8 **fen** vorliegen. **c)** Die Handlung muss **in Ausführung der Verrichtung** geschehen,
sich als eine noch im Leistungsbereich liegende Fehlleistung darstellen (die Rspr.,
zB OLG Hamm NJW-RR 2010, 454, verwendet weniger plastisch den Ausdruck
„unmittelbarer innerer Zusammenhang"). **Vorsätzliche Rechtsgutsverletzungen**
geschehen „in Ausführung", wenn die Fürsorge für das verletzte Rechtsgut Haupt-
pflicht ist (s. zB BGHZ 24, 196: Diebstahl durch Wachperson). Ist die Fürsorge
Nebenpflicht oder bezieht sie sich auf andere Bereiche (OLG Hamm NJW 2010,
454), so liegt idR eine Verletzung „bei Gelegenheit" vor (zB BGHZ 11, 152 f.). Bei
vorsätzlichen Weisungsverstößen (und daraus entspringenden nicht vorsätzlichen
Rechtsgutsverletzungen) stellt die Rspr. im Ergebnis auf das Ausmaß des Abweichens
sowie darauf ab, ob der Verletzte sein Rechtsgut stärker in den Gefahrenbereich des
Gehilfen (BGHZ 1, 390: kein § 831 bei Schwarzfahrt; BGH NJW 1965, 392: bei
unberechtigter Mitnahme von Personen im Lkw) oder des Geschäftsherrn (BGH
9 NJW 1971, 32: Verkehrsunfall auf weisungswidriger Fahrt) gebracht hat. **d)** Die
Handlung des Verrichtungsgehilfen muss **rechtswidrig** gewesen sein; es gelten die
allg. Grundsätze (→ § 823 Rn. 47 ff.); auf ein Verschulden kommt es nicht an
(BGHZ 24, 29).

10 **3. Entlastungsbeweis (I 2). a)** Der Geschäftsherr muss entgegen der allg. Regel
(→ § 823 Rn. 63) den Nachweis der **fehlenden haftungsbegründenden Kausa-**
lität zwischen seiner Pflichtverletzung (→ Rn. 1) und der Rechtsgutsverletzung
führen **(2. HS).** Möglich ist zB der Beweis, auch bei ordnungsgemäßer Auswahl
wäre dieselbe Person eingestellt worden. Ein Kausalzusammenhang besteht auch
dann nicht, wenn sich der Verrichtungsgehilfe so verhalten hat, wie sich jede mit
Sorgfalt ausgesuchte und überwachte Person verhalten hätte (BGHZ 12, 96; VersR
1975, 449); ein schuldloses Verhalten des Verrichtungsgehilfen legt einen solchen
11 Schluss nahe (BGHZ 4, 4). **b)** Nachweis **fehlenden Verschuldens (1. HS)** des
Geschäftsherrn. **aa) Ausmaß.** Zu beweisen ist, dass der Verrichtungsgehilfe sorgfäl-
tig **ausgesucht** (OLG Köln NJW-RR 1997, 471: Einstellung eines Wachmannes)
und auch im Blick auf die konkrete Tätigkeit hinreichend **überprüft** wurde. Das
Ausmaß richtet sich bei recht strengen Maßstäben nach den Aufgaben und der dafür
notwendigen Qualifikation und Zuverlässigkeit des Verrichtungsgehilfen (BGH
NJW 2003, 289); ggf. (zB bei Personal im Verkehrsdienst) sind regelmäßige ärztliche
Untersuchungen (LG Stuttgart NJW-RR 1998, 1402) und gelegentliche verdeckte
Kontrollen (KG NJW-RR 2003, 24; OLG Saarbrücken NJW-RR 2021, 689
Rn. 60: fortdauernde, planmäßige, unauffällige und unerwartete Kontrollen) erfor-
12 derlich. **bb) Personenkreis.** Lässt sich – zB bei der Herstellung eines Produkts –
der konkrete Verursacher nicht ermitteln, so muss der Nachweis ordnungsgemäßer
Auswahl, Überwachung usw. im Blick auf alle geführt werden, die als Urheber der
13 Handlung in Betracht kommen können (BGH NJW 1973, 1602). **cc) Dezentrali-**
sierter Entlastungsbeweis. Bei Großbetrieben, auf die § 831 nicht zugeschnitten
ist, hat die Rspr. einen mehrstufigen Entlastungsbeweis zugelassen. Es genügt, wenn
höhere Angestellte eine ordnungsgemäße Aufsicht durchführen (OLG Stuttgart
VersR 1977, 846; Helm AcP 166, 395) und diese wiederum vom Unternehmer
beaufsichtigt werden (BGHZ 4, 2). Hinzukommen muss eine ausreichende Organi-
sation, die eine ordnungsgemäße Geschäftsführung und Beaufsichtigung des gesam-
ten Personals gewährleistet (Erman/Wilhelmi § 831 Rn. 21). Hier bestehen sachli-

che Überschneidungen mit einem selbständigen Anspruch gegen den Unternehmer wegen Organisationsmangels aus § 823 (→ § 823 Rn. 32). **dd)** Zu den Sorgfaltsan- 14
forderungen in Bezug auf **Verrichtungen und Geräte** s. BGH LM Nr. 1 (Fb), auf die **Leitung** s. BGH LM Nr. 3, 6, 11 (Fc), § 823 (Aa) Nr. 41/42.

4. Übertragung der Auswahl-, Beschaffungs- oder Leitungsaufgaben (II). 15
Begründet werden *neben der Haftung des Geschäftsherrn* die gleichen Ansprüche gegen denjenigen, der die Auswahl usw. vereinbarungsgemäß für den Geschäftsherrn übernommen hat (RGZ 82, 217 f.; BGH VersR 1960, 372; NJW 1974, 1372 mAnm Frank; BB 1975, 588).

5. Beweislast. a) Entspr. dem Normaufbau trägt der Verletzte die Beweislast für 16
die Voraussetzungen des **I 1** (Esser/Weyers II 2, § 58 I 2b; Baumgärtel/Laumen/Prütting/Luckey § 831 Rn. 2 ff.); allerdings muss der Geschäftsherr entspr. den allg. Regeln Rechtfertigungsgründe für den Verrichtungsgehilfen (→ § 823 Rn. 51 ff.) sowie Gründe der eigenen Verschuldensunfähigkeit (→ § 827 Rn. 3, → § 828 Rn. 3) beweisen. Die Merkmale des **I 2** muss der Geschäftsherr beweisen, jedoch der Verletzte insoweit, als die Leitung der Verrichtung oder die Pflicht zum Beschaffen der Geräte behauptet wird. **b)** Für die Übernahme der Verantwortung **(II)** trägt der Geschädigte die Beweislast, sonst gilt Anm. 5a entspr.

§ 832 Haftung des Aufsichtspflichtigen

(1) [1]**Wer kraft Gesetzes zur Führung der Aufsicht über eine Person verpflichtet ist, die wegen Minderjährigkeit oder wegen ihres geistigen oder körperlichen Zustands der Beaufsichtigung bedarf, ist zum Ersatz des Schadens verpflichtet, den diese Person einem Dritten widerrechtlich zufügt.** [2]**Die Ersatzpflicht tritt nicht ein, wenn er seiner Aufsichtspflicht genügt oder wenn der Schaden auch bei gehöriger Aufsichtsführung entstanden sein würde.**

(2) **Die gleiche Verantwortlichkeit trifft denjenigen, welcher die Führung der Aufsicht durch Vertrag übernimmt.**

Lit.: Bernau DAR 2021, 121 (Rspr.-Übersicht Straßenverkehr); Brand, Die Haftung des Aufsichtspflichtigen und § 832 BGB, JuS 2012, 673; Grisse, Elterliche Sorge und Aufsichtspflichten bei der Nutzung digitaler Medien durch Kinder, NZFam 2022, 189; Rake, Elterliche Verantwortung im Zeitalter der Digitalisierung, FamRZ 2022, 1507; Schreiber, Die Konkretisierung der Aufsichtspflicht als Rechtsfrage, JR 2014, 99.

1. Allgemeines. a) Funktion der Norm. § 832 enthält nicht etwa den Satz: 1
„Eltern haften für ihre Kinder". Die Bestimmung setzt vielmehr eine **zurechenbare Handlung** des Aufsichtspflichtigen (das pflichtwidrige Unterlassen der Aufsicht, → § 823 Rn. 29), **Rechtswidrigkeit** (Rechtfertigungsgründe sind kaum denkbar), **Verschuldensfähigkeit** (§ 827) und **Verschulden** voraus. Die Haftung wird ausgelöst durch das Fehlverhalten des Aufsichtsbedürftigen. Wie in § 831 hat das Ges. aus Gründen der Risikoverteilung die **Beweislast** teilweise **umgekehrt** und deshalb einen anderen Aufbau als zB in § 823 gewählt. **b) Einordnung in das Anspruchs-** 2
system. aa) Neben dem Anspruch aus § 832 können sich **gegen den Aufsichtspflichtigen** Ansprüche unmittelbar aus § 823 zB dann ergeben, wenn gefährliche Gegenstände, die von Kindern zum Schaden Dritter benutzt werden, nicht hinreichend gesichert werden (→ § 823 Rn. 35 aE). Bei der Ausübung eines *öffentl. Amtes* ist **§ 839** mit der Beweislastregel des § 832 anwendbar (BGHZ 196, 43 f.: Kindertagesstätte). **bb)** Richten sich die Ansprüche auch **gegen den Aufsichtsbedürftigen** (zB ist dessen Verschuldensfähigkeit zu bejahen), so tritt gesamtschuldnerische Haftung nach § 840 I ein. Will der Aufsichtspflichtige selbst gegen den Aufsichtsbedürftigen vorgehen und trifft ihn uU ein Mitverschulden, so ist § 832 auf § 254 nach der Rspr. nicht anwendbar (BGH NJW 2012, 2426; aA mit beachtlicher Begründung Lange/Schiemann § 10 XII 3, S. 617). **cc)** Für Ansprüche **des Aufsichtsbe-**

dürftigen zB wegen einer Selbstverletzung gilt § 832 nicht (s. Text: „einem Dritten … zufügt"). **dd)** Besteht **keine Aufsichtspflicht** iSd Norm (→ Rn. 4), aber eine tatsächliche Einflussmöglichkeit (zB Kindergeburtstag), so kann § 823 (also Haftung ohne Beweislastumkehr) eingreifen.

3 **2. Aufsichtsbedürftigkeit.** Minderjährige sind nach hM stets aufsichtsbedürftig (OLG Stuttgart VersR 2009, 207). Das Alter innerhalb dieser Spanne ist erst für das Ausmaß der Aufsichtspflicht bedeutsam (→ Rn. 6). Bei Volljährigen ist auf die individuelle Gebrechlichkeit abzustellen.

4 **3. Begründung der Aufsichtspflicht. a) Unmittelbar** entsteht eine Aufsichtspflicht kraft ges. Anordnung zB als Ausfluss der Personensorge oder in Ausübung eines Amtes. Bsp: Eltern minderjähriger Kinder, §§ 1626 ff. (auch iVm §§ 1671 ff., 1754); Betreuer, §§ 1896 ff.; Lehrer in ihrem Verantwortungsbereich (BGHZ 13, 25); Träger eines Heims für schwer erziehbare Jugendliche (OLG Saarbrücken NJW-
5 RR 2005, 1546) **b)** Die **Übertragung** auf einen Dritten ist möglich und führt zur Reduktion der Haftung auf Fehler bei dessen Auswahl und Überwachung (s. zB OLG Hamm VersR 2001, 286). Sie kann stillschweigend (konkludent) geschehen, setzt jedoch eine weitreichende Obhut von längerer Dauer und weitgehender Einwirkungsmöglichkeiten voraus (BGH NJW 1985, 678). Bsp: Pflegeeltern, Jugendlager (LG Landau NJW 2000, 2904), Unterbringen bei Verwandten auf längere Zeit, Kinderheim, Landeskrankenhaus (BGH NJW 1985, 678); nicht bei Überlassen des Kindes für die Zeit von Besorgungen, beim Besuch des Kindes bei Freunden (Gefälligkeitsverhältnis), über das Wochenende bei Großeltern (LG Frankfurt a. M. ZUM-RD 2021, 161).

6 **4. Umfang der Aufsichtspflicht. a) Grundsatz.** Als Maßstab für eine ordnungsgemäße Aufsicht gilt, was zB verständige Eltern nach vernünftigen Anforderungen entspr. dem Alter, der Eigenart und Neigung des Kindes, wachsender Eigenverantwortlichkeit (BGH VersR 2013, 867) und in Bezug auf die konkreten, zur Rechtsgutsverletzung führenden Umstände (örtliches Umfeld, drohende Gefährdungen für Dritte, Vorhersehbarkeit des schädigenden Verhaltens, Zumutbarkeit einer Maßnahme) durch Beobachten, Belehren, Verwarnen, Untersagen, Verhindern unternehmen, um Schädigungen Dritter zu vermeiden (s. BGH NJW 2013,
7 1441). **b) Einzelfälle. aa)** Nach einem **altersgerecht entwickelten** 5-jährigen Kind soll außer Hauses spätestens alle 30 Minuten geschaut werden (BGH NJW 2009, 1953), bei einem 7- bis 8-Jährigen soll eine Grundbeobachtung genügen (BGH NJW 2009, 1955). Ein 8 1/2-jähriges, mit dem Fahrrad vertrautes und allg. belehrtes Kind kann in einer ihm bekannten verkehrsberuhigten Zone grds. unbeaufsichtigt fahren (LG Saarbrücken NJW-RR 2015, 720; AG Pfaffenhofen mAnm Schäfer jurisPR -VerkR 17/2022 Anm. 3; ähnlich LG Hagen BeckRS 2021, 43899: 7 1/2-jähriges Kind). Bei einem Internetanschluss genügt es bei einem 13-Jährigen idR, über die Rechtswidrigkeit eines Verhaltens (zB Teilnahme an Musik-Tauschbörsen) zu belehren und dies zu verbieten. Eine Kontrolle oder das Einfügen von Sperrprogrammen ist ohne konkreten Anlass nicht erforderlich (BGH VersR 2013, 865 mzustAnm Thora). **bb)** Bei **verhaltensauffälligen Kindern** sind die Grenzen enger (s. BGH NJW 1997, 2047: verhaltensgestörtes Kind; BGH NJW 1996, 1404: Kind mit „Zündelneigung"), ebenso bei erkennbaren **gefährdenden Umständen.** Bsp: Haben Kinder gefährliche Gegenstände zur Schädigung benutzt, so gelten recht strenge Maßstäbe für das Entdecken/Verhindern (OLG Hamm NJW 1996, 153 mwN: Streichhölzer/Feuerzeuge; OLG Koblenz VersR 2005, 1537: Feuerzeug bei 2½-jährigem Kind; s. aber BGH NJW 1993, 1003 bei 12-Jährigem; BGH NJW 1976, 1684: Brennspiritus). Im **Straßenverkehr** werden bei kleineren Kindern ebenfalls strenge Maßstäbe angelegt (BGH VersR 1988, 84: 7-jähriger Fahrradfahrer auf Bürgersteig; zutr. etwas weiter OLG Koblenz VersR 2012, 377: 5-jähriges Kind mit Fahrrad auf Bürgersteig; OLG Düsseldorf VersR 1976, 199: 4-jähriges Kind

allein im Pkw). Älteren Kindern können gewisse Selbständigkeiten eingeräumt werden (BGH VersR 1962, 360; OLG Oldenburg VersR 1972, 54: Schulweg).

5. Handeln des Aufsichtsbedürftigen. Der Aufsichtsbedürftige muss eine **zurechenbare Verletzungshandlung** einschließlich Unterlassen (→ § 823 Rn. 20 ff., 29 ff.) begangen haben. Die Handlung muss **rechtswidrig** gewesen sein. Auf Verschuldensfähigkeit und Verschulden kommt es nicht an (OLG Düsseldorf NJW-RR 2014, 1497). 8

6. Entlastungsbeweis (I 2). a) Zum Nachweis fehlender **Pflichtverletzung** muss konkret dargelegt und ggf. bewiesen werden, was zur Erfüllung der Aufsichtspflicht im Einzelnen unternommen worden ist (BGH NJW-RR 1987, 13) bzw. wie ihr generell im erforderlichen Maß nachgekommen wird (BGH NJW 1990, 2554). 9
b) Der Nachweis fehlender haftungsbegründender **Kausalität** (→ § 823 Rn. 20 aE) zwischen Verletzung der Aufsichtspflicht und Rechtsgutsverletzung kann zB dadurch geführt werden, dass sich das Kind bei pflichtgemäßer Aufsicht gleich verhalten hätte (OLG Koblenz NJW-RR 2012, 274: Gehen hinter einem radelnden Kind). 10
c) Das Fehlen des **Verschuldens** wird idR neben der Pflichtverletzung (→ Rn. 6) in der Rspr. nicht gesondert festgestellt. Der Aufsichtspflichtige muss aber die Möglichkeit haben nachzuweisen, dass er das konkrete Ausmaß seiner Pflicht im Schadensfall weder erkennen noch die erforderlichen Maßnahmen ergreifen konnte. 11

§ 833 Haftung des Tierhalters

[1]Wird durch ein Tier ein Mensch getötet oder der Körper oder die Gesundheit eines Menschen verletzt oder eine Sache beschädigt, so ist derjenige, welcher das Tier hält, verpflichtet, dem Verletzten den daraus entstehenden Schaden zu ersetzen. [2]Die Ersatzpflicht tritt nicht ein, wenn der Schaden durch ein Haustier verursacht wird, das dem Beruf, der Erwerbstätigkeit oder dem Unterhalt des Tierhalters zu dienen bestimmt ist, und entweder der Tierhalter bei der Beaufsichtigung des Tieres die im Verkehr erforderliche Sorgfalt beobachtet oder der Schaden auch bei Anwendung dieser Sorgfalt entstanden sein würde.

Lit.: Schmid, Der schlafende Hund, das provozierte Tier und andere ausgewählte Probleme der Tierhalterhaftung, VersR 2014, 555.

1. Normzweck, Aufbau der Norm. Entgegen dem ersten Anschein des Wortlauts enthält § 833 zwei voneinander unabhängige, auch in ihren Voraussetzungen unterschiedliche Tatbestände. Die Bestimmung schafft – als Ausgleich für das erlaubte Risiko, ein Tier zu halten (s. BGH NJW 1974, 235) – im Grundsatz eine **Gefährdungshaftung** für die von einem Tier typischerweise ausgehenden Risiken. Sie privilegiert aber auf damaliges Drängen der Landwirtschaft mit dem Hinzufügen des S. 2 (Ges. v. 30.5.1908, RGBl. 313) sachlich unzutr. das beruflich bedingte Halten. Hier wird die Haftung auf ein Verschulden begrenzt, freilich mit Umkehr der Beweislast wie in § 831 und § 832. Beide Risiken können aber versichert und sollten damit gleichbehandelt werden. 1

2. Gefährdungshaftung (S. 1). a) Der Begriff **Tier** ist biologisch zu verstehen und umfasst auch Klein- (allgM) sowie wegen der durch einen Halter in gleicher Weise ausgelösten Risiken auch Kleinstlebewesen (Deutsch NJW 1990, 751; Erman/Wilhelmi § 823 Rn. 2; aber str.; *nicht* Viren, zutr. Abeltshauser JuS 1991, 367; für eine analoge Anwendung Dördelmann, VersR 2018, 1234). Scheitern kann hier eine Haftung am Fehlen der Haltereigenschaft (zB zu bejahen bei Einsetzen in Versuchen) oder am typischen Verhalten eines Tieres (→ Rn. 4). 2
b) Halter ist (ohne Rücksicht auf das Eigentum und ein Recht zum Besitz, OLG Köln NJW-RR 2018, 652 Rn. 26 f.), wer aus eigenem Interesse auf längere Zeit die Bestim- 3

mungsmacht über das Tier ausübt, für dessen Kosten aufkommt und das wirtschaftliche Risiko seines Verlustes trägt (BGH NJW 2014, 2434). **Kein Halter** ist der Tierarzt, der Hufschmied (BGH NJW 1968, 1932), der Finder, der das Tier zurückgeben will (OLG Nürnberg OLGZ 1978, 331), auch nicht, wer das Tier für einen anderen aufbewahrt (BGH NJW 2014, 2434: Hundepension). Derjenige, dem ein Tier entläuft, ist Halter zu dem Zeitpunkt, an dem sich die typische Tiergefahr des Entlaufens mit den sich daraus ergebenden Konsequenzen verwirklicht (s. OLG Schleswig NJW-RR 2011, 1398). Derjenige, dem ein Tier gestohlen wird, ist nicht mehr Halter. **Geschäftsunfähige** und **Minderjährige** können wegen der Risiken nur entspr. §§ 104 ff. zum Halter werden (Larenz/Canaris, SchR II 2, § 84 II 1b; aA MüKoBGB/Wagner § 832 Rn. 42; Staudinger/Eberl-Borges § 833 Rn. 113 ff.: entspr. Anwendung der §§ 827, 828). Zum Halter-Sein selbst ist Geschäftsfähigkeit
4 nicht Voraussetzung. **c) Verwirklichen einer typischen Tiergefahr.** Aus der Formulierung „durch" ein Tier haben Rspr. und Lit. zur Risikoeingrenzung gefolgert, dass die Rechtsgutsverletzung auf einem „willkürlichen", einem Tier eigenen, wenn auch uU von einem Menschen provozierten (Fehl-)Verhalten beruhen muss (BGH MDR 2022, 824 Rn. 9 mwN; Schmid VersR 2014, 555; aA Lehmann/Auer VersR 2011, 846). Es muss damit eine eigengesteuerte Energie des Tieres am Geschehen beteiligt sein. Bsp: Beißen (BGH MDR 2022, 824 Rn. 11: Katze; BGH VersR 2014, 640 Rn. 5: Hund), Treten, Scheuen, Spielen von Hunden und Fahrradunfall (OLG München NJW 2017, 3664: uU Haftung mehrerer Halter), Ausbrechen aus Koppel (OLG Saarbrücken NJW-RR 2006, 894), auch (ungesteuertes) Decken (OLG Hamm NJW-RR 1994, 804); *keine Haftung* für Ausscheidungen (RGZ 141, 407: Bienen; s. aber OLG Bamberg NJW-RR 2021, 815: Verunreinigung durch kranken Hund), bei Krankheitsübertragungen mittels eines Tieres (RGZ 80, 237), beim Sturz infolge einer Verletzung (OLG Braunschweig VersR 1983, 347), bei einem Handeln unter menschlicher Leitung, dh wenn das Tier gehorcht hat (OLG
5 Hamm NJW-RR 2013, 1039). **d) Verletzter** kann auch sein, wer die Beaufsichtigung zeitweilig übernimmt (zB Tierarzt, Reitstall, Tierpension, → § 834 Rn. 4). **e)** Eine **Eingrenzung der Haftung** hat die Rspr. teilw. (s. OLG Celle VersR 1990, 794 mwN) in einer nicht ganz klaren Abgrenzung aus dem Normzweck (Schutzzweck) vorgenommen: Übernehme jemand im eigenen Interesse die zeitweilige Herrschaft über ein fremdes Tier im Bewusstsein des Risikos (OLG Saarbrücken VersR 2018, 1143, 1144 f.), so verwirkliche sich nicht eine von § 833 S. 1 erfasste Gefahr; zutr. erscheint hier ggf. die Anwendung des § 254 (so BGH NJW 2014, 2434). **f)** Bei **Verletzung eines anderen Tiers** ist dessen Tiergefahr entspr. § 254 zu berücksichtigen (OLG Celle RdL 2014, 190; AG Düsseldorf BeckRS 2022, 3545 Rn. 19), ebenso die **Mitwirkung eines vom Verletzten gehaltenen Tiers** beim Verletzungsgeschehen (BGH NJW 2016, 2738; OLG Koblenz BeckRS 2021, 4489; OLG München BeckRS 2021, 284: vollständiges Zurücktreten einer Tiergefahr). **g) §§ 254, 1664, 1359** sind anwendbar. Entspr. **§ 254** kann das Verhalten des Geschädigten die Gefährdungshaftung insgesamt verdrängen (OLG Zweibrücken MDR 2022, 895: Tuch auf Hundekopf gelegt; OLG Hamm NJW-RR 2021, 536: Hufschmied nähert sich auffälligem Pferd von hinten). **§ 1664** gilt auch für die Gefährdungshaftung aus § 833 S. 1 (BGH NJW 2021, 778: Familienhund); für **§ 1359** sollte nichts anderes gelten (differenzierend Erbarth NZFam 2021, 714).

6 **3. Verschuldenshaftung (S. 2). a) Haustiere** sind nach RGZ 158, 391 Tiere, „die in der Hauswirtschaft zu dauernder Nutzung oder Dienstleistung gezüchtet und gehalten werden und dabei auf Grund von Erziehung und Gewöhnung der Beaufsichtigung und dem beherrschenden Einfluss des Halters unterstehen", also zB Hund, Schwein und Pferd, nicht gezähmte Tiere wie Reh und Bär. Sie müssen
7 *als solche* (also nicht zB als Versuchstiere) gehalten werden. **b)** Die Formel **„dem Beruf, der Erwerbstätigkeit oder dem Unterhalt zu dienen bestimmt"** (sog. „Nutztiere") soll entspr. dem Privilegierungszweck (→ Rn. 1) gegenüber dem Halten von Tieren zu privaten Zwecken (zT „Luxustiere" genannt) – mit sehr unbefrie-

digenden Ergebnissen – abgegrenzt werden. Erforderlich ist eine als realistisch einzuschätzende Absicht, Gewinn zu erzielen (BGH NJW-RR 2017, 725 Rn. 13). Bsp: Arbeitstiere, Nutz- und Schlachttiere (zB Kühe, Schweine, Geflügel), Katze auf einem Bauernhof zum Bewachen der Vorräte (LG Kiel NJW 1984, 2296), Reittiere, die gewerblich genutzt werden (BGH NJW 2011, 1962 mwN), Wachhunde zum Bewachen gewerblicher Unternehmen, Polizeipferde (OLG Frankfurt VersR 1985, 646), Blindenhunde Berufstätiger, Tiere beim Händler. Bei sog. „doppelfunktionalen Tieren" wie Pferden und Hunden, die sowohl für private wie berufliche Zwecke eingesetzt werden, kommt es auf die überwiegende Nutzung an (s. BGH VersR 2005, 1254, für Reiterhof konkret abgelehnt). **Nicht** (sondern unter S. 1 fallend): Blindenhund einer nicht berufstätigen Person (aA Esser/Weyers II 2, § 58 III 1c), die von einem Idealverein gehaltenen Pferde zu therapeutischen Zwecken (BGH NJW 2011, 1962 mwN; OLG Saarbrücken VersR 2018, 1143 f.), Pferdezucht als Hobby (BGH NJW-RR 2017, 725 Rn. 13). **c) Pflichtverletzung.** Die Art der 8
Aufsichtspflicht richtet sich nach den Eigenschaften des Tieres (BGH NJW-RR 2005, 1255: aggressive Hunde), nach den konkreten Gefahren der Situation (Erman/Wilhelmi § 833 Rn. 13), ihr Umfang danach, was als allg. übliche und ausreichende Sicherungsmaßnahme angesehen werden kann. Die Rspr. setzt relativ strenge Maßstäbe. Ein absoluter Schutz des Dritten wird jedoch nicht verlangt (iE s. Geigel/Haag, § 18, 27 ff.; OLG Karlsruhe VersR 2001, 724: aggressiver Haushund; BGH NJW 2009, 3234: aus zu enger Koppel ausbrechendes Rind). **d)** Der entlastende 9
Nachweis fehlender **haftungsbegründender Kausalität** durch den Halter wird schwierig zu führen sein; denkbar wäre zB die Tatsache, dass auch eine ordnungsgemäße Sicherung den Ausbruch der Tiere nicht verhindert hätte. **e)** Das **Verschul-** 10
den bezieht sich darauf, ob der Halter das Ausmaß seiner Sicherungspflicht hätte erkennen und entspr. Maßnahmen ergreifen können (s. zB BGH NJW-RR 2005, 1255).

4. Beweislast. a) Bei der **Gefährdungshaftung (S. 1)** trägt der Geschädigte die 11
Beweislast dafür, dass er durch ein vom Anspruchsgegner gehaltenen Tier verletzt wurde und dass sich eine typische Tiergefahr verwirklicht hat (Grüneberg/Sprau § 833 Rn. 20). **b) Verschuldenshaftung (S. 2).** Der Geschädigte hat die gleiche Beweislast wie in Anm. 4a. Der Halter hat die Merkmale des S. 2 zu beweisen. **c)** Ist der Verletzte auf Grund einer **vertraglichen Beziehung** zum Halter mit dem Tier in Berührung gekommen, so obliegt ihm die Beweislast, dass er seiner vertraglichen Sorgfaltspflicht genügt hat (RGZ 58, 413: Stallmeister, Trainer; OLG Düsseldorf NJW 1976, 2137: Mieter).

5. Mehrere Halter von Tieren. Diese haften, wenn sich eine gemeinsame Tier- 12
gefahr verwirklicht, als **Gesamtschuldner** (OLG Frankfurt NJW-RR 2007, 748).

§ 834 Haftung des Tieraufsehers

[1]Wer für denjenigen, welcher ein Tier hält, die Führung der Aufsicht über das Tier durch Vertrag übernimmt, ist für den Schaden verantwortlich, den das Tier einem Dritten in der im § 833 bezeichneten Weise zufügt. [2]Die Verantwortlichkeit tritt nicht ein, wenn er bei der Führung der Aufsicht die im Verkehr erforderliche Sorgfalt beobachtet oder wenn der Schaden auch bei Anwendung dieser Sorgfalt entstanden sein würde.

1. Allgemeines. Die dem § 833 S. 2 nachgebildete **Verschuldenshaftung mit** 1
Beweislastumkehr (→ § 833 Rn. 6 ff.) bezieht sich auf alle in § 833 genannten Tiere. Eine Gefährdungshaftung trifft den Tieraufseher nicht.

2. Tatbestand. Das **Führen der Aufsicht über ein Tier** bedeutet die Über- 2
nahme der allgemeinen Gewalt (zB nicht beim angestellten Reitlehrer, OLGR Hamm 2001, 595), uU auch nur für kurze Zeit (OLG Karlsruhe NJW-RR 2009, 454: selbständiger Ausritt). Die **Übernahme** der Aufsicht kann konkludent gesche-

hen. Eine rein tatsächliche Beaufsichtigung (zB durch den Finder, aus Gefälligkeit) genügt nicht (vgl. → § 832 Rn. 4; krit. MüKoBGB/Wagner § 834 Rn. 5). Die **Schadenszufügung „in der im § 833 bezeichneten Weise“** verlangt wie dort die Realisierung einer typischen Tiergefahr (OLG München BeckRS 2020, 7795
3 Rn. 6). Zur **Beweislast** → § 833 Rn. 11. Tierhalter und Tieraufseher haften als **Gesamtschuldner,** § 840 I.

4 **3. Sonderfrage: Verletzung des Tieraufsehers selbst.** Wird der Tieraufseher selbst verletzt, so bestehen grds. Ansprüche gegen den Halter (→ § 833 Rn. 5). Für die Zurechnung eines eigenen Mitverschuldens gem. § 254 sollen jedoch dieselben Maßstäbe wie für eine Haftung gelten. Insoweit muss sich der Tieraufseher entspr. § 834 von dem Vorwurf einer Sorgfaltspflichtverletzung **entlasten** (BGH NJW 1992, 2475 f.; OLG Köln NJW-RR 2012, 1374; sa OLG Hamm BeckRS 2019, 18852 Rn. 7: Beweislast des § 834 kann auch für Reiter gelten, der nicht Tieraufseher ist, wenn er dem angenähert ist; offenlassend BeckRS 2022, 22602 Rn. 23).

§ 835 *(weggefallen)*

1 Die Vorschrift ist außer Kraft gesetzt; s. § 29 ff. BJagdG sowie die Jagdgesetze der Länder.

§ 836 Haftung des Grundstücksbesitzers

(1) [1]**Wird durch den Einsturz eines Gebäudes oder eines anderen mit einem Grundstück verbundenen Werkes oder durch die Ablösung von Teilen des Gebäudes oder des Werkes ein Mensch getötet, der Körper oder die Gesundheit eines Menschen verletzt oder eine Sache beschädigt, so ist der Besitzer des Grundstücks, sofern der Einsturz oder die Ablösung die Folge fehlerhafter Errichtung oder mangelhafter Unterhaltung ist, verpflichtet, dem Verletzten den daraus entstehenden Schaden zu ersetzen.** [2]**Die Ersatzpflicht tritt nicht ein, wenn der Besitzer zum Zwecke der Abwendung der Gefahr die im Verkehr erforderliche Sorgfalt beobachtet hat.**

(2) **Ein früherer Besitzer des Grundstücks ist für den Schaden verantwortlich, wenn der Einsturz oder die Ablösung innerhalb eines Jahres nach der Beendigung seines Besitzes eintritt, es sei denn, dass er während seines Besitzes die im Verkehr erforderliche Sorgfalt beobachtet hat oder ein späterer Besitzer durch Beobachtung dieser Sorgfalt die Gefahr hätte abwenden können.**

(3) **Besitzer im Sinne dieser Vorschriften ist der Eigenbesitzer.**

Lit.: Schmid, Die Haftung für den Einsturz oder die Ablösung von Gebäudeteilen, VersR 2012, 1098; Petershagen, Die Gebäudehaftung. § 836 BGB im System der Verkehrssicherungspflichten, 2000.

1 **1. Funktion. a)** Die Bestimmung regelt einen **Sonderfall der Verkehrssicherungspflicht** (→ § 823 Rn. 35 ff.) und räumt dem Geschädigten Beweiserleichterungen ein, weil er idR keinen näheren Einblick in Zustand und Unterhaltung eines Bauwerks etc. hat (MüKoBGB/Wagner § 836 Rn. 2): Beim Vorliegen eines bestimmten, zur Rechtsgutsverletzung führenden Verlaufes wird dem Verantwortlichen auferlegt, sich im Blick auf einzelne Elemente zu entlasten. Daraus folgt ein etwas komplizierter Normaufbau. **b) Schutzbereich.** § 836 gilt nicht bei einer Verletzung des Abbruchunternehmers, der den Einsturz selbst verursacht hat (BGH NJW 1979, 309).

2 **2. Haftung des Besitzers (I), vom Geschädigten zu beweisende Merkmale (I 1). a) Eigenbesitzer.** Entspr. der tatsächlichen Einflussmöglichkeit ist Normad-

ressat – unabhängig von der Eigentumslage – der Eigenbesitzer **des Grundstücks** (I, III; zum Begriff → § 872 Rn. 1; weitergehend auf Grund historischer Interpretation Herrmann FS Hattenhauer, 2003, 203 [212]: auch der unmittelbare Fremdbesitzer). Der Eigenbesitz muss sich auf das Gebäude oder Werk erstrecken (OLG Celle OLGR 1999, 357, → § 837 Rn. 1). Bei einer **Delegation** gelten die allg. Grundsätze (→ § 823 Rn. 38). **b) Gebäude oder Werk.** Die Abgrenzung ist ohne Bedeu- 3
tung. Unter **Gebäude** werden fest mit dem Boden verbundene, geschlossene und betretbare Räume verstanden (unzutr. LG Karlsruhe NJW-RR 2002, 1540: Wohnwagen mit Vorbau). Vom Normzweck werden auch die noch nicht fertigen Räume während der Errichtung (BGH NJW 1985, 1076) bzw. Ruinen nach Zerstörung (BGHZ 1, 103) erfasst. Unter **Werk** fallen alle übrigen für einen bestimmten Zweck und nach Kunst- und Erfahrungsregeln hergestellten, mit dem Boden fest verbundenen Gegenstände. Bsp: Brücke (LM Nr. 12), Gerüst (BGH NJW 1999, 2593; OLG Koblenz BeckRS 2022, 11003 mwN), Tragegerüst bei Zirkuszelt (OLG Hamm NJW-RR 2002, 92), Turmkran (OLG Hamm VersR 1997, 194), Hochsitz (OLG Hamm NJW-RR 2013, 25), Straßenlampe (OLG Koblenz VersR 2012, 374), Kinderschaukel (OLG Celle VersR 1985, 345), Zaun, Verkehrsschild (OLG Hamm OLGR 2000, 173), Grabstein (BGH NJW 1977, 1392, zur Haftung → § 837 Rn. 2), Böschung, Damm (RGZ 60, 139 f.; BGHZ 58, 152), Versorgungsleitung (BGHZ 55, 235), Öltank (BGH WM 1976, 1057). Kein Werk ist ein lediglich zum Lagern zusammengeschobener Erdhaufen (RGZ 60, 139 f.). Eine entspr. Anwendung auf **bewegliche** (komplexe) **Sachen** wie Fahrzeuge und Schiffe ist angesichts des gewollten engen Anwendungsbereichs und der dann kaum zu leistenden Abgrenzung abzulehnen (aA MüKoBGB/Wagner § 836 Rn. 4 ff.; offen gelassen in BGH NJW-RR 2006, 1099). **c)** Gebäude oder Werk müssen **fehlerhaft errichtet** 4
oder **mangelhaft unterhalten** worden sein (I 1 HS 2). Maßgebend ist, was unter Berücksichtigung von vorhersehbaren Umständen und Einflüssen (zB Unwetter, Sturmbö, BGH NJW 1999, 2594, sa OLG Zweibrücken NJW-RR 2002, 748: „Jahrhundertorkan") zum Erhalten der Sicherheit erforderlich erscheint (BGH NJW 1993, 1783). **d) Einsturz oder Ablösen von Teilen.** Ein **Teil** ist eine mit dem 5
Gebäude oder Werk baumäßig verbundene Sache (iE RGZ 107, 339). Bsp: Dachziegel (OLG Stuttgart NJW-RR 2017, 793), Fenster (OLG Koblenz NJW-RR 1998, 674), fest verbundene Holztreppe (OLG Hamm MDR 2013, 31), Bretter eines Gerüsts (BGH VersR 1959, 695), Regenfallrohr (BGH NJW-RR 1990, 1501), Duschkabine (BGH DB 1985, 1786, weitere Bsp. bei Geigel/Bernau, § 19 Rn. 8). **Nicht:** Schnee (OLG Hamm NJW-RR 2013, 25). Unter **Ablösen** versteht man jede Trennung oder Lockerung, auch den Abbruch eines Teils (Holzbrett, RG JW 2012, 242; Teile einer Halogenlampe, aA OLG Koblenz VersR 2012, 375). In einer gewissen Erweiterung wird auch der Austritt von Wasser (RGZ 133, 6), Öl (BGH WM 1976, 1057), Gas, Strom (RG JW 1938, 1254) miterfasst. Keine Ablösung ist das funktionsgemäße Kippen eines Parkbügels (OLG Hamm BeckRS 2022, 14292 Rn. 20). **e)** Es muss eine **haftungsbegründende Kausalität** zwischen Einsturz 6
usw. und Rechtsgutsverletzung (Leben, Körper, Gesundheit, Eigentum) bestehen. Zutr. wird eine dem Schutzzweck des § 836 angepasste Kausalität (→ § 823 Rn. 26) gefordert: Die Verletzung muss durch die typischen Gefahren, die „bewegend wirkende Kraft" (kinetische Energie) des Einsturzes oder der Teilablösung herbeigeführt worden sein (OLG Koblenz VersR 2005, 983 mwN): Erfasst wird zB die Verletzung durch herabstürzende Teile (BGH NJW-RR 1990, 1501), das Wegschwemmen von Boden durch ausströmendes Wasser (RGZ 133, 6). Nicht erfasst wird, weil diese Energie zu ihrem Ende gekommen ist, eine Verletzung beim Stolpern über auf dem Boden liegende Teile (BGH NJW 1961, 1670), die Verseuchung des Bodens durch versickertes Öl (BGH WM 1976, 1056). Solche Tatbestände sind unter Spezialnormen (zB § 5 WHG) bzw. unter § 823 zu prüfen. Der Geschädigte kann sich für die *Kausalität* zwischen Mangel und Ablösung auf einen **Anscheinsbeweis** berufen. Zu seiner Entlastung kann der Eigenbesitzer einwenden, es bestehe die ernsthafte Möglichkeit einer anderen Schadensursache. Dies können außerordentliche Naturer-

eignisse oder Witterungseinflüsse „besonderer Art" sein (BGH NJW-RR 2006, 1100). Windstärken bis 120 km/h (12 Beaufort) gelten noch nicht als außergewöhnlich (Rspr.-Überblick in OLG Stuttgart NJW-RR 2017, 793 Rn. 47 f.).

7 **3. Haftung des Besitzers (I), Entlastungsbeweis (I 2). a)** Der Eigenbesitzer darf nachweisen, dass es an einer **Pflichtverletzung** fehlt. Die Pflicht bezieht sich zum einen auf das **Überprüfen und Überwachen** der Sache, notfalls in kürzeren Abständen (OLG Köln VersR 2005, 512). Hier setzt die Rspr. strenge Maßstäbe, lässt aber idR zutr. die Beauftragung eines zuverlässigen und sachkundigen Fachmannes genügen (OLG Köln VersR 2005, 512). Die Sorgfaltspflichten steigen, je höher und gewichtiger das Unfallrisiko ist. Erkannte Gefahren sind **abzuwenden.** Dabei sind notfalls hohe Kosten in Kauf zu nehmen. Zu Unzumutbarem angesichts möglicher
8 Risiken ist der Schädiger jedoch nicht verpflichtet (BGHZ 58, 156). **b)** Ein **Verschulden** wird idR aus der Fehlerhaftigkeit abgeleitet (BGH NJW-RR 2006, 1099). Der Eigenbesitzer kann beweisen, dass er nach obj. Maßstäben (→ § 276 Rn. 29) die Gefahr nicht erkennen bzw. beseitigen konnte.

9 **4. Haftung des früheren Besitzers (II).** Neben dem gegenwärtigen kann auch der frühere Eigenbesitzer haften, **II;** zur Berechnung der Jahresfrist s. §§ 187, 188. Der frühere Eigenbesitzer kann sich auch durch den Nachweis entlasten, ein späterer Besitzer hätte die Rechtsgutsverletzung noch verhindern können.

§ 837 Haftung des Gebäudebesitzers

Besitzt jemand auf einem fremden Grundstück in Ausübung eines Rechts ein Gebäude oder ein anderes Werk, so trifft ihn anstelle des Besitzers des Grundstücks die im § 836 bestimmte Verantwortlichkeit.

1 **1. Allgemeines.** § 837 **verlagert** (vgl. „anstelle") die Haftung vom Grundstücksbesitzer auf den Besitzer des Gebäudes oder Werks, wenn dieser auf Grund seiner Rechtsstellung allein die Einflussmöglichkeiten hat. Der Grundstücksbesitzer kann, wenn er Eigentümer ist, weiter zB aus § 823 haften (BGH NJW 1977, 1392).

2 **2. Recht zum Besitz.** Das Besitzrecht kann öffentl.-rechtlich oder privatrechtlich, dinglich oder schuldrechtlich begründet sein. Wesentlich ist, dass dem Besitzer die **Verantwortung für die Sache** zufällt. Bsp: Nießbraucher, Erbbauberechtigter, Bauhandwerker für das von ihm errichtete Gerüst am Gebäude (OLG Stuttgart NJW-RR 2010, 451; OLG Koblenz BeckRS 2022, 11003 Rn. 19 mwN), Mieter eines Festplatzes für das von ihm errichtete Zelt (OLG Celle OLRG 1999, 357), Berechtigter einer Grabstelle (BGH NJW 1977, 1392; zur idR jährlichen Überprüfung gem. § 836 I s. BGH NJW 1971, 2308). Nicht „anstelle" des Vermieters verantwortlich ist idR der Mieter für die gemietete Sache, da gem. § 535 die Erhaltungspflicht den Vermieter trifft (→ § 535 Rn. 20). Anwendbar ist § 837 auf die vom Mieter selbst angebrachten Einrichtungen (zB Firmenschild, RG LZ 1916, 1241; OLG Hamm OLRG 2000, 173). Ob das Recht zum Besitz tatsächlich besteht, ist nicht entscheidend. Es genügt, wenn der Besitzer die Funktion auf Grund des vermeintlichen Rechts tatsächlich ausübt (RG JW 1916, 40); auch dann hat er allein die faktische Einflussmöglichkeit.

3 **3. Beweislast.** Die Beweislast ist **wie bei § 836** verteilt (→ § 836 Rn. 2 ff.); anstelle des Merkmals „Eigenbesitzer" (des Grundstücks) muss der Geschädigte den Besitz iSd § 837 nachweisen.

§ 838 Haftung des Gebäudeunterhaltungspflichtigen

Wer die Unterhaltung eines Gebäudes oder eines mit einem Grundstück verbundenen Werkes für den Besitzer übernimmt oder das Gebäude oder das Werk vermöge eines ihm zustehenden Nutzungsrechts zu unterhalten

hat, ist für den durch den Einsturz oder die Ablösung von Teilen verursachten Schaden in gleicher Weise verantwortlich wie der Besitzer.

a) Funktion. Die Norm entspricht in ihrer Funktion §§ 831 II, 832 II, 834. Sie begründet eine **zusätzliche** Haftung neben dem Besitzer (§§ 836, 837). Sie schützt den Geschädigten, aber auch den Besitzer, der sich auf die Erfüllung der Unterhaltungspflicht verlassen hat. **b) Einzelheiten.** Normadressat ist wer **vertraglich übernommen** hat, dafür zu sorgen, dass einem Dritten keine Schäden durch Einsturz eines Gebäudes oder Ablösung von Gebäudeteilen entstehen. Bsp: Wohnungsverwalter (BGH NJW 1993, 1782), Mieter, wenn er eine entspr. Verpflichtung übernommen hat (BGH NJW-RR 1990, 1424). Ein **Nutzungsrecht** ist zB der Nießbrauch (BGH NJW-RR 1990, 1424). Die **Beweislast** liegt beim Geschädigten. Zur Haftung → § 836 Rn. 2 ff. Beide haften als **Gesamtschuldner,** § 840 I.

1 (Rn. 1: a) Funktion) · 2 (Rn. 2: b) Einzelheiten)

§ 839 Haftung bei Amtspflichtverletzung

(1) [1]**Verletzt ein Beamter vorsätzlich oder fahrlässig die ihm einem Dritten gegenüber obliegende Amtspflicht, so hat er dem Dritten den daraus entstehenden Schaden zu ersetzen.** [2]**Fällt dem Beamten nur Fahrlässigkeit zur Last, so kann er nur dann in Anspruch genommen werden, wenn der Verletzte nicht auf andere Weise Ersatz zu erlangen vermag.**

(2) [1]**Verletzt ein Beamter bei dem Urteil in einer Rechtssache seine Amtspflicht, so ist er für den daraus entstehenden Schaden nur dann verantwortlich, wenn die Pflichtverletzung in einer Straftat besteht.** [2]**Auf eine pflichtwidrige Verweigerung oder Verzögerung der Ausübung des Amts findet diese Vorschrift keine Anwendung.**

(3) **Die Ersatzpflicht tritt nicht ein, wenn der Verletzte vorsätzlich oder fahrlässig unterlassen hat, den Schaden durch Gebrauch eines Rechtsmittels abzuwenden.**

Lit.: Lehrbücher zum Verwaltungsrecht und Staatshaftungsrecht; weiter Grzeszick, Rechte und Ansprüche: eine Rekonstruktion des Staatshaftungsrechts aus den subjektiven öffentlichen Rechten, 2002; Joussen/Rech, Persönliche Haftung kirchlicher Richter und Einigungsstellenvorsitzender, ZMV 2022, 2; Schlick, Die Rechtsprechung des BGH zu den öffentlich-rechtlichen Ersatzleistungen, NJW 2019, 2671.

I. Allgemeines

1. Amtshaftung und Staatshaftung. § 839 regelt iVm Art. 34 GG einen Teil 1
aus dem Komplex der Staatshaftung, nämlich die **Amtshaftung** für rechtswidriges und schuldhaftes Verhalten von Beamten und Personen, die ein öffentl. Amt ausüben. Die heute als eigenständiges Rechtsgebiet verstandene **Staatshaftung** (s. zB Sauer JuS 2012, 695 ff., 800 ff.) umfasst weitere Bereiche. Bsp: Entschädigung für die rechtmäßige **Enteignung** (Art. 14 III 3 GG), für den rechtmäßigen Eingriff in immaterielle Rechtsgüter des Bürgers wie Leben und Gesundheit **(Aufopferung),** Ersatz für rechtmäßige **enteignende oder enteignungsgleiche Eingriffe** in Eigentumsrechte, ohne dass im Einzelfall den Erfordernissen von Art. 14 III 2 GG genügt ist (BGHZ 158, 267 mwN), für den entspr. **aufopferungsgleichen Eingriff** in immaterielle Rechte (zB BGHZ 25, 242; 36, 388). Daneben stehen zB Haftungstatbestände aus verwaltungsrechtlichen Sonderbeziehungen oder aus Plangewährleistung bei Veränderung von Wirtschaftsplänen, auf deren Bestand zB private Unternehmen vertrauen durften (s. iE Schlick NJW 2014, 2686). Die genannten Rechtsinstitute sind zu unterschiedlichen Zeiten zT durch Spezialnormen, insbes. aber durch die Rspr. allmählich entwickelt worden, ohne dass sie auf eine einheitliche Konzeption zurückgeführt werden könnten und ohne dass eine genauere tatbestandsmäßige Abgrenzung untereinander gelungen wäre. Dieser Zustand ist allg. als sehr unglücklich empfunden worden und hat die Reformbestrebungen ausgelöst,

die zur Verabschiedung eines Staatshaftungsgesetzes geführt haben. Dieses Ges. ist allerdings in BVerfG 61, 149 wegen eines Verstoßes gegen Art. 70 GG für nichtig erklärt worden. Das (kurze) Staatshaftungsgesetz **(StHaftG)** der ehemaligen DDR gilt nach dem EinV mit Maßgaben in den neuen Bundesländern als Landesrecht fort (s. BGHZ 166, 22 mzustAnm Greszick JZ 2006, 795).

2 **2. Staatshaftung bei Verstoß gegen Unionsrecht.** Eine unmittelbar aus dem Europarecht abgeleitete Haftung eines Mitgliedstaates gegenüber dem Einzelnen kommt nach dem EuGH in Betracht, wenn ein Staat gegen eine Unionsrechtsnorm verstoßen hat, die bezweckt, dem Einzelnen Rechte zu verleihen, wenn der Verstoß *hinreichend qualifiziert* ist und wenn zwischen dem Verstoß und dem Schaden des Einzelnen ein unmittelbarer Kausalzusammenhang besteht (EuGH NJW 1992, 165 – Francovich; 2003, 3539 – Köbler). Es lassen sich zwei Fallgruppen unterscheiden: **a) „Haftung für legislatives Unrecht"** (s. iE BGHZ 181, 206 mwN, BGH NJW-RR 2019, 528 Rn. 22) besteht, wenn eine RiLi, nach der dem Einzelnen Rechte verliehen werden sollen, überhaupt nicht, verspätet oder unzutreffend umgesetzt wird. Dabei ist ein Verstoß gegen das Unionsrecht hinreichend qualifiziert, wenn der betreffende Mitgliedstaat bei der Wahrnehmung seiner Rechtsetzungsbefugnisse die Grenzen, die der Ausübung seiner Befugnisse gesetzt sind, offenkundig und erheblich überschritten hat. Dieser Einschränkung liegt zu Grunde, dass die Wahrnehmung gesetzgeberischer Tätigkeit, insbesondere bei wirtschaftspolitischen Entscheidungen, nicht jedes Mal durch die Möglichkeit von Schadensersatzklagen behindert werden darf (EuGH NJW 1999, 1267). Die Voraussetzungen sind unterschiedlich je nachdem, ob der unterbliebene Rechtsetzungsakt auf einem bereits durch EU-Recht geregelten Gebiet geschieht oder ob ein Mitgliedstaat über einen weiten Ermessensspielraum verfügt, weil eine EU-Rechtsetzung noch nicht vorliegt (EuGH NJW 1996, 1267; BGHZ 134, 33 ff.); zur Verjährung s. Armbrüster/Kämmerer NJW 2009, 3601. **b) Haftung für eine Pflichtverletzung eines staatlichen Organs** (EuGH NJW 2001, 3401; 2003, 3541). Die Frage, wer haftet, richtet sich dabei nach Art. 34 GG (BGH VersR 2006, 75). Der Schutzbereich der unionsrechtlichen Norm soll von den nationalen Gerichten zu bestimmen sein (BGH EuZW 2022, 679 Rn. 11). Bei der Verletzung von Unionsrecht durch ein (letztinstanzliches, s. dazu OLG Karlsruhe VersR 2006, 700) Gericht muss aber „unter Berücksichtigung der Besonderheit der gerichtlichen Funktion" die Verletzung offenkundig sein (EuGH NJW 2006, 3339 mAnm Haratsch JZ 2006, 1176; Zusammenfassung in BGH VersR 2013, 188). § 839 III ist anwendbar (BGHZ 156, 297).

3 **3. Aufbau der Amtshaftung, Anwendungsbereich.** § 839 und Art. 34 GG regeln in dem hier interessierenden Bereich zwei Komplexe: die **Haftung des Staates** bzw. **der Körperschaft** für Amtspflichtverletzungen von Amtswaltern (Art. 34 GG iVm § 839) und die **Eigenhaftung des Beamten** (§ 839) für den Fall, dass eine Staatshaftung *nicht eingreift* (→ Rn. 33 ff.). Beide Anspruchsgrundlagen sind, da sich ihre Voraussetzungen nicht genau decken, getrennt zu untersuchen.

4 **4. Haftungssystem.** Die **Kritik** am bisherigen System der Amtshaftung entzündet sich insbes. daran, dass entspr. der historischen Entwicklung die Haftung des Staates (Art. 34 GG) nicht nach eigenen Maßstäben begründet, sondern die nach § 839 bestehende (zivilrechtliche) Haftung des Beamten auf die Körperschaft übergeleitet wird. Damit ist die Haftung auch an die nur historisch zu verstehenden Haftungseinschränkungen des § 839 gebunden: weitgehende Abhängigkeit der Amtshaftung von der Rechtsnatur der jeweiligen Tätigkeit des Beamten und damit häufig von der Organisationsentscheidung der Verwaltung (→ Rn. 8), Anknüpfen an die gegenüber der Behörde bestehende „Amtspflicht" des Beamten, nicht an eine gegenüber dem Bürger selbst bestehende Rechtspflicht (→ Rn. 9), Verweisungsprivileg (→ Rn. 18) und Erfordernis des persönlichen Verschuldens des Beamten als Folge der ursprünglich privatrechtlichen Konstruktion. Die **Rspr.** hat versucht, durch die extensive Auslegung haftungsbegründender und die restriktive

Auslegung haftungsbeschränkender Merkmale den Schutz des Bürgers zu verstärken. Dadurch ist die Anwendbarkeit der Normen nicht einfacher geworden.

5. Rechtsfolge. Regelmäßig kommt trotz der zivilrechtlichen Konstruktion und damit der theoretischen Anwendung des § 249 I (Naturalrestitution) idR nur der Anspruch des Verletzten auf **Geldersatz** infrage. Sonst würden die Zivilgerichte in die Zuständigkeit der Verwaltungsgerichte eingreifen (BGHZ 34, 99 GS, dazu Frotscher JuS 1978, 505). Ggf. ist auch Schmerzensgeld geschuldet (zB LG Lübeck BeckRS 2022, 25245 Rn. 51). Ein **Mitverschulden** des Betroffenen gemäß § 254 ist bei der Höhe zu berücksichtigen (s. BGH NJW 2008, 2502 mwN; LG Lübeck BeckRS 2022, 25245 Rn. 48 f.). 5

II. Haftung des Staates bzw. der Körperschaft (Art. 34 GG iVm § 839)

1. Handeln als Beamter bzw. in einem öffentlichen Amt. a) Merkmale. 6
Die unmittelbar aus dem Gesetzestext (§ 839 iVm Art. 34 GG) folgende Haftung eines **Beamten** setzt ein dienstliches Handeln voraus, mit dem der Beamte eine dem Hoheitsträger selbst obliegende Aufgabe erledigt (BGH NJW-RR 2014, 1052: idR nicht bei allg. Heilbehandlung). Durch das Anknüpfen der Haftung an ein **öffentl. Amt** in Art. 34 S. 1 GG (sog. haftungsrechtlicher Beamtenbegriff) wird nicht nur die Haftung auf den Hoheitsträger übergeleitet, sondern der Kreis der eine Haftung auslösenden Handelnden weit ausgedehnt. Eine Haftung tritt ein bei dem Handeln von Nichtbeamten in einer *öffentl. Wahrnehmungszuständigkeit*, dh bei einem Handeln im Rahmen der durch organisatorischen Rechtssatz begründeten Verpflichtung und Berechtigung, Angelegenheiten zB einer Behörde oder öffentl.-rechtlichen Körperschaft auszuführen (BGH NJW 1984, 251: Gemeinderatsmitglieder bei Planungsaufgaben; BGH WM 1984, 1119: nicht bei Entsendung in private Gesellschaft). Es genügen auch untergeordnete Funktionen (zB Fahren eines Feuerwehrwagens, BGHZ 20, 290). Lediglich mechanische Hilfsdienste rechnen nicht dazu (Einzelfälle s. Geigel/Kapsa Kapitel 20, Rn. 14). Werden **Privatpersonen** bzw. **Unternehmen** außerhalb der Organisation mit der Durchführung der öffentl. Aufgabe beauftragt, gelten sie haftungsrechtlich als Beamte (BGH NJW 2014, 2578 mwN: Abschleppunternehmen). Auch die sog **Beleihung** mit der *selbstständigen Erledigung hoheitlicher Aufgaben* hat diese Wirkungen. Bsp: Rettungsdienst (BGHZ 120, 189 ff.), Notarzt (BGH NJW 2005, 429), mit BSE-Test beauftragtes privates Labor (BGHZ 161, 10; BGH VersR 2007, 1372), Straßenbauunternehmen bei Wahrnehmung der Straßenbaulast (KG VersR 2015, 1564), Schiedsmann (BGHZ 36, 193), Jagdaufseher (§ 25 BJagdG); Fleischbeschauer (BGHZ 22, 246) Sachverständige des TÜV (BGHZ 147, 171; OLG Hamm VersR 2012, 578); flugmedizinische Sachverständige (OLG Hamm BeckRS 2021, 26185 Rn. 46 ff. – Germanwings). Die Übertragung *unselbständiger schlicht-hoheitlicher Hilfsaufgaben* (sog. **Verwaltungshelfer**) führt ebenfalls zur Haftung. Bsp: Aufstellen von Verkehrsschildern (BGH NJW-RR 2019, 1163 Rn. 14); Austausch von Fahrwassertonnen durch Fischer (LG Lübeck BeckRS 2022, 25245 Rn. 24); Straßenreinigung (BGH NJW 2014, 3581); Abschleppunternehmen (BGHZ 200, 190 f.). **b) Abgrenzung zwi-** 7
schen öffentl. Amt und privatrechtlichen Tätigkeit. Nach dem BGH (BGH VersR 2017, 49 Rn. 9, stRspr) muss die eigentliche Zielsetzung der konkreten Aufgabe hoheitlicher Tätigkeit zuzurechnen sein. Daran fehlt es, wenn hoheitliche Aufgaben im Zug der Deregulierung privatisiert werden (BGH NJW 2016, 2657 mzustAnm Cornils: bautechnisches Gutachten als Voraussetzung einer Baugenehmigung). Das Handeln selbst muss dann in einem engen äußeren wie inneren Zusammenhang zu dieser Zielsetzung stehen (BGH VersR 2017, 49 Rn. 9; OLG Hamm DAR 2022, 146, 147 f.). Grenzt man typologisch ab, so gelten unstr. Amtshaftungsgrundsätze für die **obrigkeitlich-hoheitliche** Verwaltung. Bsp: Eingriffsverwaltung, Regelung des Straßenverkehrs durch Verkehrszeichen (OLG Saarbrücken NJW-RR 2010, 603), Unterbringung in geschlossener Abteilung eines Landeskrankenhauses (BGH NJW 2008, 1444). Sie gelten nicht für die sog. **Fiskalverwaltung.**

Bsp: Anmieten von Räumen durch Behörde. Im Rahmen der **schlicht-hoheitlichen Verwaltung** sollen nach hL Amtshaftungsgrundsätze dann anwendbar sein, wenn sich die Körperschaft öffentl.-rechtlicher Handlungsformen bedient. Bsp: Schule, Krankenhäuser, Rettungsdienst (BGHZ 160, 227), Versorgungs- und Verkehrseinrichtungen, Abwasserbeseitigung, Straßenbau, Straßenverkehrssicherung, Streupflicht (BGH NJW 2014, 3581). Erledigt die Verwaltung die Aufgaben zulässigerweise in den Rechtsformen des Privatrechts, so soll auch Privatrecht gelten, dh die Körperschaft haftet zB nach §§ 823, 31, 89 oder nach § 831 (BGH BB 1980, 1824 mwN). Bsp: Stromversorgung durch AG; Museum durch privatrechtliche Stiftung; Wahrnehmen der Straßenverkehrssicherungspflicht als Eigentümer, soweit nicht Sondervorschriften der Länder sie als Amtspflicht begründen (s. BGH VersR 1998, 1373); vom Jugendamt beauftragte Pflegemutter für Kleinkind (BGHZ 166, 275). Bei **Realakten** ist ein enger äußerer wie innerer Zusammenhang mit einer hoheitlichen Tätigkeit erforderlich (zB Glockenläuten, BVerwG 68, 12; Feuerwehrsirene, BVerwG 79, 254; Dienstfahrt, BGH NJW 1992, 1227 mwN). Das **Überlassen uU staatlich kontrollierter Aufgaben im allg. Interesse an Private** führt nicht zur Anwendung der Norm (BGH VersR 2011, 1140, GS-Zeichen).

8 **2. Verletzung einer Amtspflicht. a) Allgemeines.** Der Ersatzanspruch knüpft nicht an eine Rechtspflichtverletzung der Körperschaft durch ihren Amtswalter, sondern an eine Verletzung der im *Innenverhältnis* geschuldeten Pflicht des Amtswalters an. IdR decken sich beide Bereiche. Handelt der Amtswalter jedoch entspr. einer rechtswidrigen bindenden Weisung, so mag die Erteilung der Weisung eine Amtspflichtverletzung darstellen, nicht jedoch das weisungsgemäße Verhalten (BGH
9 VersR 2009, 930 mwN). **b) Allg. Amtspflichten** sind auf höherer Ebene zB die Pflicht zur sachgerechten Ausstattung von Gerichten und Behörden (BGHZ 170, 267 ff. mAnm Ossenbühl JZ 2007, 690). Bsp. **für Amtspflichten des Einzelnen:** Beachtung ges. Vorschriften (BGH WM 1989, 1822) und öffentl., den Schutz anderer bezweckender Auflagen (BGH NJW 1986, 2310); Wahrung der eigenen Zuständigkeitsgrenzen (RGZ 168, 137); Bearbeitung von Anträgen in angemessener Frist (BGH VersR 2010, 530); unparteiische Amtsausübung (RGZ 144, 346); Verschwiegenheit (BGHZ 34, 186; zu Mitteilungen an die Presse s. LG Düsseldorf WM 2003, 1381); angemessener Umgang mit dem Betroffenen (BGH NJW 2002, 3172, Mobbing); zur Erteilung nach dem obj. Stand der Erkenntnismöglichkeit richtiger, klarer und eindeutiger Auskünfte (BGH VersR 2019, 28 Rn. 13); auch Fürsorge zur u.U. spontanen, dh nicht durch Anfrage ausgelösten Sach- und Rechtsberatung einschließlich von Hinweisen auf Maßnahmen, die der Betroffene zum Erreichen seiner Ziele ergreifen muss, wenn zu erkennen ist, dass der Betroffene die Lage nicht richtig zu beurteilen vermag und die Gefahr eines Schadens droht (BGH NJW
10 2019, 681 Rn. 13 ff., 16; NVwZ-RR 2021, 671). **c)** Für **Ermessensfehler** als Pflichtverletzung hatte die Rspr. zunächst gravierende Voraussetzungen gefordert (BGHZ 45, 146). Inzwischen werden sie nach denselben Maßstäben behandelt
11 (s. BGHZ 74, 156; 75, 124; BGH VersR 2005, 1583). **d) Bes. Amtspflichten** ergeben sich aus der Funktion des konkreten Amtes. Bsp: öffentl.-rechtlich gestaltete Verkehrspflicht (BGH NJW 2003, 3622); Aufsicht über Schüler zum Vermeiden von Verletzungen (BGHZ 28, 299); Kontrollbesuch bei Pflegeeltern (BGH VersR 2005, 1080); Einziehung eines unrichtigen Testamentsvollstreckerzeugnisses durch Nachlassrichter (BGH VersR 1976, 1036); Aufstellen eines Bebauungsplans und Gesundheitsgefährdung der künftigen Bewohner (BGHZ 106, 327 ff.).

12 **3. Amtspflicht gegenüber einem Dritten. a) Funktion, Umschreibung.** Das Merkmal hat dieselbe *haftungsbegrenzende Aufgabe* wie das Abstellen auf den Verstoß gegen ein „den Schutz eines anderen" bezweckenden Ges. in § 823 II. Jener Norm vergleichbar (→ § 823 Rn. 44) wird eine Pflicht gegenüber einem Dritten bejaht, wenn sich aus den die Verpflichtung umschreibenden Bestimmungen und der Natur des Amtsgeschäfts ergibt, dass – uU neben allg. öffentl. Zwecken – die Belange eines bestimmten Personenkreises vor beeinträchtigenden Eingriffen

geschützt oder ihre individuellen Interessen gefördert werden sollen. Erforderlich ist also, dass in qualifizierter und individualisierbarer Weise auf schutzwürdige Interessen eines erkennbar abgegrenzten Kreises von Dritten Rücksicht zu nehmen ist (BGH VersR 2018, 741 Rn. 11). **b) Öffentl. Rechtsträger als Dritte.** Dritte können 13
auch die Bundesrepublik (BGHZ 198, 376: Beschädigung eines Bundeswehrfahrzeugs) und öffentl.-rechtliche Körperschaften sein (BGH VersR 2014, 210: fehlerhafte Veröffentlichung einer Verbandssatzung durch Landratsamt). Handeln jedoch zwei Körperschaften „gleichsinnig" zB zum Schutz der öffentl. Ordnung einschließlich des ordnungsgemäßen Funktionierens einer öffentl. Verwaltung, so fehlt es an einem Dritten (BGHZ 191, 179 f.; anders allerdings für die Rechtsaufsicht BGHZ 153, 201, krit. v. Mutius/Groth NJW 2003, 1278; Teichmann JZ 2003, 960).
c) Drittbezogenheit von Pflichten bei Privaten. In der Tendenz versteht die 14
Rspr., wenn auch ohne klare Linie, den Drittschutz weit. Bsp: unzutr. Erlass über die Auslegung eines Ges. (BGHZ 56, 45 f.); Staatsaufsicht über Notar (BGHZ 35, 49 f.) oder Stiftung (BGHZ 68, 145); Aufstellen eines Bebauungsplans (BGHZ 121, 65 mwN bei Altlasten, s. dazu Leinemann, Städte- und Altlastenhaftung, 1991; Raeschke-Kessler NJW 1993, 2275; BGHZ 142, 264 bei Bergschäden); Hochwasserschutz gegenüber Grundstückseigentümern (BGH VersR 2009, 220); Erteilen einer Genehmigung (BGH VersR 1986, 995: durch Vormundschaftsrichter); Grundbucheintragung (BGHZ 124, 108); Gutachten der Handwerkskammer über Grundstückswert auch gegenüber Käufer (BGH VersR 2001, 1288); Einrichtung von Kindertagesstätten auch zur Entlastung der Eltern (BGH NJW 2017, 397 Rn. 24); Auskunft im Ehescheidungsverfahren über Renten auch gegenüber Ehegatten des Versicherungsnehmers (BGH NJW 1998, 139); Verschweigen einer Information des Amtsvormundes gegenüber Arbeitgeber über begangene Brandstiftung des Mündels (BGHZ 100, 319); unzutr. Information der Öffentlichkeit (OLG Düsseldorf VersR 1981, 149) zugunsten aller Personen, denen Schaden entstehen könnte; Verbot missbräuchlicher Amtsausübung zugunsten jedes Betroffenen (BGH WM 1979, 1158: Fluglotsenstreik); Verbot des Eingreifens in die Rechte Unbeteiligter zugunsten jedes Betroffenen (BGH NJW 1977, 1877); Verschwiegenheitspflicht (BGHZ 34, 186); Beachten von Verkehrsregeln auf Dienstfahrten zum Schutz anderer Verkehrsteilnehmer (BGH NJW 1985, 1950). **d) Schrittfolge der Untersuchung.** Die **Prüfung** 15
des Schutzzwecks im Einzelfall geschieht am besten zweistufig (vgl. → § 823 Rn. 45): Nach der Feststellung, **(a)** *welche bestimmten Personen* geschützt werden, ist weiter zu fragen, **(b)** welche *sachlichen Interessen dieser Person* in den Schutzbereich fallen (s. zB BGH VersR 2018, 741 Rn. 18). Bsp: Eine positive Baugenehmigung (Bauvorbescheid) **schützt** auch den Erwerber (BGH NJW 1994, 130); die Pflicht zu richtiger Auskunft schützt jeden Dritten, auf dessen Antrag oder in dessen Interesse sie erteilt wird (BGH VersR 2018, 1257 Rn. 26, 30). – Das Führungszeugnis für einen Gastwirt **schützt nicht** den Verpächter (BGH NJW 1981, 2347); die Überprüfungspflichten im Rahmen des Baugenehmigungsverfahrens dienen dem Schutz von Körper und Leben, nicht dem Schutz vor nutzlosen Aufwendungen (BGH NJW 1993, 932); die Pflicht des Jugendamtes, Eltern über die Unterbringung eines Kindes bei Pflegeeltern zu informieren, hat nicht den Zweck, den Vater vor Unterhaltszahlungen an die Mutter zu schützen (BGH NJW 2014, 2643 f.); die Überprüfung eines Kfz im Zulassungsverfahren schützt nicht die Vermögensinteressen eines späteren Käufers (BGH VersR 1982, 242; sa BGHZ 121, 68 bei Altlasten); die amtsärztliche Untersuchung eines Taxifahrers schützt nicht dessen Interesse, eine Krankheit rechtzeitig zu erkennen (BGH NJW 1994, 2416); die Aufsichtstätigkeit der BaFin schützt nicht Anleger (stRspr, zB zu Wirecard ua LG Wuppertal WM 2022, 179 sowie LG Frankfurt BKR 2022, 323, krit. Schürger BKR 2022, 328; str., sa § 4 IV FinDAG); der Schutzzweck der RL 46/2007/EG (Typgenehmigungsverfahrens-RL) sowie der VO (EG) Nr. 715/2007 (Fahrzeugemissionen-VO) umfasst nicht das wirtschaftliche Selbstbestimmungsrecht der Fahrzeugkäufer (BGH EuZW 2022, 679 Rn. 14 mwN).

16 **4. In Ausübung eines anvertrauten Amtes.** Mit diesem in Art. 34 GG enthaltenen Erfordernis wird – vergleichbar mit § 831 – eine Abgrenzung gegenüber privaten Handlungen des Beamten „bei Gelegenheit" vorgenommen. Allerdings ist die Normstruktur unterschiedlich (§ 831: Haftung des Geschäftsherrn für eigenes Verschulden; Art. 34 GG: Staatshaftung für das – fremde – Verschulden des Beamten), so dass trotz einander entspr. Formulierungen etwas andere Kriterien gelten. Nach der Rspr. muss nach einer etwas komplizierten Formel **(a)** die eigentliche **Zielsetzung,** in deren Sinn der Betreffende tätig wird, hoheitlicher Tätigkeit zuzurechnen sein und **(b)** zwischen dieser Zielsetzung und der konkreten Aufgabe, der die Handlung dient, ein so enger äußerer und innerer **Zusammenhang** bestehen, dass die Handlung ebenfalls als noch dem Bereich hoheitlicher Betätigung angehörend angesehen werden muss (BGH NJW 2014, 1667 mwN). Die Konkretisierung geschieht wohl am besten durch Bildung von Gruppen. Der Zusammenhang *besteht,* wenn aus dem Amt heraus gehandelt wurde. Bsp: fahrlässige Handlungen, aber auch vorsätzlich falsche dienstliche Auskunft; vorsätzlicher Fehlgebrauch von Gegenständen, die zu bewahren Dienstpflicht war (BGHZ 1, 388). Der Zusammenhang besteht weiter, wenn in den privaten Bereichen bestimmte Obhutspflichten fahrlässig verletzt werden. Bsp: ungenügende Sicherung einer daheim aufzubewahrenden Dienstwaffe (RGZ 155, 364 f.). Der Zusammenhang *besteht nicht* bei vorsätzlichen Rechtsgutsverletzungen außerhalb der eigentlichen Amtstätigkeit (Bsp: Tötung aus privatem Anlass mit der Dienstwaffe, BGHZ 11, 181) und bei vorsätzlicher Überschreitung von Nebenpflichten für private Zwecke, die zu fahrlässigen Rechtsgutsverletzungen führen (Bsp: private Schwarzfahrt, BGH NJW 1969, 421 f. mwN).

17 **5. Kausalität, Rechtswidrigkeit, Verschulden. a) Kausalität.** Der Einwand eines rechtmäßigen Alternativverhaltens (→ Vor §§ 249 ff. Rn. 48) ist auch hier möglich. Es muss aber deutlich sein, dass die Behörde – etwa bei einem Verfahrensfehler in einem korrekt durchgeführten Verfahren – zu demselben Ergebnis gekommen wäre (iE BGH VersR 2018, 31 Rn. 53 ff.). **b)** Zur **Rechtswidrigkeit** s. Michaelis FS Larenz, 1973, 927 ff. **c)** Für das **Verschulden** gelten die allg. Grundsätze (→ § 823 Rn. 57 ff.; → § 276 Rn. 10 ff.). § 680 ist auch bei sog. professionellen Nothelfern wie Notärzten, Feuerwehr nicht entspr. anzuwenden (BGH NJW 2018, 2723 Rn. 45 ff.; → § 680, Rn. 1). Die Sorgfaltsanforderungen selbst hat die Rspr. zum Schutz des Bürgers allg. sehr hoch angesetzt und damit beinahe eine verschuldensunabhängige Haftung erreicht (Ehlers/Pünder/Grzeszik, § 44 Rn. 28). Ausgeschlossen ist idR ein Verschulden, wenn ein Kollegialgericht die vorgenommene Amtshandlung als obj. rechtmäßig angesehen hat, ohne von falschen Tatsachen auszugehen und ohne eine eindeutige Bestimmung „handgreiflich falsch" auszulegen (BGH VersR 2005, 1581; 2005, 1583; anders bei Entscheidungen „auf höchster Ebene", BGHZ 134, 755). Bei einem Handeln von **Richtern** und **Rechtspflegern** außerhalb von § 839 II 1 (Erlass von Urteilen etc. → Rn. 22) wird zum Schutz ihrer Unabhängigkeit ein Verschulden nur bei sachlich unvertretbaren Entscheidungen bejaht, die vorsätzlich oder grob fahrlässig ergangen sind (BGH MDR 2014, 1473).

18 **6. Subsidiarität der Haftung bei fahrlässigen Handlungen (I 2). a) Allgemeines.** Ursprünglich zum Schutz des Beamten aufgestellt, hat die Klausel, es müsse **eine anderweitige Ersatzmöglichkeit fehlen,** durch die Überleitung der Haftung auf den Staat ihren Gerechtigkeitswert verloren. Die Rspr. legt die Bestimmung daher *eng* aus (grundlegend BGHZ 79, 26, Grenzen aber in BGH JR 1987, 108). Bsp: Keine Anwendung im Haftungsbereich des Straßenverkehrs wegen der haftungsrechtlichen Gleichbehandlung aller Verkehrsteilnehmer (BGHZ 75, 134; sa BGHZ 118, 370 ff. mwN) und bei Verletzung der Straßenverkehrssicherungspflicht (BGHZ 75, 136; 123, 104; wohl einschränkend BGHZ 85, 232). Außerdem wird der Verweis auf andere Haftungsträger ausgeschlossen, zB bei einem anderen Rechtssubjekt der öffentl. Hand (BGHZ 111, 276), bei Haftung als Gesamtschuldner (BGHZ 152, 390: kein Verweis auf den anderen Schädiger). § 839 I 2 greift wegen

der anderen Zweckrichtung ferner nicht ein bei Ansprüchen gegen die eigene Krankenkasse (BGHZ 79, 26; 79, 35), die Kaskoversicherung (BGH NJW 1983, 1668 gegen BGHZ 50, 271), die Feuerversicherung (BGH VersR 1983, 462), die Unfallversicherung (BGH NJW 1983, 2191), die Sozialversicherung (BGHZ 70, 7), die Lebens- und Sterbegeldversicherung (RGZ 171, 200), gegen den Arbeitgeber nach dem EFZG (BGHZ 62, 383) bzw. bei Beamten gegen die Anstellungsbehörde auf Fortzahlung der Bezüge trotz Dienstunfähigkeit (BGHZ 43, 117). **b) Anforde-** 19
rungen. Die Möglichkeit, von einem Dritten Ersatz zu erhalten, muss aus demselben Tatsachenkreis folgen (BGHZ 31, 150). Sie muss zumutbar und durchsetzbar sein (BGHZ 120, 127). Inhaltlich muss es sich um Ausgleichsansprüche für Schäden handeln. Die Rechtsgrundlage (zB Vertrag, GoA, § 823) ist gleichgültig; auch tatsächliche Ersatzmöglichkeiten reichen aus (BGH WM 1982, 615). **c)** Kommt es für 20
die **Verjährung** auf die anderweitige Ersatzmöglichkeit an, so beginnt sie erst zu dem Zeitpunkt, zu dem der Geschädigte von dem Ausfall dieser Möglichkeit, um die er sich bemüht hat, Gewissheit erlangt (BGHZ 121, 71). Ist die Höhe des anderweitigen Ersatzes unklar, kann (und muss) Feststellungsklage erhoben werden (BGH NJW 1988, 1147). Wurde die Klage wegen der Möglichkeit anderweitigen Ersatzes als „derzeit unbegründet“ abgewiesen, steht damit das Bestehen des Anspruchs rechtskräftig fest (BGH NJW 2022, 2754 Rn. 23 ff.). Kosten des Rechtsstreits gegen eine vermeintlich vorrangig haftende Person sind ersatzfähig, wenn deren Inanspruchnahme rechtlich wie wirtschaftlich begründete Aussicht auf Erfolg bot (BGH NJW 2022, 2754 Rn. 55).

7. Keine Haftung bei Versäumen eines Rechtsmittels (III). a) Allgemei- 21
nes. Die Bestimmung enthält eine bes., zum Haftungsausschluss führende Ausprägung des § 254. Sie gilt – mit aus der Sache folgenden Modifikationen – auch für Ansprüche aus „legislativem Unrecht“ (BGHZ 181, 211 ff.); ihr Rechtsgedanke gilt auch im Beamtenrecht, sodass sich ggf. auch der Dienstherr gegen das Entstehen von Schaden zur Wehr setzen muss (VG Regensburg BeckRS 2022, 22853 Rn. 65).
b) Der Begriff des **Rechtsmittels** ist weit zu verstehen, er umfasst alle Rechtsbe- 22
helfe, die sich unmittelbar gegen die Amtshandlung richten und nach ges. Ordnung ihre Beseitigung, Korrektur oder richtige Vornahme bezwecken und ermöglichen (BGHZ 197, 380). Bsp: Antrag auf Überprüfung der Haftbedingungen (BGH VersR 2010, 812), Aufsichtsbeschwerde (BGH NJW 1986, 1924, auch zur Kausalität), Einspruch oder formlose Eingabe gegen zu geringe (!) Festsetzung der Einkommensteuer zur Vermeidung von Zinsen nach § 223a AO (OLG Hamm BeckRS 2022, 5481), Erinnerung an die Erledigung einer Sache (BGH NJW 1997, 2327), auch ein Nachfragen bei Gericht (BGH VersR 1965, 1197), verwaltungsgerichtlicher Eilrechtsschutz (OLG Brandenburg BeckRS 2021, 43983: auch wenn absehbar, dass Kita-Platz nicht rechtzeitig zu erhalten; aA zu Recht OLG Frankfurt MDR 2021, 1195, 1196); nicht Erinnerung gegen eine Verfügung des Grundbuchamtes, wenn Amtshaftungsansprüche gegen den Notar geltend gemacht werden (BGH NJW 1960, 1719); nach BGHZ 197, 382 ff. auch nicht Geltendmachen eines sozialrechtlichen Herstellungs- bzw. verwaltungsrechtlichen Folgenbeseitigungsanspruchs, da auf Kompensation, nicht Restitution gerichtet (in der Begründung zweifelhaft). Die Verfassungsbeschwerde zählt nicht zu den Rechtsmitteln (BGHZ 30, 28). **c)** Das 23
Versäumen muss für den Schaden **kausal** geworden sein: Das rechtzeitige Einlegen hätte bei sachgerechter Entscheidung der angerufenen Stelle den Schaden verhindern oder verringern müssen. **d)** Das typisierte **Verschulden** richtet sich nach allg. 24
Grundsätzen (s. BGH WM 1997, 177). Notfalls muss zur Beurteilung der Erfolgsaussicht rechtskundiger Rat eingeholt, es kann aber auch auf Auskünfte vertraut werden (BGH NJW 1991, 1170). Der Geschädigte muss sich das Verhalten seines Rechtsanwalts gem. §§ 254 II 2, 278 zurechnen lassen (BGH NJW 2020, 1592 Rn. 25). Ein testamentarisch vorgesehener Erbe soll sich das (Mit-) Verschulden des Erblassers anrechnen lassen müssen, wenn dieser den Notar nicht an die Beurkundung des

beabsichtigten Testaments erinnert hat (BGH NJW 1997, 2327 gegen BGH NJW 1956, 260, zweifelhaft).

25 **8. Haftende Körperschaft. a) Begriff.** Haftungssubjekte sind neben dem Staat nach stRspr (RGZ 142, 194; BGHZ 49, 115 f.) und hL (Staudinger/Wöstmann § 839 Rn. 50) nur juristische dienstherrenfähige Personen des **öffentl. Rechts.** Ist ein Bediensteter einer privatrechtlichen Körperschaft mit einem öffentl. Amt betraut (→ Rn. 6), so haftet die öffentl. Körperschaft, die ihn mit diesen Befugnissen ausge-
26 stattet hat (BGH VersR 1990, 522). **b) Bestimmung der Körperschaft.** Der BGH stellt auf denjenigen Rechtsträger ab, der dem pflichtwidrig handelnden Amtswalter das Amt anvertraut hat (sog. **Amtsübertragungstheorie,** s. BGH NJW 2002, 1795; Grüneberg/Sprau § 839 Rn. 25). Dies ist idR die Anstellungskörperschaft, und zwar auch dann, wenn diese Körperschaft noch andere Aufgaben wahrnimmt. Bsp: Auftragsangelegenheiten bei Selbstverwaltungskörperschaften. Bei Abordnungen haftet der Träger, der über den Amtswalter verfügen kann, bei echten Doppelstellungen (zwei Dienstherren) diejenige Körperschaft, deren Aufgaben wahrgenommen werden (BGHZ 99, 330), desgl. bei sog. Organleihe (BGH NJW 1976, 1468: Erfüllen der dem Land obliegenden Verkehrspflichten durch eine „ausgeliehene" Bundesbehörde). Bei der Beauftragung Privater haftet derjenige Träger, der das Amt übertragen hat (zB BGHZ 53, 217: Schiedsmann, BGHZ 188, 308 f.: ärztliche Zulassungsstelle).

27 **9. Verletzter.** Geschädigte können alle natürlichen und jur. Personen des Privatrechts sein, jur. Personen des öffentl. Rechts dann, wenn sie der handelnden Behörde wie eine Privatperson gegenübertreten und nicht an dem Verwaltungsvorgang mitwirken (BGH VersR 2008, 253).

28 **10. Beweislast.** Der *Geschädigte* muss nach allgemeinen Regeln die in den Gliederungspunkten II 1–6 (→ Rn. 6–17) enthaltenen Anspruchsvoraussetzungen beweisen, zudem nach hM (Baumgärtel/Luckey 24 ff.; BGHZ 37, 377 mwN; iE s. BGH VersR 1986, 997) das Fehlen einer anderweitigen Ersatzmöglichkeit (→ Rn. 18). Handelt es sich um eine Aufsichtspflichtverletzung iSd § 832, so ist die dort vorgenommene Beweislastumkehr auch hier zu berücksichtigen (BGH NJW 2013, 1233, iE zust. Förster NJW 2013, 1201: Kindergarten); bei Eingriffen in grundrechtlich geschützte Rechtsgüter durch Vollzugsbeamte muss deren Dienstherr das Fehlen der Widerrechtlichkeit beweisen (OLG Köln BeckRS 2022, 8821 Rn. 20). Steht ein der Pflichtverletzung nachfolgender Schaden fest, muss sich die *Behörde* entlasten (stRspr, s. BGH NJW 2004, 1382). Sie muss auch das schuldhafte und für den Schaden kausale Versäumen eines Rechtsmittels (→ Rn. 21 ff.) beweisen.

III. Sonderfrage: Haftung beim Erlass von Urteilen (II)

Lit.: Eichele, Staatshaftung für Richter, BRAK-Mitt. 2003, 159; Schenke, Richterspruchprivileg bei verwaltungsgerichtlichen einstweiligen Anordnungen, JZ 2005, 680.

29 **1. Urteilsentscheidungen allg. (II 1). a) Funktion der Norm.** Geschützt werden soll der Rechtsfriede: Eine rechtskräftige Entscheidung soll grundsätzlich nicht durch einen Amtshaftungsprozess in Frage gestellt werden (BVerfG WM 2013, 817; → § 826 Rn. 23). Geschütztes Rechtsgut ist aber auch die Unabhängigkeit und innere Entscheidungsfreiheit der ein Urteil Erlassenden. **Richter** sind alle Berufs- und Laienrichter der verschiedenen Gerichtszweige, also auch Schöffen und ehrenamtliche Beisitzer. Spruchkollegien von **Behörden** fallen nicht darunter (BGHZ 36, 382); für **Schiedsrichter** gilt § 839 II nicht, jedoch wird von einem ähnlichen Haftungsprivileg auf vertraglicher Grundlage ausgegangen (BGHZ 43,
30 376). **b) Begriff.** Ein Urteil ist über den formellen Urteilsbegriff hinaus jede richterliche „urteilsvertretende" Entscheidung, die auf Grund eines gerichtlichen Verfahrens und den für ein Urteil wesentlichen Merkmalen – vorheriges rechtliches Gehör, Begründungszwang, materielle Rechtskraftwirkung – getroffen wird (BGH NJW 2003, 3695). Zutreffend soll es nicht mehr darauf ankommen, dass eine münd-

liche Verhandlung stattgefunden hat (BGHZ 161, 302 f. mzustAnm Schenke JZ 2005, 680). Bsp: Beschluss über die Einstellung des Strafverfahrens (BGHZ 64, 347), nicht Beschlüsse über die Anordnung der Telefonabhörung (BGH NJW 2003, 3696), in vorläufigen Unterbringungs- (BGH NJW 2003, 3052), in einstweiligen Verfügungs- oder in Vollstreckungsverfahren (BGHZ 161, 302). Urteilsvertretende Erkenntnisse können auch in Familiensachen, die keine Familienstreitsachen sind (zB Sorgerechtsentscheidungen), ergehen (zutr. OLG Hamm FamRZ 2022, 204, 208 mwN, aber str.). **c)** Die Formel **„bei dem Urteil"** deckt auch alle vorbereiten- 31
den Maßnahmen, mit denen Sachgrundlagen für das Urteil gewonnen werden sollen (BVerfG NJW 2013, 3632), zB Beweisbeschlüsse (BGHZ 50, 14, krit. Leipold JZ 1968, 465), auch Hinweise oder Auflagen an die Parteien (BGHZ 187, 293; krit. Zuck JZ 2011, 476). Die **Beweislast** für eine mit einer öffentl. Strafe bedrohten Pflichtverletzung trägt der Geschädigte (RGZ 164, 20).

2. Verzögerung von Entscheidungen (II 2).

Lit.: Remus, Amtshaftung bei verzögerter Amtstätigkeit des Richters, NJW 2012, 1403.

Das Haftungsprivileg gilt für Verzögerungen nicht. Der BGH hat jedoch die allg. 32
Maßstäbe (→ Rn. 17) mit Blick auf die richterliche Unabhängigkeit eingeschränkt. Eine Ersatzpflicht soll nur bei einer **sachlich unvertretbaren Verzögerung** eintreten, die **vorsätzlich oder grob fahrlässig** herbeigeführt wurde (BGHZ 187, 286 Rn. 14). Dies soll nach dem BVerfG (BVerfG NJW 2013, 3633 Rn. 37) verfassungsmäßigen Vorgaben „noch gerecht" werden. – Eine Verzögerung ist auch dann zurechenbar (→ Rn. 9), wenn der Staat nicht für eine angemessene Ausstattung der Gerichte sorgt (BGH NJW 2007, 832). Die **Beweislast** trägt nach der Rspr. der Geschädigte für die Unangemessenheit einer Verzögerung und das Verschulden (BGHZ 188, 293 ff.). Dies erscheint nur bei großzügiger Handhabung des Anscheinsbeweises (BGH NJW 2004, 1381 zu § 839 allg.) angemessen. Für eine ausreichende Ausstattung etc. trägt die Beweislast das beklagte Land (BGHZ 170, 269). Zur **Entschädigung** sa §§ 198 ff. GVG.

IV. Der Anspruch gegen den Beamten (Eigenhaftung)

1. Anwendungsbereich. Die Eigenhaftung des Beamten ist nur denkbar, wenn 33
die **Staatshaftung nicht eingreift.** Dies trifft bei einem Handeln im *nicht-hoheitlichen Bereich* (BGHZ 147, 392) und bei *schlicht-hoheitlichem Handeln in privaten Rechtsformen* zu (→ Rn. 7). Bsp: beamteter Arzt im Krankenhaus (BGHZ 85, 395), Gerichtsvollzieher als Sequester (BGH NJW 2001, 434). Außerdem ist bei einzelnen hoheitlichen Handlungen durch *Sondervorschriften* eine Staatshaftung ausgeschlossen, so dass es bei der Eigenhaftung bleibt. Bsp: Beamte, die auf den Bezug von Gebühren angewiesen sind (sog. Gebührenbeamte), soweit eine entsprechende Norm gilt (zB § 5 Nr. 1 RBHG, § 12a SchfHwG; dazu OLG Dresden BeckRS 2021, 18018 Rn. 25 ff.), Handeln von Beamten gegenüber Ausländern bei fehlender Gegenseitigkeit (dazu Neufelder NJW 1974, 979); nicht jedoch Gerichtsvollzieher (BGH NJW 2001, 435), Schiedsmänner (BGHZ 36, 195), Mitglieder von Ortsgerichten (BGHZ 113, 72); zu Notaren s. § 19 BNotO.

2. Voraussetzungen. Unter § 839 fallen hier nur **a) Beamte** im staatsrechtlichen 34
Sinn (BGHZ 42, 178; Ehlers/Pünder/Greszik, § 44 Rn. 39), unabhängig davon, ob sie auf Dauer, auf Probe, auf Widerruf oder auf Zeit eingestellt sind. Nichtbeamte im öffentl. Dienst (zB Angestellte, Arbeiter) haften bei privatrechtlichem Handeln (→ Rn. 16) nach §§ 823 ff. In den von Art. 34 GG nicht erfassten Ausnahmefällen hoheitlichen Handelns (→ Rn. 16) haften sie nach § 839. **b)** Zu den **weiteren Voraussetzungen** → Rn. 9–17; eine bes. Bedeutung hat als anderweitige Ersatzmöglichkeit der Anspruch aus Vertrag oder unerlaubter Handlung gegen die Anstellungskörperschaft (s. Ehlers/Pümder/Greszik, § 44 Rn. 41). **c)** Zu den **Einschränkungen** der Haftung → Rn. 19 ff., zur **Beweislast** → Rn. 28.

§ 839a Haftung des gerichtlichen Sachverständigen

(1) **Erstattet ein vom Gericht ernannter Sachverständiger vorsätzlich oder grob fahrlässig ein unrichtiges Gutachten, so ist er zum Ersatz des Schadens verpflichtet, der einem Verfahrensbeteiligten durch eine gerichtliche Entscheidung entsteht, die auf diesem Gutachten beruht.**

(2) **§ 839 Abs. 3 ist entsprechend anzuwenden.**

Lit.: Häsemeyer, Die neue Haftungsregelung für gerichtliche Sachverständige (§ 839a BGB) auf dem zivilprozessrechtlichen Prüfstand, FS f. Laub, 2005, S. 569; Littbarski, Die Haftung des gerichtlich ernannten Sachverständigen nach § 839a BGB und ihre versicherungsrechtlichen Konsequenzen, VersR 2016, 154.

1 **1. Normzweck.** Da der von Amts wegen bestellte Sachverständige in keinem vertraglichen Verhältnis zu den Parteien steht und die §§ 823 ff. (außerhalb von § 823 II iVm §§ 154–156 StGB und § 826) keinen Vermögensschutz gewähren, waren Ansprüche bei Fehlgutachten idR nicht durchsetzbar. Die Bestimmung schließt diese Lücke (BT-Drs. 14/7752, 28) und begrenzt gleichzeitig die Haftung allg. auf Vorsatz und grobe Fahrlässigkeit. Wegen dieser Haftungsbegrenzung ist sie **ausschließlich anwendbar,** soweit ein Anspruch auf ihre obj. Tatbestandsmerkmale gestützt wird (BT-Drs. 14/7752, 28; s. dazu OLG Köln VersR 2013, 1143). Handelt der Sachverständige in Ausübung eines öffentl. Amtes, so gilt ausschließlich § 839 (BGHZ 200, 259).

2 **2. Voraussetzungen.** Die **Bestellung durch das Gericht** bedeutet das Heranziehen in einem konkreten Sachverhalt (in verschiedenen Formen je nach Verfahren). Die Norm ist auf eine **Behörde** entspr. anzuwenden, wenn diese in einer vergleichbaren justiziellen Funktion tätig wird (BGHZ 200, 253, 257 u BGH NJW 2020, 1592 Rn. 14: Staatsanwaltschaft – „Entscheidung" ist dann zB die Anklageerhebung; OLG Koblenz NJW-RR 2016, 796: Jugendamt). Die **Unrichtigkeit** kann in der unzutr. Darstellung des Sachverhaltes, auch des Meinungsstandes, wenn für das Ergebnis relevant, und falschen Schlussfolgerungen (BGHZ 198, 269) liegen. Zum **Vorsatz** → § 276 Rn. 15; **grob fahrlässig** handelt ein Gutachter, wenn er unbeachtet gelassen hat, was jedem im Bereich des Gutachtens tätigen Sachkundigen einleuchten muss und wenn seine Pflichtverletzung schlechthin unentschuldbar ist (BGHZ 198, 273; → § 276 Rn. 33). Für die **haftungsbegründende Kausalität** (→ § 823 Rn. 22 f.) ist zu prüfen, ob das Gutachten für die Entscheidung (mit) ausschlaggebend war (BGH NJW-RR 2018, 1364 Rn. 4), für die **haftungsausfüllende Kausalität** (→ Vor §§ 249 ff. Rn. 24), ob der entstandene Schaden durch die von dem unrichtigen Gutachten beeinflusste Gerichtsentscheidung adäquat verursacht wurde, die Entscheidung also bei richtigem Gutachten anders ausgefallen wäre (vgl. OLG Hamm FamRZ 2022, 204, 207: insoweit Beweismaß des § 287 ZPO, vorweggenommene Beweiswürdigung zulässig) und in den Schutzbereich der verletzten Sachverständigenpflicht fällt (BGHZ 198, 276). Endet ein Verfahren **ohne Entscheidung** (zB durch Vergleich), so soll § 839a analoge Anwendung finden, ein eventueller Vergleich muss freilich vom Gutachten beeinflusst worden sein, etwa durch einen vorherigen Hinweisbeschluss (BGHZ 226, 116 Rn. 13 ff. gegen Jauernig/Teichmann, 18. Aufl.; OLG Hamm NJW-RR 1998, 1686: § 826; OLG Schleswig NJW 1995, 791: § 823 I). Die **Beweislast** für die Voraussetzungen (I) trägt der Geschädigte; beim Regressprozess gegen den medizinischen Sachverständigen gilt die arzthaftungsrechtliche Herabsetzung der Substantiierungslast nicht (BGH VersR 2020, 572, dazu Katzenmeier NJW 2020, 1856).

3 **3. Keine Haftung bei Versäumen eines Rechtsmittels.** Die Haftung des Sachverständigen scheidet aus, wenn der Geschädigte schuldhaft kein zumutbares und erfolgversprechendes (OLG Hamm BeckRS 2020, 29529 Rn. 26: Rücknahme aussichtsloser Berufung nach eindeutigem Hinweis) **Rechtsmittel** eingelegt hat (**II,** → § 839 Rn. 22 ff.). Erfasst werden alle zur Verfügung stehenden innerprozessualen

Rechtsbehelfe, die zur Abänderung des Gutachtens führen können. Bsp: Gegenvorstellungen, der Antrag auf Ladung zur mündlichen Erläuterung (BGHZ 173, 100 f.), die Befragung des Sachverständigen (BGH NJW 2014, 705), der Antrag auf Einholung eines neuen (Ober-)Gutachtens (BGH NJW 2020, 1592 Rn. 23), wohl auch die Restitutionsklage, die möglicherweise in weiterem Rahmen zuzulassen ist (Häsemeyer S. 576 ff.; einschränkend MüKoBGB/Wagner § 839a Rn. 32). Die **Beweislast** für das Versäumen eines Rechtsmittels trägt der Sachverständige.

§ 840 Haftung mehrerer

(1) **Sind für den aus einer unerlaubten Handlung entstehenden Schaden mehrere nebeneinander verantwortlich, so haften sie als Gesamtschuldner.**

(2) **Ist neben demjenigen, welcher nach den §§ 831, 832 zum Ersatz des von einem anderen verursachten Schadens verpflichtet ist, auch der andere für den Schaden verantwortlich, so ist in ihrem Verhältnis zueinander der andere allein, im Falle des § 829 der Aufsichtspflichtige allein verpflichtet.**

(3) **Ist neben demjenigen, welcher nach den §§ 833 bis 838 zum Ersatz des Schadens verpflichtet ist, ein Dritter für den Schaden verantwortlich, so ist in ihrem Verhältnis zueinander der Dritte allein verpflichtet.**

Lit.: Brambring, Mittäter, Nebentäter, Beteiligte und die Verteilung des Schadens bei Mitverschulden des Geschädigten, 1973; Holler/Schmaus, Die Haftungs- und Zurechnungseinheit, ZJS 2022, 185; Janda, Mehrheiten von Schuldnern und unterschiedliche Haftungsmaßstäbe, VersR 2012, 1078 ff.; Schmieder, Die gestörte Gesamtschuld – ein Normenkonflikt, JZ 2009, 189.

1. Allgemeines. § 840 regelt zwei unterschiedliche Komplexe: Für das **Außen-** 1
verhältnis zwischen dem Geschädigten und mehreren Schädigern wird durch die Anordnung der Gesamtschuldnerschaft in I auf die §§ 421–425 verwiesen. Gleichzeitig wird damit für das **Innenverhältnis** zwischen den Schädigern untereinander im Grundsatz § 426 anwendbar gemacht. Für einige Sondertatbestände ordnen II und III eine von § 426 I („zu gleichen Anteilen verpflichtet") abweichende Regelung an.

2. Außenverhältnis (I). a) Funktion der Norm. § 840 I stellt *keine eigene* 2
Anspruchsgrundlage dar, sondern setzt die Haftung mehrerer auf Grund anderer Normen auf den gesamten Schaden (zB aus § 823 iVm § 830) oder auch nur in einer bestimmten, für die einzelnen Schädiger uU nicht gleichen Höhe voraus (etwa bei Nebentäterschaft). Die Funktion des § 840 I erschöpft sich in der eher technischen Anordnung der Gesamtschuld, die für den Geschädigten als Gläubiger nicht unbedingt vorteilhaft sein muss. Eine Gesamtschuld nach § 840 kann also nur insoweit entstehen, als sich die Ersatzverpflichtungen der einzelnen Schädiger inhaltlich und summenmäßig decken (BGHZ 12, 220; 18, 164). Bsp: A haftet wegen einer Körperverletzung für alle Folgeschäden bei D, der mit der Unfallversorgung beauftragte Arzt B für die durch einen Behandlungsfehler verursachten Schäden; Gesamtschuld
zwischen A und B in Höhe der Behandlungsschäden. **b)** Der weit zu verstehende 3
Anwendungsbereich umfasst alle Ansprüche aus unerlaubter Handlung, aus Gefährdungshaftung innerhalb und außerhalb des BGB, aus 906 II 2 (iE BGHZ 85, 387) sowie Aufopferungsansprüche (RGZ 167, 39). § 840 I wird durch entspr. Sondervorschriften (zB §§ 22, 97 S. 2 WHG, §§ 17, 18 III, 19 StVG, § 33 AtomG, § 13 HaftPflG, § 5 ProdHaftG) verdrängt. Haftet ein Schädiger *nur* aus Vertrag, so ist auf ihn § 840 nicht anwendbar (RGZ 84, 430); eine Gesamtschuld kann sich
aber aus allg. Regeln ergeben (→ § 421 Rn. 3, 4 f.). **c)** Bei einem **Mitverschulden** 4
des Geschädigten (§ 254) treten erhebliche Anrechnungsschwierigkeiten auf. Hier sind mehrere rechtliche Komplexe zu unterscheiden. **aa)** In den Fällen der **Mittäterschaft, Anstiftung** und **Beihilfe** sowie **Beteiligung** iSd § 830 I 2 treten die Schädiger dem Geschädigten als Einheit gegenüber. Der auf seinen eigenen Kausal-

beitrag fallende Anteil wird dem Geschädigten abgezogen, für den Rest gilt § 840 I, sog. *Gesamtabwägung* zwischen dem Geschädigten und der Gesamtheit der Schädiger
5 (BGHZ 30, 206). **bb)** Bei **Nebentäterschaft** kann es sein, dass der Grad des Mitverschuldens gegenüber jedem Täter unterschiedlich ist (Bsp: Der bei einem Verkehrsunfall durch B und C verletzte A trägt gegenüber B ein Mitverschulden von einem Drittel, gegenüber C von zwei Dritteln). Deshalb ist neben einer *Einzelabwägung* zwischen den am Prozess konkret Beteiligten eine *Gesamtabwägung* vorzunehmen. Aus ihr ergibt sich, welchen Anteil der Geschädigte im Verhältnis zu allen Schädigern selbst zu tragen hat und welcher Rest ihm noch zusteht (BGH NJW 2011, 293; OLG Zweibrücken r+s 2021, 229, stRspr). Für den Prozess ergibt sich aus der Gesamtabwägung: Soweit der in Anspruch genommene Schädiger wegen der Einzelabwägung weniger zu zahlen hat (Bsp: A hat insgesamt Anspruch auf 5/7, B muss 2/3 leisten), tritt hinsichtlich der noch verbleibenden Spitze (Bsp: 1/21) für die übrigen (C) keine Befrei-
6 ung gem. § 422 ein. **cc)** Ein vergleichbares Doppelverfahren wird bei der sog. **Haftungseinheit** vorgenommen, wenn der Geschädigte aus demselben Lebenssachverhalt aus eigenem Verschulden oder eigener Gefährdung mithaftet. Hier wird zunächst in einer Gesamtabwägung der Anteil bestimmt, den der Geschädigte selbst zu tragen hat. Nur hinsichtlich des anderen Teils besteht Gesamtschuldnerschaft zwischen den Übrigen (BGH NJW 2006, 369; OLG Hamm NJW-RR 2009, 1035). Gleichgestellt sind die Fälle sog. **Zurechnungseinheit** (BGHZ 103, 344). Hier haben sich die Tatursachen der einzelnen Schädiger zu einem Schadensereignis gebündelt, bevor der vom Geschädigten verursachte Beitrag wirksam wurde (BGH NJW 1996, 2024). Bsp: Mehrere haben, ohne Mittäter zu sein, das unbeleuchtete Stehenlassen eines Kfz verursacht, auf das der Geschädigte auffährt (BGHZ 54, 283; sa BGHZ 61, 218).

7 **3. Innenverhältnis (II, III). a) Ausgestaltung.** II, III fügen dem Grundsatz des § 426 I, dass die Schädiger den Schaden im Innenverhältnis zueinander zu gleichen Anteilen tragen müssen, weitere, vom Anspruchsteller zu beweisende Ausnahmen (→ § 426 Rn. 4 ff., 9 ff.) hinzu. **III** ist entpr. anzuwenden, wenn bei der Verletzung eines Tierhalters das gehaltene Tiers mitgewirkt hat (BGH NJW 2016, 2738). **b) „Dritter"** iSd § 840 III ist nur derjenige, der aus Verschulden haftet (OLG Hamm NJW 1958, 347). Hat der aus §§ 833–840 **Verpflichtete** ebenfalls **schuldhaft** gehandelt, so greift § 840 III nicht ein; der Ausgleich richtet sich nach den Verursachungsbeiträgen (Böhmer JR 1965, 379). **c)** Der Anspruch **verjährt** unabhängig vom Außenverhältnis nach §§ 195 ff.

8 **4. Auswirkungen von einseitigen gesetzlichen oder vertraglichen Haftungsbeschränkungen usw. auf das Außenverhältnis („Gestörtes Gesamtschuldverhältnis"). a) Grundsatz.** Hatte zB einer der Schädiger **vor Eintritt** des Schadensereignisses mit dem Geschädigten einen Haftungsausschuss vereinbart, ist seine Haftung summenmäßig begrenzt oder ist der Anspruch gegen ihn verjährt, so kann der Geschädigte weiterhin gegen die übrigen vorgehen. Er muss jedoch die wirtschaftlichen Konsequenzen der Haftungsbeschränkung mittragen. Sonst hätte der privilegierte Schädiger, weil er mit dem Rückgriff durch die anderen rechnen muss, keinen Vorteil, der Geschädigte iE keinen Nachteil. Deshalb wird der Anspruch gegen den oder die rechtlich voll haftenden Schädiger („Zweitschädiger") auf den Betrag beschränkt, den diese im Innenverhältnis mit dem begrenzt Haftenden („Erstschädiger") tragen müssten, wenn die Begünstigung nicht bestünde; mit dem auf den Erstschädiger entfallenden Anteil ist der Geschädigte rechnerisch selbst zu belasten (BGHZ 203, 231 Rn. 19; Keuk AcP 168, 181; Thiele JuS 1968, 156 f.). Bsp: A hat grundsätzlich gegen B, C und D als Gesamtschuldner einen Anspruch auf 1 500 Euro, im Innenverhältnis ist jeder zu gleichen Teilen (500 Euro) verpflichtet. Besteht zwischen A und D ein Haftungsausschluss, so haften B und C gegenüber A als Gesamtschuldner nur in Höhe von 1 000 Euro; im Innenverhältnis kann D von B und C nicht in Anspruch genommen werden. Vereinbarungen mit einem Geschädigten **nach Eintritt** des Schadensfalls hindern die Inanspruchnahme der
9 übrigen (und deren Rückgriff) hingegen nicht (BGHZ 12, 218; allgM). **b) Der**

Anwendungsbereich dieses Grundsatzes ist außerordentlich str. **aa)** Nach der Rspr. ist Voraussetzung, dass überhaupt ein **Gesamtschuldverhältnis** besteht. Haftet ein Mitschädiger zB wegen §§ 708, 1359, 1664 nicht, so liege kein Fall des § 840 I vor (BGHZ 103, 346 ff. mwN; krit. Muscheler JR 1994, 441 ff. mwN). Es überzeugt indes nicht, den Dritten die Nachteile der Privilegierung tragen zu lassen; auch hier ist also der Grundsatz anzuwenden. **bb)** Anzuwenden ist der Grundsatz bei **ges. Freistellungen** und vergleichbaren Situationen (s. BGH VersR 2015, 190: Unfallversicherung für Verletzten ohne Rückgriff; stRspr). **cc)** Bei **vertraglicher Freistellung vor Schädigung** bejaht bisher allein die Lit. eine Anwendung (→ Rn. 8 aE), die Rspr. hingegen nur dann, wenn die Vereinbarung nach ihrem Inhalt auch zugunsten der übrigen wirken soll (BGH NJW 1989, 2387 mwN). **c)** Zum **Innenverhältnis** → § 426 Rn. 22 ff.

§ 841 Ausgleichung bei Beamtenhaftung

Ist ein Beamter, der vermöge seiner Amtspflicht einen anderen zur Geschäftsführung für einen Dritten zu bestellen oder eine solche Geschäftsführung zu beaufsichtigen oder durch Genehmigung von Rechtsgeschäften bei ihr mitzuwirken hat, wegen Verletzung dieser Pflichten neben dem anderen für den von diesem verursachten Schaden verantwortlich, so ist in ihrem Verhältnis zueinander der andere allein verpflichtet.

1. Funktion. Nachdem § 839 I 2 bereits im Außenverhältnis die Schadensverpflichtung des Staates für Amtspflichtverletzungen (Art. 34 GG iVm § 839 I 1) und die Eigenhaftung des Beamten (§ 839) in bestimmten Fällen auf mitbeteiligte Dritte verlagert hat (→ § 839 Rn. 16 f.), ordnet § 841 in einem nächsten Schritt die alleinige Schadensersatzpflicht des Dritten im **Innenverhältnis** dann an, wenn nach außen Staat bzw. Beamter und Dritter gesamtschuldnerisch haften. Erreicht wird damit eine weitere Entlastung. Gesamtschuldnerische Haftung tritt außer bei einer vorsätzlichen Handlung des Beamten dann ein, wenn § 839 I 2 nicht angewandt wird. Dogmatisch stellt § 841 wie § 840 II und III eine **Abweichung von § 426 I** dar. 1

2. Anwendungsfälle. Freistellung des Vormundschaftsrichters gegenüber Eltern (BGH Warn 65, 339), Vormund, Gegenvormund (s. RGZ 80, 255) und Betreuer, des Nachlassrichters gegenüber dem Nachlassverwalter, des Insolvenzrichters gegenüber dem Insolvenzverwalter, des Vollstreckungsrichters gegenüber dem Zwangsverwalter. 2

§ 842 Umfang der Ersatzpflicht bei Verletzung einer Person

Die Verpflichtung zum Schadensersatz wegen einer gegen die Person gerichteten unerlaubten Handlung erstreckt sich auf die Nachteile, welche die Handlung für den Erwerb oder das Fortkommen des Verletzten herbeiführt.

Lit.: Engelbrecht, Die Ermittlung des Haushaltsführungsschadens. Erleichterte Darlegungs- und Beweislast im Rahmen des § 287 ZPO, MDR 2020, 381; Gräfenstein/Strunk, Der Haushaltsführungsschaden. Berechnung, Beweislast und Schadenminderungspflicht, NZV 2020, 176; Küppersbusch/Höher, Ersatzansprüche bei Personenschaden, 13. Aufl. 2020; Lang, Der Haushaltsführungsschaden im Verletztenfall – eine sehr wichtige und interessante Schadensposition, DAR 2022, 301; Pardey, Der Haushaltsführungsschaden, 10. Aufl. 2021; Röttger, Haushaltsführungsschaden – aktuelle Schätzungs- und Bemessungsgrundlagen des OLG Schleswig (7. Zivilsenat), SchlHA 2021, 366; Schulz-Borck/Pardey, Haushaltsführungsschaden, 2022; dies., Entgelttabellen TVöD/Bund zur Bewertung von Personenschäden in der Haushaltsführung, 2021.

1. Allgemeines. a) Funktion. In den §§ 842–847 hat das Ges. bei Angriffen gegen die Person – unter iE differierenden Rechtsvoraussetzungen – Art und 1

Umfang des zu ersetzenden Schadens geregelt, wobei die §§ 249 ff. teilweise ergänzt, teilweise auch nur konkretisiert werden. § 842 selbst wird von der hL (BGHZ 26, 77; Staudinger/Vieweg § 842 Rn. 3; Grüneberg/Sprau § 842 Rn. 1) lediglich als Klarstellung dahin verstanden, dass die genannten Nachteile Vermögensschäden iSd
2 §§ 249 ff. sind. **b) Anwendungsbereich. Unerlaubte Handlungen** sind die Tatbestände der §§ 823 ff. einschließlich der §§ 829, 833 S. 1 und 839; eine entspr. Anwendung ist angeordnet in § 618 III und § 62 III HGB. Parallele Sonderbestimmungen enthalten zB § 6 HaftPflG, § 11 StVG, § 36 LuftVG, § 29 AtomG; § 8 ProdHaftG. **Gegen die Person gerichtet** sind nicht nur Eingriffe in die körperliche Integrität des Menschen, sondern auch in die Freiheit, die Ehre oder in das Persönlichkeitsrecht.

3 **2. Vermögensnachteil. a)** Nachteil ist die **Beeinträchtigung** bestehender vermögensrechtlicher Positionen wie der Verlust von Bezügen (einschließlich Urlaubs- und Weihnachtsgeld, BGH NJW 1996, 2296; Auslandsverwendungszuschlag, BGH VersR 2015, 1569) durch Entlassung oder Teilzeitbeschäftigung, der Entzug von Versorgungsansprüchen (BGHZ 69, 347 mwN), des Anspruchs auf Arbeitslosengeld II (BGHZ 197, 319), die Notwendigkeit, eine freiberufliche Tätigkeit (BGH NJW 2018, 864) oder ein Gewerbe (BGH NJW 2001, 1640) – auch zeitweise – aufzugeben, der Fortfall oder die Verringerung auch tatsächlicher Fortkommenschancen (BGH NJW 2011, 1145) wie Verspätung des Eintritts in das Berufsleben (KG VersR 2006, 794), verringerte Aufstiegschancen (BGH NJW 1953, 978), vorzeitiges Ausscheiden aus dem Erwerbsleben (BGH NJW 2011, 1146). Bei nicht im Erwerbsleben Stehenden ist abzuschätzen, wie hoch die Chancen zum (Wieder-) Eintritt in den Arbeitsmarkt waren (BGH NJW-RR 2016, 795). Keinen Nachteil erleidet, wer in der gleichen Vergütungsgruppe weiterbeschäftigt wird, wer als gewinnbeteiligter Gesellschafter Beträge in gleicher Höhe erhält (BGHZ 54, 52 f.; zur Aufteilung bei einem geschäftsführenden Gesellschafter einer GmbH s. BGH NJW 1978, 40, dazu Ganßmüller VersR 1978, 805 und Kuckuk BB 1978, 283), wer wegen seines Vertrauens auf eine objektiv falsche Krankschreibung nicht arbeitet (OLG Dresden BeckRS 2022, 18128 Rn. 34 ff.). Eine teilw. Erwerbsminderung kann zu vollem Ersatz führen, wenn der Geschädigte mit der erhaltenen Arbeitskraft keine Stelle findet (RGZ 148, 23; zur Obliegenheit, sich im Rahmen des Zumutbaren umschulen zu lassen, s. Staudinger/Vieweg § 842 Rn. 48). Einen eigenständigen Nachteil des **im Haushalt tätigen Ehegatten** und eingetragenen Lebenspartners stellt es dar, wenn er seiner Unterhaltsverpflichtung in Form dieser Tätigkeit nicht nachzu-
4 kommen vermag (iE → § 843 Rn. 6). **b)** Nachteile sind weiter die **Vermehrung von Bedürfnissen** in der Lebensführung (→ § 843 Rn. 2), auch Umschulungskosten (OLG Jena NJW-RR 1999, 1409).

5 **3. Verpflichtung zum Schadensersatz. a)** Die **Feststellung des Schadens** geschieht nicht abstrakt wie etwa bei der Sozialversicherung durch Festlegen eines prozentualen Minderungssatzes, sondern der Nachteil muss **konkret** anhand der tatsächlichen Lage, der beabsichtigten Lebensführung (BGHZ 74, 224) und auf Grund einer Zukunftsprognose einschließlich allg. konjunktureller Rahmenbedingungen (OLG Brandenburg NJW 2011, 2220) zum Zeitpunkt der letzten mündlichen Verhandlung vor dem Tatsachengericht (BGH NJW 2018, 864 Rn. 14) ermittelt werden. Der Schaden eines **im Haushalt Tätigen** ist nach der tatsächlich erbrachten Arbeitsleistung zu berechnen (iE OLG Frankfurt VersR 1982, 981 mwN; OLG München BeckRS 2022, 3890 Rn. 25 f.; sa OLG München NJOZ 2021, 937 Rn. 55: Differenz- oder Quotenmethode). Ausgangspunkt für die Quantifizierung kann das Tarifgehalt einer geprüften Wirtschafterin sein (OLG Hamburg VersR 1985, 646). Bei **Selbständigen** ist das Durchschnittseinkommen aus mehreren Jahren zugrunde zu legen (OLG Schleswig Schaden-Praxis 12, 177), bei **Arbeitnehmern** der letzte Verdienst; für die Prognose ist von Kontinuität auszugehen (OLG Jena BeckRS 2022, 5234 Rn. 93). Bei dem Abschätzen der Entwicklungsmöglichkeiten eines verletzten **jungen Kindes** können Ausbildung und Qualifikation von

Eltern und Geschwistern mit herangezogen werden (BGH NJW 2011, 1148); den Geschädigten trifft hinsichtlich der Anknüpfungselemente für die Schätzung ein Darlegungslast (OLG Düsseldorf r+s 2021, 602). **b) Berechnungsmethoden.** Der 6
Ersatz kann grundsätzlich gleichwertig nach der (jeweils modifizierten) **Bruttolohnmethode** oder **Nettolohnmethode** berechnet werden (BGHZ 127, 391 ff.; krit. Lange JZ 1995, 406). Die *Bruttolohmethode* zieht vom Bruttoeinkommen entspr. den Grundsätzen zum Vorteilsausgleich (→ Vor §§ 249 ff. Rn. 35 ff.) die Ersparnis von Abgaben und Steuern (zB keine Versteuerung von Rentenzahlungen) ab, die nicht (wie zB Freibeträge wegen der Behinderung) dem Geschädigten selbst zukommen sollen (BGH NJW 1999, 3711). Die *Nettolohnmethode* geht vom fiktiven Nettoeinkommen aus und rechnet die Aufwendungen des Geschädigten hinzu, die zur Erhaltung des finanziellen Gleichstandes erforderlich sind. Bsp: Steuern (BGH DB 1979, 2320), Beiträge zur Sozialversicherung, sofern ihre Fortzahlung wirtschaftlich vernünftig erscheint (zum Umfang iE s. BGH NJW 1983, 1669 mwN). Gleicht zB der Arbeitgeber die Erwerbsschäden aus und macht er den Anspruch aus abgeleitetem Recht (§ 6 EFZG) geltend, so sind auch die Arbeitgeberanteile zur Sozialversicherung zu ersetzen (BGHZ 42, 78; 43, 383). **c)** Zur **Berücksichtigung von** 7
Leistungen Dritter → Vor §§ 249 ff. Rn. 37 ff. **d) Art des Ersatzes:** idR Rente → § 843 Rn. 1.

4. Prozessuales. a) Geltendmachen. Der sich möglicherweise aus verschiede- 8
nen Teilposten zusammensetzende einheitliche Schadensersatzanspruch ist idR durch eine Leistungsklage (s. § 258 ZPO) geltend zu machen; bei unübersehbarer Entwicklung der Verhältnisse ist eine Feststellungsklage möglich (BGH VersR 1983, 688: Kinder unter 18 Jahren). Tritt infolge der Schädigung ein wirtschaftlicher Notfall ein, ist eine sog Leistungsverfügung gem. § 940 ZPO möglich (OLG Frankfurt NJW 2007, 851). Zur Abänderungsklage gem. § 323 ZPO bei nachträglicher Veränderung der Verhältnisse s. zB BGHZ 34, 118 und Thomas/Putzo/Seiler § 323 Rn. 43. **b)** Zur Schadensschätzung nach § 287 ZPO trifft den Geschädigten die **Beweislast** für die tatsächlichen Grundlagen, zB für die Erwerbsbeeinträchtigung oder den Mehrbedarf (BGHZ 54, 47). § 252 S. 2 ist anwendbar (→ § 252 Rn. 2; BGH NJW 1998, 1634, 1635 f.; OLG Hamm r+s 2021, 356 Rn. 33; OLG Schleswig r+s 2022, 236 Rn. 23). Der Schädiger muss den Einwand beweisen, der Verletzte hätte eine andere Erwerbstätigkeit aufnehmen können, wobei der Geschädigte zunächst darlegen und beweisen muss, dass er sich um eine entspr. Beschäftigung – erfolglos – bemüht hat (Baumgärtel/Luckey 37 f.).

§ 843 Geldrente oder Kapitalabfindung

(1) **Wird infolge einer Verletzung des Körpers oder der Gesundheit die Erwerbsfähigkeit des Verletzten aufgehoben oder gemindert oder tritt eine Vermehrung seiner Bedürfnisse ein, so ist dem Verletzten durch Entrichtung einer Geldrente Schadensersatz zu leisten.**

(2) [1]**Auf die Rente findet die Vorschrift des § 760 Anwendung.** [2]**Ob, in welcher Art und für welchen Betrag der Ersatzpflichtige Sicherheit zu leisten hat, bestimmt sich nach den Umständen.**

(3) **Statt der Rente kann der Verletzte eine Abfindung in Kapital verlangen, wenn ein wichtiger Grund vorliegt.**

(4) **Der Anspruch wird nicht dadurch ausgeschlossen, dass ein anderer dem Verletzten Unterhalt zu gewähren hat.**

1. Allgemeines. a) Funktion. Zur allg. Bedeutung der §§ 842–847 → § 842 1
Rn. 1; § 843 legt bei Körper- und Gesundheitsverletzungen die Art und Weise des Schadensersatzes fest, nämlich grundsätzlich als Rente, nur im Ausnahmefall als sofortiger Kapitalbetrag (III). Zur Bedeutung des IV → Rn. 6. **b) Anwendungs-**

bereich: → § 842 Rn. 2; Sonderbestimmungen enthalten § 8 HaftPflG, § 13 StVG, § 38 LuftVG, § 9 f. ProdHaftG und § 30 AtomG.

2 **2. Rentenanspruch. a) Voraussetzungen. aa)** Die **Beeinträchtigung der Erwerbsfähigkeit** deckt sich mit dem Begriff des Nachteils in § 842 (→ § 842 Rn. 3). **bb)** Unter die **Vermehrung der Bedürfnisse** fallen alle durch die Verletzung ausgelösten, vernünftigerweise getätigten oder zu tätigenden Mehraufwendungen für die persönliche Lebensführung (BGH VersR 2019, 51 Rn. 20). Bsp: Stärkungsmittel, Kuren, Erneuerung künstlicher Gliedmaßen, Ersatz stärker abgenutzter Kleidung, erhöhte Kosten für Verkehrsmittel, Kosten für einen erhöhten Pflegeaufwand durch nahe Angehörige, der über die übliche Zuwendung im Krankheitsfall hinausgeht (BGH NJW 2019, 362 Rn. 20; 2019, 2607 Rn. 14), Kosten für eine Pflegeperson, Mehrkosten durch ein Pflegeheim (BGH NJW 2019, 362, Rn. 20). Bei unentgeltlicher Hilfe durch Familienangehörige ist der Nettolohn einer vergleichbaren entgeltlich eingesetzten Pflegekraft anzusetzen (BGH NJW 2019, 362 Rn. 14). Bei beeinträchtigter Tätigkeit im Haushalt (einschließlich zB kleinerer Reparaturen und Gartenarbeit) ist zwischen Bedarf (für die eigene Versorgung) und Entfallen der Erwerbsfähigkeit (Tätigkeit für andere) zu unterscheiden (BGH NJW 1989, 2539). Der Ersatzanspruch entsteht nach der Rspr. mit dem schädigenden Ereignis. Es sei nicht erforderlich, dass der Geschädigte den Ersatzbetrag dafür tatsächlich verwendet. **Nicht einzubeziehen** sind, wenn eindeutig zuzuordnen, Aufwendungen zur eigentlichen **Heilbehandlung** (wohl zu generell umschrieben in
3 BGH VersR 2019, 51 Rn. 22). **b)** Die **Höhe der Rente** ist nach den konkreten Umständen zu ermitteln (→ § 842 Rn. 5). Bei einer Beeinträchtigung der Erwerbsfähigkeit ist die Differenz geschuldet; bei erhöhten Bedürfnissen kommt es darauf an, welche Lebensgestaltung (zB Pflege zu Hause, im Heim) für den Verletzten zumutbar ist und was ein verständiger Geschädigter an Mitteln aufwenden würde, wenn er diese selbst zu tragen hätte und tragen könnte (BGH NJW 2019, 362 Rn. 20). Bei der **Dauer** ist zu berücksichtigen, wie lange konkret die Erwerbsfähigkeit noch bestanden haben würde (BGH NJW 1995, 3313) bzw. wie lange erhöhte Bedürfnisse bestehen.

4 **3. Sonderfrage: Haushaltsführungsschaden. a) Systematik.** Der Haushaltsführungsschaden umfasst zwei Kategorien: Kann der Verletzte seinen **eigenen Haushalt** nicht mehr führen, so entstehen verstärkte Bedürfnisse iSd § 843 I 1 (BGH NJW 2009, 2061). Sie sind in Höhe der Kosten für eine Ersatzkraft zu ersetzen, und zwar unabhängig davon, ob eine solche Kraft beschäftigt wird (→ § 842 Rn. 5). Hat der Verletzte (auch) **für andere** den Haushalt geführt, so erbringt er nach der Rspr. Unterhaltsleistungen (BGHZ 104, 114) zB ggü. Ehegatten, eingetragenem Lebenspartner, Eltern, Kindern (nach KG NJW-RR 2010, 1687 nicht bei nicht eingetragener Lebenspartnerschaft; zutr. weitergehend BeckOK/Spindler § 843 Rn. 20: auch bei [uU konkludent getroffener] vorheriger Vereinbarung; sa OLG Jena BeckRS 2022, 5234 Rn. 170). Insoweit entsteht ein *Erwerbsschaden* iSd I 1, der
5 in gleicher Weise zu behandeln ist (BGH NJW 1997, 257). **b) Berechnung. aa)** Für die **Anzahl** der erforderlichen Stunden ist zu ermitteln, welchen Zeitaufwand der Geschädigte infolge der Verletzung nicht mehr aufbringen kann, also die Differenz zwischen der durchschnittlich (zB pro Woche) ursprünglich geleisteten und jetzt noch – uU beeinträchtigt – möglichen Zeit. Maßstäbe sind ua Größe (Anzahl der Personen, Wohnfläche) und Zuschnitt des Haushalts, auch Umfang einer bisherigen Erwerbstätigkeit des Verletzten wie der weiteren Unterhaltsberechtigten (s. zB OLG Frankfurt NJW 2019, 442 Rn. 38 ff.). Beim Fehlen genauerer Anhaltspunkte kann der Schaden gem. § 287 ZPO entspr. publizierter Tabellen (s. Lit. bei § 842) bestimmt werden (BGH NJW 2009, 2060; OLG Nürnberg NJW-RR 2016, 594; aA OLG Celle NJW-RR 2019, 1306 Rn. 79 ff.). **bb)** Die derzeit diskutierte **Höhe** von 6,00 –10,00 €/Std. (OLG Frankfurt NJW 2019 Rn. 40 mwN) dürfte auch außerhalb größerer Städte deutlich zu niedrig angesetzt sein (sa AG München DAR 2021, 39: 10,00 €/Std.; OLG Düsseldorf DAR 2021, 629: 12,00 €/Std.).

4. Kapitalisierung. Ein **wichtiger Grund** liegt vor, wenn die Kapitalisierung die für den Verletzten günstigere Form des Ausgleichs darstellt (Schwintowski VersR 2010, 149). Der Grund kann in *dessen Sphäre* (zB Finanzierung des Erwerbs eines Geschäfts oder einer Ausbildung, MüKoBGB/Wagner § 843 Rn. 29) als auch beim *Verletzer* liegen (zB Erschwerung der Durchsetzung des Anspruchs durch häufigen Wohnungswechsel, Grüneberg/Sprau § 843 Rn. 18; Erman/Wilhelmi § 843 Rn. 18; schikanöses Regulierungsverhalten, OLG Köln VersR 2012, 906 mzustAnm Jaeger). Bei ihrer Berechnung sind die künftige Geldentwertungsquote bzw. Steigerungen eines vergleichbaren Gehalts mit zu berücksichtigen (BGHZ 79, 187). Die Klagebefugnis steht nur dem Gläubiger zu. 6

5. Keine Berücksichtigung von Unterhaltsleistungen (IV).

Lit.: Marschall v. Bieberstein, Reflexschäden und Regressrechte, 1967.

a) Grundsatz. Die Bestimmung wird als ges. Stütze des sog normativen Schadensbegriffs (→ Vor §§ 249 ff. Rn. 6) idS verstanden, dass Schadensersatz auch dann zu leisten ist, wenn bzw. soweit sich infolge der Zahlungen oder sonstigen Leistungen Dritter beim Geschädigten keine Vermögensverringerung feststellen lässt (BGHZ 21, 116; BGH NJW 1971, 2070; s. aber auch BGH NJW 2021, 241: genereller Nachlass für Menschen mit Behinderung ist anzurechnen). Ein Vorteilsausgleich (→ Vor §§ 249 ff. Rn. 38 ff.) wird deshalb nicht berücksichtigt. Vielmehr kann der zum Unterhalt Verpflichtete den Anspruch abgetreten bekommen. Wegen seiner Funktion wird IV auch auf andere Ersatzleistungen (zB hinsichtlich der Heilungskosten, RGZ 132, 224) angewandt. **b) Beispielsfälle.** Unerheblich ist nach hM, ob der Unterhalt bereits vor dem Geltendmachen des Schadensersatzanspruchs gezahlt wurde (Grüneberg/Sprau § 843 Rn. 20; Erman/Wilhelmi § 843 Rn. 20). Die Bestimmung gilt auch, wenn ein Angehöriger die Leistungen erbringt, der die Verletzung mit verursacht hat; denn ein Anspruch auf Schadensersatz wäre wegen des sog. Angehörigkeitsprivilegs nicht durchsetzbar (BGHZ 159, 318). 7

Vorbemerkungen zu den §§ 844–846

1. Funktion der Normen. Nach dem sog. **Dogma vom Gläubigerinteresse** (Hagen, Die Drittschadensliquidation im Wandel der Rechtsdogmatik, 1971, S. 1 f.) ist der Kreis der Ersatzberechtigten aus Gründen der Risikobegrenzung eng gezogen. Ansprüche aus unerlaubter Handlung kann nur derjenige geltend machen, in dessen Rechtsgütersphäre in einer den jeweiligen Tatbestand ausfüllenden Weise eingegriffen worden ist (s. nur BGH NJW 2003, 1040, 1041). § 844 und § 845 **durchbrechen** dieses Prinzip für bestimmte Formen von Rechtsgutsverletzungen zugunsten eines umgrenzten Personenkreises (Diederichsen NJW 2013, 641), insbes. des Unterhaltsberechtigten (§ 844) und desjenigen, dem ges. Dienstleistungen geschuldet werden (§ 845). Im Gegenzug ordnet § 846 die Berücksichtigung eines Mitverschuldens des Verletzten an. Wegen des Ausnahmecharakters ist eine Ausdehnung der Ansprüche über den genannten Umfang und Personenkreis nicht möglich (BGHZ 7, 33). Zur dogmatischen Einordnung der einzelnen Schadensposten → § 842 Rn. 1, zum **Anwendungsbereich** → § 842 Rn. 2, → § 845 Rn. 1 aE. 1

2. Rechtscharakter. Es handelt sich um **eigene Ansprüche der Berechtigten** selbst. Der Verletzte kann deshalb *nach Entstehen* nicht mehr über sie verfügen. Sie setzen einen „Ersatzpflichtigen" voraus. Haftet der Schädiger zB wegen einer *vor Schädigung* mit dem Verletzten vereinbarten Freizeichnung nicht, so haben auch die Dritten keine Ansprüche (BGH VersR 1961, 846). 2

§ 844 Ersatzansprüche Dritter bei Tötung

(1) **Im Falle der Tötung hat der Ersatzpflichtige die Kosten der Beerdigung demjenigen zu ersetzen, welchem die Verpflichtung obliegt, diese Kosten zu tragen.**

(2) [1]**Stand der Getötete zur Zeit der Verletzung zu einem Dritten in einem Verhältnis, vermöge dessen er diesem gegenüber kraft Gesetzes unterhaltspflichtig war oder unterhaltspflichtig werden konnte, und ist dem Dritten infolge der Tötung das Recht auf den Unterhalt entzogen, so hat der Ersatzpflichtige dem Dritten durch Entrichtung einer Geldrente insoweit Schadensersatz zu leisten, als der Getötete während der mutmaßlichen Dauer seines Lebens zur Gewährung des Unterhalts verpflichtet gewesen sein würde; die Vorschrift des § 843 Abs. 2 bis 4 findet entsprechende Anwendung.** [2]**Die Ersatzpflicht tritt auch dann ein, wenn der Dritte zur Zeit der Verletzung gezeugt, aber noch nicht geboren war.**

(3) [1]**Der Ersatzpflichtige hat dem Hinterbliebenen, der zur Zeit der Verletzung zu dem Getöteten in einem besonderen persönlichen Näheverhältnis stand, für das dem Hinterbliebenen zugefügte seelische Leid eine angemessene Entschädigung in Geld zu leisten.** [2]**Ein besonderes persönliches Näheverhältnis wird vermutet, wenn der Hinterbliebene der Ehegatte, der Lebenspartner, ein Elternteil oder ein Kind des Getöteten war.**

I. Anspruch auf Ersatz der Beerdigungskosten (I)

1 Ihr **Umfang** ergibt sich nicht nach dem tatsächlichen Aufwand, sondern richtet sich nach den Aufwendungen für Feier, Grabstein und Anlage der Grabstätte, auch für Trauerkleidung, Todesanzeigen, Danksagungen, die den Lebensverhältnissen entsprechen. Er umfasst auch einen evtl. Verdienstausfall (OLG Bremen NJW-RR 2008, 765); iE → § 1968 Rn. 4. **Ersatzberechtigt** sind in erster Linie der Erbe (§ 1968), danach (subsidiär) diejenigen, die dem Getöteten unterhaltspflichtig waren (→ Rn. 3; Staudinger/Röthel § 844 Rn. 46 ff.). Auch dem aus einem Vertrag Verpflichteten stehen die Ansprüche zu (hM, MüKoBGB/Wagner § 844 Rn. 16). Der Ersatzanspruch kann gem. § 116 SGB X auf den Sozialversicherungsträger übergehen.

II. Anspruch des Unterhaltsberechtigten (II)

2 **1. Funktion.** Auch bei diesem Anspruch handelt es sich um einen Schadensersatzanspruch, der den Unterhaltsberechtigten in die Lage versetzen soll, sein Leben in wirtschaftlicher Weise **so weiter zu leben,** wie er es zu Lebzeiten des Getöteten aufgrund des Unterhalts beanspruchen konnte (s. OLG Koblenz NJW 2019, 3006 Rn. 15; OLG München BeckRS 2021, 15642 Rn. 22). Der Berechtigte hat demgemäß nur so lange einen Anspruch, wie er unterhaltsbedürftig ist (BGH NJW 2006, 2327) und unterhaltsberechtigt gewesen wäre. Dies führt zu der schwierigen Aufgabe, die (hypothetische) Entwicklung der Lebensumstände beim Getöteten wie auch beim Unterhaltsberechtigten abzuschätzen.

3 **2. Rechtsvoraussetzungen. a)** Die **ges. Pflicht** des Getöteten zum Unterhalt, auch uU in Form von Naturalunterhalt (BGH NJW 2006, 2328), bestand oder hätte bestehen können zB gegenüber Verwandten (§§ 1601 ff.), dem Ehegatten (§§ 1360 ff.), uU auch geschiedenem (§§ 1569 ff.), der Mutter des gemeinsamen Kindes, wenn eine Ehe nicht besteht (§ 1615l), gegenüber dem angenommenen Kind (§ 1754), nicht jedoch gegenüber dem Stiefkind (BGH NJW 1984, 977). **b)** Der **Entzug des Unterhalts** setzt ua voraus, dass der Unterhalt vom Getöteten auch tatsächlich, notfalls zwangsweise, hätte erlangt werden können (BGH NJW 1974, 1373).

4 **3. Rente als Rechtsfolge. a)** Die gem. § 287 ZPO zu ermittelnde (BGH NJW 2006, 2327) **Höhe** richtet sich nach dem, was die Hinterbliebenen auf Grund des (nun fiktiven) Einkommens an Unterhalt hätten konkret fordern können (BGH NJW 2004, 359 mwN zu Eigenheim- und Kinderzulage; BGH VersR 2012, 1049: Aufwendungen zu Unfall- und Lebensversicherung). Pauschalierungen sind möglich (zu den Grundsätzen der Rspr. s. BGHZ 137, 240 ff. mwN). Sie hängt zum einen

von der *Leistungsfähigkeit* des Verpflichteten ab (s. § 1603). Dabei ist die mutmaßliche Einkommensentwicklung einschließlich eines späteren, idR niedrigeren Renteneinkommens zu berücksichtigen. Zum anderen ist die *Bedürftigkeit* des Berechtigten maßgebend (BGH NJW 1993, 125: Blinder). Verdient zB die Ehefrau des Getöteten selbst, so hat sie keinen Unterhalts- und damit auch keinen Ersatzanspruch (OLG Hamm VersR 1974, 1228 ff. zur Differenzierung bei berufstätiger, haushaltführender Ehefrau). Die Rente umfasst die darauf zu zahlende Einkommensteuer (s. BFH NJW 1979, 2423). **b)** Die **Dauer** wird nach dem Gesetzeswortlaut begrenzt durch 5
den mutmaßlichen Zeitpunkt des natürlichen Todes, falls dann noch eine Unterhaltsverpflichtung bestanden hätte (zur Beweislast BGH NJW 1972, 1515). Der Zeitpunkt kann gem. § 287 ZPO mangels individueller Anhaltspunkte wie Lebens- und Gesundheitsverhältnisse anhand von Sterbetafeln ermittelt werden (BGH NJW-RR 2004, 822). Hätte der Getötete auf Grund seiner Unterhaltsverpflichtung zB durch Versicherungsleistungen für die Sicherung der Angehörigen über den Tod hinaus gesorgt, so ist auch dieser Ausfall zu ersetzen (BGHZ 32, 248; BGH MDR 1970, 223). Zur Anrechnung von Versorgungsansprüchen usw. **(Vorteilsausgleich)** → Vor §§ 249 ff. Rn. 38; zur **Schadensminderungspflicht** gem. § 254 II durch Übernahme eigener Erwerbstätigkeit s. BGH NJW 2007, 65.

III. Tod des im Haushalt tätigen oder beruflich mitarbeitenden Ehepartners bzw. eingetragenen Lebenspartners

Lit.: Jayme, Die Familie im Recht der unerlaubten Handlungen, 1971, S. 58 ff.; Schulz-Borck, Der Haushaltsführungsschaden, 2020; ders, Entgelttabellen TVöD/Bund zur Bewertung von Personenschäden in der Haushaltsführung, 2017.

a) Allgemeines. Der im Haushalt Tätige erbringt insoweit gegenüber Angehöri- 6
gen Unterhaltsleistungen (→ § 843 Rn. 6). Damit entsteht bei einer Tötung (s. BGH NJW 1986, 984: keine entspr. Anwendung bei Verletzung) ein Anspruch des Unterhaltsberechtigten aus § 844 II (BGHZ 51, 111). § 845 ist nicht anwendbar. Anspruchsberechtigt sind die unterhaltsbedürftigen Angehörigen nach Anteilen; eine Gesamtgläubigerschaft besteht nicht (BGHZ 50, 306, GS). **b) Berechnung.** 7
Abzustellen ist entgegen den allg. Grundsätzen (→ Rn. 3 aE) auf den geschuldeten, nicht auf den tatsächlich erbrachten Unterhalt (BGH NJW 1993, 125 mwN), der sich durch die Leistungsfähigkeit des Getöteten sowie die Bedürftigkeit des Angehörigen bestimmt (→ Rn. 4). Bsp: Bei einem Haushalt mittleren Zuschnitts mit zwei Kindern ist das Nettogehalt (oder Bruttogehalt abzüglich 30 %, BGH VersR 1987, 72) von ca. 49 Wochenstunden für eine vergleichbare Ersatzkraft (Familienpflegerin, Dorfhelferin) zugrunde zu legen (BGHZ 86, 372 mwN, zust. Schlund JR 1983, 415; iE s. LG Bayreuth VersR 1983, 66). War der getötete Ehegatte außer im Haushalt auch im **Betrieb/Unternehmen** gegen Entgelt mit tätig, so schuldete er sein Einkommen oder einen Teil davon als Unterhalt. Dieser Barbetrag ist zu ersetzen (BGH VersR 1984, 81). Bei unentgeltlicher Mitarbeit ist der Anteil am Betriebsgewinn zugrunde zu legen. Auch andere Leistungen als die der Haushaltsführung sind zu berücksichtigen (OLG München VersR 1977, 531: Nachhilfeunterricht). **Vorteilsausgleich.** Anzurechnen ist, was der überlebende Ehegatte an Unterhaltsaufwendungen erspart. **c) Prozessuales.** Wegen fehlender Gesamtgläubigerschaft 8
(→ Rn. 6) ist der Anspruch von jedem Angehörigen hinsichtlich seines Teiles geltend zu machen; iÜ gelten die in → § 842 Rn. 6 dargestellten Grundsätze entspr.

IV. Anspruch naher Hinterbliebener (III)

Lit.: Becker, Das Hinterbliebenengeld in der Fallbearbeitung, JA 2020, 96; Huber/Kadner Graziano/Luckey, Hinterbliebenengeld, 2018; Huber, Hinterbliebenengeld – wer kann wieviel verlangen?, VersR 2020, 385; Katzenmaier, Hinterbliebenengeld – Anspruch auf Entschädigung für seelisches Leid, JZ 2017, 869; Ludyga, Der Hinterbliebene gemäß § 844 III BGB, NZFam 2021, 286; Schubel, Ansprüche Unterhaltsberechtigter bei Tötung des Verpflichteten zwischen Delikts-, Familien- und Erbrecht, AcP 198, 1 ff.

9 **a) Normzweck.** Mit der am 22. Juli 2017 in Kraft getretenen Bestimmung (BGBl. 2017 I S. 2421) soll in Angleichung an „zahlreiche andere europäische Länder" auch einer Forderung des EGMR nachgekommen werden, es müsse nahen Angehörigen eines Getöteten [jedenfalls bei einer möglichen staatlichen Mitverantwortung] für den Todesfall ein zivilrechtlicher Geldanspruch zustehen (BT-Drs. 18/
10 11397 S. 8). **b) Anwendungsbereich.** Nach BGHZ 233, 1 (zust. Eichelberger NJW 2022, 1531; Fellner MDR 2022, 535) ist die Bestimmung durch die §§ 104 ff. SGB VII, also bei tödlichen Arbeitsunfällen, ausgeschlossen; aA Jauernig/Teich-
11 mann, 18. Aufl. **c) Tatbestand. aa) Tötung** eines Menschen, die zu einer Haftung aus **unerlaubter Handlung** gem. §§ 823 ff. führt. Der Tod kann auch Folge einer Verletzung sein (BGH NJW 1996, 1674). Für andere Haftungstatbestände sind entspr. Normen ebenfalls ergänzt worden (zB § 86 AMG, § 5 HaftPflG, § 7 ProdHaftG, § 10 StVG). Eine alleinige Vertragsverletzung genügt nicht. **bb) Psychisches Leid** einer Person im b**esonderen persönlichen Näheverhältnis.** Die Intensität muss selbstverständlich nicht die gesundheitliche Beeinträchtigung eines sog. Schockschadens (→ § 823 Rn. 3, 21) erreichen (zur Abgrenzung der Rechtsfolgen → Rn. 12). Das Näheverhältnis setzt eine tatsächlich gelebte (nicht unbedingt räumliche) soziale Beziehung (BT-Drs. 18/11397 S. 13) besonderer Intensität (BT-Drs. 18/11397 S. 15) *zum Zeitpunkt der Verletzung* voraus. Dies wird bei **Angehörigen nach III 2** vermutet, kann aber etwa im Fall des § 1933 bzw. § 10 III LPartG oder aufgrund einer anderen Entfremdung widerlegt werden (vgl. a. BGH DAR 2020, 465; NStZ-RR 2022, 123). Beispiele **außerhalb** der ges. erwähnten Gruppe können Mitglieder einer sog. Patchwork-Familie sein (BT-Drs. 18/11397 S. 15). Ein nasciturus kann kein Hinterbliebenengeld verlangen (OLG München
12 ZEV 2021, 652). **d) Rechtsfolgen.** Für eine **Angemessenheit der Entschädigung** sind, auch wenn es nicht um eine Verletzung des Berechtigten selbst gilt, vergleichbare differenzierende Faktoren auf Seiten des Handelnden und des Getöteten (wie auch des Berechtigten) iSd § 253 II zu berücksichtigen (→ § 253 Rn. 3). Ein Mitverschulden des Getöteten ist gem. § 846 zu berücksichtigen (OLG Koblenz NJW 2021, 168 Rn. 21 f.). Durchschnittliche **Höhe** des Hinterbliebenengeldes sollen nach dem Entwurf 10 000 € sein (BT-Drs. 18/11397 S. 12). Die Rspr. orientiert sich hieran (zB OLG Köln DAR 2022, 451, 452 mwN); beim Verlust eines minderjährigen Kindes und messbaren Krankheitsfolgen wurden 15 000 € zugesprochen (OLG Celle BeckRS 2022, 21824 Rn. 35 ff.), im Falle eines Gewaltdelikts 20 000 € (LG Dessau-Roßlau MDR 2022, 433). Hat der Angehörige eine eigene Gesundheitsbeeinträchtigung erlitten (→ § 823 Rn. 3), geht der Anspruch darin auf (BT-Drs. 18/11397 S. 12); ist dies nicht der Fall, kann neben Hinterbliebenengeld nicht eine Ersatzpflicht für weitere immaterielle Schäden festgestellt werden (BGH NStZ-RR 2022, 29 Rn. 11). Zur **Geltendmachung** → Rn. 8.

§ 845 Ersatzansprüche wegen entgangener Dienste

[1]Im Falle der Tötung, der Verletzung des Körpers oder der Gesundheit sowie im Falle der Freiheitsentziehung hat der Ersatzpflichtige, wenn der Verletzte kraft Gesetzes einem Dritten zur Leistung von Diensten in dessen Hauswesen oder Gewerbe verpflichtet war, dem Dritten für die entgehenden Dienste durch Entrichtung einer Geldrente Ersatz zu leisten. [2]Die Vorschrift des § 843 Abs. 2 bis 4 findet entsprechende Anwendung.

1 **1. Allgemeines. a) Funktion.** § 845 ist das Spiegelbild zu § 844. Geht es dort um *Unterhaltsberechtigte,* die diesen Anspruch infolge des Todes des Verpflichteten verlieren, so erfasst § 845 den Fall, dass die zum Unterhalt *verpflichteten* Eltern zB auf die **Dienste** der im Haushalt lebenden Kinder (§ 1619, s. OLG Celle OLGR 2005, 22) verzichten müssen. Da schon aus Gründen der Sozialversicherung bei mitarbeitenden Kindern idR vertragliche Arbeitsverhältnisse geschaffen werden, ist die Bedeutung der Norm seit Längerem gering (BGH NJW 1991, 1227; OLG Jena

ZfS 2010, 79). **b)** Zum **Anwendungsbereich** → § 842 Rn. 2; in Sonderregelungen, die eine Gefährdungshaftung vorsehen, ist ein Ersatz für entgangene Dienste entweder eingeschränkt (zB § 53 II LuftVG) oder nicht vorgesehen (zB StVG, ProdHaftG). Ansprüche bestehen dann nur, wenn gleichzeitig eine unerlaubte Handlung vorliegt.

2. Voraussetzungen. a) Dienstleistungen **kraft Ges.** (daher keine Anwendung, 2
wenn die Leistung auf Vereinbarung beruht, → Rn. 1). Bsp: **Kinder** gem. § 1619 (sa § 1754 und § 1719), auch erwachsene; jedoch können die Eltern einen Anspruch insoweit nicht geltend machen, als das verletzte Kind einen eigenen Anspruch gem. § 842 erhebt (BGHZ 69, 380) oder das Kind voll berufstätig, damit zur Dienstleistung gegenüber den Eltern nicht verpflichtet war (BGHZ 137, 3 ff.). Zur **Mitarbeit des Ehegatten im Gewerbe** → § 844 Rn. 6. **b)** Die Verpflichtung zur Dienstleistung muss nach der Rspr. (OLG München NJW 1965, 1439; KG NJW 1967, 1090) wegen des im Vergleich zu § 844 engeren Wortlauts (§ 845: „verpflichtet *war*"; § 844: „*werden* konnte") **zum Zeitpunkt der Verletzung** bereits bestanden haben (zweifelhaft). **c)** Zum **eigenen Hauswesen oder Gewerbe** s. OLG München NJW 1965, 1439.

3. Rente als Rechtsfolge. Die **Höhe** bemisst sich im Prinzip nach den für 3
eine Ersatzkraft erforderlichen Mehraufwendungen. Sehr str. ist, wie weit sich der Anspruchsberechtigte im Wege der Vorteilsausgleichung (→ Vor §§ 249 ff. Rn. 37 ff.) Ersparnisse anrechnen lassen muss, die er zB bei Tötung des Kindes dadurch hat, dass er keinen Unterhalt leisten muss; zT wird volle Berücksichtigung gefordert (OLG Köln NJW 1949, 865). Der BGH berücksichtigt Ersparnisse nur teilweise, zB im Blick auf Unterbringung und Verpflegung, nicht aber hinsichtlich Kleidung, ärztlicher Behandlung, Reisen, so dass Barlohn und Sozialabgaben für die Ersatzkraft als Mindestschaden zu ersetzen sind (BGHZ 4, 131 f.; BGH NJW 1953, 97). Die **Dauer** ist nach § 287 ZPO konkret zu schätzen.

§ 846 Mitverschulden des Verletzten

Hat in den Fällen der §§ 844, 845 bei der Entstehung des Schadens, den der Dritte erleidet, ein Verschulden des Verletzten mitgewirkt, so findet auf den Anspruch des Dritten die Vorschrift des § 254 Anwendung.

§ 846 erweitert in der Sache die Regelung des § 254 auf die Fallgruppe, dass 1
Berechtigte ihre Ansprüche aus der Schädigung des Verletzten nicht als Rechtsnachfolger, wohl aber wirtschaftlich wegen ihrer Nähe zu ihm ableiten (→ Vor § 844
Rn. 1). Die Bestimmung sollte wegen der möglichen Überschneidung des § 844 III 2
mit Ansprüchen wegen sog. Schockschäden (→ § 844 Rn. 9) auf diese entspr. angewandt werden (sa MüKoBGB/Wagner § 846 Rn. 5; desgl. iErg BGHZ 56, 168 f.: § 242). Wegen zahlreicher Parallelregelungen des § 844 III in Bestimmungen zur Gefährdungshaftung (→ zB § 823 Rn. 156) ist § 846 auch auf weitere Fälle der Gefährdungshaftung anzuwenden (zur Betriebsgefahr s. OLG Hamm, VersR 2004, 1425; zur Tiergefahr MüKoBGB/Wagner § 846 Rn. 6)

§ 847 *(aufgehoben)*

§ 848 Haftung für Zufall bei Entziehung einer Sache

Wer zur Rückgabe einer Sache verpflichtet ist, die er einem anderen durch eine unerlaubte Handlung entzogen hat, ist auch für den zufälligen Untergang, eine aus einem anderen Grunde eintretende zufällige Unmöglichkeit der Herausgabe oder eine zufällige Verschlechterung der Sache verantwortlich, es sei denn, dass der Untergang, die anderweitige Unmög-

lichkeit der Herausgabe oder die Verschlechterung auch ohne die Entziehung eingetreten sein würde.

1 Häufig wird sich der Untergang usw. der Sache bereits als zurechenbare Folge der unerlaubten Handlung im Rahmen der haftungsausfüllenden Kausalität (→ Vor §§ 249 ff. Rn. 24 f.) darstellen. § 848 erweitert die Haftung auf **rein zeitlich fol-**
2 **gende Schäden** unter den genannten Einschränkungen. Zu den – über § 251 I hinausgehenden (aA Meincke JZ 1980, 677) – **Rechtsfolgen** iE s. die parallele Vorschrift des § 287; zur Verschlechterung s. § 989.

§ 849 Verzinsung der Ersatzsumme

Ist wegen der Entziehung einer Sache der Wert oder wegen der Beschädigung einer Sache die Wertminderung zu ersetzen, so kann der Verletzte Zinsen des zu ersetzenden Betrags von dem Zeitpunkt an verlangen, welcher der Bestimmung des Wertes zugrunde gelegt wird.

1 **1. Allgemeines. a) Normzweck.** Die Bestimmung gewährt in Anlehnung an § 290 I im Falle des Entzugs einer Sache – nicht hingegen generell bei jedem deliktischen Schadensersatzanspruch – einen pauschalierten Mindestbetrag als Ausgleich für den Nutzungsausfall, ohne dass es des Nachweises eines konkreten Schadens bedarf (BGHZ 87, 40 f.; 226, 322 Rn. 18; BGH NJW 2018, 2479 Rn. 45; 2020, 2806 Rn. 21). **b) Anwendungsbereich.** Ansprüche aus unerlaubter Handlung, entspr. Haftungstatbestände innerhalb und außerhalb des BGB (MüKoBGB/Wagner § 849 Rn. 3; Grüneberg/Sprau § 849 Rn. 1), zB aus Gefährdungshaftung (BGHZ 87, 39), § 60 InsO (OLG Düsseldorf NJW-RR 1989, 1254). **c) Konkurrenzen.** Der Geschädigte kann (höheren) Nutzungsausfall aus anderen Grundlagen geltend machen, zB unmittelbar aus § 249 bei dem Entzug von Kfz etc. (→ § 249 Rn. 10 ff.), aus § 288, aus § 291. Geht er so vor, scheidet insoweit die Auffangnorm des § 849 aus (BGHZ 87, 41 f.).

2 **2. Tatbestand.** Der Begriff der **Sache** umfasst über § 90 hinaus auch **Geld** in seinen verschiedenen Formen (BGHZ 8, 288; BGH NJW 2008, 1084; zum Geldbegriff → § 244 Rn. 2). **Entzug** ist jeder Verlust infolge der unerlaubten Handlung, zB auch durch eine Unterschlagung (BGHZ 8, 298), durch Weggabe auf Grund einer Täuschung (BGH NJW 2008, 1084); durch unberechtigte Pfändungs- und Einziehungsverfügung (OLG Brandenburg BeckRS 2021, 3625 Rn. 19).

3 **3. Rechtsfolge.** Anspruch auf Zinsen gem. § 246 (aA MüKoBGB/Wagner § 849 Rn. 7: § 288 I 2) vom Eintritt des Tatbestandes der unerlaubten Handlung an bis zur Leistung. **Bezugspunkt für die Berechnung:** bei Entzug der (Substanz-)Wert, bei Beschädigung der zum Zeitpunkt des Eintritts der Schädigung eingetretene Wertverlust der Sache (BGH NJW 1965, 392; OLG Düsseldorf NJW-RR 1989, 1254). Im sog. **Dieselskandal** (→ § 826 Rn. 14: Täuschung durch den Verkäufer) ist nach dem BGH wegen der vollen Nutzbarkeit des Pkw kein Anspruch aus § 849 gegeben (BGHZ 226, 322 Rn. 17 ff.; BGH NJW 2020, 2806 Rn. 22 ff.; aA Jauernig/Teichmann, 18. Aufl. Zwischenzeitliche Veränderungen des Nutzungswertes sind zu berücksichtigen (BGH NJW 1965, 393).

§ 850 Ersatz von Verwendungen

Macht der zur Herausgabe einer entzogenen Sache Verpflichtete Verwendungen auf die Sache, so stehen ihm dem Verletzten gegenüber die Rechte zu, die der Besitzer dem Eigentümer gegenüber wegen Verwendungen hat.

1 S. §§ 994–1003.

§ 851 Ersatzleistung an Nichtberechtigten

Leistet der wegen der Entziehung oder Beschädigung einer beweglichen Sache zum Schadensersatz Verpflichtete den Ersatz an denjenigen, in dessen Besitz sich die Sache zur Zeit der Entziehung oder der Beschädigung befunden hat, so wird er durch die Leistung auch dann befreit, wenn ein Dritter Eigentümer der Sache war oder ein sonstiges Recht an der Sache hatte, es sei denn, dass ihm das Recht des Dritten bekannt oder infolge grober Fahrlässigkeit unbekannt ist.

Lit.: Berger, Schadensersatzleistung an den Sachbesitzer, VersR 2001, 419; Himmen, Der Rechtsschein- und Vertrauensschutz im BGB, Jura 2020, 1172.

a) Normzweck. § 851 schützt wegen § 1006 denjenigen, der ohne Bösgläubig- 1
keit (→ § 932; OLG Saarbrücken NJOZ 2011, 1399) an den nichtberechtigten Besitzer einer beweglichen Sache Ersatz leistet (zB KG VersR 1976, 1160, Zahlung an Leasingnehmer). **b) Ausgleich** zwischen Berechtigtem und Nichtberechtigtem 2
nach § 816 II.

§ 852 Herausgabeanspruch nach Eintritt der Verjährung

[1]Hat der Ersatzpflichtige durch eine unerlaubte Handlung auf Kosten des Verletzten etwas erlangt, so ist er auch nach Eintritt der Verjährung des Anspruchs auf Ersatz des aus einer unerlaubten Handlung entstandenen Schadens zur Herausgabe nach den Vorschriften über die Herausgabe einer ungerechtfertigten Bereicherung verpflichtet. [2]Dieser Anspruch verjährt in zehn Jahren von seiner Entstehung an, ohne Rücksicht auf die Entstehung in 30 Jahren von der Begehung der Verletzungshandlung oder dem sonstigen, den Schaden auslösenden Ereignis an.

a) Einordnung. Systematisch handelt es sich weiterhin um einen Anspruch aus 1
unerlaubter Handlung, der lediglich in seinem Umfang auf die Bereicherung begrenzt wird (Rechtsfolgenverweisung, BGHZ 71, 86; 98, 83 f., stRspr). Praktische Bedeutung hat die Bestimmung jüngst im **Dieselskandal** erlangt (s. sogleich), weiter greift sie bei Kartellschadensersatzansprüchen (BGH, Urt. v. 8.8.2022 – KZR 111/18 Rn. 138; OLG Karlsruhe NZKart 2019, 351 Rn. 59 ff.) sowie über Verweisungsnormen zB bei rechtswidriger Nutzung von Patenten (§ 141 S. 2 PatG; dazu BGHZ 221, 342 Rn. 14 ff.) und Urheberrechten (§ 102 S. 2 UrhG; dazu BGH NJW 2015, 3165 Rn. 27 ff.; 2017, 78 Rn. 94). **b) Voraussetzungen (S. 1).** Der Schädiger muss 2
etwas erlangt haben (auch Veto-Position eines Gesellschafters, KG ZIP 2022, 998, 1003; nicht unionsrechtswidrige Zuvielarbeit, BGH BeckRS 2017, 136439). Der Vermögenszuwachs des Schädigers muss auf dem Vermögensverlust des Geschädigten beruhen (BGH NJW 2021, 918 Rn. 29; BB 2022, 1170 Rn. 43 und BGH WM 2022, 1743 Rn. 34: bei Audi kein Anspruch gegen VW; BGH NJW 2022, 1311 Rn. 27 ff.; BeckRS 2022, 4153 Rn. 36 ff.; VersR 2022, 1039 Rn. 42 ff.: bei Gebrauchtwagenerwerb kein Anspruch gegen VW; BGH NJW 2022, 2196 Rn. 28: kein Anspruch gegen VW bei Erwerb von Händler, der unabhängig von der Bestellung des Geschädigten das Fahrzeug auf eigene Kosten und eigenes Absatzrisiko von VW erworben hat; WM 2022, 1604 Rn. 18; *aber* BGH NJW 2022, 2752 Rn. 13; NJW-RR 2022, 850 Rn. 14: Anspruch gegen VW bei Erwerb von Händler, der seinerseits bei VW bestellt hat – auch bei EU-Reimport, BGH WM 2022, 1604 Rn. 19). Der Schädiger kann Herstellungskosten nicht abziehen, wenn er sich wegen §§ 819 I, 818 IV nicht auf Entreicherung berufen kann (BGH BGHZ 233, 16 Rn. 86 ff.). **c) Verjährung (S. 2).** Die Regelung entspricht § 199 III Nr. 1 und 2. 3

§ 853 Arglisteinrede

Erlangt jemand durch eine von ihm begangene unerlaubte Handlung eine Forderung gegen den Verletzten, so kann der Verletzte die Erfüllung auch dann verweigern, wenn der Anspruch auf Aufhebung der Forderung verjährt ist.

1 § 853 ergänzt § 852 und gibt dem Geschädigten ein **Leistungsverweigerungsrecht** auch nach Verjährung seines eigenen Anspruchs. Er muss allerdings vom
2 Schädiger bereits erbrachte Leistungen zurückgewähren (RGZ 130, 216). Auf **andere als deliktsrechtliche,** insbes. vertragliche oder vertragsähnliche (s. § 311 II) Ansprüche ist § 851 **nicht anwendbar** (BGHZ 205, 117 Rn. 50; OLG Nürnberg WM 2014, 2364, Anspruch gegen darlehensgewährende Bank).

Buch 3. Sachenrecht

Vorbemerkungen

I. Gegenstand des Sachenrechts

1. Regelungsgegenstand des 3. Buches. Das 3. Buch regelt die **dinglichen** 1 **Rechte.** Das sind Rechte, die eine bewegliche oder unbewegliche Sache (→ Vor § 90 Rn. 2; → § 90a Rn. 1 [Tier]; Ausnahmen: §§ 1068 ff., 1273 ff.) zum Gegenstand haben und eine *unmittelbare* Beziehung zwischen Rechtsinhaber und Sache begründen. *Prototyp* des privaten Rechts an einer Sache ist das *Eigentum* als umfassendstes Sachherrschaftsrecht (→ Vor § 903 Rn. 1).

2. Eigenschaften dinglicher Rechte. Die **Eigenart der dinglichen Rechte** 2 zeigt sich in folgendem: **a) Sie sind absolute Rechte,** dh sie wirken gegen jedermann und sind gegen jeden rechtswidrigen Eingriff geschützt (iGgs zu den relativen Rechten, insbes Ansprüchen, § 194, die nur eine Rechtsbeziehung zwischen bestimmten Personen begründen). Dingliche Rechte können die *Grundlage dinglicher Ansprüche* (→ Rn. 11–13), also relativer Rechte, sein; so fließt der dingliche Herausgabeanspruch des Eigentümers (§ 985) aus dem Eigentum. **b) Numerus clausus** 3 **und Typenzwang** der Sachenrechte. Dingliche Rechte wirken gegen jedermann. Das verlangt Rechtsklarheit. Daher gibt es nur eine geschlossene Zahl (numerus clausus) von Sachenrechten mit ges umrissenem Inhalt (Typenzwang). Dass insoweit die Vertragsfreiheit (iSd Inhaltsfreiheit, → Vor § 145 Rn. 15) eingeschränkt ist, ergibt sich (nur) durch *Umkehrschluss* aus zahlreichen Vorschriften; vgl „kann" oder „kann nur" in §§ 1018 f., 1030, 1068, 1085 usw: Was man nicht „kann", ist rechtlich unmöglich (→ § 134 Rn. 5). **c) Publizitätsgrundsatz** (Offenkundigkeitsgrund- 4 satz). Die Wirkung dinglicher Rechte gegen jedermann erfordert Erkennbarkeit der Rechte. Die Publizität wird bei Grundstücken durch Eintragung im Grundbuch (mit Einsichtsrecht, § 12 GBO, ferner §§ 12a–c, 132, 133 GBO), bei beweglichen Sachen nur sehr begrenzt (s. Staudinger/Heinze Vor § 929 Rn. 19 ff.) erreicht. **d) Bestimmtheitsgrundsatz** (Spezialitätsgrundsatz). Dingliche Rechte können 5 nur an bestimmten beweglichen und unbeweglichen Einzelsachen, nicht an Sachgesamtheiten (Begriffe → Vor § 90 Rn. 4, 5) bestehen. Das ist wichtig für Verfügungen über dingliche Rechte; sie können sich (unmittelbar) nur auf Einzelsachen beziehen (→ § 929 Rn. 5), Verpflichtungsgeschäfte können auch Sachgesamtheiten zum Gegenstand haben (→ Vor § 90 Rn. 5).

3. Beschränkte dingliche Rechte. Diese stehen dem Eigentum als umfassends- 6 tem Recht (→ Rn. 1) gegenüber. Sie gewähren im Vergleich zum Eigentum eine inhaltlich beschränkte Rechtsmacht, die aus dem Eigentum abgespalten ist (verselbständigter „Eigentumssplitter"). Da diese Rechtsmacht dem konkreten Eigentum, auf das sich das beschränkte dingliche Recht bezieht, fehlt, ist jedes beschränkte dingliche Recht zugleich ein das Eigentum an der Sache *beschränkendes* dingliches Recht, es ist eine **Belastung** des Eigentums (ungenau: der Sache, vgl § 873 I). Bsp: Der Hypothekar kann das belastete Grundstück nicht wie der Eigentümer veräußern, der Eigentümer kann es nur belastet mit der Hypothek veräußern. Mehrfache Belastung möglich, daher **Rangordnung** (älter vor jünger) nötig. Beschränkte dingliche Rechte können auch dem *Eigentümer selbst* zustehen; für Grundstücke s. allg BGH NJW 1982, 2381 (ges Fälle in §§ 889, 1009, 1163, 1196; → § 889 Rn. 2), für bewegliche Sachen s. §§ 1063 II, 1256.

II. Der dingliche Anspruch

1. Grundlage des dinglichen Anspruchs. Bei der Verletzung absoluter Rechte 7 entstehen dingliche Ansprüche (zB §§ 985, 1004), die selbst ein relatives Recht

(→ Rn. 2) bilden. Begriffsjur Kritik am „Begriff“ bei Picker FS F. Bydlinski, 2000, 270 ff.

8 **2. Besonderheiten. a) Der dingliche Anspruch ist nicht selbstständig übertragbar,** da er dem Schutz des dinglichen Rechts, das seine Grundlage bildet, dient und daher mit ihm verbunden bleiben muss (BGHZ 60, 235, 240; für § 985
9 BGHZ 111, 364, 369). **b) Vorschriften für schuldrechtliche Ansprüche** sind auf dingliche Ansprüche *analog* anwendbar, sofern die Regelungssituation gleichartig ist; so bei §§ 242 (dort → § 242 Rn. 11; → § 985 Rn. 9), 269 (→ § 985 Rn. 7), 271, zu § 281 für § 985 → § 281 Rn. 2.

III. Das dingliche RGeschäft

10 **1. Verfügung.** Das dingliche Rechtsgeschäft ist **Verfügung** über ein dingliches Recht (→ Vor § 104 Rn. 10) und enthält entweder eine **einseitige** Willenserklärung (zB § 1255 I) oder einen **Vertrag** (Einigung). Nur insoweit gelten die Regeln der Willenserklärung, nicht aber für die zur Rechtsänderung weiter nötigen Tatbestandsmerkmale wie zB Grundbucheintragung (vgl § 873) oder Übergabe (vgl § 929); vgl → Rn. 2, → Vor § 104 Rn. 3, → Vor § 145 Rn. 3.

11 **2. Anwendbarkeit anderer Vorschriften.** Es gelten grundsätzlich die **§§ 104–185,** soweit nichts anderes bestimmt ist (zB in § 925 II: Auflassung ist bedingungs- und befristungsfeindlich). Inwieweit Vorschriften über **schuldrechtliche** RGeschäfte anwendbar sind, ist str, insbes bzgl § 328 (vgl dort → § 328 Rn. 6 [bb]; → § 873 Rn. 12), ferner §§ 413, 399 Fall 2 bzgl beschränkter dinglicher Rechte (dazu Berger, Rechtsgeschäftliche Verfügungsbeschränkungen, 1998, 360 ff.).

IV. Verpflichtungsgeschäft und dingliches Erfüllungsgeschäft

Lit.: Jauernig, Trennungsprinzip und Abstraktionsprinzip, JuS 1994, 721; Stadler, Gestaltungsfreiheit und Verkehrsschutz durch Abstraktion, 1996.

12 **1. Trennungsprinzip.** Verpflichtungsgeschäfte verändern nicht die dingliche Rechtslage. Dazu ist ein vom Verpflichtungsgeschäft (zB Kauf) getrenntes bes RGeschäft nötig, durch das die eingegangene Verpflichtung erfüllt wird (daher der Name „dingliches Erfüllungsgeschäft“). Nicht der Kauf (s. o.), sondern erst die Übereignung (§§ 873, 925; 929 ff.) überträgt Eigentum. Anders bei Verschmelzung beider Vorgänge zu einem RGeschäft (**Einheitsprinzip** *[„Geschäftseinheit“],* so ZGB 25, 26, 297, dazu BGH DtZ 1996, 113 f.).

13 **2. Abstraktionsprinzip.** Die Wirksamkeit des dinglichen Erfüllungsgeschäfts ist allein von dessen bes Voraussetzungen abhängig; vgl zB § 929: „ist (nur!) erforderlich“. Zu diesen gehört weder eine Bestimmung über den Zweck (die causa) des dinglichen Geschäfts in diesem selbst – es ist *inhaltlich abstrakt* (Jahr AcP 168, 16, hM; aA Weitnauer FS Larenz, 1983, 709 mN) – noch das Vorhandensein eines wirksamen Verpflichtungsgeschäfts – das Erfüllungsgeschäft ist auch *äußerlich abstrakt.* Die Abstraktion soll dem Verkehrsschutz dienen. Ob das Ges dieses Ziel erreicht hat, ist zweifelhaft. Das Abstraktionsprinzip wurde häufig als lebensfremd bekämpft; die Angriffe galten zT zugleich dem Trennungsprinzip (s. F. Peters Jura 1986, 449 ff.). Beide Prinzipien sind zu unterscheiden (Jauernig JuS 1994, 721), schon um Durchbrechungen des Abstraktionsprinzips (→ Rn. 14–16) nicht als solche (auch) des Trennungsprinzips (und umgekehrt) misszuverstehen.

14 **3. Durchbrechungen des Abstraktionsprinzips. a) Bei Fehleridentität** liegt keine Durchbrechung vor, da der gleiche Mangel doppelt, dh beim Verpflichtungs- und beim Erfüllungsgeschäft, auftritt, zB Geschäftsunfähigkeit (§§ 104, 105 I);
15 → § 134 Rn. 16; → § 123 Rn. 18. **b) Sittenwidrigkeit.** § 138 II erfasst auch das dingliche Erfüllungsgeschäft des Bewucherten („gewähren“, vgl → § 138 Rn. 25). § 138 I erfasst das dingliche Geschäft, wenn es nach Motiv und Zweck sittenwidrig

ist (→ § 138 Rn. 25). **c) Bedingungszusammenhang** (Stadler, Gestaltungsfreiheit und Verkehrsschutz durch Abstraktion, 1996, S. 82 ff.; Grigoleit AcP 199, 409 ff.). Beim **echten** hängt die Wirksamkeit des Verfügungsgeschäfts von einer Bedingung iSd §§ 158 ff. ab, die Bezug zum Verpflichtungsgeschäft hat, dessen Bestehen oder Wirksamkeit aber nicht ihr Gegenstand ist (Bsp: § 449 I). Beim **unechten** hängt die Wirksamkeit des Verfügungsgeschäfts von Bestehen und Wirksamkeit des Verpflichtungsgeschäfts ab; keine echte Bedingung, da das „Ereignis" gegenwärtig und daher nur subj ungewiss ist (→ § 158 Rn. 6 [b]). Sie ist nach hM zulässig bei bedingungsfreundlichem Geschäft (nicht § 925 II) und Zweifeln an dessen Wirksamkeit, nötig ist eindeutige Vereinbarung. **d)** Zur Anwendbarkeit von **§ 139** dort → § 139 Rn. 3. 16

V. Sachenrecht außerhalb des BGB

1. Grundstücksrecht. Reichs- und bundesrechtliche SonderGes betreffen vor allem das **Grundstücksrecht,** so das ErbbauRG und das WEG. Zu landesrechtlichen Vorbehalten vgl Art. 64–69, 91, 106–133 EGBGB. 17

2. Wichtige Vorschriften. Bedeutsam sind die zahlreichen öffentl-rechtlichen Vorschriften zur inhaltlichen **Bestimmung und Beschränkung des Eigentums,** vor allem an Grundstücken (→ § 903 Rn. 4 [bb]). 18

Abschnitt 1. Besitz

§ 854 Erwerb des Besitzes

(1) **Der Besitz einer Sache wird durch die Erlangung der tatsächlichen Gewalt über die Sache erworben.**

(2) **Die Einigung des bisherigen Besitzers und des Erwerbers genügt zum Erwerb, wenn der Erwerber in der Lage ist, die Gewalt über die Sache auszuüben.**

Lit.: Becker, Der Besitz beweglicher Sachen, JherJB 34, 1; Hartung, Besitz und Sachherrschaft, 2001; Sosnitza, Besitz und Besitzschutz, 2003.

I. Allgemeines zum Besitz

1. Begriffe. a) Besitz ist die tatsächliche Herrschaft einer Person über eine Sache (zum Tier → § 90a Rn. 1). „Tatsächliche" Herrschaft besagt nur, dass es für ihre Anerkennung *nicht* auf ein *Recht* zur Herrschaft (zum Besitz) ankommt. Daher bedeutet tatsächliche Herrschaft nicht: handgreiflich ausgeübte Herrschaft; *auch bloß geistige Sachherrschaft* ist Besitz, wenn auch nur vermittelter (vgl → Rn. 3). **b) Die Verkehrsanschauung entscheidet,** ob eine tatsächliche Herrschaft besteht (BGHZ 101, 186, 188); maßgeblich ist die zusammenfassende Wertung aller Umstände des jeweiligen Falls entsprechend den Anschauungen des täglichen Lebens (BGH NJW-RR 2017, 818 Rn. 10; BGH NJW 2020, 3711 Rn. 11 f. [Sachherrschaft über Pkw-Schlüssel gibt idR Besitz am Pkw]). Danach muss *erkennbar* nur sein, dass die Sache (der Sachteil, → Rn. 6) in einem *Herrschafts-(Besitz-)Verhältnis* zu irgendjemandem steht. Das ist zu bejahen, wenn die Sache sich am Ort ihrer wirtschaftlichen Bestimmung befindet, zB ein Pflug auf dem Feld. Erkennbarkeit der Person des Besitzers ist unnötig. Die Sachherrschaft muss auf *gewisse Dauer* angelegt sein (hM; s. BGH NJW-RR 2017, 818 Rn. 18 mN; BGH NJW 2020, 3711 Rn. 13; aA MüKo-BGB/Schäfer Rn. 30 f.). Wer Besitz erst erwerben will, muss in eine engere Beziehung zur Sache treten, als für die Fortdauer bereits bestehenden Besitzes nötig ist (vgl § 856 II). 1 2

2. Arten. a) Unmittelbarer und mittelbarer Besitz, § 868. Mittelbarer Besitz ist vermittelte (geistige, → Rn. 1) Sachherrschaft, bei der auch der tatsächliche 3

Gewalthaber selbst besitzt (unmittelbarer Besitz); Bsp in § 868. Soweit das vermittelnde Rechtsverhältnis den tatsächlichen Gewalthaber in soziale Abhängigkeit gegenüber einem anderen bringt, ist nur der andere (unmittelbarer!) Besitzer, der Gewalthaber bloßer Besitzdiener (nicht Besitzer), § 855 BGB. Besitz iSd Ges ist iZw sowohl der unmittelbare wie der mittelbare Besitz (BGHZ 27, 360, 364). Zum
4 mittelbaren Besitz sa §§ 870 f. **b) Fremdbesitz und Eigenbesitz.** Maßgebend ist, ob der (unmittelbare oder mittelbare) Besitzer für sich (§ 872) oder einen anderen
5 besitzen will (→ § 872 Rn. 1). **c) Alleinbesitz und Mitbesitz.** Dieser liegt vor, wenn mehrere eine Sache unmittelbar oder auf gleicher Stufe (str, → § 866 Rn. 1) mittelbar besitzen. **d) Teilbesitz und Vollbesitz** (→ Rn. 6). **e) Sachbesitz und Rechtsbesitz** (→ Rn. 7). **f) Nebenbesitz** → § 868 Rn. 12. **g) Abfallbesitz** (KrWG 3) ist öffentl-rechtlicher Natur (aA Müggenborg NVwZ 1998, 1125 f.: Besitz iSd BGB). Besitzbegründungswille (→ Rn. 11) unnötig (KrWG 3 IX; Klett/Enders BB 1996, 2003 f.).

6 **3. Gegenstand. a) Sachen** (nicht Sachgesamtheiten, → Vor § 90 Rn. 5) oder selbständig beherrschbare **Sachteile** (Teilbesitz iGgs zum Vollbesitz, vgl § 865), zB Wohnung, Außenfläche eines Gebäudes (BGH NJW 1967, 47 f.), gekennzeichnetes Holz auf dem Stamm (RG 108, 272). **Tiere** sind bewegliche Sachen sui generis (→ § 90a Rn. 1), nicht aber elektronische Vervielfältigungsstücke (BGH NJW
7 2016, 1094, Rn. 20 [Bildaufnahmen]). **b) Rechte** nur ausnahmsweise (§§ 1029, 1090), nicht zB Miteigentumsanteil (BGHZ 85, 263, 264 f.). Zweck: Besitzschutzvorschriften sollen anwendbar sein; sa § 900 II.

8 **4. Sonstiges.** Besitz ist – soweit er gegenüber jedermann geschützt ist – einem **sonstigen Recht** iSv **§ 823 I** gleichgestellt (BGHZ 32, 194, 204 f.), ohne deshalb ein (beschränktes) dingliches Recht zu sein, → Vor § 854 Rn. 6. Geleisteter Besitz ist **„etwas“** iSv **§ 812 I 1;** rechtmäßiger Besitz kann Gegenstand einer Eingriffskondiktion sein (BGH NJW 1987, 772). Zum Besitzrecht des Wohnungsmieters als Eigentum iSv Art. 14 GG → Vor § 903 Rn. 15.

II. Erwerb des unmittelbaren Besitzes

9 **1. Durch Erlangung der tatsächlichen Gewalt, I.** Ob sie erlangt ist, bestimmt die *Verkehrsanschauung* (→ Rn. 2). HM verlangt „Erkennbarkeit“. *Besitzerwerb* kann
10 erfolgen **a) originär** (zB durch Diebstahl, Fund) *oder* **b) derivativ** (abgeleitet) durch Übergabe, dh einverständliches Geben und Nehmen (BGHZ 67, 207, 209). Daher kein Erwerb durch Oberbesitzer bei bloßem Ablauf des besitzmittelnden Mietverhältnisses (BGH NJW 1977, 1818). Der übereinstimmende Wille ist ein tatsächlicher, kein rechtsgeschäftlicher, so dass auch geistig wacher Sechsjähriger selbst Besitz übertragen kann (→ § 856 Rn. 2), sofern er nicht, wie idR, nur Besitzdiener des
11 ges Vertreters ist. Zum Willen des Erwerbers → Rn. 11; **c)** mit **Besitzbegründungswillen** des Erwerbers (BGHZ 101, 186, 187 f.; str). Tatsächlicher Wille genügt (→ Rn. 10); erforderlich ist die Fähigkeit, eine auf Dauer angelegte Beziehung zur Sache begründen zu können (und zu wollen; daher kein Besitzerwerb durch Schlafenden). Für originären Erwerb soll genügen (BGHZ 101, 186, 189 f. bzgl Fund [zweifelhaft]; abl Ernst JZ 1988, 359 ff.; Dubischar JuS 1989, 705; offen BGHZ 8, 130, 131 f.) und für derivativen Erwerb genügt *genereller,* dh nicht auf Einzelsache bezogener Besitzbegründungswille, sofern er nach außen erkennbar ist (vgl BGHZ 101, 186, 188, 190), zB durch Anbringen eines Hausbriefkastens für die bestimmungsgemäß dort einzuwerfende Post (einschließlich unverlangt zugesandter Waren, str).

12 **2. Rechtsgeschäftliche Einigung.** Nach **II** genügt **rechtsgeschäftliche** (str) **Einigung,** wenn bisheriger Besitzer (der Übertragende) die tatsächliche Gewalt über die Sache aufgibt und der Erwerber sofort zur Gewaltausübung in der Lage ist (BGH NJW 1979, 715); Paradefall: Besitzverschaffung an Holzstoß im Wald durch Einigung im Wirtshaus (vgl LM Nr. 1, 4, 8); → § 855 Rn. 3. Für die Einigung

gelten §§ 104 ff., insbes §§ 119–124, 158–163, 164–181. Betrifft nur Besitzübertragung, daher bei Übereignung nach § 929 S. 1 außerdem Einigung über Eigentumsübertragung nötig (vgl → § 929 Rn. 4, 18).

3. Besonderheiten. a) Jur. Personen besitzen selbst durch ihre Organe (BGHZ 156, 310, 316), ebenso *nichtrechtsfähige Vereine.* Zur Abgrenzung Organbesitz/Eigenbesitz des Organs OLG Düsseldorf NJW-RR 2001, 542. **b)** Bei **OHG** und **KG** ist die Gesellschaft unmittelbarer Besitzer (str, vgl BGHZ 57, 166, 167 ff.; differenzierend Flume I 1 § 6). Wer bei der **GbR** Besitzer ist, ist str; BGHZ 86, 340, 343 f.: die Gesellschafter; Derleder BB 2001, 2491: die GbR (als Folge der von BGHZ 146, 341, 341 ff. angenommenen Rechtsfähigkeit der GbR; → Vor § 21 Rn. 1); mit Inkrafttreten des MoPeG zum 1.1.2024 besitzt die rechtsfähige GbR (§ 705 II Fall 1 BGB-MoPeG) selbst durch Organbesitz; anders bei der nicht rechtsfähigen GbR (§ 705 II Fall 2 BGB-MoPeG): schlichter unmittelbarer Mitbesitz der Gesellschafter). 13 14

§ 855 Besitzdiener

Übt jemand die tatsächliche Gewalt über eine Sache für einen anderen in dessen Haushalt oder Erwerbsgeschäft oder in einem ähnlichen Verhältnis aus, vermöge dessen er den sich auf die Sache beziehenden Weisungen des anderen Folge zu leisten hat, so ist nur der andere Besitzer.

Lit.: Hoche/Westermann, Besitzerwerb und Besitzverlust durch Besitzdiener, JuS 1961, 73.

1. Begriff und Voraussetzungen. Der Besitzdiener steht hinsichtlich der Sache in einem äußerlich erkennbaren (BGHZ 27, 360, 363, str) **sozialen Abhängigkeitsverhältnis** zum Besitzer, das öffentl-rechtlicher (Soldat, Polizist bzgl Ausrüstungsgegenständen) oder privatrechtlicher Natur sein kann (AN bzgl Werkzeug [AN ist nur ausnahmsweise unmittelbarer Besitzer, BAG BB 1999, 265], Handlungsreisender bzgl Musterkoffer, kleines Kind bzgl Spielzeug); es *fehlt* idR zwischen Eheleuten (BGHZ 159, 383, 384 f.; → § 866 Rn. 3) sowie bei einer „Probefahrt" (BGH NJW-RR 2017, 818 Rn. 15 f. [nach Reparatur]; BGH NJW 2020, 3711 Rn. 13 ff [ungesicherte, insbes unbegleitete Probefahrt von einer Stunde bei Kaufvertragsanbahnung]) Ein Besitzdiener ist den **Weisungen** des Besitzers unterworfen, der sie im Nichtbefolgungsfall aufgrund eines Direktionsrechts oder vergleichbarer Befugnisse unmittelbar selbst durchsetzen können muss (BGH NJW 2020, 3711 Rn. 22); eine nur wirtschaftliche Abhängigkeit ist ungenügend (BGHZ 27, 360, 363). Der Besitzdiener kann Vertreter (§§ 164 ff.) des Besitzherrn sein (angestellter Verkäufer im Laden, angestellter Reisender mit Abschlussvollmacht). Genügend ist, dass der Besitzdiener die tatsächliche Gewalt im Rahmen des Abhängigkeitsverhältnisses ausübt; ein abw intern gebliebener Wille ist unerheblich, ebenso die räumliche Entfernung des Besitzdieners vom Besitzherrn. 1

2. Wirkungen. a) Besitzer ist nur der Besitzherr. Daher hat der Besitzdiener keinen Besitzschutz gegen den Besitzherrn, aber er darf dessen Besitz gegen Dritte verteidigen, § 860. Klage auf Herausgabe der Sache ist nur gegen den Besitzherrn zu richten. **b) Der Besitzherr kann** durch Besitzdiener unmittelbaren **Besitz erwerben** (*keine* Vertretung iSv §§ 164 ff.: BGHZ 8, 130, 132), zB bei Annahme eines Kraftwagens zur Reparatur durch angestellten Meister. Stets nötig ist erkennbare Gewaltergreifung im Rahmen des sozialen Abhängigkeitsverhältnisses. **c)** Der **Besitz endet aa)** mit Ende der tatsächlichen Gewalt des Besitzdieners (Bsp: er verliert die Sache, er räumt den Besitz mit oder ohne Weisung des Besitzherrn einem Dritten ein); **bb)** wenn der Besitzdiener die tatsächliche Gewalt äußerlich erkennbar nicht mehr für den Besitzherrn ausübt (Bsp: angestellter Verkäufer steckt Geld aus der Ladenkasse in die eigene Tasche; nach Einigung gem § 854 II; sa LM Nr. 3). **cc)** Endet Besitz nach aa oder bb ohne (nicht nötig: gegen) Willen des 2 3 4

Besitzherrn, so liegt unfreiwilliger Besitzverlust vor, sa § 856. Über Abhandenkommen → § 935 Rn. 8.

§ 856 Beendigung des Besitzes

(1) **Der Besitz wird dadurch beendigt, dass der Besitzer die tatsächliche Gewalt über die Sache aufgibt oder in anderer Weise verliert.**

(2) **Durch eine ihrer Natur nach vorübergehende Verhinderung in der Ausübung der Gewalt wird der Besitz nicht beendigt.**

1 **1. Art des Besitzes.** § 856 betrifft **unmittelbaren Besitz** und fasst unter „Besitz" die aus der tatsächlichen Gewalt abgeleiteten Befugnisse zusammen, meint also mit Besitz nicht die tatsächliche Gewalt selbst (sonst enthielte § 856 nur Tautologien).

2 **2. Verlust.** Dieser tritt ein (Verkehrsanschauung entscheidet) **a) durch Aufgabe,** dh *freiwillig,* zB durch Übergabe, Wegwerfen (→ § 959 Rn. 3), dauernden Auszug eines Ehegatten aus der Ehewohnung (BGH FamRZ 1971, 634), *nicht* bei nur vorübergehender Lockerung des Besitzes (BGH NJW-RR 2017, 818 Rn. 17) und bei bloß versteckten Sachen (OLG Oldenburg NJW-RR 2021, 272 Rn. 14). Erkennbares willentliches Handeln erforderlich (BGH NJW 1979, 715). Natürlicher
3 Wille genügt wie beim Erwerb (→ § 854 Rn. 11), str; → § 935 Rn. 4; **b) in anderer Weise,** dh *unfreiwillig* (ohne [nicht nötig: gegen] natürlichen Willen, → Rn. 2), zB durch Diebstahl, Verlust, Besitzergreifung durch Dritte (BGH NJW-RR 2016, 982 Rn. 5).

4 **3. Kein Verlust nach II.** ZB von Besitz an der Wohnung bei Urlaubsreise; bei Liegenlassen aus Vergesslichkeit, solange Wiedererlangung möglich und erwartbar ist, dazu gehört auch Kenntnis des Orts.

§ 857 Vererblichkeit

Der Besitz geht auf den Erben über.

1 **1. Allgemeines.** Tatsächliche Gewalt endet mit dem Tod des Besitzers, sie ist unvererblich. Daher hätte der Erbe als solcher ohne § 857 keine besitzrechtlich geschützte Position.

2 **2. Erbenbesitz, § 857.** Dies ist nicht Besitz iSv § 854, sondern *Besitz ohne Sachherrschaft* (MüKo-BGB/Schäfer Rn. 3; BGH NJW 2020, 3376 Rn. 35; hM); auch geistige Sachherrschaft (→ § 854 Rn. 3) fehlt. Vom Erbenbesitz ist *Erbschaftsbesitz* gem § 2018 zu *unterscheiden;* er ist Besitz auf Grund angemaßten Erbrechts.

3 **3. Wirkungen. a) Erbe erlangt Besitz** auch ohne Kenntnis (LM Nr. 6 zu § 836). **b) Art** (→ § 854 Rn. 2–5) des Erbenbesitzes entspricht dem Besitz des Erblassers (BGH NJOZ 2018, 454 Rn. 39). Gilt für diesen § 1006, dann auch für den Erben (BGH NJW 1993, 936). **c) Verbotene Eigenmacht** (§ 858) gegen Erben möglich; Folge: §§ 861 f. **d) Abhandenkommen** (§ 935) tritt ein bei Wegnahme einer Nachlasssache durch Nichterben. Aber kein Abhandenkommen bei Veräußerung durch Erbscheinbesitzer (§ 2366 geht vor); ferner nicht bei Wegnahme durch Erben, der die Erbenstellung später rückwirkend, zB durch Ausschlagung *(§ 1953), verloren hat: Einsch*ränkung der Rückwirkung zu Lasten des wahren Erben (hM). **e) Erlangung tatsächlicher Gewalt** wandelt Erbenbesitz in Besitz iSv § 854 um (vgl BGHZ 10, 115, 121 f.; BGH NJW 2020, 3376 Rn. 35).

4 **4. Analogie.** § 857 gilt **analog** in anderen Fällen der Gesamtnachfolge, zB Verschmelzung gem UmwG 2 ff.

§ 858 Verbotene Eigenmacht

(1) **Wer dem Besitzer ohne dessen Willen den Besitz entzieht oder ihn im Besitz stört, handelt, sofern nicht das Gesetz die Entziehung oder die Störung gestattet, widerrechtlich (verbotene Eigenmacht).**

(2) [1]**Der durch verbotene Eigenmacht erlangte Besitz ist fehlerhaft.** [2]**Die Fehlerhaftigkeit muss der Nachfolger im Besitz gegen sich gelten lassen, wenn er Erbe des Besitzers ist oder die Fehlerhaftigkeit des Besitzes seines Vorgängers bei dem Erwerb kennt.**

Lit.: v. Bressensdorf, Das private „Hausrecht", 2020; Kuschel, Digitale Eigenmacht, AcP 220 (2020), 98; Omlor/Gies, Der Besitz und sein Schutz im System des BGB, JuS 2013, 12; Schmitt, Das private Hausrecht in den Schranken von Vertrag und Verfassung – Überlegungen zur Grenzziehung anlässlich des Thermalbad-Urteils des BGH, ZfPW 2021, 414; Schreiber, Possessorischer und petitorischer Besitzschutz, Jura 1993, 440; Stamm, Die Rückführung der verbotenen Eigenmacht und der Selbsthilfe in das Gefüge des Bürgerlichen Gesetzbuchs, FS Vieweg, 2021, S. 603.

1. Allgemeines zu §§ 858–862. Objekt des Besitzschutzes ist nur der *unmittelbare Besitz* (BGH NJW 1977, 1818), vgl § 869 (auch Teilbesitz, § 865; zum Mitbesitz vgl § 866). Daher hat der unmittelbare Besitzer gegen den mittelbaren, der Besitzherr gegen den Besitzdiener Besitzschutz, nicht umgekehrt. **Schutzzweck:** *Sicherung des äußeren Friedens* durch vorläufige Regelung. Deshalb ist Recht zum Besitz unerheblich, vgl § 863: *possessorische Natur* des Besitzschutzes. Dieb genießt gegen den zweiten Dieb, uU sogar gegen den Eigentümer Besitzschutz. Vorbeugende Anordnungen des Besitzers zur Verhinderung zweckwidriger Benutzung stützt BGH NJW 2006, 1054 Rn. 7 auf das „Hausrecht". 1

2. Die verbotene Eigenmacht, I. Sie ist der Zentralbegriff des Besitzschutzes. 2
Voraussetzungen: a) Entziehung des Besitzes (§ 854, auch § 857, nicht mittelbarer Besitz [BGH NJW 1977, 1818]), dh völliger oder teilw Besitzverlust (im 2. Fall Besitzstörung bzgl ganzer Sache, vgl BGH NJW 1967, 48), zB durch Diebstahl, Wegnahme zwecks Zerstörung, Parken auf fremdem Platz (BGH NJW 2009, 2530; BGH NJW 2016, 863) **oder b) sonstige Besitzstörung,** die eine friedliche Besitz- 3
lage physisch oder psychisch unsicher macht (weitgehend deckungsgleich mit Beeinträchtigungen des Eigentums, → § 1004 Rn. 4, 5), zB durch lärmenden Rundfunkempfang, Rauchen auf Mietshausbalkon (BGH NJW 2015, 2023 Rn. 24 ff.), Betrieb ungedämpfter Baumaschinen, Bestreiten des Besitzes mit Androhung handgreiflicher Verhinderung der Besitzausübung (aber keine Störung bei Bestreiten in Form der Klage: BGHZ 20, 169, 171 f.), Schwenkarm eines Baukrans über Nachbargrundstück (OLG Karlsruhe NJW-RR 1993, 91). Keine Besitzstörung bei Einstellung der Heizungsversorgung durch Vermieter – sog „Ausfrieren" (BGH NJW 2009, 1949). Sehr str ist, ob die Aufhebung der bestimmungsgemäßen Nutzbarkeit einer Sache mittels unkörperlichen **digitalen „Fernzugriffs"** eine Besitzbeeinträchtigung sein kann (bejaht für Sperrung der Auflademöglichkeit einer gemieteten Autobatterie von BGH NJW 2022, 3575 Rn. 18 ff., allerdings offen gelassen, ob Vermieter aufgrund der Sperrmöglichkeit Mitbesitzer der Batterie ist und damit § 866 greift; sa Fries NJW 2019, 901; Strobel NJW 2022, 2361). **c) Ohne Willen** des 4
unmittelbaren Besitzers muss Entziehung oder Störung erfolgen. Bei GbR zu bejahen, wenn ein nur gesamtvertretungsberechtigter Geschäftsführer allein die Sache weggibt (OLG Frankfurt ZIP 2019, 2011 Rn. 23). Wille ist ein natürlicher, kein rechtsgeschäftlicher (MüKo-BGB/Schäfer Rn. 7 mN; hM), da er auch für die Besitzaufgabe genügt (→ § 856 Rn. 2). Dasselbe gilt für das Einverständnis des Besitzers (str); es muss zZ der Eigenmacht vorliegen; antizipierte Gestattung genügt nicht (RG 146, 186; BGH NJW 1977, 1818). Das erklärte Einverständnis wirkt bis zu einem evtl Widerruf fort. Beibehaltung des Besitzes trotz Widerrufs der Gestattung begründet mangels Besitzentziehung keine verbotene Eigenmacht. **d) Fehlen** 5
ges Gestattung. Gestattung durch öffentl-rechtliche (zB §§ 758, 808, 883 ff. ZPO; § 76 I TKG [BGHZ 145, 16, 20 zu § 57 I TKG aF; → § 903 Rn. 4]) oder privat-

rechtliche Normen (zB §§ 227 ff., 859, 904, 906 [BGH NJW 2015, 2023 Rn. 10]); entscheidend ist, dass ein Recht zum eigenmächtigen Handeln gewährt wird. Wer sich eines Dritten zur Entziehung bedient (zB Polizei), muss selbst berechtigt sein
6 (OLG Saarbrücken NJW-RR 2003, 1717). **e) Nicht erforderlich** sind Bewusstsein der Rechtswidrigkeit sowie Verschulden des Täters.

7 **3. Wirkungen der verbotenen Eigenmacht. a) Erlangter Besitz ist fehlerhaft,** II 1. Fehlerhaftigkeit besteht nur zwischen dem Täter (sowie bestimmten Nachfolgern, II 2, → Rn. 8) auf der einen und dem (bei Entzug: früheren) Besitzer (samt dessen Rechtsnachfolgern, §§ 861 II, 862 II) auf der anderen Seite; der Makel ist also bloß *relativ:* Besitz des Diebes ist gegenüber dem Bestohlenen fehlerhaft,
8 nicht gegenüber Dritten. **b) Gesamtnachfolger** (§ 857) des Täters besitzen stets fehlerhaft, **Sondernachfolger** nur, wenn sie die Fehlerhaftigkeit bei Besitzerwerb
9 kennen, II 2 (fahrlässige Unkenntnis belanglos). **c) § 858 ist SchutzGes** iSv § 823 II, wenn der Gläubiger besitzberechtigt war (BGH NJW 2009, 2530; OLG Dresden BeckRS 2019, 27077 Rn. 18).

§ 859 Selbsthilfe des Besitzers

(1) **Der Besitzer darf sich verbotener Eigenmacht mit Gewalt erwehren.**

(2) **Wird eine bewegliche Sache dem Besitzer mittels verbotener Eigenmacht weggenommen, so darf er sie dem auf frischer Tat betroffenen oder verfolgten Täter mit Gewalt wieder abnehmen.**

(3) **Wird dem Besitzer eines Grundstücks der Besitz durch verbotene Eigenmacht entzogen, so darf er sofort nach der Entziehung sich des Besitzes durch Entsetzung des Täters wieder bemächtigen.**

(4) **Die gleichen Rechte stehen dem Besitzer gegen denjenigen zu, welcher nach § 858 Abs. 2 die Fehlerhaftigkeit des Besitzes gegen sich gelten lassen muss.**

1 **Gewaltrechte** des unmittelbaren Besitzers sind **a) Recht zur Besitzwehr** gegen drohende Entziehung oder Störung sowie gegen andauernde Störung, **I.** Nach hM wird § 227 durch I für Schutz des unmittelbaren Besitzes spezifiziert (MüKo-BGB/Schäfer Rn. 2 mN; aber beachten: Ist Entziehung des Besitzes an Sachteil zugleich dauernde Störung des Besitzes an der ganzen Sache, so gelten II, III, vgl BGH NJW 1967, 48; str). Abwehr zulässig, solange Angriff dauert. Besitzwehr nur im Rahmen des Notwendigen erlaubt (BGH NJW 2009, 2530), Überschreiten ist rechtswidrig, dagegen Notwehr (§ 227) möglich; Grenzen ergeben sich unter Würdigung der
2 Umstände des Einzelfalls (OLG Dresden NJOZ 2020, 1115 Rn. 5); **b) Recht zur Besitzkehr, II, III,** gerichtet auf eigenmächtige Wiederverschaffung des Besitzes (OVG Koblenz NJW 1988, 930). Zulässig nur in zeitlich engen Grenzen, weil der Besitzschutz sonst den eingetretenen äußeren Frieden zweckwidrig störte (→ § 858 Rn. 1; BGH NJW 1967, 48): II (sog Nacheile), III („sofort“: so schnell wie obj möglich, also *nicht* nur „unverzüglich“, LG Frankfurt a. M. NJW-RR 2003, 311; AG München NJW-RR 2002, 200). Ist Besitzkehr ausgeschlossen, so bleiben
3 §§ 229 ff., 861. **c) Auch gegen den Besitznachfolger** iSv § 858 II 2 sind a und b gegeben: IV. **d) Gewaltanwendung durch Besitzdiener:** § 860 (→ § 855 Rn. 2), durch **mittelbaren Besitzer:** → § 869 Rn. 2.

§ 860 Selbsthilfe des Besitzdieners

Zur Ausübung der dem Besitzer nach § 859 zustehenden Rechte ist auch derjenige befugt, welcher die tatsächliche Gewalt nach § 855 für den Besitzer ausübt.

Vgl → § 855 Rn. 2.

§ 861 Anspruch wegen Besitzentziehung

(1) **Wird der Besitz durch verbotene Eigenmacht dem Besitzer entzogen, so kann dieser die Wiedereinräumung des Besitzes von demjenigen verlangen, welcher ihm gegenüber fehlerhaft besitzt.**

(2) **Der Anspruch ist ausgeschlossen, wenn der entzogene Besitz dem gegenwärtigen Besitzer oder dessen Rechtsvorgänger gegenüber fehlerhaft war und in dem letzten Jahre vor der Entziehung erlangt worden ist.**

§ 862 Anspruch wegen Besitzstörung

(1) **[1]Wird der Besitzer durch verbotene Eigenmacht im Besitz gestört, so kann er von dem Störer die Beseitigung der Störung verlangen. [2]Sind weitere Störungen zu besorgen, so kann der Besitzer auf Unterlassung klagen.**

(2) **Der Anspruch ist ausgeschlossen, wenn der Besitzer dem Störer oder dessen Rechtsvorgänger gegenüber fehlerhaft besitzt und der Besitz in dem letzten Jahre vor der Störung erlangt worden ist.**

§ 863 Einwendungen des Entziehers oder Störers

Gegenüber den in den §§ 861, 862 bestimmten Ansprüchen kann ein Recht zum Besitz oder zur Vornahme der störenden Handlung nur zur Begründung der Behauptung geltend gemacht werden, dass die Entziehung oder die Störung des Besitzes nicht verbotene Eigenmacht sei.

§ 864 Erlöschen der Besitzansprüche

(1) **Ein nach den §§ 861, 862 begründeter Anspruch erlischt mit dem Ablauf eines Jahres nach der Verübung der verbotenen Eigenmacht, wenn nicht vorher der Anspruch im Wege der Klage geltend gemacht wird.**

(2) **Das Erlöschen tritt auch dann ein, wenn nach der Verübung der verbotenen Eigenmacht durch rechtskräftiges Urteil festgestellt wird, dass dem Täter ein Recht an der Sache zusteht, vermöge dessen er die Herstellung eines seiner Handlungsweise entsprechenden Besitzstands verlangen kann.**

Anmerkungen zu den §§ 861–864

1. Allgemeines. Die **Ansprüche** aus §§ 861, 862 sind **possessorische** 1
(→ § 858 Rn. 1): Grundlage ist die Tatsache des Besitzes, nicht ein Recht zum Besitz; dem entspricht § 863 (→ Rn. 7). Zum Besitzschutz des Teilbesitzers: § 865, des Mitbesitzers: § 866; zu den Ansprüchen des mittelbaren Besitzers s. § 869.

2. Besonderheiten des Anspruchs aus § 861. a) Nötig ist der völlige und 2
dauernde Besitzverlust des Anspruchsberechtigten (oder seines Rechtsvorgängers) und fehlerhafter Besitz des Anspruchsgegners, der Täter oder Besitznachfolger iSv § 858 II 2 sein muss. Der Anspruch ist abtretbar. Wer vor einer Ausfahrt parkt, hat den Besitz am „zugeparkten" Pkw nicht entzogen, weil nicht erlangt (§ 858 II), daher greift § 862 statt § 861 ein (BGH NZM 2011, 632; abl Eckert JuS 1994, 626 f.: Freiheitsverletzung iSv § 823 I). **b) Ziel:** Wiedereinräumung des Besitzes, nicht Scha- 3
densersatz (vgl Medicus AcP 165, 115 f.; → § 858 Rn. 9). **c) Anspruchskonkur-** 4
renz mit §§ 985, 1007 ist möglich. Im Prozess liegen mehrere Streitgegenstände vor, so dass ein Teilurteil ergehen kann (BeckOK/Fritzsche, § 861 Rn. 13; aA MüKo-BGB/Schäfer, § 861 Rn. 14). Zum Zusammentreffen mit § 1361a → § 1361a Rn. 2; OLG Koblenz NJW 2007, 2337 f.

3. Besonderheiten des Anspruchs aus § 862. a) Der Anspruch steht dem 5
unmittelbaren Besitzer (BGH NJW 2003, 2377 f.; 2008, 581) gegen den Störer

zu, dh gegen denjenigen, der unmittelbar selbst stört oder von dessen Willen die Beseitigung oder Unterlassung (→ Rn. 5 [b]) abhängt (entspr → § 1004 Rn. 15–17). Der Anspruch kann nur abgetreten werden, wenn der Besitz an den Zessionar übertragen wird (BGH NJW 2008, 581). Klage in Prozessstandschaft möglich (entspr → § 1004 Rn. 14). **b) „Störung"** ist jede Beeinträchtigung der Besitzausübung, die keine Besitzentziehung ist (BGH NJW 2008, 581). § 862 I geht auf Beseitigung dauernder Störung (zB Beseitigung von Müll) oder Unterlassung bei Besorgnis weiterer Störungen (zB erneutes Müllabladen). Zur **verbotenen Eigenmacht** → § 858 Rn. 3. Die Abwehrbefugnis des Grundstücksbesitzers ist entspr § 906 beschränkt (BGH NJW 1995, 132). Kann die verbotene Eigenmacht (§ 858 I) aus bes Gründen nicht abgewehrt werden, so tritt der verschuldensunabhängige Ausgleichsanspruch (→ § 906 Rn. 15) an die Stelle des primären Abwehranspruchs aus § 862 I (BGHZ 147, 45, 50; BGHZ 155, 99, 101 f.).

6 **4. Ausnahmen. a) §§ 861 II, 862 II:** Zur Erhaltung des äußeren Rechtsfriedens sind die Ansprüche von vornherein *ausgeschlossen* (rechtshindernde Einwendung). Der fehlerhafte Besitzer soll von demjenigen, dem gegenüber er fehlerhaft besitzt, nicht Herausgabe verlangen können. Bsp: A nimmt B eine Sache wieder weg, die B zuvor A weggenommen hatte; B, der zuerst verbotene Eigenmacht begangen hatte, kann sich nicht auf § 861 I berufen. Nimmt C dem B die Sache weg, entfällt § 861 II, weil B gegenüber C nicht fehlerhaft besessen hatte. **b)** Nach **§ 864** *erlöschen* sie binnen Jahresfrist (I, dazu BGH NJW 2008, 582) oder schon früher, wenn Recht
7 an der (oder: auf die) Sache rechtskräftig festgestellt ist (II). **c) § 863:** Einwendungen aus mat Recht oder Recht zum Besitz der Sache sind gegenüber §§ 861, 862 ausgeschlossen; Ausnahme: um verbotene Eigenmacht auszuschließen, ferner § 864 II. BGHZ 53, 166, 169 f. lässt trotz § 863 **Widerklage** aus Recht zum Besitz gegen Klage aus §§ 861, 862 zu (sog petitorische Widerklage; abl Westermann § 23 II 4 mN). Bei gleichzeitiger Entscheidungsreife und Begründetheit *beider* Klagen will BGHZ 73, 355, 357 ff. analog § 864 II die „an sich" begründete Besitzschutzklage auch vor Rechtskraft des Urteils zur Widerklage abweisen; abzulehnen, da das petitorische Urteil zur Widerklage entgegen § 864 II (noch) nicht unanfechtbar ist (Ausnahme in BGHZ 73, 355, 359: mit Erlass waren beide [Revisions-!] Urteile rechtskräftig; sa BGH NJW 1999, 427).

§ 865 Teilbesitz

Die Vorschriften der §§ 858 bis 864 gelten auch zugunsten desjenigen, welcher nur einen Teil einer Sache, insbesondere abgesonderte Wohnräume oder andere Räume, besitzt.

§ 866 Mitbesitz

Besitzen mehrere eine Sache gemeinschaftlich, so findet in ihrem Verhältnis zueinander ein Besitzschutz insoweit nicht statt, als es sich um die Grenzen des den einzelnen zustehenden Gebrauchs handelt.

1 **1. Allgemeines.** Das BGB kennt zwei Formen besitzrechtlicher Beteiligung mehrerer Personen an einer Sache (einem Sachteil, § 865): **mittelbaren Besitz,** § 868 (gestufte Beteiligung) und **Mitbesitz,** vgl § 866 (nur als gleichstufige Beteiligung an unmittelbarem *oder* mittelbarem Besitz möglich, weil die Art der Sachherrschaft – tatsächliche oder geistige, → § 854 Rn. 3 – bei Mitbesitzern gleich sein muss, sonst könnten auch unmittelbarer Fremdbesitzer und mittelbarer Eigenbesitzer bei entspr Vereinbarung „Mitbesitzer" sein, sa BGHZ 85, 263, 265 f. mN). Möglich aber, dass von den unmittelbaren Mitbesitzern A und B der eine (A) Eigen-, der andere (B) Fremdbesitzer und zugleich Besitzmittler des A als mittelbarer Eigenbesitzer ist (BGHZ 73, 253, 257; → § 872 Rn. 3). Zum Nebenbesitz → § 868 Rn. 12.

2. Arten des Mitbesitzes. a) Kollektiver *(„gesamthänderischer")* **Mitbesitz** (hat mit Gesamthand nichts zu tun). Die Gewaltausübung ist nur gemeinsam möglich. Bsp: Doppelschloss ist nur gemeinsam zu öffnen (aber: am Inhalt eines Banksafes, das von Bank und Kunden nur gemeinsam zu öffnen ist, soll der Kunde nach der Verkehrsanschauung Alleinbesitz haben (OLG Düsseldorf NJW-RR 1996, 840; hM). **b) Schlichter** *(solidarischer)* **Mitbesitz.** Jeder Mitbesitzer hat die Sachherrschaft, auf die anderen hat er Rücksicht zu nehmen. Bsp: gemeinsame Waschküche eines Mietshauses. IdR haben *Eheleute* in jedem Güterstand Mitbesitz an Wohnung und Hausrat, wenn gemeinsam benutzt (BGHZ 73, 253, 256; 159, 384 f.). – Übergabe des Wohnungsschlüssels kann Einräumung von Mit- oder Alleinbesitz sein (LM Nr. 8 zu § 854). 2 3

3. Wirkung. a) Besitzschutz. aa) Gegenüber Dritten hat ihn der Mitbesitzer wie ein Alleinbesitzer, nur geht Anspruch aus § 861 auf Wiedereinräumung des Mitbesitzes, Alleinbesitzeinräumung gem § 869 S. 2 Hs. 2 analog (OLG Düsseldorf NZM 2002, 192). **bb) Gegenüber Mitbesitzern** besteht er, soweit es nicht um eine bloße Grenzüberschreitung geht, denn diese betrifft das zugrundeliegende Rechtsverhältnis, dh das Recht zum Besitz, auf das der Besitzschutz nicht abstellt (BGHZ 62, 243, 248). Beeinträchtigt eine Besitzstörung den Mitbesitz insgesamt, so sind nicht nur die Grenzen des Besitzrechts betroffen, daher § 862 gegeben (OLG Köln MDR 1978, 405; str); ebenso bei vollständigem Entzug des Mitbesitzes (OLG Frankfurt a.M. BeckRS 2020, 30574 Rn. 6). **b) Anspruch auf Herausgabe** kann gegen jeden Mitbesitzer im Umfang seines Besitzes geltend gemacht werden. **Prozessuales:** Keine notwendige Streitgenossenschaft gem § 62 ZPO wegen des Mitbesitzes (vgl RG JW 1918, 368); Zwangsvollstreckung hat aber nur bei (nicht notwendig: einheitlichem) Titel gegen alle Erfolg. Ie ist vieles str, vgl Grüneberg/Herrler Rn. 5. 4 5

§ 867 Verfolgungsrecht des Besitzers

[1]Ist eine Sache aus der Gewalt des Besitzers auf ein im Besitz eines anderen befindliches Grundstück gelangt, so hat ihm der Besitzer des Grundstücks die Aufsuchung und die Wegschaffung zu gestatten, sofern nicht die Sache inzwischen in Besitz genommen worden ist. [2]Der Besitzer des Grundstücks kann Ersatz des durch die Aufsuchung und die Wegschaffung entstehenden Schadens verlangen. [3]Er kann, wenn die Entstehung eines Schadens zu besorgen ist, die Gestattung verweigern, bis ihm Sicherheit geleistet wird; die Verweigerung ist unzulässig, wenn mit dem Aufschub Gefahr verbunden ist.

Anspruch auf Duldung, kein Recht zu eigenmächtigem Handeln, dies wäre verbotene Eigenmacht (Ausn §§ 229, 904). Bei Verweigerung der Entfernung durch Grundstücksbesitzer ggf Besitzergreifung (s. aber S. 3) (Lange § 12 A IV, str).

§ 868 Mittelbarer Besitz

Besitzt jemand eine Sache als Nießbraucher, Pfandgläubiger, Pächter, Mieter, Verwahrer oder in einem ähnlichen Verhältnis, vermöge dessen er einem anderen gegenüber auf Zeit zum Besitz berechtigt oder verpflichtet ist, so ist auch der andere Besitzer (mittelbarer Besitz).

1. Allgemeines zum mittelbaren Besitz. Vgl → § 854 Rn. 3. 1

2. Voraussetzungen. a) Unmittelbarer Fremdbesitz (mittelbarer nur gem § 871) und **b) Besitzmittlungsverhältnis** zwischen dem Fremdbesitzer (Besitzmittler, Unterbesitzer) und dem mittelbaren Besitzer (Oberbesitzer), der Eigen- oder Fremdbesitzer sein kann (Bsp → § 871 Rn. 2). Zum Fremdbesitz vgl → § 854 Rn. 4 und § 872. 2

3 **3. Das Besitzmittlungsverhältnis.** § 868 gibt nur Bsp. Aus ihnen erschließt sich der wesentliche Inhalt des „ähnlichen Verhältnisses". **a) Es begründet** idR (→ Rn. 4) *Recht oder Pflicht zum Besitz.* Das *Recht,* nicht der Besitz selbst, muss vom Oberbesitzer *abgeleitet* sein, hM (genügend: A vermietet dem B ein Auto, das vom Hersteller direkt an B geliefert wird, sog antizipiertes Besitzkonstitut, → Rn. 7); an der Ableitung fehlt es beim Finder. Besitzrecht des Unterbesitzers ist, weil abgeleitet, *begrenzter* als das des Oberbesitzers. Recht oder Pflicht zum Besitz darf *nur auf Zeit* bestehen, weshalb dem Oberbesitzer gegen den Unterbesitzer ein *Anspruch auf Herausgabe* (nicht notwendig an sich selbst: LM Nr. 1 zu § 2203) zustehen muss (BGHZ 161, 90, 111 f.; NJW-RR 1998, 1661; MüKo-BGB/Schäfer Rn. 15; Staudinger/Heinze § 930 Rn. 25). Besitzmittlungsverhältnis setzt entspr *Willensrichtung* von Ober- und Unterbesitzer (→ § 854 Rn. 4) voraus; str, ob das auch für ges begründete Besitzmittlungsverhältnisse gilt (nein: LM Nr. 4; → § 930 Rn. 14, 15).
4 **b) Es beruht idR auf RGeschäft,** das aber nicht rechtsgültig sein muss, sofern nur (Ersatz-)Herausgabeanspruch, zB aus §§ 812, 681 mit 667, und Fremdbesitz vorliegen (BGHZ 85, 263, 265 mN). Kein Besitzmittlungsverhältnis auf Grund ges begründeten besitzlosen Vermieter-/Verpächterpfandrechts (§§ 562, 581 II, 592).
5 **c) Nötig ist konkretes Besitzmittlungsverhältnis.** Die bloße Vereinbarung, in Zukunft als Besitzmittler zu besitzen, ohne Rechte und Pflichten festzulegen, genügt für § 868 nicht (sog abstraktes Besitzmittlungsverhältnis, vgl BGH NJW 1953, 218), wohl aber idR der Sicherungsvertrag bei der SÜ (→ § 930 Rn. 33, 38). Zur
6 *Bestimmtheit der Sache* → § 930 Rn. 8, 16. **d) Ähnliche Verhältnisse** iSv § 868: Leihe (vgl RG 57, 178), Fracht- und Speditionsvertrag (OGH 3, 234), Erbbaurechtsvertrag (LM Nr. 10); uU Werkvertrag, Auftrag, Treuhandverhältnisse; ferner Kauf unter EV iSv § 449 I (BGH NJW 1953, 218; stRspr), nicht gewöhnlicher Kauf (vgl RG 105, 22 f.); zur SÜ → § 930 Rn. 45. **Nicht rechtsgeschäftlich begründete** Besitzmittlungsverhältnisse: Ehe (§ 1353 I; BGHZ 73, 253, 257), elterliche Sorge (§ 1626, → § 930 Rn. 15), Lebenspartnerschaft (LPartG 2), Vormundschaft (§ 1793), Insolvenz-, Nachlass-, Zwangsverwaltung, Testamentsvollstreckung, Pfändung (Jauernig/Berger § 17 Rn. 27; vgl → § 872 Rn. 3).

7 **4. Mittelbarer Besitz.** Er wird **a) begründet** durch Schaffung eines Besitzmittlungsverhältnisses samt Erlangung unmittelbaren oder mittelbaren (→ Rn. 2) Fremdbesitzes auf Seiten des Unterbesitzers, zB durch Abschluss eines Mietvertrags und Übergabe der Mietsache an den Mieter. Beim *antizipierten Besitzkonstitut* wird das Besitzmittlungsverhältnis vereinbart, bevor der Unterbesitzer Besitz erlangt hat; erst mit Besitzerwerb des Unterbesitzers erlangt Oberbesitzer mittelbaren Besitz (vgl
8 BGH NJW 1964, 398 und Bsp → Rn. 3); **b) übertragen** allein durch Abtretung des Herausgabeanspruchs (→ Rn. 3, 4), §§ 870, 398 ff.; Mitteilung an Unterbesitzer
9 unnötig, keine Publizität des Besitzwechsels; **c) beendet** durch Wegfall einer der Voraussetzungen mittelbaren Besitzes (→ Rn. 2): **aa) Besitzverlust des Unterbesitzers,** zB durch nicht nur vorübergehende Rückgabe an Oberbesitzer vgl § 856 II Diebstahl; **bb) Ende der Besitzmittlung,** sei es durch erkennbare Umwandlung des Fremd- in Eigenbesitzerwillen (zB Namenseintrag in geliehenes Buch) mit oder ohne Willen des Oberbesitzers (Bsp: Eigentumserwerb oder Unterschlagung des geliehenen Buches), vgl BGHZ 85, 263, 265; BGHZ 161, 112, je mN, sei es durch erkennbaren Wechsel des Besitzmittlungsverhältnisses samt Oberbesitzer (vgl BGH NJW 1979, 2038; dazu Tiedtke WM 1979, 1143 f.); **cc) Wegfall des Herausgabeanspruchs,** zB mit vollständiger Zahlung des Kaufpreises, vgl § 449 I (dazu → § 929 Rn. 59, 61) und → Rn. 6.

10 **5. Sonstiges.** *Möglich sind* **mehrfache Stufung** des mittelbaren Besitzes (Bsp: Vermieter-Mieter-Untermieter, § 871) und **mittelbarer Mitbesitz** (→ § 866
11 Rn. 1). Zum **Besitzschutz** des mittelbaren Besitzers: § 869.

12 **6. Nebenbesitz.** Str ist, ob eine Sache mehrere Oberbesitzer (sog Nebenbesitzer) haben kann, deren mittelbarer Besitz auf *verschiedenen* und voneinander unabhängi-

gen Besitzmittlungsverhältnissen beruht (wegen der Verschiedenheit und Unabhängigkeit haben die Oberbesitzer keinen mittelbaren Mitbesitz). Bsp: A verwahrt für B 100 Sack Getreide, die E gehören, E verpfändet die 100 Sack dem A; sind B und E Nebenbesitzer? Die hM verneint, weil Nebenbesitz keine ges zugelassene besitzrechtliche Beteiligung mehrerer Personen an einer Sache sei (→ § 866 Rn. 1); im Bsp sei E allein mittelbarer Besitzer, weil die letzte Willensäußerung des A entscheide (BGHZ 28, 16, 27 f.), allein mit Begründung des neuen Besitzmittlungsverhältnisses sei das alte erloschen (BGH NJW 1979, 2038; Tiedtke WM 1979, 1143 f.). Gegen Nebenbesitz Picker AcP 188, 539 ff.; MüKo-BGB/Schäfer Rn. 20, je mN. Löst der Unterbesitzer erkennbar die Besitzmittlung zum bisherigen Oberbesitzer (→ Rn. 9 [bb]), so taucht das Problem des Nebenbesitzes nicht auf; es gibt dann nur einen mittelbaren Besitzer (so lag es in BGHZ 50, 45 [vgl Grüneberg/Herrler Rn. 4], LM Nr. 11 zu § 1006; dazu krit Medicus FS Hübner, 1984, 611 ff.).

§ 869 Ansprüche des mittelbaren Besitzers

[1]Wird gegen den Besitzer verbotene Eigenmacht verübt, so stehen die in den §§ 861, 862 bestimmten Ansprüche auch dem mittelbaren Besitzer zu. [2]Im Falle der Entziehung des Besitzes ist der mittelbare Besitzer berechtigt, die Wiedereinräumung des Besitzes an den bisherigen Besitzer zu verlangen; kann oder will dieser den Besitz nicht wieder übernehmen, so kann der mittelbare Besitzer verlangen, dass ihm selbst der Besitz eingeräumt wird. [3]Unter der gleichen Voraussetzung kann er im Falle des § 867 verlangen, dass ihm die Aufsuchung und Wegschaffung der Sache gestattet wird.

1. Objekt des Besitzschutzes. Dies ist nur der **unmittelbare Besitz** (→ § 858 1
Rn. 1). Daher hat der unmittelbare Besitzer gegen den mittelbaren vollen Besitzschutz, nicht umgekehrt. Für den mittelbaren Besitzer gelten §§ 227, 229.

2. Anwendungsbereich. a) Nur gegen Dritte hat mittelbarer Besitzer Ansprü- 2
che aus §§ 861 f., 867. Ihm stehen über den Gesetzeswortlaut hinaus auch die Gewaltrechte aus § 859 zu (Grüneberg/Herrler Rn. 2; aA RG 146, 182, 190; MüKo-BGB/Schäfer Rn. 7, je mN). **b) Voraussetzung** ist stets verbotene Eigen- 3
macht gegen den *un*mittelbaren Besitzer. Daher hat der mittelbare Besitzer keine Rechte nach → Rn. 2, wenn der unmittelbare Besitzer mit Besitzentziehung oder -störung einverstanden ist (BGH WM 1977, 220). Der Anspruch entfällt nicht durch nachträgliche Zustimmung des unmittelbaren Besitzers (Staudinger/Gutzeit Rn. 6).

§ 870 Übertragung des mittelbaren Besitzes

Der mittelbare Besitz kann dadurch auf einen anderen übertragen werden, dass diesem der Anspruch auf Herausgabe der Sache abgetreten wird.

Vgl → § 868 Rn. 7, 8. Abtretung: §§ 398 ff. Ges Übergang im Fall des § 566.

§ 871 Mehrstufiger mittelbarer Besitz

Steht der mittelbare Besitzer zu einem Dritten in einem Verhältnis der in § 868 bezeichneten Art, so ist auch der Dritte mittelbarer Besitzer.

1. Anwendungsbereich. § 871 betrifft Besitzverhältnis zwischen höherstufigen 1
mittelbaren Besitzern, → § 868 Rn. 2 (a), 10 (Bsp: Vermieter – Mieter, wenn unmittelbarer Besitz bei Untermieter).

2. Mehrstufige Besitzmittlung. Diese **entsteht** durch Begründung eines 2
Besitzmittlungsverhältnisses (→ § 868 Rn. 3), indem **a)** unmittelbar besitzender Unterbesitzer zu mittelbar besitzendem Unterbesitzer wird (Bsp: Mieter wird Unter-

vermieter) *oder* **b)** mittelbarer Eigenbesitzer nun zum mittelbaren Fremdbesitzer wird (Bsp: Vermietender Eigentümer übereignet die Mietsache gem § 930 an Dritten zur Sicherheit, vgl → § 930 Rn. 2).

§ 872 Eigenbesitz

Wer eine Sache als ihm gehörend besitzt, ist Eigenbesitzer.

1 **1. Allgemeines.** Eigenbesitzer besitzt die Sache mit dem natürlichen Willen (Geschäftsfähigkeit also nicht erforderlich, hM), sie wie ein Eigentümer zu beherrschen (sog animus domini, BGHZ 132, 245, 257; NJOZ 2017, 1079 Rn. 28; NJOZ 2018, 454 Rn. 40). Weder Eigentum noch die Vorstellung, es zu haben, sind nötig (BGH MDR 1971, 915; BGH NJOZ 2018, 454 Rn. 40); auch ein Dieb kann Eigenbesitzer sein. Der Nicht-Eigenbesitzer ist Fremdbesitzer (s. BGHZ 85, 263, 265 f.; Bsp in § 868); er hat den natürlichen Willen, die Sache für einen anderen, seinen Oberbesitzer, zu besitzen (vgl BGH NJW 1964, 398).

2 **2. Eigen- und Fremdbesitz. a) Wechsel** vom Fremd- zum Eigenbesitzerwillen und umgekehrt ist möglich (vgl → § 868 Rn. 9 [bb], → § 871 Rn. 2 [b]). Willens-
3 änderung muss äußerlich erkennbar sein (BGH MDR 1971, 916). **b) Zusammentreffen** von unmittelbarem Fremd- und mittelbarem Eigenbesitz *einer* Person an *einer* Sache ist möglich (Bsp: Vermieter wohnt beim Mieter als Untermieter), ferner von unmittelbarem Eigen-Mitbesitz und mittelbarem Eigen-Alleinbesitz (Bsp: Ehegatte bzgl des ihm gehörenden Hausrats, an dem der andere Ehegatte unmittelbaren Fremd-Mitbesitz hat, BGHZ 73, 253, 257), nicht von unmittelbarem Eigen- und Fremdbesitz (BGHZ 85, 263, 265 f.; → § 866 Rn. 1).

4 **3. Bedeutung.** Eigentum an beweglicher Sache erwirbt nur, wer sie in Eigenbesitz nimmt (auch bei Erwerb von Sicherungseigentum gem § 929 oder § 930: Serick II 133 ff.; BGH JZ 1969, 433 für § 930, abw NJW 1961, 778 für § 929); daher gilt Vermutung des § 1006 nur für Eigenbesitzer (BGH JZ 1969, 433 f.). Vgl ferner §§ 900, 927, 937, 955, 958: Eigenbesitz als Voraussetzung für Eigentumserwerb.

Abschnitt 2. Allgemeine Vorschriften über Rechte an Grundstücken

§ 873 Erwerb durch Einigung und Eintragung

(1) **Zur Übertragung des Eigentums an einem Grundstück, zur Belastung eines Grundstücks mit einem Recht sowie zur Übertragung oder Belastung eines solchen Rechts ist die Einigung des Berechtigten und des anderen Teils über den Eintritt der Rechtsänderung und die Eintragung der Rechtsänderung in das Grundbuch erforderlich, soweit nicht das Gesetz ein anderes vorschreibt.**

(2) **Vor der Eintragung sind die Beteiligten an die Einigung nur gebunden, wenn die Erklärungen notariell beurkundet oder vor dem Grundbuchamt abgegeben oder bei diesem eingereicht sind oder wenn der Berechtigte dem anderen Teil eine den Vorschriften der Grundbuchordnung entsprechende Eintragungsbewilligung ausgehändigt hat.**

I. Allgemeines

1 **1. Aufgabe des Grundbuchs. a)** Es soll die dingliche Rechtslage an Grundstücken (Begriff → Vor § 90 Rn. 2) offenlegen (**Publizitätsgrundsatz,** → Vor § 854 Rn. 4). Die **Rangordnung** unter mehreren Grundstücksbelastungen (→ Vor § 854

Rn. 6) ist idR dem Grundbuch zu entnehmen. Zur **Aufgabe des Katasters** (und seiner Entwicklung, insbes in der DDR) Mrosek/Petersen DtZ 1994, 331 ff.
b) Unvollständigkeit des Grundbuchs. Das Grundbuch kann jedoch die dingliche Rechtslage **nicht immer vollständig und richtig** wiedergeben. Grundbuchinhalt und wahre Rechtslage können differieren (zum Grund §§ 891–899). Die Unvollständigkeit folgt daraus, dass zahlreiche Belastungen nicht eintragungsfähig sind, zB Notweg- und Überbaurecht (§§ 912 ff., 917 ff.). 2

2. Eintragungsfähige und eintragungsbedürftige Rechte und Umstände. 3
Eine ges Aufzählung fehlt. **a) Eintragungsfähig** sind: dingliche Rechte am Grundstück oder an Grundstücksrechten (nach BGB: Eigentum, Dienstbarkeiten, Vorkaufsrecht, Reallasten, Hypothek, Grund- und Rentenschuld, ferner Nießbrauch und Pfandrecht an Grundstücksbelastungen; nach § 14 ErbbauRG: Erbbaurecht; Wohnungs- und Teileigentum werden nach § 7 I WEG in bes Grundbücher eingetragen); Vormerkung, §§ 883 ff.; Widerspruch, § 899; relative Verfügungsbeschränkungen (sie bestehen nur zugunsten bestimmter Personen, vgl § 892 I 2; Verstoß führt nur diesen Personen gegenüber zu relativer Unwirksamkeit, → Vor § 104 Rn. 19), sa §§ 135, 136; den relativen Verfügungsbeschränkungen iSv § 892 I 2 sind zweckbeschränkte Verfügungsbeschränkungen gleichgestellt, obwohl ein Verstoß gegen sie zur absoluten Unwirksamkeit führt (Bsp: §§ 1984 I 1, 2211, 2113 ff.; §§ 80 I, 81 InsO); Bedingungen und Befristungen (eintragungsfähig wegen §§ 892, 893, 161 III, 163); Rechtshängigkeitsvermerk (eintragungsfähig wegen § 325 II ZPO mit § 892, → § 899 Rn. 7 [c]); Umlegungsvermerk, § 54 I 2 BauGB; Wirksamkeitsvermerk (BayObLG NJW-RR 2004, 736 f.); bzgl absoluter
Verfügungsverbote → Rn. 4. **b) Nicht eintragungsfähig** sind insbes nicht anerkannte dingliche Rechte an Grundstücken, zB Erbpacht (s. aber Art. 63 EGBGB); obligatorische Rechte, zB Grundstücksmiete; absolute Verfügungsbeschränkungen (zB § 1365), soweit Eintragung nicht ges notwendig oder zugelassen ist; Notweg- und Überbaurecht; öffentl-rechtliche Belastungen und Beschränkungen (zB Baufluchtlinien, Bausperren, Baulasten), ges Ausnahmen vorbehalten, § 54 GBO, § 93a 4
GBV. **c) Eintragungsbedürftig** sind idR *rechtsgeschäftliche Rechtsänderungen. Außer*rechtsgeschäftliche Änderungen sind selten eintragungs*bedürftig*, stets eintragungs*fähig* (zB der Erbe als neuer Grundstückseigentümer). § 39 GBO will eintragungsfähige Passivbeteiligte zur Eintragung zwingen, vgl aber auch § 40 GBO und → Rn. 30. 5

3. Materielles und formelles Grundbuchrecht. a) Die §§ 873 ff. regeln in erster Linie das **materielle Grundbuchrecht,** dh welche Erklärungen in welcher Form notwendig sind, um ein dingliches Recht an einem Grundstück oder einem Grundstücksrecht zu begründen, zu übertragen, inhaltlich zu ändern oder aufzuheben. 6
b) Das formelle Grundbuchrecht regelt Voraussetzungen und Form der Eintragung im Grundbuch sowie die Einrichtung der Grundbuchämter und Grundbücher. Hauptquellen: GBO und GBV (mit Anlagen 1 bis 10b im Anlageband zu BGBl. 1995 I: amtliche Muster). 7

II. Einigung und Eintragung

1. Rechtsgeschäftliche Rechtsänderung. a) Zur rechtsgeschäftlichen Rechtsänderung an Grundstücken, nämlich zur Übertragung und Belastung von Grundstücksrechten, sind sie idR notwendig, (vgl → Rn. 15) sog **Grundbuchsystem.** Zur Inhalts- und Rangänderung s. §§ 877, 880 II. 8
b) Der Inhalt von Einigung und Eintragung muss einander entsprechen. Wird etwas völlig anderes als gewollt eingetragen, so kommt eine Rechtsänderung nicht zustande (Bsp Parzellenverwechselung [→ § 126 Rn. 7]: Die Einigung betrifft Parzelle a, die Eintragung erfolgt bei Parzelle b). Wird mehr (zB Grundschuld über 9.000 statt 6.000 Euro) oder weniger (6.000 statt 9.000 Euro) eingetragen, so gelten §§ 139, 140 entspr (Staudinger/C Heinze Rn. 191, 192, 196; BGH NJW-RR 1990, 206); → §§ 879–882 Rn. 7; 9

→ § 1116 Rn. 4, 5; → §§ 1184, 1185 Rn. 2. So auch bei bedingter oder befristeter
10 Einigung; nur das gewollte Recht ist entstanden (BGH FGPrax 2011, 163). **c)** Die
Berechtigung (→ Rn. 17) muss noch bei Eintragung vorliegen (RG 131, 99). Hat
zwischen Einigung und Eintragung der Berechtigte gewechselt, so ist Einigung mit
dem neuen Rechtsinhaber oder dessen Genehmigung (§ 185 II) erforderlich (Baur/
Stürner § 19 Rn. 33, 40 mN); anders bei Wechsel durch Gesamtrechtsnachfolge,
weil Nachfolger in die Rechtsposition des Vorgängers eintritt (s. BGHZ 48, 351,
356). Reihenfolge und zeitlicher Abstand von Einigung und Eintragung sind gleich-
gültig. Zur zwischenzeitlichen Beschränkung der Verfügungsbefugnis vgl § 878 mit
11 Anm. **d) § 873 gilt nicht** für außerrechtsgeschäftliche Rechtsänderungen, zB durch
Enteignung, Zuschlag in der Zwangsversteigerung (§ 90 ZVG), Gesamtnachfolge
(insbes Erbgang, § 1922). Zur Anwendbarkeit bei Gesamthandsgemeinschaften
(GbR [zu ihrer Grundbuchfähigkeit vgl Anm zu § 899a; § 47 II GBO], OHG, KG;
Güter-, Erbengemeinschaft) vgl Baur/Stürner § 19 Rn. 3–5, → § 925 Rn. 2, 9.
12 **e) Einigung zgDr, § 328,** ist unzulässig (BGH NJW 1993, 2617, stRspr; Staudin-
ger/C Heinze Rn. 111 mN; hM – aA Kaduk FS Larenz, 1983, 312 ff. mN; jedenfalls
für Nutzungs- und Verwertungsrechte Baur/Stürner § 5 Rn. 28). Das vermeidet
den aufgedrängten Erwerb dinglicher Rechte (s. § 333). Bei Bedarf hilft eine (voll-
machtlose) Vertretung (der Vertretene erwirbt nur, wenn er will: § 177). Auch die
Gegenansicht hält eine Eintragung des Dritten (nicht des Versprechensempfängers)
für nötig (BayObLG NJW 1958, 1918). → § 328 Rn. 6.

13 **2. Dingliche Rechtsänderung. Erst Einigung und Eintragung gemeinsam** bewirken die dingliche Rechtsänderung, sog Doppeltatbestand oder gestreckter Erwerbstatbestand. Beide zusammen erst bilden daher die **„Verfügung"** (BGH NJW 1963, 36 f.).

14 **3. Formelles Konsensprinzip.** Für die Eintragung genügt idR die Bewilligung des von der Eintragung Betroffenen (§ 19 GBO; → Rn. 26). Bewilligung ist überflüssig, wenn Einigung (und ihre Wirksamkeit, OLG Hamm NJW-RR 2000, 1612) nachgewiesen werden muss **(materielles Konsensprinzip),** zB gem § 20 GBO (die spezielle Norm verdrängt die allg [§ 19 GBO]); nur iE ebenso RG 141, 376; aA BGHZ 90, 323, 325, 327; BGHZ 112, 376, 379; BGHZ 125, 41, 44, hM; nach Staudinger/C Heinze Rn. 257 mN Auslegungsfrage.

15 **4. Sonstiges. a)** § 873 I aE lässt **Ausnahmen vom** sog **Grundbuchsystem**
(→ Rn. 8) zu. **b)** Rechtsänderung durch RGeschäft *ohne Eintragung,* zB bei Briefhy-
pothek und Briefgrundschuld, §§ 1154, 1192. **c)** Rechtsänderung durch RGeschäft
ohne Einigung nur auf Grund einseitiger Erklärung (samt Eintragung), zB gem
16 §§ 1188, 1195 f. **d) Zustimmung eines Dritten** ist zuweilen neben Einigung und
Eintragung nötig, s. §§ 876, 880 II 2, III, 1183.

III. Die Einigung

17 **1. Dinglicher Vertrag. a) Die Einigung** ist ein **dinglicher Vertrag,** geschlossen vom Berechtigten und dem „anderen Teil". Berechtigt iSv § 873 ist, wer bzgl des Rechts verfügungsbefugt ist (das ist idR der Rechtsinhaber [BGH NJW-RR 2006, 889], § 185 gilt, §§ 892, 893 geben ggf Scheinberechtigung; die Verfügungsbefugnis kann beschränkt, zB gem § 1365, § 12 WEG oder entzogen und auf einen Verwalter übertragen sein, zB gem § 80 I InsO; im 1. Fall ist Zustimmung eines Dritten nötig, im 2. ist der Verwalter berechtigt). **b) Es gelten** idR die allg Vorschriften über RGeschäfte: **§§ 104–185** (→ Vor § 854 Rn. 11), auch §§ 133, 157 (→ § 133 Rn. 9, 10, → § 126 Rn. 7, 8, insbes zur falsa demonstratio); die Auslegung ist nicht wie bei der Eintragung (→ Rn. 35) begrenzt (str, s. Räfle WM 1983, 806 mN). **c) Sie ist abstrakt,** → Vor § 854 Rn. 13. **d) Sie ist idR formlos** wirksam; Ausnahme § 925 I. **e) Aufhebung** ist vor Eintragung trotz Bindung gem II (OLG Bremen OLGZ 1976, 93) formlos wirksam (Staudinger/C Heinze Rn. 223; sa BGH NJW 1993, 3326).

2. Bindung. a) Mit der Eintragung wird die zuvor oder danach erklärte (wirksame) Einigung stets bindend, dh sie ist nicht mehr einseitig widerrufbar. **Vor der Eintragung** tritt Bindung *nur* (arg II) bei formeller Verfestigung der Einigung ein; ist die Einigung formgebunden (Bsp § 925 I), so soll sie entspr dem Sinn von II sofort, nicht erst bei Vorliegen der Voraussetzungen von II unwiderruflich sein (Staudinger/C Heinze Rn. 157; aA Bamberger/Roth/Grün § 925 Rn. 37; Staudinger/Pfeifer/Diehn § 925 Rn. 111 je mN); Bindung wirkt grds auch gegen Gesamtrechtsnachfolger, Ausn: die Gesamtrechtsnachfolge ist durch Erwerb aufgrund Rechtsgeschäft unterbrochen (OLG Naumburg FGPrax 2020, 166). Durch II sollen übereilte und leichtfertige Verfügungen über Grundstücksrechte verhindert werden (BGHZ 46, 398, 399), was kaum gelingt, weil das Verpflichtungsgeschäft idR formlos gültig ist (abw zB § 311b I; nachträgliche Änderungen des Grundstückskaufvertrags aber formlos mgl, soweit Auflassung bindend nach II [BGH NJW 2018, 3523 Rn. 11]). **b) Sie bewirkt keine Verfügungsbeschränkung** des Veräußerers (allgM). Er kann das Grundstück anderweit wirksam veräußern oder belasten (Brehm/Berger, § 9 Rn. 5). **c) Eine Verpflichtung** des Verfügenden zur Eigentumsverschaffung wird **nicht** durch die (bindende) Einigung (BGHZ 54, 56, 64 f.), sondern das zugrundeliegende Verpflichtungsgeschäft begründet. 18

3. Anwartschaft(srecht) aus bindender Einigung. Lit.: Münzberg FS Schiedermair, 1976, 439; Reinicke/Tiedtke NJW 1982, 2281; Habersack JuS 2000, 1145. **a) Begriff.** Der Erwerber kann nach bindender Einigung und erteilter Eintragungsbewilligung (§ 19 GBO; Ausnahme → Rn. 14) selbst den Eintragungsantrag stellen, weil zu seinen Gunsten die Eintragung erfolgen soll (§ 13 I 2 GBO). Damit hat er alles Erforderliche getan, um das Recht zu erwerben. Str ist, ob diese Rechtsposition des Erwerbers (nur) eine Anwartschaft oder ein Anwartschafts*recht* ist; die Wortwahl hat keine Rechtsfolgen (s. aber BGHZ 89, 41, 44, 46 mN; mR krit Münzberg FS Schiedermair, 1976, S. 439 ff. mN; Reinicke/Tiedtke NJW 1982, 2283; abl zum Anwartschaftsrecht [des Auflassungsempfängers, → § 925 Rn. 18] Habersack JuS 2000, 1145). **b) Die Rechtsposition des Erwerbers** (im Folgenden: **Anwärter**) ist trotz bindender Einigung unsicher, da der Veräußerer nicht verfügungsbeschränkt ist (→ Rn. 18 [b]) und daher den Erwerb durch anderweite Veräußerung verhindern kann (BGHZ 83, 395, 398; zur Kollusion → § 883 Rn. 1). Dagegen schützt den Anwärter zuverlässig nur die Eintragung einer **Vormerkung** zur Sicherung seines obligatorischen Anspruchs auf dingliche Rechtsänderung, § 883 (vgl BGHZ 45, 186, 193; Kuchinke JZ 1966, 798; ferner BGHZ 114, 161, 166; BGHZ 128, 188, OLG Frankfurt a.M. NJW-RR 1997, 1309, wo unzutr die Sicherung durch Vormerkung mit der Existenz eines Anwartschaftsrechts verbunden wird, dagegen Staudinger/C Heinze Rn. 184 mN); das ist möglich, weil der schuldrechtliche Anspruch (zB auf Eigentumsverschaffung gem § 433 I 1) auch nach der dinglichen Einigung (Auflassung) noch besteht (BGH NJW 1994, 2948 mN). Eine *gewisse Sicherheit* bietet dem Anwärter ferner die *Stellung des Eintragungsantrags* (§ 13 GBO), da dieser vor einem späteren Antrag des Veräußerers erledigt werden muss, § 17 GBO (aber Verstoß gegen § 17 GBO unbeachtlich, weil bloße Verfahrensvorschrift; das beeinträchtigt die Sicherheit des Anwärters, BGHZ 49, 197, 201 f.). **c) Die Rechtsposition** des Anwärters ist nach hM *übertragbar, pfändbar, verpfändbar,* wenn der Anwärter selbst den Eintragungsantrag gestellt hat und dieser weder zurückgenommen noch zurückgewiesen ist (BGH Rpfleger 1975, 432; verkürzend BGHZ 128, 184, 187 [Antrag genüge]; zur Problematik Münzberg FS Schiedermair, 1976, S. 439 ff.). **aa) Übertragung** erfolgt durch Einigung (§§ 873, 925) ohne Eintragung (BGHZ 114, 161, 164). Vollrechtserwerb erst mit Eintragung, direkt vom Veräußerer ohne Durchgangserwerb des Anwärters (BGHZ 49, 197, 205). **bb) Pfändung** ist gem § 857 ZPO möglich (BGHZ 49, 197, 203; Rpfleger 1975, 432). Ist eine Eigentumsanwartschaft gepfändet, so entsteht mit Eigentumserwerb des Anwärters (= Vollstreckungsschuldners) kraft Ges eine Sicherungshypothek zugunsten des Vollstreckungsgläubigers, § 848 II ZPO analog (BGHZ 49, 197, 206). **cc) Verpfändung** entspr

19 (beginning of para 3); 20 (at "b) Die Rechtsposition des Erwerbers"); 21 (at "c) Die Rechtsposition")

§ 1274 durch Einigung gem § 873 (bei Eigentumsanwartschaft: Auflassung, § 925) ohne Eintragung (BGHZ 49, 197, 202 f.). Ist eine Eigentumsanwartschaft verpfändet, so erlangt der Pfandgläubiger mit dem Eigentumserwerb des Anwärters eine
22 Sicherungshypothek, § 1287 S. 2 entspr (BGHZ 49, 197, 205). **d) Kondizierbar** ist die Rechtsposition des Anwärters insbes bei Nichtigkeit des Verpflichtungsgeschäfts
23 (dann Leistungskondiktion, § 812 I 1; s. aber § 814). **e) Str ist,** ob die Rechtsposition nach **§ 823 I** geschützt ist (ja: BGHZ 114, 161, 164 f.; → § 909 Rn. 3). BGHZ 45, 186, 192 f. (dazu Kuchinke JZ 1966, 797 f.) verneint, wenn ein wirksamer Umschreibungsantrag nicht (mehr) vorliegt.

IV. Die Eintragungsvoraussetzungen der GBO

24 **1. Antrag, § 13 I 1 GBO.** Eintragungen von Amts wegen sind selten, Bsp §§ 18 II, 53 GBO. **a) Formfrei** ist der Antrag als solcher, § 30 GBO. **b) Er ist verfahrensbegründende Prozesshandlung** (allgM), daher bedingungs- und befristungsfeindlich, § 16 I GBO (Ausnahme: II). **c) Antragsberechtigung:** §§ 13 I 2, 14 GBO (ihr Nachweis bedarf keiner bes Form, BGHZ 141, 347, 349); Betroffener: → Rn. 26, 28. Vollmacht (nicht: Antragsberechtigung!) des beurkundenden Notars
25 wird widerleglich vermutet, § 15 II GBO. **d) § 13 GBO ist reine Verfahrensvorschrift;** denn der Antrag gehört nicht zu den Voraussetzungen der materiellen Rechtsänderung. Liegen diese samt Eintragung vor, so tritt die Rechtsänderung auch ohne Antrag ein (BGHZ 141, 347, 349 f.). Decken sich Antrag und materiellrechtliche Eintragungsgrundlage (zB Auflassung) nicht und wird antragsgemäß eingetragen, so gilt → Rn. 9.

26 **2. Bewilligung, § 19 GBO. a) Begriff.** Sie ist einseitige, an das Grundbuchamt gerichtete Erklärung des Betroffenen, dass eine bestimmte Eintragung (positive: Änderung, Berichtigung; negative: Löschung) gestattet wird (Eintragungsbewilligung als Änderungs-, Berichtigungs- oder Löschungsbewilligung). Betroffen iSv § 19 GBO ist, wessen grundbuchmäßiges Recht durch die vorzunehmende Eintragung *rechtlich* beeinträchtigt wird oder zumindest nachteilig berührt werden kann (BGHZ 145, 133, 136). IdR hat das Grundbuchamt nur sie, nicht das Vorliegen der Einigung (§ 873) zu prüfen: *formelles Konsensprinzip;* Ausnahme: § 20 GBO
27 *(materielles Konsensprinzip),* ie → Rn. 14. **b) Rechtsnatur.** Sie ist, wie der Antrag, *Prozesshandlung* (BayObLG NJW-RR 1993, 284 mN), nicht etwa rechtsgeschäftliche Erklärung des formellen Rechts (offen BGHZ 84, 202, 207). Stellvertretung zulässig, § 181 anwendbar (BGHZ 77, 7, 9), § 180 unanwendbar (arg § 89 II ZPO). Die Regeln für rechtsgeschäftliche Verfügungen gelten entspr, insbes § 185. *Auslegung*
28 entspr → Rn. 17 (b), nicht → Rn. 35 (aA BGHZ 129, 1, 3 f.). **c) Bewilligungsbefugnis** (zum Betroffensein iSv § 19 GBO → Rn. 26). Sie beruht auf der *Verfügungsbefugnis* des Bewilligenden (OLG Hamburg NJW-RR 1999, 600 f.). Diese hat das Grundbuchamt von Amts wegen für den Zeitpunkt der Eintragung zu prüfen (BGH NJW 1963, 36 f.; BayObLG NJW-RR 1987, 398); zur Verfügungsbefugnis → Rn. 17 (a). Bewilligungsbefugt ist bei *Änderungsbewilligungen* grundsätzlich der wahre Berechtigte (zu §§ 185, 892 → Rn. 17 [a]), bei *Berichtigungsbewilligungen* der wahre Berechtigte oder der Buchberechtigte; denn entweder wird das wahre oder das Buchrecht durch die Eintragung beeinträchtigt (RG 133, 282; Baur/Stürner § 16 Rn. 32, 33); der Buchberechtigte scheidet aus, wenn die Vermutung des § 891 widerlegt ist (BGH NJW-RR 2006, 889). Einem Recht gleichgestellt sind: Vormerkung, Widerspruch, Verfügungsbeschränkung. Bzgl. der Berechtigung gilt für das
29 Grundbuchamt § 891. **d) Form:** § 29 GBO. **e) Einigung und Eintragungsbewilligung** sind zu *unterscheiden.* Diese kann in jener liegen. **f) §§ 9, 20 GBO** enthalten wie § 13 GBO *reine Verfahrensvorschriften.* Für ihre Verletzung gilt → Rn. 25. **g) Unnötig** ist die Bewilligung für Eintragungen von Amts wegen nach § 22 I GBO mit § 29 I 2 GBO und im Fall von § 20 GBO (→ Rn. 14); **ersetzt** wird sie zB gem § 885, § 26 GBO.

3. Voreintragung des Betroffenen, § 39 I GBO. a) Betroffener iSv § 19 GBO (→ Rn. 26). **b) Berichtigung** ist nötig, wenn er samt dem betr Recht nicht im Grundbuch steht. § 39 I GBO will erreichen, dass der Rechtsstand des Grundbuchs in allen Entwicklungsstufen und nicht nur in der Endstufe klar und verständlich wiedergegeben wird (BGHZ 18, 291, 293; sa NJW-RR 2006, 890). **c) § 39 I GBO ist** reine *Verfahrensvorschrift*. Für seine Verletzung gilt → Rn. 25. **d) Ausnahmen** von § 39 I GBO insbes in §§ 39 II, 40 GBO. Sa BGHZ 18, 291, 294. 30

4. Sonstiges. a) Vorlage des Briefes bei Briefgrundpfandrechten, §§ 41, 42 GBO. **b)** Verfügungen über Grundstücke sind wegen des davon berührten öffentl Interesses häufig an **behördliche Genehmigungen** geknüpft, zB nach § 22 GrEStG (Unbedenklichkeitsbescheinigung des Finanzamts), § 51 BauGB, § 2 GrdstVG. Übersichten bei Demharter § 19, 123 ff.; § 20, 55. 31 32

V. Die Eintragung

1. Inhalt. Ihr Inhalt richtet sich nach ihrem Gegenstand. Ein (eintragungsfähiges, → Rn. 3) Recht ist nach der Person des Berechtigten, nach Art und Inhalt (samt Bedingung und Befristung, s. OLG Düsseldorf OLGZ 1983, 352 ff.) zu bezeichnen; bei Vormerkung und Widerspruch muss der Berechtigte, bei relativem Verfügungsverbot die geschützte Person (RG 89, 159) angegeben werden. Sonst ist die Eintragung unwirksam (RG 89, 159). IÜ kann (Ermessen) zur Entlastung des Grundbuchs in ges bestimmten Fällen bei der Eintragung auf die Eintragungsbewilligung Bezug genommen werden, § 874. 33

2. Vollzug der Eintragung. Er tritt ein mit Unterschrift der zuständigen Beamten (dazu § 44 I GBO [abw §§ 129, 130 GBO, §§ 74, 75 GBV für das EDV-Grundbuch]; in BW nur Notar oder Rechtspfleger, OLG Karlsruhe Justiz 79, 336; § 149 I 1 Hs. 2 GBO). 34

3. Auslegung der Eintragung. → § 874 Rn. 5. Maßgebend sind deren nach Wortlaut und Sinn nächstliegende Bedeutung; außerhalb liegende Umstände sind verwertbar, soweit sie im konkreten Fall für jedermann ohne Weiteres erkennbar sind (BGH NJW-RR 2003, 1235 f. mN). Die Eintragung ist bedeutsam für den Eintritt von Rechtsänderungen **(§ 873),** die Vermutungen des **§ 891** und den **Rang** des Rechts (§ 879, sa § 900 II 2). 35

§ 874 Bezugnahme auf die Eintragungsbewilligung

[1]Bei der Eintragung eines Rechts, mit dem ein Grundstück belastet wird, kann zur näheren Bezeichnung des Inhalts des Rechts auf die Eintragungsbewilligung Bezug genommen werden, soweit nicht das Gesetz ein anderes vorschreibt. [2]Einer Bezugnahme auf die Eintragungsbewilligung steht die Bezugnahme auf die bisherige Eintragung nach § 44 Absatz 3 Satz 2 der Grundbuchordnung gleich.

1. Zweck des § 874. Entlastung des Grundbuchs. 1

2. Anwendungsbereich. a) Eintragung von Grundstücksbelastungen (nicht: Eigentum!), vgl ferner §§ 877, 885 II, § 14 I 3, II ErbbauRG, sa § 44 II, III GBO. Bezugnahme ist auch bei Grundstücksbelastungen und bei Verfügungsbeschränkungen zulässig (Staudinger/C HeinzeRn. 13, 14). **b) Bezugnahme nur** zur „näheren" Bezeichnung zulässig. Alles Wesentliche gehört in die Eintragung selbst (vgl → § 873 Rn. 33; BGH NJW 1983, 116). **c) Bezugnahme** auf **(S. 1)** Eintragungsbewilligung (§ 19 GBO, vgl → § 873 Rn. 26) oder **(S. 2)** „bisherige Eintragung" (§ 44 III 2 GBO); Bezeichnung der bezogenen Urkunde nicht entscheidend, ebenso nicht Einhaltung von § 29 GBO bzgl der Urkunde. **d)** Nach § 874 liegt es im **Ermessen** des Grundbuchamts, ob und wieweit es den § 874 ausnützt (abw § 44 II GBO: „soll"). **e) Ausgeschlossen** ist die Bezugnahme zB gem §§ 1115, 2 3 4

1116 II, 1184 II, 1190 I 2. **f) Unzulässig** ist die Bezugnahme, soweit der Kernbereich des dinglichen Rechts betroffen ist (zB Bedingung oder Befristung BGH RNotZ 2021, 23 Rn. 18 ff.).

5 **3. Wirkung.** Die zulässigerweise in Bezug genommene Urkunde ist hinsichtlich des bezogenen Teils ebenso Grundbuchinhalt wie die Eintragung selbst (BGHZ 35, 378, 381 f.; BGH RNotZ 2021, 23 Rn. 17) und nimmt am öffentl Glauben des Grundbuchs (§ 892) teil; für ihre Auslegung gilt → § 873 Rn. 35 (BGHZ 145, 16, 20 f.; NJW-RR 1995, 16). Inwieweit auf die Urkunde Bezug genommen ist, wird durch Auslegung ermittelt (§ 133). Unzulässige Bezugnahme ist wirkungslos (BGHZ 174, 61, 66).

§ 875 Aufhebung eines Rechts

(1) [1]**Zur Aufhebung eines Rechts an einem Grundstück ist, soweit nicht das Gesetz ein anderes vorschreibt, die Erklärung des Berechtigten, dass er das Recht aufgebe, und die Löschung des Rechts im Grundbuch erforderlich.** [2]**Die Erklärung ist dem Grundbuchamt oder demjenigen gegenüber abzugeben, zu dessen Gunsten sie erfolgt.**

(2) **Vor der Löschung ist der Berechtigte an seine Erklärung nur gebunden, wenn er sie dem Grundbuchamt gegenüber abgegeben oder demjenigen, zu dessen Gunsten sie erfolgt, eine den Vorschriften der Grundbuchordnung entsprechende Löschungsbewilligung ausgehändigt hat.**

1 **1. Anwendungsbereich. a) Aufhebung ist** die *rechtsgeschäftliche Beseitigung* beschränkter dinglicher Rechte an Grundstücken und an grundstücksgleichen Rechten (zB Erbbaurecht, s. ErbbauRG 11; Nießbrauch, DNotI-Report 2012, 25). Gilt entspr für Vormerkung (BGHZ 60, 46, 50). **b) Nicht** betrifft § 875: **aa)** außerrechtsgeschäftliche Beseitigung beschränkter dinglicher Rechte, zB durch Zuschlag (§§ 52 I 2, 91 I ZVG); **bb)** Eigentumsaufgabe, § 928; **cc)** Aufhebung von Nießbrauch und Pfandrecht an beschränkten dinglichen Grundstücksrechten, §§ 1072, 1273.

2 **2. Voraussetzungen. a) Aufgabeerklärung. aa)** Sie ist als Bestandteil des Verfügungstatbestands (→ Rn. 4) abstrakte einseitige empfangsbedürftige (vgl § 130) **Willenserklärung** (vgl BGHZ 60, 46, 50). Sie liegt idR in der gem § 19 GBO nötigen Löschungsbewilligung und umgekehrt (OLG Düsseldorf NZI 2019, 996 Rn. 13; sa II). **bb) Erklärungsberechtigt** ist der wahre Berechtigte oder der (nur) Verfügungsberechtigte, vgl → § 873 Rn. 17; § 893 Fall 2 gilt. **cc) Erklärungsempfänger** ist das zuständige Grundbuchamt oder der vom Wegfall des Rechts rechtlich Begünstigte, I 2. Begünstigt ist stets der Eigentümer. **dd) Formlos** ist die Erklärung materiellrechtlich wirksam. § 29 GBO hat nur *verfahrensrechtliche* Bedeutung. **ee) Bindung** der – wirksamen – Aufgabeerklärung tritt stets mit Löschung (→ Rn. 3) ein, vorher ist sie grundsätzlich widerruflich (vgl → § 873 Rn. 18 [a]). Entspricht die Löschungsbewilligung § 19 GBO, ist der Widerruf nach **II** ausgeschlossen. Auch die bindende Aufgabeerklärung begründet weder eine Verfügungsbeschränkung noch eine schuldrechtliche Aufgabepflicht (vgl → § 873 Rn. 18 [b,
3 c], sa BGH NJW 1980, 228). **b) Löschung** ist Grundbucheintragung mit negativem Inhalt, vgl § 46 I GBO. Die alte Eintragung wird nicht entfernt, sondern rot unterstrichen, §§ 17 II 1, 2, 17a GBV.

4 **3. Wirkung. a)** Aufgabeerklärung und Löschung zusammen bringen das Recht zum Erlöschen, sog Doppeltatbestand. Beide zusammen sind erst die Verfügung über das aufgehobene Recht. Erklärung und Löschung müssen gleichzeitig bestehen; Reihenfolge und zeitlicher Abstand sind gleichgültig (vgl auch → § 873 Rn. 10).
5 § 878 gilt. **b)** Die **Aufhebung eines Grundpfandrechts** ist nur mit Zustimmung des Eigentümers möglich (vgl §§ 1183, 1192, 1200). Zum Grund → § 1183 Rn. 1.

§ 876 Aufhebung eines belasteten Rechts

[1]Ist ein Recht an einem Grundstück mit dem Recht eines Dritten belastet, so ist zur Aufhebung des belasteten Rechts die Zustimmung des Dritten erforderlich. [2]Steht das aufzuhebende Recht dem jeweiligen Eigentümer eines anderen Grundstücks zu, so ist, wenn dieses Grundstück mit dem Recht eines Dritten belastet ist, die Zustimmung des Dritten erforderlich, es sei denn, dass dessen Recht durch die Aufhebung nicht berührt wird. [3]Die Zustimmung ist dem Grundbuchamt oder demjenigen gegenüber zu erklären, zu dessen Gunsten sie erfolgt; sie ist unwiderruflich.

1. Aufhebung eines belasteten Rechts (§ 875). Diese beseitigt Recht des Dritten und seine Belastung, zB das Pfandrecht an der aufgehobenen Grundschuld (gilt entspr für „belastende" Vormerkung, BayObLG Rpfleger 1987, 156). Daher muss der Drittberechtigte (Begriff wie → § 875 Rn. 2 [bb]) zustimmen, **S. 1.** 1

2. Aufgabe eines subj dinglichen Rechts. Will der Eigentümer des herrschenden Grundstücks ein **subj dingliches Recht** (§§ 1018 ff., 1094 II, 1105 II) am dienenden Grundstück aufgeben, so muss der Inhaber eines beschränkten dinglichen Rechts am herrschenden Grundstück, zB ein Hypothekengläubiger, (nur) zustimmen, wenn die Aufgabe sein Recht berührt, **S. 2.** Grund: Der Wert des Grundstücks und des beschränkten dinglichen Rechts *kann* durch die Aufhebung geschmälert werden, sa § 96. 2

3. Rechtsnatur. Zustimmung ist einseitige empfangsbedürftige (vgl § 130) Willenserklärung, abstrakt (→ Vor § 854 Rn. 13), materiellrechtlich formlos wirksam (zu § 29 GBO vgl → § 875 Rn. 2 [dd]) und unwiderruflich **(S. 3 Hs. 2).** Sie ist Verfügung (anders die Aufgabeerklärung, → § 875 Rn. 2, 4). 3

4. Wirkung. Das Recht erlischt nur, wenn die nötige Zustimmung vorliegt (arg § 876: „ist erforderlich"). Fehlt sie, so soll Löschung nicht erfolgen (§ 19 GBO; zur grundbuchrechtlichen Entbehrlichkeit § 21 GBO); andernfalls wird das Grundbuch durch Löschung unrichtig (Berichtigung können sowohl der Inhaber des belastenden wie der des gelöschten [belasteten] Rechts verlangen, hM), doch ist nachträgliche Zustimmung (§ 184, Staudinger/C Heinze Rn. 47; hM) möglich. 4

§ 877 Rechtsänderungen

Die Vorschriften der §§ 873, 874, 876 finden auch auf Änderungen des Inhalts eines Rechts an einem Grundstück Anwendung.

1. Anwendungsbereich. § 877 erfasst *rechtsgeschäftliche Änderungen,* die nicht Belastung, Übertragung (§ 873), Aufhebung (§ 875) oder Rangänderung (§ 880) des bestehenden Rechts sind, zB Umwandlung von Hypothek in Grundschuld, § 1198 (BGH NJW 1968, 1674). Erhöhung des Hypothekenkapitals ist Neubegründung einer Hypothek (RG 143, 428); bloße Zinserhöhung ist Inhaltsänderung (→ § 1119 Rn. 1, 2). 1

2. Voraussetzungen. Erforderlich sind: Einigung zwischen Berechtigtem (→ § 873 Rn. 17 [a]) und Eigentümer (§ 873), Eintragung (§ 873, mit Möglichkeit der Bezugnahme: § 874), Zustimmung eines Drittberechtigten (§ 876). 2

§ 878 Nachträgliche Verfügungsbeschränkungen

Eine von dem Berechtigten in Gemäßheit der §§ 873, 875, 877 abgegebene Erklärung wird nicht dadurch unwirksam, dass der Berechtigte in der Verfügung beschränkt wird, nachdem die Erklärung für ihn bindend geworden und der Antrag auf Eintragung bei dem Grundbuchamt gestellt worden ist.

1 **1. Allgemeines.** Zwischen Erklärung und Eintragung (diese Reihenfolge entspricht der Regel) kann geraume Zeit liegen. § 878 schützt Verfügenden und Verfügungsempfänger vor den mit der Dauer bis zur Eintragung verbundenen Risiken (vgl BGH NJW 2017, 1546 Rn. 16: nach Art 14 GG grundrechtlich geschützter Gestaltungswille). **a) Bei Eintritt von Geschäftsunfähigkeit oder Tod** des Verfügenden in der Zwischenzeit gilt § 130 II. War die wirksame Erklärung bindend (§§ 873 II, 877, 875 II), dann bleibt sie es (vgl BGHZ 32, 367, 369); mit der Eintragung vollzieht sich die Rechtsänderung. War die Erklärung nicht bindend, so kann sie der Erbe widerrufen. Ist ein **Betreuer** für den betr Aufgabenkreis bestellt, so kann er widerrufen (§ 1902; ggf bedarf der Betreute für eigenen Widerruf der
2 Einwilligung des Betreuers, § 1903). **b) Für Verfügungsbeschränkungen** gilt § 878.

3 **2. Grundsatz.** Der Berechtigte (→ § 873 Rn. 17 [a]) muss *bei Eintritt der Rechtsänderung* – hier: bei Eintragung – verfügungsbefugt sein (BGHZ 136, 88, 92; NJW 2001, 359).

4 **3. Ausnahme in § 878. a) Voraussetzungen.** Ist die wirksame Erklärung bindend (§§ 873 II, 875 II, 877) und der Eintragungsantrag gestellt (§ 13 I 1, II GBO), so bleibt eine danach eintretende Beschränkung (auch Entziehung, Wegfall) der Verfügungsbefugnis insoweit wirkungslos; denn der Verfügende hat alles seinerseits Erforderliche und Mögliche für die Eintragung getan. Auch der vom Verfügenden gestellte Eintragungsantrag bleibt wirksam (Staudinger/C Heinze Rn. 50 mN; offen gelassen von BGH NJW-RR 1988, 1275); eine Rücknahme durch den Insolvenzverwalter ist wegen der Schutzfunktion von § 878, § 91 InsO unzulässig (Häsemeyer, Insolvenzrecht, 4. Aufl. 2007, Rn. 10. 31; Jaeger/Windel § 91 Rn. 118; aA Staudinger/C Heinze Rn. 51 mN); zusätzlicher eigener Antrag des Erwerbers ist empfehlenswert. Mit der Eintragung tritt die Rechtsänderung ein (zu den weiteren Erwerbsvoraussetzungen bei Grundpfandrechten, die ebenfalls zZ der Eintragung vorliegen müssen, vgl → § 1113 Rn. 13; KG NJW 1975, 879; Dieckmann FS Schiedermair, 1976, 98). War zZ der Verfügungsbeschränkung die Erklärung nicht bindend oder
5 der Eintragungsantrag nicht gestellt, so wird die Erklärung wirkungslos. **b) Anwendungsbereich.** § 878 betrifft nur *rechtsgeschäftliche* Erklärungen gem §§ 873, 875, 877 (str). § 878 gilt entspr für die Bewilligung einer Vormerkung (BGH NJW 2006, 2559 mN), für die Zustimmung gem § 1183. § 878 gilt *nicht,* auch nicht analog, für den Erwerb in der *Zwangsvollstreckung* (BGHZ 9, 250, 252 ff.; Staudinger/C
6 Heinze Rn. 12, 13; hM). **c) Mögliche Verfügungsbeschränkungen** sind zB gerichtl Veräußerungsverbote (§§ 136, 135, § 938 II ZPO), Eröffnung des Insolvenzverfahrens (§ 80 I InsO), Anordnung der Zwangsversteigerung (§§ 20 I, 23 I ZVG); zur Terminologie (relative und absolute Verfügungsbeschränkungen) vgl → § 873 Rn. 3.

§ 879 Rangverhältnis mehrerer Rechte

(1) [1]**Das Rangverhältnis unter mehreren Rechten, mit denen ein Grundstück belastet ist, bestimmt sich, wenn die Rechte in derselben Abteilung des Grundbuchs eingetragen sind, nach der Reihenfolge der Eintragungen.** [2]**Sind die Rechte in verschiedenen Abteilungen eingetragen, so hat das unter Angabe eines früheren Tages eingetragene Recht den Vorrang; Rechte, die unter Angabe desselben Tages eingetragen sind, haben gleichen Rang.**

(2) **Die Eintragung ist für das Rangverhältnis auch dann maßgebend, wenn die nach § 873 zum Erwerb des Rechts erforderliche Einigung erst nach der Eintragung zustande gekommen ist.**

(3) **Eine abweichende Bestimmung des Rangverhältnisses bedarf der Eintragung in das Grundbuch.**

§ 880 Rangänderung

(1) **Das Rangverhältnis kann nachträglich geändert werden.**

(2) **[1]Zu der Rangänderung ist die Einigung des zurücktretenden und des vortretenden Berechtigten und die Eintragung der Änderung in das Grundbuch erforderlich; die Vorschriften des § 873 Abs. 2 und des § 878 finden Anwendung. [2]Soll eine Hypothek, eine Grundschuld oder eine Rentenschuld zurücktreten, so ist außerdem die Zustimmung des Eigentümers erforderlich. [3]Die Zustimmung ist dem Grundbuchamt oder einem der Beteiligten gegenüber zu erklären; sie ist unwiderruflich.**

(3) **Ist das zurücktretende Recht mit dem Recht eines Dritten belastet, so findet die Vorschrift des § 876 entsprechende Anwendung.**

(4) **Der dem vortretenden Recht eingeräumte Rang geht nicht dadurch verloren, dass das zurücktretende Recht durch Rechtsgeschäft aufgehoben wird.**

(5) **Rechte, die den Rang zwischen dem zurücktretenden und dem vortretenden Recht haben, werden durch die Rangänderung nicht berührt.**

§ 881 Rangvorbehalt

(1) **Der Eigentümer kann sich bei der Belastung des Grundstücks mit einem Recht die Befugnis vorbehalten, ein anderes, dem Umfang nach bestimmtes Recht mit dem Rang vor jenem Recht eintragen zu lassen.**

(2) **Der Vorbehalt bedarf der Eintragung in das Grundbuch; die Eintragung muss bei dem Recht erfolgen, das zurücktreten soll.**

(3) **Wird das Grundstück veräußert, so geht die vorbehaltene Befugnis auf den Erwerber über.**

(4) **Ist das Grundstück vor der Eintragung des Rechts, dem der Vorrang beigelegt ist, mit einem Recht ohne einen entsprechenden Vorbehalt belastet worden, so hat der Vorrang insoweit keine Wirkung, als das mit dem Vorbehalt eingetragene Recht infolge der inzwischen eingetretenen Belastung eine über den Vorbehalt hinausgehende Beeinträchtigung erleiden würde.**

§ 882 Höchstbetrag des Wertersatzes

[1]Wird ein Grundstück mit einem Recht belastet, für welches nach den für die Zwangsversteigerung geltenden Vorschriften dem Berechtigten im Falle des Erlöschens durch den Zuschlag der Wert aus dem Erlös zu ersetzen ist, so kann der Höchstbetrag des Ersatzes bestimmt werden. [2]Die Bestimmung bedarf der Eintragung in das Grundbuch.

Anmerkungen zu den §§ 879–882

1. Allgemeines. a) Bedeutung des Ranges. Ein Grundstück kann mit meh- 1
reren gleich- oder verschiedenartigen *beschränkten dinglichen Rechten* belastet sein. Unter ihnen bestehen Rangverhältnisse, deren Bedeutung sich (spätestens) in einer Zwangsversteigerung des Grundstücks zeigt: Je schlechter der Rang, desto höher das Risiko des Berechtigten, leer auszugehen („auszufallen", §§ 10, 44, 52 I, 91 I ZVG); das höhere Risiko muss bezahlt werden, insbes durch höhere Zinsen für rangschlechte(re) Grundpfandrechte. **b) § 879** gibt allg Grundlage für die Rang- 2
verhältnisse, **§ 880** betrifft die nachträgliche Rangänderung, **§ 881** den Rangvorbehalt.

3 **2. Allg. Grundlage für die Rangverhältnisse, § 879. a) Eintragung mehrerer Rechte in derselben Abteilung.** Es entscheidet grundsätzlich die *räumliche Reihenfolge* der Eintragungen, § 879 I 1 (hM). Sie entspricht wegen §§ 17, 45 I Hs. 1 GBO (Verfahrensvorschriften, → Rn. 5) normalerweise der zeitlichen Reihenfolge der Antragstellung und Eintragung. Für gleichzeitig gestellte Anträge schreibt § 45 I Hs. 2 GBO Rangvermerk vor. Stimmen räumliche und zeitliche Reihenfolge der Eintragungen nicht überein, zB wegen Eintragung in einem freigelassenen Raum (entgegen § 21 III GBV), so gilt die zeitliche Reihenfolge (MüKo-BGB/Lettmaier
4 § 879 Rn. 24–29 mN, str). **b) Eintragung mehrerer Rechte in verschiedenen Abteilungen** (II oder III). Es entscheidet stets das angegebene *Datum,* § 879 I 2, auch wenn es falsch ist (hM). Die Reihenfolge entspricht idR der zeitlichen Reihenfolge von Antragstellung und Eintragung, vgl § 17 GBO. § 45 II GBO will den zeitlichen Vorrang eines Antrags auch im Falle des § 879 I 2 Hs. 2 durchsetzen; iÜ
5 gilt: gleiches Datum, gleicher Rang. **c) Die Eintragung bestimmt** den Rang, § 879 I, II. Ein Verstoß gegen die Verfahrensvorschriften §§ 17, 45 GBO ist für die Rangverhältnisse unbeachtlich; ein Recht auf den zustehenden besseren Rang ist in §§ 17, 45 GBO nicht enthalten. Es besteht wegen Verletzung der Amtspflicht aus §§ 17, 45 GBO durch den Grundbuchführer ein Anspruch aus Art. 34 GG, § 839 (BGHZ 21, 98, 101), aber kein Berichtigungsanspruch (das Grundbuch ist richtig: § 879!), kein Bereicherungsanspruch gegen den Begünstigten (BGHZ 21, 98, 98 ff.; Hoche JuS 1962, 60 ff.). Zur Eintragung unter Verstoß gegen eine Rang-
6 vereinbarung (§ 879 III) vgl → Rn. 7. **d) Gem. § 879 II** richtet sich der Rang auch dann nach der Eintragung, wenn ihr die Einigung und damit die Entstehung des
7 Rechts nachfolgt. **e) Abw. Regelung** der Rangverhältnisse ist von vornherein möglich, § 879 III, § 45 III Fall 2 GBO (zur nachträglichen Änderung: § 880). Erforderlich: Einigung der Beteiligten (§ 873 I) und Eintragung (dazu § 18 GBV). Die Rangbestimmung ist stets Teil der dinglichen Einigung, zumeist auch Gegenstand des zugrundeliegenden Verpflichtungsgeschäfts. Decken sich Einigung und Eintragung (Rangvermerk) nicht, so gilt § 139 (BGH NJW-RR 1990, 206).

8 **3. Nachträgliche rechtsgeschäftliche Rangänderung.** Sie lässt ein bereits bestehendes Recht zugunsten eines anderen Rechts im Rang zurücktreten, **§ 880 I.** Das andere Recht kann bereits eingetragen sein oder erst zusammen mit der Rangänderung eingetragen werden (RG 157, 27). **a) Erforderlich:** Einigung zwischen den Inhabern des vor- und zurücktretenden Rechts und Eintragung, § 880 II 1 (zur Eintragung § 18 GBV; Änderungsvermerk bei zurücktretendem Recht genügt, MüKo-BGB/Lettmaier Rn. 10); materiellrechtliche Zustimmung des Eigentümers bei Zurücktreten eines Grundpfandrechts (ist idR in der Eintragungsbewilligung enthalten), § 880 II 2 (Grund: Rangverschlechterung des möglichen künftigen Eigentümergrundpfandrechts, s. §§ 1179a V, 1179b II), sa §§ 1151, 1192; Zustim-
9 mung eines am zurücktretenden Recht Drittberechtigten, § 880 III. **b) Wirkung.** Das vortretende Recht behält seinen Rang auch bei Aufhebung (§ 875) des zurücktretenden Rechts, § 880 IV. Zwischenberechtigte werden vom Rangwechsel nicht berührt, § 880 V, und brauchen ihm daher nicht zuzustimmen.

10 **4. Der Rangvorbehalt, § 881.** Er soll einem erst später zu bestellenden, im Umfang festgelegten Recht den Vorrang vor einem jetzt schon zu bestellenden Recht sichern. **a) Erforderlich:** Einigung zwischen Eigentümer und Erwerber des mit dem Vorbehalt belasteten Rechts (§ 873 I) und Eintragung des Vorbehalts bei
11 diesem Recht, § 881 II. **b)** Wenn **vor Eintragung** des vorbehaltenen Rechts andere Rechte **(„Zwischenrechte")** eingetragen werden, entstehen relative Rangverhält-*nisse,* § 881 IV. Sie können den Vorbehalt bei einer Zwangsversteigerung nutzlos machen (s. MüKo-BGB/Lettmaier Rn. 16–22). Deshalb spielt § 881 für Grundpfandrechte praktisch keine Rolle. Hier wird zwecks Rangwahrung vor späteren Belastungen eine Eigentümergrundschuld eingetragen (vgl BGHZ 64, 316, 321; sa § 1196 III); zu den verbleibenden Problemen Baur/Stürner § 17 Rn. 32; Eickmann NJW 1981, 545 ff.

§ 883 Voraussetzungen und Wirkung der Vormerkung

(1) [1]**Zur Sicherung des Anspruchs auf Einräumung oder Aufhebung eines Rechts an einem Grundstück oder an einem das Grundstück belastenden Recht oder auf Änderung des Inhalts oder des Ranges eines solchen Rechts kann eine Vormerkung in das Grundbuch eingetragen werden.** [2]**Die Eintragung einer Vormerkung ist auch zur Sicherung eines künftigen oder eines bedingten Anspruchs zulässig.**

(2) [1]**Eine Verfügung, die nach der Eintragung der Vormerkung über das Grundstück oder das Recht getroffen wird, ist insoweit unwirksam, als sie den Anspruch vereiteln oder beeinträchtigen würde.** [2]**Dies gilt auch, wenn die Verfügung im Wege der Zwangsvollstreckung oder der Arrestvollziehung oder durch den Insolvenzverwalter erfolgt.**

(3) **Der Rang des Rechts, auf dessen Einräumung der Anspruch gerichtet ist, bestimmt sich nach der Eintragung der Vormerkung.**

1. Bedeutung, Begriff und Wesen der Vormerkung. a) Die Bedeutung 1
zeigt am besten ein Bsp: E verkauft sein Grundstück an A und lässt es ihm auf. Vor Eintragung des A verkauft E es (für einen erheblich höheren Preis) an B, Auflassung und Eintragung folgen unmittelbar. B ist unangreifbar Eigentümer geworden (außer bei Kollusion zwischen E und B, § 826); A kann daher nicht mehr Eigentümer werden; dem E ist die Erfüllung (§ 433 I 1) unmöglich geworden, A daher auf Schadensersatz verwiesen (§§ 275, 280 I 1, 283). Gegen diesen Verlust seines Anspruchs auf Eigentumsverschaffung kann sich A durch rechtzeitige Eintragung einer Auflassungsvormerkung sichern (daher Belehrungspflicht des Notars, BGH NJW 1989, 103). Mit ihrer Hilfe kann er seinen Anspruch aus § 433 I 1 trotz Übereignung an B durchsetzen (dem E wird die Erfüllung also nicht unmöglich); iE vgl → Rn. 14. Diese Möglichkeit der Anspruchsdurchsetzung wird idR schon die Vornahme vormerkungswidriger Verfügungen verhindern. **b) Begriff.** Die Vor- 2
merkung *sichert* einen *obligatorischen Anspruch auf dingliche Rechtsänderung,* genauer: auf Einräumung, Aufhebung, Inhalts- oder Rangänderung eines eintragungsfähigen dinglichen Rechts an einem Grundstück oder Grundstücksrecht (vgl BGHZ 34, 254, 257). Ihr Entstehen und Fortbestehen hängt von der Existenz des zu sichernden Anspruchs ab: Die Vormerkung ist *streng akzessorisch* (BGHZ 161, 170, 177). **c) Das** 3
„Wesen“ der Vormerkung ist str. Begriffsjuristische Deduktionen beherrschen das Feld (aus ihrem „Wesen“ – dingliches Recht oder Grundbuchvermerk – wird die [Nicht-]Anwendbarkeit von § 892 gefolgert usw; Übersicht bei Staudinger/Kesseler Rn. 21 ff.). Damit wird die Eigenart der Vormerkung nicht erfasst: Sie verhilft einem obligatorischen Anspruch auf dingliche Rechtsänderung zu beträchtlichen dinglichen Wirkungen (BGHZ 34, 254, 257 f.; 60, 49), vgl → Rn. 13–22.

2. Der gesicherte Anspruch. a) Nur obligatorische Ansprüche des Privat- 4
rechts sind vormerkungsfähig, aber nicht bloß solche aus dem Buch 2 des BGB (Bsp: Anspruch aus Vermächtnis nach Erbfall, §§ 2174, 2176, vgl BGHZ 12, 115, 117). Inhalt und Gegenstand müssen zumindest eindeutig bestimmbar sein. *Schuldgrund* kann RGeschäft (auch Erbvertrag nach Erbfall, nicht vorher: BGHZ 12, 115, *117 ff.; vgl* → Rn. 8), Ges (zB §§ 648 [s. aber § 648a IV], 812; nicht hierher gehören §§ 1179a, b) oder Richterspruch (zB gem § 1383) sein. **b) Zum Inhalt: I 1.** Prak- 5
tisch wichtig sind Auflassungs- und Löschungsvormerkung (dazu § 1179; bes gilt für §§ 1179a, b, vgl → § 1179a Rn. 10). Anspruch muss sich auf eintragungs*fähiges* (nicht nötig eintragungsbedürftiges) Recht beziehen; andernfalls ist die Vormerkung wirkungslos (RG 55, 273). **c) Rechtswirksam** muss der Anspruch sein (BGHZ 6
161, 170, 177; Ausnahme → Rn. 7) und bleiben, sonst entsteht die Vormerkung trotz Eintragung nicht oder erlischt, Grundbuch wird unrichtig (BayObLG NJW-RR 1997, 1446). Folge: Berichtigung möglich, § 894; Widerspruch, § 899, unzulässig, weil Vormerkung hier nicht vom öffentl Glauben des Grundbuchs erfasst wird, allgM, vgl → Rn. 25). Ist der gesicherte Anspruch erloschen, so ist es auch die

Vormerkung: zu deren Wiederverwendung zwecks Sicherung eines inhaltsgleichen
7 oder erweiterten Anspruchs → § 885 Rn. 10. **d) Ein künftiger oder aufschiebend bedingter Anspruch** genügt, **I 2** (auflösend bedingter besteht bis zum Bedingungseintritt, daher problemlos). Der künftige Anspruch besteht (noch) nicht (Ausnahme von → Rn. 6); das gilt auch für den aufschiebend bedingten (str). „Bedingt" ist entgegen dem Wortlaut von I 2 nicht der Anspruch (vgl Mot. I 256), sondern seine Grundlage, das RGeschäft (§ 158 I). Dieses besteht als gegenwärtiges ab Vornahme. In ihm ist der bedingte Anspruch „begründet" (BGHZ 38, 369, 371), doch „besteht" er vor Bedingungseintritt noch nicht (widersprüchlich BGHZ 151, 116,
8 122; krit zur „Rechtsbodenlehre" Berger FS Kollhosser, 2004, II 36 ff.). **aa) Ein künftiger Anspruch** ist vormerkungsfähig, wenn er nach Inhalt und Gegenstand mindestens bestimmbar ist (BGHZ 61, 209, 211). Daher muss bereits jetzt eine feste inhaltsbestimmende Grundlage des Anspruchs vorhanden sein, BGHZ 151, 116, 121 (die aber kein aufschiebend bedingtes RGeschäft ist, sonst gilt → Rn. 9), zB ein bindendes Vertragsangebot (BGHZ 149, 1, 3; zur Verlängerung der Annahmefrist OLG Frankfurt a. M. NJW-RR 1993, 1489 f.), der künftige Rückgewähranspruch nach § 531 II (vgl BayObLG NJW-RR 2001, 1529 f., dazu sa BGHZ 151, 116, 122 f.), der Rückübertragungsanspruch für den Fall der künftigen Geschäftsunfähigkeit des Erwerbers (OLG München FGPrax 2014, 52). Der künftige Anspruch genießt schon jetzt Vormerkungsschutz, nicht erst nach seiner Entstehung (BGHZ 149, 1, 6; NJW 2006, 2409). Eine mehr oder weniger aussichtsreiche tatsächliche Möglichkeit genügt nicht, zB *nicht:* Vermächtnisanspruch vor (sondern erst nach) Erbfall (BGHZ 12, 115, 118); wegen § 125 nichtiger Übereignungsanspruch (Heilung, § 311b I 2, hilft nicht, da ohne Rückwirkung: BGH NJW 1983, 1545); Anspruch, dessen Entstehen von der blanken Willkür des künftig Verpflichteten abhängt (BGHZ 148, 187, 192 f.; NJW 2006, 2409, je mN). Nicht notwendig ist, dass die Entstehung des Anspruchs *allein* im Willen des künftig Berechtigten liegt (BayObLG Rpfleger 1977, 361; zust Ertl, Rpfleger 1977, 346; auch BGH NJW 2006, 2408 [nur Bsp]). – AA BGH WM 1981, 1358 mN, zurückhaltend NJW
9 1981, 446 f.). **bb) Ein aufschiebend bedingter Anspruch** ist zwar ein künftiger Anspruch (→ Rn. 7), aber durch das bestehende bedingte RGeschäft nach Inhalt und Gegenstand mindestens bestimmbar (BGHZ 151, 116, 122). Zulässige Bedingung ist auch die Potestativbedingung (→ § 158 Rn. 3; BGHZ 151, 116, 122 f.: vereinbarter Rückübertragungsanspruch bei grobem Undank iSv § 530), nicht die Wollensbedingung (→ § 158 Rn. 4), bei der ein gültiges bedingtes RGeschäft und damit ein vormerkungsfähiger bedingter Anspruch fehlt, aber künftiger ist gegeben,
10 Staudinger/Kesseler Rn. 198. **e) Personenidentität** muss bestehen einerseits zwischen Anspruchsinhaber und Vormerkungsberechtigtem, andererseits zwischen Anspruchsgegner und Inhaber des von der Vormerkung betroffenen Rechts, BGHZ 134, 182, 188; OLG Stuttgart NJW-RR 2018, 1169 Rn. 19) (Ausnahme: § 1179). Der *Anspruchsinhaber* muss zumindest *bestimmbar* sein, obj Maßstab entscheidet (genügend: die jeweiligen Eigentümer eines bestimmten Grundstücks, RG 128, 248 ff.). Bei unechtem Vertrag zgDr Vormerkung nur für Versprechensempfänger, nicht für
11 Dritten möglich (BGH NJW 2009, 357). **f) Besteht der zu sichernde Anspruch,** so hat der Berechtigte einen **ges Anspruch auf** Eintragung einer **Vormerkung** (hM; aA Westermann § 82 II 2). Die Gegenansicht führt dazu, dass bei der einstw Verfügung beide Ansprüche verwechselt werden und letzterer der „zu sichernde" (§ 885 I 2) sein soll: Dempewolf NJW 1957, 1259; sa MüKo-BGB/Lieder § 1179 Rn. 15 (dazu → § 1179 Rn. 15).

12 **3. Entstehungsvoraussetzungen. a)** Vormerkungsfähiger Anspruch (→ Rn. 4); **b)** Bewilligung oder einstw Verfügung, § 885 (vgl dort → § 885 Rn. 2–9); **c)** Eintragung (→ § 885 Rn. 10–12).

13 **4. Wirkungen. a) Keine Grundbuchsperre** (allgM); *keine Verfügungsbeschränkung* iSd §§ 878, 892 (hM); bei vormerkungswidriger Verfügung wird Grundbuch nicht unrichtig iSv § 894 und gehen die Pflichten des Anspruchsgegners nicht kraft

Ges auf den Erwerber über (etwa bei der Auflassungsvormerkung kein Übergang der Pflichten aus § 433 I auf den Erwerber, vgl Bsp → Rn. 1). Vielmehr: **b) Begrenzte** 14
Unwirksamkeit der Verfügung des Anspruchsgegners (→ Rn. 10), im Falle von → § 1179 Rn. 12 die eines Dritten, in doppelter Hinsicht (BGHZ 105, 259 261; hM): nur *soweit* sie den gesicherten Anspruch vereiteln oder *beeinträchtigen* würde (**obj** Begrenzung, **II 1;** BGH NJW-RR 2008, 102) und nur *zugunsten* des *Anspruchsinhabers* (**subj** Begrenzung, die zur relativen Unwirksamkeit [→ Vor § 104 Rn. 19] führt; **§ 888 I**). Die **Unwirksamkeit** wird **nur beachtet,** wenn sich der Anspruchsinhaber gem § 888 I auf sie beruft (BGH NJW 2009, 357); daher kann er auf sie auch verzichten und damit die Verfügung genehmigen (BGH DtZ 1997, 226; → Rn. 22). **c) Bsp:** Im Fall → Rn. 1 *(Auflassungsvormerkung)* ist die Übereignung 15
an B, weil vormerkungswidrig, unwirksam, aber nur dem A gegenüber (→ Vor § 104 Rn. 19). Für ihn ist E noch Eigentümer (keine Unmöglichkeit, daher kann A von E Erfüllung verlangen, → § 888 Rn. 1). Eintragung des A als Eigentümer wegen § 19 GBO nur möglich, wenn B zustimmt; auf diese Zustimmung hat A Anspruch (§ 888 I). Vormerkungswidrig ist bei der Auflassungsvormerkung jede andere Verfügung über das Grundstück, zB Bestellung eines Grundpfandrechts, sofern sie nicht erlaubt ist (vgl BGH NJW 1981, 981 [krit Lehmann NJW 1993, 1559], → Rn. 22). Ist ein Grundpfandrecht vormerkungswidrig eingetragen worden, so kann A Zustimmung zur Löschung verlangen (BGHZ 99, 385, 388). Die Zustimmung (§ 888 I) ist nur formelle Eintragungsvoraussetzung (§ 19 GBO, vgl → § 873 Rn. 26); ihr Fehlen hindert nicht den Eintritt der dinglichen Rechtsänderung (hM). – Besteht zugunsten des X eine *Vormerkung auf Belastung des Grundstücks,* zB durch eine Grundschuld, und wird vor endgültiger Eintragung dieser Belastung eine andere zugunsten des Y eingetragen, so liegt keine vormerkungswidrige Verfügung vor. Grund: Die endgültig eingetragene Belastung zugunsten des X geht der zugunsten des Y ohne Weiteres im Rang vor, III. Einer Zustimmung bedarf es nicht, § 888 ist unanwendbar. – *Besteht* bei Eintragung einer Auflassungsvormerkung bereits eine *Eigentümergrundschuld,* so ist deren spätere Abtretung keine vormerkungswidrige Verfügung über das Grundstückseigentum (BGH NJW 1994, 129).
d) Erfasst werden nicht nur rechtsgeschäftliche (II 1), sondern *auch Verfügungen im* 16
Wege der Zwangsvollstreckung (auch Vollzug einer einstweiligen Verfügung [§ 935 ZPO], BGHZ 54, 56, 61), des Arrestvollzugs oder durch den Insolvenzverwalter, **II 2.** Dem Berechtigten einer Auflassungsvormerkung gegenüber ist die Erwirkung einer Arresthypothek (§ 932 ZPO) unwirksam. Abhilfe nach §§ 883 II, 888 I (vgl → Rn. 15); § 771 f. ZPO unanwendbar (OLG Hamburg MDR 1963, 509). **Nicht erfasst** wird *Erwerb kraft Ges* (s. OLG Frankfurt a. M. KTS 1984, 166). **e) Vermie-** 17
tung und Verpachtung stehen den Verfügungen *nicht* gleich (BGH NJW 1989, 451; iE Staudinger/Kesseler Rn. 249 mN; MüKo-BGB/Lettmaier Rn. 65). **f) Vormer-** 18
kung wirkt rangwahrend, III. Gilt für die Auflassungsvormerkung nur im Verhältnis zu anderer Auflassungsvormerkung (MüKo-BGB/Lettmaier Rn. 84); bei gleichrangigen Auflassungsvormerkungen soll sich die erste Übereignung durchsetzen („Prioritätstheorie": OLG Naumburg NJW-RR 2000, 1185 f. mN; Staudinger/Kesseler Rn. 344, str). Das Eigentum ist als das umfassende Vollrecht nicht rangfähig (BGHZ 170, 378, 385). Daher sind ranggleiche Auflassungsvormerkungen nicht *eintragungsfähig* (Baur/Stürner § 20 Rn. 49). Gegenüber vorgemerkter Grundstücksbelastung ist nachträgliche Belastung keine vormerkungswidrige Verfügung, weil sie der vorgemerkten im Rang nachsteht, III (→ Rn. 15). Widerstreitende Verfügungsverbote haben untereinander keinen Rang, maßgebend ist daher ihre zeitliche Reihenfolge (BGH NJW 2008, 378). Zur grundbuchtechnischen Verdeutlichung des Vorrangs §§ 12 I, 19 GBV, dazu § 879 I 1. **g) Im Insolvenzverfahren** 19
des Anspruchsgegners ist die Vormerkung idR insolvenzfest (§ 106 InsO, auch § 254 II 1 InsO; zur möglichen Hinfälligkeit über § 174a ZVG Stöber NJW 2000, 3600 ff.), aber anfechtbar gem § 129 ff. InsO (nicht nach § 131 InsO, weil Vormerkung keine inkongruente Deckung, BGHZ 34, 254, 257 ff. zu KO 30 Nr. 2). Auflassungsvormerkung führt zur Aussonderung (§ 47 InsO), Grundpfandrechtsvor-

merkung zur abgesonderten Befriedigung (§ 49 InsO). Die Vormerkung muss vor
Eröffnung des Insolvenzverfahrens eingetragen sein; doch gelten für die *bewilligte*
Vormerkung § 878, § 91 II InsO entspr (BGHZ 138, 179, 186 zu KO 15 S. 2).
Für § 106 InsO spielt der Eintragungsgrund (§ 885 I 1, § 895 ZPO) keine Rolle.
Vormerkungswidrige Verfügungen des Insolvenzverwalters sind nach allg Grundsät-
20 zen (II 1, § 888 I, vgl → Rn. 14) unwirksam, II 2. **h) In der Zwangsversteige-
rung** und -verwaltung ist der Vormerkungsberechtigte Beteiligter (§ 9 Nr. 1 ZVG).
Sein vorgemerktes Recht wird wie ein eingetragenes berücksichtigt (§ 48 ZVG),
sofern es, endgültig eingetragen, das Grundstück neu und selbstständig belasten
würde (BGHZ 53, 47, 49); sie sind in das geringste Gebot aufzunehmen (BGH
NJW 2012, 2654); zum Rang § 10 I Nr. 4 ZVG. Ob die Vormerkung das Vollstre-
ckungsverfahren übersteht (und nach allg Grundsätzen, → Rn. 14, durchgesetzt
werden kann) oder erlischt (§ 91 ZVG), richtet sich vor allem danach, ob das vorge-
merkte Recht dem Recht des betreibenden Gläubigers vorgeht oder nicht, dazu
§§ 10–13 ZVG. Einzelheiten bei Staudinger/Kesseler Rn. 351–367 mN. Zur
Gefährdung der Vormerkung durch § 174a ZVG bei Versteigerung durch den Insol-
21 venzverwalter Stöber NJW 2000, 3600 ff.; → Rn. 19. **i) Eingetragen** (und nicht
gelöscht: BGH NJW 1991, 1113) muss die Vormerkung spätestens in dem Zeitpunkt
sein, in dem die vormerkungswidrige Verfügung vollendet (dazu → § 873 Rn. 13)
ist; unschädlich, dass Vormerkung unter Verletzung von § 17 GBO vor dieser Verfü-
22 gung eingetragen ist (BGH DtZ 1995, 101). **j) Zustimmung** des Vormerkungsbe-
rechtigten zur Verfügung (§§ 182 ff.; LM Nr. 2 mN) macht sie wirksam (→ Rn. 14;
Gursky DNotZ 1998, 274 ff., auch zum „Wirksamkeitsvermerk" im Grundbuch [zu
23 ihm BayObLG NJW-RR 2004, 736 f.]). **k) Erlischt die Vormerkung** (→ § 886
Rn. 1) vor Durchsetzung des gesicherten Anspruchs, so wird die vormerkungswid-
rige Verfügung wirksam (BGHZ 117, 390, 392).

24 **5. Übertragung. a)** Übertragung **aa)** des gesicherten *Anspruchs:* Nach allg
Regeln; Vormerkung geht mit, § 401 entspr (BGH NJW 1994, 2947 f.; aber
→ § 886 Rn. 1 [cc]). Grundbuch wird unrichtig; Berichtigung, § 894, möglich;
Widerspruch, § 899, unzulässig (Grund: Der Eingetragene ist nicht mehr Anspruchs-
inhaber, daher gelten → Rn. 6, 28 [aa]); **bb)** der *Vormerkung* allein ist unmöglich
(Grund: → Rn. 2), BGH NJW 1994, 2947, aber iZw Auslegung als Abtretung iSv
aa (BGH NJW 2007, 509); **cc)** Erwerb vom Nichtberechtigten: → Rn. 25–29.
b) Erlöschen: → § 886 Rn. 1.

25 **6. Vormerkung und öffentl Glaube des Grundbuchs. a) Ersterwerb.
aa) Der Anspruch besteht nicht.** Dann gibt es keinen Vormerkungserwerb gem
§§ 892, 893 (BGHZ 25, 16, 24 f.; 57, 341, 344), da Vormerkung ohne Anspruch
sinnlos ist. Berichtigung, § 894, möglich, Widerspruch, § 899, nicht, weil Erwerb
26 vom Nichtberechtigten ausgeschlossen ist (→ Rn. 28 [aa]). **bb) Bei Bewilligung**
der Vormerkung durch *eingetragenen Nichtberechtigten* für einen wirksamen (auch:
aufschiebend bedingten oder künftigen, BGH NJW 1981, 447; aA Hepting NJW
1987, 865 ff.) Anspruch gilt § 893, da die Bewilligung, wenn die Vormerkung
eingetragen wird, eine Verfügung über das dingliche Recht am Grundstück ist
(BGH NJW 1981, 448, hM; → Rn. 3). Ist die Vormerkung vom Nichtberechtig-
ten erworben, so hindern weder nachträgliche Unredlichkeit des Vormerkungsbe-
rechtigten noch die Eintragung eines Widerspruchs, noch die Berichtigung des
Grundbuchs den Rechtserwerb des Vormerkungsberechtigten (BGH NJW 1981,
447; hM). Ist das Grundbuch berichtigt, so gilt der (fr) Buchberechtigte noch als
Berechtigter (II entspr), und der im Wege der Berichtigung eingetragene Berech-
tigte muss die Eintragung des Vormerkungsberechtigten bewilligen (§ 888 I
27 entspr); hM, s. Staudinger/Kesseler § 888 Rn. 83–87. **cc) Bei Eintragung auf
Grund einstw Verfügung** gegen den Nichtberechtigten gilt ebenfalls § 893 (aA
hM, da dann eine Verfügung iSv § 893 (→ Rn. 26) fehle, Tiedtke WM 1981,
1098). Ein Erwerb vom Nichtberechtigten ist ferner möglich bei rechtskräftiger
Verurteilung zur Bewilligung **(§§ 894, 898 ZPO),** ferner im Fall von § 895 ZPO

(Reinicke NJW 1964, 2379 ff.; MüKo-BGB/Lettmaier § 885 Rn. 49). **b) Übertragung. aa) Besteht kein Anspruch,** so scheidet Vormerkungserwerb vom Nichtberechtigten aus (allgM). **bb) Besteht der Anspruch,** ist aber trotz Eintragung die Vormerkung nicht entstanden, so kann sie vom Zessionar redlich erworben werden (BGHZ 25, 16, 23 f.); vorherige Berichtigung, § 894, und, weil Erwerb vom Nichtberechtigten möglich, auch Widerspruch, § 899, sind zulässig (vgl KG MDR 1977, 500 f.). AA überwiegend die Lit mit differierenden Begründungen (Nachw. Staudinger/Picker § 892 Rn. 59, 60; Staudinger/Kesseler Rn. 437; → § 893 Rn. 39 mwN), ua damit, dass Erwerb nicht kraft RGeschäfts, sondern Ges (§ 401 entspr, → Rn. 24 [a aa]) eintrete (Baur/Stürner § 20 Rn. 52; vgl aber zu Parallelproblem → § 1143 Rn. 2; → § 1150 Rn. 4). **c) Bei unberechtigter Löschung** der Vormerkung bleibt vormerkungswidrige Verfügung grundsätzlich unwirksam, doch redlicher Erwerb ist möglich (BGH NJW 1994, 2948 f.); dagegen Schutz des Vormerkungsberechtigten durch Widerspruch gegen Löschung, § 899, und Berichtigung, § 894 (BGHZ 60, 46, 51). 28 29

7. Vormerkungsähnliche Institute. a) Amtsvormerkung gem § 18 II GBO. Für sie gelten §§ 106, 254 II 1 InsO nicht. **b) Dingliches Vorkaufsrecht,** das wie eine Vormerkung durchgesetzt wird, § 1098 II. **c) Widerspruch,** § 899. Er zerstört den öffentl Glauben des Grundbuchs und damit die Grundlage eines Erwerbs vom Nichtberechtigten (vgl § 892 I 1 aE). Der Widerspruch setzt also Unrichtigkeit des Grundbuchs voraus und schützt vor Rechtsverlust (→ § 894 Rn. 1). Die Vormerkung hingegen baut auf der Richtigkeit des Grundbuchs auf und sichert künftige Rechtsänderung (aber → § 1179 Rn. 12). **d) Veräußerungsverbot.** → § 888 Rn. 7. 30

§ 884 Wirkung gegenüber Erben

Soweit der Anspruch durch die Vormerkung gesichert ist, kann sich der Erbe des Verpflichteten nicht auf die Beschränkung seiner Haftung berufen.

Voraussetzung: Vormerkung ist bei Erbfall bereits eingetragen, zumindest bewilligt, es genügt auch vom Erben bewilligte Vormerkung (arg §§ 1990 II, 2016 II, § 321 InsO [zum Begriff „Zwangsvollstreckung" s. Jauernig/Berger § 47 Rn. 3, 4]). *Folge:* Erbe haftet unbeschränkbar, vgl § 2016. Sa BGHZ 151, 116, 124.

§ 885 Voraussetzung für die Eintragung der Vormerkung

(1) [1]**Die Eintragung einer Vormerkung erfolgt auf Grund einer einstweiligen Verfügung oder auf Grund der Bewilligung desjenigen, dessen Grundstück oder dessen Recht von der Vormerkung betroffen wird.** [2]**Zur Erlassung der einstweiligen Verfügung ist nicht erforderlich, dass eine Gefährdung des zu sichernden Anspruchs glaubhaft gemacht wird.**

(2) **Bei der Eintragung kann zur näheren Bezeichnung des zu sichernden Anspruchs auf die einstweilige Verfügung oder die Eintragungsbewilligung Bezug genommen werden.**

1. Entstehungsvoraussetzungen der Vormerkung. → § 883 Rn. 12. 1

2. Bewilligung. a) Einseitige Erklärung, formlos wirksam (aber § 29 GBO beachten). § 895 **ZPO** fingiert Bewilligung. Sie ist *materiellrechtliche* Voraussetzung, daher bei Fehlen oder Unwirksamkeit keine wirksame Vormerkung. *Erklärungsempfänger:* Grundbuchamt oder Inhaber des zu sichernden Anspruchs (arg §§ 875 I 2, 876 S. 3), BGH NJW-RR 1989, 199. In der Bewilligung der Eintragung des Rechts liegt idR die Vormerkungsbewilligung; sa § 895 ZPO. **b) Sie ist Verfügung** über das Recht, sobald die Vormerkung eingetragen ist; daher §§ 878, 893 anwendbar (→ § 878 Rn. 5, → § 883 Rn. 26). **c) Für Klage** auf Bewilligung ist 2 3 4

trotz möglicher einstw Verfügung das Rechtsschutzinteresse gegeben, weil die Beendigungsgründe bei bewilligter und verfügter Vormerkung verschieden sind, vgl § 25 GBO (dazu BGHZ 39, 21, 23 f.), § 936 ZPO mit 926 f., 939. Deshalb sind auch bewilligte und verfügte Vormerkung nebeneinander möglich, ebenso
5 nachträgliche Bewilligung für verfügte Vormerkung. **d) Bewilligen muss** der in seinem Recht *Betroffene,* der zugleich Anspruchsgegner ist (vgl → § 883 Rn. 10, auch → § 873 Rn. 28).

6 **3. Einstw Verfügung. a) Sie ersetzt** die Bewilligung, muss daher deren inhaltliche Bestimmtheit aufweisen (BayObLG Rpfleger 1981, 191) und richtet sich gegen den Betroffenen iSv → Rn. 5 (BayObLG NJW 1986, 2578). Zum Verhältnis von
7 bewilligter und verfügter Vormerkung → Rn. 4. **b) Voraussetzungen.** Verfügungsanspruch (s. §§ 936, 920 ZPO) ist der „zu sichernde Anspruch" (I 2) iSv → § 883 Rn. 4–10, nicht ein (vertraglicher) Anspruch auf Bewilligung. Glaubhaftmachung der Gefährdung unnötig, **I 2** (abw von §§ 936, 920 II ZPO); sie wird ges (nur) vermutet, weil der Anspruch mangels dinglicher Sicherung idR gefährdet ist (vgl Bsp → § 883 Rn. 1), OLG Hamm NJW-RR 2004, 379 (Staudinger/Kesseler
8 Rn. 44). Anspruch ist idR glaubhaft zu machen, §§ 936, 920 II, 921 II ZPO. **c) Vormerkungsfähiger künftiger Anspruch** (→ § 883 Rn. 8) ist in I nicht bes behandelt. Für ihn ist Feststellungsklage (ZPO 256) zulässig (vgl allg BGHZ 4, 133, 135 mN); daher Fristsetzung gem § 926 ZPO möglich (Grüneberg/Herrler Rn. 5 mN).
9 **d) Verfahren.** Zuständigkeit: §§ 937, 942 ff. ZPO. Für Vollzug sind Fristen zu beachten: §§ 936, 929 II ZPO (dazu Jauernig/Berger § 36 Rn. 14–16), III. Vor Beantragung einer einstw Verfügung ist der Gegner idR zur Bewilligung aufzufordern, sonst drohen Kostennachteile entspr § 93 ZPO (OLG Stuttgart NJW 1975, 2069).

10 **4. Eintragung. a) Voraussetzungen. aa)** Für **verfügte** Vormerkung: gerichtl Ersuchen (§ 941 ZPO, § 38 GBO), das den Antrag (§ 13 GBO) und die Bewilligung (iSv I und § 19 GBO) ersetzt; oder Antrag (§ 13 GBO) mit Ausfertigung der einstw Verfügung. **bb)** Für **bewilligte** Vormerkung: Vorlage der Bewilligung iSv I (die idR auch die gem § 19 GBO nötige enthält) und Antrag (§ 13 GBO). Möglich ist auch die Reihenfolge: Eintragung, dann Bewilligung (hM); praktisch, wenn nicht (mehr) bestehende, aber (noch) eingetragene Vormerkung nur durch Bewilligung unter Außerachtlassung von § 877 (Eintragung) für neuen inhaltsgleichen Anspruch (BGHZ 143, 175, 181 f.; dazu krit Staudinger/Kesseler § 883 Rn. 441) oder durch weitere Entstehungsgründe angereicherter Anspruch (BGH NJW 2008, 579 f.) verwandt wird, sog Aufladung der Vormerkung; → § 873 Rn. 10 gilt entspr; wegen § 879 wirkt „neue" Vormerkung für neuen inhaltsgleichen (vgl BGH NJW 2012, 2654) oder „erweiterten" Anspruch erst ab neuer Bewilligung (BGH NJW 2008,
11 580). **b) Inhalt** von Bewilligung, einstw Verfügung und Eintragung. Gläubiger, Schuldner und gesicherter Anspruch sind anzugeben; nähere Bezeichnung des Anspruchs nur in Bewilligung oder einstw Verfügung genügt, **II.** Angabe des Schuldgrundes bloß bei Verwechslungsgefahr nötig (Staudinger/Kesseler Rn. 109
12 mN, str). **c) Wo** einzutragen ist, regeln §§ 12, 19 GBV. **d) Behördliche Genehmigung** *der Vormerkung* ist nur nötig, wenn *jede* Art von Verfügung über das Grundstück genehmigungsbedürftig ist; Bsp § 1821 I Nr. 1 (hM); andernfalls kann es die Behörde trotz der Vormerkung ablehnen, die Eintragung des vorgemerkten Rechts zu genehmigen.

§ 886 Beseitigungsanspruch

Steht demjenigen, dessen Grundstück oder dessen Recht von der Vormerkung betroffen wird, eine Einrede zu, durch welche die Geltendmachung des durch die Vormerkung gesicherten Anspruchs dauernd ausgeschlossen wird, so kann er von dem Gläubiger die Beseitigung der Vormerkung verlangen.

1. Allgemeines. a) Die Vormerkung erlischt durch **aa)** *Aufgabeerklärung* des Gläubigers und Löschung, § 875 entspr (BGH NJW 1994, 2949); **bb)** *Erlöschen* des gesicherten Anspruchs, zB durch Konfusion (sofern der Gläubiger dadurch keinen Rechtsverlust erleidet, OLG Schleswig NJW-RR 1999, 1529 [aufgehoben durch BGH NJW 2000, 1033 f., dagegen v. Olshausen NJW 2000, 2872 f.]), durch Vertragsaufhebung (BGH NJW 2000, 806), Erlöschen des bindenden Vertragangebots und damit des künftigen Anspruchs (BGHZ 149, 1, 3 f.), Eintritt auflösender Bedingung (BGHZ 117, 390, 392). Zur „Reaktivierung" nicht (mehr) bestehender Vormerkung → § 885 Rn. 10. Erlöschen durch Erfüllung tritt erst ein, wenn vormerkungswidrige Zwischenrechte gelöscht sind, zB ein nach Auflassungsvormerkung ohne Zustimmung des Vormerkungsberechtigten (→ § 883 Rn. 22) eingetragenes Grundpfandrecht (BGH BB 1964, 576); sa NJW 2002, 216 (insoweit in BGHZ 149, 1, 9 nicht abgedr.); **cc)** *Abtretung* des Anspruchs ohne Vormerkung (§ 401 ist abdingbar); **dd)** *Aufhebung* der einstw Verfügung (§ 885) oder des vorläufig vollstreckbaren Urteils (§ 895 ZPO), § 25 GBO, dazu BGHZ 39, 21, 23 f.; **ee)** *Ausschließung,* § 887; **ff)** *Eintritt auflösender* oder *Ausfall aufschiebender Bedingung* oder Befristung der Vormerkung selbst, §§ 158 II (BGHZ 117, 390, 392), 163; **gg)** *privative Schuldübernahme,* denn es fehlt dann an der Identität zwischen Schuldner und Inhaber des vormerkungsbetroffenen Rechts (→ § 883 Rn. 10); daher kein Erlöschen, wenn Übernehmer zugleich Inhaber des vormerkungsbetroffenen Rechts wird (BGH DNotZ 2014, 606). **b) Grundbuch wird unrichtig** bei Erlöschen gem 2 → Rn. 1 (bb–gg), ebenso wenn Anspruch nie bestand (BGH NJW-RR 1989, 199). Vormerkungsbetroffener kann entspr § 894 Berichtigung verlangen (BGH NJW 2001, 3702); §§ 22 (mit 29), 25, auch 84 GBO beachten. **c) Zur unberechtigt gelöschten** Vormerkung → § 883 Rn. 29. 1

2. Wirkung. § 886 gibt **dingliches Recht auf Beseitigung** (nötig, weil Einrede den gesicherten Anspruch bestehen lässt, also nicht der Fall → Rn. 1 [bb] vorliegt). Grundlage nur erhobene (s. BGH NJW 1989, 221) *dauernde* Einreden, insbes §§ 214 I, 821, 853. Gläubiger muss alles (Antragstellung, § 13 GBO, eingeschlossen) für Beseitigung *tun;* bloße Zustimmung entspr § 894 genügt nicht. 3

§ 887 Aufgebot des Vormerkungsgläubigers

[1]Ist der Gläubiger, dessen Anspruch durch die Vormerkung gesichert ist, unbekannt, so kann er im Wege des Aufgebotsverfahrens mit seinem Recht ausgeschlossen werden, wenn die im § 1170 für die Ausschließung eines Hypothekengläubigers bestimmten Voraussetzungen vorliegen. [2]Mit der Rechtskraft des Ausschließungsbeschlusses erlischt die Wirkung der Vormerkung.

Aufgebotsverfahren: § 453 FamFG. Voraussetzungen: § 1170. Wirkung: S. 2; der gesicherte Anspruch bleibt bestehen (BGH DtZ 1994, 215).

§ 888 Anspruch des Vormerkungsberechtigten auf Zustimmung

(1) **Soweit der Erwerb eines eingetragenen Rechts oder eines Rechts an einem solchen Recht gegenüber demjenigen, zu dessen Gunsten die Vormerkung besteht, unwirksam ist, kann dieser von dem Erwerber die Zustimmung zu der Eintragung oder der Löschung verlangen, die zur Verwirklichung des durch die Vormerkung gesicherten Anspruchs erforderlich ist.**

(2) **Das Gleiche gilt, wenn der Anspruch durch ein Veräußerungsverbot gesichert ist.**

1. Allgemeines. Vgl zunächst → § 883 Rn. 1, 13–23. Eintragung zur Verwirklichung des gesicherten Anspruchs (zB aus § 433 I 1) setzt formellrechtlich Zustim- 1 mung des vormerkungswidrig Eingetragenen voraus, § 19 GBO in der Form von § 29 GBO (vgl → § 883 Rn. 15). Der Vormerkungsberechtigte hat zwecks Durchsetzung des gesicherten Anspruchs einen *unselbstständigen dinglichen Anspruch* auf Zustimmung (nicht auf Erfüllung, BGHZ 54, 56, 62) durch den Eingetragenen: **I,** ie → Rn. 2, 3. Bei Verzug Haftung des vormerkungswidrig Eingetragenen nach §§ 280 I, 286, 288 (BGH NJW 2016, 2104 Rn. 8 ff.). Der Anspruch aus I ist analog § 902 I 1 unverjährbar (BGH NJW 2022, 1167 Rn. 20; zur Verjährung des gesicherten Anspruchs → Rn. 3).

2 **2. Zustimmung.** Sie kann **a) verlangt** werden, wenn der gesicherte Anspruch (§ 883 I) besteht und fällig ist; die Eintragung des Vormerkungsberechtigten bereits als Eigentümer im Grundbuch ist nicht erforderlich (BGH NJW 2010, 3367). *Beweislast* beim Anspruchsinhaber. Ein *rechtskräftiges Urteil* gegen den Anspruchsgegner wirkt nicht ohne Weiteres gegen den Erwerber (RG 53, 34; sa BGH NJW-RR
3 1988, 1357); **b) verweigert** werden auf Grund von *Einwendungen oder Einreden,* **aa)** die dem *Erwerber* persönlich gegen Anspruchsinhaber zustehen; **bb)** die dem *Anspruchsgegner* zustehen, arg §§ 768, 1137 entspr (vgl RG 53, 31 f.; OLG Celle NJW 1958, 385 mwN; zu Unrecht einschr RG 144, 283: nur Einwendungen gegen Anspruchsbestand); hierher zählen auch nichtausgeübte Gestaltungsrechte (§ 770 entspr) und die Einrede der Verjährung des vormerkungsgesicherten Anspruchs (BGH NJW 2022, 1167 Rn. 25); ein Einredeverzicht des Anspruchsgegners berührt den Erwerber nicht, § 768 II entspr (hM).

4 **3. Inhalt des Zustimmungsanspruchs.** Er richtet sich nach dem gesicherten Anspruch und seiner Verletzung; vgl Bsp → § 883 Rn. 15 (Zustimmung zur Eintragung des A als Eigentümer; Zustimmung zur Löschung der Eintragung des Grundpfandrechts). *Gegenrechte des Dritterwerbers wegen Verwendungen,* insbes Bebauung des Grundstücks, lassen I unberührt; Ausgleich gem §§ 994 ff., 999 II analog (BGHZ 75, 288, 291; Staudinger/Kesseler Rn. 92 mwN).

5 **4. Sonstiges.** Tatsächliche schuldhafte **Verschlechterung des Grundstücks** durch den Dritterwerber gibt Ansprüche aus §§ 823 I, 1004 entspr (Baur/Stürner § 20 Rn. 42). Der Vormerkungsberechtigte kann Ersatz erzielter/erzielbarer **Nutzungen** vom Dritterwerber verlangen (§ 987 analog), wenn sie ihm nach § 292 auch im Verhältnis zum Auflassungsschuldner zustehen (BGHZ 144, 323, 326 ff. im Anschluss an BGHZ 87, 296, 301 [aA Staudinger/Kesseler Rn. 103 mN]).

6 **5. Veräußerungsverbot, II.** S. dazu §§ 135, 136. **a) Durch einstw Verfügung,** § 938 ZPO, zu erlassen; daher jeder (auch ein dinglicher) Anspruch sicherbar. § 885 I 2 gilt entspr Zustellung an Gegner nötig (§§ 936, 929 ZPO); Eintragung nicht nötig, aber wegen § 892 I 2 nützlich (vgl BayObLG NJW 1978, 701). Bestellung
7 durch RGeschäft ist unzulässig (§ 137). **b) Wirkung.** II bestimmt nur die Unwirksamkeit verbotswidriger Verfügung (keine Grundbuchsperre! BGH NJW 2008, 376); Verbotsgeschützter hat Zustimmungsanspruch gem I. Rangfähig ist das Verbot nicht (§ 883 III ist unanwendbar); für einander widersprechende Verbote gilt das Prioritätsprinzip (BGHZ 172, 360, 365 f.). → § 883 Rn. 18. Beim Grundbuchamt bekanntes, aber (noch) nicht eingetragenes Verbot wirkt nach hM praktisch als Grundbuchsperre (sofern nicht § 878 eingreift, BayObLG NJW 1954, 1120): Verbotswidrige Eintragung darf nicht vorgenommen werden; aA mR Staudinger/Kesseler Rn. 116.

8 **6. Erwerbsverbot.** Gegenstück zum Veräußerungsverbot. Zulässig gem § 938 ZPO (RG 120, 119 f.; abl Staudinger/Kesseler Rn. 127 mN). Praktisch wichtig, um Heilung nichtigen Grundstückskaufs (§ 311b I 2) zu verhindern (Bsp: → § 117 Rn. 5). Es verbietet dem (potentiellen) Erwerber, einen Antrag (§ 13 GBO) zu stellen oder aufrechtzuerhalten (RG 120, 119 f.). Zustellung an Erwerber nötig (§§ 936, 929 ZPO); Eintragung unmöglich, weil Erwerber nicht im Grundbuch steht. Verbotswidriger Erwerb ist dem Geschützten gegenüber unwirksam (RG 117,

291; OLG Hamm 70, 438). Verbot wirkt unter den Voraussetzungen von → Rn. 7 als Grundbuchsperre (BayObLG NJW-RR 1997, 914 mN; hM). § 878 unanwendbar (BayObLG NJW-RR 1997, 914).

§ 889 Ausschluss der Konsolidation bei dinglichen Rechten

Ein Recht an einem fremden Grundstück erlischt nicht dadurch, dass der Eigentümer des Grundstücks das Recht oder der Berechtigte das Eigentum an dem Grundstück erwirbt.

a) Grundstück. aa) Nachträgliche Vereinigung von Grundstückseigentum 1
und beschränktem dinglichem Recht lässt dieses nicht untergehen, sofern letzteres nicht eine gesicherte Forderung voraussetzt (OLG Stuttgart NZM 2020, 520), § 889, abw §§ 1072, 1178 I. **bb) Ursprüngliche Bestellung beschränkter dinglicher** 2
Eigentümerrechte am eigenen Grundstück ist im BGB nur vereinzelt vorgesehen (§§ 1196 I, 1199, eingeschränkt § 1009). Str, ob Einzelregelungen erweiterungsfähig; grundsätzlich zu bejahen für Grunddienstbarkeit (→ § 1018 Rn. 8 [b]), Nießbrauch (→ § 1030 Rn. 3), bp Dienstbarkeit (→ § 1090 Rn. 13); stets zu verneinen für Eigentümerhypothek (→ Vor § 1113 Rn. 19). **cc) Befugnisse des Eigentü-** 3
mers aus dem beschränkten Recht sind eingeschränkt; vgl §§ 1197, 1177. Bedeutsam werden sie bei Trennung von Eigentum und beschränktem Recht; im Hinblick darauf erfolgt idR die Bestellung (Bsp: BGHZ 41, 209, 209 ff.).

b) Fahrnis. Bei nachträglicher Vereinigung von **Fahrniseigentum** und 4
beschränktem dinglichem Recht erlischt dieses idR, §§ 1063 („consolidatio" war im römischen Recht die „Erstarkung" des Eigentums durch Wegfall des Nießbrauchs), 1256; vgl ferner §§ 1072, 1273 II. Ursprüngliche Bestellung unzulässig.

§ 890 Vereinigung von Grundstücken; Zuschreibung

(1) **Mehrere Grundstücke können dadurch zu einem Grundstück vereinigt werden, dass der Eigentümer sie als ein Grundstück in das Grundbuch eintragen lässt.**

(2) **Ein Grundstück kann dadurch zum Bestandteil eines anderen Grundstücks gemacht werden, dass der Eigentümer es diesem im Grundbuch zuschreiben lässt.**

1. Vereinigung, I. a) Voraussetzungen. aa) Mehrere selbstständige Grundstü- 1
cke (Begriff: → Vor § 90 Rn. 2) desselben Eigentümers. Sie können entfernt voneinander und in verschiedenen Grundbuchbezirken liegen, vgl §§ 5 I 2, II GBO. **bb)** Vereinigungserklärung des Eigentümers (§ 29 GBO beachten), Eintragungsantrag, -bewilligung und Eintragung (dazu § 6 VI Buchst b und c mit 13 I GBV). **cc)** Verwirrung soll nicht zu besorgen sein, § 5 I 2, auch II 2 GBO (s. BGH NJW 2006, 1001). **b) Wirkung.** Die bisherigen Einzelgrundstücke sind *von nun an* ein 2
Grundstück. Bestehende Belastungen erstrecken sich nur auf bisherige Einzelgrundstücke (BGH MDR 1978, 302), neue ergreifen Gesamtgrundstück.

2. Zuschreibung, II. a) Voraussetzungen entspr → Rn. 1, ergänzend vgl § 6 3
GBO. Erklärung muss auf Zuschreibungzielen, kann nur zu einem, nicht zu mehreren Grundstücken erfolgen. Wohnungseigentum kann anderem Grundstück (str) oder Wohnungseigentum (BGH NJW 2014, 1003) zugeschrieben werden. **b) Wirkung** wie bei Vereinigung, → Rn. 2, mit wichtiger Ausnahme: Alte Grundpfandrechte am Hauptgrundstück ergreifen nun auch das zugeschriebene Grundstück, nicht umgekehrt, §§ 1131, 1192, 1199. **c) Zu unterscheiden** von der **Zusammenschreibung:** Übertragung eines Grundstücks von Einzel- auf gemeinschaftliches Grundbuchblatt (§§ 3, 4 GBO). Sie verändert nicht den rechtlichen Bestand der Grundstücke.

4 **3. Teilung.** Teilung (Abschreibung) eines Grundstücks ist nicht im BGB geregelt. **a) Voraussetzungen.** Teilungserklärung des Eigentümers (§ 29 GBO beachten) und Eintragung unter eigener Nr. im Bestandsverzeichnis des bisherigen oder eines anderen Grundbuchblattes (dazu §§ 6 VI Buchst d, 7, 13 II, IV GBV). **b) Wirkung** umgekehrt wie bei Vereinigung: Bestehende Belastungen setzen sich an den neu entstandenen Grundstücken fort (Grundpfandrecht wird zu Gesamtgrundpfandrecht), neue ergreifen nur jeweiliges Einzelgrundstück. Sonderregelungen in §§ 1025 f., 1090 II, 1108 II, 1109.

Vorbemerkungen zu den §§ 891–899a

1 **1. Grundlagen.** Wahre Rechtslage und die im Grundbuch verlautbarte können differieren. Ursache können sein: Mängel der Einigung oder der einseitigen Erklärung (vgl § 873 I aE), fehlerhafte Eintragung oder – bes wichtig – eine Rechtsänderung außerhalb des Grundbuchs (durch Erbfall, § 1922, Zuschlag, § 90 ZVG, Enteignung usw), vgl → § 873 Rn. 2. Solche Unrichtigkeiten des Grundbuchs sind selten (im Wesentlichen wegen eines ebenso sorgfältigen wie komplizierten Eintragungsverfahrens). Daher ist es berechtigt, auf den Grundbuchbestand zu vertrauen (ie → § 892 Rn. 15, 18). Die §§ 891–893 tragen dem Rechnung: Die Richtigkeit des Grundbuchs wird vermutet, § 891; das Grundbuch genießt öffentl Glauben in Bezug auf Richtigkeit und Vollständigkeit, §§ 892, 893. Grundbuch iSv §§ 891–893 ist das ganze Grundbuchblatt (vgl § 3 I GBO), nicht nur die jeweilige Abteilung (RG 98, 219). Widersprüchliche Eintragungen hindern den öffentl Glauben (OLG Köln NJW-RR 1998, 1630; → Rn. 3). Zum maschinell geführten Grundbuch § 62 GBV, § 126 ff. GBO.

2 **2. Vermutungen des § 891.** Diese kommen – wie alle Vermutungen – *nur in einem behördlichen oder gerichtl Verfahren* zum Zuge, auch vor dem Grundbuchamt (BayObLG NJW-RR 1993, 283). Vermutungen sind Beweislastregeln. Der vermutete Umstand kann richtig oder falsch sein, zB in § 891 I das Bestehen des Rechts. Daher kann (und muss) er vom Gegner widerlegt werden (→ § 891 Rn. 7 [c]). Gelingt das nicht, so ist der Eingetragene im Verfahren als Berechtigter anzusehen. An der materiellen Rechtslage ändert § 891 nichts.

3 **3. Falsches oder unvollständiges Grundbuch. Mangeln Richtigkeit und Vollständigkeit des Grundbuchs** (Ausnahme!), so werden sie zugunsten eines Erwerbers *fingiert,* **§ 892** (eingeschränkt für relative Verfügungsbeschränkungen, § 892 I 2). § 892 stellt keine (unwiderlegliche) Vermutung auf, da das Grundbuch notwendig falsch und nicht „mutmaßlich" richtig ist (daher unzutr Erman/Lorenz § 891 Rn. 1; Schmitz JuS 1994, 962 f.; zum Unterschied Fiktion/unwiderlegliche Vermutung zutr Stein/Jonas/Thole § 292, 3). Die Richtigkeits- und Vollständigkeitsgarantie ist der **öffentl Glaube** des Grundbuchs. Er setzt Widerspruchsfreiheit der Eintragungen voraus (→ Rn. 1) und versagt bei Kenntnis des Erwerbers von der Unrichtigkeit (Schutzbedürfnis fehlt) sowie bei Eintragung eines Widerspruchs gegen die Richtigkeit des Grundbuchs, § 899, § 53 GBO (Widerspruch zerstört den öffentl Glauben, dh die Grundlage des buchgemäßen Erwerbs; daher nützt Unkenntnis nichts). § 892 enthält, anders als § 891, keine Vermutung als Beweislastregel, sondern eine materiellrechtliche Regelung des Erwerbs von Grundstücksrechten. Daher gelten die Fiktionen des § 892 (dort → § 892 Rn. 3) nicht für das Grundbuchamt (KG NJW 1973, 430).

4 ***4. Berichtigung.*** *Unrichtigkeit* und Unvollständigkeit des Grundbuchs sind wegen §§ 892, 893, 900, 901 für den Berechtigten gefährlich. Daher kann **Berichtigung** verlangt werden, **§ 894;** sa §§ 22, 82 ff. GBO.

5 **5. Vorläufige Sicherung.** Die Durchsetzung des Berichtigungsanspruchs, § 894, dauert uU Jahre (vgl § 894 ZPO!). Langes Zuwarten ist wegen §§ 892, 893 gefähr-

lich, daher vorläufige Sicherung des betroffenen Rechts samt Berichtigungsanspruch durch **Widerspruch** gegen die Richtigkeit des Grundbuchs möglich, § 899, sa § 53 GBO, § 895 ZPO. Wirkung → Rn. 3, → § 899 Rn. 5.

§ 891 Gesetzliche Vermutung

(1) **Ist im Grundbuch für jemand ein Recht eingetragen, so wird vermutet, dass ihm das Recht zustehe.**

(2) **Ist im Grundbuch ein eingetragenes Recht gelöscht, so wird vermutet, dass das Recht nicht bestehe.**

1. Allgemeines. Vgl → Vor § 891 Rn. 1, 2. 1

2. Gegenstand. a) Erfasst werden **aa)** Eigentum (einschließlich Miteigentum) 2
und alle eintragungsfähigen beschränkten dinglichen Rechte (daher nicht Notweg- und Überbaurente); **bb)** Vormerkung nur, sofern gesicherter Anspruch besteht (hM); **cc)** die Hypothekenforderung, aber nur in Bezug auf („für") die Hypothek, § 1138; **dd)** tatsächliche Angaben im Grundbuch nur insoweit, als sie das Grundstück als Rechtsgegenstand bezeichnen (OLG Frankfurt a. M. MDR 1985, 498 mN), so der aus dem Liegenschaftskataster sich ergebende Grenzverlauf (BGH NJW-RR 2006, 663). **b) Nicht erfasst** werden **aa)** nicht eintragungsfähige Rechte 3
(→ Rn. 2 [aa]), insbes obligatorische Rechte am Grundstück, zB Mietrecht; öffentl-rechtliche Rechte und Belastungen, zB Bausperren, Grundsteuer (vgl → § 873 Rn. 4); **bb)** Verfügungsbeschränkungen, zB Insolvenzvermerk, Nacherbschaft, Testamentsvollstreckung; **cc)** Widersprüche, § 899, § 53 GBO; **dd)** tatsächliche Angaben, die nicht nur das Grundstück als Rechtsgegenstand bezeichnen (→ Rn. 2 [dd]), wie Größe, Lage, Bebauung; **ee)** Rechtsstellung und persönliche Verhältnisse des Eingetragenen, wie Rechts- und Geschäftsfähigkeit (KG NJW-RR 1998, 448), Familien- und Güterstand, volle Berechtigung auch in wirtschaftlicher Beziehung (statt bloßer Treuhandschaft).

3. Inhalt. a) Positive Vermutung, I, dass eingetragenes Recht besteht und dem 4
Eingetragenen seit der Eintragung (Staudinger/Picker Rn. 42) so, wie eingetragen (→ § 874 Rn. 5), zusteht (RG 116, 181 f.), ferner dass der sich aus dem Liegenschaftskataster ergebende Grenzverlauf zutrifft (BGH NJW-RR 2006, 662 Rn. 8). Gilt auch für Erben des Eingetragenen, wenn Recht nicht unvererblich (zB gem §§ 1061, 1098 mit 514). **b) Negative Vermutung, II,** dass ein gelöschtes Recht 5
nicht besteht. Ist die Löschung erweislich wegen Aufhebung des Rechts (nicht wegen Berichtigung) erfolgt, so wird zugleich vermutet (I !), dass das gelöschte Recht bis zur Löschung bestanden hat (BGHZ 52, 355, 358 mN). **c) Keine Vermu-** 6
tung der Vollständigkeit des Grundbuchs. Grund: Es fehlt die Vermutungsbasis (Eintragung, Löschung) dafür, dass ein nicht eingetragenes Recht nicht besteht.

4. Geltung. a) In einem Verfahren (→ Vor § 891 Rn. 2). **b) Bei wirksamer** 7
Eintragung (BGHZ 7, 64, 69). **c) Bis zur Widerlegung,** dh Beweis (nicht bloße Vermutung) des Gegenteils, § 292 ZPO (BGH NJW-RR 2006, 663; Rpfleger 2019, 328 Rn. 10). Bei I muss jeder vom Eingetragenen behauptete (BGH NJW 1984, 2157) oder sonst nach den Umständen in Betracht kommende Erwerbsgrund ausgeräumt werden (BGH NJW-RR 1999, 377); abw Medicus FS Baur, 1981, 81 f.: nur eintragungsbezogener Erwerbsgrund ist zu widerlegen. Nach Widerlegung kommt es auf die wahre Rechtslage an (BayObLG NJW-RR 1993, 283). **d) Für und gegen jedermann** (doppelter Unterschied zu § 1006), auch zwischen den Parteien des Veräußerungsgeschäfts (LM Nr. 5). **e) Bei widersprechenden Doppelbuchungen** (im selben oder in verschiedenen Grundbüchern) hebt sich Vermutung selbst auf (RG 56, 60). **f) Eintragung eines Widerspruchs** (§ 899, § 53 GBO) berührt Vermutungen nicht (LM Nr. 5). **g) Bei Offenkundigkeit des Gegenteils** gilt Vermutung nicht, § 291 ZPO.

§ 892 Öffentlicher Glaube des Grundbuchs

(1) [1]**Zugunsten desjenigen, welcher ein Recht an einem Grundstück oder ein Recht an einem solchen Recht durch Rechtsgeschäft erwirbt, gilt der Inhalt des Grundbuchs als richtig, es sei denn, dass ein Widerspruch gegen die Richtigkeit eingetragen oder die Unrichtigkeit dem Erwerber bekannt ist.** [2]**Ist der Berechtigte in der Verfügung über ein im Grundbuch eingetragenes Recht zugunsten einer bestimmten Person beschränkt, so ist die Beschränkung dem Erwerber gegenüber nur wirksam, wenn sie aus dem Grundbuch ersichtlich oder dem Erwerber bekannt ist.**

(2) **Ist zu dem Erwerb des Rechts die Eintragung erforderlich, so ist für die Kenntnis des Erwerbers die Zeit der Stellung des Antrags auf Eintragung oder, wenn die nach § 873 erforderliche Einigung erst später zustande kommt, die Zeit der Einigung maßgebend.**

Lit.: Hager, Verkehrsschutz durch redlichen Erwerb, 1990; Lutter AcP 164, 122.

1 **1. Allgemeines. a)** Vgl zunächst → Vor § 891 Rn. 1, 3. **b) Unrichtigkeit oder Unvollständigkeit** des Grundbuchs wird in § 892 vorausgesetzt (zur Bedeutung → Vor § 891 Rn. 3). Bleibt sie im Prozess ungeklärt, sind aber iÜ die Voraussetzungen des § 892 erfüllt, so ist Rechtserwerb entspr dem Buchinhalt zu bejahen (RG
2 156, 126 ff.). **c) § 892 enthält** eine Fiktion (→ Vor § 891 Rn. 3) und damit eine *materiellrechtliche Regelung* des Erwerbs von Grundstücksrechten.

3 **2. Die drei Fiktionen. a) Zu Unrecht (so) eingetragene** eintragungsfähige **Rechte** (Begriff → Rn. 6) *bestehen,* I 1. **b) Zu Unrecht nicht oder,** weil zu Unrecht gelöscht, **nicht mehr eingetragene** eintragungsfähige **Rechte** (Begriff → Rn. 6) *bestehen nicht,* I 1. **c) Zu Unrecht nicht oder,** weil zu Unrecht gelöscht, **nicht mehr eingetragene** eintragungsfähige **Verfügungsbeschränkungen** (Begriff → Rn. 6 [d]) *bestehen nicht,* I 2; also keine Fiktion des Bestehens zu Unrecht eingetragener Verfügungsbeschränkung: Wer auf Insolvenzvermerk im Grundbuch vertraut und nach Aufhebung des Insolvenzverfahrens vom Insolvenzverwalter erwirbt, wird nicht gem § 892 geschützt (Ausnahme: §§ 203 I Nr. 3, II, 205 S. 1 InsO: Verwertung eines Grundstücks im Wege der Nachtragsverteilung).
4 **d) Zusammenfassung:** Der unrichtige Grundbuchinhalt gilt als *richtig* (mit Ausnahme von zu Unrecht eingetragenen Verfügungsbeschränkungen) *und* – weil nicht eingetragene, aber eintragungsfähige Rechte und Verfügungsbeschränkungen als nicht bestehend gelten – als *vollständig* (was „lastenfreien" Erwerb ermög-
5 licht) **e) Einzelheiten. aa)** Die Fiktionen beziehen sich auf das Grundbuchblatt (§ 3 I GBO) in seiner Gesamtheit (→ Vor § 891 Rn. 1; dort auch zur notwendigen Widerspruchsfreiheit der Eintragungen). **bb)** § 892 setzt wirksame Eintragung voraus (BGHZ 7, 64, 69). **cc)** Maßgebend ist der Grundbuchstand bei Vollendung des Rechtserwerbs („welcher … erwirbt", I 1). Ist das Grundbuch in diesem Zeitpunkt berichtigt (wenn auch unter Verstoß gegen § 17 GBO: Eintragungsantrag war vor Berichtigungsantrag gestellt), so ist ein Erwerb gem § 892 nicht möglich (vgl → Rn. 1 [b]). **dd)** Richtigkeitsfiktion wirkt *nur zugunsten des Erwerbers iSv § 892* („relativ": BGHZ 51, 50, 53 f. mN), nicht für jedermann (BayObLG Rpfleger 1986, 472). Bsp: Es bestehen zwei Grundschulden (G 1, 2); G 1 ist zu Unrecht gelöscht, als eine weitere Grundschuld (G 3) eingetragen wird; dadurch erlischt G 1 nicht, aber gem I 1 rangiert G 3 vor G 1 (und gem § 879 I 1 nach G 2), bei Wiedereintragung von G 1 (§ 894!) rangiert weiterhin G 1 vor G 2 und hinter G 3 (Staudinger/Picker Rn. 229). Wird im Bsp nicht G 3 bestellt, sondern Grundstück übereignet, so *erlischt G 1 gem I 1,* das wirkt auch für G 2 (Staudinger/Picker Rn. 232).

6 **3. Öffentl. Glaube.** Vgl → Vor § 891 Rn. 3. **a)** Er **erfasst aa) die dinglichen Rechte** am Grundstück (ie → § 891 Rn. 2) mit buchmäßigem Inhalt und Rang (einschließlich Rangvermerk gem §§ 880 II 1, 881 II); bei zulässiger Bezugnahme

gehört Eintragungsbewilligung zum Grundbuchinhalt (→ § 874 Rn. 5) und wird vom öffentl Glauben erfasst; **bb) die Vormerkung** nur begrenzt (→ § 883 Rn. 25–29); **cc) die Hypothekenforderung,** aber nur in Bezug auf („für") die Hypothek, § 1138; **dd) das Fehlen relativer Verfügungsbeschränkungen,** zB Veräußerungs- und Erwerbsverbot auf Grund einstw Verfügung (→ § 888 Rn. 6–8), gleichgestellt: Insolvenzvermerk, Testamentsvollstreckung, Nacherbschaft (vgl → § 873 Rn. 3); *keine* Verfügungsbeschränkung begründen: Vormerkung (→ § 883 Rn. 13), Bindung gem §§ 873, 875 (→ § 873 Rn. 18 [b]), Bedingung und Befristung (str); **ee) tatsächliche Angaben** im Grundbuch nur, soweit damit das *Grundstück als Rechtsgegenstand* bezeichnet wird (OLG Nürnberg MDR 1976, 666; Lutter AcP 164, S. 134 ff. mwN). **b) Öffentl. Glaube** (→ Vor § 891 Rn. 3) **erfasst nicht** 7
aa) nicht eintragungsfähige Rechte (vgl → Rn. 5 [bb]; → § 873 Rn. 4; → § 891 Rn. 3); **bb) ausnahmsweise** auch eintragungsfähige, aber nicht eintragungsbedürftige Rechte, zB Vorkaufsrechte gem §§ 24 ff., 235 BauGB (ie Lutter AcP 164, S. 134 ff.); **cc) absolute Verfügungsbeschränkungen,** zB §§ 290, 292 StPO (bei Verstoß: § 134), auch §§ 1365, 1366 (mit Besonderheiten); **dd) tatsächliche Angaben,** die *nicht* nur das Grundstück als Rechtsgegenstand bezeichnen, wie Größe, Lage, Bebauung; **ee) persönliche Verhältnisse** und Rechtsstellung des Eingetragenen (→ § 891 Rn. 3 [ee]); **ff) widersprüchliche Eintragungen** (insbes Doppelbuchungen, → § 891 Rn. 7 [e]) oder durch Auslegung nicht zu klärende (RG 130, 67).

4. Die geschützten Geschäfte. a) Nur rechtsgeschäftliche Rechtsänderun- 8
gen werden geschützt. Gleichgültig ist die Art des Rechtsgrundes (möglich zB Vollzug einer Schenkung oder eines Vermächtnisses, OLG Naumburg NJW 2003, 3210) und seine Gültigkeit (Staudinger/Picker Rn. 79). Kein Schutz bei *abgeleitetem* Erwerb *kraft Ges* (zB durch Gesamtnachfolge, insbes Erbfolge, § 1922, OLG Naumburg RNotZ 2020, 42 Rn. 14 [auch vorweggenommene, str]; s. aber einschr → § 883 Rn. 28 [bb], → § 1143 Rn. 2, → § 1150 Rn. 4, → § 1157 Rn. 3, → § 1180 Rn. 6) oder *kraft Staatsakts,* insbes in der Zwangsvollstreckung (kein Erwerb einer Zwangshypothek, wenn Schuldner nur Bucheigentümer, BGHZ 64, 194, 197); *originärer Erwerb kraft Staatsakts* (zB Eigentumserwerb nach § 90 ZVG) tritt ohne Rücksicht auf bisherige dingliche Rechtslage und (Un-)Kenntnis des Erwerbers davon ein (hM). **b) Nur Erwerb dinglicher Rechte,** nicht obligatori- 9
scher, wie Miet- oder Pachtrecht. Vermietung durch eingetragenen Nichteigentümer wirkt nicht gegen wahren Eigentümer (→ § 883 Rn. 17). **c) Nur rechtsge-** 10
schäftlicher Dritterwerb (Lutter AcP 164, S. 159), sog **Verkehrsgeschäft.** Kein Schutz der Redlichkeit betr das eigene Recht. Daher **kein** redlicher Erwerb bei **aa) personeller** oder **bb) wirtschaftlicher Identität** zwischen Veräußerer und Erwerber (BGHZ 173, 71, 82). Bsp zu aa: Bestellung einer Eigentümergrundschuld durch eingetragenen Nichteigentümer; zu bb: Veräußerung durch AG oder GmbH an ihren einzigen Aktionär oder Gesellschafter (gleich, ob natürliche oder jur Person), BGHZ 78, 318, 325; *keine* Identität bei Veräußerung an einen von mehreren Aktionären oder Gesellschaftern. **d) Nur Erwerb** eines Rechts, das ist von Seiten 11
des Veräußerers die *Übertragung* eines Grundstücksrechts oder die Begründung einer *Belastung.* Erweiterung in § 893.

5. Wirkung. a) Fiktion der Richtigkeit und Vollständigkeit des Grundbuchs 12
(nur zugunsten des Erwerbers), ie → Rn. 3, 4. **b) Ausgenommen** von der Fiktion 13
sind eingetragene, aber nicht bestehende Verfügungsbeschränkungen (→ Rn. 6). Zu Recht eingetragener Vermerk von Insolvenzverfahren, Testamentsvollstreckung oder Nachlassverwaltung wirkt als Grundbuchsperre (Staudinger/Picker Rn. 254 mN). Hat das Grundbuchamt vor der Eintragung von der Verfügungsbeschränkung amtlich Kenntnis, so wirkt das (vorbehaltlich § 878) nach früher hM als Grundbuchsperre; dagegen zutr Staudinger/Picker Rn. 218, jetzt hM. Zur Wirkung eingetragener oder dem Erwerber bekannter Verfügungsbeschränkungen iÜ → § 888 Rn. 7.
c) Der Redliche erwirbt das Recht so wie bei Übereinstimmung von Grundbuch- 14

stand und dinglicher Rechtslage, dh endgültig und zu Lasten des Berechtigten.
Dieser ist auf Ausgleichsansprüche gegen den Nichtberechtigten angewiesen, insbes
aus §§ 816, 823; keine Ansprüche aus § 823 gegen Erwerber wegen Rechtsverlet-
zung, weil Erwerb gem § 892 rechtmäßig (vgl BGH JZ 1956, 490 f. zu § 932). Für
15 den **Rückerwerb des Nichtberechtigten** gilt → § 932 Rn. 2 entspr **d) Unnötig
ist Einsichtnahme** in das Grundbuch, Buchstand entscheidet. Weil Kenntnis vom
Grundbuchinhalt unerheblich ist (BGHZ 104, 143; 173, 71, 81), kann nicht gesagt
werden, § 892 schütze das „Vertrauen" in das Grundbuch (Hager, Verkehrsschutz
durch redlichen Erwerb, 1990 S. 419 ff.; BGHZ 173, 71, 81; → Rn. 18).

16 **6. Ausschluss des Erwerbs.** Erfolgt in zwei Fällen. **a) Widerspruch,** der zZ
der Vollendung des Rechtserwerbs eingetragen ist, vernichtet den öffentl Glauben
des Grundbuchs (ab Eintragung, auch wenn dabei gegen § 17 GBO verstoßen wird),
aber nur bei Eintragung zugunsten des Berechtigten und nur hinsichtlich des gesi-
17 cherten Rechts. Ie vgl → § 899 Rn. 5. **b) Kenntnis** des Erwerbers von der Unrich-
tigkeit. **aa) Ungenügend** ist *bloße Kenntnis der Tatsachen,* aus denen sich die Unrich-
tigkeit des Grundbuchs ergibt, zB Kenntnis fehlender Valutierung der erworbenen
Hypothek. Aus den Tatsachen muss der zutr rechtliche Schluss gezogen sein (KG
NJW 1973, 58 f.; zum Beweis → Rn. 18). Selbst *grobfahrlässige Unkenntnis ist
unschädlich;* daher bei Zweifeln keine Pflicht, sich über wahre Rechtslage zu erkundi-
gen (anders § 932!). Aber Kenntnis ist gegeben, wenn Erwerber trotz hinreichender
Aufklärung über die Unrichtigkeit des Grundbuchs vor dieser die Augen verschließt
(OLG Hamm NJW-RR 1993, 1298). Weitergehend ist Erwerb auch dann ausge-
schlossen, wenn Zweifel bewusst benutzt werden, um Berechtigten sittenwidrig zu
schädigen, § 826 (s. BayObLG NJW-RR 1989, 909; abl Staudinger/Picker Rn. 163
18 mN). **bb) Kenntnis bei Stellvertretung:** § 166 mit Anm. **c) Prozessuales.**
Kenntnis *hindert* den Erwerb. Für sie trägt der Gegner des Erwerbers die *obj Beweislast.*
Beweis der Kenntnis ist Hauptbeweis (BGH NJW 2001, 360: Beweis des Gegen-
teils; volle richterliche Überzeugung nötig), nicht Gegenbeweis (dann würden
Zweifel an der Kenntnis genügen); er ist erbracht, wenn Erwerber die Tatsachen
kannte und sich für ihn der Schluss auf die Rechtslage aufdrängte (zu verneinen bei
Rechtsirrtum, insoweit zutr BGH WM 1970, 476) oder er bei undurchsichtiger
Rechtslage vertrauenswürdige Aufklärung erhielt (vgl LM Nr. 5). Unkenntnis (auch
Redlichkeit oder, wegen § 932 II irreführend, Gutgläubigkeit genannt) ist nicht
Erwerbsvoraussetzung; konkretes Vertrauen wird nicht verlangt (→ Rn. 15). Zur
Problematik → § 932 Rn. 5.

19 **7. Zeitpunkt der Kenntnis. a) Grundsatz.** Maßgebend ist die Vollendung des
Rechtserwerbs, I 1 („welcher … erwirbt"), BGH NJW 2001, 360. Zu diesem Zeit-
punkt muss das Grundbuch unrichtig sein (vgl → Rn. 5 [cc]). Es genügt, dass das
Grundbuch erst durch gleichzeitige Erledigung eines anderen Antrags unrichtig wird
(BGH NJW 1969, 94: unberechtigte Löschung eines Erbbaurechts bei gleichzeitiger
Eintragung einer Grundschuld verschafft dieser gem § 892 den Rang vor dem Erb-
20 baurecht). **b) Ausnahme, II.** *Fehlt nur die Eintragung* zum Rechtserwerb, so ist der
Zeitpunkt der Antragstellung (§ 13 II GBO) maßgebend, wenn Grundbuch unrich-
tig ist (BGH NJW 1980, 2414); wird es erst zwischen Antragstellung und Eintragung
unrichtig, so ist II nicht anwendbar (BGH NJW 1980, 2414), maßgebender Zeit-
punkt für Kenntnis ist dann der, zu dem das Grundbuch unrichtig wird (Staudinger/
Picker Rn. 208, str). Fehlt außer der Eintragung noch eine *andere Voraussetzung* (zB
Einigung; bei Briefhypothek Valutierung oder Briefübergabe, §§ 1117, 1163 II; auch
privat- oder öffentl-rechtliche Genehmigung, Staudinger/Picker Rn. 211), so ist
Eintritt der *letzten* anderen Voraussetzung maßgebend (Staudinger/Picker Rn. 208;
21 aA MüKo-BGB/Schäfer Rn. 55). **c) Bei aufschiebend bedingtem Erwerbs-
geschäft** ist maßgebend das Vorliegen aller Erwerbsvoraussetzungen außer dem
Bedingungseintritt. Daher ist Kenntnis, die erst bei Bedingungseintritt vorliegt,
22 unschädlich (BGHZ 10, 69, 73 zu § 932). **d) Bei Vormerkungserwerb vom
Nichtberechtigten** (→ § 883 Rn. 26, 27, 28 [bb]) ist spätere Kenntnis unschädlich.

§ 893 Rechtsgeschäft mit dem Eingetragenen

Die Vorschrift des § 892 findet entsprechende Anwendung, wenn an denjenigen, für welchen ein Recht im Grundbuch eingetragen ist, auf Grund dieses Rechts eine Leistung bewirkt oder wenn zwischen ihm und einem anderen in Ansehung dieses Rechts ein nicht unter die Vorschrift des § 892 fallendes Rechtsgeschäft vorgenommen wird, das eine Verfügung über das Recht enthält.

1. Erweiterung von § 892 in zwei Fällen. a) Verfügungen, die *nicht einen Rechtserwerb iSv § 892* zum Gegenstand haben. Bsp: Änderung des Rechtsinhalts (§ 877) oder Ranges (§ 880); Rechtsaufhebung (§ 875, dazu §§ 876, 1183); Zustimmung (§ 185); Kündigung eines Grundpfandrechts; Bewilligung einer Vormerkung, wenn Eintragung folgt (BGHZ 57, 341, 342; zum Erwerb ie → § 883 Rn. 25–28 [bb]). **Keine** Verfügungen sind schuldrechtliche Geschäfte (vgl RG 90, 399 f.), zB Grundstücksvermietung, auch nicht bei Gebrauchsüberlassung (RG 106, 111 f.; sa BGHZ 13, 1, 4). **b) Leistungen** an den eingetragenen Nichtberechtigten zur Tilgung eines Anspruchs aus dem eingetragenen, existierenden Recht (BGH NJW 1996, 1207 f.), zB Zahlung auf die Grundschuld. Bei Briefgrundpfandrechten genügt Eintragung des Gläubigers nicht, stets ist Briefbesitz nötig (RG 150, 356; hM). 1 2

2. Wirkung. Leistung befreit, Verfügung ist gegenüber Berechtigtem wirksam. Ie vgl → § 892 Rn. 14. 3

§ 894 Berichtigung des Grundbuchs

Steht der Inhalt des Grundbuchs in Ansehung eines Rechts an dem Grundstück, eines Rechts an einem solchen Recht oder einer Verfügungsbeschränkung der in § 892 Abs. 1 bezeichneten Art mit der wirklichen Rechtslage nicht im Einklang, so kann derjenige, dessen Recht nicht oder nicht richtig eingetragen oder durch die Eintragung einer nicht bestehenden Belastung oder Beschränkung beeinträchtigt ist, die Zustimmung zu der Berichtigung des Grundbuchs von demjenigen verlangen, dessen Recht durch die Berichtigung betroffen wird.

1. Allgemeines. a) Grundlagen. Unrichtigkeit des Grundbuchs gefährdet den Berechtigten. § 891 gilt nicht für ihn, wegen §§ 892, 893, 900, 901 droht Verlust oder Beeinträchtigung seines Rechts. Daher kann der Berechtigte die Berichtigung des Grundbuchs verlangen: Er hat gem § 894 Anspruch auf Erteilung der formellrechtlich nötigen (Berichtigungs-)Bewilligung, durch den von der Berichtigung Betroffenen, § 19 GBO (→ § 873 Rn. 26), sog *Berichtigungsanspruch.* Durchsetzung im Prozess meist langwierig; zur Vollstreckung §§ 894, 895 ZPO. Das betroffene Recht und damit auch der Berichtigungsanspruch können durch Eintragung eines Widerspruchs gegen Verlust und Beeinträchtigung vorläufig gesichert werden, §§ 899, 892 I 1, sa § 895 ZPO. **b) Bewilligung unnötig,** wenn Unrichtigkeit in der Form von § 29 GBO nachweisbar (zur Ausnahme KG NJW-RR 1998, 449 mN), § 22 GBO. Ist dieser Nachweis unzweifelhaft zu führen (was § 22 GBO fordert, BayObLG NJW-RR 2004, 1534), soll die Klage aus § 894 mangels Rechtsschutzinteresses unzulässig sein (Staudinger/Picker Rn. 6 mN; hM). **c) Weitere Ansprüche** auf Berichtigung: aus Vertrag, § 812 oder (selten) § 823. § 812 praktisch, wenn Kläger sein Recht iSv § 894 nicht nachweisen kann, wohl aber eine ungerechtfertigte Bereicherung des Beklagten (Baur/Stürner § 18, 32; sa BGH NJW 1973, 614). 1 2 3

2. Unrichtigkeit. Sie muss betreffen: ein Grundstücksrecht, ein Recht daran oder eine Verfügungsbeschränkung (dazu → § 892 Rn. 6 [d]). Dem Grundstücksrecht gleichgestellt sind Vormerkung (→ § 883 Rn. 28 [bb], 29, → § 886 Rn. 2) 4 und zu Unrecht eingetragener Widerspruch (BGH NJW 1969, 93; OLG Hamm BeckRS 2018, 43690 Rn. 28; → § 899 Rn. 1).

5 **3. Beteiligte. a) Berechtigt** ist, wer durch die Unrichtigkeit (→ Rn. 4) in sei-
ner dinglichen Rechtsstellung unmittelbar beeinträchtigt wird; es genügt die ernst-
hafte Möglichkeit der Rechtsbeeinträchtigung (OLG München NJOZ 2021, 860
Rn. 12). Ist der Falsche als Grundschuldgläubiger eingetragen, so ist nur der Rich-
6 tige, nicht (auch) der Eigentümer, berechtigt (BGH NJW 2000, 2021). **b) Ver-
pflichtet** ist, wer in seinem wahren Recht oder Scheinrecht (Buchrecht) von der
Berichtigung betroffen wird (BGHZ 132, 245, 249). Bsp: Bei versehentlicher
Löschung einer Grundschuld ist der Eigentümer (also der wahre Berechtigte) von
der Berichtigung betroffen; soll anstelle des eingetragenen Nichteigentümers der
wahre Eigentümer eingetragen werden, so ist der scheinberechtigte Nichteigentü-
mer betroffen. Verpflichtet ist jeder, dessen Mitwirkung bei der Berichtigung nach
Grundbuchrecht nötig ist (BGHZ 41, 30, 32); das können mehrere sein, zB Gläubi-
ger und Pfändungspfandgläubiger einer zu Unrecht eingetragenen Grundschuld. Ist
der Verpflichtete verfügungsbeschränkt (zB gem § 80 I InsO), so muss statt seiner
der Verfügungsbefugte (zB der Insolvenzverwalter) bewilligen (→ § 873 Rn. 17 [a],
28).

7 **4. Der Anspruch. a) Er zielt auf** Abgabe der Berichtigungsbewilligung; zum
Inhalt BGHZ 73, 302, 307 f. (keine Beschränkung auf Löschung des eingetragenen
Eigentümers). Vollstreckung: § 894 ZPO, sa § 895 ZPO. Rechtskraft der Entschei-
dung über Anspruch erfasst die dingliche Rechtslage nicht (BGH NJW 2019, 71
8 Rn. 15 ff. mN, str.). **b) Abtretung unzulässig** (→ Vor § 854 Rn. 8), daher auch
eine Vollpfändung (§ 851 I ZPO). Zulässig aber *Ausübungsermächtigung* gem § 185 I:
Geltendmachung fremden Rechts im eigenen Namen; im Prozess als Prozessstand-
schaft, sofern eigenes rechtliches Interesse an Geltendmachung besteht (BGH NJW-
RR 1988, 127). Dementspr auch eine Pfändung des Anspruchs zur Ausübung
(§ 857 III ZPO; BGH NJW 1996, 3148), um durch Grundbuchberichtigung die
Befriedigung des Vollstreckungsgläubigers vorzubereiten (zB Berichtigung durch
Eintragung des Vollstreckungsschuldners als Eigentümer, um gegen ihn die Zwangs-
versteigerung betreiben zu können, § 17 ZVG; § 14 GBO ist wegen § 19 GBO
9 ungenügend). **c) Keine Verjährung:** § 898. Verwirkung möglich (BGHZ 122, 308,
314; OLG Hamm BeckRS 2018, 43690 Rn. 40 [beschränkt auf „Extremfälle"]).

10 **5. Gegenrechte des Verpflichteten.** Zurückbehaltungsrecht (BGH NJW 1990, 1171 f.; NJW-RR 1990, 848), zB wegen Verwendungen auf das Grundstück (BGHZ 75, 288, 293 [sa BGH NJW 2002, 2315] hält hierfür nur § 273 II, nicht § 1000 für anwendbar; inkonsequent, da nach hM für die Rechtsverhältnisse der Beteiligten [→ Rn. 5, 6] neben §§ 987 ff. auch §§ 994 ff. *entspr* gelten [BGHZ 75, 288, 293 f.], was § 1000 einschließt, Staudinger/Picker Rn. 138, 139). Der Einwand unzulässiger Rechtsausübung (nach aA: § 986 entspr) verhindert oder vernichtet den Anspruch, insbes wenn der an sich Verpflichtete gegen den an sich Berechtigten (→ Rn. 5, 6) einen Anspruch auf Herstellung des jetzigen Grundbuchstands hat (Bsp: Hypothekeneintragung unwirksam, aber es besteht wirksame Verpflichtung zur Hypothekenbestellung, vgl BGH NJW 1974, 1651).

§ 895 Voreintragung des Verpflichteten

Kann die Berichtigung des Grundbuchs erst erfolgen, nachdem das Recht des nach § 894 Verpflichteten eingetragen worden ist, so hat dieser auf Verlangen sein Recht eintragen zu lassen.

Berichtigung setzt **Voreintragung des Verpflichteten** (→ § 894 Rn. 6) voraus, § 39 GBO (vgl → § 873 Rn. 30). Daher ergänzt § 895 den § 894. Anspruch geht auf Eintragung (anders § 894). Ist Voreintragung entbehrlich (§§ 39 II, 40 GBO), so ist § 895 unanwendbar. Voreintragung auch gem § 14 GBO erreichbar.

§ 896 Vorlegung des Briefes

Ist zur Berichtigung des Grundbuchs die Vorlegung eines Hypotheken-, Grundschuld- oder Rentenschuldbriefs erforderlich, so kann derjenige, zu dessen Gunsten die Berichtigung erfolgen soll, von dem Besitzer des Briefes verlangen, dass der Brief dem Grundbuchamt vorgelegt wird.

Vgl §§ 41 I 1 und II, 42, 43 GBO. Verpflichtete aus § 896 und § 894 müssen nicht identisch sein (RG 69, 41 f.).

§ 897 Kosten der Berichtigung

Die Kosten der Berichtigung des Grundbuchs und der dazu erforderlichen Erklärungen hat derjenige zu tragen, welcher die Berichtigung verlangt, sofern nicht aus einem zwischen ihm und dem Verpflichteten bestehenden Rechtsverhältnis sich ein anderes ergibt.

Betrifft nur Kostenverteilung unter den Beteiligten. Kostenpflicht gegenüber Grundbuchamt, Notar regelt GNotKG.

§ 898 Unverjährbarkeit der Berichtigungsansprüche

Die in den §§ 894 bis 896 bestimmten Ansprüche unterliegen nicht der Verjährung.

Vgl § 902.

§ 899 Eintragung eines Widerspruchs

(1) **In den Fällen des § 894 kann ein Widerspruch gegen die Richtigkeit des Grundbuchs eingetragen werden.**

(2) [1]**Die Eintragung erfolgt auf Grund einer einstweiligen Verfügung oder auf Grund einer Bewilligung desjenigen, dessen Recht durch die Berichtigung des Grundbuchs betroffen wird.** [2]**Zur Erlassung der einstweiligen Verfügung ist nicht erforderlich, dass eine Gefährdung des Rechts des Widersprechenden glaubhaft gemacht wird.**

1. Allgemeines. a) Zweck: → § 894 Rn. 1. **b) Rechtsnatur.** Sicherungsmittel 1
eigener Art (RG 117, 351 f.); *nicht:* Grundstücksrecht, Grundbuchsperre, Verfügungsbeschränkung. Unterschied zur Vormerkung: → § 883 Rn. 30 (c). **c) Vermutungen** des § 891 bleiben (LM Nr. 5 zu § 891). **d) Widerspruch gegen** 2
Widerspruch unzulässig (RG 117, 352; Staudinger/Picker Rn. 39), da er öffentl Glauben nur zerstören, aber nicht wiederherstellen kann. Bei unberechtigter Löschung des Widerspruchs wird neuer Widerspruch eingetragen. Kein Widerspruch gegen eingetragene Verfügungsbeschränkung (Grund: Eintrag ist durch öffentl Glauben nicht geschützt, Staudinger/Picker Rn. 41; → § 892 Rn. 3 [c]), wohl aber gegen unberechtigte Löschung, vgl § 892 I 2 (dazu → § 892 Rn. 3 [c], 6 [d]); Staudinger/Picker Rn. 42. Widerspruch gegen Eintragung einer Vormerkung zulässig, soweit deren redlicher Erwerb möglich ist, entspr bei Löschung (→ § 883 Rn. 28 [bb], 29).

2. Eintragungsvoraussetzungen. II mit §§ 13, 19, (29), 39 GBO. **a) Eintra-** 3
gungsbewilligung des Verpflichteten iSv → § 894 Rn. 6; § 29 GBO beachten. § 895 **ZPO** fingiert Bewilligung. Bewilligung ist keine Verfügung; daher str, ob § 878 anwendbar (hM: ja). Keine Nachprüfung der Unrichtigkeit des Grundbuchs durch Grundbuchamt. **b) Einstw Verfügung** gegen Verpflichteten iSv → § 894 4
Rn. 6. Glaubhaftmachung der Gefährdung unnötig, II 2 (abw von §§ 936, 920 II

ZPO), sie wird ges (nur) vermutet (aA Staudinger/Picker Rn. 60), weil Recht durch §§ 892, 893 idR gefährdet (→ § 894 Rn. 1); Vermutung entfällt, wenn Antragsteller zu lange zuwartet (KG NJW-Spezial 2014, 392). Recht ist idR glaubhaft zu machen, §§ 936, 920 II, 921 ZPO. Zuständigkeit: §§ 937, 942 ff. ZPO; Vollzug: §§ 936, 928 f., 941 ZPO mit § 38 GBO, zu § 929 II ZPO → § 885 Rn. 14.

5 **3. Wirkung.** Vgl zunächst → Rn. 1 (b). Besteht das gesicherte Recht (und damit auch der Anspruch aus § 894), so zerstört der Widerspruch den öffentl Glauben des Grundbuchs, aber *nur* bzgl des *gesicherten Rechts* (also nicht total) und nur dann, wenn der Widerspruch zugunsten des *Berechtigten* eingetragen ist. *Folge:* Verfügungen des Widerspruchsgegners sind unwirksam. Bsp: Widerspruch zugunsten des Hypothekengläubigers H gegen versehentliche Löschung seiner Hypothek verhindert nicht den redlichen Erwerb des Eigentums vom eingetragenen Nichteigentümer NE, sondern nur den hypothekenfreien Erwerb; ist gegen die Eintragung des NE als Eigentümer ein Widerspruch zugunsten des Nichteigentümers X (also nicht zugunsten des Eigentümers) eingetragen, so ist ebenfalls redlicher Eigentumserwerb möglich. Soweit eine Verfügung wegen des Widerspruchs unwirksam ist, kann sich jeder darauf berufen. Der Widerspruch wirkt auch gegen den ersten und gegen weitere Rechtsnachfolger des ursprünglichen Widerspruchsgegners. Zur Wirkung in der Zwangsversteigerung Staudinger/Picker Rn. 6, 14.

6 **4. Löschung.** Bei Bewilligung (§ 19 GBO), ferner gem § 25 GBO.

7 **5. Sonstiges. a) Amtswiderspruch** (§§ 53, sa 76 I GBO) steht dem Widerspruch gem § 899 in der Wirkung gleich. Zum Zweck BayObLG NJW-RR 1999, 1690. **b) Widerspruch gem §§ 18 II, 23, 24 GBO** ist bes Schutzvermerk, kein Widerspruch iSv § 899. **c)** Der **Rechtshängigkeitsvermerk** schließt redlichen Erwerb gem § 325 II ZPO aus (Staudinger/Picker § 892 Rn. 264 mN). Er ähnelt dem Widerspruch iSv § 899. Eintragung kann nur auf Grund Bewilligung oder einstw Verfügung erfolgen (BGH NJW 2013, 2357; dazu Singbart/Zintl MDR 2014, 1240).

§ 899a Maßgaben für die Gesellschaft bürgerlichen Rechts

[1]Ist eine Gesellschaft bürgerlichen Rechts im Grundbuch eingetragen, so wird in Ansehung des eingetragenen Rechts auch vermutet, dass diejenigen Personen Gesellschafter sind, die nach § 47 Absatz 2 Satz 1 der Grundbuchordnung im Grundbuch eingetragen sind, und dass darüber hinaus keine weiteren Gesellschafter vorhanden sind. [2]Die §§ 892 bis 899 gelten bezüglich der Eintragung der Gesellschafter entsprechend.

1 **1. Allgemeines.** Eingefügt durch ERVGBG mWv 18.8.2009 (unzutreffend Scherer NJW 2009, 3063 [1.10.2009]); Überleitungsrecht Art. 229 § 21 EGBGB. § 899a knüpft an § 47 II 1 GBO an, wonach bei der Eintragung eines Rechts für eine GbR im Grundbuch zwingend (anders zur früheren Rechtslage BGH NJW 2009, 597) auch deren Gesellschafter einzutragen sind. **Zweck** ist die Sicherung der Verkehrsfähigkeit von im Grundbuch für eine GbR eingetragenen Rechten. BGHZ 146, 341 hatte – in Abkehr von der Rechtsträgerschaft der Gesellschafter in gesamthänderischer Verbundenheit – die Rechtsfähigkeit der (Außen-)GbR grundsätzlich bejaht (dazu → § 705 Rn. 1). Folglich kann die GbR auch Inhaber von Grundstücksrechten sein (BGH NJW 2011, 615). Allerdings besteht, anders als bei (Personen-)Handelsgesellschaften, für die GbR kein Register und keine § 15 III HGB vergleichbare Verkehrsschutzbestimmung. Der Erwerb von Grundbuchrechten von der GbR als solcher ist daher mit Risiken hinsichtlich Existenz und Identität der GbR sowie der Vertretungsmacht der Gesellschafter belastet. § 899a soll hier Abhilfe schaffen, insbes durch Erstreckung der Vermutung des § 891 und des öffentlichen Glaubens nach § 892 auf die Gesellschafterstellung und – in Verbindung mit dem Grundsatz der Selbstorganschaft (BT-Drs. 16/13437, 26) – der **Vertretungs-**

macht. Daneben werden Existenz und Identität (BT-Drs. 16/13437, 23 f.) der GbR vermutet (→ Rn. 2) und für den Erwerbsverkehr fingiert (→ Rn. 4). Keine Anwendung findet § 899a, sondern allein §§ 892 f., wenn eine (existierende) GbR zu Unrecht eingetragen ist (zur Abgrenzung Brehm/Berger, § 10 Rn. 30). – **Aufhebung** des § 899a durch Art. 1 Nr. 4, 137 MoPeG (BGBl. I 3436) **mWv 1.1.2024;** §§ 707 ff. BGB-MoPeG sehen ein Gesellschaftsregister für GbR vor, wobei nach § 707a III 1 BGB-MoPeG § 15 HGB grundsätzlich entspr anzuwenden ist. Die rechtsfähige GbR soll nach dem neuen § 47 II GBO nur dann in das Grundbuch eingetragen werden, soweit die GbR zuvor in das Gesellschaftsregister eingetragen wurde.

2. Vermutung. a) Umfang. S. 1 Hs. 1 begründet die positive Vermutung, dass die nach § 47 II 1 GBO eingetragenen Gesellschafter auch Gesellschafter der im Grundbuch als Rechtsinhaber eingetragenen GbR sind, nach Hs. 2 wird negativ vermutet, dass keine weiteren Gesellschafter vorhanden sind. Vermutet wird zudem die Existenz der eingetragenen GbR (als notwendige Voraussetzung des Vorhandenseins von Gesellschaftern, BT-Drs. 16/13437, 27). Die Vermutung gilt auch im Grundbuchverfahren. **b) Nicht vermutet** werden Rechts- und Geschäftsfähigkeit, Geschäftsführungsbefugnis (BGH NJW 2011, 618), eine frühere Gesellschafterstellung, ferner nicht die Rechtsinhaberschaft der Gesellschafter. **c)** Die Vermutung für die Rechtsinhaberschaft der eingetragenen GbR richtet sich unmittelbar nach § 891. 2 3

3. Öffentlicher Glaube. a) S. 2 iVm § 892 fingiert die Richtigkeit des Grundbuchs hinsichtlich Identität und Existenz der GbR sowie der Gesellschafterstellung der eingetragenen Gesellschafter. Zusammen mit dem Grundsatz der Selbstorganschaft (BT-Drs. 16/13437, 26), wonach nur Gesellschafter Geschäftsführer und damit (§ 714) Vertreter (jetzt: der GbR) sein können, ergibt sich aus S. 2 iVm § 892 die wirksame Vertretung der GbR auch dann, wenn nicht alle Gesellschafter gehandelt haben (Bsp: ein Gesellschaftsanteil war abgetreten und der neue Gesellschafter nicht in das Grundbuch eingetragen worden) oder die Vertretungsmacht eines handelnden Gesellschafters im Gesellschaftsvertrag ausgeschlossen oder beschränkt worden war. Anders als in den Fällen der direkten Anwendung des § 892 wird in S. 2 iVm § 892 nicht nur die Rechtsinhaberschaft, sondern zugleich der Rechtsträger fingiert (aA Kohler NZG 2012, 441); Bedeutung hat das, wenn alle GbR-Anteile auf einen Gesellschafter übertragen wurden, das Grundbuch aber nicht berichtigt worden ist; zudem ist § 892 anzuwenden. **b)** Der öffentliche Glaube gilt nur „in Ansehung des Rechts". Erfasst sind danach Verfügungen der GbR über Grundstücksrechte, **nicht** der Rechtserwerb durch die GbR und nicht der Erwerb von beweglichen Sachen (zB Grundstückszubehör) von der GbR. Für Verfügungen über den Gesellschaftsanteil gilt S. 2 ebenfalls nicht. **c)** Der öffentliche Glaube nach S. 2 iVm § 892 erstreckt sich insoweit auch auf die **schuldrechtliche Ebene** (Böttcher NJW 2010, 1655 mN; str, aA Staudinger/Picker Rn. 11; Grüneberg/Herrler Rn. 6 mN; zum Meinungsstand s. Heinze DNotZ 2016, 344), damit der akzessorischen Vormerkung (→ § 883 Rn. 6) eine Forderung zugrunde liegt und die Leistungskondiktion ausgeschlossen ist. Die Gegenansicht vertraut auf Duldungs- und Anscheinsvollmacht (→ § 167 Rn. 8/9), anknüpfend an den Gesellschaftsvertrag (abl OLG München NZG 2010, 1263) oder den Grundbucheintrag (MüKo-BGB/Schäfer, Rn. 17: bei Zurechenbarkeit zur GbR) als Rechtsscheinsträger. **d)** §§ 1140 f. sind anwendbar; der öffentliche Glaube des Grundbuchs hinsichtlich der Gesellschafterstellung kann durch den Hypothekenbrief zerstört werden. **e)** Soweit die GbR im Grundbuch zu Unrecht als Rechtsinhaberin eingetragen ist, folgt der öffentliche Glaube direkt aus § 892. 4 5 6 7

4. Sonstiges. §§ 893–899 BGB gelten nach S. 2 entsprechend: Eine Leistung an alle (unzutr BT-Drs. 16/13437, 27: zu Händen „eines" Gesellschafters) im Grundbuch eingetragenen Gesellschafter befreit den Schuldner, wenn auf Grund des eingetragenen Rechts eine Leistung erbracht wird oder eine nicht unter § 892 fallende 8

Verfügung getroffen wird (§ 893). Der Grundbuchstand hinsichtlich der Gesellschafter wird dem Grundbuchberichtigungsanspruch unterstellt (§ 894). Zur Berichtigung verpflichtet ist der zu Unrecht als Gesellschafter Eingetragene. Berechtigter ist die GbR, denn deren Interesse an Verfügungen über Grundbuchrechte ist durch die Unrichtigkeit des Grundbuchs beeinträchtigt. Überträgt ein Gesellschafter seinen Anteil rechtsgeschäftlich, richtet sich der Anspruch der GbR (aA BT-Drs. 16/13437, 27: der Neugesellschafter) gegen den Altgesellschafter; ebenso bei Ausscheiden und Anwachsung. Beim Ausscheiden infolge Versterbens sind die Erben verpflichtet, die Berichtigung zu bewilligen (KG NZG 2020, 1033). Gegenüber dem unrichtigen Gesellschaftereintrag (§ 47 II GBO) ist ein Widerspruch statthaft (§ 899), der den öffentlichen Glauben zerstört und einen redlichen Erwerb von der eingetragenen GbR ausschließt (S. 2 iVm § 891 I 1).

§ 900 Buchersitzung

(1) [1]**Wer als Eigentümer eines Grundstücks im Grundbuch eingetragen ist, ohne dass er das Eigentum erlangt hat, erwirbt das Eigentum, wenn die Eintragung 30 Jahre bestanden und er während dieser Zeit das Grundstück im Eigenbesitz gehabt hat.** [2]**Die dreißigjährige Frist wird in derselben Weise berechnet wie die Frist für die Ersitzung einer beweglichen Sache.** [3]**Der Lauf der Frist ist gehemmt, solange ein Widerspruch gegen die Richtigkeit der Eintragung im Grundbuch eingetragen ist.**

(2) [1]**Diese Vorschriften finden entsprechende Anwendung, wenn für jemand ein ihm nicht zustehendes anderes Recht im Grundbuch eingetragen ist, das zum Besitz des Grundstücks berechtigt oder dessen Ausübung nach den für den Besitz geltenden Vorschriften geschützt ist.** [2]**Für den Rang des Rechts ist die Eintragung maßgebend.**

Buch- oder Tabularersitzung bewirkt originären Erwerb. Frist: §§ 938 ff. Redlichkeit unnötig. Betrifft alle Sach- oder Rechtsbesitz gewährenden Rechte; zu II s. §§ 1036 I, 1093 I, 1029. Keine Ersitzung gegen den Grundbuchinhalt.

§ 901 Erlöschen nicht eingetragener Rechte

[1]**Ist ein Recht an einem fremden Grundstück im Grundbuch mit Unrecht gelöscht, so erlischt es, wenn der Anspruch des Berechtigten gegen den Eigentümer verjährt ist.** [2]**Das Gleiche gilt, wenn ein kraft Gesetzes entstandenes Recht an einem fremden Grundstück nicht in das Grundbuch eingetragen worden ist.**

Buch- oder Tabularversitzung. Ein nicht eingetragenes, aber eintragungsfähiges beschränktes dingliches Recht erlischt, wenn ein aus ihm erwachsener dinglicher Anspruch auf Leistung oder Duldung verjährt. Das Grundbuch wird richtig, daher auch kein Anspruch aus § 894 mehr. Verjährung: §§ 194 ff., 902. Für Eigentum §§ 900, 927, nicht § 901.

§ 902 Unverjährbarkeit eingetragener Rechte

(1) [1]**Die Ansprüche aus eingetragenen Rechten unterliegen nicht der Verjährung.** [2]**Dies gilt nicht für Ansprüche, die auf Rückstände wiederkehrender Leistungen oder auf Schadensersatz gerichtet sind.**

(2) **Ein Recht, wegen dessen ein Widerspruch gegen die Richtigkeit des Grundbuchs eingetragen ist, steht einem eingetragenen Recht gleich.**

1 **1. Ansprüche.** Zu den Ansprüchen aus eingetragenem Recht iSv **I 1** gehört neben dem Vindikationsanspruch aus § 985 der Beseitigungsanspruch aus § 1004

(Staudinger/Picker Rn. 9 mN; aA BGHZ 60, 235, 238 f.; NJW 2011, 1068; NJW-RR 2019, 590 Rn. 13). **Verwirkung des Herausgabeanspruchs** des eingetragenen Eigentümers nur, wenn Pflicht zur Herausgabe schlechthin unerträglich (BGH NJW 2007, 2184).

2. Verhältnis von nicht eingetragenem aber durch Widerspruch gesichertem Recht zu eingetragenem Recht. Nicht eingetragenes, aber durch Widerspruch gesichertes Recht steht einem eingetragenen Recht gleich, **II.** Zum Grundbuchberichtigunganspruch s. § 898. – Durch Vormerkung gesicherter Anspruch verjährt. 2

Abschnitt 3. Eigentum

Vorbemerkungen

I. Begriff und Inhalt des Eigentums im BGB

1. Rechtscharakter des Eigentums. Das BGB kennt Eigentum nur an **Sachen** 1
iSv § 90 (nicht an Forderungen usw). Eigentum ist ein **dingliches Recht** (→ Vor § 854 Rn. 1), und zwar das **umfassendste Sachherrschaftsrecht.** Es gewährt dem Eigentümer die *grundsätzlich* unbeschränkte Macht zu jeder möglichen rechtlichen und tatsächlichen Einwirkung auf seine Sache. Die anderen dinglichen Rechte gewähren im Vergleich zum Eigentum nur eine begrenzte dingliche Rechtsmacht und heißen daher beschränkte dingliche Rechte (→ Vor § 854 Rn. 6).

2. Rechtsmacht des Eigentümers. Das BGB (§ 903 S. 1) geht von der grund- 2
sätzlich unbeschränkten Rechtsmacht des Eigentümers aus und versteht deren **Einschränkung** durch Ges und Rechte Dritter **als Ausnahme.** Dass die Ausnahme praktisch zur Regel geworden ist (→ § 903 Rn. 4), tastet die Vorstellung des Ges vom Eigentum als – der Idee nach – unbegrenztem Recht nicht an. Bei Zweifeln über „Freiheit" oder „Bindung" des Eigentums ist daher zugunsten der (Eigentümer-)Freiheit zu entscheiden (Bsp: BGHZ 106, 229, 232 f.).

3. Unterschied von Eigentum an Grundstücken und Eigentum an beweg- 3
lichen Sachen. Eigentum an **Grundstücken** und Eigentum an **beweglichen Sachen** (Begriffe: → Vor § 90 Rn. 2, 3) unterscheidet das BGB nicht begrifflich, wohl aber in der rechtlichen Behandlung, zB Übertragung (§ 925; §§ 929 ff.), Aufgabe (§ 928; § 959), Belastung (§§ 1018 ff.; §§ 1204 ff.). Eigentum besteht immer nur an der **einzelnen Sache,** weder an Sachgesamtheiten (Begriffe: → Vor § 90 Rn. 4, 5) noch Rechtsgesamtheiten (Vermögen).

4. Öffentl. Eigentum („domaine public"). Ein solches an öffentl Sachen 4
(Begriff: Pappermann JuS 1979, 794 ff.; sa Schmidt-Jortzig NVwZ 1987, 1025 ff.) ist dem BGB unbekannt, kann aber, soweit Bundesrecht das zulässt (zB gem Art. 66 EGBGB), durch LandesGes geschaffen werden (BVerfGE 24, 367, 386 ff.; 42, 20, 28 ff.). Vgl auch OLG Schleswig NJW-RR 2003, 1171: Privateigentum an öffentl Sache (hier: Meeresstrand).

5. Arten des Eigentums. a) Das BGB kennt nur **aa) Allein**eigentum; 5
bb) Miteigentum nach Bruchteilen, §§ 1008 ff.; dazu gehört auch das Wohnungseigentum (BGH NJW 2004, 1802; BayObLG NJW-RR 1997, 1237 mN; Weitnauer FS Niederländer, 1991, 455 ff.; str); zum *Zeiteigentum* an Wohngebäuden § 481 II 1. **cc) Gesamthands**eigentum an Sachen, die zum Vermögen einer GbR (§ 718), OHG, KG (§§ 105, 161 HGB), einer PartG (vgl § 8 I PartGG), eines nichtrechtsfähigen Vereins (§ 54), zum ungeteilten Nachlass (§ 2032) oder zum Gesamtgut einer
Gütergemeinschaft (§§ 1416, 1485) gehören. **b)** Eigentum an einer Sache erfasst auch 6
deren **wesentliche Bestandteile,** §§ 93, 94 mit Anm § 1 WEG lässt abw davon

Sondereigentum an Gebäudeteilen zu. Dieses ist als echtes Eigentum iSv § 903 und
7 Art. 14 GG ausgestaltet (BGH NJW 2019, 2083 Rn. 16). **c) Geistiges Eigentum** kennt das BGB nicht (iGgs zu Art. 17 II GRCh), ebenso wenig **wirtschaftliches**
8 **Eigentum. d) Fiduziarisches oder Treuhandeigentum** ist Eigentum des Treuhänders (vgl → § 164 Rn. 12). Er ist lediglich im Verhältnis zum Treugeber schuldrechtlich gebunden, gem dem Treuhandverhältnis mit dem Eigentum zu verfahren. Vgl allg Coing, Die Treuhand kraft privaten RGeschäfts, 1973, S. 114ff., 155ff.
9 **e) Bergwerkseigentum** ist grundstücks(eigentums)gleiches Recht, das insbes zum Abbau von Bodenschätzen auf fremdem Boden berechtigt (§ 9 BBergG).

II. Begriff und Inhalt des Eigentums im GG

Lit.: Böhmer, Grundfragen der verfassungsrechtlichen Gewährleistung des Eigentums in der Rspr des BVerfG, NJW 1988, 2561; Jarass, Inhalts- und Schrankenbestimmung oder Enteignung, NJW 2000, 2841; Leisner, „Entschädigung falls Enteignung", DVBl 1983, 61; Schmidt-Aßmann, Öffentl-rechtlicher Grundeigentumsschutz und Richterrecht, FS Heidelberg, 1986, S 107; Schoch, Die Eigentumsgarantie des Art 14 GG, Jura 1989, 113; Schwerdtfeger, Die dogmatische Struktur der Eigentumsgarantie, 1983 (kürzer in JuS 1983, 104).

10 **1. Begriff.** Das GG definiert ihn nicht, dennoch soll er aus ihm zu entnehmen sein (BVerfGE 58, 300, 335). Es muss sich um ein vermögenswertes Gut handeln (nicht nur um Sachen wie nach → BGB Rn. 1; s. BVerfG NJW 1998, 1936 [1938]: [auch] „Geldeigentum"), das einem Rechtsträger von privatem Nutzen sein soll („Privatnützigkeit") und über das der Inhaber grundsätzlich frei verfügen darf (BVerfG NJW-RR 2008, 27 mN, stRspr). Ein privatnütziges, verfügbares vermögenswertes Gut ist aber nur dann Eigentum iSd GG, wenn das dem Schutzzweck der Eigentumsgarantie (Art. 14 I 1 GG) unter Berücksichtigung ihrer Bedeutung im Gesamtgefüge der Verfassung entspricht (s. BVerfGE 42, 263, 292f.; → Rn. 13). Daraus folgt, dass nicht jede (ges) Beschränkung eines vermögenswerten Gutes „Enteignung" iSv Art. 14 III GG ist (BVerfGE 58, 300, 336).

11 **2. Eigentumsgarantie. a) Allgemeines.** Art. 14 I 1 GG garantiert das Privateigentum als Rechtsinstitut *(Institutsgarantie)* sowie in seiner konkreten Gestalt in der Hand des einzelnen Eigentümers (*Bestandsgarantie,* BVerfGE 42, 263, 294f.) Art. 14 I 1 GG bindet den Gesetzgeber bei der inhaltlichen Ausgestaltung des Eigentums (→ Rn. 13, 14); auch die Fachgerichte haben bei Auslegung und Anwendung der ges Vorschriften die durch die Eigentumsgarantie gezogenen Grenzen zu beachten
12 (BVerfG NJW-RR 2005, 454). **b) Die Institutsgarantie** gewährleistet das Eigentum so, wie es die („einfachen") Ges privat- *und* öffentl-rechtlichen Inhalts ausgestaltet haben (BVerfGE 58, 200, 334ff.; abw 65, 196, 209, wo nur, wie früher [zB 19, 370], auf das bürgerliche Recht [und die gesellschaftlichen Anschauungen] abgestellt wird). Diese Inhalts- und Schrankenbestimmung hat einerseits (als spezifische Schranke) die Sozialgebundenheit des Eigentums zu beachten (Art 14 II GG; BVerfG NJW 1999, 2878; 2000, 2574f. mit Art. 2 II 1, 20a GG). Andererseits muss sie der grundlegenden verfassungsrechtlichen Wertentscheidung für das Privateigentum entsprechen (BVerfGE 58, 137, 147f.; 68, 361, 367f.). Daher verbietet es die Institutsgarantie, solche Bereiche, die zum elementaren Bestand grundrechtlich geschützter Betätigung im vermögensrechtlichen Bereich gehören, der Privatrechtsordnung zu entziehen und damit den durch Art. 14 GG geschützten Freiheitsbereich wesentlich zu schmälern oder gar aufzuheben (BVerfGE 24, 367, 389; sa 58, 300, 339, dazu präzisierend Leisner DVBl 1983, 65). Auch alle übrigen Verfassungsnormen sind zu beachten, insbes der Gleichheitssatz (BVerfG NJW 2000, 2574), das Grundrecht auf freie Entfaltung der Persönlichkeit, die Prinzipien der Rechts- und Sozialstaatlichkeit (BVerfGE 14, 263, 278; 34, 139, 146). Eigentumsbindungen müssen stets verhältnismäßig sein (BVerfG NJW 2000, 2574; Schmidt-Aßmann, Öffentl-rechtlicher Grundeigentumsschutz und Richterrecht, FS Heidelberg, 1986, S. 116f. mN). Bei Beachtung dieser Grundsätze durch den Gesetzgeber wird der Wesensgehalt des Eigentums nicht angetastet, Art. 19 II GG hat daher keine eigenständige

Bedeutung (BVerfGE 58, 300, 348). Bei Nichtbeachtung ist die ges Inhaltsbestimmung verfassungswidrig (BVerfG NJW 2000, 2574); sie wird nicht zur (verfassungsmäßigen) Enteignungsnorm iSv Art. 14 III GG (BVerfG NJW 2000, 2574: „enteignender Eingriff"; zur unterschiedlichen Zweckrichtung der Enteignung und der Inhalts- und Schrankenbestimmung BVerfG NJW 2005, 2373). Eine im Grundsatz verfassungsmäßige ges Sozialbindung, die eine bestimmte Personengruppe iGgs zu anderen (zu) intensiv und damit gleichheitswidrig trifft, soll im Hinblick auf diese Gruppe nur bei ges angeordneter Entschädigung verfassungsgemäß im Rahmen von Art. 14 I 2, II GG sein (BVerfGE 58, 137, 149 ff.; zu den Voraussetzungen einer „Ausgleichsregelung" BVerfG NJW 1999, 2879); die Entschädigung ist keine Enteignungsentschädigung iSv Art. 14 III GG (s. BVerfGE 79, 174, 192; BGHZ 123, 242, 245; 145, 16, 32 f.). **c) Die Bestandsgarantie** (→ Rn. 12) bietet Schutz gegen 13
Enteignung. Nur wenn diese zulässig ist, verwandelt sich die Bestands- in eine *Eigentumswertgarantie* (BVerfG NJW 1999, 1176); das ist ein wesentlicher Unterschied zu WRV 153, wo die Eigentumsgarantie primär Eigentumswertgarantie war (BVerfGE 24, 367, 400). Zweifelhaft ist, inwieweit die Bestandsgarantie gegen Umformung, gänzlichen oder Teilentzug von Eigentum durch (entschädigungslose) ges Neubestimmung gem Art. 14 I 2 GG schützt (s. BVerfGE 46, 268, 288; 83, 201, 211 ff.; NJW 2000, 2576; 01, 2961 [zu BGHZ 145, 16, 26 f.: Verfassungsbeschwerde nicht angenommen]; NJW 2004, 1234; dazu mR krit Leisner DVBl 1983, 66 f.; Schwerdtfeger, Die dogmatische Struktur der Eigentumsgarantie, 1983, S. 23 ff. mwN) oder ob hier nur die (entschädigungspflichtige) Enteignung gem Art. 14 III GG offensteht.

3. Bezug zu Art. 14 GG. Als Eigentum iSv Art. 14 GG im Bereich des 14
Privatrechts sind anerkannt alle subj Vermögensrechte (BVerfG NJW 1992, 37): zB Erbbaurecht (BVerfGE 79, 174, 191), Forderungen (BVerfG NJW 2004, 1233 f.; 05, 589), urheberrechtliche Leistungsschutzrechte (BVerfG NJW 1998, 1631; 2001, 1784; 2003, 1656), Warenzeichen (ie BVerfGE 51, 193, 217 ff.; s. jetzt §§ 3 I, 4 MarkenG), Ausstattungsschutz gem § 25 WZG, jetzt §§ 3 I, 4 MarkenG (BVerfGE 78, 58, 71 ff.), Recht am eingerichteten und ausgeübten landwirtschaftlichen oder Gewerbebetrieb (BGHZ 98, 341, 351; offen lassend BVerfG NJW 1992, 37; 05, 590; BVerwG NJW 1995, 543), Schürfrechte des Bergwerkseigentümers (BGHZ 59, 332, 336 f.); ferner eigentümerähnliche Rechtspositionen ohne Rücksicht auf ihre Qualifizierbarkeit als subj Recht, zB Anwartschaftsrechte aus bindender Einigung (§ 873, dort → § 873 Rn. 19–21) oder aus aufschiebend bedingter Übereignung (§ 455 I, vgl → § 929 Rn. 43), rechtlich zulässige und im konkreten Fall sachgerechte Möglichkeit der Bebauung (BGH NJW 1974, 639) oder Kiesausbeute (soweit sie nicht durch das WHG eingeschränkt ist, BGH WM 1984, 786), doch gehört nicht jede (tatsächlich) mögliche Nutzung notwendigerweise zum *rechtlichen* Inhalt des Eigentums (BVerfGE 45, 63, 81, sa BGH WM 1984, 823; abzulehnen BVerfGE 58, 300, 338: Eigentumsqualität einer *rechtlichen* Nutzungsmöglichkeit hinge von deren *tatsächlicher* Ausübung ab, dazu zutr Leisner DVBl 1983, 67, BB 1992, 76 ff., abw auch BGH NJW 1994, 3285 f. mN). BVerfGE 89, 1, 5 ff.; 94, 12, 41 f.; NJW 2000, 2659; NJW-RR 1999, 1098; 2004, 441 qualifiziert Besitzrecht des Wohnungsmieters als Eigentum (genügend ist ges Einschränkung der Vermieterbefugnisse gem Art. 14 I 2, II GG [zutr BVerfGE 79, 292, 302 f.]; das Recht zum Besitz wird ua auf §§ 861, 862 gestützt, die auch Hausbesetzern und Dieben zugutekommen können, s. § 863). Bloße *Chancen* und künftige Verdienstmöglichkeiten sind, da sie einem Rechtssubjekt noch nicht als Rechtsposition zustehen, kein Eigentum (BVerfGE 78, 205, 211).

Titel 1. Inhalt des Eigentums

§ 903 Befugnisse des Eigentümers

[1]Der Eigentümer einer Sache kann, soweit nicht das Gesetz oder Rechte Dritter entgegenstehen, mit der Sache nach Belieben verfahren und andere

von jeder Einwirkung ausschließen. ²Der Eigentümer eines Tieres hat bei der Ausübung seiner Befugnisse die besonderen Vorschriften zum Schutz der Tiere zu beachten.

1 **1. Allgemeines. a) Begriff, Gegenstand** und **Arten** des Eigentums iSd BGB: → Vor § 903 Rn. 1, 3, 5. **b)** Zum **öffentl Eigentum** → Vor § 903 Rn. 4. **c) S. 2** (eingefügt durch Ges v 20.8.1990) enthält eine Banalität.

2 **2. Positive Wirkung.** Der Eigentümer kann mit seiner Sache grundsätzlich „nach Belieben" verfahren; ihm stehen Herrschafts-, Nutzungs- und Verfügungsrechte zu (vgl BVerfGE 31, 229, 239). Hier zeigt sich das Eigentum als Grundlage persönlicher Freiheit. Zur Eigentumsbeschränkung („Bindung" statt „Freiheit") → Rn. 4; → Vor § 903 Rn. 2.

3 **3. Negative Wirkung.** Der Eigentümer kann grundsätzlich fremde **Einwirkungen** auf seine Sache **ausschließen.** Die Abwehrbefugnis ist Hauptinhalt der verfassungsrechtlichen Eigentumsgarantie (BVerfGE 24, 367, 400 f.). S. 1 ist aber keine Anspruchsgrundlage (BGH NJW 2020, 42 Rn. 11); zivilrechtlichen Schutz gewähren insbes §§ 985, 1004, 906 ff., 823 ff. Sog *negative Einwirkungen* fallen nicht unter § 903 S. 1 (aA Stresemann FS Wenzel, 2005, 433 ff.; krit auch Wenzel NJW 2005, 247) und daher auch nicht unter § 906 (Jauernig JZ 1986, 608; sa BGH NJW-RR 2003, 1314) und § 907 (BGHZ 113, 384, 386; NJW-RR 2003, 1314), zB Versperren der Aussicht, Abhalten von Licht und Luft durch Bau oder Anpflanzung (BGH NJW-RR 2015, 1425 Rn. 11) hart an der Grenze (dagegen Abhilfe im Landesrecht, s. Art. 124 EGBGB), Abschatten von Funkwellen durch Hochhäuser (BGHZ 88, 344, 347). Hier nur Abwehr in Extremfällen mit Hilfe des nachbarlichen Gemeinschaftsverhältnisses (BGHZ 113, 384, 386 [aA Staudinger/Thole § 1004 Rn. 202]; BGHZ 157, 33, 38; NJW 2001, 1209; NJW-RR 2003, 1314; großzügiger Staudinger/Roth § 906 Rn. 122 ff.; allg BGHZ 148, 261, 267 f.); bei verhinderter Abwehr kommt ein verschuldensunabhängiger Ausgleichsanspruch in Betracht (BGHZ 113, 384, 389 ff.; → § 906 Rn. 15). Sog *ideelle* (sittliche oder ästhetische) *Einwirkungen* fallen unter § 903 S. 1, aber auch unter § 906, so dass sie nur eingeschränkt abwehrbar sind (str, ie → § 906 Rn. 2).

4 **4. Eigentumsbeschränkungen. Durch a) Ges** (Begriff Art. 2 EGBGB) **aa) privatrechtlichen** Inhalts: zB §§ 226–229, 242 (nachbarliches Gemeinschaftsverhältnis), 573, 573a, 573b, 577a, 826, 904, 905 S. 2, 906 ff.; LandesnachbarrechtsGes (s. Art. 124 EGBGB); nicht § 138 (der nur RGeschäfte erfasst). **bb) öffentlrechtlichen** Inhalts: zB BauGB, BBergG, BImSchG, BLG, BNatSchG (zur Abwehr unerträglichen Froschlärms BGHZ 120, 239, 239 ff., VGH München NJW 1999, 2914 ff., BVerwG NJW 1999, 2912 ff.: 10 Jahre Kampf gegen Lärm [Naturschutz auf Kosten des Nachbarn: BGHZ 160, 232, 239]; zum Baumschutz → § 910 Rn. 2), BWaldG, FlurbG, FStrG, KultgSchG (dazu BVerwG NJW 1993, 3280 ff.), GrdstVG, LuftVG, Wasser-, Wirtschafts-, VerkehrssicherstellungsG, WHG (dazu BVerfGE 58, 300 ff.), § 57 TKG aF, jetzt § 76 TKG (BVerfG NJW 2000, 799 f.; 2001, 2960 ff.; 2003, 197 f.; BGH NJW-RR 2004, 232); AltfahrzeugV; zum Denkmalschutz BVerfG NJW 1999, 2878 ff.; OLG Koblenz NJW-RR 2019, 367 Rn. 25; Dilcher FS Coing, 1982, II 83 ff.; Hammer JuS 1997, 971 ff.; Martin/Krautzberger, Denk-
5 malschutz und Denkmalpflege, 3. Aufl. 2010; **b) Rechte Dritter,** insbes durch beschränkte dingliche Rechte (BGH NJW 2021, 3060 Rn. 10) (→ Vor § 854 Rn. 6). Zur Einschränkung durch *Gemeingebrauch* → § 905 Rn. 4.

§ 904 Notstand

¹Der Eigentümer einer Sache ist nicht berechtigt, die Einwirkung eines anderen auf die Sache zu verbieten, wenn die Einwirkung zur Abwendung einer gegenwärtigen Gefahr notwendig und der drohende Schaden gegenüber dem aus der Einwirkung dem Eigentümer entstehenden Schaden

unverhältnismäßig groß ist. [2]Der Eigentümer kann Ersatz des ihm entstehenden Schadens verlangen.

Lit.: Konzen, Aufopferung im Zivilrecht, 1969.

1. Allgemeines. § 904 behandelt den **Angriffsnotstand:** Die fremde Sache ist – 1
abw von § 228, vgl dort → § 228 Rn. 1, 2 (a) – nicht selbst der Gefahrenherd, sondern das Mittel, um eine von anderwärts ausgehende Gefahr abzuwehren. *Selbstopferung* zB des Kraftfahrers, um Tötung eines Radfahrers zu vermeiden, fällt nicht unter § 904 (→ § 677 Rn. 3).

2. Voraussetzungen. a) Einwirkung, die unmittelbar oder mittelbar den zu 2
ersetzenden Sachschaden (→ Rn. 5) herbeigeführt hat (vgl RG 156, 190). Nach hM (BGHZ 92, 357, 359 mN) muss zumindest bedingt vorsätzlich auf fremdes Eigentum eingewirkt werden (entspr dem Verteidigungswillen bei § 227, BGHZ 92, 357, 359 mN; dagegen → § 227 Rn. 6; Braun NJW 1998, 943). Für S. 1 (Rechtfertigungsgrund) kommt es auf dieses subj Moment nicht an (sonst wäre Notwehr möglich gegen Kraftfahrer, der einem Frontalzusammenstoß mit X ausweicht und daher den Pkw des Y beschädigt [Sachverhalt in BGHZ 92, 357], → § 227 Rn. 5), folglich auch nicht für S. 2. **b) Notwendig** muss die Einwirkung 3
sein, um *gegenwärtige Gefahr* abzuwenden. Gegenwärtig ist sie, wenn ihre Verwirklichung unmittelbar droht (daher *sofortige* Abhilfe geboten). Notwendig ist die Abwehr, wenn sie obj nur durch den Eingriff in fremdes unbeteiligtes Eigentum möglich ist. **c) Unverhältnismäßige Größe des drohenden Schadens** gegenüber 4
dem aus der Einwirkung vermutlich entstehenden (nicht: wirklich entstandenen). Abwägung beider Schäden ist auf den Zeitpunkt der Einwirkung zu beziehen. Drohender Schaden für Leib oder Leben eines Menschen ist stets unverhältnismäßig groß.

3. Rechtsfolgen. a) Rechtmäßigkeit der Einwirkung (→ Rn. 2). **b) Scha-** 5
densersatzanspruch des Duldungspflichtigen (Eigentümer, Besitzer: RG 156, 190), **S. 2. aa) Verpflichtet** ist der Einwirkende (nach hM nur, wenn er bedingt vorsätzlich gehandelt hat, da sonst reine Kausalitätshaftung einträte, BGH 92, 359 ff.; → Rn. 2). Das gilt auch, wenn nicht (wie idR) er selbst, sondern ein Dritter durch die Einwirkung begünstigt wird (hM; aA Larenz SchR II/2 § 85 I 1b mN: alleinige und unmittelbare Ersatzpflicht des Begünstigten). Grund: Schadensersatzanspruch ist Ausgleich für Duldungspflicht, die unstr dem Einwirkenden, nicht dem Begünstigten gegenüber besteht; gegen letzteren ist Rückgriff gem §§ 677 f., 812 ff. möglich. RG 113, 303 ff.; BGHZ 6, 102, 105 ff. halten einen Dritten für ersatzpflichtig, wenn der Handelnde in einem Abhängigkeitsverhältnis zu ihm steht; dass der Dritte von der Einwirkung begünstigt wird (so lag es in RG 113, 303 ff., BGHZ 6, 102, 105 ff.), ist nicht zu fordern, wohl aber, dass die Abhängigkeit nach außen erkennbar und die Person des Dritten bestimmbar ist. **bb)** Auch bei **Irrtum** über Vorliegen 6
der Voraussetzungen iSv → Rn. 3, 4 (und damit über die Rechtmäßigkeit des Eingriffs) besteht Ersatzanspruch gem S. 2. **cc)** Herbeiführung der Gefahr durch den Eigentümer berührt seinen Ersatzanspruch nicht (anders bei Verschulden, vgl BGHZ 6, 102, 110), aber **§ 254** anwendbar.

4. Strafrechtlicher Notstand. Vgl § 34 StGB (rechtfertigender Notstand), § 35 7
StGB (entschuldigender Notstand). § 904 geht § 34 StGB vor.

§ 905 Begrenzung des Eigentums

[1]Das Recht des Eigentümers eines Grundstücks erstreckt sich auf den Raum über der Oberfläche und auf den Erdkörper unter der Oberfläche. [2]Der Eigentümer kann jedoch Einwirkungen nicht verbieten, die in solcher Höhe oder Tiefe vorgenommen werden, dass er an der Ausschließung kein Interesse hat.

1 **1. Allgemeines. a) Grundstückseigentum umfasst** auch den Raum (unzutr MüKo-BGB/Brückner Rn. 2: „Luftraum“) über der Oberfläche, unter ihr nicht nur den Erdkörper, sondern auch natürliche und künstliche Höhlen (LM Nr. 7; dazu J. Baur ZHR 150, 507 ff.), aber nicht einen Schatz iSv § 984. Nach BVerfGE 58, 300, 336 f. (vgl jetzt § 4 II WHG) gehört die Einwirkungsbefugnis auf Grundwasser nicht zum Grundeigentum (sa BGHZ 84, 223, 226; 84, 230, 236); dasselbe gilt für Quellwasser. Ausgenommen sind ferner bergfreie Bodenschätze (§ 3 II, III
2 BBergG). **b) Gegen** störende Beeinträchtigungen: §§ 903, 1004, 823 ff.; Herausgabe unberechtigt gezogener Nutzungen, §§ 812 I, 818 II (LM Nr. 7).

3 **2. Ausschluss des Verbietungsrechts.** Der Eigentümer ist zur Duldung verpflichtet **a) kraft Ges** bei **aa)** *Fehlen schutzwürdiger Interessen* des Eigentümers als solchen (nicht als Unternehmer, Konkurrent des Einwirkenden usw), **S. 2.** Interesse besteht, wenn Benutzung (durch Eigentümer, berechtigten Dritten) behindert wird oder in Zukunft behindert werden kann (OLG Düsseldorf NJW-RR 1991, 404 mN); **bb)** *Einwirkungen auf den Raum* gem §§ 906, 912 (→ § 906 Rn. 1, → § 912 Rn. 6); **cc)** *Benutzung des Raums* durch zugelassene Luftfahrzeuge, § 1 LuftVG (für „zivile Drohnen“ ist eine Einwilligung erforderlich (§ 21b I Nr. 7 LuftVO); dazu Holle/Bredebach NVZ 2020, 132, 134 f.; Lakkis FS Schilken, 2015, 61); **dd)** Beeinträchtigungen im Bereich des *Wasser-, Berg- und Abbaurechts,* vgl WHG; Art. 68 EGBGB; BBergG; **ee)** nachbarrechtliche Beschränkungen durch LandesGes, s.
4 Art. 124 EGBGB; **b) durch Rechte Dritter,** insbes im Rahmen des *Gemeingebrauchs* an öffentl Sachen, für die § 905 ebenfalls gilt (BGHZ 60, 365, 366 f.). Umfang des Gemeingebrauchs bestimmt idR das Landesrecht (zum Bundesrecht vgl zB § 7 FStrG und dazu BGHZ 60, 365, 367), iÜ sind allg oder örtl Rechtsauffassung und Übung maßgebend, LM Nr. 2 betr Gaststätten-Vordach. Zum „zivilrechtlichen Gemeingebrauch“ am **Wald** § 14 BWaldG, allg Rinck MDR 1961, 980 ff.;
5 → § 956 Rn. 3. **c) Verschuldensunabhängiger Ausgleichsanspruch** entspr → § 906 Rn. 15 kann bestehen, wenn der Eigentümer aus übergeordnetem Interesse die Tiefennutzung durch einen anderen dulden muss und dadurch unzumutbar
6 beeinträchtigt wird (BGHZ 110, 17, 23 f.). **d)** Ist eine Einwirkung, zB Tunnelbau, nach S. 2 zu dulden, so sind es nicht auch darüber hinausgehende **Schäden,** zB Grundstückssenkung durch fehlerhaften Tunnelbau. Schadenszufügung ist rechtswidrig. Bei Verschulden Ersatz gem § 823, sonst entspr § 904 S. 2 (hM).

§ 906 Zuführung unwägbarer Stoffe

(1) [1]**Der Eigentümer eines Grundstücks kann die Zuführung von Gasen, Dämpfen, Gerüchen, Rauch, Ruß, Wärme, Geräusch, Erschütterungen und ähnliche von einem anderen Grundstück ausgehende Einwirkungen insoweit nicht verbieten, als die Einwirkung die Benutzung seines Grundstücks nicht oder nur unwesentlich beeinträchtigt.** [2]**Eine unwesentliche Beeinträchtigung liegt in der Regel vor, wenn die in Gesetzen oder Rechtsverordnungen festgelegten Grenz- oder Richtwerte von den nach diesen Vorschriften ermittelten und bewerteten Einwirkungen nicht überschritten werden.** [3]**Gleiches gilt für Werte in allgemeinen Verwaltungsvorschriften, die nach § 48 des Bundes-Immissionsschutzgesetzes erlassen worden sind und den Stand der Technik wiedergeben.**

(2) [1]**Das Gleiche gilt insoweit, als eine wesentliche Beeinträchtigung durch eine ortsübliche Benutzung des anderen Grundstücks herbeigeführt wird und nicht durch Maßnahmen verhindert werden kann, die Benutzern dieser Art wirtschaftlich zumutbar sind.** [2]**Hat der Eigentümer hiernach eine Einwirkung zu dulden, so kann er von dem Benutzer des anderen Grundstücks einen angemessenen Ausgleich in Geld verlangen, wenn die**

Einwirkung eine ortsübliche Benutzung seines Grundstücks oder dessen Ertrag über das zumutbare Maß hinaus beeinträchtigt.

(3) **Die Zuführung durch eine besondere Leitung ist unzulässig.**

Lit.: Bruns, Der nachbarrechtliche Ausgleichsanspruch im Spiegel der BGH-Rechtsprechung, NJW 2020, 3493; Fritz, Das Verhältnis von privatem und öffentl Immissionsschutzrecht nach der Ergänzung von § 906 I BGB, NJW 1996, 973; Hagen, Der nachbarrechtliche Ausgleichsanspruch nach § 906 II 2 BGB als Musterlösung und Lösungsmuster, FS Lange, 1992, S 483; Hagen, Zum Topos der Priorität im privaten Immissionsschutzrecht, FS Medicus, 1999, S 161; Hennig/Honer, Grundfälle des bürgerlich-rechtlichen Nachbarrechts, JuS 2016, 591; Jauernig, Zum zivilrechtlichen Schutz des Grundeigentums in der neueren Rechtsentwicklung, FS Heidelberg, 1986, S 87; Jauernig, Zivilrechtlicher Schutz des Grundeigentums in der neueren Rechtsentwicklung, JZ 1986, 605; Klöpfer/Meier, Eigentümerhaftung für mittelbar verursachte Brandschäden am Nachbargrundstück, NJW 2018, 1516; Schlechtriem, Nachbarrechtliche Ausgleichsansprüche und Schadensersatzhaftung, FS Gernhuber, 1993, S 407; Schmidt-Aßmann, Verfassungsrechtliche Grundlagen und Systemgedanken einer Regelung des Lärmschutzes an vorhandenen Straßen, 1979; Stresemann, Versteinert und leicht angestaubt? Von groben, feinen und negativen Immissionen in FS Wenzel, 2005, S 425; Wenzel, Der Störer und seine verschuldensunabhängige Haftung im Nachbarrecht, NJW 2005, 241; H. P. Westermann, Das private Nachbarrecht als Instrument des Umweltschutzes, in: Umweltschutz und Privatrecht, 1990, S 103.

1. Anwendungsbereich. a) Gegen Einwirkungen auf sein Grundstück von einem anderen Grundstück (daher nicht anwendbar zwischen Bruchteilseigentümern: BGH NJW 2012, 2343; aber zwischen Wohnungseigentümern, da Sondereigentum echtes, vom Grundstückseigentum verschiedenes Eigentum ist, BGH NJW 2014, 458) steht dem Eigentümer **grundsätzlich ein Ausschließungsrecht** zu, § 903 (RG 141, 408 f.; → § 903 Rn. 3). Bestünde es uneingeschränkt, so wäre das Benutzungsrecht des Nachbarn zu stark beschnitten. Diese Kollision zwischen Benutzungs- und Ausschließungsrecht löst § 906, indem er das grundsätzlich unbegrenzte (§ 903) Ausschließungsrecht für bestimmte Einwirkungen (→ Rn. 2) **eingeschränkt:** Nach § 906 nicht ausschließbare (dh zulässige) Einwirkungen (Immissionen) müssen – ohne oder mit Entschädigung (II 2) – geduldet werden. 1

b) Einwirkungen iSv § 906. Das Ges gibt Bsp; was „ähnliche" Einwirkungen sind, ist str. Maßgebend soll sein: ihre Unwägbarkeit (Einwirkungen als „Imponderabilien" [s. Überschrift von § 906]: BGHZ 51, 396, 397; 90, 255, 258; 111, 158, 162; mR anders RG 160, 383; BGHZ 62, 186, 187 für [wägbaren!] Staub; 117, 112; sa ges Bsp: Rauch, Ruß); ihre Kleinheit („feste Kleinstkörper": RG 141, 409 [Bienen], 160, 383 [Fliegen]; wo „Kleinheit" von Tieren aufhört, ist str [große Ratten, kleine Katzen?]); tatsächliche Unmöglichkeit völliger Fernhaltung (RG 160, 383 [Fliegen]). Diese Kriterien sind unsicher, zT widersprüchlich. Daher ist zu prüfen (s. Jauernig JZ 1986, 608): (1) *Liegt eine Einwirkung iSv § 903 vor* (→ Rn. 1; → § 903 Rn. 3)? Nur wenn das zu bejahen ist, kommt § 906 in Betracht (RG 141, 408 f.; 160, 382). Da negative Einwirkungen nicht unter § 903 fallen (dort → § 903 Rn. 3), scheidet § 906 aus (unzutr BGHZ 88, 344, 346); nach hM gilt das auch für ideelle Einwirkungen (s. aber u); (2) *kann die Einwirkung* (§ 903) *je nach ihrer Intensität* – wie in den ges Bsp (I) – die Grundstücksbenutzung nicht, unwesentlich oder wesentlich *beeinträchtigen?* Wenn ja, handelt es sich um eine „Einwirkung" iSv § 906 (zust BGHZ 117, 110, 112 f.; 157, 33, 41). Zu bejahen für Tiere (nicht nur „kleine"), für Blüten- und Laubfall (RsprN bei Müller NJW 1988, 2587 ff.; BGHZ 157, 33, 41 mwN), für elektromagnetische Strahlungen (BGH NJW 2004, 1318); ebenso für *ideelle Einwirkungen:* aber „wesentliche" Beeinträchtigung ist hier selten, sowohl durch *sittliche* Einwirkungen (daher iE zutr RG 76, 130 ff.: Anblick von [Halb-]Nackten in weit entferntem Freibad) wie durch *ästhetische* (Anblick von Hässlichkeit auf dem Nachbargrundstück); Wertverlust des Grundstücks kann Wesentlichkeit indizieren (Staudinger/Roth Rn. 132 mN; aA BGHZ 95, 307, 310 für sittliche, 54, 61 und NJW-RR 2003, 1314 für ästhetische Einwirkungen; zur Wertminderung bei anstößiger Nutzung von Teileigentum BayObLG NJW-RR 2000, 1324; VerfGH 2

Bln NJW-RR 2003, 230); OLG Frankfurt a. M. NJW-RR 1989, 464 f. gibt bei „schwerwiegender" ästhetischer Beeinträchtigung Abwehranspruch wie bei negativer Einwirkung (→ § 903 Rn. 3). Vgl auch Art 8 EMRK und dazu EGMR NJW 2005, 3767 f.: unerlaubte immaterielle und nichtkörperliche Eingriffe in das Recht auf Achtung des Privat- und Familienrechts und der Wohnung; zu einem ähnlichen (persönlichkeitsrechtlichen) Ansatz MüKo-BGB/Brückner Rn. 57. Beeinträchtigt die Einwirkung *stets wesentlich,* so scheidet § 906 aus, sie ist uneingeschränkt (§ 903!) abwehrbar; das trifft idR zu für sog *grob-körperliche Immissionen* (zB Steinbrocken aus Sprengungen [iE ebenso BGHZ 111, 158, 162 mN]; zu Ausnahmen Jauernig JZ 1986, 608). **c) Unmittelbar angrenzen** muss das einwirkende Grundstück **nicht** (LM Nr. 6). **d) FluglärmschutzG** schließt Ansprüche aus §§ 1004 (iVm § 906), 906 II 2 nicht aus (BGHZ 69, 105, 110). Dasselbe gilt gem § 18 I UmweltHG. **e)** Das USchadG v 10.5.2007 dient nicht dem Immissions- und Klimaschutz (L. Diederichsen NJW 2007, 3377). **f)** Legalisierungswirkung einer Baugenehmigung schließt Ansprüche aus § 1004 (iVm § 906) ebenfalls nicht aus (BGH NJW 2022, 2400 Rn. 23).

3 **2. Zulässige Immissionen. a) Unwesentliche Beeinträchtigungen** der Grundstücksbenutzung. Sie liegen nach **I 2, 3 idR** (dazu BGH NJW 2004, 1318) vor, wenn die in Ges und RechtsVO festgelegten Grenz- oder Richtwerte von den nach diesen Vorschriften festgestellten Einwirkungen nicht überschritten werden. „Ges und RechtsVO" weicht von Art. 2 EGBGB ab; gemeint sind nur Ges im formellen Sinn. *Grenzwert* darf nicht überschritten werden, was uU bei *Richtwert* möglich ist. *„IdR"* heißt: Unterschreiten des Richtwertes *indiziert nur* die Unwesentlichkeit einer Beeinträchtigung, so dass diese trotzdem „wesentlich" sein kann (BGHZ 148, 261, 264 f.). Bei Überschreiten scheidet I 2, 3 aus: „Wesentlichkeit" ist dann im Einzelfall zu prüfen (dafür Indizwirkung, BGHZ 175, 253, 264 f.; NJW-RR 2006, 237). Nach der neueren Rspr des BGH (120, 239, 255 gegen 111, 63, 65) ist für die (Un-)Wesentlichkeit maßgebend nicht mehr das Empfinden eines „normalen", sondern eines „verständigen" Durchschnittsmenschen im Hinblick auf Natur und Zweckbestimmung des Grundstücks in seiner konkreten Beschaffenheit (jetzt stRspr: BGHZ 161, 323, 334; NJW-RR 2006, 237; NJW 2008, 1813). Der Wechsel vom „Normalen" zum „Verständigen" dient der Gleichstellung von **wesentlicher** Beeinträchtigung iSv II und **erheblicher** Belästigung iSv §§ 1, 3 BImSchG (BGH NJW 2003, 3699) und damit der Harmonisierung der divergierenden Rspr von BGH und BVerwG (s. BGHZ 140, 1, 5; BVerwG NJW 1988, 2397, aber auch 2003, 3361). Die Feststellung von Erheblichkeit und Wesentlichkeit einer Beeinträchtigung setzt danach gleichermaßen eine Güterabwägung der konkreten Gegebenheiten voraus, bei der auch ges Wertungen zu berücksichtigen sind (BGHZ 140, 1, 5; BVerwG NJW 1988, 2397; OLG Köln NJW 1998, 764 ff. [Art. 3 III 2 GG]). So ist häusliches Musizieren in Grenzen eine unwesentliche Beeinträchtigung (BGH NJW 2019, 773 Rn. 14). Immissionsbedingte Schäden sind idR wesentliche Beeinträchtigungen (BGHZ 157, 33, 44). I 2, 3 fixiert diese Rspr, geht aber nicht darüber hinaus (Fritz, Das Verhältnis von privatem und öffentl Immissionsschutzrecht nach der Ergänzung von § 906 I BGB, NJW 1996, S. 573 f.; offen gelassen in BGH NJW 1995, 133). Der „verständige" Durchschnittsmensch muss mehr Lärm aushalten als der „normale" (s. BGHZ 121, 248, 255 f.; 140, 1, 5); iÜ kommt es darauf an, was ihm auch unter Würdigung anderer öffentl und privater Belange billigerweise nicht mehr zuzumuten ist (BGH NJW 2004, 1318). Zum Ertragenmüssen von lärmenden [seltenen] Volksfesten BGH NJW 2003, 3700 f.; krit → Rn. 9; Wieling Anm LMK 2004, 3 f.). Verfehlt OLG Düsseldorf NJW-RR 1996, 211 f.: Spielbedingter Kinderlärm auf verkehrsberuhigter Straße (StVO Anlage 3 Abschnitt 4) in reinem Wohngebiet ist (mittags-)pausen- und lärmgrenzenlos zu ertragen. Das fördert schon bei Kindern Rücksichtslosigkeit (Rat des OLG Düsseldorf NJW-RR 1996, 211 f.: Wen's stört, muss umziehen – aber wohin?). Vgl zu von Kindertageseinrichtungen, Kinderspielplätzen uä ausgehendem privilegierten

Lärm § 22 Ia BImSchG (keine Anwendung der Immisionsgrenzwerte), s. dazu MüKo/Brückner Rn. 127; Scheidler NVwZ 2011, 838; sa BGH NJW-RR 2012, 1292 Rn. 11. **b) Wesentliche Beeinträchtigungen durch ortsübliche Benutzung** des einwirkenden Grundstücks. Diese sind **gleichgestellt, sofern** *Abwehrmaßnahmen* gegen die Beeinträchtigung entweder technisch *nicht möglich oder* Benutzern „dieser Art" (generalisierende Betrachtung!) *unzumutbar* sind. Maßstab für Wesentlichkeit: → Rn. 3 (danach hat es Sinn, II 1 auch auf I 2, 3 zu beziehen, aA Marburger, Zur Reform des § 906 BGB, FS Ritter, 1997, S. 901). Benutzung ist ortsüblich, wenn sie idR öfter vorkommt (LM Nr. 61) und bei einer Mehrheit von Grundstücken derselben örtlichen Lage ungefähr gleichartig ist (BGHZ 120, 239, 260); das Vergleichsgebiet kann nach Lage des Falles (zB bei Verkehrsanlagen wie Fernstraßen, Flughäfen) weiträumig sein (BGHZ 111, 63, 73 mN). Die Grundentscheidung des BImSchG für mehr Umweltschutz ist auch für die Ortsüblichkeit beachtlich (Diederichsen FS Schmidt, 1976, 8; sa Baur JZ 1974, 659; BGHZ 70, 102, 111). Maßgebend für sie sind die tatsächlichen Verhältnisse, weder Bebauungsplan noch Baugenehmigung (vgl BGH NJW 1983, 751, sehr str; s. Jauernig, Zum zivilrechtlichen Schutz des Grundeigentums in der neueren Rechtsentwicklung, FS Heidelberg, 1986, S. 100 ff. mN; sa Schmidt-Aßmann, Verfassungsrechtliche Grundlagen und Systemgedanken einer Regelung des Lärmschutzes an vorhandenen Straßen, 1979, S. 14 ff.; H. P. Westermann, Das private Nachbarrecht als Instrument des Umweltschutzes, in: Umweltschutz und Privatrecht, 1990, S. 117 ff.; Vieweg NJW 1993, 2572; Wenzel, Der Störer und seine verschuldensunabhängige Haftung im Nachbarrecht, NJW 2005, S. 245; kompromissbereit Hagen NVwZ 1991, 822 f.). Fehlen einer Anlagegenehmigung schließt Ortsüblichkeit aus (BGHZ 140, 1, 9 f. für Schweinemästerei; krit Wenzel, Der Störer und seine verschuldensunabhängige Haftung im Nachbarrecht, NJW 2005, S. 245), jedenfalls wenn auch die Genehmigungsfähigkeit fehlt (BGH NJW-RR 2006, 237). Maßgebender **Zeitpunkt** für Ortsüblichkeit: letzte mündliche Tatsachenverhandlung. Daher ist zeitliche Priorität der beeinträchtigenden Benutzung unerheblich; sie rechtfertigt zwar nicht die Eigentumsbeeinträchtigung, kann aber Abwehransprüche ausschließen, wenn die Beeinträchtigung den Richtwert einhält und der Nachbar sie kannte oder grobfahrlässig nicht kannte („Eigenverschulden"), BGHZ 148, 261, 266 ff. mN (Beeinträchtigung eines Grundstückseigentümers, der seit 10 Jahren neben einer seit 30 Jahren betriebenen Hammerschmiede wohnt, dazu Wenzel, Der Störer und seine verschuldensunabhängige Haftung im Nachbarrecht, NJW 2005, S. 245 f.); OLG Koblenz NJW-RR 2003, 805 (keine Entschädigung bei Kenntnis der Belästigung durch Militärflugzeuglärm). **c) Gestattung** der Immissionen durch Vertrag oder Dienstbarkeit. 4

3. Rechtsfolgen zulässiger Immissionen. a) Duldungspflicht. Sie trifft Eigentümer und nutzungsberechtigten Besitzer (vgl BGH NJW 2015, 2023 Rn. 10 [Mieter]). 5
b) Im Fall → Rn. 4 angemessener Ausgleich in Geld, soweit Ertrag oder ortsübliche Benutzung des Grundstücks unzumutbar beeinträchtigt, sog **nachbarrechtlicher Ausgleichsanspruch, II 2** (irreführend auch bürgerlich-rechtlicher Aufopferungsanspruch genannt). **aa) Berechtigt** sind die Duldungspflichtigen (→ Rn. 5; BGHZ 70, 212, 220). Erforderlich ist ein „Grundstücksbezug"; dieser fehlt, wenn eine Handlung nur gelegentlich des Aufenthalts auf dem Grundstück vorgenommen wird (BGH NJW 2009, 3788 [Abschießen von Feuerwerkskörpern]; s. aber BGH NJW-RR 2011, 739 [übergreifendes Feuer]). 6
bb) Verpflichtet ist nicht der durch die Benutzung des einwirkenden Grundstücks Begünstigte (LM Nr. 29), sondern der Eigentümer des beeinträchtigenden Grundstücks sowie der Benutzer (BGHZ 155, 99, 102). BGHZ 49, 148, 150 f. (sa 88, 352 f.) nennt ihn missverständlich „Störer". Er ist aber nicht Störer iSv § 1004; denn die Immission ist zulässig (Staudinger/Roth Rn. 231 mN). Ist die Beeinträchtigung nur durch das Zusammenwirken mehrerer Benutzer verursacht worden (sog *progressive Schadenssteigerung*), so haften diese gesamtschuldnerisch (BGHZ 72, 289, 298); um Kleinimmit- 7

tenten zu schützen, sind erst die gefährlicheren Benutzer iSv §§ 4, 19 BImSchG
8 heranzuziehen (Nawrath NJW 1982, 2361 f.). **cc) Voller Schadensausgleich** ist zu leisten, da nur so die im privaten Interesse des Immittenten auferlegte Duldungspflicht ausreichend abgegolten wird (Jauernig JZ 1986, 610 ff. mN; Grüneberg/Herrler Rn. 29; aA BGHZ 49, 148, 155, NJW 1999, 1031; Staudinger/Roth Rn. 262 mwN, hM: Ausgleich entspr der Enteignungsentschädigung – aber öffentl Interessen scheiden hier aus; dieses Tatbestandsmerkmal wird nicht durch den Wunsch nach einem flexiblen Entschädigungsmaßstab ersetzt [dafür aber Schlechtriem, FS Gernhuber, 1993, S. 420]; zur str Bemessung der Enteignungsentschädigung – Verkehrswertersatz? – sa Schlechtriem, FS Gernhuber, 1993, S. 420 f.; ferner § 14 BImSchG: voller Schadensersatz). Auch nach hM kann uU nur voller Ausgleich „angemessen" sein (BGH NJW 1990, 3197 mN). Immerhin steht nach BGH NJW-RR 2005, 1685 der Anspruch einem Schadensersatzanspruch „nahe", da er den Duldungspflichtigen für die Beeinträchtigung entschädigen soll. Zumutbare Beeinträchtigungen sind nicht auszugleichen (BGH NJW-RR 1988, 1292 mit zT falschen Nachw.). Unzumutbarkeit kann auch ohne existenzgefährdende Beeinträchtigung vorliegen (LM Nr. 40). Zur Zumutbarkeit von Straßenlärm vgl → Rn. 18. **dd) Konkurrenzen.** Soweit II 1 reicht, sind §§ 823 ff. ausgeschlossen (BGHZ 92, 143, 148). Anspruch aus II 2 wird durch *„abschließende nachbarrechtliche Sonderregelung"* ausgeschlossen (BGH NJW 2009, 764).

9 **4. Unzulässige Immissionen. a) Wesentliche Beeinträchtigungen durch nichtortsübliche Benutzung** des einwirkenden Grundstücks. Zur (Un-)Wesentlichkeit einer Beeinträchtigung → Rn. 3. Die Schwere (Wesentlichkeit) der Beeinträchtigung und die Ortsüblichkeit der Benutzung können sich ändern. Rechtzeitiger Gebrauch der Abwehrrechte aus § 1004 iVm §§ 903, 906 ist wichtig und wirkt, zumindest für begrenzte Zeit, konservierend. „Fortschritt" zeigt sich oft in einer Verstärkung statt einer Verminderung der Immissionen (vgl BGHZ 38, 61, 62). Das gilt seit Jahrzehnten insbes für den Lärm (s. Heck, SaR [1930!], § 50, 2). Die Abwehr dieser gravierendsten Umweltplage wird durch die neuere Rspr erschwert, weil sie das Empfinden eines „verständigen", nicht mehr eines „normalen" Durchschnittsmenschen für maßgeblich hält und der „verständige" mehr aushalten muss (→ Rn. 3). S. aber auch EGMR NJW 2005, 3767 f. zu Art. 8 EMRK, ferner
10 → Rn. 2. **b) Wesentliche Beeinträchtigungen durch ortsübliche Benutzung** des einwirkenden Grundstücks, die iSv → Rn. 4 *verhinderbar* sind, *aber nicht verhindert*
11 werden. **c) Bes zugeleitete Immissionen** stets, auch bei iÜ unwesentlicher, ortsüblicher Beeinträchtigung, **III.**

12 **5. Rechtsfolgen unzulässiger Immissionen. a) IdR Abwehrrechte** für Eigentümer und nutzungsberechtigten Besitzer aus §§ 903, 1004 (vgl LM Nr. 32; → Rn. 5), bei Verschulden auch aus § 823 I, II (BGH WM 1986, 1448).
13 **b) Abwehrrechte sind eingeschränkt aa) gem § 14 BImSchG** (sa § 7 VI AtomG, § 11 LuftVG). Diese Vorschrift setzt an sich gem § 906 ausschließbare Immissionen voraus (BGHZ 69, 105, 110), die von einer unanfechtbar genehmigten Anlage (§ 4 I BImSchG) ausgehen. Der Eigentümer oder nutzungsberechtigte Besitzer als Duldungsverpflichteter (→ Rn. 12) kann nicht Unterlassung, dh Einstellung, des Betriebs verlangen, sondern nur Vorkehrungen, die die benachteiligenden Wirkungen ausschließen, oder, falls die Vorkehrungen technisch undurchführbar oder wirtschaftlich unvertretbar sind, vollen Schadensersatz (ohne Verschulden).
14 **bb) wenn Immission von einem gemeinwichtigen Betrieb** ausgeht, der unmittelbar öffentl Interessen dient und *privat*wirtschaftlich organisiert ist (BGHZ 72, 289, 294; sa NJW 2000, 2902 [auch öffentl-rechtliche Träger, → Rn. 16]; abl MüKoBGB/Brückner Rn. 1027 f. mN; Staudinger/Roth Rn. 30; grundsätzlich gegen *allg* Einschränkung des § 1004 bei Benutzung fremder Grundstücke für Zwecke der Stromversorgung BGHZ 66, 37, 41 [aA 60, 119, 122 f., sa NJW 2000, 2902 mN]). Bsp: Eisenbahn (vgl BGH NJW 1997, 744 f.: Erschütterungen und Lärm durch Züge der Deutschen Bahn AG), Omnibusbetrieb (BGH NJW 1984, 1243). Eigentü-

mer und nutzungsberechtigter Besitzer (→ Rn. 12) können entspr § 14 BImSchG (→ Rn. 13) nur Einzelmaßnahmen verlangen, die den Betrieb weder lahmlegen noch erheblich beeinträchtigen (BGH NJW 1984, 1243). Zum Ausgleich verbleibender, iSv § 906 nicht entschädigungslos hinzunehmender Immissionen gewährt die Rspr einen verschuldensunabhängigen **nachbarrechtlichen Ausgleichsanspruch** entspr II 2, § 14 BImSchG (vgl BGHZ 48, 98, 100 ff.; 72, 291). Der Anspruch geht entspr § 14 BImSchG und § 906 II 2 (→ Rn. 8) auf vollen Schadensausgleich (Erman/Wilhelmi Rn. 64). Verpflichtet ist der (auch mittelbare, vgl. BGH NJW 2018, 1542 Rn. 12) Störer iSv § 1004 (BGH NJW 1993, 1855 f.; MDR 2020, 25 Rn. 30; zur Terminologie → Rn. 7; unentschieden, ob Störer oder Begünstigter: BGHZ 48, 98, 106 f.; 60, 119, 124); **cc)** ausnahmsweise durch Pflicht zur **gegenseitigen Rücksichtnahme** (Grundlage: nachbarliches Gemeinschaftsverhältnis), BGH NJW 2000, 1720; Wenzel, Der Störer und seine verschuldensunabhängige Haftung im Nachbarrecht, NJW 2005, S. 245 f.; allg BGH NJW-RR 2008, 611; → Rn. 4 „Zeitpunkt"; → § 908 Rn. 2; → § 909 Rn. 3.

6. Verschuldensunabhängiger nachbarrechtlicher Ausgleichsanspruch analog II 2. (Zur Entwicklung Hagen FS Lange 1992, S. 483, Wenzel, Der Störer und seine verschuldensunabhängige Haftung im Nachbarrecht, NJW 2005, S. 243 f. und krit-resignierend Schlechtriem, FS Gernhuber, 1993, S. 407). *Rechtswidrige Einwirkungen* (nicht nur iSv § 906: BGHZ 160, 232, 236; BGHZ 198, 327; BGH NZM 2021, 567 Rn. 7 [Grobimmissionen, zB Niederbrechen von Bäumen, Wasser]) vom benachbarten (gilt nicht für Wohnungseigentümergemeinschaft [BGH NJW 2010, 2348 f.]), also einem anderen (BGHZ 157, 188, 190) Grundstück, die das zumutbare Maß einer entschädigungslos hinzunehmenden Beeinträchtigung zwar übersteigen, aber aus bes rechtlichen (auch öffentl-rechtlichen, BGHZ 160, 232, 238) oder faktischen Gründen nicht oder nicht rechtzeitig (BGHZ 155, 99, 103; NJW 2018, 1542 Rn. 5) gem § 1004 oder § 862 abgewehrt werden können („faktischer Duldungszwang", BGHZ 155, 99, 103), sind analog II vom Störer (→ Rn. 14; BGH NJW 2008, 993) zu entschädigen (BGHZ 157, 33, 44 ff. mN; → § 905 Rn. 5; → § 908 Rn. 2; → § 909 Rn. 4), Sonderregelung vorbehalten (BGHZ 97, 292, 295 für § 912 II; 142, 236 für § 22 II WHG; nicht §§ 114 ff. BBergG [BGH NJW 2009, 764]), keine entspr Anwendbarkeit von II 2 auf Beeinträchtigungen, die durch unverschuldete Explosion eines „Blindgängers" aus dem zweiten Weltkrieg verursacht wurden (BGH NZM 2019, 893). Der Störer (→ Rn. 14) hat *vollen* (→ Rn. 8) Schadensausgleich zu leisten; anders BGH NJW 2003, 2380, stRspr: angemessene Entschädigung in Geld nach enteignungsrechtlichen Grundsätzen, nur ausnahmsweise (abw BGHZ 142, 227, 236: vielfach!) kommt Entschädigung nach II 2 vollem Schadensersatz gleich (BGH NJW-RR 2016, 588 Rn. 24 [bei Substanzschäden]). Anspruchsberechtigt ist der Eigentümer oder der Besitzer (BGHZ 147, 45, 50 = JZ 2001, 1084, 1085 mit krit Anm Brehm S. 1088; 155, 101 f.; 157, 190; NJW 2008, 992 [Abgrenzung zu BGHZ 92, 143]; → § 909 Rn. 2). Ein deliktsrechtlicher Schadensersatzanspruch geht dem Anspruch aus II 2 analog vor (BGHZ 160, 18, 20; 160, 232, 234, weniger streng BGH NJW 2018, 1542 Rn. 14). Ansprüche aus §§ 823 ff. und aus § 906 II 2 analog bilden nach BGHZ 147, 45, 49 = JZ 2001, 1084 mit krit Anm Brehm S. 1088 verschiedene Streitgegenstände; diese materiellrechtliche Bestimmung des Streitgegenstandes ist abzulehnen (Jauernig/Hess ZPR § 37 III 2, VII; sa BGHZ 148, 39, 53). 15

7. Immissionen von hoher Hand. a) Einwirkungen durch rechtmäßigen Eingriff sind vom Eigentümer und vom nutzungsberechtigten Besitzer (→ Rn. 5) zu dulden, Abwehransprüche aus § 1004 sind ausgeschlossen (abw Staudinger/Roth Rn. 45, 46: kein Ausschluss kraft höheren öffentl Interesses, aber oft kraft Planfeststellungsrechts); s. BGH NJW 2010, 1143 f.: Wenn ein bes Verfahren zur Vermeidung v Eigentumsbeeinträchtigungen im nachbarrechtlichen Bereich besteht [zB nach §§ 74 II 3, 75 II 4 VwVfG], so muss der Einzelne diese Rechtsschutzmöglichkeit ergreifen, sonst gibt es idR keine Entschädigung). Bsp: Lärm durch Fernstraßen- 16

bau (BGHZ 72, 289, 292 ff.); Lärm durch Starten und Landen von Militärflugzeugen (BGHZ 129, 124, 125 ff.); Verkehrslärm von öffentl Straße (BGH NJW 1988, 901); Geruchsbelästigung durch gemeindliche Kläranlage (BGHZ 91, 20, 21, 23); Manöverlärm (LM Nr. 61); Anlocken hungriger Vögel durch Mülldeponie (BGH NJW
17 1980, 770 f.). **b) Entschädigung. aa) Grundlage** des Anspruchs wegen rechtmäßigen, sog *enteignenden Eingriffs* ist nach BGHZ 90, 17, 31 der allg Aufopferungsgrundsatz der §§ 74, 75 EinlALR in seiner richterrechtlichen Ausprägung (abl Böhmer NJW 1988, 2565 f., da Verstoß gegen Art. 1 III GG). Zum Vorrang eines Planfest-
18 stellungsverfahrens → Rn. 16; BGHZ 161, 323, 329 ff. **bb) Berechtigt** ist der Duldungspflichtige (→ Rn. 16). Ihm steht ein *öffentl-rechtlicher Entschädigungsanspruch* wegen enteignenden Eingriffs (→ Rn. 17) zu, weil die rechtmäßige hoheitliche Maßnahme zu Nachteilen geführt hat, die er aus rechtlichen oder tatsächlichen Gründen hinnehmen muss, die aber die enteignungsrechtliche Zumutbarkeitsschwelle übersteigen (BGH NJW 1992, 3232). Letztere liegt im allg deutlich über der Zumutbarkeitsgrenze von II 2 (BGH NJW 1993, 1701). Die neuere Rspr bestimmt die Duldungsgrenze entspr Art. 14 GG (s. BGHZ 105, 15, 17 f. mit Hinweis auf den „vernünftigen und einsichtigen" Eigentümer, auf den seit BGHZ 120, 239, 255 auch bei II abgestellt wird: § 906 Rn. 3, 9). **Verpflichtet** ist der Begünstigte
19 (BGH NJW 1980, 582). **cc) Der Inhalt** des Anspruchs geht bei Einwirkung durch Straßenlärm primär auf Geldausgleich für Schutzeinrichtungen, nur sekundär und uU auf Entschädigung für Minderwert des Grundstücks (BGH WM 1987, 245). Der **Umfang** soll sich nach den Grundsätzen der Enteignungsentschädigung richten (BGHZ 91, 20, 28: entspr II 2; zur Problematik Jauernig JZ 1986, 610 ff.).
20 **dd) Rechtsweg:** Zivilgericht (Aufopferungsanspruch iwS, da vermögensrechtli-
21 che Schäden ersetzt werden), § 40 II 1 VwGO (BGHZ 128, 204, 205 ff.). **c) Einwirkungen durch rechtswidrigen Eingriff** werden unter den Voraussetzungen des *enteignungsgleichen Eingriffs* entschädigt. Rechtsgrundlage wie → Rn. 17 (BGHZ 91, 20, 27 f.; BVerfG NJW 2000, 1402). Dem Betroffenen steht kein Wahlrecht zwischen verwaltungsgerichtl (Primär-)Rechtsschutz und Entschädigung zu; vielmehr entfällt der Entschädigungsanspruch, wenn der verwaltungsgerichtl (Primär-)Rechtsschutz vom Betroffenen nicht ergriffen wird (vgl BGHZ 161, 323, 329 f., → Rn. 16 und BVerfG NJW 2000, 1402). – Zum *öffentl-rechtlichen nachbarlichen Abwehranspruch* samt Geldausgleich entspr II 2: BVerwG NJW 1989, 1291.

22 **8. LandesGes.** Es kann vorsehen, dass vor einer Klage über Ansprüche aus § 906, soweit es sich nicht um Einwirkungen eines gewerblichen Betriebs handelt, eine **Gütestelle** angerufen werden muss, § 15a EGZPO.

§ 907 Gefahr drohende Anlagen

(1) [1]**Der Eigentümer eines Grundstücks kann verlangen, dass auf den Nachbargrundstücken nicht Anlagen hergestellt oder gehalten werden, von denen mit Sicherheit vorauszusehen ist, dass ihr Bestand oder ihre Benutzung eine unzulässige Einwirkung auf sein Grundstück zur Folge hat.** [2]**Genügt eine Anlage den landesgesetzlichen Vorschriften, die einen bestimmten Abstand von der Grenze oder sonstige Schutzmaßregeln vorschreiben, so kann die Beseitigung der Anlage erst verlangt werden, wenn die unzulässige Einwirkung tatsächlich hervortritt.**

(2) ***Bäume und Sträucher* gehören nicht zu den Anlagen im Sinne dieser Vorschriften.**

1 **1. I 1.** Dieser gibt **vorbeugenden Unterlassungs- und Beseitigungsanspruch.** Sein Ausschluss in I 2 umfasst auch die allg vorbeugende Unterlassungsklage (→ § 1004 Rn. 11).

2. Voraussetzungen. a) Anlagen sind Gebäude und andere Werke (→ § 908 Rn. 3) sowie von Menschenhand geschaffene, der Grundstücksnutzung dienende Einrichtungen von gewisser Dauer und einiger Selbstständigkeit (BayObLG NJW-RR 2004, 1460), zB Badeanstalt (LM Nr. 8 zu § 559 ZPO), unbefestigter Weg (BGH NJW 2006, 1429). Grundstückserhöhung gehört nicht dazu (BGH NJW 1980, 2581). **b) Nachbarschaft.** Begriff: → § 906 Rn. 2 (c). **c) Sichere Voraussicht** verlangt nur Höchstmaß an Wahrscheinlichkeit (sa BGH NJW-RR 2003, 1314); Lebenserfahrung entscheidet (RG 134, 255 f.). **d) Negative Einwirkungen** (Bsp → § 903 Rn. 3) werden von I 1 **nicht** erfasst (→ § 903 Rn. 3; BGHZ 113, 384, 386 NJW-RR 2003, 1314). 2

3. Anspruchsbeschränkung durch I 2 (→ Rn. 1). Weitere Fälle → § 906 Rn. 13, 14. 3

§ 908 Drohender Gebäudeeinsturz

Droht einem Grundstück die Gefahr, dass es durch den Einsturz eines Gebäudes oder eines anderen Werkes, das mit einem Nachbargrundstück verbunden ist, oder durch die Ablösung von Teilen des Gebäudes oder des Werkes beschädigt wird, so kann der Eigentümer von demjenigen, welcher nach dem § 836 Abs. 1 oder den §§ 837, 838 für den eintretenden Schaden verantwortlich sein würde, verlangen, dass er die zur Abwendung der Gefahr erforderliche Vorkehrung trifft.

1. Allgemeines. a) Berechtigter: vgl → § 1004 Rn. 14. **b) Verpflichteter:** 1
wer gem §§ 836 I, 837 f. haftbar wäre (beachten: § 908 verlangt kein Verschulden!). **c) Erforderliche Vorkehrungen:** Reparatur oder Abbruch. Anspruch darauf verjährt nicht, § 924. **d) Anspruchsbeschränkung** unter dem Gesichtspunkt des 2
nachbarlichen Gemeinschaftsverhältnisses möglich; Ausgleich gem § 906 II 2 analog (vgl BGHZ 58, 149, 159 f.; dazu → § 906 Rn. 14, 15).

2. Erfasste Immobilien. a) Gebäude. Ein durch Wände und Dach begrenztes, mit dem Erdboden zumindest durch eigene Schwere verbundenes Bauwerk, das den Eintritt von Menschen gestattet und Menschen oder Sachen schützen kann (vgl BGHSt 1, 163). **b) Andere Werke:** künstlich errichtete zweckbestimmte Sachen, zB Zäune, Gartenmauern, ober- oder unterirdisch verlegte Versorgungsleitungen. **c) Gleichgestellt:** Teile von a oder b. 3

§ 909 Vertiefung

Ein Grundstück darf nicht in der Weise vertieft werden, dass der Boden des Nachbargrundstücks die erforderliche Stütze verliert, es sei denn, dass für eine genügende anderweitige Befestigung gesorgt ist.

1. Vertiefung. Beseitigung (insbes Wegnahme) oder Zusammenpressen von Bodenbestandteilen infolge menschlichen Handelns, zB durch Auskippen schwerer Substanzen (LM Nr. 12), durch das Gewicht eines Neubaus (BGHZ 101, 290, 292), durch Anlegung unterirdischer Kanalisationsstränge (BGH WM 1979, 1217). Zweck und Dauer der Vertiefung sind gleichgültig (BGH NJW 1978, 1052). Ein Grundstück ist *benachbart,* wenn es im Einwirkungsbereich der Vertiefungsarbeiten liegt (BGH NJW-RR 1996, 852). Die Vertiefung ist **unzulässig,** wenn der Boden (nicht nur die Bebauung, BGHZ 12, 75, 78, str) des Nachbargrundstücks infolge der Vertiefung die erforderliche Stütze verliert (BGH NJW-RR 2008, 970). Der Boden kann den notwendigen Halt auch durch Senkung des Grundwasserspiegels als Folge der Vertiefung verlieren (BGHZ 101, 106, 109). Die Vertiefung ist **zulässig** bei genügender anderweitiger Befestigung (ohne Eingriff in das Nachbargrundstück, BGH NJW 1997, 2596), die der künftigen bestimmungsgemäßen Benutzung des Nachbargrund- 1 stücks Rechnung tragen muss (LM Nr. 8; BGH NJW 1973, 2207). – § 909 gilt *nicht* für Vertiefung durch den Eigentümer vor Veräußerung an den „Nachbarn" (BGHZ 103, 39, 41 f.), nicht entspr *für Erhöhung* (BGH NJW 1974, 54).

2 **2. Rechtsfolgen. a) Anspruch auf Beseitigung,** bei drohender Verletzung auf **Unterlassung.** *Verpflichtet* ist, wer während der Störung Eigentümer oder Besitzer ist (vgl BGHZ 91, 282, 285; NJW-RR 2008, 970 f.), ferner die in → Rn. 3 Genannten bzgl Unterlassung (Staudinger/Roth Rn. 43); *berechtigt* ist auch der bloße Besitzer des Nachbargrundstücks (BGHZ 147, 45, 51), ferner der Anwartschaftsberechtigte iSv
3 → § 873 Rn. 20 (BGHZ 114, 161, 165 f.). Anspruch verjährt nicht, § 924. **b) Schadensersatz** gem § 823 II iVm § 909 als SchutzGes (BGH NJW-RR 2008, 970); § 823 I scheidet idR aus (vgl BGHZ 114, 161, 166). Verpflichtet ist jeder schuldhaft handelnde Störer (BGH NJW 1996, 3206 mN), insbes der Bauherr, der dieser Pflicht idR durch Beauftragung eines sorgfältig ausgewählten fachkundigen und zuverlässigen Architekten, Ingenieurs und Bauunternehmers nachkommt, außer bei Offenkundigkeit erhöhter Gefahrenlage oder bei Zweifeln an den situationsgebotenen Fähigkeiten der eingesetzten Fachkräfte (BGHZ 147, 45, 48; OLG Koblenz NJW-RR 2003, 1458); verpflichtet sind ferner Architekt und Bauunternehmer (BGH NJW 1996, 3206). Keine Haftung des Bauherrn für sie nach § 831, weil idR Weisungsgebundenheit fehlt (BGHZ 147, 45, 49; OLG Koblenz NJW-RR 2003, 1458; abw BGH NJW-RR 1988, 138). § 278 scheidet aus, da nach hM das (hier bestehende) nachbarliche Gemeinschaftsverhältnis sich praktisch nur als Schranke der Rechtsausübung, nicht als Grundlage schuldrechtlicher Rechte und Pflichten (dh als – ges – Schuldverhältnis) darstellt, vgl BGHZ 101, 290, 293 f.; 148, 261, 267 f.; zweifelnd BGHZ 135, 235,
4 243 f.). **c) Verschuldensunabhängiger nachbarrechtlicher Ausgleichsanspruch entspr § 906 II 2** steht dem beeinträchtigten Nachbarn zu, der sich aus bes Gründen gegen die von privatwirtschaftlicher Nutzung ausgehende Störung nicht gem § 1004 (BGH NJW-RR 1997, 1374 mN; → § 906 Rn. 15) oder § 862 (BGHZ 147, 45, 50) wehren kann. **Verpflichtet** ist der Eigentümer (Benutzer, richtig: Störer, → § 906 Rn. 7), nicht der Begünstigte (aA Erman/Lorenz Rn. 5) des vertiefenden Grundstücks (BGHZ 101, 290, 294). Da der Anspruch auf vollen Schadensausgleich geht (→ § 906 Rn. 15, str), verdrängt er praktisch den Anspruch aus § 823 (→ Rn. 3). Kein Erlöschen nach § 864 (BGHZ 147, 45, 52).

§ 910 Überhang

(1) [1]**Der Eigentümer eines Grundstücks kann Wurzeln eines Baumes oder eines Strauches, die von einem Nachbargrundstück eingedrungen sind, abschneiden und behalten.** [2]**Das Gleiche gilt von herüberragenden Zweigen, wenn der Eigentümer dem Besitzer des Nachbargrundstücks eine angemessene Frist zur Beseitigung bestimmt hat und die Beseitigung nicht innerhalb der Frist erfolgt.**

(2) **Dem Eigentümer steht dieses Recht nicht zu, wenn die Wurzeln oder die Zweige die Benutzung des Grundstücks nicht beeinträchtigen.**

1 **1. Selbsthilfe gem § 910.** Diese verdrängt nicht den Beseitigungsanspruch aus § 1004 (BGH NJW 2004, 603 f.; KG NJW 2008, 3148); daher besteht ein Anspruch auf Ersatz der Beseitigungskosten (BGH NJW 2004, 604; aA LG Hannover NJW-RR 1994, 14 f.; Canaris FS Medicus, 1999, 53 ff., je mN). Zum Anwendungsbereich von § 910 vgl OLG Düsseldorf NJW 1975, 739 f. (Giftstrauch an der Grenze). Eindringen oder Herüberragen (I) muss Grundstücksbenutzung beeinträchtigen (II), s. BGHZ 157, 33, 39. Das Selbsthilferecht ist nicht schon ausgeschlossen, wenn durch die Beseitigungsmaßnahme der Baum abstirbt oder seine Standfestigkeit verliert (BGH NJW 2021, 2882). Gegen herüberragende Baum*stämme* greift nur § 1004. Bes Landesrecht zulässig (Art. 111, 124 EGBGB) und häufig. Ist landesrechtlicher Beseitigungsanspruch wegen Fristablaufs ausgeschlossen, so kann entspr ein

Anspruch aus nachbarrechtlichem Gemeinschaftsverhältnis iVm § 242 (→ § 903 Rn. 3) gegeben sein (BGHZ 157, 33, 36 ff.).

2. Ausschluss. Dieser ist durch kommunale Baumschutzsatzung möglich (OLG Hamm NJW 2008, 453). 2

3. LandesGes. Dieses kann vorschreiben, dass vor einer Klage über Ansprüche aus §§ 910, 911, 923 erst eine **Gütestelle** anzurufen ist, § 15a EGZPO. 3

§ 911 Überfall

[1]Früchte, die von einem Baume oder einem Strauche auf ein Nachbargrundstück hinüberfallen, gelten als Früchte dieses Grundstücks. [2]Diese Vorschrift findet keine Anwendung, wenn das Nachbargrundstück dem öffentlichen Gebrauch dient.

Betrifft insbes Fallobst. Pflücken und Schütteln sind widerrechtlich (Diebstahl!). 1
§§ 953 ff. sind entspr der Fiktion in S. 1 anwendbar. Zur **Anrufung einer Güte-** 2
stelle → § 910 Rn. 3.

§ 912 Überbau; Duldungspflicht

(1) **Hat der Eigentümer eines Grundstücks bei der Errichtung eines Gebäudes über die Grenze gebaut, ohne dass ihm Vorsatz oder grobe Fahrlässigkeit zur Last fällt, so hat der Nachbar den Überbau zu dulden, es sei denn, dass er vor oder sofort nach der Grenzüberschreitung Widerspruch erhoben hat.**

(2) **[1]Der Nachbar ist durch eine Geldrente zu entschädigen. [2]Für die Höhe der Rente ist die Zeit der Grenzüberschreitung maßgebend.**

Lit.: Glaser, Der Grenzüberbau, ZMR 85, 145.

1. Arten des Überbaus. a) Rechtmäßiger Überbau liegt vor, soweit Zustim- 1
mung des Betroffenen reicht; die in §§ 912 ff. ausdr bestimmten Rechtsfolgen treten nicht ein (BGHZ 62, 141, 145 f.; 157, 301, 304). Eigentümer des ganzen Gebäudes wird der Überbauende (BGHZ 157, 301, 304). Zur zeitlich begrenzten Zustimmung
BGHZ 157, 301, 303 ff. **b) Rechtswidriger,** aber **entschuldigter** Überbau: Über- 2
bauender handelt höchstens leichtfahrlässig, der Betroffene widerspricht nicht sofort.
Hierfür gelten §§ 912 ff. (vgl → Rn. 5–9). **c) Rechtswidriger, unentschuldigter** 3
Überbau in *zwei* Fällen: **aa)** Überbauender handelt vorsätzlich (BGH NJW-RR 2022, 92 Rn. 20) oder grobfahrlässig (Vorsicht bei Bau im Grenzbereich: BGH NJW-RR 2009, 25; gilt auch bei entspr Anwendung von §§ 912 ff. bei nachträglichem Überbau); Widerspruch des Betroffenen unnötig; **bb)** Betroffener widerspricht sofort. In beiden Fällen gelten §§ 912 ff. nicht. Rechtsfolgen: → Rn. 10.
d) Kein Überbau iSd § 912, wenn nicht bestimmbar, von welchem Grundstück 4
(„Stammgrundstück") aus überbaut ist (BGH NJW 1985, 790). Zu den Bestimmungsgrundsätzen BGHZ 110, 298, 302 f.

2. Der rechtswidrige, entschuldigte Überbau. a) Errichtung eines einheit- 5
lichen (BGH NJW-RR 1988, 458) *Gebäudes* (Begriff → § 908 Rn. 3; gleichgestellt größeres Bauwerk wie Großantenne, Brücke, LM Nr. 25 lässt offen) durch Eigentümer (Erbbauberechtigten, § 11 ErbbauRG) selbst oder mit dessen Zustimmung
durch Dritten, vgl BGHZ 15, 216, 218 f. **b) Überbauung** der Grundstücksgrenze 6
unter, auf oder über (BGHZ 53, 5, 10; NJW 1976, 669) der Erde. **c) Weder** 7
vorsätzlich (= bewusst) noch grobfahrlässig darf die widerrechtliche Grenzüberschreitung erfolgen. Verschulden seiner Sachwalter („Repräsentanten"), zB Architekt, ist dem Eigentümer zuzurechnen, Begründung str (BGH NJW 1977, 375: § 166 analog; andere wenden § 278 [nachbarliches Gemeinschaftsverhältnis als

ges Schuldverhältnis] oder § 831 entspr an, dagegen BGH NJW 1977, 375; → § 909 Rn. 3). Verschulden bloßer Hilfspersonen, zB idR Bauunternehmer, Polier, wird
8 nicht zugerechnet (BGH NJW 1977, 375). **d) Kein Widerspruch** durch den Eigentümer des Nachbargrundstücks (BGH NJW 2004, 1801), weder vor noch sofort nach Grenzüberschreitung. Unterbleiben des Widerspruchs ist keine Zustimmung iSv → Rn. 1. Widerspruch ist einseitige empfangsbedürftige Willenserklärung, formlos, stillschweigend möglich. Richtet sich gegen Duldung des beanstandeten Bauwerks; Begründung unnötig, ebenso Kenntnis, dass Überbau vorliegt (BGHZ 59, 191, 193 f.). **Sofort:** So rechtzeitig, dass erhebliche Zerstörung vermeidbar, BGH NJW 2004, 1801 (BGHZ 59, 191, 196: Widerspruch 15 Monate nach Beginn und alsbaldiger Unterbrechung der Bautätigkeit ist rechtzeitig).
9 **e) Rechtsfolgen. aa) Duldungspflicht** des benachbarten Eigentümers, **I** (Erweiterung in § 916; möglich kraft nachbarrechtlichen Gemeinschaftsverhältnisses, BGH NJW-RR 2009, 25). Recht auf Duldung ist wesentlicher Bestandteil des Stammgrundstücks (RG 160, 181) und nicht eintragungsfähig. Ausübung des Rechts kann vertraglich ausgeschlossen werden, mit dinglicher Wirkung nur bei Eintragung einer Grunddienstbarkeit auf dem Stammgrundstück (LM Nr. 9). **bb) Eigentümer** des ganzen Gebäudes ist wie beim rechtmäßigen Überbau (→ Rn. 1) der Überbauende (BGH NJW 1990, 1791, 1792). Eigentümer des überbauten Grundstücks bleibt der Nachbar, vgl § 915 (BGHZ 64, 273, 274). Aufstockung ist unzulässig (BGHZ 64, 273, 276 ff. gegen 41, 181), Abriss zulässig (BGHZ 105, 202, 205 f.). **cc) Überbaurente, II,** ist die Entschädigung für die Duldungspflicht gem I. Sie soll den Nutzungsverlust ausgleichen (BGH NJW 2004, 1798, 1801; BGH NJW-RR 2022, 1095 Rn. 41). Rentenpflicht entsteht mit Grenzüberschreitung (vgl RG 160, 181); dieser Zeitpunkt ist auch für die Rentenhöhe entscheidend, II 2. Zur Bemessung BGHZ 97, 292, 296 f.; NJW-RR 2019, 463 Rn. 10. Rentenrecht ist nicht eintragungsfähig, § 914 II 1, und als reallastähnliches Recht (§ 914 III) wesentlicher Bestandteil des Nachbargrundstücks, § 96 (RG 160, 181). Rang und Erlöschen: § 914 I. Zur Zahlungsweise § 913. **dd) Ansprüche aus §§ 823 ff.** wegen des Überbaus gegen den Überbauenden, nicht gegen Dritte (Bauunternehmer usw), sind ausgeschlossen, soweit §§ 912 ff. eingreifen (BGHZ 97, 292, 295).

10 **3. Der unentschuldigte Überbau.** Der Nachbar kann Beseitigung verlangen, § 1004 I (nicht bei Rechtsmissbrauch: BGH NJW 2003, 3622). Der grenzüberschreitende Gebäudeteil wird vertikal geteilt (BGH NJW 1985, 790 f., hM). Ferner kann Nachbar Herausgabe des Besitzes am Überbau verlangen (BGH NJW 2011, 1069 f. [auch nach Verjährung des Anspruchs aus § 1004]).

11 **4. Sonstiges. §§ 912 ff. gelten entspr** gem **§ 916;** ferner bei **ursprünglichem Eigengrenzüberbau,** dh *beide* Grundstücke gehören zZ des Überbaus demselben Eigentümer, später wird eines veräußert (BGHZ 110, 298, 300 mN), ebenso beim **nachträglichen** (*ein* Grundstück wird bebaut, später durch den Bau hindurch geteilt, ein Teil wird veräußert) vgl BGHZ 64, 333, 335 ff.; 105, 202, 203 f.; NJW 2002, 54 f.; sa NJW 2008, 1811; bei Überbauung der **Grenzabstandslinie** (BGH NJW 2004, 1801; OLG Köln NJW-RR 2003, 376, je mN); bei Beeinträchtigung einer **Dienstbarkeit** (zB Wegerecht) durch Errichtung eines Gebäudes (ohne Überbau) auf dem belasteten Grundstück (BGHZ 39, 5, 7 ff.; sa NJW 2008, 3124; Folge ua: Beseitigungsanspruch ausgeschlossen, §§ 1027, 1004 II). Sa BGHZ 97, 292, 293 ff. (Gebäudeneigung).

§ 913 Zahlung der Überbaurente

(1) **Die Rente für den Überbau ist dem jeweiligen Eigentümer des Nachbargrundstücks von dem jeweiligen Eigentümer des anderen Grundstücks zu entrichten.**

(2) **Die Rente ist jährlich im Voraus zu entrichten.**

§ 914 Rang, Eintragung und Erlöschen der Rente

(1) [1]**Das Recht auf die Rente geht allen Rechten an dem belasteten Grundstück, auch den älteren, vor.** [2]**Es erlischt mit der Beseitigung des Überbaus.**

(2) [1]**Das Recht wird nicht in das Grundbuch eingetragen.** [2]**Zum Verzicht auf das Recht sowie zur Feststellung der Höhe der Rente durch Vertrag ist die Eintragung erforderlich.**

(3) **Im Übrigen finden die Vorschriften Anwendung, die für eine zugunsten des jeweiligen Eigentümers eines Grundstücks bestehende Reallast gelten.**

Vgl → § 912 Rn. 9 (cc). Zu I 2 BGHZ 105, 202, 204. Zum Verzicht (II 2) BayObLG NJW-RR 1998, 1389.

§ 915 Abkauf

(1) [1]**Der Rentenberechtigte kann jederzeit verlangen, dass der Rentenpflichtige ihm gegen Übertragung des Eigentums an dem überbauten Teil des Grundstücks den Wert ersetzt, den dieser Teil zur Zeit der Grenzüberschreitung gehabt hat.** [2]**Macht er von dieser Befugnis Gebrauch, so bestimmen sich die Rechte und Verpflichtungen beider Teile nach den Vorschriften über den Kauf.**

(2) **Für die Zeit bis zur Übertragung des Eigentums ist die Rente fortzuentrichten.**

Recht auf **Abkauf** (Grundabnahme) steht nur dem duldungspflichtigen Eigentümer (→ § 912 Rn. 9 [aa]) zu. Ausübung durch einseitige formlose Erklärung. Erfüllung gem § 925. Wertersatz als „Kaufpreis"; § 435 gilt, § 442 nicht. Recht auf Abkauf verjährt nicht, § 924; nach Ausübung verjährt es gem Kaufrecht, I 2.

§ 916 Beeinträchtigung von Erbbaurecht oder Dienstbarkeit

Wird durch den Überbau ein Erbbaurecht oder eine Dienstbarkeit an dem Nachbargrundstück beeinträchtigt, so finden zugunsten des Berechtigten die Vorschriften der §§ 912 bis 914 entsprechende Anwendung.

§ 917 Notweg

(1) [1]**Fehlt einem Grundstück die zur ordnungsmäßigen Benutzung notwendige Verbindung mit einem öffentlichen Wege, so kann der Eigentümer von den Nachbarn verlangen, dass sie bis zur Hebung des Mangels die Benutzung ihrer Grundstücke zur Herstellung der erforderlichen Verbindung dulden.** [2]**Die Richtung des Notwegs und der Umfang des Benutzungsrechts werden erforderlichenfalls durch Urteil bestimmt.**

(2) [1]**Die Nachbarn, über deren Grundstücke der Notweg führt, sind durch eine Geldrente zu entschädigen.** [2]**Die Vorschriften des § 912 Abs. 2 Satz 2 und der §§ 913, 914, 916 finden entsprechende Anwendung.**

Lit.: Säcker/Paschke NJW 1981, 1009.

1. Voraussetzungen, I 1. a) Grundstück, vgl → Vor § 90 Rn. 2. **b) Öffentl. Weg:** Maßgebend ist primär Landesrecht. **c) Ordnungsmäßige Benutzung** bestimmt sich danach, was nach objektiven Gesichtspunkten dem verbindungslosen Grundstück angemessen ist und den wirtschaftlichen Verhältnissen entspricht, nicht nach persönlichen Bedürfnissen des Eigentümers (BGH NJW 2020, 1360 Rn. 22), 1

wobei Benutzungsart, Größe und Umgebung des Grundstücks zu berücksichtigen sind. Bei einem Wohngrundstück genügt in der Regel bereits die Erreichbarkeit mit einem Kfz (BGH NJW-RR 2021, 738 Rn. 9), nicht aber das Fahren und Abstellen auf dem Grundstück (BGH NJW-RR 2022, 522 Rn. 13); bei einem Gewerbegrundstück zählt Befahren zum Be- und Entladen sowie ggf zum Abstellen eines Kfz dazu (BGH NJW 2020, 1360 Rn. 23 [erforderlich ist gewerbl Nutzung im größeren Umfang]). Benutzung muss öffentl rechtl zulässig sein (BGH NJW 2020, 1360 Rn. 27 [bauliche Nutzung, wenn Bebauung mangels Erschließung
2 unzulässig]). **d) Notwendig** ist die Verbindung, wenn erst sie die ordnungsmäßige Benutzung (→ Rn. 1 [c]) erlaubt; ebenso, wenn eine vorhandene Verbindung für die ordnungsmäßige Benutzung unzulänglich ist (BGH NJW 2006, 3427). Strenger Maßstab für „Notwendigkeit" zur ordnungsmäßigen Benutzung (BGHZ 75, 315, 319; NJW 2006, 3427; NJW 2020, 1360 Rn. 28 [nicht: Abstellen des Pkws auf Grundstück, wenn es auf öffentlichem Weg erreichbar ist]). Der Grund für die Notwendigkeit ist unerheblich; hat ihn der Eigentümer gesetzt, ist dies nur bei § 918
3 zu berücksichtigen (BGH NJW-RR 2015, 1234 Rn. 17 f.). **e) Verbindung** zum öffentl Weg muss nicht selbst ein Weg sein (Not„weg" daher irreführend). Bsp: Versorgungsleitungen, insbes unterirdische Abwasserkanäle, Wasser- und Gasrohre, Strom- und Nachrichtenkabel (vgl BGHZ 79, 307, 308 f.), Leitungen durch Gebäude (BGH NJW-RR 2018, 913 Rn. 10). Dieses **Notleitungsrecht** folgt direkt aus I 1 (so BGHZ 79, 307, 309), nicht nur analog (so aber BGH NJW 1991, 176 f.; BGH NJW-RR 2019, 78 Rn. 8, um landesges Regelungen zu retten). Bundesrechtl Sondervorschriften zB AVBWasserV, NAV, TKG schließen § 917 aus (BGH MDR
4 2012, 459). **f) Verlangen** der Duldung durch den Eigentümer (BGH NJW 1990, 2556) oder Erbbauberechtigten (BGHZ 94, 160, 162; hM). Bloßer Besitz ungenügend (BGH NJW-RR 2006, 1161). Auch jahrzehntelange Duldung lässt Notwegrecht nicht (gewohnheitsrechtlich) entstehen (BGH NJW 2020, 1360 Rn. 5 ff.).

5 **2. Rechtsfolgen.** Mit dem Verlangen (→ Rn. 4) entsteht die **Pflicht zur Duldung** (nicht zur Herstellung oder Unterhaltung, arg I 1 aE) und zugleich zum Ausgleich dieser ges Eigentumsbeschränkung das **Rentenrecht** (BGHZ 113, 32, 34 f.). Der Anspruch auf Duldung verjährt nicht, § 924. Inhaltliche Konkretisierung der Pflicht durch Vereinbarung, notfalls Urteil, I 2; duldungspflichtige Miteigentümer sind nach § 62 ZPO materiellrechtlich notwendige Streitgenossen (BGH NJW 1984, 2210 mN). Schutz des Benutzungsrechts entspr § 1004. Besitzschutz mangels Sachherrschaft nur entspr § 1029 (str, vgl LM Nr. 12/13). Eigentümer kann entspr § 1023 I 1 Hs. 1 Verlegung der Verbindung fordern, Kostentragung uU entspr § 1023 I 1 Hs. 2 (BGHZ 79, 307, 309 ff.).

§ 918 Ausschluss des Notwegrechts

(1) **Die Verpflichtung zur Duldung des Notwegs tritt nicht ein, wenn die bisherige Verbindung des Grundstücks mit dem öffentlichen Wege durch eine willkürliche Handlung des Eigentümers aufgehoben wird.**

(2) [1]**Wird infolge der Veräußerung eines Teils des Grundstücks der veräußerte oder der zurückbehaltene Teil von der Verbindung mit dem öffentlichen Wege abgeschnitten, so hat der Eigentümer desjenigen Teils, über welchen die Verbindung bisher stattgefunden hat, den Notweg zu dulden.** [2]**Der Veräußerung eines Teils steht die Veräußerung eines von mehreren demselben Eigentümer gehörenden Grundstücken gleich.**

Wer bestehende Verbindung willkürlich, dh freiwillig und nicht zwecks ordnungsmäßiger Grundstücksbenutzung unter Beachtung der Interessen des Nachbarn, aufgibt, erwirbt kein Benutzungsrecht iSv § 917 I (BGH NJW 2006, 3427 f.; verallgemeinerungsfähig: BGH NJW-RR 2006, 1161). Notwegrecht dient auch nicht der Korrektur öffentl rechtl Planungsversagens (kein Ausschluss des Notwegerechts, soweit die Verbindung mit einem öffentlichen Weg, die in der erteilten Baugenehmigung vorgesehen war, technisch nicht [mehr] herstellbar, NJW-RR 2022, 1100). Bei Veräußerung eines Grundstücks(teils) wird Notwegrecht räumlich begrenzt, **II** (BGHZ 53, 166, 170 f.; OLG München NJW-RR 1993, 474 f.); keine Verjährung, § 924.

§ 919 Grenzabmarkung

(1) **Der Eigentümer eines Grundstücks kann von dem Eigentümer eines Nachbargrundstücks verlangen, dass dieser zur Errichtung fester Grenzzeichen und, wenn ein Grenzzeichen verrückt oder unkenntlich geworden ist, zur Wiederherstellung mitwirkt.**

(2) **Die Art der Abmarkung und das Verfahren bestimmen sich nach den Landesgesetzen; enthalten diese keine Vorschriften, so entscheidet die Ortsüblichkeit.**

(3) **Die Kosten der Abmarkung sind von den Beteiligten zu gleichen Teilen zu tragen, sofern nicht aus einem zwischen ihnen bestehenden Rechtsverhältnis sich ein anderes ergibt.**

§ 920 Grenzverwirrung

(1) **[1]Lässt sich im Falle einer Grenzverwirrung die richtige Grenze nicht ermitteln, so ist für die Abgrenzung der Besitzstand maßgebend. [2]Kann der Besitzstand nicht festgestellt werden, so ist jedem der Grundstücke ein gleich großes Stück der streitigen Fläche zuzuteilen.**

(2) **Soweit eine diesen Vorschriften entsprechende Bestimmung der Grenze zu einem Ergebnis führt, das mit den ermittelten Umständen, insbesondere mit der feststehenden Größe der Grundstücke, nicht übereinstimmt, ist die Grenze so zu ziehen, wie es unter Berücksichtigung dieser Umstände der Billigkeit entspricht.**

§ 921 Gemeinschaftliche Benutzung von Grenzanlagen

Werden zwei Grundstücke durch einen Zwischenraum, Rain, Winkel, einen Graben, eine Mauer, Hecke, Planke oder eine andere Einrichtung, die zum Vorteil beider Grundstücke dient, voneinander geschieden, so wird vermutet, dass die Eigentümer der Grundstücke zur Benutzung der Einrichtung gemeinschaftlich berechtigt seien, sofern nicht äußere Merkmale darauf hinweisen, dass die Einrichtung einem der Nachbarn allein gehört.

§ 922 Art der Benutzung und Unterhaltung

[1]Sind die Nachbarn zur Benutzung einer der in § 921 bezeichneten Einrichtungen gemeinschaftlich berechtigt, so kann jeder sie zu dem Zwecke, der sich aus ihrer Beschaffenheit ergibt, insoweit benutzen, als nicht die Mitbenutzung des anderen beeinträchtigt wird. [2]Die Unterhaltungskosten sind von den Nachbarn zu gleichen Teilen zu tragen. [3]Solange einer der Nachbarn an dem Fortbestand der Einrichtung ein Interesse hat, darf sie nicht ohne seine Zustimmung beseitigt oder geändert werden. [4]Im Übrigen bestimmt sich das Rechtsverhältnis zwischen den Nachbarn nach den Vorschriften über die Gemeinschaft.

§ 923 Grenzbaum

(1) **Steht auf der Grenze ein Baum, so gebühren die Früchte und, wenn der Baum gefällt wird, auch der Baum den Nachbarn zu gleichen Teilen.**

(2) [1]**Jeder der Nachbarn kann die Beseitigung des Baumes verlangen.** [2]**Die Kosten der Beseitigung fallen den Nachbarn zu gleichen Teilen zur Last.** [3]**Der Nachbar, der die Beseitigung verlangt, hat jedoch die Kosten allein zu tragen, wenn der andere auf sein Recht an dem Baume verzichtet; er erwirbt in diesem Falle mit der Trennung das Alleineigentum.** [4]**Der Anspruch auf die Beseitigung ist ausgeschlossen, wenn der Baum als Grenzzeichen dient und den Umständen nach nicht durch ein anderes zweckmäßiges Grenzzeichen ersetzt werden kann.**

(3) **Diese Vorschriften gelten auch für einen auf der Grenze stehenden Strauch.**

§ 924 Unverjährbarkeit nachbarrechtlicher Ansprüche

Die Ansprüche, die sich aus den §§ 907 bis 909, 915, dem § 917 Abs. 1, dem § 918 Abs. 2, den §§ 919, 920 und dem § 923 Abs. 2 ergeben, unterliegen nicht der Verjährung.

Anmerkungen zu den §§ 919–924

1 **1. Abmarkung, § 919.** Diese dient zur Kennzeichnung einer festliegenden bekannten Grundstücksgrenze; die **Abgrenzung, § 920,** bezweckt die Ermittlung einer unbekannten Grundstücksgrenze (dazu BGH NJW-RR 2008, 611 [ggf Pflicht der Nachbarn zu gegenseitiger Rücksichtnahme auf Grund nachbarlichen Gemeinschaftsverhältnisses]; OLG Koblenz OLGZ 1975, 216 ff.; BGH NJW-RR 2006, 664). Die Ansprüche verjähren nicht, **§ 924.** Zum „vertikalen Eigentum" am stehenden Grenzbaum **(§ 923)** BGHZ 160, 18, 21 f.: zur klageweisen Geltendmachung der Ansprüche aus **§ 923** → § 910 Rn. 3.

2 **2. § 921.** Dieser gibt Vermutung für gemeinschaftliches Benutzungsrecht bzgl solcher Grenzeinrichtungen, die (nicht notwendig in der Mitte) von der Grenze geschnitten werden (BGHZ 143, 1, 3 f.). Näheres zum Inhalt des Benutzungsrechts in **§ 922.** Praktisch wichtige Grenzeinrichtung ist die **Kommunmauer** (halbscheidige Giebelmauer; BGH NJW 2008, 2032; zur Zufahrt s. BGH NJW-RR 2012, 346). Hier ist zu unterscheiden zwischen der Rechtslage vor und nach dem Anbau, ferner ob entschuldigter (§ 912) oder unentschuldigter Überbau vorliegt. Ie Staudinger/Roth § 921 Rn. 19–53.

Titel 2. Erwerb und Verlust des Eigentums an Grundstücken

§ 925 Auflassung

(1) [1]**Die zur Übertragung des Eigentums an einem Grundstück nach § 873 erforderliche Einigung des Veräußerers und des Erwerbers (Auflassung) muss bei gleichzeitiger Anwesenheit beider Teile vor einer zuständigen Stelle erklärt werden.** [2]**Zur Entgegennahme der Auflassung ist, unbeschadet *der Zuständigkeit* weiterer Stellen, jeder Notar zuständig.** [3]**Eine Auflassung kann auch in einem gerichtlichen Vergleich oder in einem rechtskräftig bestätigten Insolvenzplan oder Restrukturierungsplan erklärt werden.**

(2) **Eine Auflassung, die unter einer Bedingung oder einer Zeitbestimmung erfolgt, ist unwirksam.**

1. Allgemeines. a) Nur rechtsgeschäftlichen Erwerb von Grundstückseigentum (auch Miteigentum, → § 1008 Rn. 2, 3) behandelt § 925. Ergänzungen in § 925a, § 20 GBO. **b) Andere Erwerbsarten:** kraft Ges (zB § 1922, Umwandlung gem UmwG [BGH NJW-RR 2007, 459], Übertragung von Grundeigentum gem BImA-ErrichtungsGes 2 II 1, III 4), durch Staatsakt (zB § 90 ZVG, BGHZ 159, 397, 399 f.), Buchersitzung (900 I), Aneignung (§§ 927 II, 928 II), Umwandlung einer OHG (KG) in GbR und umgekehrt; Erwerb von Anteilen an Erbengemeinschaft (§ 2033) oder Personengesellschaft mit Grundvermögen (zu letzterer BGH NJW 1997, 861; 98, 377; MüKo-BGB/Schäfer § 719 Rn. 33; darin kann eine Umgehung von § 311b I 1 [BGH NJW-RR 1996, 235 zu § 313 aF] oder eine Steuerumgehung [BFH BB 1986, 382] liegen). Zum formfreien Erwerb durch einen Miterben kraft Ausscheidens aller anderen Miterben aus der Erbengemeinschaft („Abschichtung") BGHZ 138, 8, 10 ff.; LG Köln NJW 2003, 2993 f.; Wesser/Saalfrank NJW 2003, 2937 ff. 1 2

2. Auflassung, I 1. Das ist Einigung iSv § 873, gerichtet auf Übertragung des Eigentums an einem Grundstück, abgeschlossen zwischen Veräußerer und Erwerber. Sie ist ein dinglicher Vertrag, unterliegt grundsätzlich den allg Regeln über RGeschäfte und ist abstrakt (vgl → § 873 Rn. 17). IGgs zum Regelfall der Einigung des § 873 ist sie bedingungs- und befristungsfeindlich (→ Rn. 6) sowie formbedürftig (→ Rn. 11–13). **a) Gegenstand** der Auflassung ist das zu übereignende Grundstück. Es ist in der Auflassung zu bezeichnen. IdR geschieht das entspr § 28 GBO. Soll ein noch nicht vermessener Teil eines Grundstücks (iSv → Vor § 90 Rn. 2) aufgelassen werden, so genügt für § 925 und die Eintragungsbewilligung (aber → § 873 Rn. 14) die eindeutige Bestimmbarkeit dieses Teils (BGHZ 90, 323, 326 f., jetzt stRspr). Die Eintragung muss sich auf ein bestimmtes Grundstück iSv → Vor § 90 Rn. 2 beziehen. – *Irrtümlich falsche Bezeichnung* des Grundstücks ist unschädlich, wenn die Parteien dasselbe meinen (→ § 126 Rn. 7). Meinen die Parteien verschiedene Grundstücke, so liegt bei Mehrdeutigkeit der Erklärungen versteckter Dissens (§ 155; vgl RG 165, 199), bei Eindeutigkeit ein Grund zur Irrtumsanfechtung vor. **b) Für den Inhalt** der Auflassung ist erforderlich und genügend, dass ausdr und unzweideutig der Wille zur Übertragung und zum Erwerb des Eigentums erklärt wird. Die Erklärungen sind auslegungsfähig (RG 152, 192). In wechselbezüglichen formellrechtlichen Erklärungen (zB Bewilligung des Veräußerers, § 19 GBO, und Antrag des Erwerbers, § 13 GBO) können sie nur bei Beachtung der Form von I (→ Rn. 11–13) liegen. Zur Angabe der Parteien → Rn. 9, 10. **c) Bedingte oder befristete Auflassung** ist *unwirksam, II,* um gewillkürten Schwebezustand zu vermeiden. Es gibt kein Grundstückseigentum „auf Zeit" (s. aber § 481 I), keinen EV (§ 449 I). Unwirksam ist zB eine Auflassung „für den Fall der Scheidung" (praktischer Ausweg: unbedingte Auflassung, aber keine Ausfertigung oder beglaubigte Abschrift an Parteien vor Rechtskraft des Scheidungsurteils, Wichers SchlHA 1980, 124 f.) oder in einem unter Widerrufsvorbehalt geschlossenen Prozessvergleich (der Vorbehalt macht den Vergleich – idR aufschiebend: BGH NJW 1988, 416 – bedingt; unzutr BVerwG NJW 1995, 2180). **Zulässig** sind *Rechtsbedingungen* (Begriff → § 158 Rn. 6 [c]), zB die Abrede, dass eine gem §§ 1643, 1821 I Nr. 1 notwendige familiengerichtl Genehmigung erteilt wird (vgl BayObLG NJW 1972, 2131). Zulässig sind Abreden, die wirtschaftlich die Funktion des nach II unzulässigen EV erfüllen sollen: Die Parteien weisen den Notar an, den Eintragungsantrag erst bei Nachweis der Kaufpreiszahlung zu stellen (vgl LM Nr. 3; der Antrag selbst ist unbedingt iSv § 16 I GBO; zum Nachweis Eckhardt DNotZ 1983, 96 ff.); das Grundgeschäft wird bzgl der Kaufpreiszahlung bedingt oder befristet geschlossen und der Anspruch auf (Rück-)Auflassung durch Vormerkung gesichert (vgl Ertl Rpfleger 1977, 352 Bsp 31; → § 883 Rn. 9); soll die gestundete Kaufpreisforderung durch eine Hypothek gesichert werden, so können der Antrag auf Eintragung der Eigentumsänderung und auf Eintragung der Hypothek gekoppelt werden (§ 16 II GBO). **d) Auflassung durch Nichteigentümer** ist mit Einwilligung des Eigentümers wirksam (§ 185 I, 3 4 5 6 7

→ Rn. 8), sonst wird sie wirksam nach § 892, durch Genehmigung oder Konvaleszenz (§ 185 II, vgl → § 185 Rn. 7, 8). Einwilligung und Genehmigung sind
8 nur gem § 29 I GBO formbedürftig (§ 182 II). **e) Kettenauflassung.** Bevor anerkannt war, dass der Erwerber seine aus der Auflassung erwachsene Anwartschaft als Berechtigter übertragen kann (→ Rn. 18), kam RG 129, 153 (zust BGHZ 106, 108, 112; NJW 1997, 860 [937]; sa BFH NJW-RR 2001, 519) auf anderem Weg zum ähnlichen Ergebnis (beide Wege vermengt BGH NJW-RR 1992, 1180): In der Auflassung soll idR (BGH NJW 1997, 937: Auslegungsfrage) die Einwilligung (§ 185 I) des Veräußerers zu einer Auflassung durch den noch nicht eingetragenen Erwerber als Nichtberechtigten an einen Dritten liegen; Zwischeneintragung des Erwerbers sei unnötig (sa BGHZ 106, 1, 4 f. zur Verfügung generell).

9 **3. Beteiligte Personen. a) IdR verschiedene Rechtsträger** auf Veräußerer- und Erwerberseite (Bsp: Übertragung von Erbengemeinschaft auf einen Miterben); denn die Auflassung bezweckt Übertragung des Eigentums (I 1). Bei **Gleichheit der Rechtsträger** ist Auflassung erforderlich, wenn das Eigentum vom einen Sondervermögen auf ein anderes rechtsgeschäftlich übertragen werden soll, sei es mit Wechsel der Eigentumsart (zB bei Umwandlung von Gesamthands- in Bruchteilseigentum unter Miterben: BGHZ 21, 229, 233), sei es ohne ihn (Übertragung bei „Aufteilung" *einer* GbR in *mehrere* personengleiche oder von bestehen bleibender OHG [oder GbR] auf [andere] GbR mit denselben Gesellschaftern, s. KG NJW-
10 RR 1987, 1321 mN). **b) Mehrere Personen auf der Erwerberseite.** Hier muss die Art ihrer Rechtsgemeinschaft in der Auflassung angegeben werden (zB Miteigentum, Gesamthand), sonst ist die Auflassung unwirksam (hM); zur Grundbuchfähigkeit der (Außen-)GbR → § 899a Rn. 1, § 47 II GBO, → Vor § 21 Rn. 4. Zum Grundstückserwerb von Ehegatten in Gütergemeinschaft BGHZ 82, 346, 347 ff.; BayObLG MDR 1983, 763, je mN.

11 **4. Form der Auflassung. a) Vor einer zuständigen Stelle** (→ Rn. 14, 15) muss die Auflassung *mündlich* oder auf andere *unmissverständliche Weise* (zB Kopfnicken) erklärt werden (OLG Rostock NJW-RR 2006, 1162). Die zuständige Stelle leistet sog passive Assistenz (sa § 1310 I 1); sie muss zur Entgegennahme der Erklä-
12 rungen bereit sein (RG 132, 409 f.; sa BNotO 20 II). **b) Keine Beurkundung** nötig, s. I 1 (BGH NJW 1992, 1102; 94, 2768; BayObLG NJW-RR 2001, 735 f. [dort auch zum Nachweis nach §§ 20, 29 GBO]). Bei Auflassung in einem *gerichtl Vergleich* (I 3; vgl → Rn. 15; → § 127a Rn. 2) – ungenügend: außergerichtl – ist dessen Protokollierung Wirksamkeitsvoraussetzung für den gerichtl Vergleich (BGHZ 16, 388, 390; 35, 309, 312; hM) und damit für die Auflassung; der gerichtl Vergleich nach § 278 VI 1 ZPO wird durch den Feststellungsbeschluss (§ 278 VI 2 ZPO) „protokolliert" (s. § 160 III Nr. 1, 6 ZPO), vgl ferner → Rn. 13. Die Auflassung in einem *Insolvenzplan* (§ 228 S. 1 InsO, → Rn. 15) gilt erst mit rechtskräftiger Bestätigung des Plans als formgerecht abgegeben (I 3 mit § 254 I 1, 2
13 Hs. 1 InsO). **c) Gleichzeitige Anwesenheit** von Veräußerer und Erwerber (sonst ist die Auflassung grundsätzlich gem § 125 nichtig: BGHZ 29, 6, 9 f.). Darin liegt keine Ausnahme von § 128 (unzutr BayObLG WM 1983, 1119; Staudinger/Pfeifer/Diehn Rn. 83), da Beurkundung der Auflassung nicht vorgeschrieben ist (→ Rn. 12). Gleichzeitige Anwesenheit ist nicht vorgeschrieben für die Auflassung im Insolvenzverfahren (§ 254 I 2 Hs. 1 InsO), ebenso wenig für den als Sonderregelung in I 3 ebenfalls genannten gerichtl Vergleich, da ohne Beschränkung auf bestimmte Formen seines Zustandekommens (daher auch für § 278 VI 1, 2 ZPO maßgebend; aA OLG Düsseldorf NJW-RR 2006, 1610 f.; Stein/Jonas/Thole § 278 Rn. 98); gleichzeitige Anwesenheit ist undurchführbar, wenn die Auflassungserklärung einer Partei durch Urteil erzwungen wird (§ 894 ZPO); die andere muss bei ihrer Erklärung (→ Rn. 11) das rechtskräftige Urteil vorlegen (bei Zug-um-Zug-Verurteilung sind §§ 894 I 2, 726 ZPO zu beachten). Keine *persönliche* Anwesenheit nötig, daher *Vertretung gestattet*. Vollmachtserteilung ist idR

formfrei (→ § 167 Rn. 10), nach § 29 I GBO (sa § 31 GBO) formbedürftig; dasselbe gilt für Genehmigung gem § 177 I. IÜ sind §§ 164 ff. voll anwendbar, insbes § 181.

5. Zuständige Stelle, I 1. a) In erster Linie ist das jeder deutsche **Notar** (I 2, §§ 1 ff., 20 II BNotO; kein ausländischer, hM) ohne Bindung an seinen Amtsbezirk (§ 2 BeurkG). Grundbuchamt und AG sind seit dem 1.1.1970 nicht mehr zuständig. 14
b) Jedes deutsche Gericht, sofern es in einem Verfahren tätig wird, in dem ein **gerichtl Vergleich** geschlossen werden kann (vgl I 3; → Rn. 12). Ein solches Verfahren findet auch vor dem VG statt (BVerwG NJW 1995, 2179 f. mN; str), ferner vor dem Strafgericht im Fall des Privatklage- und Adhäsionsverfahrens (OLG Stuttgart NJW 1964, 110 f.). Zum gerichtl Vergleich mit Widerrufsvorbehalt → Rn. 6. Zur rechtskräftigen Bestätigung eines Insolvenzplans durch das Insolvenzgericht → Rn. 12, 13. **c) Konsularbeamte** s. § 19 II 1 Nr. 2 KonsG. 15

6. Bindung. Die Auflassung ist **bindend** (dh nicht einseitig widerruflich), wenn die Voraussetzungen des § 873 II vorliegen (→ § 873 Rn. 18). 16

7. Wirkungen der Auflassung. a) Zum Eigentumsübergang bedarf es noch der Eintragung; vgl → § 873 Rn. 8, 9, insbes zum Verhältnis von Einigung (Auflassung) und Eintragung. 17
b) „Anwartschaftsrecht" des Erwerbers. Hat er auf Grund der bindenden Auflassung (→ Rn. 16) die Eintragung der Eigentumsänderung beantragt (§ 13 GBO), so hat er damit eine Rechtsposition („Anwartschaftsrecht") erlangt, die übertragbar, verpfändbar und pfändbar ist (vgl → § 873 Rn. 21; abl Habersack JuS 2000, 1145 ff.: Die Rechtsfigur sei unsicher, also begrifflich kein „Recht", zudem überflüssig). Schon vor der Antragstellung steht dem Erwerber nach hM (aA BGHZ 106, 108, 111 f.) ein übertragbares und (ver-)pfändbares Vermögensrecht zu, das erst durch die Antragstellung zum Anwartschaftsrecht erstarken soll (MüKo-BGB/Ruhwinkel Rn. 38 ff. mN). Von der Übertragung usw dieser Rechtspositionen ist die Übertragung usw des Anspruchs auf Eigentums- und Besitzverschaffung (§ 433 I), sog Auflassungsanspruch, zu unterscheiden (s. BGHZ 89, 41, 44 f.; zur [Ver-] Pfändung Hoche NJW 1955, 161 ff.; Ludwig DNotZ 1992, 339 ff.; → § 1274 Rn. 2, 3; → § 1287 Rn. 3; zum Erlöschen → § 873 Rn. 20). 18
c) Keine Verfügungsbeschränkung auf Grund bindender Auflassung (→ § 873 Rn. 18 [b]). Daher führt die Auflassung an einen Dritten und dessen Eintragung zum Eigentumserwerb des Dritten. Dagegen sichert den ersten Auflassungsempfänger zuverlässig nur eine Vormerkung (ie → § 873 Rn. 20; → § 883 Rn. 1, 15). 19
d) Weitere Wirkungen: § 311b I 2 (aber → § 888 Rn. 8); § 518 II (bei Erwerb eines Anwartschaftsrechts iSv → Rn. 18). 20

8. Sonstiges. Fehlt eine notwendige **behördliche Genehmigung,** so ist die Auflassung schwebend unwirksam (vgl → § 182 Rn. 7; sa BGH WM 1967, 703). Bsp: §§ 1643 I, 1821 I Nr. 1; § 2 GrdstVG (betr land- und forstwirtschaftliche Grundstücke; aber sa § 7 III GrdstVG mit BGH NJW 1981, 1958); § 51 BauGB; § 2 GVO. – **Unbedenklichkeitsbescheinigung des Finanzamts** (§ 22 GrEStG) ist keine Wirksamkeitsvoraussetzung der Auflassung. 21

§ 925a Urkunde über Grundgeschäft

Die Erklärung einer Auflassung soll nur entgegengenommen werden, wenn die nach § 311b Abs. 1 Satz 1 erforderliche Urkunde über den Vertrag vorgelegt oder gleichzeitig errichtet wird.

§ 925a soll die Beachtung der Formvorschrift des § 311b I 1 durchsetzen. Die Bestimmung ist eine reine Verfahrensvorschrift, ihre Nichtbeachtung macht die Auflassung nicht unwirksam.

§ 926 Zubehör des Grundstücks

(1) [1]**Sind der Veräußerer und der Erwerber darüber einig, dass sich die Veräußerung auf das Zubehör des Grundstücks erstrecken soll, so erlangt der Erwerber mit dem Eigentum an dem Grundstück auch das Eigentum an den zur Zeit des Erwerbs vorhandenen Zubehörstücken, soweit sie dem Veräußerer gehören.** [2]**Im Zweifel ist anzunehmen, dass sich die Veräußerung auf das Zubehör erstrecken soll.**

(2) **Erlangt der Erwerber auf Grund der Veräußerung den Besitz von Zubehörstücken, die dem Veräußerer nicht gehören oder mit Rechten Dritter belastet sind, so finden die Vorschriften der §§ 932 bis 936 Anwendung; für den guten Glauben des Erwerbers ist die Zeit der Erlangung des Besitzes maßgebend.**

1 **1. Allgemeines.** Der Erwerber erlangt mit dem Grundstück rechtsnotwendig (§ 93) auch an dessen wesentlichen Bestandteilen Eigentum. Unwesentliche Bestandteile erwirbt er ebenfalls ohne Weiteres, sofern sie dem Veräußerer gehören; sonst Erwerb nach §§ 932 ff. Für den Erwerb von Zubehör gibt § 926 Sondervorschriften. Zum Grundgeschäft: § 311c.

2 **2. Zubehör.** Für bewegliche Sachen, die zZ des Eigentumserwerbs am Grundstück dessen **Zubehör** (§§ 97, 98) sind und dem Veräußerer gehören, erleichtert **I 1** die Eigentumsverschaffung, um die wirtschaftliche Einheit von Grundstück und Zubehör zu erhalten: Übergabe(ersatz) ist entbehrlich; die allein notwendige Einigung iSv § 929 muss sich auf jedes zu übereignende Zubehörstück beziehen (Spezialitätsgrundsatz, vgl → § 929 Rn. 5). IZw ist das Zubehör mit veräußert, **I 2.** Die Parteien können statt nach I 1 ausschließlich nach §§ 929 ff. übereignen (daher EV, § 449 I, möglich).

3 **3. Erwerb vom Nichtberechtigten und lastenfreier Erwerb, II. a) Veräußererfremdes Zubehör** kann nur gem §§ 932–935, nicht nach I erworben werden, vgl II Hs. 1; I 2 ist unanwendbar (OLG Düsseldorf OLGZ 1993, 74 ff. mN). Für die Bösgläubigkeit (vgl § 932 I 1, II), nicht für die Gutgläubigkeit (wie II Hs. 2 formuliert), ist die Zeit der Besitzerlangung maßgebend, bei § 932 I 2 die Zeit der
4 Auflassung, bei § 934 Fall 1 die der Abtretung. **b) Veräußerereigenes Zubehör,** das mit dem Recht eines Dritten belastet ist, kann nach I übereignet werden. Lastenfreier Erwerb gem § 936 setzt Besitzerlangung voraus, II Hs. 1. Zum Zeitpunkt der Bösgläubigkeit (II Hs. 2) vgl → Rn. 3.

§ 927 Aufgebotsverfahren

(1) [1]**Der Eigentümer eines Grundstücks kann, wenn das Grundstück seit 30 Jahren im Eigenbesitz eines anderen ist, im Wege des Aufgebotsverfahrens mit seinem Recht ausgeschlossen werden.** [2]**Die Besitzzeit wird in gleicher Weise berechnet wie die Frist für die Ersitzung einer beweglichen Sache.** [3]**Ist der Eigentümer im Grundbuch eingetragen, so ist das Aufgebotsverfahren nur zulässig, wenn er gestorben oder verschollen ist und eine Eintragung in das Grundbuch, die der Zustimmung des Eigentümers bedurfte, seit 30 Jahren nicht erfolgt ist.**

(2) **Derjenige, welcher den Ausschließungsbeschluss erwirkt hat, erlangt das Eigentum dadurch, dass er sich als Eigentümer in das Grundbuch eintragen lässt.**

(3) **Ist vor dem Erlass des Ausschließungsbeschlusses ein Dritter als Eigentümer oder wegen des Eigentums eines Dritten ein Widerspruch gegen die Richtigkeit des Grundbuchs eingetragen worden, so wirkt der Ausschließungsbeschluss nicht gegen den Dritten.**

1. Allgemeines. Grundstücksbesitz allein führt nicht zur Ersitzung eines Grundstücksrechts, insbes nicht des Eigentums. § 927 eröffnet den Weg zur sog *Kontratabularersitzung* (zur sog Buchersitzung vgl § 900). 1

2. Voraussetzungen des Eigentumserwerbs. a) Eigenbesitz (§ 872) durch 30 Jahre. Fristberechnung gem §§ 938–944: I 2. **b) Keine Eintragung** des Eigentümers oder die Eintragung eines Nichteigentümers. **c) Ist der verstorbene Eigentümer** noch eingetragen, so darf – zusätzlich zu a – seit 30 Jahren keine Grundbucheintragung erfolgt sein, die der Zustimmung des (jeweiligen, hM) Eigentümers bedurfte. Gleiches gilt, wenn der Eingetragene verschollen ist; Todeserklärung des Verschollenen entbehrlich. **d) Erlass eines Ausschließungsbeschlusses** (vgl §§ 442–445 FamFG), wodurch das Grundstück herrenlos wird und der klagende Eigenbesitzer ein Aneignungsrecht erwirbt. **e) Eintragung** des Aneignungsberechtigten (→ Rn. 2 [d]) im Grundbuch führt zum Eigentumserwerb, II. Eintragung eines Dritten vor Erlass des Ausschließungsbeschlusses (III) hindert die Eintragung des Ausschließungsantragstellers. Kein Eintragungshindernis ist die zwischenzeitliche Eintragung eines Widerspruchs; der Widerspruchsberechtigte verliert sein Recht nicht durch den Ausschließungsbeschluss. Belastungen des Eigentums werden durch § 927 nicht berührt. 2

§ 928 Aufgabe des Eigentums, Aneignung des Fiskus

(1) **Das Eigentum an einem Grundstück kann dadurch aufgegeben werden, dass der Eigentümer den Verzicht dem Grundbuchamt gegenüber erklärt und der Verzicht in das Grundbuch eingetragen wird.**

(2) [1]**Das Recht zur Aneignung des aufgegebenen Grundstücks steht dem Fiskus des Landes zu, in dem das Grundstück liegt.** [2]**Der Fiskus erwirbt das Eigentum dadurch, dass er sich als Eigentümer in das Grundbuch eintragen lässt.**

1. Allgemeines. Zur Aufhebung eines Grundstücksrechts im allg vgl § 875 mit Anm. 1

2. Voraussetzungen für die Aufgabe des Grundstückseigentums, I. Nicht anwendbar auf Miteigentumsanteile, dafür §§ 741 ff., BGHZ 172, 209, 213; aA Kanzleiter NJW 1996, 905 ff.: wahlweise § 749 oder § 928, gegen ihn OLG Düsseldorf NJW-RR 2001, 233. **a) Verzichtserklärung** des Eigentümers gegenüber dem Grundbuchamt. Die Erklärung ist bedingungs- und befristungsfeindlich (entspr § 925 II), unwiderruflich (§§ 875 II, 130 I, III), materiellrechtlich formfrei, formellrechtlich ist § 29 GBO zu beachten. § 878 gilt entspr **b) Eintragung** der Verzichtserklärung in das Grundbuch (dazu § 9 Buchst D GBV); vgl BayObLG Rpfleger 1983, 308. 2

3. Wirkungen. a) Herrenlosigkeit des Grundstücks auf Grund Verzichtserklärung und Eintragung. **b) Grundstücksbelastungen bleiben** bestehen (daher gilt § 876 nicht). **c) Alleiniges Aneignungsrecht** für den Fiskus des Bundeslandes, II 1 (verzichtbar; nach Verzicht ist jedermann aneignungsberechtigt, BGHZ 108, 278, 282; Bsp: BVerwG NJW 2003, 2255). Der Aneignungsberechtigte erwirbt mit seiner Eintragung im Grundbuch Eigentum, II 2. Das ist originärer Erwerb, daher § 892 unanwendbar (zB bleibt eine zu Unrecht gelöschte Belastung bestehen, → § 892 Rn. 8). 3

Titel 3. Erwerb und Verlust des Eigentums an beweglichen Sachen

Vorbemerkungen

1. Anwendungsbereich. Abschnitt 3 betrifft **bewegliche Sachen** (Begriff → Vor § 90 Rn. 3; → § 90a → Rn. 1). Dazu gehören auch nichtwesentliche 1

Bestandteile eines Grundstücks (für wesentliche vgl §§ 93, 94) sowie Scheinbestandteile (§ 95).

2 **2. Erwerb des Eigentums.** Er ist im BGB nicht abschließend geregelt. Es gibt Erwerb **a) durch RGeschäft,** sog Übertragung (Titel 3. Untertitel 1: §§ 929–936); **b) durch Ges** (dazu gehören die Erwerbsfälle des Titels 3 (Untertitel 2–6: §§ 937–984), ferner zB §§ 582a II 2, 585 II, 1048 I 2 Hs. 2, II, 1922); **c) durch Staatsakt,** zB Versteigerung gepfändeter Sachen oder deren gerichtl Zwangsüberweisung gem § 825 ZPO (vgl Jauernig/Berger § 18 Rn. 15, 17, 28), Zuschlag in der Zwangsver-
3 steigerung bzgl beschlagnahmten Grundstückszubehörs (§§ 90 II, 55 ZVG). **d)** Nach hM erleichtert § 1006 den **Beweis des Erwerbs.**

4 **3. Eigentumsverlust.** Der **Verlust des Eigentums** ist im BGB weder gesondert hervorgehoben noch abschließend geregelt. Er tritt ein durch **a) völlige Vernichtung** der Sache; **b) Herrenloswerden** (§§ 959, 960 II, III, 961); **c) Eigentumserwerb eines anderen.** – Durch bloßen Zeitablauf tritt kein Eigentumsverlust ein, auch nicht bei der Ersitzung (vgl → Vor § 937 Rn. 2).

Untertitel 1. Übertragung

§ 929 Einigung und Übergabe

[1]Zur Übertragung des Eigentums an einer beweglichen Sache ist erforderlich, dass der Eigentümer die Sache dem Erwerber übergibt und beide darüber einig sind, dass das Eigentum übergehen soll. [2]Ist der Erwerber im Besitz der Sache, so genügt die Einigung über den Übergang des Eigentums.

1 **1. Allgemeines zu §§ 929–931. a) Der rechtsgeschäftliche Eigentumserwerb** ist ihr Gegenstand. Zum rechtsgeschäftlichen Erwerb vom Nichteigentümer
2 → § 932 Rn. 1, 3–6. **b) Erwerbsvoraussetzungen** sind stets die dingliche *Einigung* über den Eigentumsübergang (iE → Rn. 4–7) und grundsätzlich die *Übergabe* der Sache (S. 1). Im Regelfall gilt also das *Traditionsprinzip,* doch wird es häufig durchbrochen: Die Übergabe kann gem §§ 930, 931 ersetzt werden; gem S. 2, § 926 I 1 und in den Fällen → § 931 Rn. 10 genügt schlichte Einigung. Erst Einigung und – soweit nötig – Übergabe(ersatz) zusammen bewirken den Eigentumsübergang.
3 **c) Trennungs- und Abstraktionsprinzip.** Die stets erforderliche Einigung ist von dem idR zugrundeliegenden Verpflichtungsgeschäft getrennt (→ Vor § 854 Rn. 12); das gilt auch, wenn Verpflichtungsgeschäft und Einigung iSv S. 1 äußerlich zusammenfallen wie beim sog Handkauf. Die dingliche Einigung ist gegenüber dem Rechtsgrundgeschäft, zB Kauf, abstrakt (zur Bedeutung und Durchbrechung des *Abstraktionsprinzips* → Vor § 854 Rn. 13–16).

4 **2. Einigung. a) Sie ist ein dinglicher Vertrag** über den Übergang des Eigentums (BGHZ 28, 16, 19). Schlüssige Erklärungen genügen; Bsp: beim *Versandgeschäft* die Zusendung der Ware und ihr Behalten als Eigentum (RG 108, 27 f.); das Aufstellen eines *Warenautomaten* enthält die Einigungsofferten des Aufstellers an jedermann (ad incertas personas) über Kauf und Eigentumsübertragung der Automatenware, beide bedingt durch Vorhandensein von Ware, Funktionieren des Automaten und Einwerfen des richtigen Geldbetrags (Einwurf ist als doppelte Annahmeerklärung zu werten); zum *Selbstbedienungsladen* → § 145 Rn. 3, 7. Die Übergabe ist nicht Bestandteil der Einigung; gleiches gilt für den Übergabeersatz (§§ 930, 931). Daher weist die Eigentumsübertragung als *Verfügung* (→ Vor § 104 Rn. 10) idR (→ Rn. 2) einen *Doppeltatbestand* oder gestreckten Erwerbstatbestand auf: Einigung und Übergabe (-ersatz). Die *Verfügungsbefugnis* muss zZ des letzten Tatbestandsstücks vorliegen, also zZ der Übergabe, wenn die Einigung vorausgeht (BGH NJW 1997, 1858). Verfügungsbefugt ist idR der Eigentümer (→ § 873 Rn. 17 [a, b] gilt entspr;

Scheinberechtigung kann sich aus §§ 932–934 ergeben). **b) Ihr Gegenstand** muss 5
eine bestimmte Sache sein, *Spezialitäts- oder Bestimmtheitsgrundsatz* (BGHZ 28, 16, 19 f.; NJW 1994, 134); bloße Bestimmbarkeit soll nicht genügen (zur Problematik → § 930 Rn. 16, 46, 47). Jedenfalls ist die Einigung, ein „Warenlager", ein „Unternehmen" oder einen nicht eindeutig abgegrenzten Teil einer größeren Menge zu übereignen, unwirksam. **c) Keine Form** erforderlich. **d) Die Einigung vor Über-** 6
gabe ist zwar wirksam, aber bis zur nachfolgenden Übergabe *nicht bindend,* dh einseitig widerrufbar (BGHZ 27, 360, 367; NJW 1979, 214; hM. – AA Westermann § 37 II 5). Grund: Wortlaut von S. 1 („einig sind": RG 109, 203) und Umkehrschluss aus § 873 II (RG 135, 367). Die Einigung besteht fort bis zu ihrem Widerruf (Brehm/Berger, § 27 Rn. 11); BGH NJW 1992, 1163 mN bemüht eine „Vermutung" des Fortbestehens. **e) Bedingte oder befristete** Einigung ist zulässig. Haupt- 7
fall: EV (→ Rn. 25 ff.). Auch iÜ gelten die allg Vorschriften über RGeschäfte, zB Stellvertretung (→ Rn. 21–24), Geschäftsfähigkeit, Willensmängel. **f) Einigung zgDr** entspr § 328 ist unzulässig (→ § 873 Rn. 12). **g) Abstraktheit:** → Rn. 3.

3. Übergabe, S. 1. a) Grundgedanke: Der Eigentümer muss jeden Besitz ver- 8
lieren (wenn er ihn hatte!), der Erwerber muss auf Veranlassung des Eigentümers durch diesen unmittelbaren oder mittelbaren Eigenbesitz (§ 872) erlangen (zur „Aufweichung" des Grundgedankens → Rn. 13–17). Ist der Besitz nicht „zwecks Eigentumsverschaffung" erlangt, so fehlt die Einigung, nicht die Übergabe (Staudinger/Heinze Rn. 80; aA Martinek AcP 188, 582 f., hM). Die Übertragung des mittelbaren Besitzes (§ 870) ist keine Übergabe iSv S. 1, arg § 931 (vgl RG 137, 25 ff.); ebenso wenig die Einräumung von Mitbesitz durch den veräußernden Eigentümer (BGH NJW 1979, 715; aber auch → § 1008 Rn. 2 [b]). Die Übergabe nach S. 1 ist *Realakt,* Ausnahme § 854 II (→ Rn. 18). Zur Besitzerlangung durch gestattete Wegnahme → § 858 Rn. 4. **b) Einfachster und häufigster Fall** der Übergabe: 9
Der Eigentümer verschafft dem Erwerber den unmittelbaren Besitz, Dritte sind nicht beteiligt (→ § 854 Rn. 11). **c) Überträgt oder erwirbt ein Besitzdiener** 10
(§ 855) die tatsächliche Gewalt entspr einer Weisung seines Besitzherrn, so wird ebenfalls der unmittelbare Besitz vom Besitzherrn verschafft oder erworben (→ § 855 Rn. 3, 4 [aa]; RG 137, 25). Gleiches gilt, wenn der Eigentümer seinen Besitzdiener anweist, nunmehr die tatsächliche Gewalt für den Erwerber als Besitzherrn auszuüben, und mit dessen Einverständnis so verfahren wird; ebenso liegt es, wenn der Eigentümer selbst nunmehr als Besitzdiener des Erwerbers für diesen die tatsächliche Gewalt ausübt. **d) Bei Veräußerung an den Besitzdiener** des 11
Eigentümers durch diesen muss zur Einigung die Übergabe treten (S. 1; schlichte Einigung, S. 2, genügt nicht, str). Übergabe nach § 854 II (→ Rn. 18) möglich.
e) Einschaltung von Besitzmittlern. Übergabe liegt vor, wenn die Sache auf 12
Weisung des veräußernden Eigentümers *durch* dessen Besitzmittler an den Erwerber oder/und auf Weisung des Erwerbers *an* dessen Besitzmittler übergeben wird (BGH NJW 1986, 1167). Gleiches gilt, wenn der Besitzmittler des Eigentümers auf dessen Weisung mit dem Erwerber ein Besitzmittlungsverhältnis vereinbart und damit das bisher zum Eigentümer bestehende endet (vgl → § 868 Rn. 9 [bb]), BGHZ 92, 280, 287 f. mN; aA Martinek AcP 188, 587 mN. **f) Geheiß des Veräußerers.** Für 13
eine Übergabe genügt es, wenn der unmittelbare Besitzer, der kein Besitzmittler des veräußernden Eigentümers ist (dieser ist besitzlos, Unterschied zu → Rn. 12), dem Erwerber auf Geheiß des Veräußerers (Eigentümers) den Besitz verschafft. Für die Art und Weise der Besitzerlangung durch den Erwerber gelten → Rn. 10, 12, 14–17 entspr Vgl Baur/Stürner § 51 Rn. 15 mN; Wadle JZ 1974, 693; BGHZ 36, 56, 60 f.; NJW 1973, 142; unklar BGH NJW 1979, 2037. Liegt in Wahrheit kein Geheiß vor, so geht entspr den Vorstellungen der Parteien das Eigentum erst über, wenn der Erwerber vom Dritten Besitz erlangt (schlichte Einigung, → § 931 Rn. 10, genügt hier nicht). **g) Geheiß des Erwerbers.** Nach verbreiteter Ansicht 14
liegt auch ohne Besitzerlangung iSv → Rn. 9–13 eine Übergabe an den Erwerber vor, wenn die Sache auf Geheiß des Erwerbers für ihn vom Eigentümer an einen

vom Erwerber benannten Dritten ausgehändigt wird, der weder Besitzdiener noch Besitzmittler des Erwerbers ist (Unterschied zu → Rn. 12). Das Geheiß muss wirk-
15 lich vorliegen (→ § 932 Rn. 15). **aa) Diese Durchbrechung des Traditionsprinzips** will Baur (→ § 51 Rn. 17) so vermeiden, dass er die Einräumung der Weisungsbefugnis durch den Eigentümer an den Erwerber als Vereinbarung eines Besitzmittlungsverhältnisses zwischen beiden qualifiziert. Doch der Eigentümer besitzt nicht „für" den Erwerber (was § 868 voraussetzt: → § 872 Rn. 1).
16 **bb) Jedenfalls bei Veräußerungsketten** *(Streckengeschäft, Direktlieferung)* bejaht der BGH (NJW 1974, 1133 f.; 86, 1166 f., je mN) eine Übergabe „in der Kette". Bsp: V liefert auf Geheiß seines Käufers K an D. Eine Übereignung V – D wäre rechtstechnisch problemlos, doch scheidet sie aus, da V idR nicht weiß, ob D überhaupt oder ohne Weiteres Eigentum erlangen soll (K hat zB die Sache an D vermietet oder unter EV verkauft, vgl BGH NJW 1986, 1166). Soll D Eigentum erwerben, so kann das im Weg des *Durchgangserwerbs* V – K – D geschehen, wobei K gleichzeitig als Erwerber (von V) und Veräußerer (an D) auftritt. Hier ist die Einigung V – K problemlos. Die Einigung K – D erfolgt mit Kaufabschluss, also vor der Übergabe, daher antizipiert (Folge: → Rn. 6 [d]). Die Lieferung der Sache von V an D ist eine doppelte Übergabe: von V an K auf dessen Geheiß als Erwerber (Folge: Eigentumserwerb des K) wie von K auf D auf Geheiß des K als Veräußerer (Folge: Eigentumserwerb des D von K: Durchgangserwerb). K hat als Berechtigter verfügt, da er erst mit der Übergabe K – D „verfügt" hat (→ Rn. 4) und in diesem Zeitpunkt Berechtigter war (sa den Fall → § 930 Rn. 17). Ein Erwerb des D gem § 185 II 1 Fall 2 scheidet daher aus (aA v. Caemmerer JZ 1963, 587). – Möglich ist ein *Direkterwerb* V – D, wenn V in die Übereignung K – D eingewilligt hat, § 185 I (Flume FS E. Wolf, 1985, 63 f.); die Übergabe vollzieht sich entspr → Rn. 13. – Wird D nicht Eigentümer (Grund ist gleich), so muss es K werden. Das ist nur bei Ablehnung eines Durchgangserwerbs (s. o.) problematisch. Flume (FS E. Wolf, 1985, S. 65 f.) hilft so, dass V und K sich für den Fall des Nichterwerbs durch D über den Erwerb durch K geeinigt haben (Übergabe an K gem → Rn. 14–16, uU → Rn. 11
17 oder → Rn. 12). **cc) Außerhalb von Veräußerungsketten** (→ Rn. 16) muss es beim Erfordernis der Übergabe iSv → Rn. 9–13 bleiben, soll dieses Erwerbserfordernis nicht entgegen dem Ges zur Bedeutungslosigkeit herabsinken (zust OLG Frankfurt a. M. NJW-RR 1986, 471 [s. aber BGHZ 98, 140, 141 ff.]; aA der Formulierung nach BGH NJW 1973, 142; 74, 1133 f.; 99, 425; ausdr offen lassend WM
18 1976, 154; JZ 1978, 105). **h) Nur im Fall des § 854 II** ist die Übergabe ein RGeschäft (→ Rn. 8); vgl → § 854 Rn. 13. Die Einigung nach § 854 II kann wie die nach S. 1 vorweggenommen werden; dann geht Eigentum nur über, wenn beide Einigungen noch zZ der Gewalterlangung iSv § 854 II vorliegen (BGH NJW 1976, 1540).

19 **4. Entbehrlichkeit der Übergabe, S. 2. a) Erforderlich** ist Besitz des Erwerbers (entspr wie nach einer Übergabe iSv → Rn. 8, vgl BGHZ 56, 123, 130 f.)
20 schon *vor* der Einigung. **b) Übereignung an Besitzmittler** des Veräußerers gem S. 2 nur, wenn Veräußerer jeden Besitz verliert (sofern er ihn hatte!). Daher genügt mittelbarer Besitz des Erwerbers nur, wenn Veräußerer keinen Besitz behält, insbes nicht Besitzmittler des Erwerbers wird (BGHZ 161, 90, 109 mN). **c) Übereignung an Besitzdiener** des Veräußerers (Eigentümers): → Rn. 11.

21 **5. Eigentumserwerb durch Stellvertretung. a) Gem. §§ 164 ff.** gibt es Stellvertretung nur als offene und nur für Willenserklärungen. Offene Stellvertretung liegt auch vor bei dem Geschäft für den, den es angeht (→ § 164 Rn. 4, 5; aA RG
22 140, 229 [zur Einigung gem S. 1]: verdeckte Stellvertretung). Zum Erwerb von Miteigentum an ehelichem Hausrat durch einen **Ehegatten** BGHZ 114, 74, 79 f. (Einigung für den, den es angeht); Leipold FS Gernhuber, 1993, 695 ff. (aus §§ 1357, 1568b II abgeleitete ges Miterwerbs-Ermächtigung), entspr für **Lebenspartner,** ges Miterwerbsberechtigung abgeleitet aus §§ 8 II (§ 1357), 19 (§ 1568b II) LPartG. **b) Möglich** ist Stellvertretung iSv → Rn. 21 bei der Einigung, der Übergabe gem

§ 854 II (dort → § 854 Rn. 13) und der rechtsgeschäftlichen Vereinbarung eines Übergabeersatzes (§§ 930, 931). **c) Übergabe** durch oder an Stellvertreter als sol- 23
chen ist nicht möglich, weil (und wenn: → Rn. 8) sie Realakt ist (RG 137, 26). Doch kann auf der Veräußerer- und Erwerberseite ein Dritter die Übergabe vornehmen (vgl → Rn. 10, 12, 13) und zugleich als Stellvertreter bzgl der Einigung tätig werden. Der Dritte kann sein: **aa) Besitzdiener oder Besitzmittler** (und jeweils Stellvertreter) **des Veräußerers** (→ Rn. 10, 12); **bb) Besitzdiener** (und Stellvertreter) **des Erwerbers** (vgl → Rn. 10, 13); **cc) Besitzmittler** (und Stellvertreter) **des Erwerbers** (vgl → Rn. 12, 13; RG 137, 26). Das Besitzmittlungsverhältnis zwischen Drittem und Erwerber kann vereinbart werden, bevor der Dritte Besitz erlangt hat (antizipiertes Besitzkonstitut, → § 868 Rn. 7). Der Dritte kann es durch gestattetes Insichgeschäft (§ 181), das für einen mit den Verhältnissen Vertrauten erkennbar ist, zustande bringen (RG 140, 230). **dd)** In den Fällen → Rn. 23 (bb und cc) geht das Eigentum stets vom Veräußerer direkt (dh nicht über den Dritten) auf den Erwerber über: *Direkterwerb,* kein Durchgangserwerb. **d) Bei verdeckter** 24
Stellvertretung (→ § 164 Rn. 11) auf der Erwerberseite wirkt die Einigung nur zwischen Veräußerer und Vertreter. Wird diesem die Sache übergeben oder ist Übergabe entbehrlich (→ Rn. 2), so erwirbt der Vertreter Eigentum (aber keine Übergabe iSv S. 1 an den Vertreter, wenn dieser ein Besitzdiener des Vertretenen ist, vgl → Rn. 10). Der Vertretene erwirbt erst durch Weiterübertragung gem §§ 929 ff. Eigentum vom Vertreter: *Durchgangserwerb* (dazu → § 930 Rn. 18).

6. Eigentumsvorbehalt (EV).

Lit.: Serick, EV und Sicherungsübertragung, Bd. I 1963, Bd. II 1965, Bd. III 1970, Bd. IV 1976, Bd. V 1982, Bd. VI 1986; Serick, EV und Sicherungsübertragung. Neue Rechtsentwicklungen, 2. Aufl. 1993; Reinicke/Tiedtke, Kreditsicherung, 5. Aufl. 2006, 2. Teil, A, 3. Kapitel; Hj. Weber, Kreditsicherungsrecht, 9. Aufl. 2012, §§ 9, 10.

a) Allgemeines. aa) Anlass und Zweck des EV. Händigt der Verkäufer dem 25
Käufer die gekaufte bewegliche Sache aus, stundet ihm aber den Kaufpreis, so wird er Sicherheit für seine Kaufpreisforderung verlangen. Die Vermögenslage des Käufers bietet sie oft nicht (sonst wäre Stundung vielfach entbehrlich). Personalsicherheiten sind, wenn überhaupt, nur umständlich zu beschaffen (vgl zB § 766 S. 1: Formzwang für Bürgschaft). Eine Verpfändung der Kaufsache an den Verkäufer (nach Übereignung an den Käufer) scheidet aus, weil der Käufer die Sache dann nicht nutzen kann (→ §§ 1205, 1206 Rn. 9). Als Sicherungsobjekt, das stets greifbar ist, bietet sich daher nur das Eigentum an der Kaufsache selbst an. Behält sich der Verkäufer das Eigentum bis zur vollständigen Zahlung des Kaufpreises vor, so wird nach der Auslegungsregel des § 449 I („iZw") die Kaufsache aufschiebend bedingt übereignet (der Kaufvertrag ist unbedingt). Erst durch vollständige Zahlung erlangt der VKäufer Eigentum. Bleibt sie ganz oder zT aus, so verstärkt der EV die Stellung des VVerkäufers bei Auflösung des Kaufvertrags, weil der VVerkäufer einen dinglichen Herausgabeanspruch (§ 985) und nicht nur eine bloße Forderung auf Rückübereignung hat, §§ 449 II, 323, 346 I (wichtig ua bei Insolvenz des VKäufers, → Rn. 41). So gesehen sichert der EV unmittelbar nur das Eigentum an der Kaufsache, lediglich mittelbar wirkt er auf Erfüllung der Kaufpreisforderung hin (ähnlich BGHZ 34, 191, 198; 70, 96, 98 f.; sa Serick V 682). Zu einseitig BGHZ 54, 214, 219 (sa NJW 2008, 1806), wo nur auf die Sicherung der Verkäuferrechte bei Vertragsauflösung abgestellt wird (dagegen zutr BGHZ 70, 96, 101). **bb) Anwendungsbereich.** EV iSv § 449 I 26
gibt es nur an beweglichen Sachen, nicht an Grundstücken (→ § 925 Rn. 6). EV ist das häufigste Sicherungsmittel der Warenlieferanten. Daher muss der Rechtsverkehr zumindest bei Veräußerung neu(wertig)er Sachen mit dem Bestehen eines EV rechnen (→ § 932 Rn. 17). **b) Arten des EV. aa) Einfacher EV.** Hier soll der VKäufer 27
die Kaufsache idR behalten und nicht weiterveräußern. Zahlt er den Kaufpreis, so wird er Eigentümer, der EV erlischt. Hauptfall: VVerkauf an Endverbraucher. **bb) Verlängerung oder/und Erweiterung des EV** sind möglich (zur Terminolo- 28

gie Serick IV 3 ff.). **(1) Verlängerter EV.** Ist der VKäufer als Zwischenhändler
schon vor Zahlung des Kaufpreises auf Weiterveräußerung angewiesen, so wird der
VVerkäufer zwar die Veräußerung gestatten (§ 185; ie Serick I 153 ff.). Da aber
durch die Weiterveräußerung (oder Verbindung: → § 946 Rn. 4) der EV hinfällig
werden kann (BGHZ 56, 34, 37), wird der VVerkäufer in der Weise gesichert,
dass der VKäufer die künftigen Kaufpreisforderungen gegen seine Abkäufer dem
VVerkäufer zur Sicherung abtritt, sog *verlängerter EV mit Vorausabtretungsklausel* (zur
Abtretung künftiger Forderungen → § 398 Rn. 9, 10). Die *Gestattung der Weiterver-*
äußerung (oder Verbindung, s. o.) hängt dann von der Wirksamkeit der Vorausabtre-
tung ab (BGHZ 106, 1, 4; 109, 297, 300; sa NJW 1991, 2286), die insbes bei einem
Abtretungsausschluss (§ 399 Fall 2; eingeschränkt durch § 354a HGB) entfällt. IÜ
wird dem VKäufer idR die Weiterveräußerung „im ordentlichen (normalen)
Geschäftsverkehr" gestattet (idR nicht SÜ, Verpfändung, Sale-and-Lease-back
[BGHZ 104, 129, 133 ff.]); ohne Gestattung Erwerb gem § 932, § 366 HGB mög-
lich (BGH NJW 1989, 896 f.). Die Gestattung kann *unterschiedlichen Inhalt* haben.
29 **(a)** Dem **VKäufer** kann **erlaubt** sein, dem Abkäufer **unbedingt** zu **übereignen.**
Dann erwirbt dieser Eigentum, der VVerkäufer verliert es. An die Stelle der Kaufsa-
che tritt die sicherungshalber im Voraus abgetretene Kaufpreisforderung des VKäu-
fers gegen seinen Abkäufer (BGHZ 56, 34, 37). Zur Sicherungsabtretung → § 398
30 Rn. 14–23, 26–31. **(b)** Dem **VKäufer** kann (nur) **erlaubt** sein, auch seinerseits
unter EV zu **verkaufen.** Das kann zweierlei bedeuten. **(aa)** Muss der VKäufer
den EV seines VVerkäufers aufdecken und tut er das, so ist Bedingung für den
Eigentumserwerb des Abkäufers die Bezahlung der Kaufpreisforderung des VVer-
käufers (nicht des VKäufers), sog *weitergeleiteter EV* (Serick I 79 f., 428 f.; BGH NJW
1991, 2285 f.). Er hat keine praktische Bedeutung (s. BGH NJW 1991, 2286, insbes
zur Kombination weitergeleiteter/erweiteter EV in AGB). **(bb)** Muss der VKäufer
den EV nicht aufdecken und tut er das auch nicht, verkauft er aber unter Vorbehalt
des „eigenen" Eigentums, so sind zwei VVerkäufe mit verschiedenen Bedingungen
iSv § 449 I hintereinandergeschaltet, sog *nachgeschalteter EV* (Serick I 80 ff., 429 ff.;
Bsp BGH NJW 1982, 2371 f.). Der Abkäufer erwirbt Eigentum, wenn er seine
Kaufpreisschuld dem VKäufer gegenüber voll beglichen hat. Erst dann (nicht schon
mit der Weiterveräußerung an den Abkäufer) verliert der VVerkäufer sein Eigentum
(BGHZ 56, 34, 37 f.), ferner dann, wenn die Kaufpreisschuld des VKäufers vollstän-
dig bezahlt wird. – Zum verlängerten EV mit *Verarbeitungsklausel* vgl → § 950
Rn. 6–8. – Zum Zusammentreffen von verlängertem EV und *Globalzession* vgl
31 → § 398 Rn. 19, 20. **(2) Erweiterter EV.** Er bezieht sich nicht nur auf die Kauf-
preisforderung für die eine verkaufte Sache. Zwei Hauptformen sind zu unterschei-
den. **(a)** Der Kontokorrentvorbehalt sichert auch alle weiteren, insbes künftigen
Forderungen des VVerkäufers aus der Geschäftsverbindung mit dem VKäufer (zu
den hierfür verwendeten Vertragsklauseln BGH NJW 1968, 885). Erst wenn alle
gesicherten Forderungen erfüllt sind, erwirbt der VKäufer Eigentum (vgl BGH
NJW 1978, 633). Das gilt bei einer Kombination von erweitertem und verlängertem
EV (→ Rn. 28 [b], → Rn. 33) für die (noch) nicht weiterveräußerten Sachen. Die
Rspr hat den Kontokorrentvorbehalt stets grundsätzlich für zulässig gehalten (vgl
BGHZ 118, 374, 377). Die Bedenken des Schrifttums (10. Aufl. Rn. 31) hat der
Gesetzgeber nicht geteilt, da er nur die 2. Hauptform, den Konzernvorbehalt
(→ Rn. 32), für nichtig erklärt hat (§ 449 III). Vorbehaltsklausel in **AGB** ist nach
BGHZ 125, 83, 87 mN im kaufmännischen Verkehr wirksam; gegenüber Nicht-
kaufleuten ist die Vorbehaltsklausel unwirksam, § 307 II Nr. 2 (OLG Koblenz WM
32 1989, 894 mN zu AGBG 9 II Nr. 2; unentschieden BGHZ 145, 203, 224). **(b)** Der
Konzernvorbehalt als Unterfall des Drittvorbehalts (→ § 449 Rn. 8) sichert Forde-
rungen eines Dritten, insbes eines mit dem VVerkäufer verbundenen Unternehmens
(Verbund im „Konzern", vgl § 15 AktG). Er ist nichtig, § 449 III; denn er verschiebt
den Eigentumserwerb des VKäufers in eine ungewisse Zukunft, was die Bewegungs-
33 freiheit des VKäufers zu stark einschränkt. **(3) Zusammentreffen** von (1) und (2):
34 s. Serick IV 74 ff., V 261 ff. und → Rn. 31. **c) Die Vereinbarung des EV.** Vgl

zunächst → Rn. 25. **aa) Grundsatz.** Die *Pflicht des Verkäufers* geht auf unbedingte Übereignung, § 433 I 1. Bedingte Übereignung (vgl § 449 I) ist daher nur vertragsgemäß, wenn sie im Kaufvertrag vereinbart ist. Ist kein EV schuldrechtlich vereinbart, bietet der Verkäufer aber (kaufvertragswidrig) nur bedingte Übereignung an, so ist schlüssige Annahme dieses Angebots, zB durch widerspruchslose Entgegennahme der Kaufsache, möglich (BGH NJW 2006, 3488 f.). Darin liegt zugleich und stets (str) die nachträgliche schuldrechtliche Vereinbarung eines EV, so dass der EV kaufvertragsgemäß ist (von BGH NJW 2006, 3489 übergangen). Nimmt der Käufer das Angebot bedingter Übereignung nicht an, so erlangt er Besitz, aber mangels Einigung kein Eigentum (BGHZ 64, 395, 397; sa 104, 129, 136 ff.). *Nach der Übergabe* ist die einseitige Erklärung des EV schuld- und sachenrechtlich bedeutungslos. Möglich ist aber die vereinbarte Ausdehnung des EV vor Bedingungseintritt (BGHZ 75, 221, 224), ferner eine Vereinbarung, das Volleigentum des Käufers in Vorbehaltseigentum des Verkäufers „umzuwandeln" (zur Konstruktion Staudinger/Heinze § 930 Rn. 36–40 mN; sa BGHZ 98, 160, 165 f.: Feststellungsvertrag). – **Bei kollidierenden AGB** (Verkäufer-AGB: Lieferung nur unter EV; Käufer-AGB: Einkauf nur zu eigenen AGB ohne EV des Gegners, sog Abwehrklausel) gilt grundsätzlich nichts anderes (str, s. Schlechtriem, Kolloqu v. Caemmerer, S. 15 ff. mN): Im Kaufvertrag ist kein EV vereinbart (BGH NJW 1985, 1839 f.; NJW-RR 1986, 985 für verlängerten und erweiterten EV; anders für einfachen EV bei Branchenüblichkeit: Ulmer § 2, 105 mN; gegen diese Differenzierung Eckert/Nebel WM 1988, 1545 ff.); daher kann der Käufer ein Angebot auf unbedingte (dh vertragsgemäße) Übereignung erwarten. Die Erwartung ist aber nicht gerechtfertigt, wenn er das vertragswidrige Angebot kannte oder von ihm zumutbar Kenntnis nehmen konnte (BGH NJW 1989, 3213); nimmt er in diesen Fällen das Angebot auf bedingte Übereignung nicht an, so ist der Verkäufer Eigentümer geblieben. Bei Annahme des Angebots wird zugleich der Kaufvertrag geändert (s. o.). **bb) Mit vertragsgemäß** **35**
aufschiebend bedingter Übereignung (→ Rn. 34) hat der VVerkäufer die von ihm geforderten Leistungshandlungen vorgenommen. Der geschuldete Leistungserfolg (dh der Eigentumserwerb des VKäufers) ist aber noch nicht eingetreten. Daher hat der VVerkäufer den Kaufvertrag *noch nicht erfüllt.* **cc) Das Rücktrittsrecht** des **36**
VVerkäufers folgt aus § 449 II iVm § 323. Danach kann der VVerkäufer nicht schon bei Zahlungsverzug des VKäufers zurücktreten, sondern muss erst erfolglos eine angemessene Zahlungsfrist setzen (§ 323 I), es sei denn, die Fristsetzung ist entbehrlich (§ 323 II) oder vertraglich abbedungen. Wird das Rücktrittsrecht ausgeübt, so kann die Bedingung der vollständigen Kaufpreiszahlung nicht mehr eintreten. Daher bleibt der VVerkäufer Eigentümer, das Anwartschaftsrecht des VKäufers entfällt (→ Rn. 62). Dieses Recht beruht also auf der Existenz eines gültigen Kaufvertrags, der die Zahlungspflicht des VKäufers und damit die Voraussetzung für Entstehen und Vergehen des Anwartschaftsrechts begründet (BGH NJW 2006, 3490). Zu den bes Rücktrittsvoraussetzungen bei **Teilzahlungsgeschäften** s. § 508 mit Anm.
d) Die aufschiebend bedingte Übereignung. aa) Bedingung für den Eigen- **37**
tumserwerb ist gem § 449 I iZw die vollständige Zahlung des Kaufpreises (zur Unwirksamkeit eines Drittvorbehalts s. § 449 III und → § 449 Rn. 8). Die Bedingung kann bis zu ihrem Eintritt oder Ausfall einverständlich geändert werden (BGHZ 42, 53, 58; → Rn. 63 zum „Verzicht"). **bb) Bis zum Bedingungseintritt** **38**
ist der Eigentumsübergang noch nicht erfolgt (§ 158 I): Der VVerkäufer ist noch Eigentümer (ie → Rn. 40), der VKäufer ist noch nicht Eigentümer (ie → Rn. 43). **Mit Bedingungseintritt** vollzieht sich der *Rechtserwerb automatisch* ohne Zutun der Parteien; mangelnder Übereignungswille des VVerkäufers ist unbeachtlich, weil die Einigung mit der Übergabe bindend geworden ist (→ Rn. 6); Tod, Geschäftsunfähigkeit, Verfügungsbeschränkung des VVerkäufers nach bedingter Übereignung hindern den Erwerb ebenso wenig wie Besitzverlust des VKäufers zZ des Bedingungseintritts (BGHZ 30, 374, 377; LM Nr. 2 zu § 163). Beim *Erwerb vom Nichtberechtigten* kommt es für die Bösgläubigkeit auf die Zeit der Übergabe (S. 1 mit § 932 I 1) oder bedingten Einigung (S. 2 mit § 932 I) an. Daher hindert Bösgläubigkeit erst zZ des

39 Bedingungseintritts den Erwerb nicht (BGHZ 30, 374, 377). **cc) Für aufschiebend**
40 **befristete Übereignung** (vgl LM Nr. 2 zu § 163) gilt → Rn. 38 entspr **e) Rechtsstellung des VVerkäufers** nach der aufschiebend bedingten Übereignung. **aa) Bis zum Bedingungseintritt** ist er noch Eigentümer, aber infolge der bedingten Eigentumsübertragung in seiner *Verfügungsbefugnis beschränkt,* so dass die nachträgliche Veräußerung an einen Dritten (§§ 930, 931) bei Bedingungseintritt unwirksam wird (§ 161 I 1; wirksam aber bei Zustimmung des VKäufers: → §§ 160, 161 Rn. 4); das Anwartschaftsrecht des VKäufers erlischt nicht (§ 161 III mit § 936 III entspr; zu § 986 II vgl → Rn. 59). Mit Bedingungseintritt verliert der VVerkäufer
41 automatisch sein Eigentum (→ Rn. 38). **bb) Im Insolvenzverfahren des VKäufers** kann er vom Kauf zurücktreten, wenn die Rücktrittsvoraussetzungen (→ Rn. 36) bereits bei Verfahrenseröffnung vorliegen (Serick I 340 f., 346 zur KO) oder wenn der Insolvenzverwalter nach Wahl der Erfüllung (§§ 107 II mit 103 I, II 2 InsO) selbst in Verzug gerät und bei ihm die Voraussetzungen (→ Rn. 36) vorliegen. Mit dem Rücktritt fällt die Bedingung aus, der VVerkäufer bleibt endgültig Eigentümer (→ Rn. 36) und kann *aussondern* (§ 47 InsO; BGH NJW 2008, 1805), ggf kommt eine Ersatzaussonderung (§ 48 InsO) in Betracht (Serick I 347 ff. zu KO 43, 46). Zu den weiteren aus dem Rücktritt erwachsenden Abwicklungsansprüchen vgl § 346 I (für Kaufpreisrückzahlung) und § 346 I mit II 1 Nr. 1 (für Nutzungsentschädigung; sa § 357 I 1). Im Fall des *verlängerten EV mit Verarbeitungsklausel* (→ § 950 Rn. 6–8) besteht ein Absonderungsrecht bzgl der neuen Sache (hM; zur Begründung Jauernig/Berger § 45 Rn. 7). Der *erweiterte EV* (→ Rn. 31) begründet nach hM ebenfalls nur ein Absonderungsrecht (BGH NJW 2008, 1805), jedenfalls nach Tilgung der ursprünglich gesicherten Kaufpreisforderung (BGHZ 98, 160,
42 170; vgl Serick V 673 ff. mN). **cc) Einer Zwangsvollstreckung** in die Kaufsache durch einen Gläubiger des VKäufers kann der VVerkäufer auf Grund seines Eigentums widersprechen, § 771 ZPO; → Rn. 55. **dd) Besitzrecht:** → Rn. 59, 60.
43 **f) Rechtsstellung des VKäufers** nach der aufschiebend bedingten Übereignung. **aa) Bis zum Bedingungseintritt** ist er noch nicht Eigentümer, hat aber eine vielfältig gesicherte Rechtsposition, die zusammenfassend als **Anwartschaftsrecht** bezeichnet wird. Die hM sieht darin „im Vergleich zum Eigentum kein aliud, sondern ein wesensgleiches minus" (BGHZ 28, 16, 21, stRspr; nicht ungefährliche jur Bildersprache). Auf solche Weise erscheint es als dingliches Recht, ohne gegen den numerus clausus der Sachenrechte (→ Vor § 854 Rn. 3) zu verstoßen. Die Besonderheit dieses dinglichen Rechts besteht in seiner Abhängigkeit vom VKauf (vgl → Rn. 36). Mit der begrifflichen Qualifizierung als „Anwartschaftsrecht" lassen
44 sich jedoch keine Sachfragen lösen. **bb) Erwerb des Anwartschaftsrechts vom Nichtberechtigten** (das ist entweder ein Nichteigentümer oder ein Nicht-Anwartschaftsberechtigter). **(1) Der Erwerb vom Nichteigentümer** zielt auch bei bedingter Übereignung auf den Erwerb des Eigentums an der Sache. Daher gelten
45 hierfür die §§ 932 ff. unmittelbar (→ Rn. 38, → Rn. 51). **(2) Der Erwerb vom Nicht-Anwartschaftsberechtigten** zielt auf den Erwerb des dem Nichtberechtigten angeblich zustehenden Anwartschaftsrechts. *Besteht ein solches Recht* an der Sache, steht es aber dem Veräußerer nicht zu, so kann es analog §§ 932 ff. erworben werden (Baur/Stürner § 59 Rn. 39, hM; aA Flume II § 42, 4c, da bei Mobilien nur der gute Glauben an das Eigentum geschützt werde [unzutr, s. § 1244]; Bamberger/Roth/Kindl 84; Staudinger/Heinze § 932 Rn. 130 mwN). Bsp: K kauft bei V unter EV einen Fernseher und verleiht ihn an L, der sich dem D gegenüber als VKäufer ausgibt und ihm „sein" Anwartschaftsrecht überträgt. Das Fortbestehen des Anwartschaftsrechts in der Hand des D hängt, wie stets, vom Fortbestand des Kaufvertrags
46 zwischen VVerkäufer V und wahrem VKäufer K ab (vgl → Rn. 36, 62). **(3) Besteht kein Anwartschaftsrecht** an der Sache, so ist ein Erwerb vom Nicht-Anwartschaftsberechtigten ausgeschlossen (Baur/Stürner § 59 Rn. 40; Flume II § 42, 4c;
47 auch BGHZ 75, 221, 225). **cc) Übertragung des Anwartschaftsrechts** ist zulässig. **(1) Sie erfolgt** in der Form der Übereignung (§§ 929 ff.; BGH NJW 2007, 2844: auch gem § 929 S. 2), nicht gem §§ 413, 398. Die Übertragbarkeit des

Anwartschaftsrechts kann nicht nach §§ 413, 399 Fall 2 ausgeschlossen werden (Berger, Rechtsgeschäftliche Verfügungsbeschränkungen, 1998, 355 ff.). Ist übertragen, so gilt § 185 für nachträgliche Bedingungsänderung durch den VKäufer als Nicht(mehr)berechtigten und den VVerkäufer (BGHZ 75, 221, 225). **(2) Mit Bedingungseintritt** (vgl § 449 I) erlangt der Erwerber des Anwartschaftsrechts unmittelbar das Eigentum (*Direkterwerb,* kein Durchgangserwerb über den veräußernden VKäufer), auch wenn der VVerkäufer der Übertragung des Anwartschaftsrechts nicht zugestimmt hat (allgM; grundlegend BGHZ 20, 88, 98 ff.), ggf mit einem Vermieterpfandrecht belastet (OLG Düsseldorf NJW-RR 1998, 560 mN). Eine vereinbarungsgemäß notwendige Zustimmung des VVerkäufers wirkt wegen § 137 gegenüber dem VKäufer nur schuldrechtlich; § 399 gilt auch nicht entspr (vgl BGH NJW 1970, 699). **(3) Pfändung** der Sache (dh des Eigentums) durch einen 48
Gläubiger des VKäufers hindert eine Übertragung des Anwartschaftsrechts nicht. Wird es übertragen, so erlangt der Gläubiger bei Bedingungseintritt kein Pfändungspfandrecht an der Sache (dh am Eigentum), weil das Eigentum direkt auf den Erwerber des Anwartschaftsrechts übergeht (BGHZ 20, 88, 101; → Rn. 47 [2], 57). **(4) Der Erwerber verliert das Anwartschaftsrecht,** wenn die *Bedingung* (vgl 49
§ 449 I) *ausfällt,* insbes durch Auflösung des Kaufvertrags zwischen VVerkäufer und veräußerndem VKäufer (vgl → Rn. 36, 62; BGH NJW 2006, 3490; zur Zulässigkeit sa BGHZ 75, 221, 229). **(5) Bei einer Sicherungsübertragung** des Anwartschafts- 50
rechts gem § 930 ist die *besitzrechtliche Stellung* der Beteiligten zweifelhaft: Erlangt der Erwerber des Anwartschaftsrechts Nebenbesitz (Begriff → § 868 Rn. 12) oder schiebt er sich als erststufiger mittelbarer Besitzer zwischen VKäufer und VVerkäufer und wird letzterer zum zweitstufigen mittelbaren Besitzer (so BGHZ 28, 16, 27 f.)? Dazu Baur/Stürner § 59 Rn. 35 mN. Zur praktischen Bedeutung → § 933 Rn. 4. **(6) Überträgt der VKäufer das Eigentum,** nicht das Anwartschaftsrecht, so han- 51
delt er *als Nichtberechtigter.* Erwerb möglich nach § 185 (→ Rn. 28), sonst gem §§ 932 ff., § 366 HGB (BGH NJW 2006, 3489). Erwerb ist daher bei einer SÜ gem § 930 ausgeschlossen (§ 933), doch wird idR wenigstens das **Anwartschaftsrecht** sicherungsweise (vom Berechtigten: → Rn. 47) übertragen (BGHZ 35, 85, 90 f.; 50, 48 f.; NJW 2006, 3490 Serick I 257 f., II 243), mit Bedingungseintritt erlangt Erwerber Sicherungseigentum. **dd) Gegenstand der Pfandhaftung** ist das 52
Anwartschaftsrecht: beim ges Pfandrecht (BGH NJW 1965, 1475 für Vermieter- und Verpächterpfandrecht), beim Inventarpfandrecht (BGHZ 54, 319, 330 f.), bei der Hypothek das Anwartschaftsrecht an Zubehör (BGHZ 35, 85, 88 ff.). **Verpfändung** entspr der Übertragung (→ Rn. 47 [1]) gem §§ 1205 f., nicht § 1273 (BGHZ 92, 280, 290). Mit Bedingungseintritt setzt sich das Pfandrecht analog § 1287 am nunmehrigen Eigentum des bisherigen Anwartschaftsberechtigten fort (OLG Düsseldorf NJW-RR 1998, 560 mN). Der Rang bestimmt sich nach dem Pfandrechtserwerb am Anwartschaftsrecht. **ee) Pfändung der Sache** (dh des Eigentums): 53
(1) durch Gläubiger des VVerkäufers. Ihr kann der VKäufer widersprechen, § 771 ZPO (Anwartschaftsrecht als veräußerungshinderndes Recht: BGHZ 55, 20, 26 ff.). Ist die Sache wie idR im Gewahrsam des VKäufers, so hat er außerdem die Erinnerung (§ 766 ZPO) wegen Verletzung von § 809 ZPO; **(2) durch den** 54
VVerkäufer. Er kann seine eigene Sache pfänden und verwerten lassen, um sich aus dem Erlös für seine Kaufpreisforderung zu befriedigen. Die Unpfändbarkeit der Sache (s. § 811 I Nr. 1, 4, 5–7 ZPO) steht gem § 811 II ZPO einer Vollstreckung nicht entgegen (BGHZ 171, 261, 265). **(3) durch Gläubiger des VKäufers.** Ihr 55
kann der VVerkäufer als Eigentümer widersprechen (§ 771 ZPO). Das vermeidet der Gläubiger durch Zahlung des Restkaufpreises (§ 267 I). Dadurch tritt die Bedingung ein, der VVerkäufer verliert sein Eigentum und damit das Widerspruchsrecht. Die hM geht jedoch davon aus, dass der Gläubiger die Höhe der Restforderung vom VVerkäufer nicht erfährt und dieser das angebotene Geld gem § 267 II zurückweist (!); daher hält sie **neben der Sachpfändung** eine **Rechtspfändung des Anwartschaftsrechts** (§ 857 I ZPO) für geboten, sog *Doppelpfändung* (BGH NJW 1954, 1326 ff.; Serick I 303 ff., je mwN): So werde der VVerkäufer zur Auskunft

über die Restforderung verpflichtet (entspr §§ 857 I, 840 I Nr. 1 ZPO), und bei Zurückweisung des Geldes gelte die Bedingung als eingetreten, § 162 (zur prakti-
56 schen Bedeutung und zu abw Ansichten Jauernig/Berger § 20 Rn. 24–35). **ff) Im Insolvenzverfahren des VVerkäufers** kann (nur) der VKäufer Erfüllung des Kaufvertrags verlangen, sofern er die Sache besitzt; dem Insolvenzverwalter steht kein Wahlrecht zu (§ 103 InsO ist durch § 107 I InsO ausgeschlossen). Mit Zahlung erwirbt der VKäufer Eigentum und damit ein Aussonderungsrecht (§ 47 InsO).
57 **gg) Besitzschutz** des Anwartschaftsberechtigten gem §§ 858 ff., 1007; 823 I (Besitz als sonstiges Recht: BGHZ 32, 194, 204 f.) und II iVm § 858 als SchutzGes (BGHZ 20, 169, 171); zum Besitzrecht → Rn. 59, 60. Entspr anwendbar sind §§ 985, 1004.
58 **hh) Das Anwartschaftsrecht ist ein sonstiges Recht** iSv § 823 I (BGHZ 55, 20, 25 f.). Beschädigung oder Vernichtung der Sache verletzt Anwartschaftsrecht und Eigentum gemeinsam. Behält der VVerkäufer wie idR seinen Kaufpreisanspruch (§ 446), so besteht sein Schaden nur in der Einbuße an Schutz, den ihm der EV gewährt hat (vgl → Rn. 25). Der Schaden des Anwartschaftsberechtigten bemisst sich nach dem Wert des Anwartschaftsrechts (BGHZ 55, 20, 31 f.), hinzu kommt das Besitz- und Nutzungsinteresse (Grüneberg/Herrler Rn. 43). Das Wahlrecht gem §§ 249 S. 2, 250 wird man dem Anwartschaftsberechtigten zugestehen müssen, jedenfalls wenn er Naturalrestitution verlangt, weil nur dann sein Nutzungsinteresse vor Bedingungseintritt voll befriedigt wird. Auf die Geltendmachung des Schadensersatzanspruchs ist § 432 entspr anzuwenden (Baur/Stürner § 59 Rn. 45; offen lassend BGHZ 114, 161, 165 f.). Den zahlenden Schädiger schützt § 851. – Beschädigt
59 der VVerkäufer, gilt § 160 I. **g) Besitzrecht. aa) Der VKauf** ist ein „ähnliches Verhältnis“ iSv § 868 (→ § 868 Rn. 6). Er gewährt dem VKäufer ein *obligatorisches Recht zum Besitz* gegenüber dem VVerkäufer. Dieses Recht steht einem Herausgabeverlangen des VVerkäufers als Eigentümer (§ 985) entgegen, § 986 I 1 (BGHZ 98, 160, 168); das gilt auch für dessen Rechtsnachfolger = Erwerber des Eigentums, § 986 II (BGH NJW 2008, 1804, su). Zahlungsverzug der VKäufers lässt Besitzrecht unberührt und berechtigt – entgegen dem bisherigen Recht – nicht ohne Weiteres zum Rücktritt und danach zur Herausgabe. Das ergibt sich aus § 449 II und der daraus folgenden Verweisung auf § 323: Der VVerkäufer muss erst noch erfolglos eine angemessene Zahlungsfrist setzen (§ 323 I), es sei denn, die Fristsetzung ist entbehrlich (§ 323 II) oder vertraglich abbedungen (→ Rn. 36). Der Rücktritt ist auch nach Verjährung des Kaufpreisanspruchs möglich (§ 216 II 2). Das **Besitzrecht endet** mit dem Rücktritt (§ 449 II): Der Kaufvertrag wird in ein Rückgewährschuldverhältnis umgewandelt (§§ 346 ff.), das auf den Kaufvertrag gestützte Besitzrecht (s. o.) entfällt). Auch wenn der Kaufpreisanspruch verjährt ist, kann (§ 216 II 2) und muss (§ 449 II) der Rücktritt erfolgen, um Herausgabe der Kaufsache verlangen zu können, und zwar nicht nur (wie nach BGHZ 70, 96, 99 ff. zu § 223 II aF analog) zur Verwertung. Hat der VVerkäufer die Sache gem § 931 an einen Dritten veräußert, so ist der VKäufer gem § 986 II solange geschützt, wie der VKauf besteht
60 (Serick I 446; BGH NJW 2008, 1804). **bb) Ob das Anwartschaftsrecht** allein oder neben dem obligatorischen Besitzrecht (→ Rn. 59) ein „dingliches“, dh ein gegen jedermann wirkendes Besitzrecht gewährt, ist str. Ein solches Recht ist nur insoweit anzuerkennen, als es die „Dinglichkeit“ der Rechtsposition des Anwartschaftsberechtigten fordert. Daher besteht kein dingliches Besitzrecht des VKäufers gegenüber dem Eigentümer, der ihm die Sache unter EV verkauft hat (Serick I 276, str). Hat der Anwartschaftsberechtigte sein Recht entspr §§ 932 ff. vom Nichtberechtigten erlangt (→ Rn. 44, 45, → Rn. 38), so ist er dem Eigentümer gegenüber zum Besitz berechtigt, da sonst das Anwartschaftsrecht keine Nutzungsberechtigung gewähren würde (Baur/Stürner § 59 Rn. 47 mN). Gegen ein dingliches Besitzrecht Serick I 272. Ebenso BGHZ 10, 69, 71 f. [74 f.], wonach aber der Herausgabeanspruch (§ 985) uU an der Arglisteinrede scheitern soll, da der Eigentümer die Sache nach Bedingungseintritt wieder herausgeben müsse; unzutr, weil Arglist voraussetzt, dass schon jetzt die Pflicht zur sofortigen Rückgabe des Herausverlangten feststeht (so zB BGHZ 56, 22, 25), hier aber offen ist, ob die Bedingung und damit die

Herausgabepflicht je eintritt (die künftige Kaufpreiszahlung ist ja ungewiss!). Für ein nur obligatorisches Besitzrecht auch BGHZ 54, 214, 216; 70, 96, 98. **h) Ende des Anwartschaftsrechts. aa) Regulär** endet es mit *Bedingungseintritt:* Mit vollständiger Zahlung des Kaufpreises erwirbt der jeweilige Anwartschaftsberechtigte unmittelbar das Eigentum (→ Rn. 38, 47 [2]), das Anwartschaftsrecht „wandelt sich" zum Vollrecht. **bb) Irregulär** endet es mit *Bedingungsausfall,* dh mit Wegfall einer erfüllbaren Zahlungspflicht: durch Aufhebung oder Anfechtung des Kaufvertrags, Rücktritt gem 449 II (→ Rn. 36, 59; BGH NJW 2006, 3490). Bei Bedingungsausfall verliert auch der Erwerber des Anwartschaftsrechts, der nicht VKäufer ist, sein Recht (BGHZ 75, 221, 226, 229; → Rn. 36, 45, 49). **cc) Weitere Fälle:** Veräußerung der Sache, nicht des Anwartschaftsrechts (→ Rn. 28–30, 51); §§ 946 ff. (→ § 950 Rn. 5, 8). **dd) Durch Verzicht** des VVerkäufers gegenüber dem VKäufer soll das Anwartschaftsrecht enden (BGH NJW 1958, 1231 f.; Serick I 435 ff. mwN). Abzulehnen: Der Verzicht bedeutet die einseitige Beseitigung der Bedingung (BGH NJW-RR 1989, 292) und damit eine Änderung der bindenden (→ Rn. 6) Einigung; dazu bedarf es aber eines Vertrags (BGHZ 42, 53, 58), der Vorteil des VKäufers macht ihn nicht entbehrlich (aA BGHZ 127, 129, 133 mN). Zum Parallelproblem bei § 399 Fall 2 (Änderungsvertrag oder einseitiger Verzicht?) s. BGH NJW-RR 1991, 764; NJW 1997, 3435. **Vertragliche Aufhebung** bedarf entspr § 1276 der Zustimmung des Pfandgläubigers (vgl Ludwig NJW 1989, 1458 mN; Staudinger/Heinze Rn. 208 ff. Anh. §§ 929 ff.; aA BGHZ 92, 280, 290 ff.); möglich aber mittelbare Beseitigung gem → Rn. 62 (gegen Manipulationen will Ludwig (NJW 1989, 1458 mN) § 162 I entspr anwenden).

61 62 63

§ 929a Einigung bei nicht eingetragenem Seeschiff

(1) **Zur Übertragung des Eigentums an einem Seeschiff, das nicht im Schiffsregister eingetragen ist, oder an einem Anteil an einem solchen Schiff ist die Übergabe nicht erforderlich, wenn der Eigentümer und der Erwerber darüber einig sind, dass das Eigentum sofort übergehen soll.**

(2) **Jeder Teil kann verlangen, dass ihm auf seine Kosten eine öffentlich beglaubigte Urkunde über die Veräußerung erteilt wird.**

Sonderregelung für nicht eingetragene Seeschiffe (greift nicht bei Motoryacht, für die kein Schiffspatent für Seeschiffe ausgestellt und die nicht zur Seefahrt bestimmt ist [OLG Brandenburg RdTW 2022, 168 Rn. 27]). Die Einigung über den *sofortigen* Eigentumsübergang ersetzt Übergabe(surrogate) aus §§ 929–931; daneben ist die Einigung nach § 929 Satz 1 erforderlich (BGH NJW 1995, 2097, 2098 [„doppelte Einigung"]). Zum Erwerb vom Nichtberechtigten → § 932a. Der Erwerb von in das Seeschiffsregister eingetragenen Seeschiffen vollzieht sich nach § 2 SchiffsRG durch schlichte Einigung.

§ 930 Besitzkonstitut

Ist der Eigentümer im Besitz der Sache, so kann die Übergabe dadurch ersetzt werden, dass zwischen ihm und dem Erwerber ein Rechtsverhältnis vereinbart wird, vermöge dessen der Erwerber den mittelbaren Besitz erlangt.

1. Allgemeines. Vgl zunächst → § 929 Rn. 1–3. **a) Voraussetzungen des Eigentumserwerbs** sind Einigung (→ § 929 Rn. 2) und Ersatz der Übergabe durch Vereinbarung eines Besitzmittlungsverhältnisses (Besitzkonstituts) zwischen Veräußerer (= Eigentümer) und Erwerber, das diesen zum mittelbaren Eigenbesitzer macht und dem Veräußerer den Besitz (nunmehr als Fremdbesitz) belässt. Die Vereinbarung eines Besitzkonstituts ist als Teil des Verfügungsgeschäfts (→ § 929 Rn. 4) gegenüber dem zugrundeliegenden Verpflichtungsgeschäft ebenso *abstrakt* wie die 1

Einigung (zu dieser → § 929 Rn. 3; → Vor § 854 Rn. 17–20). Zur Problematik, wenn Verpflichtungsgeschäft und Vereinbarung eines Besitzkonstituts in einem Rgeschäft zusammengeschlossen sind, vgl → Rn. 39, 57 (betr Sicherungsvertrag bei der
2 SÜ). **b) Ein mittelbar besitzender Eigentümer** kann auch nach § 930 übereignen: Er bleibt mittelbarer Besitzer, doch wandelt sich sein Eigenbesitz in Fremdbesitz, weil er seinerseits dem Erwerber den Besitz vermittelt (mehrstufiger mittelbarer Besitz, → § 871 Rn. 2 [b]), BGH NJW 1959, 1537. Überträgt der mittelbar besitzende Eigentümer das Eigentum hingegen nach § 931, so verliert er seinen
3 Besitz durch Übertragung auf den Erwerber (§ 870), → § 868 Rn. 8. **c) Stellvertretung** bei Einigung und Vereinbarung eines Besitzkonstituts ist auf Veräußerer-
4 und Erwerberseite zulässig. **d) Zeit.** Einigung und Vereinbarung eines Besitzkonstituts können erfolgen, wenn der Eigentümer die Sache besitzt (gewöhnliches Besitzkonstitut, → Rn. 9), aber auch schon, bevor der Eigentümer Besitz und Eigentum erlangt hat (antizipiertes Besitzkonstitut, → Rn. 16, und antizipierte
5 Einigung, → § 929 Rn. 6). **e) Praktisch wichtigster Anwendungsfall** des § 930 ist die SÜ (→ Rn. 19 ff.). Zum Grund vgl → Rn. 20; → §§ 1205, 1206
6 Rn. 9. **f) Abgrenzungen.** Aushändigung der Sache an einen Besitzmittler des Erwerbers ist Übergabe iSv § 929 S. 1, wenn der veräußernde Eigentümer keinerlei Besitz behält (→ § 929 Rn. 8, 12, 13); § 930 scheidet aus. Gleiches gilt, wenn der Eigentümer nunmehr als Besitzdiener des Erwerbers die tatsächliche Gewalt ausübt (→ § 929 Rn. 8, 10). Ob Übergabe (§ 929 S. 1) oder Übergabeersatz nach § 930 vorliegt, ist insbes wegen der unterschiedlichen Regelung des Erwerbs vom Nichtberechtigten bedeutsam (vgl § 932 gegen § 933). Kommt es auf die Unterschiedlichkeit nicht an, so kann offenbleiben, ob der Erwerb nach § 929 S. 1 oder
7 § 930 eingetreten ist (LM Nr. 21 zu § 929). **g) Erwerb vom Nichtberechtigten:** §§ 933, 935.

8 **2. Bestimmtheits- oder Spezialitätsgrundsatz.** Einigung und Vereinbarung eines Besitzkonstituts müssen die zu übereignende Sache genügend bestimmt bezeichnen, sonst sind beide unwirksam (LM Nr. 8). Der Bestimmtheitsgrundsatz soll Dritten gegenüber klare Eigentumsverhältnisse herbeiführen (vgl BGHZ 28, 16, 23). Bes Bedeutung kommt ihm beim antizipierten Besitzkonstitut (→ Rn. 16) zu, insbes bei der SÜ von Warenlagern mit wechselndem Bestand (→ Rn. 47).

9 **3. Gewöhnliches Besitzkonstitut. a) Der Eigentümer besitzt** die Sache *zZ der Vereinbarung* des Besitzkonstituts. Mittelbarer (→ Rn. 2) oder Mitbesitz (RG 139,
10 117) genügt. **b) (Noch) zZ der Vollendung** des gestreckten Erwerbstatbestands
11 (→ § 929 Rn. 4) muss der Besitz des Eigentümers bestehen. **c) Vereinbarung eines konkreten Besitzkonstituts** iSv § 868 (dort → § 858 Rn. 5) ist erforderlich.
12 → Rn. 33. **d) Rechtsgültigkeit** des vereinbarten Besitzkonstituts (zB Wirksamkeit des Mietvertrags) ist *nicht* nötig, doch sind Fremdbesitz des Eigentümers und ein (Ersatz-) Herausgabeanspruch des Erwerbers erforderlich (→ § 868 Rn. 4). An
13 einem solchen Anspruch wird es idR fehlen (Bsp → Rn. 39). **e) Auch auf nichtrechtsgeschäftlichen Umständen** (Ges, Staatsakt) kann ein Besitzkonstitut beruhen (→ § 868 Rn. 6). Ob ein solches Konstitut für § 930 genügt, ist str, weil § 930 vom vereinbarten Konstitut spricht (dafür, mit Unterschieden ie, Baur/Stürner § 51
14 Rn. 24–29; BGH NJW 1992, 1163 mwN). Es ist zu unterscheiden: **aa)** *Ist der Erwerber bereits mittelbarer Besitzer* der zu übereignenden Sache, so genügt es als Vereinbarung iSv § 930, wenn die Einigung über den Eigentumsübergang im Hinblick
15 auf das bestehende Besitzkonstitut erklärt wird. **bb)** *Ist der Erwerber noch nicht mittelbarer Besitzer,* so bedarf es (außer der Einigung) einer (zumindest konkludenten) Vereinbarung, dass die zu übereignende Sache in das bereits als Rahmenverhältnis bestehende Besitzkonstitut einbezogen wird (BGH NJW 1992, 1163). Diese rechtsgeschäftliche Vereinbarung genügt für § 930. Bsp: Bei einer Handschenkung von Spielzeug durch gemeinsam sorgeberechtigte Eltern (§§ 1626 I, 1626a I) an ihr 6jähriges Kind bedarf es (als gestattete Insichgeschäfte, → § 181 Rn. 9 [dd]) der Einigung sowie der vertraglichen Einbeziehung der Sache in das bestehende Besitz-

konstitut der elterlichen Vermögenssorge (das Kind ist Besitzdiener und mittelbarer Eigenbesitzer, die Eltern sind unmittelbare Fremdbesitzer, s. MüKo-BGB/Huber § 1626 Rn. 6059; zur elterlichen Vermögenssorge als ges Besitzmittlungsverhältnis BGH NJW 1989, 2544); zur Übereignung unter Ehegatten (Ehe als ges Besitzmittlungsverhältnis) BGH NJW 1992, 1163.

4. Antizipiertes Besitzkonstitut. Von lateinisch „anticipare": vorwegnehmen. 16
a) Bestimmtheit. Einigung sowie Vereinbarung eines Besitzkonstituts erfolgen, bevor der Veräußerer Eigentümer und/oder Besitzer der Sache ist. Die Sache muss noch gar nicht existieren (sie ist zB erst herzustellen), so dass sich Einigung und Vereinbarung eines Konstituts *zZ ihrer Vornahme* gar nicht auf eine bestimmte Sache beziehen können (BGHZ 21, 52, 56; WM 1966, 95). Hier muss schon *zZ des Vertragsschlusses* feststehen, welche Sachen von der antizipierten Übereignung betroffen werden sollen. Dafür ist notwendig und genügend, dass einfache, weil leicht erkennbare Kriterien vereinbart sind, anhand derer künftig festgestellt werden kann, ob eine bestimmte Sache übereignet ist. Das ist bes wichtig bei der SÜ von Warenlagern im wechselnden Bestand für die neu hinzukommenden Sachen (vgl → Rn. 47). In diesen Fällen verlangt jedoch die Rspr für die Bestimmtheit von Einigung und Besitzkonstitut, dass infolge eines einfachen, nach außen erkennbaren Geschehens *zZ des Eigentumsübergangs* ersichtlich sein muss, welche neu hinzukommenden Sachen übereignet werden sollen (BGH NJW 1986, 1986; 91, 2146, je mN). Damit werden Bestimmtheit und Vollzug der antizipierten Übereignung vermengt: Die Bestimmtheit muss (schon) zZ des Vertragsschlusses vorliegen und verlangt gem § 930 keine Publizität; das „einfache, nach außen erkennbare Geschehen" dient nur dem Vollzug der Übereignung, muss daher (erst) zZ des Eigentumserwerbs vorliegen und der Abrede im Sicherungsvertrag entsprechen. Ebenso Staudinger/Heinze Rn. 59 ff. Anh. zu §§ 929 ff.; BGH NJW 1996, 2655. **b) Eigentumserwerb tritt ein,** wenn alle seine Voraussetzungen bei 17
Besitzerlangung des Veräußerers (noch) vorliegen: Einigung (→ § 929 Rn. 6; BGH NJW 1992, 1163) und Verfügungsbefugnis (→ § 929 Rn. 4) müssen fortbestehen, das Besitzkonstitut muss bestehen und der Veräußerer den Besitzmittlungswillen haben (→ § 868 Rn. 3). **c) Erwerb vom verdeckten Stellvertreter.** 18
Zunächst erlangt dieser, nicht der verdeckt Vertretene Eigentum, so dass es der Weiterveräußerung gem §§ 929 ff. an den Vertretenen bedarf (Durchgangserwerb, → § 929 Rn. 24). Die Übergabe kann durch Besitzkonstitut ersetzt werden (§ 930), das entweder antizipiert ist oder vom verdeckten Vertreter durch gestattetes Insichgeschäft (§ 181) begründet wird. Auf gleiche Weise kann die Einigung über den Eigentumsübergang zustande kommen. Ein Insichgeschäft ist nur dann wirksam, wenn es für einen mit den Verhältnissen Vertrauten erkennbar ist (s. BGH NJW 1989, 2543; → § 181 Rn. 12).

5. Die Sicherungsübereignung (SÜ). Lit.: Coing, Die Treuhand kraft privaten RGeschäfts, 1973; Gaul, Neuere „Verdinglichungs"-Tendenzen zur Rechtsstellung des SG bei der SÜ, FS Serick, 1992, 105; Schlegelberger/Hefermehl HGB, 5. Aufl., Anh. § 382; K. Schmidt, Zur Akzessorietätsdiskussion bei SÜ und Sicherungsabtretung, FS Serick, 1992, 329; Siebert, Das rechtsgeschäftliche Treuhandverhältnis, 1933; Reinicke/Tiedtke, Kreditsicherung, 5. Aufl. 2006, 2. Teil, A, 1. Kapitel; Hj. Weber, Kreditsicherungsrecht, 9. Aufl. 2012, § 8. Weitere Lit → § 929 Rn. 6 (vor A). **a) Allgemeines. aa) Anlass und Zweck. (1) Verpfändung** von beweglichen Sachen, die der Verpfänder weiter benutzen will oder muss wie bisher, ist durch §§ 1205 f. ausgeschlossen (→ §§ 1205, 1206 Rn. 3–9). Wirtschaftlich kann der gleiche Zweck – Sicherung einer Forderung – durch Übereignung dieser Sachen in der Form des § 930 erreicht werden. Darin liegt, zumindest idR, *kein Scheingeschäft* (§ 117), denn die Parteien wollen die Übereignung, weil ihnen der Weg einer Verpfändung abgeschnitten ist (s. RG 57, 177 f.). Die SÜ ist keine richterliche Rechtsschöpfung praeter oder gar contra legem; denn die §§ 1205 f. enthalten nach dem Willen des historischen Gesetzgebers kein

Verbot der schon vor 1900 bekannten SÜ durch Besitzkonstitut (Gaul AcP 168, 357 ff.), und § 223 II aF (jetzt § 216 II 1) erfasste auch die SÜ (RG 57, 177; BGH NJW 1984, 1186). Daher konnte „die Praxis die Rechtsform der SÜ" (Coing, Die Treuhand kraft privaten RGeschäfts, 1973, S. 72) ohne Gesetzeskollision entwickeln (wie viele andere Rechtsformen auch), und deshalb „gilt" die SÜ nicht „kraft ungeschriebenen Rechts" (Gewohnheitsrecht), so aber Serick EuS S. 25 f.; BB 1998, 801 ff. (mit überzogener Kritik an BGHZ [GS] 137, 212 ff.; → Rn. 58).
21 Die SÜ erwähnen § 51 Nr. 1 InsO, § 53 II GNotKG. **(2) Zweck** der SÜ ist die Sicherung einer Forderung des Erwerbers (Sicherungsnehmers = SN) gegen den veräußernden Eigentümer (Sicherungsgeber = SG) oder gegen einen Dritten. Dieser Zweck begrenzt die Rechtsmacht des SN im Verhältnis zum SG (→ Rn. 35). So darf der SN die Sache nicht ohne Weiteres verwerten, insbes veräußern, und nach Wegfall des Sicherungszwecks ist er zur Rückübereignung (→ Rn. 54) verpflichtet. Diese Beschränkungen des Überschusses an Rechtsmacht wirken grundsätzlich nur im Innenverhältnis. Dritten gegenüber ist der SN (Ausnahme im Insolvenzverfahren) unbeschränkter Eigentümer (vgl aber → Rn. 43), also Berechtigter, zB bei einer Veräußerung (Veräußerungsverbot wirkt nach § 137 S 1 nur schuldrechtlich; SG ist nur nach § 986 II geschützt; anders bei der auflösend bedingten SÜ: → Rn. 43). Die SÜ ist wegen der nur schuldrechtlich begrenzten Außenmacht ein echtes (eigennütziges: → Vor § 104 Rn. 15) Treuhandgeschäft. Da es zumindest überwiegend im Interesse des SN (Treuhänders) vorgenommen wird, handelt es sich um eine *eigennützige Treuhand* (Sicherungstreuhand; Gegensatz: uneigennützige oder Verwaltungstreuhand; vgl Coing, Die Treuhand kraft
22 privaten RGeschäfts, 1973, S. 72). **bb) Anwendungsbereich.** Die SÜ ist das typische Sicherungsmittel der Geldgläubiger. Bei Waren, die unter EV stehen, ist SÜ gem §§ 930, 933 nicht möglich, doch wird idR das Anwartschaftsrecht des
23 VKäufers (SG) zur Sicherung übertragen sein (→ § 929 Rn. 50, 51). **b) Arten.** Sie entsprechen im Grundsatz den Arten des EV (→ § 929 Rn. 27–33). **aa) Einfache SÜ.** Hier soll der SG die Sache behalten und nicht weiterveräußern. Tilgt er die Forderung, so entfällt der Sicherungszweck und er erlangt das Eigentum zurück
24 (→ Rn. 54). Prototyp: SÜ von Waren durch den Endverbraucher. **bb) Verlängerung und/oder Erweiterung der SÜ** sind möglich (zur Terminologie → § 929
25 Rn. 28, 31, 32). **(1) Verlängerte SÜ.** Hier darf der SG die Sachen im ordentlichen (normalen) Geschäftsverkehr weiterveräußern (§ 185 I), so dass der SN sein Eigentum verliert. An die Stelle des Eigentums tritt die im Voraus abgetretene künftige Kaufpreisforderung gegen den Abkäufer des SG *(verlängerte SÜ mit Vorausabtretungsklausel)*. Für die verlängerte SÜ mit *Verarbeitungsklausel* gilt → § 950 Rn. 6–8
26 entspr **(2) Erweiterte SÜ.** Sie bezieht sich nicht nur auf bereits bestehende Forde-
27 rungen des einen SN. Zwei Hauptformen sind zu unterscheiden. **(a) Die Kontokorrentklausel** sichert auch alle künftigen Forderungen des SN aus der Geschäftsverbindung mit dem Schuldner (der idR der SG ist, aber auch ein Dritter sein kann, → Rn. 21). Erst wenn alle Forderungen erfüllt sind, erwirbt der SG wieder
28 Eigentum (dazu → Rn. 54). **(b) Die Konzernklausel** sichert Forderungen eines Dritten, insbes eines mit dem SN verbundenen Unternehmens (Verbund im „Konzern", vgl § 15 AktG). Sie ist wie der Konzernvorbehalt (→ § 929 Rn. 32) nichtig
29 (nach § 138 und/oder § 449 III analog). **c) Gegenstand. aa) Bewegliche Sachen** (→ Vor § 90 Rn. 3) und das **Anwartschaftsrecht des VKäufers** (→ § 929 Rn. 50, 51) kommen praktisch allein in Betracht. Die (unbedingte, § 925 II) SÜ von Grundstücken ist zwar möglich, aber wegen der besitzlosen
30 Grundpfandrechte (→ Vor § 1113 Rn. 11) unüblich (Serick II 18 ff.). **bb) Auch unpfändbare Sachen** (§ 811 ZPO) können zur Sicherung übereignet werden (*BGH WM 1961, 244*; OLG Bamberg MDR 1981, 50 f.). Ihre Unentbehrlichkeit für den SG ist zwar der Grund für die Unpfändbarkeit, steht aber weder einer Veräußerung noch einer Verpfändung (→ § 1204 Rn. 11) entgegen. Eine SÜ, die nur die Umgehung von § 811 ZPO bezweckt, soll nach § 138 I nichtig sein (Gerhardt JuS 1972, 700); irreal, da eine SÜ stets auch den Zweck iSv → Rn. 21

verfolgt. Richtig ist, dass eine SÜ unpfändbarer Sachen aus den gleichen Gründen
wie jede andere gegen § 138 verstoßen kann (→ Rn. 55). **cc) Warenlager:**
→ Rn. 46, 47. **d) Der Sicherungsvertrag. aa) Zu unterscheiden sind (1) das** 31
Rechtsverhältnis, aus dem die zu sichernde Forderung stammt, zB ein Darle-
hensvertrag. Aus ihm erwächst kein Anspruch auf SÜ, daher ist es auch nicht
deren Rechtsgrund (causa); unzutr BGH NJW 1982, 276 f., sa 86, 977 für die
Sicherungszession (abl Jauernig NJW 1982, 268 ff.; insoweit auch Serick V 12);
(2) Die SÜ. Sie ist, sachenrechtlich gesehen, normale Übereignung gem §§ 929 ff., 32
erfordert also Einigung und Übergabe(ersatz). Für sie gilt § 929 mit Anm IdR
wird die Übergabe (§ 929 S. 1) gem § 930 ersetzt (zum Grund → Rn. 20); **(3) der** 33
Sicherungsvertrag (die Sicherungsabrede) begründet die Pflicht zur SÜ, ist also
das Verpflichtungsgeschäft und damit der *Rechtsgrund* (die *causa)* für die SÜ (BGHZ
124, 371, 375). Fehlt er oder ist er unwirksam, so ist der SN gem § 812 I 1
zur Rückübereignung verpflichtet (aber → Rn. 39, 57). Der Sicherungsvertrag
bestimmt den Zweck der Übereignung (Sicherung einer oder mehrerer bestimm-
barer Forderungen) und regelt die Rechtsbeziehungen zwischen SG und SN in
Bezug auf das Sicherungsgut. Er begründet ein Treuhandverhältnis (BGH [GS]
NJW 1998, 672). Bei einer Übereignung gem § 930 trifft er häufig Bestimmungen,
die als Vereinbarung eines konkreten Besitzkonstituts (→ Rn. 11) erscheinen (vgl
BGH NJW 1979, 2309; NJW-RR 2005, 281). In diesem Fall umfasst der Siche-
rungsvertrag sowohl das Verpflichtungsgeschäft wie den in § 930 geregelten Teil
des Erfüllungsgeschäfts (zu den Konsequenzen → Rn. 39, 57). Der Sicherungsver-
trag bestimmt idR, ob die SÜ unbedingt oder auflösend bedingt erfolgen soll
(zur Bedeutung → Rn. 43). Schweigt er, so ist str, ob so oder so übereignet ist
(→ Rn. 44). **bb) Inhalt. (1) Er ist Rechtsgrund** der SÜ, er bestimmt ihren 34
Zweck (→ Rn. 33) und verknüpft so die gesicherte Forderung mit der SÜ, ohne
dass dadurch das Sicherungseigentum zu einem akzessorischen Recht wie das
Pfandrecht würde (s. aber BGH NJW 1995, 2885: Sicherungsvertrag über § 139
nichtig bei Nichtigkeit des Geschäfts, aus dem die zu sichernde Forderung stammt;
dazu → Rn. 39). Bei Übertragung der gesicherten Forderung greift § 401 nicht
ein (Westermann § 44 III 3 mN). **(2) Die Eigentümerstellung des SN** wird im 35
Verhältnis zum SG durch die Zweckbestimmung der (unbedingten) Übereignung
(→ Rn. 33) *begrenzt* (zur Beschränkung bei einer auflösend bedingten SÜ vgl
→ Rn. 43). Der SN darf die nach § 930 übereignete Sache nicht herausverlangen,
solange der SG seine Pflichten erfüllt (§ 986 I 1) und nichts anderes vereinbart ist.
Ebensowenig darf er bei Pflichterfüllung durch den SG die Sache veräußern; dieses
Recht steht ihm erst als Verwertungsrecht zu (→ Rn. 37). **(3) Pflichten.** Aus dem 36
Sicherungsvertrag ergeben sich Pflichten des **SG,** zB zu pfleglicher Behandlung
der Sache und ihrer ausreichenden Versicherung, zur Anzeige einer Pfändung
durch Dritte, zur Herausgabe im Verwertungsfall. Er begründet auch Pflichten
des **SN,** zB zur schonendsten und bestmöglichen Verwertung (→ Rn. 37), ggf
zur Rückübereignung oder Rückgabe (→ Rn. 54) bei Erlöschen der Forderung,
insbes nach Erfüllung (zur Freigabeklausel → Rn. 54); der SN ist jedoch ohne
bes Vereinbarung nicht verpflichtet, sich aus dem Sicherungsgut zu befriedigen
(Köhler WM 1977, 243 f. mN, → Rn. 37). Dem SG kann die Benutzung des
Sicherungsguts, zB der übereigneten Möbel, gestattet werden. **(4) Voraussetzun-** 37
gen und Art der Verwertung richten sich primär nach dem Sicherungsvertrag
(BGH NJW 1980, 226). Besteht insoweit eine Lücke im Vertrag, so können ein-
zelne Pfandrechtsregeln ergänzend herangezogen werden (betrifft nur das Innen-
verhältnis, so dass die Verletzung von Rechtmäßigkeitsvoraussetzungen, vgl
§ 1243 I, nicht zur Unwirksamkeit einer Veräußerung, aber zum Schadensersatz
führen kann). Sobald der SN zur Verwertung befugt ist, idR bei Fälligkeit der
Forderung, kann er die Sache herausverlangen (ohne Beschränkung entspr
§ 803 I 2 ZPO: BGH WM 1961, 244), Nutzungen idR nur bei entspr Abrede
(BGH NJW 1980, 226 f.); die Verjährung der gesicherten Forderung steht nicht
entgegen, § 216 II 1 (BGHZ 70, 96, 98 f.). Gibt der SG nicht freiwillig heraus, so

muss sich der SN auch dann einen Herausgabetitel beschaffen und nach § 883 ZPO vollstrecken, wenn ihm vertraglich ein Wegnahmerecht zusteht (keine bindende Vorweggestattung von Eigenmacht, → § 858 Rn. 4). Stets ist der SN verpflichtet, so schonend und so gewinnbringend wie möglich zu verwerten (BGH NJW 2000, 3274). Das geschieht idR durch Freihandverkauf (vgl Serick III 457 ff.; aA Baur/Stürner § 57 Rn. 42: öffentl Versteigerung; BGH WM 1961, 245 lässt offen). Von mehreren Sachen dürfen nur so viele veräußert werden, wie zur Befriedigung nötig (BGH WM 1961, 244; sa § 818 ZPO). Eine „Verfallklausel" ähnlich § 1229 ist bei der SÜ unzulässig (Gaul AcP 168, 351 ff.; aA die hM, vgl BGH NJW 1980, 227 mN). – Hat der SN einen *Zahlungstitel* erstritten, so kann er die eigene Sache (das Sicherungsgut) pfänden und verwerten lassen; § 811 I ZPO ist zu beachten, die Freistellung des VVerkäufers in § 811 II ZPO gilt nicht (analog) für SN (ThP
38 § 811, 39). **(5) Besitzkonstitut.** Bei einer SÜ gem § 930 enthält der Sicherungsvertrag idR auch die Vereinbarung eines konkreten Besitzkonstituts; denn er regelt Rechte und Pflichten der Beteiligten bzgl des Sicherungsguts, insbes begründet er ein dem SN gegenüber begrenztes Besitzrecht des SG und gewährt dem SN einen Herausgabeanspruch im Verwertungsfall. Das genügt für §§ 868,
39 930 (hM, vgl Schlegelberger/Hefermehl Anh. § 382, 183). **cc) Ist der Sicherungsvertrag nichtig,** so soll die abstrakte SÜ gültig sein (Westermann § 44 III 2; grundsätzlich ebenso Serick I 64 f.). Das ist unzutr, wenn der insgesamt nichtige Sicherungsvertrag neben dem Verpflichtungsgeschäft auch die Vereinbarung eines Besitzkonstituts umfasst (→ Rn. 33; übergangen von BGH NJW 1994, 2885). Zwar erfordert § 868 als Besitzmittlungsverhältnis kein gültiges RGeschäft, doch muss dem SN als Oberbesitzer jedenfalls ein Ersatzherausgabeanspruch gegen den SG als Unterbesitzer zustehen (→ § 868 Rn. 4). Daran fehlt es, wenn auch die Vereinbarung eines Besitzkonstituts nichtig ist: Der SN kann vom SG unter keinem rechtlichen Gesichtspunkt Herausgabe des Sicherungsguts verlangen, insbes nicht aus § 985 (der SN ist nicht Eigentümer geworden, denn das Besitzmittlungsverhältnis verlangt – entgegen Staudinger/Heinze, § 930 Rn. 97 Anh. Zu §§ 929 ff.; Bamberger/Roth/Kindl Rn. 26; AnwKomBGB/Schilken Rn. 11 [zutr anders aber → Rn. 9, 28, su] – einen Herausgabeanspruch, → § 868 Rn. 3). Ohne Besitzkonstitut fehlt das Tatbestandsstück des § 930 für die Übereignung. Folglich ist der SG Eigentümer geblieben (zust Erman/Michalski Rn. 3 Anh. §§ 929–931; AnwKomBGB/Schilken Rn. 28; Grüneberg/Herrler Rn. 20; widersprüchlich Westermann § 44 III 2 gegen § 18, 6; ebenso Baur/Stürner § 57 Rn. 15 mit Staudinger/Heinze, Rn. 20 Anh. §§ 929 ff. [dazu so], unvereinbar mit § 7 Rn. 43–45 und insbes mit § 51 Rn. 22, 23. – Abgesehen von dieser Abhängigkeit von Sicherungsvertrag und SÜ soll nach hM häufig „eine stillschweigend vereinbarte Gültigkeitsbeziehung" zwischen SÜ und Sicherungsvertrag bestehen (BGH NJW 1986, 977 für die Sicherungsabtretung); abzulehnen: weder § 139 (dort → § 139 Rn. 4) noch §§ 158 ff. sind hierzu geeignet (→ Vor § 854 Rn. 16).
40 **e) Nichtbestehen der gesicherten Forderung. aa) Fehlt sie von Anfang an,** so ist das für die Wirksamkeit der SÜ belanglos (Ausnahme: aufschiebend [BGH NJW 1991, 353 f.] oder auflösend bedingte SÜ, → Rn. 41; für die Sicherungsabtretung bejaht BGH NJW 1982, 276 f. [dagegen Jauernig NJW 1982, 268 f.] eine weitere Ausnahme, die Begründung ist unklar, der Klärungsversuch in BGH NJW 1986, 977 nicht minder, zust aber Tiedtke DB 1982, 1709 ff.; für differenzierende Auslegung nach Fallgruppen K. Schmidt, FS Serick, 1992, 329 klarstellend für die SÜ BGH NJW 1991, 353 f., sa Gaul, FS Serick, 1992, S. 109 f. Abw. Wieling I § 18 II 3b, der das Sicherungseigentum „wie" ein Pfandrecht behandelt, so dass kraft Ges – § 1204! – Akzessorietät besteht; das beruht auf der früher vertretenen, aber nie zutr Vorstellung, die SÜ sei ein „Umgehungsgeschäft" zu §§ 1204 ff.: Wieling I § 18 II 2, dagegen Rn. 20; Gaul, FS Serick, 1992, S. 151 f.). Der Mangel der Forderung macht die Übereignung nicht rechtsgrundlos, denn Rechtsgrund ist der Sicherungsvertrag (→ Rn. 33). Daher steht dem SG als früherem Eigentümer kein Rückgewähranspruch aus § 812 I 1 zu (aA Serick I 63, III 392

[→ § 1191 Rn. 9]). Der Rückgewähranspruch ergibt sich, sofern entspr Auslegung möglich, aus dem Sicherungsvertrag, sonst aus § 812 I 2 Var. 2 Kann die zu sichernde Forderung noch entstehen, so ist der Rückgewähranspruch (noch) nicht entstanden. **bb) Fehlt bei auflösend bedingter SÜ** (→ Rn. 43) eine sicherbare 41
Forderung und kann sie auch nicht mehr entstehen, so ist die auflösende Bedingung von Anfang an eingetreten (zur Problematik → § 158 Rn. 6 [b]) und daher der SG Eigentümer geblieben. Ist die SÜ durch Bestehen der Forderung **aufschiebend bedingt,** so bleibt der SG bei Nichtentstehen Eigentümer. **Kombination** idS möglich: aufschiebend bedingt durch Noch-Entstehen, auflösend bedingt durch Nichtmehrbestehen der zu sichernden/gesicherten Forderung. **cc) Nichtmehrbestehen** der gesicherten Forderung: → Rn. 54. **f) Formen.** 42
aa) Allgemeines. Die SÜ kann in jeder Form der §§ 929 ff. erfolgen, also auch, wenn der SG nur mittelbarer Besitzer ist (in diesem Fall ist Übereignung nach § 929 S. 1 [→ § 929 Rn. 12], § 930 [→ Rn. 2] oder § 931 [→ Rn. 2] möglich). Im *Regelfall* übereignet der unmittelbar besitzende Eigentümer gem § 930 (zum Grund → Rn. 20). Die Übereignung ist *formfrei* (BGH NJW 1991, 353), sofern nicht § 311b III (zu § 311 aF BGH NJW 1991, 355) für den Sicherungsvertrag als Besitzkonstitut (→ Rn. 38) eingreift. **bb) Einigung** iSv → § 929 Rn. 4–7 ist 43
stets erforderlich. **(1) Sie kann auflösend bedingt** durch die vollständige Erfüllung der gesicherten Forderung sein. Die *Rechtsfolgen* unterscheiden sich von der unbedingten Übereignung erheblich (Serick III 394 ff.): Bei Nichtbestehen der gesicherten Forderung scheitert die SÜ (→ Rn. 41); existiert die Forderung, so steht dem SG ein Anwartschaftsrecht auf Rückerwerb des Eigentums bei Bedingungseintritt zu (es entspricht dem Anwartschaftsrecht des VKäufers, BGH NJW 1984, 1185; → § 929 Rn. 43, 47–58 gilt entspr). Für die Rechtsstellung des SN in der Schwebezeit gilt → § 929 Rn. 40 entspr. Mit Bedingungseintritt fällt das Eigentum automatisch an den SG zurück, § 158 II (→ § 929 Rn. 38 gilt insoweit entspr). **(2) Ob bei Schweigen** des Sicherungsvertrags über die Form der SÜ 44
iZw eine auflösend bedingte Einigung vorliegt, ist str (Serick III 391, 393 mN). Das wird in der Lit zunehmend bejaht, von BGH NJW 1991, 354 generell verneint, da es keinen allg Rechtsgrundsatz gebe, wonach eine SÜ stets durch den Sicherungszweck bedingt sei. In der Regel ist die Einigung unbedingt (Gaul, FS Serick, 1992, S. 148 ff.; BGH NJW-RR 2005, 281; sa Jauernig NJW 1982, 270); daher verlangt auflösende Bedingung eine klare abw (nicht nötig ausdr) Abrede. In der Formularpraxis dominiert die unbedingte Übereignung (s. BGH NJW 1984, 1185 mN); das ist mit § 307 vereinbar (BGH NJW 1984, 1186 zu AGBG 9). **cc) Das Besitzkonstitut** muss konkret sein (→ Rn. 11), seine Verein- 45
barung liegt idR im Sicherungsvertrag (→ Rn. 38). **dd) SÜ von Warenlagern.** 46
Es ist zu unterscheiden zwischen der SÜ von Warenlagern mit festem und mit wechselndem Bestand. **(1) Warenlager mit festem Bestand.** Einigung und Besitzkonstitut sind bestimmt, wenn zZ des Vertragsschlusses die übereigneten Sachen eindeutig von anderen unterschieden werden können (BGH NJW 1995, 2350; 08, 3144, je mN). Das ist bes wichtig, wenn nur ein **Teil** einer größeren Menge übereignet werden soll. Hier muss der Sicherungsvertrag eine Abgrenzung nach einfachen, weil leicht erkennbaren Kriterien vorsehen (BGH NJW-RR 1994, 1538), zB durch eindeutige Identifizierbarkeit anhand von Rechnungen (selten, s. BGH NJW 1984, 804). Genügend bestimmt ist die Abrede, dass alle in einem bes Raum lagernden Waren Sicherungsgut sein sollen („All-Formel“, BGH NJW 1986, 1986; sa 94, 134), gleich, ob dem SG nur ein Anwartschaftsrecht als VKäufer zusteht oder das Eigentum (BGH NJW-RR 1990, 95; abl Staudinger/Heinze Rn. 43 ff. Anh. §§ 929 ff.); die Abrede ist unbestimmt, wenn nur die dem SG gehörenden Waren übereignet werden sollen, nicht die noch unter EV stehenden (die Abgrenzung kann nicht auf Grund einfacher, leicht erkennbarer Kriterien erfolgen, ähnlich BGH NJW-RR 1990, 95), es sei denn, letztere sind kenntlich gemacht (vgl BGH NJW-RR 1994, 1538). Die Bestimmtheit fehlt ferner, wenn nur die pfändbaren Sachen (BGHZ 117, 200, 206) oder ein nur mengen-

oder wertmäßig bezeichneter Teil des Warenlagers (zB 40 % vom Gesamtlager; Waren im Wert der gesicherten Forderung) übereignet werden sollen (BGHZ 21, 52, 55; WM 1977, 219). Fehlt die Bestimmtheit, so ist die SÜ nichtig (BGH
47 NJW 1995, 2350). **(2) Warenlager mit wechselndem Bestand.** Hier vermengt die Rspr Bestimmtheit und Vollzug der Übereignung (→ Rn. 16). Für die Bestimmtheit ist allein auf die Zeit des Vertragsschlusses abzustellen (BGH NJW-RR 1990, 95). Daher ist es notwendig und genügend, dass der Sicherungsvertrag einfache, weil leicht erkennbare, Kriterien aufstellt, anhand derer künftig festgestellt werden kann, welche der neu hinzukommenden Sachen von der SÜ erfasst werden sollen (→ Rn. 46 gilt entspr). Genügend bestimmt ist die Abrede, dass alle künftig in einen bestimmten Raum eingelagerten Sachen übereignet werden sollen (**Raumsicherungsvertrag,** BGH WM 1979, 301 f.; sa BGHZ 117, 200, 206 f.) oder eine künftig vom SG zu erwerbende Sache unter einer bestimmten Nr. in einem Inventar aufgenommen werden soll (**Markierungsvertrag,** vgl BGH WM 1966, 95). Dass die künftig beim SG eingehenden Sachen erst in den Raum verbracht oder markiert werden müssen, damit sie der SN erwirbt, dient dem konkreten Vollzug der antizipierten SÜ. Mit der Bestimmtheit der SÜ hat das nichts zu tun; denn sie muss schon zZ des Vertragsschlusses vorliegen
48 (→ Rn. 16; unklar Staudinger/Heinze Rn. 61 Anh. §§ 929 ff.). **(3) Erwerb vom Nichtberechtigten** ist bei einer Übereignung gem § 930 ausgeschlossen, § 933.
49 **g) Das Sicherungseigentum und die Gläubiger des Sicherungsgebers. aa) Einer Zwangsvollstreckung** in die beim SG verbliebene Sache kann der SN als Eigentümer gem § 771 ZPO widersprechen (BGHZ 118, 201, 206 f., hM; nach aA: § 805 ZPO). Ist die Sache ausnahmsweise im Gewahrsam des SN, so scheitert eine Zwangsvollstreckung idR bereits an § 809 ZPO (Rechtsbehelf des
50 SN: § 766 ZPO). **bb) Im Insolvenzverfahren** des SG kann der SN nur wie ein Pfandgläubiger absondern (§ 51 Nr. 1 InsO), aber nicht als Eigentümer ausson-
51 dern. **h) Schutz des Sicherungsgebers gegen Gläubiger des Sicherungsnehmers. aa) Einer Zwangsvollstreckung** in die ausnahmsweise im Gewahrsam des SN stehende Sache kann der SG schon vor (erst recht nach) Erfüllung der gesicherten Forderung gem § 771 ZPO widersprechen, weil die Sache im Verhältnis zum SN und dessen Gläubigern erst dann aus dem Vermögen des SG
52 ausscheidet, wenn sie der SN verwerten darf (BGHZ 72, 141, 144 ff.; str). **bb) Im Insolvenzverfahren** des SN kann der SG erst aussondern, wenn die gesicherte Forderung erfüllt ist (Jauernig/Berger § 44 Rn. 6 mN). Bei auflösend bedingter SÜ ist der SG dann wieder Eigentümer (→ Rn. 43). Bei unbedingter SÜ hat der SG zwar nur einen obligatorischen Rückübertragungsanspruch (→ Rn. 54), der aber gewohnheitsrechtlich ein Aussonderungsrecht gewährt. Dazu Gaul, FS
53 Serick, 1992, S. 130 ff. **i) Verlust des Sicherungseigentums. aa) Durch Veräußerung** seitens des nichtberechtigten SG an einen Dritten, sei es mit Gestattung des SN (§ 185) oder ohne sie (Erwerb des Dritten gem §§ 932 ff., § 366 HGB). Zur Veräußerung durch den SG im Falle auflösend bedingter SÜ beachte → Rn. 43 mit → § 929 Rn. 51. **bb) Durch Verwertung** des Sicherungsguts
54 (→ Rn. 37). **cc) Bei Wegfall des Sicherungszwecks,** insbes bei Erlöschen der gesicherten Forderung durch Erfüllung, fällt das Eigentum bei auflösend bedingter SÜ automatisch an den SG zurück (§ 158 II; → Rn. 43); dieser kann gem dem Sicherungsvertrag Rückgabe der Sache vom SN verlangen. Bei unbedingter Übereignung steht dem SG ein Anspruch aus dem Sicherungsvertrag auf Rückübereignung zu (BGHZ 100, 95, 105; zur „Freigabe" wegen deutlicher nachträglicher Übersicherung im Fall formularmäßiger SÜ von Sachgesamtheit mit wechselndem Bestand → Rn. 58). → Rn. 36. **dd) Nichtbestehen der gesicherten Forderung:** → Rn. 40, 41. **ee)** Zum Fall, dass der **Sicherungsvertrag fehlt**
55 oder **unwirksam** ist, vgl → Rn. 33. **j) Grenzen zulässiger Sicherungsgeschäfte:** §§ 134, 138, 307. **aa) Verstoß der SÜ gegen die guten Sitten** (§ 138 I) ist nur auf Grund einer Gesamtwürdigung aller Umstände feststellbar (BGH NJW 1991, 354; ie Serick III 3 ff.). Drei (sich häufig überschneidende) Fallgrup-

pen sind zu unterscheiden (zusammenfassend BGH NJW 2016, 2662 Rn. 39 mN): Wirtschaftliche Knebelung des SG (Knebelungsvertrag, → § 138 Rn. 12), Insolvenzverschleppung und Täuschung von Gläubigern über die Kreditwürdigkeit des SG (Kredittäuschung) oder anderweitige Gläubigergefährdung. Der Begriff der Sittenwidrigkeit in § 138 und § 826 ist gleich, iÜ haben beide Vorschriften unterschiedliche Voraussetzungen, Rechtsfolgen und Ziele (BGH NJW 1970, 658; ie Serick III 101 ff.), insbes führt § 826 nur zum Schadensersatz für den Geschädigten, § 138 zur Nichtigkeit der SÜ gegenüber jedermann. **bb) Keine** 56
Nichtigkeit der SÜ nach §§ 134, 138, wenn nur die Voraussetzungen einer Anfechtung gem **AnfG** oder **InsO** vorliegen (BGH NJW 2016, 2662 Rn. 43; Serick III 152 ff., zur KO); gleiches gilt, wenn nur die Anfechtungsgründe des **§ 123** bestehen (BGH WM 1972, 767). → § 138 Rn. 5. **cc) Bei Nichtigkeit** 57
des Sicherungsvertrags gem § 138 I soll unter Durchbrechung des Abstraktionsprinzips ausnahmsweise auch die SÜ nichtig sein (BGH NJW 2016, 2662 Rn. 46; sehr kritisch Jauernig JuS 1994, 725 f.). Enthält der nichtige Sicherungsvertrag auch die Vereinbarung des Besitzkonstituts, so fehlt ein Tatbestandsstück für die SÜ, deshalb schlägt sie fehl (iE → Rn. 39); ist das nicht der Fall, ist bei sittenwidrigem Sicherungsvertrag vielfach (Staudinger/Heinze Rn. 98 Anh. §§ 929 ff.: stets) die SÜ *selbst* sittenwidrig sein (Fehleridentität, → Vor § 854 Rn. 14). Nach BGHZ 7, 111, 115 kann die SÜ als solche auch dann gem § 138 I nichtig sein, wenn der Sicherungsvertrag nicht gegen § 138 verstößt (vgl Ascher Anm LM Nr. 1). **dd)** Die SÜ eines **Warenlagers mit wechselndem Bestand** 58
ist auch dann nicht gem § 307 und/oder § 138 unwirksam, wenn der Sicherungsvertrag für den Fall **nachträglicher Übersicherung** weder eine ausdr ermessensunabhängige **Freigabeklausel** noch eine zahlenmäßig bestimmte **Deckungsgrenze** noch eine Regelung für die **Bewertung** der Sicherheiten vorsieht (BGHZ [GS] 137, 212 ff.; zu den vorangegangenen differierenden Urteile mehrerer ZS des BGH s. Vorlagebeschluss des BGH NJW 1997, 1571 ff.): Der SG habe stets einen ermessensunabhängigen **Freigabeanspruch;** die *Deckungsgrenze* betrage (falls sie nicht ausdr vereinbart oder unangemessen sei) unter Berücksichtigung der Kosten für Verwaltung und Verwertung der Sicherheiten, bezogen auf den realisierbaren Wert der Sicherungsgegenstände, 110 % der gesicherten Forderungen; Deckungsgrenze und Freigabeanspruch ergäben sich gem § 157 aus dem fiduziarischen Charakter der Sicherungsabrede und der Interessenlage der Parteien (BGHZ [GS] 137, 212, 218 ff. [674]; aA Serick [→ Rn. 20]: Gewohnheitsrecht; der Schätzwert (dh der geschätzte aktuelle Verkehrswert) des Sicherungsguts sei vom Sicherungsvertrag unabhängig und daher allg in Anlehnung an § 237 S. 1 zu bestimmen, so dass die Grenze für das Entstehen des Freigabeanspruchs bzgl beweglicher Sachen bei 150 % des Schätzwerts liege. – Bei **anfänglicher Übersicherung,** die also schon zZ des Vertragsschlusses besteht, bestimmt sich die Sittenwidrigkeit nach allg Grundsätzen (BGHZ 138, 291, 302 f.; NJW 1998, 2047; NJW-RR 2003, 1492; → § 138 Rn. 16).

§ 931 Abtretung des Herausgabeanspruchs

Ist ein Dritter im Besitz der Sache, so kann die Übergabe dadurch ersetzt werden, dass der Eigentümer dem Erwerber den Anspruch auf Herausgabe der Sache abtritt.

1. Allgemeines. Vgl zunächst → § 929 Rn. 1–3. **a) Voraussetzungen** des 1
Eigentumserwerbs sind Einigung (→ § 929 Rn. 2) und Ersatz der Übergabe durch Abtretung des Herausgabeanspruchs aus dem Besitzmittlungsverhältnis zwischen Eigentümer und Drittem (→ Rn. 4). Besteht kein Besitzmittlungsverhältnis, so genügt *schlichte Einigung* (→ Rn. 10). **b) Ein mittelbar besitzender Eigentümer** 2
kann auch nach § 930 übereignen (→ § 930 Rn. 2; dort auch zum Unterschied

3 gegenüber einer Übertragung gem § 931). **c) Erwerb vom Nichtberechtigten:**
§§ 934, 935.

4 **2. Abtretung des Herausgabeanspruchs. a) Gemeint ist** der Anspruch des
Eigentümers aus dem Besitzmittlungsverhältnis (§ 868) mit einem Dritten (BGH
NJW 1959, 1538 mN). Der Dritte kann unmittelbarer oder (bei mehrstufigem
Besitz, § 871) mittelbarer Fremdbesitzer, der *Eigentümer muss mittelbarer Eigenbesitzer*
sein. Mit der Abtretung des Herausgabeanspruchs (§ 398) überträgt der Eigentümer
den mittelbaren Besitz auf den Erwerber (§ 870). Ein abtretbarer Anspruch muss
5 bestehen (RG JW 1934, 1485), künftiger genügt. **b) Der Eigentumsherausgabe-
anspruch** (§ 985) ist kein Anspruch iSv § 931 (→ Rn. 10); idS BGH NJW 1959,
1538 jedenfalls dann, wenn dem Veräußerer ein Herausgabeanspruch als mittelbarer
6 Besitzer (§ 870) zusteht. **c) Abtretung ist formlos.** Sie kann in der Einigung
(→ Rn. 1) liegen und umgekehrt. Die Abtretung ist als Teil des Verfügungsgeschäfts
(→ § 929 Rn. 4) gegenüber dem zugrundeliegenden Verpflichtungsgeschäft ebenso
7 *abstrakt* wie die Einigung (zu dieser → § 929 Rn. 3). **d) Weder Benachrichtigung
noch Zustimmung des Dritten** ist zur Abtretung (und Eigentumsübertragung)
8 erforderlich. **e) Antizipierte** Einigung und Abtretung liegen vor bei Übereignung
einer Sache, an welcher der Veräußerer (und künftiger Eigentümer) erst künftig
mittelbaren Besitz (und Eigentum) erlangt. Der Erwerber wird nur dann Eigentümer,
wenn der Veräußerer (und nunmehrige Eigentümer) noch bei Erlangung des mittel-
baren Besitzes an ihn veräußern will (LM Nr. 7; → § 929 Rn. 6, → § 930 Rn. 17).
9 **f)** Zur Übereignung mit Hilfe von **Traditionspapieren** (zB §§ 448, 475g HGB)
vgl BGHZ 49, 160, 162 f.: Zur Abtretung des verbrieften Herausgabeanspruchs
bedarf es der Übergabe des Papiers.

10 **3. Sonstiges. a)** Ist der **Eigentümer nicht Besitzer,** insbes nicht mittelbarer,
so steht ihm kein Herausgabeanspruch iSv § 931 zu. Die Sache kann im Besitz eines
Dritten (zB eines Diebes) oder besitzlos (verlorener Ring im See) sein. Im ersten
Fall steht dem Eigentümer zwar der Herausgabeanspruch aus § 985 zu, ihn meint
§ 931 aber nicht (undeutlich BGH NJW 2003, 2608): Der Anspruch aus § 985 ist
nicht abtretbar (→ Vor § 854 Rn. 8); iÜ folgt er dem Eigentum (nicht umgekehrt),
seine Abtretung hätte neben der Einigung über den Eigentumsübergang keinen
selbstständigen Inhalt. Im zweiten Fall fehlt jeder Herausgabeanspruch. In beiden
Fällen genügt daher die *schlichte Einigung* über den Eigentumsübergang (Staudinger/
Heinze 14, 15, 17, 18 mN, aber kaum vereinbar mit § 930, 21 ff. [dazu → § 868
11 Rn. 3; → § 930 Rn. 39]; aA Wolf SR § 5 A VII c 4). **b)** War der **Dritte** dem
Eigentümer gegenüber obligatorisch **zum Besitz berechtigt,** so wirkt das auch
dem Erwerber gegenüber (§ 986 II). Ist der Dritte dinglich, dh gegenüber jedermann
zum Besitz berechtigt, so gilt dem Erwerber gegenüber § 986 I (→ Rn. 12).
12 Zugunsten des Dritten gelten §§ 404, 407. **c)** Steht dem **Dritten** ein **dingliches
Recht an der Sache** zu, so erlangt der Erwerber belastetes Eigentum, § 936 III
(zum Anwendungsbereich → § 936 Rn. 1).

§ 932 Gutgläubiger Erwerb vom Nichtberechtigten

(1) [1]**Durch eine nach § 929 erfolgte Veräußerung wird der Erwerber auch dann Eigentümer, wenn die Sache nicht dem Veräußerer gehört, es sei denn, dass er zu der Zeit, zu der er nach diesen Vorschriften das Eigentum erwerben würde, nicht in gutem Glauben ist. [2]In dem Falle des § 929 Satz 2 *gilt dies jedoch* nur dann, wenn der Erwerber den Besitz von dem Veräußerer erlangt hatte.**

(2) **Der Erwerber ist nicht in gutem Glauben, wenn ihm bekannt oder infolge grober Fahrlässigkeit unbekannt ist, dass die Sache nicht dem Veräußerer gehört.**

I. Allgemeines zu den §§ 932–935

Lit.: Hager, Verkehrsschutz durch redlichen Erwerb, 1990.

1. Allgemeines. §§ 932 ff. behandeln den rechtsgeschäftlichen Erwerb des 1
Eigentums von einem Veräußerer, der weder Eigentümer noch zur Veräußerung befugt ist (→ Rn. 11). Auf **nichtrechtsgeschäftlichen Erwerb** sind die §§ 932 ff. **unanwendbar.** Bei ihm kann Bösgläubigkeit für den Erwerb hinderlich (so nach § 937 II) oder irrelevant sein (so nach hM bei der Versteigerung gepfändeter Sachen gem § 814 ff. ZPO, vgl BGHZ 119, 75, 76; Jauernig/Berger § 18 Rn. 19, je mN). **a) Bevorzugt wird idR das Erwerberinteresse** vor dem Eigentümerinteresse; denn der Eigentümer verliert sein Recht und ist auf Ausgleichsansprüche angewiesen (§§ 687 II, 816 I 1, 823, 990, uU aus Vertrag). Vom Erwerber kann er nur ausnahmsweise Rückübereignung an sich fordern (§ 816 I 2; § 823 scheidet auch bei leichter Fahrlässigkeit des Erwerbers aus, denn der Eingriff ist nicht rechtswidrig, BGH JZ 1956, 490 f.). **b) Der Erwerber erlangt Eigentum** wie vom Berechtigten. Auf 2
eine Weiterveräußerung sind daher die §§ 932 ff. unanwendbar. Das gilt auch für eine „Rück"-Übereignung an den nichtberechtigten Veräußerer (BGH NJW-RR 2003, 170, 171). Dieser sog **Rückerwerb des Nichtberechtigten** ist nach hM einzuschränken in Fällen der Rückabwicklung (zB gem §§ 812 ff. oder nach Rücktritt), der nur vorläufigen Übereignung (zB bei unbedingter SÜ) und der Übereignung in der Absicht späteren Rückerwerbs (vgl Baur/Stürner § 52 Rn. 34 mN). In diesen Fällen soll bei einer Rückübereignung an den Nichtberechtigten nicht dieser, sondern der frühere Berechtigte automatisch wieder Eigentümer werden, und zwar mit Rücksicht auf Grund und Zweck der früheren Veräußerung durch den Nichtberechtigten. Darin liegt eine Durchbrechung der inhaltlichen Abstraktheit (dazu → Vor § 854 Rn. 13). Das verkennt Braun (ZIP 1998, 1470 [1472 f.]), da er auf die äußerliche Abstraktheit abstellt. Die von Braun (ZIP 1998, S. 1469 ff.) postulierte „Rückabwicklungsnorm" kann ebenso wenig wie andere Rechtfertigungsversuche der hM begründen, warum das Eigentum auch dann an den früheren Eigentümer zurückfällt, wenn Erwerber und Nichtberechtigter sich dahin einigen, dass Letzterer Eigentümer werden soll. Auch das zeigt: Die hM ist mit dem Ges unvereinbar und sachlich entbehrlich (zutr Musielak, Liber Amicorum Gerhard Kegel, 2002, S. 125 ff., mN S. 129). Daher erwirbt der Nichtberechtigte das Eigentum „zurück", doch steht dem (früheren) Berechtigten ein obligatorischer Anspruch auf Übereignung zu (aus Vertrag, Delikt oder ungerechtfertigter Bereicherung). – Zu einem *automatischen Rückfall des Eigentums* an den früheren Berechtigten kommt es infolge Anfechtung der Übereignung (Einigung), § 142 I (ex tunc), und im Fall einer auflösend bedingten Übereignung bei Bedingungseintritt, § 158 II (ex nunc, sa § 159). **c)** Die **rechtspolitische Rechtfertigung** des Erwerbs vom Nichtberechtigten ist str. Der Gesetzgeber hat das allg Interesse an Sicherheit und Leichtigkeit des Rechtsverkehrs grundsätzlich gegenüber dem Eigentümerinteresse bevorzugt (Heck SaR § 58 I 1; WolffR § 68 II 1; ähnlich Baur/Stürner § 52 Rn. 8).

2. Grundgedanken der ges Regelung. a) Die Einigung iSv → § 929 Rn. 4– 3
7 ist stets Voraussetzung des Eigentumserwerbs. Der Veräußerer muss Nichteigentümer oder (obwohl als Alleineigentümer auftretend) bloßer Mitberechtigter (→ Rn. 5 [bb, cc]), darf nicht zur Verfügung befugt (→ Rn. 11) und mit dem Erwerber weder persönlich noch wirtschaftlich identisch sein (das Ges schützt nur den rechtsgeschäftlichen *Dritterwerb,* zumeist Verkehrsgeschäft genannt, vgl → § 892 Rn. 10 mit Bsp). **b) Übergabe oder Übergabeersatz** müssen in einer gegenüber 4
§§ 929–931 zT modifizierten Form hinzutreten. Für einen Erwerb vom Nichtberechtigten genügen die Übergabe iSv § 929 S. 1 (I 1) und die Abtretung des Herausgabeanspruchs iSv → § 931 Rn. 4. Ungenügend sind die Vereinbarung eines Besitzkonstituts gem § 930 (hier bedarf es der Übergabe durch den Veräußerer, § 933) und die schlichte Einigung, sei es nach § 929 S. 2 (hier muss der Besitz vom Veräußerer erlangt sein), sei es im Fall des → § 931 Rn. 10 (hier ist die Übergabe durch den

Dritten notwendig, § 934 Fall 2). Aus dieser ges Modifizierung folgt der Grundsatz:
Aufseiten des Veräußerers muss der durch Besitz begründete Rechtsschein vorliegen
(daher I 2), und diesen Besitz muss der Veräußerer vollständig zugunsten des Erwer-
bers verlieren (daher §§ 933, 934 Fall 2), vgl BGHZ 56, 123, 129 f.; NJW 1978,
1854. Dem Veräußerer steht der zust besitzende Nichteigentümer gleich
5 (→ Rn. 16 [cc]). **c) Bösgläubigkeit** des Erwerbers hindert den Erwerb *(rechtshin-
dernde Tatsache),* für die der Gegner des Erwerbers die obj Beweislast und damit auch
die Behauptungslast trägt (BGH NJW 2023, 781 Rn. 14). Beweis der Bösgläubigkeit
ist Hauptbeweis, nicht Gegenbeweis (zur Bedeutung → § 892 Rn. 18). Beachtet
man, dass es im Streitfall auf den Nachweis der *Bös*gläubigkeit ankommt, so mag
man weiterhin vom „gutgl Erwerb" sprechen (wie zuweilen auch das BGB: § 926
6 II Hs. 2, § 936 III, ferner §§ 366, 367 HGB). **d) Abhandenkommen der Sache**
(§ 935 I) schließt Erwerb nach §§ 932–934 aus. Ausnahmen in § 935 II, → Rn. 13.

7 **3. Gegenstand des guten Glaubens. Nur der Mangel des (Allein-)Eigen-
tums** beim Veräußerer wird nach §§ 932–934 ausgeglichen, also nicht Willensmän-
gel, das Fehlen der Geschäftsfähigkeit oder der Vertretungsmacht usw. Bes hervorzu-
heben ist die *Beziehung zwischen Eigentum/Nichteigentum und Verfügungsbefugnis*
(→ § 873 Rn. 17): Letztere kann einem Eigentümer fehlen, einem Nichteigentü-
8 mer zustehen. **a) Fehlt die Verfügungsbefugnis dem Eigentümer,** so greifen
die §§ 932 ff. nicht unmittelbar ein. Vgl aber §§ 135 II, 136, 161 III, 163, 2113 III,
2129 II 1, 2211 II. Fehlen solche Vorschriften, so ist der Erwerber schutzlos (wichti-
9 ge Fälle: §§ 1365, 1369; § 81 I InsO). **b) Fehlt die Verfügungsbefugnis dem
Nichteigentümer,** der erkennbar als solcher handelt, so gelten die §§ 932 ff. eben-
falls nicht unmittelbar. Der Erwerber wird nur ausnahmsweise geschützt, vgl § 366
HGB (dazu BGH NJW 2005, 1365 f.), §§ 1244, 1048; zu § 2205 S. 3 vgl BGHZ
57, 84, 89 ff. Wahlfeststellung zwischen Erwerb gem §§ 932 ff. und § 366 HGB ist
10 zulässig (BGHZ 77, 274, 276). **c) Ist der Nichteigentümer verfügungsbefugt,**
so greifen die §§ 932 ff. nicht ein, denn der Verfügungsbefugte steht an der Stelle
des Eigentümers iSd §§ 929–931. Zur Verfügungsbefugnis eines Nichteigentümers
vgl §§ 966 II 1, 1048 I 1, 1087 II 2, 1242 I, 1422 S. 1, 2205 (zu S. 3 vgl BGHZ 57,
84, 89 ff.). Hierher gehört auch der Fall, dass der Nichteigentümer mit Einwilligung
des Berechtigten veräußert (§ 185 I; zur Genehmigung → Rn. 13). Zum Fall, dass
11 der Einwilligende selbst Nichteigentümer ist, vgl → Rn. 16 (cc). **d) Ist der Eigen-
tumserwerb** nach §§ 932 ff. **fehlgeschlagen,** weil der Erwerber bösgläubig oder
die bes Besitzlage (I 2, § 933, § 934 Fall 2) nicht eingetreten oder die Sache abhanden
gekommen ist (§ 935 I, dort → § 935 Rn. 11), so wird die Verfügung mit **Geneh-
migung des Berechtigten** rückwirkend wirksam (§ 185 II 1 Fall 1 mit § 184 I),
ohne Rückwirkung bei Konvaleszenz (§ 185 II 1 Fälle 2 und 3); vgl → § 185 Rn. 6–
8. Liegt ein Fall des § 185 II 1 vor, so kann idR offen bleiben, ob schon gem
§§ 932 ff. erworben worden ist.

II. Erwerb vom Nichtberechtigten gem § 932 I

12 **1. Allgemeines. I betrifft** den Erwerb in der Form des § 929. Zu den allg Erwerbsvoraussetzungen → Rn. 3–6, 8–11, 13.

13 **2. Besitzerlangung. Für die Besitzerlangung durch Übergabe** stellt I 1 keine anderen Voraussetzungen als § 929 S. 1 auf (zu diesen → § 929 Rn. 8–18). Beim Erwerb auf **Geheiß des Veräußerers** (→ § 929 Rn. 13) erlangt der Erwerber auch dann Eigentum, wenn der Veräußerer Nichteigentümer ist. Ein Geheiß idS liegt nur vor, wenn dem Veräußerer von Rechts wegen die Befugnis zusteht, den Besitzer zur Übertragung des Besitzes anzuweisen. Praktisch wichtig ist das in Fällen der scheinbaren Direktlieferung (vgl → § 929 Rn. 16): N mietet eine Sache von dem Eigentümer E, einigt sich mit dem X über den Eigentumsübergang und weist den ahnungslosen E an, die gemietete Sache nicht an ihn, N, sondern an X auszuhändigen. Hier verfügt N als Nichtberechtigter (abw von → § 929 Rn. 16); die Eini-

gung N – X ist unproblematisch; die Übergabe von N an X liegt in der Ausführung des Geheißes des N an E, die Sache (statt an ihn, N) an X zu liefern, um den Anspruch des N aus § 535 I 1 zu erfüllen, so dass E an X „für N" liefert. Da E auf Grund einer wirklichen (nicht nur von X angenommenen) Weisungsbefugnis liefert, liegt eine Übergabe iSv § 929 S. 1 vor, die auch für § 932 I 1 genügt (s. o.; iE ebenso Baur/Stürner § 52 Rn. 13 [c] zu OLG München NJW 1957, 857.). Wollte E hingegen „für sich" an X liefern (zB selbst veräußern, vermieten), weil ihm der X von N etwa als Kauf- oder Mietinteressent empfohlen worden ist, so liegt mangels Weisungsbefugnis des N kein Geheiß vor, mag es auch von X „gutgl" angenommen worden sein; daher fehlt es am notwendigen Vertrauenstatbestand für I 1. Diesen Mangel behebt I 1 nicht (→ Rn. 8). So Baur/Stürner § 52 Rn. 13 [c] mN; aA Westermann § 47 I 2; Wieling I § 10 IV 6, je mN. – Nach BGH NJW 1974, 1132 („Hemdenfall") soll es nicht auf eine Weisungs*befugnis* (so) des N ankommen, sondern darauf, dass die Übergabe an X auf Veranlassung des N *tatsächlich* erfolge, was auch geschähe, wenn E auf Veranlassung des N „für sich" an X liefere. Hier wird auf jeden Rechtsschein verzichtet, das ist abzulehnen; dem BGH zust Staudinger/Heinze Rn. 24–28; Wieling I § 10 IV 6; BeckOGK/Klinck, § 932 Rn. 84 (der auf Besitzverschaffungsmacht abstellt).

3. Böser Glaube, II. Vgl zunächst → Rn. 5. **a) Gegenstand** ist das *Eigentum* 14
des Veräußerers. Das bedeutet: **aa) Der Mangel des Rechts** muss dem Erwerber *bekannt oder grobfahrlässig unbekannt* sein. Die Kenntnis allein der Tatsachen, aus denen das Nichteigentum folgt, genügt nicht (BGH NJW 1961, 777). **bb) Andere Mängel** als das Fehlen des Eigentums bleiben bestehen. **cc) Dem Veräußerer steht gleich** der mittel- oder unmittelbar besitzende Nichteigentümer, wenn er der Veräußerung durch einen Dritten zugestimmt hat (BGHZ 56, 123, 128 f.). **b) Grobe** 15
Fahrlässigkeit. Gefordert wird ein Handeln des Erwerbers, bei dem die im Verkehr erforderliche Sorgfalt nach den gesamten Umständen in ungewöhnlich großem Maße verletzt wurde, ganz nahe liegende Überlegungen nicht angestellt oder beiseite geschoben wurden und bei dem dasjenige unbeachtet blieb, was im gegebenen Fall jedem hätte einleuchten müssen (BGH NJW 2020, 3711 Rn. 28, stRspr). *Anknüpfungspunkt* sind außergewöhnliche Umstände des Veräußerungsgeschäfts, die dem Erwerber dringlich nahelegen, sich über die Eigentumsverhältnisse entspr den Gegebenheiten des Falles zu informieren. Diese **Informationspflicht** kann durch Umstände ausgelöst werden, die im Gegenstand der Vereinbarung, in der Art und Weise ihres Zustandekommens oder/und in den beteiligten Personen liegen (BGH NJW 1993, 1649; bes krass im Fall OLG Schleswig NJW 2007, 3007 ff.); eine allg Informationspflicht besteht nicht (BGHZ 77, 274, 277; NJW-RR 1991, 344). Bsp: Bei Veräußerung eines **Gebrauchtwagens** durch einen Privaten oder Kfz-Händler ist zumindest die Zulassungsbescheinigung Teil II (§ 12 VI FZV; früher: Kfz-Brief) vorzulegen, um die Berechtigung des Veräußerers prüfen zu können (BGH NJW 2023, 781 Rn. 16 [Gegner des Erwerbers muss Nichtvorlage beweisen; allerdings trifft den Erwerber eine „sekundäre Beweislast", BGH Rn. 23, stRspr). Steht der Veräußerer nicht in der Bescheinigung, so hat der Erwerber weitere Informationen einzuholen (BGH NJW 1994, 2023), zB Nachfrage beim letzten eingetragenen Halter; das kann auch bei Veräußerung durch Kfz-Händler der Fall sein, wenn die Art und Weise, wie das Geschäft zustande kommt, eine Informationspflicht begründen (BGH NJW 1992, 310: Straßenverkauf; sa OLG Stuttgart NJW-RR 1990, 635: Tausch). In den genannten Fällen liegen die außergewöhnlichen Umstände im Gegenstand des Geschäfts (Gebrauchtwagen), in der Person des Veräußerers (Privater) oder/und in der Art und Weise des Geschäftsabschlusses (Nichtvorlage oder Inhalt der Bescheinigung, Straßenverkauf); hierzu Schlechtriem NJW 1970, 2088 ff.; OLG Frankfurt a.M. NJW-RR 1999, 928 (Vorführwagen sei kein gebrauchter, sondern „Neuwagen"); Häufung verdächtiger Umstände im Fall OLG Schleswig NJW 2007, 3007 ff. **Weitere Bsp:** Veräußerung von **Neuwagen** durch Private oder unseriös erscheinende Kfz-Händler ohne Haltereintragung in der Bescheinigung

(BGH NJW 1996, 314; sa 05, 1366); Veräußerung **neuwertiger Sachen,** die gewöhnlich unter EV erworben werden, durch einen Privaten ohne Nachprüfung des Eigentums (zB durch Vorlage quittierter Rechnung); Nachprüfung auch erforderlich bei Erwerb **wertvoller Sachen** (zB Teppich, Gemälde, Schmuck) von Privaten; Zwischenhändler veräußert Vorbehaltsware ersichtlich außerhalb des ordnungsgemäßen Geschäftsbetriebs (dazu → § 929 Rn. 28), zB zum **Schleuderpreis** (OLG Hamburg MDR 1970, 506). Die Kasuistik ist umfangreich. Stets entscheiden die gesamten Umstände des Einzelfalls. Bösgläubigkeit scheidet aus, wenn die gebotenen Nachforschungen zwar unterblieben sind, aber einwandfrei feststeht (Beweislast beim Erwerber), dass sie nicht das Nichteigentum des Veräußerers ergeben hätten; denn die **Informationspflicht ist nicht Selbstzweck,** sondern basiert auf der Möglichkeit, zum Schutz des Eigentümers die wahre Rechtslage ermitteln zu können (zust AnwKomBGB/Schilken 25; Bartels AcP 205, 687 ff.). Die Gegenansicht (BGH NJW 1994, 2024 mN; OLG Schleswig NJW 2007, 3008 f.) verkennt (deutlich BGH NJW 1994, 2024; RG 143, 19), dass die Unkenntnis „infolge grober Fahrlässigkeit", also auf Grund einer (schuldhaften) Verletzung der Informationspflicht, bestehen muss, hier aber eine „Information" die Unkenntnis nicht beseitigt
16 hätte. **c) Maßgebender Zeitpunkt** ist der des Eigentumserwerbs, **I 1.** Hierfür ist bei Erwerb nach § 929 S. 1 die Übergabe, bei Erwerb nach § 929 S. 2 die Einigung maßgebend. Diese Zeitpunkte gelten auch bei aufschiebend bedingter Übereignung (→ § 929 Rn. 38). – Hängt der Eigentumserwerb von einer privat- oder öffentlrechtlichen *Genehmigung* ab, so kommt es bei Vorliegen der anderen Erwerbsvoraussetzungen auf den Zeitpunkt der Genehmigung an. – *Nachträgliche Bösgläubigkeit*
17 schadet nicht. **d) Bei Eigentumserwerb durch Stellvertreter** (→ § 929 Rn. 21–23) gilt § 166 (BGH NJW 1982, 39; ie Schilken [Lit zu § 166] S. 235 ff.).

18 **4. Besitzerwerb vom Nichtberichtigten, I 2.** Bei **Übereignung durch schlichte Einigung** (§ 929 S. 2) erschwert **I 2** den Erwerb: Der Erwerber muss den Besitz vom nichtberechtigten Veräußerer erlangt haben, nur dann besteht ein durch Besitz begründeter Rechtsschein (→ Rn. 4). I 2 fordert also die Übergabe iSv → § 929 Rn. 8 durch den Veräußerer (vgl BGHZ 56, 123, 130 f.). Dazu ist nötig, dass der Veräußerer seinen Besitz vollständig zugunsten des Erwerbers aufgibt (→ § 929 Rn. 8). Zur Gleichstellung von Veräußerer und zust besitzendem Nichteigentümer → Rn. 16 (cc).

§ 932a Gutgläubiger Erwerb nicht eingetragener Seeschiffe

Gehört ein nach § 929a veräußertes Schiff nicht dem Veräußerer, so wird der Erwerber Eigentümer, wenn ihm das Schiff vom Veräußerer übergeben wird, es sei denn, dass er zu dieser Zeit nicht in gutem Glauben ist; ist ein Anteil an einem Schiff Gegenstand der Veräußerung, so tritt an die Stelle der Übergabe die Einräumung des Mitbesitzes an dem Schiff.

Für Erwerb eines Binnen- oder Seeschiffs vom Nichtberechtigten gelten §§ 932 ff.; Sonderregelung in § 932a bei Übereignung nicht eingetragener Seeschiffe gem § 929a. Auch § 366 I HGB ist anwendbar (BGH NJW 1990, 3209).

§ 933 Gutgläubiger Erwerb bei Besitzkonstitut

Gehört eine nach § 930 veräußerte Sache nicht dem Veräußerer, so wird der Erwerber Eigentümer, wenn ihm die Sache von dem Veräußerer übergeben wird, es sei denn, dass er zu dieser Zeit nicht in gutem Glauben ist.

1 **1. Allgemeines.** Dazu vgl → § 932 Rn. 1–13.

2 **2. Übergabeersatz gem § 930. a)** Dieser genügt nicht zum Erwerb vom Nichtberechtigten. **Notwendig** ist eine **Übergabe** iSv § 929 S. 1 durch den Veräußerer

(BGH NJW 1996, 2655 mN): Dieser muss jeden Besitz verlieren, und der Erwerber muss auf Grund des Veräußerungsgeschäfts unmittelbaren oder mittelbaren Besitz erlangen, sofern dessen Erlangung als Übergabe iSv § 929 S. 1 anzusehen ist (ie → § 929 Rn. 8–18). Erforderlich ist, dass zZ der Übergabe die Einigung fortbesteht (→ § 929 Rn. 6 gilt entspr), BGH NJW 1978, 697. **b)** Ist die **Eigentumsübertragung missglückt,** weil keine Übergabe (→ Rn. 2) vorliegt, so ist dennoch die Vereinbarung des Besitzkonstituts gültig. Der Erwerber hat somit (kein Eigentum, aber) mittelbaren Besitz erlangt (BGHZ 50, 45, 48 f. mit zweifelhafter Begründung) und kann daher einem Dritten gem § 934 Fall 1 Eigentum übertragen (sofern das Besitzkonstitut dem Erwerber nicht nur Nebenbesitz verschafft hat, → § 929 Rn. 50).

3. Ausschluss. Bösgläubigkeit (→ § 932 Rn. 5, 16, 17, 19) zZ der Übergabe 3 (→ Rn. 2) schließt den Erwerb aus.

§ 934 Gutgläubiger Erwerb bei Abtretung des Herausgabeanspruchs

Gehört eine nach § 931 veräußerte Sache nicht dem Veräußerer, so wird der Erwerber, wenn der Veräußerer mittelbarer Besitzer der Sache ist, mit der Abtretung des Anspruchs, anderenfalls dann Eigentümer, wenn er den Besitz der Sache von dem Dritten erlangt, es sei denn, dass er zur Zeit der Abtretung oder des Besitzerwerbs nicht in gutem Glauben ist.

1. Allgemeines. Dazu vgl → § 932 Rn. 1–13. 1

2. Inhalt. Zwei Fälle sind zu unterscheiden. **a) Fall 1:** Der **Veräußerer ist** 2 **mittelbarer Besitzer.** Mittelbarer Fremdbesitz genügt (BGH WM 1977, 1091 f.). **aa) Mit Abtretung** des Herausgabeanspruchs aus dem Besitzmittlungsverhältnis wird der Erwerber Eigentümer. Durch die Abtretung gibt der Veräußerer jeden Besitz zugunsten des Erwerbers auf (§ 870). Das rechtfertigt nach BGHZ 50, 45, 49 f. den Eigentumserwerb hier und seine Versagung in § 933, weil bei Vereinbarung eines Besitzkonstituts der Veräußerer den Besitz behalte (abl Picker AcP 188, 511 ff.). Der Herausgabeanspruch muss wirklich bestehen (LM Nr. 7 zu § 931), sonst ist der Veräußerer nicht mittelbarer Besitzer (→ § 868 Rn. 3, 9 [cc]). In diesem Fall ist Erwerb nach Fall 2 möglich (→ Rn. 3 [aa]; BGH NJW 1959, 1538). **bb) Bösgläubigkeit** (→ § 932 Rn. 5, 16, 17, 19) des Erwerbers zZ der Abtretung schließt den Erwerb aus. **cc) Umgehung von § 933** ist in Fall 1 möglich: Übereignet der Nichteigentümer N gem § 930 an E, so erlangt dieser kein Eigentum (§ 933); hat N aber die Sache bei L eingelagert und veräußert gem § 931 durch Einigung und Abtretung des Herausgabeanspruchs, so erwirbt E Eigentum. Dazu krit Picker AcP 188, 515 ff.; Brehm/Berger, § 27 Rn. 46). **b) Fall 2:** Der **Veräußerer ist nicht** 3 **Besitzer,** aber ein Dritter besitzt die Sache. **aa)** Ungenügend ist schlichte Einigung (→ § 931 Rn. 10). Hinzukommen muss die Verschaffung des Besitzes durch den Dritten in Anerkennung der Veräußerung, zB durch Begründung eines Besitzmittlungsverhältnisses zwischen ihm und dem Erwerber (BGH NJW 1978, 697). Erwerb nach Fall 2 ist auch möglich, wenn Erwerb nach Fall 1 fehlschlägt, weil der abgetretene Herausgabeanspruch nicht besteht (→ Rn. 3 [aa]). Die Einigung muss zZ des Besitzerwerbs fortbestehen (→ § 929 Rn. 6 gilt entspr). **bb) Bösgläubigkeit** (→ Rn. 2 [bb]) des Erwerbers zZ der Besitzerlangung schließt den Erwerb aus.

§ 935 Kein gutgläubiger Erwerb von abhanden gekommenen Sachen

(1) [1]**Der Erwerb des Eigentums auf Grund der §§ 932 bis 934 tritt nicht ein, wenn die Sache dem Eigentümer gestohlen worden, verloren gegangen oder sonst abhanden gekommen war.** [2]**Das Gleiche gilt, falls der Eigentümer nur mittelbarer Besitzer war, dann, wenn die Sache dem Besitzer abhanden gekommen war.**

(2) **Diese Vorschriften finden keine Anwendung auf Geld oder Inhaberpapiere sowie auf Sachen, die im Wege öffentlicher Versteigerung oder in einer Versteigerung nach § 979 Absatz 1a veräußert werden.**

1 **1. Allgemeines.** Vgl zunächst → § 932 Rn. 1–13. **a)** An abhanden gekommenen Sachen ist ein Erwerb vom Nichtberechtigten ausgeschlossen, I. Ausnahmen in II. **b)** Steht Abhandenkommen fest, so ist – außer bei den in II genannten Sachen – Bösgläubigkeit unerheblich. Steht Bösgläubigkeit fest, so ist (auch für die Sachen iSv II) Abhandenkommen bedeutungslos.

2 **2. Abhandenkommen. a) Dieser Begriff ist Oberbegriff** („sonst") gegenüber Besitzverlust **aa)** durch Diebstahl (§ 242 StGB); maßgebend ist der obj Tatbe-
3 stand, nicht die Strafbarkeit; **bb)** durch Verlorengehen. **b) Voraussetzungen.** Der Eigentümer oder sein Besitzmittler muss den unmittelbaren Besitz ohne (nicht nötig:
4 gegen) seinen Willen verloren haben (RG 101, 225). **aa) Natürlicher Wille,** kein rechtsgeschäftlicher, entscheidet. Daher kommt es auf die Geschäfts(un)fähigkeit nicht an (Baur/Stürner § 52 Rn. 42). Abw. die hM (s. Staudinger/Heinze Rn. 9): Bei Weggabe durch Geschäftsunfähigen liege stets (OLG München NJW 1991, 2571), bei Weggabe durch beschränkt Geschäftsfähigen nie Abhandenkommen vor; diese Unterscheidung ist höchstens als Faustregel zur Ermittlung des natürlichen Willens brauchbar (Baur/Stürner § 52 Rn. 42). – Irrtum und Betrug beseitigen nicht die willentliche Weggabe (BGH NJW 2020, 3711 Rn. 9 ff.), anders die durch Drohung bewirkte Weggabe (Staudinger/Heinze Rn. 11 mN; nach BGHZ 4, 10, 38 f. nur bei unwiderstehlichem seelischen Zwang). Bei *Wegnahme auf Grund wirksamen Staatsakts* (Vollstreckungstitel, Verwaltungsakt) kein Abhandenkommen, weil
5 der Staatsakt den fehlenden Herausgabewillen ersetzt (BGHZ 4, 10, 33 f.). **bb) Ist der Eigentümer nicht unmittelbarer Besitzer** (iGgs zu I 1) und verliert der unmittelbare Besitzer den Besitz ohne seinen Willen, aber *mit Willen des Eigentümers,* so ist diesem die Sache nicht abhanden gekommen. Praktisch bedeutungslos, da
6 dann idR der Berechtigte (dh der Eigentümer) veräußert. **cc) Ist der Eigentümer mittelbarer Besitzer,** so ist ihm die Sache abhanden gekommen, wenn der unmittelbare Besitzer den Besitz unfreiwillig verliert, **I 2** (Ausnahme: Verlust mit Willen des Eigentümers). Daran fehlt es zB, wenn der unmittelbare Besitzer mit der Sache wie ein Eigentümer verfährt (er veräußert sie; er schreibt seinen Namen in das geliehene Buch). Dass der Eigentümer seinen mittelbaren Besitz unfreiwillig verliert, begründet kein Abhandenkommen (OLG Brandenburg RdTW 2022, 168 Rn. 33). Abhandenkommen liegt aber vor, wenn der Erwerber den Besitz von einem **Mitbesitzer** ohne Wissen und Wollen der anderen Mitbesitzer erlangt (BGH NJW 1995, 2097 [2099]); kein Abhandenkommen jedoch, wenn der Mitbesitzer, der Alleineigentümer ist, mit dem Besitzverlust einverstanden ist (BGH NJW 2014, 1524
7 Rn. 17 ff.). **dd) Hat der unmittelbare Besitzer, der nicht Besitzmittler des Eigentümers** ist, den Besitz unfreiwillig eingebüßt, so ist str, ob I 2 entspr gilt (Bsp nach Baur/Stürner § 52 Rn. 38: E gibt sein Fahrrad dem R zur Reparatur, der es an den Hehler H veräußert; D stiehlt das Rad bei H und veräußert es an X. Eigentumserwerb des X?). Abhandenkommen ist abzulehnen, wenn (wie im Bsp) vor dem unfreiwilligen Besitzverlust der frühere unmittelbare Besitzer und Besitzmittler des Eigentümers seinen Besitz freiwillig beendet hat. IE ebenso OLG Düsseldorf JZ 1951, 269 f. mit zust Anm Raiser; Staudinger/Heinze Rn. 6; hM. AA
8 Baur/Stürner § 52 Rn. 38 mN. **ee) Verfährt ein Besitzdiener** ohne Willen des Besitzherrn mit der Sache wie ein Eigentümer (→ Rn. 6), so kommt sie abhanden; das gilt auch, wenn der Besitzdiener als solcher nicht erkennbar ist, denn der „gute Glaube" an den Besitz wird nicht geschützt (hM; aA Staudinger/Heinze Rn. 14 mit Einschränkungen; zum ähnlichen Problem des Gewahrsams iSv § 808 ZPO Stein/Jonas/Würdinger § 808, 14). Kein Abhandenkommen, wenn der Besitzdiener
9 mit Vertretungsmacht verfügt; Legitimation nach § 56 HGB genügt. **ff) Weggabe durch Organ einer jur Person** bedeutet kein Abhandenkommen, weil die jur Person durch das Organ besitzt und daher den Besitz freiwillig verliert (BGHZ 57,

166, 169). Entsprechendes gilt für OHG, KG und nach hM auch für die Außen-GbR (ab 1.1.2024 für die rechtsfähige GbR iSd § 705 II Fall 1 BGB-MoPeG) (dazu krit → Vor § 21 Rn. 1, 4). **gg) Wegnahme einer Nachlasssache** durch Nichterben → § 857 Rn. 3 (d).

3. Wirkung des Abhandenkommens, I. a) Ausschluss des Erwerbs vom Nichtberechtigten sowohl bei der ersten Veräußerung (zB durch den Dieb) wie bei Folgeveräußerungen (zB durch den Hehler und dessen Abnehmer), auch wenn der Erwerber nicht bösgläubig ist. Die Sache ist nicht mehr „abhanden gekommen", wenn der Eigentümer die Sache zurückerhält oder der Verfügung über sie zustimmt, bei nichtrechtsgeschäftlichem originärem Eigentumserwerb (zB §§ 937 ff., 946 ff., Enteignung, Zwangsversteigerung, → Rn. 12 [c]), ferner gem → Rn. 12. 10
b) Genehmigung (§ 185 II 1) verschafft dem Eigentümer gegen den Verfügenden einen Anspruch aus § 816 I 1 (→ § 932 Rn. 13). 11

4. Ausnahmen, II. Erwerb vom Nichtberechtigten ist gem §§ 932–934 (also nicht bei Bösgläubigkeit, RG 103, 288) möglich an **a) in- und ausländischem Geld** (nicht an Münzen als Schmuckstück, Pikart WM 1980, 511 [514] oder umlauffähigen Sammlermünzen, BGH NJW 2013, 2888); **b) Inhaberpapieren** (§§ 793 ff.; Inhaberaktien, § 10 I AktG; Inhabermarken und -karten, § 807); Vermutung der Bösgläubigkeit in § 367 HGB. – II gilt nicht für Orderpapiere, auch nicht bei Blankoindossierung; Erwerb möglich gem § 365 HGB, § 21 ScheckG, § 16 II WG; **c) öffentl versteigerten Sachen.** Begriff der öffentl Versteigerung: § 383 III (dazu BGH NJW 1990, 900). Der Erwerb vollzieht sich auch hier gem §§ 932 ff. Daher gilt II nicht für die öffentl Versteigerung gem § 814 ff. ZPO (zum Eigentumserwerb → Vor § 929 Rn. 2 [c]; → § 932 Rn. 12); **d) Sachen, die im Wege der „Internetversteigerung"** (vgl § 979 I a) versteigert werden. 12

§ 936 Erlöschen von Rechten Dritter

(1) [1]**Ist eine veräußerte Sache mit dem Recht eines Dritten belastet, so erlischt das Recht mit dem Erwerb des Eigentums.** [2]**In dem Falle des § 929 Satz 2 gilt dies jedoch nur dann, wenn der Erwerber den Besitz von dem Veräußerer erlangt hatte.** [3]**Erfolgt die Veräußerung nach § 929a oder § 930 oder war die nach § 931 veräußerte Sache nicht im mittelbaren Besitz des Veräußerers, so erlischt das Recht des Dritten erst dann, wenn der Erwerber auf Grund der Veräußerung den Besitz der Sache erlangt.**

(2) **Das Recht des Dritten erlischt nicht, wenn der Erwerber zu der nach Absatz 1 maßgebenden Zeit in Ansehung des Rechts nicht in gutem Glauben ist.**

(3) **Steht im Falle des § 931 das Recht dem dritten Besitzer zu, so erlischt es auch dem gutgläubigen Erwerber gegenüber nicht.**

1. Anwendungsbereich. Ist die veräußerte Sache mit dem Recht eines Dritten belastet, so erlischt das Recht mit dem Erwerb des Eigentums, I 1 (Ausnahmen: → Rn. 7). Solche **Rechte Dritter** sind: Nießbrauch, ges und vertragliches Pfandrecht, Pfändungspfandrecht, das Anwartschaftsrecht des VKäufers (→ § 929 Rn. 43) und das des SG bei der auflösend bedingten SÜ (→ § 930 Rn. 43). 1

2. Voraussetzungen. a) Erwerb des Eigentums, I 1, sei es vom Eigentümer, sei es gem §§ 932 ff. vom Nichteigentümer (§ 935 I verhindert den Erwerb!). 2
b) Besitzerlangung auf Grund der Veräußerung, **I 2, 3** (vgl §§ 932 I 2, 933, 934 Fall 2), auch beim Erwerb vom Eigentümer. Lastenfreier Erwerb durch Besitzkonstitut (§ 930) ist damit ausgeschlossen (BGH NJW-RR 2005, 1329). **c) Keine Bösgläubigkeit,** dh Kenntnis oder grobfahrlässige Unkenntnis des Erwerbers hinsichtlich des belastenden Rechts, **II** (→ § 932 Rn. 16, 17, 19 gilt entspr). Die hM bejaht grobfahrlässige Unkenntnis bei Erwerb gebrauchter Sachen in einem Mietraum, 3 4

wenn Erwerber sich in Kenntnis des Mietverhältnisses nicht nach Vermieterpfandrecht erkundigt (vgl BGH NJW 1972, 44; mR abl Baur/Stürner § 52 Rn. 52 [3]). –
5 Zum *Zeitpunkt:* **II.** Nachträgliche Bösgläubigkeit schadet nicht. **d) Bei rechtmäßiger Pfandveräußerung** tritt lastenfreier Erwerb trotz Kenntnis ein, § 1242 II (bei
6 fehlender Verfügungsbefugnis: § 1244). **e) Verfügungsbefugnis;** ihr Fehlen wird durch § 366 II HGB überwunden.

7 **3. Wirkung. Die Rechte erlöschen nicht, wenn a)** Erwerber nicht Eigentümer wird, I 1; **b)** der Erwerber zwar Eigentum, aber nicht eine Besitzerstellung entspr I 2, 3 erhält; **c)** der Erwerber bösgläubig iSv II ist; **d)** die Sache dem Dritten abhanden gekommen ist (§ 935 I entspr; Ausnahmen: § 935 II entspr); Bsp: Hat E seine Sache dem Pfandgläubiger A weggenommen und an B veräußert, so erwirbt B Eigentum (Erwerb vom Berechtigten), aber belastet mit dem Pfandrecht des A; zur Verpfändung an B vgl → § 1208 Rn. 2; **e)** die Sache nach § 931 oder §§ 931, 934 veräußert ist und sie der Dritte mittel- oder unmittelbar besitzt, **III;** zur praktischen Bedeutung für VKäufer und SG mit Anwartschaftsrecht → § 929 Rn. 40; → § 930 Rn. 43.

8 **4. Sonstiges.** Unterliegt die Sache der **hypothekarischen Haftung,** so gelten Sondervorschriften (§§ 1120–1122).

Untertitel 2. Ersitzung

Vorbemerkungen

1 **1. Allgemeines.** Die §§ 937 ff. gelten **nur** für **bewegliche Sachen.** Eigentumserwerb durch Ersitzung kommt in Betracht, wenn ein Eigenbesitzer (§ 872) zu Unrecht und ohne bösen Glauben meint, Eigentum erlangt zu haben (zB bei Erwerb abhanden gekommener oder „Aneignung" scheinbar derelinquierter Sache, bei Erwerb von Geisteskrankem).

2 **2. Voraussetzungen.** 10 Jahre unmittelbarer oder mittelbarer Eigenbesitz, § 937 I mit § 872. *Keine Ersitzung* tritt ein, wenn Ersitzender unredlich im Hinblick auf sein vermeintliches (lastenfreies, vgl → Rn. 3) Eigentum ist; bei Besitzerwerb schadet grobfahrlässige Unkenntnis, später nur positive Kenntnis, § 937 II; Beweislast trägt früherer Besitzer auch dann, wenn Sache abhandengekommen ist (BGH NJW 2019, 3147 Rn. 38). Berechnung der Frist: §§ 187 ff., Hemmung oder Unterbrechung: §§ 939–942; die Ersitzungsfrist ist keine Verjährungsfrist. Erleichterter Nachweis des Eigenbesitzes durch die Vermutung des § 938. Anrechnung der Ersitzungszeit des Rechtsvorgängers oder Erbschaftsbesitzers ist möglich, §§ 943 f. Zur Ersitzung durch den Erben: Knütel FS Lange, 1992, 903 ff.; Krämer NJW 1997, 2580 f. (dagegen Finkenauer NJW 1998, 960 ff.).

3 **3. Wirkungen. a) Originärer Erwerb** des Eigentums (§ 937 I), uU lastenfrei (§ 945). Lastenfreiheit allein kann ersessen werden, wenn das Eigentum anderweit,
4 zB durch Übereignung, erworben worden ist. **b)** Der Rechtserwerb aufgrund Ersitzung ist **kondiktionsfest** (BGH NJW 2016, 3162 Rn. 39 ff., dazu krit Wilhelm, NJW 2017, 193; aA RG 130, 72 f. für Leistungskondiktion nach fehlgeschlagenem Leistungsgeschäft).

§ 937 Voraussetzungen, Ausschluss bei Kenntnis

(1) **Wer eine bewegliche Sache zehn Jahre im Eigenbesitz hat, erwirbt das Eigentum (Ersitzung).**

(2) **Die Ersitzung ist ausgeschlossen, wenn der Erwerber bei dem Erwerb des Eigenbesitzes nicht in gutem Glauben ist oder wenn er später erfährt, dass ihm das Eigentum nicht zusteht.**

§ 938 Vermutung des Eigenbesitzes

Hat jemand eine Sache am Anfang und am Ende eines Zeitraums im Eigenbesitz gehabt, so wird vermutet, dass sein Eigenbesitz auch in der Zwischenzeit bestanden habe.

§ 939 Hemmung der Ersitzung

(1) [1]**Die Ersitzung ist gehemmt, wenn der Herausgabeanspruch gegen den Eigenbesitzer oder im Falle eines mittelbaren Eigenbesitzes gegen den Besitzer, der sein Recht zum Besitz von dem Eigenbesitzer ableitet, in einer nach den §§ 203 und 204 zur Hemmung der Verjährung geeigneten Weise geltend gemacht wird.** [2]**Die Hemmung tritt jedoch nur zugunsten desjenigen ein, welcher sie herbeiführt.**

(2) **Die Ersitzung ist ferner gehemmt, solange die Verjährung des Herausgabeanspruchs nach den §§ 205 bis 207 oder ihr Ablauf nach den §§ 210 und 211 gehemmt ist.**

§ 940 Unterbrechung durch Besitzverlust

(1) **Die Ersitzung wird durch den Verlust des Eigenbesitzes unterbrochen.**

(2) **Die Unterbrechung gilt als nicht erfolgt, wenn der Eigenbesitzer den Eigenbesitz ohne seinen Willen verloren und ihn binnen Jahresfrist oder mittels einer innerhalb dieser Frist erhobenen Klage wiedererlangt hat.**

§ 941 Unterbrechung durch Vollstreckungshandlung

[1]**Die Ersitzung wird durch Vornahme oder Beantragung einer gerichtlichen oder behördlichen Vollstreckungshandlung unterbrochen.** [2]**§ 212 Abs. 2 und 3 gilt entsprechend.**

§ 942 Wirkung der Unterbrechung

Wird die Ersitzung unterbrochen, so kommt die bis zur Unterbrechung verstrichene Zeit nicht in Betracht; eine neue Ersitzung kann erst nach der Beendigung der Unterbrechung beginnen.

§ 943 Ersitzung bei Rechtsnachfolge

Gelangt die Sache durch Rechtsnachfolge in den Eigenbesitz eines Dritten, so kommt die während des Besitzes des Rechtsvorgängers verstrichene Ersitzungszeit dem Dritten zugute.

§ 944 Erbschaftsbesitzer

Die Ersitzungszeit, die zugunsten eines Erbschaftsbesitzers verstrichen ist, kommt dem Erben zustatten.

§ 945 Erlöschen von Rechten Dritter

[1]**Mit dem Erwerb des Eigentums durch Ersitzung erlöschen die an der Sache vor dem Erwerb des Eigenbesitzes begründeten Rechte Dritter, es sei denn, dass der Eigenbesitzer bei dem Erwerb des Eigenbesitzes in Ansehung dieser Rechte nicht in gutem Glauben ist oder ihr Bestehen später erfährt.**

[2]**Die Ersitzungsfrist muss auch in Ansehung des Rechts des Dritten verstrichen sein; die Vorschriften der §§ 939 bis 944 finden entsprechende Anwendung.**

Untertitel 3. Verbindung, Vermischung, Verarbeitung

§ 946 Verbindung mit einem Grundstück

Wird eine bewegliche Sache mit einem Grundstück dergestalt verbunden, dass sie wesentlicher Bestandteil des Grundstücks wird, so erstreckt sich das Eigentum an dem Grundstück auf diese Sache.

1 **1. Voraussetzungen. a) Eine bewegliche Sache** kann durch Verbindung mit einem Grundstück zu dessen wesentlichem Bestandteil werden. Ob die Sache wesentlicher Bestandteil wird, bestimmen die §§ 93–95 (vgl Anm dort); abw Regelung in § 12 ErbbauRG, § 5 WEG und für entschuldigten Überbau (→ § 912
2 Rn. 9 [bb]). **b) Verbindung durch Menschenhand** ist *Realakt* (→ Vor § 104 Rn. 24); daher Geschäftsfähigkeit, Berechtigung und Fehlen der Bösgläubigkeit des Verbindenden gleichgültig, Stellvertretung und § 935 sind ausgeschlossen. Verbindung und Vermischung (§ 948), aber nicht Verarbeitung (§ 950), sind auch durch **Naturereignis** möglich.

3 **2. Wirkung. a) Das Grundstückseigentum** erstreckt sich auf die bisher selbstständige bewegliche Sache (§ 946). Das bisher an ihr bestehende Eigentum und die Rechte Dritter erlöschen endgültig (§ 949 S. 1), weil wesentliche Bestandteile
4 sonderrechtsunfähig sind (→ § 93 Rn. 1); spätere Trennung ändert nichts. **b) § 946 ist nicht abdingbar,** auch nicht durch ausdr Vorbehalt des Eigentums (RG 130, 311 f.). Deshalb wird § 946 praktisch bei Einbau von unter EV geliefertem Baumaterial (Serick IV 135 ff.; Thamm BB 1990, 866 ff.).

5 **3. Sonstiges.** Zum Ausgleich eingetretenen Rechtsverlustes vgl § 951 mit Anm.

§ 947 Verbindung mit beweglichen Sachen

(1) **Werden bewegliche Sachen miteinander dergestalt verbunden, dass sie wesentliche Bestandteile einer einheitlichen Sache werden, so werden die bisherigen Eigentümer Miteigentümer dieser Sache; die Anteile bestimmen sich nach dem Verhältnis des Wertes, den die Sachen zur Zeit der Verbindung haben.**

(2) **Ist eine der Sachen als die Hauptsache anzusehen, so erwirbt ihr Eigentümer das Alleineigentum.**

1 **1. Voraussetzungen.** *Bewegliche* Sachen werden so verbunden, dass *entweder* **a)** die bisher selbstständigen Sachen zu wesentlichen Bestandteilen einer einheitlichen Sache werden **(I)** *oder* **b)** eine der Sachen als Hauptsache anzusehen ist und die anderen als deren wesentliche Bestandteile **(II).** Was „Hauptsache" ist, bestimmt die Verkehrsanschauung, wobei es darauf ankommt, ob die übrigen Bestandteile fehlen könnten, ohne dass dadurch das Wesen der Sache beeinträchtigt würde (BGHZ 20, 159, 162 f.). Danach ist eine Sache selten Hauptsache. Bsp für Hauptsache: städtische Werbetafel gegenüber aufgeklebtem Plakat (OLG Oldenburg NJW 1982, 1166). **c)** Zur Rechtsnatur der Verbindung → § 946 Rn. 2.

2 **2. Wirkung.** Sie folgt aus § 93. **a) Bei Verbindung nach I** werden die Eigentümer der bisher selbstständigen Sachen zu Miteigentümern der einheitlichen Sache (§§ 741 ff., 1008 ff.). Zur Größe des Anteils: I Hs. 2; bzgl Rechte Dritter s. § 949 S. 2. Die einheitliche Sache ist eine „neue" entspr § 950 (LM Nr. 4 aE; aber
3 → Rn. 5). **b) Bei Verbindung nach II** erstrecken sich das Eigentum und die

Rechte Dritter (§ 949 S. 3) an der Hauptsache auf die bisher selbstständigen, jetzt zu wesentlichen Bestandteilen gewordenen Sachen. Das bisher an diesen bestehende Eigentum und die Rechte Dritter (§ 949 S. 1) erlöschen. Die Rechtsänderung bleibt bei späterer Trennung bestehen. **c) § 947 ist nicht abdingbar.** Erst die eingetretene 4 Eigentumsänderung kann rechtsgeschäftlich (§§ 929 ff.), auch antizipiert, geändert werden (Serick IV 131 f.; auch LM Nr. 4 aE, dazu Serick BB 1972, 277 ff.).

3. Verhältnis zu § 950. Trifft I mit § 950 zusammen (Verbindung durch Verar- 5 beitung), so geht § 950 vor. Trifft II zu, so scheidet § 950 aus (keine „neue" Sache), Serick IV 126 f.; → Rn. 2.

4. Sonstiges. Zum Ausgleich eingetretenen Rechtsverlustes vgl § 951 mit Anm. 6

§ 948 Vermischung

(1) **Werden bewegliche Sachen miteinander untrennbar vermischt oder vermengt, so findet die Vorschrift des § 947 entsprechende Anwendung.**

(2) **Der Untrennbarkeit steht es gleich, wenn die Trennung der vermischten oder vermengten Sachen mit unverhältnismäßigen Kosten verbunden sein würde.**

1. Voraussetzungen. Werden bewegliche Sachen untrennbar **(I)** vermischt 1 (Gase, Flüssigkeiten) oder vermengt (feste Körper, zB Getreide, Kohlen, Schweine [RG 140, 159 f.; → § 90a Rn. 1]; vgl Reinicke/Tiedtke WM 1979, 186 f.) oder wäre eine Trennung unverhältnismäßig teuer **(II),** so ist § 947, auch II (hM), entspr anzuwenden. Zur Rechtsnatur der Vermischung (Vermengung) § 946 Anm 2.

2. Wirkung. → § 947 Rn. 2–6 (auch § 947 II entspr anwendbar, Staudinger/ 2 Heinze Rn. 8); gilt auch für die Vermengung von Geld (ie Medicus JuS 1983, 899 f. [901]); allerdings kein Alleineigentumserwerb eines Kasseninhabers nach § 947 II (BGH NJW 2010, 3578 Rn. 13). Auseinandersetzung idR gem § 752 (Zustimmung aller nötig), doch hat jeder besitzende Miteigentümer einseitiges Teilungsrecht (vgl § 469 HGB).

3. Ges Sonderfälle. Insbes Sammellagerung (§ 469 HGB) und Sammelverwah- 3 rung von Wertpapieren (§ 5–8 DepotG).

§ 949 Erlöschen von Rechten Dritter

[1]Erlischt nach den §§ 946 bis 948 das Eigentum an einer Sache, so erlöschen auch die sonstigen an der Sache bestehenden Rechte. [2]Erwirbt der Eigentümer der belasteten Sache Miteigentum, so bestehen die Rechte an dem Anteil fort, der an die Stelle der Sache tritt. [3]Wird der Eigentümer der belasteten Sache Alleineigentümer, so erstrecken sich die Rechte auf die hinzutretende Sache.

Vgl → § 946 Rn. 3; → § 947 Rn. 2, 3; → § 948 Rn. 2. S. 2 gilt entspr für Anwartschaftsrecht (Serick I 448). Zum Ausgleich eingetretenen Rechtsverlustes vgl § 951 mit Anm.

§ 950 Verarbeitung

(1) **[1]Wer durch Verarbeitung oder Umbildung eines oder mehrerer Stoffe eine neue bewegliche Sache herstellt, erwirbt das Eigentum an der neuen Sache, sofern nicht der Wert der Verarbeitung oder der Umbildung erheblich geringer ist als der Wert des Stoffes. [2]Als Verarbeitung gilt auch das Schreiben, Zeichnen, Malen, Drucken, Gravieren oder eine ähnliche Bearbeitung der Oberfläche.**

(2) **Mit dem Erwerb des Eigentums an der neuen Sache erlöschen die an dem Stoffe bestehenden Rechte.**

1 **1. Allgemeines. a) Problem.** Verarbeitet jemand fremden Stoff und stellt dadurch eine neue bewegliche Sache her, so ist fraglich, ob sie dem Hersteller oder dem Eigentümer des verarbeiteten Stoffs gehört. Die Frage stellt sich in einer arbeitsteiligen Wirtschaft auf verschiedenen Produktionsstufen (Erz – Eisen – Zahnrad – Antriebsaggregat – Schiff). § 950 entscheidet den *Interessenkonflikt* zugunsten des Herstellers. Dem liegt keine sozialpolitische („Arbeit vor Kapital"), sondern allein eine wirtschaftspolitische Erwägung zugrunde (BGHZ 56, 88, 90). Das Ges bevorzugt aber nicht nur den Hersteller, sondern auch dessen Gläubiger vor dem Stofflieferanten, sofern sie (zumeist Banken) sich das Eigentum an der verarbeiteten Sache verschafft haben (BGHZ 56, 88, 90). Die Bevorzugung wird deutlich, wenn der Hersteller in wirtschaftliche Schwierigkeiten gerät. **b) Zum Verhältnis zu §§ 947 f.** vgl → § 947 Rn. 5.

2 **2. Voraussetzungen. a) Verarbeitung** oder Umbildung durch menschliche oder menschlich gesteuerte Arbeitsleistung (OLG Brandenburg BeckRS 2022, 8762 Rn. 15). Ohne Arbeitsleistung keine Verarbeitung, zB bei Umbildung durch Naturgewalt (→ § 946 Rn. 2). Verarbeitung ist auch die Bearbeitung der Oberfläche (I 2).
3 **b) Herstellung einer neuen beweglichen Sache.** Ob sie „neu" ist, bestimmt die Verkehrsauffassung nach wirtschaftlichen Gesichtspunkten. Für Neuheit spricht, dass die hergestellte Sache einen neuen Namen trägt (Mehl – Kuchen, Kleiderstoff – Anzug). Entscheidend ist, dass die Verarbeitung das Wesen des Stoffs, seine Individualität, verändert hat; daran fehlt es beim Aufwachsen eines Lebewesens, zB eines Tieres (BGH NJW 1978, 697 f.: vom Kalb zur Kuh). Bei mehrstufiger Produktion sind auch die Zwischenprodukte (Halbfabrikate) „neue" Sachen (OLG Stuttgart NJW 2001, 2890 für in Entwicklungsstufen hergestelltes Kunstwerk). Ob ein Produktionsvorgang mehrstufig oder einheitlich ist, entscheidet die Verkehrsanschauung (LM Nr. 4 zu § 97: einheitlich bei Schnitzelung von Weißkohl – Gärung zu Sauerkraut – Abfüllen in Konserven). Auch bei **I 2** muss eine **neue Sache** entstehen (ja bei Belichten eines Films und bei Aufnahme von Text, Ton oder Bild auf zum Vertrieb bestimmten Speichermedien [dazu und zur Abgrenzung vom bloßen Besprechen eines Tonbands BGH NJW 2016, 317 Rn. 19], nein bei Anbringen einer Reklameschrift auf Straßenbahnwagen). Wer ggf ein Urheberrecht erwirbt (§§ 2, 7 UrhG), ist für das Sacheigentum belanglos. Keine neue Sache entsteht, weil keine Wesensänderung eintritt, bei Instandsetzung (RG 138, 50: Restaurierung alter Bilder) oder Pflege, wohl aber durch Entfernen der Übermalung eines Rembrandt-
4 Bildes (I 2). **c) Rechtsnatur** der Verarbeitung: → § 946 Rn. 2 entspr.

5 **3. Wirkung.** Vgl Serick IV 138 ff. **a)** Der **Hersteller erwirbt** allein durch die Herstellung **Eigentum** an der neuen Sache (I 1). **Rechte Dritter** am verarbeiteten
6 Stoff **erlöschen** (II), auch bei Verarbeitung eigener Sachen (hM). **b) Abdingbarkeit** des § 950 wird von Flume (NJW 1950, 843 ff.; zust Baur/Stürner § 53 Rn. 15, 21, 22) bejaht. Die Abbedingung von § 950 macht jedoch ges Bestimmung des Eigentümers der neuen Sache unmöglich und muss neue, höchst fragwürdige Regeln für die Eigentümerbestimmung aufstellen (zB: Die neue Sache soll idR der Stoffeigentümer erwerben, also dingliche Surrogation ohne ges Grundlage; bei verlängertem EV mit Verarbeitungsklausel soll § 947 I gelten, so dass vertraglich
7 § 950 durch § 947 „ersetzt" würde). **c) Die Rspr** lässt eine vertragliche Abrede über die Person des Herstellers zu (BGHZ 46, 117, 118 f. mN). Daher kann der am Produktionsvorgang völlig unbeteiligte Stofflieferant „Hersteller" sein, dh *unmittelbar* durch die Verarbeitung Eigentümer der neuen Sache werden. Das ist wichtig, wenn der Stoff unter EV mit Verarbeitungsklausel geliefert worden ist, wonach der Lieferant, nicht der Verarbeiter, gem § 950 Hersteller und Eigentümer der neuen Sache sein soll. Nach BGHZ 79, 16, 23 f. ist eine eingeschränkte Verarbeitungsklausel, wonach der Stofflieferant nur Miteigentum in bestimmtem Umfang

erhält, zulässig; ie Serick IV 192 ff. **d) Stellungnahme.** § 950 knüpft den Eigentumserwerb an einen obj Tatbestand (Herstellung einer neuen Sache). Das verlangt eine **obj Bestimmung des Herstellers;** schuldrechtliche Absprachen sind dabei unerheblich. Nichts anderes folgt aus § 650 I 1 BGB, wonach der Werkunternehmer die hergestellte Sache nach § 433 I 1 BGB dem Besteller übereignen muss; ist der Besteller bereits Eigentümer, ist der Unternehmer nur zur Besitzverschaffung verpflichtet (MüKo-BGB/Füller § 950 Rn. 22; str). Unstr ist Hersteller der Unternehmer (Betriebsinhaber), nicht der angestellte Ver- oder Bearbeiter (BGHZ 103, 101, 108). Wird Stoff, der unter EV geliefert ist, vom VKäufer verarbeitet, so ist idR dieser, nicht der Stofflieferant, Hersteller; er erwirbt Eigentum. Folge: Der Stofflieferant kann nur rechtsgeschäftlich vom Hersteller Eigentum erwerben (Durchgangserwerb!), zB durch antizipierte Übereignung, § 930. 8

4. Ausnahmen. Kein Eigentumserwerb tritt ein und Rechte Dritter (II) bleiben bestehen, wenn der Verarbeitungswert erheblich geringer als der Stoffwert ist, **I 1 aE** (liegt jedenfalls vor bei Verhältnis Stoffwert: Verarbeitungswert wie 100: 60 [BGH NJW 1995, 2633]). Das gilt auch für I 2. Verarbeitung ist auch die Weiterverarbeitung, so dass der Stoffwert sich uU nach dem Wert des weiterverarbeiteten Halbfabrikats bestimmt. Verarbeitungswert ist der Wert der neuen Sache minus Stoffwert; zur Berechnung BGHZ 56, 88, 90 f. 9

5. Sonstiges. Zum Ausgleich eingetretenen Rechtsverlustes vgl § 951 mit Anm. 10

§ 951 Entschädigung für Rechtsverlust

(1) [1]**Wer infolge der Vorschriften der §§ 946 bis 950 einen Rechtsverlust erleidet, kann von demjenigen, zu dessen Gunsten die Rechtsänderung eintritt, Vergütung in Geld nach den Vorschriften über die Herausgabe einer ungerechtfertigten Bereicherung fordern.** [2]**Die Wiederherstellung des früheren Zustands kann nicht verlangt werden.**

(2) [1]**Die Vorschriften über die Verpflichtung zum Schadensersatz wegen unerlaubter Handlungen sowie die Vorschriften über den Ersatz von Verwendungen und über das Recht zur Wegnahme einer Einrichtung bleiben unberührt.** [2]**In den Fällen der §§ 946, 947 ist die Wegnahme nach den für das Wegnahmerecht des Besitzers gegenüber dem Eigentümer geltenden Vorschriften auch dann zulässig, wenn die Verbindung nicht von dem Besitzer der Hauptsache bewirkt worden ist.**

1. Allgemeines. a) Grundlage. Die dinglichen Rechtsänderungen infolge Verbindung usw sind die sachenrechtliche Anerkennung von – im Wesentlichen – faktischen Veränderungen. Sie sollen zwar erhalten bleiben, I 2 (Schutz des Gewinners, LM Nr. 28), doch tragen sie nicht den Rechtsgrund in sich (arg I 1; BGHZ 55, 176, 178). Die Verweisung in I 1 auf §§ 812 ff. ist daher *Rechtsgrundverweisung* (BGHZ 41, 157, 159; 55, 176, 177), nicht nur Rechtsfolgenverweisung, dh die Bereicherung „in sonstiger Weise“ (§ 812 I 1 Alt. 2, sog *Eingriffskondiktion*) muss insbes rechtsgrundlos sein. I 1 bildet daher keine selbstständige Anspruchsgrundlage, sondern nur einen Unterfall des allg Bereicherungsrechts (BGHZ 41, 157, 163). Ein Bereicherungsanspruch gem § 951 ist ausgeschlossen, soweit der Rechtsverlust unmittelbar oder mittelbar auf einer Leistung des Verlierers (→ Rn. 3) beruht, mag das Leistungsgeschäft auch unwirksam sein (→ Rn. 6–12). **b) § 951 ist abdingbar.** Die Betroffenen können die Entschädigungspflicht abw regeln oder ganz ausschließen (LM Nr. 28). 1 2

2. Anspruchsberechtigter. Der **Verlierer,** also derjenige, der sein Eigentum oder sonstiges dingliches Recht völlig verloren hat, ist anspruchsberechtigt. Kein Rechtsverlust bei Erwerb von Miteigentum (§§ 947 I, 948) und im Fall des § 949 S. 2, 3. 3

4 **3. Anspruchsverpflichteter.** Gegen den **Gewinner,** das ist derjenige, der (unbelastetes) Alleineigentum erworben hat (§§ 946, 947 II, 948, 949 S. 1, 950), ist der Anspruch geltend zu machen.

5 **4. Ohne rechtlichen Grund.** Der Verlust des dinglichen Rechts, insbes des Eigentums, muss ohne rechtlichen Grund eingetreten sein. Die Rechtsgrundlosigkeit ist verschieden danach, ob die Bereicherung durch *Leistung* oder *in sonstiger Weise* (durch „Eingriff") eingetreten ist. Im ersten Fall kommt eine Leistungskon-
6 diktion in Betracht; nur im zweiten ist § 951 anwendbar (→ Rn. 1; ie str). **a) Leistung mit Rechtsgrund** liegt vor, wenn der Verlierer (→ Rn. 3) zur Herbeifüh-
7 rung seines Rechtsverlustes *vertraglich verpflichtet* war, sei es **aa)** direkt dem Gewinner (→ Rn. 4) gegenüber (der Bauunternehmer U verbaut ihm gehörendes Material auf dem Grundstück des E, weil er hierzu dem E als Bauherrn verpflichtet
8 ist), sei es **bb)** auf Grund einer Vertragskette, die zum Gewinner führt (L liefert dem U unter EV Material, das U vor Bezahlung auf dem Grundstück des Bauherrn E verbaut [BGHZ 56, 228, 240 mN; hM], gleichgültig, ob U dem L gegenüber vor Bezahlung zum Verbauen befugt war oder nicht [BGHZ 56, 228, 241; NJW-RR 1991, 343, 345; aA Staudinger/Gursky Rn. 15 mN]; oder: der Subunternehmer des U, X, verbaut entspr dem mit U geschlossenen Vertrag eigenes Material auf dem Grundstück des Bauherrn E [BGHZ 27, 317, 326; LM Nr. 14 zu § 812 mwN]). Hier führt die Vertragskette vom Verlierer L oder X über U zum Gewin-
9 ner E. **b) Leistung ohne Rechtsgrund** liegt vor, wenn der Vertrag oder ein Glied in der Vertragskette zwischen Verlierer und Gewinner unwirksam ist. Das löst zwischen den Vertragspartnern eine Leistungskondiktion (§ 812 I 1 Alt. 1) aus, die eine Eingriffskondiktion (I 1, § 812 I 1 Alt. 2) des Verlierers gegen den Gewinner ausschließt (vgl allg BGHZ 61, 289, 291 f.). Das ist vor allem bei *Vertragsketten*
10 (Lieferant L – Bauunternehmer U – Grundstückseigentümer E) bedeutsam. **aa)** Ist der Vertrag L–U unwirksam, so hat L nur einen Anspruch aus § 812 I 1 Alt. 1 gegen U, aber nicht aus I 1, § 812 I 1 Alt. 2 gegen E (BGHZ 36, 30, 32; 67, 232,
11 241 f.; hM). **bb)** Ist der Vertrag U–E unwirksam, so hat U gegen E nur einen Anspruch aus § 812 I 1 Alt. 1, sog Leistungskondiktion (Staudinger/Gursky Rn. 7; auch LM Nr. 14 zu § 812). Die hM gibt dem U gegen E jedoch einen Anspruch über I 1 (vgl BGH NJW 1954, 794); dieser Weg führt aber nur zur Eingriffskondik-
12 tion (§ 812 I 1 Alt. 2), die hier nicht gegeben ist. **cc) Doppelmangel.** Sind die Verträge L–U *und* U–E unwirksam, so ist ein Durchgriff des L gegen E im Wege der Eingriffskondiktion ausgeschlossen (aA WolffR § 74 I 3b). Zwischen den jeweiligen Vertragspartnern kommt es zur Leistungskondiktion (Staudinger/Gursky Rn. 8; Baur/Stürner § 53 Rn. 31 mwN; sa BGHZ 48, 70, 71 f.; 61, 289, 291 f.). **dd)** Dass Leistungs- und nicht Eingriffskondiktion Platz greift, ist ua wich-
13 tig für §§ 814, 815. Sie sind bei Eingriffskondiktion unanwendbar. **c) Ungerechtfertigter Eingriff** liegt vor, wenn eine – wirksame oder unwirksame – Leistungsbeziehung zwischen Verlierer und Gewinner fehlt. **Bsp: aa)** Der Dieb verarbeitet
14 das gestohlene Rind zu Fleischkonserven; § 951 gegeben. **bb)** Der Dieb veräußert das gestohlene Rind (unwirksam: § 935) an E, der es zu Fleischkonserven verarbeitet. Der Bestohlene hat einen Anspruch aus Eingriffskondiktion (I 1 mit § 812 I 1 Alt. 2) gegen E; die Leistungsbeziehung zum Dieb nützt dem E nichts, weil sie nicht zum Bestohlenen, dh zum Verlierer, reicht (BGHZ 55, 176, 177 f.). Der Bestohlene kann, statt nach § 951 vorzugehen, die Veräußerung an E genehmigen, obwohl er sein Eigentum bereits gem § 950 verloren hat, und vom Dieb nach
15 § 816 I 1 kondizieren (BGHZ 56, 131, 133 ff.). **cc)** Hat der Bauunternehmer U gestohlenes oder sonst abhanden gekommenes Material auf dem Grundstück des E verbaut, so gilt → Rn. 14 entspr Für § 816 I 1 ist es in diesem Fall unerheblich, dass der Einbau keine rechtsgeschäftliche Verfügung ist (Staudinger/Gursky Rn. 17
16 mN). **dd)** Hat der Bauunternehmer U nicht wie in → Rn. 15 gestohlenes, sondern gemietetes Material verbaut, so wäre eine Bereicherungshaftung des E gegenüber dem verlierenden Vermieter uU ungerecht: E hätte vor dem Einbau Eigentum

gem § 932 erwerben und damit idR einer Bereicherungshaftung entgehen können (Ausnahme § 816 I 2, vgl BGHZ 40, 272, 275). E haftet daher nach §§ 951, 812 ff. nur bei Bösgläubigkeit (entspr § 932); ist E gutgl, so haftet U analog § 816 I 1 (Staudinger/Gursky Rn. 13, 14 mN. – BGHZ 56, 228, 242 lässt offen). **d) Bei** 17
Beteiligung mehrerer kann zweifelhaft sein, ob der Verlierer – uU irrtümlich – auf eine eigene Schuld gegenüber dem Gewinner (Eigenleistung) oder auf die Schuld eines Dritten leisten wollte (Drittleistung). Zur Problematik BGHZ 67, 232, 241; Ehmann NJW 1969, 398 ff., je mwN.

5. Inhalt und Umfang des Anspruchs. a) Vergütung nur in Geld, I 1, 18
§ 818 II. **b) Der Anspruch entsteht** im Zeitpunkt des Rechtsverlustes. Bei Einbau in ein Gebäude ist das idR die Vollendung des Bauwerks (LM Nr. 16); die Rspr lässt viele Ausnahmen zu (ie Klauser NJW 1965, 517). **c) Herauszugeben** ist die – 19
grundsätzlich obj festzustellende – Steigerung des Verkehrswerts infolge der Verbindung usw § 818 III, IV (nicht I), § 819 (LM Nr. 13) sind anwendbar; kein Anspruch wegen aufgewendeter Arbeit (dafür uU §§ 812 I, 684). Kosten für Erwerb bei Drittem sind nicht absetzbar (BGHZ 55, 176, 179; zum Fall: → Rn. 14. **d) Aufge-** 20
drängte Bereicherung liegt vor, wenn der Rechtserwerb dem Gewinner unerwünscht ist (vgl Haas AcP 176, 1 ff. mN; allgM Wolf JZ 1966, 467 ff. mN). Hier kann der Bereicherungsanspruch des Verlierers abgewehrt oder verkürzt werden; das „Wie" ist str (Staudinger/Gursky Rn. 46 ff.). **aa)** Ist derjenige, der auf fremdem Grund gebaut hat, zur Beseitigung des Bauwerks verpflichtet (§§ 1004 I, 823), so entfällt der Vergütungsanspruch wegen Rechtsmissbrauchs, wenn der Eigentümer Beseitigung verlangt (BGH NJW 1965, 816 mN). **bb)** UU kann der Eigentümer dem Zahlungsverlangen einredeweise die Gestattung der Wegnahme entspr § 1001 S. 2 entgegensetzen (BGHZ 23, 61, 64 f. für den Fall, dass das aufgedrängte Bauwerk erst nach erheblichem Kostenaufwand einen Ertragswert für den Eigentümer hat; zust LM Nr. 28; dagegen Staudinger/Gursky Rn. 48 f. mN). **cc)** Die Bereicherung ist nicht (mehr) aufgedrängt, wenn der Gewinner die Verbindung usw genehmigt hat. Der Vergütungsanspruch besteht dann nach allg Grundsätzen.

6. Weitergehende Rechte. Diese sind in **II 1** unvollständig aufgeführt. 21
a) §§ 823 ff., 1004 (vgl → Rn. 20 [aa]). **b) Verwendungsersatz,** zB gem 22
§§ 536a II, 539 I, 581 II, 1049 I, 1216 S. 1, 2125 I. **aa) Verwendungen sind** Vermögensaufwendungen, die der Sache zugutekommen sollen; dabei muss es sich um Maßnahmen handeln, die der Erhaltung, Wiederherstellung oder Verbesserung der Sache dienen (BGHZ 131, 220, 222 f.). Nach BGHZ 41, 157, 160 (stRspr) dürfen Verwendungen die Sache aber nicht wesentlich verändern, wie zB die Errichtung einer Fabrik auf unbebautem Grundstück (BGHZ 10, 171, 177 f.); gegen diesen engen Verwendungsbegriff (der den Eigentümer begünstigt) Staudinger/Gursky Rn. 5 ff. vor §§ 994 ff. mN. **bb) Ausgeschlossen** ist Bereicherungsrecht und damit 23
auch I 1 (vgl → Rn. 1) **durch §§ 994 ff.** als einer erschöpfenden bereicherungsrechtlichen Sonderregelung für das Verhältnis von Eigentümer und unberechtigtem Besitzer (BGHZ 41, 157, 162; NJW 1996, 52, → Vor § 994 Rn. 7, str). Das hat ua zur Folge, dass der gutgl unverklagte Besitzer für seine Aufwendungen, die keine Verwendungen sind, auf das Wegnahmerecht gem § 997 angewiesen ist (nach aA sind §§ 812 ff. anwendbar). **c) Wegnahmerecht,** zB §§ 539 II, 552, 581 II, 997, 24
1049 II, 1216 S. 2, 2125 II. – II 2 erweitert das Wegnahmerecht des Besitzers aus § 997 (BGHZ 40, 272, 280 ff.), gibt also nicht ein Wegnahmerecht für jeden, der ein dingliches Recht gem §§ 946 f. verloren hat (aA Staudinger/Gursky Rn. 67 mN). Abwendung des Rechts gem § 997 II ist zulässig. Erst mit tatsächlicher Wegnahme erlischt der Vergütungsanspruch aus I 1 (BGH NJW 1954, 266).

§ 952 Eigentum an Schuldurkunden

(1) [1]**Das Eigentum an dem über eine Forderung ausgestellten Schuldschein steht dem Gläubiger zu.** [2]**Das Recht eines Dritten an der Forderung erstreckt sich auf den Schuldschein.**

(2) **Das Gleiche gilt für Urkunden über andere Rechte, kraft deren eine Leistung gefordert werden kann, insbesondere für Hypotheken-, Grundschuld- und Rentenschuldbriefe.**

1 **1. Anwendungsbereich. a) Schuldschein, I:** Vom Schuldner zu Beweiszwecken ausgestellte Urkunde, die eine Schuld begründet oder bestätigt (RG 116, 173). **II** stellt Urkunden über *andere Rechte* als Forderungen den Schuldscheinen gleich. § 952 gilt für sämtliche Rektapapiere. Stets darf die Urkunde nur das Recht verbrie-
2 fen, daher ist § 952 unanwendbar auf Vertragsurkunden (hM). **b) Bsp:** Grundpfandbriefe (II), außer Inhabergrund- und -rentenschuldbriefen, §§ 1195, 1199 (allgM); die qualifizierten Legitimationspapiere des § 808, insbes Sparbücher (BGH NJW 1972, 2269). Für den Fahrzeugbrief (StVZO 20 III) gilt § 952 entspr (BGH NJW 2020, 3711 Rn. 32 mN [redlicher Kfz-Erwerber Eigentümer des Fahrzeugbriefs]; Staudinger/Gursky Rn. 9 mwN), da der Brief wie andere Zulassungspapiere (zB Waffenbesitzkarte) nicht selbstständiger Gegenstand des rechtsgeschäftlichen Ver-
3 kehrs ist (→ Rn. 6). **c) Nicht** unter § 952 fallen Inhaber- und Orderpapiere („Das Recht aus dem Papier folgt dem Recht am Papier"); anders, wenn die Wechselforderung durch Abtretung der Forderung und Übergabe des Papiers übertragen wird (Staudinger/Gursky Rn. 5).

4 **2. Wirkung. a) Die Urkunde gehört** dem Inhaber des Rechts („Das Recht am Papier folgt dem Recht aus dem Papier"), sobald Recht und Papier gleichzeitig existieren. Mit der Abtretung (§§ 398, 413), für die zuweilen die Übergabe des Papiers nötig ist (zB § 1154 I), oder der ges Übertragung (§ 412) erwirbt der neue Gläubiger kraft Ges Eigentum am Papier. Erlischt das Recht, so hat der Schuldner einen Rückgabeanspruch, § 371 (str, manche wenden § 952 entspr zugunsten des
5 Schuldners an). **b) Rechte Dritter** iSv I 2 sind Nießbrauch und Pfandrecht.
6 **c) § 952 verhindert,** dass die Urkunden selbstständige Gegenstände des rechtsgeschäftlichen Verkehrs werden (keine selbstständige Übertragung oder Belastung). Möglich ist ein vertragliches Zurückbehaltungsrecht (LG Frankfurt a. M. NJW-RR
7 1986, 986 f. für Fahrzeugbrief). **d)** § 952 ist **nicht abdingbar** (Staudinger/Gursky
8 Rn. 24 mN; aA die noch hM). **e)** § 952 geht § 950 I (2) vor, nach hM nicht, wenn auf einem Gemälde eines Künstlers ein Schuldschein gesetzt wird (MüKo-BGB/Füller § 952 Rn. 21); abzulehnen, da dingliche Rechte solchen Relativierungen nicht offen stehen.

Untertitel 4. Erwerb von Erzeugnissen und sonstigen Bestandteilen einer Sache

Vorbemerkungen

1 **1. Allgemeines. a) Vor der Trennung** sind Erzeugnisse wesentliche Bestandteile der beweglichen oder unbeweglichen Muttersache; Folge: Sonderrechtsunfä-
2 higkeit, § 93. **b) Erst durch Trennung** (Mähen des Getreides, Kalben der Kuh) werden sie selbstständige Sachen (→ § 90a Rn. 1) und damit sonderrechtsfähig. Daher muss das Ges entscheiden, wem sie gehören. Regel des Ges (§ 953): Sie gehören dem Eigentümer der Muttersache. Diesem geht der wirkliche (§ 954), dem wirklichen der scheinbare (§ 955) dinglich Fruchtziehungsberechtigte vor, ihnen allen der persönlich Berechtigte (§§ 956, 957). Für den Eigentumserwerb ist es gleichgültig, ob der Berechtigte oder ein Dritter getrennt hat. Der Eigentümer erwirbt gem § 953 Eigentum an Äpfeln, die der Dieb gepflückt hat; ebenso zB der Pächter des Obstgartens, *§ 956 I 1 Fall 1.*

3 **2. §§ 953 ff.** Diese regeln nur den Eigentumserwerb. Ob die Sachen dem Erwerber gebühren (vgl § 101), dh, ob er sie **behalten** darf, bestimmt sich primär nach den Parteivereinbarungen, iÜ vgl zB §§ 987 ff., 1039, 2133 und allg 101. Eigentumserwerb kann schadensersatzpflichtig machen (Bsp § 1039).

3. Früchte. Für Früchte, die **keine Sachen** sind (→ §§ 99–103 Rn. 2), gelten §§ 953 ff. nicht, zB für Mietforderung. 4

§ 953 Eigentum an getrennten Erzeugnissen und Bestandteilen

Erzeugnisse und sonstige Bestandteile einer Sache gehören auch nach der Trennung dem Eigentümer der Sache, soweit sich nicht aus den §§ 954 bis 957 ein anderes ergibt.

1. Allgemeines. a) Vgl Anm vor § 953. **b)** Erwerb gem §§ 954–957 geht vor. 1

2. Eigentumserwerb (dh Fortdauer des Eigentums). Dieser erfasst **a)** Erzeugnisse (vgl § 99 I); **b)** (bisherige) wesentliche Bestandteile (→ § 93 Rn. 3); **c)** nichtwesentliche Bestandteile, sofern sie bereits vor der Trennung dem Eigentümer der Muttersache gehörten. 2

3. Pfandhaftung. S. §§ 1120–1122; § 1192; Sa § 1212. 3

§ 954 Erwerb durch dinglich Berechtigten

Wer vermöge eines Rechts an einer fremden Sache befugt ist, sich Erzeugnisse oder sonstige Bestandteile der Sache anzueignen, erwirbt das Eigentum an ihnen, unbeschadet der Vorschriften der §§ 955 bis 957, mit der Trennung.

1. Allgemeines. a) Vgl Anm vor § 953. **b)** Erwerb gem §§ 955–957 geht vor. 1

2. Dingliche Rechte. Das sind insbes Nutzungspfandrecht (§ 1213); Erbbaurecht (§ 1 II ErbbauRG); Dienstbarkeiten, soweit sie Nutzungsrecht an Sachen geben (Bsp Sachnießbrauch, § 1030). Besitz unnötig. Zum Gegenstand des Eigentumserwerbs → § 953 Rn. 2. 2

§ 955 Erwerb durch gutgläubigen Eigenbesitzer

(1) [1]**Wer eine Sache im Eigenbesitz hat, erwirbt das Eigentum an den Erzeugnissen und sonstigen zu den Früchten der Sache gehörenden Bestandteilen, unbeschadet der Vorschriften der §§ 956, 957, mit der Trennung.** [2]**Der Erwerb ist ausgeschlossen, wenn der Eigenbesitzer nicht zum Eigenbesitz oder ein anderer vermöge eines Rechts an der Sache zum Fruchtbezug berechtigt ist und der Eigenbesitzer bei dem Erwerb des Eigenbesitzes nicht in gutem Glauben ist oder vor der Trennung den Rechtsmangel erfährt.**

(2) **Dem Eigenbesitzer steht derjenige gleich, welcher die Sache zum Zwecke der Ausübung eines Nutzungsrechts an ihr besitzt.**

(3) **Auf den Eigenbesitz und den ihm gleichgestellten Besitz findet die Vorschrift des § 940 Abs. 2 entsprechende Anwendung.**

1. Allgemeines. a) Vgl Anm vor § 953. **b)** Erwerb gem §§ 956 f. geht vor. **c) Hauptfälle** des § 955: fehlgeschlagene Übereignung, fehlgeschlagene Bestellung eines Nutzungsrechts (→ § 954 Rn. 2). 1

2. Gegenstand des Eigentumserwerbs. Dies sind nur Sachfrüchte iSv § 99 I, nicht sonstige (bisherige) wesentliche Bestandteile der Muttersache, zB Abbruchmaterialien eines Gebäudes (dafür § 953). 2

3. Wirkung. a) Eigenbesitzer (I): → § 872 Rn. 1. Das kann auch der Eigentümer sein, wenn ein fremdes Nutzungsrecht (→ § 954 Rn. 2) besteht. **b) Dingliche Nutzungsrechte (II):** → § 954 Rn. 2. **c) Erwerb ist ausgeschlossen,** wenn Eigen- oder Nutzungsbesitzer bei Besitzerwerb den Mangel seines Rechts kennt 3 oder grobfahrlässig nicht kennt; später, aber vor der Trennung, schadet nur noch positive Kenntnis; nach der Trennung ist auch diese unschädlich. Guter Glaube ist weder Erwerbsvoraussetzung noch wird er vermutet (→ § 932 Rn. 5). § 935 gilt bei Abhandenkommen der Muttersache entspr für Erwerb von Bestandteilen, nicht von Früchten (Staudinger/Gursky Rn. 9, str). **d) Eigen- und Nutzungsbesitzer** sind wegen ihres Erwerbs uU zum Ausgleich verpflichtet, zB gem §§ 987 ff.

§ 956 Erwerb durch persönlich Berechtigten

(1) [1]**Gestattet der Eigentümer einem anderen, sich Erzeugnisse oder sonstige Bestandteile der Sache anzueignen, so erwirbt dieser das Eigentum an ihnen, wenn der Besitz der Sache ihm überlassen ist, mit der Trennung, anderenfalls mit der Besitzergreifung.** [2]**Ist der Eigentümer zu der Gestattung verpflichtet, so kann er sie nicht widerrufen, solange sich der andere in dem ihm überlassenen Besitz der Sache befindet.**

(2) **Das Gleiche gilt, wenn die Gestattung nicht von dem Eigentümer, sondern von einem anderen ausgeht, dem Erzeugnisse oder sonstige Bestandteile einer Sache nach der Trennung gehören.**

1 **1. Allgemeines. a)** Vgl Anm vor § 953. **b)** Erwerb gem § 957 geht vor. **c)** Str ist, ob die Aneignungsgestattung ein bes Fall der Übereignung künftiger Sachen (§§ 929 ff.) oder eine einseitige Verfügung des Gestattenden ist (s. BGHZ 27, 360, 364 f.); BGHZ 27, 360, 364 f., 367 f. vermeidet Festlegung.

2 **2. Gestattung. a) Zum „Wesen"** → Rn. 1 (c). § 130 I, II ist anwendbar (vgl BGHZ 27, 360, 366). **b) Ihre Erteilung** ist Erfüllung des zugrundeliegenden Verpflichtungsgeschäfts, zB eines Pachtvertrags (vgl § 581 I 1: Gewährung = Gestattung des Fruchtgenusses). Diesem gegenüber ist sie abstrakt (→ Vor § 854 Rn. 13). Ihrem Inhalt nach ist sie Verfügung über das Fruchtziehungsrecht des Gestattenden (s. d). **c) Berechtigt** zur Gestattung sind die in §§ 953–956 Genannten. Gestattungsrecht und Verfügungsbefugnis müssen idR zZ des Fruchterwerbs bestehen (BGHZ 27, 360, 365 ff. für I 1 Fall 2); zum Erwerb → Rn. 4. **d) Unwiderruflich** ist sie nur gem I 2. Bsp: Dem Käufer stehender Bäume ist durch Signieren unmittelbarer Teilbesitz übertragen worden (→ § 854 Rn. 6). Str ist, ob die Unwiderruflichkeit auch den Rechtsnachfolger des Gestattenden trifft (vgl Grüneberg/Herrler Rn. 6 mN).
3 **e) Gewohnheitsrechtlich** begründete Nutzung von Wald und Flur durch jedermann (Rinck MDR 1961, 982: „privatrechtlicher Gemeingebrauch") umfasst *gewohnheitsrechtliche Gestattung* der Aneignung von wildwachsenden Früchten und Blumen in ortsüblichem Umfang. Bes landesrechtliches Aneignungsrecht zB in Art. 141 III 1 BayVerf, § 40 bw LWaldG. → § 905 Rn. 4.

4 **3. Der Fruchterwerb. a) Gegenstand:** → § 953 Rn. 2. Den Umfang bestimmt die Gestattung. **b) Eigentumserwerb** tritt ein **aa)** mit der Trennung, wenn der Berechtigte den Besitz an der Muttersache mit dem Willen des Gestattenden erlangt hat. Mittelbarer Besitz der Muttersache genügt jedenfalls dann nicht, wenn der Gestattende deren unmittelbarer Besitzer bleibt (BGHZ 27, 360, 363 f.). Genügend ist unmittelbarer Teilbesitz an ungetrennten Bestandteilen (RG 108, 271 f.; Bsp → Rn. 2 [e]); **bb)** ohne Besitz an der Muttersache (s. aa) erst mit Besitzergreifung an den getrennten Bestandteilen.

§ 957 Gestattung durch den Nichtberechtigten

Die Vorschrift des § 956 findet auch dann Anwendung, wenn derjenige, welcher die Aneignung einem anderen gestattet, hierzu nicht berechtigt ist, es sei denn, dass der andere, falls ihm der Besitz der Sache überlassen wird, bei der Überlassung, anderenfalls bei der Ergreifung des Besitzes der

Erzeugnisse oder der sonstigen Bestandteile nicht in gutem Glauben ist oder vor der Trennung den Rechtsmangel erfährt.

1. Bezirk des Gestattenden. Der Gestattende muss die Muttersache besitzen 1
(RG 108, 271). Unmittelbarer Teilbesitz an den ungetrennten Bestandteilen genügt (→ § 956 Rn. 4 [aa]).

2. Ausschluss des Erwerbs. Erwerb ist ausgeschlossen, wenn der Aneig- 2
nende **a)** im Fall der Besitzüberlassung zu diesem Zeitpunkt den Mangel der Gestattungsbefugnis kennt oder grobfahrlässig nicht kennt oder ihn vor der Trennung
erfährt; **b)** im Fall mangelnder Besitzüberlassung im Zeitpunkt der Besitzergreifung 3
an den getrennten Bestandteilen den Mangel kennt oder grobfahrlässig nicht kennt. Guter Glaube ist weder Erwerbsvoraussetzung noch wird er vermutet (→ § 932 Rn. 5). Zur entspr Anwendbarkeit von § 935 → § 955 Rn. 3 (c) (wie dort Staudinger/Gursky Rn. 8).

Untertitel 5. Aneignung

§ 958 Eigentumserwerb an beweglichen herrenlosen Sachen

(1) **Wer eine herrenlose bewegliche Sache in Eigenbesitz nimmt, erwirbt das Eigentum an der Sache.**

(2) **Das Eigentum wird nicht erworben, wenn die Aneignung gesetzlich verboten ist oder wenn durch die Besitzergreifung das Aneignungsrecht eines anderen verletzt wird.**

1. Voraussetzungen. a) Herrenlosigkeit einer beweglichen Sache liegt vor, 1
wenn sie noch nie in jemandes Eigentum stand (Bsp § 960 I 1) oder nicht mehr steht (Bsp §§ 959, 960 II, III, 961). **b) Ergreifung von Eigenbesitz** (§ 872), auch mit Hilfe von Besitzdiener (§ 855) oder Besitzmittler (→ § 868 Rn. 7). Zum Besitzerwerb → § 854 Rn. 10, 12. **c) Aneignung ist** Realakt, daher Geschäftsfähigkeit unnötig (Staudinger/Gursky Rn. 7; hM).

2. Wirkung. a) Eigentumserwerb kraft Ges, **I.b) Kein** Erwerb **(II)** bei ges 2
Aneignungsverbot (zB gem BNatSchG) oder Verletzung des Aneignungsrechts eines Dritten (zB aus § 1 BJagdG). Mit Besitzergreifung durch einen Wilderer erlangt der Jagdberechtigte kein Eigentum (Staudinger/Gursky Rn. 14; str), doch kann der Wilderer einem anderen Eigentum verschaffen (§§ 932 ff. gelten nur entspr: originärer Erwerb, weil am Wild bislang kein Eigentum bestand; daher § 935 unanwendbar).

§ 959 Aufgabe des Eigentums

Eine bewegliche Sache wird herrenlos, wenn der Eigentümer in der Absicht, auf das Eigentum zu verzichten, den Besitz der Sache aufgibt.

1. Voraussetzungen der Dereliktion. a) Verzichtswille. Er muss betätigt wer- 1
den durch eine einseitige nichtempfangsbedürftige Willenserklärung, daher ist Geschäftsfähigkeit nötig. Verstoß gegen § 3 S. 1 Nr. 3, 4 TierSchG macht Erklärung
gem § 134 nichtig (BVerwG NJW 2018, 3125 Rn. 16). **b) Besitzaufgabe,** die der 2
Willenserklärung nach → Rn. 1 zeitlich vorausgehen kann. Die Sache muss besitz-
los werden oder sein. **c) Bewegliche Sachen** iSv § 959 sind idR (Tiere ausgenom- 3
men) „Abfälle" iSd § 3 I KrWG; § 15 I KrWG verbietet weder Besitz- noch Eigentumsaufgabe (MüKo-BGB/Oechsler § 959 Rn. 7). – Auch für **Tiere** gilt § 959 (→ § 90a Rn. 1), aber → Rn. 1.

2. Wirkung. Herrenlosigkeit (→ § 958 Rn. 1 [a]). Rechte Dritter bleiben. 4

§ 960 Wilde Tiere

(1) [1]**Wilde Tiere sind herrenlos, solange sie sich in der Freiheit befinden.** [2]**Wilde Tiere in Tiergärten und Fische in Teichen oder anderen geschlossenen Privatgewässern sind nicht herrenlos.**

(2) **Erlangt ein gefangenes wildes Tier die Freiheit wieder, so wird es herrenlos, wenn nicht der Eigentümer das Tier unverzüglich verfolgt oder wenn er die Verfolgung aufgibt.**

(3) **Ein gezähmtes Tier wird herrenlos, wenn es die Gewohnheit ablegt, an den ihm bestimmten Ort zurückzukehren.**

Anwendungsbereich. Wilde Tiere, die in Freiheit (I) oder in Gefangenschaft (II) leben oder in die Freiheit zurückgekehrt sind (III mit I 1). II gilt für III entspr (LG Bonn NJW 1993, 940 [dazu Brehm/Berger JuS 1994, 14 ff.]; aA Avenarius NJW 1993, 2589 f.). Solange der Besitzer den Verbleib des Tieres mit dem Ziel beobachtet, seinen gelockerten Besitz zu erhalten, hat ein Tier nicht die Freiheit iS II wiedererlangt (Auswilderungsprogramm, BGH MDR 2019, 1444). Für zahme Tiere (Haustiere) gilt § 959.

§ 961 Eigentumsverlust bei Bienenschwärmen

Zieht ein Bienenschwarm aus, so wird er herrenlos, wenn nicht der Eigentümer ihn unverzüglich verfolgt oder wenn der Eigentümer die Verfolgung aufgibt.

§§ 961–964 gelten nur für Bienen in Bienenstöcken. § 961 gleicht dem § 960 II: „Die Biene ist ein wilder Wurm“ (s. Gercke NuR 1991, 60 f.).

§ 962 Verfolgungsrecht des Eigentümers

[1]**Der Eigentümer des Bienenschwarms darf bei der Verfolgung fremde Grundstücke betreten.** [2]**Ist der Schwarm in eine fremde nicht besetzte Bienenwohnung eingezogen, so darf der Eigentümer des Schwarmes zum Zwecke des Einfangens die Wohnung öffnen und die Waben herausnehmen oder herausbrechen.** [3]**Er hat den entstehenden Schaden zu ersetzen.**

§ 963 Vereinigung von Bienenschwärmen

Vereinigen sich ausgezogene Bienenschwärme mehrerer Eigentümer, so werden die Eigentümer, welche ihre Schwärme verfolgt haben, Miteigentümer des eingefangenen Gesamtschwarms; die Anteile bestimmen sich nach der Zahl der verfolgten Schwärme.

§ 964 Vermischung von Bienenschwärmen

[1]**Ist ein Bienenschwarm in eine fremde besetzte Bienenwohnung eingezogen, so erstrecken sich das Eigentum und die sonstigen Rechte an den Bienen, mit denen die Wohnung besetzt war, auf den eingezogenen Schwarm.** [2]**Das Eigentum und die sonstigen Rechte an dem eingezogenen Schwarme erlöschen.**

Untertitel 6. Fund

Vorbemerkungen

1. Begriffe. a) Verloren ist eine Sache, wenn sie besitzlos, aber nicht herrenlos ist. Nicht verloren ist daher eine gestohlene, verlegte oder versteckte (OLG Hamburg MDR 1982, 409; OLG Oldenburg NJW-RR 2021, 272 Rn. 14) Sache (da Besitz besteht), auch nicht eine derelinquierte Sache (da sie herrenlos ist). Verloren ist das vom Dieb weggeworfene Diebesgut (s. OLG Hamm NJW 1979, 725 f.), das vom Buchentleiher (Besitzmittler) oder Buchhändlergehilfen (Besitzdiener) weggeworfene Buch. **b) Finder** ist, wer die verlorene (uU von einem Dritten entdeckte) Sache in Besitz nimmt (BGHZ 8, 130, 132 f., hM). Finden ist Realakt (→ Vor § 104 Rn. 24); Besitzbegründungswille nötig (→ § 854 Rn. 12), genereller soll genügen (BGHZ 101, 186, 189 f. für verlorenen Geldschein in Selbstbedienungs-Großmarkt, abl Ernst JZ 1988, 359 ff.; sa BGHZ 8, 130, 131 ff.: „spätestens" mit Ergreifen der Sache durch den mit Suchen beauftragten Besitzdiener habe der Inhaber [als Besitzherr] Besitz erlangt; „Finder" ist in beiden Fällen der Inhaber). 1 2

2. Rechtsfolgen des Fundes. Zwischen Finder und Empfangsberechtigtem (→ § 969 Rn. 1) entsteht ges Schuldverhältnis. Der Finder hat erhebliche Pflichten (§§ 965–969) und geringe Rechte. Er wird als Geschäftsbesorger des Verlierers angesehen (vgl §§ 970–972). Eigentumserwerb nicht mit Fund, sondern erst gem §§ 973, 974 (auch bei Kleinfund, vgl § 973 II), danach Bereicherungshaftung (§ 977). 3

3. Sonstiges. §§ 965–967, 969–977 sind unanwendbar bei Fund in Geschäftsräumen oder Beförderungsmitteln öffentl Behörden (Begriff: Eith MDR 1981, 190 f.) und in Verkehrsanstalten (§ 978 I 2). Haftungsmaßstab des § 968 gilt. 4

§ 965 Anzeigepflicht des Finders

(1) **Wer eine verlorene Sache findet und an sich nimmt, hat dem Verlierer oder dem Eigentümer oder einem sonstigen Empfangsberechtigten unverzüglich Anzeige zu machen.**

(2) [1]**Kennt der Finder die Empfangsberechtigten nicht oder ist ihm ihr Aufenthalt unbekannt, so hat er den Fund und die Umstände, welche für die Ermittlung der Empfangsberechtigten erheblich sein können, unverzüglich der zuständigen Behörde anzuzeigen.** [2]**Ist die Sache nicht mehr als zehn Euro wert, so bedarf es der Anzeige nicht.**

§ 966 Verwahrungspflicht

(1) **Der Finder ist zur Verwahrung der Sache verpflichtet.**

(2) [1]**Ist der Verderb der Sache zu besorgen oder ist die Aufbewahrung mit unverhältnismäßigen Kosten verbunden, so hat der Finder die Sache öffentlich versteigern zu lassen.** [2]**Vor der Versteigerung ist der zuständigen Behörde Anzeige zu machen.** [3]**Der Erlös tritt an die Stelle der Sache.**

§ 967 Ablieferungspflicht

Der Finder ist berechtigt und auf Anordnung der zuständigen Behörde verpflichtet, die Sache oder den Versteigerungserlös an die zuständige Behörde abzuliefern.

§ 968 Umfang der Haftung

Der Finder hat nur Vorsatz und grobe Fahrlässigkeit zu vertreten.

Anmerkungen zu den §§ 965–968

1 **Pflichten des Finders. a)** Pflicht zur unverzüglichen (§ 121 I 1) **Anzeige** an einen Empfangsberechtigten (→ § 969 Rn. 1), § 965 I. Ist oder wird dieser nicht bekannt, so Anzeige nach § 965 II 1. Nur diese, nicht die Anzeige nach § 965 I, ist
2 bei Kleinfund entbehrlich, § 965 II 2. **b)** Pflicht zur **Verwahrung,** § 966 I. Kein Besitzmittlungsverhältnis zwischen Finder und Empfangsberechtigtem bzw Verlierer. Verwahrungspflicht und Haftung sind durch sofortige Ablieferung an die zuständige Behörde (idR Gemeindeverwaltung; maßgebend Landesrecht) **vermeidbar** (vgl
3 § 967). Die Rechte des Finders bleiben erhalten (§ 975). **c) Haftungsmaßstab** im ges Schuldverhältnis (→ Vor § 965 Rn. 3) und für §§ 823 ff.: § 968.

§ 969 Herausgabe an den Verlierer

Der Finder wird durch die Herausgabe der Sache an den Verlierer auch den sonstigen Empfangsberechtigten gegenüber befreit.

Empfangsberechtigt ist jeder, der vom Finder Herausgabe verlangen kann. Unabhängig davon gilt auch der Verlierer als empfangsbefugt, zB der Dieb, der Diebesgut verloren hat; § 969 gibt ihm aber keinen Herausgabeanspruch. Für Prüfung der Empfangsberechtigung gilt § 968 (Staudinger/Gursky Rn. 1).

§ 970 Ersatz von Aufwendungen

Macht der Finder zum Zwecke der Verwahrung oder Erhaltung der Sache oder zum Zwecke der Ermittlung eines Empfangsberechtigten Aufwendungen, die er den Umständen nach für erforderlich halten darf, so kann er von dem Empfangsberechtigten Ersatz verlangen.

§ 971 Finderlohn

(1) [1]**Der Finder kann von dem Empfangsberechtigten einen Finderlohn verlangen.** [2]**Der Finderlohn beträgt von dem Werte der Sache bis zu 500 Euro fünf vom Hundert, von dem Mehrwert drei vom Hundert, bei Tieren drei vom Hundert.** [3]**Hat die Sache nur für den Empfangsberechtigten einen Wert, so ist der Finderlohn nach billigem Ermessen zu bestimmen.**

(2) **Der Anspruch ist ausgeschlossen, wenn der Finder die Anzeigepflicht verletzt oder den Fund auf Nachfrage verheimlicht.**

§ 972 Zurückbehaltungsrecht des Finders

Auf die in den §§ 970, 971 bestimmten Ansprüche finden die für die Ansprüche des Besitzers gegen den Eigentümer wegen Verwendungen geltenden Vorschriften der §§ 1000 bis 1002 entsprechende Anwendung.

§ 973 Eigentumserwerb des Finders

(1) [1]**Mit dem Ablauf von sechs Monaten nach der Anzeige des Fundes bei der zuständigen Behörde erwirbt der Finder das Eigentum an der Sache, es sei denn, dass vorher ein Empfangsberechtigter dem Finder bekannt geworden ist oder sein Recht bei der zuständigen Behörde angemeldet hat.**

[2]Mit dem Erwerb des Eigentums erlöschen die sonstigen Rechte an der Sache.

(2) **[1]Ist die Sache nicht mehr als zehn Euro wert, so beginnt die sechsmonatige Frist mit dem Fund. [2]Der Finder erwirbt das Eigentum nicht, wenn er den Fund auf Nachfrage verheimlicht. [3]Die Anmeldung eines Rechts bei der zuständigen Behörde steht dem Erwerb des Eigentums nicht entgegen.**

§ 974 Eigentumserwerb nach Verschweigung

[1]Sind vor dem Ablauf der sechsmonatigen Frist Empfangsberechtigte dem Finder bekannt geworden oder haben sie bei einer Sache, die mehr als zehn Euro wert ist, ihre Rechte bei der zuständigen Behörde rechtzeitig angemeldet, so kann der Finder die Empfangsberechtigten nach der Vorschrift des § 1003 zur Erklärung über die ihm nach den §§ 970 bis 972 zustehenden Ansprüche auffordern. [2]Mit dem Ablauf der für die Erklärung bestimmten Frist erwirbt der Finder das Eigentum und erlöschen die sonstigen Rechte an der Sache, wenn nicht die Empfangsberechtigten sich rechtzeitig zu der Befriedigung der Ansprüche bereit erklären.

§ 975 Rechte des Finders nach Ablieferung

[1]Durch die Ablieferung der Sache oder des Versteigerungserlöses an die zuständige Behörde werden die Rechte des Finders nicht berührt. [2]Lässt die zuständige Behörde die Sache versteigern, so tritt der Erlös an die Stelle der Sache. [3]Die zuständige Behörde darf die Sache oder den Erlös nur mit Zustimmung des Finders einem Empfangsberechtigten herausgeben.

§ 976 Eigentumserwerb der Gemeinde

(1) **Verzichtet der Finder der zuständigen Behörde gegenüber auf das Recht zum Erwerb des Eigentums an der Sache, so geht sein Recht auf die Gemeinde des Fundorts über.**

(2) **Hat der Finder nach der Ablieferung der Sache oder des Versteigerungserlöses an die zuständige Behörde auf Grund der Vorschriften der §§ 973, 974 das Eigentum erworben, so geht es auf die Gemeinde des Fundorts über, wenn nicht der Finder vor dem Ablauf einer ihm von der zuständigen Behörde bestimmten Frist die Herausgabe verlangt.**

§ 977 Bereicherungsanspruch

[1]Wer infolge der Vorschriften der §§ 973, 974, 976 einen Rechtsverlust erleidet, kann in den Fällen der §§ 973, 974 von dem Finder, in den Fällen des § 976 von der Gemeinde des Fundorts die Herausgabe des durch die Rechtsänderung Erlangten nach den Vorschriften über die Herausgabe einer ungerechtfertigten Bereicherung fordern. [2]Der Anspruch erlischt mit dem Ablauf von drei Jahren nach dem Übergang des Eigentums auf den Finder oder die Gemeinde, wenn nicht die gerichtliche Geltendmachung vorher erfolgt.

Anmerkungen zu den §§ 970–977

1. Rechte des Finders. a) Aufwendungsersatz, §§ 970, 972. **b) Finderlohn,** §§ 971, 972 Für § 971 II gilt § 968. **c) Anwartschaftsrecht** auf Eigentumserwerb gem §§ 973 f., 966 II 3. Mit dem Eigentumserwerb erlöschen Rechte Dritter (§§ 973 I 2, 974 S. 2). Der Erwerb ist gem § 973 I 1 aE, II 2, § 974 S. 2 ausgeschlossen; uU 1 wird die Gemeinde Eigentümerin (ie § 976). **d) Unberührt** bleiben diese Rechte durch Ablieferung an die zuständige Behörde (→ §§ 965–968 Rn. 4) und Anzeige an sie (§§ 973 II 3, 975).

2 **2. Beteiligte. Berechtigt nach § 977** sind der frühere Eigentümer und ein ehemals dinglich Berechtigter (vgl §§ 973 I 2, 974 S. 2). Verpflichtet sind der Finder, die Gemeinde (vgl § 976) oder ein Dritter (§ 822).

§ 978 Fund in öffentlicher Behörde oder Verkehrsanstalt

(1) [1]**Wer eine Sache in den Geschäftsräumen oder den Beförderungsmitteln einer öffentlichen Behörde oder einer dem öffentlichen Verkehr dienenden Verkehrsanstalt findet und an sich nimmt, hat die Sache unverzüglich an die Behörde oder die Verkehrsanstalt oder an einen ihrer Angestellten abzuliefern.** [2]**Die Vorschriften der §§ 965 bis 967 und 969 bis 977 finden keine Anwendung.**

(2) [1]**Ist die Sache nicht weniger als 50 Euro wert, so kann der Finder von dem Empfangsberechtigten einen Finderlohn verlangen.** [2]**Der Finderlohn besteht in der Hälfte des Betrags, der sich bei Anwendung des § 971 Abs. 1 Satz 2, 3 ergeben würde.** [3]**Der Anspruch ist ausgeschlossen, wenn der Finder Bediensteter der Behörde oder der Verkehrsanstalt ist oder der Finder die Ablieferungspflicht verletzt.** [4]**Die für die Ansprüche des Besitzers gegen den Eigentümer wegen Verwendungen geltende Vorschrift des § 1001 findet auf den Finderlohnanspruch entsprechende Anwendung.** [5]**Besteht ein Anspruch auf Finderlohn, so hat die Behörde oder die Verkehrsanstalt dem Finder die Herausgabe der Sache an einen Empfangsberechtigten anzuzeigen.**

(3) [1]**Fällt der Versteigerungserlös oder gefundenes Geld an den nach § 981 Abs. 1 Berechtigten, so besteht ein Anspruch auf Finderlohn nach Absatz 2 Satz 1 bis 3 gegen diesen.** [2]**Der Anspruch erlischt mit dem Ablauf von drei Jahren nach seiner Entstehung gegen den in Satz 1 bezeichneten Berechtigten.**

§ 979 Verwertung; Verordnungsermächtigung

(1) [1]**Die Behörde oder die Verkehrsanstalt kann die an sie abgelieferte Sache öffentlich versteigern lassen.** [2]**Die öffentlichen Behörden und die Verkehrsanstalten des *Reichs,* der *Bundesstaaten* und der Gemeinden können die Versteigerung durch einen ihrer Beamten vornehmen lassen.**

(1a) **Die Versteigerung kann nach Maßgabe der nachfolgenden Vorschriften auch als allgemein zugängliche Versteigerung im Internet erfolgen.**

(1b) [1]**Die Bundesregierung wird ermächtigt, durch Rechtsverordnung ohne Zustimmung des Bundesrates für ihren Bereich Versteigerungsplattformen zur Versteigerung von Fundsachen zu bestimmen; sie kann diese Ermächtigung durch Rechtsverordnung auf die fachlich zuständigen obersten Bundesbehörden übertragen.** [2]**Die Landesregierungen werden ermächtigt, durch Rechtsverordnung für ihren Bereich entsprechende Regelungen zu treffen; sie können die Ermächtigung auf die fachlich zuständigen obersten Landesbehörden übertragen.** [3]**Die Länder können Versteigerungsplattformen bestimmen, die sie länderübergreifend nutzen.** [4]**Sie können eine Übertragung von Abwicklungsaufgaben auf die zuständige Stelle eines anderen Landes vereinbaren.**

(2) **Der Erlös tritt an die Stelle der Sache.**

§ 980 Öffentliche Bekanntmachung des Fundes

(1) **Die Versteigerung ist erst zulässig, nachdem die Empfangsberechtigten in einer öffentlichen Bekanntmachung des Fundes zur Anmeldung ihrer Rechte unter Bestimmung einer Frist aufgefordert worden sind und die Frist verstrichen ist; sie ist unzulässig, wenn eine Anmeldung rechtzeitig erfolgt ist.**

(2) **Die Bekanntmachung ist nicht erforderlich, wenn der Verderb der Sache zu besorgen oder die Aufbewahrung mit unverhältnismäßigen Kosten verbunden ist.**

§ 981 Empfang des Versteigerungserlöses

(1) **Sind seit dem Ablauf der in der öffentlichen Bekanntmachung bestimmten Frist drei Jahre verstrichen, so fällt der Versteigerungserlös, wenn nicht ein Empfangsberechtigter sein Recht angemeldet hat, bei *Reichs*behörden und *Reichs*anstalten an den *Reichs*fiskus, bei Landesbehörden und Landesanstalten an den Fiskus des *Bundesstaats,* bei Gemeindebehörden und Gemeindeanstalten an die Gemeinde, bei Verkehrsanstalten, die von einer Privatperson betrieben werden, an diese.**

(2) [1]**Ist die Versteigerung ohne die öffentliche Bekanntmachung erfolgt, so beginnt die dreijährige Frist erst, nachdem die Empfangsberechtigten in einer öffentlichen Bekanntmachung des Fundes zur Anmeldung ihrer Rechte aufgefordert worden sind.** [2]**Das Gleiche gilt, wenn gefundenes Geld abgeliefert worden ist.**

(3) **Die Kosten werden von dem herauszugebenden Betrag abgezogen.**

§ 982 Ausführungsvorschriften

Die in den §§ 980, 981 vorgeschriebene Bekanntmachung erfolgt bei *Reichs*behörden und *Reichs*anstalten nach den von dem *Bundesrat,* in den übrigen Fällen nach den von der Zentralbehörde des *Bundesstaats* erlassenen Vorschriften.

Anmerkungen zu den §§ 978–982

1. Anwendungsbereich. Räume (auch Nebenräume, zB Treppenhaus, Flure, Hof, Parkgarage) und Beförderungsmittel einer öffentl Behörde (zB städtischer Schulbus) sowie öffentl Verkehrsanstalten, ds nur Transportanstalten (zB Deutsche Bahn AG), aber nicht „Anstalten" mit starkem Publikumsverkehr wie zB Warenhäuser, Theater, Gaststätten (RG 108, 259 f.; Staudinger/Gursky § 978 Rn. 6, 7, hM; sa BGHZ 101, 186, 192 f.). 1

2. Rechtsfolgen. Der Finder (→ Vor § 965 Rn. 2; sa BGHZ 101, 186, 192 f.) hat die Sache unverzüglich (§ 121 I 1) abzuliefern (§ 978 I 1); Haftungsmaßstab: *§ 968.* Ist die Fundsache 50 Euro oder mehr wert, so hat der Finder geminderten Anspruch auf Finderlohn (§ 978 II 1, 2, Ausschluss gem II 3; ie Bassenge NJW 1976, 1486). IÜ hat der Finder keine Rechte (insbes nicht auf Ersatz gem § 970, Eigentumserwerb gem §§ 973 f.: § 978 I 2) und Pflichten. Zum Eigentumserwerb § 981. 2

§ 983 Unanbringbare Sachen bei Behörden

Ist eine öffentliche Behörde im Besitz einer Sache, zu deren Herausgabe sie verpflichtet ist, ohne dass die Verpflichtung auf Vertrag beruht, so finden, wenn der Behörde der Empfangsberechtigte oder dessen Aufenthalt

unbekannt ist, die Vorschriften der §§ 979 bis 982 entsprechende Anwendung.

Für Private vgl §§ 372 ff.

§ 984 Schatzfund

Wird eine Sache, die so lange verborgen gelegen hat, dass der Eigentümer nicht mehr zu ermitteln ist (Schatz), entdeckt und infolge der Entdeckung in Besitz genommen, so wird das Eigentum zur Hälfte von dem Entdecker, zur Hälfte von dem Eigentümer der Sache erworben, in welcher der Schatz verborgen war.

1 **1. Voraussetzungen. a)** Der **Eigentümer** der entdeckten beweglichen Sache ist **nicht zu ermitteln,** weil die Sache lange verborgen war (OLG Köln OLGZ 1992, 254; OLG Oldenburg NJW-RR 2021, 272 Rn. 24). Entscheidend ist das Verborgensein (und dessen Beendigung durch den Entdecker, → Rn. 2). Es fehlt, wenn an der Sache Besitz besteht. Hierfür genügt weder Besitz an der bergenden Sache (§ 984!) noch ein genereller Besitzwille an ihrem „verborgenen" Inhalt, sonst wäre § 984 obsolet (verkannt von OLG Celle NJW 1992, 2577). Unnötig sind Herrenlosigkeit und früheres Eigentum (es fehlt zB bei Mumienfund; zum Fossilienfund mit wissenschaftlichem Wert [§ 984 analog] OLG Nürnberg NJW-RR 2003, 933 f.; zu landesrechtlicher Regelung BVerwG NJW 1997, 1172 f.). **b) Entdeckung und infolgedessen Inbesitznahme** (Realakte) durch Entdecker oder Dritten (→ Rn. 2). **c) Keine Sonderregelung** durch Landesrecht für Bodendenkmäler oder -altertümer (Entdeckung begründet entweder Landeseigentum oder, im Anschluss an Erwerb nach § 984, Ablieferungspflicht; vgl Koch NJW 2006, 558).

2 **2. Wirkung.** Erwerb hälftigen Miteigentums durch Entdecker (auch wenn anderer den Schatz in Besitz nahm) und Eigentümer (nicht Nießbraucher, § 1040) der bergenden Sache (Grundstück, Schreibtisch mit Geheimfach: BGHZ 103, 101, 111 ff.). Wer durch Hilfskräfte mit Erfolg nach vermutetem Schatz suchen lässt (RG 70, 310 f.), ist Entdecker; ist er Eigentümer der bergenden Sache, so erwirbt er Alleineigentum. Bei Zufallsfund durch AN ist idR dieser, nicht der AG Entdecker (BGHZ 103, 101, 107 f.).

Titel 4. Ansprüche aus dem Eigentum

Vorbemerkungen

1 **1. Die Ansprüche des Titels 4 (§§ 985, 1004, 1005).** Sie dienen dem Schutz des Eigentums. Sie sind daher **dingliche Ansprüche;** zur Bedeutung dieser Qualifizierung → Vor § 854 Rn. 8. Zur Anwendbarkeit schuldrechtlicher Vorschriften auf dingliche Ansprüche → Vor § 854 Rn. 9. – Die Nebenansprüche der §§ 987 ff. sind schuldrechtliche Ansprüche, denn sie entstammen einem ges Schuldverhältnis, dem sog **Eigentümer-Besitzer-Verhältnis.** – § 1007 gibt einen (petitorischen) Besitzschutzanspruch, gehört also sachlich zu den §§ 854–872 (BGHZ 7, 208, 215).

2 **2. Anwendbare Vorschriften.** Der Titel 4 unterscheidet grundsätzlich nicht zwischen Eigentum an **Fahrnis und Grundstücken.** Nur für Fahrniseigentum gelten zB *§§ 986 II, 1006,* nur für Grundstückseigentum zB § 998.

3 **3. Konkurrenzen.** Str ist, ob und wieweit neben den Ansprüchen aus §§ 985 ff. **gleichgerichtete Ansprüche aus anderem Rechtsgrund** (Vertrag, §§ 812 ff., 823 ff., unechte GoA) bestehen können. Zu den **Konkurrenzproblemen** vgl → § 985 Rn. 12; → Vor § 987 Rn. 10–15; → Vor § 994 Rn. 7; → § 1004 Rn. 26.

4. Weiterer Schutz des Eigentums. a) Grundbuchberichtigungsanspruch, § 894. **b)** § 771 ZPO (Eigentum als veräußerungshinderndes Recht). **c)** §§ 47, 48 InsO (Aussonderung). 4

5. Keine Unterscheidung. Entspr anwendbar sind die §§ 985 ff. auf Nießbrauch (§ 1065), Pfandrecht (§ 1227), Erbbaurecht (§ 11 I 1 ErbbauRG), Recht aus Bewilligung gem § 8 II BBergG. 5

§ 985 Herausgabeanspruch

Der Eigentümer kann von dem Besitzer die Herausgabe der Sache verlangen.

1. Allgemeines. Der dingliche Anspruch auf Herausgabe *(rei vindicatio)* fließt aus 1
dem Eigentum. Er dient zu dessen Schutz und konkretisiert die Ausschließungsbefugnis des Eigentümers aus § 903 S. 1 (→ § 903 Rn. 3). Zur Anwendbarkeit schuldrechtlicher Vorschriften auf § 985 vgl → Vor § 854 Rn. 9.

2. Beteiligte. a) Berechtigt ist der Eigentümer, der die Sache nicht unmittelbar 2
besitzt und dem gegenüber der Besitzer unberechtigt besitzt. Miteigentum genügt. Zum Anspruch des mittelbar besitzenden Eigentümers → Rn. 12 (a). **b) Ver-** 3
pflichtet ist der Besitzer, der dem Eigentümer gegenüber kein Recht zum Besitz hat, sog unberechtigter Besitzer (dazu § 986 mit Anm). Erbenbesitz (§ 857) genügt (OLG Dresden BeckRS 2019, 23804 Rn. 18; MüKo-BGB/Baldus § 985 Rn. 18). Besitzer kann Eigen- oder Fremd-, Allein- oder Mit-, mittel- oder unmittelbarer Besitzer sein (zum mittelbaren Besitzer → Rn. 5, zum Mitbesitzer → § 866 Rn. 5). Gleichgültig ist, ob der Besitzer schuldlos oder schuldhaft besitzt und ob der Eigentümer den Besitz schuldhaft verloren hat; § 254 ist unanwendbar (LM Nr. 4 zu § 366 HGB). Besitzer ist nicht der Besitzdiener (§ 855).

3. Der Anspruch. a) Ziel ist die Herausgabe der Sache (bei Räumen und 4
Grundstücken deren Räumung) (zur Terminologie krit Staudinger/Thole Rn. 158) durch den unberechtigten Besitzer. Herauszugeben ist idR an den Eigentümer, aber nicht notwendig (vgl § 986 I 2). Ist Herausgabe unmöglich (→ § 989 Rn. 1 [c]), so greifen die §§ 989 ff. (nicht §§ 275 I, 280 I, wohl aber §§ 280 I, III, 281 [gegenüber dem bösgläubigen oder verklagten Besitzer BGHZ 209, 270 Rn. 16 ff.], so dass der Eigentümer nach Ablauf einer gesetzten Frist statt der Herausgabe der Sache Schadensersatz verlangen kann) ein. § 285 gilt nicht (Staudinger/Thole Rn. 200 f. mN, hM, s. BGHZ 75, 208 zu § 281 aF). **aa) Vom unmittelbaren Besitzer** kann der Eigentümer idR Herausgabe an sich verlangen. Ausnahme: § 986 I 2. **bb) Auch** 5
vom mittelbaren Besitzer kann der Eigentümer Herausgabe der Sache verlangen (obwohl dieser sie nicht in der Hand hat) oder, als ein weniger, die Übertragung des mittelbaren Besitzes (§ 870) fordern (ie Staudinger/Thole Rn. 183). Das Herausgabeurteil wird nach §§ 883, 885 ZPO vollstreckt, wenn der mittelbare Besitzer die Sache zwischenzeitlich zurückerhalten hat, sonst nach §§ 886, 829, 835 f. ZPO oder beim herausgabebereiten Dritten (arg § 809 ZPO). **cc) Ein Miteigentümer** kann 6
vom anderen Einräumung des Mitbesitzes, von einem Dritten Herausgabe an alle Miteigentümer (§§ 1011, 432) verlangen. **b) Ort** der Herausgabe: § 269 (→ Vor 7
§ 854 Rn. 9). Der unverklagte gutgl Besitzer muss die Sache am Standort herausgeben; der bösgläubige oder verklagte, der die Sache nach Bösgläubigkeit oder Rechtshängigkeit entgegen dem Eigentümerinteresse anderweit verbracht hat, muss am früheren Standort herausgeben (BGHZ 79, 208, 213 ff.; abl Staudinger/Thole Rn. 167, 169; Picker FG Wiss. I 725 ff.). *Bereitstellungskosten* trägt der Besitzer (BGHZ 104, 304, 306), *Abholungskosten* der Eigentümer. **c) Gegenstand** der 8
Herausgabe ist nur die dem Eigentümer gehörige Sache (zB die ihm gehörige Geldmünze oder -note), nicht die wertmäßig an ihre Stelle getretene (zB das Wechselgeld). Eine *Wertvindikation* ist abzulehnen; sie wäre nur bei Sachgeld praktisch und würde die Geldgläubiger unberechtigt bevorzugen (Staudinger/Thole Rn. 153,

154; hM), zulässig aber Aufrechnung mit Geldforderung gegen Anspruch aus § 985 (BeckOGK/Skamel § 387 Rn. 109). – Herausgabe einer *Sachgesamtheit* kann nicht verlangt werden, nur Herausgabe bestimmter Einzelsachen (wichtig für den Klagean-
9 trag: § 253 II Nr. 2 ZPO). **d) Er ist ausgeschlossen,** wenn und solange der Besitzer zum Besitz berechtigt ist (§ 986 mit Anm) oder Treu und Glauben einer Geltendmachung im Einzelfall entgegenstehen (LM Nr. 30; dazu aber → § 929 Rn. 60). Str ist, ob bei Sittenwidrigkeit und Nichtigkeit der Übereignung § 985 durch § 817 S. 2 ausgeschlossen ist (nein: BGHZ 63, 365, 369; NJW 1951, 643; diff Staudinger/Thole Rn. 262–272 mN). **e) Er erlischt,** wenn der Eigentümer sein Recht oder (BGH WM 1982, 750) der Besitzer seinen Besitz einbüßt (vgl aber § 198 zur
10 Rechts-, besser Besitznachfolge). **f) Er ist nicht selbstständig übertragbar** (→ Vor § 854 Rn. 8), auch nicht zwecks Übereignung (→ § 931 Rn. 10), ferner nicht verpfändbar, § 1274 II (Staudinger/Thole Rn. 39, str). Zulässig ist die *Ermächtigung* eines Dritten, im eigenen Namen Herausgabe an sich zu verlangen, § 185; eine Klage des Dritten als gewillkürter Prozessstandschafter ist nur bei eigenem
11 rechtlichem Interesse zulässig (hM; Bsp BGH WM 1985, 1324). **g) Verjährung** des Anspruchs: §§ 197 I Nr. 2, 200 (195): 30 Jahre (das Eigentum selbst verjährt nicht); keine Verjährung im Fall § 902 I 1.

12 **4. Konkurrenzen.** Anspruchskonkurrenz **mit anderen Herausgabeansprüchen** ist möglich: **a)** aus Vertrag, so dass zB der vermietende Eigentümer nach Beendigung des Mietvertrags Rückgabe gem § 546 und § 985 verlangen kann (BGH NJW 1985, 141; hM, → § 986 Rn. 1. – AA Raiser JZ 1961, 529 ff.); **b)** § 1007 (bei beweglichen Sachen); **c)** § 861; **d)** § 812 I (sog Leistungskondiktion, RG 170, 259 f.); **e)** §§ 823 ff., 249. – Zum **Streitgegenstand** → §§ 861–864 Rn. 4.

13 **5. Beweislast.** Die Beweislast für Eigentum und Beklagtenbesitz bei Rechtshängigkeit liegt beim (angeblichen) Eigentümer (BGH WM 1982, 750). Beweiserleichterung durch Vermutungen: bei Grundstücken § 891 I, bei Fahrnis § 1006 (hierzu LM Nr. 1; BGH MDR 1977, 661).

§ 986 Einwendungen des Besitzers

(1) [1]**Der Besitzer kann die Herausgabe der Sache verweigern, wenn er oder der mittelbare Besitzer, von dem er sein Recht zum Besitz ableitet, dem Eigentümer gegenüber zum Besitz berechtigt ist.** [2]**Ist der mittelbare Besitzer dem Eigentümer gegenüber zur Überlassung des Besitzes an den Besitzer nicht befugt, so kann der Eigentümer von dem Besitzer die Herausgabe der Sache an den mittelbaren Besitzer oder, wenn dieser den Besitz nicht wieder übernehmen kann oder will, an sich selbst verlangen.**

(2) **Der Besitzer einer Sache, die nach § 931 durch Abtretung des Anspruchs auf Herausgabe veräußert worden ist, kann dem neuen Eigentümer die Einwendungen entgegensetzen, welche ihm gegen den abgetretenen Anspruch zustehen.**

1 **1. Allgemeines. a) Nur vom unberechtigten Besitzer** kann der Eigentümer Herausgabe verlangen. Nur ihm gegenüber besteht die sog *Vindikationslage* (Raiser JZ 1958, 683; 61, 529 ff., je mN; ferner bzgl §§ 987 ff. auch BGHZ 31, 129, 132; 71, 216, 224). Unberechtigt iSv § 986 ist der Besitzer auch dann, wenn er aus Vertrag zur Herausgabe (Rückgabe) verpflichtet ist, zB als Mieter (Folge: → § 985 Rn. 12 [a]). Insoweit unterscheidet sich die Vindikationslage bei § 985 von der bei
2 §§ 987 ff., 994 ff. (hM; aA Raiser JZ 1961, 529 ff.). **b) Mangel des Besitzrechts** ist *Anspruchsvoraussetzung* (→ Rn. 1). Das bedeutet: Das Besitzrecht stellt sich materiellrechtlich als Einwendung (nicht: Einrede) gegen das beanspruchte Recht dar, *prozessual* als rechtshindernde oder rechtsvernichtende Tatsache (BGH NJW 1999, 3717; hM), die im Prozess beachtet werden muss, gleich, welche Partei sie eingeführt

hat (oft fälschlich „Berücksichtigung von Amts wegen“ genannt, zB BGH NJW 1999, 3717). Sa § 1004 II („Der Anspruch ist *ausgeschlossen*“); BGHZ 27, 204, 206.

2. Das Besitzrecht im Allgemeinen. Der Besitzer muss *gegenüber dem Eigentümer* zum Besitz berechtigt sein. **a)** Das Recht kann dem Besitzer selbst **unmittelbar** 3
zustehen, I 1 Alt. 1. **b)** Es kann dem Oberbesitzer zustehen und dann **mittelbar** 4
zugunsten des Besitzers wirken, I 1 Alt. 2 (Ausnahme in I 2; Bsp: unbefugte Untervermietung, § 540 I 1). **c)** Ein **mittelbares** (abgeleitetes) Besitzrecht besteht entge- 5
gen dem zu engen Wortlaut von I 1 **auch,** wenn der Besitzer sein Recht von einem dem Eigentümer gegenüber besitzberechtigten Dritten herleitet, der nicht sein Oberbesitzer ist. Bsp: E verkauft und übergibt (ohne Übereignung) die Kaufsache an K 1, dieser verkauft und übergibt sie (ohne Übereignung) an K 2 (vgl BGHZ 111, 142, 147; NJW 2006, 3490). Auch hier gilt aber I 2. **d)** Die **Beweislast** für 6
das Besitzrecht liegt beim Besitzer (BGHZ 27, 204, 206).

3. Grundlagen des Besitzrechts. a) Dingliches Recht. Es berechtigt gegen- 7
über jedermann („absolut“) zum Besitz, auch wenn es vom Nichtberechtigten erworben ist. Bsp: Nießbrauch (§§ 1036 I, 1032 S. 2, 892), Wohnungsrecht (§§ 1093, 892), Pfandrecht (§§ 1205, 1207). Zum dinglichen Besitzrecht des VKäufers → § 929 Rn. 60. **b) Obligatorisches Recht.** Es berechtigt allein dem Eigen- 8
tümer gegenüber („relativ“) zum Besitz. Bsp: Miete, Kauf (s. BGHZ 87, 156, 159), wenn der Eigentümer (oder der Erwerber gem §§ 566 I, 578 I: BGH NJW 2001, 2885) Vermieter oder Verkäufer ist; der Vertrag muss wirksam sein (BGHZ 149, 326, 330 f.). Zum VKauf vgl → § 929 Rn. 59, auch zum Besitzrecht bei verjährter Kaufpreisforderung. Ein Zurückbehaltungsrecht aus §§ 273, 1000 gibt kein Besitzrecht, weil es den Herausgabeanspruch nicht ausschließt: Eine Herausgabeklage wird nicht abgewiesen, sondern führt zur Verurteilung Zug-um-Zug, § 274 (BGHZ 149, 326, 333); *für* Besitzrecht BGH NJW 1995, 2628. **c) Erweiterung des obligatori-** 9
schen Besitzrechts *bei beweglichen Sachen* in **II:** Es wirkt auch gegenüber dem *Rechtsnachfolger* des Eigentümers, wenn die Veräußerung gem § 931 erfolgt ist. II gilt bei Veräußerung iSv → § 930 Rn. 2 entspr (BGHZ 111, 142, 146 f.). Hat der redliche Besitzer, zB Mieter, nach einer Veräußerung iSv II mit dem alten Eigentümer das Besitzrechtsverhältnis, zB den Mietvertrag, verlängert, so greift die Einwendung des Besitzrechts bzgl § 985 auch dem neuen Eigentümer gegenüber durch, §§ 404, 407 analog (BGHZ 64, 122, 125). – Erweiterung bei *Grundstücken* nur gem §§ 578, 566, 581 II. **d) Familien- und Erbrecht:** BGHZ 71, 216, 222 f. 10
(Besitzrecht an Ehewohnung gegenüber Ehepartner [während eines Eheprozesses sind die Besitzverhältnisse gem §§ 49, 51, 119, 111 Nr. 5 FamFG, § 23a I 1 Nr. 1 GVG zu regeln, daher ist eine Herausgabeklage unzulässig: BGH NJW 1986, 1339]); 73, 257 (Besitzrecht am Hausrat des anderen Ehegatten); §§ 1985, 2205 (Besitzrecht von Nachlassverwalter, Testamentsvollstrecker).

Vorbemerkungen zu den §§ 987–993

I. Regelungsgegenstand

Die §§ 987–993 sind die *Nebenansprüche des Eigentümers* auf Nutzungen und Scha- 1
densersatz im Eigentümer-Besitzer-Verhältnis. Diese Rechtsbeziehung ist ein ges Schuldverhältnis. Die Ansprüche daraus sind schuldrechtliche (Neben-)Ansprüche, keine dinglichen. Daher gehen sie bei Wechsel des Eigentums nicht automatisch auf den Erwerber über (Staudinger/Thole Rn. 14 mN; hM), sondern sind selbstständig abtretbar, verpfändbar und pfändbar.

II. Das Haftungssystem

Die §§ 987 ff. unterscheiden danach, ob der Besitzer hinsichtlich seines Besitz- 2
rechts bös- oder gutgl ist (§ 990), was voraussetzt, dass er kein Besitzrecht hat (ie

→ Rn. 3–9). Dem Bösgläubigen steht der Gutgläubige ab Rechtshängigkeit gleich (§§ 987, 989: verklagter gutgl Besitzer). Bzgl. der Nutzungsherausgabe kommt es außerdem darauf an, ob der Besitz unentgeltlich erlangt worden ist (§ 988). Bes Behandlung erfährt der sog Deliktsbesitzer (§ 992). Wer den Besitz entgeltlich erlangt hat, gutgl und unverklagt ist sowie nicht unter § 992 fällt, ist dem Eigentümer gegenüber von jeder Schadensersatzpflicht und weitgehend von der Nutzungsherausgabe freigestellt, § 993 I (ausgenommen beim Fremdbesitzerexzess: → Rn. 12 [aa]). Ob der Besitzer berechtigt oder unberechtigt besitzt, bös- oder gutgl oder (un)verklagt ist, muss für den Zeitpunkt der Schadenszufügung bzw der vorgenommenen oder unterlassenen Nutzziehung festgestellt werden.

III. Anwendungsbereich

3 **1. Voraussetzungen.** Die §§ 987 ff. setzen voraus, dass ein **eigenes Besitzrecht fehlt.** Es muss folglich eine sog **Vindikationslage** bestehen, die aber enger gefasst ist als bei §§ 985, 986 (ie → Rn. 7, 8; → § 986 Rn. 1): Ist § 985 zu bejahen, so sind nicht schon deshalb die §§ 987 ff. anwendbar (die darin angeblich liegende Inkonsequenz ist praktisch bedeutungslos, zutr Raiser JZ 1961, 531). Ist umgekehrt § 985 wegen eines Besitzrechts des Gegners ausgeschlossen, so scheiden die §§ 987 ff. aus (BGHZ 59, 51, 58; NJW 1983, 165); anders nach BGHZ 149, 326, 333 bei einem Besitzrecht nach § 273, sofern das besitzrechtbegründende Rechtsverhältnis keine Ansprüche iSd §§ 987 ff. (Nutzungsherausgabe, Verwendungsersatz) enthält (gegen ein Besitzrecht aus § 273 → § 986 Rn. 8; Staudinger/Thole § 986 Rn. 56 mwN); allg → Rn. 9.

4 **2. Umfang.** Erfasst werden in §§ 987 ff. unmittelbarer und mittelbarer Eigen-
5 und Fremdbesitzer. **a) Unberechtigter Fremdbesitzer** ist unstr, wer auf Grund eines nichtigen Rechtsverhältnisses, zB eines nichtigen Mietvertrags, besitzt.
6 **b) Kein unberechtigter Fremdbesitzer** ist, wer den Rahmen seines *bestehenden* Besitzrechts überschreitet, sog *Nicht-so-Berechtigter* (Staudinger/Thole Rn. 57 mN; hM); Bsp: der Mieter zerstört die Mietsache. Hier sind §§ 987 ff. unanwendbar (zu § 988: BGH NJW 2002, 61); die §§ 823 ff. gelten neben den Vertragsregeln unmittelbar (Staudinger/Thole Rn. 59 mN). Ein „Exzess des Fremdbesitzers"
7 (BGHZ 31, 129, 132) liegt nicht vor (zum Begriff → Rn. 12 [aa]). **c) Auch nach Umwandlung** von berechtigtem Fremdbesitz **in unberechtigten Eigenbesitz** bleiben die §§ 987 ff. unanwendbar (aA BGHZ 31, 129, 133 ff.; auch 32, 95; krit Staudinger/Thole Rn. 63), weil diese Vorschriften auf den unberechtigten *Erst*erwerb von Fremd- *oder* Eigenbesitz abstellen (vgl §§ 990 I, 991 II, 992). Daher liegt auch hier – wie in → Rn. 6 – nur eine Überschreitung des Besitzrechts vor. Ob der Besitzer durch die Umwandlung zu einem unberechtigten Besitzer iSv § 985 geworden ist, hat für §§ 987 ff. keine Bedeutung (→ Rn. 3).
8 **d) Entfällt das Besitzrecht** des Fremdbesitzers *nachträglich* ohne Rückwirkung („ex nunc") – verlangt zB der Eigentümer nach §§ 604 III, 695 Herausgabe oder endet das Mietverhältnis –, so kann der Eigentümer zwar (auch) nach § 985 Herausgabe verlangen (→ § 986 Rn. 1), die §§ 987 ff. bleiben jedoch unanwendbar; zum Grund → Rn. 7 (aA BGHZ 71, 216, 224 ff. bzgl der Nutzungen nach Wegfall des Besitzrechts; BGHZ 131, 220, 222 [stRspr] für §§ 994 ff. auch bzgl der Zeit vor Wegfall des Besitzrechts). §§ 987 ff. dürften aber anwendbar sein, wenn der Besitz erkennbar auf Grund eines neuen Entschlusses nicht mehr aus dem (beendeten) Besitzrecht abgeleitet, sondern auf eine angemaßte (Faust-)„Rechts"-position gestützt wird (zB Haus„besetzung" durch Ex-Mieter); zu dieser Unterscheidung bzgl § 123 StGB: OLG Düsseldorf NJW 1991, 187.
9 **e) Entspr Anwendung** der §§ 987 ff. ist str im Fall, dass es an einer vertraglichen oder ges Sonderregelung für das Rechtsverhältnis zwischen Eigentümer und *berechtigtem Besitzer* fehlt (dafür BGH NJW 1995, 2628; 02, 1052; → Rn. 3).

IV. Konkurrenzen

1. Grundsatz. Innerhalb ihres Anwendungsbereichs (→ Rn. 3–9) enthalten die §§ 987 ff. eine grundsätzlich abschließende Sonderregelung der Nebenansprüche des Eigentümers gegen den Besitzer auf Nutzungsherausgabe und Schadensersatz (BGHZ 41, 157, 158; NJW 1980, 2354). Durchbrechungen des Grundsatzes sind zT schon lange anerkannt (vgl zB RG 163, 353). 10

2. Folgerungen. a) Vertragsansprüche gehen den §§ 987 ff. vor, auch für die 11
Zeit nach Vertragsende (→ Rn. 8). **b) §§ 823 ff.** greifen grundsätzlich nur ein, 12
wenn § 992 erfüllt ist (arg § 993 I), so dass auch ein bloß bösgläubiger oder ein verklagter Besitzer nicht nach §§ 823 ff. haftet (Staudinger/Thole Rn. 161 ff.). Vom Grundsatz gelten *zwei allg anerkannte Ausnahmen.* **aa) Fremdbesitzerexzess:** Überschreitet der unberechtigte Fremdbesitzer (→ Rn. 5) die Grenzen seines vermeintlichen Besitzrechts, so greifen die §§ 823 ff. unmittelbar ein (RG 157, 135). Der Haftungsmaßstab ist ebenfalls dem vermeintlichen Besitzrecht zu entnehmen, zB § 690 (sa § 991 II für den Fall, dass Oberbesitzer nicht der Eigentümer ist, und dazu RG 157, 135; allg Wieling MDR 1972, 651). – Überschreitet der berechtigte Fremdbesitzer die Grenzen seines bestehenden Besitzrechts, so sollte man nicht von einem Fremdbesitzerexzess sprechen (→ Rn. 6). **bb) § 826** gilt stets unmittelbar.
c) Für §§ 812 ff. ist zu unterscheiden. **aa) Ist eine fehlgeschlagene Leistung des** 13
Eigentümers der Grund für das Eigentümer-Besitzer-Verhältnis (Bsp: Kauf *und* Übereignung sind nichtig), so würde bei ausschließlicher Anwendung der §§ 987 ff. der unverklagte entgeltliche gutgl Besitzer nicht haften, Nutzungen könnte er grundsätzlich behalten (vgl §§ 988, 993 I). Das befremdet. Wäre nämlich nur der Kauf, aber nicht zugleich die Übereignung nichtig, so müsste der Besitzer (und Eigentümer!) die Nutzungen herausgeben (§§ 812 I, 818). Um das gleiche Ergebnis auch bei Nichtigkeit der Übereignung zu erreichen, stellt die Rspr den rechtsgrundlosen Besitzerwerb dem unentgeltlichen gleich und wendet deshalb die §§ 988, 818 an (BGH NJW 2000, 3130; stRspr). Die Lit bejaht in Fällen der Leistungskondiktion mR überwiegend die Anwendbarkeit der §§ 812 ff. neben §§ 987 ff. (krit Staudinger/Thole Rn. 13 ff. mN). Die Streitfrage hat Bedeutung, wenn der Besitzer B die Sache von einem Dritten (D) gekauft, aber zB wegen § 935 nicht erworben hat (vgl Grüneberg/Herrler § 988 Rn. 6–8): Die Rspr gibt dem Eigentümer gegen B § 988 (eine Anrechnung des von B an D gezahlten Kaufpreises auf die Nutzungen, § 818 III, ist entgegen RG 163, 349 ff. nicht möglich: Grüneberg/Herrler § 988 Rn. 7); die Lit lehnt § 988 und mangels Leistung auch § 812 ab (der Eigentümer
kann sich nur an D halten). **bb) §§ 812, 816, 951** gelten neben den §§ 987 ff. in 14
den Fällen der Eingriffskondiktion, soweit es um den Wert der nicht mehr herausgebbaren Sache geht. Daher kann der Veräußerungserlös (§ 816 I) sowie der Wert der verbrauchten (§ 818 II) oder verbundenen Sache (§ 951) ohne die Voraussetzungen der §§ 987 ff. verlangt werden (BGHZ 55, 176, 178 f.). Nur soweit es um die Herausgabe von Nutzungen im Wege der Eingriffskondiktion geht, gelten aus-
schließlich die §§ 987 ff. **d) Ansprüche aus unechter GoA** gem § 687 II stehen 15
neben §§ 987 ff. Bei berechtigter GoA ist der Geschäftsführer berechtigter Besitzer, so dass §§ 987 ff. ausscheiden (BGHZ 39, 186, 188 lässt offen).

§ 987 Nutzungen nach Rechtshängigkeit

(1) **Der Besitzer hat dem Eigentümer die Nutzungen herauszugeben, die er nach dem Eintritt der Rechtshängigkeit zieht.**

(2) **Zieht der Besitzer nach dem Eintritt der Rechtshängigkeit Nutzungen nicht, die er nach den Regeln einer ordnungsmäßigen Wirtschaft ziehen könnte, so ist er dem Eigentümer zum Ersatz verpflichtet, soweit ihm ein Verschulden zur Last fällt.**

1 **1. Allgemeines. a) Gem. I** besteht schuldrechtlicher Anspruch (→ Vor § 987 Rn. 1) auf Herausgabe gezogener Nutzungen (Begriff: § 100). Gezogene Früchte müssen in das Eigentum des Besitzers gelangt sein (vgl §§ 955 ff.), sonst kann der
2 Eigentümer Herausgabe gem § 985 verlangen (vgl § 953). **b) Gem. II** besteht für nicht gezogene Nutzungen Ersatzpflicht (dazu BGH NJW-RR 2005, 1543). **c)** § 987 betrifft den verklagten entgeltlichen gutgl Besitzer (für den unverklagten gilt § 993 I). Hat er unentgeltlich Besitz erlangt, so greift § 988 ein. Für den bösgläubigen Besitzer gilt § 990.

3 **2. Herausgabe gezogener Nutzungen, I. a) Voraussetzungen. aa) Vindikationslage** iSv → Vor § 987 Rn. 3 (BGHZ 27, 204 f.). **bb) Rechtshängigkeit** (§§ 253 I, 261 I, II ZPO) der erfolgreichen Herausgabeklage, § 985 (BGH NJW 1985, 1553; sa 78, 1531; gleichzustellen ist eine den Zuschlagsbeschluss [§§ 81, 90 ZVG] aufhebende Beschwerdeentscheidung, BGH NJW 2010, 2665), oder Grundbuchberichtigungsklage, § 894 (LM Nr. 10 zu § 989). Von diesem Zeitpunkt an muss der Besitzer mit der Herausgabe oder Grundbuchberichtigung rechnen, das
4 begründet seine Haftung (BGH NJW-RR 2005, 967). **b) Wirkungen.** Vorhandene Früchte (§ 99 I, III) sind zu übereignen, iÜ ist Wertersatz zu leisten, insbes für genossene Gebrauchsvorteile (BGH NJW-RR 1998, 805). Zum Ausgleich von Gebrauchsvorteilen → § 989 Rn. 2. Der Ersatzanspruch ist im Umfang auf den tatsächlichen Besitz beschränkt (BGH MDR 14, 645). – Zur entspr Anwendung von I auf gezogenen Gewinn s. BGH NJW 1984, 2938 mN. – Zur Auskunftspflicht des Besitzers BGHZ 27, 204, 209.

5 **3. Ersatzpflicht für nicht gezogene Nutzungen, II.** Voraussetzungen (außer denen in → Rn. 3): Nutzziehung muss nach den Regeln einer ordnungsmäßigen Wirtschaft möglich gewesen, aber schuldhaft (§§ 276, 278) unterlassen worden sein. Kein Ersatz für Früchte, die nur der Eigentümer ziehen konnte (anders nach § 990 II). Ein unberechtigter Fremdbesitzer haftet nicht, wenn er sich auf Grund seines vermeintlichen Besitzrechts nicht für nutzungsberechtigt gehalten hat (LM Nr. 7).

6 **4. Aufwendungsersatz.** Anspruch des Besitzers nur gem §§ 102, 994 ff., 687 II 2 mit § 684 S. 1.

§ 988 Nutzungen des unentgeltlichen Besitzers

Hat ein Besitzer, der die Sache als ihm gehörig oder zum Zwecke der Ausübung eines ihm in Wirklichkeit nicht zustehenden Nutzungsrechts an der Sache besitzt, den Besitz unentgeltlich erlangt, so ist er dem Eigentümer gegenüber zur Herausgabe der Nutzungen, die er vor dem Eintritt der Rechtshängigkeit zieht, nach den Vorschriften über die Herausgabe einer ungerechtfertigten Bereicherung verpflichtet.

1 **1. Allgemeines.** § 988 stellt den Besitzer schlechter, der den *Besitz unentgeltlich erlangt* hat. Zum Grund BGH NJW 2008, 222.

2 **2. Voraussetzungen. a) Eigenbesitz** (§§ 872, 955) *oder* **Fremdbesitz** auf Grund eines vermeintlichen dinglichen oder schuldrechtlichen Nutzungsrechts (BGHZ 71, 216, 225; NJW 2008, 222). **b) Unentgeltlicher Erwerb,** zB auf Grund Schenkung, Leihe mit vereinbarter Fruchtziehung (zulässig: MüKo-BGB/Häublein § 598 Rn. 22); gleichgestellt ist unentgeltliche Fortsetzung entgeltlich erworbenen Besitzes (BGH NJW 2008, 222 = JuS 2008, 378 f. [K. Schmidt]). Keine Gleichstellung des rechtsgrundlosen Erwerbs mit dem unentgeltlichen iSv § 988 (→ Vor § 987 Rn. 13). **c) Fehlende Bösgläubigkeit** des Besitzers bzgl seines Besitzrechts im Zeitpunkt der Nutzziehung (arg § 990 I). **d) Noch keine Rechtshängigkeit** (→ § 987 Rn. 3 [bb]) zZ der Nutzziehung; sonst gilt § 987.

3. Wirkungen. Alle vor Rechtshängigkeit gezogenen Nutzungen sind herauszugeben, § 818; Grenze in § 818 III (Rechtsfolgenverweisung); idR Wegfall der Bereicherung durch Aufwendungen des Besitzers auf die Sache (BGHZ 137, 314, 317). Kein Ersatzanspruch entspr § 987 II. Gegenansprüche des Besitzers: §§ 102, 994 ff. 3

§ 989 Schadensersatz nach Rechtshängigkeit

Der Besitzer ist von dem Eintritt der Rechtshängigkeit an dem Eigentümer für den Schaden verantwortlich, der dadurch entsteht, dass infolge seines Verschuldens die Sache verschlechtert wird, untergeht oder aus einem anderen Grunde von ihm nicht herausgegeben werden kann.

1. Voraussetzungen. a) Vindikationslage iSv → Vor § 987 Rn. 3. 1
b) Rechtshängigkeit (→ § 987 Rn. 3 [bb]). **c) Verschlechterung** der Sache gegenüber der Zeit vor Rechtshängigkeit oder Unmöglichkeit der Herausgabe nach Rechtshängigkeit. Verschlechterung zB durch Verschleiß infolge normaler Benutzung, unterbliebener Wartung oder Reparatur, Belastung mit Grundpfandrecht (BGH NJW 2001, 1069). Herausgabe kann obj („Untergang") oder subj unmöglich sein. **d) Verschulden:** §§ 276, 278; Beweislast § 280 I 1 BGB.

2. Schadensersatz. Er erfasst alle Schäden infolge Verschlechterung oder 2
Unmöglichkeit der Herausgabe, also auch für entgangenen Gewinn (MüKo-BGB/Raff Rn. 22 mN; hM). Der Höhe nach ist er nicht auf den Sachwert beschränkt, sondern am subj Interesse des Eigentümers an der Wiedererlangung zu bemessen (BGH NJW 2014, 2790). Kein Ersatz für Schäden wegen Vorenthaltung der Sache (→ § 990 Rn. 6). Wird Schadensersatz wegen normaler Abnutzung verlangt, so entfällt Anspruch auf Herausgabe der Gebrauchsvorteile (§ 987) und umgekehrt. § 254 I, II 1 ist anwendbar (LM Nr. 4 zu § 366 HGB), auch II 2 mit § 278, weil Schädigung innerhalb eines bestehenden (ges) Schuldverhältnisses erfolgt ist (Staudinger/Thole Rn. 64, hM).

§ 990 Haftung des Besitzers bei Kenntnis

(1) [1]**War der Besitzer bei dem Erwerb des Besitzes nicht in gutem Glauben, so haftet er dem Eigentümer von der Zeit des Erwerbs an nach den §§ 987, 989.** [2]**Erfährt der Besitzer später, dass er zum Besitz nicht berechtigt ist, so haftet er in gleicher Weise von der Erlangung der Kenntnis an.**

(2) **Eine weitergehende Haftung des Besitzers wegen Verzugs bleibt unberührt.**

1. Voraussetzungen. a) Vindikationslage iSv → Vor § 987 Rn. 3; zur Art des 1
Besitzerwerbs → Vor § 987 Rn. 7. **b) Bösgläubigkeit** (besser wegen I 2, § 932 II: 2
Unredlichkeit) des Besitzers bzgl des eigenen Besitzrechts. **aa) Beim Besitzerwerb** genügt Kenntnis oder grobfahrlässige Unkenntnis vom Fehlen des Besitzrechts (Bösgläubigkeit iSv § 932 II [dort → § 932 Rn. 16, 17] gilt hier aber auch bzgl unbeweglicher Sachen [aA Fervers AcP 217, 34, 40 ff.: § 892]), **I 1.** War der Besitzer beim Erwerb nicht bösgläubig, so schadet **später** nur noch positive Kenntnis, **I 2.** Kenntnis der Tatsachen allein genügt nur, wenn sich der Schluss auf das mangelnde Besitzrecht einem redlichen Dritten aufdrängt (BGHZ 32, 76, 92). Allein wechselseitiger Parteivortrag im Prozess begründet keine Bösgläubigkeit (BGHZ 120, 204, 214). Wer sein Besitzrecht von einem Dritten ableitet, muss wissen, dass er diesem und dieser dem Eigentümer gegenüber nicht besitzberechtigt ist (OLG Naumburg NJW-RR 1999, 234 mN). **bb) Besitzerwerb durch Besitzdiener.** Hier genügt Bösgläubigkeit des Besitzherrn (BGHZ 16, 259, 263 f.). Ist dieser gutgl, so wird ihm die Bösgläubigkeit seines Besitzdieners zugerechnet; str ist, auf welcher Rechtsgrundlage und folglich in welchem Umfang zugerechnet wird (Nachw. bei Schilken [Lit zu § 166] S. 270); Staudinger/Thole Rn. 79 ff.): entspr § 166 (BGHZ, 32, 53, 55 ff.;

Schilken [Lit zu § 166] S. 271 ff. mN) oder besser § 831 (Westermann JuS 1961, 81 f.; modifizierend BGHZ 16, 259, 264: keine Beweislastumkehr entspr § 831 I 2). Bei **jur Personen** kommt es auf die Kenntnis oder grobfahrlässige Unkenntnis ihrer Organe an, die selbst nicht Besitzer sind (→ § 854 Rn. 13), ebenso bei nichtrechtsfähigen Vereinen, entspr bei OHG, KG und nach hM bei der Außen-GbR (gleiches gilt ab 1.1.2024 für die rechtsfähige GbR iSd § 705 II Fall 1 BGB-MoPeG) (dazu krit → Vor § 21 Rn. 1, 4). **cc)** Ob ein **minderjähriger Besitzer** bösgläubig sein kann, bestimmt § 828 (str, s. Staudinger/Thole Rn. 85–88; zur ähnlichen Problematik bei § 819 vgl BGHZ 55, 128, 135 ff.). **dd) Nachfolgende Gutgläubigkeit** ist
3 unerheblich (BeckOK/Fritzsche Rn. 23; aA hM). **c) Schadensersatzpflicht** setzt Verschlechterung oder Unmöglichkeit der Herausgabe nach bösgläubigem Besitzerwerb (I 1) oder späterem Kenntniserlangen (I 2) voraus. Zu Verschlechterung und Unmöglichkeit vgl → § 989 Rn. 1 (c). Zur Ausdehnung der Ersatzpflicht auf gutgl
4 Besitzer § 991 II. **d) Verschulden:** §§ 276, 278. Leichte Fahrlässigkeit bei der Verletzungshandlung genügt, während beim Besitzerwerb zumindest grobfahrlässige Unkenntnis vom Fehlen des Besitzrechts vorliegen muss (zum Unterschied Baur/Stürner § 11 Rn. 10).

5 **2. Wirkungen. a) Pflicht zur Herausgabe** gezogener Nutzungen und zum Ersatz bei unterbliebener Nutzziehung entspr → § 987 Rn. 3–5. Einschränkung in § 991 I. **b) Schadensersatzpflicht** entspr → § 989 Rn. 2. Erweiterung in § 991 II. Zur str Anwendbarkeit von § 281 (Übergang vom Herausgabe- zum Schadensersatzanspruch) Gursky JA 2004, 433 (mR abl); Gebauer/Huber ZGS 2005, 103 ff. (ja bei Vorliegen von II).

6 **3. Haftungsverschärfung bei Verzug, II.** Sie trifft nur den bösgläubigen Besitzer iSv I 1, 2. Daher haftet ein verklagter gutgl Besitzer (§§ 987, 988) nach II erst ab Kenntniserlangung iSv I 2. Verzug: §§ 286 ff. Haftung für Zufall gem § 287 S. 2, ferner für Schäden wegen Vorenthaltung der Sache (§§ 280 II, 286; BGH NJW 2003, 3622) und für Früchte, die nur der Eigentümer ziehen konnte (anders § 987 II).

§ 991 Haftung des Besitzmittlers

(1) **Leitet der Besitzer das Recht zum Besitz von einem mittelbaren Besitzer ab, so findet die Vorschrift des § 990 in Ansehung der Nutzungen nur Anwendung, wenn die Voraussetzungen des § 990 auch bei dem mittelbaren Besitzer vorliegen oder diesem gegenüber die Rechtshängigkeit eingetreten ist.**

(2) **War der Besitzer bei dem Erwerb des Besitzes in gutem Glauben, so hat er gleichwohl von dem Erwerb an den im § 989 bezeichneten Schaden dem Eigentümer gegenüber insoweit zu vertreten, als er dem mittelbaren Besitzer verantwortlich ist.**

1 **1. Allgemeines.** Die §§ 987 ff. treffen auch den Fremdbesitzer (Besitzmittler; → Vor § 987 Rn. 4–8) und den mittelbaren Besitzer (Oberbesitzer). Die Haftungsvoraussetzungen sind grundsätzlich unabhängig für jeden von beiden festzustellen (zum Verhältnis der Ansprüche zueinander LM Nr. 10 zu § 987). Davon macht § 991 zwei Ausnahmen.

2 **2. Wirkungen. a)** Für **Nutzungen** haftet der unverklagte bösgläubige Besitzmittler abw von § 990 I erst, wenn sein Oberbesitzer entweder selbst nach § 990 haftet oder auf Herausgabe (oder Grundbuchberichtigung, → § 987 Rn. 3 [bb]) verklagt ist, **I.** Diese Haftungsbeschränkung verhindert, dass der auf Nutzungen in Anspruch genommene Besitzmittler bei seinem Oberbesitzer Regress nehmen kann, obwohl dieser dem Eigentümer gegenüber nicht haftet (§ 993 I). Daher ist I auf die Fälle zu beschränken, in denen nach dem Rechtsverhältnis zwischen Besitzmittler

und Oberbesitzer überhaupt Regress möglich wäre. – Die Haftung des Besitzmittlers wegen der Nutzungen aus §§ 987 (Klage gegen ihn!), 988, 993 I Hs. 1 bleibt unberührt. – I gilt nicht für die Haftung des unverklagten bösgläubigen Besitzmittlers auf Schadensersatz gem §§ 990, 989. **b)** Der unverklagte gutgl Besitzmittler eines 3
Dritten haftet dem Eigentümer auf **Schadensersatz** gem § 989, sofern er auf Grund des Besitzmittlungsverhältnisses dem Dritten, seinem Oberbesitzer, gegenüber haften würde, **II.** Ob der Besitzmittler dem Eigentümer haftet, bestimmt das Besitzmittlungsverhältnis mit dem Dritten (wichtig insbes bei vertraglicher Haftungsmilderung, LM Nr. 8 zu § 985). Zum Umfang des Ersatzanspruchs → § 989 Rn. 2. Keine Zufallshaftung gem § 287 S. 2 gegenüber dem Eigentümer, wenn Besitzmittler nur dem Oberbesitzer gegenüber in Verzug ist (arg § 990 II, der für die Verzugshaftung Bösgläubigkeit voraussetzt, → § 990 Rn. 6). – Leistet der Besitzmittler Schadensersatz an den Oberbesitzer, so schützt ihn § 851 analog vor Doppelleistung.

§ 992 Haftung des deliktischen Besitzers

Hat sich der Besitzer durch verbotene Eigenmacht oder durch eine Straftat den Besitz verschafft, so haftet er dem Eigentümer nach den Vorschriften über den Schadensersatz wegen unerlaubter Handlungen.

1. Anwendungsbereich. Im Eigentümer-Besitzer-Verhältnis sind die §§ 823 ff. 1
grundsätzlich nur auf den Besitzer anzuwenden, der seinen Besitz so, wie in § 992 beschrieben, erlangt hat, sog Deliktsbesitzer (str; ie vgl → Vor § 987 Rn. 12). § 992 betrifft nur die Anwendung der §§ 823 ff. auf die Verletzung des Eigentums. Wegen Verletzung des Besitzes haftet der Verletzer unmittelbar nach §§ 823 ff. (BGH WM 1960, 1148). – **Besonderheiten** der Haftung nach §§ 823 ff. gegenüber §§ 989, 990: Haftung für Zufallsschäden, § 848 (sonst nur gem §§ 990 II, 287 S. 2; abw Staudinger/Thole Rn. 23: keine Zufallshaftung bei Fundunterschlagung, → Rn. 2); Verjährung, § 852 (sonst § 195; bei Zusammentreffen von §§ 989, 990 und § 992 unterschiedliche Verjährung: BGHZ 31, 129, 132 f.); uU Aufrechnungsverbot, § 393.

2. Voraussetzungen. a) Vindikationslage iSv → Vor § 987 Rn. 3. **b) Besitz-** 2
verschaffung durch schuldhafte (hM; aA MüKo-BGB/Raff Rn. 5 mN) verbotene Eigenmacht (§ 858) gegen den Eigentümer oder dessen Besitzmittler oder durch eine Straftat, dh die schuldhafte Verletzung einer Strafvorschrift, die den Eigentumsschutz bezweckt, zB §§ 242, 248a, 249, 253, 259, 263 StGB; ob auch § 246 StGB (Unterschlagung) eine Besitzverschaffung betrifft, ist str (Staudinger/Thole Rn. 23: nur Fundunterschlagung), aber bedeutungslos, weil hier § 826 unmittelbar anwendbar ist (Staudinger/Thole Rn. 23, → Rn. 1). Trotz Besitzverschaffung iSv § 992 kann Besitzer sich schuldlos für den Eigentümer halten (BGH WM 1960, 1148; zu den Folgen → Rn. 4). **c) Für unberechtigten Fremdbesitzer** gilt § 992 auch (hM). 3
Zum Fremdbesitzerexzess → vor § 987 Rn. 12 (aa).

3. Wirkungen. §§ 823 ff. sind voll anwendbar (Rechtsgrund-, nicht nur Rechts- 4
folgenverweisung). Verschulden hinsichtlich der Eigentumsverletzung liegt oft schon *bei der Besitzverschaffung vor (zB bei Diebstahl)*; fehlt es daran (Besitzer hielt sich bei der verbotenen Eigenmacht schuldlos für den Eigentümer), so erfordert nachfolgende Eigentumsverletzung Verschulden (BGH WM 1960, 1148; Staudinger/Thole Rn. 19). Zum Haftungsumfang §§ 249 ff., 848 (zu § 848 → Rn. 1).

§ 993 Haftung des redlichen Besitzers

(1) **Liegen die in den §§ 987 bis 992 bezeichneten Voraussetzungen nicht vor, so hat der Besitzer die gezogenen Früchte, soweit sie nach den Regeln einer ordnungsmäßigen Wirtschaft nicht als Ertrag der Sache anzusehen sind, nach den Vorschriften über die Herausgabe einer ungerechtfertigten**

Bereicherung herauszugeben; im Übrigen ist er weder zur Herausgabe von Nutzungen noch zum Schadensersatz verpflichtet.

(2) **Für die Zeit, für welche dem Besitzer die Nutzungen verbleiben, findet auf ihn die Vorschrift des § 101 Anwendung.**

1 **1. Grundsatz.** Im Eigentümer-Besitzer-Verhältnis ist der unrechtmäßige Besitzer nur gem §§ 987–992 zur Herausgabe von Nutzungen und zum Schadensersatz verpflichtet, **I Hs. 2.** Zu Problematik und Ausnahmen → Vor § 987 Rn. 10–15.

2 **2. Weitere Ausnahmen.** Betrifft nur Früchte, § 99 I, III (nicht Gebrauchsvorteile), die im Übermaß vom unverklagten gutgl Nicht-Deliktsbesitzer (Begriff → § 992 Rn. 1) wirklich gezogen worden und gem §§ 955 ff. in sein Eigentum gefallen sind. Herausgabe nach § 818, Grenze in § 818 III (Rechtsfolgenverweisung).

3 **3. Gezogene Nutzungen.** Diese werden gem § 101 auf die Zeit vor und nach Rechtshängigkeit (§ 987) oder Kenntniserlangung (§ 990 I 2) verteilt, **II.**

Vorbemerkungen zu den §§ 994–1003

1 **1. Regelungsgegenstand.** Die §§ 994–1003 sind die *Gegenansprüche des Besitzers auf Verwendungsersatz* im Eigentümer-Besitzer-Verhältnis (zu diesem vgl → Vor § 987 Rn. 1). Sie sind schuldrechtliche Ansprüche.

2 **2. Anwendungsbereich. a) Voraussetzung** ist, dass der Besitzer (Verwender) *kein Recht zum Besitz* hat. Es muss eine **Vindikationslage** iSv → Vor § 987 Rn. 3 bestehen. §§ 994 ff. gelten sowohl für den unberechtigten *Eigen- wie Fremdbesitzer.* Letzerem sollen nach hM keine Ansprüche zustehen, die über sein vermeintliches Besitzrecht hinausgehen (BGH NJW 1979, 716 mN); zB sollen Ansprüche des vermeintlichen Pfandgläubigers aus §§ 994 ff. durch § 1216 begrenzt sein. Diese Einschränkung wird aber der unterschiedlichen Interessenlage bei berechtigtem und unberechtigtem Fremdbesitz nicht gerecht (ie Raiser JZ 1958, 684 f.; 61, 530; diffe-
3 renzierend Staudinger/Thole Rn. 24 ff.). **b) Hat der unmittelbare Fremdbesitzer** (Besitzmittler) auf Grund eines Vertrags mit seinem Oberbesitzer, der nicht der Eigentümer ist, Verwendungen auf die Sache gemacht, so sind die §§ 994 ff. nur anwendbar, wenn zwischen Fremdbesitzer und Eigentümer eine **Vindikationslage**
4 (→ Rn. 2) **zZ der Verwendung** besteht. **aa) Sie besteht,** wenn der Oberbesitzer dem Eigentümer gegenüber von Anfang an weder zum Besitz (§ 986 I 1) noch zur Überlassung an den Fremdbesitzer (§ 986 I 2; Raiser JZ 1958, 683; 61, 529 f.) berechtigt war. Dann ist der Fremdbesitzer von Anfang an nicht zum Besitz berechtigt, folglich stehen ihm die Rechte aus §§ 994 ff. gegen den Eigentümer zu. Daneben können Vertragsansprüche gegen seinen Oberbesitzer bestehen (Raiser JZ 1958,
5 683 zu RG 142, 422). **bb) Sie besteht nicht** in folgenden Fällen: **(1)** Der **Oberbesitzer** ist dem Eigentümer gegenüber zum Besitz und zur Überlassung der Sache an den Fremdbesitzer (Verwender) **berechtigt,** § 986 I 1 (BGHZ 27, 317, 320 ff. [dazu Raiser JZ 1958, 681 ff.]; 34, 128 [dazu Raiser JZ 1961, 529 ff.]; 100, 102). Bsp: E veräußert seinen Pkw unter EV an K, dieser gibt den Wagen an U zur Reparatur; U stehen gegen E keine Rechte aus §§ 994 ff. zu, er erlangt zur Sicherung seiner Vertragsansprüche gegen K kein ges Unternehmerpfandrecht (§ 647) am
6 Eigentum des E, sondern nur am Anwartschaftsrecht des K (→ § 1257 Rn. 2). **(2) War** der **Oberbesitzer** dem Eigentümer gegenüber zu Besitz und Überlassung **berechtigt** und entfällt dann sein Besitz- oder Überlassungsrecht mit Wirkung ex *nunc,* so entsteht zwar eine Vindikationslage iSv § 985 (§ 986 I 1, 2), aber nicht für §§ 994 ff.; → Vor § 987 Rn. 8 gilt entspr (vgl → Rn. 2 mit Verweis auf → Vor § 987 Rn. 3). Bsp wie bei → Rn. 5 mit der Ergänzung, dass E vom VKauf zurücktritt, weshalb das Besitzrecht des K und folglich auch das des U gegenüber dem E entfällt, § 986 I 1 (vgl → § 929 Rn. 59); U stehen keine Rechte aus §§ 994 ff. gegen E zu, er hat nur Vertragsansprüche gegen K. AA BGHZ 34, 122, 129 ff. (insoweit

abw BGHZ 75, 288, 294): §§ 994 ff. gelten sogar für Verwendungen *vor* Wegfall des Besitzrechts.

3. Konkurrenzen. Nach hM (BGHZ 87, 296, 301) regeln *§§ 994 ff. abschließend* 7
die Gegenansprüche des unberechtigten Besitzers wegen Aufwendungen auf die Sache. Für Verwendungen (Begriff: → Rn. 8) bestehen gem §§ 994 ff. abgestufte Ersatzansprüche. Für Aufwendungen, die keine Verwendungen sind, besteht ggf ein Wegnahmerecht (§ 997), aber kein Ausgleichsanspruch nach §§ 812, 951 (BGHZ 41, 157, 159 und BGHZ 41, 341, 346; NJW 1996, 52 [aA Canaris JZ 1996, 344 ff., wenn der Eigentümer den durch Aufwendungen erlangten Mehrwert zB durch Veräußerung realisiert hat]; vgl → § 951 Rn. 23). Zur rechtspolitischen Begründung der Ausschließlichkeit → Rn. 9. – Für den Deliktsbesitzer (→ § 992 Rn. 1) vgl § 850.

4. Begriff der Verwendungen. → § 951 Rn. 22. Verwendungen auf die Sache 8
sind auch geldwerte Arbeiten an der Sache, zB Reparaturen (BGH NJW 2002, 2875 mN; weitergehend für Arbeitsleistungen schlechthin, zB Reifenwechsel, wohl BGHZ 131, 220, 224 ff. und für Verwahrung OLG Nürnberg NJW-RR 2013, 1325 [Sattelschlepper]), aber weder der für sie gezahlte Kaufpreis (BGHZ 109, 179, 182 f.) noch ihre Verwaltung (BGH KTS 1983, 436). Nach stRspr sind Aufwendungen, welche die Sache grundlegend verändern (zB Bebauung eines unbebauten Grundstücks), keine Verwendungen iSd §§ 994 ff. (BGHZ 10, 171, 177; 41, 157, 160; aA Staudinger/Thole, Vorb §§ 994 ff. Rn. 44); dieser enge Verwendungsbegriff ist abzulehnen; § 996 differenziert nach Wert, nicht nach wirtschaftl Zweck (Brehm/Berger, § 8 Rn. 57). Das Ges unterscheidet notwendige (§ 994) und nicht notwendige Verwendungen. Letztere sind entweder nützlich (§ 996) oder unnütz (Luxus).

5. Grundgedanken der Regelung. a) Die Einengung der Gegenansprüche 9
des Besitzers (→ Rn. 7) dient dem *Interesse des Eigentümers,* seinen Herausgabeanspruch nicht durch beträchtliche Gegenansprüche für ungewollte Verwendungen entwertet zu sehen. Eine großzügige Qualifizierung von Aufwendungen als Verwendungen iSd §§ 994 ff. nützt dem Besitzer; auch hier bevorzugt aber die hM den Eigentümer durch einen engen Verwendungsbegriff (→ Rn. 8). **b) Das Haftungs-** 10
system der §§ 994 ff. geht vom unberechtigten Besitzer aus (→ Rn. 2). Es unterscheidet zwischen bös- und gutgl Besitzer (§§ 994 II, 996 mit § 990); dem bösgläubigen steht der verklagte gutgl Besitzer gleich (§§ 994 II, 996); zum Deliktsbesitzer § 850. Bösgläubigkeit oder Rechtshängigkeit (→ § 987 Rn. 3 [bb]) müssen zZ der Verwendung vorliegen.

§ 994 Notwendige Verwendungen

(1) [1]**Der Besitzer kann für die auf die Sache gemachten notwendigen Verwendungen von dem Eigentümer Ersatz verlangen.** [2]**Die gewöhnlichen Erhaltungskosten sind ihm jedoch für die Zeit, für welche ihm die Nutzungen verbleiben, nicht zu ersetzen.**

(2) **Macht der Besitzer nach dem Eintritt der Rechtshängigkeit oder nach dem Beginn der in § 990 bestimmten Haftung notwendige Verwendungen, so bestimmt sich die Ersatzpflicht des Eigentümers nach den Vorschriften über die Geschäftsführung ohne Auftrag.**

1. Voraussetzungen. a) Vgl zunächst → Vor § 994 Rn. 2–6. **b) Begriff der** 1
Verwendungen: → Vor § 994 Rn. 8. Ersatzfähig sind nach I, II *notwendige Verwendungen,* auch die nicht mehr wertsteigernd vorhandenen (BGHZ 131, 220, 223; sa § 996 aE). Sie sind bei Betrachtung ex ante zur Erhaltung und ordnungsmäßigen Bewirtschaftung der Sache obj erforderlich und ersparen dem Eigentümer daher eigene Auslagen (BGHZ 64, 333, 339), zB Reparaturen, Aufbewahrungskosten, ferner Lasten (§ 995).

2 **2. Wirkungen. a) Dem unverklagten entgeltlichen gutgl Besitzer** sind die notwendigen Verwendungen zu ersetzen, **I 1,** mit Ausnahme der gewöhnlichen Erhaltungskosten (ds regelmäßig wiederkehrende Auslagen, die idR aus den Nutzungen bestritten werden, die dem unverklagten entgeltlichen gutgl Besitzer verblei-
3 ben), **I 2. b) Der unverklagte unentgeltliche gutgl** Besitzer kann auch die gewöhnlichen Erhaltungskosten (→ Rn. 2) ersetzt verlangen, weil ihm die Nutzun-
4 gen nicht verbleiben, § 988. **c) Bösgläubig oder nach Rechtshängigkeit** (→ § 987 Rn. 3 [bb]) gemachte notwendige Verwendungen werden nur nach GoA (§§ 683, 679, 684 S. 2, ob auch S. 1, ist str, s. Staudinger/Thole Rn. 49) ersetzt, **II;** Fremdgeschäftsführungswille ist nicht gefordert (Staudinger/Thole Rn. 44). Geschäftsherr ist der Eigentümer zZ der Verwendung. I 2 gilt entspr, wenn der bösgläubige oder verklagte Besitzer ausnahmsweise die Nutzungen behalten darf (BGHZ 44, 237, 239), zB nach § 991 I.

§ 995 Lasten

[1]Zu den notwendigen Verwendungen im Sinne des § 994 gehören auch die Aufwendungen, die der Besitzer zur Bestreitung von Lasten der Sache macht. [2]Für die Zeit, für welche dem Besitzer die Nutzungen verbleiben, sind ihm nur die Aufwendungen für solche außerordentliche Lasten zu ersetzen, die als auf den Stammwert der Sache gelegt anzusehen sind.

Gewöhnliche Lasten sind zB Hunde- und Grundsteuer, Hypotheken- und Grundschuldzinsen. **Außerordentliche** Lasten sind einmalige Leistungen, zB Rückzahlung des Hypothekenkapitals (vgl auch § 1047). S. 1 ergänzt § 994 I 1, II; S. 2 entspricht § 994 I 2.

§ 996 Nützliche Verwendungen

Für andere als notwendige Verwendungen kann der Besitzer Ersatz nur insoweit verlangen, als sie vor dem Eintritt der Rechtshängigkeit und vor dem Beginn der in § 990 bestimmten Haftung gemacht werden und der Wert der Sache durch sie noch zu der Zeit erhöht ist, zu welcher der Eigentümer die Sache wiedererlangt.

1 **1. Anwendungsbereich.** Betrifft nur *nicht notwendige Verwendungen* des unverklagten gutgl Besitzers. Bösgläubig und nach Rechtshängigkeit (→ § 987 Rn. 3 [bb]) gemachte nicht notwendige Verwendungen sind nicht zu ersetzen (vgl „nur" in § 996). Insoweit besteht bloß ein Wegnahmerecht (§ 997).

2 **2. Sonstige Verwendungen.** Dh nicht notwendige Verwendungen sind *nur* dann zu ersetzen, wenn sie den Wert der Sache noch zZ ihrer Wiedererlangung obj (Staudinger/Thole Rn. 11 ff., str) erhöhen, sog **nützliche Verwendungen** (zur Abgrenzung OLG Celle NJW-RR 1995, 1527). Ist die nützliche Verwendung vor diesem Zeitpunkt untergegangen, so besteht kein Anspruch, ebenso wenig für unnütze Verwendungen.

§ 997 Wegnahmerecht

(1) **[1]Hat der Besitzer mit der Sache eine andere Sache als wesentlichen Bestandteil verbunden, so kann er sie abtrennen und sich aneignen. [2]Die Vorschrift des § 258 findet Anwendung.**

(2) **Das Recht zur Abtrennung ist ausgeschlossen, wenn der Besitzer nach § 994 Abs. 1 Satz 2 für die Verwendung Ersatz nicht verlangen kann oder die Abtrennung für ihn keinen Nutzen hat oder ihm mindestens der Wert ersetzt wird, den der Bestandteil nach der Abtrennung für ihn haben würde.**

1. Allgemeines. I setzt voraus, dass der Eigentümer der (Haupt-)Sache die verbundene Sache gem §§ 946, 947 II zu eigen erworben hat (sonst jederzeitige Wegnahme durch den Besitzer möglich). Bereicherungsanspruch des Besitzers aus § 951 I 1 ist durch die §§ 994 ff. ausgeschlossen (→ Vor § 994 Rn. 7). 1

2. Das Wegnahmerecht, I. Es steht jedem, auch dem verklagten und dem bösgläubigen Besitzer zu, der die Verbindung vorgenommen oder zumindest finanziert hat (Erweiterung in § 951 II 2; dazu → § 951 Rn. 24). Der Besitzer muss nicht Eigentümer der verbundenen Sache gewesen sein (hM). Der Eigentümer der (Haupt-)Sache ist verpflichtet, die Abtrennung zu dulden. Die abgetrennte Sache kann sich (nur) der Besitzer aneignen (dazu § 958), str I gibt kein Aussonderungsrecht (§ 47 InsO), weil das Wegnahmerecht mehr Verschaffungs- als Herausgabeanspruch ist (hM). **Ausgeschlossen** ist das Recht nach **II;** Wertersatz (Alt. 3) umfasst auch Liebhaberinteresse des Besitzers. Zum Wegnahmerecht eines berechtigten Besitzers sa §§ 459, 539, 552, 581 II, 591a, 601 II 2, 1049 II, 1093 I 2, 1216 S. 2, 2125 II. 2

§ 998 Bestellungskosten bei landwirtschaftlichem Grundstück

Ist ein landwirtschaftliches Grundstück herauszugeben, so hat der Eigentümer die Kosten, die der Besitzer auf die noch nicht getrennten, jedoch nach den Regeln einer ordnungsmäßigen Wirtschaft vor dem Ende des Wirtschaftsjahrs zu trennenden Früchte verwendet hat, insoweit zu ersetzen, als sie einer ordnungsmäßigen Wirtschaft entsprechen und den Wert dieser Früchte nicht übersteigen.

Ergänzt § 102. Landwirtschaftliches Grundstück: § 585 I.

§ 999 Ersatz von Verwendungen des Rechtsvorgängers

(1) **Der Besitzer kann für die Verwendungen eines Vorbesitzers, dessen Rechtsnachfolger er geworden ist, in demselben Umfang Ersatz verlangen, in welchem ihn der Vorbesitzer fordern könnte, wenn er die Sache herauszugeben hätte.**

(2) **Die Verpflichtung des Eigentümers zum Ersatz von Verwendungen erstreckt sich auch auf die Verwendungen, die gemacht worden sind, bevor er das Eigentum erworben hat.**

1. Ansprüche an §§ 994–998. Alle Ansprüche des Vorbesitzers aus §§ 994–998 gehen auf den Rechtsnachfolger über, **I.** Voraussetzung ist Gesamtnachfolge oder ein der Besitzübertragung zugrundeliegendes, nicht notwendig wirksames Veräußerungsgeschäft (RG 129, 204; 158, 397; abw BGHZ 41, 341, 346). Anspruchsübergang ist abdingbar. 1

2. Haftung. Haftung des jetzigen Eigentümers auch für frühere Verwendungen, **II** (anders § 93 II ZVG), sofern Voreigentümer ersatzpflichtig war (BGH NJW 1996, 52). Dessen Genehmigung bindet nicht (Staudinger/Thole Rn. 27; hM). Ein früherer Eigentümer kann ihm ausgleichspflichtig sein, zB gem §§ 433 I 2 iVm 435, 437. 2

§ 1000 Zurückbehaltungsrecht des Besitzers

[1]Der Besitzer kann die Herausgabe der Sache verweigern, bis er wegen der ihm zu ersetzenden Verwendungen befriedigt wird. [2]Das Zurückbehaltungsrecht steht ihm nicht zu, wenn er die Sache durch eine vorsätzlich begangene unerlaubte Handlung erlangt hat.

1 **1. Allgemeines.** Der Verwendungsanspruch wird erst mit Herausgabe der Sache an den Eigentümer oder dessen Genehmigung (Begriff: → § 1001 Rn. 1) der Verwendungen fällig (→ § 1001 Rn. 1), so dass zuvor mangels Fälligkeit kein Zurückbehaltungsrecht aus § 273 II besteht (sa BGH NJW 2002, 2876). Deshalb gibt S. 1 Sonderregel; gilt auch gegenüber Grundbuchberichtigungsanspruch (→ § 894 Rn. 10).

2 **2. Inhalt. a) Zum Zurückbehaltungsrecht** vgl zunächst → Rn. 1. §§ 273 III, 274 sind entspr anwendbar. § 1000 gibt obligatorisches Leistungsverweigerungsrecht
3 (BGHZ 51, 250, 252). **b) Ausschluss** des Rechts bei vorsätzlicher uH (S. 2), nicht bei fahrlässiger verbotener Eigenmacht oder Straftat. Ausschluss ferner, wenn Verwendungen absolut oder im Verhältnis zu den herauszugebenden Nutzungen geringfügig sind (§ 242), nach hM auch, wenn das vermeintliche Besitzrecht ein Zurückbehaltungsrecht ausschließt, zB §§ 570, 578 I (dazu allg → Vor § 994 Rn. 2).

§ 1001 Klage auf Verwendungsersatz

[1]Der Besitzer kann den Anspruch auf den Ersatz der Verwendungen nur geltend machen, wenn der Eigentümer die Sache wiedererlangt oder die Verwendungen genehmigt. [2]Bis zur Genehmigung der Verwendungen kann sich der Eigentümer von dem Anspruch dadurch befreien, dass er die wiedererlangte Sache zurückgibt. [3]Die Genehmigung gilt als erteilt, wenn der Eigentümer die ihm von dem Besitzer unter Vorbehalt des Anspruchs angebotene Sache annimmt.

1 **1. Ersatzanspruch. a) Fällig** ist er erst mit Wiedererlangung oder Genehmigung, **S. 1** (nach aA fehlt dem Anspruch zuvor die Klagbarkeit oder er ist aufschiebend bedingt). „Genehmigung" nicht iSv § 184 I, sondern (auch vorhergehende) Billigung der Verwendungen durch den Eigentümer (BGH NJW 2002, 2876 f.). Bis zur Fälligkeit hat der Besitzer nur die Rechte aus §§ 1000, 1003. Zurückbehaltungsrecht (§ 1000) und fälliger Ersatzanspruch hinsichtlich ders Verwendungen können nicht gleichzeitig bestehen (BGHZ 51, 250, 253 f.). **b) Voraussetzungen.** Der wirkliche Eigentümer oder sein zur Genehmigung befugter Besitzmittler (BGHZ 87, 274, 278: Besitzmittler schlechthin) muss unmittelbaren Besitz erlangt haben, gleich von wem (arg § 1002), oder der Eigentümer oder ein von ihm Ermächtigter muss genehmigt oder (S. 3) die unter Vorbehalt angebotene Sache angenommen haben.

2 **2. Verlust der Fälligkeit. Durch Rückgabe** verliert der Ersatzanspruch, sofern nicht vorher genehmigt worden ist, seine Fälligkeit (→ Rn. 1 [a]), **S. 2.** Nach Rückgabe lebt ein früheres Zurückbehaltungsrecht nicht wieder auf, weil ein fälliger Ersatzanspruch nicht mehr besteht (BGHZ 51, 250, 253 f.). Der Besitzer hat das Recht aus § 1003.

§ 1002 Erlöschen des Verwendungsanspruchs

(1) **Gibt der Besitzer die Sache dem Eigentümer heraus, so erlischt der Anspruch auf den Ersatz der Verwendungen mit dem Ablauf eines Monats, bei einem Grundstück mit dem Ablauf von sechs Monaten nach der Herausgabe, wenn nicht vorher die gerichtliche Geltendmachung erfolgt oder der Eigentümer die Verwendungen genehmigt.**

(2) ***Auf diese Fristen* finden die für die Verjährung geltenden Vorschriften der §§ 206, 210, 211 entsprechende Anwendung.**

Erlöschen. Der **Ersatzanspruch erlischt** nach Ablauf einer Ausschlussfrist im Falle vorbehaltloser (arg § 1001 S. 3) freiwilliger (oder im Wege der Zwangsvollstreckung erzwungener [BGH NJW 2016, 495 Rn. 21 f.]) Herausgabe (abw von

→ § 1001 Rn. 1 [b]) an den wirklichen Eigentümer oder einen zur Genehmigung befugten Besitzmittler (→ § 1001 Rn. 1 [b]). **Fristwahrung** durch Genehmigung (vgl → § 1001 Rn. 1 [b]) oder gerichtl Geltendmachung (§ 204) des Ersatzanspruchs; damit scheidet § 1002 aus und der Anspruch verjährt (§ 195). Zur Fristberechnung §§ 187 I, 188 II, III.

§ 1003 Befriedigungsrecht des Besitzers

(1) [1]**Der Besitzer kann den Eigentümer unter Angabe des als Ersatz verlangten Betrags auffordern, sich innerhalb einer von ihm bestimmten angemessenen Frist darüber zu erklären, ob er die Verwendungen genehmige.** [2]**Nach dem Ablauf der Frist ist der Besitzer berechtigt, Befriedigung aus der Sache nach den Vorschriften über den Pfandverkauf, bei einem Grundstück nach den Vorschriften über die Zwangsvollstreckung in das unbewegliche Vermögen zu suchen, wenn nicht die Genehmigung rechtzeitig erfolgt.**

(2) **Bestreitet der Eigentümer den Anspruch vor dem Ablauf der Frist, so kann sich der Besitzer aus der Sache erst dann befriedigen, wenn er nach rechtskräftiger Feststellung des Betrags der Verwendungen den Eigentümer unter Bestimmung einer angemessenen Frist zur Erklärung aufgefordert hat und die Frist verstrichen ist; das Recht auf Befriedigung aus der Sache ist ausgeschlossen, wenn die Genehmigung rechtzeitig erfolgt.**

1. Allgemeines. Will der Besitzer die Sache nur nach vorheriger Erfüllung seiner 1
Ansprüche herausgeben, zahlt oder genehmigt der Eigentümer aber nicht, so bleibt die Fälligkeit des Ersatzanspruchs in der Schwebe (→ § 1001 Rn. 1 [a]). Diesen **Schwebezustand** kann der Besitzer nach I 1 **beenden:** Er muss dem Eigentümer den verlangten Betrag mitteilen und ihn auffordern, binnen angemessener Frist zu genehmigen. Die Rechtsfolgen sind je nach dem Verhalten des Eigentümers verschieden.

2. Rechtsfolgen. a) Genehmigt der Eigentümer rechtzeitig, so wird der Ersatz- 2
anspruch fällig, § 1001 S. 1. § 1002 gilt nicht. **b) Befriedigung aus der Sache** 3
kann der Besitzer suchen, wenn nicht fristgerecht genehmigt (I 2) und der Anspruch auch nicht innerhalb der Frist bestritten wird (II). Einen Ausfall trägt er selbst. Durchführung des Befriedigungsrechts: bei Fahrnis gem §§ 1233 ff.; bei Grundstücken durch Klage auf Duldung der Zwangsvollstreckung in das Grundstück, auf Grund des Duldungstitels Zwangsversteigerung oder Zwangsverwaltung (§§ 15 ff., 146 ff. ZVG), nicht Eintragung einer Zwangshypothek (§ 866 ff. ZPO), weil diese keine Befriedigung gewährt. **c) Bei fristgerechtem Bestreiten des Anspruchs** 4
muss der Besitzer ein rechtskräftiges Feststellungsurteil erreichen und danach wieder erfolglos eine Frist nach I 1 setzen, **II.** Die Klagen auf Feststellung (§ 256 I ZPO), gerichtl Bestimmung der Frist (II, I 1) und Duldung (→ Rn. 3) können in entspr Anwendung von §§ 255, 259 ZPO verbunden werden (RG 137, 101).

§ 1004 Beseitigungs- und Unterlassungsanspruch

(1) [1]**Wird das Eigentum in anderer Weise als durch Entziehung oder Vorenthaltung des Besitzes beeinträchtigt, so kann der Eigentümer von dem Störer die Beseitigung der Beeinträchtigung verlangen.** [2]**Sind weitere Beeinträchtigungen zu besorgen, so kann der Eigentümer auf Unterlassung klagen.**

(2) **Der Anspruch ist ausgeschlossen, wenn der Eigentümer zur Duldung verpflichtet ist.**

1. Allgemeines. a) Funktion. Die Abwehransprüche des § 1004 (auch Abwehr- 1
klage oder *actio negatoria* genannt) konkretisieren ebenso wie § 985 die Ausschlie-

ßungsbefugnis des Eigentümers aus § 903 S. 1. Die Gleichheit von Zweck und Gegenstand des Rechtsschutzes gestattet es, Unklarheiten bei Handhabung des § 1004 durch Rückgriff auf Problemlösungen bei § 985 aufzuhellen (Bsp in
2 → Rn. 21). **b) Anwendungsbereich.** Unmittelbar gilt § 1004 nur für das *Eigentum.* Er gilt kraft Ges entspr für *beschränkte dingliche Rechte* (§§ 1027, 1065, 1090 II, 1227, § 11 I 1 ErbbauRG, § 34 II WEG). Für *andere absolute Rechte* besteht vielfach ausdr ein ähnlicher Schutz (zB § 12 [BGH MDR 2016, 1035], § 37 II 1 HGB, § 97 I 1 UrhG, §§ 14 V, 15 IV, 128 I, 135 I MarkenG, § 139 I PatG, § 42 I DesignG, §§ 24 I, 15 I GebrMG, §§ 20, 35, 6 I BDSG). Absolute Rechte, für die ein Abwehranspruch im Ges unmittelbar nicht vorgesehen ist, genießen in entspr Anwendung von § 1004 ebenfalls negatorischen Schutz, zB das allg Persönlichkeitsrecht (BGHZ 91, 233, 239; BGH NJW 2016, 1094 Rn. 26 ff. [Aufnahmen mit Intimbezug]; NJW 2019, 1142; sa BVerfG NJW 2022, 680 Rn. 25); und das Recht am eingerichteten und ausgeübten Gewerbebetrieb (BGH NJW 1998, 2059 f.; NJW 2009, 2958; NJW 2019, 781; str). Darüber hinaus werden auch deliktisch geschützte *Rechtsgüter* entspr erfasst, insbes die des § 823 I (Leben, Körper, Gesundheit [BGH NJW 2015, 2023 Rn. 20], Freiheit, ferner Gemeingebrauch [BGH NJW 1998, 2059 f.]) und II iVm einem SchutzGes (BGH NJW 2015, 2500 Rn. 13 ff.; NJW-RR 2021, 1633 Rn. 21; NJW 2022, 1676 Rn. 25 [§§ 22, 23 KUG, „Recht am eigenen Bild"]; BGHZ 122, 1, 3 f.), sog quasinegatorischer Schutz, *actio quasinegatoria.* Dazu ie → Vor § 823
3 Rn. 6. **c) Zwei Ansprüche** gibt § 1004: auf Beseitigung (I 1) und auf Unterlassung (I 2), aber nicht auf Schadensersatz (zur Problematik → Rn. 7). Beide Ansprüche unterscheiden sich nach Voraussetzungen und Folgen; das wird vielfach übersehen (zB in BGHZ 29, 314, 317; 67, 252, 253).

4 **2. Beeinträchtigung des Eigentums.** Außer Entziehung oder Vorenthaltung des Besitzes (dafür § 985), ist dies jeder dem Inhalt des Eigentums (§ 903) widersprechende Zustand (BGH NJW 2007, 432); er ist *Voraussetzung* der Abwehransprüche. Einwirkungen auf das Eigentum beeinträchtigen es nicht, wenn sie mit Willen des Eigentümers geschehen (BGHZ 156, 172, 175). **a) Bsp:** Betreten fremden Grundstücks; Abladen von Müll; unzulässige Immissionen (→ § 906 Rn. 2, 9–11), Einwirkungen iSd §§ 907, 909, 910, 912; unerwünschte (Post-)Wurfwerbung (OLG Frankfurt a. M. NJW 1996, 934 f.); Veränderung oder Löschen von Daten auf einem Datenträger (vgl OLG Oldenburg CR 2012, 77); aber **nicht** die gewerbliche Nutzung fremden Eigentums durch Herstellung und Vertrieb von Fotografien (BGH NJW 1989, 2252 mN), soweit diese von öffentl zugänglichen Plätzen aufgenommen wurden (BGH NJW 2011, 749) oder von Kopien einer Plastik (BGHZ 44, 288, 293 f.), nicht das Bestreiten fremden Eigentums (OLG Köln NJW 1996, 1291), nicht die wirksame Bestellung von Grundpfandrechten durch Nichtberechtigten (→ § 989 Rn. 1). Negative Einwirkungen bewirken keine Beeinträchtigung (→ § 903 Rn. 3); ideelle (sittliche, ästhetische) Einwirkungen können bei entspr
5 Intensität beeinträchtigen (→ § 906 Rn. 2). **b) Gleichgültig** für das Vorliegen einer Beeinträchtigung ist, ob sie durch die **Handlung eines Menschen** herbeigeführt worden ist, sei es unmittelbar (A überquert das Grundstück des E), sei es mittelbar (A schrägt sein Hausgrundstück beim Hausbau so ab, dass beim nächsten Wolkenbruch Geröll von seinem auf das Nachbargrundstück geschwemmt wird), oder ob die Beeinträchtigung überhaupt nicht auf menschlichem Handeln beruht (das Hanggrundstück des A blieb im natürlichen Zustand, trotzdem wird Geröll auf das Nachbargrundstück geschwemmt). Diese Frage spielt erst bei der Suche nach dem beseitigungspflichtigen Störer eine Rolle (BGH NJW 1995, 2634; 2004, 604, je mN; → Rn. 17). Nach aA liegt eine Beeinträchtigung iSv § 1004 nur vor, wenn sie von einem Störer ausgeht (Staudinger/Thole Rn. 160).

6 **3. Der Beseitigungsanspruch, I 1.** Er zielt auf Beseitigung einer bestehenden Beeinträchtigung für die Zukunft. Ist Beseitigung unmöglich, so entfällt I 1. Würde die Beseitigung die Zumutbarkeitsgrenze des § 275 überschreiten, so steht dem Störer ein Leistungsverweigerungsrecht (Einrede) zu, § 275 II (BGH NJW 2008,

3123 [3125]). **a) Voraussetzung** ist eine bereits eingetretene, *gegenwärtig* – dh im Prozess: zZ der letzten mündlichen Tatsachenverhandlung – *noch fortbestehende Beeinträchtigung* des Eigentums. **b) Ziel** ist nur die Beseitigung der Beeinträchtigung, **7**
nicht das Unterbinden künftigen Verhaltens (so aber Gursky JR 1989, 400, weil er I 1 und 2 „fast nahtlos" ineinander übergehen lässt [sa BGHZ 121, 242, 247 f.], was materiellrechtlich unzutr [BGH NJW 1996, 846] und prozessual mit §§ 887, 888, 890 ZPO unvereinbar ist, → Rn. 9, 12, 13), **nicht Ersatz des Schadens,** den die beeinträchtigende Einwirkung herbeigeführt hat. Schadensersatz gem §§ 823 ff. setzt Verschulden des Täters voraus; § 1004 verlangt kein Verschulden des Störers (BGH NJW 1990, 2058), ist aber SchutzGes iSv § 823 II (hM; zweifelnd Roth JuS 2001, 1163). Die Abgrenzung von Beeinträchtigung (I) und Schaden (§ 823) ist daher notwendig, um zu verhindern, dass § 1004 einen Schadensersatzanspruch ohne Verschulden gewährt (zur Problematik BGHZ 135, 235, 238 f.; NJW 1996, 846 f.; 05, 1368 [dazu → Rn. 8]; zum „Schadensersatz" in AVB: BGH NJW 2000, 1196). Eine zutr Abgrenzung löst das Problem, macht es aber nicht zum Scheinproblem. Als Beeinträchtigung ist nur die *Störungsquelle* anzusehen einschließlich der Beeinträchtigungen, die aus der Störungsbeseitigung selbst folgen, aber nicht die von ihr ausgehende weitere Störung. Bsp (sa Wenzel NJW 2005, 243; BGH NJW 2005, 1368): Bei einem Dammbruch ist Störungsquelle das Loch im Damm, seine Beseitigung kann verlangt werden, nicht die der Überschwemmungsschäden; ist Sand vom Nachbargrundstück angeschwemmt worden, so kann Beseitigung des Sandes, aber nicht Ersatz für die vom Sand zerstörten Pflanzen verlangt werden (BGHZ 49, 340, 343, 347 f.); bei einem Gasrohrbruch ist das gebrochene Rohrstück auszuwechseln, aber nicht der Explosionsschaden zu ersetzen (RG 63, 379; sa BGHZ 97, 231, 236 f.); fängt ein Bahndamm infolge Brandes einer benachbarten Abraumhalde Feuer, so verpflichtet I 1 zum Löschen des Feuers, aber nicht zum Ersatz des zerstörten Bahndamms (Baur AcP 160, 490; aA RG 127, 34 f.); verstopfen Baumwurzeln einen Abwasserkanal, so ist nach I 1 die Verstopfung zu beseitigen und der dadurch beschädigte Kanal instandzusetzen (BGH NJW 2005, 1368; Wenzel NJW 2005, 243); kontaminiert versickertes Öl das Nachbargrundstück, so ist die verölte Erde zu beseitigen, da das beeinträchtigende Öl nur so zu entfernen ist (BGH NJW 1996, 846 f.; 05, 1367 f.; aA im Anschluss an Picker, Der negatorische Beseitigungsanspruch, 1972; Buchholz/Radke Jura 1997, 454 ff.; Lobinger JuS 1997, 981 ff., dazu abl → Rn. 20). **c) Kosten** der Beseitigung trägt der Störer (Begriff: → Rn. 15– **8**
17). Zum Rückgriff über GoA, § 812 I 1 gegen ihn, wenn der Gestörte beseitigt hat, BGH NJW 2005, 1367 mN. Mitverantwortlichkeit des gestörten Eigentümers für die Störung „begrenzt" den Beseitigungsanspruch durch Kostenteilung (§ 254 entspr), BGHZ 135, 235, 239 f. Grund: Die Rspr nähert den Beseitigungsanspruch umfangmäßig einem Schadensersatzanspruch an (s. Wenzel NJW 2005, 243).
d) Klage und Urteil lauten idR nur auf Beseitigung der konkret bezeichneten **9**
Beeinträchtigung und überlassen die Wahl des geeigneten Mittels dem verurteilten Störer (BGH NJW-RR 2006, 237; NJW 2022, 2406 Rn. 25). Kommt lediglich *ein* Mittel als geeignet in Betracht, so kann zu seinem Gebrauch verurteilt werden (BGH NJW-RR 2006, 237). Die Vollstreckung richtet sich nach §§ 887 oder 888 ZPO, nicht § 890 ZPO (str; zur praktischen Bedeutung Jauernig/Berger § 27 Rn. 24–26; zur Abgrenzung von Beseitigungs- und Unterlassungsanspruch → Rn. 13). Ist die Beeinträchtigung freiwillig oder zwangsweise beseitigt worden und wird sie später erneuert, so kann aus dem alten Urteil nicht mehr oder wieder vollstreckt werden; der Titel ist verbraucht. **e)** Zum **Widerruf** von Tatsachenbehauptungen als Beseitigung → § 823 Rn. 83–85.

4. Der Unterlassungsanspruch, I 2. Er setzt künftige Beeinträchtigungen **10**
voraus. Der Anspruch zielt auf ihre Verhinderung. Zu vorbeugenden Anordnungen kraft Hausrechts → § 858 Rn. 1. **a) Er ist ein materiellrechtlicher Anspruch** und nicht nur ein prozessualer Rechtsbehelf (Staudinger/Thole Rn. 447 mN; hM).
b) Voraussetzungen. Nach I 2 müssen weitere Beeinträchtigungen drohen, dh es **11**

muss die auf Tatsachen gestützte obj ernstliche Gefahr alsbaldiger weiterer nicht zu duldender Störungen bestehen, sog **Wiederholungsgefahr** (für sie spricht wegen der früheren Beeinträchtigungen eine „tatsächliche Vermutung" iSd Anscheinsbeweises, BGH NJW 2003, 3702; NJW 2004, 1036; auch bei entspr Anwendung BGH GRUR 2019, 1211 Rn. 20; NJW 2022, 940 Rn. 34). Es genügt aber schon die Gefahr einer ersten Störung, sog **Erstbegehungsgefahr** (allgM: „vorbeugende" Unterlassungsklage), bei ernsthafter (konkreter) Besorgnis der Beeinträchtigung (BGH NJW-RR 2015, 1039 Rn. 8; zur Terminologie Baur JZ 1966, 381 f.). Das Bestehen der Wiederholungs- oder Erstbegehungsgefahr ist Entstehungsvoraussetzung des materiellrechtlichen Unterlassungsanspruchs (Staudinger/Thole Rn. 452; allg BGH NJW 2005, 595; hM). Fehlt die Gefahr oder fällt sie weg (BGH NJW 2020, 45; GRUR 2021, 879 Rn. 32), so ist die Unterlassungsklage unbegründet. Fehlt bereits in der Klage die schlüssige Behauptung einer Gefahr, so mangelt das Rechtsschutzinteresse und die Klage ist unzulässig (aA die hM: auch dann fehle
12 bloß eine materielle Voraussetzung, vgl Staudinger/Thole Rn. 452 mN). **c) Der Anspruchsinhalt** richtet sich nach der drohenden Beeinträchtigung. **Klage und Urteil** lauten idR nur auf Unterlassung der konkret weder zu eng noch zu weit umschriebenen Beeinträchtigung (zur Eingrenzungsproblematik Jauernig/Berger § 27 Rn. 27 mN; BGHZ 121, 248, 251 f.; 140, 1, 3 [betr Geruchsbelästigung durch Schweinemästerei]). Unterbleibt die künftige Beeinträchtigung nur bei Unterlassung einer ganz bestimmten Handlung, so kann dazu verurteilt werden (Jauernig NJW 1973, 1672; BGH NJW 2004, 1037). Ausgeschlossen ist jedoch die Verurteilung zu einem bestimmten Handeln, „um zu unterlassen". Damit würde – durch einen Wechsel der Vollstreckungsart (von § 890 zu 887, 888 ZPO) – entgegen dem Ges (§ 890 ZPO) ein künftiges Unterlassen unmittelbar erzwungen werden können (dafür BGHZ 121, 242, 247 f.; → Rn. 7). Diesem „Vorteil" stünde der „Nachteil" gegenüber, dass nach einer freiwilligen Erfüllung oder einer Vollstreckung des Urteils auf „Unterlassung durch Handeln" nicht mehr wegen einer späteren Zuwiderhandlung vollstreckt werden könnte; der Titel wäre verbraucht (vgl → Rn. 9). Die **Vollstreckung** eines Unterlassungstitels richtet sich stets allein nach § 890 ZPO, nicht (wahlweise) nach §§ 887, 888 ZPO (BGH NJW 1982, 440; insoweit aA Thomas/Putzo § 890 ZPO Rn. 4; zur praktischen Bedeutung Jauernig/Berger § 27
13 Rn. 26). **d) Die Abgrenzung zum Beseitigungsanspruch** ist auch dann möglich und notwendig, wenn künftige Unterlassung einer bereits gegenwärtigen Beeinträchtigung verlangt wird (Henckel AcP 174, 99 Fn. 3 mN; Jauernig NJW 1973, 1672 f.): Das Unterlassungsbegehren ist nur gerechtfertigt, wenn künftige Beeinträchtigungen drohen (→ Rn. 11; allg BGHZ 117, 264, 271 f.); andernfalls kann nur Beseitigung der gegenwärtigen Beeinträchtigung verlangt werden (BGH NJW 1957, 1676).

14 **5. Anspruchsberechtigter.** Anspruchsberechtigt ist der Eigentümer, bei entspr Anwendung von § 1004 (→ Rn. 2) derjenige, dem das verletzte Recht(sgut) zugeordnet ist. – Für den **Miteigentümer** vgl → § 1011 Rn. 1, 2. – Der **Rechtsnachfolger** des Eigentümers ist bei Fortdauer der Störung ohne Weiteres berechtigt, weil der Abwehranspruch automatisch mit dem Eigentum übergegangen ist (BGHZ 98, 235, 241; → Rn. 1); weitere Einzelheiten bei Pikart WM 1976, 608. § 265 ZPO ist anwendbar (BGHZ 18, 223, 225 f.). – Wegen ihrer Zweckgebundenheit sind die Abwehransprüche als dingliche Ansprüche nicht selbstständig abtretbar (BGHZ 60, 235, 240; → Vor § 854 Rn. 8), aber eine Ermächtigung Dritter zur Geltendmachung im eigenen Namen ist möglich; Klage des Dritten als **Prozessstandschafter** setzt eigenes schutzwürdiges Eigeninteresse an der Beseitigung der Beeinträchtigung voraus (BGH NJW 2017, 486 [nicht zur Beseitigung von Wettbewerbsverstößen des Störers]; sa § 985 Rn. 10).

15 **6. Der Anspruchsgegner.** Er heißt **Störer** (**Lit.:** Herrmann, Der Störer nach § 1004, 1987). Er muss in einer bestimmten Kausalbeziehung zur Beeinträchtigung stehen (BGHZ 155, 99, 105). Dabei wird zwischen Handlungsstörern und Zustands-

störern unterschieden (krit MüKo-BGB/Raff Rn. 157 ff.). Die Unterscheidung selbst hat keine praktischen Konsequenzen, die Übergänge sind fließend. **Verschulden** des Störers wird **nicht** verlangt (BGH NJW 1990, 2058). **a) Handlungsstörer** **16** ist, wer durch eigenes Tun oder pflichtwidriges Unterlassen die Beeinträchtigung adäquat kausal verursacht (BGH NJW 2007, 432; NZM 2019, 893 Rn. 25), zB durch Überqueren des Grundstücks, Abladen von Müll (→ Rn. 20), Betreiben einer übel riechenden Schweinemästerei. Bei einem Unternehmen ist Störer nicht der weisungsgebundene AN, sondern der Unternehmer, sofern die Beeinträchtigung auf Weisungen oder deren pflichtwidriges Unterlassen seitens des Unternehmers zurückgeht (BGH DB 1979, 544 f.). Entspr zugerechnet werden, da eigene Willensbetätigung vorliegt: Lärm von Gaststättenbesuchern dem Gastwirt (BGH NJW 1963, 2020; NJW-RR 2003, 1235; ob der Gastwirt den Lärm verhindern kann oder nicht, lässt das Vorliegen einer Störung unberührt, BGHZ 144, 200, 204 mN, aA OLG München NJW-RR 2000, 681); Belästigungen durch Drogensüchtige und Dealer dem Drogenhilfezentrum (BGHZ 144, 200, 203 ff.; → § 906 Rn. 14), Beeinträchtigungen durch eine gewerbliche Anlage (nicht nur dem Inhaber, sondern auch) demjenigen, in dessen Interesse und mit dessen Geld die Anlage errichtet ist und unterhalten wird (RG 155, 319 f.). Diese Zurechnungsfälle liegen auf der Grenze zur Zustandsstörung. **b) Zustandsstörer** ist, wer durch seine Willensbetäti- **17** gung mittelbar adäquat (also nicht unmittelbar durch eine Handlung) einen beeinträchtigenden Zustand herbeigeführt (BGH NJW-RR 2008, 827; NJW-RR 2021, 671) oder den von Dritten geschaffenen Zustand aufrechterhalten hat (BGH NJW 2005, 1368 f.), sofern er den Zustand beseitigen oder verhindern kann (BGH NJW 2007, 432). Bsp: Bei Verpachtung einer Gaststätte ist der Verpächter Zustandsstörer, weil er den störenden Zustand (die störende „Anlage“) mittelbar willentlich veranlasst hat (BGH NJW-RR 2011, 739). Ob er etwas dagegen unternehmen kann oder nicht, lässt das Vorliegen einer Störung unberührt, doch scheidet eine Verurteilung nach I aus, wenn der Störer unter keinen Umständen in der Lage ist, die Störung zu beseitigen, BGHZ 144, 200, 204; sa OLG Koblenz NJW-RR 2002, 1032 zum mittelbaren Handlungsstörer. Der Pächter ist Handlungsstörer (auch hier können Zurechnungsprobleme auftauchen, → Rn. 16; sa BGHZ 144, 200, 203: mittelbarer [Handlungs-]Störer). Eltern können Zustandsstörer bzgl ihrer störenden Kinder sein (OLG Düsseldorf NJW 1986, 2512: nein, wenn Eltern machtlos!). Störer kann der Landeplatzhalter eines Flugplatzes sein (BGHZ 69, 118, 123 f.). Ist ein gestohlener Pkw vom Dieb auf fremdem Boden abgestellt worden, so ist damit der Eigentümer des Pkw noch nicht Störer (keine Willensbetätigung, daher keine Zurechenbarkeit der Beeinträchtigung), sondern erst, wenn und weil er ihn trotz Aufforderung des Grundstückseigentümers nicht abholt (widersprüchlich Gursky JR 1989, 401 [402]). Störungen durch den iSv § 446 besitzenden Grundstückskäufer machen den Verkäufer nicht zum Zustandsstörer (BGH NJW 1998, 3273). Das Eigentum oder der Besitz an der störenden Sache oder Anlage begründet allein noch keine Haftung (BGH NJW 2007, 432 mN; sog Anlagentheorie, su). Es müssen entsprechende Sachgründe hinzutreten (BGH NZM 2019, 893 Rn. 25). Das ist wichtig für Störungen infolge normaler landwirtschaftlicher Nutzungsänderung (BGHZ 114, 183, 187 f.) sowie von Naturereignissen (BGHZ 122, 283, 284; 155, 99, 105 f.; 160, 232, 236 ff.; NJW 1995, 2634; MDR 2020, 97 Rn. 14 allg zur Störerhaftung bei Naturereignissen; dazu krit Herrmann NJW 1997, 153 ff.; sa BGHZ 157, 33, 42). Störer ist zB nicht der Eigentümer eines Grundstücks, von dem durch Wolkenbruch Sand auf das Nachbargrundstück geschwemmt wird (anders, wenn das Abschwemmen durch eine Handlung des Eigentümers ermöglicht wurde, zB durch Abschrägen des Grundstücks beim Hausbau; vgl BGH NJW-RR 1996, 659). Gleichgestellt ist die pflichtwidrige Nichtverhinderung möglicher Beeinträchtigungen, die sich aus der Nutzungsart des Grundstücks ergeben (Verletzung einer „Sicherungspflicht“, die aus dem nachbarlichen Gemeinschaftsverhältnis folgt: BGH NJW 1995, 2634; NJW-RR 2001, 1208 f.; dazu BGHZ 157, 33, 42; NJW 2004, 604; Wenzel NJW 2005, 241 f.). AA die Eigentümertheorie (Kübler AcP 159, 276 ff. mN), weil Eigen-

tum „verpflichte" (dagegen zutr BGHZ 142, 66, 69 mN); nur scheinbar anders die Kausalhaftungstheorie: Haftung an sich auch für höhere Gewalt, außer bei praktischer Unmöglichkeit von Sicherungsmaßnahmen oder gem § 242 (Herrmann JuS 1994, 277 ff. [280]). – Zu kriegsbedingten Katastrophenfällen BGHZ 19, 126, 129 f.;
18 28, 110, 111. – Zum Rechtsnachfolger als Zustandsstörer → Rn. 19. **c) Gegen mehrere Störer** ist je ein selbstständiger Abwehranspruch gegeben ohne Rücksicht auf ihre einzelnen Tatbeiträge; diese bestimmen lediglich den Inhalt des jeweiligen Abwehranspruchs (BGH NJW 2007, 433). § 830 I 2 gilt entspr (BGH NJW-RR 2021, 610 Rn. 15; LG Köln NJW-RR 1990, 866). Bsp für Störung durch mehrere: Verpächter und Pächter (→ Rn. 17); Verfasser, Verleger, Hersteller, Importeur und andere bei Herstellung und Vertrieb eines Druckwerks mitwirkende Personen (BGH
19 NJW 1976, 800; sa BGHZ 66, 182, 187 f. für eine Fernsehsendung). **d) Der Rechtsnachfolger** eines Störers ist selbst Störer, sofern die Störung noch andauert; dass er in der Lage und verpflichtet ist, die Störung zu beseitigen, muss hinzukommen (→ Rn. 16, 17; BGH NJW 2007, 2182). Den störenden Zustand (die störende Anlage) muss er nicht herbeigeführt haben (BGH NJW 1989, 2542). Der **Rechtsvorgänger** haftet nur, wenn er zur Beseitigung noch in der Lage ist (sa BGHZ 41,
20 393, 396, 398). **e) Besitz- oder Eigentumsaufgabe** allein beseitigt Störereigenschaft nach hM nicht (BGH NJW 2007, 2182 mN; zur öffentl-rechtlichen Zustandshaftung BVerwG NJW 1999, 231). Nach aA ist § 1004 unanwendbar, wenn der Eigentümer seine störende Sache, zB Müll, derelinquiert (Staudinger/Thole Rn. 288, 301; JR 1989, 401 f. im Anschluss an Picker, s. FS Gernhuber, 1993, 337 ff. [356 f.]) oder sonst sein Eigentum verliert (zB durch Einsickern von Öl auf Nachbargrundstück [§ 946], Lobinger JuS 1997, 981 ff.; → Rn. 7).

21 **7. Duldungspflicht. Der Anspruch ist ausgeschlossen,** wenn der Eigentümer die Beeinträchtigung dulden muss, **II. a) Zu dulden** ist sie, wenn der Störer zu ihr berechtigt ist. Daraus schließt die hM, dass die Rechtswidrigkeit der Beeinträchtigung Anspruchsvoraussetzung sei (BGHZ 142, 227, 235; sa 155, 99, 102). Der Schluss geht fehl, wie § 985 beweist. Dort spielt die Rechtswidrigkeit der Vorenthaltung des Besitzes keine Rolle (unstr); erheblich ist nur, ob die Beeinträchtigung des Eigentums berechtigt und daher der Anspruch ausgeschlossen ist (→ § 985 Rn. 9). Nur darum geht es auch bei § 1004 (Münzberg JZ 1967, 690 f.; BGHZ 66, 37, 39 mit Anm Picker JZ 1976, 370 f.; differenzierend nach Zustands- und Handlungshaftung Staudinger/Thole Rn. 485). Das Ges sieht den Ausschluss in § 986 vom störenden Besitzer her (Recht zum Besitz), in § 1004 II vom gestörten Eigentümer aus (Pflicht zur Duldung). Eine bisher bestehende Duldungspflicht des Eigentümers kann durch Änderung der Verhältnisse entfallen und damit ein Anspruch aus I entstehen (Bsp: BGHZ 57, 325 ff.; 110, 313, 315), nicht anders als der Anspruch aus § 985 bei Wegfall des Besitzrechts (→ § 986 Rn. 1). Das Mysterium der Umwandlung bisher rechtmäßigen Verhaltens in rechtswidriges findet nicht statt (abw Pikart WM 1976, 609 zu BGH WM 1976, 275; sa Baur AcP 160, 481, die – vom Standpunkt der hM – glauben, hier gehe es zumindest auch um den Streit „Erfolgs- oder Handlungsunrecht", wovon aber ebenso wenig wie bei § 985 die Rede sein kann). Zur engen Verwandtschaft von Eigentumsstörungs- (§ 1004) und Vindikationsanspruch (§ 985) BGH NJW 2007, 433 mit Staudinger/Thole Rn. 2;
22 → Rn. 1. **b) Grundlagen der Duldungspflicht.** Ges privatrechtlichen Inhalts (zB §§ 227–229, 904 S. 1, 905 S. 2, 906 ff. [zu § 910 II: BGH NJW 2004, 604], 912 I 1 [BGH NJW 2008, 3125]; in Extremfällen § 242 [nachbarliches Gemeinschaftsverhältnis]: BGH NJW 2003, 1392 mN) und öffentl-rechtlichen Inhalts (Bsp: → § 903 Rn. 4 *[bb], ferner* § 193 StGB), Gemeingebrauch (→ § 905 Rn. 4), richterliche Anordnungen (zB einstw Verfügung, LM Nr. 1 zu § 926 ZPO), dingliches Recht (Bsp: Dienstbarkeit, → § 1018 Rn. 4; → § 1090 Rn. 2–9), schuldrechtlicher Vertrag zwischen Eigentümer und Störer oder einem Dritten (entspr § 986 I 1: BGH NJW 2007, 147; Bsp: Miete, Pacht). Gestattung der Störung durch den Eigentümer bindet dessen Rechtsnachfolger grundsätzlich nicht (BGH NJW-RR 2008, 827).

c) Berücksichtigung im Prozess entspr → § 986 Rn. 2. **Beweislast** für Duldungspflicht beim Störer (BGHZ 106, 142, 145). **d) Ein verschuldensunabhängiger nachbarrechtlicher Ausgleichsanspruch** analog § 906 II 2 kann bestehen, wenn die Beeinträchtigungen aus bes Gründen nicht gem § 1004 abgewehrt werden können, → § 906 Rn. 15, → § 908 Rn. 2, → § 909 Rn. 4. 23 24

8. Verjährung. §§ 195, 198, 199 I, IV. Bei Zusammentreffen mit § 548 gilt dieser (BGHZ 98, 235, 241 zu § 558 aF). § 902 I 1 ist anwendbar (→ § 902 Rn. 1; aA BGH NJW 2011, 1068; NJW-RR 2019, 590 Rn. 13). 25

9. Konkurrenzen. a) § 985 und I 1 sind nebeneinander anwendbar (LM Nr. 14), ebenso I und § 862. **b) Grundbuchberichtigung** kann nur nach § 894, nicht auch nach I 1 verlangt werden (vgl RG 158, 45; sa BeckOK/Fritzsche Rn. 123). **c) § 910** schließt den I 1 nicht aus (→ § 910 Rn. 1). 26

§ 1005 Verfolgungsrecht

Befindet sich eine Sache auf einem Grundstück, das ein anderer als der Eigentümer der Sache besitzt, so steht diesem gegen den Besitzer des Grundstücks der in § 867 bestimmte Anspruch zu.

Bedeutungslose Vorschrift, vgl → § 867 Rn. 1. Herausgabeverweigerung ist idR Besitzergreifung, so dass § 985 anwendbar ist.

§ 1006 Eigentumsvermutung für Besitzer

(1) [1]**Zugunsten des Besitzers einer beweglichen Sache wird vermutet, dass er Eigentümer der Sache sei.** [2]**Dies gilt jedoch nicht einem früheren Besitzer gegenüber, dem die Sache gestohlen worden, verloren gegangen oder sonst abhanden gekommen ist, es sei denn, dass es sich um Geld oder Inhaberpapiere handelt.**

(2) **Zugunsten eines früheren Besitzers wird vermutet, dass er während der Dauer seines Besitzes Eigentümer der Sache gewesen sei.**

(3) **Im Falle eines mittelbaren Besitzes gilt die Vermutung für den mittelbaren Besitzer.**

1. Gegenstand der Vermutung. Die Vorschrift stellt Vermutungen auf, die als Beweislastnormen Bedeutung haben. I enthält eine *Erwerbs*vermutung, die daran anknüpft, dass für den rechtsgeschäftlichen Eigentumserwerb der Besitzerwerb Voraussetzung ist. Vermutet wird daher, dass der Eigenbesitzer das (unbedingte) Eigentum zugleich mit dem Eigenbesitz erworben hat, BGH NJW 1994, 940; NJW 2002, 2101; NJW-RR 2005, 281, je mN, stRspr; Staudinger/Thole Rn. 23, hM. Auf die schuldrechtliche Grundlage kommt es nicht an (BGH NJW 2015, 1678 Rn. 12 [Schenkung]). Da die Erwerbsvermutung die Gleichzeitigkeit von Eigenbesitz- und Eigentumserwerb voraussetzt, scheidet § 1006 zB beim Eigentumserwerb *durch Ersitzung* oder gem → § 931 Rn. 10 aus (aM M. Wolf JuS 1985, 941 ff.), ebenso, wenn der Besitzer beim Besitzerwerb nur Fremd-, nicht Eigenbesitz erworben hat (BGH NJW 2005, 1583). Die Erwerbsvermutung wird von der hM durch eine *(Fort-)Bestandsvermutung* ergänzt: Für die Zeit des Eigenbesitzes und nach Besitzverlust für die Zeit bis zur Begründung fremden Eigenbesitzes wird vermutet, dass das erworbene Eigentum fortbesteht (s. II; BGH NJW 2015, 1678 Rn. 34: Vermutung der Rechtsfortdauer). Eine Fortbestandsvermutung ist überflüssig: Steht das Eigentum fest, ist es Sache des Prozessgegners, den Tatbestand einer Norm zu beweisen, welche zum Eigentumsverlust geführt hat (Brehm/Berger, § 7 Rn. 57). – Die Vermutung bezieht sich nur auf **bewegliche Sachen** (für Grundstücke vgl § 891). Zu ihnen gehören nicht Sparbücher (LM Nr. 13), Fahrzeugbriefe (§ 1006 1 gilt für den Besitzer des Fahrzeugs, nicht des Briefs, s. BGHZ 156, 310, 319). § 1362 geht vor.

2 **2. Geltung der Vermutung. a) Nur zugunsten des Eigenbesitzers** (arg I 1 mit III), sowohl für den unmittelbaren wie den mittelbaren (III), den jetzigen (I 1) wie den früheren (nicht nur für die Dauer seines Besitzes, sondern) über das Ende des Besitzes hinaus bis zur Widerlegung der Vermutung, BGHZ 161, 90, 108 f.; MüKo-BGB/Raff Rn. 37, 63 f. (II in irreführender Formulierung). Bei mehrstufigem mittelbarem Besitz (§ 871) gilt III nur für den höchststufigen Oberbesitzer. Eigenbesitzer ist auch der unmittelbar oder mittelbar besitzende Sicherungseigentümer (BGH NJW 1962, 102; LM Nr. 11), ebenso der Vermieter im Bezug auf das Vermieterpfandrecht (BGH NJW-RR 2017, 1097). Der Besitzdiener (§ 855) ist kein (Eigen-)Besitzer, die Vermutung streitet für den Besitzherrn; erlangt der Besitzdiener Besitz, so gilt § 1006 ab dann auch für ihn (BGHZ 156, 310, 316 f.). Nach §§ 1065, 1227 gilt die Vermutung ausnahmsweise auch für Fremdbesitzer (Erwerb von Nießbrauch oder Pfandrecht werden vermutet), ferner für jeden, der sein Recht von dem vermutungsbegünstigten Besitzer ableitet (BGHZ 54, 319, 324 f. [Inhaber eines landwirtschaftlichen Inventarpfandrechts], BGHZ 156, 310, 315 [Pfändungspfandgläubiger], BGH NZM 2017, 479 Rn. 15 f. [Vermieter bzgl Vermieterpfandrecht])
3 **b) Für den Besitzer** besteht – außer nach §§ 1065, 1227 – ergänzend die *tatsächliche Vermutung* iSd Anscheinsbeweises, dass er bereits mit Besitzerlangung Eigenbesitzer
4 geworden oder als fr Besitzer gewesen ist. **c) Nur in einem Verfahren** (gerichtl, behördliches) gilt sie (→ Vor § 891 Rn. 2). § 1006 betrifft nicht die materiellrechtli-
5 che Frage des (redlichen) Erwerbs eines Rechts. **d) Die Vermutung kann ausgeräumt** werden, entweder (I 2) durch den Nachweis des Abhandenkommens (Begriff: → § 935 Rn. 2–9; Beweislast beim Vermutungsgegner), da dann rechtsgeschäftlicher Eigentumserwerb nur ausnahmsweise möglich ist (BGH NJW 1995, 1293 f.), stets möglich aber an Geld und Inhaberpapieren (§ 935 II, daher I 2 aE), ferner durch Erschütterung der Vermutungsbasis (kein Besitz; kein Eigenbesitz, vgl → Rn. 3) oder Widerlegung der Rechtsvermutung selbst (§ 292 ZPO) durch Beweis des Gegenteils (BGH NZM 2017, 479 Rn. 20). Ob die Vermutung widerlegt ist, ist eine Frage der Beweiswürdigung (BGHZ 161, 90, 109 f.). Die Rechtsvermutung ist nicht erst dann widerlegt, wenn jede denkbare Möglichkeit, dass der Besitzer Eigentümer ist, ausgeschlossen ist, sondern schon mit Ausräumung des nahe liegenden Erwerbsgrunds (zB Ersitzung nach fehlgeschlagener Übereignung), solange der Besitzer nicht einen weiteren Erwerbsgrund (zB Genehmigung der fehlgeschlagenen Übereignung) vorbringt (Stein/Jonas/Thole § 292 Rn. 22 mN). Einen (nahe liegenden) Erwerbsgrund auszuräumen, kann schwierig sein, weil der Besitzer nach hM (Rosenberg/Schwab/Gottwald § 115 I Rn. 35; sa LM Nr. 1 zu § 985) überhaupt keinen Erwerbsgrund vortragen muss; zu Auswegen Staudinger/Thole Rn. 89.

§ 1007 Ansprüche des früheren Besitzers, Ausschluss bei Kenntnis

(1) **Wer eine bewegliche Sache im Besitz gehabt hat, kann von dem Besitzer die Herausgabe der Sache verlangen, wenn dieser bei dem Erwerb des Besitzes nicht in gutem Glauben war.**

(2) [1]**Ist die Sache dem früheren Besitzer gestohlen worden, verloren gegangen oder sonst abhanden gekommen, so kann er die Herausgabe auch von einem gutgläubigen Besitzer verlangen, es sei denn, dass dieser Eigentümer der Sache ist oder die Sache ihm vor der Besitzzeit des früheren Besitzers abhanden gekommen war.** [2]**Auf Geld und Inhaberpapiere findet diese Vorschrift keine Anwendung.**

(3) [1]**Der Anspruch ist ausgeschlossen, wenn der frühere Besitzer bei dem Erwerb des Besitzes nicht in gutem Glauben war oder wenn er den Besitz aufgegeben hat.** [2]**Im Übrigen finden die Vorschriften der §§ 986 bis 1003 entsprechende Anwendung.**

1. **Allgemeines. a)** Zur **Stellung im Ges** vgl → Vor § 985 Rn. 1. **b) Nur für bewegliche Sachen** gilt § 1007 (für zeitbedingten Sonderfall in BGHZ 7, 208, 215 ff. ausgedehnt auf Mieträume). **c) § 1007 gibt petitorischen Anspruch,** dh er ist bei einem besseren Recht des Beklagten zum Besitz ausgeschlossen (→ Rn. 6); anders der Besitzschutzanspruch: §§ 861, 863. **d) Konkurrenz** mit §§ 861, 985 möglich (zur Einheitlichkeit des Streitgegenstandes → §§ 861–864 Rn. 4; Staudinger/Thole Rn. 81; aA BeckGOK/Spohnheimer Rn. 14 mN). Nur § 1007 ist anwendbar, wenn zB der Eigentümer sein Recht nicht nachweisen kann und § 861 mangels verbotener Eigenmacht ausscheidet. **e) Verjährung** des Herausgabeanspruchs: §§ 195, 199 I, IV (nicht § 197 I Nr. 1, da Grundlage kein dingliches Recht, sondern der Besitz ist, → Vor § 985 Rn. 1, → § 854 Rn. 8). 1

2. **Voraussetzungen. a) Früherer Besitz** des Klägers, I am Anfang. Jede Art von Besitz, auch mittelbarer, Mit- oder Fremdbesitz, genügt. Für den Mitbesitzer gelten §§ 1011, 432 I 2 entspr, für den mittelbaren Besitzer § 869 S. 2 Hs. 2 entspr 2
b) Alternativ entweder **aa) Bösgläubigkeit** des Beklagten beim Besitzerwerb, I aE, dh Kenntnis oder grobfahrlässige Unkenntnis vom Mangel des eigenen Besitzrechts (BGH Warn 73 Nr. 3), oder **bb) Abhandenkommen** der Sache beim Kläger, II 1 am Anfang. Gilt nicht für Geld- und Inhaberpapiere, II 2. Begriff des Abhandenkommens: → § 935 Rn. 2–9. 3

3. **Einwendungen. Der Anspruch ist ausgeschlossen** (Einwendung, nicht Einrede, entspr → § 986 Rn. 2; wichtig für Beweislastverteilung) bei **a) Bösgläubigkeit des Klägers** zZ des früheren eigenen Besitzerwerbs, III 1 Fall 1; **b) Aufgabe** des früheren Besitzes durch den Kläger, III 1 Fall 2. Aufgabe: Freiwilliger Verlust jeden Besitzes (Irrtum irrelevant, OLG Karlsruhe NJW-RR 1998, 1761). Keine Aufgabe durch Weggabe an Besitzmittler, weil noch mittelbarer Besitz verbleibt. Gibt Besitzmittler die Sache ohne Willen des Oberbesitzers weg, so hat dieser seinen Besitz nicht aufgegeben (BGH Warn 73 Nr. 3); **c) (besserem) Besitzrecht** (insbes Eigentum) des Beklagten oder seines Besitzmittlers, II 1, III 2 mit § 986 (BGH NJW-RR 2005, 280 f.); **d) Abhandenkommen** der Sache beim Beklagten vor der Besitzzeit des Klägers, II 1. Gilt nicht für Geld und Inhaberpapiere, II 2. 4 5 6 7

4. **Anspruchsinhalt. a)** Herausgabe des Besitzes (I, II) und der Nutzungen (III 2, §§ 987, 990). Schadensersatz gem III 2, §§ 989 ff.; zu ersetzen ist idR nur das Besitzinteresse (hM, s. MüKo-BGB/Raff mN Rn. 36). Aussonderungsrecht im Insolvenzverfahren des jetzigen Besitzers (§ 47 InsO). **b) Gegenansprüche des Beklagten** auf Verwendungsersatz, III 2 mit §§ 994 ff. 8 9

Titel 5. Miteigentum

§ 1008 Miteigentum nach Bruchteilen

Steht das Eigentum an einer Sache mehreren nach Bruchteilen zu, so gelten die Vorschriften der §§ 1009 bis 1011.

1. **Allgemeines.** *Über die Arten* des Eigentums vgl → Vor § 903 Rn. 5–9. – Steht mehreren das Eigentum an einer beweglichen oder unbeweglichen Sache nach Bruchteilen zu **(Miteigentum nach Bruchteilen),** so gelten die §§ 741 ff. (BGHZ 115, 1, 8 ff.), ergänzt und modifiziert durch §§ 1009 ff. Das Recht (Eigentum), nicht die Sache wird in Teile zerlegt (vgl § 741), sog ideelle Teilung. Der Anteil ist selbst Eigentum (wichtig für Begründung, Übertragung, Belastung, vgl → Rn. 2–4; zum Verzicht → Rn. 5), der Bruchteil bezeichnet den Umfang der Berechtigung (BGHZ 36, 365, 368). §§ 1009 ff. gelten grundsätzlich nicht für Gesamthandseigentum. 1

2. **Entstehung. a) kraft Ges,** zB §§ 947 I, 948, 984; **b) kraft RGeschäfts:** bei beweglichen Sachen gem §§ 929 ff. (Verschaffung von Mitbesitz nötig und genü- 2

gend), bei Grundstücken gem §§ 925, 873 mit § 47 GBO. Unwirksame Übertragung von Alleineigentum ist grundsätzlich nicht in Einräumung von Miteigentum umdeutbar (LM Nr. 19 zu § 932).

3 **3. Übertragung des Anteils (vgl § 747 S. 1).** Diese erfolgt kraft RGeschäfts (entspr → Rn. 2 [b]; BGHZ 173, 71, 75). Die Übertragbarkeit kann nach §§ 413, 399 Fall 2 ausgeschlossen werden (→ §§ 743–748 Rn. 16; Berger, Rechtsgeschäftliche Verfügungsbeschränkungen, 1998, 359). Übertragung eines Anteils auf mehrere begründet keine Unterbruchteilsgemeinschaft am Anteil, sondern zerlegt den Anteil am gemeinschaftlichen Eigentum (BGHZ 13, 133, 141). Übertragung des **gemeinschaftlichen Eigentums** nur durch alle Miteigentümer (§ 747 S. 2); der einzelne Miteigentümer ist insoweit Nichtberechtigter (→ § 932 Rn. 3). Übertragung aller Anteile auf einen macht diesen zum Alleineigentümer.

4 **4. Belastung des Anteils zugunsten eines Miteigentümers oder eines Dritten.** Diese erfolgt nach den Regeln der Eigentumsbelastung (→ Rn. 1). Sie ist möglich nach §§ 1066, 1095, 1106, 1114, 1192 I, 1199, 1258; idR keine Belastung mit Grunddienstbarkeit (BGHZ 36, 187, 189; aber → § 1018 Rn. 3), bp Dienstbarkeit oder Erbbaurecht. Über Belastung des gemeinschaftlichen Eigentums vgl § 1009.

5 **5. Möglichkeit des Ausscheidens. Ausscheiden** ist nur gem § 749 (Aufhebung), nicht entspr § 928 (Verzicht auf Anteil) möglich (BGHZ 115, 1, 7 ff.). Der **Anspruch auf Aufhebung** der Gemeinschaft (§ 749) ist iVm dem Recht auf Teilung (§§ 752 ff.) und Auszahlung des Versteigerungserlöses zur Ausübung übertragbar und entspr pfändbar (BGHZ 90, 207, 215; hM).

§ 1009 Belastung zugunsten eines Miteigentümers

(1) **Die gemeinschaftliche Sache kann auch zugunsten eines Miteigentümers belastet werden.**

(2) **Die Belastung eines gemeinschaftlichen Grundstücks zugunsten des jeweiligen Eigentümers eines anderen Grundstücks sowie die Belastung eines anderen Grundstücks zugunsten der jeweiligen Eigentümer des gemeinschaftlichen Grundstücks wird nicht dadurch ausgeschlossen, dass das andere Grundstück einem Miteigentümer des gemeinschaftlichen Grundstücks gehört.**

Zur Belastung eines *Anteils* vgl → § 1008 Rn. 4. **I** erlaubt die Belastung der gemeinschaftlichen Sache (dh des Eigentums) zugunsten eines Miteigentümers, der auf beiden Seiten des Geschäfts auftritt (ges zulässiges Insichgeschäft, Staudinger/Thole Rn. 1). Die Belastung verschafft ihm ein beschränktes dingliches Recht auch am eigenen Eigentumsanteil (zB ist eine Grundschuld insoweit Eigentümer-, iÜ Fremdgrundschuld; vgl BGH NJW 1975, 445). **II** gilt für subj-dingliche Rechte (§§ 1018, 1094 II, 1105 II).

§ 1010 Sondernachfolger eines Miteigentümers

(1) **Haben die Miteigentümer eines Grundstücks die Verwaltung und Benutzung geregelt oder das Recht, die Aufhebung der Gemeinschaft zu verlangen, für immer oder auf Zeit ausgeschlossen oder eine Kündigungsfrist bestimmt, so wirkt die getroffene Bestimmung gegen den Sondernachfolger eines Miteigentümers nur, wenn sie als Belastung des Anteils im Grundbuch eingetragen ist.**

(2) **Die in den §§ 755, 756 bestimmten Ansprüche können gegen den Sondernachfolger eines Miteigentümers nur geltend gemacht werden, wenn sie im Grundbuch eingetragen sind.**

1. Regelungen der Bruchteilseigentümer. Diese Regelungen über Verwaltung, Benutzung und Ausschluss der Aufhebung (§§ 744 f., 749 ff.) wirken als (Mit-)Eigentumsbelastung nur bei Eintragung im Grundbuch **gegen den Sondernachfolger, I** (abw von §§ 746, 751 S. 1; vgl aber § 10 IV WEG); Kenntnis ohne Eintragung genügt nicht. Für mietvertragliche Regelungen gilt nur § 566 (BGH NJW 2018, 2472 Rn. 38). Trotz Eintragung gelten §§ 749 II, III, 750, 751 S. 2, § 84 II 1 InsO. 1

2. Ansprüche aus §§ 755, 756. Diese können nur bei Eintragung im Grundbuch (Abteilung II, nicht III: Staudinger/Thole Rn. 58, hM) gegen den Sondernachfolger geltend gemacht werden, **II;** Kenntnis ohne Eintragung genügt nicht (vgl → Rn. 1). 2

§ 1011 Ansprüche aus dem Miteigentum

Jeder Miteigentümer kann die Ansprüche aus dem Eigentum Dritten gegenüber in Ansehung der ganzen Sache geltend machen, den Anspruch auf Herausgabe jedoch nur in Gemäßheit des § 432.

1. Ansprüche gegen Miteigentümer. Zu **unterscheiden** sind Ansprüche eines Miteigentümers gegen den oder die anderen Miteigentümer (zB auf Beseitigung oder Unterlassung, § 1004, auf Einräumung des Mitbesitzes, § 985; zum Besitzschutz § 866) und gegen Dritte. Nur für Ansprüche gegen Dritte trifft § 1011 eine ergänzende Regelung. 1

2. Ansprüche gegen Dritte. Gegen Dritte kann jeder Miteigentümer allein vorgehen (zB gem §§ 862, 1004, Klage auf Eigentumsfeststellung). Herausgabe (§§ 861, 985, 1007) kann er aber nur an alle verlangen, § 432 (BGH NJW 1993, 937), es sei denn, die anderen können oder wollen den Besitz nicht wieder übernehmen (Rechtsgedanke des § 986 I 2); gleiches gilt für Ansprüche aus § 816 (bei Veräußerung der Sache durch den Dritten gem §§ 892, 932 ff.), §§ 987–990, sofern sie im Rechtssinn unteilbar sind (BGH NJW 1953, 59). Bei Teilbarkeit kann (nicht: muss; str) jeder Miteigentümer anteilige Leistung an sich fordern. Den Anspruch aus § 917 I (Notwegrecht) können nur alle Miteigentümer gemeinsam geltend machen (BGH NJW 2006, 3426). 2

3. Ges Prozessstandschafter. Der Miteigentümer macht nach § 1011 ein fremdes, weil ihm nicht allein zustehendes Recht geltend. Im Prozess ist er daher **ges Prozessstandschafter** (BGHZ 149, 1, 3; NJW 2020, 42 Rn. 13). Klagen mehrere gem § 1011, so sind sie einfache, nicht notwendige Streitgenossen (BGH NJW 1992, 1101). Das Urteil wirkt für und gegen die anderen Miteigentümer (aA BGHZ 92, 351, 354; wie hier bei Zustimmung BGH NJW 1985, 2825). 3

§§ 1012–1017 *(weggefallen)*

Abschnitt 4. Dienstbarkeiten

Vorbemerkungen

1. Dienstbarkeiten. Das BGB fasst unter dem Begriff „Dienstbarkeiten" unterschiedliche dingliche Nutzungsrechte zusammen: **a) Grunddienstbarkeit,** §§ 1018 ff., die nur an einem Grundstück und nur zugunsten des jeweiligen Eigentümers eines anderen Grundstücks bestellt werden kann; **b) bp Dienstbarkeit,** §§ 1090 ff., die inhaltlich der Grunddienstbarkeit ähnelt, aber nur zugunsten einer bestimmten Person bestellt werden kann; **c) Nießbrauch,** der an Sachen (§ 1030), Rechten (§ 1068) und an einem Vermögen (§§ 1085, 1089) bestehen kann. 1

2 **2. Dienstbarkeiten außerhalb des BGB.** Dauerwohnrecht, Dauernutzungsrecht (§ 31 WEG).

3 **3. Erlöschen.** Bes Erlöschensgrund von bp Dienstbarkeiten und Nießbrauch natürlicher Personen in § 5 GBBerG.

Titel 1. Grunddienstbarkeiten

§ 1018 Gesetzlicher Inhalt der Grunddienstbarkeit

Ein Grundstück kann zugunsten des jeweiligen Eigentümers eines anderen Grundstücks in der Weise belastet werden, dass dieser das Grundstück in einzelnen Beziehungen benutzen darf oder dass auf dem Grundstück gewisse Handlungen nicht vorgenommen werden dürfen oder dass die Ausübung eines Rechts ausgeschlossen ist, das sich aus dem Eigentum an dem belasteten Grundstück dem anderen Grundstück gegenüber ergibt (Grunddienstbarkeit).

1 **1. Allgemeines. a) Die Grunddienstbarkeit ist** eine Belastung des dienenden zugunsten des herrschenden Grundstücks. Der Gebrauchswert des dienenden Grundstücks wird dem herrschenden dienstbar gemacht oder zu dessen Gunsten eingeschränkt. Der darin liegende Vorteil ist Existenzvoraussetzung des Rechts (§ 1019, vgl Anm dort); fehlt er, so ist die Bestellung nichtig. Dienendes und herrschendes Grundstück müssen nicht aneinandergrenzen. Zum Parallelinstitut der
2 *öffentl-rechtlichen Baulast* Weisemann NJW 1997, 2857. **b) Berechtigter** ist der jeweilige Eigentümer des herrschenden Grundstücks, Ausübung durch Dritte möglich, zB eines Wegerechts durch Hausgenossen, Besucher, Kunden, Mieter, Pächter des jeweiligen Eigentümers (LM Nr. 20). Zur Eigentümergrunddienstbarkeit
3 → Rn. 8 (b). **c) Belastungsgegenstand:** Grundstück oder grundstücksgleiches Recht (→ Vor § 90 Rn. 2), realer Grundstücksteil (vgl § 7 II GBO; nicht zu verwechseln mit der Beschränkung der Ausübung auf einen Grundstücksteil, vgl BGHZ 90, 181, 183 und → § 1023 Rn. 2); ideeller Bruchteil nur zwecks Ausschlusses teilbarer Befugnisse iSv → Rn. 6 (OLG Hamm Rpfleger 1980, 468 f.: Ausschluss von Schadensersatz für Bergschäden; BGHZ 36, 187, 189 steht nicht entgegen).

4 **2. Inhalt.** § 1018 kennt **drei Möglichkeiten. a) Recht zur Benutzung** des dienenden Grundstücks (nur) in einzelnen (nicht in allen) Beziehungen (sonst ggf. Nießbrauch, § 1030, zur Abgrenzung BGH DNotZ 2021, 37 Rn. 13 ff.); zulässig ist auch eine Kombination verschiedenartiger Nutzungsbefugnisse (zB Recht zum Begehen und Verweilen, BGH NJW-RR 2022, 594 Rn. 8 f.); dem Eigentümer müssen die hauptsächlichen Nutzungen verbleiben (Schreiber/Berger Kap. 11 Rn. 16; aA noch 13. Aufl. und hM, vgl BGH NJW 1992, 1101; MüKo-BGB/Mohr Rn. 310, wonach ein wirtschaftlich sinnvolles Nutzungsrecht ausreicht). Einmalige Handlung genügt nicht (hM). Der Berechtigte darf etwas tun, was der Eigentümer auf Grund seines Eigentums „an sich" verbieten könnte, aber infolge der Grundstücksbelastung zu dulden hat (BGH NJW 2002, 3021, 3023). Bsp: Wegerecht, Recht auf Wasserentnahme, Wasserableitung, Wasserstau, Verlegungsrecht für Leitungen, Recht auf Entnahme von Bodenbestandteilen wie Sand, Kies, Steine (BGH NJW 2002, 3021, 3022), Kellernutzungsrecht (BayObLG NJW-RR 2005, 604). – Recht auf Betrieb eines Gewerbes, einer Tankstelle usw kann idR *nicht* Gegenstand
5 einer Grunddienstbarkeit sein; Grund: § 1019. **b) Recht zum Verbot** der Vornahme bestimmter einzelner Handlungen auf dem dienenden Grundstück. Der Eigentümer, der die Handlung „an sich" vornehmen könnte, da ein *ges* Verbot fehlt, hat sie zu unterlassen. Hauptfall: Bebauungsbeschränkungen, zB Unterlassung der Bebauung überhaupt oder über eine bestimmte Höhe hinaus (bezweckte Sicherung der Aussicht muss im Grundbuch oder in der Eintragungsbewilligung erkennbar

sein, BGH NJW 2002, 1797, 1798; → § 873 Rn. 35) oder mit einem bestimmten Gebäude (Fabrik, Gaststätte). → § 1090 Rn. 3–11. **c) Ausschluss von nachbar-** 6 **rechtlichen Befugnissen** aus §§ 903 ff. (BayObLG NJW-RR 1990, 207), sog vereinbartes Nachbarrecht (Westermann § 121 II 8). Hauptfall: Pflicht zur Duldung sonst unzulässiger Immissionen (→ § 906 Rn. 4 [c]). Eine umfassende Duldungspflicht wahrt die notwendige Bestimmtheit (BayObLG NJW-RR 2004, 1460). **d) Niemals** kann die Grunddienstbarkeit den Eigentümer des dienenden Grund- 7 stücks zu *positivem Tun* verpflichten (allgM); Ausnahme für Nebenpflichten in §§ 1021 f. (vgl Anm dort) und allg BGHZ 106, 348, 350; BayObLG NJW-RR 1990, 600, 601. Zur „Umgehung" durch unbeschränktes dingliches Verbot mit obligatorischer Gestattung → § 1090 Rn. 9, 11. **e)** Zur Grunddienstbarkeit aus *Wettbewerbsgründen* vgl → § 1019 Rn. 3, → § 1090 Rn. 3–11.

3. Entstehung. a) Rechtsgeschäftlich durch Einigung und Eintragung im 8 Grundbuch des dienenden Grundstücks, §§ 873 f. Diese Eintragung ist für §§ 891 f. maßgebend. Eintragung im Grundbuch (Bestandsverzeichnis) des herrschenden Grundstücks ist nur deklaratorischer Vermerk (vgl § 9 GBO, § 7 GBV). Einigung ist materiellrechtlich formfrei, sie kann bedingt oder befristet sein. Die Eintragung muss den Inhalt des Rechts (→ Rn. 4–6) schlagwortartig umreißen (zB Wegerecht). Der Inhalt der Dienstbarkeit ist dabei so genau zu bezeichnen, dass er auf Grund obj Umstände bestimmbar und für einen Dritten erkennbar und verständlich ist (OLG Brandenburg FGPrax 2009, 100; OLG München NZM 2010, 597). Nur „zur näheren Bezeichnung" des Rechtsinhalts kann auf die Eintragungsbewilligung Bezug genommen werden, § 874 (Bsp BayObLG NJW-RR 2004, 1460; 2005, 1178). Daneben kann auch auf geltende inländische Ges verwiesen werden, wenn diese in einer amtlichen Gesetzessammlung veröffentlicht und allg zugänglich sind; eine Bezugnahme auf eine zB nur örtl geltende Bauvorschrift genügt hingegen nicht (OLG München MittBayNot 2008, 380). Zum idR zugrundeliegenden Kausalgeschäft vgl BGH NJW 1974, 2123 f. Der Anspruch auf Bestellung („Begründung") der Grunddienstbarkeit ist abtretbar (BGH NJW 2010, 1074) und **verjährt** in zehn Jahren, §§ 196, 200. **b) Eine Eigentümergrunddienstbarkeit** kann entspr § 1196 II durch einseitige Erklärung des Eigentümers und Eintragung begründet werden (RGZ 142, 231, 234 ff.; BGH NJW 1964, 1226). Hier gehören herrschendes und dienendes Grundstück ders Person. **c) Ersitzung,** § 900 II 1 mit § 1029. **d) Hoheitsakt** als Entstehungsgrund, zB § 61 I BauGB.

4. Inhaltsänderung. § 877; vgl auch § 1023 und dort → § 1023 Rn. 2. 9 Anspruch auf Inhaltsänderung **verjährt** in zehn Jahren, §§ 196, 200. Umwandlung in bp Dienstbarkeit und umgekehrt ist ausgeschlossen.

5. Inhalt und Umfang des Rechts. Inhalt und Umfang des Rechts sind *wandel-* 10 *bar.* Maßgebend ist das jeweilige Bedürfnis des herrschenden Grundstücks unter Berücksichtigung der wirtschaftlichen und technischen Entwicklung; dementspr kann sich der Rechtsinhalt verändern, der Umfang einengen oder erweitern (BGHZ 106, 348, 350). Eine stärkere Beeinträchtigung des dienenden Grundstücks ist aber nur dann von dem Zweck der Grunddienstbarkeit gedeckt, wenn die Benutzung des herrschenden Grundstücks artgleich geblieben ist (Bsp: früher Pferdefuhrwerk, heute Kfz, BGH NJW 1967, 1609, 1610; NJW-RR 2006, 237, 239) und die Verhältnisse des herrschenden Grundstücks sich nicht durch Willkür oder in völlig unvorhersehbarer Weise geändert haben (BGH NJW-RR 2006, 237, 239). **Lit.:** Grziwotz NJW 2008, 1851.

6. Übertragbarkeit. Die Grunddienstbarkeit ist wegen ihres Zwecks (→ Rn. 1) 11 **nicht** selbstständig, sondern nur mit dem Eigentum am herrschenden Grundstück zusammen **übertragbar** (→ § 96 Rn. 1; Erwerb nach § 892 möglich: OLG Frankfurt a. M. Rpfleger 1979, 418), daher weder selbstständig **belastbar** (vgl §§ 1069 II, 1274 II) noch **pfändbar** (§ 857 III ZPO).

12 **7. Erlöschen. Das Recht erlischt** durch **a) rechtsgeschäftliche Aufhebung** (§§ 875, 876, § 21 GBO); der Anspruch auf Aufhebung **verjährt** in zehn Jahren, §§ 196, 200. Erlöschen ferner durch Eintritt auflösender, Ausfall aufschiebender Bedingung oder Befristung; **b) Grundstücksteilung** gem §§ 1025 S. 2, 1026; **c) Buchversitzung,** § 901; **d) „Ersitzung"** der Freiheit nach§ 1028 I 2; **e) endgültigen Wegfall des Vorteils** für das herrschende Grundstück (arg §§ 1019, 1025 S. 2) oder endgültigen Ausschluss der Ausübung (BGH NJW-RR 1988, 1229, 1230 mN), → § 1019 Rn. 1; **f) Untergang** des herrschenden oder dienenden Grundstücks (LM Nr. 1 zu § 1020); **g) Enteignung,** zB § 49 I 1 FlurbG, § 86 I Nr. 2 BauGB. **h)** Anspruch auf **Rechtsverzicht** besteht gem § 242 (unzulässige Rechtsausübung), wenn infolge unvorhersehbarer tatsächlicher Veränderungen der Nutzen des Rechts für das herrschende Grundstück in keinem Verhältnis zum Schaden für das dienende Grundstück steht, die Veränderung endgültig ist und ihr nur durch Rechtsverzicht Rechnung getragen werden kann (RGZ 169, 180, 183). BGH NJW 1967, 1609, 1610 mN lässt offen.

§ 1019 Vorteil des herrschenden Grundstücks

[1]Eine Grunddienstbarkeit kann nur in einer Belastung bestehen, die für die Benutzung des Grundstücks des Berechtigten Vorteil bietet. [2]Über das sich hieraus ergebende Maß hinaus kann der Inhalt der Dienstbarkeit nicht erstreckt werden.

1 **1. S. 1.** Dieser bestimmt zwingend (S. 2) und zusammen mit § 1018 den Zweck und Inhalt des Rechts. Verstoß gegen S. 1 macht die Bestellung nichtig. Ist die Ausübung durch Veränderung eines der betroffenen Grundstücke ausgeschlossen oder fällt der Vorteil nach Bestellung des Rechts obj und endgültig weg, so erlischt die Grunddienstbarkeit (BGH NJW 2008, 3123, 3124).

2 **2. Vorteil. Dem herrschenden Grundstück** muss das Recht einen **Vorteil** bieten (künftiger Vorteil, mit dessen Eintritt obj idR zu rechnen ist, genügt, BGHZ
3 106, 348, 351). **a) Nicht genügt** ein Vorteil für den Eigentümer persönlich. Daher kann ein Wettbewerbsverbot idR nicht durch eine Grunddienstbarkeit verdinglicht
4 werden; möglich ist eine bp Dienstbarkeit (→ § 1090 Rn. 3–9). **b) Der Vorteil** muss im privaten (nicht öffentl) Interesse liegen sowie wirtschaftlicher Natur und zumindest von mittelbarer Wirkung sein (BGH NJW 1983, 115, 116) Bsp → § 1018 Rn. 4 ff. Wertsteigerung des herrschenden Grundstücks ist weder nötig noch ausrei-
5 chend. **c)** Durch **S. 2** ist der „Vorteil" (S. 1) auf den obj Nutzen für das herrschende Grundstück begrenzt.

§ 1020 Schonende Ausübung

[1]Bei der Ausübung einer Grunddienstbarkeit hat der Berechtigte das Interesse des Eigentümers des belasteten Grundstücks tunlichst zu schonen. [2]Hält er zur Ausübung der Dienstbarkeit auf dem belasteten Grundstück eine Anlage, so hat er sie in ordnungsmäßigem Zustand zu erhalten, soweit das Interesse des Eigentümers es erfordert.

§ 1021 Vereinbarte Unterhaltungspflicht

(1) **[1]Gehört zur Ausübung einer Grunddienstbarkeit eine Anlage auf dem belasteten Grundstück, so kann bestimmt werden, dass der Eigentümer dieses Grundstücks die Anlage zu unterhalten hat, soweit das Interesse des Berechtigten es erfordert. [2]Steht dem Eigentümer das Recht zur Mitbenutzung der Anlage zu, so kann bestimmt werden, dass der Berechtigte die**

Anlage zu unterhalten hat, soweit es für das Benutzungsrecht des Eigentümers erforderlich ist.

(2) **Auf eine solche Unterhaltungspflicht finden die Vorschriften über die Reallasten entsprechende Anwendung.**

§ 1022 Anlagen auf baulichen Anlagen

[1]Besteht die Grunddienstbarkeit in dem Recht, auf einer baulichen Anlage des belasteten Grundstücks eine bauliche Anlage zu halten, so hat, wenn nicht ein anderes bestimmt ist, der Eigentümer des belasteten Grundstücks seine Anlage zu unterhalten, soweit das Interesse des Berechtigten es erfordert. [2]Die Vorschrift des § 1021 Abs. 2 gilt auch für diese Unterhaltungspflicht.

Anmerkungen zu den §§ 1020–1022

1. Allgemeines. Zwischen dem Berechtigten (§ 1018) und dem Eigentümer des dienenden Grundstücks besteht ein **ges Schuldverhältnis** (BGHZ 106, 348, 350; NJW 2008, 3703, 3704). Aus ihm folgen für beide Beteiligten Rechte und Pflichten. Vertragliche Absprachen gehen vor (BGH NJW 1994, 2757, 2758). 1

2. Ges (daher nicht eintragungsfähige) Hauptpflicht des Berechtigten. 2
Diese besteht darin, sein Recht möglichst schonend auszuüben (§ 1020 S. 1), zB eine Anlage nur an bestimmter Stelle des Grundstücks zu errichten (KG NJW 1973, 1128 f.). Bei Verstoß: § 1004 (BGH NJW 1965, 1229; 2008, 3703, 3704), Schadensersatz wegen Verletzung des ges Schuldverhältnisses gem § 280 I (→ Rn. 1; BGHZ 161, 115, 123 f.), § 823; → § 1018 Rn. 12 (h): Anspruch auf Verzicht.

3. Pflicht zur Unterhaltung einer Anlage (Damm, Wasserleitung, Graben 3
usw; vgl → § 907 Rn. 2 [a]). Verpflichtet ist **a) kraft Ges** der Berechtigte, der die Anlage hält (§ 1020 S. 2; dazu BGHZ 161, 115, 118 f.). Das „Interesse des Eigentümers" fordert nur den Schutz vor Schädigung (s. BGHZ 161, 122 f. insbes bei Recht des Eigentümers zur Mitbenutzung), nicht die Betriebsfähigkeit der Anlage. § 1020 S. 2 wird durch § 1022 ergänzt (Bsp: Recht auf Anbau an eine
Grenzmauer, die völlig auf dem dienenden Grundstück steht); **b) kraft Vereinba-** 4
rung der Eigentümer (§ 1021 I 1) oder der Berechtigte (§ 1021 I 2), ferner § 1022 S. 1. Vereinbarung ist eintragungsbedürftig, §§ 873, 874, 877; Bezugnahme auf die
Eintragungsbewilligung genügt (vgl → § 1018 Rn. 8 [a]). **c) Nur Nebenpflicht** 5
darf die Pflicht für den Eigentümer des dienenden Grundstücks sein (allg BGHZ 106, 348, 350), sonst Bestellung einer Reallast nötig. §§ 1021 II, 1022 S. 2 machen Nebenpflicht nicht zur Reallast, weil §§ 1105 ff. nur entspr anzuwenden sind.

§ 1023 Verlegung der Ausübung

(1) **[1]Beschränkt sich die jeweilige Ausübung einer Grunddienstbarkeit auf *einen Teil* des belasteten Grundstücks, so kann der Eigentümer die Verlegung der Ausübung auf eine andere, für den Berechtigten ebenso geeignete Stelle verlangen, wenn die Ausübung an der bisherigen Stelle für ihn besonders beschwerlich ist; die Kosten der Verlegung hat er zu tragen und vorzuschießen. [2]Dies gilt auch dann, wenn der Teil des Grundstücks, auf den sich die Ausübung beschränkt, durch Rechtsgeschäft bestimmt ist.**

(2) **Das Recht auf die Verlegung kann nicht durch Rechtsgeschäft ausgeschlossen oder beschränkt werden.**

1. Recht auf Verlegung. Dieses steht dem Eigentümer des dienenden Grund- 1
stücks unabdingbar (II) zu. Es konkretisiert die Pflicht des Berechtigten aus § 1020

S. 1 (BGH WM 1981, 498, 499). Zur einvernehmlichen Verlegung der Ausübungsstelle BGH DNotZ 2016, 289.

2 **2. Voraussetzungen.** Die *Belastung* ergreift das ganze Grundstück (vgl → § 1018 Rn. 3; zur Bestimmtheit BGH NJW 1982, 1039), und nur die *Ausübung* ist naturgegeben (zB Fahrtrecht) *oder* rechtsgeschäftlich (I 2; zur Bestimmtheit BayObLG Rpfleger 1984, 12) auf Grundstücksteil beschränkt. Verlegung ändert jedenfalls im zweiten Fall den Rechtsinhalt, daher Eintragung nötig (BGH NJW-RR 2006, 237, 238; FGPrax 2021, 103, 104).

§ 1024 Zusammentreffen mehrerer Nutzungsrechte

Trifft eine Grunddienstbarkeit mit einer anderen Grunddienstbarkeit oder einem sonstigen Nutzungsrecht an dem Grundstück dergestalt zusammen, dass die Rechte nebeneinander nicht oder nicht vollständig ausgeübt werden können, und haben die Rechte gleichen Rang, so kann jeder Berechtigte eine den Interessen aller Berechtigten nach billigem Ermessen entsprechende Regelung der Ausübung verlangen.

Betrifft das Zusammentreffen *gleichrangiger* konkurrierender Nutzungsrechte, zB mehrerer Weiderechte. Bei *verschiedenem* Rang geht das besserrangige Recht (§ 879) vor. Eigentum ist kein „sonstiges Nutzungsrecht" (BGH NJW 2019, 604 Rn. 12; NJW 2008, 3703, 3704 mN). Jeder Berechtigte hat Anspruch auf sachgerechte Rechtsbegrenzung (eintragungsbedürftige Inhaltsänderung, § 877, MüKo-BGB/Mohr Rn. 3); ggf Klage auf Zustimmung zu beantragter Regelung; Vollstreckung: § 894 ZPO.

§ 1025 Teilung des herrschenden Grundstücks

[1]Wird das Grundstück des Berechtigten geteilt, so besteht die Grunddienstbarkeit für die einzelnen Teile fort; die Ausübung ist jedoch im Zweifel nur in der Weise zulässig, dass sie für den Eigentümer des belasteten Grundstücks nicht beschwerlicher wird. [2]Gereicht die Dienstbarkeit nur einem der Teile zum Vorteil, so erlischt sie für die übrigen Teile.

§ 1026 Teilung des dienenden Grundstücks

Wird das belastete Grundstück geteilt, so werden, wenn die Ausübung der Grunddienstbarkeit auf einen bestimmten Teil des belasteten Grundstücks beschränkt ist, die Teile, welche außerhalb des Bereichs der Ausübung liegen, von der Dienstbarkeit frei.

Anmerkungen zu den §§ 1025, 1026

1 **1. Teilung des herrschenden oder dienenden Grundstücks.** Diese lässt das Recht idR unberührt (BGH NJW 2002, 3021, 3023). Teilung des herrschenden Grundstücks vervielfältigt die Berechtigung (str, s. MüKo-BGB/Mohr § 1025 Rn. 2); deren Ausübung darf den Eigentümer des dienenden Grundstücks iZw nicht stärker als vor der Teilung beschweren, § 1025 S. 1 Hs. 2.

2 **2. Erlöschen gem §§ 1025 S. 2, 1026.** Dieses folgt aus § 1019 S. 1. § 1026 setzt voraus, dass *rechtlich,* nicht nur tatsächlich, die Ausübung auf bestimmten Grundstücksteil beschränkt ist (BayObLG DNotZ 1989, 164, 166; BGH NJW 2002, 3021, 3023).

§ 1027 Beeinträchtigung der Grunddienstbarkeit

Wird eine Grunddienstbarkeit beeinträchtigt, so stehen dem Berechtigten die in § 1004 bestimmten Rechte zu.

1. Beeinträchtigung. Dies ist jede Rechtsbehinderung. **Berechtigt** ist der Berechtigte der Dienstbarkeit, idR der jeweilige (Mit-)Eigentümer des herrschenden Grundstücks (BGH NJW-RR 1999, 166, 167). **Verpflichtet** zur Beseitigung oder Unterlassung ist jeder Störer (der Eigentümer oder ein Dritter, zB Mieter); § 1004 I gibt keinen Schadensersatzanspruch (→ § 1004 Rn. 7). Anspruch verjährt nicht (BGH NJW 2011, 518; vgl → § 902 Rn. 1). Muss der Eigentümer des herrschenden Grundstücks die Beeinträchtigung dulden, so ist der Anspruch ausgeschlossen, § 1004 II. 1

2. Überbau. Bei Beeinträchtigung durch Überbau gelten **§§ 912 ff. entspr** (→ § 912 Rn. 11). 2

§ 1028 Verjährung

(1) [1]**Ist auf dem belasteten Grundstück eine Anlage, durch welche die Grunddienstbarkeit beeinträchtigt wird, errichtet worden, so unterliegt der Anspruch des Berechtigten auf Beseitigung der Beeinträchtigung der Verjährung, auch wenn die Dienstbarkeit im Grundbuch eingetragen ist.** [2]**Mit der Verjährung des Anspruchs erlischt die Dienstbarkeit, soweit der Bestand der Anlage mit ihr in Widerspruch steht.**

(2) **Die Vorschrift des § 892 findet keine Anwendung.**

1. Verjährung trotz Eintragung der Grunddienstbarkeit. Der Anspruch auf Beseitigung (§ 1027) **verjährt,** auch wenn die Grunddienstbarkeit eingetragen ist (abw von § 902 I 1). Diese **erlischt** kraft Ges, wenn der Anspruch verjährt ist, soweit der Bestand der Anlage mit der (erloschenen) Dienstbarkeit in Widerspruch steht, I 2; kein Erwerb gem § 892, II. Die Verjährungsfrist beträgt auch nach der Verkürzung der Regelverjährung durch das SchuldrechtsmodernisierungsG weiterhin 30 Jahre analog § 197 Nr. 2 (BGH NJW 2014, 3780 Rn. 29 ff). 1

2. Anlage. Begriff der Anlage: → § 907 Rn. 2 (a). 2

§ 1029 Besitzschutz des Rechtsbesitzers

Wird der Besitzer eines Grundstücks in der Ausübung einer für den Eigentümer im Grundbuch eingetragenen Grunddienstbarkeit gestört, so finden die für den Besitzschutz geltenden Vorschriften entsprechende Anwendung, soweit die Dienstbarkeit innerhalb eines Jahres vor der Störung, sei es auch nur einmal, ausgeübt worden ist.

1. Besitzschutz. Der **Rechtsbesitz** an der Grunddienstbarkeit genießt **Besitzschutz** gem §§ 858 ff. 1

2. Voraussetzungen. a) Sachbesitz am herrschenden Grundstück, gleichgültig, 2
ob unmittelbarer, mittelbarer (§ 869), Fremd-, Eigen-, Allein- oder Mitbesitz; für Besitzdiener s. § 860. Mieter, Pächter des herrschenden Grundstücks sind daher
geschützt. **b) Eintragung** der Grunddienstbarkeit für den Eigentümer (nicht den 3
Besitzer) des herrschenden Grundstücks (vgl → § 1018 Rn. 8 [a]). Die Eintragung
kann unrichtig sein. Ohne Eintragung kein Besitzschutz. **c) Mindestens einmalige** 4
Ausübung des Rechts im letzten Jahr vor der Störung. Ausübung durch Dritten im Interesse des Besitzers genügt (zB Wegebenutzung durch Besucher).

3. Besitz an einer Anlage. Hat der Berechtigte (→ Rn. 2 [a]) Besitz an einer Anlage auf dem dienenden Grundstück, so gelten insoweit die §§ 858 ff. unmittelbar und ohne die Schranken des § 1029. 5

Titel 2. Nießbrauch

Vorbemerkungen

1 **1. Begriff.** Der Nießbrauch ist eine persönliche Dienstbarkeit. Er berechtigt eine bestimmte (natürliche oder jur) Person oder rechtsfähige Personengesellschaft (§ 1059a II) grundsätzlich alle Nutzungen eines Gegenstands zu ziehen. Zur Unterscheidung von den beiden anderen Dienstbarkeiten → Vor § 1018 Rn. 1. Er ist unvererblich (§ 1061) und unübertragbar (§ 1059 S. 1; Ausnahme § 1059a).

2 **2. Zweck.** Die Bestellung soll idR die wirtschaftliche Versorgung des Nießbrauchers **(Versorgungsnießbrauch)** sichern; Hauptbsp: Nießbrauch am Nachlass für hinterbliebenen Ehegatten (§ 1089) bei gleichzeitiger Erbeinsetzung von Kindern. Früher spielte der Nießbrauch an Grundstücken zur Befriedigung des Gläubigers aus den Nutzungen (irreführend Sicherungsnießbrauch genannt) eine erhebliche Rolle. Als **Sicherungsnießbrauch** wird auch der (zulässige) Nießbrauch zur Sicherung eines bestehenden Miet- oder Pachtverhältnisses bezeichnet (BFH NJW 1998, 3143, 3144); zur Sicherung einer schuldrechtlichen Lizenz kann ein **Lizenzsicherungsnießbrauch** bestellt werden (Berger GRUR 2004, 20). Die Einräumung der Verfügungsmacht über den belasteten Gegenstand (sog **Verfügungsnießbrauch**) kann **nicht** Gegenstand des Nießbrauchs sein; das widerspräche dem numerus clausus der Sachenrechte (→ Vor § 854 Rn. 3); schuldrechtlich vereinbartes Verfügungsrecht ist zulässig (BGH NJW 1982, 31, 32). Ges Verfügungsermächtigungen des Nießbrauchers in §§ 1048, 1074, 1087 II 2.

3 **3. Entstehung. a) Durch RGeschäft** an *beweglichen Sachen,* § 1032; an *Grundstücken* und grundstücksgleichen Rechten, §§ 873 f.; an *Rechten,* §§ 1069 I, 1080, 1081 II, 1084. Das Bestellungsgeschäft enthält eine Verfügung über das belastete Recht (vgl → § 873 Rn. 13). Dieses Geschäft ist zu unterscheiden (1.) von dem zugrundeliegenden *Verpflichtungsvertrag* zur Nießbrauchsbestellung zwischen Besteller und Nießbraucher (idR formlos gültig; Ausnahme § 311b III) und (2.) von dem mit Entstehung des Nießbrauchs begründeten *ges Schuldverhältnis* zwischen Eigentümer und Nießbraucher (vgl insbes §§ 1035, 1036 II, 1041–1055, 1057 und allg BGHZ 95, 144, 146 f.; zur Haftung bei Verletzung des ges Schuldverhältnisses
4 → § 1036 Rn. 2, → § 1050 Rn. 2). **b) Kraft G** Hauptfälle **aa)** Surrogation, §§ 1066 (dort → § 1066 Rn. 3), 1075 (→ §§ 1074–1080 Rn. 4); **bb)** Ersitzung, § 900 II 1 mit § 1036 I; § 1033; **cc)** § 68 FlurbG; § 63 I BauGB.

5 **4. Erlöschensgründe. a) Aufhebung,** §§ 875, 1062, 1064, 1072. **b) Eintritt auflösender Bedingung** oder des Endtermins, §§ 158 II, 163. **c) Kraft G** Hauptbsp: §§ 1061 (Ausnahme § 1059a), 1063 I (Ausnahme in II), 1072, 901, § 5 GBBerG. **d) Hoheitsakt.** Bsp: Enteignung gem § 49 I 1 FlurbG, § 86 I Nr. 2 BauGB; Zuschlag, §§ 91, 52 I, 44 I, 49 I ZVG (zum Wertersatzanspruch vgl §§ 92, 121 ZVG). **e) Untergang** des Gegenstands (aber kein Erlöschen des Grundstücksnießbrauchs durch Zerstörung des Gebäudes, LM Nr. 10 zu § 1090; sa § 1046). **f) Kein Erlöschen** durch Konsolidation beim Grundstücksnießbrauch, § 889 (idR anders bei Nießbrauch an beweglichen Sachen, § 1063; sa § 1072 für Rechtsnießbrauch), und durch Kündigung gem § 314 I (BGH NJW 2022, 2394 Rn. 7).

Untertitel 1. Nießbrauch an Sachen

§ 1030 Gesetzlicher Inhalt des Nießbrauchs an Sachen

(1) **Eine Sache kann in der Weise belastet werden, dass derjenige, zu dessen Gunsten die Belastung erfolgt, berechtigt ist, die Nutzungen der Sache zu ziehen (Nießbrauch).**

(2) **Der Nießbrauch kann durch den Ausschluss einzelner Nutzungen beschränkt werden.**

Lit.: Schön, Der Nießbrauch an Sachen, 1992.

1. Allgemeines. Vgl Anm vor § 1030. 1

2. Bestellung. An beweglichen Sachen: § 1032; an Grundstücken (auch Woh- 2
nungseigentum) und grundstücksgleichen Rechten: §§ 873 f. Ideeller Bruchteil ist belastbar; bei Grundstücken auch realer Teil (MüKo-BGB/Pohlmann Rn. 90). Zum sog *Quotennießbrauch* (nach II zulässiger Nießbrauch am insgesamt belasteten Gegenstand, aber Nutzungen nur zu bestimmter Quote) BGH NJW-RR 2003, 1291. Ergriffen werden alle wesentlichen Bestandteile (§§ 93, 94); die unwesentlichen, wenn sie dem Eigentümer der belasteten Sache gehören, sonst Erwerb gem §§ 1032, 892; subj-dingliche Rechte (§ 96), soweit Ausübung übertragbar. Erfasst werden ein wiederaufgebautes Haus (BGH JZ 1964, 369), Versicherungsforderungen (§ 1046).

3. Nießbraucher. Berechtigt können nur eine oder mehrere (gem § 428: BGH 3
NJW 1981, 176, 177; nicht gem § 432: OLG München NJW 2009, 3310) bestimmte natürliche oder jur Personen sein, ferner rechtsfähige Personengesellschaften iSv § 1059a II (→ §§ 1059a–1059e Rn. 2). Berechtigter kann *auch der Eigentümer* sein, nach hM aber nur bei Grundstücksnießbrauch, obwohl auch für Fahrnisnießbrauch Bedürfnis besteht (→ § 107 Rn. 5; Staudinger/Heinze Rn. 36); str ist, ob im Einzelfall ein rechtliches (v. Lübtow NJW 1962, 275.), wirtschaftliches (RGRK/Rothe Rn. 5) oder überhaupt kein Interesse des Eigentümers bestehen muss (so BGH NJW 2011, 3517, 3518).

4. Inhalt. a) Das Recht, alle Nutzungen (§ 100) zu ziehen, einschließlich 4
Sachbesitz (§ 1036 I), Recht zur Vermietung und Verpachtung. In ein bereits bestehendes Miet- oder Pachtverhältnis mit erfolgter Überlassung tritt der Nießbraucher ein (§§ 566, 578 I, 581 II, 593b); die Zinsforderungen stehen ihm ab Nießbrauchsbestellung als eigenes Recht zu (RGZ 124, 325, 329; sa BGH NJW 2006, 51, 52), dennoch sind zur Rechtsverstärkung (vgl § 1124 I 2) die Abtretung dieser Forderungen an und die Pfändung durch ihn zulässig (str). Der Eigentümer hat
nur zu dulden, nichts zu leisten. **b) Einzelne** Nutzungen können **ausgeschlossen** 5
werden, **II** (ie BayObLG DNotZ 1986, 151, 152 f.; → § 1036 Rn. 1). Der Ausschluss ist eintragungsbedürftig. Die Einräumung einzelner Nutzungen für bestimmte Personen ist nur als bp Dienstbarkeit zulässig, § 1090 I.

§ 1031 Erstreckung auf Zubehör

Mit dem Nießbrauch an einem Grundstück erlangt der Nießbraucher den Nießbrauch an dem Zubehör nach der für den Erwerb des Eigentums geltenden Vorschrift des § 926.

§ 926 gibt Auslegungsregel. § 1031 erfasst nur das bei der Nießbrauchsbestellung vorhandene Zubehör, für später angeschafftes gilt allein § 1032. Zum Verpflichtungsvertrag (→ Vor § 1030 Rn. 3) vgl § 311c.

§ 1032 Bestellung an beweglichen Sachen

[1]Zur Bestellung des Nießbrauchs an einer beweglichen Sache ist erforderlich, dass der Eigentümer die Sache dem Erwerber übergibt und beide darüber einig sind, dass diesem der Nießbrauch zustehen soll. [2]Die Vorschriften des § 929 Satz 2, der §§ 930 bis 932 und der §§ 933 bis 936 finden entsprechende Anwendung; in den Fällen des § 936 tritt nur die Wirkung ein, dass der Nießbrauch dem Recht des Dritten vorgeht.

Die Nießbrauchsbestellung an **beweglichen Sachen** entspricht der Eigentumsübertragung. Einigung und Übergabe(ersatz) müssen auch das Zubehör erfassen. § 1031 gilt nur für Grundstückszubehör. Bestellung gem § 930 auch möglich, wenn Nießbraucher niemals unmittelbaren Besitz erhalten soll (LM Nr. 1 zu § 2203). S. 2 Hs. 2 modifiziert § 936: Mangelnde Bösgläubigkeit wirkt nicht rechtsvernichtend, sondern bloß vorrangbegründend.

§ 1033 Erwerb durch Ersitzung

[1]Der Nießbrauch an einer beweglichen Sache kann durch Ersitzung erworben werden. [2]Die für den Erwerb des Eigentums durch Ersitzung geltenden Vorschriften finden entsprechende Anwendung.

1 **1. Bewegliche Sachen.** Für Nießbrauchserwerb an **beweglichen Sachen** gelten §§ 937–942 entspr, für jur Personen und rechtsfähige Personengesellschaften iSv § 1059a II (iVm § 14 II) auch §§ 943, 944 (arg §§ 1059, 1059a). § 945 wird modifiziert entspr § 1032 S. 2 Hs. 2 (→ § 1032 Rn. 1).

2 **2. Grundstücke.** Für diese vgl § 900 II 1 mit § 1036 I.

§ 1034 Feststellung des Zustands

[1]Der Nießbraucher kann den Zustand der Sache auf seine Kosten durch Sachverständige feststellen lassen. [2]Das gleiche Recht steht dem Eigentümer zu.

Zustandsfeststellung ist wichtig für die Rückgabe, § 1055. Verfahren: §§ 410 Nr. 2, 411 II, 412 Nr. 2, 414 FamFG. Besteller ist in S. 2 nicht genannt, doch gelten für ihn die Eigentumsvermutungen der §§ 891 I, 1006.

§ 1035 Nießbrauch an Inbegriff von Sachen; Verzeichnis

[1]Bei dem Nießbrauch an einem Inbegriff von Sachen sind der Nießbraucher und der Eigentümer einander verpflichtet, zur Aufnahme eines Verzeichnisses der Sachen mitzuwirken. [2]Das Verzeichnis ist mit der Angabe des Tages der Aufnahme zu versehen und von beiden Teilen zu unterzeichnen; jeder Teil kann verlangen, dass die Unterzeichnung öffentlich beglaubigt wird. [3]Jeder Teil kann auch verlangen, dass das Verzeichnis durch die zuständige Behörde oder durch einen zuständigen Beamten oder Notar aufgenommen wird. [4]Die Kosten hat derjenige zu tragen und vorzuschießen, welcher die Aufnahme oder die Beglaubigung verlangt.

Ergänzung von § 1034. Inbegriff von Sachen: → Vor § 90 Rn. 5.

§ 1036 Besitzrecht; Ausübung des Nießbrauchs

(1) **Der Nießbraucher ist zum Besitz der Sache berechtigt.**

(2) **Er hat bei der Ausübung des Nutzungsrechts die bisherige wirtschaftliche Bestimmung der Sache aufrechtzuerhalten und nach den Regeln einer ordnungsmäßigen Wirtschaft zu verfahren.**

1 **1. Recht am Besitz.** Der Nießbraucher hat ein dingliches, gegen jedermann wirkendes **Recht zum** – idR, aber nicht notwendigerweise (BGH NJW 2003, 2164;) unmittelbaren (vgl aber → § 1032 Rn. 1) – **Besitz, I.** Völliger Ausschluss des Besitzrechts (vgl § 1030 II) macht Nießbrauchsbestellung unwirksam (OLG Hamm Rpfleger 1983, 144). Besitzschutz gem §§ 858 ff.

2. Maßgebender Zeitpunkt für II. Dieser ist die Entstehung des Nießbrauchs. 2
Aufrechterhalten verlangt uU ein Tun. Schuldhafter Verstoß gegen II verletzt das ges Schuldverhältnis (→ Vor § 1030 Rn. 3), daher § 278 anwendbar. II kann nicht vollständig mit dinglicher Wirkung abbedungen werden (OLG Nürnberg NJW-RR 2022, 391 Rn. 9). Beschränkung auf Sorgfalt iSd § 277 unzulässig (OLG Nürnberg NJW-RR 2022, 391 Rn. 12 ff.).

§ 1037 Umgestaltung

(1) **Der Nießbraucher ist nicht berechtigt, die Sache umzugestalten oder wesentlich zu verändern.**

(2) **Der Nießbraucher eines Grundstücks darf neue Anlagen zur Gewinnung von Steinen, Kies, Sand, Lehm, Ton, Mergel, Torf und sonstigen Bodenbestandteilen errichten, sofern nicht die wirtschaftliche Bestimmung des Grundstücks dadurch wesentlich verändert wird.**

Ergänzung von § 1036 II. Unwesentliche Veränderungen zum Zweck ordnungsmäßiger Wirtschaft (vgl § 1036 II) sind erlaubt. I kann nicht mit dinglicher Wirkung abbedungen werden (KG DNotZ 1992, 675). II enthält Ausnahme von I.

§ 1038 Wirtschaftsplan für Wald und Bergwerk

(1) **[1]Ist ein Wald Gegenstand des Nießbrauchs, so kann sowohl der Eigentümer als der Nießbraucher verlangen, dass das Maß der Nutzung und die Art der wirtschaftlichen Behandlung durch einen Wirtschaftsplan festgestellt werden. [2]Tritt eine erhebliche Änderung der Umstände ein, so kann jeder Teil eine entsprechende Änderung des Wirtschaftsplans verlangen. [3]Die Kosten hat jeder Teil zur Hälfte zu tragen.**

(2) **Das Gleiche gilt, wenn ein Bergwerk oder eine andere auf Gewinnung von Bodenbestandteilen gerichtete Anlage Gegenstand des Nießbrauchs ist.**

Langfristige Wirtschaftsplanung wird durch verbindliche Planfeststellung gesichert. Klage auf Zustimmung zu einem detaillierten Plan möglich und uU nötig, Vollstreckung gem § 894 ZPO. Sa § 2123.

§ 1039 Übermäßige Fruchtziehung

(1) **[1]Der Nießbraucher erwirbt das Eigentum auch an solchen Früchten, die er den Regeln einer ordnungsmäßigen Wirtschaft zuwider oder die er deshalb im Übermaß zieht, weil dies infolge eines besonderen Ereignisses notwendig geworden ist. [2]Er ist jedoch, unbeschadet seiner Verantwortlichkeit für ein Verschulden, verpflichtet, den Wert der Früchte dem Eigentümer bei der Beendigung des Nießbrauchs zu ersetzen und für die Erfüllung dieser Verpflichtung Sicherheit zu leisten. [3]Sowohl der Eigentümer als der Nießbraucher kann verlangen, dass der zu ersetzende Betrag zur Wiederherstellung der Sache insoweit verwendet wird, als es einer ordnungsmäßigen Wirtschaft entspricht.**

(2) **Wird die Verwendung zur Wiederherstellung der Sache nicht verlangt, so fällt die Ersatzpflicht weg, soweit durch den ordnungswidrigen oder den übermäßigen Fruchtbezug die dem Nießbraucher gebührenden Nutzungen beeinträchtigt werden.**

Fruchterwerb des Nießbrauchers tritt ein mit Trennung (§ 954, Ausnahmen in §§ 955–957), auch bei Raubbau oder Übermaß (I 1), bei Verstoß gegen Wirtschaftsplan (§ 1038) oder bisherige wirtschaftliche Bestimmung (§ 1036 II); zu Früchten iSv § 99 III → § 1030 Rn. 4. Das dingliche Fruchtziehungsrecht des Nießbrauchers geht weiter als seine Befugnisse auf Grund des ges Schuldverhältnisses (→ Vor § 1030 Rn. 3), daher Ausgleichsregelung in I 2, 3, II. I 2 kann nicht mit dinglicher Wirkung abbedungen werden (BayObLG Rpfleger 1977, 252).

§ 1040 Schatz

Das Recht des Nießbrauchers erstreckt sich nicht auf den Anteil des Eigentümers an einem Schatze, der in der Sache gefunden wird.

Vgl § 984.

§ 1041 Erhaltung der Sache

[1]Der Nießbraucher hat für die Erhaltung der Sache in ihrem wirtschaftlichen Bestand zu sorgen. [2]Ausbesserungen und Erneuerungen liegen ihm nur insoweit ob, als sie zu der gewöhnlichen Unterhaltung der Sache gehören.

§ 1042 Anzeigepflicht des Nießbrauchers

[1]Wird die Sache zerstört oder beschädigt oder wird eine außergewöhnliche Ausbesserung oder Erneuerung der Sache oder eine Vorkehrung zum Schutze der Sache gegen eine nicht vorhergesehene Gefahr erforderlich, so hat der Nießbraucher dem Eigentümer unverzüglich Anzeige zu machen. [2]Das Gleiche gilt, wenn sich ein Dritter ein Recht an der Sache anmaßt.

§ 1043 Ausbesserung oder Erneuerung

Nimmt der Nießbraucher eines Grundstücks eine erforderlich gewordene außergewöhnliche Ausbesserung oder Erneuerung selbst vor, so darf er zu diesem Zwecke innerhalb der Grenzen einer ordnungsmäßigen Wirtschaft auch Bestandteile des Grundstücks verwenden, die nicht zu den ihm gebührenden Früchten gehören.

§ 1044 Duldung von Ausbesserungen

Nimmt der Nießbraucher eine erforderlich gewordene Ausbesserung oder Erneuerung der Sache nicht selbst vor, so hat er dem Eigentümer die Vornahme und, wenn ein Grundstück Gegenstand des Nießbrauchs ist, die Verwendung der in § 1043 bezeichneten Bestandteile des Grundstücks zu gestatten.

§ 1045 Versicherungspflicht des Nießbrauchers

(1) **[1]Der Nießbraucher hat die Sache für die Dauer des Nießbrauchs gegen Brandschaden und sonstige Unfälle auf seine Kosten unter Versicherung zu bringen, wenn die Versicherung einer ordnungsmäßigen Wirtschaft entspricht. [2]Die Versicherung ist so zu nehmen, dass die Forderung gegen den Versicherer dem Eigentümer zusteht.**

(2) **Ist die Sache bereits versichert, so fallen die für die Versicherung zu leistenden Zahlungen dem Nießbraucher für die Dauer des Nießbrauchs zur Last, soweit er zur Versicherung verpflichtet sein würde.**

§ 1046 Nießbrauch an der Versicherungsforderung

(1) An der Forderung gegen den Versicherer steht dem Nießbraucher der Nießbrauch nach den Vorschriften zu, die für den Nießbrauch an einer auf Zinsen ausstehenden Forderung gelten.

(2) [1]Tritt ein unter die Versicherung fallender Schaden ein, so kann sowohl der Eigentümer als der Nießbraucher verlangen, dass die Versicherungssumme zur Wiederherstellung der Sache oder zur Beschaffung eines Ersatzes insoweit verwendet wird, als es einer ordnungsmäßigen Wirtschaft entspricht. [2]Der Eigentümer kann die Verwendung selbst besorgen oder dem Nießbraucher überlassen.

§ 1047 Lastentragung

Der Nießbraucher ist dem Eigentümer gegenüber verpflichtet, für die Dauer des Nießbrauchs die auf der Sache ruhenden öffentlichen Lasten mit Ausschluss der außerordentlichen Lasten, die als auf den Stammwert der Sache gelegt anzusehen sind, sowie diejenigen privatrechtlichen Lasten zu tragen, welche schon zur Zeit der Bestellung des Nießbrauchs auf der Sache ruhten, insbesondere die Zinsen der Hypothekenforderungen und Grundschulden sowie die auf Grund einer Rentenschuld zu entrichtenden Leistungen.

Anmerkungen zu den §§ 1041–1047

1. Gegenstand. §§ 1041–1047 betreffen Pflichten des Nießbrauchers aus dem ges. Schuldverhältnis zum Eigentümer (→ Vor § 1030 Rn. 3). **Abw. Vereinbarung** (nicht Kündigung, BGH NJW 2022, 2394 Rn. 18 ff.) (zB zu §§ 1041, 1047, sog Bruttonießbrauch, BFH BB 1980, 1564) in Grenzen möglich (BGHZ 95, 99, 100 mN; BayObLG DNotZ 1986, 151, 152 f.); § 1041 kann nicht zu Lasten des Eigentümers abbedungen werden; Ausweitung der Pflichten des Nießbrauchers mgl. (OLG Bremen RNotZ 2022, 96 Rn. 14 ff.). 1

2. Pflichten des Nießbrauchers. Der Nießbraucher ist grundsätzlich zur **Erhaltung des Bestandes** (zB Feldbestellung, Viehfütterung) und zur Tragung der **laufenden Reparaturen** (zB normale Verschleißreparaturen, BGH NJW-RR 2005, 1321, 1322) verpflichtet, § 1041, dazu auch §§ 1044, 1050. § 1041 wird durch die Vorschrift des § 1050 nicht eingeschränkt (BGH NJW 2009, 1810, 1811 f.; vgl → § 1050 Rn. 1). **Außergewöhnliche Ausbesserungen** darf er vornehmen, muss es aber nicht (BGHZ 52, 234, 237), vgl ie §§ 1042 (Anzeigepflicht), 1043 (Verwendungsrecht), 1044 (Duldungspflicht; gilt auch für gewöhnliche Ausbesserungen). 2

3. Versicherung. Der Nießbraucher hat die Sache uU zu **versichern,** § 1045, dazu § 1046 (Ergänzung von § 1036 II). 3

4. Lastentragung. Die ordentlichen (dh laufenden) öffentl **Lasten,** die auf der Sache ruhen, zB Grundsteuer, Zweitwohnungssteuer (BVerwG NVwZ 2009, 1172) und die bei Nießbrauchsbestellung bestehenden privatrechtlichen Lasten, zB Hypothekenzinsen, Notwegrente, treffen im Verhältnis zum Eigentümer den Nießbraucher, § 1047 (abdingbar, → Rn. 1). Der Dritte, zB Hypothekengläubiger, hat keinen unmittelbaren Anspruch gegen den Nießbraucher. Zum Verhältnis von Lastentragung und Nutznießung vgl RGZ 153, 29, 32 f. 4

§ 1048 Nießbrauch an Grundstück mit Inventar

(1) [1]Ist ein Grundstück samt Inventar Gegenstand des Nießbrauchs, so kann der Nießbraucher über die einzelnen Stücke des Inventars innerhalb

der Grenzen einer ordnungsmäßigen Wirtschaft verfügen. [2]Er hat für den gewöhnlichen Abgang sowie für die nach den Regeln einer ordnungsmäßigen Wirtschaft ausscheidenden Stücke Ersatz zu beschaffen; die von ihm angeschafften Stücke werden mit der Einverleibung in das Inventar Eigentum desjenigen, welchem das Inventar gehört.

(2) **Übernimmt der Nießbraucher das Inventar zum Schätzwert mit der Verpflichtung, es bei der Beendigung des Nießbrauchs zum Schätzwert zurückzugewähren, so findet die Vorschrift des § 582a entsprechende Anwendung.**

1 **1. Inventar (vgl § 98).** Dieses gehört weiter dem bisherigen Eigentümer. Dem Nießbraucher steht gem I 1 die **ges Verfügungsbefugnis** zu (vgl → Vor § 1030 Rn. 2). Bei Überschreiten der Befugnis ist Erwerb vom Nichtverfügungsberechtigten analog §§ 932 ff. möglich (MüKo-BGB/Pohlmann Rn. 4), Nießbraucher ist bei Verschulden schadensersatzpflichtig (vgl → § 1036 Rn. 2).

2 **2. Eigentumserlangung des bisherigen Eigentümers.** Der bisherige Eigentümer (→ Rn. 1) erlangt an den zunächst vom Nießbraucher erworbenen Ersatzstücken mit deren Einverleibung Eigentum kraft Ges, I 2.

§ 1049 Ersatz von Verwendungen

(1) **Macht der Nießbraucher Verwendungen auf die Sache, zu denen er nicht verpflichtet ist, so bestimmt sich die Ersatzpflicht des Eigentümers nach den Vorschriften über die Geschäftsführung ohne Auftrag.**

(2) **Der Nießbraucher ist berechtigt, eine Einrichtung, mit der er die Sache versehen hat, wegzunehmen.**

1 **1. I, II.** Ersatzanspruch (I) und Wegnahmerecht (II) bestehen nur bei freiwilligen Verwendungen (abw §§ 1041, 1045, 1047, 1048: pflichtmäßige Verwendungen).

2 **2. Sonstiges. a)** *Zum Ersatzanspruch* vgl §§ 683, 684 S. 2, 679, 670; 684 S. 1. Verpflichtet ist, wer Eigentümer zZ der Verwendungen war (RG HRR 1937 Nr. 1444, str). **b)** *Zum Wegnahmerecht* vgl § 258. **c)** *Verjährung* für I und II: § 1057.

§ 1050 Abnutzung

Veränderungen oder Verschlechterungen der Sache, welche durch die ordnungsmäßige Ausübung des Nießbrauchs herbeigeführt werden, hat der Nießbraucher nicht zu vertreten.

1 **1. Erhaltungspflicht.** Ähnlich §§ 538, 602. Erhaltungspflicht des § 1041 geht vor (BGH NJW 2009, 1810; MüKo-BGB/Pohlmann § 1041 Rn. 3; str; aA Soergel/Stürner § 1041 Rn. 1).

2 **2. Haftung.** Bei Verschulden haftet der Nießbraucher wegen Verletzung des ges Schuldverhältnisses (→ Vor § 1030 Rn. 3; → § 1036 Rn. 2), ferner gem §§ 823 ff.

§ 1051 Sicherheitsleistung

Wird durch das Verhalten des Nießbrauchers die Besorgnis einer erheblichen Verletzung der Rechte des Eigentümers begründet, so kann der Eigentümer Sicherheitsleistung verlangen.

§ 1052 Gerichtliche Verwaltung mangels Sicherheitsleistung

(1) **[1]Ist der Nießbraucher zur Sicherheitsleistung rechtskräftig verurteilt, so kann der Eigentümer statt der Sicherheitsleistung verlangen, dass die**

Ausübung des Nießbrauchs für Rechnung des Nießbrauchers einem von dem Gericht zu bestellenden Verwalter übertragen wird. [2]Die Anordnung der Verwaltung ist nur zulässig, wenn dem Nießbraucher auf Antrag des Eigentümers von dem Gericht eine Frist zur Sicherheitsleistung bestimmt worden und die Frist verstrichen ist; sie ist unzulässig, wenn die Sicherheit vor dem Ablauf der Frist geleistet wird.

(2) **[1]Der Verwalter steht unter der Aufsicht des Gerichts wie ein für die Zwangsverwaltung eines Grundstücks bestellter Verwalter. [2]Verwalter kann auch der Eigentümer sein.**

(3) **Die Verwaltung ist aufzuheben, wenn die Sicherheit nachträglich geleistet wird.**

§ 1053 Unterlassungsklage bei unbefugtem Gebrauch

Macht der Nießbraucher einen Gebrauch von der Sache, zu dem er nicht befugt ist, und setzt er den Gebrauch ungeachtet einer Abmahnung des Eigentümers fort, so kann der Eigentümer auf Unterlassung klagen.

§ 1054 Gerichtliche Verwaltung wegen Pflichtverletzung

Verletzt der Nießbraucher die Rechte des Eigentümers in erheblichem Maße und setzt er das verletzende Verhalten ungeachtet einer Abmahnung des Eigentümers fort, so kann der Eigentümer die Anordnung einer Verwaltung nach § 1052 verlangen.

Anmerkungen zu den §§ 1051–1054

1. Eigentümerrechte. §§ 1051, 1052 behandeln die **Gefährdung der Eigentümerrechte,** §§ 1053, 1054 ihre **Verletzung.** Ein Recht zur Kündigung des dinglichen Nießbrauchs besteht nicht. 1

2. Sicherungsmittel. a) Anspruch auf Sicherheitsleistung, § 1051, setzt kein 2
Verschulden voraus. Weitere Fälle §§ 1039 I, 1067 II. Arten der Sicherheitsleistung:
§§ 232 ff. **b) Gerichtl Verwaltung** setzt Verurteilung zur Sicherheitsleistung 3
(§ 1052 I 1) oder zur Duldung der Verwaltung (§ 1054) voraus. Ihr Ziel: bei § 1052 Erzwingung der Sicherheitsleistung (arg § 1052 III), bei § 1054 Verhinderung weiterer Schäden durch Anordnung der Verwaltung (so dass hier § 1052 I 2, III unanwendbar ist). Sie entspricht der Zwangsverwaltung gem § 146 ZVG, vgl § 1052 II;
zuständig ist das Vollstreckungsgericht (§ 764 ZPO). **c) Unterlassungsklage** aus 4
§ 1004 und dem ges Schuldverhältnis (→ Vor § 1030 Rn. 3) ist durch § 1053 **eingeschränkt.** An die Stelle der vorbeugenden Unterlassungsklage (→ § 1004 Rn. 11) treten die §§ 1051, 1052.

§ 1055 Rückgabepflicht des Nießbrauchers

(1) **Der Nießbraucher ist verpflichtet, die Sache nach der Beendigung des Nießbrauchs dem Eigentümer zurückzugeben.**

(2) **Bei dem Nießbrauch an einem landwirtschaftlichen Grundstück finden die Vorschriften des § 596 Abs. 1 und des § 596a, bei dem Nießbrauch an einem Landgut finden die Vorschriften des § 596 Abs. 1 und der §§ 596a, 596b entsprechende Anwendung.**

Der **Rückgabeanspruch** aus dem ges Schuldverhältnis (→ Vor § 1030 Rn. 3) besteht neben dem aus § 985 gegen den Besitzer. Für den redlichen Nießbraucher gilt der Besteller als Eigentümer, § 1058.

§ 1056 Miet- und Pachtverhältnisse bei Beendigung des Nießbrauchs

(1) **Hat der Nießbraucher ein Grundstück über die Dauer des Nießbrauchs hinaus vermietet oder verpachtet, so finden nach der Beendigung des Nießbrauchs die für den Fall der Veräußerung von vermietetem Wohnraum geltenden Vorschriften der §§ 566, 566a, 566b Abs. 1 und der §§ 566c bis 566e, 567b entsprechende Anwendung.**

(2) [1]**Der Eigentümer ist berechtigt, das Miet- oder Pachtverhältnis unter Einhaltung der gesetzlichen Kündigungsfrist zu kündigen.** [2]**Verzichtet der Nießbraucher auf den Nießbrauch, so ist die Kündigung erst von der Zeit an zulässig, zu welcher der Nießbrauch ohne den Verzicht erlöschen würde.**

(3) [1]**Der Mieter oder der Pächter ist berechtigt, den Eigentümer unter Bestimmung einer angemessenen Frist zur Erklärung darüber aufzufordern, ob er von dem Kündigungsrecht Gebrauch mache.** [2]**Die Kündigung kann nur bis zum Ablauf der Frist erfolgen.**

Allgemeines. Ist das Grundstück dem Mieter oder Pächter bereits überlassen, so tritt der Eigentümer bei Beendigung des Nießbrauchs in den Miet- oder Pachtvertrag ein (I mit § 566 I). Die Zinsansprüche stehen dem Eigentümer kraft eigenen Rechts zu (BGHZ 53, 174, 179). Er kann den Vertrag vorzeitig beenden (II 1, III); Einschränkung bei Nießbrauchsbeendigung durch Verzicht (II 2). Bei Tod des Nießbrauchers tritt der Erbe in den Miet-(Pacht-)vertrag ein, auch wenn der Eigentümer nach I mangels Überlassung (§§ 566 I, 581 II) nicht eintritt (BGHZ 109, 111, 113 ff.; abl Wacke FS Gernhuber, 1993, 489, 521 ff.).

§ 1057 Verjährung der Ersatzansprüche

[1]**Die Ersatzansprüche des Eigentümers wegen Veränderungen oder Verschlechterungen der Sache sowie die Ansprüche des Nießbrauchers auf Ersatz von Verwendungen oder auf Gestattung der Wegnahme einer Einrichtung verjähren in sechs Monaten.** [2]**Die Vorschrift des § 548 Abs. 1 Satz 2 und 3, Abs. 2 findet entsprechende Anwendung.**

§ 1057 erfasst, ohne Rücksicht auf den Rechtsgrund, nur die dort genannten Ersatzansprüche des Eigentümers. Wegen der Ersatzansprüche des Nießbrauchers vgl § 1049.

§ 1058 Besteller als Eigentümer

Im Verhältnis zwischen dem Nießbraucher und dem Eigentümer gilt zugunsten des Nießbrauchers der Besteller als Eigentümer, es sei denn, dass der Nießbraucher weiß, dass der Besteller nicht Eigentümer ist.

1 **1. Allgemeines.** Zu **unterscheiden** sind: der *Verpflichtungsvertrag* zur Nießbrauchsbestellung und das *Bestellungsgeschäft* zwischen Besteller und Nießbraucher einerseits sowie das *ges Schuldverhältnis* zwischen Eigentümer und Nießbraucher andererseits (→ Vor § 1030 Rn. 3). Besteller und Eigentümer müssen nicht identisch sein und bleiben. Sind sie es bei der Bestellung nicht, so kann Nießbrauch gem §§ 185, 892, 1032 mit §§ 932, 933 ff. erworben werden. Ist der Nießbrauch erworben, so schadet dem Nießbraucher im Rahmen des § 1058 nur positive Kenntnis (*nicht: grobfahrlässige Unkenntnis*, Eintragung des richtigen Eigentümers oder eines Widerspruchs im Grundbuch).

2 **2. Wirkung. a)** Zugunsten des unwissenden **Nießbrauchers** gilt der Besteller als Eigentümer. Daher muss der wahre Eigentümer Rechtshandlungen des Bestellers und Leistungen an ihn gegen sich gelten lassen, zB die Rückgabe gem § 1055;

ferner günstige Urteile des Nießbrauchers gegen den Besteller. **b)** Zugunsten des **Bestellers** gilt § 1058 **nicht;** für ihn gelten §§ 891 I, 1006.

§ 1059 Unübertragbarkeit; Überlassung der Ausübung

[1]Der Nießbrauch ist nicht übertragbar. [2]Die Ausübung des Nießbrauchs kann einem anderen überlassen werden.

1. Unübertragbarkeit. a) Der Nießbrauch ist **unübertragbar** (S. 1, Ausnahme § 1059a), **unvererblich** (dazu s. § 5 GBBerG), **nicht belastbar,** insbes nicht verpfändbar (§§ 1069 II, 1274 II). **b)** Stehen dem Nießbraucher bestimmte oder bestimmbare **Einzelbefugnisse** aus dem Nießbrauch zu, so kann er sie mit „dinglicher" Wirkung auf Dritte **übertragen** (RGZ 101, 5, 7), zB das Recht auf Mietzinsen, zur Selbstvermietung. Doch hat die Übertragung von künftigen oder Dauerrechten keine Wirkung über das Erlöschen des Nießbrauchs hinaus. Mit ihm endet zB das Recht zur Selbstvermietung (vgl aber § 1056 I mit § 566 I), Vorausabtretungen des Mietzinses können unwirksam werden (§ 1056 I mit § 566b I). Vereinbarte Übertragung des Nießbrauchs ist in Überlassung der Ausübung **umdeutbar,** § 140 (vgl RGZ 159, 193, 203). Eine Übertragung von Einzelbefugnissen iSv → Rn. 4 bedarf bes Anhaltspunkte (BGHZ 55, 111, 116). Zur Pfändbarkeit → Rn. 8. 1 2 3

2. Überlassung der Ausübung, S. 2. a) Der Dritte erlangt gegen den Nießbraucher einen vererblichen schuldrechtlichen Anspruch auf Duldung der Ausübung, aber kein dingliches Recht (BGHZ 55, 111, 115; hM). Daher ist die Überlassung nicht eintragungsfähig (vgl RGZ 159, 193, 207 zur bp Dienstbarkeit) und formlos gültig. Sie kann entgeltlich oder unentgeltlich sein, alle oder nur bestimmte Nutzungen für die Nießbrauchsdauer oder eine kürzere Zeit erfassen. Gestattung durch den Eigentümer unnötig (anders § 1092 I 2). Dritter kann auch der Eigentümer sein. **b) Der Dritte erwirbt** die Früchte gem §§ 956 II, 957; sein Besitz ist geschützt, §§ 858 ff., 1007. Das ges Schuldverhältnis zwischen Nießbraucher und Eigentümer (→ Vor § 1030 Rn. 3) bleibt unberührt, Haftung des Nießbrauchers für den Dritten gem § 278 möglich (→ § 1036 Rn. 2). **c) Ende der (berechtigten) Überlassung:** stets mit Erlöschen des Nießbrauchs, zB gem § 1061, Aufhebung (Zustimmung des Dritten unnötig, hM), ferner bei nachträglicher Beschränkung des Nießbrauchs (§ 1030 II) in diesem Rahmen. **d) Ausschluss** von S. 2 (bei Eintragung mit dinglicher Wirkung) vereinbar (BGHZ 95, 99, 100 f.). **e)** Vermietung (Verpachtung) und Nießbrauchsüberlassung zur Ausübung **unterscheiden** sich in Gegenstand, Inhalt und Folgen (BGHZ 109, 111, 115 f.). 4 5 6 7

3. Pfändbarkeit. Vollstreckungsgegenstand ist der Nießbrauch selbst (BGHZ 62, 133, 136 ff.; NJW 2006, 1124), nicht ein von ihm getrenntes Recht auf Ausübung, so dass dessen Ausschluss trotz dinglicher Wirkung (→ Rn. 5) die Pfändbarkeit des Nießbrauchs nicht berührt (vgl BGHZ 95, 99, 101 f.); bloß die Verwertung ist gem § 857 III, IV ZPO beschränkt (BGH NJW 2006, 1124 f.). Daher kann der Nießbraucher nur mit Zustimmung des Pfändungsgläubigers auf sein Recht verzichten (BGHZ 62, 133, 138 f.); die Pfändung ist eintragungsfähig, aber wegen S. 1 nicht -bedürftig (BGHZ 62, 133, 139 f.). 8

4. Nießbraucherinsolvenz. ISv → Rn. 8 unterliegt der Nießbrauch auch dem **Insolvenzverfahren;** nur die insolvenzmäßige Verwertung ist durch § 36 I 1 InsO iVm § 857 III ZPO beschränkt. Daher kann weder der Insolvenzverwalter noch der Insolvenzschuldner (Nießbraucher) auf den Nießbrauch verzichten, möglich ist aber Abrede des Verwalters mit dem Eigentümer: Aufgabe des Nießbrauchs durch den Verwalter gegen Entgelt (MüKo-BGB/Pohlmann Rn. 30). 9

§ 1059a Übertragbarkeit bei juristischer Person oder rechtsfähiger Personengesellschaft

(1) **Steht ein Nießbrauch einer juristischen Person zu, so ist er nach Maßgabe der folgenden Vorschriften übertragbar:**

1. **Geht das Vermögen der juristischen Person auf dem Wege der Gesamtrechtsnachfolge auf einen anderen über, so geht auch der Nießbrauch auf den Rechtsnachfolger über, es sei denn, dass der Übergang ausdrücklich ausgeschlossen ist.**
2. [1]**Wird sonst ein von einer juristischen Person betriebenes Unternehmen oder ein Teil eines solchen Unternehmens auf einen anderen übertragen, so kann auf den Erwerber auch ein Nießbrauch übertragen werden, sofern er den Zwecken des Unternehmens oder des Teils des Unternehmens zu dienen geeignet ist.** [2]**Ob diese Voraussetzungen gegeben sind, wird durch eine Erklärung der zuständigen Landesbehörde festgestellt.** [3]**Die Erklärung bindet die Gerichte und die Verwaltungsbehörden.** [4]**Die Landesregierungen bestimmen durch Rechtsverordnung die zuständige Landesbehörde.** [5]**Die Landesregierungen können die Ermächtigung durch Rechtsverordnung auf die Landesjustizverwaltungen übertragen.**

(2) **Einer juristischen Person steht eine rechtsfähige Personengesellschaft gleich.**

§ 1059b Unpfändbarkeit

Ein Nießbrauch kann auf Grund der Vorschrift des § 1059a weder gepfändet noch verpfändet noch mit einem Nießbrauch belastet werden.

§ 1059c Übergang oder Übertragung des Nießbrauchs

(1) [1]**Im Falle des Übergangs oder der Übertragung des Nießbrauchs tritt der Erwerber anstelle des bisherigen Berechtigten in die mit dem Nießbrauch verbundenen Rechte und Verpflichtungen gegenüber dem Eigentümer ein.** [2]**Sind in Ansehung dieser Rechte und Verpflichtungen Vereinbarungen zwischen dem Eigentümer und dem Berechtigten getroffen worden, so wirken sie auch für und gegen den Erwerber.**

(2) **Durch den Übergang oder die Übertragung des Nießbrauchs wird ein Anspruch auf Entschädigung weder für den Eigentümer noch für sonstige dinglich Berechtigte begründet.**

§ 1059d Miet- und Pachtverhältnisse bei Übertragung des Nießbrauchs

Hat der bisherige Berechtigte das mit dem Nießbrauch belastete Grundstück über die Dauer des Nießbrauchs hinaus vermietet oder verpachtet, so sind nach der Übertragung des Nießbrauchs die für den Fall der Veräußerung von vermietetem Wohnraum geltenden Vorschriften der §§ 566 bis 566e, 567a und 567b entsprechend anzuwenden.

§ 1059e Anspruch auf Einräumung des Nießbrauchs

Steht ein Anspruch auf Einräumung eines Nießbrauchs einer juristischen Person oder einer rechtsfähigen Personengesellschaft zu, so gelten die Vorschriften der §§ 1059a bis 1059d entsprechend.

Anmerkungen zu den §§ 1059a–1059e

1 **1. Allgemeines.** Die Unübertragbarkeit des Nießbrauchs, § 1059, führte insbes bei jur Personen zu Unzuträglichkeiten. Sie sind durch Ges vom 13.12.1935 (RGBl. I 1468) beseitigt (vgl heute §§ 1059a–e). Bloß rechtsformändernde Umwandlung nach §§ 190 ff. UmwG ist keine Übertragung iSd §§ 1059a ff., 1092 II (hM, s. MüKo-BGB/Pohlmann § 1059a Rn. 5).

2. Geltungsbereich. Gilt für jur Personen des privaten und öffentl Rechts als Nießbraucher, ferner für rechtsfähige Personengesellschaften (§ 14 II; dazu zählen OHG, KG, PartG, EWIV; Außen-GbR (ab 1.1.2024 iSd § 705 II Fall 1 BGB-MoPeG), → § 14 Rn. 2 mN; Schreiber/Berger Kap. 11 Rn. 109). 2

§ 1060 Zusammentreffen mehrerer Nutzungsrechte

Trifft ein Nießbrauch mit einem anderen Nießbrauch oder mit einem sonstigen Nutzungsrecht an der Sache dergestalt zusammen, dass die Rechte nebeneinander nicht oder nicht vollständig ausgeübt werden können, und haben die Rechte gleichen Rang, so findet die Vorschrift des § 1024 Anwendung.

Vgl § 1024 mit Anm, ferner §§ 566, 578 I, 581 II, 593b (Zusammentreffen mit Miete, Pacht), 1208, 1242 II 2, 1245 I 2, 1247 (Zusammentreffen mit Pfandrecht).

§ 1061 Tod des Nießbrauchers

[1]Der Nießbrauch erlischt mit dem Tode des Nießbrauchers. [2]Steht der Nießbrauch einer juristischen Person oder einer rechtsfähigen Personengesellschaft zu, so erlischt er mit dieser.

1. Erlöschen. Der Nießbrauch **erlischt** zwingend mit dem Tod (S. 1; Eigentümer ist nicht „Rechtsnachfolger" des Nießbrauchers nach §§ 727, 768 ZPO [BGH NJW 2016, 1953 Rn. 7 ff.]) oder dem Erlöschen (S. 2) des Nießbrauchers (Ausnahme von S. 2: § 1059a). Erlöschen iSv S. 2 tritt erst mit Beendigung der Liquidation ein (RGZ 159, 193, 199; → §§ 41–44 Rn. 4). Weitere Erlöschensgründe: → Vor § 1030 Rn. 5. **Erlöschen** des Nießbrauchs führt auch zum Erlöschen dinglicher Ansprüche gem § 1065 (→ § 1065 Rn. 2), wenn sie nicht auf den Erben übergehen (BGH NJW 2016, 1953 Rn. 14). 1

2. Nießbrauchbestellung nach dem Tod. Der Eigentümer kann sich dem Nießbraucher gegenüber *verpflichten,* nach dessen Tod einem Dritten von neuem einen Nießbrauch zu bestellen; der Anspruch ist vormerkungsfähig (ie LG Traunstein NJW 1962, 2207 f.). 2

§ 1062 Erstreckung der Aufhebung auf das Zubehör

Wird der Nießbrauch an einem Grundstück durch Rechtsgeschäft aufgehoben, so erstreckt sich die Aufhebung im Zweifel auf den Nießbrauch an dem Zubehör.

Auslegungsregel entspr § 1031. Gilt nur für Grundstücke. Aufhebung gem §§ 875, 878; wegen §§ 1069 II, 1274 II (mit §§ 1059 S. 1, 1059b) ist § 876 unanwendbar.

§ 1063 Zusammentreffen mit dem Eigentum

(1) **Der Nießbrauch an einer beweglichen Sache erlischt, wenn er mit dem Eigentum in derselben Person zusammentrifft.**

(2) **Der Nießbrauch gilt als nicht erloschen, soweit der Eigentümer ein rechtliches Interesse an dem Fortbestehen des Nießbrauchs hat.**

1. Erlöschen. Erwirbt der Nießbraucher das Alleineigentum an der belasteten **beweglichen Sache,** so erlischt der Nießbrauch idR, **I** (Konsolidation). Anders bei Grundstücken: § 889 (dort → § 889 Rn. 4 zum Begriff). 1

2 **2. Rechtliches Interesse iSv II.** Dieses ist zu bejahen, wenn ein gleich- oder nachrangiges Recht (Nießbrauch, Pfandrecht) besteht oder der Nießbraucher das auflösend bedingt oder befristet erworbene Eigentum verlieren kann.

§ 1064 Aufhebung des Nießbrauchs an beweglichen Sachen

Zur Aufhebung des Nießbrauchs an einer beweglichen Sache durch Rechtsgeschäft genügt die Erklärung des Nießbrauchers gegenüber dem Eigentümer oder dem Besteller, dass er den Nießbrauch aufgebe.

Zur Aufhebung des Nießbrauchs an **beweglichen Sachen** genügt die einseitige Erklärung gegenüber Eigentümer oder Besteller (§ 1058 hier unnötig). Für Grundstücke: → § 1062 Rn. 1; für Grundstücksrechte: → § 1072 Rn. 1 (c).

§ 1065 Beeinträchtigung des Nießbrauchsrechts

Wird das Recht des Nießbrauchers beeinträchtigt, so finden auf die Ansprüche des Nießbrauchers die für die Ansprüche aus dem Eigentum geltenden Vorschriften entsprechende Anwendung.

1 **1. Allgemeines.** Der Nießbrauch kann durch Dritte (→ Rn. 2), durch den Eigentümer (→ Rn. 4) oder den Besteller (→ Rn. 5) beeinträchtigt werden.

2 **2. Schutz gegen Beeinträchtigungen durch Dritte.** Es schützen *in entspr Anwendung:* **a)** § 985; §§ 987 ff. (Nutzungsherausgabe im Rahmen von §§ 1030 II, 1039 I 1; Schadensersatz umfasst nur den Nießbraucherschaden, iÜ ist der Eigentümer ersatzberechtigt; für die Ersatzpflicht des Nießbrauchers wegen notwendiger Verwendungen gem § 994 II kommt es auf sein Interesse, seinen Willen, seine
3 Genehmigung oder Bereicherung [str, → § 994 Rn. 4] gem §§ 683, 684 an). **b)** § 1004 f.; § 1006 (→ § 1006 Rn. 1, 3); §§ 823 ff. und §§ 812 ff. im Rahmen von §§ 987 ff. Zum Schicksal der Ansprüche beim Erlöschen des Nießbrauchs → § 1061 Rn. 1. **c) Für mehrere** Nießbraucher gilt § 1011 entspr

4 **3. Beeinträchtigung durch Eigentümer und Besteller. Gegen** Beeinträchtigung durch **a) Eigentümer** aus dem Verpflichtungsvertrag zur Bestellung (→ Vor § 1030 Rn. 3), wenn mit dem Eigentümer geschlossen, ferner aus ges Schuldverhält-
5 nis zwischen Eigentümer und Nießbraucher (→ Vor § 1030 Rn. 3); **b) Besteller:** §§ 985, 1004–1006, 823 ff., ferner aus dem Verpflichtungsvertrag zur Bestellung (→ Vor § 1030 Rn. 3).

§ 1066 Nießbrauch am Anteil eines Miteigentümers

(1) **Besteht ein Nießbrauch an dem Anteil eines Miteigentümers, so übt der Nießbraucher die Rechte aus, die sich aus der Gemeinschaft der Miteigentümer in Ansehung der Verwaltung der Sache und der Art ihrer Benutzung ergeben.**

(2) **Die Aufhebung der Gemeinschaft kann nur von dem Miteigentümer und dem Nießbraucher gemeinschaftlich verlangt werden.**

(3) **Wird die Gemeinschaft aufgehoben, so gebührt dem Nießbraucher der Nießbrauch an den Gegenständen, welche an die Stelle des Anteils treten.**

1 **1. Nießbrauch am Miteigentumsanteil.** Dieser (Bruchteilsnießbrauch, s. BGH NJW-RR 2003, 1290, 1291) ist Sach-, nicht Rechtsnießbrauch. **a) Gemeinschaftsrechte** der Miteigentümer iSv **I:** §§ 743–745 (BGH NJW 1983, 932), 1011
2 (vgl KG NJW 1964, 1808, 1809); bes Regelung gem § 746 bindet. **b) II schützt** den Nießbraucher. Er und der Miteigentümer sind im Prozess notwendige Streitge-

nossen, § 62 ZPO. Zur Aufhebung vgl §§ 749–751, 1010 I. **c) Bei Aufhebung** 3
setzt sich der Nießbrauch an den Gegenständen fort, die an die Stelle des Anteils treten (dingliche Surrogation, vgl BGHZ 52, 99, 105 ff. zu § 1258 III).

2. Quotennießbrauch. § 1066 gilt **nicht** (entspr) für Quotennießbrauch 4
(Begriff: → § 1030 Rn. 2), MüKo-BGB/Pohlmann Rn. 20.

§ 1067 Nießbrauch an verbrauchbaren Sachen

(1) [1]**Sind verbrauchbare Sachen Gegenstand des Nießbrauchs, so wird der Nießbraucher Eigentümer der Sachen; nach der Beendigung des Nießbrauchs hat er dem Besteller den Wert zu ersetzen, den die Sachen zur Zeit der Bestellung hatten.** [2]**Sowohl der Besteller als der Nießbraucher kann den Wert auf seine Kosten durch Sachverständige feststellen lassen.**

(2) **Der Besteller kann Sicherheitsleistung verlangen, wenn der Anspruch auf Ersatz des Wertes gefährdet ist.**

1. Allgemeines. Der Nießbrauch an verbrauchbaren Sachen (§ 92) ist rechtlich 1
kein Nießbrauch, dh kein beschränktes dingliches Recht, denn der Nießbraucher erlangt Eigentum (I 1) entweder bei Bestellung oder später, wenn die Sache erst dann zur verbrauchbaren wird. § 1067 ist abdingbar.

2. Bestehen des Schuldverhältnisses. Das **ges Schuldverhältnis** entsteht hier, 2
entgegen der Regel (→ Vor § 1030 Rn. 3), zwischen Besteller (nicht: Eigentümer) und Nießbraucher. Wertfeststellung (I 2) entspr § 1034; zum Verfahren §§ 410 Nr. 2, 411 II, 412 Nr. 2, 414 FamFG. Sicherheitsleistung (II; Arten: §§ 232 ff.) ohne Verschulden; II ersetzt die §§ 1051–1054.

Untertitel 2. Nießbrauch an Rechten

§ 1068 Gesetzlicher Inhalt des Nießbrauchs an Rechten

(1) **Gegenstand des Nießbrauchs kann auch ein Recht sein.**

(2) **Auf den Nießbrauch an Rechten finden die Vorschriften über den Nießbrauch an Sachen entsprechende Anwendung, soweit sich nicht aus den §§ 1069 bis 1084 ein anderes ergibt.**

1. Allgemeines. Ein Recht kann Gegenstand eines Rechts sein (§§ 1068 I, 1
1273 I). Str ist, ob das belastende Recht (Nießbrauch, Pfandrecht) „dingliche“ Natur hat. Die Frage geht am Problem vorbei. Der Nießbrauch (das Pfandrecht) an einem Recht verschafft dem Nießbraucher (Pfandgläubiger) einen Teil der Rechtsmacht des belasteten Rechts. Das belastende Recht (Nießbrauch, Pfandrecht) ist ein verselbständigter Splitter des belasteten Rechts (vgl → Vor § 854 Rn. 6). Daraus folgt zweierlei: (1.) Der Nießbrauch teilt die Rechtsnatur des belasteten Rechts (der Nießbrauch an einer Grundschuld ist ein Sachenrecht, der Nießbrauch an einer Forderung ist ein Forderungsrecht); (2.) der abgespaltene Rechtsteil bleibt auch dann in der Hand des Nießbrauchers, wenn der Inhaber des belasteten Rechts wechselt (iE ebenso Baur/Stürner § 60 Rn. 3 mN).

2. Belastungsgegenstand. Vermögensrechte jeder Art, sofern sie unmittelbar 2
oder mittelbar Nutzungen gewähren können (zB Grundschulden, Forderungen, Mitgliedschaftsrechte [→ Rn. 4], Erbteile, Verlags-, Urheber-, Patentrechte; nicht Vorkaufs- und Wiederkaufsrechte) und außerdem übertragbar sind (§ 1069 II; kein Nießbrauch am Nießbrauch, §§ 1059 S. 1, 1059b). Eigentum und grundstücksgleiche Rechte fallen nicht unter § 1068.

3 **3. Rechtliche Regelung.** Die §§ 1030 ff. gelten entspr, soweit sie ihrem Sinne nach für den Rechtsnießbrauch passen. Der Berechtigte hat Anrecht auf die Früchte (§ 99 II: zB Zinsen; § 99 III: zB Pachtforderung), vgl ferner § 1073.

4. Nießbrauch an Aktien, GmbH-Anteilen.

Lit.: Frank, Der Nießbrauch an Gesellschaftsanteilen, MittBayNot 2010, 96.

4 Nach hM steht das Stimmrecht allein dem Gesellschafter zu, weder dem Nießbraucher allein (außer bei bes Vereinbarung, MüKo-BGB/Pohlmann Rn. 83) noch beiden gemeinsam (zur eigenen oder zur Ausübung durch einen gemeinschaftlichen Vertreter); ie MüKo-BGB/Pohlmann Rn. 71 ff. Das Stimmrecht ist jedoch Teil des Mitverwaltungsrechts des Gesellschafters, das dem *Nießbraucher* zusteht. Fehlt abw Vereinbarung (vgl § 1030 II), so ist der Nießbraucher allein stimmberechtigt, hat aber bei der Ausübung die §§ 1037 I, 1041 S. 1 zu beachten.

5 **5. Personengesellschaft.** Zum Nießbrauch bei einer Personengesellschaft → §§ 718–720 Rn. 9 (c).

§ 1069 Bestellung

(1) **Die Bestellung des Nießbrauchs an einem Recht erfolgt nach den für die Übertragung des Rechts geltenden Vorschriften.**

(2) **An einem Recht, das nicht übertragbar ist, kann ein Nießbrauch nicht bestellt werden.**

1 **1. Allgemeines.** Der Nießbraucher erhält einen Teil der Rechtsmacht des belasteten Rechts („Teilübertragung"), vgl → § 1068 Rn. 1. Daraus erklärt sich die Art und Weise der Nießbrauchsbestellung in I. Anwendbar sind insbes §§ 398, 413, 873, 1153 ff. (→ Rn. 2), 1192, 1199, 1205 ff. (→ Rn. 2), 2033 I, § 15 III GmbHG, nicht § 35 WEG (BGH NZM 2019, 438 Rn. 13).

2 **2. Unübertragbare Rechte.** Vgl insbes §§ 399, 400, Grunddienstbarkeit (→ § 1018 Rn. 11). Hypothek und Pfandrecht werden durch Abtretung der Forderung übertragen (§§ 1153, 1250), folglich ist der Nießbrauch an der gesicherten Forderung zu bestellen.

§ 1070 Nießbrauch an Recht auf Leistung

(1) **Ist ein Recht, kraft dessen eine Leistung gefordert werden kann, Gegenstand des Nießbrauchs, so finden auf das Rechtsverhältnis zwischen dem Nießbraucher und dem Verpflichteten die Vorschriften entsprechende Anwendung, welche im Falle der Übertragung des Rechts für das Rechtsverhältnis zwischen dem Erwerber und dem Verpflichteten gelten.**

(2) [1]**Wird die Ausübung des Nießbrauchs nach § 1052 einem Verwalter übertragen, so ist die Übertragung dem Verpflichteten gegenüber erst wirksam, wenn er von der getroffenen Anordnung Kenntnis erlangt oder wenn ihm eine Mitteilung von der Anordnung zugestellt wird.** [2]**Das Gleiche gilt von der Aufhebung der Verwaltung.**

1 **a) Entsprechende Anwendbarkeit.** Der Verpflichtete soll durch die Nießbrauchsbestellung weder Vor- noch Nachteile erlangen. Daher gelten gem **I** insbes §§ 404–411, 1156, 1158 f. für den Verpflichteten; gegen ihn und für den Nießbraucher § 796, §§ 364 II, 365 HGB, Art. 16, 17, 40 WG.

2 **b) Gutglaubensschutz.** Bei Eintritt und Aufhebung der gerichtl Verwaltung (§ 1052) wird der Verpflichtete geschützt. **II.** Der Schutz entfällt bei Kenntnis oder Zustellung der Anordnung.

§ 1071 Aufhebung oder Änderung des belasteten Rechts

(1) [1]**Ein dem Nießbrauch unterliegendes Recht kann durch Rechtsgeschäft nur mit Zustimmung des Nießbrauchers aufgehoben werden.** [2]**Die Zustimmung ist demjenigen gegenüber zu erklären, zu dessen Gunsten sie erfolgt; sie ist unwiderruflich.** [3]**Die Vorschrift des § 876 Satz 3 bleibt unberührt.**

(2) **Das Gleiche gilt im Falle einer Änderung des Rechts, sofern sie den Nießbrauch beeinträchtigt.**

1. Untergang des belasteten Rechts. Mit diesem erlischt der Nießbrauch, eine Änderung des Rechts berührt ihn unmittelbar. Daher ist die **rechtsgeschäftliche Aufhebung** (I) oder eine **nießbrauchschädliche Änderung** (II) an die Zustimmung des Nießbrauchers gebunden. I 2 Hs. 1 wird ergänzt durch § 876 S. 3. Ohne Zustimmung ist das RGeschäft – idR schwebend, vgl § 184 – unwirksam, aber nur relativ zugunsten des Nießbrauchers (MüKo-BGB/Pohlmann Rn. 12 mN). Die Zustimmung ist unwiderruflich, I 2 Hs. 2 (anders § 183). § 1071 schränkt Schuldnerschutz gem § 1070 nicht ein (zB gilt § 407 auch ohne Zustimmung des Nießbrauchers). 1

2. Inhaberwechsel beim belasteten Recht. Dieser lässt den Nießbrauch unberührt, → § 1068 Rn. 1. 2

§ 1072 Beendigung des Nießbrauchs

Die Beendigung des Nießbrauchs tritt nach den Vorschriften der §§ 1063, 1064 auch dann ein, wenn das dem Nießbrauch unterliegende Recht nicht ein Recht an einer beweglichen Sache ist.

Beendigung. a) Vgl → Vor § 1030 Rn. 5. **b) Der Rechtsnießbrauch** erlischt idR bei Vereinigung von Nießbrauch und Recht (Ausnahme § 1063 II), auch wenn das Recht ein Grundstücksrecht, zB Grundschuld, ist; § 889 gilt insoweit nicht. Grundstücksrechte idS sind nicht das Eigentum und grundstücksgleiche Rechte, → § 1068 Rn. 2. **c) Nießbrauch an Grundstücksrecht** erlischt auch durch einseitige formlose Aufgabeerklärung gegenüber dem Rechtsinhaber oder dem Besteller (nicht Grundbuchamt), § 1072 mit § 1064. Löschung im Grundbuch ist nur Berichtigung.

§ 1073 Nießbrauch an einer Leibrente

Dem Nießbraucher einer Leibrente, eines Auszugs oder eines ähnlichen Rechts gebühren die einzelnen Leistungen, die auf Grund des Rechts gefordert werden können.

Der Nießbrauch an einer Leibrente usw ist ein einheitliches Recht, so dass der Nießbraucher Gläubiger (nicht nur Nießbraucher) der Forderung auf Einzelleistung ist.

§ 1074 Nießbrauch an einer Forderung; Kündigung und Einziehung

[1]**Der Nießbraucher einer Forderung ist zur Einziehung der Forderung und, wenn die Fälligkeit von einer Kündigung des Gläubigers abhängt, zur Kündigung berechtigt.** [2]**Er hat für die ordnungsmäßige Einziehung zu sorgen.** [3]**Zu anderen Verfügungen über die Forderung ist er nicht berechtigt.**

§ 1075 Wirkung der Leistung

(1) **Mit der Leistung des Schuldners an den Nießbraucher erwirbt der Gläubiger den geleisteten Gegenstand und der Nießbraucher den Nießbrauch an dem Gegenstand.**

(2) **Werden verbrauchbare Sachen geleistet, so erwirbt der Nießbraucher das Eigentum; die Vorschrift des § 1067 findet entsprechende Anwendung.**

§ 1076 Nießbrauch an verzinslicher Forderung

Ist eine auf Zinsen ausstehende Forderung Gegenstand des Nießbrauchs, so gelten die Vorschriften der §§ 1077 bis 1079.

§ 1077 Kündigung und Zahlung

(1) **[1]Der Schuldner kann das Kapital nur an den Nießbraucher und den Gläubiger gemeinschaftlich zahlen. [2]Jeder von beiden kann verlangen, dass an sie gemeinschaftlich gezahlt wird; jeder kann statt der Zahlung die Hinterlegung für beide fordern.**

(2) **[1]Der Nießbraucher und der Gläubiger können nur gemeinschaftlich kündigen. [2]Die Kündigung des Schuldners ist nur wirksam, wenn sie dem Nießbraucher und dem Gläubiger erklärt wird.**

§ 1078 Mitwirkung zur Einziehung

[1]Ist die Forderung fällig, so sind der Nießbraucher und der Gläubiger einander verpflichtet, zur Einziehung mitzuwirken. [2]Hängt die Fälligkeit von einer Kündigung ab, so kann jeder Teil die Mitwirkung des anderen zur Kündigung verlangen, wenn die Einziehung der Forderung wegen Gefährdung ihrer Sicherheit nach den Regeln einer ordnungsmäßigen Vermögensverwaltung geboten ist.

§ 1079 Anlegung des Kapitals

[1]Der Nießbraucher und der Gläubiger sind einander verpflichtet, dazu mitzuwirken, dass das eingezogene Kapital der Rechtsverordnung nach § 240a entsprechend angelegt und gleichzeitig dem Nießbraucher der Nießbrauch bestellt wird. [2]Die Art der Anlegung bestimmt der Nießbraucher.

§ 1080 Nießbrauch an Grund- oder Rentenschuld

Die Vorschriften über den Nießbrauch an einer Forderung gelten auch für den Nießbrauch an einer Grundschuld und an einer Rentenschuld.

Anmerkungen zu den §§ 1074–1080

1 **1. Allgemeines.** Das Ges unterscheidet zwischen dem Nießbrauch an **unverzinslichen** (§§ 1074, 1075) und an **verzinslichen Forderungen** (§§ 1076–1079). § 1080 stellt den Nießbrauch an einer Grund- und Rentenschuld einem Forderungs*nießbrauch gleich.*

2 **2. Nießbrauch an unverzinslicher Forderung, §§ 1074, 1075. a) Inhalt** des Nießbrauchs ist die alleinige Einziehungsbefugnis, § 1074. Der Nießbraucher darf im eigenen Namen kündigen, mahnen, klagen (für die Stellung im Prozess gilt
3 → § 1282 Rn. 2 entspr), vollstrecken, die Leistung annehmen. **b) Die Verfü-**

gungsbefugnis ist zweckbeschränkt, § 1074 S. 3. Nicht gestattet sind Erlass, Abtretung, idR Stundung und Vergleich (wenn sie die ordnungsmäßige Einziehung, § 1074 S. 2, nicht begünstigen). Der Nießbraucher kann mit der Nießbrauchsforderung gegen eine Forderung des Schuldners gegen ihn aufrechnen, sofern die Forderung auf Geld oder andere verbrauchbare Sachen gerichtet ist, weil nur dann der eingezogene Gegenstand dem Vermögen des Nießbrauchers selbst einverleibt wird (vgl § 1075 II gegen I; anders nur, wenn § 1067 abbedungen). **c) Wirkung der** 4
Leistung an den Nießbraucher, § 1075. Der Gläubiger wird Inhaber des übertragenen Rechts oder Eigentümer der Sache (eine bewegliche muss dem Nießbraucher übergeben werden, §§ 929 ff.). Für den Erwerb vom Nichtberechtigten (§§ 892, 932 ff.) kommt es auf die Kenntnis usw des Nießbrauchers an, aber § 166 II gilt entspr. Der Nießbrauch setzt sich an der übereigneten Sache (als Sachnießbrauch) oder am übertragenen Recht kraft Ges fort *(dingliche Surrogation).* Eintragung des Nießbrauchs ist Grundbuchberichtigung. – § 1075 II ergänzt § 1067; abdingbar (vgl → § 1067 Rn. 1).

3. Nießbrauch an verzinslicher Forderung, §§ 1076–1079. Abdingbar. 5
a) Zinsen. Auf sie hat nur der Nießbraucher ein Anrecht (→ § 1068 Rn. 3). **b) Kapital.** Bei Verfügungen darüber sind Nießbraucher und Gläubiger aufeinander angewiesen, vgl §§ 1077, 1078. Das eingezogene Kapital ist wieder anzulegen und erneut ein Nießbrauch zu bestellen (keine dingliche Surrogation), § 1079.

§ 1081 Nießbrauch an Inhaber- oder Orderpapieren

(1) [1]**Ist ein Inhaberpapier oder ein Orderpapier, das mit Blankoindossament versehen ist, Gegenstand des Nießbrauchs, so steht der Besitz des Papiers und des zu dem Papier gehörenden Erneuerungsscheins dem Nießbraucher und dem Eigentümer gemeinschaftlich zu.** [2]**Der Besitz der zu dem Papier gehörenden Zins-, Renten- oder Gewinnanteilscheine steht dem Nießbraucher zu.**

(2) **Zur Bestellung des Nießbrauchs genügt anstelle der Übergabe des Papiers die Einräumung des Mitbesitzes.**

§ 1082 Hinterlegung

Das Papier ist nebst dem Erneuerungsschein auf Verlangen des Nießbrauchers oder des Eigentümers bei einer Hinterlegungsstelle mit der Bestimmung zu hinterlegen, dass die Herausgabe nur von dem Nießbraucher und dem Eigentümer gemeinschaftlich verlangt werden kann.

§ 1083 Mitwirkung zur Einziehung

(1) **Der Nießbraucher und der Eigentümer des Papiers sind einander verpflichtet, zur Einziehung des fälligen Kapitals, zur Beschaffung neuer Zins-, Renten- oder Gewinnanteilscheine sowie zu sonstigen Maßnahmen mitzuwirken, die zur ordnungsmäßigen Vermögensverwaltung erforderlich sind.**

(2) [1]**Im Falle der Einlösung des Papiers findet die Vorschrift des § 1079 Anwendung.** [2]**Eine bei der Einlösung gezahlte Prämie gilt als Teil des Kapitals.**

§ 1084 Verbrauchbare Sachen

Gehört ein Inhaberpapier oder ein Orderpapier, das mit Blankoindossament versehen ist, nach § 92 zu den verbrauchbaren Sachen, so bewendet es bei der Vorschrift des § 1067.

Anmerkungen zu den §§ 1081–1084

1 **1. §§ 1081–1083.** Diese sind abdingbar. Sie gelten nur für die in § 1081 I genannten Wertpapiere: §§ 793 ff. (ausgenommen § 808); §§ 10 I, 24, 278 III AktG; § 363 ff. HGB (falls die Papiere blanko indossiert sind); Art. 15 IV, 16 II, 17 II ScheckG; Art. 12 III, 13 II, 14 II WG – § 1081 II erleichtert die Bestellung. § 1083 ergänzt § 1078.

2 **2. § 1084.** Unter diesen fallen zB Banknoten. § 1084 ist abdingbar (→ § 1067 Rn. 1).

Untertitel 3. Nießbrauch an einem Vermögen

§ 1085 Bestellung des Nießbrauchs an einem Vermögen

[1]Der Nießbrauch an dem Vermögen einer Person kann nur in der Weise bestellt werden, dass der Nießbraucher den Nießbrauch an den einzelnen zu dem Vermögen gehörenden Gegenständen erlangt. [2]Soweit der Nießbrauch bestellt ist, gelten die Vorschriften der §§ 1086 bis 1088.

1 **1. Bestellung. a) Nur durch Einzelbestellung,** nicht durch einheitliches RGeschäft, **S. 1** (Sach-, Rechtsnießbrauch, ferner §§ 1067, 1084). Folge der Einzelbestellung: Scheidet ein belasteter Gegenstand aus dem Vermögen des Bestellers aus, so bleibt der Nießbrauch an dem Gegenstand bestehen; wird ein neuer Gegenstand dem Vermögen einverleibt, so erstreckt sich der Nießbrauch nicht automatisch auf
2 ihn. **b) Die Einzelbestellung** muss in der **Absicht** geschehen, den Nießbrauch auf das ganze Vermögen zu legen; das muss dem Nießbraucher bewusst sein. Das ist der Sinn von **S. 2.** Die §§ 1086–1088 sollen verhindern, dass die Gläubiger des Bestellers durch die Einräumung des Nießbrauchs am Vermögen kein zugriffsfähiges Vermögen mehr vorfinden und so benachteiligt werden. Daher ist es für S. 2 belanglos, dass einzelne Gegenstände aus der (Einzel-)Bestellung ausgenommen werden oder bereits mit einem Nießbrauch zugunsten desselben Nießbrauchers belastet sind; denn auch in diesen Fällen sind die Gläubiger des Bestellers schutzbedürftig.
3 **c) Pflicht zur Bestellung** wird durch Vertrag (Form: § 311b III) oder Vermächtnis (§§ 1089, 2174) begründet.

4 **2. Sonstiges. a)** §§ 1085 ff. gelten **nicht** für Nießbrauch an **Sondervermögen,** zB am Vorbehaltsgut (§ 1418). Da Sonderregeln fehlen, gelten die allg Vorschriften.
5 **b)** Str ist, ob es einen einheitlichen **Nießbrauch an einem Unternehmen** gibt (**Lit.:** v. Godin, Nutzungsrecht an Unternehmen und Unternehmensbeteiligungen, 1949; Bökelmann, Nutzungen und Gewinn beim Unternehmensnießbrauch, 1971; Janßen/Nickel, Unternehmensnießbrauch, 1998; Paus BB 1990, 1675; Hauck, Nießbrauch an Rechten, 2015, S. 283 ff.). **Zweck** der Nießbrauchsbestellung: Der Nießbraucher soll das Unternehmen leiten (vgl BGH MDR 1975, 225 f.).
6 **aa)** § 22 II HGB setzt ihn voraus. §§ 1085 ff. greifen nur ein, wenn das Unternehmen als das „ganze" Vermögen erscheint (→ Rn. 2); Gleiches gilt für § 311b III
7 (BGHZ 25, 4 f. zu § 311 aF). **bb)** Der durch Einzelbestellung nicht erfassbare Geschäftswert des Tätigkeitsbereichs (Ruf, Geschäftserfahrungen, Kundenstamm usw) soll dem Nießbraucher zur Verfügung stehen. Die Verpflichtung zur Überlassung dieses Wertes durch „Einweisung" ist unproblematisch. Ihre Erfüllung iVm den Einzelbestellungen begründet ein einheitliches absolut geschütztes Recht des Nießbrauchers am Unternehmen (hM).

§ 1086 Rechte der Gläubiger des Bestellers

[1]Die Gläubiger des Bestellers können, soweit ihre Forderungen vor der Bestellung entstanden sind, ohne Rücksicht auf den Nießbrauch Befriedi-

gung aus den dem Nießbrauch unterliegenden Gegenständen verlangen. [2]Hat der Nießbraucher das Eigentum an verbrauchbaren Sachen erlangt, so tritt an die Stelle der Sachen der Anspruch des Bestellers auf Ersatz des Wertes; der Nießbraucher ist den Gläubigern gegenüber zum sofortigen Ersatz verpflichtet.

1. Allgemeines. Die Anwendbarkeit von § 1086 setzt einen Nießbrauch am Vermögen iSv → § 1085 Rn. 2 voraus. Die Forderung muss vor Nießbrauchsbestellung entstanden sein (entspr § 38 InsO, MüKo-BGB/Pohlmann Rn. 3). 1

2. Wirkung. Keine persönliche Haftung des Nießbrauchers (anders § 1088), nur Befriedigungsrecht der Gläubiger des Bestellers. IdR ist der Nießbraucher zur Duldung der Zwangsvollstreckung verpflichtet, **S. 1** mit §§ 737, 738 ZPO. Ausnahmsweise (vgl § 1067) vollstreckt der Gläubiger in den Ersatzanspruch des Bestellers (§§ 829, 835 ZPO). **S. 2:** Der Nießbraucher ist hier Drittschuldner, daher Duldungstitel unnötig. 2

3. Sonstiges. Der **Eigentümer,** der nicht Besteller ist, kann nach §§ 64, 771 ZPO vorgehen. Dem dient die Anzeigepflicht des Nießbrauchers, § 1042 S. 2. 3

§ 1087 Verhältnis zwischen Nießbraucher und Besteller

(1) **[1]Der Besteller kann, wenn eine vor der Bestellung entstandene Forderung fällig ist, von dem Nießbraucher Rückgabe der zur Befriedigung des Gläubigers erforderlichen Gegenstände verlangen. [2]Die Auswahl steht ihm zu; er kann jedoch nur die vorzugsweise geeigneten Gegenstände auswählen. [3]Soweit die zurückgegebenen Gegenstände ausreichen, ist der Besteller dem Nießbraucher gegenüber zur Befriedigung des Gläubigers verpflichtet.**

(2) **[1]Der Nießbraucher kann die Verbindlichkeit durch Leistung des geschuldeten Gegenstands erfüllen. [2]Gehört der geschuldete Gegenstand nicht zu dem Vermögen, das dem Nießbrauch unterliegt, so ist der Nießbraucher berechtigt, zum Zwecke der Befriedigung des Gläubigers einen zu dem Vermögen gehörenden Gegenstand zu veräußern, wenn die Befriedigung durch den Besteller nicht ohne Gefahr abgewartet werden kann. [3]Er hat einen vorzugsweise geeigneten Gegenstand auszuwählen. [4]Soweit er zum Ersatz des Wertes verbrauchbarer Sachen verpflichtet ist, darf er eine Veräußerung nicht vornehmen.**

Zum **Anwendungsbereich** → § 1086 Rn. 1. § 1087 (abdingbar) begründet zwischen Besteller und Nießbraucher Rechte und Pflichten, um die Zwangsvollstreckung, insbes in nießbrauchsbelastete Gegenstände, abzuwehren. Der Besteller kann den zur Erfüllung benötigten Gegenstand vom Nießbraucher herausverlangen (I); der Nießbraucher kann den geschuldeten Gegenstand auch selbst an den Gläubiger leisten (II).

§ 1088 Haftung des Nießbrauchers

(1) **[1]Die Gläubiger des Bestellers, deren Forderungen schon zur Zeit der Bestellung verzinslich waren, können die Zinsen für die Dauer des Nießbrauchs auch von dem Nießbraucher verlangen. [2]Das Gleiche gilt von anderen wiederkehrenden Leistungen, die bei ordnungsmäßiger Verwaltung aus den Einkünften des Vermögens bestritten werden, wenn die Forderung vor der Bestellung des Nießbrauchs entstanden ist.**

(2) **Die Haftung des Nießbrauchers kann nicht durch Vereinbarung zwischen ihm und dem Besteller ausgeschlossen oder beschränkt werden.**

(3) **[1]Der Nießbraucher ist dem Besteller gegenüber zur Befriedigung der Gläubiger wegen der im Absatz 1 bezeichneten Ansprüche verpflichtet.**

[2]Die Rückgabe von Gegenständen zum Zwecke der Befriedigung kann der Besteller nur verlangen, wenn der Nießbraucher mit der Erfüllung dieser Verbindlichkeit in Verzug kommt.

Zum **Anwendungsbereich** → § 1086 Rn. 1. § 1088 begründet in der Form des ges Schuldbeitritts zwingend (II) eine persönliche gesamtschuldnerische Haftung des Nießbrauchers (anders § 1086). III regelt Ausgleich im Innenverhältnis zw Nießbraucher und Besteller; davon kann abgewichen werden (MüKo-BGB/Pohlmann Rn. 4 f.).

§ 1089 Nießbrauch an einer Erbschaft

Die Vorschriften der §§ 1085 bis 1088 finden auf den Nießbrauch an einer Erbschaft entsprechende Anwendung.

1 **1. Nachlass.** Betrifft nur den Nießbrauch am Nachlass. **Abgrenzungen: a)** Nießbrauch an Miterbenanteil. Er ist Rechtsnießbrauch und hat daher nicht die Folgen der Einzelbestellung, vgl → § 1085 Rn. 1. **b)** Zuwendung des obligatorischen Anspruchs auf die Nutzungen des Nachlasses (vgl RGZ 148, 336, 337).

2 **2. Pflicht zur Bestellung.** Diese wird idR durch Vermächtnis begründet, § 2174. Auslegungsfrage, ob Nießbrauchsvermächtnis oder Vorerbeinsetzung gemeint (ie BayObLG Rpfleger 1981, 64).

3 **3. Gläubiger iSd §§ 1086–1088.** Das sind die Nachlassgläubiger. Die entspr Anwendung von § 1087 soll dem Erben die Befriedigung der Nachlassgläubiger ermöglichen, aber keine Vorteile zu Lasten des Nießbrauchers verschaffen (vgl BGHZ 19, 309, 313 f.).

Titel 3. Beschränkte persönliche Dienstbarkeiten

§ 1090 Gesetzlicher Inhalt der beschränkten persönlichen Dienstbarkeit

(1) **Ein Grundstück kann in der Weise belastet werden, dass derjenige, zu dessen Gunsten die Belastung erfolgt, berechtigt ist, das Grundstück in einzelnen Beziehungen zu benutzen, oder dass ihm eine sonstige Befugnis zusteht, die den Inhalt einer Grunddienstbarkeit bilden kann (beschränkte persönliche Dienstbarkeit).**

(2) **Die Vorschriften der §§ 1020 bis 1024, 1026 bis 1029, 1061 finden entsprechende Anwendung.**

1 **1. Allgemeines.** Die bp Dienstbarkeit gleicht in vielem der Grunddienstbarkeit. Hauptunterschied: Berechtigter kann nur eine **bestimmte Person** sein (ie → Rn. 13). Daher gibt es **kein herrschendes Grundstück,** auf dessen Vorteil das Recht ausgerichtet sein könnte und müsste. § 1019 ist auch nicht entspr anwendbar: II. **Umwandlung** der bp Dienstbarkeit in eine Grunddienstbarkeit und umgekehrt ist ausgeschlossen. Zum **Belastungsgegenstand** → § 1018 Rn. 3.

2 **2. Inhalt. a) Für ihn** gilt § 1018, vgl dort → § 1018 Rn. 4–7, 10. § 1019 ist zwar unanwendbar (→ Rn. 1), aber notwendig und genügend ist ein erlaubter Vorteil für irgendjemand, damit das Recht entsteht (BGH NJW 1985, 1025). Die persönlichen Bedürfnisse bestimmen nur iZw den Umfang des Rechts, § 1091
3 mit Anm. **b) Als Grundstücksbelastung** beschränkt die bp Dienstbarkeit das Eigentum und die daraus fließenden Befugnisse. Danach bestimmt sich auch, mit welchem Inhalt eine **bp Dienstbarkeit zu Wettbewerbszwecken** zulässig ist:
4 **aa) Zulässiger Inhalt:** (1) *Verbot,* auf dem belasteten Grundstück irgendein oder ein bestimmtes Gewerbe auszuüben (BGH NJW 1984, 924): **Verbotsdienstbar-**

keit, zB Getränkevertrieb (OLG München FGPrax 2021, 109, 110). Solche
Benutzungsverbote (→ § 1018 Rn. 5) können auch nichtwettbewerbliche Gründe
haben (s. allg BGH NJW 1984, 924), zB Erhaltung der Ruhe (kein Fabriklärm),
ästhetische Gründe (BGH JZ 1967, 322), Städteplanung (BGH NJW 1984, 924);
(2) *Berechtigung,* auf dem belasteten Grundstück ein (bestimmtes) Gewerbe zu 5
betreiben, zB Tankstelle, Gaststätte (BayObLG MDR 1981, 759): **Berechti-
gungsdienstbarkeit,** vgl → § 1018 Rn. 4; (3) *Benutzungserlaubnis* wie → Rn. 5, 6
aber *mit Ausschließlichkeitsklausel,* wonach nur der Berechtigte das (bestimmte)
Gewerbe, zB eine Tankstelle, betreiben darf, so dass jedem anderen diese Benut-
zung verboten ist (BGH NJW 1985, 2474). Steht die Ausschließlichkeitsklausel
in der Eintragungsbewilligung, so ist Bezugnahme gem § 874 nötig und ausrei-
chend (vgl BGH NJW 1985, 2474); (4) *Verbot* wie → Rn. 4 *mit schuldrechtlichem* 7
Zustimmungsvorbehalt des Berechtigten (BGH NJW 1988, 2362, 2363); (5) *Verbot* 8
der Errichtung bestimmter Anlagen, zB zur Wärmeerzeugung (BGH WM 1984, 820,
821); (6) ein *unbeschränktes Ausübungs- oder Bezugsverbot* (entspr → Rn. 4, 7, 8), selbst 9
wenn es (nur) eine dinglich nicht sicherbare (→ § 1018 Rn. 7) Bezugspflicht, zB für
Getränke, Wärme, *sichern* soll (BayObLG NJW-RR 1997, 912, 913 mN): **Siche-
rungsdienstbarkeit.** Darin liegt, ebenso wenig wie bei der SÜ (→ § 930 Rn. 20),
kein Scheingeschäft (§ 117 I) oder eine Gesetzesumgehung durch unzulässige
(→ § 1018 Rn. 7) Begründung einer dinglichen Bezugspflicht (BGH NJW 1985,
2474; sa NJW-RR 2003, 735). Eine Getränkebezugspflicht muss zeitlich begrenzt
sein (→ § 139 Rn. 11); entspr muss nach BGHZ 74, 298 f. die Verpflichtungsabrede
(Sicherungsabrede) zur Dienstbarkeitsbestellung die Dienstbarkeit zeitlich begrenzen.
Fehlt es daran, so können Getränkebezugspflicht (→ § 139 Rn. 10) und Sicherungs-
abrede (BGH NJW 1988, 2364, 2365) auf eine zulässige Zeitdauer reduziert werden,
wenn das dem Parteiwillen entspricht (§ 139). Andernfalls sind zwar die schuldrechtli-
chen Abreden nichtig (§ 138 I), doch bleibt die Dienstbarkeitsbestellung wegen ihrer
Abstraktheit (→ Vor § 854 Rn. 13) davon idR unberührt (Ausnahmen: → § 138
Rn. 14; → Vor § 854 Rn. 15, 16; → § 139 Rn. 4), BGH NJW-RR 1992, 593,
594 f. mN; krit MüKo-BGB/Mohr Rn. 30. – Eine Wärmebezugspflicht unterliegt
keiner Zeitgrenze (vgl BGH NJW 1995, 2350, 2351 mN). **bb) In allen Fällen** von 10
→ Rn. 4–9 werden nach der Rspr die tatsächlichen Eigentümerbefugnisse und nicht
nur (was unzulässig sein soll) die rechtsgeschäftliche Freiheit des Eigentümers
beschränkt (BGHZ 29, 244, 248 f.; NJW-RR 2003, 733, 735). Die Unterscheidung
ist als Zulässigkeitskriterium zwar ungeeignet (insoweit zutr Joost NJW 1981, 308,
309 f.; sa BGHZ 29, 249), bestimmt aber die Praxis (→ Rn. 11). **cc) Unzulässig** ist 11
ein Gebot, (nur) Waren eines bestimmten Herstellers zu verkaufen (begründet Pflicht
zum Tun, unzulässig: → § 1018 Rn. 7). Verbot, Waren anderer Hersteller zu verkau-
fen, soll, da bloß rechtsgeschäftliche Einschränkung, unzulässig sein (BGH NJW 1985,
2474 mN; → Rn. 10), weshalb die Praxis auf ein unbeschränktes dingliches Bezugs-
verbot mit schuldrechtlichem Zustimmungsvorbehalt oder schuldrechtlicher Begren-
zung ausweicht (→ Rn. 9). Beschränkung der Nutzung eines Grundstücks auf einen
bestimmten Personenkreis (OLG München DNotZ 2020, 199). **c)** Die (dingliche) 12
Mietsicherungsdienstbarkeit (dazu Gabriel ZfIR 2022, 305) sichert insbes gewerb-
liche Mieter gegen Schwächen des schuldrechtlichen Mietvertrags.

3. Berechtigte. Berechtigte können nur eine oder mehrere bestimmte natürliche 13
oder jur Personen (auch des öffentl Rechts, BGH NJW 1984, 924; OLG München
MittBayNot 2019, 519 Rn. 9) sein, ferner rechtsfähige Personengesellschaften
(§ 14 II), auch die (Außen-)GbR (ab 1.1.2024 GbR iSd § 705 II Fall 1 BGB-
MoPeG) im Anschluss an BGHZ 146, 341 (zu diesem Urteil → Vor § 21 Rn. 4);
zur Grundbuchfähigkeit der Außen-GbR vgl § 899a, § 47 II GBO. Die Personenbe-
zogenheit ist der Hauptunterschied zwischen bp Dienstbarkeit und Grunddienstbar-
keit (→ Rn. 1, → § 1018 Rn. 2). Berechtigter kann *auch der Eigentümer* sein, nach
BGHZ 41, 209, 211 aber nur bei bes Bedürfnis, zB wegen einer beabsichtigten

Grundstücksveräußerung (mR für unbeschränkte Zulässigkeit Staudinger/Reymann Rn. 4 mN).

14 **4. Entstehung.** → § 1018 Rn. 8. Zur Eigentümerdienstbarkeit sa → Rn. 13.

15 **5. Erlöschen.** Wie → § 1018 Rn. 12 (a, c, d, f), ferner gem § 1061 (II; Ausnahme: § 1092 II mit § 1059a), bei Wegfall jeden Vorteils (→ Rn. 2; BGH MittBayNot 2009, 374), § 5 GBBerG, durch Eintritt einer auflösenden Bedingung oder eines Endtermins, §§ 158 II, 163 (OLG Saarbrücken, FGPrax 2021, 205, 206).

§ 1091 Umfang

Der Umfang einer beschränkten persönlichen Dienstbarkeit bestimmt sich im Zweifel nach dem persönlichen Bedürfnis des Berechtigten.

§ 1019 ist unanwendbar, § 1090 II. Fehlt eine Regelung der Beteiligten, so gibt § 1091 eine **Auslegungsregel** (BGHZ 41, 209, 214). IÜ vgl → § 1090 Rn. 2–11.

§ 1092 Unübertragbarkeit; Überlassung der Ausübung

(1) [1]**Eine beschränkte persönliche Dienstbarkeit ist nicht übertragbar.** [2]**Die Ausübung der Dienstbarkeit kann einem anderen nur überlassen werden, wenn die Überlassung gestattet ist.**

(2) **Steht eine beschränkte persönliche Dienstbarkeit oder der Anspruch auf Einräumung einer beschränkten persönlichen Dienstbarkeit einer juristischen Person oder einer rechtsfähigen Personengesellschaft zu, so gelten die Vorschriften der §§ 1059a bis 1059d entsprechend.**

(3) [1]**Steht einer juristischen Person oder einer rechtsfähigen Personengesellschaft eine beschränkte persönliche Dienstbarkeit zu, die dazu berechtigt, ein Grundstück für Anlagen zur Fortleitung von Elektrizität, Gas, Fernwärme, Wasser, Abwasser, Öl oder Rohstoffen einschließlich aller dazugehörigen Anlagen, die der Fortleitung unmittelbar dienen, für Telekommunikationsanlagen, für Anlagen zum Transport von Produkten zwischen Betriebsstätten eines oder mehrerer privater oder öffentlicher Unternehmen oder für Straßenbahn- oder Eisenbahnanlagen zu benutzen, so ist die Dienstbarkeit übertragbar.** [2]**Die Übertragbarkeit umfasst nicht das Recht, die Dienstbarkeit nach ihren Befugnissen zu teilen.** [3]**Steht ein Anspruch auf Einräumung einer solchen beschränkten persönlichen Dienstbarkeit einer der in Satz 1 genannten Personen zu, so ist der Anspruch übertragbar.** [4]**Die Vorschriften der §§ 1059b bis 1059d gelten entsprechend.**

Lit.: Ising, Beschränkte persönliche Dienstbarkeiten bei Umwandlungen, ZfIR 2010, 386.

1 **1. Eigenschaften.** Die bp Dienstbarkeit ist **nicht belastbar, unvererblich** (§§ 1090 II, 1061, dazu § 5 GBBerG) und **unübertragbar,** I 1 (Ausnahme von der Unübertragbarkeit für jur Personen und rechtsfähige Personengesellschaften [zu diesen § 14 II und dort → § 14 Rn. 2; zur Grundbuchfähigkeit der Außen-GbR → § 1090 Rn. 13]; II mit § 1059a; ferner für bp Dienstbarkeiten bestimmten Inhalts von jur Personen und rechtsfähigen Personengesellschaften, III). Hingegen ist der obligatorische Anspruch auf Dienstbarkeitsbestellung übertragbar (Schreiber/Berger Kap. 11 Rn. 54; aA noch die 13. Aufl. sowie die hM, vgl nur MüKo-BGB/Mohr Rn. 3). *Zur Pfändbarkeit § 857 III ZPO,* § 1092 II mit § 1059b; → Rn. 2.

2 **2. Ausübung des Rechts durch einen Dritten.** Sie ist **nur bei Gestattung** erlaubt, I 2. Nach hM (BGH NJW 1962, 1392, 1393; Schreiber/Berger Kap. 11 Rn. 59) soll die Eintragung nur notwendig sein, damit die Gestattung auch dem Rechtsnachfolger des Eigentümers gegenüber wirkt (abl noch die 13. Aufl. sowie

KG NJW 1968, 1882, 1883 f.). Nicht gestattete Ausübung durch Dritte kann der Eigentümer abwehren, § 1004. Die bp Dienstbarkeit ist gem § 857 III ZPO pfändbar. Dazu bedarf es keiner Ausübungsgestattung (Schreiber/Berger Kap. 11 Rn. 53; aA noch 13. Aufl. und hM, vgl MüKo-BGB/Mohr Rn. 11). Sie fällt daher auch in die Insolvenzmasse (abw [nur bei Ausübungsgestattung] BGH NJW 1962, 1392; 1963, 2319; KG NZI 2021, 1023 Rn. 18 → § 1059 Rn. 9) und eine gewillkürte Prozessstandschaft zugunsten des Berechtigten ist zulässig (ohne Gestattung ist sie jedenfalls unzulässig: BGH NJW 1964, 2296, 2297 f.). *Überlassung:* → § 1059 Rn. 2 entspr.

§ 1093 Wohnungsrecht

(1) [1]**Als beschränkte persönliche Dienstbarkeit kann auch das Recht bestellt werden, ein Gebäude oder einen Teil eines Gebäudes unter Ausschluss des Eigentümers als Wohnung zu benutzen.** [2]**Auf dieses Recht finden die für den Nießbrauch geltenden Vorschriften der §§ 1031, 1034, 1036, des § 1037 Abs. 1 und der §§ 1041, 1042, 1044, 1049, 1050, 1057, 1062 entsprechende Anwendung.**

(2) **Der Berechtigte ist befugt, seine Familie sowie die zur standesmäßigen Bedienung und zur Pflege erforderlichen Personen in die Wohnung aufzunehmen.**

(3) **Ist das Recht auf einen Teil des Gebäudes beschränkt, so kann der Berechtigte die zum gemeinschaftlichen Gebrauch der Bewohner bestimmten Anlagen und Einrichtungen mitbenutzen.**

1. Allgemeines. a) Eine bes Form der bp Dienstbarkeit ist das Wohnungs- 1
recht (Benutzungserlaubnis, → § 1018 Rn. 4). Es belastet das gesamte Grundstück, ist aber in der Ausübung auf ein Gebäude oder einen Gebäudeteil beschränkt. Der Gebäudeteil muss in der Eintragung (Bezugnahme, § 874, zulässig) genau beschrieben sein, sonst ist die Eintragung inhaltlich unzulässig und von Amts wegen zu
löschen, § 53 I 2 GBO. **b) Abgrenzungen. aa)** Im Unterschied zu der *gewöhnlichen* 2
Dienstbarkeit iSv § 1090 I (1. Alt.) darf das Wohnungsrecht nur ein *Wohn*recht begründen und muss jede Mitbenutzung durch den Eigentümer ausschließen. Vgl zur Abgrenzung zur *Grunddienstbarkeit* (§ 1018) OLG München MittBayNot 2010,
388. **bb)** Im Unterschied zum *Nießbrauch* ist das Wohnungsrecht auf eine bestimmte 3
Nutzung beschränkt und seine Ausübung durch Dritte bedarf gem § 1092 I 2 bes
Gestattung (Ausnahme in § 1093 II, abdingbar). **cc)** Im Unterschied zum *Dauer-* 4
wohnrecht (§§ 31 ff. WEG) ist es unvererblich (§§ 1090 II, 1061), idR unveräußerlich (→ § 1092 Rn. 1) und nur bei Gestattung durch den Grundstückseigentümer auch durch Dritte ausübbar (§ 1092 I 2, Ausnahme in § 1093 II; BGH NJW 2007, 1884,
1886). **dd)** Das Wohnungsrecht gibt ein dingliches Recht zum unentgeltlichen (Bay- 5
ObLG NJW-RR 1989, 14 f.; unklar 1993, 283, 284) Wohnen, die *Wohnungsmiete* nur ein entgeltlich-obligatorisches. Beide Rechte können nebeneinander bestehen (BGH WM 1966, 1088, 1089; BFH NJW 1998, 3143, 3144 mN); nur im Mietvertrag kann ein Entgelt für das Wohnen vereinbart werden (BGH WM 1966, 1088, 1089). Rechtsgrund ist nicht ein/der Mietvertrag, sondern die Vereinbarung, ein dingliches Wohnungsrecht (§ 1093) zu bestellen (BGH NJW-RR 1999, 376, 377; → § 1018 Rn. 8; → Vor § 854 Rn. 12). Über § 1093 kann eine dingliche Sicherung von Mietrechten nicht erreicht werden.

2. Inhalt. a) Notwendiger Hauptinhalt ist das **Recht zum Wohnen,** daneben 6
möglich Recht zur (Mit-)Benutzung des Hausgartens (MüKo-BGB/Mohr Rn. 6; OLG Brandenburg BWNotZ 2022, 112). Kann auch zugunsten des Eigentümers eingetragen werden (KG Berlin NJW-RR 2019, 725 Rn. 3 mN). Benutzungsrecht an Gebäudeteil kraft Ges ausgedehnt: III (dazu BGHZ 52, 234, 235 f.). Wohnungsrecht kann unter aufschiebender Bedingung erteilt werden (OLG Nürnberg NJW-RR 2018, 1489 Rn. 7). Zur **Unterhaltungspflicht** vgl I 2 mit §§ 1041 f., 1044,

1049, auch BGHZ 191, 213; 52, 234, 238 f. (Instandhaltung einer Zentralheizung als Gemeinschaftsanlage iSv III). Wurde bei der Bestellung vereinbart, dass der Berechtigte Betriebskosten zu zahlen hat, gilt § 556 III entspr (BGH NJW 2009,
7 3644). Ie Schmidt ZfiR 2012, 231. **b)** Zum **Wohnrecht für mehrere** vgl BGHZ 46, 253. **„Familie“:** die durch Ehe oder Verwandtschaft verbundenen Personen (vgl BFH NJW 1982, 2895 f.), Partner einer eheähnlichen Gemeinschaft (Schreiber/Berger Kap. 11 Rn. 36; BGHZ 84, 36, 37 ff.; sa NJW 1993, 999, 1000 f.; aA noch die 13. Aufl.) und die Partner einer eingetragenen Lebenspartnerschaft (sie gelten wechselseitig als Familienangehörige, § 11 I LPartG; sa § 270 FamFG).

8 **3. Erlöschen.** Werden die Räume, an denen das Wohnungsrecht besteht, zerstört oder nachhaltig unbewohnbar, so **erlischt** das Recht (BGHZ 7, 268, hM s. MüKo-BGB/Mohr Rn. 23 f.). Stellt der Eigentümer die Räume wieder her, so besteht uU ein Anspruch auf (erneute) Bestellung. Zum Erlöschen vgl iÜ → § 1018 Rn. 12 (a, c, d, f). IdR kein Erlöschen bei subj Ausübungshindernis, zB Umzug in Pflegeheim (BGH NJW 2007, 1884, 1885; OLG Celle NJW-RR 1999, 10). Kein Erlöschen, wenn Ausübung dem Eigentümer wegen Verhaltens des Wohnungsberechtigten unzumutbar (vielmehr Drittausübung, BGH NJW-RR 2017, 140 [Tötungsdelikt]).

Abschnitt 5. Vorkaufsrecht

§ 1094 Gesetzlicher Inhalt des dinglichen Vorkaufsrechts

(1) **Ein Grundstück kann in der Weise belastet werden, dass derjenige, zu dessen Gunsten die Belastung erfolgt, dem Eigentümer gegenüber zum Vorkauf berechtigt ist.**

(2) **Das Vorkaufsrecht kann auch zugunsten des jeweiligen Eigentümers eines anderen Grundstücks bestellt werden.**

1 **1. Allgemeines. a) Berechtigt** aus dem dinglichen Vorkaufsrecht als einer Grundstücksbelastung (I) können entweder eine oder mehrere bestimmte natürliche oder jur Personen sein *(subj-persönliches Vorkaufsrecht, I)* oder der jeweilige Eigentümer eines anderen Grundstücks *(subj-dingliches Vorkaufsrecht, II);* dazu BGHZ 37, 147, 152 ff. Haben *mehrere* Vorkaufsrechte am selben Grundstück *verschiedenen Rang,* so kommt das rangschlechtere erst zum Zuge, wenn das rangbessere nicht (rechtzeitig, §§ 1098 I 1, 469 II) ausgeübt wird (vgl BGHZ 35, 146, 147 ff.). *Gleichrangige* Vorkaufsrechte sind nur zulässig, wenn durch Vereinbarung Kollisionen zwischen den gleichrangigen Vorkaufsrechten vermieden werden (BGH NJW 2014, 3024, 3027 mN; OLG München NJW-RR 2016, 986); für die Durchsetzung gilt → § 883
2 Rn. 18 entspr **b) Begriff.** Der Berechtigte kann das belastete Grundstück zu den Bedingungen kaufen (und erwerben), zu denen es der Verpflichtete an einen Dritten verkauft hat (vgl §§ 1098 I 1, 464 II). Das Vorkaufsrecht gewährt ein Gestaltungsrecht, das durch Verkauf des Grundstücks an einen Dritten aufschiebend bedingt ist (BGHZ 67, 395, 397 f., str). Die *Besonderheit des dinglichen gegenüber dem schuldrechtlichen* (auch genannt: persönlichen) Vorkaufsrecht der §§ 463 ff. besteht vor allem darin, dass es dem Berechtigten den Erwerb des Grundstücks auch dann ermöglicht, wenn dieses vom Verpflichteten bereits an den Dritten übereignet worden ist (vgl → § 1098 Rn. 3). *Weitere Unterschiede:* Das *schuldrechtliche* Vorkaufsrecht verpflichtet nur den Besteller und dessen Gesamt-, nicht die Einzelrechtsnachfolger, daher gilt es nur für einen einzigen Verkaufsfall, es kann sich auf Sachen und Rechte („Gegenstände“: § 463) beziehen, mit einem festen Preis vereinbart werden (Vertragsfreiheit); das *dingliche* Vorkaufsrecht bezieht sich nur auf Grundstücke (I), Miteigentumsanteile (§ 1095), Wohnungseigentum, grundstücksgleiche Rechte (zB Erbbaurecht, vgl § 1 I, 11 ErbbauRG), es kann für mehrere oder alle Verkaufsfälle bestellt werden (§ 1097), sein ges Inhalt kann nicht erweitert werden (keine Bestellung mit festem

Preis, sog preislimitiertes Vorkaufsrecht, BGHZ 148, 187, 189; OLG Frankfurt a. M. NJW-RR 2008, 895, 896). **c) Arten.** Im **BGB** gibt es außer den rechtsgeschäftlich bestellten Vorkaufsrechten der §§ 463 ff., 1094 ff. die ges Vorkaufsrechte bei Begründung von Wohnungseigentum an Mietwohnräumen (§ 577) und bzgl des Miterbenanteils (§§ 2034, 2035). **Außerhalb des BGB** bestehen einige *ges* Vorkaufsrechte, deren rechtspolitische Bedeutung wohl größer ist als ihre praktische; sie bedürfen keiner Eintragung im Grundbuch (am wichtigsten § 24 ff. BauGB). 3

2. Begründung. Durch RGeschäft, §§ 873, 874. Die *dingliche* Einigung ist nicht formbedüftig (→ § 873 Rn. 17; BGH NJW 2016, 2035 Rn. 14 f.; str). Die Eintragung erfolgt beim belasteten Grundstück. Beim subj-dinglichen Vorkaufsrecht (→ Rn. 1) ist Vermerk beim herrschenden Grundstück möglich (§ 9 GBO). Für das *Kausalgeschäft* gilt § 311b I 1; Formmangel durch Einigung und Eintragung des Vorkaufsrechts heilbar, § 311b I 2 (BGH NJW 2016, 2035 Rn. 12; str aA Wais, NJW 2017, 1569, 1572 f.). Dem dinglichen muss kein schuldrechtliches Vorkaufsrecht zugrunde liegen (hM); in keinem Fall ist dieses der Rechtsgrund (causa) für die Bestellung des dinglichen Rechts (→ § 1093 Rn. 5). 4

3. Übertragung. Hierzu vgl → § 1103 Rn. 2. 5

4. Erlöschen. Bei Bestellung für *einen* Verkaufsfall **erlischt** es mit rechtzeitiger Ausübung oder bei Unterbleiben der (rechtzeitigen, §§ 1098 I 1, 469 II) Ausübung, ferner bei Konsolidation und durch Veräußerung des Grundstücks, die nicht unter § 1097 Hs. 1 fällt (OLG Zweibrücken NJW-RR 2000, 94 [Schenkung]; OLG Zweibrücken Rpfleger 2011, 491; OLG Köln Rpfleger 2015, 292 [beide zum Zuschlag in der Zwangsversteigerung]). *Jedes* Vorkaufsrecht erlischt durch Aufgabeerklärung und Löschung (§§ 875, 876), durch Eintritt auflösender Bedingung (§ 158 II), Befristung (§ 163), Aufgebot (§ 1104), Buchversitzung (§ 901). Subj-persönliches Vorkaufsrecht erlischt mit Tod des Berechtigten (OLG Düsseldorf NZM 2020, 288 Rn. 16), abw Vereinbarung möglich (§§ 1098 I 1, 473; eintragungsbedürftig, → § 1103 Rn. 2); Löschung gem § 22 GBO (Demharter § 23 Rn. 11). Der Berechtigte kann durch Vertrag mit dem Verpflichteten auf die Rechtsausübung in bestimmtem (auch künftigem) Vorkaufsfall verzichten (LM Nr. 2 zu § 1098; aA BeckOK/Reischl Rn. 21: einseitiger Verzicht genügt). 6

5. Wiederkaufsrecht. Das BGB kennt nur ein schuldrechtliches (§§ 456 ff.), kein dingliches. Der schuldrechtliche Anspruch ist durch Vormerkung sicherbar. 7

§ 1095 Belastung eines Bruchteils

Ein Bruchteil eines Grundstücks kann mit dem Vorkaufsrecht nur belastet werden, wenn er in dem Anteil eines Miteigentümers besteht.

Vgl → § 1008 Rn. 4. Wird der Bruchteil eines Miteigentümers an einen anderen Miteigentümer veräußert, so liegt kein Vorkaufsfall vor (→ § 1097 Rn. 2), gleich, ob das gesamte Grundstück oder nur der veräußerte Anteil mit dem Vorkaufsrecht *eines Dritten* belastet ist (vgl BGHZ 13, 133, 139; 48, 1, 2 ff.; BGH NJW 2016, 3242 Rn. 12 ff. [Erwerb bei Teilungsversteigerung]). – § 1095 gilt nicht für den Anteil eines Gesamthandseigentümers.

§ 1096 Erstreckung auf Zubehör

[1]Das Vorkaufsrecht kann auf das Zubehör erstreckt werden, das mit dem Grundstück verkauft wird. [2]Im Zweifel ist anzunehmen, dass sich das Vorkaufsrecht auf dieses Zubehör erstrecken soll.

Vgl §§ 97, 98, 311c, 926.

§ 1097 Bestellung für einen oder mehrere Verkaufsfälle

Das Vorkaufsrecht beschränkt sich auf den Fall des Verkaufs durch den Eigentümer, welchem das Grundstück zur Zeit der Bestellung gehört, oder durch dessen Erben; es kann jedoch auch für mehrere oder für alle Verkaufsfälle bestellt werden.

Lit.: Burbulla, Der Vorkaufsfall im Zivilrecht, 2006.

1 **1. Voraussetzungen für die Ausübung des Vorkaufsrechts (Vorkaufsfall). a) Verkauf,** weder Schenkung (LM Nr. 3 zu § 1098) noch Tausch des Grundstücks (BGHZ 49, 7, 8 ff.; OLG Düsseldorf FamRZ 2019, 1654), es sei denn, das Nicht-Kaufgeschäft soll das Vorkaufsrecht unterlaufen und steht einem Kaufvertrag nahezu gleich (§ 242; BGHZ 115, 335, 339 ff.). Der Verkauf muss rechtswirksam (→ § 1098 Rn. 2) nach Begründung des Vorkaufsrechts erfolgt sein. Bei Vorkaufsrecht am Grundstück genügt Verkauf eines Eigentumsbruchteils (BGHZ 90, 174, 178).
2 **b) Verkauf an einen Dritten.** Wer Dritter ist, kann zweifelhaft sein. Dritter ist nicht, wer als Bruchteils- oder Gesamthandseigentümer das gemeinschaftliche Grundstück erwirbt (LM Nr. 3 zu § 1098; BayObLG JurBüro 1981, 752, 753),
3 → § 1095 Rn. 1, ferner §§ 1098 I 1, 470. **c) Das Recht** darf noch **nicht erloschen** sein (→ § 1094 Rn. 6).

4 **2. Beschränkung. Grundsätzlich** ist das Vorkaufsrecht auf **einen Verkaufsfall** beschränkt, Hs. 1, zum Erlöschen → § 1094 Rn. 6. Abw. Vereinbarung zulässig, nicht nur nach Maßgabe von Hs. 2 (zB Beschränkung auf Verkauf durch Besteller, nicht auch durch dessen Erben). Für Abweichung gelten §§ 873, 874, 877.

§ 1098 Wirkung des Vorkaufsrechts

(1) [1]**Das Rechtsverhältnis zwischen dem Berechtigten und dem Verpflichteten bestimmt sich nach den Vorschriften der §§ 463 bis 473.** [2]**Das Vorkaufsrecht kann auch dann ausgeübt werden, wenn das Grundstück von dem Insolvenzverwalter aus freier Hand verkauft wird.**

(2) **Dritten gegenüber hat das Vorkaufsrecht die Wirkung einer Vormerkung zur Sicherung des durch die Ausübung des Rechts entstehenden Anspruchs auf Übertragung des Eigentums.**

(3) **Steht ein nach § 1094 Abs. 1 begründetes Vorkaufsrecht einer juristischen Person oder einer rechtsfähigen Personengesellschaft zu, so gelten, wenn seine Übertragbarkeit nicht vereinbart ist, für die Übertragung des Rechts die Vorschriften der §§ 1059a bis 1059d entsprechend.**

1 **1. Allgemeines.** Für das Rechtsverhältnis zwischen Berechtigtem und Verpflichtetem gelten die Regeln des schuldrechtlichen Vorkaufsrechts (§§ 463 ff.), **I 1** (zwingend: BayObLG NJW-RR 1998, 86), erweitert durch I 2. Dritten gegenüber wirkt das Recht wie eine Auflassungsvormerkung, **II.**

2 **2. Ausübung des Vorkaufsrechts.** Dies ist die Ausübung eines Gestaltungsrechts (→ § 1094 Rn. 2). Sie setzt rechtswirksamen Kaufvertrag zwischen Verpflichtetem und Drittem voraus, daher Wahrung der Form nötig (§§ 311b I 1, 125), ggf Erteilung behördlicher Genehmigung (BGHZ 67, 395, 397; Ausübung vor Genehmigung zulässig, ihre Erteilung ist dann Rechtsbedingung, BGHZ 139, 29, 35, → § 158 Rn. 6 [c], 12). Mit Ausübung kommt der Kauf zwischen Berechtigtem und Verpflichtetem zu den Bedingungen zustande, die der Verpflichtete mit dem Dritten vereinbart hat (I 1 mit § 464 II; ggf Anpassung: BGH NJW 1983, 682). Daher kann Berechtigter eine Herabsetzung des Kaufpreises nicht verlangen. Der Vertrag (§ 464 II) bedarf ggf behördlicher Genehmigung. Zur Vertragsabwicklung → Rn. 3.

3. Anspruch des Berechtigten auf Eigentums- und Besitzverschaffung (§ 433 I 1). Er richtet sich gegen den Verpflichteten auch dann, wenn der Dritte in Erfüllung seines Vertragsanspruchs Eigentümer geworden ist. Der Berechtigte kann seinen Auflassungsanspruch nach §§ 883 II, 888 I durchsetzen (→ § 883 Rn. 15), **II,** und nach Ausübung des Vorkaufsrechts Herausgabe des Grundstücks vom besitzenden Dritten (auch wenn dieser Eigentümer ist) verlangen (in § 1100 S. 1 vorausgesetzt, BGHZ 115, 335, 344 f.; → §§ 1100–1102 Rn. 1). Zu den Gegenrechten des Dritten, der schon den Kaufpreis (zT) gezahlt hat, vgl § 1100, ferner § 1101. Der Auflassungsanspruch ist gem §§ 1098 II, 883 II gegen eine Beeinträchtigung durch Belastung des Grundstücks schon geschützt, wenn das Vorkaufsrecht ausgeübt werden kann (dazu → Rn. 2), BGHZ 60, 275, 294. Zum Schutz gegen Vereitelung durch Übereignung vgl BGHZ 60, 275, 294 f. (betr ges Vorkaufsrecht). 3

4. Die Erfüllung des Kaufvertrags mit dem Dritten (in §§ 1100–1102 Käufer genannt). Sie wird dem Verpflichteten nachträglich unmöglich, wenn der Berechtigte das Eigentum erlangt. Für die Haftung gelten §§ 435, 437, 442. Zur Kaufpreiszahlungspflicht des Dritten vgl § 1102, zur Erstattung des gezahlten Kaufpreises § 1100. 4

5. Geltungsbereich. III gilt auch für rechtsfähige Personengesellschaften: OHG, KG, PartG, EWIV, Außen-GbR (ab 1.1.2024 GbR iSd § 705 II Fall 1 BGB-MoPeG) (→ § 14 Rn. 2; → § 1090 Rn. 13). 5

§ 1099 Mitteilungen

(1) **Gelangt das Grundstück in das Eigentum eines Dritten, so kann dieser in gleicher Weise wie der Verpflichtete dem Berechtigten den Inhalt des Kaufvertrags mit der im § 469 Abs. 2 bestimmten Wirkung mitteilen.**

(2) **Der Verpflichtete hat den neuen Eigentümer zu benachrichtigen, sobald die Ausübung des Vorkaufsrechts erfolgt oder ausgeschlossen ist.**

I tritt neben § 469 I. Grund für II: § 1098 I 1 (mit § 464 I 1), II.

§ 1100 Rechte des Käufers

[1]Der neue Eigentümer kann, wenn er der Käufer oder ein Rechtsnachfolger des Käufers ist, die Zustimmung zur Eintragung des Berechtigten als Eigentümer und die Herausgabe des Grundstücks verweigern, bis ihm der zwischen dem Verpflichteten und dem Käufer vereinbarte Kaufpreis, soweit er berichtigt ist, erstattet wird. [2]Erlangt der Berechtigte die Eintragung als Eigentümer, so kann der bisherige Eigentümer von ihm die Erstattung des berichtigten Kaufpreises gegen Herausgabe des Grundstücks fordern.

§ 1101 Befreiung des Berechtigten

Soweit der Berechtigte nach § 1100 dem Käufer oder dessen Rechtsnachfolger den Kaufpreis zu erstatten hat, wird er von der Verpflichtung zur Zahlung des aus dem Vorkauf geschuldeten Kaufpreises frei.

§ 1102 Befreiung des Käufers

Verliert der Käufer oder sein Rechtsnachfolger infolge der Geltendmachung des Vorkaufsrechts das Eigentum, so wird der Käufer, soweit der von ihm geschuldete Kaufpreis noch nicht berichtigt ist, von seiner Verpflichtung frei; den berichtigten Kaufpreis kann er nicht zurückfordern.

Anmerkungen zu den §§ 1100–1102

§§ 1100–1102 setzen voraus, dass der Dritte Eigentum erlangt hat („neuer Eigentümer“: § 1100 S. 1). Hat er den Kaufpreis schon (zT) gezahlt, so gibt ihm § 1100 ein Leistungsverweigerungsrecht gegen den Anspruch auf Zustimmung (§§ 1098 II, 888 I) und auf Herausgabe (vgl → § 1098 Rn. 3), ferner entspr § 1000 (aA BGHZ 75, 288, 293 ff.: § 273 II; → § 894 Rn. 10) ein Zurückbehaltungsrecht wegen Verwendungen, §§ 994 ff. analog (dazu BGHZ 87, 296, 297). Für den Fall der (teilw) Kaufpreiszahlung ordnen die §§ 1101, 1102 einen Zahlungsausgleich unter den Beteiligten an.

§ 1103 Subjektiv-dingliches und subjektiv-persönliches Vorkaufsrecht

(1) **Ein zugunsten des jeweiligen Eigentümers eines Grundstücks bestehendes Vorkaufsrecht kann nicht von dem Eigentum an diesem Grundstück getrennt werden.**

(2) **Ein zugunsten einer bestimmten Person bestehendes Vorkaufsrecht kann nicht mit dem Eigentum an einem Grundstück verbunden werden.**

1 **1. Umwandlung.** Durch selbstständige Veräußerung würde sich ein subj-dingliches Vorkaufsrecht in ein subj-persönliches umwandeln. Eine **Umwandlung** ist aber wegen des Verbots selbstständiger Veräußerung **ausgeschlossen, I.** Auch die umgekehrte Umwandlung ist unzulässig, **II.** Möglich sind nur Aufhebung und Neubegründung.

2 **2. Übertragung.** Übertragung des subj-dinglichen Rechts nur durch Veräußerung des herrschenden Grundstücks (vgl §§ 96, 93), **I,** des subj-persönlichen Rechts gem §§ 1098 I 1, 473 (von § 473 abw Vereinbarung ist eintragungsbedürftig, §§ 873, 874, 877: BGHZ 37, 147, 153).

§ 1104 Ausschluss unbekannter Berechtigter

(1) [1]**Ist der Berechtigte unbekannt, so kann er im Wege des Aufgebotsverfahrens mit seinem Recht ausgeschlossen werden, wenn die in § 1170 für die Ausschließung eines Hypothekengläubigers bestimmten Voraussetzungen vorliegen.** [2]**Mit der Rechtskraft des Ausschließungsbeschlusses erlischt das Vorkaufsrecht.**

(2) **Auf ein Vorkaufsrecht, das zugunsten des jeweiligen Eigentümers eines Grundstücks besteht, finden diese Vorschriften keine Anwendung.**

Vgl § 453 FamFG.

Abschnitt 6. Reallasten

§ 1105 Gesetzlicher Inhalt der Reallast

(1) [1]**Ein Grundstück kann in der Weise belastet werden, dass an denjenigen, zu dessen Gunsten die Belastung erfolgt, wiederkehrende Leistungen aus dem Grundstück zu entrichten sind (Reallast).** [2]**Als Inhalt der Reallast kann auch vereinbart werden, dass die zu entrichtenden Leistungen sich ohne weiteres an veränderte Verhältnisse anpassen, wenn anhand der in der Vereinbarung festgelegten Voraussetzungen Art und Umfang der Belastung des Grundstücks bestimmt werden können.**

(2) **Die Reallast kann auch zugunsten des jeweiligen Eigentümers eines anderen Grundstücks bestellt werden.**

§ 1106 Belastung eines Bruchteils

Ein Bruchteil eines Grundstücks kann mit einer Reallast nur belastet werden, wenn er in dem Anteil eines Miteigentümers besteht.

§ 1107 Einzelleistungen

Auf die einzelnen Leistungen finden die für die Zinsen einer Hypothekenforderung geltenden Vorschriften entsprechende Anwendung.

§ 1108 Persönliche Haftung des Eigentümers

(1) **Der Eigentümer haftet für die während der Dauer seines Eigentums fällig werdenden Leistungen auch persönlich, soweit nicht ein anderes bestimmt ist.**

(2) **Wird das Grundstück geteilt, so haften die Eigentümer der einzelnen Teile als Gesamtschuldner.**

Anmerkungen zu den §§ 1105–1108

1. Allgemeines. a) Die Reallast ist eine *Grundstücksbelastung* (§ 1105 I). **b) Ihr** 1 **Inhalt** sind Leistungen „aus dem Grundstück" (§ 1105 I 1). Damit ist die dingliche Haftung des Grundstücks gemeint (vgl §§ 1107, 1147; ebenso in §§ 1113 I, 1191 I). Die Leistungen müssen wiederkehren, aber nicht notwendig regelmäßig (anders § 1199 I). Sie können in Geld-, Sach- oder Dienstleistungen des Belasteten bestehen (zB beim sog Altenteil [vgl Art. 96 EGBGB, § 49 GBO, dazu BGHZ 125, 69, 72 ff.] in der Lieferung von Naturalien, Energie, Wasser, Pflege bei Krankheit, monatlicher Geldrente, Wohnrecht [als Wohnungsreallast oder gem § 1093 oder § 1090, vgl BayObLG MDR 1981, 759], s. BGH NJW-RR 1989, 451), nicht aber im Dulden oder Unterlassen einer Handlung durch den Belasteten (anders §§ 1018, 1090). Zur zugelassenen *Währung* für Geldleistungen → § 1113 Rn. 7 mit VO vom 30.10.1997 (dazu Demharter § 28 Rn. 29). Mit Rücksicht auf die stete Geldentwertung ist die Reallast wieder aktuell; denn sie bedarf keiner fest bestimmten Höhe der Leistung, Bestimmbarkeit genügt (BGHZ 130, 342, 345 f.), weshalb Wertsicherungsklauseln möglich sind, zB Geldrente entspr der jeweiligen Höchstpension eines bayerischen Notars (BGHZ 22, 54, 58). IdS kann eine automatische Anpassung an veränderte Verhältnisse vereinbart werden, § 1105 I 2 (in Kraft seit 16.6.1998); die Vereinbarung muss die Anpassungsvoraussetzungen nennen und die nun zu entrichtenden Leistungen (= Belastung des Grundstücks) bestimmbar machen. **c) Berechtigt** können sein eine oder mehrere bestimmte natürliche oder jur Personen, § 1105 I *(subj-persönliche Reallast),* oder der jeweilige Eigentümer eines anderen Grundstücks, § 1105 II *(subj-dingliche Reallast).* In beiden Formen ist eine *Eigentümerreallast* möglich, sowohl nachträglich (§ 889) wie durch Bestellung entspr der Eigentümergrundschuld (MüKo-BGB/Mohr § 1105 Rn. 61 mN; hM). **d) Modifizierendes Landesrecht** ist zulässig, s. insbes Art. 113–115 EGBGB.

2. Begründung. Begründung gem §§ 873, 874. Eintragung beim belasteten 2 Grundstück; Vermerk des subj-dinglichen Rechts beim herrschenden Grundstück möglich (§ 9 GBO). Zur **Übertragung** vgl §§ 1110, 1111 mit Anm. **Erlöschen** insbes nach §§ 875, 876, 1112, Art. 113 EGBGB. Dient die Reallast zur Sicherung einer Forderung, so gilt § 1163 nicht entspr (hM; s. MüKo-BGB/Mohr § 1105 Rn. 69 mN).

3. Sonstiges. Es sind zu **unterscheiden:** Die **Reallast** als Grundstücksbelastung 3 (§ 1105 I, sog Stammrecht), der daraus fließende **dingliche Anspruch** auf die einzelne Leistung (§ 1107, vgl LM Nr. 1 zu § 1105), ein etwaiger **schuldrechtlicher Anspruch** auf die gleiche Leistung (LM Nr. 35 zu § 157 [Ge]). Die Unterscheidung ist wichtig für die Haftung: Für die Reallast als Stammrecht haftet das Grundstück nur ausnahmsweise (bei Ablösung, vgl Art. 113 EGBGB); für den einzelnen dinglichen Anspruch haftet das Grundstück (§ 1107; dazu Amann DNotZ 1993, 222) und daneben der Eigentümer persönlich (dh mit seinem gesamten Vermögen) nach Maßgabe des § 1108 (BGH NJW-RR 1989, 1098), auch wenn er nach Fälligwerden der Leistungen das Grundstück veräußert hat (vgl BGH MDR 1978, 740); für den schuldrechtlichen Anspruch haftet nur der Vertragsgegner oder Schuldübernehmer.

§ 1109 Teilung des herrschenden Grundstücks

(1) [1]**Wird das Grundstück des Berechtigten geteilt, so besteht die Reallast für die einzelnen Teile fort.** [2]**Ist die Leistung teilbar, so bestimmen sich die Anteile der Eigentümer nach dem Verhältnis der Größe der Teile; ist sie nicht teilbar, so findet die Vorschrift des § 432 Anwendung.** [3]**Die Ausübung des Rechts ist im Zweifel nur in der Weise zulässig, dass sie für den Eigentümer des belasteten Grundstücks nicht beschwerlicher wird.**

(2) [1]**Der Berechtigte kann bestimmen, dass das Recht nur mit einem der Teile verbunden sein soll.** [2]**Die Bestimmung hat dem Grundbuchamt gegenüber zu erfolgen und bedarf der Eintragung in das Grundbuch; die Vorschriften der §§ 876, 878 finden entsprechende Anwendung.** [3]**Veräußert der Berechtigte einen Teil des Grundstücks, ohne eine solche Bestimmung zu treffen, so bleibt das Recht mit dem Teil verbunden, den er behält.**

(3) **Gereicht die Reallast nur einem der Teile zum Vorteil, so bleibt sie mit diesem Teil allein verbunden.**

Gilt nur für subj-dingliche Reallasten, I 1.

§ 1110 Subjektiv-dingliche Reallast

Eine zugunsten des jeweiligen Eigentümers eines Grundstücks bestehende Reallast kann nicht von dem Eigentum an diesem Grundstück getrennt werden.

§ 1111 Subjektiv-persönliche Reallast

(1) **Eine zugunsten einer bestimmten Person bestehende Reallast kann nicht mit dem Eigentum an einem Grundstück verbunden werden.**

(2) **Ist der Anspruch auf die einzelne Leistung nicht übertragbar, so kann das Recht nicht veräußert oder belastet werden.**

Anmerkungen zu den §§ 1110, 1111

1 **1. Bedeutung.** Zur Bedeutung von §§ 1110, 1111 I vgl → § 1103 Rn. 1, 2.

2 **2. Übertragung.** Isolierte **Übertragung und Belastung** der subj-dinglichen Reallast ist unzulässig (§ 1110 mit §§ 93, 96). Zulässig bei der subj-persönlichen, aber Ausnahme nach § 1111 II, wenn Übertragbarkeit des dinglichen Anspruchs auf die Einzelleistung (→ §§ 1105–1108 Rn. 3) ausgeschlossen ist (s. §§ 399, 400, 413).

§ 1112 *Ausschluss unbekannter Berechtigter*

Ist der Berechtigte unbekannt, so findet auf die Ausschließung seines Rechts die Vorschrift des § 1104 entsprechende Anwendung.

Gilt nur für subj-persönliche Reallast, § 1104 II. IÜ vgl § 453 FamFG.

Abschnitt 7. Hypothek, Grundschuld, Rentenschuld

Vorbemerkungen

Lit.: Klinkhammer/Rancke, Hauptprobleme des Hypothekenrechts, JuS 1973, 665; Piekenbrock, Leistungen an den Zedenten einer Hypothekenforderung, Jura 2019, 903; Reinicke/Tiedtke, Kreditsicherung, 5. Aufl 2006, 2. Teil, B, 1.–3. Kapitel; H. Weber, Kreditsicherungsrecht, 9. Aufl 2012, §§ 11–14.

I. Typen der Grundpfandrechte

1. Arten. Das Ges unterscheidet Hypothek, Grund- und Rentenschuld. Sie 1
beschränken die Rechtsmacht des Eigentümers und belasten sein Eigentum (nicht das Grundstück, ungenau: §§ 1113, 1191, 1199). Sie sind *beschränkte dingliche Rechte* (→ Vor § 854 Rn. 6) und beschweren das Grundstück(seigentum!) in gleichartiger Weise; stets ist „eine bestimmte Geldsumme aus dem Grundstück zu zahlen" (§§ 1113 I, 1191 I, 1199 I), womit (nur) die dingliche Haftung des Grundstücks gemeint ist. Die funktionelle Gleichartigkeit rechtfertigt eine weitreichende Gleichheit der ges Regelung (vgl §§ 1192, 1200) und die Zusammenfassung der drei Rechte unter dem Begriff *Grundpfandrechte* (vgl § 503 I; sa § 49a S. 1 GBV). Die Umwandlung eines Grundpfandrechts in ein anderes ändert nur den Inhalt der
iÜ gleichbleibenden Belastung. Ie: **a) Die Hypothek** (Definition: § 1113 I 1) ist 2
begriffsnotwendig mit einer Forderung verbunden, sog Akzessorietät der Hypothek (→ Rn. 17). Nach dem BGB ist die Hypothek ein Nebenrecht der Forderung (RGZ 81, 266, 268), wirtschaftlich hingegen ist sie die Hauptsache (→ Rn. 24).
b) Die Grundschuld unterscheidet sich von der Hypothek (nur) dadurch, dass sie 3
vom Ges nicht mit einer Forderung verbunden ist (in § 1191 I fehlen die in § 1113 I enthaltenen Worte „zur Befriedigung wegen einer ihm zustehenden Forderung").
Die Grundschuld ist also nicht akzessorisch (→ Rn. 17). **c) Die Rentenschuld** ist 4
eine bes Form der Grundschuld, vgl § 1199 I.

2. Buch- und Briefgrundpfandrecht. a) Die Hypothek ist als Sicherungshy- 5
pothek notwendig Buchhypothek (§ 1185 I, auch § 1190 III), als gewöhnliche (sog Verkehrshypothek) idR Briefhypothek (§ 1116 I), ausnahmsweise Buchhypothek
(§ 1116 II 1). **b) Die Grundschuld** ist wie die Rentenschuld idR Briefgrundschuld, 6
ausnahmsweise Buchgrundschuld (§§ 1192 I, 1116 I, II 1). **c) Briefgrundpfand-** 7
rechte können außerhalb des Grundbuchs übertragen werden (§§ 1154 I, 1192 I). Sie sind daher leichter umlauffähig als ein Buchrecht (weitere Erleichterungen für die Inhaberbriefgrundschuld, § 1195), abgesehen von der Wertpapierhypothek (§§ 1187–1189).

3. Fälligkeits- und Tilgungsgrundpfandrecht. Die Unterscheidung betrifft 8
nur Hypothek und Grundschuld. **a) Fälligkeitsgrundpfandrecht.** Es wird für eine feste Laufzeit, zB 15 Jahre, vereinbart. Nach Zeitablauf ist die Geldsumme (das Kapital) auf einmal zu zahlen; bis dahin sind, sofern vereinbart (§§ 1115 I, 1192 I), Zinsen zu entrichten. Eine ordentliche Kündigung ist für die vereinbarte Laufzeit
ausgeschlossen, idR werden außerordentliche Kündigungsgründe festgelegt. **b) Til-** 9
gungsgrundpfandrecht (Amortisationsgrundpfandrecht). Es wird jährlich ein gleichhoher Betrag (Annuität), der sich aus Zinsen und Tilgung zusammensetzt, zurückbezahlt. Weil das zurückbezahlte (amortisierte) Kapital nicht verzinst wird, sinkt innerhalb des gleichbleibenden Betrags der Anteil der Zinsen und steigt der Anteil des Tilgungsbetrags (vgl BGHZ 67, 291, 292). Eine ordentliche Kündigung ist idR ausgeschlossen, außerordentliche Kündigungsgründe werden vereinbart, zB Tod des Schuldners (→ § 1136 Rn. 2). In Höhe des jeweiligen Tilgungsbetrags entsteht eine Eigentümer(teil)grundschuld (§§ 1163 I 2, 1177 I; → § 1192 Rn. 2 [f]); sie ist unverzinslich (→ § 1177 Rn. 2 [b]) und geht der Resthypothek im Range nach (§ 1176; §§ 1192 I, 1176).

II. Gemeinsame Grundsätze

10 **1. Pfandrechte an Grundstücken. a)** Alle Grundpfandrechte sind beschränkte dingliche **Rechte an Grundstücken** (vgl ferner § 1114 – betrifft auch Wohnungsei-
11 gentum: Weitnauer § 3 Rn. 107 –, § 11 ErbbauRG). → Rn. 1–4. **b)** Alle Grundpfandrechte sind **besitzlose Pfandrechte.**

12 **2. Publizitätsgrundsatz.** IdR entstehen die Grundpfandrechte nur, wenn sie im Grundbuch eingetragen sind (→ Vor § 854 Rn. 4). Ausnahmen: § 1287 S. 2, § 848 II 2 ZPO.

13 **3. Bestimmtheitsgrundsatz.** Alle Grundpfandrechte sind Belastungen nur „eines Grundstücks" (vgl → Rn. 1, → Vor § 854 Rn. 5). Ein Pfandrecht am ganzen Vermögen des Schuldners (sog Generalhypothek) gibt es nicht.

14 **4. Dinglicher Anspruch.** Die Grundpfandrechte begründen **keine Zahlungspflicht** des Eigentümers, weder iSd Theorie der Realobligation (persönliche Schuld mit einer auf das Grundstück begrenzten Haftung) noch iSd Theorie der dinglichen Schuld (Haftung mit dem Grundstück für eine nicht erzwingbare persönliche Schuld), noch iSd Theorie des dinglichen Zahlungsanspruchs (dafür MüKo-BGB/Lieder § 1147 Rn. 4–7; Staudinger/Wolfsteiner Einl. §§ 1113 ff. Rn. 38–42: Der Eigentümer schulde Zahlung, vollstreckungsmäßig beschränkt auf das Grundstück und mithaftende Gegenstände). Vielmehr gewähren alle Grundpfandrechte (nur) ein **dingliches Verwertungsrecht** (hM): Der Grundpfandgläubiger kann sich im Wege der Zwangsvollstreckung (nur) aus dem Grundstück und den mithaftenden Gegenständen befriedigen (§ 1147; → Rn. 24), bei der Hypothek wegen der Forderung, bei der Grundschuld wegen der Grundschuldsumme (nebst Zinsen und Nebenforderungen). Die Zahlung durch den Eigentümer als solchen ist nicht Bezahlung einer Schuld, sondern Abwendung der Zwangsvollstreckung (vgl §§ 1142 [dort → § 1142 Rn. 3], 1192 I). Sa § 592 S. 2 ZPO: Der „Anspruch aus dem Grundpfandrecht" *gilt* (Fiktion) als Zahlungsanspruch.

15 **5. Prioritätsgrundsatz.** Alle Grundpfandrechte stehen unter sich und im Verhältnis zu den anderen beschränkten dinglichen Rechten in einer *Rangordnung.* Das fr entstandene Recht geht dem später entstandenen vor: **Prioritätsgrundsatz.** Vom Rang hängt der wirtschaftliche Wert eines Grundpfandrechts ab (→ §§ 879–882 Rn. 1). Je besser der Rang, desto größer die Sicherheit, sofern die Belastung innerhalb der Beleihungsgrenze bleibt. Deren Feststellung ist ebenso wichtig wie schwierig (vgl zB § 19 ErbbauRG); sa Grüneberg/Herrler Rn. 2.

16 **6. Abstraktionsprinzip.** Für alle Grundpfandrechte gilt das **Abstraktionsprinzip** (→ Vor § 854 Rn. 13). Die Wirksamkeit des dinglichen Bestellungs- und Übertragungsgeschäfts (§§ 873, 1115, 1117, 1154, 1192 I, 1199) ist allein von den bes Voraussetzungen dieser Geschäfte abhängig. Von dem dinglichen Geschäft zu trennen ist die *Verpflichtung,* ein Grundpfandrecht *zu bestellen oder zu übertragen* (Trennungsprinzip, → Vor § 854 Rn. 12). Sie beruht idR auf einem (formfrei zulässigen) Vertrag, § 311 I; Ausnahme § 648, § 648a I (iVm § 232 I). Fehlt eine Pflicht zur Bestellung, so kann der Eigentümer vom Hypothekengläubiger gem § 812 I 1 Rückübertragung des dinglichen Rechts (unter, spätestens gleichzeitiger, Umwandlung in Grundschuld) oder iVm § 1169 Verzicht oder Löschung verlangen (→ § 1169 Rn. 1). Die Bestellungspflicht trifft (beim Erwerb vom Berechtigten) den Eigentümer. Sie ist bei der Hypothek streng zu trennen von der hypothekarisch zu sichernden („persönlichen") Forderung, die sich gegen den persönlichen Schuldner richtet, der zugleich Eigentümer sein kann, aber nicht sein muss. Aus ihr allein erwächst niemals die Pflicht zur Hypothekenbestellung. Entspr gilt für die Sicherungsgrundschuld (→ § 1191 Rn. 4); ihre Definition in § 1192 I a 1 Hs. 1 – „Grundschuld zur Sicherung eines Anspruchs" – ist ungenau: Sie dient der Sicherung einer Forderung (= schuldrechtlicher Anspruch, → § 241 Rn. 4), genauer: einer Geldforderung (richtig § 1193 II 2). – Zu unterscheiden von der Abstraktheit des dinglichen RGe-

schäfts ist die Akzessorietät der Hypothek von der gesicherten Forderung (ie → Rn. 17–21).

III. Unterschiede zwischen Hypothek und Grundschuld

1. Abgrenzung. Der entscheidende Unterschied liegt darin, dass die **Hypothek** begriffsnotwendig eine Forderung sichert und mit ihr auf Gedeih und Verderb verbunden ist (Grundsatz der **Akzessorietät**). Eine Hypothek kann als solche ohne Vorhandensein einer gesicherten Forderung weder entstehen noch fortbestehen; eine Übertragung der Forderung lässt auch die Hypothek übergehen (vgl §§ 1113, 1153). Die **Grundschuld** ist **nicht akzessorisch,** auch wenn sie als sog *Sicherungsgrundschuld* nach Abrede der Parteien eine Forderung sichern soll. Daher gelten die hypothekenrechtlichen Vorschriften für die Grundschuld nur insoweit entspr, als diese Vorschriften nicht auf der Akzessorietät der Hypothek beruhen (§ 1192 I); dazu → § 1192 Rn. 2, 3. – Der Grundsatz der Akzessorietät wird vom Ges zwar in Abstufungen (→ Rn. 21), aber in sich konsequent befolgt. Das erschwert vielfach das Verständnis der ges Regelung (vgl insbes → Rn. 21, → § 1138 Rn. 1). – Sichert die Hypothek, wie oft, eine Forderung aus *abstraktem Schuldversprechen* (und dieses seinerseits die eigentlich zu sichernde Darlehensforderung), so sind Akzessorietätsprobleme weitgehend ausgeschlossen. Damit ist eine Annäherung der Hypothek an die Grundschuld erreicht (darin liegt kein Verstoß gegen den „Typenzwang bei Grundpfandrechten" [so aber AK-BGB/Winter § 1113 Rn. 12], denn einen Typenzwang für die Hypothekenforderung gibt es nicht; bedenklich aber die formularmäßige Gestaltung wegen §§ 305c I, 307 II Nr. 1, wenn persönlicher Schuldner und Eigentümer nicht identisch, s. BGHZ 114, 9, 13 ff. betr Grundschuld für Drittkredit, → § 305c Rn. 3). Trotz dieser Möglichkeit ist in der Praxis die Grundschuld wegen ihrer Unabhängigkeit von einer gesicherten Forderung wichtiger (geworden) als die Hypothek. 17

2. Die Akzessorietät. a) Hypothekengläubiger und persönlicher Gläubiger, dh dinglich Berechtigter und Gläubiger der gesicherten („persönlichen") Forderung sind *notwendig und stets identisch* (BGHZ 148, 392, 396). Eigentümer und persönlicher Schuldner können (müssen aber nicht) identisch sein, vgl § 1143. 18
b) Wird der Eigentümer zum Gläubiger der gesicherten Forderung, so ist die Hypothek eine *Eigentümerhypothek* (missverständlich auch „forderungsbekleidete Eigentümerhypothek" genannt). Eine Eigentümerhypothek kann erst nachträglich entstehen; ihre Bestellung ist unzulässig. **c) Ist die Forderung nicht entstanden,** „so steht die Hypothek dem Eigentümer zu" (§ 1163 I 1); ist sie **erloschen,** „so erwirbt der Eigentümer die Hypothek" (§ 1163 I 2). In beiden Fällen ist die Hypothek in der Hand des Eigentümers eine Grundschuld, weil eine Forderung fehlt (missverständlich auch „forderungsentkleidete Eigentümerhypothek" genannt), § 1177 I. Ist trotz Nicht(mehr)bestehens der Forderung die Hypothek für den Gläubiger eingetragen, so ist das Grundbuch doppelt unrichtig: hinsichtlich der Rechtszuständigkeit (Fremd- statt Eigentümergrundpfandrecht) und hinsichtlich des Rechtsinhalts (Hypothek statt Grundschuld). **d) Übertragung.** Will der mangels Forderung zu Unrecht eingetragene Hypothekengläubiger sein „Recht" (Forderung und Hypothek) übertragen, so kann das nur nach hypothekenrechtlichen Grundsätzen geschehen; denn im Grundbuch steht er als Hypothekar. Die Übertragung erfolgt durch Abtretung der Forderung in sachenrechtlicher Form (§ 1154). Die Abtretung einer nicht (mehr) existierenden Forderung ist jedoch schuldrechtlich wirkungslos (RG Gruch 57, 942, 944). Bei *strenger Akzessorietät* der Hypothek kann daher auch das dingliche Recht nicht übergehen (§ 1153 II). Diese uneingeschränkte Abhängigkeit hat das Ges für die *Sicherungshypothek* angeordnet (§§ 1184 I, 1185 II: Ausschluss von § 1138). Bei der *Verkehrshypothek* (→ § 1113 Rn. 2) ist die *Akzessorietät gemildert.* Die Abtretung der nicht existenten Forderung ist zwar schuldrechtlich wirkungslos, aber sachenrechtlich („für die Hypothek") ist sie zugunsten des Erwerbers idS wirksam, dass dieser das dingliche Recht erwirbt, sofern er nicht unredlich

(Randnummern: 19 bei „b) Wird der Eigentümer", 20 bei „c) Ist die Forderung", 21 bei „d) Übertragung") oder der öffentl Glaube des Grundbuchs durch Widerspruch zerstört ist (§§ 1138, 892). Eine Forderung erwirbt er nicht. Das dingliche Recht ist mangels Forderung eine Grundschuld (auch: „forderungsentkleidete Hypothek“, MüKo-BGB/Lieder § 1138 Rn. 16 mN), aber jetzt nicht mehr in der Hand des Eigentümers, sondern eines Dritten, also Fremdgrundschuld. Fazit: Die „an sich“ akzessorische Verkehrshypothek kann bei Fehlen der gesicherten Forderung von einem Redlichen erworben werden (sofern kein Widerspruch den öffentl Glauben des Grundbuchs zerstört hat) und zwar als Grundschuld, s. o. Der mWv 19.8.2008 durch das RisikobegrenzungsGes eingeführte § 1192 Ia 1 ordnet für die nichtakzessorische (Sicherungs-)Grundschuld praktisch das Gegenteil an: Bei Fehlen der gesicherten Forderung ist ein redlicher Erwerb der Grundschuld ausgeschlossen.

IV. Wirtschaftliche Bedeutung

22 **1. Kreditarten.** Zur Terminologie Baur/Stürner § 36 Rn. 4. **a) Personalkredit** wird auf die Zuverlässigkeit einer Person hin gewährt (Schuldner, Mitschuldner,
23 Bürge, Garant). **b) Realkredit** wird gewährt gegen Einräumung einer „dinglichen“ Vorzugsstellung an bestimmten Gegenständen, insbes durch Bestellung eines Pfandrechts an beweglichen Sachen (§§ 1204 ff.), an Rechten (§§ 1273 ff.) oder an Grundstücken (§§ 1113, 1191, 1199). Das Pfandrecht an Mobilien und Rechten (§§ 1204 ff., 1273 ff.) ist weitgehend von der SÜ und der Sicherungsabtretung verdrängt. Auch beim Realkredit spielt die Zuverlässigkeit des Kreditnehmers eine erhebliche Rolle. Mittelbar wird das für die Grundpfandrechte in §§ 1134, 1135 anerkannt.

24 **2. Verwertbarkeit.** Die Grundpfandrechte geben je nach ihrem Rang und der Einhaltung der Beleihungsgrenze (→ Rn. 15) ein mehr oder weniger **sicheres Zugriffsrecht** auf das Grundstück und solche Gegenstände, die mit ihm eine wirtschaftliche Einheit bilden (vgl §§ 1120, 1123 I, 1126 f., 1192 I, 1199). Das dingliche Verwertungsrecht (→ Rn. 14) ergreift nur diese Vermögensgegenstände, während die persönliche Forderung ein Recht zum Zugriff auf das gesamte Vermögen gewährt. So kann der Gläubiger bei Identität von Eigentümer und persönlichem Schuldner wegen der *Forderung* in das *gesamte* Schuldnervermögen vollstrecken, auch in das hypothekarisch belastete Grundstück; wegen der *Hypothek* steht ihm zwar *nur* der Zugriff auf das *Grundstück* und die mithaftenden Gegenstände offen, doch hat sein Recht idR einen besseren Rang als das eines bloßen persönlichen Gläubigers: Dieser erhält erst dann etwas, wenn der Grundpfandgläubiger befriedigt oder sichergestellt ist (s. §§ 10 I Nr. 4, 5; 155 II ZVG; sa § 49 InsO). Diese Bevorzugung, außerdem die erfahrungsgemäß hohe Wertstabilität der Grundstücke und die feste Rangordnung der Grundpfandrechte erlauben es einem Kreditgeber, mit großer Sicherheit (aber nur bei Beachtung der Beleihungsgrenze, → Rn. 15, und sorgfältiger Prüfung der Zuverlässigkeit des Kreditnehmers, → Rn. 23), die Aussichten seiner künftigen Befriedigung zu beurteilen. Grundpfandrechte machen den Grundpfandgläubiger bei Beachtung der genannten Prüf- und Sicherheitskriterien weitgehend immun gegen wirtschaftliche Risiken der Zukunft, namentlich bei Insolvenz des Eigentümers.

25 **3. Sonstiges. Bsp** für wichtige Grundpfandkredite. **a) Baukredite.** Typische Kreditgeber: Hypothekenbanken, Pfandbriefanstalten, Bau- und allg Sparkassen, Geschäftsbanken, Versicherungen, die öffentl Hand. **b) Investitionskredite.** Typische Kreditgeber: Banken und auch hier in zunehmendem Maß die öffentl Hand. **c) Kontokorrentkredite** werden durch Höchstbetragshypotheken (§ 1190) oder, häufiger, Grundschulden gesichert (→ § 1190 Rn. 2). Typische Geldgeber: Banken. **d) Kaufpreisresthypothek** (-grundschuld, -rentenschuld) zur Sicherung der vom Grundstücksverkäufer gestundeten Kaufpreis(rest)forderung, → § 925 Rn. 6. **e) Abfindungsansprüche,** zB unter Miterben (ein Miterbe „übernimmt“ das zum Nachlass gehörende Grundstück, die Ausgleichszahlungsansprüche der anderen Miterben werden durch Grundpfandrechte gesichert). **f) Kredite allg Art** (Sicherung durch sog Allzweckgrundpfandrechte). Hier bes deutlich, dass der Kredit keinen Bezug zum

Grundstück haben muss. Nicht einmal ein Bezug zum Grundstückseigentümer ist nötig, denn persönlicher Schuldner kann auch ein Dritter sein (→ Rn. 16, 18).

Titel 1. Hypothek

§ 1113 Gesetzlicher Inhalt der Hypothek

(1) **Ein Grundstück kann in der Weise belastet werden, dass an denjenigen, zu dessen Gunsten die Belastung erfolgt, eine bestimmte Geldsumme zur Befriedigung wegen einer ihm zustehenden Forderung aus dem Grundstück zu zahlen ist (Hypothek).**

(2) **Die Hypothek kann auch für eine künftige oder eine bedingte Forderung bestellt werden.**

1. Begriff der Hypothek. S. **I** (→ Vor § 1113 Rn. 2, 17). 1

2. Arten der Hypothek. a) Sicherungs- und Verkehrshypothek. Die Siche- 2
rungshypothek ist streng akzessorisch, bei der Verkehrshypothek ist die Akzessorietät gelockert (vgl §§ 1138, 1141, 1156 einerseits, § 1185 II andererseits); dazu → Vor § 1113 Rn. 21. Die Hypothek ist nach der ges Regel Verkehrshypothek (arg § 1184 II), § 1186 S. 1 nennt sie „gewöhnliche" Hypothek. Die *Höchstbetragshypothek* ist kraft Ges Sicherungshypothek (§ 1190 III); weiterer Fall in § 1187 S. 2.
b) Buch- und Briefhypothek (→ Vor § 1113 Rn. 5, 7). Die Verkehrshypothek 3
(→ Rn. 2) ist idR Briefhypothek (§ 1116), die Sicherungshypothek immer Buchhypothek (§ 1185 I). **c) Einzel- und Gesamthypothek.** Bei der Einzelhypothek 4
besteht *eine* Hypothek für *eine* Forderung an *einem* Grundstück (grundstücksgleiches Recht, Miteigentumsanteil: → Rn. 5). Bei der Gesamthypothek besteht *eine* Hypothek für *eine* Forderung an *mehreren* Grundstücken (grundstücksgleichen Rechten, Miteigentumsanteilen: → § 1132 Rn. 3), § 1132 I 1.

3. Gegenstand der Hypothek. a) Grundstück (Begriff → Vor § 90 Rn. 2). 5
b) Anteil iSv § 1114. **c) Grundstücksgleiches Recht,** zB Erbbaurecht (§ 11 ErbbauRG). **d) Belastung realer Grundstücksteile:** § 7 GBO. **e) Weitere Gegenstände,** die mit dem Grundstück eine wirtschaftliche Einheit bilden (§§ 1120, 1123 I, 1126 f.).

4. Die gesicherte Forderung. a) Ihr Gläubiger ist notwendig und stets *zugleich* 6
Hypothekengläubiger; denn die Hypothek ist begrifflich mit einer Forderung verbunden, zu deren Sicherung sie dient (I). Der Gläubiger hat aus der Hypothek einen dinglichen Anspruch gegen den Eigentümer auf Duldung der Zwangsvollstreckung (vgl § 1147; → Vor § 1113 Rn. 14, 24). Aus der Forderung hat er einen persönlichen Anspruch gegen den persönlichen Schuldner auf Zahlung. Schuldner und Eigentümer müssen nicht, können aber identisch sein. Gläubiger und Eigentümer können erst nach Bestellung der Hypothek identisch werden (→ Vor § 1113 Rn. 19). **b) Sie geht auf Geld** (§ 1115 I), und zwar auf einen *bestimmten Betrag* 7
(Ausnahme § 1190 I). Eintragung in Euro oder der Währung eines Mitgliedstaates der EU (soweit nicht der Euro an deren Stelle getreten ist) oder des EWR, der Schweiz oder der USA (VO vom 30.10.1997, BGBl. I 2683; dazu Bauer/v. Oefele § 28 Rn. 47, 49). IÜ besteht für die Forderung keine Typenbegrenzung, so dass auch eine Forderung aus abstraktem Schuldversprechen hypothekenfähig ist (→ Vor § 1113 Rn. 17). Wegen der steten Geldentwertung möchten Gläubiger die Hypotheken *wertbeständig* machen, zB soll vereinbarungsgemäß der Geldbetrag nach dem Wert einer gewissen Warenmenge (zB Weizen) oder Feingoldmenge errechnet werden. Das verstößt gegen den Bestimmtheitsgrundsatz von I sowie gegen § 28 S. 2 GBO und ist daher nur nach Maßgabe des PrKLG zulässig. **c) Sie muss unver-** 8
wechselbar festgelegt („individualisiert") sein durch Festlegung von Gläubiger, Schuldner (vgl § 1115 I) und Schuldgrund (Westermann JZ 1962, 302, 303). Eini-

gung und Eintragung (§ 873) müssen sich auf die so bezeichnete Forderung beziehen. Deshalb führt eine nachträgliche Valutierung nur dann zum Erwerb der Hypothek durch den Gläubiger (vgl → § 1163 Rn. 10–12), wenn mit ihr die durch Einigung und Eintragung festgelegte Forderung entstanden ist; andernfalls kommt es zum Hypothekenerwerb nur nach Forderungsauswechslung gem § 1180 (Westermann JZ 1962, 302 f. gegen BGHZ 36, 84, 89 f.). Bei Nichtigkeit des Darlehens tritt die Bereicherungsforderung mangels Individualisierung nicht an die Stelle der Darlehensforderung, doch kann die Auslegung von Einigung und Eintragung ergeben, dass „auch" die Ersatzforderung gesichert sein soll (Räfle WM 1983, 806 mit RsprN; str, s. MüKo-BGB/Lieder Rn. 84; weiter Soergel/Konzen Rn. 11: Partei-
9 wille soll immer auf ersatzweise Sicherung gerichtet sein). **d) Aufschiebend bedingt oder künftig** (dh zZ – noch – nicht bestehend) kann sie sein, **II;** aufschiebend bedingt ist nicht die Forderung, sondern ihre Rechtsgrundlage, → § 883 Rn. 7. (Auflösend bedingte Forderung besteht bereits, daher problemlos.) → Rn. 7 gilt auch dann. Für das Entstehen der künftigen Forderung muss schon jetzt ein gewisses Maß an Sicherheit bestehen (→ § 883 Rn. 8 gilt entspr); anders bei der Höchstbetragshypothek (→ § 1190 Rn. 4). Bis zum Entstehen der künftigen oder aufschiebend bedingten Forderung ist die Hypothek Eigentümergrundschuld (§§ 1163 I 1, 1177 I entspr); das Gleiche gilt ab Eintritt der auflösenden Bedingung (§§ 1163 I 2, 1177 I). – Bedingte Forderung (II) und bedingte Hypothek (zu dieser
10 → Rn. 14) sind zu unterscheiden. **e) Mehrheit von Schuldnern und Forderungen.** Eine Forderung gegen mehrere Gesamtschuldner kann durch *eine* Hypothek gesichert werden, ebenso mehrere Forderungen gegen einen und denselben Schuldner (RGZ 126, 272, 278 f.). Nach hM sollen auch mehrere Forderungen gegen verschiedene Schuldner, die nicht in einer Verpflichtungsgemeinschaft stehen, durch
11 *eine* Hypothek gesichert werden können (aA Soergel/Konzen Rn. 25). **f) Verbot der Doppelsicherung:** Dieselbe Forderung kann idR nicht durch mehrere selbstständige Hypotheken an einem oder an mehreren Grundstücken gesichert werden (RGZ 132, 136, 138). Zulässig ist jedoch die Begründung einer Verkehrs- und einer Zwangshypothek für dieselbe Forderung an verschiedenen Grundstücken (BayObLG MDR 1991, 163; hM). *Vom Verbot werden* **nicht getroffen:** Sicherung ders Forderung durch Hypothek und Grundschuld, weil letztere nicht akzessorisch ist (RGZ 132, 136, 137 f.); unbedingte Verkehrshypothek und aufschiebend bedingte Ausfall-Sicherungshypothek, weil letztere erst entsteht, wenn erstere erloschen ist (RGZ 122, 327, 331 f.; zur bedingten Hypothek → Rn. 14); die Gesamthypothek, weil bei ihr für eine Forderung an mehreren Grundstücken nur *eine*
12 Hypothek entsteht, nicht mehrere selbstständige (vgl § 1132 I). **g) Öffentl.-rechtliche Geldforderungen** können idR auch ohne ges Grundlage hypothekarisch gesichert werden (ie MüKo-BGB/Lieder Rn. 74–77); für Steueransprüche vgl §§ 241 I Nr. 5a sowie 322 f. AO mit § 867 ZPO. **h)** Zur **Abtretbarkeit der Forderung und** deren **Ausschluss** → § 1153 Rn. 4.

13 **5. Begründung der Hypothek. a) Durch RGeschäft.** Hier ist wegen § 1163 I 1, II zwischen *Bestellung* der Hypothek *als Grundpfandrecht* und ihrem *Erwerb* als *Fremdhypothek* durch den Gläubiger zu unterscheiden. Zur Bestellung sind Einigung (Ausnahme § 1188 I) und Eintragung nötig (§ 873), zum Erwerb außerdem das Bestehen der zu sichernden Forderung (vgl § 1163 I 1) und bei der Briefhypothek Übergabe(ersatz) des Hypothekenbriefs (§§ 1117, 1163 II), vgl → § 1163 Rn. 9–11, 18. Ie: **aa) Rechtsgrundlage** (causa) der Bestellung ist idR ein schuldrechtlicher
14 Vertrag (→ Vor § 1113 Rn. 16). **bb) Einigung. (1) Allg.:** → § 873 Rn. 8–23. **(2)** Wird sie **bedingt** erklärt, so hängt das Entstehen oder Erlöschen des dinglichen Rechts von dem Eintritt der Bedingung ab (§ 158; RGZ 122, 327, 331; 136, 74, 77 f. für aufschiebend bedingte Hypothek; LG Tübingen Rpfleger 1984, 156 für auflösend bedingte); vor Eintritt der aufschiebenden und nach Eintritt der auflösenden Bedingung entsteht auch keine Eigentümergrundschuld (RGZ 136, 74, 78 ff.).
15 **(3) Einigung zgDr** (entspr § 328) zwischen dem Eigentümer und einem anderen

(sog Versprechensempfänger) ist ausgeschlossen (→ § 873 Rn. 12). **(4) Fehlt die Einigung oder ist sie nichtig** (zB wegen Geschäftsunfähigkeit des Gläubigers oder infolge Anfechtung), so entsteht weder eine Fremdhypothek noch eine Eigentümergrundschuld (vgl Grüneberg/Herrler § 1163 Rn. 1; str); nachstehende Berechtigte rücken auf, was für den Eigentümer hart sein kann. Die Gegenansicht (Kiefner FS Hübner, 1984, 521 ff.; Staudinger/Wolfsteiner Einl. §§ 1113 ff. Rn. 115 f., 134; MüKo-BGB/Lieder § 1196 Rn. 4–7, je mN) bejaht den Erwerb einer Eigentümergrundschuld. Die dafür geforderten Voraussetzungen sind unterschiedlich (formell ordnungsmäßige Eintragung; wirksamer Eintragungsantrag; wirksame Eintragungsbewilligung; für sich wirksame Einigungserklärung des Eigentümers). Die Gegenmeinung hat die Billigkeit für, das Ges gegen sich. Weder Antrag noch Bewilligung des Eigentümers enthalten eine Erklärung iSv § 1196: Sie sind auf Eintragung einer Fremdhypothek gerichtet; eine andere Auslegung ist vom Empfängerhorizont (Grundbuchamt) aus unzulässig, eine Umdeutung (§ 140) mangels Nichtigkeit ebenfalls; die Annahme, mit jeder Eintragung eines Grundpfandrechts entstehe ein solches (so Staudinger/Wolfsteiner Einl. §§ 1113 ff. Rn. 116), misst der Eintragung „formale Rechtskraft" bei, die dem BGB fremd ist (Staudinger/Picker § 891 Rn. 1). Der Rangvorteil ist bereicherungsrechtlich auszugleichen. Der Eigentümer kann von dem im Rang aufgerückten Gläubiger nach § 812 I 1 Rangrücktritt verlangen. Dazu muss eine Eigentümergrundschuld bestellt und ein Rangvermerk eingetragen werden. **cc) Eintragung:** allg → § 873 Rn. 8–16, 24–35, bes §§ 1115, 1116 II 3. **dd) Gesicherte Forderung:** → Rn. 6–12. **ee) Übergabe des Hypothekenbriefs:** §§ 1117, 1163 II, 1177. **ff) Divergenzen** zwischen Einigung und Eintragung: → § 1116 Rn. 4, 5, → §§ 1184, 1185 Rn. 2. **b) Kraft Ges,** insbes durch 17
Surrogation (§ 1287 S. 2; § 848 II 2 ZPO). **c) Durch Zwangsvollstreckung:** 18
§§ 866, 867 ZPO, § 322 AO (Zwangshypothek); § 932 ZPO, § 324 AO (Arresthypothek); ferner kraft gerichtl Anordnung (§ 128 ZVG).

§ 1114 Belastung eines Bruchteils

Ein Bruchteil eines Grundstücks kann außer in den in § 3 Abs. 6 der Grundbuchordnung bezeichneten Fällen mit einer Hypothek nur belastet werden, wenn er in dem Anteil eines Miteigentümers besteht.

Anwendungsbereich. a) Nur der Anteil an einer Bruchteilsgemeinschaft 1
(§§ 1008 ff.) wird als Belastungsgegenstand dem Grundstück (vgl §§ 1113, 1191 I, 1192 I, 1199 I) gleichgestellt. Erfasst wird auch der Anteil an den mithaftenden Gegenständen (§§ 1120 ff.). Das *Wohnungseigentum* ist Miteigentumsanteil iSv § 1114 (Weitnauer § 3 Rn. 107). Die von allen Miteigentümern bestellte Hypothek steht einer Gesamthypothek an mehreren Grundstücken gleich (BGH NJW 1983, 2449, 2450). Soweit der Miteigentumsanteil vor einer Übertragung gebucht werden kann (§ 3 VI GBO), ist seine Belastung vor Übertragung zulässig. **b) Nicht betrifft** 2
§ 1114 den Anteil an einer Gesamthandsgemeinschaft (RGZ 117, 257, 267), den Bruchteil eines Alleineigentümers (OLG Zweibrücken NJW-RR 1990, 147) und den Bruchteil vom Bruchteil. Eintragung wäre inhaltlich unzulässig. Folge: § 53 I GBO. **c) § 1114 beruht** auf reiner Zweckmäßigkeit (RGZ 68, 79, 80). Das rechtfer- 3
tigt in – seltenen – Ausnahmen ein Abweichen vom Wortlaut des Ges (ie Grüneberg/Herrler Rn. 5; OLG Frankfurt a. M. NJW-RR 1988, 463, 464).

§ 1115 Eintragung der Hypothek

(1) **Bei der Eintragung der Hypothek müssen der Gläubiger, der Geldbetrag der Forderung und, wenn die Forderung verzinslich ist, der Zinssatz, wenn andere Nebenleistungen zu entrichten sind, ihr Geldbetrag im Grundbuch angegeben werden; im Übrigen kann zur Bezeichnung der Forderung auf die Eintragungsbewilligung Bezug genommen werden.**

(2) **Bei der Eintragung der Hypothek für ein Darlehen einer Kreditanstalt, deren Satzung von der zuständigen Behörde öffentlich bekannt gemacht worden ist, genügt zur Bezeichnung der außer den Zinsen satzungsgemäß zu entrichtenden Nebenleistungen die Bezugnahme auf die Satzung.**

1 **1. Allgemeines.** § 1115 schränkt, abw von § 874, die Möglichkeit einer Bezugnahme auf die Eintragungsbewilligung ein, damit das Höchstmaß der Belastung aus dem Grundbuch selbst ersichtlich ist; deshalb müssen nur die Vereinbarungen zwischen Eigentümer und Gläubiger, die das Höchstmaß der Belastung betreffen, im Grundbuch vermerkt werden (BGHZ 47, 41, 44 ff.).

2 **2. Inhalt der Eintragung.** Im Grundbuch sind einzutragen: **a) Gläubiger** (→ § 1113 Rn. 6). Hierzu § 15 GBV; BayObLG NJW-RR 1988, 980. Ist die Namensangabe nicht möglich, so sind andere identifizierende Bezeichnungen zulässig (vgl RGZ 127, 309, 312), zB die künftigen Abkömmlinge oder die noch unbekannten Erben einer namentlich bezeichneten Person (vgl BayObLG NJW 1958, 1917, 1918 zu § 328). Auch ein nichtrechtsfähiger Verein ist eintragungsfähig (→ § 54 Rn. 14 [cc]; anders die noch hM. Zur Außen-GbR vgl → Vor § 21 Rn. 1; Anm zu
3 § 899a; § 47 II GBO. **b) Geldbetrag der Forderung** (→ § 1113 Rn. 7). Zu ihrer Individualisierung gehören die Festlegung von Gläubiger, persönlichem Schuldner und Schuldgrund (→ § 1113 Rn. 8). **aa)** *Die Bezeichnung des Schuldners* ist entbehrlich, wenn er der Eigentümer ist. Andernfalls genügt Bezugnahme auf die Eintragungsbewilligung, I; fehlt jede Angabe, so ist die Hypothek bei Feststellbarkeit des Schuldners zwar wirksam, aber das Grundbuch unrichtig. **bb)** Das Recht muss im Grundbuch erkennbar *als Hypothek ausgewiesen* sein durch die zumindest schlagwortartige Angabe des Schuldgrundes (Darlehen, Kaufpreisforderung usw); für Einzelheiten genügt
4 Bezugnahme auf die Eintragungsbewilligung (MüKo-BGB/Lieder Rn. 20). **c) Ggf. der Zinssatz;** ohne (wirksame) Eintragung eines Zinssatzes (Bezugnahme auf die Eintragungsbewilligung genügt insoweit nicht) ist die Hypothek unverzinslich. Ist die Zeiteinheit (zB „7% pro Jahr") nicht eingetragen, so handelt es sich um Jahreszinsen (OLG Frankfurt a. M. MDR 1980, 227; hM). Zulässig ist die Eintragung eines Höchstzinssatzes, wenn in der bezogenen Eintragungsbewilligung der Regel- oder Mindestzinssatz sowie die obj Maßstäbe zur sicheren Bestimmung eines höheren Zinses (bis zum Erreichen des Höchstzinssatzes) angegeben sind (BGH NJW 1975, 1314, 1315); entspr zulässig ist auch ein gleitender Zinssatz, zB 2 % über dem Basiszinssatz (§§ 247, 288, je mit Anm) ohne Angabe eines Höchstzinssatzes (BGH NJW 2006, 1341, 1342), ferner ein Zinssatz entspr den von allen (BGHZ 35, 22, 24) oder einer (BayObLG NJW 1975, 1365 f.) öffentl Sparkasse *allg* in Ansatz gebrachten Hypothekenzinsen (idS genügt für den Zins Bestimmbarkeit). Zum Zinsbeginn BayObLG
5 NJW-RR 2004, 1643 f.; BGHZ 129, 4 f. mN). **d) Andere Nebenleistungen,** zB Zinseszinsen (§ 248 II 2). Ihre Art ist anzugeben, zumindest in der Eintragungsbewilligung (bei Grundschulden ist auch das entbehrlich, OLG Stuttgart DNotZ 1987, 230, str). Einzutragen ist ein (berechenbarer, BayObLG JurBüro 1981, 1723, 1724) Geldbetrag (I, Ausnahme in II), um das Höchstmaß der Belastung erkennen zu lassen (→ Rn. 1). Ges Nebenleistungen (§ 1118) sind nicht eintragungsfähig.

6 **3. Sonstiges.** Von → Rn. 2–5 abgesehen, ist **Bezugnahme** auf die Eintragungsbewilligung zulässig (I Hs. 2), aber nicht global, sondern nur, soweit in der Bewilligung die gesicherte Forderung näher bezeichnet ist (vgl BGHZ 21, 34, 42 f.).

§ 1116 Brief- und Buchhypothek

(1) **Über die Hypothek wird ein Hypothekenbrief erteilt.**

(2) **[1]Die Erteilung des Briefes kann ausgeschlossen werden. [2]Die Ausschließung kann auch nachträglich erfolgen. [3]Zu der Ausschließung ist die Einigung des Gläubigers und des Eigentümers sowie die Eintragung in das**

Grundbuch erforderlich; die Vorschriften des § 873 Abs. 2 und der §§ 876, 878 finden entsprechende Anwendung.

(3) **Die Ausschließung der Erteilung des Briefes kann aufgehoben werden; die Aufhebung erfolgt in gleicher Weise wie die Ausschließung.**

1. Allgemeines. Zu Buch- und Briefhypothek → Vor § 1113 Rn. 5–7. 1

2. Verkehrshypothek. Die Verkehrshypothek ist **idR Briefhypothek** (I gegen 2 II 1, § 1185 I). **a) Inhalt des Briefs:** §§ 56–59 GBO, §§ 47–52 GBV. **b) Eigentum** am Brief: § 952 II. **c) Bedeutung** hat der Brief für den Erwerb (§§ 1117, 1163 II), die Übertragung (§§ 1154 f.), Belastung (§§ 1069, 1274), Pfändung (§ 830 ZPO) und Geltendmachung der Hypothek (§ 1160) sowie bei Identität von Eigentümer und persönlichem Schuldner auch für die Geltendmachung der Forderung (§ 1161). Öffentl Glauben genießt nur das Grundbuch, doch kann ihn der Brief zerstören (§ 1140).

3. Buchhypothek. Als Buchhypothek entsteht die *Verkehrshypothek* nur, wenn 3 der Briefausschluss vereinbart und eingetragen ist (II 1, 3). Bezugnahme auf die Eintragungsbewilligung (§ 874) ist ungenügend; iÜ gelten §§ 873 II, 876, 878 entspr (II 3). Der Briefausschluss ist bei der Hypothekenbestellung (dazu allg → § 1113 Rn. 13) oder später (II 2) möglich. Er ist aufhebbar; Form: III, Folge: I (beachte §§ 1117, 1163 II, § 60 GBO). Bei nachträglichem Briefausschluss ist der noch vorhandene Brief rechtlich bedeutungslos geworden; §§ 1154 I 1, 1155 sind unanwendbar.

4. Divergenzen zwischen Einigung und Eintragung. a) *Einigung:* Briefhy- 4 pothek; *Eintragung:* Briefausschluss; entstanden: Briefhypothek, die gem §§ 1163 II, 1177 Eigentümergrundschuld ist; das Grundbuch ist unrichtig (Staudinger/Wolfsteiner Einl. §§ 1113 ff. Rn. 148). **b)** *Einigung:* Briefausschluss; *keine Eintragung* des Aus- 5 schlusses, sondern Brieferteilung; entstanden: Briefhypothek (sofern Einigung gem § 139 aufrechtzuerhalten), für sie gelten §§ 1117, 1163 II. Das Grundbuch ist richtig, weil eine Briefhypothek eingetragen (arg II 3) und entstanden ist.

5. Sicherungshypothek. Für die Sicherungshypothek gilt § 1116 nicht (§ 1185 I).

§ 1117 Erwerb der Briefhypothek

(1) **[1]Der Gläubiger erwirbt, sofern nicht die Erteilung des Hypothekenbriefs ausgeschlossen ist, die Hypothek erst, wenn ihm der Brief von dem Eigentümer des Grundstücks übergeben wird. [2]Auf die Übergabe finden die Vorschriften des § 929 Satz 2 und der §§ 930, 931 Anwendung.**

(2) **Die Übergabe des Briefes kann durch die Vereinbarung ersetzt werden, dass der Gläubiger berechtigt sein soll, sich den Brief von dem Grundbuchamt aushändigen zu lassen.**

(3) **Ist der Gläubiger im Besitz des Briefes, so wird vermutet, dass die Übergabe erfolgt sei.**

1. Allgemeines. a) Mit Einigung und Eintragung ist die Briefhypothek als 1 Eigentümergrundschuld entstanden; zum Erwerb als Fremdbriefhypothek sind ferner Bestehen der Forderung (§§ 1163 I 1, 1177 I entspr) und Übergabe des Hypothekenbriefs (§§ 1117, 1163 II, 1177) erforderlich. Zweck des § 1117: Sicherung des Eigentümers gegen eine Eigentumsbelastung ohne Erhalt des Gegenwerts (sog Valuta), außerdem gegen vorzeitige Verfügungen des Gläubigers (vgl §§ 1154, 1069, 1274, ferner § 830 ZPO). Diesen Schutz übernimmt bei der Buchhypothek zT § 1139. **b) Der Anspruch auf Verschaffung** der Hypothek (→ Vor § 1113 2 Rn. 16) umfasst auch die Briefübergabe. Der Verschaffungsanspruch ist durch Vormerkung sicherbar; dadurch ist der Gläubiger gegen Verfügungen des Eigentümers über die Grundschuld (§§ 1163 II, 1177) gesichert, ebenso gegen Zwangsvollstreckung und Insolvenz (vgl → § 883 Rn. 16, 19, 20).

3 **2. Voraussetzungen. a) Ges Regelfall** in **I.** I 1 meint körperliche Übergabe. Zu §§ 929 S. 2, 930, 931 vgl Anm dort; sie gelten entgegen I 2 nur „entspr", da Übergabe hier nicht Teil einer Übereignung ist. Zum Verfahren des Grundbuchamts
4 § 60 GBO. **b) Sonderfall** in **II.** Die Vereinbarung (sog *Aushändigungsabrede*) ist nicht zu verwechseln mit der einseitigen Anweisung des Eigentümers gem § 60 II GBO. Die Vereinbarung zwischen Eigentümer und Gläubiger ist formfrei. Nur die einseitige Anweisung nach § 60 II GBO ist formbedürftig (§ 29 I 1 GBO).

5 **3. Wirkung. a)** Sie ergibt sich mittelbar aus § 1163 II. **b)** Besteht die Forderung und liegen Einigung (§ 873) und **Abrede gem II** vor, so erwirbt der Gläubiger die Briefhypothek schon mit der Eintragung (insoweit also kein Unterschied zur Buchhypothek!), BGH NJW-RR 2007, 165, 166 f. Den Brief erwirbt er mit Herstellung (§ 952 II).

6 **4. Sonstiges.** Für die Erwerbsvoraussetzung „Übergabe" stellt **III** eine **Tatsachenvermutung** auf und regelt damit die Beweislast (vgl § 292 ZPO). Die Vermutung ist ausgeräumt durch Erschütterung der Vermutungsbasis (kein Besitz; dann gilt auch nicht die Vermutung des § 891, str, s. Staudinger/Picker § 891 Rn. 48 mN) oder Widerlegung der Vermutung selbst (keine Übergabe iSv → Rn. 3, 4).

§ 1118 Haftung für Nebenforderungen

Kraft der Hypothek haftet das Grundstück auch für die gesetzlichen Zinsen der Forderung sowie für die Kosten der Kündigung und der die Befriedigung aus dem Grundstück bezweckenden Rechtsverfolgung.

1 **1. Ges Nebenleistungen.** Dies sind **a) ges Zinsen** der Forderung (insbes gem §§ 288 I, 291), auch wenn Eigentümer und persönlicher Schuldner nicht identisch
2 sind; **b) Kosten der Kündigung** gegenüber dem Eigentümer (vgl § 1141, gilt nicht
3 für die Sicherungshypothek: § 1185 II); **c) Kosten der Rechtsverfolgung** nur, soweit sie auf Befriedigung aus dem Grundstück gerichtet und (entspr § 91 I 1 ZPO) zweckmäßig sind. Auf Befriedigung zielt die dingliche Klage gegen den Eigentümer samt Zwangsvollstreckung (§ 1147; vgl → § 1113 Rn. 6), ferner das Vorgehen gem § 1133. **Nicht** hierher gehören die persönliche Klage (auch wenn Eigentümer und persönlicher Schuldner identisch sind, RGZ 90, 171, 172), ferner Vorgehen gem § 1134 (RGZ 72, 332 ff.).

4 **2. Vertragliche Nebenleistungen.** § 1115.

§ 1119 Erweiterung der Haftung für Zinsen

(1) **Ist die Forderung unverzinslich oder ist der Zinssatz niedriger als fünf vom Hundert, so kann die Hypothek ohne Zustimmung der im Range gleich- oder nachstehenden Berechtigten dahin erweitert werden, dass das Grundstück für Zinsen bis zu fünf vom Hundert haftet.**

(2) **Zu einer Änderung der Zahlungszeit und des Zahlungsorts ist die Zustimmung dieser Berechtigten gleichfalls nicht erforderlich.**

1 **1. Grundsatz.** Erweiterung einer Nebenleistung der Hypothek oder Verschärfung der hypothekarischen Haftung ist eine **Inhaltsänderung,** die der Einigung und Eintragung bedarf (§§ 877, 873). Soll sie gleichen Rang wie die Hypothek (mit dem bisherigen Inhalt) haben, so ist außerdem die **Zustimmung** der gleich- und nachstehend Berechtigten notwendig (RGZ 132, 106, 110). Fehlt die Zustimmung, dann hat die Haftungserweiterung Rang hinter den gleich- und nachstehend Berechtigten.

2. Ausnahmen. a) Die Zustimmung (→ Rn. 1) ist entbehrlich für **aa)** Zinsen bis 5 % **(I),** darüber hinaus ist sie nötig (BGH NJW 1986, 314, 315); **bb)** Änderung von Zahlungszeit und -ort (vgl §§ 269 ff.), **II. b)** Für I und II gilt § 877. 2

3. Erhöhung des Hypothekenkapitals. Dies ist Begründung einer neuen Hypothek, die an bereiter Stelle einzutragen ist (RGZ 143, 424, 428). 3

§ 1120 Erstreckung auf Erzeugnisse, Bestandteile und Zubehör

Die Hypothek erstreckt sich auf die von dem Grundstück getrennten Erzeugnisse und sonstigen Bestandteile, soweit sie nicht mit der Trennung nach den §§ 954 bis 957 in das Eigentum eines anderen als des Eigentümers oder des Eigenbesitzers des Grundstücks gelangt sind, sowie auf das Zubehör des Grundstücks mit Ausnahme der Zubehörstücke, welche nicht in das Eigentum des Eigentümers des Grundstücks gelangt sind.

§ 1121 Enthaftung durch Veräußerung und Entfernung

(1) **Erzeugnisse und sonstige Bestandteile des Grundstücks sowie Zubehörstücke werden von der Haftung frei, wenn sie veräußert und von dem Grundstück entfernt werden, bevor sie zugunsten des Gläubigers in Beschlag genommen worden sind.**

(2) [1]**Erfolgt die Veräußerung vor der Entfernung, so kann sich der Erwerber dem Gläubiger gegenüber nicht darauf berufen, dass er in Ansehung der Hypothek in gutem Glauben gewesen sei.** [2]**Entfernt der Erwerber die Sache von dem Grundstück, so ist eine vor der Entfernung erfolgte Beschlagnahme ihm gegenüber nur wirksam, wenn er bei der Entfernung in Ansehung der Beschlagnahme nicht in gutem Glauben ist.**

§ 1122 Enthaftung ohne Veräußerung

(1) **Sind die Erzeugnisse oder Bestandteile innerhalb der Grenzen einer ordnungsmäßigen Wirtschaft von dem Grundstück getrennt worden, so erlischt ihre Haftung auch ohne Veräußerung, wenn sie vor der Beschlagnahme von dem Grundstück entfernt werden, es sei denn, dass die Entfernung zu einem vorübergehenden Zwecke erfolgt.**

(2) **Zubehörstücke werden ohne Veräußerung von der Haftung frei, wenn die Zubehöreigenschaft innerhalb der Grenzen einer ordnungsmäßigen Wirtschaft vor der Beschlagnahme aufgehoben wird.**

Anmerkungen zu den §§ 1120–1122

Lit.: Plander, Die Erstreckung der Hypothekenhaftung auf bewegliche Sachen und deren Enthaftung nach §§ 1121 f, 135 II, 136, 932 f, 936 BGB, JuS 1975, 345; Schreiber, Der Hypothekenhaftungsverband, Jura 2006, 597.

1. Allgemeines. a) Erzeugnisse, sonstige Bestandteile und Zubehör werden, da sie mit dem Grundstück eine wirtschaftliche Einheit bilden, gem §§ 1120–1122 ebenfalls von der hypothekarischen Haftung erfasst (für weitere Gegenstände vgl §§ 1123–1131). **b) Die Haftung** ist zunächst nur eine **potentielle;** erst durch die Beschlagnahme (→ Rn. 5–7) wird sie realisiert. Das bedeutet zweierlei. **aa) Die mithaftenden Sachen** (nicht das Grundstück) können vor der Beschlagnahme regulär **haftfrei** werden, insbes durch Veräußerung. Die Hypothek begründet also kein Veräußerungsverbot, so dass der Eigentümer Grundstück und mithaftende Sachen sinnvoll nutzen kann (zB durch Veräußerung der Ernte, Ersetzung veralteter Maschinen; → Rn. 9, 15). **bb) Pfändung** von Erzeugnissen und sonstigen (nicht: 1 2 3 4 wesentlichen, Gaul NJW 1989, 2509, 2510f.) Bestandteilen *durch Dritte* ist zwar zulässig (§ 865 II 2 ZPO), aber der Hypothekengläubiger hat die Klage aus § 805 ZPO (Baumbach § 805 Rn. 3). Die Pfändung von mithaftendem Zubehör (→ Rn. 14) ist unzulässig (§ 865 II 1 ZPO); sie ist nicht nichtig (aA RGZ 153, 257, 259), aber anfechtbar (gem § 766 ZPO für Vollstreckungsschuldner, Zwangsverwalter, Hypothekengläubiger; für letzteren nach BGH WM 1987, 74, 76 außerdem – entspr § 810 II ZPO – Klage nach § 771 ZPO).

5 **2. Arten der Beschlagnahme iSv §§ 1121, 1122. a) Anordnung der Zwangsverwaltung** oder/und **Zwangsversteigerung** (§§ 20, 146 ZVG, § 866 II ZPO) auf Grund dinglichen Titels (Staudinger/Wolfsteiner § 1147 Rn. 73), außer im Fall § 867 III ZPO (→ § 1147 Rn. 2). Zum Umfang: §§ 21, 148 I ZVG. Wirkung: Veräußerungsverbot zugunsten des betreibenden und eines beigetretenen
6 Gläubigers (§§ 23 I 1, 27 II, 146 I, 151 II ZVG). **b) Pfändung,** aber nur vor einer Beschlagnahme gem → Rn. 5 und nicht von mithaftendem Zubehör (→ Rn. 4; § 865 II 1 ZPO). Grundlage ist ein dinglicher Titel (§ 1147; vgl dort → § 1147
7 Rn. 2). **c) Einl. der Zwangsverwaltung** auf Grund einer vom Hypothekengläubiger beantragten einstw Verfügung zur Sicherung seines dinglichen Rechts (§§ 935, 938 ZPO; vgl RGZ 92, 18, 19f.).

8 **3. Haftung. a) Für die Hypothek haften** die wesentlichen und die dem Grundstückseigentümer gehörenden unwesentlichen Bestandteile mitsamt den Erzeugnissen (vgl § 94), und zwar selbstverständlich vor der Trennung (im Ges nicht hervorgehoben), nach der Trennung nur (§ 1120!), sofern sie jetzt dem Eigentümer oder dem Eigenbesitzer des Grundstücks gehören (also nicht, wenn der Pächter, § 956, oder Nießbraucher, § 954, Eigentümer zB der geernteten Äpfel geworden ist). Ist die Hypothek erst nach der Trennung entstanden, so erfasst sie die getrennten Gegenstände nicht (MüKo-BGB/Lieder § 1120 Rn. 16). Trennung ist Loslösung
9 vom Gebäude oder Boden (zB durch Ernten). **b) Die Haftung erlischt regulär,** wenn **aa)** Bestandteile und Erzeugnisse *vor* der Beschlagnahme (→ Rn. 5–7) veräußert und entfernt werden, **§ 1121 I** (Sondervorschrift gegenüber § 936). **Reihenfolge:** *Veräußerung – Entfernung – Beschlagnahme* oder: *Entfernung – Veräußerung – Beschlagnahme.* Veräußerung: Eigentumsübertragung ohne gleichzeitige Veräußerung des Grundstücks. Entfernung: Die auf Dauer angelegte Fortschaffung vom Grundstück; sie muss mit der Veräußerung in Zusammenhang stehen (hM, vgl RGZ 144, 152, 155), was nur bei der Reihenfolge Veräußerung – Entfernung – Beschlagnahme selbstständige praktische Bedeutung hat; bei Veräußerung nach § 930 fehlt Entfernung (BGH NJW 1979, 2514); **bb)** Bestandteile oder Erzeugnisse in ordnungsmäßiger Wirtschaft (kein Raubbau) vom Grundstück getrennt und *vor* der Beschlagnahme *dauernd vom Grundstück entfernt, aber nicht veräußert* worden sind, § 1122 I (Erweiterung von § 1121 I, weil Freiwerden ohne Veräußerung). Bsp: Einlagerung von Getreide im Gemeindesilo zum Zweck späterer Veräußerung von dort aus. Bei vorübergehender Entfernung oder ordnungswidriger Trennung gilt → Rn. 13.
10 **c) Die Haftung erlischt uU irregulär,** wenn die Sachen erst *nach* Veräußerung und Beschlagnahme entfernt worden sind (**Reihenfolge:** *Veräußerung – Beschlagnahme – Entfernung* oder *Beschlagnahme – Veräußerung – Entfernung;* den letzteren Fall
11 regelt § 1121 II, für den ersteren gilt nichts anderes). **aa)** Die Haftung entfällt nicht schon deshalb, weil der Erwerber beim Erwerb hinsichtlich der Hypothek in gutem
12 Glauben war **(§ 1121 II 1).** § 936 ist ausgeschlossen. **bb)** Die Haftung erlischt, wenn der Erwerber die beschlagnahmte Sache von dem Grundstück entfernt, es sei denn, er ist bei der Entfernung hinsichtlich der Beschlagnahme bösgläubig **(§ 1121 II 2).** Der böse Glaube hindert den Erwerb (zur Bedeutung → § 932 Rn. 5). Der Erwerber ist bösgläubig (vgl § 932 II), wenn er die Beschlagnahme und die Zugehörigkeit der entfernten Sache zum Haftungsverband kannte oder grobfahrlässig nicht kannte (Plander JuS 1975, 345, 350 mN); die Kenntnis des Vollstreckungsantrags macht kraft Ges bösgläubig (§§ 23 II 1, 146 I ZVG), ebenso die Eintragung des Vollstre-
13 ckungsvermerks (§§ 23 II 2, 146 I ZVG). **d) Die Haftung erlischt uU ebenfalls**

irregulär, wenn die Veräußerung zuletzt erfolgt (**Reihenfolge:** *Beschlagnahme – Entfernung – Veräußerung* oder *Entfernung – Beschlagnahme – Veräußerung;* soweit im letzteren Fall § 1122 I eingreift, gilt → Rn. 9 (bb), vgl Plander JuS 1975, 345, 350). Hier bestehen keine Sondervorschriften. Es gelten die allg Regeln (§§ 136, 135 II, 932 ff.; ie ist manches str, vgl Plander JuS 1975, 345, 350 ff.). Die Bösgläubigkeit (vgl § 932 II) bezieht sich auf die Beschlagnahme (str); §§ 23 II, 146 I ZVG gelten auch hier (vgl → Rn. 12).

4. Zubehör. a) Das eigene Zubehör (§§ 97 f.) des Grundstückseigentümers 14
haftet für die Hypothek **(§ 1120),** ferner ein Anwartschaftsrecht des Grundstücks-eigentümers an fremdem Zubehör (BGHZ 92, 280, 289). **b) Die Haftung** 15
erlischt regulär aa) gem § 1121 I (→ Rn. 9 [aa]; BGH NJW 1986, 59, 60 mN) oder **bb)** auch ohne Veräußerung (und Entfernung) durch Aufhebung der Zubehöreigenschaft in ordnungsmäßiger Wirtschaft, **§ 1122 II** (zB Ausmusterung veralteter Maschinen). Endgültige Betriebsstilllegung beseitigt zwar die Zubehöreigenschaft, aber nicht in ordnungsmäßiger Wirtschaft; daher endet die Haftung nicht gem § 1122 II (BGH NJW 1996, 835, 836). **c) Die Haftung erlischt uU** 16
irregulär gem § 1121 II (vgl → Rn. 10–12) oder §§ 136, 135 II, 932 ff. (→ Rn. 13). **d) Durch Zuschlag** in der Zwangsversteigerung erwirbt der Erste- 17
her uU auch dem *Grundstückseigentümer nicht gehörendes Zubehör* (§§ 90 II, 55 II ZVG), obwohl Haftung (§ 1120) und Beschlagnahme (§ 20 II ZVG) es nicht ergriffen haben.

§ 1123 Erstreckung auf Miet- oder Pachtforderung

(1) **Ist das Grundstück vermietet oder verpachtet, so erstreckt sich die Hypothek auf die Miet- oder Pachtforderung.**

(2) **[1]Soweit die Forderung fällig ist, wird sie mit dem Ablauf eines Jahres nach dem Eintritt der Fälligkeit von der Haftung frei, wenn nicht vorher die Beschlagnahme zugunsten des Hypothekengläubigers erfolgt. [2]Ist die Miete oder Pacht im Voraus zu entrichten, so erstreckt sich die Befreiung nicht auf die Miete oder Pacht für eine spätere Zeit als den zur Zeit der Beschlagnahme laufenden Kalendermonat; erfolgt die Beschlagnahme nach dem 15. Tage des Monats, so erstreckt sich die Befreiung auch auf den Miet- oder Pachtzins für den folgenden Kalendermonat.**

§ 1124 Vorausverfügung über Miete oder Pacht

(1) **[1]Wird die Miete oder Pacht eingezogen, bevor sie zugunsten des Hypothekengläubigers in Beschlag genommen worden ist, oder wird vor der Beschlagnahme in anderer Weise über sie verfügt, so ist die Verfügung dem Hypothekengläubiger gegenüber wirksam. [2]Besteht die Verfügung in der Übertragung der Forderung auf einen Dritten, so erlischt die Haftung der Forderung; erlangt ein Dritter ein Recht an der Forderung, so geht es der Hypothek im Range vor.**

(2) **Die Verfügung ist dem Hypothekengläubiger gegenüber unwirksam, soweit sie sich auf die Miete oder Pacht für eine spätere Zeit als den zur Zeit der Beschlagnahme laufenden Kalendermonat bezieht; erfolgt die Beschlagnahme nach dem fünfzehnten Tage des Monats, so ist die Verfügung jedoch insoweit wirksam, als sie sich auf die Miete oder Pacht für den folgenden Kalendermonat bezieht.**

(3) **Der Übertragung der Forderung auf einen Dritten steht es gleich, wenn das Grundstück ohne die Forderung veräußert wird.**

§ 1125 Aufrechnung gegen Miete oder Pacht

Soweit die Einziehung der Miete oder Pacht dem Hypothekengläubiger gegenüber unwirksam ist, kann der Mieter oder der Pächter nicht eine ihm gegen den Vermieter oder den Verpächter zustehende Forderung gegen den Hypothekengläubiger aufrechnen.

Anmerkungen zu den §§ 1123–1125

1 **1. Haftung.** Die hypothekarische Haftung erstreckt sich auf die **Zinsforderungen aus Vermietung und Verpachtung** des Grundstücks **(§ 1123 I);** hierdurch entsteht kein dingliches Recht an den Forderungen (BGH NZM 2020, 65 Rn. 17). Die Forderungen treten an die Stelle der Nutzungen, die infolge der Vermietung oder Verpachtung nicht zur Verfügung stehen (§§ 21 III, 152 II ZVG).

2 **2. Beschlagnahme.** Diese geschieht *auf Grund eines dinglichen oder persönlichen (BGH NJW-RR 2012, 263 Rn. 21) Titels* (Ausnahme: § 867 III ZPO, → § 1147 Rn. 2) durch **a) Anordnung der Zwangsverwaltung** (nicht der Zwangsversteigerung), §§ 148 I 1 mit 21 II ZVG, oder **b) Pfändung** der Forderung gem § 829 ZPO (§ 1147).

3 **3. Erlöschen. Die Haftung erlischt** durch **a) Zeitablauf** (§ 1123 II 1); **b) Vorausbefreiung** bei im Voraus zahlbarem Zins, aber nur in den zeitlichen Grenzen von § 1123 II 2; **c) Verfügung** vor der Beschlagnahme (→ Rn. 2), insbes Einziehung (dazu BGH NJW 2007, 2919, 2920 betr Einmalzahlung ohne periodische Bemessung), Abtretung (BGH NJW 2008, 1599, 1600), Verpfändung (§ 1124 I, III), aber nur in den zeitlichen Grenzen von § 1124 II (BGH NJW-RR 2005, 1466, 1467 f.). Wegen möglicher Zweifel, ob § 1124 II eingreift, ist eine Zahlung über den Zeitraum des § 1124 II hinaus gefährlich, weil der Mieter (Pächter) dann uU doppelt zahlen muss; eine Aufrechnung ist ihm insoweit verwehrt (**§ 1125,** Einschränkung von § 392).

4 **4. Verfügungen nach der Beschlagnahme.** Diese unterfallen den §§ 136, 135 mit §§ 23 I 1, 146 I ZVG. Ein beschlagnahmefreier Forderungserwerb gem § 135 II ist ausgeschlossen. Der zahlende Mieter oder Pächter ist uU geschützt (§§ 22 II 2, 146 I ZVG). Zur Wirksamkeit von Vorausverfügungen s. Grüneberg/Herrler § 1124 Rn. 6 mN.

§ 1126 Erstreckung auf wiederkehrende Leistungen

[1]Ist mit dem Eigentum an dem Grundstück ein Recht auf wiederkehrende Leistungen verbunden, so erstreckt sich die Hypothek auf die Ansprüche auf diese Leistungen. [2]Die Vorschriften des § 1123 Abs. 2 Satz 1, des § 1124 Abs. 1, 3 und des § 1125 finden entsprechende Anwendung. [3]Eine vor der Beschlagnahme erfolgte Verfügung über den Anspruch auf eine Leistung, die erst drei Monate nach der Beschlagnahme fällig wird, ist dem Hypothekengläubiger gegenüber unwirksam.

Vgl § 96. Bsp: Reallast (§ 1105 II), Überbau- und Notwegrente.

§ 1127 Erstreckung auf die Versicherungsforderung

(1) **Sind Gegenstände, die der Hypothek unterliegen, für den Eigentümer oder den Eigenbesitzer des Grundstücks unter Versicherung gebracht, so erstreckt sich die Hypothek auf die Forderung gegen den Versicherer.**

(2) **Die Haftung der Forderung gegen den Versicherer erlischt, wenn der versicherte Gegenstand wiederhergestellt oder Ersatz für ihn beschafft ist.**

§ 1128 Gebäudeversicherung

(1) [1]Ist ein Gebäude versichert, so kann der Versicherer die Versicherungssumme mit Wirkung gegen den Hypothekengläubiger an den Versicherten erst zahlen, wenn er oder der Versicherte den Eintritt des Schadens dem Hypothekengläubiger angezeigt hat und seit dem Empfang der Anzeige ein Monat verstrichen ist. [2]Der Hypothekengläubiger kann bis zum Ablauf der Frist dem Versicherer gegenüber der Zahlung widersprechen. [3]Die Anzeige darf unterbleiben, wenn sie untunlich ist; in diesem Falle wird der Monat von dem Zeitpunkt an berechnet, in welchem die Versicherungssumme fällig wird.

(2) Hat der Hypothekengläubiger seine Hypothek dem Versicherer angemeldet, so kann der Versicherer mit Wirkung gegen den Hypothekengläubiger an den Versicherten nur zahlen, wenn der Hypothekengläubiger der Zahlung schriftlich zugestimmt hat.

(3) Im Übrigen finden die für eine verpfändete Forderung geltenden Vorschriften Anwendung; der Versicherer kann sich jedoch nicht darauf berufen, dass er eine aus dem Grundbuch ersichtliche Hypothek nicht gekannt habe.

§ 1129 Sonstige Schadensversicherung

Ist ein anderer Gegenstand als ein Gebäude versichert, so bestimmt sich die Haftung der Forderung gegen den Versicherer nach den Vorschriften des § 1123 Abs. 2 Satz 1 und des § 1124 Abs. 1, 3.

§ 1130 Wiederherstellungsklausel

Ist der Versicherer nach den Versicherungsbestimmungen nur verpflichtet, die Versicherungssumme zur Wiederherstellung des versicherten Gegenstands zu zahlen, so ist eine diesen Bestimmungen entsprechende Zahlung an den Versicherten dem Hypothekengläubiger gegenüber wirksam.

Anmerkungen zu den §§ 1127–1130

1. Allgemeines. Die hypothekarische Haftung erstreckt sich auf die **Versicherungsforderungen als dingliches Surrogat** für die Zerstörung oder Wertminderung des haftenden Gegenstands (§ 1127 I; dazu BGH NJW 2006, 771, 772: nicht erweiterungsfähig). Die **Haftung erlischt** bei Wiederherstellung oder Ersatzbeschaffung (§ 1127 II). Keine allg ges Pflicht des Eigentümers (Eigenbesitzers) zur Versicherung (vgl aber § 1134 II). 1

2. Gebäudeversicherung. Bei dieser erlangt der Hypothekengläubiger kraft Ges ein Pfandrecht an der Versicherungsforderung (§ 1128 III; s. BGH NJW 1981, 1671, 1672); eine Beschlagnahme (vgl → §§ 1120–1122 Rn. 5–7) ist nicht erforderlich (BGH NZM 2020, 718 Rn. 14). Folge: Vor Fälligkeit der Hypothek gilt § 1281, danach § 1282; eine Verfügung zum Nachteil des Hypothekengläubigers über die Versicherungsforderung (Verfügungsbefugnis über Grundstück bleibt unberührt, BGH NZM 2020, 718 Rn. 15) ist ausgeschlossen (eingeschränkt im Falle der Wiederherstellungsklausel, § 1130; weil diese Klausel idR vorliegt, sind die Einschränkungen gem § 1128 I, II gegenüber denen aus § 1130 praktisch bedeutungslos). – Für die **Gebäudefeuerversicherung** gelten ergänzend §§ 142 ff. VVG, die den Schutz des Hypothekengläubigers verstärken. 2

3. Nicht-Gebäudeversicherung. Bei der **Nicht-Gebäudeversicherung** (zB Hagel-, Viehversicherung) wird die Haftung erst durch Beschlagnahme 3

(→ §§ 1120–1122 Rn. 5–7) aktuell (§§ 20 II, 21 I, 148 I 1 ZVG), bis dahin ist freie Verfügung über die Versicherungsforderung möglich. Die Haftung erlischt gem §§ 1123 II 1, 1124 I, III (§ 1129).

§ 1131 Zuschreibung eines Grundstücks

[1]Wird ein Grundstück nach § 890 Abs. 2 einem anderen Grundstück im Grundbuch zugeschrieben, so erstrecken sich die an diesem Grundstück bestehenden Hypotheken auf das zugeschriebene Grundstück. [2]Rechte, mit denen das zugeschriebene Grundstück belastet ist, gehen diesen Hypotheken im Range vor.

Vgl → § 890 Rn. 3. Rang: S. 2.

§ 1132 Gesamthypothek

(1) **[1]Besteht für die Forderung eine Hypothek an mehreren Grundstücken (Gesamthypothek), so haftet jedes Grundstück für die ganze Forderung. [2]Der Gläubiger kann die Befriedigung nach seinem Belieben aus jedem der Grundstücke ganz oder zu einem Teil suchen.**

(2) **[1]Der Gläubiger ist berechtigt, den Betrag der Forderung auf die einzelnen Grundstücke in der Weise zu verteilen, dass jedes Grundstück nur für den zugeteilten Betrag haftet. [2]Auf die Verteilung finden die Vorschriften der §§ 875, 876, 878 entsprechende Anwendung.**

1 **1. Allgemeines. a) Grundlage.** *Eine* Forderung kann wegen der Akzessorietät der Hypothek idR nicht durch mehrere selbstständige Hypotheken gesichert werden (→ § 1113 Rn. 11). Möglich ist aber, dass der Gläubiger die Forderung teilt und für jeden Teil eine selbstständige Hypothek erlangt, oder dass die Forderung ungeteilt bleibt und eine einheitliche Hypothek an mehreren Grundstücken (auch verschiede-
2 ner Eigentümer) bestellt wird, sog *Gesamthypothek* (I). **b) Wirtschaftliche Bedeutung.** Streubesitz kann besser für die dingliche Kreditsicherung genutzt werden. Bsp: E hat 60 Parzellen, Wert je 3.000 Euro; ein Darlehen über 100.000 Euro wird er nur bei Bestellung einer Gesamthypothek erlangen (vgl Heck SaR § 94 I 2). Nachteil: Weitere Kredite kann E nur durch weitere Gesamthypotheken sichern; denn auf jeder Parzelle im Wert von 3.000 Euro ruht bereits eine Belastung von 100.000 Euro (vgl I 1).

3 **2. Begriff (I 1).** Für *eine* Forderung (→ Rn. 1) besteht an *mehreren* Grundstücken (Begriff → Vor § 90 Rn. 2) oder grundstücksgleichen Rechten (zB Erbbaurecht) oder Anteilen an Bruchteilsgemeinschaft (§ 1114; vgl BGHZ 106, 19, 22) *eine* Hypothek, die an allen Grundstücken usw *gleichartig* sein muss (entweder Sicherungs- oder Verkehrshypothek; wenn letztere, dann entweder Buch- oder Briefhypothek; artneutrale Abweichung zulässig, zB unterschiedlicher Rang, BGHZ 80, 119, 124 f. oder unterschiedliche Fälligkeit, BGH NJW 2010, 3300, 3303). Die Grundstücke usw können verschiedenen Personen gehören; keiner von ihnen muss persönlicher Schuldner sein.

4 **3. Wirkung der Gesamthypothek (I).** Sie belastet jedes Grundstück in Höhe der ganzen Forderung (I 1). Dem Gläubiger verschafft sie eine starke Stellung (Heck, SaR, § 94 I 4: „hypothekarischer Pascha"): Er kann aus jedem beliebigen Grundstück Befriedigung suchen (*I 2*; abdingbar, BGH NJW 1986, 1487, 1488), er kann die Forderung verteilen (II 1, → Rn. 5) und einzelne Grundstücke aus der Haftung entlassen (§ 1175 I 2).

5 **4. Entstehung. a) Durch RGeschäft.** Bes Einigung und Eintragung für jedes Grundstück nötig. Erst mit der letzten Eintragung entsteht die Gesamthypothek;

unterbleibt ein Teil der Eintragungen oder ist insoweit der Bestellungsakt unwirksam, so entscheidet sich gem § 139, ob (an weniger Grundstücken) eine Gesamthypothek oder (jeweils) Einzelhypotheken entstehen. Zum deklaratorischen Mithaftvermerk vgl § 48 I GBO. **b) Durch reale oder ideelle Teilung** des Grundstücks (RGZ 6
146, 363, 365; sa BGH NJW 1992, 1390). **c) Kraft Ges:** bei der Verpfändung oder 7
Pfändung mehrerer Auflassungsansprüche bzgl verschiedener Grundstücke (§ 1287 S. 2, § 848 ZPO); durch Forderungsauswechslung bei fortbestehender Gläubigeridentität, zB bei Zusammenlegung mehrerer bisher durch Einzelhypotheken gesicherter Forderungen (Umkehrung von II 1, → Rn. 8).

5. Verfügungen über die Gesamthypothek. *Inhaltsänderung, Belastung, Übertragung,* ferner *Verfügungsbeschränkungen* sind nur einheitlich möglich. *Aufhebung* der Gesamthypothek ist auch für ein einzelnes Grundstück möglich (§ 1175 I 2). – Der Gläubiger kann durch **Forderungsverteilung** aus der Gesamthypothek Einzelhypotheken machen, **II 1.** Mit Eintragung der Verteilung besteht die Einzelhypothek in Höhe des zugewiesenen Forderungsteils; in Höhe des nicht zugewiesenen Teils erlischt sie ohne weiteres, § 1183 und § 27 GBO sind unanwendbar (RGZ 70, 91, 93 f.). §§ 875 (Erklärung und Eintragung der Verteilung), 876, 878 gelten entspr, **II 2.** 8

6. Sonstiges. Weitere bes Vorschriften für die Gesamthypothek: §§ 1143 II, 1172–1176, 1181 II, 1182. Dort werden die allg Regeln des Hypothekenrechts, insbes über den ges Übergang der Hypothek (§§ 1143 I, 1163), modifiziert. Zur Zwangsvollstreckung vgl §§ 18, 63 ZVG, ferner §§ 64, 83 Nr. 3 ZVG. 9

§ 1133 Gefährdung der Sicherheit der Hypothek

[1]Ist infolge einer Verschlechterung des Grundstücks die Sicherheit der Hypothek gefährdet, so kann der Gläubiger dem Eigentümer eine angemessene Frist zur Beseitigung der Gefährdung bestimmen. [2]Nach dem Ablauf der Frist ist der Gläubiger berechtigt, sofort Befriedigung aus dem Grundstück zu suchen, wenn nicht die Gefährdung durch Verbesserung des Grundstücks oder durch anderweitige Hypothekenbestellung beseitigt worden ist. [3]Ist die Forderung unverzinslich und noch nicht fällig, so gebührt dem Gläubiger nur die Summe, welche mit Hinzurechnung der gesetzlichen Zinsen für die Zeit von der Zahlung bis zur Fälligkeit dem Betrag der Forderung gleichkommt.

§ 1134 Unterlassungsklage

(1) **Wirkt der Eigentümer oder ein Dritter auf das Grundstück in solcher Weise ein, dass eine die Sicherheit der Hypothek gefährdende Verschlechterung des Grundstücks zu besorgen ist, so kann der Gläubiger auf Unterlassung klagen.**

(2) **[1]Geht die Einwirkung von dem Eigentümer aus, so hat das Gericht auf Antrag des Gläubigers die zur Abwendung der Gefährdung erforderlichen Maßregeln anzuordnen. [2]Das Gleiche gilt, wenn die Verschlechterung deshalb zu besorgen ist, weil der Eigentümer die erforderlichen Vorkehrungen gegen Einwirkungen Dritter oder gegen andere Beschädigungen unterlässt.**

§ 1135 Verschlechterung des Zubehörs

Einer Verschlechterung des Grundstücks im Sinne der §§ 1133, 1134 steht es gleich, wenn Zubehörstücke, auf die sich die Hypothek erstreckt, verschlechtert oder den Regeln einer ordnungsmäßigen Wirtschaft zuwider von dem Grundstück entfernt werden.

Anmerkungen zu den §§ 1133–1135

1 **1. Allgemeines.** Zwischen Erwerb und Fälligkeit (sog Pfandreife) der Hypothek muss der Gläubiger gegen Beeinträchtigungen seines Rechts geschützt werden. Er kann drohende wertmindernde Eingriffe in die Substanz des Grundstücks und in das Zubehör (§ 1135) abwehren (§ 1134) und Ausgleich für erlittene Eingriffe verlangen (§ 1133). Gegen Eingriffe in andere mithaftende Gegenstände gibt es keinen ges Rechtsbehelf (der Eigentümer lässt zB abgeerntetes Getreide auf dem Feld verderben). – Die **praktische Bedeutung** der §§ 1133 ff. ist gering, weil der Gläubiger gegen den schuldenden Eigentümer zumeist weitergehende vertragliche Rechte hat.

2 **2. Zu § 1133.** Wird durch eine **eingetretene Verschlechterung** (dh wertmindernde Zustandsänderung) des Grundstücks die hypothekarische Sicherheit gefährdet, weil das Grundstück infolge der Verschlechterung bei einer Zwangsvollstreckung weniger erbringen würde, so kann der Gläubiger die Gefahrenbeseitigung in angemessener Frist verlangen (zur Wertminderung wegen umweltschädlicher Belastung des Grundstücks Baur/Stürner § 40 Rn. 12). Nach fruchtlosem Fristablauf hat er sofort das Recht zur Befriedigung gem § 1147 (betrifft nur die Hypothek, nicht die persönliche Forderung).

3 **3. Gerichtliche Durchsetzung. a) Ist eine Verschlechterung** (→ Rn. 2) **zu besorgen,** so kann der Gläubiger auf Unterlassung klagen, **§ 1134 I.** Er hat keinen Anspruch auf positives Tun, dh auf Beseitigung, wohl aber kann die Erfüllung der Unterlassungspflicht uU ein positives Tun erfordern; Vollstreckung stets nach § 890
4 ZPO (vgl allg Jauernig NJW 1973, 1671, 1672). **b) Gerichtl Anordnung** bestimmter Maßnahmen kann nur unter den Voraussetzungen von **§ 1134 II** verlangt werden, zB Abschluss einer Feuerversicherung (BGHZ 105, 230, 238, 242, vgl → §§ 1127–1130 Rn. 1; Vollstreckung: § 887 ZPO) oder Anordnung der Sequestration (Zwangsverwaltung) gem § 938 ZPO.

5 **4. Verschulden.** §§ 1133–1135 fordern **kein Verschulden.** Bei Verschulden bestehen uU Schadensersatzansprüche gem § 823 I (Hypothek als sonstiges Recht), II (§§ 1133–1135 sind SchutzGes, vgl BGH NJW 1991, 695, 696), § 826 wegen Verletzung der Hypothek; vgl BGHZ 105, 230, 242.

§ 1136 Rechtsgeschäftliche Verfügungsbeschränkung

Eine Vereinbarung, durch die sich der Eigentümer dem Gläubiger gegenüber verpflichtet, das Grundstück nicht zu veräußern oder nicht weiter zu belasten, ist nichtig.

1 **1. Anwendungsbereich.** Eine rechtsgeschäftliche Verfügungsbeschränkung ist Dritten gegenüber nichtig (§ 137 S. 1). Die schuldrechtliche Verpflichtung des Eigentümers gegenüber dem Gläubiger, das Grundstück nicht zu veräußern oder weiter zu belasten, ist ebenfalls nichtig, § 1136 (abw von § 137 S. 2), sofern sie die Stellung des Gegners als dinglicher Gläubiger sichern sollte (LM Nr. 1). Sichert die Abrede den Gegner in seiner Stellung als Grundstückspächter, nicht als dinglicher Gläubiger (der er auch ist), so ist die Abrede gültig (LM Nr. 1; aA Staudinger/Wolfsteiner Rn. 10). Ist die Vereinbarung gem § 1136 nichtig, dann besteht kein Anspruch auf Schadensersatz oder Vertragsstrafe; die Gültigkeit einer mit ihr verbundenen Hypothekenbestellung richtet sich nach § 139.

2 **2. Zulässige Sicherungen.** Auch der Realkredit ist Vertrauenssache. Deshalb ist ein Schutzbedürfnis des dinglichen Gläubigers gegenüber Grundstücksveräußerungen anzuerkennen. Ihm genügt ein Vorkaufsrecht (§§ 463 ff., 1094 ff.; soll nach Staudinger/Wolfsteiner Rn. 6 unter § 1136 fallen). Eine Vereinbarung, dass die Hypothek bei Veräußerung oder weiterer Belastung fällig wird, ist mit dem Schutzzweck des § 1136 unvereinbar und daher nichtig (Baur/Stürner § 40 Rn. 15; aA BGHZ 76, 371, 372 ff., hM; differenzierend nach Beeinträchtigung der wirtschaftli-

chen Lage des Eigentümers MüKo-BGB/Lieder Rn. 8 f.; nach BGHZ 76, 371, 372 ff. wird Kündigungsklausel in AGB nicht von § 9 II Nr. 1 AGBG, jetzt § 307 II Nr. 1, erfasst; dazu Vogt Anm LM Nr. 2).

§ 1137 Einreden des Eigentümers

(1) [1]Der Eigentümer kann gegen die Hypothek die dem persönlichen Schuldner gegen die Forderung sowie die nach § 770 einem Bürgen zustehenden Einreden geltend machen. [2]Stirbt der persönliche Schuldner, so kann sich der Eigentümer nicht darauf berufen, dass der Erbe für die Schuld nur beschränkt haftet.

(2) Ist der Eigentümer nicht der persönliche Schuldner, so verliert er eine Einrede nicht dadurch, dass dieser auf sie verzichtet.

1 **1. Allgemeines.** Hypothek und persönliche Forderung können je für sich Einreden (Leistungsverweigerungsrechte) und Einwendungen (Umstände, kraft derer das Recht nicht oder nicht mehr besteht) ausgesetzt sein. *Einreden gegen die Hypothek,* die dem Eigentümer als solchem gegen den (Hypotheken-)Gläubiger zustehen, behandelt § 1157; *Einwendungen gegen die Hypothek* erfasst § 892 (→ § 1138 Rn. 1). Einreden und Einwendungen *gegen die persönliche Forderung* werden vom Ges auf die Hypothek als dingliches Recht erstreckt (Ausfluss der Akzessorietät der Hypothek). *Nach dem Übergang* der hypothekarisch gesicherten Forderung kann der persönliche Schuldner seine Einreden und Einwendungen dem neuen (persönlichen) Gläubiger (Zessionar) entgegenhalten (§ 404); da Einreden und Einwendungen auf die Hypothek erstreckt werden (so), kann sie auch der Eigentümer dem neuen (Hypotheken-)Gläubiger entgegensetzen, sofern nicht § 1138 eingreift (→ § 1138 Rn. 3, 4). Leistungen des persönlichen Schuldners an den alten Gläubiger (§§ 406, 407) oder den Zweitzessionar (§ 408) muss der (Erst-)Zessionar gegen sich gelten lassen; darauf kann sich jedoch der Eigentümer dem (Hypotheken-)Gläubiger gegenüber nicht berufen (§ 1156 S. 1 mit Ausnahmen in §§ 1156 S. 2, 1158 f.).

2 **2. Einreden des persönlichen Schuldners. a) Zu ihnen gehören aa)** zB Stundungseinrede, Einreden aus §§ 273, 320, 771, „Einrede" der Rechtskraft (bei Abweisung der Gläubigerklage gegen den Schuldner; obsiegt der Gläubiger, wirkt das Urteil nicht gegen den Eigentümer [s § 767 Rn. 7]); **bb)** die Einrede, der Schuldner könne dem Gläubiger gegenüber aufrechnen oder anfechten (I 1 mit
3 § 770). **b) Sie kann der Eigentümer** dem dinglichen Anspruch (§ 1147) entgegen-
4 setzen. **c) Verzicht** des Schuldners auf seine Einrede iSv → Rn. 2 (aa) schadet dem Eigentümer, der nicht zugleich persönlicher Schuldner ist, nicht, **II.** Verzichtet der Schuldner auf sein Aufrechnungs- oder Anfechtungsrecht, so erlischt die Einrede des Eigentümers iSv → Rn. 2 (bb); II gilt für I 1 ebenso wenig wie § 768 II für
5 § 770 (allgM). **d) Dem Eigentümer stehen nicht zu:** die Einrede der beschränkten Erbenhaftung (I 2), der Forderungsverjährung (§ 216 I, aber beachte § 216 III),
6 des Insolvenzplans (§ 254 II 1 InsO). **e) § 1137 gilt** für alle Arten von Hypotheken (vgl § 1185 II), aber nicht für Grund- und Rentenschulden.

7 **3. Einwendungen des persönlichen Schuldners.** Sie beruhen auf Umständen, kraft deren die Forderung nicht (mehr) besteht. Ohne Forderung steht die Hypothek dem Eigentümer als Eigentümergrundschuld zu (§§ 1163 I, 1177 I entspr), so dass mit der Einwendung gegen die Forderung zugleich die Rechtsinhaberschaft des (angeblichen) Hypothekengläubigers verneint wird. Diesen Fall erfasst § 1138.

§ 1138 Öffentlicher Glaube des Grundbuchs

Die Vorschriften der §§ 891 bis 899 gelten für die Hypothek auch in Ansehung der Forderung und der dem Eigentümer nach § 1137 zustehenden Einreden.

1 **1. Allgemeines. a)** Vgl zunächst → § 1137 Rn. 1, 7. **b)** Das Verständnis des § 1138 bereitet Schwierigkeiten. Einerseits geht das Ges davon aus, dass die gesicherte Forderung auf das Schicksal des dinglichen Rechts „Hypothek" Einfluss hat (Akzessorietät der Hypothek, vgl → Vor § 1113 Rn. 18–21). Andererseits gelten die §§ 891–899 für die Hypothek nur dann unmittelbar, soweit die Akzessorietät des dinglichen Rechts *keine* Rolle spielt (auf dieser Vorstellung beruht § 1138; Bsp: Hat der Gläubiger trotz Bestehens der Forderung keine Hypothek erlangt, etwa wegen Nichtigkeit der Einigung über die Hypothekenbestellung, § 873, so ist der Erwerber der bestehenden, aber nur scheinbar hypothekarisch gesicherten Forderung unmittelbar durch § 892 geschützt). § 1138 erstreckt den Anwendungsbereich der §§ 891–899 auf die Hypothek als *akzessorisches dingliches Recht,* aber nur auf dieses („für die Hypothek") und nicht auch auf die persönliche Forderung. Da gem § 1138 die §§ 891 ff. nur „für die Hypothek", nicht auch für die Forderung gelten, können Forderung und dingliches Recht verschiedene Wege gehen (Bsp: Die dingliche Klage kann Erfolg haben, weil das Bestehen der Forderung „für die Hypothek" zu vermuten ist, §§ 1138, 891, während die persönliche Klage erfolglos bleibt, weil das Bestehen der Forderung nicht „für die Forderung", sondern *nur* „für die Hypothek" vermutet wird; vgl → Rn. 2). Diese Einschränkung des Akzessorietätsprinzips in § 1138 gilt allein für die Verkehrshypothek (Begriff → § 1113 Rn. 2), da für die Sicherungshypothek § 1138 nicht gilt (§ 1185 II: strenge Akzessorietät); damit sind die §§ 891–899 bei der Sicherungshypothek nur insoweit anwendbar, als die Akzessorietät nicht in Rede steht (vgl → §§ 1184, 1185 Rn. 3).

2 **2. Anwendungsbereich. a) § 891** gilt gem § 1138 nur in einem Verfahren über die Hypothek als akzessorisches dingliches Recht (zB dingliche Klage, Berichtigungsklage des Eigentümers) und nur, soweit die Forderung „für die Hypothek" von Belang ist (vgl → Rn. 1). Für die persönliche Klage gilt § 891 auch dann nicht,
3 wenn sie mit der dinglichen Klage verbunden ist. Vgl RGZ 137, 95, 97. **b) Der öffentl Glaube des Grundbuchs, §§ 892, 893** gilt gem § 1138 ebenfalls nur für die Hypothek als akzessorisches dingliches Recht (→ Rn. 1). Das ist insbes bedeutsam beim rechtsgeschäftlichen Erwerb einer nichtvalutierten Hypothek vom eingetragenen oder gem § 1155 legitimierten nichtberechtigten Hypothekengläubiger. Auch dieser Erwerb unterliegt § 1153 (vgl dort → § 1153 Rn. 2). Da jedoch die Abtretung einer nichtbestehenden Forderung wirkungslos ist (RG Gruch 57, 942, 944), muss die Forderung „für die Hypothek", dh für den Übergang des dinglichen Rechts, fingiert werden. Der Erwerber erlangt keine hypothekarisch gesicherte Forderung, daher auch keine Hypothek, sondern eine Grundschuld (→ Vor § 1113 Rn. 21). Der Erwerber erhält nichts, wenn er die Unrichtigkeit kennt (→ § 892 Rn. 17) oder der öffentl Glaube des Grundbuchs zerstört ist (→ § 892 Rn. 16, → § 1140 Rn. 2). – Betrifft der Mangel die Hypothek gleichzeitig als akzessorisches *und* als „rein" dingliches Recht, so ist § 892 sowohl unmittelbar wie über § 1138 mittelbar anzuwenden (Bsp: Die Einigung bei der Hypothekenbestellung, § 873, ist nichtig, außerdem besteht keine Forderung; überträgt der Gläubiger sein angebliches Recht, so ist der Erwerber
4 gem § 892 und §§ 1138, 892 geschützt); → § 1153 Rn. 1. **c) Vermutet** wird das Bestehen eingetragener und das Nichtbestehen gelöschter Einreden iSv § 1137 (§§ 1138, 891); keine Vermutung für das Nichtbestehen nichteingetragener Einreden (→ § 891 Rn. 6). Nichteingetragene Einreden erlöschen gem §§ 1138, 892 nur für die Hypothek (nicht auch für die Forderung); die Einrede bleibt bestehen, wenn insoweit der öffentl Glaube des Grundbuchs zerstört ist oder der Erwerber Kenntnis
5 hat (vgl → § 892 Rn. 16, 17, → § 1140 Rn. 2). **d) Zustimmung zur Berichtigung** sowie Eintragung eines **Widerspruchs** kann der Betroffene (das ist der Gläubiger oder der Eigentümer) verlangen, wenn Einreden oder Forderung nicht oder nicht richtig eingetragen sind, §§ 1138, **894–899.**

§ 1139 Widerspruch bei Darlehensbuchhypothek

[1]Ist bei der Bestellung einer Hypothek für ein Darlehen die Erteilung des Hypothekenbriefs ausgeschlossen worden, so genügt zur Eintragung eines

Widerspruchs, der sich darauf gründet, dass die Hingabe des Darlehens unterblieben sei, der von dem Eigentümer an das Grundbuchamt gerichtete Antrag, sofern er vor dem Ablauf eines Monats nach der Eintragung der Hypothek gestellt wird. [2]Wird der Widerspruch innerhalb des Monats eingetragen, so hat die Eintragung die gleiche Wirkung, wie wenn der Widerspruch zugleich mit der Hypothek eingetragen worden wäre.

1 **1. Anwendungsbereich.** § 1139 betrifft nur die **Buchverkehrshypothek für eine Darlehensforderung. a) Vor Valutierung** der Hypothek steht sie dem Eigentümer als Eigentümergrundschuld zu (§§ 1163 I 1, 1177 I entspr). Über sie kann der eingetragene, aber nichtberechtigte Hypothekengläubiger gem § 1138 wirksam verfügen (→ § 1138 Rn. 3). Dagegen kann sich der Eigentümer durch Eintragung eines Widerspruchs, der den öffentl Glauben des Grundbuchs zerstört, schützen (§ 892 I 1 aE; → § 1138 Rn. 3). 2 **b) Der Widerspruch wegen Nichtvalutierung** wird in § 1139 bes behandelt. **aa)** Für die Eintragung genügt (abw von § 899) der Antrag des Eigentümers, sofern er innerhalb eines Monats nach Eintragung der Hypothek gestellt wird **(S. 1). bb)** Wird der Widerspruch innerhalb dieses Monats eingetragen, so ist der öffentl Glaube des Grundbuchs schon ab Eintragung der Hypothek, dh rückwirkend, zerstört (S. 2). Ein zwischenzeitlich eingetretener Erwerb vom nichtberechtigten Hypothekengläubiger gem §§ 1138, 892 (→ Rn. 1) entfällt rückwirkend. 3 **c) § 1139 gilt nicht** für die Sicherungshypothek, § 1185 II.

4 **2. Briefhypothek.** Zur nichtvalutierten **Briefhypothek** vgl → § 1117 Rn. 1.

§ 1140 Hypothekenbrief und Unrichtigkeit des Grundbuchs

[1]Soweit die Unrichtigkeit des Grundbuchs aus dem Hypothekenbrief oder einem Vermerk auf dem Brief hervorgeht, ist die Berufung auf die Vorschriften der §§ 892, 893 ausgeschlossen. [2]Ein Widerspruch gegen die Richtigkeit des Grundbuchs, der aus dem Briefe oder einem Vermerk auf dem Briefe hervorgeht, steht einem im Grundbuch eingetragenen Widerspruch gleich.

1 **1. Öffentl. Glaube. Nur das Grundbuch** genießt **öffentl Glauben,** nicht der Hypothekenbrief. Auch § 891 gilt nicht für den Brief.

2 **2. Zerstörung des öffentl Glaubens. Der Hypothekenbrief kann** aber den **öffentl Glauben** des Grundbuchs **zerstören.** Fälle: **a)** *Die Unrichtigkeit* des Grundbuchs geht *aus dem Brief* hervor, **S. 1** (Bsp: Der Brief verlautbart die Forderung in richtiger, das Grundbuch in falscher Höhe). **b)** *Ein Vermerk* auf dem Brief lässt die Unrichtigkeit des Grundbuchs erkennen, **S. 1** (Bsp: Teilrückzahlungsvermerk, vgl §§ 1145 I, 1150, 1167). **c)** *Ein Widerspruch* gegen die Richtigkeit des Grundbuchs steht auf dem Brief, aber nicht im Buch, **S. 2.**

§ 1141 Kündigung der Hypothek

(1) **[1]Hängt die Fälligkeit der Forderung von einer Kündigung ab, so ist die Kündigung für die Hypothek nur wirksam, wenn sie von dem Gläubiger dem Eigentümer oder von dem Eigentümer dem Gläubiger erklärt wird. [2]Zugunsten des Gläubigers gilt derjenige, welcher im Grundbuch als Eigentümer eingetragen ist, als der Eigentümer.**

(2) **Hat der Eigentümer keinen Wohnsitz im Inland oder liegen die Voraussetzungen des § 132 Abs. 2 vor, so hat auf Antrag des Gläubigers das Amtsgericht, in dessen Bezirk das Grundstück liegt, dem Eigentümer einen Vertreter zu bestellen, dem gegenüber die Kündigung des Gläubigers erfolgen kann.**

1 **1. Anwendungsbereich. a) Abw. vom Akzessorietätsprinzip,** wonach die Fälligkeit der Hypothek von der Fälligkeit der Forderung abhängt, schränkt § 1141 die Akzessorietät der Verkehrshypothek für den Fall ein, dass Eigentümer und Schuldner nicht identisch sind. Für die Sicherungshypothek gilt § 1141 nicht
2 (§ 1185 II). **b) Die Kündigung** muss vom Gläubiger an den Eigentümer oder umgekehrt erfolgen. Die Legitimation des Gläubigers folgt bei der Buchhypothek aus der Eintragung (Schutz des Eigentümers durch §§ 893, 1138); für die Briefhypothek vgl § 1160 II. Bei der Legitimation des Eigentümers ist zu unterscheiden. Ist er Empfänger der Kündigung, so legitimiert ihn die Eintragung im Grundbuch **(I 2),** auch wenn er nicht der wahre Eigentümer ist und der kündigende Gläubiger das weiß; selbst kündigen kann nur der wahre Eigentümer (WolffR § 138 Fn. 3), doch gilt § 893 zugunsten des Gläubigers (Verfügung über die Hypothek, nicht das
3 Eigentum; vgl BGHZ 1, 294, 304). **c) Eine Kündigung der Forderung** durch oder an den persönlichen Schuldner, der nicht zugleich Eigentümer ist, hat keine Wirkung für die Hypothek, jedoch für die Forderung; das berechtigt den Eigentü-
4 mer gem § 1142 zur Befriedigung (→ § 1142 Rn. 2). **d) Eine Kündigung des Eigentümers,** der nicht zugleich Schuldner ist, macht die Forderung gegenüber dem persönlichen Schuldner nicht fällig (RGZ 104, 352, 357 f.).

5 **2. Fälligkeit. Eintritt der Fälligkeit** durch Zeitablauf oder Kündigung. Kündigungsgründe und -fristen sind meist vertraglich geregelt (Eintragung idR durch Bezugnahme auf die Eintragungsbewilligung; vgl BGHZ 21, 34, 40 ff.). Fehlt eine Vereinbarung, so gelten §§ 271 I, 488 III.

§ 1142 Befriedigungsrecht des Eigentümers

(1) **Der Eigentümer ist berechtigt, den Gläubiger zu befriedigen, wenn die Forderung ihm gegenüber fällig geworden oder wenn der persönliche Schuldner zur Leistung berechtigt ist.**

(2) **Die Befriedigung kann auch durch Hinterlegung oder durch Aufrechnung erfolgen.**

1 **1. Anwendungsbereich. a) I betrifft nur** den Fall, dass *Eigentümer und persönlicher Schuldner nicht identisch* sind (hM). Das Befriedigungsrecht des Eigentümers begründet keinen Zahlungsanspruch des Gläubigers (BGHZ 7, 123, 126). Das Recht soll den Eigentümer vor einer Zwangsvollstreckung in sein Grundstück (§ 1147) sichern und kann nicht mit dinglicher Wirkung ausgeschlossen werden, § 266 gilt (BGHZ 108, 372, 378 f.). Weil I dem Eigentümer ein bes Recht gibt, ist § 267 II
2 unanwendbar. **b) I unterscheidet** zwischen der Fälligkeit gegenüber dem Eigentümer (dazu → § 1141 Rn. 2, 5) und dem Schuldner. Eine Kündigung gegenüber dem Schuldner wirkt zwar nicht gegenüber dem Eigentümer, berechtigt aber den Schuldner zur Leistung und daher den Eigentümer gem I zur Befriedigung.
3 **c) Gestattet sind (II)** dem Eigentümer Hinterlegung (bei Vorliegen von § 372) und Aufrechnung (nicht Teilaufrechnung: BGH NJW 2011, 451). Der Eigentümer rechnet mit einer Geldforderung an den Gläubiger gegen dessen Forderung an den persönlichen Schuldner auf (Durchbrechung des Gegenseitigkeitserfordernisses: RGZ 78, 382, 384; BeckOGK/Skamel § 389 Rn. 13 f. – AA Staudinger/Wolfsteiner Rn. 16 mN; MüKo-BGB/Lieder Rn. 2 f., wonach gegen einen „dinglichen [Zahlungs-]Anspruch" des Gläubigers an den Eigentümer aufgerechnet werde [dazu → Vor § 1113 Rn. 14]). Entgegen § 389 erlischt die persönliche Forderung nicht, *sondern geht auf den Eigentümer* über, § 1143 I 1 (entspr §§ 268 II, III, 1150). Aus II folgt kein Recht des Gläubigers zur Aufrechnung gegen den Eigentümer (RG
4 JW 1914, 402, hM). **d) Zur Zahlung an** den legitimierten **Scheingläubiger** vgl → § 1143 Rn. 1.

5 **2. Wirkung.** Zur **Wirkung** der Befriedigung vgl § 1143 mit Anm.

§ 1143 Übergang der Forderung

(1) [1]**Ist der Eigentümer nicht der persönliche Schuldner, so geht, soweit er den Gläubiger befriedigt, die Forderung auf ihn über.** [2]**Die für einen Bürgen geltende Vorschrift des § 774 Abs. 1 findet entsprechende Anwendung.**

(2) **Besteht für die Forderung eine Gesamthypothek, so gilt für diese die Vorschrift des § 1173.**

1. Anwendungsbereich. § 1143 betrifft nur die **Befriedigung durch** den wahren **Eigentümer, der nicht** zugleich persönlicher **Schuldner** ist, knüpft also an § 1142 an, gilt aber auch bei zwangsweiser Befriedigung (§ 1147). Gleichgestellt ist die Befriedigung durch einen Dritten für Rechnung und mit Zustimmung des Eigentümers. Maßgebend ist das Eigentum zZ der Befriedigung. 1

2. Wirkungen. a) Der Eigentümer erwirbt kraft Ges die persönliche **Forderung,** bei Teilbefriedigung nur zT, **I 1.** Grund: Im Verhältnis von Eigentümer und Schuldner soll letztlich dieser die Schuld begleichen (zu Ausnahmen von der ges Regel → Rn. 3). Auch bei Zahlungen (oder Zahlungsersatz gem § 1142 II) an den legitimierten *Scheingläubiger* (§§ 893, 1155) erwirbt der Eigentümer die Forderung (samt Hypothek, → Rn. 4); der Erwerb tritt zwar kraft Ges ein, aber nur als Folge eines durch §§ 893, 1155 geschützten Verfügungsgeschäfts (Baur/Stürner § 38 Rn. 108–110; Gursky WM 2001, 2361; übergangen in BGH NJW 1997, 190 f., → § 1157 Rn. 3). **b) Einwendungen des Schuldners** bleiben bestehen (§§ 412, 404, 1143 I 2 mit 774 I 3); §§ 406–408 sind anwendbar (§ 412). Ist der Eigentümer dem Schuldner gegenüber zur Befriedigung des Gläubigers verpflichtet (zB gem §§ 415 III, 416; vgl → § 1164 Rn. 1), und zahlt er für sich, statt – wie iZw (RGZ 143, 278, 287) – für den Schuldner, so gilt I (str; aA v. Olshausen KTS 1993, 511, 514 f.); doch hat der Schuldner die forderungsvernichtende Einwendung, dass der Eigentümer ihm gegenüber zur Befriedigung verpflichtet ist (RGZ 143, 278, 287). **c) Bei freiwilliger Befriedigung** gehen mit der Forderung die Hypothek und andere Nebenrechte auf den Eigentümer über (§§ 1153 I, 412, 401 I). Das dingliche Recht ist eine Eigentümerhypothek (→ Vor § 1113 Rn. 19), die wie eine Eigentümergrundschuld behandelt wird (§§ 1177 II, 1197). Eigentumserwerb am Brief gem § 952 II; vgl iÜ § 1144. Bei Teilbefriedigung geht das Restrecht des Gläubigers dem übergegangenen Recht vor (**I 2** mit § 774 I 2); zur Aushändigung des Briefs § 1145. Zum Ausgleich mit gleichzeitig sicherndem Bürgen → § 774 Rn. 12, mit Verpfänder → § 1225 Rn. 2 (b); BGH NJW-RR 1991, 682 f. **d) Die Hypothek erlischt** nach zwangsweiser Befriedigung (§ 1181) sowie gem § 1178 I. 2 3 4 5

3. Andere Fälle der Befriedigung. a) Schuldet der Eigentümer, so erlischt mit seiner Zahlung die Forderung. Folge: Die Hypothek geht als Grundschuld auf ihn über (§§ 1163 I 2, 1177 I). **b) Zahlt ein Dritter für den Schuldner** (nicht für den Eigentümer, dann → Rn. 1, 2), so erlischt idR die Forderung. Folge wie → Rn. 6. Ausnahmsweise gehen Forderung und Hypothek auf den Dritten über (vgl §§ 1150, 268 III, 412, 401 I, 1153 I; dazu KG NJW 1973, 56, 57). **c) Zahlt der nichtschuldende Eigentümer** nicht (wie im Falle von I) für sich, sondern *für den Schuldner,* so erlischt die Forderung. Folge wie → Rn. 6. **d) Zahlt der Schuldner,** der nicht Eigentümer ist, so erlischt die Forderung. Folge idR wie → Rn. 6. Ausnahmsweise geht die Hypothek auf den Schuldner über und sichert seine Ersatzforderung gegen den Eigentümer (ges Forderungsauswechslung); Bsp § 1164. **e) Gesamthypothek.** Hier gilt bei Befriedigung durch den nichtschuldenden Eigentümer für die Forderung I, für die Hypothek § 1173 **(II).** 6 7 8 9 10

4. Sonstiges. Zur Anwendbarkeit bei der **Grundschuld** vgl → § 1191 Rn. 11 (aa, bb), 12 (bb), → § 1192 Rn. 2 (f). 11

§ 1144 Aushändigung der Urkunden

Der Eigentümer kann gegen Befriedigung des Gläubigers die Aushändigung des Hypothekenbriefs und der sonstigen Urkunden verlangen, die zur Berichtigung des Grundbuchs oder zur Löschung der Hypothek erforderlich sind.

1 **1. Anwendungsbereich.** Jeder Eigentümer, auch der schuldende, hat das Recht aus § 1144 (RGZ 132, 9, 15). Die Vorschrift gilt für alle Hypothekenarten sowie für Grund- und Rentenschulden (BGH NJW 1988, 3260, 3261).

2 **2. Der Anspruch.** Er geht auf Aushändigung (anders § 896). Er entsteht mit voller Befriedigung durch den hierzu gem § 1142 berechtigten Eigentümer (RGZ 111, 397, 401); bei teilw Befriedigung gilt § 1145. Aushändigung kann Zug um Zug gegen Befriedigung verlangt werden, möglich ist auch Herbeiführung des Annahmeverzugs gem § 298; kein Zurückbehaltungsrecht des Gläubigers wegen anderer Ansprüche (vgl BGH NJW 1994, 1161, 1162). Der Gläubiger ist zur Urkundenbeschaffung auf seine Kosten verpflichtet (vgl § 67 GBO mit § 1162).

3 **3. Gegenstand des Anspruchs.** Dies sind der Hypothekenbrief und die sonstigen Urkunden zur Grundbuchberichtigung oder Löschung der Hypothek (Form:
4 § 29 I 1 GBO). Solche Urkunden sind: **a) Berichtigungsbewilligung.** Sie muss den materiellrechtlichen Vorgang angeben, der zum Übergang des Rechts auf den
5 Eigentümer geführt hat (KG JW 1934, 1056). **b) Löschungsbewilligung** (statt Berichtigungsbewilligung). Sie genügt nicht zur Umschreibung auf den Eigentümer (dafür → Rn. 4). Stammt sie vom Hypothekengläubiger und geht aus ihr der Übergang des Rechts auf den Eigentümer oder einen Dritten hervor, so ist auch deren
6 Löschungsbewilligung erforderlich (Form § 29 I 1 GBO). **c) Löschungsfähige Quittung** (statt Berichtigungsbewilligung, vgl KG NJW 1973, 56, 57). Aus ihr muss sich ergeben, wer den Gläubiger befriedigt hat und ob der zahlende Eigentümer persönlicher Schuldner war (wichtig wegen §§ 1143, 1150, 1164; 1163 I 2, 1177). Das unterscheidet sie von der Löschungsbewilligung (OLG Frankfurt a. M. Rpfleger
7 1976, 401 f.; BGHZ 114, 330, 333 f.). **d) Anerkenntnis** bei der Briefhypothek
8 (§ 1155 S. 2). **e) Weitere Urkunden,** die dem Eigentümer eine Verfügung über das Recht oder dessen Löschung ermöglichen, Bsp in §§ 32, 33, 35 GBO.

§ 1145 Teilweise Befriedigung

(1) [1]**Befriedigt der Eigentümer den Gläubiger nur teilweise, so kann er die Aushändigung des Hypothekenbriefs nicht verlangen.** [2]**Der Gläubiger ist verpflichtet, die teilweise Befriedigung auf dem Briefe zu vermerken und den Brief zum Zwecke der Berichtigung des Grundbuchs oder der Löschung dem Grundbuchamt oder zum Zwecke der Herstellung eines Teilhypothekenbriefs für den Eigentümer der zuständigen Behörde oder einem zuständigen Notar vorzulegen.**

(2) [1]**Die Vorschrift des Absatzes 1 Satz 2 gilt für Zinsen und andere Nebenleistungen nur, wenn sie später als in dem Kalendervierteljahr, in welchem der Gläubiger befriedigt wird, oder dem folgenden Vierteljahr fällig werden.** [2]**Auf Kosten, für die das Grundstück nach § 1118 haftet, findet die Vorschrift keine Anwendung.**

1 **1. Anwendungsbereich.** Teilw. Befriedigung iSv § 1142. § 1145 gilt auch für *die Briefgrundschuld.*

2 **2. Eigentümerrechte.** Die **Rechte des Eigentümers** sind gegenüber § 1144 **beschränkt,** weil der Gläubiger den Brief noch benötigt (daher kein Anspruch auf Aushändigung, I 1). Der Eigentümer kann Aushändigung der sonstigen Urkunden (→ § 1144 Rn. 3–8) verlangen, ferner gem **I 2** Teilbefriedigungsvermerk auf dem

Brief (Bedeutung: → § 1140 Rn. 2 [b]), Vorlage des Briefs zur Löschung oder Berichtigung (vgl §§ 41 I 1, 42 S. 1 GBO) oder zur Teilbriefbildung (vgl § 61 I GBO). Zu **II** vgl §§ 1158, 1159, 1178; Eigentümer kann nur Quittung verlangen (§ 368).

§ 1146 Verzugszinsen

Liegen dem Eigentümer gegenüber die Voraussetzungen vor, unter denen ein Schuldner in Verzug kommt, so gebühren dem Gläubiger Verzugszinsen aus dem Grundstück.

1. Zinsen. Der Gläubiger hat keinen Zahlungsanspruch gegen den Eigentümer als solchen (→ Vor § 1113 Rn. 14). Daher stehen ihm keine Prozesszinsen (§ 291) zu, wohl aber gem § 1146 (also ohne Eintrag im Grundbuch) Verzugszinsen bei verzögerter Befriedigung der Hypothek (zur Zinshöhe vgl §§ 288, 497 I 2). Für die Forderung vgl § 1118. 1

2. Sonstiges. Gilt auch für die Grundschuld (§ 1192 I) und die Ablösungssumme bei der Rentenschuld (§ 1200 I). 2

§ 1147 Befriedigung durch Zwangsvollstreckung

Die Befriedigung des Gläubigers aus dem Grundstück und den Gegenständen, auf die sich die Hypothek erstreckt, erfolgt im Wege der Zwangsvollstreckung.

1. Allgemeines. Die Hypothek gewährt dem Gläubiger ein dingliches Verwertungsrecht, dh ein **Recht auf Befriedigung im Wege der Zwangsvollstreckung** (→ Vor § 1113 Rn. 14). § 1147 gilt für alle Arten von Hypotheken, Grund- und Rentenschulden. Zur Vermeidung der Vollstreckung haben der nichtschuldende Eigentümer und bestimmte Dritte ein Befriedigungsrecht (§§ 1142, 1150, 268). Ein Ausschluss des Befriedigungsrechts im Ganzen oder des Rechts auf Zwangsvollstreckung ist unzulässig; er hat auch keine schuldrechtliche Wirkung. IÜ sind vertragliche Beschränkungen zulässig und eintragungsfähig; § 1157 gilt. – § 1147 betrifft nur die Befriedigung des Hypothekengläubigers wegen seines dinglichen Anspruchs. Für die Befriedigung wegen seines persönlichen Anspruchs gilt nichts Besonderes. Vgl → § 1113 Rn. 6; → Vor § 1113 Rn. 24. 1

2. Voraussetzung. Für die Zwangsvollstreckung nach § 1147 ist ein *dinglicher Titel* gegen den Eigentümer (§ 1148), im Falle der Zwangsverwaltung auch oder nur gegen den Eigenbesitzer (§ 147 ZVG) Voraussetzung. Für die Vollstreckung aus einer Zwangshypothek genügt hingegen der vollstreckbare Titel, auf dem die Eintragung der Zwangshypothek vermerkt ist (§ 867 III ZPO, in Kraft seit 1.1.1999; die zuvor hM forderte einen dinglichen Titel). *Die praktisch wichtigsten dinglichen Titel* 2
sind: **a) vollstreckbare Urkunde** (§§ 794 I Nr. 5, 800 ZPO). Sie ist die Regel. 3
Inhalt: Unterwerfung unter die sofortige Zwangsvollstreckung in das Grundstück wegen Kapital und Nebenleistungen. Zur Höchstbetragshypothek → § 1190 Rn. 2.
b) Urteil auf Duldung der Zwangsvollstreckung in das Grundstück wegen Kapital 4
und Nebenleistungen. Gegen den schuldenden Eigentümer kann es mit dem Urteil auf Zahlung der persönlichen Schuld verbunden sein; es lautet dann auf Duldung der Zwangsvollstreckung in das Grundstück und auf Zahlung einer bestimmten Geldsumme (zum Gerichtsstand §§ 24, 25 ZPO).

3. Arten der Zwangsvollstreckung. Vgl → §§ 1120–1122 Rn. 5–7, → §§ 1123–1125 Rn. 2. Nicht hierher gehört die Zwangshypothek (§ 866 ZPO), da sie keine „Befriedigung aus dem Grundstück" (§ 1147) verschafft (str). Zur Befriedigung aus einer Gebäudeversicherungsforderung → §§ 1127–1130 Rn. 2. 5

§ 1148 Eigentumsfiktion

[1]Bei der Verfolgung des Rechts aus der Hypothek gilt zugunsten des Gläubigers derjenige, welcher im Grundbuch als Eigentümer eingetragen ist, als der Eigentümer. [2]Das Recht des nicht eingetragenen Eigentümers, die ihm gegen die Hypothek zustehenden Einwendungen geltend zu machen, bleibt unberührt.

1 **1. Fiktion des Eigentums. Der Eingetragene gilt** für die *dingliche* Klage kraft unwiderlegbarer Vermutung als Eigentümer, **S. 1,** auch zu seinen Ungunsten, so dass er sich nicht auf die Unrichtigkeit seiner Eintragung berufen kann (RGZ 94, 55, 57). Vorschrift gilt entsprechend für im Grundbuch eingetragene Gesellschafter einer GbR, vgl § 899a (BGH NJW 2011, 615, 617; 2011, 1449, 1450 f. [selbst dann, wenn einer der Gesellschafter verstorben ist], sa Reymann NJW 2011, 1412). Statt des zu Unrecht eingetragenen kann der wahre Eigentümer verklagt werden; der erfolgreiche Kläger darf die Berichtigung des Grundbuchs beantragen (§ 14 GBO).

2 **2. Der nicht eingetragene Eigentümer.** Dieser kann nur Einreden und Einwendungen gegen die Hypothek (→ § 1137 Rn. 1) geltend machen, **S. 2,** vor dem Prozess des Gläubigers gegen den Eingetragenen gem § 256 ZPO, während des Prozesses gem §§ 64, 65 ZPO, während des Vollstreckungsverfahrens gem § 771 ZPO. Dabei genügt der Nachweis seines Eigentums nicht, auch kann er sich nicht darauf berufen, dass die Vollstreckung gegen ihn gehe, obwohl er nicht im Titel genannt sei (S. 1 verdrängt insoweit §§ 750, 795 ZPO).

§ 1149 Unzulässige Befriedigungsabreden

Der Eigentümer kann, solange nicht die Forderung ihm gegenüber fällig geworden ist, dem Gläubiger nicht das Recht einräumen, zum Zwecke der Befriedigung die Übertragung des Eigentums an dem Grundstück zu verlangen oder die Veräußerung des Grundstücks auf andere Weise als im Wege der Zwangsvollstreckung zu bewirken.

1 **1. Unzulässige Rechtsgeschäfte. Unzulässig** und nichtig ist jede vor Fälligkeit der Forderung (vgl § 1141 mit Anm) getroffene Vereinbarung zwischen Eigentümer und Gläubiger, die auf Übereignung an den Gläubiger oder auf sonstige Veräußerung im Falle der Nichtbefriedigung (BGH NJW 2003, 1041, 1042) gerichtet ist; sa § 1229. Dieses Verbot der Verfallklausel schützt wie § 1136 den Grundeigentümer (BGHZ 130, 101, 104) und regelt negativ die Art der Pfandverwertung.

2 **2. Zulässige Rechtsgeschäfte. Zulässig** sind *vor* Fälligkeit geschlossene Verpflichtungs- und Übereignungsgeschäfte, wenn sie – unabhängig von der Zahlung bei Fälligkeit – auf Übereignung zu bestimmtem Preis abzielen (RGZ 92, 101, 105). *Nach* Fälligkeit sind schuldrechtliche Vereinbarungen iSv § 1149 zulässig, idR aber formbedürftig (§ 311b I 1).

§ 1150 Ablösungsrecht Dritter

Verlangt der Gläubiger Befriedigung aus dem Grundstück, so finden die Vorschriften der §§ 268, 1144, 1145 entsprechende Anwendung.

1 ***1. Allgemeines.*** *Dritte* haben ein **Ablösungsrecht,** wenn und weil sie Gefahr laufen, durch die Befriedigung des Gläubigers aus dem Grundstück ein Recht oder den Besitz am Vollstreckungsobjekt zu verlieren. § 1150 modifiziert § 268.

2 **2. Voraussetzungen. a) Gefährdet** iSv → Rn. 1 ist ein Recht, wenn es im Falle der Zwangsversteigerung nicht in das geringste Gebot (§ 44 I ZVG) aufgenom-

men würde; zur *Gefährdung des Besitzes* vgl § 268 I 2. Dazu §§ 52 I, 57 ff., 91 I, 93 ZVG. Ablösungsberechtigt sind daher zB nachstehende Grundpfandgläubiger (auch wenn eine Befriedigung aus dem Versteigerungserlös nicht zu erwarten ist: BGH NJW-RR 2010, 1314), Mieter, Pächter. **b) Das Ablösungsrecht entsteht** nicht 3 erst mit Betreiben der Zwangsvollstreckung (so § 268 I), sondern schon, wenn der Gläubiger berechtigterweise (dh nach Fälligkeit) Befriedigung verlangt, zB durch Zahlungsaufforderung mit Vollstreckungsandrohung (RGZ 91, 297, 302). Ausübung nur bis zum Zuschlag, §§ 89, 90 ZVG. Möglich ist Zahlung unter dem Vorbehalt, dass dem Zahlenden kein Anspruch auf Löschung der Hypothek (zB aus § 1179a) zusteht (BGHZ 136, 246, 250).

3. Wirkungen. a) Der Dritte erwirbt, wenn er (nicht notwendig zwecks 4 Abwendung der Zwangsvollstreckung, BGH NJW 1994, 1475; str) den Gläubiger befriedigt, kraft Ges *Forderung und Hypothek* (§§ 1150, 268 III 1, 412, 401, 1153 I). Zur Aufrechnung (§ 268 II) → § 1142 Rn. 3. Die Befriedigung eines legitimierten Scheingläubigers fällt unter §§ 893, 1155, vorausgesetzt, das Recht steht einem anderen zu (Gursky WM 2001, 2361, 2362 ff.); dann und deshalb erwirbt der ablösende Dritte auch hier die Forderung samt Hypothek (→ § 1143 Rn. 2; → § 1157 Rn. 3). § 893 gilt nicht bei Befriedigung durch einen eingetragenen Nichtberechtigten (Grüneberg/Herrler § 893 Rn. 1; aA MüKo-BGB/Lieder Rn. 36); hat der Nichtberechtigte Besitz, so schützt ihn § 268 I 2. **b) Bei Teilbefriedigung** geht 5 das Restrecht des Gläubigers dem übergegangenen Recht vor (§§ 1150, 268 III 2; vgl RGZ 131, 323, 325).

§ 1151 Rangänderung bei Teilhypotheken

Wird die Forderung geteilt, so ist zur Änderung des Rangverhältnisses der Teilhypotheken untereinander die Zustimmung des Eigentümers nicht erforderlich.

§ 1152 Teilhypothekenbrief

[1]Im Falle einer Teilung der Forderung kann, sofern nicht die Erteilung des Hypothekenbriefs ausgeschlossen ist, für jeden Teil ein Teilhypothekenbrief hergestellt werden; die Zustimmung des Eigentümers des Grundstücks ist nicht erforderlich. [2]Der Teilhypothekenbrief tritt für den Teil, auf den er sich bezieht, an die Stelle des bisherigen Briefes.

Anmerkungen zu den §§ 1151, 1152

1. Allgemeines. Forderungsteilung bewirkt Hypothekenteilung (Folge der 1 Akzessorietät). Teilung beruht auf RGeschäft (zB auch durch abw Zins- oder Zahlungsabreden für einen Teil) oder Ges (zB §§ 1143, 1150, 1163). Die Teile sind selbstständige Grundpfandrechte (vgl RGZ 131, 88, 91), also selbstständig übertragbar, verpfändbar usw; sie können typverschieden sein (Hypothek, Grundschuld; Brief-, Buchrecht).

2. Rangänderung. § 1151 befreit von § 880 II 2 (s. OLG Düsseldorf NJW-RR 2 1991, 685 f.), aber nur bei zeitlichem Zusammenhang von Rangänderung und Teilung.

3. Bildung eines Teilhypothekenbriefs. Dies ist für die Teilung (→ Rn. 1) 3 unnötig. Unterbleibt sie, so besteht am Brief Miteigentum (§ 952). Teilbrief kann beantragt werden (vgl § 61 GBO, § 20 II BNotO). Zuweilen besteht ein Recht auf einen Teilbrief (zB gem §§ 1145 I 2, 1150, 1167).

§ 1153 Übertragung von Hypothek und Forderung

(1) **Mit der Übertragung der Forderung geht die Hypothek auf den neuen Gläubiger über.**

(2) **Die Forderung kann nicht ohne die Hypothek, die Hypothek kann nicht ohne die Forderung übertragen werden.**

1 **1. Allgemeines.** § 1153 beruht auf dem *Akzessorietätsprinzip* (→ Vor § 1113 Rn. 17), er gilt daher nicht für Grund- und Rentenschuld. **I** zeigt das rechtliche Übergewicht der Forderung gegenüber der Hypothek (→ Vor § 1113 Rn. 2). Ausnahmsweise kommt es zu einer Umkehrung von I. Bsp: Eigentümer E hat dem gem § 104 Nr. 2 geschäftsunfähigen A für eine bestehende Forderung eine Buchhypothek bestellt, A überträgt an B, B an C; dieser erwirbt, falls er nicht unredlich oder der öffentl Glaube des Grundbuchs zerstört ist, gem §§ 1138, 892 die Hypothek, zugleich auch die bei A verbliebene Forderung, um eine Verdoppelung des Rechts zu vermeiden (Baur/Stürner § 38 Rn. 28 mN; aA MüKo-BGB/Lieder Rn. 16–19 mN). Das gilt nicht für eine Sicherungshypothek (arg § 1185 II).

2 **2. Akzessorietät. a) Mitlaufgebot** (Heck SaR § 96, 2). Bei Übertragung der Forderung läuft die Hypothek kraft Ges mit, **I.** Bei Abtretung der Forderung wird die Hypothek trotz I iSd §§ 1138, 892 rechtsgeschäftlich erworben (Heck SaR § 96, 7). Das Mitlaufgebot, I, ist zwingend (anders §§ 412, 401 I). Ausnahmen von I: §§ 1159, 1190 IV; iÜ ist isolierte Forderungsübertragung nur nach vorheriger
3 Lösung von der Hypothek möglich (vgl §§ 1168, 1180, 1198). **b) Übertragung der Hypothek** ohne Forderung verstößt gegen **II** und ist nichtig. Doch wird mit der Hypothekenübertragung zumeist eine Forderungsabtretung samt ges Hypothekenübergang (I) gewollt sein. Zuweilen geht die gesicherte Forderung nicht mit über; dann sichert die Hypothek eine andere Forderung des Erwerbers (§§ 1164, 1173 II, 1174 I, 1182 S. 1).

4 **3. Übertragbarkeit. a)** Die **Forderung** ist grundsätzlich **übertragbar,** dazu bedarf es nicht der Zustimmung des Darlehensnehmers (§ 398). Bei einem **Immobiliar-Verbraucherdarlehensvertrag** (§ 491 III) ist der Darlehensnehmer (Verbraucher, § 13) darüber nach Maßgabe von Art. 247 § 1 III EGBGB zu informieren. Weitere Informationspflichten bestehen bei Abtretung der Darlehensforderung an einen Dritten (s. § 496 II). Eine Verletzung dieser Pflichten führt seit Umsetzung der WohnimmobilienkreditRL (RL 2014/17/EU) nicht mehr zur Nichtigkeit (s. § 494 I nF), im Fall des § 496 II uU zu einem Schadensersatzanspruch des Ver-
5 brauchers (Darlehensnehmers). **b) Die Übertragbarkeit der Forderung** kann vertraglich **ausgeschlossen** werden (§ 399 Fall 2; sa Art. 247 § 1 III EGBGB). Das macht gem II die Hypothek unübertragbar. Gegen Dritte wirkt das aber nur bei Eintragung der Abrede im Grundbuch (Westermann § 102 I 1). Ohne Eintragung ist Erwerb einer Verkehrshypothek samt Forderung entspr → Rn. 1 möglich. **c)** Auch die **Übertragbarkeit des Grundpfandrechts** selbst ist **ausschließbar** durch Einigung und Eintragung, § 877 (Inhaltsänderung). Dann ist die Forderung ebenfalls nicht abtretbar (Berger, Rechtsgeschäftliche Verfügungsbeschränkungen, 1998, S. 362).

§ 1154 Abtretung der Forderung

(1) [1]**Zur Abtretung der Forderung ist Erteilung der Abtretungserklärung in schriftlicher Form und Übergabe des Hypothekenbriefs erforderlich; die Vorschrift des § 1117 findet Anwendung.** [2]**Der bisherige Gläubiger hat auf Verlangen des neuen Gläubigers die Abtretungserklärung auf seine Kosten öffentlich beglaubigen zu lassen.**

(2) **Die schriftliche Form der Abtretungserklärung kann dadurch ersetzt werden, dass die Abtretung in das Grundbuch eingetragen wird.**

(3) **Ist die Erteilung des Hypothekenbriefs ausgeschlossen, so finden auf die Abtretung der Forderung die Vorschriften der §§ 873, 878 entsprechende Anwendung.**

1. Allgemeines. Die Hypothek wird durch *Abtretung der Forderung* übertragen. 1
Der Vertrag ist, abw von § 398, *in eine sachenrechtliche Form* gekleidet, verschieden für Brief- (I, II) und Buchhypothek (III). Die Abtretung ist als Verfügungsgeschäft abstrakt und von dem zugrundeliegenden formlos gültigen Verpflichtungsgeschäft zu unterscheiden (→ Vor § 1113 Rn. 16).

2. Anwendungsbereich. a) Gilt nur für die Abtretung, dh rechtsgeschäftliche 2
Übertragung (vgl § 398), einer hypothekarisch gesicherten Forderung sowie künftig fälliger Nebenleistungen (§ 1158). Entspr anwendbar für die Übertragung von Grund- und Rentenschuld (§§ 1192 I, 1199 I), ferner für die Bestellung von Nießbrauch (§ 1069) und Pfandrecht (§§ 1274, 1291) an der Hypothek. Zur Pfändung vgl §§ 830, 837, 857 VI ZPO (dazu Jauernig/Berger § 20 Rn. 1–4, 36 mN). **b) Gilt** 3
nicht aa) für den ges Übergang, zB kraft Erbfalls oder gem §§ 1143 I, 412, 401 I (→ § 1143 Rn. 2, 4); **bb)** gem §§ 1159, 1187 S. 3, 1190 IV, 1195; **cc)** für die Abtretung des Anspruchs auf den Versteigerungserlös nach Zuschlag (formlos: BGH NJW 1964, 813); für das (formlose) Verpflichtungsgeschäft zur Abtretung des Grundpfandrechts (vgl → Rn. 1).

3. Abtretung bei der Briefhypothek (I, II). Erforderlich sind Abtretung, 4
Briefübergabe und entweder schriftliche Abtretungserklärung (I 1) oder Eintragung der Abtretung (II). Gilt auch für die Rückabtretung. Ie: **a) Abtretung.** Sie ist Vertrag. Nur die Erklärung des Abtretenden, nicht auch deren Annahme muss schriftlich erfolgen (I 1 mit § 126). Wegen §§ 1155, 1160 f. hat der neue Gläubiger nach erfolgter Abtretung einen Anspruch auf öffentl Beglaubigung der Erklärung, I 2, § 129 (BGH NJW 1972, 44; zum Inhalt LG Stuttgart Rpfleger 1976, 276 und LG Tübingen Rpfleger 1976, 246 ff. je mit Anm Haegele, je mwN); ihm gegenüber besteht idR kein Zurückbehaltungsrecht (BGH NJW 1972, 44). Die Erklärung ist entspr → § 873 Rn. 35 auslegungsfähig (BGH NJW-RR 1992, 179). Ihre Aushändigung an den Zessionar ist unnötig; der Zedent muss sie nur so aus der Hand geben, dass der Zessionar sich ihrer bedienen kann (BGH FamRZ 1965, 490, 491). Nur die schriftliche Form der Abtretungserklärung kann durch *Eintragung der Abtretung* ersetzt werden (II; zum Verfahren §§ 26, 28 GBO). Die Eintragung ist sicherer, weil nur der Eingetragene von einer Zwangsversteigerung und Zwangsverwaltung benachrichtigt wird (§§ 41, 146 II mit 9 Nr. 1 ZVG, ferner §§ 9 Nr. 2, 37 Nr. 4, 114 I, 146 I ZVG). **b) Briefübergabe** oder ihr Ersatz (I 1 Hs. 2) muss vom Zeden- 5
ten gewollt sein (BGH NJW-RR 1993, 369). Es gilt die Vermutung gem § 1117 III; ohne Übergabe scheidet ein Erwerb gem § 1154 aus. **c) Teilabtretung:** § 1152 6
(Bildung eines Teilbriefs; dessen Übergabe oder deren Ersatz ist erforderlich, § 1152 S. 2). Ohne Teilbriefbildung muss dem Zessionar zumindest gleichstufiger Mitbesitz am Stammbrief eingeräumt werden (BGHZ 85, 263, 265 f. mit Anm Berg JR 1983, 194; BGH NJW-RR 1986, 345; str; → § 866 Rn. 1).

4. Abtretung bei der Buchhypothek (III). Dies geschieht durch formlose 7
Abtretung und Eintragung; §§ 873, 878 gelten entspr (vgl Anm dort).

§ 1155 Öffentlicher Glaube beglaubigter Abtretungserklärungen

[1]Ergibt sich das Gläubigerrecht des Besitzers des Hypothekenbriefs aus einer zusammenhängenden, auf einen eingetragenen Gläubiger zurückführenden Reihe von öffentlich beglaubigten Abtretungserklärungen, so finden die Vorschriften der §§ 891 bis 899 in gleicher Weise Anwendung, wie wenn der Besitzer des Briefes als Gläubiger im Grundbuch eingetragen wäre. [2]Einer öffentlich beglaubigten Abtretungserklärung steht gleich ein

gerichtlicher Überweisungsbeschluss und das öffentlich beglaubigte Anerkenntnis einer kraft Gesetzes erfolgten Übertragung der Forderung.

1 **1. Allgemeines.** Nur der erste Briefhypothekengläubiger muss im Grundbuch stehen (§ 873 I). Die Briefhypothek kann mit Hilfe des Briefs außerhalb des Grundbuchs übertragen werden (§ 1154 I, II). Dennoch genießt der Brief keinen öffentl Glauben (→ § 1140 Rn. 1, 2). Bliebe es dabei, so wäre die erleichterte Übertragungsform des § 1154 für den Erwerber gefährlich. Außerdem könnte sich der Zessionar nicht auf die Vermutungen des § 891 berufen. Hier schafft § 1155 Abhilfe. Kann der Briefbesitzer (→ Rn. 2) durch bestimmte Urkunden (→ Rn. 3–6) sein Hypothekenrecht auf einen eingetragenen Gläubiger zurückführen (→ Rn. 7, 8), so steht er selbst einem eingetragenen Gläubiger gleich; §§ 891–899 sind anwendbar (→ Rn. 13).

2 **2. Voraussetzungen. a) Eigenbesitz** des nichteingetragenen Hypothekengläubigers am Brief; mittelbarer genügt (BGH NJW-RR 1993, 369, 370), weil er auch zum Rechtserwerb ausreicht (§§ 1154 I 1, 1117 I 2; aA Hager ZIP 1993, 1446, 1450 f.; Reinicke/Tiedtke NJW 1994, 345 ff.: Geheißerwerb vom Nichtbesitzer möglich [dagegen wie hier AnwKomBGB/Zimmer Rn. 3]). Der Besitz muss durch
3 Übergabe erlangt sein (dazu → § 1154 Rn. 5). **b) Urkundenkette.** Das Gläubigerrecht des nichteingetragenen Hypothekengläubigers muss sich aus einer zusammenhängenden, auf einen eingetragenen Gläubiger zurückführenden Reihe bestimmter Urkunden ergeben. Als solche Urkunden kommen in Betracht (vgl **S. 2;** zur öffentl
4 Beglaubigung § 129): **aa) Öffentl. beglaubigte Abtretungserklärung.** Der Zessionar kann Beglaubigung verlangen (§ 1154 I 2; dazu → § 1154 Rn. 4). Der beglaubigten Erklärung stehen gleich ein rechtskräftiges Urteil (§ 894 I 1 ZPO) und das Zeugnis nach §§ 37, 36 GBO. Für eine gefälschte Urkunde gilt § 1155 nicht (OLG Braunschweig OLGZ 1983, 219, 220 ff. mN; aA RGZ 86, 262, 263: Geltung für eine „äußerlich einwandfreie" Beglaubigung). Das gilt freilich nur, wenn die Fälschung einer Grundbuchfälschung gleichkommt. Beruht die Fälschung hingegen darauf, dass die Unterschrift nicht von dem im Beglaubigungsvermerk genannten Unterzeichner stammt, genießt der Erwerber Schutz nach § 1155 (vgl Brehm/Berger § 17 Rn. 89; differenzierend: Staudinger/Wolfsteiner Rn. 19 und MüKo-BGB/
5 Lieder Rn. 11–14 mN). **bb) Beschluss auf Überweisung an Zahlungs statt** (nicht bloß zur Einziehung), weil er die Wirkung der Abtretung hat (§ 835 II ZPO;
6 BGHZ 24, 329, 332). **cc) Öffentl. beglaubigtes Anerkenntnis** des erfolgten ges Forderungsübergangs, dh die Bestätigung des bisherigen Gläubigers, dass die Forderung (samt Hypothek, § 1153), ggf das Grundpfandrecht ohne Forderung, auf Grund eines bestimmten, unterscheidbar bezeichneten Vorgangs auf den Eigentümer, Dritten usw übergegangen ist. Auf ein öffentl beglaubigtes Anerkenntnis hat der neue Gläubiger Anspruch (§§ 412, 403); ein rechtskräftiges Urteil ersetzt es (§ 894 I 1 ZPO). Löschungsfähige Quittung und Löschungsbewilligung genügen nicht. Bsp für ges Übergang: §§ 268 III 1, 426 II 1, 774 I 1, 1143 I 1, 1163 I, 1164, 1173 f.,
7 1182 S. 1, 1249 S. 2. **dd) Vom Briefbesitzer zu einem eingetragenen** Gläubiger muss die Kette zurückführen (Eintragung nach § 1154 II genügt). Die Zahl der
8 Urkunden ist gleichgültig, eine genügt (RGZ 86, 262, 263). **ee) Ist die Kette unterbrochen,** zB durch Erbfall oder privatschriftliche Abtretungserklärung, so gilt § 1155 unstr für Abtretungen vor der Unterbrechung. Für danach liegende öffentl beglaubigte Abtretungserklärungen usw gilt § 1155 nur, wenn der Erbfall usw das Recht hat wirklich übergehen lassen (RGRK/Mattern Rn. 8, 15; WolffR § 142 VIII 3; aA, aber mit dem Ges unvereinbar, Baur/Stürner § 38 Rn. 37; Westermann *§ 104 IV 2b: Es genüge, dass zB* der Erbfall wirklich vorliege, und daher das Recht übertragen *hätte,* wenn es beim Erblasser bestanden *hätte*).

9 **3. Wirkungen. a) § 891** gilt für den iSv → Rn. 2–8 legitimierten Briefbesitzer. Die Vermutungen gelten in jedem Verfahren, auch vor dem Grundbuchamt (Bay-
10 ObLG NJW-RR 1991, 1398). **b) Der Erwerb** vom legitimierten Briefbesitzer

(→ Rn. 2–8) ist gem **§ 892** sowie **§§ 1138, 892** möglich, auch wenn sich dieser Erwerb ohne öffentl Beglaubigung vollzieht (in diesem Fall kommen dem Erwerber aber die Vermutungen der §§ 891, 1138 mit 891 nicht zugute [→ Rn. 9], ferner scheitert ggf die Geltendmachung von Hypothek, § 1160, und Forderung, § 1161). Der Schutz versagt bei Kenntnis, Vorliegen eines Widerspruchs oder bei einer im Brief verlautbarten Unrichtigkeit des Grundbuchs (vgl §§ 892 I 1, 1138, 1140).
c) Andere Verfügungsgeschäfte sind gem **§ 893** sowie **§§ 1138, 893** geschützt. 11
Bsp: Die Zahlung des Eigentümers oder ablösungsberechtigten Dritten an den legitimierten Briefbesitzer (→ Rn. 2–8) gem §§ 1142, 1150 lässt Forderung und Hypothek übergehen (→ § 1143 Rn. 4, → § 1150 Rn. 4). **d) Der wahre Berechtigte** 12
hat gegen den nichteingetragenen Briefbesitzer die Rechte aus **§§ 894 ff.** Zu § 899 vgl §§ 41 I 2, 42 GBO (OLG Frankfurt a. M. Rpfleger 1975, 301 f.). **e) Auswir-** 13
kung auf das Grundbuch: § 39 II GBO (dazu WolffR § 142 bei Fn. 27).

§ 1156 Rechtsverhältnis zwischen Eigentümer und neuem Gläubiger

[1]Die für die Übertragung der Forderung geltenden Vorschriften der §§ 406 bis 408 finden auf das Rechtsverhältnis zwischen dem Eigentümer und dem neuen Gläubiger in Ansehung der Hypothek keine Anwendung. [2]Der neue Gläubiger muss jedoch eine dem bisherigen Gläubiger gegenüber erfolgte Kündigung des Eigentümers gegen sich gelten lassen, es sei denn, dass die Übertragung zur Zeit der Kündigung dem Eigentümer bekannt oder im Grundbuch eingetragen ist.

1. Allgemeines. Bei voller Akzessorietät der Hypothek wären auch die §§ 406– 1
408 uneingeschränkt anwendbar, so dass sich der Eigentümer zu seinem Schutz auf **Rechtsvorgänge** berufen könnte, die sich erst **nach dem Rechtsübergang** zwischen dem persönlichen Schuldner (der er auch selbst sein kann) und dem Zedenten (bei § 408 dem Zweitzessionar) zugetragen haben. Insoweit schränkt § 1156 die Akzessorietät der Hypothek ein (auch bei ges Übergang oder wenn Abtretung unentgeltlich oder rechtsgrundlos erfolgt ist, BGH NJW 2018, 2261 Rn. 13): Im Verhältnis von Eigentümer (als solchem) und neuem Gläubiger sind die §§ 406–408 überhaupt ausgeschlossen. Rechnet der Schuldner gem *§ 406* auf, so erlischt zwar ihm gegenüber die Forderung, aber nicht für den Eigentümer „in Ansehung der Hypothek" (S. 1), weshalb §§ 1163 I, 1177 I ausscheiden und der neue Gläubiger das Grundpfandrecht (mangels Forderung als Fremdgrundschuld) behält. Die Unanwendbarkeit von §§ 407, 408 beeinträchtigt den Eigentümer nicht; er kann Legitimationsnachweis des Gläubigers fordern (Eintragung bei der Buchhypothek, zur Briefhypothek vgl § 1160); bei Zahlung an den Scheingläubiger schützt § 893 (→ § 893 Rn. 2, → § 1143 Rn. 1, 2). § 1156 gilt nicht für die Sicherungshypothek (§ 1185 II) sowie gewisse Nebenleistungen (§§ 1158, 1159).

2. Andere Vorschriften. a) Unanwendbar sind §§ 406 (→ Rn. 1; ferner kann 2
der Eigentümer gem § 1142 II nur mit einer Forderung gegen den Zessionar, im Fall des § 408 gegen den Erstzessionar aufrechnen), 407 (Ausnahme für Kündigung des Eigentümers gegenüber dem Zedenten: **S. 2**), 408. **b) Anwendbar** sind §§ 404 3
(modifiziert durch §§ 1137, 1138, 1157), 405, 409, 410 (modifiziert durch §§ 1144 f., 1160).

§ 1157 Fortbestehen der Einreden gegen die Hypothek

[1]Eine Einrede, die dem Eigentümer auf Grund eines zwischen ihm und dem bisherigen Gläubiger bestehenden Rechtsverhältnisses gegen die Hypothek zusteht, kann auch dem neuen Gläubiger entgegengesetzt werden. [2]Die Vorschriften der §§ 892, 894 bis 899, 1140 gelten auch für diese Einrede.

1 **1. Allgemeines. a) § 1157 setzt voraus,** dass der Eigentümer Einreden gegen die Hypothek, Grund- und Rentenschuld erheben kann (→ § 1137 Rn. 1), zB Stundung der Hypothek (für Stundung der Forderung gilt § 1137). Gleichgültig ist,
2 ob der Eigentümer auch schuldet. **b) Der Einredegrund** kann sich ergeben zB aus RGeschäft (Bsp: Stundungsabrede), ungerechtfertigter Bereicherung (Bsp: Nichtigkeit der Verpflichtung zur Grundpfandbestellung, → Vor § 1113 Rn. 16), unerlaubter Handlung bzgl der Hypothek (vgl § 853).

3 **2. Bezug zwischen S. 1 und S. 2.** Das Ges ist missverständlich. **S. 1** stellt den **Grundsatz** auf, dass die zZ des Rechtsübergangs schon bestehende Einrede auch dem neuen Gläubiger gegenüber geltend gemacht werden kann (für später entstandene gilt § 1156: BGHZ 85, 388, 390 f.). Für den *rechtsgeschäftlichen* Erwerb (nicht bei Sicherungsgrundschuld [→ § 1191 Rn. 20] und nach BGH NJW 1997, 190 f. nicht bei § 1150; aA 13. Aufl.) ist der Grundsatz durch **S. 2** erheblich modifiziert. Die Einrede kann dem neuen Gläubiger gegenüber nur geltend gemacht werden, wenn sie im Grundbuch eingetragen (§§ 892 I 1, 894) oder aus dem Brief oder den Urkunden des § 1155 ersichtlich (§ 1140) oder durch Widerspruch (§§ 899, 1140 S. 2) gesichert ist oder der Erwerber die einredebegründenden Tatsachen kennt und ihre Rechtswirkungen zutr einordnet (Rechtsirrtum nützt dem Zessionar: BGHZ 25, 27, 32); andernfalls erlischt die Einrede (BGH NJW-RR 2001, 1097, 1098). S. 2 gilt auch, wenn die Formen des § 1155 nicht beachtet sind (RGZ 135, 357, 365).

4 **3. § 891.** Die Vermutungen des **§ 891** gelten für die Einreden **nicht** (vgl S. 2).

5 **4. Ausschluss von § 1157 S. 2.** Für die **Sicherungsgrundschuld** ist § 1157 S. 2 nach Maßgabe des § 1192 Ia 1 ausgeschlossen. Der Ausschluss ist kein totaler (§ 1192 I a 2); zum Umfang → § 1191 Rn. 20, 23, 24 (bb).

§ 1158 Künftige Nebenleistungen

Soweit die Forderung auf Zinsen oder andere Nebenleistungen gerichtet ist, die nicht später als in dem Kalendervierteljahr, in welchem der Eigentümer von der Übertragung Kenntnis erlangt, oder dem folgenden Vierteljahr fällig werden, finden auf das Rechtsverhältnis zwischen dem Eigentümer und dem neuen Gläubiger die Vorschriften der §§ 406 bis 408 Anwendung; der Gläubiger kann sich gegenüber den Einwendungen, welche dem Eigentümer nach den §§ 404, 406 bis 408, 1157 zustehen, nicht auf die Vorschrift des § 892 berufen.

1 **1. Allgemeines.** §§ 1158 f. enthalten Sondervorschriften für bestimmte Nebenleistungen (§ 1158: künftig fällige, § 1159: rückständige). Sie gelten für alle Grundpfandrechte.

2 **2. Abtretung. Künftig fällig werdende Zinsen** und andere Nebenleistungen (zu diesen → § 1115 Rn. 5) werden gem §§ 1153, 1154 (nicht §§ 398 ff.) abgetreten. Die Wirkung der Abtretung bestimmt sich nach den §§ 404 ff. § 1158 erfasst nur Nebenleistungen für das Quartal, in dem sie fällig werden und der Eigentümer von der Abtretung erfährt, sowie das folgende Quartal. Daher kann der unwissende Eigentümer die Zinsen unbesorgt für ein halbes Jahr im Voraus zahlen; § 892 ist durch § 1158 ausgeschlossen. Für später fällig werdende Nebenleistungen gelten §§ 1138, 1140, 1156 f.

§ 1159 Rückständige Nebenleistungen

(1) [1]**Soweit die Forderung auf Rückstände von Zinsen oder anderen Nebenleistungen gerichtet ist, bestimmt sich die Übertragung sowie das Rechtsverhältnis zwischen dem Eigentümer und dem neuen Gläubiger**

nach den für die Übertragung von Forderungen geltenden allgemeinen Vorschriften. [2]Das Gleiche gilt für den Anspruch auf Erstattung von Kosten, für die das Grundstück nach § 1118 haftet.

(2) **Die Vorschrift des § 892 findet auf die im Absatz 1 bezeichneten Ansprüche keine Anwendung.**

1. Allgemeines. Vgl → § 1158 Rn. 1. 1

2. Rückstand. Für **Rückstände von Zinsen** und anderen Nebenleistungen (zu 2
diesen → § 1115 Rn. 5) sowie für Erstattungsansprüche iSv § 1118 gelten bzgl Form und Wirkung die §§ 398 ff. uneingeschränkt **(I).** Rückstände sind Leistungen, die zZ der Abtretung fällig, aber nicht erbracht sind (RGZ 91, 297, 301). §§ 404 ff. gelten auch für den dinglichen Anspruch; § 892 ist ausgeschlossen **(II),** §§ 1156, 1157 sind unanwendbar. Der Hypothekenbrief legitimiert nicht (§ 1160 III), es gilt § 410.

§ 1160 Geltendmachung der Briefhypothek

(1) **Der Geltendmachung der Hypothek kann, sofern nicht die Erteilung des Hypothekenbriefs ausgeschlossen ist, widersprochen werden, wenn der Gläubiger nicht den Brief vorlegt; ist der Gläubiger nicht im Grundbuch eingetragen, so sind auch die im § 1155 bezeichneten Urkunden vorzulegen.**

(2) **Eine dem Eigentümer gegenüber erfolgte Kündigung oder Mahnung ist unwirksam, wenn der Gläubiger die nach Absatz 1 erforderlichen Urkunden nicht vorlegt und der Eigentümer die Kündigung oder die Mahnung aus diesem Grunde unverzüglich zurückweist.**

(3) **Diese Vorschriften gelten nicht für die im § 1159 bezeichneten Ansprüche.**

1. Allgemeines. a) Briefgrundpfandrechte sind außerhalb des Grundbuchs 1
abtretbar. Daher kann der Eigentümer den Gläubiger nicht stets aus dem Grundbuch ersehen. Hier weisen Brief und Urkunden des § 1155 den Gläubiger aus. Darauf
beruht § 1160. **b) Legitimation des Gläubigers** ist nur auf Verlangen des Eigentü- 2
mers nötig (RGZ 55, 224, 226). Deshalb ist Verzicht auf das Vorlegungsrecht mit dinglicher Wirkung möglich und eintragungsfähig (OLG Frankfurt a. M. DNotZ 1977, 112 f.).

2. Gerichtl Geltendmachung der Hypothek. Bei gerichtl **Geltendma-** 3
chung der Hypothek (I) kann der Eigentümer die Vorlage von Brief und ggf Urkunden iSv § 1155 einredeweise verlangen (bei privatschriftlichen Abtretungserklärungen muss der Gläubiger entweder die Beglaubigungen nachholen lassen, s. § 1154 I 2, oder gem § 894 seine Eintragung im Grundbuch bewirken). Dem Gläubiger ist auf Antrag vom Gericht eine angemessene Frist zu setzen; nach fruchtlosem Ablauf wird die Klage abgewiesen (RGZ 55, 224, 228 f.). Der Eigentümer kann ferner die sachliche Berechtigung bestreiten oder die Rechte aus § 1144 geltend machen.

3. II. Kündigung oder Mahnung (II) oder eine andere außergerichtl Geltend- 4
machung ist ohne Vorlage der Urkunden nur bei unverzüglicher (§ 121 I 1) Zurückweisung unwirksam.

4. III. Zu **III** vgl Anm zu § 1159. 5

5. Gerichtl Geltendmachung. Für die gerichtl **Geltendmachung der Forde-** 6
rung gilt § 1160 nur, wenn der Eigentümer auch persönlicher Schuldner ist, § 1161; sonst sind §§ 371, 410, 810 anwendbar.

§ 1161 Geltendmachung der Forderung

Ist der Eigentümer der persönliche Schuldner, so findet die Vorschrift des § 1160 auch auf die Geltendmachung der Forderung Anwendung.

Vgl → § 1160 Rn. 6.

§ 1162 Aufgebot des Hypothekenbriefs

Ist der Hypothekenbrief abhanden gekommen oder vernichtet, so kann er im Wege des Aufgebotsverfahrens für kraftlos erklärt werden.

1 **1. Anwendungsbereich.** Brief muss abhanden gekommen (→ §§ 799, 800 Rn. 1 [c]) oder vernichtet sein. § 1162 unanwendbar für Inhabergrundschuldbrief (§ 1195). Zum Verfahren §§ 466 ff. FamFG.

2 **2. Wirkung.** Vgl §§ 433–441, 466–469, 476–478 FamFG. Der Beschluss tritt nur eingeschränkt an die Stelle des Briefs (§§ 479, 439, 484 FamFG, § 41 II 2 GBO), iÜ neuer Brief nötig (vgl §§ 67, 68 GBO). Zur Beseitigung des Beschlusses §§ 45, 48 II, 58, 69, 74, 75 FamFG.

§ 1163 Eigentümerhypothek

(1) [1]**Ist die Forderung, für welche die Hypothek bestellt ist, nicht zur Entstehung gelangt, so steht die Hypothek dem Eigentümer zu.** [2]**Erlischt die Forderung, so erwirbt der Eigentümer die Hypothek.**

(2) **Eine Hypothek, für welche die Erteilung des Hypothekenbriefs nicht ausgeschlossen ist, steht bis zur Übergabe des Briefes an den Gläubiger dem Eigentümer zu.**

1 **1. Allgemeines zum Eigentümergrundpfandrecht. a) Die Forderung ist nicht entstanden.** Hier steht die Hypothek von Anfang an dem Eigentümer zu **(I 1).** Sie ist mangels Forderung *ursprüngliche Eigentümergrundschuld;* eine „Umwandlung" der Hypothek findet also nicht statt, daher gilt § 1177 nur entspr (WolffR § 145 II). Die ursprüngliche Eigentümergrundschuld ist eine *vorläufige,* wenn die Forderung noch entstehen kann (zB durch Auszahlung des Darlehens, sog Valutierung der Hypothek); sie ist eine *endgültige,* wenn die Forderung nicht (mehr) entstehen kann (zB wegen Auflösung des Darlehensvertrags vor Auszahlung). Die vorläufige Eigentümergrundschuld ist auflösend bedingt durch Entstehen der Forderung (BGHZ 60, 226, 228); mit Bedingungseintritt (und Briefübergabe, II) wird sie automatisch zur Fremdhypothek, mit Bedingungsausfall zur endgültigen Eigentümergrundschuld (BGHZ 60, 226, 228 f.). Weiterer Fall der vorläufigen Eigentümer-
2 grundschuld in II. **b) Nachträglicher Übergang** der Hypothek auf den Eigentümer ist möglich, ohne Forderung als *nachträgliche Eigentümergrundschuld* (zB gem I 2, § 1177 I) *oder* mit Forderung als (nur nachträglich mögliche) *Eigentümerhypothek* (zB gem §§ 1143, 1153). Letztere wird wie eine Eigentümergrundschuld behandelt
3 (§ 1177 II). **c) Inhaber des Eigentümergrundpfandrechts** ist mit oder ohne Forderung derjenige, der bei Entstehen dieses Rechts (→ Rn. 1, 2) der wahre Eigentü-
4 mer ist (RGZ 80, 317, 320). **d) Zweck.** Der Erwerb des als Fremdhypothek gewollten (I 1) oder begründeten (I 2) Grundpfandrechts durch den Eigentümer verhindert das Aufrücken nachrangiger, zumeist höherverzinslicher Grundpfandrechte und berücksichtigt das wirtschaftliche Interesse des Eigentümers, ein ranggünstiges Eigentümergrundpfandrecht als Fremdrecht zur Sicherung neuen Kredits zu verwenden (vgl → Vor § 1113 Rn. 15). Das gegenläufige Interesse nachstehender Grundpfandgläubiger wird aber idR mehr berücksichtigt; vgl §§ 1179a, b mit Anm,
5 ferner → § 1179 Rn. 2. **e) Bedingungen.** Zur Frage, ob bei *bedingter Hypothekenbestellung* ein Eigentümergrundpfandrecht entsteht, vgl → § 1113 Rn. 14. Zur Siche-

rung einer bedingten Forderung → § 1113 Rn. 9. **f) Bei Fehlen oder Nichtigkeit der Einigung** über die Hypothekenbestellung (§ 873) entsteht kein Grundpfandrecht (→ § 1113 Rn. 16). 6

7 **2. Anwendungsbereich.** I gilt für alle Hypothekenarten (nicht für Grund- und Rentenschulden, → § 1191 Rn. 6), II für alle Briefgrundpfandrechte. § 1163 ist zwingend (vgl RGZ 142, 156, 159 f. für I 2). Die Vorschrift ist unanwendbar in den Fällen der §§ 1159, 1178 I. Sonderregeln für die Gesamthypothek in § 1172.

8 **3. Die Forderung ist (noch) nicht entstanden (I 1). a) Bsp:** Das Darlehen ist (noch) nicht ausgezahlt; das RGeschäft, aus dem die zu sichernde Forderung stammt, ist nichtig, zB gem §§ 117 I, 125, 142 I (die Anfechtung darf nicht die Einigung gem § 873 miterfassen, sonst gilt → § 1113 Rn. 16), doch kann uU die Ersatzforderung, zB aus § 812, an die Stelle der eigentlich zu sichernden Forderung treten (→ § 1113 Rn. 8). Sa § 1113 II (dort → § 1113 Rn. 9). – Eine bloß nicht fällige Forderung ist entstanden, daher I 1 unanwendbar.
9 **b) Wirkung.** Die Hypothek steht dem wahren Eigentümer (→ Rn. 3) von Anfang an als Eigentümergrundschuld zu, **I 1** mit § 1177 I entspr (→ Rn. 1). Sie kann eine vorläufige oder endgültige sein (→ Rn. 1); im letzteren Fall ist eine Berichtigung (§§ 894 ff., § 22 GBO) möglich, im ersteren hat der eingetragene Gläubiger ein Recht auf den Hypothekenerwerb, der den Berichtigungsanspruch des Eigentümers vernichtet (vgl → § 894 Rn. 10). Die Beweislast für das Nichtentstehen der Forderung als Grundlage der Fremdhypothek trifft den Eigentümer (§§ 1138, 891).
10 **c) Solange die Forderung noch entstehen kann,** haben Gläubiger und Eigentümer bes Rechtspositionen. **aa) Der Gläubiger** hat ein dingliches Anwartschaftsrecht, wenn er eingetragen ist und den Brief besitzt. Es wird durch Abtretung der künftigen Forderung übertragen (§ 1154); der Zessionar erlangt mit Valutierung unmittelbar und automatisch das Vollrecht. Wird statt des Anwartschaftsrechts das (noch nicht bestehende) Vollrecht durch Abtretung einer angeblich schon existierenden Forderung übertragen, so gilt § 1138.
11 **bb) Der Eigentümer** hat eine vorläufige Eigentümergrundschuld. Ist sie Buchrecht, so kann er mangels Eintragung nicht verfügen (vgl § 39 GBO; Eintragung durch Grundbuchberichtigung ist ausgeschlossen: → Rn. 9). Ist sie Briefrecht, so ist eine Verfügung möglich und praktisch wichtig zur *Sicherung eines Zwischenkredits.* Bsp: E hat für die Bank H eine Briefhypothek für ein Baudarlehen über 50.000 Euro bestellt, das Darlehen soll erst nach Fertigstellung des Rohbaus ausgezahlt werden; um einen Zwischenkredit, den E von Z erhält, zu sichern, tritt ihm E den Auszahlungsanspruch gegen H und die Eigentümergrundschuld ab; die Abtretung erfolgt gem §§ 1192 I, 1154 I (dh mit Briefübergabe; ist der Brief schon bei H, so tritt E seinen Herausgabeanspruch gegen H an Z ab: §§ 1154 I 1, 1117 I 2, 931; vgl BGHZ 60, 226, 229; NJW 1973, 895); ist der Rohbau fertig, so zahlt H an Z, damit entsteht die Darlehensforderung der H und sie erwirbt (ggf nach Aushändigung des Briefs an sie) die Fremdgrundschuld des Z als Fremdhypothek zur Sicherung ihrer Forderung gegen E. Lit zur Zwischenkreditsicherung bei Serick II 415 f. Fn. 19 ff.; BGHZ 53, 60, 62 f.; zur Problematik bei Bestehen einer Löschungsvormerkung → § 1179 Rn. 5. – Zur *Pfändung* der vorläufigen Eigentümergrundschuld Tempel JuS 1967, 215, 217.
12 **d) Entsteht die Forderung** später (zB durch Auszahlung des Darlehens) und wird der Brief übergeben **(II),** so geht das Recht automatisch als Fremdhypothek auf den eingetragenen Gläubiger über (→ Rn. 1). Zwischenzeitlicher Wechsel des Eigentums ist unerheblich (RGZ 153, 167, 169 f.).

13 **4. Die Forderung ist erloschen (I 2). a) Bsp** für Erlöschen: Zahlung (dazu RGZ 143, 70, 75), Hinterlegung (§ 378), Aufrechnung, Erlass, Rücktritt, negatives Schuldanerkenntnis, Eintritt der Bedingung bei auflösend bedingter Forderung (→ § 1113 Rn. 9). Bei Zahlung durch Miteigentümer gilt § 1173, nicht I 2, weil eine Gesamthypothek besteht (RGZ 146, 363, 364 f.).
14 **b) Wirkung.** Die Hypothek geht auf denjenigen, der zZ des Erlöschens wahrer Eigentümer ist (→ Rn. 3), als

Eigentümergrundschuld über (I 2 mit § 1177 I). Bei späterer Veräußerung des Grundstücks bleibt das Recht beim Veräußerer (RGZ 129, 27, 30 f.). Dieselben Wirkungen treten bei der Tilgungshypothek ein (→ Vor § 1113 Rn. 9). Bei ihr
15 und in sonstigen Fällen teilw Erlöschens ist § 1176 zu beachten. **c) Bis zum Erlöschen** hat der Eigentümer nur eine Aussicht auf den Erwerb einer Eigentümergrundschuld. Das ist kein gegenwärtiger Vermögenswert, insbes kein Anwartschaftsrecht, folglich untaugliches Objekt einer Verfügung (BGHZ 53, 60, 64 mN) oder Pfändung (vgl OLG Frankfurt a. M. NJW 1962, 640 f. mN; aA Tempel JuS 1967,
16 215, 217 f.). **d) Nach dem Erlöschen** hat der Eigentümer, vorbehaltlich der §§ 1179–1179b, die Wahl zwischen Umschreibung (dh Grundbuchberichtigung) oder Löschung der Eigentümergrundschuld (vgl → § 1144 Rn. 4, 5; zur Löschung ie Staudinger/Wolfsteiner Rn. 77–82). Möglich ist auch die Übertragung an Dritte (bei der Buchhypothek nach Voreintragung des Eigentümers gem § 39 GBO, aA die hM, s. Staudinger/Wolfsteiner Rn. 86; bei der Briefhypothek ist die Frage
17 belanglos, wenn der Eigentümer sich nach § 1155 legitimieren kann). **e) Ausnahmen von I 2.** Trotz Befriedigung des Gläubigers greift I 2 nicht ein, wenn **aa)** die Forderung (samt Hypothek, § 1153) auf den Befriedigenden übergeht (§§ 426 II 1, 1143 I 1, 1150 mit 268 III 1); **bb)** die Hypothek auf den Befriedigenden übergeht, um einen ihm zustehenden Ersatzanspruch zu sichern (§§ 1164, 1173 II, 1174); **cc)** Forderung *und* Hypothek erlöschen (§§ 1173 I 1 Hs. 2, 1174 I Hs. 2, 1178 I 1, 1181).

18 **5. Fehlende Briefübergabe.** Sie führt zur vorläufigen Eigentümergrundschuld (**II** mit § 1177 I entspr; zum Zweck → § 1117 Rn. 1). Sie wird, sofern die Forderung besteht, mit Übergabe des Briefs oder deren Ersatz zur Fremdhypothek (§ 1117 I, II). Liegt die Aushändigungsabrede gem § 1117 II vor der Eintragung, so scheidet II aus (→ § 1117 Rn. 5). Ohne Brief hat der Gläubiger vor Valutierung kein Anwartschaftsrecht auf Erwerb der Hypothek (→ Rn. 10). Pfändung: § 829 ZPO, nicht § 830 ZPO (OLG Hamm Rpfleger 1980, 483 f.).

§ 1164 Übergang der Hypothek auf den Schuldner

(1) [1]**Befriedigt der persönliche Schuldner den Gläubiger, so geht die Hypothek insoweit auf ihn über, als er von dem Eigentümer oder einem Rechtsvorgänger des Eigentümers Ersatz verlangen kann.** [2]**Ist dem Schuldner nur teilweise Ersatz zu leisten, so kann der Eigentümer die Hypothek, soweit sie auf ihn übergegangen ist, nicht zum Nachteil der Hypothek des Schuldners geltend machen.**

(2) **Der Befriedigung des Gläubigers steht es gleich, wenn sich Forderung und Schuld in einer Person vereinigen.**

1 **1. Allgemeines. a) IdR** ist der persönliche Schuldner, der nicht zugleich Eigentümer ist, diesem gegenüber verpflichtet, den Gläubiger zu befriedigen. Zahlt er,
2 so erlischt die Forderung; Folge: §§ 1163 I 2, 1177 I (→ § 1163 Rn. 14). **b) Ausnahmsweise** kann der persönliche Schuldner vom Eigentümer oder dessen Rechtsvorgänger für seine Zahlung Ersatz verlangen (dazu §§ 1164–1167). Auch hier erlischt die Forderung durch Zahlung des Schuldners, doch geht die Hypothek kraft Ges auf den Schuldner über zur Sicherung seines Ersatzanspruchs gegen den Eigentümer oder dessen Rechtsvorgänger (*ges Forderungsauswechslung*). Hauptfall: Nach Grundstücksveräußerung mit fehlgeschlagener Schuldübernahme (vgl § 416) zahlt der Veräußerer als persönlicher Schuldner; die Forderung erlischt, die Hypothek geht auf ihn über und sichert seinen Ersatzanspruch aus § 415 III (RGZ 131,
3 154, 158; → § 1143 Rn. 3). **c) §§ 1165, 1166 schützen** den persönlichen Schuldner vor Verlust seiner künftigen Rechte aus § 1164; § 1167 ermöglicht ihm die
4 Grundbuchberichtigung. **d) Für die Gesamthypothek** gilt § 1164 nur, wenn der Schuldner von allen Eigentümern oder deren Rechtsvorgängern Ersatz verlangen kann; sonst gilt § 1174.

2. Voraussetzungen. a) Keine Identität von persönlichem Schuldner und Eigentümer. Bei Identität: §§ 1163 I 2, 1177 I. **b) Der persönliche Schuldner befriedigt** den Gläubiger, so dass die Forderung erlischt (RGZ 143, 278, 284). Dem Erlöschen durch Befriedigung steht die Vereinigung von Schuld und Forderung gleich **(II),** aber nicht der Erlass (§ 397), wenn und weil der Schuldner nichts einbüßt (hM; aA MüKo-BGB/Lieder Rn. 5). Zahlung an den durch Eintragung oder Brief legitimierten Scheingläubiger genügt nicht; § 893 greift nicht ein, weil die Zahlung auf die persönliche Forderung erfolgt. Zur Zahlung durch den Eigentümer oder einen Dritten für den Schuldner: → § 1143 Rn. 7, 8. **c) Ersatzanspruch** des persönlichen Schuldners gegen den Eigentümer zum Ausgleich für die erbrachte Leistung (I 1) oder erlittene Einbuße (II: Untergang der ursprünglichen Hypothekenforderung), die im Verhältnis zum Schuldner vom Eigentümer oder dessen Rechtsvorgänger zu tragen ist (RGZ 131, 154, 157). Die *Beweislast* für den Ersatzanspruch trifft den Schuldner. Fehlt ein Ersatzanspruch, so gilt → Rn. 1. 5 6 7

3. Wirkung. a) Vgl → Rn. 2. Dem Eigentümer stehen die Einreden gem §§ 1137, 1157 zu. §§ 1138, 892 scheiden aus, weil kein rechtsgeschäftlicher Erwerb vorliegt und § 893 nicht für die Zahlung gilt (→ Rn. 6; zum Problem → § 1143 Rn. 2). Zur Grundbuchberichtigung sind Bewilligungen des Eigentümers und des bisherigen Gläubigers nötig (§ 19 GBO). **b) Kann der Schuldner nur zT Ersatz** verlangen, so erwirbt er bloß insoweit die Hypothek, iÜ geht sie mit Rang nach der Hypothek auf den Eigentümer als Grundschuld über **(I 2).** Wird der Gläubiger nur zT vom Schuldner befriedigt, dann hat die Resthypothek des Gläubigers Vorrang (§ 1176). 8 9

§ 1165 Freiwerden des Schuldners

Verzichtet der Gläubiger auf die Hypothek oder hebt er sie nach § 1183 auf oder räumt er einem anderen Recht den Vorrang ein, so wird der persönliche Schuldner insoweit frei, als er ohne diese Verfügung nach § 1164 aus der Hypothek hätte Ersatz erlangen können.

1. Anwendungsbereich. § 1165 setzt die Anwendbarkeit von § 1164 voraus. Abw. Vereinbarung zwischen Gläubiger und Schuldner ist zulässig. 1

2. Voraussetzungen. Rückgriffsrecht des Schuldners (§ 1164) würde ohne § 1165 durch eine aus freien Stücken getroffene Verfügung des Gläubigers über die Hypothek geschmälert werden (vgl BGH MDR 1958, 88 f.). Das Ges nennt Verzicht (§§ 1168, 1175 I), Aufhebung (§ 1183), Rangrücktritt (§ 880). Ihnen stehen gleich Forderungsauswechslung (§ 1180), Umwandlung in Grundschuld (§ 1198), Entlassung eines realen Grundstücksteils aus der Mithaft. Ein allg Regressbehinderungsverbot ergibt sich aus § 1165 nicht (BGH NJW 1974, 1083). 2

3. Wirkung. a) Die Forderung erlischt kraft Ges, soweit der Schuldner ohne die Verfügung (→ Rn. 2) von Rechts wegen (§ 1164) und faktisch (wegen des Rangs der Hypothek und des Grundstückswertes) aus dem Grundstück hätte Ersatz verlangen können; *Beweislast* liegt beim Schuldner. **b) Bei Verzicht** des Gläubigers wird die Hypothek schon gem §§ 1168, 1177 I zur Eigentümergrundschuld. Bei Rangrücktritt (§ 880) wird die zurückgetretene Hypothek wegen Erlöschens der Forderung gem §§ 1163 I 2, 1177 I zur Eigentümergrundschuld; nach aA bleibt sie Fremdgrundschuld, weil wegen der Zustimmung des Eigentümers (§ 880 II 2) die Vorschrift des § 1163 unanwendbar ist (§ 1163 ist jedoch unabdingbar, vgl dort → § 1163 Rn. 7). 3 4

§ 1166 Benachrichtigung des Schuldners

[1] Ist der persönliche Schuldner berechtigt, von dem Eigentümer Ersatz zu verlangen, falls er den Gläubiger befriedigt, so kann er, wenn der Gläubi-

ger die Zwangsversteigerung des Grundstücks betreibt, ohne ihn unverzüglich zu benachrichtigen, die Befriedigung des Gläubigers wegen eines Ausfalls bei der Zwangsversteigerung insoweit verweigern, als er infolge der Unterlassung der Benachrichtigung einen Schaden erleidet. [2]Die Benachrichtigung darf unterbleiben, wenn sie untunlich ist.

1 **1. Anwendungsbereich.** Wie → § 1165 Rn. 1.

2 **2. Voraussetzungen.** Schädigung des persönlichen Schuldners durch Unterbleiben unverzüglicher (§ 121 I 1) Benachrichtigung nach Erlass des Zwangsversteigerungs- oder Zulassungsbeschlusses (vgl §§ 15, 27 ZVG).

3 **3. Wirkung.** Leistungsverweigerungsrecht (Einrederecht) des Schuldners, soweit er durch Nichtbenachrichtigung geschädigt ist; Beweislast beim Schuldner. Kein Einrederecht des Schuldners, wenn er auch ohne Benachrichtigung rechtzeitig Bescheid wusste.

§ 1167 Aushändigung der Berichtigungsurkunden

Erwirbt der persönliche Schuldner, falls er den Gläubiger befriedigt, die Hypothek oder hat er im Falle der Befriedigung ein sonstiges rechtliches Interesse an der Berichtigung des Grundbuchs, so stehen ihm die in den §§ 1144, 1145 bestimmten Rechte zu.

Anwendungsbereich. Zum Erwerb der Hypothek durch den persönlichen Schuldner vgl §§ 1164, 1174, 426 II 1 mit 1153. In diesen Fällen und bei rechtlichem Interesse (zB gem § 439 II 1) hat der Schuldner zum Zweck der Grundbuchberichtigung die Rechte aus §§ 1144, 1145 (vgl Anm dort).

§ 1168 Verzicht auf die Hypothek

(1) **Verzichtet der Gläubiger auf die Hypothek, so erwirbt sie der Eigentümer.**

(2) **[1]Der Verzicht ist dem Grundbuchamt oder dem Eigentümer gegenüber zu erklären und bedarf der Eintragung in das Grundbuch. [2]Die Vorschriften des § 875 Abs. 2 und der §§ 876, 878 finden entsprechende Anwendung.**

(3) **Verzichtet der Gläubiger für einen Teil der Forderung auf die Hypothek, so stehen dem Eigentümer die im § 1145 bestimmten Rechte zu.**

1 **1. Anwendungsbereich.** Betrifft nur den Verzicht auf die Hypothek (für die Gesamthypothek vgl § 1175). Davon sind zu unterscheiden: Aufhebung der Hypothek (§§ 875, 1183) und Erlass der persönlichen Forderung (§ 397). – Zu § 418 I 2 vgl → Rn. 6.

2 **2. Voraussetzungen. a) Erklärung** des Verzichts, dh einseitige rechtsgeschäftliche Preisgabe des Rechts durch den Gläubiger (I) gegenüber Grundbuchamt oder Eigentümer (II, modifiziert in § 1178 II). Materiellrechtlich formfrei wirksam; grundbuchrechtliche Form gem § 29 I 1 GBO (OLG Schleswig NJOZ 2022, 368 Rn. 41). Verzicht ist Verfügung über die Hypothek (nicht das Grundstückseigentum); daher ist § 893 für Verzicht durch den Scheingläubiger anwendbar und Verzicht gegenüber dem Scheineigentümer wirkungslos. In der Löschungsbewilligung liegt kein Verzicht (OLG Hamm NJW-RR 1999, 741, 742); stattdessen Schadensersatzanspruch des Eigentümers gegen Berechtigten bei Verzichtserklärung statt begehrter Löschungsbewilligung (OLG Celle NJW-RR 2015, 1501 f. bzgl Grund-
3 schuld). **b) Eintragung** (konstitutiv [OLG Schleswig NJOZ 2022, 368 Rn. 40]) von Verzicht (II 1) und (insoweit Berichtigung, § 894) von Übergang der Hypothek und Umwandlung in Grundschuld (→ Rn. 4).

3. Wirkung. a) Übergang der Hypothek kraft Ges auf denjenigen, der in diesem Zeitpunkt wahrer (str) Eigentümer ist; sie wird Grundschuld (§ 1177 I). Die Forderung des Gläubigers bleibt ungesichert bestehen, es sei denn, sie erlischt gem § 1165 oder wird erlassen (dann wegen §§ 1163 I 2, 1177 I Verzicht unnötig). **b) Bei Teilverzicht** geht die Teileigentümergrundschuld der Teilhypothek des Gläubigers im Range nach (§ 1176). Zu den Rechten aus § 1145 (vgl III) s. Anm dort. **c) Schuldübernahme ohne Zustimmung** des Eigentümers lässt die Wirkungen nach → Rn. 4, 5 automatisch eintreten (§ 418 I 2, 3); denn dem Eigentümer ist es nicht zuzumuten, sein Grundstück ohne weiteres für einen anderen Schuldner haften zu lassen. 4 5 6

§ 1169 Rechtszerstörende Einrede

Steht dem Eigentümer eine Einrede zu, durch welche die Geltendmachung der Hypothek dauernd ausgeschlossen wird, so kann er verlangen, dass der Gläubiger auf die Hypothek verzichtet.

1. Anwendungsbereich. Dauernde (peremptorische) Einreden gegen die Forderung (§ 1137) oder gegen die Hypothek (§ 1157) lassen den Bestand der Hypothek zwar unberührt, ihre Erhebung hindert aber die Durchsetzung der Hypothek (Ausnahmen → Rn. 3). Daher gibt § 1169 dem Eigentümer einen übertragbaren Anspruch auf Verzicht; dessen Erfüllung hat die Wirkungen iSv → § 1168 Rn. 4, 5 (RGZ 91, 218, 225 f.; LM Nr. 1, beide für Grundschulden). Der Eigentümer kann Löschungsbewilligung statt Verzicht verlangen (RGZ 91, 218, 226). 1

2. Einreden. Vgl → Rn. 1. **a) Bsp:** Einreden aus ungerechtfertigter Bereicherung, unerlaubter Handlung. Die Einreden sind oft der Sache nach (Gegen-)Ansprüche, die der Forderung (§ 1137) oder dem dinglichen Recht (§ 1157) einredeweise entgegengehalten werden (vgl §§ 821, 853); die Abtretung der „Einrede" oder des Verzichtsanspruchs betrifft in diesen Fällen den zugrundeliegenden (Gegen-)Anspruch (vgl BGH NJW 1985, 800, 801). **b) § 1169 erfasst nicht** die Einrede der Verjährung (§§ 216 I, 902) und der beschränkten Erbenhaftung (§ 1137 I 2), ferner die insolvenzrechtliche Anfechtungseinrede (OLG Hamm MDR 1977, 668 f.). **c) Bei einredefreiem Erwerb** des dinglichen Rechts gem §§ 1138, 1157 S. 2 (jeweils mit § 892) entfällt § 1169. Zum Schutz des Eigentümers gegen einredefreien Erwerb sind Vormerkung des Verzichtsanspruchs (§§ 1169, 883) und Widerspruch wegen der Einreden (§§ 1137, 1138; 1157 S. 2, jeweils mit § 899) möglich. 2 3 4

§ 1170 Ausschluss unbekannter Gläubiger

(1) [1]**Ist der Gläubiger unbekannt, so kann er im Wege des Aufgebotsverfahrens mit seinem Recht ausgeschlossen werden, wenn seit der letzten sich auf die Hypothek beziehenden Eintragung in das Grundbuch zehn Jahre verstrichen sind und das Recht des Gläubigers nicht innerhalb dieser Frist von dem Eigentümer in einer nach § 212 Abs. 1 Nr. 1 zum Neubeginn der Verjährung geeigneten Weise anerkannt worden ist.** [2]**Besteht für die Forderung eine nach dem Kalender bestimmte Zahlungszeit, so beginnt die Frist nicht vor dem Ablauf des Zahlungstags.**

(2) [1]**Mit der Rechtskraft des Ausschließungsbeschlusses erwirbt der Eigentümer die Hypothek.** [2]**Der dem Gläubiger erteilte Hypothekenbrief wird kraftlos.**

§ 1171 Ausschluss durch Hinterlegung

(1) [1]**Der unbekannte Gläubiger kann im Wege des Aufgebotsverfahrens mit seinem Recht auch dann ausgeschlossen werden, wenn der Eigentümer**

zur Befriedigung des Gläubigers oder zur Kündigung berechtigt ist und den Betrag der Forderung für den Gläubiger unter Verzicht auf das Recht zur Rücknahme hinterlegt. [2]Die Hinterlegung von Zinsen ist nur erforderlich, wenn der Zinssatz im Grundbuch eingetragen ist; Zinsen für eine frühere Zeit als das vierte Kalenderjahr vor der Rechtskraft des Ausschließungsbeschlusses sind nicht zu hinterlegen.

(2) **[1]Mit der Rechtskraft des Ausschließungsbeschlusses gilt der Gläubiger als befriedigt, sofern nicht nach den Vorschriften über die Hinterlegung die Befriedigung schon vorher eingetreten ist. [2]Der dem Gläubiger erteilte Hypothekenbrief wird kraftlos.**

(3) **Das Recht des Gläubigers auf den hinterlegten Betrag erlischt mit dem Ablauf von 30 Jahren nach der Rechtskraft des Ausschließungsbeschlusses, wenn nicht der Gläubiger sich vorher bei der Hinterlegungsstelle meldet; der Hinterleger ist zur Rücknahme berechtigt, auch wenn er auf das Recht zur Rücknahme verzichtet hat.**

Anmerkungen zu den §§ 1170, 1171

1 **1. Allgemeines.** Ist die Person des Gläubigers unbekannt, so kann er sein Recht gem §§ 1170, 1171 verlieren; allein ein unbekannter Aufenthalt genügt nicht (BGH NJW-RR 2004, 664, 665 f.). Der Gläubiger ist jedoch auch dann unbekannt, wenn bei der Briefhypothek der Brief unauffindbar und der Aufenthalt des letzten bekannten Inhabers nicht bekannt ist, dh sich nicht feststellen lässt, wer den Brief in den Händen hält (BGH NJW-RR 2020, 966 Rn. 10). Nach § 1170 erwirbt der Eigentümer das Recht als Grundschuld; wer es im Falle des § 1171 erwirbt und in welcher Form (Hypothek, Grundschuld), bestimmen §§ 1143, 1163 I 2.

2 **2. Aufgebotsverfahren.** §§ 433–441, 447–451 FamFG. Hinterlegung: § 378.

§ 1172 Eigentümergesamthypothek

(1) **Eine Gesamthypothek steht in den Fällen des § 1163 den Eigentümern der belasteten Grundstücke gemeinschaftlich zu.**

(2) **[1]Jeder Eigentümer kann, sofern nicht ein anderes vereinbart ist, verlangen, dass die Hypothek an seinem Grundstück auf den Teilbetrag, der dem Verhältnis des Wertes seines Grundstücks zu dem Werte der sämtlichen Grundstücke entspricht, nach § 1132 Abs. 2 beschränkt und in dieser Beschränkung ihm zugeteilt wird. [2]Der Wert wird unter Abzug der Belastungen berechnet, die der Gesamthypothek im Range vorgehen.**

1 **1. Allgemeines zu §§ 1172–1175.** Sie modifizieren die §§ 1163, 1164, 1168 für die Gesamthypothek (Begriff § 1132 I 1). Wird der Gläubiger „aus dem Grundstück" (§ 1147) befriedigt, so gelten §§ 1181, 1182.

2 **2. Anwendungsbereich.** Die mit der Gesamthypothek belasteten Grundstücke müssen verschiedenen Eigentümern gehören; sonst gelten § 1163 (statt I) und § 1132 II (statt II).

3 **3. Die Eigentümergesamtgrundschuld.** Sie **entsteht** nach allg Grundsätzen, I mit §§ 1163, 1177 I. Doch gelten folgende Besonderheiten: Sie entsteht **a)** wenn *alle* Eigentümer den Gläubiger gemeinsam befriedigen (sonst gilt § 1173); bes Fall der Befriedigung in § 1171 II; **b)** wenn der befriedigende persönliche Schuldner, der nicht Eigentümer ist, von *keinem* Eigentümer Ersatz verlangen kann (sind alle ersatzpflichtig, so gilt § 1164; sind es nicht alle, dann gilt § 1174); **c)** wenn der Gläubiger auf die Gesamthypothek an *allen* Grundstücken verzichtet, § 1175 I 1 (bei Verzicht bzgl einzelner Grundstücke erlischt die Hypothek an diesen, § 1175 I 2); **d)** wenn der Gläubiger mit seinem Recht an *allen* Grundstücken ausgeschlossen wird (§ 1175 II).

4. Die Gesamtgrundschuld. Sie steht den Eigentümern in **Bruchteilsgemeinschaft,** nicht zur gesamten Hand zu (BGH NJW-RR 1986, 233, 234; NJW 2009, 847, 848). Es gelten §§ 741 ff. Das freie Verteilungsrecht (§ 1132 II) ist zugunsten des einzelnen Eigentümers begrenzt (II). 4

§ 1173 Befriedigung durch einen der Eigentümer

(1) [1]**Befriedigt der Eigentümer eines der mit einer Gesamthypothek belasteten Grundstücke den Gläubiger, so erwirbt er die Hypothek an seinem Grundstück; die Hypothek an den übrigen Grundstücken erlischt.** [2]**Der Befriedigung des Gläubigers durch den Eigentümer steht es gleich, wenn das Gläubigerrecht auf den Eigentümer übertragen wird oder wenn sich Forderung und Schuld in der Person des Eigentümers vereinigen.**

(2) **Kann der Eigentümer, der den Gläubiger befriedigt, von dem Eigentümer eines der anderen Grundstücke oder einem Rechtsvorgänger dieses Eigentümers Ersatz verlangen, so geht in Höhe des Ersatzanspruchs auch die Hypothek an dem Grundstück dieses Eigentümers auf ihn über; sie bleibt mit der Hypothek an seinem eigenen Grundstück Gesamthypothek.**

1. Anwendungsbereich. Vgl zunächst → § 1172 Rn. 1. Die mit der Gesamthypothek belasteten Grundstücke müssen verschiedenen Eigentümern gehören, von denen nur einer oder einzelne den Gläubiger befriedigen (befriedigen alle, so gilt § 1172, dort → § 1172 Rn. 3 [a]). I gibt die Regel, II die Ausnahme. § 1173 gilt für jede Art freiwilliger Befriedigung; Erweiterung in I 2 (s. RGZ 77, 149, 151). 1

2. Rückgriffsrecht. Die gesamthypothekarische Belastung allein gibt dem befriedigenden Eigentümer **kein Rückgriffsrecht** (BGH NJW-RR 1995, 589 zur Gesamtgrundschuld); daher erwirbt er idR nur das dingliche Recht an seinem Grundstück (in voller Höhe, BGH NJW 1983, 2449, 2451), iÜ erlischt die Hypothek **(I 1).** Das Recht ist Einzeleigentümerhypothek (§§ 1143, 1177 II) oder Einzeleigentümergrundschuld (§§ 1163 I 2, 1177 I); sofern dem befriedigenden Eigentümer mehrere (nicht alle, sonst → § 1172 Rn. 2) Grundstücke gehören, ist es Eigentümergesamthypothek oder -grundschuld. 2

3. Ersatzanspruch. Ausnahmsweise steht dem Eigentümer ein **Ersatzanspruch** zu. **a) Dazu bedarf es** eines bes Rechtsgrundes (Vertrag, Ges), denn die Gesamthypothek als solche ist regresslos. Zum Ersatzanspruch → § 1164 Rn. 7. Soweit der ersatzberechtigte Eigentümer den Gläubiger befriedigt, erwirbt er die Hypothek am eigenen Grundstück (I 1 mit § 1177 II) und am Grundstück des ersatzpflichtigen Eigentümers als Gesamthypothek (II). Sie sichert seinen Ersatzanspruch (ges Forderungsauswechslung; str, vgl Westermann § 107 V 4). **b) § 1165 gilt entspr,** wenn der Eigentümer zugleich schuldet; zweifelhaft, wenn er nicht schuldet (dafür Baur/Stürner § 43 Rn. 33; abl BGHZ 52, 97 mN). **c) Allg. Vorschriften** über den gemeinsamen Übergang von Forderung und Hypothek (zB § 774 mit § 1153) gehen § 1173 vor. 3

§ 1174 Befriedigung durch den persönlichen Schuldner

(1) **Befriedigt der persönliche Schuldner den Gläubiger, dem eine Gesamthypothek zusteht, oder vereinigen sich bei einer Gesamthypothek Forderung und Schuld in einer Person, so geht, wenn der Schuldner nur von dem Eigentümer eines der Grundstücke oder von einem Rechtsvorgänger des Eigentümers Ersatz verlangen kann, die Hypothek an diesem Grundstück auf ihn über; die Hypothek an den übrigen Grundstücken erlischt.**

(2) **Ist dem Schuldner nur teilweise Ersatz zu leisten und geht deshalb die Hypothek nur zu einem Teilbetrag auf ihn über, so hat sich der Eigentümer**

diesen Betrag auf den ihm nach § 1172 gebührenden Teil des übrig bleibenden Betrags der Gesamthypothek anrechnen zu lassen.

1 **1. Anwendungsbereich.** Vgl zunächst → § 1172 Rn. 1. Der persönliche Schuldner ist nicht zugleich Eigentümer (sonst § 1173) und hat einen Ersatzanspruch nur gegen einen oder einige Eigentümer oder deren Rechtsvorgänger (wenn gegen alle, so gilt § 1164; wenn keiner ersatzpflichtig ist, dann gilt § 1172 I, vgl → § 1172 Rn. 3 [b]). §§ 1165–1167 sind entspr anwendbar. Zum Ersatzanspruch → § 1164 Rn. 7.

2 **2. Wirkung. a)** Bis zur Höhe des Ersatzanspruchs geht die Hypothek am Grundstück des (der) Ersatzpflichtigen auf den Schuldner über (ges Forderungsauswechslung wie in § 1164, vgl dort → § 1164 Rn. 2); insoweit erlischt die Hypothek an den übrigen Grundstücken **(I). b)** Kann der Schuldner nur Teilersatz verlangen und befriedigt voll, so gelten für den überschießenden Betrag §§ 1163 I 2, 1172 I; § 1172 II wird durch **II** modifiziert.

§ 1175 Verzicht auf die Gesamthypothek

(1) [1]**Verzichtet der Gläubiger auf die Gesamthypothek, so fällt sie den Eigentümern der belasteten Grundstücke gemeinschaftlich zu; die Vorschrift des § 1172 Abs. 2 findet Anwendung.** [2]**Verzichtet der Gläubiger auf die Hypothek an einem der Grundstücke, so erlischt die Hypothek an diesem.**

(2) **Das Gleiche gilt, wenn der Gläubiger nach § 1170 mit seinem Recht ausgeschlossen wird.**

1 **1. Verzicht auf die Gesamthypothek an allen Grundstücken.** Dieser lässt Eigentümergrundschuld entstehen (**I 1** mit §§ 1168, 1177 I; vgl → § 1172 Rn. 1, 3 [c]). Die Voraussetzungen des § 1168 (dort → § 1168 Rn. 2, 3) müssen für alle Grundstücke vorliegen.

2 **2. Verzicht auf die Hypothek an einzelnem Grundstück.** Ein solcher lässt sie erlöschen **(I 2).** Das ist unbillig, wenn dadurch der Ersatzanspruch eines anderen Eigentümers oder des persönlichen Schuldners (vgl §§ 1164, 1173 II, 1174) ungesichert ist. § 1165 hilft nicht unmittelbar, weil er nur bei Gesamtverzicht iSv I 1 gilt (Erman/Wenzel Rn. 2); str, ob entspr anwendbar (abl BGHZ 52, 93, 97, wenn der Eigentümer nicht schuldet, vgl → § 1173 Rn. 3 [b]). Zustimmung des Eigentümers (vgl § 1183, § 27 GBO) unnötig.

3 **3. Gläubigerausschluss.** Dem **Verzicht gleichgestellt** ist der Gläubigerausschluss an allen Grundstücken, **II** mit § 1170. Zu § 418 I 2, 3 vgl → § 1168 Rn. 6.

§ 1176 Eigentümerteilhypothek; Kollisionsklausel

Liegen die Voraussetzungen der §§ 1163, 1164, 1168, 1172 bis 1175 nur in Ansehung eines Teilbetrags der Hypothek vor, so kann die auf Grund dieser Vorschriften dem Eigentümer oder einem der Eigentümer oder dem persönlichen Schuldner zufallende Hypothek nicht zum Nachteil der dem Gläubiger verbleibenden Hypothek geltend gemacht werden.

1 **1. Anwendungsbereich.** Betrifft nur **ges Übergang** eines **Teils** der Hypothek *auf den Eigentümer, Dritten usw;* ein Teil bleibt beim Gläubiger. Bei rechtsgeschäftlicher Teilübertragung haben die Teile gleichen Rang.

2 **2. Wirkung.** Das Teilrecht des Gläubigers hat kraft Ges Vorrang vor dem übergegangenen Teil, damit der Gläubiger im Fall des ges Übergangs nicht schlechter als bei Teillöschung steht (allg Rechtsgedanke, vgl §§ 268 III 2, 426 II 2, 774 I 2, 1143

I 2, 1150, 1182 S. 2, 1249 S. 2, § 128 III 2 ZVG). Die ges Rangfolge wirkt dinglich (RGZ 131, 323, 326). Berichtigung (§ 894) möglich und wegen § 892 empfehlenswert.

§ 1177 Eigentümergrundschuld, Eigentümerhypothek

(1) [1]**Vereinigt sich die Hypothek mit dem Eigentum in einer Person, ohne dass dem Eigentümer auch die Forderung zusteht, so verwandelt sich die Hypothek in eine Grundschuld.** [2]**In Ansehung der Verzinslichkeit, des Zinssatzes, der Zahlungszeit, der Kündigung und des Zahlungsorts bleiben die für die Forderung getroffenen Bestimmungen maßgebend.**

(2) **Steht dem Eigentümer auch die Forderung zu, so bestimmen sich seine Rechte aus der Hypothek, solange die Vereinigung besteht, nach den für eine Grundschuld des Eigentümers geltenden Vorschriften.**

1. Allgemeines zum Eigentümergrundpfandrecht. Vgl → § 1163 Rn. 1–6. 1
§ 1177 regelt den Inhalt des Rechts; I behandelt die Eigentümergrundschuld, II die Eigentümerhypothek (zum Begriff → Vor § 1113 Rn. 19, 20). In beiden Fällen vereinigt sich das wirksam entstandene (→ § 1113 Rn. 13–18) dingliche Recht mit dem Eigentum; I gilt im Falle von § 1163 I 1 entspr (→ § 1163 Rn. 1).

2. Eigentümergrundschuld (I). a) Erwirbt der Eigentümer die Hypothek 2
ohne Forderung, so wird sie in seiner Hand zur Eigentümergrundschuld (I 1) mit dem bisherigen Rang. Fälle: §§ 418 I, 1163, 1168 I, 1170 II, 1172 I, 1175; §§ 868, 932 II ZPO; ferner §§ 1171, 1173 (wenn Eigentümer auch schuldet). **b) Inhalt.** Er 3
bestimmt sich vornehmlich nach der nicht (mehr) bestehenden Forderung **(I 2).** §§ 1193, 1194 gelten nicht. Zum Zinsanspruch des Eigentümers § 1197 II. Durch ratenweise Rückzahlung einer Tilgungshypothek entstehende Eigentümergrundschuld (→ Vor § 1113 Rn. 9) ist kündbar gem I 2 (BGHZ 71, 206, 209); sie ist unverzinslich nur, solange sie nicht an Dritte abgetreten ist (rückwirkender Zinsbeginn zulässig, OLG Celle NJW-RR 1989, 1244 mN, str). **c) Veräußert der Eigen-** 4
tümer das Grundstück, so bleibt ihm das Recht als Fremdgrundschuld. Ebenso ist es bei einer Zwangsversteigerung, wenn die Grundschuld im geringsten Gebot (§ 44 ZVG) steht (BGH ZIP 1986, 89, 90); ist sie dort nicht berücksichtigt, dann fällt ein etwaiger Erlös dem Eigentümer zu. **d) Verfügen** kann der Eigentümer 5
über die Grundschuld, dh sie abtreten (§§ 1192 I, 1154; vgl → § 1163 Rn. 16 zur Voreintragung des Eigentümers gem § 39 GBO), belasten (§§ 1069 I, 1274 I, 1291), aufheben (§§ 875, 876), inhaltlich ändern (insbes umwandeln, § 1198). Umwandlung in Hypothek nur für einen Dritten (nicht für den Eigentümer) zur Sicherung von dessen Forderung. Zur Verfügung über vorläufige und künftige Eigentümergrundschulden vgl → § 1163 Rn. 11, 15. **e) Pfändung** ist zulässig (nach hM gem 6
§ 857 VI ZPO, nach der zutr Gegenansicht gem § 857 II ZPO; vgl Jauernig/Berger § 20 Rn. 36 mN). **f) Vollstreckung** aus der Grundschuld durch den Eigentümer 7
ist ausgeschlossen (§ 1197 I). Diese Einschränkung gilt nicht für (Pfändungs-)Pfandgläubiger (→ § 1197 Rn. 1).

3. Eigentümerhypothek (II). Der Eigentümer erwirbt nachträglich Forderung 8
und Hypothek. Eine ursprüngliche Eigentümerhypothek ist unzulässig, ebenso die Umwandlung aus einer Grundschuld. Hauptfall der Eigentümerhypothek: §§ 1143, 1153. Das Recht wird wie eine Eigentümergrundschuld behandelt **(II),** insbes gilt § 1197. Das ändert sich, wenn der Eigentümer das Grundstück oder die Forderung samt Hypothek (§ 1154) veräußert: das Recht wird Fremdhypothek; §§ 1137, 1138 sind anwendbar.

§ 1178 Hypothek für Nebenleistungen und Kosten

(1) [1]**Die Hypothek für Rückstände von Zinsen und anderen Nebenleistungen sowie für Kosten, die dem Gläubiger zu erstatten sind, erlischt, wenn**

sie sich mit dem Eigentum in einer Person vereinigt. [2]Das Erlöschen tritt nicht ein, solange einem Dritten ein Recht an dem Anspruch auf eine solche Leistung zusteht.

(2) **[1]Zum Verzicht auf die Hypothek für die im Absatz 1 bezeichneten Leistungen genügt die Erklärung des Gläubigers gegenüber dem Eigentümer. [2]Solange einem Dritten ein Recht an dem Anspruch auf eine solche Leistung zusteht, ist die Zustimmung des Dritten erforderlich. [3]Die Zustimmung ist demjenigen gegenüber zu erklären, zu dessen Gunsten sie erfolgt; sie ist unwiderruflich.**

1 **1. Anwendungsbereich.** § 1178 enthält zwingende Sonderregelung für **rückständige** (dh fällige) Zinsen und andere **Nebenleistungen** (zu diesen → § 1115 Rn. 5) sowie die in § 1118 genannten Kosten (keine anderen, hM). Für Zinsrückstände entstehen keine Eigentümergrundpfandrechte; Grund: Schutz der nachstehend Berechtigten (vgl RGZ 143, 278, 286).

2 **2. Vereinigung.** Bei **Vereinigung mit dem Eigentum** erlischt kraft Ges die Hypothek für Rückstände usw (**I 1;** Abweichung von §§ 889, 1177); Ausnahme in **I 2** bei Belastung der Hypothek mit Nießbrauch (§§ 1068 ff.) oder Pfandrecht (§§ 1273 ff.). Grund der Vereinigung gleichgültig. Keine Vereinigung, wenn ersatzberechtigter persönlicher Schuldner zahlt; denn § 1178 schließt den § 1164 nicht aus (RGZ 143, 278, 285 f.).

3 **3. Verzicht.** Zum **Verzicht** genügt formlose Erklärung gegenüber dem Eigentümer; Eintragung weder nötig noch möglich (**II 1;** Abweichung von § 1168 II). Folge: Vereinigung von Hypothek und Eigentum (§ 1168 I) und damit Erlöschen der Hypothek (I). Zustimmungserklärung des Nießbrauchers oder Pfandgläubigers (II 2, 3) formlos gültig.

4 **4. Nebenleistungen.** Die Hypothek für **künftige Nebenleistungen** und andere als in § 1118 genannte Kosten (vgl → Rn. 1) unterfällt §§ 1168, 1177, 1197. Für aufschiebend bedingte Nebenleistungen (zB Strafzinsen) ist die Hypothek selbst idR aufschiebend bedingt bestellt (RGZ 136, 74, 76 ff.; Wirkung: → § 1113 Rn. 14); ist sie unbedingt bestellt, so gilt § 1178 entspr (RGZ 136, 74, 78 ff.; BayObLG NJW-RR 2001, 878, 879).

§ 1179 Löschungsvormerkung

Verpflichtet sich der Eigentümer einem anderen gegenüber, die Hypothek löschen zu lassen, wenn sie sich mit dem Eigentum in einer Person vereinigt, so kann zur Sicherung des Anspruchs auf Löschung eine Vormerkung in das Grundbuch eingetragen werden, wenn demjenigen, zu dessen Gunsten die Eintragung vorgenommen werden soll,
1. **ein anderes gleichrangiges oder nachrangiges Recht als eine Hypothek, Grundschuld oder Rentenschuld am Grundstück zusteht oder**
2. **ein Anspruch auf Einräumung eines solchen anderen Rechts oder auf Übertragung des Eigentums am Grundstück zusteht; der Anspruch kann auch ein künftiger oder bedingter sein.**

Lit.: Zagst, Das Recht der Löschungsvormerkung und seine Reform, 1973. – Zur Neuregelung Kollhosser JA 1979, 176; Stöber Rpfleger 1977, 399 und 425; krit Reithmann ZRP 1977, 84.

1 **1. Allgemeines. a) §§ 1179 nF, 1179a, b gelten** seit 1.1.1978 (dazu BGHZ 99, 363, 368 ff.). Zum Übergangsrecht vgl Art. 8 § 1 Ges vom 22.6.1977 (BGBl. I 998);
2 Stöber Rpfleger 1977, 425, 431 f. **b) Problem.** Grundpfandgläubiger sind idR daran interessiert, dass gleich- oder vorrangige Grundpfandrechte aufgehoben werden und damit erlöschen, wenn oder sobald sie mit dem Eigentum am belasteten

Grundstück vereinigt sind. Mit der Aufhebung dieses Rechts steigt das gleich- oder nachrangige Grundpfandrecht im Wert, denn es rückt auf oder steht allein auf der Rangstufe (vgl → Vor § 1113 Rn. 15, 24). § 1179a gewährt jedem gleich- oder nachrangigen Grundpfandgläubiger einen ges Löschungsanspruch (als Inhalt des Grundpfandrechts), der ohne Grundbucheintragung als durch Vormerkung gesichert anzusehen ist (Erweiterung in § 1179b: „Löschungsvormerkung am eigenen Recht"); einen vormerkungsfähigen vertraglichen Löschungsanspruch gibt es nur für die in § 1179 Nr. 1 und 2 genannten Personen. § 1179 entspricht dem § 1179 aF, schränkt aber den Kreis der möglichen Vormerkungsberechtigten drastisch ein.

2. Der gesicherte obligatorische Löschungsanspruch. a) Er beruht idR 3
auf Vertrag, uU auf G. **b) Personenidentität** muss bestehen zwischen Anspruchsin- 4
haber und Vormerkungsberechtigtem (→ Rn. 6, 7), hingegen *nicht* (abw von § 883, vgl dort → § 883 Rn. 10) zwischen dem Anspruchsgegner (= Eigentümer, → Rn. 8) und dem Inhaber der von der Löschungsvormerkung betroffenen Hypothek. An dieser Identität wird es zZ der Vormerkungseintragung idR fehlen, weil die Hypothek noch dem Gläubiger zusteht (vgl → Rn. 5). **c) Inhalt.** Er geht auf 5
Aufhebung (ungenau: Löschung, vgl § 875 I 1) der Hypothek, sobald sich das Grundpfandrecht mit dem Eigentum vereinigt hat. Gleichgültig ist, wer zu diesem Zeitpunkt Eigentümer ist. Die Vereinigung muss endgültig sein; daher wird die vorläufige Eigentümergrundschuld (→ § 1163 Rn. 1, 10–12) nicht vom Löschungsanspruch erfasst. Davon abgesehen hängt es von der (Auslegung der) Vereinbarung (→ Rn. 3) ab, ob der Anspruch nur eine künftige oder auch eine bestehende Vereinigung trifft. Das ist nach hM (Staudinger/Wolfsteiner Rn. 22 mN) anhand der Eintragungsbewilligung und sonstiger für jedermann zutage liegender Umstände zu ermitteln (gegen diese Einengung → § 873 Rn. 27). IZw ist auch die bestehende Vereinigung gemeint (BGHZ 60, 226, 233 f.; NJW 1973, 895, 896 stehen nicht entgegen). Nach hM (MüKo-BGB/Lieder Rn. 12 mN) greift § 1179 auch ein, wenn das aufzuhebende Recht bereits als Eigentümergrundschuld eingetragen ist und damit – wegen bestehender Personenidentität von Anspruchsgegner und Inhaber des betroffenen Rechts sowie dessen Eintragung – § 883 anwendbar wäre (vgl → Rn. 4); Grund: § 883 schließt § 1179 nicht aus, und nur über § 1179 ist eine *künftige* Wiedervereinigung des Eigentums und der zwischenzeitlich zur Fremdhypothek werdenden Eigentümergrundschuld zu erfassen. – Zur problematischen Sicherung eines Zwischenkredits (→ § 1163 Rn. 11) bei Bestehen einer Löschungsvormerkung: BGHZ 60, 226, 232 ff. und NJW 1973, 895, 896 (dazu krit Mittenzwei NJW 1973, 1195, 1196); Zagst, Das Recht der Löschungsvormerkung, 1973, S. 79 ff. (ausführlich); Kollhosser JA 1979, 176, 179 f. (bzgl § 1179a II).

3. Gläubiger. Nur die in Nr. 1, 2 Genannten können Gläubiger eines vormer- 6
kungsfähigen Löschungsanspruchs sein. **a) Nr. 1** betrifft Inhaber eines beschränkten dinglichen Rechts am Grundstück, ausgenommen Grundpfandgläubiger. Bsp: Berechtigte von Dienstbarkeiten, Reallasten, dinglichen Vorkaufsrechten; Grundpfandgläubiger nur, wenn ihnen auch ein anderes beschränktes dingliches Recht am Grundstück zusteht und allein zu dessen Gunsten. Aufzuhebendes Grundpfandrecht muss gleich- oder vorrangig gegenüber dem Recht des Gläubigers sein. **b) Nr. 2** 7
betrifft Inhaber eines schuldrechtlichen Anspruchs auf Einräumung eines in Nr. 1 genannten Rechts sowie auf Eigentumsübertragung. Unschädlich, dass Anspruchsberechtigter zugleich Grundpfandgläubiger ist (vgl → Rn. 6).

4. Schuldner. Schuldner ist der zur Löschung verpflichtete Eigentümer. Er bleibt 8
es auch, wenn er das Grundstück nach Vormerkungsentstehung veräußert (vgl → Rn. 10 [b]), es sei denn, der Erwerber übernimmt die Schuld. Kein Vormerkungsfall, wenn der Veräußerer Schuldner bleibt und die Hypothek gem § 1164 erwirbt.

5. Entstehung der Vormerkung. Sie erfordert **a) Löschungsanspruch** 9
(→ Rn. 3–5); **b) Eintragungsbewilligung** des eingetragenen Eigentümers oder

einstw Verfügung (§ 885 I); **c) Eintragung** bei dem betroffenen Recht (§ 12 I Buchst c GBV), und zwar frühestens mit der Eintragung dieses Rechts, auch wenn hierfür bereits eine Vormerkung besteht (BayObLG MDR 1975, 664). Bei einer Briefhypothek muss der Brief nicht vorgelegt werden (§ 41 I 3 GBO). Auf welche Fälle sich der vorgemerkte Anspruch bezieht, kann in der Eintragungsbewilligung stehen (§ 885 II; vgl → Rn. 5). Zur Eintragung des Berechtigten bei subj-dinglichem Recht BayObLG NJW 1981, 2582, 2583 f.

10 **6. Wirkungen. a) Keine Grundbuchsperre** (→ § 883 Rn. 13). **b) Im Vereinigungsfall** kann der Gläubiger vom Schuldner die Aufhebung („Löschung") verlangen. Hat der Schuldner das Grundstück nach Bestellung der Vormerkung veräußert, ohne dass der neue Eigentümer die Schuld übernimmt (vgl → Rn. 8),
11 so muss dieser zustimmen (§ 888 I). **c) Ist der ehemalige Hypothekengläubiger noch eingetragen,** so kann der Vormerkungsberechtigte von ihm die Löschungs-
12 bewilligung verlangen (Wörbelauer NJW 1958, 1514). **d) Die Auswirkung der Löschungsvormerkung** auf *Verfügungen* über die Hypothek, die nach der Vereinigung *vom nunmehr nur scheinberechtigten Hypothekengläubiger* vorgenommen werden, ist str. Bsp: Die Hypothek ist gem §§ 1163 I 2, 1177 I zur Eigentümergrundschuld geworden, der ehemalige Hypothekengläubiger ist aber noch durch Eintragung oder gem § 1155 legitimiert; überträgt er die „Hypothek", so erlangt der Erwerber gem §§ 1138, 892, 1155 unstr eine Fremdgrundschuld. Nach stRspr des RG (RGZ 93, 114, 117) ist der Erwerb dem Vormerkungsberechtigten gegenüber gem § 883 II 1 unwirksam, so dass dieser nach § 888 I vom Erwerber die Zustimmung zur Löschung der Grundschuld verlangen kann. Die heute hM glaubt, die Löschungsvormerkung nütze nichts gegen solche Manipulationen des legitimierten Scheingläubigers (MüKo-BGB/Lieder Rn. 33 mN; zur Problematik auch BT-Drs. 8/89, 15). Dem RG ist zuzustimmen. IdR muss die Vormerkung nur gegen Verfügungen des Vormerkungsverpflichteten schützen; hier aber kann über §§ 1138, 892, 1155 auch die Verfügung eines Dritten (des legitimierten Scheingläubigers) den Löschungsanspruch vereiteln. Die Unwirksamkeit auch solcher Verfügungen entspricht dem Wortlaut des § 883 II 1 (dagegen Zagst, Das Recht der Löschungsvormerkung, 1973, S. 45). Die Löschungsvormerkung schützt so „gegen die Gefahren des gutgl Erwerbs" (RG JW 1908, 275). Das genügt. Eine „widerspruchsgleiche Wirkung der Vormerkung" hat das RG JW 1908, 275 nicht angenommen, vielmehr gemeint, da die Vormerkung nach Ansicht des Berufungsgerichts in casu auch den Fall des § 1163 I 1 umfasse, habe sie „zugleich" (!) für diesen Fall die Bedeutung eines Widerspruchs. Damit wollte sich das RG nur die Erörterung ersparen, ob aus der „bes Natur" der Löschungsvormerkung oder des Hypothekenrechts eine Ausnahme von § 883 II (Schutz gegen gutgl Erwerb) herzuleiten sei. Für solche Ausnahme fehlt jede Grundlage.
13 **e)** Zur Wirkung im **Insolvenzverfahren:** § 106 I InsO (sa BGH NJW 2012, 2274). **f)** Zur Wirkung in der **Zwangsversteigerung:** BGHZ 25, 382; 39, 242; Zagst, Das Recht der Löschungsvormerkung, 1973, S. 100 ff.

14 **7. Löschungsvormerkung bei einer Grundschuld. a) Sie erfasst nur** die Vereinigung von Eigentum und Grundschuld. Zu dieser kommt es bei Übertragung der Grundschuld an den Eigentümer, bei Grundstückserwerb durch den Grundschuldgläubiger (vgl § 889), bei Verzicht (§ 1168), Zahlung auf die Grundschuld (→ § 1191 Rn. 11 [aa, bb]; → § 1192 Rn. 2 [f]), ferner bei §§ 1170, 1171, 418 I 2.
15 **b) Keine Vereinigung** findet statt, wenn **bei der Sicherungsgrundschuld** die gesicherte Forderung nicht entsteht oder erlischt; denn § 1163 I ist unanwendbar (→ § 1191 Rn. 6). Der Eigentümer kann nur Übertragung, Verzicht oder Aufhebung der Grundschuld verlangen (→ § 1191 Rn. 9, 12, 15). Den künftigen oder – falls aus dem Sicherungsvertrag stammend (vgl BGH NJW 1977, 247; → § 1191 Rn. 15) – aufschiebend bedingten Anspruch auf Übertragung usw kann der Eigentümer an den nach § 1179 Vormerkungsberechtigten abtreten und durch Vormerkung gem §§ 883 ff. sichern (zum Unterschied zwischen künftigem und aufschiebend

bedingtem Anspruch → § 883 Rn. 7–9). Die Eintragung erfolgt auf Grund Bewilligung des gegenwärtigen Grundschuldgläubigers (OLG Hamm NJW-RR 1990, 272, 273) oder auf Grund einstw Verfügung gegen ihn (aA Dempewolf NJW 1957, 1257, 1259; MüKo-BGB/Lieder Rn. 15 aE mwN, da ein Bewilligungsanspruch nicht bestehe – aber nicht dieser, sondern der Anspruch iSv → § 883 Rn. 4, 5, 7 wird gesichert: → § 883 Rn. 11; sa MüKo-BGB/Lettmaier § 885 Rn. 3 ff.; Baur, Studien zum einstw Rechtsschutz, 1967, S. 48 f.). Zur Vormerkungsfähigkeit künftiger Ansprüche → § 885 Rn. 8. Ohne diese Maßnahme ist der nur gem § 1179 Begünstigte schutzlos, insbes bei Pfändung des Anspruchs auf Übertragung usw durch einen Dritten oder bei Abtretung an ihn (vgl BGH NJW 1975, 980 f.). Ie str; vgl Stöber Rpfleger 1977, 399, 402.

§ 1179a Löschungsanspruch bei fremden Rechten

(1) [1]**Der Gläubiger einer Hypothek kann von dem Eigentümer verlangen, dass dieser eine vorrangige oder gleichrangige Hypothek löschen lässt, wenn sie im Zeitpunkt der Eintragung der Hypothek des Gläubigers mit dem Eigentum in einer Person vereinigt ist oder eine solche Vereinigung später eintritt.** [2]**Ist das Eigentum nach der Eintragung der nach Satz 1 begünstigten Hypothek durch Sondernachfolge auf einen anderen übergegangen, so ist jeder Eigentümer wegen der zur Zeit seines Eigentums bestehenden Vereinigungen zur Löschung verpflichtet.** [3]**Der Löschungsanspruch ist in gleicher Weise gesichert, als wenn zu seiner Sicherung gleichzeitig mit der begünstigten Hypothek eine Vormerkung in das Grundbuch eingetragen worden wäre.**

(2) [1]**Die Löschung einer Hypothek, die nach § 1163 Abs. 1 Satz 1 mit dem Eigentum in einer Person vereinigt ist, kann nach Absatz 1 erst verlangt werden, wenn sich ergibt, dass die zu sichernde Forderung nicht mehr entstehen wird; der Löschungsanspruch besteht von diesem Zeitpunkt ab jedoch auch wegen der vorher bestehenden Vereinigungen.** [2]**Durch die Vereinigung einer Hypothek mit dem Eigentum nach § 1163 Abs. 2 wird ein Anspruch nach Absatz 1 nicht begründet.**

(3) **Liegen bei der begünstigten Hypothek die Voraussetzungen des § 1163 vor, ohne dass das Recht für den Eigentümer oder seinen Rechtsnachfolger im Grundbuch eingetragen ist, so besteht der Löschungsanspruch für den eingetragenen Gläubiger oder seinen Rechtsnachfolger.**

(4) **Tritt eine Hypothek im Range zurück, so sind auf die Löschung der ihr infolge der Rangänderung vorgehenden oder gleichstehenden Hypothek die Absätze 1 bis 3 mit der Maßgabe entsprechend anzuwenden, dass an die Stelle des Zeitpunkts der Eintragung des zurückgetretenen Rechts der Zeitpunkt der Eintragung der Rangänderung tritt.**

(5) [1]**Als Inhalt einer Hypothek, deren Gläubiger nach den vorstehenden Vorschriften ein Anspruch auf Löschung zusteht, kann der Ausschluss dieses Anspruchs vereinbart werden; der Ausschluss kann auf einen bestimmten Fall der Vereinigung beschränkt werden.** [2]**Der Ausschluss ist unter Bezeichnung der Hypotheken, die dem Löschungsanspruch ganz oder teilweise nicht unterliegen, im Grundbuch anzugeben; ist der Ausschluss nicht für alle Fälle der Vereinigung vereinbart, so kann zur näheren Bezeichnung der erfassten Fälle auf die Eintragungsbewilligung Bezug genommen werden.** [3]**Wird der Ausschluss aufgehoben, so entstehen dadurch nicht Löschungsansprüche für Vereinigungen, die nur vor dieser Aufhebung bestanden haben.**

Lit.: S § 1179.

1 **1. Allgemeines.** Vgl → § 1179 Rn. 1, 2.

2 **2. Der Löschungsanspruch. a) Er besteht kraft Ges** als Inhalt der begünstig-
3 ten Hypothek. **b) Inhalt.** Er geht auf Aufhebung (ungenau: Löschung, vgl § 875 I 1) einer gleich- oder vorrangigen Hypothek bei schon bestehender oder künftig eintretender Vereinigung mit dem Eigentum, **I 1.** Vereinigung erfolgt zB gem §§ 889, 1143, 1163 I (dazu § 1179a II), 1168, 1170 II. Sie muss endgültig sein. Daraus zieht **II 1** Hs. 1 für vorläufige Eigentümergrundschuld des § 1163 I 1 die Konsequenz (vgl → § 1179 Rn. 5); steht fest, dass die Forderung nicht mehr entstehen kann, so erfasst der Löschungsanspruch das betroffene Grundpfandrecht auch, wenn darüber verfügt wurde, bevor das Schicksal der Forderung feststand (II 1 Hs. 2); zur Problematik beim *Zwischenkredit* (→ § 1163 Rn. 11) vgl Kollhosser JA 1979, 176, 179 f., ferner → § 1179 Rn. 5. Für eine Eigentümergrundschuld gem § 1163 II gibt **II 2** Sondervorschrift; ihr geht aber II 1 vor, wenn schon vor Briefübergabe feststeht, dass die Forderung nicht mehr entstehen wird (Grüneberg/Herrler Rn. 5 mN; str).
4 **c) Ausschluss** des Anspruchs ist möglich bei Bestellung der begünstigten Hypothek oder nachträglich (Inhaltsänderung; § 877) durch Einigung zwischen Gläubiger und Eigentümer sowie Eintragung (V 1); vom Löschungsanspruch nicht erfasste Hypotheken sind im Grundbuch selbst anzugeben (V 2 Hs. 1); sollen nicht alle Vereinigungsfälle erfasst werden, so genügt insoweit Bezugnahme auf Eintragungsbewilligung (V 2 Hs. 2). Zur Reichweite des Löschungsanspruchs bei Aufhebung des Ausschlusses vgl V 3.

5 **3. Gläubiger.** Gläubiger des ges Löschungsanspruchs (→ Rn. 2) ist der jeweilige Inhaber der begünstigten (gleich- oder nachrangigen) Hypothek. **a) Abtretung** der hypothekarisch gesicherten Forderung („der Hypothek") lässt den Anspruch als Inhalt der Hypothek mit übergehen. Selbstständige Abtretung des Anspruchs ist
6 ausgeschlossen. **b) Nur der wirkliche Inhaber** der begünstigten Hypothek ist Gläubiger. Das ist der eingetragene Gläubiger im Fall des § 1163 erst bei Eintritt der fehlenden Voraussetzungen, doch wird mit deren Eintritt die Wirkung des Löschungsschutzes iSv I 1 auf den Zeitpunkt der Eintragung des begünstigten Rechts zurückdatiert (das ist der str Sinn von **III:** Erman/Wenzel Rn. 3 mN, hM; dagegen und für Verfassungswidrig- und Nichtigkeit von III Staudinger/Wolfsteiner Rn. 8,
7 50 ff.). **c) Auch eine Zwangshypothek** (§§ 866 ff. ZPO) kann begünstigte Hypothek sein; wichtig für Zwangsvollstreckung in ein mit Eigentümergrundschulden belastetes Grundstück durch nicht dinglich gesicherten Vollstreckungsgläubiger (vgl Stöber Rpfleger 1977, 425, 426). Unter § 1179a fällt auch die Sicherungshypothek iSv §§ 128, 130 ZVG, aber nicht die Arresthypothek (§ 932 I 2 ZPO).

8 **4. Schuldner.** Schuldner ist gem **I 1, 2** der Eigentümer zZ der Eintragung der begünstigten Hypothek für bereits bestehende Vereinigungen; für spätere Vereinigungen ist Schuldner, wer zZ des Eintritts der jeweiligen Vereinigung Eigentümer (gewesen) ist. Bei Übertragung von Eigentum und Eigentümergrundschuld sind Schuldner der neue und der alte Eigentümer (vgl I 2; Stöber Rpfleger 1977, 425, 428). Für Einreden des Eigentümers gegen die Geltendmachung des Löschungsanspruchs gilt § 1157 (Stöber Rpfleger 1977, 425, 430).

9 **5. Vorrangige Hypotheken.** Diese können nicht begünstigt iSv I sein. Anders, wenn sie im **Rang zurücktreten;** dann gelten I–III, wobei auf den Zeitpunkt der Eintragung der Rangänderung abzustellen ist, **IV** (ie Stöber Rpfleger 1977, 425, 428).

10 **6. Wirkungen. a)** Der Löschungsanspruch ist kraft Ges so gesichert, wie wenn für ihn gleichzeitig mit der begünstigten Hypothek eine Vormerkung eingetragen worden wäre, **I 3.** Mit Hilfe dieser Fiktion gelten §§ 883 ff., soweit nicht § 1179a Sonderregeln enthält (zB Verzicht auf Personenidentität von Schuldner und Inhaber
11 des betroffenen Rechts; → § 1179 Rn. 4). Vgl ferner → § 1179 Rn. 10–13. **b)** Zur

Wirkung in der Zwangsversteigerung, wenn nur das betroffene, nicht das begünstigte Recht im geringsten Gebot steht, vgl §§ 44, 52 I, 91 I, IV 1, 130, 130a, 131 ZVG.

7. Grund- und Rentenschuld. Sie können ebenfalls vom Löschungsanspruch begünstigt und betroffen sein (§§ 1192 I [dazu BGH NJW 2006, 2408, 2409 f.], 1199 I). **a) Zur Vereinigung** von Grundschuld und Eigentum vgl → § 1179 Rn. 14. Für die Briefgrundschuld gilt II 2, wenn Brief noch nicht übergeben (§§ 1192 I, 1163 II). Zur Abtretung und Sicherung (gem §§ 883 ff.) des künftigen Anspruchs des Eigentümers auf Übertragung der Grundschuld gilt → § 1179 Rn. 15 entspr **b) Ursprüngliche Eigentümergrundschuld** (§ 1196) unterfällt dem Löschungsanspruch erst, wenn sie einmal Fremdrecht war und sodann Vereinigung mit dem Eigentum eingetreten ist, **§ 1196 III** (s. BGHZ 108, 237, 241). Das beschränkt die Verwendungsfähigkeit einer Eigentümerbriefgrundschuld zur verdeckten Kreditsicherung durch Abtretung außerhalb des Grundbuchs. Zum Ausschluss gem **V** s. BayObLG NJW-RR 1992, 306, 307; zu den Gefahren für (weiteren) Briefgrundschuldgläubiger und der nur zT möglichen Abwendung gem V vgl Stöber Rpfleger 1977, 425, 431; Kollhosser JA 1979, 232 ff. (er empfiehlt Verpfändung statt Abtretung). Zur entspr Anwendung von § 1196 III bei **nachträglicher Eigentümergrundschuld** BGHZ 136, 246, 251 ff. 12 13

§ 1179b Löschungsanspruch bei eigenem Recht

(1) **Wer als Gläubiger einer Hypothek im Grundbuch eingetragen oder nach Maßgabe des § 1155 als Gläubiger ausgewiesen ist, kann von dem Eigentümer die Löschung dieser Hypothek verlangen, wenn sie im Zeitpunkt ihrer Eintragung mit dem Eigentum in einer Person vereinigt ist oder eine solche Vereinigung später eintritt.**

(2) **§ 1179a Abs. 1 Satz 2, 3, Abs. 2, 5 ist entsprechend anzuwenden.**

Allgemeines. Die Vorschrift gewährt dem durch Bucheintrag oder gem § 1155 legitimierten Gläubiger einen bes Löschungsanspruch gegen den eingetragenen Eigentümer (I, II iVm § 1179a I 2), wenn und sobald seine (wirkliche oder scheinbare) Hypothek, Grund- oder Rentenschuld (§§ 1192 I, 1199 I) mit dem Eigentum vereinigt ist (wichtig zB bei häufigerem Eigentumswechsel während der Tilgungszeit wegen der Folge → § 1163 Rn. 14). Der Anspruch wird entspr II iVm § 1179a I 3 so gesichert, als sei für ihn eine Vormerkung eingetragen (Löschungsvormerkung am eigenen Recht). Ausschluss des Anspruchs ist möglich (II iVm § 1179a V). Staudinger/Wolfsteiner Rn. 1–7 hält § 1179b für verfassungswidrig und nichtig, da er einem Nichtberechtigten (Scheingläubiger) ungerechtfertigte Eingriffe in das Eigentum Dritter gestatte; → § 1179a Rn. 6.

§ 1180 Auswechslung der Forderung

(1) [1]**An die Stelle der Forderung, für welche die Hypothek besteht, kann eine andere Forderung gesetzt werden.** [2]**Zu der Änderung ist die Einigung des Gläubigers und des Eigentümers sowie die Eintragung in das Grundbuch erforderlich; die Vorschriften des § 873 Abs. 2 und der §§ 876, 878 finden entsprechende Anwendung.**

(2) [1]**Steht die Forderung, die an die Stelle der bisherigen Forderung treten soll, nicht dem bisherigen Hypothekengläubiger zu, so ist dessen Zustimmung erforderlich; die Zustimmung ist dem Grundbuchamt oder demjenigen gegenüber zu erklären, zu dessen Gunsten sie erfolgt.** [2]**Die Vorschriften des § 875 Abs. 2 und des § 876 finden entsprechende Anwendung.**

1. Allgemeines. a) Auswechslung der hypothekarisch gesicherten Forderung ist rechtsgeschäftlich so möglich, dass der *Gläubiger bleibt* (I) *oder* auch der Gläubiger 1

wechselt (II). Voraussetzung ist eine bereits bestehende rechtsgültige Hypothek (RGZ 139, 118, 129). Die Auswechslung ist Verfügung über Hypothek und Eigentum.
2 **b) Die neue Forderung** kann einen anderen Schuldner haben. Sie darf nicht höher sein als die bisherige, der überschießende Betrag ist als neue Hypothek einzutragen; die Eintragung der ungeteilten Forderung macht das Grundbuch nur in Höhe des überschießenden Betrags und nur dann unrichtig, wenn gleich- oder nachstehende Berechtigte vorhanden sind und nicht zustimmen. Zur Verschärfung der Haftung und Erhöhung von Nebenleistungen vgl → § 1119 Rn. 1.

3 **2. Voraussetzungen der Auswechslung. a) Ohne Gläubigerwechsel, I.** Einigung zwischen Eigentümer und Gläubiger; Eintragung im Grundbuch, dabei Bezeichnung der Forderung gem § 1115 (vgl RGZ 147, 298, 302). Verfahrensrechtlich müssen Eigentümer und Gläubiger bewilligen (§§ 19, 29 GBO); für die Briefhypothek ferner §§ 65 II, 58 I GBO. Zu §§ 873 II, 876, 878 vgl Anm dort. Für die Auswechslung gilt § 893. Verbindung von Auswechslung und Abtretung möglich
4 (vgl → Rn. 5). **b) Mit Gläubigerwechsel, II.** Einigung zwischen Eigentümer und neuem Gläubiger; Zustimmung des bisherigen Gläubigers gegenüber dem Grundbuchamt, Eigentümer oder neuen Gläubiger (II 1); Eintragung im Grundbuch (→ Rn. 3).

5 **3. Wirkungen. a) Bei I** bleibt die bisherige Forderung ungesichert bestehen, § 1153 gilt nicht mehr für sie; uU erlischt sie, zB gem § 1165 (vgl dort → § 1165 Rn. 2). § 1137 gilt nur für die neue Forderung. Besteht sie nicht, so gelten §§ 1163 I 1, 1177 I. Bei Abtretung der Hypothek wird der Erwerber auch dann gem §§ 892, 1138 geschützt, wenn sie mit einer Auswechslung nach I in einer Urkunde und einem Eintragungsvermerk zusammengefasst ist (RGZ 147, 298,
6 301 f.). **b) Bei II** geht die Hypothek kraft Ges auf den neuen Gläubiger über. Weil der ges Erwerb ein RGeschäft (II) zur Voraussetzung hat, greifen zugunsten des neuen Gläubigers §§ 892, 1138 ein (zum Problem → § 1143 Rn. 2). Für die Briefhypothek gelten §§ 1163 II, 1177 I, für die Buchhypothek § 1139. § 1137 gilt nur für die neue Forderung; besteht sie nicht, so gelten §§ 1163 I 1, 1177 I.

7 **4. I, II.** Für die **Grundschuld** gilt I nicht. II ist entspr anwendbar bei Umwandlung in eine Hypothek, die einem anderen als dem bisherigen Gläubiger zustehen soll (vgl → § 1198 Rn. 4; MüKo-BGB/Lieder Rn. 23).

§ 1181 Erlöschen durch Befriedigung aus dem Grundstück

(1) **Wird der Gläubiger aus dem Grundstück befriedigt, so erlischt die Hypothek.**

(2) **Erfolgt die Befriedigung des Gläubigers aus einem der mit einer Gesamthypothek belasteten Grundstücke, so werden auch die übrigen Grundstücke frei.**

(3) **Der Befriedigung aus dem Grundstück steht die Befriedigung aus den Gegenständen gleich, auf die sich die Hypothek erstreckt.**

1 **1. Allgemeines.** Das Erlöschen der Hypothek ist vom Erlöschen der Forderung zu unterscheiden (zu letzterem → § 1163 Rn. 14). Die Hypothek (nicht notwendig auch die Forderung) erlischt durch Aufhebung (§§ 875, 1183), Verzicht gem § 1175 I 2, durch Zuschlag gem §§ 10, 44 I, 52 I, 91 I, 89 ZVG sowie durch zwangsweise Befriedigung aus dem Grundstück (I) oder den mithaftenden Gegenständen (III; vereinbartes Bestehen bleiben [§ 91 II, III ZVG] wirkt nur „iÜ" wie eine zwangsweise Befriedigung); zur Gesamthypothek vgl II (Ausnahme in § 1182). Die freiwillige Befriedigung fällt auch dann nicht unter § 1181, wenn der Eigentümer aus dem Erlös eines freihändigen Grundstückverkaufs zahlt; auch eine Veräußerung gem § 1149 scheidet für § 1181 aus.

2. Anwendungsbereich. Vgl zunächst → Rn. 1. § 1181 meint nur Befriedigung wegen der Hypothek durch Zwangsvollstreckung (→ § 1147 Rn. 1). Voraussetzung ist ein dinglicher Titel (→ § 1147 Rn. 2; Ausnahme in § 867 III ZPO). Arten der Zwangsvollstreckung: bei I Zwangsversteigerung und Zwangsverwaltung, bei III auch Pfändung (iE → §§ 1120–1122 Rn. 5–7). 2

3. Wirkung der Befriedigung. Die *Hypothek erlischt* kraft Ges (nicht gem § 91 II, III ZVG, → Rn. 1). Ist bei Erlöschen durch Zuschlag (→ Rn. 1) die Hypothek vom Meistgebot gedeckt, so setzt sie sich kraft Surrogation am Versteigerungserlös fort (vgl BGHZ 58, 298, 301 ff.; 60, 226, 228). Das Grundbuch ist auf Ersuchen des Vollstreckungsgerichts zu berichtigen (§§ 130 I 1, 158 II ZVG). Die persönliche Forderung erlischt nur, wenn der Eigentümer auch schuldet (BGH NJW-RR 2006, 1091, 1095); sonst geht sie auf ihn über (→ § 1143 Rn. 2, 5). 3

§ 1182 Übergang bei Befriedigung aus der Gesamthypothek

[1]Soweit im Falle einer Gesamthypothek der Eigentümer des Grundstücks, aus dem der Gläubiger befriedigt wird, von dem Eigentümer eines der anderen Grundstücke oder einem Rechtsvorgänger dieses Eigentümers Ersatz verlangen kann, geht die Hypothek an dem Grundstück dieses Eigentümers auf ihn über. [2]Die Hypothek kann jedoch, wenn der Gläubiger nur teilweise befriedigt wird, nicht zum Nachteil der dem Gläubiger verbleibenden Hypothek und, wenn das Grundstück mit einem im Range gleich- oder nachstehenden Recht belastet ist, nicht zum Nachteil dieses Rechts geltend gemacht werden.

1. Anwendungsbereich. Die Grundstücke müssen verschiedenen Eigentümern gehören. Der Gläubiger wird zwangsweise aus dem Grundstück eines Eigentümers befriedigt, der vom Eigentümer eines mithaftenden Grundstücks oder einem Rechtsvorgänger dieses Eigentümers Ersatz verlangen kann. 1

2. Wirkung. a) In Höhe des Ersatzanspruchs geht die Hypothek am Grundstück des ersatzpflichtigen Eigentümers auf den Ersatzberechtigten über (**S. 1;** Ausnahme von § 1181 II) und sichert den Ersatzanspruch; iÜ erlischt die Gesamthypothek (§ 1181). Geht die ursprüngliche Forderung nach § 1143 I 1 ebenfalls auf den Ersatzberechtigten über, so bleibt sie ungesichert (vgl RGZ 81, 71, 77 f. mit zweifelhafter Begründung). **b)** Die Hypothek des Ersatzberechtigten lässt den in **S. 2** genannten Rechten den Vorrang. **c)** Grundbuchberichtigung nur auf Antrag des Betroffenen. 2

§ 1183 Aufhebung der Hypothek

[1]Zur Aufhebung der Hypothek durch Rechtsgeschäft ist die Zustimmung des Eigentümers erforderlich. [2]Die Zustimmung ist dem Grundbuchamt oder dem Gläubiger gegenüber zu erklären; sie ist unwiderruflich.

1. Anwendungsbereich. § 1183 gilt für die **rechtsgeschäftliche Aufhebung** von Grundpfandrechten aller Art (nicht mit dem Verzicht gem § 1168 zu verwechseln). Die Vorschrift **ergänzt** die **§§ 875, 876** (vgl Anm dort). Die Zustimmung des Eigentümers ist nötig, weil er eine Aussicht auf künftigen Erwerb des Grundpfandrechts hat (trotz §§ 1179a, b!), die er mit seiner Zustimmung aufgibt. Die Aussicht ist kein Anwartschaftsrecht (→ § 1163 Rn. 15; aA OLG Celle FGPrax 2018, 252 Rn. 19). Deshalb liegt in der Zustimmung keine Verfügung über ein solches Recht; dennoch wird sie als Verfügung oder verfügungsähnlich bezeichnet, aber praktisch nicht als „Verfügung" iSd Verfügungsverbote behandelt (ie Erman/Wenzel Rn. 4). 1

2. Voraussetzung. Zur Aufhebung eines Grundpfandrechts ist – neben den in §§ 875, 876 genannten Punkten – die **Zustimmung** dessen erforderlich, dem das 2

Grundstück in dem Zeitpunkt gehört, in dem alle Erfordernisse der §§ 875, 876, 1183 erfüllt sind. Die Zustimmung ist einseitiges materielles RGeschäft, unwiderruflich (S. 2 Hs. 2; abw von § 183), dem Grundbuchamt oder dem Gläubiger gegenüber zu erklären (S. 2 Hs. 1) und formlos gültig. § 878 gilt entspr. Von der materiellrechtlichen Zustimmung nach § 1183 ist die verfahrensrechtliche gem § 27 GBO zu unterscheiden (Demharter § 27 Rn. 10); Form: §§ 29, 30 GBO.

3 **3. Wirkung.** Die Hypothek erlischt, nachstehende Berechtigte rücken auf.

§ 1184 Sicherungshypothek

(1) **Eine Hypothek kann in der Weise bestellt werden, dass das Recht des Gläubigers aus der Hypothek sich nur nach der Forderung bestimmt und der Gläubiger sich zum Beweis der Forderung nicht auf die Eintragung berufen kann (Sicherungshypothek).**

(2) **Die Hypothek muss im Grundbuch als Sicherungshypothek bezeichnet werden.**

§ 1185 Buchhypothek; unanwendbare Vorschriften

(1) **Bei der Sicherungshypothek ist die Erteilung des Hypothekenbriefs ausgeschlossen.**

(2) **Die Vorschriften der §§ 1138, 1139, 1141, 1156 finden keine Anwendung.**

Anmerkungen zu den §§ 1184, 1185

1 **1. Allgemeines.** Die Sicherungshypothek ist **streng akzessorisch:** Jeder Mangel der Forderung ist zugleich ein Mangel des dinglichen Rechts. Außer der strengen Akzessorietät und dem ges Ausschluss der Brieferteilung (§ 1185 I) gelten für sie keine Besonderheiten gegenüber der Verkehrshypothek (für Sonderformen Abweichungen in §§ 1187 S. 3, 1188, 1189, 1190 IV). Wegen der strengen Akzessorietät ist sie idR ungeeignet zur Sicherung langfristiger Kredite. Ihr **Zweck** ist vor allem die Sicherung kurzfristig zu erfüllender Forderungen (bes deutlich bei §§ 648, 648a, §§ 866 I, 932 I ZPO).

2 **2. Bestellung.** Durch Einigung, die auf eine Sicherungshypothek gerichtet ist und entspr Eintragung (§§ 873, 1184 II); Eintragung des Briefausschlusses ist wegen § 1185 I unnötig. Bei Nichtbestehen der Forderung gelten §§ 1163 I 1, 1177 I. – Es können **Divergenzen zwischen Einigung und Eintragung** bestehen. *Einigung:* Verkehrshypothek; Eintragung: entspr § 1184 II; es entsteht Sicherungshypothek (wenn Forderung existiert), da sie wegen Ausschlusses von § 1138 den Eigentümer weniger als eine Verkehrshypothek beschwert (ähnlich RGZ 123, 169, 170 f.: Sicherungshypothek als minus gegenüber Verkehrshypothek). *Einigung:* Sicherungshypothek; Eintragung: Verkehrshypothek; es entsteht keine Sicherungshypothek, sondern Verkehrshypothek (aA MüKo-BGB/Lieder § 1184 Rn. 22). – Haben sich die Parteien bei **Dissens** (§§ 154, 155) **über die Art der Hypothek** jedenfalls über eine hypothekarische Belastung geeinigt, so betrifft die Einigung den Regelfall, dh eine Verkehrshypothek; fehlt auch insoweit eine Einigung, so entsteht keine Hypothek (str, ie MüKo-BGB/Lieder § 1184 Rn. 15–18 mN) – Nach Staudinger/Wolfsteiner § 1184 Rn. 12 mN entsteht bei Divergenz und Dissens stets eine Sicherungshypothek; ob ohne Einigung bei Eintragung ein Grundpfandrecht entsteht, ist str (→ § 1113 Rn. 16). – Bes Form der Bestellung in § 1188 I. – Bsp für **nichtrechtsgeschäftliche Entstehung:** § 1287 S. 2; §§ 848 II 2, 866, 867, 932 ZPO.

3 **3. Durchführung der strengen Akzessorietät (§ 1185 II).** Vgl zunächst → Rn. 1, ferner → Vor § 1113 Rn. 21. Strenge Akzessorietät gilt ohne Rücksicht

auf den Entstehungsgrund der Sicherungshypothek (RGeschäft, Ges, gerichtl Anordnung). § 1185 II schließt alle Vorschriften aus, welche die Akzessorietät auflockern: **a) § 1138.** Konsequenz: → § 1138 Rn. 1. Erwerb einer Sicherungshypothek vom Nichtberechtigten ist nur möglich, wenn die Forderung besteht und übergeht (Bsp: → § 1153 Rn. 1); andernfalls erlangt der Erwerber nichts, insbes keine Grundschuld. **b) § 1139.** S Anm dort. **c) § 1141.** Deshalb muss die Kündigung der Hypothek (wie der Forderung) zwischen Gläubiger und persönlichem Schuldner erfolgen (RGZ 111, 397, 401; → § 1141 Rn. 1). **d) § 1156.** Die §§ 406–408 gelten bei der Sicherungshypothek zwischen neuem Hypothekengläubiger und Eigentümer für die Hypothek (anders bei der Verkehrshypothek: → § 1156 Rn. 1). Folge: Erlischt die Forderung durch Zahlung des redlichen Schuldners an den Zedenten (§ 407) oder Erstzessionar (§ 408), so gelten für die Sicherungshypothek die §§ 1163 I 2, 1177 I.

§ 1186 Zulässige Umwandlungen

[1]Eine Sicherungshypothek kann in eine gewöhnliche Hypothek, eine gewöhnliche Hypothek kann in eine Sicherungshypothek umgewandelt werden. [2]Die Zustimmung der im Range gleich- oder nachstehenden Berechtigten ist nicht erforderlich.

1. Anwendungsbereich. Jede Hypothek kann in eine Hypothek anderen Typs umgewandelt werden, auch eine Sicherungs- in eine Höchstbetragshypothek und umgekehrt. Die Umschreibung einer Arrest- in eine Zwangshypothek unterfällt nicht § 1186, sondern § 867 I ZPO. Zur Umwandlung einer Hypothek in eine Grundschuld: § 1198. 1

2. Umwandlung. Eine solche ist **Inhaltsänderung** iSv § 877; zu ihren Voraussetzungen → § 877 Rn. 2. Bei Umwandlung von Buch- in Briefrecht und umgekehrt gilt ferner § 1116 I, III (dazu §§ 60, 69 GBO). Die gleich- oder nachstehenden Berechtigten werden nicht benachteiligt; daraus erklärt sich S. 2. 2

§ 1187 Sicherungshypothek für Inhaber- und Orderpapiere

[1]Für die Forderung aus einer Schuldverschreibung auf den Inhaber, aus einem Wechsel oder aus einem anderen Papier, das durch Indossament übertragen werden kann, kann nur eine Sicherungshypothek bestellt werden. [2]Die Hypothek gilt als Sicherungshypothek, auch wenn sie im Grundbuch nicht als solche bezeichnet ist. [3]Die Vorschrift des § 1154 Abs. 3 findet keine Anwendung. [4]Ein Anspruch auf Löschung der Hypothek nach den §§ 1179a, 1179b besteht nicht.

§ 1188 Sondervorschrift für Schuldverschreibungen auf den Inhaber

(1) **Zur Bestellung einer Hypothek für die Forderung aus einer Schuldverschreibung auf den Inhaber genügt die Erklärung des Eigentümers gegenüber dem Grundbuchamt, dass er die Hypothek bestelle, und die Eintragung in das Grundbuch; die Vorschrift des § 878 findet Anwendung.**

(2) **[1]Die Ausschließung des Gläubigers mit seinem Recht nach § 1170 ist nur zulässig, wenn die im § 801 bezeichnete Vorlegungsfrist verstrichen ist. [2]Ist innerhalb der Frist die Schuldverschreibung vorgelegt oder der Anspruch aus der Urkunde gerichtlich geltend gemacht worden, so kann die Ausschließung erst erfolgen, wenn die Verjährung eingetreten ist.**

§ 1189 Bestellung eines Grundbuchvertreters

(1) **[1]Bei einer Hypothek der im § 1187 bezeichneten Art kann für den jeweiligen Gläubiger ein Vertreter mit der Befugnis bestellt werden, mit**

Wirkung für und gegen jeden späteren Gläubiger bestimmte Verfügungen über die Hypothek zu treffen und den Gläubiger bei der Geltendmachung der Hypothek zu vertreten. [2]Zur Bestellung des Vertreters ist die Eintragung in das Grundbuch erforderlich.

(2) **Ist der Eigentümer berechtigt, von dem Gläubiger eine Verfügung zu verlangen, zu welcher der Vertreter befugt ist, so kann er die Vornahme der Verfügung von dem Vertreter verlangen.**

Anmerkungen zu den §§ 1187–1189

1 **1. Allgemeines.** Die Sicherungshypothek ist wegen ihrer strengen Akzessorietät umlauffeindlich. Abw davon erhöht die strenge Akzessorietät der sog Wertpapierhypothek deren Umlauffähigkeit, weil die gesicherte Wertpapierforderung nach wertpapierrechtlichen Grundsätzen, nicht nach § 1154 III übertragen wird (Übergang der Hypothek: § 1153 I): § 1187 S. 3. Der Umlauffähigkeit dient auch der Ausschluss des „an sich" gem §§ 1179a, b gegebenen Löschungsanspruchs: § 1187 S. 4. Die Wertpapierhypothek wird zunehmend von der Sicherungsgrundschuld verdrängt, die der Eigentümer zugunsten eines Treuhänders der (zumeist unbekannten) Gläubiger bestellt.

2 **2. Wesentliche Besonderheiten.** § 1187 S. 2 (abw von § 1184 II); § 1187 S. 3 (→ Rn. 1); § 1188 I (abw von § 873); für den Gläubiger kann gem § 1189 ein sog Grundbuchvertreter (RGZ 90, 211, 213) rechtsgeschäftlich bestellt und im Grundbuch eingetragen werden (zur Rechtsstellung RGZ 150, 289, 290 ff.).

§ 1190 Höchstbetragshypothek

(1) **[1]Eine Hypothek kann in der Weise bestellt werden, dass nur der Höchstbetrag, bis zu dem das Grundstück haften soll, bestimmt, im Übrigen die Feststellung der Forderung vorbehalten wird. [2]Der Höchstbetrag muss in das Grundbuch eingetragen werden.**

(2) **Ist die Forderung verzinslich, so werden die Zinsen in den Höchstbetrag eingerechnet.**

(3) **Die Hypothek gilt als Sicherungshypothek, auch wenn sie im Grundbuch nicht als solche bezeichnet ist.**

(4) **[1]Die Forderung kann nach den für die Übertragung von Forderungen geltenden allgemeinen Vorschriften übertragen werden. [2]Wird sie nach diesen Vorschriften übertragen, so ist der Übergang der Hypothek ausgeschlossen.**

1 **1. Allgemeines. a) Bei der Höchstbetragshypothek** (auch Höchst- oder Maximalhypothek genannt) muss – zunächst – nur der **Haftungshöchstbetrag** und die Person des Gläubigers bestimmt sein, § 1190 (abw von § 1113 I, wonach die Hypothek mit einer bestimmten Forderung verbunden ist, weshalb sie Forderungen wechselnden Umfangs, zB aus laufender Geschäftsverbindung, nicht sichern kann); der Vorbehalt der Feststellung der Forderung gem I 1 2. Hälfte kann auf alle Merkmale der Forderung (zB Höhe und Schuldgrund) Bezug nehmen (KG NJW-RR
2 2020, 529 Rn. 9). **b) Die praktische Bedeutung** der rechtsgeschäftlich bestellten Höchstbetragshypothek ist gering. Gründe: Die Übertragung macht zuweilen Schwierigkeiten (→ Rn. 8), der Gläubiger trägt die Beweislast für das Entstehen der Forderung (III mit § 1185 II: §§ 1138, 891 gelten nicht für die Forderung), etwaige Zinsen müssen von vornherein in den Höchstbetrag eingerechnet werden (II) und eine Unterwerfung des Eigentümers unter die sofortige Zwangsvollstreckung ist nur für einen bezifferten Teilbetrag, nicht „bis zum Höchstbetrag" zulässig, weil §§ 794 I Nr. 5 aF, 800 ZPO eine „bestimmte" Geldsumme verlangten (BGH BB 1971, 195; ie Hornung NJW 1991, 1649); daran hat § 794 I Nr. 5 ZPO idF ab

1.1.1999 nichts geändert (Stein/Jonas/Münzberg § 794 Rn. 115). Die Höchstbetragshypothek wird daher zunehmend von der Sicherungsgrundschuld verdrängt. **c) Die sog verdeckte Höchstbetragshypothek.** Sie soll als gewöhnliche Verkehrshypothek den Anspruch aus dem jeweiligen, dh wechselnden Schlussguthaben sichern; das ist wegen § 1163 I unzulässig (Westermann § 109 I 3; aA die hM, insbes das RG [RGZ 60, 243, 247], vgl MüKo-BGB/Lieder § 1113 Rn. 45–47 mN). Sie spielt keine Rolle mehr. 3

2. Besonderheiten der Höchstbetragshypothek. a) Die Forderung ist nur dem möglichen Höchstbetrag nach bestimmt, sonst muss sie unbestimmt sein. Der Schuldgrund darf ganz allg gefasst sein (zB für alle Forderungen des Gläubigers gegen den Schuldner). **b) Der Höchstbetrag** muss eingetragen werden (I 2), Zinsen dürfen es nicht (II; sonst § 53 I 2 GBO). **c) §§ 1163, 1177** gelten modifiziert, weil der Höchstbetrag (nur) einen Rahmen absteckt, innerhalb dessen die „Anteile" von Fremdhypothek und Eigentümergrundschuld einem laufenden Wechsel unterliegen können, bis die vorbehaltene Feststellung der Forderung (I 1) erfolgt ist. Der nicht von der Forderung ausgefüllte Teil des Grundpfandrechts ist eine vorläufige, dh auflösend bedingte Eigentümergrundschuld, sofern eine Forderung noch (§ 1163 I 1) oder wieder (§ 1163 I 2) entstehen kann. Solange darf der Eigentümer noch nicht Grundbuchberichtigung (→ § 1163 Rn. 9), der gem § 1179 Vormerkungsberechtigte noch nicht Löschung verlangen (RGZ 125, 133, 136; ganz unklar BGH NJW 1986, 53, 54); der gem §§ 1179a, b Löschungsberechtigte kann in Erweiterung von §§ 1179a II 1, 1179b II auch im Falle des § 1163 I 2 nicht Löschung verlangen, sofern eine Forderung wieder entstehen kann (s. o.). Die vorläufige Eigentümergrundschuld steht bei § 1163 I 1 dem Bestellenden, bei § 1163 I 2 dem Eigentümer zZ des Erlöschens der Forderung zu. Der Schwebezustand wird erst beendet, wenn die Forderung durch Vertrag zwischen Gläubiger und Schuldner oder durch Urteil festgestellt ist (vgl I 1). Dann wird die vorläufige zur endgültigen Eigentümergrundschuld; Berichtigung (§ 894) und Löschung (§§ 1179, 1179a, b) können verlangt werden. **d) Bestehen der Forderung** kann nicht vermutet werden, da ungewiss ist, ob sie den Höchstbetrag erreicht (hat). Deshalb ist die Höchstbetragshypothek kraft Ges *Sicherungshypothek* **(III),** bei der diese Vermutung nicht gilt (§ 1185 II schließt §§ 1138, 891 aus). **e) Übertragung der Hypothek** erfolgt durch Abtretung der Forderung (§ 1154 III); § 1153 II 2. Hälfte gilt. Vor Feststellung der Forderung ist das nur dann problemlos, wenn die Forderung den Höchstbetrag erreicht hat. Sonst bleibt dem Zedenten der nicht ausgefüllte Teil, der zZ Eigentümergrundschuld ist (→ Rn. 6). Nach der Feststellung kann die Forderung nur in der festgestellten Höhe abgetreten werden. **f) Abtretung der Forderung allein** gem §§ 398 ff. ist möglich (**IV;** Ausnahme von § 1153 I, II 1. Hälfte). Sie ist nicht mehr hypothekarisch gesichert, in ihrer Höhe entsteht eine (idR vorläufige) Eigentümergrundschuld; sind sämtliche Forderungen abgetreten, so entsteht eine endgültige Eigentümergrundschuld (MüKo-BGB/Lieder Rn. 18). **g) Umwandlung** in eine Verkehrs- oder gewöhnliche Sicherungshypothek erfordert vorherige Feststellung der Forderung (I 1) oder deren Auswechslung gegen eine bestimmte (§ 1180). §§ 1198, 1203 gelten auch hier. 4 5 6 7 8 9 10

3. Sonstiges. Höchstbetragshypothek **außerhalb des BGB:** § 932 I ZPO, § 324 III AO. 11

Titel 2. Grundschuld, Rentenschuld

Untertitel 1. Grundschuld

§ 1191 Gesetzlicher Inhalt der Grundschuld

(1) **Ein Grundstück kann in der Weise belastet werden, dass an denjenigen, zu dessen Gunsten die Belastung erfolgt, eine bestimmte Geldsumme aus dem Grundstück zu zahlen ist (Grundschuld).**

(2) **Die Belastung kann auch in der Weise erfolgen, dass Zinsen von der Geldsumme sowie andere Nebenleistungen aus dem Grundstück zu entrichten sind.**

I. Allgemeines

1 **1. Bedeutung.** Die Grundschuld ist das wichtigste Grundpfandrecht; sie hat die Hypothek weitgehend verdrängt (insbes die Höchstbetragshypothek, → § 1190 Rn. 2).

2 **2. Begriff.** Er wird durch den Gegensatz zwischen Grundschuld und Hypothek bestimmt: Die Hypothek ist (grundsätzlich) akzessorisch, die Grundschuld nicht; ie → Vor § 1113 Rn. 17. Außerhalb der Akzessorietät gelten für beide die gleichen Grundsätze (§ 1192 I, dort → § 1192 Rn. 2; → Vor § 1113 Rn. 10–16). Ihre gegenseitige Umwandlung (§ 1198) ist bloße Inhaltsänderung (→ Vor § 1113 Rn. 1).

3 **3. Verpflichtung zur Bestellung einer Grundschuld.** Diese kann zB beruhen auf Schenkung, Kauf, Vermächtnis oder – bes wichtig – Sicherungsvertrag (dazu → Rn. 5). Trotz Fehlens, Unwirksamkeit oder Wegfalls des Verpflichtungsgeschäfts entsteht die Grundschuld beim Gläubiger; dem Eigentümer steht ein Rückgewähranspruch gem § 812 I 1 oder 2 Alt. 1 zu (ie → Rn. 5).

II. Die Sicherungsgrundschuld

Lit.: Clemente, Recht der Sicherungsgrundschuld, 4. Aufl 2008; Huber, Die Sicherungsgrundschuld, 1965; Müller, Der Rückgewähranspruch bei Grundschulden, RNotZ 2012, 199; Reinicke/Tiedtke, Kreditsicherung, 6. Aufl 2022, 2. Teil, B, 3. Kapitel, 3. Abschnitt; Samhat, Der Grundschuldsicherungsvertrag, WM 2019, 805, 849; Serick II 409 ff., III 240 ff., 312 ff., 315 ff., 513 ff.; Weber/Weber, Kreditsicherungsrecht, 10. Aufl 2018, § 13.

4 **1. Allgemeines.** „Sicherungsgrundschuld" ist eine Grundschuld, die der **Sicherung einer Forderung** dient. Sie war bis zum 18.8.2008 als ges Begriff im BGB nicht enthalten. Das RisikobegrenzungsG v 12.8.2008 hat in § 1192 einen Abs. 1a eingefügt, der im S. 1 Hs. 1 die Sicherungsschuld als „Grundschuld zur Sicherung eines Anspruchs" definiert (ungenau; → Vor § 1113 Rn. 16; richtig § 1193 II 2). Die Sicherungsgrundschuld hat nichts mit der Sicherungshypothek der §§ 1184, 1185 zu tun, sondern ist Grundschuld iSv § 1191 und dient zur Sicherung einer Geldforderung des Gläubigers (der idR auch Grundschuldgläubiger werden soll) gegen den Eigentümer oder einen Dritten. Maßgebend hierfür ist der *Sicherungsvertrag* (→ Rn. 5).

5 **2. Der Sicherungsvertrag. a)** Er ist der **schuldrechtliche Vertrag** zwischen dem Gläubiger (SN) und dem SG und begründet ein Treuhandverhältnis (vgl BGH NJW 2012, 686). SG kann sein der (schuldende oder der Nur-)Eigentümer, der Nur-Schuldner oder ein Dritter. Der Vertrag bestimmt insbes, welche Forderung gesichert werden soll (BGHZ 105, 154, 158 f.; → § 305c Rn. 3; Clemente ZIP 1990, 969, 971 ff.); die (idR schriftliche) Bestimmung heißt *Zweckerklärung.* Spätere Erweiterung des Sicherungszwecks ist möglich (auch anlasslos und auf Forderungen gegen Dritte: BGH NJW-RR 2017, 334 Rn. 6 ff.); bei Miteigentümer als SG müssen alle mitwirken (BGH NJW 2010, 935, 936). Der Sicherungsvertrag begründet die Pflicht des SG zur Grundschuldbestellung (SG ist hier der Eigentümer), -überlassung oder -beschaffung (einer Eigentümer- oder Fremdgrundschuld), vgl BGH NJW 1991, 1821. Der Vertrag ist daher der Rechtsgrund (die *causa*) für die Bestellung/Überlassung/Beschaffung (nicht ist es die gesicherte Forderung: → Rn. 9). Fehlt er oder ist er unwirksam, so steht dem SG ein Anspruch aus § 812 I 1 (BGH NJW 1990, 392), bei späterem Wegfall aus § 812 I 2 Alt. 1 zu, der auch einredeweise gegen die Inanspruchnahme erhoben werden kann; zum Anspruchsinhalt
6 → Rn. 15. **b) Er begründet keine Akzessorietät** der Grundschuld. Folglich ist

weder er noch die Forderung eintragbar (wohl aber die aus dem Vertrag erwachsenden Einreden: → Rn. 20, 23, 24; Baur/Stürner § 45 Rn. 34, 35). Daher erwirbt und behält der Gläubiger das dingliche Recht unabhängig vom Bestehen und Fortbestehen der gesicherten Forderung (BGH NJW 2018, 3441 Rn. 25); § 1163 I ist unanwendbar (→ Rn. 9, 12). → Rn. 8. **c)** Zur **Kündbarkeit** BGH WM 2002, 7
2367. **d) Form.** Nach allg Regeln formlos, aber insbes im Verkehr mit Banken wird Vereinbarung iSv § 154 II vermutet (BGH NJW-RR 1993, 235, 236).

3. Die Nichtakzessorietät der Grundschuld. Sie verbietet eine unmittelbare 8
Einflussnahme der Forderung auf das dingliche Recht. Daher kann durch RGeschäft eine dinglich wirkende Verbindung von Grundschuld und Forderung nicht herbeigeführt werden (keine Akzessorietät kraft RGeschäfts; unzutr BGH NJW 1986, 53). Deshalb gibt es keine eintragungsfähige (sondern nur schuldrechtlich wirksame) Begrenzung des dinglichen Verwertungsrechts auf die Höhe der Forderung (BGH NJW-RR 2003, 45). Ebensowenig können Grundschuld und Forderung durch § 139 verknüpft werden (RGZ 145, 155, 156 f.; aA MüKo-BGB/Lieder Rn. 25). Die Grundschuld kann auch nicht unter der (unechten: → § 158 Rn. 6 [b]) Bedingung bestellt werden, dass die Forderung besteht (Staudinger/Wolfsteiner Rn. 8; aA MüKo-BGB/Lieder Rn. 24, hM, je mwN); wegen der Nichtakzessorietät der Grundschuld ist die Einigung (§ 873) insoweit bedingungsfeindlich (→ Vor § 854 Rn. 16).

4. Die gesicherte Forderung. Fehlt die gesicherte Forderung *von Anfang an,* 9
so ist das für die Wirksamkeit und Rechtszuständigkeit der nichtakzessorischen Grundschuld belanglos. § 1163 I 1 ist unanwendbar (allgM). Das Fehlen der Forderung nimmt der Grundschuld nicht den Rechtsgrund, denn dieser ist der Sicherungsvertrag (→ Rn. 5; zutr BGH NJW-RR 1996, 234, 235; NJW 1989, 1732, 1733 gegen 1986, 53, 54). Daher steht dem SG kein Rückgewähranspruch aus § 812 I 1 zu (aA Serick I 63, III 392: Nichtigkeit des Darlehensvertrags mache auch den Sicherungsvertrag nichtig, § 139; sa Jäckle JZ 1982, 50, 55 f.), sondern jedenfalls kraft Auslegung aus dem Sicherungsvertrag (BGH NJW-RR 1990, 588, 589; Buchholz ZIP 1987, 891), subsidiär aus § 812 I 2 Fall 2. Das endgültige Nichtentstehen der Forderung macht den zunächst aufschiebend bedingten Rückgewähranspruch jedoch unbedingt. *Kann die Forderung noch entstehen,* so ist der bereicherungsrechtliche Rückgewähranspruch (noch) nicht entstanden; ein vertraglicher Rückgewähranspruch ist noch aufschiebend bedingt (BGHZ 106, 375, 378), zB bei laufendem Kreditverhältnis (vgl BGH NJW 1990, 1601, 1602 f.). Zum Rückgewähranspruch ie → Rn. 15, 21. – Für die Sicherung einer *Ersatzforderung* (zB aus § 812 bei Nichtigkeit des Darlehens) gilt → § 1113 Rn. 8 entspr.

5. Tilgung. Ob die Grundschuld oder die Forderung getilgt ist, hat große Bedeu- 10
tung für die Rechtsfolgen; ebenso wichtig ist, wer getilgt hat: der Eigentümerschuldner, der Nur-Eigentümer, der Nur-Schuldner oder ein Dritter. *Keine Tilgung* liegt vor, wenn für die rechtsgeschäftliche Übertragung der gekauften Grundschuld oder Forderung bezahlt wird (letztere erlischt nicht, BGH NJW 1982, 2308). **a) Tilgung** 11
der Grundschuld aa) durch den Eigentümerschuldner oder für seine Rechnung und mit seiner Zustimmung durch einen anderen (LM Nr. 6, 7 zu § 1192): Die Grundschuld geht kraft Ges auf den Eigentümer über; Begründung str (Analogie zu §§ 1142, 1143 oder 1163 I 2 oder 1168, 1170 f.), am besten entspr §§ 1142, 1143 (BGH NJW 1986, 2108, 2111 f.). Zugleich erlischt die Forderung (BGHZ 105, 154, 157: idR; unzutr BGH NJW 1992, 3228, 3229: „auch" die Forderung erlischt, die Grundschuld erlischt nicht, s. o.); **bb) durch den Nur-Eigentümer** oder für seine Rechnung und mit seiner Zustimmung durch einen anderen: Die Grundschuld geht gem §§ 1192 I, 1143 auf ihn über (BGH NJW-RR 2003, 11, 12). Die Forderung erlischt nicht (BGH NJW 1991, 1821); sie geht auch nicht kraft Ges auf ihn über, denn § 1143 I gilt gem § 1192 I nur für die Grundschuld, nicht für die Forderung (BGHZ 108, 179, 184). Der Gläubiger kann nach Tilgung der Grundschuld

die Forderung nicht mehr gegen den Schuldner geltend machen (§ 242: BGH NJW 1991, 1821). Kann der Eigentümer vom Schuldner Ersatz verlangen, so hat er gegen den Gläubiger einen Anspruch auf Abtretung der Forderung (KG NJW 1961, 414, 415 f. mN); kann er keinen Ersatz verlangen, so erlischt die Forderung mit Tilgung der Grundschuld (ebenso, aber unzutr zum Zeitpunkt, Reinicke/Tiedtke WM 1991 Beil. 5 S. 11); abw BGH NJW 1991, 1821: Forderung sei übertragbar, aber da vom Zedenten nicht durchsetzbar (§ 242, s. o.), auch nicht vom Zessionar (§ 404); **cc) durch einen ablösungsberechtigten Dritten:** Die Grundschuld geht auf ihn über (§§ 1192 I, 1150, 268 III 1), nicht die Forderung (§§ 1150, 268 III 1 gelten nur entspr: § 1192 I), diese erlischt nicht, str (unentschieden BGH NJW 2001, 1417, 1418); zur Tilgung durch einen *nichtablösungsberechtigten* Dritten BGH NJW 1983, 2502, 2503 f.; **dd) durch den Schuldner** ist nur möglich, wenn dieser als anderer (→ Rn. 11 [bb]) oder als ablösungsberechtigter Dritter (→ Rn. 11 [cc]) gezahlt hat.

12 **b) Tilgung der Forderung aa) durch den Eigentümerschuldner** (ohne gleichzeitige Tilgung der Grundschuld, vgl → Rn. 11 [aa]): Die Grundschuld bleibt beim Gläubiger; § 1163 I 2 ist unanwendbar (allgM). Dem Eigentümerschuldner steht nur ein Rückgewähranspruch zu (→ Rn. 15); **bb) durch den Nur-Eigentümer:** Es gilt → Rn. 12 (aa); **cc) durch den Schuldner** belässt die Grundschuld beim Gläubiger (BGH NJW-RR 2003, 12); § 1163 I 2 ist unanwendbar. Mit Erlöschen der Forderung (§ 362) entfällt der Sicherungszweck, deshalb hat der Eigentümer gegen den Grundschuldgläubiger idR einen Rückgewähranspruch bzgl der Grundschuld (BGH NJW-RR 2003, 12; → Rn. 15, 16). Hat der Schuldner wegen seiner Zahlung einen Ersatzanspruch gegen den Eigentümer, so ist § 1164 auch nicht entspr anwendbar (str), aber uU kann er vom Eigentümer die Abtretung des Rückgewähranspruchs oder, nach Rückgewähr an den Eigentümer, die Übertragung der
13 Grundschuld verlangen. **c) Worauf gezahlt** wird (auf Grundschuld, Forderung [ggf welche] oder beide), entscheidet primär der erklärte *Wille des Leistenden* (BGH NJW 1997, 2046, 2047), der aus den Umständen, insbes einer etwaigen Abrede mit dem Gläubiger, zu entnehmen ist. In Sicherungsverträgen mit Kreditinstituten wird idR Zahlung auf die Forderung vereinbart (nicht eintragungsfähig), um den Übergang der Grundschuld auf den Eigentümer auszuschließen (vgl LM Nr. 6 zu § 1192). Die Abrede gilt nicht mehr, wenn der Eigentümerschuldner auf die Grundschuld zahlt, weil der Gläubiger vollstreckt (BGH NJW 1988, 707, 708), oder wenn nach § 268 gezahlt wird (BGH NJW 2001, 1417, 1418); gleiches gilt, wenn der Insolvenzverwalter des Eigentümer(schuldner)s zahlt (BGH NJW 1994, 2692). Fehlen andere Anhaltspunkte, so wird es der Interessenlage entsprechen, dass der Nur-Eigentümer auf die Grundschuld (beachte aber §§ 1192 I, 1179a, b), der Nur-Schuldner (MüKo-BGB/Lieder Rn. 138) und – jedenfalls bei laufenden Teilzahlungen – der Eigentümerschuldner (BGHZ 155, 63, 68; NJW-RR 1993, 386, 389) auf die Forderung leistet. Hat der Eigentümerschuldner auf die Forderung gezahlt, so kann er mit dem Gläubiger nachträglich vereinbaren, dass die Zahlung auch Grundschuldablösung
14 sein soll (zu weitgehend LM Nr. 7 zu § 1192). **d) Befriedigung des Gläubigers durch Zwangsvollstreckung** (§§ 1192 I, 1181) lässt Grundschuld und Forderung erlöschen (BGH NJW 1987, 503, 504 zu § 114a ZVG). Anders die hM (RGZ 150, 371, 374; vgl BGH WM 1979, 437, 439) bzgl der Forderung, wenn der Eigentümer vom Schuldner Ersatz verlangen kann; hier könne der Eigentümer vom Gläubiger Abtretung der Forderung verlangen (iE ebenso bei der freiwilligen Befriedigung durch den ersatzberechtigten Nur-Eigentümer, → Rn. 11 [bb]).

15 **6. Der Rückgewähranspruch des Eigentümers als SG.** → Rn. 5, 9; zum Anspruch des Schuldners/eines Dritten als SG: → Rn. 21. **a) Inhalt.** Er geht auf *Übertragung* der Grundschuld an den Anspruchsinhaber (§§ 1192 I, 1154), auf *Verzicht* (§§ 1192 I, 1157, 1169, 1168) – in diesem Fall erwirbt der gegenwärtige Eigentümer (→ § 1168 Rn. 4), der nicht notwendig Anspruchsinhaber ist (vgl → Rn. 16; sa BGH NJW 1989, 2536, 2538), die Grundschuld (beachte §§ 1192 I, 1179a, b [s BGHZ 108, 237, 244 f.]; 1196 III) – oder auf *Aufhebung* (§§ 875, 1192 I, 1183; das ist

eine Erweiterung von § 1169, vgl dort → § 1169 Rn. 1), wodurch die Grundschuld erlischt und nachstehende Berechtigte aufrücken. Dem Anspruchsinhaber steht ein *Wahlrecht* zu (Serick II 438 f.; BGH NJW-RR 1999, 504, 505). – Grundlage des durch Wegfall des Sicherungszwecks aufschiebend bedingten Anspruchs ist der Sicherungsvertrag (BGHZ 155, 63, 67; NJW-RR 1993, 386, 389; 2003, 11, 12); iÜ vgl → Rn. 5, 9. Zur *Beweislast* BGH NJW 1992, 1620, 1621. – **Er besteht nicht** bei ges Übergang der Grundschuld (BGHZ 115, 241, 246); ferner, wenn die Grundschuld in zulässiger Weise (→ Rn. 26) verwertet worden ist (BGH WM 1989, 484, 488: Übertragung; LM Nr. 14 zu § 91 ZVG: Bestehen bleiben gem § 91 II ZVG, → § 1181 Rn. 1). **b) Anspruchsinhaber** ist der den Sicherungsver- 16
trag abschließende Eigentümer. Bei Wechsel des Eigentums geht der Anspruch nur durch ausdr oder stillschweigende Abtretung oder durch Übernahme des Sicherungsvertrags auf den neuen Eigentümer über (BGH NJW 1990, 576; 1991, 1821, 1822); fehlt es daran, so ist der Anspruch mangels abw Abrede durch Übertragung der nicht (mehr) valutierten Grundschuld an den früheren Eigentümer zu erfüllen (BGHZ 106, 375, 378 f.; NJW-RR 1990, 1202). **c) Im Insolvenzverfahren** 17
gewährt der Anspruch auf Verzicht (§§ 1192 I, 1157, 1169) ein Aussonderungsrecht (§ 47 InsO), ebenso der auf Übertragung und Aufhebung. **d) Übertragbar** ist der 18
Anspruch, auch schon vor einer etwaigen Tilgung (BGHZ 115, 241, 246; formlos: LM Nr. 14 zu § 313). Die Übertragbarkeit kann ausgeschlossen oder von Schuldnerzustimmung abhängig gemacht werden (BGHZ 110, 241, 243). Der Anspruch ist ferner *verpfändbar* (§§ 1273 ff.) und *pfändbar* (§§ 857, 829 ZPO: BGHZ 108, 237, 245). Zur Konzentration des Wahlrechts durch Pfändung vgl Staudinger/Wolfsteiner Vor § 1191 Rn. 323. **e) Sicherbar** ist der Anspruch durch Vormerkung (§§ 883 ff.); 19
vgl → § 1179 Rn. 15 (dort auch zum Verhältnis zur Löschungsvormerkung), → § 1179a Rn. 12. **f) Gegen die Geltendmachung der Grundschuld** steht dem 20
rückgewährberechtigten Eigentümer auf Grund seines Anspruchs eine *Einrede* zu (vgl BGH NJW-RR 2003, 45 [unzutr S. 46: „Einwendung"]; Huber FS Serick, 1992, 195). Die Einrede konnte nach fr Recht bis zur Einfügung v § 1192 Ia zum 19.8.2008 (→ Vor § 1113 Rn. 21) gem §§ 1192 I, 1157, 892 dem Einzelrechtsnachfolger des Grundschuldgläubigers nur dann entgegengehalten werden, wenn er bei Erwerb den Sicherungszweck der Grundschuld und das Fehlen der Forderung (BGH NJW-RR 1990, 588, 589, hM) kannte; oder ihm das Erlöschen der gesicherten Forderung infolge ihrer teilw oder vollen Tilgung oder das Fehlen des Sicherungsvertrags bekannt war (BGHZ 85, 388, 391). Das Grundbuch war insofern unrichtig, als es eine einredefreie Grundschuld auswies. Den Zweck des neu eingeführten § 1192 Ia – Schutz des Eigentümers vor den bes Risiken der Übertragung einer Sicherungsgrundschuld (vgl die Fälle o.) – erreicht das Ges durch den Ausschluss des redlichen einredefreien Erwerbs der Grundschuld für Einreden, die dem Eigentümer auf Grund des Sicherungsvertrags zustehen (zB wegen Nichtvalutierung der Grundschuld zZ des Übergangs auf den neuen Gläubiger) oder die sich aus dem Sicherungsvertrag ergeben (dh zwar zZ des Übergangs der Grundschuld im Sicherungsvertrag schon begründet waren, aber erst danach entstanden sind, zB durch Tilgung der gesicherten Forderung); dem sollte bei Nichtigkeit des Sicherungsvertrags die Bereicherungseinrede gegen die Sicherungsgrundschuld gleichgestellt werden (MüKo-BGB/Lieder § 1192 Rn. 9; sehr str., aA Baur/Stürner, § 45 Rn. 67g). Dass der Grundschuldgläubiger nicht Inhaber der gesicherten Forderung geworden ist, hindert Verwertung indes nicht (BGH NJW 2018, 3441 Rn. 26 f.). Technisch erfolgt der Ausschluss durch Unanwendbarkeit v § 1157 S. 2 (§ 1192 Ia 1). Darin liegt ein erheblicher Eingriff in die Struktur der Grundpfandrechte (Hypothek und Grundschuld), → Vor § 1113 Rn. 21. – Zu beachten ist, dass ein **redlicher einredefreier Erwerb** der Sicherungsgrundschuld **außerhalb der Fälle des § 1192 Ia 1 möglich** ist (§ 1192 Ia 2 mit §§ 1192 I, 1157 S. 2, 892), zB Stundung der Sicherungsgrundschuld, Verwertungsbeschränkungen. **g) Der Rückgewähran-** 21
spruch des Schuldners/eines Dritten (→ Rn. 5) geht mangels abw Abrede nur auf Übertragung der Grundschuld auf den Anspruchsinhaber (§§ 1192 I, 1154),

BGH NJW-RR 1993, 385, 389; → Rn. 16. **h) Nach Erfüllung** aber vor Löschung der Grundschuld kann diese bei entsprechender Vereinbarung (→ Rn. 5) zur Sicherung weiterer Forderungen dienen (BGH NJW-RR 2015, 915, 916; sa BGH NJW 2022, 2544 Rn. 17).

22 **7. Inhaberwechsel von Grundschuld und Forderung. a) IGgs zur Hypothek** werden Grundschuld und Forderung selbstständig abgetreten (§§ 1192, 1154; 398 ff.), auch wenn darin ein, uU zum Schadensersatz verpflichtender, Verstoß gegen den Sicherungsvertrag liegt (BGH NJW 1982, 2768, 2769; sa NJW-RR 1991, 305).
23 §§ 401, 1153 sind unanwendbar. **b) Bei Übertragung von Grundschuld und Forderung an dieselbe Person** ist der Eigentümerschuldner bzgl der Forderung gem § 404, bzgl der Grundschuld gem §§ 1192 I, 1157 S. 1 geschützt (sofern die Grundschuld nicht gem §§ 1192 I, 1157 S. 2, 892 einredefrei erworben worden ist, was aber in den Fällen des § 1192 Ia 1 [→ Rn. 20] durch Ausschluss von § 1157 S. 2 verhindert wird): Die Einreden bleiben bestehen und können jedem Erwerber der Sicherungsgrundschuld entgegengehalten werden. Greift § 1192 Ia nicht ein, so
24 ist § 242 idR nicht anwendbar (BGH NJW 2014, 550, 551). **c) Bei isolierter Übertragung** ist der Eigentümerschuldner ebenfalls geschützt: **aa)** Dem neuen **Forderungsgläubiger** kann er gem § 404 entgegenhalten, nur Zug um Zug gegen Rückgewähr der Grundschuld zahlen zu müssen (BGH NJW 1991, 1821). **bb)** Dem neuen **Grundschuldgläubiger** kann er gem §§ 1192 I, 1157 S. 1 entgegenhalten, nach dem Sicherungsvertrag nur gegen Befreiung von der Forderung auf die Grundschuld leisten zu müssen. Ein redlicher einredefreier Erwerb ist in den Fällen des § 1192 Ia 1 nicht möglich, weil § 1157 S. 2 durch § 1192 Ia 1 Hs. 2 ausgeschlossen ist (→ Rn. 20). Aus einer Unterwerfungserklärung (§ 794 I Nr. 5 ZPO) kann der neue Grundschuldgläubiger nur vorgehen, wenn er auch in den Sicherungsvertrag eintritt (BGH NJW 2010, 2041, 2042; zur Bedeutung Hinrichs/Jaeger NJW 2010, 2017). **cc) Wegen Verletzung des Sicherungsvertrags** kann der Zedent schadensersatzpflichtig sein (zB bei Vereitelung des Rückgewähranspruchs durch Löschungsbewilligung trotz Zahlung unter dem Nennbetrag: BGH NJW 2016, 2415 Rn. 14).
25 **d) Übertragung der Grundschuld zwecks Verwertung:** → Rn. 26. **e) Ausschluss der Übertragbarkeit** der Grundschuld kann vereinbart werden (§§ 413, 399 Fall 2; → § 1153 Rn. 5 [c]), ebenso die Bindung der Abtretung der Grundschuld an die gleichgerichtete Abtretung der Forderung (Berger, Rechtsgeschäftliche Verfügungsbeschränkungen, 1998, S. 360). Der Ausschluss muss, da anfängliche (§ 873) oder nachträgliche (§ 877) Inhaltsänderung (str), im Grundbuch eingetragen werden. Für die Forderung: § 399 Fall 2, BGH NJW-RR 1991, 305; → § 1153 Rn. 5 (b).

26 **8. Verwertung.** Die Verwertung der Grundschuld kann im Sicherungsvertrag mit schuldrechtlicher Wirkung abw von § 1147 geregelt werden, zB durch Gestattung entgeltlicher Veräußerung nach Fälligkeit der gesicherten Forderung (BGH WM 1989, 484, 488), wobei in Höhe des erhaltenen Entgelts die Forderung erlischt (BGH WM 1989, 484, 488).

§ 1192 Anwendbare Vorschriften

(1) **Auf die Grundschuld finden die Vorschriften über die Hypothek entsprechende Anwendung, soweit sich nicht daraus ein anderes ergibt, dass die Grundschuld nicht eine Forderung voraussetzt.**

(1a) [1]**Ist die Grundschuld zur Sicherung eines Anspruchs verschafft worden (Sicherungsgrundschuld), können Einreden, die dem Eigentümer auf Grund des Sicherungsvertrags mit dem bisherigen Gläubiger gegen die Grundschuld zustehen oder sich aus dem Sicherungsvertrag ergeben, auch jedem Erwerber der Grundschuld entgegengesetzt werden; § 1157 Satz 2 findet insoweit keine Anwendung.** [2]**Im Übrigen bleibt § 1157 unberührt.**

(2) **Für Zinsen der Grundschuld gelten die Vorschriften über die Zinsen einer Hypothekenforderung.**

1. Allgemeines. Für die (nicht akzessorische!) Grundschuld gilt Hypothekenrecht nur, soweit es nicht auf der Akzessorietät der Hypothek beruht **(I).** Zumeist sichert die Grundschuld als sog „Sicherungsgrundschuld" (Legaldefinition in Ia 1) eine Forderung oder mehrere (zu den Besonderheiten der Sicherungsgrundschuld → § 1191 Rn. 4 ff.; zum Einredeerhalt nach **Ia 1** → § 1191 Rn. 20, 23, 24). Doch gibt es auch die isolierte Grundschuld, die keine Forderung sichert (zB die geschenkte Grundschuld). 1

2. Anwendbar. Entspr anwendbar sind insbes: **a) § 1116:** Die Grundschuld ist idR Briefrecht. Zur Bedeutung des Briefs BGH NJW 1978, 710. **b) §§ 1115, 1117, 1163 II:** Die Grundschuld entsteht durch Einigung und Eintragung (§ 873); für letztere gilt § 1115 (außer I Hs. 2), eingetragen wird nur die Grundschuld (zur zugelassenen Währung → § 1113 Rn. 7), nicht die uU gesicherte Forderung. Bei der Briefgrundschuld tritt Übergabe des Briefs hinzu (bis zur Übergabe oder ihrem Ersatz steht die Grundschuld dem Eigentümer zu: § 1163 II). Das Bestehen einer Forderung ist nicht nötig (→ Rn. 1). **c) §§ 1154, 1155** für die Übertragung. Die Einigung (§ 1154) bezieht sich auf die Grundschuld, die Legitimation gem § 1155 ebenfalls. Zur Sicherungsgrundschuld vgl → § 1191 Rn. 22–25. **d) § 1157:** Die Verteidigung kann nur grundschuldbezogen sein (wichtig für die Sicherungsgrundschuld, → § 1191 Rn. 20). Erfasst wird der Fortbestand der Einreden des Eigentümers gegen die Grundschuld bei Wechsel des Grundschuldgläubigers (BGHZ 155, 63, 66; → § 1157 Rn. 3). Zum partiellen Ausschluss von § 1157 S. 2 durch § 1192 Ia 1, 2 für die Sicherungsgrundschuld → § 1191 Rn. 20. **e) § 1156:** Bei Übertragung der Grundschuld sind §§ 406–408 unanwendbar. Daher kann der Eigentümer mit befreiender Wirkung nur an den wahren Grundschuldgläubiger oder den legitimierten Scheingläubiger (§§ 893, 1155) leisten. Zu Besonderheiten der Sicherungsgrundschuld vgl → § 1191 Rn. 22–25. **f) §§ 1143, 1150:** Bei Tilgung der isolierten Grundschuld erwirbt der tilgende Eigentümer (§ 1143) oder der ablösungsberechtigte Dritte (§ 1150) die Grundschuld (zur Sicherungsgrundschuld: → § 1191 Rn. 11 [bb, cc]). **g) § 1168:** Verzicht lässt die Grundschuld auf den Eigentümer übergehen. **h) §§ 1179–1179b:** → Rn. 3; → § 1179 Rn. 14, 15; → § 1179a Rn. 12, 13; → § 1179b Rn. 1; → § 1191 Rn. 15. **i) § 1147** gilt für die Verwertung. **j) §§ 1181, 1183:** Die Grundschuld erlischt durch zwangsweise Befriedigung (§ 1181) oder durch Aufhebung (§§ 875, 878, 1183). 2

3. Unanwendbar. Sind mangels Akzessorietät der Grundschuld: §§ 1113, 1115 I Hs. 2, 1137–1139, 1141 I 1, 1153, 1161, 1163 I, 1164–1166 (für entspr Anwendung von § 1164 bei der Sicherungsgrundschuld Dieckmann WM 1990, 1481; dagegen mR Reinicke/Tiedtke WM 1991, Beil. 5 S. 10), 1173 I 2 (bzgl der Vereinigung von Forderung und Schuld), 1174, 1177, 1179a II 1 (dazu → § 1179a Rn. 3), 1180 I, 1184–1187, 1190. Die anderen Vorschriften sind **entspr anwendbar,** ggf ist „Grundschuld" statt „Forderung" zu lesen, zB in §§ 1115 I Hs. 1, 1118, 1142, 1143, 1149 (aA BGH NJW 2003, 1041, 1042), 1154 f., 1157 (dazu einschr § 1192 **Ia 1,** → § 1191 Rn. 20, 23, 24 [bb]). Für die **Zinsen** sind (neben §§ 1194, 1197 II) entspr anwendbar: §§ 1115 I Hs. 1, 1118, 1119 I, 1145 II, 1146, 1158, 1159, 1160 III, 1171 I 2, 1178. 3

§ 1193 Kündigung

(1) [1]**Das Kapital der Grundschuld wird erst nach vorgängiger Kündigung fällig.** [2]**Die Kündigung steht sowohl dem Eigentümer als dem Gläubiger zu.** [3]**Die Kündigungsfrist beträgt sechs Monate.**

(2) [1]**Abweichende Bestimmungen sind zulässig.** [2]**Dient die Grundschuld der Sicherung einer Geldforderung, so ist eine von Absatz 1 abweichende Bestimmung nicht zulässig.**

Allgemeines. Die Fälligkeit richtet sich in erster Linie nach der Vereinbarung zwischen Eigentümer und Grundschuldgläubiger **(II 1).** Die vor Einfügung v II 2 durch das RisikobegrenzungsG v 12.8.2008 üblichen Vereinbarungen bestimmen, dass die Sicherungsgrundschuld sofort fällig sein soll oder sofort und fristlos gekündigt werden kann. **II 2** ordnet nunmehr an, dass eine von I abw Bestimmung unzulässig ist. Zulässig ist danach, dass sofort mit einer Frist von 6 Monaten gekündigt wird (I 3). Die Vereinbarung bedarf der Eintragung, um gegen Rechtsnachfolger zu wirken. Mangels Vereinbarung gilt für das Kapital **I,** für die Zinsen gilt § 488 II entspr.

§ 1194 Zahlungsort

Die Zahlung des Kapitals sowie der Zinsen und anderen Nebenleistungen hat, soweit nicht ein anderes bestimmt ist, an dem Orte zu erfolgen, an dem das Grundbuchamt seinen Sitz hat.

Vgl allg §§ 269, 270.

§ 1195 Inhabergrundschuld

[1]Eine Grundschuld kann in der Weise bestellt werden, dass der Grundschuldbrief auf den Inhaber ausgestellt wird. [2]Auf einen solchen Brief finden die Vorschriften über Schuldverschreibungen auf den Inhaber entsprechende Anwendung.

Die Inhabergrundschuld ist praktisch bedeutungslos.

§ 1196 Eigentümergrundschuld

(1) **Eine Grundschuld kann auch für den Eigentümer bestellt werden.**

(2) **Zu der Bestellung ist die Erklärung des Eigentümers gegenüber dem Grundbuchamt, dass die Grundschuld für ihn in das Grundbuch eingetragen werden soll, und die Eintragung erforderlich; die Vorschrift des § 878 findet Anwendung.**

(3) **Ein Anspruch auf Löschung der Grundschuld nach § 1179a oder § 1179b besteht nur wegen solcher Vereinigungen der Grundschuld mit dem Eigentum in einer Person, die eintreten, nachdem die Grundschuld einem anderen als dem Eigentümer zugestanden hat.**

1 **1. Allgemeines.** Der Eigentümer kann am eigenen Grundstück für sich eine Grundschuld bestellen (beschränktes dingliches Recht an der eigenen Sache, → § 889 Rn. 2), aber keine Hypothek (eine Eigentümerhypothek kann erst nachträglich entstehen: → § 1177 Rn. 8). Zum Zweck: → §§ 879–882 Rn. 11. Veräußert der Eigentümer das Grundstück, so behält er die Grundschuld als Fremdgrundschuld (BGHZ 64, 316, 320 f.).

2 **2. Bestellung.** Bestellung durch einseitige Erklärung und Eintragung (**II,** abw vom Grundsatz des § 873 I). Briefausschluss durch einseitige Erklärung (abw von § 1116 II 3). Die Erklärungen bedürfen nach BGB keiner Form; für § 29 I 1 GBO gilt → § 875 Rn. 2 (dd, ee) entspr Unterwerfung unter die sofortige Zwangsvollstreckung gem §§ 794 I Nr. 5, 800 ZPO möglich (BGHZ 64, 316, 319).

3 **3. Sonstiges.** Für die **Übertragung** gilt → § 1192 Rn. 2 (c). Zur **Pfändung** → § 1177 Rn. 6. Ges **Abweichungen von** der **Fremdgrundschuld** in § 1197.

4 **4. Weitere Fälle von Eigentümergrundschulden (kraft Ges oder rechtsgeschäftlichen Erwerbs).** → Vor § 1113 Rn. 20; → § 1139 Rn. 1; → § 1143

Rn. 6–9; → § 1163 Rn. 1–6, 8–18; → § 1165 Rn. 4; → § 1168 Rn. 4–6; → § 1169 Rn. 1; → §§ 1170, 1171 Rn. 1; → § 1172 Rn. 3; → § 1173 Rn. 2; → § 1175 Rn. 1–3; → § 1177 Rn. 2, 4; → § 1191 Rn. 11 (aa, bb, dd); → § 1192 Rn. 2 (b, f, g).

5. III. Zu III vgl → § 1179a Rn. 13. 5

§ 1197 Abweichungen von der Fremdgrundschuld

(1) **Ist der Eigentümer der Gläubiger, so kann er nicht die Zwangsvollstreckung zum Zwecke seiner Befriedigung betreiben.**

(2) **Zinsen gebühren dem Eigentümer nur, wenn das Grundstück auf Antrag eines anderen zum Zwecke der Zwangsverwaltung in Beschlag genommen ist, und nur für die Dauer der Zwangsverwaltung.**

1. Anwendungsbereich. Eigentümer- und Fremdgrundschuld sind inhaltlich 1 nicht verschieden. § 1197 erlegt dem **Eigentümer als Grundschuldgläubiger** lediglich eine persönliche Bindung auf (BGHZ 103, 30, 37). Ihm ist das Betreiben der Zwangsvollstreckung verwehrt, um eine Schädigung nachstehender Berechtigter, insbes durch Erlöschen ihrer Rechte (vgl §§ 52 I, 91 I ZVG), zu vermeiden. Die Bindung entfällt, wenn Eigentümer und Grundschuldgläubiger nicht (mehr) identisch sind, zB nach Veräußerung des Grundstücks oder Übertragung der Grundschuld auf einen Dritten (BGHZ 64, 316, 318 320 f.). Die **Identität** ist nicht allein nach der Rechtsträgerschaft, sondern nach dem Zweck des § 1197 zu bestimmen. Daher greift zur **Verhütung von Missbrauch** I ein, wenn Eigentümer eine GmbH, Grundschuldgläubiger deren Alleingesellschafter ist (II hingegen ist in diesem Falle unanwendbar, weil insoweit Missbrauch nicht zu befürchten ist; iE ebenso RG JW 1929, 248); I greift trotz Personengleichheit von Eigentümer und Grundschuldgläubiger nicht ein, wenn ein **Dritter** den Vollstreckungsantrag stellt (arg II), zB der Vertrags- oder Pfändungspfandgläubiger (s. BGHZ 103, 30, 37 f.) oder der Insolvenzverwalter des Eigentümers (MüKo-BGB/Lieder Rn. 8 mN; str).

2. Persönliche Beschränkungen des Eigentümers als Grundschuld- 2 **gläubiger.** Er darf aus der Grundschuld **nicht** die **Zwangsvollstreckung** zum Zwecke seiner Befriedigung betreiben, **I** (zum Befriedigungsrecht → § 1147 Rn. 1, → §§ 1120–1122 Rn. 5–7). **Zinsen** kann der Eigentümer nur verlangen, wenn ein anderer die Zwangsverwaltung beantragt hat **(II).** Zulässig ist, dass die Eigentümergrundschuld als verzinsliche bestellt wird (BGHZ 64, 316, 320). Zur Verzinslichkeit nach Abtretung vgl → § 1177 Rn. 3, ferner BGH NJW 1986, 314, 315, OLG Düsseldorf Rpfleger 1986, 468, 469; nach Verpfändung Bayer AcP 189, 470, 478 ff. mN.

§ 1198 Zulässige Umwandlungen

[1]Eine Hypothek kann in eine Grundschuld, eine Grundschuld kann in eine Hypothek umgewandelt werden. [2]Die Zustimmung der im Range gleich- oder nachstehenden Berechtigten ist nicht erforderlich.

1. Anwendungsbereich. Dies ist die **Umwandlung durch RGeschäft.** Sie ist 1 bloße Inhaltsänderung der iÜ gleich bleibenden Grundstücksbelastung (→ Vor § 1113 Rn. 1; BGH NJW 1968, 1674). Deshalb müssen gleich- und nachstehende Berechtigte nicht zustimmen **(S. 2).**

2. Voraussetzungen. a) Materiellrechtlich: Einigung und Eintragung (§ 877); 2 **grundbuchrechtlich:** Bewilligung von Eigentümer und Grundpfandgläubiger (§§ 19, 29 I 1 GBO), ggf Vorlage des Briefs (§§ 41, 42 GBO, dazu §§ 65, 69, 70 GBO). **b) Bei Umwandlung einer Hypothek** in eine Grundschuld erlischt die 3 Forderung nicht ohne weiteres. Sie erlischt bei Annahme der Grundschuld an Erfüllungs statt (§ 364 I), ferner entspr § 1165 (wegen dieses Schutzes ist Zustimmung des

4 Schuldners zur Umwandlung unnötig). **c) Bei Umwandlung einer Fremdgrundschuld** in eine Hypothek muss die zu sichernde Forderung bestimmt bezeichnet werden (genügend: künftige oder bedingte Forderung, § 1113 II). Soll die Forderung eines Dritten gesichert werden, so stehen zwei Wege offen: Übertragung der Grundschuld an den Dritten und nachfolgende Umwandlung oder Umwandlung mit Forderungsunterlegung entspr §§ 1192 I, 1180 II, wodurch die Hypothek kraft Ges auf den
5 Dritten übergeht (→ § 1180 Rn. 6, 7). **d) Umwandlung einer Eigentümergrundschuld** in eine Fremdhypothek verlangt Umwandlung iVm spätestens gleichzeitiger Abtretung an den persönlichen Gläubiger (sonst handelte es sich um eine – unzulässige, su – Eigentümerhypothek) sowie bestimmte Bezeichnung der zu sichernden Forderung (BGH NJW 1968, 1674). Da die Bestellung einer *Eigentümerhypothek* ausgeschlossen ist (→ § 1196 Rn. 1), ist es auch die Umwandlung aus einer Eigentümergrundschuld (aA die hM, s. BeckOK/Rohe Rn. 6, MüKo-BGB/Lieder Rn. 4, je mN, wenn persönlicher Schuldner ein Dritter ist).

Untertitel 2. Rentenschuld

Vorbemerkungen

1 **1. Allgemeines.** Die Rentenschuld ist eine bes Form der Grundschuld. Besonderheit: Die Geldsumme ist in regelmäßig wiederkehrenden Terminen zu zahlen. Die Zahlungen sind weder Tilgung noch Verzinsung der Ablösungssumme (zu dieser §§ 1199 II, 1200–1202). Praktisch spielt die Rentenschuld keine Rolle.

2 **2. Ablösungssumme. Notwendig ist** die Bestimmung und Eintragung einer **Ablösungssumme** (§ 1199 II); fehlt ihre Angabe, so ist die Eintragung unzulässig (Folge: § 53 I 2 GBO). Die einzelnen Zahlungen werden rechtlich wie Hypothekenzinsen, die Ablösungssumme wie das Grundschuldkapital behandelt (§ 1200 I). Das Ablösungsrecht des Eigentümers ist unentziehbar (vgl § 1202 II); nur ausnahmsweise ist er zur Ablösung verpflichtet (vgl §§ 1201 II 2, 1202 III). Zahlt der Eigentümer, so erwirbt er entspr §§ 1192 I, 1143 die Rentenschuld. Zur Umwandlung in ein anderes Grundpfandrecht: §§ 1203, 1198, 1186 (auch direkte Umwandlung in eine Hypothek jeder Art möglich).

§ 1199 Gesetzlicher Inhalt der Rentenschuld

(1) **Eine Grundschuld kann in der Weise bestellt werden, dass in regelmäßig wiederkehrenden Terminen eine bestimmte Geldsumme aus dem Grundstück zu zahlen ist (Rentenschuld).**

(2) [1]**Bei der Bestellung der Rentenschuld muss der Betrag bestimmt werden, durch dessen Zahlung die Rentenschuld abgelöst werden kann.** [2]**Die Ablösungssumme muss im Grundbuch angegeben werden.**

Zur zugelassenen Währung → § 1113 Rn. 7.

§ 1200 Anwendbare Vorschriften

(1) **Auf die einzelnen Leistungen finden die für Hypothekenzinsen, auf die Ablösungssumme finden die für ein Grundschuldkapital geltenden Vorschriften entsprechende Anwendung.**

(2) **Die Zahlung der Ablösungssumme an den Gläubiger hat die gleiche Wirkung wie die Zahlung des Kapitals einer Grundschuld.**

§ 1201 Ablösungsrecht

(1) Das Recht zur Ablösung steht dem Eigentümer zu.

(2) [1]Dem Gläubiger kann das Recht, die Ablösung zu verlangen, nicht eingeräumt werden. [2]Im Falle des § 1133 Satz 2 ist der Gläubiger berechtigt, die Zahlung der Ablösungssumme aus dem Grundstück zu verlangen.

§ 1202 Kündigung

(1) [1]Der Eigentümer kann das Ablösungsrecht erst nach vorgängiger Kündigung ausüben. [2]Die Kündigungsfrist beträgt sechs Monate, wenn nicht ein anderes bestimmt ist.

(2) Eine Beschränkung des Kündigungsrechts ist nur soweit zulässig, dass der Eigentümer nach 30 Jahren unter Einhaltung der sechsmonatigen Frist kündigen kann.

(3) Hat der Eigentümer gekündigt, so kann der Gläubiger nach dem Ablauf der Kündigungsfrist die Zahlung der Ablösungssumme aus dem Grundstück verlangen.

§ 1203 Zulässige Umwandlungen

[1]Eine Rentenschuld kann in eine gewöhnliche Grundschuld, eine gewöhnliche Grundschuld kann in eine Rentenschuld umgewandelt werden. [2]Die Zustimmung der im Range gleich- oder nachstehenden Berechtigten ist nicht erforderlich.

Abschnitt 8. Pfandrecht an beweglichen Sachen und an Rechten

Vorbemerkungen

1 **1. Entstehung.** Ein Pfandrecht an beweglichen Sachen und an Rechten **entsteht** *kraft RGeschäft* (sog Vertragspfandrecht: §§ 1205–1207, 1274) oder *kraft Ges* (§§ 1257, 1273 II). § 804 ZPO stellt diesen beiden Pfandrechten das *Pfändungspfandrecht* an die Seite, auf das die Pfandrechtsbestimmungen des BGB anzuwenden sind, soweit das mit der öffentl-rechtlichen Natur der Zwangsvollstreckung und den Sonderregeln der ZPO (zB über die Verwertung, §§ 814 ff. ZPO.) vereinbar ist (ie Jauernig/Berger § 16 Rn. 7 ff.; sa BGHZ 119, 75, 82 ff.).

2 **2. Arten.** Ein irreguläres oder **unregelmäßiges Pfandrecht** liegt vor, wenn zur Sicherung einer Forderung die „Pfandsache" dem Gläubiger übereignet wird und dieser berechtigt und verpflichtet ist, eine gleichartige Sache zurückzuerstatten (BGHZ 127, 138, 140). Dafür gelten §§ 1204 ff. entspr, zB §§ 1213–1215, auch § 1223 (aber keine Rückgabe, sondern [ggf Rück-]Übereignung). Praktisch bedeutsam ist die **Barkaution** (Pikart WM 1980, 510, 514): Übereignung von Geld zum Zweck der Forderungssicherung (Bsp Mietkaution; bei Gewerberaum BGHZ 127, 138, 140 ff.; zur Verzinsung bei Wohnraum § 551 III). Wird das Geld nicht übereignet, sondern separat verwahrt, dann liegt echte Verpfändung vor. Ob diese oder ein unregelmäßiges Pfandrecht vorliegt, ist Frage des Parteiwillens (BayObLG NJW 1981, 994, 995). – Zum **Flaschenpfand** vgl BGHZ 173, 159, 161 ff. (krit Faust JuS 2007, 1062): kein Eigentumserwerb des Abnehmers, außer bei sog Einheitsflaschen (BGHZ 173, 159, 162 f.), krit Weber NJW 2008, 948. Umweltschutz bezweckt § 9 VerpackV betr Pfanderhebungs- und Rücknahmepflicht für Einwegpackungen von flüssigen Lebensmitteln ua; dazu § 24 I Nr. 2 KrW-/AbfG. Zur Pfanderstattung BGH NJW 2007, 2912; abw Weber NJW 2008, 948, 951 f.

3 **3. Praktische Bedeutung.** Diese hat der achte Abschnitt vor allem für die ges Pfandrechte (Bsp → § 1257 Rn. 1) und das Pfändungspfandrecht (→ Rn. 1). Das rechtsgeschäftlich bestellte Pfandrecht spielt nicht die Rolle, die der Gesetzgeber ihm zugedacht hat. Bei beweglichen Sachen ist es durch die SÜ und den EV, bei Rechten durch die Sicherungsabtretung weitgehend verdrängt (→ §§ 1205, 1206 Rn. 9; → § 1280 Rn. 1). Von Bedeutung sind heute nur noch die rechtsgeschäftlich bestellten Pfandrechte der Pfandleihanstalten (dazu PfandlV; Kommentar von Damrau, 2. Aufl. 2005), die Lombarddarlehen der Banken (Kreditgewährung gegen Verpfändung von Wertpapieren, Edelmetallen oder anderen einfach und sicher verwertbaren Waren) und die Pfandrechte der Banken gem Nr. 14 I ihrer AGB.

Titel 1. Pfandrecht an beweglichen Sachen

§ 1204 Gesetzlicher Inhalt des Pfandrechts an beweglichen Sachen

(1) **Eine bewegliche Sache kann zur Sicherung einer Forderung in der Weise belastet werden, dass der Gläubiger berechtigt ist, Befriedigung aus der Sache zu suchen (Pfandrecht).**

(2) **Das Pfandrecht kann auch für eine künftige oder eine bedingte Forderung bestellt werden.**

1 **1. Allgemeines.** Das Fahrnispfandrecht ist als Belastung des Eigentums an der
Pfandsache ein beschränktes dingliches Recht. **a) Das Pfandrecht gewährt** dem
Berechtigten ein *dingliches Verwertungsrecht,* um sich für seine pfandgesicherte Forde-
2 rung aus dem Pfand zu befriedigen, **I. b) Das Pfandrecht ist streng akzessorisch;**
denn es setzt die Existenz der zu sichernden Forderung voraus (arg I). Ohne sie
entsteht es nicht (Ausnahmen in **II,** vgl → Rn. 14), bleibt es nicht bestehen (sondern
erlischt, § 1252) und kann es nicht übertragen werden (§ 1250 I 2). Besteht keine
Forderung, so gibt es kein Eigentümerpfandrecht (anders § 1163 I), auch nicht im
Falle der Konsolidation (§ 1256 I 1 mit Ausnahmen in I 2, II). S. BGH NJW 1998,
3 2592, 2596. **c) Bestimmtheitsgrundsatz** (→ Vor § 854 Rn. 5): Pfandobjekt
kann nur eine bestimmte Sache sein, nicht eine Sachgesamtheit (zB Unternehmen,
Warenlager), hier ist Einzelverpfändung nötig (BGH NJW 1968, 392, 393). Bloße
Zusammenfassung der Einzelsachen unter einem Gesamtnamen ist unschädlich.
Möglich ist die Verpfändung *mehrerer* Sachen zur Sicherung *einer* Forderung, vgl
4 §§ 1222, 1230 (*Gesamtpfandrecht* entspr der Gesamthypothek, § 1132). **d) Publizi-
tätsgrundsatz** (→ Vor § 854 Rn. 4): Das Pfandrecht muss nach außen erkennbar
sein. Dazu dient idR der Besitz (§§ 1205, 1206, 583, 585 II, 647), bei Register-
pfandrechten die Eintragung in ein öffentl Register (zB beim Pfandrecht an Luft-
fahrzeugen, Ges vom 26.2.1959, BGBl. I 57). Bei einigen ges Pfandrechten (zB
5 des Vermieters, Verpächters, §§ 562, 592) wird auf Publizität verzichtet. **e) Priori-
tätsgrundsatz.** Das früher bestellte Pfandrecht geht dem später bestellten vor
(*prior tempore, potior iure* = je früher die Zeit, desto stärker das Recht), vgl § 1209
6 (Ausnahmen: § 1208, § 366 II HGB). **f) Trennungs- und Abstraktionsprinzip.**
Wie beim Grundpfandrecht ist zwischen Verpflichtungsgeschäft und dinglichem
Bestellungs- und Übertragungsgeschäft zu unterscheiden: *Trennungsprinzip* (→ Vor
§ 1113 Rn. 16; → Vor § 854 Rn. 12). Das dingliche Erfüllungs- (nämlich Bestel-
lungs- oder Übertragungs-)geschäft ist gegenüber dem Verpflichtungsgeschäft abstrakt
(→ Vor § 854 Rn. 13). Besteht keine wirksame Pflicht zur Bestellung, so kann das
Pfandrecht zwar entstehen, ist aber kondizierbar (§ 812 I 1 Alt. 1; sa §§ 1254, 1253).
Die zu sichernde Forderung begründet keine Pflicht zur Pfandbestellung.

7 **2. Beteiligte beim Vertragspfandrecht. a) Vier Personen** können beteiligt sein: **aa) Pfandgläubiger.** Er ist stets zugleich Gläubiger der gesicherten Forderung (notwendige Personenidentität). **bb) Eigentümer** der Pfandsache. Er kann nicht von Anfang an zugleich Pfandgläubiger sein (→ § 1256 Rn. 1). **cc) Schuldner** der

gesicherten Forderung. **dd) Verpfänder,** das ist derjenige, mit dem der Pfandgläubiger das dingliche Bestellungsgeschäft (→ Rn. 6) abschließt. **b) Identität** von Eigen- 8
tümer, Schuldner und Verpfänder ist die Regel, aber keine rechtliche Notwendigkeit. Das Ges geht davon aus, dass Eigentümer und Verpfänder idR identisch sind: In §§ 1205, 1206 ist Verpfänder der Eigentümer, in § 1207 ein Nichteigentümer. Zwischen Verpfänder (nicht dem Nur-Eigentümer) und Pfandgläubiger entsteht durch die Verpfändung (das Bestellungsgeschäft, auch Pfandvertrag genannt) ein **ges Schuldverhältnis** (→ §§ 1215–1221 Rn. 1). Der Schuldner als solcher wird von der Verpfändung in seiner Rechtsstellung nicht berührt. Der Gläubiger (zugleich Pfandgläubiger, → Rn. 7 [aa]) kann von ihm Erfüllung verlangen und muss sich nicht auf das Pfand verweisen lassen (Ausnahme § 777 ZPO). **c) Die Rechtsbezie-** 9
hungen zwischen Eigentümer, Verpfänder und Schuldner können sehr unterschiedlich sein. Der verpfändende, aber nicht schuldende Eigentümer kann bei Pfandverwertung vom Schuldner Aufwendungsersatz verlangen (§ 670, sa §§ 1249, 268 III, 1250, 1256). Der verpfändende Nichteigentümer kann dem Eigentümer ausgleichs- und ersatzpflichtig sein (§§ 816, 823, § 280).

3. Entstehen des Pfandrechts. Zum **Entstehen** → Vor § 1204 Rn. 1. Zum 10
Erlöschen vgl insbes §§ 418 I, 936, 1242 II, 1244, 1250 II, 1252, 1253, 1255, 1256 I 1, ferner → Rn. 14 (Folge: Pflicht zur Pfandherausgabe an Verpfänder oder Eigentümer, → § 1223 Rn. 1). Zur **Verwertung** vgl §§ 1233 I, 1234–1240, 1245, 1246 (mit oder ohne Vollstreckungstitel gegen den Eigentümer), § 1233 II (mit Vollstreckungstitel gegen den Eigentümer).

4. Pfandgegenstand. Dieser kann sein: **a) Bewegliche Sache,** auch Geld; auch 11
unpfändbare (§ 811 ZPO), denn Pfändbarkeit nach §§ 808 ff. ZPO und Verpfändbarkeit einer Sache decken sich nicht: Zubehör eines Grundstücks (§§ 97, 98) ist verpfändbar, aber nicht pfändbar (§ 865 II ZPO); Früchte auf dem Halm sind pfändbar (§ 810 ZPO), aber als wesentliche Grundstücksbestandteile (§§ 94 I, 93) nicht verpfändbar. Order- und Inhaberpapiere werden wie Sachen verpfändet (§§ 1292, 1293). – Nicht als solche verpfändbar sind: Grundpfandbriefe (BGHZ 60, 174, 175; außer Inhabergrund- und -rentenschuldbriefe, §§ 1195, 1199, 1293), qualifizierte Legitimationspapiere des § 808 (zB Sparbuch, RGZ 68, 277, 282), andere Zulassungspapiere (zB Waffenbesitzkarte, Führerschein), amtliche Ausweise (zB Personalausweis, Reisepass). Diese Urkunden sind keine selbstständigen Gegenstände des rechtsgeschäftlichen Verkehrs (→ § 952 Rn. 2, 6). Möglich ist Umdeutung der nichtigen Pfandrechtsbestellung an Hypothekenbrief in ein vertragliches Zurückbehaltungsrecht am Hypothekenbrief, § 140 (RGZ 66, 24, 26 f.). – Sachgesamtheiten scheiden als Pfandobjekt aus (→ Rn. 3). **b) Miteigentumsanteil,** § 1258. **c) Anwartschaftsrecht** auf Eigentumserwerb an beweglicher Sache, zB des VKäufers (→ § 929 Rn. 52; → § 930 Rn. 43 betr bedingte SÜ). Anwartschaftsrecht auf Grundstückserwerb wird entspr § 1274 verpfändet (→ § 873 Rn. 21 [cc]).

5. Die gesicherte Forderung. a) Sie muss auf Geld gerichtet sein oder in 12
eine Geldforderung übergehen können (vgl § 1228 II 2; beachte auch § 916 I ZPO), *zB gem §§ 280* mit *249* II 1, 250, 251 (nicht jeder Schadensersatzanspruch geht auf Geld: § 249 I). **b) Ohne gültige Forderung** entsteht kein Pfandrecht (→ Rn. 2). 13
Scheinbare Ausnahme, wenn nach dem Parteiwillen anstelle der ungültigen Forderung die Ersatzforderung (zB aus § 812) gesichert werden soll (BGH NJW 1968, 1134 für eine nach § 138 nicht entstandene Forderung). **c) Aufschiebend bedingt** 14
oder künftig (dh zZ – noch – nicht bestehend) kann sie sein, II; aufschiebend bedingt ist nicht die Forderung, sondern ihre Rechtsgrundlage, → § 883 Rn. 7. (Auflösend bedingte besteht, daher problemlos.) Entstehungsgrund (nicht auch die Höhe) der künftigen Forderung muss bestimmbar sein (BGHZ 86, 340, 346). Mit der Bestellung (→ §§ 1205, 1206 Rn. 2–9), schon vor Entstehen der Forderung, erlangt der Pfandgläubiger das Pfandrecht (BGHZ 86, 340, 346 f.; abdingbar: BGHZ

86, 300, 310), danach richtet sich der Rang (§ 1209); §§ 1213, 1227 sind anwendbar. Vor Entstehen der Forderung hat der Pfandgläubiger noch kein Verwertungsrecht (BGHZ 93, 71, 76; das ist nichts Besonderes: ein Pfandrecht mit erst nachträglich entstehendem Verwertungsrecht kann es auch bei existenter Forderung geben, vgl § 1228 II). Das Pfandrecht erlischt, sobald der Ausfall der aufschiebenden Bedingung oder der Eintritt der auflösenden Bedingung oder das Nichtentstehen der künftigen Forderung feststeht (BGHZ 86, 340, 347).

§ 1205 Bestellung

(1) [1]**Zur Bestellung des Pfandrechts ist erforderlich, dass der Eigentümer die Sache dem Gläubiger übergibt und beide darüber einig sind, dass dem Gläubiger das Pfandrecht zustehen soll.** [2]**Ist der Gläubiger im Besitz der Sache, so genügt die Einigung über die Entstehung des Pfandrechts.**

(2) **Die Übergabe einer im mittelbaren Besitz des Eigentümers befindlichen Sache kann dadurch ersetzt werden, dass der Eigentümer den mittelbaren Besitz auf den Pfandgläubiger überträgt und die Verpfändung dem Besitzer anzeigt.**

§ 1206 Übergabeersatz durch Einräumung des Mitbesitzes

Anstelle der Übergabe der Sache genügt die Einräumung des Mitbesitzes, wenn sich die Sache unter dem Mitverschluss des Gläubigers befindet oder, falls sie im Besitz eines Dritten ist, die Herausgabe nur an den Eigentümer und den Gläubiger gemeinschaftlich erfolgen kann.

Anmerkungen zu den §§ 1205, 1206

1 **1. Allgemeines.** Das dingliche Pfandbestellungsgeschäft (→ § 1204 Rn. 6) verlangt – ähnlich wie Übereignung (§ 929) und Nießbrauchsbestellung (§ 1032) – Einigung und Übergabe. Letztere folgt in verschiedener Hinsicht eigenen Regeln (→ Rn. 3–9).

2 **2. Einigung.** §§ 1205, 1206 behandeln die *Verpfändung durch den Eigentümer* (anders § 1207). Daher ist hier die **Einigung** zwischen Eigentümer und Pfandgläubiger notwendig (Einigung mit dem Nichteigentümer kann gem § 185 oder § 1207 wirksam sein). Für antizipierte Einigung gilt → § 929 Rn. 6 entspr. **Inhalt:** Bestellung eines Pfandrechts an einer bestimmten Sache für den Gläubiger einer bestimmbaren (→ § 1204 Rn. 14) Forderung (ihre Höhe muss nicht feststehen). Einigung zgDr ist ausgeschlossen (RGZ 124, 217, 221; → § 328 Rn. 6 [bb]; → § 873 Rn. 12). Einigung ist formfrei und abstrakt (→ § 1204 Rn. 6). Bedingte und befristete Einigung zulässig.

3 **3. Übergabe (§ 1205 I 1). a)** Dies ist die Übertragung des unmittelbaren Besitzes (§ 854, vgl dort → § 854 Rn. 10, 12). Verpfänder (hier: der Eigentümer, → Rn. 2) muss unmittelbaren Besitz verlieren (RGZ 66, 258, 262 f.). Für die Übergabe gilt → § 929 Rn. 8–13 entspr. Besitzt der Pfandgläubiger zZ der Einigung bereits selbst, sei es durch Besitzdiener oder Besitzmittler (der nicht der Eigentümer sein darf), so
4 gilt → Rn. 4. **b) Übergabe ist nicht erforderlich,** schlichte Einigung genügt, wenn der Pfandgläubiger zZ der Einigung die Sache bereits besitzt: als unmittelbarer Alleinbesitzer (§ 1205 I 2), als Mitbesitzer (§ 1206) oder als mittelbarer Besitzer (sofern der Eigentümer [→ Rn. 3] *nicht sein* Besitzmittler ist, BGH ZIP 2015, 2286 Rn. 17).

5 **4. Übergabeersatz, § 1205 II.** Erforderlich sind, außer der Einigung (→ Rn. 2), zur wirksamen Verpfändung: **a) Übertragung des mittelbaren Besitzes** durch Abtretung des Herausgabeanspruchs aus dem Besitzmittlungsverhältnis

(§ 870), nicht aus § 985 (→ § 931 Rn. 4, 5). Damit verliert Verpfänder (= Eigentümer, → Rn. 3) seinen bisherigen mittelbaren Besitz. Durch die Pfandbestellung erlangt er neuen, höherstufigen mittelbaren Besitz, vermittelt durch den Pfandgläubiger (§§ 871, 868); **b) formfreie Anzeige** der Verpfändung an den bisherigen 6
Besitzmittler des Verpfänders (→ Rn. 3). Die Anzeige ist Willenserklärung (hM) des Verpfänders oder eines von ihm bevollmächtigten Dritten (RGZ 89, 289, 290 zu § 1280). Kenntnis des Besitzmittlers ersetzt Anzeige nicht (RGZ 89, 289 f. zu § 1280). **c) Nicht** unter II, sondern I 2 fällt die Weisung des Verpfänders an seinen 7
Besitzmittler, nunmehr nur für den Pfandgläubiger zu besitzen (→ Rn. 3 mit → § 929 Rn. 12; sa MüKo-BGB/Schäfer § 1205 Rn. 25: Fall von I 1).

5. Übergabeersatz, § 1206. Dieser erfolgt durch Einräumung von qualifiziertem Mitbesitz in zwei Formen. **a) Sog Mitverschluss,** das ist kollektiver („gesamthänderischer") unmittelbarer Mitbesitz von Verpfänder (= Eigentümer, → Rn. 3) und Pfandgläubiger (Bsp → § 866 Rn. 2, sa BGHZ 86, 300, 308). **b) Verschaffung von mittelbarem Mitbesitz** so, dass der besitzende Dritte, der sog *Pfandhalter,* nur an den Verpfänder (→ Rn. 3) und den Pfandgläubiger gemeinsam herauszugeben hat. Die Pflicht zur Herausgabe an beide gemeinsam muss auf Vertrag des Dritten mit dem Verpfänder (allein oder zusammen mit dem Pfandgläubiger) beruhen. 8
c) Unzulässig ist ein Übergabeersatz **entspr § 930,** wonach der Verpfänder 9
(→ Rn. 3) Besitzer, jetzt: Fremdbesitzer, bliebe und dem Pfandgläubiger den Besitz vermitteln würde. Daher verdrängt die SÜ die Verpfändung beweglicher Sachen als Kreditsicherungsmittel weitgehend. Der Ausschluss der Verpfändung durch Besitzkonstitut dient dem Schutz bisheriger Pfandgläubiger vor redlichem Erwerb vorrangiger (§ 1208) Pfandrechte (Brehm/Berger, § 34 Rn. 5).

§ 1207 Verpfändung durch Nichtberechtigten

Gehört die Sache nicht dem Verpfänder, so finden auf die Verpfändung die für den Erwerb des Eigentums geltenden Vorschriften der §§ 932, 934, 935 entsprechende Anwendung.

1. Allgemeines. § 1207 betrifft den rechtsgeschäftlichen Erwerb eines Pfandrechts, wenn **Verpfänder nicht** der **Eigentümer** ist und die Zustimmung des Eigentümers (§ 185) fehlt. Der Erwerb setzt auch hier das Bestehen der gesicherten Forderung (Ausnahme § 1204 II) und Erfüllung der §§ 1205, 1206 voraus, nur das mangelnde Eigentum des Verpfänders wird nach § 1207 ausgeglichen. Zur Anwendbarkeit bei ges Pfandrecht vgl → § 1257 Rn. 2. 1

2. Entspr anwendbare Vorschriften. a) § 932 I 1 gilt entspr für §§ 1205 I 1, 2
1206 Fall 1. **b) § 932 I 2** gilt entspr für § 1205 I 2: Der (spätere) Pfandgläubiger muss den Besitz vom (späteren) Verpfänder erhalten haben. **c) § 934** gilt entspr für §§ 1205 II, 1206 Fall 2. Fehlt dem Verpfänder der mittelbare Besitz, so hilft § 934 nicht (→ Rn. 1); aber Erwerb gem → Rn. 2 (a) ist möglich. **d) § 935 I** entspr verhindert den Pfandrechtserwerb, wenn die Pfandsache dem Eigentümer abhanden gekommen ist. Ausnahme für Geld (→ § 1204 Rn. 11 [a]) und Inhaberpapiere (§ 1293), **§ 935 II** entspr **e) Bösgläubigkeit** des Pfandgläubigers (§ 932 II entspr) 3
verhindert den Pfandrechtserwerb (nicht ist Gutgläubigkeit Erwerbsvoraussetzung; zur Bedeutung → § 932 Rn. 5). Es besteht entspr → § 932 Rn. 15 eine Informationspflicht des Pfandgläubigers (BGHZ 86, 300, 311 ff.). Nach BGH NJW 1981, 226, 227 mN ist sie begrenzter als beim Eigentumserwerb (insbes keine Notwendigkeit zur Vorlage des Fahrzeugbriefs, BGHZ 119, 75, 90 mN; bedenklich); denn (iGgs zu § 932) verliere der wahre Eigentümer gem § 1207 nicht sein Recht (BGHZ 68, 323, 327). Das ist zu kurz gesehen: Im Ernstfall tritt Eigentumsverlust gem § 1242 I ein (so in BGHZ 68, 323 ff.; NJW 1981, 226 f.). Zum *Zeitpunkt* der Bösgläubigkeit → § 932 Rn. 16. Trotz Bösgläubigkeit erwirbt der Pfandgläubiger das

4 Recht, wenn der Eigentümer der Verpfändung zustimmt (§ 185). **f) § 933** ist **unanwendbar,** da es keinen Übergabeersatz entspr § 930 gibt (→ §§ 1205, 1206 Rn. 9).

5 **3. Besonderheiten.** § 366 I HGB gleicht (auch) den Mangel der Verfügungsbefugnis aus. § 367 HGB enthält eine widerlegbare Vermutung des bösen Glaubens (von der Veröffentlichung wird auf den bösen Glauben geschlossen). – Zu § 1207 und **AGB**-Pfandrecht → § 1257 Rn. 2.

§ 1208 Gutgläubiger Erwerb des Vorrangs

[1]Ist die Sache mit dem Recht eines Dritten belastet, so geht das Pfandrecht dem Recht vor, es sei denn, dass der Pfandgläubiger zur Zeit des Erwerbs des Pfandrechts in Ansehung des Rechts nicht in gutem Glauben ist. [2]Die Vorschriften des § 932 Abs. 1 Satz 2, des § 935 und des § 936 Abs. 3 finden entsprechende Anwendung.

1 **1. Anwendungsbereich. a) § 1208 betrifft** rechtsgeschäftliche Pfandbestellung durch den Eigentümer (§§ 1205, 1206) oder Nichteigentümer (§ 1207) an einer bereits (insbes mit Pfandrecht oder Nießbrauch) belasteten Sache. Das Pfandrecht erlangt den Vorrang vor der schon bestehenden Belastung, diese steht dem Pfandrecht nach (S. 1 1. Hälfte). Bei Erwerb nach § 1205 I 2 gilt § 932 I 2 entspr; bei Erwerb nach § 1205 II behält das Recht des besitzenden Dritten den Vorrang,
2 § 936 III entspr (S. 2). **b) Bei Bösgläubigkeit** (Begriff § 932 II) des Pfandgläubigers bzgl einer bestehenden Belastung geht sein Pfandrecht dieser Belastung nach (S. 1 2. Hälfte). Gleiches gilt, wenn die Pfandsache dem Inhaber der vorrangigen Belastung abhanden gekommen ist (S. 2 mit § 935 I entspr, Ausnahme in § 935 II entspr). Ist die Pfandsache dem Eigentümer abhanden gekommen, so kommt es idR überhaupt nicht zum Erwerb eines Pfandrechts (→ § 1207 Rn. 2 [d]).

3 **2. Besonderheit.** § 366 II HGB gleicht (auch) den Mangel der Verfügungsbefugnis aus.

§ 1209 Rang des Pfandrechts

Für den Rang des Pfandrechts ist die Zeit der Bestellung auch dann maßgebend, wenn es für eine künftige oder eine bedingte Forderung bestellt ist.

1 **1. Allgemeines.** Bestehen mehrere beschränkte dingliche Rechte an einer Sache, so stehen sie in einem bestimmten **Rangverhältnis** zueinander. Der Rang hat vor allem Bedeutung bei einer Pfandverwertung, deren Erlös nicht alle Belastungen der Sache abdeckt (vgl → §§ 879–882 Rn. 1).

2 **2. Prioritätsgrundsatz.** Als Grundsatz gilt, dass das früher bestellte Pfandrecht dem später bestellten vorgeht (→ § 1204 Rn. 5; Ausnahmen: § 1208, § 366 II HGB). Diese Rangordnung gilt unter allen Pfandrechtsarten (vgl BGHZ 93, 71, 76) und gegenüber anderen Belastungen (LM Nr. 1 zu § 559: Vermieterpfandrecht am Zubehör und Hypothek). Eine Vorrangeinräumung mit dinglicher Wirkung ist nicht möglich (anders §§ 881, 882; widersprüchlich BAG NJW 1990, 2641, 2642 f. [Verpflichtung mit dinglicher Wirkung]); in Betracht kommt die Aufhebung mit Aufrücken der nachrangigen Rechte und Neubestellung des Pfandrechts, das dann
3 die letzte Rangstelle einnimmt. § 1209 beantwortet die Frage, wann das Pfandrecht „für den Rang“ entsteht. Auch wenn es für eine künftige oder eine aufschiebend bedingte Forderung bestellt ist, entsteht es schon mit Bestellung (→ § 1204 Rn. 14; BGH NJW 1993, 2876, 2878) und nicht erst mit Eintritt des Anfangstermins oder der Bedingung.

4 **3. Pfändungsrecht.** Für das **Pfändungspfandrecht** trifft § 804 III ZPO eine entspr Regelung.

§ 1210 Umfang der Haftung des Pfandes

(1) [1]Das Pfand haftet für die Forderung in deren jeweiligem Bestand, insbesondere auch für Zinsen und Vertragsstrafen. [2]Ist der persönliche Schuldner nicht der Eigentümer des Pfandes, so wird durch ein Rechtsgeschäft, das der Schuldner nach der Verpfändung vornimmt, die Haftung nicht erweitert.

(2) Das Pfand haftet für die Ansprüche des Pfandgläubigers auf Ersatz von Verwendungen, für die dem Pfandgläubiger zu ersetzenden Kosten der Kündigung und der Rechtsverfolgung sowie für die Kosten des Pfandverkaufs.

1. Umfang. Wird der **Haftungsumfang** nicht vertraglich festgelegt, so gilt § 1210. Die Forderung kann sich verringern (zB durch Teilerfüllung) oder – vorbehaltlich → Rn. 2 – erweitern, zB durch ges oder vertragliche Zinsen, Vertragsstrafe (I 1), Schadensersatz wegen Nicht- oder Schlechterfüllung und bestimmte Gläubigerkosten (II). 1

2. Rechtsgeschäftliche Haftungserweiterung. ZB Aufstockung (nicht Neubegründung) der Forderung wirkt nur bei Identität von Eigentümer und Schuldner (I 2), dann aber auch gegen nachrangig Berechtigte (arg I 1; MüKo-BGB/Schäfer Rn. 2). Erweiterung wirkt auch, wenn der Pfandgläubiger den schuldenden Verpfänder ohne Bösgläubigkeit für den Eigentümer hält. 2

§ 1211 Einreden des Verpfänders

(1) [1]Der Verpfänder kann dem Pfandgläubiger gegenüber die dem persönlichen Schuldner gegen die Forderung sowie die nach § 770 einem Bürgen zustehenden Einreden geltend machen. [2]Stirbt der persönliche Schuldner, so kann sich der Verpfänder nicht darauf berufen, dass der Erbe für die Schuld nur beschränkt haftet.

(2) Ist der Verpfänder nicht der persönliche Schuldner, so verliert er eine Einrede nicht dadurch, dass dieser auf sie verzichtet.

1. Allgemeines. Der Verpfänder kann, unabhängig von § 1211, dem Pfandgläubiger gegenüber Einreden aus seinem persönlichen Rechtsverhältnis zu ihm geltend machen, ferner (ebenso wie der Eigentümer) das Nichtbestehen des Pfandrechts, zB wegen Nichtigkeit der Einigung (→ §§ 1205, 1206 Rn. 2). 1

2. Erweiterung der Einreden. § 1211 **erweitert** wegen der Akzessorietät des Pfandrechts den **Kreis der Einreden** ebenso wie § 1137 für die Hypothek. Daher gilt → § 1137 Rn. 2–6 entspr. Auch der Eigentümer, der weder Verpfänder noch Schuldner ist, kann sich auf § 1211 berufen (RG JW 1912, 749). Bei dauernden Einreden gilt § 1254. 2

3. Geltendmachung. Geltendmachung der Einreden gegen eine Klage aus *§ 1231 S. 1, ferner* durch Klage auf Unterlassung der Pfandverwertung oder auf Herausgabe (§ 1254). 3

§ 1212 Erstreckung auf getrennte Erzeugnisse

Das Pfandrecht erstreckt sich auf die Erzeugnisse, die von dem Pfande getrennt werden.

1. Pfandobjekt. Zum **Pfandobjekt** gehören wesentliche (§ 93) und iZw auch unwesentliche **Bestandteile** der Pfandsache. **Zubehör** wird nur erfasst, wenn es mit verpfändet ist (zur Verpflichtung s. § 311c). 1

2 **2. Bestandteile und Erzeugnisse (Begriff § 99 I).** Sie bleiben auch nach der Trennung pfandverhaftet (§ 1212), gleichgültig, wer mit der Trennung Eigentum erworben hat; anders nur bei pfandfreiem Erwerb eines Dritten (§§ 936, 945, 954, 956), ferner nach § 1213.

3 **3. Surrogate.** Ein **Surrogat** der Pfandsache wird vom Pfandrecht nur gem §§ 1219 II, 1247 erfasst (betrifft Erlös), nicht zB eine Versicherungsforderung bei Untergang der Pfandsache (anders § 1127), denn dingliche Surrogation ist kein allg Grundsatz des Sachen-, speziell des Pfandrechts, sondern verlangt ges Anordnung (BGH NJW 2008, 1732, 1734).

§ 1213 Nutzungspfand

(1) **Das Pfandrecht kann in der Weise bestellt werden, dass der Pfandgläubiger berechtigt ist, die Nutzungen des Pfandes zu ziehen.**

(2) **Ist eine von Natur Frucht tragende Sache dem Pfandgläubiger zum Alleinbesitz übergeben, so ist im Zweifel anzunehmen, dass der Pfandgläubiger zum Fruchtbezug berechtigt sein soll.**

§ 1214 Pflichten des nutzungsberechtigten Pfandgläubigers

(1) **Steht dem Pfandgläubiger das Recht zu, die Nutzungen zu ziehen, so ist er verpflichtet, für die Gewinnung der Nutzungen zu sorgen und Rechenschaft abzulegen.**

(2) **Der Reinertrag der Nutzungen wird auf die geschuldete Leistung und, wenn Kosten und Zinsen zu entrichten sind, zunächst auf diese angerechnet.**

(3) **Abweichende Bestimmungen sind zulässig.**

Anmerkungen zu den §§ 1213, 1214

1 **1. Allgemeines.** §§ 1213, 1214 regeln das **Nutzungspfandrecht;** § 1214 gilt bei Nutzziehung ohne Ermächtigung entspr (RGZ 105, 408, 409).

2 **2. Voraussetzung. Voraussetzung** des Nutzungspfandrechts ist eine bes Vereinbarung, § 1213 I (Vermutung in § 1213 II). Nutzungen: §§ 99 I, III, 100. Zur Fruchtverteilung § 101.

3 **3. Wirkungen. a)** Der Pfandgläubiger erwirbt an Sachfrüchten Eigentum mit der Trennung (§ 954), an mittelbaren Rechtsfrüchten (§ 99 III) mit Entgegennahme der Leistung. **b)** Der Pfandgläubiger ist zur Nutzziehung verpflichtet (bei Pflichtverletzung Schadensersatz), ebenso zur Rechnungslegung (§§ 259, 261), § 1214 I. **c)** Anrechnung des Reinertrags auf Kosten (§ 1210 II), Zinsen, Hauptforderung, § 1214 II. Reinertrag: bei Verbrauch ist das der obj Verkehrswert, bei Verwertung der Verkaufspreis, jeweils abzüglich Nutzziehungs- und Verwertungskosten. **d)** Zu (b) und (c) sind abw Vereinbarungen möglich, § 1214 III.

§ 1215 Verwahrungspflicht

Der Pfandgläubiger ist zur Verwahrung des Pfandes verpflichtet.

§ 1216 Ersatz von Verwendungen

[1]**Macht der Pfandgläubiger Verwendungen auf das Pfand, so bestimmt sich die Ersatzpflicht des Verpfänders nach den Vorschriften über die**

Geschäftsführung ohne Auftrag. [2]Der Pfandgläubiger ist berechtigt, eine Einrichtung, mit der er das Pfand versehen hat, wegzunehmen.

§ 1217 Rechtsverletzung durch den Pfandgläubiger

(1) **Verletzt der Pfandgläubiger die Rechte des Verpfänders in erheblichem Maße und setzt er das verletzende Verhalten ungeachtet einer Abmahnung des Verpfänders fort, so kann der Verpfänder verlangen, dass das Pfand auf Kosten des Pfandgläubigers hinterlegt oder, wenn es sich nicht zur Hinterlegung eignet, an einen gerichtlich zu bestellenden Verwahrer abgeliefert wird.**

(2) **[1]Statt der Hinterlegung oder der Ablieferung der Sache an einen Verwahrer kann der Verpfänder die Rückgabe des Pfandes gegen Befriedigung des Gläubigers verlangen. [2]Ist die Forderung unverzinslich und noch nicht fällig, so gebührt dem Pfandgläubiger nur die Summe, welche mit Hinzurechnung der gesetzlichen Zinsen für die Zeit von der Zahlung bis zur Fälligkeit dem Betrag der Forderung gleichkommt.**

§ 1218 Rechte des Verpfänders bei drohendem Verderb

(1) **Ist der Verderb des Pfandes oder eine wesentliche Minderung des Wertes zu besorgen, so kann der Verpfänder die Rückgabe des Pfandes gegen anderweitige Sicherheitsleistung verlangen; die Sicherheitsleistung durch Bürgen ist ausgeschlossen.**

(2) **Der Pfandgläubiger hat dem Verpfänder von dem drohenden Verderb unverzüglich Anzeige zu machen, sofern nicht die Anzeige untunlich ist.**

§ 1219 Rechte des Pfandgläubigers bei drohendem Verderb

(1) **Wird durch den drohenden Verderb des Pfandes oder durch eine zu besorgende wesentliche Minderung des Wertes die Sicherheit des Pfandgläubigers gefährdet, so kann dieser das Pfand öffentlich versteigern lassen.**

(2) **[1]Der Erlös tritt an die Stelle des Pfandes. [2]Auf Verlangen des Verpfänders ist der Erlös zu hinterlegen.**

§ 1220 Androhung der Versteigerung

(1) **[1]Die Versteigerung des Pfandes ist erst zulässig, nachdem sie dem Verpfänder angedroht worden ist; die Androhung darf unterbleiben, wenn das Pfand dem Verderb ausgesetzt und mit dem Aufschub der Versteigerung Gefahr verbunden ist. [2]Im Falle der Wertminderung ist außer der Androhung erforderlich, dass der Pfandgläubiger dem Verpfänder zur Leistung anderweitiger Sicherheit eine angemessene Frist bestimmt hat und diese verstrichen ist.**

(2) **Der Pfandgläubiger hat den Verpfänder von der Versteigerung unverzüglich zu benachrichtigen; im Falle der Unterlassung ist er zum Schadensersatz verpflichtet.**

(3) **Die Androhung, die Fristbestimmung und die Benachrichtigung dürfen unterbleiben, wenn sie untunlich sind.**

§ 1221 Freihändiger Verkauf

Hat das Pfand einen Börsen- oder Marktpreis, so kann der Pfandgläubiger den Verkauf aus freier Hand durch einen zu solchen Verkäufen öffentlich

ermächtigten Handelsmakler oder durch eine zur öffentlichen Versteigerung befugte Person zum laufenden Preis bewirken.

Anmerkungen zu den §§ 1215–1221

1 **1. Allgemeines.** §§ 1215–1221, 1223–1226 regeln das **ges Schuldverhältnis zwischen Pfandgläubiger und Verpfänder** (nicht Eigentümer!). Die Rechte des verpfändenden Nichteigentümers aus dem ges Schuldverhältnis stehen nicht global auch dem Eigentümer zu (str, s. Staudinger/Wiegand § 1215 Rn. 5 mN). Pflichtverletzung kann Schadensersatzansprüche nach sich ziehen. Der Eigentümer hat bei Eigentumsverletzung Anspruch aus § 823; im Verhältnis zum Pfandgläubiger scheiden §§ 987 ff. aus, weil dieser dem Eigentümer gegenüber zum Besitz berechtigt ist.

2 **2. Die Pflichten und Rechte ie. a) Verwahrungspflicht,** § 1215. Sie setzt unmittelbaren Alleinbesitz des Pfandgläubigers voraus. §§ 688 ff. sind entspr anwendbar, dh soweit nicht Besonderheiten des Pfandrechts entgegenstehen (Bsp: statt § 690 gelten §§ 276, 278; statt § 693: § 1216; statt § 695: § 1223). Aus § 1215 folgt keine allg Versicherungs- und Erhaltungspflicht; sie kann sich aus den Umständen ergeben (verpfändetes Tier ist zu füttern), zum Ersatzanspruch § 1216 S. 1. Verwahrungspflicht endet erst mit Rückgabe der Sache, nicht schon mit Erlöschen des Pfandrechts. **b) Recht auf Verwendungsersatz** (Begriff → § 951 Rn. 22) gem §§ 683, 684 gegen den Verpfänder und Recht zur *Wegnahme* (dazu § 258), § 1216. **c) Schutzrechte des Verpfänders** bei fortgesetzter Rechtsverletzung nach (formlos möglicher) Abmahnung, § 1217: Anspruch auf Hinterlegung (§§ 372 ff.), Ablieferung an Verwahrer (§ 410 Nr. 3 FamFG) oder vorzeitige Pfandeinlösung (dazu § 1225). Bsp: Weiterbenutzung der Pfandsache ohne Gestattung, Schadenseintritt nicht erforderlich. **d) Bei drohendem Verderb:** §§ 1218, 1219. Zur Sicherheitsleistung (§ 1218 I) §§ 232 I, 233–238, 240. Zur öffentl Versteigerung (§ 1219 I) §§ 383 III, 1220, 1236–1246, zur dinglichen Surrogation § 1219 II. **e) Androhung der Versteigerung,** Fristsetzung für Sicherheitsleistung, § 1220 I. Versteigerung ohne notwendige Androhung oder ohne notwendige Fristbestimmung oder trotz Sicherheitsleistung ist unwirksam (aA MüKo-BGB/Schäfer § 1220 Rn. 1), aber Eigentumserwerb gem § 1244 möglich. **f) Freihandverkauf:** § 385.

§ 1222 Pfandrecht an mehreren Sachen

Besteht das Pfandrecht an mehreren Sachen, so haftet jede für die ganze Forderung.

Betrifft das **Gesamtpfandrecht** (→ § 1204 Rn. 3). Pfandgläubiger kann wählen, welche Sache er verwerten will, § 1230 (s. BGH WM 1980, 1385).

§ 1223 Rückgabepflicht; Einlösungsrecht

(1) **Der Pfandgläubiger ist verpflichtet, das Pfand nach dem Erlöschen des Pfandrechts dem Verpfänder zurückzugeben.**

(2) **Der Verpfänder kann die Rückgabe des Pfandes gegen Befriedigung des Pfandgläubigers verlangen, sobald der Schuldner zur Leistung berechtigt ist.**

1 **1. Pflichten.** Der Pfandgläubiger ist nach Erlöschen des Pfandrechts (→ § 1204 Rn. 10) zur **Rückgabe der Pfandsache** und der in § 1212 genannten Nebensachen an den Verpfänder verpflichtet, **I.** Ein Verpfänder, der gegenüber dem Eigentümer kein Besitzrecht hat, kann nur Rückgabe an diesen verlangen (Rechtsgedanke des § 986 I 2; aA BGHZ 73, 317, 321 ff.: Verpfänder kann grundsätzlich Rückgabe an sich fordern). I gilt auch für Herausgabe des Übererlöses als Surrogat der Pfandsache

(§ 1247 S. 2). Eigentümer, der nicht Verpfänder ist, hat Anspruch aus §§ 985, 986 I. Der Schuldner kann Herausgabe nicht verlangen.

2. Rechte des Verpfänders. Der **Verpfänder** hat ein **Einlösungsrecht,** sobald der Schuldner leisten darf (das kann wegen § 271 II schon vor Eintritt der Pfandreife [→ § 1228 Rn. 2] der Fall sein), **II.** § 267 II ist ausgeschlossen. Der Verpfänder kann Rückgabe Zug um Zug gegen Zahlung der gerichtl festgestellten Pfandforderung verlangen (vgl RGZ 140, 345, 346 f.; auch BGHZ 73, 317, 318 ff.; NJW 1999, 3716, 3717). Befriedigt er den Pfandgläubiger, so gehen Forderung (§ 1225) und Pfandrecht (§§ 412, 401 I, 1250 I) auf ihn über. Ist der Verpfänder auch Eigentümer, so gilt für die Forderung das Gleiche, aber das Pfandrecht erlischt idR (§§ 412, 401 I, 1250, 1256). Ist der Leistende (Verpfänder, Eigentümer) auch Schuldner oder leistet der Nur-Schuldner, so erlöschen Forderung (§ 362 I) und Pfandrecht (§ 1252). Befriedigt der Eigentümer, der weder Verpfänder noch Schuldner ist, so gilt § 1249 (vgl dort). Befriedigt ein Dritter, so können Forderung und Pfandrecht übergehen, zB nach §§ 1249 S. 2, 268 III, 412, 401 I, 1250 I. 2

§ 1224 Befriedigung durch Hinterlegung oder Aufrechnung

Die Befriedigung des Pfandgläubigers durch den Verpfänder kann auch durch Hinterlegung oder durch Aufrechnung erfolgen.

1. Aufrechnung durch den nicht schuldenden Verpfänder. Diese durchbricht § 387 (Gegenseitigkeitserfordernis) und § 389 (kein Erlöschen der Gegenforderung: § 1225), → § 1142 Rn. 3. 1

2. Hinterlegung. Vgl §§ 372 ff. 2

§ 1225 Forderungsübergang auf den Verpfänder

[1]Ist der Verpfänder nicht der persönliche Schuldner, so geht, soweit er den Pfandgläubiger befriedigt, die Forderung auf ihn über. [2]Die für einen Bürgen geltende Vorschrift des § 774 findet entsprechende Anwendung.

1. Forderungsübergang. Zum **Übergang der Forderung** auf den Verpfänder → § 1223 Rn. 2; dort auch zur Befriedigung durch Eigentümer, Schuldner oder Dritten. Befriedigung auch durch Hinterlegung oder Aufrechnung (§ 1224). § 1225 ist abdingbar. 1

2. Besonderheiten. Problematisch ist der Übergang von Forderung und Pfandrecht, wenn **mehrere Sicherheiten für die Forderung** bestehen (Hypothek, Bürgschaft, mehrere Pfandrechte) und ein SG, der nicht zugleich Schuldner ist, den Gläubiger befriedigt (s. Schlechtriem FS v. Caemmerer, 1978, 1013, 1014 ff.; BGHZ 108, 179, 182 ff.). **a)** Befriedigt einer von mehreren Verpfändern, so erhält er bei Fehlen abw Vereinbarung pfandgesicherten Ausgleichsanspruch nach Kopfteilen, S. 2 mit §§ 774 II, 426 (hM; s. BGH NJW-RR 1991, 499, 500 mN). **b)** Wie a, wenn Grundpfand- und Pfandrecht zusammentreffen und der Grundstückseigentümer oder der Verpfänder den Gläubiger befriedigt (BGH NJW-RR 1991, 682 f.). **c)** Zum Zusammentreffen von Pfandrecht und Bürgschaft → § 774 Rn. 12. 2

§ 1226 Verjährung der Ersatzansprüche

[1]Die Ersatzansprüche des Verpfänders wegen Veränderungen oder Verschlechterungen des Pfandes sowie die Ansprüche des Pfandgläubigers auf Ersatz von Verwendungen oder auf Gestattung der Wegnahme einer Einrichtung verjähren in sechs Monaten. [2]Die Vorschrift des § 548 Abs. 1 Satz 2 und 3, Abs. 2 findet entsprechende Anwendung.

Allgemeines. Betrifft nur Ansprüche des Verpfänders und des Pfandgläubigers aus §§ 1215, 1216; Verjährungsbeginn: § 548 I 2, 3, II entspr. Für Ansprüche des Eigentümers, der nicht Verpfänder ist, gelten die allg Vorschriften.

§ 1227 Schutz des Pfandrechts

Wird das Recht des Pfandgläubigers beeinträchtigt, so finden auf die Ansprüche des Pfandgläubigers die für die Ansprüche aus dem Eigentum geltenden Vorschriften entsprechende Anwendung.

1 **1. Ansprüche aus dem Eigentum. a)** § 985 (für Pfandsache und Erzeugnisse, vgl § 1212), modifiziert in § 562 II 1; §§ 989 ff. für Schadensersatz (als solcher kann vor Pfandreife [→ § 1228 Rn. 2] nur ein Pfandrecht am Schadensersatzanspruch verlangt werden [MüKo-BGB/Schäfer Rn. 3, str]), für Nutzungen nur beim Nutzungspfandrecht (§ 1213); §§ 994 ff. für Anspruch auf Verwendungsersatz desjenigen Besitzers, der nicht Eigentümer, Schuldner oder Verpfänder ist, gegen den Pfandgläubiger (WolffR § 164 II 6c). **b)** §§ 1004, 1005. **c)** Im Prozess gilt § 1006 entspr (dort → § 1006 Rn. 2).

2 **2. Sonstiges. Weitere Rechte** aus der Beeinträchtigung des dinglichen Rechts: § 823 I (sonstiges Recht); § 771 ZPO (veräußerungshinderndes Recht), § 805 ZPO (vorzugsweise Befriedigung).

§ 1228 Befriedigung durch Pfandverkauf

(1) **Die Befriedigung des Pfandgläubigers aus dem Pfande erfolgt durch Verkauf.**

(2) [1]**Der Pfandgläubiger ist zum Verkauf berechtigt, sobald die Forderung ganz oder zum Teil fällig ist.** [2]**Besteht der geschuldete Gegenstand nicht in Geld, so ist der Verkauf erst zulässig, wenn die Forderung in eine Geldforderung übergegangen ist.**

1 **1. Pfandverwertung.** Sie erfolgt durch Pfandverkauf, **I** (dazu §§ 1233 ff.), bei Verpfändung von Geld durch einseitigen Eigentumserwerb des Pfandgläubigers (insoweit ist, abw von § 1229, entspr Vereinbarung zulässig). Voraussetzung des Verkaufs ist Alleinbesitz des Pfandgläubigers (vgl § 1231). Die Verwertung ist ein Recht, keine Pflicht des Pfandgläubigers (abw § 772 II, § 777 ZPO). Er befriedigt sich aus dem Erlös, § 1247.

2 **2. Verkaufsberechtigung.** Diese tritt mit der sog *Pfandreife* ein, **II. a)** Gesicherte **Geldforderungen** müssen fällig sein, dh der Gläubiger kann Zahlung verlangen (zu unterscheiden von der Erfüllbarkeit, die den Schuldner zur Leistung berechtigt, vgl § 271 II und → § 1223 Rn. 2). **b) Andere Forderungen,** II 2, müssen in Geldforderungen übergegangen sein (→ § 1204 Rn. 12), zB gem §§ 249 II 1, 250, 251. **c) Verstoß gegen II** macht Veräußerung unrechtmäßig (§ 1243 I), aber Eigentumserwerb gem § 1244 möglich.

§ 1229 Verbot der Verfallvereinbarung

Eine vor dem Eintritt der Verkaufsberechtigung getroffene Vereinbarung, nach welcher dem Pfandgläubiger, falls er nicht oder nicht rechtzeitig befriedigt wird, das Eigentum an der Sache zufallen oder übertragen werden soll, ist nichtig.

Verfallklausel. Sie knüpft an die Nichtbefriedigung den Eigentumserwerb des Pfandgläubigers. Sie ist vor Eintritt der Pfandreife (→ § 1228 Rn. 2) erlaubt, wenn Geld verpfändet ist (→ § 1228 Rn. 1). IÜ ist sie bis zur Pfandreife verboten, um dem verpfändenden Eigentümer ein ges Verwertungsverfahren (§§ 1233 ff., s. aber § 1245) zu sichern. Grenze der erlaubten Klausel: § 138. Nichtigkeit der Klausel macht idR nicht die Pfandbestellung nichtig (s. § 139).

§ 1230 Auswahl unter mehreren Pfändern

[1]Unter mehreren Pfändern kann der Pfandgläubiger, soweit nicht ein anderes bestimmt ist, diejenigen auswählen, welche verkauft werden sollen. [2]Er kann nur so viele Pfänder zum Verkauf bringen, als zu seiner Befriedigung erforderlich sind.

Zu **S. 1** vgl § 1222. Verstoß gegen einschr Vereinbarung macht schadensersatzpflichtig (§ 1243 II), die Veräußerung ist rechtmäßig (§ 1243 I). Zuviel-Verkauf, **S. 2,** ist unrechtmäßig (§ 1243 I), aber Eigentumserwerb gem § 1244 möglich.

§ 1231 Herausgabe des Pfandes zum Verkauf

[1]Ist der Pfandgläubiger nicht im Alleinbesitz des Pfandes, so kann er nach dem Eintritt der Verkaufsberechtigung die Herausgabe des Pfandes zum Zwecke des Verkaufs fordern. [2]Auf Verlangen des Verpfänders hat anstelle der Herausgabe die Ablieferung an einen gemeinschaftlichen Verwahrer zu erfolgen; der Verwahrer hat sich bei der Ablieferung zu verpflichten, das Pfand zum Verkauf bereitzustellen.

1. Voraussetzungen für Verkauf. Verkauf erfordert unmittelbaren Alleinbesitz des verkaufenden Pfandgläubigers. Er hat ihn bei Verpfändung nach § 1205 I. Bei § 1205 II kann er vom Besitzer Herausgabe verlangen (vgl → §§ 1205, 1206 Rn. 5). **S. 1** verhilft bei Verpfändung nach § 1206 zum unmittelbaren Alleinbesitz (vgl RG JW 1938, 867, 869). Voraussetzung ist Pfandreife (→ § 1228 Rn. 2). Zu den Einreden des Verpfänders → § 1211 Rn. 1–3. – § 1231 gilt nicht bei Mitbesitz mehrerer gleichrangiger Pfandgläubiger (→ § 1232 Rn. 2). 1

2. Ablieferungsanspruch, S. 2. Dieser steht unter den Voraussetzungen von S. 1 nur dem Verpfänder, nicht dem Nur-Eigentümer zu. Der Verwahrer wird bei Streit vom Prozessgericht bestimmt. 2

§ 1232 Nachstehende Pfandgläubiger

[1]Der Pfandgläubiger ist nicht verpflichtet, einem ihm im Range nachstehenden Pfandgläubiger das Pfand zum Zwecke des Verkaufs herauszugeben. [2]Ist er nicht im Besitz des Pfandes, so kann er, sofern er nicht selbst den Verkauf betreibt, dem Verkauf durch einen nachstehenden Pfandgläubiger nicht widersprechen.

1. Pfandgläubiger mit verschiedenem Rang. a) Nachrangiger hat gegen besitzenden vorrangigen Pfandgläubiger keinen Herausgabeanspruch, **S. 1.** Er kann sich nur dessen Pfandverwertung anschließen oder nach § 1249 ablösen. **b)** Besitzt der nachrangige, so kann vorrangiger zum Zweck des Pfandverkaufs herausverlangen. Wenn er Verkauf nicht betreiben will oder kann, so gilt **S. 2.** 1

2. Pfandgläubiger mit gleichem Rang. Wenn für jeden die Pfandreife (→ § 1228 Rn. 2) besteht und alle Mitbesitz haben, so gelten §§ 741 ff., insbes 749, 753. § 1231 gilt nicht. Besitzt nur einer, so können die anderen Einräumung des Mitbesitzes verlangen, jedenfalls dürfen sie nicht schlechter als nachrangige Pfandgläubiger (→ Rn. 1) stehen. 2

§ 1233 Ausführung des Verkaufs

(1) **Der Verkauf des Pfandes ist nach den Vorschriften der §§ 1234 bis 1240 zu bewirken.**

(2) **Hat der Pfandgläubiger für sein Recht zum Verkauf einen vollstreckbaren Titel gegen den Eigentümer erlangt, so kann er den Verkauf auch nach den für den Verkauf einer gepfändeten Sache geltenden Vorschriften bewirken lassen.**

1 **1. Pfandverkauf ohne Titel, I.** Für ihn gelten §§ 1234–1240. Abweichungen möglich (§§ 1245, 1246, 1259). Verkäufer ist der Pfandgläubiger kraft seines Pfandrechts. Daher handelt er nicht als Vertreter des Eigentümers, sondern nur auf dessen Rechnung. Das Pfandrecht berechtigt zur Pfandveräußerung (vgl § 1242 I 1). Der Pfandgläubiger wird durch den Versteigerer (vgl §§ 1235, 383 III) vertreten. Durch Zuschlag (§ 156) kommt der Kaufvertrag zustande. Haftung des Pfandgläubigers (Verkäufers) für Sach- und Rechtsmängel ist stark eingeschränkt (§ 445; §§ 1242 II, 1244). Für den Verbrauchsgüterkauf beachte § 474 II 2 (§§ 474 ff. unanwendbar) und§ 475 III 2.

2 **2. Pfandverkauf mit Titel, II. a) Nötig ist** ein Titel (Urteil, Prozessvergleich, vollstreckbare Urkunde) gegen den Eigentümer als solchen auf Duldung der Pfandverwertung mit Angabe der gesicherten Forderung (BGH NJW 1977, 1240, 1242). Grundlage ist das Pfandrecht, nicht die Forderung. Urkundenprozess ist zulässig
3 (entspr § 592 S. 2 ZPO, str), Mahnverfahren nicht (vgl § 688 I ZPO, str). **b) II ermöglicht** dem Pfandgläubiger die Wahl einer bes Art von Pfandverkauf (nicht eines Verkaufs „im Wege der Zwangsvollstreckung"). Daher §§ 803–805, 807–813 ZPO unanwendbar. Anwendbar § 806 ZPO (MüKo-BGB/Schäfer Rn. 7, str), §§ 814, 816 ZPO (ohne II, dafür § 1236), § 817 ZPO (ohne IV, dafür § 1239 I 2), §§ 817a, 821–823, 825 ZPO (hM). Statt § 818 ZPO gilt § 1230 S. 2, statt § 819 ZPO: § 1247. Auch hier gelten §§ 1244, 1248, 1249.

4 **3. Zwangsvollstreckung mit Zahlungstitel.** Der Pfandgläubiger kann auch auf Grund seiner Forderung einen Zahlungstitel gegen den Schuldner erwirken und in die Pfandsache vollstrecken (vgl § 809 ZPO). Ein Widerspruch des nicht schuldenden Eigentümers nach § 771 ZPO verstößt wegen des Verwertungsrechts des Gläubigers (§ 1204 I) gegen § 242 und ist unbeachtlich (RGZ 143, 275, 277 f.; offen lassend BGHZ 118, 201, 207). §§ 803 ff. ZPO sind voll anwendbar, auch § 811 ZPO.

§ 1234 Verkaufsandrohung; Wartefrist

(1) [1]**Der Pfandgläubiger hat dem Eigentümer den Verkauf vorher anzudrohen und dabei den Geldbetrag zu bezeichnen, wegen dessen der Verkauf stattfinden soll.** [2]**Die Androhung kann erst nach dem Eintritt der Verkaufsberechtigung erfolgen; sie darf unterbleiben, wenn sie untunlich ist.**

(2) [1]**Der Verkauf darf nicht vor dem Ablauf eines Monats nach der Androhung erfolgen.** [2]**Ist die Androhung untunlich, so wird der Monat von dem Eintritt der Verkaufsberechtigung an berechnet.**

Allgemeines. Androhung, I, des Verkaufs (§ 1235) an den Eigentümer (§ 1248) erst nach Pfandreife (→ § 1228 Rn. 2). Zweck: Ermöglichung der Ablösung, § 1249. Abdingbar (§ 1245), ebenso die **Wartefrist, II.** Verstoß gegen I oder II macht *schadensersatzpflichtig* (§ 1243 II), die Veräußerung ist rechtmäßig (§ 1243 I).

§ 1235 Öffentliche Versteigerung

(1) **Der Verkauf des Pfandes ist im Wege öffentlicher Versteigerung zu bewirken.**

(2) **Hat das Pfand einen Börsen- oder Marktpreis, so findet die Vorschrift des § 1221 Anwendung.**

1. Verkaufsformen. Zwei Verkaufsformen kennt das Ges (sie sind erst nach der Pfandreife abdingbar, § 1245 II, → § 1228 Rn. 2; vgl auch §§ 1229, 1246): **a) Öffentl. Versteigerung,** I (Begriff: § 383 III). Vgl → § 1233 Rn. 1. Kaufvertrag kommt mit Zuschlag zustande (§ 156 S. 1), Übereignung gem §§ 929 ff. **b) Freihandverkauf,** II. Vgl §§ 1221, 1240 II. 1

2. Folgen des Verstoßes. Verstoß macht Veräußerung unrechtmäßig (§ 1243 I); Eigentumserwerb nach § 1244 ist ausgeschlossen. Zur Schadensersatzpflicht des Pfandgläubigers → § 1243 Rn. 2. 2

§ 1236 Versteigerungsort

[1]Die Versteigerung hat an dem Orte zu erfolgen, an dem das Pfand aufbewahrt wird. [2]Ist von einer Versteigerung an dem Aufbewahrungsort ein angemessener Erfolg nicht zu erwarten, so ist das Pfand an einem geeigneten anderen Orte zu versteigern.

Schon vor Pfandreife (→ § 1228 Rn. 2) abdingbar (§§ 1245, 1246). Verstoß macht schadensersatzpflichtig (§ 1243 II), Veräußerung ist rechtmäßig (§ 1243 I).

§ 1237 Öffentliche Bekanntmachung

[1]Zeit und Ort der Versteigerung sind unter allgemeiner Bezeichnung des Pfandes öffentlich bekannt zu machen. [2]Der Eigentümer und Dritte, denen Rechte an dem Pfande zustehen, sind besonders zu benachrichtigen; die Benachrichtigung darf unterbleiben, wenn sie untunlich ist.

1. Öffentl. Bekanntmachung, S. 1. Die Bekanntmachung hat unter Berücksichtigung örtlicher Übung oder besonderer Vorschriften für Versteigerer zu erfolgen (OLG Frankfurt, NJW-RR 2018, 699 Rn. 4). Sie ist erst nach Pfandreife (→ § 1228 Rn. 2) abdingbar, §§ 1245 II, 1246. Verstoß macht Veräußerung unrechtmäßig (§ 1243 I), aber Eigentumserwerb gem § 1244 möglich. 1

2. Benachrichtigungspflicht, S. 2. Diese ist schon vor Pfandreife (→ § 1228 Rn. 2) abdingbar, §§ 1245, 1246. Verstoß macht schadensersatzpflichtig (§ 1243 II), Veräußerung ist rechtmäßig (§ 1243 I). 2

§ 1238 Verkaufsbedingungen

(1) **Das Pfand darf nur mit der Bestimmung verkauft werden, dass der Käufer den Kaufpreis sofort bar zu entrichten hat und seiner Rechte verlustig sein soll, wenn dies nicht geschieht.**

(2) **[1]Erfolgt der Verkauf ohne diese Bestimmung, so ist der Kaufpreis als von dem Pfandgläubiger empfangen anzusehen; die Rechte des Pfandgläubigers gegen den Ersteher bleiben unberührt. [2]Unterbleibt die sofortige Entrichtung des Kaufpreises, so gilt das Gleiche, wenn nicht vor dem Schluss des Versteigerungstermins von dem Vorbehalt der Rechtsverwirkung Gebrauch gemacht wird.**

Sofortige Barzahlung und Vorbehalt der Rechtsverwirkung. Diese müssen zum Inhalt des Kaufvertrags gemacht werden, **I** (abdingbar, §§ 1245 I, 1246). Macht der Pfandgläubiger bei Nichtzahlung nicht vor Terminsschluss von der Klausel Gebrauch (durch Rücktritt, § 354) oder fehlt die Klausel, so werden Eigentümer und Schuldner durch die Zahlungsfiktion geschützt (II 1 Hs. 1). Der Kaufpreisanspruch des Pfandgläubigers gegen den Ersteher bleibt bestehen. Rücktritt des Pfandgläubigers nach Terminsschluss noch möglich, aber II bleibt unberührt.

§ 1239 Mitbieten durch Gläubiger und Eigentümer

(1) [1]**Der Pfandgläubiger und der Eigentümer können bei der Versteigerung mitbieten.** [2]**Erhält der Pfandgläubiger den Zuschlag, so ist der Kaufpreis als von ihm empfangen anzusehen.**

(2) [1]**Das Gebot des Eigentümers darf zurückgewiesen werden, wenn nicht der Betrag bar erlegt wird.** [2]**Das Gleiche gilt von dem Gebot des Schuldners, wenn das Pfand für eine fremde Schuld haftet.**

1 **Besonderheiten** (vgl WolffR § 166 VI). **a) Pfandgläubiger** ist Verkäufer und Veräußerer (→ § 1233 Rn. 1). Bietet er mit und erhält er den Zuschlag **(I),** so kommt nur ein einseitiges kaufähnliches Kausalgeschäft zustande; Eigentumserwerb
2 ebenfalls durch einseitiges Geschäft (vgl § 1242 I 2). § 1244 gilt. **b) Pfandverkauf an den Eigentümer** hat die Befreiung der Pfandsache von dinglicher Haftung zum Gegenstand (hM). „Übereignung" lässt Haftung erlöschen (§ 1242 II); insoweit gilt § 1244.

§ 1240 Gold- und Silbersachen

(1) **Gold- und Silbersachen dürfen nicht unter dem Gold- oder Silberwert zugeschlagen werden.**

(2) **Wird ein genügendes Gebot nicht abgegeben, so kann der Verkauf durch eine zur öffentlichen Versteigerung befugte Person aus freier Hand zu einem den Gold- oder Silberwert erreichenden Preis erfolgen.**

Allgemeines. Abdingbar erst nach Pfandreife (§§ 1245 II, 1246; → § 1228 Rn. 2). Verstoß macht Veräußerung unrechtmäßig (§ 1243 I). Eigentumserwerb gem § 1244 nur in öffentl Versteigerung möglich. II (und damit auch § 1244) setzt Versteigerungsversuch voraus (MüKo-BGB/Schäfer Rn. 3).

§ 1241 Benachrichtigung des Eigentümers

Der Pfandgläubiger hat den Eigentümer von dem Verkauf des Pfandes und dem Ergebnis unverzüglich zu benachrichtigen, sofern nicht die Benachrichtigung untunlich ist.

Allgemeines. Betrifft jede Art von Verkauf. Schon vor Pfandreife (→ § 1228 Rn. 2) abdingbar (§§ 1245, 1246). Eigentümer: § 1248. Unverzüglich: § 121 I 1. Verstoß macht schadensersatzpflichtig (§ 1243 II).

§ 1242 Wirkungen der rechtmäßigen Veräußerung

(1) [1]**Durch die rechtmäßige Veräußerung des Pfandes erlangt der Erwerber die gleichen Rechte, wie wenn er die Sache von dem Eigentümer erworben hätte.** [2]**Dies gilt auch dann, wenn dem Pfandgläubiger der Zuschlag erteilt wird.**

(2) [1]**Pfandrechte an der Sache erlöschen, auch wenn sie dem Erwerber bekannt waren.** [2]**Das Gleiche gilt von einem Nießbrauch, es sei denn, dass er allen Pfandrechten im Range vorgeht.**

1 **1. Voraussetzungen der rechtmäßigen Pfandveräußerung. a) Pfandrecht** des betreibenden Gläubigers. **b) Wirksame Übereignung** gem §§ 929 ff.; zum

Erwerb gem § 825 ZPO (→ § 1233 Rn. 3) vgl OLG Celle NJW 1961, 1730 f. **c) Einhaltung** der in **§ 1243 I** genannten Vorschriften, sofern sie nicht gem §§ 1245, 1246 wirksam abbedungen sind.

2. Rechtsfolgen. Ersteher erlangt, bisheriger Eigentümer verliert das Eigentum 2 an der Pfandsache. §§ 932–935 scheiden bei rechtmäßiger Veräußerung als Pfand aus (zT anders bei unrechtmäßiger, § 1244). Belastungen an der Pfandsache erlöschen, **II,** ein erstrangiger Nießbrauch (vgl II 2) nur gem § 936 I, II; für alle Belastungen gilt § 936 III entspr (WolffR § 172 IV 3). Belastungen können sich am Erlös fortsetzen (vgl § 1247).

§ 1243 Rechtswidrige Veräußerung

(1) **Die Veräußerung des Pfandes ist nicht rechtmäßig, wenn gegen die Vorschriften des § 1228 Abs. 2, des § 1230 Satz 2, des § 1235, des § 1237 Satz 1 oder des § 1240 verstoßen wird.**

(2) **Verletzt der Pfandgläubiger eine andere für den Verkauf geltende Vorschrift, so ist er zum Schadensersatz verpflichtet, wenn ihm ein Verschulden zur Last fällt.**

1. Unrechtmäßige Pfandveräußerung, I. a) Voraussetzung. Fehlen einer 1
Rechtmäßigkeitsvoraussetzung (→ § 1242 Rn. 1). **b) Rechtsfolgen.** Kein Eigen- 2
tumserwerb des Erstehers, Pfandrecht und andere Belastungen bleiben bestehen (alles vorbehaltlich eines Eigentumserwerbs gem § 1244). Die gesicherte Forderung erlischt nicht (zum Erlöschen bei Erwerb gem § 1244 vgl → § 1247 Rn. 8). Der Pfandgläubiger kann schadensersatzpflichtig sein, insbes wenn § 1244 eingreift; Anspruchsgrundlage ist nicht § 1243 II, sondern § 823 (RGZ 100, 274, 278), ges Schuldverhältnis mit dem Verpfänder oder Verletzung einer vertraglichen Pflicht (§ 280); zum ges Schuldverhältnis → §§ 1215–1221 Rn. 1, § 990 (Grüneberg/Wicke Rn. 2). Keine Ersatzpflicht, wenn der Pfandgläubiger nachweist, dass auch bei rechtmäßiger Veräußerung der Erlös nicht höher gewesen wäre (RG JW 1930, 134; OLG Frankfurt a. M. NJW-RR 1986, 44), sog rechtmäßiges Alternativverhalten (vgl allg → Vor § 249 Rn. 47–49); **Beweislast** beim Pfandgläubiger (allg BGH NJW 1991, 3208, 3209).

2. Ordnungswidrige Pfandveräußerung, II. a) Voraussetzungen. Recht- 3
mäßige Pfandverwertung iSv → § 1242 Rn. 1, aber Verstoß gegen Vorschriften, die I nicht nennt, oder gegen eine Vereinbarung oder gerichtl Entscheidung gem §§ 1245, 1246. **b) Rechtsfolgen.** Veräußerung ist rechtmäßig, aber uU Schadenser- 4
satzpflicht gem II (dazu BGH NJW-RR 1998, 543, 544; OLG Koblenz Urteil v 3.9.2019, 7 A 10049/19 – juris Rn. 38).

3. Heilung. Genehmigung des Pfandeigentümers heilt Verstöße gegen I und II 5 (BGH NJW 1995, 1350, 1351).

§ 1244 Gutgläubiger Erwerb

Wird eine Sache als Pfand veräußert, ohne dass dem Veräußerer ein Pfandrecht zusteht oder den Erfordernissen genügt wird, von denen die Rechtmäßigkeit der Veräußerung abhängt, so finden die Vorschriften der §§ 932 bis 934, 936 entsprechende Anwendung, wenn die Veräußerung nach § 1233 Abs. 2 erfolgt ist oder die Vorschriften des § 1235 oder des § 1240 Abs. 2 beobachtet worden sind.

1. Allgemeines. Trotz Unrechtmäßigkeit der Pfandveräußerung (→ § 1243 1 Rn. 1) kann Ersteher Eigentum erwerben.

2. Voraussetzungen. a) Veräußerung als Pfand (bei Veräußerung als Eigentum 2 gelten §§ 932 ff. unmittelbar, auch § 935 [OLG Karlsruhe BeckRS 2020, 40484

Rn. 48 f.]). **b)** Veräußerung gem § 1233 II oder § 1235 I (auch § 1219 I) oder §§ 1235 II, 1240 II (auch § 1221). Bei Veräußerung in anderer Form ist § 1244 unanwendbar, auch wenn sie nach §§ 1245, 1246 zulässig wäre. **c)** Keine Bösgläubigkeit des Erstehers, dh entspr § 932 II weder Kenntnis noch grob fahrlässige Unkenntnis von der Unrechtmäßigkeit der Veräußerung iSv → § 1243 Rn. 1 (vgl RGZ 100, 274, 277; BGHZ 119, 75, 89 f.). Bösgläubigkeit hindert den Erwerb; Gutgläubigkeit ist nicht Erwerbsvoraussetzung (zur Bedeutung → § 932 Rn. 5). **d)** Die Voraussetzungen der §§ 932–934, 936 müssen (entspr) vorliegen. § 935 ist auch nicht entspr anwendbar, so dass Eigentum auch an Sachen erworben werden kann, die dem Eigentümer abhanden gekommen sind (und an denen deshalb ein Pfandrecht nicht entstehen konnte, §§ 1207, 935, § 366 III HGB).

3 **3. Rechtsfolgen.** Wie → § 1242 Rn. 2. Zum Erlöschen der Forderung und zu den Rechtsverhältnissen am Erlös → § 1247 Rn. 8.

§ 1245 Abweichende Vereinbarungen

(1) [1]**Der Eigentümer und der Pfandgläubiger können eine von den Vorschriften der §§ 1234 bis 1240 abweichende Art des Pfandverkaufs vereinbaren.** [2]**Steht einem Dritten an dem Pfande ein Recht zu, das durch die Veräußerung erlischt, so ist die Zustimmung des Dritten erforderlich.** [3]**Die Zustimmung ist demjenigen gegenüber zu erklären, zu dessen Gunsten sie erfolgt; sie ist unwiderruflich.**

(2) **Auf die Beobachtung der Vorschriften des § 1235, des § 1237 Satz 1 und des § 1240 kann nicht vor dem Eintritt der Verkaufsberechtigung verzichtet werden.**

§ 1246 Abweichung aus Billigkeitsgründen

(1) **Entspricht eine von den Vorschriften der §§ 1235 bis 1240 abweichende Art des Pfandverkaufs nach billigem Ermessen den Interessen der Beteiligten, so kann jeder von ihnen verlangen, dass der Verkauf in dieser Art erfolgt.**

(2) **Kommt eine Einigung nicht zustande, so entscheidet das Gericht.**

Anmerkungen zu den §§ 1245, 1246

1 **1. Freiwillige Vereinbarung zwischen Pfandgläubiger und Eigentümer, § 1245. a)** Sie ändert den Inhalt des Pfandrechts und hat daher dingliche Wirkung. Möglich sind Erleichterung und Erschwerung des Pfandverkaufs; letztere kann aber nicht als Rechtmäßigkeitsvoraussetzung vereinbart werden (MüKo-BGB/Schäfer § 1245 Rn. 5, str). **b)** § 1245 II zieht zeitliche Grenze. Vorzeitiger Verzicht (vor Pfandreife, → § 1228 Rn. 2) ist unwirksam. Folge: §§ 1243 I, 1244. **c)** Betroffene Dritte (§ 1245 I 2, 3): § 1242 II. **d)** Abreden, die § 1245 nicht deckt, sind mit schuldrechtlicher Wirkung zulässig. Verstoß macht uU schadensersatzpflichtig. Veräußerung ist rechtmäßig.

2 **2. Anspruch auf Abweichung.** Eigentümer, Pfandgläubiger und nach § 1242 II betroffener Dritter haben gem § 1246 I **ges Anspruch auf Abweichung** von §§ 1235–1240 (nicht § 1234). Scheitert eine Einigung, so entscheidet das Gericht (§§ 410 Nr. 4, 411 IV FamFG) über die Art des Pfandverkaufs (§ 1246 II). Auch für das Gericht gilt § 1245 II. Neue Rechtmäßigkeitsvoraussetzungen kann es nicht bestimmen, str.

§ 1247 Erlös aus dem Pfande

[1]Soweit der Erlös aus dem Pfande dem Pfandgläubiger zu seiner Befriedigung gebührt, gilt die Forderung als von dem Eigentümer berichtigt. [2]Im Übrigen tritt der Erlös an die Stelle des Pfandes.

1 **1. Allgemeines.** § 1247 regelt zweierlei: die dingliche Rechtslage am Verwertungserlös und das Erlöschen der gesicherten Forderung. Beides hängt davon ab, ob und wieweit der Erlös dem Pfandgläubiger „gebührt". Soweit ihm der Erlös nicht gebührt, tritt **dingliche Surrogation** ein (S. 2).

2 **2. Pfanderlös.** Wieweit bei **rechtmäßiger Pfandveräußerung** (→ § 1242 Rn. 1) der *Erlös dem Pfandgläubiger* **gebührt,** hängt davon ab, ob der Erlös die Forderung (§ 1210) übersteigt und ob dem betreibenden Pfandgläubiger Rechte Dritter an der Sache vorgehen. **a) Ein vorrangiges Recht besteht nicht. aa)** *Der Erlös übersteigt* 3 *die Forderung nicht.* Dann gebührt er dem Pfandgläubiger allein, dieser wird Alleineigentümer. **bb)** *Der Erlös übersteigt die Forderung.* Dann erwirbt der Pfandgläubiger kraft 4 Ges (S. 2) Miteigentum am Erlös im Verhältnis Forderung: Erlös. Bsp: Forderung 80, Erlös 100; Miteigentumsanteil des Pfandgläubigers 8/10, der des ehemaligen Pfandeigentümers 2/10. An dessen Anteil setzt sich ein nachrangiges Recht, das am Pfand erloschen ist (§ 1242 II), fort. Nimmt der Pfandgläubiger den ihm gebührenden Anteil weg (§§ 749 I, 752), so erwirbt der ehemalige Pfandeigentümer am Rest Alleineigentum. §§ 948, 949 sind zu beachten. Zur Herausgabe des Übererlöses → § 1223 Rn. 1. **b) Ein vorrangiges Recht besteht. aa)** *Deckt der Erlös höchstens das vorrangige Recht,* 5 so gebührt dem Pfandgläubiger nichts, sein Pfandrecht erlischt ersatzlos. S. 2 bedeutet dann: Der ehemalige Pfandeigentümer wird Alleineigentümer des Erlöses, an dem sich (nur) das vorrangige Recht fortsetzt (vgl RGZ 119, 265, 269). Ist das vorrangige Recht ein Nießbrauch, so gilt § 1067 (Erlös in Geld ist verbrauchbare Sache, § 92). Bei Vermischung: §§ 948, 949. **bb)** *Übersteigt der Erlös das vorrangige Recht,* so gebührt 6 dem Pfandgläubiger der Übererlös bis zur Höhe seiner Forderung. Er erlangt Miteigentum am *Gesamt*erlös. Sein Anteil berechnet sich danach, wieweit ihm der *Über*erlös gebührt. Bsp: Forderung 80, vorrangiges Recht 110, Erlös 200; Übererlös also 90, Miteigentumsanteil des Pfandgläubigers 8/20, des früheren Pfandeigentümers 12/20 (an diesem Anteil setzt sich das vorrangige Recht fort: S. 2). §§ 948, 949, 1067 sind auch hier zu beachten (→ Rn. 5).

7 **3. Rechtsfolgen. Soweit** der Erlös dem Pfandgläubiger **gebührt** (→ Rn. 2–6), gilt die Forderung als von dem (ehemaligen) Eigentümer des Pfandes berichtigt, **S. 1.** Ist der Eigentümer auch Schuldner, so erlischt die Forderung. Andernfalls erwirbt er sie entspr §§ 1249 S. 2, 268 III (nach hM entspr § 1225; für Kumulation von §§ 1225, 1249 Staudinger/Wiegand Rn. 20 mN).

8 **4. Unrechtmäßige Pfandveräußerung.** → § 1243 Rn. 1. Hier ist zu *unterscheiden.* **a) Ersteher hat Eigentum** erlangt, § 1244. **aa)** *Liegt (jetzt) Pfandreife* (→ § 1228 Rn. 2) *vor,* so gebührt dem Pfandgläubiger der Erlös wie bei rechtmäßiger Veräußerung (Grüneberg/Wicke Rn. 4), vgl → Rn. 2–7. **bb)** *Fehlt Pfandreife,* so gilt allein **S. 2:** Mit Zahlung des Erlöses erlangt der ehemalige Pfandeigentümer kraft Ges Alleineigentum am Erlös; die erloschenen Belastungen (§ 1242 II) setzen sich am Erlös fort; die gesicherte Forderung erlischt nicht. **b) Der Ersteher hat kein Eigentum** gem 9 § 1244 erlangt: Die dingliche Rechtslage an der Pfandsache ändert sich nicht, Pfandgläubiger wird Eigentümer des Erlöses, Forderung erlischt nicht.

§ 1248 Eigentumsvermutung

Bei dem Verkauf des Pfandes gilt zugunsten des Pfandgläubigers der Verpfänder als der Eigentümer, es sei denn, dass der Pfandgläubiger weiß, dass der Verpfänder nicht der Eigentümer ist.

Verpfänder gilt als Eigentümer nur beim Pfandverkauf: §§ 1233 II, 1234–1241, 1245, 1246, auch bei Aushändigung des Übererlöses. Nur Kenntnis schadet, grob fahrlässige Unkenntnis ist unschädlich. Kenntnis allein macht die Pfandveräußerung nicht unrechtmäßig iSv § 1243 I.

§ 1249 Ablösungsrecht

[1]Wer durch die Veräußerung des Pfandes ein Recht an dem Pfande verlieren würde, kann den Pfandgläubiger befriedigen, sobald der Schuldner zur Leistung berechtigt ist. [2]Die Vorschrift des § 268 Abs. 2, 3 findet entsprechende Anwendung.

1 **1. Ablösungsberechtigter.** Dies ist, wer durch die Pfandveräußerung ein Recht an der Pfandsache verlieren würde (vgl § 1242), nämlich der **Eigentümer** (der nicht zugleich Schuldner ist; zahlt dieser, so erlöschen Forderung und Pfandrecht: §§ 362 I, 1252) und andere **dinglich Berechtigte** (vgl § 1242 II). Das Ablösungsrecht entsteht, sobald der Schuldner leisten darf (§ 271, vgl → § 1223 Rn. 2) und erlischt mit Eigentumserwerb des Erstehers.

2 **2. Rechtsfolgen.** Wird kraft Ablösungsrechts gezahlt (nicht gem § 267), so gehen Forderung (S. 2 mit § 268 III) und Pfandrecht (§§ 412, 401, 1250) auf den Ablösenden über; bei Ablösung durch den Eigentümer erlischt das Pfandrecht idR, § 1256. Statt Zahlung sind Aufrechnung und Hinterlegung möglich (S. 2 mit § 268 II); zur Aufrechnung → § 1224 Rn. 1. Mit Übergang des Pfandrechts besteht Anspruch auf Herausgabe der Pfandsache, § 1251.

§ 1250 Übertragung der Forderung

(1) **[1]Mit der Übertragung der Forderung geht das Pfandrecht auf den neuen Gläubiger über. [2]Das Pfandrecht kann nicht ohne die Forderung übertragen werden.**

(2) **Wird bei der Übertragung der Forderung der Übergang des Pfandrechts ausgeschlossen, so erlischt das Pfandrecht.**

1 **Die Akzessorietät des Pfandrechts.** Diese zeigt sich in § 1250. **a) Mit Übertragung** der Forderung (§§ 398, 412, § 835 II ZPO) geht das Pfandrecht über (sa §§ 401, 412), **I 1;** gilt auch für künftige und bedingte Forderungen (vgl § 1204 II). Mit Übergang des Pfandrechts besteht Anspruch auf Herausgabe der Pfandsache, § 1251. Bestand die Forderung, aber kein Pfandrecht, so scheitert dessen gutgl Erwerb am Fehlen einer ges Grundlage (MüKo-BGB/Schäfer Rn. 3). **b) Isolierte Übertragung** des Pfandrechts ist nichtig, **I 2. c) Das Pfandrecht erlischt** beim Versuch, I 1 zu umgehen, **II** (anders, wenn eine Einzelforderung aus laufendem Kredit unter Ausschluss von I abgetreten wird; das Pfandrecht sichert weiter den laufenden Kredit ohne die Einzelforderung: Westermann § 131 Rn. 2). Bei II geht die Forderung ungesichert über (abw von § 1153 II).

§ 1251 Wirkung des Pfandrechtsübergangs

(1) **Der neue Pfandgläubiger kann von dem bisherigen Pfandgläubiger die Herausgabe des Pfandes verlangen.**

(2) **[1]Mit der Erlangung des Besitzes tritt der neue Pfandgläubiger anstelle des bisherigen Pfandgläubigers in die mit dem Pfandrecht verbundenen Verpflichtungen gegen den Verpfänder ein. [2]Erfüllt er die Verpflichtungen nicht, so haftet für den von ihm zu ersetzenden Schaden der bisherige Pfandgläubiger wie ein Bürge, der auf die Einrede der Vorausklage verzichtet hat. [3]Die Haftung des bisherigen Pfandgläubigers tritt nicht ein, wenn**

die Forderung kraft Gesetzes auf den neuen Pfandgläubiger übergeht oder ihm auf Grund einer gesetzlichen Verpflichtung abgetreten wird.

1. Allgemeines. Die Übertragung der pfandgesicherten Forderung verlangt 1 nicht die Übergabe der Pfandsache (§ 1250 I 1). Daher gibt **I** dem neuen Pfandgläubiger einen Anspruch auf **Einräumung** desjenigen **Besitzes,** den der bisherige innehat.

2. Folgen der Besitzerlangung. Mit Besitzerlangung (nicht schon mit 2 Pfandrechtserwerb) übernimmt der neue Pfandgläubiger kraft Ges die Pflichten des bisherigen aus dem ges Schuldverhältnis iVm dem Pfandbestellungsvertrag, **II 1.** Für einen Schadensersatzanspruch des Verpfänders wegen Verletzung einer Pflicht iSv II 1 haftet der alte Pfandgläubiger wie ein selbstschuldnerischer Bürge (§ 773 I Nr. 1), sofern er die Forderung freiwillig abgetreten hat, **II 2, 3.** Bei einer Überweisung gem § 1233 II, § 835 ZPO gilt § 838 ZPO.

§ 1252 Erlöschen mit der Forderung

Das Pfandrecht erlischt mit der Forderung, für die es besteht.

Allgemeines. Dass das Pfandrecht mit der Forderung erlischt, ist Folge seiner **Akzessorietät.** Zur gesicherten Forderung → § 1210 Rn. 1. Zu ihrem Erlöschen → § 1204 Rn. 10 (allg), → Rn. 14 (künftige und bedingte Forderung).

§ 1253 Erlöschen durch Rückgabe

(1) [1]**Das Pfandrecht erlischt, wenn der Pfandgläubiger das Pfand dem Verpfänder oder dem Eigentümer zurückgibt.** [2]**Der Vorbehalt der Fortdauer des Pfandrechts ist unwirksam.**

(2) [1]**Ist das Pfand im Besitz des Verpfänders oder des Eigentümers, so wird vermutet, dass das Pfand ihm von dem Pfandgläubiger zurückgegeben worden sei.** [2]**Diese Vermutung gilt auch dann, wenn sich das Pfand im Besitz eines Dritten befindet, der den Besitz nach der Entstehung des Pfandrechts von dem Verpfänder oder dem Eigentümer erlangt hat.**

1. Rückgabe, I. Sie ist der freiwillige (auch irrig oder arglistig herbeigeführte) 1 Verlust des pfandbegründenden Besitzes (vgl §§ 1205, 1206) beim Pfandgläubiger und Erwerb dieses Besitzes durch den Eigentümer oder Verpfänder oder deren Besitzmittler (vgl RGZ 108, 163, 164). Rückgabe ist idR Realakt (str), daher Geschäftsfähigkeit nicht erforderlich (Ausnahme: Übertragung des mittelbaren Pfandbesitzes [§ 1205 II] gem § 870). Bei kurzfristiger Aushändigung kein Besitzverlust (vgl § 856 II), daher keine Rückgabe. IÜ kommt es auf den Rechtsgrund der Pfandrückgabe nicht an (OLG Dresden BKR 2010, 27, 28).

2. Vermutung. Die **Vermutung** der Rückgabe, **II,** ist widerlegbar (§ 292 ZPO). 2

§ 1254 Anspruch auf Rückgabe

[1]**Steht dem Pfandrecht eine Einrede entgegen, durch welche die Geltendmachung des Pfandrechts dauernd ausgeschlossen wird, so kann der Verpfänder die Rückgabe des Pfandes verlangen.** [2]**Das gleiche Recht hat der Eigentümer.**

1. Rückgabeanspruch. Dauernde Einreden gegen das Pfandrecht (zB wegen 1 Nichtigkeit des Kausalgeschäfts, → § 1204 Rn. 6) und gegen die Forderung (§ 1211) gewähren Verpfänder und Eigentümer einen **Rückgabeanspruch.** Sa § 1169.

2. Rechtsfolge der Rückgabe. § 1253 I. 2

§ 1255 Aufhebung des Pfandrechts

(1) **Zur Aufhebung des Pfandrechts durch Rechtsgeschäft genügt die Erklärung des Pfandgläubigers gegenüber dem Verpfänder oder dem Eigentümer, dass er das Pfandrecht aufgebe.**

(2) **[1]Ist das Pfandrecht mit dem Recht eines Dritten belastet, so ist die Zustimmung des Dritten erforderlich. [2]Die Zustimmung ist demjenigen gegenüber zu erklären, zu dessen Gunsten sie erfolgt; sie ist unwiderruflich.**

1 **1. Aufhebung.** Rechtsgeschäftliche **Aufhebung** (sog Aufgabe) des Pfandrechts geschieht durch formlose einseitige Willenserklärung gegenüber dem Eigentümer oder Verpfänder, **I.** Stillschweigender Verzicht muss eindeutig sein (BGH NJW 1997, 2110, 2111); allg → Vor § 116 Rn. 8.

2 **2. Zustimmung Dritter.** Ohne die notwendige **Zustimmung Dritter, II,** ist Aufhebung unwirksam, Rückgabe aber wirksam (§ 1253 I, doch uU Schadensersatzanspruch des Dritten).

§ 1256 Zusammentreffen von Pfandrecht und Eigentum

(1) **[1]Das Pfandrecht erlischt, wenn es mit dem Eigentum in derselben Person zusammentrifft. [2]Das Erlöschen tritt nicht ein, solange die Forderung, für welche das Pfandrecht besteht, mit dem Recht eines Dritten belastet ist.**

(2) **Das Pfandrecht gilt als nicht erloschen, soweit der Eigentümer ein rechtliches Interesse an dem Fortbestehen des Pfandrechts hat.**

1 **1. Eigentümerpfandrecht.** Ein **ursprüngliches Eigentümerpfandrecht** gibt es **nicht.** Eine dem § 1163 I 1 entspr Vorschrift fehlt für das Mobiliarpfandrecht.

2 **2. Erlöschen.** Beim nachträglichen Zusammentreffen von Alleineigentum und Pfandrecht (zB gem §§ 1249, 268 III, 412, 401, 1250) erlischt idR das Pfandrecht, **I 1,** sog **Konsolidation** (→ § 889 Rn. 4). Es bleibt als **nachträgliches Eigentümerpfandrecht** bestehen, wenn die pfandgesicherte Forderung mit Pfandrecht oder Nießbrauch belastet ist, **I 2;** Bestehen bleiben wird bei rechtlichem Interesse des Eigentümers am Fortbestand nur bzgl einzelner Wirkungen Dritten gegenüber fingiert (MüKo-BGB/Schäfer Rn. 5), **II,** zB weil er Forderung und Pfandrecht, das einer anderen Belastung vorgeht, übertragen will. Weitere Fälle: §§ 1976, 1991 II, 2143, 2175, 2377.

§ 1257 Gesetzliches Pfandrecht

Die Vorschriften über das durch Rechtsgeschäft bestellte Pfandrecht finden auf ein kraft Gesetzes entstandenes Pfandrecht entsprechende Anwendung.

1 **1. Allgemeines.** Bsp für ges Pfandrechte: §§ 233, 562, 583, 592, 647, 704; §§ 397, 440, 464, 475b HGB; § 1 OASG; weitere Bsp bei MüKo-BGB/Schäfer Rn. 1.

2 **2. Entspr Anwendung der §§ 1204 ff. a) Die Entstehung** ges Pfandrechte richtet sich nach den jeweiligen Sondervorschriften; die §§ 1204 ff. sind gem § 1257 *erst auf* ein kraft Ges „entstandenes" Pfandrecht entspr anwendbar (BGH NJW 1999, 3716, 3717). Sehr umstr ist die Entstehung **ges Pfandrechte an Eigentum Dritter.** Sie ist anerkannt bei § 583, dessen Wortlaut (anders als zB §§ 647, 704 [„des"]) nicht auf Eigentum des Verpächters am Inventar abstellt (→ §§ 582–583a Rn. 4); für abhanden gekommene Sachen ist dem nicht zu folgen. IÜ ist ein **Erwerb vom Nichtberechtigten** entspr § 1207 für besitzlose Pfandrechte (zB § 562) ausge-

schlossen (allgM), für ges Besitzpfandrechte, von § 366 III HGB abgesehen, sehr str (abl der BGH [grundlegend BGHZ 34, 153 = NJW 1961, 502 f., BGHZ 119, 75, 89 mN; stRspr] wegen des Wortlauts von § 1257; Westermann § 132 I mwN; dafür Baur/Stürner § 55 Rn. 40 wegen § 366 III HGB; ebenso Canaris FS Medicus, 1999, 25, 43 ff.; MüKo-BGB/Schäfer Rn. 3, je mwN). Der Streit dreht sich vor allem um das Unternehmerpfandrecht des § 647. Bsp: E veräußert seinen Pkw unter EV an K, dieser gibt ihn U zur Reparatur; str ist, ob U für seine Werklohnforderung ein ges Pfandrecht am Pkw, dh am Eigentum des E, erlangt (dazu K.Schmidt NJW 2014, 1). BGHZ 34, 122, 127 verneint dies (schützt den Werkunternehmer aber über ein Zurückbehaltungsrecht nach §§ 1000, 994 ff. [krit → Vor § 994 Rn. 5]). Die Zustimmung des Eigentümers zur Reparatur führt ebenfalls nicht zu einem ges Pfandrecht (BGHZ 34, 122 = NJW 1961, 499, 500 [kein § 185 bei ges Pfandrechten, auch keine „Verpflichtungsermächtigung“]). Möglich bleibt ein ges Pfandrecht am Anwartschaftsrecht des K (BGH NJW 1965, 1475), das aber endet, wenn der Veräußerer E vom Kaufvertrag zurücktritt. Die Praxis weicht oft auf ein *Vertragspfandrecht* aus. Begründung durch **AGB** soll für gutgl Erwerb, § 1207, genügen (BGH NJW 1981, 226, 227; krit Picker NJW 1978, 1417, zust K.Schmidt NJW 2014, 1, 2). **b)** 3
Entspr anwendbar sind ferner §§ 1209, 1233 ff., 1249, 1250, 1251, 1253 (nicht beim besitzlosen ges Pfandrecht; in Rückgabe kann Aufhebung gem § 1255 liegen).
c) Nicht entspr anwendbar sind §§ 1207 (→ Rn. 2), 1208, 1211, 1224, 1225, 4
1248 (aber anwendbar, wenn Erwerb vom Nichtberechtigten möglich, vgl § 366 III HGB).

§ 1258 Pfandrecht am Anteil eines Miteigentümers

(1) **Besteht ein Pfandrecht an dem Anteil eines Miteigentümers, so übt der Pfandgläubiger die Rechte aus, die sich aus der Gemeinschaft der Miteigentümer in Ansehung der Verwaltung der Sache und der Art ihrer Benutzung ergeben.**

(2) [1]**Die Aufhebung der Gemeinschaft kann vor dem Eintritt der Verkaufsberechtigung des Pfandgläubigers nur von dem Miteigentümer und dem Pfandgläubiger gemeinschaftlich verlangt werden.** [2]**Nach dem Eintritt der Verkaufsberechtigung kann der Pfandgläubiger die Aufhebung der Gemeinschaft verlangen, ohne dass es der Zustimmung des Miteigentümers bedarf; er ist nicht an eine Vereinbarung gebunden, durch welche die Miteigentümer das Recht, die Aufhebung der Gemeinschaft zu verlangen, für immer oder auf Zeit ausgeschlossen oder eine Kündigungsfrist bestimmt haben.**

(3) **Wird die Gemeinschaft aufgehoben, so gebührt dem Pfandgläubiger das Pfandrecht an den Gegenständen, welche an die Stelle des Anteils treten.**

(4) **Das Recht des Pfandgläubigers zum Verkauf des Anteils bleibt unberührt.**

1. Allgemeines. Abgrenzung der Rechte von Miteigentümern und Pfand- 1
gläubiger in **I.** Letzterem steht Benutzung nur gem §§ 1213, 1214 zu.

2. Aufhebung der Miteigentumsgemeinschaft. Diese kann Pfandgläubiger 2
allein erst nach Pfandreife (→ § 1228 Rn. 2) verlangen, **II 1, 2.** Str ist, ob sich das Pfandrecht nach der Aufhebung an den Ersatzgegenständen automatisch fortsetzt; Wortlaut von III („gebührt“) spricht dagegen (s. die Surrogationsanordnung in §§ 1219 II 1, 1247 S. 2), dennoch mR für Surrogation: BGHZ 52, 99, 105 ff.; → § 1066 Rn. 3.

§ 1259 Verwertung des gewerblichen Pfandes

[1]**Sind Eigentümer und Pfandgläubiger Unternehmer, juristische Personen des öffentlichen Rechts oder öffentlich-rechtliche Sondervermögen,**

können sie für die Verwertung des Pfandes, das einen Börsen- oder Marktpreis hat, schon bei der Verpfändung vereinbaren, dass der Pfandgläubiger den Verkauf aus freier Hand zum laufenden Preis selbst oder durch Dritte vornehmen kann oder dem Pfandgläubiger das Eigentum an der Sache bei Fälligkeit der Forderung zufallen soll. [2]In diesem Fall gilt die Forderung in Höhe des am Tag der Fälligkeit geltenden Börsen- oder Marktpreises als von dem Eigentümer berichtigt. [3]Die §§ 1229 und 1233 bis 1239 finden keine Anwendung.

1 **1. Allgemeines.** § 1259 gibt **Sonderregelung** für die Verwertung eines Pfandes, das zu diesem Zeitpunkt einen Börsen- oder Marktpreis hat (Bsp: Wertpapiere), sofern Eigentümer *und* Pfandgläubiger (nicht: Verpfänder) Unternehmer (§ 14), jur Personen des öffentl Rechts (→ § 89 Rn. 1) oder öffentl-rechtliche Sondervermögen sind.

2 **2. Vereinbarung bes Verwertung. a) Möglich** nach oder schon bei der Verpfändung, S. 1. **b)** Sie hat **dingliche Wirkung** (→ §§ 1245, 1246 Rn. 1 [a]). **c)** Geht **über** Vereinbarungsinhalt nach **§ 1245** hinaus: Vereinbar sind (1) **freihändiger Verkauf** ohne Verkaufsandrohung und Wartefrist (S. 3: §§ 1233–1239 unanwendbar); (2) **Verfallpfand** (S. 1 aE, 2, 3: § 1229 unanwendbar), dh durch die Fälligkeit der pfandgesicherten Forderung aufschiebend bedingter Anfall des Eigentums am Pfand beim Pfandgläubiger (Folge: S. 2).

§§ 1260–1272 *(weggefallen)*

Titel 2. Pfandrecht an Rechten

§ 1273 Gesetzlicher Inhalt des Pfandrechts an Rechten

(1) **Gegenstand des Pfandrechts kann auch ein Recht sein.**

(2) **[1]Auf das Pfandrecht an Rechten finden die Vorschriften über das Pfandrecht an beweglichen Sachen entsprechende Anwendung, soweit sich nicht aus den §§ 1274 bis 1296 ein anderes ergibt. [2]Die Anwendung der Vorschriften des § 1208 und des § 1213 Abs. 2 ist ausgeschlossen.**

1 **1. Allgemeines.** Zu den Entstehungsgründen und der praktischen Bedeutung des Pfandrechts an Rechten vgl → Vor § 1204 Rn. 1, 3.

2 **2. Gegenstand des Pfandrechts.** Dies kann jedes übertragbare (§ 1274 II) Recht sein. Bsp: Forderung, Anwartschaftsrecht auf Grundeigentumserwerb (→ § 873 Rn. 21 [cc]; → § 1204 Rn. 11 [c]), Grundschuld, Miterbenanteil (§ 2033), Patentrecht, Markenrecht (§ 29 I Nr. 1 MarkenG, Art. 22 UMV), Aktie, GmbH-Anteil, Dauerwohn- oder Dauernutzungsrecht nach WEG (BGH NZM 2019, 438 Rn. 26). Auch künftig erst entstehende Rechte sind verpfändbar, wenn sie jetzt schon abtretbar sind (dazu → § 398 Rn. 9); das Pfandrecht entsteht erst, wenn das verpfändete Recht entstanden ist (BGH NJW 1998, 2592, 2597). – Gegenstand eines Pfandrechts nach § 1273 können **nicht** sein: Grundstücks- und Wohnungseigentum, ferner grundstücksgleiche Rechte wie das Erbbaurecht (dafür §§ 1113, 1114, 1191) sowie das Eigentum an beweglichen Sachen und das Anwartschaftsrecht aus bedingter Übereignung (dafür §§ 1204, 1258; → § 929 Rn. 52; → § 930 Rn. 43).

3 **3. Anwendbares Recht.** Grundsätzlich gelten §§ 1204 ff., vorbehaltlich abw Regelungen in §§ 1274–1296, **II.** Unanwendbar sind §§ 1207 (Ausnahme → § 1274 Rn. 5), 1208 (außer, wenn § 892 anwendbar), 1212, 1213 II, 1246 (vgl §§ 1277 S. 2, § 1284).

§ 1274 Bestellung

(1) [1]**Die Bestellung des Pfandrechts an einem Recht erfolgt nach den für die Übertragung des Rechts geltenden Vorschriften. [2]Ist zur Übertragung des Rechts die Übergabe einer Sache erforderlich, so finden die Vorschriften der §§ 1205, 1206 Anwendung.**

(2) **Soweit ein Recht nicht übertragbar ist, kann ein Pfandrecht an dem Recht nicht bestellt werden.**

1. Bestellung des Pfandrechts. Dies geschieht idR nach den Übertragungsvor- 1
schriften, **I 1.** Für Forderungen s. § 1280. **a) Inhalt der Einigung** zwischen
Rechtsinhaber und Pfandgläubiger: entspr → §§ 1205, 1206 Rn. 2. **b) Form:** Ist 2
die Einigung bei der Übertragung formbedürftig (Bsp § 15 III GmbHG), so gilt das auch für die Einigung bei der Verpfändung. Sonst besteht Formfreiheit, zB bei Verpfändung eines Auflassungsanspruchs aus § 433 I I (BayObLG NJW 1976, 1895,
1896 f.; str). **c) Grundbucheintragung** (§ 873) ist nötig zB bei Verpfändung einer 3
durch Buchhypothek gesicherten Forderung (vgl § 1154 III), *nicht* bei Verpfändung eines Auflassungsanspruchs (aber möglich, wenn Auflassungsvormerkung eingetragen ist, vgl BayObLG NJW-RR 1987, 793, 794) oder der Anwartschaft aus erfolgter Auflassung (→ § 873 Rn. 21 [cc]) oder bei Verpfändung eines Gesellschaftsanteils der GbR (BGH DNotZ 2016, 925 Rn. 10 ff., wegen Anerkennung ihrer Rechtsfä-
higkeit; → § 705 Rn. 1; ie §§ 723–728 Rn. 9 [b]). **d) Sachübergabe,** I 2, zB des 4
Hypothekenbriefs bei Verpfändung einer hypothekarisch gesicherten Forderung (vgl § 1154 I). Hierfür gelten §§ 1205, 1206, so dass Übergabeersatz entspr § 930 ausgeschlossen ist (→ §§ 1205, 1206 Rn. 9). Verpfändung einer Sparforderung bedarf der Anzeige nach § 1280, aber nicht der Übergabe des Sparbuchs (BGH ZIP 1986,
720, 722). **e) Erwerb vom Nichtberechtigten** setzt voraus, dass das verpfändete 5
Recht selbst (zB nach §§ 405, 2366) oder das miterfasste Sicherungsrecht vom Nichtberechtigten erworben werden kann. ZB kann an der zu Unrecht eingetragenen, weil forderungslosen scheinbaren Fremdhypothek gem §§ 1138, 1155, 892 ein Pfandrecht erworben werden, aber nicht an der nicht existierenden Forderung.

2. Sonstiges. Bsp für **unübertragbare Rechte** in §§ 399, 400, 413, 473, 719, 6
985, 1018, 1103 I, 1110, 1419, 2033 II (gilt auch für künftige Rechte, die als nichtübertragbare entstehen, BGH DtZ 1997, 52, 53). – Kann ein Recht nur zur Ausübung überlassen werden (Bsp: Nießbrauch, § 1059), so ist es weder als solches noch hinsichtlich des Ausübungsrechts verpfändbar (str; differenzierend Staudinger/Wiegand Rn. 29; möglich ist die Verpfändung hingegen durch den Ausübungsberechtigten).

§ 1275 Pfandrecht an Recht auf Leistung

Ist ein Recht, kraft dessen eine Leistung gefordert werden kann, Gegenstand des Pfandrechts, so finden auf das Rechtsverhältnis zwischen dem Pfandgläubiger und dem Verpflichteten die Vorschriften, welche im Falle der Übertragung des Rechts für das Rechtsverhältnis zwischen dem Erwerber und dem Verpflichteten gelten, und im Falle einer nach § 1217 Abs. 1 getroffenen gerichtlichen Anordnung die Vorschrift des § 1070 Abs. 2 entsprechende Anwendung.

Sonstiges. Im Verhältnis zwischen Pfandgläubiger und Verpflichtetem gelten §§ 404–410.

§ 1276 Aufhebung oder Änderung des verpfändeten Rechts

(1) [1]**Ein verpfändetes Recht kann durch Rechtsgeschäft nur mit Zustimmung des Pfandgläubigers aufgehoben werden. [2]Die Zustimmung ist dem-**

jenigen gegenüber zu erklären, zu dessen Gunsten sie erfolgt; sie ist unwiderruflich. [3]Die Vorschrift des § 876 Satz 3 bleibt unberührt.

(2) **Das Gleiche gilt im Falle einer Änderung des Rechts, sofern sie das Pfandrecht beeinträchtigt.**

Allgemeines. Die Vorschrift entspricht inhaltlich dem § 1071, vgl Anm dort. Bei Vereinigung von Berechtigung und Verpflichtung aus einem verpfändeten Anspruch bleibt dieser zugunsten des Pfandgläubigers bestehen (keine Konfusion). Zur entspr Anwendung bei Aufhebung des verpfändeten Anwartschaftsrechts eines VKäufers → § 929 Rn. 63.

§ 1277 Befriedigung durch Zwangsvollstreckung

[1]Der Pfandgläubiger kann seine Befriedigung aus dem Recht nur auf Grund eines vollstreckbaren Titels nach den für die Zwangsvollstreckung geltenden Vorschriften suchen, sofern nicht ein anderes bestimmt ist. [2]Die Vorschriften des § 1229 und des § 1245 Abs. 2 bleiben unberührt.

1 **1. Voraussetzungen der Regelverwertung, S. 1.** Dies sind Pfandreife (§§ 1273 II, 1228 II; → § 1228 Rn. 2) und Duldungstitel gegen den Rechtsinhaber. Zum Titel → § 1233 Rn. 2. Die Befriedigung erfolgt gem §§ 803–807, 828 ff., 857 ZPO. Obwohl schon ein Pfandrecht besteht, ist Pfändung (§§ 829, 857 ZPO) nötig (RGZ 103, 137, 139); für den Rang gilt auch dann § 1209 (§ 1273 II), hM.

2 **2. Abw. Vereinbarungen.** Von S. 1 **abw Vereinbarungen** sind unter Beachtung von §§ 1229, 1245 II zulässig, **S. 2,** zB Verwertung durch Pfandverkauf ohne Titel (s. RGZ 100, 274, 276).

3 **3. Sondervorschriften.** Solche bestehen für die Verwertung von verpfändeten Forderungen (§§ 1281–1288, 1290), Grund- und Rentenschulden (§ 1291), Wertpapieren (§§ 1293–1295). Daneben steht der Weg des § 1277 offen.

§ 1278 Erlöschen durch Rückgabe

Ist ein Recht, zu dessen Verpfändung die Übergabe einer Sache erforderlich ist, Gegenstand des Pfandrechts, so findet auf das Erlöschen des Pfandrechts durch die Rückgabe der Sache die Vorschrift des § 1253 entsprechende Anwendung.

Allgemeines. Zur notwendigen Sachübergabe bei Pfandbestellung → § 1274 Rn. 4. Zur Rückgabe § 1253. Weitere Erlöschensgründe zB §§ 418 I, 1273 II mit 1250 II, 1252, 1255, 1256 I 1.

§ 1279 Pfandrecht an einer Forderung

[1]Für das Pfandrecht an einer Forderung gelten die besonderen Vorschriften der §§ 1280 bis 1290. [2]Soweit eine Forderung einen Börsen- oder Marktpreis hat, findet § 1259 entsprechende Anwendung.

1 **1. Allgemeines.** Für das Pfandrecht an verpfändbaren (§ 1274 II) **Forderungen** und Grundschulden (§ 1291) gelten **Sondervorschriften** (§§ 1280–1290). Soweit mit ihnen vereinbar, gelten daneben §§ 1273–1278 und über § 1273 II die §§ 1204 ff., zB § 1228 II, auch § 1259. Die Sondervorschriften behandeln insbes die Bestellung (§ 1280) und Verwertung (§§ 1281–1288, 1290) des Pfandrechts. Weitere Sondervorschriften für verbriefte Forderungen in §§ 1292–1296.

2 **2. Beteiligte. Beteiligt** bei der Forderungsverpfändung sind: der Pfandgläubiger; der Gläubiger der verpfändeten Forderung; deren Schuldner, der zugleich Pfand-

gläubiger sein kann (BGH NJW 1988, 3260, 3262). Der Pfandgläubiger ist zugleich Inhaber der pfandgesicherten Forderung (→ § 1204 Rn. 7 [aa]).

§ 1280 Anzeige an den Schuldner

Die Verpfändung einer Forderung, zu deren Übertragung der Abtretungsvertrag genügt, ist nur wirksam, wenn der Gläubiger sie dem Schuldner anzeigt.

1. Allgemeines. Grund der Anzeigepflicht sind Publizität und Schuldnerschutz 1 (daher keine Pflicht, wenn Schuldner und Pfandgläubiger identisch sind: BGHZ 93, 71, 76). IÜ ist Verpfändungsanzeige nur erforderlich, wenn zur Übertragung der Forderung die schlichte Abtretung (§ 398) genügt. Genügt sie nicht (Bsp → § 1274 Rn. 3, 4), bedarf es also keiner Anzeige an den Schuldner, dann ist dieser dadurch geschützt, dass er nur gegen Aushändigung der Sache leisten muss oder ggf das Grundbuch einsehen kann; iÜ gelten §§ 404 ff. (§ 1275). Zur Verpfändung einer Sparforderung → § 1274 Rn. 4. Ohne Anzeige ist die Verpfändung unwirksam (→ Rn. 2). Der darin liegende Zwang zur Offenlegung der Verpfändung wird durch die ohne Anzeige wirksame Sicherungsabtretung umgangen (zur Problematik → §§ 1205, 1206 Rn. 9).

2. Erfordernisse der Anzeige. Sie ist Teil des Verfügungstatbestands der Pfand- 2 rechtsbestellung und setzt daher bei Abgabe Verfügungsbefugnis voraus. Ohne erforderliche (→ Rn. 1) Anzeige ist Verpfändung unwirksam (RGZ 89, 289). Die formfreie Anzeige geht von dem verpfändenden Gläubiger (nicht vom Pfandgläubiger) oder einem von ihm bevollmächtigten Dritten an den Schuldner (RGZ 89, 289, 290). Sie muss erkennen lassen, dass der Gläubiger die Verpfändung gegen sich gelten lassen will; bloße Kenntnis des Schuldners vom Pfandvertrag ersetzt die Anzeige nicht (RGZ 89, 289 f.). Die Anzeige ist eine geschäftsähnliche Handlung (→ Vor § 104 Rn. 23; aA BGH NJW 2007, 3425 Rn. 12 [Willenserklärung]) und wird entspr → § 130 Rn. 4–12 wirksam, so dass der Schuldner nicht notwendig Kenntnis erhält (→ § 130 Rn. 4); zum *Schuldnerschutz* → § 1281 Rn. 1.

§ 1281 Leistung vor Fälligkeit

[1]**Der Schuldner kann nur an den Pfandgläubiger und den Gläubiger gemeinschaftlich leisten.** [2]**Jeder von beiden kann verlangen, dass an sie gemeinschaftlich geleistet wird; jeder kann statt der Leistung verlangen, dass die geschuldete Sache für beide hinterlegt oder, wenn sie sich nicht zur Hinterlegung eignet, an einen gerichtlich zu bestellenden Verwahrer abgeliefert wird.**

1. Allgemeines. Vor der Pfandreife (→ § 1228 Rn. 2) kann der Schuldner 1 nur an Pfandgläubiger und Gläubiger **gemeinschaftlich** leisten, um zu erfüllen, **S. 1;** Leistung an beide können Pfandgläubiger und Gläubiger selbstständig (BGHZ 5, 251, 253) verlangen, ebenso Hinterlegung (§§ 372 ff.) für beide oder Ablieferung an gerichtl bestellten Verwahrer (vgl § 410 Nr. 3 FamFG), **S. 2.** Beide Berechtigten sind zum Zusammenwirken verpflichtet (§ 1285 I). Bei mehreren Pfandgläubigern gilt § 1290. Zur dinglichen Rechtslage nach der Leistung: §§ 1287, 1288 I. – § 1281 ist **abdingbar** (§ 1284). – Der **unwissende Schuldner** ist gem §§ 1275, 407 geschützt; ob § 1287 gilt, ist str (s. MüKo-BGB/Schäfer Rn. 7).

2. Sonstiges. Zur Rechtslage **nach der Pfandreife:** § 1282. 2

§ 1282 Leistung nach Fälligkeit

(1) [1]**Sind die Voraussetzungen des § 1228 Abs. 2 eingetreten, so ist der Pfandgläubiger zur Einziehung der Forderung berechtigt und kann der**

Schuldner nur an ihn leisten. [2]Die Einziehung einer Geldforderung steht dem Pfandgläubiger nur insoweit zu, als sie zu seiner Befriedigung erforderlich ist. [3]Soweit er zur Einziehung berechtigt ist, kann er auch verlangen, dass ihm die Geldforderung an Zahlungs statt abgetreten wird.

(2) **Zu anderen Verfügungen über die Forderung ist der Pfandgläubiger nicht berechtigt; das Recht, die Befriedigung aus der Forderung nach § 1277 zu suchen, bleibt unberührt.**

1 **1. Pfandreife. Nach der Pfandreife** (→ § 1228 Rn. 2) ändert sich die Rechtslage gegenüber § 1281. **a) Das Einziehungsrecht,** nicht die Forderung selbst, steht nunmehr dem Pfandgläubiger zu („Forderungsspaltung"), nur an ihn kann der Schuldner mit Erfüllungswirkung leisten, **I 1** (zum Schuldnerschutz nach §§ 1275, 407 → § 1280 Rn. 1, → § 1281 Rn. 1). Der Pfandgläubiger darf verpfändete Forderung in voller Höhe einziehen (anders bei Geldforderungen: **I 2**), er darf mahnen, kündigen (§ 1283 III), gegen Schuldnerforderung an ihn aufrechnen (BeckOGK/Skamel § 387 Rn. 83); umgekehrt gelten §§ 1275, 406. Gläubigerschädliche Verfügungen (ds leistungsvereitelnde Verfügungen) sind vom Einziehungsrecht nicht gedeckt (II Hs. 1)
2 und unwirksam, zB Abtretung, Erlass, Vergleich. **b) Im Einziehungsprozess** ist der Pfandgläubiger bzgl der Forderung Prozessstandschafter (Klage über fremdes Recht im eigenen Namen); nur bzgl des Einziehungsrechts klagt er ein eigenes Recht ein
3 (Stein/Jonas/Würdinger § 835 Rn. 25). **c) Zur Einziehungspflicht** des Pfandgläubi-
4 gers § 1285 II. **d) Rechtslage nach der Einziehung:** §§ 1287, 1288 II. Wird eine verpfändete Geldforderung dem Pfandgläubiger abgetreten (**I 3;** Umfang: I 2), so gilt
5 er als befriedigt, auch wenn die Forderung nicht eintreibbar ist. **e)** Der **Gläubiger bleibt Forderungsinhaber** und zu Verfügungen berechtigt, die das Einziehungsrecht des Pfandgläubigers (→ Rn. 1) nicht beeinträchtigen. Er kann zB zugunsten des Pfandgläubigers mahnen, kündigen (einschr § 1283 I), Leistung an diesen verlangen, auch klageweise (BGH NJW-RR 1991, 537).

6 **2. Sonstiges.** § 1282 ist **abdingbar** (§ 1284). Kraft Ges ist wahlweise Befriedigung nach § 1277 stets möglich, II Hs. 2 (sa BGH NJW-RR 2016, 1065, 1066 Rn. 16: kein Vorrang des unmittelbaren Forderungseinzugs).

§ 1283 Kündigung

(1) **Hängt die Fälligkeit der verpfändeten Forderung von einer Kündigung ab, so bedarf der Gläubiger zur Kündigung der Zustimmung des Pfandgläubigers nur, wenn dieser berechtigt ist, die Nutzungen zu ziehen.**

(2) **Die Kündigung des Schuldners ist nur wirksam, wenn sie dem Pfandgläubiger und dem Gläubiger erklärt wird.**

(3) **Sind die Voraussetzungen des § 1228 Abs. 2 eingetreten, so ist auch der Pfandgläubiger zur Kündigung berechtigt; für die Kündigung des Schuldners genügt die Erklärung gegenüber dem Pfandgläubiger.**

1 **1. Vor Pfandreife. Kündigung vor Pfandreife** (→ § 1228 Rn. 2) nur durch den Gläubiger (arg III Hs. 1). Beim Nutzungspfand (§§ 1213, 1214) ist Zustimmung des Pfandgläubigers erforderlich, **I.** Auf Kündigung und Zustimmung besteht uU Anspruch (§ 1286). Kündigung des Schuldners muss an Pfandgläubiger und Gläubiger gehen, **II.**

2 **2. Nach Pfandreife. Nach Pfandreife** genügt Kündigung durch oder an Pfandgläubiger, **III.**

3 **3. Sonstiges.** § 1283 ist **abdingbar** (§ 1284).

§ 1284 Abweichende Vereinbarungen

Die Vorschriften der §§ 1281 bis 1283 finden keine Anwendung, soweit der Pfandgläubiger und der Gläubiger ein anderes vereinbaren.

§ 1277 S. 2 ist stets zu beachten (RGZ 90, 255, 256).

§ 1285 Mitwirkung zur Einziehung

(1) **Hat die Leistung an den Pfandgläubiger und den Gläubiger gemeinschaftlich zu erfolgen, so sind beide einander verpflichtet, zur Einziehung mitzuwirken, wenn die Forderung fällig ist.**

(2) [1]**Soweit der Pfandgläubiger berechtigt ist, die Forderung ohne Mitwirkung des Gläubigers einzuziehen, hat er für die ordnungsmäßige Einziehung zu sorgen.** [2]**Von der Einziehung hat er den Gläubiger unverzüglich zu benachrichtigen, sofern nicht die Benachrichtigung untunlich ist.**

§ 1286 Kündigungspflicht bei Gefährdung

[1]**Hängt die Fälligkeit der verpfändeten Forderung von einer Kündigung ab, so kann der Pfandgläubiger, sofern nicht das Kündigungsrecht ihm zusteht, von dem Gläubiger die Kündigung verlangen, wenn die Einziehung der Forderung wegen Gefährdung ihrer Sicherheit nach den Regeln einer ordnungsmäßigen Vermögensverwaltung geboten ist.** [2]**Unter der gleichen Voraussetzung kann der Gläubiger von dem Pfandgläubiger die Zustimmung zur Kündigung verlangen, sofern die Zustimmung erforderlich ist.**

Anmerkungen zu den §§ 1285, 1286

1. Mitwirkungspflichten. Bei Einziehung vor Pfandreife (§ 1281) oder auf Grund Vereinbarung (§ 1284) sind Pfandgläubiger und Gläubiger aufeinander angewiesen. Daraus ergeben sich Mitwirkungspflichten (§§ 1285 I, 1286, 1288 I). 1

2. Schadensersatz. Bei Verletzung von Einziehungs- oder Benachrichtigungspflicht (zu dieser § 1285 II 2) ist uU Schadensersatz zu leisten. 2

§ 1287 Wirkung der Leistung

[1]**Leistet der Schuldner in Gemäßheit der §§ 1281, 1282, so erwirbt mit der Leistung der Gläubiger den geleisteten Gegenstand und der Pfandgläubiger ein Pfandrecht an dem Gegenstand.** [2]**Besteht die Leistung in der Übertragung des Eigentums an einem Grundstück, so erwirbt der Pfandgläubiger eine Sicherungshypothek; besteht sie in der Übertragung des Eigentums an einem eingetragenen Schiff oder Schiffsbauwerk, so erwirbt der Pfandgläubiger eine Schiffshypothek.**

1. Allgemeines. § 1287 gilt für die Einziehung einer verpfändeten Forderung vor oder nach Pfandreife (→ § 1228 Rn. 2; für verpfändete Geldforderung gilt daneben § 1288). Wird die verpfändete Forderung erfüllt, so erlöschen sie und das Pfandrecht. Den Leistungsgegenstand erwirbt der Gläubiger. Beim *Erwerb vom Nichtberechtigten* kommt es vor Pfandreife auf die Bösgläubigkeit des Gläubigers, danach auf die des Pfandgläubigers an, da er den Leistungsgegenstand für den Gläubiger als ges Vertreter erwirbt (vgl § 166 I). 1

2. S. 1. An geleisteten **beweglichen Sachen oder Rechten** erwirbt der Gläubiger Eigentum oder Rechtsinhaberschaft (zum Erwerb vom Nichtberechtigten → Rn. 1). An diesem Recht (das wiederum eine Forderung sein kann) erwirbt der 2

Pfandgläubiger kraft Surrogation ein Pfandrecht, **S. 1.** Bei Eintritt der Pfandreife (→ § 1228 Rn. 2) wird das Ersatzpfand gem §§ 1228 ff., 1277, 1282 ff. verwertet.

3 **3. S. 2.** Bei Verpfändung eines **Auflassungsanspruchs** (Anspruch auf Übereignung eines Grundstücks) erwirbt der Pfandgläubiger, sobald der Gläubiger Eigentum am Grundstück erlangt hat (→ Rn. 1), kraft Surrogation eine Sicherungshypothek am Grundstück (§ 1184), **S. 2 Hs. 1.** Ihre Eintragung ist Grundbuchberichtigung (§ 894, § 22 GBO). Verwertung: § 1147. – Zur Verpfändung einer Eigentumsanwartschaft → § 873 Rn. 21 (cc).

§ 1288 Anlegung eingezogenen Geldes

(1) [1]**Wird eine Geldforderung in Gemäßheit des § 1281 eingezogen, so sind der Pfandgläubiger und der Gläubiger einander verpflichtet, dazu mitzuwirken, dass der eingezogene Betrag, soweit es ohne Beeinträchtigung des Interesses des Pfandgläubigers tunlich ist, der Rechtsverordnung nach § 240a entsprechend angelegt und gleichzeitig dem Pfandgläubiger das Pfandrecht bestellt wird.** [2]**Die Art der Anlegung bestimmt der Gläubiger.**

(2) **Erfolgt die Einziehung in Gemäßheit des § 1282, so gilt die Forderung des Pfandgläubigers, soweit ihm der eingezogene Betrag zu seiner Befriedigung gebührt, als von dem Gläubiger berichtigt.**

1 **1. I.** Wird die verpfändete **Geldforderung vor Pfandreife** (→ § 1228 Rn. 2) eingezogen, **I,** so erwirbt der Gläubiger das Eigentum, der Pfandgläubiger ein Pfandrecht am Geld (§ 1287 S. 1). Nach mündelsicherer Anlegung (§ 1807) hat der Pfandgläubiger Anspruch auf Pfandbestellung, zB am Rückzahlungsanspruch gegen die Sparkasse (§ 1807 I Nr. 5).

2 **2. II.** Bei Einziehung **nach Pfandreife, II,** erlangt der Pfandgläubiger Alleineigentum am Geld, auch soweit er mehr einzieht, als ihm § 1282 I 2 erlaubt; § 1247 S. 2 gilt hier nicht (MüKo-BGB/Schäfer Rn. 5, hM). Folge: Schuldner bleibt insoweit dem Gläubiger zur Leistung verpflichtet und kann überschießenden Betrag vom Pfandgläubiger kondizieren. Die verpfändete Forderung und nachrangige Belastungen erlöschen stets, idR auch die gesicherte Forderung (diese geht aber auf den Gläubiger über, wenn er nicht ihr Schuldner war: §§ 1273 II, 1249, vgl → § 1247 Rn. 7).

§ 1289 Erstreckung auf die Zinsen

[1]**Das Pfandrecht an einer Forderung erstreckt sich auf die Zinsen der Forderung.** [2]**Die Vorschriften des § 1123 Abs. 2 und der §§ 1124, 1125 finden entsprechende Anwendung; an die Stelle der Beschlagnahme tritt die Anzeige des Pfandgläubigers an den Schuldner, dass er von dem Einziehungsrecht Gebrauch mache.**

Allgemeines. § 1289 erweitert das Pfandobjekt (sa § 1212). Eine selbstständige Zinsverpfändung und das Nutzungspfandrecht (§ 1213 I) werden von § 1289 nicht berührt.

§ 1290 Einziehung bei mehrfacher Verpfändung

Bestehen mehrere Pfandrechte an einer Forderung, so ist zur Einziehung nur derjenige Pfandgläubiger berechtigt, dessen Pfandrecht den übrigen Pfandrechten vorgeht.

1 **1. Einziehungsrecht.** Das Einziehungsrecht nach §§ 1281, 1282 steht allein dem **rangersten Pfandgläubiger** zu. Ein nachrangiger Pfandgläubiger kann nur Leis-

tung an den Rangersten verlangen, sobald für diesen Pfandreife (→ § 1228 Rn. 2) eingetreten ist. Vor Pfandreife kann er bloß Leistung an den Rangersten und den Gläubiger entspr § 1281 fordern.

2. Gleichrangige Pfandgläubiger. Diese können unteilbare Leistung nur an alle verlangen (§ 432). Geldforderungen kann jeder anteilmäßig allein einziehen (§ 420; MüKo-BGB/Schäfer Rn. 4). 2

§ 1291 Pfandrecht an Grund- oder Rentenschuld

Die Vorschriften über das Pfandrecht an einer Forderung gelten auch für das Pfandrecht an einer Grundschuld und an einer Rentenschuld.

1. Allgemeines. Zur Pfandbestellung → § 1274 Rn. 3, 4, ferner § 1293. 1

2. Geltungsbereich. § 1291 gilt **nicht für die Hypothek,** weil nicht sie, sondern die hypothekarisch gesicherte Forderung verpfändet wird (§§ 1274 I, 1154). 2

§ 1292 Verpfändung von Orderpapieren

Zur Verpfändung eines Wechsels oder eines anderen Papiers, das durch Indossament übertragen werden kann, genügt die Einigung des Gläubigers und des Pfandgläubigers und die Übergabe des indossierten Papiers.

Allgemeines. Die Verpfändung von **Orderpapieren** (sie sind übertragbar durch Indossament) erfordert außer der Einigung auch die Übergabe des (indossierten) Papiers. Daher bedarf es keiner Anzeige gem § 1280.

§ 1293 Pfandrecht an Inhaberpapieren

Für das Pfandrecht an einem Inhaberpapier gelten die Vorschriften über das Pfandrecht an beweglichen Sachen.

Sonstiges. Für **Inhaberpapiere** gelten §§ 1204–1259 unmittelbar, ferner § 1294.

§ 1294 Einziehung und Kündigung

Ist ein Wechsel, ein anderes Papier, das durch Indossament übertragen werden kann, oder ein Inhaberpapier Gegenstand des Pfandrechts, so ist, auch wenn die Voraussetzungen des § 1228 Abs. 2 noch nicht eingetreten sind, der Pfandgläubiger zur Einziehung und, falls Kündigung erforderlich ist, zur Kündigung berechtigt und kann der Schuldner nur an ihn leisten.

Sonstiges. Bei Order- und Inhaberpapieren hat Pfandgläubiger schon vor Pfandreife (→ § 1228 Rn. 2) und ohne Rücksicht auf Höhe der eigenen Forderung in vollem Umfang ein selbstständiges Einziehungs- und Kündigungsrecht (abw von §§ *1281*, 1282 I 2, 1283; BGHZ 217, 178 Rn. 50).

§ 1295 Freihändiger Verkauf von Orderpapieren

[1]Hat ein verpfändetes Papier, das durch Indossament übertragen werden kann, einen Börsen- oder Marktpreis, so ist der Gläubiger nach dem Eintritt der Voraussetzungen des § 1228 Abs. 2 berechtigt, das Papier nach § 1221 verkaufen zu lassen. [2]§ 1259 findet entsprechende Anwendung.

Sonstiges. Ausnahme von §§ 1277, 1282. Anwendung von § 1259 setzt entspr Vereinbarung voraus (s. dort S. 1).

§ 1296 Erstreckung auf Zinsscheine

[1]Das Pfandrecht an einem Wertpapier erstreckt sich auf die zu dem Papier gehörenden Zins-, Renten- oder Gewinnanteilscheine nur dann, wenn sie dem Pfandgläubiger übergeben sind. [2]Der Verpfänder kann, sofern nicht ein anderes bestimmt ist, die Herausgabe der Scheine verlangen, soweit sie vor dem Eintritt der Voraussetzungen des § 1228 Abs. 2 fällig werden.

Sonstiges. Abweichung von § 1289.

Buch 4. Familienrecht

Einführung

I. Regelungsgegenstand, Einordnung und Wesenszüge

1. Überblick. Unter **Familienrecht** versteht man die Gesamtheit der im ersten Abschnitt des 4. Buchs des BGB durch die bürgerliche Ehe (§§ 1297–1588) und im zweiten Abschnitt aufgrund der Verwandtschaft (§§ 1589–1772) begründeten status- und vermögensrechtlichen Rechtsverhältnisse. Hinzu kommen im dritten Abschnitt mit der Vormundschaft (§§ 1773–1808), der Pflegschaft für Minderjährige (§§ 1809–1813), der rechtlichen Betreuung (§§ 1814–1881) und der sonstigen Pflegschaft (§§ 1882–1888) vier Rechtsinstitute, die durch die Wahrung von Fürsorgeinteressen geprägt sind, materiell aber nicht zum Familienrecht zählen. Deren Zuordnung zum vierten Buch ist eine Verlegenheitslösung des Gesetzgebers. 1

2. Begriff. a) Der Begriff **„Familie"** wird im BGB nicht definiert. Man versteht darunter die durch Ehe oder Verwandtschaft rechtlich verbundenen Personen. Fehlt es sowohl an Verwandtschaft als auch an Ehe, scheidet die Anwendung familienrechtlicher Bestimmungen aus. **b)** Die Familie ist nicht Rechtssubjekt. Normadressaten des Familienrechts sind die die Familie bildenden natürlichen Personen. Es gibt kein „Familieneigentum". **c)** Der Begriff „Angehöriger" (vgl. §§ 530 I, 1611 I) ist weiter als der Begriff Familie und umfasst etwa auch Pflegekinder. **Lit.:** Klinkhammer, Wer gehört zur Familie?, ZfPW 2015, 5. 2

3. Allgemeines. a) Im vierten Buch knüpft das BGB nicht an abstrakte Kriterien wie Person, Schuldverhältnis oder Sache an, sondern greift den **Lebenssachverhalt** „Familie" auf. Dies hat zur Folge, dass im Familienrecht personenrechtliche (Status-)Bestimmungen (Bsp: Familienname, Verwandtschaft) und vermögensrechtliche Rechtsverhältnisse (Bsp: Unterhaltspflichten, Zugewinnausgleich) nebeneinander geregelt werden. **b)** Die familienrechtlichen Statusbeziehungen Ehe und Verwandtschaft sind auf **Rechtssicherheit** und -klarheit angewiesen. Die Privatautonomie ist dementspr. deutlich eingeschränkt. Die Rechtsgeschäfte unterliegen häufig Formvorschriften (Bsp: §§ 1310 I, 1311 S. 1, 1410, 1597 I, 1752 II 2), sind grds. bedingungsfeindlich (Bsp: § 1311 S. 2) und bedürfen der Mitwirkung staatlicher Stellen (Bsp: § 1310, Standesbeamter bei Eheschließung; § 1564, Familiengericht bei Ehescheidung). **c)** Von bes. Bedeutung für Rechtssicherheit und -klarheit ist das im PStG geregelte **Personenstandsrecht.** Personenstand ist die sich aus den Merkmalen des Familienrechts ergebende Stellung einer Person innerhalb der Rechtsordnung einschl. ihres Namens. Der Personenstand umfasst Daten über Geburt, Eheschließung, Begründung einer Lebenspartnerschaft und Tod sowie damit in Verbindung stehende familien- und namensrechtliche Tatsachen (§ 1 I PStG). Das Standesamt führt als Personenstandsregister ein Ehe-, Lebenspartnerschafts-, Geburten- und Sterberegister (§ 3 PStG). Zur Benutzung der Register s. §§ 61 ff. PStG. Personenstandsurkunden § 55 PStG. Zur Beweiskraft s. § 54 PStG. **Lit.:** Gaaz, Das neue Personenstandsgesetz, FamRZ 2007, 1057. 3

II. Verfassungsrechtliche Vorgaben

Lit.: Neuner, Das Bundesverfassungsgericht als oberstes Familiengericht?, FamRZ 2017, 1805; Sanders, Das Familienrecht in der Rechtsprechung des BVerfG, FuR 2016, 434; Schweitzer, Ehe und Eingetragene Lebenspartnerschaft im Lichte des Art. 6 Abs. 1 Alt. 1 GG, 2018.

1. Gesetzgebungskompetenz. Die konkurrierende Gesetzgebungskompetenz des Bundes für das Familienrecht folgt aus Art. 74 I Nr. 1 GG („bürgerliches Recht") und Art. 74 I Nr. 2 GG („Personenstandswesen"). 4

5 **2. Gleichberechtigung.** Die in Art. 3 II 1 GG verbriefte Gleichberechtigung von Mann und Frau ist seit dem 1.4.1953 (Art. 117 I GG) geltendes Recht (BGHZ 11, Anh. 36; BVerfGE 3, 225). Durch das am 1.7.1958 in Kraft getretene GleichberG wurden insbes. der Güterstand, das Unterhaltsrecht und das Kindschaftsrecht Art. 3 II GG angepasst. Weiterhin soll die Verhinderung bzw. Beseitigung geschlechtsbezogener Nachteile mit dem am 18.8.2006 in Kraft getretenen AGG erreicht werden (§ 1 AGG).

6 **3. Art. 6 GG. a)** Art. 6 I GG schützt den Kernbereich des im BGB normierten Ehe- und Familienrechts vor Aufhebung (Institutsgarantie); zum Begriff der Ehe iSv Art. 6 I GG s. BVerfG BeckRS 2023, 5426 Rn. 109. Daneben garantiert Art. 6 I GG als klassisches Freiheitsrecht insbes. die Eheschließungsfreiheit. Art. 6 I GG enthält ferner eine wertentscheidende Grundsatznorm: Der Gesetzgeber hat insbes. die Aufgabe, Ehe und Familie zu bewahren und zu fördern (BVerfGE 6, 76). In den Schutzbereich von Art. 6 I GG fällt auch die Beziehung des Kindes zu nicht miteinander verheirateten Elternteilen (BVerfGE 8, 215; 79, 267). Auch der nicht durch ein rechtliches Statusverhältnis mit dem Kind verbundene **leibliche („biologische") Vater** bildet mit ihm eine Familie iSv Art. 6 I GG, wenn zwischen ihnen eine sozial-familiäre Beziehung besteht (BVerfG NJW 2003, 2151 [2155]); zu den Folgen für das Umgangsrecht vgl. → §§ 1684, 1685 Rn. 2. Art. 6 II GG schützt das Interesse des leiblichen Vaters, die rechtliche Vaterposition zu erlangen (BVerfG NJW 2003, 2151 [2152]); zur Bedeutung für die Anfechtung → §§ 1599–1600c Rn. 2. **Lit.:** Heiderhoff, Aktuelle Fragen zu Art. 6 GG: Flüchtlingsfamilien, Regenbogenfamilien, Patchworkfamilien – und das Kindergrundrecht, NZFam 2020, 320. **b)** Art. 6 II, III GG schützt das Elternrecht auf Pflege und Erziehung ihrer Kinder. Es umfasst insbes. das Sorgerecht. Entscheidungen der Eltern sind grds. zu respektieren. Grenzen: Persönlichkeitsrecht des Kindes, Missbrauch des Elternrechts (vgl. § 1666 und Art. 6 II 2 GG). **c)** Art. 6 IV GG ist Ausprägung des Sozialstaatsprinzips und Grundrecht. Umgesetzt etwa im arbeitsrechtlichen Mutterschaftsschutz. **d)** Der Gesetzgebungsauftrag des Art. 6 V GG ist durch das NEhelG v. 19.8.1969 und das KindRG v. 16.12.1997 weitgehend erfüllt worden (vgl. Budzikiewicz, Materielle Statuseinheit und kollisionsrechtliche Statusverbesserung, 2007).

III. Verfahrensrecht

Lit.: Borth, Einführung in das Gesetz zur Reform des Verfahrens in Familiensachen und in Angelegenheiten der freiwilligen Gerichtsbarkeit v. 17.12.2008 (FGG-ReformG), FamRZ 2009, 157.

7 § 23b GVG sieht für Familiensachen Familiengerichte vor. Das Verfahren in Familiensachen ist seit dem 1.9.2009 im Gesetz über das Verfahren in Familiensachen und in Angelegenheiten der freiwilligen Gerichtsbarkeit (FamFG) geregelt. Aufgrund des öffentl. Interesses am Bestand von Ehe und Familie gilt in Familiensachen (§ 111 FamFG) der zivilprozessuale Dispositions- und Verhandlungsgrundsatz nur eingeschränkt (§§ 26, 127, 177 FamFG).

IV. IPR, Einheitsrecht und Einigungsvertrag

8 **1. IPR.** Zum IPR vgl. Art. 10 f., 13–24, 47 f., 220 EGBGB. Daneben sind zahlreiche Staatsverträge zu beachten, s. Jayme/Hausmann, Internationales Privat- und Verfahrensrecht, 21. Aufl. 2022; zur Bestimmung des Personalstatuts von Flüchtlingen vgl. Budzikiewicz StAZ 2017, 289. Das int. Familienrecht des EGBGB wird zudem immer mehr durch EU-Verordnungen verdrängt. Seit dem 21.6.2012 findet die sog. Rom III-VO (ABl. 2010 L 343, 10) Anwendung, die für die teilnehmenden Mitgliedstaaten (→ Vor Art. 1 Rom III-VO Rn. 1) das int. Scheidungsrecht vereinheitlicht. Art. 15 EuUnthVO (ABl. 2009 L 7, 1) verweist für das int. Unterhaltsrecht auf das Haager Protokoll v. 23.11.2007 über das auf Unterhaltspflichten anzuwendende Recht (→ Art. 15 EuUnthVO Rn. 1 ff.). Das Protokoll gilt seit dem

18.6.2011 mit Wirkung für alle EU-Mitgliedstaaten mit Ausn. Dänemarks und des Vereinigten Königreichs, das (vor dem EU-Austritt) von der Möglichkeit des *opt in* keinen Gebrauch gemacht hatte. Für das int. Ehegüterrecht und das int. Güterrecht eingetragener Partnerschaften gelten seit dem 29.1.2019 die EuGüVO (ABl. 2016 L 183, 1) und die EuPartVO (ABl. 2016 L 183, 30). Die Verordnungen vereinheitlichen für die teilnehmenden Mitgliedstaaten (ua) die Bestimmungen über das anzuwendende Recht in Fragen des ehelichen und lebenspartnerschaftlichen Güterstands (s. dazu Martiny ZfPW 2017, 1; Dutta FamRZ 2019, 1390; ders. FamRZ 2016, 1973). Zum optionalen materiellen Einheitsrecht des **deutsch-französischen Wahlgüterstands** s. § 1519.

2. Einigungsvertrag. Vgl. Art. 234 EGBGB. 9

Abschnitt 1. Bürgerliche Ehe

Vorbemerkungen

I. Gegenstand

Lit.: D. Schwab, Gedanken über die „Bürgerliche Ehe“, in: Kanzleiter/D. Schwab (Hrsg.), Familienrecht zwischen Tradition und Innovation, 2019, 139.

1. Allgemeines. Der erste Abschnitt des vierten Buches regelt die Ehe als obliga- 1
torische Zivilehe. Die Beschränkung auf „bürgerliche Ehe“ (statt schlicht: „Ehe“) soll zum Ausdruck bringen, dass das BGB die „kirchliche“ Ehe unberührt lässt; vgl. § 1588.

2. Gliederung. Die Gliederung des ersten Abschnitts orientiert sich an den 2
Regelungsgegenständen Entstehung (§§ 1303–1320), Inhalt (§§ 1353–1563) und Beendigung der Ehe sowie deren Rechtsfolgen (§§ 1564–1587). Zum Eherecht zählen auch die Bestimmungen über das Verlöbnis (§§ 1297–1302).

II. Nichteheliche Lebensgemeinschaft

Lit.: Bültmann/Hausmann/Hohloch, Das Recht der nichtehelichen Lebensgemeinschaft, 2. Aufl. 2004 (Handbuch); Dutta, Paarbeziehungsregime jenseits der Ehe – Rechtsvergleichende und rechtspolitische Perspektiven, AcP 216, 609; Grziwotz, Die nichteheliche Lebensgemeinschaft, MDR 2018, 833 u 907; ders., Nichteheliche Lebensgemeinschaft, 6. Aufl. 2023; Weinreich, Die nichteheliche Lebensgemeinschaft, ihr Bestehen und ihre Auflösung, FuR 2021, 127 u 185; Wellenhofer, Die Vermögensauseinandersetzung nichtehelicher Lebensgemeinschaften bei Trennung der Partner, NZFam 2021, 381.

1. Begriff. Die nichteheliche Lebensgemeinschaft wurde herkömmlich definiert 3
als eine auf Dauer angelegte, durch innere Bindungen und gegenseitiges Einstehen geprägte Lebensgemeinschaft zwischen Mann und Frau, die daneben keine weitere Lebensgemeinschaft gleicher Art zulässt (BGH NJW 1993, 999 [1001] in Anlehnung an *BVerfG* NJW 1993, 643 [645]). Bloße Haushalts- und Wirtschaftsgemeinschaft und vorübergehende Partnerschaft scheiden danach aus. Schon vor Öffnung des Rechtsinstituts der Ehe für gleichgeschlechtliche Paare durch das Ges. v. 20.7.2017 (BGBl. I 2787) sind die für heterosexuelle nichteheliche Verbindungen entwickelten Grundsätze auf homosexuelle Lebensgemeinschaften übertragen worden (BeckOGK/Wellenhofer [1.10.2022] § 1297 Rn. 76 mwN; vgl. auch BGH NJW 2008, 443 [444]; NJW 2008, 2333 [2336]: kein ausdr. Hinweis mehr auf die Verschiedengeschlechtlichkeit). Da seit dem 1.10.2017 auch gleichgeschlechtliche Paare (nur noch) eine Ehe eingehen können (vgl. Art. 3 III Ges. v. 20.7.2017), ist eine Eingrenzung des Begriffs der nichtehelichen Lebensgemeinschaft auf „Mann und Frau“ überholt (sa BGH FamRZ 2018, 1517).

4 **2. Rechtliche Erfassung.** Auf nichteheliche Lebensgemeinschaften sind die verlöbnis- und eherechtlichen Vorschriften nicht anwendbar. Daher kein Zeugnisverweigerungsrecht nach § 383 I ZPO, § 52 I StPO; auch kein Anspruch auf Verfahrens- und Prozesskostenvorschuss nach § 1360a IV (ArbG Heilbronn NZFam 2017, 770); kein. Erbrecht (→ § 1931 Rn. 1). Punktuelle Regelungen enthalten § 563 II 3, § 1766a sowie § 116 VI 1 SGB X; iÜ werden §§ 708, 1359 (→ § 1359 Rn. 3), § 1093 II (→ § 1093 Rn. 7) und § 1969 (OLG Düsseldorf NJW 1983, 1566; → § 1969 Rn. 1) analog angewandt. Daneben gelten § 1615l (Unterhalt anlässlich der Geburt) und § 1626a I Nr. 1 (gemeinsame Sorge) (auch) bei nichtehelicher
5 Lebensgemeinschaft. Die Begründung einer nichtehelichen Lebensgemeinschaft ändert die **Vermögenszuordnung** nicht. Anders als bei der Ehe (→ § 1353 Rn. 5) besteht kein Recht auf Mitbenutzung von Wohnung und Hausrat des Partners; bei tatsächlicher Gestattung endet die Befugnis zur Mitbenutzung, wenn die Gestattung nicht mehr besteht (BGH NJW 2008, 2333 [2334]: bei Weiternutzung nach Herausgabeverlangen Anspruch auf Nutzungsentschädigung aus §§ 987, 990; AG Köln BeckRS 2020, 8669; dazu ausf. Grotkamp AcP 216, 584). Die Partner können ihre schuld-, sachen- und erbrechtlichen Beziehungen durch Schenkung, Unterhalts- und Abfindungsvereinbarung (vgl. BGH NJW 1986, 374: Unterhalt für Partnerin und Kinder; sa BGH NJW 2008, 2333 [2335]: Leihvertrag über gemeinsam genutzten Wohnraum [iE abgelehnt]), Bruchteilsgemeinschaft (→ § 741 Rn. 3; sa BGH FamRZ 2018, 1517 zum Ausgleichsanspruch des die Hauslasten eines gemeinsamen Anwesens tragenden Partners nach Trennung), Erbeinsetzung usw rechtsgeschäftlich gestalten („Partnerschaftsvertrag"). Entspr. Rechtsgeschäfte sind grds. nicht sittenwidrig (BGH NJW 1991, 830 [831]). Verzichten die Partner – wie häufig – auf eine Regelung, findet nach der Trennung der Lebensgemeinschaft ein Ausgleich für Beiträge zu den laufenden Kosten der Lebenshaltung (OLG Frankfurt BeckRS 2022, 29618); OLG Hamm FamRZ 2014, 228; OLG Bremen NJW-RR 2013, 197; vgl. auch BGH FamRZ 2018, 1517 [1519]; NJW 2013, 2187 [2188]) oder für sonstige gemeinschaftsbezogene Leistungen grds. nicht statt (BGHZ 77, 55; BGH NJW 1983, 1055). Ein Anspruch aus beendeter Innengesellschaft (§ 738 I 2 analog) kann ausnahmsweise vorliegen, wenn die Partner einen größeren Vermögenswert schaffen wollten (zB Erwerb oder Umbau einer Immobilie), der ungeachtet der Eigentumsverhältnisse als gemeinsames Vermögen betrachtet wurde (vgl. BGH NJW 2013, 2187; NJW 2011, 2880 [2881]). Erforderlich ist ein zumindest stillschweigend abgeschlossener Gesellschaftsvertrag; rein faktische Willensübereinstimmung genügt nicht (BGH NJW 2013, 2187; NJW 2011, 2880 [2881] mwN). Indizien für einen Vertragsschluss sind ua Planung, Umfang und Dauer der Zusammenarbeit (OLG Bremen NJW-RR 2013, 197). Fehlt ein über die Verwirklichung der Lebensgemeinschaft hinausgehender Zweck, bestehen grds. Zweifel am Rechtsbindungswillen der Parteien (BGH NJW 2008, 3277 [3278]; NJW 2010, 998 [999]; NJW 2011, 2880 [2881]); → § 705 alt Rn. 15 f. Scheidet ein gesellschaftsrechtlicher Ausgleichsanspruch aus, zieht die neuere Rspr. auch Ansprüche aus ungerechtfertigter Bereicherung (§ 812 I 2 Fall 2) und Störung der Geschäftsgrundlage (§§ 313 I, III 1, 346) in Betracht (BGH NJW 2008, 3277 [3279 ff.]; NJW 2011, 2880 [2881 ff.]; NJW 2013, 2187 [2188 f.]); die Grundsätze über ehebedingte Zuwendungen (→ § 516 Rn. 20; → § 1372 Rn. 4, 6) sind entspr. anwendbar (BGH NJW 2008, 3277 [3281]; einschr. BGH NJW 2010, 998 [999] [Tod des Zuwendenden]; klarstellend zum Tod des Zuwendungsempfängers BGH FamRZ 2021, 964 [965]: Ausgleichspflicht wegen Störung der Geschäftsgrundlage denkbar). Im Einzelfall ist auch eine Rückforderung von Leistungen nach §§ 530, 531 II denkbar; zur Unterscheidung zwischen Schenkung iSv § 516 und unbenannter (gemeinschaftsbezogener) Zuwendung: BGH NJW 2014, 2638 [2639]; → § 516 Rn. 20; zum Ausgleich von Arbeitsleistungen: BGH NJW 2013, 2187 [2189]; NJW 2015, 1523. Zur Ausgleichspflicht bei gesamtschuldnerischer Haftung → § 426 Rn. 8. Rückforderungsansprüche der Eltern des fr. nichtehelichen Lebenspartners können auf §§ 313 und 812 I 2 Fall 2 gestützt werden (BGH NJW 2010, 2202; NJW 2019, 3511). Zu Aus-

gleichsansprüchen gegen die Eltern des (ehem.) nichtehelichen Lebenspartners s. Budzikiewicz FS Koch, 2019, 343.

III. Eingetragene Lebenspartnerschaft

Lit.: Arnauld/Platter, Die Eingetragene Lebensgemeinschaft, Jura 2002, 411; Braun, Ein neues familienrechtliches Institut, JZ 2002, 23 mit Erwiderung Bruns JZ 2002, 291; D. Kaiser, Das Lebenspartnerschaftsgesetz, JZ 2001, 617; Muscheler, Das Recht der Eingetragenen Lebenspartnerschaft, 2. Aufl. 2004; D. Schwab, Eingetragene Lebenspartnerschaft – Ein Überblick, FamRZ 2001, 385; Wellenhofer, Das neue Recht für eingetragene Lebenspartnerschaften, NJW 2005, 705.

1. Ehe zwischen Personen gleichen Geschlechts. a) Bis zum Inkrafttreten 6
des Ges. zur Einführung des Rechts auf Eheschließung für Personen gleichen Geschlechts v. 20.7.2017 (BGBl. I 2787) konnten gleichgeschlechtliche Paare (nur) eine Lebenspartnerschaft iSd LPartG begründen; die Eingehung einer Ehe war ihnen verwehrt. Zum 1.10.2017 ist der zivilrechtliche Ehebegriff auf die Verbindung von Personen gleichen Geschlechts ausgeweitet worden (vgl. § 1353 I 1). Seitdem findet das Eherecht (samt Verfahrensrecht) auch auf gleichgeschlechtliche Paare Anwendung (D. Schwab FamRZ 2017, 1284 [1285]). Die Eile, mit der das Gesetzesvorhaben realisiert wurde, machte jedoch nachfolgende Änderungen und Anpassungen erforderlich; sie erfolgten durch das Ges. zur Umsetzung des Ges. zur Einführung des Rechts auf Eheschließung für Personen gleichen Geschlechts v. 18.12.2018 (BGBl. I 2639), das am 22.12.2018 in Kraft trat. **b)** Mit Öffnung der 7
Ehe für gleichgeschlechtliche Paare ist die Begründung von Lebenspartnerschaften nicht mehr möglich (§ 1 S. 1 LPartG; bis 21.12.2018: Art. 3 III Ges. v. 20.7.2017). Eine vor dem 1.10.2017 begründete Lebenspartnerschaft wird aber nicht von Ges. wegen in eine Ehe übergeleitet. Sie kann jedoch nach Maßgabe des § 20a LPartG durch Erklärung der Partner in eine Ehe **umgewandelt** und dann als solche fortgeführt werden (zu Voraussetzungen und Rechtsfolgen der Umwandlung s. Erman/Kroll-Ludwigs Vor § 1353 Rn. 45 ff.; Kaiser FamRZ 2019, 845 [847 ff.]; Magnus StAZ 2019, 163 [164 ff.]; Erbarth FamRB 2019, 319 ff.). Für die aus der Ehe resultierenden Rechte und Pflichten der Ehegatten ist in diesem Fall der Tag der Begründung der Lebenspartnerschaft maßgebend (§ 20a V LPartG; bis 21.12.2018: Art. 3 II Ges. v. 20.7.2017), dh sie werden so behandelt, als ob die Ehe am Tag der Begründung der Lebenspartnerschaft geschlossen worden wäre (BT-Drs. 18/6665, 10; BT-Drs. 19/4670, 21: tatbestandliche Rückanknüpfung; sa OLG Köln FamRZ 2019, 1551 [1553]); Bedeutung besitzt die Regelung zB iRd § 1374 I für die Bestimmung des Stichtags für das Anfangsvermögen (Magnus StAZ 2019, 163 mit weiteren Bsp.; vgl. auch BT-Drs. 19/4670, 21). Eine entspr. Regelung trifft § 20a VI LPartG für den Versorgungsausgleich. Zu den Folgen der Umwandlung für die Namenswahl → § 1355 Rn. 5; wurde vor Umwandlung ein Lebenspartnerschaftsname (§ 3 LPartG) geführt, wird dieser unwandelbar Ehename (§ 20a II LPartG). Ein Lebenspartnerschaftsvertrag gilt als Ehevertrag weiter (§ 20a III LPartG; näher Kaiser FamRZ 2019, 845 [850]). Gemeinschaftliche Testamente werden durch die Umwandlung nicht berührt (§ 20a IV LPartG). – Machen die Lebenspartner von der Möglichkeit der Umwandlung keinen *Gebrauch, bleibt* die Lebenspartnerschaft bestehen; die §§ 2 ff. LPartG (→ Rn. 8) finden weiter Anwendung (§ 1 S. 2 Nr. 1 LPartG). Str. ist, ob den Lebenspartnern an Stelle der Umwandlung auch die Eingehung einer (neuen) Ehe nach §§ 1310 ff. mit Wirkung ex nunc offen steht (so mit guten Gründen Erman/Kaiser 16. Aufl. 2020 § 20a LPartG Rn. 1; Gernhuber/Coester-Waltjen § 41 Rn. 20; Magnus StAZ 2019, 163 [164]; Erbarth FamRB 2019, 319 [321]; aA BT-Drs. 19/4670, 28; MüKo-BGB/Duden § 20a LPartG Rn. 2; sa OLG Köln FamRZ 2019, 1551 [1553]). – **IPR:** Art. 17b IV, V EGBGB (dazu de la Durantaye IPRax 2019, 281); zur Frage, ob das Umwandlungsverfahren nach § 20a LPartG auch im Ausland begründeten Lebenspartnerschaften offensteht, Magnus StAZ 2019, 163 [168 f.]. – **Lit.:** Dutta, Die Umwandlung eingetragener Lebenspartnerschaften in gleichge-

schlechtliche Ehen – auch nach dem „Eheöffnungsgesetz" ein Mysterium?, FamRZ 2019, 163; Erbarth, Umwandlung einer eingetragenen Lebenspartnerschaft in eine Ehe – die Zweite, FamRB 2019, 319; Grziwotz, Umwandlung einer Lebenspartnerschaft in eine Ehe – Formwechsel oder mehr?, FF 2019, 139; Helms, Gesetz zur Einführung des Rechts auf Eheschließung für Personen gleichen Geschlechts, StAZ 2018, 33; D. Kaiser, Eheöffnungsumsetzungsgesetz, FamRZ 2019, 845; dies., Gleichgeschlechtliche Ehe – nicht ganz gleich und nicht für alle, FamRZ 2017, 1889; Magnus, Die Umwandlung einer Lebenspartnerschaft in eine gleichgeschlechtliche Ehe nach dem neuen § 20a LPartG, StAZ 2019, 163; D. Schwab, Eheschließung für Personen gleichen Geschlechts, FamRZ 2017, 1284; zur Frage der Verfassungskonformität: Gärditz „Ehe für Alle": Verfassungswandel oder zeitgebundene Rechtspolitik?, FF 2018, 8; Schmidt, „Ehe für alle" – Ende der Diskriminierung oder Verfassungsbruch?, NJW 2017, 2225; Wasmuth, Ende einer langen staatlichen Diskriminierung: Die Erweiterung des Ehebegriffs auf gleichgeschlechtlich orientierte Personen, NJ 2017, 353.

8 **2. Altfälle.** Für Lebenspartnerschaften, die vor dem 1.10.2017 begründet wurden, gilt (vorbehaltlich der Umwandlung in eine Ehe, → Rn. 7) weiterhin das Partnerschaftsrecht. Die Begründung einer Lebenspartnerschaft stand bis zum Inkrafttreten des Ges. v. 20.7.2017 (nur) gleichgeschlechtlichen Personen offen (§ 1 I 1 LPartG aF). Voraussetzung war eine auf die Begründung gerichtete Erklärung bei persönlicher und gleichzeitiger Anwesenheit vor dem Standesbeamten (§ 1 I 1 LPartG aF) bzw. der nach Landesrecht zuständigen Behörde (§ 23 LPartG aF, zB Bayern: Notare). Wirksamkeitshindernisse s. § 1 III LPartG aF. Die **Rechtsfolgen** der Lebenspartnerschaft lehnen sich eng an die Ehe an (vielfach unter Verweisung auf das Eherecht des BGB): Die Lebenspartner trifft wechselseitig eine Fürsorgepflicht (§ 2 LPartG), sie können einen Lebenspartnerschaftsnamen führen (§ 3 LPartG), sind zum Lebenspartnerschafts- (§ 5 LPartG), Trennungs- (§ 12 LPartG) und nachpartnerschaftlichen Unterhalt (§ 16 LPartG) verpflichtet (dazu Büttner FamRZ 2001, 1105); zudem findet ein Versorgungsausgleich statt (§ 20 LPartG). Nach § 6 LPartG leben die Lebenspartner im Güterstand der Zugewinngemeinschaft, in deren Rahmen die Verfügungsbeschränkungen der §§ 1365 ff. gelten; Regelung der güterrechtlichen Verhältnisse durch Vertrag ist möglich (§ 7 LPartG). Die Grundsätze über unbenannte Zuwendungen unter Ehegatten (→ § 516 Rn. 20; → § 1372 Rn. 3 ff.) sind entspr. anwendbar (MüKo-BGB/Koch § 516 Rn. 81). Auch Eigentumsvermutung und Schlüsselgewalt werden aus dem Eherecht übernommen (§ 8 LPartG); ein kleines Sorgerecht ist möglich (§ 9 LPartG; krit. Kanther NJW 2003, 797), ferner Einbenennung gem. § 9 V LPartG und Stiefkindadoption, auch in Form der **Sukzessivadoption** (§ 9 VII LPartG); zur Stiefkindadoption sa BGH NJW 2015, 1820: Einwilligung des (möglichen) leiblichen Vaters bei „privater" Samenspende. Eine gemeinschaftliche Adoption ist dagegen (anders als für Ehepaare, § 1741 II 2) auch nach dem 30.9.2017 nicht möglich (Gernhuber/Coester-Waltjen § 70 Rn. 8; Kaiser FamRZ 2017, 1889 [1894 f.]). Die Lebenspartner haben ein ges. Erbrecht, § 10 LPartG (dazu Dickhuth-Harrach FamRZ 2001, 1660); die Lebensgemeinschaft wird außer durch Tod durch gerichtl. Beschluss aufgehoben (§ 15 LPartG); zur Umwandlung der Lebenspartnerschaft in eine Ehe → Rn. 7. Regelungen zu Ehegatten und Ehen, die nach dem 22.12.2018 in Kraft treten, gelten entspr. für Lebenspartner und Lebenspartnerschaften, wenn nichts anderes
9 bestimmt ist (§ 21 LPartG). Das LPartG ist **verfassungsgemäß** (BVerfG NJW 2002, 2543). Zum **deliktischen Schutz** der Lebenspartnerschaft → Vor § 824 Rn. 95 ff. – **IPR:** Art. 17b I-III EGBGB (dazu Coester IPRax 2013, 114; Henrich FamRZ 2002, 137); int. Güterrecht: EuPartVO (→ Einf. Rn. 8; sa die Übergangsvorschrift in Art. 229 § 47 III EGBGB); int. Unterhaltsrecht: Art. 15 EuUntVO iVm HUntProt (→ Art. 15 EuUnthVO Rn. 1 ff.). – **Steuerrecht:** Gem. § 2 VIII EStG sind die einkommensteuerrechtlichen Regelungen für Ehegatten auch auf eingetragene Lebenspartner anzuwenden.

Titel 1. Verlöbnis

Vorbemerkungen

Lit.: Strätz, Das Verlöbnis als ehevorbereitendes Rechtsverhältnis, Jura 1984, 449.

1. Allgemeines. a) Der **Begriff** „Verlöbnis" bezeichnet einmal das Eheversprechen (Verlobung) und zum anderen das dadurch begründete Rechtsverhältnis (OLG Frankfurt a.M. NJW-RR 2019, 1097 [1098]). **b)** Die **Rechtsnatur** des Verlöbnisses ist str. (dazu Gernhuber/Coester-Waltjen § 8 Rn. 3 ff.). Im Mittelpunkt steht die Frage der Anwendung der Vorschriften des AT über Willenserklärungen. Die (heute überholte) Tatsächlichkeitstheorie geht von einer faktischen Willensübereinstimmung, nicht von Willenserklärungen der Verlobten aus. Die hM folgt der **Vertragstheorie,** wonach das Verlöbnis durch Vertrag zustande kommt (RGZ 98, 13 [14]; beiläufig BGHZ 28, 375 [378]: ehevorbereitender familienrechtlicher Vertrag). Die Vertrauenshaftungslehre (Dethloff FamR § 2 Rn. 5 ff.) deutet das Verlöbnis als ges. Schuldverhältnis parallel zur cic (s. § 311 II). **c)** Das Verlöbnis als Rechtsverhältnis bildet ein rechtlich geregeltes personenrechtliches Gemeinschaftsverhältnis (BGHZ 115, 261 [264]; Gernhuber/Coester-Waltjen § 8 Rn. 22). 10

2. Voraussetzungen. a) Voraussetzungen des Verlöbnisses sind (nach der Vertragstheorie, → Rn. 10) Willenserklärungen der Verlobten. Ein konkludenter Vertragsschluss ist möglich (LG Marburg FamRZ 2020, 1903), etwa durch Ringtausch oder auch nur durch Hochzeitsvorbereitungen (anschaulich AG Neumünster FamRZ 2000, 817: Traugespräch mit Pastor vereinbart, Einladungskarten für Hochzeit unterschrieben). Stellvertretung nach § 164 scheidet wegen der höchstpersönlichen Natur des Verlöbnisses aus, nicht aber Botenschaft. **b)** Auch nach Neuregelung der Ehemündigkeit durch das Ges. zur Bekämpfung von Kinderehen v. 17.7.2017 (BGBl. I 2429), das die Eheschließung Minderjähriger generell verbietet (§ 1303 S. 1), besteht für das Verlöbnis keine ges. Altersgrenze (vgl. D. Schwab FamRZ 2017, 1369 [1373]). Dies entspricht der Rechtslage, die schon zuvor im Lebenspartnerschaftsrecht bestand (s. § 1 LPartG aF). Obwohl Minderjährige eine Lebenspartnerschaft nicht wirksam begründen konnten (§ 1 III Nr. 1 LPartG aF), war nach hM ein Lebenspartnerschaftsversprechen (§ 1 IV LPartG aF) durch beschränkt Geschäftsfähige (§ 106) möglich (MüKo-BGB/Duden § 1 LPartG Rn. 12). Das Gleiche wird für das Verlöbnis zu gelten haben, das schon unter altem Recht nicht an die Ehemündigkeit gebunden war (sa BeckOGK/Wellenhofer [1.10.2022] § 1297 Rn. 36). §§ 106 ff. finden Anwendung. Der Minderjährige kann sich daher nur mit Einwilligung des ges. Vertreters wirksam verloben, § 107. Dadurch Schutz des Minderjährigen vor übereilten Verlobungen. Tritt der Verlobte des Minderjährigen zurück, kann der ges. Vertreter genehmigen (§ 108, sa § 109 II) und so die Rechtsfolgen der §§ 1298 ff. herbeiführen (Gernhuber/Coester-Waltjen § 8 Rn. 9 f.). **c)** Willensmängel: §§ 116–118 sind anwendbar; Verlöbnis des „Heiratsschwindlers" ist daher nach § 116 S. 1 wirksam; ein Scheinverlöbnis (etwa erklärt wegen § 52 I Nr. 1 StPO) ist nach § 117 I nichtig. §§ 119, 123 werden durch die spezielleren §§ 1298 ff. ausgeschlossen, str. (aA NK-BGB/Kaiser § 1299 Rn. 18: Verdrängung der §§ 119 ff. nur in Bezug auf die Rechtsfolgen). **d)** §§ 134, 138 sind anwendbar. Ein Verlöbnis trotz Eheverbots ist nichtig. Das Verlöbnis eines Verheirateten ist (auch bei Scheidungsantrag, OLG Karlsruhe FamRZ 1989, 867) wegen Art. 6 I GG sittenwidrig und nach § 138 I nichtig, wenn nicht bes. Gründe ausnahmsweise eine andere Bewertung rechtfertigen (BGH FamRZ 1984, 386). Nichtigkeit schließt Analogie zu §§ 1298 ff. nicht aus (BGH FamRZ 1969, 474; OLG Schleswig FamRZ 2014, 1846: Rückforderung von Geschenken nach § 1301), nicht aber zugunsten desjenigen, in dessen Person der Nichtigkeitsgrund liegt (OLG Karlsruhe NJW 1988, 3023). **e)** Bis zum 30.9.2017 konnten sich künftige Lebenspartner ein Lebenspartnerschaftsversprechen geben (§ 1 IV LPartG aF). Da seit dem 1.10.2017 die Begründung von Lebenspartnerschaften nicht mehr möglich ist (→ Rn. 7), können

(Randnummern: 11 bei „2. Voraussetzungen", 12 bei „b) Auch nach Neuregelung", 13 bei „c) Willensmängel", 14 bei „d) §§ 134, 138", 15 bei „e) Bis zum 30.9.2017")

diese auch nicht mehr wirksam versprochen werden (Erman/Kaiser 16. Aufl. 2020 § 1 LPartG Rn. 2). Möglich ist allein ein Verlöbnis iSd §§ 1297 ff. durch gegenseitiges Eheversprechen.

§ 1297 Kein Antrag auf Eingehung der Ehe, Nichtigkeit eines Strafversprechens

(1) **Aus einem Verlöbnis kann kein Antrag auf Eingehung der Ehe gestellt werden.**

(2) **Das Versprechen einer Strafe für den Fall, dass die Eingehung der Ehe unterbleibt, ist nichtig.**

1 **Wirkungen des Verlöbnisses. a)** Nach hM begründet das Verlöbnis die Rechtspflicht zur Eheschließung (MüKo-BGB/Roth Rn. 17). Zum Schutz der negativen Eheschließungsfreiheit kann nach I jedoch aus dem Verlöbnis kein Antrag auf Eingehung der Ehe gestellt werden; sa § 120 III FamFG. Nach II ist ein Vertragsstrafeversprechen nichtig, um nicht mittelbar die Eheschließung zu erzwingen. I schließt Antrag auf Feststellung des (Nicht-)Bestehens eines Verlöbnisses (§ 256 ZPO, § 113 I FamFG) nicht aus. Aus dem Verlöbnis folgt die Rechtspflicht zur gegenseitigen
2 Hilfeleistung, etwa Selbstmordverhinderung (BGH NJW 1960, 1821). **b)** Das Verlöbnis begründet keine Unterhaltspflichten und kein ges. Erbrecht. Zum Erbvertrag sa §§ 2276 II, 2279 II. **c)** Das Verlöbnis begründet prozessuale Privilegien: Zeugnisverweigerungsrecht (§§ 383–385 ZPO, §§ 29–31 FamFG, §§ 52, 55 StPO); Gutachtenverweigerungsrecht (§ 408 I ZPO); Eidesverweigerungsrecht (§ 61 StPO).
3 **d)** Der Verlobte ist Angehöriger iSd § 11 I Nr. 1a StGB.

§ 1298 Ersatzpflicht bei Rücktritt

(1) [1]**Tritt ein Verlobter von dem Verlöbnis zurück, so hat er dem anderen Verlobten und dessen Eltern sowie dritten Personen, welche anstelle der Eltern gehandelt haben, den Schaden zu ersetzen, der daraus entstanden ist, dass sie in Erwartung der Ehe Aufwendungen gemacht haben oder Verbindlichkeiten eingegangen sind.** [2]**Dem anderen Verlobten hat er auch den Schaden zu ersetzen, den dieser dadurch erleidet, dass er in Erwartung der Ehe sonstige sein Vermögen oder seine Erwerbsstellung berührende Maßnahmen getroffen hat.**

(2) **Der Schaden ist nur insoweit zu ersetzen, als die Aufwendungen, die Eingehung der Verbindlichkeiten und die sonstigen Maßnahmen den Umständen nach angemessen waren.**

(3) **Die Ersatzpflicht tritt nicht ein, wenn ein wichtiger Grund für den Rücktritt vorliegt.**

§ 1299 Rücktritt aus Verschulden des anderen Teils

Veranlasst ein Verlobter den Rücktritt des anderen durch ein Verschulden, das einen wichtigen Grund für den Rücktritt bildet, so ist er nach Maßgabe des § 1298 Abs. 1, 2 zum Schadensersatz verpflichtet.

Anmerkungen zu den §§ 1298, 1299

1 **1. Voraussetzungen und Abgrenzung. a)** Ein **Rücktritt** vom Verlöbnis ist stets möglich. Folge ist die Auflösung des Verlöbnisses ex nunc. Ob ein „wichtiger Grund" für den Rücktritt vorliegt, ist nur für die Schadensersatzpflicht nach §§ 1298 f. (→ Rn. 2) von Bedeutung. Der Rücktritt erfolgt durch einseitige empfangsbedürftige Willenserklärung. Ebenso wie die Verlobung (→ Vor § 1297

Rn. 11) ist der Rücktritt ein höchstpersönliches Rechtsgeschäft; Stellvertretung scheidet aus. **b)** Vom Rücktritt ist die einverständliche **Entlobung** zu unterscheiden; insoweit finden §§ 1298 f. keine Anwendung, wohl aber § 1301.

2. Schadensersatz. a) Wer vom Verlöbnis zurücktritt (§ 1298 I) oder schuldhaft 2 einen wichtigen Grund für den Rücktritt des anderen Teils setzt (§ 1299), hat dem anderen Verlobten Schadensersatz zu leisten. Als wichtiger Grund gilt zB das Verschweigen einer bestehenden Ehe (OLG Oldenburg FamRZ 2016, 2102 [2103]); Nichtigkeit des Verlöbnisses (→ Vor § 1297 Rn. 14) hindert den Rücktritt nicht (Löhnig FamRZ 2016, 2103 [2104]). **b)** Zu ersetzen sind die im Hinblick auf 3 die Eheschließung getätigten Aufwendungen und eingegangenen Verbindlichkeiten. Die Ersatzpflicht umfasst das negative Interesse. **Bsp:** Kosten der Verlobungsanzeige (OLG Frankfurt a. M. NJW-RR 1995, 899) und -feier, Brautkleid (AG Neumünster FamRZ 2000, 818), Buchung der Hochzeitsreise, Miete einer Wohnung, Umzugskosten (OLG Oldenburg FamRZ 2016, 2102 [2103]), Dienstleistungen für den anderen Verlobten (BGH NJW 1961, 1716: Steuerberatung). Gem. § 1298 I 2 ist dem Verlobten insbes. zu ersetzen der durch Veräußerung von Vermögensgegenständen (prämienschädliche Auflösung eines Spar- oder Versicherungsvertrags) und die Aufgabe einer (frei-)beruflichen Stellung (Verdienstausfall) oder eines Gewerbebetriebs entstandene Nachteil. **c) Einschränkungen:** Nach § 1298 II sind nur „den 4 Umständen nach angemessene" Aufwendungen, Verpflichtungen usw ersatzfähig. Eingeschränkter Vertrauensschutz, weil spätere Heirat nicht sicher und nicht erzwingbar ist. Unangemessen ist die Aufgabe einer gesicherten Erwerbsmöglichkeit nach kurzer Verlobungsdauer und bei noch nicht absehbarer Eheschließung (OLG Frankfurt a. M. FamRZ 2008, 1181), ebenso die Überlassung eines wesentlichen Teils des Vermögens bei nicht konkretisiertem Hochzeitstermin (OLG Oldenburg NJW-RR 2009, 938 [939]: 110.000 Euro für Erwerb einer Immobilie). Nicht zu ersetzen sind auch Aufwendungen für das voreheliche Zusammenleben (OLG Frankfurt a. M. NJW-RR 1995, 899: von Eltern den Verlobten überlassene Wohnung). Anschaffungen (etwa Hausrat) können im Rahmen der Vorteilsausgleichung schadensmindernde Vorteile bilden. **d) Berechtigter** des Schadensersatzanspruchs 5 ist bei § 1298 der andere Verlobte, bei § 1299 der zurücktretende Verlobte. Im Rahmen des § 1298 I 1 können Eltern und an ihrer Stelle handelnde Dritte schadensersatzberechtigt sein; deren Vertrauen ist mit in den Schutzbereich des Verlöbnisses einbezogen. **e)** Der Anspruch auf Schadensersatz entfällt nach § 1298 III bei 6 Vorliegen eines **wichtigen Grundes** für den Rücktritt. Die Eingehung der Ehe muss bei vernünftiger Würdigung dem Zurücktretenden unzumutbar sein. Voraussetzung ist, dass die Ursache für den Rücktritt in den Risikobereich des anderen Teils fällt. Schuldhaftes Verhalten des anderen Teils ist nicht erforderlich (Umkehrschluss zu § 1299). Bsp: Untreue, gravierendes Fehlverhalten, entstellende Krankheiten. Im Lichte der §§ 1565 ff. zählt auch die Zerrüttung des Verhältnisses der Verlobten dazu. Anfechtungsgründe nach §§ 119, 123 bilden ebenfalls einen wichtigen Grund, nicht hingegen allein die Änderung der emotionalen Einstellung gegenüber dem anderen Teil.

3. Weitere Rechtsfolgen. a) Deliktsansprüche aus §§ 825, 826, 823 II iVm § 263 7 StGB (Heiratsschwindel) und § 823 I (Gesundheitsschäden; Verletzung des Allgemeinen Persönlichkeitsrechts, OLG Oldenburg FamRZ 2016, 2102 [2103]) bleiben unberührt. **b)** Unwirksamkeit einer Verfügung von Todes wegen: §§ 2077 II, 2279.

§ 1300 *(weggefallen)*

§ 1301 Rückgabe der Geschenke

[1]Unterbleibt die Eheschließung, so kann jeder Verlobte von dem anderen die Herausgabe desjenigen, was er ihm geschenkt oder zum Zeichen des

Verlöbnisses gegeben hat, nach den Vorschriften über die Herausgabe einer ungerechtfertigten Bereicherung fordern. [2]Im Zweifel ist anzunehmen, dass die Rückforderung ausgeschlossen sein soll, wenn das Verlöbnis durch den Tod eines der Verlobten aufgelöst wird.

1 **1. Tatbestand.** Kommt die versprochene Ehe gleich aus welchem Grunde (auch grundloser Rücktritt, einverständliche Auflösung des Verlöbnisses) nicht zustande, haben die Verlobten Geschenke und Verlöbniszeichen (Ringe) herauszugeben, die sie vom anderen Verlobten (nicht von dessen Eltern, str.; aA MüKo-BGB/Roth Rn. 7) erhalten haben. Nicht Briefe und Photographien, str.; aA Staudinger/Löhnig Rn. 13 (unter unzutr. Hinweis auf Urheberrecht); nicht Unterhaltsbeiträge (OLG Brandenburg BeckRS 2016, 03543 Rn. 48). Rückforderungsansprüche der künftigen Schwiegereltern können auf §§ 313 und 812 I 2 Fall 2 gestützt werden (vgl. BGH NJW 2010, 2202; NJW 2012, 523; FamRZ 2015, 393; FamRZ 2016, 457 [Verjährung]; NJW 2019, 3511).

2 **2. Rückabwicklung nach Bereicherungsrecht.** Rechtsfolgenverweisung (Hadding FS Mühl, 1981, 264) auf Bereicherungsrecht, insbes. § 818 III. Die Pflicht zur Herausgabe beschränkt sich auf die noch vorhandene Bereicherung. Freilich kann § 819 I anwendbar sein (BGH FamRZ 1969, 476). §§ 346 ff. finden keine
3 Anwendung. § 530 bleibt unberührt. Kommt es zur Eheschließung, kann ergänzend zum Zugewinnausgleich (§§ 1372 ff.) ein Anspruch wegen Störung der Geschäftsgrundlage (§ 313) für während der Verlobungszeit erbrachte erhebliche Sach- und Arbeitsleistungen nach Scheitern der Ehe in Betracht kommen; die Grundsätze über ehebedingte Zuwendungen (→ § 516 Rn. 20) gelten entspr. (BGH NJW 2012, 3374 [3375 f.]; BGHZ 115, 264: Hausbau). Unterbleibt die Eheschließung, können Leistungen im Rahmen einer nichtehelichen Lebensgemeinschaft der Verlobten nach den dazu entwickelten Grundsätzen (→ Vorb. vor Titel 1 Rn. 5) ausgeglichen werden (vgl. OLG Oldenburg NJW-RR 2009, 938).

§ 1302 Verjährung

Die Verjährungsfrist der in den §§ 1298 bis 1301 bestimmten Ansprüche beginnt mit der Auflösung des Verlöbnisses.

1 **Regelverjährung.** Seit Inkrafttreten des ErbVerjÄndG (BGBl. I 3142) zum 1.1.2010 unterliegen die Ansprüche aus §§ 1298–1301 der dreijährigen Regelverjährungsfrist des § 195, die kurze Sonderfrist des § 1302 aF (zwei Jahre) wurde aufgehoben. Beginn der Verjährung aber weiterhin mit Auflösung des Verlöbnisses, bei §§ 1298 f. mit Wirksamwerden der Rücktrittserklärung. Zum Übergangsrecht s. Art. 229 § 23 EGBGB. Die Verjährung von Deliktsansprüchen bleibt unberührt.

Titel 2. Eingehung der Ehe

Untertitel 1. Ehefähigkeit

§ 1303 Ehemündigkeit

[1]Eine Ehe darf nicht vor Eintritt der Volljährigkeit eingegangen werden. [2]Mit einer Person, die das 16. Lebensjahr nicht vollendet hat, kann eine Ehe nicht wirksam eingegangen werden.

§ 1304 Geschäftsunfähigkeit

Wer geschäftsunfähig ist, kann eine Ehe nicht eingehen.

Anmerkungen zu den §§ 1303, 1304

Lit.: Hüßtege, Das Verbot der Kinderehe nach neuem Recht aus kollisionsrechtlicher Sicht, FamRZ 2017, 1374; Reuß, Das Verbot von „Kinderehen" – die deutsche Regelung aus rechtsvergleichender Sicht, FamRZ 2019, 1; Rohe, Die rechtliche Behandlung von Minderjährigenehen in Deutschland, StAZ 2018, 73; D. Schwab, Die verbotene Kinderehe, FamRZ 2017, 1369; Weller/Thomale/Hategan/Werner, Das Gesetz zur Bekämpfung von Kinderehen – eine kritische Würdigung, FamRZ 2018, 1289.

1. Allgemeines. Regelung der **persönlichen Voraussetzungen** der Eheschließung. 1

2. Ehefähigkeit. Nicht ehefähig ist, wer geschäftsunfähig (§ 104 Nr. 2) ist, § 1304. Partielle Geschäftsfähigkeit (→ § 104 Rn. 7) hinsichtlich der Eheschließung ist möglich (BVerfG NJW 2003, 1383; OLG Brandenburg FamRZ 2011, 216). **Verstoß** gegen § 1304 ist Aufhebungsgrund, § 1314 I Nr. 2; Bestätigung s. § 1315 I Nr. 2. 2

3. Ehemündigkeit. a) Ehemündigkeit tritt ein mit **Volljährigkeit** (§ 2), § 1303 S. 1 (dazu Weller ua FamRZ 2018, 1289 [1290 f.]). **b)** Durch das Ges. zur Bekämpfung von Kinderehen v. 17.7.2017 (BGBl. I 2429) wurde mWv 22.7.2017 die Eheschließung von Minderjährigen ausnahmslos verboten. Unter altem Recht war Befreiung durch das FamG möglich, wenn der Antragsteller das 16. Lebensjahr vollendet hatte und der künftige Ehegatte volljährig war (§§ 1303 II-IV aF). Ein Verstoß gegen § 1303 war Aufhebungsgrund (§ 1304 I aF). **aa)** Seit dem 22.7.2017 kann mit einer Person, die das **16. Lebensjahr nicht vollendet** hat, eine Ehe nicht mehr wirksam eingegangen werden (§ 1303 S. 2). Bei Verstoß liegt eine „Nichtehe" vor (s. BT-Drs. 18/12086, 22; Erbarth NZFam 2021, 9 [11]), dh die Eheschließung zeitigt keinerlei Rechtsfolgen (→ Anm. zu §§ 1313–1318 Rn. 1; krit. Weller ua FamRZ 2018, 1289 [1294 ff.]: § 1318 analog); Bestätigung nach Eintritt der Volljährigkeit ist nicht möglich, da § 1315 I Nr. 1a eine aufhebbare Ehe voraussetzt (D. Schwab FamRZ 2017, 1369 [1371]; sa Reuß FamRZ 2019, 1 [4]). **bb)** Die Eheschließung mit einer minderjährigen Person, die das **16. Lebensjahr vollendet** hat, führt zu einer aufhebbaren Ehe (§ 1314 I Nr. 1); die (zunächst gültige) Ehe kann auf Antrag mit Wirkung für die Zukunft aufgelöst werden (vgl. § 1313, → Anm. zu §§ 1313–1318 Rn. 1). Zur Antragsberechtigung s. § 1316; Ausschluss der Aufhebung s. § 1315 I Nr. 1. **c)** Mit der Neuregelung der Ehemündigkeit eingeführt wurde das **Verbot** religiöser oder traditioneller Handlungen, die eine der Ehe vergleichbare Bindung eines Minderjährigen begründen, § 11 II PStG (krit. D. Schwab FamRZ 2017, 1369 [1374]). 3

4. IPR. Für verschiedengeschlechtliche Paare: Art. 13 EGBGB (dazu Hüßtege FamRZ 2017, 1374; Makowsky RabelsZ 83, 577); für gleichgeschlechtliche Paare: Art. 17b IV 1 iVm I 1 EGBGB. 4

5. Übergangsregelung. S. Art. 229 § 44 EGBGB. 5

§ 1305 *(weggefallen)*

Untertitel 2. Eheverbote

§ 1306 Bestehende Ehe oder Lebenspartnerschaft

Eine Ehe darf nicht geschlossen werden, wenn zwischen einer der Personen, die die Ehe miteinander eingehen wollen, und einer dritten Person eine Ehe oder eine Lebenspartnerschaft besteht.

§ 1307 Verwandtschaft

[1]Eine Ehe darf nicht geschlossen werden zwischen Verwandten in gerader Linie sowie zwischen vollbürtigen und halbbürtigen Geschwistern. [2]Dies gilt auch, wenn das Verwandtschaftsverhältnis durch Annahme als Kind erloschen ist.

§ 1308 Annahme als Kind

(1) **[1]Eine Ehe soll nicht geschlossen werden zwischen Personen, deren Verwandtschaft im Sinne des § 1307 durch Annahme als Kind begründet worden ist. [2]Dies gilt nicht, wenn das Annahmeverhältnis aufgelöst worden ist.**

(2) **[1]Das Familiengericht kann auf Antrag von dieser Vorschrift Befreiung erteilen, wenn zwischen dem Antragsteller und seinem künftigen Ehegatten durch die Annahme als Kind eine Verwandtschaft in der Seitenlinie begründet worden ist. [2]Die Befreiung soll versagt werden, wenn wichtige Gründe der Eingehung der Ehe entgegenstehen.**

Anmerkungen zu den §§ 1306–1308

1 **1. Allgemeines.** §§ 1306–1308 enthalten Eheverbote. **Bedeutung:** Standesbeamter darf an Eheschließung nicht mitwirken (sa § 1310 I 2; § 13 I PStG); bei Verstoß gegen §§ 1306 f. kann die Ehe aufgehoben werden, § 1314 I Nr. 2.

2 **2. Bestehende Ehe oder Lebenspartnerschaft, § 1306. a)** Die Ehe darf nicht geschlossen werden, wenn zwischen einem (oder beiden) Eheschließenden und einem Dritten eine Ehe oder eine Lebenspartnerschaft schon besteht (s. dazu OLG Hamm FamRZ 2022, 1459 [1460]: „begründete Zweifel" ausreichend). Das Verbot der Bigamie wirkt zweiseitig; bei deutschem Eheschließungsstatut (→ § 1309 Rn. 2) ist es auch einer ledigen Person versagt, die Ehe mit einer bereits verheirateten (oder verpartnerten) Person einzugehen (Majer NZFam 2019, 242; OLG München FamRZ 2015, 2056 [2057]), selbst wenn deren Personalstatut (s. Art. 13 I EGBGB) eine Mehrehe gestattet. Eingeschränkt wird das Bigamieverbot bei falscher Todeserklärung nach § 1319 I. **b)** § 1306 dient der Sicherung des Grundsatzes der Einehe (sa OLG München FamRZ 2015, 2056 f.). Daher ist es nicht ausgeschlossen, dass Ehegatten, die *miteinander* verheiratet sind, erneut die Ehe schließen, um Zweifel an der Gültigkeit oder dem Fortbestand ihrer Ehe zu beseitigen (vgl. KG FamRZ 2022, 1017 [1018]; OLG Köln FamRZ 2019, 1551 [1552]); eine erneut geschlossene Ehe ist nur einmal zu scheiden (KG FamRZ 2022, 1017 [1018]). Partner einer eingetragenen Lebenspartnerschaft können diese nach § 20a I LPartG in eine Ehe umwandeln (→ Vorb. vor Titel 1 Rn. 7). **c) Verstoß** s. §§ 1314 I Nr. 2, 1315 II Nr. 1, 1316 I Nr. 1, III 1.

3 **3. Verwandtschaft, § 1307. a)** Das Eheverbot gilt bei Verwandtschaft in gerader Linie (§ 1589 S. 1), unabhängig vom Grad (§ 1589 S. 3), und zwischen (voll- und halbbürtigen) Geschwistern; kein Eheverbot zwischen Onkel und Nichte, Cousin
4 und Cousine, zwischen Verschwägerten. **b)** Das Eheverbot besteht aus medizinischen und sittlichen Gründen und umfasst daher genetische und rechtliche Verwandtschaft. Soweit rechtliche Verwandtschaft nach §§ 1591 ff. vorliegt, besteht das Eheverbot des § 1307, auch wenn genetische Verwandtschaft fehlt. Umgekehrt gilt § 1307 im Verhältnis zu genetischen Verwandten, auch wenn rechtlich kein Verwandtschaftsverhältnis besteht. Adoption hebt trotz § 1755 das Eheverbot zu leiblichen Verwandten nicht auf, § 1307 S. 2. **c) Verstoß** s. §§ 1314 I Nr. 2, 1316 I Nr. 1, III 1.

5 **4. Adoptionsverwandtschaft, § 1308.** Eheverbot bei durch Adoption begründeter Verwandtschaft. Gilt nicht, wenn das Annahmeverhältnis aufgehoben (s. §§ 1759 ff.) wurde. Befreiung durch das FamG ist möglich, wenn die Adoption

Verwandtschaft in der *Seiten*linie (§ 1589 S. 2) begründete, § 1308 II. **Verstoß** bildet keinen Eheaufhebungsgrund.

Untertitel 3. Ehefähigkeitszeugnis

§ 1309 Ehefähigkeitszeugnis für Ausländer

(1) [1]**Wer hinsichtlich der Voraussetzungen der Eheschließung vorbehaltlich des Artikels 13 Abs. 2 des Einführungsgesetzes zum Bürgerlichen Gesetzbuche ausländischem Recht unterliegt, soll eine Ehe nicht eingehen, bevor er ein Zeugnis der inneren Behörde seines Heimatstaats darüber beigebracht hat, dass der Eheschließung nach dem Recht dieses Staates kein Ehehindernis entgegensteht.** [2]**Als Zeugnis der inneren Behörde gilt auch eine Urkunde im Sinne von Artikel 3 Nummer 1 Buchstabe e der Verordnung (EU) 2016/1191 des Europäischen Parlaments und des Rates vom 6. Juli 2016 zur Förderung der Freizügigkeit von Bürgern durch die Vereinfachung der Anforderungen an die Vorlage bestimmter öffentlicher Urkunden innerhalb der Europäischen Union und zur Änderung der Verordnung (EU) Nr. 1024/2012 (ABl. L 200 vom 26.7.2016, S. 1) sowie eine Bescheinigung, die von einer anderen Stelle nach Maßgabe eines mit dem Heimatstaat des Betroffenen geschlossenen Vertrags erteilt ist.** [3]**Das Zeugnis verliert seine Kraft, wenn die Ehe nicht binnen sechs Monaten seit der Ausstellung geschlossen wird; ist in dem Zeugnis eine kürzere Geltungsdauer angegeben, ist diese maßgebend.**

(2) [1]**Von dem Erfordernis nach Absatz 1 Satz 1 kann der Präsident des Oberlandesgerichts, in dessen Bezirk das Standesamt, bei dem die Eheschließung angemeldet worden ist, seinen Sitz hat, Befreiung erteilen.** [2]**Die Befreiung soll nur Staatenlosen mit gewöhnlichem Aufenthalt im Ausland und Angehörigen solcher Staaten erteilt werden, deren Behörden keine Ehefähigkeitszeugnisse im Sinne des Absatzes 1 ausstellen.** [3]**In besonderen Fällen darf sie auch Angehörigen anderer Staaten erteilt werden.** [4]**Die Befreiung gilt nur für die Dauer von sechs Monaten.**

1. Regelungszweck. Das **Ehefähigkeitszeugnis** soll dem Standesamt die Prüfung erleichtern, wenn die materiellen Voraussetzungen der Eheschließung ausländischem Recht unterliegen; zugleich sollen fehlerhafte Ehen verhindert werden (Staudinger/Mankowski Art. 13 EGBGB Rn. 562; vgl. auch BGHZ 41, 136 [139]: Verhinderung hinkender Ehen). 1

2. Eheschließungsstatut. Bei gleichgeschlechtlichen Paaren ebenso wie bei Paaren, von denen zumindest ein Ehegatte weder dem weiblichen noch dem männlichen Geschlecht angehört, richten sich die Voraussetzungen der Eheschließung nach dem Sachrecht des registerführenden Staates (Art. 17b IV 1 iVm I 1 EGBGB), bei verschiedengeschlechtlichen Paaren ist das Heimatrecht der Verlobten maßgebend (Art. 13 I EGBGB; Gesamtverweisung, Art. 4 I EGBGB); s. dazu Mankowski IPRax 2017, 541. Relevanz kann I damit nur für verschiedengeschlechtliche Paare zukommen. Die Regelung setzt voraus, dass die materiellen Voraussetzungen der Eheschließung ausländischem Recht unterstehen; dies ist nur bei Verweisung nach Art. 13 I EGBGB möglich. Für Paare iSd Art. 17b IV 1 EGBGB findet bei Eheschließung vor einem deutschen Standesbeamten (unabhängig von der Staatsangehörigkeit) stets deutsches Recht als Recht des registerführenden Staates Anwendung; die Vorlage eines Ehefähigkeitszeugnisses erübrigt sich damit. Unabhängig davon müssen die Eheschließenden aber nach § 12 II Nr. 1 PStG ihren Personenstand (und damit ihre Ledigkeit) nachweisen (BT-Drs. 18/6665, 9). 2

3. Befreiung. S. II. Verfahren § 12 III PStG. 3

Untertitel 4. Eheschließung

§ 1310 Zuständigkeit des Standesbeamten, Heilung fehlerhafter Ehen

(1) [1]Die Ehe wird nur dadurch geschlossen, dass die Eheschließenden vor dem Standesbeamten erklären, die Ehe miteinander eingehen zu wollen. [2]Der Standesbeamte darf seine Mitwirkung an der Eheschließung nicht verweigern, wenn die Voraussetzungen der Eheschließung vorliegen. [3]Der Standesbeamte muss seine Mitwirkung verweigern, wenn
1. offenkundig ist, dass die Ehe nach § 1314 Absatz 2 aufhebbar wäre, oder
2. nach Artikel 13 Absatz 3 des Einführungsgesetzes zum Bürgerlichen Gesetzbuche die beabsichtigte Ehe unwirksam wäre oder die Aufhebung der Ehe in Betracht kommt.

(2) Als Standesbeamter gilt auch, wer, ohne Standesbeamter zu sein, das Amt eines Standesbeamten öffentlich ausgeübt und die Ehe in das Eheregister eingetragen hat.

(3) Eine Ehe gilt auch dann als geschlossen, wenn die Ehegatten erklärt haben, die Ehe miteinander eingehen zu wollen, und
1. der Standesbeamte die Ehe in das Eheregister eingetragen hat,
2. der Standesbeamte im Zusammenhang mit der Beurkundung der Geburt eines gemeinsamen Kindes der Ehegatten einen Hinweis auf die Eheschließung in das Geburtenregister eingetragen hat oder
3. der Standesbeamte von den Ehegatten eine familienrechtliche Erklärung, die zu ihrer Wirksamkeit eine bestehende Ehe voraussetzt, entgegengenommen hat und den Ehegatten hierüber eine in Rechtsvorschriften vorgesehene Bescheinigung erteilt worden ist
und die Ehegatten seitdem zehn Jahre oder bis zum Tode eines der Ehegatten, mindestens jedoch fünf Jahre, als Ehegatten miteinander gelebt haben.

§ 1311 Persönliche Erklärung

[1]Die Eheschließenden müssen die Erklärungen nach § 1310 Abs. 1 persönlich und bei gleichzeitiger Anwesenheit abgeben. [2]Die Erklärungen können nicht unter einer Bedingung oder Zeitbestimmung abgegeben werden.

§ 1312 Trauung

[1]Der Standesbeamte soll bei der Eheschließung die Eheschließenden einzeln befragen, ob sie die Ehe miteinander eingehen wollen, und, nachdem die Eheschließenden diese Frage bejaht haben, aussprechen, dass sie nunmehr kraft Gesetzes rechtmäßig verbundene Eheleute sind. [2]Die Eheschließung kann in Gegenwart von einem oder zwei Zeugen erfolgen, sofern die Eheschließenden dies wünschen.

Anmerkungen zu den §§ 1310–1312

1 **1. Allgemeines. § 1310** regelt den Grundsatz der obligatorischen Zivilehe. Die Ehe kann nur vor dem Standesbeamten geschlossen werden; eine kirchliche Eheschließung zeitigt keine staatlichen Ehewirkungen.

2 **2. Voraussetzungen der Eheschließung. a)** Die Ehe kommt zustande durch Erklärung der Eheschließenden, die Ehe miteinander eingehen zu wollen, § 1310 I 1. Verlöbnis (s. § 1297) ist nicht Voraussetzung. **b)** Höchstpersönlichkeit der Erklärung (§ 1311 S. 1) schließt Vertretung und Botenschaft aus. Verstoß begründet (aufhebbare, § 1314 I Nr. 2) Ehe mit dem Vertretenen. **c)** Die Erklärungen sind bedin-

gungs- und befristungsfeindlich (sa § 1353 I 1), § 1311 S. 2. Bedingung oder Befristung sind unwirksam. Verstoß führt zur aufhebbaren Ehe, § 1314 I Nr. 2. **d) Heilung** von Nichtehen, § 1310 III. Betr. vor allem in Deutschland vor nicht befugten Trauungspersonen (vgl. Art. 13 IV EGBGB) geschlossene und daher rechtlich nicht existente Ehen (s. BT-Drs. 13/4898, 17). **Voraussetzungen: aa)** Parteien erklären Eheschließungswillen vor dem Standesbeamten. **bb)** Standesbeamter nimmt Eintragung nach Nr. 1 u 2 vor bzw. Erklärung nach Nr. 3 entgegen. **cc)** Nichtehegatten leben seitdem zehn Jahre (oder bis zum Tode eines Ehegatten mindestens fünf Jahre) wie Ehegatten in Lebensgemeinschaft miteinander. 3

3. Form der Eheschließung. Gleichzeitige Anwesenheit der Eheschließenden vor dem Standesbeamten, § 1311 S. 1. Ferntrauung und sukzessive Entgegennahme der Erklärungen sind ausgeschlossen (s. dazu auch OLG Köln FamRZ 2022, 1463 [1464]: Eheschließung per Videokonferenz vor einer ausländischen Behörde ist nach §§ 1310 I 1, 1311 S. 1 formunwirksam). Der Standesbeamte muss zur Entgegennahme der Erklärungen bereit sein. Verstoß: § 1314 I Nr. 2. Die Erklärungen können mündlich, schriftlich oder konkludent erfolgen. 4

4. Mitwirkung des Standesbeamten. a) Der Standesbeamte muss an der Eheschließung mitwirken, wenn die Voraussetzungen der §§ 1303 ff. vorliegen und Eheverbote nicht bestehen. **Verweigerungspflicht: aa)** Keine Mitwirkung, wenn offenkundig ein Aufhebungsgrund nach § 1314 II vorliegt, § 1310 I 3 Nr. 1. Daher keine Mitwirkung an sog. Scheinehe etwa zur Erlangung einer Aufenthaltserlaubnis, § 1314 II Nr. 5 (krit. Eisfeld AcP 201, 662); sa § 13 II PStG. **bb)** Keine Mitwirkung auch, wenn Ehe nach Art. 13 III EGBGB unwirksam oder aufhebbar wäre (dazu Hüßtege FamRZ 2017, 1374; Makowsky RabelsZ 83, 577), § 1310 I 3 Nr. 2. **b) Zuständigkeit** §§ 11, 12 I PStG. § 1310 II fingiert Standesbeamten (zB Bürgermeister). **c) Verfahren** s. §§ 12 ff. PStG. 5

Titel 3. Aufhebung der Ehe

§ 1313 Aufhebung durch richterliche Entscheidung

[1]Eine Ehe kann nur durch richterliche Entscheidung auf Antrag aufgehoben werden. [2]Die Ehe ist mit der Rechtskraft der Entscheidung aufgelöst. [3]Die Voraussetzungen, unter denen die Aufhebung begehrt werden kann, ergeben sich aus den folgenden Vorschriften.

§ 1314 Aufhebungsgründe

(1) **Eine Ehe kann aufgehoben werden, wenn sie**
1. **entgegen § 1303 Satz 1 mit einem Minderjährigen geschlossen worden ist, der im Zeitpunkt der Eheschließung das 16. Lebensjahr vollendet hatte, oder**
2. **entgegen den §§ 1304, 1306, 1307, 1311 geschlossen worden ist.**

(2) **Eine Ehe kann ferner aufgehoben werden, wenn**
1. **ein Ehegatte sich bei der Eheschließung im Zustand der Bewusstlosigkeit oder vorübergehender Störung der Geistestätigkeit befand;**
2. **ein Ehegatte bei der Eheschließung nicht gewusst hat, dass es sich um eine Eheschließung handelt;**
3. **ein Ehegatte zur Eingehung der Ehe durch arglistige Täuschung über solche Umstände bestimmt worden ist, die ihn bei Kenntnis der Sachlage und bei richtiger Würdigung des Wesens der Ehe von der Eingehung der Ehe abgehalten hätten; dies gilt nicht, wenn die Täuschung Vermögensverhältnisse betrifft oder von einem Dritten ohne Wissen des anderen Ehegatten verübt worden ist;**

4. ein Ehegatte zur Eingehung der Ehe widerrechtlich durch Drohung bestimmt worden ist;
5. beide Ehegatten sich bei der Eheschließung darüber einig waren, dass sie keine Verpflichtung gemäß § 1353 Abs. 1 begründen wollen.

§ 1315 Ausschluss der Aufhebung

(1) [1]Eine Aufhebung der Ehe ist ausgeschlossen
1. bei Verstoß gegen § 1303 Satz 1, wenn
   a) der minderjährige Ehegatte, nachdem er volljährig geworden ist, zu erkennen gegeben hat, dass er die Ehe fortsetzen will (Bestätigung), oder
   b) auf Grund außergewöhnlicher Umstände die Aufhebung der Ehe eine so schwere Härte für den minderjährigen Ehegatten darstellen würde, dass die Aufrechterhaltung der Ehe ausnahmsweise geboten erscheint;
2. bei Verstoß gegen § 1304, wenn der Ehegatte nach Wegfall der Geschäftsunfähigkeit zu erkennen gegeben hat, dass er die Ehe fortsetzen will (Bestätigung),
3. im Falle des § 1314 Abs. 2 Nr. 1, wenn der Ehegatte nach Wegfall der Bewusstlosigkeit oder der Störung der Geistestätigkeit zu erkennen gegeben hat, dass er die Ehe fortsetzen will (Bestätigung),
4. in den Fällen des § 1314 Abs. 2 Nr. 2 bis 4, wenn der Ehegatte nach Entdeckung des Irrtums oder der Täuschung oder nach Aufhören der Zwangslage zu erkennen gegeben hat, dass er die Ehe fortsetzen will (Bestätigung),
5. in den Fällen des § 1314 Abs. 2 Nr. 5, wenn die Ehegatten nach der Eheschließung als Ehegatten miteinander gelebt haben.

[2]Die Bestätigung eines Geschäftsunfähigen ist unwirksam.

(2) Eine Aufhebung der Ehe ist ferner ausgeschlossen
1. bei Verstoß gegen § 1306, wenn vor der Schließung der neuen Ehe die Scheidung oder Aufhebung der früheren Ehe oder die Aufhebung der Lebenspartnerschaft ausgesprochen ist und dieser Ausspruch nach der Schließung der neuen Ehe rechtskräftig wird;
2. bei Verstoß gegen § 1311, wenn die Ehegatten nach der Eheschließung fünf Jahre oder, falls einer von ihnen vorher verstorben ist, bis zu dessen Tode, jedoch mindestens drei Jahre als Ehegatten miteinander gelebt haben, es sei denn, dass bei Ablauf der fünf Jahre oder zur Zeit des Todes die Aufhebung beantragt ist.

§ 1316 Antragsberechtigung

(1) Antragsberechtigt
1. sind bei Verstoß gegen § 1303 Satz 1, die §§ 1304, 1306, 1307, 1311 sowie in den Fällen des § 1314 Abs. 2 Nr. 1 und 5 jeder Ehegatte, die zuständige Verwaltungsbehörde und in den Fällen des § 1306 auch die dritte Person. Die zuständige Verwaltungsbehörde wird durch Rechtsverordnung der Landesregierungen bestimmt. Die Landesregierungen können die Ermächtigung nach Satz 2 durch Rechtsverordnung auf die zuständigen obersten Landesbehörden übertragen;
2. ist in den Fällen des § 1314 Abs. 2 Nr. 2 bis 4 der dort genannte Ehegatte.

(2) [1]Der Antrag kann für einen geschäftsunfähigen Ehegatten nur von seinem gesetzlichen Vertreter gestellt werden. [2]Bei einem Verstoß gegen § 1303 Satz 1 kann ein minderjähriger Ehegatte den Antrag nur selbst stellen; er bedarf dazu nicht der Zustimmung seines gesetzlichen Vertreters.

(3) [1]Bei Verstoß gegen die §§ 1304, 1306, 1307 sowie in den Fällen des § 1314 Abs. 2 Nr. 1 und 5 soll die zuständige Verwaltungsbehörde den Antrag stellen, wenn nicht die Aufhebung der Ehe für einen Ehegatten oder für die aus der Ehe hervorgegangenen Kinder eine so schwere Härte darstellen würde, dass die Aufrechterhaltung der Ehe ausnahmsweise geboten erscheint. [2]Bei einem Verstoß gegen § 1303 Satz 1 muss die zuständige Behörde den Antrag stellen, es sei denn, der minderjährige Ehegatte ist zwischenzeitlich volljährig geworden und hat zu erkennen gegeben, dass er die Ehe fortsetzen will.

§ 1317 Antragsfrist

(1) [1]Der Antrag kann in den Fällen des § 1314 Absatz 2 Nummer 2 und 3 nur binnen eines Jahres, im Falle des § 1314 Absatz 2 Nummer 4 nur binnen drei Jahren gestellt werden. [2]Die Frist beginnt mit der Entdeckung des Irrtums oder der Täuschung oder mit dem Aufhören der Zwangslage; für den gesetzlichen Vertreter eines geschäftsunfähigen Ehegatten beginnt die Frist jedoch nicht vor dem Zeitpunkt, in welchem ihm die den Fristbeginn begründenden Umstände bekannt werden. [3]Auf den Lauf der Frist sind die §§ 206, 210 Abs. 1 Satz 1 entsprechend anzuwenden.

(2) Hat der gesetzliche Vertreter eines geschäftsunfähigen Ehegatten den Antrag nicht rechtzeitig gestellt, so kann der Ehegatte selbst innerhalb von sechs Monaten nach dem Wegfall der Geschäftsunfähigkeit den Antrag stellen.

(3) Ist die Ehe bereits aufgelöst, so kann der Antrag nicht mehr gestellt werden.

§ 1318 Folgen der Aufhebung

(1) Die Folgen der Aufhebung einer Ehe bestimmen sich nur in den nachfolgend genannten Fällen nach den Vorschriften über die Scheidung.

(2) [1]Die §§ 1569 bis 1586b finden entsprechende Anwendung

1. zugunsten eines Ehegatten, der bei Verstoß gegen die §§ 1303, 1304, 1306, 1307 oder § 1311 oder in den Fällen des § 1314 Abs. 2 Nr. 1 oder 2 die Aufhebbarkeit der Ehe bei der Eheschließung nicht gekannt hat oder der in den Fällen des § 1314 Abs. 2 Nr. 3 oder 4 von dem anderen Ehegatten oder mit dessen Wissen getäuscht oder bedroht worden ist;
2. zugunsten beider Ehegatten bei Verstoß gegen die §§ 1306, 1307 oder § 1311, wenn beide Ehegatten die Aufhebbarkeit kannten; dies gilt nicht bei Verstoß gegen § 1306, soweit der Anspruch eines Ehegatten auf Unterhalt einen entsprechenden Anspruch der dritten Person beeinträchtigen würde.

[2]Die Vorschriften über den Unterhalt wegen der Pflege oder Erziehung eines gemeinschaftlichen Kindes finden auch insoweit entsprechende Anwendung, als eine Versagung des Unterhalts im Hinblick auf die Belange des Kindes grob unbillig wäre.

(3) Die §§ 1363 bis 1390 und 1587 finden entsprechende Anwendung, soweit dies nicht im Hinblick auf die Umstände bei der Eheschließung oder bei Verstoß gegen § 1306 im Hinblick auf die Belange der dritten Person grob unbillig wäre.

(4) Die §§ 1568a und 1568b finden entsprechende Anwendung; dabei sind die Umstände bei der Eheschließung und bei Verstoß gegen § 1306 die Belange der dritten Person besonders zu berücksichtigen.

(5) **§ 1931 findet zugunsten eines Ehegatten, der bei Verstoß gegen die §§ 1304, 1306, 1307 oder § 1311 oder im Falle des § 1314 Abs. 2 Nr. 1 die Aufhebbarkeit der Ehe bei der Eheschließung gekannt hat, keine Anwendung.**

Anmerkungen zu den §§ 1313–1318

1 **1. Allgemeines.** Mangel bei der Eheschließung führt zu Nichtehe (zB § 1310 I 1) oder zu aufhebbarer Ehe. Nichtehe zeitigt keine Ehewirkungen, daher auch keine Scheidung möglich (BGH FamRZ 2003, 841). Aufhebung der Ehe erfolgt nur durch rechtskräftige Gestaltungsentscheidung mit Wirkung für die Zukunft, § 1313. Zu den abschließenden (§ 1313 S. 3) Aufhebungsgründen s. § 1314 (→ Rn. 2). Folgen der Aufhebung s. § 1318 (→ Rn. 8); diese können günstiger als Scheidungsfolgen sein. Gleichwohl ist ein Aufhebungsantrag bei geschiedener Ehe nicht statthaft, kann aber auszulegen sein als Begehren, der Scheidung seien die Folgen des § 1318 beizugeben (BGH NJW 1996, 2729).

2 **2. Aufhebungsgründe. a)** § 1314 I: **aa)** Nr. 1: Mangelnde Ehefähigkeit. Nach BGH NJW 2020, 3777 [3781 f.] wird dem Gericht iRd § 1314 I Nr. 1 ein eingeschränktes Ermessen eingeräumt („kann"): Fehlt ein Ausschlussgrund nach § 1315 I 1 (→ Rn. 3), soll bei Vorliegen gewichtiger Gründe unter besonderer Berücksichtigung des Minderjährigenschutzes ausnahmsweise von einer Eheaufhebung abgesehen werden können (zweifelnd Antomo FamRZ 2020, 1538 [1539]; Löhnig NJW 2020, 3782 [3783]: überdehnte verfasssungskonforme Auslegung). **bb)** Nr. 2: Eheverbote der Bigamie und der (nicht durch Adoption begründeten, § 1308) Verwandtschaft, Mängel des § 1311; **nicht** Verletzung von Sollbestimmungen, s. §§ 1308, 1309, 1312. **b)** § 1314 II Nr. 1–4 betrifft Willensmängel. Nr. 3: Bei Eheschließung wegen Schwangerschaft besteht eine Offenbarungspflicht über anderweitigen Geschlechtsverkehr während der Empfängniszeit auch ohne Nachfrage (OLG Karlsruhe NJW-RR 2000, 737); zur arglistigen Täuschung über Zeugungsfähigkeit (OLG Stuttgart NJW 2004, 2247); Offenbarungspflicht auch bei Vorstrafen während laufender Bewährungszeit (AG Kulmbach NJW 2002, 2112; vgl. auch AG Berlin-Tempelhof-Kreuzberg FamRZ 2018, 1151 [1152]: arglistiges Verschweigen fr. verbrecherischer „Erwerbsquellen") und bei ausgeübter Prostitution (OLG Brandenburg NJW 2006, 2862); **nicht** bei bloßem Irrtum über die Person oder persönliche Eigenschaften des Ehegatten oder über Vermögensverhältnisse (AG Berlin-Tempelhof-Kreuzberg FamRZ 2018, 1151 [1152]), bei getilgtem Jugendarrest, wenn ohne erkennbare Bedeutung für den Eheschließungsentschluss (OLG Brandenburg FamRZ 2022, 514 f.). II Nr. 1–4 sind auf die eingetragene Lebenspartnerschaft (→ Vorb. vor Titel 1 Rn. 8) entspr. anwendbar, s. § 15 II 2 LPartG. **c)** § 1314 II Nr. 5: Scheinehe.

3 **3. Ausschluss der Aufhebung. a)** § 1315 I: **aa)** Bei Verstoß gegen § 1303 S. 1 (→ Anm. zu §§ 1303, 1304 Rn. 3) infolge Bestätigung durch den minderjährigen Ehegatten nach Erreichen der Volljährigkeit (§ 1315 I 1 Nr. 1a); ferner, wenn die Aufhebung der Ehe für den minderjährigen Ehegatten eine schwere Härte darstellen würde (§ 1315 I 1 Nr. 1b), zB bei schwerer und lebensbedrohlicher Erkrankung oder krankheitsbedingter Suizidabsicht (BT-Drs. 18/12086, 17; sa D. Schwab FamRZ 2017, 1369 [1370]: keine übertriebenen Anforderungen); nach OLG Frankfurt a. M. FamRZ 2019, 1853 [1854]; OLG Oldenburg FamRZ 2018, 1152 [1153] auch keine Aufhebung im EU-Ausland geschlossener Minderjährigenehen, wenn Rechte auf Freizügigkeit (Art. 21 AEUV) und auf Arbeitnehmerfreizügigkeit und Aufenthalt (Art. 45 III lit. b und c AEUV) verletzt würden (schwere Härte iSd § 1315 I 1 Nr. 1b; s. dagegen Andrae IPRax 2021, 522 [526 f.]: eigenständiger Ausschlussgrund). Eine Genehmigung durch das FamG (vgl. § 1315 I 1 Nr. 1 BGB aF) kann dagegen seit dem 22.7.2017 nicht mehr erteilt werden (Art. 229 § 44 III 2 EGBGB). **bb)** Eine Aufhebung der Ehe ist zudem ausgeschlossen in den Fällen

§§ 1304, 1314 I, sofern Bestätigung erfolgt ist. **cc) Bestätigung** ist jedes Verhalten, durch das der Aufhebungsberechtigte „nach außen zu erkennen gibt, dass er die Ehe trotz des erkannten Mangels fortsetzen will" (BGH NJW 2020, 3777 [3780]); Kenntnis von der Aufhebbarkeit ist nicht zu fordern, wohl aber ein allgemeines Bewusstsein dafür, dass die Ehe wegen des Mangels aufgelöst werden kann oder dass die Gültigkeit zweifelhaft erscheint und dass das Verhalten zum Verlust eines möglichen Aufhebungsrechts führt (BGH NJW 2020, 3777 [3780]). Die Bestätigung eines Geschäftsunfähigen ist unwirksam (§ 1315 I 2). **b)** § 1315 II Nr. 1: Eine Eheaufhe- 4
bung ist auch dann ausgeschlossen, wenn bei Verstoß gegen § 1306 die Scheidung oder Aufhebung der fr. Ehe vor der Schließung der neuen Ehe ausgesprochen, aber erst danach rechtskräftig (sa §§ 1313 S. 2, 1564 S. 2) wurde. Die Zweitehe bleibt aufhebbar, wenn der Scheidungs- oder Aufhebungsbeschluss nach neuer Eheschließung erfolgt oder die erste Ehe nach neuer Eheschließung durch Tod endet.
c) § 1315 II Nr. 2: Bei Verstoß gegen § 1311, wenn Ehegatten fünf Jahre oder (min- 5
destens drei Jahre) bis zum Tode eines Ehegatten miteinander gelebt haben und innerhalb der Frist kein Aufhebungsantrag gestellt wird.

4. Frist. S. § 1317. In den Fällen des § 1314 II Nr. 4 ist die Antragsfrist durch 6
das am 1.7.2011 in Kraft getretene Ges. v. 23.6.2011 (BGBl. I 1266) auf drei Jahre verlängert worden.

5. Verfahren. a) § 121 Nr. 2 FamFG. **b) Antragsberechtigt** in den Fällen des 7
§ 1314 II Nr. 2–4 ist der Ehegatte, in dessen Person der Eheschließungsmangel begründet war (§ 1316 I Nr. 2), in den übrigen Fällen beide Ehegatten (§ 1316 I Nr. 1 S. 1), die (nach § 1316 I Nr. 1 S. 2 und 3 bestimmte) Verwaltungsbehörde und, bei bestehender Ehe oder Lebenspartnerschaft (§ 1306), die dritte Person (Ehegatte oder Lebenspartner); nach Scheidung der Vorehe nur, wenn ein bes. Interesse an der Aufhebung der bigamischen Ehe besteht (BGH NJW 2002, 1269). Antragstellung bei nicht voll geschäftsfähigem Ehegatten s. § 1316 II. **Pflicht der Behörde** zur Antragstellung gem. § 1316 III: Bei den in § 1316 III 1 genannten Verstößen „soll", bei dem in § 1316 III 2 geannten Verstoß gegen § 1303 S. 1 „muss" die Behörde Antrag auf Aufhebung stellen. Keine Antragsberechtigung besteht jedoch bei einem Verstoß iSd § 1316 III 1, wenn die Aufhebung eine schwere Härte darstellen würde (s. § 1316 III 1 HS 2), und bei einem Verstoß gegen § 1303 S. 1, wenn der minderjährige Ehegatte zwischenzeitlich volljährig geworden ist und zu erkennen gegeben hat, dass er die Ehe fortsetzen will (§ 1316 III 2 HS 2); ein gleichwohl gestellter Antrag ist als unzulässig zurückzuweisen (BGH NJW 2020, 3777 [3780]). Ob ein Gesetzesverstoß iSd § 1316 I Nr. 1 S. 1 vorliegt, ist nach BGH NJW 2020, 3777 [3780] dagegen keine Frage der Antragsberechtigung, sondern der Begründetheit des Antrags.

6. Folgen. S. § 1318; keine (Rück-)Wirkungen für den Zeitraum der Ehe, 8
§ 1313 S. 2. **a) Scheidungsunterhaltsanspruch** nach Maßgabe der §§ 1569–1586b nur unter den Voraussetzungen des § 1318 II (zur Beweislast s. OLG Bremen FamRZ 2016, 828 [829 f.]; OLG Hamm BeckRS 2022, 28843 Rn. 51 f. [Verstoß gegen § 1306]); entspr. gilt für Trennungsunterhalt gem. § 1361, OLG Bremen FamRZ 2016, 828 [829]; sa MüKo-BGB/Wellenhofer § 1318 Rn. 3. **b) Zugewinn- und Versorgungsausgleich** finden grds. statt, es sei denn, dies ist grob unbillig, § 1318 III (zum Ausschluss des Versorgungsausgleichs bei vorsätzlicher Bigamie s. OLG Karlsruhe NJW-RR 2004, 1514). **c) Ehewohnung und Haushaltsgegenstände:** §§ 1568a und 1568b gelten entspr.; bei der richterlichen Entscheidung sind ua Umstände der Eheschließung zu berücksichtigen, § 1318 IV. **d)** Zum ges. **Erbrecht** nach § 1931 bei Auflösung der (aufhebbaren) Ehe durch Tod eines Ehegatten s. § 1318 V; die Regelung ergänzt § 1933 S. 2 (MüKo-BGB/Wellenhofer § 1318 Rn. 16). **e) Vaterschaft** s. § 1592 Nr. 1 (→ § 1592 Rn. 2). **f)** IÜ findet trotz der missverständlichen Formulierung in § 1318 I Scheidungsfolgenrecht Anwendung, zB §§ 1355 V (str.; aA OLG Celle FamRZ 2013, 955), 1478.

9 **7. Übergangsregelungen.** S. Art. 226 EGBGB; Art. 229 § 44 EGBGB (s. dazu BGH NJW 2020, 3777 [3779 f.]: keine Anwendung auf Auslandsehen).

Titel 4. Wiederverheiratung nach Todeserklärung

§ 1319 Aufhebung der bisherigen Ehe

(1) **Geht ein Ehegatte, nachdem der andere Ehegatte für tot erklärt worden ist, eine neue Ehe ein, so kann, wenn der für tot erklärte Ehegatte noch lebt, die neue Ehe nur dann wegen Verstoßes gegen § 1306 aufgehoben werden, wenn beide Ehegatten bei der Eheschließung wussten, dass der für tot erklärte Ehegatte im Zeitpunkt der Todeserklärung noch lebte.**

(2) [1]**Mit der Schließung der neuen Ehe wird die frühere Ehe aufgelöst, es sei denn, dass beide Ehegatten der neuen Ehe bei der Eheschließung wussten, dass der für tot erklärte Ehegatte im Zeitpunkt der Todeserklärung noch lebte.** [2]**Sie bleibt auch dann aufgelöst, wenn die Todeserklärung aufgehoben wird.**

§ 1320 Aufhebung der neuen Ehe

(1) [1]**Lebt der für tot erklärte Ehegatte noch, so kann unbeschadet des § 1319 sein früherer Ehegatte die Aufhebung der neuen Ehe begehren, es sei denn, dass er bei der Eheschließung wusste, dass der für tot erklärte Ehegatte zum Zeitpunkt der Todeserklärung noch gelebt hat.** [2]**Die Aufhebung kann nur binnen eines Jahres begehrt werden.** [3]**Die Frist beginnt mit dem Zeitpunkt, in dem der Ehegatte aus der früheren Ehe Kenntnis davon erlangt hat, dass der für tot erklärte Ehegatte noch lebt.** [4]**§ 1317 Abs. 1 Satz 3, Abs. 2 gilt entsprechend.**

(2) **Für die Folgen der Aufhebung gilt § 1318 entsprechend.**

Anmerkungen zu den §§ 1319, 1320

1 **1. § 1319.** Auflösung einer Ehe bei falscher Todeserklärung (§ 9 I VerschG) mit Schließung einer neuen Ehe nur, wenn mindestens einer der Ehegatten der neuen Ehe nicht gewusst hat, dass der für tot Erklärte noch lebt, § 1319 II; weithin gilt Scheidungsfolgenrecht entspr. (vgl. Johannsen/Henrich/Althammer/Henrich § 1320 Rn. 4). Aufhebung der neuen Ehe wegen Verstoßes gegen § 1306 nur nach § 1319 I.

2 **2. § 1320. a)** Erlangt der scheinbar verwitwete Ehegatte nach der Schließung der neuen Ehe Kenntnis vom Überleben seines fr. Ehegatten, kann allein er (weder der für tot erklärte Ehegatte noch der Ehegatte der neuen Ehe) die Aufhebung der neuen Ehe beantragen, § 1320 I. **b)** Folgen: s. §§ 1320 II, 1318. Die nach § 1319 II aufgelöste fr. Ehe lebt nicht wieder auf.

§§ 1321–1352 *(weggefallen)*

Titel 5. Wirkungen der Ehe im Allgemeinen

Vorbemerkungen

1 **1. Ehewirkungen. a)** Die Ehe zeitigt personen- und vermögensbezogene Wirkungen, die im fünften Titel allg. (unabhängig vom Güterstand) geregelt werden. Der sechste Titel normiert vermögensrechtliche Folgen der Ehe in Abhängigkeit

vom Güterstand. **b)** Die Ehewirkungen sind in §§ 1353 ff. nicht abschließend geregelt. Im BGB finden sich **weitere Rechtsfolgen** der Ehe in § 207 I 1 (Verjährungshemmung), in §§ 1931 ff. (Ehegattenerbrecht), in §§ 2265 ff. (Möglichkeit gemeinschaftlichen Testaments), in § 2276 II (Privilegierung beim Erbvertrag) und in § 2303 II (Pflichtteilsrecht). Zum Zeugnisverweigerungsrecht s. § 383 I Nr. 2 ZPO, § 52 I Nr. 2 StPO; zum Vollstreckungs- und Haftungsrecht s. §§ 739 ff. ZPO; § 37, § 133 iVm 138 I Nr. 1 InsO, §§ 3 II, 15 II Nr. 2 AnfG; zum Strafrecht §§ 11 I Nr. 1a, 139 III, 247, 258 VI StGB; zum öffentl. Recht vgl. Steiner FamRZ 1994, 1289. **c) Keine** Wirkungen hat die Ehe für die Geschäfts- und Prozessfähigkeit der 2
Ehegatten. Sie können untereinander selbstverständlich RGeschäfte abschließen. Die Ehe begründet grds. keine ges. Vertretungsmacht eines Ehegatten für den jeweils anderen (sa § 1357); eine Ausnahme besteht unter engen Voraussetzungen in bestimmten Angelegenheiten der Gesundheitssorge (s. § 1358).

2. Schutz der Ehe. Lit.: Budzikiewicz, Bürgerliches Recht und Familienrecht: 3
Die Ehe – auch ein Schuldverhältnis?, in: Grundlagen und Grundfragen des Bürgerlichen Rechts, Klippel ua (Hrsg.), 2016, 147; Mayer, Haftung und Paarbeziehung, 2017; Smid, Schutz des räumlich-gegenständlichen Bereichs der Ehe oder Eheschutz, JuS 1984, 101. **a)** Über die Frage, ob die Ehe als sonstiges Recht iSd § 823 I deliktsrechtlich geschützt ist, wird in Lit. und Rspr. seit langem gestritten (→ Vor § 824 Rn. 95 ff.). Nach stRspr genießt die persönliche Beziehung der Ehegatten keinen Schutz; ausgenommen wird der **räumlich-gegenständliche Bereich der Ehe** (BGHZ 6, 361 [365]). Dessen Verletzung begründe Unterlassungs- und Beseitigungsansprüche; insbes. könne jeder Ehegatte Unterlassung ehewidriger Beziehungen innerhalb der Ehewohnung verlangen. Der Schutzbereich wird auch auf Geschäftsräume erstreckt (BGH NJW 1961, 504 [505 f.]). Entspr. Ansprüche bestehen sowohl gegen den Ehegatten als auch gegen dritte Ehestörer. **b)** Der BGH 4
geht davon aus, dass die Rechtsfolgen der Verletzung personaler ehelicher Pflichten (insbes. eheliche Treue) im Eherecht des BGB und in § 120 III FamFG abschließend geregelt sind. **Schadensersatzansprüche** gegen den anderen Ehegatten wegen Verletzung der ehelichen Pflichten werden dementspr. verneint (für Ehebruch: BGHZ 23, 215 [217]; NJW 2013, 2108 mwN). Nur im Ausnahmefall soll bei Hinzutreten bes. verwerflicher Umstände (Belügen, Bedrohen des Ehepartners) ein Schadensersatzanspruch aus § 826 gegeben sein (BGH NJW 1990, 706 [707] für Schaden infolge Unterhaltszahlung). Um eine mittelbare Schadenshaftung des Ehegatten im Wege des Gesamtschuldnerregresses nach §§ 840, 426 auszuschließen, werden auch gegen den am Ehebruch beteiligten Dritten Schadensersatzansprüche abgelehnt (BGHZ 23, 215 [218]), nicht aber ein Ersatzanspruch wegen der Kosten der Ehelichkeitsanfechtung (BGHZ 57, 229 [236]: familien- oder unterhaltsrechtliche Ausgleichspflicht). Für vom Ehemann geleisteten Unterhalt s. § 1607 III. – Teile der Lit. befürworten demgegenüber zu Recht eine – auf das Abwicklungsinteresse beschränkte – deliktische Schadensersatzpflicht sowohl des Ehegatten als auch des Ehebruchpartners (vgl. BeckOGK/Erbarth [1.6.2022] § 1353 Rn. 592 ff.; MüKo-BGB/Roth § 1353 Rn. 48 f.). **c)** Kaum in Betracht gezogen wird bislang die Mög- 5
lichkeit, dass die Ehe (auch) ein Schuldverhältnis zwischen den Ehegatten begründet. Ein solches ist jedoch anzunehmen (s. dazu Budzikiewicz, in: Grundlagen und Grundfragen des Bürgerlichen Rechts, Klippel ua (Hrsg.), 2016, 147; sa Mayer FamRZ 2019, 1839 [1843]; Löhnig/Preisner NJW 2013, 2080 [2083]). Der ehebrüchige Ehegatte haftet dem anderen Teil damit auch aus § 280 I, aber wie bei § 823 I beschränkt auf das Abwicklungsinteresse.

§ 1353 Eheliche Lebensgemeinschaft

(1) [1]**Die Ehe wird von zwei Personen verschiedenen oder gleichen Geschlechts auf Lebenszeit geschlossen.** [2]**Die Ehegatten sind einander zur**

ehelichen Lebensgemeinschaft verpflichtet; sie tragen füreinander Verantwortung.

(2) **Ein Ehegatte ist nicht verpflichtet, dem Verlangen des anderen Ehegatten nach Herstellung der Gemeinschaft Folge zu leisten, wenn sich das Verlangen als Missbrauch seines Rechts darstellt oder wenn die Ehe gescheitert ist.**

Lit.: Kaiser, Gleichgeschlechtliche Ehe – nicht ganz gleich und nicht für alle, FamRZ 2017, 1889; Lipp, Die eherechtlichen Pflichten und ihre Verletzung, 1988; D. Schwab, Eheschließung für Personen gleichen Geschlechts, FamRZ 2017, 1284.

1 **1. Ausweitung des Ehebegriffs.** Der Begriff der Ehe ist durch das Ges. zur Einführung des Rechts auf Eheschließung für Personen gleichen Geschlechts v. 20.7.2017 (BGBl. I 2787) ausgeweitet worden (→ Vor § 1297 Rn. 6): Seit dem 1.10.2017 bestimmt I 1, dass die Ehe von zwei Personen verschiedenen oder gleichen Geschlechts geschlossen werden kann. Das Eherecht findet seitdem auch auf gleichgeschlechtliche Paare Anwendung. Umstr. ist, ob die Ehe auch Personen offensteht, für die im Geburtsregister keine Geschlechtsangabe eingetragen ist (vgl. § 22 III PStG); dies ist zu bejahen, da nicht anzunehmen ist, dass die „Geschlechtlichkeit" als Ausschlusskriterium dienen soll (sa Helms StAZ 2018, 33 [34]; Gernhuber/Coester-Waltjen § 7 Rn. 5; aA Kaiser FamRZ 2017, 1889 [1897 ff.]); vgl. auch Art. 17b IV 1 EGBGB. **Gesetzesbegründung:** BT-Drs. 18/6665.

2 **2. Lebenszeitprinzip.** Das Lebenszeitprinzip nach I 1 ist durch die Anerkennung der Ehescheidung aufgrund des Zerrüttungsprinzips und der Zerrüttungsvermutung (§§ 1565 f.) relativiert und wird vielfach nur als Programmsatz verstanden. Es verbietet aber weiterhin befristete und auflösend bedingte Eheschließungen. Ein Rücktrittsvorbehalt ist unwirksam.

3 **3. Eheliche Rechtspflichten. a)** Die **Generalklausel** der Verpflichtung zur Herstellung und Aufrechterhaltung der **ehelichen Lebensgemeinschaft** einschl. der Klarstellung gegenseitiger Verantwortung in I 2 ist Grundlage ehelicher Rechtspflichten und Auslegungsleitlinie. Ferner kann die fehlende Verwirklichung der ehelichen Lebensgemeinschaft zum Scheitern der Ehe nach § 1565 I 2 führen (BGH NJW 1987, 1761 [1762]). Sind sich die Ehegatten bei Eheschließung über den Ausschluss des § 1353 I einig, kann die Ehe aufgehoben werden (§ 1314 II Nr. 5). – Die konkrete Ausgestaltung der aus I 2 abgeleiteten Pflichten steht im Spannungsverhältnis zwischen Ehegattenautonomie und den nach hM der Disposition der Ehegatten entzogenen ehelichen Grundpflichten, wozu die Pflicht zur gegenseitigen Treue gerechnet wird (s. nur Gernhuber/Coester-Waltjen § 18 Rn. 47 mwN). Ein Eheleitbild schreibt I 2 nicht vor. Zu berücksichtigen sind individuelle Kriterien wie Anlagen, Prägung, Alter und Gesundheit der Ehegatten. Im Einzelnen wird zwischen den persönlichen und den vermögensrechtlichen Beziehungen der Ehegatten unter-
4 schieden. **b)** Zu den **personenrechtlichen Pflichten** zählen die Pflicht zur gegenseitigen Liebe und Achtung (RGZ 97, 59 [61]), zur Verständigungsbereitschaft und zum Respekt vor der Persönlichkeits- und Privatsphäre des anderen Ehegatten. Daher ist das Briefgeheimnis zu wahren, heimliche Ton- und Bildaufnahmen und das Ausspähenlassen durch Dritte in der Ehewohnung (BGH NJW 1970, 1848) sind unzulässig. Die Ehegatten schulden einander Beistand und Fürsorge. I 2 bildet die Grundlage einer strafrechtlichen Garantenstellung (BGH NStZ 2022, 663 [666]); diese endet nicht erst mit der Beendigung der Ehe, sondern schon, wenn sich ein Ehegatte vom anderen endgültig getrennt hat (BGH NJW 2003, 3212 [3214]). Sie haben auf Angehörige des anderen Ehegatten Rücksicht zu nehmen, sind aber nicht verpflichtet, deren dauerhafte Aufnahme in die Ehewohnung zu dulden. Als echte Rechtspflicht wird I 2 die Pflicht zur ehelichen Treue entnommen (MüKo-BGB/Roth Rn. 40), entgegen fr. allgM aber nicht zum Geschlechtsverkehr (anders noch BGH NJW 1967, 1078 [1079]), ebenso wenig zur Zeugung bzw. zum Empfang eines Kindes (BGH FamRZ 2001, 541 [542]). Die Ehegatten sind ferner zur Herstel-

lung der häuslichen Gemeinschaft verpflichtet; ohne gemeinsamen Wohnsitz leben die Ehegatten nicht in häuslicher Gemeinschaft iSv § 1567. Ein Ehegatte kann aber einen Zweitwohnsitz begründen. Pflichten nach I 2 wirken nicht im Außenverhältnis; daher ist die Kündigung der Ehewohnung auch bei Pflichtenverstoß wirksam (OLG Frankfurt a. M. ZMR 2014, 279); sa §§ 1365, 1369; haben die Ehegatten den Güterstand der Wahl-Zugewinngemeinschaft vereinbart (s. § 1519), gilt für RGeschäfte betr. die Familienwohnung aber das Zustimmungserfordernis nach Art. 5 des Abkommens über den Güterstand der Wahl-Zugewinngemeinschaft
(→ § 1519 Rn. 4). **c)** Zu den **vermögensrechtlichen Pflichten** nach I 2 zählt 5
zunächst die Pflicht zur Überlassung von Ehewohnung und Hausrat zur Mitbenutzung (BGHZ 71, 216 [222 f.]; NJW 2004, 3041), woraus ein Recht zum Besitz nach § 986 folgt; zu den Voraussetzungen des Rechts auf Mitbesitz vgl. auch OLG Celle NJW 2022, 2855. Die Besitzüberlassungspflicht für Hausrat endet nicht schon mit Trennung (→ § 1361a Rn. 1); zur Verteilung des Hausrats bei Getrenntleben s. § 1361a; zum Anspruch auf Überlassung der Ehewohnung bei Getrenntleben s. § 1361b. Die Ehe kann ges. Besitzmittlungsverhältnis nach §§ 868, 930 sein (BGH NJW 1979, 976 [977]). Aus I 2 folgt ein wechselseitiger Anspruch auf Auskunft über das Vermögen; ermöglicht werden soll die Beurteilung der wirtschaftlichen Grundlage der Ehe (BGH FamRZ 2022, 593 [594]); detaillierte Ausführungen sind nicht geschuldet, ebenso wenig die Vorlage von Belegen (BGH NJW 2015, 154 [156]; vgl. auch BGH FamRZ 1978, 677; NJW 2012, 3635 [3638] mwN); der Anspruch endet entspr. II (→ Rn. 8) mit Scheitern der Ehe (BGH FamRZ 2022, 593 [594]). In Unterhaltssachen sind die Ehegatten verpflichtet, sich über die für die Höhe des Familienunterhalts maßgeblichen finanziellen Verhältnisse zu informieren (BGH NJW 2011, 226). Ehegatten sind zur Mitwirkung an der gemeinsamen steuerlichen Veranlagung (BGH NJW 2002, 2319 [2320]; NJW 2007, 2554) und zur Zustimmung zum begrenzten Realsplitting (BGH FamRZ 1998, 953 [954]; NJW 2005, 1196) verpflichtet, als Nachwirkung der Ehe auch noch nach der Scheidung (BGH FamRZ 1998, 953 [954]; sa BGH NJW FamRZ 2020, 169 [170]: nacheheliche Solidarität). Nach Trennung kann sich aus I 2 die Pflicht zur Mitwirkung an der Entlassung aus einem Mietverhältnis für die frühere Ehewohnung ergeben (OLG Brandenburg FamRZ 2022, 1269 f.; OLG Düsseldorf FamRZ 2021, 1273 f. [nur subsidiär Anspruch auf Mitwirkung an der gemeinsamen Kündigung]; sa Braun NJW-Spezial 2022, 324). Aus I 2 folgt ferner eine Beistands- und Beratungspflicht
in Rechts- und Vermögensangelegenheiten (BGH NJW 2001, 3541). **d)** I 2 kann 6
ausnahmsweise die **Pflicht zur Mitarbeit** im Beruf oder Geschäft des anderen Ehegatten begründen (Ausgleichsansprüche → § 1372 Rn. 4), etwa zur gemeinsamen Schaffung einer Existenzgrundlage (BGH NJW 1974, 2045). Diese Pflicht trägt Unterhaltscharakter; daher ist bei Tötung eines Ehegatten ein Anspruch des
anderen Ehegatten nach § 844 II möglich (BGHZ 77, 157 [162]). **e)** Die **Verfol-** 7
gung von Ansprüchen der Ehegatten untereinander ist nicht grds. ehewidrig (BGHZ 61, 101 [105] für Schmerzensgeldanspruch). Nur aufgrund bes. Umstände des Einzelfalls kann ein Ehegatte gehalten sein, einen Schadensersatzanspruch nicht geltend zu machen (BGH FamRZ 1988, 476 [477]: Bemühungen um anderweitigen
Schadensausgleich). **f) Grenzen** der Pflichten nach I 2 ergeben sich aus Abreden 8
der Ehegatten, ferner gem. II bei missbräuchlicher Rechtsausübung und Scheitern der Ehe (s. § 1565 I; zu dem entspr. Begriffsverständnis des „Scheiterns" in § 1353 II und in § 1565 I s. BGH FamRZ 2022, 593 [594]); hierzu muss die Trennungsfrist des § 1565 II nicht abgelaufen sein (BGH FamRZ 2022, 593 [594] mwN); darlegungs- und beweispflichtig für das Scheitern der Ehe ist der Ehegatte, der sich gegen die Geltendmachung der aus I 2 resultierenden Pflichten wehrt (BGH FamRZ 2022,
593 [595]). **g) Durchsetzbar** sind die Pflichten nach I 2 im Wege des Eheherstel- 9
lungsantrags, der wegen des Vollstreckungsverbots nach § 120 III FamFG bei persönlichen Pflichten freilich kaum praktische Bedeutung hat. Vermögensrechtliche Ansprüche (etwa Auskunftsanspruch) sowie Schadensersatzansprüche bei Verletzung persönlicher Pflichten (→ Vor § 1353 Rn. 4 f.) fallen nicht unter § 120 III FamFG;

für den Anspruch auf Zustimmung zum Realsplitting gilt § 120 I FamFG, § 894 I ZPO (BGH FamRZ 1998, 953 [954]). Eine Vertragsstrafenabrede zur mittelbaren Erzwingung der Pflichten nach I 2 ist gem. § 138 I nichtig (MüKo-BGB/Roth Rn. 11). Auswirkungen können Pflichtverletzungen freilich im Rahmen des § 1579 Nr. 7 haben (vgl. BGH NJW 1987, 1761; NJW 2012, 1443 mwN). Zu Ansprüchen gegen Dritte bei Beeinträchtigung der ehelichen Lebensgemeinschaft → Vor § 1353 Rn. 3 f.

§ 1354 *(weggefallen)*

§ 1355 Ehename

(1) [1]**Die Ehegatten sollen einen gemeinsamen Familiennamen (Ehenamen) bestimmen.** [2]**Die Ehegatten führen den von ihnen bestimmten Ehenamen.** [3]**Bestimmen die Ehegatten keinen Ehenamen, so führen sie ihren zur Zeit der Eheschließung geführten Namen auch nach der Eheschließung.**

(2) **Zum Ehenamen können die Ehegatten durch Erklärung gegenüber dem Standesamt den Geburtsnamen oder den zur Zeit der Erklärung über die Bestimmung des Ehenamens geführten Namen eines Ehegatten bestimmen.**

(3) [1]**Die Erklärung über die Bestimmung des Ehenamens soll bei der Eheschließung erfolgen.** [2]**Wird die Erklärung später abgegeben, so muss sie öffentlich beglaubigt werden.**

(4) [1]**Ein Ehegatte, dessen Name nicht Ehename wird, kann durch Erklärung gegenüber dem Standesamt dem Ehenamen seinen Geburtsnamen oder den zur Zeit der Erklärung über die Bestimmung des Ehenamens geführten Namen voranstellen oder anfügen.** [2]**Dies gilt nicht, wenn der Ehename aus mehreren Namen besteht.** [3]**Besteht der Name eines Ehegatten aus mehreren Namen, so kann nur einer dieser Namen hinzugefügt werden.** [4]**Die Erklärung kann gegenüber dem Standesamt widerrufen werden; in diesem Falle ist eine erneute Erklärung nach Satz 1 nicht zulässig.** [5]**Die Erklärung, wenn sie nicht bei der Eheschließung gegenüber einem deutschen Standesamt abgegeben wird, und der Widerruf müssen öffentlich beglaubigt werden.**

(5) [1]**Der verwitwete oder geschiedene Ehegatte behält den Ehenamen.** [2]**Er kann durch Erklärung gegenüber dem Standesamt seinen Geburtsnamen oder den Namen wieder annehmen, den er bis zur Bestimmung des Ehenamens geführt hat, oder dem Ehenamen seinen Geburtsnamen oder den zur Zeit der Bestimmung des Ehenamens geführten Namen voranstellen oder anfügen.** [3]**Absatz 4 gilt entsprechend.**

(6) **Geburtsname ist der Name, der in die Geburtsurkunde eines Ehegatten zum Zeitpunkt der Erklärung gegenüber dem Standesamt einzutragen ist.**

Lit.: Giesen, Der Familienname aus rechtshistorischer, rechtsvergleichender und rechtspolitischer Sicht, FuR 1993, 65; Lettmaier, Notwendigkeit einer Reform des (Familien-)Namensrechts?, FamRZ 2020, 1; D. Schwab, Personenname und Recht, StAZ 2015, 354; Wagenitz, Grundlinien des neuen Familiennamensrechts, FamRZ 1994, 409; Wagenitz/Bornhofen, Wahl und Qual im Namensrecht, FamRZ 2005, 1425.

1 **1. Allgemeines. a)** Die aufgrund BVerfGE 84, 9 [23] erforderlich gewordene Neuregelung durch das FamNamRG 1993 bricht mit der Tradition, dass die Zugehörigkeit zur Lebensgemeinschaft „Familie" nach außen durch einen gemeinsamen Ehe- und Familiennamen der Familienmitglieder zum Ausdruck gebracht werden muss (zur Geschichte s. BeckOGK/Kienemund [1.11.2022] Rn. 11 f.; Giesen FuR

1993, 65 [68 ff.]); die Neufassung sieht einen gemeinsamen Ehenamen in I 1 nur noch als **Soll**vorschrift vor (Namenseinheit ist Ziel, nicht Zwang, BT-Drs. 12/3163, 11). Die Ehegatten können deshalb, statt einen gemeinsamen Ehenamen als Familiennamen zu wählen, den bei der Eheschließung geführten Namen – Geburtsname oder erheirateter Name – beibehalten, I 3. Auch die Möglichkeiten der Hinzufügung eines Begleitnamens zum gewählten Ehenamen sind erweitert worden, IV.
b) Durch das Ges. zur Einführung des Rechts auf Eheschließung für Personen 2
gleichen Geschlechts v. 20.7.2017 (BGBl. I 2787) ist das Institut der Ehe mWv 1.10.2017 für **gleichgeschlechtliche Paare** geöffnet worden (→ Vor § 1297 Rn. 6; → § 1353 Rn. 1). § 1355 findet seitdem auch für Ehegatten gleichen Geschlechts Anwendung; II wurde durch Ges. v. 18.12.2018 (BGBl. I 2639) sprachlich angepasst. Zu den Folgen der Umwandlung einer Lebenspartnerschaft in eine Ehe (§ 20a I LPartG) für die Namenswahl → Rn. 5.

2. Ehename. a) Der Ehename wird nicht ipso iure mit Eheschließung erworben, 3
sondern nach dem „Grundsatz der namensrechtlichen Selbstbestimmung der Ehegatten" (BGH NJW 2001, 2469 [2471]) durch Wahl entweder eines der Geburtsnamen oder aber eines der zur Zeit der Erklärung geführten Namen der Ehegatten als Ehenamen, II. Die Regelung war mWv 12.2.2005 durch das Ges. zur Änderung des Ehe- und Lebenspartnerschaftsnamensrechts v. 6.2.2005 neu gefasst worden (zur Anpassung nach Einf. der gleichgeschlechtlichen Ehe durch Ges. v. 18.12.2018 → Rn. 2); das BVerfG hatte § 1355 II aF, wonach die Wahl des erheirateten Familiennamens als Ehenamen nicht möglich war, für verfassungswidrig erklärt (BVerfG NJW 2004, 1155). Zum **Geburtsnamen** s. VI; auch der durch Adoption (BGH NJW 2011, 3094) oder Legitimation erworbene Name ist Geburtsname iSd VI. Geburtsname des Kindes s. §§ 1616 ff. Verpflichtende pränuptiale Verträge über Namenswahl str., s. MüKo-BGB/v. Sachsen Gessaphe Rn. 38. **b) Erklärung der** 4
Namenswahl erfolgt bei Eheschließung, III 1. Fragepflicht des Standesbeamten, § 14 I PStG. Spätere Erklärung ist möglich; sie bedarf der öffentl. Beglaubigung (→ Rn. 8), III 2. Eine Frist besteht nicht. Nachträgliche Änderung der erfolgten Ehenamensbestimmung ist nicht zulässig; anders bei Ehenamen nach ausländischem Recht nach Statutenwechsel (BGH NJW 2001, 2471, „Spätaussiedler-Ehegatten").
c) Bei **Umwandlung** einer Lebenspartnerschaft in eine Ehe (§ 20a I LPartG, sa 5
→ Vorb. vor Titel 1 Rn. 7) kann nur dann ein Ehename bestimmt werden, wenn nicht zuvor schon ein Lebenspartnerschaftsname (§ 3 LPartG) geführt wurde; andernfalls wird der Lebenspartnerschaftsname (unwandelbar) als Ehename übernommen (§ 20a II LPartG, sa Kaiser FamRZ 2019, 845 [849]).

3. Begleitname. Nach IV kann der Ehegatte, dessen Name nicht Ehename wird, 6
seinen Geburtsnamen oder den zur Zeit der Namensbestimmung geführten Namen, also zB einen fr. – erheirateten – Ehenamen, hinzufügen, und zwar entweder durch Voranstellen oder durch Anfügen; Schreibweise: Zusammensetzung mit Bindestrich (KG NJW 2013, 1891). Bei mehreren Namen kann nur ein einziger (irgendeiner) hinzugefügt werden, IV 3. Adoptionsbedingte Änderung des Geburtsnamens führt zur Änderung des von diesem abgeleiteten Begleitnamens (BGH NJW 2011, 3094). Die Erklärung nach IV 1 ist nicht anfechtbar (BayObLG NJW-RR 1998, 1015 [1016]). Widerrufsmöglichkeit s. IV 4. Eine Befristung sieht das Ges. nicht vor, jedoch besteht die Möglichkeit nach IV nur einmal.

4. Verwitwung und Scheidung. Nach Verwitwung oder Scheidung wird der 7
Ehename grds. beibehalten, V 1 (Untersagung der Fortführung nur in krassen Einzelfällen nach § 242 denkbar, BGH NJW-RR 2005, 1521 [1522]). Stattdessen möglich: Aufgabe zugunsten des Geburtsnamens oder des zuvor geführten (zB erheirateten) Namens, V 2 HS 1; oder: Hinzufügen des Geburtsnamens oder des zur Zeit der Bestimmung des Ehenamens geführten Namens, V 2 HS 2. Widerrufsmöglichkeit V 3 iVm IV 4. Befristung ist nicht vorgesehen, jedoch besteht die Möglichkeit

nach V ebenfalls nur einmal. Ehevertragliche Abrede über Namensführung nach der Scheidung ist nicht generell sittenwidrig (BGH NJW 2008, 1528).

8 **5. Form.** Für nachträgliche Erklärung nach III 2, für Hinzufügung eines Begleitnamens, falls Erklärung nicht bei Eheschließung gegenüber einem deutschen Standesbeamten abgegeben wird, oder Widerruf (IV 5) sowie für Änderungen nach Verwitwung oder Scheidung (V 3 iVm IV 5): öffentl. Beglaubigung, die auch ein Standesbeamter vornehmen kann, § 41 I 1 Nr. 1–3 PStG.

9 **6. IPR.** Die Bestimmung des Namensstatuts richtet sich nach Art. 10 EGBGB. Zur Namenswahl bei Ehen mit oder von Nichtdeutschen s. Art. 10 II EGBGB, dazu Henrich IPRax 1994, 174; zur Bestimmung des Namensstatuts bei Flüchtlingen s. Budzikiewicz StAZ 2017, 289 [297]. Nach Art. 48 EGBGB kann eine Person statt des nach deutschem Recht gebildeten Namens den in einem anderen Mitgliedstaat der EU erworbenen Namen wählen, s. dazu auch BGH FamRZ 2017, 1179: wählbar ist der gesamte im Ausland erworbene Name (hier: Mittelname nach dänischem Recht). Zur Namensangleichung bei nach ausländischem Recht erworbenem Vor- und Familiennamen s. Art. 47 EGBGB (BT-Drs. 16/3309, 12 f.).

§ 1356 Haushaltsführung, Erwerbstätigkeit

(1) [1]**Die Ehegatten regeln die Haushaltsführung im gegenseitigen Einvernehmen.** [2]**Ist die Haushaltsführung einem der Ehegatten überlassen, so leitet dieser den Haushalt in eigener Verantwortung.**

(2) [1]**Beide Ehegatten sind berechtigt, erwerbstätig zu sein.** [2]**Bei der Wahl und Ausübung einer Erwerbstätigkeit haben sie auf die Belange des anderen Ehegatten und der Familie die gebotene Rücksicht zu nehmen.**

Lit.: Kurr, Vertragliches „Einvernehmen" der Ehegatten gemäß § 1356 I 1 BGB?, FamRZ 1978, 2.

1 **1. Allgemeines.** Das BGB gibt für die Haushaltsführung und die Erwerbstätigkeit der Ehegatten kein Leitbild vor. § 1356 I 1 bestätigt, dass auch die Haushaltsführung Sache beider Ehegatten und einverständlich zu regeln ist. Die Möglichkeit einer Funktionsteilung wird in I 2 aber ebenfalls klargestellt, so dass die Hausmann-/Hausfrauenehe rechtlich als konsentierte Regelung der Haushaltsführung möglich bleibt. Beide Ehegatten sind zur Erwerbstätigkeit berechtigt (II 1) und unterliegen dabei gleichen Einschränkungen (II 2).

2 **2. Haushaltsführung durch einen Ehegatten. a)** Voraussetzung ist ein tatsächliches Einverständnis, das nicht Vertragscharakter hat und jederzeit aufgegeben oder inhaltlich geändert werden kann (str., aA Diederichsen NJW 1977, 217 [219]). Allerdings dürften für einseitige Sinnesänderungen die Einschränkungen des II 2 entspr. gelten; die einverständlich übernommene Haushaltsführung kann nicht einseitig niedergelegt werden, wenn die Familie vom Erwerb des anderen Teils abhängt und dieser zur sofortigen Übernahme der Haushaltsführung deshalb außerstande ist (weitergehend Wacke FamRZ 1977, 505 [518]). Auch Unterhaltspflichten gegenüber Dritten können Erwerbsobliegenheit begründen und damit die vereinbarte Rollenverteilung beeinflussen (BGH NJW 1987, 1549 [1550]). So darf ein seinen Kindern aus erster Ehe barunterhaltspflichtiger Elternteil aus unterhaltsrechtlicher Sicht in einer neuen Ehe nur dann die Haushaltsführung und Kindesbetreuung übernehmen, wenn wirtschaftliche Gesichtspunkte oder sonstige Gründe von gleichem Gewicht, die einen erkennbaren Vorteil für die neue Familie mit sich bringen,
3 im Einzelfall den Rollentausch rechtfertigen (BGH NJW 2007, 139). **b) Eigenverantwortlichkeit:** Der haushaltsführende Ehegatte ist nicht Verrichtungsgehilfe des anderen und braucht Weisungen nicht zu befolgen. **c)** Die einvernehmlich übernommene Haushaltsführung ist Erfüllung ges. Unterhaltspflicht iSd § 844 II (Diederichsen NJW 1977, 217 [219]).

3. Erwerbstätigkeit. a) Jeder Ehegatte kann grds. frei und allein über Aufnahme und Art einer Erwerbstätigkeit entscheiden (s. jedoch → Rn. 2). **b)** Die Verpflichtung zur Rücksichtnahme nach II 2 trifft beide Partner, aber je nach Umständen nicht notwendig in gleicher Weise: Je nach Eignung (zB beruflicher Vorbildung) und konkreten Bedürfnissen der Familie (zB Betreuungsleistungen) kann die erforderliche Rücksichtnahme das Recht auf freie Berufswahl und -ausübung beim einen Teil stärker einschränken als beim anderen. **c) Verpflichtung** zur Erwerbstätigkeit kann sich aus § 1360 S. 1 ergeben; zur Mitarbeit im Geschäft des anderen Ehegatten → § 1353 Rn. 6. 4

§ 1357 Geschäfte zur Deckung des Lebensbedarfs

(1) [1]**Jeder Ehegatte ist berechtigt, Geschäfte zur angemessenen Deckung des Lebensbedarfs der Familie mit Wirkung auch für den anderen Ehegatten zu besorgen.** [2]**Durch solche Geschäfte werden beide Ehegatten berechtigt und verpflichtet, es sei denn, dass sich aus den Umständen etwas anderes ergibt.**

(2) [1]**Ein Ehegatte kann die Berechtigung des anderen Ehegatten, Geschäfte mit Wirkung für ihn zu besorgen, beschränken oder ausschließen; besteht für die Beschränkung oder Ausschließung kein ausreichender Grund, so hat das Familiengericht sie auf Antrag aufzuheben.** [2]**Dritten gegenüber wirkt die Beschränkung oder Ausschließung nur nach Maßgabe des § 1412.**

(3) **Absatz 1 gilt nicht, wenn die Ehegatten getrennt leben.**

Lit.: Chr. Berger, Gestaltungsrechte und Prozessführung bei Schlüsselgewaltgeschäften nach § 1357 BGB, FamRZ 2005, 1129; Brudermüller, Schlüsselgewalt und Telefonsex, NJW 2004, 2265; Herberger, Von der „Schlüsselgewalt" zur reziproken Solidarhaftung, 2019; Käppler, Familiäre Bedarfsdeckung im Spannungsfeld von Schlüsselgewalt und Güterstand, AcP 179, 245; K. Lange, Mithaftung des Ehegatten für Strom- und Gasrechnungen – kritische Fragen an § 1357 BGB, FamRZ 2016, 354; Löhnig, Verbrauchergeschäfte mit Ehegatten – zum Verhältnis von Verbraucherschutz und Schlüsselgewalt, FamRZ 2001, 135; Luther, Vom Ende der Schlüsselgewalt, FamRZ 2016, 271; Peter, „Schlüsselgewalt" bei Arzt- und Krankenhausverträgen, NJW 1993, 1949; D. Schwab, Eheliche Gesundheitsfürsorge zwischen Notvertretung und Schlüsselgewalt, FS Dose, 2022, 455; Stalinski, Schlüsselgewalt unlimited?, FamRZ 2013, 1933; Wellenhofer, Schlüsselgewalt – wie lange noch?, BRJ 2019, 19.

1. Allgemeines. a) § 1357 I ermächtigt die Ehegatten dazu, RGeschäfte im eigenen Namen auch mit Wirkung für und gegen den anderen Ehegatten zu schließen („Schlüsselgewalt"). Solange das BGB vom Leitbild der Hausfrauenehe ausging, hatte § 1357 BGB die Funktion, der Ehefrau im häuslichen Wirkungsbereich Handlungsfähigkeit zu vermitteln (Chr. Berger FamRZ 2005, 1129 [1130]). Mit der Abkehr vom Leitbild der Hausfrauenehe und dem Wegfall der Beschränkungen der Ehefrau hinsichtlich ihrer Verpflichtungsmacht hat die Bestimmung ihren Sinn verloren. Bis heute wird die Funktion der Vorschrift allerdings darin gesehen, dem haushaltsführenden Ehegatten die nötige wirtschaftliche Bewegungsfreiheit zu verschaffen. Gläubigerschutz ist nur Normreflex. Zur Verfassungsmäßigkeit s. BVerfGE 81, 1. – **IPR:** Für Ehegatten, die nach dem 28.1.2019 geheiratet oder eine Rechtswahl betr. das Güterstatut getroffen haben (s. Art. 69 III EuGüVO), finden die Kollisionsnormen der EuGüVO (→ Einf. Rn. 8) Anwendung (Grüneberg/Thorn Art. 1 EuGüVO Rn. 3). Bei fehlender zeitlicher Anwendbarkeit der EuGüVO wird die Schlüsselgewalt (§ 1357) als allgemeine Wirkung der Ehe (vgl. Hausmann IntEuFamR Rn. 646) weiterhin nach Art. 14 EGBGB aF (Fassung bis 28.1.2019) angeknüpft (vgl. BT-Drs. 19/4852, 40); vgl. hierzu auch die Übergangsregelung in Art. 229 § 47 EGBGB, die allerdings in II Nr. 2 den Art. 14 EGBGB (wohl versehentlich) nicht erwähnt (vgl. dazu NK-BGB/Magnus Art. 69 EuGüVO/EuPartVO Rn. 16). Für im Inland vorgenommene RGeschäfte s. Art. 16 II EGBGB iVm 1

2 Art. 229 § 47 II Nr. 2 EGBGB. **b)** Die **dogmatische Einordnung** des § 1357 ist schwierig. Die Norm begründet – anders als die ursprüngliche Fassung der Bestimmung im Jahre 1900 – keine Vertretungsmacht iSd § 164, da Handeln in fremdem Namen nicht erforderlich ist und die Mithaftung des anderen Ehegatten nicht vom Willen des kontrahierenden Ehegatten abhängt. Die Einordnung als ges. Verpflichtungsermächtigung (→ § 185 Rn. 3) vermag die Mitberechtigung des anderen Ehegatten nicht zu erklären. § 1357 wird daher heute als familienrechtliche Rechtsmacht sui generis gedeutet (Staudinger/Voppel Rn. 24 mwN).

3 **2. Voraussetzungen. a)** „Angemessener Lebensbedarf" nimmt Bezug auf die unterhaltsrechtlichen Maßstäbe der §§ 1360, 1360a (BGH NJW 2018, 1313 [1314]; BGHZ 94, 1 [6]). Unter § 1357 fallen daher der für Familienmitglieder erforderliche Erwerb von Nahrungsmitteln, Kleidung, Haushalts- und Einrichtungsgegenständen, Spielzeug und Lernmaterialien, der Abschluss von Verträgen zur Freizeitgestaltung, Verträge mit Energieversorgern (BGH NJW-RR 2013, 897; dazu Lange FamRZ 2016, 354; Luther FamRZ 2016, 271) und Telekommunikationsunternehmen (BGH NJW 2004, 1593 [1594]), Beauftragung eines Anwalts zur Abwehr einer Räumungsklage (OLG Düsseldorf FamRZ 2011, 35), der Reparaturvertrag für den Familien-Pkw (LG Freiburg FamRZ 1988, 1052), je nach Lebenszuschnitt der Familie auch Versicherungsverträge (BGH NJW 2018, 1313 [1314]: Volkaskoversicherung für Familien-Pkw; OLG Hamm VersR 2020, 1180 [1181]: Hausratsversicherung); ferner Arzt- und Krankenhausverträge (D. Schwab FS Dose, 2022, 455 [458 ff.]). Zu § 1357 zählen auch **Verbraucherverträge,** insbes. Teilzahlungsgeschäfte, falls sie der angemessenen Deckung des familiären Bedarfs dienen (Löhnig FamRZ 2001, 135). Formerfordernisse und Informationsobliegenheiten sind nur durch den oder gegenüber dem kontrahierenden Ehegatten einzuhalten. Zum
4 Widerrufsrecht → Rn. 7. **b)** Geschäfte größeren Umfangs, die ohne Schwierigkeiten zurückgestellt werden können, fallen nicht unter § 1357 (BGH NJW 2018, 1313 [1314]). Ein Ehegatte darf bei den für die eheliche Lebensgemeinschaft bedeutenden Angelegenheiten nicht ohne Rücksprache vollendete Tatsachen schaffen. Entscheidend ist auf den Lebenszuschnitt der Familie abzustellen, wie er nach außen in Erscheinung tritt (BGH NJW 2018, 1313 [1314]; BGHZ 94, 1 [6]). Eine Mithaftung scheidet daher aus bei Reiseverträgen, wenn nach den konkreten Verhältnissen der Familie über die Durchführung der Reise vorher eine Verständigung zwischen den Ehegatten üblich ist (OLG Köln FamRZ 1991, 434), Bauverträgen (BGH FamRZ 1989, 35), Verträgen zur Hausfinanzierung (LG Aachen FamRZ 1989, 1177), Verpflichtung zur Zahlung einer Maklerprovision im Zusammenhang mit dem Kauf eines Einfamilienhauses (OLG Oldenburg FamRZ 2011, 37), Abschluss und Kündigung von Mietverträgen über Familienwohnraum, Änderung einer vertraglichen Vereinbarung über die Abrechnung von Nebenkosten in einem bestehenden Mietverhältnis (BGH WuM 2016, 353 [356]), Ferngesprächen mit exorbitant hohen Kosten, die die finanziellen Verhältnisse der Familie sprengen (BGH NJW 2004,
5 1593 [1595]; sa Hohloch JuS 2004, 630: Bezugnahme auf § 242). **c) „Etwas anderes"** iSv I 2 HS 2 kann sich aus ausdr. Erklärungen ergeben. Tritt ein Ehegatte nach § 164 namens und in Vollmacht des anderen auf, so entfällt allein damit jedoch nicht die Eigenhaftung des handelnden Ehegatten (BGHZ 96, 3 f. [ärztlicher Behandlungsvertrag]; D. Schwab FS Dose, 2022, 455 [460 f.]); dasselbe gilt, wenn ein Ehegatte iRd ges. Notvertretung nach § 1358 Verträge für den anderen abschließt (überzeugend D. Schwab FS Dose, 2022, 455 [461 ff., 467]). Auch aus den „Umständen" kann sich ein Ausschluss der Mithaftung ergeben, etwa aus dem Verhalten des Vertragspartners beim Vertragsschluss, wenn er zum Ausdruck bringt, auf die Mithaftung kein Gewicht zu legen (LG Aachen FamRZ 1989, 1177 f. [Kreditvertrag]). Allein der Erwerb von Gegenständen zum persönlichen Gebrauch lässt die Mithaftung nicht entfallen (aA bis zur 9. Aufl.).

6 **3. Rechtsfolgen. a)** Die Rechtsfolgen des § 1357 I 2 sind nicht abschließend geklärt. Nach hM entsteht auf **schuldrechtlicher** Ebene gem. I 2 eine gesamt-

schuldnerische Haftung (§ 421) der Ehegatten (aA Chr. Berger FamRZ 2005, 1129 [1132]: akzessorische Verpflichtung des Ehegatten). **b)** Ansprüche aus dem Vertrag 7 stehen den Ehegatten gemeinsam nach § 428 zu, str.; aA → § 432 Rn. 2. **c)** Rechtsdurchsetzungshandlungen (Mahnung, Fristsetzung) kann jeder Ehegatte mit Wirkung auch für den anderen vornehmen. Dem Normzweck entspr. ist darüber hinaus aber auch jeder Ehegatte berechtigt, Gestaltungsrechte (Anfechtung, Rücktritt, Kündigung, Widerruf) allein mit Wirkung für beide auszuüben (BGH NJW 2018, 1313 [1315]; Dethloff FamR § 4 Rn. 68, sehr str.; aA bis zur 15. Aufl.). **d)** Auf 8 **dinglicher Ebene** entfaltet § 1357 keine Wirkung. Der andere Ehegatte wird nicht kraft Ges. Eigentümer des erworbenen Gegenstands (BGHZ 114, 74 [76 f.]; aA D. Schwab FamR Rn. 201 ff.). Allerdings kann Miteigentumserwerb aufgrund rechtsgeschäftlicher Erklärung eintreten. Bei Hausrat ist die Einigungserklärung des erwerbenden Ehegatten gewöhnlich dahin zu verstehen, dass beide Ehegatten Miteigentümer werden sollen, wenn nichts anderes erklärt wird (BGHZ 114, 74 [78 ff.]). § 1357 begründet keine Rechtsmacht zur Verfügung über Gegenstände des anderen Ehegatten. **e) Prozessführung:** Die Ehegatten können nach hM einzeln als Rechts- 9 inhaber klagen und verklagt werden, eine Rechtskrafterstreckung scheidet aus (Baur FS Beitzke, 1979, 113; aA Chr. Berger FamRZ 2005, 1129 [1133]: ges. Prozessstandschaft des anderen Ehegatten).

4. Ausschluss. a) Die Rechtsmacht kann nach II 1 durch einseitige, empfangsbe- 10 dürftige Willenserklärung **beschränkt oder entzogen** werden. Außenwirkung entfaltet die Beschränkung oder Entziehung gem. II 2 aber nur nach Maßgabe des § 1412, dh wenn sie dem Vertragspartner bei Vertragsschluss bekannt gewesen oder infolge grober Fahrlässigkeit (zum Begriff → § 276 Rn. 33 ff.) unbekannt geblieben ist. Eine Eintragung der Beschränkung oder Entziehung ins Güterrechtsregister (vgl. § 1412 aF [bis 31.12.2022]) ist seit dessen Abschaffung zum 1.1.2023 nicht mehr möglich. Bestehende Eintragungen wirken nach Maßgabe der Übergangsvorschrift in Art. 229 § 64 EGBGB aber während einer Übergangszeit von fünf Jahren fort (vgl. BT-Drs. 20/2730, 15). **b)** Das FamG kann die Entziehung oder Beschränkung 11 ex nunc aufheben, falls kein ausreichender Grund vorliegt. Dafür ist ein Missbrauch der Rechtsmacht erforderlich; ein Zerwürfnis genügt nicht. Verfahren: § 266 II FamFG; örtl. Zuständigkeit § 267 FamFG; Wirksamwerden § 40 III FamFG; Richtervorbehalt vgl. § 25 RPflG. **c)** Nach III entfällt die Verpflichtungsmacht bei **Getrenntleben,** also Aufhebung der häuslichen Gemeinschaft (s. § 1567 I); bei Dauerschuldverhältnissen führt Trennung aber nicht zur Enthaftung von einer nach I zuvor wirksam begründeten Mitverpflichtung (BGH NJW-RR 2013, 897: Energielieferungsvertrag).

§ 1358 Gegenseitige Vertretung von Ehegatten in Angelegenheiten der Gesundheitssorge

(1) **Kann ein Ehegatte aufgrund von Bewusstlosigkeit oder Krankheit seine Angelegenheiten der Gesundheitssorge rechtlich nicht besorgen (vertretener Ehegatte), ist der andere Ehegatte (vertretender Ehegatte) berechtigt, für den vertretenen Ehegatten**

1. **in Untersuchungen des Gesundheitszustandes, Heilbehandlungen oder ärztliche Eingriffe einzuwilligen oder sie zu untersagen sowie ärztliche Aufklärungen entgegenzunehmen,**
2. **Behandlungsverträge, Krankenhausverträge oder Verträge über eilige Maßnahmen der Rehabilitation und der Pflege abzuschließen und durchzusetzen,**
3. **über Maßnahmen nach § 1831 Absatz 4 zu entscheiden, sofern die Dauer der Maßnahme im Einzelfall sechs Wochen nicht überschreitet, und**
4. **Ansprüche, die dem vertretenen Ehegatten aus Anlass der Erkrankung gegenüber Dritten zustehen, geltend zu machen und an die Leistungser-**

bringer aus den Verträgen nach Nummer 2 abzutreten oder Zahlung an diese zu verlangen.

(2) [1]**Unter den Voraussetzungen des Absatzes 1 und hinsichtlich der in Absatz 1 Nummer 1 bis 4 genannten Angelegenheiten sind behandelnde Ärzte gegenüber dem vertretenden Ehegatten von ihrer Schweigepflicht entbunden.** [2]**Dieser darf die diese Angelegenheiten betreffenden Krankenunterlagen einsehen und ihre Weitergabe an Dritte bewilligen.**

(3) **Die Berechtigungen nach den Absätzen 1 und 2 bestehen nicht, wenn**
1. **die Ehegatten getrennt leben,**
2. **dem vertretenden Ehegatten oder dem behandelnden Arzt bekannt ist, dass der vertretene Ehegatte**
   a) **eine Vertretung durch ihn in den in Absatz 1 Nummer 1 bis 4 genannten Angelegenheiten ablehnt oder**
   b) **jemanden zur Wahrnehmung seiner Angelegenheiten bevollmächtigt hat, soweit diese Vollmacht die in Absatz 1 Nummer 1 bis 4 bezeichneten Angelegenheiten umfasst,**
3. **für den vertretenen Ehegatten ein Betreuer bestellt ist, soweit dessen Aufgabenkreis die in Absatz 1 Nummer 1 bis 4 bezeichneten Angelegenheiten umfasst, oder**
4. **die Voraussetzungen des Absatzes 1 nicht mehr vorliegen oder mehr als sechs Monate seit dem durch den Arzt nach Absatz 4 Satz 1 Nummer 1 festgestellten Zeitpunkt vergangen sind.**

(4) [1]**Der Arzt, gegenüber dem das Vertretungsrecht ausgeübt wird, hat**
1. **das Vorliegen der Voraussetzungen des Absatzes 1 und den Zeitpunkt, zu dem diese spätestens eingetreten sind, schriftlich zu bestätigen,**
2. **dem vertretenden Ehegatten die Bestätigung nach Nummer 1 mit einer schriftlichen Erklärung über das Vorliegen der Voraussetzungen des Absatzes 1 und das Nichtvorliegen der Ausschlussgründe des Absatzes 3 vorzulegen und**
3. **sich von dem vertretenden Ehegatten schriftlich versichern zu lassen, dass**
   a) **das Vertretungsrecht wegen der Bewusstlosigkeit oder Krankheit, aufgrund derer der Ehegatte seine Angelegenheiten der Gesundheitssorge rechtlich nicht besorgen kann, bisher nicht ausgeübt wurde und**
   b) **kein Ausschlussgrund des Absatzes 3 vorliegt.**

[2]**Das Dokument mit der Bestätigung nach Satz 1 Nummer 1 und der Versicherung nach Satz 1 Nummer 3 ist dem vertretenden Ehegatten für die weitere Ausübung des Vertretungsrechts auszuhändigen.**

(5) **Das Vertretungsrecht darf ab der Bestellung eines Betreuers, dessen Aufgabenkreis die in Absatz 1 Nummer 1 bis 4 bezeichneten Angelegenheiten umfasst, nicht mehr ausgeübt werden.**

(6) **§ 1821 Absatz 2 bis 4, § 1827 Absatz 1 bis 3, § 1828 Absatz 1 und 2, § 1829 Absatz 1 bis 4 sowie § 1831 Absatz 4 in Verbindung mit Absatz 2 gelten entsprechend.**

Lit.: Dutta, Handlungsbefugnisse von Ehegatten in Angelegenheiten der Gesundheitssorge – ein weiterer Versuch für einen neuen § 1358 BGB, FamRZ 2020, 1881; Götsche, Gesetzliches Notvertretungsrecht zwischen Ehegatten, FuR 2022, 506; Kemper, Die große Reform: Das Notvertretungsrecht für Ehegatten kommt, FamRB 2021, 260; Kraemer, Das neue Ehegattenvertretungsrecht, BtPrax 2021, 208; Lugani, Gegenseitige Vertretung von Ehegatten in Angelegenheiten der Gesundheitssorge – Der neue § 1358 BGB, MedR 2022, 91; Mazur/Ziegler, (Haftungs-)rechtliche Aspekte im Zusammenhang mit dem Ehegattenvertretungsrecht gem. § 1358 BGB n.F. im Arzt-Patienten-Verhältnis, GuP 2022, 41; Müller-Engels, Vorsorgevollmacht und Betreuung – Update und Ausblick, DNotZ 2021, 84; Palsherm, Neues Ehegattennotvertretungsrecht in Gesundheitsangelegenheiten, jM 2022, 454; D. Schwab, Eheliche

Gesundheitsfürsorge zwischen Notvertretung und Schlüsselgewalt, FS Dose, 2022, 455; Szantay, Notgeschäftsführung zwischen Eheleuten, NZFam 2021, 805; Wassermann, Schranken des ehelichen Notvertretungsrechts, FS Dose, 2022, 529.

1. Allgemeines. a) § 1358 wurde durch das Ges. v. 4.5.2021 (BGBl. I 882) mWv 1.1.2023 neu geschaffen. Die Norm verleiht in Notsituationen den Ehegatten eine gegenseitige, zeitlich befristete (III Nr. 4) Befugnis zur Vertretung in Angelegenheiten der Gesundheitssorge und zur Vornahme bestimmter weiterer Handlungen (I Nr. 1–4). Damit soll verhindert werden, dass bei Fehlen einer Vorsorgevollmacht eine vorläufige Betreuung (§ 300 FamFG) angeordnet werden muss (BT-Drs. 19/24445, 179). **b)** Die Regelung ist auf **eingetragene Lebenspartnerschaften** entspr. anwendbar (s. § 21 LPartG), nicht aber auf nichteheliche Lebensgemeinschaften (Götsche FuR 2022, 506 [507]; Kemper FamRB 2021, 260 [261]). Keine Anwendung auch auf andere nahe Angehörige (zB Kinder), Grüneberg/Siede Rn. 2; Götsche FuR 2022, 506 [507]. 1

2. Voraussetzungen. a) Wirksame (auch aufhebbare) **Ehe. b)** Ein Ehegatte kann „aufgrund von **Bewusstlosigkeit** oder **Krankheit** seine Angelegenheiten der Gesundheitssorge rechtlich nicht besorgen". Erfasst ist damit eine „akut eingetretene gesundheitliche Beeinträchtigung des Ehegatten infolge eines Unfalls oder einer Erkrankung, die auch eine ärztliche Akutversorgung notwendig macht" (BT-Drs. 19/24445, 179), zB bei Herzinfarkt, Schlaganfall, Koma, Schädel-Hirn-Trauma (s. Götsche FuR 2022, 506 [507]; Lugani MedR 2022, 91 [92]). Es genügt, dass der Zustand iSd I erst durch die Behandlung einer (auch psychischen) Krankheit herbeigeführt worden ist (etwa durch Sedativum, Narkotikum), s. Götsche FuR 2022, 506 [507 f.]; Kemper FamRB 2021, 260 [261]. Der Ehegatte muss aufgrund Bewusstlosigkeit/Krankheit **außerstande** sein, seine **Angelegenheiten der Gesundheitssorge zu besorgen.** Nach BT-Drs. 19/24445, 179 orientiert sich § 1358 an den Voraussetzungen für die Betreuerbestellung (§ 1814 I). Welche Konsequenzen daraus für das Verständnis der Norm zu ziehen sind, wird allerdings nicht immer klar. Dies gilt insbes. für die Frage nach den Folgen (noch oder wieder) bestehender Geschäfts- bzw. Einwilligungsfähigkeit des Betroffenen. Wie in § 1814 I werden diese Kriterien auch in § 1358 I nicht ausdrücklich erwähnt. Letztlich muss Folgendes gelten: Bei fehlender Geschäfts- und Einwilligungsfähigkeit kann der andere Ehegatte die Handlungen nach I vornehmen; er ist Berechtigter iSd § 630d I 2 (Kemper FamRB 2021, 260 [263]; Dutta FamRZ 2020, 1881 [1882]). Ist der Betroffene zwar einwilligungs-, nicht aber geschäftsfähig, gilt im Hinblick auf die Einwilligung § 630d I 1 (Kemper FamRB 2021, 260 [263]; sa Spickhoff/Spickhoff Rn. 5; Lugani MedR 2022, 91 [96]); iÜ ist er vertretungsbedürftig. Sofern der Ehegatte (noch oder wieder) geschäfts- und einwilligungsfähig ist, besteht kein Vertretungsrecht des Ehegatten nach § 1358 – vorausgesetzt, der Ehegatte kann die relevanten Erklärungen ungeachtet seines Zustandes abgeben (Spickhoff/Spickhoff Rn. 5; sa Grüneberg/Siede Rn. 2), sa → Rn. 12. 2 3

3. Befugnisse des Ehegatten. a) I bestimmt, in welchen Angelegenheiten der Gesundheitssorge ein Ehegatte berechtigt ist, für den anderen zu handeln. Eine Pflicht zur Wahrnehmung der Rechte aus I besteht nicht (BT-Drs. 19/24445, 179). *Nach BT-Drs. 19/*24445, 179 orientiert sich I an den Entscheidungen und Maßnahmen, die in der Akutphase regelmäßig anstehen. In I Nr. 1–4 kommt dies allerdings nur unvollkommen zum Ausdruck (I Nr. 2: „eilige Maßnahmen"). Schon mit Blick auf den erheblichen Eingriff in das Selbstbestimmungsrecht des Betroffenen sind die Befugnisse aber generell auf **unaufschiebbare Maßnahmen** zu beschränken (MüKo-BGB/Roth Rn. 7; Kemper FamRB 2021, 260 [262 f.]; Lugani MedR 2022, 91 [95]). Nicht erfasst sind zB bloße Schönheitsoperationen (Dutta FamRZ 2020, 1881 [1882]). Der Katalog in I ist **abschließend** (BT-Drs. 19/24445, 179). Dem Vertretenden steht daher im Zusammenhang mit dem Vertretungsrecht nach I Nr. 2 und 4 nicht etwa auch ein Recht zur Postkontrolle zu (Grüneberg/Siede Rn. 9; aA Götsche FuR 2022, 506 [512]; Lugani MedR 2022, 91 [97]); ein entsprechender 4

5 Vorschlag des Bundesrats wurde nicht umgesetzt (BT-Drs. 19/24445, 422, 480). **b)**
aa) Nach **I Nr. 1** kann der Ehegatte in Untersuchungen des Gesundheitszustands,
Heilbehandlungen (vgl. → § 630d Rn. 5) oder ärztliche Eingriffe **einwilligen** oder
diese untersagen. Einwilligung ist nach hM keine Willenserklärung (→ § 630d
Rn. 3), daher kein „Vertretungsrecht" im rechtstechnischen Sinne (Spickhoff/Spick-
hoff Rn. 7). Erfasst sind jedenfalls notwendige und unaufschiebbare Behandlungen/
Eingriffe (→ Rn. 4), die in unmittelbarem Zusammenhang mit der Bewusstlosig-
keit/Erkrankung stehen, derentwegen dem Ehegatten die Befugnisse nach I zuste-
hen. Der Ehegatte ist darüber hinaus aber auch berechtigt, in die Behandlung solcher
Erkrankungen einzuwilligen, die anlässlich der Behandlung erstmals diagnostiziert
werden (BT-Drs. 19/24445, 179). **bb)** Im Rahmen seiner Befugnisse darf der Ehe-
gatte ärztliche **Aufklärung** entgegennehmen. **cc)** Ob über den Wortlaut („ärztliche
Eingriffe") hinaus auch in Maßnahmen durch andere Behandelnde (Physiotherapeu-
ten, Chiropraktiker etc) eingewilligt werden kann, ist unklar (dafür MüKo-BGB/
6 Roth Rn. 8; zweifelnd Dutta FamRZ 2020 1880 [1882]). **c) aa)** Nach **I Nr. 2** hat
der Ehegatte Vertretungsmacht für den Abschluss von Behandlungs- und Kranken-
hausverträgen sowie von Verträgen über „eilige" Maßnahmen der **Rehabilitation**
und Pflege. Damit wird klargestellt, dass nur unaufschiebbare kurzfristige Maßnah-
men, nicht etwa langfristige Pflegeverträge erfasst sind (BT-Drs. 19/24445, 180).
Ausgeschlossen ist daher auch der Abschluss eines Heimvertrages (iE auch Grüne-
berg/Siede Rn. 7). **bb)** Die Begrenzung auf unaufschiebbare Maßnahmen gilt auch
für den Abschluss von **Behandlungsverträgen** (→ Rn. 4). Das Notvertretungs-
recht nach I Nr. 2 ist dabei aber nicht auf die das Vertretungsrecht auslösende Krank-
heit beschränkt; bei Unaufschiebbarkeit können auch Behandlungsverträge wegen
erst später diagnostizierter Krankheiten abgeschlossen werden (vgl. → Rn. 5).
cc) Ob der erkrankte Ehegatte **privat oder gesetzlich versichert** ist, spielt keine
Rolle (Spickhoff/Spickhoff Rn. 8); auch Kassenpatienten schließen Behandlungs-
verträge ab (→ § 630a Rn. 12). **dd)** Nicht ausdrücklich aufgeführt sind **Kauf- und**
Werkverträge über medizinische Produkte und Leistungen; der Normzweck
spricht für ihre Einbeziehung (Lugani MedR 2022, 91 [96]). **ee)** Mit der Befugnis
zum Abschluss der von I Nr. 2 erfassten Verträge ist die Berechtigung zu ihrer
Durchsetzung verbunden. Der Ehegatte kann Mängel rügen und die vertraglich
7 geschuldete Leistung gerichtl. geltend machen (BT-Drs. 19/24445, 180). **d)** Der
Ehegatte ist berechtigt, über **freiheitsentziehende Maßnahmen** nach § 1831 IV
zu entscheiden, sofern die Dauer der Maßnahme im Einzelfall sechs Wochen nicht
überschreitet (I Nr. 3); zudem sind entspr. Maßnahmen nur mit Genehmigung des
Betreuungsgerichts zulässig (VI iVm § 1831 IV/II). Ist die Maßnahme länger als
sechs Wochen erforderlich, muss ein Betreuer bestellt werden (BT-Drs. 19/24445,
180). Dies gilt auch, wenn eine Unterbringung iSd § 1831 I erfolgen soll (MüKo
BGB/Roth Rn. 11); ebenso bei ärztlicher Zwangsmaßnahme iSd § 1832 (BT-
8 Drs. 19/2445, 480). **e) I Nr. 4** ermöglicht die Geltendmachung von Ansprüchen,
die dem vertretenen Ehegatten anlässlich der Erkrankung gegenüber Dritten zuste-
hen (zB Versicherungsleistungen, Beihilfeansprüche). Er kann diese Ansprüche an
die Leistungserbringer aus Verträgen nach I Nr. 2 abtreten oder Zahlung an diese
verlangen, nicht aber Zahlung an sich selbst; dadurch soll Missbrauch des Vertre-
tungsrechts verhindert werden (BT-Drs. 19/24445, 180). Eine Kontovollmacht zur
Begleichung der durch das Vertretungshandeln entstehenden Verpflichtungen folgt
aus I Nr. 4 nicht (MüKo-BGB/Roth Rn. 12).

9 **4. Einschränkung der Schweigepflicht.** Nach II 1 ist der behandelnde Arzt gegenüber dem vertretungsberechtigten Ehegatten in den von I erfassten Angelegenheiten von der Schweigepflicht entbunden. Der Ehegatte darf gem. II 2 Einsicht in die Krankenunterlagen nehmen und in Weitergabe an Dritte einwilligen.

10 **5. Ausschluss der Befugnisse. a)** Dem Ehegatten stehen die Befugnisse nach I und II nicht zu, wenn die Ehegatten **getrennt leben** (zum Begriff § 1567), III Nr. 1. **b) aa)** Gleiches gilt nach III Nr. 2, wenn dem Ehegatten oder dem behan-

delnden Arzt bekannt ist, dass der Betroffene eine **Vertretung** durch ihn **ablehnt** (III Nr. 2a) oder eine **andere Person** zur Wahnehmung seiner Angelegenheiten iSd I Nr. 1–4 **bevollmächtigt** hat (III Nr. 2b). Ablehnung ist nicht Willenserklärung; ausreichend ist der natürliche Wille (Lugani MedR 2022, 91 [93]). Keine Rolle spielt die Motivation für die Ablehnung, zB Misstrauen, Entfremdung, aber auch Fürsorge für den anderen (BT-Drs. 19/24445, 181). Unerheblich ist auch, wem gegenüber oder auf welche Weise die Ablehnung (auch konkludent) geäußert wurde (Grüneberg/Siede Rn. 3; Götsche FuR 2022, 506 [508]). **bb) Vollmacht** iSd III Nr. 2b muss nicht Vorsorgevollmacht sein; Generalvollmacht genügt (vgl. BT-Drs. 19/24445, 181). Wurde die Vollmacht für den Ehegatten ausgestellt, geht sie § 1358 vor (Grüneberg/Siede Rn. 3). Soweit die Vollmacht nur Teile der in I genannten Befugnisse abdeckt, bleibt der Ehegatte iÜ nach § 1358 berechtigt (BT-Drs. 19/24445, 181). Allerdings wird zu prüfen sein, ob in derartigen Fällen nicht eine konkludente Ablehnung der Vertretung durch den anderen Teil vorliegt (Spickhoff/Spickhoff Rn. 15). **cc)** Ablehnung der Vertretung oder anderweitige Bevollmächtigung schließen die Berechtigung nach I aber nur aus, wenn der vertretende Ehegatte oder der behandelnde Arzt **Kenntnis von dem Ausschlussgrund** hat. Eine Prüfungs- oder Nachforschungspflicht soll nach BT-Drs. 19/24445, 181 für keinen von beiden bestehen; es obliege dem Betroffenen, seinen abweichenden Willen kundzutun. Die Ehegatten haben die Möglichkeit, eine Vorsorgevollmacht oder einen Widerspruch gegen das Ehegattenvertretungsrecht ins Zentrale Vorsorgeregister eintragen zu lassen (§ 78a BNotO); der Arzt kann Einsicht nehmen (§ 78b I BNotO); Formulierungsvorschläge bei Götsche FuR 2022, 506 [509]. Ohne Einsichtnahmepflicht (vgl. dazu Grüneberg/Siede Rn. 4: Obliegenheit des Arztes) bietet die Eintragung aber keinen sicheren Schutz. Immerhin wird anzunehmen sein, dass Kenntnis iSd III Nr. 2 schon dann vorliegt, wenn Arzt oder Ehegatte vor der sich aufdrängenden Kenntnis eines Ausschlussgrundes geradezu die Augen verschließen (überzeugend Spickhoff/Spickhoff Rn. 14). Hat nur der behandelnde Arzt Kenntnis, ist er zur Information des Ehegatten verpflichtet (MüKo-BGB/Roth Rn. 16).

c) Die Befugnisse nach I und II bestehen auch dann nicht, wenn für den Betroffenen ein **Betreuer bestellt** ist, soweit dessen Aufgabenkreis die Angelegenheiten iSd I Nr. 1–4 umfasst (III Nr. 3); iÜ bleibt der andere Ehegatte berechtigt. Kenntnis des Arztes oder Ehegatten von der Betreuerbestellung ist nicht erforderlich. **11**

d)aa) Das Notvertretungsrecht **endet,** wenn die Voraussetzungen des I nicht mehr vorliegen, dh der Betroffene seine gesundheitlichen Angelegenheiten wieder selbst regeln kann (III Nr. 4 Alt. 1). Nach BT-Drs. 19/24445, 182 soll der bisher Vertretene diesen Umstand gegenüber Dritten, die von dem Vertretungsrecht Kenntnis hatten, deutlich machen müssen. Tut er dies nicht, ist zu prüfen, ob die Untätigkeit des wieder handlungsfähigen Betroffenen den Rechtsschein einer rechtsgeschäftlichen Vertretungsmacht erweckt (vgl. auch Spickhoff/Spickhoff Rn. 17: Grundsätze der Duldungs- und Anscheinsvollmacht). **12**

bb) Das Notvertretungsrecht endet spätestens, wenn mehr als **sechs Monate** seit dem durch den Arzt nach IV 1 Nr. 1 festgestellten Zeitpunkt vergangen sind (III Nr. 4 Alt. 2). Liegen die Voraussetzungen des I weiter vor, muss ein Betreuer bestellt werden. Die Sechsmonatsfrist wird durch zwischenzeitliche Phasen, in denen trotz der Erkrankung die Voraussetzungen des I (vorübergehend) nicht vorliegen, nicht gehemmt oder unterbrochen (Kemper FamRB 2021, 260 [266]). Sollte zu einem späteren Zeitpunkt erneut eine Notsituation iSd I eintreten (durch andere Krankheit oder Unfall), kann das Ehegattenvertretungsrecht aber ein weiteres Mal in Anspruch genommen werden (BT-Drs. 19/24445, 183). **13**

cc) Unklar ist, ob das Notvertretungsrecht auch bei nachträglicher Bestellung eines Betreuers endet. Der Wortlaut des **V,** nach dem das Vertretungsrecht nicht mehr ausgeübt werden darf, wenn ein Betreuer für die Aufgaben gem. I bestellt worden ist, spricht gegen automatisches Erlöschen (so auch MüKo-BGB/Roth Rn. 28). Es ist aber nicht ersichtlich, warum der Fall anders behandelt werden sollte als der spätere Wegfall der Voraussetzungen des I (→ Rn. 12); überzeugender erscheint **14**

daher anzunehmen, dass das Vertretungsrecht auch bei nachträglicher Betreuerbestellung erlischt (Grüneberg/Siede Rn. 3, 13; Kemper FamRB 2021, 260 [266]).

15 **6. Schriftliche Bestätigung des Vertretungsrechts. a)** Zum Nachweis der Vertretungsbefugnis ist dem vertretenden Ehegatten durch den (ersten behandelnden) Arzt ein Dokument mit den Angaben nach **IV 1** auszustellen. Die Bestätigung ist nicht konstitutiv; die Ausübung der Befugnisse des I setzt weder die Vorlage des Dokuments voraus, noch ist mit seiner Verwendung ein Gutglaubensschutz verbunden (Grüneberg/Siede Rn. 12; MüKo-BGB/Roth Rn. 24; Szantay NZFam 2021, 805 [808]; krit. Dutta FamRZ 2020, 1881 [1883]). **b) aa)** Der behandelnde Arzt hat das Vorliegen der Voraussetzungen des I und den Zeitpunkt, zu dem diese spätestens eingetreten sind, schriftlich zu bestätigen (IV 1 Nr. 1). Kann ein früherer Zeitpunkt nicht ermittelt werden, wird auf die Einlieferung bzw Vorstellung des Patienten bei dem behandelnden Arzt abzustellen sein („spätestens"), s. BT-Drs. 19/24445, 183. **bb)** Das Dokument hat zudem die schriftliche Versicherung des vertretenden Ehegatten zu enthalten, dass die Befugnisse nach I bislang nicht ausgeübt wurden und kein Ausschlussgrund des III vorliegt (IV 1 Nr. 3a und 3b). Nach BT-Drs. 19/24445, 183 soll die Bestätigung nach IV 1 Nr. 3b ungeachtet des Wortlauts auch allg. Ausschlussgründe für ein Vertretungsrecht (zB Geschäftsunfähigkeit des Ehegatten) erfassen. **c)** Der Arzt hat dem vertretenden Ehegatten zum Zwecke der Versicherung nach IV 1 Nr. 3 eine schriftliche Erklärung über das Vorliegen der Voraussetzungen des I und das Fehlen von Ausschlussgründen des III vorzulegen (IV 1 Nr. 2). Ob eine Pflicht des Arztes bzw der Klinikverwaltung zur näheren Erläuterung der Ausschlussgründe besteht (so BT-Drs. 19/24445, 183), ist unklar (dagegen mit guten Argumenten Spickhoff/Spickhoff Rn. 20).

16 **7. Geltung einzelner betreuungsrechtlicher Regelungen. VI** erklärt zum Schutz des vertretenen Ehegatten verschiedene Vorschriften des Betreuungsrechts für entspr. anwendbar. Missachtet der vertretende Ehegatte den (mutmaßlichen) Willen des vertretenen Ehegatten, berührt dies die Wirksamkeit seiner Handlungen im Außenverhältnis aber nicht (Dutta FamRZ 2020, 1880 [1883]). IÜ soll für das Innenverhältnis zwischen den Ehegatten § 1353 I 2 gelten (BT-Drs. 19/24445, 184).

17 **8. IPR.** Art. 15 EGBGB (dazu Croon-Gestefeld FamRZ 2021, 1939; Finger FuR 2022, 571); ausf. zu dem auf die gegenseitige Vertretung in Angelegenheiten der Gesundheitssorge anwendbaren Recht Wagner FamRZ 2022, 405 [407 ff.].

§ 1359 Umfang der Sorgfaltspflicht

Die Ehegatten haben bei der Erfüllung der sich aus dem ehelichen Verhältnis ergebenden Verpflichtungen einander nur für diejenige Sorgfalt einzustehen, welche sie in eigenen Angelegenheiten anzuwenden pflegen.

1 **1. Allgemeines. a)** Keine Anspruchsgrundlage, sondern **Haftungsmaßstab.** Ehegatten schulden einander nur die eigenübliche Sorgfalt. Grund: Ehegatten haben Nachlässigkeiten des frei gewählten Partners hinzunehmen. Grenze: § 277. § 1359 enthält eine Haftungsmilderung, keine Haftungsverschärfung zu Lasten desjenigen Ehegatten, der in eigenen Angelegenheiten gesteigerte Sorgfalt obwalten lässt.
2 **b) Anwendungsbereich:** Ursprünglich Wahrnehmung der ehegüterrechtlichen Befugnisse (Mot. IV, 121 f.), später Erstreckung auf alle Bereiche der ehelichen Beziehung. **c)** § 1359 ist abdingbar (Grenze: § 276 III). Für bes. Verträge oder Rechtsverhältnisse zwischen Ehegatten gilt deren bes. Haftungsmaßstab (zB §§ 708, 680) bzw. § 276 I.

3 **2. Voraussetzungen. a)** Wirksame (auch aufhebbare) **Ehe.** § 1359 gilt auch für Schädigungen während des Getrenntlebens (s. Sachverhalt BGHZ 53, 352; BeckOK/Hahn Rn. 4; NK-BGB/Wellenhofer Rn. 4; aA MüKo/Roth Rn. 8); anders als §§ 1357 III, 1358 III Nr. 1 enthält die Norm für diesen Fall keinen

Ausschluss; relevant etwa bei Nutzung von Hausrat oder Ehewohnung, sa → § 1361a Rn. 7. Entspr. Anwendung auf Verlobte und Partner einer nichtehelichen Lebensgemeinschaft (OLG Celle FamRZ 1992, 942; MüKo/Roth Rn. 8; aA OLG Karlsruhe FamRZ 1992, 940: Haftungsverzicht). **b)** Gegenstand der Privilegierung sind alle **ehelichen Pflichten** der Ehegatten (BGH NJW 2009, 1875), insbes. §§ 1353, 1356, 1357, 1358, 1360 ff., etwa bei Pflege des anderen Ehegatten, Umgang mit Haushaltsgegenständen, Ausübung der Schlüsselgewalt, Ausübung des Notvertretungsrechts in Angelegenheiten der Gesundheitssorge. Die Privilegierung gilt auch für konkurrierende Deliktsansprüche (vgl. BGHZ 46, 313 [316 f.] zu § 708); ebenso für die verschuldensunabhängige Haftung des Tierhalters aus § 833 S. 1 (Gernhuber/Coester-Waltjen § 22 Rn. 5; sa BGH NJW 2021, 778 zu § 1664). 4
c) Keine Anwendung bei Schädigungen im *Straßenverkehr*; Regeln des Straßenverkehrs lassen keinen Spielraum für individuelle Sorgfalt (BGHZ 53, 352 [355], Sachbeschädigung; BGHZ 61, 101 [104 f.], Körperverletzung). Entsprechendes gilt bei einem Motorbootunfall unter Verstoß gegen einen Ministerialerlass im Rahmen der gemeinsamen Freizeitgestaltung (BGH NJW 2009, 1875). 5

Vorbemerkungen zu den §§ 1360–1361

1. Systematik der Unterhaltsansprüche. Die §§ 1360–1361 regeln die Unterhaltspflichten während der Ehe unabhängig vom Güterstand. Sie unterscheiden zwischen intakter Ehe (§§ 1360, 1360a) und Getrenntleben (§ 1361). Nach Beendigung der Ehe bestimmt sich der Unterhalt gem. §§ 1569 ff. (sa § 1318 II 1). Zwischen Trennungsunterhalt und nachehelichem Unterhalt besteht keine Identität. Folgerungen: Eine Mahnung wegen Trennungsunterhalts begründet keinen Verzug (s. § 286) für Scheidungsunterhalt; erneute Mahnung erforderlich (BGHZ 103, 62 [64]). Ein Beschluss über den Unterhaltsanspruch während des Getrenntlebens umfasst nicht den Unterhaltsanspruch nach Scheidung (BGH NJW 1981, 978). Daher ist für die Zeit nach Scheidung ein neuer Titel erforderlich (keine Abänderung des Alttitels gem. § 238 FamFG, vgl. BGH NJW 1981, 978); der Schuldner kann sich nach Scheidung mit § 767 ZPO (§ 120 I FamFG) gegen den Unterhaltstitel über Trennungsunterhalt zur Wehr setzen (BGH NJW 1982, 2072, für Prozessvergleich). 1

2. Unterhaltsrichtlinien. Die Bestimmungen über den Unterhalt sind geprägt durch Generalklauseln und unbestimmte Rechtsbegriffe. Zur Orientierung und Vereinheitlichung der Unterhaltshöhe und der Berechnungsmethoden haben die Oberlandesgerichte für den Ehegatten- und Kindesunterhalt Leitlinien entwickelt, die sich vielfach an die „Düsseldorfer Tabelle“ anlehnen (Düsseldorfer Tabelle und Leitlinien der Oberlandesgerichte sind abrufbar unter www.famrz.de). Die Quoten und Richtsätze dieser Tabellenwerke bilden keine verbindlichen Rechtsnormen. Sie sind aber ein Hilfsmittel für den Richter zur Ausfüllung des unbestimmten Rechtsbegriffs „angemessener Unterhalt“ (Menne NJW 2021, 497 [498]; Niepmann NZFam 2022, 141 [142]). Die Verwendung der Düsseldorfer Tabelle wird vom BGH gebilligt (st. Rspr., s. nur BGH FamRZ 2021, 28 [29]). **Lit.:** Croon-Gestefeld, Düsseldorfer Tabelle *und* Big Data, NZFam 2020, 789; Menne, Die Leitlinien der Oberlandesgerichte zur Bemessung des Unterhalts, NJW 2021, 497; Niepmann, Die Düsseldorfer Tabelle – immer noch ein brauchbares Instrument in Unterhaltssachen?, NZFam 2022, 141. 2

3. Unterhaltsverträge. Unterhaltsverträge sind statthaft. Allerdings können die Ehegatten für die Zukunft nicht auf Familien- (§§ 1360a III, 1614 I) und Trennungsunterhalt (s. § 1361 IV 4) verzichten. Umgehung durch ein pactum de non petendo ist unzulässig (BGH NJW 2014, 1101 [1106]; NJW 2015, 3715 [3716]). Kein Verzicht, sondern eine (noch) zulässige Vereinbarung soll aber vorliegen, wenn der Trennungsunterhalt um nicht mehr als 20% herabgesetzt wird; Unterschreitung um ein Drittel gilt als unzulässig; im Bereich dazwischen wird auf die Umstände des 3

Einzelfalls abgestellt (vgl. BGH NJW 2015, 3715 [3716] mzN). Möglich sind auch (formlose) Vereinbarungen, sparsamer zu leben (MüKo-BGB/Weber-Monecke § 1360 Rn. 21) und die einvernehmliche Gestaltung des „Ehetyps" (Einverdiener-, Zuverdiener-, Doppelverdienerehe, s. Grüneberg/v. Pückler § 1360 Rn. 8 ff.), der die Ausgestaltung des Unterhaltsanspruchs nach §§ 1360 S. 2, 1360a I, II wesentlich bestimmt (vgl. BGH NJW 2016, 2122 [2123]), sowie über die Art und Weise der Unterhaltsgewährung. Bei Vereinbarung eines Verzichts auf Trennungs- und nachehelichen Unterhalt bleibt trotz Unwirksamkeit des Verzichts auf künftigen Trennungsunterhalt der Verzicht auf nachehelichen Unterhalt wirksam (OLG Koblenz NJW 2007, 2052).

4 **4. Verfahren.** Zuständig FamG, §§ 111 Nr. 8, 231 I Nr. 2 FamFG. Verfahrensart Zivilprozess, vgl. §§ 112 Nr. 1, 113 FamFG. – **IPR** s. Art. 15 EuUnthVO iVm Haager Protokoll v. 23.11.2007 über das auf Unterhaltspflichten anzuwendende Recht.

§ 1360 Verpflichtung zum Familienunterhalt

[1]Die Ehegatten sind einander verpflichtet, durch ihre Arbeit und mit ihrem Vermögen die Familie angemessen zu unterhalten. [2]Ist einem Ehegatten die Haushaltsführung überlassen, so erfüllt er seine Verpflichtung, durch Arbeit zum Unterhalt der Familie beizutragen, in der Regel durch die Führung des Haushalts.

§ 1360a Umfang der Unterhaltspflicht

(1) **Der angemessene Unterhalt der Familie umfasst alles, was nach den Verhältnissen der Ehegatten erforderlich ist, um die Kosten des Haushalts zu bestreiten und die persönlichen Bedürfnisse der Ehegatten und den Lebensbedarf der gemeinsamen unterhaltsberechtigten Kinder zu befriedigen.**

(2) **[1]Der Unterhalt ist in der Weise zu leisten, die durch die eheliche Lebensgemeinschaft geboten ist. [2]Die Ehegatten sind einander verpflichtet, die zum gemeinsamen Unterhalt der Familie erforderlichen Mittel für einen angemessenen Zeitraum im Voraus zur Verfügung zu stellen.**

(3) **Die für die Unterhaltspflicht der Verwandten geltenden Vorschriften der §§ 1613 bis 1615 sind entsprechend anzuwenden.**

(4) **[1]Ist ein Ehegatte nicht in der Lage, die Kosten eines Rechtsstreits zu tragen, der eine persönliche Angelegenheit betrifft, so ist der andere Ehegatte verpflichtet, ihm diese Kosten vorzuschießen, soweit dies der Billigkeit entspricht. [2]Das Gleiche gilt für die Kosten der Verteidigung in einem Strafverfahren, das gegen einen Ehegatten gerichtet ist.**

Anmerkungen zu den §§ 1360, 1360a

1 **1. Allgemeines.** Regelung der Grundlagen (§ 1360) und des Umfangs (§ 1360a) der Unterhaltspflicht der Ehegatten bei intakter Ehe. Der Unterhaltsanspruch ist *familienbezogen;* er deckt nicht nur den individuellen Bedarf der Ehegatten, sondern den Bedarf der Familie einschl. gemeinsamer Kinder (BGH NJW 2016, 2122 [2123]). Leistet ein Ehegatte Familienunterhalt, erfüllt er daher zugleich den Unterhaltsanspruch der Kinder aus §§ 1601 ff.

2 **2. Anspruchsmodalitäten. Inhaber** des Anspruchs auf Familienunterhalt ist der einzelne Ehegatte, nicht – schon mangels Rechtssubjektsqualität (→ Einf. Rn. 2 [b]) – die Familie. Daher ist der Unterhalt dem anderen Ehegatten zu leisten, an eine gemeinsame „Familienkasse" nur nach Vereinbarung der Ehegatten. Die

wechselseitigen Ansprüche (vgl. BGH NJW 2016, 2122) sind nicht synallagmatisch verknüpft; mithin kein Zurückbehaltungsrecht des Ehegatten nach § 320, wenn der andere nicht leistet.

3. Umfang. Die Ehegatten schulden einander nach § 1360 S. 1 den angemessenen Unterhalt der (Klein-)Familie. Dazu zählen gem. § 1360a I **a)** die **Kosten der Haushaltsführung,** also die laufenden Aufwendungen für Ernährung, Kleidung und Wohnung (auch Reinigungs- und Reparaturkosten, einschl. Haushaltshilfen; vgl. auch OLG Köln FamRZ 2016, 1934: Stellung einer Kaution) der Familie, nicht jedoch für die Vermögensbildung (BGH NJW 1966, 2401, Erwerb eines Eigenheims [zu § 844 II]), die unterhaltsrechtlich nicht geschuldet ist (BGH FamRZ 2020, 231 3
[232]). **b)** Zu den **persönlichen Bedürfnissen der Ehegatten** gehören Aufwendungen für Kleidung, ärztliche Behandlung (BGH NJW 1985, 1394), Pflege- und Betreuungsaufwand (BSG NJW 2022, 3380 [3382]: bei stationärer Pflege Heim- und Pflegekosten zuzüglich Barbetrag für Bedürfnisse des täglichen Lebens); kulturelle Bedürfnisse, Freizeit, Urlaub, Fortsetzung einer vor der Ehe oder einverständlich begonnenen Berufsausbildung oder -fortbildung (BGH FamRZ 1985, 353), ferner der Aufbau einer Altersversorgung (BGHZ 32, 246 [248], zu § 844 II). Anerkannt ist ein (gem. § 850b I Nr. 2 ZPO bedingt pfändbarer, KG NJW 2000, 149, str.) **Taschengeldanspruch** iHv 5–7 % des verfügbaren Nettoeinkommens des Unterhaltspflichtigen (BGH NJW 1998, 1553 [1554 f.]; NJW 2013, 686, str.; aA Braun NJW 2000, 97); ein Zuverdienst des taschengeldberechtigten Ehegatten mindert den Anspruch (BGH NJW 1998, 1553 [1554]). Teil des Unterhaltsanspruchs ist gem. § 1360a IV auch der Anspruch auf **Verfahrens-** und **Prozesskostenvorschuss** für persönliche Angelegenheiten. Darunter fallen Prozesse zum Schutz immaterieller Güter wie Ehre, Gesundheit, ferner Ehe- und Statussachen, Vormundschafts-, Pflegschafts-, Betreuungs- und Unterbringungssachen (BGH NJW 2010, 372 [373]) sowie die Kosten der Strafverteidigung (§ 1360a IV 2). Vermögensrechtliche Streitigkeiten sind einbezogen, wenn sie ihre Wurzel in der ehelichen Lebensgemeinschaft haben oder aber der Rechtsstreit eine ausreichend enge Verbindung zur Person des betreffenden Ehegatten aufweist (BGH FamRZ 2020, 114 f.; BGH NJW 2010, 372 [373]; BAG NZA 2006, 694 mwN); Verfahren, die nur dem allg. wirschaftlichen Interesse eines Ehegatten dienen, sind nicht erfasst (BGH NJW 2010, 372 [373] mit Beispielen). Als „persönliche Angelegenheiten" gewertet hat die Rspr. etwa arbeitsrechtliche Bestandsstreitigkeiten (BAG NZA 2006, 694 [695]; s. aber LAG Nürnberg FamRZ 2019, 547 [548]: nicht Klage auf Entgeltzahlung oder Erteilung eines qualifizierten Zeugnisses), die Abwehr eines Schadensersatzanspruchs wegen strafrechtlichen Verhaltens (BGH FamRZ 2020, 114 f.) sowie die Geltendmachung von Zugewinnausgleich gegen den fr. Ehepartner (BGH NJW 2010, 372 [373]: Vorschusspflicht des neuen Ehegatten). Nach BGH NJW 2003, 2910 kann ein Vorschussanspruch auch für Insolvenzverfahren mit Restschuldbefreiungsantrag bestehen; entscheidend ist die Herkunft der Verbindlichkeiten (zB keine Vorschusspflicht, wenn Insolvenz im Wesentlichen auf vorehelichen Schulden beruht). Der Vorschussanspruch kann auch auf Ratenzahlungen gerichtet sein (OLG Celle FamRZ 2014, 783); ein Darlehensangebot des Verpflichteten erfüllt den Vorschussanspruch nicht (OLG Frankfurt a. M. MDR 2014, 230). Die Rechtsverfolgung darf nicht mutwillig oder aussichtslos erscheinen. Ein durchsetzbarer Anspruch auf Verfahrens- oder Prozesskostenvorschuss beseitigt die Bedürftigkeit für Verfahrens- bzw. Prozesskostenhilfe (vgl. § 113 I FamFG, § 115 III 1 ZPO); der unterhaltspflichtige Ehepartner kann sich allerdings auf den eheangemessenen (nicht nur den notwendigen) Selbstbehalt berufen (VGH Mannheim BeckRS 2022, 29217; OLG 4
Bremen FamRZ 2021, 614). **c)** Der **Lebensbedarf** der gemeinsamen unterhaltsbe- 5
rechtigten **Kinder** bestimmt sich nach §§ 1601 ff. Für Verwandte des anderen Ehegatten (insbes. Stiefkinder) wird kein Familienunterhalt geschuldet, auch wenn sie in der Hausgemeinschaft leben. Insoweit kann nur ein (auch konkludent, vgl.

MüKo-BGB/Weber-Monecke § 1360a Rn. 12) geschlossener Unterhaltsvertrag vorliegen.

6 **4. Angemessenheit.** Den **Maßstab** der Angemessenheit bilden die Arbeits- und Erwerbsmöglichkeiten der Ehegatten und ihre Vermögens- und Einkommensverhältnisse. Er bestimmt sich obj. (Lebensstil gleicher Berufskreise, Grüneberg/v. Pückler § 1360a Rn. 1) nach den ehelichen Lebensverhältnissen (BGH NJW 2013, 686 [688]; NJW 2016, 2122 [2123]). Grundlage des Unterhalts sind Arbeit und Vermögen. Den Vermögensstamm muss ein Ehegatte erst angreifen, wenn dem anderen Ehegatten eine angemessene Erwerbstätigkeit nicht möglich oder nicht zumutbar ist. *Haushaltsführung* durch einen Ehegatten ist gem. § 1360 S. 2 Erfüllung der Unterhaltspflicht durch Arbeit. Bei gemeinsamer Haushaltsführung erbringt jeder Ehegatte nur eine Teilleistung zum Unterhalt. – Leben die Ehegatten nicht in häuslicher Gemeinschaft, wird der Unterhaltsanspruch auch bei ehelicher Lebensgemeinschaft durch den **Selbstbehalt** begrenzt (→ § 1361 Rn. 16), BGH NJW 2016, 2122 [2123 f.]: Pflegeheimunterbringung.

7 **5. Form der Unterhaltserbringung.** Art und Weise der Unterhaltserbringung richtet sich gem. § 1360a II 1 nach der ehelichen Lebensgemeinschaft. Entweder Naturalleistung durch Bereitstellung von Wohnraum und (Mit-)Besitzeinräumung an Einrichtungsgegenständen, Abschluss von Versicherungsverträgen, auch Pflege und Erziehung der Kinder, iÜ durch gem. § 1360a II 2 im Voraus zu leistende Geldbeträge („Wirtschaftsgeld"). Zugriffsmöglichkeit auf Bankkonto genügt. Bei Streit über Angemessenheit des Wirtschaftsgelds besteht Abrechnungspflicht (OLG Hamburg FamRZ 1984, 584). Wirtschaftsgeld darf nicht anderweitig verwendet werden.

8 **6. Verwandtenunterhalt.** Verweisungen in **§ 1360a III** auf Verwandtenunterhaltsrecht: Unterhalt für die Vergangenheit und Schadensersatz s. § 1613; Verzicht und Vorausleistung s. § 1614; Erlöschen durch Tod s. § 1615.

§ 1360b Zuvielleistung

Leistet ein Ehegatte zum Unterhalt der Familie einen höheren Beitrag als ihm obliegt, so ist im Zweifel anzunehmen, dass er nicht beabsichtigt, von dem anderen Ehegatten Ersatz zu verlangen.

1 **1. Allgemeines.** § 1360b enthält eine Vermutung (str.; aA: Auslegungsregel), der Unterhaltsverpflichtete wolle zu viel geleisteten Unterhalt nicht zurückfordern. Parallelbestimmungen: §§ 685 II, 1620. Normzweck (OLG Karlsruhe FamRZ 1990, 745): Streitvermeidung und Gefahr summierender Einzelbeträge (ähnlich Ausschluss des Unterhaltsanspruchs für Vergangenheit, §§ 1360a III, 1613). Gilt bei Unterhaltsleistung während intakter Ehe und bei Trennungsunterhalt (§ 1361 IV 4), nicht aber bei Unterhalt nach Scheidung gem. §§ 1569 ff.

2 **2. Rückforderungsanspruch.** § 1360b ist **keine Anspruchsgrundlage;** allein Widerlegung der Vermutung begründet noch nicht den Rückforderungsanspruch (BGH NJW 1984, 2095). Anspruchsgrundlage für Rückforderung sind vielmehr §§ 812 ff., GoA oder ein bes. familienrechtlicher Ausgleichsanspruch (dazu BGHZ 50, 266; BGH FamRZ 2022, 434 [440]). Der Kläger muss die Überzahlung von als Unterhalt bestimmten Leistungen sowie die Umstände beweisen, aus denen sich für den Empfänger erkennbar die Rückforderungsabsicht bei der Leistung ergab.

§ 1361 Unterhalt bei Getrenntleben

(1) [1]**Leben die Ehegatten getrennt, so kann ein Ehegatte von dem anderen den nach den Lebensverhältnissen und den Erwerbs- und Vermögensverhältnissen der Ehegatten angemessenen Unterhalt verlangen; für Aufwen-**

dungen infolge eines Körper- oder Gesundheitsschadens gilt § 1610a. [2]Ist zwischen den getrennt lebenden Ehegatten ein Scheidungsverfahren rechtshängig, so gehören zum Unterhalt vom Eintritt der Rechtshängigkeit an auch die Kosten einer angemessenen Versicherung für den Fall des Alters sowie der verminderten Erwerbsfähigkeit.

(2) **Der nicht erwerbstätige Ehegatte kann nur dann darauf verwiesen werden, seinen Unterhalt durch eine Erwerbstätigkeit selbst zu verdienen, wenn dies von ihm nach seinen persönlichen Verhältnissen, insbesondere wegen einer früheren Erwerbstätigkeit unter Berücksichtigung der Dauer der Ehe, und nach den wirtschaftlichen Verhältnissen beider Ehegatten erwartet werden kann.**

(3) **Die Vorschrift des § 1579 Nr. 2 bis 8 über die Beschränkung oder Versagung des Unterhalts wegen grober Unbilligkeit ist entsprechend anzuwenden.**

(4) **[1]Der laufende Unterhalt ist durch Zahlung einer Geldrente zu gewähren. [2]Die Rente ist monatlich im Voraus zu zahlen. [3]Der Verpflichtete schuldet den vollen Monatsbetrag auch dann, wenn der Berechtigte im Laufe des Monats stirbt. [4]§ 1360a Abs. 3, 4 und die §§ 1360b, 1605 sind entsprechend anzuwenden.**

Lit.: Götz/Seiler, Systemwechsel im Unterhaltsrecht?, FamRZ 2022, 1338.

1. Allgemeines. Regelung des **Unterhalts bei Getrenntleben.** Trennung der Ehegatten führt zu grundlegender Umgestaltung der Unterhaltspflichten. An die Stelle wechselseitiger, den gesamten Familienbedarf umfassender, auch durch Haushaltsführung erfüllbarer Unterhaltsansprüche (§§ 1360, 1360a) tritt ein individueller Anspruch eines Ehegatten gegen den anderen, der den Lebensbedarf umfasst und auf Zahlung einer Geldrente gerichtet ist (§§ 1361 I, IV 1). Ansprüche der Kinder nach §§ 1601 ff. bleiben unberührt. 1

2. Begriff des Getrenntlebens. Das Getrenntleben der Ehegatten richtet sich nach § 1567 (BGH MDR 2020, 607; NJW 2016, 2122); Getrenntleben innerhalb der Ehewohnung genügt (§ 1567 I 2), nicht aber Unterbringung in einem Pflegeheim (BGH NJW 2016, 2122 [2123]). Trennungsunterhalt setzt nicht voraus, dass die Ehegatten zuvor zusammengelebt oder gewirtschaftet haben (BGH MDR 2020, 607 f. mwN). Die Gründe für das Getrenntleben sind unerheblich. Auf Verschulden kommt es grds. nicht an; allerdings Beschränkung oder Versagung gem. §§ 1361 III, 1579 Nr. 2–8 möglich. 2

3. Bedürftigkeit. Die Bedürftigkeit bestimmt sich gem. § 1361 I nach den Erwerbs- und Vermögensverhältnissen der Ehegatten. **a)** Soweit sich ein Ehegatte durch **Erwerbsarbeit** selbst unterhalten kann, entfällt ein Unterhaltsanspruch. **aa)** Ist der Ehegatte nicht erwerbstätig, besteht eine **Erwerbsobliegenheit** nur unter den – gegenüber § 1574 II engeren – Voraussetzungen der Schutzvorschrift des II; trotz der Trennung sollen die ehelichen Verhältnisse zunächst für einen gewissen Zeitraum fortbestehen (BGH NJW 2012, 2190 [2191]). Im **ersten Trennungsjahr** *trifft den* während der Ehe längere Zeit nicht erwerbstätig gewesenen Ehegatten im Normalfall keine Erwerbsobliegenheit (BGH NJW 2001, 974, Ausn. bei beengten finanziellen Verhältnissen). Im Anschluss an das Trennungsjahr mit zunehmender Verfestigung der Trennung nähert sich die Erwerbsobliegenheit immer mehr den Maßstäben der §§ 1569 ff. an, insbes. wenn die Scheidung nur noch eine Frage der 3
Zeit ist (BGH NJW 2001, 974; NJW 2012, 2190 [2191] mwN). **bb)** Eingeschränkt 4
wird die Erwerbsobliegenheit bei **Kinderbetreuung.** Maßgeblich sind die Umstände des Einzelfalls, insbes. die Betreuungsbedürftigkeit (BGH FamRZ 2006, 847 [erhöht bei sog. Problemkindern]); Orientierung bietet § 1570 (OLG Düsseldorf FamRZ 2010, 646; vgl. auch BGH FamRZ 2016, 199 [201]; NJW 2012, 2190 [2191]). Anders als beim Scheidungsunterhalt kann beim Trennungsunterhalt auch

die Betreuung nicht gemeinschaftlicher Kinder (Stief- und Pflegekinder) eine
5 Erwerbsobliegenheit entfallen lassen. **cc)** Besteht eine Erwerbsobliegenheit, arbeitet der Unterhaltsberechtigte aber trotz Möglichkeit einer angemessenen Tätigkeit nicht, wird sein Bedarf (rechnerisch) um ein fiktives Einkommen gemindert. Nimmt der Unterhaltsberechtigte ohne Erwerbsobliegenheit (insbes. bei Betreuung kleiner Kinder) eine Arbeit auf („unzumutbare Tätigkeit"), entfällt damit nicht die Bedürftigkeit; nur teilw. Anrechnung analog § 1577 II. War der Unterhaltsberechtigte allerdings bereits während des Zusammenlebens unzumutbar tätig, rechtfertigen die „Erwerbsverhältnisse" iSv I die Anrechnung des Einkommens bei der Bedürftigkeit (BGH NJW 1998, 2822); für Differenzmethode OLG Karlsruhe NJW 2002, 901.
6 **b) Vermögenseinkünfte** lassen die Bedürftigkeit entfallen. Die Verwertung des *Vermögensstamms* ist an höhere Voraussetzungen als nach § 1581 S. 2 gebunden (BGH FamRZ 2012, 514; OLG Karlsruhe BeckRS 2013, 13734 [Goldbesitz]; OLG Hamm FamFR 2012, 345; sa OLG Koblenz FamRZ 2017, 108 [109]: äußerste Grenze § 1577 III); ggf. Teilveräußerung zumutbar (BGH FamRZ 1986, 557 [landwirtschaftlicher Hof]). *Sozialleistungen* sind kein Einkommen, falls sie (wie regelmäßig) subsidiär erbracht werden und den Unterhaltsverpflichteten nicht entlasten sollen; daher mindern Sozialhilfe und Arbeitslosengeld II bzw. (ab 1.1.2023) das sog. „Bürgergeld" die Bedürftigkeit nicht. An eine Pflegeperson weitergeleitetes *Pflegegeld* bleibt unberücksichtigt (§ 13 VI 1 SGB XI [Ausn. S. 2]), BGH FamRZ 2006, 846. Einkommen ist auch der *Wohnvorteil,* dazu → § 1578 Rn. 4. Bei infolge Auszugs des anderen Ehegatten zu großer Wohnung wird „totes Kapital" berücksichtigt (BGH FamRZ 1998, 901), ohne dass den Ehegatten während der Trennung schon die nach der Scheidung gesteigerte Verwertungsobliegenheit trifft (BGH FamRZ 2000, 951). Unzumutbarkeit der Verwertung besteht jedoch nicht mehr, wenn feststeht, dass die Ehe endgültig gescheitert ist (BGH FamRZ 2008, 963; KG FamRZ 2010, 1447 [angemietete Wohnung]).

7 **4. Umfang.** Die **Höhe des Unterhalts** bestimmt sich gem. I 1 nach den ehelichen Lebensverhältnissen. Insofern gelten dieselben Grundsätze wie für den nachehelichen Unterhalt nach § 1578 I (→ § 1578 Rn. 2 ff.), BGH FamRZ 2021, 1965 [1966]. **a)** Die Ehegatten sollen den bis zur Trennung erreichten ehelichen Lebensstandard zunächst beibehalten (sa BGH MDR 2020, 607 [608]). Nur in Extremfällen („Geizkragen-Ehe"; „Verschwender-Ehe", MüKo-BGB/Weber-Monecke Rn. 6; vgl. auch BGH FamRZ 2007, 1532 [1534]) erfolgt eine Korrektur anhand obj. Maßstäbe: Der bedürftige Ehegatte muss sich zB eine den Lebensstandard unangemessen einschränkende Vermögensbildung nicht entgegenhalten lassen (BGH NJW 1997, 735 [738]). Zur Bemessung des Unterhalts, wenn die Ehegatten von Anfang
8 an getrennt gelebt und gewirtschaftet haben s. BGH MDR 2020, 607 [608]. **b)** Die ehelichen Lebensverhältnisse werden im Wesentlichen durch das zum Zeitpunkt der Trennung verfügbare **Nettoeinkommen** beider Ehegatten **geprägt,** das sich aus (nicht überobligationsmäßiger, BGH FamRZ 2016, 199 [200]; NJW 2003, 1181 [1182]) Erwerbstätigkeit (auch Überstunden, OLG Hamm FamRZ 2009, 2009), Zinseinkünften, mietfreiem Wohnen oder anderen vermögenswerten Vorteilen (zB Produkte aus landwirtschaftlichem Betrieb, BGH NJW 2005, 433) ergibt, nicht aber aus nur fiktiven Einkünften (BGH NJW 1997, 735 [738]). Auch gewöhnliche und vorhersehbare Veränderungen der Einkommensverhältnisse, die zwischen Trennung und Scheidung eintreten, prägen die für die Unterhaltsbemessung maßgeblichen ehelichen Lebensverhältnisse. Hierzu zählen übliche Einkommensschwankungen (BGH FamRZ 1987, 459), ein mit hoher Wahrscheinlichkeit erfolgender beruflicher Aufstieg und nach der Trennung erzieltes Einkommen des den ehelichen Haushalt führenden Ehegatten, soweit dies als „Surrogat" des wirtschaftlichen Werts der Haushaltstätigkeit angesehen werden kann (grundlegend BGH NJW 2001, 2254 [2258] zu § 1573 II); als „Surrogat" der fr. Haushaltstätigkeit sind auch Versorgungsleistungen gegenüber dem neuen Lebenspartner anzusehen (BGH NJW 2004, 2303 [2304]). Einkommen aus Nebentätigkeit nach der Regelaltersgrenze ist im Regelfall als über-

obligationsmäßig nur nach Einzelfallabwägung anzurechnen (BGH FamRZ 2013, 191). Um **nicht prägendes** Einkommen handelt es sich bei einer außergewöhnlichen und vom Normalverlauf erheblich abweichenden Entwicklung (BGH FamRZ 2016, 199 [200]; FamRZ 1994, 87 [88]). Bsp: Unerwarteter Karriereverlauf infolge der Wiedervereinigung Deutschlands (OLG Celle FamRZ 1999, 858); Karrieresprung (OLG Brandenburg NJW 2019, 2482 [2484]: Wechsel in verantwortungsvollere Positionen); Erbschaft (OLG Hamm FamRZ 1992, 1184 [1186]); Lottogewinn. 9

c) Berechnungsmethoden: aa) Grds. bemisst sich der Trennungsunterhalt nach der **Differenzmethode.** Der Unterhaltsberechtigte kann die Hälfte der Differenz des (bereinigten, → Rn. 15) eheprägenden Nettoeinkommens verlangen (Halbteilungsgrundsatz). Handelt es sich – wie im Regelfall – um Einkünfte aus Erwerbstätigkeit, gebührt dem Erwerbstätigen zum Ausgleich erhöhter Aufwendungen (und um einen Arbeitsanreiz zu schaffen) ein im Ermessen des Tatrichters stehender sog. Erwerbstätigenbonus (BGH FamRZ 2022, 434 [438]; FamRZ 2020, 171 [173]). Nach BGH FamRZ 2020, 171 [173] (bestätigt BGH FamRZ 2022, 434 [438]) kann der Erwerbstätigenbonus allerdings insoweit seine Berechtigung verlieren, als bereits bei der Bemessung des unterhaltsrelevanten Einkommens berufsbedingte Aufwendungen vorweg abgezogen wurden (bei Selbständigen iRd Gewinnermittlung, bei Nichtselbständigen pauschal [5 %] oder konkret). Ist nur noch die persönliche Mehrbelastung zu kompensieren, soll der Erwerbstätigenbonus idR auf 1/10 zu bemessen sein; eine höhere Quote bedarf der Begründung (BGH FamRZ 2022, 434 [438 f.]). Bei Erwerbseinkünften kann der Unterhaltsberechtigte danach grds. 45 % der Differenz beanspruchen. Bsp: Vor der Trennung erzielte der erwerbstätige Ehemann ein bereinigtes Nettoeinkommen von 50. Die nicht berufstätige Ehefrau kann (50 × 4,5/10 =) 22,5 als Trennungsunterhalt verlangen. War die Ehefrau während der Ehe berufstätig oder nimmt sie nach der Trennung eine die ehelichen Lebensverhältnisse prägende Erwerbstätigkeit auf, aus der sie ein Nettoeinkommen von 30 erzielt, kann sie 45 % der Differenz (20 × 4,5/10 =) 9 als Trennungsunterhalt verlangen. 10

bb) Nach der Trennung erzielte *nicht prägende* Einkünfte werden nach der – für den Unterhaltsberechtigten ungünstigeren – **Anrechnungsmethode** auf die Differenz angerechnet. Bsp: Die Ehefrau erzielt nach der Trennung nicht prägendes Einkommen iHv 30, der Ehemann prägendes Einkommen iHv 50. Davon gebühren der Ehefrau zunächst (50 × 4,5/10 =) 22,5; dabei handelt es sich aber nur um einen Berechnungsfaktor, denn hierauf wird ihr (um den Erwerbstätigenbonus von [30 × 1/10 =] 3 gekürztes) Einkommen iHv 27 angerechnet, so dass die Ehefrau keinen Trennungsunterhalt verlangen kann. Zu gleichen Ergebnissen führt die neuere Additionsmethode, Gerhardt FamRZ 1993, 261. **cc)** Bei besonders **guten Einkommensverhältnissen** (unterhaltsrelevantes Familieneinkommen übersteigt das Doppelte des höchsten Einkommensbetrags der Düsseldorfer Tabelle) hat der Berechtigte die vollständige Verwendung des Einkommens für die Bedarfsdeckung darzulegen und ggf. zu beweisen; statt einer konkreten Bedarfsbemessung kann der Berechtigte aber auch ohne weitere Nachw. den Quotenunterhalt unter Zugrundelegung des Doppelten des Höchstbetrags der Düsseldorfer Tabelle geltend machen (BGH FamRZ 2021, 1965 [1966]; s. dazu auch Rubenbauer/Dose NZFam 2021, 661 [663 f.]), sa → § 1578 Rn. 8. 11

d) Umfang. Neben dem als Quotenunterhalt geschuldeten *Elementarunterhalt* kann der Unterhaltsberechtigte ferner geltend machen: **aa)** Ab Rechtshängigkeit des Scheidungsantrags kann der Unterhaltsberechtigte gem. I 2 zusätzlich **Vorsorgeunterhalt** für den Fall des Alters und der verminderten Erwerbsfähigkeit verlangen. I 2 soll die Versorgungslücke zwischen dem für die Berechnung des Versorgungsausgleichs maßgeblichen Zeitpunkt (§ 3 I VersAusglG) und der Rechtskraft des Scheidungsbeschlusses (s. §§ 1569, 1578 III) schließen. Berechnung nach der „Bremer Tabelle" (gebilligt von BGH NJW 2007, 511 [514]); zur Berechnung des Vorsorgeunterhalts sa Rubenbauer/Dose FamRZ 2020, 1974; Gutdeutsch/Maaß FamRZ 2021, 483. Bei zweckentsprechender Verwendung des Altersvorsorgeunterhalts kann die Anlage- und Leistungsform grds. frei gewählt werden (BGH FamRZ 2021, 1878 [1880]). 12

bb) Ausbildungsunterhalt kann verlangt werden, 13

soweit nach den Kriterien der §§ 1573 iVm 1574 III, im Ausnahmefall auch nach § 1575 geboten (BGH NJW 2001, 973 [974]). **cc) Verfahrenskostenvorschuss** s. IV 4 iVm § 1360a IV; zur Wahrung des Halbteilungsgrundsatzes bei der Geltendmachung von Trennungsunterhalt als Quotenunterhalt s. OLG Bremen FamRZ 2022, 1362 [1363]. **dd) Auskunftsanspruch** s. IV 4 iVm § 1605.

14 **5. Leistungsfähigkeit. a) aa)** Maßgeblich ist das nachhaltig (atypische Schwankungen scheiden aus) erzielte **Nettoeinkommen** (Bruttoeinkommen abzüglich Lohn- bzw. Einkommensteuer sowie Sozialversicherungsabgaben). Grds. sind alle Einkünfte (einschl. Kapitalerträge und Einkommen aus Vermietung und Verpachtung) heranzuziehen einschl. Zulagen (Härtezulagen aber nur zu ½, OLG Hamm FamRZ 2009, 2009; vgl. auch BGH NJW 2012, 2190: Auslandsverwendungszuschlag nach § 56 BbesG zu ⅓–½), Weihnachtsgeld, Treueprämien, Trinkgeld, in Geld umgerechnete Sachleistungen (auch privat genutzter Firmenwagen [OLG Hamm NJW-RR 2014, 707 [708]; OLG Brandenburg NOZ 2021, 1413 [1415]], Dienstwohnung, Verpflegung), auch gesetzwidrig erlangtes Einkommen, etwa aus Schwarzarbeit (OLG Brandenburg NJW 2012, 3186; Grüneberg/v. Pückler Rn. 31), sogar regelmäßige Skatgewinne (OLG Düsseldorf FamRZ 1994, 896). Zur Berücksichtigung einer einmalig gezahlten Corona-Überbrückungshilfe (Überbrückungshilfe III) s. OLG Bamberg FamRZ 2022, 1026 [1028]; zur sog. „Corona-Soforthilfe" OLG Frankfurt FamRZ 2021, 1617 [1618]. Freiwillige Arbeitsplatzaufgabe und grob fahrlässiger Arbeitsplatzverlust sind unbeachtlich; bei unfreiwilliger Arbeitslosigkeit sind intensive Anstrengungen erforderlich, die, falls nicht erbracht, zu fiktivem Einkommen führen. Bei Kurzarbeit ist Arbeitsplatzwechsel (erst) nach etwa einem Jahr geboten (OLG Köln NJW 2003, 438). Auch Arbeitslosengeld ist anzurechnen, mangels Lohnersatzfunktion nicht Sozialhilfeleistungen. Zu fiktivem Einkommen bei auf Arbeitszeitkonto angespartem Guthaben
15 s. OLG Brandenburg NJOZ 2021, 1413 [1414]. **bb)** Die Leistungsfähigkeit bestimmt sich nach dem **bereinigten Nettoeinkommen. α)** Vom Nettoeinkommen abzuziehen sind insbes. *Unterhaltsleistungen* an gemeinsame (s. BGH FamRZ 2016, 199 [200]; NJW 1981, 753 [754]), aus einer fr. Ehe stammende (BGH NJW 1991, 2703) oder nach der Trennung geborene nicht aus der Ehe stammende (BGH FamRZ 1994, 89) Kinder. Der Vorwegabzug des Kindesunterhalts erfolgt auch dann, wenn der Barunterhaltspflichtige dadurch gegenüber dem anderen Ehegatten unterhaltsberechtigt wird (BGH FamRZ 2016, 199 [200]). Zur Berechnung des Trennungsunterhalts bei Abzug von Unterhaltsleistungen s. die Berechnungsbeispiele bei Götz/Seiler FamRZ 2022, 1338 (auf Grundlage der neueren Rspr. des BGH zur Bedarfsbemessung des Kindes nach beiden Elterneinkommen – dazu BGH FamRZ 2021, 1965 [1967]). **β)** Selbstständige und nicht rentenversicherungspflichtige Beschäftigte können nach BGH bis (20 % + 4 % =) 24 % ihres Bruttoeinkommens des jeweiligen Jahres für die (primäre und sekundäre) *Altersvorsorge* aufwenden und – sofern tatsächlich erfolgt – vom Einkommen absetzen (BGH FamRZ 2022, 434 [437 f.]; s. aber Witt FamRZ 2022, 441 [442]: Gesamtquote von 18,6 % + 4 % = 22,6 % [unter Hinweis auf den aktuellen Beitragssatz zur gesetzlichen Rentenversicherung]); zur Kranken- und Altersvorsorge sa → § 1578 Rn. 2. **γ)** Abzusetzen sind ferner aus der Zeit des Zusammenlebens der Eheleute herrührende *Schulden* im Rahmen eines vernünftigen Tilgungsplans (BGH NJW 1982, 232), Zins-, nicht aber Tilgungszahlungen für gemeinsames Haus (BGH NJW 1984, 1237 [1238]), Zins- und Tilgungszahlungen bei Einkünften aus Vermietung und Verpachtung bis zur erzielten Miete (BGH FamRZ 2022, 434 [437]), Kreditkosten eines gemeinsam angeschafften Pkw (OLG Hamm NJW-RR 2005, 516), Mietzahlungen für allein vom Unterhaltsgläubiger genutzte Ehewohnung (OLG Brandenburg BeckRS 2014, 22668) und Prozesskostenhilfe-Raten (OLG München FamRZ 1994, 898). Den Unterhaltsschuldner trifft jedoch keine Obliegenheit zur Einleitung eines Verbraucherinsolvenzverfahrens (BGH FamRZ 2008, 497); anders bei Unterhaltsansprüchen minderjähriger Kinder (vgl. → §§ 1601–

1604 Rn. 19). Verbindlichkeiten, die *nach* Trennung eingegangen wurden, können nur dann einkommensmindernd berücksichtigt werden, wenn Anschaffung und Finanzierung notwendig waren (OLG Brandenburg BeckRS 2016, 114230 Rn. 20). **b)** Begrenzt wird die Leistungsfähigkeit analog § 1581 auch beim Tren- **16** nungsunterhalt durch den **Selbstbehalt:** Die Unterhaltspflicht entfällt, soweit der eigene angemessene Unterhalt des Unterhaltspflichtigen unterschritten wird (BVerfG NJW 2002, 2701 [2702]). In der Regel ist Selbstbehalt mit einem Betrag zu bemessen, der zwischen dem angemessenen (§ 1603 I) und dem notwendigen (§ 1603 II) Selbstbehalt liegt (BGH NJW 2006, 1654 [1655]). Der Selbstbehalt für den erwerbstätigen Unterhaltspflichtigen beträgt nach der Düsseldorfer Tabelle (→ Rn. 2 vor §§ 1360–1361) 1.510 Euro (Stand: 1.1.2023). Keine Unterhaltspflicht besteht auch, wenn der Verpflichtete dadurch sozialhilfebedürftig würde (BGHZ 111, 194 [198]: Pflegeheimunterbringung).

6. Art. Art und Weise der Unterhaltsleistung: Monatlich vorauszahlbare Geld- **17** rente, IV 1 und 2. Ehegatten können Naturalleistungen vereinbaren, etwa Benutzung der Wohnung (s. BGH NJW 1997, 731 [732]; OLG Koblenz FamRZ 2018, 1751 [1752]), Pkw usw. Einmaliger Sonderbedarf – § 1613 II Nr. 1 – wird durch die Wortfassung „laufender Unterhalt" vorbehalten (vgl. BGH NJW 1982, 328). Zu Überzahlungen s. IV 4 iVm § 1360b. Vorausleistung IV 4 iVm §§ 1360a III, 1614 II.

7. Beschränkung und Versagung. a) III verweist auf die **Härteklauseln** des **18** § 1579 I Nr. 2–8. Auf Nr. 1 wird nicht verwiesen; kurze Ehe ist daher kein Ausschlussgrund (auch nicht gem. § 1579 Nr. 8, OLG Köln FamRZ 1998, 1427 [1428]; sa BGH MDR 2020, 607 [608]), aber von Bedeutung bei Zumutbarkeit im Rahmen der Erwerbsobliegenheit (BGH NJW 1979, 1453). Eine neue längerdauernde nichteheliche Lebensgemeinschaft (auch zu gleichgeschlechtlichem Partner, BGH NJW 2002, 1947 [1949]) kann nach § 1579 Nr. 2 zum Wegfall des Unterhaltsanspruchs führen, wenn sie hinreichend verfestigt und damit eheähnlich erscheint (vgl. BGH NJW 2011, 3712; KG FamRZ 2017, 202 [203]: einjähriges Zusammenleben [vgl. § 7 IIIa Nr. 1 SGB II] kann genügen, wenn Ehegatte sich endgültig aus der ehelichen Solidarität herausgelöst hat und diese erkennbar nicht mehr benötigt; sa OLG Oldenburg NJW 2017, 963 [964]; OLG Zweibrücken FamRZ 2021, 1021 [1023]: in Ausnahmefällen auch vor Ablauf von zwei Jahren). Falsche eidesstattliche Versicherung kann die Voraussetzungen des § 1579 Nr. 3 erfüllen (OLG Hamm NZFam 2015, 965 [967]: falsche Angaben zur Vaterschaft des Ehemannes); ebenso versuchter oder vollendeter Verfahrensbetrug zum Nachteil des Unterhaltspflichtigen (OLG Oldenburg FamRZ 2018, 680 f.: Verschweigen einer Teilzeitbeschäftigung; OLG Bamberg FamRZ 2022, 1026 [1029]: falsche Angaben zu Privatentnahmen im arbeitsgerichtl. Verfahren); gleichfalls Diebstahl wertvoller Gegenstände (AG Darmstadt FamRZ 2022, 692 [693]: Goldbarren im Gesamtwert von ca. 150.000 Euro). Bei Strafanzeigen wegen Steuerverkürzung kommt Verwirkung des Trennungsunterhaltsanspruchs nach § 1579 Nr. 5 in Betracht (OLG Koblenz FamRZ 2020, 239 [241]). Zur groblichen Verletzung der Familienunterhaltspflicht (§ 1579 Nr. 6) s. OLG Düsseldorf FamRZ 2019, 1134. Unberechtigte Strafanzeigen gegen den Unterhaltspflichtigen (Vorwurf sexuellen Missbrauchs der gemeinsamen Kinder) können im Einzelfall zu einer Verwirkung nach § 1579 Nr. 7 führen (OLG Schleswig FamRZ 2013, 1132); ebenso das Verschweigen der möglichen Vaterschaft eines anderen Mannes vor Eingehung der Ehe (OLG Hamm FamRZ 2017, 724 [725 f.]). Bei langjähriger Trennung ist ein Unterhaltsausschluss gem. § 1579 Nr. 8 möglich (OLG Frankfurt a.M. FamRZ 2020, 97 [LS.]: 20 Jahre; OLG Bamberg FamRZ 2014, 1707: 10 Jahre); kurze Ehedauer genügt für sich genommen nicht (OLG Karlsruhe BeckRS 2016, 125875 Rn. 53 ff.). **b)** Eine Befristung oder Herabsetzung **analog § 1578b** kommt nicht in Betracht (OLG Düsseldorf FamRZ 2022, 1609 [1611]; OLG Saarbrücken NZFam

2019, 690; Johannsen/Henrich/Althammer/Hammermann Rn. 198; s. aber Graba NJW 2022, 525 [526]: in Ausnahmefällen).

19 **8. Erlöschen. a)** Rechtskraft des **Scheidungsbeschlusses,** dann §§ 1569 ff. **b)** Aufhebung der Trennung durch dauerhafte (s. § 1567 II) **Versöhnung,** dann § 1360 (OLG Hamm NJW-RR 2011, 1015). **c) Tod** des Berechtigten oder Verpflichteten, IV 4 iVm §§ 1360a III, 1615. **d) Verzicht** (für die Zukunft unwirksam, IV 4 iVm §§ 1360a III, 1614 I). **e) Verwirkung** s. BGHZ 103, 62 [68].

§ 1361a Verteilung der Haushaltsgegenstände bei Getrenntleben

(1) [1]**Leben die Ehegatten getrennt, so kann jeder von ihnen die ihm gehörenden Haushaltsgegenstände von dem anderen Ehegatten herausverlangen.** [2]**Er ist jedoch verpflichtet, sie dem anderen Ehegatten zum Gebrauch zu überlassen, soweit dieser sie zur Führung eines abgesonderten Haushalts benötigt und die Überlassung nach den Umständen des Falles der Billigkeit entspricht.**

(2) **Haushaltsgegenstände, die den Ehegatten gemeinsam gehören, werden zwischen ihnen nach den Grundsätzen der Billigkeit verteilt.**

(3) [1]**Können sich die Ehegatten nicht einigen, so entscheidet das zuständige Gericht.** [2]**Dieses kann eine angemessene Vergütung für die Benutzung der Haushaltsgegenstände festsetzen.**

(4) **Die Eigentumsverhältnisse bleiben unberührt, sofern die Ehegatten nichts anderes vereinbaren.**

1 **1. Allgemeines. a)** Hausrat steht im Mitbesitz der Ehegatten. Mit der Trennung endet die Besitzüberlassungspflicht aus § 1353 I 2 (→ § 1353 Rn. 5) nicht. Um getrennte Haushaltsführung zu ermöglichen, kann der Eigentümer-Ehegatte nach I 1 Herausgabe verlangen, vorbehaltlich Notwendigkeit und Billigkeit (I 2). Bei Miteigentum Verteilung nach Billigkeit (II). **b)** Die Zuteilung des Hausrats erfolgt nur *vorläufig* (IV). Auch die gerichtl. Zuweisung (III, § 200 II Nr. 1 FamFG) ändert
2 das Eigentum nicht. **c)** I, II verdrängen §§ 985 f. (OLG Bremen FamRZ 2021, 1640 [1641]; OLG Hamburg FamRZ 2020, 438 [439]; ebenso für § 1361b BGH FamRZ 2017, 22 [23 f.]), nicht aber § 861, um Eigenmächtigkeiten auszuschließen (OLG Koblenz FamRZ 2009, 1934), str.; aA Grüneberg/Götz Rn. 19: § 1361a analog; sa OLG Nürnberg NJW-RR 2006, 149 [150] (kein Anspruch aus § 861, wenn Gegenstände nach § 1361a I, II dem Anspruchsgegner zuzuordnen sind); für § 1361b OLG Hamburg FamRZ 2021, 1278; OLG Frankfurt a.M. NJW-RR 2019, 1220 [1221]; OLG Karlsruhe FamRZ 2001, 760: Vorrang § 1361b, aber Berücksichtigung possessorischen Besitzschutzes. **d) IPR:** Für Ehegatten, die nach dem 28.1.2019 geheiratet oder eine Rechtswahl betr. das Güterstatut getroffen haben (s. Art. 69 III EuGüVO), finden die Kollisionsnormen der EuGüVO (→ Einf. Rn. 8) Anwendung (Grüneberg/Thorn Art. 17a EGBGB Rn. 1; Martiny ZfPW 2017, 1 [9]). Bei fehlender zeitlicher Anwendbarkeit der EuGüVO ist weiterhin nach Art. 17a EGBGB aF (Fassung bis 28.1.2019) anzuknüpfen; sa Art. 229 § 47 II Nr. 2 EGBGB.

3 **2. Tatbestand. a) Getrenntleben** s. § 1567; Verschulden unerheblich, kann aber bei Billigkeit berücksichtigt werden. **b) „Gehören“** meint Eigentum, ferner andere zum Besitz berechtigende Rechte, zB Anwartschaft, Nießbrauch, Miete, Leasing, Leihe (sa OLG Hamburg NJW 2022, 880 [dort auch zu den Folgen der Beendigung eines Miet- oder Leihvertrags]; OLG Zweibrücken NZFam 2020, 307 [zur privaten
4 Nutzung überlassener Dienstwagen]). **c) Haushaltsgegenstände** (sa § 1369) sind alle beweglichen Sachen, die nach den Vermögens- und Lebensverhältnissen der Eheleute zum gemeinsamen Zusammenleben der Familie bestimmt sind, zB Wohnungseinrichtung, (nicht allein der Kapitalanlage dienende) Kunstgegenstände, Gartenmöbel, Wäsche, Geschirr, Bücher, elektronische Geräte, Instrumente für Haus-

musik, (überwiegend familiär genutzte) Kraftfahrzeuge (s. OLG Koblenz FamRZ 2016, 1770 [1771]; Frankfurt a. M. NJW 2015, 2346 [2347]; OLG München FamRZ 1998, 1230, Nutzungsberechtigter hat zudem Steuer und Pflichtversicherung zu tragen), *nicht* die als Kapitalanlage oder zum persönlichen Gebrauch eines Ehegatten bestimmten Sachen (Kleidung, Schmuck, Arbeitszimmereinrichtung, Fachliteratur, Werkzeuge, Musikinstrument für Berufsmusiker); für Haustiere ggf. sinngemäße Anwendung des § 1361a (Hund: OLG Stuttgart FamRZ 2014, 1300; OLG Nürnberg FamRZ 2017, 513 f.; OLG Oldenburg FamRZ 2019, 784 f.; Koi-Fische: OLG Bamberg FamRZ 2019, 354). **d) Eigentum.** Bei *Miteigentum* (insbes. 5
nach → § 1357 Rn. 8) stets Verteilung nach Billigkeit (II), wobei Notwendigkeit für abgesonderte Haushaltsführung (s. I 2) ebenfalls Voraussetzung ist. Die Miteigentumsvermutung des § 1568b II gilt analog (OLG Nürnberg FamRZ 2017, 513 [514]; OLG Koblenz FamRZ 2016, 1770 [1771]). **e) Besitzrecht** nach I 2. **aa)** I 2 6
ist Einwendung gegen I 1; jedoch eigenständige Anspruchsgrundlage für den Nichteigentümer-Ehegatten, wenn Hausrat im (Mit-)Besitz des anderen Ehegatten steht, der ihn nicht benötigt (OLG Hamburg NJW 2022, 880). **bb) Voraussetzungen:** (1) Der andere Ehegatte benötigt den Gegenstand zur Führung eines abgesonderten Haushalts; Maßstab sind die ehelichen Lebensverhältnisse (Johannsen/Henrich/Althammer/Dürbeck Rn. 26a; s. aber OLG Hamburg NJW 2022, 880 [881]: I 2 zielt nicht auf Aufrechterhaltung des bisherigen Lebensstandards). (2) Überlassung entspricht der Billigkeit. Dabei sind insbes. die Bedürfnisse der Kinder zu berücksichtigen (Frankfurt a. M. NJW 2015, 2346 [2348]), ferner Vermögens- und Erwerbsverhältnisse (vgl. OLG Hamburg NJW 2022, 880 [881]); bei Haustieren insbes. Affektionsinteresse (OLG Nürnberg FamRZ 2017, 513 [514]). Teileinigung der Ehegatten ist bei Zuweisung des Resthausrats zu berücksichtigen. **f)** Mit Überlassung 7
entsteht **Besitzmittlungsverhältnis** iSv § 868. **Nutzungsvergütung** bei gerichtl. Verteilung, III 2 (OLG Frankfurt a.M. FamRZ 2019, 783 [784], Ansprüche aus §§ 987, 988 sind ausgeschlossen); Maßstab Billigkeit (OLG München FamRZ 1998, 1230). Haftungsmaßstab ist § 1359, str. (aA MüKo-BGB/Weber-Monecke Rn. 19).

3. Verfahren. §§ 200 ff. FamFG. Zuständig ist das FamG (§ 23a I Nr. 1 GVG, 8
§§ 111 Nr. 5, 200 II Nr. 1 FamFG); ebenso für Anträge auf Herausgabe persönlicher Gegenstände (§ 266 I FamFG). Zur Überleitung eines nicht beendeten Verfahrens gem. § 1361a in ein Verfahren gem. § 1568b nach Rechtskraft der Scheidung OLG Hamburg FamRZ 2022, 257 f. (jedenfalls nicht in Beschwerdeinstanz).

§ 1361b Ehewohnung bei Getrenntleben

(1) [1]Leben die Ehegatten voneinander getrennt oder will einer von ihnen getrennt leben, so kann ein Ehegatte verlangen, dass ihm der andere die Ehewohnung oder einen Teil zur alleinigen Benutzung überlässt, soweit dies auch unter Berücksichtigung der Belange des anderen Ehegatten notwendig ist, um eine unbillige Härte zu vermeiden. [2]Eine unbillige Härte kann auch dann gegeben sein, wenn das Wohl von im Haushalt lebenden Kindern beeinträchtigt ist. [3]Steht einem Ehegatten allein oder gemeinsam *mit einem Dritten* das Eigentum, das Erbbaurecht oder der Nießbrauch an dem Grundstück zu, auf dem sich die Ehewohnung befindet, so ist dies besonders zu berücksichtigen; Entsprechendes gilt für das Wohnungseigentum, das Dauerwohnrecht und das dingliche Wohnrecht.

(2) [1]Hat der Ehegatte, gegen den sich der Antrag richtet, den anderen Ehegatten widerrechtlich und vorsätzlich am Körper, an der Gesundheit, der Freiheit oder der sexuellen Selbstbestimmung verletzt oder mit einer solchen Verletzung oder der Verletzung des Lebens widerrechtlich gedroht, ist in der Regel die gesamte Wohnung zur alleinigen Benutzung zu überlassen. [2]Der Anspruch auf Wohnungsüberlassung ist nur dann ausgeschlossen, wenn keine weiteren Verletzungen und widerrechtlichen Drohungen zu besorgen sind, es

sei denn, dass dem verletzten Ehegatten das weitere Zusammenleben mit dem anderen wegen der Schwere der Tat nicht zuzumuten ist.

(3) [1]**Wurde einem Ehegatten die Ehewohnung ganz oder zum Teil überlassen, so hat der andere alles zu unterlassen, was geeignet ist, die Ausübung dieses Nutzungsrechts zu erschweren oder zu vereiteln.** [2]**Er kann von dem nutzungsberechtigten Ehegatten eine Vergütung für die Nutzung verlangen, soweit dies der Billigkeit entspricht.**

(4) **Ist nach der Trennung der Ehegatten im Sinne des § 1567 Abs. 1 ein Ehegatte aus der Ehewohnung ausgezogen und hat er binnen sechs Monaten nach seinem Auszug eine ernstliche Rückkehrabsicht dem anderen Ehegatten gegenüber nicht bekundet, so wird unwiderleglich vermutet, dass er dem in der Ehewohnung verbliebenen Ehegatten das alleinige Nutzungsrecht überlassen hat.**

Lit.: Erbarth, Die Ansprüche auf Überlassung der Ehewohnung zur Alleinnutzung, NJW 2019, 1169; Finger, Zuweisung der Ehewohnung während der Dauer des Getrenntlebens nach § 1361b BGB – materiell-rechtliche Voraussetzungen und verfahrensrechtliche Einzelheiten, FamRB 2016, 321; Giers, Vorläufige Überlassung der Wohnung in der Trennungszeit, NZFam 2014, 496; P. Huber, Die Ehewohnung in der Trennungszeit – Nutzungsvergütung oder Trennungsunterhalt?, FamRZ 2000, 129; Splitt, Die Vergütung für die Nutzung der Ehewohnung während des Getrenntlebens, FF 2020, 92.

1 **1. Allgemeines.** *Vorläufige* (gegenüber § 2 GewSchG speziellere; str.) Regelung der Wohnungsnutzung bei (oder zum Zwecke des) Getrenntleben(s); nach BGH FamRZ 2017, 22 [23 f.]; FamRZ 2021, 834 f. entfalten die Regelungen über die Ehewohnung (§§ 1361b, 1568a) Sperrwirkung gegenüber sonstigen Herausgabeansprüchen (hier: § 985); s. aber OLG Jena FamRZ 2019, 515; OLG Stuttgart NJW 2021, 1892 f.; OLG Dresden FamRZ 2022, 1724 [725 ff.]: Teilungsversteigerung nicht generell ausgeschlossen; sa → § 1361a Rn. 2. Nach Scheidung § 1568a. **IPR:** S. die Ausführungen → § 1361a Rn. 2; Ansprüche aus § 1361b fallen in den sachlichen Anwendungsbereich der EuGüVO (BeckOK/Heiderhoff Art. 17a EGBGB Rn. 6; sa Looschelders, in: Budzikiewicz ua (Hrsg.), Standards und Abgrenzungen im Internationalen Familienrecht, 2019, 123 [135]). Art. 17a EGBGB in seiner ab 29.1.2019 gültigen Fassung betrifft nurmehr den Gewaltschutz.

2 **2. Voraussetzungen. a)** Ehewohnung sind alle Räume, welche die Ehegatten gemeinsam zu Wohnzwecken benutzen oder benutzt haben, einschl. der Nebenräume. Unerheblich ist die Art des Rechts, auf dem die Nutzung der Ehewohnung beruht (Eigentum, Erbbaurecht, Nießbrauch, Wohnungseigentum, Mietvertrag etc), vgl. BGH FamRZ 2017, 22 [24]; sa OLG Hamburg FamRZ 2021, 1278 [1279]: Ehegatten können mehr als eine Ehewohnung haben. Die bisherige Ehewohnung verliert diesen Charakter nicht durch den Auszug eines Ehegatten; sie bleibt „Ehewohnung" während der gesamten Trennungszeit (BGH FamRZ 2017, 22 [24 f.];
3 FamRZ 2021, 834 [835]). **b)** Wohnungszuweisung ist ein gravierender Eingriff zu Lasten des Antragsgegners, der bei Vollzuweisung (→ Rn. 5) zu Obdachlosigkeit führen kann. Daher *strenger* Maßstab: „Unbillige Härte" liegt nur vor, wenn aufgrund außergewöhnlicher Umstände die Zuweisung der Wohnung an den anderen Ehegatten zur Abwehr unerträglicher Belastungen – unter bes. Beachtung des Kindeswohls (I 2, s. OLG Stuttgart NJW 2021, 1892 [1893]; OLG Hamburg FamRZ 2019, 1405 [schwere Spannungen]; OLG Hamm ZKJ 2014, 22 [nachhaltige Störung der häuslichen Atmosphäre]) – ausnahmsweise unausweichlich ist (OLG Hamm FamRZ 2016, 1082 [1083]; OLG Frankfurt a.M. NJW-RR 2019, 1220 [1221] [Aussperrung]). Dabei sind auch Alter, Gesundheitszustand und Vermögensverhältnisse zu beachten (OLG Hamm FamRZ 2016, 1082 [1083]); ebenfalls zu berücksichtigen ist das Verhalten des Antragstellers (zB Provokation). *Bsp:* Misshandlungen, Alkoholmissbrauch, Aufnahme des neuen Lebensgefährten in die Wohnung (OLG Hamm FamRZ 2016, 1082 [1083]), auch grob rücksichtsloses Verhalten ohne Lebens- oder Gesundheitsge-

fahren (OLG Köln FamRZ 2001, 761, zweifelhaft), *nicht* schon Streitigkeiten und bloße Belästigungen (OLG Hamm NJW 2015, 2349 [2350]; FamRZ 2016, 1082 [1083]). Dingliche Rechte an der Wohnung (bzw. dem Grundstück) sind gem. I 3 bes. zu würdigen. Zuweisung darf nur zu Wohnzwecken erfolgen, nicht für Vermietung, Veräußerung (OLG Karlsruhe NJW-RR 1999, 731). Im Fall eines nach **IV** begründeten Überlassungsverhältnisses kann bei wesentlicher Veränderung der Umstände eine Abänderung nach I erfolgen (BGH FamRZ 2017, 22 [25]).

3. Rechtsfolgen. a) aa) Verhältnismäßigkeitsgrundsatz ist streng zu beachten; Zuweisung muss „notwendig", also unabweisbar geboten sein. **bb)** Daher ist **Teilzuweisung** der Wohnung iVm Benutzungsanordnungen vorrangig, zumal andernfalls Trennung vertieft wird und ggf. elterliche Sorge nur eingeschränkt ausgeübt werden kann. **cc) Vollzuweisung** der (gesamten) Wohnung gem. **II 1** idR nur, wenn Antragsgegner den anderen Ehegatten vorsätzlich und widerrechtlich (nicht in Notwehr anlässlich einer [auch tätlichen] Auseinandersetzung) an Körper, Gesundheit (auch psychische Beeinträchtigungen), Freiheit oder sexueller Selbstbestimmung verletzt oder damit (auch Tötung) ernsthaft (dh nicht nur gelegentlich einer Auseinandersetzung in emotionaler Ausnahmesituation) droht. Gem. **II 2 HS 1** keine Vollzuweisung, wenn der Antragsgegner beweist, dass keine weiteren Verletzungen und Drohungen zu besorgen sind (vgl. dazu OLG Nürnberg FamRZ 2021, 1799 [1800]: tatsächliche Vermutung spricht für weitere Gewalttaten); Unterausnahme, wenn antragstellender Ehegatte beweist, dass ihm ein weiteres Zusammenleben wegen Schwere der Tat nicht mehr zumutbar ist **(II 2 HS 2).** Liegen die Voraussetzungen einer Vollzuweisung nicht vor, ist Teilzuweisung (→ Rn. 4 [bb]) möglich. **dd) Befristung,** wenn Versöhnung nach einer „Abkühlungsphase" nicht ausgeschlossen ist; sa OLG Hamm FamRZ 2016, 1082 [1084]: Befristung bis zum Ende des Trennungsjahres. Auch ist eine Räumungsfrist zu bewilligen; uU ist ein Räumungstermin festzulegen. **b) Unterlassungspflicht (III 1)** folgt für tatsächliche Beeinträchtigungen bereits aus §§ 859 ff. (aA KG FamRZ 2017, 1393 [1395]). III 1 erfasst auch *Rechts*handlungen, etwa Veräußerung des zugewiesenen Grundstücks bzw. der Wohnung oder Kündigung des Mietvertrags. Verstoß: Rgeschäft ist wirksam (OLG Frankfurt a. M. ZMR 2014, 279), ggf. Schadensersatz. Nur nach § 49 FamFG ergangene Verfügungsverbote wirken gem. §§ 136, 135; sa § 135 II. **c) Nutzungsvergütung (III 2). Voraussetzungen: aa) Nutzungsüberlassung.** III 2 knüpft zunächst an die faktische Überlassung der Wohnung an; dabei ist unerheblich, ob die Nutzungsüberlassung freiwillig erfolgt oder eine entspr. Verpflichtung besteht (BGH NJW 2014, 462: auch aufgedrängte Nutzung). Schuldner des Anspruchs aus III 2 ist der „nutzungsberechtigte" Ehegatte: Nutzungsberechtigung liegt jedenfalls in den von I 1 erfassten Fällen vor; ferner bei Überlassungsvermutung gem. **IV.** Bei freiwilligem Auszug (bis zum Ablauf der Frist des IV) analoge Anwendung des III 2 (Budzikiewicz LMK 2014, 356883). **bb) Billigkeit.** Der Vergütungsanspruch soll den Verlust des Wohnungsbesitzes und die damit verbundenen wirtschaftlichen Nachteile nach Billigkeit kompensieren; nicht erforderlich ist, dass dem anderen Teil durch die ungeteilte Nutzung ein Vermögensvorteil zufließt (BGH NJW 2014, 462). Die Art des Rechts, auf dem die Nutzung der Ehewohnung beruht (Eigentum, Erbbaurecht, Nießbrauch etc), ist unerheblich (BGH FamRZ 2017, 693 [695]; NJW 2014, 462: unentgeltliches dingliches Wohnrecht). Nutzungsvergütung kann auch bei Überlassung einer Mietwohnung in Betracht kommen (KG FamRZ 2015, 1191); nicht aber, wenn der in der Wohnung verbliebene Ehegatte die Wohnungskosten allein trägt (OLG Karlsruhe FamRZ 2020, 780 [781] – ebenso wenig bei mietfreier Überlassung der Wohnung durch die Schwiegereltern [782]; s. aber OLG Brandenburg NJOZ 2022, 1000: ausnahmsweise Nutzungsvergütung bei erheblichen Investitionen in mietfrei überlassene Wohnung). Letztlich ist eine Gesamtabwägung erforderlich (vgl. OLG Frankfurt a. M. FamRZ 2022, 1277); zu berücksichtigen sind dabei auch das Alter, Krankheiten und Vermögensverhältnisse der Ehegatten. Orientierungsgröße ist grds. der objektive Mietwert, sa OLG Frankfurt

(Randnummern: 4 bei „3. Rechtsfolgen“, 5 bei „cc) Vollzuweisung“, 6 bei „b) Unterlassungspflicht“, 7 bei „c) Nutzungsvergütung“, 8 bei „bb) Billigkeit“)

a. M. FamRZ 2022, 1274 [1275]; OLG Zweibrücken FamRZ 2022, 19 [20], die im ersten Trennungsjahr aber nur den subj. Mietwert (Miete für angemessene kleinere Wohnung) ansetzen. Wurde Wohnungsnutzung bereits bei Unterhaltsberechnung berücksichtigt, entfällt zusätzlicher Vergütungsanspruch (BGH NJW 2014, 462; FamRZ 1986, 437; OLG Saarbrücken NJW 2014, 2592 mwN [auch fiktiver Unterhaltsanspruch ist zu berücksichtigen]); im Verfahren auf Zahlung einer Nutzungsvergütung ist Aufrechnung mit Trennungsunterhalt (§ 1361) nicht möglich (OLG
9 Koblenz FamRZ 2020, 239 f.). **cc)** Vergütungsanspruch setzt vorherige **Zahlungsaufforderung** voraus (OLG Zweibrücken FamRZ 2022, 19). **dd)** Bei Miteigentum ist III 2 (Ehewohnungssache) lex specialis zu § 745 II (BGH FamRZ 2017, 693 [696]; OLG Düsseldorf FamRZ 2019, 779 f.).

10 **4. Verfahren.** §§ 200 ff. FamFG. Zuständig ist das FamG (§ 23a I Nr. 1 GVG, §§ 111 Nr. 5, 200 I Nr. 1 FamFG).

§ 1362 Eigentumsvermutung

(1) [1]**Zugunsten der Gläubiger eines der Ehegatten wird vermutet, dass die im Besitz eines oder beider Ehegatten befindlichen beweglichen Sachen dem Schuldner gehören.** [2]**Diese Vermutung gilt nicht, wenn die Ehegatten getrennt leben und sich die Sachen im Besitz des Ehegatten befinden, der nicht Schuldner ist.** [3]**Inhaberpapiere und Orderpapiere, die mit Blankoindossament versehen sind, stehen den beweglichen Sachen gleich.**

(2) **Für die ausschließlich zum persönlichen Gebrauch eines Ehegatten bestimmten Sachen wird im Verhältnis der Ehegatten zueinander und zu den Gläubigern vermutet, dass sie dem Ehegatten gehören, für dessen Gebrauch sie bestimmt sind.**

1 **1. Allgemeines. a)** Die Bestimmung dient vor allem dem Schutz der Gläubiger eines Ehegatten. Sie hat als Beweislastregelung (s. § 292 ZPO) Bedeutung im Prozess, insbes. § 771 ZPO. Bei dem in der intakten Ehe regelmäßig gegebenen Mitbesitz der Ehegatten (oder Alleinbesitz des nichtschuldenden Ehegatten) müsste nach § 1006 der Gläubiger beweisen, dass der nichtschuldende Ehegatte nicht Eigentümer ist; das ist schwierig, weil der Gläubiger die ehelichen Verhältnisse regelmäßig nicht kennt. § 1362 verdrängt § 1006: Der Ehegatte muss beweisen, dass er Eigentümer der Sache ist. § 1006 gilt jedoch, falls der nichtschuldende Ehegatte bereits vor der Ehe Besitzer war (BGH NJW 1993, 935 [936]). Ergänzung durch § 739 ZPO;
2 wichtig wegen §§ 808 f. ZPO. § 1362 wirkt auch in der Insolvenz. **b)** Gilt bei allen Güterständen. Bei Gütergemeinschaft geht § 1416 vor; nur für Gegenstände, die (nachgewiesen) nicht zum Gesamtgut gehören, bleibt § 1362 anwendbar. Nicht anwendbar ist § 1362 auf die nichteheliche Lebensgemeinschaft (BGH NJW 2007, 992: mangels planwidriger Regelungslücke).

3 **2. Voraussetzungen I. a) Bewegliche Sachen, Inhaberpapiere** und **blankoindossierte Orderpapiere,** I 3; **b)** Unmittelbarer oder mittelbarer (BGH NJW 1993, 935 [936]; OLG Celle FamRZ 2013, 1760; sa § 847 ZPO) **Besitz** eines oder beider Ehegatten; **c)** nicht ausschließlich zum persönlichen Gebrauch eines
4 Ehegatten bestimmt, II (→ Rn. 5); **d)** Eheleute leben **nicht getrennt,** I 2. Nach hM ist iRd I 2 (abweichend von § 1567) lediglich auf „die rein tatsächliche, nicht nur vorübergehende räumliche Trennung" abzustellen (Getrenntleben iSd § 1567 I 2 innerhalb der Ehewohnung soll nicht genügen); auf ein subjektives Element wird verzichtet (MüKo-BGB/Weber-Monecke Rn. 12; OLG Köln FamRZ 1965, 510; dagegen mit guten Argumenten Gernhuber/Coester-Waltjen § 22 Rn. 18). Bei im Besitz des Ehegatten/Schuldners verbliebenen Sachen decken sich für Gläubiger I und § 1006 I.

5 **3. Voraussetzungen II. a)** Sachen, die ausschließlich zum persönlichen Gebrauch eines Ehegatten bestimmt sind, zB Kleider, Schmuck (s. dazu auch OLG

Nürnberg FamRZ 2000, 1220: Beweislast trägt der Ehegatte, der sich auf die Eigentumsvermutung beruft; sa → Rn. 8), Pkw (s. OLG Oldenburg FamRZ 1991, 814 [815]) usw. Zum Geschäft eines Ehegatten gehörende Gegenstände fallen unter II, str.; enger MüKo-BGB/Weber-Monecke Rn. 29: klare räumliche Trennung vom Ehebereich erforderlich. **b)** Trotz des Wortlauts nur **bewegliche** Sachen (Soergel/ 6
Lipp Rn. 10). **c)** Besitzlage ist unerheblich.

4. Rechtsfolgen. a) I: Vermutung des Eigentums des schuldenden Ehegatten 7
zugunsten der Gläubiger, und zwar nicht nur in der Zwangsvollstreckung, sondern auch zB bei Sicherungsübereignung. Nicht: im Verhältnis der Ehegatten zueinander, insoweit § 1006 I (OLG München NJW 1972, 543 mwN). Vermutung ist durch Eigentumsnachweis des nicht schuldenden Ehegatten zu widerlegen. Fortbestand des nachgewiesen erworbenen Eigentums braucht dagegen nicht bewiesen zu werden (BGH NJW 1976, 238). **b) II: aa)** Vermutung zugunsten der Gläubiger und – 8
abw. zu I – gegenüber dem anderen Ehegatten, dass Sachen dem Ehegatten gehören, für dessen Gebrauch sie bestimmt sind. Widerlegbar zB durch den Nachw., dass Familienschmuck vom Mann geerbt worden ist. Behauptete Bestimmung zum persönlichen Gebrauch, zB durch Überlassung, hat zu beweisen, wer sich auf die Eigentumsvermutung beruft (BGH FamRZ 1971, 25). **bb) Dauer der Vermutung:** 9
Während der Ehe und über Eheauflösung hinaus bis zur Auseinandersetzung (BGHZ 2, 82 [85]).

5. Zwangsvollstreckung. Titel gegen einen Ehegatten genügt (bei Güterge- 10
meinschaft → Rn. 2 und § 740 ZPO). **Rechtsbehelfe** des nicht schuldenden Ehegatten (hierzu Eichenhofer JZ 1988, 330): **a)** § 771 ZPO, falls Veräußerung hinderndes Recht (zB Eigentum) besteht; **b)** § 766 ZPO bei Gewahrsamsverletzung (Gernhuber/Coester-Waltjen § 22 Rn. 23, str.).

Titel 6. Eheliches Güterrecht

Vorbemerkungen

1. Allgemeines. Im sechsten Titel des ersten Abschnitts des vierten Buches ist die 1
zwischen den Ehegatten durch die Eheschließung oder einen Ehevertrag bewirkte Ordnung ihrer vermögensrechtlichen Beziehungen geregelt. Zu unterscheiden sind der ges. Güterstand, der bestimmte Modifikationen der Vermögensverhältnisse der Eheleute in den §§ 1363–1390 normiert, und die im „vertragsmäßigen Güterrecht" (§§ 1408–1519) zur Wahl der Parteien angebotenen Typen einer vertraglichen Gestaltung ihrer Vermögensordnung. Ergänzend zu den §§ 1363 ff. sind vermögensrechtliche Ausprägungen der Ehewirkungen im Allg. in §§ 1353–1362 zu berücksichtigen, ferner §§ 111 Nr. 9, 261 ff., 137, 116, 119, 120 FamFG.

2. Entwicklung. a) Ausf. MüKo-BGB/Koch Vor § 1363 Rn. 12 ff. Das BGB 2
regelte 1900 zunächst fünf Güterstände. Im ges. Güterstand hatte der Ehemann am Vermögen der Frau das Recht der Verwaltung und Nutznießung (sog. Verwaltungsgemeinschaft). Vertraglich konnten Gütertrennung, allg. Gütergemeinschaft, Errungenschaftsgemeinschaft und Fahrnisgemeinschaft vereinbart werden. Übergangsregelung: Art. 200 EGBGB. Der ges. Güterstand war mit dem Grundsatz der Gleichberechtigung von Mann und Frau unvereinbar und trat deshalb am 31.3.1953 außer Kraft, Art. 3 II, 117 I GG. An seine Stelle trat Gütertrennung als ges. Güterstand, vgl. BGHZ 10, 266 [279]; 11 Anh. 73 f. Das GleichberG brachte als ges. Güterstand die sog. Zugewinngemeinschaft und als Vertragsgüterstände Gütertrennung und Gütergemeinschaft. Übergangsregelung s. Art. 8 I Nr. 2–7 GleichberG. Seit dem 1.5.2013 steht für Ehegatten, deren Güterstand dem deutschen oder französischen Sachrecht unterliegt, zudem die Wahl-Zugewinngemeinschaft zur Verfügung, s. § 1519. – In der ehem. DDR galt nach § 13 FGB der Güterstand der Errungenschaftsgemeinschaft; Überleitung („Optionsmodell") s. 7. Aufl. Anm. 6.

b) Mit Wirkung v. 1.10.2017 ist das Institut der Ehe für **gleichgeschlechtliche Paare** geöffnet worden (→ Vorb. Vor Titel 1 Rn. 6). Die §§ 1363 ff. finden seitdem auch auf Ehegatten gleichen Geschlechts Anwendung; dies gilt bei Eheschließung ab dem 1.10.2017 ebenso wie bei Umwandlung gem. § 20a LPartG (Erman/Budzikiewicz Einl. vor § 1363 Rn. 7).

3 **3. Güterstände. a)** Der ges. Güterstand der **Zugewinngemeinschaft** bewirkt keine sachenrechtliche Vergemeinschaftung der Vermögen der Ehegatten, jedoch enthalten die §§ 1365–1369 bestimmte Verpflichtungs- und Verfügungsbeschränkungen. Auch das während der Ehe erworbene Vermögen wird nicht gemeinschaftliches Vermögen (§ 1363 II 1). Erst wenn der Güterstand endet, wird der Zugewinn durch einen Ausgleichsanspruch (§§ 1372 ff.) bzw. die Erbteilserhöhung (§ 1371 I)
4 wirtschaftlich ausgeglichen. **b) Gütertrennung** ist eigentlich kein bes. Güterstand, da für diese Gestaltung gerade kennzeichnend ist, dass die Ehe keinen speziellen (dh nicht aus §§ 1353–1362 folgenden) Einfluss auf die Vermögensverhältnisse der Part-
5 ner hat. **c)** Bei der **Gütergemeinschaft** wird ein – in seinem Umfang disponibler – Teil der beiderseitigen Vermögen als *Gesamtgut* gesamthänderisch zugeordnet; *Vorbehaltsgut* und *Sondergut* verbleiben dagegen weiter dem jeweiligen Inhaber ohne Beschränkung (Einzelheiten s. §§ 1415 ff.). In der „fortgesetzten Gütergemeinschaft" wird bei Tod eines Ehegatten die gesamthänderische Vergemeinschaftung des „Gesamtguts" mit den zur ges. Erbfolge berufenen gemeinschaftlichen Abkömmlingen fortge-
6 setzt (Einzelheiten s. §§ 1483 ff.). **d)** Zum Deutsch-Französischen Güterstand der **Wahl-Zugewinngemeinschaft** s. § 1519.

7 **4. Privatautonomie.** Die ges. Typen können durch die Parteien nicht nur gewählt (s. zunächst §§ 1408 ff.) bzw. abgewählt (§ 1414), sondern auch variiert werden (Einzelheiten bei §§ 1408, 1409). Auch die Zugewinngemeinschaft kann modifiziert werden, s. jedoch → § 1378 Rn. 7. Darüber hinaus können die Ehegatten allg. vermögensrechtliche Gestaltungsformen nutzen und damit praktisch Formen der Vergemeinschaftung einzelner Vermögensbestandteile erreichen, die mit den güterrechtlichen Regeln konkurrieren und sie ergänzen, so gesamthänderische Bindung in einer Ehegattengesellschaft (§§ 705 ff., s. hierzu Johannsen FS 25 Jahre BGH, 1975, 52 f.; krit. K. Schmidt AcP 182, 482) und Miteigentum nach Bruchteilen (§§ 741 ff., 1008 ff.; dazu Rauscher AcP 186, 529).

8 **5. IPR.** Für Ehegatten, die nach dem 28.1.2019 geheiratet oder eine das Güterrecht betreffende Rechtswahl getroffen haben (s. Art. 69 III EuGüVO), finden die Vorschriften des Kapitels III der EuGüVO (→ Einf. Rn. 8) Anwendung (s. dazu Döbereiner MittBayNot 2018, 405). Bei fehlender zeitlicher Anwendbarkeit der EuGüVO ist weiterhin nach Art. 15 (iVm 14), 16 EGBGB (Fassung bis 28.1.2019) anzuknüpfen; vgl. hierzu auch die Übergangsregelung in Art. 229 § 47 EGBGB, die allerdings in II Nr. 2 den Art. 14 EGBGB (wohl versehentlich) nicht erwähnt (dazu NK-BGB/Magnus Art. 69 EuGüVO/EuPartVO Rn. 16). Zur Anwendbarkeit der EuGüVO bei gleichgeschlechtlicher Ehe s. Martiny ZfPW 2017, 1 [7 f.].

Untertitel 1. Gesetzliches Güterrecht

§ 1363 Zugewinngemeinschaft

(1) **Die Ehegatten leben im Güterstand der Zugewinngemeinschaft, wenn sie nicht durch Ehevertrag etwas anderes vereinbaren.**

(2) [1]**Das jeweilige Vermögen der Ehegatten wird nicht deren gemeinschaftliches Vermögen; dies gilt auch für Vermögen, das ein Ehegatte nach der Eheschließung erwirbt.** [2]**Der Zugewinn, den die Ehegatten in der Ehe erzielen, wird jedoch ausgeglichen, wenn die Zugewinngemeinschaft endet.**

§ 1364 Vermögensverwaltung

Jeder Ehegatte verwaltet sein Vermögen selbständig; er ist jedoch in der Verwaltung seines Vermögens nach Maßgabe der folgenden Vorschriften beschränkt.

Anmerkungen zu den §§ 1363, 1364

1. Allgemeines. §§ 1363, 1364 regeln die Entstehungsvoraussetzungen und grds. Struktur der Zugewinngemeinschaft. Tragen die Eheleute nichts Abweichendes vor, so ist davon auszugehen, dass sie im ges. Güterstand leben (vgl. BGHZ 10, 266 [267]). 1

2. Voraussetzungen. a) Wirksame Eheschließung; Nichtehe bewirkt keine güterrechtlichen Folgen. **b)** Keine Abwahl durch Ehevertrag (nach §§ 1408 ff.), § 1363 I. Möglich ist auch Übergang vom vertraglichen zum ges. Güterstand, § 1408. 2

3. Dauer. a) Beginn mit Eheschließung (Kenntnis oder Wille nicht erforderlich) 3
oder einem späteren, durch Ehevertrag bestimmten Zeitpunkt (Soergel/Czeguhn § 1363 Rn. 10), ausnahmsweise auch (→ Rn. 2) mit Wirksamwerden eines entspr.
Ehevertrags. **b)** Ende mit **aa)** Auflösung der Ehe durch Beschluss oder Tod eines 4
Ehegatten sowie im Falle des § 1319 II, **bb)** durch Ehevertrag, **cc)** nach § 1388 bei vorzeitiger Aufhebung der Zugewinngemeinschaft, **dd)** durch Ausschluss des Zugewinnausgleichs, § 1414 S. 2.

4. Grundzüge. a) Trotz der Bezeichnung Zugewinn*gemeinschaft* bleiben die Ehe- 5
gatten jeweils allein Inhaber ihres vor oder während der Ehe erworbenen Vermögens, § 1363 II 1, soweit nicht aufgrund anderer Vorgänge (Rgeschäft, Beerbung) verge-
meinschaftete Gegenstände geschaffen bzw. erworben werden. **b)** Grds. werden auch 6
die Verwaltungsbefugnisse der Ehegatten hinsichtlich ihres jeweiligen Vermögens
nicht beschränkt, § 1364 HS 1. Ausnahmen ergeben sich aus §§ 1365–1369. **c)** Mit 7
Beendigung der Zugewinngemeinschaft (→ Rn. 4) findet der Umstand, dass eine funktionierende Ehe zumeist auch eine Wirtschaftsgemeinschaft darstellt, dadurch Berücksichtigung, dass bei Beendigung durch Tod der ges. Erbteil des überlebenden Ehegatten erhöht wird (§ 1371 I), in allen anderen Fällen ein etwaiger Zugewinn zu errechnen und aufgrund eines schuldrechtlichen Anspruchs auszugleichen ist,
§ 1363 II 2. **d)** Verpflichtung zur ordnungsgem. Verwaltung ist aus § 1364 nicht 8
herzuleiten (Gernhuber/Coester-Waltjen § 33 Rn. 5, str.).

5. Abweichung durch Vereinbarung. Modifikationen durch Ehevertrag s. → §§ 1408, 1409 Rn. 3. Ausgleichsmodus für den Todesfall kann durch letztwillige Verfügungen und durch Ausschlagung verändert werden (Gernhuber/Coester-Waltjen § 33 Rn. 11). 9

Vorbemerkungen zu den §§ 1365–1369

Lit.: Braun, Zur Auslegung des §§ 1365, 1369 BGB, FS Musielak, 2004, 119.

1. Allgemeines. Durch § 1365 werden Rgeschäfte über das eigene **Gesamtvermögen,** durch § 1369 über eigene **Haushaltsgegenstände** an die Zustimmung des anderen Ehegatten gebunden („vinkuliert"). Die grds. freie Verwaltung des eigenen Vermögens (§ 1364) wird dadurch eingeschränkt. 1

2. Zweck. Die Vinkulierung des Gesamtvermögens und des Hausrats dient in erster Linie der Erhaltung der materiellen Basis der Familie und ihres Haushalts, daneben kann diese Beschränkung den künftigen Ausgleichsanspruch sichern (vgl. BGH NJW 2013, 1156 [1157]). Sie endet mit Rechtskraft eines Scheidungs- (OLG Hamm FamRZ 1987, 591) oder Auflösungsbeschlusses, nicht schon mit Trennung. 2

3 **3. Art der zustimmungsgebundenen Geschäfte. a)** Gebunden sind Rgeschäfte **unter Lebenden;** letztwillige Verfügungen (BGHZ 40, 218 [224]) und Schenkungen auf den Todesfall, die nach dem Tode vollzogen werden sollen, bleiben zustimmungsfrei. Nur Rgeschäfte sind zustimmungsbedürftig; zuordnungsändernde Handlungen wie Verbindung, Vermischung oder Verarbeitung fallen nicht unter §§ 1365 ff. Keine Bedeutung kommt dem Zustimmungserfordernis zu, wenn das Rgeschäft schon aus sonstigen Gründen (zB § 138) unwirksam ist (OLG Jena
4 NZFam 2020, 124 [128]). **b)** Sowohl bei Gesamtvermögensgeschäften als auch bei solchen über den Hausrat sind Verpflichtungs- und Verfügungsgeschäft(e) zustimmungsbedürftig. Obwohl die Beeinträchtigung der wirtschaftlichen Grundlage der Familie erst mit der dinglichen Verfügung erfolgt, muss auch ein Verpflichtungsgeschäft unter den Zustimmungsvorbehalt gestellt werden, um Gefährdungen durch
5 Zwangsvollstreckung oder Schadensersatzansprüche auszuschließen. Bei Gesamtvermögensgeschäften wertet das Ges. die Zustimmung zur Verpflichtung als Zustimmung zu ihrem Vollzug (s. § 1365 I 1 und 2), der nach sachenrechtlichen Grundsätzen durch Einzelverfügungen zu geschehen hat (Erman/Budzikiewicz § 1365 Rn. 39). Auch bei § 1369 ist im Fall der Zustimmung zum Verpflichtungsgeschäft
6 eine gesonderte Einwilligung zur Verfügung nicht mehr erforderlich. Konsentierte Verfügungen, die das Gesamtvermögen betreffen, decken auch die zustimmungslose Verpflichtung, § 1365 I 2; das Gleiche muss für gebilligte Hausratsverfügungen gelten (Gernhuber/Coester-Waltjen § 34 Rn. 7). Vor Eheschließung eingegangene Verpflichtungen können ohne Zustimmung erfüllt werden (Erman/Budzikiewicz § 1365 Rn. 6 [dort auch zur Umwandlung nach § 20a I LPartG] mwN und § 1369
7 Rn. 9, str.). Konvaleszenz s. → §§ 1366, 1367 Rn. 6. **c)** Zustimmungsbedürftig sind auch Vorverträge zu gebundenen Geschäften, durch – bevollmächtigten oder ges. – Vertreter vorgenommene RGeschäfte (sa → Rn. 9) sowie Zustimmungen zu Verfügungen Dritter über Ehegattenvermögen oder Hausrat, nicht aber schon (widerrufliche oder unwiderrufliche) Bevollmächtigungen (BGH NZM 2013, 438; sa Erman/
8 Budzikiewicz § 1367 Rn. 2). **d) Nicht zustimmungsbedürftig:** Vorkaufsvertrag (BGH NJW 1982, 1100); Prozessführung einschl. Klageverzicht und Anerkenntnis (Gernhuber/Coester-Waltjen § 34 Rn. 11), Zwangsvollstreckungsmaßnahmen und -anträge von Gläubigern des Ehegatten (KG OLGZ 1992, 241 [242]) und Unterwerfung iSv §§ 794 I Nr. 5, 800 ZPO (BGH NJW 2008, 3363 [3364]: Zwangsvollstreckung in Erbbaurecht); zustimmungsbedürftig ist jedoch der verfügende Prozessvergleich (Gernhuber/Coester-Waltjen § 34 Rn. 11; MüKo-BGB/Koch § 1365
9 Rn. 49, str.). **e) Keiner Zustimmung** bedürfen Testamentsvollstrecker, Nachlassverwalter, Insolvenzverwalter (Erman/Budzikiewicz § 1365 Rn. 8; OLG Naumburg
10 MittBayNot 2019, 188 [Insolvenzverwalter]). **f) Zustimmungsfrei** sind ferner Verpflichtungsgeschäfte, die nicht auf Verfügung über vinkuliertes Gut gerichtet sind, zB Bürgschaften (BGH ZIP 1983, 276), Miet- und Pachtverträge oder andere Zahlungsverpflichtungen.

11 **4. Rechtsnatur der Bindung.** §§ 1365, 1369 enthalten nach hM absolute Veräußerungsverbote (BGHZ 40, 218 f.), da Familienschutz höher als Verkehrsschutz eingestuft wird (s. aber → § 1365 Rn. 3). Teilw. wird darin auch eine Verfügungsbeschränkung sui generis gesehen (Gernhuber/Coester-Waltjen § 34 Rn. 6). § 135 II ist unanwendbar, gutgl. Erwerb vom Eigentümer-Ehegatten nicht möglich, wohl aber von seinem Vertragspartner oder einem anderen Dritten (OLG Köln OLGZ 1969, 171: Briefgrundschuld). Abhandenkommen des Besitzes des Nichteigentümer-Ehegatten hindert jedoch gutgl. Erwerb nach § 935 I (s. Gernhuber/Coester-Waltjen § 34 Rn. 16).

12 **5. Zustimmung. a)** Sie ist als Einwilligung vor Abschluss des gebundenen Geschäftes zu erklären, kann aber bei Verträgen auch als Genehmigung nachfolgen,
13 § 1366 I, nicht dagegen bei einseitigen RGeschäften, s. § 1367. **b)** Für die Erklärung und ihre Wirkung gelten die §§ 182 ff.: Sie kann gegenüber dem Ehegatten oder dem Dritten erfolgen (Ausn: § 1366 III), ist stets formlos möglich und wird vor

allem für Hausratsgegenstände oft durch schlüssiges Verhalten und wechselseitig erfolgen (zu den Voraussetzungen konkludenter Zustimmung sa OLG Koblenz FamRZ 2015, 1901 f.); als vorab und bindend gegebene Generaleinwilligung ist sie jedoch nach § 1410 formbedürftig. Einwilligung ist bis zur Vornahme des RGeschäfts widerruflich, § 183. Eine Bevollmächtigung des Eigentümer-Ehegatten zur Zustimmung muss vom Verbot des Selbstkontrahierens (§ 181) entbinden. **c) Fehlt** 14
Zustimmung, so ist ein einseitiges RGeschäft nichtig; ein Vertrag ist schwebend unwirksam. Er wird durch Genehmigung voll wirksam, durch Verweigerung endgültig unwirksam (Einzelheiten s. §§ 1366, 1367). **Konvaleszenz** s. → §§ 1366, 1367 Rn. 6. Bei Nichtigkeit des Verpflichtungsgeschäftes Leistungskondiktion auf den rechtsgrundlos überlassenen Besitz, bei Nichtigkeit des Verfügungsgeschäfts Vindikation, ggf. auch Ansprüche auf Grundbuchberichtigung nach § 894 oder aus § 816 I bei Weiterveräußerung durch den Erwerber oder Dritte. Keine Einrede des Dritten gestützt auf ein venire contra factum proprium des Ehegatten (Erman/Budzikiewicz § 1368 Rn. 7). **d)** Dem Schutz des zustimmungsbefugten Nichteigentümer-Ehegatten dient § 1368. **e) Ersetzung der Zustimmung.** Eine rechtliche 15
Verpflichtung zur Erteilung der Zustimmung besteht nicht. Unter bestimmten Voraussetzungen kann sie jedoch vom FamG auf Antrag des Eigentümer-Ehegatten ersetzt werden, s. §§ 1365 II, 1369 II.

6. Rechte des Vertragspartners. a) Bei Nichtigkeit Haftung nach §§ 280 I, 16
241 II, 311 II (cic), ferner §§ 826, 823 II iVm § 263 StGB. **b)** Kein Zurückbehaltungsrecht aus § 273 (hL, vgl. Soergel/Czeguhn § 1368 Rn. 11) oder aus § 1000 (Erman/Budzikiewicz § 1368 Rn. 10). **c)** Falls Ehegattenansprüche auf Geld gerichtet sind, zB aus § 816 I 1, ist Aufrechnung mit Gegenansprüchen infolge erbrachter Gegenleistung – § 812 I 1 – möglich (Erman/Budzikiewicz § 1368 Rn. 9).

§ 1365 Verfügung über Vermögen im Ganzen

(1) [1]**Ein Ehegatte kann sich nur mit Einwilligung des anderen Ehegatten verpflichten, über sein Vermögen im Ganzen zu verfügen.** [2]**Hat er sich ohne Zustimmung des anderen Ehegatten verpflichtet, so kann er die Verpflichtung nur erfüllen, wenn der andere Ehegatte einwilligt.**

(2) **Entspricht das Rechtsgeschäft den Grundsätzen einer ordnungsmäßigen Verwaltung, so kann das Familiengericht auf Antrag des Ehegatten die Zustimmung des anderen Ehegatten ersetzen, wenn dieser sie ohne ausreichenden Grund verweigert oder durch Krankheit oder Abwesenheit an der Abgabe einer Erklärung verhindert und mit dem Aufschub Gefahr verbunden ist.**

1. Voraussetzungen des Zustimmungserfordernisses. a) I 1 bindet die **Ver-** 1
pflichtung zur Verfügung (→ Vor § 104 Rn. 10) **über das Vermögen im Ganzen** (nicht die Begründung von *Zahlungs*verbindlichkeiten, BGH FamRZ 1989, 1051 [Bürgschaft]; → Vor §§ 1365–1369 Rn. 10) an die Einwilligung des anderen Ehegatten. Ist die Einwilligung *nicht* erteilt worden, sind die das gesamte (Aktiv-)Vermögen ausschöpfenden **Verfügungsgeschäfte** gem. I 2 einwilligungsgebunden. Liegt die Einwilligung zum Verpflichtungsgeschäft vor, ist die Verfügung zustimmungsfrei. **b) aa)** Bedeutung von **„Vermögen im Ganzen"** ist str. (sa Erman/ 2
Budzikiewicz Rn. 10 ff.). Familienschutz verlangt eine extensive Auslegung; Verkehrsschutz und das Prinzip selbstständiger Vermögensverwaltung (§ 1364) sprechen für Begrenzung. Rspr. und hL erweitern mit der „Einzeltheorie" den Tatbestand auf einzelne Vermögensgegenstände, beachten aber mit der „subjektiven Theorie" Verkehrsschutzbelange. **bb)** Nach der **Einzeltheorie** (BGHZ 35, 135 [143], Erbauseinandersetzungsvertrag; NZM 2013, 438; NJW 2013, 1156 mwN; aA „Gesamttheorie", vgl. Sandrock FS Bosch, 842) fällt bereits ein RGeschäft über *einen* Gegenstand unter den Gesamtvermögensbegriff, sofern er im Wesentlichen

das ganze Vermögen des Veräußerers darstellt. Maßgeblich ist das **Wertverhältnis** des Gesamtvermögens zum beim Ehegatten verbleibenden Restvermögen. Bei kleinen Vermögen ist I *nicht* erfüllt, wenn dem verfügenden Ehegatten 15 % seines ursprünglichen Gesamtvermögens verbleiben (BGHZ 77, 293 [299]; FamRZ 2013, 607; FamRZ 2015, 121), bei größeren Vermögen schon bei einem Restvermögen von 10 % (BGH FamRZ 1991, 670 [Vermögen: 490.000 DM]; NJW 2011, 3783 [Vermögen: > 400.000 Euro]). Grundlage der Berechnung ist das Aktivvermögen (einschl. der Anwartschaften, BGH NJW 1996, 1740 [1741]) abzüglich der (valutierten) Belastungen (BGHZ 123, 93); persönliche Verbindlichkeiten bleiben außer Betracht (OLG Saarbrücken NJW-RR 2019, 772 [774]). Bei der Berechnung bleibt die Gegenleistung unberücksichtigt, so dass Anlagegeschäfte oder Umschichtungen des (Gesamt-) Vermögens zustimmungspflichtig sein können (BGHZ 35, 135 [145]); unberücksichtigt bleiben ferner zukünftiges Arbeits- (BGHZ 101, 225 [227]) und Renteneinkommen (BGH NJW 1990, 112 [113]). Nach BGH NJW 2013, 1156 ist ein dem Veräußerer im Zuge der Eigentumsübertragung eingeräumtes dingliches Wohnrecht als verbliebener Vermögenswert zu berücksichtigen (str., s. dazu Erman/Budzikiewicz Rn. 12). Da es auf Familienschutz ankommt, können auch unpfändbare Gegenstände beachtliches Restvermögen bilden (BGH NJW 2013, 1156 [1157]: dingliches Wohnrecht; aA Sachs FamRZ 2015, 1444 [1445 f.]: zB Arztpraxis). Sukzessive (isoliert nicht unter I fallende) Geschäfte können durch entspr. Absicht der Parteien oder engen zeitlichen Zusammenhang so verknüpft sein, dass
3 § 1365 anwendbar wird (vgl. BGH FamRZ 1967, 383). **cc)** Eingeschränkt wird die Einzeltheorie durch die **„subjektive Theorie“.** I greift danach nur ein, wenn der Vertragspartner positiv weiß, dass es sich bei dem Gegenstand um (nahezu) das ganze Vermögen handelt oder wenn er zumindest die Verhältnisse kennt, aus denen sich dies ergibt (BGHZ 43, 174 [177]; NZM 2013, 438; FamRZ 2015, 121 mwN). Bei Belastungen muss der Erwerber wissen, dass diese den Wert des Einzelgegenstands im Wesentlichen ausschöpfen (BGHZ 123, 93 [95]). Es genügt, wenn der Erwerber zum Zeitpunkt des Verpflichtungsgeschäfts keine Kenntnis hat (BGHZ 106, 253); Kenntniserlangung nach Verpflichtung, aber vor Verfügung hindert deren Wirksamkeit nicht (BGH NJW-RR 1990, 1154). Die Beweislast trägt derjenige, der sich auf die Zustimmungsbedürftigkeit beruft, idR also der Ehegatte (BGHZ 43, 174 [177]). Nicht geschützt wird der Erwerber, der zwar den Gesamtvermögenscharakter kennt, nicht aber den Umstand, dass der Verfügende verheiratet ist, arg. § 1366 II 2 (Schwab
4 FamR § 33 Rn. 258). **c) Grundstücksgeschäfte.** Belastung zugunsten eines anderen ist Gesamtvermögensgeschäft, falls der (Verkehrs-)Wert (BGH NJW 2011, 3783) des Grundstücks und damit des Gesamtvermögens im Wesentlichen ausgeschöpft wird (BGH NJW 1990, 112 [113]; NJW 1993, 2441 [Wohnrecht]). Der Antrag auf Teilungsversteigerung bedarf der Einwilligung (BGH NJW 2007, 3124); Löschungsbewilligung für Grundpfandrecht ist zustimmungsbedürftig (s. Erman/Budzikiewicz Rn. 30). **Nicht** zustimmungsbedürftig ist die Bestellung einer Eigentümergrundschuld (ggf. aber ihre Übertragung), die Bestellung einer Restkaufgeldhypothek oder eines Grundpfandrechts zur Sicherung eines zum Grundstückserwerb aufgenommenen Kredits (s. BGH NJW 1996, 1740 [1742]), die Bestellung eines Vorkaufsrechts (vgl. BGH NJW 1982, 1100), die Vollstreckungsunterwerfung (BGH NJW 2008, 3363) und die Bewilligung einer Vormerkung (OLG Köln BWNotZ 2019, 71 [73]; BayObLG NJW 1976, 574). Nießbrauch str. (verneinend BGH FamRZ 1966, 23; s. dagegen Erman/Budzikiewicz Rn. 31). – Zur Prüfungspflicht des Grundbuchamts, ob Grundstücksgeschäft das Gesamtvermögen betrifft, s. BGH NZM 2013, 438 (konkrete Anhaltspunkte erforderlich; Bedenken gegen die Verfügungsbefugnis müssen sich aufdrängen); zur *Prüfungspflicht* des Notars s. BGHZ 64, 246 [249]; Brambring FamFR 2012, 460 [463 f.].
5 Für die Zustimmung gilt § 29 I GBO. **d) Gesellschaftsrecht** (**Lit.:** Sandrock FS Duden, 1977, 513; Werner, Aktuelle Probleme in Zusammenhang mit § 1365 I BGB und der Veräußerung von Gesellschaftsanteilen, NZG 2022, 987). Bei RGeschäften, die einen Gesellschaftsvertrag betreffen, ist § 1365 anwendbar, falls der vermögensrechtliche Teil des Geschäfts bei wirtschaftlicher Betrachtungsweise das Gesamtvermögen des

Ehegatten erfasst. Die Einbringung etwa eines Handelsgeschäfts oder eines Miterbenanteils in eine Gesellschaft kann Verfügung iSv I sein (OLG Saarbrücken NJW-RR 2019, 772 [774 f.]); bei der Bewertung ist der im Gesellschaftsanteil enthaltene Gegenwert nicht zu berücksichtigen, str. (→ Rn. 2). Auch die Änderung eines Gesellschaftsvertrags und die Übertragung eines Gesellschaftsanteils (und eines Anwartschaftsrechts darauf, BGH NJW 1996, 1740) fallen unter I, wenn entspr. vermögensrechtliche Auswirkungen damit verbunden sind; Bsp: Verlust eines Abfindungsanspruchs (OLG Köln NJW 1962, 2109).

2. Zustimmungsersetzung, II. Das FamG kann die Zustimmung ersetzen, falls 6
sie ohne ausreichenden Grund oder infolge abwesenheits- bzw. krankheitsbedingter Verhinderung nicht erteilt wurde und mit dem Aufschub Gefahr verbunden ist. **a)** Voraussetzung für beide Alternativen ist, dass das Geschäft **ordnungsgem. Verwaltung** entspricht, also die materielle Basis der Familie erhält oder verbessert und den Ausgleichsanspruch sichert. Bsp: Hofübergabe aus Alters- oder Gesundheitsgründen, Umschichtung inflationsbedrohter Vermögensanlagen. **b)** Zustimmung 7
kann ersetzt werden, wenn sie **ohne ausreichenden,** im Schutzbereich des § 1365 liegenden **Grund** verweigert wird (OLG Hamm MDR 2011, 1477). Erforderlich ist eine Gesamtabwägung, die auch mögliche geschäftliche Alternativen berücksichtigt (OLG Stuttgart NJW 1983, 634 [Vermietung der Ehewohnung statt Verkauf]). Berechtigt ist die Zustimmungsverweigerung, wenn eine *Gefährdung künftiger Ausgleichsansprüche* nicht auszuschließen ist (BGH NJW 1978, 1380 [1381]). Teilw. werden auch *ideelle Motive* für ausreichend gehalten (BayObLG FamRZ 1968, 317); vom Schutzzweck der Norm sind jedoch nur vermögensrechtliche Gesichtspunkte erfasst, persönliche oder ideelle Gründe dürfen bei der Ersetzungsentscheidung daher keine Rolle spielen (MüKo-BGB/Koch Rn. 108). Die Gründe müssen jedenfalls einen Bezug zum in Frage stehenden Geschäft haben; Verweigerung als Druckmittel zur Durchsetzung anderer Ansprüche ist nicht ausreichend begründet (Soergel/Czeguhn Rn. 9). Das Gericht kann Bedingungen oder Auflagen machen, um den Weigerungsgrund auszuräumen (OLG Saarbrücken FamRZ 1987, 1248; BayObLG FamRZ 1963, 521; Erman/Budzikiewicz Rn. 51), nicht möglich ist dagegen die Vorwegnahme der Sicherung des Zugewinnausgleichs durch Bürgschaft (BayObLG NJW 1975, 835 f., str.). **c)** Ersetzung bei **krankheits- oder abwesenheits-** 8
bedingter Verhinderung kann erfolgen, wenn das Geschäft keinen Aufschub gestattet („Gefahr im Verzug“, vgl. RGZ 103, 126 [128] – unabweisbarer Kreditbedarf). **d) Verfahren:** Bei dem Verfahren nach II handelt es sich um eine Güterrechts- 9
sache (§ 261 II FamFG); Zuständigkeit des FamG folgt aus §§ 23a I Nr. 1, 23b I GVG, § 111 Nr. 9 FamFG; örtliche Zuständigkeit § 262 FamFG; antragsberechtigt ist nur der abschließende Ehegatte bzw. dessen Erbe, nicht der Geschäftspartner; Richtervorbehalt; Wirksamkeit der Entscheidung des FamFG § 40 III FamFG. Antrag auf Erteilung der Zustimmung ist neben Ersetzungsverfahren nicht zulässig (Grüneberg/Siede Rn. 16); zur Zulässigkeit eines **negativen Feststellungsantrags** OLG Jena NZFam 2020, 124 [127].

§ 1366 Genehmigung von Verträgen

(1) **Ein Vertrag, den ein Ehegatte ohne die erforderliche Einwilligung des anderen Ehegatten schließt, ist wirksam, wenn dieser ihn genehmigt.**

(2) [1]**Bis zur Genehmigung kann der Dritte den Vertrag widerrufen.** [2]**Hat er gewusst, dass der vertragsschließende Ehegatte verheiratet ist, so kann er nur widerrufen, wenn der Ehegatte wahrheitswidrig behauptet hat, der andere Ehegatte habe eingewilligt; er kann auch in diesem Fall nicht widerrufen, wenn ihm beim Abschluss des Vertrags bekannt war, dass der andere Ehegatte nicht eingewilligt hatte.**

(3) [1]**Fordert der Dritte den Ehegatten auf, die erforderliche Genehmigung des anderen Ehegatten zu beschaffen, so kann dieser sich nur dem Dritten**

gegenüber über die Genehmigung erklären; hat er sich bereits vor der Aufforderung seinem Ehegatten gegenüber erklärt, so wird die Erklärung unwirksam. [2]Die Genehmigung kann nur innerhalb von zwei Wochen seit dem Empfang der Aufforderung erklärt werden; wird sie nicht erklärt, so gilt sie als verweigert. [3]Ersetzt das Familiengericht die Genehmigung, so ist sein Beschluss nur wirksam, wenn der Ehegatte ihn dem Dritten innerhalb der zweiwöchigen Frist mitteilt; andernfalls gilt die Genehmigung als verweigert.

(4) **Wird die Genehmigung verweigert, so ist der Vertrag unwirksam.**

§ 1367 Einseitige Rechtsgeschäfte

Ein einseitiges Rechtsgeschäft, das ohne die erforderliche Einwilligung vorgenommen wird, ist unwirksam.

Anmerkungen zu den §§ 1366, 1367

1 **1. Allgemeines.** Regelung der Rechtsfolgen fehlender Einwilligung und erteilter Genehmigung (sa §§ 108 f., 177 f.) bei Gesamtvermögensgeschäften und Verfügung über Hausrat (s. § 1369 III). Ein ohne Einwilligung geschlossener (schuldrechtlicher oder dinglicher) Vertrag ist nach § 1366 genehmigungsfähig und bis zur Genehmigung (§ 1366 I) bzw. deren Verweigerung (§ 1366 IV) schwebend unwirksam. Einseitige RGeschäfte ohne Einwilligung sind gem. § 1367 unwirksam.

2 **2. Schwebezustand.** Bei **Verträgen** bewirkt die fehlende Einwilligung einen Schwebezustand. **Beendigung der Schwebelage: a) Erteilung** der Genehmigung (§ 1366 I). Erteilung s. § 182 I (Ausn. § 1366 III 1 HS 1 nach Aufforderung zur Genehmigungseinholung: Erteilung nur an Dritten); Form s. § 182 II (aber bei Grundstücksgeschäften *grundbuchrechtlich* § 29 I GBO erforderlich). Folge der Ge-
3 nehmigung: Wirksamwerden des Vertrags ex tunc (§ 184 I). **b) aa) Verweigerung** der Genehmigung durch den anderen Ehegatten. Voraussetzung ist, dass der Ehegatte das RGeschäft und seinen wesentlichen Inhalt kennt (BGH NJW 1982, 1099 f.). Folge: Vertrag ist grds. endgültig unwirksam (§ 1366 IV). Der vertragsschließende Ehegatte hat Rückgewähransprüche aus §§ 985, 894, 812, soweit bereits geleistet; der andere Ehegatte kann sie nach § 1368 geltend machen. Die Verweigerung der
4 Genehmigung ist unwiderruflich (BGH NJW 1994, 1785 [1786]). **bb) Wirksamwerden** trotz Genehmigungsverweigerung in zwei Ausnahmefällen (BGH NJW 1994, 1785 [1786]): (1) Ersetzung der Zustimmung durch das FamG nach § 1365 II. Wirksamwerden setzt voraus, dass der Ehegatte dem Dritten die familiengerichtl. Genehmigung innerhalb einer Frist von zwei Wochen mitteilt (§ 1366 III 3). (2) Hatte der andere Ehegatte dem vertragsschließenden Ehegatten die Zustimmung bereits verweigert, wird diese Erklärung nach § 1366 III 1 HS 2 unwirksam, wenn der Dritte zur Einholung der Genehmigung auffordert. Der Vertrag wird mit Erklä-
5 rung der Genehmigung an den Dritten wirksam. **c) Widerruf** des Vertrags (genauer: der Willenserklärung) durch den Vertragspartner (§ 1366 II 1). Das Widerrufsrecht besteht nicht, wenn der Dritte wusste, dass sein Vertragspartner verheiratet ist, es sei denn, dieser hatte die Einwilligung unzutr. behauptet (§ 1366 II 2 HS 1); Unterausnahme: Trotz behaupteter Einwilligung kennt der Dritte deren Fehlen (§ 1366
6 II 2 HS 2) und ist daher nicht schutzwürdig. **d) Konvaleszenz** möglich, wenn während der Schwebelage (BGH NJW 1994, 1785 [1787]) der Schutzzweck der §§ 1365, 1369 entfällt. Bei § 1365 ist Zugewinnausgleich zu beachten. Daher führt nicht schon Scheidung (BGH NJW 1978, 1380 [1381]) zu Konvaleszenz, wohl aber *Tod* des zustimmungsberechtigten Ehegatten, gleich ob Zugewinn nach der erbrechtlichen (§ 1371 I) oder güterrechtlichen Lösung (§ 1371 II) ausgeglichen wird (BGH NJW 1982, 1099 [1100]). Konvaleszenz ferner, wenn Ehegatten Gütertrennung vereinbaren und Zugewinnausgleichsforderung erlassen. Bei § 1369 keine Konvaleszenz mit Rechtskraft des Scheidungsausspruchs (Erman/Budzikiewicz § 1369 Rn. 9, str.), wohl aber mit Tod des Zustimmungsberechtigten.

3. Unwirksamkeit nach § 1367. Einseitige RGeschäfte (zB Stiftungsgeschäft, 7
Auslobung, *nicht* Vollmacht für Gesamtvermögensgeschäft, s. Erman/Budzikiewicz § 1367 Rn. 2) sind gem. § 1367 unwirksam und damit nicht genehmigungsfähig. Parallelvorschriften: §§ 111 S. 1, 180 S. 1. Ist Empfänger mit Schwebelage allerdings einverstanden, findet Regelung des § 1366 entspr. Anwendung, vgl. § 180 S. 2.

§ 1368 Geltendmachung der Unwirksamkeit

Verfügt ein Ehegatte ohne die erforderliche Zustimmung des anderen Ehegatten über sein Vermögen, so ist auch der andere Ehegatte berechtigt, die sich aus der Unwirksamkeit der Verfügung ergebenden Rechte gegen den Dritten gerichtlich geltend zu machen.

1. Funktion. Schutz des übergangenen Ehegatten. 1

2. Rechte des übergangenen Ehegatten. Die aufgrund **nichtiger Verfügun-** 2
gen entstandenen Ansprüche – §§ 985, 894, 812 – können auch vom übergangenen Ehegatten geltend gemacht werden (auch nach Scheidung, BGH NJW 1984, 610); Feststellung der Nichtigkeit nur unter den Voraussetzungen von § 256 ZPO (§ 113 I FamFG), BGH NJW-RR 1990, 1154. Arrest und einstw. Verfügung sind möglich; bei Grundstücksrechten kann durch einstw. Verfügung Veräußerungsverbot ins Grundbuch eingetragen werden (OLG Celle NJW 1970, 1882). Bei Zwangsvollstreckung des Dritten hat der übergangene Ehegatte § 771 ZPO. Zu den Gegenrechten des Dritten → Vor §§ 1365–1369 Rn. 16.

3. Modalitäten der Ausübung. a) Revokation geschieht als Ausübung fremder 3
Rechte im eigenen Namen; vor Gericht in ges. Verfahrensstandschaft (MüKo-BGB/Koch Rn. 3). **b)** Rechtskraft des Beschlusses erstreckt sich nicht auf den anderen Ehegatten (Erman/Budzikiewicz Rn. 19, str.); folglich auch keine wechselbezügliche Rechtshängigkeitswirkung. **c)** Der revozierende Ehegatte muss Herausgabe an 4
den Inhaber-Ehegatten fordern, kann nach hM jedoch auch Herausgabe an sich verlangen, jedenfalls bedingt für den Fall, dass der verfügende Ehegatte nicht zurücknehmen will (s. Erman/Budzikiewicz Rn. 16).

4. Abgrenzung. Eigene Rechte des revozierenden Ehegatten, etwa aus Mitei- 5
gentum oder Mitbesitz, fallen nicht unter § 1368 und bleiben von dessen Anwendungsvoraussetzungen unberührt.

5. Entsprechende Anwendung. Bei Verfügungen über Haushaltsgegenstände 6
gilt § 1368 entspr. (§ 1369 III). Entspr. Anwendung auch im Güterstand der Wahl-Zugewinngemeinschaft (§ 1519 S. 2).

§ 1369 Verfügungen über Haushaltsgegenstände

(1) **Ein Ehegatte kann über ihm gehörende Gegenstände des ehelichen Haushalts nur verfügen und sich zu einer solchen Verfügung auch nur verpflichten, wenn der andere Ehegatte einwilligt.**

(2) **Das Familiengericht kann auf Antrag des Ehegatten die Zustimmung des anderen Ehegatten ersetzen, wenn dieser sie ohne ausreichenden Grund verweigert oder durch Krankheit oder Abwesenheit verhindert ist, eine Erklärung abzugeben.**

(3) **Die Vorschriften der §§ 1366 bis 1368 gelten entsprechend.**

Lit.: Jacobs, Analoge Anwendung des § 1369 BGB auf die Ehewohnung?, FamRZ 2014, 1750; ders., Weitere Aspekte zur Frage der analogen Anwendung des § 1369 BGB auf die Ehewohnung, FamRZ 2015, 466; Weber, Erwerberschutz vs. Ehegattenschutz – keine analoge Anwendung von § 1369 BGB auf die Ehewohnung, FamRZ 2015, 464.

1 **1. Allgemeines.** Zu Funktion und Zweck → Vor §§ 1365–1369 Rn. 1 f. Sicherung des Zugewinnausgleichs tritt bei Haushaltsgegenständen zurück. I gilt auch bei Getrenntleben (OLG Koblenz NJW 1991, 3224, str.); sa § 1361a. Rechtsnatur der Bindung → Vor §§ 1365–1369 Rn. 11; Rechtsfolgen zustimmungsloser Geschäfte → Vor §§ 1365–1369 Rn. 14 ff.

2 **2. Tatbestand. a) Haushaltsgegenstände** sind Sachen, die nach den Vermögens- und Lebensverhältnissen der Eheleute zum gemeinsamen Zusammenleben der Familie bestimmt sind (→ § 1361a Rn. 4), ggf. auch Luxusgegenstände (OLG Dresden FPR 2003, 596 [Motoryacht]; LG Ravensburg FamRZ 1995, 1585 [Segelyacht]); ein Pkw dann, wenn es sich dabei um das einzige im Besitz der Familie befindliche Fahrzeug handelt, str. (vgl. OLG Düsseldorf NJW 2007, 1001; sa → § 1361a Rn. 4). Nicht erfasst sind zum persönlichen Gebrauch (zB Kleider, Schmuck), zur Berufsausübung
3 oder als Vermögensanlage (Kunstgegenstände) bestimmte Sachen. Die Vorschrift ist (analog) anwendbar auf Lieferungsansprüche aus einem Kaufvertrag (Erman/Budzikiewicz Rn. 6, str.), *nicht* aber auf Ansprüche aus einem Miet- oder Pachtvertrag (sa Erman/Budzikiewicz Rn. 5); auch nicht analog auf Forderungen, die Hausratsgegenstände surrogieren, zB auf Schadensersatz oder auf eine Versicherungssumme.
4 **b)** Hausrat muss im **(Mit-)Eigentum des verfügenden Ehegatten** („ihm gehören") stehen. Gleich zu behandeln sind die Anwartschaft des EV-Käufers und des Siche-
5 rungsgebers (bei Bedingungskonstruktion, → § 930 Rn. 43). **c)** Im **Eigentum des übergangenen Ehegatten** stehende Gegenstände fallen nicht unter § 1369 (Erman/Budzikiewicz Rn. 10, sehr str.; aA Gernhuber/Coester-Waltjen § 34 Rn. 53). Regelmäßig scheitert Erwerb durch Vertragspartner an § 935, weil Hausrat im Mitbesitz des übergangenen Ehegatten steht, → Vor §§ 1365–1369 Rn. 11.

6 **3. Gebundene RGeschäfte.** → Vor §§ 1365–1369 Rn. 3. Auch eine Sicherungsübereignung kann zustimmungsbedürftig sein; anders Sicherung bei kreditiertem Erwerb (LG Bielefeld MDR 1963, 760), da im wirtschaftlichen Ergebnis Kauf unter Eigentumsvorbehalt vorliegt.

7 **4. Zustimmungsersetzung, II. Voraussetzung** für die **Ersetzung der Zustimmung** ist das Fehlen eines ausreichenden Grundes für die Verweigerung oder krankheits- oder abwesenheitsbedingte Verhinderung der Erklärung. Maßgeblich ist, ob das Geschäft die Familieninteressen schädigt. Anders als bei § 1365 II kommt es nicht darauf an, ob das RGeschäft den Grundsätzen einer „ordnungsgemäßen Verwaltung" entspricht. Allerdings ist die Zustimmungsverweigerung ausreichend begründet, wenn das Geschäft ordnungsmäßiger Verwaltung widerspricht, ferner, wenn die Veräußerung den Anspruch des übergangenen Ehegatten aus
8 § 1568b gefährdet (BayObLG FamRZ 1980, 1001). – Ermessen des FamG („kann") dürfte auch bei krankheits- oder abwesenheitsbedingter Zustimmungshinderung die Ablehnung der Ersetzung decken, falls keine ordnungsgem. Verwaltung vorliegt (Soergel/Czeguhn Rn. 20 f.). Gefahr durch Aufschub der Zustimmung in diesen Fällen nicht erforderlich, aber zu berücksichtigen. Notlage des verfügenden Ehegatten kann sogar Beeinträchtigung des Familienhaushalts rechtfertigen (vgl. BayObLG FamRZ 1960, 158).

9 **5. Verfahren.** → § 1365 Rn. 9.

§ 1370 *(aufgehoben)*

Vorbemerkungen zu den §§ 1371–1390

1 Das Ges. unterscheidet zwei Situationen, in denen der ges. Güterstand beendet wird: 1. durch Tod oder 2. „auf andere Weise als durch Tod" (s. § 1372). Grds. wird nur in den Fällen der 2. Gruppe ein etwaiger Zugewinn rechnerisch ausgeglichen. Bei Beendigung des ges. Güterstandes durch Tod wird dagegen im ges. Regelfall

des § 1371 I der ges. Erbteil des überlebenden Ehegatten erhöht, ohne dass es darauf ankommt, ob der Verstorbene einen „Zugewinn" seines Vermögens hatte (s. § 1371 I HS 2); s. aber → § 1371 Rn. 9 ff. Die **erbrechtliche Lösung** soll ob 2
ihrer Einfachheit Streitigkeiten zwischen nahen Angehörigen verhindern. Freilich wurden damit im Kernbereich des ges. Güterstandes familienrechtliche und erbrechtliche Zielsetzungen systemwidrig verkoppelt und bestimmte Grundwertungen beider Rechtsgebiete preisgegeben: So vor allem die erbrechtliche Sicherstellung der Abkömmlinge, die erbrechtliche Gleichbehandlung von „einseitigen" Kindern und solchen aus der durch Tod eines Ehegatten beendeten Ehe (s. zunächst § 1371 IV), vor allem aber die dem Zugewinnausgleich zugrunde liegende Idee der **Teilung** (da weder berechnet noch geteilt wird) **gemeinschaftlich erarbeiteter** Werte (da auch voreheliches Vermögen in die erbrechtliche Abgeltung einbezogen wird).

§ 1371 Zugewinnausgleich im Todesfall

(1) **Wird der Güterstand durch den Tod eines Ehegatten beendet, so wird der Ausgleich des Zugewinns dadurch verwirklicht, dass sich der gesetzliche Erbteil des überlebenden Ehegatten um ein Viertel der Erbschaft erhöht; hierbei ist unerheblich, ob die Ehegatten im einzelnen Falle einen Zugewinn erzielt haben.**

(2) **Wird der überlebende Ehegatte nicht Erbe und steht ihm auch kein Vermächtnis zu, so kann er Ausgleich des Zugewinns nach den Vorschriften der §§ 1373 bis 1383, 1390 verlangen; der Pflichtteil des überlebenden Ehegatten oder eines anderen Pflichtteilsberechtigten bestimmt sich in diesem Falle nach dem nicht erhöhten gesetzlichen Erbteil des Ehegatten.**

(3) **Schlägt der überlebende Ehegatte die Erbschaft aus, so kann er neben dem Ausgleich des Zugewinns den Pflichtteil auch dann verlangen, wenn dieser ihm nach den erbrechtlichen Bestimmungen nicht zustünde; dies gilt nicht, wenn er durch Vertrag mit seinem Ehegatten auf sein gesetzliches Erbrecht oder sein Pflichtteilsrecht verzichtet hat.**

(4) **Sind erbberechtigte Abkömmlinge des verstorbenen Ehegatten, welche nicht aus der durch den Tod dieses Ehegatten aufgelösten Ehe stammen, vorhanden, so ist der überlebende Ehegatte verpflichtet, diesen Abkömmlingen, wenn und soweit sie dessen bedürfen, die Mittel zu einer angemessenen Ausbildung aus dem nach Absatz 1 zusätzlich gewährten Viertel zu gewähren.**

Allgemeines. § 1371 regelt die Folgen der durch Tod eines Ehegatten eintreten- 1
den Auflösung des ges. Güterstandes und enthält drei Komplexe: **a)** I regelt die güterrechtlich motivierte Erhöhung des ges. Erbteils des überlebenden Ehegatten.
b) II und III regeln zum einen den Zugewinnausgleich in Fällen, in denen der 2
überlebende Ehegatte nicht Erbe oder Vermächtnisnehmer wird, zum anderen den Umfang und die – teilw. die erbrechtlichen Vorschriften modifizierenden – Voraussetzungen des Pflichtteilsrechts. **c)** IV gewährt bestimmten Abkömmlingen gegen 3
den überlebenden Ehegatten einen Anspruch auf Mittel zur Ausbildung als Ausgleich für die Benachteiligung aufgrund der Regelung des I.

I. Erbrechtliche Lösung

1. Voraussetzungen für die Erhöhung des ges. Erbteils nach I. a) Beendi- 4
gung des Güterstandes durch den **Tod eines Ehegatten** (zum Fall des gleichzeitigen Todes beider Ehegatten → Rn. 13). **b) Güterstand der Zugewinngemeinschaft** im Zeitpunkt des Todes. **c)** Der überlebende Ehegatte ist **ges. Erbe** des verstorbenen Ehegatten geworden.

5 **2. Folgen. a) Ges. Erbteil** des überlebenden Ehegatten wird um ¼ **erhöht.** Er erbt also in Ergänzung der Grundregel des § 1931 neben den Abkömmlingen des Verstorbenen die Hälfte, neben Verwandten der 2. Ordnung und Großeltern jedenfalls ¾ (ggf. nach § 1931 I 2 iVm § 1371 mehr, Einzelheiten v. Olshausen FamRZ
6 1981, 633; sa → § 1931 Rn. 4). **b)** Der nach I erhöhte Erbteil ist **Maßstab für den Pflichtteil** nach § 2303 II, sog. „großer Pflichtteil" (hM, s. BGHZ 42, 182 [184]; Erman/Röthel § 2303 Rn. 12 f.), sofern nicht die Voraussetzungen des II vorliegen; nach seiner Höhe richten sich Pflichtteilsansprüche des durch letztwillige Verfügung auf einen (geringeren) Erbteil Berufenen (§ 2305) und des nur mit einem Vermächtnis bedachten (arg. e II) Ehegatten nach § 2307 I 2 (vgl. Dieckmann DNotZ 1983, 631), Pflichtteilsergänzungsansprüche (§§ 2325–2330) sowie die Kürzungseinrede nach §§ 2318, 2319. Entspr. dem erhöhten Pflichtteil mindern sich die Pflichtteile anderer Pflichtteilsberechtigter (BGHZ 37, 58 [59]), und zwar unabhängig davon, ob der Ehegatte ges. oder testamentarischer Erbe geworden ist (str.;
7 s. BGHZ 37, 58 [59]). **c)** Die Erhöhung ist echte Erbteilserhöhung trotz der irreführenden Formulierung „Verwirklichung des Ausgleichs des Zugewinns". Annahme oder Ausschlagung können nach § 1950 nicht auf das erhöhte Viertel oder den Erbteil nach § 1931 beschränkt werden. Zur Möglichkeit eines Verzichts auf einen Bruchteil s. Gernhuber/Coester-Waltjen § 36 Rn. 2. Der erhöhte Erbteil unterliegt voll der Erbschaftsteuer, soweit er nicht echten Zugewinn enthält, § 5 I ErbStG.
8 **d)** Unberührt bleibt das Recht auf den Voraus nach § 1932. **e) IPR:** I fällt nach Ansicht des EuGH in den Anwendungsbereich der EuErbVO (EuGH FamRZ 2018, 632 [633 f.] – Mahnkopf); anders die bis dahin hM in Rspr. und Lit., wonach I als güterrechtliche Regelung zu qualifizieren sein sollte (s. BGH NJW 2015, 2185 mN; zur (güterrechtlichen) Qualifikation unter europäischem IPR s. Mankowski ZEV 2016, 479 [482 ff.]); sa OLG München FamRZ 2020, 197 f.: außerhalb des (zeitlichen) Anwendungsbereichs der EuErbVO weiterhin güterrechtliche Qualifikation.

II. Güterrechtliche Lösung

9 **1. Voraussetzungen.** Der überlebende Ehegatte ist weder (ges. oder durch letztwillige Verfügung berufener) Erbe noch Vermächtnisnehmer geworden; Gründe etwa: Erbunwürdigkeit (§§ 2339 ff.), Erbverzicht (§§ 2346 ff.), Enterbung (§ 1938; iZw ist so auch die Einsetzung auf den Pflichtteil zu verstehen, § 2304), Ausschlagung der Erbschaft oder (und) eines Vermächtnisses.

10 **2. Folgen. a)** Der überlebende Ehegatte kann Pflichtteil und Ausgleich des tatsächlichen Zugewinns verlangen. Stichtag für das Endvermögen ist der Todestag; bei laufender Scheidung und begründetem Scheidungsantrag jedoch §§ 1384, 1387 analog (BGH NJW 2004, 1321). Der Pflichtteil berechnet sich nach dem nicht erhöhten ges. Ehegattenerbteil gem. § 1931, sog. „kleiner Pflichtteil" (BGH NJW 1982, 2497); der Ehegatte kann nicht statt Zugewinnausgleich den „großen" Pflicht-
11 teil verlangen (BGH NJW 1982, 2497). **b)** Schlägt der überlebende Ehegatte die Erbschaft aus (§§ 1942 ff.), erhält er (über die §§ 2306, 2307 hinausgehend, sa → § 2303 Rn. 3) den Pflichtteilsanspruch neben dem Zugewinnausgleichsanspruch, III. Die Möglichkeit, den Zugewinnausgleich zu verlangen, wird als legitimer Ausschlagungsgrund bewertet, der nicht zum Wegfall des Pflichtteilsanspruchs führen soll. Zu den damit für den überlebenden Ehegatten eröffneten Wahlmöglich-
12 keiten iE s. Gernhuber/Coester-Waltjen § 36 Rn. 16 ff. **c)** Der neben dem Pflichtteil zu beanspruchende Zugewinnausgleich richtet sich gegen den/die Erben; als Nachlassforderung geht er Verbindlichkeiten aus Vermächtnissen, Pflichtteilen und Auflagen im Rang vor. Für seine Ausgestaltung gelten die §§ 1373–1383. Er unter-
13 liegt nicht der Erbschaftsteuer, § 5 II ErbStG. **d)** Versterben beide Eheleute gleichzeitig oder wird gleichzeitiger Tod vermutet (§ 11 VerschG), dann findet kein Zugewinnausgleich statt (BGHZ 72, 85 [89], str.; sa Erman/Budzikiewicz § 1372 Rn. 6).

III. Ausbildungsanspruch

1. Allgemeines. a) IV soll die infolge I eintretenden Benachteiligungen der einseitigen Abkömmlinge des verstorbenen Ehegatten ausgleichen, die mangels Verwandtschaft kein ges. Erbrecht nach dem Überlebenden haben. **b)** Die Benachteiligung kann in eine Bevorzugung der halbbürtigen Geschwister umschlagen, wenn sie mit ihrem Ausbildungsanspruch das volle Ehegattenviertel ausschöpfen, drei oder mehr vollbürtige Geschwister sich dagegen die (andere) Hälfte des Nachlasses teilen müssen. **c)** Die Rechtsnatur des Anspruchs ist str.; verbreitet wird von einem „Mischcharakter" mit unterhaltsrechtlichen, güterrechtlichen und erbrechtlichen Elementen ausgegangen (s. MüKo-BGB/Koch Rn. 61 f.). 14 15 16

2. Voraussetzungen. a) Ehegatte hat nach I den erhöhten **ges. Erbteil** erhalten. 17
b) Nach ges. Erbfolge erbberechtigte **Abkömmlinge** (s. § 1924 I, III). Nicht: Erbfolge aufgrund letztwilliger Verfügung, auch wenn Abkömmling eingesetzt wird, str. Keinen Ausbildungsanspruch hat, wer aufgrund Erbunwürdigkeit, Erbverzicht, Enterbung usw nicht erbberechtigt ist. 18
c) Der Abkömmling muss **bedürftig** sein, dh er darf keine eigenen Einkünfte haben. Einkünfte aus zumutbarem Nebenerwerb sollten anrechenbar sein (str.; s. Erman/Budzikiewicz Rn. 35 mwN). Zum Vermögensstamm s. Gernhuber/Coester-Waltjen § 36 Rn. 42. Unterhaltsansprüche gegen Verwandte hindern den Ausbildungsanspruch nicht, da im Verhältnis zum unterhaltsverpflichteten Verwandten Bedürftigkeit insoweit nicht besteht, als die Ausbildung durch den erbrechtlichen Erwerb sichergestellt werden kann (hM, sa → Rn. 21). 19

3. Folgen. a) Anspruch auf die für eine angemessene Ausbildung erforderlichen Mittel, analog § 1612 I 1, III 1 in Form einer Geldrente; Bestimmungsbefugnis entspr. § 1612 II besteht *nicht* (Erman/Budzikiewicz Rn. 32). 20
b) Umfang. Ob zu den Ausbildungskosten auch die allg. Lebenshaltungskosten gehören (mit der Folge entspr. Entlastung anderer Unterhaltsverpflichteter, → Rn. 19) ist str., aber aufgrund der unterhaltsrechtlichen Momente des Anspruchs zu bejahen (Gernhuber/Coester-Waltjen § 36 Rn. 45; aA zB Johannsen FamRZ 1961, 164 je mwN). **Angemessenheit der Ausbildung** bestimmt sich entspr. den zum Unterhaltsrecht entwickelten Kriterien (→ § 1610 Rn. 2 ff.). 21

4. Haftungsumfang. Trotz Formulierung des Textes nicht gegenständlich, sondern wertmäßig auf das Erbschaftsviertel (im Zeitpunkt des Anfalls) begrenzte Haftung. Alle Belastungen des Erbteils sind in Abzug zu bringen (Gernhuber/Coester-Waltjen § 36 Rn. 47, str.), der Berechtigte geht also Erblasser- und Erbfallgläubigern nach. Beschränkung der Erbenhaftung möglich, Gernhuber/Coester-Waltjen § 36 Rn. 48 (str.). 22

5. Mehrere Berechtigte. Sind wie gleichberechtigte Unterhaltsgläubiger zu behandeln; ein nicht ausreichendes Viertel führt also zu (dem Ausbildungsbedarf proportionalen) Kürzungen (Erman/Budzikiewicz Rn. 37; str.). 23

§ 1372 Zugewinnausgleich in anderen Fällen

Wird der Güterstand auf andere Weise als durch den Tod eines Ehegatten beendet, so wird der Zugewinn nach den Vorschriften der §§ 1373 bis 1390 ausgeglichen.

Lit.: *Bayer/Selentin,* Stillschweigende Ehegatten-Innengesellschaft im gesetzlichen Güterstand der Zugewinngemeinschaft?, FS Koch, 2019, 307; Haas, Ehegatteninnengesellschaft und familienrechtlicher Vertrag sui generis, FamRZ 2002, 205; Hahne, Bedarf der Zugewinn der Zuwendung?, FF 2012, 268; Herr, Nebengüterrecht, 2013; Weinreich, Vermögensrechtliche Beziehungen zwischen Ehegatten außerhalb des Güterrechts, FamRZ 2014, 1889; Wever, Die ehebezogene Zuwendung in der Vermögensauseinandersetzung, FamRZ 2021, 329.

1. Allgemeines. Der Zugewinnausgleich erfolgt im Wege der **„güterrechtlichen Lösung"**, wenn der Güterstand „auf andere Weise als durch den Tod eines 1

Ehegatten" (→ Vor §§ 1371–1390 Rn. 1) beendet wird. Darunter fallen insbes. die Scheidung (§ 1564), die Eheaufhebung (§ 1318 III), der Beschluss, mit dem auf vorzeitige Aufhebung der Zugewinngemeinschaft erkannt wird (§ 1388) und die ehevertragliche Aufhebung des (zunächst durch Eheschließung begründeten) ges. Güterstands, auch durch Ausschluss des Zugewinnausgleichs (§ 1414 S. 2).

2 **2. Abgrenzung.** Für die **Auseinandersetzung vergemeinschafteter Vermögensbestandteile,** zB Ehegattengesellschaft (vgl. BGHZ 47, 157 [162]) und Bruchteilsgemeinschaft (BGH NJW 2002, 3702 [3703], Sparguthaben; BGH NJW 2017, 2544 [2546], Familienheim) gelten die §§ 1372–1390 nicht. Gemeinschaftliche Hausratsgegenstände und Ausgleichsforderungen aus Hausratsverteilung unterliegen auch nach der Güterrechtsreform 2009 nicht dem Zugewinnausgleich (Erman/Budzikiewicz Rn. 12, str.; zum alten Recht BGHZ 89, 137; NJW 1991, 1547 [1552]). Statt Auseinandersetzung gemeinschaftlicher Gegenstände kann uU ein Ehegatte nach § 242 (Rück-)Übertragung eines Miteigentumsanteils verlangen, wenn Teilungsversteigerung zu unzumutbaren Ergebnissen führen würde (BGHZ 68, 299 [304]).

3 **3. Vermögensausgleich neben dem Güterrecht. a)** Die §§ 1372 ff. schließen einen Vermögensausgleich nach allg. schuldrechtlichen Regelungen nicht aus (s. dazu auch Erman/Budzikiewicz Rn. 13 ff.). Denkbar sind zunächst vertragliche Ansprüche (zB aus Dienst- oder Darlehensvertrag); Voraussetzung ist jedoch ein Vertragsschluss zwischen den Ehegatten, wofür nur selten ausreichende Anhalts-
4 punkte bestehen. **b)** In Betracht kommen grds. auch Ansprüche aus **Schenkungswiderruf** (§§ 530, 531 II, 812). Arbeitsleistungen des Ehegatten können dadurch allerdings nicht ausgeglichen werden; sie sind keine Zuwendungen iSd § 516 I (BGH NJW 1994, 2545). Aber auch sonst werden Zuwendungen unter Ehegatten vielfach nicht als Schenkung, sondern als **unbenannte (ehebedingte) Zuwendung** angesehen (grundlegend Lieb, Die Ehegattenmitarbeit, 1970), für die §§ 530 f. nicht gelten sollen (→ Rn. 6). Von einer unbenannten Zuwendung ist nach stRspr auszugehen, wenn ein Beitrag zur Verwirklichung und Ausgestaltung der ehelichen Lebensgemeinschaft in der Erwartung erbracht wird, die Ehe werde Bestand haben und der Zuwendende daher weiter an dem Vermögenswert teilhaben (BGHZ 142, 137 [148] mwN); sie sind daher nicht „unentgeltlich" (→ § 516 Rn. 20). Grundlage ist ein (stillschweigend) geschlossener familienrechtlicher Vertrag sui generis. Abgrenzung: Schenkung iSv § 516 nur bei echter Freigiebigkeit (→ § 516 Rn. 20); eine Rückforderung der Schenkung wegen groben Undanks (§ 530 I) kommt weder bei späterer Trennung (OLG Hamm NJWE-FER 2001, 1 [3]) noch wegen (fr.) ehelicher Untreue in Betracht (OLG München FamRZ 2009, 1831 [1833]: anders ggf. bei einer der Schenkung nachfolgenden Untreue); im Einzelfall ist Rückforderung nach § 313 möglich (BGH NJW 2012, 2728: Beschenkte Ehefrau verschweigt Zweifel an Abstammung des Kindes vom Ehemann). Zur Qualifikation eines Brautgabever-
5 sprechens BGH NJW 2020, 2024 [2026 ff.]. **c)** Ausgleichsansprüche können sich auch aus der Auseinandersetzung einer sog. **Ehegatteninnengesellschaft** ergeben. Fehlt es an einer ausdr. Abrede, soll eine Innengesellschaft bei ges. Güterstand aber nur dann anzunehmen sein, wenn ein über die eheliche Lebensgemeinschaft hinausgehender Zweck (zB Aufbau eines Unternehmens; Ausübung einer beruflichen oder gewerblichen Tätigkeit) verfolgt wird (BGHZ 142, 137 [153]; NJW 2012, 3374 [3375]; krit. Dauner-Lieb FuR 2009, 361 [368 ff.]). Gefordert wird zudem annähernde Gleichwertigkeit der Beiträge (BGH NJW 2006, 1268; sa BGH FamRZ
6 2016, 965 [966 f.]). **d)** Liegt eine ehebedingte Zuwendung vor (→ Rn. 4), ist bei Scheitern der Ehe eine **Anpassung nach § 313** denkbar. Bei ges. Güterstand soll dies aber nur ausnahmsweise zur Korrektur schlechthin untragbarer Ergebnisse in Betracht kommen (BGHZ 65, 320 [324 f.]), etwa wenn die Zuwendung im Endvermögen des Empfängers noch vorhanden ist, aber wegen erlittener Verluste zu keinem Zugewinn geführt hat und der Zuwendende mit dem verbliebenen Vermögen seinen Unterhalt nicht angemessen bestreiten kann (BGHZ 115, 132 [139 f.]). Entspr. soll

bei Arbeitsleistungen gelten: Hier geht die Rspr. bei Leistungen von gewisser Dauer und Regelmäßigkeit, die über bloße Gefälligkeiten und das im Rahmen von Unterhalts- und Beistandspflicht geschuldete hinausgehen, von einem sog. **Kooperationsvertrag** aus (BGHZ 84, 361 [367]; 127, 48 [51 ff.]). Bei ges. Güterstand bleibt ein Ausgleich über § 313 aber auch hier die Ausn. **e) Bereicherungsansprüche** 7
zwischen Ehegatten kommen neben Zugewinnausgleich grds. nicht in Betracht (BGHZ 65, 320 [323 f.]; NJW-RR 1989, 66 [67]; sa → Vor § 812 Rn. 12). Nach neuerer Rspr. des BGH soll bei Schwiegerelternzuwendungen allerdings ein Rückgriff auf § 812 I 2 Alt. 2 grds. möglich sein (BGH NJW 2010, 2202). Diese Wertung dürfte auf eheliche Zuwendungen zu übertragen sein (vgl. auch MüKo-BGB/Schwab § 812 Rn. 509 f.). Die geforderte Zweckvereinbarung (dauerhafte Teilhabe an der Zuwendung) wird sich jedoch nur schwer beweisen lassen. **f) Gesamt-** 8
schuldnerausgleich nach § 426 ist neben Zugewinnausgleich möglich (BGHZ 87, 265 [273]; NJW-RR 2010, 1513; NJW-RR 2015, 897 [898]; FamRZ 2020, 231 [232] mAnm Arnold/Budzikiewicz). Entspr. Ausgleichsansprüche sind bei der Zugewinnberechnung im Anfangs- (BGH FamRZ 2020, 231 [232 f.]) und im Endvermögen der Ehegatten zu berücksichtigen (vgl. iE BGH FamRZ 2011, 25 [27]; NJW-RR 2015, 897 [898]; FamRZ 2020, 231 [232]). Bei intakter Ehe wird idR ein von § 426 I 1 Alt. 1 abw. Verteilungsmaßstab gelten; derartige Abreden enden idR mit Trennung (KG FamRZ 2009, 1327, [1329]; sa BGH NJW-RR 2015, 897 [898]). Dasselbe gilt bei gemeinsamen **Steuerschulden** der Ehegatten (§ 44 I 1 AO, s. im Einzelnen BGH NJW 2002, 1570). **g)** Zur **Befreiung von Kreditsicherhei-** 9
ten für Verbindlichkeiten des anderen s. BGH NJW 1989, 1920; FamRZ 2015, 818 [819 f.].

§ 1373 Zugewinn

Zugewinn ist der Betrag, um den das Endvermögen eines Ehegatten das Anfangsvermögen übersteigt.

Begriffsdefinition, die verdeutlicht, dass Zugewinn nur eine Rechengröße, nicht 1
eine rechtlich selbstständige Vermögensmasse ist. Ungeachtet der Einf. negativen Anfangs- (§ 1374 III) und Endvermögens (§ 1375 I 2) durch die Güterrechtsreform 2009 kann Zugewinn nicht negativ sein; er beträgt mindestens Null (Erman/Budzikiewicz Rn. 2 mwN).

§ 1374 Anfangsvermögen

(1) **Anfangsvermögen ist das Vermögen, das einem Ehegatten nach Abzug der Verbindlichkeiten beim Eintritt des Güterstands gehört.**

(2) **Vermögen, das ein Ehegatte nach Eintritt des Güterstands von Todes wegen oder mit Rücksicht auf ein künftiges Erbrecht, durch Schenkung oder als Ausstattung erwirbt, wird nach Abzug der Verbindlichkeiten dem Anfangsvermögen hinzugerechnet, soweit es nicht den Umständen nach zu den Einkünften zu rechnen ist.**

(3) **Verbindlichkeiten sind über die Höhe des Vermögens hinaus abzuziehen.**

1. Allgemeines. § 1374 bestimmt den zur Berechnung des Zugewinns erforderli- 1
chen Rechnungsposten „Anfangsvermögen" (s. § 1373) und das maßgebende Datum („Eintritt des Güterstands", dazu → Rn. 2), ferner die Berücksichtigung bzw. Nichtberücksichtigung bestimmter Vermögenspositionen, um spezifisch familienrechtlichen Wertungen Rechnung zu tragen (→ Rn. 5 ff.). IÜ s. für die Bewertung des Vermögens § 1376 I und dort → § 1376 Rn. 6 ff.

2. Eintritt des Güterstandes. Mangels Parteivereinbarung Zeitpunkt der Ehe- 2
schließung; bei vor Inkrafttreten des GleichberG geschlossenen Ehen der 1.7.1958,

Art. 8 I Nr. 3 GleichberG; bei in der DDR geschlossenen Ehen der 3.10.1990, Art. 234 § 4 EGBGB. Zur Umwandlung einer eingetragenen Lebenspartnerschaft in eine Ehe (§ 20a LPartG) s. → Vorb. vor Titel 1 Rn. 7. Ehevertrag kann anderen Zeitpunkt des Eintritts des ges. Güterstands bestimmen bzw. für die Bewertung des Anfangsvermögens als maßgeblich festlegen (→ §§ 1408, 1409 Rn. 3). Form: § 1410.

3 **3. Berechnung. a)** Die Berechnung erfolgt durch Addition aller Aktiva. Von der Summe sind alle Verbindlichkeiten abzuziehen, seit der Güterrechtsreform 2009 auch über die Höhe des Aktivvermögens hinaus (III). Ein „negatives" Anfangsvermögen ist nicht mehr ausgeschlossen. Der Zugewinnausgleich erfasst damit auch den wirtschaftlichen Zugewinn, der durch Abbau vorehelicher Verbindlichkeiten
4 erzielt wird; zum Übergangsrecht s. Erman/Budzikiewicz Rn. 15. **b)** Das **Aktivvermögen** umfasst alle dem Ehegatten zustehenden Vermögensrechte und rechtlich geschützten Positionen von wirtschaftlichem Wert, die am Stichtag bereits vorhanden sind (BGHZ 157, 379 [384]; BGHZ 146, 64 [68]). Dazu zählen auch Anwartschaften und vergleichbare werthaltige Rechtsstellungen (BGHZ 146, 64 [Abfindung für Arbeitsplatzverlust in „qualifiziertem Interessenausgleich"]; BGH NJW 2002, 437 [„Wohnrecht" auf Leihbasis bzw. Bereicherungsausgleich nach § 812 I 2 Fall 1 nach Wegfall des Leihvertrags]), auch wenn sie nicht fällig, bedingt oder nicht vererblich (BGHZ 157, 379 [384]; BGHZ 146, 64 [69]) sind, **nicht** aber bloße Erwerbsaussichten (BGHZ 146, 64; sa BGHZ 157, 379 [384 ff.]: Restitutionsanspruch nach § 2 VermG), noch von einer Gegenleistung „abhängige" Forderungen (zB Arbeitsentgelt) und künftige Unterhaltsansprüche (BGHZ 146, 64). Ebenfalls unberücksichtigt bleibt ein am Stichtag noch nicht entstandener Steuererstattungsanspruch (BGH FamRZ 2022, 425 [427 f.]). Bestand am Stichtag ein Gesamtschuldverhältnis zwischen den Ehegatten, ist die Gesamtschuld unter Berücksichtigung des Innenausgleichs zu bilanzieren (BGH FamRZ 2020, 231 [232 f.] mAnm Arnold/Budzikiewicz). Zum Hausrat → § 1372 Rn. 2.

5 **4. Erwerbsfälle des II. a)** Die in II genannten Vermögenswerte stehen in keinem Zusammenhang mit der ehelichen Lebens- und Wirtschaftsgemeinschaft; sie sollen deshalb nicht ausgeglichen werden (vgl. BGH NJW 2014, 294 [297]; FamRZ 2017, 191). Erreicht wird dies durch Zurechnung der Zuwendung zum *Anfangs*vermögen in Höhe ihres Wertes beim Erwerb (sa § 1376 I). Erfährt der betreffende Vermögenswert im weiteren Verlauf allerdings eine (echte) Wertsteigerung (zB Aktiengewinne), soll dieser Umstand im Zugewinn Berücksichtigung finden; Wertsteigerungen werden daher im Endvermögen bilanziert. Unechte Wertsteigerungen durch Kaufkraftschwund stellen hingegen keinen Zugewinn dar; sie werden herausgerechnet (BGHZ 101, 65), s. dazu → § 1376 Rn. 11. Darlegungs- und Beweislast für privilegierten Erwerb trägt der Ehegatte, der sich auf die Erhöhung des Anfangsvermögens nach II beruft (OLG Brandenburg FamRZ 2020, 1544 [1545]).
6 **b) Schenkung** entspricht §§ 516 ff. (BGHZ 101, 229 [232]; NJW 2014, 294 [295]; FamRZ 2017, 191); gemischte Schenkung s. BGH NJW 1992, 2566. Erfasst sind jedenfalls Zuwendungen Dritter (BGHZ 101, 65 [69]); ggf. auch Zuwendungen der Eltern oder Schwiegereltern um der Ehe willen (BGHZ 184, 190: bei Scheitern der Ehe ggf. Rückabwicklung gem. §§ 313 oder 812 I 2 Alt. 2; Verjährung gem. §§ 195, 199: BGH FamRZ 2016, 457 [458 f.]). Keine Schenkung: Arbeitsleistungen, Gebrauchsüberlassung, sofern nicht Vergütung geschenkt (BGHZ 101, 232), gemeinsam geschaffene Wertsteigerung (OLG Köln NJW-RR
7 1995, 707). **c) Schenkungen zwischen Ehegatten** sollen nach BGHZ 101, 70 nicht unter II fallen (str.; aA Erman/Budzikiewicz Rn. 26); sa § 1380. Unbenannte (ehebedingte) Zuwendungen (→ § 1372 Rn. 4) sind keine Schenkungen; sie sind kein privilegierter Erwerb iSv II (s. BGHZ 82, 230; BGHZ 101, 65 [69], Lipp
8 JuS 1993, 89). **d) Erwerb von Todes wegen** aufgrund ges. Erbrechts oder letztwilliger Verfügung; auch Nacherbschaft und ihre Wertsteigerung (BGHZ 87, 374, dazu Gernhuber FamRZ 1984, 1058). Zum Erwerb unter Lebenden auf den

Todesfall aufgrund Vertrages zugunsten Dritter (§§ 328, 331) s. OLG Brandenburg FamRZ 2020, 1544 [1546] (Sparguthaben); BGH NJW 1995, 3113 [3114] (Lebensversicherung). **e)** Erwerb mit Rücksicht auf **künftiges Erbrecht** ist zB die Hofübergabe zu Lebzeiten; auch in der Rechtsform des Kaufs kann „mit Rücksicht auf künftiges Erbrecht" erworben werden (BGHZ 70, 291). Gegenleistungen schließen Erwerb iSd II nicht aus (BGH NJW-RR 1990, 1284; sa OLG Bamberg FamRZ 1990, 408). **f)** Zur **Ausstattung** s. § 1624. **g) Verbindlichkeiten** mindern den anzurechnenden Erwerb; bei negativem Hinzuerwerb (zB überschuldeter Nachlass) kann es zu einer anfänglichen Überschuldung kommen (Büte NJW 2009, 2776 mit Bsp.). Ob Leibgedinge mindernde Verbindlichkeiten darstellen, ist str. (dagegen BGH NJW-RR 1990, 1284; anderes BGH NJW 2005, 3713 [Leibrente]; sa Erman/Budzikiewicz Rn. 32). Zur Belastung des erworbenen Vermögensgegenstands mit einem Nießbrauch s. BGH NJW 2015, 2334: Nießbrauchswert ist grds. weder im Anfangs- noch im Endvermögen zu bilanzieren (zust. Münch FamRZ 2015, 1270 ff.; krit. Kogel FF 2015, 414 ff.; FamRZ 2016, 1129 [1130 ff.]). **h) Nicht hinzuzurechnen** sind Schmerzensgeld (BGHZ 80, 387 f.; dagegen Herr NJW 2008, 262), Lottogewinn (BGHZ 68, 43; NJW 2013, 3645). **i) Einkünfte** sind gem. II aE nicht anzurechnen, bleiben also ausgleichspflichtig. **Zuwendungen** Dritter, insbes. naher Verwandter, rechnen nur dann als Einkünfte, wenn sie zur Deckung des laufenden Lebensbedarfs, nicht aber zur Vermögensbildung bestimmt sind (BGHZ 101, 229 [234 f.]; NJW 2014, 294 [296 f.]; FamRZ 2017, 191). 9 10

5. Abweichung durch Vereinbarung. Durch Ehevertrag können die Ehegatten die Anrechnung oder Nichtanrechnung von bestimmten Gegenständen abw. vom Ges. regeln (vgl. OLG Nürnberg FamRZ 2012, 1710 [1711]); → §§ 1408, 1409 Rn. 3. 11

§ 1375 Endvermögen

(1) [1]Endvermögen ist das Vermögen, das einem Ehegatten nach Abzug der Verbindlichkeiten bei der Beendigung des Güterstands gehört. [2]Verbindlichkeiten sind über die Höhe des Vermögens hinaus abzuziehen.

(2) [1]Dem Endvermögen eines Ehegatten wird der Betrag hinzugerechnet, um den dieses Vermögen dadurch vermindert ist, dass ein Ehegatte nach Eintritt des Güterstands

1. unentgeltliche Zuwendungen gemacht hat, durch die er nicht einer sittlichen Pflicht oder einer auf den Anstand zu nehmenden Rücksicht entsprochen hat,
2. Vermögen verschwendet hat oder
3. Handlungen in der Absicht vorgenommen hat, den anderen Ehegatten zu benachteiligen.

[2]Ist das Endvermögen eines Ehegatten geringer als das Vermögen, das er in der Auskunft zum Trennungszeitpunkt angegeben hat, so hat dieser Ehegatte darzulegen und zu beweisen, dass die Vermögensminderung nicht auf *Handlungen im Sinne* des Satzes 1 Nummer 1 bis 3 zurückzuführen ist.

(3) Der Betrag der Vermögensminderung wird dem Endvermögen nicht hinzugerechnet, wenn sie mindestens zehn Jahre vor Beendigung des Güterstands eingetreten ist oder wenn der andere Ehegatte mit der unentgeltlichen Zuwendung oder der Verschwendung einverstanden gewesen ist.

1. Allgemeines. § 1375 bestimmt den Posten „Endvermögen" zur Errechnung des Zugewinns (→ § 1374 Rn. 1). 1

2. Berechnung. Ausgangspunkt für die Berechnung ist die **Summe der vorhandenen Aktiva.** Zum Stichtag s. § 1376 I; zur Bewertung s. § 1376 II, IV. Aufgrund Geldentwertung nur nominale Wertsteigerungen haben außer Ansatz zu 2

bleiben (BGHZ 61, 385; dazu → § 1376 Rn. 11). Lebensversicherungen sind auszugleichen, wenn sie auf Kapitalleistung gerichtet sind (Ausn: § 2 II Nr. 3 HS 2 VersAusglG); Lebensversicherungen auf Rentenbasis unterliegen dem VersA (sa Erman/Budzikiewicz Rn. 6). Für das Verhältnis zwischen Zugewinnausgleich und Unterhalt gilt das Verbot „doppelter Teilhabe“: Vermögenspositionen, die bei der Unterhaltsbemessung Berücksichtigung finden, sind vom Zugewinnausgleich ausgenommen (s. BGHZ 175, 207 [212]; NJW 2003, 1396 f.; NJW 2012, 1868 [1872]). Nicht zum Endvermögen zählt ein Bar- oder Bankguthaben, das alsbald für Unterhaltszahlungen gebraucht wird (Erman/Budzikiewicz Rn. 8, str.; aA
3 BGH NJW 2003, 3339). Zum Soldausgleich s. BGH NJW 1982, 1982; zur Schadensersatzabfindung BGH NJW 1982, 281; zur Vorfälligkeitsentschädigung BGH FamRZ 2022, 425 [427]; zur Übergangshilfe BGH NJW 1983, 2141; zum Nießbrauch KG FamRZ 1988, 171; zum Hausrat → § 1372 Rn. 2; zum unvererblichen Gut → § 1374 Rn. 4.

4 **3. Zurechnung nicht mehr vorhandener Aktiva.** Vermögensmindernde Manipulationen sollen nicht auf den Zugewinnausgleich durchschlagen; sie werden deshalb nach II 1 dem Endvermögen zugerechnet. II 2 statuiert zudem eine Beweislastumkehr für den Fall, dass das Endvermögen eines Ehegatten geringer ist als das Vermögen, das er seiner Auskunft zufolge zum Trennungszeitpunkt besaß (§ 1379 I
5 1 Nr. 1, II 1). Hinzurechnungstatbestände: **a)** Unentgeltliche Zuwendungen, die den Rahmen des durch Sitte und Anstand Gebotenen überschreiten, zB erhebliche Schenkungen (s. OLG Frankfurt FamRZ 2021, 1870 [1873]: unentgeltliche Übertragung von Grundbesitz auf gemeinsames Kind), Stiftungen, unverhältnismäßige Ausstattung (s. § 1624 I). Schenkungen unter Ehegatten bleiben wegen III außer Betracht; sa § 1380. Abfindungsklauseln in Gesellschaftsverträgen str.; hM verneint Schenkungscharakter, wenn die Abfindungsklausel für alle Gesellschafter in gleicher Weise gilt. Erfüllung einer Schuld ist „entgeltlich“ (BGH FamRZ 1986, 565 [567]).
6 **b) Verschwendung** von Vermögen ist Verbrauch, der angesichts der Verhältnisse als unvernünftig und wirtschaftlich unvertretbar erscheint (s. BGH NJW-RR 2015, 897 [899]; NJW-RR 2015, 132). **c) Einverständnis** des anderen Ehegatten mit den Zuwendungen und/oder der Verschwendung lässt die Zurechnung entfallen,
7 III. **d) Handlungen** in **Benachteiligungsabsicht;** sie muss leitendes, nicht aber einziges Motiv sein (BGH FamRZ 2000, 948 [950]; NJW-RR 2015, 132 f.; sa OLG Frankfurt a. M. FamRZ 1984, 1098 zu mangelnder Zurechnungsfähigkeit); zur Darlegungs- und Beweislast s. BGH NJW-RR 1986, 1325 [1326] (Kontoüberziehung); den Ausgleichsschuldner trifft die Obliegenheit, schlüssig behauptete illoyale Vermögensminderung substanziiert zu bestreiten (BGH NJW-RR 2015, 132; NJW-
8 RR 2015, 897 [899]). **e) Zeitliche Grenze** für die Zurechnung: 10 Jahre, III; bei Vermögensminderung durch Eingehung einer Verbindlichkeit ist auf diese, nicht auf die Erfüllungshandlung abzustellen (Erman/Budzikiewicz Rn. 21).

9 **4. Verbindlichkeiten.** Verbindlichkeiten werden (wie beim Anfangsvermögen, → § 1374 Rn. 3) über die Höhe des Vermögens hinaus abgezogen (I 2), so dass sich auch ein Minussaldo ergeben kann; Bewertung s. § 1376 III. Hat der Ehegatte gleichwohl durch Schuldentilgung wirtschaftlich einen Zugewinn erzielt, mindert sich ein evtl. Ausgleichsanspruch gegen den anderen; ein Ausgleichsanspruch gegen den verschuldeten Ehegatten ist dagegen grds. ausgeschlossen; nach § 1378 II (iVm §§ 1384, 1387) wird die Ausgleichsforderung durch die Höhe des Aktivvermögens am Berechnungsstichtag begrenzt (Erman/Budzikiewicz Rn. 1); Ausn: illoyale Vermögensminderung, → § 1378 Rn. 4. Zur Entstehung von Steuerverbindlichkeiten s. BGH NJW 1991, 1547 [1551].

10 ***5. Maßgebende Zeitpunkte.*** S. §§ 1376, 1384, 1387.

§ 1376 Wertermittlung des Anfangs- und Endvermögens

(1) **Der Berechnung des Anfangsvermögens wird der Wert zugrunde gelegt, den das beim Eintritt des Güterstands vorhandene Vermögen in**

diesem Zeitpunkt, das dem Anfangsvermögen hinzuzurechnende Vermögen im Zeitpunkt des Erwerbs hatte.

(2) **Der Berechnung des Endvermögens wird der Wert zugrunde gelegt, den das bei Beendigung des Güterstands vorhandene Vermögen in diesem Zeitpunkt, eine dem Endvermögen hinzuzurechnende Vermögensminderung in dem Zeitpunkt hatte, in dem sie eingetreten ist.**

(3) **Die vorstehenden Vorschriften gelten entsprechend für die Bewertung von Verbindlichkeiten.**

(4) **Ein land- oder forstwirtschaftlicher Betrieb, der bei der Berechnung des Anfangsvermögens und des Endvermögens zu berücksichtigen ist, ist mit dem Ertragswert anzusetzen, wenn der Eigentümer nach § 1378 Abs. 1 in Anspruch genommen wird und eine Weiterführung oder Wiederaufnahme des Betriebs durch den Eigentümer oder einen Abkömmling erwartet werden kann; die Vorschrift des § 2049 Abs. 2 ist anzuwenden.**

Lit.: Ballhorn/König, Die Tücken bei der Bewertung von kleinen und mittelgroßen Unternehmen (KMU) für den Zugewinnausgleich, NZFam 2021, 672; Bosch, Die Bewertung von Beteiligungen an freiberuflichen Gesellschaften, FS Koch, 2019, 237; Büte, Die Bewertung von Grundstücken und Immobilien im Zugewinnausgleich, FuR 2020, 32 (Teil 1); FuR 2020, 89 (Teil 2); Frielingsdorf, Bewertung von Arzt- und Zahnarztpraxen, NZFam 2015, 200; Heuer, Die Bewertung von Kunstgegenständen, NJW 2008, 689; Kogel, Die Indexierung von negativem Anfangsvermögen nach der Güterrechtsnovelle, NJW 2010, 2025; Kroeschell, Die Bewertung landwirtschaftlicher Betriebe beim Zugewinnausgleich, 1983; Kuckenburg, Unternehmensbewertung im Zugewinnausgleichsverfahren, FuR 2012, 222 (Teil 1); FuR 2012, 278 (Teil 2); ders., Bewertung von Finanzanlagen, FuR 2017, 373; Münch, Unternehmensbewertung im Zugewinnausgleich, DStR 2014, 806; Schlünder, Eine Lanze für die modifizierte Ertragswertmethode, FS Koch, 2019, 257.

1. Allgemeines. Die Vorschrift legt die für die Wertberechnung der Posten 1
„Anfangsvermögen" und „Endvermögen" und damit die für den jeweiligen Zugewinn maßgebenden Stichtage fest.

2. Stichtage. a) Für die Berechnung des vorhandenen Anfangsvermögens ist 2
Stichtag der Eintritt des ges. Güterstandes (hierzu → § 1374 Rn. 2); bei Umwandlung einer eingetragenen Lebenspartnerschaft in eine Ehe (§ 20a I LPartG) die Begründung der Lebenspartnerschaft (§ 20a V LPartG, sa → Vorb. vor Titel 1 Rn. 7); **b)** für hinzuzurechnende Posten (s. § 1374 II, dazu → § 1374 Rn. 5 ff.) der
Zeitpunkt des Erwerbs (s. dazu Erman/Budzikiewicz Rn. 3); **c)** für Endvermögen 3
das Ende des ges. Güterstandes (s. jedoch §§ 1384, 1387 sowie → § 1371 Rn. 10); **d)** für dem Endvermögen hinzuzurechnende Minderungen (§ 1375 II) der Zeit-
punkt ihres Eintritts (dazu → § 1375 Rn. 8); **e)** bei **abzuziehenden Verbindlich-** 4
keiten ist zu unterscheiden zwischen **aa)** vom Anfangsvermögen abzurechnenden Lasten, die bei Eintritt des Güterstandes bestanden – sie sind in der zu diesem Zeitpunkt bestehenden Höhe abzuziehen –, und **bb)** bis zur Beendigung entstandenen und vom Endvermögen in der bei Beendigung noch offen stehenden Höhe
abzuziehenden Verbindlichkeiten. Zu den Lasten anrechnungsfähigen Erwerbs nach 5
§ 1374 II (zB Nachlassverbindlichkeiten) → § 1374 Rn. 9.

3. Bewertung der Aktiva. Erfolgt durch Summierung der einzelnen Verkehrs- 6
werte. Für bedingte Rechte (gemischte Kapitallebensversicherung, Anrechte) s. BGH NJW 1992, 2154 [2157]; NJW 1995, 2781 [2782]. **a) Ausnahme:** IV; s. dazu BVerfGE 80, 170; BGH NJW-RR 1990, 68; NJW 1991, 1741; FamRZ 2016,
1044 und dazu Erman/Budzikiewicz Rn. 31 ff. **b) Unternehmen** und **Beteili-** 7
gungen sind nach ihrem tatsächlichen Wert anzusetzen, wobei im Allg. die Hilfe eines Sachverständigen unentbehrlich sein wird (vgl. BGHZ 17, 130 [136]). Eine Ermittlung allein aus dem Substanz- oder gar dem Liquidationswert ist dabei nur im Ausnahmefall möglich (vgl. BGH FamRZ 2019, 429 [431]); regelmäßig wird die Ertragswertmethode zu berücksichtigen sein (näher Erman/Budzikiewicz

Rn. 22 ff.). Zur Bewertung von Freiberuflerpraxen BGH NJW 1991, 1547 f. (Arztpraxis; s. dazu auch Frielingsdorf NZFam 2015, 200); NJW 2008, 1221 [1223] (Tierarztpraxis); NJW 2011, 999 [1000] (Zahnarztpraxis); NJW 2011, 2572 [2573] (Steuerberaterpraxis); OLG Hamm FamRZ 2016, 1931 (Anwaltskanzei); zur Berücksichtigung des Goodwill bei einer freiberuflichen Praxis BGH NJW 1977, 378; NJW 1999, 784; FamRZ 2008, 761. Zur Bewertung einer unveräußer-
8 lichen Unternehmensbeteiligung BGHZ 75, 195 [200]. **c)** Hat der erwerbende Ehegatte in den Fällen des § 1374 II im Zusammenhang mit der Zuwendung ein **Nießbrauchsrecht** übernommen, so ist dieses bei der Ermittlung des Anfangs- und des Endvermögens regelmäßig nicht wertmindernd zu berücksichtigen (BGH NJW 2015, 2334). Grundstück belastet mit Wiederkaufsrecht s. BGH NJW 1993,
9 2804. **d)** Str. **Forderungen** sind beim Endvermögen entspr. ihrer Unsicherheit mit einem Risikoabschlag zu bewerten. Nicht einklagbare Forderung s. OLG Frankfurt a. M. FamRZ 1990, 998. **Verbindlichkeiten** eines (auch überschuldeten) Ehegatten sind mit ihrem Nominalwert anzusetzen; spätere Restschuldbefreiung ist für die Bewertung der Verbindlichkeit im Anfangsvermögen unbeachtlich (OLG Naumburg FamRZ 2015, 748; Erman/Budzikiewicz Rn. 18; aA Kogel
10 FamRZ 2013, 1352 [1354] und FamRZ 2015, 715 [718]). **e)** Bei Gesamtschulden ist das Maß der Ausgleichsverpflichtung und die Realisierbarkeit von Regressansprüchen zu berücksichtigen, sa OLG Frankfurt a. M. FamRZ 1985, 482; OLG Bamberg NJW-RR 1995, 386.

11 **4. Wertsteigerungen und -verluste. a) Wertsteigerungen** einzelner Vermögensgegenstände, die das Endvermögen erhöhen, sind grds. ausgleichspflichtig. Zu Wertsteigerung durch Absinken des Wertes von Belastungen des Vermögens nach § 1374 II s. BGH NJW 2005, 3710 [3713] (Leibrente); NJW 2015, 2334 (Nießbrauch); vgl. dazu auch Erman/Budzikiewicz § 1374 Rn. 32. **Inflationäre Wertsteigerungen** des Anfangsvermögens sind dagegen nicht zu berücksichtigen, da andernfalls der Ausgleichsberechtigte zum Schaden des Verpflichteten aus der Inflation Gewinn ziehen würde (BGHZ 61, 385 [389] mwN); der Wert des Anfangsvermögens (auch negatives Anfangsvermögen, Erman/Budzikiewicz Rn. 43 mwN, str.) ist deshalb mit Hilfe des Verbraucherpreisindex hochzurechnen; zur Berechnungsformel s. BGHZ 61, 385 [393]. Der Verbraucherpreisindex (Basisjahr 2020 = 100) ist abrufbar unter www.destatis.de (Werte ab 1991). Das Herausrechnen inflationärer Wertsteigerungen bezieht sich auf das (jeweilige) Gesamtvermögen, nicht auf einzelne Gegenstände (BGH WM 1975, 28; sa BGHZ 101, 65 zur Berücksichtigung des Kaufkraftschwundes bei Schenkungen iSd § 1374 II). Wertzuwachs von DDR-Grundbesitz infolge der Wiedervereinigung ist ausgleichspflichtig (BGH FamRZ
12 2004, 784). **b)** Zu vorübergehenden **Wertverlusten** aufgrund schlechter Marktlage (Einfamilienhaus) und Stichtag s. BGH NJW-RR 1992, 899.

§ 1377 Verzeichnis des Anfangsvermögens

(1) **Haben die Ehegatten den Bestand und den Wert des einem Ehegatten gehörenden Anfangsvermögens und der diesem Vermögen hinzuzurechnenden Gegenstände gemeinsam in einem Verzeichnis festgestellt, so wird im Verhältnis der Ehegatten zueinander vermutet, dass das Verzeichnis richtig ist.**

(2) [1]**Jeder Ehegatte kann verlangen, dass der andere Ehegatte bei der Aufnahme des Verzeichnisses mitwirkt.** [2]**Auf die Aufnahme des Verzeichnisses sind die für den Nießbrauch geltenden Vorschriften des § 1035 anzuwenden.** [3]**Jeder Ehegatte kann den Wert der Vermögensgegenstände und der Verbindlichkeiten auf seine Kosten durch Sachverständige feststellen lassen.**

(3) **Soweit kein Verzeichnis aufgenommen ist, wird vermutet, dass das Endvermögen eines Ehegatten seinen Zugewinn darstellt.**

1. Allgemeines. Nach langjähriger Ehe kann Feststellung und Bewertung des Anfangsvermögens schwierig sein. Deshalb sieht § 1377 vor, dass ein gemeinsam erstelltes Verzeichnis eine Richtigkeitsvermutung für sich hat, I. Zur Mitwirkung bei der Aufstellung ist jeder Ehegatte verpflichtet, II 1. Die Vermutung in III, bei fehlendem Verzeichnis sei das gesamte Endvermögen Zugewinn, soll Anreiz zur erwünschten Inventarisierung sein. 1

2. Zeitpunkt. Die Inventarisierung kann zu Beginn des Güterstands oder zu einem späteren Zeitpunkt erfolgen. Der Anspruch auf Mitwirkung erlischt mit Beendigung des Güterstands oder dem sonstigen für die Berechnung des Zugewinns maßgeblichen Stichtag (Erman/Budzikiewicz Rn. 6). 2

3. Inhalt des Verzeichnisses. a) Bestand, dh Aufzählung der einzelnen Gegenstände, Rechte und Verbindlichkeiten (BGH NJW 2018, 59 [60]); **b) Wert** der aufgezählten Gegenstände usw nach übereinstimmender Schätzung, ggf. aufgrund Feststellung durch Sachverständigen (s. II 3); **c)** hinzuzurechnender Erwerb nach § 1374 II ist aufzunehmen, soweit bei Aufnahme schon eingetreten. 3

4. Form. S. § 1035 (II 2); gemeinsame Unterzeichnung, ggf. öffentl. Beglaubigung. Fehlendes Datum ist unschädlich (MüKo-BGB/Koch Rn. 8). 4

5. Mitwirkung des anderen Ehegatten. Mitwirkung ist erforderlich und erzwingbar, II 1; Vollstreckung der Mitwirkung bei der Inventarisierung § 120 I FamFG, § 888 ZPO; Vollstreckung der Mitunterzeichnung § 120 I FamFG, § 894 ZPO. 5

6. Folgen. a) Bei Aufstellung Vermutung der Richtigkeit zwischen den Ehegatten; Beweis des Gegenteils ist zulässig, § 113 I FamFG, § 292 ZPO (BGH NJW 2018, 59 [60]). Auch partielle Widerlegung bzw. Ergänzung, etwa bei späterem Erwerb nach § 1374 II, ist möglich. Gegenüber Dritten § 113 I FamFG, § 286 I 6
ZPO. **b)** Bei unterlassener Aufnahme Vermutung, dass das ganze (positive) Endvermögen Zugewinn, dh kein Anfangsvermögen vorhanden ist, III; Widerlegung ist möglich, s. BGH NJW 2018, 59 [60]. Bei negativem Endvermögen ist ein Zugewinn von „Null" anzunehmen; Beweislast für Zugewinn durch Schuldentilgung liegt beim anderen Ehegatten (OLG Hamburg NZFam 2015, 219 [220]; Erman/Budzikiewicz Rn. 12). **c)** Aufstellung oder Mitwirkung sind anfechtbar, vgl. Erman/Budzikiewicz Rn. 5 mwN. 7

§ 1378 Ausgleichsforderung

(1) **Übersteigt der Zugewinn des einen Ehegatten den Zugewinn des anderen, so steht die Hälfte des Überschusses dem anderen Ehegatten als Ausgleichsforderung zu.**

(2) **[1]Die Höhe der Ausgleichsforderung wird durch den Wert des Vermögens begrenzt, das nach Abzug der Verbindlichkeiten bei Beendigung des Güterstands vorhanden ist. [2]Die sich nach Satz 1 ergebende Begrenzung *der Ausgleichsforderung* erhöht sich in den Fällen des § 1375 Absatz 2 Satz 1 um den dem Endvermögen hinzuzurechnenden Betrag.**

(3) **[1]Die Ausgleichsforderung entsteht mit der Beendigung des Güterstands und ist von diesem Zeitpunkt an vererblich und übertragbar. [2]Eine Vereinbarung, die die Ehegatten während eines Verfahrens, das auf die Auflösung der Ehe gerichtet ist, für den Fall der Auflösung der Ehe über den Ausgleich des Zugewinns treffen, bedarf der notariellen Beurkundung; § 127a findet auch auf eine Vereinbarung Anwendung, die in einem Verfahren in Ehesachen vor dem Prozessgericht protokolliert wird. [3]Im Übrigen kann sich kein Ehegatte vor der Beendigung des Güterstands verpflichten, über die Ausgleichsforderung zu verfügen.**

Lit.: Brix, Eheverträge und Scheidungsfolgenvereinbarungen nach §§ 1378 III und 1408 I BGB, FamRZ 1993, 12; Finger, § 1378 Abs. 2 BGB – „dritter Stichtag" und neues Güterrecht, JR 2010, 369; Gaul, Zur Abgrenzung des Ehevertrags von der Scheidungsvereinbarung nach § 1378 Abs. 2 S. 2 BGB und dem Auseinandersetzungsvertrag, FS Lange, 1992, 829; Schröder, Verhältnis zwischen § 1384 nF und Kappungsgrenze des § 1378 Abs. 2 S. 1 BGB, FamRZ 2010, 421; Weber, Regelung des Zugewinnausgleichs vor und im Scheidungsverfahren – § 1378 Abs. 3 BGB und seine Schranken für die Vertragsfreiheit, FS Koch, 2019, 271.

1 **1. Allgemeines.** § 1378 regelt Höhe und Inhalt der Ausgleichsforderung (I, II) sowie Entstehung und Verfügbarkeit (III). Die fr. Sonderverjährung in IV wurde durch das ErbVerjÄndG zum 1.1.2010 aufgehoben; der Ausgleichsanspruch unterliegt damit der Regelverjährung (§§ 195, 199; → Rn. 9); zum Übergangsrecht s. Art. 229 § 23 EGBGB. Zur Verfassungsmäßigkeit des § 1378 s. BGH WM 1978, 1390.

2 **2. Inhalt.** Auf Geld gerichtete Forderung. Teilantrag ist möglich (BGH NJW-RR 2016, 1217 [1218]; BGH NJW 1994, 3165). Kein Anspruch auf bestimmte Vermögensgegenstände, s. jedoch § 1383 und § 1568b.

3 **3. Höhe. a)** Nach §§ 1373–1376 berechnete Zugewinnbeträge der Ehegatten werden verglichen; die Differenz zwischen höherem und niedrigerem Zugewinn
4 halbiert ergibt die Ausgleichsforderung. **b)** Die Obergrenze bildet jedoch das **Aktivvermögen** („nach Abzug der Verbindlichkeiten") des Ausgleichsverpflichteten, II 1. Dadurch Schutz für Gläubiger, denn ihre Ansprüche gehen durch diese Berechnung der Entstehung einer Ausgleichsforderung vor (BGH NJW 1988, 2369). Auch wird vermieden, dass ein Ehegatte Zugewinn aus künftigen Einnahmen zu zahlen hat. Maßgebender **Zeitpunkt** für die Höhe der Ausgleichsforderung ist die Beendigung des Güterstands; bei Scheidung, Aufhebung der Ehe oder vorzeitiger Aufhebung des Güterstands (§§ 1385 f.) der Zeitpunkt, in dem der betreffende Antrag rechtshängig geworden ist (§§ 1384, 1387, 1318 I und III). In Fällen illoyaler Vermögensminderung (§ 1375 II 1) erhöht sich die Kappungsgrenze um den dem Endvermögen hinzuzurechnenden Betrag (II 2); der Verpflichtete muss sich ggf. verschulden, um die Forderung zu erfüllen (vgl. BT-Drs. 16/10798, 17 f.). Vermögenseinbußen nach dem Stichtag gehen zu Lasten des Ausgleichspflichtigen (BGH NJW 2012, 2657 [2659]; NJW 2014, 2877; Erman/Budzikiewicz Rn. 5, str.); ggf. Korrektur über § 1381 (BGH NJW 2012, 2657 [2659]) oder § 242 (Rakete-Dombek, FS Brudermüller, 2014, 543 [554 ff.]; D. Schwab FamRZ 2009, 1445 [1449]; aA BGH NJW 2012, 2657 [2659]). Sa § 1390.

5 **4. Anspruchsmodalitäten. Entstehung** und sofortige Fälligkeit nach III, § 271 I, mit Beendigung des Güterstandes (hierzu → Vor §§ 1371–1390 Rn. 1). Vorher ist die Forderung mangels Existenz nicht vererblich (III 1). Wiederverheiratung der gleichen Partner lässt den Anspruch nicht entfallen (OLG Nürnberg MDR
6 1980, 668). **Zurückbehaltungsrecht** *gegen* Ausgleichsanspruch ist möglich, doch kann die Berufung darauf Rechtsmissbrauch sein (BGHZ 92, 194). § 273 *wegen* Ausgleichsanspruchs gegen andere Ansprüche aus Auflösung der Ehe s. BGH NJW-RR 1990, 133 [134]; s. aber BGH FamRZ 2014, 285 [286 f.]: kein Zurückbehaltungsrecht des Ausgleichsberechtigten gegenüber Anspruch auf Zustimmung zur Auskehrung eines hinterlegten Teilungsversteigerungserlöses.

7 **5. RGeschäfte über Ausgleichsforderung.** Abw. von allg. Regeln (→ § 398 Rn. 9) sind Verfügungen (nicht nur Abtretung) und Verpflichtungen hierzu (III 3) über die zukünftige Ausgleichsforderung nichtig (Bsp: BGH NJW-RR 2004, 1370 [Vereinbarung mit Schwiegervater]). Zweck: Einem Erwerber soll kein Interesse an der Beendigung des Güterstands (insbes. infolge Scheidung) erwachsen (sa § 852 II
8 ZPO); ferner Schutz der Ehegatten vor Übereilung (Giesen FamR Rn. 312). III 1, 3 gelten auch für RGeschäfte zwischen den Ehegatten, insbes. § 397 I. Nach III 2 sind Abreden während eines Scheidungsverfahrens wirksam; nach BGHZ 86, 143 [150] auch, wenn sie vor einem (beabsichtigten) Scheidungsverfahren geschlossen

werden (str.; s. Erman/Budzikiewicz Rn. 18). – III 3 gilt auch für Eheverträge (BGHZ 86, 143 [149]).

6. Verjährungsfrist. Regelverjährung nach §§ 195, 199 I; Höchstfristen: bei Güterstandsbeendigung durch Tod 30 Jahre (§ 199 IIIa) sonst 10 Jahre (§ 199 IV). Zur Verjährung bei wechselseitig geltend gemachten Ausgleichsansprüchen OLG Celle FamRZ 2021, 1874 [1876]. 9

§ 1379 Auskunftspflicht

(1) [1]Ist der Güterstand beendet oder hat ein Ehegatte die Scheidung, die Aufhebung der Ehe, den vorzeitigen Ausgleich des Zugewinns bei vorzeitiger Aufhebung der Zugewinngemeinschaft oder die vorzeitige Aufhebung der Zugewinngemeinschaft beantragt, kann jeder Ehegatte von dem anderen Ehegatten

1. Auskunft über das Vermögen zum Zeitpunkt der Trennung verlangen;
2. Auskunft über das Vermögen verlangen, soweit es für die Berechnung des Anfangs- und Endvermögens maßgeblich ist.

[2]Auf Anforderung sind Belege vorzulegen. [3]Jeder Ehegatte kann verlangen, dass er bei der Aufnahme des ihm nach § 260 vorzulegenden Verzeichnisses zugezogen und dass der Wert der Vermögensgegenstände und der Verbindlichkeiten ermittelt wird. [4]Er kann auch verlangen, dass das Verzeichnis auf seine Kosten durch die zuständige Behörde oder durch einen zuständigen Beamten oder Notar aufgenommen wird.

(2) [1]Leben die Ehegatten getrennt, kann jeder Ehegatte von dem anderen Ehegatten Auskunft über das Vermögen zum Zeitpunkt der Trennung verlangen. [2]Absatz 1 Satz 2 bis 4 gilt entsprechend.

Lit.: Giers, Die Auskunft zum Zugewinnausgleich, NZFam 2015, 843; Herr, Trennen wir uns vom Trennungs„zeitpunkt" des § 1379 Abs. 1 Nr. 1, Abs. 2 BGB!, FuR 2020, 503; Jaeger, Der Umfang der Auskunfts- und Belegpflicht nach § 1379 BGB, FPR 2012, 91; Jüdt, Die Auskunftsverpflichtung beim Zugewinnausgleich, FuR 2013, 187; ders., Der Auskunftsanspruch zum Anfangs- und Endvermögen, FuR 2014, 504; Kogel, Der Auskunftsanspruch zum Trennungszeitpunkt gem. § 1379 II BGB – leider ein gesetzgeberisches Stückwerk, NZFam 2018, 1119.

1. Allgemeines. Berechnung des Ausgleichs verlangt Einblick in die Vermögenslage des anderen. Nach § 1379 kann jeder Ehegatte Auskunft über das Vermögen des anderen verlangen, soweit es für die Berechnung des Anfangs- und Endvermögens entscheidend ist (I 1 Nr. 2). Die Pflicht zur Auskunft über das Anfangsvermögen wurde erst im Zuge der Güterrechtsreform 2009 eingefügt; zuvor nur Auskunft über den Bestand des Endvermögens. Ebenfalls neu eingefügt wurde die Auskunftspflicht über das Vermögen zum Zeitpunkt der Trennung (I 1 Nr. 1, II 1); sie dient dem Schutz vor Vermögensmanipulationen in der Trennungszeit (Bergschneider FamRZ 2009, 1713); sa § 1375 II 2. Nach BGH FamRZ 2018, 331 [333] verdrängt § 1379 den allg. Auskunftsanspruch aus § 242 (aA Gernhuber/Coester-Waltjen § 35 Rn. 48). Die Regelung gilt nicht für Haushaltsgegenstände, die unter § 1568b fallen. Zur Auskunft gegen Erben eines verstorbenen Ehegatten OLG Stuttgart FamRZ 2017, 787 f. 1

2. Tatbestand. Voraussetzung ist eine mögliche Ausgleichspflicht; ist offensichtlich, dass kein Zugewinn erzielt wurde, besteht kein Auskunftsanspruch (OLG Koblenz FamRZ 1985, 286). Auskunftspflicht grds. auch bei Leistungsverweigerungsrecht nach § 1381 (BGHZ 44, 163; NJW 1972, 433 [434]); nur wenn unzweifelhaft keine Ausgleichspflicht besteht, entfällt der Anspruch aus § 1379 (BGH NJW 1972, 433 [434]; NJW 2012, 3722 [3723]; NJW 2018, 950); ebenso, wenn Auskunft ohne Auswirkungen für die Höhe des Ausgleichsanspruchs ist (BGH NJW 2014, 625 [628], Einwand des Rechtsmissbrauchs; FamRZ 2022, 684 [685]; sa BGH NJW 2

2018, 950: vertragliche Festsetzung des Betrags). Gleiches gilt bei Verjährung des Ausgleichsanspruchs (str.; s. Erman/Budzikiewicz Rn. 7; vgl. auch BGH NJW 2018, 950 [951]). Dauer der Ehe sowie Gründe der Trennung bzw. der Beendigung des Güterstands sind unerheblich.

3 **3. Inhalt. a)** Wechselseitige Auskunftspflicht, also auch für den iE Ausgleichsberechtigten (BGH NJW 2018, 950); § 273 str. (abl. OLG Frankfurt a. M. NJW 1985, 3083 mwN). Angaben betreffen alle für die Berechnung des Anfangs- und Endvermögens erheblichen Informationen einschl. der nach §§ 1374 II, 1375 II 1 dem Anfangs- bzw. Endvermögen hinzuzurechnenden Vermögensbestandteile (BGH NJW 2012, 3635 [3637]; FamRZ 2018, 331 [332]; Erman/Budzikiewicz Rn. 5; str. bzgl. § 1375 II 1). Auskunft über das Trennungsvermögen bezieht sich allein auf den (gem. § 1567 I zu bestimmenden) Trennungszeitpunkt (OLG Braunschweig FamRZ 2017, 789 [790]); Darlegungs- und Beweislast für den Trennungszeitpunkt trägt der auskunftbegehrende Ehegatte (OLG Brandenburg FamRZ 2021, 367 [370]; OLG Braunschweig FamRZ 2017, 789 [790]); auch bei „schleichender“ Trennung (KG FamRZ 2019, 524 [525]). Die Auskunft muss keine Wertangaben enthalten (BGH NJW 1982, 1643 [1644]), wohl aber Wertermittlung ermöglichen (s. BGH FamRZ 2018, 608 [609]; OLG Brandenburg FamRZ 2019, 1049 f.; OLG Koblenz FamRZ 2018, 1573: Angabe wertbildender Faktoren). Eigener Anspruch auf **Wertermittlung** folgt aus I 3 (BGH NJW 1982, 1643 [1644]; OLG Koblenz
4 FamRZ 2018, 1573); dazu Dörr NJW 1989, 1958. **b) Inventarisierung** (§ 260 I) unter Mitwirkung des anderen Ehegatten, I 3; Bestandsverzeichnis muss die zum Stichtag vorhandenen Aktiva und Passiva genau zusammenstellen (s. OLG Brandenburg NJW-RR 2014, 519 f.). Geschuldet ist vollst. Verzeichnis; Aufteilung auf mehrere Schriftstücke genügt grds. nicht (OLG Brandenburg FamRZ 2019, 1049 [1050]; OLG Braunschweig FamRZ 2017, 789: Übersichtlichkeit muss gewahrt sein). **c)** Auf Anforderung sind stichtagsbezogene **Belege** (aussagekräftige Urkunden, Dokumente, Bescheinigungen etc, s. zum Begriff BGH FamRZ 2022, 429 [430]) vorzulegen, I 2; Zweck: Kontrolle der Auskunft; Ausgleich des Informationsgefälles (BGH FamRZ 2022, 429 [430]; FamRZ 2022, 684 [685]). Vorlagepflicht beschränkt sich auf vorhandene Belege (BGH FamRZ 2022, 429 [430]: nicht erstmalige Erstellung des Jahresabschlusses einer GbR); zur Vollstreckungsfähigkeit der Vorlagepflicht s. BGH FamRZ 2019, 1442 [1443]. **d)** Aufnahme durch Behörde usw s. I 4. **e) Form:** Schriftform iSd § 126 nicht vorgeschrieben (BGH NJW 2008, 917, str.).

5 **4. Kostentragungspflicht.** Normale mit der Auskunftserteilung verbundene Kosten treffen den Auskunftspflichtigen (BGH NJW 1975, 1022); Sachverständigenkosten jedoch den Auskunft Verlangenden (BGHZ 84, 31; sa I 4 sowie Müller FamRZ 1981, 837).

6 **5. Verjährung.** Regelverjährung gem. §§ 195, 199 I; nach BGH NJW 2018, 950 [951 f.] beginnt Verjährung der Auskunftsansprüche aus § 1379 abw. von der Grundregel des § 199 I erst mit Beginn der Verjährung des Ausgleichsanspruchs aus § 1378 („anderer Verjährungsbeginn“ iSd § 199 I); dadurch soll Auseinanderfallen der Verjährung von Auskunfts- und Zahlungsanspruch verhindert werden; iE zust. MüKo-BGB/Koch Rn. 48 f.; aA Ulrici NJW 2018, 2001 [2005]. Eine durch Stellung des Leistunsgantrags bewirkte Verjährungshemmung (§ 204 I Nr. 1) erstreckt sich nach BGH NJW 2018, 950 [952] auch auf den Hilfsanspruch aus § 1379 (aA Ulrici NJW 2018, 2001 [2004]).

7 **6. Durchsetzung.** Stufenantrag nach § 113 I FamFG, § 254 ZPO möglich; Vollstreckung § 120 I FamFG, § 888 ZPO (OLG Braunschweig FamRZ 2017, 788; sa Erman/Budzikiewicz Rn. 26). Zugewinnausgleich kann jedoch schon vor vollst. Auskunft verlangt werden (BGH WM 1978, 1391). § 260 II anwendbar, s. jedoch OLG Düsseldorf FamRZ 1982, 281.

7. Zeitpunkt. Beendigung des Güterstands; bei Scheidung, Aufhebung der Ehe oder vorzeitiger Aufhebung des Güterstands der Zeitpunkt, in dem der betreffende Antrag rechtshängig geworden ist (BGH FamRZ 2018, 331 [332]; Erman/Budzikiewicz Rn. 20); soweit bei verfrühtem Scheidungsantrag die Berufung auf den Stichtag des § 1384 als rechtsmissbräuchlich anzusehen ist (vgl. § 1384 Rn. 3), ändert sich mit dem Stichtag auch die Auskunftsverpflichtung nach I 1 Nr. 2 (BGH FamRZ 2018, 331 [332 f.]). Auskunft über Trennungsvermögen ab Trennung (II 1); Anspruch wird sofort fällig (BGH FamRZ 2018, 581 [582]). 8

8. Wirkungen. Keine Vermutung der Richtigkeit – der den Ausgleich verlangende Ehegatte kann andere Berechnungen zugrunde legen, muss sie aber beweisen. 9

§ 1380 Anrechnung von Vorausempfängen

(1) [1]**Auf die Ausgleichsforderung eines Ehegatten wird angerechnet, was ihm von dem anderen Ehegatten durch Rechtsgeschäft unter Lebenden mit der Bestimmung zugewendet ist, dass es auf die Ausgleichsforderung angerechnet werden soll.** [2]**Im Zweifel ist anzunehmen, dass Zuwendungen angerechnet werden sollen, wenn ihr Wert den Wert von Gelegenheitsgeschenken übersteigt, die nach den Lebensverhältnissen der Ehegatten üblich sind.**

(2) [1]**Der Wert der Zuwendung wird bei der Berechnung der Ausgleichsforderung dem Zugewinn des Ehegatten hinzugerechnet, der die Zuwendung gemacht hat.** [2]**Der Wert bestimmt sich nach dem Zeitpunkt der Zuwendung.**

Lit.: Büte, Anrechnung von Vorausempfängen nach § 1380 BGB nach der Güterrechtsreform, FamFR 2010, 196; Grünenwald, Die Anrechnung von Zuwendungen unter Ehegatten im Zugewinnausgleich – ein Streit ohne Ende?, NJW 1995, 505; Kaplan/Kaplan, Anrechnungen gem. § 1380 Abs. 1 BGB auf den Zugewinn, deren steuerliche Folgen und Ausweichgestaltungen in der Praxis, FuR 2022, 116.

1. Allgemeines. Berücksichtigung des durch Zuwendungen während Bestehens des ges. Güterstandes (teilw.) vorweggenommenen Zugewinnausgleichs. S. ferner → § 1372 Rn. 4, 6. 1

2. Voraussetzungen. a) Zuwendungen – Schenkungen und unbenannte (ehebedingte) Zuwendungen (s. dazu → § 1372 Rn. 4, 6) – zwischen Ehegatten während des ges. Güterstandes. Auch: überschießender Unterhalt (BGH NJW 1983, 1113). **b)** (Einseitige, auch stillschweigende [BGH FamRZ 2001, 413]) **Anrechnungsbestimmung** vor oder bei der Zuwendung (I 2); später ist Anrechnungsvereinbarung erforderlich. Nach der Auslegungsregel (str.) in I 2 ist bei unüblich wertvollen Zuwendungen iZw von einer Anrechnungsbestimmung auszugehen. „Unüblich wertvoll" sind Geschenke, die den Lebensverhältnissen nicht entsprechen; Lebensversicherung ist kein Gelegenheitsgeschenk. **c) Ausgleichsforderung** des Zuwendungsempfängers s. → Rn. 5. 2

3. Wirkungen. Anrechnung dergestalt, dass **a)** zunächst der Wert der Zuwendung im Zeitpunkt ihrer Vornahme (II 2; § 1376 gilt entspr.) zum Zugewinn des Zuwendenden addiert wird (II 1), beim Zugewinn des Empfängers jedoch unberücksichtigt bleibt (s. Erman/Budzikiewicz Rn. 10). 3
b) Sodann wird der Wert der Zuwendung auf den neu berechneten Ausgleichsanspruch angerechnet. 4
c) § 1380 greift nur ein, wenn der Zuwendungsempfänger einen Ausgleichsanspruch hat; zum sog. „überhöhten Vorausempfang" s. BGHZ 82, 227; sa BGH NJW 1991, 2554 f.; OLG Frankfurt a. M. FamRZ 2006, 1543, krit. dazu Tiedtke JZ 1992, 337. 5

4. Widerrufene Zuwendungen. Können Zuwendungen rückgängig gemacht werden, etwa Schenkungen nach § 530, dann entfällt Anrechnung (Erman/Budzikiewicz Rn. 3). 6

§ 1381 Leistungsverweigerung wegen grober Unbilligkeit

(1) **Der Schuldner kann die Erfüllung der Ausgleichsforderung verweigern, soweit der Ausgleich des Zugewinns nach den Umständen des Falles grob unbillig wäre.**

(2) **Grobe Unbilligkeit kann insbesondere dann vorliegen, wenn der Ehegatte, der den geringeren Zugewinn erzielt hat, längere Zeit hindurch die wirtschaftlichen Verpflichtungen, die sich aus dem ehelichen Verhältnis ergeben, schuldhaft nicht erfüllt hat.**

Lit.: Kogel, Der Rettungsanker der groben Unbilligkeit beim Zugewinn, NJW 2022, 1580; Krumm, Leistungsverweigerung im Zugewinnausgleich wegen grober Unbilligkeit, FamRB 2019, 449.

1 **1. Allgemeines.** Billigkeitsbehelf, der die Ausgleichung in Fällen korrigieren soll, in denen das Verhalten des rechtlich-rechnerisch Ausgleichsberechtigten einen Ausgleich als grob unbillig erscheinen lässt (vgl. BGH FamRZ 2018, 1415 [1419]; FamRZ 2022, 425 [428]). Begründet ein Fehlverhalten des Ausgleichsberechtigten (aufrechenbare) Gegenansprüche des Ausgleichspflichtigen, haben diese Vorrang vor der Billigkeitseinrede nach § 1381 (OLG Zweibrücken FamRZ 2019, 520 [521]: Unterschlagung eines Pkw).

2 **2. Voraussetzungen. a)** S. II; zB nicht nur kurzfristige Verletzung von §§ 1356, 1360. Verschulden s. § 1359. **b)** Grobe Unbilligkeit nach I kann sich aus der langdauernden schweren Verletzung wirtschaftlicher oder persönlicher Eheverpflichtungen ergeben, str.; aA MüKo-BGB/Koch Rn. 28 ff. (nur ökonomisches Fehlverhalten). Eine generelle Erörterung der Gründe für das Scheitern der Ehe findet nicht statt. Schuldhafte Aufgabe der Ehegemeinschaft kann aber (mit)berücksichtigt werden (vgl. BGH NJW 1980, 1463; OLG Hamm FamRZ 1989, 1188 [schwere Eheverfehlung]). IÜ müssen die gesamten Umstände des Einzelfalles entscheiden (BGH NJW
3 1980, 1463). **Einzelfälle** und **-umstände** (sa Krumm FamRB 2019, 449 [450 ff.]; D. Schwab FamRZ 1984, 529): schwere Körperverletzung, Tötung (vgl. OLG Karlsruhe FamRZ 1987, 823; LG Nürnberg-Fürth FamRZ 2012, 1940); langjährige Unterdrückung und Misshandlung (OLG Bamberg NJW-RR 1997, 1435); Vergewaltigung mehrerer Frauen (nicht des Ehepartners) (OLG Hamburg FamRZ 2012, 550); Vergewaltigung im gemeinsamen Haushalt lebender Stieftochter (OLG Zweibrücken FamRZ 2019, 518 [519]); Schmerzensgeld (BGHZ 80, 384 [387]: nur bei Hinzutreten bes. Umstände); „Abfindung" für Folgen eines Unfalls (OLG Stuttgart FamRZ 2002, 99: Absicherung der eigenen Versorgung bei Querschnittslähmung); Verletzung von Unterhaltspflichten gegenüber Kindern (OLG Düsseldorf FamRZ 1987, 821); wirtschaftliche Existenzbedrohung des Ausgleichspflichtigen ausnahmsweise (BGH NJW 1970, 1600; s. aber Erman/Budzikiewicz Rn. 13 f. [Stundung gem. § 1382 geht grds. vor], → Rn. 5); zur Entgegennahme von nicht geschuldetem Unterhalt s. BGH FamRZ 2018, 1415 [1419 f.]; *nicht* in den Anwendungsbereich des § 1381 fallen dagegen Selbstersteigerung des (fr.) gemeinsamen Grundstücks in der Teilungsversteigerung (Erman/Budzikiewicz Rn. 7; aA OLG Köln FamRZ 2009, 1070 f.; OLG Düsseldorf NJW 1995, 3193); geringerer (Veräußerungs)Erlös als in der Ausgleichsberechnung eingesetzt (Erman/Budzikiewicz Rn. 7; aA OLG Hamburg FamRZ 1988, 1166; LG Münster FamRZ 2003, 1666 f.); Lottogewinn während der Trennungszeit (BGH NJW 2013, 3645); Wertsteigerung von Grundstücken nach Trennung (OLG Düsseldorf NJW 2015, 1535 [1536]: Grundstück wird Bauland); erheblich geringeres Endvermögen des Ausgleichspflichtigen (OLG Düsseldorf NJW 2015, 1535 [1536]). Grob unbillig kann der Ausgleich des Zugewinns auch sein, wenn bei ungewöhnlich langer Trennungszeit der Schuldner sein Endvermögen erst nach der Trennung erwirtschaftet hat (BGH FamRZ 2002, 608; vgl. aber BGH NJW 2013, 3642; NJW 2013, 3645 [Hinzutreten weiterer Umstände erforderlich]); idR aber kein vollst. Anspruchsausschluss, da der Ausgleichspflichtige

gem. §§ 1385 Nr. 1, 1386 nach dreijähriger Trennung die vorzeitige Aufhebung der Zugewinngemeinschaft hätte herbeiführen können (BGH NJW 2013, 3642 [3644]; NJW 2013, 3645 f.). Der BGH (NJW 1973, 749; NJW 1970, 1600) plädiert für vollen Ausschluss des Ausgleichs, wenn Versorgungslage des Pflichtigen auf Dauer in Frage gestellt und zumutbare Opfergrenze überschritten wird (vgl. aber Erman/Budzikiewicz Rn. 13).

3. Folge. Dauernde **Einrede.** § 1381 kann auch gegen die Höhe der Ausgleichsforderung geltend gemacht werden. 4

4. Verhältnis zu § 1382. Soweit Stundung ausreicht, grobe Unbilligkeit zu vermeiden, ist ein Leistungsverweigerungsrecht nicht zuzugestehen. 5

§ 1382 Stundung

(1) [1]**Das Familiengericht stundet auf Antrag eine Ausgleichsforderung, soweit sie vom Schuldner nicht bestritten wird, wenn die sofortige Zahlung auch unter Berücksichtigung der Interessen des Gläubigers zur Unzeit erfolgen würde.** [2]**Die sofortige Zahlung würde auch dann zur Unzeit erfolgen, wenn sie die Wohnverhältnisse oder sonstigen Lebensverhältnisse gemeinschaftlicher Kinder nachhaltig verschlechtern würde.**

(2) **Eine gestundete Forderung hat der Schuldner zu verzinsen.**

(3) **Das Familiengericht kann auf Antrag anordnen, dass der Schuldner für eine gestundete Forderung Sicherheit zu leisten hat.**

(4) **Über Höhe und Fälligkeit der Zinsen und über Art und Umfang der Sicherheitsleistung entscheidet das Familiengericht nach billigem Ermessen.**

(5) **Soweit über die Ausgleichsforderung ein Rechtsstreit anhängig wird, kann der Schuldner einen Antrag auf Stundung nur in diesem Verfahren stellen.**

(6) **Das Familiengericht kann eine rechtskräftige Entscheidung auf Antrag aufheben oder ändern, wenn sich die Verhältnisse nach der Entscheidung wesentlich geändert haben.**

Lit.: Krumm, Stundung des Zugewinnausgleichsanspruchs, NZFam 2016, 776; Schwolow, Zugewinnausgleich und die Möglichkeit der Stundung einer solchen Forderung gem. § 1382 BGB, FuR 2012, 398.

1. Allgemeines. § 1382 soll den Ausgleichsschuldner vor unzumutbaren wirtschaftlichen Schwierigkeiten aufgrund sofortiger Fälligkeit des Ausgleichs schützen. 1

2. Voraussetzungen. a) Ganz oder teilw. („soweit") unbestrittene **Ausgleichsforderung** § 1378 III 1; sa V. **b) Antrag** des Ausgleichsschuldners (sa V). **c)** Sofortige Zahlung käme für Schuldner **„zur Unzeit",** wobei nicht nur wirtschaftliche Interessen zu berücksichtigen sind, vgl. I 2. Anzunehmen zB, falls Aufgabe des Familienheims und Umzug, Schulwechsel (Kindesinteressen) oder Veräußerung von Vermögensgegenständen unter Verkehrswert (vgl. BT-Drs. 10/2888, 17) erforderlich würden. Abzuwägen ist jedoch („auch") gegen Gläubigerinteresse. 2

3. Folgen. a) FamG kann Stundung verfügen, I, V, **b) Höhe** und **Fälligkeit** der **Zinsen** nach billigem Ermessen (IV) neu bestimmen, **c)** auf Antrag des Schuldners **Sicherheitsleistung** anordnen (III), wobei Art und Umfang wieder nach billigem Ermessen festzusetzen sind (IV). 3

4. Änderungsbefugnis nach VI. „Wesentliche Veränderungen" sind zB Vermögensverfall, Unterhaltsbedürftigkeit; str. ist, ob auch erneute Eheschließung des Verpflichteten Änderung rechtfertigen kann (so BeckOK/Scheller/Sprink Rn. 20; abl. MüKo-BGB/Koch Rn. 38). Änderung kann erfolgen durch Aufhebung der 4

Stundung (bei Verbesserung der Schuldnerverhältnisse), Verlängerung (bei Verschlechterung), Anpassung des Zinssatzes bei erheblichen Veränderungen des Kapitalmarktes. Nicht: Änderung von Bestand oder Höhe der Forderung.

5 **5. Verfahren.** Alternatives Verfahren – falls Ausgleich unstr., kann Stundung nach I beantragt werden, zuständig RPfleger (§ 25 Nr. 3b RPflG); falls Ausgleich str., ist im Rahmen dieser Scheidungsfolgesache zu entscheiden, V. **a)** Zuständig FamG §§ 111 Nr. 9, 261 II FamFG; örtl. Zuständigkeit § 262 FamFG; Verfahren §§ 264,
6 116, 119, 120 FamFG. **b)** Entscheidung durch Beschluss (§§ 38 ff. FamFG), auch über Antrag nach V (§ 265 FamFG); **c)** Rechtsmittel: Beschwerde gem. §§ 58 ff. FamFG sowie Rechtsbeschwerde gem. §§ 70 ff. FamFG; beachte Beschwerdefrist (§ 63 FamFG).

§ 1383 Übertragung von Vermögensgegenständen

(1) **Das Familiengericht kann auf Antrag des Gläubigers anordnen, dass der Schuldner bestimmte Gegenstände seines Vermögens dem Gläubiger unter Anrechnung auf die Ausgleichsforderung zu übertragen hat, wenn dies erforderlich ist, um eine grobe Unbilligkeit für den Gläubiger zu vermeiden, und wenn dies dem Schuldner zugemutet werden kann; in der Entscheidung ist der Betrag festzusetzen, der auf die Ausgleichsforderung angerechnet wird.**

(2) **Der Gläubiger muss die Gegenstände, deren Übertragung er begehrt, in dem Antrag bezeichnen.**

(3) **§ 1382 Abs. 5 gilt entsprechend.**

Lit.: Wever, Die Übertragung von Vermögensgegenständen im Zugewinnausgleich: § 1383 BGB – eine Vorschrift mit Potential, FS Koch, 2019, 289; ders., Die Übertragung von Vermögensgegenständen im Zugewinnausgleich, FF 2021, 55.

1 **1. Allgemeines.** Auf Geld gerichtete Ausgleichsforderung kann unzureichend sein, wo der Geldwert schwankt und der ausgleichspflichtige Ehegatte in der „Wirtschaftsgemeinschaft Ehe" das wertbeständigere Vermögen erworben hat, oder wo es um Vermögensgegenstände geht, die mit Geld nicht (wieder-)beschafft werden können. Für extreme Ausnahmefälle wird deshalb das Grundprinzip der Zugewinngemeinschaft, Unterschiede im Vermögenszuwachs nur in Geld auszugleichen, in § 1383 durch eine Billigkeitsregel abgeschwächt; krit. hinsichtlich eines zu strengen Maßstabs Wever FS Koch, 2019, 289 [292 ff.].

2 **2. Voraussetzungen. a)** Grobe Unbilligkeit des Geldausgleichs für den Gläubiger (Bsp. → Rn. 1), s. hierzu OLG Hamm FamRZ 1978, 687. **b)** Zumutbarkeit der Hingabe von Gegenständen (Sachen und Rechte) für den Schuldner; Unzumutbarkeit wird häufig gegeben sein bei Familienerbstücken oder Liegenschaften, die seit Generationen in Familienbesitz waren. Der Wert des zu übertragenden Gegenstands darf zudem den Wert der Ausgleichsforderung einschl. Zinsen nicht übersteigen (hM, s. nur OLG Köln BeckRS 2017, 145907 Rn. 96; Wever FF 2021, 55 [56]). **c) Antrag** an das FamG auf Übertragung bestimmter und benannter (II) Gegenstände; **d)** beachte, dass für Hausrat § 1568b eine spezielle Verteilungsmöglichkeit enthält.

3 **3. Folgen.** FamG kann (Wever FF 2021, 55 [56]: muss), falls keine gütliche Einigung erreicht wird, verfügen, dass die benannten Gegenstände zu übertragen sind; zur Vollstreckung s. §§ 86 ff. FamFG. Es muss zugleich den Betrag festsetzen, mit dem die Gegenstände auf die Ausgleichsforderung anzurechnen sind, I HS 2.

4 **4. Verfahren.** S. → § 1382 Rn. 5 f. Zum Verfahrenswert s. KG NZFam 2020, 1027 mAnm Schneider.

§ 1384 Berechnungszeitpunkt des Zugewinns und Höhe der Ausgleichsforderung bei Scheidung

Wird die Ehe geschieden, so tritt für die Berechnung des Zugewinns und für die Höhe der Ausgleichsforderung an die Stelle der Beendigung des Güterstandes der Zeitpunkt der Rechtshängigkeit des Scheidungsantrags.

1. Allgemeines. Stichtag ist grds. der Tag der Beendigung des Güterstandes 1
(s. § 1375 I). Für die Berechnung des Zugewinns (§ 1373) und die Höhe der Ausgleichsforderung (§ 1378 II) wird abw. auf den Zeitpunkt der Rechtshängigkeit des Scheidungsantrags abgestellt. Die Regelung soll verhindern, dass nach Einleitung eines Scheidungsverfahrens zugewinnmindernde Dispositionen vorgenommen werden.

2. Voraussetzung. Zustellung (§ 113 I FamFG, §§ 253 I, 261 I ZPO) des (zur 2
Scheidung führenden, vgl. BGH NJW 1979, 2100) Scheidungsantrags. Bei Gegenantrag bleibt der Scheidungsantrag für den Berechnungszeitpunkt maßgebend, auch wenn die Ehe aufgrund des späteren Antrags geschieden wird (MüKo-BGB/Koch Rn. 12; aA [bei Rücknahme des ersten Antrags] Schröder FamRZ 2003, 277 f.). Zustellung des zweiten Antrags ist aber maßgebend, wenn die Rechtshängigkeit des ersten Verfahrens vor der Zustellung des zweiten Antrags beendet wurde (vgl. BGH FamRZ 2006, 260 f. [zu § 1587 II aF]; Erman/Budzikiewicz Rn. 4). Waren mehrere Scheidungsverfahren anhängig, ist das Verfahren maßgeblich, das zur Scheidung geführt hat (BGH FamRZ 1979, 905; OLG Braunschweig FamRZ 2017, 789 [791]). Findet nach § 1318 III Zugewinnausgleich statt, ist ebenfalls Zustellung der Aufhebungsantragsschrift entscheidend (§§ 121 Nr. 2, 113 I FamFG).

3. Folgen. a) Vorverlegung (s. → Rn. 2) auf den Zeitpunkt der Zustellung; gilt 3
auch bei jahrelang nicht betriebenen Scheidungsverfahren (BGH FamRZ 1983, 350; OLG Köln FamRZ 2003, 539; OLG Hamm NJW-RR 1992, 965; s. aber BGH FamRZ 2018, 331 [332 f.]: ggf. Abweichung aus Billigkeitsgründen [§ 242]). Bei verfrühtem Scheidungsantrag kann der Berufung auf den Stichtag des § 1384 ggf. der Einwand des Rechtsmissbrauchs (§ 242) entgegenstehen (BGH FamRZ 2018, 331 [332 f.]; Naumburg FamRZ 2009, 2019). **b)** § 1378 III bleibt unberührt, die Ausgleichsforderung selbst entsteht also erst mit Beendigung, dh Rechtskraft des Scheidungsbeschlusses.

4. Abweichung durch Vereinbarung. Durch **Ehevertrag** kann der für den 4
Zugewinnausgleich maßgebliche Berechnungszeitpunkt anders festgelegt werden, BGH LM Nr. 1 zu § 1384.

§ 1385 Vorzeitiger Zugewinnausgleich des ausgleichsberechtigten Ehegatten bei vorzeitiger Aufhebung der Zugewinngemeinschaft

Der ausgleichsberechtigte Ehegatte kann vorzeitigen Ausgleich des Zugewinns bei vorzeitiger Aufhebung der Zugewinngemeinschaft verlangen, wenn

1. **die Ehegatten seit mindestens drei Jahren getrennt leben,**
2. **Handlungen der in § 1365 oder § 1375 Absatz 2 bezeichneten Art zu befürchten sind und dadurch eine erhebliche Gefährdung der Erfüllung der Ausgleichsforderung zu besorgen ist,**
3. **der andere Ehegatte längere Zeit hindurch die wirtschaftlichen Verpflichtungen, die sich aus dem ehelichen Verhältnis ergeben, schuldhaft nicht erfüllt hat und anzunehmen ist, dass er sie auch in Zukunft nicht erfüllen wird, oder**
4. **der andere Ehegatte sich ohne ausreichenden Grund beharrlich weigert oder sich ohne ausreichenden Grund bis zur Stellung des Antrags auf**

Auskunft beharrlich geweigert hat, ihn über den Bestand seines Vermögens zu unterrichten.

§ 1386 Vorzeitige Aufhebung der Zugewinngemeinschaft

Jeder Ehegatte kann unter entsprechender Anwendung des § 1385 die vorzeitige Aufhebung der Zugewinngemeinschaft verlangen.

§ 1387 Berechnungszeitpunkt des Zugewinns und Höhe der Ausgleichsforderung bei vorzeitigem Ausgleich oder vorzeitiger Aufhebung

In den Fällen der §§ 1385 und 1386 tritt für die Berechnung des Zugewinns und für die Höhe der Ausgleichsforderung an die Stelle der Beendigung des Güterstands der Zeitpunkt, in dem die entsprechenden Anträge gestellt sind.

§ 1388 Eintritt der Gütertrennung

Mit der Rechtskraft der Entscheidung, die die Zugewinngemeinschaft vorzeitig aufhebt, tritt Gütertrennung ein.

Anmerkungen zu den §§ 1385–1388

Lit.: Bruns, Der eheliche Unterrichtungsanspruch und seine Bedeutung für den vorzeitigen Zugewinnausgleich, FamRB 2022, 410; Büte, Im Blickpunkt: Der vorzeitige Zugewinnausgleich, FuR 2018, 114 und 172; Fischinger, Zur vorzeitigen Aufhebung der Zugewinngemeinschaft und dem vorzeitigen Zugewinnausgleich nach §§ 1385, 1386 BGB, FF 2019, 285; Herr, Vorzeitiger Zugewinnausgleich bei Rechtshängigkeit des Zugewinnausgleichs als Folgesache im Scheidungsverbund, FamRB 2018, 368; Kogel, Das faktische „Aus" für einen vorzeitigen Zugewinnausgleich gemäß § 1385 Abs. 4 BGB – zugleich ein Plädoyer für eine gesetzliche Neuregelung, FamRZ 2022, 1089; Kohlenberg, Der vorzeitige Zugewinnausgleich (§§ 1385, 1386 BGB) – Häufig nützlich, aber dennoch gemieden, NZFam 2018, 356; Langheim, Vorzeitige Aufhebung der Zugewinngemeinschaft, FF 2022, 441; Schneider, Verfahrenswert im Verfahren auf vorzeitigen Zugewinnausgleich, NZFam 2016, 258.

1 **1. Allgemeines.** Vorzeitige Aufhebung der Zugewinngemeinschaft führt zur Beendigung des ges. Güterstandes (§ 1388); zugleich entsteht die Ausgleichsforderung (§ 1378 III 1). Der Stichtag für die Berechnung und die Höhe der Ausgleichsforderung wird vorverlegt (§ 1387). Damit kann der Ehegatte in den von § 1385 erfassten Fällen (→ Rn. 2 ff.) einen Ausgleichsanspruch (vorzeitig) realisieren, ohne Scheidungsantrag stellen zu müssen (s. BGH FamRZ 2022, 593 [594]). Zugleich kann er weiteren eigenen Zugewinn bei langanhaltendem Getrenntleben vor dem späteren Ausgleich bewahren. Bei Vorliegen der Voraussetzungen des § 1385 kann zudem jeder Ehegatte vorzeitige Aufhebung der Zugewinngemeinschaft beantragen (§ 1386); dadurch werden auch die Interessen des Ausgleichspflichtigen gewahrt, sich vorzeitig aus der Zugewinngemeinschaft zu lösen.

2 **2. Vorzeitiger Zugewinnausgleich. Voraussetzungen** der vier Einzelfälle, in denen vorzeitige Aufhebung der Zugewinngemeinschaft verlangt werden kann: **a)** 1. Fall: **Trennung,** dh Aufhebung der häuslichen Gemeinschaft (s. § 1567 I) seit mindestens **drei Jahren,** § 1385 Nr. 1; Darlegungs- und Beweislast für den Trennungszeitpunkt trägt der Antragsteller (OLG Brandenburg FamRZ 2021, 1869). Ein Ehegatte kann Antrag auch dann stellen, wenn er nicht Zugewinn erwartet, sondern abrechnen will (§ 1386); bes. Rechtsschutzinteresse ist nicht erforderlich (BGH FamRZ 2019, 1045 f.; Gomille NJW 2012, 1545 f.; aA Schöfer-Liebl FamRZ 2011, 1628; FamRZ 2012, 87 [Besorgnis, dass Schutzzweck des § 1365 ausgehöhlt
3 wird]). **b)** 2. Fall: Besorgnis einer **Gefährdung** der künftigen Ausgleichsforderung

durch (Befürchtung der) Vornahme **aa)** zustimmungsloser Gesamtvermögensgeschäfte (§ 1365) oder **bb)** vermögensmindernder RGeschäfte und Handlungen der in § 1375 II 1 genannten Art, § 1385 Nr. 2. Die Gefährdung muss **erheblich** und damit konkret zu bezeichnen sein; § 1375 III gilt entspr.; zur Darlegungs- und Beweislast BGH NJW 2015, 154. **c)** 3. Fall: **Schuldhafte Vernachlässigung der** 4
wirtschaftlichen Verpflichtungen aus der ehelichen Lebensgemeinschaft längere Zeit hindurch sowie die begründete Annahme künftiger Pflichtverletzungen, § 1385 Nr. 3. Nur die wirtschaftlichen Pflichten, also in erster Linie zum Familienunterhalt beizutragen, sind von Bedeutung, nicht etwa alle Verpflichtungen zwischen Ehegatten. Haftungsmaßstab für Verschulden: § 1359 (hM, s. BeckOK/Scheller/Sprink § 1385 Rn. 10). **d)** 4. Fall: Anhaltende und grundlose **Weigerung,** über den 5
Bestand des Vermögens dem anderen Ehegatten **Auskunft zu geben,** § 1385 Nr. 4. Die entspr. Verpflichtung folgt aus der ehelichen Lebensgemeinschaft, → § 1353 Rn. 5; sie ist nicht Auskunftspflicht wie in § 1379 über Details, die ggf. nur durch ein Verzeichnis erfüllt werden kann, sondern sie soll nur einen Überblick über den Stand des Vermögens und größere Veränderungen verschaffen (BGH FamRZ 2022, 593 [594]; Bruns FamRB 2022, 410 [411]); hinzu tritt nach Trennung die Auskunftspflicht nach § 1379 II (Erman/Budzikiewicz § 1385 Rn. 12; aA BGH FamRZ 2022, 593 [594 f.]; NJW 2015, 154: § 1379 II fällt nicht in Anwendungsbereich des § 1385 Nr. 4); bes. Rechtsschutzinteresse ist nicht erforderlich (BGH FamRZ 2022, 593). Die Weigerung ist dann nicht grundlos, wenn mit der schädigenden Weitergabe von Geschäftsgeheimnissen gerechnet werden muss. Zur Beharrlichkeit der Weigerung BGH NJW 2015, 154 [155]; OLG Frankfurt a. M. BeckRS 2014, 20653 (erst nach dreimaliger fruchtloser Aufforderung); sa Erman/Budzikiewicz § 1385 Rn. 13. Maßgeblicher Zeitpunkt: „Stellung des Antrags"; abzustellen ist auf die Rechtshängigkeit des Verfahrens (Erman/Budzikiewicz § 1385 Rn. 13).

3. Folgen. a) Aufhebung des Güterstandes der Zugewinngemeinschaft und Ein- 6
tritt der Gütertrennung mit Rechtskraft des Beschlusses, der auf vorzeitigen Ausgleich erkennt (§ 1388), und damit **b)** Entstehung des Anspruchs auf Zugewinnausgleich (§ 1378 III). **c)** Vorverlegung des Berechnungsstichtages auf den Zeitpunkt 7
der Antragstellung, um zugewinnmindernde Dispositionen während des Verfahrens zu verhindern (§ 1387); ungeachtet des Wortlauts („Anträge gestellt") ist auf die Rechtshängigkeit abzustellen, dh nicht Einreichung, sondern Zustellung des Antrags (s. Erman/Budzikiewicz § 1387 Rn. 2). **d)** § 1388 gilt nicht, wenn die Parteien in 8
einem Prozessvergleich (nur) eine Ausgleichszahlung vereinbaren; wichtig, wenn Kläger am zukünftigen Zugewinn teilhaben will (Erman/Budzikiewicz § 1388 Rn. 2).

4. Abweichung durch Vereinbarung. a) Die Möglichkeit einer vorzeitigen 9
Aufhebung der Zugewinngemeinschaft kann nicht abbedungen werden, solange das Recht auf Zugewinnausgleich besteht; kommt ein Ausgleich (aufgrund vertraglicher Absprache) nicht in Betracht, kann auf den Schutz aus §§ 1385 f. verzichtet werden (s. Erman/Budzikiewicz § 1385 Rn. 25). **b)** Erweiterung des Katalogs ist möglich (MüKo-BGB/Koch § 1385 Rn. 43); Grenze: § 138.

5. Verfahren. § 1385: Gestaltungs- und Zahlungsantrag; § 1386: Gestaltungsan- 10
trag. **a)** Zuständig ist das FamG §§ 111 Nr. 9, 261 I FamFG; §§ 23a I 1 Nr. 1, 23b GVG; örtl. Zuständigkeit § 262 FamFG. Zum Verfahrenswert s. Schneider NZFam 2016, 258. **b)** Rechtshängigkeit des Scheidungsantrags nimmt Antrag nach §§ 1385 f. nicht das Rechtsschutzinteresse (BGH FamRZ 2019, 1045 [zu §§ 1386, 1385 Nr. 1]; zur Problematik doppelter Rechtshängigkeit Herr, FamRB 2018, 368). **c)** Anspruch auf vorzeitigen Ausgleich kann durch Arrest gesichert werden, § 119 II iVm §§ 112 Nr. 2, 261 I FamFG; §§ 916 ff. ZPO (BGH FamRZ 2019, 1045 [1046]; Fischinger FF 2019, 285 [288]).

§ 1389 *(aufgehoben)*

§ 1390 Ansprüche des Ausgleichsberechtigten gegen Dritte

(1) [1]Der ausgleichsberechtigte Ehegatte kann von einem Dritten Ersatz des Wertes einer unentgeltlichen Zuwendung des ausgleichspflichtigen Ehegatten an den Dritten verlangen, wenn

1. der ausgleichspflichtige Ehegatte die unentgeltliche Zuwendung an den Dritten in der Absicht gemacht hat, den ausgleichsberechtigten Ehegatten zu benachteiligen und

2. die Höhe der Ausgleichsforderung den Wert des nach Abzug der Verbindlichkeiten bei Beendigung des Güterstands vorhandenen Vermögens des ausgleichspflichtigen Ehegatten übersteigt.

[2]Der Ersatz des Wertes des Erlangten erfolgt nach den Vorschriften über die Herausgabe einer ungerechtfertigten Bereicherung. [3]Der Dritte kann die Zahlung durch Herausgabe des Erlangten abwenden. [4]Der ausgleichspflichtige Ehegatte und der Dritte haften als Gesamtschuldner.

(2) Das Gleiche gilt für andere Rechtshandlungen, wenn die Absicht, den Ehegatten zu benachteiligen, dem Dritten bekannt war.

(3) [1]Die Verjährungsfrist des Anspruchs beginnt mit der Beendigung des Güterstands. [2]Endet der Güterstand durch den Tod eines Ehegatten, so wird die Verjährung nicht dadurch gehemmt, dass der Anspruch erst geltend gemacht werden kann, wenn der Ehegatte die Erbschaft oder ein Vermächtnis ausgeschlagen hat.

1 **1. Allgemeines.** Schenkungen in Benachteiligungsabsicht oder andere Leistungen aufgrund kollusiven Zusammenwirkens mit Dritten werden zwar dem Endvermögen des Zuwendenden zugerechnet (§ 1375 II 1). Gleichwohl kann die Durchsetzung eines Ausgleichsanspruchs an fehlenden oder unzureichenden Aktiva scheitern. Den ausgleichsberechtigten Ehegatten sucht § 1390 in solchen Fällen mit Ansprüchen gegen den Schenkungsempfänger zu schützen.

2 **2. Voraussetzungen. a) Unentgeltliche Zuwendungen** (s. dazu OLG Brandenburg FamRZ 2019, 1051) an (gutgl.) Dritte in der Absicht, den Ehegatten zu benachteiligen (OLG Brandenburg FamRZ 2019, 1051 [1052]: dolus directus ersten Grades), I 1 Nr. 1, oder **andere Rechtshandlungen,** bei denen der Drittbegünstigte die Benachteiligungsabsicht im Zeitpunkt des Leistungsempfangs kannte, II. Die Leistungen müssen während des Bestehens des ges. Güterstands erbracht worden sein; erfasst sind auch Leistungen zwischen den in §§ 1384, 1387 genannten Zeitpunkten und der Beendigung des Güterstands (s. OLG Brandenburg FamRZ 2019,
3 1051 [1052], str.). **b)** Höhe der Ausgleichsforderung übersteigt den Wert des bei Beendigung des Güterstands vorhandenen Nettovermögens des Ausgleichspflichtigen, I 1 Nr. 2.

4 **3. Folgen. a)** Verpflichtung des (oder der) Dritten zum Ersatz des Wertes des Erlangten (s. OLG Brandenburg FamRZ 2019, 1051: obj. Verkehrswert) nach Bereicherungsrecht (Rechtsfolgenverweisung). Im Falle des I kann also § 818 III zugunsten des Zuwendungsempfängers eingreifen, im Falle des II gelten §§ 819, 818 IV. Zwischen mehreren Verpflichteten besteht keine Rangfolge; der ausgleichsberech-
5 tigte Ehegatte kann sich also an jeden halten (Erman/Budzikiewicz Rn. 10). **b)** Geschuldet ist max. die Differenz zwischen dem Wert des Nettovermögens bei Güterstandsbeendigung und der Höhe der Ausgleichsforderung (Erman/Budzikiewicz Rn. 11). **c)** Der Verpflichtete hat die Befugnis, die Zahlung durch Herausgabe des Erlangten abzuwenden, I 3. **d)** Haftung des ausgleichspflichtigen Ehegatten und des Dritten als Gesamtschuldner, I 4.

6 **4. Verjährung.** 3 Jahre (§ 195) ab Beendigung des Güterstandes, III 1. Bei Ausgleich im Todesfall keine Hemmung der Verjährung während der Zeit bis zur Ausschlagung, III 2.

§§ 1391–1407 *(weggefallen)*

Untertitel 2. Vertragliches Güterrecht

Kapitel 1. Allgemeine Vorschriften

Vorbemerkungen

1. Regelungszweck. §§ 1408–1413 normieren für die Vertragsfreiheit im Ehegüterrecht, insbes. für die Wahl eines der Vertragsgüterstände „Gütertrennung", „Gütergemeinschaft" und deutsch-französischer Güterstand der „Wahl-Zugewinngemeinschaft", **allg. Regeln,** wobei § 1412 für letzteren nicht gilt (§ 1519 S. 3). 1

2. Parteiautonomie. Vertragsfreiheit der Parteien zur Ordnung ihrer güterrechtlichen Beziehungen wird durch § 1408 bestätigt und durch § 1409 begrenzt. Gestaltungsmittel ist der **Ehevertrag.** Form § 1410. 2

3. Überschneidung mit anderen Verträgen. Eheverträge können sich mit 3
anderen Verträgen, vor allem **Gesellschaftsverträgen,** in Zweck und Folgen teilw. überschneiden. Die güterrechtliche Vermögensordnung schließt grds. den Abschluss von RGeschäften zwischen den Eheleuten, die diese Ordnung berühren, nicht aus.
Die **Konkurrenz** solcher Verträge **zu güterrechtlichen Regeln** wirft zwei Fragen 4
auf: Stellt ihre Ausgestaltung funktional und den Absichten der Parteien entspr. einen Ehevertrag dar, so ist die Form des § 1410 einzuhalten. Soweit Gesellschaftsverträge teilw. mit güterrechtlichen Gestaltungen konkurrieren, müssen sie deren zwingenden Regeln entsprechen: Leben die Eheleute in Gütergemeinschaft, dann kann eine Ehegatten-OHG nach BGHZ 65, 79 nur durch ehevertragliche Ausgliederung des Gesellschaftsvermögens als Vorbehaltsgut (§ 1418) errichtet werden; Lit. behandelt Gesellschaftsanteile überwiegend als Sondergut.

§ 1408 Ehevertrag, Vertragsfreiheit

(1) **Die Ehegatten können ihre güterrechtlichen Verhältnisse durch Vertrag (Ehevertrag) regeln, insbesondere auch nach der Eingehung der Ehe den Güterstand aufheben oder ändern.**

(2) **Schließen die Ehegatten in einem Ehevertrag Vereinbarungen über den Versorgungsausgleich, so sind insoweit die §§ 6 und 8 des Versorgungsausgleichsgesetzes anzuwenden.**

§ 1409 Beschränkung der Vertragsfreiheit

Der Güterstand kann nicht durch Verweisung auf nicht mehr geltendes oder ausländisches Recht bestimmt werden.

Anmerkungen zu den §§ 1408, 1409

Lit.: Bergschneider, Zu den Grenzen des Güterrechts im Rahmen der richterlichen Inhaltskontrolle von Eheverträgen, FS Koch, 2019, 323; Bosch, Bewertungszeitpunkt bei der Inhaltskontrolle eines Ehevertrags, FamRZ 2016, 1026; Bühler, Aktuelle Entwicklungen im Ehevertragsrecht, MittBayNot 2022, 307; Göppinger/Rakete-Dombek, Vereinbarungen anlässlich der Ehescheidung, 11. Aufl. 2018; Grandel, Eheverträge – von der Privatautonomie zur Inhaltskontrolle, FF 2019, 346; Hahne, Wider die Diktatur des § 138 BGB bei Eheverträgen, FS Koch, 2019, 357; Langenfeld/Milzer, Handbuch der Eheverträge und Scheidungsvereinbarungen, 8. Aufl. 2019; Langenfeld, Ehevertrag und Scheidungsvereinbarung, 12. Aufl. 2012; Münch, Was kann die Ausübungskontrolle?, FS Koch, 2019, 389; Reetz, Gedanken zur Funktion der „Kernbereichsferne" des Güterrechts und zur Gestaltungsfreiheit, FS Koch, 2019, 399; Schwenzer, Vertragsfreiheit im Ehevermögens- und Scheidungsfolgenrecht, AcP 196, 88; Wellenhofer, Die Inhaltskontrolle von Eheverträgen und die gestörte Vertragsparität, NZFam 2020, 229.

1 **1. Allgemeines.** §§ 1408, 1409 gestalten und begrenzen die Vertragsfreiheit im Ehegüterrecht. § 1409 sichert die mit dem BGB erfolgte Straffung des Güterrechts durch Abschaffung der Vielfalt von partikularrechtlichen Güterständen.

2 **2. Möglichkeiten. a) Wahl** zwischen den geltenden ges. Typen Gütertrennung und Gütergemeinschaft sowie den ges. normierten Modifikationen der Gütergemeinschaft (Verwaltung, § 1421, und evtl. Fortsetzung mit den Abkömmlingen, § 1483); seit 1.5.2013 zudem Wahl des deutsch-französischen Güterstands der „Wahl-Zugewinngemeinschaft" möglich, s. → § 1519 Rn. 1. Auch der ges. Güter-
3 stand kann in einem Ehevertrag „bekräftigt" werden (s. RGZ 133, 20). **b)** In **„speziellen Eheverträgen"** können Einzelregelungen des ges. oder gewählten Güterstandes abbedungen oder geändert werden, soweit sie nicht zwingendes Recht sind. Verfügungsbeschränkungen der §§ 1365, 1369 können abbedungen, Regelung des Zugewinnausgleichs kann modifiziert werden, etwa durch Beschränkung des Ausgleichs auf den Fall der Auflösung der Ehe durch Tod (BGH NJW 1964, 1795; wN bei Soergel/Gaul/Althammer § 1408 Rn. 15), Änderung von Stichtagen oder Herausnahme bestimmter Gegenstände aus dem Ausgleich, s. BGH NJW 2013, 2753 (Grundstücke); NJW 1997, 2240 (Betriebsvermögen); OLG Frankfurt a. M. NJW 2020, 1527 [1528] (Betriebsvermögen). Auch Ausschluss des Zugewinnausgleichs unter ausdr. Beibehaltung der Beschränkungen aus §§ 1365–1369 muss möglich sein; § 1414 ist insoweit dispositiv (s. Gernhuber/Coester-Waltjen § 31 Rn. 25;
4 Staudinger/Thiele § 1363 Rn. 38, str.). **c) Vereinbarungen über den Versorgungsausgleich** sind nach Maßgabe der §§ 6 und 8 VersAusglG zulässig, § 1408 II.

5 **3. Grenzen der Privatautonomie. a)** Nicht möglich ist die **Verweisung** auf einen der fr. geltenden Güterstände („Stichwortvertrag"). Zur Wahl ausländischen Güterrechts s. (bei Rechtswahl vor dem 29.1.2019) vor allem Art. 15 II EGBGB (Fassung bis 28.1.2019) iVm Art. 229 § 47 II EGBGB und (bei Rechtswahl nach dem 28.1.2019, Art. 69 III EuGüVO) Art. 22 ff. EuGüVO (kollisionsrechtliche Parteiautonomie; dazu Meise RNotZ 2016, 485 [488 ff.]), während § 1409 nur materiellrechtliche Parteiautonomie nach deutschem Sachrecht beschränkt. IÜ ist str., ob und inwieweit der Vertragsfreiheit zur Ausgestaltung von güterrechtlichen Bezie-
6 hungen Grenzen gesetzt sind. Diskutiert werden: **aa)** Ehevertrag nach ausländischem oder fr. geltendem Recht durch Übernahme der ges. Regelung in den Text des Vertrages; **bb)** Vereinbarung eines „Mischgüterstandes", der aus einzelnen Regelungen der ges. Typen individuell (und im Vertrag ausformuliert) zusammengesetzt ist; **cc)** „Phantasiegüterstände", in denen in freier Rechtsschöpfung ohne Anlehnung an fr. oder jetzige ges. Typen eine individuelle Regelung versucht wird. Überwiegend wird iE die Zulässigkeit derartiger Gestaltungen verworfen (vgl. nur MüKoBGB/Münch § 1408 Rn. 14 [Grundsatz der Typenbeschränkung]; s. auch OLG
7 Schleswig NJW-RR 1996, 134). **b)** Schranken bestehen vor allem für die Wirkungen zuordnungsändernder Vereinbarungen, die sich im Interesse des Rechtsverkehrs im Rahmen der sachenrechtlichen Gestaltungsmöglichkeiten halten müssen. Der Privatautonomie sind ferner solche Regeln der ges. Güterstandstypen entzogen, die entweder einen der Ehegatten oder aber Dritte zwingend schützen: Schuldenhaftung des Gesamtguts in der Gütergemeinschaft kann nicht mit Wirkung gegen die Gläubiger abw. vom ges. Haftungsverteilungsschlüssel (§§ 1437–1440, 1459–1462) geregelt, die Antragsrechte aus §§ 1368, 1447, 1448, 1469 können nicht abbedungen
8 werden. **c) Allg. Schranken der Vertragsfreiheit.** Den Ehegatten steht es grds. frei, die ges. Regelungen über Zugewinn, Versorgungsausgleich und nachehelichen Unterhalt durch Ehevertrag auszuschließen; kein unverzichtbarer Mindestgehalt an Scheidungsfolgeansprüchen zwischen Ehegatten (BGH NJW 2004, 930 [933]; NJW 2013, 457; FamRZ 2017, 884 [887]; FamRZ 2020, 1347 [1349]). Zusammenfassend zur Inhalts- und Ausübungskontrolle (§§ 138, 242) jetzt BGH FamRZ 2013, 195;

FamRZ 2017, 884 [886 f.]; FamRZ 2018, 577 ff.; FamRZ 2020, 1347 [1348 f.]. **aa) Wirksamkeitskontrolle, § 138;** Disponibilität der Scheidungsfolgen darf nicht 9
dazu führen, dass der Schutzzweck des Scheidungsfolgenrechts beliebig unterlaufen werden kann (BGH NJW 2015, 52 [53]; FamRZ 2018, 577; FamRZ 2020, 1347 [1348]). **bb)** Die Grenze liegt **objektiv** in einer durch die individuelle Gestaltung der ehelichen Lebensverhältnisse nicht gerechtfertigten evident **einseitigen Lastenverteilung,** wenn sie für den belasteten Ehegatten unzumutbar ist (BGH NJW 2004, 930 [934]; NJW 2005, 137 [138]; FamRZ 2018, 577 f.; FamRZ 2020, 1347 [1348]); maßgeblicher **Zeitpunkt** ist der **Vertragsschluss** (BGH NJW 1991, 913 [914]; NJW 2004, 930 [935]; FamRZ 2018, 577 [578]). Zur Feststellung der Benachteiligung ist eine **Gesamtschau** der individuellen Verhältnisse der Ehegatten – insbes. hinsichtlich ihrer Einkommens- und Vermögensverhältnisse, ihres geplanten oder bereits verwirklichten Lebenszuschnitts und der Auswirkungen der Vereinbarungen auf Ehegatten und Kinder – vorzunehmen (BGH NJW 2004, 930 [935]; FamRZ 2018, 577 [578]). **Subjektiv** sind der mit dem Vertrag verfolgte Zweck und sonstige Beweggründe zu berücksichtigen (BGH NJW 2004, 930 [935]; NJW 2013, 1359 [1360]; FamRZ 2018, 577 [578]). Die Wirksamkeitskontrolle nach § 138 ist auch bei Scheidungsfolgenvereinbarungen durchzuführen, die mit Blick auf Ehekrise oder erwartete Scheidung getroffen werden (BGH FamRZ 2020, 1347 [1348]). Darlegungs- und beweispflichtig für die Voraussetzungen der Sittenwidrigkeit ist der Ehegatte, der sich auf die Unwirksamkeit beruft (OLG Brandenburg FamRZ 2021, 1867 [1868]; MüKo-BGB/Münch § 1408 Rn. 77). **cc) Kern-** 10
bereichslehre: Der Umfang des Verzichts ist anhand der Schwere der aufgegebenen Position im System der ges. Scheidungsfolgen zu ermitteln (BGH NJW 2004, 930 mAnm Rakete-Dombek NJW 2004, 1273). Am schwersten wiegt der Betreuungsunterhalt nach § 1570: wegen Ausrichtung auf das Kindesinteresse ist er einer Disposition der Ehegatten am wenigsten zugänglich; Modifikationen bzgl. Höhe und Dauer (auch völliger Ausschluss) sind aber nicht gänzlich ausgeschlossen (zB bei fehlendem Kinderwunsch, BGH FamRZ 2013, 195). Ebenfalls dem „Kernbereich" der Scheidungsfolgen zugerechnet wird auf zweiter Stufe der Unterhalt wegen Alters oder Krankheit (§§ 1571, 1572) sowie der Versorgungsausgleich als vorweggenommener Altersunterhalt: nur begrenzt disponibel (BGH NJW 2013, 457; FamRZ 2020, 1347 [1348]; sa BGH FamRZ 2017, 884 [886]); Verzicht aber nicht ausgeschlossen, etwa wenn die Ehe erst im Alter oder nach Ausbruch der Krankheit geschlossen wird (BGH NJW 2004, 930 [934]) oder der benachteiligte Ehegatte in der Lage ist, Vorsorge für seine Altersversorgung zu treffen (BGH NJW 2005, 1370 [1372]; FamRZ 2020, 1347 [1348 f.]: Wirksamkeitskontrolle ist keine Halbteilungskontrolle; vgl. auch FamRZ 2017, 884 [886]). In der weiteren Abstufung folgen und sind am ehesten verzichtbar: der Unterhalt wegen Erwerbslosigkeit nach § 1573, der Krankenvorsorge- und Altersvorsorgeunterhalt nach §§ 1578 II, III (vgl. hierzu BGH NJW 2005, 1370 [1372]: Ausschluss wirksam, wenn Unterhaltsbedürftigkeit nicht absehbar und Altersvorsorge üblicherweise bereits erworben), sowie Aufstockungs- (§ 1573 II) und Ausbildungsunterhalt (§ 1575). Nicht zum „Kernbereich" der Scheidungsfolgen zählt der Zugewinnausgleich, der damit einer vertraglichen Disposition am weitesten zugänglich ist (BGH NJW 2013, 457; FamRZ 2018, 577 [578]); dies gilt auch für Unternehmerehen, in denen Altersvorsorge durch den selbstständig tätigen Ehegatten überwiegend durch Ansammlung privaten Vermögens erfolgt (BGH FamRZ 2017, 884 [887]; anders OLG Karlsruhe FamRZ 2015, 500 bei Funktionsäquivalenz von Zugewinn- und Versorgungsausgleich). **Sitten-** 11
widrigkeit ist regelmäßig nur dann anzunehmen, wenn Regelungen aus dem **„Kernbereich"** ganz oder zu erheblichen Teilen ausgeschlossen wurden, ohne Ausgleich dieser Nachteile durch **anderweitige Vorteile** (Abschluss einer Kapitallebensversicherung, BGH NJW 2004, 930 [936]; NJW 2014, 1101; Zahlung freiwilliger Beiträge zur ges. Rentenversicherung, BGH NJW 2005, 1370 [1372]; **nicht** das Eheversprechen, BVerfG NJW 2001, 957 [959]) bzw. ohne Rechtfertigung durch die bes. Verhältnisse der Ehegatten, insbes. den angestrebten oder gelebten

12 Ehetyp (BGH NJW 2004, 930 [935]). **dd)** Für die Annahme der Sittenwidrigkeit genügt ein obj. einseitiger Vertragsinhalt nicht, es sind **zusätzliche Umstände** erforderlich (sa → § 138 Rn. 11). Diese können sich aus einer auf Verhandlungsimparität beruhenden einseitigen Dominanz eines Ehegatten ergeben, zB infolge Ausnutzung einer Zwangslage, sozialer bzw. wirtschaftlicher Abhängigkeit oder intellektueller Unterlegenheit (BGH FamRZ 2013, 195; FamRZ 2017, 884 [887]; FamRZ 2018, 577 [579]; FamRZ 2020, 1347 [1349]); subj. Imparität kann sich auch aus der Ausnutzung sprachlicher Unterlegenheit ergeben (BGH FamRZ 2019, 953 [957 f.]: Ehegatte war der deutschen Urkundssprache nicht mächtig). Die Ausnutzung einer **Zwangslage** kommt insbes. bei vorsorgenden – anlässlich der Eheschließung oder im Zusammenhang mit einer Schwangerschaft geschlossenen – Eheverträgen in Betracht; Schwangerschaft ist aber nur ein Indiz für Unterlegenheit bei evident einseitigem Ehevertrag (BVerfG NJW 2001, 957 [958]; NJW 2001, 2248; BGH NJW 2005, 2386 [2389]; FamRZ 2008, 2011; FamRZ 2009, 1041), Ausgleich der Unterlegenheit durch Vermögenslage, berufliche Qualifikation und die von den Ehegatten angestrebte Aufteilung von Erwerbs- und Familienarbeit möglich (BVerfG NJW 2001, 957 [959]). Drucksituation auch dann, wenn ein Ehegatte von ausländerrechtlichen Maßnahmen (Ausweisung) bedroht ist (BGH FamRZ 2018, 577 [579]); ebenso, wenn ein Ehegatte den anderen am Tag der Eheschließung mit dem Vertrag überrascht und damit droht, die Hochzeit platzen zu lassen, falls der andere nicht unterschreibt (OLG Koblenz FF 2003, 138). Die Sittenwidrigkeit kann auch in der **Schädigung Dritter** liegen, etwa bei Verzicht auf Unterhalt oder Versorgungsausgleich zu Lasten der Sozialhilfe (BGH FamRZ 2009, 198; jedoch keine Schädigung, wenn beide Ehegatten Sozialhilfe beziehen [BGH NJW 2007, 904]), oder in der Gefährdung des Kindeswohls durch völlige Freistellung des nicht betreuenden Ehegatten vom Kindesunterhalt, wenn eine dem Kindeswohl entspr. Betreuung und ein den Verhältnissen beider Ehegatten angemessener Barunterhalt nicht gesichert sind (BVerfG NJW 2001, 957 [960]; dazu D. Schwab FamRZ 2001, 349). Sittenwidrig ist es auch, den fr. Ehegatten, der erst im Hinblick auf die Eheschließung in Deutschland ansässig geworden ist, die Folgen einer hier eingetretenen und bei Abschluss des Ehevertrages zumindest vorhersehbaren Bedürftigkeit allein tragen zu lassen (BGH NJW 2007, 907 [908]). **Keine** Sittenwidrigkeit, wenn im Ehevertrag nur auf Zugewinnausgleich verzichtet wurde, ein Ehegatte aber außerdem auch kein im Versorgungsausgleich auszugleichendes Vermögen erworben hat (BGH NJW 2008, 1076; sa [Unternehmerehe] BGH FamRZ 2017, 884 [887]; anders OLG Karlsruhe FamRZ 2015, 500 [501], Eingriff in den Kernbereich der Scheidungsfolgen).

13 **ee)** Ob die Nichtigkeit einer Vereinbarung den ganzen Vertrag vernichtet, richtet sich nach **§ 139** (OLG Frankfurt a. M. NJW-RR 2005, 1597: Teilunwirksamkeit trotz Verstoßes gegen § 138, wenn Ehegatten Gütertrennung trotzdem gewollt hätten; FamRZ 2006, 1097: Gesamtnichtigkeit, wenn die Gesamtwürdigung des Ehevertrages, dessen Inhalt für eine Partei ausnahmslos nachteilig ist und dessen Einzelregelungen durch keine berechtigten Belange der anderen Partei gerechtfertigt werden, dessen Sittenwidrigkeit ergibt; BGH FamRZ 2017, 884: Gesamtnichtigkeit bei kompensationslosem Totalverzicht); zur Beachtlichkeit einer salvatorischen Klausel BGH NJW 2013, 457; FamRZ 2018, 577 [579]; FamRZ 2020, 1347 [1350]. Bei
14 Verbindung von Ehe- und Erbvertrag gilt § 139 nicht (BGHZ 29, 131 f.). **ff) Ausübungskontrolle, § 242.** Hat die Abrede Bestand, kann die Berufung darauf gegen Treu und Glauben verstoßen, wenn der Ausschluss der Scheidungsfolge eine evident einseitige, unzumutbare Lastenverteilung ergibt (zuletzt BGH FamRZ 2018, 1415 [1417]; FamRZ 2020, 1347 [1350]; FamRZ 2021, 1114 [1116]); Anknüpfungspunkt für die Beurteilung ist zunächst der **Zeitpunkt** des **Scheiterns der Ehe** (BGH FamRZ 2021, 1114 [1116]; NJW 2005, 139; NJW 2005, 2390). Unzumutbare Lastenverteilung kommt bei erheblicher einvernehmlicher **Abweichung** von der ursprünglich geplanten und dem Vertrag zugrunde liegenden Gestaltung der ehelichen Lebensverhältnisse in Betracht (BGH FamRZ 2021, 1114 [1116]; FamRZ 2018, 1415 [1417]; NJW 2013, 380 [383]; NJW 2013, 457 [461]: Ehegatte über-

nimmt entgegen der Planung unter Verzicht auf eine versorgungsbegründende Erwerbstätigkeit in der Ehe einvernehmlich die Erziehung der Kinder; BGH NJW 2008, 1080: Erkrankung eines Ehegatten; NJW 2005, 139 [140]). Berufung auf vereinbarte Gütertrennung oder sonstige Modifikationen des ges. Güterstands ist im Hinblick auf die Kernbereichsferne des Zugewinnausgleichs aber nur in Ausnahmefällen rechtsmissbräuchlich (BGH FamRZ 2018, 1415 [1417], dort auch zur Funktionsäquivalenz von Zugewinn- und Versorgungsausgleich); insbes. keine Ausübungskontrolle, wenn den durch Übernahme von Haushaltsführung und Kinderbetreuung erlittenen Nachteilen beim Aufbau eigener Altersversorgung durch Versorgungsausgleich Rechnung getragen wird (BGH FamRZ 2018, 1415 [1417 f.]: keine Gewährung entgangener ehebedingter Vorteile). Haben sich die Umstände nach der erstmaligen Ausübungskontrolle im Zeitpunkt des Scheiterns der Ehe wesentlich verändert, kann eine **erneute Ausübungskontrolle** erfolgen, sofern die Voraussetzungen eines Abänderungsverfahrens nach § 238 FamFG vorliegen (BGH FamRZ 2021, 1114 [1116 f.], Berufung auf ehevertraglichen Unterhaltsausschluss). Eine Ausübungskontrolle **scheidet** dagegen von vornherein **aus,** wenn Vertragsschluss und Scheitern der Ehe (im Wesentlichen) zusammenfallen; (grundlegende) Abweichung der ehelichen Lebensverhältnisse von der ursprünglichen Planung kann in diesem Fall nicht mehr eintreten (BGH FamRZ 2020, 1347 [1350]); Vertragsanpassung wegen Störung der Geschäftsgrundlage (§ 313 BGB) bleibt möglich (BGH FamRZ 2020, 1347 [1350]); sa → Rn. 16. **gg) Folge:** Anordnung der Rechtsfolge, die den 15 berechtigten Belangen der Ehegatten am besten Rechnung trägt (BGH NJW 2013, 380 [383]; NJW 2015, 52 [54]); zur Anpassung bei Verzicht auf eine versorgungsbegründende Erwerbstätigkeit BGH NJW 2013, 1359 [1361]; NJW 2015, 52 [54]; zur Funktionsäquivalenz von Zugewinn- und Versorgungsausgleich BGH FamRZ 2018, 1415 [1417 f.]: ggf. modifizierter Zugewinnausgleich als Ausgleich für entgangene Versorgungsanrechte. Keine grds. Beschränkung des Anspruchs nach § 1570 auf den Notunterhalt (BGH NJW 2004, 936; anders noch BGH NJW 1992, 3166).
d) Die Grundsätze der **Störung der Geschäftsgrundlage** (§ 313) sind auf Ehever- 16 träge anwendbar (BGH NJW 2005, 2390; NJW 2013, 380 [383]; FamRZ 2018, 1415 [1417]; FamRZ 2020, 1347 [1350]).

4. Vertragsschluss und Vertragswirksamkeit. Richten sich nach den Vor- 17 schriften des AT, wobei allerdings für Form (§ 1410) und Geschäftsfähigkeit (§ 1411) qualifizierte Regeln bestehen. Anfechtung wegen Drohung/Täuschung (Selbstmord) BGH NJW-RR 1996, 1282. Auch ist der Ehevertrag nur Ehepartnern oder Verlobten zugänglich; im letzteren Fall wird er erst mit Eheschließung wirksam (BayObLGZ 1957, 49 [51]).

5. Zeitpunkt. Ein Ehevertrag kann vor (hierzu → Rn. 17) oder nach Eingehung 18 der Ehe geschlossen oder geändert werden; vgl. auch BGH FamRZ 2020, 1347 [1348] zur Wirksamkeitskontrolle von Scheidungsfolgenvereinbarungen.

6. Dauer. Der Ehevertrag endet mit Auflösung der Ehe oder Aufhebungsvertrag, 19 der von beiden Parteien jederzeit einvernehmlich geschlossen werden kann, ferner mit Rechtskraft eines Beschlusses auf Aufhebung bei Anträgen nach §§ 1447, 1448, 1469.

7. Anfechtung bei Gläubigerbenachteiligung. Anfechtung eines Ehevertra- 20 ges wegen Gläubigerbenachteiligung nach §§ 133 f. InsO, § 3 AnfG ist möglich.

8. Streitigkeiten aus güterrechtlichen Vereinbarungen. Sind Familiensachen 21 (§ 111 Nr. 9 FamFG).

§ 1410 Form

Der Ehevertrag muss bei gleichzeitiger Anwesenheit beider Teile zur Niederschrift eines Notars geschlossen werden.

1 **1. Zweck.** Mit der Form des § 1410 soll Warnung, Klarheit, Beweissicherheit und Zwang zu sachkundiger Beratung erreicht werden.

2 **2. Geltungsbereich.** Auch Vorverträge (BGH FamRZ 1966, 492) und Aufhebungsverträge (OLG Frankfurt a. M. FamRZ 2001, 1523 [1524]). Zur Formbedürftigkeit von RGeschäften, die im Zusammenhang mit einem Ehevertrag stehen, Kanzleiter NJW 1997, 217.

3 **3. Gleichzeitige Anwesenheit.** Das Erfordernis gleichzeitiger Anwesenheit schließt Sukzessivbeurkundungen aus, meint aber nicht persönliche Anwesenheit; Stellvertretung ist also zulässig. Die Vollmacht ist nicht formbedürftig (§ 167 II); für widerrufliche Vollmacht bestätigt von BGH NJW 1998, 1857 [1858].

4 **4. Formmangel.** Folge eines **Formmangels** ist Nichtigkeit, § 125 S. 1.

5 **5. Beurkundung.** Zur Beurkundung s. §§ 8 ff. BeurkG.

6 **6. Auslandsberührung.** S Art. 25 EuGüVO (vgl. → Vor §§ 1363 Rn. 8).

Lit.: Bergschneider, Eheverträge und Auslandsbeurkundung, FamRZ 2020, 563.

§ 1411 Eheverträge Betreuter

(1) [1]**Ein Betreuter kann einen Ehevertrag nur mit Zustimmung seines Betreuers schließen, soweit für diese Angelegenheit ein Einwilligungsvorbehalt angeordnet ist.** [2]**Die Zustimmung des Betreuers bedarf der Genehmigung des Betreuungsgerichts, wenn der Ausgleich des Zugewinns ausgeschlossen oder eingeschränkt oder wenn Gütergemeinschaft vereinbart oder aufgehoben wird.** [3]**Für einen geschäftsfähigen Betreuten kann der Betreuer keinen Ehevertrag schließen.**

(2) [1]**Für einen geschäftsunfähigen Ehegatten schließt der Betreuer den Ehevertrag; Gütergemeinschaft kann er nicht vereinbaren oder aufheben.** [2]**Der Betreuer kann den Ehevertrag nur mit Genehmigung des Betreuungsgerichts schließen.**

1 **1. Allgemeines.** Die Regelung wurde durch das Ges. zur Bekämpfung von Kinderehen v. 17.7.2017 (BGBl. I 2429) mWv 22.7.2017 geändert; sa → Anm. zu §§ 1303, 1304 Rn. 3. Erfasst sind nur noch Eheverträge Betreuter; der Abschluss eines Ehevertrags durch einen minderjährigen Ehegatten ist nicht mehr geregelt, obwohl der Fall auch nach dem Verbot der Eheschließung durch Minderjährige weiter eintreten kann (zu den Folgeproblemen s. D. Schwab FamRZ 2017, 1369 [1372]).

2 **2. Vertragsschluss geschäftsfähiger Betreuter. a)** Vornahme nur persönlich, I 3. **b)** Zustimmung des **Betreuers** ist erforderlich, wenn Einwilligungsvorbehalt angeordnet ist, I 1. Genehmigung des Betreuungsgerichts s. I 2; darunter fällt auch die Vereinbarung der Gütertrennung, da damit der Zugewinnausgleich ausgeschlossen wird.

3 **3. Geschäftsunfähige.** Für Geschäftsunfähige s. II.

§ 1412 Wirkungen gegenüber Dritten

Haben die Ehegatten den gesetzlichen Güterstand ausgeschlossen oder *geändert oder haben* sie eine Vereinbarung über den Güterstand aufgehoben oder geändert, so können sie hieraus einem Dritten gegenüber Einwendungen

1. **gegen ein Rechtsgeschäft, das zwischen einem der Ehegatten und dem Dritten vorgenommen worden ist, nur herleiten, wenn das Vorhandensein eines Ehevertrages dem Dritten bei Vornahme des Rechtsgeschäfts**

bekannt gewesen oder infolge grober Fahrlässigkeit unbekannt geblieben ist, oder

2. gegen ein rechtskräftiges Urteil, das zwischen einem der Ehegatten und dem Dritten ergangen ist, nur herleiten, wenn das Vorhandensein eines Ehevertrages dem Dritten bei dem Eintritt der Rechtshängigkeit des Rechtsstreits bekannt gewesen oder infolge grober Fahrlässigkeit unbekannt geblieben ist.

1. Allgemeines. a) Ehe und Güterstand beeinflussen die Befugnisse der Ehegat- 1
ten zum Abschluss von RGeschäften mit Dritten durch Erweiterungen (§ 1357) und Schranken (§§ 1365, 1369). Vereinbaren die Ehegatten Änderungen oder machen sie vereinbarte Veränderungen rückgängig, so muss das Interesse Dritter, die auf den „Normalfall" der Befugnisse von Ehegatten vertrauen, berücksichtigt werden. § 1412 schützt dieses Interesse: Die Ehegatten können aus einem Ehevertrag nur dann einem Dritten gegenüber Einwendungen gegen ein RGeschäft oder ein rechtskräftiges Urteil herleiten, wenn der Dritte Kenntnis oder jedenfalls grob fahrlässige Unkenntnis von dem Ehevertrag hatte. **b)** Eine Eintragung des Ehevertrages in das 2
Güterrechtsregister ist seit dessen Abschaffung zum 1.1.2023 (s. dazu BT-Drs. 20/2730, 10 f.) nicht mehr möglich. Damit ist auch die in § 1412 aF (bis 31.12.2022) vorgesehene Wirkung der Registrierung obsolet geworden. Die Norm wurde durch Ges. v. 31.10.2022 (BGBl. I 1966) mWv 1.1.2023 an die neue Rechtslage angepasst; sie enthält jetzt nur noch eine Gutglaubensvorschrift nach dem Vorbild des Art. 28 EuGüVO (s. BT-Drs. 20/2730, 11, 14). Der Schutz der Ehegatten voreinander tritt damit hinter dem Schutz des Rechtsverkehrs zurück. Bereits bestehende Eintragungen im Güterrechtsregister verlieren ihre Bedeutung aber nicht schon mit Ablauf des 31.12.2022; abweichend von § 1412 wirken sie nach Maßgabe der Übergangsvorschrift des Art. 229 § 64 EGBGB während einer Übergangszeit von fünf Jahren fort. Einwendungen aus Eintragungen im Güterrechtsregister können danach auch weiterhin erhoben werden (a) gegen RGeschäfte, die vor dem 1.1.2028 vorgenommen wurden, und (b) gegen rechtskräftige Urteile, sofern der Rechtsstreit vor dem 1.1.2028 rechtshängig geworden ist (Art. 229 § 64 I EGBGB). Die Übergangsregelung gilt für alle von § 1412 aF erfassten Fälle sowie für jene Fälle, in denen § 1412 aF durch Verweisung zur Anwendung gekommen ist (BT-Drs. 20/2730, 15). Nach Ablauf der fünfjährigen Übergangsfrist kann noch bis zum 31.12.2037 Einsicht in das Register genommen werden (Art. 229 § 64 IV EGBGB); danach werden die Register ausgesondert. **c)** § 1412 gilt nach § 1519 S. 3 nicht für den Güterstand der 3
Wahl-Zugewinngemeinschaft.

**2. Änderung der güterrechtlichen Befugnisse. a) Ausschluss oder Ände- 4
rung des ges. Güterstandes.** Änderung des ges. Güterstandes der Zugewinngemeinschaft (s. § 1363 I) ist zB Ausschluss des Zugewinns, falls die Ehe anders als durch Tod endet (OLG Köln NJW-RR 1995, 390), oder Befreiung von der Vinkulierung gem. §§ 1365 ff. Allerdings werden dadurch keine Einwendungen gegenüber Dritten erzeugt; § 1412 spielt daher keine Rolle. Der Ausschluss des ges. Güterstandes oder dessen Aufhebung führen, sofern nicht etwas anderes vereinbart ist, zur Gütertrennung (§ 1414); auch die Gütertrennung bewirkt aber keine Einschränkung von Befugnissen, gegen die ein Dritter zu schützen wäre; § 1412 kommt daher auch in diesen Fällen keine Bedeutung zu. Dasselbe gilt bei Vereinbarung von Gütertrennung. Einwendungsrelevant iSd § 1412 ist letztlich nur die Vereinbarung der Gütergemeinschaft. **b)** Ebenfalls von § 1412 erfasst ist die **Änderung oder** 5
Aufhebung einer Vereinbarung über den Güterstand, wenn sich daraus Einschränkungen der rechtlichen Befugnisse der Ehegatten ergeben. Bsp: Änderung der Verwaltungsmacht in der Gütergemeinschaft, Vereinbarung der Zugewinngemeinschaft und Aufgabe der Gütertrennung. **c)** Unterstehen die Wirkungen des 6
ehelichen Güterstandes auf ein Rechtsverhältnis zwischen einem Ehegatten und einem Dritten nach Maßgabe der EuGüVO **ausländischem Recht** (s. Art. 27 lit. f EuGüVO), schützt Art. 28 EuGüVO den Rechtsverkehr. Haben die Ehegatten vor

dem 29.1.2019 geheiratet und ab diesem Zeitpunkt keine Rechtswahl nach der EuGüVO getroffen, erfolgt der Verkehrsschutz nach Art. 16 I EGBGB aF iVm Art. 229 § 47 II Nr. 2 EGBGB (s. dazu auch BT-Drs. 20/2730, 14).

7 **3. Regelungsbereich.** Der Einwendungsausschluss nach § 1412 betrifft nur RGeschäfte (Nr. 1) und rechtskräftige Urteile (Nr. 2) zwischen Ehegatten und Dritten. Als RGeschäft gilt nach BT-Drs. 20/2730, 14 auch die Stimmabgabe im Rahmen eines Gesellschafterbeschlusses. Keine Bedeutung hat die Regelung für den Rechtserwerb in der Zwangsvollstreckung (Grüneberg/Siede Rn. 6), ferner für RGeschäfte zwischen den Ehegatten oder zwischen Dritten (etwa Nacherwerb einer von einem Ehegatten stammenden Sache).

8 **4. Kenntnis oder grob fahrlässige Unkenntnis. a)** Einwendungen gegen ein RGeschäft können aus einer ehevertraglichen Vereinbarung nur dann hergeleitet werden, wenn das Vorhandensein des Ehevertrages dem Dritten bei Vornahme des Rechtsgeschäfts bekannt gewesen oder grob fahrlässig unbekannt geblieben ist (Nr. 1). Bei rechtskräftigen Urteilen muss Kenntnis oder grob fahrlässige Unkenntnis bei Eintritt der Rechtshängigkeit vorgelegen haben (Nr. 2). Zum Begriff der groben Fahrlässigkeit → § 276 Rn. 33 ff. Nicht erforderlich ist Kenntnis des genauen Inhalts des Ehevertrages; es genügt, wenn die Modifikation des ges. Güterstandes (zB Vereinbarung der Gütergemeinschaft) bekannt ist, da diese das Vorliegen eines Ehevertrages voraussetzt (BT-Drs. 20/2730, 14). Weiß der Dritte, dass die Ehegatten einen Ehevertrag geschlossen haben oder sind ihm Umstände bekannt, die hierauf schließen lassen, fällt es in seinen Risikobereich, wenn er verabsäumt nachzufragen, ob die Befugnisse der Ehegatten durch die Vereinbarung eingeschränkt worden sind (BT-Drs. 20/2730, 14). **b)** Die Darlegungs- und Beweislast für die Kenntnis/grob fahrlässige Unkenntnis des Dritten trägt der Ehegatte, der Einwendungen aus den Änderungen der güterrechtlichen Befugnisse herleiten möchte (Grüneberg/Siede Rn. 29).

9 **5. Wirkung. a)** Die Ehegatten (nicht der Dritte) können bei Kenntnis bzw. grob fahrlässiger Unkenntnis des Dritten nach § 1412 Einwendungen aus den Änderungen der güterrechtlichen Befugnisse herleiten (zB fehlende Verwaltungs- oder Verfügungsmacht, Aktiv- oder Passivlegitimation, Prozessführungsbefugnis). War dem Dritten die Änderung gegenüber dem ges. Güterstand oder einem fr. Ehevertrag weder bekannt noch grob fahrlässig unbekannt, wird die Rechtslage zugrunde gelegt, von der der gutgl. Dritte ausgehen durfte (Grüneberg/Siede Rn. 10). **b)** Bei unentgeltlichem Erwerb ist der nach § 1412 geschützte Dritte gem. § 816 I 2 zur Herausgabe verpflichtet (BGHZ 91, 288).

10 **6. Gutgl. Erwerb.** Vorschriften über den gutgl. Erwerb bleiben unberührt (hM, s. nur Grüneberg/Siede Rn. 2).

§ 1413 Widerruf der Überlassung der Vermögensverwaltung

Überlässt ein Ehegatte sein Vermögen der Verwaltung des anderen Ehegatten, so kann das Recht, die Überlassung jederzeit zu widerrufen, nur durch Ehevertrag ausgeschlossen oder eingeschränkt werden; ein Widerruf aus wichtigem Grunde bleibt gleichwohl zulässig.

1 **1. Allgemeines.** Eine zu weitgehende Bindung an Verwaltungsüberlassung erschwert § 1413 durch Formzwang; totale Bindung verhindert HS 2.

2 **2. Voraussetzungen.** Überlassung der Verwaltung des eigenen Vermögens an den anderen Ehegatten aufgrund ehelicher Aufgabenverteilung oder schuldrechtlichen Vertrages; konkludent möglich, wegen Pflichten des Verwaltenden jedoch „keine geringen Anforderungen" an Vertragsschluss durch schlüssiges Handeln (BGH NJW 1986, 1870 [1871]). In der Gütergemeinschaft kommt nur Vorbehalts- oder Sondergut in Betracht. Zugrunde liegen kann Auftrag, entgeltliche Geschäfts-

besorgung (§ 675) oder Vereinbarung sui generis; auch eine Ehegattengesellschaft kann zur Alleinverwaltung des Vermögens eines Ehegatten durch den anderen führen und unter § 1413 fallen (Gernhuber/Coester-Waltjen § 31 Rn. 41, str.). Verteilung der Aufgabenbereiche in der Ehe allein bewirkt aber kein Auftragsverhältnis (BGH NJW-RR 1987, 1347).

3. Folgen. a) § 1413 setzt nach dem Wortlaut ein Recht zum jederzeitigen 3
Widerruf voraus. **b)** Ausschluss oder Einschränkungen des Widerrufsrechts bedürfen der Form des Ehevertrages, HS 1. **c)** Widerruf aus wichtigem Grund bleibt stets zulässig, HS 2. **d)** Ob Nichtigkeit einer Widerrufseinschränkung die Verwaltungs- 4
vereinbarung insgesamt vernichtet, ist nach § 139 zu beurteilen. Bei einer gegen HS 2 verstoßenden Klausel kommt es auf den Parteiwillen aber nicht an; der Vertrag bleibt ohne diese Klausel gültig. **e)** Widerruf geschieht durch einseitige empfangsbe- 5
dürftige Willenserklärung.

4. Haftung. Haftung für die Pflichten aus dem Verwaltungsvertrag nach dem 6
Maßstab des § 1359 (hL; aA MüKo-BGB/Münch Rn. 9 bei entgeltlicher Überlassung oder Gesellschaftsvertrag). Zur Ausgestaltung solcher Verwaltungsverträge und den Pflichten iE s. Soergel/Gaul/Althammer Rn. 3.

Kapitel 2. Gütertrennung

§ 1414 Eintritt der Gütertrennung

[1]Schließen die Ehegatten den gesetzlichen Güterstand aus oder heben sie ihn auf, so tritt Gütertrennung ein, falls sich nicht aus dem Ehevertrag etwas anderes ergibt. [2]Das Gleiche gilt, wenn der Ausgleich des Zugewinns ausgeschlossen oder die Gütergemeinschaft aufgehoben wird.

1. Allgemeines. Ersatzgüterstand für den Fall, dass die Ehegatten den ges. Güter- 1
stand oder eine vereinbarte Gütergemeinschaft abbedungen oder den Zugewinnausgleich ausgeschlossen haben, ohne einen anderen Güterstand zu vereinbaren.

2. Voraussetzungen für den Eintritt der Gütertrennung. a) Ehegatten ver- 2
einbaren Gütertrennung durch Ehevertrag; **b)** sie schließen ges. Güterstand bei Eingehung der Ehe aus oder heben ihn später auf, ohne einen anderen Güterstand zu vereinbaren, S. 1; **c)** Ausschluss des Zugewinnausgleichs, S. 2; **d)** zunächst verein- 3
barte Gütergemeinschaft wird aufgehoben, ohne dass ein anderer Güterstand (zB Zugewinngemeinschaft) bestimmt wird, S. 2; **e)** Fälle der §§ 1388, 1449, 1470. 4

3. Wirkungen der Gütertrennung. a) Güterrechtliche Bindungen der Ehe- 5
gatten fehlen. Die Vermögen bleiben rechtlich gesondert, jeder Ehegatte verwaltet selbst, kann ohne Zustimmung des anderen Verpflichtungs- und Verfügungsgeschäfte schließen und führt die sein Vermögen betr. Rechtsstreitigkeiten selbst.
b) Gütertrennung schließt nicht aus, dass Verwaltungsverträge geschlossen werden, 6
Vollmachten eingeräumt werden, gemeinschaftliches Vermögen (Miteigentum oder Gesamthandseigentum) entsteht oder unbenannte (ehebedingte) Zuwendungen vorgenommen werden, vgl. BGH NJW 2006, 2330; NJW 2012, 3374; zur Figur der unbenannten Zuwendung → § 1372 Rn. 4. **c)** Unberührt von der 7
Gütertrennung bleiben die vermögensrechtlichen Ehewirkungen aus § 1353 (→ § 1353 Rn. 5).

Kapitel 3. Gütergemeinschaft

Vorbemerkungen

1. Allgemeines. Mit der „Gütergemeinschaft" stellt das Ges. einen in Einzelhei- 1
ten geregelten Vertragsgüterstand zur Wahl, dessen Eigenart in der (teilw.) Verge-

meinschaftung der beiderseitigen Vermögen besteht. Durch Vereinbarung der „fortgesetzten Gütergemeinschaft" können die Ehegatten erreichen, dass die Vergemeinschaftung des Vermögens nach dem Tode eines Ehegatten zwischen dem Überlebenden und den gemeinschaftlichen Abkömmlingen fortgesetzt wird, § 1483.

2 **2. Überblick. a)** Für die Gütergemeinschaft ist kennzeichnend das in der Rechtsform der Gesamthand (s. § 1419) vergemeinschaftete Vermögen der Ehegatten. Ausgenommen von der Vergemeinschaftung bleiben die als „Sondergut" (s. § 1417) und „Vorbehaltsgut" (s. § 1418) bezeichneten Vermögensmassen, die von dem jeweiligen
3 Inhaber-Ehegatten selbstständig verwaltet werden. In Gütergemeinschaft lebende Ehegatten können also insgesamt fünf rechtlich zu unterscheidende **Vermögensmassen** haben: (vergemeinschaftetes) Gesamtgut und je zweimal (selbstständiges) Sondergut und Vorbehaltsgut. Weitere Vermögensmassen können nicht geschaffen werden; das Vermögen einer Ehegattengesellschaft muss deshalb den drei ges. Typen
4 eingeordnet werden (hierzu → Vor §§ 1408–1413 Rn. 4). **b)** Für die Verwaltung des Gesamtgutes gibt das Ges. zwei Grundmodelle: Verwaltung durch beide Ehegatten gemeinschaftlich (§§ 1450–1470) oder Verwaltung durch einen der beiden Ehegatten allein (§§ 1422–1449).

Unterkapitel 1. Allgemeine Vorschriften

§ 1415 Vereinbarung durch Ehevertrag

Vereinbaren die Ehegatten durch Ehevertrag Gütergemeinschaft, so gelten die nachstehenden Vorschriften.

1 Gütergemeinschaft kann nur durch Ehevertrag begründet werden, s. §§ 1408, 1410 (Form), 1411 (Betreute); zur Möglichkeit von Abänderungen des ges. Typs → §§ 1408, 1409 Rn. 3, 5 ff. Zur Schenkung als causa für Begründung der Gütergemeinschaft BGH NJW 1992, 558 [559].

§ 1416 Gesamtgut

(1) [1]**Das jeweilige Vermögen der Ehegatten wird durch die Gütergemeinschaft gemeinschaftliches Vermögen beider Ehegatten (Gesamtgut).** [2]**Zu dem Gesamtgut gehört auch das Vermögen, das einer der Ehegatten während der Gütergemeinschaft erwirbt.**

(2) **Die einzelnen Gegenstände werden gemeinschaftlich; sie brauchen nicht durch Rechtsgeschäft übertragen zu werden.**

(3) [1]**Wird ein Recht gemeinschaftlich, das im Grundbuch eingetragen ist oder in das Grundbuch eingetragen werden kann, so kann jeder Ehegatte von dem anderen verlangen, dass er zur Berichtigung des Grundbuchs mitwirke.** [2]**Entsprechendes gilt, wenn ein Recht gemeinschaftlich wird, das im Schiffsregister oder im Schiffsbauregister eingetragen ist.**

§ 1417 Sondergut

(1) **Vom Gesamtgut ist das Sondergut ausgeschlossen.**

(2) **Sondergut sind die Gegenstände, die nicht durch Rechtsgeschäft übertragen werden können.**

(3) [1]**Jeder Ehegatte verwaltet sein Sondergut selbständig.** [2]**Er verwaltet es für Rechnung des Gesamtguts.**

§ 1418 Vorbehaltsgut

(1) **Vom Gesamtgut ist das Vorbehaltsgut ausgeschlossen.**

(2) **Vorbehaltsgut sind die Gegenstände,**

1. **die durch Ehevertrag zum Vorbehaltsgut eines Ehegatten erklärt sind,**
2. **die ein Ehegatte von Todes wegen erwirbt oder die ihm von einem Dritten unentgeltlich zugewendet werden, wenn der Erblasser durch letztwillige Verfügung, der Dritte bei der Zuwendung bestimmt hat, dass der Erwerb Vorbehaltsgut sein soll,**
3. **die ein Ehegatte auf Grund eines zu seinem Vorbehaltsgut gehörenden Rechts oder als Ersatz für die Zerstörung, Beschädigung oder Entziehung eines zum Vorbehaltsgut gehörenden Gegenstands oder durch ein Rechtsgeschäft erwirbt, das sich auf das Vorbehaltsgut bezieht.**

(3) [1]**Jeder Ehegatte verwaltet das Vorbehaltsgut selbständig.** [2]**Er verwaltet es für eigene Rechnung.**

(4) **Gehören Vermögensgegenstände zum Vorbehaltsgut, so ist dies Dritten gegenüber nur nach Maßgabe des § 1412 wirksam.**

§ 1419 Gesamthandsgemeinschaft

(1) **Ein Ehegatte kann nicht über seinen Anteil am Gesamtgut und an den einzelnen Gegenständen verfügen, die zum Gesamtgut gehören; er ist nicht berechtigt, Teilung zu verlangen.**

(2) **Gegen eine Forderung, die zum Gesamtgut gehört, kann der Schuldner nur mit einer Forderung aufrechnen, deren Berichtigung er aus dem Gesamtgut verlangen kann.**

Anmerkungen zu den §§ 1416–1419

Lit.: Behmer, Ist die Gütergemeinschaft als Wahlgüterstand ‚obsolet'? Grundfragen, FamRZ 1988, 339; Buchner, Gütergemeinschaft und erwerbswirtschaftliche Betätigung der Ehegatten – einige Folgewirkungen der gesamthänderischen Bindung des Gesamtguts, FS Beitzke, 1979, 153; Mai, Die Gütergemeinschaft als vertraglicher Wahlgüterstand und ihre Handhabung in der notariellen Praxis, BWNotZ 2003, 55; Möller, Die Gütergemeinschaft im Wandel der Gesellschaft, 2010; Tiedtke, Universalsukzession und Gütergemeinschaft, FamRZ 1976, 510.1.

1. Allgemeines. Die §§ 1416–1419 definieren die im Güterstand der Güterge- 1
meinschaft zu unterscheidenden Vermögensmassen (→ Vor § 1415 Rn. 3) und regeln ihre Entstehung, Abgrenzung und rechtliche Konzeption.

2. Entstehung des Gesamtgutes. a) Zum gemeinschaftlichen **Gesamtgut** 2
werden **aa)** die bei Begründung der Gütergemeinschaft, dh bei Abschluss des Ehevertrages vorhandenen Vermögen der Ehegatten (§ 1416 I 1) und **bb)** die später von dem einen oder anderen Ehegatten oder gemeinsam erworbenen Vermögen oder
Einzelgegenstände (§ 1416 I 2), sofern sie nicht **cc)** Sondergut (→ Rn. 11 f.) oder 3
Vorbehaltsgut (→ Rn. 13 ff.) sind oder werden. Rechtsgrund und Art des späteren Erwerbs spielen für die Zuordnung zum Gesamtgut keine Rolle. Auch eine Erbschaft fällt ins Gesamtgut (der andere Ehegatte wird deshalb jedoch nicht Miterbe), OLG München FamRZ 2016, 580 [581]; ebenso der Anteil eines Abkömmlings am Gesamtgut einer beendeten, aber noch nicht auseinandergesetzten fortgesetzten Gütergemeinschaft (RGZ 125, 347 – Sondergut ist dagegen der unübertragbare Anteil der noch nicht beendeten fortgesetzten Gütergemeinschaft). Erträge des Gesamtgutes und des Sondergutes der Ehegatten werden Gesamtgut, ferner Ansprüche auf Gehalt (soweit pfändbar), aus unerlaubter Handlung, Bereicherung, GoA
(s. aber → Rn. 12) oder Erwerb durch Realakt, zB Verarbeitung. **b)** Die Zuordnung 4
zum Gesamtgut geschieht bei Begründung der Gütergemeinschaft durch Universalsukzession, § 1416 II. Gutgl. Erwerb ist mangels rechtsgeschäftlicher Zuordnungsän-

5 derung nicht möglich (sa → § 892 Rn. 8). **c)** Grundbuch wird unrichtig und bedarf der Berichtigung. Folgerichtig gibt § 1416 III einen Anspruch des einen Ehegatten gegen den anderen (eingetragenen) Ehegatten auf Mitwirkung an der Grundbuch- (oder Schiffs- bzw. Schiffsbauregister-)berichtigung, dh auf Bewilligung der Berichtigung, § 19 GBO (zur Wirkung eines stattgebenden Urteils s. § 894 ZPO). Widerspruch nach § 899 gegen Eintragung eines Ehegatten als
6 Alleineigentümer ist möglich (RGZ 108, 281 [286]). **d)** Rechtliche Konstruktion der Zuordnung nachträglich erworbener Gegenstände zum Gesamtgut (Durchgangserwerb des erwerbenden Ehegatten oder Direkterwerb des Gesamtguts) str. (umfassend Hofmann FamRZ 1972, 117, offengelassen in BGHZ 82, 346 [348]). Dogmatisch folgerichtig ist Annahme von Durchgangserwerb (s. Gernhuber/Coester-Waltjen § 38 Rn. 26 f.), praktische Gründe sprechen jedoch für Direkterwerb des Gesamtguts; im Grundstücksverkehr kann deshalb sofortige Eintragung beider Ehegatten als Gesamthänder ohne Voreintragung (§ 39 GBO) des Erwerbers erfolgen, ebenso für Auflassung an Miteigentümer (BGHZ 82, 346 [350]).

7 **3. Sachenrechtliche Konzeption des Gesamtguts, § 1419. a)** Wie bei der anderen Gesamthandsgemeinschaft „Erbengemeinschaft" (§ 2033 II) haben die Beteiligten (Ehegatten) an den Einzelgegenständen des Gesamtguts keine verfügbaren Anteile, § 1419 I. Die Ehegatten sind deshalb auch nicht mit bestimmten Quoten an Forderungen des Gesamtguts beteiligt, so dass ein Gläubiger eines Ehegatten gegen dessen Anteil nicht aufrechnen kann und gegen eine zum Gesamtgut gehörige Forderung nur, soweit das Gesamtgut verpflichtet ist, § 1419 II. S. zu den Gesamt-
8 gutsverbindlichkeiten §§ 1437–1440, 1459–1462. **b)** Auch der Anteil an der gesamten Vermögensmasse „Gesamtgut" ist bis zur Aufhebung der Gütergemeinschaft unter Lebenden nicht verfügbar, § 1419 I (anders § 2033 für die Erbengemeinschaft).
9 **c)** Güterstände werden im Regelfall auf Lebenszeit der Ehegatten begründet; daher im Prinzip keine Möglichkeit einseitiger Auflösung, § 1419 I HS 2 (Ausnahmen §§ 1447, 1448, 1469); Gläubiger können deshalb einen Anteil auch nicht pfänden und so Auflösung betreiben, § 860 I ZPO (OLG München NJW-RR 2013, 527 [528]); Schutz der Gläubiger wird durch weitgehende Haftung des Gesamtguts für
10 Ehegattenverbindlichkeiten erreicht, s. §§ 1437 ff.; zur Insolvenz s. § 37 InsO. **d)** Die gemeinschaftliche Zuordnung des Gesamtguts erfordert Regelung der Verwaltungsbefugnisse, s. hierzu §§ 1422 ff., 1450 ff.; die aus der Vergemeinschaftung folgende Änderung der Verwaltungsbefugnisse kann Dritten nur nach Maßgabe des § 1412 entgegengehalten werden. **e)** Eintragung ins **Grundbuch:** § 47 GBO.

11 **4. Sondergut.** Bleibt von der Vergemeinschaftung im Gesamtgut ausgeschlossen, § 1417 I. **a)** Rechtstechnischer Grund und Abgrenzungsmerkmal ist die Unübertragbarkeit der als Sondergut bezeichneten Gegenstände durch RGeschäft: Was nicht übertragen werden kann, kann auch nicht durch Universalsukzession in eine anders zugeordnete Vermögensmasse eingeschmolzen werden. Bsp: Nießbrauch (s. § 1059 S. 1), der unpfändbare Teil des Gehaltes (§ 400), das Persönlichkeitsrecht, auch rechtsgeschäftlich mit einer Abtretungsbeschränkung belegte Forderungen (§ 399 Fall 2) und sonstige Rechte (§§ 413, 399 Fall 2), str.; s. Berger, Rechtsgeschäftliche
12 Verfügungsbeschränkungen, 1998, 329 mwN Fn. 208. **b)** Sondergut verbleibt in Gütertrennung jedem Ehegatten zur selbstständigen und unbeschränkten Verwaltung, § 1417 III 1; zur Haftung s. zunächst §§ 1440 S. 1, 1463 Nr. 2, 3, 1464 S. 1. **c)** Da der Ausschluss der Vergemeinschaftung nur Konsequenz der Unübertragbarkeit ist, fallen Surrogate und Einnahmen aus dem Sondergut, soweit sie selbst übertragbar sind, in das Gesamtgut. Folgerichtig bestimmt § 1417 III 2, dass das jeweilige Sondergut für Rechnung des Gesamtguts verwaltet wird. Dafür hat das Gesamtgut Lasten des Sonderguts zu tragen, die aus dessen Erträgen beglichen werden, §§ 1440 S. 2 HS 2, 1462 S. 2 HS 2.

13 **5. Vorbehaltsgut.** Entsteht durch rechtsgeschäftliche Widmung oder kraft Surrogation bei an die Stelle von Vorbehaltsgut tretenden Rechten oder Gegenständen.

Die Bestimmung der Eigenschaft als Vorbehaltsgut kann erfolgen **a)** im Ehevertrag durch die Ehegatten, § 1418 II Nr. 1. Sie sind dabei frei; insbes. kann das Vorbehaltsgut im Verhältnis zum Gesamtgut den größeren Umfang haben. Widmung erfolgt durch Bezeichnung bestimmter Gegenstände oder Sachinbegriffe (zB Wertpapiere, Grundvermögen usw). Auch das gesamte bei Eintritt der Gütergemeinschaft vorhandene Ehegattenvermögen kann Vorbehaltsgut bleiben, so dass nur der spätere Erwerb Gesamtgut wird und damit eine Art Errungenschaftsgemeinschaft entsteht, oder es kann das Grundvermögen zum Vorbehaltsgut bestimmt werden, so dass (nur) Fahrnisgemeinschaft begründet wird. Auch nachträgliche Ausgliederung von Vorbehaltsgut aus dem Gesamtgut ist durch Ehevertrag möglich (vgl. BGHZ 65, 79 zur Gründung einer Ehegattengesellschaft, aber auch BGH NJW 1994, 654), bedarf aber rechtsgeschäftlicher Übertragung aus dem Gesamtgut in das Vorbehaltsgut (s. Soergel/Gaul/Althammer § 1418 Rn. 5). **b)** Bei Erwerb von Dritten kann der Dritte die Eigenschaft als Vorbehaltsgut festlegen bei **aa)** Erwerb von Todes wegen, § 1418 II Nr. 2 (Bestimmung geschieht dabei durch letztwillige Verfügung und ist formbedürftig; der Erwerbsgrund kann dagegen auch ges. Erbrecht oder Pflichtteilsrecht sein; aA OLG München FamRZ 2016, 580 [581]: nicht bei ges. Erbfolge); **bb)** unentgeltlichen Zuwendungen, § 1418 II Nr. 2, wobei die Bestimmung als Vorbehaltsgut vor oder bei, nicht aber nach der Zuwendung zu erfolgen hat; konkludente Widmung ist möglich. Der Zuwendende kann die Überführung in das Gesamtgut durch den Empfänger-Ehegatten (nur) durch eine entspr. Bedingung verhindern, die die Zuwendung vom Verbleib im Vorbehaltsgut abhängig macht. Nur unentgeltliche Zuwendungen können derart gewidmet werden, also Schenkungen oder Ausstattung nach § 1624 I; Unentgeltlichkeit ist auch bei Gegenleistung durch einen Dritten oder den anderen Ehegatten gegeben (RGZ 171, 83 [87]). **c) Vorbehaltsgut kraft Surrogation** entsteht nach § 1418 II Nr. 3 **aa)** aufgrund Realisierung eines zum Vorbehaltsgut gehörenden Rechts (zB Erfüllung einer Forderung, Fruchtziehung, Zinsen, Gewinnausschüttung, Dividenden usw); **bb)** durch Ersatzleistung für Zerstörung, Beschädigung oder Entziehung von Vorbehaltsgut; dazu rechnet auch Versicherungssumme; zum Umfang eines Schadensersatzanspruchs (Gewinneinbußen) BGH NJW 1994, 652 [655]; **cc)** bei Erwerb durch RGeschäft, das sich auf das Vorbehaltsgut „bezieht". Der Bezug muss durch einen wirtschaftlichen Zusammenhang gegeben sein, wobei subj. (Absicht) und obj. Momente (Anschaffung aus Mitteln des Vorbehaltsguts, Verkauf von Vorbehaltsgut) gegeben sein müssen (hierzu RGZ 92, 141 f.). **d) Verwaltung des Vorbehaltsguts** geschieht „in Gütertrennung", steht also dem jeweiligen Inhaber selbstständig und unbeschränkt zu, § 1418 III 1. Er verwaltet für Rechnung des Vorbehaltsguts, § 1418 III 2; Ergebnisse und Erträge seines Verwaltens fallen deshalb wieder ins Vorbehaltsgut, § 1418 II Nr. 3. 14 15 16 17

6. Drittwirkung. Die Eigenschaft als Vorbehaltsgut (und damit die entspr. Befugnis des Inhabers zur selbstständigen Verwaltung) kann einem Dritten nur nach Maßgabe des § 1412 entgegengehalten werden (§ 1418 IV). 18

§ 1420 Verwendung zum Unterhalt

Die Einkünfte, die in das Gesamtgut fallen, sind vor den Einkünften, die in das Vorbehaltsgut fallen, der Stamm des Gesamtguts ist vor dem Stamm des Vorbehaltsguts oder des Sonderguts für den Unterhalt der Familie zu verwenden.

Regelung der **Rangfolge,** in der im Güterstand der Gütergemeinschaft die Einkünfte entspr. ihrer Verteilung auf die verschiedenen Vermögensmassen sowie diese selbst (Stamm) zum Familienunterhalt zu verwenden sind. Gilt auch für Trennungsunterhalt (BGHZ 111, 248 [253]). Das Gesamtgut, seine Erträge (zB Nutzung einer Wohnung, vgl. OLG Bamberg FamRZ 1987, 703 f.) und die in das Gesamtgut 1 fallenden Einkünfte (auch des Sonderguts, § 1417 III 2), zu denen auch das Einkommen aus Arbeit rechnet, werden dabei als „der Familie näher stehend" (Gernhuber/Coester-Waltjen § 21 Rn. 10 Fn. 27) vorrangig herangezogen. Stamm nur, wenn Einkünfte nicht ausreichen (OLG München FamRZ 1996, 166). Soweit ein Ehegatte seine Beitragspflicht durch Haushaltsführung erfüllt (s. § 1360 S. 2), hat er nicht mit seinem Vorbehalts- und Sondergut beizutragen. § 1360b gilt auch für die Leistungen in der Rangfolge des § 1420 (Erman/Heinemann Rn. 3).

§ 1421 Verwaltung des Gesamtguts

[1]Die Ehegatten sollen in dem Ehevertrag, durch den sie die Gütergemeinschaft vereinbaren, bestimmen, welcher der Ehegatten das Gesamtgut verwaltet oder ob es von ihnen gemeinschaftlich verwaltet wird. [2]Enthält der Ehevertrag keine Bestimmung hierüber, so verwalten die Ehegatten das Gesamtgut gemeinschaftlich.

1 Zu den Verwaltungsmöglichkeiten → Vor § 1422 Rn. 2; zur Außenwirkung § 1412.

Unterkapitel 2. Verwaltung des Gesamtguts durch den Mann oder die Frau

Vorbemerkungen zu den §§ 1422–1470

1 **1. Sachfragen.** Vergemeinschaftung und rechtliche Herauslösung des Gesamtguts aus den Einzelvermögen der Ehegatten stellt drei Sachfragen: Verwaltung, Haftung und Aufhebungsmöglichkeit. Die §§ 1422–1470 regeln diese Sachfragen nach folgenden Prinzipien:

2 **2. Verwaltung.** Kann **a)** durch **einen** der beiden **Ehegatten allein** oder **beide gemeinsam** erfolgen; Wahl zwischen den drei gegebenen Möglichkeiten durch
3 Ehevertrag, § 1421. **b)** Nicht vorgesehen und auch nicht durch „speziellen Ehevertrag" (dazu → §§ 1408, 1409 Rn. 3) in Kraft zu setzen ist konkurrierende, dh selbstständige und voneinander unabhängige Einzelverwaltungsmacht für beide Ehegatten: Gefahr widersprüchlichen und in seiner Geltung für den Verkehr schwer
4 beurteilbaren Verwaltungshandelns (BayObLG NJW 1968, 896 mwN). **c)** Die Verwaltungsmacht des Einzelverwalters umfasst das Recht zur Inbesitznahme, zu Verfügungen über das Gesamtgut und zur Prozessführung im eigenen Namen für das Gesamtgut (§ 1422), wird aber für Geschäfte, die für das Gesamtgut als bes. gefährlich bewertet werden – Gesamtvermögensgeschäfte, Grundstücks- uä Geschäfte sowie Schenkungen (§§ 1423–1425) – an die Zustimmung des anderen gebunden. Neben dem Alleinverwalter verbleiben aber dem anderen Partner bestimmte Befugnisse,
5 die das Gesamtgut betreffen können, s. zunächst §§ 1429, 1431, 1432, 1433. **d)** Bei gemeinsamer Verwaltung kann über Gesamtgut nur gemeinschaftlich verfügt, ein auf das Gesamtgut bezogener Prozess nur gemeinschaftlich geführt werden; die Ehegatten haben am Gesamtgut gemeinschaftlichen (Mit-)Besitz, § 1450. Zur erforderlichen Mitwirkung ist jeder verpflichtet, § 1451. Daneben gibt es eine Reihe von Ausnahmefällen, in denen jeder Ehegatte ohne Mitwirkung des anderen mit Wirkung für das Gesamtgut handeln kann, s. zunächst §§ 1455, 1456.

6 **3. Haftung.** Für die Haftung des Gesamtguts sind kraft Ges entstehende Verbindlichkeiten und solche aus rechtsgeschäftlichem Handeln zu unterscheiden. **a)** Für ges. Verbindlichkeiten der Ehegatten wie zB aus Delikt oder aufgrund Unterhaltspflicht haftet das Gesamtgut, §§ 1437 I, 1459 I, bei Bereicherung aus zustimmungslosem Geschäft des (insoweit) nicht befugten Ehegatten jedoch nur, wenn und soweit
7 das Gesamtgut bereichert ist, §§ 1434, 1457. **b)** Für rechtsgeschäftlich während

Bestehens der Gütergemeinschaft begründete Verbindlichkeiten haftet das Gesamtgut, soweit entweder ein allein verwaltungsbefugter Ehegatte – § 1438 I Fall 1 – gehandelt hat oder die Zustimmung des anderen vorlag, §§ 1438 I Fall 2, 1460 I Fall 1; das Gesamtgut haftet ferner für RGeschäfte des (nicht oder nicht allein) verwaltungsbefugten Ehegatten in den Ausnahmefällen, in denen dieser ohne Zustimmung des anderen für das Gesamtgut handeln kann, §§ 1438 I Fall 3, 1460 I Fall 2. **c)** Verbindlichkeiten, die aus Rechten oder Besitz für Sonder- oder Vorbe- 8
haltsgut entstehen, fallen grds. dem Gesamtgut nicht zur Last (Ausnahmen §§ 1440 S. 2, 1462 S. 2). **d)** Soweit das Gesamtgut haftet, haben der Verwalter stets auch persönlich, bei gemeinschaftlicher Verwaltung beide Ehegatten als Gesamtschuldner einzustehen, §§ 1437 II 1, 1459 II 1. **e)** Die Haftung des Gesamtgutes und die evtl. 9
gegebene gesamtschuldnerische Verpflichtung der Ehegatten bei Gesamtgutsverbindlichkeiten im Außenverhältnis wird ergänzt durch Ausgleichspflichten im Innenverhältnis bei bestimmten Verbindlichkeiten, mit denen billigerweise iE nur ein Ehegatte belastet werden kann, s. §§ 1441, 1463 (jeweils mit Ausnahmen in §§ 1442, 1464) sowie §§ 1443, 1444, 1465, 1466. Die Ausgleichspflichten werden allerdings grds. erst mit Beendigung des Güterstandes fällig, §§ 1446, 1468 (Ausnahmen §§ 1446 II HS 2, 1468 HS 2).

4. Aufhebung der Gütergemeinschaft. Kann **a)** von einem Ehegatten nur 10
durch Beschluss aufgrund eines **Aufhebungsantrags** aus den in §§ 1447, 1448, 1469 genannten Gründen erwirkt werden. **b)** Ehevertragliche Aufhebung ist stets möglich, §§ 1408 ff., 1440 S. 2.

§ 1422 Inhalt des Verwaltungsrechts

[1]Der Ehegatte, der das Gesamtgut verwaltet, ist insbesondere berechtigt, die zum Gesamtgut gehörenden Sachen in Besitz zu nehmen und über das Gesamtgut zu verfügen; er führt Rechtsstreitigkeiten, die sich auf das Gesamtgut beziehen, im eigenen Namen. [2]Der andere Ehegatte wird durch die Verwaltungshandlungen nicht persönlich verpflichtet.

1. Regelungsbereich. § 1422 regelt Verwaltungsbefugnisse des durch Ehevertrag 1
(§ 1421) zum Alleinverwalter bestimmten Ehegatten.

2. Inhalt der Verwaltungsmacht. Der Verwalter handelt im **eigenen Namen** 2
mit Wirkung für das Gesamtgut. **a)** Er kann allein über Gegenstände des Gesamtgutes **verfügen** (Ausn. → Rn. 8 ff.), dh im eigenen Namen veräußern, belasten, Forderungen einziehen oder erlassen usw. **b)** Er kann Rechte des Gesamtgutes **aus-** 3
üben, zB Stimmrechte aus Aktien, aus Wohnungseigentum (§ 25 II WEG). **c)** Auch beim **Erwerb** im eigenen Namen erwirbt das Gesamtgut (→ §§ 1416–1419 Rn. 6). **d)** Er ist Adressat von **Willenserklärungen,** die Rechtsbeziehungen Dritter zum Gesamtgut (genauer seinen Inhabern) betreffen und gestalten, zB Kündigung. **e)** Er 4
kann alle **tatsächlichen Maßnahmen** für das und mit dem Gesamtgut vornehmen, zB bei der Bewirtschaftung eines Hofes. **f) Verpflichtungsgeschäfte** verpflichten nur den Verwalter, doch kann er sie kraft Verwaltungsrechts aus Mitteln des Gesamtgutes erfüllen; iÜ haftet das Gesamtgut „akzessorisch" (Gernhuber/Coester-Waltjen § 38 Rn. 47) auch für rechtsgeschäftliche Verpflichtungen des Verwalters, die nicht auf das Gesamtgut bezogen sind. **g) Prozessführungsbefugnis** steht dem Verwalter 5
als **Prozessstandschafter** für die Gesamthand zu; nur er ist Partei, der andere Ehegatte kann als Zeuge vernommen werden (RGZ 67, 262 [266]). Das auf das Gesamtgut bezogene Urteil erlangt insoweit Rechtskraft für und gegen den anderen Ehegatten (Einzelheiten Soergel/Gaul/Althammer Rn. 10); zur Zwangsvollstreckung in das Gesamtgut genügt das Urteil gegen den Verwalter, § 740 I ZPO. **h) Besitz** wird nicht ipso iure erworben, der Verwalter kann jedoch in Besitz neh- 6
men und dieses Recht gegen den anderen Ehegatten oder Dritte (RGZ 85, 416 [420]) klageweise, nicht jedoch eigenmächtig durchsetzen. Im Verhältnis zur

Gesamthand ist der Verwalter als Alleinbesitzer Besitzmittler für beide Ehegatten; ob Alleinbesitz oder unmittelbarer Mitbesitz mit dem anderen vorliegt, ist jedoch eine Sache der Ausgestaltung der ehelichen Lebensgemeinschaft. Zwar ist der Verwalter zum Alleinbesitz berechtigt, doch wird diese Berechtigung durch die Verpflichtung aus § 1353, dem anderen Mitbenutzung an Hausrat und Wohnung einzu-
7 räumen, beschränkt (s. Soergel/Gaul/Althammer Rn. 7 mwN). **i)** Gehört ein **Handelsgeschäft** zum Gesamtgut, ist nur der **Verwalter als Kaufmann** ins Handelsregister einzutragen (BayObLG BB 1978, 423).

8 **3. Beschränkungen der Verwaltungsmacht. a) Vinkulierung.** Bei bes. weittragenden und wirtschaftlich gefährlichen Geschäften ist die Alleinverwaltungsmacht abgeschwächt und an die Zustimmung des anderen gebunden, §§ 1423–1425. **b) Notverwaltung** des anderen Ehegatten bei Verhinderung des
9 Verwalters, § 1429. **c) Persönlicher Bereich.** Für bestimmte Bereiche werden dem an sich nicht verwaltenden Ehegatten eigene und selbstständige Verwaltungsbefugnisse eingeräumt; der Verwalter ist insoweit von der Verwaltung ausgeschlossen (§§ 1431, 1432, 1433), soweit sie ihm nicht zusätzlich rechtsgeschäftlich eingeräumt worden ist. Daneben gibt § 1430 die Möglichkeit, die Zustimmung des Verwalters durch das FamG ersetzen zu lassen, wenn anders die ordnungsmäßige Besorgung persönlicher Angelegenheiten, die Wirkung für das Gesamtgut hat,
10 nicht durchführbar wäre. **d)** Beschränkungen werden schließlich erforderlich, soweit der Verwalter nicht voll geschäftsfähig ist, s. hierzu § 1436.

11 **4. Änderungen der Alleinverwaltung. Rechtsgeschäftliche Änderungen** der Alleinverwaltung sind möglich, etwa Bevollmächtigung des nicht verwaltenden Ehegatten. Eine unwiderrufliche Generalvollmacht, die zu konkurrierender Verwaltungsmacht führen würde, dürfte unzulässig sein, → Vor § 1422–1470 Rn. 3.

12 **5. Gutgl. Erwerb vom nicht verwaltenden Ehegatten.** Soweit der Verwalter verwaltungsbefugt ist, kann der nicht verwaltende Ehegatte nicht wirksam verfügen. Gutgl. Erwerb Dritter ist zwar möglich, scheitert aber bei beweglichen Sachen regelmäßig am Abhandenkommen des Verwalterbesitzes, bei Grundstücken an der Eintragung nach § 47 GBO.

§ 1423 Verfügung über das Gesamtgut im Ganzen

[1]Der Ehegatte, der das Gesamtgut verwaltet, kann sich nur mit Einwilligung des anderen Ehegatten verpflichten, über das Gesamtgut im Ganzen zu verfügen. [2]Hat er sich ohne Zustimmung des anderen Ehegatten verpflichtet, so kann er die Verpflichtung nur erfüllen, wenn der andere Ehegatte einwilligt.

§ 1424 Verfügung über Grundstücke, Schiffe oder Schiffsbauwerke

[1]Der Ehegatte, der das Gesamtgut verwaltet, kann nur mit Einwilligung des anderen Ehegatten über ein zum Gesamtgut gehörendes Grundstück verfügen; er kann sich zu einer solchen Verfügung auch nur mit Einwilligung seines Ehegatten verpflichten. [2]Dasselbe gilt, wenn ein eingetragenes Schiff oder Schiffsbauwerk zum Gesamtgut gehört.

§ 1425 *Schenkungen*

(1) **[1]Der Ehegatte, der das Gesamtgut verwaltet, kann nur mit Einwilligung des anderen Ehegatten Gegenstände aus dem Gesamtgut verschenken; hat er ohne Zustimmung des anderen Ehegatten versprochen, Gegenstände aus dem Gesamtgut zu verschenken, so kann er dieses Versprechen nur**

erfüllen, wenn der andere Ehegatte einwilligt. [2]Das Gleiche gilt von einem Schenkungsversprechen, das sich nicht auf das Gesamtgut bezieht.

(2) **Ausgenommen sind Schenkungen, durch die einer sittlichen Pflicht oder einer auf den Anstand zu nehmenden Rücksicht entsprochen wird.**

§ 1426 Ersetzung der Zustimmung des anderen Ehegatten

Ist ein Rechtsgeschäft, das nach den §§ 1423, 1424 nur mit Einwilligung des anderen Ehegatten vorgenommen werden kann, zur ordnungsmäßigen Verwaltung des Gesamtguts erforderlich, so kann das Familiengericht auf Antrag die Zustimmung des anderen Ehegatten ersetzen, wenn dieser sie ohne ausreichenden Grund verweigert oder durch Krankheit oder Abwesenheit an der Abgabe einer Erklärung verhindert und mit dem Aufschub Gefahr verbunden ist.

§ 1427 Rechtsfolgen fehlender Einwilligung

(1) **Nimmt der Ehegatte, der das Gesamtgut verwaltet, ein Rechtsgeschäft ohne die erforderliche Einwilligung des anderen Ehegatten vor, so gelten die Vorschriften des § 1366 Abs. 1, 3, 4 und des § 1367 entsprechend.**

(2) **[1]Einen Vertrag kann der Dritte bis zur Genehmigung widerrufen. [2]Hat er gewusst, dass der Ehegatte in Gütergemeinschaft lebt, so kann er nur widerrufen, wenn dieser wahrheitswidrig behauptet hat, der andere Ehegatte habe eingewilligt; er kann auch in diesem Falle nicht widerrufen, wenn ihm beim Abschluss des Vertrags bekannt war, dass der andere Ehegatte nicht eingewilligt hatte.**

§ 1428 Verfügungen ohne Zustimmung

Verfügt der Ehegatte, der das Gesamtgut verwaltet, ohne die erforderliche Zustimmung des anderen Ehegatten über ein zum Gesamtgut gehörendes Recht, so kann dieser das Recht gegen Dritte gerichtlich geltend machen; der Ehegatte, der das Gesamtgut verwaltet, braucht hierzu nicht mitzuwirken.

Anmerkungen zu den §§ 1423–1428

1. Zweck. §§ 1423–1425 binden den Alleinverwalter des Gesamtguts bei den in diesen Vorschriften geregelten RGeschäften an die Zustimmung des nicht verwaltenden Ehegatten, um wegen der bes. Tragweite dieser Geschäfte iE gemeinschaftliche Verwaltung zu erzwingen. Zustimmungsersetzung – § 1426 – und die Regelung der Folgen fehlender Zustimmung – §§ 1427, 1428 – sind sachnotwendige Ergänzung und Konsequenz dieser Vinkulierung. 1

2. Vinkulierte Geschäfte. Sind **a)** solche über das **„Gesamtgesamtgut“**, 2
§ 1423. Der Begriff „Gesamtgut im Ganzen“ ist wie „Vermögen im Ganzen“ nach § 1365 zu verstehen (vgl. statt aller Soergel/Gaul/Althammer § 1423 Rn. 4); entscheidend ist also, ob bei wirtschaftlicher Betrachtungsweise das Gesamtgut im Wesentlichen erfasst wird, was auch bei Einzelgegenständen der Fall sein kann, wenn sie faktisch das ganze Gesamtgut ausmachen. Der Rechtsverkehr wird entspr. der subj. Theorie zu § 1365 zu schützen sein (→ § 1365 Rn. 3). **b) Grundstücksge-** 3
schäfte und solche über in entspr. Register eingetragene Schiffe und Schiffsbauwerke, § 1424, sowie Erbbaurechte, § 11 ErbbauRG (BGHZ 48, 369). **Nicht:** RGeschäfte über Rechte an Grundstücken (außer Erbbaurecht), zB Grundpfandrechte; auch die Übertragung eines Auflassungsanspruchs ist nicht gebunden (RGZ 111,

4 185 [187]). **c) Schenkungen** aus dem Gesamtgut, § 1425 I, soweit sie das Maß des durch Sitte und Anstand Gebotenen übersteigen, § 1425 II; sie entsprechen nicht dem Gebot wirtschaftlicher Verwaltung, da eine Gegenleistung für die Weggabe von Werten fehlt. Unbedenklich sind übliche Festtagspräsente.

5 **3. Zustimmungsbedürftige Geschäfte.** Zustimmungsbedürftig sind **Verfügung** und die darauf gerichtete **Verpflichtung. a)** Verfügung über Gesamtgut – § 1423 S. 2 – ist trotz Wortlauts des § 1423 S. 1 nur möglich als solche über Einzelgegenstände, die das Gesamtgut darstellen. **b)** Bei **Grundstücken** sind Verfügungen
6 vor allem Veräußerung und Belastung, nach hM aber auch Vormerkungsbewilligung (Staudinger/Thiele § 1424 Rn. 9; obiter RGZ 90, 395 [399]) und Teilung. Auseinandersetzung eines Nachlasses, zu dem ein Grundstück gehört, ist ebenfalls Verfügung, da sich die Zuordnung ändert (sehr str.; Erman/Heinemann § 1424 Rn. 2
7 mwN). **Keine zustimmungsbedürftige Verfügung** liegt in der Belastung im Zusammenhang mit dem Erwerb eines Grundstücks, wenn die Belastung (Restkaufgeldhypothek) den Erwerb ermöglichen soll (RGZ 69, 177). **Keine Verfügung** ist Erwerb, Vermietung oder Verpachtung und die damit verbundene Besitzüberlassung.
8 **c)** Bei **Schenkung** nach § 516 I geschieht die bereichernde Zuwendung aus dem Gesamtgut ebenfalls durch Verfügung und bedarf der Zustimmung, § 1425 I 1 HS 1.
9 **d)** Die auf Verfügung über das Gesamtgut oder Grundstücke gerichteten **Verpflichtungen** sowie **Schenkungsversprechen** (s. §§ 1423 S. 1, 1424 S. 1 HS 2, 1425 I 1 HS 2) sind zustimmungsbedürftig, um zu verhindern, dass aufgrund wirksamer Verpflichtungen das Gesamtgut durch Schadensersatzansprüche oder Zwangsverfügungen doch ausgehöhlt wird (vgl. → Vor §§ 1365–1369 Rn. 4). Aus dem gleichen
10 Grund sind auch **e) Schenkungsversprechen,** die sich nicht auf das Gesamtgut beziehen, zustimmungsbedürftig, § 1425 I 2, da bei solchen Schenkungen des Verwalters das Gesamtgut nach § 1438 I haftet. Dagegen sind Schenkungen aus dem Vorbehaltsgut des Verwalters oder Schenkungsversprechen unter Haftungsfreistel-
11 lung des Gesamtguts zulässig (Soergel/Gaul/Althammer § 1425 Rn. 3). **f) Prozessführung** über das Gesamtgut oder dazu gehörende Grundstücke bedarf dagegen keiner Zustimmung; zustimmungsbedürftig ist jedoch ein verfügender Vergleich.
12 **g) Nicht zustimmungsbedürftig** sind Verfügungen von Todes wegen (beachte jedoch § 1483 I 3) und Schenkungen auf den Todesfall.

13 **4. Zustimmung.** Für die **Zustimmung** gelten die §§ 182 ff. Sie kann konkludent gegeben werden; auch Stillschweigen kann bei Kenntnis der Umstände und Billigungsabsicht Zustimmung zum Ausdruck bringen (Soergel/Gaul/Althammer § 1423 Rn. 3).

14 **5. Abweichung durch Vereinbarung. Abdingbarkeit** der Vinkulierung im Ehevertrag ist str. und wird auch für die drei Einzelfälle unterschiedlich beurteilt. Überwiegend wird sie zu §§ 1423, 1424 bejaht (Staudinger/Thiele § 1423 Rn. 13; § 1424 Rn. 20; aA Soergel/Gaul/Althammer § 1423 Rn. 2; § 1424 Rn. 2, jeweils mwN), wobei freilich § 138 als strenger Maßstab angelegt wird (Staudinger/Thiele § 1423 Rn. 13). § 1425 wird von der hM dagegen als zwingend qualifiziert (Soergel/Gaul/Althammer § 1425 Rn. 2; aA MüKo-BGB/Münch § 1425 Rn. 7, jeweils mwN). Eine generelle Einwilligung bzw. Generalvollmacht unter Freistellung vom Verbot des Selbstkontrahierens ist als widerrufliche möglich (s. RGZ 159, 365 f.); als unwiderrufliche bedingt sie iE die Verwaltungsregelung des Ges. ab und bedarf der Form des Ehevertrages (Gernhuber/Coester-Waltjen § 38 Rn. 67–68 Fn. 81).

15 **6. Garantieverpflichtungen des Verwalters.** Garantieverpflichtungen des Verwalters zur Beschaffung der Zustimmung des anderen Ehegatten oder entspr. Vertragsstrafenvereinbarungen werden allg. als unwirksam bewertet, s. Soergel/Gaul/Althammer § 1424 Rn. 8 mwN.

16 **7. Gutgl. Erwerb vom Verwalter.** Ist nach hM möglich (vgl. Soergel/Gaul/Althammer § 1422 Rn. 14 mwN; aA Gernhuber/Coester-Waltjen § 38 Rn. 71),

aber nicht bestandskräftig, da das unwirksame Verpflichtungsgeschäft Bereicherungsansprüche auslöst, die auch vom zustimmungsbefugten Ehegatten geltend gemacht werden können (hierzu → Rn. 20, → § 1368 Rn. 2). Sa → § 1422 Rn. 12 – gutgl. Erwerb kann am Mitbesitz des zustimmungsbefugten Ehegatten scheitern.

8. Ersetzung der Zustimmung. Ist unter den in § 1426 geregelten Voraussetzungen möglich; die Vorschrift entspricht §§ 1365 II, 1369 II. **a)** Die Zustimmung kann nur in den Fällen der §§ 1423, 1424, nicht also bei zustimmungsbedürftigen Schenkungen ersetzt werden. **b)** Zu den Voraussetzungen „zur ordnungsmäßigen Verwaltung erforderlich", „Verweigerung ohne ausreichenden Grund" und „Krankheit oder Abwesenheit" → § 1365 Rn. 6 ff.; RGZ 103, 126. **c)** Verfahren s. → § 1365 Rn. 9. **17** **18**

9. Rechtsfolgen fehlender Einwilligung. a) § 1427 I verweist auf § 1366 I, III, IV und § 1367, s. → §§ 1366, 1367 Rn. 2–4, 7; § 1427 II entspricht § 1366 II. **b)** Der Widerruf des Dritten kann nur dem verwaltenden Ehegatten erklärt werden. **c)** Das **Revokationsrecht** des § 1428 entspricht § 1368. In Ausn. von § 1422 kann hier der nicht verwaltende Ehegatte zum Gesamtgut gehörende Rechte ausüben. § 1428 ist nicht abdingbar. Der Beschluss im Revokationsprozess hat keine Rechtskraftwirkung gegen den anderen Ehegatten, und zwar bei Prozessführung sowohl durch den Verwalter als auch durch den anderen Ehegatten (Soergel/Gaul/Althammer § 1428 Rn. 6 mwN). Entgegen dem Wortlaut kann nicht nur aufgrund nichtiger Verfügungen, sondern auch wegen unwirksamer Verpflichtung aus Bereicherung revoziert werden (Soergel/Gaul/Althammer § 1428 Rn. 7). **19** **20**

§ 1429 Notverwaltungsrecht

[1]Ist der Ehegatte, der das Gesamtgut verwaltet, durch Krankheit oder durch Abwesenheit verhindert, ein Rechtsgeschäft vorzunehmen, das sich auf das Gesamtgut bezieht, so kann der andere Ehegatte das Rechtsgeschäft vornehmen, wenn mit dem Aufschub Gefahr verbunden ist; er kann hierbei im eigenen Namen oder im Namen des verwaltenden Ehegatten handeln. [2]Das Gleiche gilt für die Führung eines Rechtsstreits, der sich auf das Gesamtgut bezieht.

1. Voraussetzungen. a) Verhinderung des Alleinverwalters durch Krankheit oder Abwesenheit (hierzu RGZ 103, 126) an rechtsgeschäftlichen Verwaltungsmaßnahmen für das Gesamtgut. **Nicht:** Absichtliches Untätigbleiben (s. RGZ 103, 126 [128]), Verlust der Geschäftsfähigkeit (dann § 1436). **b)** Gefahr für das Gesamtgut bei Aufschub des Geschäfts, hierzu → § 1365 Rn. 8. **1**

2. Folgen. Ges. Ermächtigung für den nicht verwaltenden Ehegatten, entweder im Namen des Verwalters oder im eigenen Namen **a)** Verpflichtungsgeschäfte mit Wirkung für den Verwalter (s. iE Soergel/Gaul/Althammer Rn. 7) und **b)** Verfügungen über Gegenstände des Gesamtguts zu tätigen sowie **c)** Prozesse im eigenen Namen oder im Namen des Verwalters zu führen, S. 2; bei Prozessführung im eigenen Namen keine Rechtskrafterstreckung auf den Verwalter; zur Vollstreckung ins Gesamtgut ist Titel nach § 740 I ZPO gegen den Verwalter erforderlich (s. Soergel/Gaul/Althammer Rn. 8 mwN). Endet die Verhinderung des Verwalters während des Prozesses, gilt § 1433 analog. **d)** Auch zustimmungsbedürftige Geschäfte nach §§ 1423, 1424 sind voll wirksam; unaufschiebbare Schenkungen nach § 1425 I sind kaum vorstellbar. **2** **3** **4**

3. Keine Pflicht zum Tätigwerden. § 1429 berechtigt, verpflichtet aber nicht. **5**

§ 1430 Ersetzung der Zustimmung des Verwalters

Verweigert der Ehegatte, der das Gesamtgut verwaltet, ohne ausreichenden Grund die Zustimmung zu einem Rechtsgeschäft, das der andere Ehe-

gatte zur ordnungsmäßigen Besorgung seiner persönlichen Angelegenheiten vornehmen muss, aber ohne diese Zustimmung nicht mit Wirkung für das Gesamtgut vornehmen kann, so kann das Familiengericht die Zustimmung auf Antrag ersetzen.

1 **1. Allgemeines.** Vergemeinschaftung der Vermögen und Alleinverwaltungsrecht eines Ehegatten können dem anderen die rechtsgeschäftliche Bewegungsfreiheit weitgehend nehmen, sofern er nicht über ausreichendes eigenes Vermögen (Sonder- oder Vorbehaltsgut) verfügt. Nach § 1430 kann deshalb das FamG angerufen werden, falls es sich um Geschäfte handelt, die der nicht verwaltende Ehegatte zur Besorgung seiner persönlichen Angelegenheiten vornehmen muss.

2 **2. Voraussetzungen. a) Persönliche Angelegenheit** wird teilw. eng personenbezogen verstanden (Anfechtung der Vaterschaft, Abwehr von Ehestörungen usw, s. Soergel/Gaul/Althammer Rn. 3), die Rspr. zieht jedoch die Grenze zwischen Vermögenssphäre und persönlichen Angelegenheiten zu Recht großzügig (s. BayObLG NJW 1965, 348: Kündigung eines Mietverhältnisses mit dem Ehestörer;
3 Staudinger/Thiele Rn. 8). **b)** Das RGeschäft **muss** zur ordnungsgem. Besorgung **erforderlich** sein; kann die persönliche Angelegenheit mit anderen Mitteln als durch Inanspruchnahme des Gesamtguts erledigt werden, entfällt die Ersetzungsbe-
4 fugnis (BayObLG NJW 1965, 348). **c)** Das RGeschäft muss Auswirkungen auf das Gesamtgut haben und deshalb zur Verwaltungsmacht des Verwalters gehören; Bsp: Erlangung von erforderlichen Mitteln, die im Gesamtgut gebunden sind (dazu zählen auch Einkünfte aus Arbeit oder Sondergut). Prozessführung ist nicht zustimmungsbedürftig trotz Haftung des Gesamtguts für die Kosten nach § 1438 II.
5 **d)** Verweigerung der Zustimmung durch den Verwalter „ohne ausreichenden Grund"; ausreichende Gründe können nur überwiegende Interessen des Gesamtguts sein (→ § 1365 Rn. 7).

6 **3. Verfahren.** S. → § 1365 Rn. 9.

§ 1431 Selbständiges Erwerbsgeschäft

(1) [1]**Hat der Ehegatte, der das Gesamtgut verwaltet, darin eingewilligt, dass der andere Ehegatte selbständig ein Erwerbsgeschäft betreibt, so ist seine Zustimmung zu solchen Rechtsgeschäften und Rechtsstreitigkeiten nicht erforderlich, die der Geschäftsbetrieb mit sich bringt.** [2]**Einseitige Rechtsgeschäfte, die sich auf das Erwerbsgeschäft beziehen, sind dem Ehegatten gegenüber vorzunehmen, der das Erwerbsgeschäft betreibt.**

(2) **Weiß der Ehegatte, der das Gesamtgut verwaltet, dass der andere Ehegatte ein Erwerbsgeschäft betreibt, und hat er hiergegen keinen Einspruch eingelegt, so steht dies einer Einwilligung gleich.**

(3) **Dritten gegenüber ist ein Einspruch und der Widerruf der Einwilligung nur nach Maßgabe des § 1412 wirksam.**

1 **1. Allgemeines.** Gütergemeinschaft und Alleinverwaltung eines Ehegatten schränken das Recht des anderen zu eigener Erwerbstätigkeit nicht ein, doch sind seine Möglichkeiten, als Erwerbstätigkeit ein eigenes Geschäft zu führen, durch die Bindung seiner Vermögenswerte im Gesamtgut praktisch stark behindert. § 1431 erweitert deshalb die Rechtsmacht des nicht verwaltenden Ehegatten, falls der Verwalter dem Betrieb eines selbstständigen Erwerbsgeschäftes zugestimmt hat, und erleichtert die Erklärung dieser Zustimmung (II).

2 **2. Tatbestand. Voraussetzungen** der erweiterten Rechtsmacht des nicht verwaltenden Ehegatten in Bezug auf das Gesamtgut sind **a)** Betrieb eines selbstständigen Erwerbsgeschäftes; auch Arzt-, Anwaltspraxis ua freie Berufe (BGHZ 83, 76),
3 ferner die Stellung als OHG-Gesellschafter; **b)** Einwilligung des Verwalters, die

entweder nach §§ 182 ff. oder durch Unterlassen eines Einspruchs in Kenntnis des Betriebs eines Erwerbsgeschäfts – II – geschehen kann.

3. Rechtsfolgen der Zustimmung. a) Der nicht verwaltende Ehegatte kann 4
alle zum Betrieb seines Erwerbsgeschäfts gehörenden **RGeschäfte,** insbes. Verpflichtungen und Verfügungen, mit Wirkungen für das Gesamtgut – § 1438 I – und den Verwalter – s. § 1437 II 1 – vornehmen. Auch wenn das Erwerbsgeschäft selbst Vorbehaltsgut ist, können Wirkungen zu Lasten des Gesamtguts eintreten, s. § 1440 S. 2 Fall 1. Außergewöhnliche, für den Verwalter selbst zustimmungsbedürftige Geschäfte (zB über Grundstücke) können ebenfalls vorgenommen werden; nach hM ist allerdings die Veräußerung des Geschäftsbetriebs selbst nicht zulässig (s. Soergel/Gaul/Althammer Rn. 5). **b)** Befugnis zur Führung von **Rechtsstreitigkeiten** 5
aus dem und für das Erwerbsgeschäft im eigenen Namen mit Wirkung für und gegen das Gesamtgut und den Verwalter (RGZ 148, 243 [247]; Staudinger/Thiele Rn. 29); zur Vollstreckung in das Gesamtgut genügt Titel gegen den prozessführenden (nicht verwaltenden) Ehegatten, § 741 ZPO. **c) Empfangszuständigkeit** für 6
einseitige RGeschäfte, die sich auf das Erwerbsgeschäft beziehen, I 2 (Bsp: Kündigung gemieteter Geschäftsräume).

4. Widerruflichkeit der Zustimmung. Ergibt sich aus III und wird überwie- 7
gend als einschränkungslos bis zur Grenze des Missbrauchs gegeben gesehen, s. Soergel/Gaul/Althammer Rn. 9. Bei Widerruf während eines schwebenden Prozesses gilt § 1433 analog.

5. Drittwirkung. Dritten gegenüber wirken Einspruch und Zustimmungswider- 8
ruf nur nach Maßgabe des § 1412 (§ 1431 III).

§ 1432 Annahme einer Erbschaft; Ablehnung von Vertragsantrag oder Schenkung

(1) [1]**Ist dem Ehegatten, der das Gesamtgut nicht verwaltet, eine Erbschaft oder ein Vermächtnis angefallen, so ist nur er berechtigt, die Erbschaft oder das Vermächtnis anzunehmen oder auszuschlagen; die Zustimmung des anderen Ehegatten ist nicht erforderlich.** [2]**Das Gleiche gilt von dem Verzicht auf den Pflichtteil oder auf den Ausgleich eines Zugewinns sowie von der Ablehnung eines Vertragsantrags oder einer Schenkung.**

(2) **Der Ehegatte, der das Gesamtgut nicht verwaltet, kann ein Inventar über eine ihm angefallene Erbschaft ohne Zustimmung des anderen Ehegatten errichten.**

Allgemeines. Die Entscheidungen über die in I genannten RGeschäfte werden 1
als höchstpersönliche bewertet und deshalb dem betroffenen Ehegatten vorbehalten, obwohl der Erwerb aus den erwähnten RGeschäften in das Gesamtgut fällt oder fallen kann und eine Haftung des Gesamtguts und des Verwalters in Betracht kommt, s. §§ 1438 I, 1437 II. **Inventar**errichtung als Voraussetzung der Beschränkung der Erbenhaftung durch den Verwalter, aber **auch** durch den nicht verwaltenden Ehegatten, II; sa § 462 FamFG (Aufgebot), § 318 InsO (Nachlassinsolvenz).

§ 1433 Fortsetzung eines Rechtsstreits

Der Ehegatte, der das Gesamtgut nicht verwaltet, kann ohne Zustimmung des anderen Ehegatten einen Rechtsstreit fortsetzen, der beim Eintritt der Gütergemeinschaft anhängig war.

1. Allgemeines. Ausn. zu § 1422 für den Fall eines Rechtsstreits, dessen Gegen- 1
stand nach Prozessbeginn durch Begründung der Gütergemeinschaft in das Gesamtgut gefallen ist. Analog anzuwenden, wenn die Verhinderung des Verwalters (§ 1429)

während eines schwebenden Prozesses endet oder die Zustimmung nach § 1431 im Verlauf eines Prozesses widerrufen wird.

2 **2. Modalitäten.** Der nicht verwaltende Ehegatte kann als Kläger den Klageantrag auf Leistung an sich selbst aufrechterhalten (Soergel/Gaul/Althammer Rn. 2, str.; aA Erman/Heinemann Rn. 1), da die Leistung ohnehin ins Gesamtgut fällt; er kann aber auch umstellen auf Leistung an den verwaltenden Ehegatten. Der Gesamtgutsverwalter kann als Nebenintervenient beitreten, dann § 69 ZPO (Soergel/Gaul/Althammer Rn. 3, str.). Zur vollstreckbaren Ausfertigung gegen den Verwalter s. § 742 ZPO.

§ 1434 Ungerechtfertigte Bereicherung des Gesamtguts

Wird durch ein Rechtsgeschäft, das ein Ehegatte ohne die erforderliche Zustimmung des anderen Ehegatten vornimmt, das Gesamtgut bereichert, so ist die Bereicherung nach den Vorschriften über die ungerechtfertigte Bereicherung aus dem Gesamtgut herauszugeben.

1 Fließt aus einem RGeschäft, das der nicht verwaltende Ehegatte vornimmt, die Leistung des Vertragspartners in das Gesamtgut (wie regelmäßig, s. → §§ 1416–1419 Rn. 6), so ist der handelnde Ehegatte zwar persönlich wirksam verpflichtet, nicht aber das Gesamtgut ohne Zustimmung des Verwalters; auch kann eine Gegenleistung nicht ohne Zustimmung des Verwalters aus dem Gesamtgut erbracht werden. Das Gesamtgut bzw. seine Inhaber sind deshalb „bereichert"; § 1434 ordnet Rückgewähr dieses Erwerbs nach Bereicherungsregeln an (Rechtsfolgenverweisung, zur dogmatischen Einordnung s. Staudinger/Thiele Rn. 6). Daneben bleibt der handelnde Ehegatte persönlich verpflichtet und haftet mit seinem Vorbehaltsgut, zusätz-
2 lich hat der Verwalter einzustehen (§ 1437 II 1). Einziehung einer zum Gesamtgut gehörenden Forderung durch den nicht verwaltenden Ehegatten fällt ebenfalls unter § 1434 (BGH NJW 1957, 1635). Bei Erwerb aufgrund eines nichtigen RGeschäfts des Verwalters oder aufgrund Bereicherung in sonstiger Weise gelten die §§ 812 ff. direkt.

§ 1435 Pflichten des Verwalters

[1]Der Ehegatte hat das Gesamtgut ordnungsmäßig zu verwalten. [2]Er hat den anderen Ehegatten über die Verwaltung zu unterrichten und ihm auf Verlangen über den Stand der Verwaltung Auskunft zu erteilen. [3]Mindert sich das Gesamtgut, so muss er zu dem Gesamtgut Ersatz leisten, wenn er den Verlust verschuldet oder durch ein Rechtsgeschäft herbeigeführt hat, das er ohne die erforderliche Zustimmung des anderen Ehegatten vorgenommen hat.

1 **1. Pflichten des Verwalters. a) Ordnungsgem. Verwaltung,** die auf Bewah-
2 rung und, soweit möglich, Mehrung des Gesamtguts gerichtet sein muss. **b) Pflicht zur Unterrichtung,** S. 2, Erzwingbarkeit str. (s. Gernhuber/Coester-Waltjen § 38 Rn. 57). **c) Auskunftserteilung,** mit Leistungsklage erzwingbar, Vollstreckung § 120 I FamFG, §§ 888, 889 ZPO.

3 **2. Haftung des Verwalters.** Der Verwalter haftet für **a) schuldhafte Minderung** des Gesamtguts; Haftungsmaß § 1359 (OLG Stuttgart FamRZ 2009, 974 [975]); **b) Verluste aus vinkulierten RGeschäften** (§§ 1423–1425) ohne Zustimmung des anderen. Ersatzanspruch gegen Dritte schließt Schaden nicht aus (Erman/
4 Heinemann Rn. 4, str.). **c) Fälligkeit** mit Beendigung der Gütergemeinschaft, § 1446 I. **d)** Beachte, dass die Haftung des Verwalters durch § 1445 I ergänzt wird.

5 **3. Freizeichnung.** Durch **Ehevertrag** kann in den Grenzen der §§ 276 II, 138 Freizeichnung erfolgen; ein Ausschluss der Auskunftspflicht soll stets nichtig sein.

§ 1436 Verwaltung durch einen Betreuer

[1]Fällt die Verwaltung des Gesamtguts in den Aufgabenkreis des Betreuers eines Ehegatten, so hat der Betreuer diesen in den Rechten und Pflichten zu vertreten, die sich aus der Verwaltung des Gesamtguts ergeben. [2]Dies gilt auch dann, wenn der andere Ehegatte zum Betreuer bestellt ist.

1. Allgemeines. Führung der Betreuung s. §§ 1814 ff.; verpflichtet wird das Gesamtgut wie bei Handeln des Verwalters selbst. Haftung: §§ 1826. 1

2. Ehegatten-Betreuer. Ist der andere Ehegatte Betreuer – S. 2 –, kann er die nach §§ 1422–1425 erforderlichen Zustimmungen selbst erteilen; § 181 ist nicht anwendbar (hL, s. Soergel/Gaul/Althammer Rn. 5). Für den Ehegatten-Betreuer gilt § 1826, nicht § 1359. 2

§ 1437 Gesamtgutsverbindlichkeiten; persönliche Haftung

(1) **Aus dem Gesamtgut können die Gläubiger des Ehegatten, der das Gesamtgut verwaltet, und, soweit sich aus den §§ 1438 bis 1440 nichts anderes ergibt, auch die Gläubiger des anderen Ehegatten Befriedigung verlangen (Gesamtgutsverbindlichkeiten).**

(2) **[1]Der Ehegatte, der das Gesamtgut verwaltet, haftet für die Verbindlichkeiten des anderen Ehegatten, die Gesamtgutsverbindlichkeiten sind, auch persönlich als Gesamtschuldner. [2]Die Haftung erlischt mit der Beendigung der Gütergemeinschaft, wenn die Verbindlichkeiten im Verhältnis der Ehegatten zueinander dem anderen Ehegatten zur Last fallen.**

§ 1438 Haftung des Gesamtguts

(1) **Das Gesamtgut haftet für eine Verbindlichkeit aus einem Rechtsgeschäft, das während der Gütergemeinschaft vorgenommen wird, nur dann, wenn der Ehegatte, der das Gesamtgut verwaltet, das Rechtsgeschäft vornimmt oder wenn er ihm zustimmt oder wenn das Rechtsgeschäft ohne seine Zustimmung für das Gesamtgut wirksam ist.**

(2) **Für die Kosten eines Rechtsstreits haftet das Gesamtgut auch dann, wenn das Urteil dem Gesamtgut gegenüber nicht wirksam ist.**

§ 1439 Keine Haftung bei Erwerb einer Erbschaft

Das Gesamtgut haftet nicht für Verbindlichkeiten, die durch den Erwerb einer Erbschaft entstehen, wenn der Ehegatte, der Erbe ist, das Gesamtgut nicht verwaltet und die Erbschaft während der Gütergemeinschaft als Vorbehaltsgut oder als Sondergut erwirbt; das Gleiche gilt beim Erwerb eines Vermächtnisses.

§ 1440 Haftung für Vorbehalts- oder Sondergut

[1]Das Gesamtgut haftet nicht für eine Verbindlichkeit, die während der Gütergemeinschaft infolge eines zum Vorbehaltsgut oder Sondergut gehörenden Rechts oder des Besitzes einer dazu gehörenden Sache in der Person des Ehegatten entsteht, der das Gesamtgut nicht verwaltet. [2]Das Gesamtgut haftet jedoch, wenn das Recht oder die Sache zu einem Erwerbsgeschäft gehört, das der Ehegatte mit Einwilligung des anderen Ehegatten selbständig betreibt, oder wenn die Verbindlichkeit zu den Lasten des Sonderguts gehört, die aus den Einkünften beglichen zu werden pflegen.

Anmerkungen zu den §§ 1437–1440

1 **1. Allgemeines.** Die §§ 1437–1440 regeln Voraussetzungen und Umfang der Haftung des Gesamtguts für Verbindlichkeiten der Ehegatten und der Verpflichtung des Verwalters, für die Schulden des anderen Ehegatten einzustehen.

2 **2. Haftung des Gesamtguts.** Das Gesamtgut ist mangels Rechtspersönlichkeit nur Haftungsobjekt, Haftungssubjekte bleiben die Ehegatten als Inhaber des Gesamtguts. Persönliche Schulden und Gesamtgutsverbindlichkeiten unterscheiden sich also nicht in der Person der Schuldner, sondern in den haftenden Vermögensmassen. Das
3 Gesamtgut haftet **a)** für ex lege vor Begründung der Gütergemeinschaft entstandene Verbindlichkeiten jedes Ehegatten, § 1437 I (Bsp: Deliktsschulden, Unterhaltsverpflichtungen, Verbindlichkeiten aus GoA); **Ausnahmen:** §§ 1439, 1440 (dazu → Rn. 8 f.); **b)** für alle rechtsgeschäftlich begründeten Verbindlichkeiten des Ver-
4 walters, § 1438 I Fall 1; **c)** für Verbindlichkeiten aus RGeschäften des nicht verwaltenden Ehegatten nur, falls **aa)** sie vor Begründung der Gütergemeinschaft eingegangen worden waren, **bb)** der Verwalter zugestimmt hat – § 1438 I Fall 2 – oder seine Zustimmung nach § 1430 ersetzt worden ist, bzw. seine generelle Zustimmung zum Betrieb eines selbstständigen Erwerbsgeschäftes nach § 1431 vorlag, **cc)** wenn es sich um Geschäfte zur angemessenen Deckung des Lebensbedarfs der Familie handelt,
5 § 1357 I iVm § 1437 I, **dd)** wenn ein Notverwaltungsgeschäft vorlag, § 1429 iVm § 1438 I Fall 3, wobei die persönliche Verpflichtung des nicht verwaltenden Ehegatten und seine Haftung mit Vorbehalts- oder Sondergut in all diesen Fällen unberührt
6 bleibt; **d)** für Kosten eines Rechtsstreits, gleich, welcher Ehegatte in welcher Rolle (Kläger oder Beklagter) ihn geführt hat; erfasst werden Kosten aus allen Verfahren, also auch Strafsachen, Verwaltungsverfahren. Kosten sind nur die Gerichtskosten und die Kosten der anderen Seite, nicht die Gebühren des eigenen Anwalts (s. Soergel/Gaul/Althammer § 1438 Rn. 5 mwN, str.).

7 **3. Keine Haftung des Gesamtguts.** Das Gesamtgut haftet nicht für Verbindlichkeiten **a)** aus RGeschäften des nicht verwaltenden Ehegatten, sofern nicht einer
8 der Fälle → Rn. 4 f. gegeben ist; **b)** aus Erwerb einer Erbschaft oder eines Vermächtnisses des nicht verwaltenden Ehegatten während der Gütergemeinschaft, falls diese Zuwendungen in sein Sonder- oder Vorbehaltsgut (s. § 1418 II Nr. 2) fallen,
9 § 1439; **c)** aus Rechten oder Besitz am Sonder- oder Vorbehaltsgut, § 1440 S. 1, sofern nicht die Ausnahmen § 1440 S. 2 gegeben sind. Grund der Ausn.: Die Einkünfte des Sonderguts fallen ins Gesamtgut, § 1417 III 2.

10 **4. Persönliche Verpflichtung und Haftung der Ehegatten.** Persönliche Verpflichtung der Ehegatten und Haftung mit ihrem Vorbehalts- und Sondergut auch dann, falls das Gesamtgut nicht haftet, ist für die jeweils eigenen, ex lege oder
11 rechtsgeschäftlich begründeten Verbindlichkeiten stets gegeben. **a)** (Nur) der **verwaltende** Ehegatte hat darüber hinaus auch für solche Verbindlichkeiten des anderen
12 Ehegatten einzustehen, für die das Gesamtgut haftet, § 1437 II 1. **b)** Die Mitschuld des Verwalters erlischt mit Beendigung der Gütergemeinschaft, falls die jeweilige Verbindlichkeit im Innenverhältnis nach §§ 1441 ff. dem anderen zur Last fällt, § 1437 II 2. **c)** In Analogie zu § 770 hat der Verwalter ein Leistungsverweigerungsrecht, solange der andere anfechten oder aufrechnen kann (Gernhuber/Coester-Waltjen § 38 Rn. 78 Fn. 96).

13 **5. Abdingbarkeit.** Die ges. Haftungsverteilung kann **nicht durch Ehevertrag abbedungen** werden (→ §§ 1408, 1409 Rn. 7); die Ehegatten können aber mit dem jeweiligen Vertragspartner Haftungsbeschränkungen auf das Gesamtgut oder ein Sondervermögen vereinbaren.

14 **6. Zwangsvollstreckung in das Gesamtgut.** Zur Zwangsvollstreckung in das Gesamtgut ist ein Titel gegen den Verwalter erforderlich und genügend (§ 740 I ZPO), und zwar auch dann, wenn der andere Ehegatte nach §§ 1428, 1429 im eigenen Namen den Prozess geführt hat, so dass dann ein zusätzlicher Titel gegen

den Verwalter erforderlich wird (hierzu → § 1429 Rn. 3; Erman/Heinemann § 1437 Rn. 4), s. aber auch → § 1431 Rn. 5, → § 1433 Rn. 2. In der Insolvenz des Verwalters gehört das Gesamtgut zur Insolvenzmasse, nicht dagegen in der Insolvenz des nicht verwaltenden Ehegatten (s. Soergel/Gaul/Althammer § 1437 Rn. 8 f.).

§ 1441 Haftung im Innenverhältnis

Im Verhältnis der Ehegatten zueinander fallen folgende Gesamtgutsverbindlichkeiten dem Ehegatten zur Last, in dessen Person sie entstehen:
1. **die Verbindlichkeiten aus einer unerlaubten Handlung, die er nach Eintritt der Gütergemeinschaft begeht, oder aus einem Strafverfahren, das wegen einer solchen Handlung gegen ihn gerichtet wird;**
2. **die Verbindlichkeiten aus einem sich auf sein Vorbehaltsgut oder sein Sondergut beziehenden Rechtsverhältnis, auch wenn sie vor Eintritt der Gütergemeinschaft oder vor der Zeit entstanden sind, zu der das Gut Vorbehaltsgut oder Sondergut geworden ist;**
3. **die Kosten eines Rechtsstreits über eine der in den Nummern 1 und 2 bezeichneten Verbindlichkeiten.**

§ 1442 Verbindlichkeiten des Sonderguts und eines Erwerbsgeschäfts

[1]Die Vorschrift des § 1441 Nr. 2, 3 gilt nicht, wenn die Verbindlichkeiten zu den Lasten des Sonderguts gehören, die aus den Einkünften beglichen zu werden pflegen. [2]Die Vorschrift gilt auch dann nicht, wenn die Verbindlichkeiten durch den Betrieb eines für Rechnung des Gesamtguts geführten Erwerbsgeschäfts oder infolge eines zu einem solchen Erwerbsgeschäft gehörenden Rechts oder des Besitzes einer dazu gehörenden Sache entstehen.

§ 1443 Prozesskosten

(1) **Im Verhältnis der Ehegatten zueinander fallen die Kosten eines Rechtsstreits, den die Ehegatten miteinander führen, dem Ehegatten zur Last, der sie nach allgemeinen Vorschriften zu tragen hat.**

(2) **[1]Führt der Ehegatte, der das Gesamtgut nicht verwaltet, einen Rechtsstreit mit einem Dritten, so fallen die Kosten des Rechtsstreits im Verhältnis der Ehegatten zueinander diesem Ehegatten zur Last. [2]Die Kosten fallen jedoch dem Gesamtgut zur Last, wenn das Urteil dem Gesamtgut gegenüber wirksam ist oder wenn der Rechtsstreit eine persönliche Angelegenheit oder eine Gesamtgutsverbindlichkeit des Ehegatten betrifft und die Aufwendung der Kosten den Umständen nach geboten ist; § 1441 Nr. 3 und § 1442 bleiben unberührt.**

§ 1444 Kosten der Ausstattung eines Kindes

(1) **Verspricht oder gewährt der Ehegatte, der das Gesamtgut verwaltet, einem gemeinschaftlichen Kind aus dem Gesamtgut eine Ausstattung, so fällt ihm im Verhältnis der Ehegatten zueinander die Ausstattung zur Last, soweit sie das Maß übersteigt, das dem Gesamtgut entspricht.**

(2) **Verspricht oder gewährt der Ehegatte, der das Gesamtgut verwaltet, einem nicht gemeinschaftlichen Kind eine Ausstattung aus dem Gesamtgut, so fällt sie im Verhältnis der Ehegatten zueinander dem Vater oder der Mutter zur Last; für den Ehegatten, der das Gesamtgut nicht verwaltet, gilt**

dies jedoch nur insoweit, als er zustimmt oder die Ausstattung nicht das Maß übersteigt, das dem Gesamtgut entspricht.

Anmerkungen zu den §§ 1441–1444

1 **1. Allgemeines.** Verbindlichkeiten eines Ehegatten sind häufig (s. §§ 1437, 1438) Gesamtgutsverbindlichkeiten; ein Ehegatte trägt dann mit seinem Anteil iE die Lasten des anderen mit. Die §§ 1441–1444 regeln den Innenausgleich für Fälle, in denen eine gemeinschaftliche Lastentragung für Schulden, die in der Person eines Ehegatten entstanden sind, aus verschiedenen Gründen unbillig wäre.

2 **2. Abdingbarkeit.** Ehevertraglich abdingbar; Grenze § 138.

3 **3. Einzelfälle. a)** Verpflichtungen und Verfahrenskosten (einschl. der Gebühren des eigenen Anwalts, Soergel/Gaul/Althammer § 1441 Rn. 5, 7) aus einer **unerlaubten Handlung** während der Gütergemeinschaft, § 1441 Nr. 1, 3; **nicht:**
4 Gefährdungshaftung (Gernhuber/Coester-Waltjen § 38 Rn. 80–85 Fn. 97); **b)** Verbindlichkeiten aus Rechtsverhältnissen, die sich auf Sonder- oder Vorbehaltsgut beziehen einschl. daraus erwachsender Verfahrenskosten, § 1441 Nr. 2, 3; ausgenommen bleiben jedoch die in § 1442 genannten Verbindlichkeiten, da die Einkünfte aus dem Gesamtgut und einem zum Sondergut gehörenden Erwerbsgeschäft (nur darauf bezieht sich S. 2, Soergel/Gaul/Althammer § 1442 Rn. 3), zB einer unüber-
5 tragbaren OHG-Beteiligung, in das Gesamtgut fallen. **c)** Kosten eines **Rechtsstreits der Ehegatten gegeneinander,** § 1443 I, soweit nicht schon § 1441 Nr. 3 eingreift. **d)** Kosten eines **Rechtsstreits des nicht verwaltenden Ehegatten mit Dritten,** § 1443 II 1; Verteilung nach § 91 ZPO oder Vergleichsregelung; Ausnah-
6 men § 1443 II 2. **e) Ausstattung** eines gemeinschaftlichen Kindes außer Verhältnis zum Gesamtgut durch den Verwalter, § 1444 I; zur Übermaßausstattung beachte
7 § 1425 I. **f) Ausstattung** aus dem Gesamtgut an ein **nicht gemeinsames Kind,** § 1444 II, soll iE der leibliche Elternteil tragen; die Einschränkung des § 1444 II HS 2 ist gegenstandslos, da es sich bei Zuwendung trotz fehlender Zustimmung, dh gegen den Willen des leiblichen Elternteils, nicht um Ausstattung iSv § 1624 handeln kann.

§ 1445 Ausgleichung zwischen Vorbehalts-, Sonder- und Gesamtgut

(1) **Verwendet der Ehegatte, der das Gesamtgut verwaltet, Gesamtgut in sein Vorbehaltsgut oder in sein Sondergut, so hat er den Wert des Verwendeten zum Gesamtgut zu ersetzen.**

(2) **Verwendet er Vorbehaltsgut oder Sondergut in das Gesamtgut, so kann er Ersatz aus dem Gesamtgut verlangen.**

1 **1. Schutz des nicht verwaltenden Ehegatten, I.** I schützt den nicht verwaltenden Ehegatten gegen Übertragung von Vermögenswerten aus dem Gesamtgut in das Sonder- oder Vorbehaltsgut des Verwalters, die dieser kraft seiner Verwaltungsbefugnis vornehmen kann; die Vorschrift ergänzt den Schutz des nicht verwaltenden Ehegatten aus § 1435.

2 **2. Aufwendungsersatzanspruch des Verwalters, II.** Aufwendungen des Verwalters zugunsten des Gesamtgutes aus seinem Vorbehalts- oder Sondergut kann er nach II aus dem Gesamtgut ersetzt verlangen, ohne insoweit auf § 677 zurückgreifen zu müssen (s. Mot. IV 381); § 818 III ist nicht anwendbar. Aufwendungen für den Unterhalt der Familie s. § 1360b (vgl. BGHZ 50, 269 f.); auch § 685 kann den Ausgleichsanspruch abschneiden.

3 **3. Aufwendungsersatzansprüche des nicht verwaltenden Ehegatten.** Der nicht verwaltende Ehegatte hat für seine Aufwendungen Ansprüche aus GoA oder §§ 812 ff.

§ 1446 Fälligkeit des Ausgleichsanspruchs

(1) **Was der Ehegatte, der das Gesamtgut verwaltet, zum Gesamtgut schuldet, braucht er erst nach der Beendigung der Gütergemeinschaft zu leisten; was er aus dem Gesamtgut zu fordern hat, kann er erst nach der Beendigung der Gütergemeinschaft fordern.**

(2) **Was der Ehegatte, der das Gesamtgut nicht verwaltet, zum Gesamtgut oder was er zum Vorbehaltsgut oder Sondergut des anderen Ehegatten schuldet, braucht er erst nach der Beendigung der Gütergemeinschaft zu leisten; er hat die Schuld jedoch schon vorher zu berichtigen, soweit sein Vorbehaltsgut und sein Sondergut hierzu ausreichen.**

1. Allgemeines. Das Ges. geht davon aus, dass in der Gütergemeinschaft das Gesamtgut wirtschaftliche Grundlage der Familie ist, die nicht durch Teilauseinandersetzung vor endgültiger Beendigung der Gütergemeinschaft gefährdet werden soll. Die Regelung ist durch Ehevertrag **abdingbar;** zur Vereinbarung fr. Fälligkeit einzelner Forderungen s. Erman/Heinemann Rn. 4. 1

2. Regelungsgehalt. a) I stellt die Ausgleichung zwischen Gesamtgut und Verwalter bis zur Beendigung der Gütergemeinschaft zurück. **b)** II schiebt die Fälligkeit der Verbindlichkeiten des nicht verwaltenden Ehegatten gegenüber **aa)** dem Gesamtgut und **bb)** dem Verwalter persönlich („zum Vorbehalts- oder Sondergut des anderen Ehegatten") bis zur Beendigung der Gütergemeinschaft auf, falls und soweit Vorbehalts- und Sondergut des Schuldners zur Deckung seiner Verbindlichkeiten nicht ausreichen. Das ausreichende Sondervermögen des Schuldners hat der klagende Verwalter im Prozess zu beweisen (hL, Soergel/Gaul/Althammer Rn. 4). 2

3. Fälligkeit nach allg. Regeln. Nach allg. Regeln fällig bleiben **a)** dingliche Ansprüche; **b)** Forderungen des nicht verwaltenden Ehegatten gegen das Gesamtgut (nicht abdingbar, Soergel/Gaul/Althammer Rn. 7) oder den Verwalter. 3

§ 1447 Aufhebungsantrag des nicht verwaltenden Ehegatten

Der Ehegatte, der das Gesamtgut nicht verwaltet, kann die Aufhebung der Gütergemeinschaft beantragen,

1. **wenn seine Rechte für die Zukunft dadurch erheblich gefährdet werden können, dass der andere Ehegatte zur Verwaltung des Gesamtguts unfähig ist oder sein Recht, das Gesamtgut zu verwalten, missbraucht,**
2. **wenn der andere Ehegatte seine Verpflichtung, zum Familienunterhalt beizutragen, verletzt hat und für die Zukunft eine erhebliche Gefährdung des Unterhalts zu besorgen ist,**
3. **wenn das Gesamtgut durch Verbindlichkeiten, die in der Person des anderen Ehegatten entstanden sind, in solchem Maße überschuldet ist, dass ein späterer Erwerb des Ehegatten, der das Gesamtgut nicht verwaltet, erheblich gefährdet wird,**
4. **wenn die Verwaltung des Gesamtguts in den Aufgabenkreis des Betreuers des anderen Ehegatten fällt.**

§ 1448 Aufhebungsantrag des Verwalters

Der Ehegatte, der das Gesamtgut verwaltet, kann die Aufhebung der Gütergemeinschaft beantragen, wenn das Gesamtgut infolge von Verbindlichkeiten des anderen Ehegatten, die diesem im Verhältnis der Ehegatten zueinander zur Last fallen, in solchem Maße überschuldet ist, dass ein späterer Erwerb erheblich gefährdet wird.

§ 1449 Wirkung der richterlichen Aufhebungsentscheidung

(1) **Mit der Rechtskraft der richterlichen Entscheidung ist die Gütergemeinschaft aufgehoben; für die Zukunft gilt Gütertrennung.**

(2) **Dritten gegenüber ist die Aufhebung der Gütergemeinschaft nur nach Maßgabe des § 1412 wirksam.**

Anmerkungen zu den §§ 1447–1449

1 **1. Allgemeines.** Einseitige Beendigung der Gütergemeinschaft ist nur aus bestimmten Gründen, die Gefährdungen der wirtschaftlichen Basis der Familie erfassen wollen, durch Gestaltungsantrag möglich. Einvernehmliche Beendigung durch Ehevertrag bleibt unberührt, § 1408 I.

2 **2. Voraussetzungen.** Die **Gründe** sind abgestimmt auf die Verwaltungsregelung und die unterschiedlichen Befugnisse der Ehegatten, die durch die Belastung des Gesamtguts die wirtschaftliche Grundlage der Familie zu gefährden geeignet sind.
3 **a)** Aufgrund der Befugnisse des Alleinverwalters zur Verwaltung des Gesamtguts sind auch seine Möglichkeiten, Gesamtgut, Familieneinkommen und Familienunterhalt zu gefährden, größer als die des nicht verwaltenden Ehegatten; dem entspricht der (abschließende) Katalog des § 1447 Nr. 1–4. Antragsbefugt ist der nicht verwal-
4 tende Ehegatte. **b)** Soweit der nicht verwaltende Ehegatte Überschuldung durch Belastung des Gesamtguts mit Verbindlichkeiten, die im Innenverhältnis ihm zur Last fallen, erreichen kann, gibt § 1448 – als Gegenstück zu § 1447 Nr. 3 – dem
5 Verwalter ein Antragsrecht. **c)** Insolvenzverfahren über das Vermögen des verwaltenden Ehegatten beendet die Gütergemeinschaft nicht ipso iure, wird aber meist den Tatbestand des § 1447 Nr. 3 erfüllen. Zur Sonderinsolvenz bei gemeinschaftlicher Verwaltung des Gesamtguts durch beide Ehegatten s. §§ 11 II Nr. 2, 333 f. InsO.

6 **3. Keine Abdingbarkeit.** §§ 1447, 1448 sind zwingende und abschließende Regelungen (Erman/Heinemann § 1447 Rn. 7, § 1448 Rn. 1; Grüneberg/Siede § 1447 Rn. 1 f.; für analoge Anwendung des § 1385 Nr. 1 Grasmann FamRZ 1984, 957; abl. Soergel/Gaul/Althammer § 1447 Rn. 2).

7 **4. Verfahren.** Der Aufhebungsantrag ist auf einen rechtsgestaltenden Beschluss gerichtet, mit dessen Rechtskraft die Gütergemeinschaft beendet wird, § 1449 I HS 1. Die gleiche Wirkung hat ein Verfahrensvergleich (RG Recht 1919, Nr. 1486). Das Verfahren ist Güterrechts-, nicht Ehesache nach § 121 FamFG (Erman/Heinemann § 1447 Rn. 6); zuständig FamG §§ 23a I 1 Nr. 1, 23b GVG, §§ 111 Nr. 9, 261 I FamFG.

8 **5. Folgen. a)** Gütertrennung, § 1449 I HS 2; **b)** Auseinandersetzung des zunächst noch gemeinschaftlichen (s. § 1471 II) Gesamtguts, §§ 1471 ff.; **c)** Wirkung gegenüber Dritten s. § 1449 II iVm § 1412.

Unterkapitel 3. Gemeinschaftliche Verwaltung des Gesamtguts durch die Ehegatten

§ 1450 Gemeinschaftliche Verwaltung durch die Ehegatten

(1) [1]**Wird das Gesamtgut von den Ehegatten gemeinschaftlich verwaltet, so sind die Ehegatten insbesondere nur gemeinschaftlich berechtigt, über das Gesamtgut zu verfügen und Rechtsstreitigkeiten zu führen, die sich auf das Gesamtgut beziehen.** [2]**Der Besitz an den zum Gesamtgut gehörenden Sachen gebührt den Ehegatten gemeinschaftlich.**

(2) **Ist eine Willenserklärung den Ehegatten gegenüber abzugeben, so genügt die Abgabe gegenüber einem Ehegatten.**

§ 1451 Mitwirkungspflicht beider Ehegatten

Jeder Ehegatte ist dem anderen gegenüber verpflichtet, zu Maßregeln mitzuwirken, die zur ordnungsmäßigen Verwaltung des Gesamtguts erforderlich sind.

§ 1452 Ersetzung der Zustimmung

(1) **Ist zur ordnungsmäßigen Verwaltung des Gesamtguts die Vornahme eines Rechtsgeschäfts oder die Führung eines Rechtsstreits erforderlich, so kann das Familiengericht auf Antrag eines Ehegatten die Zustimmung des anderen Ehegatten ersetzen, wenn dieser sie ohne ausreichenden Grund verweigert.**

(2) **Die Vorschrift des Absatzes 1 gilt auch, wenn zur ordnungsmäßigen Besorgung der persönlichen Angelegenheiten eines Ehegatten ein Rechtsgeschäft erforderlich ist, das der Ehegatte mit Wirkung für das Gesamtgut nicht ohne Zustimmung des anderen Ehegatten vornehmen kann.**

§ 1453 Verfügung ohne Einwilligung

(1) **Verfügt ein Ehegatte ohne die erforderliche Einwilligung des anderen Ehegatten über das Gesamtgut, so gelten die Vorschriften des § 1366 Abs. 1, 3, 4 und des § 1367 entsprechend.**

(2) **[1]Einen Vertrag kann der Dritte bis zur Genehmigung widerrufen. [2]Hat er gewusst, dass der Ehegatte in Gütergemeinschaft lebt, so kann er nur widerrufen, wenn dieser wahrheitswidrig behauptet hat, der andere Ehegatte habe eingewilligt; er kann auch in diesem Falle nicht widerrufen, wenn ihm beim Abschluss des Vertrags bekannt war, dass der andere Ehegatte nicht eingewilligt hatte.**

Anmerkungen zu den §§ 1450–1453

1. Allgemeines. Gemeinschaftliche Verwaltung ist entweder vereinbarte oder hilfsweise geltende Regelung (s. § 1421 S. 2). Ihre Schwerfälligkeit wird ausgeglichen teilw. durch die Notverwaltungsrechte aus §§ 1454, 1455 Nr. 5, 6, 8, 9, 10 und die Einzelempfangszuständigkeit in § 1450 II, vor allem wohl durch die Möglichkeit gegenseitiger Bevollmächtigung, die vielfach durch Duldung geschehen wird, in gewissem Umfang schließlich auch durch § 1357 I 1, der zu Entnahmen aus dem Gesamtgut zur Deckung des Familienbedarfs ermächtigen dürfte (vgl. auch § 1420), und § 1357 I 2, der iVm §§ 1460 I, 1459 I die Begründung von Gesamtgutsverbindlichkeiten gestattet. Eine **unwiderrufliche gegenseitige Bevollmächtigung** bewirkt praktisch konkurrierende Alleinverwaltungsrechte und dürfte unzulässig sein (→ Vor §§ 1422–1470 Rn. 3). 1 2

2. Begriff der gemeinsamen Verwaltung. Gemeinsame Verwaltung umfasst die in § 1450 I 1 bes. erwähnten **Verfügungen** über **Gesamtgut** sowie **Rechtsstreitigkeiten,** aber auch Ausübung von Stimmrechten und tatsächliche Maßnahmen sowie Maßregeln zur ordnungsgem. Verwendung des Gesamtgutes für Unterhalt (s. BGHZ 111, 248 [255]). Begründung der Gütergemeinschaft nach erfolgter Auflassung des Grundstücks eines Ehegatten an einen Dritten macht Zustimmung erforderlich; § 878 findet keine Anwendung (aA Tiedtke FamRZ 1976, 511). **a) Verpflichtungsgeschäfte** verpflichten primär den jeweils Handelnden, das Gesamtgut dagegen grds. nur mit Zustimmung des jeweils anderen Ehegatten, § 1460 I (s. aber → Rn. 1, ferner → §§ 1459–1462 Rn. 4). **b) Erwerb** für das Gesamtgut erfordert nicht gemeinsames Handeln, s. § 1416 I 2 (dazu → §§ 1416–1419 Rn. 6). **c) Empfangszuständigkeit** für Willenserklärungen hat jeder Ehe- 3 4 5 6

gatte, § 1450 II; Bsp: Kündigung, aber wohl auch Bindung an Angebot, wenn es nur einem Ehegatten zugegangen ist (Soergel/Gaul/Althammer § 1450 Rn. 14).
7 **d)** Ansprüche und Forderungen können nur gemeinsam geltend gemacht bzw. eingezogen werden; § 2039 S. 1 HS 2 ist während des Bestehens der Gütergemeinschaft nicht analog anwendbar (Soergel/Gaul/Althammer § 1450 Rn. 15 mwN).

8 **3. Besitz.** Besitz der Ehegatten soll gemeinschaftlicher, dh Mitbesitz sein, entsteht aber nicht ipso iure, sondern durch entspr. Einräumung, zu der die Ehegatten verpflichtet sind, § 1450 I 2. Zur Verteidigung ist jeder Mitbesitzer selbstständig berechtigt, auch gegen den anderen (s. Soergel/Gaul/Althammer § 1450 Rn. 11).

9 **4. Rechtsstreitigkeiten. a)** In **Aktivprozessen** über Gesamtgut sind die Ehegatten grds. nur gemeinschaftlich prozessführungsberechtigt (Ausnahmen: §§ 1454, 1455 Nr. 6–10, 1456 sowie Ermächtigung durch den anderen); sie sind notwendige Streitgenossen, § 62 ZPO (Baur FamRZ 1962, 510). Verletzter Ehegatte muss für Schadensersatzanspruch Ermächtigung des anderen Ehegatten (spätestens) in der
10 letzten mündlichen Verhandlung offenlegen (BGH NJW 1994, 652 [653]). **b)** Bei **Passivprozessen** besteht notwendige Streitgenossenschaft, soweit der Kläger auf Leistung aus dem Gesamtgut klagt (s. Baur FamRZ 1962, 510). Zu Verwaltungsgerichtsprozessen s. VGH München NJW-RR 1988, 454; FamRZ 2015, 924. Zur Zwangsvollstreckung s. § 740 II ZPO; vgl. auch OLG München NJW-RR 2013, 527 (Eintragung einer Zwangssicherungshypothek); zur Vollstreckung bei Vorlage gesonderter Vollstreckungstitel gegen die Ehegatten OLG München FamRZ 2013, 1403.

11 **5. Mitwirkungspflicht, § 1451.** Pflicht zur Mitwirkung ist notwendige Ergänzung der gemeinschaftlichen Verwaltung. Haftung für Verluste wegen Unterlassens der Mitwirkung zur ordnungsgem. Verwaltung analog § 1435 S. 3 (BGH FamRZ 1986, 42), aber keine Haftung bei Aufgabe der Mitarbeit in landwirtschaftlichem Betrieb nach Trennung (BGH FamRZ 1986, 42). Schuldmaßstab § 1359. Klage auf Mitwirkung soll nach hL unzulässig sein (Soergel/Gaul/Althammer § 1451 Rn. 5), da § 1452 eingreift.

12 **6. Ersetzung der Zustimmung.** § 1452 I entspricht § 1426, § 1452 II dem § 1430. **a)** Der Anwendungsbereich des § 1452 I ist erheblich weiter als der des § 1426, da grds. die gesamte Verwaltung an Mitwirkung, dh bei RGeschäften und Prozessen an die Zustimmung des jeweils anderen gebunden ist. Zu den Voraussetzungen der Ersetzung nach § 1452 I s. → § 1365 Rn. 6 ff.; RGZ 103, 126 [127]; für
13 § 1452 II s. → § 1430 Rn. 2 ff. **b)** Die Ersetzungsmöglichkeit ist nicht abdingbar. **c)** Zum Verfahren s. → § 1365 Rn. 9.

14 **7. Rechtsfolgen fehlender Zustimmung.** § 1453 entspricht § 1427, deckt aber einen etwas anderen Regelungsbereich ab, da einerseits **alle** Verfügungen über Gesamtgut nur mit Zustimmung des anderen wirksam sind, andererseits Verpflichtungen den kontrahierenden Ehegatten stets binden, da sie das Gesamtgut ohne Zustimmung des anderen grds. nicht belasten, s. § 1460. Die Ergänzung des Zustimmungserfordernisses durch ein Revokationsrecht (s. §§ 1368, 1428) enthält § 1455 Nr. 8. Gutgl. Erwerb ist nach hM möglich (Soergel/Gaul/Althammer § 1453 Rn. 4). Vgl. iÜ § 1427 und → §§ 1423–1428 Rn. 19.

§ 1454 Notverwaltungsrecht

[1]Ist ein Ehegatte durch Krankheit oder Abwesenheit verhindert, bei einem Rechtsgeschäft mitzuwirken, das sich auf das Gesamtgut bezieht, so kann der andere Ehegatte das Rechtsgeschäft vornehmen, wenn mit dem Aufschub Gefahr verbunden ist; er kann hierbei im eigenen Namen oder im Namen beider Ehegatten handeln. [2]Das Gleiche gilt für die Führung eines Rechtsstreits, der sich auf das Gesamtgut bezieht.

Pflicht zum Tätigwerden. Die Vorschrift entspricht § 1429, s. Anm. dort. Anders als § 1429 wird § 1454 iVm § 1451 nicht nur als Ermächtigung, sondern auch als Verpflichtung zum Tätigwerden unter den genannten Voraussetzungen gesehen. Sa § 1455 Nr. 10. 1

§ 1455 Verwaltungshandlungen ohne Mitwirkung des anderen Ehegatten

Jeder Ehegatte kann ohne Mitwirkung des anderen Ehegatten
1. **eine ihm angefallene Erbschaft oder ein ihm angefallenes Vermächtnis annehmen oder ausschlagen,**
2. **auf seinen Pflichtteil oder auf den Ausgleich eines Zugewinns verzichten,**
3. **ein Inventar über eine ihm oder dem anderen Ehegatten angefallene Erbschaft errichten, es sei denn, dass die dem anderen Ehegatten angefallene Erbschaft zu dessen Vorbehaltsgut oder Sondergut gehört,**
4. **einen ihm gemachten Vertragsantrag oder eine ihm gemachte Schenkung ablehnen,**
5. **ein sich auf das Gesamtgut beziehendes Rechtsgeschäft gegenüber dem anderen Ehegatten vornehmen,**
6. **ein zum Gesamtgut gehörendes Recht gegen den anderen Ehegatten gerichtlich geltend machen,**
7. **einen Rechtsstreit fortsetzen, der beim Eintritt der Gütergemeinschaft anhängig war,**
8. **ein zum Gesamtgut gehörendes Recht gegen einen Dritten gerichtlich geltend machen, wenn der andere Ehegatte ohne die erforderliche Zustimmung über das Recht verfügt hat,**
9. **ein Widerspruchsrecht gegenüber einer Zwangsvollstreckung in das Gesamtgut gerichtlich geltend machen,**
10. **die zur Erhaltung des Gesamtguts notwendigen Maßnahmen treffen, wenn mit dem Aufschub Gefahr verbunden ist.**

Die Vorschrift regelt Ausnahmen vom Grundsatz gemeinschaftlicher Verwaltung; rechtsgeschäftliches Handeln oder tatsächliche Maßnahmen nach § 1455 wirken für und gegen das Gesamtgut. Abdingbarkeit ist zu verneinen (vgl. Zöllner FamRZ 1965, 118; aA für Nr. 5 und 6 Staudinger/Thiele Rn. 45). 1

§ 1456 Selbständiges Erwerbsgeschäft

(1) [1]**Hat ein Ehegatte darin eingewilligt, dass der andere Ehegatte selbständig ein Erwerbsgeschäft betreibt, so ist seine Zustimmung zu solchen Rechtsgeschäften und Rechtsstreitigkeiten nicht erforderlich, die der Geschäftsbetrieb mit sich bringt.** [2]**Einseitige Rechtsgeschäfte, die sich auf das Erwerbsgeschäft beziehen, sind dem Ehegatten gegenüber vorzunehmen, der das Erwerbsgeschäft betreibt.**

(2) **Weiß ein Ehegatte, dass der andere ein Erwerbsgeschäft betreibt, und hat er hiergegen keinen Einspruch eingelegt, so steht dies einer Einwilligung gleich.**

(3) **Dritten gegenüber ist ein Einspruch und der Widerruf der Einwilligung nur nach Maßgabe des § 1412 wirksam.**

Parallelvorschrift zu § 1431. S. Anm. dort. 1

§ 1457 Ungerechtfertigte Bereicherung des Gesamtguts

Wird durch ein Rechtsgeschäft, das ein Ehegatte ohne die erforderliche Zustimmung des anderen Ehegatten vornimmt, das Gesamtgut bereichert, so ist die Bereicherung nach den Vorschriften über die ungerechtfertigte Bereicherung aus dem Gesamtgut herauszugeben.

1 Parallelvorschrift zu § 1437. S. Anm. zu §§ 1437–1440.

§ 1458 *(aufgehoben)*

§ 1459 Gesamtgutsverbindlichkeiten; persönliche Haftung

(1) **Die Gläubiger eines Ehegatten können, soweit sich aus den §§ 1460 bis 1462 nichts anderes ergibt, aus dem Gesamtgut Befriedigung verlangen (Gesamtgutsverbindlichkeiten).**

(2) [1]**Für die Gesamtgutsverbindlichkeiten haften die Ehegatten auch persönlich als Gesamtschuldner.** [2]**Fallen die Verbindlichkeiten im Verhältnis der Ehegatten zueinander einem der Ehegatten zur Last, so erlischt die Verbindlichkeit des anderen Ehegatten mit der Beendigung der Gütergemeinschaft.**

§ 1460 Haftung des Gesamtguts

(1) **Das Gesamtgut haftet für eine Verbindlichkeit aus einem Rechtsgeschäft, das ein Ehegatte während der Gütergemeinschaft vornimmt, nur dann, wenn der andere Ehegatte dem Rechtsgeschäft zustimmt oder wenn das Rechtsgeschäft ohne seine Zustimmung für das Gesamtgut wirksam ist.**

(2) **Für die Kosten eines Rechtsstreits haftet das Gesamtgut auch dann, wenn das Urteil dem Gesamtgut gegenüber nicht wirksam ist.**

§ 1461 Keine Haftung bei Erwerb einer Erbschaft

Das Gesamtgut haftet nicht für Verbindlichkeiten eines Ehegatten, die durch den Erwerb einer Erbschaft oder eines Vermächtnisses entstehen, wenn der Ehegatte die Erbschaft oder das Vermächtnis während der Gütergemeinschaft als Vorbehaltsgut oder als Sondergut erwirbt.

§ 1462 Haftung für Vorbehalts- oder Sondergut

[1]**Das Gesamtgut haftet nicht für eine Verbindlichkeit eines Ehegatten, die während der Gütergemeinschaft infolge eines zum Vorbehaltsgut oder zum Sondergut gehörenden Rechts oder des Besitzes einer dazu gehörenden Sache entsteht.** [2]**Das Gesamtgut haftet jedoch, wenn das Recht oder die Sache zu einem Erwerbsgeschäft gehört, das ein Ehegatte mit Einwilligung des anderen Ehegatten selbständig betreibt, oder wenn die Verbindlichkeit zu den Lasten des Sonderguts gehört, die aus den Einkünften beglichen zu *werden pflegen*.**

Anmerkungen zu den §§ 1459–1462

1 **1. Allgemeines.** §§ 1459–1462 regeln Voraussetzungen und Umfang der Haftung des Gesamtgutes und die daran angelehnte Gesamtschuld der Ehegatten.

2. Haftung des Gesamtguts. Hierzu auch → §§ 1437–1440 Rn. 2 ff. Das Gesamtgut haftet für **a)** ex lege vor oder während der Gütergemeinschaft entstandene Verbindlichkeiten jedes Ehegatten; Ausnahmen §§ 1461, 1462 S. 1 (dazu → Rn. 6 f.); **b)** die rechtsgeschäftlich vor Begründung der Gütergemeinschaft von jedem Ehegatten eingegangenen Verbindlichkeiten; **c)** während der Gütergemeinschaft gemeinsam rechtsgeschäftlich begründete Schulden; **d)** während der Gütergemeinschaft von einem Ehegatten **aa)** entweder mit Zustimmung des anderen (oder ersetzter Zustimmung nach §§ 1452), § 1460 I Fall 1, oder **bb)** ohne dessen Zustimmung, aber gleichwohl für das Gesamtgut wirksam eingegangene Verbindlichkeiten, § 1460 I Fall 2 (s. §§ 1454–1456) oder **cc)** zur angemessenen Deckung des Lebensbedarfs nach § 1357 I eingegangene Verpflichtungen; **e)** Kosten eines Rechtsstreits, § 1460 II (hierzu → §§ 1437–1440 Rn. 6). 2 3 4

3. Keine Haftung des Gesamtguts. a) bei zustimmungslosen RGeschäften eines Ehegatten während der Gütergemeinschaft, falls nicht eine der Ausnahmen → Rn. 4 gegeben ist; **b)** für Verbindlichkeiten aus Erbschafts- oder Vermächtniserwerb, falls die Zuwendung in das Vorbehalts- oder Sondergut eines Ehegatten fällt, § 1461; **c)** Verbindlichkeiten aus Rechten oder Besitz an Gegenständen, die zum Vorbehalts- oder Sondergut eines Ehegatten gehören, § 1462 S. 1, sofern nicht die Ausn. in § 1462 S. 2 vorliegt (s. hierzu → §§ 1437–1440 Rn. 9). 5 6 7

4. Persönliche Verpflichtung und Haftung der Ehegatten. Persönliche Verpflichtungen der Ehegatten und Haftung mit ihrem Vorbehalts- und Sondergut sind für die eigenen Schulden stets gegeben, darüber hinaus aber auch für alle in der Person des anderen begründeten Verbindlichkeiten, soweit sie Gesamtgutsverbindlichkeiten sind, § 1459 II 1 (krit. hierzu Gernhuber/Coester-Waltjen § 38 Rn. 97 mwN). Diese Mitschuld erlischt mit Beendigung der Gütergemeinschaft, falls die jeweilige Verpflichtung im Innenverhältnis nach §§ 1463–1466 dem anderen zur Last fällt. 8

5. Abdingbarkeit. Die ges. Haftungsregelung kann **nicht durch Ehevertrag abbedungen** werden. Im jeweiligen Einzelgeschäft mit dem Dritten können die Ehegatten jedoch die Haftung auf das Gesamtgut oder ein Sondervermögen beschränken. Auch kann der Dritte seine Klage nur gegen die Gesamthand richten (hierzu Tiedtke FamRZ 1975, 538). 9

6. Zwangsvollstreckung in das Gesamtgut. Zur Zwangsvollstreckung in das Gesamtgut ist ein Titel gegen beide Ehegatten erforderlich, § 740 II ZPO (sa § 742 ZPO; Anm. zu → §§ 1450–1453 Rn. 10), doch kann ein Gläubiger auch einen Ehegatten allein unter Behauptung einer Gesamtgutsverbindlichkeit verklagen (§ 1459 II), um in dessen Sondervermögen vollstrecken zu können (BGH FamRZ 1975, 405; hierzu Tiedtke FamRZ 1975, 538). Zur Sonderinsolvenz über das Gesamtgut s. §§ 11 II Nr. 2, 333 f. InsO. 10

§ 1463 Haftung im Innenverhältnis

Im Verhältnis der Ehegatten zueinander fallen folgende Gesamtgutsverbindlichkeiten dem Ehegatten zur Last, in dessen Person sie entstehen:

1. **die Verbindlichkeiten aus einer unerlaubten Handlung, die er nach Eintritt der Gütergemeinschaft begeht, oder aus einem Strafverfahren, das wegen einer solchen Handlung gegen ihn gerichtet wird,**
2. **die Verbindlichkeiten aus einem sich auf sein Vorbehaltsgut oder sein Sondergut beziehenden Rechtsverhältnis, auch wenn sie vor Eintritt der Gütergemeinschaft oder vor der Zeit entstanden sind, zu der das Gut Vorbehaltsgut oder Sondergut geworden ist,**
3. **die Kosten eines Rechtsstreits über eine der in den Nummern 1 und 2 bezeichneten Verbindlichkeiten.**

§ 1464 Verbindlichkeiten des Sonderguts und eines Erwerbsgeschäfts

[1]Die Vorschrift des § 1463 Nr. 2, 3 gilt nicht, wenn die Verbindlichkeiten zu den Lasten des Sonderguts gehören, die aus den Einkünften beglichen zu werden pflegen. [2]Die Vorschrift gilt auch dann nicht, wenn die Verbindlichkeiten durch den Betrieb eines für Rechnung des Gesamtguts geführten Erwerbsgeschäfts oder infolge eines zu einem solchen Erwerbsgeschäft gehörenden Rechts oder des Besitzes einer dazu gehörenden Sache entstehen.

§ 1465 Prozesskosten

(1) **Im Verhältnis der Ehegatten zueinander fallen die Kosten eines Rechtsstreits, den die Ehegatten miteinander führen, dem Ehegatten zur Last, der sie nach allgemeinen Vorschriften zu tragen hat.**

(2) **[1]Führt ein Ehegatte einen Rechtsstreit mit einem Dritten, so fallen die Kosten des Rechtsstreits im Verhältnis der Ehegatten zueinander dem Ehegatten zur Last, der den Rechtsstreit führt. [2]Die Kosten fallen jedoch dem Gesamtgut zur Last, wenn das Urteil dem Gesamtgut gegenüber wirksam ist oder wenn der Rechtsstreit eine persönliche Angelegenheit oder eine Gesamtgutsverbindlichkeit des Ehegatten betrifft und die Aufwendung der Kosten den Umständen nach geboten ist; § 1463 Nr. 3 und § 1464 bleiben unberührt.**

§ 1466 Kosten der Ausstattung eines nicht gemeinschaftlichen Kindes

Im Verhältnis der Ehegatten zueinander fallen die Kosten der Ausstattung eines nicht gemeinschaftlichen Kindes dem Vater oder der Mutter des Kindes zur Last.

Anmerkungen zu den §§ 1463–1466

1 Die Vorschriften entsprechen den §§ 1441–1444 unter Ausdehnung der für den nicht verwaltenden Ehegatten geltenden Regel des § 1443 II auf den allein und ermächtigungslos prozessierenden Ehegatten, § 1465 II.

§ 1467 Ausgleichung zwischen Vorbehalts-, Sonder- und Gesamtgut

(1) **Verwendet ein Ehegatte Gesamtgut in sein Vorbehaltsgut oder in sein Sondergut, so hat er den Wert des Verwendeten zum Gesamtgut zu ersetzen.**

(2) **Verwendet ein Ehegatte Vorbehaltsgut oder Sondergut in das Gesamtgut, so kann er Ersatz aus dem Gesamtgut verlangen.**

§ 1468 Fälligkeit des Ausgleichsanspruchs

Was ein Ehegatte zum Gesamtgut oder was er zum Vorbehaltsgut oder Sondergut des anderen Ehegatten schuldet, braucht er erst nach Beendigung der Gütergemeinschaft zu leisten; soweit jedoch das Vorbehaltsgut und das Sondergut des Schuldners ausreichen, hat er die Schuld schon vorher zu berichtigen.

§ 1469 Aufhebungsantrag

Jeder Ehegatte kann die Aufhebung der Gütergemeinschaft beantragen,

1. **wenn seine Rechte für die Zukunft dadurch erheblich gefährdet werden können, dass der andere Ehegatte ohne seine Mitwirkung Verwaltungs-**

handlungen vornimmt, die nur gemeinschaftlich vorgenommen werden dürfen,
2. **wenn der andere Ehegatte sich ohne ausreichenden Grund beharrlich weigert, zur ordnungsmäßigen Verwaltung des Gesamtguts mitzuwirken,**
3. **wenn der andere Ehegatte seine Verpflichtung, zum Familienunterhalt beizutragen, verletzt hat und für die Zukunft eine erhebliche Gefährdung des Unterhalts zu besorgen ist,**
4. **wenn das Gesamtgut durch Verbindlichkeiten, die in der Person des anderen Ehegatten entstanden sind und diesem im Verhältnis der Ehegatten zueinander zur Last fallen, in solchem Maße überschuldet ist, dass sein späterer Erwerb erheblich gefährdet wird,**
5. **wenn die Wahrnehmung eines Rechts des anderen Ehegatten, das sich aus der Gütergemeinschaft ergibt, vom Aufgabenkreis eines Betreuers erfasst wird.**

§ 1470 Wirkung der richterlichen Aufhebungsentscheidung

(1) **Mit der Rechtskraft der richterlichen Entscheidung ist die Gütergemeinschaft aufgehoben; für die Zukunft gilt Gütertrennung.**

(2) **Dritten gegenüber ist die Aufhebung der Gütergemeinschaft nur nach Maßgabe des § 1412 wirksam.**

Anmerkungen zu den §§ 1469, 1470

1. Allgemeines. Die §§ 1469, 1470 entsprechen in Funktion und Einzelregelung weitgehend den §§ 1447, 1449, wobei nach § 1469 beide Ehegatten gleiche Antragsgründe geltend machen können, die an die des nicht verwaltenden Ehegatten in § 1447 angelehnt sind. 1

2. Einzelfälle. a) § 1469 Nr. 1 entspricht § 1447 Nr. 1 unter Konkretisierung auf den für die gemeinsame Verwaltung wichtigen Missbrauchsfall der Anmaßung von Alleinverwaltungsmacht; **b)** § 1469 Nr. 2 ist auf Verletzung der zum Funktionieren gemeinsamer Verwaltung unerlässlichen Mitwirkungspflicht zugeschnitten; **c)** § 1469 Nr. 3, 4 und 5 entsprechen § 1447 Nr. 2, 3 und 4. 2

3. Zu § 1470. S. § 1449 und → §§ 1447–1449 Rn. 7 f. 3

Unterkapitel 4. Auseinandersetzung des Gesamtguts

§ 1471 Beginn der Auseinandersetzung

(1) **Nach der Beendigung der Gütergemeinschaft setzen sich die Ehegatten über das Gesamtgut auseinander.**

(2) **Bis zur Auseinandersetzung gilt für das Gesamtgut die Vorschrift des § 1419.**

§ 1472 Gemeinschaftliche Verwaltung des Gesamtguts

(1) **Bis zur Auseinandersetzung verwalten die Ehegatten das Gesamtgut gemeinschaftlich.**

(2) [1]**Jeder Ehegatte darf das Gesamtgut in derselben Weise wie vor der Beendigung der Gütergemeinschaft verwalten, bis er von der Beendigung Kenntnis erlangt oder sie kennen muss.** [2]**Ein Dritter kann sich hierauf nicht berufen, wenn er bei der Vornahme eines Rechtsgeschäfts weiß oder wissen muss, dass die Gütergemeinschaft beendet ist.**

(3) **Jeder Ehegatte ist dem anderen gegenüber verpflichtet, zu Maßregeln mitzuwirken, die zur ordnungsmäßigen Verwaltung des Gesamtguts erforderlich sind; die zur Erhaltung notwendigen Maßregeln kann jeder Ehegatte allein treffen.**

(4) [1]**Endet die Gütergemeinschaft durch den Tod eines Ehegatten, so hat der überlebende Ehegatte die Geschäfte, die zur ordnungsmäßigen Verwaltung erforderlich sind und nicht ohne Gefahr aufgeschoben werden können, so lange zu führen, bis der Erbe anderweit Fürsorge treffen kann.** [2]**Diese Verpflichtung besteht nicht, wenn der verstorbene Ehegatte das Gesamtgut allein verwaltet hat.**

§ 1473 Unmittelbare Ersetzung

(1) **Was auf Grund eines zum Gesamtgut gehörenden Rechts oder als Ersatz für die Zerstörung, Beschädigung oder Entziehung eines zum Gesamtgut gehörenden Gegenstands oder durch ein Rechtsgeschäft erworben wird, das sich auf das Gesamtgut bezieht, wird Gesamtgut.**

(2) **Gehört eine Forderung, die durch Rechtsgeschäft erworben ist, zum Gesamtgut, so braucht der Schuldner dies erst dann gegen sich gelten zu lassen, wenn er erfährt, dass die Forderung zum Gesamtgut gehört; die Vorschriften der §§ 406 bis 408 sind entsprechend anzuwenden.**

Anmerkungen zu den §§ 1471–1473

Lit.: Kappler, Die Auseinandersetzung des Gesamtguts der Gütergemeinschaft, FamRZ 2010, 1294.

1 **1. Allgemeines.** Die §§ 1471–1473 regeln das rechtliche Schicksal des Gesamtgutes im Auseinandersetzungsstadium nach Beendigung der Gütergemeinschaft.

2 **2. Beendigung der Gütergemeinschaft, § 1471 I.** -Tritt ein durch **a)** Ehevertrag, **b)** Auflösung der Ehe durch Tod eines Ehegatten oder rechtsgestaltenden Beschluss unter Lebenden sowie Wiederverheiratung eines Ehegatten nach Todeser-
3 klärung des anderen (§ 1319 II) oder **c)** durch Aufhebungsbeschluss nach §§ 1447, 1448, 1469.

4 **3. Gesamtgut nach Beendigung.** Auch nach Beendigung der Gütergemeinschaft bleibt das Gesamtgut „in Liquidation" den Ehegatten in der Rechtsform der **Gesamthand** zugeordnet, § 1471 II iVm § 1419 (s. RGZ 136, 19 [21]; OLG Frankfurt a. M. BeckRS 2013, 15218), bis aufgrund der Auseinandersetzung kein gemeinsames Vermögen mehr vorhanden ist. Bei Beendigung der Gütergemeinschaft durch Tod eines Ehegatten fällt, sofern nicht fortgesetzte Gütergemeinschaft vereinbart ist – § 1483 I –, das Gesamtgut als solches in den Nachlass, so dass bei mehreren Erben zwei ineinandergeschachtelte Gesamthandsgemeinschaften entstehen; zum Nachlass gehören der Anteil an der Gütergemeinschaft, nicht einzelne
5 Gegenstände des Gesamtguts (BGH NJW 1976, 894; NJW 1964, 768 mwN). Zur Zulässigkeit der Verfügung eines Vorerben über Gegenstände, die zum Nachlass auch in ihrer Zuordnung zum Gesamtgut gehören, s. BGH NJW 1976, 894 mwN. Die gesamthänderische Bindung ist jedoch abgeschwächt, denn der jeweilige Anteil kann jetzt gepfändet werden (§ 860 II ZPO) und gehört zur Insolvenzmasse eines Ehegatten, s. §§ 35, 36 I InsO. Auch kann ein Miterbe durch Verfügung über seinen
6 Miterbenanteil mittelbar auch über Gesamtgut, das zum Nachlass gehört, verfügen. Wirksam ist auch die Verfügung über den Anspruch auf ein Auseinandersetzungsguthaben (BGH LM Nr. 1 zu § 1497), nicht dagegen über den Anteil am Gesamtgut.

7 **4. Verwaltung der Liquidationsgemeinschaft.** Steht den Ehegatten stets **gemeinschaftlich** zu, § 1472 I. Entspr. § 1451 ist jetzt jeder Ehegatte zur Mitwirkung an der ordnungsgem. Verwaltung auch verpflichtet, § 1472 III HS 1

(→ §§ 1450–1453 Rn. 11; vgl. auch OLG Hamm BeckRS 2016, 09845: Anspruch auf Nutzungsentgelt gegen den Ehegatten, der in einer zum Gesamtgut gehörenden Immobilie wohnt); Verletzung der Mitwirkungspflicht kann analog § 1435 S. 3 zu Schadensersatzverpflichtung gegenüber der Liquidationsgemeinschaft führen (OLG Frankfurt a. M. BeckRS 2013, 15218). Bei der Auseinandersetzung ist der das Gesamtgut am wenigsten belastende Weg zu wählen (vgl. OLG Düsseldorf FamRZ 1993, 194). Im Verhältnis zu Dritten ist die Änderung der Verwaltungsmacht nur nach Maßgabe des § 1412 geltend zu machen. Die Ausnahmeregeln der §§ 1450 II, 1452, 1454–1456, 1458 gelten nicht (Soergel/Gaul/Althammer § 1472 Rn. 3).
Alleinverwaltungsrechte: a) Vor Beendigung der Gütergemeinschaft begründete 8
Alleinverwaltungsrechte bleiben bestehen, bis der Verwaltungsberechtigte von der Beendigung Kenntnis hat oder haben muss, § 1472 II 1, doch kann ein bösgl. oder fahrlässig gutgl. Dritter sich nicht auf eine fr. Alleinverwaltungsmacht eines Ehegatten berufen, § 1472 II 2. **b)** Ein Notverwaltungsrecht gibt § 1472 III HS 2; Maßregel 9
zur Erhaltung iS dieser Vorschrift ist auch die Durchsetzung von Ansprüchen des Gesamtguts (Herausgabeansprüche: RGZ 48, 269 [271 f.]), selbst gegen den anderen Ehegatten (RGZ 48, 269 [271 f.]).

5. Verpflichtung des überlebenden Ehegatten zur Vornahme von 10
Geschäften. Verpflichtung Geschäfte vorzunehmen, die zur ordentlichen Verwaltung erforderlich sind und keinen Aufschub dulden, hat bei einer durch Tod beendeten Gütergemeinschaft der überlebende Ehegatte, sofern er Alleinverwalter oder Mitverwalter war (§ 1472 IV) und solange der/die mitverwaltende(n) Erbe(n) an den erforderlichen Fürsorgemaßnahmen noch nicht mitwirken kann/können. Haftung: § 1359. War der überlebende Ehegatte aber von der Verwaltung ausgeschlossen, hat er allenfalls ein Notverwaltungsrecht nach § 1472 III HS 2.

6. Erwerb nach Beendigung. Mit Beendigung der Gütergemeinschaft soll das 11
Gesamtgut auseinandergesetzt, nicht aber gemehrt werden. § 1416 I 2, wonach Erwerb der Ehegatten regelmäßig ins Gesamtgut fällt, gilt deshalb nicht mehr. Das Gesamtgut soll jedoch möglichst ungeschmälert verteilt werden; das Prinzip der **Surrogation** sichert deshalb die Erhaltung des Wertes des Gesamtgutes, § 1473 I. 12
Nicht mehr bei jedem Erwerb, aber bei den drei Erwerbsarten des § 1473 fällt das Erworbene wie nach § 1416 I 2, II unmittelbar ins Gesamtgut: **a)** Realisierung eines 13
Rechtes des Gesamtguts, zB Einziehung einer Forderung, Früchte (OLG Frankfurt a. M. BeckRS 2013, 15218 [Mietzins]), **b)** Ersatzerwerb, **c)** auf das Gesamtgut bezo- 14
genes RGeschäft, wobei die Beziehung durch einen wirtschaftlichen Zusammenhang hergestellt wird (vgl. RGZ 92, 139 [142]), der durch obj. und subj. Momente konstituiert wird (hierzu → §§ 1416–1419 Rn. 16 [cc]). Bei typischen Verwaltungsmaßnahmen bedarf es jedoch keines Willens, für das Gesamtgut handeln zu wollen (vgl. BGH NJW 1968, 1824 zu § 2041).

7. Schutz Dritter. Dritte, die von der mit Beendigung der Gütergemeinschaft 15
eingetretenen Beendigung einer Alleinverwaltung nichts erfahren haben, sind zunächst über § 1412 geschützt. Zahlung auf eine nach Beendigung der Gütergemeinschaft entstandene und zum Gesamtgut gehörige Forderung s. § 1473 II.

§ 1474 Durchführung der Auseinandersetzung

Die Ehegatten setzen sich, soweit sie nichts anderes vereinbaren, nach den §§ 1475 bis 1481 auseinander.

§ 1475 Berichtigung der Gesamtgutsverbindlichkeiten

(1) [1]**Die Ehegatten haben zunächst die Gesamtgutsverbindlichkeiten zu berichtigen.** [2]**Ist eine Verbindlichkeit noch nicht fällig oder ist sie streitig,**

so müssen die Ehegatten zurückbehalten, was zur Berichtigung dieser Verbindlichkeit erforderlich ist.

(2) **Fällt eine Gesamtgutsverbindlichkeit im Verhältnis der Ehegatten zueinander einem der Ehegatten allein zur Last, so kann dieser nicht verlangen, dass die Verbindlichkeit aus dem Gesamtgut berichtigt wird.**

(3) **Das Gesamtgut ist in Geld umzusetzen, soweit dies erforderlich ist, um die Gesamtgutsverbindlichkeiten zu berichtigen.**

§ 1476 Teilung des Überschusses

(1) **Der Überschuss, der nach der Berichtigung der Gesamtgutsverbindlichkeiten verbleibt, gebührt den Ehegatten zu gleichen Teilen.**

(2) [1]**Was einer der Ehegatten zum Gesamtgut zu ersetzen hat, muss er sich auf seinen Teil anrechnen lassen.** [2]**Soweit er den Ersatz nicht auf diese Weise leistet, bleibt er dem anderen Ehegatten verpflichtet.**

§ 1477 Durchführung der Teilung

(1) **Der Überschuss wird nach den Vorschriften über die Gemeinschaft geteilt.**

(2) [1]**Jeder Ehegatte kann gegen Ersatz des Wertes die Sachen übernehmen, die ausschließlich zu seinem persönlichen Gebrauch bestimmt sind, insbesondere Kleider, Schmucksachen und Arbeitsgeräte.** [2]**Das Gleiche gilt für die Gegenstände, die ein Ehegatte in die Gütergemeinschaft eingebracht oder während der Gütergemeinschaft durch Erbfolge, durch Vermächtnis oder mit Rücksicht auf ein künftiges Erbrecht, durch Schenkung oder als Ausstattung erworben hat.**

Anmerkungen zu den §§ 1474–1477

1 **1. Allgemeines.** Die Ehegatten können die Auseinandersetzung vertraglich formfrei regeln, § 1474 (OLG Saarbrücken NJW 2020, 3179 [in casu Teilauseinandersetzung]). Hilfsweise gelten die §§ 1475 ff., wobei §§ 1475–1477, 1480, 1481 die Auseinandersetzung allg. und Fragen der Haftung für Gesamtgutsverbindlichkeiten regeln, während die §§ 1478, 1479 und 1482 bestimmte Fälle der Beendigung der Gütergemeinschaft (Scheidung, Aufhebungsentscheidung, Tod eines Ehegatten) ergänzend normieren. Richterliche (gestaltende) Teilung ist nicht möglich; bei Streit deshalb nur Klage auf Zustimmung zu Teilungsplan, der den §§ 1475 ff. entspricht (s. BGH NJW-RR 1988, 1156 [1157]; OLG Oldenburg FamRZ 2011, 1059).

2 **2. Auseinandersetzungsschritte.** Grds. sind zunächst die Gesamtgutsverbindlichkeiten zu begleichen, § 1475 I 1, bzw. entspr. Rückstellungen vorzunehmen, § 1475 I 2. Soweit erforderlich, ist dazu das Gesamtgut zu versilbern, § 1475 III. Der Überschuss ist dann hälftig zu verteilen, § 1476 I, wobei nach den §§ 752 ff. zu verfahren ist, § 1477 I.

3 **3. Berichtigung der Verbindlichkeiten. a)** Verbindlichkeiten gegenüber Dritten s. §§ 1437, 1459. Eine einseitige Lastentragung im Innenverhältnis hat in diesem Stadium die in § 1475 II normierte Auswirkung, dass der im Innenverhältnis Verpflichtete – s. §§ 1441–1444, 1463–1466 – nicht Berichtigung aus dem Gesamtgut verlangen kann, während der andere Teil, dessen persönliche Mitschuld erloschen ist – s. §§ 1437 II 2, 1459 II 2 –, auf Berichtigung aus dem Gesamtgut vor Verteilung bestehen kann, um die Haftung aus § 1480 zu vermeiden; zur Freistellung eines Ehegatten als Berichtigung s. OLG Köln FamRZ 1991, 572. Berichtigung der Gesamtgutsverbindlichkeiten erfolgt durch Erfüllung, Aufrechnung, Hinterlegung oder befreiende Übernahme (OLG Karlsruhe FamRZ 1982, 289). **b)** Gläubiger

kann auch ein Ehegatte sein, s. §§ 1445 II, 1467 II. **c) Rückstellungen** nach § 1475 I 2 verbleiben unter gemeinschaftlicher Verwaltung. **d)** Bei unzulänglichem Gesamtgut erfolgt anteilige Befriedigung der Gläubiger; soweit die Ehegatten für die Gesamtgutsverbindlichkeiten persönlich einzustehen haben (s. §§ 1437 II, 1459 II), schulden sie den Ausfall. 4

4. Verteilung des Überschusses. Die Verteilung erfolgt mangels abw. Vereinbarung zu gleichen Teilen (§ 1476 I), wobei die Vorschriften über die Teilung einer Gemeinschaft anzuwenden sind, § 1477 iVm §§ 752–754, 756, 757; Ausnahmen vom Grundsatz der Halbteilung regelt § 1478. Zur Teilungsmasse gehören auch Ansprüche gegen einen Ehegatten, hierzu → § 1476 II. Verzinsung von Zahlungsansprüchen §§ 291 S. 2 iVm 288 I 1 (BGHZ 109, 89 [96]). 5

5. Recht zur Übernahme gegen Wertersatz. § 1477 II modifiziert Auseinandersetzungsregel aus § 1477 I. Voraussetzung: Regulierung Gesamtgutsverbindlichkeiten (OLG Köln FamRZ 1991, 571). §§ 1418 II Nr. 3 und 1473 bei S. 2 nicht anwendbar (OLG Düsseldorf FamRZ 1993, 194 [195]). Formfrei auch bei Grundstück (OLG München FamRZ 1988, 1275). Zur Geltendmachung des Übernahmerechts bei Teilungsversteigerung – § 771 ZPO – s. BGH NJW-RR 1987, 69. Nach 7 hM soll jedoch die Erforderlichkeit der Verwertung nach § 1475 III vorgehen, da Voraussetzung des Übernahmerechts ein verteilbarer Überschuss sei (RGZ 73, 41 [42]). „Durch Erbfolge" ist ein Gegenstand auch dann erworben, wenn er dem Miterben-Ehegatten nicht unmittelbar, sondern erst im Zuge der Auseinandersetzung der Erbengemeinschaft zufällt (BGH NJW-RR 1998, 1010). Das Übernahmerecht ist vererblich (RGZ 85, 1 [4]). Seine Geltendmachung erfolgt durch einseitige, empfangsbedürftige Willenserklärung, die einen Anspruch auf Übernahme begründet, nicht aber schon eine Zuordnungsänderung bewirkt; Übereignung bleibt deshalb erforderlich. Eine Verpflichtung zur Übernahme besteht nicht. Wertermittlung 8 geschieht im Zeitpunkt der Übernahme (BGH FamRZ 1986, 40) notfalls durch Sachverständigen; für landwirtschaftlichen Betrieb s. BGH NJW-RR 1986, 1066 [1067]. Berücksichtigung wertsteigernder Aufwendungen des anderen Ehegatten nach § 242 s. BGH NJW-RR 1987, 69 [71]. Wertersatz ist nicht ins Gesamtgut zu zahlen, vielmehr gilt § 1476 II 1 (BGH NJW-RR 1988, 1154 [1155]), er kann daher erst nach endgültiger Auseinandersetzung als Zahlungsanspruch geltend gemacht werden; uU kann der andere Ehegatte aber im Rahmen eines Zurückbehaltungsrechts Sicherheitsleistung bis zur Höhe des hälftigen Wertes der übernommenen Sache verlangen (BGH NJW 2007, 1879; FamRZ 2008, 1323). 6

§ 1478 Auseinandersetzung nach Scheidung

(1) **Ist die Ehe geschieden, bevor die Auseinandersetzung beendet ist, so ist auf Verlangen eines Ehegatten jedem von ihnen der Wert dessen zurückzuerstatten, was er in die Gütergemeinschaft eingebracht hat; reicht hierzu der Wert des Gesamtguts nicht aus, so ist der Fehlbetrag von den Ehegatten nach dem Verhältnis des Wertes des von ihnen Eingebrachten zu tragen.**

(2) ***Als eingebracht sind anzusehen***

1. **die Gegenstände, die einem Ehegatten beim Eintritt der Gütergemeinschaft gehört haben,**
2. **die Gegenstände, die ein Ehegatte von Todes wegen oder mit Rücksicht auf ein künftiges Erbrecht, durch Schenkung oder als Ausstattung erworben hat, es sei denn, dass der Erwerb den Umständen nach zu den Einkünften zu rechnen war,**
3. **die Rechte, die mit dem Tode eines Ehegatten erlöschen oder deren Erwerb durch den Tod eines Ehegatten bedingt ist.**

(3) **Der Wert des Eingebrachten bestimmt sich nach der Zeit der Einbringung.**

1 **1. Allgemeines.** Gestaltungsrecht, das Verpflichtung auf Wertersatz entstehen lässt (Gernhuber/Coester-Waltjen § 38 Rn. 128, str.). Nach heute hM abdingbar (BeckOK/Spernath Rn. 8 mwN); zu den ehevertraglichen Gestaltungsmöglichkeiten insoweit Stumpp Rpfleger 1979, 441.

2 **2. Voraussetzungen. a) Einbringung** von Gegenständen oder Rechten der in II Nr. 1–3 genannten Art; auch Anspruch auf Zugewinnausgleich gegen den anderen, wenn Ehegatten zunächst in Zugewinngemeinschaft gelebt haben (BGHZ 109, 89 [93]). **b)** Vergemeinschaftung dieser Gegenstände oder Rechte im Gesamtgut nach § 1416 I, II; **c) Scheidung** oder Aufhebung (→ §§ 1313–1318 Rn. 8 [f]) der Ehe vor **Beendigung der Auseinandersetzung; d)** Berichtigung der Gesamtgutsverbindlichkeiten und Beginn des „Teilungsstadiums" (→ §§ 1474–1477 Rn. 2, 3).

3 **3. Rechtsfolgen. a) Wahlrecht** des/der Ehegatten, der/die Gegenstände oder Rechte nach II eingebracht hat/haben, es entweder **aa)** bei der hälftigen Teilung nach §§ 1476, 1477 zu belassen oder **bb)** vorab den inflationsbereinigten (BGHZ 84, 333 [338]; BGHZ 109, 89 [92]) Wert der eingebrachten Gegenstände oder Rechte (nicht diese selbst) erstattet zu verlangen; Surrogate bleiben jedoch außer
4 Betracht. **b)** Zeitpunkt für Wertberechnung: III; **c)** Schulden des eingebrachten Guts sind bei der Wertberechnung abzuziehen; **d)** bei unzureichendem Gesamtgut sind die Fehlbeträge nach dem Verhältnis der Werte des jeweils Eingebrachten zu
5 tragen, I HS 2. **e)** Wahlrecht und Werterstattungsrecht sind vererblich. **f)** Übernahmerecht aus § 1477 II und Wertersatzrecht können nebeneinander verfolgt werden. Die Forderung der Gesamthand aus § 1477 II auf Wertersatz kann dann gegen die Forderung aus I aufgerechnet werden.

§ 1479 Auseinandersetzung nach richterlicher Aufhebungsentscheidung

Wird die Gütergemeinschaft auf Grund der §§ 1447, 1448 oder des § 1469 durch richterliche Entscheidung aufgehoben, so kann der Ehegatte, der die richterliche Entscheidung erwirkt hat, verlangen, dass die Auseinandersetzung so erfolgt, wie wenn der Anspruch auf Auseinandersetzung in dem Zeitpunkt rechtshängig geworden wäre, in dem der Antrag auf Aufhebung der Gütergemeinschaft gestellt ist.

Lit.: Heckelmann, Der Zeitpunkt für die Vermögensbewertung bei Beendigung von Zugewinn- und Gütergemeinschaft, FamRZ 1968, 59.

1 **Zeitpunkt der Auseinandersetzung.** Bei Beendigung der Gütergemeinschaft durch Aufhebungsbeschluss (§ 38 FamFG) hat der Ehegatte, der den Beschluss erwirkt hat, nach § 1479 ein Wahlrecht hinsichtlich des für die Auseinandersetzung maßgeblichen Zeitpunktes zwischen **a)** der Beendigung der Gütergemeinschaft mit
2 Rechtskraft des Aufhebungsbeschlusses oder **b)** der Antragstellung; gemeint ist Rechtshängigkeit des Aufhebungsantrags (BeckOK/Spernath Rn. 1), dh nicht Einreichung, sondern Zustellung des Antrags. Im letzteren Fall rechnet späterer Erwerb (außer aufgrund Surrogation nach § 1473 I) im Verhältnis zwischen den Ehegatten nicht mehr zum Gesamtgut, Schulden eines Ehegatten werden nicht mehr Gesamtgutsverbindlichkeiten (Soergel/Gaul/Althammer Rn. 3; Erman/Heinemann Rn. 1, str.; aA BeckOK/Spernath Rn. 2). § 1479 ist nicht abdingbar (Soergel/Gaul/Althammer Rn. 6; str.).

§ 1480 Haftung nach der Teilung gegenüber Dritten

[1]Wird das Gesamtgut geteilt, bevor eine Gesamtgutsverbindlichkeit berichtigt ist, so haftet dem Gläubiger auch der Ehegatte persönlich als Gesamtschuldner, für den zur Zeit der Teilung eine solche Haftung nicht besteht. [2]Seine Haftung beschränkt sich auf die ihm zugeteilten Gegen-

stände; die für die Haftung des Erben geltenden Vorschriften der §§ 1990, 1991 sind entsprechend anzuwenden.

1. Funktion. Erzwingung der Vorab-Berichtigung von Gesamtgutsverbindlichkeiten durch persönliche Gesamtschuld der Ehegatten und Erhaltung der Zugriffsmasse für Gesamtgutsverbindlichkeiten trotz Teilung. 1

2. Voraussetzungen. a) Verteilung des Gesamtguts, wobei ein Rest mit unerheblichem Wert unberücksichtigt bleiben kann (RGZ 89, 360 [366]); Rücklagen 2
nach § 1475 I 2 bedeuten, dass die Teilung noch nicht vollst. erfolgt ist; **b)** unberichtigte Gesamtgutsverbindlichkeiten; **c)** Zuteilungen aus dem Gesamtgut an den Ehegatten, der für Gesamtgutsverbindlichkeiten nicht persönlich haftete oder dessen Haftung erloschen war (→ §§ 1437 II 2, 1459 II 2). 3

3. Rechtsfolgen. a) Persönliche Haftung beider Ehegatten als Gesamtschuldner, und zwar auch des bis dahin nicht persönlich Haftenden (→ Rn. 3). **b)** Beschränkung der Haftung des bis dahin nicht persönlich haftenden Ehegatten auf die ihm zugeteilten Gegenstände (cum viribus), S. 2; er muss sich aber diese Haftungsbeschränkung im Beschluss vorbehalten lassen, § 120 FamFG, §§ 786, 780 I ZPO. 4

4. Keine Abdingbarkeit. § 1480 ist durch Ehevertrag nicht abdingbar (MüKoBGB/Münch Rn. 12 mwN). 5

§ 1481 Haftung der Ehegatten untereinander

(1) **Wird das Gesamtgut geteilt, bevor eine Gesamtgutsverbindlichkeit berichtigt ist, die im Verhältnis der Ehegatten zueinander dem Gesamtgut zur Last fällt, so hat der Ehegatte, der das Gesamtgut während der Gütergemeinschaft allein verwaltet hat, dem anderen Ehegatten dafür einzustehen, dass dieser weder über die Hälfte der Verbindlichkeit noch über das aus dem Gesamtgut Erlangte hinaus in Anspruch genommen wird.**

(2) **Haben die Ehegatten das Gesamtgut während der Gütergemeinschaft gemeinschaftlich verwaltet, so hat jeder Ehegatte dem anderen dafür einzustehen, dass dieser von dem Gläubiger nicht über die Hälfte der Verbindlichkeit hinaus in Anspruch genommen wird.**

(3) **Fällt die Verbindlichkeit im Verhältnis der Ehegatten zueinander einem der Ehegatten zur Last, so hat dieser dem anderen dafür einzustehen, dass der andere Ehegatte von dem Gläubiger nicht in Anspruch genommen wird.**

1. Allgemeines. Die Vorschrift regelt den Innenausgleich, falls ein Ehegatte nach Auseinandersetzung und Teilung wegen noch offenstehender Gesamtgutsverbindlichkeit aufgrund des § 1480 in Anspruch genommen wird. 1

2. Einzelfälle. § 1481 unterscheidet zwei Grundfälle: **a)** Offengeblieben sind Gesamtgutsverbindlichkeiten, die iE hälftig getragen werden müssen. Der Innenausgleich ist dann von der Verwaltungsregelung abhängig, s. I zur Einzelverwaltung 2
und II zur gemeinschaftlichen Verwaltung. **b)** Sind Gesamtgutsverbindlichkeiten offengeblieben, die im Innenverhältnis ein Ehegatte allein zu tragen hat, also in den Fällen der §§ 1441–1444, 1463–1466, dann muss der im Innenverhältnis Verpflichtete in voller Höhe befreien bzw. ausgleichen. 3

§ 1482 Eheauflösung durch Tod

[1]Wird die Ehe durch den Tod eines Ehegatten aufgelöst, so gehört der Anteil des verstorbenen Ehegatten am Gesamtgut zum Nachlass. [2]Der verstorbene Ehegatte wird nach den allgemeinen Vorschriften beerbt.

1 **1. Allgemeines.** Der Tod eines Ehegatten beendet regelmäßig die Gütergemeinschaft, es sei denn, fortgesetzte Gütergemeinschaft (§ 1483) wurde vereinbart.

2 **2. Rechtsfolgen. a)** Beendigung der Gütergemeinschaft. **b)** Vererbung des Anteils am Gesamtgut nach allg. Regeln, § 1482. **aa)** Ist der überlebende Ehegatte Alleinerbe, so erlischt die gesamthänderische Bindung des Gesamtguts ohne Ausei-
3 nandersetzung (OLG München FamRZ 2016, 1805 [1807]). **bb)** Bei mehreren Erben fällt der Anteil am Gesamtgut insgesamt (nicht einzelne Gegenstände oder Anteile an einzelnen Gegenständen) in den Nachlass. Der als Gesamthand organisierten „Erbengemeinschaft" gehört also ein Anteil am Gesamthandsvermögen „Gesamtgut"; als Erbe ist der überlebende Ehegatte an beiden Vermögensmassen beteiligt. Zur Liquidation der ineinandergeschachtelten Gesamthandsgemeinschaften ist zunächst das Gesamtgut entspr. §§ 1474 ff. zwischen Miterben und Ehegat-
4 ten auseinanderzusetzen, dann die Erbengemeinschaft nach §§ 2042 ff. **cc)** Ist der überlebende Ehegatte alleiniger Vorerbe, so kann er über Gegenstände, die zum Gesamtgut gehören, unentgeltlich verfügen; § 2113 findet keine Anwendung (BGH NJW 1976, 894; OLG München FamRZ 2016, 1805 [1807] mwN [in casu Verfügung über Grundbesitz]; hierzu Schmidt FamRZ 1976, 683). **dd)** Testamentsvollstreckung s. BGH NJW 1983, 2247.

Unterkapitel 5. Fortgesetzte Gütergemeinschaft

Vorbemerkungen

1 **1. Allgemeines.** Die Regelung der fortgesetzten Gütergemeinschaft ist am Bild einer Hausgemeinschaft zwischen Eltern und Kindern orientiert, die den Tod eines Ehegatten/Elternteils überdauert und durch bleibende Vergemeinschaftung des Familienvermögens rechtlich verklammert wird. Wegen der Nachteile für die volljährigen Kinder wird diese Konstruktion allg. kritisiert (BeckOK/Spernath § 1483 Rn. 5 mwN) und in der Praxis offenbar zumeist zugunsten erbrechtlicher Formen der Vermögensbindung (Vorerbschaft, erbvertragliche Bindung des Überlebenden;
2 vgl. NK-BGB/Völker Vor §§ 1483 ff. Rn. 10) vermieden. Fortsetzung der Gütergemeinschaft tritt nur durch **Ehevertrag** ein. Sie geschieht über den Tod eines Ehegatten hinaus durch Einrücken der gemeinschaftlichen erbberechtigten Abkömmlinge in den Gesamtgutsanteil des Verstorbenen; Mitglieder der Gesamthandsgemeinschaft sind also der überlebende Ehegatte und die gemeinschaftlichen
3 Abkömmlinge. **Vier Vermögensmassen** sind zu unterscheiden: **a)** Gesamtgut, **b)** Vorbehalts- und **c)** Sondergut des überlebenden Ehegatten sowie **d)** die Vermögen der Abkömmlinge. Vorbehalts- und Sondergut des Verstorbenen gehören,
4 soweit vererblich, zum Nachlass. Der **überlebende Ehegatte** erhält (oder behält) die Stellung eines Alleinverwalters, die Abkömmlinge haben grds. die Stellung des nicht verwaltenden Ehegatten.

5 **2. Voraussetzungen. a) Ehevertragliche** Vereinbarung und **Tod eines Ehegatten,** § 1483, **keine Ablehnung** der Fortsetzung durch den überlebenden Ehegatten nach § 1484. Jeder Ehegatte kann zudem für den Fall der Eheauflösung durch seinen Tod unter den in § 1509 geregelten Voraussetzungen die Fortsetzung der Gütergemeinschaft durch letztwillige Verfügung **ausschließen;** beantragte Scheidung muss in analoger Anwendung als Ausschließungsgrund gleichstehen, MüKo-BGB/Münch § 1509 Rn. 2. Auch durch Erbvertrag oder gemeinschaftliches Testament (RGZ 94, 314 [317]) kann die Vereinbarung der fortgesetzten Gütergemeinschaft ausgeschlossen werden (sa § 1511). Folge der **Ausschließung:** §§ 1510, 1482.
6 An der fortgesetzten Gütergemeinschaft nehmen **b) erbunwürdige** gemeinschaftliche **Abkömmlinge nicht** teil, § 1506. Auch kann ein Abkömmling uU durch letztwillige Verfügung von der Teilnahme ausgeschlossen sein, s. §§ 1511 I, 1516, aber auch § 1511 II. Zum **Verzicht** eines Abkömmlings durch Vertrag s. § 1517.

c) Zum **Zeugnis** für den überlebenden Ehegatten s. § 1507 (dazu OLG Düsseldorf ZEV 2020, 225 [228 f.]; zu Grundbuchzwecken OLG München BWNotZ 2011, 164 [165]). **d) Eintragung** der fortgesetzten Gütergemeinschaft in **Register.** Handelsregister: nein; Grundbuch: ja, vgl. § 1416 III, §§ 35 II, 47 GBO; s. Grüneberg/Siede § 1485 Rn. 5. 7

3. Vermögensmassen. S. §§ 1485, 1486 sowie → Rn. 3. Die beteiligten gemeinschaftlichen Abkömmlinge bringen ins Gesamtgut nichts ein, s. § 1485 II. Zur Zuordnung und Verwaltung iE s. § 1487. 8

4. Schuld und Haftung – §§ 1488, 1489. Sind dadurch gekennzeichnet, dass die eingerückten Abkömmlinge nicht persönlich für Verbindlichkeiten der Ehegatten einzustehen haben, § 1489 III (es sei denn, als Erben des Verstorbenen), der überlebende Ehegatte dagegen Gesamtgutsverbindlichkeiten auch dann schuldet, wenn er bis zum Tode nicht persönlich verpflichtet war, § 1489 I; Schutz: § 1489 II. 9

5. Wegfall eines Abkömmlings. Wegfall eines Abkömmlings durch **Tod** lässt seine anteilsberechtigten Abkömmlinge einrücken, s. § 1490 S. 2; s. jedoch auch S. 3; bei **Verzicht** wächst dagegen Anteil des Verzichtenden den anderen Abkömmlingen zu, § 1491 IV iVm § 1490 S. 3 (zur Anfechtbarkeit des Verzichts wegen Gläubigerbenachteiligung s. Soergel/Gaul/Althammer § 1491 Rn. 9; str.). 10

6. Beendigung. a) Ausscheiden des überlebenden Ehegatten durch **Aufhebung** – s. § 1492 –, **Wiederverheiratung** – s. § 1493 – oder **Tod** – s. § 1494 – **beendet** die fortgesetzte Gütergemeinschaft. § 1493 I Alt. 2, der die Beendigung auch bei Begründung einer Lebenspartnerschaft vorsieht, ist mit Inkrafttreten des Ges. zur Einführung des Rechts auf Eheschließung für Personen gleichen Geschlechts v. 20.7.2017 (→ Vor § 1297 Rn. 6) obsolet geworden. **b)** Anteilsberechtigte Abkömmlinge können unter den Voraussetzungen des § 1495 **Aufhebung** beantragen; Wirkung der richterlichen Aufhebungsentscheidung s. § 1496. **Beendigung** geschieht ferner durch **c)** Wegfall aller Abkömmlinge oder **d)** Rechtsgeschäft der Beteiligten, 1492 II. 11

7. Rechtsfolgen der Beendigung. Mit Beendigung entsteht außer im Falle → Rn. 11 (c) Liquidationsgemeinschaft zur gesamten Hand, § 1497; zur Auseinandersetzung iE s. §§ 1498–1505. **Herabsetzung** oder **Entziehung** des Auseinandersetzungsanteils s. §§ 1512–1514, 1516; **Übernahmerechte** s. §§ 1515, 1516. 12

8. Keine Abdingbarkeit. §§ 1483–1517 sind **zwingendes Recht,** § 1518; entgegenstehende Vereinbarungen oder letztwillige Verfügungen sind nichtig. Nicht betroffen sind RGeschäfte des überlebenden Ehegatten während der fortgesetzten Gütergemeinschaft, zB vom Ges. abw. Verteilung der Verwaltungsmacht zwischen Ehegatten und Abkömmlingen oder Auseinandersetzungsvereinbarungen. Der überlebende Ehegatte ist auch nicht an letztwilligen Verfügungen über seinen Nachlass gehindert (BGH NJW 1964, 2298). 13

§ 1483 Eintritt der fortgesetzten Gütergemeinschaft

(1) [1]**Die Ehegatten können durch Ehevertrag vereinbaren, dass die Gütergemeinschaft nach dem Tod eines Ehegatten zwischen dem überlebenden Ehegatten und den gemeinschaftlichen Abkömmlingen fortgesetzt wird.** [2]**Treffen die Ehegatten eine solche Vereinbarung, so wird die Gütergemeinschaft mit den gemeinschaftlichen Abkömmlingen fortgesetzt, die bei gesetzlicher Erbfolge als Erben berufen sind.** [3]**Der Anteil des verstorbenen Ehegatten am Gesamtgut gehört nicht zum Nachlass; im Übrigen wird der Ehegatte nach den allgemeinen Vorschriften beerbt.**

(2) **Sind neben den gemeinschaftlichen Abkömmlingen andere Abkömmlinge vorhanden, so bestimmen sich ihr Erbrecht und ihre Erbteile so, wie wenn fortgesetzte Gütergemeinschaft nicht eingetreten wäre.**

§ 1484 Ablehnung der fortgesetzten Gütergemeinschaft

(1) **Der überlebende Ehegatte kann die Fortsetzung der Gütergemeinschaft ablehnen.**

(2) [1]**Auf die Ablehnung finden die für die Ausschlagung einer Erbschaft geltenden Vorschriften der §§ 1943 bis 1947, 1950, 1952, 1954 bis 1957, 1959 entsprechende Anwendung.** [2]**Bei einer Ablehnung durch den Betreuer des überlebenden Ehegatten ist die Genehmigung des Betreuungsgerichts erforderlich.**

(3) **Lehnt der Ehegatte die Fortsetzung der Gütergemeinschaft ab, so gilt das Gleiche wie im Falle des § 1482.**

§ 1485 Gesamtgut

(1) **Das Gesamtgut der fortgesetzten Gütergemeinschaft besteht aus dem ehelichen Gesamtgut, soweit es nicht nach § 1483 Abs. 2 einem nicht anteilsberechtigten Abkömmling zufällt, und aus dem Vermögen, das der überlebende Ehegatte aus dem Nachlass des verstorbenen Ehegatten oder nach dem Eintritt der fortgesetzten Gütergemeinschaft erwirbt.**

(2) **Das Vermögen, das ein gemeinschaftlicher Abkömmling zur Zeit des Eintritts der fortgesetzten Gütergemeinschaft hat oder später erwirbt, gehört nicht zu dem Gesamtgut.**

(3) **Auf das Gesamtgut findet die für die eheliche Gütergemeinschaft geltende Vorschrift des § 1416 Abs. 2 und 3 entsprechende Anwendung.**

§ 1486 Vorbehaltsgut; Sondergut

(1) **Vorbehaltsgut des überlebenden Ehegatten ist, was er bisher als Vorbehaltsgut gehabt hat oder was er nach § 1418 Abs. 2 Nr. 2, 3 als Vorbehaltsgut erwirbt.**

(2) **Sondergut des überlebenden Ehegatten ist, was er bisher als Sondergut gehabt hat oder was er als Sondergut erwirbt.**

§ 1487 Rechtsstellung des Ehegatten und der Abkömmlinge

(1) **Die Rechte und Verbindlichkeiten des überlebenden Ehegatten sowie der anteilsberechtigten Abkömmlinge in Ansehung des Gesamtguts der fortgesetzten Gütergemeinschaft bestimmen sich nach den für die eheliche Gütergemeinschaft geltenden Vorschriften der §§ 1419, 1422 bis 1428, 1434, des § 1435 Satz 1, 3 und der §§ 1436, 1445; der überlebende Ehegatte hat die rechtliche Stellung des Ehegatten, der das Gesamtgut allein verwaltet, die anteilsberechtigten Abkömmlinge haben die rechtliche Stellung des anderen Ehegatten.**

(2) **Was der überlebende Ehegatte zu dem Gesamtgut schuldet oder aus dem Gesamtgut zu fordern hat, ist erst nach der Beendigung der fortgesetzten Gütergemeinschaft zu leisten.**

§ 1488 Gesamtgutsverbindlichkeiten

Gesamtgutsverbindlichkeiten der fortgesetzten Gütergemeinschaft sind die Verbindlichkeiten des überlebenden Ehegatten sowie solche Verbindlichkeiten des verstorbenen Ehegatten, die Gesamtgutsverbindlichkeiten der ehelichen Gütergemeinschaft waren.

§ 1489 Persönliche Haftung für die Gesamtgutsverbindlichkeiten

(1) Für die Gesamtgutsverbindlichkeiten der fortgesetzten Gütergemeinschaft haftet der überlebende Ehegatte persönlich.

(2) Soweit die persönliche Haftung den überlebenden Ehegatten nur infolge des Eintritts der fortgesetzten Gütergemeinschaft trifft, finden die für die Haftung des Erben für die Nachlassverbindlichkeiten geltenden Vorschriften entsprechende Anwendung; an die Stelle des Nachlasses tritt das Gesamtgut in dem Bestand, den es zur Zeit des Eintritts der fortgesetzten Gütergemeinschaft hat.

(3) Eine persönliche Haftung der anteilsberechtigten Abkömmlinge für die Verbindlichkeiten des verstorbenen oder des überlebenden Ehegatten wird durch die fortgesetzte Gütergemeinschaft nicht begründet.

§ 1490 Tod eines Abkömmlings

[1]Stirbt ein anteilsberechtigter Abkömmling, so gehört sein Anteil an dem Gesamtgut nicht zu seinem Nachlass. [2]Hinterlässt er Abkömmlinge, die anteilsberechtigt sein würden, wenn er den verstorbenen Ehegatten nicht überlebt hätte, so treten die Abkömmlinge an seine Stelle. [3]Hinterlässt er solche Abkömmlinge nicht, so wächst sein Anteil den übrigen anteilsberechtigten Abkömmlingen und, wenn solche nicht vorhanden sind, dem überlebenden Ehegatten an.

§ 1491 Verzicht eines Abkömmlings

(1) [1]Ein anteilsberechtigter Abkömmling kann auf seinen Anteil an dem Gesamtgut verzichten. [2]Der Verzicht erfolgt durch Erklärung gegenüber dem für den Nachlass des verstorbenen Ehegatten zuständigen Gericht; die Erklärung ist in öffentlich beglaubigter Form abzugeben. [3]Das Nachlassgericht soll die Erklärung dem überlebenden Ehegatten und den übrigen anteilsberechtigten Abkömmlingen mitteilen.

(2) [1]Der Verzicht kann auch durch Vertrag mit dem überlebenden Ehegatten und den übrigen anteilsberechtigten Abkömmlingen erfolgen. [2]Der Vertrag bedarf der notariellen Beurkundung.

(3) [1]Steht der Abkömmling unter elterlicher Sorge oder unter Vormundschaft, so ist zu dem Verzicht die Genehmigung des Familiengerichts erforderlich. [2]Bei einem Verzicht durch den Betreuer des Abkömmlings ist die Genehmigung des Betreuungsgerichts erforderlich.

(4) Der Verzicht hat die gleichen Wirkungen, wie wenn der Verzichtende zur Zeit des Verzichts ohne Hinterlassung von Abkömmlingen gestorben wäre.

§ 1492 Aufhebung durch den überlebenden Ehegatten

(1) [1]Der überlebende Ehegatte kann die fortgesetzte Gütergemeinschaft jederzeit aufheben. [2]Die Aufhebung erfolgt durch Erklärung gegenüber dem für den Nachlass des verstorbenen Ehegatten zuständigen Gericht; die Erklärung ist in öffentlich beglaubigter Form abzugeben. [3]Das Nachlassgericht soll die Erklärung den anteilsberechtigten Abkömmlingen und, wenn der überlebende Ehegatte gesetzlicher Vertreter eines der Abkömmlinge ist, dem Familiengericht, wenn eine Betreuung besteht, dem Betreuungsgericht mitteilen.

(2) [1]Die Aufhebung kann auch durch Vertrag zwischen dem überlebenden Ehegatten und den anteilsberechtigten Abkömmlingen erfolgen. [2]Der Vertrag bedarf der notariellen Beurkundung.

(3) Bei einer Aufhebung durch den Betreuer des überlebenden Ehegatten ist die Genehmigung des Betreuungsgerichts erforderlich.

§ 1493 Wiederverheiratung oder Begründung einer Lebenspartnerschaft des überlebenden Ehegatten

(1) Die fortgesetzte Gütergemeinschaft endet, wenn der überlebende Ehegatte wieder heiratet oder eine Lebenspartnerschaft begründet.

(2) [1]Der überlebende Ehegatte hat, wenn ein anteilsberechtigter Abkömmling minderjährig ist, die Absicht der Wiederverheiratung dem Familiengericht anzuzeigen, ein Verzeichnis des Gesamtguts einzureichen, die Gütergemeinschaft aufzuheben und die Auseinandersetzung herbeizuführen. [2]Das Familiengericht kann gestatten, dass die Aufhebung der Gütergemeinschaft bis zur Eheschließung unterbleibt und dass die Auseinandersetzung erst später erfolgt. [3]Die Sätze 1 und 2 gelten auch, wenn die Sorge für das Vermögen eines anteilsberechtigten Abkömmlings zum Aufgabenkreis eines Betreuers gehört; in diesem Fall tritt an die Stelle des Familiengerichts das Betreuungsgericht.

(3) Das Standesamt, bei dem die Eheschließung angemeldet worden ist, teilt dem Familiengericht die Anmeldung mit.

§ 1494 Tod des überlebenden Ehegatten

(1) Die fortgesetzte Gütergemeinschaft endet mit dem Tode des überlebenden Ehegatten.

(2) Wird der überlebende Ehegatte für tot erklärt oder wird seine Todeszeit nach den Vorschriften des Verschollenheitsgesetzes festgestellt, so endet die fortgesetzte Gütergemeinschaft mit dem Zeitpunkt, der als Zeitpunkt des Todes gilt.

§ 1495 Aufhebungsantrag eines Abkömmlings

Ein anteilsberechtigter Abkömmling kann gegen den überlebenden Ehegatten die Aufhebung der fortgesetzten Gütergemeinschaft beantragen,

1. wenn seine Rechte für die Zukunft dadurch erheblich gefährdet werden können, dass der überlebende Ehegatte zur Verwaltung des Gesamtguts unfähig ist oder sein Recht, das Gesamtgut zu verwalten, missbraucht,
2. wenn der überlebende Ehegatte seine Verpflichtung, dem Abkömmling Unterhalt zu gewähren, verletzt hat und für die Zukunft eine erhebliche Gefährdung des Unterhalts zu besorgen ist,
3. wenn die Verwaltung des Gesamtguts in den Aufgabenkreis des Betreuers des überlebenden Ehegatten fällt,
4. wenn der überlebende Ehegatte die elterliche Sorge für den Abkömmling verwirkt hat oder, falls sie ihm zugestanden hätte, verwirkt haben würde.

§ 1496 Wirkung der richterlichen Aufhebungsentscheidung

[1]Die Aufhebung der fortgesetzten Gütergemeinschaft tritt in den Fällen des § 1495 mit der Rechtskraft der richterlichen Entscheidung ein. [2]Sie tritt

für alle Abkömmlinge ein, auch wenn die richterliche Entscheidung auf den Antrag eines der Abkömmlinge ergangen ist.

§ 1497 Rechtsverhältnis bis zur Auseinandersetzung

(1) Nach der Beendigung der fortgesetzten Gütergemeinschaft setzen sich der überlebende Ehegatte und die Abkömmlinge über das Gesamtgut auseinander.

(2) Bis zur Auseinandersetzung bestimmt sich ihr Rechtsverhältnis am Gesamtgut nach den §§ 1419, 1472, 1473.

§ 1498 Durchführung der Auseinandersetzung

[1]Auf die Auseinandersetzung sind die Vorschriften der §§ 1475, 1476, des § 1477 Abs. 1, der §§ 1479, 1480 und des § 1481 Abs. 1, 3 anzuwenden; an die Stelle des Ehegatten, der das Gesamtgut allein verwaltet hat, tritt der überlebende Ehegatte, an die Stelle des anderen Ehegatten treten die anteilsberechtigten Abkömmlinge. [2]Die in § 1476 Abs. 2 Satz 2 bezeichnete Verpflichtung besteht nur für den überlebenden Ehegatten.

§ 1499 Verbindlichkeiten zu Lasten des überlebenden Ehegatten

Bei der Auseinandersetzung fallen dem überlebenden Ehegatten zur Last:

1. die ihm bei dem Eintritt der fortgesetzten Gütergemeinschaft obliegenden Gesamtgutsverbindlichkeiten, für die das eheliche Gesamtgut nicht haftete oder die im Verhältnis der Ehegatten zueinander ihm zur Last fielen;
2. die nach dem Eintritt der fortgesetzten Gütergemeinschaft entstandenen Gesamtgutsverbindlichkeiten, die, wenn sie während der ehelichen Gütergemeinschaft in seiner Person entstanden wären, im Verhältnis der Ehegatten zueinander ihm zur Last gefallen sein würden;
3. eine Ausstattung, die er einem anteilsberechtigten Abkömmling über das dem Gesamtgut entsprechende Maß hinaus oder die er einem nicht anteilsberechtigten Abkömmling versprochen oder gewährt hat.

§ 1500 Verbindlichkeiten zu Lasten der Abkömmlinge

(1) Die anteilsberechtigten Abkömmlinge müssen sich Verbindlichkeiten des verstorbenen Ehegatten, die diesem im Verhältnis der Ehegatten zueinander zur Last fielen, bei der Auseinandersetzung auf ihren Anteil insoweit anrechnen lassen, als der überlebende Ehegatte nicht von dem Erben des verstorbenen Ehegatten Deckung hat erlangen können.

(2) In gleicher Weise haben sich die anteilsberechtigten Abkömmlinge anrechnen zu lassen, was der verstorbene Ehegatte zu dem Gesamtgut zu ersetzen hatte.

§ 1501 Anrechnung von Abfindungen

(1) Ist einem anteilsberechtigten Abkömmling für den Verzicht auf seinen Anteil eine Abfindung aus dem Gesamtgut gewährt worden, so wird sie bei der Auseinandersetzung in das Gesamtgut eingerechnet und auf die den Abkömmlingen gebührende Hälfte angerechnet.

(2) [1]Der überlebende Ehegatte kann mit den übrigen anteilsberechtigten Abkömmlingen schon vor der Aufhebung der fortgesetzten Gütergemein-

schaft eine abweichende Vereinbarung treffen. [2]Die Vereinbarung bedarf der notariellen Beurkundung; sie ist auch denjenigen Abkömmlingen gegenüber wirksam, welche erst später in die fortgesetzte Gütergemeinschaft eintreten.

§ 1502 Übernahmerecht des überlebenden Ehegatten

(1) **[1]Der überlebende Ehegatte ist berechtigt, das Gesamtgut oder einzelne dazu gehörende Gegenstände gegen Ersatz des Wertes zu übernehmen. [2]Das Recht geht nicht auf den Erben über.**

(2) **[1]Wird die fortgesetzte Gütergemeinschaft auf Grund des § 1495 durch Urteil aufgehoben, so steht dem überlebenden Ehegatten das im Absatz 1 bestimmte Recht nicht zu. [2]Die anteilsberechtigten Abkömmlinge können in diesem Falle diejenigen Gegenstände gegen Ersatz des Wertes übernehmen, welche der verstorbene Ehegatte nach § 1477 Abs. 2 zu übernehmen berechtigt sein würde. [3]Das Recht kann von ihnen nur gemeinschaftlich ausgeübt werden.**

§ 1503 Teilung unter den Abkömmlingen

(1) **Mehrere anteilsberechtigte Abkömmlinge teilen die ihnen zufallende Hälfte des Gesamtguts nach dem Verhältnis der Anteile, zu denen sie im Falle der gesetzlichen Erbfolge als Erben des verstorbenen Ehegatten berufen sein würden, wenn dieser erst zur Zeit der Beendigung der fortgesetzten Gütergemeinschaft gestorben wäre.**

(2) **Das Vorempfangene kommt nach den für die Ausgleichung unter Abkömmlingen geltenden Vorschriften zur Ausgleichung, soweit nicht eine solche bereits bei der Teilung des Nachlasses des verstorbenen Ehegatten erfolgt ist.**

(3) **Ist einem Abkömmling, der auf seinen Anteil verzichtet hat, eine Abfindung aus dem Gesamtgut gewährt worden, so fällt sie den Abkömmlingen zur Last, denen der Verzicht zustatten kommt.**

§ 1504 Haftungsausgleich unter Abkömmlingen

[1]Soweit die anteilsberechtigten Abkömmlinge nach § 1480 den Gesamtgutsgläubigern haften, sind sie im Verhältnis zueinander nach der Größe ihres Anteils an dem Gesamtgut verpflichtet. [2]Die Verpflichtung beschränkt sich auf die ihnen zugeteilten Gegenstände; die für die Haftung des Erben geltenden Vorschriften der §§ 1990, 1991 finden entsprechende Anwendung.

§ 1505 Ergänzung des Anteils des Abkömmlings

Die Vorschriften über das Recht auf Ergänzung des Pflichtteils finden zugunsten eines anteilsberechtigten Abkömmlings entsprechende Anwendung; an die Stelle des Erbfalls tritt die Beendigung der fortgesetzten Gütergemeinschaft; als gesetzlicher Erbteil gilt der dem Abkömmling zur Zeit der Beendigung gebührende Anteil an dem Gesamtgut, als Pflichtteil gilt die Hälfte des Wertes dieses Anteils.

§ 1506 Anteilsunwürdigkeit

[1]Ist ein gemeinschaftlicher Abkömmling erbunwürdig, so ist er auch des Anteils an dem Gesamtgut unwürdig. [2]Die Vorschriften über die Erbunwürdigkeit finden entsprechende Anwendung.

§ 1507 Zeugnis über Fortsetzung der Gütergemeinschaft

[1]Das Nachlassgericht hat dem überlebenden Ehegatten auf Antrag ein Zeugnis über die Fortsetzung der Gütergemeinschaft zu erteilen. [2]Die Vorschriften über den Erbschein finden entsprechende Anwendung.

§ 1508 *(weggefallen)*

§ 1509 Ausschließung der fortgesetzten Gütergemeinschaft durch letztwillige Verfügung

[1]Jeder Ehegatte kann für den Fall, dass die Ehe durch seinen Tod aufgelöst wird, die Fortsetzung der Gütergemeinschaft durch letztwillige Verfügung ausschließen, wenn er berechtigt ist, dem anderen Ehegatten den Pflichtteil zu entziehen oder die Aufhebung der Gütergemeinschaft zu beantragen. [2]Das Gleiche gilt, wenn der Ehegatte berechtigt ist, die Aufhebung der Ehe zu beantragen, und den Antrag gestellt hat. [3]Auf die Ausschließung finden die Vorschriften über die Entziehung des Pflichtteils entsprechende Anwendung.

§ 1510 Wirkung der Ausschließung

Wird die Fortsetzung der Gütergemeinschaft ausgeschlossen, so gilt das Gleiche wie im Falle des § 1482.

§ 1511 Ausschließung eines Abkömmlings

(1) Jeder Ehegatte kann für den Fall, dass die Ehe durch seinen Tod aufgelöst wird, einen gemeinschaftlichen Abkömmling von der fortgesetzten Gütergemeinschaft durch letztwillige Verfügung ausschließen.

(2) [1]Der ausgeschlossene Abkömmling kann, unbeschadet seines Erbrechts, aus dem Gesamtgut der fortgesetzten Gütergemeinschaft die Zahlung des Betrags verlangen, der ihm von dem Gesamtgut der ehelichen Gütergemeinschaft als Pflichtteil gebühren würde, wenn die fortgesetzte Gütergemeinschaft nicht eingetreten wäre. [2]Die für den Pflichtteilsanspruch geltenden Vorschriften finden entsprechende Anwendung.

(3) [1]Der dem ausgeschlossenen Abkömmling gezahlte Betrag wird bei der Auseinandersetzung den anteilsberechtigten Abkömmlingen nach Maßgabe des § 1501 angerechnet. [2]Im Verhältnis der Abkömmlinge zueinander fällt er den Abkömmlingen zur Last, denen die Ausschließung zustatten kommt.

§ 1512 Herabsetzung des Anteils

Jeder Ehegatte kann für den Fall, dass mit seinem Tode die fortgesetzte Gütergemeinschaft eintritt, den einem anteilsberechtigten Abkömmling nach der Beendigung der fortgesetzten Gütergemeinschaft gebührenden Anteil an dem Gesamtgut durch letztwillige Verfügung bis auf die Hälfte herabsetzen.

§ 1513 Entziehung des Anteils

(1) [1]Jeder Ehegatte kann für den Fall, dass mit seinem Tode die fortgesetzte Gütergemeinschaft eintritt, einem anteilsberechtigten Abkömmling

den diesem nach der Beendigung der fortgesetzten Gütergemeinschaft gebührenden Anteil an dem Gesamtgut durch letztwillige Verfügung entziehen, wenn er berechtigt ist, dem Abkömmling den Pflichtteil zu entziehen. [2]Die Vorschrift des § 2336 Abs. 2 und 3 findet entsprechende Anwendung.

(2) **Der Ehegatte kann, wenn er nach § 2338 berechtigt ist, das Pflichtteilsrecht des Abkömmlings zu beschränken, den Anteil des Abkömmlings am Gesamtgut einer entsprechenden Beschränkung unterwerfen.**

§ 1514 Zuwendung des entzogenen Betrags

Jeder Ehegatte kann den Betrag, den er nach § 1512 oder nach § 1513 Abs. 1 einem Abkömmling entzieht, auch einem Dritten durch letztwillige Verfügung zuwenden.

§ 1515 Übernahmerecht eines Abkömmlings und des Ehegatten

(1) **Jeder Ehegatte kann für den Fall, dass mit seinem Tode die fortgesetzte Gütergemeinschaft eintritt, durch letztwillige Verfügung anordnen, dass ein anteilsberechtigter Abkömmling das Recht haben soll, bei der Teilung das Gesamtgut oder einzelne dazu gehörende Gegenstände gegen Ersatz des Wertes zu übernehmen.**

(2) **[1]Gehört zu dem Gesamtgut ein Landgut, so kann angeordnet werden, dass das Landgut mit dem Ertragswert oder mit einem Preis, der den Ertragswert mindestens erreicht, angesetzt werden soll. [2]Die für die Erbfolge geltende Vorschrift des § 2049 findet Anwendung.**

(3) **Das Recht, das Landgut zu dem in Absatz 2 bezeichneten Werte oder Preis zu übernehmen, kann auch dem überlebenden Ehegatten eingeräumt werden.**

§ 1516 Zustimmung des anderen Ehegatten

(1) **Zur Wirksamkeit der in den §§ 1511 bis 1515 bezeichneten Verfügungen eines Ehegatten ist die Zustimmung des anderen Ehegatten erforderlich.**

(2) **[1]Die Zustimmung kann nicht durch einen Vertreter erteilt werden. [2]Die Zustimmungserklärung bedarf der notariellen Beurkundung. [3]Die Zustimmung ist unwiderruflich.**

(3) **Die Ehegatten können die in den §§ 1511 bis 1515 bezeichneten Verfügungen auch in einem gemeinschaftlichen Testament treffen.**

§ 1517 Verzicht eines Abkömmlings auf seinen Anteil

(1) **[1]Zur Wirksamkeit eines Vertrags, durch den ein gemeinschaftlicher Abkömmling einem der Ehegatten gegenüber für den Fall, dass die Ehe durch dessen Tod aufgelöst wird, auf seinen Anteil am Gesamtgut der fortgesetzten Gütergemeinschaft verzichtet oder durch den ein solcher Verzicht aufgehoben wird, ist die Zustimmung des anderen Ehegatten erforderlich. [2]Für die Zustimmung gilt die Vorschrift des § 1516 Absatz 2 Satz 2 und 3 entsprechend.**

(2) **Die für den Erbverzicht geltenden Vorschriften finden entsprechende Anwendung.**

§ 1518 Zwingendes Recht

[1]Anordnungen, die mit den Vorschriften der §§ 1483 bis 1517 in Widerspruch stehen, können von den Ehegatten weder durch letztwillige Verfügung noch durch Vertrag getroffen werden. [2]Das Recht der Ehegatten, den Vertrag, durch den sie die Fortsetzung der Gütergemeinschaft vereinbart haben, durch Ehevertrag aufzuheben, bleibt unberührt.

Kapitel 4. Wahl-Zugewinngemeinschaft

§ 1519 Vereinbarung durch Ehevertrag

[1]Vereinbaren die Ehegatten durch Ehevertrag den Güterstand der Wahl-Zugewinngemeinschaft, so gelten die Vorschriften des Abkommens vom 4. Februar 2010 zwischen der Bundesrepublik Deutschland und der Französischen Republik über den Güterstand der Wahl-Zugewinngemeinschaft. [2]§ 1368 gilt entsprechend. [3]§ 1412 ist nicht anzuwenden.

Lit.: Becker, Der Güterstand der deutsch-französischen Wahl-Zugewinngemeinschaft, ErbR 2018, 686; Dethloff, Der deutsch-französische Wahlgüterstand, RabelsZ 76 (2012), 509; M. Stürner, Der deutsch-französische Wahlgüterstand als Modell für die europäische Rechtsvereinheitlichung, JZ 2011, 545; Martiny, Der neue deutsch-französische Wahlgüterstand, ZEuP 2011, 577; sa zu Handlungsempfehlungen für den Notar Hoischen, Der deutsch-französische Wahlgüterstand in der notariellen Praxis, RNotZ 2015, 317; Süß, Europäisierung des Familienrechts, ZNotP 2011, 282.

1. Allgemeines. Kapitel 4 und § 1519 wurden mit Wirkung zum 1.5.2013 durch Ges. v. 15.3.2012 (BGBl. II 178, geänd. durch Bek. v. 22.4.2013, BGBl. II 431) eingeführt. Das Abkommen v. 4.2.2010 ist ein **völkerrechtlicher Vertrag** zwischen der Bundesrepublik Deutschland und der Republik Frankreich (BGBl. 2012 II 178). Er schafft einheitliches materielles Ehegüterrecht für beide Staaten. Jeder andere Mitgliedstaat der Europäischen Union kann dem Abkommen **beitreten** (Art. 21 I WZGA). Für Deutschland ist er ein weiterer Wahlgüterstand neben der Gütertrennung (§ 1414) und der Gütergemeinschaft (§ 1415). § 1519 ist bei eingetragener Lebenspartnerschaft entspr. anwendbar, s. § 7 S. 2 LPartG. 1

2. Normgehalt § 1519. S. 1 bestimmt, dass bei der Vereinbarung des Güterstands der **Wahl-Zugewinngemeinschaft** das WZGA gilt. Mit „Wahl-Zugewinngemeinschaft" ist nicht der ges. Güterstand der Zugewinngemeinschaft nach § 1363 gemeint, sondern der Wahlgüterstand nach Art. 2–18 WZGA (→ Rn. 4). Ergänzend erklärt **S. 2** den § 1368, der für den ges. Güterstand der Zugewinngemeinschaft gilt, als entspr. anwendbar. Die Regelung ergänzt Art. 5 WZGA, wonach Rgeschäfte über Haushaltsgegenstände (vgl. → § 1568b Rn. 2) oder Rechte, durch die die Familienwohnung sichergestellt wird, der Zustimmung des anderen Ehegatten bedürfen (s. dazu Amann DNotZ 2013, 252). **S. 3** erklärt § 1412 für unanwendbar. Bei Wahl des deutsch-französischen Wahlgüterstands wird der ges. Güterstand geändert; über die Wirkungen einer solchen Änderung gegenüber Dritten entscheidet jedoch nicht § 1412, sondern das WZGA. Von S. 3 erfasst sind nur diejenigen Ehen, für die das deutsche Ehegüterrecht nach dem deutschen IPR anwendbar ist (→ Rn. 3), denn nur dann findet § 1519 Anwendung. 2

3. Anwendungsbereich WZGA. a) Nach Art. 1 WZGA ist der Güterstand der Wahl-Zugewinngemeinschaft durch die Ehegatten wählbar (Art. 3 I WZGA: mittels Ehevertrags), deren Güterstand dem französischen oder deutschen materiellen Ehegüterrecht unterliegt. Ob eines der beiden nationalen Rechte anzuwenden ist, entscheidet das deutsche (→ Vor § 1363 Rn. 8) bzw. französische **internationale Privatrecht. b) Intertemporal** ist der Wahlgüterstand des WZGA erst nach dem Inkrafttreten des Abkommens (1.5.2013) wählbar (Art. 19 WZGA). 3

4 **4. Deutsch-Französischer Wahlgüterstand.** Im Güterstand der Wahl-Zugewinngemeinschaft bleibt das Vermögen – Aktiva und Passiva – der Ehegatten getrennt (Art. 2 S. 1 WZGA). Erst bei Beendigung des Güterstands wird der Zugewinn geteilt (Art. 12 I WZGA). Nach Art. 2 S. 2 WZGA ist Zugewinn der Betrag, um den das Endvermögen (Art. 10 f. und 13 WZGA) eines Ehegatten sein Anfangsvermögen (Art. 8 f. WZGA) übersteigt. Bei Beendigung des Güterstandes hat der Ehegatte, der den geringeren (oder keinen) Zugewinn erzielt hat, gegen den anderen Ehegatten einen Geldanspruch iHd Hälfte des Betrages, um den der Zugewinn des anderen Ehegatten den eigenen übersteigt (s. Art. 2 S. 3 und Art. 12 WZGA) bis zur Kappungsgrenze des Art. 14 WZGA. Verjährung: Art. 15 WZGA. Der Wahlgüterstand hat Ähnlichkeit mit dem ges. Güterstand der Zugewinngemeinschaft iSv § 1363. Für Ehen mit Auslandsbezug ist die Wahl dieses Güterstands vorteilhaft, weil dadurch sichergestellt ist, dass sie in beiden Staaten güterrechtlich gleich behandelt werden. Der Wahlgüterstand trifft keine Regelung entspr. § 1371 I. Im Fall der Beendigung des Wahlgüterstands durch **Tod eines Ehegattens** (Art. 7 Nr. 1 WZGA) ist daher der Zugewinnausgleich nach Art. 8 ff. WZGA durchzuführen; der Ehegattenerbteil richtet sich (bei Anwendbarkeit deutschen Erbrechts, s. Anm. zur EuErbVO) allein nach § 1931. Eine evtl. Ausgleichsforderung nach Art. 12 WZGA gegen die Erben des verstorbenen Ehegatten ist dann eine Nachlassverbindlichkeit, eine Ausgleichsforderung gegen den überlebenden Ehegatten eine Nachlassforderung. Im deutschen Recht der **Erbschaft- und Schenkungsteuer** werden der Wahlgüterstand und die Zugewinngemeinschaft iSv § 1363 gleichbehandelt (§ 5 I/III ErbStG).

§§ 1520–1563 *(weggefallen)*

Titel 7. Scheidung der Ehe

Einführung

Lit.: Jauernig, Scheidung einer Nichtehe und ihre Folgen, FS Gerhardt, 2004, 433; Johannsen/Henrich/Althammer, Familienrecht, 7. Aufl. 2020; D. Schwab/Ernst, Handbuch des Scheidungsrechts, 8. Aufl. 2019.

1 **1. Allgemeines. Scheidung** ist Auflösung der gescheiterten (§ 1565) Ehe durch richterliche Entscheidung (§ 1564), also durch Beschluss (§ 38 FamFG). Die Voraussetzungen (und die Rechtsfolgen) der Scheidung wurden durch das 1. EheRG mit Wirkung zum 1.1.1977 (auch für zuvor geschlossene Ehen) formal vom EheG zurück in das BGB übertragen und inhaltlich durch den Übergang vom Verschuldens- zum reinen Zerrüttungsprinzip neu geregelt. Art. 6 I GG stand dem nicht entgegen (BVerfGE 53, 224 [253]). Zur Geschichte des Ehescheidungsrechts MüKoBGB/Weber Vor § 1564 Rn. 6 ff.

2 **2. Rechtsfolgen der Scheidung.** Ua: Namen (§ 1355 V); Zugewinnausgleich (§§ 1372 ff.); Unterhalt (§§ 1569 ff.); Versorgungsausgleich (§ 1587, VersAusglG); Ehewohnung und Haushaltsgegenstände s. §§ 1568a, 1568b; Eintragung in das Eheregister (§ 16 I Nr. 3 PStG). Elterliche Sorge (§ 1671) und Umgang (§ 1684) knüpfen bereits an das Getrenntleben an.

3 **3. Verfahren.** Das Scheidungsverfahren bestimmt sich nach §§ 111 Nr. 1, 121 Nr. 1, 133 ff. FamFG. Zuständig ist das FamG (§§ 23a I 1 Nr. 1, 23b GVG; § 122 FamFG). Int. Zuständigkeit: § 98 FamFG; Art. 3 Brüssel IIb-VO (sa → Vorb. Rom III-VO Rn. 4); Verfahren: § 113 I FamFG. Besonderheiten: Es herrscht Anwaltszwang (§ 114 FamFG; vgl. auch §§ 78, 138 FamFG); Verfahrenseinleitung durch Antrag (§ 124 FamFG); es gilt der (allerdings beschränkte) Untersuchungsgrundsatz (§ 127 II FamFG); das Gericht kann einstw. Anordnungen erlassen (§§ 49 ff. FamFG) und die Teilnahme an einem Mediationsverfahren anordnen (§ 135 FamFG); Verbin-

dung von Scheidungsverfahren und Folgesachen im Verbundverfahren (§ 137 FamFG) mit uU einheitlicher Entscheidung (§ 142 FamFG); Kosten s. § 150 FamFG, FamGKG.

4. IPR. Rom III-VO; Art. 17 EGBGB; Art. 17b IV 1 EGBGB. 4

Untertitel 1. Scheidungsgründe

Vorbemerkungen

1. Scheitern der Ehe. Einziger **Scheidungsgrund** ist das Scheitern der Ehe 1
(§ 1565 I 1). Jedoch kommen bei der Beurteilung eines Scheidungsantrags aufgrund der differenzierten Beweisanforderungen für das Scheitern vier Situationen in Betracht; dabei erlangt die Dauer des „Getrenntlebens" der Ehegatten ausschlaggebende Bedeutung: **a)** Leben die Ehegatten noch nicht ein Jahr getrennt, kann die 2
Ehe nach § 1565 I iVm § 1565 II geschieden werden, falls (1) ihr Scheitern bewiesen ist, (2) ihre Fortsetzung für den Antragsteller aus Gründen in der Person des anderen Ehegatten eine unzumutbare Härte darstellen würde und (3) Härteklauseln des § 1568 nicht entgegenstehen. **b)** Leben die Ehegatten mindestens ein Jahr getrennt 3
und sind sie sich über die Scheidung einig, so kann die Ehe auf der Grundlage der Vermutung des § 1566 I geschieden werden, sofern nicht im Kindesinteresse die Härteklausel des § 1568 I Fall 1 entgegensteht. **c)** Leben die Ehegatten mindestens 4
ein Jahr getrennt, sind sich über die Scheidung aber nicht einig, so kann die Ehe aufgrund § 1565 I geschieden werden, ohne dass eine unzumutbare Härte iSv § 1565 II vorliegen muss, sofern nicht eine Härteklausel des § 1568 I eingreift.
d) Leben die Ehegatten seit mindestens drei Jahren getrennt, so kann die Ehe auf- 5
grund der Vermutung des **§ 1566 II** geschieden werden, soweit nicht § 1568 I entgegensteht.

2. Keine Abweichung durch Vereinbarung. Ein **vertraglicher Ausschluss** 6
der Scheidung oder die Modifikation ihrer Voraussetzungen etwa durch ehevertragliche Begründung des Schuldprinzips sind nach § 134 nichtig. Auf ein bereits entstandenes Scheidungsrecht kann verzichtet werden (BGHZ 97, 304). Die Vereinbarung einer Abstandssumme für den Fall eines Scheidungsantrags ist nicht grds. sittenwidrig (BGH NJW 1990, 703 [704]; s. aber OLG Oldenburg FamRZ 1994, 1454 [1455]). Eine Verpflichtung, dem **Scheidungsantrag zuzustimmen** oder die Zustimmung nicht zu widerrufen, ist nach § 134 iVm § 134 II FamFG unwirksam (OLG Hamburg FamRZ 2020, 668 [669]).

§ 1564 Scheidung durch richterliche Entscheidung

[1]Eine Ehe kann nur durch richterliche Entscheidung auf Antrag eines oder beider Ehegatten geschieden werden. [2]Die Ehe ist mit der Rechtskraft der Entscheidung aufgelöst. [3]Die Voraussetzungen, unter denen die Scheidung begehrt werden kann, ergeben sich aus den folgenden Vorschriften.

1. Allgemeines. Regelung der formellen (S. 1 und 2) und materiellen (S. 3) 1
Voraussetzungen der Ehescheidung.

2. Antrag. Ehescheidung erfolgt nur auf Antrag; keine Scheidung („von Amts 2
wegen") gegen den Willen beider Ehegatten.

3. Richterlicher Beschluss. Scheidung setzt einen richterlichen Beschluss 3
voraus. Das gilt auch für eine „Scheinehe" (OLG Karlsruhe FamRZ 1986, 680 [681]); eine Nichtehe kann nicht geschieden werden (BGH FamRZ 2003, 838 [840]; dazu Jauernig FS Gerhardt, 2004, 433). Scheidung durch RGeschäft („Privatscheidung"), Verwaltungsakt (zB eines Notars oder Standesbeamten) oder Spruch einer religiösen Instanz findet nicht statt (OLG Düsseldorf FamRZ 2018, 1657

[Privatscheidung]; vgl. auch OLG Hamburg FamRZ 2020, 668 [669]: Unzulässigkeit der Leistungsklage auf Mitwirkung an religiöser Scheidung). Eine im Ausland vollzogene rechtsgeschäftliche Scheidung ist im Inland nicht anerkennungsfähig, wenn deutsches Recht als Scheidungsstatut berufen ist; es fehlt an der nach § 1564 erforderlichen richterlichen Entscheidung (BGH IPRax 2022, 57 [62] mwN). Zur Scheidung einer wiederholt geschlossenen Ehe s. KG FamRZ 2022, 1017.

4 **4. Zeitpunkt der Auflösung.** Scheidung der Ehe erfolgt mit Eintritt der **formellen Rechtskraft** (vgl. § 116 FamFG) des Beschlusses mit Wirkung für die Zukunft. Auch ein fehlerhafter oder durch falsche Angaben erschlichener Beschluss löst die Ehe auf (MüKo-BGB/Weber Rn. 112).

5 **5. S. 3.** Verweisung in S. 3 auf §§ 1565–1568 regelt (abschließend) die Gründe für die Ehescheidung.

§ 1565 Scheitern der Ehe

(1) [1]**Eine Ehe kann geschieden werden, wenn sie gescheitert ist.** [2]**Die Ehe ist gescheitert, wenn die Lebensgemeinschaft der Ehegatten nicht mehr besteht und nicht erwartet werden kann, dass die Ehegatten sie wiederherstellen.**

(2) **Leben die Ehegatten noch nicht ein Jahr getrennt, so kann die Ehe nur geschieden werden, wenn die Fortsetzung der Ehe für den Antragsteller aus Gründen, die in der Person des anderen Ehegatten liegen, eine unzumutbare Härte darstellen würde.**

Lit.: Bergschneider, Härtefallscheidung vor Ablauf des Trennungsjahres – § 1565 II BGB, NZFam 2016, 158; Finger, Scheidung vor Ablauf des Trennungsjahres aus „Härtegründen", § 1565 Abs. 2 BGB, FuR 2008, 119 und FuR 2008, 229; ders., § 1565 Abs. 2 BGB, FuR 2015, 373.

1 **1. Allgemeines.** Überblick über die Scheidungsvoraussetzungen → Vor § 1564 Rn. 1. **a)** I 1 bestimmt das „Scheitern der Ehe" als alleinigen Scheidungsgrund („Zerrüttungsprinzip"). I 2 definiert die Voraussetzungen des Scheiterns. II errichtet Scheidungshindernis, wenn die Ehegatten noch nicht ein Jahr getrennt leben. **b)** „Kann" begründet kein Ermessen; liegen die Voraussetzungen der Scheidung vor, muss geschieden werden.

2 **2. Scheitern der Ehe. a)** Nach I 2 ist eine Analyse des Zustands der Ehe und eine Prognose der Entwicklung erforderlich (BGH NJW 2022, 944 [946]). **aa)** Die **eheliche Lebensgemeinschaft** besteht **nicht** mehr, wenn mindestens ein Ehegatte (KG NJ 2022, 456 f.; OLG Köln FamRZ 2020, 693 [einseitige Zerrüttung ausreichend]) die ehelichen Beziehungen abgebrochen und die eheliche Gesinnung verloren hat (OLG Hamm FamRZ 2014, 1110; OLG Brandenburg NZFam 2015, 379; sa OLG Hamm NJW 2014, 158 zur Antragstellung durch einen an Demenz leidenden Ehegatten). Dabei kommt es nicht auf ein ges. festgeschriebenes Wesen der Ehe an. Maßgebend ist die Ausgestaltung der konkreten Lebensgemeinschaft nach den Vorstellungen der Ehegatten. Der Begriff „Lebensgemeinschaft" ist weiter als die häusliche Gemeinschaft iSv § 1567 I. Aufhebung der häuslichen Gemeinschaft führt nicht notwendig zum Aufheben der ehelichen Lebensgemeinschaft, wenngleich die räumliche Trennung ein Indiz dafür ist (BGH NJW 1978, 1810). Umgekehrt kann die eheliche Lebensgemeinschaft beendet sein, obgleich die Ehegatten in häuslicher
3 Gemeinschaft leben (BGH FamRZ 1981, 127). **bb)** Eine **Wiederherstellung** der ehelichen Lebensgemeinschaft kann **nicht** mehr erwartet werden, wenn dafür jede Aussicht fehlt. Zu fragen ist, ob die Ehekrise überwunden werden kann. Das ist nicht der Fall, wenn einem Ehegatten erkennbar jede Versöhnungsbereitschaft fehlt (Grüneberg/Siede Rn. 3). Die bloße Erklärung des scheidungswilligen Ehegatten genügt dafür nicht. **Indizien** bilden die Dauer des Getrenntlebens (einjährige Tren-

nung begründet jedoch kein weitgehendes Indiz, um § 1566 I [Einverständnis des anderen Ehegatten] nicht zu unterhöhlen, vgl. BGH NJW 2022, 944 [946]), gefestigte Verbindung eines Ehegatten mit einem anderen Partner, kein ehelicher Verkehr, Ehebruch, Abbruch jeder Kommunikation, Misshandlungen (OLG Frankfurt FamRZ 2020, 665 [666]), Alkoholismus. *Nicht* ist die Ehe allein deshalb gescheitert, weil ein Ehegatte infolge Geisteskrankheit jedes Verständnis für die Ehe verloren hat (BGH NJW 2002, 671) oder sein Bewusstsein verloren hat (OLG Frankfurt a. M. NJW 2002, 3034 [Wachkoma]). **cc)** Die Ursachen des Scheiterns spielen keine Rolle; auf Verschulden kommt es nicht an. **dd)** Das Scheitern der Ehe muss 4
festgestellt werden. Damit ist bei I der Privat- und Intimbereich der Ehegatten Gegenstand richterlicher Aufklärung. Wollen die Ehegatten dies vermeiden, bleibt einverständliche Scheidung nach Ablauf des Trennungsjahres aufgrund der Vermutung des § 1566 I. Es gilt der eingeschränkte Untersuchungsgrundsatz (§ 127 II FamFG). Die Beweislast trägt der Antragsteller. Verbleiben Zweifel, darf nicht geschieden werden. Zur Aussetzung des Scheidungsverfahrens bei Aussicht auf Fortsetzung der Ehe s. § 136 FamFG.

3. Scheidung ohne einjähriges Getrenntleben. a) Vor Ablauf eines Jahres 5
kann die gescheiterte Ehe gem. **II** nur geschieden werden, wenn ihre Fortsetzung für den Antragsteller aus Gründen *in der Person des anderen Ehegatten* (nicht: in der eigenen Person, zB Kinderlosigkeit, OLG Zweibrücken FamRZ 1982, 610) eine **unzumutbare Härte** darstellen würde. Bei Versöhnungsversuch gilt § 1567 II analog (OLG Karlsruhe FamRZ 2017, 1037 f.; OLG Hamm FamRZ 1978, 190).
Zweck: § 1565 II soll verhindern, dass ein Ehegatte einseitig die Lebensgemein- 6
schaft zerstört und sogleich die Folgen der Scheidung in Anspruch nimmt; ferner wird leichtfertigen, voreiligen und verdeckten einverständlichen Scheidungen entgegengewirkt (BGH NJW 1981, 449 [451]). II bildet daher ein strenges Scheidungshindernis (vgl. KG NJW 1980, 1053 [„Scheidungserschwerung"]), das nur in Ausnahmefällen überwindbar ist, aber keine unüberwindbare Scheidungssperre begründet (BGH NJW 1981, 449 [450]). **b) Voraussetzungen.** Die „unzumutbare 7
Härte" bezieht sich nicht auf das tatsächliche eheliche Zusammenleben (dessen Folgen durch Trennung beseitigt werden können), sondern auf die Aufrechterhaltung des Rechtsverhältnisses „Ehe" (BGH NJW 1981, 449 [450]; OLG Köln FamRZ 2013, 1738; OLG Oldenburg FamRZ 2018, 1897; OLG Bamberg FamRZ 2022, 1841 [1842]). Die Aufrechterhaltung des formellen Ehebandes muss für den Antragsteller unerträglich sein. Bloße Härten und trennungstypische Zerwürfnisse genügen nicht (OLG Koblenz FamRZ 2016, 1854 [1855]; OLG Dresden NJW-RR 2012, 1284). Abgrenzung schwierig. Stets ist eine Gesamtabwägung erforderlich. Öffentlichkeitswirksamkeit kommt bes. Bedeutung zu. Voraussetzung sind schwere Eheverfehlungen, zB Misshandlungen, ernsthafte Morddrohungen (OLG Brandenburg FamRZ 2001, 1458; OLG Dresden NJW-RR 2012, 1284), Verurteilung wegen sexueller Belästigung der gemeinsamen Tochter (OLG Bamberg FamRZ 2022, 1841 1842]); begründeter Verdacht der Tötung der Schwiegereltern (AG Hannover FamRZ 2004, 630), Alkoholmissbrauch (OLG Düsseldorf FamRZ 2013, 1764), feste Lebensgemeinschaft zu einem anderen Partner (vgl. auch OLG Stuttgart NJOZ 2016, 322: schwere Krankheit der Antragstellerin u öffentl. gemachte neue Beziehung des Antragsgegners); *nicht* hingegen schon Nervenkrankheit des anderen Partners (OLG Düsseldorf FamRZ 1993, 809; s. aber KG NZFam 2018, 233: schwere gesundheitliche Auswirkungen auf den Antragsteller), Nichtzahlung von Unterhalt (KG FamRZ 2000, 288), Ehebruch (OLG Rostock NJW 2006, 3648; OLG München FamRZ 2011, 218), eingestandene Homosexualität (OLG Nürnberg NJW 2007, 2052); bei Schwangerschaft aufgrund Ehebruchs kann der Ehemann zum Ausschluss der Vaterschaftsvermutung nach § 1599 II 1 HS 1 (OLG Karlsruhe NJW-RR 2000, 1389; OLG Hamm NZFam 2015, 174) und der Härteklausel aus § 1568 I Fall 1 Scheidung begehren. – Beiderseitiger Scheidungsantrag allein lässt II nicht unanwendbar werden, Unzumutbarkeit ist deshalb für jeden Antragsteller

8 zu prüfen (OLG Stuttgart NJW 1978, 546). **c)** Legt der Antragsteller die Voraussetzungen des II nicht schlüssig dar oder werden sie nicht bewiesen, ist der Rechtsstreit entscheidungsreif und der Antrag abzuweisen. Das Verfahren darf nicht verzögert werden, um nach Ablauf des Trennungsjahres ohne Rücksicht auf II die Scheidung aussprechen zu können (vgl. BGH FamRZ 1997, 347).

§ 1566 Vermutung für das Scheitern

(1) **Es wird unwiderlegbar vermutet, dass die Ehe gescheitert ist, wenn die Ehegatten seit einem Jahr getrennt leben und beide Ehegatten die Scheidung beantragen oder der Antragsgegner der Scheidung zustimmt.**

(2) **Es wird unwiderlegbar vermutet, dass die Ehe gescheitert ist, wenn die Ehegatten seit drei Jahren getrennt leben.**

1 **1. Allgemeines.** Die Vorschrift enthält keine bes. Scheidungsgründe, sondern Vermutungen für das Scheitern der Ehe, das in § 1565 I als Scheidungsgrund vorgesehen ist. Liegen die Voraussetzungen von I (einjährige Trennung und Einverständnis) oder II (dreijährige Trennung) vor, müssen die das Scheitern begründenden konkreten ehelichen Verhältnisse und die Privat- und Intimsphäre der Ehegatten nicht mehr dargelegt und festgestellt werden. Greift eine Vermutung ein, kann die Scheidung noch nach § 1568 I ausgeschlossen sein, nicht aber gem. § 1565 II. Die Vermutungen sind unwiderleglich; ein Beweis des Gegenteils ist nicht statthaft.

2 **2. Scheidung bei einjähriger Trennung.** Einverständliche Scheidung bei *einjähriger* Trennung (s. § 1567) aufgrund der Vermutung des Scheiterns der Ehe gem. I. **a) Voraussetzung** ist, dass die Ehegatten den Scheidungsantrag einverständlich stellen oder ein Ehegatte dem Antrag des anderen zustimmt. Die Zustimmung ist eine Willenserklärung, die zu Protokoll der Geschäftsstelle oder in der mündlichen Verhandlung zur Niederschrift des Gerichts zu erklären ist, § 134 I FamFG; eine Zustimmung in einer Unterhaltsvereinbarung genügt nicht (BGH NJW 1995, 1082). Ein Widerruf der Zustimmung ist bis zur letzten mündlichen Verhandlung möglich, § 134 II FamFG. Mit dem Widerruf entfällt die Grundlage der Vermutung, so dass nur bei nachgewiesener Zerrüttung gem. § 1565 I oder 1566 II geschieden werden kann. Zur Scheidung nach einjähriger Trennung bei Scheidungs- und Scheidungswiderantrag s. KG NJ 2022, 456 (keine einseitige Antragsrücknahme nach
3 mündlicher Verhandlung). **b)** Zum **Inhalt der Antragsschrift** s. § 133 FamFG. Eine Regelung über bestimmte Scheidungsfolgen ist nach Aufhebung von § 630 ZPO zum 1.9.2009 nicht mehr Voraussetzung für das Eingreifen der unwiderlegbaren Vermutung des Scheiterns der Ehe nach § 1566 (BT-Drs. 16/6308, 229).

4 **3. Scheidung bei dreijähriger Trennung.** Die dreijährige Trennung (§ 1567 I) begründet die unwiderlegbare Vermutung des Scheiterns der Ehe, II. Zustimmung des anderen Ehegatten ist nicht erforderlich (BGH FamRZ 2016, 617 [618]). Maßgeblicher Zeitpunkt ist die letzte Tatsachenverhandlung. Scheidung aufgrund der Vermutung des II steht ggf. § 1568 I entgegen.

§ 1567 Getrenntleben

(1) [1]**Die Ehegatten leben getrennt, wenn zwischen ihnen keine häusliche Gemeinschaft besteht und ein Ehegatte sie erkennbar nicht herstellen will, weil er die eheliche Lebensgemeinschaft ablehnt.** [2]**Die häusliche Gemeinschaft besteht auch dann nicht mehr, wenn die Ehegatten innerhalb der ehelichen Wohnung getrennt leben.**

(2) **Ein Zusammenleben über kürzere Zeit, das der Versöhnung der Ehegatten dienen soll, unterbricht oder hemmt die in § 1566 bestimmten Fristen nicht.**

1. Allgemeines. Das Getrenntleben der Ehegatten ist Basis der Vermutungen in § 1566, ferner Tatbestandsmerkmal der §§ 1361, 1361a, 1361b. Getrenntleben erfordert *objektiv* das Nichtbestehen der häuslichen Gemeinschaft und *subjektiv* den durch Ablehnung der ehelichen Lebensgemeinschaft motivierten Willen mindestens eines Ehegatten, die häusliche Gemeinschaft nicht herstellen zu wollen. II soll Versöhnungsversuch erleichtern. – Bedeutung für § 1361b IV. 1

2. Begriff des Getrenntlebens. a) Die **häusliche Gemeinschaft** besteht **nicht,** wenn ein Ehegatte die eheliche Wohnung endgültig verlassen hat (vgl. OLG Hamburg FamRZ 2021, 1903 [1904]). Gelegentliche Rückkehr, auch vereinzelte Übernachtungen, begründen keine häusliche Gemeinschaft. „Aufhebung" einer (bestehenden) häuslichen Gemeinschaft ist nicht erforderlich; Getrenntleben kann daher auch vorliegen, wenn die Ehegatten niemals zusammengelebt haben (KG NJW 1982, 112 [Scheinehe]; OLG Frankfurt a.M. BeckRS 2020, 45908). Das Getrenntleben beginnt dann nicht schon mit der Eheschließung, sondern mit der „Aufsage", die auch konkludent erfolgen kann (KG NJW 1982, 112 [Scheidungsantrag]; OLG Frankfurt a.M. BeckRS 2020, 45908 [Scheidungsantrag]). **b)** Nach I 2 können die Ehegatten auch **innerhalb derselben Wohnung** getrennt leben. Damit soll Ehegatten, die eine zweite Wohnung nicht finanzieren können, die Trennung ermöglicht werden. Voraussetzung ist der Abbruch des persönlichen Kontakts der Ehegatten (OLG Köln FamRZ 2013, 1738; sa OLG Brandenburg FamRZ 2021, 367 [371]: Zäsur in den individuellen Lebensverhältnissen). Bloße Einschränkung der häuslichen Gemeinschaft genügt nicht (OLG München FamRZ 2001, 1457 [keine Raumaufteilung]). Verbleibende Gemeinsamkeiten müssen sich auf ein räumliches Nebeneinander ohne persönliche Beziehung und geistige Gemeinsamkeiten beschränken (BGH NJW 1978, 1810 [gelegentliche gemeinsame Küchennutzung]; OLG Brandenburg FamRZ 2021, 367 [370] [gemeinsame Nutzung von nur einmal vorhandenen Räumen – Küche, Toilette, Bad, Waschküche]). Auch ein im Interesse gemeinsamer Kinder gepflegter Kontakt schließt Getrenntleben nicht aus (OLG Köln NJW 1987, 1561 [gemeinsamer sonntäglicher Mittagstisch]; OLG Brandenburg FamRZ 2021, 367 [371]). Ein gemeinsames Schlafzimmer belässt jedoch die häusliche Gemeinschaft, unabhängig davon, wie sich der Kontakt im Einzelnen gestaltet (OLG Hamm FamRZ 1999, 723). Umstr. ist, ob das Vorliegen einer Bedarfsgemeinschaft iSd SGB II dem Getrenntleben nach I 2 entgegensteht (so KG NJOZ 2012, 2203 [2204]; aA OLG Köln NZFam 2018, 956; sa OLG Hamburg FamRZ 2021, 1903 [1904]: Auftreten als Bedarfsgemeinschaft nur Indiz für Bestehen einer häuslichen Gemeinschaft). Tatsachen, die gegen das Getrenntleben sprechen, sind von Amts wegen zu berücksichtigen, § 127 I FamFG. 2
3

3. Ablehnung der ehelichen Lebensgemeinschaft. Subjektiv ist gem. I 1 erforderlich, dass ein Ehegatte die Lebensgemeinschaft (s. § 1353 I 2) nicht herstellen will, weil er sie ablehnt. Erzwungene oder nicht aus ehefeindlichen Motiven erfolgte Trennungen führen nicht zum Getrenntleben (vgl. OLG Hamburg FamRZ 2021, 1903 [1904]). Bsp: Berufsbedingte oder durch Mangel an Wohnraum bewirkte Trennung, Strafhaft (OLG Bamberg FamRZ 1981, 52), Aufnahme in Pflegeheim wegen Demenz (BGH NJW 1989, 1988; sa FamRZ 2016, 1142 [1143]). Die Weigerung muss deutlich erkennbar und ernsthaft sein (BGH FamRZ 2016, 1142 [1143]). Bei zunächst aus anderen als ehefeindlichen Gründen erfolgter Trennung kommt der Erkennbarkeit ausschlaggebende Bedeutung zu. Ein natürlicher Wille ist maßgeblich, Geschäftsfähigkeit nicht erforderlich (BGH NJW 1989, 1988 [1989]). 4

4. Kurzzeitiges Zusammenleben. a) Einem **Versöhnungsversuch** dienendes kurzzeitiges Zusammenleben unterbricht oder hemmt die Fristen des § 1566 nicht, II. Zusammenleben ist einverständliche voll oder eingeschränkte (Wieder-)Aufnahme der häuslichen Gemeinschaft. Einseitige, nicht erwiderte Annäherungsversuche sind unerheblich. Keine Unterbrechung auch, wenn Zusammenleben anderen Zwecken dient, etwa anlässlich eines Besuchs bei den gemeinsamen Kindern. 5

6 **b)** Kürzere Wiederherstellung: Obergrenze drei (OLG Hamm NJW-RR 1986, 554 [555]; OLG Düsseldorf FamRZ 1995, 96; OLG Saarbrücken FamRZ 2010, 469 mwN) bis vier (OLG Köln FamRZ 1982, 1015) Monate. **c)** Führt Versöhnungsversuch zur Aussöhnung unter den Ehegatten, wird die Frist unterbrochen (OLG Bremen FamFR 2012, 332: Mitteilung der Versöhnung gegenüber dem Gericht und Rücknahme der Scheidungsanträge). Einmaliger Geschlechtsverkehr kein ausreichendes Indiz (OLG Celle FamRZ 1996, 804); wohl aber Einzug in die eheliche Wohnung einschl. polizeilicher Meldung und Ummeldung des Telefonanschlusses (OLG München FamRZ 1990, 885), Rücknahme des Scheidungsantrags.

§ 1568 Härteklausel

(1) **Die Ehe soll nicht geschieden werden, obwohl sie gescheitert ist, wenn und solange die Aufrechterhaltung der Ehe im Interesse der aus der Ehe hervorgegangenen minderjährigen Kinder aus besonderen Gründen ausnahmsweise notwendig ist oder wenn und solange die Scheidung für den Antragsgegner, der sie ablehnt, auf Grund außergewöhnlicher Umstände eine so schwere Härte darstellen würde, dass die Aufrechterhaltung der Ehe auch unter Berücksichtigung der Belange des Antragstellers ausnahmsweise geboten erscheint.**

(2) **(weggefallen)**

1 **1. Allgemeines. a)** Der (verfassungsrechtlich unbedenkliche, BVerfG NJW 2001, 2874) § 1568 I enthält zur Vermeidung von Härten zwei scheidungshindernde Gründe: Fall 1 dient dem Schutz gemeinsamer Kinder, Fall 2 dem Schutz des Ehegatten. Schwelle bei Kinderschutz ist niedriger („besondere Gründe“) als bei Ehegattenschutz („außergewöhnliche Umstände“). Liegen die Voraussetzungen vor, darf
2 nicht geschieden werden. **b)** Die Befristung der Härteklauseln in II aF auf fünf Jahre nach der Trennung verstieß gegen Art. 6 I GG (BVerfGE 55, 134) und wurde durch das UÄndG gestrichen. Bei Kinderschutz erfolgt freilich durch das Erfordernis der Minderjährigkeit eine mittelbare zeitliche Begrenzung.

3 **2. Voraussetzungen Kinderschutzklausel. a)** In der Ehe geborenes minderjähriges (§ 2) Kind. Entspr. Anwendung auf adoptierte (Schwab FamRZ 1976, 507), nicht jedoch Stiefkinder. **b)** Erforderlich ist Abwehr von Härten, die sich aus der Scheidung ergeben. Trennungsfolgen bleiben unberücksichtigt. Bsp: Gefahr der Selbsttötung des Kindes (OLG Hamburg FamRZ 1986, 469). Anders als bei Ehegattenschutz muss es sich jedoch nicht um ganz außergewöhnliche Umstände handeln. Bereits starke Beeinträchtigung des Kindeswohls durch scheidungsbedingte Verschlechterung der häuslichen, erzieherischen, seelischen oder wirtschaftlichen Verhältnisse genügt (Schwab FamR § 38 Rn. 383, bzgl. vermögensrechtlicher Interessen aA Grüneberg/Siede Rn. 2). Kleinkind- und Pubertätsphase ist bes. zu berücksichtigen, nicht jedoch, wenn das Kind den Vater nur als Spielpartner anlässlich gelegentlicher Besuche erlebt hat (OLG Köln FamRZ 1998, 829). Nach Wegfall des Grundes, spätestens mit Eintritt der Volljährigkeit des Kindes, kann Scheidungsantrag erneut gestellt werden. **c)** Feststellung von Amts wegen, § 127 I FamFG.

4 **3. Voraussetzungen Ehegattenschutzklausel. a)** Antragsgegner lehnt Scheidung trotz gescheiterter Ehe ab. **b)** Aufgrund des Scheidungsausspruchs (BGH NJW 1981, 2808 [2809]; OLG Bamberg FamRZ 2022, 682 [683]) für den Antragsgegner **schwere Härte. aa)** Maßgeblich sind die Auswirkungen auf die seelische und körperliche Gesundheit und die wirtschaftliche Lage (BGH NJW 1984, 2353 [2354]). Die gesamte Disposition und Lebensentwicklung des Betroffenen sind zu würdigen (vgl. BGH NJW 1979, 1042). „Außergewöhnliche Umstände“ liegen nur vor, wenn es sich um Folgen handelt, die nicht üblicherweise mit einer Scheidung einhergehen oder bereits durch das Scheitern der Ehe (OLG Brandenburg FamRZ 2010, 1803; OLG Bamberg FamRZ 2022, 682 [683]) oder die Trennung eingetreten sind (OLG

Köln NJW 1982, 2262; OLG Brandenburg FamRZ 2007, 1888). **bb) Bsp:** Lange Ehedauer, hohes Alter (aA OLG Brandenburg FamRZ 2007, 1888), Scheidung während einer schweren Krankheit (OLG Karlsruhe FamRZ 1979, 512; nicht aber bei therapiefähigen Depressionen, OLG Stuttgart NJW-RR 1992, 1093; sa OLG Brandenburg NJW-RR 2012, 71 [abgelehnt bei multipler Sklerose]) oder zZ bes. Schicksalsschläge. *Kein Ehegattenschutz:* Ehegatte, der sich auf I beruft, lehnt selbst Fortsetzung der Ehe ab (OLG Bamberg FamRZ 2022, 682 [683]); Unterhaltsgefährdung durch neue Ehe (OLG Düsseldorf FamRZ 1978, 36); Verlust von Witwenrente (vgl. OLG Düsseldorf FamRZ 1980, 780); drohende Inanspruchnahme von Sozialhilfe (OLG Bamberg FamRZ 2005, 810); erhöhte Selbstmordgefahr (BGH NJW 1981, 2808 [2809]; Androhung Suizid s. OLG Celle NJW-RR 1995, 1409); Einsamkeit (OLG Brandenburg FamRZ 2007, 1888); drohende Ausweisung ausländischen Ehegattens mit der Folge des Abbruchs des Kontakts zu gemeinschaftlichem Kind, da nicht ungewöhnliche Folge einer deutsch-ausländischen Ehe (OLG Köln FamRZ 1998, 829; s. aber AG Berlin-Tempelhof-Kreuzberg FamRZ 2014, 1780: schwere Härte, wenn Aufenthalt in Deutschland und Pflegesituation eines Demenzkranken nur durch Ehe gesichert ist); Ablehnung der Scheidung aus ethischen und wirtschaftlichen Gründen (OLG Hamm FamRZ 1989, 1188); religiöse Überzeugung und Stellung in einer Glaubensgemeinschaft (OLG Stuttgart FamRZ 1991, 334). 5

c) Abwägung der Härtefolgen gegen Interesse des Antragstellers an Scheidung. Die Unzumutbarkeit der Fortführung der Ehe trotz Härte für den Antragsgegner kann sich insbes. aus dessen Verhalten ergeben. 6

d) Die außergewöhnlichen Umstände, die die „schwere Härte" für den Antragsgegner begründen, sind nicht von Amts wegen, sondern nur bei entspr. Vorbringen des Antragsgegners zu berücksichtigen, § 127 III FamFG. 7

Untertitel 1a. Behandlung der Ehewohnung und der Haushaltsgegenstände anlässlich der Scheidung

§ 1568a Ehewohnung

(1) **Ein Ehegatte kann verlangen, dass ihm der andere Ehegatte anlässlich der Scheidung die Ehewohnung überlässt, wenn er auf deren Nutzung unter Berücksichtigung des Wohls der im Haushalt lebenden Kinder und der Lebensverhältnisse der Ehegatten in stärkerem Maße angewiesen ist als der andere Ehegatte oder die Überlassung aus anderen Gründen der Billigkeit entspricht.**

(2) **[1]Ist einer der Ehegatten allein oder gemeinsam mit einem Dritten Eigentümer des Grundstücks, auf dem sich die Ehewohnung befindet, oder steht einem Ehegatten allein oder gemeinsam mit einem Dritten ein Nießbrauch, das Erbbaurecht oder ein dingliches Wohnrecht an dem Grundstück zu, so kann der andere Ehegatte die Überlassung nur verlangen, wenn dies notwendig ist, um eine unbillige Härte zu vermeiden. [2]Entsprechendes gilt für das Wohnungseigentum und das Dauerwohnrecht.**

(3) **[1]Der Ehegatte, dem die Wohnung überlassen wird, tritt**
1. zum Zeitpunkt des Zugangs der Mitteilung der Ehegatten über die Überlassung an den Vermieter oder
2. mit Rechtskraft der Endentscheidung im Wohnungszuweisungsverfahren

an Stelle des zur Überlassung verpflichteten Ehegatten in ein von diesem eingegangenes Mietverhältnis ein oder setzt ein von beiden eingegangenes Mietverhältnis allein fort. [2]§ 563 Absatz 4 gilt entsprechend.

(4) **Ein Ehegatte kann die Begründung eines Mietverhältnisses über eine Wohnung, die die Ehegatten auf Grund eines Dienst- oder Arbeitsverhält-**

nisses innehaben, das zwischen einem von ihnen und einem Dritten besteht, nur verlangen, wenn der Dritte einverstanden oder dies notwendig ist, um eine schwere Härte zu vermeiden.

(5) [1]**Besteht kein Mietverhältnis über die Ehewohnung, so kann sowohl der Ehegatte, der Anspruch auf deren Überlassung hat, als auch die zur Vermietung berechtigte Person die Begründung eines Mietverhältnisses zu ortsüblichen Bedingungen verlangen.** [2]**Unter den Voraussetzungen des § 575 Absatz 1 oder wenn die Begründung eines unbefristeten Mietverhältnisses unter Würdigung der berechtigten Interessen des Vermieters unbillig ist, kann der Vermieter eine angemessene Befristung des Mietverhältnisses verlangen.** [3]**Kommt eine Einigung über die Höhe der Miete nicht zustande, kann der Vermieter eine angemessene Miete, im Zweifel die ortsübliche Vergleichsmiete, verlangen.**

(6) **In den Fällen der Absätze 3 und 5 erlischt der Anspruch auf Eintritt in ein Mietverhältnis oder auf seine Begründung ein Jahr nach Rechtskraft der Endentscheidung in der Scheidungssache, wenn er nicht vorher rechtshängig gemacht worden ist.**

Lit.: Erbarth, Der Anspruch auf Überlassung einer Genossenschaftswohnung gem. § 1568a I BGB, NZFam 2020, 66; ders., Der Anspruch gem. § 1568a I BGB auf Überlassung der Ehewohnung und die gesetzliche Sonderrechtsnachfolge nach § 1568a III 1 BGB, NZFam 2021, 296; Finger, Zuweisung der Ehewohnung anlässlich der Ehescheidung nach § 1568a BGB, FamRB 2018, 119; Klein, Die Wohnungsüberlassung zwischen Ehegatten und § 1568a Abs. 3 BGB, WuM 2021, 279.

1 **1. Allgemeines. a)** Die Vorschrift wurde durch das Ges. zur Änderung des Zugewinnausgleichs- und Vormundschaftsrechts v. 6.7.2009 (BGBl. I 1696) in das BGB eingefügt; sie ersetzt die fr. §§ 3–7 HausratsVO. Während § 1361b bei Getrenntleben lediglich eine vorläufige Zuweisung der Ehewohnung vorsieht, kann nach Scheidung gem. § 1568a die endgültige Überlassung beansprucht werden. **b)** Die Regelung ist bei **eingetragener Lebenspartnerschaft** entspr. anwendbar, s. § 17 LPartG. **c) Kokurrenzen** s. Erbarth NJW 2019, 1169 [1172 f.]; § 1568a verdrängt den Anspruch aus § 985, allerdings nach BGH FamRZ 2021, 834 zeitlich begrenzt durch VI: Ist der Anspruch aus I/II nach VI erloschen (→ Rn. 8), sperrt § 1568a den Anspruch aus § 985 nicht mehr.

2 **2. Voraussetzungen. a) Ehewohnung** sind alle Räume, die die Ehegatten gemeinsam zu Wohnzwecken benutzen, benutzt haben oder benutzen wollten (→ § 1361b Rn. 2; vgl. auch OLG Hamburg FamRZ 2020, 670 [671]; FamRZ 2021, 1278 [1279]; OLG Frankfurt NJW 2020, 245 [247]; OLG Brandenburg FamRZ 2020, 406 [407]: auch Gartenhaus; ferner Erbarth NZFam 2020, 66 [68]). Eine Wohnung verliert ihren Status als Ehewohnung nicht dadurch, dass ein Ehegatte sie dem anderen (auch für längere Zeit) belassen hat; sie behält während der gesamten Trennungszeit ihren Charakter als „Ehewohnung" (BGH FamRZ 2017, 22 [24]; FamRZ 2021, 834 [835]; anders noch BGH NJW 2013, 2507). Die Ehegatten können die Ehewohnung aber als solche entwidmen (OLG Hamburg FamRZ 2021, 1278 [1279]). Für die Anwendbarkeit des § 1568a ist die Situation im Zeitpunkt der Rechtskraft der Scheidung maßgebend: Die Wohnung muss zu diesem Zeitpunkt (noch) Ehewohnung sein (BGH FamRZ 2021, 834 [835]).

3 **b) aa)** § 1568a I erlaubt die Zuweisung, wenn ein Ehegatte auf die Wohnung **in stärkerem Maße angewiesen** ist als der andere (dazu Erbarth NZFam 2020, 66 [69]; NZFam 2021, 296 [298]). Dabei sind insbes. das Wohl der im Haushalt lebenden Kinder (vgl. OLG Saarbrücken FamRZ 2013, 1982 [1983]: ungestörte Entwicklung im vertrauten Umfeld; OLG Hamburg FamRZ 2017, 1049 [1050]: auch volljährige Kinder) und die Lebensverhältnisse der Ehegatten zu berücksichtigen, insbes. Alter, Gesundheitszustand, Einkommens- und Vermögensverhältnisse, Nähe der Wohnung zum Arbeitsplatz, soziale Beziehungen im Umfeld (OLG

Frankfurt a.M. FamRZ 2022, 1847 [1848]; OLG Saarbrücken FamRZ 2013, 1982 [1983]). Überlassung aus anderen Gründen ist möglich, wenn dies der Billigkeit entspricht, zB wenn keine Kindesinteressen zu berücksichtigen sind und beide Ehegatten gleichermaßen auf die Wohnung angewiesen sind, aber einer der Ehegatten ein bes. Interesse an der Wohnung hat, etwa weil er in ihr aufgewachsen ist (BT-Drs. 16/10798, 22; OLG Frankfurt a.M. FamRZ 2022, 1847 [1849]); *nicht* zu berücksichtigen sind Belange Dritter, insbes. neuer Lebenspartner und deren Kinder (OLG Saarbrücken FamRZ 2013, 1982 [1983]). **bb)** Der Überlassungsanspruch richtet sich auch dann nach I (und nicht nach II), wenn die Wohnung im Miteigentum der Ehegatten steht (MüKo-BGB/Wellenhofer Rn. 28). **c)** Ist einer 4
der Ehegatten allein oder gemeinsam mit einem Dritten dinglich berechtigt, so gilt nach **II** ein strengerer Maßstab: Der andere Ehegatte kann Überlassung nur bei Vorliegen **unbilliger Härte** (→ § 1361b Rn. 3) verlangen. Zuweisung ist nur zulässig, wenn dies dringend erforderlich ist, um eine unerträgliche Belastung abzuwenden, die den Nichteigentümer außergewöhnlich beeinträchtigen würde (OLG Frankfurt a.M. NJW-RR 2022, 1226 [1227]; OLG Karlsruhe FamRZ 2020, 410 [412]; OLG Köln NJW-RR 1992, 1155; OLG Naumburg FamRZ 2002, 672). *Nicht* ausreichend ist, dass der andere Ehegatte die Wohnung dringender benötigt als der Eigentümer; ebenso wenig bloße Unannehmlichkeiten durch den Umzug, selbst wenn gemeinsame Kinder betroffen sind (OLG Karlsruhe FamRZ 2020, 410 [412]; OLG Frankfurt a.M. NJW-RR 2022, 1226 [1228]; vgl. auch OLG München FamRZ 1995, 1206; OLG Oldenburg FamRZ 1998, 572). Auch unzureichende Unterhaltsleistungen des dinglich berechtigten Ehegatten genügen nicht (OLG München FamRZ 1995, 1205; OLG Hamm FamRZ 2004, 888; OLG Karlsruhe FamRZ 2020, 410 [412]; OLG Frankfurt a.M. NJW-RR 2022, 1226 [1227]; sa OLG Düsseldorf FamRZ 2018, 1816: Einkommenslosigkeit und Schwerbehinderung [GdB 60] begründen noch keine unbillige Härte). Unbillige Härte kann aber vorliegen, wenn der andere Ehegatte für sich und die gemeinsamen Kinder keine Ersatzwohnung finden kann (OLG Karlsruhe FamRZ 2020, 410 [412]; OLG Köln FamRZ 1996, 492) oder er auf die Wohnung angewiesen ist, zB weil er in ihr ein Gewerbe ausübt oder eine Praxis betreibt (OLG Karlsruhe FamRZ 2020, 410 [412]) oder sie auf seine Bedürfnisse (Krankheit, Behinderung) bes. zugeschnitten ist. **d)** Strengere Voraussetzungen bestehen nach **IV** auch dann, 5
wenn die Wohnung von einem Dritten aufgrund eines Dienst- oder Arbeitsverhältnisses überlassen wurde: Überlassung an den nicht dienstverpflichteten Ehegatten ist nur zulässig, wenn kumulativ (1) die Voraussetzungen des I vorliegen und (2) ein Mietverhältnis mit dem Dritten begründet werden kann, entweder weil dessen Einverständnis besteht oder weil dies zur Vermeidung einer schweren Härte erforderlich ist (IV). Nicht möglich ist die Übernahme der Wohnung (gestützt lediglich auf I) in der Form, dass der Mieter-Ehegatte formell Mieter bleibt, der andere aber die Wohnung bezieht (Götz/Brudermüller NJW 2010, 5; str.). Mit dem Erfordernis der schweren Härte werden die Anforderungen gegenüber II nochmals verschärft. Schwere Härte kann zB dann vorliegen, wenn der nicht dienstverpflichtete Ehegatte psychisch schwer krank ist und sich ein Umzug negativ auf seinen Gesundheitszustand auswirken würde oder die Wohnung für ihn behindertengerecht ausgebaut wurde (BT-Drs. 16/10798, 22). **e) Beweislast** für Vorliegen der Voraussetzungen des § 1568a trägt der Ehegatte, der Zuweisung der Ehewohnung an sich begehrt (OLG Saarbrücken FamRZ 2013, 1982).

3. Rechtsfolgen. a) Der Anspruch ist auf Überlassung der gesamten Wohnung 6
gerichtet; eine Zuweisung von Teilbereichen ist nicht vorgesehen (OLG Brandenburg BeckRS 2022, 16032; MüKo-BGB/Wellenhofer Rn. 23). Realisiert wird der Überlassungsanspruch durch Fortführung oder Begründung eines entspr. Mietverhältnisses. War zuvor der andere Ehegatte Alleinmieter oder waren beide Ehegatten Mieter, wird das Mietverhältnis gem. **III 1** vom berechtigten Ehegatten fortgeführt (Erbarth NZFam 2020, 66 [70]); das Mietverhältnis muss zu diesem

Zeitpunkt aber noch bestehen (KG LSK 2013, 310608; ferner BGH NJW 2013, 2507: Ehegatte des Mieters ist kein Dritter iSd § 540, daher kein Kündigungsrecht des Vermieters nach §§ 569, 573 II Nr. 1, solange Wohnung als Ehewohnung gilt). Wohnungszuweisung ist auch dann möglich, wenn es sich bei der Ehewohnung um eine Genossenschaftswohnung handelt (OLG Hamburg FamRZ 2020, 670 [671] mAnm Erbarth NZFam 2020, 66; FamRZ 2017, 1049 [1050]; sa Johannsen/Henrich/Althammer/Dürbeck Rn. 33). Dem Vermieter steht nach **III 2** iVm § 563 IV ggf. ein außerordentliches Kündigungsrecht zu. Maßgeblicher Zeitpunkt für den Wechsel im Mietverhältnis ist (wenn beide Ehegatten sich über die Überlassung einig sind) nach III 1 Nr. 1 der Zugang der Mitteilung an den Vermieter (s. dazu Erbarth NZFam 2022, 307 [311]; Klein WuM 2021, 279 [282 f.]), frühestens aber ab Rechtskraft des Scheidungsbeschluses; zum Anspruch auf Mitwirkung an der Mitteilung OLG Hamm FamRZ 2016, 1688 [schon während Trennungszeit]; OLG Frankfurt a. M. BeckRS 2017, 129264 Rn. 8; abw. OLG Hamm FamRZ 2015, 667 [668]. Ist nach IV die Zustimmung des Vermieters erforderlich, tritt der Wechsel mit dieser ein (BT-Drs. 16/10798, 22). Kommt es zum Rechtsstreit, ändert sich die Person des Mieters nach III 1 Nr. 2 mit Rechtskraft der Endentscheidung im Wohnungsüberlassungsverfahren. Der weichende Ehegatte hat vor Beendigung des Mietverhältnisses keinen Anspruch auf Ausgleich hinsichtlich der
7 von ihm gestellten Mietkaution (KG NJW-RR 2018, 590 [591]). **b) V** behandelt die Fälle, in denen es an einem **Mietvertrag fehlt.** Dies wird regelmäßig der Fall sein, wenn die Ehewohnung beiden Ehegatten gemeinsam oder einem von beiden (allein oder zusammen mit einem Dritten) gehört; ferner, wenn die Wohnung den Ehegatten von den (Schwieger-)Eltern überlassen worden ist (BT-Drs. 16/10798, 22). V gibt in diesen Fällen sowohl dem berechtigten Ehegatten als auch der zur Vermietung berechtigten Person (anderer Ehegatte oder Dritter) einen Anspruch auf Abschluss eines Mietvertrags zu ortsüblichen Bedingungen. Dem Berechtigten steht der Anspruch auch dann zu, wenn er Miteigentümer ist, da ein Mietvertrag sein Nutzungsrecht auch bei möglicher Teilungsversteigerung nach § 753 sichert (BT-Drs. 16/1079, 22). Kommt zwischen den Beteiligten keine Einigung über die Miethöhe zustande, kann der Vermieter eine angemessene, iZw ortsübliche Vergleichsmiete verlangen (V 3). Ausnahmsweise kann der Vermieter auch Befristung fordern (V 2), wenn dies nach allg. mietrechtlichen Grundsätzen (§ 575) zulässig oder die Begründung eines unbefristeten Mietverhältnisses unbillig wäre; dies kommt insbes. in den Fällen der II und IV in Betracht. Für die Dauer der Befristung sind die Interessen des berechtigten Ehegatten mit denen des Vermieters
8 abzuwägen. **c) Ausschlussfrist** (VI); verhindert werden soll, dass mehr als ein Jahr nach Rechtskraft der Scheidung noch in Rechte Dritter eingegriffen wird, wenn der Anspruch nicht zuvor rechtshängig gemacht wurde (BT-Drs. 16/10798, 23). VI ist wenig glücklich formuliert. Die Vorschrift spricht von einem Anspruch nach III, obwohl dort der Eintritt in das Mietverhältnis lediglich als ges. Folge der Durchsetzung des Anspruchs nach I vorgesehen ist. Gemeint ist, dass nach Fristablauf ein Anspruch nach I nicht mehr besteht, wenn dadurch ein Mietvertrag mit einem Dritten nach III/IV geändert oder ein Anspruch gegen einen Dritten auf Abschluss eines Mietvertrages gem. V begründet würde (vgl. BT-Drs. 16/10798, 23). Nach Ablauf der Jahresfrist kann nur noch die Begründung eines Mietverhältnisses mit dem anderen Ehegatten verlangt werden (str., aA BGH FamRZ 2021 834 [836 f.]: VI gilt für Ansprüche aus I und II; krit. dazu Erbarth NZFam 2021, 450 [456 f.]).

9 **4. Verfahren.** Es gelten §§ 200 ff. FamFG. Zuständig ist das FamG (§§ 23a I Nr. 1, 23b I GVG, §§ 111 Nr. 5, 200 I Nr. 2 FamFG). Ehewohnungssache muss nach BGH FamRZ 2021, 834 [835] nicht zwingend im Verbund anhängig gemacht werden; Antrag kann auch nach Rechtskraft der Scheidung gestellt werden. Zum Rechtsschutzbedürfnis für Antrag nach I bei Einigkeit der Ehegatten über künftige Nutzung der Wohnung s. OLG Hamburg FamRZ 2021, 579 [580 f.].

§ 1568b Haushaltsgegenstände

(1) **Jeder Ehegatte kann verlangen, dass ihm der andere Ehegatte anlässlich der Scheidung die im gemeinsamen Eigentum stehenden Haushaltsgegenstände überlässt und übereignet, wenn er auf deren Nutzung unter Berücksichtigung des Wohls der im Haushalt lebenden Kinder und der Lebensverhältnisse der Ehegatten in stärkerem Maße angewiesen ist als der andere Ehegatte oder dies aus anderen Gründen der Billigkeit entspricht.**

(2) **Haushaltsgegenstände, die während der Ehe für den gemeinsamen Haushalt angeschafft wurden, gelten für die Verteilung als gemeinsames Eigentum der Ehegatten, es sei denn, das Alleineigentum eines Ehegatten steht fest.**

(3) **Der Ehegatte, der sein Eigentum nach Absatz 1 überträgt, kann eine angemessene Ausgleichszahlung verlangen.**

Lit.: Erbarth, Die widerlegbare Rechtsvermutung des § 1568b II BGB – das unbekannte Wesen, NZFam 2017, 333.

1. Allgemeines. a) Die Vorschrift wurde durch das Ges. zur Änderung des Zugewinnausgleichs- und Vormundschaftsrechts v. 6.7.2009 (BGBl. I 1696) in das BGB eingefügt; sie entspricht im Wesentlichen dem fr. § 8 HausratsVO. Während § 1361a die Haushaltsgegenstände bei Getrenntleben nur vorläufig zuteilt, erfolgt die Verteilung nach Scheidung gem. § 1568b endgültig. Der Güterstand der Ehegatten ist ohne Bedeutung; die Regelung geht in ihrem Anwendungsbereich den Bestimmungen über den Zugewinnausgleich vor (Erman/Budzikiewicz § 1372 Rn. 12, str.). **b)** § 1568b ist bei eingetragener Lebenspartnerschaft entspr. anwendbar, s. § 17 LPartG. 1

2. Voraussetzungen. a) Haushaltsgegenstände sind Sachen, die nach den Vermögens- und Lebensverhältnissen der Eheleute zum gemeinsamen Zusammenleben der Familie bestimmt sind (→ § 1361a Rn. 4). **b) Miteigentum;** unerheblich ist, ob es sich um Bruchteils- oder Gesamthandseigentum handelt. Haushaltsgegenstände im Alleineigentum eines Ehegatten unterfallen dem güterrechtlichen Ausgleich (Erman/Budzikiewicz § 1372 Rn. 9). Erleichtert wird die Feststellung durch die **Miteigentumsvermutung** (II) für Hausrat, der während der Ehe angeschafft wurde; II verdrängt § 1006 (OLG Stuttgart FamRZ 2019, 1131 [1132]; OLG Stuttgart FamRZ 2017, 1087; Erbarth NZFam 2017, 333 [337 f.]). Die Vermutung ist nur widerlegt, wenn Alleineigentum feststeht (OLG Hamm FamRZ 2020, 325 [328]; sa OLG Frankfurt a. M. NZFam 2016, 889: Ersatz von Haushaltsgegenständen nach § 1370). Gewöhnlich ist die Einigungserklärung des erwerbenden Ehegatten dahin zu verstehen, dass beide Ehegatten Miteigentümer werden sollen, sofern nichts anderes erklärt wird. Abweichendes folgt nicht allein daraus, dass der Gegenstand von einem Ehegatten mit eigenen Mitteln gekauft wurde (BGHZ 114, 74 [81]; OLG Stuttgart FamRZ 2019, 1131 [1132] [Pkw]; vgl. auch OLG Schleswig FamRZ 2013, 1984 [Hund]). **c)** § 1568b I erlaubt die Zuteilung, wenn ein Ehegatte auf die Haushaltsgegenstände **in stärkerem Maße angewiesen** ist als der andere. Dabei sind insbes. das Wohl der im Haushalt lebenden Kinder und die Lebensverhältnisse der Ehegatten zu berücksichtigen. Überlassung aus anderen Gründen ist möglich, wenn dies der Billigkeit entspricht, zB wenn beide Ehegatten gleichermaßen auf den Haushaltsgegenstand angewiesen sind, aber einer die Anschaffung veranlasst oder ihn während der Ehe auf eigene Kosten gepflegt oder erhalten hat (BT-Drs. 16/10798, 24). 2 3 4

3. Rechtsfolgen. a) Anspruch auf Überlassung und Übereignung; anders als nach § 8 III 1 HausratsVO geht das Eigentum nicht mehr unmittelbar mit Zuteilung durch den Richter über. **b)** Ausgleichszahlung, III. Grds. ist auf den Verkehrswert zum Zeitpunkt der Verteilung abzustellen (BT-Drs. 16/10798, 24); anders als nach § 8 II 2 HausratsVO kommt die Festsetzung eines geringeren Ausgleichs aus Billig- 5 6 keitsgründen nur noch in Ausnahmefällen in Betracht. Sind beide Ehegatten zur Übereignung von Hausrat verpflichtetet, können die gegenseitigen Ausgleichsansprüche verrechnet werden. **Lit.:** Schramm, Ausgleichszahlung für Haushaltsgegenstände, NJW-Spezial 2022, 132.

7 **4. Verfahren.** Es gelten §§ 200 ff. FamFG. Zuständig ist das FamG (§ 23a I Nr. 1 GVG, §§ 111 Nr. 5, 200 II Nr. 2 FamFG); vgl. auch BGH FamRZ 2017, 1608 [1609] zum (vertraglich modifizierten) Anspruch auf Ausgleichszahlung, III. Zur Überleitung eines nicht beendeten Verfahrens gem. § 1361a in ein Verfahren gem. § 1568b nach Rechtskraft der Scheidung OLG Hamburg FamRZ 2022, 257 f. (jedenfalls nicht in Beschwerdeinstanz).

Untertitel 2. Unterhalt des geschiedenen Ehegatten

Vorbemerkungen

Lit.: Borth, Coronakrise und Unterhalt, FamRZ 2020, 653; Gerhardt, Die Unterhaltsreform zum 1.1.2008, FuR 2008, 9; Göppinger/Rakete-Dombek, Vereinbarungen anlässlich der Ehescheidung, 11. Aufl. 2018; Niepmann/Seiler, Die Rechtsprechung zur Höhe des Unterhalts, 14. Aufl. 2019; Knöpfel, Gerechtigkeit und nachehelicher Unterhalt – eine ungelöste Frage, AcP 191, 107; sa Lit. vor § 1601.

1 **1. Allgemeines. a)** Nachehelicher Unterhalt beruht auf zwei Prinzipien: Vornehmlich obliegt es jedem Ehegatten nach der Scheidung, für seinen Unterhalt selbst zu sorgen. Dieser zuvor ungeschriebene „Grundsatz der Eigenverantwortung" wurde durch das UÄndG 2007 (BGBl. I 3189) auch ges. normiert (§ 1569 S. 1). Das zweite Prinzip, der „Grundsatz der nachehelichen Solidarität" (§ 1569 S. 2) kann jedoch bewirken, dass bei Bedürftigkeit eines Ehegatten eine, unter Umständen dauerhafte, Unterhaltspflicht besteht. Ein Ehegatte kann deshalb bedürftig sein, weil er sich nicht aus eigenem Vermögen unterhalten und eine seinen Verhältnissen angemessene Erwerbstätigkeit nicht aufnehmen kann. In einer solchen Bedürfnislage, die nicht notwendig ehebedingt sein muss (s. BGH NJW 1983, 683), hat er gegen den anderen Teil, sofern dieser leistungsfähig ist, einen Unterhaltsanspruch;
2 Unterhaltspflicht von Verwandten ist dazu nachrangig. Die Fälle der Verhinderung, durch eigene Erwerbstätigkeit eine Bedürfnislage zu vermeiden, werden vom Ges. abschließend in §§ 1570–1573, 1575 normiert und durch einen Billigkeitsanspruch in § 1576 ergänzt. Die Verpflichtung, für seinen Unterhalt durch Erwerbstätigkeit zu sorgen, wird zudem in § 1574 I eingeschränkt; zur Verwertung des Vermögens s. zunächst § 1577 III. Bei grober Unbilligkeit der Inanspruchnahme des Verpflichteten, zB bei schwerem Fehlverhalten des Berechtigten, kann ein Unterhaltsanspruch versagt, zeitlich begrenzt oder herabgesetzt werden, s. § 1579; zeitliche Begrenzungen aus Billigkeitsgründen erlaubt auch § 1578b. Gleichwohl bleibt ein Widerspruch zwischen Zerrüttungsprinzip und Recht des nachehelichen Unterhalts, Knöpfel
3 AcP 191, 107 [113 ff.]. **b)** Mangelnde Leistungsfähigkeit beschränkt die Unterhaltsverpflichtung oder schließt sie aus, § 1581; bei mehreren Unterhaltsberechtigten s. zunächst §§ 1582, 1609. **c)** Zu Inhalt und Sicherung des Unterhaltsanspruchs
4 s. §§ 1585–1585b. **d)** Vereinbarungen über den Unterhalt sind möglich, s. § 1585c. **e)** Mit Wiederheirat oder Tod des Berechtigten erlischt der Unterhaltsanspruch grds. (§ 1586), während der Tod des Verpflichteten die Unterhaltsverpflichtung auf die
5 Erben übergehen lässt (§ 1586b). **f) Unterhaltsschuldverhältnis** beinhaltet Treu- und Nebenpflichten nach § 242, so etwa zur Erstattung von Rentennachzahlungen (BGH NJW 1989, 1990).

6 **2. Verfahren.** Scheidungsfolgesache, s. §§ 111 Nr. 8, 137, 231 ff. FamFG.

7 **3. EinV.** Unterhaltsansprüche eines vor dem 3.10.1990 geschiedenen Ehegatten richten sich nach bisherigem, in analoger Anwendung von Art. 18 IV, V EGBGB aF (BGH NJW 1994, 382 [383]) zu bestimmenden Recht, Art. 234 § 5 EGBGB;

ggf. also nach §§ 29–32 FGB; abw. Vereinbarung möglich. *Abänderungsantrag* nur gem. § 238 FamFG, BGH NJW-RR 1992, 1474 [1475] (nicht § 33 FGB, da keine anspruchsregelnde Norm).

Kapitel 1. Grundsatz

§ 1569 Grundsatz der Eigenverantwortung

[1]Nach der Scheidung obliegt es jedem Ehegatten, selbst für seinen Unterhalt zu sorgen. [2]Ist er dazu außerstande, hat er gegen den anderen Ehegatten einen Anspruch auf Unterhalt nur nach den folgenden Vorschriften.

1. Allgemeines. Trotz des in S. 1 in den Vordergrund gestellten Grundsatzes der Eigenverantwortung, besteht zwischen den Ehegatten nach wie vor ein nachehelicher Unterhaltsanspruch, sofern einer der beiden nach der Scheidung nicht selbst für seinen Unterhalt sorgen kann (S. 2). Die Vorschrift ist selbst keine Anspruchsgrundlage, vielmehr werden die Voraussetzungen eines Unterhaltsanspruchs iE, insbes. die der Bedürftigkeit, in den fünf Unterhaltstatbeständen §§ 1570, 1571, 1572, 1573, 1575 enumerativ geregelt, in § 1576 durch eine positive Billigkeitsklausel mit Auffangfunktion ergänzt, und in §§ 1578b, 1579 durch negative Billigkeitsklauseln, die mehr Einzelfallgerechtigkeit ermöglichen sollen (vgl. BT-Drs. 10/2888, 11), teilw. zurückgenommen. Unabhängig von den Voraussetzungen iE und ihrer möglichen Konkurrenz handelt es sich um **einen** einheitlichen Anspruch (BGH FamRZ 1984, 353 [354]). **Verzicht** → §§ 1585–1585c Rn. 11. 1

2. Anwendungsbereich. §§ 1569 ff. gelten nicht bei gescheiterten nichtehelichen Gemeinschaften, soweit nicht vertraglich vereinbart, → Vor § 1297 Rn. 5. 2

Kapitel 2. Unterhaltsberechtigung

§ 1570 Unterhalt wegen Betreuung eines Kindes

(1) **[1]Ein geschiedener Ehegatte kann von dem anderen wegen der Pflege oder Erziehung eines gemeinschaftlichen Kindes für mindestens drei Jahre nach der Geburt Unterhalt verlangen. [2]Die Dauer des Unterhaltsanspruchs verlängert sich, solange und soweit dies der Billigkeit entspricht. [3]Dabei sind die Belange des Kindes und die bestehenden Möglichkeiten der Kinderbetreuung zu berücksichtigen.**

(2) **Die Dauer des Unterhaltsanspruchs verlängert sich darüber hinaus, wenn dies unter Berücksichtigung der Gestaltung von Kinderbetreuung und Erwerbstätigkeit in der Ehe sowie der Dauer der Ehe der Billigkeit entspricht.**

Lit.: Born, Betreuungsunterhalt – Was gibt es Neues?, FF 2015, 7; Borth, Der Betreuungsunterhalt geschiedener Ehegatten und die Erwerbsobliegenheit nach neuem Recht, FamRZ 2008, 2; ders., Die Gleichstellung des Betreuungsunterhalts nach § 1615l mit § 1570 BGB – ein nicht erfülltes Verfassungsgebot?, FamRZ 2016, 269; Menne, Entwicklungsperspektiven des Betreuungsunterhalts, FuR 2018, 569 u 626.

1. Allgemeines. a) Betreuungsunterhalt: § 1570 soll die persönliche Pflege und Erziehung gemeinschaftlicher Kinder aus der geschiedenen Ehe durch einen Ehegatten gewährleisten. Soweit eine Erwerbstätigkeit deshalb nicht zumutbar ist, hat der betreuende Elternteil einen privilegierten (vgl. §§ 1577 IV 2, 1582, 1609 Nr. 2, 1586a) Unterhaltsanspruch. Bei überobligatorischer Erwerbstätigkeit des betreuenden Elternteils ergibt sich ein Anspruch aus § 1570, soweit das Einkommen nach Treu und Glauben bei der Unterhaltsbemessung außer Betracht bleibt (BGH 1

NJW 2014, 3649 [3650]). Mehrere unterhaltspflichtige Väter haften der Mutter gegenüber in entspr. Anwendung des § 1606 III 1 anteilig (BGH NJW 2007, 2409
2 [2410]). **b)** Zum ehevertraglichen **Ausschluss** des Betreuungsunterhalts s. Anm. zu → §§ 1408, 1409 Rn. 9.

3 **2. Voraussetzungen. a)** „Pflege" und „Erziehung" s. § 1606 III 2. Auch bloße „Pflege" eines nicht mehr erziehungsbedürftigen (pflegebedürftigen) volljährigen Kindes reicht aus („oder"), BGH FamRZ 2010, 802 [803]. Zeitpunkt der Erziehungs- oder Pflegebedürftigkeit ist unerheblich. Auch die Betreuung eines zunächst vom anderen Ehegatten oder von Verwandten betreuten Kindes erfüllt die Voraussetzungen des § 1570. Auf die Dauer des Zusammenlebens der Ehegatten kommt es
4 nicht an (BGH NJW 2005, 3639 [3640]). **b)** Betreuung sind tatsächliche Maßnahmen. Darauf, wem (rechtlich) die elterliche **Sorge** zusteht, kommt es *nicht* an. Bei
5 gemeinsamer Sorge entscheidet also der dauerhafte Aufenthalt des Kindes. **c)** Es muss sich um ein vor oder in der Ehe geborenes **gemeinschaftliches** (§§ 1591 f.), auch gemeinschaftlich adoptiertes (BGH NJW 1984, 1538 [1539]) oder „scheineheliches" (BGH NJW 1985, 428) Kind handeln, nicht Pflege- oder Stiefkind (insoweit nur § 1576). Wird ein vom fr. Ehegatten stammendes Kind nach der Scheidung geboren, Unterhalt nur nach § 1615l (BGH FamRZ 1998, 426).

6 **3. Dauer. a)** Während der ersten **drei Lebensjahre** des Kindes besteht der Unterhaltsanspruch **unbeschränkt** (§ 1570 I 1), sog. Basisunterhalt. In diesem Zeitraum kann der betreuende Elternteil frei wählen, ob er sich vollst. der Kinderbetreuung widmen oder eine Fremdbetreuung in Anspruch nehmen will. Die Änderung dieser Vorschrift zum 1.1.2008 trägt einer Entscheidung des BVerfG Rechnung, in der das Gericht die Verfassungswidrigkeit der damals noch unterschiedlichen Dauer von Unterhaltsansprüchen für die Betreuung ehelicher und nichtehelicher Kinder
7 feststellte (BVerfG NJW 2007, 1735). **b) Verlängerung wegen kindbezogener Gründe:** Ab dem vierten Lebensjahr findet eine Einzelfallprüfung statt (§ 1570 I 2, 3), die sich zwar an gewissen Altersgrenzen orientieren kann, dabei aber flexibel ist. Hierbei sind insbes. die Belange des Kindes (vgl. § 1671 I Nr. 2) und die bestehenden Möglichkeiten der Kinderbetreuung zu berücksichtigen (vgl. OLG Hamm NJW-RR 2017, 2 f.: erhöhter Förderungsbedarf eines 16jährigen autistischen Kindes; OLG Frankfurt a.M. NJOZ 2022, 167 [168]: persönliche Betreuung eines häufig erkrankten Kindes). Dabei ist darauf zu achten, dass die Möglichkeit einer Fremdbetreuung tatsächlich bestehen, zumutbar und verlässlich sein muss sowie mit dem Kindeswohl im Einklang zu stehen hat (BT-Drs. 16/1830, 17); Betreuungsangebot des anderen Elternteils ist grds. in Erwägung zu ziehen, die Voraussetzungen des § 1570 I 2, 3 dürfen aber nicht durch Angebot einer Ausweitung des praktizierten Umgangsrechts seitens des unterhaltspflichtigen Elternteils unterlaufen werden (OLG Hamm FamRZ 2014, 1468 [1470]). Es ist iE darzulegen und unter Beweis zu stellen, dass eine Aufnahme oder Erweiterung der Berufstätigkeit gerade wegen fehlender oder unzureichender Betreuungsmöglichkeiten nicht möglich ist (OLG Celle NJW 2008, 1456 [1457]; sa OLG Brandenburg FamRZ 2022, 939). Dies bedeutet eine **Abkehr vom** fr. **Altersphasenmodell** (BGH FamRZ 2010, 1880 [1882]; FamRZ 2011, 791 [792 f.]), s. dazu 15. Aufl. § 1570 Rn. 7. Es ist für ein Kind über drei Jahren stets individuell zu prüfen, inwieweit die Kindesbetreuung anderweitig gesichert ist bzw. werden könnte. Der betreuende Elternteil hat bei gesicherter Betreuung keinen Anspruch auf Eröffnung der persönlichen Betreuungsmöglichkeit über das Unterhaltsrecht (BGH FamRZ 2012, 1040 [1042]). An eine Verlängerung wegen kindesbezogener Umstände sind keine überzogenen Anforderungen zu stellen, doch ist eine flexible Handhabung der Betreuung zugunsten der Ermöglichung einer Erwerbstätigkeit des betreuenden Elternteils erforderlich (BGH FamRZ 2012, 1040 [1043]). Nach wie vor kann bei der Betreuung mehrerer Kinder eine Erwerbstätigkeit nur in geringerem Umfang erwartet werden. Es kann auch nicht abrupt eine Vollzeittätigkeit verlangt werden (BGH FamRZ 2011, 791 [792]; FamRZ 2010, 1880 [1882]; FamRZ 2009, 1391 [1393]). Das Kindeswohl erfordert

vielmehr einen gestuften Übergang (OLG Jena NJW 2008, 3224 [3226]; OLG Düsseldorf NJW 2008, 2658 bei Betreuung von zwei Kindern im Grundschulalter; OLG Koblenz NJW 2010, 1537: Dreiviertelstelle bei Betreuung eines 5jährigen Kindes, das an Werktagen in Ganztagskindergarten betreut wird). Hingegen ist es bei der Betreuung von zwei acht- und elfjährigen Kindern regelmäßig zumutbar, einer vollschichtigen Erwerbstätigkeit nachzugehen (OLG Köln NJW 2008, 2659; s. aber OLG Düsseldorf FamRZ 2021, 1620 [1621]: Dreiviertelstelle bei 8jährigem Kind). Freiwillige Berufstätigkeit kann Indiz für Vereinbarkeit von Kindererziehung und Arbeitsmöglichkeit sein (BGH NJW 2014, 3649). **c) Verlängerung wegen** 8
elternbezogener Gründe: In II ist eine weitere Verlängerungsmöglichkeit vorgesehen, die aber nicht vom Wohl des Kindes abhängt, sondern sich vielmehr aus der nachehelichen Solidarität rechtfertigt (BGH NJW 2012, 3037 [3038]; BT-Drs. 16/6980, 8). Neben der Dauer der Ehe kann danach auch die tatsächliche Gestaltung der Kinderbetreuung und der Erwerbstätigkeit durch die Ehegatten im Einzelfall eine Verlängerung des Unterhaltsanspruchs rechtfertigen (BGH FamRZ 2011, 791 [793]; FamRZ 2010, 1880 [1882]; FamRZ 2010, 1050 [1053]; FamRZ 2009, 1391 [1395]; vgl. auch Budzikiewicz, Materielle Statuseinheit und kollisionsrechtliche Statusverbesserung, Rn. 278). Gleiches gilt, wenn der trotz Fremdbetreuung des Kindes verbleibende Betreuungsbedarf zu einer überobligationsmäßigen Belastung des erwerbstätigen Elternteils führte, die sich negativ auf das Kindeswohl auswirken könnte (BGH NJW 2012, 3037 [3038]; FamRZ 2009, 770 [773]). Ausbildungs-, Fortbildungs- oder Qualifizierungsmaßnahmen stellen dagegen *keinen* elternbezogenen Grund iSd § 1570 II dar (BGH NJW 2012, 3037 [3038] [Habilitation]).
d) Befristung gem. § 1578b ist nach BGH ausgeschlossen (BGH FamRZ 2014, 9
823 [824] mwN; aA MüKo-BGB/Maurer § 1578b Rn. 132 ff.; Graba NJW 2022, 525 f.); Herabsetzung nach § 1578b I ist möglich (MüKo-BGB/Maurer § 1578b Rn. 128). **e) Wegfall:** Der Anspruch entfällt mit Wegfall der Pflege- oder Erziehungsbedürftigkeit etwa aufgrund des Alters des Kindes, ferner bei dauerhafter Unterbringung in einem Internat oder einer Pflegefamilie (vgl. BGH FamRZ 2010, 1050 [1053]). Der Unterhaltsanspruch kann wieder aufleben, falls erneut Betreuungsnotwendigkeit eintritt. – Anschlussunterhalt insbes. aus §§ 1571 Nr. 2, 1572 Nr. 2, 1573.

4. Übergangsbestimmung. § 36 EGZPO. 10

§ 1571 Unterhalt wegen Alters

Ein geschiedener Ehegatte kann von dem anderen Unterhalt verlangen, soweit von ihm im Zeitpunkt
1. der Scheidung,
2. der Beendigung der Pflege oder Erziehung eines gemeinschaftlichen Kindes oder
3. des Wegfalls der Voraussetzungen für einen Unterhaltsanspruch nach den §§ 1572 und 1573
wegen seines Alters eine Erwerbstätigkeit nicht mehr erwartet werden kann.

1. Allgemeines. Der altersbedingt erwerbsunfähige Ehegatte soll nicht auf 1
öffentl. Fürsorge angewiesen sein. Folgen altersbedingter Erwerbsunzumutbarkeit werden damit dem fr. Ehegatten übertragen. Bedürftigkeit besteht auch dann, wenn der um Unterhalt nachsuchende Ehegatte bereits im Zeitpunkt der Eheschließung wegen seines Alters keiner Erwerbstätigkeit mehr nachgehen konnte und diese daher nicht ehebedingt ist (BGH NJW 1983, 683).

2. Voraussetzungen. a) Altersbedingte Erwerbsunfähigkeit ist gegeben, wenn 2
wegen des Alters des Ehegatten keine Arbeitsstelle nachgewiesen werden kann. Spezielle Alterserfordernisse für bestimmte Berufe bleiben außer Betracht, können jedoch für §§ 1573, 1574 Bedeutung gewinnen. **b)** Die Aufnahme nachgewiesener 3

Arbeit kann aber aufgrund des Alters unzumutbar sein („kann nicht mehr erwartet werden"), so zB bei Gebrechlichkeit, Anfälligkeit, erhöhter altersbedingter Gefährdung auf dem Arbeitsweg usw. Nicht angemessene Tätigkeit iSd § 1574 II kann grds. nicht erwartet werden (BGH NJW 1983, 1483). Erwerbstätigkeit ist unzumutbar, wenn der Ehegatte die *allg. Altersgrenze* von momentan 67 Jahren erreicht hat (dazu BeckOGK/Lettmaier [1.11.2022] Rn. 7 ff.; sa BGH FamRZ 2013, 191 [192]). Rentenbezug aufgrund *flexibler* Altersgrenze lässt Erwerbsobliegenheit nicht entfal-
4 len (BGH NJW 1999, 1547 [1549]). **c)** Die altersbedingte Erwerbsunfähigkeit muss zu einem der in Nr. 1–3 bezeichneten **Zeitpunkte** vorliegen. Wiederaufleben des Unterhaltsanspruchs scheidet aus, wenn zwischenzeitlich eine wirtschaftliche Selbst-
5 ständigkeit erreicht worden war. **d) Kürzung** nach § 1579 Nr. 4, wenn in der Vergangenheit Ausbildung mutwillig unterlassen wurde (OLG Hamburg FamRZ 1991, 445 [447]).

§ 1572 Unterhalt wegen Krankheit oder Gebrechen

Ein geschiedener Ehegatte kann von dem anderen Unterhalt verlangen, solange und soweit von ihm vom Zeitpunkt
1. **der Scheidung,**
2. **der Beendigung der Pflege oder Erziehung eines gemeinschaftlichen Kindes,**
3. **der Beendigung der Ausbildung, Fortbildung oder Umschulung oder**
4. **des Wegfalls der Voraussetzungen für einen Unterhaltsanspruch nach § 1573**

an wegen Krankheit oder anderer Gebrechen oder Schwäche seiner körperlichen oder geistigen Kräfte eine Erwerbstätigkeit nicht erwartet werden kann.

1 **1. Allgemeines.** Bei krankheitsbedingter Erwerbsunfähigkeit und dadurch verursachter Bedürftigkeit besteht ein Unterhaltsanspruch. Eine kausale Verknüpfung zwischen Ehe und Krankheit ist nicht erforderlich (BGH FamRZ 2004, 779 [780]).

2 **2. Voraussetzungen. a)** Körperliche oder seelische **Erkrankung,** gleich, ob vor oder während der Ehe eingetreten, bei Eheschließung bekannt (vgl. BGH NJW 1982, 40 [41]), ob anlagebedingt, angeboren oder erworben. Auch Alkoholsucht (OLG Stuttgart FamRZ 1981, 963) oder Scheidungsneurose (vgl. BGH NJW 1984,
3 1816 [1817]). Auch eine vorübergehende Erkrankung genügt (str.). **b)** Krankheit muss zu den in Nr. 1–4 genannten **Einsatzzeitpunkten** vorliegen. Wird der Unterhalt erst zu einem späteren Zeitpunkt geltend gemacht, muss der Unterhaltsbedürftige die Wahrung der Einsatzzeitpunkte und das lückenlose Vorliegen der Anspruchsvoraussetzungen in der Folgezeit nachweisen (OLG Koblenz FamRZ 2016, 1460, Geltendmachung 12 Jahre nach Scheidung). Unerheblich ist auch, ob die Krankheit erst nach dem Einsatzzeitpunkt erkannt wurde. Latente Erkrankung zum Zeitpunkt der Scheidung usw genügt nicht, um die durch die Einsatzzeitpunkte gewollte Begrenzung des nachehelichen Unterhaltsrisikos nicht zu unterhöhlen (str.; offen gelassen von BGH NJW 2001, 3260 [3261]: Jedenfalls zeitnaher [nicht 23 Monate nach Scheidung] Ausbruch der Krankheit und Eintritt der Erwerbsunfähigkeit erforderlich); scheitert Anspruch aus § 1572 am Einsatzzeitpunkt, kommt Anspruch gem.
4 (subsidiärem) § 1576 in Betracht (BGH NJW 2003, 3481 [3484]). **c)** Nicht nur direkt krankheitsbedingte **Unfähigkeit zur Erwerbstätigkeit,** sondern auch Unzumutbarkeit („nicht erwartet werden kann") fällt unter § 1572, zB krankheitsbedingte Gefährdung auf dem Weg zur Arbeitsstätte. Jedoch muss eine leichtere, angemessene und mögliche Arbeit – auch vollschichtig – übernommen werden, falls die bish. ausgeübte Tätigkeit aufgrund gesundheitlicher Beeinträchtigung nicht mehr (voll) ausgeübt werden kann (BGH NJW-RR 1993, 898 f.). Auch ein Teilerwerb oder geringer bezahlte, aber nach § 1574 II angemessene Vollzeitbeschäftigung

(s. BGH NJW 1991, 224 [225]) kann uU „zu erwarten" sein („soweit"). **d)** Der 5
Anspruchsteller muss grds. Art und Umfang der gesundheitlichen Beeinträchtigungen/Leiden angeben und deren Auswirkungen auf die Erwerbsfähigkeit **darlegen** (BGH FamRZ 2013, 1558 [1559]; s. zur Darlegungspflicht auch OLG Brandenburg FamRZ 2021, 1024 [1025]). **e)** Den erkrankten Ehegatten trifft eine **Obliegenheit** 6
zur Behandlung und Therapie, uU auch zu einer Operation (BGH NJW 1994, 1593; OLG Brandenburg FamRZ 2021, 1024 [1025]).

3. Beendigung. Mit Gesundung und damit wiedergewonnener Erwerbsfähigkeit 7
entfällt der Unterhaltsanspruch („solange"); zur Darlegungslast des Unterhaltspflichtigen BGH NJW-RR 2005, 1450 [1451]. Befristung nach § 1579 Nr. 8 jedoch nicht möglich (BGH NJW-RR 1995, 449 [450]), da Ende nicht sicher vorhersehbar. Bei Befristung nach § 1578b II ist zu berücksichtigen, inwieweit die Erkrankung mit der Ehe in Zusammenhang steht; zumeist stellt Krankheit keinen ehebedingten Nachteil dar (BGH NJW 2013, 2434 [2435] [Multiple Sklerose]; NJW 2012, 1807 [1810]; NJW 2011, 1807 mwN). Für die Billigkeitsabwägung sind zudem Ehedauer, gelebte Rollenverteilung, vom Unterhaltsberechtigten während der Ehe erbrachte Leistungen und die wirtschaftlichen Verhältnisse der Parteien von Bedeutung (BGH NJW 2013, 2335). Bei langer Ehedauer und drohender Verschlechterung des Gesundheitszustandes grds. aber keine Befristung nach § 1578b II (OLG Nürnberg NJW 2008, 2444 [2445]; vgl. aber OLG Zweibrücken NJW-RR 2010, 514 [Befristung bei 23jähriger Ehe und Erblindung]; OLG Frankfurt a. M. FamRZ 2009, 526 [Befristung bei 23jähriger Ehe]; OLG Brandenburg BeckRS 2021, 24799 [Befristung bei fast 26jähriger Ehe]). Ggf. § 238 FamFG.

§ 1573 Unterhalt wegen Erwerbslosigkeit und Aufstockungsunterhalt

(1) **Soweit ein geschiedener Ehegatte keinen Unterhaltsanspruch nach den §§ 1570 bis 1572 hat, kann er gleichwohl Unterhalt verlangen, solange und soweit er nach der Scheidung keine angemessene Erwerbstätigkeit zu finden vermag.**

(2) **Reichen die Einkünfte aus einer angemessenen Erwerbstätigkeit zum vollen Unterhalt (§ 1578) nicht aus, kann er, soweit er nicht bereits einen Unterhaltsanspruch nach den §§ 1570 bis 1572 hat, den Unterschiedsbetrag zwischen den Einkünften und dem vollen Unterhalt verlangen.**

(3) **Absätze 1 und 2 gelten entsprechend, wenn Unterhalt nach den §§ 1570 bis 1572, 1575 zu gewähren war, die Voraussetzungen dieser Vorschriften aber entfallen sind.**

(4) [1]**Der geschiedene Ehegatte kann auch dann Unterhalt verlangen, wenn die Einkünfte aus einer angemessenen Erwerbstätigkeit wegfallen, weil es ihm trotz seiner Bemühungen nicht gelungen war, den Unterhalt durch die Erwerbstätigkeit nach der Scheidung nachhaltig zu sichern.** [2]**War es ihm gelungen, den Unterhalt teilweise nachhaltig zu sichern, so kann er den Unterschiedsbetrag zwischen dem nachhaltig gesicherten und dem vollen Unterhalt verlangen.**

1. Allgemeines. I gibt Anspruch zur Überbrückung bis zur Aufnahme **ange-** 1
messener, Unterhalt **nachhaltig** sichernder Erwerbstätigkeit („Erwerbslosenunterhalt"), II soll Fortführung des ehelichen Lebensstandards trotz unzureichender Einkünfte aus angemessener Erwerbstätigkeit (BGH NJW 1988, 2370 [2371]) – Teilzeit- oder Ganztagsarbeit – ermöglichen („Aufstockungsanspruch"). IE unterscheidet das Ges. vier Fälle: **a)** Der Ehegatte kann nach der Scheidung eine Zeit lang („solange") 2
keine angemessene Erwerbstätigkeit finden. **b)** Die angemessene Erwerbstätigkeit deckt nicht den Unterhaltsbedarf („soweit" sowie II). **c)** Der Ehegatte hat mit Rück- 3
sicht auf die Ehe zunächst eine nicht angemessene Tätigkeit ausgeübt und gibt diese

4 nach der Scheidung auf (s. BT-Drs. 7/650, 125). **d)** Die Einkünfte aus angemessener Erwerbstätigkeit fallen später weg (IV 1).

5 **2. Voraussetzungen. a)** Der Geschiedene muss außerstande sein, den Lebensbedarf selbst nachhaltig zu bestreiten, dazu → § 1577. **b)** Der Ehegatte kann **nach der Scheidung** oder im **Anschluss** an die in §§ 1570–1572, 1575 geregelten Bedürfnislagen (III) (überhaupt) keine angemessene Erwerbstätigkeit finden (vgl. BGH FamRZ 1984, 988 [989]); dabei muss sich der Ehegatte unter Einsatz aller zumutbaren und möglichen Mittel nachhaltig um Erwerbstätigkeit bemüht haben (BGH NJW 2012, 1144 [1145]: Meldung beim Arbeitsamt genügt nicht). „Ehebedingtheit" der Erwerbslosigkeit ist nicht erforderlich (BGH NJW 1980, 393 [394]),
6 s. jedoch → Rn. 16. Gibt der Ehegatte dagegen aus Anlass der Scheidung eine angemessene Erwerbstätigkeit auf, ist Anspruch aus § 1573 nicht gegeben (für kurz
7 vor der Scheidung aufgegebene Erwerbstätigkeit s. § 1579 Nr. 4). „Nicht zu finden vermag" bringt Erwerbsobliegenheit zum Ausdruck. Aufgabe gewinnloser selbstständiger Tätigkeit, um abhängige Beschäftigung aufzunehmen, s. OLG Stuttgart FamRZ 1991, 1059 [1060]. Bei Teilzeitarbeit Suche nach vollschichtiger Erwerbstätigkeit geboten (BGH NJW 2012, 3434 [3435]; OLG Celle NJW-RR 1994, 1354) bzw. Übernahme einer zweiten Teilzeittätigkeit (BGH NJW 2012, 3434 [3435]). Bemühungen sind konkret vorzutragen und zu beweisen (BGH NJW 2012, 1144 [1145]); neben „subjektiven" Bemühungen kommt es auch auf „objektive" Verhältnisse (Arbeitsmarkt, Ausbildung, Gesundheitszustand usw) an (BGH NJW 1987, 898 [899]; sa BGH NJW-RR 1987, 963); mangelhafte Arbeitssuche führt daher nicht zur Anspruchsversagung, wenn keine reale Beschäftigungsmöglichkeit bestand
8 (BGH NJW 2012, 1144 [1145]). **c)** Nur angemessene Erwerbstätigkeit muss übernommen werden; Angemessenheit s. § 1574 II; vgl. OLG Koblenz FamRZ 1993, 199; OLG Schleswig FamRZ 1993, 72 [73] (zumutbare Nebentätigkeit), aber auch OLG Hamm NJW-RR 1993, 776 [777] (nicht „unterwertige" Erwerbstätigkeit). Aufgabe während der Ehe ausgeübter unangemessener Tätigkeit hindert nicht das
9 Entstehen eines Unterhaltsanspruchs nach § 1573. **d) Beweislast** für vergebliche Suche trägt der Anspruchsteller (BGH NJW 1987, 898 [899], NJW-RR 1987, 196 [198]).

10 **3. Teilw. Bedürftigkeit. a)** Zweck und Voraussetzungen des „Aufstockungsanspruchs" s. → Rn. 1; Anspruch aus § 1573 II setzt voraus, dass der Anspruchsteller eine angemessene Erwerbstätigkeit ausübt oder ausüben kann (BGH NJW 2012, 3434 [3435]; NJW 2012, 1144 mwN). Zur Verfassungsmäßigkeit s. BVerfG NJW 1981, 1771 [1773 f. sub III]. Anspruchsvoraussetzungen müssen im **Einsatzzeitpunkt** (s. § 1573 I/III: Rechtskraft der Scheidung bzw. Wegfall eines Unterhaltsanspruchs nach §§ 1570–1572, 1575) gegeben sein (BGH FamRZ 2016, 203 [204]; NJW 2012, 3434 [3435]: relativ enger zeitlicher Zusammenhang). Damit der Anspruch später weiterbesteht, müssen die tatbestandlichen Voraussetzungen grds. ohne zeitliche Lücke gegeben sein; vorübergehende Arbeitslosigkeit des Unterhaltspflichtigen unterbricht die Unterhaltskette nicht (BGH FamRZ 2016, 203 [204]: Anspruch latent weiterhin vorhanden). Spätere Geltendmachung des Anspruchs ist unerheblich (BGH NJW 2005, 3277 [3278]; OLG Koblenz FamRZ 2016, 1460: mehr als 10 Jahre nach Rechtskraft der Scheidung); vgl. auch BGH FamRZ 2010, 1311 [1313]; FamRZ 2016, 203 [204 f.]: Anspruch auf Aufstockungsunterhalt nach Kredittilgung durch Unterhaltspflichtigen oder nach späterem Wegfall der Unterhaltspflicht gegenüber einem Kind. Zur Bemessung am Maßstab des § 1578 s. BGH NJW 1983, 1733 (Doppelverdiener), FamRZ 2016, 199 [200 f.] (Bedürftigkeit des barunterhaltspflichtigen Ehegatten infolge Abzugs des Kindesunterhalts), FamRZ 2020, 21 [23] (Grenze quotaler Unterhaltsbemessung bei bes. guten Einkommensverhältnissen), aber auch NJW 1985, 1029 (Rente/Einkommen); NJW 1984, 294 [295] (nach Trennung aufgenommene Tätigkeit); NJW 1982, 1870 [1872]; NJW 1985, 1027 (maßgeblicher Zeitpunkt für eheliche Lebensverhältnisse ist die Scheidung, es sei denn, während der Trennung treten außergewöhnliche Veränderungen

ein); NJW 1983, 2321 zum trennungsbedingten Mehrbedarf. Bei Ansatz von fiktivem Erwerbseinkommen ist Erwerbstätigenbonus zu berücksichtigen (BGH NJW-RR 1990, 580), s. dazu → § 1578 Rn. 7. Geringfügigkeit s. OLG Hamm FamRZ 2019, 792 [793]; OLG Düsseldorf FamRZ 1996, 947. **b)** Unterhaltsvoraussetzungen 11 aus §§ 1570–1572 haben Vorrang (vgl. auch BGH FamRZ 2016, 199 [201]); Ergänzung des Bedarfs nach diesen Vorschriften („soweit") bis zur Höhe von Einkommen aus Vollerwerbstätigkeit unterliegt nicht der Begrenzung aus § 1578b, vgl. BGH NJW 1990, 1847 [1848]; → § 1570 Rn. 9.

4. Dauer des Anspruchs. S. § 1578b; iÜ Dauer der zugrunde gelegten Voraus- 12 setzungen maßgeblich. Das gilt auch für den „Aufstockungsanspruch", wenn später die nicht ausreichenden Einkünfte ganz wegfallen, ohne dass ein voller Unterhaltsanspruch entsteht, IV 2.

5. Anschlussunterhalt nach Beendigung der in §§ 1570–1572, 1575 gere- 13 gelten Bedürfnislagen. S. III.

6. Wegfall der Einkünfte. a) Späterer **Verlust** der Einkünfte aus angemessener 14 Erwerbstätigkeit führt nur dann zum Entstehen oder Wiederaufleben von Unterhaltsansprüchen, wenn es dem Ehegatten nicht möglich war, seinen Unterhalt durch eine angemessene Erwerbstätigkeit **nachhaltig** zu sichern, IV 1. Als nachhaltige Unterhaltssicherung ist in Anlehnung an § 75 BEG eine Erwerbstätigkeit anzusehen, die im Zeitpunkt der Aufnahme nach obj. Maßstäben und allg. Lebenserfahrung mit einer gewissen Sicherheit als dauerhaft angesehen werden konnte (BGH NJW 1986, 375); zum Beurteilungszeitpunkt s. BGH NJW 1985, 430 [431]. Aushilfstätigkeiten oder bes. krisenanfällige „Jobs" bewirken keine nachhaltige Unterhaltssicherung; Arbeitsbeschaffungsmaßnahmen s. OLG Frankfurt a. M. NJW-RR 1987, 1154. Einkünfte aus Versorgung eines neuen Partners sind solchen aus angemessener Erwerbstätigkeit nicht gleichzusetzen (BGH NJW 1987, 3129). **b)** Bei nur teilw. 15 nachhaltiger Sicherung kann wieder der Unterschiedsbetrag verlangt werden, IV 2 (hierzu auch Holzhauer JZ 1977, 75). **c)** Zum Problem der Überleitung von Unterhaltsansprüchen auf den Träger der Sozialhilfe oder Arbeitslosengeld II/Bürgergeld s. Dieckmann FamRZ 1977, 84 (zur fr. Arbeitslosenhilfe).

7. Zeitliche Begrenzung. Der Anspruch kann zeitlich begrenzt und herabge- 16 setzt werden, § 1578b; s. aber → Rn. 11.

§ 1574 Angemessene Erwerbstätigkeit

(1) **Dem geschiedenen Ehegatten obliegt es, eine angemessene Erwerbstätigkeit auszuüben.**

(2) [1]**Angemessen ist eine Erwerbstätigkeit, die der Ausbildung, den Fähigkeiten, einer früheren Erwerbstätigkeit, dem Lebensalter und dem Gesundheitszustand des geschiedenen Ehegatten entspricht, soweit eine solche Tätigkeit nicht nach den ehelichen Lebensverhältnissen unbillig wäre.** [2]**Bei den ehelichen Lebensverhältnissen sind insbesondere die Dauer der Ehe** ***sowie die Dauer der Pflege*** **oder Erziehung eines gemeinschaftlichen Kindes zu berücksichtigen.**

(3) **Soweit es zur Aufnahme einer angemessenen Erwerbstätigkeit erforderlich ist, obliegt es dem geschiedenen Ehegatten, sich ausbilden, fortbilden oder umschulen zu lassen, wenn ein erfolgreicher Abschluss der Ausbildung zu erwarten ist.**

1. Allgemeines. Einschränkung der Erwerbsobliegenheit. 1

2. Angemessenheit. a) II definiert und konkretisiert die Angemessenheit der 2 obliegenden Erwerbstätigkeit. Maßgebend sind zunächst vor allem Ausbildung, Fähigkeiten, eine fr. Erwerbstätigkeit (also keine Beschränkung auf allein der Ausbil-

dung entspr. Tätigkeiten, BGH NJW 2005, 61; vgl. auch OLG Saarbrücken FamRZ
2008, 411 [412]), Alter (OLG Hamm FamRZ 2008, 991) und Gesundheitszustand
(vgl. BGH NJW-RR 1987, 196 [197]), die Berufsplanung aufgrund der gemein-
schaftlich beschlossenen Gestaltung der ehelichen Lebensgemeinschaft (BGH NJW
1980, 393 [394]: Studium als Hinderungsgrund, fr., erlernten Beruf wiederaufzu-
3 nehmen), aber auch eheliche Lebensverhältnisse und ihre Entwicklung bis zur Schei-
dung (BGH NJW 1984, 1685 [1686]); für Doppelverdiener s. BGH NJW 1983,
1733; NJW 1985, 1027; Sonderentwicklungen nach Trennung können jedoch außer
Betracht bleiben (BGH NJW 1984, 1685 [1686]); im Vergleich zur Trennungszeit
ist Angemessenheit eher zu bejahen, vgl. BGH NJW 1991, 1049 [1051] (auch zu
„umfassender Abwägung"). Zum Wertungsgesichtspunkt „Arbeitsplatzsicherheit"
s. BGH NJW-RR 1987, 196 [197]; OLG Schleswig NJW 2009, 3722 [3723] (gesi-
4 chertes Teilzeitarbeitsverhältnis). **b)** Ein höherer Ausbildungsstand, der durch eine
vom geschiedenen Partner finanzierte Ausbildung, Fortbildung oder Umschulung
nach der Ehe erreicht worden ist, bleibt jedoch bei der Angemessenheit außer
Betracht (§ 1575 III).

5 **3. Ausbildungsobliegenheit.** Zu den Bemühungen um angemessene Erwerbstätigkeit gehört nach **III** auch eine den Fähigkeiten entspr. Ausbildung, Fortbildung oder Umschulung, die einen erfolgreichen Abschluss und einen Arbeitsplatz (vgl. BGH NJW-RR 1987, 196 [197]) erwarten lässt; für die Dauer dieser Ausbildung etc kann Unterhaltsanspruch nach § 1573 I bestehen (BGH NJW 1984, 1685 [1686]). Verletzung dieser Obliegenheit kann zur Anrechnung fiktiver Einkünfte führen (vgl. OLG Hamburg FamRZ 1985, 1260 [1261]).

§ 1575 Ausbildung, Fortbildung oder Umschulung

(1) [1]**Ein geschiedener Ehegatte, der in Erwartung der Ehe oder während der Ehe eine Schul- oder Berufsausbildung nicht aufgenommen oder abgebrochen hat, kann von dem anderen Ehegatten Unterhalt verlangen, wenn er diese oder eine entsprechende Ausbildung sobald wie möglich aufnimmt, um eine angemessene Erwerbstätigkeit, die den Unterhalt nachhaltig sichert, zu erlangen und der erfolgreiche Abschluss der Ausbildung zu erwarten ist.** [2]**Der Anspruch besteht längstens für die Zeit, in der eine solche Ausbildung im Allgemeinen abgeschlossen wird; dabei sind ehebedingte Verzögerungen der Ausbildung zu berücksichtigen.**

(2) **Entsprechendes gilt, wenn sich der geschiedene Ehegatte fortbilden oder umschulen lässt, um Nachteile auszugleichen, die durch die Ehe eingetreten sind.**

(3) **Verlangt der geschiedene Ehegatte nach Beendigung der Ausbildung, Fortbildung oder Umschulung Unterhalt nach § 1573, so bleibt bei der Bestimmung der ihm angemessenen Erwerbstätigkeit (§ 1574 Abs. 2) der erreichte höhere Ausbildungsstand außer Betracht.**

Lit.: Reinecke, Ausbildungsunterhalt für den geschiedenen Ehegatten, FPR 2008, 373.

1 **1. Allgemeines.** § 1575 gewährt „Ausbildungsunterhalt" aufgrund Nichtaufnahme oder Unterbrechung einer Schul- oder Berufsausbildung **vor** oder **während** der **Ehe** (I) und zur Fortbildung oder Umschulung, um den geschiedenen Ehegatten „unbeschränkt berufstüchtig zu machen" (BT-Drs. 7/650, 132), II. Daneben Anspruch aus §§ 1573 I, 1574 III möglich (BGH NJW 1984, 1685 [1686]). Verhältnis des Ausbildungsanspruchs zur staatlichen Ausbildungsförderung s. BGH NJW 1980, 393 [395]; Wendl/Dose/Bömelburg § 4 Rn. 339 sowie → § 1577 Rn. 3.

2 **2. Voraussetzungen I. a)** Schul- oder Berufsausbildung (s. hierzu Reinecke FPR 2008, 373 [374]; Diederichsen NJW 1977, 356) muss unterblieben oder unterbrochen worden sein. **b)** Nichtaufnahme oder Unterbrechung einer Ausbildung vor

der Ehe muss in Erwartung einer konkret beabsichtigten Ehe geschehen sein (Reinecke FPR 2008, 373 f.; Gernhuber/Coester-Waltjen § 45 Rn. 27: Motivationszusammenhang); Vernachlässigung der eigenen Ausbildung in der allg. Erwartung, später zu heiraten und damit versorgt zu sein, fällt nicht unter I. **c)** Bei Unterbleiben 3
oder Unterbrechen der Ausbildung während der Ehe ist ursächliche Verknüpfung zwischen Ehe und Aufgabe von Ausbildungsabsichten **nicht** nachzuweisen; auch aus anderen Gründen erfolgter Abbruch der Ausbildung, zB wegen Krankheit (BGH NJW 1980, 393 [394]), reicht, jedoch müssen Ausbildungsabsichten während der Ehe konkret in Angriff genommen worden sein (OLG Bamberg FamRZ 1981, 150 [151]). **d)** Ausbildung muss zum Ziel haben, eine **angemessene Erwerbstätigkeit,** 4
die **nachhaltige Unterhaltssicherung** erwarten lässt, zu ermöglichen (OLG Karlsruhe FamRZ 2009, 120); verfügt der Anspruchsteller bereits über Berufsausbildung, die angemessene Erwerbstätigkeit ermöglicht, besteht kein Unterhaltsanspruch aus § 1575 I (OLG Karlsruhe FamRZ 2012, 789: Promotion). „Angemessenheit" wird nicht durch eheliche Verhältnisse bestimmt, sondern durch konkreten Lebensplan (vgl. Gernhuber/Coester-Waltjen § 45 Rn. 27, OLG Frankfurt a. M. FamRZ 1995, 879: unangemessenes Medizinstudium, OLG Karlsruhe FamRZ 2009, 120: unangemessenes Hochschulstudium mit den Hauptfächern Romanistik, Christentum und Kultur ohne konkretes Berufsziel, aber auch OLG Schleswig SchlHA 1984, 163: der wegen Ehe abgebrochenen Ausbildung sozial gleichwertig). Nicht nur materielle Erwerbssicherung, sondern auch berufliche Entfaltung kann zu berücksichtigen sein (vgl. BGH FamRZ 1984, 988 [989]; Gernhuber/Coester-Waltjen § 45 Rn. 27 5
mwN, str.; Promotion s. OLG Düsseldorf FamRZ 1987, 708). Finanzierung der Ausbildung in einem Beruf ohne Arbeitsplatzaussichten kann nicht verlangt werden; ebensowenig Ausbildung zum bloßen Vergnügen (OLG Karlsruhe FamRZ 2012, 789 [790]). Findet sich nach Abschluss der Ausbildung kein Arbeitsplatz, trägt der Verpflichtete das Risiko des Bildungsstrebens des Berechtigten, s. krit. Dieckmann FamRZ 1977, 93. **e)** Ein erfolgreicher Abschluss der Ausbildung muss aufgrund der 6
Umstände, insbes. der Fähigkeiten und auch des Alters des Berechtigten zu erwarten sein (vgl. OLG Hamm FamRZ 1988, 1280: Studium mit 46 aufgenommen, Vordiplom nach 9 Semestern nicht erreicht). **f) Folgen der (Wieder-)Aufnahme** einer 7
Ausbildung nach Scheidung: Der geschiedene Ehegatte hat Anspruch auf Unterhalt für die Zeit der (wieder-)aufgenommenen oder einer entspr. Ausbildung. **Dauer** des Anspruchs: I 2; (nur) ehebedingte Verzögerungen sind unschädlich, I 2 HS 2; vgl. BGH NJW 1980, 393 [394]. Die (Wieder-)Aufnahme der oder einer entspr. Ausbildung muss allerdings sobald wie möglich geschehen (OLG Karlsruhe FamRZ 2009, 120 [121]: Studium erst längere Zeit nach Trennung aufgenommen).

3. Voraussetzungen II. Fortbildung oder Umschulung muss erforderlich sein, 8
um ehebedingte Nachteile (dazu BGH FamRZ 1984, 988 [989]) auf dem Arbeitsmarkt „aufzuholen". Dauer der Fortbildung oder Umschulung soll sich dabei ebenfalls nach den Anforderungen des Arbeitsmarktes richten. Fortbildungs- oder Umschulungsbedarf muss an fr. Ausbildung anschließen (OLG Frankfurt a. M. FamRZ 1979, 591; OLG Düsseldorf FamRZ 2014, 1466 [1467], Facharztausbildung).

4. Anrechnung von Einkünften. Soweit **Erwerbstätigkeit neben Ausbil-** 9
dung oder Fortbildung usw möglich ist und erwartet werden kann, sind Einkünfte anzurechnen; der Unterhaltsanspruch beschränkt sich dann auf die Differenz zum vollen Unterhaltsbedarf.

§ 1576 Unterhalt aus Billigkeitsgründen

[1]Ein geschiedener Ehegatte kann von dem anderen Unterhalt verlangen, soweit und solange von ihm aus sonstigen schwerwiegenden Gründen eine Erwerbstätigkeit nicht erwartet werden kann und die Versagung von Unterhalt unter Berücksichtigung der Belange beider Ehegatten grob unbillig

wäre. [2]Schwerwiegende Gründe dürfen nicht allein deswegen berücksichtigt werden, weil sie zum Scheitern der Ehe geführt haben.

1 **1. Allgemeines.** „Positive Billigkeitsklausel" soll sicherstellen, dass jede ehebedingte Unterhaltsbedürftigkeit erfasst wird und nicht einem Bedürftigen durch die enumerative Regelung der §§ 1570–1575 Unterhaltsansprüche versagt bleiben. Es handelt sich um eine eng auszulegende Ausnahmevorschrift (OLG Koblenz NJW 2010, 1537 [1538]), nicht um eine unterhaltsrechtliche Generalklausel. § 1576 ist subsidiär zu § 1570 (BGH NJW 1984, 1538 [1540]) und § 1572 (BGH NJW 2003, 3481 [3483]).

2 **2. Voraussetzungen. a)** Bedürftigkeit (§ 1577 I), wobei der Bedürftige auf eine eigene Erwerbstätigkeit nur verwiesen werden kann, wenn nicht schwerwiegende Gründe (die nicht schon durch die §§ 1570, 1571, 1572, 1573 und 1575 erfasst sind) entgegenstehen. Schwerwiegende Gründe sind zB gegeben, wenn ein Partner in der Ehe weit über seine Rechtspflichten hinaus dem anderen oder sonstigen Familienangehörigen Leistungen erbracht oder Belastungen auf sich genommen hat (vgl. BT-Drs. 7/4361, 17). Betreuung eines nicht-gemeinschaftlichen Kindes, s. BGH NJW 1984, 1538 [1540]; OLG Koblenz NJW 2010, 1537; dem Wohl des Pflegekindes kommt dabei bes. Gewicht zu, BGH NJW 1984, 1538 [1541]; sa BGH NJW 1984, 2355 (einseitig aufgenommenes Pflegekind); Ehebruchskind s. OLG Frankfurt a. M. NJW 1981, 2069; **nicht:** Ausbildung (OLG Düsseldorf FamRZ
3 1980, 585 [587]). **b)** Unterhaltsbedürftigkeit ist gegen die Interessen des anderen Ehegatten abzuwägen; nur eine bei umfassender Abwägung feststellbare „grobe Unbilligkeit" der Versagung eines Anspruchs rechtfertigt Unterhalt aus Billigkeits-
4 gründen (vgl. OLG Bamberg FamRZ 1980, 587 [588]). **c)** Ehebedingtheit der Bedürfnislage ist nicht erforderlich (BGH FamRZ 1983, 800 [801]).

5 **3. Rechtsfolgen.** Unterhalt ist zu gewähren, soweit und solange die Bedürftigkeit deshalb besteht, weil Vermögenseinkünfte nicht zur Verfügung stehen und eine Erwerbstätigkeit aus den „schwerwiegenden Gründen" nicht erwartet werden kann. Zumutbarkeit der Erwerbstätigkeit wird strenger als in §§ 1570 ff. beurteilt (OLG Düsseldorf FamRZ 1980, 56; aA OLG Düsseldorf FamRZ 1981, 1070 [1071]).

§ 1577 Bedürftigkeit

(1) **Der geschiedene Ehegatte kann den Unterhalt nach den §§ 1570 bis 1573, 1575 und 1576 nicht verlangen, solange und soweit er sich aus seinen Einkünften und seinem Vermögen selbst unterhalten kann.**

(2) **[1]Einkünfte sind nicht anzurechnen, soweit der Verpflichtete nicht den vollen Unterhalt (§§ 1578 und 1578b) leistet. [2]Einkünfte, die den vollen Unterhalt übersteigen, sind insoweit anzurechnen, als dies unter Berücksichtigung der beiderseitigen wirtschaftlichen Verhältnisse der Billigkeit entspricht.**

(3) **Den Stamm des Vermögens braucht der Berechtigte nicht zu verwerten, soweit die Verwertung unwirtschaftlich oder unter Berücksichtigung der beiderseitigen wirtschaftlichen Verhältnisse unbillig wäre.**

(4) **[1]War zum Zeitpunkt der Ehescheidung zu erwarten, dass der Unterhalt des Berechtigten aus seinem Vermögen nachhaltig gesichert sein würde, fällt das Vermögen aber später weg, so besteht kein Anspruch auf Unterhalt. [2]Dies gilt nicht, wenn im Zeitpunkt des Vermögenswegfalls von dem Ehegatten wegen der Pflege oder Erziehung eines gemeinschaftlichen Kindes eine Erwerbstätigkeit nicht erwartet werden kann.**

Lit.: Krenzler, Zur Anrechnungsproblematik gemäß § 1577 II BGB, FamRZ 1983, 653; Schwab, § 1577 II BGB – das große Rätsel?, in: Dritter Deutscher Familiengerichtstag, Brühler Schriften I, 1981, S 23; Viefhues, Vermögen im Unterhaltsrecht, FuR 2020, 550.

1. Allgemeines. I schreibt Bedürftigkeit als allg. Voraussetzung nachehelicher Unterhaltsansprüche fest; II und III schränken jedoch die nach I gebotene Berücksichtigung von Einkünften und Vermögensverzehr ein. II ist auf den Unterhaltsanspruch nach § 1615l entspr. anwendbar (BGH NJW 2005, 818 [820]; OLG Brandenburg FamRZ 2010, 1915 [1917]). Bei einer durch Vermögensverlust entstehenden Bedürfnislage, die nicht scheidungsbedingt ist, besteht nach IV nur ausnahmsweise ein Unterhaltsanspruch. 1

2. Einkünfte und Vermögen, I. Anzurechnen sind nach I („soweit") Einkünfte aus zumutbarem Erwerb; im Prinzip gelten für Berechtigte und Verpflichtete die gleichen Grundsätze für ihre Erwerbsobliegenheit (Kalthoener/Büttner NJW 1991, 404 mwN), vgl. → § 1581 Rn. 3 ff. Bei Ansatz fiktiver Erwerbseinkünfte beim Berechtigten ist ein Erwerbstätigenbonus ebenfalls zu berücksichtigen (BGH NJW-RR 1990, 580); s. dazu → § 1578 Rn. 7. Zum Verhältnis von Vermögensverwertung nach I und Herabsetzung/Befristung nach § 1578b s. BGH NJW 2012, 1144 [1148]. Weitere **Einkünfte:** Vermögenserträge s. BGH FamRZ 1985, 354 3 [356] (sa BGH NJW 1985, 909 [911]; NJW 1986, 1342 [1343]); Schmerzensgeld (BGH NJW-RR 1988, 1093 [1095]). Kapitalerträge aus Auseinandersetzung nach Scheidung s. OLG Bamberg NJW-RR 1993, 66 [69] (bedarfsdeckende Anlage), OLG Oldenburg NJW-RR 1995, 453 (ertragreiche Anlage – Festgeld), BGH NJW-RR 1986, 682; zur Obliegenheit zu wirtschaftlicher Anlage und Umschichtung s. BGH NJW 1992, 1044 [1046]; OLG Nürnberg NJOZ 2021, 37 [38]; Verwertung Hausgrundstück und Mitwirkung daran s. OLG Frankfurt a.M. NJW-RR 1993, 7; Wohnvorteile wie das mietfreie Wohnen im eigenen Haus (BGH FamRZ 1998, 87 [88]); Zuwendungen oder Vergütung für Versorgungsleistungen durch neuen Partner s. BGH NJW-RR 1987, 1282 [1283] (anderweitige Deckung des Unterhaltsbedarfs), NJW 1989, 1083 [1085], aber auch OLG Hamm NJW-RR 1994, 707 (leistungsunfähiger neuer Partner); Wohngeld (BGH NJW 1983, 684 [686]); Erwerbsunfähigkeitsrente (BGH NJW 1983, 1481); Privatrente (BGH NJW 2012, 2190 [2192]); Pflichtteilsanspruch (BGH NJW 1993, 1920 [1921]); Pflegegeld (BGH NJW 1987, 1201, OLG Hamm NJW 1996, 3016); zur Darlehensmöglichkeit s. BGH NJW 1985, 2331 f. (BAföG); Graba FamRZ 1985, 118. **Nicht:** Sozialhilfe, 4 vgl. BGHZ 78, 201 [206]; Arbeitslosengeld II/Bürgergeld, BGH NJW 1987, 1551 [1553] (zur fr. Arbeitslosenhilfe). 2

3. Nicht voll anrechenbare Einkünfte, II. a) Einkünfte aus nicht angemessener (§ 1574 II) *oder* nach §§ 1570–1572 nicht zumutbarer Erwerbstätigkeit (wohl aber Abfindung aufgrund unzumutbarer Tätigkeit, OLG Koblenz FamRZ 2002, 325). Unzumutbare Erwerbstätigkeit braucht nicht durch Unterhaltssäumigkeit veranlasst zu sein (BGH NJW 1983, 933 [935]). Zumutbare, aber überobligationsmäßige Tätigkeit s. OLG Hamm FamRZ 1994, 1035 [1036]; Born FamRZ 1997, 129. **Keine Anrechnung** solcher Einkünfte iHd Differenz zwischen geschuldetem (Quoten)unterhalt und vollem Bedarf nach § 1578 I (BGH NJW 1983, 933 [935]). Evtl. zusätzliche Korrektur über § 1581 (BGH NJW 1983, 933 [936]). Auch für die Lebensverhältnisse der Ehegatten nach § 1578 I bleiben diese Einkünfte außer Betracht (BGH NJW 1983, 933 [936]). Berechnungsbsp. s. BGH NJW-RR 1988, 514 [516]. **b)** Übersteigen die Einkünfte, evtl. iVm teilw. gewährtem Unterhalt 6 oder/und Einkünften aus angemessener Erwerbstätigkeit (Dieckmann FamRZ 1977, 101) jedoch den vollen Unterhaltsbedarf, so kommt eine teilw. Anrechnung nach II 2 in Betracht (vgl. OLG Frankfurt a. M. FamRZ 1984, 798 [800]). Anzurechnen ist nicht nach „Differenzmethode", sondern durch Abzug vom geschuldeten Betrag (BGH NJW 1983, 933 [936]; s. auch OLG Hamm FamRZ 1995, 173). Zur Problematik der Bestimmung iE s. Dieckmann FamRZ 1977, 98 ff.; Hampel FamRZ 1984, 629. 5

4. Verwertung des Vermögensstammes. S. III; dazu BGH NJW 1985, 911; 7 je größer das Vermögen, desto eher besteht Obliegenheit zur Verwertung (OLG

Karlsruhe FamRZ 2010, 655 [657]). Die Verwertung von Geldvermögen aus einer Erbschaft ist grds. nicht unbillig (OLG Karlsruhe NJW-RR 2020, 949 [950]).

8 **5. Späterer Wegfall des Vermögens, IV. a) Kein Unterhaltsanspruch** bei **Wegfall** eines **Vermögens,** dessen Erträge oder Substanz im Zeitpunkt der Scheidung die Unterhaltsdeckung für die Lebenszeit („nachhaltig") des Vermögensinhabers erwarten ließen, IV 1. Soweit jedoch die Unterhaltsdeckung aus dem Stamm des Vermögens erfolgt, ist der Verbrauch bei Ehescheidung vorauszusetzen, nachhaltige
9 Unterhaltssicherung also nur bei entspr. großem Vermögen zu erwarten. **b) Ausnahme** bei Kinderbetreuung s. IV 2.

§ 1578 Maß des Unterhalts

(1) [1]**Das Maß des Unterhalts bestimmt sich nach den ehelichen Lebensverhältnissen.** [2]**Der Unterhalt umfasst den gesamten Lebensbedarf.**

(2) **Zum Lebensbedarf gehören auch die Kosten einer angemessenen Versicherung für den Fall der Krankheit und der Pflegebedürftigkeit sowie die Kosten einer Schul- oder Berufsausbildung, einer Fortbildung oder einer Umschulung nach den §§ 1574, 1575.**

(3) **Hat der geschiedene Ehegatte einen Unterhaltsanspruch nach den §§ 1570 bis 1573 oder § 1576, so gehören zum Lebensbedarf auch die Kosten einer angemessenen Versicherung für den Fall des Alters sowie der verminderten Erwerbsfähigkeit.**

Lit.: Borth, Coronakrise und Unterhalt, FamRZ 2020, 653; Büte, Altersvorsorgeunterhalt (§ 1578 Abs. 3 BGB), FuR 2015, 446; Conradis, Die Höhe des Krankheits- und Pflegevorsorgeunterhalts, FF 2021, 438; Graba, Zur Anwendung der unterhaltsrechtlichen Dreiteilungsmethode, FF 2020, 285; Gutdeutsch, Ehegattenunterhalt bei hohen Einkommen: ein Paradigmenwechsel, FamRZ 2019, 944; Gutdeutsch/Maaß, Eine vereinfachte Berechnungsmethode zur Bestimmung des Krankheitsvorsorgeunterhalts, FamRZ 2021, 483; Jüdt, Die „Tücken" des Altersvorsorgeunterhalts, FuR 2015, 622; Kischkel, Altersvorsorgeunterhalt und Alterseinkünfte, NZFam 2020, 851; Rubenbauer/Dose, Der Anspruch auf Krankheitsvorsorge- und Altersvorsorgeunterhalt, FamRZ 2020, 1974; dies., Unterhaltsbedarf bei höherem Einkommen, NZFam 2021, 661; Viefhues, Unterhaltsberechnung bei höheren Einkommensverhältnissen, FuR 2021, 67; Weil, Die konkrete Berechnung des Krankenvorsorgeunterhaltes, FamRZ 2016, 684.

1 **1. Allgemeines.** Das Maß des nachehelichen Unterhalts bestimmt sich – abw. vom allg. Unterhaltsrecht – nicht nach dem angemessenen Bedarf des Berechtigten, sondern nach den ehelichen Lebensverhältnissen, I 1. Damit wird eine (in § 1578b abgeschwächte) **Lebensstandardgarantie** geschaffen. Der Unterhaltsberechtigte wird zu Lasten des Verpflichteten vor sozialem Abstieg geschützt.

2 **2. Eheliche Lebensverhältnisse.** Geprägt werden die ehelichen Lebensverhältnisse insbes. durch das **Einkommen** der Ehegatten und durch den aufgrund der **häuslichen Arbeit** des nicht erwerbstätigen Ehegatten erreichten sozialen Standard (BGH NJW 2001, 2254 [2257]; vgl. auch BGH FamRZ 2018, 260 [262]). **a)** Maßgeblich ist grds. das nachhaltig erzielte tatsächlich verfügbare (BGH NJW 1990, 1477 [1479]) und zur Bedarfsdeckung (nicht zur Vermögensbildung) verwendete Einkommen (vgl. BGH NJW 1992, 2477 [2478 f.]; BGH FamRZ 2018, 260 [262]). Die **Einkommens- und Vermögensverhältnisse** müssen den Lebensstandard nachhaltig geprägt haben (BGH NJW 1982, 1870 [1871]). „Überobligationsmäßiges" Einkommen ist nicht prägend (BGH NJW 2003, 1181 [1182]). Bei Doppelverdienern ist die Summe der Einkommen maßgebend (BGH NJW 1983, 683). Beschränkungen im ehelichen Lebensstandard trotz hoher Einkünfte sind zu beachten (BGH NJW 1982, 1645 [1646]). Um jedoch eine zu dürftige Lebensführung oder auch einen übermäßigen Aufwand als Maßstab für den Unterhaltsanspruch auszuschließen, ist dabei ein obj. Maßstab anzulegen (BGH FamRZ 2012, 699 [701]). Dieser darf freilich nicht dazu führen, dass der Boden der ehelichen Lebens-

verhältnisse verlassen wird und Vermögenseinkünfte als eheprägend zugrunde gelegt werden, die auch nach einem obj. Maßstab nicht für die allg. Lebensführung verwendet worden wären (BGH NJW 2008, 57 [60]). Belastungen, die verfügbares Einkommen mindern, sind abzuziehen (sog. bereinigtes Nettoeinkommen), zB Beiträge zu Krankheits- und Altersvorsorge (bei nicht rentenversicherungspflichtigen Beschäftigten und Selbstständigen Altersvorsorge bis 20 % des Bruttoeinkommens, sofern Vorsorge tatsächlich betrieben wird, BGH FamRZ 2022, 434 [437 f.]; s. aber auch Witt FamRZ 2022, 441 [442]: primäre Altersvorsorge iHv 18,6 % [aktueller Beitragssatz zur gesetzlichen Rentenversicherung]), über die primäre Altersversorgung hinaus auch Aufwendungen für zusätzliche Altersvorsorge von bis zu 4 % des Gesamtbruttoeinkommens (BGH FamRZ 2022, 434 [437]; NJW 2005, 3277 [3281]; sa BGH FamRZ 2020, 21 [24]: Aufwendungen müssen tatsächlich geleistet werden; kein fiktiver Abzug; BGH FamRZ 2022, 434 [438]: bei kreditfinanzierten Immobilien können nur den Wohnwert bzw. die Mieteinkünfte übersteigende Tilgungsleistungen unterhaltsrechtlich relevante Altersvorsorge darstellen), berufsbedingte Aufwendungen, Fahrtkosten zur Arbeitsstelle, einvernehmlich eingegangene Verbindlichkeiten (OLG Hamm NJW-RR 1994, 707 [708]); nicht, wenn bereits im Zugewinnausgleich berücksichtigt (OLG Saarbrücken NJW 2006, 1438 [1439] [Verbot der Doppelverwertung]). Unterhalt an gemeinsame Kinder ebenso wie an Kinder des Unterhaltspflichtigen aus einer neuen Beziehung, sofern vor Rechtskraft des Scheidungsbeschlusses geboren (BGH NJW 2012, 384 [386]), auch volljährige Kinder (BGH NJW 1985, 2713 [2716]), nicht aber an Stiefkinder des Unterhaltspflichtigen (BGH NJW 2005, 3277 [3279]); Betreuungsunterhalt nach § 1615l (BGH NJW 2012, 384 [386]; FamRZ 2020, 21 [24]); maßgebend für die Bedarfsermittlung ist der als Kindesunterhalt geschuldete, nicht der tatsächlich gezahlte Betrag (BGH FamRZ 2022, 434 [438]). Ob Ausgaben erforderlich sind, ist unerheblich; entscheidend ist, ob sie prägend waren (BGH NJW 1992, 1044 [1045]). **b) Einzelne** 3
Einkünfte: Renteneinkünfte (OLG Hamm FamRZ 2019, 593); Leibrente (BGH NJW 1994, 935 [936]); Aufwandsentschädigung (BGH NJW-RR 1986, 1002 [1003]), Verletztenrente (BGH NJW 1982, 1593), Pflegezulage usw (BGH NJW 1982, 1594), Einkünfte aus Vermietung und Verpachtung – bei kreditfinanzierten Immobilien abzüglich Zins- und Tilgungsleistungen bis zur jeweils erzielten Miete (BGH FamRZ 2022, 434 [437]: kein Gesamtsaldo; krit. zur Berücksichtigung von Tilgungsleistungen Witt FamRZ 2022, 441 f.). *Nicht:* Zinsen aus Zugewinnausgleich (BGH NJW 1986, 1342 [1343]), nicht geltend gemachter Pflichtteilsanspruch (BGH NJW 1982, 2771 [2772]), Kindergeld (BGH FamRZ 2000, 1492 [1494]; Ausgleich nach § 1612b IV aF [§ 1612b II nF]), Pflegegeld (→ § 1361 Rn. 6), sog. „Corona-Soforthilfe" (OLG Frankfurt a.M. FamRZ 2021, 1617 [1618]). **c)** Dem 4
Einkommen hinzuzurechnen ist auch der **Wohnvorteil,** dh der mit dem mietfreien Wohnen im eigenen Haus oder der eigenen Wohnung verbundene Vorteil (BGH FamRZ 2000, 950 [951]). Berechnung: Obj. Mietwert abzüglich Hauslasten (Grundstückslasten, Zins und Tilgung für Finanzierung der Immobilie bis zur Höhe des Wohnwerts, BGH FamRZ 2000, 950 [952]; NJW 2008, 1946 [1947]; FamRZ 2022, 434 [437]). Wird das Haus bzw. die Wohnung nach dem Auszug des fr. Ehegatten wegen der Größe nicht mehr vollst. bewohnt, so ist nur derjenige Betrag als Wohnvorteil anzurechnen, der der tatsächlichen Nutzung entspricht (idR Mietzins für eine den ehelichen Lebensverhältnissen angemessenere kleinere Wohnung). Der darüber hinausgehende Wert unterliegt als allg. Vermögenswert der Obliegenheit zur möglichst ertragreichen Nutzung bzw. Verwertung des Vermögens. Der Ehegatte kann daher nach der Scheidung zur Teil- oder Vollvermietung gehalten sein (BGH FamRZ 2000, 950 [951]). – Nach Veräußerung der Immobilie tritt an die Stelle des Wohnwerts der Zinsgewinn aus dem Verkaufserlös (BGH FamRZ 2009, 23 [24]; sa BGH NJW 2014, 1733: bei Einsatz des Erlöses für Erwerb einer neuen Wohnung tritt Wohnvorteil der neuen Wohnung an die Stelle des Zinses aus dem Erlös), selbst wenn er den Wohnwert übersteigt (BGH NJW 2002, 436 [439]). Das gilt auch, wenn ein Ehegatte seinen Miteigentumsanteil auf den anderen über-

trägt oder das Haus durch Teilungsversteigerung erwirbt; für den seinen Anteil verlierenden Ehegatten tritt der Erlös als Surrogat an die Stelle der Nutzungsvorteile seines Miteigentumsanteils, Ansatz des vollen Wohnwerts beim anderen (BGH NJW 2005, 2077 [2079]; 2005, 3277 [3280]). Wird der Erlös vom Unterhaltsberechtigten allerdings verbraucht, ist ein Zinsertrag weder bei ihm noch beim Verpflichteten
5 anzurechnen (OLG Koblenz NJW 2002, 1885 [1886]). **d)** Maßgeblich sind die ehelichen Verhältnisse im **Zeitpunkt** der Rechtskraft des Scheidungsbeschlusses (BGH NJW 1988, 2034 [2036]). Prägend sind daher auch die *während der Trennung* eingetretenen Veränderungen (vgl. → § 1361 Rn. 8), insbes. ein während der Trennung geborenes Kind eines Unterhaltsberechtigten aus einer anderen Beziehung (BGH FamRZ 1999, 367 [369]). *Nach der Scheidung* eingetretene Änderungen werden nur berücksichtigt, wenn sie zum Zeitpunkt der Scheidung mit hoher Wahrscheinlichkeit zu erwarten waren (BGH NJW 2012, 384 [386 f.]; NJW 1988, 2034 [2036], s. ferner BGH NJW 2012, 3434 [3437]; NJW 2006, 1794 [1797]: hinreichend voraussehbare Erbschaft insoweit bedarfsprägend, als angemessene Altersvorsorge unterbleibt; s. aber OLG Koblenz FamRZ 2015, 417 [418]: nicht Erbfall 20 Jahre nach Scheidung), insbes. gewöhnliche Erhöhungen von Einkommen und Besoldung (BGH FamRZ 2000, 1492 f.) und Absenkung infolge Eintritts in den Ruhestand (BGH NJW 2012, 384 [387]; NJW 2003, 1796) oder aufgrund nicht vorwerfbarer Arbeitslosigkeit (BGH NJW 2012, 384 [387]); umzugsbedingter Wegfall von Fahrtkosten (BGH NJW 2012, 384 [387]). Keine Berücksichtigung finden darf nach BVerfG FamRZ 2011, 437 [443] hingegen der Unterhaltsbedarf eines neuen Ehegatten des Unterhaltsschuldners (s. jetzt auch BGH NJW 2012, 2028 [2029]; NJW 2012, 384 [387]), es sei denn, er war bereits für die ehelichen Lebensverhältnisse prägend (BGH FamRZ 2020, 21 [24]: Zahlung von Betreuungsunterhalt nach § 1615l an spätere Ehefrau). Der fr. Rspr. des BGH zu den „wandelbaren ehelichen Lebensverhältnissen" unter Anwendung der sog. Drittelmethode, derzufolge der Unterhaltsbedarf jedes Berechtigten im Wege der **Dreiteilung des Gesamteinkommens** des Unterhaltspflichtigen und beider Unterhaltsberechtigter zu ermitteln sein sollte (BGH FamRZ 2010, 111 [112] mwN), wurde damit eine Absage erteilt (s. dazu Borth FamRZ 2011, 445; Gutdeutsch FamRZ 2011, 523). Unterhaltsvereinbarungen, die auf der durch die Entscheidung des BVerfG v. 25.1.2011 beanstandeten Rspr. des BGH zur Bedarfsermittlung durch Dreiteilung des zur Verfügung stehenden Gesamteinkommens des Unterhaltspflichtigen sowie des fr. und des jetzigen unterhaltsberechtigten Ehegatten beruhen (s. BGHZ 177, 356), sind aber weder nach § 779 I unwirksam, noch nach §§ 119 ff. anfechtbar. Die Anpassung solcher Vereinbarungen richtet sich nach den Grundsätzen der Störung der Geschäftsgrundlage (§ 313); sie kann frühestens für solche Unterhaltszeiträume verlangt werden, die der Entscheidung des BVerfG v. 25.1.2011 nachfolgen (BGH NJW 2013, 1530 [1532]). Nicht eheprägend ist auch die Kürzung der Altersbezüge des Unterhaltspflichtigen aufgrund des zugunsten eines späteren Ehegatten durchgeführten Versorgungsausgleichs (BGH NJW 2014, 2192 [2193]: Berücksichtigung der Einkommensminderung nur iRd Leistungsfähigkeit); ebenso finanzielle
6 Vorteile aus neuer Ehe, zB Splittingvorteil (BGH NJW 2012, 384 [387]). **e)** Die **Aufnahme einer Berufstätigkeit** (bzw. ihre Erweiterung) nach der Scheidung wirkt sich prägend aus, weil das daraus erzielte Erwerbseinkommen jedenfalls bei Normalverdienern gleichsam als „Surrogat" des wirtschaftlichen Wertes der bisherigen häuslichen Tätigkeit angesehen wird (grundlegend BGH NJW 2001, 2254 [2258], dazu Büttner NJW 2001, 3244; Hohloch JuS 2001, 1123; bestätigt durch BVerfG FamRZ 2011, 437 [442]). Unter Verzicht auf eine monetäre Bewertung der Familienarbeit wird entsprechendes (auch fiktives, s. BGH FamRZ 2003, 434 [435] und unterhaltsrelevantes überobligatorisches, s. BGH NJW 2005, 2145 [2149]) Einkommen nicht nach der Anrechnungs-, sondern nach der für den Unterhaltsberechtigten günstigeren Differenzmethode verrechnet, → Rn. 7. Die Familienarbeit soll damit der Erwerbstätigkeit gleichgestellt und ein Anreiz zur Arbeitsaufnahme gesetzt werden. Folge ist ein Anspruch nach Maßgabe des § 1573 II. Die fr. Rspr.,

wonach Einkommen aus Aufnahme bzw. Erweiterung der Berufstätigkeit nicht eheprägend ist (Anrechnungsmethode), verstößt gegen Art. 6 I GG iVm Art. 3 II GG (BVerfG NJW 2002, 1185 [1186]). Ein Abänderungsantrag (§ 238 FamFG) gegen auf der Anrechnungsmethode beruhende Titel ist nicht statthaft (BGH NJW 2003, 1796 [1798], zur Abänderung eines Urteils; BGH NJW 2003, 1181 [1182], zur Abänderung eines Prozessvergleichs). Weiterhin nicht als eheprägend zu berücksichtigen ist ein nachehelicher Karrieresprung (vgl. dazu auch Bömelburg FF 2020, 98). Anderes gilt für eine Verringerung des Nettoeinkommens, wenn der Unterhaltspflichtige nach Rechtskraft der Ehescheidung in eine Religionsgemeinschaft eintritt (BGH NJW 2007, 1961). – Eheprägendes „Surrogatseinkommen" in diesem Sinne sind ferner der (gem. § 287 II ZPO zu schätzende) Wert der Versorgungsleistungen, die der Unterhaltsberechtigte für einen *neuen* Partner erbringt (BGH FamRZ 2001, 1693 [1694], s. ferner BGH NJW 2004, 2303 [2304]; abl. Rauscher FF 2005, 135) und eine nach der Ehe bezogene Altersrente (BGH FamRZ 2002, 88 [91]).

3. Berechnungsmethoden. S. dazu auch → § 1361 Rn. 10. Nach dem **Halbteilungsgrundsatz** steht jedem Ehegatten als Bedarf grds. die Hälfte des verteilungsfähigen Einkommens zu (BGH FamRZ 2020, 21 [23]; NJW 2012, 384 [387]; NJW 1988, 2371). Dem erwerbstätigen Teil – also nicht bei Bezug von Arbeitslosengeld (OLG Karlsruhe FamRZ 1998, 746), Krankengeld oder Renteneinkünften (BGH FamRZ 2020, 171 [173]) – ist vorab ein **Erwerbstätigenbonus** (→ § 1361 Rn. 10) zuzubilligen (BGH FamRZ 2020, 171 [173]; FamRZ 2022, 434 [438 f.]); dies gilt auch zugunsten des erwerbstätigen Unterhaltsberechtigten – selbst wenn der Erwerbstätigenbonus allein bei ihm anfallen sollte, weil der Unterhaltspflichtige nicht (mehr) erwerbstätig ist (BGH FamRZ 2020, 171 [173]: Rentenbezug des Unterhaltspflichtigen). Nach BGH FamRZ 2020, 171 [173] (bestätigt BGH FamRZ 2022, 434 [438]) entfällt die Rechtfertigung des Erwerbstätigenbonus allerdings insoweit, als bereits bei der Bemessung des unterhaltsrelevanten Einkommens berufsbedingte Aufwendungen vorweg abgezogen wurden. Ist nur noch die mit der Erwerbstätigkeit verbundene persönliche Mehrbelastung zu kompensieren, soll der Erwerbstätigenbonus idR auf 1/10 zu bemessen sein; eine höhere Quote ist zu begründen (BGH FamRZ 2022, 434 [438 f.]). Unterhalt ist danach zumeist als Quote (idR 45 %) des (Netto-)Erwerbseinkommens des Verpflichteten, bei Doppelverdienern der Differenz zu berechnen (Differenzmethode), vgl. dazu das Bsp → § 1361 Rn. 10. Das gilt auch für Einkommen aus nach der Ehe aufgenommener Tätigkeit des bislang haushaltsführenden Ehegatten (BGH NJW 2001, 2254 [2258]). IÜ verbleibt es bei der Anrechnungsmethode. – Bei außergewöhnlich **guten Einkommensverhältnissen** hat der Berechtigte die vollst. Verwendung des Einkommens für die Bedarfsdeckung der Familie darzulegen und ggf. zu beweisen, wenn er Unterhalt nach der Quotenmethode begehrt (BGH FamRZ 2021, 1965 [1966 f.]; s. dazu auch Rubenbauer/Dose NZFam 2021, 661 [663 f.]); geht das Familieneinkommen nicht über das Doppelte des höchsten Einkommensbetrags der Düsseldorfer Tabelle (→ Vor §§ 1360–1361 Rn. 2) hinaus, können die Tatgerichte von tatsächlicher Vermutung für vollst. Verbrauch ausgehen (BGH FamRZ 2018, 260 [262 f.]; FamRZ 2020, 21 [23]; FamRZ 2021, 1965 [1966]; s. dazu auch Gutdeutsch FamRZ 2019, 944). Bis zu diesem Betrag gilt die Verbrauchsvermutung auch dann, wenn das relevante Gesamteinkommen oberhalb der Schwelle liegt; der Unterhaltsberechtigte kann daher ohne weiteren Vortrag zum Verbrauch Unterhalt iHv 45 % des Grenzbetrags (bei Abzug eines Erwerbstätigenbonus) geltend machen; höheren Bedarf muss er nachweisen, wobei die Obergrenze mit Blick auf die Halbteilung durch den Quotenunterhalt gesetzt wird (BGH FamRZ 2021, 1965 [1966 f.]). Der Abzug eines Erwerbstätigenbonus zugunsten des Unterhaltsberechtigten scheidet bei konkreter Bedarfsermittlung aus (BGH FamRZ 2011, 192 [194]; FamRZ 2021, 1965 [1967]). Die Grenze des Doppelten des höchsten Einkommensbetrags der Düsseldorfer Tabelle lag im Zeitpunkt der Entscheidung BGH FamRZ 2021, 1965 bei 11.000 Euro (10. Einkommensgruppe); es ist nicht anzunehmen, dass sich an dieser Grenze

7 8

durch die Fortschreibung der Düsseldorfer Tabelle auf 15 Einkommensgruppen zum 1.1.2022 etwas geändert hat (BeckOGK/Witt [1.11.2022] Rn. 594).

9 **4. Umfang. a)** Nach I 2 ist grds. der gesamte Bedarf geschuldet. II und III enthalten die Klarstellung, dass die genannten Kosten zum Lebensbedarf gehören (sa BGH NJW 2007, 144). Zum Anspruch auf rückständigen Krankheitsvorsorgeunterhalt s. OLG Köln FamRZ 2018, 1827 [1828]. III wird wichtig in den Fällen, in denen auch unter Berücksichtigung des Versorgungsausgleichs der Aufbau einer eigenen Alterssicherung ohne entspr. Bemessung des Unterhalts nicht möglich wäre. **Berechnung** des Altersvorsorgeunterhalts nach der „Bremer Tabelle" (gebilligt von BGH NJW 2007, 511 [514]); zur Berechnung des Krankheits- und Altersvorsorgeunterhalts sa Rubenbauer/Dose FamRZ 2020, 1974; Gutdeutsch/Maaß FamRZ 2021, 483; Conradis FF 2021, 438. Betreibt der Unterhaltspflichtige eine unterhaltsrechtlich anzuerkennende zusätzliche Altersvorsorge (→ Rn. 2), ist dies auch dem Berechtigten durch entspr. Erhöhung des Altersvorsorgeunterhalts zu ermöglichen (BGH FamRZ 2020, 21 [25 f.]). Grds. besteht ein Anspruch auf Altersvorsorgeunterhalt auch dann, wenn der Berechtigte seinen Elementarunterhaltsbedarf teilw. durch eine nicht sozialversicherungspflichtige Tätigkeit abdeckt (BGH FamRZ 1999, 372 [373 f.]). Zum Vorsorgeunterhalt sa → § 1361 Rn. 12. **b)** Die Anlage- und Leistungsform kann der Berechtigte grds. frei wählen (Leistung in gesetzliche Rentenversicherung, private Rentenversicherung), sofern die Verwendung dem Zweck des Altersvorsorgeunterhalts genügt (BGH FamRZ 2021, 1878 [1879 f.]: private Rentenversicherung mit Kapitalwahlrecht). Zum Einwand der Treuwidrigkeit (§ 242), wenn der Unterhaltsberechtigte keine Auskunft über die Verwendung des in der Vergangenheit bezogenen Altersvorsorgeunterhalts erteilt und deshalb Zweifel an zweckentsprechender Verwendung bestehen BGH FamRZ 2020, 171 [174]; FamRZ 2021, 1878 [1879]. **c) Prozesskostenvorschuss** zählt bei geschiedenen Ehegatten nicht zum Unterhalt (BGHZ 89, 33).

10 **5. Begrenzung des Unterhalts.** S. §§ 1578b, 1579.

§ 1578a Deckungsvermutung bei schadensbedingten Mehraufwendungen

Für Aufwendungen infolge eines Körper- oder Gesundheitsschadens gilt § 1610a.

1 S. Anm. zu § 1610a.

§ 1578b Herabsetzung und zeitliche Begrenzung des Unterhalts wegen Unbilligkeit

(1) [1]**Der Unterhaltsanspruch des geschiedenen Ehegatten ist auf den angemessenen Lebensbedarf herabzusetzen, wenn eine an den ehelichen Lebensverhältnissen orientierte Bemessung des Unterhaltsanspruchs auch unter Wahrung der Belange eines dem Berechtigten zur Pflege oder Erziehung anvertrauten gemeinschaftlichen Kindes unbillig wäre.** [2]**Dabei ist insbesondere zu berücksichtigen, inwieweit durch die Ehe Nachteile im Hinblick auf die Möglichkeit eingetreten sind, für den eigenen Unterhalt zu sorgen, oder eine Herabsetzung des Unterhaltsanspruchs unter Berücksichtigung der Dauer der Ehe unbillig wäre.** [3]**Nachteile im Sinne des Satzes 2 können sich vor allem aus der Dauer der Pflege oder Erziehung eines gemeinschaftlichen Kindes sowie aus der Gestaltung von Haushaltsführung und Erwerbstätigkeit während der Ehe ergeben.**

(2) [1]**Der Unterhaltsanspruch des geschiedenen Ehegatten ist zeitlich zu begrenzen, wenn ein zeitlich unbegrenzter Unterhaltsanspruch auch unter**

Wahrung der Belange eines dem Berechtigten zur Pflege oder Erziehung anvertrauten gemeinschaftlichen Kindes unbillig wäre. [2]Absatz 1 Satz 2 und 3 gilt entsprechend.

(3) **Herabsetzung und zeitliche Begrenzung des Unterhaltsanspruchs können miteinander verbunden werden.**

Lit.: Graba, Herabsetzung und Befristung des Unterhalts, NJW 2022, 525; Triebs, Begrenzung und Befristung des Ehegattenunterhalts nach § 1578b BGB n. F., FPR 2008, 31; Viefhuis, Brennpunkt § 1578b BGB, FuR 2015, 311; ders., Neues zu § 1578b BGB – speziell zum Aspekt der „Kompensation", FuR 2019, 490.

1. Allgemeines. Mit der durch das UÄndG 2007 neu eingeführten Vorschrift 1
des § 1578b sind die bis dahin in §§ 1573 V und 1578 I 2 geregelten Vorschriften zur Herabsetzung und zeitlichen Begrenzung des Unterhalts in einer Norm zusammengefasst worden, die auf alle Unterhaltstatbestände anzuwenden ist. Grundlage ist der Gedanke, dass die Leistungen der Ehegatten zwar gleichwertig sind und diese daher grds. einen Anspruch auf gleiche Teilhabe am gemeinsam Erwirtschafteten haben, daraus jedoch keine „Lebensstandardgarantie" im Sinne einer zeitlich unbegrenzten und in der Höhe nicht abänderbaren Teilhabe nach der Scheidung zu erwachsen vermag (BT-Drs. 16/1830, 18). Die Norm ist neben § 1579 anwendbar. **I 2** und **3** wurden durch Ges. v. 20.2.2013 (BGBl. I 273) mit Wirkung v. 1.3.2013 geändert wegen BVerfG FamRZ 2011, 437 (→ § 1578 Rn. 5). Zur Anpassung unter alter Rechtslage vereinbarter lebenslanger Unterhaltsverpflichtung nach den Grundsätzen der Störung der Geschäftsgrundlage (§ 313) s. BGH NJW 2015, 1380 (Herabsetzung auf angemessenen Lebensbedarf); vgl. auch → § 1578 Rn. 5. Die Änderung des Normtextes bedeutet keine grundlegende Änderung der Gesetzeslage (BGH NJW 2013, 1530 Rn. 34 ff.). Sie dient aber der Klarstellung, dass es einer **umfassenden Billigkeitsabwägung** (I 2 und 3: „insbesondere", „vor allem") bedarf, bei welcher die Ehedauer und die entstandenen Nachteile (Regelbeispiele in I 3) umfassend zu berücksichtigen sind. BGH NJW 2013, 1530: In Fällen, in denen die nacheheliche Solidarität das wesentliche Billigkeitskriterium bei der Abwägung darstellt (vgl. → Rn. 6), gewinnt die Ehedauer ihren wesentlichen Stellenwert bei der Bestimmung des Maßes der gebotenen nachehelichen Solidarität aus der Wechselwirkung mit der in der Ehe einvernehmlich praktizierten Rollenverteilung und der darauf beruhenden Verflechtung der wirtschaftlichen Verhältnisse; hieran hat die am 1.3.2013 in Kraft getretene Neufassung von **I** nichts geändert; sa BGH FamRZ 2016, 1345 [1346].

2. Zweck. Die Norm verfolgt das Ziel, die Beschränkung von Unterhaltsansprü- 2
chen anhand obj. Billigkeitsmaßstäbe zu erleichtern. Sie vereinigt in sich sowohl den Grundsatz der Eigenverantwortung als auch den Grundsatz der fortwirkenden nachehelichen Solidarität.

3. Herabsetzung. a) I sieht eine Herabsetzung des Unterhaltsanspruchs auf den 3
angemessenen Lebensbedarf vor, wenn eine an den ehelichen Lebensverhältnissen orientierte Bemessung des Unterhaltsanspruchs unbillig wäre. **Nacheheliche Änderungen** der Lebensverhältnisse sind nach BGH NJW 2012, 384 [386] im Anschluss an BVerfG FamRZ 2011, 437 [443] nur zu berücksichtigen, wenn sie auch bei Fortbestand der Ehe eingetreten wären oder aufgrund Ehebezugs mit hoher Wahrscheinlichkeit eingetreten wären. „Angemessener" Bedarf ist mehr als Existenzminimum oder notwendiger Bedarf (BGH FamRZ 2020, 97 [100]; FamRZ 2020, 21 [26]; FamRZ 2018, 1506 [1509]; FamRZ 2016, 1345 [1346]; FamRZ 2009, 1990 [1991]: mindestens Existenzminimum). Maßstab ist das Einkommen, das ohne Ehe und Kindererziehung zur Verfügung stünde (BGH FamRZ 2020, 97 [100]; FamRZ 2020, 21 [26]; FamRZ 2016, 1345 [1346]; NJW 2014, 1807 [1808]; FamRZ 2010, 629 [632]); auf die wirtschaftlichen Verhältnisse des Unterhaltspflichtigen kommt es nicht an (BGH FamRZ 2018, 1421 [1423]). Der ehebedingte Erwerbsnachteil ist entgegen verschiedentlich geäußerter Ansicht nicht hälftig auf

die geschiedenen Ehegatten zu verteilen, sondern allein zugunsten des Unterhaltsberechtigten zu berücksichtigen (FamRZ 2016, 1345 [1346 f.] mN). Eine sofortige Herabsetzung ab Rechtskraft der Scheidung ist regelmäßig nicht möglich (OLG
4 Bremen NJW 2009, 373). **b)** Sowohl bei der Herabsetzung als auch bei der zeitlichen Begrenzung ist außerdem zu berücksichtigen, dass die Belange eines vom Unterhaltsberechtigten betreuten gemeinschaftlichen Kindes gewahrt bleiben – sog. Kinderschutzklausel (BT-Drs. 16/1830, 19). Die Norm schützt somit auch vor einem
5 zu starken Niveauunterschied zwischen Betreuungs- und Kindesunterhalt. **c)** Weiterhin ist zu berücksichtigen, inwieweit durch die Ehe Nachteile im Hinblick auf die Möglichkeit eingetreten sind, für den eigenen Unterhalt zu sorgen; s. dazu BGH FamRZ 2020, 21 [26]; FamRZ 2018, 1506 [1508]; FamRZ 2016, 1345 [1346]; NJW 2014, 2192 [2194]: **Ehebedingter Nachteil** äußert sich insbes. darin, dass der Unterhaltsberechtigte nachehelich nicht die Einkünfte erzielt, die er ohne Ehe und Kinderbetreuung erzielen würde. Bzgl. der Verknüpfung „durch die Ehe" genügt es, dass der Nachteil, nicht für den eigenen Unterhalt sorgen zu können, ganz überwiegend bzw. im Wesentlichen auf die vereinbarte Aufgabenteilung während der Eheführung zurückzuführen ist (vgl. BGH NJW 2014, 1807 [1808]: Ehebedingter Nachteil, wenn Unterhaltsberechtigter nach nicht ehebedingtem Arbeitsplatzverlust mit Rücksicht auf die Ehe von Aufnahme neuer Erwerbstätigkeit absieht; sa BGH NJW 2013, 1738 [1739 f.]: Arbeitsplatzwechsel). Die wichtigsten Umstände, aus denen sich solche Nachteile ergeben können, benennt I 3; s. dazu auch BGH FamRZ 2020, 171 [175]: Entscheidend ist die tatsächliche Gestaltung von Kinderbetreuung und Haushaltsführung; entgegenstehender Wille des Unterhaltspflichtigen ist grds. irrelevant. Für die Entscheidung über eine Beschränkung des nachehelichen Unterhalts kommt es somit auf die Fortdauer ehebedingter Nachteile und nicht mehr vorrangig auf die Dauer der Ehe an (OLG Brandenburg NJW 2008, 2268 [2269]). *Keine Nachteile*, wenn und soweit die Zeit der Kindererziehung vor der Eheschließung gelegen hat und die in dieser Zeit getroffenen beruflichen Dispositionen nicht mehr ausgeglichen werden können (BGH NJW 2013, 1444 [1445] mwN); ebenfalls kein ehebedingter Nachteil, wenn sich der Unterhaltsberechtigte während der Ehe Versorgungsanrechte aus der Zeit vor der Ehe kapitalisiert auszahlen lässt (BGH NJW 2014, 2192 [2194 f.]); grds. auch dann nicht, wenn es krankheitsbedingt zu Einkommensausfällen kommt (BGH NJW 2014, 2192 [2194], vgl. auch BGH FamRZ 2010, 1414 [1415]: [durch die Ehekrise ausgelöste] psychische Erkrankung). Durch die Unterbrechung der Erwerbstätigkeit während der Ehe verursachte geringere Rentenanwartschaften werden idR durch den Versorgungsausgleich aufgefangen (BGH FamRZ 2018, 1421 [1422]; NJW 2013, 2434 [2435] mwN); ehebedingter Nachteil aber ggf., wenn nach Zustellung des Scheidungsantrags bzw. nach Ende der Ehezeit Aufbau einer Altersversorgung durch ehebedingte Erwerbspause eingeschränkt oder verhindert wird (BGH FamRZ 2018, 1421 [1423];
6 NJW 2014, 2192 [2195]). **d)** Bestehen keine ehebedingten Nachteile, ist eine umfassende Billigkeitsabwägung vorzunehmen. Dabei ist das in concreto gebotene Maß der **nachehelichen Solidarität** zu bestimmen; wesentliche Aspekte: Dauer der Ehe (zur Ehedauer BGH FamRZ 2010, 1414 [1416]: Zeitraum von Eheschließung bis Zustellung des Scheidungsantrags), gelebte Rollenverteilung, vom Unterhaltsberechtigten während der Ehe erbrachte Lebensleistung, wirtschaftliche Verhältnisse der Ehegatten, Dauer von Trennungsunterhaltszahlungen (BGH FamRZ 2016, 1345 [1346]; FamRZ 2018, 1506 [1508 f.]; FamRZ 2020, 21 [26]; FamRZ 2020, 97 [100]; sa → Rn. 1). **e)** Steht die Unbilligkeit fest, besteht kein Ermessensspielraum.

7 **4. Zeitliche Begrenzung.** Unter den gleichen Voraussetzungen ermöglicht II eine zeitliche Begrenzung des Unterhaltsanspruchs. Dies vor allem bei kurzer Ehedauer (dazu BGH FamRZ 1986, 886 [887]), wobei Zeiten des Kinderbetreuungsunterhalts einzurechnen sind (auch vor Wiederverheiratung [OLG Düsseldorf NJW-RR 1996, 1348], doch gehören solche Zeiten zur Billigkeitsprüfung). Bsp.: ca. neunjährige (kinderlose) Ehe berechtigt Begrenzung auf drei Jahre (OLG München

NJW 2008, 2447 [2448]); 20jährige (kinderlose) Ehe: Begrenzung auf vier Jahre (OLG Brandenburg NJW-RR 2009, 3 [4]); nach 28 Jahren ohne ehebedingte Nachteile Befristung auf neun Jahre (= 58. Lebensjahr der Frau, OLG Brandenburg NJW-RR 2009, 1227 [1228]); 25jährige Ehe: Befristung bis Renteneintritt bei bish. erbrachten Unterhaltsleistungen von fast 18 Jahren (BGH FamRZ 2020, 171 [176]); nach 17 Jahren Befristung nur in Ausnahmefällen (KG NJW-RR 2005, 517 [518], s. ferner OLG Hamm FamRZ 2005, 35: 15½ Jahre); keine Befristung bei ca. 27jähriger Ehe und ehebedingten Nachteilen (OLG Nürnberg FamRZ 2009, 345 [347]). Jedoch keine bestimmten Zeitgrenzen, sondern umfassende Billigkeitsprüfung (BGH NJW 1990, 2810 [2811]). BGH NJW 2013, 1530 Rn. 35: Jedenfalls rechtfertigt eine lange Ehedauer für sich genommen insbes. dann keinen fortdauernden Unterhalt nach den – die eigene Lebensstellung übersteigenden – ehelichen Lebensverhältnissen, wenn beide Ehegatten während der Ehe vollschichtig berufstätig waren und die Einkommensdifferenz lediglich auf ein unterschiedliches Qualifikationsniveau zurückzuführen ist, das bereits zu Beginn der Ehe vorlag (BGH NJW 2011, 147 [149]; sa OLG Brandenburg BeckRS 2021, 24799 Rn. 82). Begrenzung kann ferner der Billigkeit entsprechen bei nicht ehebedingter Arbeitslosigkeit oder Differenz der Ehegatteneinkommen (zu II), BT-Drs. 10/2888, 18; grds. keine Befristung, wenn Differenz auf fortwirkenden ehebedingten Nachteilen beruht (BGH FamRZ 2020, 21 [26]; NJW 2015, 1380 [1381]; FamRZ 2006, 1006 [1007]), wohl aber nach Übergangszeit Herabsetzung bis auf den ehebedingten Nachteil (BGH FamRZ 2018, 1421 [1422]); sa auch OLG Brandenburg BeckRS 2021, 23900 Rn. 162 zur Berücksichtigung von länger gezahltem Trennungsunterhalt. Befristung des Aufstockungsunterhalts kann regelmäßig nicht allein mit der Erwägung abgelehnt werden, dass damit der Einsatzzeitpunkt für einen späteren Anspruch auf Altersunterhalt nach § 1571 Nr. 3 entfalle (BGH NJW 2008, 2644). Unzureichende Bemühungen um Halbtagsstelle als Grund für Begrenzung des Aufstockungsunterhalts s. OLG Koblenz NJW-RR 1987, 132.

5. Nicht erforderlich: Verschulden. Verschulden des Unterhaltsberechtigten 8
ist keine Voraussetzung (anders teilw. § 1579).

6. Beweislast. Die Darlegungs- und Beweislast für diejenigen Tatsachen, die für 9
eine Anwendung des § 1578b sprechen, trägt der Unterhaltsverpflichtete (BGH NJW 2008, 151 [152]; FamRZ 2010, 875 [877]; NJW 2013, 1447 [1448]; FamRZ 2020, 21 [26]); den Unterhaltsberechtigten trifft aber sekundäre Darlegungslast insofern, als er die Behauptung, es seien keine ehebedingten Nachteile entstanden, substanziiert bestreiten muss (BGH FamRZ 2020, 21 [26]; NJW 2014, 2192 [2194]).

§ 1579 Beschränkung oder Versagung des Unterhalts wegen grober Unbilligkeit

Ein Unterhaltsanspruch ist zu versagen, herabzusetzen oder zeitlich zu begrenzen, soweit die Inanspruchnahme des Verpflichteten auch unter Wahrung der Belange eines dem Berechtigten zur Pflege oder Erziehung anvertrauten gemeinschaftlichen Kindes grob unbillig wäre, weil

1. **die Ehe von kurzer Dauer war; dabei ist die Zeit zu berücksichtigen, in welcher der Berechtigte wegen der Pflege oder Erziehung eines gemeinschaftlichen Kindes nach § 1570 Unterhalt verlangen kann,**
2. **der Berechtigte in einer verfestigten Lebensgemeinschaft lebt,**
3. **der Berechtigte sich eines Verbrechens oder eines schweren vorsätzlichen Vergehens gegen den Verpflichteten oder einen nahen Angehörigen des Verpflichteten schuldig gemacht hat,**
4. **der Berechtigte seine Bedürftigkeit mutwillig herbeigeführt hat,**
5. **der Berechtigte sich über schwerwiegende Vermögensinteressen des Verpflichteten mutwillig hinweggesetzt hat,**

6. **der Berechtigte vor der Trennung längere Zeit hindurch seine Pflicht, zum Familienunterhalt beizutragen, gröblich verletzt hat,**
7. **dem Berechtigten ein offensichtlich schwerwiegendes, eindeutig bei ihm liegendes Fehlverhalten gegen den Verpflichteten zur Last fällt oder**
8. **ein anderer Grund vorliegt, der ebenso schwer wiegt wie die in den Nummern 1 bis 7 aufgeführten Gründe.**

Lit.: Brudermüller, Zeitliche Begrenzung des Unterhaltsanspruchs, FamRZ 1998, 650; Dieckmann, Zur Einschränkung des nachehelichen Unterhaltsanspruchs nach dem UÄndG für „Berufstätigenehen", FamRZ 1987, 981; Diederichsen, Die Ehedauer als Begrenzungskriterium für den nachehelichen Unterhalt, FS Müller-Freienfels 1986, 99; Duderstadt, Verwirkung im Familienrecht, Teil 3: Verwirkung des Ehegattenunterhalts, NZFam 2020, 550; Häberle, Die Erweiterung der negativen Härteklausel (§ 1579) durch das UÄndG, FamRZ 1986, 311; Henrich, Die negative Härteklausel (§ 1579 nF) und die Belange des Kindes, FamRZ 1986, 401; Krekeler, § 1579 BGB und Facebook, FuR 2016, 135; Lübbert, Der Ausschluß des nachehelichen Unterhalts wegen „grober Unbilligkeit" – § 1579 –, 1982; Schnitzler, Die verfestigte Lebensgemeinschaft als selbständiger Härtegrund im neuen § 1579 Nr. 2 BGB, FPR 2008, 41; ders., Verwirkungstatbestände im § 1579 BGB, FF 2018, 431.

1 **1. Allgemeines.** Härteklausel zugunsten des Unterhaltsverpflichteten; unter den in Nr. 1–8 geregelten Voraussetzungen kann Unterhalt versagt, herabgesetzt oder zeitlich begrenzt werden. Gilt nicht bei § 1576, da die in § 1579 erheblichen Umstände schon in die Billigkeitsabwägung eingehen können (BGH NJW 1984, 1538 [1540]).

2 **2. Voraussetzungen. a)** Fälle der **grob unbilligen Inanspruchnahme** sind in Nr. 1–7 enumerativ aufgezählt und werden in Nr. 8 durch eine Generalklausel ergänzt; bei den genannten Voraussetzungen können für das Urteil „grob unbillig" zusätzliche Momente Gewicht haben (vgl. BGH NJW-RR 1986, 1194). Die Fassung der Norm stellt iÜ klar, dass die Belange gemeinschaftlicher, dem Unterhaltsbedürftigen durch Sorgerechtsentscheidung oder entspr. Vereinbarung „anvertrauter" Kinder (für die Dauer der Betreuung) Vorrang vor den Interessen des Unterhaltspflichtigen haben; gleichwohl muss auch bei berücksichtigenswerten Kindesbelangen völlige Versagung in Betracht kommen, vgl. Diederichsen NJW 1986, 1290; OLG Düsseldorf NJW-RR 1988, 7 (seltene Ausnahmefälle). Die Zahl der teilw. bizarren Einzelfälle wächst ständig; hier können nur Bsp. wiedergegeben werden.
3 **b)** Für die **kurze Dauer** der **Nr. 1** ist nach BVerfGE 80, 286 die tatsächliche Ehedauer maßgebend; sa OLG Frankfurt a. M. FamRZ 2020, 95 [96] (nicht Dauer des Zusammenlebens); anschließend sind Kindesbelange abzuwägen. IÜ ist maßgebend die jeweilige Lebenssituation der Ehegatten, insbes. des Unterhaltsbedürftigen (BGH NJW 1981, 754 [756]). 2 Jahre sind regelmäßig als kurz zu bewerten, 3 Jahre nicht mehr, vgl. BGH FamRZ 2011, 791 [794]; NJW 1981, 754 [756]; dagegen OLG Köln FamRZ 1992, 65 [66] (4 Jahre). Ehedauer iS dieser Vorschrift endet jedenfalls mit Rechtshängigkeit des Scheidungsantrags (BGH NJW 1981, 754 [755]). Zur Kinderbetreuungszeit BVerfGE 80, 286 [293]; Dieckmann FamRZ 1987, 981 [983]. Wiederverheiratung: Dauer der 1. Ehe bleibt außer Betracht (OLG Hamm
4 FamRZ 1989, 1091). **Nr. 2:** Durch UÄndG 2007 eingeführter Tatbestand (Gesetzgebungsverfahren s. Schnitzler FPR 2008, 41 [42]), der vorher unter Nr. 8 subsumiert wurde. Es wird kein vorwerfbares Fehlverhalten des Unterhaltsberechtigten sanktioniert, sondern eine rein obj. Gegebenheit in den Lebensverhältnissen des bedürftigen Ehegatten erfasst, „die eine dauerhafte Unterhaltsleistung unzumutbar erscheinen lässt" (BT-Drs. 16/1830, 21). Maßgebend ist ausweislich des Regierungsentwurfs, dass der geschiedene Ehegatte sich „endgültig aus der nachehelichen Solidarität herauslöst und zu erkennen gibt, dass er diese nicht mehr benötigt" (BT-Drs. 16/1830, 21). Unter „verfestigter Lebensgemeinschaft" iSd Nr. 2 ist eine Lebensgemeinschaft zu verstehen, die auf Dauer angelegt ist, daneben keine weitere Lebensgemeinschaft gleicher Art zulässt und sich durch innere Bindungen auszeichnet, die ein gegenseitiges Einstehen der Partner füreinander begründen, also über

die Beziehungen in einer reinen Haushalts- und Wirtschaftsgemeinschaft hinausgehen (vgl. BVerfG NJW 1993, 643 [645]). Erfasst sind verschieden- und gleichgeschlechtliche Paare (OLG Hamm NJOZ 2022, 1512 [1515]; Grüneberg/v. Pückler Rn. 11). Neben neueren Entscheidungen bleibt die bisherige Rspr. weiter anwendbar: Danach bedarf es einer eheähnlichen längeren (nicht unter 2 Jahren, s. statt Vieler OLG Zweibrücken FamRZ 2021, 1021 [1022]: 2–3 Jahre; nach kürzerer Zeit bei Schwangerschaft von neuem Partner [OLG Köln FamRZ 2005, 279] und/oder hinreichenden Indizien für langfristige Planung gemeinsamer Zukunft [OLG Hamm FamRZ 2014, 1468 [1469]; OLG Oldenburg NJW 2017, 963: Auftreten als Paar und Einzug in die Wohnung des Lebensgefährten]) und stabilen (nicht, wenn „es kriselt", OLG Köln NJW-RR 2003, 938 [Einzelfallentscheidung]; sa OLG Düsseldorf FamRZ 2022, 1611 [1613 f.]: Belastung der Beziehung durch übergriffiges Verhalten des Unterhaltspflichtigen) Verbindung mit dem neuen Partner (BGH FamRZ 2002, 810 [811]; sa BGH FamRZ 2011, 1854 [1857]: intimes Verhältnis allein reicht nicht aus). Hieran fehlt es, wenn die Partner ihre jeweiligen Lebensbereiche bewusst getrennt halten, um ihre Unabhängigkeit zu bewahren (OLG Hamm NJOZ 2022, 1512 [1515]; BGH NJW 2002, 217 [219]; dazu D. Schwab FamRZ 2002, 92); auf sexuelle Beziehung kommt es hingegen nicht an (BGH NJW 2002, 1947 [1949]; OLG Hamm NJOZ 2022, 1512 [1515]). Zu Indizien für eine feste soziale Bindung sa OLG Hamm NJOZ 2022, 1512 [1516]: gemeinsame Freizeitgestaltung/Urlaube, ständige gegenseitige Hilfe/Unterstützung im Alltag, Fürsorgeleistungen/Versorgung im Krankheitsfall, Vorsorge für den Partner etc.; auch Erwerb eines Grundstücks, um darauf ein gemeinsames Haus zu bauen (BGH FamRZ 2002, 810 [811 f.]; OLG Zweibrücken FamRZ 2022, 1603 [1607]). Bei Beendigung der Lebensgemeinschaft kann der Unterhaltsanspruch wiederaufleben (s. dazu Duderstadt NZFam 2020, 550 [561 f.]), ist bei einer kurzen Ehe aber gem. § 1578b zeitlich zu begrenzen (OLG Hamm NJW-RR 2007, 583). (Ausdrückliche oder konkludente) Vereinbarung des **Verzichts** auf Geltendmachung des Härtegrundes iSd Nr. 2 ist (auch im Voraus) möglich (OLG Koblenz FamRZ 2020, 690 [691 f.]). **Nr. 3:** gefährliche Körperverletzung (BGH NJW 2004, 1324); Pro- **5**
zessbetrug gegen Antragsteller s. OLG Hamm NJW-RR 1988, 8 (Verhältnismäßigkeitsgrundsatz sei zu beachten); Revolverschüsse (OLG Düsseldorf NJW 1993, 3078 f.); unberechtigte Missbrauchsvorwürfe (OLG Hamm NJW-RR 2014, 523); fortgesetzte schwere Beleidigungen, Verleumdungen oder schwerwiegende falsche Anschuldigungen, wenn sie nachteilige Auswirkungen in persönlicher, beruflicher oder sozialer Hinsicht haben (BGH NJW 1982, 100 [101]). Unter bes. Umständen Verwirkung auch bereits entstandener Unterhaltsansprüche (BGH NJW 2004, 1324 [1325]). Täter muss schuldhaft, wenn auch im Zustand verminderter Schuldfähigkeit gehandelt haben (OLG Hamm FamRZ 2002, 240 [241]); bei Schuldunfähigkeit s. → Rn. 8. **c) „Mutwilligkeit"** iSv **Nr. 4** ist schon leichtfertiges Verhalten, das **6**
Unterhaltsbedürftigkeit herbeiführt (vgl. BGH NJW 1981, 2805 [2807]: Trunksucht); sa zum Vermögensverbrauch BGH FamRZ 1984, 364 [368]; zur unterlassenen Ausbildung BGH NJW 1986, 985 [986]; zur „Selbstverwirklichung" OLG Köln FamRZ 1985, 930: Aufgabe der Erwerbstätigkeit (sa OLG Hamm FamRZ 1996, 959 [960]; OLG Bamberg NJW-RR 1988, 132), Verweigern therapeutischer Hilfe (OLG Hamm FamRZ 1999, 237 [238]; nicht, wenn Unterlassen der Behandlung auf der Krankheit selbst beruht, BGH FamRZ 2005, 1897 [1898] [Schizophrenie]); nicht: Selbsttötungsversuch (BGH NJW-RR 1989, 1218 [1219]); homologe In-vitro-Fertilisation trotz Widerrufs des Einverständnisses durch Ehemann (BGH FamRZ 2001, 541 [544]); **Nr. 5:** Anschwärzen (OLG Karlsruhe FamRZ 1998, 746 **7**
[747]; vgl. auch OLG Schleswig NJW-RR 2013, 517 [519]: Selbstanzeige beim Finanzamt ohne den Ehegatten vorab darüber zu informieren); Bestehlen (OLG Hamm FamRZ 1994, 168); Vereitelung des Zugewinnausgleichs (OLG Hamm NJW 2007, 1144 [1146]); Verschweigen erheblicher Einkommenssteigerungen (BGH NJW 2008, 2581 [2583]); **Nr. 6:** vgl. §§ 1360 f.; gröbliche Pflichtverletzung liegt vor, wenn über Nichterfüllung hinaus weitere obj. Merkmale vorliegen, die das

pflichtwidrige Verhalten als bes. schwerwiegend erscheinen lassen (OLG Düsseldorf FamRZ 2019, 1134 [1135]); **Nr. 7** deckt Fälle des schwerwiegenden und klar bei dem unterhaltsbedürftigen Ehegatten liegenden Fehlverhaltens, also insbes. dauerhafte intime Beziehungen (sowohl verschieden- als auch gleichgeschlechtliche [BGH NJW 2008, 2779 [2780]) zu einem Dritten vor oder nach der Trennung (vgl. BGH FamRZ 2011, 791 [794 f.]; NJW 1990, 253 [254]; OLG Frankfurt a. M. NJW-RR 1994, 456); Mehrverkehr (OLG Celle NJW-RR 1987, 580); „böser Schein" eines Treubruchs (OLG Celle FamRZ 1999, 508 [509]); „Unterschieben" eines Kindes (OLG Köln FamRZ 1998, 749; sa OLG Hamm FamRZ 2017, 724 [725 f.]: Täuschung über Vaterschaft zu einem [vorehelichen] Kind); Vereitelung des Umgangsrechts (OLG Brandenburg BeckRS 2011, 02111; OLG München FamRZ 1998, 750); Weigerung, gemeinsamen Wohnsitz zu begründen (BGH NJW 1987, 1761 [1762], krit. dazu Dieckmann FamRZ 1987, 981); Tätlichkeiten (OLG Koblenz NJW-RR 1989, 5); beleidigende Veröffentlichungen in der Ortspresse (OLG Bran-
8 denburg BeckRS 2011, 02111); **Nr. 8** übernimmt die Funktion eines Auffangtatbestandes, insbes. wenn bei Nr. 3, 5 Verschulden nicht nachgewiesen werden kann (s. OLG Hamm FamRZ 1998, 371 [372]). Bsp: Verschweigen der Scheinehelichkeit eines Kindes (BGH NJW 1985, 428 [429]); Anzeige bei östlichem Staatssicherheitsdienst (OLG Köln NJW-RR 1986, 686 [687]); einverständlich unterbliebenes Zusammenleben (BGH NJW-RR 1994, 644); Trennungszeit von über 10 Jahren (OLG Bamberg FamRZ 2014, 1707 [1708]); **nicht:** Absinken des Unterhaltsverpflichteten und seiner neuen Familie unter Sozialhilfeschwelle (BGH NJW 1996, 2793 [2794], zw.); unerkannte voreheliche Erkrankung (BGH NJW 1994, 1286); gleichgeschlechtliches Zusammenleben (BGH NJW 1995, 655); Zusammenleben der Ehefrau mit ihrem Schwiegersohn an anderem Wohnort (OLG Jena NJW-RR
9 2005, 6). Zur **Beweislast** für Härtegrund BGH NJW 1991, 1290 [1291]; OLG Brandenburg NJW 2008, 2355. Beschränkung selbst bei Schwerbehinderung des Unterhaltsberechtigten (BGH NJW-RR 1988, 834). Zum Wiederaufleben eines ausgeschlossenen Anspruchs BGH NJW 1987, 3129.

10 **3. Folgen.** Versagung, Herabsetzung oder zeitliche Beschränkung des Unterhaltsanspruchs. Entscheidend sind die Umstände des Einzelfalls (BGH FamRZ 2022, 434 [439]); zu Bsp. aus der Rspr s. Duderstadt NZFam 2020, 550 [551 ff.].

§ 1580 Auskunftspflicht

[1]Die geschiedenen Ehegatten sind einander verpflichtet, auf Verlangen über ihre Einkünfte und ihr Vermögen Auskunft zu erteilen. [2]§ 1605 ist entsprechend anzuwenden.

1 **1. Allgemeines.** Auskunft kann nur verlangt werden, wenn und soweit zur Feststellung eines Unterhaltsanspruchs oder einer Unterhaltsverpflichtung relevant (§ 1605 I 1), vgl. BGH NJW 1982, 2771 (Pflichtteil); NJW 1983, 1783 (Rente); OLG Hamburg FamRZ 1985, 394 [395] (Einkünfte, nicht Vermögensgegenstände; s. aber OLG Rostock BeckRS 2015, 03675: Auskunft über Vermögen, wenn Vermögensstamm verwertet werden muss); OLG Karlsruhe NJW-RR 1990, 712 [713] (Verwendung von Kapitalbeträgen). Erforderlich ist eine systematische Aufstellung der Angaben, die eine Berechnung ohne übermäßigen Arbeitsaufwand ermöglicht, BGH NJW 1983, 2243 [2244] (auch zum Zeitraum). Der Anspruch besteht im Verbundverfahren ab Rechtshängigkeit des Scheidungsantrags (BGH FamRZ 2018, 260). Auskunft und Vorlage von Belegen: zwei Ansprüche (OLG München FamRZ *1993, 202). Uneingeschränkte* Leistungsbereitschaft lässt Auskunftsanspruch nicht entfallen; Einkommen bleibt für Bedarfsbemessung relevant (BGH FamRZ 2018, 260 [262 f.]; sa BGH NJW 1994, 2618); vgl. auch § 1578 Rn. 8. Zum Umfang des Auskunftsanspruchs sa → § 1605 Rn. 4 f. Die Sperrfrist gem. S. 2 iVm § 1605 II hindert Geltendmachung des Anspruchs aus § 1580 nicht, wenn sich ein vorheriger Auskunftsanspruch auf Trennungsunterhalt nach § 1361 I bezog (OLG München

FamRZ 2015, 2069). Das Vorliegen von Härtefällen iSd § 1379 lässt den Auskunftsanspruch grds. nicht entfallen (KG BeckRS 2018, 32624; OLG Düsseldorf FamRZ 2022, 1915 [1917]).

2. Geltendmachung im Verbundverfahren. Der Anspruch kann bereits im Verbundverfahren geltend gemacht werden (BGH NJW 1982, 1645; FamRZ 2018, 260). Kein Zurückbehaltungsrecht (OLG Köln FamRZ 1987, 714). 2

Kapitel 3. Leistungsfähigkeit und Rangfolge

§ 1581 Leistungsfähigkeit

[1]Ist der Verpflichtete nach seinen Erwerbs- und Vermögensverhältnissen unter Berücksichtigung seiner sonstigen Verpflichtungen außerstande, ohne Gefährdung des eigenen angemessenen Unterhalts dem Berechtigten Unterhalt zu gewähren, so braucht er nur insoweit Unterhalt zu leisten, als es mit Rücksicht auf die Bedürfnisse und die Erwerbs- und Vermögensverhältnisse der geschiedenen Ehegatten der Billigkeit entspricht. [2]Den Stamm des Vermögens braucht er nicht zu verwerten, soweit die Verwertung unwirtschaftlich oder unter Berücksichtigung der beiderseitigen wirtschaftlichen Verhältnisse unbillig wäre.

Lit.: Graba, Reihenfolge der Prüfung von § 1578b und § 1581 BGB bei der Drittelmethode, FF 2012, 341; Gutdeutsch, Dreiteilung bei Leistungsfähigkeit statt Bedarf: Was hat sich geändert im Normalfall und im Mangelfall?, FamRZ 2015, 96; ders., Vorsorgeunterhalt und Drittelmethode, FamRZ 2016, 184; ders., Dreiteilung bei Leistungsfähigkeit statt Bedarf, FamRZ 2015, 96; Lipp, Selbstbehalt zwischen Verfassung, Gesetz, Richtlinien und Einzelfall, FamRZ 2012, 1; Schwamb, Der Unterhaltsbedarf nach den ehelichen Lebensverhältnissen und die Leistungsfähigkeit des Verpflichteten bei Anspruchskonkurrenzen, MDR 2012, 557; sa Lit. zu § 1578.

1. Allgemeines. § 1581 kürzt den (nach § 1578 berechneten) Unterhaltsanspruch des geschiedenen Ehegatten bei Gefährdung des eigenen eheangemessenen Bedarfs des Unterhaltsverpflichteten („Mangelfall“; praktisch die Regel); der eigene angemessene Unterhalt darf nicht geringer sein als der zu leistende Betrag (BGH NJW 2012, 384 [388]; NJW 2013, 2662 [2667]). 1

2. Voraussetzungen. Die Einkünfte, insbes. aus Vermögen oder (und) Erwerbstätigkeit des in Anspruch Genommenen reichen nicht aus, um den Unterhaltsbedarf beider Teile sowie seine sonstigen (gleichrangigen oder vorrangigen) Unterhaltsverpflichtungen (dazu → Rn. 7) zu decken. Dabei werden sämtliche Einkünfte (auch nicht eheprägende) einbezogen (OLG Nürnberg NJOZ 2021, 37 [39]; Grüneberg/v. Pückler Rn. 2). Eigener angemessener Unterhalt des Verpflichteten ist der eheangemessene Unterhalt nach § 1578 I 1 (BGH NJW 1990, 1172 [1176]; bestätigt durch BGH NJW 2012, 384 [388]). Ein Erwerbstätigenbonus ist jedoch (anders als beim Bedarf, → § 1578 Rn. 7) nicht abzuziehen (BGH NJW 2013, 2662 [2667]; 2
NJW 2014, 1590 [1592]). **a) Vermögensverzehr** s. S. 2, der § 1577 III entspricht. 3
Zur Abwägung OLG Frankfurt a.M. NJW-RR 1988, 1159 [1161]; OLG Nürnberg NJOZ 2021, 37 [39]; vgl. auch BGH NJW 2005, 433. **b) Einkünfte: aa)** Welche 4
Erwerbstätigkeit von dem in Anspruch Genommenen erwartet werden kann, sagt das Ges. nicht. Die für den Berechtigten geltenden Grundsätze sind entspr. zu berücksichtigen. Auch der **Verpflichtete** hat deshalb eine **Erwerbsobliegenheit,** 5
vgl. BGH NJW-RR 1987, 514 [515] für wiederverheirateten (oder in nichtehelicher Lebensgemeinschaft lebenden, BGH NJW 2001, 1488 [1489]) „Hausmann“ mit Unterhaltsverpflichtung aus § 1570, die zur Annahme fiktiven Einkommens führen kann. Sie legt auch bei Wahl oder Aufgabe einer Stelle Beschränkungen auf (BGH NJW 1982, 1050 [1052]). Bei Aufgabe des Arbeitsplatzes ohne zureichenden Grund wird der Verpflichtete als leistungsfähig behandelt (BGH NJW 1981, 1609 [1610]); sa OLG Düsseldorf NJW-RR 1994, 326 (Straftat gegen Arbeitgeber); OLG Stuttgart

FamRZ 1983, 1233 (für beide Seiten); sa BGH NJW 1993, 1974 [1975] zum schuldhaften Verlust des Arbeitsplatzes (beachtlich, es sei denn, Berufung darauf ist treuwidrig). Berufs- und Ortswechsel s. KG FamRZ 1984, 592; Studium als Hinderungsgrund s. OLG Karlsruhe FamRZ 1981, 559 [560]. Entscheidung für selbstständigen Beruf entlastet nicht für Übergangszeit (OLG Düsseldorf NJW-RR 1988, 2 [4]). Berücksichtigung von Einkommen aus überobligatorischer Tätigkeit beurteilt sich
6 nach § 242 (BGH NJW 2013, 2662 [2667]). **bb) Sonstige Einkünfte:** Grundrente (BGH NJW 1981, 1313 [1314]; vgl. auch OLG Celle FamRZ 2018, 1078: Anspruch gegen Unterhaltspflichtigen auf Abgabe einer Willenserklärung zum Antrag auf Vollrente); Zulagen (BGH NJW 1982, 41 [42]); Ortszuschlag (BGH NJW-RR 1990, 581); Versorgung durch neuen Partner (BGH NJW 1980, 124 [126]; NJW 1980, 1686 [1688]); freiwillige Leistungen Dritter sind für Leistungsfähigkeit nur dann zu beachten, wenn sie nach dem Willen des Dritten auch dem Unterhaltsbe-
7 rechtigten zugutekommen sollen (BGH NJW-RR 2005, 945 [947]). **c) Sonstige Verpflichtungen** sind **aa)** solche gegenüber im Rang aufgrund § 1609 vorgehenden oder gleichstehenden Unterhaltsberechtigten (BGH NJW 2012, 384 [388 ff.]); vorrangig zu berücksichtigen sind gem. § 1609 Nr. 1 auch nachehelich geborene minderjährige oder privilegiert volljährige Kinder (BGH NJW 2012, 384 [388]). Abzuziehen ist bei unterhaltsbedürftigen Kindern der (tatsächliche oder hypothetische) Barunterhaltsanspruch unter Berücksichtigung aller dem Pflichtigen zur Verfügung stehender Mittel einschl. des Splittingvorteils (BGH NJW 2014, 2109 [2112 f.], dort auch zur Anrechnung des Kindergelds). Bei gleichrangigen Unterhaltsberechtigten (zB geschiedener und gleichrangiger neuer Ehegatte) kann nach BGH NJW 2014, 2112; NJW 2012, 389 im Rahmen der Billigkeitsabwägung eine Dreiteilung des vorhandenen Gesamteinkommens (einschl. nachehelicher Gehaltssteigerung, Splittingvorteil, Familienzuschlag der Stufe 1, etc) aller Beteiligter erfolgen; BVerfG FamRZ 2011, 437 (Verfassungswidrigkeit der Drittelmethode) stehe nicht entgegen, da der Entscheidung der Fall einer nachrangigen zweiten Ehefrau zugrunde gelegen habe. Synergieeffekten durch das Zusammenleben in einer neuen Ehe sei dadurch Rechnung zu tragen, dass die Mittel, die den zusammenlebenden Ehegatten zur Verfügung stehen, um 10 % gekürzt werden (BGH NJW 2014, 2109 [2112]; NJW 2012, 384 [390]). Zur Rechnung bei Dreiteilung s. Gutdeutsch FamRZ 2015, 96; zu Vorsorgeunterhalt und Drittelmethode Gutdeutsch FamRZ 2016, 184. Bei Vorrang des geschiedenen gegenüber dem neuen Ehegatten ist der Unterhaltsanspruch des neuen Partners dagegen nicht als sonstige Verpflichtung zu berücksichtigen; der geschiedene Ehegatte kann vollen Unterhalt im Wege der Halbteilung (→ § 1578 Rn. 7) verlangen (BGH NJW 2014, 2109 [2111]). Zum Vorrang des neuen gegenüber dem geschiedenen Ehegatten s. BGH NJW 2012, 384 [390]. Der BGH betont, dass neben dem Rang weitere Umstände iRd Billigkeitsabwägung berücksichtigt werden können, insbes. die Deckung des Mindestbedarfs eines Unterhaltsberechtigten (BGH NJW 2012, 384 [390]). Darlegungs- und beweispflichtig für das Vorliegen „sonstiger Verpflichtungen" ist der Unterhaltspflichtige (BGH NJW 2012, 384
8 [389]). **bb)** Andere Verbindlichkeiten, soweit sie nicht nach Entstehung der Unterhaltspflicht ohne zwingenden Grund eingegangen worden sind (→ §§ 1601–1604 Rn. 21; Einschränkungen BGH NJW 1984, 1237 [1238]). Evtl. Tilgungsplan erforderlich, um monatliche Belastung auszugleichen (sa BGH NJW 1982, 1641; OLG Düsseldorf FamRZ 1986, 65 f. zur Schuldentilgung im Verhältnis zu Unterhaltsgläubigern; OLG Hamburg MDR 1983, 935 zu Versicherungsbeiträgen). **cc)** Belastungen aus dem Versorgungsausgleich sind nicht zu berücksichtigen, weil sonst der Ausgleichsberechtigte seinen Ausgleich mit dem Wegfall seiner Unterhaltsansprüche zu bezahlen hätte (BT-Drs. 7/650, 163). Zu Abschreibungen s. Durchlaub FamRZ
9 1987, 1223. **d)** Als **„Selbstbehalt"** ist jedenfalls der zur Erhaltung der Arbeitskraft notwendige Unterhalt zu belassen; zur Höhe → § 1361 Rn. 16. Gegenüber dem Ehegattenunterhalt muss dem Unterhaltspflichtigen ein Selbstbehalt verbleiben, der den notwendigen Selbstbehalt gegenüber einem Unterhaltsanspruch minderjähriger Kinder (§ 1603 II) übersteigt und zwischen diesem und dem angemessenen Selbstbe-

halt (§ 1603 I) liegt (BGH FamRZ 2009, 307). Die Bemessung des eheangemessenen Selbstbehalts obliegt dem Tatrichter. Nach BGH MDR 2020, 1451 [1452] ist eine Orientierung an Erfahrungs- und Richtwerten (vorbehaltlich bes. Umstände im Einzelfall) grds. zulässig; dabei kann zwischen Selbstbehalt für Erwerbstätige und für Nichterwerbstätige differenziert werden (BGH aaO). **e)** Zur Berücksichtigung 10
von Einkünften des Berechtigten aus nicht gebotener Erwerbstätigkeit im Rahmen der Billigkeit s. BGH NJW 1983, 933 [936].

3. Rechtsfolgen. Minderung oder auch gänzlicher Wegfall der Unterhaltsver- 11
pflichtung für die Dauer der mangelnden Leistungsfähigkeit (BGH NJW 2012, 384 [388]). Aber: Berufung auf selbst herbeigeführte Leistungsunfähigkeit kann treuwidrig sein (BGH NJW 1988, 2239 [2241]).

§ 1582 Rang des geschiedenen Ehegatten bei mehreren Unterhaltsberechtigten

Sind mehrere Unterhaltsberechtigte vorhanden, richtet sich der Rang des geschiedenen Ehegatten nach § 1609.

Durch das UÄndG 2007 enthält § 1582 nur noch einen Verweis auf § 1609, in 1
welchem seitdem die Rangverhältnisse aller unterhaltsberechtigten Personen zentral geregelt sind. Sonderregelungen zur Rangfolge erübrigen sich somit.

§ 1583 Einfluss des Güterstands

Lebt der Verpflichtete im Falle der Wiederheirat mit seinem neuen Ehegatten im Güterstand der Gütergemeinschaft, so ist § 1604 entsprechend anzuwenden.

Die Vorschrift stellt sicher, dass ein geschiedener Ehegatte seine Leistungsfähigkeit 1
bei Wiederverheiratung nicht durch Vergemeinschaftung seines Vermögens schmälert; das Gesamtgut und seine Erträgnisse werden deshalb dem Verpflichteten bei Beurteilung seiner Leistungsfähigkeit zugerechnet.

§ 1584 Rangverhältnisse mehrerer Unterhaltsverpflichteter

[1]Der unterhaltspflichtige geschiedene Ehegatte haftet vor den Verwandten des Berechtigten. [2]Soweit jedoch der Verpflichtete nicht leistungsfähig ist, haften die Verwandten vor dem geschiedenen Ehegatten. [3]§ 1607 Abs. 2 und 4 gilt entsprechend.

1. Allgemeines. Die Vorschrift regelt die gesteigerte Unterhaltsverantwortung 1
zwischen (geschiedenen) Ehegatten im Vergleich zur Unterhaltspflicht Verwandter.

2. Rangfolge. a) Der geschiedene Ehegatte haftet vor unterhaltspflichtigen Ver- 2
wandten, soweit und solange er nicht leistungsunfähig iSd § 1581 ist. Auch wenn er ohne Gefährdung seines eigenen Unterhalts nur Teilleistungen erbringen kann, hat er insoweit primär einzustehen. **b) Ersatzhaftung** der unterhaltspflichtigen, dh 3
leistungsfähigen (s. § 1603 I) Verwandten (s. § 1589) tritt ein, wenn der geschiedene Ehegatte entweder **aa)** absolut leistungsunfähig ist oder **bb)** seinen eigenen ange- 4
messenen Unterhalt unter Berücksichtigung seiner sonstigen Verpflichtungen gefährden würde (vgl. auch § 1608 S. 2); auch braucht er den Stamm seines Vermögens nur unter den Voraussetzungen des § 1581 S. 2 zu verwerten, um unterhaltspflichtige Verwandte zu entlasten. Verpflichtungen gegenüber einem neuen Ehegatten sind jedoch nur nach Maßgabe des § 1582 zu berücksichtigen (→ § 1581 Rn. 7).
cc) Der Leistungsunfähigkeit des verpflichteten Ehegatten steht die Hinderung oder 5
Erschwerung der Rechtsverfolgung im Inland gleich, S. 2 iVm § 1607 II 1.

6 **3. Ges. Forderungsübergang auf Verwandte.** Ges. Forderungsübergang der Unterhaltsansprüche gegen den Ehegatten auf die ersatzweise leistenden Verwandten tritt im Falle verhinderter oder erschwerter Rechtsverfolgung im Inland aufgrund S. 2 iVm § 1607 II 2 ein. Soweit Verwandte in anderen Situationen Unterhalt leisten, kommt es für ihre Rückgriffsansprüche aus Bereicherung darauf an, ob tatsächlich Unterhaltsansprüche gegen den geschiedenen Ehegatten bestanden (vgl. hierzu → §§ 1606–1608 Rn. 16); war er zur Leistung etwa nach § 1581 nicht verpflichtet, besteht auch kein Regressanspruch der hilfsweise eingesprungenen Verwandten (BT-Drs. 7/650, 145).

Kapitel 4. Gestaltung des Unterhaltsanspruchs

§ 1585 Art der Unterhaltsgewährung

(1) **[1]Der laufende Unterhalt ist durch Zahlung einer Geldrente zu gewähren. [2]Die Rente ist monatlich im Voraus zu entrichten. [3]Der Verpflichtete schuldet den vollen Monatsbetrag auch dann, wenn der Unterhaltsanspruch im Laufe des Monats durch Wiederheirat oder Tod des Berechtigten erlischt.**

(2) **Statt der Rente kann der Berechtigte eine Abfindung in Kapital verlangen, wenn ein wichtiger Grund vorliegt und der Verpflichtete dadurch nicht unbillig belastet wird.**

§ 1585a Sicherheitsleistung

(1) **[1]Der Verpflichtete hat auf Verlangen Sicherheit zu leisten. [2]Die Verpflichtung, Sicherheit zu leisten, entfällt, wenn kein Grund zu der Annahme besteht, dass die Unterhaltsleistung gefährdet ist oder wenn der Verpflichtete durch die Sicherheitsleistung unbillig belastet würde. [3]Der Betrag, für den Sicherheit zu leisten ist, soll den einfachen Jahresbetrag der Unterhaltsrente nicht übersteigen, sofern nicht nach den besonderen Umständen des Falles eine höhere Sicherheitsleistung angemessen erscheint.**

(2) **Die Art der Sicherheitsleistung bestimmt sich nach den Umständen; die Beschränkung des § 232 gilt nicht.**

§ 1585b Unterhalt für die Vergangenheit

(1) **Wegen eines Sonderbedarfs (§ 1613 Abs. 2) kann der Berechtigte Unterhalt für die Vergangenheit verlangen.**

(2) **Im Übrigen kann der Berechtigte für die Vergangenheit Erfüllung oder Schadensersatz wegen Nichterfüllung nur entsprechend § 1613 Abs. 1 fordern.**

(3) **Für eine mehr als ein Jahr vor der Rechtshängigkeit liegende Zeit kann Erfüllung oder Schadensersatz wegen Nichterfüllung nur verlangt werden, wenn anzunehmen ist, dass der Verpflichtete sich der Leistung absichtlich entzogen hat.**

§ 1585c Vereinbarungen über den Unterhalt

[1]Die Ehegatten können über die Unterhaltspflicht für die Zeit nach der Scheidung Vereinbarungen treffen. [2]Eine Vereinbarung, die vor der Rechtskraft der Scheidung getroffen wird, bedarf der notariellen Beurkundung. [3]§ 127a findet auch auf eine Vereinbarung Anwendung, die in einem Verfahren in Ehesachen vor dem Prozessgericht protokolliert wird.

Anmerkungen zu den §§ 1585–1585c

Lit.: Büttner, Grenzen ehevertraglicher Gestaltungsmöglichkeiten, FamRZ 1998, 1; Schlünder, Gestaltungsspielräume im Unterhaltsrecht, FF 2017, 339 u 391.

1. Allgemeines. Die Vorschriften regeln die Ausgestaltung des Unterhaltsanspruchs sowie die Möglichkeit seiner Sicherung und rechtsgeschäftlichen Modifikation. 1

2. Laufender Unterhalt. Ist für die Dauer der Unterhaltspflicht nach § 1585 I in Form einer monatlich vorauszahlbaren Geldrente zu leisten. § 1612 I 2 ist nicht anwendbar. Das Wort **„laufend"** soll klarstellen, dass weiterer Unterhalt aufgrund Sonderbedarfs geschuldet sein kann (→ Rn. 5). Erlöschen des Unterhaltsanspruchs aufgrund Wiederverheiratung oder Tod des Berechtigten (s. § 1586 I) im Laufe des Monats s. § 1585 I 3. Unterhalt als **Überbrückungsdarlehen** bis zur Auszahlung beantragter Rente s. OLG Köln NJW 1980, 2817. 2

3. Kapitalabfindung (§ 1585 II). Kann vom Berechtigten verlangt werden, 3
wenn **a)** ein wichtiger Grund vorliegt (zB Existenzgründung) und **b)** der Verpflich- 4
tete dadurch nicht unbillig belastet wird, also etwa die Abfindung vermittels eines Kredits erbringen kann, dessen Rückzahlung in Raten in etwa seiner Unterhaltsverpflichtung entspricht. Dem Unterhaltsberechtigten kann jedoch eine Unterhaltsabfindung nicht aufgedrängt werden.

4. Sonderbedarf. Definition s. § 1613 II 1. Sonderbedarf ist neben dem laufenden Unterhalt geschuldet (s. § 1585b I), zB bei unerwarteter Operation. 5

5. Unterhalt für die Vergangenheit. a) Für die Vergangenheit sind entspr. 6
§ 1613 I Erfüllung oder Schadensersatz wegen Nichterfüllung nur geschuldet, wenn der Unterhaltsverpflichtete zum Zwecke der Geltendmachung des Unterhaltsanspruchs aufgefordert worden ist, über seine Einkünfte oder sein Vermögen Auskunft zu erteilen, wenn der Unterhaltspflichtige in Verzug geraten oder der Anspruch rechtshängig war, § 1585b II. Verzug s. § 286; Mahnung vor Rechtskraft des Scheidungsbeschlusses begründet keinen Verzug (BGH NJW 1992, 1956). Rechtshängigkeit s. §§ 253 I, 261 I ZPO, § 113 I FamFG; § 167 ZPO ist anwendbar (OLG Frankfurt a.M. NZFam 2020, 291 [294]; OLG Düsseldorf FamRZ 2019, 744 [745]); Zustellung des Verfahrenskostenhilfegesuchs führt nicht zu Rechtshängigkeit (OLG Düsseldorf FamRZ 2019, 744 [746]; OLG Naumburg FamRZ 2006, 490), begründet aber Verzug (s. → § 286 Rn. 21). Vertragliche Vereinbarung des Unterhalts steht Verzug oder Rechtshängigkeit gleich (BGHZ 105, 250 [254]). Beziffert der Unterhaltsberechtigte nach erteilter Auskunft den Unterhaltsanspruch ohne Vorbehalt bzgl. etwaiger Nachforderungen, ist eine rückwirkende Erhöhung nicht mehr möglich (BGH NJW 2013, 163 f.). Werden einzelne, in der Vergangenheit fällig gewordene Unterhaltsansprüche längere Zeit nicht verfolgt, kann ihrer Durchsetzung der Einwand der Verwirkung entgegenstehen (BGH NJW 2007, 1273 [1275]; sa OLG Düsseldorf NJW 2018, 2805 zur Verwirkung rechtshängiger Unterhaltsan-
sprüche). **b)** Sonderbedarf kann nach § 1585b I auch für die Vergangenheit verlangt 7
werden. **c)** Nach einem Jahr erlöschen alle Unterhaltsansprüche, auch solche auf rückständigen Sonderbedarf, sofern nicht Tatsachen bewiesen werden, die die Annahme rechtfertigen, dass sich der Verpflichtete der Leistung absichtlich entzogen hat § 1585b III). Rechtshängigkeit → Rn. 6; sa OLG Zweibrücken FamRZ 2016, 2110 [2111] (keine Vorverlegung auf Zugang des Verfahrenskostenhilfeantrags). Für
„absichtliches Entziehen" s. BGHZ 105, 250 [257 f.] (auch zur **Beweislast**). Gel- 8
tendmachung durch den Träger der Sozialhilfe s. BGH NJW-RR 1987, 1220; OLG Frankfurt a. M. NZFam 2020, 291 [294]. § 1585b III gilt auch für einen vertraglich vereinbarten Unterhaltsanspruch (BGHZ 105, 250 [255 f.]); Verzicht auf § 1585b III ist möglich (BGHZ 105, 250 [255 f.]). Ausgleichsanspruch aufgrund Zustimmung zum Realsplitting s. BGH NJW 1986, 254 [255]; NJW 2005, 2223 (§ 1585b III weder unmittelbar noch entspr. anwendbar).

9 **6. Unterhaltsverträge.** Werden durch § 1585c zugelassen und sind, sofern sie vor der Rechtskraft der Scheidung geschlossen wurden, notariell zu beurkunden; regelmäßig wird ein solcher Vertrag auch den Versorgungsausgleich berücksichtigen,
10 so dass sich die Beurkundungspflicht auch aus § 7 VersAusglG ergibt. **a)** Unterhaltsverträge schon bei oder vor Eheschließung für den Fall der Scheidung sind nach hA zulässig (Grüneberg/v. Pückler § 1585c Rn. 3); zur vertraglichen Vereinbarung des Verschuldensprinzips s. Schmitz, in: Münch, Familienrecht, 3. Aufl. 2020, § 3
11 Rn. 255 ff. **b)** Zur Inhalts- und Ausübungskontrolle von Eheverträgen nach der Grundsatzentscheidung des BGH v. 11.2.2004 (NJW 2004, 930; zusammenfassend jetzt BGH FamRZ 2013, 195; FamRZ 2018, 577; FamRZ 2020, 1347 [1348 f.])
12 → §§ 1408, 1409 Rn. 8 ff. **c)** Vereinbarte **Unabänderbarkeit** ist durch § 242 begrenzt, wenn der Unterhalt des Verpflichteten selbst nicht mehr gesichert ist (OLG Köln FamRZ 1989, 637). Bei Vereinbarung lebenslanger Unterhaltsverpflichtung und nachträglicher Änderung der Rechtslage (Möglichkeit der Befristung) kann sich der Verpflichtete nach BGH NJW 2012, 1209 auf Störung der Geschäftsgrundlage (§ 313) berufen. **d) § 1585b** gilt auch für vertraglich vereinbarte Unterhaltsansprüche (aA RGZ 164, 65 [69] zu § 1613). **e)** Streitigkeiten aus Unterhaltsverträgen sind Familiensache, sofern ein ges. Unterhaltsanspruch zu Grunde liegt (Johannsen/Henrich/Althammer/Maier § 231 FamFG Rn. 2).

13 **7. Sicherheitsleistung.** Ist fällig, wenn **a)** der Unterhaltsberechtigte sie verlangt und **b)** Grund zur Annahme einer Gefährdung der Unterhaltsansprüche besteht. Die Formulierung des Ges. stellt klar, dass der Verpflichtete darlegen und beweisen muss, dass keine Gefährdung besteht. Zur Sicherheitsleistung nach Abschluss des Verfahrens, wenn der Schuldner im Ausland lebt s. OLG Hamm FamRZ 2011,
14 569. **c)** Bei unbilliger Belastung des Verpflichteten durch die Sicherheitsleistung (Beweislast wie → Rn. 13) entfällt der Anspruch. **d)** Höhe der Sicherheitsleistung s. § 1585a I 3; **e) Art** der Sicherheitsleistung ist frei, § 1585a II; so können zB Ansprüche aus einer Lebensversicherung verpfändet werden. Nicht: Abtretung künftiger Lohn- und Gehaltsansprüche.

Kapitel 5. Ende des Unterhaltsanspruchs

§ 1586 Wiederverheiratung, Begründung einer Lebenspartnerschaft oder Tod des Berechtigten

(1) **Der Unterhaltsanspruch erlischt mit der Wiederheirat, der Begründung einer Lebenspartnerschaft oder dem Tode des Berechtigten.**

(2) [1]**Ansprüche auf Erfüllung oder Schadensersatz wegen Nichterfüllung für die Vergangenheit bleiben bestehen.** [2]**Das Gleiche gilt für den Anspruch auf den zur Zeit der Wiederheirat, der Begründung einer Lebenspartnerschaft oder des Todes fälligen Monatsbetrag.**

§ 1586a Wiederaufleben des Unterhaltsanspruchs

(1) **Geht ein geschiedener Ehegatte eine neue Ehe oder Lebenspartnerschaft ein und wird die Ehe oder Lebenspartnerschaft wieder aufgelöst, so kann er von dem früheren Ehegatten Unterhalt nach § 1570 verlangen, wenn er ein Kind aus der früheren Ehe oder Lebenspartnerschaft zu pflegen oder zu erziehen hat.**

(2) [1]**Der Ehegatte der später aufgelösten Ehe haftet vor dem Ehegatten der früher aufgelösten Ehe.** [2]**Satz 1 findet auf Lebenspartnerschaften entsprechende Anwendung.**

Anmerkungen zu den §§ 1586, 1586a

1. Allgemeines. Erlöschen und **Wiederaufleben** von Unterhaltsansprüchen. Gilt nicht für bei Wiederheirat noch nicht erfülltem Abfindungsanspruch aus Vergleich (BGH NJW 2005, 3282 [3283]). § 1586 I ist auf den Unterhaltsanspruch aus § 1615l I 1, II 1, 2 entspr. anwendbar, BGH NJW 2005, 503; bestätigt BGH FamRZ 2016, 892 [893]; nach KG BeckRS 2015, 08500; OLG Stuttgart FamRZ 2016, 907 [908 f.] aber keine analoge Anwendung des § 1586 I auf Anspruch aus § 1615l II 2 gegen den mit der Mutter nicht verheirateten Vater, wenn Kind in der Ehe der Mutter geboren und eheliche Gemeinschaft fortgesetzt wird. 1

2. Voraussetzungen des Erlöschens. a) Tod oder **b)** Wiederverheiratung des Berechtigten (nicht: Tod des Verpflichteten, s. § 1586b). **c)** § 1586 I Alt. 2, der das Erlöschen des Unterhaltsanspruchs auch bei Begründung einer Lebenspartnerschaft vorsieht, ist mit Inkrafttreten des Ges. zur Einführung des Rechts auf Eheschließung für Personen gleichen Geschlechts v. 20.7.2017 (→ Vorb. vor Titel 1 Rn. 6) obsolet geworden; Altfälle bleiben unberührt. 2

3. Grenzen der Wirkung des Erlöschens. a) Der für den Monat des Todes oder der Wiederverheiratung (zur Begründung einer Lebenspartnerschaft s. → Rn. 2) geschuldete Betrag ist in voller Höhe zu leisten, § 1586 II 2. **b)** Ansprü- 4
che auf Erfüllung oder Schadensersatz wegen Nichterfüllung für die Vergangenheit nach § 1585b II bleiben bestehen (beachte aber § 1585b III) und fallen bei Tod in den Nachlass des Berechtigten. **c)** Die Kosten der Beerdigung trägt der Erbe (§ 1968); § 1615 II findet keine entspr. Anwendung (MüKo-BGB/Maurer § 1586 Rn. 11 mwN). 3

4. Wiederaufleben des durch Wiederverheiratung erloschenen Anspruchs. Materiellrechtlich entsteht ein neuer Anspruch, der mit dem alten Anspruch nicht identisch ist (BGH NJW 1988, 557). Voraussetzungen (§ 1586a): **a)** Auflösung der neuen Ehe (durch rechtskräftigen Scheidungs-, Aufhebungsbeschluss usw; Tod des neuen Ehegatten) oder Lebenspartnerschaft (vgl. → Rn. 2), deren Eingehung den Unterhaltsanspruch nach § 1586 I zum Erlöschen gebracht hat; **b)** Unterhaltsbedürftigkeit wegen Notwendigkeit der Betreuung eines gemein- 6
schaftlichen Kindes aus der geschiedenen (Erst-)Ehe, § 1586a I iVm § 1570. Andere Bedürftigkeitsgründe bleiben außer Betracht. 5

5. Mehrere Verpflichtete. Bei **mehreren unterhaltspflichtigen Ehegatten** haftet der spätere vor dem fr. Ehegatten, § 1586a II 1. Dasselbe gilt beim Zusammentreffen mehrerer unterhaltspflichtiger Lebenspartner bzw. von Ehegatten und Lebenspartnern, § 1586a II 2. 7

§ 1586b Kein Erlöschen bei Tod des Verpflichteten

(1) [1]**Mit dem Tode des Verpflichteten geht die Unterhaltspflicht auf den Erben als Nachlassverbindlichkeit über.** [2]**Die Beschränkungen nach § 1581 fallen weg.** [3]**Der Erbe haftet jedoch nicht über einen Betrag hinaus, der dem *Pflichtteil* entspricht, welcher dem Berechtigten zustände, wenn die Ehe nicht geschieden worden wäre.**

(2) **Für die Berechnung des Pflichtteils bleiben Besonderheiten auf Grund des Güterstands, in dem die geschiedenen Ehegatten gelebt haben, außer Betracht.**

Lit.: Heiß, Der Tod des Unterhaltspflichtigen, NZFam 2016, 485; Probst, Konkurrenz zwischen Unterhaltsberechtigten und Pflichtteilsberechtigten?, AcP 191, 138.

1. Allgemeines. Vererblichkeit der Unterhaltsverpflichtung berücksichtigt, dass die ehebedingte Unterhaltsbedürftigkeit bei Tod des Verpflichteten weiterbestehen kann. § 1586b stellt für die Haftung des unterhaltsverpflichteten Erben auf den 1 fiktiven Pflichtteil des Unterhaltsberechtigten ab, da dieser durch den Tod des Unterhaltsverpflichteten nicht besser gestellt sein soll als bei intakter Ehe.

2 **2. Verpflichtung der Erben.** Der Erbe haftet unabhängig von seiner Leistungsfähigkeit auf Unterhalt, I 2. Weitere Voraussetzung bleibt jedoch die „Bedürftigkeit" des Unterhaltsberechtigten. Dabei ist der Tod des Unterhaltspflichtigen ohne Einfluss auf die Bedarfsbemessung nach den ehelichen Lebensverhältnissen; der Bedarf ist fiktiv fortzuschreiben (BGH FamRZ 2019, 1234 [1236]). Der Erbe kann sich (weiterhin oder erstmals) auf die Härtefallklauseln des § 1579 berufen, wenn nicht der Unterhaltspflichtige zuvor darauf verzichtet hatte (BGH NJW 2004, 1326 [zu § 1579 Nr. 7]).

3 **3. Haftungsbeschränkung. a)** Die Erben haften nur iHd Pflichtteils, der dem Unterhaltsberechtigten zustünde, wenn die Ehe nicht geschieden worden wäre, I 3. Der Pflichtteil ist dabei nach § 2303 I 2, II iVm § 1931 I, II zu berechnen; (fiktive) Pflichtteilsergänzungsansprüche (§ 2325) sind zu berücksichtigen (BGH NJW 2003, 1796 [1801]; NJW 2007, 3207 [3208]). Unanwendbar sind nach BGH NJW 2007, 3207 [3208] aber § 2328 und § 2329 (aA in Bezug auf § 2328 OLG Koblenz NJW 2003, 439 [441]). Güterrechtliche Besonderheiten bleiben nach II außer Betracht. Die Haftungsgrenze bestimmt sich also immer nach dem kleinen Pflichtteil; unberücksichtigt bleibt auch eine Veränderung der Erbquote nach § 1931 IV. Zur Wirkung eines Erb- oder Pflichtteilsverzichts des Unterhaltsberechtigten s. Dieckmann
4 NJW 1980, 2777. **b)** Dem Erben verbleibt weiter die Möglichkeit, die allg. Beschränkung der Erbenhaftung nach §§ 1970 ff., 1975 ff. herbeizuführen. **c)** Maßgebender Berechnungszeitpunkt ist der Tod des Verpflichteten, nicht die Scheidung
5 der Ehe. **d)** Die Fiktion, dass die Ehe bis zum Tod des Verpflichteten bestanden habe, bewirkt, dass für die Berechnung der Höchsthaftung des Erben nach dem fiktiven Pflichtteil ein etwa vorhandener neuer Ehegatte unberücksichtigt bleibt (BT-Drs. 7/650, 153).

6 **4. Verfahren. a)** Streitigkeiten über die Haftung nach § 1586b sind Familiensachen; zuständig ist das FamG, §§ 23a I 1 Nr. 1, 23b GVG, §§ 111 Nr. 8, 231 I Nr. 2 FamFG (allgM, s. nur MüKo-BGB/Maurer Rn. 43). **b)** Zur Umschreibung des Unterhaltstitels auf den nach § 1586b haftenden Erben BGH FamRZ 2004, 1546 mit krit. Anm Bergschneider.

Untertitel 3. Versorgungsausgleich

Vorbemerkung

1 Dem 1977 eingeführten Versorgungsausgleich liegen zwei Motive zugrunde: Einmal können Erwerb und Verbesserung von Anwartschaften und Aussichten auf Altersversorgung eine Art „Zugewinn" sein, der auch durch die Ehe und die Anstrengung des anderen Ehegatten („gemeinsame Lebensleistung") mit ermöglicht worden ist. Zum andern sind Altersrenten zumeist auf Familien bzw. Ehepaare bezogen, die Zuordnung der entspr. Versorgungstitel erfolgt jedoch meist zum Vermögen eines Ehegatten und ist von der Aufgabenteilung in der Ehe abhängig. Der Versorgungsausgleich beruht deshalb auf einer Weiterentwicklung des güterrechtlichen Prinzips der Vermögensteilung und auf unterhaltsrechtlichen Erwägungen
2 (BGHZ 85, 180 [186]). Das Ges. wurde 1983 ergänzt durch das VAHRG, geändert zum 1.1.1987 durch VAwMG; ges. Regelung und ihre Änderung erzwungen durch BVerfGE 63, 88 und BVerfGE 71, 364. Erneute Änderung durch RRG 1992, dazu Ruland NJW 1992, 77. An die Stelle von RVO, AVG und RKnG sind die entspr. Vorschriften des SGB VI getreten. Zum 1.9.2009 wurden die Vorschriften über den Versorgungsausgleich aus dem BGB herausgelöst; sie finden sich nunmehr im Versorgungsausgleichsgesetz (VersAusglG, BGBl. I 700).

§ 1587 Verweis auf das Versorgungsausgleichsgesetz

Nach Maßgabe des Versorgungsausgleichsgesetzes findet zwischen den geschiedenen Ehegatten ein Ausgleich von im In- oder Ausland bestehenden Anrechten statt, insbesondere aus der gesetzlichen Rentenversicherung, aus anderen Regelsicherungssystemen wie der Beamtenversorgung oder der berufsständischen Versorgung, aus der betrieblichen Altersversorgung oder aus der privaten Alters- und Invaliditätsvorsorge.

1. Allgemeines. Die Regelung ist durch das Ges. zur Strukturreform des Versorgungsausgleichs (VAStrRefG) v. 3.4.2009 (BGBl. I 700) geändert worden. Sie enthält jetzt nur noch einen deklaratorischen Verweis auf das VersAusglG. Die Aufzählung der erfassten Anrechte entspricht derjenigen in § 2 I VersAusglG. 1

2. Überblick. Das System des Versorgungsausgleichs ist grundlegend novelliert worden. Anstelle eines Gesamtausgleichs über die ges. Rentenversicherung nach Saldierung aller Anrechte findet jetzt grds. eine Teilung jeder Versorgung innerhalb des Systems statt (interne Teilung), §§ 9 II, 10 ff. VersAusglG. Zu einem Ausgleich über ein anderes Versorgungssystem (externe Teilung) kommt es nach § 9 III VersAusglG nur noch in den Fällen der §§ 14 II, 16 I/II VersAusglG. Beiderseitige Anrechte gleicher Art werden grds. nicht mehr ausgeglichen, wenn die Differenz ihrer Ausgleichswerte gering ist (§ 18 I VersAusglG). Das Gleiche gilt bei einzelnen Anrechten mit einem geringen Ausgleichswert (§ 18 II VersAusglG). Bei einer Ehezeit von bis zu drei Jahren findet ein Ausgleich nur statt, wenn einer der Ehegatten dies beantragt (§ 3 III VersAusglG). 2

3. Parteivereinbarungen. Sind nach Maßgabe der §§ 6, 8 VersAusglG möglich. Der Schutz des Ausgleichsberechtigten ist vor allem durch § 8 I VersAusglG gewahrt, der die Parteivereinbarung einer Inhalts- und Ausübungskontrolle unterwirft; dazu auch → §§ 1408, 1409 Rn. 8 ff. 3

Gesetz über den Versorgungsausgleich v. 3.4.2009 (BGBl. I 700)

§ 6 Regelungsbefugnisse der Ehegatten

(1) Die Ehegatten können Vereinbarungen über den Versorgungsausgleich schließen. Sie können ihn insbesondere ganz oder teilweise
1. in die Regelung der ehelichen Vermögensverhältnisse einbeziehen,
2. ausschließen sowie
3. Ausgleichsansprüchen nach der Scheidung gemäß den §§ 20 bis 24 vorbehalten.

(2) Bestehen keine Wirksamkeits- und Durchsetzungshindernisse, ist das Familiengericht an die Vereinbarung gebunden.

§ 8 Besondere materielle Wirksamkeitsvoraussetzungen

(1) Die Vereinbarung über den Versorgungsausgleich muss einer Inhalts- und Ausübungskontrolle standhalten.

(2) Durch die Vereinbarung können Anrechte nur übertragen oder begründet werden, wenn die maßgeblichen Regelungen dies zulassen und die betroffenen Versorgungsträger zustimmen.

4. IPR. Art. 17 IV EGBGB. 4

5. Verfahren. Zuständig FamG, § 111 Nr. 7 FamFG; örtl. Zuständigkeit § 218 FamFG. Mit Scheidungssache grds. Entscheidungsverbund, § 137 FamFG; Trennung möglich durch Aussetzung, § 140 FamFG; gesonderte Durchführung des Verfahrens: §§ 217 ff. FamFG. Rechtsmittel §§ 58 ff., 144 f., 228 f. FamFG. 5

§§ 1587a–1587p *(aufgehoben)*

Titel 8. Kirchliche Verpflichtungen

§ 1588 (keine Überschrift)

Die kirchlichen Verpflichtungen in Ansehung der Ehe werden durch die Vorschriften dieses Abschnitts nicht berührt.

1 **Innerkirchliche Ges. und Ordnungen.** Verpflichtungen von Kirchenangehörigen nach innerkirchlichen Ges. und Ordnungen bleiben vom BGB, das nur die bürgerliche Ehe regelt, unberührt; krit. Renck NJW 1996, 907. Seit 1.1.2009 ist infolge der Aufhebung des § 67 PStG aF eine kirchliche Eheschließung ohne vorherige Zivilheirat möglich; dazu D. Schwab FamRZ 2008, 1121; Schüller NJW 2008, 2745. Nach § 11 II PStG verboten sind jedoch religiöse oder traditionelle Handlungen, die darauf gerichtet sind, eine der Ehe vergleichbare Bindung eines Minderjährigen zu begründen; die Regelung wurde durch das Ges. zur Bekämpfung von Kinderehen v. 17.7.2017 eingeführt (→ Anm. zu §§ 1303, 1304 Rn. 3).

Abschnitt 2. Verwandtschaft

Vorbemerkungen

1 **1. Verwandtschaft. a) Begriff.** „Verwandtschaft" iSd zweiten Abschnitts umfasst **aa)** Verwandtschaft aufgrund Abstammung (s. § 1589), **bb)** Schwägerschaft
2 (§ 1590) und **cc)** die durch Adoption begründete Beziehung (s. § 1754). **b) Abstufung.** Das BGB unterscheidet Verwandtschaft (und Schwägerschaft, § 1590 I 2) **aa)** nach der Linie (gerade Linie und Seitenlinie, § 1589 S. 1, 2); wichtig zB für
3 § 1601; **bb)** nach dem Grad (§ 1589 S. 3); wichtig zB für die Fälle → Rn. 5. **c)** Der Verwandtschaftsbegriff des BGB ist nach Art. 51 EGBGB auch maßgebend für die vor dem 1.1.1900 in Kraft getretenen GVG, ZPO und StPO sowie für das AnfG; keine Bedeutung hat der Begriff hingegen für das StGB (Staudinger/Merten Art. 51 EGBGB Rn. 5). Bei späteren Ges. richtet sich die Bedeutung des Verwandtschaftsbegriffs regelmäßig nach dem BGB (Staudinger/Merten Art. 51 EGBGB Rn. 6). Bei RGeschäften ist seine Bedeutung Auslegungsfrage. Die Begriffe „(Familien-)Angehöriger" (zB §§ 530, 1969) sind weiter als „Verwandter".

4 **2. Bedeutung.** Verwandtschaft begründet ein Rechtsverhältnis, an das eine Reihe weiterer Rechtswirkungen anknüpfen, ua: **a)** Unterhalt (§§ 1601 ff.); **b)** ges. Erbrecht (§§ 1924 ff.) und Pflichtteilsrecht (§ 2303 I); **c)** im Vormundschafts- und
5 Betreuungsrecht (s. §§ 1782 I, 1778 II Nr. 2, 1816 III, 1824 usw); **d)** Eheverbot (§ 1307); **e)** Zeugnis- und Auskunftsverweigerungsrechte (§§ 383 I Nr. 3, 384 Nr. 1 ZPO; §§ 52 I Nr. 3, 55 StPO); **f)** Ausschluss von der Mitwirkung am Verfahren (zB § 41 Nr. 3 ZPO; § 22 Nr. 3 StPO; § 6 FamFG iVm § 41 Nr. 3 ZPO; §§ 3 I Nr. 3, 6 I Nr. 3 u 4, 7 Nr. 3 BeurkG).

6 **3. Feststellungsklage.** Klage auf Feststellung des (sonstigen) Verwandtschaftsverhältnisses nach § 256 ZPO (MüKo-BGB/Wellenhofer § 1589 Rn. 15; BeckOK/Hahn § 1589 Rn. 3). Bei Feststellung des Eltern-Kind-Verhältnisses §§ 111 Nr. 3, 169 Nr. 1 FamFG.

7 **4. IPR.** S. Art. 19 EGBGB (Abstammung); Art. 20 EGBGB (Anfechtung der Abstammung); Art. 21 EGBGB (Rechtsverhältnis Eltern-Kind); Art. 22 EGBGB (Adoption). **Lit.:** Franck, Vaterschaftsanerkennung versus gesetzliche Vaterschaft im Internationalen Abstammungsrecht, FamRZ 2020, 307; Mayer, Abstammung in Fällen mit Auslandsbezug, NZFam 2021, 525; Siehr, Das Internationale Abstammungsrecht im EGBGB, StAZ 2015, 258.

5. Intertemporales Privatrecht. Ist enthalten in **a)** Art. 12 § 1 NEhelG, der die Stellung nichtehelicher Kinder, die vor Inkrafttreten des NEhelG geboren sind, und ihre Verwandten dem neuen Recht unterstellt; **b)** Art. 12 §§ 1 ff. AdoptionsG für Adoptionen, die vor dem 1.1.1977 abgeschlossen worden sind; **c)** Art. 224 § 1 EGBGB hinsichtlich der Abstammung vom Vater der vor dem 1.7.1998 geborenen Kinder. 8

Titel 1. Allgemeine Vorschriften

§ 1589 Verwandtschaft

(1) [1]**Personen, deren eine von der anderen abstammt, sind in gerader Linie verwandt.** [2]**Personen, die nicht in gerader Linie verwandt sind, aber von derselben dritten Person abstammen, sind in der Seitenlinie verwandt.** [3]**Der Grad der Verwandtschaft bestimmt sich nach der Zahl der sie vermittelnden Geburten.**

(2) **(weggefallen)**

1. Allgemeines. Abstammung (s. §§ 1591 ff.) begründet Verwandtschaft. Bedeutung → Vor § 1589 Rn. 4 f. 1

2. Verwandtschaft in gerader Linie. Personen, die voneinander abstammen, also Kinder, Eltern, Großeltern etc. 2

3. Verwandtschaft in der Seitenlinie. Abstammung von derselben dritten Person, ohne in gerader Linie verwandt zu sein, also zB Geschwister. 3

4. Gradesnähe. Zahl der vermittelnden Geburten ohne Geburt des Abstammenden; bei Geschwistern zwei Geburten (Eltern und Bruder/Schwester) und folglich Verwandtschaft zweiten Grades in der Seitenlinie; Eltern zu Kind: Verwandtschaft ersten Grades in gerader Linie. 4

§ 1590 Schwägerschaft

(1) [1]**Die Verwandten eines Ehegatten sind mit dem anderen Ehegatten verschwägert.** [2]**Die Linie und der Grad der Schwägerschaft bestimmen sich nach der Linie und dem Grade der sie vermittelnden Verwandtschaft.**

(2) **Die Schwägerschaft dauert fort, auch wenn die Ehe, durch die sie begründet wurde, aufgelöst ist.**

1. Allgemeines. Eheschließung begründet **Schwägerschaft** mit den **Verwandten** des anderen Ehegatten, wobei Linie und Grad der vermittelnden Verwandtschaft auch Linie und Grad der Schwägerschaft bestimmen, I 2. **Keine Schwägerschaft** besteht zwischen den Verwandten des einen Ehegatten und den Verwandten des anderen. 1

2. Voraussetzungen. a) Gültige (auch aufhebbare) Ehe, **b)** Verwandtschaft des Ehegatten. 2

3. Dauer der Schwägerschaft. S. II. Aus der aufgelösten Ehe können keine neuen Schwägerschaften durch die ehem. Ehegatten vermittelt werden. 3

Titel 2. Abstammung

Vorbemerkungen

Lit.: Bornhofen, Rechtliche Einelternschaft – Zur Samenspende an alleinstehende Frauen, 2019; Budzikiewicz, Materielle Statuseinheit und kollisionsrechtliche Statusverbesserung, 2007,

S. 46 ff.; Coester-Waltjen, Überlegungen zur Notwendigkeit einer Reform des Abstammungsrechts, ZfPW 2021, 129; Dutta, Bunte neue Welt: Gespaltene Elternschaft als Herausforderung für das Kindschaftsrecht des 21. Jahrhunderts, JZ 2016, 845; Gaul, Die Neuregelung des Abstammungsrechts durch das KindRG, FamRZ 1997, 1441; Helms, Rechtliche, biologische und soziale Elternschaft – Herausforderungen durch neue Familienformen, Gutachten F zum 71. Deutschen Juristentag, 2016; Lugani, Warten auf die Abstammungsrechtsreform, ZRP 2021, 176; Reuß, Theorie eines Elternschaftsrechts, 2018; Röthel, Abstammung: Mutterschaft und Vaterschaft, Jura 2019, 711; ders., Das Abstammungsrecht auf dem verfassungsrechtlichen Prüfstand, FamRZ 2021, 824; Sanders, Mehrelternschaft, 2018; Schwonberg, Diskussionsteilentwurf für ein Gesetz zur Reform des Abstammungsrechts, FamRZ 2019, 1303; Wellenhofer, Kindschaftsrecht auf dem Prüfstand, FamRZ 2016, 1333.

1 **1. Allgemeines. a)** Die Bestimmungen des zweiten Titels regeln Voraussetzungen und Feststellung der Abstammung eines Kindes von seinen Eltern. Mutter ist die gebärende Frau (§ 1591), Vaterschaft entsteht aufgrund Ehe mit der Mutter, Anerkennung oder gerichtl. Feststellung (§§ 1592 ff.). Die statusrechtliche Unterscheidung zwischen ehelicher und nichtehelicher Abstammung wurde durch das KindRG aufgehoben (s. dazu Budzikiewicz, Materielle Statuseinheit und kollisionsrechtliche Statusverbesserung, S. 46 ff.). Ob die Mutter verheiratet ist, spielt aber
2 eine Rolle bei §§ 1592 Nr. 1, 1593. **b)** Bedeutung hat die Abstammung für die Verwandtschaftsverhältnisse (§ 1589; → Vor § 1589 Rn. 4); ferner begründet die Abstammung als bes. Verwandtschaftsverhältnis ein Eltern-Kind-Verhältnis mit Wirkungen zB für den Wohnsitz des Kindes (§ 11 S. 1), Unterhalt (§§ 1603 II, 1612a usw), Kindesname (§§ 1616 ff.), Beistandspflicht (§ 1618a), elterliche Sorge (§§ 1626 ff.), Umgangsrecht (§ 1684).

3 **2. Recht auf Kenntnis der Abstammung.** Ein „Recht“ auf Kenntnis der eigenen Abstammung ist durch Art. 8 EMRK geschützt (EGMR NJW 2003, 2145 [2147]) und folgt aus Art. 2 I GG iVm Art. 1 I GG; es besteht im Rahmen der verfassungsmäßigen Ordnung und des Verhältnismäßigkeitsgrundsatzes (BVerfGE 79, 256 [268 f.]). **a)** Damit unvereinbar sind Normen, die eine gerichtl. (wichtig wegen § 372a ZPO) Klärung der Abstammung kenntnisunabhängig an eine Ausschlussfrist (so § 1598 HS 2 aF) binden (BVerfGE 90, 263). Dem trägt § 1600b III 2 für die Vaterschaftsanfechtung Rechnung. Weiterhin besteht seit 1.4.2008 mit § 1598a ein umfassender Anspruch des Kindes, des Vaters und der Mutter gegen die jeweils anderen beiden Beteiligten auf Einwilligung in eine gerichtl. Untersu-
4 chung zur Klärung der leiblichen Abstammung. **b) Auskunft: aa)** Das Recht auf Abstammungskenntnis kann einen auf § 1618a gestützten Anspruch gegen die Mutter (§ 1591) auf Benennung des leiblichen Vaters begründen (BGH FamRZ 2022, 633 [634 f.] mit zust. Anm. Löhnig NJW 2022, 1061; sa Löhnig NJW 2015, 1105: kein Mindestalter; krit. Frank FamRZ 2017, 161); dies gilt auch dann noch, wenn das Eltern-Kind-Verhältnis zur leiblichen Mutter aufgrund Adoption zwischenzeitlich erloschen ist (BGH FamRZ 2022, 633 [635 f.], zust. Löhnig NJW 2022, 1061 f.). Der Auskunftsanspruch aus § 1618a setzt voraus, dass die Kindesinteressen die nach Art. 2 I GG iVm Art. 1 I GG geschützte Privatsphäre der Mutter überwiegen (BGH FamRZ 2022, 633 [635]); dabei besteht ein weiter Abwägungsspielraum der Gerichte (BVerfGE 96, 56, dazu Eidenmüller JuS 1998, 789); BVerfG NJW 2015, 1506 (kein Auskunftsanspruch des Scheinvaters gegen die Mutter zur Durchsetzung eines Regressanspruchs gegen den leiblichen Vater, → §§ 1606–1608 Rn. 14) dürfte nicht entgegenstehen, da es hier nicht um die Durchsetzung rein finanzieller Interessen geht, sondern um die Wahrung der verfassungsmäßigen Rechte des Kindes (vgl. BVerfG NJW 2015, 1506 Rn. 41; sa BGH FamRZ 2022, 633 [635]; Löhnig NZFam 2015, 359). Der Auskunftsanspruch steht sowohl Kindern ohne als auch (bei Zweifeln an der leiblichen Abstammung) mit rechtlichem Vater offen (s. OLG Frankfurt a.M. FamRZ 2022, 120 [121 f.]). Gerichtet ist der Anspruch auf Mitteilung von Name(n) und Adresse(n) des oder der möglichen Erzeuger (BGH FamRZ 2022, 633 [636]); Darlegungs- und Beweislast für Unmöglichkeit der Auskunftserteilung (§ 275) trägt die Mutter (BGH FamRZ 2022, 633

[636 f.]). **bb)** Das Auskunftsbegehren auf Grundlage des § 1618a ist Familienstreitsache, §§ 111 Nr. 10, 112 Nr. 3, 266 I Nr. 4 FamFG (BGH FamRZ 2022, 633 [636] mN). **Vollstreckung** nach § 120 I FamFG, § 888 I ZPO (BGH FamRZ 2022, 633 [637] mit zust. Anm. Keuter FamRZ 2022, 637 [638]); § 120 III FamFG steht nicht entgegen (BGH FamRZ 2022, 633 [637] mN). **cc)** Zum Auskunftsanspruch des Kindes gegen den Vater auf **Benennung der leiblichen Mutter** AG Berlin-Schöneberg FamRZ 2018, 1096 [1097] (bejaht); zu weiteren auf § 1618a gestützten Auskunftsansprüchen des Kindes gegen einen (aktuellen oder früheren) rechtlichen Elternteil Löhnig NJW 2022, 1061 [1062 f.]. **dd)** Wurde das Kind mittels **heterologer Insemination** gezeugt, kann aus § 242 gegen den Reproduktionsmediziner ein Anspruch auf Auskunft über die Identität des Samenspenders folgen (BGH FamRZ 2019, 537 [538 f.], auch bei Zeugung vor Wiedervereinigung auf dem Gebiet der ehem. DDR); ein Mindestalter für die Geltendmachung besteht nicht (BGH NJW 2015, 1098 [1100]). Ist dem Arzt die Auskunftserteilung nicht (mehr) möglich (zB wegen Vernichtung der Akten), kommt ein Anspruch auf Schmerzensgeld wegen Verletzung des allg. Persönlichkeitsrechts in Betracht, vgl. dazu sowie zur Verjährung von Auskunfts- und Schadensersatzanspruch Budzikiewicz MedR 2015, 435. Durch das Ges. zur Regelung des Rechts auf Kenntnis der Abstammung bei heterologer Verwendung von Samen v. 17.7.2017 (BGBl. I 2513) ist mit Wirkung zum 1.7.2018 eine Pflicht zur Dokumentation von Spenderdaten eingeführt worden; Einzelheiten regelt das Samenspenderregistergesetz (SaRegG). Für Personen, die vermuten, durch heterologe Verwendung von Samen bei einer ärztlich unterstützten künstlichen Befruchtung gezeugt worden zu sein, gewährt § 10 SaRegG einen Anspruch auf Auskunft aus dem zentralen Samenspenderregister. Zum intertemporalen Anwendungsbereich des SaRegG s. die Übergangsregelungen in § 13 SaRegG (dazu BGH FamRZ 2019, 537 [539]). **Lit.:** Helms, Familienrechtliche Aspekte des Samenspenderregistergesetzes, FamRZ 2017, 1537; Löhnig, Das Gesetz zur Regelung des Rechts auf Kenntnis der Abstammung bei heterologer Verwendung von Samen, StAZ 2017, 353. **ee)** Ob der Mutter gem. **§ 1666 III** aufgegeben werden kann, das verstandsreife Kind über seine wahre Abstammung aufzuklären (so OLG Frankfurt a.M. FamRZ 2021, 756 [758 f.]), erscheint fraglich (D. Schwab FamR § 58 Rn. 729; Gernhuber/Coester-Waltjen § 52 Rn. 22).

3. Nachweis der Abstammung. Kann durch Geburtenregister geführt werden, 5
§§ 18, 21 PStG. Anspruch auf Erteilung von Personenstandsurkunden s. §§ 62 ff. PStG. Beweiskraft § 54 PStG.

4. Beweis im Prozess. a) Der Beweis der Abstammung im Prozess oder im 6
familiengerichtl. Verfahren spielt eine Rolle als positiver Vaterschaftsbeweis, wenn die Abstammung von einem bestimmten Mann bewiesen werden soll, als negativer Vaterschaftsausschluss, wenn bewiesen werden soll, dass ein bestimmter Mann nicht der Erzeuger ist. Die Feststellungslast bestimmen die Vaterschaftsvermutungen,
§§ 1600c I, 1600d II. **b)** Große Bedeutung für die Beweisführung hat der Sachver- 7
ständigenbeweis nach folgenden **Begutachtungsmethoden** (eingehend Staudinger/Rauscher Vorb. 79 ff. zu §§ 1591–1600d; MüKo-BGB/Wellenhofer § 1600d Rn. 61 ff.): **aa)** Blutgruppengutachten knüpfen an die Vererblichkeit bestimmter Blutmerkmale an. Sie ermöglichen auf der Grundlage von VererbungsGes den Vaterschaftsausschluss, wenn das Kind Merkmale aufweist, die weder bei der Mutter noch beim Putativvater vorliegen. In Verbindung mit Merkmalshäufigkeiten der Bevölkerung lassen sich zum Zwecke des positiven Vaterschaftsbeweises biostatistische Abstammungswahrscheinlichkeiten ermitteln. **bb)** HLA-Gutachten untersuchen die Antigene der weißen Blutkörperchen. **cc)** DNA-Gutachten analysieren den Aufbau bestimmter Zellkernmoleküle. **dd)** Angesichts der Zuverlässigkeit dieser Methoden haben Tragezeit- und erbbiologische Gutachten (Ähnlichkeitsuntersu-
chungen) an Bedeutung verloren. **c)** In Kindschaftssachen gilt der Untersuchungs- 8
grundsatz, §§ 26, 177 FamFG. Regelmäßig wird das Gericht Beweispersonen vernehmen und ein Abstammungsgutachten einholen; die Entnahme erforderlicher

Blutproben ist nach § 372a ZPO (in Verfahren vor dem Familiengericht: § 178 FamFG, dazu Kieninger FPR 2011, 376) zu dulden (→ Rn. 9). Die Frage weiterer Gutachten richtet sich nach der Beweislage und möglichen Beweisanträgen (MüKoBGB/Wellenhofer § 1600d Rn. 50 ff.; sa BGH FamRZ 2022, 459 [460] zum Anspruch aus § 1598a I 1). Der vollst. Vaterschaftsausschluss erübrigt weitere Gutachten. Der Beweiswert der Methoden und Merkmalsysteme wird nicht einheitlich beurteilt. Die Richtlinien der Bundesärztekammer für die Erstattung von Abstammungsgutachten (FamRZ 2002, 1159; vgl. auch Geserick FPR 2011, 369) binden den Richter nicht.

9 **5. Verfahrensrecht.** Kindschaftssache, §§ 111 Nr. 3, 169 FamFG. Duldungspflicht für Abstammungsuntersuchung: in Verfahren vor dem Familiengericht § 178 FamFG, sonst § 372a ZPO; Nichtöffentlichkeit des Verfahrens, § 170 GVG. Streitwert: § 47 FamGKG; Kosten: § 183 FamFG.

10 **6. IPR.** S. Art. 19 f. EGBGB.

§ 1591 Mutterschaft

Mutter eines Kindes ist die Frau, die es geboren hat.

1 **1. Begriff. a)** Regelung der **Mutterschaft** im abstammungsrechtlichen Sinne (s. § 1589). Mutter iSd § 1591 ist (nur) die gebärende Frau. Dies gilt auch dann, wenn ein Frau-zu-Mann-Transsexueller das Kind nach rechtskräftiger Entscheidung über die Änderung der Geschlechtszugehörigkeit geboren hat (BGH NJW 2017, 3379, dort auch zur Eintragung als „Mutter" in das Geburtenregister; sa KG FamRZ 2021, 762: Eintragung als „Mutter" mit dem Geschlecht „männlich"). Eine Mann-zu-Frau-Transsexuelle, mit deren Samen ein Kind gezeugt wurde, kann abstammungsrechtlich nicht die Mutter-, sondern nur die Vaterstellung erlangen (BGH NJW 2018, 471 f.; KG FamRZ 2020, 109). Zur Anwendung des § 1591 auf Personen unbestimmten Geschlechts Sieberichs FamRZ 2013, 1180 [1182]. **b)** Die Herkunft der Eizelle ist für die Mutterschaft unerheblich; wichtig bei (verbotener, § 1 I Nr. 1 ESchG) **Ei- oder Embryonenspende** (BGH NJW 2018, 471; vgl. auch OLG Köln NJW-RR 2014, 1409; BeckRS 2015, 14263: keine Eintragung der Lebenspartnerin der gebärenden Frau im Geburtenregister als genetische Mutter). Eine Begründung der Mutterschaft analog § 1592 ist nach überwiegender Ansicht ausgeschlossen (s. BGH FamRZ 2018, 1919 ff. [keine Analogie zu § 1592 Nr. 1]; NJW 2018, 471 [keine Mutterschaftsanerkennung]; BeckOGK/Balzer [1.11.2022] § 1592 Rn. 41 ff.; sa → § 1592 Rn. 1). **c)** Zur **Co-Mutterschaft** nach ausländischem (südafrikanischen) Recht BGH FamRZ 2016, 1251 [1255 f.]: Kein Verstoß gegen den ordre public (Art. 6 EGBGB); s. dazu auch Dutta FamRZ 2016, 1256. Zur Anerkennung einer ausländischen Entscheidung, die die rechtliche Elternschaft eines durch eine Leihmutter geborenen Kindes den Wunscheltern zuweist, BGH FamRZ 2022, 629 [630]; FamRZ 2018, 1846 [1847 ff.]; NJW 2015, 479: kein Verstoß gegen den ordre public, wenn ein Wunschelternteil (nicht aber die Leihmutter) mit dem Kind genetisch verwandt ist; sa KG FamRZ 2017, 1693 [1694 ff.]: Anerkennung einer ausländischen Entscheidung, nach der (nur) der (genetische) Wunschvater rechtlicher Elternteil ist; weitergehend KG FamRZ 2020, 607 [608]: Anerkennung auch dann, wenn Wunschvater als alleiniger rechtlicher Elternteil mit dem Kind nicht genetisch verwandt ist; anders dagegen (unter Hinweis auf EGMR FamRZ 2017, 444) OLG Braunschweig FamRZ 2017, 972: Anerkennung nach § 109 I Nr. 4 FamFG ausgeschlossen. Zur Anerkennung ausländischer standesamtlicher Eintragungen s. BGH FamRZ 2019, 890 [891]: Eintragung der Wunscheltern in einem ausländischen (ukrainischen) Personenstandsregister ist ebenso wie Ausstellung einer entspr. Geburtsurkunde keine anerkennungsfähige Entscheidung iSd § 108 I FamFG.

2. Endgültigkeit der Zuordnung. a) Eine **Anfechtung** der Mutterschaft **findet nicht statt.** Die Zuordnung ist unverrückbar, vorbehaltlich § 1755. Dies gilt auch im Fall der zum 1.5.2014 eingeführten sog. vertraulichen Geburt (s. §§ 25 ff. SchKG; dazu Berkl StAZ 2014, 65; Helms FamRZ 2014, 609). Zwar bleibt die Mutter hier anonym (vgl. § 26 SchKG), die aus § 1591 folgende rechtliche Mutterschaft erlischt aber erst mit der Adoption des Kindes. **b)** Im Falle der Ei- oder Embryonenspende besteht zwischen der Frau, von der die Eizelle stammt, und dem Kind kein Eltern-Kind-Verhältnis (→ Rn. 1); Statusklage nach § 169 Nr. 1 FamFG scheidet aus (vgl. aber Wellenhofer NZFam 2014, 117 für den Fall der Verwechslung, Findelkinder), ebenso § 256 ZPO, weil genetische Abstammung eine Tatsache ist und kein Rechtsverhältnis begründet, Grüneberg/Siede Rn. 2; Gaul FamRZ 1997, 1464, str.; aA Greßmann, Neues Kindschaftsrecht, 1998, Rn. 60 unter Hinweis auf BT-Drs. 13/4899, 83. Zum Recht auf Kenntnis der Abstammung → Vor § 1591 Rn. 3. 2

§ 1592 Vaterschaft

Vater eines Kindes ist der Mann,

1. **der zum Zeitpunkt der Geburt mit der Mutter des Kindes verheiratet ist,**
2. **der die Vaterschaft anerkannt hat oder**
3. **dessen Vaterschaft nach § 1600d oder § 182 Abs. 1 des Gesetzes über das Verfahren in Familiensachen und in den Angelegenheiten der freiwilligen Gerichtsbarkeit gerichtlich festgestellt ist.**

1. Begriff. a) Vaterschaft im abstammungsrechtlichen Sinne kann beruhen auf **aa)** der Ehe des Mannes mit der Mutter (§ 1591) zum Zeitpunkt der Geburt, Nr. 1 (→ Rn. 2). Die Vaterschaft nach Nr. 1 ist derjenigen nach Nr. 2 und 3 vorrangig, vgl. §§ 1594, 1600d I (BGH FamRZ 2016, 1849 [1851]). Bei nichtehelicher Lebensgemeinschaft mangels klarer Anknüpfungskriterien keine Vaterschaft des Partners der Mutter nach Nr. 1 (BT-Drs. 13/4899, 52); **bb)** Anerkennung, Nr. 2 (§§ 1594 ff.); **cc)** gerichtl. Feststellung der Vaterschaft, Nr. 3 (§ 1600d). **b)** Rechtsfolgen: § 1589; sa → Vor § 1589 Rn. 4 f. **c)** Vaterschaft nach Nr. 1, 2 besteht nicht bei erfolgreicher Vaterschaftsanfechtung, § 1599 I; sa § 1599 II. **d)** Nach dem Wortlaut des § 1592 kann nur ein **„Mann"** Vater im abstammungsrechtlichen Sinn werden. Dahinter steht die Vorstellung des Gesetzgebers, dass grds. derjenige als rechtlicher Vater erfasst werden soll, von dem das Kind auch genetisch abstammt (BT-Drs. 16/6561, 8). Eine analoge Anwendung des § 1592 auf die eingetragene Lebenspartnerin der gebärenden Frau wurde und wird in Rspr. und Lit. überwiegend abgelehnt (OLG Köln BeckRS 2015, 14263; BeckOGK/Balzer [1.11.2022] Rn. 46; MüKo-BGB/Wellenhofer Rn. 2). Nach Öffnung der Ehe für gleichgeschlechtliche Paare (→ Vorb. vor Titel 1 Rn. 6) ist verschiedentlich dafür votiert worden, auch die Ehefrau der Kindesmutter (§ 1591) dem Kind analog Nr. 1 als Co-Mutter zuzuordnen (Löhnig NZFam 2017, 643; Binder/Kiehnle NZFam 2017, 742; Engelhardt NZFam 2017, 1042; aA Schmidt NZFam 2017, 832 [833]). Angesichts des klaren Wortlauts und der ratio der Norm erscheint eine analoge Anwendung de lege lata jedoch ausgeschlossen (ebenso BGH FamRZ 2018, 1919 [1920 ff.]: weder direkte noch analoge Anwendung des § 1592 Nr. 1; KG FamRZ 2018, 1925 [1927]: gleichgeschlechtliche Ehe der Mutter hindert Vaterschaftsanerkennung durch einen Dritten nicht (keine [analoge] Anwendung des § 1594 II); OLG Stuttgart FamRZ 2022, 1292 ff.: gleichgeschlechtliche Ehe der Mutter hindert gerichtliche Feststellung der Vaterschaft des privaten Samenspenders nicht; sa BeckOGK/Balzer [1.11.2022] Rn. 46; Helms StAZ 2018, 33 [34]). Nach BGH (FamRZ 2018, 1919 [1921 f.]) trifft dies nicht auf verfassungsrechtliche Bedenken; aA OLG Celle FamRZ 2021, 862 [864 f.]; KG FamRZ 2021, 854 [859 ff.] und (im Anschluss) AG München, FamRZ 2022, 122, die die Frage gem. Art. 100 I GG dem BVerfG vorgelegt haben, s. dazu Reuß 1

FamRZ 2021, 824; Moes NJW 2021, 3359. Zu Vorschlägen de lege ferenda s. die Empfehlungen des Arbeitskreises Abstammungsrecht, Abschlussbericht, 2017, 70 ff.; Helms, Gutachten F zum 71. Deutschen Juristentag, § 4 (Thesen) III.2. sowie den Diskussionsteilentwurf für ein Ges. zur Reform des Abstammungsrechts (im Internet abrufbar über die Seite des BMJ; dazu Schwonberg FamRZ 2019, 1303). Nach BGH NJW 2018, 471 scheidet ebenso eine Mutterschaftsanerkennung analog Nr. 2 aus; dies gilt auch bei einer **Mann-zu-Frau-Transsexuellen** (BGH NJW 2018, 471 f.; nach KG FamRZ 2020, 109 aber Vaterschaftsanerkennung möglich), vgl. dazu auch § 1591 Rn. 1. Gleichfalls ausgeschlossen sein soll nach KG FamRZ 2020, 109 f. die Vaterschaftsanerkennung eines **Frau-zu-Mann-Transsexuellen;** auf die Reihenfolge von Geburt und Geschlechtsänderung komme es dabei nicht an; s. dagegen OLG Schleswig StAZ 2020, 113 mAnm Siede FamRB 2020, 191; ferner AG Regensburg FamRZ 2022, 704: Frau-zu-Mann-Transsexueller ist gem. § 1592 Nr. 1 Vater des in der Ehe mit der Mutter geborenen Kindes, wenn die Entscheidung zur Geschlechtsänderung im Geburtszeitpunkt wirksam war. Zur Begründung der Vaterschaft intersexueller Personen Sieberichs FamRZ 2013, 1180 [1182]; BeckOGK/Balzer [1.11.2022] Rn. 43.1 f.; sa AG München FamRZ 2021, 766 (zur Elternstellung einer Person mit offenem Geschlechtseintrag – keine Eintragung im Geburtenregister als „Vater" gem. § 1592 Nr. 1 oder 2) mit krit. Anm. Dutta.

2 **2. Geburt in der Ehe (Nr. 1).** Das Kind wird abstammungsrechtlich dem Ehemann der Mutter zugeordnet, wenn es während der Ehe geboren wurde; unerheblich ist, ob die Ehe aufhebbar ist oder später aufgehoben wird (OLG Jena FamRZ 2014, 579). Voreheliche Zeugung ist unbeachtlich. Geburt nach Scheidung (§ 1564) oder Aufhebung der Ehe (§ 1313) begründet keine Vaterschaft des fr. Ehemannes, auch wenn die Frau das Kind während der Ehe empfangen hat (anders § 1591 aF); die Abstammung vom fr. Ehemann erscheint wegen §§ 1565 II, 1566 wenig wahrscheinlich (BT-Drs. 13/4899, 52). Bei Auflösung der Ehe durch Tod gilt § 1593. Zur Ehe zweier Frauen → Rn. 1.

3 **3. Künstliche Befruchtung. a)** Nr. 1 gilt auch, falls die Mutter den Samen des *Ehemannes* im Wege künstlicher Samenübertragung empfangen hat **(homologe Insemination). b)** Das Kind wird dem Ehemann ferner dann zugeordnet, wenn bei der künstlichen Befruchtung Sperma eines *anderen Mannes* verwendet wird **(heterologe Insemination).** Darunter fallen auch Anwendungen, die nicht nach den standesrechtlichen medizinischen Techniken, also auch ohne Mitwirkung eines Arztes, durchgeführt wurden (OLG Hamm NJW 2007, 3733 [3734]; OLG Oldenburg FamRZ 2015, 67). Die Anfechtung ist nach § 1600 IV ausgeschlossen, wenn Mutter und Mann zugestimmt haben (→ §§ 1599–1600c Rn. 4).

§ 1593 Vaterschaft bei Auflösung der Ehe durch Tod

[1]§ 1592 Nr. 1 gilt entsprechend, wenn die Ehe durch Tod aufgelöst wurde und innerhalb von 300 Tagen nach der Auflösung ein Kind geboren wird. [2]Steht fest, dass das Kind mehr als 300 Tage vor seiner Geburt empfangen wurde, so ist dieser Zeitraum maßgebend. [3]Wird von einer Frau, die eine weitere Ehe geschlossen hat, ein Kind geboren, das sowohl nach den Sätzen 1 und 2 Kind des früheren Ehemanns als auch nach § 1592 Nr. 1 Kind des neuen Ehemanns wäre, so ist es nur als Kind des neuen Ehemanns anzusehen. [4]Wird die Vaterschaft angefochten und wird rechtskräftig festgestellt, dass der neue Ehemann nicht Vater des Kindes ist, so ist es Kind *des früheren Ehemanns.*

1 **1. Vaterschaft bei Tod des Ehemannes.** Der verstorbene Ehemann der Mutter ist Vater des Kindes, wenn das Kind innerhalb von 300 Tagen (ges Empfängniszeit, vgl. § 1600d III) nach der Eheauflösung geboren wird, **S. 1.** Anders als bei Auflösung der Ehe durch Scheidung oder Aufhebung (→ § 1592 Rn. 2) ist bei Auflösung

durch Tod die Annahme der Vaterschaft des fr. Ehemannes lebensnah. – **S. 2** erweitert den maßgeblichen Zeitraum.

2. Erneute Heirat der Mutter. Heiratet die Mutter im Zeitraum zwischen dem 2 Tod des Ehemannes und der Geburt des Kindes erneut, entsteht ein Konflikt zwischen S. 1, 2 und § 1592 Nr. 1; entspr. der Lebenserfahrung bestimmt **S. 3** den neuen Ehemann als Vater. Wird diese Vaterschaft jedoch erfolgreich angefochten (§ 1599 I), ist (ohne gerichtl. Feststellung, § 1600d) der fr. Ehemann Vater, **S. 4.**

§ 1594 Anerkennung der Vaterschaft

(1) **Die Rechtswirkungen der Anerkennung können, soweit sich nicht aus dem Gesetz anderes ergibt, erst von dem Zeitpunkt an geltend gemacht werden, zu dem die Anerkennung wirksam wird.**

(2) **Eine Anerkennung der Vaterschaft ist nicht wirksam, solange die Vaterschaft eines anderen Mannes besteht.**

(3) **Eine Anerkennung unter einer Bedingung oder Zeitbestimmung ist unwirksam.**

(4) **Die Anerkennung ist schon vor der Geburt des Kindes zulässig.**

§ 1595 Zustimmungsbedürftigkeit der Anerkennung

(1) **Die Anerkennung bedarf der Zustimmung der Mutter.**

(2) **Die Anerkennung bedarf auch der Zustimmung des Kindes, wenn der Mutter insoweit die elterliche Sorge nicht zusteht.**

(3) **Für die Zustimmung gilt § 1594 Abs. 3 und 4 entsprechend.**

§ 1596 Anerkennung und Zustimmung bei fehlender oder beschränkter Geschäftsfähigkeit

(1) **[1]Wer in der Geschäftsfähigkeit beschränkt ist, kann nur selbst anerkennen. [2]Die Zustimmung des gesetzlichen Vertreters ist erforderlich. [3]Für einen Geschäftsunfähigen kann der gesetzliche Vertreter mit Genehmigung des Familiengerichts anerkennen; ist der gesetzliche Vertreter ein Betreuer, ist die Genehmigung des Betreuungsgerichts erforderlich. [4]Für die Zustimmung der Mutter gelten die Sätze 1 bis 3 entsprechend.**

(2) **[1]Für ein Kind, das geschäftsunfähig oder noch nicht 14 Jahre alt ist, kann nur der gesetzliche Vertreter der Anerkennung zustimmen. [2]Im Übrigen kann ein Kind, das in der Geschäftsfähigkeit beschränkt ist, nur selbst zustimmen; es bedarf hierzu der Zustimmung des gesetzlichen Vertreters.**

(3) **Ein geschäftsfähiger Betreuter kann nur selbst anerkennen oder zustimmen; § 1825 bleibt unberührt.**

(4) **Anerkennung und Zustimmung können nicht durch einen Bevollmächtigten erklärt werden.**

§ 1597 Formerfordernisse; Widerruf

(1) **Anerkennung und Zustimmung müssen öffentlich beurkundet werden.**

(2) **Beglaubigte Abschriften der Anerkennung und aller Erklärungen, die für die Wirksamkeit der Anerkennung bedeutsam sind, sind dem Vater, der Mutter und dem Kind sowie dem Standesamt zu übersenden.**

(3) [1]Der Mann kann die Anerkennung widerrufen, wenn sie ein Jahr nach der Beurkundung noch nicht wirksam geworden ist. [2]Für den Widerruf gelten die Absätze 1 und 2 sowie § 1594 Abs. 3 und § 1596 Abs. 1, 3 und 4 entsprechend.

§ 1597a Verbot der missbräuchlichen Anerkennung der Vaterschaft

(1) Die Vaterschaft darf nicht gezielt gerade zu dem Zweck anerkannt werden, die rechtlichen Voraussetzungen für die erlaubte Einreise oder den erlaubten Aufenthalt des Kindes, des Anerkennenden oder der Mutter zu schaffen, auch nicht, um die rechtlichen Voraussetzungen für die erlaubte Einreise oder den erlaubten Aufenthalt des Kindes durch den Erwerb der deutschen Staatsangehörigkeit des Kindes nach § 4 Absatz 1 oder Absatz 3 Satz 1 des Staatsangehörigkeitsgesetzes zu schaffen (missbräuchliche Anerkennung der Vaterschaft).

(2) [1]Bestehen konkrete Anhaltspunkte für eine missbräuchliche Anerkennung der Vaterschaft, hat die beurkundende Behörde oder die Urkundsperson dies der nach § 85a des Aufenthaltsgesetzes zuständigen Behörde nach Anhörung des Anerkennenden und der Mutter mitzuteilen und die Beurkundung auszusetzen. [2]Ein Anzeichen für das Vorliegen konkreter Anhaltspunkte ist insbesondere:

1. das Bestehen einer vollziehbaren Ausreisepflicht des Anerkennenden oder der Mutter oder des Kindes,
2. wenn der Anerkennende oder die Mutter oder das Kind einen Asylantrag gestellt hat und die Staatsangehörigkeit eines sicheren Herkunftsstaates nach § 29a des Asylgesetzes besitzt,
3. das Fehlen von persönlichen Beziehungen zwischen dem Anerkennenden und der Mutter oder dem Kind,
4. der Verdacht, dass der Anerkennende bereits mehrfach die Vaterschaft von Kindern verschiedener ausländischer Mütter anerkannt hat und jeweils die rechtlichen Voraussetzungen für die erlaubte Einreise oder den erlaubten Aufenthalt des Kindes oder der Mutter durch die Anerkennung geschaffen hat, auch wenn das Kind durch die Anerkennung die deutsche Staatsangehörigkeit erworben hat, oder
5. der Verdacht, dass dem Anerkennenden oder der Mutter ein Vermögensvorteil für die Anerkennung der Vaterschaft oder die Zustimmung hierzu gewährt oder versprochen worden ist.

[3]Die beurkundende Behörde oder die Urkundsperson hat die Aussetzung dem Anerkennenden, der Mutter und dem Standesamt mitzuteilen. [4]Hat die nach § 85a des Aufenthaltsgesetzes zuständige Behörde gemäß § 85a Absatz 1 des Aufenthaltsgesetzes das Vorliegen einer missbräuchlichen Anerkennung der Vaterschaft festgestellt und ist diese Entscheidung unanfechtbar, so ist die Beurkundung abzulehnen.

(3) [1]Solange die Beurkundung gemäß Absatz 2 Satz 1 ausgesetzt ist, kann die Anerkennung auch nicht wirksam von einer anderen beurkundenden Behörde oder Urkundsperson beurkundet werden. [2]Das Gleiche gilt, wenn die Voraussetzungen des Absatzes 2 Satz 4 vorliegen.

(4) Für die Zustimmung der Mutter nach § 1595 Absatz 1 gelten die Absätze 1 bis 3 entsprechend.

(5) Eine Anerkennung der Vaterschaft kann nicht missbräuchlich sein, wenn der Anerkennende der leibliche Vater des anzuerkennenden Kindes ist.

§ 1598 Unwirksamkeit von Anerkennung, Zustimmung und Widerruf

(1) [1]**Anerkennung, Zustimmung und Widerruf sind nur unwirksam, wenn sie den Erfordernissen nach § 1594 Absatz 2 bis 4 und der §§ 1595 bis 1597 nicht genügen.** [2]**Anerkennung und Zustimmung sind auch im Fall des § 1597a Absatz 3 und im Fall des § 1597a Absatz 4 in Verbindung mit Absatz 3 unwirksam.**

(2) **Sind seit der Eintragung in ein deutsches Personenstandsregister fünf Jahre verstrichen, so ist die Anerkennung wirksam, auch wenn sie den Erfordernissen der vorstehenden Vorschriften nicht genügt.**

Anmerkungen zu den §§ 1594–1598

1. Allgemeines. a) Ist die Mutter bei der Geburt des Kindes nicht verheiratet 1 oder wurde die nach §§ 1592 Nr. 1, 1593 begründete Vaterschaft angefochten, kann die Vaterschaft durch **Anerkennung** (§ 1592 Nr. 2) begründet werden. **b)** Ohne Anerkennung treten die Wirkungen der Vaterschaft (→ Vor § 1591 Rn. 2) grds. nicht ein, § 1594 I. Ausn. zB §§ 247, 248 FamFG. – Anerkennung allein begründet nicht die elterliche Sorge für den Vater, s. § 1626a I.

2. Rechtsnatur der Anerkennungserklärung. Einseitiges, formbedürftiges, 2 nicht empfangsbedürftiges, höchstpersönliches (§ 1596 IV) RGeschäft. Bedingungs- und befristungsfeindlich, § 1594 III. Anerkennung durch einen Dritten während des anhängigen Scheidungsverfahrens ist schwebend unwirksam; Wirksamwerden (frühestens) mit Rechtskraft des dem Scheidungsantrag stattgebenden Beschlusses, § 1599 II (BGH NJW 2004, 1595). Die Anerkennung kann schon vor der Geburt des Kindes (§ 1594 IV) und noch nach seinem Tod (BayObLG FamRZ 2001, 1543 [1544]) erklärt werden; eine pränatale Anerkennung kann aber frühestens mit der Geburt des Kindes Wirksamkeit entfalten (BGH FamRZ 2016, 1849 [1851]). Anerkennen kann nur ein Mann (→ § 1592 Rn. 1).

3. Zustimmung. a) der Mutter. Anerkennung bedarf der Zustimmung der 3 Mutter, § 1595 I, die insoweit nicht als ges. Vertreterin des Kindes, sondern aus „eigenem Recht" handelt; Grund: Anerkennung berührt ihre Rechtsstellung, zB § 1684 I, II. Die Zustimmung kann nicht ersetzt werden; bei Nichterteilung bleibt nur § 1600d. Die Zustimmung ist bedingungs- und befristungsfeindlich (§§ 1595 III, 1594 III), höchstpersönlich (§ 1596 IV), nicht empfangsbedürftig, schon vor der Geburt des Kindes möglich, §§ 1595 III, 1594 IV. Zum Erfordernis der Zustimmung nach dem Tod der Mutter KG StAZ 2017, 305. **b) des Kindes.** Nur erforderlich, 4 wenn der Mutter insoweit die elterliche Sorge nicht zusteht (§ 1595 II), zB: Sorge steht Vormund oder Pfleger mit Wirkungskreis Vaterschaftsfeststellung zu; Kind ist volljährig. Die Kindeszustimmung ist neben der Zustimmung der Mutter erforderlich. **c)** Eine **Frist** für die Erklärung der Zustimmung besteht nicht. Sa § 1597 III. 5

4. Geschäftsfähigkeit. a) des Mannes: **aa)** Der beschränkt geschäftsfähige Mann 6 bedarf zu seiner (höchstpersönlichen, § 1596 I 1) Anerkennung der Zustimmung seines ges. Vertreters, § 1596 I 2; Form § 1597 I. **bb)** Für einen geschäftsunfähigen Mann muss der ges. Vertreter mit Genehmigung des FamG die Anerkennung erklären; ist der ges. Vertreter ein Betreuer (vgl. § 1823), Genehmigung des BetreuungsG. **b)** der Mutter s. § 1596 I 4. **c)** des Kindes s. § 1596 II. **d)** § 1825 bleibt unberührt, § 1596 III.

5. Form. Anerkennung und Zustimmung sind formbedürftig, s. § 1597 I. 7 Öffentl. Beurkundung kann durch Notar (§ 20 BNotO), AG (§ 67 I Nr. 1 BeurkG, § 3 Nr. 1 Buchst. f RPflG), Standesbeamten (§ 44 I PStG, § 64 BeurkG), beim Jugendamt (§ 59 I 1 Nr. 1 SGB VIII, § 65 BeurkG) oder Gericht, bei dem eine Abstammungssache anhängig ist (§ 180 FamFG) vorgenommen werden. Im Ausland sind die deutschen Konsularbeamten zuständig (§§ 2, 10 KonsularG). – Übersendung nach § 1597 II ist kein Wirksamkeitserfordernis.

8 **6. Widerruf.** § 1597 III schützt das Interesse des Mannes, an seine (etwa wegen fehlender Zustimmung nach § 1595) schwebend unwirksame Anerkennung nicht unverhältnismäßig lange Zeit gebunden zu sein. Die Anerkennungserklärung kann widerrufen werden, wenn sie ein Jahr nach Beurkundung (§ 1597 I) nicht wirksam geworden ist. Wurde nicht widerrufen, führt spätere Zustimmung zum Wirksamwerden der Anerkennung.

9 **7. Missbräuchliche Anerkennung. a) § 1597a** wurde mWv 29.7.2017 durch das Ges. zur besseren Durchsetzung der Ausreisepflicht (BGBl. 2017 I 2780) eingefügt. Die Norm soll eine missbräuchliche Vaterschaftsanerkennung verhindern, die allein das Ziel verfolgt, ein Aufenthaltsrecht zu erlangen, dessen Voraussetzungen ohne die Anerkennung nicht vorliegen würden (BT-Drs. 18/12415, 15, 20). Der Gesetzgeber hatte bereits durch die mWv 1.6.2008 eingefügten Regelungen über das Anfechtungsrecht der zuständigen Behörde (s. die inzwischen aufgehobenen § 1600 I Nr. 5, Art. 229 § 16 EGBGB) versucht, einer missbräuchlichen Anerkennung der Vaterschaft entgegenzuwirken. Nach BVerfG NJW 2014, 1364 verstießen die Regelungen jedoch gegen Art. 16 I, 6 II 1, Art. 2 I iVm Art. 6 II 1, Art. 6 I GG. Mit der Neuregelung hat der Gesetzgeber nunmehr einen präventiven Ansatz gewählt, mit dem Missbrauch schon im Vorfeld begegnet werden soll (vgl. dazu BT-Drs. 18/12415, 16). **b) Gestuftes Verfahren: aa)** Bestehen konkrete Anhaltspunkte für eine missbräuchliche Anerkennung iSd § 1597a I, hat die beurkundende Behörde oder die Urkundsperson (→ Rn. 7) die Beurkundung auszusetzen und dies der zuständigen Behörde (s. § 85a AufenthG) mitzuteilen, § 1597a II 1 (sa Erman/Hammermann § 1597a Rn. 48: kein Ermessen; Balzer NZFam 2018, 5 [6]: Rücknahme der Beurkundungsabsicht ist unbeachtlich). § 1597a II 2 nennt in einem nicht abschließenden Katalog („insbesondere") Anzeichen, die das Vorliegen konkreter Anhaltspunkte indizieren (BT-Drs. 18/12415, 21). Die Beteiligten sind vor der Mitteilung an die Behörde anzuhören; für die Ausräumung konkreter Verdachtsgründe (zB Nachw. der leiblichen Vaterschaft des Anerkennenden, § 1597a V) soll sie die Darlegungslast treffen (so BT-Drs. 18/12415, 21; krit. Stern NZFam 2017, 740 [741]). Wird die Beurkundung nach § 1597a II 1 ausgesetzt, sind der Anerkennende, die Mutter und das zuständige Standesamt **zu unterrichten** (§ 1597a II 3). Während der Dauer der Aussetzung kann die Anerkennung weder durch die ursprünglich mit der Beurkundung befasste Stelle noch durch eine andere Stelle wirksam beurkundet werden (§ 1597a III 1), OLG Celle FamRZ 2022, 871 [873] mwN. Die Missbrauchsprüfung selbst obliegt dann der nach § 85a AufenthG zuständigen Behörde (s. zu den Voraussetzungen eines Missbrauchs BVerwG FamRZ 2021, 1625); die Entscheidung ist durch das Vorliegen eines der in § 1597a II 2 aufgeführten Anzeichen nicht präjudiziert (BT-Drs. 18/12415, 21; sa BVerwG FamRZ 2021, 1625 [1629 f.]). **bb) Stellt** die Behörde (durch Verwaltungsakt) einen **Missbrauchsfall fest** und ist die Entscheidung unanfechtbar, ist die Beurkundung der Anerkennung abzulehnen, § 1597a II 4; eine gleichwohl erfolgte Beurkundung ist unwirksam (§§ 1597a III, 1598 I 2). Wird das Verfahren nach § 85a I 3 AufenthG mangels Gründen für eine Feststellung eingestellt (zB weil der Anerkennende nachweislich eine sozial-familiäre Beziehung, s. § 1600 III, zu dem Kind begründet hat, BT-Drs. 18/12415, 17), kann nach entspr. Mitteilung die Beurkundung vorgenommen werden, sofern keine sonstigen Hindernisse vorliegen (BT-Drs. 18/12415, 17, 21); die beurkundende Stelle ist an die Entscheidung der Behörde gebunden (AG Oldenburg StAZ 2018, 316; sa BeckOGK/Balzer [1.11.2022] § 1597a Rn. 102; MüKo-BGB/Wellenhofer § 1597a Rn. 29 [„ursprünglich abgegebene Anerkennungserklärung ist nun zu beurkunden"]). Str. ist, ob eine Anerkennung, die gem. §§ 1597a III 1, 1598 I 2 unwirksam ist, durch Verfahrenseinstellung nach § 85a I 3 AufenthG wirksam wird („schwebende Unwirksamkeit", so KG FamRZ 2022, 1487; BeckOGK/Balzer [1.11.2022] § 1597a Rn. 105, 108; § 1598 Rn. 43; Grüneberg/Siede § 1598 Rn. 4), oder ob die Unwirksamkeit nach §§ 1597a III 1, 1598 I 2 endgültig ist (so MüKo-BGB/Wellenhofer § 1597a Rn. 30); der Wortlaut der

§§ 1597a III 1, 1598 I 2 spricht eher für die zweite Ansicht. **c)** Die Aussetzungsentscheidung der beurkundenden Behörde ist als verwaltungsinterner Vorgang nicht isoliert anfechtbar, OLG Celle FamRZ 2022, 871 [872]; Grüneberg/Siede § 1598 Rn. 4; sa Erman/Hammermann § 1597a Rn. 52 ff. **d)** Für die **Zustimmung der** 10 **Mutter** (§ 1595 I) gilt § 1597a I-III entspr., § 1597a IV (vgl. BVerwG FamRZ 2021, 1625 [1626 f.]: Feststellung der Missbräuchlichkeit kann auch erst aus Anlass der Beurkundung der Zustimmung der Mutter erfolgen). Weitere Zustimmungserklärungen (etwa des Kindes nach § 1595 II oder des fr. Ehemannes der Mutter, § 1599 II) nennt die Regelung nicht; hier kommt bei vergleichbarem Missbrauchspotenzial aber eine analoge Anwendung des § 1597a IV in Betracht (Helms StAZ 2019, 345; aA BeckOGK/Balzer [1.11.2022] § 1597a Rn. 112). **c)** Missbrauch ist gem. § 1597a V ausgeschlossen, wenn der Anerkennende der **leibliche Vater** des Kindes ist. Zu den Schwierigkeiten bei pränataler Anerkennung Stern NZFam 2017, 740 [741]. **e)** Zur Frage der Verfassungskonformität des § 1597a BVerwG FamRZ 2021, 1625 [1627 f.]; Sanders FamRZ 2017, 1189 [1192 f.]; Erman/Hammermann § 1597a Rn. 8 ff. **f) IPR.** S. Balzer NZFam 2018, 5 [7 f.].

8. Unwirksamkeit. a) aa) Endgültige Unwirksamkeit von Anerkennung, 11 Zustimmung und Widerruf tritt nur ein, wenn die in → Rn. 2–7 (nicht: 1597 II) enthaltenen Wirksamkeitsvoraussetzungen nicht vorliegen, **§ 1598 I 1. bb)** Anerkennung und Zustimmung sind auch in den Fällen des § 1597a III und IV (→ Rn. 9) unwirksam, § 1598 I 2. Dies betrifft die erneute Anerkennung oder Zustimmung, nachdem die Beurkundung vorheriger Erklärungen ausgesetzt worden war (s. § 1597a II 1) oder die zuständige Behörde einen **Missbrauch** festgestellt hatte (→ Rn. 9). Gleichwohl beurkundete Erklärungen können nicht Grundlage einer Eintragung im Geburtenregister sein; ein bereits erfolgter Geburtseintrag ist zu berichtigen (OLG Celle FamRZ 2022, 871 [873]; s. aber KG FamRZ 2022, 1487: schwebend unwirksame Anerkennung wird mit Verfahrenseinstellung wirksam [zum Streit → Rn. 9]). In allen anderen Fällen ist eine (ordnungsgem. beurkundete) Anerkennung/Zustimmung auch bei Missbräuchlichkeit wirksam – kein Fall des § 1598 I daher, wenn zB nach der Beurkundung Anhaltspunkte für einen Missbrauch bekannt werden (MüKo-BGB/Wellenhofer § 1597a Rn. 32; OLG Celle FamRZ 2022, 871 [873]; VG Magdeburg FamRZ 2019, 712 [713]; sa KG BeckRS 2020, 8441 Rn. 14: keine Aussetzung des standesamtlichen Verfahrens über die Beurkundung im Geburtenregister; OLG Frankfurt a.M. Asylmagazin 2019, 435; NJOZ 2022, 548 [549 ff.]; s. dagegen OLG Köln FamRZ 2019, 897 [899] mit krit. Anm. Helms StAZ 2019, 345) oder die beurkundende Stelle es trotz konkreter Anhaltspunkte versäumt hat, das Beurkungsverfahren auszusetzen (VG München BeckRS 2019, 42557). **cc) §§ 138, 134, 142** sind ausgeschlossen (OLG Frankfurt a.M. Asylmagazin 2019, 435; NJOZ 2022, 548 [550]); auch die (bewusst oder unbewusst) unrichtige Anerkennung ist wirksam (vorbehaltlich Vaterschaftsanfechtung, § 1599 I), OLG Zweibrücken NJOZ 2021, 930; OLG Köln NJW 2002, 901 [902]. Damit wird der Anerkennung größere Bestandskraft verliehen. **b)** Ein 12 Anerkenntnis während der Vaterschaft eines anderen Mannes ist schwebend unwirksam (Ausn.: § 1599 II 1 HS 2); es wird wirksam, wenn die Vaterschaft des anderen Mannes wegfällt, etwa infolge Anfechtung, § 1594 II; OLG Frankfurt a.M. FamRZ 2016, 918 [920]; vgl. in einem Fall mit Auslandsberührung auch BGH FamRZ 2017, 1687 [1689]. Anerkennung muss dann nicht erneut erklärt werden. **c)** Unwirksame (etwa mangels Form) Anerkennung wird wirksam nach **§ 1598 II.** 13 Fristablauf nach § 1598 II kann allerdings nicht die Sperre des § 1594 II überwinden; solange die Vaterschaft eines anderen Mannes besteht, kann Anerkennung nicht wirksam werden (OLG Düsseldorf FamRZ 2019, 1871; OLG Stuttgart FamRZ 2019, 607 [610]). Antrag auf Feststellung der Unwirksamkeit der Anerkennung (§ 169 Nr. 1 FamFG) hemmt die Ausschlussfrist (Erman/Hammermann § 1598 Rn. 10).

§ 1598a Anspruch auf Einwilligung in eine genetische Untersuchung zur Klärung der leiblichen Abstammung

(1) [1]**Zur Klärung der leiblichen Abstammung des Kindes können**
1. **der Vater jeweils von Mutter und Kind,**
2. **die Mutter jeweils von Vater und Kind und**
3. **das Kind jeweils von beiden Elternteilen**

verlangen, dass diese in eine genetische Abstammungsuntersuchung einwilligen und die Entnahme einer für die Untersuchung geeigneten genetischen Probe dulden. [2]**Die Probe muss nach den anerkannten Grundsätzen der Wissenschaft entnommen werden.**

(2) **Auf Antrag eines Klärungsberechtigten hat das Familiengericht eine nicht erteilte Einwilligung zu ersetzen und die Duldung einer Probeentnahme anzuordnen.**

(3) **Das Gericht setzt das Verfahren aus, wenn und solange die Klärung der leiblichen Abstammung eine erhebliche Beeinträchtigung des Wohls des minderjährigen Kindes begründen würde, die auch unter Berücksichtigung der Belange des Klärungsberechtigten für das Kind unzumutbar wäre.**

(4) [1]**Wer in eine genetische Abstammungsuntersuchung eingewilligt und eine genetische Probe abgegeben hat, kann von dem Klärungsberechtigten, der eine Abstammungsuntersuchung hat durchführen lassen, Einsicht in das Abstammungsgutachten oder Aushändigung einer Abschrift verlangen.** [2]**Über Streitigkeiten aus dem Anspruch nach Satz 1 entscheidet das Familiengericht.**

Lit.: Heiderhoff, Anspruch des Kindes auf Klärung der genetischen Vaterschaft?, NJW 2016, 1918; Helms, Das neue Verfahren zur Klärung der leiblichen Abstammung, FamRZ 2008, 1033; Keuter, Zur geplanten Reform des Abstammungsklärungsverfahrens (§ 1598a BGB), FamRZ 2020, 75; Scherpe, „Bist Du mein Vater?“ – Zum Recht des Kindes auf Klärung der Abstammung gegenüber dem (vermeintlichen) biologischen Vater, FamRZ 2016, 1824; Wellenhofer, Das neue Gesetz zur Klärung der Vaterschaft unabhängig vom Anfechtungsverfahren, NJW 2008, 1185.

1 **1. Allgemeines. a)** Die Vorschrift wurde durch das Ges. zur Klärung der Vaterschaft unabhängig vom Anfechtungsverfahren (BGBl. 2008 I 441) in das BGB eingefügt. Vorausgegangen waren Urteile des BGH (NJW 2005, 497) und des BVerfG (NJW 2007, 753), wonach DNA-Tests, die ohne Wissen und Einwilligung des betroffenen Kindes bzw. dessen ges. Vertreters eingeholt werden, nicht als Beweismittel im gerichtl. Verfahren verwertet werden dürfen, weil sie das Recht des Kindes auf informationelle Selbstbestimmung (Art. 2 I, 1 I GG) verletzen und daher rechtswidrig sind. Weiterhin sollte der Gesetzgeber zur Verwirklichung des Rechts des rechtlichen Vaters auf Kenntnis der Abstammung seines Kindes von ihm ein geeignetes Verfahren zur Feststellung der Vaterschaft bereitstellen, ohne dass dieser den Weg über die Anfechtungsklage gehen muss (BVerfG NJW 2007, 753 [757]). Dies ist mit Inkrafttreten von § 1598a geschehen. Die Norm bezieht sich allerdings nicht nur auf die Vaterschaft, sondern allg. auf die „leibliche Abstammung“; § 1598a erlaubt daher ungeachtet der systematischen Stellung zwischen den Regeln zur Anerkennung und Anfechtung der Vaterschaft auch die Klärung der Mutterschaft (vgl. § 1591); allerdings ist (wie beim Vater, → Rn. 3) berechtigt und verpflichtet nur die rechtliche, nicht auch die genetische Mutter (KG FamRZ 2018, 1923 [1924]; MüKo-BGB/Wellenhofer Rn. 44 mwN). Die Einf. einer isolierten Abstammungsfeststellung zwischen Personen, die nicht durch ein rechtliches Eltern-Kind-Verhältnis verbunden sind, ist auch verfassungsrechtlich nicht geboten (BVerfG FamRZ 2016, 877); das Kind ist zur Klärung der Abstammung auf die gerichtl. Feststellung der Vaterschaft nach § 1600d verwiesen (krit. Löhnig NZFam 2022, 1043). Für Personen, die durch heterologe Verwendung von Samen im Wege ärztlich unterstützter künstlicher Befruchtung gezeugt wurden, gewährt § 10 SaRegG einen

Anspruch auf Auskunft aus dem Samenspenderregister (→ Vor § 1591 Rn. 4); ein darüberhinausgehendes Recht auf Klärung der genetischen Abstammung vom Samenspender besteht nicht (Helms FamRZ 2017, 1537 [1539]). **b)** Nach BGH 2 FamRZ 2017, 219 setzt der Anspruch aus § 1598a I 1 voraus, dass die leibliche Abstammung des Kindes nicht bereits durch ein Abstammungsgutachten geklärt ist; das **Fehlen** einer **naturwissenschaftlichen Klärung** ist danach Tatbestandsvoraussetzung. Liegt bereits ein Abstammungsgutachten vor, muss der Anspruchsteller das Bedürfnis nach (weiterer) Klärung darlegen. Ein solches Bedürfnis soll nur in Ausnahmefällen anzunehmen sein, etwa wenn eine fr. Begutachtung fehlerhaft durchgeführt wurde oder der ermittelte Wahrscheinlichkeitsgrad aktuelle Standards eindeutig nicht erreicht (BGH FamRZ 2017, 219 [222]; FamRZ 2022, 459 [460] – bereits vorliegendes ausländisches Abstammungsgutachten). **c)** Keine Anspruchsvoraussetzung ist eine vorherige Kostenübernahmeerklärung (OLG Brandenburg BeckRS 2020, 23163).

2. Beteiligte. a) Das Recht, die leibliche Abstammung des Kindes zu klären, 3 steht dem rechtlichen **Vater** (§ 1592), der **Mutter** (§ 1591) sowie dem **Kind** gegenüber den anderen beiden Familienmitgliedern zu. Dabei kann der jeweilige Anspruchsberechtigte die Einwilligung (§ 183) in eine genetische Abstammungsuntersuchung und die Duldung der Entnahme einer für die Untersuchung geeigneten genetischen Probe verlangen. **b) Nicht** zum Kreis der anspruchsberechtigten Personen gehört der potentielle leibliche Vater **(biologischer Vater),** der nicht rechtlicher Vater des Kindes ist (BGH FamRZ 2017, 1685; BT-Drs. 16/6561, 12, BT-Drs. 16/8219, 6). Dieser ist vielmehr auf die bestehenden Möglichkeiten des Vaterschaftsfeststellungsverfahrens (§ 1600d) oder, falls ein rechtlicher Vater existiert, auf das Vaterschaftsanfechtungsverfahren (§ 1600 I Nr. 2) verwiesen. Der Grund ist darin zu sehen, dass dieser ansonsten seine Vaterschaft feststellen lassen könnte, ohne in die damit verbundenen, insbes. unterhaltsrechtlichen Pflichten eintreten zu müssen (BT-Drs. 16/8219, 6; krit. Wellenhofer NJW 2008, 1185 [1188 f.]). Umgekehrt ist der mögliche biologische Vater aber auch nicht aus § 1598a verpflichtet (OLG Karlsruhe FamRZ 2010, 221; OLG Frankfurt a.M. ZKJ 2010, 72; OLG Nürnberg FamRZ 2014, 404 [405]; OLG Zweibrücken NZFam 2022, 1043 mit krit. Anm. Löhnig); § 1598a begründet auch keinen Anspruch auf förmliche Feststellung der (bereits feststehenden) biologischen Vaterschaft eines bestimmten Mannes (OLG Frankfurt a.M. NJW 2017, 92 [93]).

3. Kinderschutzklausel. III stellt sicher, dass das Recht des Antragstellers auf 4 Kenntnis der Abstammung zumindest zeitweise hinter einem bes. Schutzbedürfnis des Kindes zurücktritt, zB Suizidgefahr oder Gefahr der gravierenden Verschlechterung einer bereits bestehenden schweren Krankheit (BT-Drs. 16/6561, 13). Grds. ist jedoch den Interessen des Klärungsberechtigten Vorrang vor den möglicherweise anderslautenden Interessen des Kindes einzuräumen. Die Schwierigkeiten, die ein Verlust der rechtlichen Vaterschaft allg. mit sich bringt, erfüllen die Voraussetzungen des III nicht (OLG Koblenz NJW-RR 2013, 1349 [1350]; OLG Karlsruhe FamRZ 2012, 1734 [1735]). Die Dauer der Aussetzung ist einzelfallabhängig. Gegen die Aussetzung des Verfahrens ist die Beschwerde gem. §§ 58 ff., 158 III FamFG zulässig. Hat das Gericht hingegen das Verfahren trotz Vorliegens von Aussetzungsgründen nicht ausgesetzt, kann dies im Rahmen der Beschwerde gegen die Entscheidung (§§ 58 ff. FamFG) gerügt werden.

4. Verfahren. a) Die Anspruchsgegner haben grds. in die Abstammungsuntersu- 5 chung einzuwilligen und die Entnahme der genetischen Probe zu dulden. Diese Einwilligung kann jedoch auch gerichtl. ersetzt werden (II); die Ersetzung hat die gleiche Wirkung wie die Einwilligung des Betroffenen selbst (OLG Jena NJW-RR 2010, 300). Im Rahmen der Einwilligung wird das Kind von seinen Eltern bzw. seiner Mutter vertreten (OLG Koblenz NJW-RR 2013, 1349 [1351]). Wird in diesem Fall die Zustimmung verweigert, ist § 1629 IIa anzuwenden, mit der Folge, dass für II ein Ergänzungspfleger zu bestellen ist. Gegen die gerichtl. Entscheidung ist die Beschwerde gem. §§ 58 ff. FamFG statthaft. **b)** Die Entnahme der Probe muss nach den anerkannten Grundsätzen der Wissenschaft erfolgen (I 2). Nicht vom Anspruch umfasst ist, dass auch die Untersuchung nach bestimmten Qualitätsstandards durchgeführt wird; dies bleibt dem Anspruchsinhaber überlassen. Er ist somit nicht gehalten, ein Gutachten in der Qualität eines gerichtl. Gutachtens einzuholen. Dies ist damit zu begründen, dass bei über 80 % der Gentests die Vaterschaft ohnehin bestätigt wird (BT-Drs. 16/6649, 1, BT-Drs. 16/8219, 6). In einem Vaterschaftsanfechtungsverfahren kann ein nach § 1598a eingeholtes Privatgutachten aber nur unter den Vorausetzungen des § 177 II 2 FamFG verwertet werden (OLG Naumburg NJW-RR 2013, 1413 [1415]). **c)** Der Anspruch auf Einwilligung unterliegt nicht der Verjährung (§ 194 II) und ist auch an keine Fristen gebunden (OLG Nürnberg FamRZ 2014, 1214). Er kann auch dann noch geltend gemacht werden, wenn die Frist zur Vaterschaftsanfechtung für den Berechtigten bereits abgelaufen ist (OLG Koblenz NJW-RR 2013, 1349 [1350]). Einer Begründung, insbes. eines Anfangsverdachts, bedarf es nicht (OLG Karlsruhe FamRZ 2012, 1734 [1735]). **d)** Anspruch auf Einsicht in das Abstammungsgutachten oder Aushändigung einer Abschrift durch den Einwilligenden s. IV. **e)** Die zweijährige Anfechtungsfrist des § 1600b I wird durch die Einleitung eines Verfahrens nach § 1598a II gehemmt (§ 1600b V 1). **f)** Verfahrenswert § 47 FamGKG, dazu OLG Naumburg FamRZ 2019, 914.

§ 1599 Nichtbestehen der Vaterschaft

(1) **§ 1592 Nr. 1 und 2 und § 1593 gelten nicht, wenn auf Grund einer Anfechtung rechtskräftig festgestellt ist, dass der Mann nicht der Vater des Kindes ist.**

(2) [1]**§ 1592 Nr. 1 und § 1593 gelten auch nicht, wenn das Kind nach Anhängigkeit eines Scheidungsantrags geboren wird und ein Dritter spätestens bis zum Ablauf eines Jahres nach Rechtskraft des dem Scheidungsantrag stattgebenden Beschlusses die Vaterschaft anerkennt; § 1594 Abs. 2 ist nicht anzuwenden.** [2]**Neben den nach den §§ 1595 und 1596 notwendigen Erklärungen bedarf die Anerkennung der Zustimmung des Mannes, der im Zeitpunkt der Geburt mit der Mutter des Kindes verheiratet ist; für diese Zustimmung gelten § 1594 Abs. 3 und 4, § 1596 Abs. 1 Satz 1 bis 3, Abs. 3 und 4, § 1597 Abs. 1 und 2 und § 1598 Abs. 1 entsprechend.** [3]**Die Anerkennung wird frühestens mit Rechtskraft des dem Scheidungsantrag stattgebenden Beschlusses wirksam.**

§ 1600 Anfechtungsberechtigte

(1) **Berechtigt, die Vaterschaft anzufechten, sind:**

1. **der Mann, dessen Vaterschaft nach § 1592 Nr. 1 und 2, § 1593 besteht,**
2. **der Mann, der an Eides statt versichert, der Mutter des Kindes während der Empfängniszeit beigewohnt zu haben,**
3. **die Mutter und**
4. **das Kind.**

(2) **Die Anfechtung nach Absatz 1 Nr. 2 setzt voraus, dass zwischen dem Kind und seinem Vater im Sinne von Absatz 1 Nr. 1 keine sozial-familiäre Beziehung besteht oder im Zeitpunkt seines Todes bestanden hat und dass der Anfechtende *leiblicher* Vater des Kindes ist.**

(3) [1]**Eine sozial-familiäre Beziehung nach Absatz 2 besteht, wenn der Vater im Sinne von Absatz 1 Nr. 1 zum maßgeblichen Zeitpunkt für das Kind tatsächliche Verantwortung trägt oder getragen hat.** [2]**Eine Übernahme tatsächlicher Verantwortung liegt in der Regel vor, wenn der Vater im Sinne**

von Absatz 1 Nr. 1 mit der Mutter des Kindes verheiratet ist oder mit dem Kind längere Zeit in häuslicher Gemeinschaft zusammengelebt hat.

(4) **Ist das Kind mit Einwilligung des Mannes und der Mutter durch künstliche Befruchtung mittels Samenspende eines Dritten gezeugt worden, so ist die Anfechtung der Vaterschaft durch den Mann oder die Mutter ausgeschlossen.**

§ 1600a Persönliche Anfechtung; Anfechtung bei fehlender oder beschränkter Geschäftsfähigkeit

(1) **Die Anfechtung kann nicht durch einen Bevollmächtigten erfolgen.**

(2) **[1]Die Anfechtungsberechtigten im Sinne von § 1600 Abs. 1 Nr. 1 bis 3 können die Vaterschaft nur selbst anfechten. [2]Dies gilt auch, wenn sie in der Geschäftsfähigkeit beschränkt sind; sie bedürfen hierzu nicht der Zustimmung ihres gesetzlichen Vertreters. [3]Sind sie geschäftsunfähig, so kann nur ihr gesetzlicher Vertreter anfechten.**

(3) **Für ein geschäftsunfähiges oder in der Geschäftsfähigkeit beschränktes Kind kann nur der gesetzliche Vertreter anfechten.**

(4) **Die Anfechtung durch den gesetzlichen Vertreter ist nur zulässig, wenn sie dem Wohl des Vertretenen dient.**

(5) **Ein geschäftsfähiger Betreuter kann die Vaterschaft nur selbst anfechten.**

§ 1600b Anfechtungsfristen

(1) **[1]Die Vaterschaft kann binnen zwei Jahren gerichtlich angefochten werden. [2]Die Frist beginnt mit dem Zeitpunkt, in dem der Berechtigte von den Umständen erfährt, die gegen die Vaterschaft sprechen; das Vorliegen einer sozial-familiären Beziehung im Sinne des § 1600 Abs. 2 erste Alternative hindert den Lauf der Frist nicht.**

(2) **[1]Die Frist beginnt nicht vor der Geburt des Kindes und nicht, bevor die Anerkennung wirksam geworden ist. [2]In den Fällen des § 1593 Satz 4 beginnt die Frist nicht vor der Rechtskraft der Entscheidung, durch die festgestellt wird, dass der neue Ehemann der Mutter nicht der Vater des Kindes ist.**

(3) **[1]Hat der gesetzliche Vertreter eines minderjährigen Kindes die Vaterschaft nicht rechtzeitig angefochten, so kann das Kind nach dem Eintritt der Volljährigkeit selbst anfechten. [2]In diesem Falle beginnt die Frist nicht vor Eintritt der Volljährigkeit und nicht vor dem Zeitpunkt, in dem das Kind von den Umständen erfährt, die gegen die Vaterschaft sprechen.**

(4) **[1]Hat der gesetzliche Vertreter eines Geschäftsunfähigen die Vaterschaft nicht rechtzeitig angefochten, so kann der Anfechtungsberechtigte nach dem Wegfall der Geschäftsunfähigkeit selbst anfechten. [2]Absatz 3 Satz 2 gilt entsprechend.**

(5) **[1]Die Frist wird durch die Einleitung eines Verfahrens nach § 1598a Abs. 2 gehemmt; § 204 Abs. 2 gilt entsprechend. [2]Die Frist ist auch gehemmt, solange der Anfechtungsberechtigte widerrechtlich durch Drohung an der Anfechtung gehindert wird. [3]Im Übrigen sind § 204 Absatz 1 Nummer 4, 8, 13, 14 und Absatz 2 sowie die §§ 206 und 210 entsprechend anzuwenden.**

(6) **Erlangt das Kind Kenntnis von Umständen, auf Grund derer die Folgen der Vaterschaft für es unzumutbar werden, so beginnt für das Kind mit diesem Zeitpunkt die Frist des Absatzes 1 Satz 1 erneut.**

§ 1600c Vaterschaftsvermutung im Anfechtungsverfahren

(1) **In dem Verfahren auf Anfechtung der Vaterschaft wird vermutet, dass das Kind von dem Mann abstammt, dessen Vaterschaft nach § 1592 Nr. 1 und 2, § 1593 besteht.**

(2) **Die Vermutung nach Absatz 1 gilt nicht, wenn der Mann, der die Vaterschaft anerkannt hat, die Vaterschaft anficht und seine Anerkennung unter einem Willensmangel nach § 119 Abs. 1, § 123 leidet; in diesem Falle ist § 1600d Abs. 2 und 3 entsprechend anzuwenden.**

Anmerkungen zu den §§ 1599–1600c

Lit.: Budzikiewicz, Materielle Statuseinheit und kollisionsrechtliche Statusverbesserung, 2007, S. 47 ff.; Genenger, Von der Einschränkung zur Erweiterung des Vaterschaftsanfechtungsrechts, FPR 2007, 155; Höfelmann, Das neue Gesetz zur Änderung der Vorschriften über die Anfechtung der Vaterschaft und das Umgangsrecht von Bezugspersonen des Kindes, FamRZ 2004, 745; Löhnig, Das Gesetz zur Ergänzung des Rechts zur Anfechtung der Vaterschaft, FamRZ 2008, 1130; Motejl, Das Recht des durch Samenspende gezeugten Kindes zur Anfechtung der Vaterschaft, FamRZ 2017, 345.

1 **1. Allgemeines. a)** Liegen die Voraussetzungen der §§ 1592 Nr. 1 oder 2, 1593 vor, so ist der (fr.) Ehemann der Mutter bzw. der anerkennende Mann unabhängig davon, ob das Kind von ihm genetisch abstammt, zunächst einmal sein Vater mit allen daran anknüpfenden Wirkungen, insbes. für Unterhalt und Erbrecht. Aus Gründen der Rechtssicherheit und -klarheit setzt die Geltendmachung der Nichtabstammung des Kindes von dem betreffenden Mann die aufgrund einer Vaterschaftsanfechtung erfolgende rechtskräftige Feststellung voraus, dass der Mann nicht der Vater des Kindes ist, **§ 1599 I.** Bestehende Vaterschaft sperrt Anerkennung (§ 1594 II) und gerichtl. Vaterschaftsfeststellung (§ 1600d I). Kein Unterhaltsregress nach
2 § 1607 III 1 des Ehemannes der Mutter. **b) Anfechtungsberechtigt** sind nach § 1600 der (fr.) Ehemann bzw. der anerkennende Mann (I Nr. 1), der Mann, der an Eides statt versichert, der Mutter während der Empfängniszeit beigewohnt zu haben (I Nr. 2), die Mutter (I Nr. 3) und das Kind (I Nr. 4), **nicht** aber die Eltern des Ehe- bzw. anerkennenden Mannes oder sonstige Dritte. Die mWv 1.6.2008 eingefügten Regelungen über das Anfechtungsrecht der zuständigen Behörde (§ 1600 I Nr. 5, III, VI aF; Art. 229 § 16 EGBGB aF) verstießen gegen Art. 16 I, 6 II 1, Art. 2 I iVm Art. 6 II 1, Art. 6 I GG und waren nichtig (BVerfG NJW 2014, 1364); sie sind mWv 29.7.2017 aufgehoben worden. Zugleich wurde mit § 1597a eine Regelung eingefügt, die eine missbräuchliche Vaterschaftsanerkennung bereits im Vorfeld verhindern soll (→ Anm. zu §§ 1594–1598 Rn. 9 f.).

3 **2. Anfechtungsrecht des Mannes. a)** Das Anfechtungsrecht des Mannes (§ 1600 I Nr. 1) ist höchstpersönlich, § 1600a I, II 1, V, unverzichtbar (BGHZ 2, 130 [137]) und nicht vererblich; der beschränkt geschäftsfähige Mann bedarf nicht der Zustimmung des ges. Vertreters, § 1600a II 2. Ist der Mann geschäftsunfähig, kann nur der ges. Vertreter anfechten, § 1600a II 3, wenn die Anfechtung dem Wohl
4 des Vertretenen dient, § 1600a IV. **b) Ausgeschlossen** ist das Anfechtungsrecht des Mannes (Mutter → Rn. 9) nach § 1600 IV, wenn das Kind im Wege **künstlicher Befruchtung** mit dem Samen eines Dritten gezeugt wurde (heterologe Insemination, → § 1592 Rn. 3; auch Zeugung durch Embryonentransfer, OLG Frankfurt a. M. FamRZ 2019, 541 [542 f.]) und nicht nur die Mutter, sondern auch der Mann eingewilligt haben; die Einwilligung bedarf keiner bes. Form (BGH FamRZ 2015, 2134 [2136]); zur Feststellungslast OLG Frankfurt a. M. FamRZ 2019, 541 [543]. Die Einwilligung ist bis zur Vornahme der Befruchtung widerruflich (Janzen FamRZ 2002, 786, zum Ganzen sa Spickhoff FS Schwab, 2005, 923). Das Anfechtungsrecht des Kindes (→ Rn. 10) bleibt unberührt. Ausgeschlossen ist auch das Anfechtungsrecht des leiblichen Vaters (§ 1600 I Nr. 2) bei Bestehen einer sozial-familiären Beziehung des Kindes zum rechtlichen Vater, § 1600 II, III (dazu BGH

5 NJW 2007, 1677; BVerfG FamRZ 2008, 2257). **c) Ausschlussfrist** von zwei Jahren, § 1600b I. **aa)** Fristbeginn mit Kenntniserlangung von Tatsachen, die gegen die Vaterschaft sprechen, § 1600b I 2 HS 1, auch bei Vorliegen einer sozial-familiären Beziehung, s. § 1600b I 2 HS 2, aber nicht vor der Geburt des Kindes bzw. Wirksamwerden der Anerkennung, § 1600b II 1. Hat der ges. Vertreter des geschäftsunfähigen Mannes nicht rechtzeitig angefochten, gilt § 1600b IV. – Der Anfechtungsberechtigte hat nach § 171 II 2 FamFG die Umstände darzulegen, aus denen sich der begründete Anfangsverdacht der Nichtabstammung ergibt, sowie den Zeitpunkt, in dem diese Umstände bekannt wurden. Für Kenntniserlangung ist **sichere Kenntnis** erforderlich; die Umstände (zB Ehebruch, abw. Hautfarbe, Divergenz von Tragezeit und letztem ehelichen Verkehr, sa BGH NJW 2006, 1734 [1735]: gewerbsmäßiger, wenn auch geschützter Mehrverkehr) müssen für den Mann gewiss sein (BGHZ 61, 195); ein bloßer Verdacht genügt nicht. Rechtlich richtige Würdigung ist nicht erforderlich (BGHZ 24, 134; OLG Düsseldorf FamRZ 2019, 1871 [1872]). Die irrtümliche Annahme, einer Anfechtung bedürfe es nicht, spielt keine Rolle. Auf ein „heimlich" erstelltes Gutachten kann der Anfangsverdacht nicht gestützt werden: Verstoß gegen das Persönlichkeitsrecht und die informationelle Selbstbestimmung des Kindes (BGH NJW 2005, 497 [499]; s. hierzu Rittner/Rittner NJW 2005, 945). Auch begründet die Weigerung der Mutter, auf Bitten des (rechtlichen) Vaters an einer DNA-Begutachtung mitzuwirken, oder die Verwertung der DNA-Analyse nachträglich zu genehmigen, noch keinen Anfangsverdacht der Nichtvaterschaft (BGH NJW 2005, 497 [498]; aA Mutschler FamRZ 2003, 76; sa OLG Koblenz NJW 2006, 1742 [1743]: Schlüssigkeit, wenn Mutter in Reaktion auf das Gutachten Mehrverkehr einräumt); in Konsequenz löst die Kenntnis vom Ergebnis eines heimlichen Gutachtens die Frist des § 1600b nicht aus (BGH NJW 2006, 1657 [1658]). Ein vom Gericht eingeholtes Abstammungsgutachten ist aber nicht schon deshalb unverwertbar, weil es aufgrund der Berücksichtigung eines heimlichen DNA-Gutachtens in verfahrenswidriger Weise erlangt wurde (BGH NJW 2006, 1657 [1659]).
6 **bb)** Hemmung des Fristablaufs bei Hinderung der Anfechtung durch widerrechtliche Drohung, § 1600b V 2. §§ 206, 210 gelten entspr., § 1600b V 3. Höhere Gewalt: Rechtsschein unrichtiger Personenstandsbeurkundung (OLG Düsseldorf FamRZ 2019, 1871 [1872]); *keine* höhere Gewalt: Verschulden des Verfahrensbevollmächtigten (BGHZ 81, 353 [356], falsche Beratung), Rechtsunkenntnis (BGH FamRZ 1982, 917 [918]), Unmöglichkeit des medizinischen Vaterschaftsausschlusses (BGH NJW 1975, 1465 [1466]). – Eine absolute Ausschlussfrist (wie in § 1594 IV aF von 1961–1970) gibt es nicht. **cc)** Die Frist dient nicht dem Schutz des leiblichen Vaters an einer Verhinderung seiner Vaterschaftsfeststellung und vor seiner Inanspruchnahme auf Zahlung von Unterhalt, vgl. auch OLG Köln FamRZ 2019, 726 f.; OLG Koblenz FamRZ 2015, 1121. Auf eine Verletzung des § 1600b kann deshalb eine Amtshaftungsklage des leiblichen Vaters nicht gestützt werden (BGH NJW 2007, 223). **d)** Die Ausübung des Anfechtungsrechts kann **Rechtsmissbrauch** sein, wenn der Vater längere Zeit während Hemmung des Fristablaufs zum Ausdruck gebracht hat, die Vaterschaft nicht anzufechten (BGH LM Nr. 2 zu § 1598 aF). Kein Rechtsmissbrauch aber allein deshalb, weil dem Anfechtenden im Zeitpunkt der Anerkennung bekannt war, dass er nicht der leibliche Vater des Kindes ist (OLG Düsseldorf FamRZ 2022, 1295; NJW-RR 2020, 456 [457]); nach OLG Düsseldorf NJW-RR 2020, 456 [457] auch nicht deshalb, weil sich der rechtliche Vater in einem vorangegangenen Anfechtungsverfahren des leiblichen Vaters zu dem Kind bekannt hat.

7 **3. Anfechtungsrecht des leiblichen Vaters. a)** Nach § 1600 aF hatte der leibliche Vater kein Anfechtungsrecht. Er konnte daher die Sperrwirkung des § 1594 II nicht selbst beseitigen und mit dem Ziel anfechten, die rechtliche Vaterstellung zu erlangen. Der Ausschluss des Anfechtungsrechts des leiblichen Vaters war mit Art. 6 II GG unvereinbar, soweit die rechtlichen Eltern mit dem Kind keine soziale Familie bilden (BVerfG NJW 2003, 2151 [2155]). Der Gesetzgeber ist dem Auftrag, dies zu korrigieren (BVerfG 2003, 2151 [2158]; dazu Roth NJW 2003, 3153) mit dem

Vaterschafts-AnfechtungsÄndG v. 23.4.2004 nachgekommen und hat die Anfech-
8 tungsmöglichkeit des § 1600 I Nr. 2 eingeführt. **b)** Anfechtungsvoraussetzungen → Rn. 3 ff. Der Mann muss an Eides statt versichern, der Mutter während der Empfängniszeit **beigewohnt** zu haben. Verhindert werden soll damit eine Anfechtung „ins Blaue" hinein. Gehen alle Verfahrensbeteiligten übereinstimmend von der leiblichen Vaterschaft des Anfechtenden aus, soll die Anfechtungsberechtigung aber nach OLG Zweibrücken NJOZ 2021, 930 nicht an dem Fehlen der eidesstattlichen Versicherung scheitern. – Anfechtungsberechtigt ist (entspr. Ratio der Norm) grds. auch der **Samenspender** (BGH NJW 2013, 2589 [2590 f.]: privat durch sog. Becherspende; vgl. auch OLG Zweibrücken FamRZ 2016, 2018 f.: keine (doppelt) analoge Anwendung bei natürlicher Zeugung); von vornherein ausgenommen sind nach BGH NJW 2013, 2589 [2591] aber die Fälle, in denen eine auf ausschließliche Vaterschaft eines Dritten (Wunschvater) gerichtete Vereinbarung iSd § 1600 IV vorliegt (sog. konsentierte heterologe Insemination). Soweit nach § 1600d IV ein Samenspender nicht als Kindesvater festgestellt werden kann, schließt dies zugleich ein Recht des Samenspenders auf Anfechtung der Vaterschaft eines Dritten aus. Gefälligkeitsanerkennung durch einen die soziale Elternschaft nicht anstrebenden Mann zum Zwecke der Erleichterung der Adoption durch Dritte hindert Anfechtung durch leiblichen Vater nicht (BGH NJW 2013, 2589 [2592], Adoption durch Lebenspartnerin der Mutter). **c)** Zwischen Kind und rechtlichem Vater iSd § 1600 I Nr. 1 darf gem. § 1600 II keine **sozial-familiäre Beziehung** bestehen oder im Zeitpunkt des Todes bestanden haben; verfassungsgemäß (BVerfG FamRZ 2015, 817; BGH NJW-RR 2018, 68 f.; FamRZ 2018, 275 [278]). Zum Begriff s. **III** und → Rn. 15; maßgeblich ist grds. der Zeitpunkt der letzten mündlichen Verhandlung (BGH NJW 2007, 1677 [1679]; NJW-RR 2018, 68; FamRZ 2018, 275 [277]; FamRZ 2021, 1127 [1131 f.]; abw. für Sonderkonstellation OLG Hamburg FamRZ 2020, 511 [512 f.]: Einleitung des Vaterschaftsfeststellungsverfahrens). Die Beweislast für das Nichtbestehen einer sozial-familiären Beziehung trägt der Anfechtende (OLG Frankfurt a. M. FamRZ 2019, 1872 [1873]; KG FamRZ 2015, 1119 [1120]); Mutter oder rechtlichen Vater kann aber sekundäre Darlegungslast treffen (OLG Hamburg FamRZ 2019, 1335 [1336]). Bei Bestehen einer sozial-familiären Beziehung zum rechtlichen Vater ist eine Anfechtung des leiblichen Vaters auch dann ausgeschlossen, wenn zwischen diesem und dem Kind ebenfalls eine sozial-familiäre Beziehung bestehen sollte (BGH FamRZ 2018, 275 [277 f.]). **d)** Zur Frist → Rn. 5; sa OLG Hamm FamRZ 2020, 1846 f.: Kenntniserlangung iSd § 1600b I HS 1 aufgrund Geschlechtsverkehrs mit der Mutter in der Empfängniszeit und (dem leiblichen Vater bekannte) Fehlbildung eines Fingers infolge Erbdefektes; ferner OLG Karlsruhe FamRZ 2016, 1382 [1383 f.]: Nach Ablauf der Ausschlussfrist ist eine Anfechtung auch dann nicht möglich, wenn eine sozial-familiäre Beziehung zwischen Kind und rechtlichem Vater erst nach Ablauf der Anfechtungsfrist beendet wurde. Zur Hemmung der Anfechtungsfrist aufgrund widerrechtlicher Drohung (§ 1600b V 2) BVerfG FamRZ 2019, 1868 (Androhung des Kontaktabbruchs durch Kindesmutter). **e) IPR.** S. BGH NJW-RR 2018, 68.

9 **4. Anfechtungsrecht der Mutter. a)** Das Anfechtungsrecht der Mutter (§ 1591) nach § 1600 I Nr. 3 besteht in allen Fällen, in denen auch der rechtliche Vater (§ 1592 Nr. 1 und 2) anfechten kann (→ Rn. 3). Es ist bei **künstlicher Befruchtung** gem. § 1600 IV **ausgeschlossen.** Ausschluss des Anfechtungsrechts der Mutter entgegen dem zu engen Wortlaut des § 1600 IV (Einwillung des Mannes *und* der Mutter) auch, wenn nur sie, nicht aber der Mann zugestimmt hat (BeckOGK/Reuß [1.11.2022] § 1600 Rn. 116, str.). **b)** Die Zustimmung des Kindes ist nicht erforderlich. Die Anfechtung muss nicht dem Kindeswohl dienen; das Anfechtungsrecht ist ein eigenes Recht der Mutter (BGH MDR 2020, 675). Das KindRG stärkt damit ihre Rechtsstellung; nach § 1600g aF konnte die Mutter nur die Anerkennung anfechten. **c)** Zur Höchstpersönlichkeit des Anfechtungsrechts → Rn. 3; zur Frist → Rn. 5, ferner BGH NJW 2014, 629 [630]; OLG Karlsruhe

FamRZ 2016, 249: Schon einmaliger außerehelicher Geschlechtsverkehr während der ges. Empfängniszeit kann die Voraussetzungen des Fristbeginns nach § 1600b I 2 erfüllen; die Anfechtungsfrist läuft daher für die Mutter idR ab der Geburt des Kindes (OLG Düsseldorf FamRZ 2019, 1871). **d)** Zum Ausschluss des Anfechtungsrechts wegen Rechtsmissbrauchs BGH MDR 2020, 675 (verneint); MüKo-BGB/Wellenhofer § 1600 Rn. 43.

5. Anfechtungsrecht des Kindes. a) aa) Das Kind hat gem. § 1600 I Nr. 4 ein eigenes Anfechtungsrecht, das für das volljährige Kind grds. höchstpersönlich auszuüben ist, § 1600a I. Das Anfechtungsrecht des Kindes ist bei künstlicher Befruchtung nicht nach § 1600 IV ausgeschlossen (OLG Saarbrücken FamRZ 2018, 832); dies gilt auch in den Fällen, in denen nach § 1600d IV der Samenspender nicht als Vater des Kindes festgestellt werden kann (s. dazu auch Motejl FamRZ 2017, 345). **bb)** Ist das Kind nicht voll geschäftsfähig, kann nur sein **ges. Vertreter** anfechten, § 1600a III. Von der ges. Vertretung im Anfechtungsverfahren ausgeschlossen sind der (sorgeberechtigte) rechtliche Vater (§ 1629 II 1 iVm § 1824 II, 181 analog) und (nach §§ 1629 II 1 iVm § 1824 I Nr. 3 analog) die mit ihm verheiratete Mutter (BGH FamRZ 2012, 859; FamRZ 2021, 1127 [1129]). Die allein sorgeberechtigte und mit dem rechtlichen Vater nicht verheiratete Mutter ist dagegen nicht kraft Ges. von der ges. Vertretung ausgeschlossen (BGH FamRZ 2017, 123 [124 f.]). Ob dies auch dann gilt, wenn die (noch) nicht oder nicht mehr miteinander verheirateten rechtlichen Eltern gemeinsam sorgeberechtigt sind, wurde im Anschluss an BGH NJW 1972, 1708 vielfach verneint; der BGH hat seine alte Rspr. in FamRZ 2021, 1127 [1129 f.] aufgegeben und nimmt nunmehr mit überzeugender Argumentation an, dass die mit dem rechtlichen Vater nicht verheiratete Mutter nicht schon aufgrund des gemeinsamen Sorgerechts von der ges. Vertretung ausgeschlossen ist. **cc)** Die Anfechtung durch den ges. Vertreter ist nur zulässig, wenn sie dem Wohl des Kindes dient (§ 1600a IV), s. dazu OLG Dresden FamRZ 2022, 1789 [1790]. **b) Frist. aa)** Für die Anfechtung durch das Kind gilt die Zwei- 11
jahresfrist des § 1600b I. Fristbeginn § 1600b I 2. Bei nicht voll geschäftsfähigen Kindern kommt es auf den Kenntnisstand des ges. Vertreters an; abzustellen ist auf die Person, die berechtigt ist, das Kind im Anfechtungsverfahren zu vertreten (BGH FamRZ 2017, 123 [124]: Wissenszurechnung analog § 166 I); bei gemeinsamem Sorgerecht ist analog § 1629 I 2 HS 2 das Wissen eines Elternteils ausreichend. Hemmung usw s. § 1600b V; → Rn. 6. **bb)** Hat der ges. Vertreter des Kindes nicht rechtzeitig angefochten, kann das volljährige Kind selbst anfechten; die Zweijahresfrist beginnt dann mit Volljährigkeit, § 1600b III 1 u 2 HS 1, nicht aber vor Kenntnis von Umständen, die gegen die Vaterschaft sprechen. Eine absolute Ausschlussfrist (wie nach § 1598 HS 2 aF) besteht nicht. § 1600b III dient, neben § 1598a I 1 Nr. 3, der Durchsetzung des Rechts des Kindes auf Kenntnis der Abstammung, → Vor
§ 1591 Rn. 3. **cc)** Die Zweijahresfrist beginnt erneut zu laufen, wenn das Kind von 12
Umständen Kenntnis erlangt, die die Folgen der Vaterschaft unzumutbar werden lassen, § 1600b VI, etwa eine schwere Verfehlung des Mannes gegen das Kind. Die in § 1596 I Nr. 4 und 5 aF genannten Gründe bilden Anhaltspunkte für Unzumutbarkeit (BT-Drs. 13/4899, 88).

6. Anfechtungsgrund. Der Anfechtungsgrund ist einheitlich für alle Anfech- 13
tungsberechtigten die Nichtabstammung des Kindes von dem (fr.) Ehemann der Mutter bzw. eine (irrtümlich oder bewusst falsche [OLG Köln NJW 2002, 901 [902]]) Anerkennung.

7. Beweislast. a) Vermutung für Vaterschaft s. § 1600c. Der Anfechtende muss 14
den Beweis des Gegenteils führen, dass das Kind **nicht** von dem (fr.) Ehemann der Mutter oder vom anerkennenden Mann abstammt (OLG Frankfurt a.M. FamRZ 2016, 918 [920]; NJW-RR 2022, 1585 [1586]). – Zu den Beweismethoden → Vor § 1591 Rn. 7; sa OLG Frankfurt a.M. NJW-RR 2022, 1585 [1586]: ausnahmsweise Verzicht auf Abstammungsgutachten wegen fehlenden Geschlechtsverkehrs des

rechtlichen Vaters mit der Mutter in der Empfängniszeit. **b)** Vermutung gilt nicht bei Anfechtung einer mit Willensmängeln nach §§ 119 I, 123 behafteten Anerkennung durch den Mann. Von Bedeutung ist vor allem der Fall der Täuschung des Mannes durch die Mutter über Mehrverkehr (§ 123 II ist nicht anwendbar, Windel AcP 199, 452). Verweisung in § 1600c II HS 2: Beiwohnung innerhalb der Empfängniszeit ist vom Anfechtungsgegner zu beweisen; schwerwiegende Zweifel an
15 der Vaterschaft können zum Erfolg der Anfechtung führen. **c)** Das Bestehen einer sozial-familiären Beziehung ist aufgrund der ges. Definition dieser Beziehung in § 1600 III 1 unwiderleglich stets zu bejahen, wenn der rechtliche Vater für das Kind tatsächlich Verantwortung trägt oder getragen hat (s. dazu BGH FamRZ 2018, 275 [277]). Hat der biologische Vater keine Umstände dargelegt und sind auch sonst keine Anhaltspunkte ersichtlich, die gegen eine fortdauernd wahrgenommene tatsächliche Verantwortung sprechen, darf auch ohne weitere Amtsermittlung davon ausgegangen werden, dass der rechtliche Vater die von ihm übernommene Verantwortung trägt (BGH NJW 2008, 2985 [2987]).

16 **8. Verfahren.** S. §§ 169 ff. FamFG. Zuständig ist das FamG, §§ 23a I 1 Nr. 1, 23b I GVG iVm § 111 Nr. 3 FamFG; örtl. Zuständigkeit s. § 170 FamFG. Die Beteiligten des Verfahrens ergeben sich aus § 172 FamFG. Bei Tod eines Beteiligten vgl. § 181 FamFG. Nach § 177 II FamFG muss eine förmliche Beweisaufnahme stattfinden (OLG Frankfurt a.M. FamRZ 2016, 918 [919]).

17 **9. Wirkungen.** S. § 1599 I. Die rechtskräftige Feststellung, dass der Mann nicht der Vater des Kindes ist, hebt mit Wirkung für und gegen alle (§ 184 II FamFG) die durch §§ 1592 Nr. 1, 2 oder 1593 begründete Zuordnung des Kindes zum Mann (→ Rn. 1) rückwirkend auf (insoweit Gestaltungsentscheidung, Erman/Hammermann § 1599 Rn. 19). Die Rechtslage wird so angesehen, als habe die Vaterschaft nie bestanden.

18 **10. Anerkennung mit Zustimmung des fr. Ehemannes. a) Zweck.** Eine rechtskräftige Feststellung ist nach **§ 1599 II** nicht erforderlich, wenn das Kind während eines Scheidungsverfahrens geboren wird, falls ein anderer Mann die Vaterschaft anerkennt und der Ehemann zustimmt. Damit soll ein aufwändiges Anfechtungsverfahren überflüssig werden, wenn sich Mutter, (fr.) Ehemann und der anerkennende Mann einig sind. Der Ehemann kann dessen ungeachtet die Vaterschaft aber auch anfechten; er muss sich nicht auf das Verfahren nach § 1599
19 II verweisen lassen (OLG Frankfurt a.M. FamRZ 2016, 918 [919]). **b) Voraussetzungen.** Die Anerkennung muss innerhalb einer Frist von einem Jahr nach Rechtskraft des stattgebenden Scheidungsbeschlusses erklärt werden; sie kann schon während des Scheidungsverfahrens erfolgen, wird aber erst mit Rechtskraft des stattgebenden Scheidungsbeschlusses wirksam, § 1599 II 3. Zu den erforderlichen Erklärungen s. § 1599 II 2; die Zustimmung des (fr.) Ehemannes muss entspr. § 1597 I öffentl. beurkundet werden, s. dazu BGH NJW-RR 2013, 705; sie ist ebenso wie die Zustimmung der Mutter an keine Frist gebunden (BGH NJW-RR 2013, 705 [706]; OLG Brandenburg StAZ 2011, 333); Zustimmung des Kindes nur im Fall des § 1595 II (BGH FamRZ 2018, 1334 [1336]). Zur Auflösung der Ehe durch Tod des fr. Ehemannes während des Scheidungsverfahrens s. Budzikiewicz, Materielle Statuseinheit und kollisionsrechtliche Statusverbesserung,
20 2007, S. 49 ff. **c) Wirkungen.** Die wirksame Anerkennung begründet rückwirkend ein Vaterschaftsverhältnis zum anerkennenden Mann (§ 1592 Nr. 2) und beendet zugleich das Vaterschaftsverhältnis zum fr. Ehemann (OLG Brandenburg BeckRS 2020, 503 Rn. 7). Anfechtung der Anerkennung nach § 1599 I bleibt *möglich. Ist sie erfolgreich,* ist analog § 1593 S. 4 der fr. Ehemann der Vater.
21 **d) IPR.** S. BGH FamRZ 2018, 1334 [1335 ff.]; NJW-RR 2012, 449, dazu Freitag StAZ 2013, 333; Helms FamRZ 2012, 618.

22 **11. Verzicht auf das Anfechtungsrecht.** Nach BGH ist ein rechtsgeschäftlicher Ausschluss des Anfechtungsrechts nicht möglich; Verzicht daher wirkungslos (BGH

MDR 2020, 675 mwN; vgl. auch MüKo-BGB/Wellenhofer § 1600 Rn. 40 ff.); s. aber § 1600 IV (→ Rn. 4, 9).

§ 1600d Gerichtliche Feststellung der Vaterschaft

(1) **Besteht keine Vaterschaft nach § 1592 Nr. 1 und 2, § 1593, so ist die Vaterschaft gerichtlich festzustellen.**

(2) **[1]Im Verfahren auf gerichtliche Feststellung der Vaterschaft wird als Vater vermutet, wer der Mutter während der Empfängniszeit beigewohnt hat. [2]Die Vermutung gilt nicht, wenn schwerwiegende Zweifel an der Vaterschaft bestehen.**

(3) **[1]Als Empfängniszeit gilt die Zeit von dem 300. bis zu dem 181. Tage vor der Geburt des Kindes, mit Einschluss sowohl des 300. als auch des 181. Tages. [2]Steht fest, dass das Kind außerhalb des Zeitraums des Satzes 1 empfangen worden ist, so gilt dieser abweichende Zeitraum als Empfängniszeit.**

(4) **Ist das Kind durch eine ärztlich unterstützte künstliche Befruchtung in einer Einrichtung der medizinischen Versorgung im Sinne von § 1a Nummer 9 des Transplantationsgesetzes unter heterologer Verwendung von Samen gezeugt worden, der vom Spender einer Entnahmeeinrichtung im Sinne von § 2 Absatz 1 Satz 1 des Samenspenderregistergesetzes zur Verfügung gestellt wurde, so kann der Samenspender nicht als Vater dieses Kindes festgestellt werden.**

(5) **Die Rechtswirkungen der Vaterschaft können, soweit sich nicht aus dem Gesetz anderes ergibt, erst vom Zeitpunkt ihrer Feststellung an geltend gemacht werden.**

Lit.: Helms, Familienrechtliche Aspekte des Samenspenderregistergesetzes, FamRZ 2017, 1537.

1. Allgemeines. **a)** S. § 1592 Nr. 3. Liegt Vaterschaft nach §§ 1592 Nr. 1 oder (nicht „und“) Nr. 2, 1593 nicht vor, muss sie gerichtl. (positiv) festgestellt werden, **I.** Für Samenspender gilt die abstammungsrechtliche Freistellung nach **IV** (→ Rn. 5); die Norm wurde durch das Ges. zur Regelung des Rechts auf Kenntnis der Abstammung bei heterologer Verwendung von Samen v. 17.7.2017 (BGBl. I 2513) mit Wirkung zum 1.7.2018 eingefügt (Überleitungsvorschrift: Art. 229 § 46 EGBGB). **b)** Erst vom Zeitpunkt der Feststellung an können die Wirkungen der Vaterschaft wie Unterhaltsansprüche, Erbrecht usw geltend gemacht werden, **V.** Ausnahmsweise kann Vaterschaft ohne Feststellung angenommen werden bei §§ 247 f. FamFG. 1

2. Voraussetzungen der Vaterschaftsfeststellung. **a)** Keine Vaterschaft nach § 1592 Nr. 1 oder 2, 1593; gerichtl. Feststellung ist subsidiär (sa BGH FamRZ 2016, 1849 [1851]). Eine zuvor erfolgte Adoption des Kindes hindert nach OLG Celle (FamRZ 2022, 1792 [1793 ff.]; FamRZ 2021, 285 [287 ff.]) die gerichtl. Feststellung der Vaterschaft zu einem anderen Mann hingegen nicht. Zur Feststellung der Vaterschaft im Fall der Samenspende → Rn. 5. **b)** Antragsberechtigt sind der Mann, der die Vaterschaft für sich in Anspruch nimmt (zB wenn die Mutter seiner Anerkennung nicht zustimmt, § 1595 I), die Mutter und das Kind (vgl. § 172 FamFG). **c)** Die Vaterschaft ist gerichtl. festzustellen, wenn das Kind von dem betreffenden Mann abstammt. Für die Feststellung der Abstammung wird regelmäßig ein Abstammungsgutachten einzuholen sein. Die Vermutung nach II, III ist heute nur noch von geringer praktischer Bedeutung; s. aber OLG Frankfurt a.M. BeckRS 2022, 30520: subsidiäre Anwendung bei Scheitern der förmlichen Beweisaufnahme (im Ausland lebende Kindesmutter verweigert Mitwirkung). Nach II wird als Vater vermutet, wer der Mutter während der Empfängniszeit **(III)** beigewohnt hat. Die Vermutung kann widerlegt werden (mit allen Beweismitteln und Begutachtungsmethoden wie bei Vaterschaftsanfechtung, → Vor § 1591 Rn. 7) durch Beweis des Gegenteils, dass 2 3

das Kind nicht von dem Mann gezeugt wurde. Ferner entfällt die Vermutung bereits,
4 wenn **„schwerwiegende Zweifel"** an der Vaterschaft bestehen, **II 2.** Insofern genügt es, „wenn mehr gegen als für die Vaterschaft spricht, sie also unwahrscheinlich ist" (OLG Frankfurt a.M. BeckRS 2022, 30520). Dabei sind wie zu § 1600o II 2 aF alle Umstände zu würdigen. Begründete Zweifel können sich insbes. aus Mehrverkehr der Mutter ergeben (vgl. OLG Karlsruhe FamRZ 2001, 931; OLG Frankfurt a.M. BeckRS 2022, 30520). Die Feststellungslast trifft den Mann; zur Beweisvereitelung s. BGH NJW 1993, 1391 [1393] (durch den Mann); OLG Frankfurt a.M. BeckRS 2022, 30520 (durch die Mutter). Zum Umfang der Erhebung weiterer Beweise, wenn ein Abstammungsgutachten eine sehr hohe Wahrscheinlichkeit der Vaterschaft ergibt, dieser aber bestreitet, der Kindesmutter beigewohnt zu haben, BGH NJW 2006, 3416. **c)** Ist das Kind im Wege **vertraulicher Geburt** zur Welt gebracht worden und kann der (mutmaßliche) biologische Vater keine Angaben zu Namen, Geburtsdatum und -ort des Kindes machen, ist ihm die gerichtl. Feststellung der Vaterschaft versagt (s. dazu OLG München FamRZ 2018, 762: kein Anspruch des Mannes gegen die Mutter auf Auskunft). **d) Keine pränatale Vaterschaftsfeststellung:** Die Feststellung der Vaterschaft ist erst nach der Geburt des Kindes möglich, s. BGH FamRZ 2016, 1849 [1851]: keine Vaterschaftsfeststellung für (im Ausland) kryokonservierte Embryonen.

5 **3. Samenspender. a)** Unter den Voraussetzungen des IV wird ein Samenspender von der Inanspruchnahme als rechtlicher Vater freigestellt. Die Freistellung erfolgt, wenn (a) der Spender den Samen bei einer Entnahmeeinrichtung iSv § 2 I 1 SaRegG abgegeben hat und (b) die künstliche Befruchtung in einer Einrichtung der medizinischen Versorgung iSv § 1a Nr. 9 TPG vorgenommen wurde. Nicht erfasst sind Fälle einer Befruchtung ohne ärztliche Unterstützung, insbes. private Samenspenden (etwa mittels sog. Becherspende, s. BT-Drs. 18/11291, 35); hier kann der Samenspender auch weiterhin als Vater festgestellt werden (sa OLG Stuttgart FamRZ 2022, 1292 [1293]: Antragstellung durch den Samenspender; gleichgeschlechtliche Ehe der Mutter hindert die Vaterschaftsfeststellung nicht). IV hindert iÜ allein die gerichtl. Vaterschaftsfeststellung iSd § 1592 Nr. 3; einer Anerkennung der Vaterschaft durch den Samenspender (§ 1592 Nr. 2) steht die Norm nicht entgegen (Helms FamRZ 2017, 1537 [1541]). **b) Intertemporaler Anwendungsbereich:** IV ist nicht anzuwenden, wenn der Samen, mithilfe dessen das Kind gezeugt wurde, vor dem 1.7.2018 verwendet wurde, Art. 229 § 46 EGBGB. Bei Zeugung vor dem Stichtag ist die gerichtl. Feststellung der Vaterschaft des Samenspenders auch weiterhin möglich (BT-Drs. 18/11291, 36).

6 **4. Wirkungen. a)** Erst die rechtskräftige Feststellung erlaubt die Geltendmachung der Rechtswirkungen der Abstammung für Vergangenheit und Zukunft, V (insoweit Gestaltungsbeschluss, Erman/Hammermann Rn. 7). Der Beschluss wirkt nach Maßgabe des § 184 II FamFG für und gegen alle. **b)** Beurkundung der Vaterschaft beim Geburtseintrag des Kindes, § 27 I PStG.

§ 1600e *(aufgehoben)*

Titel 3. Unterhaltspflicht

Untertitel 1. Allgemeine Vorschriften

Vorbemerkungen

Lit.: Lies-Benachib, Systemwechsel im Unterhaltsrecht!, FamRZ 2023, 9; Born, Das neue Unterhaltsrecht, NJW 2008, 1; Gerhardt, Die Unterhaltsreform zum 1.1.2008, FuR 2008, 9, 62; Götz/Seiler, Systemwechsel im Unterhaltsrecht?, FamRZ 2022 1338; Wendl/Dose, Das Unterhaltsrecht in der familienrichterlichen Praxis, 10. Aufl. 2019.

1. Überblick. a) §§ 1601–1615 regeln Unterhaltsberechtigung und -pflicht zwischen Verwandten, §§ 1615a, 1615l–n bestimmen Unterhaltsansprüche zwischen nicht miteinander verheirateten Eltern aus Anlass der Geburt eines Kindes. **b)** Inner- 1
halb des Verwandtenunterhalts wird der **Kindesunterhalt** bes. geregelt, vgl. 2
§§ 1602 II, 1603 II, 1611 II, 1612 II, 1612a. **c)** Ergänzend sind die Vorschriften über den Familienunterhalt in §§ 1360–1360b, über die Verwendung von Einkünften des Gesamtguts (§ 1420) und des Kindesvermögens (§ 1649), den Ausbildungsanspruch nach § 1371 IV (hierzu → § 1371 Rn. 14 ff.) zu berücksichtigen sowie die Veränderung von Unterhaltsansprüchen, die sich aus der Konkurrenz mit anderen Unterhaltsberechtigten ergeben kann, s. § 1609. **d)** Zur Unterhaltspflicht als Schaden 3
→ Vor §§ 249–253 Rn. 35.

2. Verwandtschaft. Grundlage der in §§ 1601 ff. geregelten Unterhaltsansprü- 4
che ist Verwandtschaft (Ausn.: §§ 1615l–n); auch Scheinvaterschaft bis zur rechtskräftigen Anfechtung (§ 1599 I; sa BGH FamRZ 2020, 577 [579]) und Annahme als Kind – §§ 1741 ff. – begründen unterhaltsrelevante Verwandtschaft, s. § 1754; zu den Einschränkungen bei der Volljährigenadoption s. § 1770 I. Unterhaltspflicht zwischen Ehegatten s. §§ 1360–1361, nach Ehescheidung §§ 1569 ff., bei Aufhebung s. § 1318 II; s. ferner Unterhalt der werdenden Mutter eines Erben, § 1963, und eines Nacherben, § 2141, sowie § 1969 („Dreißigster").

3. Abweichung durch Vereinbarung. a) Vertragliche Vereinbarungen über 5
Unterhaltsansprüche zwischen Berechtigtem und Verpflichtetem sind grds. möglich, BGH NJW 1986, 1167 [1168] (Freistellung des Ehegatten von Unterhaltsansprüchen gemeinschaftlicher Kinder); FamRZ 2022, 1366 [1369] (Abdeckung der Wohnkosten durch Naturalunterhalt des Barunterhaltspflichtigen); Grenze § 138 (BVerfG NJW 2001, 957; NJW 2001, 2248). Bei Verzicht auf Unterhalt für die Zukunft s. jedoch § 1614 I. Wesentliche Änderungen von Bedürftigkeit oder Leistungsfähigkeit können die Geschäftsgrundlage berühren, Dethloff FamR § 11 Rn. 55. **b) Heterologe Insemination:** Hat ein Mann in die heterologe Insemination einer Frau mit dem Ziel eingewilligt, die Vaterstellung für das Kind einzunehmen, wird er jedoch nicht rechtlicher Elternteil, ist nach BGH FamRZ 2015, 2134 [2135 ff.] (im Anschluss an BGH FamRZ 1995, 861: Ehelichkeitsanfechtung) grds. davon auszugehen, dass die Mutter und der Mann einen das Kind unmittelbar berechtigenden **Vertrag zugunsten Dritter** iSv § 328 I geschlossen haben, der den Mann verpflichtet, für den Unterhalt des Kindes wie ein rechtlicher Vater einzustehen. Die Einwilligung muss nach BGH gegenüber der Mutter erklärt werden und ist nicht formbedürftig (aaO). Das OLG Brandenburg (FamRZ 2021, 1196) hat diese Grundsätze auf die Einwilligung einer Frau in die Insemination ihrer (zunächst faktischen, später eingetragenen) Lebenspartnerin mittels Samenspende (private „Becherspende") übertragen.

4. Schutz der Unterhaltsansprüche und des Berechtigten. Erfolgt durch: 6
§ 170 StGB, §§ 1666 II, 2333 Nr. 3, § 850b I Nr. 2 ZPO (unpfändbar, s. jedoch II), §§ 394 (keine Aufrechnung), 400 (nicht abtretbar), 194 II (keine Verjährung künftiger Ansprüche), 207 I 2 Nr. 2 (Hemmung der Verjährung bis zur Vollendung des 21. Lebensjahres des Kindes), § 850d ZPO (erweiterte Pfändbarkeit von Arbeitseinkommen bei Unterhaltstiteln), §§ 100, 209 I Nr. 3 InsO; bei Tötung des Unterhaltsverpflichteten § 844 II. S. ferner § 1495 Nr. 2 (Aufhebungsantrag eines Abkömmlings bei fortgesetzter Gütergemeinschaft).

5. Verfahrensrecht. Zuständig ist das FamG, §§ 111 Nr. 8, 231 I Nr. 1, Nr. 3 7
FamFG; örtl. Zuständigkeit s. § 232 FamFG. Einstw. Anordnung § 246 FamFG, einstw. Verfügung § 247 FamFG. Unterhaltsentscheidung im Verbund mit Vaterschaftsfeststellung s. § 237 FamFG. Unterhalt minderjähriger Kinder kann im „vereinfachten Verfahren" tituliert werden, §§ 249 ff. FamFG. Abänderung von Unterhaltstiteln s. § 238 FamFG.

8 **6. IPR.** S. Art. 15 EuUnthVO iVm Haager Protokoll v. 23.11.2007 über das auf Unterhaltspflichten anzuwendende Recht.

§ 1601 Unterhaltsverpflichtete

Verwandte in gerader Linie sind verpflichtet, einander Unterhalt zu gewähren.

§ 1602 Bedürftigkeit

(1) **Unterhaltsberechtigt ist nur, wer außerstande ist, sich selbst zu unterhalten.**

(2) **Ein minderjähriges Kind kann von seinen Eltern, auch wenn es Vermögen hat, die Gewährung des Unterhalts insoweit verlangen, als die Einkünfte seines Vermögens und der Ertrag seiner Arbeit zum Unterhalt nicht ausreichen.**

§ 1603 Leistungsfähigkeit

(1) **Unterhaltspflichtig ist nicht, wer bei Berücksichtigung seiner sonstigen Verpflichtungen außerstande ist, ohne Gefährdung seines angemessenen Unterhalts den Unterhalt zu gewähren.**

(2) [1]**Befinden sich Eltern in dieser Lage, so sind sie ihren minderjährigen Kindern gegenüber verpflichtet, alle verfügbaren Mittel zu ihrem und der Kinder Unterhalt gleichmäßig zu verwenden.** [2]**Den minderjährigen Kindern stehen volljährige unverheiratete Kinder bis zur Vollendung des 21. Lebensjahrs gleich, solange sie im Haushalt der Eltern oder eines Elternteils leben und sich in der allgemeinen Schulausbildung befinden.** [3]**Diese Verpflichtung tritt nicht ein, wenn ein anderer unterhaltspflichtiger Verwandter vorhanden ist; sie tritt auch nicht ein gegenüber einem Kind, dessen Unterhalt aus dem Stamme seines Vermögens bestritten werden kann.**

§ 1604 Einfluss des Güterstands

[1]**Lebt der Unterhaltspflichtige in Gütergemeinschaft, bestimmt sich seine Unterhaltspflicht Verwandten gegenüber so, als ob das Gesamtgut ihm gehörte.** [2]**Haben beide in Gütergemeinschaft lebende Personen bedürftige Verwandte, ist der Unterhalt aus dem Gesamtgut so zu gewähren, als ob die Bedürftigen zu beiden Unterhaltspflichtigen in dem Verwandtschaftsverhältnis stünden, auf dem die Unterhaltspflicht des Verpflichteten beruht.**

Anmerkungen zu den §§ 1601–1604

1 **1. Allgemeines.** Die §§ 1601–1604 regeln die Grundvoraussetzungen des **Verwandtenunterhalts:** Verwandtschaft (§ 1601), Bedürftigkeit (§ 1602) und Leistungsfähigkeit (§ 1603). Weitere Voraussetzungen bestehen nicht. Anders als beim Scheidungsunterhalt (§§ 1570 ff.) sieht der Verwandtenunterhalt keine bes. Unterhaltstatbestände und Einsatzzeitpunkte vor. Die Ursache der Bedürftigkeit ist daher gleichgültig. Auch das volljährige Kind kann nach langer Zeit (wieder) unterhaltsberechtigt werden.

2 **2. Verwandtschaft. a)** Nach § 1601 können nur Verwandte in gerader Linie (Definition: § 1589 S. 1) einander unterhaltspflichtig sein. Auf den Grad der Verwandtschaft kommt es nicht an. Unterhaltspflichtig sind danach Kinder, Eltern, Großeltern, Urgroßeltern (zur Reihenfolge s. § 1606). Das Angehörigen-Entlas-

tungsges. v. 10.12.2019 (BGBl. I 2135) hat an der Unterhaltspflicht nach § 1601 nichts geändert (BeckOGK/Selg [1.11.2022] § 1601 Rn. 78); die Begrenzung des Sozialhilferegresses nach § 94 Ia SGB XII führt aber in den erfassten Fällen dazu, dass die Sozialhilfeleistungen die Bedürftigkeit entfallen lassen, → Rn. 9 (sa BeckOK/Reinken § 1601 Rn. 24; Doering-Striening/Hauß/Schürmann FamRZ 2020, 137 [138]). **b)** Zwischen Verwandten in der Seitenlinie (Definition: § 1589 S. 2) besteht keine ges. Unterhaltspflicht, insbes. nicht zwischen Geschwistern. Die Rückforderung gleichwohl geleisteten Unterhalts kann nach § 814 Fall 2 ausgeschlossen sein. Keine Unterhaltspflicht trifft auch Verschwägerte (Definition s. § 1590). Stiefkinder haben keinen ges. Unterhaltsanspruch (Ausn.: Ausbildungsunterhalt gegen den überlebenden Ehegatten nach § 1371 IV). Die Aufnahme eines Stiefkindes in den Haushalt allein begründet keinen Unterhaltsvertrag.

3. Bedürftigkeit. Grds. hat jeder selbst durch Erwerbstätigkeit oder in sonstiger 3
Weise (Vermögensverzehr) für seinen Lebensunterhalt zu sorgen. Nur wer dies nicht
kann, ist unterhaltsberechtigt. **a) Volljährigen** obliegt es, alles Zumutbare zu unter- 4
nehmen, um ihren Lebensunterhalt aus eigenen Mitteln zu bestreiten. *Mögliche* Einkünfte aus Erwerbstätigkeit mindern die Bedürftigkeit (OLG Karlsruhe NJW 2012, 1599). **aa) Jede zumutbare Tätigkeit** ist anzunehmen, nicht nur eine der gewohnten Lebensstellung angemessene (BGHZ 93, 123 [127]), zB auch eine berufsfremde Tätigkeit oder eine Tätigkeit außerhalb des bisherigen Wohnorts, soweit nicht familiäre Verhältnisse dies ausschließen. Allenfalls nach Abschluss der Ausbildung steht dem Volljährigen eine zwei- bis dreimonatige Orientierungsphase zu; vgl. auch OLG Karlsruhe NJW 2012, 1599: grds. keine Erwerbsobliegenheit zwischen Abschluss der Schulausbildung und (alsbaldigem) Beginn einer weiterführenden Ausbildung/Studium. Nach OLG Köln NJW 2013, 2448 [2449] trifft eine erwachsene Tochter, die ein **Kleinkind zu betreuen** hat, in den ersten drei Lebensjahren des Kindes entspr. der Wertung des § 1615l II 3 keine Erwerbsobliegenheit (zum Anspruch gegen den Vater s. §§ 1360 ff., 1570, 1615l). Auch während der von den Eltern zu finanzierenden angemessenen (→ § 1610 Rn. 7) **Ausbildung** trifft den Volljährigen keine Erwerbsobliegenheit; wohl aber bei Freiwilligem Sozialen Jahr, sofern nicht für beabsichtigten Beruf erforderlich (OLG Karlsruhe NJW 2012, 1599). Eine Ausbildungsvergütung ist bedarfsmindernd anzurechnen (BGH NJW 2006, 57 [58]), ebenso Kindergeld (BGH NJW 2006, 57 [60]) und die Pendlerpauschale (OLG Brandenburg NJW 2008, 84). Anrechnung überobligationsmäßiger
Nebentätigkeit (Student jobbt nebenbei) nach § 1577 II. **bb) Vermögen** ist grds. 5
anzurechnen. Nur eine völlig unwirtschaftliche Verwertung des Vermögens kann unzumutbar sein, jedoch sind die Voraussetzungen strenger als bei § 1577 III (BGH FamRZ 1998, 367 [369]; OLG Jena NJW-RR 2016, 973 [975]). Dem volljährigen Kind ist aber ein sog. „Notgroschen" zu belassen (OLG Zweibrücken FamRZ 2016, 726). Wird das Vermögen anders als zur Deckung des Lebensbedarfs verbraucht, muss sich der Unterhaltsbedürftige so behandeln lassen, als ob das Vermögen noch
vorhanden wäre (OLG Zweibrücken FamRZ 2016, 726). **cc)** Bedarf eines (freiwil- 6
lig) **Wehrdienstleistenden** ist durch Zuwendung der Dienststelle gedeckt (vgl. BGH NJW 1990, 713 [714]); Ausn.: gute finanzielle Verhältnisse der Eltern; bes.
Bedarf, etwa Musikunterricht. **b) aa) Minderjährige** trifft eine **Erwerbsobliegen-** 7
heit nur, soweit sie nicht einen Anspruch auf angemessene Berufsausbildung haben (→ § 1610 Rn. 7), s. dazu OLG Karlsruhe FamRZ 2019, 965 [966] mwN. Geringfügige Nebentätigkeit (Schüler trägt Zeitungen aus) lässt die Bedürftigkeit nicht
entfallen. **bb) Vermögen** ist anzurechnen. Das minderjährige Kind braucht (gegen- 8
über Eltern, nicht etwa Großeltern!) den Vermögensstamm jedoch nicht anzugreifen (§ 1602 II; Ausn. § 1603 II 3 HS 2 bei nicht leistungsfähigen Eltern), sondern nur die Erträge, soweit sie nicht zur Verwaltung und Substanzerhaltung erforderlich sind;
anders bei volljährigen Kindern (OLG Hamm NJW 2007, 1217). **c)** Bei **öffentl.-** 9
rechtlichen Leistungen ist zu prüfen, ob sie dem Unterhaltsbedürftigen zugutekommen und den Unterhaltspflichtigen entlasten sollen. **Sozialleistungen** sind wie

sonstiges Einkommen zu behandeln, soweit sie geeignet sind, allg. den Unterhaltsbedarf zu decken, und nicht subsidiär gewährt werden, BGH FamRZ 2018, 1903 [1904]; NJW-RR 1993, 322; vgl. auch BGH FamRZ 2015, 1467 [1469]: Unterhaltsberechtigten trifft Obliegenheit zur Inanspruchnahme von **Grundsicherungsleistungen** nach §§ 41 ff. SGB XII; ferner BGH FamRZ 2015, 1594 [1596] zur Berücksichtigung eines fiktiven Pflegegelds, wenn der Unterhaltsberechtigte es versäumt hat, sich für den Eintritt des Pflegefalls hinreichend zu versichern. Mit Inkrafttreten des Angehörigen-Entlastungsges. (→ Rn. 2) ist der Kreis der rückgriffsfreien Sozialhilfeleistungen erheblich ausgeweitet worden; soweit nach § 94 Ia SGB XII ein Rückgriff ausgeschlossen ist, sind die Leistungen als Einkommen des Leistungsbeziehers anzusehen (BeckOK/Reinken § 1601 Rn. 24); den Berechtigten trifft die Obliegenheit, die Leistungen in Anspruch zu nehmen (BeckOGK/Selg [1.11.2022] § 1601 Rn. 81; Doering-Striening/Hauß/Schürmann FamRZ 2020, 137 [138]). **Arbeitslosen- und Krankengeld** wirken wie eigenes Einkommen. **Arbeitslosengeld II** bzw. (ab 1.1.2023) das sog. **„Bürgergeld"** sind beim Unterhaltspflichtigen anrechenbares Einkommen; beim Unterhaltsberechtigten mindert es die Bedürftigkeit nicht. **Kindergeld** ist nicht Einkommen des Kindes, sondern steht beiden Elternteilen zu und erhöht deren Leistungsfähigkeit; zum Vorwegabzug s. § 1612b. Der **Kinderzuschlag** (§ 6a BKGG) ist dagegen Einkommen des Kindes (BGH FamRZ 2021, 181 [183] mAnm Schürmann). **Pflegegeld** nach § 39 SGB VIII ist bedarfsdeckendes Einkommen (OLG Oldenburg FamRZ 2017, 803 [804 f.]; sa OLG Karlsruhe FamRZ 2017, 1575 [1577]). **Ausbildungsförderung** nach dem BAföG mindert den Bedarf (anders bloße Vorausleistung, § 36 BAföG); Bedarfsminderung wegen der günstigen Bedingungen auch bei bloßem Darlehen (BGH NJW 1985, 2331); Unterlassung zumutbarer Inanspruchnahme führt zur Zurechnung fiktiver Einkünfte (OLG Koblenz FamRZ 2018, 1666 [1668]; sa OLG Hamm NJW 2014, 396 [397]: Zumutbarkeit der Beantragung von BAföG-Leistungen). **Sozialhilfe** nach SGB VII (oder UnterhVG) ist subsidiär und entlastet den Unterhaltspflichtigen daher nicht; gem. § 94 I 1 SGB VII (bzw. § 7 UnterhVG) geht der Anspruch auf den Sozialhilfeträger über. **(Halb-)Waisenrente** ist anzurechnen (BGH NJW 1981, 168 [169]; FamRZ 2021, 186 [189 f.]; vgl. zur Halbwaisenrente auch BeckOGK/Selg [1.11.2022] § 1602 Rn. 21, 54). Leistungen wegen Körper-
10 und Gesundheitsschäden und entspr. Mehrbedarf s. § 1610a. **d) Leistungen Dritter aa)** Leistet ein nach § 1606 vorrangiger Unterhaltsschuldner, entfällt der Bedarf gegenüber einem nachrangig Verpflichteten. Leistet der Nachrangige, so keine Anrechnung; vielmehr geht der Anspruch nach § 1607 III über. Anrechnung nur, wenn anderer Wille anzunehmen ist (Bsp: Großeltern zahlen an Enkel, um Vater
11 zu entlasten). **bb)** Sonstige Zuwendungen Dritter sollen dem Berechtigten zugutekommen und mindern den Bedarf nicht (vgl. BGH FamRZ 2021, 186 [187]: Betreuung eines minderjährigen Kindes durch Verwandte). Unterstützungszahlungen des Partners einer nichtehelichen Lebensgemeinschaft (→ Vor § 1297 Rn. 3 ff.) verringern den Bedarf nicht, wenn sie dem Berechtigten einen etwas höheren Lebensstandard ermöglichen sollen (OLG Hamm FamRZ 1998, 767); anders aber, wenn regelmäßig Leistungen erfolgen.

12 **4. Leistungsfähigkeit.** Relevant sind Einkommen und Vermögen. **a)** Einkommen aus **Arbeitstätigkeit: aa)** Maßgeblich ist das Bruttoeinkommen (einschl. Überstunden- und Auslandszuschlägen, Urlaubs- und Weihnachtsgeld, Prämien und Abfindungen) abzüglich Lohn-, Einkommen- und Kirchensteuer sowie Sozialversicherungsbeiträge. Für zusätzliche Altersvorsorge sind beim Elternunterhalt 5 % des *Bruttoeinkommens* abzuziehen (BGH NJW 2006, 3344 [3346]; NJW 2013, 3024 [3025]; FamRZ 2016, 887 [891] mwN; sa BGH FamRZ 2015, 1172 [1174]: grds. kein Abzug für Altersvorsorge bei fehlendem eigenen Erwerbseinkommen); zur Anrechnung von Tilgungsleistungen für eine selbst bewohnte Immobilie auf die Altersvorsorgequote s. BGH FamRZ 2017, 519 [521]; vgl. hierzu auch → Rn. 17). Die Wahl einer ungünstigen Steuerklasse ist zu korrigieren (BGH NJW 2004, 769

[770]: Elternunterhalt). Abziehbar sind ferner berufsbedingte Aufwendungen (Beiträge zu Berufsverbänden, Arbeitszimmer und -mittel, Fahrtkosten: Pauschalierung zulässig, BGH NJW 2002, 1269 [1270]) sowie Fahrtkosten, die anlässlich von Umgangskontakten entstehen (OLG Bremen NJW 2008, 1237); kein pauschaler Abzug aber bei Krankengeld und Mutterschaftsgeld (OLG Koblenz FamRZ 2021, 1037 [1039]). Ein Splittingvorteil aus neu eingegangener Ehe ist sowohl bei der Unterhaltsbemessung minderjähriger Kinder (§ 1610 I) als auch bei der Beurteilung der Leistungsfähigkeit (§ 1603 II) zu berücksichtigen (BGH NJW 2008, 3562 [3563]; FamRZ 2021, 186 [189]). Einkommen aus überobligatorischer Tätigkeit kann – auch beim Kindesunterhalt – teilweise anrechnungsfrei bleiben (BGH FamRZ 2021, 186 [189]); Einkünfte aus Überstunden sind aber grds. in vollem Umfang anzurechnen (OLG Saarbrücken FamRZ 2022, 1186 [1188 f.]). **bb)** Den 13
Verpflichteten trifft die **Obliegenheit,** seine **Arbeitskraft bestmöglich einzusetzen** (BGH NJW 2013, 530 [531]); gegenüber Kindern nach § 1603 II sogar gesteigerte (Neben-)Erwerbsobliegenheit (BGH NJW 2003, 3122 [3123]); zumutbar kann sein: Wohnortwechsel, Arbeit erheblich unter Ausbildungsniveau (BGH NJW 2004, 1160) sowie eine wöchentliche Arbeitszeit von bis zu 48 Stunden einschl. einer Nebenerwerbstätigkeit (OLG Köln NJW 2007, 444 [445]; sa OLG Frankfurt a.M. FamRZ 2019, 1419 [1421]: Ausschöpfung einer Wochenarbeitszeit von 40 Stunden). Kommt der Verpflichtete seiner Erwerbsobliegenheit nicht nach, können die (realistischerweise) von ihm zu erzielenden Einkünfte seinem Einkommen zugerechnet werden (vgl. BGH FamRZ 2013, 1378 [1379]; sa BVerfG FamRZ 2021, 274 [276]). Schuldet neben dem vorrangig Unterhaltspflichtigen ausnahmsweise auch ein anderer leistungsfähiger Verwandter Barunterhalt, lässt dies nach **§ 1603 II 3** lediglich die gesteigerte Unterhaltspflicht des vorrangig Unterhaltspflichtigen, nicht aber dessen allg. Unterhaltspflicht entfallen (BGH NJW 2008, 227 [230]); die Leistungsfähigkeit der Eltern richtet sich auch dann nur nach § 1603 I (und nicht nach § 1603 II 1 und 2), wenn für den Enkelunterhalt leistungsfähige Großeltern vorhanden sind (BGH FamRZ 2022, 180 [182 f.]). Der Verpflichtete muss sich um einen Arbeitsplatz ernsthaft bemühen, OLG Hamm FamRZ 2017, 617 [618]: Zweifel an Ernsthaftigkeit bei Beschränkung auf sog. „Blindbewerbungen". Leistungsfähigkeit entfällt nur, wenn keine reale Beschäftigungschance besteht (vgl. BGH FamRZ 2013, 1378 [1379]). Die freiwillige **Arbeitsplatzaufgabe** bedarf eines vernünftigen Grundes. Als solcher kann etwa eine erstmalige Berufsausbildung gelten (BGH FamRZ 2011, 1041 [1044]). Die Aufnahme einer selbstständigen Tätigkeit mit erheblichem Einkommensverlust ist zulässig, wenn dem Verpflichteten nicht ein verantwortungsloses, zumindest leichtfertiges Verhalten zur Last fällt (BGH NJW 2003, 3122 [3124]: Folgen einer Operation machen bisherige Tätigkeit unmöglich). Werden nur geringe Einkünfte aus selbstständiger Tätigkeit erzielt, kann der Verpflichtete gehalten sein, die Tätigkeit zugunsten eines Angestelltenverhältnisses aufzugeben (OLG Hamm NJW 2018, 2575 [2577]). Auch ein unfreiwilliger Arbeitsplatzverlust ist bei schwerwiegendem Verschulden relevant, nicht schon bei Verlust infolge Alkoholisierung (BGH NJW 1994, 258) oder Diebstahls (BGH NJW 1993, 1974). – Gegenüber Kindern aus einer fr. Ehe entfällt die Unterhaltspflicht nicht 14
dadurch, dass der bislang erwerbstätige Unterhaltspflichtige in einer neuen Ehe die Rolle des Hausmanns bzw. der Hausfrau übernimmt **(„Rollentausch"),** s. dazu OLG Koblenz FamRZ 2021, 1037 [1038]: 2-jährige Elternzeit iVm Teilzeittätigkeit. Bei nicht gerechtfertigtem Rollentausch ist das fr. Einkommen fiktiv anzurechnen (vgl. BGH NJW 2015, 1178 f. mwN); ggf. sind auch einfache Nebentätigkeiten zumutbar (vgl. BGH NJW 2004, 1160; NJW 2015, 1178 [1179]). Wird eine zumutbare Nebentätigkeit nicht aufgenommen, können auch diese fiktiven Einkünfte dem Einkommen hinzugerechnet werden (BGH FamRZ 2009, 314 [316]; NJW 2014, 3784 [3785]). Pflege eines Elternteils entbindet nicht von im Rahmen des Kindesunterhalts bestehender Erwerbsobliegenheit (BGH FamRZ 2017, 109 [111 f.]). Grds. ist jeder Elternteil verpflichtet, auch dann das Existenzminimum des bei dem anderen Elternteil lebenden Kindes sicherzustellen, wenn er selbst ein weiteres gemeinsames

Kind betreut. Ausnahmen bei späterem Wechsel eines Kindes zum anderen Elternteil möglich (OLG Hamm NJW 2006, 3075). Ist das Einkommen des betreuenden Elternteils mehr als doppelt so hoch wie das des an sich barunterhaltspflichtigen Elternteils, kann die Unterhaltsverpflichtung des Letzteren im Hinblick auf § 1603 II 3 ganz entfallen (OLG Brandenburg NJW 2007, 85; OLG Dresden FamRZ 2016, 1172 [1174]); vgl. auch BGH NJW 2013, 2897 [2898 f.]: anteilige oder vollst. Haftung des betreuenden Elternteils für Barunterhalt des Kindes setzt voraus, dass ohne die Beteiligung ein erhebliches finanzielles Ungleichgewicht zwischen den Eltern entstehen würde. – Keine Erwerbsobliegenheit bei länger andauernder **Krankheit,** es sei denn, Teilzeittätigkeit ist zumutbar; zur Beweislast BGH
15 FamRZ 2017, 109 [110 f.]. **b)** Bei **selbstständiger Tätigkeit** ist zum Ausgleich der Einkommensschwankungen der Durchschnitt aus den vergangenen drei Jahren maßgeblich (BGH NJW 1985, 909 [910]). Abzustellen ist auf das tatsächliche Einkommen, nicht das steuerlich deklarierte. Höhe der Entnahmen können einen Anhaltspunkt bilden (OLG Dresden FamRZ 1999, 850 [851]). Tatsächlich geleistete angemessene Vorsorgeaufwendungen sind abzuziehen (bei Elternunterhalt etwa 20 % des Bruttoeinkommens, BGH NJW 2003, 1660 [1662]). Die konkrete Form der (Alters-)Vorsorge (Lebensversicherung, Immobilienerwerb, Fondbeteiligung) steht dem Pflichtigen frei (BGH NJW 2003, 1660 [1662]: auch Sparvermögen).
16 **c) Vermögen** und Einkünfte daraus sind anzurechnen, etwa aus Vermietung und Verpachtung, abzüglich Belastungen wie Grundsteuer, Versicherung, Betriebskosten; den Unterhaltspflichtigen trifft dabei die Obliegenheit, sein Vermögen im Rahmen des Zumutbaren so ertragreich wie möglich anzulegen (BGH NJW 2013, 530 [531]). Auch der Wohnvorteil (mietfreies Wohnen in der eigenen Immobilie) ist anzurechnen (BGH FamRZ 2021, 186 [188]; NJW 2014, 1531 [1532]: bei Unterhaltspflicht gegenüber minderjährigem Kind die erzielbare obj. Marktmiete – nach BGH FamRZ 2022, 781 [782 ff.] abzüglich Kreditraten mit Tilgungsanteil bis zur Höhe des unterhaltsrechtlich berücksichtigten Wohnvorteils; BGH FamRZ 2017, 519 [520]; NJW 2014, 1173 [1175 f.]; NJW 2003, 2306 [2307]: bei Elternunterhalt nicht Marktmiete, sondern ersparter Mietzins abzüglich Grundstückskosten und Tilgungsanteil des Finanzierungsdarlehens). Zur Wohnungsgewährung durch Dritte OLG Köln BeckRS 2021, 28006. Grds. ist auch der Vermögensstamm einzusetzen (BGH NJW-RR 1986, 66 [67]: Ferienhaus ist zu verkaufen), nicht aber unwirtschaftliche Verschleuderung oder Veräußerung, die Einkünfte (zB aus Vermietung) abschneidet (BGH FamRZ 2015, 1172 [1173]); bei Inanspruchnahme auf Elternunterhalt ist dem Unterhaltspflichtigen ein sog. Notgroschen zu belassen (BGH FamRZ 2015, 1172 [1174]; NJW 2013, 3024 [3027]). Zum einsetzbaren Vermögen zählt grds. auch ein Anspruch aus § 528 I 1 (BGH FamRZ 2019, 698 [699]). Der Verpflichtete ist zu Darlehensaufnahme und (kreditsichernder) Belastung vorhandenen Vermögens verpflichtet, es sei denn, er ist ohnehin schon mit Schulden belastet, deren Amortisation seine finanziellen Möglichkeiten übersteigt (BGH NJW 1982, 1641). Keine Verpflichtung zur Annahme eines Darlehensangebots des Sozialhilfeträgers gegen Verpfändung seines Grundbesitzes, wenn dadurch in seine nach Art. 2 I GG geschützte finanzielle Dispositionsfreiheit eingegriffen wird, insbes. wenn der Grundbesitz zur eigenen Altersvorsorge dient (BVerfG FamRZ 2005, 1051 [1052], Elternunterhalt); nach Wegfall der Unterhaltsbedürftigkeit unterbreitetes Darlehensangebot begründet Leistungsfähigkeit des Verpflichteten auch wegen der erforderlichen zeitlichen Kongruenz von Bedürftigkeit und Leistungsfähigkeit nicht (BVerfG FamRZ 2005, 1051 [1053]). – Bei Gütergemeinschaft ist das Gesamtgut insgesamt
17 dem unterhaltspflichtigen Ehegatten zuzurechnen, **§ 1604 S. 1. d) Grenzen** ergeben sich nach § 1603 I aus **„sonstigen Verpflichtungen“. aa)** Abzuziehen ist der **Unterhalt** für vorrangig Unterhaltsberechtigte (vgl. § 1609). Die Betreuung eines Kindes führt dagegen nicht unmittelbar zu einer Einkommensminderung, da sie nicht auf Geldleistung gerichtet ist (keine Monetarisierung); vom Einkommen abzusetzen ist nur ein nicht anderweitig gedeckter vorrangiger Bar- oder Naturalunterhalt, BGH FamRZ 2017, 711 [712 f.] mAnm Maaß (zur Leistungsfähigkeit im

Hinblick auf Elternunterhalt); zum (abzusetzenden) Haftungsanteil des selbst Einkommen erzielenden Betreuenden für den materiellen (Mehr-)Bedarf des Kindes s. die Berechnungsbeispiele bei Götz/Seiler FamRZ 2022, 1338 (auf Grundlage der neueren Rspr. des BGH zur Bedarfsbemessung des Kindes nach dem zusammengerechneten Einkommen beider Elternteile – dazu BGH FamRZ 2017, 711 [712] zur Leistungsfähigkeit iRd Elternunterhalts; FamRZ 2017, 437 [439] für den Fall eines paritätischen Wechselmodells; FamRZ 2021, 1965 [1967] zum Trennungsunterhalt; FamRZ 2022, 1366 [1370] zum Verteilungsschlüssel für Mehr- und Sonderbedarf). Sonstige Verpflichtungen sind auch Unterhaltsansprüche gleichrangiger Unterhaltsberechtigter. Bei Kindesunterhalt ist unerheblich, ob ein rechtliches Kind auch leibliches Kind des Verpflichteten ist; eine unterhaltsrechtliche Obliegenheit zur Anfechtung einer Scheinvaterschaft besteht nicht (BGH FamRZ 2020, 577 [579]). Konkurrierende gleichrangige Kindesunterhaltsverpflichtungen bleiben aber unberücksichtigt, soweit sie gem. § 1613 I nicht mehr erfüllt werden müssen; die finanziellen Mittel stehen dann iSd § 1603 II 1 für anderweitigen Kindesunterhalt zur Verfügung (BGH FamRZ 2020, 577 [579]; FamRZ 2019, 1415 [1418]). Gleiches gilt nach BGH FamRZ 2019, 1415 [1418 f.], soweit sich prognostizieren lässt, dass einzelne Unterhaltsansprüche gleichberechtigter Kinder künftig nicht geltend gemacht werden. **bb)** Ebenfalls abzuziehen ist der eigene angemessene Unterhalt des Verpflichteten („angemessener Eigenbedarf"; **„Selbstbehalt"**), der diesem zur freien Verwendung zusteht (vgl. BGH FamRZ 2022, 781 [782] (auch zur Vermögensbildung). Bei der Leistungsfähigkeit ist zu berücksichtigen, ob angemessener Eigenbedarf des Pflichtigen durch den Anspruch auf Familienunterhalt nach §§ 1360, 1360a gedeckt ist (BGH NJW 2002, 1646 [1647] [Kindesunterhalt]; NJW 2004, 674 [675] [Elternunterhalt]); in diesem Fall kann auch Taschengeld gem. §§ 1360, 1360a (BGH NJW 2014, 3514 [3515]: idR 5 % des bereinigten Familieneinkommens) unterhaltspflichtiges Einkommen sein (BGH NJW 2004, 674 [676]; NJW 2014, 3514; s. ferner BGH FamRZ 2006, 1010 [1012]; NJW 2015, 1178 [1179]: Erziehungsgeld/Elterngeld bei Kindern iSd § 1603 II). Der Selbstbehalt eines Unterhaltspflichtigen kann um die durch eine gemeinsame Haushaltsführung eintretende Ersparnis, höchstens jedoch bis auf sein Existenzminimum nach sozialhilferechtlichen Grundsätzen herabgesetzt werden (BGH NJW 2008, 1373 [1376]). – Gegenüber einem **volljährigen Kind** beträgt der Selbstbehalt der Eltern etwa 1.650 Euro (s. Tabellen → Vor §§ 1360–1361 Rn. 2). – Gegenüber einem **minderjährigen Kind** können die Eltern nach § 1603 II nur den notwendigen Selbstbehalt absetzen. Er beträgt tabellarisch für erwerbstätige Unterhaltspflichtige etwa 1.370 Euro. Gleiches gilt gegenüber volljährigen Kindern bis zur Vollendung des 21. Lebensjahres unter der Voraussetzung des § 1603 II 2. Großeltern steht gegenüber minderjährigen Enkeln dagegen ein angemessener Selbstbehalt iSd § 1603 I zu (BGH FamRZ 2022, 180 [183]: Betrag, der auch erwachsenen Kindern gegenüber Eltern zugebilligt wird, → Rn. 18). Lebt der Unterhaltspflichtige mit einem Partner zusammen, kann der Selbstbehalt im Mangelfall wegen der kostengünstigeren gemeinsamen Haushaltsführung herabgesetzt werden (OLG Nürnberg NJW 2003, 3138 [Kostenersparnis 25 %]). Erhöhung um angemessene Umgangskosten möglich (BGH NJW 2005, 1493 zu § 1612b V aF). Zum Mangelfall → Rn. 20; → *§ 1609* Rn. 8. – Gegenüber den Eltern **(„Elternunterhalt")** müssen Kinder **18**
eine spürbare Senkung ihres Einkommens dauerhaft nicht hinnehmen, zumal die Unterhaltspflicht die Kinder selbst regelmäßig im schon fortgeschrittenen Alter trifft (BGH FamRZ 2016, 887 [888 f.]). Der „erweiterte Selbstbehalt" des volljährigen Kindes errechnet sich daher aus der Summe des tabellarisch bemessenen Selbstbehalts *plus* der Hälfte der Differenz zwischen Selbstbehalt und bereinigtem Einkommen (BGH NJW 2003, 128 [131]; NJW 2014, 1173 [1176 f.]; FamRZ 2016, 887 [889]); dies gilt auch für Großeltern bei Inanspruchnahme durch (auch minderjährigen) Enkel (BGH NJW 2006, 142 [144]). Zu den (möglichen) Auswirkungen des Angehörigen-Entlastungsges. (→ Rn. 2) auf den Selbstbehalt Doering-Striening/Hauß/Schürmann FamRZ 2020, 137 [139]; Hauß FamRB 2020, 76 [77 f.] (Forderung:

Anhebung auf mindestens 5.000 €). Nach BGH ist die Leistungsfähigkeit eines verheirateten Unterhaltspflichtigen bei Inanspruchnahme auf Elternunterhalt für den Fall, dass er über eigenes Einkommen verfügt, auf der Grundlage eines individuellen Familienbedarfs zu ermitteln; zur Berechnung s. BGH FamRZ 2019, 885 [886]; NJW 2010, 3161 (Unterhaltspflichtiger verfügt über höhere Einkünfte als sein Ehegatte); BGH NJW 2014, 1173 (Unterhaltspflichtiger verfügt über geringere Einkünfte als sein Ehegatte); krit. vor dem Hintergrund der veränderten Rechtslage Doering-Striening/Hauß/Schürmann FamRZ 2020, 137 [143]. Ein Anspruch auf Betreuungsunterhalt nach § 1615l führt nicht dazu, dass sich das unterhaltspflichtige Kind auf Familienselbstbehalt berufen kann; nach § 1615l geschuldeter Unterhalt ist als „sonstige Verpflichtung" iSd § 1603 I zu behandeln (BGH FamRZ 2016, 887 [889]). – Wer durch Unterhaltszahlungen selbst sozialhilfebedürftig würde, ist absolut
19 nicht leistungsfähig (BGHZ 111, 194; BVerfG FamRZ 2001, 1685). **cc)** Unterhaltsrechtlich relevante **Schulden** sind zu berücksichtigen, soweit sie die tatsächlich verfügbaren Mittel und damit die Lebensstellung des Verpflichteten (→ § 1610 Rn. 2) beeinträchtigen (vgl. BGH FamRZ 2017, 519 [520]: Beiträge für Risiko-Lebensversicherung). Erforderlich ist indes eine umfassende Interessenabwägung unter Berücksichtigung des Zwecks der Verbindlichkeit, des Zeitpunkts und der Art der Entstehung, der Dringlichkeit der beiderseitigen Bedürfnisse und der Kenntnis von der Unterhaltsschuld (BGH FamRZ 2022, 781 [782]; 2019, 1415 [1417] mwN). Bsp: Leasingraten für einen Pkw sind nicht absetzbar, wenn Verpflichteter sie durch Nutzung eines preiswerten Gebrauchtwagens oder öffentl. Verkehrsmittel vermeiden kann (BGH NJW 2002, 1269 [1270]; sa OLG Brandenburg NZFam 2018, 224 [225 ff.]). Obliegenheit zur Einleitung eines Verbraucherinsolvenzverfahrens, wenn dieses geeignet ist, den laufenden Unterhalt der minderjährigen Kinder dadurch sicherzustellen, dass ihm Vorrang vor sonstigen Verbindlichkeiten eingeräumt wird (BGH NJW 2005, 1279; OLG Dresden FamRZ 2016, 1172 [1173]; sa BGH FamRZ 2019, 1415 [1417], unzumutbar, wenn Grundlage der Erwerbstätigkeit entzogen wird [Zulassung zur Rechtsanwaltschaft]); anders bei Trennungsunterhalt (vgl. → § 1361 Rn. 15).

20 **5. Rechtsfolgen unzureichender Leistungsfähigkeit.** BGH FamRZ 2019, 1415 [1417]: Soweit aufgrund unzureichender Leistungsfähigkeit der Bedarf gleichrangiger (minderjähriger) Kinder nicht vollst. gedeckt werden kann, beschränken sich ihre Ansprüche gegenseitig (§ 1603 II); es erfolgt grds. eine proportionale Kürzung zum jeweiligen Bedarf. Einsatzbetrag ist der Anspruch jedes Berechtigten, der diesem bei voller Leistungsfähigkeit zustünde. S. auch → § 1609 Rn. 5.

21 **6. Beweislast.** Der Unterhalt Verlangende hat Verwandtschaft und Bedürftigkeit darzulegen und ggf. zu beweisen (s. aber § 1612a I 2: Mindestunterhalt), der Antragsgegner mangelnde oder eingeschränkte Leistungsfähigkeit (BGH FamRZ 2022, 180 [183 f.]; FamRZ 2019, 1415 [1416]; FamRZ 2017, 109 [110 f.]; FamRZ 2014, 637 [638] zu § 1603 II; sa OLG Brandenburg NZFam 2018, 224 [225] im Hinblick auf berufsbedingte Aufwendungen; BVerfG FamRZ 2021, 274 [276]: Darlegungs- und Beweispflichtigkeit des Antragsgegners für Leistungsunfähigkeit ist verfassungskonform) oder das Vorhandensein vorrangig Verpflichteter. Der Antragsgegner trägt die Darlegungs- und Beweislast auch für das Vorhandensein anderer leistungsfähiger Verwandter iSd § 1603 II 3 HS 1 (BGH FamRZ 2022, 180 [184]: Großeltern). Zum Auskunftsanspruch s. § 1605.

§ 1605 Auskunftspflicht

(1) [1]**Verwandte in gerader Linie sind einander verpflichtet, auf Verlangen über ihre Einkünfte und ihr Vermögen Auskunft zu erteilen, soweit dies zur Feststellung eines Unterhaltsanspruchs oder einer Unterhaltsverpflichtung erforderlich ist.** [2]**Über die Höhe der Einkünfte sind auf Verlangen Belege,**

insbesondere Bescheinigungen des Arbeitgebers, vorzulegen. [3]Die §§ 260, 261 sind entsprechend anzuwenden.

(2) **Vor Ablauf von zwei Jahren kann Auskunft erneut nur verlangt werden, wenn glaubhaft gemacht wird, dass der zur Auskunft Verpflichtete später wesentlich höhere Einkünfte oder weiteres Vermögen erworben hat.**

Lit.: Born, Auskunftsansprüche im Unterhaltsrecht, NZFam 2016, 349; ders., Immer Ärger mit der Auskunft – ein unvermeidbares Problem?, FF 2016, 180; § 1605 BGB – unbegrenzte Auskunfts- und Belegpflichten?, NZFam 2020, 857.

1 **1. Allgemeines. a)** Der Auskunftsanspruch aus § 1605 I soll dem Auskunftsberechtigten ermöglichen, Kenntnis von den Einkommens- und Vermögensverhätnissen der Verwandten iSd § 1601 zu erlangen, um den eigenen Unterhaltsanspruch gegen einen unterhaltspflichtigen Verwandten berechnen oder Einwendungen gegen einen solchen Anspruch geltend machen zu können (BGH FamRZ 2011, 21 f.; Born NZFam 2020, 857). **b)** Entspr. Anwendbarkeit bei Trennungsunterhalt (§ 1361 IV 4), nachehelichem Unterhalt (§ 1580 S. 2) und Ansprüchen aus § 1615l (§ 1615l III 1, s. dazu OLG Karlsruhe FamRZ 2009, 1497 [1498]; BeckOGK/Lugani [1.11.2022] § 1615l Rn. 128 mwN). **c)** Kein Übergang des Auskunftsanspruchs nach § 93 SGB XII auf den Träger der Sozialhilfe, BGH NJW 1986, 1688 [1689] (zu fr. § 90 BSHG).

2 **2. Voraussetzungen. a) Verwandtschaft** in gerader Linie (Definition: § 1589 S. 1). **aa)** Ein unmittelbarer Anspruch gegen die Ehegatten der Auskunftspflichtigen besteht nicht. Verlangt ein Kind Auskunft von einem aus eigenem Einkommen nicht leistungsfähigen Elternteil, hat dieser aber auch Angaben über die Einkünfte seines neuen Ehegatten zu machen, denn Familienunterhalt zählt zu den zu offenbarenden Einkommens- und Vermögensverhältnissen, BGH FamRZ 2011, 21 [22 f.]: Mitteilung der den Familienunterhalt beeinflussenden Einkünfte in dem Umfang, in dem der Inanspruchgenommene seinerseits (nach § 1353 I 2, → § 1353 Rn. 5) Auskunft von seinem Ehepartner verlangen kann. **bb)** Ein auf Elternunterhalt in Anspruch genommenes Kind hat aus § 1605 I keinen Auskunftsanspruch gegen **Geschwister.** Eine Auskunftspflicht kann sich aber aus § 242 ergeben (BGH FamRZ 2003, 1836 [1837]; vgl. auch → §§ 259–261 Rn. 3). Geschwister haben in diesem Fall nicht nur über ihr eigenes Einkommen Auskunft zu erteilen, sondern (wenn verlangt) auch über das Einkommen ihrer Ehegatten, sofern es auf deren Anteil am Familienunterhalt ankommt (BGH FamRZ 2003, 1836 [1838]). Ein unmittelbarer Anspruch gegen Schwager/Schwägerin besteht hingegen nicht (BGH FamRZ 2003, 1836 [1838]; sa BGH FamRZ 2011, 21 [22]). **cc)** Die Auskunftspflicht eines volljährigen Kindes gegenüber einem barunterhaltspflichtigen Elternteil umfasst auch Einkünfte und Vermögen des anderen barunterhaltspflichtigen Elternteils, in dessen Haushalt das Kind lebt; ist der andere Elternteil verheiratet, hat das Kind auch Auskunft über die Höhe des Anspruchs auf Familienunterhalt zu geben (OLG Düsseldorf FamRZ 2020, 494 [495]). **dd)** Zum Auskunftsanspruch wegen Mitunterhaltspflicht s. OLG Köln FamRZ 1992, 469 [470]; OLG Karlsruhe FamRZ 2009, 1497 mwN. **b)** Auskunft nach § 1605 I ist **auf Verlangen** zu erteilen. 3
c) aa) Sperrfrist. Erneute Auskunft kann grds. nicht vor Ablauf von zwei Jahren verlangt werden, **II.** Fristbeginn: Bei einem vorhergehenden gerichtl. *Beschluss* ist nach hM nicht auf die letzte Auskunftserteilung (so aber Johannsen/Henrich/Althammer/Maier Rn. 8), sondern auf den Schluss der mündlichen Verhandlung bzw. den entspr. Zeitpunkt bei schriftlichem Verfahren abzustellen (OLG Karlsruhe BeckRS 2016, 5003). Zum Ablauf der Frist bei einem *Unterhaltsvergleich* s. OLG München FamRZ 2010, 816; OLG Brandenburg FamRZ 2018, 346 [347]: Zeitpunkt des Vergleichsabschlusses. **bb)** Vor Ablauf der Frist des II ist erneute Auskunft nur möglich, wenn glaubhaft gemacht wird, dass der Auskunftspflichtige später wesentlich höhere Einkünfte oder weiteres Vermögen erworben hat. Für Glaubhaftmachung iSd II genügt die Darlegung von Umständen, die eine (wesentliche) Ein-

kommensverbesserung nahelegen (OLG Brandenburg FamRZ 2018, 346 [347]). **d)** Zur Geltendmachung des Auskunftsanspruchs zum nachehelichen Unterhalt nach Auskunfterteilung zum Trennungsunterhalt → § 1580 Rn. 1.

4 **3. Umfang. a)** Auskunft kann nur verlangt werden, wenn und soweit zur Feststellung eines Unterhaltsanspruchs oder einer Unterhaltsverpflichtung relevant. Umfasst sind die Informationen, die für die wirtschaftlichen Voraussetzungen des Unterhaltsanspruchs bzw. der Unterhaltsverpflichtung relevant sind, dh insbes. für die Bestimmung des Bedarfs (§ 1610), der Bedürftigkeit (§ 1602) und der Leistungsfähigkeit (§ 1603), BGH FamRZ 2018, 260 [261]; FamRZ 2021, 28 [29]. Ausreichend für die Annahme einer Auskunftspflicht ist nach BGH, dass jedenfalls die Möglichkeit der Relevanz für den Unterhalt besteht. Der Auskunftsanspruch entfällt daher nicht schon deshalb, weil der in Anspruch genommene Unterhaltsschuldner erklärt, er sei „unbegrenzt leistungsfähig" (BGH FamRZ 2021, 28 [29]: Auskunft kann noch Bedeutung haben für Unterhaltsbedarf). *Nicht* vom Anspruch aus § 1605 I 1 erfasst ist die Auskunft über die Verletzung unterhaltsrechtlicher Obliegenheiten (OLG Bamberg FamRZ 1986, 685 [686 f.]); s. aber KG FamRZ 2016, 379 [380]: Auskunftspflicht erstreckt sich gem. § 242 auch auf sonstige Umstände, die für eine Unterhaltspflicht Bedeutung haben können (zB aktuelle Ausbildungssituation, Erwerbsobliegenheit). Zur Auskunft über die Höhe des Anspruchs auf Familienun-
5 terhalt sa → Rn. 2. **b) Vorlage- und Belegpflicht. aa)** Auf Verlangen ist die Auskunft durch Belege über Einkünfte (Anlage von Kapital, s. OLG Karlsruhe NJW-RR 1990, 712) zu stützen, s. I 2, ferner I 3 iVm §§ 260, 261 (Verzeichnis, ggf. eidesstattliche Versicherung; zB Einkommensteuerbescheid oder -erklärung; Bilanz, Gewinn- und Verlustrechnung einer GmbH, BGH NJW 1982, 1642; sa OLG Dresden NJW-RR 2019, 1479; Jahresabschluss nach §§ 242 ff. HGB, OLG Bamberg FamRZ 1989, 423); Dienst- oder Arbeitsvertrag (BGH NJW 1993, 3263); s. zur Belegpflicht auch Born NZFam 2020, 857 [860 ff.]. Geschuldet ist eine systematische, geordnete Aufstellung der erforderlichen Angaben, die eine Berechnung des Unterhaltsanspruchs ohne übermäßigen Aufwand ermöglicht (BGH NJW 2014, 3647 [3648]); zur Übersetzungspflicht bei Vorlage fremdsprachiger Dokumente BGH FamRZ 2020, 1108. **bb)** Die Vorlage- und Belegpflicht besteht nicht, wenn Auskunft über die Einkünfte des Ehegatten eines Unterhaltspflichtigen (→ Rn. 2) verlangt wird, da der Anspruch aus § 1605 I insofern nicht weiter reichen kann als der Unterrichtungsanspruch des Unterhaltspflichtigen gegen seinen Ehegatten aus § 1353 I 2 (dazu → § 1353 Rn. 5), BGH FamRZ 2011, 21 [23].

6 **4. Schadensersatz.** Bei schuldhafter Nicht-, Schlecht- oder Späterfüllung besteht Schadensersatzpflicht, BGH NJW 1984, 868 [869]; aA OLG Bamberg NJW-RR 1990, 903 [906] mwN. S. zu den Folgen der Pflichtverletzung auch Born NZFam 2020, 857 [864].

§ 1606 Rangverhältnisse mehrerer Pflichtiger

(1) **Die Abkömmlinge sind vor den Verwandten der aufsteigenden Linie unterhaltspflichtig.**

(2) **Unter den Abkömmlingen und unter den Verwandten der aufsteigenden Linie haften die näheren vor den entfernteren.**

(3) [1]**Mehrere gleich nahe Verwandte haften anteilig nach ihren Erwerbs- und Vermögensverhältnissen.** [2]**Der Elternteil, der ein minderjähriges Kind betreut, erfüllt seine Verpflichtung, zum Unterhalt des Kindes beizutragen, in der Regel durch die Pflege und die Erziehung des Kindes.**

§ 1607 Ersatzhaftung und gesetzlicher Forderungsübergang

(1) **Soweit ein Verwandter auf Grund des § 1603 nicht unterhaltspflichtig ist, hat der nach ihm haftende Verwandte den Unterhalt zu gewähren.**

(2) [1]**Das Gleiche gilt, wenn die Rechtsverfolgung gegen einen Verwandten im Inland ausgeschlossen oder erheblich erschwert ist. [2]Der Anspruch gegen einen solchen Verwandten geht, soweit ein anderer nach Absatz 1 verpflichteter Verwandter den Unterhalt gewährt, auf diesen über.**

(3) [1]**Der Unterhaltsanspruch eines Kindes gegen einen Elternteil geht, soweit unter den Voraussetzungen des Absatzes 2 Satz 1 anstelle des Elternteils ein anderer, nicht unterhaltspflichtiger Verwandter oder der Ehegatte des anderen Elternteils Unterhalt leistet, auf diesen über. [2]Satz 1 gilt entsprechend, wenn dem Kind ein Dritter als Vater Unterhalt gewährt.**

(4) **Der Übergang des Unterhaltsanspruchs kann nicht zum Nachteil des Unterhaltsberechtigten geltend gemacht werden.**

§ 1608 Haftung des Ehegatten oder Lebenspartners

(1) [1]**Der Ehegatte des Bedürftigen haftet vor dessen Verwandten. [2]Soweit jedoch der Ehegatte bei Berücksichtigung seiner sonstigen Verpflichtungen außerstande ist, ohne Gefährdung seines angemessenen Unterhalts den Unterhalt zu gewähren, haften die Verwandten vor dem Ehegatten. [3]§ 1607 Abs. 2 und 4 gilt entsprechend. [4]Der Lebenspartner des Bedürftigen haftet in gleicher Weise wie ein Ehegatte.**

(2) **(weggefallen)**

Anmerkungen zu den §§ 1606–1608

1. Allgemeines. Regelung der Stufenfolge, nach der mehrere Unterhaltsverpflichtete nacheinander oder nebeneinander einzustehen haben, und entspr. Ersatzhaftung (§ 1607). 1

2. Der Ehegatte im Rangverhältnis. Der Ehegatte des Bedürftigen, auch der geschiedene, geht den kraft Verwandtschaft Unterhaltspflichtigen stets vor, §§ 1608 S. 1, 1584. Grundlage der Ehegattenverpflichtung s. §§ 1360, 1361, 1569 ff. Ein Unterhaltsverzicht gegenüber dem Ehegatten wirkt nicht zu Lasten Verwandter (OLG Frankfurt a. M. FamRZ 1984, 395 [396]). Subsidiär greift jedoch die Unterhaltspflicht der Verwandten wieder ein, wenn der Ehegatte **a)** unter Berücksichtigung sonstiger Verpflichtungen (hierzu auch § 1609) seinen eigenen angemessenen Unterhalt gefährden würde, § 1608 I 2, § 1584 S. 2 (→ § 1584 Rn. 3 f.), oder **b)** die Rechtsverfolgung gegen ihn im Inland ausgeschlossen oder erheblich erschwert ist, §§ 1608 S. 3, 1584 S. 3 je iVm § 1607 II. Ein eingetragener Lebenspartner steht haftungsrechtlich dem Ehegatten gleich (§ 1608 S. 4). 2 3 4

3. Der Abkömmling im Rangverhältnis. Abkömmlinge haften nach Gradnähe der Verwandtschaft – s. § 1589 S. 3 – und vor Eltern und anderen Verwandten aufsteigender Linie; untereinander haben sie ebenfalls nach Verwandtschaftsgrad einzustehen, § 1606 I, II. Die gleiche Rangfolge gilt für die Unterhaltspflicht Verwandter aufsteigender Linie. 5

***4. Gleiche* Gradnähe. a)** Bei gleicher Gradnähe haften Verwandte, so insbes. die Eltern, anteilig nach ihren Erwerbs- und Vermögensverhältnissen (§ 1606 III 1); zur Ermittlung der Anteile s. BGH NJW-RR 1986, 293; FamRZ 1988, 1039; zur anteiligen Entlastung durch Einkünfte des Berechtigten BGH NJW-RR 1986, 748. „Anteilig" meint Teilschuld, nicht Gesamtschuld (BGH FamRZ 2022, 1366 [1370]; OLG Köln FamRZ 2019, 1143 [1144] [Geschwister]), wobei nicht stets gleiche Anteile geschuldet sind, sondern die Erwerbs- und Vermögensverhältnisse jedes Unterhaltspflichtigen maßgebend sind (BGH NJW 1971, 1983 [1985]); zur Haftungsquote sa OLG Bamberg FamRZ 1990, 554 (auch zum Verzicht des Kindes gegenüber einem Elternteil). Allein die Zurechnung fiktiven Einkommens führt nicht dazu, dass eine Mithaftung nach § 1606 III 1 entfällt (BGH NJW 2008, 3635 6

7 [3638]). **b) Befreiung vom Barunterhalt. aa)** Der Elternteil, der seine Unterhaltspflicht gegenüber einem minderjährigen Kind durch Pflege und Erziehung gem. **§ 1606 III 2** erfüllt, ist idR vom Barunterhalt befreit; Betreuungs- und Barleistungen sind – bis zum Erreichen der Volljährigkeit des Kindes – grds. gleichwertig (BGH FamRZ 2021, 186 [187 f.]). Verfügt der betreuende Elternteil über eigenes Einkommen, so bleibt der andere regelmäßig (Ausn.: → §§ 1601–1604 Rn. 14) doch allein barunterhaltspflichtig (s. dazu auch Lies-Benachib FamRZ 2023, 9 [10 f.]; Götz/Seiler FamRZ 2022, 1338 [1339] unter Hinweis auf die neuere Rspr. des BGH (Bedarfsbemessung des Kindes nach beiden Elterneinkommen), derzufolge der Anteil des Betreuenden am Bedarf des Kindes als Naturalunterhalt geleistet wird). Ist ein Elternteil bereits verstorben, haftet der andere grds. allein für Bar- und Betreuungsunterhalt, wobei auch hier die Gleichwertigkeit nach § 1606 III 2 gilt; nach BGH bestimmt daher bei auswärtiger Unterbringung idR der doppelte Tabellenbetrag den Bedarf (Ausnahmen: besonders hoher Betreuungsbedarf oder konkret feststehende Betreuungskosten), BGH FamRZ 2006, 1597 [1598]; FamRZ 2021, 186 [187] mit krit. Anm. Seiler. **bb)** Wechseln sich die Eltern bei der Betreuung des Kindes ab (sog. Wechselmodell), haben beide für den Barunterhalt einzustehen (BGH NJW 2015, 331 [332 f.]; FamRZ 2016, 1053 [1055 f.]; FamRZ 2017, 437 [438 f.], dort auch zur Bemessung des Unterhaltsbedarfs beim Wechselmodell); liegt das deutliche Schwergewicht der Betreuung allerdings bei einem Elternteil, trägt dieser iZw die Hauptverantwortung für das Kind und leistet dadurch den Betreuungsunterhalt, während der andere Elternteil zum Barunterhalt verpflichtet ist (BGH NJW 2015, 331 [333] mwN). Zum Unterhaltsausgleich (→ Rn. 18) beim Wechselmodell s. Wohlgemuth FamRZ 2017, 676. **cc)** Bei Mehr- und Sonderbedarf gilt die Befreiung vom Barunterhalt nach § 1606 III 2 nicht (BGH FamRZ 2021, 28 [30]; FamRZ 2022, 1366 [1370]); zum Verteilungsschlüssel für Mehr- und Sonderbedarf BGH FamRZ 2022, 1366 [1370], s. dazu auch die Berechnungsbeispiele bei
8 Götz/Seiler FamRZ 2022, 1338. Zur **Bemessung des Barunterhalts** bei erhöhten Betreuungsleistungen für ein behindertes Kind s. BGH NJW 1983, 2082 [2083]. Bei verabredeter gemeinsamer Pflege ist anteilige Unterhaltshaftung entspr. § 1606
9 III 1 zu berechnen, BGH NJW 1985, 1460 f. (zu § 844). **Übertragung** der Betreuung auf einen Dritten bewirkt Barunterhaltspflicht (OLG Hamm FamRZ 1991, 104; sa BGH FamRZ 2017, 611 [612]). Zum Regress → Rn. 18.

10 **5. Ersatzhaftung. a) aa)** Bei völliger oder teilw. Leistungsunfähigkeit (§ 1607 I iVm § 1603) oder Erschwerung bzw. Unmöglichkeit der Rechtsverfolgung im Inland (§ 1607 II 1) tritt der nächstverpflichtete Verwandte ein; zur Ersatzhaftung von Großeltern sa → §§ 1601–1604 Rn. 13. **bb)** Die Einstandspflicht besteht auch bei Leistungsunfähigkeit des bzw. erschwerter Rechtsverfolgung gegen den Ehegatten, § 1608 I 2, 3 iVm § 1607 II, § 1584 S. 2, 3 iVm § 1607 II. – Bsp. für erschwerte Rechtsverfolgung: Unterhaltsgläubiger kann nicht vollstrecken, weil der Verpflichtete kein vollstreckungsfähiges Vermögen hat – etwa weil Einkommen nur fiktiv zugerechnet wurde (OLG Oldenburg FamRZ 2022, 790 mwN); Fehlen inländi-
11 scher Zuständigkeit. **b)** Ersatzhaftung erfolgt auch, wenn von mehreren auf gleicher Stufe haftenden Verwandten (zB Eltern) einer nicht leistungsfähig ist oder wegen tatsächlicher Hindernisse nicht belangt werden kann (BGH NJW 1971, 2069 [2070]), selbst bei Vorliegen eines Vollstreckungstitels (BGH NJW 2006, 142 [145 f.]).

12 **6. Regress. a)** Wird ein nachrangig berufener Verwandter für einen aufgrund näherer Verwandtschaft nach § 1606 I, II oder als Ehegatte nach § 1608 I 1, § 1584 S. 1 an sich vorrangig Verpflichteten **wegen** dessen **Leistungsunfähigkeit** ganz *oder zT nach* § 1607 I oder §§ 1608 I 2, 1584 S. 2 ersatzweise unterhaltspflichtig, so hat er grds. keinen Regressanspruch. Denn Leistungsunfähigkeit lässt die Unterhaltsverpflichtung entfallen, so dass der ersatzweise Leistende nicht für den Freige-
13 wordenen leistet. **b)** Tritt der nachrangig Verpflichtete hingegen ein, weil aus den in § 1607 II 1 genannten Gründen Unterhalt vom vorrangig verpflichteten Verwandten oder Ehegatten nicht erlangt werden kann, dann geht der Unterhaltsanspruch auf

den Leistenden kraft cessio legis über (§ 1607 II 2); sa § 1607 IV. Für den übergegangenen Anspruch gilt Schuldnerschutz nach § 1613, ferner das Gläubigerprivileg aus § 120 I FamFG iVm § 850d ZPO (zust. BGH FamRZ 1986, 568, Erman/Hammermann § 1607 Rn. 17, str.); § 1360b kann jedoch bei fehlender Regressabsicht auch cessio legis hindern (vgl. OLG Celle NJW 1974, 504). Daneben kommt Rückgriff aus §§ 677, 683, 670 oder aus § 812 nicht in Betracht (Erman/Hammermann § 1607 Rn. 19). **c) aa)** Der Unterhaltsanspruch eines Kindes gegen einen 14
Elternteil geht nach **§ 1607 III** über, wenn für das Kind ein nicht unterhaltspflichtiger Verwandter, der Ehegatte des anderen Elternteils oder ein Dritter als Vater Unterhalt leistet. Nach §§ 412, 404 gilt § 1613 I, II Nr. 2; die Verjährung des Regressanspruchs richtet sich nach §§ 195, 199 (BGH FamRZ 2017, 900 [901]). Der Regressanspruch ist mit dem Unterhaltsanspruch des Kindes grds. identisch (BGH FamRZ 2019, 112 [113]), begrenzt durch tatsächlich erbrachte Unterhaltsleistungen (OLG Celle FamRZ 2018, 98 [100]); zur Darlegungs- und Beweislast BGH FamRZ 2019, 112 [113 f.]. Unerheblich ist, ob der als Scheinvater Leistende Kenntnis von der Nichtvaterschaft hatte (OLG Celle FamRZ 2018, 98 [100]). **bb)** Ein Rückgriff ist jedoch grds. erst möglich, wenn die Vaterschaft des Pflichtigen mit Wirkung für und gegen alle feststeht (BGH NJW 1993, 1195); vgl. §§ 1594 I, 1600d IV. Ausnahmsweise ist eine inzidente Feststellung der Vaterschaft im Regressprozess möglich, wenn der Scheinvater andernfalls rechtlos gestellt wäre, weil weder die Kindesmutter noch der mutmaßliche Erzeuger zur Vaterschaftsfeststellung bzw. -anerkennung bereit sind (BGH NJW 2008, 2433 [2434]; NJW-RR 2009, 505; NJW 2012, 450 [451]; FamRZ 2017, 900 [902]). Die Durchbrechung der Rechtsausübungssperre im Regressprozess setzt aber die wirksame Anfechtung der (Schein-)Vaterschaft voraus. Nach Ablauf der Frist des § 1600b ist eine Inzidentfeststellung ausgeschlossen (BGH NJW 2012, 852). **cc)** Der BGH hatte dem Scheinvater zur Durchsetzung seines Regressanspruchs einen auf § 242 gestützten Anspruch auf Auskunft über die Person des mutmaßlichen Erzeugers zuerkannt (BGH NJW 2014, 2571; NJW 2013, 2108 [2110] mwN); nach BVerfG sind damit die verfassungsrechtlichen Grenzen richterlicher Rechtsfortbildung jedoch überschritten: Ein der Durchsetzung des Unterhaltsregresses dienender Auskunftsanspruch gegen die Mutter könne nicht aus § 242 hergeleitet werden; die Grundrechtsbeeinträchtigung der Mutter wiege hier schwerer als das rein finanzielle Interesse des Scheinvaters an der Durchsetzung des Regressanspruchs (BVerfG FamRZ 2015, 729 [731 f.]; s. dazu Frank FamRZ 2017, 161). **d)** Leistet der Sozialhilfeträger, dann Anspruchserwerb 15
durch cessio legis, § 94 SGB XII; Bedarfsmitteilung nach § 94 IV 1 SGB XII macht § 1613 unanwendbar; Verzug ist nicht erforderlich. S. ferner § 7 UnterhVG. Zum Bereicherungsausgleich, falls der übergeleitete (nach fr. Recht) Anspruch nicht bestand, s. BGH NJW 1981, 48 [49]. **e)** Leisten Dritte oder Verwandte, die nicht 16
selbst vorrangig oder ersatzweise nach § 1607 I unterhaltspflichtig (geworden) sind, bleiben grds. die Regressmöglichkeiten bei Zahlung fremder Schuld, §§ 683 oder 812 (MüKo-BGB/Langeheine § 1607 Rn. 29). Bei der Bewertung der Bereicherung des Unterhaltsschuldners ebenso wie seines Geschäftsherreninteresses ist jedoch § 1613 zu berücksichtigen (s. BGH NJW 1984, 2158 [2159]). Bei irriger Annahme 17
eigener Verpflichtung kann der Zahlende grds. nachträglich die **Zweckbestimmung** seiner Leistung **ändern** und sie als für den Unterhaltsschuldner erfolgt gelten lassen (BGH NJW 1986, 2700 [2701], str.), ansonsten bleibt in solchen Fällen nur ein Bereicherungsanspruch gegen den Unterhaltsempfänger (s. jedoch BGH NJW 1981, 2183 [2184]). **f)** Leistet ein Elternteil den Anteil der Unterhaltspflicht des 18
anderen mit, dann kann Grundlage eines Regresses auch ein bes. **familienrechtlicher Ausgleichsanspruch** sein (BGHZ 31, 329 [332]; BGHZ 50, 266 [270]; FamRZ 2022, 434 [440]; sa BGH FamRZ 2016, 1053 [1054 f.]: Ausgleich des dem anderen Elternteil gezahlten Kindergelds beim Wechselmodell [→ Rn. 7]), es sei denn, § 1360b greift ein (vgl. BGHZ 50, 266 [268]) oder die Leistung erfolgt aufgrund rechtskräftiger Entscheidung (BGH NJW 1981, 2348 [2349]); Leistung aufgrund eines gerichtl. Vergleichs steht der Geltendmachung eines familienrechtlichen Ausgleichsan-

spruchs nicht entgegen (BGH FamRZ 2017, 611 [612 f.]). Ausgleich bei Betreuung s. BGH NJW 1994, 2234 f. (nein, sofern nicht Unterhaltsleistung auf die Verpflichtung des anderen). Maßgebende Zeitpunkte für Rückwirkungsschranke § 1613 (s. dazu BGH FamRZ 2013, 1027 [1028]; FamRZ 2016, 1053 [1056 f.]) oder gerichtl. Geltendmachung des Unterhaltsanspruchs als Vertreter des Kindes (BGH NJW 1989, 2816 [2817 f.]; OLG Brandenburg FamRZ 2016, 1466 [1467]; entspr. Auskunftsanspruch aus § 242, BGH NJW 1988, 1906). Zur Verwirkung s. OLG Brandenburg FamRZ 2016, 1466 [1467 f.]. Ob in Fällen von Drittleistungen auch eine cessio legis in analoger Anwendung der §§ 1607 II 2, III angenommen werden kann, ist str. (abl. BGHZ 43, 1 für § 1607 II 2 aF und § 1709 II aF).

§ 1609 Rangfolge mehrerer Unterhaltsberechtigter

Sind mehrere Unterhaltsberechtigte vorhanden und ist der Unterhaltspflichtige außerstande, allen Unterhalt zu gewähren, gilt folgende Rangfolge:

1. **minderjährige Kinder und Kinder im Sinne des § 1603 Abs. 2 Satz 2,**
2. **Elternteile, die wegen der Betreuung eines Kindes unterhaltsberechtigt sind oder im Fall einer Scheidung wären, sowie Ehegatten und geschiedene Ehegatten bei einer Ehe von langer Dauer; bei der Feststellung einer Ehe von langer Dauer sind auch Nachteile im Sinne des § 1578b Abs. 1 Satz 2 und 3 zu berücksichtigen,**
3. **Ehegatten und geschiedene Ehegatten, die nicht unter Nummer 2 fallen,**
4. **Kinder, die nicht unter Nummer 1 fallen,**
5. **Enkelkinder und weitere Abkömmlinge,**
6. **Eltern,**
7. **weitere Verwandte der aufsteigenden Linie; unter ihnen gehen die Näheren den Entfernteren vor.**

Lit.: Grandel, Unterhaltsberechnung bei „gleichrangig" berechtigten Ehegatten außerhalb des Mangelfalls, NJW 2008, 796; von Pückler, Der Ausgleich konkurrierender Ehegattenunterhaltsansprüche, 2015; Schürmann, Kinder-Eltern-Rang: Die neue Rangordnung nach dem Unterhaltsrechtsänderungsgesetz, FamRZ 2008, 313.

1 **1. Allgemeines.** Leistungsfähigkeit als Voraussetzung der Unterhaltspflicht nach § 1603 kann auch dadurch erschöpft werden, dass mehrere Personen an sich unterhaltsberechtigt sind. § 1609 stellt deshalb eine Rangordnung der Berechtigten auf. Die durch UÄndG 2007 neugefasste Norm bündelt die vorher auf verschiedene Bestimmungen (§§ 1582 I, 1609, 1615l III aF, § 16 II LPartG aF) verteilten Rangverhältnisse. Dabei wird der Rang nicht mehr durch die partnerschaftliche Nähe oder den familiären Status bestimmt, sondern allein durch die Bedürftigkeit des Berechtig-
2 ten (Schürmann FamRZ 2008, 313 [316]). **a)** An erster Stelle stehen minderjährige unverheiratete Kinder (vgl. § 1603 II 1) und Kinder iSd § 1603 II 2; sa → §§ 1601–1604 Rn. 20. Darunter fallen alle Kinder, also sowohl (innerhalb oder außerhalb einer bestehenden Ehe geborene) leibliche als auch adoptierte (§ 1754 I, II) Kinder. Der Kindesunterhalt genießt damit absoluten Vorrang. Ein Gleichrang mit Ehegatten besteht nicht mehr. Gerechtfertigt wird dieser Vorrang mit der Überlegung, dass Kinder die wirtschaftlich schwächsten Mitglieder der Gesellschaft sind und sie ihre wirtschaftliche Lage auch nicht aus eigener Kraft verbessern können (BT-Drs. 16/1830, 23). Volljährige behinderte Kinder, die nicht unter § 1603 II 2 fallen, stehen
3 nicht gleich (BGH NJW 1984, 1813 [1815]). **b) aa)** An zweiter Stelle stehen zum *einen Eltern*, die wegen der Betreuung eines Kindes unterhaltsberechtigt sind oder im Falle einer Scheidung unterhaltsberechtigt wären. Damit sind neben Elternteilen in bestehender Ehe auch getrennt lebende und geschiedene sowie nicht miteinander verheiratete Eltern gemeint. Die Regelung trägt einer Entscheidung des BVerfG (NJW 2007, 1735 [1738]) Rechnung, wonach beim Betreuungsunterhalt eheliche und nichteheliche Kinder gleichzubehandeln sind. Dies muss dann genauso für den

betreuenden Elternteil unabhängig von seinem familienrechtlichen Status gelten. Hat der betreuende Elternteil Teilansprüche, die verschiedenen Rangstufen zuzuordnen wären (zB Betreuungsunterhalt und Aufstockungsunterhalt), fällt der Gesamtunterhaltsanspruch in den zweiten Rang (BGH NJW 2014, 3649 [3650 f.]). **bb)** Zum anderen werden vom zweiten Rang auch Ehen von langer Dauer erfasst. 4 Wann eine Ehe von langer Dauer war, kann nicht pauschalisiert werden (mind. 15 Jahre, bei 13½-jähriger Ehe jedoch nicht ausgeschlossen [BGH NJW 1983, 2321 [2322 f.] zu § 1582 aF]). Bei der Betrachtung des Einzelfalles ist neben der Gesamtdauer der Ehe weiterhin zu berücksichtigen, in welchem Alter die Ehegatten geheiratet haben, ihr Lebensalter im Zeitpunkt der Scheidung, aber auch die Dauer der Pflege und Erziehung eines gemeinsamen Kindes sowie die gegenseitige wirtschaftliche Abhängigkeit (BT-Drs. 16/1830, 24, BT-Drs. 16/6980, 10), § 1609 Nr. 2 HS 2 iVm § 1578b I 2, 3. Das Vorliegen ehebedingter Nachteile ist jedoch keine notwendige Voraussetzung, um einem langjährigen Ehegatten den zweiten Rang zuzuerkennen (OLG Hamm FamRZ 2014, 1027 [Krankenunterhaltsanspruch des fr. Ehegatten bei 28½-jähriger Ehe]; aA OLG Stuttgart FamRZ 2016, 907 [909]); die Entscheidung BGH NJW 2008, 3213 [3219], derzufolge der Anspruch auf Aufstockungsunterhalt nach geschiedener Ehe nur dann mit dem Anspruch eines neuen Ehegatten auf Betreuungsunterhalt gleichrangig ist, wenn nach langer Ehedauer auch ehebedingte Nachteile iSd § 1578b I 2 und 3 vorliegen, ist nicht verallgemeinerungsfähig (OLG Hamm FamRZ 2014, 1027; sa Grüneberg/v. Pückler Rn. 20). **cc)** Innerhalb eines Ranges sind alle Anspruchsberechtigten gleichzubehandeln. 5 Dabei kann ein größerer Kreis gleichrangig berechtigter Erwachsener zu neuen Problemen führen (Schürmann FamRZ 2008, 313 [315]); zu den Konsequenzen der Entscheidung BVerfG FamRZ 2011, 437 (Verfassungswidrigkeit der Drittelmethode) bei Unterhaltspflicht gegenüber fr. und neuen Ehegatten → § 1578 Rn. 5; → § 1581 Rn. 7. **c)** In den weiteren Rängen folgen Ehegatten und geschiedene 6 Ehegatten, die nicht unter Nr. 2 fallen (Nr. 3); Kinder, die nicht unter Nr. 1 fallen (Nr. 4), also volljährige nicht privilegierte Kinder, die eher in der Lage sind, für ihren eigenen Unterhalt zu sorgen (Ausbildungsvergütung, Ausbildungsförderung, vgl. auch § 36 BAföG); Enkelkinder und weitere Abkömmlinge (Nr. 5); Eltern (Nr. 6); weitere Verwandte in aufsteigender Linie, wobei die Näheren den Entfernteren vorgehen (Nr. 7). **d)** Vereinbarungen bzgl. des Unterhaltsranges sind unzulässig. 7 Allerdings ist es möglich, auf Ansprüche zu verzichten, die sich aus der Rangstellung ergeben; dies freilich nur, sofern keine zukünftigen Ansprüche umfasst sind (§ 1614 I).

2. Rechtsfolgen unzureichender Leistungsfähigkeit. Soweit die Leistungsfä- 8 higkeit durch vorrangig Berechtigte ausgeschöpft wird, entsteht für die nachrangigen Verwandten kein Unterhaltsanspruch, falls nicht ein nach § 1606 nachrangiger Verpflichteter leistungsfähig ist. Bei rechtskräftiger Entscheidung zugunsten des Nichtberechtigten § 238 FamFG, s. BGH NJW 1980, 934 [935]; Ansprüche des vorrangig Berechtigten werden dadurch nicht geschmälert, BGH NJW 1980, 934 [935].

§ 1610 Maß des Unterhalts

(1) **Das Maß des zu gewährenden Unterhalts bestimmt sich nach der Lebensstellung des Bedürftigen (angemessener Unterhalt).**

(2) **Der Unterhalt umfasst den gesamten Lebensbedarf einschließlich der Kosten einer angemessenen Vorbildung zu einem Beruf, bei einer der Erziehung bedürftigen Person auch die Kosten der Erziehung.**

Lit.: Graba, Bedarf des Verwandten nach Leistungsfähigkeit des Verpflichteten, NZFam 2020, 1081; Thierschmann, Unterhaltsansprüche Volljähriger gegen ihre Eltern, 1986.

1. Allgemeines. § 1610 konkretisiert den Umfang des Unterhaltsanspruchs 1 einschl. Ausbildungskosten, II. Zu den von der Praxis entwickelten Tabellen → Vor

§§ 1360–1361 Rn. 2. Die Verwendung der Düsseldorfer Tabelle (aktueller Stand: 1.1.2023) wird vom BGH gebilligt (st. Rspr., s. nur BGH FamRZ 2021, 28 [29]). Sie baut auf dem in § 1612a I vorgegebenen Mindestunterhalt minderjähriger Kinder der jeweiligen Altersstufe auf; ausgewiesen wird der – nach dem Nettoeinkommen des Barunterhaltspflichtigen gestaffelte – monatliche Unterhaltsbedarf (nunmehr) bezogen auf zwei Unterhaltsberechtigte (ungeachtet des Rangs). Die Düsseldorfer Tabelle sah – bis Stand 1.1.2021 – zehn Einkommensgruppen vor. Eine Fortschreibung der Tabellenwerte über die 10. Einkommensgruppe hinaus sollte nach fr. Rspr. des BGH nicht möglich sein; der Berechtigte hatte seinen Bedarf vielmehr konkret darzulegen und zu beweisen (BGH FamRZ 2001, 1603 [1604]). An dieser Sichtweise hält der Senat nicht mehr uneingeschränkt fest; eine begrenzte Fortschreibung bis zur Höhe des Doppelten des höchsten (in der Tabelle Stand 1.1.2021) ausgewiesenen Einkommensbetrags sei nicht ausgeschlossen (BGH FamRZ 2021, 28 [30]). In der Düsseldorfer Tabelle ist diese Rechtsprechungsänderung seit Stand 1.1.2022 umgesetzt worden; die Tabelle sieht jetzt 15 Einkommensgruppen vor (bis zu einer Einkommensgrenze von 11.000 Euro). Zur Behandlung von Übergangsfällen KG FamRZ 2022, 1775.

2 **2. Lebensbedarf. a)** Als angemessener Unterhalt ist der **gesamte Lebensbedarf** geschuldet (II). Maßgeblich ist die **Lebensstellung** des Bedürftigen. **aa)** Der angemessene Lebensbedarf eines Elternteils richtet sich nach dessen konkreter Lebenssituation (BGH FamRZ 2015, 2138 [2139]). Der Unterhaltsbedarf eines in einem Heim untergebrachten Elternteils deckt sich mit den dort anfallenden Kosten; maßgeblich ist die aktuelle, nicht eine fr. (bessere) Lebenssituation (BGH FamRZ 2018, 1903 [1904]; FamRZ 2015, 2138 [2139], dort auch zur Heimauswahl). **bb)** Beim Kind, das sich noch keine eigene Lebensstellung schaffen konnte, ist die Lebensstellung zunächst an den Verhältnissen der Eltern orientiert (BGH FamRZ 2021, 186 [188]; für volljähriges Kind im Studium BGH NJW-RR 1986, 1261). Dabei kommt es auch bei minderjährigen Kindern auf die Lebensstellung beider Eltern an (BGH FamRZ 2022, 1366 [1370]; FamRZ 2021, 1965 [1967]; FamRZ 2021, 28 [29], Residenzmodell; FamRZ 2017, 437 [439], Wechselmodell), wobei die Lebensstellung der Eltern regelmäßig über das verfügbare Nettoeinkommen bestimmt wird (BGH FamRZ 2021, 186 [188]); die Barunterhaltspflicht ist dann allerdings begrenzt auf den Betrag, den der hierzu Verpflichtete aufgrund seines Einkommens zu zahlen hat (BGH FamRZ 2021, 28 [29]; FamRZ 2021, 1965 [1967]; FamRZ 2022, 1366 [1370]). Ist ein Elternteil bereits verstorben, richtet sich die Lebensstellung des Kindes allein nach dessen Einkünften (BGH FamRZ 2021, 186 [188]). Anders als beim Ehegattenunterhalt (→ § 1361 Rn. 7) richten sich die Bemessungsgrundlagen nach der *gegenwärtigen* Lebensstellung des Verpflichteten; das Kind hat daher grds. keinen Anspruch auf Beibehaltung einer besser bezahlten Tätigkeit durch den Verpflichteten (OLG Zweibrücken NJW 1997, 2390 [2391]). Die Lebensverhältnisse minderjähriger Kinder sind primär durch ihr Kindsein geprägt, dh durch Schul- und Ausbildungsbedürfnisse; dies kann zur Begrenzung der Leistungspflicht bei sehr hohem Einkommen des Verpflichteten führen (BGH FamRZ 2021, 28 [30]: „keine
3 bloße Teilhabe am Luxus der Eltern", sa → Rn. 1). Durch Begabung und Fähigkeiten des Kindes, die mit entspr. Ausbildung entfaltet werden können, kann die Lebensstellung des Kindes jedoch bereits ein eigenes Gepräge haben, uU also auch den Status der Eltern übersteigende Ausbildungsbedürfnisse als angemessen erscheinen lassen. Zum Wohnbedarf des Kindes BGH FamRZ 2021, 1965 [1967]: 20 % des (aus dem zusammengerechneten Nettoeinkommen beider Eltern bestimmten) Unterhaltsbedarfs. **cc)** Zum krankheitsbedingten Berufsverlust und der „eigenen Lebensstellung" eines volljährigen Kindes s. OLG Bamberg NJW-RR 1993, 1093 [1094] (niedriger). **dd)** Lebt der barunterhaltspflichtige Elternteil im Ausland, können zur Ermittlung des Kaufkraftunterschieds die vom Statistischen Amt der EU (Eurostat) ermittelten „vergleichenden Preisniveaus des Endverbrauchs der privaten Haushalte" herangezogen werden (BGH NJW 2014, 2785 [2787]; sa AG Blomberg

NJOZ 2022, 874 [878]). **b) aa)** Zum allg. **Lebensbedarf** gehören außer Nahrung, Wohnung und Kleidung auch Krankheits- bzw. Krankenversicherungskosten, angemessene Aufwendungen zur Pflege kultureller Interessen und Möglichkeiten geistiger und körperlicher Entspannung. **bb)** Geschuldet ist zudem der sog. **Mehrbedarf,** dh der Bedarf, der regelmäßig über längere Zeit anfällt, das Übliche aber derart übersteigt, dass er mit den Tabellensätzen nicht (vollst.) erfasst werden kann, andererseits aber kalkulierbar ist und daher bei Bemessung laufenden Unterhalts berücksichtigt werden kann (BGH NJW 2013, 2900), zB Kosten für einen mehr als halbtägigen Kindergartenbesuch (BGH NJW 2008, 2337 [2340]); Kosten für Reit-, Sprach-, Musikunterricht (OLG Frankfurt a. M. NJW-RR 2015, 260 [261]), Besuch von Förderunterricht (BGH NJW 2013, 2900 [Therapie einer Lese-Rechtschreibschwäche]), Kosten für Internatsunterbringung einschl. schulischer Nebenkosten, zB Lehrmittel, Ausflüge, Kopien (OLG Karlsruhe FamRZ 2019, 1859 [1860] mwN); Besuch einer Privatschule (OLG Brandenburg BeckRS 2021, 12899); Studiengebühren privater Hochschulen (OLG Brandenburg FamRZ 2014, 847; s. aber auch OLG Düsseldorf FamRZ 2014, 564 [565]); Kosten für privates Jura-Repetitorium nur, wenn kein kostenfreies universitäres Examensrepetitorium angeboten wird (OLG Hamm NJW 2013, 2911). Kosten für eine Fremdbetreuung, die nur wegen der Berufstätigkeit des betreuenden Elternteils anfallen, stellen keinen Mehrbedarf des Kindes dar (BGH FamRZ 2018, 23 [24 f.], Tagesmutter). Zu den Ausbildungskosten sa → Rn. 7. Geschuldet ist nur der berechtigte Mehrbedarf; zur Beweislast s. OLG Brandenburg FamRZ 2014, 847. Zur Bestimmung der Haftungsquote der Eltern BGH FamRZ 2022, 1366 [1367], s. dazu auch die Berechnungsbeispiele bei Götz/Seiler FamRZ 2022, 1338. **cc)** Zum Sonderbedarf s. § 1613 II Nr. 1. 4

c) Prozesskostenvorschüsse für persönlich lebenswichtige Dinge § 1360a IV entspr., BGH NJW 1964, 2151 [2152] (Anfechtungsrechtsstreit); OLG Köln FamRZ 1994, 1409 [1410] (Schmerzensgeld); nach BGH NJW 2005, 1722 [1723] besteht der Anspruch auch für volljährige Kinder, wenn sie wegen der Fortdauer ihrer Ausbildung noch keine eigene Lebensstellung erreicht haben (Unterhaltsverfahren); Scheidungsverfahren (OLG Hamm StAZ 1982, 311, KG NJW 1982, 112). Prozesskostenvorschuss ist auch dann geschuldet, wenn der Vorschusspflichtige nur zu Ratenzahlung in der Lage ist (BGH NJW-RR 2004, 1662 [1663]). 5

d) Erziehungskosten, soweit Erziehungsbedürfnis und -befugnis reichen, also bei Kindern bis zur Erlangung der Volljährigkeit, II HS 2. 6

e) Ausbildungskosten, auch über die Erlangung der Volljährigkeit hinaus, II HS 1. Geschuldet ist eine Berufsausbildung, die Begabung und Fähigkeiten, Leistungswillen und beachtenswerten Neigungen des Kindes entspricht und sich in den Grenzen der wirtschaftlichen Leistungsfähigkeit der Eltern hält (BGH FamRZ 2017, 799 [800]). Dem Anspruch auf Ausbildungsunterhalt korrespondiert die Obliegenheit des Berechtigten, die Ausbildung mit Fleiß und Zielstrebigkeit zu verfolgen und in angemessener Zeit zu beenden **(Gegenseitigkeitsprinzip),** BGH FamRZ 2001, 757 [758]; zur Darlegungs- und Beweislast des Kindes OLG Koblenz FamRZ 2015, 1813 [1814]. Bei nachhaltiger Verletzung dieser Obliegenheit geht der Anspruch unabhängig von den Voraussetzungen des § 1611 I 1 unter (BGH FamRZ 2001, 757 [758]; NJW 1998, 1555 [1556]); Verzögerungen infolge vorübergehenden leichteren Versagens des Kindes sind hingegen nach Treu und Glauben (§ 242) hinzunehmen (BGH FamRZ 2017, 1132 [1133]; FamRZ 2017, 799 [801]; NJW 2013, 2751 [2752]). Dem Kind obliegt es ferner, nach dem Schulabgang und einer angemessenen Orientierungsphase baldmöglichst die Ausbildung aufzunehmen (BGH FamRZ 2017, 799 [801]); ein Wechsel des Studiengangs nach einer Orientierungsphase von max. zwei Semestern ist zuzubilligen (OLG Brandenburg NZFam 2018, 660, nicht aber Überschreitung der Regelstudiendauer im Rahmen des anschließenden Zweitstudiums). Eine lange Verzögerung kann den Ausbildungsunterhalt entfallen lassen (BGH NJW 1998, 1555 [1556]), wobei subj., nicht vorwerfbare Beeinträchtigungen einen verzögerten Beginn von Ausbildung/Studium rechtfertigen können (BGH FamRZ 2017, 1132 [1134]; NJW 2013, 2751 [notenschwacher Schulabschluss]). In den „Abitur–Lehre– 7

Studium"-Fällen ist ein enger sachlicher und zeitlicher Zusammenhang erforderlich (BGH FamRZ 2001, 1601 [1602]; FamRZ 2017, 799 [800 ff.] mit Bsp.). Feste Altersgrenzen für Aufnahme und Beendigung einer Ausbildung gibt es nicht; entscheidend ist, ob den Eltern in den Grenzen ihrer wirtschaftlichen Leistungsfähigkeit die Leistung von Ausbildungsunterhalt noch zumutbar ist (BGH FamRZ 2017, 799 [801]; FamRZ 2017, 1132 [1133 f.] mwN; sa OLG Celle FamRZ 2016, 830 [831]: neunjährige Ausbildungspause zur Betreuung eigener minderjähriger Kinder). **aa)** Der Ausbildungsunterhalt ist obj. begrenzt durch die normalen Kosten einer bestimmten Ausbildung, wobei die durchschnittlich erforderliche und übliche Dauer der Ausbildung (plus angemessene Frist zur Stellensuche, OLG Frankfurt a. M. FamRZ 1989, 83 [84]) den Anspruch limitiert; zum Ausbildungswechsel s. BGH NJW 2001, 2170; zur Regelstudienzeit s. OLG Hamm FamRZ 1994, 387 [388]; OLG Köln FamRZ 2022, 1773 [1774 f.] (coronabedingte Verzögerung der Ausbildung); Auslandssemester s. BGH NJW-RR 1992, 1026. Zur Berufsausbildung gehört auch die Vorbereitung auf eine Promotion, wenn diese im Anschluss an das Studium ernsthaft und nachhaltig durchgeführt wird (BFH NJW 2004, 3447). Orientierung des Ausbildungsunterhalts an BAföG-Sätzen (Moritz JZ 1980, 19;
8 OLG Hamburg FamRZ 1981, 71). **bb)** Subj. müssen bei dem Unterhalt Verlangenden Befähigung und Motivation einen erfolgreichen Abschluss erwarten lassen. Die Vorstellungen der Eltern sind nur beim Minderjährigen im Rahmen des Erziehungsrechts für die Ausbildungsbedürfnisse relevant (s. aber zu den Mehrkosten aus Besuch einer Privatschule für barunterhaltspflichtigen Elternteil BGH NJW 1983, 393; OLG Karlsruhe FamRZ 2019, 1859 [1861], Internatsunterbringung), der Volljährige kann seine Ausbildung unabhängig von den Wünschen (nicht aber der Leistungsfähigkeit!) seiner Eltern wählen; s. hierzu Thierschmann, Unterhaltsansprüche Volljähriger gegen ihre Eltern, S. 33, zur Dauer S. 95 ff.; sa OLG Hamm FamRZ 2014, 563 (Studium im Ausland); OLG Düsseldorf NJW 2019, 2480 [2481] (freiwilliges soziales Jahr als Teil einer Gesamtausbildung). Das Risiko der Nichtbeschäftigung nach Abschluss der geschuldeten Ausbildung trägt das Kind (OLG Hamm
9 NJW 2018, 2272 [2273]). **cc)** Ein Anspruch auf **Zweitausbildung** besteht nur in Ausnahmefällen; s. dazu BGH FamRZ 2017, 799 [800]; NJW 2006, 2984 [2985] (Lehre–Fachoberschule–Fachhochschule); Ausbildungsgang Lehre-Abitur-Studium s. LG Freiburg FamRZ 1990, 308; OLG Celle NJW 2013, 2688; Mittlere Reife-Ausbildung-Studium s. OLG Stuttgart FamRZ 2019, 963 [964 f.] (abl.); sa → Rn. 7. Eine zweite Ausbildung ist aber dann zu finanzieren, wenn die Eltern das Kind in einen unbefriedigenden, seinen Begabungen nicht entspr. Beruf gedrängt haben oder eine angemessene Ausbildung verweigert wurde und das Kind deshalb einen Beruf gewählt hat, der Begabung und Neigungen nicht entspricht; ebenso, wenn Erstausbildung auf einer eklatanten Fehleinschätzung der Begabung beruht (BGH FamRZ 2017, 799 [800 f.] mwN). Zum Ganzen sa Kalthoener/Büttner NJW 1991, 400.

§ 1610a Deckungsvermutung bei schadensbedingten Mehraufwendungen

Werden für Aufwendungen infolge eines Körper- oder Gesundheitsschadens Sozialleistungen in Anspruch genommen, wird bei der Feststellung eines Unterhaltsanspruchs vermutet, dass die Kosten der Aufwendungen nicht geringer sind als die Höhe dieser Sozialleistungen.

Lit.: Diederichsen, Die Anwendung von § 1610a BGB, FS Gernhuber, 1993, 597; Drerup, *Die Beweislastregel des neuen § 1610a BGB*, NJW 1991, 683.

1 **1. Allgemeines. a)** Die Vorschrift soll Härten vermeiden, die bei der Berechnung von Leistungsfähigkeit einerseits und Bedürftigkeit andererseits dadurch entstehen können, dass der Nachw. der tatsächlichen Mehraufwendungen für Körper- oder Gesundheitsschäden, die vom Einkommen abgezogen werden können, für den

Betroffenen schwierig sein kann. Durch die – widerlegliche (OLG Koblenz FamRZ 2018, 347 [349]; OLG Bamberg FamRZ 1992, 185) – Vermutung, dass iHd gezahlten Sozialleistungen schadensbedingte Mehraufwendungen entstehen, wird die Berücksichtigung der entspr. Sozialleistungen als Einkommen bei der Berechnung von Unterhaltsansprüchen vermieden. Zu privatrechtlichen Entschädigungen s. Diederichsen, FS Gernhuber, 1993, S. 601. **b)** Die Vorschrift gilt für das gesamte 2
Unterhaltsrecht, s. §§ 1361 I 1, 1578a. **c)** Zur Darlegungs- und Beweislast iE OLG Koblenz FamRZ 2018, 347 [349 f.]; Diederichsen, FS Gernhuber, 1993, S. 603 ff. Auskunftsansprüche nach §§ 1605, 1361 IV 4, 1580 über die Aufwendungen für Körper- und Gesundheitsschäden können gegenüber der Vermutung erst dann geltend gemacht werden, wenn sie in einem Maße erschüttert wird, dass nicht der vollst. Verbrauch, sondern der (teilw.) Nichtverbrauch von Sozialleistungen hinreichend möglich erscheint (BT-Drs. 11/6153, 6).

2. Anwendungsbereich. a) Inanspruchnahme von Sozialleistungen für Auf- 3
wendungen infolge Körper- oder Gesundheitsschäden. Körper- und Gesundheitsschäden entspr. den im Deliktsrecht (§§ 823 ff.) verwendeten Begrifflichkeiten (BT-Drs. 11/6153, 7), s. dazu → § 823 Rn. 3. Beispiele für erfasste Sozialleistungen: Pflegegeld (OLG Stuttgart FamRZ 2021, 934); Conterganrente (BGH FamRZ 2014, 1619); Kriegsopferrente (OLG Hamm NJW 1992, 515); Blindengeld (OLG Schleswig NJW-RR 1992, 390); Berufsschadensausgleichsrente (OLG Hamm NJW 1992, 515). *Nicht* erfasst sind Sozialleistungen mit Einkommensersatzfunktion (BT-Drs. 11/6153, 7), zB Krankengeld, Unfallrente (OLG Karlsruhe BeckRS 2020, 11600). **b)** Die Deckungsvermutung gilt sowohl für den Unterhaltsberechtigten als auch für den Unterhaltspflichtigen (OLG Stuttgart FamRZ 2021, 934; MüKoBGB/Langeheine Rn. 6).

§ 1611 Beschränkung oder Wegfall der Verpflichtung

(1) [1]**Ist der Unterhaltsberechtigte durch sein sittliches Verschulden bedürftig geworden, hat er seine eigene Unterhaltspflicht gegenüber dem Unterhaltspflichtigen gröblich vernachlässigt oder sich vorsätzlich einer schweren Verfehlung gegen den Unterhaltspflichtigen oder einen nahen Angehörigen des Unterhaltspflichtigen schuldig gemacht, so braucht der Verpflichtete nur einen Beitrag zum Unterhalt in der Höhe zu leisten, die der Billigkeit entspricht.** [2]**Die Verpflichtung fällt ganz weg, wenn die Inanspruchnahme des Verpflichteten grob unbillig wäre.**

(2) **Die Vorschriften des Absatzes 1 sind auf die Unterhaltspflicht von Eltern gegenüber ihren minderjährigen Kindern nicht anzuwenden.**

(3) **Der Bedürftige kann wegen einer nach diesen Vorschriften eintretenden Beschränkung seines Anspruchs nicht andere Unterhaltspflichtige in Anspruch nehmen.**

1. Allgemeines. Unter den in I genannten Voraussetzungen steht dem Bedürfti- 1
gen nur ein Billigkeitsanspruch auf Beitrag zu seinen Unterhaltsbedürfnissen zu. Minderjährige Kinder sind von der Verwirkung nach I ausgenommen, II. Generell zur Verwirkung s. Kalthoener/Büttner NJW 1991, 408 mwN. Für Ehegattenunterhalt s. §§ 1361 III, 1579.

2. Voraussetzungen. a) Bedürftigkeit aufgrund eigenen sittlichen Verschuldens, 2
zB Arbeitsscheu, Verschwendung, Trunksucht (OLG Celle FamRZ 2010, 817), nicht jedoch allein selbstverschuldete Armut (zu Rauschgiftkonsum OLG Celle FamRZ 1990, 1142), oder **b)** gröbliche Vernachlässigung der eigenen Unterhalts- 3
pflicht gegenüber dem jetzt Verpflichteten, vgl. BGH FamRZ 2010, 1888 (auch Gewährung von Naturalunterhalt), oder **c) aa)** vorsätzlich schwere Verfehlung 4
gegen den Unterhaltspflichtigen oder nahe(n) Angehörige(n); in Betracht kommen nur tiefgreifende Beeinträchtigungen schutzwürdiger wirtschaftlicher Interessen

oder persönlicher Belange (BGH NJW 2014, 1177), zB Zurücklassen des in Anspruch genommenen Kindes im Kleinkindalter bei den Großeltern (BGH NJW 2004, 3109 [3110]); Kind nach Verlassen der Volksschule mit 14 Jahren qualifizierte Ausbildung verweigert; Betreuung den Großeltern überlassen (AG Krefeld FamRZ 2010, 817); wiederholte, schwerwiegende Beleidigungen (OLG Karlsruhe BeckRS 2011, 26519); Herabwürdigung des Verpflichteten (AG Königstein FamRZ 1992, 594); unterlassene Mitteilung des Schulabbruchs nach Erreichen der Volljährigkeit (OLG Köln NJW 2012, 2364 [2365]). Die Verweigerung des persönlichen Kontakts reicht grds. nicht (BGH NJW 2014, 1177 [1178]: Kontaktabbruch nach Abitur des Kindes und spätere Enterbung keine Verfehlung des Vaters iSd § 1611 I 1 Alt. 3; OLG Frankfurt a.M. FamRZ 2021, 1041 [1042]: Ablehnung der Kontaktaufnahme mit unterhaltspflichtigem Elternteil, nachdem schon zuvor über längere Zeit keine persönlichen Begegnungen stattfanden), noch weniger „eingeschlafene Beziehung" (BGH NJW 1995, 1215 [1216]; s. aber OLG Celle NJW 2010, 3727: kein Kontakt über 30 Jahre, Anspruchskürzung um 25 %). § 1611 **bb)** I 1 Alt. 3 setzt Verschulden voraus; Vorsatz in einem natürlichen Sinne genügt nicht (BGH FamRZ 2010, 1888 [1890]).

5 **3. Folgen. a)** Beschränkung des Unterhalts auf den Beitrag, der angesichts der Umstände des konkreten Falles der Billigkeit entspricht. Zu berücksichtigen ist also auch die Schwere der Verfehlung (KG NJW 2016, 2345 [2348]). **b)** Bei grober Unbilligkeit der Inanspruchnahme des Verpflichteten gänzlicher Wegfall der Verpflichtung, I 2.

6 **4. Privilegierung minderjähriger Kinder, II.** Die Privilegierung beruht auf dem Gedanken, dass der Unterhaltspflichtige idR als Erziehungsberechtigter Einfluss auf das Kind hat; II gilt jedoch auch im Verhältnis zwischen nicht sorgeberechtigtem Elternteil und Kind sowie bei volljährigem Kind, falls es die nach I zu berücksichtigenden Handlungen als Minderjähriger begangen hat (BGH NJW 1988, 2371 [2374]).

§ 1612 Art der Unterhaltsgewährung

(1) [1]**Der Unterhalt ist durch Entrichtung einer Geldrente zu gewähren.** [2]**Der Verpflichtete kann verlangen, dass ihm die Gewährung des Unterhalts in anderer Art gestattet wird, wenn besondere Gründe es rechtfertigen.**

(2) [1]**Haben Eltern einem unverheirateten Kind Unterhalt zu gewähren, können sie bestimmen, in welcher Art und für welche Zeit im Voraus der Unterhalt gewährt werden soll, sofern auf die Belange des Kindes die gebotene Rücksicht genommen wird.** [2]**Ist das Kind minderjährig, kann ein Elternteil, dem die Sorge für die Person des Kindes nicht zusteht, eine Bestimmung nur für die Zeit treffen, in der das Kind in seinen Haushalt aufgenommen ist.**

(3) [1]**Eine Geldrente ist monatlich im Voraus zu zahlen.** [2]**Der Verpflichtete schuldet den vollen Monatsbetrag auch dann, wenn der Berechtigte im Laufe des Monats stirbt.**

1 **1. Allgemeines.** Während allg. Unterhalt in Form einer Geldrente zu leisten ist (I), können Eltern Art und zeitliche Voraussetzungen des Unterhalts an unverheiratete Kinder bestimmen, insbes. also den Unterhaltsbedarf weitgehend durch Versorgung im eigenen Haushalt erbringen (II).

2 **2. Art der Gewährung. a) Geldrente,** monatlich im Voraus zahlbar (III 1) und bei Tod des Berechtigten stets für den vollen Monat geschuldet (III 2), ist die **normale Form** der Unterhaltsgewährung, I 1. Neben dem durch diese Rente zu deckenden laufenden Bedarf, der die Kosten üblicher Krankheiten bzw. ihrer Versicherung umfasst (→ § 1610 Rn. 4), kann jedoch auch **Sonderbedarf** geschuldet

sein, s. § 1613 II Nr. 1, zB bei nicht (voll) versicherten Krankheitskosten (vgl. BGH NJW 1982, 328 [329]; s. aber OLG Hamm FamRZ 2018, 189); Kosten für Rechtsverfolgung (OLG München FamRZ 1990, 312 [313]); Baby-Erstausstattung (OLG Nürnberg FamRZ 1993, 995 [s. jedoch LG Bochum FamRZ 1991, 1477]), notwendigen Reisekosten (OLG Karlsruhe FamRZ 1988, 1091); Klassenreise (OLG Köln NJW 1999, 295 [296]); kieferorthopädische Behandlung (BGH FamRZ 2022, 1366 [1370]); **nicht:** Kosten einer Erstkommunion oder Konfimation (BGH NJW 2006, 1509 [1510], str.); Urlaub (OLG Frankfurt a. M. FamRZ 1990, 436 [437]); Internatsunterbringung und schulische Nebenkosten (Lehrmittel, Ausflüge, Kopien etc) (OLG Karlsruhe FamRZ 2019, 1859 [1860]); Auslandsstudium (OLG Hamm NJW 1994, 2627); Auslandsaufenthalt in Jahrgangsstufe elf (OLG Schleswig NJW 2006, 1601; sa OLG Hamm NJW 2011, 1086 [1087]: schulische Auslandsreise unabhängig von den Kosten kein Sonderbedarf). Zahlung bei Rückständen s. §§ 1613 II, 366, 367. Anspruch auf Sicherheitsleistung analog § 1585a verneint OLG Düsseldorf FamRZ 1981, 67 [68]. **b)** Gestattung **anderer Art** der **Unterhaltsgewährung,** 3
insbes. Naturalleistungen, kann der Verpflichtete vom Berechtigten aus bes. Gründen, die auf beiden Seiten gegeben sein können, verlangen, zB Gewährung von Wohnraum, wenn eine Anmietung vergleichsweise teuer ist. Bequemlichkeit von Naturalleistungen für den Verpflichteten allein ist jedoch kein bes. Grund. Bei Änderung der Verhältnisse s. § 238 FamFG.

3. Bestimmungsrecht der Eltern. a) Eltern **unverheirateter Kinder,** auch 4
volljähriger Kinder, können nach II 1 die Art des Unterhalts und den Zeitraum der Vorausleistungen bestimmen, ggf. durch schlüssiges Verhalten (BGH NJW 1983, 2198 [2199]). Bei minderjährigen Kindern ist das Gestaltungsrecht Konsequenz des Erziehungsrechts, bei Volljährigen Ausdruck der Rücksichtnahme auf die Eltern (OLG Karlsruhe NJW 1977, 681). Geschiedene sind als verheiratete Kinder iSv § 1612 II zu sehen. Das Gericht ist im Unterhaltsverfahren an die Bestimmung gebunden (OLG Hamm NJW 1983, 2203); Grenze: rechtliche oder tatsächliche Undurchführbarkeit (BGH NJW 1981, 574 [575]; dazu auch BayObLG NJW-RR 1990, 901); der Naturalunterhalt muss für das Kind „erreichbar" sein (BGH NJW 1992, 974). Bei der Ausübung des Bestimmungsrechts sind die Kinderbelange angemessen zu berücksichtigen, II 1 HS 2. Bei volljährigen Kindern ist eine gesteigerte Rücksichtnahme angezeigt (BT-Drs. 13/9596, 32). Auch eine Bestimmung unter Verletzung des Rücksichtnahmegebots ist (zunächst) maßgeblich (Eltern kommen nicht in Verzug). Bieten Eltern Unterhalt in Form von Sachleistungen vergeblich an, 5
kommen sie nicht in Verzug, so dass § 1613 Ansprüche auf rückständigen Unterhalt abschneidet (OLG Frankfurt a.M. FamRZ 1976, 705). Das Kind kann Geldleistung nicht dadurch erzwingen, dass es außerhalb des elterlichen Haushalts Wohnung nimmt (vgl. BGH NJW 1981, 574 [576]). Eine von den Eltern getroffene Wahl, Unterhalt als Geldrente zu gewähren, ist nicht ohne weiteres frei widerruflich (OLG Frankfurt a.M. FamRZ 1976, 705); sa OLG Zweibrücken FamRZ 1988, 204: jederzeit änderbar. Möglich sind Teilleistungen in Natur (Wohnung) und Geld (BayObLG NJW 1979, 1712; beachte jedoch BGH NJW 1981, 574 [576]). **b)** Die Bestimmung 6
ist von den Eltern gemeinsam zu treffen; vgl. für Alleinbestimmung, falls Belange des anderen Elternteils nicht berührt sind, OLG Hamm NJW-RR 1990, 1229. Gewährung von teilw. Naturalleistungen allein ist nicht Bestimmung (BGH NJW-RR 1993, 322 [324]). **c)** Bei **getrennt lebenden** oder **geschiedenen Eltern** ent- 7
scheidet der (allein) Sorgeberechtigte, es sei denn, II 2 greift ein. Das Aufenthaltsbestimmungsrecht kann nicht durch das Angebot von Naturalunterhalt unterlaufen werden (BGH NJW 1985, 2590 [2591] für Aufenthaltsbestimmung durch Gebrechlichkeitspfleger). Bei gemeinsamem Sorgerecht getrennter oder geschiedener Eltern oder bei volljährigem Kind bleibt eine einvernehmlich erfolgte Bestimmung nur bis zur Undurchführbarkeit – die freilich auch durch Aufsage der Vereinbarung des Naturalunterhalt Leistenden eintreten kann – in Kraft (BGH NJW 1992, 974).
d) Bei einem **volljährigen Kind** und getrennten oder geschiedenen Eltern wird 8

das Bestimmungsrecht dessen, der vollen Lebensbedarf des Kindes zu decken bereit und imstande ist, angenommen; auf die Belange des anderen Elternteils ist jedoch
9 Rücksicht zu nehmen (BGHZ 104, 224 [227, 229]). **e)** Das FamG kann die Bestimmung der Eltern auf Antrag des Kindes innerhalb des Unterhaltsverfahrens als Vorfrage ändern (BT-Drs. 16/1830, 26). Mit der Streichung des § 1612 II 2 aF durch das UÄndG 2007 ist das gesonderte Abänderungsverfahren damit abgeschafft. Praktisch geht es um eine Änderung des gewährten Naturalunterhalts in Barunterhalt. Voraussetzung ist das Vorliegen bes. Gründe. Erforderlich ist eine sorgfältige Abwägung der Elterninteressen, insbes. ihrer wirtschaftlichen Lage, und der Kinderbelange (s. II 1 HS 2). Nicht genügend ist der bloße Wunsch des Kindes, aus dem Elternhaus auszuziehen und einen eigenen Haushalt zu gründen. Gewalttätigkeiten gegen das Kind können eine Änderung rechtfertigen (OLG Köln FamRZ 1996, 963). Volljährigkeit allein ist nicht ausreichend. Das volljährige Kind trägt die vollst. Darlegungs- und Beweislast dafür, dass schwerwiegende Gründe (zB tiefgreifendes Zerwürfnis) einem Zusammenleben mit den Eltern entgegenstehen (OLG Brandenburg NJW 2008, 2722; sa OLG Karlsruhe FamRZ 2015, 1507 [1508]: typische familiäre Konflikte genügen nicht). Allerdings sind die Anforderungen an das Vorliegen bes. Gründe bei volljährigen Kindern geringer (gesteigertes Rücksichtnahmegebot, BT-Drs. 13/9596, 32; vgl. BayObLG FamRZ 2000, 976).

§ 1612a Mindestunterhalt minderjähriger Kinder; Verordnungsermächtigung

(1) **[1]Ein minderjähriges Kind kann von einem Elternteil, mit dem es nicht in einem Haushalt lebt, den Unterhalt als Prozentsatz des jeweiligen Mindestunterhalts verlangen. [2]Der Mindestunterhalt richtet sich nach dem steuerfrei zu stellenden sächlichen Existenzminimum des minderjährigen Kindes. [3]Er beträgt monatlich entsprechend dem Alter des Kindes**

1. für die Zeit bis zur Vollendung des sechsten Lebensjahrs (erste Altersstufe) 87 Prozent,

2. für die Zeit vom siebten bis zur Vollendung des zwölften Lebensjahrs (zweite Altersstufe) 100 Prozent und

3. für die Zeit vom 13. Lebensjahr an (dritte Altersstufe) 117 Prozent

des steuerfrei zu stellenden sächlichen Existenzminimums des minderjährigen Kindes.

(2) **[1]Der Prozentsatz ist auf eine Dezimalstelle zu begrenzen; jede weitere sich ergebende Dezimalstelle wird nicht berücksichtigt. [2]Der sich bei der Berechnung des Unterhalts ergebende Betrag ist auf volle Euro aufzurunden.**

(3) **Der Unterhalt einer höheren Altersstufe ist ab dem Beginn des Monats maßgebend, in dem das Kind das betreffende Lebensjahr vollendet.**

(4) **Das Bundesministerium der Justiz und für Verbraucherschutz hat den Mindestunterhalt erstmals zum 1. Januar 2016 und dann alle zwei Jahre durch Rechtsverordnung, die nicht der Zustimmung des Bundesrates bedarf, festzulegen.**

Lit.: Justin, Die Berechnung des Kindesunterhalts und der Leistungen nach UVG ab 1.1.2009, FamRZ 2009, 4; Menne, Gesetzliche Änderungen im Kindesunterhaltsrecht und aktuelle Entwicklungen bei der Düsseldorfer Tabelle, NZFam 2016, 97; Többen, Gesetz zur Änderung des Unterhaltsrechts und des Unterhaltsverfahrensrechts, NJW 2016, 273; Vossenkämper, Der Kindesunterhalt nach neuem Recht ab 1.1.2008 – Hinweise zur Berechnung, Titelumstellung und Tenorierung, FamRZ 2008, 201.

1 **1. Allgemeines. a)** I regelt keinen eigenständigen Unterhaltsanspruch. Vielmehr ermöglicht die Bestimmung die automatische Anpassung (Dynamisierung) der Höhe des Barunterhaltsanspruchs aus §§ 1601 ff. an das steuerfrei zu stellende sächliche

Existenzminimum minderjähriger Kinder und somit an die durchschnittliche Einkommensentwicklung und an das Lebensalter des unterhaltsberechtigten Kindes. Dazu wird der geschuldete Unterhalt nicht als statischer Geldbetrag ausgewiesen, sondern als Prozentsatz des jeweiligen Mindestunterhalts. Die Festsetzung des Prozentsatzes kann im „vereinfachten Verfahren" nach §§ 249 ff. FamFG erfolgen. **b)** Wahlweise bleibt dem Kind die Möglichkeit, den Unterhaltsanspruch als festen 2
Geldbetrag geltend zu machen.

2. Voraussetzungen. a) Barunterhaltsanspruch eines minderjährigen Kindes, I 3
1. Zur Fortgeltung dynamischer Unterhaltstitel nach Erreichen der Volljährigkeit OLG Bamberg FamRZ 2019, 30. **b)** Der Unterhaltsverpflichtete muss ein Elternteil sein, mit dem das Kind nicht in einem Haushalt lebt, I 1.

3. Mindestunterhalt. a) Durch das UÄndG 2007 wurde die Norm vollst. umge- 4
staltet: Die Bemessung des Unterhalts anhand von Regelbeträgen ist abgeschafft worden, so dass auch die RegelbetragV aufgehoben werden konnte. Die Bestimmung wurde mit Wirkung zum 1.1.2016 erneut geändert durch das Ges. zur Änderung des Unterhaltsrechts und des Unterhaltsverfahrensrechts sowie zur Änderung der Zivilprozessordnung und kostenrechtlicher Vorschriften v. 20.11.2015 (BGBl. I 2018): Der Mindestunterhalt (Mindestbedarf) richtet sich nicht länger nach dem einkommensteuerrechtlichen Kinderfreibetrag (§ 32 VI 1 EStG), sondern knüpft unmittelbar an das steuerfrei zu stellende sächliche Existenzminimum des minderjährigen Kindes an (s. dazu Menne NZFam 2016, 97; Többen NJW 2016, 273). Das Bundesministerium der Justiz (und für Verbraucherschutz) legt den Mindestunterhalt (erstmals zum 1.1.2016 und dann alle zwei Jahre) durch Rechtsverordnung fest, IV. Diese Feststellung ist in der Mindestunterhaltsverordnung (MUnterhVO) v. 2.12.2015 (BGBl. I 2188) erfolgt, zuletzt geändert durch Art. 1 Fünfte ÄndVO v. 30.11.2022. **b)** Die **Höhe** des Unterhaltsanspruchs bemisst sich nach dem Mindest- 5
unterhalt und dieser wiederum nach dem steuerfrei zu stellenden sächlichen Existenzminimum. Das unterhaltsberechtigte Kind ist in eine der drei **Altersstufen** in I 3 einzuordnen; dadurch wird dem mit steigendem Lebensalter erhöhten Mindestunterhaltsbedarf Rechnung getragen. Der Unterhalt einer höheren Altersstufe ist ab Beginn des Monats maßgebend, in dem das Kind das betreffende Lebensjahr vollendet, III. Der Mindestunterhalt beträgt ab 1.1.2023 in der ersten Altersstufe 437 Euro, in der zweiten Altersstufe 502 Euro und in der dritten Altersstufe 588 Euro. Zur Deckung des Barbedarfs durch Kindergeld s. § 1612b. Beträgt das monatliche Nettoeinkommen des Barunterhaltspflichtigen mehr als 1.900 Euro, liegt der tatsächliche Unterhaltsanspruch über dem Mindestunterhalt (vgl. Düsseldorfer Tabelle, Stand: 1.1.2023). Der Mindestunterhalt hat nämlich „nur" die Funktion einer Rechengröße. Er bestimmt nicht die Höhe des (bedarfsdeckenden Regel-)Unterhalts. **c) Anpassung** des Existenzminimums alle zwei Jahre durch die Bundesregie- 6
rung in einem Existenzminimumbericht auf der Grundlage der durchschnittlichen sozialhilferechtlichen Regelsätze der Bundesländer und der pauschalisierten Wohn- und Heizkosten (BT-Drs. 16/1830, 27).

4. Verfahren. Vereinfachtes Verfahren, §§ 249 ff. FamFG; zum Erfordernis der 7
Minderjährigkeit im Zeitpunkt der Antragstellung OLG Koblenz FamRZ 2020, 111; Abänderungsverfahren: § 240 FamFG.

§ 1612b Deckung des Barbedarfs durch Kindergeld

(1) [1]**Das auf das Kind entfallende Kindergeld ist zur Deckung seines Barbedarfs zu verwenden:**
1. **zur Hälfte, wenn ein Elternteil seine Unterhaltspflicht durch Betreuung des Kindes erfüllt (§ 1606 Abs. 3 Satz 2);**
2. **in allen anderen Fällen in voller Höhe.**

[2]**In diesem Umfang mindert es den Barbedarf des Kindes.**

(2) **Ist das Kindergeld wegen der Berücksichtigung eines nicht gemeinschaftlichen Kindes erhöht, ist es im Umfang der Erhöhung nicht bedarfsmindernd zu berücksichtigen.**

§ 1612c Anrechnung anderer kindbezogener Leistungen

§ 1612b gilt entsprechend für regelmäßig wiederkehrende kindbezogene Leistungen, soweit sie den Anspruch auf Kindergeld ausschließen.

Anmerkungen zu den §§ 1612b, 1612c

1 **1. Allgemeines. a)** Regelung des bedarfsmindernden Vorwegabzugs von Kindergeld (§ 1612b) und Kindergeldersatzleistungen (§ 1612c) vom Barbedarf des Kindes, da Kindergeld zwar an die Eltern ausgezahlt wird, es sich dabei aber um eine zweckgebundene, der Familie für das Kind zustehende Leistung handelt. Anspruch auf Kindergeld haben beide Elternteile (§ 62 EStG, § 1 BKGG); nach dem Vorrangprinzip wird es aber aus Gründen der Verwaltungsvereinfachung nur an einen Elternteil ausbezahlt (§ 64 EStG, § 3 BKGG); vgl. dazu BGH FamRZ 2016, 1053 [1054]; zur Bezugsberechtigung bei paritätischem Wechselmodel OLG Celle FamRZ 2019, 31 [32] mAnm Duderstadt FamRZ 2019, 360. **b)** Der sog. Corona-Kindergeldbonus (§ 66 I 2 EStG, § 6 III BKGG) fällt als zusätzliches Kindergeld (BT-Drs. 19/20058, 24, 30) in den Anwendungsbereich des § 1612b I (OLG Koblenz FamRZ 2021, 1034 [1036]; NJOZ 2021, 1447 [1452] (unter Aufgabe von OLG Koblenz FamRZ 2021, 1037 [1038 f.]; OLG Saarbrücken BeckRS 2021, 28236; Niepmann NZFam 2020, 606 [607]; Borth FamRZ 2022, 1153 [1154]).

2 **2. Tatbestand. a)** Nach Kritik des BVerfG (NJW 2003, 2733) an der komplizierten Regelung der Kindergeldanrechnung und einer Entscheidung des BGH (NJW 2006, 57), wonach Kindergeld bei volljährigen Kindern unmittelbar bedarfsdeckend anzurechnen ist, wurde die Norm durch UÄndG 2007 zum 1.1.2008 neu konzipiert. Das **Kindergeld** wird nun nicht mehr auf den Barunterhaltsanspruch angerechnet; vielmehr findet ein Ausgleich dadurch statt, dass das auf ein unterhaltsberechtigtes Kind entfallende Kindergeld von dessen Unterhaltsbedarf vorweg abgezogen, also
3 bedarfsdeckend eingesetzt wird (sa BGH FamRZ 2020, 445 [447]). **b)** § 1612b I 1 Nr. 1 betrifft den Fall eines minderjährigen Kindes iSv § 1606 III 2, das von einem Elternteil betreut wird. Dieser erfüllt seine Unterhaltspflicht durch die Pflege und Erziehung des Kindes und ist regelmäßig auch kindergeldbezugsberechtigt (§ 64 II EStG). Wegen der Gleichwertigkeit von Betreuungs- und Barunterhalt ist es gerechtfertigt, jedem Elternteil jeweils die Hälfte des Kindergelds (aktuell [VZ 2023] also (250 : 2 =) 125 Euro für jedes Kind; s. § 66 EStG) zugutekommen zu lassen. Somit mindert die eine Hälfte den Unterhaltsbedarf des Kindes zugunsten des barunterhaltspflichtigen Elternteils, die andere unterstützt den betreuenden Elternteil bei der Erbringung der Betreuungsleistung (BT-Drs. 16/1830, 30). Beim **Wechselmodell** (→ §§ 1606–1608 Rn. 7) kann den Empfänger des Kindergelds auf der Grundlage des familienrechtlichen Ausgleichsanspruchs (→ §§ 1606–1608 Rn. 18) eine Aus-
4 gleichspflicht treffen, s. dazu BGH FamRZ 2016, 1053. **c)** § 1612b I 1 Nr. 2 ist dann anwendbar, wenn das Kind entweder nicht von einem Elternteil betreut wird oder als Volljähriger keiner Betreuung mehr bedarf und somit gegenüber beiden Elternteilen ein Barunterhaltsanspruch besteht (vgl. BGH FamRZ 2016, 1053 [1055]). Sofern der Volljährige noch bei dem nach § 64 II EStG kindergeldbezugsberechtigten Elternteil wohnt, sind die Haftungsanteile der Eltern auf der Grundlage des nach Abzug des *vollen Kindergelds* verbleibenden Restbedarfs zu ermitteln (BT-Drs. 16/1830, 30). Auch bei einem volljährigen Kind mit eigenem Haushalt ist das Kindergeld voll auf den Unterhaltsbedarf anzurechnen. Der restliche Bedarf ist von den Eltern anteilig entspr. ihrer Leistungsfähigkeit zu decken (§ 1606 III). Wenn das Kindergeld allerdings nicht freiwillig weitergeleitet wird, hat der Volljährige gegen den Elternteil, der nach § 64 III EStG das Kindergeld bezieht, einen Auskehran-

spruch. Dieser Anspruch ergibt sich aus dem Wortlaut der Bestimmung „Deckung des Barbedarfs" (BT-Drs. 16/1830, 30) und besteht unabhängig von der Leistungsfähigkeit des Elternteils; s. aber OLG Stuttgart FamRZ 2017, 709: Anspruchsgrundlage § 1601 (analog), krit. dazu Schürmann FamRZ 2017, 710. Der Volljährige kann, wenn das Kindergeld trotz dieser Verpflichtung nicht an ihn weitergeleitet wird, beantragen, dieses nach § 74 EStG direkt an ihn auszahlen zu lassen (BFH FamRZ 2009, 883; Grüneberg/v. Pückler § 1612b Rn. 6). **d)** § 1612b gilt entspr. 5
für **andere** regelmäßig **wiederkehrende kindbezogene Leistungen,** soweit sie den Anspruch auf Kindergeld ausschließen, § 1612c; zur Kinderzulage nach Art. 67 I lit. b des Statuts der Beamten der EG s. OLG Koblenz FamRZ 2017, 1403 mAnm Hellebrand NZFam 2017, 649; zum luxemburgischen Differenzkindergeld OLG Saarbrücken FamRZ 2016, 1593. Auf den Kinderzuschlag nach § 6a BKGG findet § 1612b hingegen weder direkt noch analog Anwendung (BGH FamRZ 2021, 181 [183]), sa → §§ 1601–1604 Rn. 9.

3. Höhe des Vorwegabzugs. a) Die Höhe des Kindergelds war bis VZ 2022 nach der Kinderzahl gestaffelt (s. § 66 I EStG (Fassung bis 31.12.2022); zu den Folgen für den Vorwegabzug s. Voraufl. § 1612b Rn. 6 f.). Seit 1.1.2023 beträgt das Kindergeld monatlich für jedes Kind einheitlich 250 Euro (§ 66 I EStG [VZ 2023], § 6 I BKGG). § 1612b II („Zählkindvorteil") ist damit obsolet geworden. 6

§ 1613 Unterhalt für die Vergangenheit

(1) [1]**Für die Vergangenheit kann der Berechtigte Erfüllung oder Schadensersatz wegen Nichterfüllung nur von dem Zeitpunkt an fordern, zu welchem der Verpflichtete zum Zwecke der Geltendmachung des Unterhaltsanspruchs aufgefordert worden ist, über seine Einkünfte und sein Vermögen Auskunft zu erteilen, zu welchem der Verpflichtete in Verzug gekommen oder der Unterhaltsanspruch rechtshängig geworden ist.** [2]**Der Unterhalt wird ab dem Ersten des Monats, in den die bezeichneten Ereignisse fallen, geschuldet, wenn der Unterhaltsanspruch dem Grunde nach zu diesem Zeitpunkt bestanden hat.**

(2) **Der Berechtigte kann für die Vergangenheit ohne die Einschränkung des Absatzes 1 Erfüllung verlangen**
1. **wegen eines unregelmäßigen außergewöhnlich hohen Bedarfs (Sonderbedarf); nach Ablauf eines Jahres seit seiner Entstehung kann dieser Anspruch nur geltend gemacht werden, wenn vorher der Verpflichtete in Verzug gekommen oder der Anspruch rechtshängig geworden ist;**
2. **für den Zeitraum, in dem er**
   a) **aus rechtlichen Gründen oder**
   b) **aus tatsächlichen Gründen, die in den Verantwortungsbereich des Unterhaltspflichtigen fallen,**

   an der Geltendmachung des Unterhaltsanspruchs gehindert war.

(3) [1]**In den Fällen des Absatzes 2 Nr. 2 kann Erfüllung nicht, nur in Teilbeträgen oder erst zu einem späteren Zeitpunkt verlangt werden, soweit die volle oder die sofortige Erfüllung für den Verpflichteten eine unbillige Härte bedeuten würde.** [2]**Dies gilt auch, soweit ein Dritter vom Verpflichteten Ersatz verlangt, weil er anstelle des Verpflichteten Unterhalt gewährt hat.**

1. Schutzzweck. Der Grundsatz, dass Unterhalt für die Vergangenheit nicht 1
verlangt werden kann, schützt den Unterhaltsverpflichteten vor hohen Nachforderungen, mit denen er nicht rechnen konnte. Dabei ist es unerheblich, ob die Unterhaltspflicht zum Zeitpunkt der Geltendmachung des Anspruchs weiterhin besteht (OLG Hamm NJW 2013, 3314 [3315]). Verwirkung s. BGH FamRZ 2018, 589 [590 f.]; OLG Köln FamRZ 2014, 1309 (Zurechnung des Verhaltens des ges. Vertreters); OLG Saarbrücken FamRZ 2015, 330 (zu § 1613 II Nr. 2, jahrelange Untätig-

keit der Kindesmutter trotz Kenntnis der biologischen Vaterschaft); KG NZFam 2017, 1012.

2 **2. Ausnahmen.** Für die Vergangenheit kann Unterhalt in folgenden Fällen verlangt werden: **a) Aufforderung** an den Verpflichteten, Auskunft über Einkünfte und Vermögen zu erteilen, I 1 Fall 1. Das Auskunftsverlangen muss sich auf einen bestimmten Unterhaltsanspruch beziehen. Maßgeblicher Zeitpunkt ist der Zugang der Aufforderung (vgl. BGH NJW 2007, 511 zum Altersvorsorgeunterhalt). Hat der Unterhaltsberechtigte den Anspruch nach Auskunftserlangung beziffert, kann er nicht rückwirkend höheren Unterhalt verlangen, wenn der Verpflichtete damit nicht rechnen musste (BGH FamRZ 2013, 109 [112]); s. aber OLG Zweibrücken FamRZ 2022, 1926: Kommt der Verpflichtete seiner Auskunftspflicht nicht vollständig nach, steht § 1613 I einer (auf den Zeitpunkt des Auskunftsverlangens rückbezogenen) nachträglichen Erhöhung des bezifferten Unterhaltsanspruchs nicht entge-
3 gen. **b) Verzug,** I 1 Fall 2 (Voraussetzungen s. § 286; zur Mahnung sa BGH FamRZ 2022, 1517 [1518]; NJW-RR 1990, 323; Entbehrlichkeit OLG München NJWE-FER 1996, 55; AG Montabaur NJW 2008, 1539 bei familienrechtlichem Ausgleichsanspruch). Zur (teilw.) Rücknahme der Mahnung s. OLG Brandenburg BeckRS 2020, 19387. **c) Rechtshängigkeit** (§ 261 ZPO, § 113 I iVm §§ 111 Nr. 8, 112 Nr. 1, 231 I Nr. 1 FamFG) des Unterhaltsanspruchs, I 1 Fall 3, oder
4 Bedarfsmitteilung nach § 94 IV 1 SGB XII. **d) Sonderbedarf,** II Nr. 1: Plötzlich auftretende Zusatzbedürfnisse, die wegen ihrer Nichtvoraussehbarkeit im laufenden Unterhalt nicht rechtzeitig berücksichtigt werden können (BGH FamRZ 2022, 1366 [1370]; NJW 2006, 1509 [1510]), Bsp. → § 1612 Rn. 2. Frist s. II Nr. 1 HS 2.
5 **e)** In dem Zeitraum, in dem der Unterhaltsberechtigte an der **Geltendmachung gehindert** war aus **aa)** rechtlichen Gründen, insbes. mangels Anerkennung oder rechtskräftiger Feststellung der Vaterschaft (s. §§ 1594 I, 1600d V), II Nr. 2a, s. hierzu BGH NJW 2004, 1735 (Anspruch gegen ersatzweise haftenden Verwandten); **bb)** tatsächlichen Gründen, die in den Verantwortungsbereich des Unterhaltspflichtigen fallen, II Nr. 2b; Bsp: unbekannter Aufenthalt. II Nr. 2b gilt auch, wenn der Unterhaltspflichtige die Umstände nicht kennt oder nicht zu vertreten hat. Schutz
6 nur nach III. **cc)** Unbillige Härte nach III 1 setzt bes. gravierende Umstände voraus. Gilt auch bei Unterhaltsregress, III 2 (OLG Celle FamRZ 2019, 1787 [1790 ff.]). III 1 ist Einwendung, nicht Einrede; darlegungs- und beweispflichtig ist der Unterhaltspflichtige (Niepmann/Seiler NJW 2021, 2622 [2623]; Borth FamRZ 2021, 1039; Grüneberg/v. Pückler Rn. 15; aA OLG Brandenburg FamRZ 2021, 1039 [1040]; BeckOGK/Winter [1.11.2022] Rn. 304). Über Maßnahmen entscheidet das Gericht von Amts wegen; in Betracht kommen Stundung, Ratenzahlung und (teilw. oder vollst.) Erlass (OLG Brandenburg FamRZ 2021, 1039 [1040]). **dd)** In
7 dem Zeitraum nach Wegfall der Hindernisse des II Nr. 2 gilt I. **f) Vertraglich** begründeter **Unterhaltsanspruch,** RGZ 164, 65 [69].

§ 1614 Verzicht auf den Unterhaltsanspruch; Vorausleistung

(1) **Für die Zukunft kann auf den Unterhalt nicht verzichtet werden.**

(2) **Durch eine Vorausleistung wird der Verpflichtete bei erneuter Bedürftigkeit des Berechtigten nur für den im § 760 Abs. 2 bestimmten Zeitabschnitt oder, wenn er selbst den Zeitabschnitt zu bestimmen hatte, für einen den Umständen nach angemessenen Zeitabschnitt befreit.**

1 **1. Allgemeines.** Begrenzung der Privatautonomie (sa → § 134 Rn. 2) zum *Zwecke der Unterhaltssicherung* im privaten und öffentl. Interesse. Entspr. Erlassvertrag und negatives Schuldanerkenntnis iSv § 397 sind nichtig.

2 **2. Anwendungsbereich. a)** I erfasst den vollst. und den Teilverzicht auf zukünftige Unterhaltsansprüche (OLG Hamm FamRZ 2010, 2080 [Teilverzicht auf Kindesunterhalt]; OLG Jena NZFam 2014, 411 [412] [Unterschreitung des ges. Unter-

haltsmaßes um mehr als 20 % kann unzulässiger Verzicht sein]; OLG Koblenz BeckRS 2020, 46585 [Unterschreitung um 1/3 idR unzulässig]); vgl. dazu BGH NJW 2015, 3715 [3716]. Unerheblich ist, ob ein Entgelt („Abfindung") geleistet wurde (BGH NJW 2015, 3715 [3716]; OLG Brandenburg BeckRS 2021, 32365). Ein pactum de non petendo stellt ein unzulässiges Umgehungsgeschäft dar und ist daher unwirksam (BGH NJW 2014, 1101 [1106]). Möglich ist aber der Verzicht auf bereits entstandene Unterhaltsansprüche („Unterhaltsrückstände"), OLG Jena NZFam 2014, 411 [412]. **b) Freistellungsvereinbarungen** zwischen Eltern wir- 3
ken nur im Innenverhältnis. Sie lassen den Unterhaltsanspruch des Kindes unberührt (BGH FamRZ 1986, 444; OLG Brandenburg BeckRS 2021, 32365; OLG Stuttgart NJW-RR 2007, 151) und fallen daher nicht unter I (OLG Hamm FamRZ 1999, 163). Allerdings kann die Vereinbarung nach § 138 I nichtig sein, falls das Kindeswohl übergangen wird, etwa bei der Koppelung mit einer Sorgerechtsvereinbarung (vgl. OLG Hamm FamRZ 1999, 163). Bes. richterliche Inhaltskontrolle ist erforderlich, wenn eine unverheiratete Schwangere vor der Eheschließung eine Freistellungsvereinbarung trifft (BVerfG NJW 2001, 957 [958]).

3. Vorausleistungen. Befreien nur in beschränktem zeitlichen Umfang, regel- 4
mäßig nur für drei Monate, II. Vorleistungen für einen späteren Zeitraum erfolgen auf Risiko des Verpflichteten. Bei Bedürftigkeit nach Ablauf des Befreiungszeitraums entsteht der Unterhaltsanspruch neu.

§ 1615 Erlöschen des Unterhaltsanspruchs

(1) **Der Unterhaltsanspruch erlischt mit dem Tode des Berechtigten oder des Verpflichteten, soweit er nicht auf Erfüllung oder Schadensersatz wegen Nichterfüllung für die Vergangenheit oder auf solche im Voraus zu bewirkende Leistungen gerichtet ist, die zur Zeit des Todes des Berechtigten oder des Verpflichteten fällig sind.**

(2) **Im Falle des Todes des Berechtigten hat der Verpflichtete die Kosten der Beerdigung zu tragen, soweit ihre Bezahlung nicht von dem Erben zu erlangen ist.**

1. Allgemeines. Unterhaltsberechtigung und -verpflichtung werden als höchst- 1
persönlich und deshalb als unvererblich bewertet; anders für Verpflichtung geschiedener Ehegatten, s. § 1586b.

2. Tatbestand. a) Rechtsfolge des Todes von Unterhaltsberechtigtem oder 2
-verpflichtetem ist das Erlöschen der Unterhaltsansprüche; **Ausnahme:** durchsetzbare (s. § 1613) Rückstände sowie bereits fällige Vorausleistungen (s. § 1612 III), I HS 2. **b)** Stirbt der ein minderjähriges Kind betreuende Elternteil, ist der andere Elternteil nach Maßgabe der §§ 1601 ff. künftig allein betreuungs- und barunterhaltspflichtig (BGH FamRZ 2021, 186 [187]).

3. Beerdigungskosten. II soll standesgemäßes Begräbnis sichern (Mot. IV 699; 3
s. jedoch → §§ 1586, 1586a Rn. 4 [c]). Gläubiger des Anspruchs ist derjenige, der für die Beerdigung zunächst finanziell aufgekommen ist (MüKo-BGB/Langeheine Rn. 7). Die Höhe richtet sich entspr. § 1610 I nach der Lebensstellung des Verstorbenen im Zeitpunkt seines Todes (Erman/Hammermann Rn. 5), → § 1968 Rn. 4; Grenze § 1603 I (Staudinger/Klinkhammer Rn. 15). Die Verpflichtung aus II ist subsidiär im Verhältnis zu Erben (s. § 1968); der Unterhaltspflichtige haftet nur, soweit Bezahlung nicht von Erben zu erlangen ist (zB wegen Beschränkung der Haftung auf den Nachlass). Trägt der Pflichtige die Kosten, obwohl sie vom Erben zu erlangen sind, ist dieser gem. §§ 677, 683, 670 zur Kostenerstattung verpflichtet (Erman/Hammermann Rn. 5); ein entgegenstehender Wille ist nach § 679 unbeachtlich, da die Übernahme der Bestattungskosten im öffentl. Interesse liegt (Staudinger/Bergmann § 679 Rn. 24; sa BGH NJW 2012, 1648 [1650], Übernahme der Beerdigung).

Untertitel 2. Besondere Vorschriften für das Kind und seine nicht miteinander verheirateten Eltern

§ 1615a Anwendbare Vorschriften

Besteht für ein Kind keine Vaterschaft nach § 1592 Nr. 1, § 1593 und haben die Eltern das Kind auch nicht während ihrer Ehe gezeugt oder nach seiner Geburt die Ehe miteinander geschlossen, gelten die allgemeinen Vorschriften, soweit sich nichts anderes aus den folgenden Vorschriften ergibt.

1 **1. Allgemeines.** Das Kindesunterhaltsrecht differenziert grds. nicht mehr zwischen in einer Ehe geborenen Kindern und Kindern, deren Eltern bei der Geburt nicht miteinander verheiratet waren. Für Letztere verweist § 1615a (klarstellend) auf die allg. Bestimmungen der §§ 1601 ff.

2 **2. Regelungsgehalt.** Als **Sonderregelungen** begründen §§ 1615l–1615n einen Unterhaltsanspruch zwischen den nicht miteinander verheirateten Eltern des Kindes.

§§ 1615b–1615k *(weggefallen)*

§ 1615l Unterhaltsanspruch von Mutter und Vater aus Anlass der Geburt

(1) **[1]Der Vater hat der Mutter für die Dauer von sechs Wochen vor und acht Wochen nach der Geburt des Kindes Unterhalt zu gewähren. [2]Dies gilt auch hinsichtlich der Kosten, die infolge der Schwangerschaft oder der Entbindung außerhalb dieses Zeitraums entstehen.**

(2) **[1]Soweit die Mutter einer Erwerbstätigkeit nicht nachgeht, weil sie infolge der Schwangerschaft oder einer durch die Schwangerschaft oder die Entbindung verursachten Krankheit dazu außerstande ist, ist der Vater verpflichtet, ihr über die in Absatz 1 Satz 1 bezeichnete Zeit hinaus Unterhalt zu gewähren. [2]Das Gleiche gilt, soweit von der Mutter wegen der Pflege oder Erziehung des Kindes eine Erwerbstätigkeit nicht erwartet werden kann. [3]Die Unterhaltspflicht beginnt frühestens vier Monate vor der Geburt und besteht für mindestens drei Jahre nach der Geburt. [4]Sie verlängert sich, solange und soweit dies der Billigkeit entspricht. [5]Dabei sind insbesondere die Belange des Kindes und die bestehenden Möglichkeiten der Kinderbetreuung zu berücksichtigen.**

(3) **[1]Die Vorschriften über die Unterhaltspflicht zwischen Verwandten sind entsprechend anzuwenden. [2]Die Verpflichtung des Vaters geht der Verpflichtung der Verwandten der Mutter vor. [3]§ 1613 Abs. 2 gilt entsprechend. [4]Der Anspruch erlischt nicht mit dem Tode des Vaters.**

(4) **[1]Wenn der Vater das Kind betreut, steht ihm der Anspruch nach Absatz 2 Satz 2 gegen die Mutter zu. [2]In diesem Falle gilt Absatz 3 entsprechend.**

§ 1615m Beerdigungskosten für die Mutter

Stirbt die Mutter infolge der Schwangerschaft oder der Entbindung, so hat der Vater die Kosten der Beerdigung zu tragen, soweit ihre Bezahlung nicht von dem Erben der Mutter zu erlangen ist.

§ 1615n Kein Erlöschen bei Tod des Vaters oder Totgeburt

[1]Die Ansprüche nach den §§ 1615l, 1615m bestehen auch dann, wenn der Vater vor der Geburt des Kindes gestorben oder wenn das Kind tot geboren ist. [2]Bei einer Fehlgeburt gelten die Vorschriften der §§ 1615l, 1615m sinngemäß.

Anmerkungen zu den §§ 1615l–1615n

Lit.: Borth, Die Gleichstellung des Betreuungsunterhalts nach § 1615l BGB mit § 1570 BGB – ein noch nicht erfülltes Verfassungsgebot?, FamRZ 2016, 269; Budzikiewicz, Materielle Statuseinheit und kollisionsrechtliche Statusverbesserung, 2007, S. 155 ff.; Götz, Unterhalt wegen Kindesbetreuung – Vereinheitlichung der Regelungen in § 1615l BGB und § 1570 BGB?, FamRZ 2018, 1474; Hoffmann, Der Betreuungsunterhalt nach § 1615l BGB, FF 2015, 296; Niepmann, Der Unterhaltsanspruch des nichtehelichen Elternteils nach § 1615l BGB, NZFam 2021, 395; D. Schwab, Reformbedarf des § 1615l BGB?, FF 2018, 192; Viefhues, Der Unterhaltsanspruch der unverheirateten Mutter nach § 1615l BGB, FuR 2015, 686 und FuR 2016, 27; ders., Betreuungsunterhalt der nichtverheirateten Mutter, ZNotP 2020, 229; Wever, Unterhalt bei Betreuung nichtehelicher Kinder – der neu gestaltete § 1615l BGB, FamRZ 2008, 553.

1. Allgemeines. Regelung von Unterhalts- und anderen Ansprüchen anlässlich 1
Schwangerschaft, Geburt und Kindesbetreuung für den Fall, dass die Eltern des Kindes nicht miteinander verheiratet sind bzw. waren (s. § 1615a). Beruht auf dem Gedanken der gemeinsamen Verantwortung von Mutter und Vater für die Schwangerschaft und ihre Folgen.

2. Unterhalt. a) Anlässlich der Geburt, § 1615l I 1. Voraussetzung ist (s. 1615l 2
III 1) Leistungsfähigkeit des Mannes und (nicht notwendig durch Schwangerschaft verursachte, BGH NJW 1998, 1309 [1310]) Bedürftigkeit der Frau. Dauer: § 1615l
I 1. **b)** Mangels Erwerbstätigkeit der Frau, § 1615l II 1. Erwerbsunfähigkeit muss 3
(mit-)verursacht worden sein durch Schwangerschaft oder Krankheit infolge der Schwangerschaft oder Entbindung (BGH NJW 1998, 1309 [1310 f.]; OLG Bremen FamRZ 2010, 1917). Dauer: § 1615l II 3; mind. drei Jahre; Verlängerung vgl.
→ Rn. 4. **c) aa)** Wegen nicht zu erwartender Erwerbstätigkeit infolge der Pflege 4
oder Erziehung des (nicht: eines anderen) Kindes, § 1615l II 2. Der Anspruch besteht auch, wenn Erwerbslosigkeit schon bestand, die Pflege oder Erziehung hierfür also nicht kausal ist (BGH NJW 1998, 1309 [1311]). Betreut der Vater das Kind, steht ihm der Anspruch zu, IV. Trotz des Wortlauts der Norm („soweit") kann die Aufnahme einer Erwerbstätigkeit regelmäßig nicht erwartet werden, so dass eine diesbezügliche Prüfung nicht stattzufinden hat (Wever FamRZ 2008, 553 [554]; Niepmann NZFam 2021, 395 [396]; BT-Drs. 16/6980, 10). Der Anspruch besteht für mind. drei Jahre, II 3. Aufgrund eines Urteils des BVerfG (NJW 2007, 1735), demzufolge die unterschiedliche Ausgestaltung des Betreuungsunterhalts in §§ 1570, 1615l aF verfassungswidrig war, wurden beide Tatbestände durch das UändG 2007 einander nahezu angeglichen. Nach Vollendung des dritten Lebensjahres ist demnach eine **Verlängerung aus Billigkeitsgründen** möglich (II 4, 5), wobei zwischen kind- und elternbezogenen Umständen zu unterscheiden ist. Nach BGH (FamRZ 2015, 1369 [1371]) ist kein abrupter Wechsel zur Vollzeiterwerbstätigkeit erforderlich; insbes. bei Vorliegen kindbezogener Gründe kommt unter Berücksichtigung der Betreuungsmöglichkeiten auch ein gestufter Übergang in Betracht. Kindbezogene Umstände sind zB: Betreuung eines behinderten, dauerhaft kranken oder schwer in der Entwicklung gestörten Kindes, das weiterhin auf Betreuung durch die Mutter angewiesen ist (BGH FamRZ 2015, 1369 [1371] mwN); Kind leidet unter der Trennung der Eltern, so dass eine Betreuung durch die Mutter notwendig wird (Wever FamRZ 2008, 553 [555]). Elternbezogene Umstände können zB sein: überobligationsmäßige Belastung des betreuenden Elternteils (BGH FamRZ 2015, 1369 [1372 f.]; OLG Köln FamRZ 2021, 1373 [1374]: konkret nur 75 % einer Vollzeitstelle zumutbar); dauerhafte Lebensgemeinschaft der Eltern mit gemeinsamem Kinderwunsch (BGHZ 168, 245 [261]). Elternbezogene Umstände kommen

insbes. dann in Betracht, wenn die Eltern mit ihrem gemeinsamen Kind zusammengelebt haben und deswegen ein evtl. Vertrauenstatbestand als Nachwirkung dieser Familie zu berücksichtigen ist (BGH FamRZ 2015, 1369 [1371 f.]; FamRZ 2010, 444; NJW 2008, 3125; Budzikiewicz, Materielle Statuseinheit und kollisionsrechtliche Statusverbesserung, 2007, S. 202 ff.). **bb)** Die über das dritte Lebensjahr des Kindes hinaus Unterhalt begehrende Mutter muss die Umstände, die einer Ausweitung der ausgeübten Teilzeittätigkeit entgegenstehen, darlegen und ggf. beweisen (BGH FamRZ 2015, 1369 [1371]); ihr können jedoch Erleichterungen bei der Darlegung und Beweisführung zuzubilligen sein (OLG Bremen NJW 2008, 1745). **cc)** Der Anspruch aus § 1615l I 1, II 1, 2 entfällt entspr. § 1586 bei Verheiratung des Unterhaltsberechtigten (BGH FamRZ 2016, 892 [893]; NJW 2005, 503 [505 f.]; s. aber OLG Stuttgart FamRZ 2016, 907 [908]: keine analoge Anwendung des § 1586, wenn die verheiratete Mutter nach der Geburt des Kindes die eheliche
5 Gemeinschaft wieder aufnimmt). **d)** Die **Vaterschaft** muss anerkannt (§ 1592 Nr. 2) oder gerichtl. festgestellt (§ 1592 Nr. 3) worden sein (OLG Oldenburg FamRZ 2018, 1511 f.). Ansprüche entstehen auch bei Tod des Vaters vor der Geburt (gegen die Erben gerichtet) und (abgesehen von § 1615l II 2) bei Tot- oder Fehlgeburt,
6 § 1615n. **e) Rechtsfolge: aa)** Gewöhnlicher Unterhaltsanspruch, § 1615l III 1, 3, den jedoch (s. § 1615 I) bei Tod des Vaters die Erben zu tragen haben, § 1615l III 4 (s. dazu BGH FamRZ 2019, 1234 [1236 ff.]). Die Höhe des **Bedarfs** richtet sich (anders als bei [nach-]ehelichem Unterhalt) nicht nach dem Einkommen des Vaters (auch nicht bei zeitweisem Zusammenleben mit der Mutter, OLG Koblenz FamRZ 2021, 1369 [1370]), sondern danach, welches Erwerbseinkommen die Mutter ohne die Geburt bezogen hätte, vgl. § 1610 I (BGH FamRZ 2019, 1234 [1238 f.]; FamRZ 2015, 1369 [1373]; NJW 2005, 818), begrenzt durch den Halbteilungsgrundsatz (BGH FamRZ 2019, 1234 [1236]); dies gilt auch bei sehr hohem Einkommen der Mutter (OLG Köln FamRZ 2017, 1309 [1310 f.]: keine konkrete Bedarfsermittlung). Anzunehmen ist ein Mindestbedarf iHd Existenzminimums (s. Tabellen → Vor §§ 1360–1361 Rn. 2, zurzeit nach Düsseldorfer Tabelle [Stand: 1.1.2023] 1.120 Euro), BGH FamRZ 2010, 357, von dem jedoch nur dann auszugehen ist, wenn kein höherer Bedarf festgestellt werden kann (OLG Koblenz FamRZ 2021, 1369 [1370]). Kapitaleinkünfte, die bereits vor der Geburt erzielt wurden, sind nicht bedarfsprägend (OLG Koblenz FamRZ 2021, 1371 [1372]; Niepmann NZFam 2021, 395 [398]). Konkurriert der Anspruch aus § 1615l II 2 mit einem gleichrangigen ehelichen Unterhaltsanspruch, findet die Dreiteilungsmethode (s. dazu → § 1581 Rn. 7) Anwendung (BGH FamRZ 2019, 1234 [1236]); verstirbt der Vater, ist der zum Todeszeitpunkt bestehende Bedarf der Mutter fiktiv fortzuschreiben (BGH FamRZ 2019, 1234 [1236 ff.], dort auch zur Darlegungslast). **bb)** Überobligationsmäßiges Einkommen ist analog § 1577 II anzurechnen (BGH FamRZ 2019, 1234 [1236, 1238]; NJW 2005, 818); mit einem fiktiven Entgelt auf den Anspruch anzurechnen sind Versorgungsleistungen gegenüber einem Lebensgefährten (OLG Koblenz NJW-RR 2005, 1457 [1458]). Bereits vor der Geburt vorhandene Kapitaleinkünfte berühren die **Bedürftigkeit** der Mutter hingegen nicht (OLG Koblenz FamRZ 2021, 1371 [1372]; Niepmann NZFam 2021, 395 [398]; Niepmann/Seiler NJW 2021, 2622 [2623]). Auch eine Pflicht der Mutter, ihr Vermögen zu verwerten, ist grds. nicht anzunehmen (OLG Koblenz FamRZ 2021, 1371 [1372]; Johannsen/Henrich/Althammer/Maier § 1615l Rn. 15). **cc)** Der **Selbstbehalt** ist wegen des gemeinsamen Schutzzwecks, der Mutter während der ersten drei Lebensjahre des Kindes dessen Pflege und Erziehung zu ermöglichen, nicht abw. vom Unterhaltsanspruch gem. § 1570 zu bemessen (BGH NJW 2005, 500 [501]); in der Regel ein Betrag zwischen angemessenem (§ 1603 I) und notwendigem (§ 1603 II) Selbstbehalt, BGH NJW 2005, 500. **dd)** Rangordnung § 1609 Nr. 2, → § 1609 Rn. 3. Vater und Ehemann der Mutter (aus § 1361) haften analog § 1606 III 1 anteilig, wenn die Mutter auch Kinder aus der Ehe betreut (BGH NJW 2007, 2409 [2410]; NJW 1998, 1309 [1311 f.]; sa BGH FamRZ 2008, 1739 [1743 f.]: Haftung des Vaters und des geschiedenen Ehemanns [§ 1570]); nach OLG Jena FamRZ 2006, 1205 [1207] gilt dies auch dann, wenn aus der Ehe keine Kinder hervorgegangen sind (aA OLG Hamm FamRZ 2000, 637: Vorrang

des Betreuungsunterhalts). **ee)** Geltendmachung von Unterhalt für die Vergangenheit grds. nur unter den Voraussetzungen des § 1613; § 1615l III 1 ist Rechtsgrundverweisung auf § 1613 (BGH NJW 2013, 3578). Ein Verzicht auf den Unterhaltsanspruch für die Zukunft ist gem. §§ 1615l III 1, 1614 I unwirksam (OLG Celle FamRZ 2014, 1787). **f)** Verjährung wie bei allen unterhaltsrechtlichen Ansprüchen nach drei Jahren, 7
§§ 195, 197 II.

3. Schwangerschafts- und Entbindungskosten. Sind unabhängig vom Entste- 8
hungszeitpunkt von der Unterhaltspflicht erfasst, § 1615l I 2. Bsp: Kosten für Arzt, Hebamme, Klinik, Vor- und Nachsorgeuntersuchungen. Rechtsnatur: Unterhaltsanspruch (§ 1615l III 1); setzt mithin Leistungsfähigkeit und Bedürftigkeit voraus.

4. Beerdigungskosten. Vater ist zur Kostentragung verpflichtet, falls der Tod 9
der Mutter die Folge der Schwangerschaft oder Entbindung ist, § 1615m. Subsidiär zu § 1968.

§ 1615o *(aufgehoben)*

Titel 4. Rechtsverhältnis zwischen den Eltern und dem Kind im Allgemeinen

§ 1616 Geburtsname bei Eltern mit Ehenamen

Das Kind erhält den Ehenamen seiner Eltern als Geburtsnamen.

§ 1617 Geburtsname bei Eltern ohne Ehenamen und gemeinsamer Sorge

(1) **[1]Führen die Eltern keinen Ehenamen und steht ihnen die Sorge gemeinsam zu, so bestimmen sie durch Erklärung gegenüber dem Standesamt den Namen, den der Vater oder die Mutter zur Zeit der Erklärung führt, zum Geburtsnamen des Kindes. [2]Eine nach der Beurkundung der Geburt abgegebene Erklärung muss öffentlich beglaubigt werden. [3]Die Bestimmung der Eltern gilt auch für ihre weiteren Kinder.**

(2) **[1]Treffen die Eltern binnen eines Monats nach der Geburt des Kindes keine Bestimmung, überträgt das Familiengericht das Bestimmungsrecht einem Elternteil. [2]Absatz 1 gilt entsprechend. [3]Das Gericht kann dem Elternteil für die Ausübung des Bestimmungsrechts eine Frist setzen. [4]Ist nach Ablauf der Frist das Bestimmungsrecht nicht ausgeübt worden, so erhält das Kind den Namen des Elternteils, dem das Bestimmungsrecht übertragen ist.**

(3) **Ist ein Kind nicht im Inland geboren, so überträgt das Gericht einem Elternteil das Bestimmungsrecht nach Absatz 2 nur dann, wenn ein Elternteil oder das Kind dies beantragt oder die Eintragung des Namens des Kindes in ein deutsches Personenstandsregister oder in ein amtliches deutsches Identitätspapier erforderlich wird.**

§ 1617a Geburtsname bei Eltern ohne Ehenamen und Alleinsorge

(1) **Führen die Eltern keinen Ehenamen und steht die elterliche Sorge nur einem Elternteil zu, so erhält das Kind den Namen, den dieser Elternteil im Zeitpunkt der Geburt des Kindes führt.**

(2) **[1]Der Elternteil, dem die elterliche Sorge für ein Kind allein zusteht, kann dem Kind durch Erklärung gegenüber dem Standesamt den Namen**

des anderen Elternteils erteilen. [2]Die Erteilung des Namens bedarf der Einwilligung des anderen Elternteils und, wenn das Kind das fünfte Lebensjahr vollendet hat, auch der Einwilligung des Kindes. [3]Die Erklärungen müssen öffentlich beglaubigt werden. [4]Für die Einwilligung des Kindes gilt § 1617c Abs. 1 entsprechend.

§ 1617b Name bei nachträglicher gemeinsamer Sorge oder Scheinvaterschaft

(1) **[1]Wird eine gemeinsame Sorge der Eltern erst begründet, wenn das Kind bereits einen Namen führt, so kann der Name des Kindes binnen drei Monaten nach der Begründung der gemeinsamen Sorge neu bestimmt werden. [2]Die Frist endet, wenn ein Elternteil bei Begründung der gemeinsamen Sorge seinen gewöhnlichen Aufenthalt nicht im Inland hat, nicht vor Ablauf eines Monats nach Rückkehr in das Inland. [3]Hat das Kind das fünfte Lebensjahr vollendet, so ist die Bestimmung nur wirksam, wenn es sich der Bestimmung anschließt. [4]§ 1617 Abs. 1 und § 1617c Abs. 1 Satz 2 und 3 und Abs. 3 gelten entsprechend.**

(2) **[1]Wird rechtskräftig festgestellt, dass ein Mann, dessen Familienname Geburtsname des Kindes geworden ist, nicht der Vater des Kindes ist, so erhält das Kind auf seinen Antrag oder, wenn das Kind das fünfte Lebensjahr noch nicht vollendet hat, auch auf Antrag des Mannes den Namen, den die Mutter im Zeitpunkt der Geburt des Kindes führt, als Geburtsnamen. [2]Der Antrag erfolgt durch Erklärung gegenüber dem Standesamt, die öffentlich beglaubigt werden muss. [3]Für den Antrag des Kindes gilt § 1617c Abs. 1 Satz 2 und 3 entsprechend.**

§ 1617c Name bei Namensänderung der Eltern

(1) **[1]Bestimmen die Eltern einen Ehenamen oder Lebenspartnerschaftsnamen, nachdem das Kind das fünfte Lebensjahr vollendet hat, so erstreckt sich der Ehename oder Lebenspartnerschaftsname auf den Geburtsnamen des Kindes nur dann, wenn es sich der Namensgebung anschließt. [2]Ein in der Geschäftsfähigkeit beschränktes Kind, welches das 14. Lebensjahr vollendet hat, kann die Erklärung nur selbst abgeben; es bedarf hierzu der Zustimmung seines gesetzlichen Vertreters. [3]Die Erklärung ist gegenüber dem Standesamt abzugeben; sie muss öffentlich beglaubigt werden.**

(2) **Absatz 1 gilt entsprechend,**

1. **wenn sich der Ehename oder Lebenspartnerschaftsname, der Geburtsname eines Kindes geworden ist, ändert oder**
2. **wenn sich in den Fällen der §§ 1617, 1617a und 1617b der Familienname eines Elternteils, der Geburtsname eines Kindes geworden ist, auf andere Weise als durch Eheschließung oder Begründung einer Lebenspartnerschaft ändert.**

(3) **Eine Änderung des Geburtsnamens erstreckt sich auf den Ehenamen oder den Lebenspartnerschaftsnamen des Kindes nur dann, wenn sich auch der Ehegatte oder der Lebenspartner der Namensänderung anschließt; Absatz 1 Satz 3 gilt entsprechend.**

Anmerkungen zu den §§ 1616–1617c

1 **1. Name des Kindes.** Der Geburtsname des Kindes richtet sich in erster Linie nach dem gemeinsamen Ehenamen der Eltern (Prinzip der Namenseinheit). Führen sie keinen Ehenamen, entscheidet die elterliche Sorge.

2. Geburtsname bei Ehename. a) Der Geburtsname des Kindes ist der gemeinsame **Ehename** der Eltern (§ 1355 I 1), sofern sie einen solchen bei der Geburt führen, **§ 1616.** Nicht zum Ehenamen gehört der Begleitname iSv § 1355 IV, V 2 HS 2. § 1616 gilt auch, wenn die Eltern bei der Geburt des Kindes nicht mehr miteinander verheiratet sind, aber den Ehenamen nach § 1355 V 1 weiter führen. **b)** Bestimmen die Eltern einen Ehenamen oder einen Lebenspartnerschafts- namen nach der Geburt des Kindes, so ändert sich der Geburtsname des Kindes nur, wenn es das fünfte Lebensjahr nicht vollendet hat oder sich der Änderung anschließt, **§ 1617c I.** Auch das bereits volljährige Kind kann sich anschließen. § 1617c I gilt auch, wenn sich der Ehe- oder Lebenspartnerschaftsname bzw. der Familienname, der Geburtsname wurde, ändert, **§ 1617c II.** (Nur) § 3 NÄG ist anwendbar, wenn ein sorgeberechtigter geschiedener Elternteil (nach § 1355 V 2) seinen Geburtsnamen wieder annimmt (BVerwG NJW 2002, 2406 [2407], sa BGH NJW 2004, 1108). Die Namensänderung muss für das Kindeswohl erforderlich (nicht nur förderlich) sein; das wird vermutet, wenn auch der nicht sorgeberechtigte Elternteil und (ggf.) das Kind einwilligen (BVerwG NJW 2002, 2410). **c)** Führt das Kind, dessen Geburtsname sich ändert, einen Ehenamen bzw. Lebenspartnerschafts- namen, ändert sich dieser nur, wenn sich auch der Ehegatte bzw. Lebenspartner der Änderung anschließt, **§ 1617c III.**

2 (a) · 3 (b) · 4 (c)

3. Geburtsname ohne Ehename. Führen die Eltern bei der Geburt des Kindes keinen Ehenamen, so ist die elterliche Sorge ausschlaggebend: **a)** Steht den Eltern die **Sorge gemeinsam** zu, **aa) bestimmen** sie durch Erklärung gegenüber dem Standesbeamten den Geburtsnamen des Kindes, **§ 1617 I.** Bestimmt werden kann nur ein Name, den der Vater oder die Mutter bei der Erklärung führt; dies kann der Geburtsname oder ein durch fr. Ehe erheirateter Name sein; fraglich: Begleitname iSv § 1355 IV. Damit wird die Namenseinheit jedenfalls gegenüber einem Elternteil anfänglich sichergestellt. Ein aus beiden Namen der Eltern zusammengesetzter Doppelname ist nicht zulässig (arg.: „oder"); verfassungsgemäß (BVerfG NJW 2002, 1256). Form s. § 1617 I 2. Die Bestimmung gilt auch für weitere gemeinsame Kinder („Einheitlichkeit des Geschwisternamens"), **§ 1617 I 3;** s. aber BGH FamRZ 2020, 331 [333]: solange gemeinsame elterliche Sorge für ein nachgeborenes Kind nicht begründet ist, keine Bindung an eine Namensbestimmung nach § 1617; weitere Kinder mit bislang abweichendem Namen erwerben den Geburtsnamen des ersten Kindes erst (dann aber kraft Ges.) im Moment der Begründung des gemeinsamen Sorgerechts (BGH FamRZ 2020, 331 [334]). Für Kinder, die das fünfte Lebensjahr bereits vollendet haben, setzt der Namenserwerb kraft Ges. gem. § 1617 I 3 nach BGH (FamRZ 2023, 27 [28 f.]) allerdings eine Anschlusserklärung des Kindes gem. §§ 1617b I 3 und 4, 1617c I 2 und 3 voraus. Der BGH hatte diesbzgl. über die Folgen des für ein nachgeborenes Kind gem. §§ 1617, 1617b ausgeübten Wahlrechts für ältere Geschwister zu befinden; die Entscheidung dürfte aber auch für Konstellationen gelten, in denen nachgeborene Kinder im Moment der Begründung des gemeinsamen Sorgerechts den Geburtsnamen des erstgeborenen Kindes erhalten sollen. Unklar ist, ob der Begriff der „weiteren Kinder" in § 1617 I 3 auch ältere Geschwister erfasst oder sich lediglich auf nachgeborene Kinder bezieht; der BGH (FamRZ 2023, 27 [28 f.]) erwägt im Hinblick auf das Prinzip der Namenseinheit die Anwendbarkeit von § 1617 I 3 auch auf ältere Geschwister, für die die gemeinsame Sorge erst begründet wird, wenn sie bereits einen Namen führen, lässt die Frage aE aber offen (in casu fehlte es jedenfalls an der Anschlusserklärung des Kindes gem. § 1617b I 3). **bb) Unterbleibt die Bestimmung** des Namens binnen eines Monats nach der Geburt des Kindes, überträgt das FamG das Bestimmungsrecht einem Elternteil (§ 1628), der das Recht nur nach § 1617 I ausüben kann, **§ 1617 II 1, 2;** zu den für die Übertragung relevanten Abwägungskriterien OLG Frankfurt a.M. BeckRS 2021, 35824 Rn. 16. Wurde das Kind im Ausland geboren, Übertragung nur nach § 1617 III. Das FamG soll vor der Entscheidung beide Elternteile anhören (§ 160 I 1 FamFG). Wurde eine Frist gesetzt (Ermessen), so erhält das Kind

5 (3.) · 6 (bb)

den Namen des Bestimmungsberechtigten, wenn die Bestimmung nicht innerhalb der Frist erfolgte, § 1617 II 3, 4. Die Erklärung nach § 1617a II 1 ist eine amtsempfangsbedürftige Willenserklärung (BGH FamRZ 2016, 1747 [1749], zur Erklärung vor spanischem Standesamt). Zuständigkeit für die Entgegennahme der Erklärung im Geburtenregister s. § 45 PStG. Mitteilung des Standesamtes an FamG s. § 168a FamFG. Auch für die Bestimmung nach § 1617 II gilt § 1617 I 3 (BGH FamRZ 2020, 331 [333]); Grundsatz der Einheitlichkeit des Geschwisternamens geht vor.

7 **cc)** Wird die gemeinsame Sorge erst **später begründet** (s. § 1626a I), kann der Name des Kindes innerhalb von drei Monaten neu bestimmt werden, **§ 1617b I;** das gilt auch dann, wenn dem Kind zunächst nach § 1617a II der Name des nicht sorgeberechtigten Elternteils erteilt worden ist (BGH FamRZ 2020, 331 [334]). Die Frist beginnt mit der Begründung der gemeinsamen Sorge; Fristende bei Aufenthalt im Ausland s. § 1617b I 2. Heiraten die Eltern (s. § 1626a I Nr. 2) und führen sie einen Ehenamen (§ 1355 I 1), geht § 1617c vor (FamRefK/Wax § 1617c Rn. 3). Führen sie keinen Ehenamen oder wird die gemeinsame Sorge nach § 1626a I Nr. 1 begründet, richtet sich das Bestimmungsrecht nach §§ 1617b I 4, 1617 I. § 1617 II gilt nicht, weil das Kind bereits nach § 1617a einen Namen führt. Hat das Kind das fünfte Lebensjahr vollendet, ist die Bestimmung nur wirksam, wenn sich das Kind anschließt, § 1617b I 3. Die Neubestimmung nach § 1617b I 1 hat Bindungswirkung für weitere Geschwister, §§ 1617b I 4, 1617 I 3 (BGH FamRZ 2020, 331 [332]; FamRZ 2023, 27 [28]). Hat das Kind den Namen zunächst kraft Ges. erlangt und üben die Eltern das Neubestimmungsrecht aus § 1617b I 1 nicht (fristgerecht) aus, sieht der BGH (FamRZ 2020, 331 [332 f.]) darin ebenfalls eine Gestaltungserklärung, die in Bezug auf den fortgeführten Kindesnamen Bindungswirkung für weitere Geschwister erzeugt; s. dann aber BGH FamRZ 2020, 331 [333]: solange gemeinsame elterliche Sorge für ein nachgeborenes Kind nicht begründet ist, besteht keine Bindung an die Namensbestimmung nach § 1617b I 1; erst mit Begründung des gemeinsamen Sorgerechts Namenserwerb (kraft Ges.), vgl. → Rn. 5. Einer Namenserteilung nach § 1617b I steht nicht entgegen, dass die Namensführung des Elternteils, dessen Name als Kindesname bestimmt werden soll, ungeklärt ist (BGH FamRZ 2021, 831 [832], Beurkundung des tatsächlich geführten Namens mit dem einschränkenden Zusatz „Namensführung nicht nachgewiesen"); dies gilt auch dann, wenn die Identität des anderen Elternteils, dessen Name nicht Kindesname werden soll, gesichert ist (BeckOK/Pöcker § 1617 Rn. 5; aA OLG München StAZ 2022, 180). Zur Neubestimmung des Kindesnamens nach § 1617b I nach vorangegangener Einbenennung gem. § 1618 s. BGH FamRZ 2016, 449.

8 **b)** Steht die **Sorge einem Elternteil** zu, so ist der Geburtsname des Kindes der Name (einschl. Begleitname iSv § 1355 IV), den der sorgeberechtigte Elternteil bei der Geburt des Kindes führt, **§ 1617a I.** Der sorgeberechtigte Elternteil kann aber durch Erklärung gegenüber dem Standesbeamten dem Kind den Namen des anderen Elternteils erteilen, wenn dieser zustimmt **(§ 1617a II);** die Zustimmung kann nicht ersetzt werden (anders bei Einbenennung: § 1618 S. 4). Erteilt werden kann nach § 1617a II nur der im Zeitpunkt des Wirksamwerdens der Namenserteilung personenstandsrechtlich aktuell zu führende Name des anderen Elternteils (OLG Frankfurt a.M. NJOZ 2021, 1481 [1482]; MüKo-BGB/v. Sachsen Gessaphe § 1617a Rn. 25; BeckOGK/Kienemund [1.11.2022] § 1617a Rn. 36; vgl. auch BGH FamRZ 2022, 831 [832]: rechtmäßig zu führender Name); zur Namenserteilung gem. § 1617a II bei ungeklärter Identität der Eltern OLG Frankfurt a.M. NJOZ 2021, 1481 [1482 f.]; vgl. auch BGH FamRZ 2021, 831 [832]. Analog § 1617a II kann der Elternteil, dem *nachträglich die Alleinsorge übertragen* wird, seinen Namen dem Kind erteilen, falls der andere Teil einwilligt (BayObLG FamRZ 2000, 1435 [1436]). Hat das Kind das fünfte Lebensjahr vollendet, ist auch seine Einwilligung erforderlich. Nach dem Tode des Kindes kann der Name nicht mehr geändert werden (BayObLG FamRZ 2001, 1543 [1545]; aA OLG Düsseldorf Rpfleger 2015, 206). Form der Erklärungen s. § 1617a II 3; für die Kindeseinwilligung s. §§ 1617a II 4, 1617c.

4. Geburtsname bei Vaterschaftsanfechtung. Führt das Kind den Familiennamen des Vaters als Geburtsnamen und wird die Vaterschaft erfolgreich angefochten (§ 1599 I), so erhält das Kind auf Antrag (nicht automatisch, anders § 1617 I aF) den Namen der Mutter als Geburtsnamen, **§ 1617b II 1.** Form s. § 1617b II 2 HS 2. 9
Antragsberechtigt sind das Kind und bis zur Vollendung des fünften Lebensjahres des Kindes auch der Mann, nicht die Mutter. Nach der Vollendung des fünften Lebensjahres des Kindes kann der Mann den Wechsel zum Mutternamen nicht erzwingen. 10

5. Vorname. a) Die Bestimmung erfolgt durch den Personensorgeberechtigten formlos aufgrund Benennung (BGHZ 29, 256 [257]; BGHZ 30, 132 [134]); §§ 1616 ff. finden keine Anwendung (OLG Karlsruhe StAZ 2016, 377). Können sich gemeinsam sorgeberechtigte Eltern nicht einigen, ist das Vornamensbestimmungsrecht gem. § 1628 auf einen Elternteil zu übertragen (OLG Frankfurt a.M. BeckRS 2021, 35824 Rn. 17 f.). Eintragung ins Geburtenregister (§ 21 I Nr. 1 PStG) ist deklaratorisch; Berichtigung §§ 47 ff. PStG; Änderung § 11 NÄG; fehlender Vorname § 22 PStG. **b)** Auswahl s. BGHZ 73, 239; nur geschlechtsbezogene Vornamen, Beivorname „Maria" für Jungen jedoch gestattet. Rspr. toleriert auch ungewöhnliche Vornamen: „Samandu" (BayObLG NJW 1984, 1362); „Decembre Noëlle" (OLG Hamm NJW-RR 1989, 1032); „Jesus" (OLG Frankfurt a. M. NJW-RR 1999, 730); als Beivornamen: „Speedy" (OLG Karlsruhe NJWE-FER 1998, 174); „London" (AG Berlin-Schöneberg NJOZ 2012, 2062); „Prestige" (OLG Schleswig NJWE-FER 1998, 175); „Lütke" (BGH FamRZ 2008, 1331: Familienname des Vaters); „Müller" als zweiter Vorname für ein Mädchen (OLG Hamm FamRZ 2021, 498: Familienname des Vaters). Grenze des Rechts zur Namenswahl: drohende Beeinträchtigung des Kindeswohls, BVerfG NJW 2009, 663; NJW 2004, 1586 (zwölf Vornamen); „Waldmeister" (OLG Bremen NZFam 2014, 767). 11

6. Übergangsregelung. S. Art. 224 § 3 EGBGB. 12

7. IPR. S. Art. 10 II 3, III EGBGB; ferner Art. 47, 48 EGBGB. 13

§ 1618 Einbenennung

[1]Der Elternteil, dem die elterliche Sorge für ein Kind allein oder gemeinsam mit dem anderen Elternteil zusteht, und sein Ehegatte, der nicht Elternteil des Kindes ist, können dem Kind, das sie in ihren gemeinsamen Haushalt aufgenommen haben, durch Erklärung gegenüber dem Standesamt ihren Ehenamen erteilen. [2]Sie können diesen Namen auch dem von dem Kind zur Zeit der Erklärung geführten Namen voranstellen oder anfügen; ein bereits zuvor nach Halbsatz 1 vorangestellter oder angefügter Ehename entfällt. [3]Die Erteilung, Voranstellung oder Anfügung des Namens bedarf der Einwilligung des anderen Elternteils, wenn ihm die elterliche Sorge gemeinsam mit dem den Namen erteilenden Elternteil zusteht oder das Kind seinen Namen führt, und, wenn das Kind das fünfte Lebensjahr vollendet hat, auch der Einwilligung des Kindes. [4]Das Familiengericht kann die Einwilligung des anderen Elternteils ersetzen, wenn die Erteilung, Voranstellung oder Anfügung des Namens zum *Wohl des Kindes erforderlich* ist. [5]Die Erklärungen müssen öffentlich beglaubigt werden. [6]§ 1617c gilt entsprechend.

1. Begriff. Einbenennung ermöglicht die (partielle, S. 2) Namensgleichheit aller faktisch zu einem Familienverband gehörenden Personen. Insbes. die Integration von Stiefkindern in die neue Familie soll dadurch erleichtert werden. Analog § 1618 kann der allein sorgeberechtigte Vater seinem außerehelich geborenen Kind seinen Ehenamen geben (OLG Köln FamRZ 2001, 1547 [1548]; aA OLG Celle StAZ 2002, 336; Grüneberg/Götz Rn. 5). Auch Kinder aus aufgelösten Ehen können einbenannt werden (anders § 1618 aF). Die mit der Einbenennung verbundene Namensänderung kann die Familienbeziehung zum anderen Elternteil beeinträchtigen und gegen Art. 8 I EMRK verstoßen (EGMR NJW 2003, 1921 [1922]). 1

2 **2. Voraussetzungen. a)** Ehegatten führen einen Ehenamen (§ 1355 I 1). **b)** Einer der Ehegatten ist allein oder gemeinsam mit dem anderen Elternteil sorgeberechtigt; der andere Ehegatte ist nicht Elternteil des Kindes. **c)** Die Ehegatten haben das Kind in ihren gemeinsamen Haushalt aufgenommen; nicht bei Getrenntleben der Ehegatten. **d)** Erklärung der Ehegatten gegenüber dem Standesbeamten. Form S. 5. **e)** Einwilli-
3 gungserfordernis **aa)** des Kindes, wenn es das fünfte Lebensjahr vollendet hat; § 1617c I 2 gilt entspr., S. 6; **bb)** des anderen Elternteils, wenn ihm die elterliche Sorge zusteht (vgl. OLG Dresden FamRZ 2014, 1853 [bei Verweigerung der Einwilligung ist Notwendigkeit der Namensänderung von dem antragstellenden Elternteil zu begründen]) oder eine Namensidentität mit dem Kind zurzeit der Einbenennung (noch) besteht. Die Ersetzung der Einwilligung durch das FamG ist möglich, wenn die Erteilung, Voranstellung oder Anfügung des Namens zum Wohl des Kindes erforderlich ist (S. 4). Hohe Voraussetzungen, denn der andere Elternteil hat ein schützenswertes Interesse an der Erhaltung des „Namensbandes" (OLG Oldenburg NJW 2000, 367; OLG Saarbrücken FamRZ 2022, 1196 [1197]) und grds. auch das Kind an Namenskontinuität (OLG Bamberg NZFam 2002, 273). Erforderlich ist eine umfassende Interessenabwägung; iE sind die Anforderungen str.: Nach BGH NJW 2002, 300 [301] muss die Beseitigung der Namensverschiedenheit für das Kindeswohl nicht nur förderlich, sondern unabdingbar notwendig sein (folgend zB OLG Frankfurt a.M. BeckRS 2014, 15032; OLG Hamm FamRZ 2020, 1918 [1919]; OLG Saarbrücken FamRZ 2022, 1196 f.); nur, wenn „additive Einbenennung" gem. S. 2 nicht genügt; nach aA soll die Schwelle niedriger anzusetzen sein: Kindeswohlgefährdung sei nicht zu fordern; es reiche aus, wenn mit der Einbenennung eine mehr als nur dem Kindeswohl dienliche, wünschenswerte Wirkung erzielt werde (OLG Frankfurt a.M. FamRZ 2022, 264 [265]; FamRZ 2020, 591 [592]; OLG Brandenburg FamRZ 2014, 570; OLG Karlsruhe FamRZ 2013, 226; OLG Koblenz StAZ 2013, 354; sa OLG Frankfurt a.M. NJOZ 2022, 837 [838]: „erst bei einer außerordentlichen Belastung des Kindes durch die Beibehaltung des Nachnamens des anderen Elternteils"). Zur (niedriger anzusetzenden) Eingriffsschwelle für eine additive Einbenennung gem. S. 2 s. OLG Brandenburg FamRZ 2020, 594 [595]: Wohl des Kindes muss Namensänderung auch bei angemessener Berücksichtigung der für die Namensbeibehaltung sprechenden Gründe gebieten; sa OLG Bremen FamRZ 2010, 1816 (keine Ersetzung der Einwilligung zu additiver Einbenennung bei Kleinkindern). – Ist der andere Elternteil verstorben, ist seine Einwilligung zur Einbenennung nicht erforderlich und muss daher nicht ersetzt werden (OLG Stuttgart FamRZ 2001, 566 [567]; str.). **cc)** Die Darlegungs- und Beweislast für die Erforderlichkeit der Einbenennung trägt der antragstellende Elternteil (OLG Saarbrücken FamRZ 2022, 1196 [1197]; Grüneberg/Götz Rn. 18 aE). **dd)** Die Entscheidung nach S. 4 ist Familiensache (§§ 111 Nr. 2, 151 Nr. 1 FamFG), BGH NJW-RR 2000, 665; persönliche Anhörung beider Elternteile gem. § 160 I 1 FamFG (OLG Saarbrücken FamRZ 2022, 1196 [1197]).

4 **3. Folgen.** Das Kind erhält den Ehenamen des Elternteils und dessen Ehegatten; im Falle des S. 2 Voranstellung oder Anfügung des Ehenamens an den bisherigen Namen. Eintragung ins Geburtenregister (§ 45 I Nr. 6 PStG) nur deklaratorisch. Andere familienrechtliche Beziehungen werden durch die Einbenennung nicht begründet.

5 **4. IPR.** S. Art. 10 I, III EGBGB.

§ 1618a Pflicht zu Beistand und Rücksicht

Eltern und Kinder sind einander Beistand und Rücksicht schuldig.

Lit.: Gernhuber, „Eltern und Kinder sind einander Beistand schuldig", FS Müller-Freienfels, 1986, S. 159; Knöpfel, Beistand und Rücksicht zwischen Eltern und Kindern (§ 1618a BGB), FamRZ 1985, 554.

1 **1. Allgemeines.** Leitbildartige Vorschrift ohne direkte, eigene Sanktionen, die aber über das Familienrecht hinaus Ausstrahlung haben kann (vgl. BGH NJW 1994,

1278, zur Bürgschaft eines Kindes für seine Eltern). Eingrenzende Voraussetzungen wie Hausgemeinschaft, bes. Beistandsbedürftigkeit oder Minderjährigkeit fehlen, so dass der erwünschte Zusammenhalt der Kleinfamilie durch eine ges. Pflichtengrundlage bis zum Tode verrechtlicht wird. In der Lit. wird eine Parallele zu § 1353 gezogen, vgl. Meyer-Stolte Rpfleger 1980, 138.

2. Regelungsgehalt. a) Entwicklung **durchsetzbarer** Pflichten aus § 1618a str.; 2
bejahend viele, vgl. Staudinger/Lugani Rn. 10 ff.; Diederichsen NJW 1980, 1; sa AG Arnsberg NJW-RR 1996, 1156 [1157] (Zutrittsrecht zur Wohnung); gegen Dienstleistungspflicht der Eltern für ihre Kinder OLG Bamberg NJW 1985, 2724 (zu § 845). Zum Anspruch des Kindes auf Benennung des leiblichen Vaters bzw. der leiblichen Mutter → Vor § 1591 Rn. 4; zum Auskunftsanspruch des Kindes gegen den leiblichen Vater auf Bekanntgabe der Daten der Großeltern AG Lüdinghausen NJW-RR 2012, 1412. Eine Erweiterung speziell geregelter Pflichten – Unterhalt, Dienstleistung, elterliche Personen- und Vermögenssorge – dürfte ebenso wenig wie ihre inhaltliche Änderung (falls das Ges. bereits bestimmte Änderungsverfahren vorsieht) zulässig sein, da insoweit keine Lücken gegeben sind, vgl. KG NJW-RR 1988, 1226 [1227] (absolut geschütztes Recht auf Kontaktaufnahme). Soweit aus dem Rücksichtnahmegebot ausnahmsweise konkrete Pflichten folgen, kann eine Pflichtverletzung auch einen Schadensersatzanspruch nach § 280 I begründen (vgl.
auch Staudinger/Lugani Rn. 17). **b)** Gebotene Rücksichtnahme kann die Verfol- 3
gung von Ansprüchen (zB auf Schadensersatz) einschränken, soweit solche Schranken nicht schon in den Anspruchsvoraussetzungen des einzelnen Anspruchs normiert sind; s. jedoch zu Unterhaltsanspruch OLG Köln NJW 1982, 2507. **c)** § 1618a 4
kann auch Grundlage von strafrechtlichen Garantenpflichten zur Verhinderung von Selbsttötung, Selbstverletzung usw sein, doch haben die erforderlichen Konkretisierungen die jeweilige Situation (zB Hausgemeinschaft) zu berücksichtigen; vgl. BGH FamRZ 2017, 406; FamRZ 2018, 144 f.; NStZ 2022, 601; s. hierzu auch Bosch FamRZ 1980, 741.

§ 1619 Dienstleistungen in Haus und Geschäft

Das Kind ist, solange es dem elterlichen Hausstand angehört und von den Eltern erzogen oder unterhalten wird, verpflichtet, in einer seinen Kräften und seiner Lebensstellung entsprechenden Weise den Eltern in ihrem Hauswesen und Geschäft Dienste zu leisten.

Lit.: Enderlein, Die Dienstpflicht des Hauskindes als Folge seiner Unterhaltsgemeinschaft mit den Eltern, AcP 200, 565; Fenn, Die Mitarbeit in den Diensten Familienangehöriger, 1970; Herberger, Kinderarbeit unter digitalen Bedingungen, RdA 2021, 273.

1. Allgemeines. Die Dienstleistungspflicht des Hauskindes soll Gegenleistung 1
für Unterhalt (Boehmer FamRZ 1955, 127), für die Vorteile der Zugehörigkeit zum Hausstand der Eltern (Dethloff FamR § 12 Rn. 33) oder „Folge der Hausgemeinschaft von Personen, die in einem komplexen familienrechtlichen Rechtsverhältnis miteinander verbunden sind" (Gernhuber/Coester-Waltjen § 56 Rn. 2), sein.

2. Voraussetzungen. a) „Dem elterlichen Hausstand angehören"; Wohnen bei 2
den Eltern nicht stets Voraussetzung (vgl. OLG Saarbrücken VersR 1981, 542); **b)** entweder **aa)** tatsächliche Unterhaltsgewährung durch Eltern; Unterhaltsverpflichtung weder erforderlich noch allein ausreichend (vgl. Fenn, Die Mitarbeit in den Diensten Familienangehöriger, 1970, S. 140). Auch volljährige Kinder können als Unterhaltsempfänger dienstleistungspflichtig sein (vgl. BGH NJW 1991, 1226 [1227]); Verpflichtung nach § 1619 scheidet aber aus bei voll berufstätigen Kindern (BGH NJW 1998, 307); oder **bb)** Erziehung durch die Eltern, so dass insoweit Sorgerecht der Eltern und damit Minderjährigkeit des Kindes gegeben sein müssen.

3. Rechtsfolgen. a) Unentgeltliche Dienstleistungspflicht im Hauswesen, zB Mit- 3
hilfe im Haushalt, Betreuung jüngerer Geschwister, wohl auch Krankenpflege, Mitar-

beit im Geschäft (Handwerksbetrieb, vgl. BGH FamRZ 1960, 359 f.), in der Landwirtschaft der Eltern (vgl. BGH NJW 1991, 1226 [1227]). Das Maß der Dienstleistung richtet sich nach den Fähigkeiten, den Kräften und der Lebensstellung des Kindes, wobei beim Minderjährigen zusätzliche Grenzen durch Erziehungsziel und -pflicht gezogen sind (vgl. BGH FamRZ 1960, 359 f.: Berücksichtigung von Ausbildungsbedürfnissen). Bei Missbrauch kindlicher Arbeitskraft § 1666 I; das erwachsene Hauskind soll durch die Möglichkeit auszuziehen oder einen Arbeitsvertrag zu schließen hinreichend geschützt sein (BGH FamRZ 1960, 101 f.; ferner NJW 1978, 159 [160]). Der
4 Arbeitsertrag des Hauskindes steht den dienstberechtigten Eltern zu. **b) Haftungsentlastung** analog § 1664 wird vielfach befürwortet (s. MüKo-BGB/v. Sachsen Gesaphe Rn. 16 mwN). **c)** Bei Verletzung oder Tötung des Hauskindes haben die Eltern einen Anspruch aus § 845 (vgl. BGH NJW 1991, 1226 [1227]: Führung des elterlichen Hofes; NJW 1998, 307). Soweit das Kind wegen seiner Verletzung eigene Ansprüche hat und geltend macht, besteht ein Ersatzanspruch der Eltern nicht (BGH NJW 1978, 159); auch ist für den Anspruch der Eltern kein Raum, wenn das getötete Kind seine gesamte Arbeitskraft für eine anderweitige entgeltliche Erwerbstätigkeit eingesetzt hat (BGHZ 137, 1 [8]; krit. Gernhuber JZ 1998, 365).

5 **4. Verträge. Gesellschaftsverträge,** vor allem aber **Dienstverträge** zwischen Eltern und Kind bleiben möglich und dürften oft stillschweigend geschlossen worden sein (beachte jedoch §§ 181, 1852), wo den Rahmen von → Rn. 3 überschreitende Dienstleistungen erbracht oder/und Taschengeld übersteigende Geldbeträge gezahlt werden, soweit nicht Eltern und/oder Kind schenkweise oder gefälligkeitshalber leisten (zum Ganzen Fenn, Die Mitarbeit in den Diensten Familienangehöriger, 1970, S. 176 ff., 279 sowie BAG AP Nr. 24 zu § 612; BGH NJW 1965, 1224). Zur Pfändung von Entgeltansprüchen des Kindes sa § 850h II ZPO. Bei enttäuschten Vergütungserwartungen, insbes. erwarteter Erbeinsetzung, wird auch mit einem Bereicherungsanspruch wegen Zweckverfehlung geholfen (vgl. BGH FamRZ 1960, 101 f.; FamRZ 1973, 298 f.; sa BGH NJW 2013, 2025 mwN).

§ 1620 Aufwendungen des Kindes für den elterlichen Haushalt

Macht ein dem elterlichen Hausstand angehörendes volljähriges Kind zur Bestreitung der Kosten des Haushalts aus seinem Vermögen eine Aufwendung oder überlässt es den Eltern zu diesem Zwecke etwas aus seinem Vermögen, so ist im Zweifel anzunehmen, dass die Absicht fehlt, Ersatz zu verlangen.

1 Auslegungsregel bei freiwilliger Beitragsleistung, vgl. §§ 685 II, 1360b. **Voraussetzungen: a)** Volljährigkeit s. § 2; **b)** Zugehörigkeit zum elterlichen Hausstand → § 1619 Rn. 2; **c)** Aufwendungen (Begriff → § 670 Rn. 2) zur Bestreitung der Kosten des Haushalts (nicht Schuldentilgung, Grüneberg/Götz Rn. 1).

§§ 1621–1623 *(weggefallen)*

§ 1624 Ausstattung aus dem Elternvermögen

(1) **Was einem Kind mit Rücksicht auf seine Verheiratung, auf seine Begründung einer Lebenspartnerschaft oder auf die Erlangung einer selbständigen Lebensstellung zur Begründung oder zur Erhaltung der Wirtschaft oder der Lebensstellung von dem Vater oder der Mutter zugewendet wird (Ausstattung), gilt, auch wenn eine Verpflichtung nicht besteht, nur insoweit als Schenkung, als die Ausstattung das den Umständen, insbesondere den Vermögensverhältnissen des Vaters oder der Mutter, entsprechende Maß übersteigt.**

(2) **Die Verpflichtung des Ausstattenden zur Gewährleistung wegen eines Mangels im Recht oder wegen eines Fehlers der Sache bestimmt sich, auch soweit die Ausstattung nicht als Schenkung gilt, nach den für die Gewährleistungspflicht des Schenkers geltenden Vorschriften.**

§ 1625 Ausstattung aus dem Kindesvermögen

[1]Gewährt der Vater einem Kind, dessen Vermögen kraft elterlicher Sorge, Vormundschaft oder Betreuung seiner Verwaltung unterliegt, eine Ausstattung, so ist im Zweifel anzunehmen, dass er sie aus diesem Vermögen gewährt. [2]Diese Vorschrift findet auf die Mutter entsprechende Anwendung.

Anmerkungen zu den §§ 1624, 1625

1. Allgemeines. Privilegierung für Zuwendungen mit Rücksicht auf die Verheiratung, die Begründung einer Lebenspartnerschaft oder die Erlangung einer selbstständigen Lebensstellung als **Ausstattung** gegenüber normalen Schenkungen. Ausstattung ist jede Vermögensmehrung mit der in der Definition in § 1624 I verfolgten Zwecksetzung, insbes. Aussteuer (Mitgift); aber auch Befreiung von Verbindlichkeiten, Erlass von Schulden, Bestellung von Grundpfandrechten, Einräumung von Nutzungsrechten (OLG Düsseldorf FamRZ 2018, 1788 [1789], unentgeltliche Nutzung von Praxisräumen) etc; sa OLG Karlsruhe ZEV 2011, 531 [532 f.]: „von der Schenkung zu unterscheidende Art der unentgeltlichen Zuwendung („causa sui generis")". Sind bei Zuwendungen von Eltern an Ehegatten Adressat oder Verwendungszweck nicht bestimmt, so gilt Vermutung für Ausstattung (AG Stuttgart NJW-RR 1999, 1449; sa OLG Karlsruhe ZEV 2011, 531 [533]: Vermutung bei größeren Zuwendungen). Zusätzlich verfolgte Zuwendungszwecke hindern Qualifikation als Ausstattung nicht, sofern sie gegenüber dem Ausstattungszweck zurücktreten (OLG Karlsruhe ZEV 2011, 531 [533]). Ein **ges.** Anspruch auf Ausstattung besteht nicht und kann auch nicht aus § 1618a abgeleitet werden. Zur Quelle der Ausstattung s. Auslegungsregel § 1625. 1

2. Einzelheiten. a) Zwecksetzung (s. Wortlaut § 1624 I) kann auch zu einem späteren Zeitpunkt als dem der Heirat, der Begründung einer Lebenspartnerschaft oder der Erlangung einer selbstständigen Lebensstellung erfolgen und Zuwendungen zu Ausstattungen machen (vgl. Gernhuber/Coester-Waltjen § 57 Rn. 2). **b)** Ausstattungen können auch durch Zuwendung an den Ehegatten oder Lebenspartner des Kindes geschehen, wenn sie als Leistung an das Kind bestimmt sind (vgl. LG Mannheim NJW 1970, 2111). Zuwendungen von Großeltern an Enkel sind dagegen nicht erfasst (hM, BGH FamRZ 2018, 1363 [1366]; krit. Staudinger/Lugani § 1624 Rn. 7). **c) Ausstattungsversprechen** ist formlos möglich; § 518 ist nicht anwendbar, soweit „angemessene" Ausstattung versprochen wird, s. aber → Rn. 6. Jedoch kann der Ausstattungsgegenstand das Versprechen formbedürftig machen, so bei Grundstücken, § 311b I. **d)** Bei Verfehlung des Ausstattungszwecks liegt nach hA kein Fall des § 812 I 2 Alt. 2, sondern der Störung der Geschäftsgrundlage (§ 313) vor, s. Staudinger/Lugani § 1624 Rn. 24 mwN. **e)** Gewährleistung s. § 1624 II. 2 3 4 5

3. Übermäßige Ausstattungen. Sind als Schenkungen zu behandeln, soweit sie nicht als Entgelt, etwa für Dienstleistungen erbracht werden. 6

Titel 5. Elterliche Sorge

Vorbemerkungen

Lit.: Coester, Elternautonomie und Staatsverantwortung bei der Pflege und Erziehung von Kindern, FamRZ 1996, 1181; Lüderitz, Elterliche Sorge als privates Recht, AcP 178, 263; Reuter, Elterliche Sorge und Verfassungsrecht, AcP 192, 108; Schwenzer, Empfiehlt es sich, das Kindschaftsrecht neu zu regeln? Gutachten A 59. DJT 1992, S. 64 ff.

1 **Allgemeines.** Die Regelung des fünften Titels ist vor allem durch das GleichberG, das SorgeRG und das KindRG inhaltlich geändert worden. In den als Spannungsfeld verstandenen Wechselbeziehungen zwischen dem durch Art. 6 II 1 GG geschützten Erziehungsrecht der Eltern, dem Wächteramt der staatlichen Gemeinschaft über seine Betätigung – Art. 6 II 2 GG – und dem Grundrecht des Kindes auf freie Entfaltung seiner Persönlichkeit hat das SorgeRG die Pflichtgebundenheit des Elternrechts („Elternverantwortung", BVerfGE 72, 155 [172]) betont, Möglichkeiten der Mitbestimmung des Kindes stärker berücksichtigt und die Eingriffsmöglichkeiten des Staates zugunsten gefährdeter Kinder erweitert. Das KindRG regelt insbes. die gemeinsame elterliche Sorge nicht miteinander verheirateter oder geschiedener Eltern und gestaltet das Umgangsrecht neu. Die Rspr. des BVerfG hat zunehmend gerade auch im Recht der elterlichen Sorge als Verwirklichung grundges. Wertungen „Verfassungszivilrecht" entwickelt; s. zu dieser Entwicklung Reuter AcP 192, 108. Die elterliche Sorge von nicht miteinander verheirateten Eltern wurde durch das Ges. v. 16.4.2013 mit Wirkung zum 19.5.2013 neu geregelt (BGBl. 2013 I 795). Die Neuregelung reagiert darauf, dass der EGMR (FamRZ 2010, 103) die fehlende Möglichkeit der Sorgerechtszuweisung an den Vater gegen den Willen der Mutter als Verstoß gegen Art. 8 EMRK wertet und das BVerfG (FamRZ 2010, 1403) §§ 1626a I Nr. 1 aF und § 1672 I aF als verfassungswidrig erachtet hat.

§ 1626 Elterliche Sorge, Grundsätze

(1) [1]**Die Eltern haben die Pflicht und das Recht, für das minderjährige Kind zu sorgen (elterliche Sorge).** [2]**Die elterliche Sorge umfasst die Sorge für die Person des Kindes (Personensorge) und das Vermögen des Kindes (Vermögenssorge).**

(2) [1]**Bei der Pflege und Erziehung berücksichtigen die Eltern die wachsende Fähigkeit und das wachsende Bedürfnis des Kindes zu selbständigem verantwortungsbewusstem Handeln.** [2]**Sie besprechen mit dem Kind, soweit es nach dessen Entwicklungsstand angezeigt ist, Fragen der elterlichen Sorge und streben Einvernehmen an.**

(3) [1]**Zum Wohl des Kindes gehört in der Regel der Umgang mit beiden Elternteilen.** [2]**Gleiches gilt für den Umgang mit anderen Personen, zu denen das Kind Bindungen besitzt, wenn ihre Aufrechterhaltung für seine Entwicklung förderlich ist.**

1 **1. Allgemeines.** I 1 definiert die elterliche Sorge als Pflicht und Recht der Eltern; Inhaberschaft s. → §§ 1626a–1626e Rn. 1. I 2 bestimmt Personen- und Vermögenssorge, § 1629 I 1 ergänzt dies um die Vertretungsmacht für das Kind. § 1626 II bindet die Ausübung der Sorge an die wachsenden Fähigkeiten und die Mitsprache des Kindes. § 1626 III stellt klar, dass das Kindeswohl regelmäßig den Umgang des Kindes mit seinen Eltern und anderen Bezugspersonen umfasst.

2 **2. Inhalte der elterlichen Sorge. a) Personensorge** s. §§ 1631–1633; **b) Vermögenssorge;** als ges. Besitzmittlungsverhältnis (BGH NJW 1989, 2542 [2544]).
3 Sa §§ 1638–1649; **c)** zur **Vertretung** des Kindes s. § 1629 I. **d)** Ob Eltern bei rechtsgeschäftlichem Handeln für das Kind in dessen Namen handeln und damit das Kind verpflichten und berechtigen (→ § 1629 Rn. 9) oder im eigenen Namen, evtl. Ansprüche zugunsten des Kindes begründen, ist ihrem pflichtgemäßen Ermessen überlassen, doch kann insoweit die Grenzziehung zwischen elterlicher Vertretungs-
4 macht und tatsächlicher Sorge schwierig werden. (Mögliche) **Beschränkungen** s. §§ 1629 II, IIa, 1630 III, 1631b, 1632 IV, 1643, 1666, 1666a, 1667; **Teilmündigkeiten** des Kindes zB zur Wahl eines Glaubensbekenntnisses s. § 5 RKEG, zur Antragstellung s. § 1316 II, zu Einwilligungen in Adoption – §§ 1746, 1750 III – oder Widerruf – § 1746 II –; zur Beschwerde s. § 60 FamFG; Testierfähigkeit s. § 2229; s. ferner die genehmigungsabhängige Erklärung des Kindes in § 1746 I 3;

zur Einwilligung in Heileingriffe → Rn. 8; zur Humanforschung Laufs/Katzenmeier/Lipp, Arztrecht, 8. Aufl. 2021, Rn. 106 ff.; Eberbach FamRZ 1982, 450; zur Verfügung über Persönlichkeitsrecht s. BGH NJW 1974, 1947 [1949 f.]; abw. OLG Hamburg FamRZ 1984, 1221 [1222]. Einschränkungen der elterlichen Sorge sa → Rn. 7 und → § 1629 Rn. 6 ff. **e) Haftung** bei Verletzung der elterlichen Pflichten s. § 1664; sa → Rn. 9. **f) Schutz** des elterlichen Sorgerechts als absolutes Recht (BGHZ 111, 168 [172]) gegenüber Eingriffen Dritter aus §§ 823 I, 1004; sa § 1632 II zur Umgangsuntersagung. **g) Auskunftsanspruch** (§ 242) der Eltern untereinander bei gemeinsamem Sorgerecht s. OLG Oldenburg FamRZ 2018, 757 f. 5

3. Dauer. Als Beginn wird regelmäßig die Geburt angegeben, doch bestehen Sorgepflicht und -recht auch gegenüber dem Nasciturus, s. § 1810 S. 1; Mittenzwei AcP 187, 274 f.; Ende mit Volljährigkeit des Kindes, ferner für beide Eltern oder einen Elternteil §§ 1666a II, 1677, 1755 I, 1671 I. **Ruhen** s. §§ 1673–1675, 1751 I. 6

4. Inhalte, Funktionen und Intensität des Sorgerechts. Sie sind durch Schutzbedürfnisse, Erziehungsziel und Persönlichkeit(srecht) des Kindes gebunden (vgl. BVerfGE 72, 155 [172]), wobei mit dessen Lebensalter und individueller Reife Bindungen und Konkretisierungen sich (ständig) verändern (vgl. BGH NJW 1974, 1947 [1949]). Zur Pflicht des Kindes, sich erziehen zu lassen, Schütz FamRZ 1987, 438. § 1626 II 1 versucht, die entwicklungsabhängigen Rechtsschranken und Pflichten leitbildartig zu normieren und in § 1626 II 2 durch das Gebot zum Dialog die Mitwirkung des Kindes an seiner Persönlichkeitsentwicklung zu erreichen. Zur Einwilligung in Heileingriffe s. BGHZ 29, 33; FamRZ 1972, 89 f.; Spickhoff FamRZ 2018, 412; Kaeding/Schwenke MedR 2016, 935; Gleixner-Eberle, Die Einwilligung in die medizinische Behandlung Minderjähriger, 2014; zur Einwilligung in Covid-19-Schutzimpfung OLG Dresden FamRZ 2022, 528 (14-jähriges Kind); OLG Frankfurt a.M. FamRZ 2021, 1533 [1535] (fast 16-jähriges Kind); zur Einwilligung in einen Schwangerschaftsabbruch OLG Hamm FamRZ 2020, 340; zur Verweigerung der Mitwirkung an einem Abstammungsgutachten OLG Celle FamRZ 2018, 1851; zur Beschneidung des männlichen Kindes s. § 1631d. Sa § 1631 II. **Ausbildung** und **Berufswahl** s. § 1631a. 7 8

5. Haftungsrechtliche Implikationen. Haftung des Kindes aus § 278 für Eltern, soweit sie aufgrund ihres Sorgerechts bestehende Verpflichtungen des Kindes erfüllen; Anrechnung des Elternverschuldens bei Schädigung des Kindes nach § 254 II 2 (vgl. BGHZ 9, 316 [318]; BGHZ 24, 325 [327]). Auch hier müssen jedoch die Einschränkungen aus BVerfGE 72, 155 Beachtung finden. Dagegen sind Eltern nicht Verrichtungsgehilfen des Kindes iSv § 831; beachte aber § 832. Zur Begrenzung eines Ersatzanspruches des verletzten Kindes, falls Verschulden eines Elternteils die außervertragliche Verletzung mitverursacht hat, s. BGHZ 73, 190 mwN. 9 10

6. Umgang. Umgang des Kindes mit den Eltern und anderen Personen, zu denen eine Beziehung besteht, zählt zum Kindeswohl. Umgang zwecks Begründung einer Beziehung wird damit nicht ausgeschlossen, vgl. § 1685. § 1626 III ist bei der Auslegung von Bestimmungen heranzuziehen, die auf das Kindeswohl Bezug nehmen, s. §§ 1627 S. 1, 1666, 1684 IV 1, 1685 (s. OLG Brandenburg FamRZ 2017, 1675; OLG Braunschweig NZFam 2021, 831 [834]; OLG Karlsruhe FamRZ 2022, 1288 [1290]); Umgangsberechtigung folgt jedoch nicht aus § 1626 III, sondern richtet sich nach §§ 1684, 1685, 1686a; Umgangsvereitelung kann Maßnahmen nach § 1666 rechtfertigen. 11

§ 1626a Elterliche Sorge nicht miteinander verheirateter Eltern; Sorgeerklärungen

(1) **Sind die Eltern bei der Geburt des Kindes nicht miteinander verheiratet, so steht ihnen die elterliche Sorge gemeinsam zu,**

1. wenn sie erklären, dass sie die Sorge gemeinsam übernehmen wollen (Sorgeerklärungen),
2. wenn sie einander heiraten oder
3. soweit ihnen das Familiengericht die elterliche Sorge gemeinsam überträgt.

(2) [1]**Das Familiengericht überträgt gemäß Absatz 1 Nummer 3 auf Antrag eines Elternteils die elterliche Sorge oder einen Teil der elterlichen Sorge beiden Eltern gemeinsam, wenn die Übertragung dem Kindeswohl nicht widerspricht.** [2]**Trägt der andere Elternteil keine Gründe vor, die der Übertragung der gemeinsamen elterlichen Sorge entgegenstehen können, und sind solche Gründe auch sonst nicht ersichtlich, wird vermutet, dass die gemeinsame elterliche Sorge dem Kindeswohl nicht widerspricht.**

(3) **Im Übrigen hat die Mutter die elterliche Sorge.**

§ 1626b Besondere Wirksamkeitsvoraussetzungen der Sorgeerklärung

(1) **Eine Sorgeerklärung unter einer Bedingung oder einer Zeitbestimmung ist unwirksam.**

(2) **Die Sorgeerklärung kann schon vor der Geburt des Kindes abgegeben werden.**

(3) **Eine Sorgeerklärung ist unwirksam, soweit eine gerichtliche Entscheidung über die elterliche Sorge nach den § 1626a Absatz 1 Nummer 3 oder § 1671 getroffen oder eine solche Entscheidung nach § 1696 Absatz 1 Satz 1 geändert wurde.**

§ 1626c Persönliche Abgabe; beschränkt geschäftsfähiger Elternteil

(1) **Die Eltern können die Sorgeerklärungen nur selbst abgeben.**

(2) [1]**Die Sorgeerklärung eines beschränkt geschäftsfähigen Elternteils bedarf der Zustimmung seines gesetzlichen Vertreters.** [2]**Die Zustimmung kann nur von diesem selbst abgegeben werden; § 1626b Abs. 1 und 2 gilt entsprechend.** [3]**Das Familiengericht hat die Zustimmung auf Antrag des beschränkt geschäftsfähigen Elternteils zu ersetzen, wenn die Sorgeerklärung dem Wohl dieses Elternteils nicht widerspricht.**

§ 1626d Form; Mitteilungspflicht

(1) **Sorgeerklärungen und Zustimmungen müssen öffentlich beurkundet werden.**

(2) **Die beurkundende Stelle teilt die Abgabe von Sorgeerklärungen und Zustimmungen unter Angabe des Geburtsdatums und des Geburtsorts des Kindes sowie des Namens, den das Kind zur Zeit der Beurkundung seiner Geburt geführt hat, dem nach § 87c Abs. 6 Satz 2 des Achten Buches Sozialgesetzbuch zuständigen Jugendamt zu den in § 58 des Achten Buches Sozialgesetzbuch genannten Zwecken unverzüglich mit.**

§ 1626e Unwirksamkeit

Sorgeerklärungen und Zustimmungen sind nur unwirksam, wenn sie den Erfordernissen der vorstehenden Vorschriften nicht genügen.

Anmerkungen zu den §§ 1626a–1626e

Lit.: Bruns, Die Neuregelung der elterlichen Sorge nicht miteinander verheirateter Eltern, FamFR 2013, 217; Heilmann, Die Reform des Sorgerechts nicht miteinander verheirateter

Eltern – Das Ende eines Irrwegs?, NJW 2013, 1473; Huber/Antomo, Zum Inkrafttreten der Neuregelung der elterlichen Sorge nicht miteinander verheirateter Eltern, FamRZ 2013, 665; Lipp, Das elterliche Sorgerecht für das nichteheliche Kind nach dem KindRG, FamRZ 1998, 65; Schwab, Kindschaftsrechtsreform und notarielle Vertragsgestaltung, DNotZ 1998, 437.

1. Allgemeines. Die elterliche Sorge für ein in der Ehe geborenes Kind steht 1
den Eltern (s. §§ 1591 ff.) zu, § 1626 I 1. Die nicht verheiratete Mutter ist – vorbehaltlich der Fälle des § 1626a I – allein sorgeberechtigt, § 1626a III. Das gilt auch dann, wenn sie bei der Geburt (im Rahmen einer nichtehelichen Lebensgemeinschaft) mit dem Vater zusammenlebt. Die **gemeinsame Sorgeberechtigung** nicht 2
miteinander verheirateter Eltern entsteht nach § 1626a I, wenn die Eltern einander heiraten (s. §§ 1310 ff.), beide Elternteile Sorgeerklärungen abgeben oder soweit das FamG den Eltern die elterliche Sorge gemeinsam überträgt. Der Vater konnte vor der Neuregelung des § 1626a I Nr. 3 (→ Vor § 1626 Rn. 1) ohne Mitwirkung der Mutter nicht Teilhaber der Sorge werden (s. aber § 1680 III). Das BVerfG hat § 1626a I Nr. 1 aF wegen Verletzung des Elternrechts des nichtehelichen Vaters (Art. 6 II GG) für verfassungswidrig erklärt (BVerfG NJW 2010, 3008; vgl. auch EGMR NJW 2010, 501).

2. Sorgeerklärung. a) Bedeutung. Sorgeerklärungen von Vater und Mutter 3
begründen die gemeinsame Sorgeberechtigung der Eltern **(§ 1626a I Nr. 1)** und wirken daher rechtsgestaltend. Sie sind übereinstimmende Willenserklärungen, vergleichbar einem Beschluss, aber kein Vertrag, auch kein Antrag (s. aber Lipp FamRZ 1998, 65 [69]: „Antragsprinzip"). **b) Voraussetzungen. aa)** Die Übernahme der 4
gemeinsamen Sorge muss von den Eltern erklärt werden. Mutterschaft bestimmt sich nach § 1591; der Vater muss anerkannt haben oder gerichtl. festgestellt sein, § 1592 Nr. 2, 3 (Schwab DNotZ 1998, 437 [450]). **bb)** Abgabe einer Sorgeerklärung 5
durch jeden Elternteil, die jeweils auf die Person des anderen Elternteils und ein bestimmtes Kind bezogen sein muss. Eine Sorgeerklärung erstreckt sich nicht auf Geschwisterkinder. Inhalt ist die Erklärung, die elterliche Sorge gemeinsam wahrnehmen zu wollen. Gestaltungsfreiheit besteht nicht; die Eltern können Einzelheiten der Ausübung der Sorge nicht in der Sorgeerklärung regeln, wohl aber in Begleitvereinbarungen (Schwab DNotZ 1998, 437 [455]). Bedingung und Bestimmung eines 6
Anfangs- oder Endtermins sind unwirksam, § 1626b I; keine gemeinsame Sorge „auf Probe". Auch lässt sich die Sorgeerklärung nicht auf einen Teil der Sorge (zB Vermögenssorge, Aufenthaltsbestimmung) beschränken (OLG Nürnberg FamRZ 2014, 854); s. aber Teilübertragung nach § 1671 I 1, 2 Nr. 1. Sorgeerklärungen können gerichtl. Entscheidungen über die elterliche Sorge nach §§ 1626a I Nr. 3, II, 1671, 1696 I 1 nicht ändern, § 1626b III; andere gerichtl. Entscheidungen stehen nicht entgegen, zB Aufhebung nach § 1696 II. **cc) Nicht** wird vorausgesetzt, dass 7
die Eltern zusammenleben; sa § 1687. Gemeinsame elterliche Sorge entsteht auch für den Elternteil, der mit einem Dritten verheiratet ist. Eine Prüfung, ob die gemeinsame Sorgeausübung dem Kindeswohl entspricht, ist nicht vorgesehen. Eine Frist für die Sorgeerklärung besteht nicht. **dd)** Die Sorgeerklärung ist eine höchst- 8
persönliche Erklärung, § 1626c I; Stellvertretung scheidet aus (AG Ludwigslust FamRZ 2015, 1976 [1977]). Ist der Erklärende beschränkt geschäftsfähig, so ist Zustimmung des ges. Vertreters erforderlich (§ 1626c II 1), die durch das FamG ersetzt werden kann, falls die gemeinsame Ausübung der Sorge (s. § 1673 II) dem Wohl des beschränkt Geschäftsfähigen (nicht dem Kindeswohl!) nicht widerspricht, § 1626c II 3. Zum Geschäftsunfähigen s. Lipp FamRZ 1998, 65 [70 f.]. **ee)** Form 9
s. § 1626d I. Zuständige Stellen: Notar (§ 20 BNotO); Urkundsperson beim Jugendamt (§ 59 I 1 Nr. 8 SGB VIII), nicht Standesbeamter. Beurkundung kann durch gerichtl. Vergleich (§ 127a) ersetzt werden (BGH FamRZ 2011, 796 [798]; OLG Nürnberg FamRZ 2014, 854; AG Ludwigslust FamRZ 2015, 1976 [1977]; BeckOK/Veit § 1626d Rn. 4 mwN; aA BeckOGK/Schumann [1.9.2021] § 1626a Rn. 105 f.; BeckOGK/Osthold [1.7.2022] § 1626d Rn. 4; Hammer FamRZ 2015, 1977: § 155a V 1 FamFG ist lex specialis gegenüber § 127a). Zum Erfordernis der

Hinzuziehung eines Dolmetschers (§ 16 III BeurkG) s. OLG Frankfurt a.M. FamRZ 2017, 382. Zeitpunkt: Schon vor der Geburt, § 1626b II; zur erforderlichen (→ Rn. 4) Anerkennung der Vaterschaft in diesen Fällen s. § 1594 IV. Liegen beide Sorgeerklärungen bei der Geburt vor, entsteht die gemeinsame Sorgeberechtigung (wie bei miteinander verheirateten Eltern) mit der Geburt. Eine während des Scheidungsverfahrens der Kindesmutter abgegebene Sorgeerklärung des leiblichen Vaters ist zunächst schwebend unwirksam (BGH NJW 2004, 1595). Die Mitteilungen nach
10 § 1626d II sind nicht Wirksamkeitsvoraussetzung der Sorgeerklärung. **ff)** Beschränkung der Unwirksamkeitsgründe s. § 1626e; keine Anwendung der allg. Vorschrif-
11 ten über Willensmängel. **c) Wirkungen.** Die gemeinsame Sorge aufgrund Sorgeerklärungen steht der elterlichen Sorge aus §§ 1626, 1626a I Nr. 2, 3 gleich. Rechtsgeschäftliche Lösung von Sorgeerklärung scheidet aus. Änderung (nur) nach § 1671.

12 **3. Heirat der Eltern.** Bei Heirat der Eltern entsteht gemeinsame Sorge für ihr Kind, **§ 1626a I Nr. 2.** Voraussetzung ist die Anerkennung oder Feststellung der Vaterschaft nach § 1592 Nr. 2, 3. Anerkennung oder Feststellung nach der Eheschlie-
13 ßung genügt, aber keine Rückwirkung. – Vorausgegangene gerichtl. Sorgerechtsentscheidung nach § 1671 (auch solche zu §§ 1671, 1672 aF) steht gemeinsamer Sorge nicht entgegen (§ 1626b III gilt nicht), OLG Düsseldorf FamRZ 2010, 385.

14 **4. Gerichtliche Übertragung.** Auf Antrag eines Elternteils kann das FamG die elterliche Sorge den Eltern gemeinsam übertragen, **§ 1626a I Nr. 3, II 1.** Das Verfahren richtet sich nach § 155a FamFG. Das FamG hat nach **§ 1626a II 1** die elterliche Sorge oder einen Teil der elterlichen Sorge, zB das Aufenthaltsbestimmungsrecht (vgl. auch OLG Brandenburg MDR 2015, 1371: gemeinsame Sorge mit Ausn. des Aufenthaltsbestimmungsrechts), beiden Eltern gemeinsam zu übertragen, wenn die Übertragung dem Kindeswohl nicht widerspricht. Damit findet eine sog. *negative Kindeswohlprüfung* statt (so bereits nach § 1680 II bei Sorgerechtsentscheidung nach dem Tod eines Elternteils, ebenso nun in § 1671 III 2, 1678 II). Der Maßstab für eine Ablehnung des Antrags stimmt nach BGH (FamRZ 2016, 1439 [1440 f.]) mit demjenigen überein, der nach § 1671 I 2 Nr. 2 für die Übertragung der Alleinsorge bei Getrenntleben der Eltern anzulegen ist. Vorrangiger Maßstab für die gerichtl. Entscheidung ist danach jeweils das Kindeswohl. Als wesentliche Kriterien der Kindeswohlprüfung nennt der Senat die Erziehungseignung der Eltern, die Prinzipien der Förderung und der Kontinuität sowie den Kindeswillen (BGH FamRZ 2016, 1439 [1441]; s. dazu auch → § 1671 Rn. 9 ff.). Voraussetzung für die Übertragung der gemeinsamen elterlichen Sorge ist ein Mindestmaß an Übereinstimmung in wesentlichen Bereichen der elterlichen Sorge und eine tragfähige soziale Beziehung zwischen den Eltern (BGH FamRZ 2016, 1439 [1441]). Verständigungsmöglichkeit muss zumindest in den Angelegenheiten bestehen, in denen nach § 1687 I 1 Einvernehmen erforderlich ist (BGH FamRZ 2016, 1439 [1442]). – **Umfang der Sachverhaltsaufklärung:** Trägt der andere Elternteil keine konkreten, obj. Gründe vor, die der Übertragung der gemeinsamen elterlichen Sorge entgegenstehen können, wird nach § 1626a II 2 vermutet, dass die gemeinsame elterliche Sorge dem Kindeswohl nicht widerspricht (BGH FamRZ 2016, 1439 [1442 f.]). Diese Vermutung greift aber nicht mehr, wenn derartige Gründe sonst für das Gericht ersichtlich sind, etwa durch Äußerungen des Elternteils, auf den die elterliche Sorge mitübertragen werden soll. Zwar schränkt die genannte Vermutung den Amtsermittlungsgrundsatz ein, weil in den Fällen der Vermutung nach § 155a III 1 FamFG das FamG in einem vereinfachten schriftlichen Verfahren ohne Anhörung des Jugendamtes und ohne persönliche Anhörung der Eltern entscheidet (dazu BT-Drs. 17/11048, 18; Bruns FamFR 2013, 218). Hat das Gericht aber Anhaltspunkte dafür, dass die Übertragung der gemeinsamen Sorge dem Kindeswohl widersprechen könnte, muss es diesen von Amts wegen weiter nachgehen (BGH FamRZ 2016, 1439 [1442]). Die Frage, ob die Übertragung der gemeinsamen Sorge dem Kindeswohl widerspricht, muss in einem solchen Fall im Regelverfahren unter

uneingeschränkter Geltung des Amtsermittlungsgrundsatzes entschieden werden (dazu BT-Drs. 17/11048, 18); § 155a III 1 FamFG kann dann nicht mehr angewendet werden (vgl. OLG Karlsruhe NJW 2014, 3044 [3045]; OLG Bremen FamRZ 2015, 2170 [2171]). Das betroffene Kind ist anzuhören, auch wenn es das 14. Lebensjahr noch nicht vollendet hat (BGH FamRZ 2016, 1439 [1443 f.]; sa OLG Brandenburg BeckRS 2021, 2651: Anhörung auch im vereinfachten schriftlichen Verfahren). Lässt sich nicht feststellen, dass die gemeinsame Sorge dem Kindeswohl widerspricht, ist die Übertragung der elterlichen Sorge auf die Eltern gemeinsam auszusprechen (BGH FamRZ 2016, 1439 [1440, 1443]). **Intertemporal:** Art. 229 § 30 EGBGB.

5. Alleinsorge der Mutter. Entsteht in den übrigen Fällen, **§ 1626a III;** auch 15
erfolgreiche Anfechtung der Vaterschaft (§ 1599 I) führt zu Alleinsorge der Mutter. Dem Vater verbleiben Rechte aus §§ 1684, 1686. Nachw. der Alleinsorge durch Negativattest nach § 58 SGB VIII (krit. Schwab DNotZ 1998, 437 [452]).

§ 1627 Ausübung der elterlichen Sorge

[1]Die Eltern haben die elterliche Sorge in eigener Verantwortung und in gegenseitigem Einvernehmen zum Wohl des Kindes auszuüben. [2]Bei Meinungsverschiedenheiten müssen sie versuchen, sich zu einigen.

§ 1628 Gerichtliche Entscheidung bei Meinungsverschiedenheiten der Eltern

[1]Können sich die Eltern in einer einzelnen Angelegenheit oder in einer bestimmten Art von Angelegenheiten der elterlichen Sorge, deren Regelung für das Kind von erheblicher Bedeutung ist, nicht einigen, so kann das Familiengericht auf Antrag eines Elternteils die Entscheidung einem Elternteil übertragen. [2]Die Übertragung kann mit Beschränkungen oder mit Auflagen verbunden werden.

Anmerkungen zu den §§ 1627, 1628

1. Grundlagen. § 1627 sieht **gemeinschaftliches** und **gleichrangiges Han-** 1
deln vor; entspr. der Aufgabenverteilung in der Familie kann durch konkludente **Zustimmung** für einzelne Angelegenheiten alleinige Handlungsmacht eingeräumt werden (zu Vertreterhandeln → § 1629 Rn. 2); Zustimmung ist jederzeit widerruflich. Bis zum Widerruf muss sich der Zustimmende nicht nur Handeln, sondern auch Wissen des allein für das Kind tätig werdenden Elternteils zurechnen lassen (OLG Frankfurt a. M. FamRZ 1992, 181 zu § 852). Bei Getrenntleben s. § 1687.

2. Übertragung des Entscheidungsrechts auf einen Elternteil. a) Voraus- 2
setzungen: aa) Antrag eines Elternteils oder beider Eltern; **bb)** Konflikt in Bezug auf eine einzelne Angelegenheit oder eine bestimmte Art von Angelegenheiten der elterlichen Sorge (BGH FamRZ 2018, 1512); nicht erfasst sind Fragen, die das Sorgerecht als Ganzes oder Teile davon betreffen (dann § 1671, s. OLG Stuttgart FamRZ 2019, 802 [803]); **cc)** vergeblicher Einigungsversuch der Eltern; **dd)** Angelegenheit(en) von erheblicher Bedeutung, zB Wahl des Kindergartens (OLG Hamm FamRZ 2018, 1669), der Schule (OLG Dresden FamRZ 2017, 39; OLG Rostock FamRZ 2020, 102 [103], Grundschule; OLG Hamburg FamRZ 2022, 107 [108], weiterführende Schule) oder Ausbildung, Heilbehandlung, Impfentscheidung (BGH FamRZ 2017, 1057 [1059]; OLG Brandenburg FamRZ 2022, 1704 [1705], Covid-19-Schutzimpfung; sa Brissa JR 2012, 403), freiheitsentziehende Maßnahmen (§ 1631b) (OLG Oldenburg FamRZ 2019, 203); Teilnahme an schulischen Covid 19-Schnelltests (OLG Bamberg FamRZ 2021, 1537 [1538]); Vornamensbestimmung (OLG Frankfurt a.M. NJOZ 2023, 5 [6]); Änderung des Familiennamens

(BGH FamRZ 2017, 119 [120]); Löschung von Bildern des Kindes im Internet (OLG Oldenburg FamRZ 2018, 1517; OLG Düsseldorf FamRZ 2021, 1714 [1715]); Anlegung von beträchtlichem Kindesvermögen; Aufenthaltsbestimmung (s. aber OLG Stuttgart FamRZ 2019, 802 [803]); Beantragung eines deutschen Reisepasses (OLG Köln FamRZ 2012, 1502); Reisen in nicht vertrauten Kulturkreis bei kleinen Kindern (OLG Köln NJW-RR 2005, 90 [91]) oder in Krisengebiete (OLG Frankfurt a.M. FamRZ 2016, 1595 [1596]); Unterbringung des Kindes bei einer Tagesmutter (OLG Karlsruhe NJW-RR 2020, 581 [582]); Wahl des Religionsbekenntnisses (OLG Karlsruhe FamRZ 2019, 1697 [1699]; FamRZ 2016, 1376; OLG Stuttgart FamRZ 2018, 354; FamRZ 2016, 1378; Schwab FamRZ 2014, 1; sa § 2 III RKEG); Antrag nach § 1631e III (Grüneberg/Götz § 1631e Rn. 6); Beschneidung des Kindes (AG Düsseldorf FamRZ 2014, 1209); sa zur Uneinigkeit über Abtreibung AG Köln NJW 1985, 2201 und krit. dazu Coester-Waltjen NJW 1985, 2176. Bei unwesentlichen Angelegenheiten kann auf das Einigungsgebot aus § 1627 S. 2 vertraut und Untätigkeit in Kauf genommen werden; Grenze sollte sein, ob Nichtentscheidung dem Wohl des Kindes in erheblichem Maße abträglich ist, insbes. bei
3 nicht nachholbaren Entscheidungen; **ee)** auch die Übertragung auf den jeweiligen Elternteil muss dem Wohl des Kindes entsprechen (s. § 1697a I); regelmäßig müssen deshalb konkrete Vorschläge der Eltern zur Beurteilung vorliegen (vgl. auch BGH FamRZ 2017, 119 [120 f.], Namensänderung; BGH FamRZ 2017, 1057 [1059],
4 Angelegenheit der Gesundheitssorge). **b) Rechtsfolge.** Übertragung der Entscheidungsbefugnis auf einen Elternteil, ggf. mit Beschränkungen oder Auflagen, § 1628 S. 2. Durch Beschränkungen oder Auflagen darf das FamG aber nicht eine iE eigene Entscheidung durchsetzen (BVerfG NJW 2003, 1031; BGH FamRZ 2017, 119 [120]). Erscheint die Belassung des gegenwärtigen Zustands sinnvoller als eine Übertragung der Entscheidungskompetenz, ist der Antrag zurückzuweisen (BGH FamRZ 2017, 119 [120]; FamRZ 2017, 1057 [1059]). Mögliche Entscheidung nach § 1628 geht einem Sorgerechtseingriff nach § 1671 vor, OLG Frankfurt a.M. FamRZ 2019, 1244; sa BGH FamRZ 2018, 1512: Antrag nach § 1671 kann in einen Antrag nach § 1628 umgedeutet werden; nach OLG Stuttgart FamRZ 2019, 802 [803] aber kein Wechsel von einem Antrag nach § 1628 zu einem Antrag nach § 1671. Für § 1666 dürfte neben § 1628 nur in Ausnahmefällen beharrlicher Obstruktion Platz sein.
5 **c) Verfahren.** FamG, §§ 111 Nr. 2, 151 Nr. 1 FamFG; Verfahren nach §§ 151 ff. FamFG; Zuständigkeit § 152 FamFG; Hinwirken auf Einvernehmen § 156 FamFG; Anhörung der Eltern (§ 160 FamFG) und des Kindes (§ 159 FamFG); Beschwerde § 58 FamFG; Ausübung des Beschwerderechts durch das Kind § 60 FamFG.

§ 1629 Vertretung des Kindes

(1) **[1]Die elterliche Sorge umfasst die Vertretung des Kindes. [2]Die Eltern vertreten das Kind gemeinschaftlich; ist eine Willenserklärung gegenüber dem Kind abzugeben, so genügt die Abgabe gegenüber einem Elternteil. [3]Ein Elternteil vertritt das Kind allein, soweit er die elterliche Sorge allein ausübt oder ihm die Entscheidung nach § 1628 übertragen ist. [4]Bei Gefahr im Verzug ist jeder Elternteil dazu berechtigt, alle Rechtshandlungen vorzunehmen, die zum Wohl des Kindes notwendig sind; der andere Elternteil ist unverzüglich zu unterrichten.**

(2) **[1]Der Vater und die Mutter können das Kind insoweit nicht vertreten, als nach § 1824 ein Betreuer von der Vertretung des Betreuten ausgeschlossen ist. [2]Steht die elterliche Sorge für ein Kind den Eltern gemeinsam zu, so kann der Elternteil, in dessen Obhut sich das Kind befindet, Unterhaltsansprüche des Kindes gegen den anderen Elternteil geltend machen. [3]Das Familiengericht kann dem Vater und der Mutter nach § 1789 Absatz 2 Satz 3 und 4 die Vertretung entziehen; dies gilt nicht für die Feststellung der Vaterschaft.**

(2a) **Der Vater und die Mutter können das Kind in einem gerichtlichen Verfahren nach § 1598a Abs. 2 nicht vertreten.**

(3) [1]**Sind die Eltern des Kindes miteinander verheiratet oder besteht zwischen ihnen eine Lebenspartnerschaft, so kann ein Elternteil Unterhaltsansprüche des Kindes gegen den anderen Elternteil nur im eigenen Namen geltend machen, solange**

1. **die Eltern getrennt leben oder**
2. **eine Ehesache oder eine Lebenspartnerschaftssache im Sinne von § 269 Absatz 1 Nummer 1 oder 2 des Gesetzes über das Verfahren in Familiensachen und in den Angelegenheiten der freiwilligen Gerichtsbarkeit zwischen ihnen anhängig ist.**

[2]**Eine von einem Elternteil erwirkte gerichtliche Entscheidung und ein zwischen den Eltern geschlossener gerichtlicher Vergleich wirken auch für und gegen das Kind.**

1 **1. Allgemeines.** Ges. Vertretungsmacht der Eltern für das Kind ist Bestandteil der elterlichen Sorge, I 1. Eltern können zu Sorgezwecken auch im eigenen Namen handeln, ggf. Rechte des Kindes nach § 328 I begründen (BeckOK/Veit Rn. 6). Zu unterscheiden ist die Zustimmung der Eltern zu einem RGeschäft des Kindes, §§ 107 f., 111 (s. BeckOK/Veit Rn. 5).

2 **2. Vertretungsmacht. a)** Soweit den Eltern die Sorge gemeinsam zusteht (§§ 1626, 1626a), findet **Gesamtvertretung** statt, I 2 HS 1; Ausn. bei Empfangszuständigkeit für Willenserklärungen, I 2 HS 2. Ein Elternteil kann den anderen bevollmächtigen (s. dazu BGH FamRZ 2020, 1171 [1173 ff.]), auch konkludent oder im Wege der Duldungsvollmacht (→ § 167 Rn. 8), insbes. bei Geschäften geringerer Bedeutung oder durch entspr. Aufgabenverteilung der Eltern. Möglich soll auch eine „Ermächtigung" (MüKo-BGB/Huber Rn. 34 ff. mwN) oder „Zustimmung" nach §§ 182 ff. (bis zur 8. Aufl. Rn. 2) zur Alleinvertretung sein. Freilich genügen Bevollmächtigung und § 177 I, wenn der erklärende Elternteil verdeckt auch für den anderen Elternteil handelt (→ § 164 Rn. 5). **b) Alleinvertretungsmacht** hat 3 **aa)** ein Elternteil, wenn ihm die Sorge allein zusteht (s. §§ 1626a III, 1671, 1678 II, 1680 III) oder ihm die Entscheidung in einer einzelnen Angelegenheit nach § 1628 übertragen wurde, I 3; **bb)** der Elternteil, bei dem sich das Kind nach Trennung der gemeinsam sorgeberechtigten Eltern gewöhnlich aufhält, für Angelegenheiten des täglichen Lebens, § 1687 I 2. **cc)** Ferner begründet § 1629 I 4 in Eil- und Notfäl- 4 len ein Notvertretungsrecht für einen Elternteil. Voraussetzung ist, dass das RGeschäft (oder die geschäftsähnliche Handlung) im Interesse des Kindeswohls unausweichlich vorgenommen werden muss und eine Mitwirkung des anderen Elternteils infolge Abwesenheit usw ausscheidet; nicht jedoch, wenn sie verweigert wird. **dd)** Alleinvertretungsmacht besteht überdies bei Ausübungsverhinderung und 5 Ruhen der Sorge (§ 1678 I) oder nach Entziehung (§§ 1629 II 3, 1666); s. auch § 1638 III 2.

6 **3. Beschränkungen. a)** Keine Vertretungsmacht besteht für Schenkungen nach § 1641 S. 1 und nach § 1629 II 1 in den Fällen des § 1824 I und II iVm § 181. Sind die Eltern gemeinsam sorgeberechtigt, liegt der Tatbestand des § 1824 aber nur bei einem Elternteil vor, stellt sich die Frage, ob der andere Elternteil in diesem Fall allein vertretungsberechtigt ist. Im Anschluss an BGH NJW 1972, 1708 [1709] wurde dies vielfach verneint und ein Ausschluss auch des anderen Elternteils angenommen. Der BGH hat seine alte Rspr. allerdings in FamRZ 2021, 1127 [1129 f.] aufgegeben: In einem Verfahren zur Vaterschaftsanfechtung nimmt er an, dass die mit dem rechtlichen Vater nicht verheiratete Mutter nicht schon aufgrund des gemeinsamen Sorgerechts von der ges. Vertretung des Kindes ausgeschlossen ist; nur im Einzelfall soll bei einem erheblichen Interessengegensatz eine Entziehung der Vertretungsmacht nach §§ 1629 II 3, 1789 II 3 und 4 in Betracht kommen (BGH FamRZ 2021, 1127 [1130]; krit. Zorn FamRZ 2022, 334 [336]). Welche Konse-

quenzen aus der Entscheidung zu ziehen sind, erscheint nicht völlig klar. Verschiedentlich wird angenommen, dass die Aussage zu verallgemeinern ist (OLG Köln NJW 2022, 3514 [3515], Übertragung von Grundbesitz; BeckOGK/Amend-Traut [1.12.2022] Rn. 47; BeckOK/Veit Rn. 37): Die Vertretungsmacht soll danach generell nur bei dem Elternteil ausgeschlossen sein, bei dem der Tatbestand des § 1824 erfüllt ist; der andere sei in diesem Fall allein vertretungsberechtigt (nach BeckOK/Veit Rn. 37.2 gestützt auf § 1629 I 3). Ob dies auch dann gelten soll, wenn die gemeinsam sorgeberechtigten Eltern miteinander verheiratet sind, ist str.: Teilweise wird (gem. §§ 1629 II 1 iVm § 1824 I Nr. 1, 3 analog) angenommen, der Ehegatte des Elternteils, in dessen Person ein Ausschlussgrund nach § 1824 vorliegt, sei generell von der ges. Vertretung ausgeschlossen (Lönig NJW 2021, 1875 f.; Grüneberg/Götz Rn. 14); nach aA soll dies nur bei einem Rechtsgeschäft/Rechtsstreit des Kindes mit dem Ehegatten selbst, nicht aber mit einem der Verwandten des Ehegatten gelten (so überzeugend BeckOGK/Amend-Traut [1.12.2022] Rn. 47; BeckOK/Veit Rn. 37.1). – Zur ges. Vertretung des Kindes im Vaterschaftsanfechtungsverfahren sa → § 1599–1600c Rn. 10. **b)** Für Geschäfte nach §§ 1643–1645 ist die familiengerichtl. Genehmigung erforderlich. **c)** Für Verfahren nach § 1598a II besteht ebenfalls keine Vertretungsmacht, II a (vgl. → § 1598a Rn. 5); für das Vaterschaftsanfechtungsverfahren gilt II a nicht (BGH FamRZ 2017, 123 [125]). **d)** Keine Beschränkung der Vertretungsmacht bedeutet § 1629a I, wohl aber eine Haftungsbegrenzung.

7 **4. Unterhalt. a)** II 2 gibt bei gemeinsamer Sorge (s. §§ 1626 I, 1626a I) dem Elternteil, in dessen Obhut (zum Begriff BGH FamRZ 2014, 917; FamRZ 2006, 1015; zum Wechsel der elterlichen Obhut BGH FamRZ 2017, 816 f.) sich das Kind befindet, Alleinvertretungsmacht für die Geltendmachung von Unterhaltsansprüchen gegen den anderen Elternteil. Grund: Andernfalls würde die Durchsetzung von Unterhaltsforderungen an I 2 und II 1 iVm § 1824 I Nr. 3 scheitern. Beim Eingliederungs- oder Residenzmodell liegt die Obhut bei dem Elternteil, bei dem das Kind vorwiegend lebt (BGH FamRZ 2014, 917 f.). Wird das Kind im paritätischen Wechselmodell betreut, hat kein Elternteil die Obhut iSd § 1629 II 2 inne; in diesem Fall muss die Bestellung eines Ergänzungspflegers (§ 1809) herbeigeführt oder Antrag auf Übertragung der alleinigen Entscheidung zur Geltendmachung von Kindesunterhalt gem. § 1628 gestellt werden, BGH FamRZ 2014, 917 [918]; OLG Brandenburg FamRZ 2022, 1929 (grds. Wahlrecht zwischen beiden Optionen); s. dazu auch OLG Zweibrücken FamRZ 2021, 1199: Recht zur Geltendmachung von Unterhaltsansprüchen ist Teil der Personensorge (nicht der Vermögenssorge).

8 **b)** Ergänzend sieht III 1 eine die Vertretung ausschließende ges. Verfahrensstandschaft für den verheirateten oder verpartnerten Elternteil vor; Zweck: Das Kind soll in den Streit der Eltern nicht als formelle Partei einbezogen werden. III 2 ordnet eine Wirkungsverlagerung an; dies ist erforderlich, weil der Elternteil insoweit nicht im fremden Namen handelt. Nach OLG Nürnberg (FamRZ 2016, 563 [564]) ist der Anspruch des Kindes auf Herausgabe persönlicher Sachen (Impfausweis, Zeugnisse etc) analog III ebenfalls in ges. Verfahrensstandschaft geltend zu machen; s. dazu auch Götz FamRZ 2016, 519.

9 **5. Rechtsfolgen.** Wirkungsverlagerung nach § 164 I auf das Kind, auch bei Prozesshandlungen. Bei fehlender oder eingeschränkter (Allein-)Vertretungsmacht kann anderer Elternteil oder Pfleger (II 1 iVm §§ 1824, 1809) genehmigen, auch das volljährig gewordene Kind.

§ 1629a *Beschränkung der Minderjährigenhaftung*

(1) [1]**Die Haftung für Verbindlichkeiten, die die Eltern im Rahmen ihrer gesetzlichen Vertretungsmacht oder sonstige vertretungsberechtigte Personen im Rahmen ihrer Vertretungsmacht durch Rechtsgeschäft oder eine sonstige Handlung mit Wirkung für das Kind begründet haben, oder die**

auf Grund eines während der Minderjährigkeit erfolgten Erwerbs von Todes wegen entstanden sind, beschränkt sich auf den Bestand des bei Eintritt der Volljährigkeit vorhandenen Vermögens des Kindes; dasselbe gilt für Verbindlichkeiten aus Rechtsgeschäften, die der Minderjährige gemäß §§ 107, 108 oder § 111 mit Zustimmung seiner Eltern vorgenommen hat oder für Verbindlichkeiten aus Rechtsgeschäften, zu denen die Eltern die Genehmigung des Familiengerichts erhalten haben. [2]Beruft sich der volljährig Gewordene auf die Beschränkung der Haftung, so finden die für die Haftung des Erben geltenden Vorschriften der §§ 1990, 1991 entsprechende Anwendung.

(2) **Absatz 1 gilt nicht für Verbindlichkeiten aus dem selbständigen Betrieb eines Erwerbsgeschäfts, soweit der Minderjährige hierzu nach § 112 ermächtigt war, und für Verbindlichkeiten aus Rechtsgeschäften, die allein der Befriedigung seiner persönlichen Bedürfnisse dienten.**

(3) **Die Rechte der Gläubiger gegen Mitschuldner und Mithaftende sowie deren Rechte aus einer für die Forderung bestellten Sicherheit oder aus einer deren Bestellung sichernden Vormerkung werden von Absatz 1 nicht berührt.**

(4) **[1]Hat das volljährig gewordene Mitglied einer Erbengemeinschaft oder Gesellschaft nicht binnen drei Monaten nach Eintritt der Volljährigkeit die Auseinandersetzung des Nachlasses verlangt oder die Kündigung der Gesellschaft erklärt, ist im Zweifel anzunehmen, dass die aus einem solchen Verhältnis herrührende Verbindlichkeit nach dem Eintritt der Volljährigkeit entstanden ist; Entsprechendes gilt für den volljährig gewordenen Inhaber eines Handelsgeschäfts, der dieses nicht binnen drei Monaten nach Eintritt der Volljährigkeit einstellt. [2]Unter den in Satz 1 bezeichneten Voraussetzungen wird ferner vermutet, dass das gegenwärtige Vermögen des volljährig Gewordenen bereits bei Eintritt der Volljährigkeit vorhanden war.**

Lit.: Habersack, Das neue Gesetz zur Beschränkung der Haftung Minderjähriger, FamRZ 1999, 1; Hager, Schenkung und rechtlicher Nachteil, FS Leenen, 2012, 43; Muscheler, Haftungsbeschränkung zugunsten Minderjähriger, WM 1998, 2271; K. Thiel, Das Gesetz zur Beschränkung der Haftung Minderjähriger, 2002.

1. Haftungsbegrenzung. Mit dem allg. Persönlichkeitsrecht (Art. 2 I GG iVm Art. 1 I GG) Minderjähriger ist es nicht vereinbar, dass Eltern aufgrund § 1629 I 1 (und andere Vertreter) unbegrenzt Verbindlichkeiten begründen, die das volljährig gewordene Kind auf seinem weiteren Lebensweg erheblich belasten (s. BVerfGE 72, 155). I gewährt **Einrede** der Haftungsbegrenzung auf das bei Eintritt der Volljährigkeit (§ 2) vorhandene Vermögen. Eine Beschränkung der Vertretungsmacht tritt nicht ein; daher keine Haftung der Eltern nach § 179. – Restschuldbefreiung nach §§ 286 ff. InsO bleibt unberührt. Sa § 723 I 3 Nr. 2 (ab 1.1.2024: § 725 IV 1). 1 2

2. Voraussetzungen. a) Begründung von Verbindlichkeiten für das minderjährige Kind aufgrund Vertretungsmacht, insbes. nach § 1629 I 1; maßgebend ist der Zeitpunkt, in dem der Rechtsgrund für die Verbindlichkeit gelegt wurde (LG Nürnberg-Fürth FamRZ 2010, 70 [71]). Den Eltern gleichgestellt sind sonstige ges. Vertreter (§§ 1789 III, 1813 I), ferner (vgl. BR-Drs. 366/96, 14) Testamentsvollstrecker, Mitgesellschafter und Bevollmächtigte, auch das Kind bei RGeschäften, die es mit Zustimmung des ges. Vertreters (§§ 107 f.) vornimmt, I 1 HS 2 Fall 1. – Erteilte Genehmigung des FamG (s. § 1643, §§ 1850–1854) schließt Haftungsbegrenzung nicht aus, I 1 HS 2 Fall 2. **b)** Die Verbindlichkeit muss **aa)** durch ein RGeschäft oder **bb)** eine sonstige Handlung begründet worden sein, für die das Kind zB nach § 278 S. 1 Fall 1 einstehen muss. Verbindlichkeiten aus eigenem Verschulden des Minderjährigen fallen nicht unter I; mangelnde Verantwortlichkeit wird nur nach §§ 276 I 2, 828 berücksichtigt. **cc)** Haftungsbeschränkung (auf bei Volljährigkeit vorhandenes Vermögen, nicht nur auf Nachlass) auch bei Verbindlichkeiten, die den 3 4

Minderjährigen als Erben treffen (s. § 1967). Erbrechtliche Haftungsbeschränkung
(§ 1975) bleibt unberührt. Zur Haftung des Kindes für Bestattungskosten, die einer
Gemeinde in Erfüllung ihrer subsidiären Bestattungspflicht entstanden sind, s. VG
Lüneburg NZFam 2022, 956; BeckOGK/Amend-Traut [1.12.2022] Rn. 31: keine
5 Haftungsbeschränkung. **c) Keine Haftungsbegrenzung** bei RGeschäften, die
aa) der Minderjährige im Rahmen der selbstständigen Führung eines Erwerbsge-
schäfts nach § 112 tätigt; **bb)** der ges. Vertreter oder das Kind zur Deckung persönli-
cher Bedürfnisse eingehen, § 1629a II. Darunter fallen Kleingeschäfte des täglichen
Lebens (Nahrungs- und Genussmittel, Kleidung) und alterstypische größere
6 Anschaffung (Kleinkrafträder, Computer, Handy). **d) Erhebung** der Einrede; Haf-
tungsbeschränkung tritt nicht von Ges. wegen ein.

7 **3. Rechtsfolgen.** S. I 2 iVm §§ 1990, 1991 I, III. **a)** Das volljährig gewordene
Kind kann Gläubiger auf bei Eintritt der Volljährigkeit vorhandenes Vermögen
verweisen; Neuvermögen haftet nicht. Im Prozess muss sich der volljährig Gewor-
dene die Haftungsbeschränkung vorbehalten (§ 780 I ZPO); bei Zwangsvollstre-
ckung in Neuvermögen s. §§ 786, 785, 767 ZPO. Vgl. iÜ → §§ 1990, 1991 Rn. 7.
Für teleologische Reduktion des § 1629a bei Schenkung oder Erbschaft Hager FS
8 Leenen, 2012, S. 43 [55 ff.]. **b)** Wird die Einrede erhoben, entsteht eine Herausgabe-
pflicht, § 1990 I 2. **c)** Anwendung von Auftragsrecht, s. §§ 1991 I, 1978 I, 662 ff.
Volljähriger haftet insbes. für ordnungsgem. Verwaltung; für Ersatzansprüche aus
9 Verletzung dieser Pflichten gilt I nicht. **d)** Die Haftungsbeschränkung erfasst nicht
Rechte des Gläubigers gegen Dritte, insbes. Mitverpflichtete, Bürgen, Verpfänder
oder sonstige Sicherungsgeber, III. Für Regress (sa §§ 426 II, 774 I, 1143, 1225) gilt
10 jedoch I. **e)** Am Kindesvermögen bestellte dingliche Sicherheiten bleiben unbe-
rührt.

11 **4. Vermutungen zugunsten der Gläubiger, IV.** Vermutungen sind weithin bedeutungslos, da der volljährig Gewordene ohnehin nach allg. Grundsätzen die Beweislast für die Voraussetzungen des I trägt.

12 **5. Übergangsvorschriften.** S. § 3 MHbeG.

§ 1630 Elterliche Sorge bei Pflegerbestellung oder Familienpflege

(1) **Die elterliche Sorge erstreckt sich nicht auf Angelegenheiten des Kindes, für die ein Pfleger bestellt ist.**

(2) **Steht die Personensorge oder die Vermögenssorge einem Pfleger zu, so entscheidet das Familiengericht, falls sich die Eltern und der Pfleger in einer Angelegenheit nicht einigen können, die sowohl die Person als auch das Vermögen des Kindes betrifft.**

(3) **[1]Geben die Eltern das Kind für längere Zeit in Familienpflege, so kann das Familiengericht auf Antrag der Eltern oder der Pflegeperson Angelegenheiten der elterlichen Sorge auf die Pflegeperson übertragen. [2]Für die Übertragung auf Antrag der Pflegeperson ist die Zustimmung der Eltern erforderlich. [3]Im Umfang der Übertragung hat die Pflegeperson die Rechte und Pflichten eines Pflegers.**

1 **1. Allgemeines.** Neugefasst durch SorgeRG und KindRG.

2 **2. Grenzen der elterlichen Sorge. Ausschluss** der elterlichen Befugnisse nach I ist notwendige Folge der Pflegerbestellung (hierzu § 1809) und der dafür maßgebenden Gründe.

3 **3. Meinungsverschiedenheiten. a)** Sind Personensorge und Vermögenssorge in einer konkreten Angelegenheit zugleich berührt (Bsp: zum Unterhalt zu verwendende Mittel des Kindes, BayObLG FamRZ 1975, 219), so können zwischen den jeweils Sorgeberechtigten Meinungsverschiedenheiten entstehen; II begründet die

Zuständigkeit des FamG zur Entscheidung. Verfahren §§ 111 Nr. 2, 151 Nr. 1, 151 ff. FamFG. Anhörung des Kindes (§ 159 FamFG), des nicht sorgeberechtigten Elternteils (§ 160 II 2 FamFG) sowie des Verfahrensbeistandes (§ 158 FamFG). Die Entscheidung ersetzt die Zustimmung eines Teils, dagegen sofortige Beschwerde § 58 FamFG, bei Ablehnung einfache Beschwerde, Beschwerdeausübung durch Kind § 60 FamFG, durch Eltern oder Pfleger §§ 161, 59 FamFG. **b)** Bei Meinungs- 4
verschiedenheiten ohne Rücksicht auf das Kindeswohl, die mit der Entscheidung eines konkreten Falles nicht auszuräumen sind, kommen §§ 1813, 1802 II 3 iVm 1862 III, 1804 I Nr. 1, 1666, 1666a in Betracht.

4. Familienpflege. III sieht die Übertragung einzelner Sorgeangelegenheiten 5
durch das FamG auf eine Pflegeperson vor, wenn dies der Betreuung des Kindes dient, sa § 1697a; Bestellung von mehreren Pflegepersonen ist möglich (AG Erfurt FamRZ 2015, 59 [Großeltern]); nicht zulässig ist die vollst. Übertragung der elterlichen Sorge (OLG Jena FamRZ 2009, 992; Grüneberg/Götz Rn. 11; Erman/Döll Rn. 12; aA OLG Celle FamRZ 2017, 450 [451 f.]; AG Erfurt FamRZ 2015, 59; MüKo-BGB/Huber Rn. 26). Antragsberechtigt sind Eltern(-teil) im Rahmen des Sorgerechts und Pflegeperson. Stellt die **Pflegeperson** den **Antrag,** setzt Übertra- 6
gung die Zustimmung der sorgeberechtigten Eltern voraus, III 2; bei Elternantrag ist die Zustimmung der Pflegeperson erforderlich, str.; aA Windel FamRZ 1997, 721. FamG begründet für die Pflegeperson die Stellung eines Pflegers mit den im Beschluss umschriebenen Befugnissen.

§ 1631 Inhalt und Grenzen der Personensorge

(1) **Die Personensorge umfasst insbesondere die Pflicht und das Recht, das Kind zu pflegen, zu erziehen, zu beaufsichtigen und seinen Aufenthalt zu bestimmen.**

(2) **Das Kind hat ein Recht auf Pflege und Erziehung unter Ausschluss von Gewalt, körperlichen Bestrafungen, seelischen Verletzungen und anderen entwürdigenden Maßnahmen.**

(3) **Das Familiengericht hat die Eltern auf Antrag bei der Ausübung der Personensorge in geeigneten Fällen zu unterstützen.**

§ 1631a Ausbildung und Beruf

[1]In Angelegenheiten der Ausbildung und des Berufs nehmen die Eltern insbesondere auf Eignung und Neigung des Kindes Rücksicht. [2]Bestehen Zweifel, so soll der Rat eines Lehrers oder einer anderen geeigneten Person eingeholt werden.

§ 1631b Freiheitsentziehende Unterbringung und freiheitsentziehende Maßnahmen

(1) **[1]Eine Unterbringung des Kindes, die mit Freiheitsentziehung verbunden ist, bedarf der Genehmigung des Familiengerichts. [2]Die Unterbringung ist zulässig, solange sie zum Wohl des Kindes, insbesondere zur Abwendung einer erheblichen Selbst- oder Fremdgefährdung, erforderlich ist und der Gefahr nicht auf andere Weise, auch nicht durch andere öffentliche Hilfen, begegnet werden kann. [3]Ohne die Genehmigung ist die Unterbringung nur zulässig, wenn mit dem Aufschub Gefahr verbunden ist; die Genehmigung ist unverzüglich nachzuholen.**

(2) **[1]Die Genehmigung des Familiengerichts ist auch erforderlich, wenn dem Kind, das sich in einem Krankenhaus, einem Heim oder einer sonstigen Einrichtung aufhält, durch mechanische Vorrichtungen, Medikamente**

oder auf andere Weise über einen längeren Zeitraum oder regelmäßig in nicht altersgerechter Weise die Freiheit entzogen werden soll. [2]Absatz 1 Satz 2 und 3 gilt entsprechend.

§ 1631c Verbot der Sterilisation

[1]Die Eltern können nicht in eine Sterilisation des Kindes einwilligen. [2]Auch das Kind selbst kann nicht in die Sterilisation einwilligen. [3]§ 1809 findet keine Anwendung.

§ 1631d Beschneidung des männlichen Kindes

(1) **[1]Die Personensorge umfasst auch das Recht, in eine medizinisch nicht erforderliche Beschneidung des nicht einsichts- und urteilsfähigen männlichen Kindes einzuwilligen, wenn diese nach den Regeln der ärztlichen Kunst durchgeführt werden soll. [2]Dies gilt nicht, wenn durch die Beschneidung auch unter Berücksichtigung ihres Zwecks das Kindeswohl gefährdet wird.**

(2) **In den ersten sechs Monaten nach der Geburt des Kindes dürfen auch von einer Religionsgesellschaft dazu vorgesehene Personen Beschneidungen gemäß Absatz 1 durchführen, wenn sie dafür besonders ausgebildet und, ohne Arzt zu sein, für die Durchführung der Beschneidung vergleichbar befähigt sind.**

§ 1631e Behandlung von Kindern mit Varianten der Geschlechtsentwicklung

(1) **Die Personensorge umfasst nicht das Recht, in eine Behandlung eines nicht einwilligungsfähigen Kindes mit einer Variante der Geschlechtsentwicklung einzuwilligen oder selbst diese Behandlung durchzuführen, die, ohne dass ein weiterer Grund für die Behandlung hinzutritt, allein in der Absicht erfolgt, das körperliche Erscheinungsbild des Kindes an das des männlichen oder des weiblichen Geschlechts anzugleichen.**

(2) **[1]In operative Eingriffe an den inneren oder äußeren Geschlechtsmerkmalen des nicht einwilligungsfähigen Kindes mit einer Variante der Geschlechtsentwicklung, die eine Angleichung des körperlichen Erscheinungsbilds des Kindes an das des männlichen oder des weiblichen Geschlechts zur Folge haben könnten und für die nicht bereits nach Absatz 1 die Einwilligungsbefugnis fehlt, können die Eltern nur einwilligen, wenn der Eingriff nicht bis zu einer selbstbestimmten Entscheidung des Kindes aufgeschoben werden kann. [2]§ 1809 ist nicht anzuwenden.**

(3) **[1]Die Einwilligung nach Absatz 2 Satz 1 bedarf der Genehmigung des Familiengerichts, es sei denn, der operative Eingriff ist zur Abwehr einer Gefahr für das Leben oder für die Gesundheit des Kindes erforderlich und kann nicht bis zur Erteilung der Genehmigung aufgeschoben werden. [2]Die Genehmigung ist auf Antrag der Eltern zu erteilen, wenn der geplante Eingriff dem Wohl des Kindes am besten entspricht. [3]Legen die Eltern dem Familiengericht eine den Eingriff befürwortende Stellungnahme einer interdisziplinären Kommission nach Absatz 4 vor, wird vermutet, dass der geplante Eingriff dem Wohl des Kindes am besten entspricht.**

(4) **[1]Einer interdisziplinären Kommission sollen zumindest die folgenden Personen angehören:**

1. der das Kind Behandelnde gemäß § 630a,
2. mindestens eine weitere ärztliche Person,

3. eine Person, die über eine psychologische, kinder- und jugendlichenpsychotherapeutische oder kinder- und jugendpsychiatrische Berufsqualifikation verfügt, und
4. eine in Ethik aus-, weiter- oder fortgebildete Person.

[2]Die ärztlichen Kommissionsmitglieder müssen unterschiedliche kinderheilkundliche Spezialisierungen aufweisen. [3]Unter ihnen muss ein Facharzt für Kinder- und Jugendmedizin mit dem Schwerpunkt Kinderendokrinologie und -diabetologie sein. [4]Ein Kommissionsmitglied nach Satz 1 Nummer 2 darf nicht in der Einrichtung der medizinischen Versorgung beschäftigt sein, in der der operative Eingriff durchgeführt werden soll. [5]Sämtliche Kommissionsmitglieder müssen Erfahrung im Umgang mit Kindern mit Varianten der Geschlechtsentwicklung haben. [6]Auf Wunsch der Eltern soll die Kommission eine Beratungsperson mit einer Variante der Geschlechtsentwicklung beteiligen.

(5) **[1]Die den operativen Eingriff nach Absatz 2 Satz 1 befürwortende Stellungnahme der interdisziplinären Kommission hat insbesondere folgende Angaben zu enthalten:**
1. die Bezeichnung der Mitglieder der Kommission und Informationen zu ihrer Befähigung,
2. das Alter des Kindes und ob und welche Variante der Geschlechtsentwicklung es aufweist,
3. die Bezeichnung des geplanten Eingriffs und welche Indikation für diesen besteht,
4. warum die Kommission den Eingriff unter Berücksichtigung des Kindeswohls befürwortet und ob er aus ihrer Sicht dem Wohl des Kindes am besten entspricht, insbesondere welche Risiken mit diesem Eingriff, mit einer anderen Behandlung oder mit dem Verzicht auf einen Eingriff bis zu einer selbstbestimmten Entscheidung des Kindes verbunden sind,
5. ob und durch welche Kommissionsmitglieder ein Gespräch mit den Eltern und dem Kind geführt wurde und ob und durch welche Kommissionsmitglieder die Eltern und das Kind zum Umgang mit dieser Variante der Geschlechtsentwicklung aufgeklärt und beraten wurden,
6. ob eine Beratung der Eltern und des Kindes durch eine Beratungsperson mit einer Variante der Geschlechtsentwicklung stattgefunden hat,
7. inwieweit das Kind in der Lage ist, sich eine Meinung zu bilden und zu äußern und ob der geplante Eingriff seinem Willen entspricht, sowie
8. ob die nach Absatz 4 Satz 6 beteiligte Beratungsperson mit einer Variante der Geschlechtsentwicklung die befürwortende Stellungnahme mitträgt.

[2]Die Stellungnahme muss von allen Mitgliedern der interdisziplinären Kommission unterschrieben sein.

(6) **Der Behandelnde gemäß § 630a hat, wenn eine Behandlung an den inneren oder äußeren Geschlechtsmerkmalen erfolgt ist, die Patientenakte bis zu dem Tag aufzubewahren, an dem die behandelte Person ihr 48. Lebensjahr vollendet.**

§ 1632 Herausgabe des Kindes; Bestimmung des Umgangs; Verbleibensanordnung bei Familienpflege

(1) **Die Personensorge umfasst das Recht, die Herausgabe des Kindes von jedem zu verlangen, der es den Eltern oder einem Elternteil widerrechtlich vorenthält.**

(2) **Die Personensorge umfasst ferner das Recht, den Umgang des Kindes auch mit Wirkung für und gegen Dritte zu bestimmen.**

(3) **Über Streitigkeiten, die eine Angelegenheit nach Absatz 1 oder 2 betreffen, entscheidet das Familiengericht auf Antrag eines Elternteils.**

(4) [1]**Lebt das Kind seit längerer Zeit in Familienpflege und wollen die Eltern das Kind von der Pflegeperson wegnehmen, so kann das Familiengericht von Amts wegen oder auf Antrag der Pflegeperson anordnen, dass das Kind bei der Pflegeperson verbleibt, wenn und solange das Kindeswohl durch die Wegnahme gefährdet würde.** [2]**Das Familiengericht kann in Verfahren nach Satz 1 von Amts wegen oder auf Antrag der Pflegeperson zusätzlich anordnen, dass der Verbleib bei der Pflegeperson auf Dauer ist, wenn**

1. **sich innerhalb eines im Hinblick auf die Entwicklung des Kindes vertretbaren Zeitraums trotz angebotener geeigneter Beratungs- und Unterstützungsmaßnahmen die Erziehungsverhältnisse bei den Eltern nicht nachhaltig verbessert haben und eine derartige Verbesserung mit hoher Wahrscheinlichkeit auch zukünftig nicht zu erwarten ist und**
2. **die Anordnung zum Wohl des Kindes erforderlich ist.**

§ 1633 *(aufgehoben)*

Anmerkungen zu den §§ 1631–1632

1 **1. Allgemeines.** §§ 1631–1632 bestimmen Inhalt und Umfang der Personensorge als Teil der elterlichen Sorge; sa § 1626 I 2. Zur Vornamensgebung → §§ 1616–1617c Rn. 11.

2 **2. Inhalt und Umfang der Personensorge. a)** Kern der Personensorge ist die **Erziehung** (vgl. Gernhuber/Coester-Waltjen § 59 Rn. 1); **Pflege** gewinnt eine eigenständige Bedeutung, wo Erziehung zur selbstständig handlungsfähigen Persönlichkeit nicht möglich ist. Das Erziehungsziel bestimmt und begrenzt die Wahl der **Erziehungsmittel,** die auch von Reife und Entwicklung des Kindes begrenzt werden; Bsp: Ermahnung, Erklärung, Verweise, Entzug von Annehmlichkeiten und Genüssen, von Spielgeräten, Taschengeld, Fernsehen, Computer, Smartphone usw; Schranken §§ 1631 II, 1626 II 1. Das Kind hat den danach zulässigen Weisungen
3 der Eltern Folge zu leisten; zur Durchsetzung → Rn. 3. **b) aa) „Recht"** des Kindes **auf gewaltfreie Pflege und Erziehung** (**Lit.:** Huber/Scherer, Die Neuregelung zur Ächtung der Gewalt in der Erziehung, FamRZ 2001, 797) nach § 1631 II entfaltet Appellfunktion. Körperliche Bestrafungen (Bsp: Prügel, Schläge, Einsperren, sa OLG Nürnberg BeckRS 2015, 18472: Schläge mit einer Rute als Erziehungsmodell einer Glaubensgemeinschaft [„Zwölf Stämme"]; dazu EGMR FamRZ 2019, 594: Verstoß gegen Art. 3 EMRK), seelische Verletzungen (Bsp: Beleidigungen, Herabsetzungen, Demütigungen) und andere entwürdigende Erziehungsmaßnahmen (Auffangklausel) sind nicht zulässig. Keine Bestrafung iSd § 1631 II ist die körperliche Einwirkung zur Gefahrenabwehr (Bsp: Zurückholen von öffentl. Verkehrsflächen, Entwenden von Streichhölzern oder Drogen). Schranke: Verhältnismäßigkeitsprinzip. **bb)** Bei einem **Verstoß** gegen § 1631 II besteht kein Beseitigungs- oder Unterlassungsanspruch des Kindes, wohl aber sind Maßnahmen nach §§ 1666, 1666a möglich; daneben kommen Schadensersatzansprüche nach §§ 823 I, II iVm
4 § 1631 II oder § 223 StGB in Betracht (BeckOK/Veit § 1631 Rn. 30). **c) Aufsicht** verlangt Bewahren vor Selbstschädigung oder Verletzung durch Dritte, aber auch vor Schadensverursachung, vgl. § 832. Als Teil der Erziehungsaufgabe ist sie an die entwicklungsabhängigen Schranken der Erziehungsbefugnisse und -möglichkeiten gebunden, zB in der altersentsprechenden Achtung eines Geheimbereichs des Kindes
5 (Briefe, Tagebücher); s. auch BGH NJW 1980, 1044 (17-jähriger Schläger). **d) Aufenthaltsbestimmung. aa)** Die Wahl von Wohnort und Wohnung ist Voraussetzung effektiver Erziehung; umfasst ist auch das Recht zur Unterbringung im Internat oder bei einer Pflegeperson. Der Kindeswille ist nach § 1626 II 1 zu berücksichtigen,

vgl. BayObLG NJW-RR 1986, 4 (Rückführung einer 15jährigen in die Türkei); krit. Knöpfel FamRZ 1985, 1211. **bb)** Bei **Unterbringung** mit **Freiheitsentziehung** (geschlossene Heime, Anstalten mit geschlossenen Abteilungen, zB für Drogensüchtige oder Personen mit Essstörungen [OLG Brandenburg FamRZ 2004, 815]) s. Schranken in § 1631b I, dazu §§ 167, 312 ff. FamFG (vgl. OLG Saarbrücken FamRZ 2021, 684 [685], inbes. zu Anforderungen an Anhörung und Sachverhaltsermittlung). Bei Prüfung der Verhältnismäßigkeit ist ein strenger Maßstab anzulegen (OLG Koblenz FamRZ 2021, 1540 [1541]: geschlossene Unterbringung als „ultima ratio"; gilt für medizinisch ebenso wie für pädagogisch indizierte Maßnahmen). Wird der Antrag auf Unterbringung nur durch das Jugendamt gestellt, während der Personensorgeberechtigte dieser widerspricht, muss der Entscheidung des FamG nach § 1631b eine solche nach §§ 1666, 1666a hinzutreten (BVerfG NJW 2007, 3560 [3562]). Einschränkungen der Aufenthaltsbestimmung sind auch aufgrund § 1632 IV möglich, hierzu → Rn. 22 ff. **cc)** Für **freiheitsentziehende Maßnahmen** s. die mWv 1.10.2017 neu eingefügte Regelung des § 1631b II (**Lit.:** Reske, Freiheitsentziehende Maßnahmen bei Kindern – Gesetz zur Einführung eines familiengerichtlichen Genehmigungsvorbehalts, FamRB 2017, 400): Genehmigung des FamG erforderlich, wenn einem Kind, das sich in einem Krankenhaus, einem Heim oder einer sonstigen Einrichtung (zB kinder- und jugendpsychiatrische Kliniken, auch Kindergärten, Kindertagesstätten [BT-Drs. 18/11278, 16]) aufhält, durch mechanische Vorrichtungen, Medikamente oder auf andere Weise (vgl. Erman/Döll § 1631b Rn. 4) über einen längeren Zeitraum oder regelmäßig in nicht altersgerechter Weise (nicht Laufställe, Hochstühle für Kleinkinder etc, BT-Drs. 18/11278, 17) die Freiheit entzogen werden soll; Bsp: 11-Punkt-Fixierung über mehrere Stunden (OLG Hamburg FamRZ 2021, 678 [679 f.]). Die Zulässigkeit richtet sich nach § 1631b II 2 iVm I 2, 3. Bei einer Fixierung hat grds. eine „Eins-zu-Eins-Betreuung durch pflegerisches oder therapeutisches Personal" zu erfolgen (OLG Hamburg FamRZ 2021, 678 [680 ff.] zu einer bis zu 11-Punkt-Fixierung). Nicht von § 1631b II erfasst sind Maßnahmen, die nicht der Freiheitsentziehung, sondern ausschließlich anderen (zB therapeutischen oder medizinischen) Zwecken dienen (BT-Drs. 18/11278, 17; sa OLG München FamRZ 2020, 104 [105]: Schutz der Fortbewegungsfreiheit, nicht der allg. Handlungsfreiheit); Bsp: Einsatz von Gurt oder Bügel am Rollstuhl, Fixierung an einem (zu therapeutischen Zwecken eingesetzten) Stehständer, Einsatz eines Rumpfmieders als Stützmaßnahme (OLG München FamRZ 2020, 104 [105]); genehmigungsfrei ist auch die Fixierung auf dem Transfer zur heilpädagogischen Einrichtung (OLG München FamRZ 2020, 104 [105]). Keine Anwendung findet § 1631b zudem bei Freiheitsbeschränkungen außerhalb der genannten Einrichtungen, zB Ausgangsverboten, Einschließung in der elterlichen Wohnung (vgl. BT-Drs. 18/11278, 16). **Wohnsitz** s. § 11. **e)** „Insbes.": § 1631 I stellt klar, dass andere zur Personensorge notwendige Rechte und gebotene Aufgaben umfasst sind, zB Geltendmachen von **Unterhalt,** Bestimmung des **Vornamens** (→ §§ 1616–1617c Rn. 11), Erstbestimmung des **religiösen Bekenntnisses** (hierzu jedoch RKEG; zum Spannungsfeld von Religionsmündigkeit und Sorgerecht Umbach, FS Geiger, 1989, 372), **Wahl von Schule** und **Ausbildung** (s. hierzu jedoch auch § 1631a, → Rn. 15), Steuerung des **Umgangs** (hierzu jedoch § 1632 II, → Rn. 27 ff.), **Kontrolle, Betreuung** und (je nach Reife) **Beratung** des Kindes im Umgang mit dem eigenen Körper (zB bei Einwilligung in Heileingriffe oder sonstiger ärztlicher Behandlung, hierzu Lüderitz AcP 178, 276; Kern NJW 1994, 755 f.), Einwilligung in die Einstellung lebenserhaltender Maßnahmen (vgl. OLG Brandenburg FamRZ 2000, 1033 [1034]: familiengerichtl. Genehmigung nicht erforderlich), bei Verfügung über eigene Persönlichkeitsrechte (zB Einwilligung in Aktfotos und ihre kommerzielle Verwertung, vgl. BGH NJW 1974, 1947 f.). **f) Sterilisation** Minderjähriger ist verboten, § 1631c (s. BT-Drs. 11/4528, 107). Weder die Eltern noch das Kind (§ 1631c S. 1 und 2) können in die Sterilisation einwilligen; Ergänzungspflegschaft ist ausgeschlossen (§ 1631c S. 3). – Einwilligung in notwendige Heilbehandlung, die zu Sterilität führen kann, fällt nicht unter

Margin numbers: 6 (at "bb) Bei Unterbringung"), 7 (at "cc) Für freiheitsentziehende Maßnahmen"), 8 (at "e) „Insbes."), 9 (at "f) Sterilisation").

§ 1631c (Grüneberg/Götz § 1631c Rn. 1; Coester-Waltjen/Henn FamRZ 2021, 1589 [1591]). **g)** In die **Beschneidung** von minderjährigen Knaben kann durch den sorgeberechtigten Elternteil unter den Voraussetzungen des **§ 1631d** (s. Rixen NJW 2013, 257) eingewilligt werden; § 1631d soll nur klarstellende Bedeutung haben (s. BT-Drs. 17/11295, 16). Gefordert ist nach § 1631d I 1: **aa)** Sorgeberechtigung des Einwilligenden; zur Übertragung der Entscheidung auf einen Elternteil → §§ 1627, 1628 Rn. 2; **bb)** fehlende Einsichts- und Urteilsfähigkeit des Kindes; Entscheidung im Einzelfall (OLG Hamm NJW 2013, 3662 [3663]: idR noch nicht bei einem Neunjährigen); besteht Einsichts- und Urteilsfähigkeit, ist alleinige Einwilligung des Sorgeberechtigten nicht ausreichend; es bedarf auch der Einwilligung des Kindes (OLG Hamm NJW 2013, 3662 [3663]; Staudinger/Salgo § 1631d Rn. 32); zur Beachtlichkeit des Kindeswillens bei fehlender Einsichts- und Urteilsfähigkeit s. OLG Hamm NJW 2013, 3662 [3663]; Staudinger/Salgo § 1631d Rn. 35; **cc)** Beschneidung medizinisch nicht erforderlich; **dd)** Durchführung nach den Regeln der ärztlichen Kunst, s. dazu OLG Hamm NJW 2013, 3662 [3663]. Wirksame Einwilligung setzt ordnungsgem. Aufklärung des Sorgeberechtigten über Chancen und Risiken des Eingriffs voraus; Darlegungs- und Beweislast trägt der Sorgeberechtigte (OLG Hamm NJW 2013, 3662 [3663]). **ee) Kindeswohlgefährdung,** § 1631d I 2: nach OLG Hamm NJW 2013, 3662 [3664] gilt grds. Maßstab des § 1666, Schwelle könne jedoch in Abhängigkeit vom Zweck der Beschneidung auch niedriger anzusetzen sein (vgl. auch BeckOK/Veit § 1631d Rn. 29 ff.). Einwilligung iSv § 1631d BGB ist Rechtfertigungsgrund auch im Sinne des Strafrechts, weshalb die Beschneidung dann nicht als Körperverletzung (§ 223 StGB, ggf. § 224 StGB) strafbar ist und auch kein rechtswidriges Delikt iSv § 823 begründet. Arzt darf Jugendamt Zweifel an Rechtmäßigkeit der elterlichen Einwilligung mitteilen (§ 4 III KKG). Zur Beschneidung durch Nichtärzte s. § 1631d II, dazu Hahn MedR 2013, 215. § 1631d wurde durch Ges. v. 20.12.2012 (BGBl. I 2749, s. dazu BT-Drs. 17/11295) mit Wirkung v. 28.12.2012 (s. dazu Rixen NJW 2013, 257; Walter JZ 2012, 1110) eingefügt. Das Ges. wurde motiviert durch LG Köln NJW 2012, 2128 (mAnm Klinkhammer FamRZ 2012, 1913; Muckel JA 2012, 636; Putzke MedR 2012, 621; Rox JZ 2012, 806; s. ferner Hassemer ZRP 2012, 179; Britz ZRP 2012, 252; zu den theologischen Konnotationen, den ethisch-religionswissenschaftlichen und gesellschaftlichen Folgerungen s. H. Kreß MedR 2012, 682; Wiater NVwZ 2012, 1379). Das Urteil betraf die Strafbarkeit eines Arztes, der die Zirkumzision eines vierjährigen muslimischen Knaben durchführte. Zur Diskussion religiös motivierter Beschneidungen vor der Entscheidung und der Neuregelung s. Schwarz JZ 2008, 1125; Herzberg JZ 2009, 332; Putzke MedR 2008, 268; ders. NJW 2008,
10 1568; ders. FS Herzberg, 2008, 669. **h) Behandlung von Kindern mit Varianten der Geschlechtsentwicklung. aa)** Die Personensorge umfasst nach **§ 1631e I** nicht die Befugnis, in die Behandlung eines einwilligungsunfähigen Kindes (vgl. → § 630d Rn. 3) mit einer Variante der Geschlechtsentwicklung einzuwilligen oder selbst diese Behandlung durchzuführen, wenn sie allein mit dem Ziel erfolgen soll („Absicht“), das körperliche Erscheinungsbild des Kindes an das des männlichen oder weiblichen Geschlechts anzugleichen. Der Begriff „Variante der Geschlechtsentwicklung“ ist nicht legaldefiniert. Abzustellen ist auf die jeweils aktuelle (und damit wandelbare) medizinische Einordnung (BT-Drs. 19/24686, 25 unter Hinweis auf S2k-Leitlinie der Fachgesellschaften: „Inkongruenz bezüglich der geschlechtlichen Einordnung des chromosomalen, gonadalen, hormonellen oder genitalen Status“). § 1631e I erfasst jegliche Art der geschlechtsangleichenden Behandlung (chirurgische Eingriffe, hormonelle oder medikamentöse Behandlung), BT-Drs. 19/ 24686, 26; Grüneberg/Götz § 1631e Rn. 3; Coester-Waltjen/Henn FamRZ 2021, 1589 [1592]. Liegen die Voraussetzungen des § 1631e I vor, ist Einwilligung der Eltern in die Behandlung unwirksam; Genehmigung des FamG ist nicht möglich; Behandlung ist rechtswidrige Körperverletzung (BT-Drs. 19/24686, 26).
11 **bb) Unaufschiebbare operative Eingriffe. (1)** Einwilligung in operative Eingriffe (nicht sonstige – zB hormonelle oder medikamentöse – Behandlung) an den

inneren oder äußeren Geschlechtsmerkmalen (auch Gesichts- und Brustbereich) des einwilligungsunfähigen Kindes, **die geschlechtsangleichende Folgen haben können,** ist nach § 1631e II 1 nur möglich, wenn der Eingriff nicht bis zu einer selbstbestimmten Entscheidung des Kindes aufgeschoben werden kann. Unaufschiebbar ist ein Eingriff, wenn die Nachteile des Unterlassens schwerer wiegen als das Kindesinteresse an künftiger autonomer Entscheidung; Bsp: Entfernen eines Tumors idR unaufschiebbar; Mobbing unter Gleichaltrigen nach Gesetzesbegründung grds. nicht ausreichend (BT-Drs. 19/24686, 27 f.; krit. Coester-Waltjen/Henn FamRZ 2021, 1589 [1594]). § 1631e II 1 stellt klar, dass eine Einwilligung nicht möglich ist, wenn die Voraussetzungen des § 1631e I vorliegen, der Eingriff also allein in der Absicht der Geschlechtsangleichung durchgeführt werden soll; tritt neben die Absicht der Geschlechtsangleichung ein weiterer Grund, kommt § 1631e II zum Tragen (BT-Drs. 19/24686, 27). Können Eltern nach § 1631e II 1 nicht einwilligen, ist auch Ergänzungspflegschaft ausgeschlossen, § 1631e II 2. § 1631c ist neben § 1631e II anwendbar (BT-Drs. 19/24686, 27). **(2)** Die Einwilligung nach § 1631e II 1 bedarf grds. der **Genehmigung des FamG,** es sei denn, der operative Eingriff ist zur Abwehr einer Gefahr für Leben oder Gesundheit des Kindes erforderlich und kann nicht bis zur Erteilung der Genehmigung aufgeschoben werden (§ 1631e III 1); zu Bsp. s. Coester-Waltjen/Henn FamRZ 2021, 1589 [1595]. Die Genehmigung ist nach § 1631e III 2 zu erteilen, wenn der geplante Eingriff dem Kindeswohl am besten entspricht (krit. zur Absenkung des Schutzniveaus gegenüber dem Referentenentwurf Lugani NZFam 2021, 281 [282]). Erforderlich ist eine umfassende Einzelfallabwägung (s. dazu BT-Drs. 19/24686, 29). Legen die Eltern eine befürwortende Stellungnahme einer interdisziplinären Kommission nach § 1631e IV vor (oder reichen sie eine solche nach), wird vermutet, dass der Eingriff dem Kindeswohl am besten entspricht (§ 1631e III 3). Die befürwortende Stellungnahme der Kommission hat insbes. die Angaben nach § 1631e V 1 zu enthalten und muss von allen Kommissionsmitgliedern unterschrieben sein (§ 1631e V 2). Sind die Vorgaben des § 1631e V nicht erfüllt, greift die Vermutung nach § 1631e III 3 nicht ein (BeckOK/Veit § 1631e Rn. 36); bei Unstimmigkeiten oder Unklarheiten sind weitere Erkundigungen einzuholen (BT-Drs. 19/24686, 30). Unklar ist, ob die Empfehlung der Kommission einstimmig erfolgen muss, um die Vermutungswirkung des § 1631e III 3 zu begründen (vgl. Grüneberg/Götz § 1631e Rn. 13); wohl zu bejahen. **(3)** Das **Verfahren** ist Kindschaftssache (§ 151 Nr. 1 FamFG); Sonderregelungen in § 167b FamFG. Funktionell zuständig ist der Richter (§ 14 I Nr. 6 RPflG). Genehmigung des FamG setzt Antrag der Eltern voraus (§ 1631e III
2). **cc) Aufbewahrungspflicht für Patientenakte** s. § 1631e VI. Übergangsvor- 12
schrift: Art. 229 § 55 EGBGB. **dd)** § 1631e wurde durch Ges. v. 12.5.2021 (BGBl. I 1082, s. dazu BT-Drs. 19/24686) mit Wirkung v. 22.5.2021 eingefügt. Die Regelung trägt dem Schutz der körperlichen Integrität und des Rechts auf geschlechtliche Selbstbestimmung Rechnung (BT-Drs. 19/24686, 15). – **Lit.:** Coester-Waltjen/Henn, Das Gesetz zum Schutz von Kindern mit Varianten der Geschlechtsentwicklung, FamRZ 2021, 1589; Lugani, Aktuelle Entwicklungen im Schutz von Kindern mit Varianten der Geschlechtsentwicklung, NZFam 2021, 281; Schneider, Anwalts- und Gerichtskosten im Genehmigungsverfahren nach § 1631e Abs. 3 BGB, FamRB 2021, 474.

3. Mitwirkung des FamG. a) Bei Ausübung der Personensorge hat das **FamG** 13
die Inhaber elterlicher Personensorge zu **unterstützen,** § 1631 III. Voraussetzungen: **aa) Antrag** (jederzeit widerruflich) des (jedes) Sorgeberechtigten; **bb)** beantragte Maßnahme dient dem Kindeswohl. Das FamG kann helfen durch Ermahnung, Vorladung des Kindes, überzeugende Bestätigung elterlicher Entscheidungen, Umgangsverbote gegenüber Dritten nach § 1632 III (s. dazu OLG Brandenburg FamRZ 2016, 1092), Vollstreckungshilfe bei Rückkehr ins Elternhaus, § 90 II
FamFG. **b) Gegen** den **Willen der Eltern** kann das FamG nur eingreifen **aa)** im 14
Fall des § 1632 IV; **bb)** unter den Voraussetzungen der §§ 1666 I, 1666a. Über-

schreiten der immanenten Schranken der in § 1631 I normierten Befugnisse allein rechtfertigt Maßnahmen nach § 1666 I noch nicht; selbst bei entwürdigenden Erziehungsmaßnahmen (s. § 1631 II) ist zusätzlich Gefährdung des Kindeswohls erforderlich, wenn auch oft indiziert (vgl. OLG Frankfurt a.M. NJW 1981, 2524). Vernachlässigung des Gebots, in Ausbildungsfragen Rat einzuholen (§ 1631a S. 2), dürfte dagegen nicht einmal Indiz für Gefährdung des Kindeswohls sein.

15 **4. Angelegenheiten der Ausbildung und des Berufs.** Neigung für **Ausbildung** und **Beruf** iSv § 1631a S. 1 ist nicht vorübergehende Laune, wenngleich in der gegebenen Entscheidungssituation die Unterscheidung schwierig sein kann. Bei Beurteilung der Eignung, insbes. der Begabung, kann der Rat von Lehrern und bisherigen Ausbildern, Berufsberatern, Pflegepersonen oder Verwandten für die Eltern hilfreich sein. Einholung entspr. Rats ist jedoch nicht Pflicht („soll", vgl.
16 auch → Rn. 14). Bei **a) offensichtlicher Vernachlässigung** von Eignung und Neigung des Kindes und **b)** daraus folgender Besorgnis **nachhaltiger** und **schwerer Beeinträchtigung** der Entwicklung des Kindes kann das FamG nach § 1666 I eingreifen. Bloße Zweifel an den elterlichen Berufszielen gestatten Eingriff nicht;
17 es muss vielmehr eine offenbare Fehleinschätzung der Eltern vorliegen. Erforderlich ist deshalb eine Berufs- und Ausbildungsprognose für das Kind und seine Zukunft (zur praktischen Bedeutung aufgezwungener Schul- oder Berufswahl vgl. freilich
18 Lüderitz AcP 178, 263 [283]; Diederichsen FamRZ 1978, 466 [472]). Das FamG kann bei **Streit zwischen Eltern und Kind** über Ausbildung und Beruf die Vorstellungen des Kindes durchsetzen; § 1666 III Nr. 5 ermöglicht dabei auch Eingriffe in die Vertretungsmacht der Eltern zur Abgabe von Erklärungen, zB bei Ausbildungsvertrag, Kündigung einer Lehrstelle usw. Formelles Antragsrecht des Kindes besteht nicht; das FamG hat von Amts wegen tätig zu werden, ggf. auf Anregung des Kindes hin.

19 **5. Sonstiges zu Aufenthalt und Umgang. a)** Die Befugnis zur Aufenthaltsbestimmung wird durch den **Anspruch** des (der) Sorgeberechtigten auf **Herausgabe** des Kindes ergänzt, § 1632 I. **Vorenthalten** setzt Vereiteln des Aufenthaltsbestimmungsrechts der Eltern voraus (sa OLG Koblenz FamRZ 2019, 1793 [1794]; FamRZ 2016, 1860 [1861]: Vorenthalten durch anderen Elternteil); faktische Perso-
20 nensorge ohne Einfluss auf den Kindeswillen reicht nicht. Für **Widerrechtlichkeit** ist die Bestimmung des/der Sorgeberechtigten entscheidend; zum Umgangsrecht s. §§ 1684 f. Öffentl.-rechtliche Pflichten (zB Schulpflicht) können jedoch Herausgabeanspruch beschränken. Zuständig für den Herausgabeanspruch gegen Dritte ist das FamG, § 1632 III (vgl. OLG Zweibrücken OLGZ 1982, 178 zum Ziel Übertragung elterlicher Sorge), das Interessen des Kindes im Rahmen des § 1666 I berück-
21 sichtigen kann. Zu Fällen int. **Kindesentführung** s. Siehr IPRax 2015, 144. Anhörung s. §§ 159–162 FamFG. Zur Herausgabe von persönlichen Sachen des Kindes s. § 95 I Nr. 2 FamFG; dazu Peschel-Gutzeit MDR 1984, 890; zum Anspruch auf Herausgabe persönlicher Unterlagen (Impfpass, Untersuchungsheft) OLG Nürnberg FamRZ 2016, 563; Götz FamRZ 2016, 519; zum Anspruch auf Herausgabe des Kinderreisepasses BGH FamRZ 2019, 1056 [1057 f.] (§§ 1632 I, 1684 II analog). Zur Vollstreckung sa Schüler DGVZ 1980, 98; vorläufige Anordnung s. BayObLG
22 FamRZ 1990, 1379. **b) § 1632 IV** dient dem **Schutz von Pflegekindern.** Erforderlich, weil die Gestattung der Eltern an Dritte, das Kind bei sich zu haben, jederzeit widerruflich ist und der Sorgeberechtigte daher durch das Pflegeverhältnis nicht gehindert ist, das Kind nach § 1632 I herauszuverlangen. § 1632 IV stellt gegenüber der Entziehung des Aufenthaltsbestimmungsrechts gem. § 1666 I eine vorrangige Sonderregelung dar (BayObLG NJWE-FER 2000, 231; BeckOK/Veit § 1632 Rn. 120); im Verhältnis zu einem Sorgerechtsentzug ist die Verbleibensanordnung gem. § 1632 IV zudem das mildere Mittel (BGH NJW 2014, 1004 [1005]; BVerfG FamRZ 2020, 422 [424]; BeckOK/Veit § 1632 Rn. 120). Zur Möglichkeit **dauerhaften Verbleibs** in der Pflegefamilie s. die mWv 10.6.2021 neu eingefügte Regelung des § 1632 IV 2 (**Lit.:** Meysen, Reform des SGB VIII mit dem Kinder-

und Jugendstärkungsgesetz – KJSG, FamRZ 2021, 401 [402f.]): Das FamG kann in Verfahren nach § 1632 IV 1 von Amts wegen oder auf Antrag der Pflegeperson anordnen, dass der Verbleib des Kindes bei der Pflegeperson von Dauer ist. Die Regelung dient dem Schutz gewachsener Bindungen und Beziehungen von Pflegekindern zu den Pflegeeltern (BT-Drs. 19/26107, 4). Zu den verfassungsrechtlichen Anforderungen an die Auslegung des § 1632 IV s. BVerfG FamRZ 2004, 771 [772]; FamRZ 2022, 1776 [1779f.]. **aa)** Die Verbleibensanordnung nach **§ 1632 IV 1** ist 23
grds. „als vorübergehende Maßnahme bei einer ‚Herausnahme zur Unzeit' gedacht" (BT-Drs. 19/26107, 128). **Voraussetzung** ist eine bereits **längerdauernde Familienpflege.** Ein faktisches Pflegeverhältnis ist ausreichend, die Erlaubnis nach § 44 SGB VIII nicht entscheidend (BayObLG NJW 1984, 2168). Leibliche Eltern als Pflegeeltern s. OLG Frankfurt a.M. OLGZ 1983, 297. Die Dauer ist nicht absolut zu bestimmen, sondern unter Berücksichtigung des Kindesalters und der Pflegeumstände. Erforderlich ist ein ununterbrochener Aufenthalt bei den Pflegeeltern; im Fall eines Rückführungsverlangens muss zwischen der Beendigung des Aufenthalts und der Einleitung des Verfahrens nach § 1632 IV 1 ein unmittelbarer zeitlicher Zusammenhang bestehen (BGH MDR 2017, 91). Vorzunehmen ist eine **Abwä-** 24
gung (dazu OLG Köln FamRZ 2017, 290 [291]; OLG Frankfurt a.M. FamRZ 2015, 2172 [2174]; OLG Hamm FamRZ 2013, 1228 [1229]) nach Maßgabe des § 1697a. Dabei ist neben dem Willen des Kindes auch der Anlass der Familienpflege zu berücksichtigen, etwa das fr. Verhalten der Eltern (BGH NJW 2014, 1004 [1005]). Bessere Eignung der Pflegeeltern zur Erziehung allein reicht nicht aus (vgl. Lüderitz AcP 178, 263 [292]). Die Verbleibensanordnung nach § 1632 IV 1 kann auch unbefristet erfolgen (BGH NJW 2014, 1004 [1006]); Verbindung mit einer Umgangsregelung ist möglich (OLG Brandenburg FamRZ 2009, 61 [62]).
bb) Dauerverbleibensanordnung. Nach **§ 1632 IV 2** kann das FamFG zusätzlich 25
zur Verbleibensanordnung nach § 1632 IV 1 anordnen, dass der Verbleib bei der Pflegeperson von Dauer ist. Die Anordnung kann nur erfolgen, wenn neben den Voraussetzungen des § 1632 IV 1 weitere **Voraussetzungen** erfüllt sind: (1) *Retrospektiv* ist festzustellen, dass sich innerhalb eines im Hinblick auf die Entwicklung des Kindes vertretbaren Zeitraums (individueller Maßstab, Grüneberg/Götz § 1632 Rn. 18b) trotz angebotener geeigneter Beratungs- und Unterstützungsmaßnahmen (vgl. § 37 I SGB VIII; Bsp. aus BT-Drs. 19/26107, 129: Anti-Gewalt-Training, Drogensubstitutionsprogramm, psychosoziale Beratung, Psychotherapie; sa EGMR FamRZ 2021, 850) die Erziehungsverhältnisse bei den Eltern nicht nachhaltig verbessert haben, § 1632 IV 2 Nr. 1. (2) Eine derartige Verbesserung ist mit hoher Wahrscheinlichkeit auch zukünftig nicht zu erwarten (*Prognose*), § 1632 IV 2 Nr. 1. (3) Die Dauerverbleibensanordnung muss zum Wohl des Kindes erforderlich sein, § 1632 IV 2 Nr. 2. Erforderlich ist eine positive Kindeswohlprüfung; zu berücksichtigen sind ua die psychische Verfassung des Kindes, seine Resilienz, sein Bedürfnis nach kontinuierlichen und stabilen Lebensverhältnissen und seine Identitätsfindung (BT-Drs. 19/26107, 129). § 1632 IV 2 geht § 1697a II als speziellere Regelung vor (BT-Drs. 19/26107, 132). – Die Anordnung nach § 1632 IV 2 kann nur iVm einem Verfahren nach § 1632 IV 1 ergehen, dh die Eltern müssen Herausgabe des Kindes gefordert oder betrieben haben (BT-Drs. 19/26107, 128). Aufhebung der Anordnung nach § 1632 IV 2 lediglich unter den eingeschränkten Voraussetzungen des § 1696 III. **cc) Verfahren:** Antragsrecht für Pflegeperson s. § 1632 IV 1 und 2; zur 26
Beschwerde trotz erzwungener Herausgabe OLG Frankfurt a.M. Rpfleger 1982, 421. Anhörung des Kindes ist unverzichtbar (OLG Frankfurt a.M. OLGZ 1982, 6 [8]). Eine Verbleibensanordnung kann auch ergehen, wenn nicht die Eltern, sondern ein Vormund oder Pfleger Herausgabe verlangt (OLG Brandenburg FamRZ 2022, 603 [604]; OLG Hamm NJW 1985, 3029 [3030]); zur Beteiligung der Eltern, soweit diese noch über Teilbereiche des Sorgerechts verfügen s. BGH NJW-RR 2014, 1030. **c)** Die Befugnis zur **Umgangsregelung** des Kindes hat im Innenverhältnis 27
ihre Grundlage in § 1631 I. Gegenüber Dritten ist das komplementäre Abwehrrecht in § 1632 II geregelt; zuständig ist das FamG, § 1632 III. Die **Umgangsregelung** 28

steht dem Personensorgeberechtigten zu (BGH FamRZ 2016, 1752 [1755]); zu Umgangsverboten durch das FamG aufgrund einer Umgangsuntersagung durch den Personensorgeberechtigten nach § 1632 III s. OLG Brandenburg FamRZ 2016, 1092; BayObLG NJW-RR 1995, 138. Reife und Entwicklung des Minderjährigen sind auch bei der Steuerung seines Umgangs zu berücksichtigen, doch sollten Eltern insoweit bis zur Missbrauchsgrenze des § 1666 I letztlich allein entscheiden können (vgl. OLG Brandenburg FamRZ 2016, 1092; OLG Frankfurt a.M. NJW 1979,
29 2052 [2053]; BayObLG Rpfleger 1982, 284). Die von den Gerichten bes. häufig zu entscheidende Frage **sexueller Beziehungen** sollte ebenfalls grds. in der Entscheidungskompetenz der Eltern verbleiben, wobei freilich die individuelle Reife des Jugendlichen und allg. Überzeugungen die Höhe der Missbrauchsschwelle erheblich
30 beeinflussen können (vgl. hierzu Lüderitz AcP 178, 263 [281] mwN). Der Begriff **„Umgang"** ist weit auszulegen, so dass das FamG auch für das Verbot an Dritte, dem Minderjährigen Alkohol, ein Kfz usw zu überlassen, zuständig ist. Für Ansprüche aus §§ 823 I, 1004 dürfte neben § 1632 II nur noch in Ausnahmefällen Raum sein, zB bei Schadensersatzansprüchen wegen Aufwendungen für die Rückführung des vorenthaltenen Kindes (vgl. RG HRR 1928 Nr. 1413).

§§ 1634–1637 *(weggefallen)*

§ 1638 Beschränkung der Vermögenssorge

(1) **Die Vermögenssorge erstreckt sich nicht auf das Vermögen, welches das Kind von Todes wegen, durch unentgeltliche Zuwendung auf den Todesfall oder unter Lebenden erwirbt, wenn der Erblasser durch letztwillige Verfügung, der Zuwendende bei der Zuwendung bestimmt hat, dass die Eltern das Vermögen nicht verwalten sollen.**

(2) **Was das Kind auf Grund eines zu einem solchen Vermögen gehörenden Rechts oder als Ersatz für die Zerstörung, Beschädigung oder Entziehung eines zu dem Vermögen gehörenden Gegenstands oder durch ein Rechtsgeschäft erwirbt, das sich auf das Vermögen bezieht, können die Eltern gleichfalls nicht verwalten.**

(3) **[1]Ist durch letztwillige Verfügung oder bei der Zuwendung bestimmt, dass ein Elternteil das Vermögen nicht verwalten soll, so verwaltet es der andere Elternteil. [2]Insoweit vertritt dieser das Kind.**

§ 1639 Anordnungen des Erblassers oder Zuwendenden

(1) **Was das Kind von Todes wegen, durch unentgeltliche Zuwendung auf den Todesfall oder unter Lebenden erwirbt, haben die Eltern nach den Anordnungen zu verwalten, die durch letztwillige Verfügung oder bei der Zuwendung getroffen worden sind.**

(2) **§ 1837 Absatz 2 gilt entsprechend.**

Anmerkungen zu den §§ 1638, 1639

1 **1. Allgemeines. a)** Einschränkung der elterlichen Vermögenssorge für Vermögen, das das Kind von Todes wegen, durch unentgeltliche Zuwendung auf den Todesfall oder unter Lebenden erwirbt, durch entspr. Bestimmung des Erblassers oder des Zuwendenden. Der Vermögenserwerb durch unentgeltliche Zuwendung auf den Todesfall wurde durch das Ges. zur Reform des Vormundschafts- und Betreuungsrechts v. 4.5.2021 (BGBl. I 882) mWv 1.1.2023 neu eingefügt (s. dazu BT-Drs. 19/24445, 226). **b)** Ausschluss des elterlichen Verwaltungsrechts über ererbtes Vermögen durch Testamentsvollstreckung ist nicht notwendig gleichbedeu-

tend mit dem Entzug nach § 1638 I (s. hierzu MüKo-BGB/Huber § 1638 Rn. 9; OLG Brandenburg FamRZ 2019, 1247 [1248]; OLG München FamRZ 2022, 1853 [1855]).

2. Voraussetzungen. a) Erwerb von Todes wegen, dh als Erbe, Vermächtnisnehmer oder Pflichtteilsberechtigter (hierzu BGH FamRZ 2016, 1660 [1661]; Muscheler ZEV 2017, 36), **b)** Erwerb aufgrund **unentgeltlicher Zuwendung auf den Todesfall** (§§ 328, 331), oder **c)** Erwerb aufgrund **unentgeltlicher Zuwendung zu Lebzeiten,** dh einer Zuwendung ohne Gegenleistung und Rechtsanspruch des Kindes. **d) Bestimmung** des Erblassers oder Zuwendenden (bei Zuwen- 3
dung, dh nicht nachträglich), die auch unter einer Bedingung oder Zeitbestimmung getroffen werden kann. Inhaltlich kann die Bestimmung elterliche Vermögenssorge ganz ausschließen (§ 1638 I) oder für die Verwaltung bestimmte Anordnungen treffen (§ 1639 I). Die Bestimmung braucht **nicht ausdrücklich** zu erfolgen, sondern 4
kann sich auch aus Auslegung des zuwendenden oder Erwerb bewirkenden RGeschäftes ergeben, vgl. BayObLG FamRZ 1964, 522 (Enterbung der Tochter als Ausschluss von der Vermögensverwaltung für Enkel); OLG Brandenburg FamRZ 2019, 1247 [1248] (nicht allein durch Anordnung von Testamentsvollstreckung).

2 (Rn. 2 beginnt bei „2. Voraussetzungen“)

3. Wirkungen. a) Wird die Vermögenssorge nur einem Elternteil entzogen, so 5
verwaltet der andere Elternteil das Vermögen (sofern er überhaupt Vermögenssorge hat), § 1638 III 1; zur Vertretungsmacht § 1638 III 2. **b)** Wird die Vermögenssorge 6
beiden Eltern entzogen, so ist ein Zuwendungspfleger (§ 1811 I) zu bestellen; die Eltern haben dem FamG unverzüglich anzuzeigen, dass ein Pfleger erforderlich ist (§ 1809 II). Zum Beschwerderecht gegen die Auswahl des Zuwendungspflegers s. BayObLG Rpfleger 1977, 253. Eltern können nicht die Entlassung des Testamentsvollstreckers beantragen (BGHZ 106, 96 [99]). Nach BGH (FamRZ 2016, 1660 [1661 f.]) ist den Eltern bei Ausschluss der Vermögenssorge nach § 1638 I auch verwehrt, die Erbschaft für das Kind anzunehmen oder auszuschlagen (aA BeckOK/Veit § 1638 Rn. 8; Muscheler ZEV 2017, 36). Zu **Surrogaten** des fraglichen Vermögens s. § 1638 II. **c)** Entzieht ein mitsorgeberechtigter Elternteil dem anderen 7
durch letztwillige Verfügung die Vermögenssorge über das dem Kind vererbte Vermögen, kann dieser die Entscheidung nach dem Tod des Erblassers nicht rückgängig machen; es ist ein Zuwendungspfleger zu bestellen, § 1811 I (OLG Brandenburg ZEV 2019, 151). **d) Verwaltungsanordnungen** (§ 1639) lassen Sorgebefugnis unberührt, binden aber ihre Ausübung; Bsp: Ausschluss der „Nutznießung“ nach § 1649 II, vgl. BayObLG Rpfleger 1982, 180. Ausnahmemöglichkeit: § 1639 II iVm § 1837 II. Bei Verstoß gegen die Anordnungen des Zuwendenden kann eine Schadensersatzpflicht aus § 280 I (→ § 1664 Rn. 1) entstehen, ferner sind Maßnahmen nach § 1666 möglich.

§ 1640 Vermögensverzeichnis

(1) [1]**Die Eltern haben das ihrer Verwaltung unterliegende Vermögen, welches das Kind von Todes wegen erwirbt, zu verzeichnen, das Verzeichnis mit der Versicherung der Richtigkeit und Vollständigkeit zu versehen und dem Familiengericht einzureichen.** [2]**Gleiches gilt für Vermögen, welches das Kind sonst anlässlich eines Sterbefalls erwirbt, sowie für Abfindungen, die anstelle von Unterhalt gewährt werden, und unentgeltliche Zuwendungen.** [3]**Bei Haushaltsgegenständen genügt die Angabe des Gesamtwerts.**

(2) **Absatz 1 gilt nicht,**
1. **wenn der Wert eines Vermögenserwerbs 15 000 Euro nicht übersteigt oder**
2. **soweit der Erblasser durch letztwillige Verfügung oder der Zuwendende bei der Zuwendung eine abweichende Anordnung getroffen hat.**

(3) **Reichen die Eltern entgegen Absatz 1, 2 ein Verzeichnis nicht ein oder ist das eingereichte Verzeichnis ungenügend, so kann das Familiengericht anordnen, dass das Verzeichnis durch eine zuständige Behörde oder einen zuständigen Beamten oder Notar aufgenommen wird.**

1 **1. Allgemeines.** Inventarisierungspflicht für Erwerb des Kindes von Todes wegen, anlässlich eines Sterbefalles, als Abfindung an Stelle von Unterhalt oder durch unentgeltliche Zuwendung von Vermögen im Wert von mehr als 15.000 Euro.

2 **2. Voraussetzungen. a) Erwerb aa)** von Todes wegen, also als Erbe, Vermächtnisnehmer, Pflichtteilsberechtigter, I 1; zur Anzeigepflicht des Nachlassgerichts s. § 356 I FamFG; **bb)** sonstiger **Vermögenserwerb anlässlich** eines **Sterbefalles,** I 2, also zB Renten, Ansprüche aus Lebensversicherungen, Schadensersatzansprüche aus § 844 II; **cc) Abfindungen** für Unterhaltsansprüche, I 2; **dd) unentgeltliche Zuwendungen,** dh solche ohne Gegenleistung und Rechtsanspruch des Kindes,
3 I 2 (§§ 516 ff., 1624, 2301). **b) Wert** des Vermögenserwerbs übersteigt **15.000 Euro,** II Nr. 1; maßgebend ist der Zeitpunkt des Erwerbs. Renten und andere wiederkehrende Leistungen sind zur Bestimmung der Wertgrenze zu kapitalisieren. Belastungen und Verbindlichkeiten sind wertmindernd zu berücksichtigen; ob neben Aktiva auch Passiva zu verzeichnen sind, ist str., nach hM möglich, nicht aber geboten (vgl. MüKo-BGB/Huber Rn. 16). **c)** Erblasser oder Zuwender haben **nicht** eine **abw. Bestimmung** getroffen, II Nr. 2.

4 **3. Rechtsfolge.** Verpflichtung zur Erstellung eines Inventars und zur Einreichung beim FamG mit der Versicherung der Richtigkeit und Vollständigkeit, I 1. Private Aufzeichnung genügt. Aufzunehmen sind die der Vermögenssorge unterliegenden Gegenstände mit den zur Identifizierung erforderlichen Details (s. OLG Koblenz MittBayNot 2015 54, [55]). Die Kosten der Inventarisierung sind anders als nach § 1667 IV als Verwaltungskosten aus dem inventarisierten Vermögen zu bestreiten.

5 **4. Sanktionen.** Möglich nach III, ferner unter den Voraussetzungen des § 1666.

§ 1641 Schenkungsverbot

[1]Die Eltern können nicht in Vertretung des Kindes Schenkungen machen. [2]Ausgenommen sind Schenkungen, durch die einer sittlichen Pflicht oder einer auf den Anstand zu nehmenden Rücksicht entsprochen wird.

1 **1. Voraussetzungen.** Schenkung s. zu § 516; Anstandsschenkung s. zu § 534.

2 **2. Rechtsfolge bei Verstoß.** Rechtsfolge einer gegen S. 1 verstoßenden Schenkung ist nach hM Nichtigkeit gem. § 134 (zw.); Genehmigung durch volljährig gewordenes Kind scheidet daher aus. Die Rechtsfolge erfasst auch die Verfügung. Erwerb nach § 932 nur, wenn Eltern über Kindesgut im eigenen Namen verfügen; Herausgabepflicht nach § 816 I 2. Krit. zum Schenkungsverbot Canaris JZ 1987, 998.

§ 1642 Anlegung von Geld

Die Eltern haben das ihrer Verwaltung unterliegende Geld des Kindes nach den Grundsätzen einer wirtschaftlichen Vermögensverwaltung anzulegen, soweit es nicht zur Bestreitung von Ausgaben bereitzuhalten ist.

Lit.: *Bacher/Bacher,* Geldanlage für Kinder nach § 1642 BGB – Zu den Grundsätzen einer wirtschaftlichen Vermögensverwaltung beim Phänomen von Nullzinsen –, WM 2021, 1821.

1 Ziele der Anlagepflicht sind nicht nur bestmögliche Rendite und größtmögliche Sicherheit, sondern auch – soweit überhaupt möglich – Schutz vor Inflation. Bei größeren Vermögen ist eine Streuung der Anlagearten erforderlich (OLG Frankfurt

a. M. NJW-RR 1999, 1236 [1237]). Bei Gefährdung kann das FamG nach §§ 1666, 1667 II eingreifen; Verluste können Ansprüche des Kindes nach § 280 I (→ § 1664 Rn. 1) auslösen; vgl. BGH FamRZ 2019, 1620: Schadensersatzpflicht gem. § 1664 wegen Verfügungen über ein für das Kind angelegtes Sparkonto; OLG Bremen NJW 2015, 564: Schadensersatzpflicht gem. § 1664 wegen Abhebungen vom Sparbuch des Kindes; OLG Celle FamRZ 2018, 106 [107 f.]: Ansprüche gem. § 1664 und § 823 II, § 266 StGB wegen Verstoßes gegen Vermögensbetreuungspflicht.

§ 1643 Genehmigungsbedürftige Rechtsgeschäfte

(1) **Die Eltern bedürfen der Genehmigung des Familiengerichts in den Fällen, in denen ein Betreuer nach den §§ 1850 bis 1854 der Genehmigung des Betreuungsgerichts bedarf, soweit sich nicht aus den Absätzen 2 bis 5 etwas anderes ergibt.**

(2) **Nicht genehmigungsbedürftig gemäß § 1850 sind Verfügungen über Grundpfandrechte sowie Verpflichtungen zu einer solchen Verfügung.**

(3) [1]**Tritt der Anfall einer Erbschaft oder eines Vermächtnisses an das Kind erst infolge der Ausschlagung eines Elternteils ein, der das Kind allein oder gemeinsam mit dem anderen Elternteil vertritt, ist die Genehmigung abweichend von § 1851 Nummer 1 nur dann erforderlich, wenn der Elternteil neben dem Kind berufen war.** [2]**Ein Auseinandersetzungsvertrag und eine Vereinbarung, mit der das Kind aus einer Erbengemeinschaft ausscheidet, bedarf keiner Genehmigung.**

(4) [1]**Die Eltern bedürfen abweichend von § 1853 Satz 1 Nummer 1 der Genehmigung zum Abschluss eines Miet- oder Pachtvertrags oder eines anderen Vertrags, durch den das Kind zu wiederkehrenden Leistungen verpflichtet wird, wenn das Vertragsverhältnis länger als ein Jahr nach dem Eintritt der Volljährigkeit des Kindes fortdauern soll.** [2]**Eine Genehmigung ist nicht erforderlich, wenn**
1. **es sich um einen Ausbildungs-, Dienst- oder Arbeitsvertrag handelt,**
2. **der Vertrag geringe wirtschaftliche Bedeutung für das Kind hat oder**
3. **das Vertragsverhältnis von dem Kind nach Eintritt der Volljährigkeit spätestens zum Ablauf des 19. Lebensjahres ohne eigene Nachteile gekündigt werden kann.**

[3]**§ 1853 Satz 1 Nummer 2 ist nicht anzuwenden.**

(5) **§ 1854 Nummer 6 bis 8 ist nicht anzuwenden.**

Lit.: Sagmeister, Die Erbausschlagung bei minderjährigen Nach- und Ersatzerben, ZEV 2012, 121.

1. Allgemeines. § 1643 soll bei bes. schwerwiegenden Geschäften die Mitwirkung und Kontrolle des FamG sichern und schränkt die elterliche Vertretungsmacht durch das Erfordernis familiengerichtl. Genehmigung entspr. ein. Die Vorschrift wurde durch das Ges. v. 4.5.2021 (BGBl. I 882) mWv 1.1.2023 neu gefasst (s. dazu BT-Drs. 19/24445, 185 f.); sie verweist entspr. der reformierten Systematik nunmehr auf die Genehmigungstatbestände des Betreuungsrechts, überträgt diese aber nicht vollständig auf das Eltern-Kind-Verhältnis. Im Vergleich zum Betreuer ist der Kreis der genehmigungsabhängigen RGeschäfte für die Eltern kleiner (vgl. BT-Drs. 19/24445, 185]. 1

2. Genehmigungsbedürftige Rechtsgeschäfte. Genehmigungsbedürftig sind die durch Verweisung in I auf §§ 1850–1854 iE bezeichneten, von den Eltern **im Namen des Kindes** vorgenommenen **RGeschäfte,** bei Vornahme durch den Minderjährigen die **Zustimmung** der Eltern. Zu den nach I genehmigungsbedürftigen RGeschäften s. die Kommentierung zu §§ 1850–1854. Verfügungen über Rechte 2 und Wertpapiere sind genehmigungsfrei; I verweist nicht auf § 1849. Weitere Ausnahmen ergeben sich aus II-V.

3 **3. Ausnahmen. a) Verfügungen über Grundpfandrechte** und entspr. Verpflichtungsgeschäfte sind nicht gem. § 1850 genehmigungsbedürftig, II. **b)** III regelt Ausnahmen für **erbrechtliche Rechtsgeschäfte** (§ 1851). **aa)** III 1 entspricht § 1643 II 2 aF. Die Ausschlagung einer Erbschaft oder eines Vermächtnisses ist danach nicht genehmigungsbedürftig, wenn Erbschaft oder Vermächtnis dem Kind erst infolge der Ausschlagung eines (allein oder gemeinsam mit dem anderen Elternteil) vertretungsberechtigten Elternteils angefallen ist. Ist das Kind bereits unabhängig von der Ausschlagung durch den Elternteil als Erbe – also neben dem Elternteil – berufen, dann bleibt es bei I iVm § 1851 Nr. 1; vgl. dazu aber OLG Frankfurt a. M. ZEV 2011, 597 [599]: Genehmigungsfreiheit, wenn der vertretungsberechtigte Elternteil die Erbschaft für sich als Vorerbe und für das Kind als Nacherbe ausschlägt. Erwirbt das Kind infolge Ausschlagung des nicht vertretungsberechtigten Elternteils, dann ist die Ausschlagung für das Kind durch den vertretungsberechtigten Elternteil nach I iVm § 1851 Nr. 1 genehmigungspflichtig. Schlägt ein Elternteil für sich als Testamentserbe und für das Kind als testamentarischer Ersatzerbe aus, um damit selbst ges. Erbe zu werden, gilt III 1 nicht (es bleibt bei I iVm § 1851 Nr. 1), BeckOK/Veit Rn. 13 mwN. Genehmigung sollte nach hM zu § 1643 II 2 aF auch dann erforderlich sein, wenn Eltern die Erbschaft für sich, nachfolgend aber nur für einen Teil ihrer Kinder ausschlagen (KG ZEV 2012, 332; OLG Hamm ZEV 2014, 248; aA OLG Hamm FamRZ 2018, 1949 [1950 ff.]: Genehmigungsfreiheit von lenkender bzw. selektiver Ausschlagung); aA zu III 1 Münch FamRZ 2020, 1513 [1516]; Everts MittBayNot 2023, 9 [18]; vgl. auch BeckOK/Veit Rn. 14. **bb)** Abweichend von § 1581 Nr. 1 und 3 zählen ein Auseinandersetzungsvertrag und eine Vereinbarung, mit der das Kind aus einer Erbengemeinschaft ausscheidet (Abschichtungsvertrag) für Eltern nicht zu den genehmigungspflichtigen RGeschäf-
4 ten, III 2. **c)** IV regelt, wann der Abschluss eines **Miet- oder Pachtvertrags** oder eines **anderen Vertrags über wiederkehrende Leistungen** genehmigungsbedürftig ist. **aa)** Nach IV 1 besteht (abweichend von § 1853 S. 1 Nr. 1) Genehmigungspflicht, wenn das Vertragsverhältnis länger als ein Jahr nach dem Eintritt der Volljährigkeit des Kindes (§ 2) fortdauern soll; dies gilt auch für Vertragsänderung, va bei Verlängerung der Vertragslaufzeit (BT-Drs. 19/24445, 186). Ausn. s. IV 2; Bsp. zu IV 2 Nr. 2 und 3: Mobilfunkverträge, Verträge über Streamingdienste, Fitnessstudioverträge, ÖPNV-Abo (BT-Drs. 19/24445, 186). **bb)** Genehmigungsfrei sind Pachtverträge über gewerbliche oder land- und forstwirtschaftliche Betriebe (IV 3 iVm § 1853 S. 1 Nr. 2), sofern nicht die Voraussetzungen des IV 1 vorliegen (BT-Drs. 19/
5 24445, 186). **d)** Keiner Genehmigung bedürfen nach V auch Vergleiche und Schiedsvereinbarungen (§ 1854 Nr. 6) sowie die Aufhebung oder Minderung einer Sicherheit (§ 1854 Nr. 7). Für Schenkungen gilt § 1641; § 1854 Nr. 8 findet gem. V keine Anwendung.

6 **5. Familiengerichtl. Genehmigung.** S. § 1644.

§ 1644 Ergänzende Vorschriften für genehmigungsbedürftige Rechtsgeschäfte

(1) **Das Familiengericht erteilt die Genehmigung, wenn das Rechtsgeschäft dem Wohl des Kindes unter Berücksichtigung der Grundsätze einer wirtschaftlichen Vermögensverwaltung nicht widerspricht.**

(2) **§ 1860 Absatz 2 gilt entsprechend.**

(3) [1]**Für die Erteilung der Genehmigung gelten die §§ 1855 bis 1856 Absatz 2 sowie die §§ 1857 und 1858 entsprechend.** [2]**Ist das Kind volljährig geworden, so tritt seine Genehmigung an die Stelle der Genehmigung des Familiengerichts.**

1. Allgemeines. Die Vorschrift wurde durch das Ges. v. 4.5.2021 (BGBl. I 882) mWv 1.1.2023 eingefügt (s. dazu BT-Drs. 19/24445, 187); sie ergänzt § 1643. § 1644 aF (Überlassung von Vermögensgegenständen an das Kind), der die Umgehung von § 1643 mit Hilfe von § 110 verhindern sollte, wurde ersatzlos gestrichen; aus der Genehmigungspflicht ergebe sich von selbst, dass die Eltern diese nicht dadurch umgehen könnten, dass sie dem Kind Vermögensgegenstände zur freien Verfügung überließen (BT-Drs. 19/24445, 187). 1

2. Prüfungsmaßstab. Das FamG entscheidet gem. I anhand von Kindeswohl und Kindesinteresse (dazu Schrade, Die rechtlichen Grenzen der Entscheidung des Vormundschaftsgerichts im Rahmen des § 1643 BGB, 1993, S. 55 ff.) unter Berücksichtigung der Grundsätze einer wirtschaftlichen Vermögensverwaltung. In die Entscheidung einzubeziehen sind neben wirtschaftlichen auch immaterielle Interessen (vgl. OLG Karlsruhe FamRZ 1973, 378 [379 f.]; OLG Brandenburg FamRZ 2019, 392). Die entscheidungsrelevanten Umstände sind von Amts wegen zu ermitteln (§ 26 FamFG), s. OLG Brandenburg FamRZ 2019, 392. Vorteile, Risiken, Erträge und Aufwendungen sind abzuwägen. Dabei steht die elterliche Dispositionsbefugnis nur beschränkt zur Überprüfung (OLG Zweibrücken FamRZ 2001, 1236). Der Kindeswille ist unter Berücksichtigung der Wertungen des § 1626 II zu beachten (BT-Drs. 19/24445, 187). 2

3. Befreiung. Die Eltern können entspr. § 1860 II auf Antrag von den Beschränkungen nach § 1854 Nr. 2–5 befreit werden, II. Die weiteren in § 1860 II genannten Normen spielen im Eltern-Kind-Verhältnis keine Rolle (s. Grüneberg/Götz Rn. 3). 3

4. Genehmigungserteilung. a) Für das Verfahren der Genehmigungserteilung verweist III 1 auf das Betreuungsrecht (§§ 1855–1856 II; §§ 1857, 1858), s. die dortige Kommentierung. **b) Genehmigung durch Kind nach Volljährigkeit.** Ist das Kind volljährig geworden, tritt seine Genehmigung an die Stelle der Genehmigung des FamG, III 2. Genehmigung erfolgt durch Erklärung gegenüber dem Geschäftspartner bzw. dem zuständigen Gericht (Grüneberg/Götz Rn. 4); sie ist formfrei. 4

§ 1645 Anzeigepflicht für Erwerbsgeschäfte

Die Eltern haben Beginn, Art und Umfang eines neuen Erwerbsgeschäfts im Namen des Kindes beim Familiengericht anzuzeigen.

§ 1645 wurde durch Ges. v. 4.5.2021 (BGBl. I 882) mWv 1.1.2023 neu gefasst. Die Neuaufnahme eines Erwerbsgeschäfts im Namen des Kindes ist dem FamG nur noch anzuzeigen. Mitzuteilen sind zudem Art und Umfang des Geschäfts. Versäumen die Eltern die Anzeige, hat dies keine Auswirkungen auf die Wirksamkeit der Geschäftsgründung (Grüneberg/Götz Rn. 1; BeckOK/Veit Rn. 7); doch evtl. Grund für FamG, nach §§ 1666, 1667 einzuschreiten; zudem kann Schadensersatzpflicht aus § 280 I (→ § 1664 Rn. 1) entstehen (vgl. Grüneberg/Götz Rn. 1; BeckOK/Veit Rn. 9). – Die Aufgabe eines bestehenden Erwerbsgeschäft muss (anders als bei Betreuung und Vormundschaft, §§ 1847, 1798 II) nicht mitgeteilt werden (BT-Drs. 19/2445, 187). 1

§ 1646 Erwerb mit Mitteln des Kindes

(1) [1]**Erwerben die Eltern mit Mitteln des Kindes bewegliche Sachen, so geht mit dem Erwerb das Eigentum auf das Kind über, es sei denn, dass die Eltern nicht für Rechnung des Kindes erwerben wollen.** [2]**Dies gilt insbesondere auch von Inhaberpapieren und von Orderpapieren, die mit Blankoindossament versehen sind.**

(2) **Die Vorschriften des Absatzes 1 sind entsprechend anzuwenden, wenn die Eltern mit Mitteln des Kindes ein Recht an Sachen der bezeichneten Art oder ein anderes Recht erwerben, zu dessen Übertragung der Abtretungsvertrag genügt.**

1 Rechtsfolgen unmittelbarer Stellvertretung für mittelbare Stellvertretung des Kindes bei Erwerb der in I und II bezeichneten Sachen, Wertpapiere und Rechte, um Kindesvermögen zu erhalten. Bei offener Stellvertretung erwirbt Kind bereits nach § 164 I.

§ 1647 *(weggefallen)*

§ 1648 Ersatz von Aufwendungen

Machen die Eltern bei der Ausübung der Personensorge oder der Vermögenssorge Aufwendungen, die sie den Umständen nach für erforderlich halten dürfen, so können sie von dem Kind Ersatz verlangen, sofern nicht die Aufwendungen ihnen selbst zur Last fallen.

1 **1. Voraussetzungen. a)** Aufwendungen, die **b)** in pflichtgemäßer (§ 1664) Ausübung der Personen- oder Vermögenssorge von den Eltern oder einem Elternteil gemacht werden und **c)** nicht als Unterhalt geschuldet sind.

2 **2. Rechtsfolge.** Spezieller Aufwendungsersatzanspruch; zum Inhalt s. §§ 256, 257 sowie die Anm. zu § 670. §§ 677–687 bleiben unanwendbar; anders jedoch bei fehlendem Sorgerecht.

§ 1649 Verwendung der Einkünfte des Kindesvermögens

(1) [1]**Die Einkünfte des Kindesvermögens, die zur ordnungsmäßigen Verwaltung des Vermögens nicht benötigt werden, sind für den Unterhalt des Kindes zu verwenden.** [2]**Soweit die Vermögenseinkünfte nicht ausreichen, können die Einkünfte verwendet werden, die das Kind durch seine Arbeit oder durch den ihm nach § 112 gestatteten selbständigen Betrieb eines Erwerbsgeschäfts erwirbt.**

(2) **Die Eltern können die Einkünfte des Vermögens, die zur ordnungsmäßigen Verwaltung des Vermögens und für den Unterhalt des Kindes nicht benötigt werden, für ihren eigenen Unterhalt und für den Unterhalt der minderjährigen Geschwister des Kindes verwenden, soweit dies unter Berücksichtigung der Vermögens- und Erwerbsverhältnisse der Beteiligten der Billigkeit entspricht.**

1 **1. Allgemeines.** I und II regeln – I in Ergänzung von § 1602 II – die Reihenfolge der Verwendung von Kindeseinkünften zu Unterhaltszwecken, wobei Erhaltung des Kindesvermögens Vorrang hat, I; die nach II gestattete Verwendung von Überschüssen zugunsten von Eltern und Geschwistern verhindert krasse Ungleichheiten im Lebensstandard innerhalb der engeren Familie (Grüneberg/Götz Rn. 1).

2 **2. Tatbestand.** Voraussetzung: Verwaltungsbefugnis der Eltern bzw. eines Elternteils. **Reihenfolge** der Verwendung von Einkünften: **a)** Bestreiten der ordnungs-
3 gem. Verwaltung des Kindesvermögens; **b)** Unterhalt des Kindes aus **aa)** Vermögenserträgen; **bb)** Einkünften aus Erwerbstätigkeit. Die Verwendung zum Unterhalt verschiebt nicht die Grenze des § 1610, wenn auch praktisch der Unterhaltsbedarf
4 des wohlhabenden Kindes großzügiger bemessen werden dürfte. **c)** Unterhalt der Eltern und minderjähriger – auch halbbürtiger – Geschwister, II 1. Häusliche Gemeinschaft mit Eltern oder Geschwistern ist nicht erforderlich (str., s. MüKo-

BGB/Huber Rn. 23). Begünstigung von Stiefgeschwistern str., vgl. MüKo-BGB/Huber Rn. 23.

3. Rechtsfolge aus II. Befugnis der Eltern im Rahmen der – in II HS 2 konkretisierten – Billigkeit, nicht aber Verpflichtung zur Überschussverwendung zum Familienunterhalt. Befugnis erfasst ausschließlich Einkünfte aus Vermögen, nicht Arbeitseinkommen, Impfschadenrente uä (OLG Hamm FamRZ 1974, 31). Soweit Unterhaltsansprüche der begünstigten Eltern gegen das wohlhabende Kind gegeben sind, ist § 1649 II nicht anzuwenden. Die Vorschrift ist Rechtsgrund für den Eltern und Geschwistern zugewandten Unterhalt. 5

4. Ende der Befugnis. Verwendungsbefugnis nach II endet mit Volljährigkeit des Kindes (BeckOK/Veit Rn. 21). 6

§§ 1650–1663 *(weggefallen)*

§ 1664 Beschränkte Haftung der Eltern

(1) **Die Eltern haben bei der Ausübung der elterlichen Sorge dem Kind gegenüber nur für die Sorgfalt einzustehen, die sie in eigenen Angelegenheiten anzuwenden pflegen.**

(2) **Sind für einen Schaden beide Eltern verantwortlich, so haften sie als Gesamtschuldner.**

1. Allgemeines. a) Zu I: Die erst von der zweiten Kommission eingeführte (Prot. IV 561), rechtspolitisch (vgl. MüKo-BGB/Huber Rn. 2) sowie in ihrer Reichweite und dogmatischen Qualifikation umstrittene, gleichwohl durch alle Reformen (zur Textgeschichte s. Staudinger/Heilmann Rn. 1 ff.) im Wesentlichen unverändert beibehaltene Vorschrift individualisiert den Sorgfaltsstandard der Eltern bei der Wahrnehmung der Vermögens- und Personensorge. **b)** Zu II: Gesamtschuld, §§ 421 ff., und damit Innenausgleich der Eltern nach § 426 I 1, II 1, soweit beide Elternteile haften. **c)** § 1664 wird vielfach als selbstständige Anspruchsgrundlage verstanden (s. nur BGH FamRZ 2021, 518 [519]; Schwab FamR § 71 Rn. 888). Nach zutr. Auffassung regelt die Vorschrift entspr. ihrem Wortlaut aber allein den Haftungsmaßstab, während die Haftung selbst entweder aus Deliktsrecht oder § 280 I folgt (Dethloff FamR § 13 Rn. 7; BeckOGK/Amend-Traut [1.12.2022] § 1626 Rn. 168); dabei ergibt sich die Anwendbarkeit des § 280 I daraus, dass das Eltern-Kind-Verhältnis nicht nur ein familienrechtliches Statusverhältnis, sondern auch ein Schuldverhältnis darstellt (vgl. BeckOGK/Riehm [1.7.2022] § 280 Rn. 77). 1

2. Voraussetzungen I. a) Wahrnehmung der Sorge für die Person oder das Vermögen des Kindes durch sorgeberechtigte Eltern bzw. Elternteil. Analogie zugunsten des „faktisch" sorgenden Elternteils oder bei Ausübung des Umgangsrechts (BGHZ 103, 338 [345]) möglich; vgl. auch BGH BeckRS 1988, 06263: Analogie zugunsten von Pflegeeltern (aA OLG Köln NJW-RR 2016, 401 [404]). 2
b) Verletzung der obj. gebotenen Pflicht zur Sorge (zB Erziehungsfehler, falsche Ernährung, schlechte Vermögensverwaltung [OLG Bremen NJW 2015, 564; OLG Celle FamRZ 2018, 106], aber auch mangelhafte Beaufsichtigung durch **Eltern,** vgl. BGHZ 103, 338 [344]); keine analoge Anwendung auf andere Personen (BGH FamRZ 2018, 1708 [1711] [Betreuer]; NJW 1996, 53 [Hauswirtschaftspraktikantin]). **c)** Durch Pflichtverletzung verursachte Schädigung des Kindes. **d)** Bei Schädigung durch Dritte, die Pflichten für die Eltern erfüllen, gilt § 278 mit Sorgfaltsmilderung für die Gehilfen (Staudinger/Heilmann Rn. 25); soweit Eltern nur zur Beiziehung Dritter verpflichtet sind (zB Arzt), gilt § 1664 für die Sorgfalt in der Auswahl. 3 4

3. Rechtsfolge. Individuelle Sorgfaltsbestimmung, die oft als Sorgfaltsentlastung gegenüber allg. Standards wirkt; zur diligentia quam in suis s. § 277. 5

6 **4. Konkurrenzen.** Die Privilegierung gilt auch für konkurrierende Deliktsansprüche; die hM verlangt allerdings, dass die unerlaubte Handlung „in einem inneren Zusammenhang mit der Ausübung der elterlichen Verantwortung steht" (Schwab FamR § 71 Rn. 889; LG Meiningen BeckRS 2022, 21259 Rn. 45) oder die „Schutzpflichten ganz in der Sorge für die Person des Kindes aufgehen" (BGH FamRZ 2021, 425; FamRZ 1988, 810 [812]). Durch § 1664 I wird auch eine verschuldensunabhängige Haftung des Tierhalters aus § 833 S. 1 ausgeschlossen (BGH FamRZ 2021, 425). Auf Ansprüche aus Vertrag oder wegen Verletzung allg. Verkehrspflichten findet § 1664 hingegen keine Anwendung (str., aA etwa noch OLG Hamm NJW 1993, 542 [543]; sa BGHZ 103, 338 [345] für Deliktsanspruch bei Verletzung der Aufsichtspflicht durch Umgangsberechtigten). UU kann jedoch das Kind mit Rücksicht auf die Familiengemeinschaft aufgrund § 1618a gehalten sein, Ersatzansprüche wegen leichtfahrlässiger Schadenszufügung, insbes. auf Schmerzensgeld, nicht geltend zu machen (BGH NJW 2004, 2892 [2893]). Zu Gesamtschuld und Ausgleich, falls Elternteil und Dritter für Verletzung des Kindes verantwortlich sind, s. BGHZ 103, 338 [346 f.]; vgl. auch → § 426 Rn. 25.

§ 1665 *(weggefallen)*

§ 1666 Gerichtliche Maßnahmen bei Gefährdung des Kindeswohls

(1) **Wird das körperliche, geistige oder seelische Wohl des Kindes oder sein Vermögen gefährdet und sind die Eltern nicht gewillt oder nicht in der Lage, die Gefahr abzuwenden, so hat das Familiengericht die Maßnahmen zu treffen, die zur Abwendung der Gefahr erforderlich sind.**

(2) **In der Regel ist anzunehmen, dass das Vermögen des Kindes gefährdet ist, wenn der Inhaber der Vermögenssorge seine Unterhaltspflicht gegenüber dem Kind oder seine mit der Vermögenssorge verbundenen Pflichten verletzt oder Anordnungen des Gerichts, die sich auf die Vermögenssorge beziehen, nicht befolgt.**

(3) **Zu den gerichtlichen Maßnahmen nach Absatz 1 gehören insbesondere**

1. **Gebote, öffentliche Hilfen wie zum Beispiel Leistungen der Kinder- und Jugendhilfe und der Gesundheitsfürsorge in Anspruch zu nehmen,**
2. **Gebote, für die Einhaltung der Schulpflicht zu sorgen,**
3. **Verbote, vorübergehend oder auf unbestimmte Zeit die Familienwohnung oder eine andere Wohnung zu nutzen, sich in einem bestimmten Umkreis der Wohnung aufzuhalten oder zu bestimmende andere Orte aufzusuchen, an denen sich das Kind regelmäßig aufhält,**
4. **Verbote, Verbindung zum Kind aufzunehmen oder ein Zusammentreffen mit dem Kind herbeizuführen,**
5. **die Ersetzung von Erklärungen des Inhabers der elterlichen Sorge,**
6. **die teilweise oder vollständige Entziehung der elterlichen Sorge.**

(4) **In Angelegenheiten der Personensorge kann das Gericht auch Maßnahmen mit Wirkung gegen einen Dritten treffen.**

§ 1666a Grundsatz der Verhältnismäßigkeit; Vorrang öffentlicher Hilfen

(1) [1]**Maßnahmen, mit denen eine Trennung des Kindes von der elterlichen Familie verbunden ist, sind nur zulässig, wenn der Gefahr nicht auf andere Weise, auch nicht durch öffentliche Hilfen, begegnet werden kann.** [2]**Dies gilt auch, wenn einem Elternteil vorübergehend oder auf unbestimmte Zeit die Nutzung der Familienwohnung untersagt werden soll.** [3]**Wird einem Elternteil oder einem Dritten die Nutzung der vom Kind mitbewohnten**

oder einer anderen Wohnung untersagt, ist bei der Bemessung der Dauer der Maßnahme auch zu berücksichtigen, ob diesem das Eigentum, das Erbbaurecht oder der Nießbrauch an dem Grundstück zusteht, auf dem sich die Wohnung befindet; Entsprechendes gilt für das Wohnungseigentum, das Dauerwohnrecht, das dingliche Wohnrecht oder wenn der Elternteil oder Dritte Mieter der Wohnung ist.

(2) **Die gesamte Personensorge darf nur entzogen werden, wenn andere Maßnahmen erfolglos geblieben sind oder wenn anzunehmen ist, dass sie zur Abwendung der Gefahr nicht ausreichen.**

§ 1667 Gerichtliche Maßnahmen bei Gefährdung des Kindesvermögens

(1) [1]**Das Familiengericht kann anordnen, dass die Eltern ein Verzeichnis des Vermögens des Kindes einreichen und über die Verwaltung Rechnung legen.** [2]**Die Eltern haben das Verzeichnis mit der Versicherung der Richtigkeit und Vollständigkeit zu versehen.** [3]**Ist das eingereichte Verzeichnis ungenügend, so kann das Familiengericht anordnen, dass das Verzeichnis durch eine zuständige Behörde oder durch einen zuständigen Beamten oder Notar aufgenommen wird.**

(2) [1]**Das Familiengericht kann anordnen, dass das Geld des Kindes in bestimmter Weise anzulegen und zur Abhebung seine Genehmigung erforderlich ist.** [2]**Gehören Wertpapiere oder Wertgegenstände zum Vermögen des Kindes, so kann das Familiengericht dem Elternteil, der das Kind vertritt, die gleichen Verpflichtungen auferlegen, die nach den §§ 1843 bis 1845 einem Betreuer obliegen; die §§ 1842 und 1849 Absatz 1 sind entsprechend anzuwenden.**

(3) [1]**Das Familiengericht kann dem Elternteil, der das Vermögen des Kindes gefährdet, Sicherheitsleistung für das seiner Verwaltung unterliegende Vermögen auferlegen.** [2]**Die Art und den Umfang der Sicherheitsleistung bestimmt das Familiengericht nach seinem Ermessen.** [3]**Bei der Bestellung und Aufhebung der Sicherheit wird die Mitwirkung des Kindes durch die Anordnung des Familiengerichts ersetzt.** [4]**Die Sicherheitsleistung darf nur dadurch erzwungen werden, dass die Vermögenssorge gemäß § 1666 Abs. 1 ganz oder teilweise entzogen wird.**

(4) **Die Kosten der angeordneten Maßnahmen trägt der Elternteil, der sie veranlasst hat.**

Anmerkungen zu den §§ 1666–1667

Lit.: Meysen, Neuerungen im zivilrechtlichen Kinderschutz, NJW 2008, 2673.

1. Allgemeines. a) Die Generalklausel des § 1666 I ist Ausprägung des staatlichen Wächteramtes aus Art. 6 II 2 GG und bildet die Grundlage des Eingriffs in die Personen- und Vermögenssorge bei Gefahren für das Kindeswohl. Auch die anzuordnende Maßnahme ist am Kindeswohl auszurichten, § 1697a. **b)** Anordnungen nach § 1666 I gehen den Sorgerechtsentscheidungen nach Trennung der Eltern vor, § 1671 IV (vgl. Schwab FamRZ 1998, 457 [465]). 1 2

2. Eingriff in die Personensorge. a) Voraussetzungen. aa) Erwiesene Gefährdung des körperlichen, geistigen oder seelischen Wohls des Kindes (BGH NJW 2012, 151 [153]; sa BVerfG NJW 2015, 223). Kindeswohl ist ein unbestimmter Rechtsbegriff, der zu orientieren ist am Erziehungsziel eines gesunden, zu Selbstbestimmung und -verantwortung fähigen Menschen (vgl. Gernhuber FamRZ 1973, 229 [231]). Gefährdung ist ein Zustand, dessen Weiterentwicklung mit ziemlicher Sicherheit eine erhebliche Beeinträchtigung des Kindeswohls erwarten lässt (vgl. BGH FamRZ 2023, 57 [59]; FamRZ 2019, 598 [600 f.]; FamRZ 2017, 212 [213]; 3 4

NJW 1956, 1434). Je schwerer der drohende Schaden wiegt, desto geringere Anforderungen sind an die (auf konkrete Verdachtsmomente zu stützende) Wahrscheinlichkeit des Schadenseintritts zu stellen (BGH FamRZ 2023, 57 [59]; FamRZ 2019, 598 [600 f.]; FamRZ 2017, 212 [213]; sa BVerfG FamRZ 2023, 49 [54]; FamRZ 2021, 104 [106]; vgl. zur „Gegenwärtigkeit der Gefahr" auch OLG Brandenburg FamRZ 2016, 1180 [1182 f.]). Maßstab sind die grundlegenden, unverzichtbaren Lebensbedürfnisse des Kindes vor dem Hintergrund seines gegenwärtigen Entwicklungsstands (OLG Brandenburg FamRZ 2016, 1180 [1181]). Konkrete Gefährdung kann sich auch aus einer Vielzahl von Einzelaspekten ergeben (KG FamRZ 2016, 641 [643]; vgl. auch BGH FamRZ 2023, 57 [59 f.] zur Gefahr der Begehung von Hands-On-Delikten). Bsp: Entwürdigende Erziehungsmaßnahmen (s. § 1631 II); Vernachlässigung oder Fehlleitung von Begabung und Eignung in Schule, Ausbildung oder bei der Berufswahl (s. § 1631a); Verweigerung der Teilnahme an allg. Schulausbildung (OLG Karlsruhe FamRZ 2022, 1857; OLG Celle FamRZ 2022, 111 [112 ff.], Grundschule; OLG Nürnberg FamRZ 2017, 454 [456]; FamRZ 2016, 564 [565]; OLG Brandenburg NJW 2006, 235 [236]; zu pandemiegestützter Schulverweigerung sa Rake FamRZ 2022, 1621 [1622]); sexueller Missbrauch; Zusammenleben mit einem wegen sexuellen Missbrauchs von Kindern vorbestraften Lebensgefährten der Mutter (BGH FamRZ 2019, 598 [601]; OLG Karlsruhe FamRZ 2019, 1429 [1430]; sa OLG Frankfurt a. M. FamRZ 2019, 1425 [pädophiler Vater]); Vernachlässigung von Ernährung und Pflege (BayObLG NJW-RR 1988, 1223); Unfähigkeit, allg. anerkannte sittliche Überzeugungen zu vermitteln (zB Anhalten zu oder Gestatten von Bettelei oder Prostitution); Überlassen einer Spielekonsole mit Spieletiteln ohne Jugendfreigabe (AG Bad Hersfeld FamRZ 2018, 1003 [1004]); ungerechtfertigte Umgangsverbote (vgl. BayObLG NJW 1981, 1380 – Großeltern); Umgangsvereitelung (BGH NJW 2012, 151); Verweigerung der Begutachtung des Kindes im gerichtl. Umgangsverfahren (OLG Rostock FamRZ 2017, 215 [217]); Ablehnung von notwendigen Heileingriffen, zB aus religiöser Überzeugung (vgl. OLG Celle MDR 1994, 487 – Bluttransfusion); drohende Beschneidung eines Mädchens während Aufenthalts in Gambia (BGH NJW 2005, 672) oder Äthiopien (OLG Karlsruhe FamRZ 2009, 1599); Traumatisierung durch Ermordung der Mutter (FamRZ 2020, 2010); Parentifizierung des Kindes (OLG
5 Karlsruhe NZFam 2017, 1132 [1135 f.]); **nicht:** abstrakte Gefährdung durch Glaubensüberzeugung der Eltern (vgl. BayObLG NJW 1976, 2017 – Zeugen Jehovas; OLG Hamm NJW-RR 1986, 754 – Bhagwan; AG Berlin-Tempelhof-Kreuzberg FamRZ 2009, 987 – Scientology [aber Auflagen zur Absicherung der Willensfreiheit]); Nutzung neuer Medien (Smartphone, freier Internetzugang) ohne Nachw. konkreter Gefährdung (OLG Frankfurt a.M. FamRZ 2018, 1316 [1318]); Verweigerung eines Schwangerschaftsabbruchs (OLG Naumburg FamRZ 2004, 1806); geistige Behinderung der Eltern (LG Berlin NJW-RR 1988, 1419, nicht verallgemeinerungsfähig); Rauchen im Beisein der Kinder (BayObLG MDR 1993, 649 [650],
6 nicht verallgemeinerungsfähig). **bb)** Eltern sind zur Gefahrenabwehr nicht willens
7 oder nicht fähig. Auch hier ist Verschulden unerheblich. **b) Maßnahmen. aa)** Das FamG hat die zur Gefahrenabwehr erforderlichen Maßnahmen unter strikter Wahrung des Verhältnismäßigkeitsgrundsatzes zu treffen (BVerfG NJW 2014, 2936 [2937]; vgl. auch BVerfG FamRZ 2023, 49 [53]; FamRZ 2017, 1577 [1580]; FamRZ 2016, 22 [24]). Anzuordnen sind nur solche Maßnahmen, die zur Gefahrenabwehr geeignet und erforderlich sind und sich auch im engeren Sinne als verhältnismäßig erweisen (BGH FamRZ 2023, 57 [61]; FamRZ 2017, 212 [214 f.]; FamRZ 2016, 1752 [1753]; NJW 2012, 151 [153]). Nach BGH (FamRZ 2019, 598 [602]; FamRZ 2023, 57 [61]) ist dabei auch das Verhältnis zwischen Schwere des Eingriffs und Grad der Wahrscheinlichkeit des Schadenseintritts zu beachten; die (auch teilw.) Entziehung der Sorge soll nur bei erhöhter Wahrscheinlichkeit des Schadenseintritts verhältnismäßig sein. Konkretisiert werden die gerichtl. Maßnahmen durch die beispielhafte, nicht abschließende Aufzählung in § 1666 III (BGH FamRZ 2023, 57 [60]; FamRZ 2017, 212 [214]). Es ist stets das mildeste Mittel zu wählen (BGH

FamRZ 2023, 57 [61]). Die Übertragung der Sorge auf einen Elternteil geht zB der Pflegerbestellung vor; daher auch Übertragung der Alleinsorge auf einen Elternteil gegen dessen Willen möglich (OLG Karlsruhe FuR 1999, 223 [224]). Bei Umgangsvereitelung ist Einrichtung einer Umgangspflegschaft denkbar (BGH FamRZ 2016, 1752 [1756]; NJW 2012, 151 [153 f.]); wird Rückführung des in einer Pflegefamilie lebenden Kindes zur Unzeit verlangt, kann Verbleibensanordnung nach § 1632 IV als gegenüber Entziehung des Aufenthaltsbestimmungsrechts milderes Mittel in Betracht kommen (BGH NJW 2014, 1004). Vollmachtserteilung an das Jugendamt kann Maßnahmen nach § 1666 III erübrigen (s. OLG Bremen NZFam 2018, 178 [180 f.]). Der Verhältnismäßigkeitsgrundsatz gilt auch für die zeitliche Dauer einer Maßnahme. Bsp: Entzug des Sorgerechts bei Verletzung der Schulpflicht (BGH NJW 2008, 369; OLG Nürnberg FamRZ 2016, 564 [566]); Teilentzug der elterlichen Sorge (und somit Anordnung von Ergänzungspflegschaft), wenn die Entscheidung über den Abbruch der künstlichen Ernährung bei einem im Koma liegenden Kind dem Wohl dieses Kindes widerspricht (OLG Hamm NJW 2007, 2704). **bb)** Konkretisiert wird der Verhältnismäßigkeitsgrundsatz für 8
bes. **gravierende Maßnahmen** in § 1666a. Vor Trennung von der Familie nach § 1666a I stets Prüfung milderer Mittel und Vorrang öffentl. Hilfen (OLG Saarbrücken NZFam 2022, 598 [600]); zu den verfassungsrechtlichen Anforderungen an eine Trennung des Kindes von den Eltern s. BVerfG FamRZ 2021, 104 [106 f.]; NJW 2015, 223; zu Maßnahmen im Eilverfahren BVerfG FamRZ 2017, 1577; FamRZ 2016, 22 [24]; FamRZ 2015, 2120 [2122]; FamRZ 2014, 907. § 1666a I 3 lässt erkennen, dass zur Herbeiführung einer Trennung auch dem Elternteil die Nutzung der Wohnung untersagt werden kann (s. BGH FamRZ 2023, 57 [60 f.]: Wohnungsausweisung des hebephilen Vaters „Go-Order"), s. § 1666 III Nr. 3 und 4 – kein Ausschließlichkeitsverhältnis zwischen § 1666 und § 1684 IV; OLG Frankfurt a. M. FamRZ 2019, 1425 [1427]: Wegweisung eines pädophilen Vaters); Rechte an der Wohnung sind bei der Bemessung der Dauer zu berücksichtigen. Entzug der gesamten Personensorge nach § 1666a II ist nur zulässig, wenn weniger einschneidende Maßnahmen bereits ohne Erfolg eingesetzt waren oder sich mit an Sicherheit grenzender Wahrscheinlichkeit als ergebnislos erweisen werden. **cc)** Maßnahmen 9
außerhalb von § 1666a können sein: Ersetzung von Erklärungen der Sorgeinhaber, zB Einwilligung in eine Operation (s. § 1666 III Nr. 5), Ermahnungen, Verwarnungen, Ge- und Verbote (vgl. OLG Brandenburg NZFam 2018, 211 [220]; OLG Koblenz FamRZ 2017, 453 [454]: Gebot zur Inanspruchnahme öffentl. Hilfen), Entzug der tatsächlichen Sorge durch oder iVm Unterbringung in einem Heim oder bei Pflegepersonen, Einschränkung oder Entziehung der Umgangsaufsicht und -steuerung, der Entscheidung über Heilbehandlung (vgl. auch OLG Brandenburg NZFam 2018, 211 [218]: Auflage, ein Kind in ärztliche Behandlung/Therapie zu begeben) oder der Verfügung über Persönlichkeitsrechte, schließlich Entziehung von Teilbereichen der Sorge, zB des Aufenthaltsbestimmungsrechts (BGH FamRZ 2016, 1752 [1753]; NJW 2005, 672 [673]), des Umgangsbestimmungsrechts gegenüber Dritten (s. BGH FamRZ 2016, 1752 [1755 f.]: auch gegenüber dem anderen Elternteil; krit. BeckOK/Veit § 1632 Rn. 47 ff.), des Rechts zur Regelung schulischer Belange (OLG Celle FamRZ 2022, 111 [112]; vgl. dazu auch BVerfG FamRZ 2021, 1969). *Nicht* möglich ist die Anordnung körperlicher Untersuchungen eines Elternteils (OLG Bamberg NZFam 2022, 981 [984]: Abgabe und Auswertung von Urinkontrollen zur Abklärung einer Suchtproblematik). – Sind beide Elternteile 10
sorgeberechtigt, wird die Sorge aber nur einem Elternteil (teilw., zB Aufenthaltsbestimmungsrecht) entzogen, steht sie dem anderen zu, § 1680 III, I; sonst Pflegerbestellung, §§ 1809. Bei bisheriger Alleinsorge nach § 1626a III ist eine Übertragung auf den anderen Elternteil möglich (OLG Hamm FamRZ 2000, 1239). **dd)** Das 11
FamG kann auch Maßnahmen gegenüber **Dritten** verhängen, § 1666 IV. Bsp: Verbote des Umgangs (wobei die Rückwirkung der Maßnahme auf das Kind iRd Rechtsfolgenabwägung Beachtung finden muss, vgl. auch OLG Brandenburg FamRZ 2016, 1282 [1284]: Kontakt- und Näherungsverbot bei Beziehung einer

Jugendlichen zu einem deutlich älteren Mann), der Überlassung von Drogen, Alkohol, pornographischen Schriften, Fahrzeugen, Waffen, sogar Verbot des Wohnens in der Nachbarschaft (vgl. OLG Zweibrücken NJW 1994, 1741 [1742], Sexualtäter – missbrauchtes Kind). Dritter kann auch der neue Partner eines Elternteils sein (BGH FamRZ 2017, 212 [214]). Eine Anordnung gegenüber Dritten unterliegt dem Verhältnismäßigkeitsprinzip und setzt ebenfalls voraus, dass die Eltern nicht willens oder in der Lage sind, die Kindeswohlgefährdung abzuwehren. Vollstreckung § 86 FamFG, vgl. Diederichsen NJW 1980, 1 [7]. – *Nicht* möglich sind Anordnungen gegenüber Behörden und sonstigen Trägern der öffentlichen Gewalt (BGH FamRZ 2022, 189 [191]; FamRZ 2022, 103, jeweils zu Maßnahmen gegenüber schulischen Behörden [Unterlassung von Infektionsschutzmaßnahmen]).

12 **3. Eingriff in die Vermögenssorge. a) Voraussetzung** ist die Gefährdung des Kindesvermögens, also eine gegenwärtige Gefahrenlage für das Vermögen. Eine Vermögensminderung muss noch nicht eingetreten sein, aber mit hoher Wahrscheinlichkeit bevorstehen oder jedenfalls naheliegend sein (OLG Koblenz FamRZ 2021, 1889). Verschulden ist nicht erforderlich (OLG Koblenz FamRZ 2021, 1889).
13 **aa)** Die Regelbeispiele des § 1666 II indizieren die Vermögensgefährdung. Unterhaltspflicht ist verletzt, wenn der Unterhaltsanspruch (§§ 1601 ff.) ganz oder teilw. nicht erfüllt wird. Pflichten, die mit der Vermögenssorge verbunden sind, erwachsen aus §§ 1639, 1642, 1649. Pflichtverletzung ist auch Verwendung von Kindesvermögen im elterlichen Betrieb oder das Unterlassen möglicher Vermögensmehrung. Gerichtl. Anordnungen zum Schutze des Kindesvermögens s. § 1667. – Ist ein Regelbeispiel erfüllt, scheidet eine Vermögensgefährdung nur im Ausnahmefall unter bes. Umständen aus. Nicht entbunden wird das FamG von der Prüfung, ob die Gefahr auch in Zukunft besteht, weil die Eltern nicht willens oder in der Lage sind, sie abzuwenden. **bb)** Vermögensgefährdung kann auch aus anderen Gründen anzunehmen sein, etwa bei Begehung von Vermögensdelikten, (drohendem) Vermögensverfall oder schwerwiegendem Zerwürfnis mit den Eltern (OLG Köln NJW-RR 2000, 373); Annahme eines überschuldeten Nachlasses (OLG Koblenz FamRZ
14 2021, 1889). **b) Maßnahmen** unterliegen auch hier streng dem Verhältnismäßigkeitsgrundsatz (OLG Koblenz FamRZ 2021, 1889 [1890]). Der (Teil-)Entzug der Vermögenssorge ist nur letztes Mittel. Weniger einschneidende Maßnahmen nach § 1667 (Errichtung eines Vermögensverzeichnisses, bestimmte Vermögensanlage, Sicherheitsleistung) haben Vorrang (BT-Drs. 13/4899, 97); Kosten § 1667 IV.
15 Gegenüber Dritten können keine Maßnahmen ergriffen werden, s. § 1666 IV; Kontosperre bei der Bank scheidet daher aus.

16 **4. Aufhebungspflicht.** S. § 1696 II.

17 **5. Verfahren.** FamG zuständig nach §§ 111 Nr. 2, 151 Nr. 1 FamFG; Verfahren nach §§ 151 ff. FamFG; Zuständigkeit § 152 FamFG; Anhörung des Jugendamtes § 162 FamFG, der Eltern § 160 FamFG, des Kindes § 159 FamFG (dazu OLG Saarbrücken FamRZ 2022, 963 [964]; OLG Brandenburg FamRZ 2022, 806 [807]; sa BVerfG FamRZ 2022, 694 zu lediglich telefonischer Anhörung des Kindes); Vorrang- und Beschleunigungsgebot § 155 FamFG; Erörterung notwendiger Hilfen § 157 FamFG; Bestellung eines Verfahrensbeistands für das Kind § 158 FamFG. Keine Einholung eines kinderpsychologischen Gutachtens gegen den Willen der Sorgeberechtigten (OLG Frankfurt a.M. FamRZ 2001, 638). Beschwerderecht der Eltern, Verwandten und Verschwägerten des Kindes oder sonstiger Interessenten gegen Ablehnung einer Maßnahme § 59 FamFG; Ausübung des Beschwerderechts durch Kind § 60 FamFG.

§§ 1668–1670 *(weggefallen)*

§ 1671 Übertragung der Alleinsorge bei Getrenntleben der Eltern

(1) [1]**Leben Eltern nicht nur vorübergehend getrennt und steht ihnen die elterliche Sorge gemeinsam zu, so kann jeder Elternteil beantragen, dass**

ihm das Familiengericht die elterliche Sorge oder einen Teil der elterlichen Sorge allein überträgt. [2]Dem Antrag ist stattzugeben, soweit
1. **der andere Elternteil zustimmt, es sei denn, das Kind hat das 14. Lebensjahr vollendet und widerspricht der Übertragung, oder**
2. **zu erwarten ist, dass die Aufhebung der gemeinsamen Sorge und die Übertragung auf den Antragsteller dem Wohl des Kindes am besten entspricht.**

(2) **[1]Leben Eltern nicht nur vorübergehend getrennt und steht die elterliche Sorge nach § 1626a Absatz 3 der Mutter zu, so kann der Vater beantragen, dass ihm das Familiengericht die elterliche Sorge oder einen Teil der elterlichen Sorge allein überträgt. [2]Dem Antrag ist stattzugeben, soweit**
1. **die Mutter zustimmt, es sei denn, die Übertragung widerspricht dem Wohl des Kindes oder das Kind hat das 14. Lebensjahr vollendet und widerspricht der Übertragung, oder**
2. **eine gemeinsame Sorge nicht in Betracht kommt und zu erwarten ist, dass die Übertragung auf den Vater dem Wohl des Kindes am besten entspricht.**

(3) **[1]Ruht die elterliche Sorge der Mutter nach § 1751 Absatz 1 Satz 1, so gilt der Antrag des Vaters auf Übertragung der gemeinsamen elterlichen Sorge nach § 1626a Absatz 2 als Antrag nach Absatz 2. [2]Dem Antrag ist stattzugeben, soweit die Übertragung der elterlichen Sorge auf den Vater dem Wohl des Kindes nicht widerspricht.**

(4) **Den Anträgen nach den Absätzen 1 und 2 ist nicht stattzugeben, soweit die elterliche Sorge auf Grund anderer Vorschriften abweichend geregelt werden muss.**

Lit.: Heilmann, Die Reform des Sorgerechts nicht miteinander verheirateter Eltern – Das Ende eines Irrwegs?, NJW 2013, 1473; Huber/Antomo, Zum Inkrafttreten der Neuregelung der elterlichen Sorge nicht miteinander verheirateter Eltern, FamRZ 2013, 665; Obermann, Das Zusammenspiel von Amts- und Antragsverfahren in § 1671 Abs. 4 BGB, FamRZ 2022, 997; Willutzki, Das Gesetz zur Reform der elterlichen Sorge nicht miteinander verheirateter Eltern, FPR 2013, 236.

1. Allgemeines. Die Trennung (und Scheidung) der Eltern lässt die gemeinsame Sorge unberührt; ihr Fortbestand bedarf keiner gerichtl. Anordnung. Zum inhaltlichen Wandel der gemeinsamen Sorge bei Getrenntleben s. § 1687. Die Übertragung der Sorge auf einen Elternteil erfolgt nur auf dessen Antrag durch das FamG. § 1671 wurde neu gefasst durch Ges. v. 16.4.2013 (dazu → Vor § 1626 Rn. 1, s. näher Heilmann NJW 2013, 1473; Huber/Antomo FamRZ 2013, 665 [667 ff.]); **I** (→ Rn. 2–15) fasst I und II aF zusammen. **II** (→ Rn. 16–17) nimmt weitestgehend § 1672 aF auf. 1

2. Alleinübertragung bei gemeinsamer elterlicher Sorge, I. a) Unerheblich ist, ob die **gemeinsame elterliche Sorge** nach §§ 1626, 1626a I Nr. 2 durch Eheschließung oder nach § 1626a I Nr. 1 aufgrund Sorgeerklärungen bzw. nach § 1626a I Nr. 3, II auf Antrag eines Elternteils durch das FamG begründet wurde. Alleinübertragung ist daher auch möglich, wenn sich die Partner einer nichtehelichen Lebensgemeinschaft trennen, falls gemeinsame Sorge nach § 1626a I Nr. 1 oder Nr. 3 bestand; wenn nicht s. II. **b)** Nicht nur vorübergehendes **Getrenntleben der Eltern** liegt vor, wenn sie die häusliche Gemeinschaft dauerhaft aufgehoben haben und nicht wiederherstellen wollen, s. § 1567. Alleinübertragung der Sorge ist aber auch möglich, wenn Eltern niemals zusammenlebten, etwa im Falle des § 1626a I Nr. 1 oder Nr. 3. Der bloße Wille, in Zukunft getrennt zu leben, genügt nicht; will ein Elternteil unter Mitnahme der Kinder aus der gemeinsamen Wohnung ausziehen, setzt dies die Begründung eines Alleinentscheidungsrechts nach § 1628 hinsichtlich der Aufenthaltsbestimmung voraus. **c) Antrag** auf Übertragung der Sorge ganz oder teilw. an den Antragsteller, nicht an den anderen Elternteil. Auftei- 2 3 4 lung der Sorge auf beide Elternteile als periodisch wechselnde Alleinsorge nach dem Muster eines Wechselmodells ist nicht möglich (Johannsen/Henrich/Althammer/Lack Rn. 19a; sa BeckOK/Veit Rn. 39). Stellen Eltern einen Antrag gemeinsam, so kann darin die Zustimmung eines Elternteils nach I 2 Nr. 1 liegen; der Antragsteller muss aber bestimmbar sein. Kein Antragsrecht haben das Kind und das Jugendamt.

5 **d)** Dem Antrag ist **stattzugeben,** wenn **aa)** der andere Elternteil **zustimmt** (s. dazu OLG Koblenz FamRZ 2016, 475). Gemeinsamer Elternwille bindet. Eine Kindeswohlprüfung findet nicht statt. Widerspricht aber das Kind, das das 14. Lebensjahr vollendet hat, so kann eine Übertragung nur nach I 2 Nr. 2 erfolgen; Widerspruch erzwingt also Kindeswohlprüfung. Widerspruch jüngerer Kinder ist für die gerichtl. Entscheidung unbeachtlich, ggf. wird aber Bestellung eines Verfahrensbeistands in Betracht zu ziehen sein (Grüneberg/Götz Rn. 9). Eine andere Sorgerechtsregelung kann unter den hohen Voraussetzungen des § 1666 vorgenommen werden, s. IV. Zustimmung und Widerspruch sind widerruflich (OLG Brandenburg
6 FamRZ 2014, 1714; Schwab FamRZ 1998, 457 [461]). **bb)** Fehlt die Zustimmung oder liegt ein wirksamer Widerspruch vor, kann die Sorge auf einen Elternteil übertragen werden, wenn sowohl die Aufhebung als auch die Übertragung dem **Kindeswohl** entsprechen. Ausweislich BT-Drs. 17/11048, 19 korrespondiert I 2 Nr. 2 mit § 1671 II Nr. 2 aF; inhaltliche Neuerungen waren nicht intendiert. Damit steht die Regelung allerdings in einem Spannungsverhältnis zu § 1626a und dem dort verorteten ges. Leitbild gemeinsamer elterlicher Sorge: Während nach § 1626a II 1 die Übertragung der gemeinsamen Sorge an eine negative Kindeswohlprüfung geknüpft ist (→ §§ 1626a–1626e Rn. 14), verlangt § 1671 I 2 Nr. 2 eine (doppelte) positive Prüfung. Dies wirft die Frage auf, ob ungeachtet des unterschiedlichen Wortlauts auch iRd I 2 Nr. 2 der gemeinsamen gegenüber der Alleinsorge der höhere Stellenwert einzuräumen ist mit der Konsequenz, dass die Aufhebung der gemeinsamen Sorge bes. Rechtfertigung bedarf; so OLG Stuttgart FamRZ 2014, 1715; sa OLG Celle NJW 2014, 1309 [1310]; NZFam 2014, 738; aA OLG Stuttgart NJW 2015, 642: kein Regel-Ausnahme-Verhältnis zu Gunsten gemeinsamer Sorge. Bedeutung erlangt die Frage insbes. in den Fällen, in denen die Mutter den Antrag nach I 2 Nr. 2 stellt, nachdem das FamG die Sorge gem. § 1626a I Nr. 3, II auf beide Eltern übertragen hat. Nach BGH (FamRZ 2016, 1439 [1440 f.]) ist sowohl bei I 2 Nr. 2 als auch iRd negativen Kindeswohlprüfung gem. § 1626a II das Kindeswohl der entscheidende Maßstab. Die Voraussetzungen, unter denen die Übertragung der gemeinsamen Sorge abzulehnen ist, unterscheiden sich danach nicht von jenen, die iRd I 2 Nr. 2 eine Aufhebung der gemeinsamen Sorge tragen. Dabei sollen die zu I 2 Nr. 2 entwickelten Grundsätze auch für § 1626a II 1 gelten (sa
7 §§ 1626a–1626e Rn. 14). Zu prüfen ist damit wie folgt: **(1)** Die Aufhebung der gemeinsamen Sorge muss dem Kindeswohl entsprechen. Hierfür ist eine einzelfallbezogene und umfassende Betrachtung aller Umstände vorzunehmen (BGH FamRZ 2016, 1439 [1441]). Aufhebung kommt insbes. dann in Betracht, wenn eine gemeinsame Ausübung der Sorge nicht stattfindet und notwendige Entscheidungen nicht getroffen werden (BGH FamRZ 2016, 1439 [1441]; vgl. auch OLG Celle NJW 2014, 1309 [1310]; OLG Stuttgart FamRZ 2014, 1715 [1716]: nachhaltige und schwerwiegende Störung der Kommunikation). Uneinigkeit über religiöse Erziehung rechtfertigt für sich nicht die Alleinsorge eines Elternteils (BGH NJW 2005, 2080 f. zu § 1371 II Nr. 2 aF). Erteilung einer **Sorgerechtsvollmacht** kann die Beibehaltung der gemeinsamen Sorge rechtfertigen, sofern sie eine ausreichend verlässliche Handhabe zur alleinigen Wahrnehmung der Kindesbelange gibt; erforderlich ist ausreichende Kooperationsfähigkeit und -bereitschaft der Eltern, BGH FamRZ 2020, 1171 [1173 ff.]; OLG Brandenburg FamRZ 2022, 1202 [1204]; sa OLG Dresden FamRZ 2022, 1201 [1202]: Annahme eines konkludenten Vollmachtswiderrufs bei massiver Bedrohung des betreuenden Elternteils. Eine lediglich in Aussicht gestellte Vollmachtserteilung genügt nicht (OLG Dresden BeckRS 2022,
8 15517 Rn. 27; BeckOK/Veit Rn. 64). **(2)** Entspricht die Aufhebung der gemeinsamen Sorge dem Kindeswohl, muss ferner geprüft werden, ob die Sorge dem Antrag-

steller allein überlassen werden kann. Maßstab ist auch hier das Kindeswohl. Die zu § 1671 II aF entwickelten Sorgerechtskriterien können teilw. weiter herangezogen
werden. Nach dem **Förderungsprinzip** ist die Sorge dem Antragsteller zu übertra- 9
gen, wenn er besser als der andere Elternteil zur Erziehung und Betreuung geeignet erscheint und das Kind von ihm mehr Unterstützung für den Aufbau seiner Persönlichkeit erwarten kann (OLG Frankfurt a.M. FamRZ 2022, 1532 [1534]). Ein Erfahrungssatz, dass ein Kind (bis zu einem bestimmten Alter) bei der Mutter besser
aufgehoben ist als beim Vater, besteht nicht. Der **Kontinuitätsgrundsatz** spricht 10
für den Antragsteller, wenn er das Kind nach der Trennung bereits längere Zeit betreut; freilich darf ein nicht einverständlicher „Zugriff auf das Kind" nach der Trennung die Entscheidung nicht präjudizieren. Eine wichtige Rolle spielen persönliche **Bindungen** des Kindes zu einem Elternteil, Großeltern, Pflegepersonen, Freunden; Geschwister sollen miteinander aufwachsen (OLG Dresden NJW 2003,
147 [148]), gilt nicht für Stiefgeschwister (OLG Celle FamRZ 2005, 52). Unabhän- 11
gig von einer festen Altersgrenze ist der **Kindeswille** zu berücksichtigen (OLG Brandenburg MDR 2015, 1305 [1306]; OLG Saarbrücken BeckRS 2017, 140956 Rn. 9; OLG Brandenburg FamRZ 2022, 1202 [1203]); jedoch sind Äußerungen nur beachtlich, wenn sie frei von Einflussnahme erfolgen (OLG Braunschweig FamRZ 2001, 1637; OLG Hamm BeckRS 2014, 06513); Maßstab bleibt das Kindeswohl (OLG Köln FamRZ 2020, 35 [36]). Ursachen der Trennung sind nur zu berücksichtigen, wenn sie weiter kindeswohlbeeinträchtigend wirken, etwa Alkoholismus. Glaubensüberzeugung des Antragstellers spricht weder für noch gegen seine Eignung (OLG Oldenburg NJW 1997, 2962). Die biologische Abstammung allein ist nicht ausschlaggebend. S. ferner § 17 II SGB VIII. – Str. ist, ob die Betreuungskonzepte der Eltern (Wechselmodell/Residenzmodell) bei der Kindeswohlprüfung Berücksichtigung finden können (so OLG Frankfurt a.M. FamRZ 2022, 1532 [1534], Übertragung des Aufenthaltsbestimmungsrechts auf den Elternteil, der ein zuvor einvernehmlich praktiziertes, aber nicht gerichtlich tituliertes Wechselmodell beenden möchte; OLG Frankfurt a.M. FamRZ 2021, 1120 [1121], Durchsetzung des Wechselmodells; krit. Völker FamRZ 2022, 1535 unter Hinweis auf die Rspr. des BGH zum Wechselmodell. Der BGH betrachtet das Wechselmodell als umgangsrechtliche Regelung (BGH FamRZ 2017, 532; FamRZ 2020, 255; sa OLG Frankfurt a.M. FamRZ 2022, 614 [616 f.]: nicht Sorge-, sondern ausschließlich Umgangsrechtsverfahren); s. für die Abänderung einer umgangsrechtlich geregelten Betreuungsaufteilung auch BGH FamRZ 2022, 601: Umgangsrechts-, nicht Sorge-
rechtsverfahren. **(3)** Ergibt sich, dass die Aufhebung gemeinsamer Sorge dem Kin- 12
deswohl entspricht, nicht aber die alleinige Übertragung auf den Antragsteller, so setzt die Übertragung auf den anderen Elternteil dessen Antrag voraus. Gegen den Willen des anderen Elternteils kann ihm die Alleinsorge nicht übertragen werden.
cc) Der Antrag ist abzulehnen, wenn eine Entscheidung nach § 1666 getroffen 13
werden muss (s. IV), zB falls nach den (strengen) Voraussetzungen des § 1666 ein Vormund bestellt werden muss; das gilt auch, wenn der andere Elternteil dem Antrag zustimmt. S. dazu Obermann FamRZ 2022, 997.

3. Entscheidung. a) Liegen die **Voraussetzungen** nach I vor, kann die Sorge 14
dem Antragsteller ganz oder zum Teil allein übertragen werden. Eine Teilübertragung ist auch möglich, wenn die Vollübertragung beantragt war. Eine teilw. Übertragung (unter Belassung der Restsorge zu gemeinsamer Ausübung oder ihrer [partiellen] Übertragung auf den anderen Elternteil auf dessen Antrag) dürfte nur im Ausnahmefall dem Kindeswohl entsprechen, kann aber ggf. den Verhältnismäßigkeitsgrundsatz wahren (BVerfG FamRZ 2004, 1015 [1016]). Der Teil sollte eindeutig abgegrenzt werden (zB: Vermögenssorge, Aufenthaltsbestimmung); klare Zuständigkeiten dienen dem Kindeswohl. Im Umfang der Übertragung wird die Sorge dem
anderen Elternteil entzogen; Folge: §§ 1684, 1686. **b)** Liegen die Voraussetzungen 15
nach I **nicht** vor, so wird der Antrag zurückgewiesen. Es bleibt bei der gemeinsamen

Sorge, vorbehaltlich IV (→ Rn. 13). Das gilt auch dann, wenn zwar ihre Aufhebung dem Kindeswohl entspricht, nicht aber die Übertragung auf den Antragsteller.

16 **4. Alleinübertragung auf den Vater bei Alleinsorgerecht der Mutter, II. a)** Leben die Eltern dauerhaft getrennt (→ Rn. 3) und steht der Mutter die Sorge alleine zu, § 1626a III, dann ermöglicht II die Übertragung der Alleinsorge auf den Vater. Bei Tod der Mutter greift § 1680 II ein. **aa)** Nach II 2 Nr. 1 hat das FamG dem Vater auf seinen Antrag die elterliche Sorge oder einen Teil derselben zu übertragen, soweit die **Mutter zustimmt,** es sei denn, die Übertragung widerspricht dem Wohl des Kindes (negative Kindeswohlprüfung) oder das Kind hat das 14. Lebensjahr vollendet und widerspricht der Übertragung. Die Zustimmung kann bis zur Entscheidung in der letzten Tatsacheninstanz widerrufen werden (OLG Brandenburg FamRZ 2014, 1714). **bb)** Dem Antrag ist nach II 2 Nr. 2 auch stattzugeben, soweit eine **gemeinsame Sorge nicht** in Betracht kommt und zu erwarten ist, dass die Übertragung auf den Vater dem Wohl des Kindes am besten entspricht (zur gleichgerichteten Übergangsregelung s. BVerfG NJW 2010, 3008). Wie bei I 2 Nr. 2 (vgl. → Rn. 7 ff.) erfolgt zweistufige Prüfung: **(1)** Gemeinsame Sorge ist ausgeschlossen (vgl. § 1626a II 1); dies ist der Fall, wenn die erforderliche Kooperationswilligkeit oder -fähigkeit fehlt (OLG Celle NJW 2014, 1309 [1310]; OLG Stuttgart NJW 2015, 642 f.), → §§ 1626a–1626e Rn. 14. **(2)** Scheidet gemeinsame Sorge aus, muss weiter geprüft werden, ob die Sorge auf den Vater übertragen
17 werden kann; Maßstab ist das Kindeswohl (dazu → Rn. 8 ff.). **b) Entscheidung.** Übertragung der Sorge auf den Vater vollst. oder teilw. Im Umfang der Übertragung wird Sorge der Mutter entzogen. Folge: §§ 1684, 1686. Änderung s. § 1696 I. Entscheidung sperrt Sorgeerklärung, § 1626b III.

18 **5. Ruhen der mütterlichen Sorge, III.** Ruht die elterliche Sorge der Mutter nach § 1751 I 1, weil sie der Adoption des Kindes zugestimmt hat (§ 1751 I), gilt der Antrag des Vaters auf Übertragung der gemeinsamen elterlichen Sorge nach § 1626a II als Antrag nach § 1671 II. Dem Antrag ist stattzugeben, soweit die Übertragung der elterlichen Sorge auf den Vater dem Wohl des Kindes nicht widerspricht. Verbleiben Zweifel, ist der Antrag abzuweisen.

19 **6. Verfahren.** Zuständig ist FamG (§§ 111 Nr. 2, 151 Nr. 1 FamFG); Verfahren nach §§ 151 ff. FamFG; beschleunigtes Verfahren nach § 155a FamFG. Zuständigkeit §§ 152 ff. FamFG; Verfahrensverbund § 137 III FamFG; Antragsrecht → Rn. 2; Anhörung des Jugendamts § 162 FamFG (Verzicht auf Anhörung nach § 155a FamFG), der Eltern § 160 FamFG, des Kindes § 159 FamFG; Verfahrensbeistand für Kind § 158 FamFG.

20 **7. IPR.** S. KSÜ und Art. 21 EGBGB.

§ 1672 *(aufgehoben)*

§ 1673 Ruhen der elterlichen Sorge bei rechtlichem Hindernis

(1) **Die elterliche Sorge eines Elternteils ruht, wenn er geschäftsunfähig ist.**

(2) [1]**Das Gleiche gilt, wenn er in der Geschäftsfähigkeit beschränkt ist.** [2]**Die Personensorge für das Kind steht ihm neben dem gesetzlichen Vertreter des Kindes zu; zur Vertretung des Kindes ist er nicht berechtigt.** [3]**Bei einer Meinungsverschiedenheit geht die Meinung des minderjährigen Elternteils vor, wenn der gesetzliche Vertreter des Kindes ein Vormund oder Pfleger ist; andernfalls gelten § 1627 Satz 2 und § 1628.**

§ 1674 Ruhen der elterlichen Sorge bei tatsächlichem Hindernis

(1) **Die elterliche Sorge eines Elternteils ruht, wenn das Familiengericht feststellt, dass er auf längere Zeit die elterliche Sorge tatsächlich nicht ausüben kann.**

(2) **Die elterliche Sorge lebt wieder auf, wenn das Familiengericht feststellt, dass der Grund des Ruhens nicht mehr besteht.**

§ 1674a Ruhen der elterlichen Sorge für ein vertraulich geborenes Kind

[1]Die elterliche Sorge der Eltern für ein nach § 25 Absatz 1 des Schwangerschaftskonfliktgesetzes vertraulich geborenes Kind ruht. [2]Die elterliche Sorge lebt wieder auf, wenn das Familiengericht feststellt, dass ein Elternteil ihm gegenüber die für den Geburtseintrag des Kindes erforderlichen Angaben gemacht hat.

§ 1675 Wirkung des Ruhens

Solange die elterliche Sorge ruht, ist ein Elternteil nicht berechtigt, sie auszuüben.

Anmerkungen zu den §§ 1673–1675

Lit.: Kirsch, Das Ruhen der elterlichen Sorge, Rpfleger 1988, 234.

1 **1. Allgemeines.** Die Hinderung der Sorgemöglichkeit bewirkt (nur) das Ruhen der Ausübungsbefugnis.

2 **2. Voraussetzungen. a) Rechtliche Hindernisse** s. § 1673 I, II 1. Geschäftsunfähigkeit § 104, Beschränkung der Geschäftsfähigkeit s. § 106. 3 **b) Tatsächliche Hindernisse. aa)** Sie müssen die Ausübung (auch von Teilgebieten, BGH NJW 2005, 221 [222]) elterlicher Sorge hindern, zB langfristige Inhaftierung (OLG Dresden NJW-RR 2003, 940 [941]; OLG Brandenburg FamRZ 2009, 1683), Auswanderung, Kriegsgefangenschaft, unbekannter Aufenthalt, körperliche oder geistige Erkrankung (sa OLG Düsseldorf FamRZ 2020, 260 [261]: Spannungsverhältnis zu § 1666); **nicht** notwendig: Untersuchungshaft (vgl. OLG Köln FamRZ 1978, 623); Maßregelvollzug (OLG Düsseldorf FamRZ 2020, 260 [261]: Hinweis auf mögliche Nutzung moderner Kommunikationsmittel); bloß räumliche Trennung (KG FamRZ 1968, 91 [92]); bei kurzfristiger Hinderung s. §§ 1678, 1693. **bb)** Hinzukommen muss die **Feststellung** der **längerfristigen Hinderung** durch das **FamG.**
4 **c) Vertrauliche Geburt.** Das Ges. zum Ausbau der Hilfen für Schwangere und zur Regelung der vertraulichen Geburt (BT-Drs. 17/12814) ermöglicht seit dem 1.5.2014 eine vertrauliche Geburt (s. dazu Berkl StAZ 2014, 65; Helms FamRZ 2014, 609; Budzikiewicz/Vonk 17 EJLR 2015, 216). Das in §§ 25 ff. SchKG geregelte Hilfsangebot soll für Schwangere in Konfliktsituationen eine medizinisch betreute Geburt ermöglichen und zugleich dem Interesse der Mutter an Geheimhaltung von Schwangerschaft und Geburt gegenüber ihrem Umfeld Rechnung tragen. Entscheidet sich die Mutter für eine vertrauliche Geburt, ruht die elterliche Sorge beider sorgeberechtigter Elternteile (§ 1674a S. 1). Der Ruhenstatbestand des § 1674a wurde zum 1.1.2023 neu gefasst; § 1674a aF betraf nur die elterliche Sorge der Mutter (s. dazu BT-Drs. 19/24445, 188). – Das Jugendamt wird mit der Geburt des Kindes kraft Gesetzes Vormund (§ 1787). Die elterliche Sorge lebt nach § 1674a S. 2 wieder auf, wenn das FamG feststellt, dass ein Elternteil ihm gegenüber die für den Geburtseintrag des Kindes erforderlichen Personenstandsangaben gemacht hat. Damit endet auch die Vormundschaft (s. § 1806; BeckOK/Veit Rn. 23; BeckOK/Bettin § 1806 Rn. 3), sofern die elterliche Sorge nicht wegen Gefährdung des Kindeswohls entzogen wurde (§ 1666); vgl. dazu auch OLG Köln FamRZ 2018, 1915.

Will die Mutter ihre Anonymität nicht aufgeben, wird idR eine Adoption des Kindes angestrebt. Die Einwilligung der Mutter in die Adoption ist nicht erforderlich; ihr Aufenthalt gilt als dauernd unbekannt (§ 1747 IV 2). (Erst) mit Adoption erlischt das Verwandtschaftsverhältnis des Kindes zur leiblichen Mutter (§ 1755); sa → § 1591 Rn. 2. Um das Recht des Kindes auf Kenntnis der eigenen Abstammung zu wahren (→ Vor § 1591 Rn. 3), ist ein Nachw. über dessen Herkunft zu erstellen; aufzunehmen sind Name der Mutter, Geburtsdatum und Anschrift (§ 26 II SchKG). Mit Vollendung des 16. Lebensjahrs kann das Kind den Nachw. einsehen (s. § 31 SchKG).

5 **3. Rechtsfolgen.** S. § 1675; regelmäßig übt dann der andere Elternteil die elterliche Sorge (insoweit) allein aus, § 1678 I. Umgangsrecht und Auskunftsrecht bleiben unberührt vorbehaltlich § 1684 IV. Bei rechtlicher Verhinderung wegen beschränkter Geschäftsfähigkeit (§ 1673 II) ruht jedoch nur Vermögenssorge und Vertretungs-
6 macht, ansonsten verbleibt dem Elternteil ein **Nebensorgerecht,** § 1673 II 2; zum Vorrang bei Meinungsverschiedenheiten zwischen ges. Vertreter und minderjährigem Elternteil s. § 1673 II 3, zum Gleichrang der Eltern s. § 1673 II 3 HS 2 iVm §§ 1627 S. 2, 1628. Zur vorläufigen Fortführung der Sorgeausübung s. § 1698a II.

7 **4. Aufleben der Personensorge.** Bei **Wegfall** der **rechtlichen Hinderung** lebt die Personensorge voll wieder auf, bei **Wegfall** der **tatsächlichen Hinderung** jedoch nur aufgrund feststellenden Bescheids des FamG, § 1674 II. Zur **vertraulichen Geburt** → Rn. 4.

§ 1676 *(weggefallen)*

§ 1677 Beendigung der Sorge durch Todeserklärung

Die elterliche Sorge eines Elternteils endet, wenn er für tot erklärt oder seine Todeszeit nach den Vorschriften des Verschollenheitsgesetzes festgestellt wird, mit dem Zeitpunkt, der als Zeitpunkt des Todes gilt.

Allgemeines. Zu Todeserklärung und Feststellung des Todeszeitpunktes s. §§ 1 ff., 23, 39, 44 VerschG.

§ 1678 Folgen der tatsächlichen Verhinderung oder des Ruhens für den anderen Elternteil

(1) **Ist ein Elternteil tatsächlich verhindert, die elterliche Sorge auszuüben, oder ruht seine elterliche Sorge, so übt der andere Teil die elterliche Sorge allein aus; dies gilt nicht, wenn die elterliche Sorge dem Elternteil nach § 1626a Absatz 3 oder § 1671 allein zustand.**

(2) **Ruht die elterliche Sorge des Elternteils, dem sie gemäß § 1626a Absatz 3 oder § 1671 allein zustand, und besteht keine Aussicht, dass der Grund des Ruhens wegfallen werde, so hat das Familiengericht die elterliche Sorge dem anderen Elternteil zu übertragen, wenn dies dem Wohl des Kindes nicht widerspricht.**

§ 1679 *(weggefallen)*

§ 1680 Tod eines Elternteils oder Entziehung des Sorgerechts

(1) **Stand die elterliche Sorge den Eltern gemeinsam zu und ist ein Elternteil gestorben, so steht die elterliche Sorge dem überlebenden Elternteil zu.**

(2) **Ist ein Elternteil, dem die elterliche Sorge gemäß § 1626a Absatz 3 oder § 1671 allein zustand, gestorben, so hat das Familiengericht die elterliche Sorge dem überlebenden Elternteil zu übertragen, wenn dies dem Wohl des Kindes nicht widerspricht.**

(3) **Die Absätze 1 und 2 gelten entsprechend, soweit einem Elternteil die elterliche Sorge entzogen wird.**

§ 1681 Todeserklärung eines Elternteils

(1) **§ 1680 Abs. 1 und 2 gilt entsprechend, wenn die elterliche Sorge eines Elternteils endet, weil er für tot erklärt oder seine Todeszeit nach den Vorschriften des Verschollenheitsgesetzes festgestellt worden ist.**

(2) **Lebt dieser Elternteil noch, so hat ihm das Familiengericht auf Antrag die elterliche Sorge in dem Umfang zu übertragen, in dem sie ihm vor dem nach § 1677 maßgebenden Zeitpunkt zustand, wenn dies dem Wohl des Kindes nicht widerspricht.**

Anmerkungen zu den §§ 1678–1681

1. Allgemeines. Regelung der „subsidiären" elterlichen Sorge beim **Ausfall eines Elternteils** durch Tod (§ 1680 I, II; gleichgestellt Fälle des § 1681 I), tatsächliche Verhinderung der Ausübung (§ 1678 I), Ruhen (§ 1678 I 1 HS 2, II) und Entzug (§ 1680 III) der Sorge. Die Bestimmungen unterscheiden danach, ob Alleinsorge oder gemeinsame Sorge vorlag. – Beschränkung des Aufenthaltsbestimmungsrechts s. § 1682. 1

2. Alleinsorge von Ges. wegen. Beim Ausfall eines Elternteils bei **gemeinsamer Sorge** (s. §§ 1626, 1626a I, II) nimmt der andere Elternteil von Ges. wegen die Sorge allein wahr (§§ 1678 I HS 1, 1680 I, III, 1681 I). Eine gerichtl. Übertragung ist entbehrlich, da eine Kindeswohlprüfung nicht erforderlich erscheint, wenn bislang schon gemeinsame Sorge bestand. 2

3. Alleinsorge aufgrund Entscheidung des FamG. Bei **Alleinsorge** eines Elternteils nach §§ 1626a III, 1671 kann die Übertragung der Sorge auf den anderen Elternteil (nur) durch das FamG erfolgen. **a)** Beruht die Alleinsorge **der Mutter auf § 1626a III bzw. § 1671 I oder des Vaters auf § 1671 I oder II,** so ist bei Tod des alleinsorgeberechtigten Elternteils (§ 1680 II), Entzug der Sorge (§ 1680 III) oder dauerhaftem Ruhen (§ 1678 II) die Sorge dem anderen Elternteil zu übertragen, wenn dies dem Kindeswohl nicht widerspricht (negative Kindeswohlprüfung; zu den Kriterien OLG Frankfurt a.M. FamRZ 2022, 867 [868], Fall des § 1680 II; OLG Bremen FamRZ 2021, 1048 [1049], Fall des § 1680 II iVm III [Kindeswohlgefährdung nicht erforderlich]); zur Beachtlichkeit des Kindeswillens OLG Frankfurt a.M. FamRZ 2022, 867 [868]; OLG Köln FamRZ 2012, 1654. Verbleiben Zweifel, erfolgt Übertragung (OLG Bremen FamRZ 2021, 1048 3
[1049]). **b)** Beim Ruhen der Sorge, tatsächlicher Verhinderung ihrer Ausübung (s. § 1678 I HS 2) und beim Entzug kann die Sorge auf den anderen Teil übertragen werden im Wege einer Änderungsentscheidung nach § 1696 (BT-Drs. 13/4899, 4
102 ff.). **c)** Liegen die Voraussetzungen → Rn. 3, 4 nicht vor, s. §§ 1773 I, 1809. 5

4. Verfahren. → § 1671 Rn. 19. 6

§ 1682 Verbleibensanordnung zugunsten von Bezugspersonen

[1]**Hat das Kind seit längerer Zeit in einem Haushalt mit einem Elternteil und dessen Ehegatten gelebt und will der andere Elternteil, der nach den §§ 1678, 1680, 1681 den Aufenthalt des Kindes nunmehr allein bestimmen kann, das Kind von dem Ehegatten wegnehmen, so kann das Familienge-**

richt von Amts wegen oder auf Antrag des Ehegatten anordnen, dass das Kind bei dem Ehegatten verbleibt, wenn und solange das Kindeswohl durch die Wegnahme gefährdet würde. [2]Satz 1 gilt entsprechend, wenn das Kind seit längerer Zeit in einem Haushalt mit einem Elternteil und dessen Lebenspartner oder einer nach § 1685 Abs. 1 umgangsberechtigten volljährigen Person gelebt hat.

1 **1. Allgemeines.** Begrenzung des Sorgerechts des Elternteils, dem es aufgrund subsidiärer Sorge nach §§ 1678, 1680, 1681 allein zusteht. Zweck: Verbleib des Kindes bei der Bezugsperson (und damit in gewohnter Umgebung) nach Ausfall des bisherigen sorgeberechtigten Elternteils. – Bei Pflegekindern s. § 1632 IV.

2 **2. Voraussetzungen. a)** Nicht nur kurzzeitiges Zusammenleben des Kindes mit einem Elternteil und dessen Ehegatten (Stiefelternteil, S. 1) bzw. Lebenspartner (S. 2) oder volljähriger umgangsberechtigter Person nach § 1685 I (S. 2), nicht: Partner einer nichtehelichen Lebensgemeinschaft (BVerfG FamRZ 2019, 1061 [1062]). **b)** Alleinsorge des anderen Elternteils nach §§ 1678, 1680, 1681. **c)** Kindeswohlgefährdung aufgrund Entfernung von Ehegatte, Geschwistern, Großeltern (vgl. AG Dortmund FamRZ 2017, 538: nicht bei lediglich erweitertem Umgang).

3 **3. Wirkungen.** Die **Verbleibensanordnung** des FamG beschneidet das Aufenthaltsbestimmungsrecht des allein sorgeberechtigten Elternteils. Zulässig ist nur eine vorübergehende Regelung („solange"), AG Dortmund FamRZ 2017, 538.

4 **4. Verfahren.** → § 1671 Rn. 19.

§ 1683 *(aufgehoben)*

§ 1684 Umgang des Kindes mit den Eltern

(1) **Das Kind hat das Recht auf Umgang mit jedem Elternteil; jeder Elternteil ist zum Umgang mit dem Kind verpflichtet und berechtigt.**

(2) **[1]Die Eltern haben alles zu unterlassen, was das Verhältnis des Kindes zum jeweils anderen Elternteil beeinträchtigt oder die Erziehung erschwert. [2]Entsprechendes gilt, wenn sich das Kind in der Obhut einer anderen Person befindet.**

(3) **[1]Das Familiengericht kann über den Umfang des Umgangsrechts entscheiden und seine Ausübung, auch gegenüber Dritten, näher regeln. [2]Es kann die Beteiligten durch Anordnungen zur Erfüllung der in Absatz 2 geregelten Pflicht anhalten. [3]Wird die Pflicht nach Absatz 2 dauerhaft oder wiederholt erheblich verletzt, kann das Familiengericht auch eine Pflegschaft für die Durchführung des Umgangs anordnen (Umgangspflegschaft). [4]Die Umgangspflegschaft umfasst das Recht, die Herausgabe des Kindes zur Durchführung des Umgangs zu verlangen und für die Dauer des Umgangs dessen Aufenthalt zu bestimmen. [5]Die Anordnung ist zu befristen. [6]Für den Ersatz von Aufwendungen und die Vergütung des Umgangspflegers gilt § 277 des Gesetzes über das Verfahren in Familiensachen und in den Angelegenheiten der freiwilligen Gerichtsbarkeit entsprechend.**

(4) **[1]Das Familiengericht kann das Umgangsrecht oder den Vollzug früherer Entscheidungen über das Umgangsrecht einschränken oder ausschließen, soweit dies zum Wohl des Kindes erforderlich ist. [2]Eine Entscheidung, die das Umgangsrecht oder seinen Vollzug für längere Zeit oder auf Dauer einschränkt oder ausschließt, kann nur ergehen, wenn andernfalls das Wohl des Kindes gefährdet wäre. [3]Das Familiengericht kann insbesondere anordnen, dass der Umgang nur stattfinden darf, wenn ein mitwirkungsbereiter Dritter anwesend ist. [4]Dritter kann auch ein Träger der Jugendhilfe oder ein**

Verein sein; dieser bestimmt dann jeweils, welche Einzelperson die Aufgabe wahrnimmt.

§ 1685 Umgang des Kindes mit anderen Bezugspersonen

(1) **Großeltern und Geschwister haben ein Recht auf Umgang mit dem Kind, wenn dieser dem Wohl des Kindes dient.**

(2) [1]**Gleiches gilt für enge Bezugspersonen des Kindes, wenn diese für das Kind tatsächliche Verantwortung tragen oder getragen haben (sozial-familiäre Beziehung).** [2]**Eine Übernahme tatsächlicher Verantwortung ist in der Regel anzunehmen, wenn die Person mit dem Kind längere Zeit in häuslicher Gemeinschaft zusammengelebt hat.**

(3) [1]**§ 1684 Abs. 2 bis 4 gilt entsprechend.** [2]**Eine Umgangspflegschaft nach § 1684 Abs. 3 Satz 3 bis 5 kann das Familiengericht nur anordnen, wenn die Voraussetzungen des § 1666 Abs. 1 erfüllt sind.**

Anmerkungen zu den §§ 1684, 1685

Lit.: Keuter, Der Umgangspfleger als Umgangsbegleiter – ein Dauerthema, FamRZ 2022, 581; Lettmaier/Dürbeck, Die Behandlung elterlicher Umgangskosten im Unterhalts-, Sozial- und Steuerrecht, FamRZ 2019, 81; Opitz, Rechtsprechungsübersicht zum Umgangsrecht – unter Berücksichtigung der seit Januar 2021 veröffentlichten Entscheidungen, NZFam 2022, 773; Rake, Elterliche Sorge und Umgang im Zeichen der Corona-Pandemie, FamRZ 2022, 1078; Rauscher, Das Umgangsrecht im KindRG, FamRZ 1998, 329.

1. Allgemeines. Das Umgangsrecht des Kindes gegenüber jedem Elternteil und 1 eines jeden Elternteils gegenüber dem Kind ist Ausfluss des natürlichen Eltern-Kind-Verhältnisses. Das Umgangsrecht der Eltern ist als Pflichtenrecht ausgestaltet (verfassungsgemäß, BVerfG FamRZ 2022, 794 [795]); es wird unabhängig vom Sorgerecht gewährt (BGH FamRZ 2016, 1752 [1756]). Das Kind trifft keine Umgangspflicht (→ Rn. 7 [bb]). Das Umgangsrecht ist höchstpersönlich, unübertragbar und unverzichtbar (BGH NJW 1984, 1951 [1952]); ein Ausübungsverzicht ist möglich (OLG Frankfurt a.M. FamRZ 1986, 596 [597]); die Ausübungsüberlassung ist unwirksam. Das Umgangsrecht ist ein absolutes Recht iSd § 823 I; bei Verletzung ist daher Schadensersatzpflicht möglich (OLG Karlsruhe FamRZ 2002, 1056; OLG Frankfurt a.M. NJW-RR 2005, 1339; OLG Bremen FamRZ 2018, 273 [274]; KG FamRZ 2020, 1731 [1733]). Daneben hat der BGH bei Nichteinhaltung einer gerichtl. Umgangsregelung eine Haftung des zur Gewährung des Umgangs Verpflichteten gegenüber dem Berechtigten „unter Heranziehung der zur positiven Forderungsverletzung entwickelten Grundsätze" bejaht (BGHZ 151, 155 [159]; krit. Schwab FamRZ 2002, 1297). Der Ansatz, der noch zur Rechtslage vor Inkrafttreten des SchRModG entwickelt wurde, überzeugt auch für das geltende Recht: Das gerichtl. festgestellte Umgangsrecht begründet relative Pflichten zwischen den Beteiligten; das Umgangsverhältnis ist daher (jedenfalls auch) als Schuldverhältnis zu qualifizieren, so dass eine Haftung aus § 280 I in Betracht kommt (KG FamRZ 2018, 270 [271]; FamRZ 2020, 1731 [1732]; sa OLG Frankfurt a.M. FamRZ 2016, 387 f.; OLG Köln FamRZ 2015, 151; zur Verletzung einer vergleichsweisen Umgangsregelung OLG Bremen FamRZ 2018, 273 f.).

2. Kindesumgangsrecht. a) Voraussetzungen. Das Kind hat ein Umgangs- 2 recht gegenüber jedem Elternteil, nicht gegenüber Großeltern, Geschwistern oder engen Bezugspersonen iSd § 1685 II. Eltern iSd § 1684 sind die rechtlichen Eltern, §§ 1591 f. (BGH FamRZ 2021, 1375 [1376]); unerheblich ist, ob die Vaterschaft auf Ehe (§ 1592 Nr. 1) oder Anerkennung bzw. gerichtl. Feststellung (§ 1592 Nr. 2, 3) beruht. **b) Inhalt.** Das Umgangsrecht zählt zum Kindeswohl und ist bei der 3 Sorgerechtsausübung zu beachten, s. § 1626 III. **aa)** Dem Umgangsrecht korrespondiert eine Duldungs- und Unterlassungspflicht (§ 1684 II 1) des einen Elternteils

(und anderer Obhutspersonen, § 1684 II 2, zB Vormund, Pflegeeltern), um dem Kind die Beziehungspflege zum anderen Elternteil zu ermöglichen. Diese ist dabei nicht nur zuzulassen, sondern positiv zu fördern (BGH FamRZ 2012, 533 [534]; OLG Rostock NJW 2007, 231 [232]; vgl. auch → §§ 1666–1667 Rn. 7). **bb)** Der andere Elternteil darf sich der Mitwirkung nicht verweigern; Ausgestaltung als erzwingbare (§ 90 II FamFG) Rechtspflicht zweifelhaft. Sa BT-Drs. 13/8511, 68: „Signalwirkung". § 1684 I bildet jedenfalls dann keine Grundlage für die Anordnung des Umgangs und seine zwangsweise Durchführung, wenn das Umgangsverhalten des Elternteils dabei gegen seinen Willen von einem Sachverständigen familienpsychologisch begutachtet werden soll (BVerfG FuR 2003, 409 [Verletzung des allg. Persönlichkeitsrechts]). IÜ ist auch in anderen Fällen die zwangsweise Durchsetzung der Umgangspflicht grds. verfassungswidrig (BVerfG NJW 2008, 1287; FamRZ 2022, 794 [796] – anders, wenn der Elternteil nicht den Umgang als solchen ablehnt, sondern nur dessen konkrete Ausgestaltung). Die Geltendmachung des Umgangsrechts durch den sorgeberechtigten Elternteil ist nur in Vertretung des Kindes, nicht im eigenen Namen möglich; bei Interessenkonflikt Bestellung eines Verfahrenspflegers (BGH NJW 2008, 2586 [2587]; anders OLG Karlsruhe FamRZ 2019, 1794
4 [1795] bzgl. Ausgestaltung des Umgangsrechts). **c) Umfang.** Maßgeblich ist das Kindeswohl unter Berücksichtigung der Gegebenheiten des Einzelfalles wie räumliche Entfernung, Alter, Schulpflicht, Krankheit; Inhaftierung schließt Umgangsrecht nicht notwendig aus (OLG Hamburg FamRZ 2017, 1140 [1141]). Das Kind muss die Möglichkeit haben, eine persönliche Beziehung zu den Eltern aufzubauen und zu pflegen; hierzu zählen persönliche Kontakte wie (regelmäßig periodische, nicht flexibel selbstständig vereinbarte [für Kindergartenkinder OLG Oldenburg FamRZ 2001, 1164]) Besuche, gemeinsame Unternehmungen, ferner Telefonate, Briefver-
5 kehr, E-Mails, Übersendung von Geschenken. **d) Kosten** gehören zum Unterhalt.

6 **3. Elternumgangsrecht. a) Voraussetzungen.** Elternschaft nach §§ 1591 f. (BGH FamRZ 2021, 1375 [1376], nicht leiblicher Vater [privater Samenspender]; OLG Karlsruhe FamRZ 2022, 1288 [1289], nicht fr. nichteheliche Lebensgefährtin der Mutter; OLG Nürnberg FamRZ 2021, 1807 [1809], nicht Wunschmutter); Sorgeberechtigung ist unerheblich. Kindeswohl wird nicht vorausgesetzt, s. aber
7 § 1684 IV. **b) Inhalt. aa)** Unterlassungs- und Duldungspflicht des anderen Elternteils (und Obhutspersonen), § 1684 II. Das Kind ist zB zur Abholung oder für einen Besuch bereit zu halten. Insbes. bei **entfernt liegenden Wohnorten** von Kind und Umgangsberechtigtem darf die Umgangsregelung nicht unzumutbar gestaltet und der Umgang damit faktisch vereitelt werden; in diesen Fällen ist zu prüfen, ob der sorgeberechtigte Elternteil anteilig zur Übernahme des für das Abholen und Zurückbringen des Kindes erforderlichen zeitlichen und organisatorischen Aufwands zu verpflichten ist (OLG Saarbrücken FamRZ 2019, 334 [345]; BVerfG NJW 2002, 1863 [1864]: Bringen zum und Holen vom Flughafen). **bb)** Eine durchsetzbare Umgangspflicht des Kindes besteht nicht. Verweigert das Kind den Umgang, darf das Umgangsrecht nur ausgeschlossen werden, wenn die Haltung des Kindes auf verständigen und berechtigten Beweggründen beruht, die die Interessen des umgangssuchenden Elternteils überwiegen (OLG Brandenburg FamRZ 2000, 1106: nicht, wenn Vater fr. Umgang „nicht abwechslungsreich genug gestaltet" hatte). **cc)** Zur Festsetzung von Ordnungsmitteln gegen den umgangsunwilligen Elternteil s. OLG Hamm FamRZ 2018, 111 [112]; Cirullies FamRB 2020, 241; zur Einhaltung von Umgangsregelungen während der **Corona-Pandemie** s. OLG Schleswig FamRZ 2020, 1373 [1375] (keine Änderung des Umgangstitels wegen allg. erhöhter Gesundheitsgefahr; Verhängung von Ordnungsgeld); OLG Braunschweig FamRZ 2020, 1372 [1373] (grds. keine Aussetzung des Umgangs); OLG Nürnberg FamRZ 2021, 1123 [1124] (keine Verpflichtung des Umgangsberechtigten zur Testung oder Impfung); Schmidt NZFam 2021, 865; Mainz-Kwasniok NZFam 2020, 318; Rake
8 FamRZ 2020, 650. **c)** Der **Umfang** richtet sich nach den Gegebenheiten des Einzelfalles. Der umgangsberechtigte Elternteil soll sich einen persönlichen Eindruck

von der Entwicklung des Kindes verschaffen und die verwandtschaftliche Beziehung entwickeln können; zudem soll das Umgangsrecht einer Entfremdung vorbeugen und dem Liebesbedürfnis beider Teile Rechnung tragen (BVerfG FamRZ 2022, 1286 [1287]). Dies umfasst persönliche Kontakte, Briefverkehr, angemessene Geschenke. Maßgeblich ist Einvernehmen der Eltern (sa § 165 FamFG). **d) Kosten** 9
trägt der Umgangsberechtigte; s. dazu auch Lettmaier/Dürbeck FamRZ 2019, 81.

4. Umgangsrecht Dritter. a) Nur die in § 1685 I und II genannten Personen 10
erhalten ein subj., einklagbares und vollstreckbares Recht auf Umgang (KG FamRZ 2017, 899). § 1685 II wurde zum 23.4.2004 neu gefasst. Die Neufassung war erforderlich, weil § 1685 aF mit Art. 6 I GG (→ Einf. Rn. 6) insoweit unvereinbar war, als der biologische Vater auch dann nicht in den Kreis der Umgangsberechtigten einbezogen wurde, wenn zwischen ihm und dem Kind eine sozial-familiäre Beziehung besteht oder bestand (BVerfG NJW 2003, 2151 [2157]). **b)** Voraussetzung: Kindeswohldienlichkeit des Umgangs (s. dazu BGH FamRZ 2017, 1668 [1670 f.], Großelternumgang; OLG Nürnberg FamRZ 2021, 1807 [1809], Wunschmutter, die das Kind nicht adoptiert hat; OLG Braunschweig FamRZ 2021, 195 [197], Umgang der fr. nichtehelichen Lebensgefährtin der Mutter; OLG Karlsruhe FamRZ 2022, 1288 [1290 f.], Umgang der fr. nichtehelichen Lebensgefährtin der Mutter [Kindeswohldienlichkeit abgelehnt wegen Loyalitätskonflikt des Kindes]), insbes. „sozial-familiäre Beziehung" zu Drittem iSd § 1685 II (s. hierzu BGH FamRZ 2021, 1375 [1376]; FamRZ 2005, 705). Eine sozial-familiäre Beziehung ist idR anzunehmen bei längerem Zusammenleben in häuslicher Gemeinschaft (§ 1685 II 2), s. dazu OLG Karlsruhe FamRZ 2022, 1288 [1289] (bei jüngeren Kindern ein Jahr); OLG Nürnberg FamRZ 2021, 1807 [1810] (Zusammenleben von mehr als einem Jahr). Ebenfalls Indizwirkung für eine sozial-familiäre Beziehung haben eine bestehende oder vorangegangene Ehe oder Lebenspartnerschaft (BT-Drs. 15/2253, 12); sa BGH FamRZ 2021, 1375 [1376]: Übernahme wesentlicher Betreuungsleistungen; OLG Braunschweig FamRZ 2021, 195 [196]: tatsächliche Lebens- und Erziehungsgemeinschaft, die die Qualität einer Familie iSv Art. 6 I GG erreicht. **c)** Zum Umgangsrecht des leiblichen, nicht rechtlichen Vaters sa § 1686a; die Regelung findet neben § 1685 II Anwendung (Grüneberg/Götz § 1685 Rn. 8; Keuter FamRZ 2021, 1375 [1380]).

5. Entscheidung des FamG. a) aa) FamG kann umgangskonkretisierende 11
Regelungen und Anordnungen gegenüber Eltern und Dritten treffen, § 1684 III 1, zB Zahl, Dauer und Zeitpunkt der Besuche und Telefonate, Umfang von Geschenken. Entscheidend ist das Kindeswohl (s. § 1697a), KG FamRZ 2019, 1147 [1148]; OLG Dresden FamRZ 2022, 1208 [1209]: allein elternzentrierte Wünsche sind unbeachtlich; sa BVerfG FamRZ 2022, 794 [795]: Berücksichtigung aller betroffenen Grundrechtspositionen. **bb)** Nach BGH ist auch die Anordnung eines **paritätischen Wechselmodells** nicht ausgeschlossen (BGH FamRZ 2017, 532 [533 ff.]; FamRZ 2020, 255 [257]; sa OLG Frankfurt a.M. FamRZ 2022, 614 [616 f.] zur erstmaligen Anordnung des Wechselmodells [nur im Umgangsverfahren möglich]; zum Streit über die rechtssystematische Einordnung des Wechselmodells als umgangs- oder sorgerechtliche Regelung s. BeckOK/Veit § 1671 Rn. 35 f. mwN; für die Annahme richterlicher Rechtsfortbildung durch den BGH Helms FS Dose, 2022, 261 [264 ff.]); dabei sollen dieselben Kindeswohlkriterien zugrundezulegen sein wie bei einer Sorgerechtsentscheidung (BGH FamRZ 2020, 255 [257]; sa OLG Brandenburg FamRZ 2022, 1210 [1211]); vgl. zum Wechselmodell auch die Studie „Familienmodelle in Deutschland" (FAMOD), Steinbach ua FamRZ 2021, 729; FamRZ 2022, 1827. Die Nichtanordnung des Wechselmodells aus Gründen des Kindeswohls ist verfassungskonform (BVerfG FamRZ 2015, 1585 [1586 f.]). **cc)** Zulässig sind ferner (konkrete und damit vollstreckbare, OLG Frankfurt a.M. FamRZ 1999, 617 [618]) umgangssichernde Anordnungen, § 1684 III 2, zB das Kind frühzeitig zu Bett zu bringen, damit es nicht beim Besuch des Umgangsberechtigten übermüdet ist (BT-Drs. 13/4899, 105 f.). Möglich ist die Anordnung einer Ergänzungspflegschaft mit dem Wirkungskreis der Regelung des Umgangs (OLG Frankfurt a.M. NJW 2000, 368), ferner zur Durchset-

zung der Herausgabepflicht an den Ergänzungspfleger auch die Androhung von Zwangshaft oder Gewaltanwendung gegen den verpflichteten Elternteil nach § 90 II FamFG (OLG Frankfurt a.M. NJW 2002, 3785). Bei einer Verletzung der Pflichten nach § 1684 II kann auch eine Umgangspflegschaft angeordnet werden, § 1684 III 3. Sind bestimmte Umgangszeiten festgesetzt, ist der Umgangsberechtigte verpflichtet, außerhalb dieser Zeiten eine Kontaktaufnahme zu dem Kind zu unterlassen (KG
12 FamRZ 2015, 940 [941]). **b) Ausschluss** oder Einschränkung des Umgangsrechts (und Vollzug bereits getroffener Entscheidungen) durch das FamG sind nach § 1684 IV 1 möglich, wenn das Kindeswohl dies verlangt (BVerfG FamRZ 2021, 1531 [1532]; s. dazu auch BVerfG FamRZ 2022, 1286 [1287]: Abwägung aller betroffenen Grundrechtspositionen); zur Abgrenzung zwischen Umgangsregelung (§ 1684 I, III) und Umgangseinschränkung (§ 1684 IV) s. OLG Schleswig FamRZ 2016, 1788 [1789]; KG FamRZ 2019, 1147 [1148]. Nach § 1684 IV 2 setzt die dauernde oder langfristige Beschränkung eine konkrete Gefährdung des Kindeswohls voraus (s. dazu BVerfG FamRZ 2022, 1286 [1287]: konkrete Benennung der drohenden Schäden; sa EGMR FamRZ 2017, 891 [894]: grds. ist Aussetzung zu befristen, jedenfalls aber regelmäßig zu überprüfen); das gilt auch bei kürzeren Zeitabschnitten (OLG Köln NJW 2003, 1878); eine allein mit der Abschiebung begründete Ablehnung des Umgangsrechts verletzt Art. 6 II GG (BVerfG NJW 2003, 3547). Das Umgangsrecht kann selbst einem zur Erziehung ungeeigneten Elternteil zustehen (OLG Hamm FamRZ 1997, 1095 [1096] zu § 1634 aF, Entführung der Mutter durch den nicht sorgeberechtigten Vater; s. aber OLG Zweibrücken FamRZ 2022, 1936 [1938]: Umgangsausschluss bei Gefährdung der Unversehrtheit des Obhutselternteils; OLG Brandenburg FamRZ 2022, 275 8276]: Umgangsausschluss nach Tötung der Mutter in Anwesenheit der Kinder). Der Eingriff in das Umgangsrecht unterliegt dem Verhältnismäßigkeitsgrundsatz. Abbruch der Beziehungen zum erziehungsbereiten leiblichen Vater nur unter ganz außergewöhnlichen Umständen gerechtfertigt (EGMR NJW 2004, 3397).

13 Gegenüber dem Ausschluss vom Umgang ist vorrangig die Ausübung des Umgangsrechts unter Anwesenheit eines Dritten, sog. **„beschützter Umgang".** Nach BT-Drs. 13/4899, 106 soll dies zB bei einem nicht fernliegenden Verdacht des sexuellen Missbrauchs des Kindes durch den Umgangsberechtigten oder der Gefahr der Kindesentziehung durch den Umgangsberechtigten im Einzelfall eine annehmbare Lösung bieten (vgl. aber OLG Hamm FamRZ 2015, 1732 [1733]: Umgangsausschluss bei nachgewiesenem Missbrauch); ebenso bei drohender weiblicher Genitalverstümmelung (OLG Karlsruhe FamRZ 2009, 130 [131]). Der Dritte kann zur Mitwirkung nicht gezwungen werden (BGH FamRZ 2021, 1622 [1623], Jugendamt); möglich ist Mitwirkung eines Trägers der Jugendhilfe oder Vereins (§ 1684 IV 4) – das FamG hat insofern aber keine Anordnungskompetenz (OLG Schleswig FamRZ 2015, 1040 [1041] mwN); vgl. dazu auch BVerfG FamRZ 2015, 1686 [1687]. – Auch die **räumliche Einschränkung** des Umgangsrechts ist zulässig. Um eine Entführung ins Ausland auszuschließen, soll gegenüber ausländischen Elternteilen eine Auflage möglich sein, wonach der Umgangsberechtigte seinen Reisepass zu hinterlegen hat (OLG München FamRZ 1998, 976 [977]; aA KG NJW 2003, 978 [979]).

14 **6. Beratung und Unterstützung.** S. § 18 III SGB VIII.

15 **7. Verfahren. a)** Zuständig ist das FamG (§§ 111 Nr. 2, 151 Nr. 2 FamFG); Verfahren nach §§ 151 ff. FamFG; Richtervorbehalt § 14 I Nr. 7 RPflG; Anhörung des Jugendamtes § 162 FamFG, der Eltern § 160 FamFG, des Kindes § 159 FamFG (dazu BGH FamRZ 2017, 532 [533]; BVerfG FamRZ 2015, 1093 [1095]; FamRZ 2021, *1709 [1710 f.]); Hinwirkung auf* einvernehmliche Lösung s. § 156 FamFG; Vorrang- und Beschleunigungsgebot § 155 FamFG; Verfahrensbeistand für das Kind s. § 158 FamFG (OLG Naumburg FamRZ 2009, 1417: Kindesmutter lehnt Antrag des Vaters auf Umgang ab, obwohl dieser sein Kind noch nie gesehen hat). **b)** Eine im Umgangsverfahren erlassene Entscheidung entfaltet keine Bindungswirkung für das Sorgerecht (BGH FamRZ 2022, 601 [602]; FamRZ 2020, 255 [256]); nach BGH kann ein in einem Umgangsverfahren vereinbartes Wechselmodell nur in einem solchen Verfahren (nicht im Sorgerechtsverfahren) abgeändert werden (BGH FamRZ 2022, 601 [602]).

8. Durchsetzung. §§ 88 ff., 90 II FamFG (→ Rn. 11), dazu BGH FamRZ 2012, 533 [534]; Vermittlungsverfahren s. § 165 FamFG, dazu OLG Bremen FamRZ 2015, 2190. 16

§ 1686 Auskunft über die persönlichen Verhältnisse des Kindes

Jeder Elternteil kann vom anderen Elternteil bei berechtigtem Interesse Auskunft über die persönlichen Verhältnisse des Kindes verlangen, soweit dies dem Wohl des Kindes nicht widerspricht.

1. Auskunftsanspruch. a) Der Anspruch eines Elternteils gegen den anderen besteht unabhängig vom Sorgerecht (BGH FamRZ 2017, 378 [379]). Bedeutung vor allem, wenn regelmäßiger Umgang ausscheidet. Voraussetzung ist Elternschaft nach §§ 1591 f. (auch Samenspender: OLG Düsseldorf FamRZ 2017, 809 [810]; OLG Hamm NJW 2014, 2369) und berechtigtes Interesse; es fehlt, wenn Information vom Kind oder von Dritten (OLG Koblenz FamRZ 2014, 1473) erlangt werden kann, etwa anlässlich des Umgangs (BGH FamRZ 2017, 378 [380]). Auskunftspflichtig ist zunächst der andere Elternteil. Nicht vorausgesetzt wird dabei, dass der Auskunftsverpflichtete die Obhut über das Kind ausübt; auch von einem auf Umgangskontakte beschränkten Elternteil kann bei berechtigtem Interesse Auskunft verlangt werden (BGH FamRZ 2017, 378 [379]). Entspr. Anwendung findet § 1686 gegenüber Dritten, die in ihrer rechtlichen oder tatsächlichen Stellung einem Elternteil vergleichbar sind; dies gilt in erster Linie für diejenigen, die aufgrund der ihnen übertragenen Sorgerechtsbefugnisse über die entspr. Informationen verfügen (Vormund, Jugendamt als Ergänzungspfleger); eine Auskunftspflicht kann aber nur bestehen, soweit der (primär verpflichtete) andere Elternteil zur Auskunft nicht in der Lage ist (BGH FamRZ 2017, 378 [379 f.]; FamRZ 2017, 1666 [1667]). Ein Anspruch gegenüber dem Kind besteht nicht (OLG Bamberg FamRZ 2022, 1788 [1789]). **b) Umfang der Informationen:** Der auskunftsberechtigte Elternteil soll einen Überblick über Entwicklung und Befinden des Kindes erhalten (BGH FamRZ 2017, 378 [380]). Bsp: (schulische) Entwicklung einschl. der Schulzeugnisse (OLG Hamm FamRZ 2003, 1583; OLG München FamRZ 2022, 1536, jedoch nicht gegen den Willen des 17-jährigen Kindes), Gesundheitszustand, aktuelle Fotografie (jährlich, OLG Frankfurt a.M. NJW 2002, 3785 [3786]; OLG Hamm FamRZ 2010, 909 [910]; OLG Bamberg FamRZ 2022, 1788: auch gegen den Willen des 17-jährigen Kindes; krit. dazu Jokisch NZFam 2022, 797); Umgang des Kindes (OLG Hamm FamRZ 2017, 384 [385]); *nicht:* Entbindung von ärztlicher Schweigepflicht (OLG Hamm NJW-RR 1995, 1028 [1029] zu § 1634 III aF), Informationen über das Vermögen des Kindes, s. BGH FamRZ 2017, 378 [380 f.] mit weiteren Bsp. (dazu auch OLG Oldenburg FamRZ 2018, 757 f.: Anspruch auf Auskunft gegen den mitsorgeberechtigten Elternteil gem. § 242 [Verbleib von Vermögen]). **Grenze:** Beeinträchtigung des Kindeswohls (s. dazu OLG Düsseldorf FamRZ 2020, 261 [262]: schwere Misshandlung im Säuglingsalter). 1

2. Verfahren. Zuständig ist das FamG (§ 23a Nr. 1 GVG, §§ 111 Nr. 2, 151 Nr. 2 FamFG); Rechtspfleger, §§ 3 Nr. 2a, 14 RPflG. Vollstreckung: § 95 I Nr. 3 FamFG iVm § 888 ZPO (BGH FamRZ 2017, 918). Zur Durchsetzung kann ein Ergänzungspfleger bestellt werden (OLG Frankfurt a.M. NJW 2002, 3785 [3786]). 2

§ 1686a Rechte des leiblichen, nicht rechtlichen Vaters

(1) **Solange die Vaterschaft eines anderen Mannes besteht, hat der leibliche Vater, der ernsthaftes Interesse an dem Kind gezeigt hat,**

1. ein Recht auf Umgang mit dem Kind, wenn der Umgang dem Kindeswohl dient, und

2. ein Recht auf Auskunft von jedem Elternteil über die persönlichen Verhältnisse des Kindes, soweit er ein berechtigtes Interesse hat und dies dem Wohl des Kindes nicht widerspricht.

(2) [1]**Hinsichtlich des Rechts auf Umgang mit dem Kind nach Absatz 1 Nummer 1 gilt § 1684 Absatz 2 bis 4 entsprechend.** [2]**Eine Umgangspflegschaft nach § 1684 Absatz 3 Satz 3 bis 5 kann das Familiengericht nur anordnen, wenn die Voraussetzungen des § 1666 Absatz 1 erfüllt sind.**

Lit.: Clausius, Auskunftsrecht des biologischen Vaters über das Kind, NZFam 2017, 893.

1 **a) aa)** § 1686a wurde durch das Ges. zur Stärkung der Rechte des leiblichen, nicht rechtlichen Vaters eingefügt (BGBl. 2013 I 2176). Die Regelung soll die Rechtsstellung des biologischen Vaters verbessern, indem die Möglichkeit, Umgang mit dem Kind zu erhalten, erweitert wird; zudem ist unter bestimmten Voraussetzungen ein Auskunftsrecht über die persönlichen Verhältnisse des Kindes vorgesehen. Die Neuregelung ändert die mit Art. 8 EMRK nicht zu vereinbarende fr. Rechtslage, wonach der biologische Vater, der keine enge Bezugsperson des Kindes ist, auch dann ohne Prüfung des Kindeswohls vom Umgang mit seinem Kind ausgeschlossen war, wenn ihm der Umstand, dass eine sozial-familiäre Beziehung nicht aufgebaut wurde, nicht zuzurechnen war (s. zu den einschlägigen Entscheidungen des EGMR BT-Drs. 17/12163, 8). § 1686a findet neben § 1685 II Anwendung (BeckOK/Veit Rn. 33; Grüneberg/Götz § 1685 Rn. 8; Keuter FamRZ 2021, 1375 [1380]). **bb)** Wurde das Kind im Wege der Leihmutterschaft geboren, findet die Norm keine analoge Anwendung auf die (genetisch nicht verwandte) Wunschmutter (OLG Nürnberg FamRZ 2021, 1807 [1811] mAnm Botthof); dasselbe gilt bei heterologer Insemination im Hinblick auf den mit der Mutter nicht verheirateten
2 Wunschvater (OLG Frankfurt a.M. FamRZ 2020, 1923 [1924]). **b) Voraussetzungen: aa)** Leibliche Vaterschaft; Inzidentprüfung s. § 167a FamFG (→ Rn. 3); zum Zeitpunkt der Abstammungsklärung (vor oder nach Prüfung der sonstigen Tatbestandsvoraussetzungen) s. BVerfG NJW 2015, 542; OLG Frankfurt a.M. FamRZ 2019, 1254 [1257]; OLG Oldenburg FamRZ 2017, 895 [896]. **bb)** Rechtliche Vaterschaft eines anderen Mannes; vgl. § 1592 Nr. 1, 2. Fehlt es an einem rechtlichen Vater, ist der (mutmaßliche) biologische Vater gehalten, selbst die rechtliche Vaterschaft zu erlangen (s. BGH FamRZ 2016, 2082 [2084]); er kann dann die Rechte aus §§ 1684, 1686 geltend machen; ein Rückgriff auf § 1686a ist ihm in diesem Fall versagt (BT-Drs. 17/12163, 12: keine „Elternschaft light"). Nach BGH (FamRZ 2021, 1375 [1377 ff.] mAnm Keuter und Sanders) schließt eine Adoption des Kindes die Geltendmachung der Rechte aus § 1686a nicht per se aus, da auch in diesem Fall „die Vaterschaft eines anderen Mannes besteht". Hat der leibliche Vater in die Adoption eingewilligt, soll er sich nur dann nicht auf § 1686a berufen können, wenn er damit auf die betreffenden Rechte verzichtet hat; dies sei bei einem privaten Samenspender, der nach (unverbindlicher) Absprache der Beteiligten Kontakt zu dem Kind haben sollte, nicht der Fall. Ist das Kind nicht durch einen Mann, sondern durch die Partnerin der Mutter adoptiert worden, gilt das Vorstehende entsprechend; zu Recht führt der BGH aus, dass es keinen Unterschied machen kann, ob nach einer Stiefkindadoption die zweite Elternstellung neben der Mutter (§ 1591) durch eine männliche oder durch eine weibliche Person (bzw. durch eine Person, die weder dem männlichen noch dem weiblichen Geschlecht angehört) besetzt ist (BGH FamRZ 2021, 1375 [1377]). **cc)** Ernsthaftes Interesse an dem Kind. Hierfür spricht zB aktives Bemühen um Kontaktaufnahme *in engem zeitlichen Zusammenhang* mit Kenntnis von der möglichen Vaterschaft, wiederholte Bekundung des Kontaktwunsches, Bereitschaft für das Kind Verantwortung zu übernehmen (s. BGH FamRZ 2016, 2082 [2085]; OLG Frankfurt a.M. FamRZ 2019, 1254 [1256]). **dd) Umgang,** I Nr. 1: Kindeswohldienlichkeit, s. dazu BGH FamRZ 2016, 2082 [2085]; OLG Frankfurt a.M. FamRZ 2019, 1254 [1257]; FamRZ 2019, 37 [38 f.]. Umfang des Umgangsrechts

orientiert sich an den zu § 1685 entwickelten Maßstäben, nicht an § 1684 (OLG Frankfurt a.M. 2019, 2008 [2009]). **ee) Auskunftsanspruch,** I Nr. 2: berechtigtes Interesse und negative Kindeswohlprüfung, → § 1686 Rn. 1. **c)** Das **Verfahren** 3
iSv § 1686a richtet sich nach § 167a FamFG (BT-Drs. 17/12163, 14). Der Antragsteller muss an Eides Statt versichern, der Mutter während der Empfängniszeit beigewohnt zu haben (Zulässigkeitsvoraussetzung, OLG Bremen NJW 2015, 259). Dadurch sollen Kind, Mutter und (rechtlicher) Vater vor Umgangs- und Auskunftsverfahren „ins Blaue hinein" geschützt werden; zudem wird verhindert, dass im Fall einer Samenspende iSd § 1600d IV (→ § 1600d Rn. 5) der Samenspender ein Umgangs- oder Auskunftsrecht geltend machen kann (Helms FamRZ 2017, 1537 [1539]; vgl. auch BT-Drs. 17/12163, 14; aA für den Fall, dass das Kind Kontakt zu dem Samenspender aufnimmt, Schwab FamR § 57 Rn. 717 [Umgangsrecht des Samenspenders gem. § 1686a]). Dagegen schließt private „Becherspende" ein Umgangsrecht nach § 1686a nicht generell aus; die Abgabe einer eidesstattlichen Versicherung iSd § 167a FamFG ist in diesem Fall nicht erforderlich (BGH FamRZ 2021, 1375 [1376 f.]; Erman/Döll Rn. 2; BeckOK/Veit Rn. 45, str.). Das Kind ist grds. persönlich anzuhören (§ 159 II FamFG; vgl. dazu auch OLG Oldenburg FamRZ 2017, 895 f.); nach BGH (FamRZ 2016, 2082 [2087]) ist das Kind zuvor – unter Berücksichtigung des Stands der Persönlichkeitsentwicklung und der geistigen Reife – über die wahre Abstammung zu unterrichten.

§ 1687 Ausübung der gemeinsamen Sorge bei Getrenntleben

(1) [1]**Leben Eltern, denen die elterliche Sorge gemeinsam zusteht, nicht nur vorübergehend getrennt, so ist bei Entscheidungen in Angelegenheiten, deren Regelung für das Kind von erheblicher Bedeutung ist, ihr gegenseitiges Einvernehmen erforderlich.** [2]**Der Elternteil, bei dem sich das Kind mit Einwilligung des anderen Elternteils oder auf Grund einer gerichtlichen Entscheidung gewöhnlich aufhält, hat die Befugnis zur alleinigen Entscheidung in Angelegenheiten des täglichen Lebens.** [3]**Entscheidungen in Angelegenheiten des täglichen Lebens sind in der Regel solche, die häufig vorkommen und die keine schwer abzuändernden Auswirkungen auf die Entwicklung des Kindes haben.** [4]**Solange sich das Kind mit Einwilligung dieses Elternteils oder auf Grund einer gerichtlichen Entscheidung bei dem anderen Elternteil aufhält, hat dieser die Befugnis zur alleinigen Entscheidung in Angelegenheiten der tatsächlichen Betreuung.** [5]**§ 1629 Abs. 1 Satz 4 und § 1684 Abs. 2 Satz 1 gelten entsprechend.**

(2) **Das Familiengericht kann die Befugnisse nach Absatz 1 Satz 2 und 4 einschränken oder ausschließen, wenn dies zum Wohl des Kindes erforderlich ist.**

Lit.: Schilling, Rechtliche Probleme bei der gemeinsamen Sorge nach Trennung bzw. Scheidung, NJW 2007, 3233.

1. Allgemeines. Regelung der Ausübung gemeinsamer Sorge, wenn sich das 1
Kind bei einem Elternteil gewöhnlich aufhält und infolge der Trennung der Eltern die ständige Abstimmung erheblich erschwert ist. I unterscheidet, ob es sich um Angelegenheiten von erheblicher Bedeutung oder des täglichen Lebens handelt. Abgrenzung schwierig (dazu Schwab FamRZ 1998, 457 [468 f.]).

2. Voraussetzung. Voraussetzung ist, dass sich das Kind aufgrund Einverneh- 2
mens der Eltern oder einer gerichtl. Entscheidung rechtmäßig bei einem sorgeberechtigten Elternteil aufhält. Hält sich das Kind beim nicht sorgeberechtigten Elternteil auf, s. § 1687a.

3. Einvernehmliche Ausübung der Sorge. I 2 beschränkt die einvernehmli- 3
che Ausübung der Sorge und die Einigungspflicht des § 1627 auf Angelegenheiten,

deren Regelung für das Kind von erheblicher Bedeutung ist und die daher nicht unter I 3 fallen. Hierzu zählen grundlegende Entscheidungen der tatsächlichen Betreuung, die Bestimmung des Aufenthalts, die Unterbringung bei einer Tagesmutter (OLG Karlsruhe NJW-RR 2020, 581 [582]), der Schulbesuch (OLG München FamRZ 1999, 111 [112]), die Teilnahme an schulischen COVID-19-Schnelltests (OLG Bamberg FamRZ 2021, 1537 [1538]; AG Mainz FamRZ 2021, 1119 [1120]; aA AG Marl FamRZ 2021, 761 für privat durchgeführte Tests), die religiöse Erziehung, die Berufsausbildung, die medizinische Versorgung (vgl. auch BGH FamRZ 2017, 1057 [1059], Durchführung von Schutzimpfungen), die Geltendmachung von Ansprüchen auf Löschung im Internet veröffentlichter Fotos (OLG Oldenburg FamRZ 2018, 1517; OLG Düsseldorf FamRZ 2021, 1714 [1715]), auch wichtige Angelegenheiten der Vermögenssorge (nicht nur Geschäfte, die nach § 1643 genehmigungsbedürftig sind; vgl. etwa OLG Oldenburg FamRZ 2018, 757), sa → §§ 1627, 1628 Rn. 2; in Eilfällen hilft I 5 iVm § 1629 I 4. – Kommt eine Einigung nicht zustande s. § 1628. Zum Unterhaltsanspruch gegen den anderen Elternteil s. § 1629 II 2.

4 **4. Alleinentscheidungsrecht. a)** des Elternteils, bei dem sich das Kind rechtmäßig gewöhnlich aufhält (I 2). Voraussetzung: Es handelt sich um eine Angelegenheit des täglichen Lebens. Maßstab: I 3; Entscheidung muss häufig vorkommen und keine schwer abänderbaren Wirkungen haben (OLG Dresden FamRZ 2019, 1334). Bsp: Einzelfragen, die bei der gewöhnlichen medizinischen Versorgung auftreten, Entscheidungen im Rahmen der gewählten schulischen oder beruflichen Ausbildung, Maßregelung des nicht folgsamen Kindes, Regelung von Vermögensangelegenheiten geringerer Bedeutung, etwa die Höhe des Taschengeldes, Reisen (auch Fernreisen ins außereuropäische Ausland) (KG FamRZ 2020, 1731 [1733], Thailand; OLG Dresden FamRZ 2021, 1474, zweiwöchige USA-Reise); *nicht*: gesundheitsgefährdende Fernreisen (OLG Köln NJW 1999, 295, Ägypten; s. für Flugreisen während der Corona-Pandemie OLG Frankfurt a.M. FamRZ 2020, 761, Nicaragua; OLG Braunschweig FamRZ 2020, 1658, Mallorca), Fernreisen in politische Krisengebiete oder zu Zielen, für die eine Reisewarnung des Auswärtigen Amtes vorliegt (OLG Dresden FamRZ 2021, 1474; KG FamRZ 2020, 1731 [1733]), Ausübung des Umgangsrechts mit Bezugspersonen iSd § 1685 (OLG Dresden NJW-RR 2005,
5 373); keinesfalls Geschäfte nach § 1643; **b)** des sein Umgangsrecht (s. § 1684) ausübenden Elternteils (I 4). Alleinentscheidungsbefugnis besteht, soweit es sich um Fragen der tatsächlichen Betreuung als Folge des Umgangs handelt. Bsp: Gestaltung des Tagesablaufs, Bekleidung des Kindes und Waschen der Kleidungsstücke (OLG Brandenburg FamRZ 2017, 217); Art und Weise der Abholung von der Schule (OLG Brandenburg FamRZ 2020, 1654 [1655]); Zeitpunkt der Bettruhe. **c) Grenze:** Anordnung des FamG, II. **d)** Soweit das Alleinentscheidungsrecht reicht, besteht auch Vertretungsmacht (Schwab DNotZ 1998, 437 [442]).

6 **5. Notvertretungsrecht.** Das Recht nach § 1629 I 4 gilt auch bei getrennt lebenden Eltern, ebenso Wohlverhaltensklausel des § 1684 II 1, I 4.

§ 1687a Entscheidungsbefugnisse des nicht sorgeberechtigten Elternteils

Für jeden Elternteil, der nicht Inhaber der elterlichen Sorge ist und bei dem sich das Kind mit Einwilligung des anderen Elternteils oder eines sonstigen Inhabers der Sorge oder auf Grund einer gerichtlichen Entscheidung aufhält, gilt § 1687 Abs. 1 Satz 4 und 5 und Abs. 2 entsprechend.

1 **Alleinentscheidungsrecht des nicht sorgeberechtigten Elternteils.** Elternteil, der nicht (Mit-)Inhaber der Sorge ist (sonst § 1687), hat bei rechtmäßiger Ausübung seines Umgangsrechts ein Alleinentscheidungsrecht bzgl. Fragen der tatsächlichen Betreuung und das Notvertretungsrecht.

§ 1687b Sorgerechtliche Befugnisse des Ehegatten

(1) [1]**Der Ehegatte eines allein sorgeberechtigten Elternteils, der nicht Elternteil des Kindes ist, hat im Einvernehmen mit dem sorgeberechtigten Elternteil die Befugnis zur Mitentscheidung in Angelegenheiten des täglichen Lebens des Kindes.** [2]**§ 1629 Abs. 2 Satz 1 gilt entsprechend.**

(2) **Bei Gefahr im Verzug ist der Ehegatte dazu berechtigt, alle Rechtshandlungen vorzunehmen, die zum Wohl des Kindes notwendig sind; der sorgeberechtigte Elternteil ist unverzüglich zu unterrichten.**

(3) **Das Familiengericht kann die Befugnisse nach Absatz 1 einschränken oder ausschließen, wenn dies zum Wohl des Kindes erforderlich ist.**

(4) **Die Befugnisse nach Absatz 1 bestehen nicht, wenn die Ehegatten nicht nur vorübergehend getrennt leben.**

1 **1. Allgemeines.** Regelung der Mitwirkung des Ehegatten des allein sorgeberechtigten Elternteils an der Ausübung der Sorge; sog. „kleines Sorgerecht" des Stiefelternteils. Sa § 9 LPartG.

2 **2. Voraussetzungen. a)** Alleiniges Sorgerecht eines Elternteils; bei gemeinsamem Sorgerecht des Elternteils s. § 1687. **b)** Sorgeberechtigter und sein Ehegatte leben nicht getrennt (IV). Nach Trennung ggf. Umgangsrecht gem. § 1685 II. Sa § 1682. **c)** Keine Beschränkung durch das FamG (III).

3 **3. Rechtsfolgen. a)** Mitwirkung des Ehegatten des alleinsorgeberechtigten Elternteils an der Ausübung elterlicher Sorge. Einvernehmen s. § 1627. **b)** Notvertretungsrecht gem. II s. § 1629 I 4.

§ 1688 Entscheidungsbefugnisse der Pflegeperson

(1) [1]**Lebt ein Kind für längere Zeit in Familienpflege, so ist die Pflegeperson berechtigt, in Angelegenheiten des täglichen Lebens zu entscheiden sowie den Inhaber der elterlichen Sorge in solchen Angelegenheiten zu vertreten.** [2]**Sie ist befugt, den Arbeitsverdienst des Kindes zu verwalten sowie Unterhalts-, Versicherungs-, Versorgungs- und sonstige Sozialleistungen für das Kind geltend zu machen und zu verwalten.** [3]**§ 1629 Abs. 1 Satz 4 gilt entsprechend.**

(2) **Der Pflegeperson steht eine Person gleich, die im Rahmen der Hilfe nach den §§ 34, 35 und 35a Absatz 2 Nummer 3 und 4 des Achten Buches Sozialgesetzbuch die Erziehung und Betreuung eines Kindes übernommen hat.**

(3) [1]**Die Absätze 1 und 2 gelten nicht, wenn der Inhaber der elterlichen Sorge etwas anderes erklärt.** [2]**Das Familiengericht kann die Befugnisse nach den Absätzen 1 und 2 einschränken oder ausschließen, wenn dies zum Wohl des Kindes erforderlich ist.**

(4) **Für eine Person, bei der sich das Kind auf Grund einer gerichtlichen Entscheidung nach § 1632 Abs. 4 oder § 1682 aufhält, gelten die Absätze 1 und 3 mit der Maßgabe, dass die genannten Befugnisse nur das Familiengericht einschränken oder ausschließen kann.**

1 **1. Allgemeines.** Regelung der Entscheidungs- und Vertretungsbefugnisse von nicht sorgeberechtigten Personen, in deren Obhut sich das Kind befindet. Die Norm wurde durch das KindRG in das BGB eingefügt; sie geht auf § 38 SGB VIII aF zurück (BT-Drs. 13/4899, 108; zur Geschichte BeckOGK/Schwedler [1.9.2022] Rn. 5 ff.).

2 **2. Personenkreis.** Pflegeperson bei Familienpflege (I 1, IV Fall 1), soweit nicht Anordnung nach § 1632 IV; Erzieher und Betreuer nach II (insbes. Heimerzieher,

nicht aber bei Internataufenthalt); Stiefeltern, Großeltern und Geschwister, bei denen sich das Kind aufgrund einer Verbleibensanordnung nach § 1682 befindet (IV Fall 2).

3 **3. Befugnisse. a)** Entscheidung und Vertretungsmacht (für den Sorgeberechtigten) bei Fragen des täglichen Lebens (s. § 1687 I 3), I 1; Notvertretungsrecht für das Kind, I 3; Verwaltungsrecht für Arbeitseinkommen und Sozialleistungen (insoweit auch Vertretungsbefugnis zum Zwecke der Durchsetzung), I 2, aber nur in Angelegenheiten des täglichen Lebens, nicht etwa schulische Frühförderung (OVG Weimar
4 NJW 2002, 3649). **b) Grenzen: aa)** Entzug durch Erklärung des Sorgeberechtigten, III 1; auch konkludent, wenn der Sorgeberechtigte selbst für das Kind handelt. Erklärung unwirksam im Falle einer Verbleibensanordnung, IV. **bb)** Entzug oder Beschränkung durch das FamG, III 2.

§§ 1689–1692 *(weggefallen)*

§ 1693 Gerichtliche Maßnahmen bei Verhinderung der Eltern

Sind die Eltern verhindert, die elterliche Sorge auszuüben, so hat das Familiengericht die im Interesse des Kindes erforderlichen Maßregeln zu treffen.

1 **Ausübung der Sorge durch das FamG.** Bei Verhinderung **beider** Elternteile (sonst § 1678 I) oder des allein sorgeberechtigten Elternteils kann das FamG ausnahmsweise unmittelbar für das Kind handeln. Mögliche Maßnahmen: Pflegschaft, Unterbringung, auch RGeschäfte im Namen des Kindes. Zur Zuständigkeit für Fürsorgemaßregeln s. § 152 III FamFG. Bei Fehlverhalten der Eltern ist nicht nach § 1693, sondern nach § 1666 I zu entscheiden (OLG Oldenburg FamRZ 2019, 203 [205]).

§§ 1694, 1695 *(weggefallen)*

§ 1696 Abänderung gerichtlicher Entscheidungen und gerichtlich gebilligter Vergleiche

(1) [1]**Eine Entscheidung zum Sorge- oder Umgangsrecht oder ein gerichtlich gebilligter Vergleich ist zu ändern, wenn dies aus triftigen, das Wohl des Kindes nachhaltig berührenden Gründen angezeigt ist.** [2]**Entscheidungen nach § 1626a Absatz 2 können gemäß § 1671 Absatz 1 geändert werden; § 1671 Absatz 4 gilt entsprechend.** [3]**§ 1678 Absatz 2, § 1680 Absatz 2 sowie § 1681 Absatz 1 und 2 bleiben unberührt.**

(2) **Eine Maßnahme nach den §§ 1666 bis 1667 oder einer anderen Vorschrift des Bürgerlichen Gesetzbuchs, die nur ergriffen werden darf, wenn dies zur Abwendung einer Kindeswohlgefährdung oder zum Wohl des Kindes erforderlich ist (kindesschutzrechtliche Maßnahme), ist aufzuheben, wenn eine Gefahr für das Wohl des Kindes nicht mehr besteht oder die Erforderlichkeit der Maßnahme entfallen ist.**

(3) **Eine Anordnung nach § 1632 Absatz 4 ist auf Antrag der Eltern aufzuheben, wenn die Wegnahme des Kindes von der Pflegeperson das Kindeswohl nicht gefährdet.**

1 **1. Allgemeines.** § 1696 wurde durch das FGG-RG v. 17.12.2008 (BGBl. I 2586) mit Rücksicht auf § 166 I FamFG neu gefasst und mWv 19.5.2013 durch das Ges. v. 16.4.2013 (→ Vor § 1626 Rn. 1) in I 2 geändert; III wurde durch das Ges. v. 3.6.2021 (BGBl. I 1444) mWv 10.6.2021 angefügt (s. dazu BT-Drs. 19/26107,

130 f.). Die Regelung enthält ein materielles Abänderungsrecht; das FamG hat Entscheidungen in einem neuen Verfahren zu ändern (I 1) oder aufzuheben (II), wenn sich die zugrunde gelegten Verhältnisse geändert haben. Bei länger dauernden Maßnahmen bzw. Absehen von Maßnahmen nach §§ 1666–1667 besteht eine Überprüfungspflicht (§ 166 II und III FamFG; entspricht § 1696 III aF). III enthält eine gesonderte Regelung für die Aufhebung einer nach § 1632 IV erlassenen Verbleibensanordnung; anders als unter altem Recht erfolgt die Überprüfung nicht mehr nach II von Amts wegen, sondern nur noch auf Antrag der Eltern. Dadurch soll Verunsicherung der Kinder vermieden werden (BT-Drs. 19/26107, 131; Veit FamRZ 2021, 1501 [1506]).

2. Voraussetzungen. a) aa) Entscheidung zum Sorge- oder Umgangsrecht oder gerichtl. gebilligter Vergleich; erfasst ist auch eine Entscheidung, mit der ein Antrag auf Änderung der gesetzlichen Sorgerechtsverhältnisse zurückgewiesen wurde (OLG Bamberg FamRZ 2022, 1780 [1781 f.], str.). Nach BGH entfaltet eine Sorgerechtsregelung (Übertragung des Aufenthaltsbestimmungsrechts) keine Bindungswirkung hinsichtlich einer späteren Entscheidung zum Umgangsrecht (Anordnung eines paritätischen Wechselmodells), BGH FamRZ 2020, 255 [256]: Erstentscheidung nach §§ 1684, 1697a I; sa BGH FamRZ 2022, 601 [602]: Abänderung muss sich auf die jeweils gleichartige Entscheidung beziehen. **bb)** Auf außergerichtliche Umgangsvereinbarungen ist § 1696 I nicht analog anwendbar (OLG Brandenburg NJOZ 2021, 519 [520]). **b)** (Nachträgliche, str.) Änderung der für die fr. Entscheidung maßgebenden Sach- oder Rechtslage (auch Änderung der Rspr., BVerfG NJW 2005, 1765 [1766]; OLG Brandenburg FamRZ 2015, 1203 [1204]), im Falle des II muss die Kindeswohlgefährdung weggefallen oder die Erforderlichkeit der Maßnahme entfallen sein. **c)** Die Änderung muss aus triftigen Gründen angezeigt sein, die das Kindes- 3 wohl nachhaltig berühren (OLG Hamburg FamRZ 2021, 201 [202]). Maßgebliche Kriterien: Kontinuität sowie Förderung und Bindungen des Kindes an seine Eltern (OLG Frankfurt a.M. FamRZ 2011, 1875; KG FamRZ 2019, 363 [364], kontinuierlich praktiziertes Wechselmodell). Der Wille des Kindes ist zu berücksichtigen (BVerfG FamRZ 2015, 210 [211]; BGH FamRZ 2020, 252 [254]). Die Gründe müssen so schwerwiegend sein, dass sie die mit der Änderung der Lebensverhältnisse des Kindes verbundenen Nachteile überwiegen („Erziehungskontinuität", s. BT-Drs. 13/4899, 109); *nicht* Ermöglichung zweisprachigen Aufwachsens (OLG Jena FamRZ 2014, 953 [954]); allg. erhöhte Gesundheitsgefahr aufgrund der Corona-Pandemie (OLG Schleswig FamRZ 2020, 1373). Der strenge Maßstab des I ist verfassungsrechtlich unbedenklich (BVerfG FamRZ 2015, 210 [211]). **d)** Entscheidungen iSv § 1626a II können nach **I 2** unter den weniger strengen Voraussetzungen des § 1671 I geändert werden. **e)** Aufhebung einer Verbleibensanordnung nach 4 § 1632 IV setzt Antrag der Eltern voraus (III); erfasst sind Anordnungen nach § 1632 IV 1 und 2 (Grüneberg/Götz Rn. 15; BeckOK/Veit Rn. 43). Nach III ist die Verbleibensanordnung aufzuheben, wenn die Wegnahme des Kindes von der Pflegeperson das Kindeswohl nicht gefährdet. Die Aufhebung ist ausgeschlossen, wenn die Gefährdung bei der Herkunftsfamilie fortbesteht; bei Kindeswohlgefährdung (allein) durch Bindungsabbruch zur Pflegeperson ist zu prüfen, ob die Gefährdung auf andere Weise vermieden werden kann, zB durch öffentliche Hilfen im Wege einer behutsam ausgestalteten Rückführung (BT-Drs. 19/26107, 130 f.). III ist lex specialis zu § 1697a II (BT-Drs. 19/26107, 132).

3. Entscheidung. a) Liegen die Voraussetzungen von I 1, II vor, muss geändert 5 bzw. aufgehoben werden; kein Ermessen des Gerichts; s. aber I 2. Maßgeblich sind das Kindeswohl und der Verhältnismäßigkeitsgrundsatz. Änderung kann auch eine erforderliche Verschärfung einer Maßnahme sein. **b)** Liegen die Voraussetzungen des III vor, ist das Kind zurückzuführen; allenfalls kommt noch eine befristete Verbleibensanordnung in Betracht, um den (behutsamen, → Rn. 4) Rückführungsprozess abzusichern (BT-Drs. 1926107, 131; Veit FamRZ 2021, 1501 [1505]).

6 **4. Verfahren.** Einleitung des Änderungsverfahrens erfolgt grds. von Amts wegen (Grüneberg/Götz Rn. 16; BeckOK/Veit Rn. 64); Änderungsanträge sind nur Anregungen (OLG Karlsruhe FamRZ 2020, 1378 [1379]; MüKo-BGB/Lugani Rn. 55). Abänderung eines gerichtlichen Vergleichs setzt jedoch Antrag mind. eines Elternteils voraus (OLG Karlsruhe FamRZ 2020, 1378 [1379]; MüKo-BGB/Lugani Rn. 22; BeckOK/Veit Rn. 65). Anordnungen nach § 1632 IV können nur auf Antrag aufgehoben werden, III (→ Rn. 4). Die Änderung erfolgt in einem neuen Verfahren. Sachlich zuständig ist das FamG; dies gilt auch, wenn die fr. Entscheidung vom VormundschaftsG getroffen wurde, sofern nunmehr das FamG zuständig ist; örtl. zuständig (§ 152 FamFG) kann ein anderes Gericht sein, wenn sich zuständigkeitsbegründende Umstände nach Erlass der ersten Entscheidung geändert haben. Verfahrensbeistand für Kind s. § 158 FamFG; Anhörungspflichten §§ 159–161 FamFG; Mitwirkungspflicht des Jugendamts § 50 SGB VIII, § 162 FamFG. Maßnahmen iSd II sind in angemessenen Zeitabständen von Amts wegen zu überprüfen, § 166 II FamFG (sa BGH FamRZ 2016, 1146 [1147]).

§ 1697 *(aufgehoben)*

§ 1697a Kindeswohlprinzip

(1) **Soweit nichts anderes bestimmt ist, trifft das Gericht in Verfahren über die in diesem Titel geregelten Angelegenheiten diejenige Entscheidung, die unter Berücksichtigung der tatsächlichen Gegebenheiten und Möglichkeiten sowie der berechtigten Interessen der Beteiligten dem Wohl des Kindes am besten entspricht.**

(2) [1]**Lebt das Kind in Familienpflege, so hat das Gericht, soweit nichts anderes bestimmt ist, in Verfahren über die in diesem Titel geregelten Angelegenheiten auch zu berücksichtigen, ob und inwieweit sich innerhalb eines im Hinblick auf die Entwicklung des Kindes vertretbaren Zeitraums die Erziehungsverhältnisse bei den Eltern derart verbessert haben, dass diese das Kind selbst erziehen können.** [2]**Liegen die Voraussetzungen des § 1632 Absatz 4 Satz 2 Nummer 1 vor, so hat das Gericht bei seiner Entscheidung auch das Bedürfnis des Kindes nach kontinuierlichen und stabilen Lebensverhältnissen zu berücksichtigen.** [3]**Die Sätze 1 und 2 gelten entsprechend, wenn das Kind im Rahmen einer Hilfe nach § 34 oder 35a Absatz 2 Nummer 4 des Achten Buches Sozialgesetzbuch erzogen und betreut wird.**

1 **Entscheidungsmaßstab. a)** Das Kindeswohl ist nach **I** Voraussetzung und Entscheidungsmaßstab bei gerichtl. Eingriffen in die elterliche Sorge auch bei solchen Bestimmungen, die dies nicht ausdr. vorsehen (s. §§ 1628, 1643, 1645, 1684 III 1). **aa)** Bei der Entscheidung sind Gegebenheiten und Möglichkeiten zu berücksichtigen, zB räumliche Entfernung, Arbeits- und Schulzeiten bei Umgangsregelung. **bb)** Ferner sind Rechte und berechtigte Interessen Dritter maßgeblich, insbes. der
2 Eltern, aber auch der Geschwister, Großeltern, Pflege- und Stiefeltern. **b) aa) II** wurde durch das Ges. v. 3.6.2021 (BGBl. I 1444) mWv 10.6.2021 angefügt (s. dazu BT-Drs. 19/26107, 132 f.). Die Vorschrift dient der Verdeutlichung und Konkretisierung von I für den Fall, dass sich ein Kind in Familienpflege befindet (BT-Drs. 19/26107, 132). Anders als I gilt II auch hinsichtlich solcher Vorschriften, die einen eigenen Kindeswohlmaßstab vorsehen; II ergänzt und präzisiert diesen für Kinder in Familienpflege (BT-Drs. 19/26107, 132). Für Erlass oder Aufhebung einer Verbleibensanordnung gehen § 1632 IV 2 und § 1696 III als speziellere Normen vor
3 (BT-Drs. 19/26107, 132). **bb) II 1** findet auf alle Pflegekinder Anwendung; dies gilt unabhängig davon, ob das Kind schon „seit längerer Zeit" in Familienpflege lebt (BT-Drs. 19/26107, 132). Erfasst sind grds. alle Verfahren und Entscheidungen nach §§ 1626–1698b; Ausn. → Rn. 2 aE. **cc) II 2** betont, dass bei Vorliegen der

Voraussetzungen des § 1632 IV 2 Nr. 1 das Bedürfnis nach kontinuierlichen und stabilen Lebens- und Erziehungsverhältnissen zu den Kindeswohlaspekten zählt. **dd)** Nach **II 3** gelten II 1 und II 2 entsprechend, wenn das Kind in einer Einrichtung der Kinder- und Jugendhilfe untergebracht ist.

§ 1698 Herausgabe des Kindesvermögens; Rechnungslegung

(1) **Endet oder ruht die elterliche Sorge der Eltern oder hört aus einem anderen Grunde ihre Vermögenssorge auf, so haben sie dem Kind das Vermögen herauszugeben und auf Verlangen über die Verwaltung Rechenschaft abzulegen.**

(2) **Über die Nutzungen des Kindesvermögens brauchen die Eltern nur insoweit Rechenschaft abzulegen, als Grund zu der Annahme besteht, dass sie die Nutzungen entgegen der Vorschrift des § 1649 verwendet haben.**

Abwicklungsregelung für den Fall der Beendigung oder des Ruhens der elterli- 1
chen Sorge insgesamt oder der Vermögenssorge.

§ 1698a Fortführung der Geschäfte in Unkenntnis der Beendigung der elterlichen Sorge

(1) [1]**Die Eltern dürfen die mit der Personensorge und mit der Vermögenssorge für das Kind verbundenen Geschäfte fortführen, bis sie von der Beendigung der elterlichen Sorge Kenntnis erlangen oder sie kennen müssen.** [2]**Ein Dritter kann sich auf diese Befugnis nicht berufen, wenn er bei der Vornahme eines Rechtsgeschäfts die Beendigung kennt oder kennen muss.**

(2) **Diese Vorschriften sind entsprechend anzuwenden, wenn die elterliche Sorge ruht.**

a) Die Vorschrift dient dem Schutz der Eltern, die von der Beendigung (I) oder 1
dem Ruhen der Sorge (II) (ohne Fahrlässigkeit, s. § 122 II) keine Kenntnis haben, vor Ansprüchen aus legitimationslosem Handeln, insbes. § 179. **b)** Rechtsfolge: Fiktion ges. Vertretungsmacht. Nach I 2 nicht, wenn der Vertragspartner den Mangel kennt oder kennen muss; Grund: § 179 III.

§ 1698b Fortführung dringender Geschäfte nach Tod des Kindes

Endet die elterliche Sorge durch den Tod des Kindes, so haben die Eltern die Geschäfte, die nicht ohne Gefahr aufgeschoben werden können, zu besorgen, bis der Erbe anderweit Fürsorge treffen kann.

Die Vorschrift will einstw. Fürsorge für das Kindesvermögen sicherstellen. 1

§§ 1699–1711 *(weggefallen)*

Titel 6. Beistandschaft

§ 1712 Beistandschaft des Jugendamts; Aufgaben

(1) **Auf schriftlichen Antrag eines Elternteils wird das Jugendamt Beistand des Kindes für folgende Aufgaben:**

1. die Feststellung der Vaterschaft,

2. die Geltendmachung von Unterhaltsansprüchen sowie die Verfügung über diese Ansprüche; ist das Kind bei einem Dritten entgeltlich in

Pflege, so ist der Beistand berechtigt, aus dem vom Unterhaltspflichtigen Geleisteten den Dritten zu befriedigen.

(2) **Der Antrag kann auf einzelne der in Absatz 1 bezeichneten Aufgaben beschränkt werden.**

§ 1713 Antragsberechtigte

(1) [1]**Den Antrag kann ein Elternteil stellen, dem für den Aufgabenkreis der beantragten Beistandschaft die alleinige elterliche Sorge zusteht oder zustünde, wenn das Kind bereits geboren wäre.** [2]**Steht die elterliche Sorge für das Kind den Eltern gemeinsam zu, kann der Antrag von dem Elternteil gestellt werden, in dessen Obhut sich das Kind befindet.** [3]**Der Antrag kann auch von einem ehrenamtlichen Vormund, sowie von einer Pflegeperson, der nach § 1630 Absatz 3 Angelegenheiten der elterlichen Sorge übertragen wurden, gestellt werden.** [4]**Er kann nicht durch einen Vertreter gestellt werden.**

(2) [1]**Vor der Geburt des Kindes kann die werdende Mutter den Antrag auch dann stellen, wenn das Kind, sofern es bereits geboren wäre, unter Vormundschaft stünde.** [2]**Ist die werdende Mutter in der Geschäftsfähigkeit beschränkt, so kann sie den Antrag nur selbst stellen; sie bedarf hierzu nicht der Zustimmung ihres gesetzlichen Vertreters.** [3]**Für eine geschäftsunfähige werdende Mutter kann nur ihr gesetzlicher Vertreter den Antrag stellen.**

§ 1714 Eintritt der Beistandschaft

[1]**Die Beistandschaft tritt ein, sobald der Antrag dem Jugendamt zugeht.** [2]**Dies gilt auch, wenn der Antrag vor der Geburt des Kindes gestellt wird.**

§ 1715 Beendigung der Beistandschaft

(1) [1]**Die Beistandschaft endet, wenn der Antragsteller dies schriftlich verlangt.** [2]**§ 1712 Abs. 2 und § 1714 gelten entsprechend.**

(2) **Die Beistandschaft endet auch, sobald der Antragsteller keine der in § 1713 genannten Voraussetzungen mehr erfüllt.**

§ 1716 Wirkungen der Beistandschaft

[1]**Durch die Beistandschaft wird die elterliche Sorge nicht eingeschränkt.** [2]**Im Übrigen gelten die Vorschriften über die Pflegschaft für Minderjährige mit Ausnahme derjenigen über die Aufsicht des Familiengerichts und die Rechnungslegung sinngemäß.**

§ 1717 Erfordernis des gewöhnlichen Aufenthalts im Inland

[1]**Die Beistandschaft tritt nur ein, wenn das Kind seinen gewöhnlichen Aufenthalt im Inland hat; sie endet, wenn das Kind seinen gewöhnlichen Aufenthalt im Ausland begründet.** [2]**Dies gilt für die Beistandschaft vor der Geburt des Kindes entsprechend.**

Anmerkungen zu den §§ 1712–1717

1 **1. Allgemeines.** Beistandschaft dient der Unterstützung des Kindes eines allein sorgeberechtigten Elternteils (s. §§ 1626a II, 1671 f.), insbes. gegenüber dem anderen Elternteil. Beistandschaft wird dem Elternteil nicht aufgezwungen, sondern tritt nur auf Antrag ein. Zur Hinweispflicht des Jugendamts s. § 52a I 2 Nr. 4 SGB VIII.

2. Voraussetzungen. a) Schriftlicher (§ 126) **Antrag,** § 1712 I. **b) Zugang** des Antrags beim zuständigen (§ 87c V SGB VIII) Jugendamt; s. § 1714. Eine (gerichtl.) Entscheidung ist nicht erforderlich. Fürsorgebedürfnis wird nicht vorausgesetzt. Der Antrag kann schon vor der Geburt des Kindes gestellt werden, § 1713 I 1 HS 2 (OLG München FamRZ 2016, 1793 [1794]). **c) Antragsbefugnis. aa)** Der Eltern- 2
3 teil, dem die Alleinsorge (s. §§ 1626a III, 1671) für den Aufgabenkreis des Beistands (s. § 1712) zusteht oder bei vorgeburtlichem Antrag zustünde, § 1713 I 1. Bei gemeinsamer Sorge (§§ 1626, 1626a I, II) der Elternteil, der das Kind in seiner Obhut hat, § 1713 I 2. **bb)** Die werdende Mutter auch dann, wenn das Kind, wäre es geboren, unter Vormundschaft (s. § 1773) stünde, § 1713 II 1; damit soll der Zeitraum bis zum Eintritt der Amtsvormundschaft nach § 1786 überbrückt werden. **cc)** Von einem ehrenamtlichen Vormund oder einer Pflegeperson, der Angelegenheiten der elterlichen Sorge nach § 1630 III übertragen wurden, § 1713 I 3. Die Regelung wurde durch das Ges. v. 4.5.2021 (BGBl. I 882) mWv 1.1.2023 eingefügt; sie erweitert die Antragsbefugnis, die nach § 1713 I 3 aF nur für den von den Eltern benannten Vormund bestand. **d)** Antrag ist grds. **höchstpersönlich,** § 1713 I 4, 4
II 2; Ausn.: § 1713 II 3. **e)** Gewöhnlicher Aufenthalt des Kindes im Inland, § 1717 S. 1 HS 1.

3. Aufgabenbereiche. Soweit keine Beschränkung nach § 1712 II: **a) Vaterschaftsfeststellung,** insbes. durch gerichtl. Entscheidung (§ 1600d). **Nicht:** 5
Vaterschaftsanfechtung (§ 1599). **b) Unterhaltssicherung** durch Geltendma- 6
chung von Unterhaltsansprüchen insbes. gegen den Vater, und sonstige Verfügungen über Unterhaltsansprüche, insbes. Abschluss von Abfindungsvergleichen. Erlangter Unterhalt ist dem sorgeberechtigten Elternteil zu überlassen, Ausn. § 1712 II Nr. 2 HS 2. **Nicht:** Leistungen nach dem UnterhaltsvorschussG (BGH FamRZ 1999, 1342 [1344]); Verteidigung gegen Unterhaltsansprüche.

4. Wirkungen. a) Mit Zugang des Antrags wird das Jugendamt Beistand, § 1714 7
(OLG München FamRZ 2016, 1793 [1794]: vorgeburtliche Beistandschaft). Grds. gelten die Regelungen über die Pflegschaft für Minderjährige entspr.; s. § 1716 S. 2. – Das Jugendamt (sa § 55 II SGB VIII) erlangt im Rahmen des Aufgabenkreises **ges. Vertretungsmacht** für das Kind, §§ 1716 S. 2, 1813 I, 1789 II 1. Eine Beschränkung der elterlichen Sorge tritt grds. nicht ein, § 1716 S. 1. Folge: Konkurrierende Handlungsbefugnisse von Elternteil und Jugendamt für das Kind; Ausn.: Verfahren in Abstammungssachen (§ 173 FamFG) und in Unterhaltssachen (§ 234 FamFG). **b)** Haftung s. §§ 1716 S. 2, 1813 I, 1794. **c)** Vergütung- und Aufwen- 8
dungsersatz §§ 5, 6 VBVG. **d)** Aufsicht des FamG und Rechnungslegungspflicht entfallen, § 1716 S. 2.

5. Beendigung. a) Mit Zugang eines schriftlichen (auch: Teil-)Aufhebungsan- 9
trags beim Jugendamt, § 1715 I 1. **b)** Wegfall der Voraussetzungen des § 1713, § 1715 II. Bsp: Antragsteller verliert Alleinsorge (§§ 1626a I, 1672). **c)** Kind begründet gewöhnlichen Aufenthalt im Ausland, § 1717 S. 1 HS 2; bei vorgeburtlicher Beistandschaft s. § 1717 S. 2. **d)** Erreichung des Zwecks der Beistandschaft bei Vaterschaftsfeststellung, §§ 1716 S. 2, 1812 II Alt. 2; nicht bei Unterhalt, s. BT-Drs. 13/892, 54. **e)** Mit Beendigung der Beistandschaft verliert das Jugendamt die ges. Vertre- 10
tungsmacht (BeckOK/Pöcker § 1715 Rn. 10). Der sorgeberechtigte Elternteil erlangt im Verfahren in Abstammungs- und Unterhaltssachen (→ Rn. 7) die ges. Vertretung zurück; er kann Verfahrenshandlungen, bei denen das Kind nicht wirksam vertreten war, rückwirkend genehmigen (BGH FamRZ 2021, 447).

6. IPR. S. Art. 21 EGBGB. 11

7. Übergangsrecht. S. Art. 223 EGBGB. 12

§§ 1718–1740 *(weggefallen)*

§§ 1740a–1740g *(nicht mehr belegt)*

Titel 7. Annahme als Kind

Vorbemerkungen

Lit.: Botthof, Perspektiven der Minderjährigenadoption, 2014; Frank, Grenzen der Adoption, 1978; ders., Die Neuregelung des Adoptionsrechts, FamRZ 1998, 393; ders., Brauchen wir Adoption?, FamRZ 2007, 1693; Löhnig, Kinder mit mehreren Vätern: Aktuelle Fragen des Adoptionsrechts, NZFam 2017, 879; Reinhardt/Kemper/Grünenwald, Adoptionsrecht, 4. Aufl. 2021; Zimmermann, Die Minderjährigenadoption, NZFam 2015, 484.

1 **1. Entwicklung des Adoptionsrechts.** Das AdoptionsR des BGB ist seit 1900 mehrfach geändert worden. Das AdoptionsG 1976 hat das AdoptionsR völlig neu gefasst, inhaltlich die bereits den Novellierungen zugrundeliegende Tendenz zur Adoption als Institut der Fürsorge für Kinder ohne familiäre Eingliederung folgerichtig zur Volladoption fortgeführt und rechtssystematisch die Konsequenz durch Übergang von der „Annahme an Kindes Statt“ durch Privatvertrag zur staatlich
2 verfügten „Annahme als Kind“ gezogen. Das mit dem AdoptionsG gleichzeitig erlassene AdoptionsvermittlungsG (Neubekanntmachung v. 27.11.1989, BGBl. I 2016, hierzu Lüderitz NJW 1990, 1633) soll flankierend helfen, dass für elternlose Kinder schneller geeignete Adoptiveltern gefunden und ungeeignete Vermittler ausgeschaltet werden. Nach dem KindRG setzt die Adoption grds. die Einwilligung beider Elternteile voraus. Zur Adoption im Rahmen eingetragener Lebenspartnerschaften und der Rspr. des BVerfG → Einf. Vor § 1297 Rn. 8.

3 **2. Überblick.** Der siebte Titel unterscheidet die **Adoption Minderjähriger** (§§ 1741–1766a) und **Erwachsener** (§§ 1767–1772) in den Voraussetzungen, vor allem aber in den Wirkungen (vgl. §§ 1754 ff. und 1770). Als Kind angenommene Minderjährige erwerben die volle rechtliche Stellung leiblicher Kinder, während die Verwandtschaftsbeziehungen zu den bisherigen Verwandten grds. abgebrochen werden, §§ 1754, 1755. Ausnahmen gelten nur für die Annahme von Verwandten-
4 oder Ehegattenkindern, s. § 1756. Bei der Erwachsenenadoption bleiben die Wirkungen der Annahme auf Annehmenden und Angenommenen beschränkt; dessen Rechte und Pflichten aus Verwandtschaftsverhältnissen bleiben im Wesentlichen unverändert bestehen, § 1770.

5 **3. Übergangsrecht.** S. Art. 12 §§ 1–10 AdoptionsG; zum **IPR** s. Art. 22 EGBGB; zur int. Zuständigkeit deutscher FamG s. § 101 FamFG.

Untertitel 1. Annahme Minderjähriger

§ 1741 Zulässigkeit der Annahme

(1) [1]**Die Annahme als Kind ist zulässig, wenn sie dem Wohl des Kindes dient und zu erwarten ist, dass zwischen dem Annehmenden und dem Kind ein Eltern-Kind-Verhältnis entsteht.** [2]**Wer an einer gesetzes- oder sittenwidrigen Vermittlung oder Verbringung eines Kindes zum Zwecke der Annahme mitgewirkt oder einen Dritten hiermit beauftragt oder hierfür belohnt hat, soll ein Kind nur dann annehmen, wenn dies zum Wohl des Kindes erforderlich ist.**

(2) [1]**Wer nicht verheiratet ist, kann ein Kind nur allein annehmen.** [2]**Ein Ehepaar kann ein Kind nur gemeinschaftlich annehmen.** [3]**Ein Ehegatte kann ein Kind seines Ehegatten allein annehmen.** [4]**Er kann ein Kind auch dann allein annehmen, wenn der andere Ehegatte das Kind nicht annehmen kann, weil er geschäftsunfähig ist oder das 21. Lebensjahr noch nicht vollendet hat.**

§ 1742 Annahme nur als gemeinschaftliches Kind

Ein angenommenes Kind kann, solange das Annahmeverhältnis besteht, bei Lebzeiten eines Annehmenden nur von dessen Ehegatten angenommen werden.

§ 1743 Mindestalter

[1]Der Annehmende muss das 25., in den Fällen des § 1741 Abs. 2 Satz 3 das 21. Lebensjahr vollendet haben. [2]In den Fällen des § 1741 Abs. 2 Satz 2 muss ein Ehegatte das 25. Lebensjahr, der andere Ehegatte das 21. Lebensjahr vollendet haben.

§ 1744 Probezeit

Die Annahme soll in der Regel erst ausgesprochen werden, wenn der Annehmende das Kind eine angemessene Zeit in Pflege gehabt hat.

§ 1745 Verbot der Annahme

[1]Die Annahme darf nicht ausgesprochen werden, wenn ihr überwiegende Interessen der Kinder des Annehmenden oder des Anzunehmenden entgegenstehen oder wenn zu befürchten ist, dass Interessen des Anzunehmenden durch Kinder des Annehmenden gefährdet werden. [2]Vermögensrechtliche Interessen sollen nicht ausschlaggebend sein.

§ 1746 Einwilligung des Kindes

(1) **[1]Zur Annahme ist die Einwilligung des Kindes erforderlich. [2]Für ein Kind, das geschäftsunfähig oder noch nicht 14 Jahre alt ist, kann nur sein gesetzlicher Vertreter die Einwilligung erteilen. [3]Im Übrigen kann das Kind die Einwilligung nur selbst erteilen; es bedarf hierzu der Zustimmung seines gesetzlichen Vertreters.**

(2) **[1]Hat das Kind das 14. Lebensjahr vollendet und ist es nicht geschäftsunfähig, so kann es die Einwilligung bis zum Wirksamwerden des Ausspruchs der Annahme gegenüber dem Familiengericht widerrufen. [2]Der Widerruf bedarf der öffentlichen Beurkundung. [3]Eine Zustimmung des gesetzlichen Vertreters ist nicht erforderlich.**

(3) **Verweigert der Vormund oder Pfleger die Einwilligung oder Zustimmung ohne triftigen Grund, so kann das Familiengericht sie ersetzen; einer Erklärung nach Absatz 1 durch die Eltern bedarf es nicht, soweit diese nach den §§ 1747, 1750 unwiderruflich in die Annahme eingewilligt haben oder ihre Einwilligung nach § 1748 durch das Familiengericht ersetzt worden ist.**

§ 1747 Einwilligung der Eltern des Kindes

(1) **[1]Zur Annahme eines Kindes ist die Einwilligung der Eltern erforderlich. [2]Sofern kein anderer Mann nach § 1592 als Vater anzusehen ist, gilt im Sinne des Satzes 1 und des § 1748 Abs. 4 als Vater, wer die Voraussetzung des § 1600d Abs. 2 Satz 1 glaubhaft macht.**

(2) **[1]Die Einwilligung kann erst erteilt werden, wenn das Kind acht Wochen alt ist. [2]Sie ist auch dann wirksam, wenn der Einwilligende die schon feststehenden Annehmenden nicht kennt.**

(3) Steht nicht miteinander verheirateten Eltern die elterliche Sorge nicht gemeinsam zu, so
1. kann die Einwilligung des Vaters bereits vor der Geburt erteilt werden;
2. kann der Vater durch öffentlich beurkundete Erklärung darauf verzichten, die Übertragung der Sorge nach § 1626a Absatz 2 und § 1671 Absatz 2 zu beantragen; § 1750 gilt sinngemäß mit Ausnahme von Absatz 1 Satz 2 und Absatz 4 Satz 1;
3. darf, wenn der Vater die Übertragung der Sorge nach § 1626a Absatz 2 oder § 1671 Absatz 2 beantragt hat, eine Annahme erst ausgesprochen werden, nachdem über den Antrag des Vaters entschieden worden ist.

(4) [1]Die Einwilligung eines Elternteils ist nicht erforderlich, wenn er zur Abgabe einer Erklärung dauernd außerstande oder sein Aufenthalt dauernd unbekannt ist. [2]Der Aufenthalt der Mutter eines gemäß § 25 Absatz 1 des Schwangerschaftskonfliktgesetzes vertraulich geborenen Kindes gilt als dauernd unbekannt, bis sie gegenüber dem Familiengericht die für den Geburtseintrag ihres Kindes erforderlichen Angaben macht.

§ 1748 Ersetzung der Einwilligung eines Elternteils

(1) [1]Das Familiengericht hat auf Antrag des Kindes die Einwilligung eines Elternteils zu ersetzen, wenn dieser seine Pflichten gegenüber dem Kind anhaltend gröblich verletzt hat oder durch sein Verhalten gezeigt hat, dass ihm das Kind gleichgültig ist, und wenn das Unterbleiben der Annahme dem Kind zu unverhältnismäßigem Nachteil gereichen würde. [2]Die Einwilligung kann auch ersetzt werden, wenn die Pflichtverletzung zwar nicht anhaltend, aber besonders schwer ist und das Kind voraussichtlich dauernd nicht mehr der Obhut des Elternteils anvertraut werden kann.

(2) [1]Wegen Gleichgültigkeit, die nicht zugleich eine anhaltende gröbliche Pflichtverletzung ist, darf die Einwilligung nicht ersetzt werden, bevor der Elternteil vom Jugendamt über die Möglichkeit ihrer Ersetzung belehrt und nach Maßgabe des § 51 Abs. 2 des Achten Buches Sozialgesetzbuch beraten worden ist und seit der Belehrung wenigstens drei Monate verstrichen sind; in der Belehrung ist auf die Frist hinzuweisen. [2]Der Belehrung bedarf es nicht, wenn der Elternteil seinen Aufenthaltsort ohne Hinterlassung seiner neuen Anschrift gewechselt hat und der Aufenthaltsort vom Jugendamt während eines Zeitraums von drei Monaten trotz angemessener Nachforschungen nicht ermittelt werden konnte; in diesem Falle beginnt die Frist mit der ersten auf die Belehrung und Beratung oder auf die Ermittlung des Aufenthaltsorts gerichteten Handlung des Jugendamts. [3]Die Fristen laufen frühestens fünf Monate nach der Geburt des Kindes ab.

(3) Die Einwilligung eines Elternteils kann ferner ersetzt werden, wenn er wegen einer besonders schweren psychischen Krankheit oder einer besonders schweren geistigen oder seelischen Behinderung zur Pflege und Erziehung des Kindes dauernd unfähig ist und wenn das Kind bei Unterbleiben der Annahme nicht in einer Familie aufwachsen könnte und dadurch in seiner Entwicklung schwer gefährdet wäre.

(4) In den Fällen des § 1626a Absatz 3 hat das Familiengericht die Einwilligung des Vaters zu ersetzen, wenn das Unterbleiben der Annahme dem Kind zu unverhältnismäßigem Nachteil gereichen würde.

§ 1749 Einwilligung des Ehegatten

(1) [1]Zur Annahme eines Kindes durch einen Ehegatten allein ist die Einwilligung des anderen Ehegatten erforderlich. [2]Das Familiengericht kann

auf Antrag des Annehmenden die Einwilligung ersetzen. [3]Die Einwilligung darf nicht ersetzt werden, wenn berechtigte Interessen des anderen Ehegatten und der Familie der Annahme entgegenstehen.

(2) **Die Einwilligung des Ehegatten ist nicht erforderlich, wenn er zur Abgabe der Erklärung dauernd außerstande oder sein Aufenthalt dauernd unbekannt ist.**

§ 1750 Einwilligungserklärung

(1) **[1]Die Einwilligung nach §§ 1746, 1747 und 1749 ist dem Familiengericht gegenüber zu erklären. [2]Die Erklärung bedarf der notariellen Beurkundung. [3]Die Einwilligung wird in dem Zeitpunkt wirksam, in dem sie dem Familiengericht zugeht.**

(2) **[1]Die Einwilligung kann nicht unter einer Bedingung oder einer Zeitbestimmung erteilt werden. [2]Sie ist unwiderruflich; die Vorschrift des § 1746 Abs. 2 bleibt unberührt.**

(3) **[1]Die Einwilligung kann nicht durch einen Vertreter erteilt werden. [2]Ist der Einwilligende in der Geschäftsfähigkeit beschränkt, so bedarf seine Einwilligung nicht der Zustimmung seines gesetzlichen Vertreters. [3]Die Vorschrift des § 1746 Abs. 1 Satz 2, 3 bleibt unberührt.**

(4) **[1]Die Einwilligung verliert ihre Kraft, wenn der Antrag zurückgenommen oder die Annahme versagt wird. [2]Die Einwilligung eines Elternteils verliert ferner ihre Kraft, wenn das Kind nicht innerhalb von drei Jahren seit dem Wirksamwerden der Einwilligung angenommen wird.**

Anmerkungen zu den §§ 1741–1750

1. Allgemeines. Gesetzgeberisches Ziel der Adoption Minderjähriger ist die Integration eines bislang nicht in einer intakten Familie lebenden Kindes in eine Familie durch Aufbau eines Eltern-Kind-Verhältnisses. 1

2. Voraussetzungen. a) aa) Die Adoption muss dem **Kindeswohl** dienen, § 1741 I 1. Ausschlaggebend ist, ob sich durch die Adoption die Voraussetzungen für die körperliche und charakterliche Entwicklung des Kindes gegenüber der bisherigen Lebenslage verbessern (OLG Düsseldorf FamRZ 2017, 976 [977]; sa OLG Koblenz FamRZ 2016, 1690 zur Verwandtenadoption; OLG Karlsruhe FamRZ 2022, 293 [294] Stiefkindadoption). Eine materielle Besserstellung wird nicht gefordert; es dient aber nicht dem Kindeswohl, in schlechten finanziellen Verhältnissen aufzuwachsen. Das Kindeswohl wird nicht gefördert, wenn wegen bereits vorhandener Kinder des Annehmenden die Interessen des Anzunehmenden (oder seiner Kinder, vgl. dazu OLG Köln FamRZ 2015, 866 [867], unterhaltsrechtliche Interessen leiblicher Kinder) beeinträchtigt werden, § 1745 S. 1 Fall 2, 3. **bb)** Hat der Annehmende an Kinderhandel uä mitgewirkt, setzt Adoption zudem voraus, dass Kindeswohl die Annahme erfordert, § 1741 I 2. Durch diese Erschwerung soll rechts- u sittenwidriger Adoptionspraxis entgegengewirkt werden. Zur Adoption eines durch eine Leihmutter geborenen Kindes s. OLG Frankfurt a.M. FamRZ 2019, 899 [900 ff.]; OLG München FamRZ 2018, 1008 [1009 f.]; OLG Düsseldorf FamRZ 2017, 976 [978]. **b)** Entstehung eines **Eltern-Kind-Verhältnisses;** Adoption darf nicht nur der Weitergabe von Vermögen oder Namen dienen. Vorgeschaltete Pflege (§ 1744) soll Prognose erleichtern. **c)** Adoption soll sich nicht nachteilig für **vorhandene Kinder** des Annehmenden auswirken, § 1745 S. 1 Fall 1. Hierzu zählt zB drohende Vernachlässigung wegen Überforderung der annehmenden Eltern. Vermögensbelange wie Unterhalt oder Erbrecht (die stets berührt werden) sind zu berücksichtigen, dürfen aber nicht ausschlaggebend sein, § 1745 S. 2. **d) Status des Annehmenden:** Der nicht verheiratete Annehmende kann nur allein annehmen (Einzeladoption, § 1741 II 1), der verheiratete grds. nur gemeinschaftlich

2 3 4 5

mit dem Ehegatten (Ehegattenadoption, § 1741 II 2), auch bei Getrenntleben und Zustimmung des anderen Ehegatten (OLG Hamm NJW-RR 1999, 1377 [1378]). Eine Ausn. von § 1741 II 2 statuiert § 1766a III für die „Stiefkindadoption" innerhalb nichtehelicher Lebensgemeinschaften. Mit Inkrafttreten des Ges. zur Einführung des Rechts auf Eheschließung für Personen gleichen Geschlechts v. 20.7.2017 (→ Vor § 1297 Rn. 6) gilt § 1741 II auch für verheiratete gleichgeschlechtliche Partner (Löhnig NZFam 2017, 643; NZFam 2017, 879), dh grds. gemeinschaftliche Adoption (§ 1741 II 2); Ausn.: alleinige Annahme eines Kindes des Ehegatten (§ 1741 II 3, s. dazu OLG Nürnberg FamRZ 2020, 613 [614 f.]: Adoption durch Ehefrau der Mutter) oder gem. § 1766a eines Kindes des Partners einer nichtehelichen Lebensgemeinschaft („Stiefkindadoption"). Eine gemeinsame Adoption durch Partner einer nichtehelichen Lebensgemeinschaft (→ § 1766a Rn. 1) scheidet aus; möglich ist gem. § 1766a nur eine Stiefkindadoption (auch Sukzessivadoption). – Grds. **keine Mehrfachadoption;** das Kind soll nicht „weitergereicht" werden können, § 1742. Ausn.: Tod des Annehmenden, Adoption durch Ehegatten oder Lebenspartner des Annehmenden sowie (unter den Voraussetzungen des § 1766a) des faktischen Partners.

6 **3. Alter. a)** Der **Annehmende** muss mindestens 25 Jahre alt sein, § 1743 S. 1 HS 1. Nimmt ein Ehegatte ein Kind seines Ehepartners (allein) an, genügt Vollendung des 21. Lebensjahres, § 1743 S. 1 HS 2, ebenso bei Annahme durch ein Ehepaar, wenn der
7 andere Ehegatte mindestens 25 Jahre alt ist, § 1743 S. 2. **b)** Der **Anzunehmende** muss minderjährig sein, sonst §§ 1767 ff.; beachte auch § 1747 II 1.

8 **4. Einwilligung. a) des Kindes,** § 1746 I 1. **aa)** Höchstpersönlich, aber Zustimmung des ges. Vertreters erforderlich, § 1746 I 3. Ist das Kind geschäftsunfähig oder noch nicht 14 Jahre alt, muss der ges. Vertreter die Einwilligung erklären, § 1746 I 2. Zustimmung und Einwilligung der Eltern zur Kindeseinwilligung sind **nicht** erforderlich, wenn sie in die Annahme unwiderruflich eingewilligt haben
9 oder ihre Einwilligung vom FamG ersetzt wurde, § 1746 III HS 2. **bb) Ersetzung** von Einwilligung und Zustimmung bei Vormund oder Pfleger s. § 1746 III HS 1. **cc)** Das mindestens 14 Jahre alte, nicht geschäftsunfähige Kind kann bis zum Wirksamwerden der Adoption ohne Zustimmung des ges. Vertreters die Einwilligung
10 **widerrufen,** § 1746 II. **b) Elterneinwilligung,** § 1747 I 1 (Ausn. § 1747 IV; zur Adoption nach vertraulicher Geburt → §§ 1673–1675 Rn. 4). Grund: § 1755. **aa) Einwilligungsbefugnis:** Mutter s. § 1591; Vater s. § 1592. Ist kein Vater nach § 1592 vorhanden, besteht ein Einwilligungsrecht für den, der die Voraussetzungen der Vaterschaftsvermutung des § 1600d II glaubhaft macht, § 1747 I 2 (s. dazu BGH FamRZ 2015, 828 [829 f.], „private" Samenspende; OLG Bamberg FamRZ 2017, 1236 [1237 f.], anonyme Becherspende; krit. Frank FamRZ 1998, 395); dies gilt nicht für den Fall einer Samenspende iSd § 1600d IV (s. dazu → § 1600d Rn. 5), vgl. zur anonymen Samenspende auch BGH FamRZ 2015, 828 [830]. Dem vermuteten Vater ist grds. eine Beteiligung am Verfahren zu ermöglichen (BGH FamRZ 2015, 828 [829 f.], Benachrichtigung vom Verfahren; OLG Celle FamRZ 2021, 285 [287]); die Ausn. des § 1747 IV 1 liegt nicht schon dann vor, wenn die Beteiligten die Person und den Aufenthalt des Betreffenden nicht preisgeben wollen (BGH FamRZ 2015, 828 [831]; s. aber OLG Dresden FamRZ 2021, 1213: analoge Anwendung von § 1747 IV 1, wenn Sicherheit der Mutter erheblich gefährdet ist). Zur Ersetzung der Einwilligung s. § 1748 IV, dazu OLG Hamm FamRZ 2017, 1064; KG FamRZ 2016, 2019 u → Rn. 14. Erteilt ein Mann die Einwilligung,
11 der nicht der genetische Vater ist, s. → §§ 1759–1763 Rn. 5. **bb) Zeitpunkt:** Frühestens acht Wochen nach der Geburt, § 1747 II 1. Um Frühadoptionen zu erleichtern, kann der nicht mit der Mutter verheiratete Vater (nicht die Mutter) die Einwilligung schon vor der Geburt des Kindes erklären, wenn die Eltern keine
12 Sorgeerklärungen (§ 1626a I Nr. 1) abgegeben haben, § 1747 III Nr. 1. **cc)** Die Annehmenden müssen feststehen, der Einwilligende muss sie aber nicht kennen, § 1747 II 2 (Inkognitoadoption). Nicht möglich ist daher die Blankoeinwilligung

in eine beliebige Adoption. Beschränkung der Inkognitoeinwilligung auf das Vorliegen bes. Voraussetzungen bei den Annehmenden (zB hinsichtlich Religion) ist keine Bedingung nach § 1750 II 1 und daher zulässig. **dd) Ersetzung** der Einwilligung 13
der Eltern nach § 1748 I auf Antrag des Kindes. **Voraussetzungen:** Anhaltende gröbliche (§ 1748 I 1 Fall 1) oder einmalige bes. schwere (§ 1748 I 2) Pflichtverletzung (bes. krass: Tötung der Kindesmutter vor den Augen des Kindes durch den Vater, dessen Einwilligung ersetzt werden soll [OLG Zweibrücken FamRZ 2001, 1730 [1731]]) gegenüber dem Kind, ferner dauernde Gleichgültigkeit (§ 1748 I 1 Fall 2, II, vgl. BayObLG NJW-RR 2004, 578 [580] [Abgrenzung zur Rücksichtnahme]) oder zwar nicht vorwerfbare, aber gleichwohl dem Kindeswohl schwer abträgliche krankheits- oder behinderungsbedingte Unfähigkeit zu Pflege und Erziehung, die etwa eine Heimunterbringung erforderlich machen würde (§ 1748 III). Allein die Nichtleistung von Unterhalt bedeutet keine gröbliche Pflichtverletzung, wenn nicht erschwerende Umstände hinzutreten (BayObLG NJWE-FER 1998, 173). In den Fällen des § 1748 I 1 muss das Unterbleiben der Adoption einen unverhältnismäßigen Nachteil bedeuten (dazu BayObLG FamRZ 1982, 1129 [1131]). Hat die **Mutter das alleinige Sorgerecht,** kann die Einwilligung des 14
Vaters nach § 1748 IV unter gegenüber I, III erleichterten Voraussetzungen ersetzt werden (krit. Frank FamRZ 1998, 394). § 1748 IV ist verfassungskonform dahin auszulegen, dass eine Ungleichbehandlung zwischen ehemals sorgeberechtigten und nichtsorgeberechtigten Vätern vermieden wird (BVerfG NJW 2006, 827). Es genügt nicht, wenn die Kindesinteressen die Interessen des Vaters überwiegen; die Adoption muss einen so erheblichen Vorteil für das Kind haben, dass ein verständig sorgender Elternteil auf die Erhaltung des Verwandtschaftsbands des leiblichen Vaters nicht bestehen würde; auf Seiten des Vaters ist zu berücksichtigen, ob und inwieweit ein gelebtes Vater-Kind-Verhältnis besteht oder bestanden hat bzw. welche Gründe den Vater am Aufbau oder an der Aufrechterhaltung eines solchen Verhältnisses gehindert haben (BGH NJW 2005, 1781 [1783]; bestätigt durch BVerfG NJW 2006, 827). Ersetzung der Einwilligung des leiblichen Vaters bei Stiefkindadoption nur unter strengeren Voraussetzungen als bei der Drittadoption (BGH NJW 2005, 1781 [1783]). Maßgeblich ist das Kindeswohl; auf Fehlverhalten des Vaters kommt es nicht an. Grund: Vater trägt mangels Sorgerechts nicht die Verantwortung für das Kind. Belange des Vaters sind bes. zu berücksichtigen, wenn er (auch ohne Sorgerecht) faktisch Betreuung und Fürsorge übernommen hat; BayObLG NJW-RR 2002, 433 [434] lässt Unterhaltszahlung und Wahrnehmung des Umgangs „in gewissem Maße" genügen. **Verfahren:** Die verfahrensrechtlichen 15
Vorschriften ergeben sich aus §§ 186 ff. FamFG. Zuständigkeit §§ 101, 187 FamFG, § 14 I Nr. 15 RPflG; Beschwerde des Kindes, wenn Ersetzung verweigert, §§ 59 II, 60 FamFG, der Eltern, wenn Einwilligung ersetzt, §§ 59 I, 40 III 2 FamFG. Bei Verfahrensmängeln evtl. § 1760. **c) Ehegatteneinwilligung.** Bei Annahme durch einen 16
Ehegatten hat dessen Ehepartner einzuwilligen, § 1749 I 1, Ersetzung möglich, s. § 1749 I 2, 3; Ausn. s. § 1749 II. Das Einwilligungserfordernis bei Annahme eines Verheirateten (§ 1749 II aF) wurde durch Ges. v. 17.7.2017 (dazu → §§ 1303, 1304 Rn. 3) mWv 22.7.2017 aufgehoben. **d) Form,** Adressat, Wirkungsdauer usw der Ein- 17
willigung s. § 1750.

§ 1751 Wirkung der elterlichen Einwilligung, Verpflichtung zum Unterhalt

(1) [1]**Mit der Einwilligung eines Elternteils in die Annahme ruht die elterliche Sorge dieses Elternteils; die Befugnis zum persönlichen Umgang mit dem Kind darf nicht ausgeübt werden.** [2]**Das Jugendamt wird Vormund; dies gilt nicht, wenn der andere Elternteil die elterliche Sorge allein ausübt oder wenn bereits ein Vormund bestellt ist.** [3]**Eine bestehende Pflegschaft bleibt unberührt.** [4]**Für den Annehmenden gilt während der Zeit der Adoptionspflege § 1688 Abs. 1 und 3 entsprechend.**

(2) **Absatz 1 ist nicht anzuwenden auf einen Ehegatten, dessen Kind vom anderen Ehegatten angenommen wird.**

(3) **Hat die Einwilligung eines Elternteils ihre Kraft verloren, so hat das Familiengericht die elterliche Sorge dem Elternteil zu übertragen, wenn und soweit dies dem Wohl des Kindes nicht widerspricht.**

(4) [1]**Der Annehmende ist dem Kind vor den Verwandten des Kindes zur Gewährung des Unterhalts verpflichtet, sobald die Eltern des Kindes die erforderliche Einwilligung erteilt haben und das Kind in die Obhut des Annehmenden mit dem Ziel der Annahme aufgenommen ist.** [2]**Will ein Ehegatte ein Kind seines Ehegatten annehmen, so sind die Ehegatten dem Kind vor den anderen Verwandten des Kindes zur Gewährung des Unterhalts verpflichtet, sobald die erforderliche Einwilligung der Eltern des Kindes erteilt und das Kind in die Obhut der Ehegatten aufgenommen ist.**

1 **1. Allgemeines.** Lösung der rechtlichen Verwandtschaft zwischen leiblichen Eltern und Kind tritt erst mit dem Adoptionsbeschluss ein, § 1755, doch liegt für die Eltern die entscheidende Zäsur bereits in der Einwilligung in die Adoption. Das Ges. ordnet deshalb für die Fremdadoption das Ruhen der elterlichen Sorge und des elterlichen Umgangsrechts sowie Amtsvormundschaft des Jugendamtes an, soweit nicht Vormundschaft bereits besteht oder der andere Elternteil, der nicht eingewilligt hat, die elterliche Sorge allein (s. § 1678) ausübt und deshalb ein entspr. Bedürfnis nicht besteht. Der Annehmende wird vorrangig unterhaltspflichtig.

2 **2. Voraussetzungen.** Einwilligung oder Ersetzung der Einwilligung des Elternteils, → §§ 1741–1750 Rn. 8 ff.

3 **3. Rechtsfolgen. a)** Ruhen der elterlichen Sorge nach §§ 1626 ff., Wirkung des Ruhens § 1675, s. I 1 HS 1; **b)** Umgangsrecht nach §§ 1684 f. kann ebenfalls nicht mehr ausgeübt werden, I 1 HS 2; zum Umgangs- und Auskunftsrecht nach § 1686a
4 s. VG Neustadt FamRZ 2016, 148 [149 f.]. **c)** Eintritt der Amtsvormundschaft, soweit nicht ein Elternteil nicht eingewilligt hat und deshalb die elterliche Sorge allein – § 1678 – innehat oder bereits Vormundschaft besteht, I 2. Amtsvormundschaft auch bei Ersetzung der Einwilligung (KG OLGZ 1978, 139 [140]). Das FamG, dem die Einwilligung zugehen muss – § 1750 I 3 –, erteilt dem Jugendamt unverzüglich eine Bescheinigung über den Eintritt der Vormundschaft, § 168b II FamFG. Keine Adoptionsvormundschaft bei bereits bestehender Amtsvormund-
5 schaft (OLG Köln NJW-RR 1992, 903 [904], str.). **d)** Eine bestehende Pflegschaft bleibt unberührt, I 3. **e) Unterhaltspflicht** des Annehmenden entsteht, wenn die erforderliche Einwilligung der Eltern wirksam gegeben (hierzu → § 1750 I) und das Kind mit dem Ziel der Annahme vom Annehmenden in Obhut genommen
6 worden ist, IV 1. Die Unterhaltspflicht der leiblichen Eltern und der anderen Verwandten besteht weiter, geht aber im Rang nach. Bei Halbwaisen oder fehlender rechtlicher Vaterschaft nach § 1592 ist „erforderlich" nur die Einwilligung des einen Elternteils (zur Einwilligungsbefugnis → §§ 1741–1750 Rn. 10). Maßgebender Zeitpunkt für die Entstehung der Unterhaltspflicht ist die tatsächliche Inobhut-
7 nahme, nicht die Pflegeerlaubnis nach § 44 I 1 SGB VIII. **f)** In der der Adoption vorgeschalteten Zeit der Familienpflege (§ 1744) hat der Annehmende die Sorge in Angelegenheiten des täglichen Lebens, soweit nichts anderes erklärt oder angeordnet wird, I 4. **g)** Der fr. I 5 wurde durch Ges. v. 16.4.2013 (dazu → Vor § 1626 Rn. 1) aufgehoben; sa § 1671 III.

8 **4. Ausnahmen.** Ruhen der elterlichen Sorge und des Umgangsrechts sowie Amtsvormundschaft des Jugendamtes treten nicht ein, wenn ein Ehegatte in die Adoption durch den anderen einwilligt (II), da hier nicht untaugliche Familienbande

gelöst, sondern Familienbeziehungen vervollst. werden. Zum Unterhalt in diesem Falle s. IV 2.

9 **5. Rückübertragung der elterlichen Sorge.** Erfolgt gem. III, wenn **a)** die Einwilligung in die Annahme unwirksam geworden ist, zB nach § 1750 IV, und **b)** die Rückübertragung nicht dem Kindeswohl widerspricht. 10 **c)** Rückübertragung erfolgt durch Beschluss des FamG. Sie kann sich auch auf Umgangsrecht beschränken (arg. „soweit") oder Teilbereiche des Sorgerechts zurückgewähren.

§ 1752 Beschluss des Familiengerichts, Antrag

(1) **Die Annahme als Kind wird auf Antrag des Annehmenden vom Familiengericht ausgesprochen.**

(2) **[1]Der Antrag kann nicht unter einer Bedingung oder einer Zeitbestimmung oder durch einen Vertreter gestellt werden. [2]Er bedarf der notariellen Beurkundung.**

1 **1. Allgemeines.** Annahme als Kind wird durch konstitutiven Beschluss des FamG auf Antrag des Annehmenden verfügt, I.

2 **2. Annahmeantrag.** Der Antrag kann nur vom Annehmenden ausgehen, ist höchstpersönlich, bedingungs- und befristungsfeindlich (II 1), KG FamRZ 2013, 642 [643]: Bedingung künftiger Eheschließung bei Stiefkindadoption unzulässig. Der Antrag bedarf der notariellen Beurkundung, II 2. Einreichung durch den Notar verletzt das Vertretungsverbot nicht (Grüneberg/Götz Rn. 6). Auch die Rücknahme ist höchstpersönlich und nicht vererblich (BayObLG NJW-RR 1996, 1092).

3 **3. Verfahren.** Hierzu Engler FamRZ 1976, 588; Beitzke FamRZ 1976, 507; Lüderitz NJW 1976, 1868. Örtl. und int. Zuständigkeit §§ 101, 187 FamFG; alle wichtigen Entscheidungen im Adoptionsverfahren, insbes. der Adoptionsbeschluss, sind dem Richter vorbehalten, § 14 I Nr. 15 RPflG. Das Gericht hat gutachtliche Äußerung der Adoptionsvermittlungsstelle oder des Jugendamtes über Eignung von Kind und Familie des Annehmenden einzuholen, s. § 189 FamFG; zur Anhörung des Kindes s. § 192 I FamFG; Mitwirkungspflicht des Jugendamtes § 50 I SGB VIII sowie § 194 f FamFG. Inhalt des Beschlusses s. § 197 I FamFG; Wirksamwerden § 197 II FamFG; Unanfechtbarkeit und wohl auch Unabänderbarkeit (s. Lüderitz NJW 1976, 1869) § 197 III FamFG. Bis zur Ersetzung verweigerter elterlicher Einwilligung, ggf. also Entscheidung über diesbezügliches Rechtsmittel (→ §§ 1741–1750 Rn. 15), kann der Adoptionsbe- 4
schluss nicht ergehen. Der Beschluss heilt alle Willensmängel und Verfahrensfehler, s. jedoch zur Aufhebung §§ 1759 ff. Gegen ablehnenden Beschluss kann der Antragsteller Beschwerde einlegen, § 59 II FamFG.

§ 1753 Annahme nach dem Tode

(1) **Der Ausspruch der Annahme kann nicht nach dem Tode des Kindes erfolgen.**

(2) **Nach dem Tode des Annehmenden ist der Ausspruch nur zulässig, wenn der Annehmende den Antrag beim Familiengericht eingereicht oder bei oder nach der notariellen Beurkundung des Antrags den Notar damit betraut hat, den Antrag einzureichen.**

(3) **Wird die Annahme nach dem Tode des Annehmenden ausgesprochen, so hat sie die gleiche Wirkung, wie wenn sie vor dem Tode erfolgt wäre.**

1 **Modalitäten der Annahme nach dem Tod. Stirbt das Kind,** verliert die Annahme ihren Sinn. Bei **Tod des Annehmenden** kann die Adoption jedoch

zwecks Herstellung der Verwandtschaft zu den Verwandten des Verstorbenen sinnvoll sein. Keine Rücknahme des Antrags durch Erben (BayObLG NJW-RR 1996, 1092; sa OLG Braunschweig FamRZ 2017, 1240 [1241]). Voraussetzungen des Beschlusses s. II, ferner § 1741 I. Wirkungen s. III, insbes. ges. Erbrecht oder Pflichtteilsanspruch (beachte jedoch Anfechtbarkeit anderweitiger Erbeinsetzung nach § 2079). Wirksamwerden s. § 197 II HS 2 FamFG.

§ 1754 Wirkung der Annahme

(1) **Nimmt ein Ehepaar ein Kind an oder nimmt ein Ehegatte ein Kind des anderen Ehegatten an, so erlangt das Kind die rechtliche Stellung eines gemeinschaftlichen Kindes der Ehegatten.**

(2) **In den anderen Fällen erlangt das Kind die rechtliche Stellung eines Kindes des Annehmenden.**

(3) **Die elterliche Sorge steht in den Fällen des Absatzes 1 den Ehegatten gemeinsam, in den Fällen des Absatzes 2 dem Annehmenden zu.**

§ 1755 Erlöschen von Verwandtschaftsverhältnissen

(1) [1]**Mit der Annahme erlöschen das Verwandtschaftsverhältnis des Kindes und seiner Abkömmlinge zu den bisherigen Verwandten und die sich aus ihm ergebenden Rechte und Pflichten.** [2]**Ansprüche des Kindes, die bis zur Annahme entstanden sind, insbesondere auf Renten, Waisengeld und andere entsprechende wiederkehrende Leistungen, werden durch die Annahme nicht berührt; dies gilt nicht für Unterhaltsansprüche.**

(2) **Nimmt ein Ehegatte das Kind seines Ehegatten an, so tritt das Erlöschen nur im Verhältnis zu dem anderen Elternteil und dessen Verwandten ein.**

§ 1756 Bestehenbleiben von Verwandtschaftsverhältnissen

(1) **Sind die Annehmenden mit dem Kind im zweiten oder dritten Grad verwandt oder verschwägert, so erlöschen nur das Verwandtschaftsverhältnis des Kindes und seiner Abkömmlinge zu den Eltern des Kindes und die sich aus ihm ergebenden Rechte und Pflichten.**

(2) **Nimmt ein Ehegatte das Kind seines Ehegatten an, so erlischt das Verwandtschaftsverhältnis nicht im Verhältnis zu den Verwandten des anderen Elternteils, wenn dieser die elterliche Sorge hatte und verstorben ist.**

§ 1757 Name des Kindes

(1) [1]**Das Kind erhält als Geburtsnamen den Familiennamen des Annehmenden.** [2]**Als Familienname gilt nicht der dem Ehenamen oder dem Lebenspartnerschaftsnamen hinzugefügte Name (§ 1355 Abs. 4; § 3 Abs. 2 des Lebenspartnerschaftsgesetzes).**

(2) [1]**Nimmt ein Ehepaar ein Kind an oder nimmt ein Ehegatte ein Kind des anderen Ehegatten an und führen die Ehegatten keinen Ehenamen, so bestimmen sie den Geburtsnamen des Kindes vor dem Ausspruch der Annahme durch Erklärung gegenüber dem Familiengericht; § 1617 Abs. 1 gilt entsprechend.** [2]**Hat das Kind das fünfte Lebensjahr vollendet, so ist die Bestimmung nur wirksam, wenn es sich der Bestimmung vor dem Ausspruch der Annahme durch Erklärung gegenüber dem Familiengericht anschließt; § 1617c Abs. 1 Satz 2 gilt entsprechend.**

(3) [1]**Das Familiengericht kann auf Antrag des Annehmenden mit Einwilligung des Kindes mit dem Ausspruch der Annahme**
1. **Vornamen des Kindes ändern oder ihm einen oder mehrere neue Vornamen beigeben, wenn dies dem Wohl des Kindes entspricht;**
2. **dem neuen Familiennamen des Kindes den bisherigen Familiennamen voranstellen oder anfügen, wenn dies aus schwerwiegenden Gründen zum Wohl des Kindes erforderlich ist.**

[2]**§ 1746 Abs. 1 Satz 2, 3, Abs. 3 erster Halbsatz ist entsprechend anzuwenden.**

Anmerkungen zu den §§ 1754–1757

Lit.: Dittmann, Adoption und Erbrecht, Rpfleger 1978, 277; Doms, Zum Wegfall des Unterhaltsanspruchs bei Adoption, FamRZ 1981, 325.

1. Allgemeines. Regelung der Wirkungen der **Volladoption** iE. 1

2. Wirkungen im Verhältnis zum Annehmenden und dessen Verwandten. 2
a) Nach § 1754 II erwirbt der Angenommene bei einseitiger Annahme die Stellung eines **Kindes des Annehmenden;** bei gemeinschaftlicher Annahme durch ein Ehepaar oder einseitiger Annahme des Kindes des anderen Ehegatten erwirbt der Angenommene nach § 1754 I die Stellung eines **gemeinschaftlichen Kindes** der Ehegatten; zum Vorversterben des anderen Ehegatten s. Hellermann FamRZ 1983, 659. **b)** Adoption bewirkt rechtliche **Verwandtschaft** zum/zu Annehmen- 3
den und dessen/deren Verwandten (zB Eltern, leiblichen oder angenommenen Kindern) mit gegenseitigen **Unterhaltspflichten** und **Erbberechtigung;** die annehmenden Ehegatten (bzw. der Annehmende) erlangen die **elterliche Sorge,** § 1754 III; **Eheverbote** s. §§ 1307 S. 2, 1308; **Staatsangehörigkeit** s. § 3 Nr. 3, 6 StAG; Vollwirkung auch im **Strafrecht** (Ausn. § 173 StGB), **Sozialversicherungs-, Beamten-** und **SteuerR;** gerichtl. **Vaterschaftsfeststellung** wird jedoch durch Adoption nicht gehindert (BT-Drs. 7/5087, 16; OLG Celle FamRZ 2022, 1792 [1793 f.]; FamRZ 2021, 285 [287]; sa BeckOGK/Reuß [1.11.2022] § 1600d Rn. 54 mwN). Bei Trennung der Adoptiveltern s. §§ 1671, 1684. **Name** 4
s. § 1757 (Abs. 1 verfassungsgemäß, s. OLG Karlsruhe NJW-RR 1999, 1089). **Vorname** des Angenommenen s. § 1757 III, zur Neufassung 1992 s. Lüderitz NJW 1993, 1050.

3. Wirkung im Verhältnis zu leiblichen Eltern. Verwandtschaft der leibli- 5
chen Eltern und ihrer Verwandten zum Angenommenen und seinen Abkömmlingen erlischt mit allen daraus folgenden Rechten und Pflichten, § 1755 I 1, also Unterhaltsansprüche (nicht: rückständige, BGH NJW 1981, 2298), Sorge- und Umgangsrecht, Erb- und Pflichtteilsrecht, Namensführungsrecht (s. aber § 1757 II); vgl. auch OLG Dresden FamRZ 2012, 1153: Erlöschen des Umgangsrechts des nicht adoptierten minderjährigen Geschwisters). Zum Anspruch des Kindes gegen die leibliche Mutter auf Auskunft über die Identität des leiblichen Vaters (§ 1618a) BGH FamRZ 2022, 633 [634 ff.], näher → Vor § 1591 Rn. 4. Zu fortbestehendem Umgangsrecht nach § 1685 II s. Grüneberg/Götz § 1755 Rn. 3; OLG Dresden FamRZ 2012, 1153. **Ausnahmen: a)** Ansprüche auf wie- 6
derkehrende Leistungen, § 1755 I 2, bleiben erhalten, um Adoption nicht zu gefährden; Gegenausnahme: Unterhaltsansprüche § 1755 I 2 HS 2, hierzu Ruthe FamRZ 1977, 30 ff. **b)** Bei **Stiefkindadoption** bleibt Verwandtschaft zum leibli- 7
chen Elternteil-Ehegatten bestehen, § 1755 II, und erstarkt zum Kindschaftsverhältnis, § 1754 I; dagegen erlischt Verwandtschaft zum anderen leiblichen Elternteil und dessen Verwandten; anders jedoch, falls fr. Ehe des Elternteil-Ehegatten durch Tod des sorgeberechtigten anderen Elternteils aufgelöst worden ist, § 1756 II: Verwandtschaft zu Verwandten des verstorbenen Elternteils bleibt bestehen, um den Großeltern nicht auch noch Enkel zu nehmen (BT-Drs. 7/5087, 17). § 1755 II findet keine Anwendung bei Rückadoption durch den leiblichen

Elternteil nach Scheidung der Ehe des anderen Elternteils und des Stiefelternteils (BGH NJW 2014, 934 [935]: Verwandtschaftsverhältnis zum anderen leiblichen
8 Elternteil erlischt). **c)** Bei **Verwandtenadoption** oder **Verschwägertenadoption** innerhalb des zweiten oder dritten Grades beschränkt sich das Erlöschen der Verwandtschaftsverhältnisse auf das Verhältnis zu den leiblichen Eltern, § 1756 I; Kind „bleibt in der Familie" und (nur) über seine Großeltern mit Geschwistern verwandt.

§ 1758 Offenbarungs- und Ausforschungsverbot

(1) **Tatsachen, die geeignet sind, die Annahme und ihre Umstände aufzudecken, dürfen ohne Zustimmung des Annehmenden und des Kindes nicht offenbart oder ausgeforscht werden, es sei denn, dass besondere Gründe des öffentlichen Interesses dies erfordern.**

(2) [1]**Absatz 1 gilt sinngemäß, wenn die nach § 1747 erforderliche Einwilligung erteilt ist.** [2]**Das Familiengericht kann anordnen, dass die Wirkungen des Absatzes 1 eintreten, wenn ein Antrag auf Ersetzung der Einwilligung eines Elternteils gestellt worden ist.**

1 **1. Allgemeines.** Zweck: Schutz des Adoptionsgeheimnisses (Engler FamRZ 1976, 590). Abstützende Vorschriften: § 63 I PStG; § 13 II 2 FamFG. Abstammungsverhältnisse werden freilich nicht völlig gelöscht, sondern können zB bei begründetem Verdacht eines Eheverbotsfalles über eine beglaubigte Abschrift des Geburtseintrages des Betroffenen aus dem Geburtsregister geklärt werden (BT-Drs. 16/1831, 36). Mit der Geburtsurkunde kann dieser Nachw. nicht geführt werden, da dort bei einem angenommenen Kind nur die Annehmenden als Eltern eingetragen werden (BT-Drs. 16/1831, 52). Nach OVG Münster NJW 1985, 1107 steht Auskunft durch das Jugendamt „in pflichtgemäßem Ermessen", doch gilt grds. I; zur entspr. Leistungsklage s. OVG Lüneburg NJW 1994, 2634 f. Das Adoptivkind selbst hat ein Recht auf Kenntnis der eigenen Abstammung; Zeitpunkt entspr. Aufklärung ist Sache erzieherischer Fürsorge. Zur Anwendbarkeit der Regelung auf die Volljährigenadoption OLG Frankfurt a.M. NZFam 2020, 394 [396 ff.] (bejaht); OLG Koblenz FamRZ 2020, 270 [271] (bejaht).

2 **2. Folgerungen.** In allen amtlichen oder privaten Erklärungen zur Person der Beteiligten sind die Annehmenden als Eltern anzugeben. Gegenüber Ausforschung oder Offenbarung haben Annehmende und Angenommene Unterlassungsansprüche; uU auch weitergehende Ansprüche wegen Verletzung des allg. Persönlichkeitsrechts. Rechtfertigende Eingriffsgründe möglich.

3 **3. Beginn.** Das Ausforschungsverbot beginnt nach II 1 bereits mit der Einwilligung der leiblichen Eltern nach § 1747; das FamG kann den Beginn auf den Zeitpunkt des Antrags auf Ersetzung der elterlichen Einwilligung nach § 1748 vorverlegen, II 2.

§ 1759 Aufhebung des Annahmeverhältnisses

Das Annahmeverhältnis kann nur in den Fällen der §§ 1760, 1763 aufgehoben werden.

§ 1760 Aufhebung wegen fehlender Erklärungen

(1) **Das Annahmeverhältnis kann auf Antrag vom Familiengericht aufgehoben werden, wenn es ohne Antrag des Annehmenden, ohne die Einwilligung des Kindes oder ohne die erforderliche Einwilligung eines Elternteils begründet worden ist.**

(2) **Der Antrag oder eine Einwilligung ist nur dann unwirksam, wenn der Erklärende**
a) zur Zeit der Erklärung sich im Zustand der Bewusstlosigkeit oder vorübergehenden Störung der Geistestätigkeit befand, wenn der Antragsteller geschäftsunfähig war oder das geschäftsunfähige oder noch nicht 14 Jahre alte Kind die Einwilligung selbst erteilt hat,
b) nicht gewusst hat, dass es sich um eine Annahme als Kind handelt, oder wenn er dies zwar gewusst hat, aber einen Annahmeantrag nicht hat stellen oder eine Einwilligung zur Annahme nicht hat abgeben wollen oder wenn sich der Annehmende in der Person des anzunehmenden Kindes oder wenn sich das anzunehmende Kind in der Person des Annehmenden geirrt hat,
c) durch arglistige Täuschung über wesentliche Umstände zur Erklärung bestimmt worden ist,
d) widerrechtlich durch Drohung zur Erklärung bestimmt worden ist,
e) die Einwilligung vor Ablauf der in § 1747 Abs. 2 Satz 1 bestimmten Frist erteilt hat.

(3) [1]**Die Aufhebung ist ausgeschlossen, wenn der Erklärende nach Wegfall der Geschäftsunfähigkeit, der Bewusstlosigkeit, der Störung der Geistestätigkeit, der durch die Drohung bestimmten Zwangslage, nach der Entdeckung des Irrtums oder nach Ablauf der in § 1747 Abs. 2 Satz 1 bestimmten Frist den Antrag oder die Einwilligung nachgeholt oder sonst zu erkennen gegeben hat, dass das Annahmeverhältnis aufrechterhalten werden soll.** [2]**Die Vorschriften des § 1746 Abs. 1 Satz 2, 3 und des § 1750 Abs. 3 Satz 1, 2 sind entsprechend anzuwenden.**

(4) **Die Aufhebung wegen arglistiger Täuschung über wesentliche Umstände ist ferner ausgeschlossen, wenn über Vermögensverhältnisse des Annehmenden oder des Kindes getäuscht worden ist oder wenn die Täuschung ohne Wissen eines Antrags- oder Einwilligungsberechtigten von jemand verübt worden ist, der weder antrags- noch einwilligungsberechtigt noch zur Vermittlung der Annahme befugt war.**

(5) [1]**Ist beim Ausspruch der Annahme zu Unrecht angenommen worden, dass ein Elternteil zur Abgabe der Erklärung dauernd außerstande oder sein Aufenthalt dauernd unbekannt sei, so ist die Aufhebung ausgeschlossen, wenn der Elternteil die Einwilligung nachgeholt oder sonst zu erkennen gegeben hat, dass das Annahmeverhältnis aufrechterhalten werden soll.** [2]**Die Vorschrift des § 1750 Abs. 3 Satz 1, 2 ist entsprechend anzuwenden.**

§ 1761 Aufhebungshindernisse

(1) **Das Annahmeverhältnis kann nicht aufgehoben werden, weil eine erforderliche Einwilligung nicht eingeholt worden oder nach § 1760 Abs. 2 unwirksam ist, wenn die Voraussetzungen für die Ersetzung der Einwilligung beim Ausspruch der Annahme vorgelegen haben oder wenn sie zum Zeitpunkt der Entscheidung über den Aufhebungsantrag vorliegen; dabei ist es unschädlich, wenn eine Belehrung oder Beratung nach § 1748 Abs. 2 nicht erfolgt ist.**

(2) **Das Annahmeverhältnis darf nicht aufgehoben werden, wenn dadurch das Wohl des Kindes erheblich gefährdet würde, es sei denn, dass überwiegende Interessen des Annehmenden die Aufhebung erfordern.**

§ 1762 Antragsberechtigung; Antragsfrist, Form

(1) [1]**Antragsberechtigt ist nur derjenige, ohne dessen Antrag oder Einwilligung das Kind angenommen worden ist.** [2]**Für ein Kind, das geschäftsunfä-**

hig oder noch nicht 14 Jahre alt ist, und für den Annehmenden, der geschäftsunfähig ist, können die gesetzlichen Vertreter den Antrag stellen. [3]Im Übrigen kann der Antrag nicht durch einen Vertreter gestellt werden. [4]Ist der Antragsberechtigte in der Geschäftsfähigkeit beschränkt, so ist die Zustimmung des gesetzlichen Vertreters nicht erforderlich.

(2) **[1]Der Antrag kann nur innerhalb eines Jahres gestellt werden, wenn seit der Annahme noch keine drei Jahre verstrichen sind. [2]Die Frist beginnt**
a) in den Fällen des § 1760 Abs. 2 Buchstabe a mit dem Zeitpunkt, in dem der Erklärende zumindest die beschränkte Geschäftsfähigkeit erlangt hat oder in dem dem gesetzlichen Vertreter des geschäftsunfähigen Annehmenden oder des noch nicht 14 Jahre alten oder geschäftsunfähigen Kindes die Erklärung bekannt wird;
b) in den Fällen des § 1760 Abs. 2 Buchstabe b, c mit dem Zeitpunkt, in dem der Erklärende den Irrtum oder die Täuschung entdeckt;
c) in dem Falle des § 1760 Abs. 2 Buchstabe d mit dem Zeitpunkt, in dem die Zwangslage aufhört;
d) in dem Falle des § 1760 Abs. 2 Buchstabe e nach Ablauf der in § 1747 Abs. 2 Satz 1 bestimmten Frist;
e) in den Fällen des § 1760 Abs. 5 mit dem Zeitpunkt, in dem dem Elternteil bekannt wird, dass die Annahme ohne seine Einwilligung erfolgt ist.
[3]Die für die Verjährung geltenden Vorschriften der §§ 206, 210 sind entsprechend anzuwenden.

(3) **Der Antrag bedarf der notariellen Beurkundung.**

§ 1763 Aufhebung von Amts wegen

(1) **Während der Minderjährigkeit des Kindes kann das Familiengericht das Annahmeverhältnis von Amts wegen aufheben, wenn dies aus schwerwiegenden Gründen zum Wohl des Kindes erforderlich ist.**

(2) **Ist das Kind von einem Ehepaar angenommen, so kann auch das zwischen dem Kind und einem Ehegatten bestehende Annahmeverhältnis aufgehoben werden.**

(3) **Das Annahmeverhältnis darf nur aufgehoben werden,**
a) wenn in dem Falle des Absatzes 2 der andere Ehegatte oder wenn ein leiblicher Elternteil bereit ist, die Pflege und Erziehung des Kindes zu übernehmen, und wenn die Ausübung der elterlichen Sorge durch ihn dem Wohl des Kindes nicht widersprechen würde oder
b) wenn die Aufhebung eine erneute Annahme des Kindes ermöglichen soll.

Anmerkungen zu den §§ 1759–1763

1 **1. Allgemeines.** Der mit der Volladoption bezweckten und bewirkten vollen Eingliederung des Angenommenen in die Familie des/der Annehmenden entspricht die Beschränkung der Möglichkeiten zur Aufhebung der Adoption. § 1759 lässt sie deshalb nur noch in zwei Fällen zu: Unwirksamkeit oder Fehlen der erforderlichen Erklärungen der Beteiligten (§ 1760) und schwerwiegende Gründe des Kindeswohls
2 (§ 1763); nicht § 1771 S. 1 analog (OLG Düsseldorf NJW-RR 1986, 300). Die Aufhebung erfolgt durch Anordnung des FamG, und zwar entweder auf Antrag der Beteiligten in den Fällen der ersten Gruppe oder von Amts wegen bei Gefährdung des Kindeswohls. Ohne förmliche Aufhebung können Adoptionsmängel nicht gel-
3 tend gemacht werden; Dritte können die Aufhebung nicht beantragen. Ausnahmsweise tritt Aufhebung des Adoptionsverhältnisses kraft Ges. ein, wenn entgegen § 1308 zwischen Adoptivverwandten oder -verschwägerten die Ehe geschlossen worden ist, § 1766.

2. Erklärungsmängel, § 1760. a) Erheblich sind nur Fehlen oder Mängel der folgenden Erklärungen: **aa)** Antrag des Annehmenden; auch bei Rücknahme deshalb (nur) Aufhebung (OLG Düsseldorf NJWE-FER 1996, 67); **bb)** Einwilligung des Kindes; **cc)** erforderliche Einwilligung der Eltern oder eines Elternteils (vgl. → §§ 1741–1750 Rn. 10), § 1760 I. **Nicht:** Fehlende Einwilligung des Ehegatten, fehlende Zustimmung des ges. Vertreters des Kindes im Falle des § 1746 I 3. **b) Art der erheblichen Mängel: aa)** Gänzliches Fehlen der Einwilligung usw. **bb)** Unwirksamkeit wegen eines der in §§ 1760 II a–d geregelten Willensmängel (s. dazu OLG Brandenburg NJW-RR 2019, 3 [5]: Keine Aufhebung wegen Motivirrtums); die Aufhebung wegen arglistiger Täuschung wird jedoch in § 1760 IV für die dort aufgeführten Täuschungsfälle ausgeschlossen. **cc)** Einwilligung vor Ablauf der 8-Wochen-Frist seit Geburt des Kindes, §§ 1760 II e iVm 1747 II 1. **c) Heilung von Erklärungsmängeln** durch höchstpersönliche Wiederholung bzw. Nachholung der fehlerhaften Erklärung s. § 1760 III, V. **d) Unbeachtlichkeit** des Fehlens oder Mangels von Erklärungen dann, wenn Voraussetzungen für ihre Ersetzung vorgelegen haben (§ 1761 I), also in den Fällen der §§ 1746 III, 1748 I, III, IV. **e) Keine Aufhebung** möglich, wenn dadurch das Kindeswohl gefährdet würde, § 1761 II; erforderlich ist ggf. Interessenabwägung zwischen Kindeswohl und Interessen des Annehmenden. „Zwischenlösungen" unzulässig (s. OLG Karlsruhe NJWE-FER 1996, 5). 4 5 6 7 8

3. Verfahren bei Aufhebung wegen Erklärungsmängeln. S. §§ 186 Nr. 3, 187 ff. FamFG. **a)** Voraussetzung ist **Antrag** desjenigen, dessen Erklärung fehlt oder mangelhaft ist, § 1762 I 1. Nicht: Kinder des Annehmenden (BayObLG NJW-RR 1986, 872 [873]). Antrag ist grds. höchstpersönlich zu stellen, § 1762 I 3; Ausn.: § 1762 I 2. **b) Fristen** s. § 1762 II 1 (s. dazu BGH NZFam 2018, 187); Fristbeginn s. § 1762 II 2a–e. **c) Form** des Antrags s. § 1762 III. **d) Zuständigkeit:** §§ 101, 187 FamFG; es entscheidet der Richter, § 14 I Nr. 15 RPflG; Mitwirkungspflicht des Jugendamts § 50 I SGB VIII sowie §§ 194 f. FamFG. **e) Rechtsmittel** bei Aufhebung: Beschwerde nach §§ 198 II, 58 ff. FamFG. 9 10 11

4. Amtsaufhebung. § 1763 setzt voraus: **a) Minderjährigkeit** des Angenommenen, I; maßgeblich ist Zeitpunkt der gerichtl. Entscheidung in der letzten Tatsacheninstanz (BGH NJW 2014, 1663). Aufhebung einer Minderjährigenadoption nach Eintritt der Volljährigkeit ist nicht möglich; verfassungskonform (BVerfG FamRZ 2015, 1265). **b) Schwerwiegende Gründe,** die es zum Wohl des Kindes gebieten, die Adoption aufzuheben (I), zB Scheidung der Adoptiveltern und Heirat eines Teils mit leiblichem Elternteil des Kindes oder scheidungsbedingte Unfähigkeit zur Erziehung und Personensorge, nicht dagegen Scheidung allein (BayObLG Rpfleger 1980, 59); genügt Eingreifen nach §§ 1666, 1666a, ist Aufhebung nicht geboten (vgl. Grüneberg/Götz § 1763 Rn. 2). **c)** Sicherung des Verbleibs oder der Aufnahme in einen Familienverband durch **aa)** Gewährleistung der Pflege und Erziehung des Kindes durch den anderen Ehegatten oder einen leiblichen Elternteil oder **bb)** eine in Aussicht stehende neue Adoption, § 1763 III a, b. **d)** Bei Adoption durch Ehepaare kann Aufhebungswirkung auf einen Ehegatten beschränkt werden, § 1763 II. 12 13 14

§ 1764 Wirkung der Aufhebung

(1) [1]**Die Aufhebung wirkt nur für die Zukunft.** [2]**Hebt das Familiengericht das Annahmeverhältnis nach dem Tode des Annehmenden auf dessen Antrag oder nach dem Tode des Kindes auf dessen Antrag auf, so hat dies die gleiche Wirkung, wie wenn das Annahmeverhältnis vor dem Tode aufgehoben worden wäre.**

(2) **Mit der Aufhebung der Annahme als Kind erlöschen das durch die Annahme begründete Verwandtschaftsverhältnis des Kindes und seiner**

Abkömmlinge zu den bisherigen Verwandten und die sich aus ihm ergebenden Rechte und Pflichten.

(3) **Gleichzeitig leben das Verwandtschaftsverhältnis des Kindes und seiner Abkömmlinge zu den leiblichen Verwandten des Kindes und die sich aus ihm ergebenden Rechte und Pflichten, mit Ausnahme der elterlichen Sorge, wieder auf.**

(4) **Das Familiengericht hat den leiblichen Eltern die elterliche Sorge zurückzuübertragen, wenn und soweit dies dem Wohl des Kindes nicht widerspricht; andernfalls bestellt es einen Vormund oder Pfleger.**

(5) **Besteht das Annahmeverhältnis zu einem Ehepaar und erfolgt die Aufhebung nur im Verhältnis zu einem Ehegatten, so treten die Wirkungen des Absatzes 2 nur zwischen dem Kind und seinen Abkömmlingen und diesem Ehegatten und dessen Verwandten ein; die Wirkungen des Absatzes 3 treten nicht ein.**

§ 1765 Name des Kindes nach der Aufhebung

(1) [1]**Mit der Aufhebung der Annahme als Kind verliert das Kind das Recht, den Familiennamen des Annehmenden als Geburtsnamen zu führen.** [2]**Satz 1 ist in den Fällen des § 1754 Abs. 1 nicht anzuwenden, wenn das Kind einen Geburtsnamen nach § 1757 Abs. 1 führt und das Annahmeverhältnis zu einem Ehegatten allein aufgehoben wird.** [3]**Ist der Geburtsname zum Ehenamen oder Lebenspartnerschaftsnamen des Kindes geworden, so bleibt dieser unberührt.**

(2) [1]**Auf Antrag des Kindes kann das Familiengericht mit der Aufhebung anordnen, dass das Kind den Familiennamen behält, den es durch die Annahme erworben hat, wenn das Kind ein berechtigtes Interesse an der Führung dieses Namens hat.** [2]**§ 1746 Abs. 1 Satz 2, 3 ist entsprechend anzuwenden.**

(3) **Ist der durch die Annahme erworbene Name zum Ehenamen oder Lebenspartnerschaftsnamen geworden, so hat das Familiengericht auf gemeinsamen Antrag der Ehegatten oder Lebenspartner mit der Aufhebung anzuordnen, dass die Ehegatten oder Lebenspartner als Ehenamen oder Lebenspartnerschaftsnamen den Geburtsnamen führen, den das Kind vor der Annahme geführt hat.**

Anmerkungen zu den §§ 1764, 1765

1 **1. Allgemeines.** Regelung der Wirkungen einer familiengerichtl. Aufhebung des Adoptionsverhältnisses.

2 **2. Zeitliche Wirkungen.** Aufhebung wirkt nur **für die Zukunft,** § 1764 I 1. **Ausnahme:** Nach § 1764 I 2 ist der Zeitpunkt der Antragstellung maßgebend, falls der Beantragende – und zwar nur Annehmender oder Kind – nach der Antragstellung stirbt. Die Rückwirkung ist wichtig für Erbfälle: Soweit keine Rückwirkung eintritt, bleibt es bei Erb- oder Pflichtteilsrecht trotz schwebenden Aufhebungsverfahrens.

3 **3. Wirkungen auf Verwandtschaftsverhältnisse. a)** Zu dem oder den Annehmenden und deren Familie werden alle rechtlichen **Verwandtschaftsbeziehungen gelöst,** § 1764 II. Damit enden auch alle auf Verwandtschaft gegründeten Rechte und Pflichten. Möglichkeit der Beschränkung der Aufhebung auf einen Adoptivelternteil mit entspr. beschränkter Aufhebungswirkung s. § 1764 V
4 und dazu OLG Celle FamRZ 1982, 197. **b)** Zu den **leiblichen Verwandten** leben alle rechtlichen Verwandtschaftsbeziehungen wieder auf, § 1764 III, jedoch
5 wird **aa)** die elterliche Sorge der leiblichen Eltern nicht als Folge der Aufhebung

der Adoption zurückerworben, sondern ist, soweit dies dem Wohl des Kindes nicht widerspricht, vom FamG zurückzuübertragen (§ 1764 IV); andernfalls ist ein Vormund oder Pfleger zu bestellen. **bb)** Alle anderen Rechte und Pflichten 6
zwischen den leiblichen Eltern und dem Kind leben ipso iure wieder auf, also Erbrecht, Unterhaltspflichten usw.

4. Name. a) Grds. Verlust des nach § 1757 I–III erworbenen Adoptivnamens, 7
s. § 1765 I 1; **b)** gilt nicht für **Vornamen,** auch wenn dieser nach § 1757 IV geändert worden ist. **c) Ausnahme:** Nach § 1765 II kann ein erworbener Familienname 8
aufgrund Anordnung des FamG behalten werden; nicht dagegen Hinzufügen möglich. „Berechtigtes Interesse" kann wirtschaftlicher Art, aber auch psychologisches Bedürfnis (Identifikation) sein. **d)** Adoptivname als **Ehename** bzw. Lebenspartner- 9
schaftsname s. § 1765 I 3, III.

§ 1766 Ehe zwischen Annehmendem und Kind

[1]Schließt ein Annehmender mit dem Angenommenen oder einem seiner Abkömmlinge den eherechtlichen Vorschriften zuwider die Ehe, so wird mit der Eheschließung das durch die Annahme zwischen ihnen begründete Rechtsverhältnis aufgehoben. [2]§§ 1764, 1765 sind nicht anzuwenden.

1. Allgemeines. Das Ges. bewertet die entgegen dem Eheverbot aus § 1308 1
I 1 geschlossene Ehe als „vorrangig" und lässt deshalb von den konkurrierenden familienrechtlichen Beziehungen Ehegatte/Ehegatte und Adoptivkind/Annehmender die letztere zurücktreten.

2. Voraussetzung. Eheschließung zwischen Annehmendem und Angenomme- 2
nem unter Verstoß gegen §§ 1308 I 1, 1307.

3. Wirkungen. a) Eltern-Kind-Verhältnis zwischen den Ehegatten wird mit Ex- 3
nunc-Wirkung aufgehoben. **b)** Alle anderen durch die Adoption begründeten Verwandtschaftsbeziehungen bleiben bestehen, S. 2: Bei Heirat der Adoptivtochter wird also Adoptivgroßvater zusätzlich Schwiegervater.

4. EinV. § 1766 gilt nicht für vor dem 3.10.1990 geschlossene Ehen, s. Art. 234 4
§ 13 I 2 EGBGB.

§ 1766a Annahme von Kindern des nichtehelichen Partners

(1) **Für zwei Personen, die in einer verfestigten Lebensgemeinschaft in einem gemeinsamen Haushalt leben, gelten die Vorschriften dieses Untertitels über die Annahme eines Kindes des anderen Ehegatten entsprechend.**

(2) **[1]Eine verfestigte Lebensgemeinschaft im Sinne des Absatzes 1 liegt in der Regel vor, wenn die Personen**
1. seit mindestens vier Jahren oder
2. als Eltern eines gemeinschaftlichen Kindes mit diesem
eheähnlich zusammenleben. [2]Sie liegt in der Regel nicht vor, wenn ein Partner mit einem Dritten verheiratet ist.

(3) **[1]Ist der Annehmende mit einem Dritten verheiratet, so kann er das Kind seines Partners nur allein annehmen. [2]Die Einwilligung des Dritten in die Annahme ist erforderlich. [3]§ 1749 Absatz 1 Satz 2 und 3 und Absatz 2 gilt entsprechend.**

Lit.: Eckebrecht, Die Stiefkindadoption in nichtehelichen Familien, NJW 2020, 1403; Helms, Öffnung der Stiefkindadoption für nichteheliche Lebensgemeinschaften und Reform des Internationalen Adoptionsrechts, FamRZ 2020, 645; Keuter, Stiefkindadoption 2.0 –

Gesetzgeberische Reformüberlegungen, NZFam 2020, 49; Teklote, Stiefkindadoption in nichtehelichen Lebensgemeinschaften nach neuem Recht, NZFam 2020, 409.

1 **1. Allgemeines. a)** § 1766a wurde mWv 31.3.2020 durch das Ges. zur Umsetzung der Entscheidung des Bundesverfassungsgerichts zum Ausschluss der Stiefkindadoption in nichtehelichen Familien (BGBl. 2020 I 541) eingefügt. Die Norm reagiert darauf, dass das BVerfG (FamRZ 2019, 1061) in dem Ausschluss der Stiefkindadoption in nichtehelichen Familien einen Verstoß gegen Art. 3 I GG sieht. Mit der Neuregelung wird Personen in verfestigter Lebensgemeinschaft die Möglichkeit der Adoption eines Kindes des Partners eröffnet. Ausgeschlossen bleibt weiterhin die gemeinsame Adoption eines fremden Kindes (zur berechtigten Kritik s. BeckOGK/Löhnig [1.12.2022] Rn. 5; Helms FamRZ 2020, 645); den Paaren steht lediglich eine Sukzessivadoption offen, §§ 1766a I, 1741 II 3 (vgl. BT-Drs. 19/15618, 13; sa Helms FamRZ 2020, 645 [646]). Weiterhin möglich ist die Einzeladoption eines fremden Kindes (BeckOGK/Löhnig [1.12.2022] Rn. 6; krit. Keuter NZFam 2020, 49 [52]). **b)** In den Anwendungsbereich der Norm fallen sowohl verschieden- als auch gleichgeschlechtliche Paare (BT-Drs. 19/15618, 12); ebenso erfasst sind Paare, bei denen einer oder beide Partner weder dem weiblichen noch dem männlichen Geschlecht angehören (vgl. Art. 17b IV 1 EGBGB).

2 **2. Verfestigte Lebensgemeinschaft. a)** Die Partner müssen in einer **verfestigten Lebensgemeinschaft in einem gemeinsamen Haushalt** leben. Die Norm nimmt damit (wenig glücklich) Bezug auf den auch in § 1579 Nr. 2 verwendeten Begriff der „verfestigten Lebensgemeinschaft" (→ § 1579 Rn. 4); jedoch soll in § 1766a I eine längere Beziehungsdauer erforderlich sein als gemeinhin für § 1579 Nr. 2 verlangt wird (BT-Drs. 19/15618, 14). Die Regierungsbegründung (BT-Drs. 19/15618, 14) fordert eine „Lebensgemeinschaft, die auf Dauer angelegt ist, daneben keine weitere Lebensgemeinschaft gleicher Art zulässt und sich durch innere Bindungen auszeichnet, die ein gegenseitiges Einstehen der Partner füreinander begründet, also über die Beziehungen in einer reinen Haushalts- und Wirtschaftsgemeinschaft hinausgeht". Verfestigung setzt voraus, dass die Beziehung bereits seit einiger Zeit besteht und (voraussichtlich) auf Dauer Bestand haben wird (positive Zukunftsprognose) (BT-Drs. 19/15618, 14). § 1766a II 1 nennt zwei **Regelbeispiele:** Verfestigte Lebensgemeinschaft liegt idR vor, wenn die Partner entweder seit mind. vier Jahren eheähnlich zusammenleben (Nr. 1) oder als Eltern eines gemeinschaftlichen Kindes mit diesem eheähnlich zusammenleben (Nr. 2); gefordert ist tatsächliches Zusammenleben (BT-Drs. 19/15618, 12; Eckebrecht NJW 2020, 1403 [1405]; krit. BeckOK/Pöcker Rn. 7). In jedem Einzelfall ist zu prüfen, ob eine Ausn. vom Regelbeispiel vorliegt (BT-
3 Drs. 19/15618, 14). § 1766a II 2 statuiert ein **negatives Regelbeispiel:** Eine verfestigte Lebensgemeinschaft liegt idR nicht vor, wenn ein Partner mit einem Dritten verheiratet oder verpartnert (s. § 21 LPartG) ist. Von der Regel des II 2 ist nur in Ausnahmefällen abzuweichen (OLG Naumburg FamRZ 2021, 1903 [1904]). Voraussetzung für eine Ausn. von II 2 ist in jedem Fall dauerndes Getrenntleben der Ehegatten/Lebenspartner; weitere Umstände müssen hinzukommen (BT-Drs. 19/17154, 7; OLG Naumburg FamRZ 2021, 1903 [1904]: längeres Getrenntleben allein genügt nicht); Bsp: Scheidung würde für den Dritten (etwa aus religiösen Gründen) eine unzumutbare Härte bedeuten (BT-Drs. 19/17154, 7). Zu denken ist auch an Fälle, in denen sich die Scheidung aus Gründen, auf die der Adoptionswillige keinen Einfluss hat, erheblich verzögert (Helms FamRZ 2020, 645 [648]; sa Grüneberg/Götz Rn. 5: Fälle des § 1568); *Anhängigkeit des Scheidungsantrags* allein genügt nicht (OLG Naumburg FamRZ 2021, 1903 [1904]; Grüneberg/Götz Rn. 5).

4 **3. Anwendung der Vorschriften über die Stiefkindadoption.** § 1766a I verweist auf die Vorschriften über die Stiefkindadoption; es müssen damit insbes. die Voraussetzungen nach § 1741 I vorliegen. Anwendbar sind ferner §§ 1741 II

3, 1742, 1743 S. 1, 1749, 1751 II und IV 2, 1754 I Alt. 2 und III, 1755 II, 1756 II, 1757 II 1 (BT-Drs. 19/15618, 12). Über § 1767 II 1 ist auch eine Volljährigenadoption möglich (Helms FamRZ 2020, 645 [646]; AG Büdingen FamRZ 2020, 2014).

4. Ehe mit einem Dritten. Ist der Annehmende mit einem Dritten verheiratet, kann er das Kind abw. von § 1742 II 2 nur allein annehmen, § 1766a III 1. Einwilligung des Dritten ist gleichwohl erforderlich, § 1766a III 2, weil die Rechtsstellung des Ehepartners (etwa bei Tod des Annehmenden) betroffen sein kann (s. BT-Drs. 19/17154, 7); Ausn.: § 1749 II. Die Einwilligung kann gem. § 1749 I 2 und 3 durch das FamG ersetzt werden, § 1766a III 3. 5

Untertitel 2. Annahme Volljähriger

§ 1767 Zulässigkeit der Annahme, anzuwendende Vorschriften

(1) **Ein Volljähriger kann als Kind angenommen werden, wenn die Annahme sittlich gerechtfertigt ist; dies ist insbesondere anzunehmen, wenn zwischen dem Annehmenden und dem Anzunehmenden ein Eltern-Kind-Verhältnis bereits entstanden ist.**

(2) **[1]Für die Annahme Volljähriger gelten die Vorschriften über die Annahme Minderjähriger sinngemäß, soweit sich aus den folgenden Vorschriften nichts anderes ergibt. [2]Zur Annahme eines Verheirateten oder einer Person, die eine Lebenspartnerschaft führt, ist die Einwilligung seines Ehegatten oder ihres Lebenspartners erforderlich. [3]Die Änderung des Geburtsnamens erstreckt sich auf den Ehe- oder Lebenspartnerschaftsnamen des Angenommenen nur dann, wenn sich auch der Ehegatte oder Lebenspartner der Namensänderung vor dem Ausspruch der Annahme durch Erklärung gegenüber dem Familiengericht anschließt; die Erklärung muss öffentlich beglaubigt werden.**

§ 1768 Antrag

(1) **[1]Die Annahme eines Volljährigen wird auf Antrag des Annehmenden und des Anzunehmenden vom Familiengericht ausgesprochen. [2]§§ 1742, 1744, 1745, 1746 Abs. 1, 2, § 1747 sind nicht anzuwenden.**

(2) **Für einen Anzunehmenden, der geschäftsunfähig ist, kann der Antrag nur von seinem gesetzlichen Vertreter gestellt werden.**

§ 1769 Verbot der Annahme

Die Annahme eines Volljährigen darf nicht ausgesprochen werden, wenn ihr überwiegende Interessen der Kinder des Annehmenden oder des Anzunehmenden entgegenstehen.

§ 1770 Wirkung der Annahme

(1) **[1]Die Wirkungen der Annahme eines Volljährigen erstrecken sich nicht auf die Verwandten des Annehmenden. [2]Der Ehegatte oder Lebenspartner des Annehmenden wird nicht mit dem Angenommenen, dessen Ehegatte oder Lebenspartner wird nicht mit dem Annehmenden verschwägert.**

(2) **Die Rechte und Pflichten aus dem Verwandtschaftsverhältnis des Angenommenen und seiner Abkömmlinge zu ihren Verwandten werden**

durch die Annahme nicht berührt, soweit das Gesetz nichts anderes vorschreibt.

(3) **Der Annehmende ist dem Angenommenen und dessen Abkömmlingen vor den leiblichen Verwandten des Angenommenen zur Gewährung des Unterhalts verpflichtet.**

§ 1771 Aufhebung des Annahmeverhältnisses

[1]Das Familiengericht kann das Annahmeverhältnis, das zu einem Volljährigen begründet worden ist, auf Antrag des Annehmenden und des Angenommenen aufheben, wenn ein wichtiger Grund vorliegt. [2]Im Übrigen kann das Annahmeverhältnis nur in sinngemäßer Anwendung der Vorschrift des § 1760 Abs. 1 bis 5 aufgehoben werden. [3]An die Stelle der Einwilligung des Kindes tritt der Antrag des Anzunehmenden.

§ 1772 Annahme mit den Wirkungen der Minderjährigenannahme

(1) **[1]Das Familiengericht kann beim Ausspruch der Annahme eines Volljährigen auf Antrag des Annehmenden und des Anzunehmenden bestimmen, dass sich die Wirkungen der Annahme nach den Vorschriften über die Annahme eines Minderjährigen oder eines verwandten Minderjährigen richten (§§ 1754 bis 1756), wenn**
a) ein minderjähriger Bruder oder eine minderjährige Schwester des Anzunehmenden von dem Annehmenden als Kind angenommen worden ist oder gleichzeitig angenommen wird oder
b) der Anzunehmende bereits als Minderjähriger in die Familie des Annehmenden aufgenommen worden ist oder
c) der Annehmende das Kind seines Ehegatten annimmt oder
d) der Anzunehmende in dem Zeitpunkt, in dem der Antrag auf Annahme bei dem Familiengericht eingereicht wird, noch nicht volljährig ist.
[2]Eine solche Bestimmung darf nicht getroffen werden, wenn ihr überwiegende Interessen der Eltern des Anzunehmenden entgegenstehen.

(2) **[1]Das Annahmeverhältnis kann in den Fällen des Absatzes 1 nur in sinngemäßer Anwendung der Vorschrift des § 1760 Abs. 1 bis 5 aufgehoben werden. [2]An die Stelle der Einwilligung des Kindes tritt der Antrag des Anzunehmenden.**

Anmerkungen zu den §§ 1767–1772

Lit.: Braun, Neues von der Volljährigenadoption – Klarstellung der Voraussetzungen und Maßstäbe der Volljährigenadoption durch den Bundesgerichtshof, FamRZ 2021, 1858; Hinz, Das Minderjährigkeitserfordernis im Adoptionsrecht, ZRP 1995, 171; Lüderitz, Sittenwidrige Entscheidungen der freiwilligen Gerichtsbarkeit?, NJW 1980, 1087; ders., Das Ärgernis Erwachsenenadoption, FS Gernhuber, 1993, 713.

1 **1. Allgemeines.** In der Regelung an die Minderjährigenadoption angelehnt (§ 1767 II) sind die Wirkungen der Volljährigenadoption schwächer, s. zunächst § 1770. Das FamG kann jedoch die Wirkungen steigern, s. § 1772. Auch die Aufhebung ist erleichtert, s. § 1771. Minderjährigenadoption schließt spätere Volljährigenadoption aus (OLG Stuttgart NJW 1988, 2386).

2 **2. Voraussetzungen der Annahme. a) Sittliche Rechtfertigung** der angestrebten Adoption (§ 1767 I HS 1); **aa)** wird unwiderlegbar vermutet, wenn zwischen Annehmendem und Anzunehmendem ein **Eltern-Kind-Verhältnis** bereits entstanden ist, § 1767 I HS 2 (BGH FamRZ 2021, 1897 [1900]). Nach BGH (FamRZ 2021, 1897 [1900]) ist ein Eltern-Kind-Verhältnis geprägt durch ein soziales Familienband, das „nach seinem ganzen Inhalt dem durch die natürliche

Abstammung geschaffenen Familienband ähneln soll" (vgl. auch OLG Brandenburg ErbR 2022, 737 [740]). Daraus folgt Notwendigkeit eines der natürlichen Generationenfolge entspr. Altersunterschieds BGH FamRZ 2021, 1897 [1900]; s. dazu auch OLG Schleswig FamRZ 2020, 615 [616] (Altersunterschied von 50 Jahren zulässig); KG NJW-RR 2013, 774 (Altersunterschied von 12 Jahren zu gering); AG Bielefeld FamRZ 1982, 961 (negativer Altersunterschied). Zwischen den Beteiligten muss eine dem natürlichen Eltern-Kind-Verhältnis entspr. „dauernde seelisch-geistige Verbundenheit" bestehen (BGH FamRZ 2021, 1897 [1900]). Der BGH stellt primär auf das äußere Erscheinungsbild der Beziehung ab; obj. Indizien und Umständen kommt bei der Gesamtschau größeres Gewicht zu als den Äußerungen der Beteiligten über ihre subj. Empfindungen (BGH FamRZ 2021, 1897 [1901]). Dies gilt insbes., wenn familienfremde (vermögensrechtliche, namensrechtliche, aufenthaltsrechtliche) Motive unverkennbar sind (BGH FamRZ 2021, 1897 [1901]). Zweifel gehen zulasten der Adoptionsbeteiligten (BGH FamRZ 2021, 1897 [1900]; FamRZ 2020, 1481 [1486]; OLG Brandenburg ErbR 2022, 737 [740]). Ein intaktes Verhältnis des Anzunehmenden zu den leiblichen Eltern steht der sittlichen Rechtfertigung der Adoption nicht von vornherein entgegen (OLG München FamRZ 2020, 516 [518]; FamRZ 2017, 1238 [1239]), kann aber Zweifel am Bestehen eines Eltern-Kind-Verhältnisses begründen (OLG Karlsruhe FamRZ 2022, 1630 [1631]). **bb)** Kann ein bereits bestehendes Eltern-Kind-Verhältnis nicht festgestellt werden, ist die Adoption nur möglich, wenn die Entstehung eines solchen Verhältnisses in Zukunft zu erwarten ist *und* die Adoption sittlich gerechtfertigt erscheint (§§ 1767 II 1, 1741 I 1), BGH FamRZ 2021, 1897 [1901 f.]. An sittlicher Rechtfertigung fehlt es, wenn familienfremde (vermögensrechtliche, steuerrechtliche, namensrechtliche, ausländerrechtliche) Motive vorliegen – zB, wenn lediglich wirtschaftliche Interessen verfolgt, Ausweisung verhindert (OLG Karlsruhe NJW-RR 1991, 713) oder Fortführung eines Adelsnames gesichert werden soll (BayObLG NJW-RR 1993, 456); sittlich gerechtfertigte Beweggründe können dagegen sein: Fortführung des beruflichen Lebenswerkes, Betreuung und Unterstützung im Alter (OLG Brandenburg ErbR 2022, 737 [741]). Begründete Zweifel an sittlich gerechtfertigten Absichten gehen zulasten der Adoptionsbeteiligten (BGH FamRZ 2021, 1897 [1902] [aufenthaltsrechtliche Motive]; NJW 1957, 673 [674]; OLG Frankfurt a.M. OLGZ 1980, 104 [aufenthaltsrechtliche Motive]; OLG München FamRZ 2006, 574 [Eltern-Kind-Beziehung ausgeschlossen, wenn sexuelle Beziehung in freundschaftliche übergegangen]; OLG Zweibrücken MDR 2020, 676 [vorherige geschlechtliche Beziehung]). Sind sowohl familienbezogene als auch familienfremde Motive erkennbar, ist der Antrag abzulehnen, es sei denn, das Gericht ist zu der Überzeugung gelangt, dass die Adoption auch dann beantragt worden wäre, wenn die familienfremden Zwecke mit der Annahme nicht erreicht werden könnten (BGH FamRZ 2021, 1897 [1902]). **b) Antrag** von Annehmenden und 3
Anzunehmendem, § 1768 I 1; Form und Bedingungsfeindlichkeit der Anträge s. § 1752 II; Vertretungserfordernis bei fehlender Geschäftsfähigkeit des Anzunehmenden s. § 1768 II. Der Annehmende muss bei Antragstellung, nicht aber im Zeitpunkt der gerichtl. Entscheidung geschäftsfähig sein (OLG München FamRZ 2015, 1509 [1510]). **c) Überwiegende Interessen von Kindern** des Anneh- 4
menden oder des Anzunehmenden dürfen nicht entgegenstehen (§ 1769); hier dürften auch Vermögensinteressen größeres Gewicht als in § 1745 haben, dem § 1769 ansonsten entspricht; vgl. BayObLG DNotZ 1984, 577: Unternehmensfortführung, s. ferner BayObLG FamRZ 2005, 131 [132]: Hofübergabe. **d) Wohl** 5
des Anzunehmenden ist nur bei fehlender Geschäftsfähigkeit durch das FamG bes. zu prüfen, ansonsten – auch bei Betreuung – dem Urteil der Antragsteller anzuvertrauen. **e)** IÜ gelten die §§ 1741 ff., s. § 1767 II, soweit nicht in §§ 1767– 6
1769 spezielle Voraussetzungen geregelt sind; so etwa erforderlich Ehegatteneinwilligung nach §§ 1749 I, 1750 I. **f) Status des Annehmenden.** S. → §§ 1741– 7
1750 Rn. 5. Auch bei einer Volljährigenadoption kann der verheiratete Anneh-

mende grds. nur gemeinschaftlich mit dem Ehegatten annehmen, §§ 1767 II,
1741 II 2 (BGH NJW-RR 2021, 1514 [1515 ff.] – verfassungskonform). **g) Nicht
erforderlich:** Probezeit nach § 1744, s. § 1768 I 2; Einwilligung der Eltern des
8 Anzunehmenden, § 1768 I 2 iVm § 1747. **h)** Zweit- und Rückadoption durch
leibliche Eltern möglich durch Neufassung von § 1768 I 2 (Lüderitz NJW 1993,
1050 [1051]).

9 **3. Verfahren.** → § 1752 Rn. 3 f.

10 **4. Wirkung. a)** Verwandtschaft als eheliches Kind wird nur zwischen Ange-
nommenem sowie seinen Abkömmlingen einerseits und dem (den) Annehmen-
den andererseits begründet (§ 1770 I 1), nicht dagegen zu den Verwandten des
11 Annehmenden. **b)** Schwägerschaften werden durch die Volljährigenadoption
nicht begründet, § 1770 I 2. **c) Die leibliche Verwandtschaft** des Angenomme-
nen wird nicht rechtlich abgebrochen (§ 1770 II); Pflichten und Rechte, zB Erb-
recht, bleiben also bestehen. Die Unterhaltspflicht der leiblichen Verwandten tritt
12 jedoch im Rang hinter die der Adoptiveltern zurück. **d) Starke Wirkung** wie
bei Minderjährigenadoption möglich aufgrund Anordnung des FamG, wenn die
qualifizierten Voraussetzungen des § 1772 I 1 a–d gegeben sind und ein entspr.
Antrag gestellt worden ist. Ausgeschlossen, wenn überwiegende Interessen der
Eltern des Anzunehmenden entgegenstehen (§ 1722 I 2); vgl. OLG Brandenburg
FamRZ 2017, 1762 (Verlust von Unterhaltsansprüchen); OLG Celle FamRZ
2014, 579 [580 f.] (wechselseitige Unterhaltspflichten zwischen Anzunehmendem
und leiblichen Eltern). **e) Name. aa)** Der Angenommene erhält als Geburtsna-
men den Familiennamen des Annehmenden (§§ 1767 II 1, 1757 I 1). Er kann
nach §§ 1767 II, 1757 III 1 Nr. 2 dem neuen Familiennamen seinen fr. Familien-
namen beifügen. Auf den Ehe-/Lebenspartnerschaftsnamen erstreckt sich die
Änderung des Geburtsnamens nur dann, wenn sich der Ehegatte/Lebenspartner
des Angenommenen der Namensänderung vor Ausspruch der Annahme
anschließt (§ 1767 II 3 HS 1); Form der Erklärung § 1767 II 3 HS 2. Liegen die
Voraussetzungen des § 1767 II 3 nicht vor, wirkt sich die Annahme nur auf den
Geburts-, nicht auch auf den Ehenamen des Angenommenen aus (OLG München
FamRZ 2022, 874 [875]). War der fr. Geburtsname dem Ehenamen als Begleit-
name hinzugefügt worden, tritt an dessen Stelle zwingend der neue Geburtsname;
der Angenommene kann die Beifügung des Geburtsnamens gem. § 1355 IV 4
widerrufen (BGH FamRZ 2011, 1718 [1719]). Hat der Angenommene seinen
Geburtsnamen als Familiennamen, nicht aber als Ehenamen geführt, ist eine Fort-
führung des fr. Geburtsnamens als alleiniger Familienname auch bei schwacher
Volljährigenadoption nicht möglich; der BGH sieht darin einen Verstoß gegen
das allg. Persönlichkeitsrecht; er hat die Frage dem BVerfG vorgelegt (BGH
FamRZ 2020, 1275 mit krit. Anm. Helms). **bb)** Zur Änderung des Vornamens
gem. § 1757 III 1 Nr. 1 s. OLG München FamRZ 2022, 292.

13 **5. Aufhebung durch das FamG.** Aufhebung ist **a)** bereits aus **wichtigem
Grund** möglich; erforderlich ist Antrag von Annehmendem und Angenommenem
(BGHZ 103, 12 [15]). § 1771 S. 1 gilt nicht bei volljährig gewordenen, aber minder-
jährig Adoptierten (BGH NJW 2014, 1663; BVerfG FamRZ 2015, 1365: verfas-
14 sungskonform). **b)** IÜ kann bei Willensmängeln der Antrag in entspr. Anwendung
15 des § 1760 I–V aufgehoben werden, § 1771 S. 2. **c)** Bei **Volljährigenadoption** mit
sog. **starker Wirkung** nach § 1772 I kann nur in sinngemäßer Anwendung des
§ 1760 I–V aufgehoben werden, § 1772 II, also nicht schon aus wichtigem Grund.
16 **d) Fristen** des § 1762 II gelten, § 1767 II.

17 **6. EinV.** §§ 1767–1772 gelten nicht (Art. 234 § 13 I 1 EGBGB), denn das FGB kannte keine Annahme Volljähriger; vor Inkrafttreten des FGB (1.4.1966) begründete Annahmeverhältnisse unterlagen dem FGB (§ 2 EGFGB), Sonderregeln für Volljährige gab es nicht mehr.

Abschnitt 3.* Vormundschaft, Pflegschaft für Minderjährige, rechtliche Betreuung, sonstige Pflegschaft

Vorbemerkungen

1. Überblick. Gegenstand des dritten Abschnitts sind die Vormundschaft als allg. 1
Fürsorge für Minderjährige, die rechtliche Betreuung Volljähriger als durch das Erforderliche begrenzte Fürsorge im Fall von Krankheit oder Behinderung und die Pflegschaft als Sorge für einen beschränkten Kreis von Angelegenheiten, wobei zwischen Pflegschaft für Minderjährige und sonstiger Pflegschaft unterschieden wird.
Die Ordnung des materiellen VormundschaftsR erfolgte im vierten Buch, weil 2
Vormundschaft elterliche Sorge ersetzt und ihr nachgebildet ist (vgl. BGHZ 17, 108 [115]). Kennzeichnend sind die Amtsorganstellung von Vormund und Pfleger (vgl. RGZ 151, 57 [62]) und die – ggü. der elterlichen Sorge – weitergehende Funktion des FamG und des BetreuungsG im Vormundschafts- und Betreuungswesen, so dass Vormundschaft sogar als Ausübung „öffentl. Fürsorge" gesehen wird (BVerfGE 10,
302 [311]). Die Verschränkung mit öffentl.-rechtlicher Materie wird verstärkt durch 3
die ergänzend zu berücksichtigende Regelung des SGB VIII, das Organisation, Aufgaben und Funktion des Jugendamtes auch in Vormundschaftssachen regelt, s. §§ 50, 53 ff. SGB VIII.

2. Grundzüge und Institutionen. a) Das Ges. unterscheidet **Vormundschaft** 4
über Minderjährige (§§ 1773–1808), rechtliche **Betreuung** Volljähriger (§§ 1814–1881), **Pflegschaft** für Minderjährige (§§ 1809–1813) sowie sonstige Pflegschaften (§§ 1882–1888). Während der Wirkungskreis des Vormunds ges. umschrieben ist,
wird er für den Betreuer und den Pfleger im Bestellungsakt festgelegt. **b)** Vormund- 5
schaft und Betreuung treten grds. nicht ipso iure ein, sondern bedürfen entspr. **Anordnung** und der **Bestellung** des Vormunds oder Betreuers durch das FamG
bzw. das BetreuungsG; Ausn. §§ 1751 I 2, 1786 S. 1, 1787. **c)** Vormundschaft oder 6
Betreuung sind regelmäßig **Einzelvormundschaft** oder **-betreuung** durch natürliche Personen; aus bes. Gründen können **Mitvormünder** oder **mehrere Betreuer** bestellt werden (§§ 1775 I, 1817), die die Vormundschaft oder Betreuung gemeinschaftlich oder mit verteilten Wirkungskreisen führen (§§ 1792, 1817 III, IV).
d) Vormund ist im Regelfall eine **natürliche Person,** die die Vormundschaft 7
ehrenamtlich (§ 1774 I Nr. 1), als **Berufsvormund** (§ 1774 I Nr. 2) oder als **Vereinsvormund** (§ 1774 I Nr. 3) führt; Vormund kann aber auch das **Jugendamt** (§ 1774 I Nr. 4) sein. Auch bei der **Betreuung** haben **natürliche Personen** den Vorzug (s. § 1816 I). Bestellung eines anerkannten **Betreuungsvereins** (§ 14 BtOG) ist nur möglich, wenn der Volljährige dies wünscht, oder wenn er durch eine oder mehrere natürliche Personen nicht hinreichend betreut werden kann (§ 1818 I);
Betreuung durch Behörde erfolgt lediglich subsidiär (§ 1818 IV 1). **e)** Trotz Auf- 8
sicht und zahlreicher Aufsichtsmittel des FamG (Gebote, Verbote, Ordnungsstrafen, Entlassungsmöglichkeit und Genehmigungsvorbehalte) übt ein Vormund seine Tätigkeit grds. selbstständig und nach Zweckmäßigkeitserwägungen aus (BGHZ 17, 108 [116]). Für den Betreuer war bis zur Reform des Vormundschafts- und Betreuungsrechts durch das Ges. v. 4.5.2021 (→ Rn. 10 ff.) allein das „Wohl" des Betreuten handlungsbestimmend (§ 1901 II 1 aF). Der Reformgesetzgeber hat den Begriff des „Wohls" aus dem Ges. gestrichen und stattdessen die Wünsche (bzw. den mutmaßlichen Willen) des Betreuten zur Richtschnur für das Betreuerhandeln bestimmt (§ 1821 II 1, IV 1); dadurch soll klargestellt werden, dass die Selbstbestimmung des Betreuten Vorrang besitzt vor einer (an obj. Maßstäben orientierten) fremdbestimmten Fürsorge (BT-Drs. 19/24445, 249). Fürsorgliche Tätigkeit des FamG s. § 1802 I.

---

* Buch 4 Abschnitt 3 (§§ 1773–1888) neu gef. mWv 1.1.2023 durch Ges. v. 4.5.2021 (BGBl. I S. 882).

9 **3. Verfahren.** Vormundschaft und Pflegschaft sind Kindschaftssachen (§ 151 Nr. 4, Nr. 5 FamFG), also Familiensachen (§ 111 Nr. 2 FamFG); als FamG zuständig ist das AG (§ 23b I GVG); Betreuungs- und Unterbringungsverfahren in §§ 271 ff. FamFG geregelt; als BetreuungsG zuständig ist das AG (§§ 23a I 1 Nr. 2, II Nr. 1; 23c I GVG); landesrechtliche Vorbehalte s. Art. 147 EGBGB, §§ 486 ff. FamFG. Zur Zuständigkeitsverteilung zwischen Richter und Rechtspfleger s. §§ 3 Nr. 2a, 2b; 14 I Nr. 9; 15 RPflG. Örtl. Zuständigkeit § 152 FamFG (Vormundschaft, Pflegschaft für Minderjährige), §§ 272, 313 FamFG (Betreuung, Unterbringung); Beschwerde § 58 FamFG sowie in Betreuungssachen zusätzlich §§ 303 ff. FamFG; Rechtshilfeersuchen §§ 156 ff. GVG (BT-Drs. 16/6308, 165); Amtsermittlung § 26 FamFG. Zum Jugendamt → Rn. 3.

10 **4. Reform des Vormundschafts- und Betreuungsrechts.** Abschnitt 3 des vierten Buchs des BGB ist durch das Ges. zur Reform des Vormundschafts- und Betreuungsrechts v. 4.5.2021 (BGBl. I 882) mWv 1.1.2023 grundlegend neugestaltet worden (s. dazu Dürbeck FamRZ 2020, 1789; Horn ZEV 2020, 748; Schneider FamRZ 2020, 1796; Schwab FamRZ 2020, 1321). Das Vormundschafts- und Betreuungsrecht wurde in weiten Teilen novelliert und insgesamt neu strukturiert (sowie einheitlich gegliedert, s. Grüneberg/Götz Einf. vor § 1773 Rn. 5). **a)** Das bisherige **Verweisungssystem** wurde umgestellt (s. dazu auch Schwab FamRZ 2020, 1321 f.). Die Regelungen zur Vermögensverwaltung finden sich nicht mehr primär im VormundschaftsR (auf das bislang für die anderen Fürsorgeverhältnisse verwiesen wurde), sondern sind aufgrund der größeren praktischen Bedeutung im BetreuungsR verortet worden (s. §§ 1835–1860); im Recht der elterlichen Sorge (§§ 1643, 1644) und im VormundschaftsR (§§ 1798–1801) wird nunmehr (mit den notw. Anpassungen) auf die Regelungen zur Vermögens-
11 sorge im BetreuungsR verwiesen. **b)** Zu den wesentlichen Zielsetzungen der Reform des **VormundschaftsR** zählt die Stärkung der Personensorge (BT-Drs. 19/24445, 124). Im Zentrum steht der Mündel als Subjekt der Vormundschaft; sa § 1788, der die Rechte des Mündels explizit benennt (vgl. dazu BT-Drs. 19/24445, 124). Der Auswahl des Vormunds wird besondere Bedeutung zugemessen (BT-Drs. 19/24445, 124; sa Socha, Vormundschaft und Pflegschaft in der Rechtspraxis, 2023, Rn. 4 ff.); ein ehrenamtlicher Vormund hat bei gleicher Eignung Vorrang vor Berufsvormund, Vereinsvormund und Jugendamt (§ 1779 II). Ausdrücklich geregelt sind die Erziehungsverantwortung des Vormunds (§ 1796 I) und das Verhältnis zwischen Vormund und (der den Mündel im Alltag betreuenden und erziehenden) Pflegeperson (§ 1796). Die Rechte der Pflegeperson werden gestärkt (s. § 1797). Zu Vergütung und Aufwendungsersatz des ehrenamtlichen Vormunds s. § 1808 I u II; für berufsmäßige Vormundschaft verweist § 1808 III auf das VBVG. Vormundschaftsverfahren §§ 168–168e FamFG. – **Lit.:** Bode, Das neue Vormundschaftsrecht, 2021; Socha, Vormundschaft und Pfleg-
12 schaft in der Rechtspraxis, 2023. **c)** Im **BetreuungsR** liegt der Fokus der Gesetzesnovelle auf den Voraussetzungen der Betreuerbestellung (§ 1814–1820) und der Führung der Betreuung (§§ 1821–1834); zur Eingliederung der (zuvor im VormundschaftsR verorteten) Regelungen zur Vermögenssorge in das BetreuungsR s. → Rn. 10. Mit der Neuregelung sollen entspr. Art. 12 UN-BRK Selbstbestimmung und Autonomie der Betroffenen im Vorfeld und innerhalb der Betreuung gestärkt werden (BT-Drs. 19/24445, 125, 134; Schneider FamRZ 2020, 1796 [1797]). Die Wünsche bzw. der mutmaßliche Wille des Betroffenen sind Maßstab für das Handeln des Betreuers (§ 1821, → Rn. 8); die Eignung des Betreuers orientiert sich an dieser Vorgabe (§ 1816 I). Zu Vergütung und Aufwendungsersatz des ehrenamtlichen Betreuers s. §§ 1875 I, 1877 ff.; für nicht ehrenamtliche Betreuer verweist § 1875 II auf das VBVG. Das BtBG wird durch das BtOG abgelöst, das öffentlich-rechtliche Vorschriften zu den Betreuungsbehörden, den Betreuungsvereinen und den rechtlichen Betreuern enthält. – **Lit.:** Schneider, Die Neuregelung des Betreuungsrechts, FamRZ 2020, 1796; Schnel-

lenbach ua, Betreuungsrecht für die Praxis, 2023. **d)** Die Pflegschaft wurde aufgeteilt in die **Pflegschaft für Minderjährige** (§§ 1809–1813), die aufgrund inhaltlicher Nähe nach dem Vormundschaftsrecht eingefügt wurde, und **sonstige Pflegschaften** (§§ 1882–1888). 13

Titel 1.* Vormundschaft

Untertitel 1.* Begründung der Vormundschaft

Kapitel 1.* Bestellte Vormundschaft

Unterkapitel 1.* Allgemeine Vorschriften

§ 1773* Voraussetzungen der Vormundschaft; Bestellung des Vormunds

(1) **Das Familiengericht hat die Vormundschaft für einen Minderjährigen anzuordnen und ihm einen Vormund zu bestellen, wenn**
1. **er nicht unter elterlicher Sorge steht,**
2. **seine Eltern nicht berechtigt sind, ihn in den seine Person und sein Vermögen betreffenden Angelegenheiten zu vertreten, oder**
3. **sein Familienstand nicht zu ermitteln ist.**

(2) [1]**Ist anzunehmen, dass ein Kind mit seiner Geburt einen Vormund benötigt, so kann schon vor der Geburt des Kindes eine Vormundschaft angeordnet und ein Vormund bestellt werden.** [2]**Die Bestellung wird mit der Geburt des Kindes wirksam.**

1. Allgemeines. Die Vormundschaft muss regelmäßig (Ausn.: §§ 1751 I 2, 1786, 1787) durch das FamG konstituiert werden, und zwar durch **a) Anordnung** der Vormundschaft und **b) Bestellung des Vormunds;** beide Vorgänge können zusammenfallen. 1

2. Voraussetzungen. a) Minderjährigkeit, hierzu → § 2; zum nasciturus s. II. 2
b) Der Minderjährige ist nicht durch effektives elterliches Sorgerecht rechtlich „aufgehoben", und zwar weil **aa)** er nicht unter elterlicher Sorge steht (I Nr. 1), zB weil 3
beide Eltern oder der allein sorgeberechtigte Elternteil (auch Mutter nach § 1626a III) gestorben oder für tot erklärt worden sind/ist (§ 1677), ein Adoptionsverhältnis aufgehoben worden ist, das FamG das Sorgerecht nach §§ 1666, 1666a II entzogen hat, oder **bb)** die Eltern zur Vertretung des Kindes in persönlichen und vermögens- 4
rechtlichen Angelegenheiten nicht berechtigt sind (I Nr. 2), zB bei Ruhen der elterlichen Sorge §§ 1673–1675, oder **cc)** wenn Familienstand und damit Sorgeberechtigte nicht zu ermitteln sind (I Nr. 3), zB bei Findelkind. **dd)** Sind Eltern bei der Geburt des Kindes nicht verheiratet, sa § 1786.

3. Verfahren. a) Das FamG wird von Amts wegen tätig, regelmäßig auf Grund entspr. Anzeige, zu der Standesbeamter (§ 168g FamFG), Jugendamt – § 8a II SGB VIII („hat anzurufen") – und Prozessgericht (§ 22a FamFG) verpflichtet sind. Zuständigkeit und Rechtsmittel → Vor § 1773 Rn. 9. Anhörungspflicht gem. § 168c FamFG. Anordnung der Vormundschaft und Bestellung des Vormunds erfolgen durch Beschluss (Ausn.: §§ 1751 I 2, 1786, 1787), §§ 38 I, 116 I FamFG; zur Beschlussformel s. §§ 38, 39, 168a I FamFG. Der Beschluss wird mit Bekanntgabe an den Vormund wirksam, sofern nicht sofortige Wirksamkeit angeordnet ist (§ 168a II FamFG). Zur (rein deklaratorischen) Bestellungsurkunde s. § 168b I FamFG. 5

* Buch 4 Abschnitt 3 (§§ 1773–1888) neu gef. mWv 1.1.2023 durch Ges. v. 4.5.2021 (BGBl. I S. 882).

b) Anordnung der Vormundschaft und Bestellung eines Vormunds können schon vor der Geburt des Kindes erfolgen, wenn anzunehmen ist, dass das Kind mit Geburt einen Vormund benötigt, **II** (zB wenn Mutter bei Geburt minderjährig sein wird). **c)** Fehlen materieller Voraussetzungen macht die rechtsbegründende Anordnung nicht unwirksam (anders, falls Mündel bereits verstorben war), str.

§ 1774* Vormund

(1) **Zum Vormund kann bestellt werden:**
1. **eine natürliche Person, die die Vormundschaft ehrenamtlich führt,**
2. **eine natürliche Person, die die Vormundschaft beruflich selbständig führt (Berufsvormund),**
3. **ein Mitarbeiter eines vom überörtlichen Träger der Jugendhilfe anerkannten Vormundschaftsvereins, wenn der Mitarbeiter dort ausschließlich oder teilweise als Vormund tätig ist (Vereinsvormund), oder**
4. **das Jugendamt.**

(2) **Zum vorläufigen Vormund kann bestellt werden:**
1. **ein vom überörtlichen Träger der Jugendhilfe anerkannter Vormundschaftsverein,**
2. **das Jugendamt.**

1 **1. Allgemeines. I** listet die zur Vormundschaft generell tauglichen Vormünder auf; **II** ergänzt die Aufzählung der unterschiedlichen Typen von Vormündern in I um die vorläufigen Vormünder.

2 **2. Vormünder. a)** Als **generell taugliche Vormünder** kommen in Betracht der ehrenamtliche Einzelvormund (I Nr. 1), der berufliche Einzelvormund (I Nr. 2), ein Mitarbeiter eines anerkannten Vormundschaftsvereins (I Nr. 3) und das Jugendamt als Amtsvormund (I Nr. 4). Nach BT-Drs. 19/24445, 189 soll mit der Einführung des persönlich zu bestellenden Mitarbeiters eines vom überörtlichen Träger der Jugendhilfe anerkannten Vormundschaftsvereins (vgl. § 54 SGB VIII) als Vereinsvormund die Vormundschaft auch in diesem Bereich personalisiert werden. Ein geeigneter ehrenamtlicher Einzelvormund hat jedoch nach § 1779 II gegenüber den Vormündern iSd I Nr. 2–4 Vorrang. Zwischen den Vormündern iSd I Nr. 2–4 besteht kein ges. Rangverhältnis; bei der Auswahl entscheidet das Kindeswohl (OLG
3 Dresden FamRZ 2022, 277 [278]). **b)** Zum **vorläufigen Vormund** können bestellt werden ein anerkannter Vormundschaftsverein (II Nr. 1) und das Jugendamt (II Nr. 2). Durch die Bestellung eines vorläufigen Vormunds (s. § 1781) soll dem FamG Zeit verschafft werden, einen geeigneten (endgültigen) Vormund zu finden (BT-Drs. 19/24445, 189).

§ 1775* Mehrere Vormünder

(1) **Ehegatten können gemeinschaftlich zu Vormündern bestellt werden.**

(2) **Für Geschwister soll nur ein Vormund bestellt werden, es sei denn, es liegen besondere Gründe vor, jeweils einen Vormund für einzelne Geschwister zu bestellen.**

1 **1. Allgemeines. a) Gemeinschaftliche Vormundschaft** kommt nur noch bei Ehegatten oder Lebenspartnern (§ 21 LPartG) in Betracht. Die in § 1775 S. 2 aF vorgesehene Möglichkeit, bei Vorliegen bes. Gründe mehrere Vormünder zu bestellen, besteht nicht mehr (krit. Horn ZEV 2020, 748 [749]); die Verantwortung für den Mündel soll ungeteilt bei einem einzigen Vormund liegen (BT-Drs. 19/24445,

* Buch 4 Abschnitt 3 (§§ 1773–1888) neu gef. mWv 1.1.2023 durch Ges. v. 4.5.2021 (BGBl. I S. 882).

190); Ausn.: §§ 1776, 1777. **b)** Für Geschwister ist grds. nur ein Vormund zu bestellen, II.

2. Gemeinschaftliche Vormundschaft. Nach I steht es im Ermessen des FamG, Ehegatten zu Mitvormündern zu bestellen. Das bietet sich insbes. an, wenn die Ehegatten das Kind in ihren Haushalt aufgenommen haben. Die Ehegatten führen die Mitvormundschaft gemeinschaftlich (§ 1792 I); nach § 1792 V gilt Gesamtvertretung entspr. § 1629 I 2 u 4. Über Meinungsverschiedenheiten entscheidet gem. § 1793 I Nr. 1 das FamG. 2

3. Geschwister. Für (Halb-)Geschwister soll in der Regel nur ein Vormund bestellt werden. In besonders gelagerten Fällen sind jedoch Ausnahmen möglich. Die Bestellung jeweils eines Vormunds kommt bspw. in Betracht, wenn die Geschwister weit voneinander entfernt leben (BT-Drs. 19/24445, 189). 3

§ 1776* Zusätzlicher Pfleger

(1) [1]**Das Familiengericht kann bei Bestellung eines ehrenamtlichen Vormunds mit dessen Einverständnis einzelne Sorgeangelegenheiten oder eine bestimmte Art von Sorgeangelegenheiten auf einen Pfleger übertragen, wenn die Übertragung dieser Angelegenheiten dem Wohl des Mündels dient.** [2]**Die Übertragung ist auch nachträglich möglich, wenn der Vormund zustimmt.**

(2) [1]**Die Übertragung ist ganz oder teilweise aufzuheben,**
1. **wenn sie dem Wohl des Mündels widerspricht,**
2. **auf Antrag des Vormunds oder des Pflegers, wenn der jeweils andere Teil zustimmt und die Aufhebung dem Wohl des Mündels nicht widerspricht, oder**
3. **auf Antrag des Mündels, der das 14. Lebensjahr vollendet hat, wenn Vormund und Pfleger der Aufhebung zustimmen.**

[2]**Die Zustimmung gemäß Satz 1 Nummer 2 und 3 ist entbehrlich, wenn ein wichtiger Grund für die Aufhebung vorliegt.**

(3) [1]**Im Übrigen gelten die Vorschriften über die Pflegschaft für Minderjährige entsprechend.** [2]**Neben einem Pfleger nach § 1809 oder § 1777 kann ein Pfleger nach Absatz 1 nicht bestellt werden.**

Lit.: Hoffmann, Der zusätzliche Pfleger nach § 1776 BGB in der Fassung des Gesetzes zur Reform des Vormundschafts- und Betreuungsrechts, FamRZ 2021, 1773.

1. Allgemeines. Regelung ermöglicht bei ehrenamtlicher Vormundschaft die Übertragung komplexer oder konfliktträchtiger Sorgerechtsbereiche auf einen zusätzlichen Pfleger. Dadurch soll verhindert werden, dass ein iÜ (zB wegen familiärer oder persönlicher Verbundenheit) besonders geeigneter Vormund nur wegen einzelner Problembereiche von der Vormundschaft ferngehalten wird (BT-Drs. 19/24445, 190); vgl. auch § 1779 II 2. Die Pflegerbestellung setzt keinen Antrag des Vormunds voraus (Grüneberg/Götz Rn. 3), kann aber nicht ohne sein Einverständnis bzw. (bei nachträglicher Bestellung des Pflegers) ohne seine Zustimmung erfolgen. Der zusätzliche Pfleger ist kein Ergänzungspfleger iSd § 1809 (vgl. § 1776 III 1), Hoffmann FamRZ 2021, 1773 [1774]: „Institut eigener Art". – Sofern im VormundschaftsR nichts Abweichendes geregelt ist (s. §§ 1776, 1792, 1793), gelten die Vorschriften über die Pflegschaft für Minderjährige entsprechend, III 1. 1

2. Voraussetzungen. a) Ehrenamtliche Vormundschaft (I 1); keine Anwendung, wenn Vormundschaft durch Berufs-, Vereins- oder Amtsvormund geführt wird (BeckOK/Bettin Rn. 2; Hoffmann FamRZ 2021, 1773 [1774]). Neben einem 2

* Buch 4 Abschnitt 3 (§§ 1773–1888) neu gef. mWv 1.1.2023 durch Ges. v. 4.5.2021 (BGBl. I S. 882).

ehrenamtlichen Ergänzungspfleger ist die Bestellung eines zusätzlichen Pflegers nach I nicht möglich (III 2), Hoffmann FamRZ 2021, 1773 [1774]. **b)** Übertragen werden können nach I 1 nur **einzelne Sorgeangelegenheiten** oder eine **bestimmte Art von Sorgeangelegenheiten,** nicht das Sorgerecht als Ganzes oder Teile davon (Grüneberg/Götz Rn. 2); Bsp: Beantragung von Sozialleistungen; im Verhältnis zu den Eltern bes. konfliktträchtige und belastende Angelegenheiten (BT-Drs. 19/
3 24445, 190); vgl. hierzu auch → §§ 1627, 1628 Rn. 2. **c) Kindeswohldienlichkeit** (I 1) ist gegeben, wenn gerade die Bestellung des ehrenamtlichen Vormunds dem Wohl des Mündels dient (zB wegen bes. persönlicher Verbundenheit oder Benennung nach § 1782), dieser aber nicht alle Sorgeangelegenheiten selbst zum Wohl des Mündels wahrnehmen kann (oder wegen bes. Konfliktträchtigkeit möchte), und die Übernahme der Angelegenheit(en) durch einen zusätzlichen Pfleger sinnvoll möglich ist (BT-Drs. 19/24445, 190; Grüneberg/Götz Rn. 4). Tritt das Bedürfnis für die Pflegerbestellung erst später auf, kann die Bestellung auch noch nachträglich erfolgen (II 1). Zur Auswahl des Pflegers s. §§ 1776 III 1, 1813 I, 1778, 1779.
4 **d) Einverständnis** (I 1) bzw. **Zustimmung** (I 2) des Vormunds, s. dazu Hoffmann FamRZ 2021, 1773 [1776]. Bei Verweigerung des Einverständnisses bzw. der Zustimmung ist Eignung bzw. Entlassung des ehrenamtlichen Vormunds (§ 1804 I Nr. 1) zu prüfen (Grüneberg/Götz Rn. 3; Hoffmann FamRZ 2021, 1773 [1776 f.]). **e)** Bestellung eines Pflegers nach § 1809 oder § 1777 schließt Bestellung eines zusätzlichen Pflegers nach § 1776 I aus (**III 2**).

5 **3. Aufhebung. a)** Die Übertragung der Sorgeangelegenheiten auf den Pfleger hat das FamG von Amts wegen ganz oder teilw. aufzuheben, wenn sie dem Wohl des Mündels widerspricht, **II 1 Nr. 1;** nicht ausreichend ist, dass die Übertragung dem Mündelwohl nicht (mehr) dient; Bsp: Pfleger vernachlässigt Regelung der Angelegenheiten des Mündels (BT-Drs-19/24445, 191). **b)** Die Aufhebung der Übertragung ist zudem auf Antrag nach Maßgabe des **II 1 Nr. 2 u 3** möglich. Die nach II 1 Nr. 2 u 3 erforderliche Zustimmung von Vormund/Pfleger ist entbehrlich, wenn ein wichtiger Grund für die Aufhebung vorliegt (II 2); Bsp: wiederholte Auseinandersetzungen zwischen Vormund und Pfleger; ernsthafte Erkrankung des Pflegers (BT-Drs. 19/24445, 191).

6 **4. Folgen. a)** Der Pfleger besorgt die ihm übertragenen Angelegenheiten des Mündels; er ist insofern vertretungsbefugt, §§ 1776 III 1, 1813 I, 1789. Der Vormund verliert im Umfang der auf den Pfleger übertragenen Angelegenheiten die Vertretungsmacht (BT-Drs. 19/24445, 191). Vormund und Pfleger sind zur Zusammenarbeit verpflichtet, s. § 1792 II u III. Über Meinungsverschiedenheiten entscheidet das FamG, § 1793 I Nr. 3. **b)** Vergütung und Aufwendungsersatz s. §§ 1776 III 1, 1813 I, 1808.

§ 1777* Übertragung von Sorgeangelegenheiten auf die Pflegeperson als Pfleger

(1) [1]**Das Familiengericht überträgt auf Antrag des Vormunds oder der Pflegeperson einzelne Sorgeangelegenheiten oder eine bestimmte Art von Sorgeangelegenheiten auf die Pflegeperson als Pfleger, wenn**
1. **der Mündel seit längerer Zeit bei der Pflegeperson lebt oder bereits bei Begründung des Pflegeverhältnisses eine persönliche Bindung zwischen dem Mündel und der Pflegeperson besteht,**
2. **die Pflegeperson oder der Vormund dem Antrag des jeweils anderen auf Übertragung zustimmt und**
3. **die Übertragung dem Wohl des Mündels dient.**

[2]**Ein entgegenstehender Wille des Mündels ist zu berücksichtigen.**

* Buch 4 Abschnitt 3 (§§ 1773–1888) neu gef. mWv 1.1.2023 durch Ges. v. 4.5.2021 (BGBl. I S. 882).

(2) **Sorgeangelegenheiten, deren Regelung für den Mündel von erheblicher Bedeutung ist, werden der Pflegeperson nur zur gemeinsamen Wahrnehmung mit dem Vormund übertragen.**

(3) [1]**Den Antrag auf Übertragung nach Absatz 1 Satz 1 kann auch der Mündel stellen, wenn er das 14. Lebensjahr vollendet hat.** [2]**Für die Übertragung ist die Zustimmung des Vormunds und der Pflegeperson erforderlich.**

(4) [1]**§ 1776 Absatz 2 gilt entsprechend.** [2]**Im Übrigen gelten die Vorschriften über die Pflegschaft für Minderjährige entsprechend.** [3]**Neben einem Pfleger nach § 1809 oder § 1776 kann die Pflegeperson nicht zum Pfleger bestellt werden.**

Lit.: Veit, Die Rechtsstellung der Pflegeperson nach dem Kinder- und Jugendstärkungsgesetz sowie dem Gesetz zur Reform des Vormundschafts- und Betreuungsrechts, FamRZ 2021, 1501.

1. Allgemeines. a) Übertragung einzelner Sorgeangelegenheiten oder einer bestimmten Art von Sorgeangelegenheiten auf Antrag durch das FamG auf die Pflegeperson als Pfleger; die Regelung hat ein Vorbild in § 1630 III (BT-Drs. 19/24445, 192). § 1777 schließt nicht aus, dass die Pflegeperson oder die Pflegeeltern selbst die Vormundschaft übernehmen (BT-Drs. 19/24445, 192; vgl. auch OLG Frankfurt a.M. FamRZ 2022, 867 [869]: Großeltern als Pflegepersonen gebührt bei Eignung Vorrang). Die Entscheidungsbefugnis in Angelegenheiten der Alltagssorge (§ 1797 I) besitzt die Pflegeperson unabhängig von § 1777. **b)** Sofern im VormundschaftsR nichts Abweichendes geregelt ist (s. §§ 1777, 1792, 1793), gelten die Vorschriften über die Pflegschaft für Minderjährige entsprechend, IV 2. 1

2. Voraussetzungen. a) Pflegeperson ist „die Person, bei der das Kind für längere Zeit bzw. seit längerer Zeit lebt [vgl. §§ 1630 III, 1632 IV, 1688 I] und bei der es in familienähnlicher Art außerhalb der Herkunftsfamilie gepflegt und erzogen wird" (BT-Drs. 19/24445, 193). Die Übertragung setzt voraus, dass der Mündel entweder schon seit längerer Zeit bei der Pflegeperson lebt oder schon bei Begründung des Pflegeverhältnisses eine persönliche Bindung zwischen Mündel und Pflegeperson besteht (I 1 Nr. 1); Bsp: Großeltern, Onkel/Tante, andere Person aus dem sozialen Umfeld (BT-Drs. 19/24445, 193). **b)** Übertragung **einzelner Sorgeangelegenheiten** oder einer **bestimmten Art von Sorgeangelegenheiten** (→ § 1776 Rn. 2). **c) Kindeswohldienlichkeit** (I 1 Nr. 3); ein entgegenstehender Wille des Mündels ist zu berücksichtigen (I 2). **d) Antragsberechtigt** sind Vormund und Pflegeperson sowie der Mündel, wenn er das 14. Lebensjahr vollendet hat (III 1). Der Antrag von Vormund bzw. Pflegeperson setzt die Zustimmung des jeweils anderen voraus (I 1 Nr. 2); bei Antrag des Mündels ist die Zustimmung des Vormunds und der Pflegeperson erforderlich (III 2). **e)** Bestellung eines Pflegers nach § 1809 oder § 1776 schließt Bestellung der Pflegeperson zum Pfleger aus (**IV 3**). 2

3. Folgen. a) Die Pflegeperson trägt im Umfang der ihr übertragenen Angelegenheiten der Personen- und Vermögenssorge (vgl. BT-Drs. 19/24445, 193) die Sorgeverantwortung und vertritt den Mündel, §§ 1777 IV 2, 1813 I, 1789. Einschränkung oder Ausschluss der Entscheidungsbefugnis in Angelegenheiten der Alltagssorge durch den Vormund (§ 1797 III) ist insoweit nicht mehr möglich (Grüneberg/Götz Rn. 7). **b)** In Angelegenheiten von erheblicher Bedeutung für den Mündel (vgl. → §§ 1627, 1628 Rn. 2; → § 1687 Rn. 3) wird das Sorgerecht nur zur **gemeinsamen Wahrnehmung** mit dem Vormund übertragen (II); Vormund und Pflegeperson entscheiden hier in gegenseitigem Einvernehmen (§ 1792 IV) und vertreten den Mündel gemeinschaftlich, § 1792 V iVm § 1629 I 2 u 4. **c)** Über Meinungsverschiedenheiten entscheidet das FamG, § 1793 I Nr. 3. **d)** Aufwendungsersatz/Aufwendungspauschale s. §§ 1777 IV 2, 1813 I, 1808 II. **e)** Haftung der Pflegeperson s. §§ 1777 IV 2, 1813 I, 1794 II. 3

4. Aufhebung. Für die Aufhebung verweist IV 1 auf § 1776 II (→ § 1776 Rn. 5). 4

Unterkapitel 2.* Auswahl des Vormunds

§ 1778* Auswahl des Vormunds durch das Familiengericht

(1) **Ist die Vormundschaft nicht einem nach § 1782 Benannten zu übertragen, hat das Familiengericht den Vormund auszuwählen, der am besten geeignet ist, für die Person und das Vermögen des Mündels zu sorgen.**

(2) **Bei der Auswahl sind insbesondere zu berücksichtigen:**
1. **der Wille des Mündels, seine familiären Beziehungen, seine persönlichen Bindungen, sein religiöses Bekenntnis und sein kultureller Hintergrund,**
2. **der wirkliche oder mutmaßliche Wille der Eltern und**
3. **die Lebensumstände des Mündels.**

§ 1779* Eignung der Person; Vorrang des ehrenamtlichen Vormunds

(1) **Eine natürliche Person muss nach**
1. **ihren Kenntnissen und Erfahrungen,**
2. **ihren persönlichen Eigenschaften,**
3. **ihren persönlichen Verhältnissen und ihrer Vermögenslage sowie**
4. **ihrer Fähigkeit und Bereitschaft zur Zusammenarbeit mit den anderen an der Erziehung des Mündels beteiligten Personen**

geeignet sein, die Vormundschaft so zu führen, wie es das Wohl des Mündels erfordert.

(2) [1]**Eine natürliche Person, die geeignet und bereit ist, die Vormundschaft ehrenamtlich zu führen, hat gegenüber den in § 1774 Absatz 1 Nummer 2 bis 4 genannten Vormündern Vorrang.** [2]**Von ihrer Eignung ist auch dann auszugehen, wenn ein zusätzlicher Pfleger nach § 1776 bestellt wird.**

Anmerkungen zu den §§ 1778, 1779

1 **1. Allgemeines.** § 1778 legt die Kriterien fest, anhand derer die Auswahl des Vormunds durch das FamG zu erfolgen hat; zu bestimmen ist der geeignetste Vormund (§ 1778 I). § 1779 I konkretisiert die Eignungsvoraussetzungen, die eine natürliche Person für die Übernahme der Vormundschaft erfüllen muss. Sind (neben dem stets geeigneten Jugendamt) mehrere natürliche Personen geeignet, ist eine Auswahlentscheidung nach Maßgabe des § 1778 II zu treffen. § 1779 II statuiert den ges. Vorrang des ehrenamtlichen Einzelvormunds vor den beruflichen Vormündern und dem Jugendamt.

2 **2. Voraussetzung der Auswahl.** Von den Eltern ist kein Vormund benannt worden (§ 1782) oder der Berufene ist nach § 1783 zu übergehen.

3 **3. Auswahlkriterien. a)** Die Auswahl des Vormunds steht im Ermessen des FamG (BVerfG FamRZ 2012, 938). Maßstab ist das Wohl des Mündels. Das FamG hat den Vormund auszuwählen, der zur Sorge am besten geeignet ist (§ 1778 I). Sind mehrere Personen (einschließlich des Jugendamts) grds. geeignet (zur Eignung natürlicher Personen → Rn. 4 f.), gibt § 1778 II eine Rangfolge von ermessensleitenden Auswahlgesichtspunkten vor: Danach sind insbes. zu berücksichtigen **aa)** der Wille des Mündels (vgl. BVerfG FamRZ 2014, 1843 [1844]), seine familiären Beziehungen, seine persönlichen Bindungen, sein religiöses Bekenntnis und sein kultureller Hintergrund (II Nr. 1); **bb)** der wirkliche oder mutmaßliche Wille der Eltern (II Nr. 2), der auch jenseits der Benennung nach § 1782 zu beachten ist (BGB FamRZ 2013, 1380 [1382]: schriftlich geäußerter Wunsch der Mutter; OLG Frankfurt a.M. FamRZ 2022, 867 [869]: Ertei-

* Buch 4 Abschnitt 3 (§§ 1773–1888) neu gef. mWv 1.1.2023 durch Ges. v. 4.5.2021 (BGBl. I S. 882).

lung einer Sorgerechtsvollmacht; sa BT-Drs. 19/24445, 195: Vorsorgevollmacht); **cc)** die Lebensumstände des Mündels (II Nr. 3), etwa die Unterbringung des Mündels und dessen derzeitiger Lebensmittelpunkt (BT-Drs. 19/24445, 195). Zu ergänzen ist der Gesichtspunkt des § 1775, wenn bereits ein Vormund für Geschwister ausgewählt ist. **b)** Ein ausdr. Vorrang der Verwandten besteht nicht. Aus verfassungsrechtlichen Gründen genießen geeignete nahe Verwandte des Mündels freilich den Vorrang (BVerfG NJW 2014, 2853 [2855] [Großeltern]; OLG Hamm MDR 2017, 948 [volljährige Schwester eines Flüchtlings]), sofern nicht das Mündelwohl die Auswahl einer anderen Person gebietet (zB Vorrang familiennaher Personen mit enger persönlicher Bindung zum Mündel vor fernstehenden Verwandten).

4. Eignungsvoraussetzungen. § 1779 I konkretisiert die Voraussetzungen, die eine **natürliche Person** erfüllen muss, um für die Übernahme der Vormundschaft geeignet zu sein. Soll das Jugendamt (dessen Eignung vorauszusetzen ist) zum Vormund bestellt werden, gelten die Kriterien entspr. für die Auswahl des Mitarbeiters, der mit den Aufgaben des Amtsvormunds zu betrauen ist (§ 55 II SGB VIII), s. BT-Drs. 19/24445, 195 f. **a)** Maßstab für die Eignung einer natürlichen Person ist das **Wohl des Mündels** (§ 1779 I aE). Der Vormund muss den Rechten des Mündels (§ 1788) im Rahmen der Sorge für Person und Vermögen (s. §§ 1798 ff.) gerecht werden können. § 1779 I Nr. 1–4 nennt die Kriterien, anhand derer die Eignung zu beurteilen ist. **b)** Maßgebend sind danach **aa)** die Kenntnisse und Erfahrungen (Nr. 1), Bsp: pädagogische oder juristische Ausbildung (Grüneberg/Götz § 1779 Rn. 3; BeckOK/Bettin § 1779 Rn. 2); **bb)** die persönlichen Eigenschaften (Nr. 2); Bsp: Alter, Gesundheit, Stressresilienz (Grüneberg/Götz § 1779 Rn. 4; BeckOK/Bettin § 1779 Rn. 3); **cc)** die persönlichen Verhältnisse und die Vermögenslage (Nr. 3); Zweifel bestehen etwa bei wirtschaftlicher Unzuverlässigkeit, krimineller Vergangenheit oder Insolvenz (BT-Drs. 19/24445, 196); keine Eignung auch bei Interessenkonflikt (OLG Hamburg NJW-RR 2014, 579 [Geschäftsführer einer Einrichtung, die Babyklappe betreibt]); **dd)** Fähigkeit und Bereitschaft zur Zusammenarbeit mit anderen an der Erziehung des Mündels beteiligten Personen (Nr. 4). 4 5

5. Vorrang des ehrenamtlichen Einzelvormunds. Eine natürliche Person, die geeignet (§ 1779 I) und bereit ist, die Vormundschaft ehrenamtlich zu führen, hat Vorrang vor den in § 1774 I Nr. 2–4 genannten Vormündern (§ 1779 II 1); die Eignung ist auch dann anzunehmen, wenn ein Pfleger nach § 1776 zu bestellen ist (§ 1779 II 2). Zwischen den Vormündern iSd § 1774 I Nr. 2–4 besteht kein ges. Rangverhältnis; entscheidend ist das Kindeswohl (OLG Dresden FamRZ 2022, 277 [278]). 6

6. Anhörung. Des Jugendamts s. § 162 I FamFG; von nahestehenden Familienangehörigen (BVerfG NJW 2014, 2853 [2856], Großeltern) und Personen des Vertrauens des Mündels s. § 168 I FamFG; der Eltern und des Mündels s. §§ 159 f. FamFG; der Pflegeperson s. § 161 II FamFG. Unterlassene Anhörung berührt Wirksamkeit der Bestellung nicht, kann jedoch Entlassung rechtfertigen (BayObLG FamRZ 1974, 219 [221]). 7

7. Beschwerde gegen Auswahl. a) Durch den Mündel (§ 60 FamFG); sonst nach § 59 FamFG nur, wer durch die Auswahlentscheidung materiell beschwert ist; das Jugendamt (§ 162 III 2 FamFG); der Verfahrensbeistand für den Mündel, der das 14. Lebensjahr noch nicht vollendet hat (§ 158b III 2 FamFG); die als Vormund ausgewählte Person, weil Erklärung nach § 1785 II nicht vorliegt (BeckOK/Bettin § 1778 Rn. 9; BeckOGK/Hoffmann [1.11.2022] § 1778 Rn. 154); die nach § 1782 durch die Eltern benannte, jedoch übergangene Person (BeckOK/Bettin § 1778 Rn. 9; BeckOGK/Hoffmann [1.11.2022] § 1778 Rn. 157). **b)** Grds. keine eigene Beschwerdeberechtigung haben nicht sorgeberechtigte Eltern (OLG Brandenburg FamRZ 2012, 1578); die Großeltern (BGH ZEV 2013, 517 [519]: nur Rechtspflegererinnerung; sa BVerfG NJW 2014, 2853 [2856]) und die Pflegeeltern (BGH FamRZ 2020, 498 [499 f.]); gg. hL für eigenes 8 9

Beschwerderecht des übergangenen Verwandten aus § 59 I FamFG Gernhuber/Coester-Waltjen § 72 Rn. 40.

§ 1780* Berücksichtigung der beruflichen Belastung des Berufs- und Vereinsvormunds

[1]Soll ein Berufsvormund oder ein Vereinsvormund bestellt werden, ist seine berufliche Arbeitsbelastung, insbesondere die Anzahl und der Umfang der bereits zu führenden Vormundschaften und Pflegschaften zu berücksichtigen. [2]Er ist dem Familiengericht zur Auskunft hierüber verpflichtet.

1 Bei Bestellung eines Berufs- oder Vereinsvormunds (§ 1774 I Nr. 2, 3) ist dessen berufliche Belastung iRd Eignungsprüfung zu berücksichtigen (S. 1); Maßstab: Fallzahlen gem. §§ 54 I Nr. 2; 55 III SGB VIII. Der zu bestellende Vormund ist dem FamG zur Auskunft verpflichtet (S. 2).

§ 1781* Bestellung eines vorläufigen Vormunds

(1) **Sind die erforderlichen Ermittlungen zur Auswahl des geeigneten Vormunds insbesondere im persönlichen Umfeld des Mündels im Zeitpunkt der Anordnung der Vormundschaft noch nicht abgeschlossen oder besteht ein vorübergehendes Hindernis für die Bestellung des Vormunds, bestellt das Familiengericht einen vorläufigen Vormund.**

(2) **[1]Der Vormundschaftsverein überträgt die Aufgaben des vorläufigen Vormunds einzelnen seiner Mitarbeiter; § 1784 gilt entsprechend. [2]Der Vormundschaftsverein hat dem Familiengericht alsbald, spätestens binnen zwei Wochen nach seiner Bestellung zum vorläufigen Vormund mitzuteilen, welchem Mitarbeiter die Ausübung der Aufgaben des vorläufigen Vormunds übertragen worden sind.**

(3) **[1]Das Familiengericht hat den Vormund alsbald, längstens aber binnen drei Monaten ab Bestellung des vorläufigen Vormunds zu bestellen. [2]Die Frist kann durch Beschluss des Gerichts nach Anhörung der Beteiligten um höchstens weitere drei Monate verlängert werden, wenn trotz eingeleiteter Ermittlungen des Familiengerichts der für den Mündel am besten geeignete Vormund noch nicht bestellt werden konnte.**

(4) **Die Bestellung des Jugendamtes oder eines Vereinsmitarbeiters zum Vormund ist auch erforderlich, wenn das Familiengericht das Jugendamt oder einen Vormundschaftsverein zuvor als vorläufigen Vormund ausgewählt hat.**

(5) **Mit der Bestellung des Vormunds endet das Amt des vorläufigen Vormunds.**

Lit.: Socha, Sicherheit statt Sollbruchstelle – der „vorläufige Vormund" in der Reform des Vormundschafts- und Betreuungsrechts, FamRZ 2021, 87.

1 **1. Allgemeines.** Bestellung eines vorläufigen Vormunds soll dem FamG – unter Mitwirkung des Jugendamts (§ 53 SGB VIII) – Zeit geben, einen geeigneten endgültigen Vormund zu finden, wenn im Zeitpunkt der Anordnung der Vormundschaft die erforderlichen Ermittlungen noch nicht abgeschlossen sind (BT-Drs. 19/24445, 197; krit. Socha FamRZ 2021, 87). – Die Regelungen des VormundschaftsR finden Anwendung (BT-Drs. 19/24445, 199).

2 **2. Voraussetzungen. a) Erforderliche Ermittlungen** zur Auswahl des geeigneten Einzelvormunds (insbes. im persönlichen Mündelumfeld) sind im Zeitpunkt

* Buch 4 Abschnitt 3 (§§ 1773–1888) neu gef. mWv 1.1.2023 durch Ges. v. 4.5.2021 (BGBl. I S. 882).

der Anordnung der Vormundschaft **noch nicht abgeschlossen** (I Alt. 1). Zur Anordnung der Vormundschaft im Falle eines Sorgerechtsentzugs gem. § 1666 s. BeckOK/Bettin Rn. 2. – Hat das FamG alle erforderlichen Erkenntnisse und konnte auch der Mündel beteiligt werden, besteht für vorläufige Vormundschaft kein Anlass; der Vormund ist in diesem Fall sofort zu bestellen (BT-Drs. 19/24445, 198). **b)** Bestellung des geeigneten Vormunds steht ein **vorübergehendes Hindernis** entgegen (I Alt. 2); Bsp: geeignete Person steht noch nicht zur Verfügung; erforderliche Papiere (Führungszeugnis etc.) fehlen (BT-Drs. 19/24445, 198).

3. Vorläufiger Vormund. Zum vorläufigen Vormund können ein anerkannter Vormundschaftsverein und das Jugendamt bestellt werden (§ 1774 II), der Vormundschaftsverein aber nur mit dessen Einwilligung (§ 1785 III). Der Vormundschaftsverein hat die Aufgaben des vorläufigen Vormunds einem seiner Mitarbeiter zu übertragen (II 1 HS 1); die Ausschlussgründe des § 1784 gelten entspr. (II 1 HS 2). Dem FamG ist gem. II 2 der Vereinsmitarbeiter zu benennen, dem die Aufgaben übertragen wurden. Für Jugendamt s. §§ 55 II 1; 57 II 2 SGB VIII. 3

4. Befristung. Bestellung als vorläufiger Vormund ist auf drei Monate befristet (III 1). Eine Verlängerung um drei Monate ist möglich (III 2); sie erfolgt nach Anhörung der Beteiligten von Amts wegen (BT-Drs. 19/24445, 199: Anregung durch Beteiligte ist möglich). Ungeachtet des Wortlauts („trotz eingeleiteter Ermittlungen") gilt die Möglichkeit der Fristverlängerung nach III 2 für beide Alternativen des I (vgl. BeckOK/Bettin Rn. 6: entspr. Anwendung für I Alt. 2; sa BT-Drs. 19/24445, 199; Grüneberg/Götz Rn. 5). – Der Ablauf der Frist hat keine Auswirkungen auf die Bestellung als vorläufiger Vormund; das Amt endet erst mit Bestellung des endgültigen Vormunds (V) oder gem. § 1806. 4

5. Ende der vorläufigen Vormundschaft. Die vorläufige Vormundschaft endet von Ges. wegen mit Bestellung des (endgültigen) Vormunds (V). Sollte sich das Jugendamt oder der Mitarbeiter eines Vormundschaftsvereins als geeignetster Vormund erweisen, ist deren Bestellung zum (endgültigen) Vormund auch dann erforderlich, wenn das Jugendamt oder der Verein bereits als vorläufiger Vormund bestellt waren (IV). 5

§ 1782* Benennung und Ausschluss als Vormund durch die Eltern

(1) [1]**Die Eltern können durch letztwillige Verfügung eine natürliche Person als Vormund oder Ehegatten als gemeinschaftliche Vormünder benennen oder von der Vormundschaft ausschließen, wenn ihnen zur Zeit ihres Todes die Sorge für die Person und das Vermögen des Kindes zusteht.** [2]**Die Benennung und der Ausschluss können schon vor der Geburt des Kindes erfolgen, wenn dem jeweiligen Elternteil die Sorge für die Person und das Vermögen des Kindes zustünde, falls es vor dem Tod des Elternteils geboren wäre.**

(2) **Haben die Eltern widersprüchliche letztwillige Verfügungen zur Benennung oder zum Ausschluss von Vormündern getroffen, so gilt die Verfügung durch den zuletzt verstorbenen Elternteil.**

§ 1783* Übergehen der benannten Person

(1) **Die benannte Person darf als Vormund ohne ihre Zustimmung nur übergangen werden, wenn**
1. sie nach § 1784 nicht zum Vormund bestellt werden kann oder soll,
2. ihre Bestellung dem Wohl des Mündels widersprechen würde,

* Buch 4 Abschnitt 3 (§§ 1773–1888) neu gef. mWv 1.1.2023 durch Ges. v. 4.5.2021 (BGBl. I S. 882).

* Buch 4 Abschnitt 3 (§§ 1773–1888) neu gef. mWv 1.1.2023 durch Ges. v. 4.5.2021 (BGBl. I S. 882).

3. der Mündel, der das 14. Lebensjahr vollendet hat, der Bestellung widerspricht,
4. sie aus rechtlichen oder tatsächlichen Gründen an der Übernahme der Vormundschaft verhindert ist oder
5. sie sich nicht binnen vier Wochen ab der Aufforderung des Familiengerichts zur Übernahme der Vormundschaft bereit erklärt hat.

(2) **Wurde die benannte Person gemäß Absatz 1 Nummer 4 übergangen und war sie nur vorübergehend verhindert, so ist sie auf ihren Antrag anstelle des bisherigen Vormunds zum Vormund zu bestellen, wenn**
1. sie den Antrag innerhalb von sechs Monaten nach der Bestellung des bisherigen Vormunds gestellt hat,
2. die Entlassung des bisherigen Vormunds dem Wohl des Mündels nicht widerspricht und
3. der Mündel, der das 14. Lebensjahr vollendet hat, der Entlassung des bisherigen Vormunds nicht widerspricht.

Anmerkungen zu den §§ 1782, 1783

1 **1. Allgemeines.** Eltern haben Vorrang bei Benennung und Ausschluss eines Vormunds durch letztwillige Verfügung für den Fall ihres Todes. Der von den Eltern berufene Vormund ist deshalb vom FamG zu bestellen, sofern nicht eine der in § 1783 I geregelten Ausn. gegeben ist oder der Berufene ablehnt.

2 **2. Voraussetzungen. a)** Voraussetzung des Benennungs- bzw. Ausschlussrechts ist **umfassendes Sorgerecht** der **Eltern** (oder des benennenden Elternteils) für das **minderjährige Kind im Zeitpunkt ihres Todes,** § 1782 I 1. Str. ist, ob das Ges. nur **tatsächliche** Sorge meint oder auch Vertretungsrecht der Eltern voraussetzt; für die letztere Ansicht spricht, dass die Eltern nicht postmortal mehr Rechtsmacht ausüben können als zu Lebzeiten, s. Gernhuber/Coester-Waltjen § 72 Rn. 35; OLG Brandenburg FamRZ 2020, 349 [350]; BayObLG Rpfleger 1993, 17 [18] (kein Benennungsrecht bei Ruhen elterlicher Sorge). Das Benennungs-/Ausschlussrecht ist allein für den Fall der durch Tod der Benennenden/Ausschließen-
3 den eintretenden Sorgebedürftigkeit des Mündels gewährt. **b)** Nur **natürliche Personen** können benannt oder ausgeschlossen werden (§ 1782 I 1), auch ein Vereinsmitarbeiter (§ 1774 I Nr. 3), *nicht* hingegen ein Vormundschaftsverein oder das Jugendamt. **Ehegatten** können als gemeinschaftliche Vormünder benannt werden (vgl. § 1775). Benennung oder Ausschluss müssen sich auf bestimmte oder durch Auslegung bestimmbare Personen beziehen (vgl. OLG Rostock FamRZ 2022, 279 [281]). Bei **divergierenden** Verfügungen zur Benennung oder zum Ausschluss durch die Eltern s. § 1782 II. **c)** Benennung oder Ausschluss für nasciturus s. § 1782 I 2.

4 **3. Form.** Letztwillige Verfügung, § 1782 I 1 iVm §§ 2231 ff., 2267, 2276 (OLG Rostock FamRZ 2022, 279 [281], Inhalt ist durch Auslegung zu ermitteln); als „einseitige" Verfügung ist Benennung und Ausschluss bei Erbvertrag und gemeinschaftlichem Testament frei widerruflich.

5 **4. Folgen. a)** Das FamG ist an die Benennung gebunden; eine abw. Auswahl kann es nach § 1783 I nur treffen in den in **I Nr. 1–5** geregelten Fällen. Widerspricht der Minderjährige (I Nr. 3), ist die Bestellung des Benannten nicht notwendig ausgeschlossen; das Gericht ist aber an die Benennung nicht mehr gebunden (BeckOGK/Hoffmann [1.11.2022] § 1783 Rn. 32; OLG Hamm FamRZ 2017, 1760 [1761]). – Eine Pflicht zur Übernahme aufgrund Benennung besteht nicht (vgl. § 1783 I Nr. 5), BeckOK/Bettin § 1783 Rn. 3, jedoch kann der Benannte nach Ablehnung vom FamG gem. §§ 1778, 1779 ausgewählt werden und dann nach § 1785 I zur
6 Übernahme verpflichtet sein. **b)** Wurde die gem. § 1782 I benannte Person nach § 1783 I Nr. 4 wegen **vorübergehender Verhinderung** aus rechtlichen oder tatsächlichen Gründen übergangen, so ist sie nach Wegfall der Verhinderung unter

den Voraussetzungen des § 1783 II Nr. 1–3 auf ihren Antrag anstelle des bisherigen Vormunds zum Vormund zu bestellen. **c)** Zu Folgen der Ausschließung von der Vormundschaft s. § 1784 II Nr. 3. 7

5. Rechtsmittel des Benannten bei Übergehen durch FamG. Sofortige Beschwerde, §§ 58 ff. FamFG (OLG Rostock FamRZ 2022, 279). 8

§ 1784* Ausschlussgründe

(1) **Nicht zum Vormund bestellt werden kann, wer geschäftsunfähig ist.**

(2) **Nicht zum Vormund bestellt werden soll in der Regel eine Person,**
1. **die minderjährig ist,**
2. **für die ein Betreuer bestellt ist, sofern die Betreuung die für die Führung der Vormundschaft wesentlichen Angelegenheiten umfasst, oder für die ein Einwilligungsvorbehalt nach § 1825 angeordnet ist,**
3. **die die Eltern gemäß § 1782 als Vormund ausgeschlossen haben, oder**
4. **die zu einer Einrichtung, in der der Mündel lebt, in einem Abhängigkeitsverhältnis oder in einer anderen engen Beziehung steht.**

1. Regelungsgehalt. Regelung der Ausschlussgründe für die Bestellung zum Vormund. 1

2. Ausschlussgründe. a) Geschäftsunfähigkeit (§ 104) s. I; bei Verstoß ist die Bestellung nichtig. Wird der Vormund nach wirksamer Bestellung geschäftsunfähig, hat das FamG ihn zu entlassen (§ 1804 I Nr. 4). **b) aa) Ausschlussgründe** nach II Nr. 1–4 hindern nicht die Gültigkeit einer gleichwohl erfolgten Bestellung (BeckOK/Bettin Rn. 4; Grüneberg/Götz Rn. 4); sie stellen aber einen Entlassungsgrund dar (§ 1804 I Nr. 4). Ein Entlassungsgrund liegt auch dann vor, wenn die Ausschlussgründe gem. II erst später eintreten oder bekannt werden (§ 1804 I Nr. 4). **bb)** II ist lediglich als Grundsatz formuliert („soll in der Regel"); Ausnahmen sind möglich (BT-Drs. 19/24445, 202). Erweist sich eine Person als besonders geeignet, soll sie nach BT-Drs. 19/24445, 201 trotz Vorliegens eines Ausschlussgrundes iSv II zum Vormund bestellt, bzw. von ihrer Entlassung als Vormund abgesehen werden können (krit. Grüneberg/Götz Rn. 4 unter Hinweis auf Wortlaut des § 1804 I „hat […] zu entlassen"). 2

§ 1785* Übernahmepflicht; weitere Bestellungsvoraussetzungen

(1) **Die vom Familiengericht ausgewählte Person ist verpflichtet, die Vormundschaft zu übernehmen, wenn ihr die Übernahme unter Berücksichtigung ihrer familiären, beruflichen und sonstigen Verhältnisse zugemutet werden kann.**

(2) **Die ausgewählte Person darf erst dann zum Vormund bestellt werden, wenn sie sich zur Übernahme der Vormundschaft bereit erklärt hat.**

(3) **Der Vormundschaftsverein und der Vereinsvormund dürfen nur mit Einwilligung des Vereins bestellt werden.**

1. Allgemeines. Regelung der Verpflichtung zur Übernahme einer – zumutbaren – Vormundschaft sowie weiterer Bestellungsvoraussetzungen. 1

2. Modalitäten der Übernahmepflicht. a) Die **Übernahmepflicht** des ehrenamtlichen Einzelvormunds entsteht aufgrund Auswahl durch das FamG. Allerdings gilt dies nur bei **Zumutbarkeit:** Der Ausgewählten ist zur Übernahme *nicht* verpflichtet, wenn ihm diese unter Berücksichtigung seiner familiären, beruflichen 2

* Buch 4 Abschnitt 3 (§§ 1773–1888) neu gef. mWv 1.1.2023 durch Ges. v. 4.5.2021 (BGBl. I S. 882).

und sonstigen Verhältnisse nicht zugemutet werden kann (I). Freilich dürften in diesem Fall auch schon Zweifel an der Eignung iSd § 1779 I bestehen (BeckOK/Bettin Rn. 3). Soweit Beamte oder Bedienstete der Religionsgemeinschaften eine bes. Erlaubnis des Dienstherrn benötigen (vgl. § 1784 aF), kann dies iRd Zumutbarkeit aus beruflichen Gründen berücksichtigt werden (BT-Drs. 19/24445, 2020). – Die Zumutbarkeit der Übernahme wird durch **II** sichergestellt; danach darf der Ausgewählte erst dann zum Vormund bestellt werden, wenn er sich zur Übernahme bereit erklärt hat. Da Zwangsmittel nicht (mehr) vorgesehen sind, besitzt I damit nur noch „Appellfunktion" (BeckOK/Bettin Rn. 3; Grüneberg/Götz Rn. 5). **b)** Treten nach Bestellung zum Vormund Umstände ein, aufgrund derer eine Fortführung des Amtes nicht mehr zugemutet werden kann, ist der Vormund auf Antrag zu entlassen (§ 1804 II Nr. 1).

3 **3. Einwilligung des Vereins.** Vormundschaftsverein (vgl. § 1774 II Nr. 1) und Vereinsvormund (vgl. § 1774 I Nr. 3) dürfen nur mit Einwilligung des Vereins bestellt werden (III). Bestellung ohne Einwilligung nach III ist wirksam; Beschwerdebefugnis des Vereins, s. BeckOGK/Hoffmann [1.11.2022] Rn. 28; § 1778 Rn. 155; BeckOK/Bettin Rn. 7.

Kapitel 2.* Gesetzliche Amtsvormundschaft

§ 1786* Amtsvormundschaft bei Fehlen eines sorgeberechtigten Elternteils

[1]Mit der Geburt eines Kindes, dessen Eltern nicht miteinander verheiratet sind und das eines Vormunds bedarf, wird das Jugendamt Vormund, wenn das Kind seinen gewöhnlichen Aufenthalt im Inland hat. [2]Dies gilt nicht, wenn bereits vor der Geburt des Kindes ein Vormund bestellt ist. [3]Wurde die Vaterschaft nach § 1592 Nummer 1 oder 2 durch Anfechtung beseitigt und bedarf das Kind eines Vormunds, so wird das Jugendamt in dem Zeitpunkt Vormund, in dem die Entscheidung rechtskräftig wird.

1 **1. Allgemeines.** Eintritt der Vormundschaft kraft Ges. bei Fehlen eines sorgeberechtigten Elternteils.

2 **2. Ges. Amtsvormundschaft. a) Voraussetzungen. aa)** Geburt eines Kindes, dessen Eltern nicht miteinander verheiratet sind, S. 1; gleichgestellt ist rechtskräftige Anfechtung der Vaterschaft, S. 3. **bb)** Kind bedarf eines Vormunds, weil Mutter Sorge nicht hat oder nicht ausüben kann (zB § 1673); vor allem minderjährige Mutter. **cc)** Vormund ist nicht schon vor Geburt oder Rechtskraft der Entscheidung
3 iSv S. 3 nach § 1773 II bestellt worden. **b) Wirkungen:** Amtsvormundschaft des Jugendamtes kraft Ges. Einzelheiten s. §§ 55 ff. SGB VIII. – Zuständigkeit § 87c I FamFG. **c)** FamG hat dem Jugendamt unverzüglich eine **Bescheinigung** über den Eintritt der Vormundschaft zu erteilen (§ 168b II FamFG); die Bescheinigung nach § 168b II FamFG ist Beweisurkunde.

§ 1787* Amtsvormundschaft bei vertraulicher Geburt

Wird ein Kind vertraulich geboren (§ 25 Absatz 1 Satz 2 des Schwangerschaftskonfliktgesetzes), wird das Jugendamt mit der Geburt des Kindes Vormund.

---

* Buch 4 Abschnitt 3 (§§ 1773–1888) neu gef. mWv 1.1.2023 durch Ges. v. 4.5.2021 (BGBl. I S. 882).

* Buch 4 Abschnitt 3 (§§ 1773–1888) neu gef. mWv 1.1.2023 durch Ges. v. 4.5.2021 (BGBl. I S. 882).

Wird ein Kind vertraulich geboren, ruht gem. § 1674a S. 1 die elterliche Sorge beider Elternteile (→ §§ 1673–1675 Rn. 4); das Jugendamt wird mit Geburt des Kindes kraft Ges. Amtsvormund. – Zuständigkeit § 87c IIa FamFG. 1

Untertitel 2.* Führung der Vormundschaft

Kapitel 1.* Allgemeine Vorschriften

§ 1788* Rechte des Mündels

Der Mündel hat insbesondere das Recht auf
1. **Förderung seiner Entwicklung und Erziehung zu einer eigenverantwortlichen und gemeinschaftsfähigen Persönlichkeit,**
2. **Pflege und Erziehung unter Ausschluss von Gewalt, körperlichen Bestrafungen, seelischen Verletzungen und anderen entwürdigenden Maßnahmen,**
3. **persönlichen Kontakt mit dem Vormund,**
4. **Achtung seines Willens, seiner persönlichen Bindungen, seines religiösen Bekenntnisses und kulturellen Hintergrunds sowie**
5. **Beteiligung an ihn betreffenden Angelegenheiten, soweit es nach seinem Entwicklungsstand angezeigt ist.**

1. Allgemeines. Vorschrift konkretisiert die Rechte des Mündels in der Vormundschaft. Sie sind bei Führung der Vormundschaft zu beachten (vgl. § 1795 I 1); zugleich determinieren sie die Eignung iSd § 1779 I (Grüneberg/Götz Rn. 1). Zur Betonung der Subjektstellung des Mündels in der Vormundschaft → Vor § 1773 Rn. 11. 1

2. Rechte des Mündels. a) Förderung der Entwicklung und Erziehung zu einer eigenverantwortlichen und gemeinschaftsfähigen Persönlichkeit (Nr. 1); vgl. § 1 I SGB VIII; **b)** Pflege und Erziehung unter Ausschluss von Gewalt, körperlichen Bestrafungen, seelischen Verletzungen und anderen entwürdigenden Maßnahmen (Nr. 2); überträgt § 1631 II in das VormundschaftsR und erweitert das Gebot der Gewaltfreiheit auf die Pflege; **c)** persönlicher Kontakt mit dem Vormund; entspricht der Pflicht des Vormunds aus § 1790 III 1; **d)** Achtung (meint: „beachten"; „respektieren", BT-Drs. 19/24445, 203) des Willens, der persönlichen Bindungen, des religiösen Bekenntnisses und des kulturellen Hintergrunds (Nr. 4); **e)** Beteiligung an den Mündel betreffenden Angelegenheiten (Nr. 5); vgl. § 1626 II 2; entspr. der Pflicht des Vormunds aus § 1790 II 2. 2

§ 1789* Sorge des Vormunds; Vertretung und Haftung des Mündels

(1) [1]**Der Vormund hat die Pflicht und das Recht, für die Person und das Vermögen des Mündels zu sorgen.** [2]**Ausgenommen sind Angelegenheiten, für die ein Pfleger bestellt ist, es sei denn, die Angelegenheiten sind dem Pfleger mit dem Vormund zur gemeinsamen Wahrnehmung übertragen.**

(2) [1]**Der Vormund vertritt den Mündel.** [2]**§ 1824 gilt entsprechend.** [3]**Das Familiengericht kann dem Vormund die Vertretung für einzelne Angelegenheiten entziehen.** [4]**Die Entziehung soll nur erfolgen, wenn das Interesse des Mündels zu dem Interesse des Vormunds, eines von diesem vertretenen Dritten oder einer der in § 1824 Absatz 1 Nummer 1 bezeichneten Personen in erheblichem Gegensatz steht.**

---

* Buch 4 Abschnitt 3 (§§ 1773–1888) neu gef. mWv 1.1.2023 durch Ges. v. 4.5.2021 (BGBl. I S. 882).

(3) **Für Verbindlichkeiten, die im Rahmen der Vertretungsmacht nach Absatz 2 gegenüber dem Mündel begründet werden, haftet der Mündel entsprechend § 1629a.**

§ 1790* Amtsführung des Vormunds; Auskunftspflicht

(1) **Der Vormund ist unabhängig und hat die Vormundschaft im Interesse des Mündels zu dessen Wohl zu führen.**

(2) **[1]Der Vormund hat die wachsende Fähigkeit und das wachsende Bedürfnis des Mündels zu selbständigem und verantwortungsbewusstem Handeln zu berücksichtigen und zu fördern. [2]Der Vormund hat Angelegenheiten der Personen- und der Vermögenssorge mit dem Mündel zu besprechen und ihn an Entscheidungen zu beteiligen, soweit es nach dessen Entwicklungsstand angezeigt ist; Einvernehmen ist anzustreben. [3]Der Vormund soll bei seiner Amtsführung im Interesse des Mündels zu dessen Wohl die Beziehung des Mündels zu seinen Eltern einbeziehen.**

(3) **[1]Der Vormund ist zum persönlichen Kontakt mit dem Mündel verpflichtet und berechtigt. [2]Er soll den Mündel in der Regel einmal im Monat in dessen üblicher Umgebung aufsuchen, es sei denn, im Einzelfall sind kürzere oder längere Besuchsabstände oder ein anderer Ort geboten.**

(4) **Der Vormund hat bei berechtigtem Interesse nahestehenden Angehörigen oder sonstigen Vertrauenspersonen auf Verlangen Auskunft über die persönlichen Verhältnisse des Mündels zu erteilen, soweit dies dem Wohl des Mündels nicht widerspricht und dem Vormund zuzumuten ist.**

(5) **[1]Wird der gewöhnliche Aufenthalt eines Mündels in den Bezirk eines anderen Jugendamts verlegt, so hat der Vormund dem Jugendamt des bisherigen gewöhnlichen Aufenthalts die Verlegung mitzuteilen. [2]Satz 1 gilt nicht für den Vereinsvormund und den Vormundschaftsverein.**

§ 1791* Aufnahme des Mündels in den Haushalt des Vormunds

[1]Der Vormund kann den Mündel zur Pflege und Erziehung in seinen Haushalt aufnehmen. [2]In diesem Fall sind Vormund und Mündel einander Beistand und Rücksicht schuldig; § 1619 gilt entsprechend.

Anmerkungen zu den §§ 1789–1791

1 **1. Allgemeines.** Festlegung der Pflichten und Rechte des Vormundes in enger Anlehnung an Sorgepflicht und -recht der Eltern mit der Berücksichtigung möglicher Beschränkung durch Befugnisse eines Pflegers. Beratung und Unterstützung durch das Jugendamt s. § 53a I SGB VIII, ferner §§ 27 ff. SGB VIII.

2 **2. Inhalt der vormundschaftlichen Pflichten und Rechte. a)** Sorge für die persönlichen Angelegenheiten des Mündels, s. §§ 1795–1797; **b)** Vermögensverwaltung, s. §§ 1798–1801 sowie **c)** die dazu erforderliche **ges. Vertretung** in **aa)** persönlichen und **bb)** vermögensrechtlichen Angelegenheiten (§ 1789 II 1). Wirkungen der Vertretungsmacht s. §§ 164 ff. **c)** **§ 1790 II** entspricht § 1788 Nr. 1, 4 und
3 5. **d)** Ist der Mündel zur Pflege und Erziehung (dh nicht nur gastweise) **in den Haushalt des Vormunds aufgenommen,** sind Vormund und Mündel einander Beistand und Rücksicht schuldig, § 1791 S. 2 HS 1 (vgl. § 1618a); § 1619 gilt entspr. (s. § 1791 S. 2 HS 2; krit. Schwab FamRZ 2020, 1321 [1324]). Haftungsbeschränkung des Vormunds gem. § 1794 II. **e) Persönlicher Kontakt** mit dem Mündel, s. § 1790 III (dazu Hoffmann FamRZ 2011, 1185 f.).

4 **3. Auskunfts- und Mitteilungspflicht. a) Auskunftspflicht.** Der Vormund ist gem. § 1790 IV zur Auskunft über die persönlichen Verhältnisse des Mündels

verpflichtet (vgl. § 1686). Auskunftsberechtigt sind nahestehende Angehörige (Eltern, Großeltern, Tante/Onkel) sowie sonstige Personen, zu denen der Mündel ein bes. Vertrauensverhältnis hat. Voraussetzung ist ein berechtigtes Interesse an der Auskunft; ein solches liegt vor, wenn und soweit der Auskunftsbegehrende ohne die Information seiner (familiären oder gelebten) Verantwortung für den Mündel nicht gerecht werden kann (BT-Drs. 19/24445, 205; vgl. auch → § 1686 Rn. 1). In Betracht kommen Informationen betr. das gesundheitliche und seelische Befinden, Schule, Ausbildung, soziale Entwicklung (BT-Drs. 19/24445, 205). Grenze: negative Mündelwohlverträglichkeit; Unzumutbarkeit für den Vormund (zB bei zu häufigen oder zu detaillierten Auskunftsverlangen, s. BT-Drs. 19/24445, 205). **b) Mitteilungspflicht** gem. § 1790 V entspricht § 1851 II aF; Änderungen des gewöhnlichen Aufenthalts eines Mündels sind dem bisher zuständigen Jugendamt mitzuteilen (vgl. zur Mitteilungspflicht des Jugendamts § 57 V SGB VIII). Die Mitteilungspflicht nach § 1790 V 1 besteht nicht für Vereinsvormund (§ 1774 I Nr. 3) und Vormundschaftsverein (§ 1774 II Nr. 1), § 1790 V 2. 5

4. Unabhängige Amtsführung. Der Vormund führt die Vormundschaft unabhängig allein im Interesse des Mündels (§ 1790 I); er ist ausschließlich dessen Interessen und Wohl verpflichtet (BT-Drs. 19/24445, 204). Das FamG hat grds. kein Weisungsrecht gegenüber dem Vormund (OLG Frankfurt a.M. FamRZ 2020, 348); die Befugnisse des Vormunds stehen allerdings unter der allg. Kontrolle des FamG nach §§ 1802 f. sowie des Jugendamtes nach § 53a II SGB VIII. 6

5. Einschränkungen der alleinigen Sorgebefugnis und -pflicht. Können sich ergeben **a)** bei konkurrierender Sorgebefugnis der Eltern, s. § 1673 II; **b)** durch Pflegschaft für bestimmte Angelegenheiten (§ 1789 I 2), s. §§ 1776, 1777, 1809 I 1; Rückausnahme: Angelegenheiten sind dem Pfleger mit dem Vormund zur gemeinsamen Wahrnehmung übertragen, § 1789 I 2 (s. § 1777 II). **c)** bei ges. Einschränkung der Vertretungsmacht in bestimmten Fällen von Interessenkollision, s. § 1789 II 2 iVm § 1824; **d)** bei dem Verbot von Schenkungen zu Lasten des Mündels, § 1798 III; **e)** bei bestehender Testamentsvollstreckung über ererbte Rechte des Mündels (RGZ 106, 185 [187]); **f)** bei höchstpersönlichen RGeschäften, zB Testamentserrichtung (§§ 2064, 2229); **g)** bei RGeschäften, für die der Mündel unbeschränkt geschäftsfähig ist, s. §§ 112, 113; **h)** bei zusätzlich erforderlichen Genehmigungen des FamG bei bestimmten, als bes. gravierend bewerteten Geschäften, s. § 1799 I iVm §§ 1848 ff.; **i)** bei Anordnungen zur Vermögensverwaltung im Fall von Erbschaft oder Schenkung (§§ 1798 II, 1837); **j)** Rücksicht auf Mündel entspr. § 1790 II 1. 7 8 9

6. Entziehung der Vertretungsmacht. a) Die in den Voraussetzungen starre Regelung des § 1789 II 2 iVm § 1824 wird durch die in § 1789 II 3 u 4 vorgesehene Möglichkeit ergänzt, dem Vormund die Vertretungsmacht partiell zu entziehen. § 1789 II 3 u 4 gilt gem. § 1629 II 3 auch für Vater und Mutter und gem. § 56 I SGB VIII für den Amtsvormund. **b) Voraussetzungen. aa)** Vertretungsmacht ist nicht schon nach § 1789 II 2 iVm § 1824 ausgeschlossen; **bb) erheblicher Interessengegensatz** (dazu OLG Hamm FamRZ 1974, 31 [33]) zwischen Mündel einerseits, Vormund, einem von diesem vertretenen Dritten oder einer der in § 1824 I Nr. 1 genannten Personen andererseits, § 1789 II 4. Zur Entscheidung über das „Ob“ der Anfechtung der Vaterschaft s. BGH FPR 2009, 312; NJW 1975, 345 (Anfechtung der Ehelichkeit); OLG Frankfurt a.M. FamRZ 2018, 357 [358]; zur Entscheidung über Ausübung des Zeugnisverweigerungsrechts OLG Karlsruhe FamRZ 2004, 51; NJW-RR 2012, 839; zur Vertretung des Kindes in einem Kindschaftsverfahren BGH NJW 2011, 3454 (Aufenthaltswechsel); keine Entziehung der Vertretungsbefugnis, wenn Interessenvertretung des Kindes durch Bestellung eines Verfahrensbeistands gesichert ist (BGH NJW 2012, 1150; sa BGH FamRZ 2017, 123 [124]); vgl. aber auch OLG Zweibrücken NJW-RR 2012, 1287: Bestellung eines Ergänzungspflegers bei Erbausschlagung für minderjähriges 10 11

12 Kind. **c) Folgen: aa) Entziehung der Vertretung** für einzelne Angelegenheiten; Beschluss (KG FamRZ 1966, 239 [240]) und Bekanntgabe an Vormund erforderlich, s. § 40 FamFG. **bb)** Verhältnis zu § 1666 s BayObLG NJW-RR 1994, 841 (Vorrang § 1796 aF). **cc)** Gegen Entziehung Beschwerde § 59 FamFG.

13 **7. Übertragbarkeit.** Vormundschaft ist unübertragbar, doch können einzelne Tätigkeiten und Befugnisse, die nicht persönliches Handeln des Vormundes erfordern, übertragen werden; deshalb ist zB Vollmachterteilung (beachte jedoch für Prokura §§ 1799 I, 1852 Nr. 3) möglich (BeckOK/Bettin § 1789 Rn. 13). Für Hilfspersonen haftet der Vormund dem Mündel nach § 278 nur, soweit er sie in Wahrnehmung der „eigentlichen" vormundschaftlichen Geschäfte eingesetzt hat; sonst für eigenes Auswahlverschulden (RGZ 76, 185 [186]).

14 **8. Vormund als Erfüllungsgehilfe; Haftung des Mündels.** Der Vormund kann Erfüllungsgehilfe sein, § 278 S. 1 Fall 1; der Mündel haftet wg. § 278 grds. auch für Verschulden des Vormunds bei Vertragsverhandlungen (§§ 311 II, 280 I, 241 II); abw. gilt allein dann, wenn das angebahnte Geschäft außerhalb des Zuständigkeitsbereichs des Vormunds lag oder genehmigungsbedürftig war und nicht vom FamG genehmigt wurde (Grüneberg/Götz § 1789 Rn. 15). Keine Haftung des Mündels für unerlaubte Handlungen des Vormunds (Grüneberg/Götz § 1789 Rn. 15; RGZ 132, 76 [80]). – Gem. § 1789 III gilt zugunsten des Mündels § 1629a entspr.

§ 1792* Gemeinschaftliche Führung der Vormundschaft, Zusammenarbeit von Vormund und Pfleger

(1) **Ehegatten führen die ihnen übertragene Vormundschaft gemeinschaftlich.**

(2) **Vormünder und Pfleger sind zur gegenseitigen Information und Zusammenarbeit im Interesse des Mündels zu dessen Wohl verpflichtet.**

(3) **Der nach § 1776 bestellte Pfleger hat bei seinen Entscheidungen die Auffassung des Vormunds einzubeziehen.**

(4) **Der nach § 1777 bestellte Pfleger und der Vormund entscheiden in Angelegenheiten, für die ihnen die Sorge gemeinsam zusteht, in gegenseitigem Einvernehmen.**

(5) **In den Fällen der Absätze 1 und 4 gilt § 1629 Absatz 1 Satz 2 und 4 entsprechend.**

§ 1793* Entscheidung bei Meinungsverschiedenheiten

(1) **Das Familiengericht entscheidet auf Antrag über die hinsichtlich einer Sorgeangelegenheit bestehenden Meinungsverschiedenheiten zwischen**
1. **gemeinschaftlichen Vormündern,**
2. **mehreren Vormündern bei Sorgeangelegenheiten, die Geschwister gemeinsam betreffen,**
3. **dem Vormund und dem nach § 1776 oder § 1777 bestellten Pfleger.**

(2) **Antragsberechtigt sind der Vormund, der Pfleger und der Mündel, der das 14. Lebensjahr vollendet hat.**

Anmerkungen zu den §§ 1792, 1793

1 **1. Mitvormundschaft.** Ehegatten führen bei gemeinsamer Bestellung (vgl. § 1775 I) die Vormundschaft gemeinschaftlich (§ 1792 I); sie sind also in der Vertre-

* Buch 4 Abschnitt 3 (§§ 1773–1888) neu gef. mWv 1.1.2023 durch Ges. v. 4.5.2021 (BGBl. I S. 882).

tung Gesamtvertreter (Grüneberg/Götz § 1792 Rn. 1); gem. § 1792 V gilt § 1629 I 2 u 4 entspr. Zur Haftung s. §§ 1794, 1826 II. – Bei Meinungsverschiedenheiten entscheidet auf Antrag das FamG (§ 1792 I Nr. 1); zur Antragsbefugnis s. § 1792 II.

2. Informations- und Kooperationspflichten. a) Nach **§ 1792 II** sind Vormund und Pfleger zur gegenseitigen Information und Kooperation im Interesse des Mündels zu dessen Wohl verpflichtet; die Regelung gilt für alle Fälle, in denen Vormund und Pfleger für den Mündel Verantwortung tragen, dh insbes. bei Pflegerbestellung gem. §§ 1776, 1777, aber auch bei Ergänzungspflegschaft, §§ 1809 I, 1813 I, und Zuwendungspflegschaft, §§ 1811, 1813 I (BT-Drs. 19/24445, 206). **b)** Der nach § 1776 bestellte zusätzliche Pfleger hat bei Entscheidun- 3
gen in seinem Sorgebereich die Auffassung des Vormunds einzuholen und abzuwägen **(§ 1792 III).** Dadurch kann der Vormund seiner Mitverantwortung für das Mündelwohl gerecht werden (BT-Drs. 19/24445, 206). Bei Meinungsverschiedenheiten entscheidet auf Antrag das FamG (§ 1792 I Nr. 3, II); falls erforderlich kann der Vormund Aufsichtsmaßnahmen des FamG anregen (BT-Drs. 19/24445, 206). **c)** Die nach § 1777 als Pfleger bestellte Pflegeperson und der Vormund 4
entscheiden in Angelegenheiten, für die ihnen die Sorge gemeinsam zusteht (s. § 1777 II: Angelegenheiten von erheblicher Bedeutung) in gegenseitigem Einvernehmen **(§ 1792 IV);** gem. § 1792 V gilt § 1629 I 2 u 4 entspr. In den zur Alleinsorge übertragenen Angelegenheiten des täglichen Lebens entscheidet die Pflegeperson demgegenüber allein; für Angelegenheiten des täglichen Lebens iRd Personensorge gilt dies gem. § 1797 I/III auch unabhängig von § 1777. – Können sich Vormund und Pfleger in den von § 1777 II erfassten Fällen (oder über die von § 1777 II erfassten Fälle) nicht einigen, kann Entscheidung durch das FamG beantragt werden (§ 1792 I Nr. 3, II).

3. Entscheidung bei Meinungsverschiedenheiten. a) Bei Meinungsverschie- 5
denheiten in einer Sorgeangelegenheit zwischen den in § 1793 I Nr. 1–3 genannten Personen entscheidet auf Antrag das FamG. Das Gericht entscheidet selbst; keine Übertragung der Entscheidungsbefugnis auf einen der Beteiligten (BT-Drs. 19/24445, 206). Funktionell zuständig ist der Richter, s. § 14 I 1 Nr. 5 RPflG. **b)** Zur Antragsberechtigung s. § 1793 II.

§ 1794* Haftung des Vormunds

(1) [1]**Der Vormund ist dem Mündel für den aus einer Pflichtverletzung entstehenden Schaden verantwortlich.** [2]**Dies gilt nicht, wenn der Vormund die Pflichtverletzung nicht zu vertreten hat.** [3]**Im Übrigen gilt § 1826 entsprechend.**

(2) **Ist der Mündel zur Pflege und Erziehung in den Haushalt des Vormunds, der die Vormundschaft ehrenamtlich führt, aufgenommen, gilt § 1664 entsprechend.**

Lit.: Schreiber, Die Haftung des Vormundes im Spannungsfeld von öffentlichem Recht und Privatrecht, AcP 178, 533.

1. Allgemeines. Haftung des Vormundes aus ges. Schuldverhältnis familienrecht- 1
licher Prägung, die auch den Mitvormund (§§ 1775 I, 1792 I), das Jugendamt als Amtsvormund (dh die nach § 69 SGB VIII zu errichtende Körperschaft), den Vormundschaftsverein als vorläufigen Vormund (§ 1774 II Nr. 1; Haftung für Mitarbeiter nach § 1794 I 3 iVm § 1826 III) oder den Vereinsvormund (§ 1774 I Nr. 3) treffen kann. Über § 1813 I findet die Vorschrift auch auf den Pfleger Anwendung. Beim Amtsvormund sind Grundsätze über Ermessensspielraum, der gerichtl. Nach-

* Buch 4 Abschnitt 3 (§§ 1773–1888) neu gef. mWv 1.1.2023 durch Ges. v. 4.5.2021 (BGBl. I S. 882).

prüfung nicht unterliegt, nicht anwendbar (BGHZ 9, 255); zur Staatshaftung für Amtsvormund Schreiber AcP 178, 533.

2 **2. Voraussetzungen. a) Bestehende Vormundschaft;** nach Beendigung Haftung dann, wenn der „Vormund" ohne Widerspruch weiter als solcher tätig bleibt (RGZ JW 1938, 3116). Haftung auch des nach § 1784 II Untauglichen, nicht aber
3 des nach § 1784 I Unfähigen (BeckOK/Bettin Rn. 3). **b) Schuldhafte Verletzung** der **Pflichten** des Vormunds, ges. (s. §§ 1789; 1792 II-IV) oder durch Anordnung des FamG konkretisierte. Bsp: Abträglicher Unterhaltsvergleich (BGHZ 9, 255; BGHZ 22, 72); gering verzinste Geldanlage (AG Bremen NJW 1993, 205 [206] [Ergänzungspfleger]); Anerkennung falsch berechneten Pflichtteilsanspruchs (BGH VersR 1983, 1081); fehlerhafte Prozessführung; unterlassene Sicherung von Gewinnanteilen aus Unternehmen (BGH NJW-RR 2005, 297 [Vermögenspfleger]); Preisgabe vermögensrechtlicher Ansprüche (s. zB OLG Nürnberg FamRZ 1965, 454 [455]); pflichtwidrige Ermittlung von Unterhaltsansprüchen (BGH NJW 2014, 692 [unterhaltsrechtliche Beistandschaft]); pflichtwidrige Unterlassung der Erbenermittlung (LG Berlin ZEV 2012, 413 [414] [Nachlasspfleger]); **nicht:** Unterlassung gebotener Haftpflichtversicherung (BGHZ 77, 224 [228]). Genehmigung des FamG entlastet grds. nur, wenn allein Rechtsfragen zu beurteilen waren (BGH NJW 2004, 220 [221]).
4 **c) Sorgfaltsmaßstab:** Der Vormund haftet grds. für Vorsatz und Fahrlässigkeit (§ 276 I); nach BGH soll allerdings zu berücksichtigen sein, welche Sorgfalt im Lebenskreis des Vormundes geübt wird (BGH FamRZ 1964, 199), nicht aber nur diligentia quam in suis; Ausn: Haftungsbeschränkung gem. §§ 1794 II, 1664 für ehrenamtlichen Vormund (unabhängig davon, ob er nach § 1876 S. 2 Vergütung beanspruchen kann, BT-Drs. 19/24445, 208). **d)** Haftung für **Hilfspersonen** nach § 278, soweit solche überhaupt zur Erfüllung der Pflichten des Vormunds eingesetzt werden durften, sonst aufgrund eigener Pflichtverletzung; vgl. → 1789–1791 Rn. 13.

5 **3. Rechtsfolgen. a)** Haftung auf Schadensersatz; bei Schadensabnahme durch Dritte gelten Grundsätze der Vorteilsausgleichung (vgl. BGHZ 22, 72 [74]).
6 **b)** Mehrere Ersatzpflichtige sind Gesamtschuldner (§ 1794 I 3 iVm § 1826 II); Regress nach § 426.

7 **4. Darlegungs- und Beweislast.** Die Darlegungs- und Beweislast für Pflichtverletzung, Schaden und Kausalität trägt der Mündel. Das **Verschulden** des Vormunds wird vermutet; I 2 statuiert eine § 280 I 2 entspr. Beweislastumkehr.

8 **5. Verjährung.** §§ 195, 199, 207 I 2 Nr. 3.

Kapitel 2.* Personensorge

§ 1795* Gegenstand der Personensorge; Genehmigungspflichten

(1) [1]**Die Personensorge umfasst insbesondere die Bestimmung des Aufenthalts sowie die Pflege, Erziehung und Beaufsichtigung des Mündels unter Berücksichtigung seiner Rechte aus § 1788.** [2]**Der Vormund ist auch dann für die Personensorge verantwortlich und hat die Pflege und Erziehung des Mündels persönlich zu fördern und zu gewährleisten, wenn er den Mündel nicht in seinem Haushalt pflegt und erzieht.** [3]**Die §§ 1631a bis 1632 Absatz 4 Satz 1 gelten entsprechend.**

(2) **Der Vormund bedarf der Genehmigung des Familiengerichts**
1. **zu einem Ausbildungsvertrag, der für längere Zeit als ein Jahr geschlossen wird,**

* Buch 4 Abschnitt 3 (§§ 1773–1888) neu gef. mWv 1.1.2023 durch Ges. v. 4.5.2021 (BGBl. I S. 882).

2. zu einem auf die Eingehung eines Dienst- oder Arbeitsverhältnisses gerichteten Vertrag, wenn der Mündel zu persönlichen Leistungen für längere Zeit als ein Jahr verpflichtet werden soll, und
3. zum Wechsel des gewöhnlichen Aufenthalts des Mündels ins Ausland.

(3) **Das Familiengericht erteilt die Genehmigung nach Absatz 2, wenn das Rechtsgeschäft oder der Aufenthaltswechsel unter Berücksichtigung der Rechte des Mündels aus § 1788 dem Wohl des Mündels nicht widerspricht.**

(4) **[1]Für die Erteilung der Genehmigung gelten die §§ 1855 bis 1856 Absatz 2 sowie die §§ 1857 und 1858 entsprechend. [2]Ist der Mündel volljährig geworden, so tritt seine Genehmigung an die Stelle der Genehmigung des Familiengerichts.**

§ 1796* Verhältnis zwischen Vormund und Pflegeperson

(1) **[1]Der Vormund hat auf die Belange der Pflegeperson Rücksicht zu nehmen. [2]Bei Entscheidungen der Personensorge soll er die Auffassung der Pflegeperson einbeziehen.**

(2) **Für das Zusammenwirken von Vormund und Pflegeperson gilt § 1792 Absatz 2 entsprechend.**

(3) **Der Pflegeperson steht eine Person gleich, die**
1. den Mündel
a) in einer Einrichtung über Tag und Nacht oder
b) in sonstigen Wohnformen
betreut und erzieht oder
2. die intensive sozialpädagogische Betreuung des Mündels übernommen hat.

§ 1797* Entscheidungsbefugnis der Pflegeperson

(1) **[1]Lebt der Mündel für längere Zeit bei der Pflegeperson, ist diese berechtigt, in Angelegenheiten des täglichen Lebens zu entscheiden und den Vormund insoweit zu vertreten. [2]§ 1629 Absatz 1 Satz 4 gilt entsprechend.**

(2) **Absatz 1 ist auf die Person gemäß § 1796 Absatz 3 entsprechend anzuwenden.**

(3) **Der Vormund kann die Befugnisse nach den Absätzen 1 und 2 durch Erklärung gegenüber der Pflegeperson einschränken oder ausschließen, wenn dies zum Wohl des Mündels erforderlich ist.**

Anmerkungen zu den §§ 1795–1797

1. Allgemeines. a) § 1795 konkretisiert den Inhalt der Personensorge; sie ist entspr. den Pflichten und Rechten der Eltern ausgestaltet (→ Vor § 1773 Rn. 2). § 1795 I 2 betont die Erziehungsverantwortung des Vormunds; die Vorschrift verpflichtet den Vormund ausdrücklich, die Pflege und Erziehung des Mündels persönlich zu fördern und zu gewährleisten, auch wenn dieser nicht in seinem Haushalt lebt (s. auch § 1790 III; Hoffmann FamRZ 2011, 1185 [1186]). Die Vertretungsmacht des Vormunds ist nach § 1795 II beschränkt für die dort aufgeführten für den Mündel als bes. bedeutsam bewerteten RGeschäfte. **b)** §§ 1796, 1797 treffen Regelungen für den Fall, dass der Mündel bei Dritten lebt. 1

2. Gegenstand der Personensorge. Nach § 1795 I 1 erstreckt sich die Personensorge insbes. auf die Aufenthaltsbestimmung sowie die Pflege, Erziehung und Beaufsichtigung des Mündels, wobei dessen Rechte aus § 1788 zu berücksichtigen 2 sind; ergänzend wird auf die §§ 1631a–1632 IV 1 zur elterlichen Sorge verwiesen (§ 1795 I 3); vgl. dazu die Anm. dort.

3 **3. Genehmigungserfordernisse. a)** § 1795 II enthält die Genehmigungserfordernisse, denen der Vormund bei der Ausübung der Personensorge unterliegt. Die Beurteilung der zeitlichen Bindung bei den von **§ 1795 Nr. 1 u 2** erfassten RGeschäften (Abschluss eines Ausbildungs-, Dienst- oder Arbeitsvertrages) erfolgt ex ante (BT-Drs. 19/2445, 209). **§ 1795 II Nr. 3** erfasst auch einen nur vorübergehenden Wechsel ins Ausland; *nicht* genehmigungspflichtig ist ein behördlich angeordneter Wechsel (zB Abschiebung), da keine Ausübung des Aufenthaltsbestimmungsrechts des Vormundes (BT-Drs. 19/2445, 209). **b)** Zum Genehmigungsmaßstab s. § 1795 III; die Regelung orientiert sich an § 1644 I. Maßgebend ist das Mündelwohl unter Berücksichtigung der Rechte aus § 1788. **c)** Für das Verfahren der Genehmigungserteilung verweist § 1795 IV 1 auf das Betreuungsrecht (§§ 1855–1856 II; §§ 1857, 1858). Ist der Mündel volljährig geworden, tritt seine Genehmigung an die Stelle der Genehmigung des FamG, § 1795 IV 2.

4 **4. Verhältnis von Vormund und Pflegeperson. a) aa)** Nach § 1795 I 2 besteht die persönliche Erziehungsverantwortung des Vormunds auch dann, wenn der Mündel bei einer Pflegeperson lebt; zum Begriff der Pflegeperson s. → § 1777 Rn. 2. § 1796 I 1 statuiert ein **Gebot der Rücksichtnahme** auf die Belange der Pflegeperson; in Angelegenheiten der Personensorge soll der Vormund die Auffassung der Pflegeperson berücksichtigen (§ 1796 I 2), dh die Pflegeperson ist jedenfalls zu befragen (BT-Drs. 19/24445, 210). Vormund und Pflegeperson sind zur gegenseitigen **Information und Kooperation** verpflichtet, §§ 1796 II, 1792 II. **bb)** § 1796 III entspricht § 1688 II. **b) Entscheidungsbefugnis der Pflegeperson. aa)** Lebt der Mündel für längere Zeit bei der Pflegeperson, hat diese Entscheidungs- und Vertretungsbefugnisse (für den Vormund) bei Fragen des täglichen Lebens (s. § 1687 I 3), § 1797 I 1. Die Befugnisse beschränken sich allerdings auf Angelegenheiten der Personensorge; Verwaltung des Arbeitsverdienstes des Mündels sowie Geltendmachung von Unterhalts-, Versicherungs-, Versorgungs- und sonstige Sozialleistungen obliegen dem Vormund (BT-Drs. 19/24445, 210). Die Pflegeperson hat gem. §§ 1797 I 2, 1629 I 4 ein **Notvertretungsrecht** für den Mündel (vgl. → § 1629 Rn. 4). **bb)** Die Entscheidungs- und Vertretungsbefugnisse gem. § 1797 I bestehen auch für nach § 1796 III gleichgestellte Erziehungspersonen. **cc)** Der Vormund kann die Befugnisse nach § 1797 I und II einschränken oder ausschließen (§ 1797 III), wenn das Mündelwohl dies erfordert. Bei ungerechtfertigtem Eingriff oder Untätigkeit trotz bestehendem Anlass zum Eingriff kommt Einschreiten des FamFG iRd Aufsicht (§ 1802 I) in Betracht (BT-Drs. 19/24445, 210).

Kapitel 3.* Vermögenssorge

§ 1798* Grundsätze und Pflichten des Vormunds in der Vermögenssorge

(1) [1]**Der Vormund hat die Vermögenssorge zum Wohl des Mündels unter Berücksichtigung der Grundsätze einer wirtschaftlichen Vermögensverwaltung und der wachsenden Bedürfnisse des Mündels zu selbständigem und verantwortungsbewussten Handeln wahrzunehmen.** [2]**Er ist dabei zum Schutz und Erhalt des Mündelvermögens verpflichtet.**

(2) [1]**Für die Pflichten des Vormunds bei der Vermögenssorge gelten im Übrigen § 1835 Absatz 1 bis 5 sowie die §§ 1836, 1837 und 1839 bis 1847 entsprechend.** [2]**Das Vermögensverzeichnis soll das bei Anordnung der Vormund-**

* Buch 4 Abschnitt 3 (§§ 1773–1888) neu gef. mWv 1.1.2023 durch Ges. v. 4.5.2021 (BGBl. I S. 882).

schaft vorhandene Vermögen erfassen. [3]Das Familiengericht hat das Vermögensverzeichnis dem Mündel zur Kenntnis zu geben, soweit dies dem Wohl des Mündels nicht widerspricht und der Mündel aufgrund seines Entwicklungsstands in der Lage ist, das Verzeichnis zur Kenntnis zu nehmen.

(3) **[1]Der Vormund kann nicht in Vertretung des Mündels Schenkungen machen. [2]Ausgenommen sind Schenkungen, durch die einer sittlichen Pflicht oder einer auf den Anstand zu nehmenden Rücksicht entsprochen wird.**

§ 1799* Genehmigungsbedürftige Rechtsgeschäfte

(1) **Der Vormund bedarf der Genehmigung des Familiengerichts in den Fällen, in denen ein Betreuer nach den §§ 1848 bis 1854 Nummer 1 bis 7 der Genehmigung des Betreuungsgerichts bedarf, soweit sich nicht aus Absatz 2 etwas anderes ergibt.**

(2) **[1]Der Vormund bedarf abweichend von § 1853 Satz 1 Nummer 1 der Genehmigung des Familiengerichts zum Abschluss eines Miet- oder Pachtvertrags oder eines anderen Vertrags, durch den der Mündel zu wiederkehrenden Leistungen verpflichtet wird, wenn das Vertragsverhältnis länger als ein Jahr nach dem Eintritt seiner Volljährigkeit fortdauern soll. [2]Eine Genehmigung ist nicht erforderlich, wenn**
1. **der Vertrag geringe wirtschaftliche Bedeutung für den Mündel hat oder**
2. **das Vertragsverhältnis von dem Mündel nach Eintritt der Volljährigkeit spätestens zum Ablauf des 19. Lebensjahres ohne eigene Nachteile gekündigt werden kann.**

§ 1800* Erteilung der Genehmigung

(1) **Das Familiengericht erteilt die Genehmigung, wenn das Rechtgeschäft den Grundsätzen nach § 1798 Absatz 1 nicht widerspricht.**

(2) **[1]Für die Erteilung der Genehmigung gelten die §§ 1855 bis 1856 Absatz 2 sowie die §§ 1857 und 1858 entsprechend. [2]Ist der Mündel volljährig geworden, so tritt seine Genehmigung an die Stelle der Genehmigung des Familiengerichts.**

§ 1801* Befreite Vormundschaft

(1) **Für das Jugendamt, den Vereinsvormund und den Vormundschaftsverein als Vormund gilt § 1859 Absatz 1 entsprechend.**

(2) **[1]Das Familiengericht kann auf Antrag Vormünder von den Beschränkungen bei der Vermögenssorge befreien, wenn eine Gefährdung des Mündelvermögens nicht zu besorgen ist. [2]§ 1860 Absatz 1 bis 3 gilt entsprechend.**

(3) **[1]Eltern können unter Beachtung der Voraussetzungen des § 1782 einen von ihnen benannten Vormund von den Beschränkungen nach den §§ 1845, 1848 und 1849 Absatz 1 Satz 1 Nummer 1 und 2, Satz 2 sowie § 1865 Absatz 1 befreien. [2]§ 1859 Absatz 1 Satz 2 und 3 gilt entsprechend.**

(4) **Das Familiengericht hat die Befreiungen aufzuheben, wenn ihre Voraussetzungen nicht mehr vorliegen oder bei ihrer Fortgeltung eine Gefährdung des Mündelvermögens zu besorgen wäre.**

---

* Buch 4 Abschnitt 3 (§§ 1773–1888) neu gef. mWv 1.1.2023 durch Ges. v. 4.5.2021 (BGBl. I S. 882).

Anmerkungen zu den §§ 1798–1801

1 **1. Allgemeines.** Die §§ 1798–1801 verweisen im Wesentlichen auf die Vorschriften zur Vermögenssorge im BetreuungsR (§§ 1835–1860), vgl. hierzu auch → Vor § 1773 Rn. 10 ff. In Kapitel 3 sind seit dem 1.1.2023 nur noch die im VormundschaftsR geltenden Besonderheiten geregelt; § 1798 I statuiert einleitend die allgemeinen Grundsätze für das Handeln des Vormunds iRd Vermögenssorge.

2 **2. Pflichten des Vormunds. a) Grundsätze der Vermögenssorge,** § 1798 I. Die Vermögenssorge ist zum Wohl des Mündels wahrzunehmen; dabei sind die Grundsätze einer wirtschaftlichen Vermögensverwaltung und der wachsenden Bedürfnisse des Mündels zu selbständigem und verantwortungsbewusstem Handeln (vgl. § 1790 II) zu berücksichtigen. Der Mündel soll bei Eintritt der Volljährigkeit möglichst ein ungeschmälertes Vermögen erhalten, s. § 1798 I 2 (BT-Drs. 19/24445, 211). **b)** Für den Vormund gelten grds. die gleichen Anforderungen wie für den Betreuer, s. § 1798 II; im Einzelnen: **aa)** Pflicht zur **Erstellung eines Vermögensverzeichnisses** (§ 1835 I-V); auch Vermögen, das nicht der Verwaltung durch den Vormund unterliegt (BT-Drs. 19/24445, 212; aA Grüneberg/Götz § 1798 Rn. 4). Zu erfassen ist das bei Anordnung der Vormundschaft vorhandene Vermögen (§ 1798 II 2). Nachträglich hinzuerworbenes Vermögen s § 1835 I 3; ebenso sind hinzuerworbene Einzelstücke zu behandeln. Bei Beteiligung des Mündels an Gesamthand ist das gesamte Vermögen der Gesamthand unter Angabe des Mündelanteils zu inventarisieren. Die Pflicht nach §§ 1798 II 1, 1835 trifft auch den vorläufigen Vormund (BeckOK/Bettin § 1798 Rn. 4).
3 **bb) Trennungsgebot** (§ 1836). Der Vormund hat das Vermögen des Mündels getrennt von seinem eigenen Vermögen zu halten und es nicht für sich zu verwenden; Ausn. s. § 1836 I 2, II 2, III. **cc)** Vermögensverwaltung bei **Erbschaft, Schenkung** (§ 1837); Verwaltung entspr. Anordnung. Bindung des Ermessens des Vormunds bei der Verwaltung der in § 1837 I genannten Vermögensteile; vgl. 1638. Bei Verstoß des Vormunds gegen die Anordnung evtl. Haftung aus § 1794. **dd)** Vermögensverwaltung von **Geld, Wertpapieren** und **Wertgegenständen**
4 sowie **Beginn eines Erwerbsgeschäfts** s. §§ 1839–1847. **c) Schenkungen des Vormunds** (§ 1798 III); Begriff der Schenkung s. § 516 I, nicht Verzicht auf ein wertlos gewordenes Wohnrecht (BGH ZEV 2012, 371 [372]); auch gemischte Schenkungen (OLG Frankfurt a.M. NJOZ 2019, 404 [405]). Anstandsschenkung iSv § 1798 III 2 s. § 534; sa OLG Hamm NJW-RR 1987, 453; LG Kassel NJW-RR 2013, 199 (Geldzuwendung iHv 80.000 Euro zu Lasten des Betreuten). Schenkung aus dem Vermögen einer Gesellschaft, an der der Mündel beteiligt ist, fällt nicht unter § 1798 III 1 (RGZ 125, 380 [381]). Rechtsfolge einer gegen § 1798 III 1 verstoßenden Schenkung nach hM Nichtigkeit gem. § 134, s. BGH MDR 2020, 106 (Schenkungsversprechen, durch das eine unter Betreuung stehende Person ihren gesamten zum Todestag bestehenden Nachlass einer Stiftung verspricht); BayObLGZ 1996, 118 [120] (Grundstücksschenkung durch Betreuer). Das Verbot erfasst sowohl das Verpflichtungs- als auch das dingliche Erfüllungsgeschäft (OLG Frankfurt a.M. NJOZ 2019, 404 [405]); iÜ → § 1641 Rn. 2.

5 **3. Genehmigungsbedürftige Rechtsgeschäfte. a)** § 1799 soll bei bes. schwerwiegenden Geschäften die Mitwirkung und Kontrolle des FamG sichern und schränkt die Vertretungsmacht des Vormunds durch das Erfordernis familiengerichtl. Genehmigung entspr. ein. Genehmigungsbedürftig sind die durch Verweisung in § 1799 I auf §§ 1848–1854 Nr. 1–7 iE bezeichneten, vom Vormund **im Namen des Mündels** vorgenommenen RGeschäfte, bei Vornahme durch den Mündel die **Zustimmung** des Vormunds. Zu den nach § 1799 I genehmigungsbedürftigen RGeschäften s. die Kommentierung zu §§ 1848–1854. § 1799 II legt fest, wann der Abschluss eines Miet- oder Pachtvertrags oder eines anderen Vertrags über wiederkehrende Leistungen abweichend von § 1853 S. 1 Nr. 1 genehmigungsbedürftig ist; s. dazu → § 1643 Rn. 4. Zur Genehmigungsbedürftigkeit eines Ausbildungs-,

Dienst- oder Arbeitsvertrages s. § 1795 II Nr. 1 u 2. **b) aa)** Zum **Genehmigungsmaßstab** s. § 1800 I; vgl. dazu → § 1644 Rn. 2. **bb)** Für die **Genehmigungserklärung** verweist § 1800 II auf das Betreuungsrecht (§§ 1855–1856 II; §§ 1857, 1858). Ist der Mündel volljährig geworden, tritt seine Genehmigung an die Stelle der Genehmigung des FamG, § 1800 II 2 (vgl. § 1644 III 2); sie ist formfrei, BGH BB 1980, 857 (GmbH-Vertrag). Nach Mitteilung der Verweigerung der Genehmigung kann der Mündel selbst nicht mehr durch Genehmigung heilen, sondern Neuvornahme ist erforderlich. Nach dem Tod des Mündels keine Genehmigung durch das FamG, sondern ggf. durch die Erben. **c) Verfahren.** Amtsermittlungs- 7 grundsatz (§ 26 FamFG), Anhörungen nach §§ 159, 160 II, 168c FamFG; Wirksamwerden gegenüber Vormund § 40 FamFG, jedoch Änderungsmöglichkeit bis zur Mitteilung gegenüber Dritten nach §§ 1856 II, 1858 I; § 48 I, III FamFG. Beschwerdeberechtigt nach § 59 I FamFG grds. nur Vormund und Mündel, nicht der Vertragspartner; Ausn: Genehmigung ist gegenüber dem Vertragspartner gem. § 1856 I 2 bereits wirksam geworden (BGH FamRZ 2016, 296 [297]). Ausübung durch Mündel § 60 FamFG.

4. Befreite Vormundschaft. a) § 1801 bestimmt, wann ein Vormund von den 8 Pflichten und Beschränkungen bei der Vermögenssorge (teilw.) befreit ist oder befreit werden kann. **aa)** Für Jugendamt, Vereinsvormund und Vormundschaftsverein gelten nach § 1801 I die in § 1859 I 1 geregelten Befreiungen **von Ges. wegen.** Nicht entbunden sind die Vormünder iSd § 1801 I von der Vermögensübersicht gem. § 1859 I 2 u 3. **bb)** Alle Vormünder (auch die in § 1801 I genannten) können vom FamG in entsprechender Anwendung des § 1860 I-III von den dort bezeichneten Pflichten und Beschränkungen befreit werden (§ 1801 II), sofern das Mündelvermögen nicht gefährdet wird. **cc)** § 1801 III eröffnet Eltern die Möglichkeit, einen nach § 1782 in letztwilliger Verfügung benannten Vormund, der ihr Vertrauen genießt, von den in § 1801 III genannten Beschränkungen zu befreien. Für die **Erklärung** der Befreiung sind nach § 1801 III 1 die Voraussetzungen des § 1782 zu beachten; bei widersprechenden Erklärungen der Eltern s. § 1782 II (Grüneberg/Götz § 1801 Rn. 6: § 1782 II analog). Die Befreiung kann bei Benennung, aber auch nachträglich erfolgen (Grüneberg/Götz § 1801 Rn. 5); der Umfang der gewollten Befreiung ist ggf. durch Auslegung zu ermitteln. Von der Verpflichtung zur Vorlage einer Vermögensübersicht gem. § 1859 I 2 u 3 kann nicht befreit werden (§ 1801 III 2). **b)** Die Befreiungen nach § 1801 I-III sind aufzuheben (kein Ermessen), wenn ihre 9 Voraussetzungen nicht mehr vorliegen oder bei ihrer Fortgeltung eine Gefährdung des Mündelvermögens zu besorgen wäre (§ 1801 IV).

Untertitel 3.* Beratung und Aufsicht durch das Familiengericht

§ 1802* Allgemeine Vorschriften

(1) **[1]Das Familiengericht unterstützt den Vormund und berät ihn über seine Rechte und Pflichten bei der Wahrnehmung seiner Aufgaben. [2]§ 1861 Absatz 2 gilt entsprechend.**

(2) **[1]Das Familiengericht führt über die gesamte Tätigkeit des Vormunds die Aufsicht. [2]Es hat dabei insbesondere auf die Einhaltung der Pflichten der Amtsführung des Vormunds unter Berücksichtigung der Rechte des Mündels sowie der Grundsätze und Pflichten des Vormunds in der Personen- und Vermögenssorge zu achten. [3]§ 1862 Absatz 3 und 4 sowie die §§ 1863 bis 1867, 1666, 1666a und 1696 gelten entsprechend. [4]Das Familiengericht kann dem Vormund aufgeben, eine Versicherung gegen Schäden, die er dem Mündel zufügen kann, einzugehen.**

---

* Buch 4 Abschnitt 3 (§§ 1773–1888) neu gef. mWv 1.1.2023 durch Ges. v. 4.5.2021 (BGBl. I S. 882).

1 **1. Allgemeines.** Verhältnis von selbstständiger Amtsführung des Vormunds und Aufsicht des FamG allg. → Vor § 1773 Rn. 2, 8. I 1 betont fürsorgliche Tätigkeit. FamG darf erst **eingreifen,** wenn **Pflichtwidrigkeit** (§§ 1802 II 2, 3; 1862 III 1) gegeben ist; iÜ kann das FamG nur **unterstützen** und **beraten** (I). Nicht: Tätigwerden anstelle des Vormunds in Zweckmäßigkeitsfragen (LG Köln NJW 1993, 207 [Aufenthaltsort]).

2 **2. Aufsichtsbeginn und -ende. Beginn** der Aufsicht mit der Bestellung des Vormunds; **Ende** mit der Entlassung des Vormunds oder dem Ende der Vormundschaft (§§ 1804, 1806). Pflicht zur Herausgabe von Vermögen und Unterlagen, Einreichung ordnungsgem. Schlussrechnung und Rückgabe der Bestellungsurkunde besteht auch noch nach Beendigung (§§ 1807, 1872; § 168b III FamFG); ihre Einhaltung kann erzwungen werden (§§ 1802 II 3, 1862 III).

3 **3. Voraussetzungen für Eingreifen. a)** Nach § 1802 II 3 iVm § 1862 III 1 hat das FamG gegen Pflichtwidrigkeiten (Tun oder Unterlassen, OLG Koblenz BeckRS 2018, 52121) des Vormunds (auch unverschuldete) durch geeignete Gebote und Verbote einzugreifen. Eine Pflichtwidrigkeit liegt jedenfalls dann vor, wenn der Vormund gegen die Pflichten aus § 1790 verstößt; s. ferner die Pflichten des Vormundes aus § 1798 II iVm §§ 1835 I-IV, 1836, 1837, 1839–1843, 1845–1847 und § 1802 II 3 iVm §§ 1863–1865; iÜ soll nach der Regierungsbegründung eine am Kindeswohl orientierte Einzelfallbetrachtung vorzunehmen sein (BT-Drs. 19/24445, 218 unter Hinweis auf den offenen Pflichtwidrigkeitsbegriff des § 1862 III 1). Präventives Eingreifen nur bei begründeter Besorgnis drohender Pflichtwidrigkeit (vgl. OLG Brandenburg FamRZ 2016, 314; OLG Karlsruhe NJW-RR 2005, 1313). Sachl. begründete Ansichten in Zweckmäßigkeitsfragen sind vom FamG
4 nicht zu korrigieren (BGHZ 17, 108 [116]). **b)** Für andere als die aufgrund der Vormundschaft dem Vormund ggü. dem Mündel obliegenden Verpflichtungen (zB Unterhaltsverpflichtungen) ist das FamG nicht Aufsichtsorgan nach § 1802.

5 **4. Modalitäten der Beratung und Aufsicht. a) Beratung** nach I 1 ist auf grds. Fragen der Amtsführung begrenzt (BT-Drs. 19/24445, 217); der Anspruch des Vormunds auf Beratung und Unterstützung durch das Jugendamt (§ 53a SGB VIII) bleibt unberührt. Ein ehrenamtlicher Vormund wird gem. § 1802 I 2 iVm § 1861 II alsbald nach seiner Bestellung mündlich verpflichtet, über seine Aufgaben unter-
6 richtet und auf Beratungs- und Unterstützungsangebote hingewiesen. **b)** Das FamG führt nach II 1 über die gesamte Tätigkeit des Vormunds die **Aufsicht;** es hat nach II 2 insbes. auf die Einhaltung der Pflichten der Amtsführung unter Berücksichtigung der Rechte des Mündels (§ 1788) sowie der Grundsätze und Pflichten des Vormunds in der Personen- und Vermögenssorge (§§ 1795 ff. und 1798 ff.) zu ach-
7 ten. IÜ verweist II 3 auf das BetreuungsR. **c) Befugnisse** des FamG bei **Pflichtwidrigkeiten** (→ Rn. 3). **aa) Gebote** oder **Verbote** (§ 1802 II 3 iVm § 1862 III 1). **bb)** Festsetzung von **Zwangsgeld** nach §§ 1802 II 3, 1862 III 2, auch gg. Vereinsvormund (§ 1774 I Nr. 3), nicht aber gg. Jugendamt (vgl. BGH NJW-RR 2014, 513 [514]: Festsetzung von Ordnungsgeld nach § 89 FamFG gg. Jugendamt als Amtsvormund aber möglich) oder Vormundschaftsverein, §§ 1802 II 2, 1862 III 3. Für Verhängung derartiger Zwangsgelder ist **schuldhafte** Nichtbefolgung von Anordnungen, die aufgrund Pflichtwidrigkeiten ergangen sind, Voraussetzung (Grüneberg/Götz § 1862 Rn. 5, str.); nicht zulässig „Bestrafung" von Ungebühr. Vorherige Androhung ist nicht erforderlich (BT-Drs. 16/6308, 193; sa BeckOK/Kadelbach § 1862 Rn. 7). Da Vormundschaft mit dem Tod des Vormunds endet, kann gg. dessen Erben kein Zwangsgeld wg. Nichterstellung der Schlussrechnung festgesetzt werden (BGH FamRZ 2017, 1776 [1777]). **cc) Entlassung** s. § 1804. **dd)** III 2 sieht mit der Verweisung auf §§ 1666, 1666a und 1696 flexible korrigierende Maßnahmen und Möglichkeiten ihrer Änderung vor; Entlassung aber nur gem. § 1804 (BT-Drs. 19/24445, 220). **ee)** Maßnahmen gem. § 1798 II iVm §§ 1835 V, 1837
8 II, 1844 sowie gem. § 1802 II 3 iVm § 1867. **d)** Haftung des Vormunds s. § 1794,

des Staates bei ungeeigneten Anordnungen des FamG § 839, Art. 34 GG. **e) Pflicht** zur **Versicherung** s. II 4.

5. Verfahren. Die verfahrensrechtlichen Vorschriften ergeben sich aus dem FamFG. Zuständig Rechtspfleger, §§ 3 Nr. 2a; 14 I Nr. 2 RPflG; Beschwerderecht des Vormunds § 11 I RPflG, § 59 I FamFG; Ausübung durch Mündel § 60 FamFG. 9

§ 1803* Persönliche Anhörung; Besprechung mit dem Mündel

In geeigneten Fällen und soweit es nach dem Entwicklungstand des Mündels angezeigt ist,

1. **hat das Familiengericht den Mündel persönlich anzuhören, wenn Anhaltspunkte bestehen, dass der Vormund pflichtwidrig die Rechte des Mündels nicht oder nicht in geeigneter Weise beachtet oder seinen Pflichten als Vormund in anderer Weise nicht nachkommt,**
2. **soll das Familiengericht den Anfangs- und Jahresbericht des Vormunds über die persönlichen Verhältnisse des Mündels, die Rechnungslegung des Vormunds, wenn der Umfang des zu verwaltenden Vermögens dies rechtfertigt, sowie wesentliche Änderungen der persönlichen oder wirtschaftlichen Verhältnisse des Mündels mit dem Mündel persönlich besprechen; der Vormund kann hinzugezogen werden.**

1. Allgemeines. Der Mündel soll in geeigneten Fällen und soweit es nach seinem Entwicklungsstand angezeigt ist persönlich angehört werden bei Anhaltspunkten möglicher Pflichtwidrigkeiten des Vormunds (Nr. 1) sowie zu den Berichten, der Rechnungslegung und zu Änderungen der persönlichen und wirtschaftlichen Verhältnisse des Mündels (Nr. 2). Als „geeignete" Fälle nennt die Entwurfsbegründung etwa die Verwaltung erheblichen Mündelvermögens (vgl. auch Nr. 2) oder Spannungen zwischen Mündel und Vormund (BT-Drs. 19/24445, 220). 1

2. Anhörung des Mündels, Nr. 1. In den von Nr. 1 erfassten Fällen hat das FamG den Mündel persönlich (nicht nur Telefonat, BT-Drs. 19/24445, 220; sa BVerfG FamRZ 2022, 694 [695] zu § 159 FamFG) anzuhören (anders als bei Nr. 2 kein Ermessen, → Rn. 3). Anhaltspunkte für Pflichtverletzung liegen bspw. vor, wenn der Vormund den einsichtsfähigen Mündel entgegen § 1788 Nr. 5 in ihn betreffende Angelegenheiten nicht einbezieht oder er dem Gericht berichtenswerte Vorgänge (zB Möglichkeit ehrenamtlicher Vormundschaft) vorenthält (s. BT-Drs. 19/24445, 220). 2

3. Besprechung mit dem Mündel, Nr. 2. Steht im (eingeschränkten) Ermessen des FamG sowohl hinsichtlich der Besprechung selbst als auch der Hinzuziehung des Vormunds (BT-Drs. 19/24445, 220). Liegen die Voraussetzungen von Nr. 2 vor, kann von einer Besprechung mit dem Mündel gleichwohl abgesehen werden, etwa wenn der Mündel die Besprechung ausdrücklich ablehnt oder krankheitsbedingt nicht teilnehmen kann (BT-Drs. 19/24445, 220). – Ein Telefonat ist keine persönliche Besprechung iSd Nr. 2 (BT-Drs. 19/24445, 220). 3

Untertitel 4.* Beendigung der Vormundschaft

§ 1804* Entlassung des Vormunds

(1) **Das Familiengericht hat den Vormund zu entlassen, wenn**

1. **die Fortführung des Amtes durch ihn, insbesondere wegen Verletzung seiner Pflichten, das Interesse oder Wohl des Mündels gefährden würde,**

---

* Buch 4 Abschnitt 3 (§§ 1773–1888) neu gef. mWv 1.1.2023 durch Ges. v. 4.5.2021 (BGBl. I S. 882).

* Buch 4 Abschnitt 3 (§§ 1773–1888) neu gef. mWv 1.1.2023 durch Ges. v. 4.5.2021 (BGBl. I S. 882).

2. er als Vormund gemäß § 1774 Absatz 1 Nummer 2 bis 4 bestellt wurde und jetzt eine andere Person geeignet und bereit ist, die Vormundschaft ehrenamtlich zu führen, es sei denn, die Entlassung widerspricht dem Wohl des Mündels,
3. er als Vereinsvormund bestellt wurde und aus dem Arbeitsverhältnis mit dem Verein ausscheidet,
4. nach seiner Bestellung Umstände bekannt werden oder eintreten, die seiner Bestellung gemäß § 1784 entgegenstehen oder
5. ein sonstiger wichtiger Grund für die Entlassung vorliegt.

(2) **Das Familiengericht hat den Vormund außerdem zu entlassen, wenn**
1. nach dessen Bestellung Umstände eintreten, aufgrund derer ihm die Fortführung des Amtes nicht mehr zugemutet werden kann, und der Vormund seine Entlassung beantragt oder
2. er als Vereinsvormund bestellt wurde und der Verein seine Entlassung beantragt.

(3) [1]**Das Familiengericht soll auf Antrag den bisherigen Vormund entlassen, wenn der Wechsel des Vormunds dem Wohl des Mündels dient.** [2]**Ein entgegenstehender Wille des Mündels und der Vorrang des ehrenamtlichen Vormunds sind zu berücksichtigen.** [3]**Den Antrag nach Satz 1 können stellen:**
1. der Vormund,
2. derjenige, der sich im Interesse des Mündels als neuer Vormund anbietet,
3. der Mündel, der das 14. Lebensjahr vollendet hat, sowie
4. jeder andere, der ein berechtigtes Interesse des Mündels geltend macht.

1 **1. Allgemeines.** Vorschrift regelt die Voraussetzungen für die Entlassung des Vormunds aus dem Amt.

2 **2. Entlassungsgründe. a)** Der Vormund ist **von Amts wegen** zu entlassen, wenn **aa)** die Fortführung des Amts durch ihn das **Interesse oder Wohl des Mündels** gefährden würde und die schädlichen Folgen der Entlassung für den Mündel nicht die Gefährdung überwiegen (I Nr. 1). **Pflichtwidrigkeit** ist nur Beispielsfall („insbes.") für Gefährdungsgrund; maßgeblich sind die in §§ 1789 ff. konkretisierten Amts- und Amtsführungspflichten (BT-Drs. 19/24445, 221). Bsp: langwierige Erkrankung, mangelnde Fähigkeit, dauernder Interessengegensatz, Starrsinn, Unbelehrbarkeit und/oder beharrliche Weigerung, dem FamG Auskünfte zu erteilen oder Rechenschaft abzulegen, tiefgreifende Entfremdung zwischen Mündel und Vormund; solche Entfremdung kann auch durch Religionswechsel verursacht worden sein. Entlassung nur, wenn weniger schwerwiegende Maßnahmen, zB nach § 1789 II 3, 4, § 1798 II 1 iVm § 1844, § 1802 II 3 iVm § 1862 III, § 1801 IV nicht ausreichen (bei wiederholten Pflichtwidrigkeiten Erschöpfung aller möglichen Aufsichtsmaßnahmen aber nicht erforderlich, BayObLG FamRZ 2004, 1323). Sonderfall eines zu Unrecht eingesetzten „Nachfolgepflegers" s. BayObLG NJW-RR 1988, 643. **bb)** sich anstelle eines Vormunds iSd § 1774 I Nr. 2–4 eine Person findet, die zur **ehrenamtlichen Vormundschaft** geeignet und bereit ist und Entlassung dem Mündelwohl nicht widerspricht (I Nr. 2); I Nr. 2 wird ergänzt durch III. **cc)** der **Vereinsvormund** (§ 1774 I Nr. 3) aus dem Arbeitsverhältnis mit Vormundschaftsverein ausscheidet (I Nr. 3); zur *Weiterführung der Vormundschaft* als Privatperson s. § 1805 II; **dd)** nach der Bestellung ein **Ausschlussgrund** nach § 1784 eintritt oder bekannt wird (I Nr. 4), zB nachträgliche Geschäftsunfähigkeit (→ § 1784 Rn. 2); oder **ee)** ein **sonstiger wichtiger Grund** vorliegt (I Nr. 5) zB nachträgliche Rücknahme einer dienstrechtlich erforderlichen Genehmigung (BT-Drs. 19/24445,
3 222). **b) aa)** Auf **Antrag des Vormunds** hat Entlassung zu erfolgen, wenn Fort-

führung des Amts **unzumutbar** ist (II Nr. 1); vgl. → § 1785 Rn. 2. **bb)** Der **Vereinsvormund** (§ 1774 I Nr. 3) ist zu entlassen, wenn der Verein die Entlassung beantragt (II Nr. 2); zur Weiterführung der Vormundschaft s. § 1805 II;
c) aa) Der bisherige Vormund soll gem. III 1 entlassen werden, wenn der **Wechsel** des Vormunds unter Abwägung aller Aspekte (insbes. des allg. Interesses an Kontinuität in der Person des Vormunds) dem **Mündelwohl dient.** Wille des Mündels und Vorrang des ehrenamtlichen Vormunds sind zu berücksichtigen (III 2). **bb)** Zur Antragsberechtigung s. III 3. 4

3. Verfahren. Zuständig für die Entlassung ist der Rechtspfleger, § 3 Nr. 2a RPflG. Antragsberechtigung s. II und III; bei Entlassung nach I ist Antrag nicht erforderlich. Anhörung s. §§ 159, 160, 162, 168c FamFG. Die Entscheidung wird mit Bekanntgabe des Beschlusses an den Vormund wirksam, § 168a II FamFG. Beschwerderecht nach § 11 I RPflG; § 59 FamFG; Ausübung durch Mündel § 60 FamFG. – Zur Bestellung eines neuen Vormunds s. § 1805. 5

§ 1805* Bestellung eines neuen Vormunds

(1) [1]**Wird der Vormund entlassen oder verstirbt er, hat das Familiengericht unverzüglich einen neuen Vormund zu bestellen.** [2]**Die §§ 1778 bis 1785 gelten entsprechend.**

(2) **Wird der Vereinsvormund gemäß § 1804 Absatz 1 Nummer 3 oder Absatz 2 Nummer 2 entlassen, kann das Familiengericht statt der Entlassung des Vereinsvormunds feststellen, dass dieser die Vormundschaft künftig als Privatperson weiterführt, wenn dies dem Wohl des Mündels dient.**

a) Endet das Amt des Vormunds durch Entlassung (§ 1804) oder Tod, hat das FamG gem. I 1 unverzüglich einen neuen Vormund zu bestellen; s. dazu BT-Drs. 19/24445, 223: zugleich mit Entlassung. Für die Auswahl des neuen Vormunds gelten §§ 1778–1785 entspr. (I 2); unter den Voraussetzungen des § 1781 kommt damit auch die Bestellung eines vorläufigen Vormunds (§ 1774 II) in Betracht. 1
b) Liegen die Entlassungsgründe des § 1804 I Nr. 3, II Nr. 2 vor, besteht im Kontinuitätsinteresse des Mündels die Möglichkeit, dass der Vereinsvormund (§ 1774 I Nr. 3) die Vormundschaft als Privatperson weiterführt, wenn dies dem Mündelwohl dient. Das FamG kann in diesem Fall (ohne den Vormund zu entlassen) feststellen, dass er das Amt als Berufsvormund (§ 1774 I Nr. 2) oder als ehrenamtlicher Vormund (§ 1774 I Nr. 1) weiterführt (Grüneberg/Götz Rn. 3; BeckOK/Bettin Rn. 4; sa BT-Drs. 19/24445, 223). 2

§ 1806* Ende der Vormundschaft

Die Vormundschaft endet, wenn die Voraussetzungen für ihre Begründung gemäß § 1773 nicht mehr gegeben sind.

1. Allgemeines. Zu unterscheiden sind Beendigung der Vormundschaft (§ 1806), Beendigung des Amts des Vormunds (s. § 1804) und Erlöschen des Rechtsverhältnisses zwischen Vormund und Mündel. Grds. endet die Vormundschaft ipso iure; dadurch zugleich Beendigung des Amts des Vormunds (keine Entlassung erforderlich), BeckOK/Bettin Rn. 1; Grüneberg/Götz Rn. 1. Bestehen Zweifel oder Uneinigkeit, ob und wann die Vormundschaft beendet ist, stellt das FamG durch Beschluss die Vormundschaftsbeendigung und deren Zeitpunkt fest (§ 168e FamFG). 1

---

* Buch 4 Abschnitt 3 (§§ 1773–1888) neu gef. mWv 1.1.2023 durch Ges. v. 4.5.2021 (BGBl. I S. 882).

* Buch 4 Abschnitt 3 (§§ 1773–1888) neu gef. mWv 1.1.2023 durch Ges. v. 4.5.2021 (BGBl. I S. 882).

2 **2. Gründe der Beendigung kraft Ges. a) Tod** des Mündels; **b)** Wegfall der in § 1773 bestimmten Voraussetzungen für die Begründung der Vormundschaft, also
3 **aa) Eintritt der Volljährigkeit** (§ 2); zu Findelkindern s. §§ 24 II 1, 25 S. 1 PStG; **bb) Eintritt** oder **Wiederaufleben** der **elterlichen Sorgebefugnis,** soweit nicht Eltern(-teil) Vertretung in persönlichen und Vermögensangelegenheiten entzogen
4 ist. **c) Substituierung** von Gründen str.; es ist anzunehmen, dass die Vormundschaft stets mit Wegfall der Gründe, wg. derer sie angeordnet worden ist, endet. Liegen andere Gründe vor, muss neu angeordnet werden (Gernhuber/Coester-Waltjen § 75 Rn. 2; aA Erman/Schulte-Bunert Rn. 2). Liegen die Voraussetzungen für eine Betreuung vor, muss nach §§ 1814 ff. ein Betreuer bestellt werden, ggf. schon vor Erreichen der Volljährigkeit gem. § 1814 V (Grüneberg/Götz Rn. 2; BeckOK/Bettin Rn. 2).

§ 1807* Vermögensherausgabe, Schlussrechnungslegung und Fortführung der Geschäfte

Bei Beendigung der Vormundschaft finden die §§ 1872 bis 1874 mit der Maßgabe entsprechende Anwendung, dass § 1872 Absatz 5 für Vormünder gilt, die bei Beendigung ihres Amtes gemäß § 1801 Absatz 1 und 3 befreit waren.

1 Für die Folgen der Beendigung der Vormundschaft wird auf das BetreuungsR (§§ 1872–1874) verwiesen; s. Kommentierung dort. – Pflicht zur Rückgabe der Bestellungsurkunde bzw. der Bescheinigung folgt aus § 168b III FamFG.

Untertitel 5.* Vergütung und Aufwendungsersatz

§ 1808* Vergütung und Aufwendungsersatz

(1) **Die Vormundschaft wird grundsätzlich unentgeltlich geführt.**

(2) **[1]Der ehrenamtliche Vormund kann vom Mündel für seine zur Führung der Vormundschaft erforderlichen Aufwendungen Vorschuss oder Ersatz gemäß § 1877 oder stattdessen die Aufwandspauschale gemäß § 1878 verlangen; die §§ 1879 und 1880 gelten entsprechend. [2]Das Familiengericht kann ihm abweichend von Absatz 1 eine angemessene Vergütung bewilligen. [3]§ 1876 Satz 2 gilt entsprechend.**

(3) **[1]Die Vormundschaft wird ausnahmsweise berufsmäßig geführt. [2]Die Berufsmäßigkeit sowie Ansprüche des berufsmäßig tätigen Vormunds und des Vormundschaftsvereins auf Vergütung und Aufwendungsersatz bestimmen sich nach dem Vormünder- und Betreuervergütungsgesetz.**

1 **a)** I stellt fest, dass die Vormundschaft (wie die Betreuung, § 1876 S. 1) grds. **unentgeltlich** geführt wird. **b)** Für Aufwendungsersatz und (abweichend von I) Vergütung des **ehrenamtlichen Vormunds** verweist II auf das BetreuungsR. Ausgenommen von der Verweisung ist der Rückgriffsanspruch gem. § 1881; ein Rückgriff der Staatskasse beim Mündel findet nicht statt (s. dazu BT-Drs. 19/24445, 224 f.). **c)** Nach III 1 wird die Vormundschaft ausnahmsweise **berufsmäßig** geführt; die Voraussetzungen der Berufsmäßigkeit sowie Ansprüche des berufsmäßig tätigen Vormunds und des Vormundschaftsvereins auf Vergütung und Aufwendungsersatz bestimmen sich nach den Vorschriften des VBVG, III 2.

Titel 2.* Pflegschaft für Minderjährige

Vorbemerkungen

Lit: Socha, Vormundschaft und Pflegschaft in der Rechtspraxis, 2023.

1. Allgemeines. a) Pflegschaft ist die Einrichtung personenbezogener oder sachbezogener Fürsorge. Durch das Ges. zur Reform des Vormundschafts- und Betreuungsrechts (→ Vor § 1773 Rn. 10 ff.) wurde sie aufgeteilt in Pflegschaft für Minderjährige (§§ 1809–1813), die aufgrund inhaltlicher Nähe unmittelbar dem VormundschaftsR nachfolgt, und sonstige Pflegschaft (§§ 1882–1888), die ihren Platz hinter dem BetreuungsR gefunden hat. 1
b) Vormundschaft und **Pflegschaft für Minderjährige unterscheiden** sich in Umfang und Dauer der Fürsorge. Vormundschaft ist umfassende, dem elterlichen Sorgerecht entspr. Befugnis und Verpflichtung von Dauer, während die Pflegschaft für Minderjährige (§§ 1809–1811) die Besorgung einzelner Angelegenheiten (s. § 1812 II Alt. 2) oder eines umschriebenen Kreises von Angelegenheiten für den Pflegling beinhaltet. Während der Wirkungskreis des Vormunds ges. festgelegt ist, werden die Befugnisse des Pflegers und deren Grenzen vom FamG bei der Bestellung bestimmt. 2
c) Die in §§ 1809 ff., 1882 ff. geregelten Pflegschaften können nicht durch Analogien vermehrt werden (BeckOGK/Schöpflin [1.10.2022] § 1809 Rn. 12). Pflegschaft außerhalb des 4. Buchs des BGB s. §§ 1960 ff.; Pflegschaften oder pflegschaftsähnliche Einrichtungen außerhalb des BGB s. Grüneberg/Götz Einf. v. § 1809 Rn. 5. 3

2. Wirkungen der Pflegschaft. Soweit sich aus dem Ges. nichts anderes ergibt, finden auf die Pflegschaft für Minderjährige die Vormundschaftsvorschriften entspr. Anwendung (§ 1813 I); auf sonstige Pflegschaften sind die Vorschriften des BetreuungsR entspr. anwendbar (§ 1888 I). 4

3. Verfahren. → Vor § 1773 Rn. 9. 5

§ 1809* Ergänzungspflegschaft

(1) [1]**Wer unter elterlicher Sorge oder unter Vormundschaft steht, erhält für Angelegenheiten, an deren Besorgung die Eltern oder der Vormund verhindert sind, einen Pfleger.** [2]**Der Pfleger hat die Pflicht und das Recht, die ihm übertragenen Angelegenheiten im Interesse des Pfleglings zu dessen Wohl zu besorgen und diesen zu vertreten.**

(2) **Wird eine Pflegschaft erforderlich, so haben die Eltern oder der Vormund dies dem Familiengericht unverzüglich anzuzeigen.**

1. Allgemeines. § 1809 schließt Lücken, die aus rechtlichen oder tatsächlichen Gründen im Bereich der Befugnisse und Rechte von Eltern oder Vormund bestehen oder entstehen und sichert notwendige Fürsorge. – Die nach §§ 1776, 1777 bestellten Pfleger sind keine Ergänzungspfleger iSd § 1809 (→ § 1776 Rn. 1); §§ 1809 ff. gelten für sie nur entspr. (s. §§ 1776 III 1, 1777 IV 2). 1

2. Voraussetzungen. a) Verhinderung von Eltern oder Vormund an der Besorgung von **persönlichen** oder **vermögensrechtlichen** konkreten Angelegenheiten oder eines Kreises von Angelegenheiten eines Minderjährigen oder Mündels. Keine Hinderung, falls und soweit der andere Elternteil handeln kann (s. §§ 1680 I, 1678 I). Ernstliche Zweifel an der Verhinderung genügen (OLG Saarbrücken DNotZ 1980, 113; Gernhuber/Coester-Waltjen § 77 Rn. 34). 2
aa) Tatsächliche Verhinderung zB durch Krankheit, Abwesenheit, Strafhaft; **nicht:** Abwesenheit nur eines Elternteils, wenn und soweit der andere Elternteil allein handeln kann (§ 1678 I 3

---

* Buch 4 Abschnitt 3 (§§ 1773–1888) neu gef. mWv 1.1.2023 durch Ges. v. 4.5.2021 (BGBl. I S. 882).

HS 1); beharrliche „Selbstablehnung" der Eltern, str., überzeugend gg. Verhinde-
4 rungsgrund Gernhuber/Coester-Waltjen § 77 Rn. 34. **bb) Rechtliche Verhinderung:** Bsp. § 1811, hierzu auch § 1638; ferner §§ 181, 1629 II 1 iVm § 1824 I Nr. 1–
5 3, 1673 I, II, 1674, 1666 I, 1677, 1789 II 2 iVm 1824. **Einzelfälle:** Offensichtlicher Interessenkonflikt zum Vormund, BVerfG NJW 1995, 2023 (Verfassungsbeschwerde gg. Abschiebung); Abschluss oder Änderung eines Gesellschaftsvertrages, wenn Elternteil oder Vormund selbst Gesellschafter ist oder wird; Dauerpflegschaft jedoch nicht erforderlich für die rechtliche Mitwirkung des Minderjährigen/Mündels als Kommanditist in Familiengesellschaft (BGHZ 65, 93 [96]; sa Coing NJW 1985, 7); Geltendmachung von Unterhaltsansprüchen (OLG Dresden NJW-RR 2010, 1588; OLG Stuttgart NJW-RR 2005, 1382 [1383]), beachte jedoch § 1629 II 2, III; Auseinandersetzung einer Miterbengemeinschaft (BGHZ 21, 229); Sicherung Pflichtteil (BayObLG FamRZ 1989, 540 [541]); Pfleger für Kinder zur Wahrung von erbrechtlichen Ansprüchen, wenn Eltern zum Testamentsvollstrecker bestellt worden sind (OLG Hamm FamRZ 1993, 1122 [1123]; aA LG Mannheim MDR 1977, 579; sa OLG Brandenburg ZEV 2019, 151: Bestimmung des Großvaters als Ergänzungspfleger und Testamentsvollstrecker); Asylanerkennungsverfahren (KG NJW 1982, 526); Strafverfahren gg.
6 Eltern (BGH FamRZ 2020, 1197 [1198], § 52 II 2 StPO). **b)** Ernsthaftes und gegenwärtiges (s. Gernhuber/Coester-Waltjen § 77 Rn. 36) **Bedürfnis;** Bsp: Prozessführung, auch Passivprozesse, Gernhuber/Coester-Waltjen § 77 Rn. 39 ff.

7 **3. Pfleger. Auswahl** gem. § 1813 I iVm § 1778; §§ 1782, 1783 gelten nicht, § 1813 II.

8 **4. Bestellung.** Für beide Eltern ist nur ein Pfleger zu bestellen. Für mehrere Geschwister jeweils ein Pfleger, wenn sie miteinander RGeschäfte abschließen, zB bei Gesellschaftsgründung (OLG Zweibrücken OLGZ 1980, 213 [215]). **Aufhebung** der Pflegschaft s. § 1812 I.

9 **5. Verfahren.** Die verfahrensrechtlichen Vorschriften sind im FamFG geregelt. Funktionell zuständig ist der Rechtspfleger (§ 3 Nr. 2aRPflG); Tätigwerden von Amts wegen, § 26 FamFG, beachte hierzu **Anzeigepflicht** nach § 1809 II, ferner aus § 8a II SGB VIII („anrufen"); gg. Anordnung haben Eltern und Vormund Beschwerde nach § 59 FamFG, s. BayObLG NJW 1964, 2306; Pflegling § 60 FamFG.

10 **6. Wirkungen der Pflegerbestellung. a)** Der Pfleger hat gem. I 2 die Pflicht und das Recht, die ihm übertragenen Angelegenheiten im Interesse des Pfleglings zu dessen Wohl zu besorgen und diesen zu vertreten. Der Inhalt der Befugnisse wird durch den Bestellungsbeschluss bestimmt; Erweiterungen der Befugnisse sind nur durch erneute Bestellung möglich. **b)** Im Umfang der dem Pfleger übertragenen Angelegenheiten sind die Eltern bzw. der Vormund von der Wahrnehmung der elterlichen Sorge (§ 1630 I) bzw. der Vormundschaft (§ 1789 I 2) ausgeschlossen; für Meinungsverschiedenheiten zwischen Eltern und Pfleger s. § 1630 II. **c)** Haftung des Pflegers s. §§ 1813 I, 1794.

11 **7. Beendigung.** S. § 1812 II.

§ 1810* Pflegschaft für ein ungeborenes Kind

[1]Für ein bereits gezeugtes Kind kann zur Wahrung seiner künftigen Rechte ein Pfleger bestellt werden, sofern die Eltern an der Ausübung der elterlichen Sorge verhindert wären, wenn das Kind bereits geboren wäre. [2]Mit der Geburt des Kindes endet die Pflegschaft.

1 **1. Allgemeines. a)** Personenpflegschaft, die zumeist funktional Ergänzungspflegschaft ist, also erforderlich wird, soweit die Befugnisse der Eltern, für den Nasciturus

---

* Buch 4 Abschnitt 3 (§§ 1773–1888) neu gef. mWv 1.1.2023 durch Ges. v. 4.5.2021 (BGBl. I S. 882).

zu handeln, nicht ausgeübt werden können. Zur Teilrechtsfähigkeit des Nasciturus und den werdenden Rechten, deren Wahrnehmung § 1810 ermöglichen soll, → Rn. 2. **b)** Für noch nicht Gezeugte s. § 1882.

2. Voraussetzungen. a) Nasciturus; **b)** elterliche Vertretungsmacht fehlt, dh sie würde, wenn das Kind bereits geboren wäre, nicht bestehen oder nicht ausgeübt werden können, S. 1 und dazu §§ 1638, 1629 II, 1824, 181, 1673; **c) Fürsorgebedürfnis** des Nasciturus hinsichtlich künftiger Rechte, zB aus Erbfall (s. § 1923 II), Vertrag zugunsten Dritter (§§ 328 I, 331), § 844 II 2, Ersatzansprüche bei Verletzung des Nasciturus oder solche aus Insassenunfallversicherung (aA OLG Hamm VersR 1973, 810). Bedürfnisse Dritter sind nicht maßgebend. Das Fürsorgebedürfnis fehlt, falls Wahrnehmung der Rechte auf andere Weise, zB durch Testamentsvollstreckung (§ 2222) oder Nachlasspflegschaft (§ 1960 II) gesichert ist. Eine vorgeburtliche Vaterschaftsfeststellung kann nicht auf § 1810 (analog) gestützt werden (BGH FamRZ 2016, 1849 [1851]). 2

3. Wirkungskreis. Ist auf die wahrnehmungsbedürftigen Rechte beschränkt (→ Rn. 2); Pfleger ist insoweit ges. Vertreter (vgl. § 1809 I 2). 3

4. Auswahl. §§ 1813 I, 1778; kein Benennungsrecht entspr. § 1782 (BeckOGK/Schöpflin [1.10.2022] Rn. 17). 4

5. Verfahren. Sachl. Zuständigkeit des FamG nach § 151 Nr. 5 FamFG; örtl. Zuständigkeit § 152 FamFG; iÜ → § 1809 Rn. 9. 5

6. Beendigung. S. 2 und § 1812 I, II HS. 2. 6

§ 1811* Zuwendungspflegschaft

(1) **Der Minderjährige erhält einen Zuwendungspfleger, wenn**
1. **der Minderjährige von Todes wegen, durch unentgeltliche Zuwendung auf den Todesfall oder unter Lebenden Vermögen erwirbt und**
2. **der Erblasser durch letztwillige Verfügung, der Zuwendende bei der Zuwendung bestimmt hat, dass die Eltern oder der Vormund das Vermögen nicht verwalten sollen.**

(2) [1]**Der Erblasser kann durch letztwillige Verfügung, der Zuwendende bei der Zuwendung**
1. **einen Zuwendungspfleger benennen,**
2. **den Zuwendungspfleger von den Beschränkungen gemäß den §§ 1843, 1845, 1846, 1848, 1849 Absatz 1 Satz 1 Nummer 1 und 2 und Satz 2 sowie § 1865 befreien.**

[2]**In den Fällen des Satzes 1 Nummer 1 gilt § 1783 entsprechend.** [3]**In den Fällen des Satzes 1 Nummer 2 gilt § 1859 Absatz 1 Satz 2 und 3 entsprechend.**

(3) [1]**Das Familiengericht hat die Befreiungen nach Absatz 2 Satz 1 Nummer 2 aufzuheben, wenn sie das Vermögen des Pfleglings erheblich gefährden.** [2]**Solange der Zuwendende lebt, ist zu einer Abweichung der von ihm erteilten Befreiungen seine Zustimmung erforderlich und genügend.** [3]**Ist er zur Abgabe einer Erklärung dauerhaft außerstande oder ist sein Aufenthalt dauerhaft unbekannt, so hat das Familiengericht unter Beachtung der Voraussetzung des Satzes 1 die Zustimmung zu ersetzen.**

(4) [1]**Sofern der Pflegling nicht mittellos ist, bestimmt sich die Höhe des Stundensatzes des Zuwendungspflegers nach seinen für die Führung der Pflegschaftsgeschäfte nutzbaren Fachkenntnissen sowie nach dem Umfang und der Schwierigkeit der Pflegschaftsgeschäfte.** [2]**§ 1881 gilt entsprechend.**

1. Allgemeines. Die Vorschrift regelt einen bes. Fall der Ergänzungspflegschaft (vgl. → § 1809 Rn. 4); sie ergänzt § 1638. Anders als in § 1909 I 2 aF wird nicht mehr klargestellt, dass der Pfleger zur Verwaltung des zugewendeten Vermögens 1 bestellt wird; eine Änderung der fr. Rechtslage ist damit jedoch nicht intendiert (BT-Drs. 19/24445, 226).

2 **2. Voraussetzungen. a)** Hat der Erblasser durch letztwillige Verfügung oder der Zuwendende bei der Zuwendung bestimmt, dass die Eltern oder der Vormund das zugewendete Vermögen nicht verwalten sollen, liegt ein bes. Fall **rechtlicher Verhinderung** vor. Die Eltern sind kraft Ges. von der Vertretung ausgeschlossen
3 (§ 1638). **b)** Zur **Anzeigepflicht** der Eltern oder des Vormunds s. § 1809 II.

4 **3. Benennung des Pflegers und Anordnung von Befreiungen. a)** Der Erblasser bzw. der Zuwendende können gem. **II 1 Nr. 1** einen Zuwendungspfleger benennen. Das FamG ist grds. an die Benennung gebunden; zum **Übergehen** der
5 benannten Person s. II 2 iVm § 1783. **b)** Erblasser und Zuwendender können den Zuwendungspfleger von den in **II 1 Nr. 2** genannten Beschränkungen befreien; s. aber **II 3** iVm § 1859 I 2 und 3.

6 **4. Aufhebung der Befreiungen. III** bestimmt, unter welchen Umständen von den Anordnungen des Erblassers bzw. des Zuwendenden abgewichen werden kann. III bezieht sich ausdrücklich nur auf die Befreiungen nach II 1 Nr. 2 (nicht auf die Benennung nach II 1 Nr. 1). **a)** Das FamG hat die Befreiungen aufzuheben, wenn sie das Vermögen des Pfleglings erheblich gefährden, **III 1. b)** Lebt der Zuwendende noch, ist seine Zustimmung zu einer Abweichung der von ihm erteilten Befreiungen erforderlich und genügend; auf eine Gefährdung der Interessen des Pfleglings kommt es in diesem Fall nicht an (BT-Drs. 19/24445, 228). Die Zustimmung des Zuwendenden kann nach **III 3** nur ersetzt werden, wenn er zur Abgabe einer Erklärung dauerhaft außerstande ist oder sein Aufenthalt dauerhaft unbekannt ist *und* durch die Befolgung der Anordnungen nach II 1 Nr. 2 das Vermögen des Pfleglings gefährdet würde.

7 **5. Vergütung.** Bestimmt sich nach Fachkenntnissen des Zuwendungspflegers sowie Umfang und Schwierigkeit des Geschäfts, soweit der Pflegling nicht mittellos ist, s. IV 1; bei Mittellosigkeit Vergütung des berufsmäßigen Zuwendungspflegers wie Berufsvormund, §§ 1813 I, 1808 III (BeckOK/Bettin Rn. 12). Zum Rückgriff der Staatskasse s. IV 2 iVm § 1881.

§ 1812* Aufhebung und Ende der Pflegschaft

(1) **Die Pflegschaft ist aufzuheben, wenn der Grund für die Anordnung der Pflegschaft weggefallen ist.**

(2) **Die Pflegschaft endet mit der Beendigung der elterlichen Sorge oder der Vormundschaft, im Falle der Pflegschaft zur Besorgung einer einzelnen Angelegenheit mit deren Erledigung.**

1 **1. Allgemeines.** Pflegschaften enden entweder kraft Ges. (II) oder infolge Aufhebung durch das FamG (I). Gemeinsames Merkmal der Beendigung kraft Ges. ist dabei die Eindeutigkeit und leichte Feststellbarkeit des Beendigungsgrundes. Von der Aufhebung der Pflegschaft ist die Entlassung des Pflegers zu unterscheiden; trotz Ende der Pflegschaft keine Erledigung des Verfahrens auf Entlassung des Pflegers (BGHZ 65, 41 [45]).

2 **2. Beendigung durch Aufhebung. Wegfall des Anordnungsgrundes,** insbes. des Fürsorgebedürfnisses, zB Wegfall der Verhinderung von Eltern oder Vormund bei Ergänzungspflegschaft nach § 1809. Aufhebung auch dann, wenn Grund für die Anordnung einer Pflegschaft nie gegeben war. – Hebt das FamG die Pflegschaft auf, obwohl der Anordnungsgrund nicht weggefallen ist, endet die Pflegschaft gleichwohl (BeckOK/Bettin Rn. 5; Grüneberg/Götz Rn. 2); Beschwerde kann nur

* Buch 4 Abschnitt 3 (§§ 1773–1888) neu gef. mWv 1.1.2023 durch Ges. v. 4.5.2021 (BGBl. I S. 882).

zu erneuter Anordnung der Pflegschaft führen (BayObLG FamRZ 1988, 423; OLG Koblenz FamRZ 2017, 1075).

3. Beendigung kraft Ges. a) Sie tritt regelmäßig mit dem Tod des Pfleglings 3
ein (KG WM 1971, 871). **b)** Ergänzungspflegschaft endet mit Wegfall der ergänzten elterlichen Befugnisse oder der Vormundschaft, zB bei Volljährigkeit, Tod der Eltern; auch bei Wechsel der elterlich Sorgebefugten oder des Vormunds (Erman/Roth Rn. 7), str. Zur **Beendigung der elterlichen Sorge** s. iÜ → § 1626 Rn. 6; zur
Beendigung der Vormundschaft → § 1806 Rn. 2 ff. **c)** Zur Pflegschaft für ein 4
ungeborenes Kind s. § 1810 S. 2. **d) Erledigung** bestimmter **einzelner Pflegeraufgaben** s. § 1812 II HS. 2; Bsp: Gesellschaftsvertrag vom FamG genehmigt; Rechtsstreit rechtskräftig abgeschlossen (BayObLG Rpfleger 1988, 105). § 1812 II HS. 2 gilt nicht, wenn dem Pfleger ein Kreis von Angelegenheiten übertragen ist
(BeckOK/Bettin Rn. 7; Grüneberg/Götz Rn. 3). **e)** Einer förmlichen Aufhebung 5
bedarf es in den Fällen des II nicht; möglich ist ein deklaratorischer Beschluss über die Aufhebung (BT-Drs. 19/24445, 229).

4. Verfahrensfragen. a) Gg. Aufhebung Beschwerdeberechtigung nach § 59 6
FamFG. Beschwerde auch gg. deklaratorische Feststellung, dass Pflegschaft kraft Ges.
beendet sei. **b) Kein Beschwerderecht** des Pflegers, da er kein Recht auf sein Amt hat 7
(BGH NJW 1953, 1666).

§ 1813* Anwendung des Vormundschaftsrechts

(1) **Auf die Pflegschaften nach diesem Titel finden die für die Vormundschaft geltenden Vorschriften entsprechende Anwendung, soweit sich aus dem Gesetz nichts anderes ergibt.**

(2) **Für Pflegschaften nach § 1809 Absatz 1 Satz 1 gelten die §§ 1782 und 1783 nicht.**

1. Allgemeines. a) Die Wesensverwandtschaft der Pflegschaft für Minderjährige 1
mit der Vormundschaft ermöglicht die entspr. Anwendung der für die Vormundschaft geltenden Vorschriften auf die Pflegschaft für Minderjährige. Nicht nur die im VormundschaftsR geregelten Vorschriften, sondern alle auf die Vormundschaft
bezogenen Normen finden entspr. Anwendung, also zB auch § 1999. **b)** Auf die 2
sonstigen Pflegschaften iSd §§ 1882 ff. ist dagegen das BetreuungsR entspr. anzuwenden (§ 1888 I).

2. Einzelheiten. a) aa) Nach I gelten entspr. die Regelungen über die Auswahl 3
und Bestellung des Vormunds, über den Beginn und die Führung der Vormundschaft, über die Beratung und Aufsicht durch das FamG sowie über die Entlassung des Vormunds. **bb)** Familiengerichtl. Genehmigungen sind auch für den Ergänzungspfleger, der an Stelle der Eltern handelt, erforderlich; Privilegien der Eltern iRd § 1643 gelten nicht für den Pfleger (BeckOK/Bettin Rn. 3). **cc)** Haftung nach § 1794. **dd)** Aufwen-
dungsersatz und Vergütung nach § 1808; Ausn: § 1811 IV. **b) Ausnahmen. aa)** Für 4
die Ergänzungspflegschaften nach § 1809 I 1 gelten die Vorschriften über das Benennungsrecht der Eltern (§§ 1782, 1783) nicht, II. **bb)** Zu Aufhebung und Ende der Pflegschaft s. § 1812. **cc)** Für die Zuwendungspflegschaft s. § 1811.

Titel 3.* Rechtliche Betreuung

Vorbemerkungen

Lit.: Bartels, Die große Reform: Primat der Wünsche des Betreuten – die neuen Vorschriften des Betreuungsrechts, FamRB 2021, 204; Bienwald ua, Betreuungsrecht, 7. Aufl. 2023; Jurge-

* Buch 4 Abschnitt 3 (§§ 1773–1888) neu gef. mWv 1.1.2023 durch Ges. v. 4.5.2021 (BGBl. I S. 882).

leith (Hg.), Betreuungsrecht (Kommentar), 5. Aufl. 2023; Jürgens, Betreuungsrecht, 7. Aufl. 2023; Schnellenbach ua, Betreuungsrecht für die Praxis, 2023; Schwedler, Die Betreuungsrechtsreform, NZFam 2022, 1011; Siegel/Kraus, Die Auswirkungen der Reform des Vormundschafts- und Betreuungsrechts auf die notarielle Praxis, DNotZ 2022, 906; Zimmer, Das neue Betreuungsrecht in der notariellen Praxis, NotBZ 2023, 12.

1 **1. Geschichte.** Das BetreuungsR wurde durch das Ges. zur Reform des Vormundschafts- und Betreuungsrechts v. 4.5.2021 (BGBl. I 882) mWv 1.1.2023 umfassend reformiert; zu den Eckpunkten der Reform → Vor § 1773 Rn. 12; zu fr. Reformen Jauernig/Budzikiewicz, 18. Aufl. 2021, Vor § 1896 Rn. 1 f.

2 **2. Allgemeines.** Das Ges. zur Reform des Rechts der Vormundschaft und Pflegschaft für Volljährige v. 12.9.1990 (BGBl. I 2002) hatte die Entmündigung und den beschränkt geschäftsfähigen Volljährigen abgeschafft; geschäftsunfähig sind Volljährige nur noch aufgrund „natürlicher Geschäftsunfähigkeit" (§ 104 Nr. 2). Die Vormundschaft über Volljährige (§§ 1896 ff. aF) und die Gebrechlichkeitspflegschaft (§ 1910 aF) wurden durch das Rechtsinstitut der **Betreuung** ersetzt; entspr. regelt das FamFG jetzt „Betreuungssachen", §§ 271–311 FamFG. Voraussetzung der Betreuung sind Krankheit oder Behinderungen des zu betreuenden Volljährigen (§ 1814 I), wobei die Betreuung und die damit bewirkte Fremdbestimmung im Unterschied zur Entmündigung konkret auf den Zustand des Betreuten und seine Lebensverhältnisse abzustimmen ist (Prinzip der **Erforderlichkeit,** § 1814 III 1, s. Gernhuber/Coester-Waltjen § 78 Rn. 2: Entmündigung war vielfach „sozialer Tod"). Ein Betreuungsverhältnis kann aufgrund des Erforderlichkeitsprinzips auch durch die Erteilung von Vollmachten durch den Betroffenen zur Vorsorge für Angelegenheiten, die er aufgrund einer Krankheit oder Behinderung nicht selbst besorgen
3 kann, oder durch andere Hilfen überflüssig sein oder werden (§ 1814 III 2). Grundprinzip ist die Berücksichtigung der Fähigkeit des Betreuten zur Selbstbestimmung, soweit diese möglich ist; obwohl der Betreuer in seinem Aufgabenkreis als ges. Vertreter des Betreuten fungiert (§ 1823), bleibt der Betreute daneben handlungsfähig („Doppelzuständigkeit"), sofern er nicht nach § 104 Nr. 2 geschäftsunfähig ist oder ein Einwilligungsvorbehalt nach § 1825 angeordnet worden ist.

4 **3. Verfahren.** S. → Vor § 1773 Rn. 9. **a)** Anordnung der Betreuung und Bestellung des Betreuers geschehen in einem Akt **(Einheitsentscheidung);** erst mit der Bestellung des Betreuers wird die Betreuung wirksam, § 287 FamFG; in Eilfällen vorläufiger Betreuer, §§ 300 ff. FamFG, oder Maßnahmen nach § 1867. Betreuung endet mit Aufhebung der Betreuung durch das BetreuungsG oder Tod des Betreuten, § 1868; sa § 1871. **b)** Funktionelle Zuständigkeit s. §§ 3 Nr. 2b, 15 I Nr. 1–7 RPflG (s. aber § 19 I 1 Nr. 1 RPflG zur Ermächtigung der Landesregierung zur Aufhebung des Richtervorbehalts in durch RVO bestimmten Fällen), örtl. Zuständigkeit § 272 FamFG; **c)** Verfahrensfähigkeit des Betroffenen s. § 275 I FamFG (BGH FamRZ 2021, 457 mit krit. Anm. Fröschle); Verfahrenspfleger § 276 FamFG (s. dazu BGH
5 NJW-RR 2014, 1153); Anhörung §§ 278, 279, 319, 320 FamFG. **d) Unterbringung** eines Betreuten s. §§ 312 ff. FamFG (Unterbringungssachen).

Untertitel 1.* Betreuerbestellung

§ 1814* Voraussetzungen

(1) **Kann ein Volljähriger seine Angelegenheiten ganz oder teilweise rechtlich nicht besorgen und beruht dies auf einer Krankheit oder Behinderung, so *bestellt* das Betreuungsgericht für ihn einen rechtlichen Betreuer (Betreuer).**

---

* Buch 4 Abschnitt 3 (§§ 1773–1888) neu gef. mWv 1.1.2023 durch Ges. v. 4.5.2021 (BGBl. I S. 882).

(2) **Gegen den freien Willen des Volljährigen darf ein Betreuer nicht bestellt werden.**

(3) **[1]Ein Betreuer darf nur bestellt werden, wenn dies erforderlich ist. [2]Die Bestellung eines Betreuers ist insbesondere nicht erforderlich, soweit die Angelegenheiten des Volljährigen**
1. **durch einen Bevollmächtigten, der nicht zu den in § 1816 Absatz 6 bezeichneten Personen gehört, gleichermaßen besorgt werden können oder**
2. **durch andere Hilfen, bei denen kein gesetzlicher Vertreter bestellt wird, erledigt werden können, insbesondere durch solche Unterstützung, die auf sozialen Rechten oder anderen Vorschriften beruht.**

(4) **[1]Die Bestellung eines Betreuers erfolgt auf Antrag des Volljährigen oder von Amts wegen. [2]Soweit der Volljährige seine Angelegenheiten lediglich aufgrund einer körperlichen Krankheit oder Behinderung nicht besorgen kann, darf ein Betreuer nur auf Antrag des Volljährigen bestellt werden, es sei denn, dass dieser seinen Willen nicht kundtun kann.**

(5) **[1]Ein Betreuer kann auch für einen Minderjährigen, der das 17. Lebensjahr vollendet hat, bestellt werden, wenn anzunehmen ist, dass die Bestellung eines Betreuers bei Eintritt der Volljährigkeit erforderlich sein wird. [2]Die Bestellung des Betreuers wird erst mit dem Eintritt der Volljährigkeit wirksam.**

§ 1815* Umfang der Betreuung

(1) **[1]Der Aufgabenkreis eines Betreuers besteht aus einem oder mehreren Aufgabenbereichen. [2]Diese sind vom Betreuungsgericht im Einzelnen anzuordnen. [3]Ein Aufgabenbereich darf nur angeordnet werden, wenn und soweit dessen rechtliche Wahrnehmung durch einen Betreuer erforderlich ist.**

(2) **Folgende Entscheidungen darf der Betreuer nur treffen, wenn sie als Aufgabenbereich vom Betreuungsgericht ausdrücklich angeordnet worden sind:**
1. **eine mit Freiheitsentziehung verbundene Unterbringung des Betreuten nach § 1831 Absatz 1,**
2. **eine freiheitsentziehende Maßnahme im Sinne des § 1831 Absatz 4, unabhängig davon, wo der Betreute sich aufhält,**
3. **die Bestimmung des gewöhnlichen Aufenthalts des Betreuten im Ausland,**
4. **die Bestimmung des Umgangs des Betreuten,**
5. **die Entscheidung über die Telekommunikation des Betreuten einschließlich seiner elektronischen Kommunikation,**
6. **die Entscheidung über die Entgegennahme, das Öffnen und das Anhalten der Post des Betreuten.**

(3) **Einem Betreuer können unter den Voraussetzungen des § 1820 Absatz 3 auch die Aufgabenbereiche der Geltendmachung von Rechten des Betreuten gegenüber seinem Bevollmächtigten sowie zusätzlich der Geltendmachung von Auskunfts- und Rechenschaftsansprüchen des Betreuten gegenüber Dritten übertragen werden (Kontrollbetreuer).**

§ 1816* Eignung und Auswahl des Betreuers, Berücksichtigung der Wünsche des Volljährigen

(1) **Das Betreuungsgericht bestellt einen Betreuer, der geeignet ist, in dem gerichtlich angeordneten Aufgabenkreis die Angelegenheiten des Betreuten**

* Buch 4 Abschnitt 3 (§§ 1773–1888) neu gef. mWv 1.1.2023 durch Ges. v. 4.5.2021 (BGBl. I S. 882).

nach Maßgabe des § 1821 rechtlich zu besorgen und insbesondere in dem hierfür erforderlichen Umfang persönlichen Kontakt mit dem Betreuten zu halten.

(2) [1]Wünscht der Volljährige eine Person als Betreuer, so ist diesem Wunsch zu entsprechen, es sei denn, die gewünschte Person ist zur Führung der Betreuung nach Absatz 1 nicht geeignet. [2]Lehnt der Volljährige eine bestimmte Person als Betreuer ab, so ist diesem Wunsch zu entsprechen, es sei denn, die Ablehnung bezieht sich nicht auf die Person des Betreuers, sondern auf die Bestellung eines Betreuers als solche. [3]Die Sätze 1 und 2 gelten auch für Wünsche, die der Volljährige vor Einleitung des Betreuungsverfahrens geäußert hat, es sei denn, dass er an diesen erkennbar nicht festhalten will. [4]Wer von der Einleitung eines Verfahrens über die Bestellung eines Betreuers für einen Volljährigen Kenntnis erlangt und ein Dokument besitzt, in dem der Volljährige für den Fall, dass für ihn ein Betreuer bestellt werden muss, Wünsche zur Auswahl des Betreuers oder zur Wahrnehmung der Betreuung geäußert hat (Betreuungsverfügung), hat die Betreuungsverfügung dem Betreuungsgericht zu übermitteln.

(3) Schlägt der Volljährige niemanden vor, der zum Betreuer bestellt werden kann oder ist die gewünschte Person nicht geeignet, so sind bei der Auswahl des Betreuers die familiären Beziehungen des Volljährigen, insbesondere zum Ehegatten, zu Eltern und zu Kindern, seine persönlichen Bindungen sowie die Gefahr von Interessenkonflikten zu berücksichtigen.

(4) Eine Person, die keine familiäre Beziehung oder persönliche Bindung zu dem Volljährigen hat, soll nur dann zum ehrenamtlichen Betreuer bestellt werden, wenn sie mit einem nach § 14 des Betreuungsorganisationsgesetzes anerkannten Betreuungsverein oder mit der zuständigen Behörde eine Vereinbarung über eine Begleitung und Unterstützung gemäß § 15 Absatz 1 Satz 1 Nummer 4 oder § 5 Absatz 2 Satz 3 des Betreuungsorganisationsgesetzes geschlossen hat.

(5) [1]Ein beruflicher Betreuer nach § 19 Absatz 2 des Betreuungsorganisationsgesetzes soll nur dann zum Betreuer bestellt werden, wenn keine geeignete Person für die ehrenamtliche Führung der Betreuung zur Verfügung steht. [2]Bei der Entscheidung, ob ein bestimmter beruflicher Betreuer bestellt wird, sind die Anzahl und der Umfang der bereits von diesem zu führenden Betreuungen zu berücksichtigen.

(6) [1]Eine Person, die zu einem Träger von Einrichtungen oder Diensten, der in der Versorgung des Volljährigen tätig ist, in einem Abhängigkeitsverhältnis oder in einer anderen engen Beziehung steht, darf nicht zum Betreuer bestellt werden. [2]Dies gilt nicht, wenn im Einzelfall die konkrete Gefahr einer Interessenkollision nicht besteht.

§ 1817* Mehrere Betreuer; Verhinderungsbetreuer; Ergänzungsbetreuer

(1) [1]Das Betreuungsgericht kann mehrere Betreuer bestellen, wenn die Angelegenheiten des Betreuten hierdurch besser besorgt werden können. [2]In diesem Falle bestimmt es, welcher Betreuer mit welchem Aufgabenbereich betraut wird. [3]Mehrere berufliche Betreuer werden außer in den in den Absätzen 2, 4 und 5 geregelten Fällen nicht bestellt.

(2) Für die Entscheidung über die Einwilligung in eine Sterilisation des Betreuten ist stets ein besonderer Betreuer zu bestellen (Sterilisationsbetreuer).

---

* Buch 4 Abschnitt 3 (§§ 1773–1888) neu gef. mWv 1.1.2023 durch Ges. v. 4.5.2021 (BGBl. I S. 882).

(3) **Sofern mehrere Betreuer mit demselben Aufgabenbereich betraut werden, können sie diese Angelegenheiten des Betreuten nur gemeinsam besorgen, es sei denn, dass das Betreuungsgericht etwas anderes bestimmt hat oder mit dem Aufschub Gefahr verbunden ist.**

(4) **[1]Das Betreuungsgericht soll einen Verhinderungsbetreuer bestellen, der die Angelegenheiten des Betreuten zu besorgen hat, soweit der Betreuer aus tatsächlichen Gründen verhindert ist. [2]Für diesen Fall kann auch ein anerkannter Betreuungsverein zum Verhinderungsbetreuer bestellt werden, ohne dass die Voraussetzungen des § 1818 Absatz 1 Satz 1 vorliegen.**

(5) **Soweit ein Betreuer aus rechtlichen Gründen gehindert ist, einzelne Angelegenheiten des Betreuten zu besorgen, hat das Betreuungsgericht hierfür einen Ergänzungsbetreuer zu bestellen.**

§ 1818* Betreuung durch Betreuungsverein oder Betreuungsbehörde

(1) **[1]Das Betreuungsgericht bestellt einen anerkannten Betreuungsverein zum Betreuer, wenn der Volljährige dies wünscht, oder wenn er durch eine oder mehrere natürliche Personen nicht hinreichend betreut werden kann. [2]Die Bestellung bedarf der Einwilligung des Betreuungsvereins.**

(2) **[1]Der Betreuungsverein überträgt die Wahrnehmung der Betreuung einzelnen Personen. [2]Vorschlägen des Volljährigen hat er hierbei zu entsprechen, wenn nicht wichtige Gründe entgegenstehen. [3]Der Betreuungsverein teilt dem Betreuungsgericht alsbald, spätestens binnen zwei Wochen nach seiner Bestellung, mit, wem er die Wahrnehmung der Betreuung übertragen hat. [4]Die Sätze 2 und 3 gelten bei einem Wechsel der Person, die die Betreuung für den Betreuungsverein wahrnimmt, entsprechend.**

(3) **Werden dem Betreuungsverein Umstände bekannt, aus denen sich ergibt, dass der Volljährige durch eine oder mehrere natürliche Personen hinreichend betreut werden kann, so hat er dies dem Betreuungsgericht mitzuteilen.**

(4) **[1]Kann der Volljährige weder durch eine oder mehrere natürliche Personen noch durch einen Betreuungsverein hinreichend betreut werden, so bestellt das Betreuungsgericht die zuständige Betreuungsbehörde zum Betreuer. [2]Die Absätze 2 und 3 gelten entsprechend.**

(5) **Die Entscheidung über die Einwilligung in eine Sterilisation darf weder einem Betreuungsverein noch einer Betreuungsbehörde übertragen werden.**

§ 1819* Übernahmepflicht; weitere Bestellungsvoraussetzungen

(1) **Die vom Betreuungsgericht ausgewählte Person ist verpflichtet, die Betreuung zu übernehmen, wenn ihr die Übernahme unter Berücksichtigung ihrer familiären, beruflichen und sonstigen Verhältnisse zugemutet werden kann.**

(2) **Die ausgewählte Person darf erst dann zum Betreuer bestellt werden, wenn sie sich zur Übernahme der Betreuung bereit erklärt hat.**

(3) **[1]Ein Mitarbeiter eines anerkannten Betreuungsvereins, der dort ausschließlich oder teilweise als Betreuer tätig ist (Vereinsbetreuer), darf nur mit Einwilligung des Betreuungsvereins bestellt werden. [2]Entsprechendes gilt für den Mitarbeiter einer Betreuungsbehörde, der als Betreuer bestellt wird (Behördenbetreuer).**

---

* Buch 4 Abschnitt 3 (§§ 1773–1888) neu gef. mWv 1.1.2023 durch Ges. v. 4.5.2021 (BGBl. I S. 882).

§ 1820* Vorsorgevollmacht und Kontrollbetreuung

(1) [1]Wer von der Einleitung eines Verfahrens über die Bestellung eines Betreuers für einen Volljährigen Kenntnis erlangt und ein Dokument besitzt, in dem der Volljährige eine andere Person mit der Wahrnehmung seiner Angelegenheiten bevollmächtigt hat, hat das Betreuungsgericht hierüber unverzüglich zu unterrichten. [2]Das Betreuungsgericht kann die Vorlage einer Abschrift verlangen.

(2) Folgende Maßnahmen eines Bevollmächtigten setzen voraus, dass die Vollmacht schriftlich erteilt ist und diese Maßnahmen ausdrücklich umfasst:
1. **die Einwilligung sowie ihr Widerruf oder die Nichteinwilligung in Maßnahmen nach § 1829 Absatz 1 Satz 1 und Absatz 2,**
2. **die Unterbringung nach § 1831 und die Einwilligung in Maßnahmen nach § 1831 Absatz 4,**
3. **die Einwilligung in eine ärztliche Zwangsmaßnahme nach § 1832 und die Verbringung nach § 1832 Absatz 4.**

(3) Das Betreuungsgericht bestellt einen Kontrollbetreuer, wenn die Bestellung erforderlich ist, weil
1. **der Vollmachtgeber aufgrund einer Krankheit oder Behinderung nicht mehr in der Lage ist, seine Rechte gegenüber dem Bevollmächtigten auszuüben, und**
2. **aufgrund konkreter Anhaltspunkte davon auszugehen ist, dass der Bevollmächtigte die Angelegenheiten des Vollmachtgebers nicht entsprechend der Vereinbarung oder dem erklärten oder mutmaßlichen Willen des Vollmachtgebers besorgt.**

(4) [1]Das Betreuungsgericht kann anordnen, dass der Bevollmächtigte die ihm erteilte Vollmacht nicht ausüben darf und die Vollmachtsurkunde an den Betreuer herauszugeben hat, wenn
1. **die dringende Gefahr besteht, dass der Bevollmächtigte nicht den Wünschen des Vollmachtgebers entsprechend handelt und dadurch die Person des Vollmachtgebers oder dessen Vermögen erheblich gefährdet oder**
2. **der Bevollmächtigte den Betreuer bei der Wahrnehmung seiner Aufgaben behindert.**

[2]Liegen die Voraussetzungen des Satzes 1 nicht mehr vor, hat das Betreuungsgericht die Anordnung aufzuheben und den Betreuer zu verpflichten, dem Bevollmächtigten die Vollmachtsurkunde herauszugeben, wenn die Vollmacht nicht erloschen ist.

(5) [1]Der Betreuer darf eine Vollmacht oder einen Teil einer Vollmacht, die den Bevollmächtigten zu Maßnahmen der Personensorge oder zu Maßnahmen in wesentlichen Bereichen der Vermögenssorge ermächtigt, nur widerrufen, wenn das Festhalten an der Vollmacht eine künftige Verletzung der Person oder des Vermögens des Betreuten mit hinreichender Wahrscheinlichkeit und in erheblicher Schwere befürchten lässt und mildere Maßnahmen nicht zur Abwehr eines Schadens für den Betreuten geeignet erscheinen. [2]Der Widerruf bedarf der Genehmigung des Betreuungsgerichts. [3]Mit der Genehmigung des Widerrufs einer Vollmacht kann das Betreuungsgericht die Herausgabe der Vollmachtsurkunde an den Betreuer anordnen.

Anmerkungen zu den §§ 1814–1820

Lit.: Müller-Engels, Vorsorgevollmacht und Kontrollbetreuung in der Reform – was kommt, was bleibt?, FamRZ 2021, 645; Schneider, Reform des Betreuungsrechts – Die Bestellung des Betreuers (§§ 1814–1820 BGB-E), BtPrax 2021, 9.

1. Allgemeines. Die §§ 1814–1820 regeln die Voraussetzungen eines Betreuungsverhältnisses, den Umfang der Betreuung, die Vorsorgevollmacht sowie die als Betreuer berufbaren Personen und Organisationen. 1

2. Voraussetzungen. a) Die Bestellung eines Betreuers iSd § 1814 I erfolgt auf **Antrag** oder **von Amts wegen,** § 1814 IV 1. Bei bloß körperlicher Krankheit oder Behinderung darf ein Betreuer nur auf Antrag des Betroffenen bestellt werden, es sei denn, dass dieser seinen Willen nicht kundtun kann (§ 1814 IV 2). Auch ein Geschäftsunfähiger kann den Antrag stellen, vgl. § 275 FamFG. **b) Materiell** muss 3
aa) der Betroffene ganz oder teilw. außerstande sein, seine Angelegenheiten rechtlich zu besorgen (§ 1814 I); und **bb)** der dadurch begründete Unterstützungsbedarf auf einer Krankheit oder Behinderung beruhen; der Verzicht auf die Bezeichnung bestimmter Arten von Krankheiten oder Behinderungen (so noch § 1896 I 1 aF) soll ausweislich der Entwurfsbegründung den Personenkreis, für den eine Betreuung grds. in Betracht kommen kann, nicht erweitern (BT-Drs. 19/24445, 230 f.; krit. zur Neuformulierung Schneider, BtPrax 2021, 9 f.; Schwab FamRZ 2020, 1321 [1325]). Bsp: Hirntod (AG Hersbruck NJW 1992, 3245, dazu Schwab FamRZ 1992, 1471); fehlende Krankheitseinsicht (BGH FamRZ 2014, 1997; LG Regensburg FamRZ 1993, 477 [478]); schubförmig verlaufende Krankheit s. BayObLG NJW-RR 1995, 1274 [1275] (zur amtswegigen Bestellung gg. den Willen der zu Betreuenden). **cc)** Der konkrete Unterstützungsbedarf muss auf der Krankheit oder Behinderung beruhen (Kausalität), s. dazu Grüneberg/Götz § 1814 Rn. 8; BeckOK/Müller-Engels § 1814 Rn. 16). **dd)** Geschäftsunfähigkeit und Betreuungsbedürftigkeit müssen sich nicht decken, Geschäfts(un)fähigkeit ist deshalb nicht zu ermitteln. Nach § 1814 II darf ein Betreuer gg. den freien Willen (hierzu Sonnenfeld FamRZ 2005, 941) des zu betreuenden Volljährigen nicht bestellt werden. Maßgebliche Kriterien sind die Einsichtsfähigkeit des Betroffenen und die Fähigkeit, nach dieser Einsicht zu handeln (BGH FamRZ 2019, 239 [240]; FamRZ 2018, 134 [135]; FamRZ 2016, 456; NJW-RR 2014, 770 [771]; FamRZ 2012, 869 [870]: § 1896 Ia aF [jetzt § 1814 II] und § 104 Nr. 2 sind „im Kern deckungsgleich"; sa BGH FamRZ 2021, 1657 [1758]; FamRZ 2020, 1219 [1220]: Krankheitseinsicht erforderlich); dabei sind keine überspannten Anforderungen zu stellen (BGH FamRZ 2014, 647). Ausschluss der freien Willensbildung muss durch Sachverständigengutachten belegt sein (BGH FamRZ 2018, 205). Beruht die Entscheidung gg. die Einrichtung einer Betreuung auf dem freien Willen des Betroffenen, ist eine Betreuerbestellung selbst dann zu unterlassen, wenn die Betreuung obj. vorteilhaft wäre (BGH NJW-RR 2014, 770 [771]). **c) Erforderlichkeit. aa)** Die Betreuung 4
muss erforderlich sein, s. § 1814 III 1, hierzu Gernhuber/Coester-Waltjen § 78 Rn. 20 (entscheidendes Korrektiv zum Schutz verfassungsrechtlich geschützter Belange); Voraussetzungen sind subjektive Betreuungsbedürftigkeit (Unfähigkeit des Betroffenen, seine Angelegenheiten selbst zu regeln) und obj. Betreuungsbedarf. Letzterer richtet sich in Bestehen und Umfang (Aufgabenbereiche) nach der konkreten, gegenwärtigen Lebenssituation (vgl. § 1815 I 3); nach BGH (FamRZ 2021, 1657 [1658] mwN) genügt es, wenn Handlungsbedarf im betr. Aufgabenkreis jederzeit bestehen kann. Verhältnismäßigkeit ist zu beachten (BGH NJW-RR 2015, 449; FamRZ 2015, 1016). Zur fehlenden Erforderlichkeit bei „Unbetreubarkeit" BGH FamRZ 2018, 54 [55]. **bb)** Private Fürsorge geht vor, s. Schwab FS Gernhuber, 5
1993, S. 815; Müller-Engels FamRZ 2021, 645 [647]: „Grundsatz der Subsidiarität der Betreuung". Eine Betreuung kann insbes. beim Vorliegen einer Vorsorgevollmacht (dazu → Rn. 18) überflüssig sein, wenn nicht eine Person nach § 1816 VI bevollmächtigt wird (§ 1814 III 2 Nr. 1); vgl. BGH FamRZ 2014, 294 [295]: Betreuungsanordnung ist zu unterlassen, wenn der Betroffene die Wahrnehmung seiner Angelegenheiten noch einer Person seines Vertrauens übertragen kann und bes. Bedürfnis betreuungsrechtlicher Kontrolle nicht besteht (vgl. dazu § 1820 III). § 1814 III 2 setzt allerdings voraus, dass konkrete Alt. vorliegen; lediglich theoretische Möglichkeit der Bevollmächtigung genügt nicht (BGH FamRZ 2018, 54 [55];

FamRZ 2015, 2049 [2050]). Nach BT-Drs. 19/24445, 232 soll Erforderlichkeit einer Betreuerbestellung auch dann entfallen können, wenn ein ges. Vertretungsrecht des Ehegatten oder Lebenspartners nach § 1358 besteht, sofern der vertretende Ehegatte/Lebenspartner auf der Grundlage des Vertretungsrechts den aktuellen Regelungsbedarf umfassend erledigen kann, s. dazu BeckOK/Müller-Engels § 1814
6 Rn. 48 f.; Jurgeleit NJW 2023, 1 f. **cc)** Im Bereich der Vermögenssorge ist Betreuung nur dann erforderlich, wenn die begründete Besorgnis besteht, dass der Betreute ohne die Einrichtung einer Betreuung einen Schaden erleidet; Zweckmäßigkeit
7 allein genügt nicht (BGH NJW-RR 2015, 449 [450]). **d)** Betreuungsverhältnis für den Zeitpunkt des Eintritts der Volljährigkeit s. § 1814 V.

8 **3. Betreuungsumfang.** Der **Aufgabenkreis** wird durch den Bestellungsbeschluss klar und so konkret wie möglich (BayObLG FamRZ 1995, 116) festgelegt; er setzt sich aus den dem Betreuer übertragenen Aufgabenbereichen zusammen (§ 1815 I 2); Bsp: Gesundheitsfürsorge, Rechtsangelegenheiten, Vermögenssorge, nicht Ausübung der elterlichen Sorge (BayObLG FamRZ 2005, 236); Sonderfälle: § 1815 II, III, § 1817 II (dazu auch § 1818 V). Bei der Bestimmung des Aufgabenkreises ist der Erforderlichkeitsgrundsatz bes. zu beachten, § 1814 III 1 (→ Rn. 4); keine formularmäßige Zuweisung umfangr. Aufgaben (BVerfG FamRZ 1999, 1419 [1420]; Mazur BtPrax 2021, 168).

9 **4. Betreuer. a)** Das Ges. geht vom Vorrang der ehrenamtlichen Einzelbetreuung aus (vgl. § 1816 V 1), dh von der Betreuung durch eine **natürliche Person,** die außerhalb einer beruflichen Tätigkeit rechtliche Betreuungen führt und familiäre Beziehung oder persönliche Bindung zu dem Betroffenen haben kann, ohne dass dies aber erforderlich wäre (§ 19 I 1 BtOG). Das BetreuungsG kann auch mehrere Betreuer bestellen (§ 1817). Scheidet Betreuung durch eine oder mehrere natürliche Personen aus, wird gem. § 1818 ein Betreuungsverein oder (subsidiär) die zuständige
10 Betreuungsbehörde zum Betreuer bestellt. **aa)** Der Betreuer muss nach § 1816 I fachlich und persönlich **geeignet** sein, die Betreuung zu führen (unbestimmter Rechtsbegriff, s. BGH FamRZ 2018, 206 [207]). Das BetreuungsG hat zunächst die allg. persönliche Eignung und Zuverlässigkeit gem. §§ 21, 23 BtOG zu prüfen. Durch den Hinweis auf § 1821 wird iÜ klargestellt, dass sich die Eignung gerade
11 auf die dortigen Vorgaben beziehen muss. **bb)** Dem Wunsch eines zu Betreuenden kommt bei der Auswahl des Betreuers Vorrang unabhängig von Geschäftsfähigkeit und natürlicher Einsichtsfähigkeit zu – es sei denn, die gewünschte Person ist zur Führung der Betreuung nach § 1816 I nicht geeignet (§ 1816 II 1); erforderlich ist eine Gesamtschau aller maßgebenden Umstände (BGH FamRZ 2022, 1559 [1560], Ehegatte); vgl. auch BGH FamRZ 2014, 466; FamRZ 2016, 292 [293]: RA, der mit Übernahme des Amtes gg. berufsrechtliches Tätigkeitsverbot verstoßen würde, kann nicht bestellt werden. Auch einem negativen Betreuungsvorschlag des Betroffenen ist zu entsprechen, sofern sich die Ablehnung auf die konkrete Person und nicht auf die Bestellung eines Betreuers als solche richtet (§ 1816 II 2). Die Berücksichtigung entspr. Wünsche des Betroffenen sichert § 1816 II 4 (Ablieferungspflicht für Dokumente); str., ob Dokumente iSd § 1816 II 4 schon vor Einl. des Betreuungsverfahrens abgeliefert werden können (s. Dodegge NJW 1996, 2409; dagegen KG
12 FamRZ 1995, 1295 [1296]). **cc)** Bei Fehlen eines Vorschlags oder fehlender Eignung des Vorgeschlagenen sind bei der Auswahl des Betreuers neben der Eignung nach § 1816 I (→ Rn. 9) die familiären Beziehungen des Betroffenen und seine persönlichen Bindungen sowie die Gefahr von Interessenkonflikten (hierzu OLG Hamm FamRZ 1993, 988 [990]) zu berücksichtigen (§ 1816 III). Das Recht der Eltern auf eine bevorzugte Berücksichtigung *bei der Auswahl* von Betreuern für ihr volljähriges, schutzbedürftiges Kind darf nicht durch eine mögliche gleichzeitige Anwendbarkeit von § 1816 VI 1 eingeschränkt werden (BVerfG FamRZ 2006, 1509 [1510]), vgl. § 1816 VI 2. Mitarbeiter von nach § 14 BtOG anerkannten Betreuungsvereinen (zur str. Eigenschaft als AN oder freie Mitarbeiter Jaschinski NJW 1996, 1521) oder Betreuungsbehörden sind Einzelbetreuer **(Vereinsbetreuer** oder **Behördenbe-**

treuer); zur erforderlichen Einwilligung (§ 1819 III) des Vereins trotz Benennung durch den zu Betreuenden BayObLG FamRZ 1994, 1061. – Bestellung von Berufsbetreuern (§ 19 II BtOG) ist subsidiär, § 1816 V 1. Mitteilungspflicht in § 1864 II Nr. 6 soll Übertragung auf ehrenamtlichen Betreuer ermöglichen, zB wenn der Berufsbetreuer die seine Fachkenntnisse voraussetzenden Maßnahmen eingeleitet hat. Zu Mitteilungs- und Nachweispflichten des Berufsbetreuers ggü. der Stammbehörde s. § 25 BtOG. **b)** Bestellung bedarf Erklärung der Bereitschaft, § 1819 II 13
(BGH FamRZ 2020, 778 [779]: keine Willenserklärung, Widerruf daher jedenfalls bis zur Betreuerbestellung möglich); zur Verpflichtung des vom BetreuungsG Ausgewählten s. § 1819 I. **c)** Bestellt werden können auch **mehrere Betreuer** mit je verschiedenen oder demselben Aufgabenkreis, § 1817 I, III, IV; mehrere Berufsbetreuer gem. § 1817 I 3 nur noch in den Fällen des § 1817 II, IV und V (sog. Sterilisations- bzw. Verhinderungs- und Ergänzungsbetreuer). **d)** Die Entscheidung 14
über die Einwilligung in eine **Sterilisation** des Betreuten bedarf eines bes. Betreuers, § 1817 II; Betreuungsvereine oder Betreuungsbehörden sind insoweit ausgeschlossen, § 1818 V. **e)** Ausnahmsweise kann statt einer natürlichen Person ein anerkannter **Betreuungsverein** zum Betreuer bestellt werden, s. § 1818 I–III. Zur Anerkennung 15
s. § 14 BtOG. **f)** Subsidiär zur Betreuung durch natürliche Personen oder einen Betreuungsverein kann das BetreuungsG Betreuung durch die zuständige Behörde **(Amtsbetreuung)** anordnen, s. § 1818 IV. Die für Betreuungsangelegenheiten 16
zuständige Behörde wird durch Landesrecht bestimmt, § 1 I 1 BtOG; zu den Landesausführungsgesetzen s. Jurgeleit/Jurgeleit § 1 BtOG Rn. 20. **g) Vorläufiger** 17
Betreuer durch einstw. Anordnung des BetreuungsG s. §§ 300 ff. FamFG.

5. Vorsorgevollmacht. a) Keine Betreuung nach § 1814 I, soweit ein Bevoll- 18
mächtigter bestellt wurde, s. § 1814 III 2 Nr. 1 und → Rn. 5; BGH FamRZ 2017, 1777 [1778]; FamRZ 2018, 1770 [1771]; FamRZ 2020, 1300 [1301] (Vorsorgevollmacht steht Betreuerbestellung grds. entgegen); sa BGH FamRZ 2017, 1866 [1868]; FamRZ 2017, 141 [142]; FamRZ 2020, 1300 [1301]: solange Unwirksamkeit einer Vorsorgevollmacht nicht positiv festgestellt wurde, ist Bevollmächtigung wirksam; ebenso bei Zweifeln an wirksamem Widerruf (BGH FamRZ 2015, 2047 [2048]: ggf. aber Voraussetzungen des § 1896 II 2 aF [jetzt § 1814 III 2] weggefallen). Vorsorgevollmacht begründet rechtsgeschäftliche Vertretungsmacht, die (auch) bei Verlust der Selbstbestimmungsfähigkeit insbes. im Alter Interessenwahrnehmung ermöglicht. § 1820 I stärkt die Vorsorgevollmacht: Die Regelung statuiert die Pflicht des Besitzers eines Dokuments (auch elektronische Dokumente, BT-Drs. 19/24445, 245), in dem der Betroffene eine andere Person mit der Wahrnehmung seiner Angelegenheiten bevollmächtigt, das BetreuungsG zu unterrichten und ggf. eine Abschrift vorzulegen (Müller-Engels FamRZ 2021, 645 [647]; sa Jurgeleit FGPrax 2005, 139). Eine Vorsorgevollmacht hindert die Betreuerbestellung allerdings dann nicht, wenn der Bevollmächtigte sich als ungeeignet erweist (BGH FamRZ 2017, 1866 [1868]; NJW 2014, 1733 [1734]). Zum Widerruf der Vorsorgevollmacht durch den (Kontroll-)Betreuer § 1820 V. **b)** Im Hinblick auf die in § 1820 II aufgeführten 19
Maßnahmen, die bes. schwerwiegende Eingriffe in höchstpersönliche Angelegenheiten betreffen, ist Schriftform (§ 126) und konkrete Bezeichnung der Maßnahmen erforderlich. **c)** Das BetreuungsG bestellt unter den Voraussetzungen des § 1820 20
III einen **Kontrollbetreuer** (Legaldefinition § 1815 III) zur Geltendmachung von Rechten gegenüber dem Bevollmächtigten sowie zur Geltendmachung von Auskunfts- und Rechenschaftsansprüchen (§ 1815 III), dazu Müller-Engels FamRZ 2021, 645 [650 f.]. **d)** Bestehen Anhaltspunkte für einen – noch nicht bestätigten – 21
Missbrauch der Vollmacht, kann das BetreuungsG gem. § 1820 IV 1 anordnen, dass der Bevollmächtigte die Vollmacht nicht ausüben darf und die Vollmachtsurkunde an den Betreuer herauszugeben hat. Die Vertretungsmacht ist in diesem Fall zeitweise aufgehoben (Grüneberg/Götz § 1820 Rn. 12; Böhm FamRZ 2022, 1253 [1255 f.], str.). Liegen die Voraussetzungen des § 1820 III 1 nicht mehr vor, ist die Anordnung aufzuheben und der Betreuer zu verpflichten, die Vollmachtsurkunde herauszuge-

ben, sofern die Vollmacht nicht erloschen ist (§ 1820 III 2). **e)** Zum Ehegattenvertretungsrecht nach § 1358 s. Müller-Engels FamRZ 2021, 635 [651 f.]. **f)** Zur Patientenverfügung §§ 1827, 1828.

Untertitel 2.* Führung der Betreuung

Kapitel 1.* Allgemeine Vorschriften

§ 1821* Pflichten des Betreuers; Wünsche des Betreuten

(1) [1]**Der Betreuer nimmt alle Tätigkeiten vor, die erforderlich sind, um die Angelegenheiten des Betreuten rechtlich zu besorgen.** [2]**Er unterstützt den Betreuten dabei, seine Angelegenheiten rechtlich selbst zu besorgen, und macht von seiner Vertretungsmacht nach § 1823 nur Gebrauch, soweit dies erforderlich ist.**

(2) [1]**Der Betreuer hat die Angelegenheiten des Betreuten so zu besorgen, dass dieser im Rahmen seiner Möglichkeiten sein Leben nach seinen Wünschen gestalten kann.** [2]**Hierzu hat der Betreuer die Wünsche des Betreuten festzustellen.** [3]**Diesen hat der Betreuer vorbehaltlich des Absatzes 3 zu entsprechen und den Betreuten bei deren Umsetzung rechtlich zu unterstützen.** [4]**Dies gilt auch für die Wünsche, die der Betreute vor der Bestellung des Betreuers geäußert hat, es sei denn, dass er an diesen Wünschen erkennbar nicht festhalten will.**

(3) **Den Wünschen des Betreuten hat der Betreuer nicht zu entsprechen, soweit**

1. **die Person des Betreuten oder dessen Vermögen hierdurch erheblich gefährdet würde und der Betreute diese Gefahr aufgrund seiner Krankheit oder Behinderung nicht erkennen oder nicht nach dieser Einsicht handeln kann oder**
2. **dies dem Betreuer nicht zuzumuten ist.**

(4) [1]**Kann der Betreuer die Wünsche des Betreuten nicht feststellen oder darf er ihnen nach Absatz 3 Nummer 1 nicht entsprechen, hat er den mutmaßlichen Willen des Betreuten aufgrund konkreter Anhaltspunkte zu ermitteln und Geltung zu verschaffen.** [2]**Zu berücksichtigen sind insbesondere frühere Äußerungen, ethische oder religiöse Überzeugungen und sonstige persönliche Wertvorstellungen des Betreuten.** [3]**Bei der Feststellung des mutmaßlichen Willens soll nahen Angehörigen und sonstigen Vertrauenspersonen des Betreuten Gelegenheit zur Äußerung gegeben werden.**

(5) **Der Betreuer hat den erforderlichen persönlichen Kontakt mit dem Betreuten zu halten, sich regelmäßig einen persönlichen Eindruck von ihm zu verschaffen und dessen Angelegenheiten mit ihm zu besprechen.**

(6) **Der Betreuer hat innerhalb seines Aufgabenkreises dazu beizutragen, dass Möglichkeiten genutzt werden, die Fähigkeit des Betreuten, seine eigenen Angelegenheiten zu besorgen, wiederherzustellen oder zu verbessern.**

§ 1822* Auskunftspflicht gegenüber nahestehenden Angehörigen

Der Betreuer hat nahestehenden Angehörigen und sonstigen Vertrauenspersonen des Betreuten auf Verlangen Auskunft über dessen persönliche

* Buch 4 Abschnitt 3 (§§ 1773–1888) neu gef. mWv 1.1.2023 durch Ges. v. 4.5.2021 (BGBl. I S. 882).

* Buch 4 Abschnitt 3 (§§ 1773–1888) neu gef. mWv 1.1.2023 durch Ges. v. 4.5.2021 (BGBl. I S. 882).

Lebensumstände zu erteilen, soweit dies einem nach § 1821 Absatz 2 bis 4 zu beachtenden Wunsch oder dem mutmaßlichen Willen des Betreuten entspricht und dem Betreuer zuzumuten ist.

§ 1823* Vertretungsmacht des Betreuers

In seinem Aufgabenkreis kann der Betreuer den Betreuten gerichtlich und außergerichtlich vertreten.

§ 1824* Ausschluss der Vertretungsmacht

(1) **Der Betreuer kann den Betreuten nicht vertreten:**
1. **bei einem Rechtsgeschäft zwischen seinem Ehegatten oder einem seiner Verwandten in gerader Linie einerseits und dem Betreuten andererseits, es sei denn, dass das Rechtsgeschäft ausschließlich in der Erfüllung einer Verbindlichkeit besteht,**
2. **bei einem Rechtsgeschäft, das die Übertragung oder Belastung einer durch Pfandrecht, Hypothek, Schiffshypothek oder Bürgschaft gesicherten Forderung des Betreuten gegen den Betreuer oder die Aufhebung oder Minderung dieser Sicherheit zum Gegenstand hat oder die Verpflichtung des Betreuten zu einer solchen Übertragung, Belastung, Aufhebung oder Minderung begründet,**
3. **bei einem Rechtsstreit zwischen den in Nummer 1 bezeichneten Personen sowie bei einem Rechtsstreit über eine Angelegenheit der in Nummer 2 bezeichneten Art.**

(2) **§ 181 bleibt unberührt.**

§ 1825* Einwilligungsvorbehalt

(1) [1]**Soweit dies zur Abwendung einer erheblichen Gefahr für die Person oder das Vermögen des Betreuten erforderlich ist, ordnet das Betreuungsgericht an, dass der Betreute zu einer Willenserklärung, die einen Aufgabenbereich des Betreuers betrifft, dessen Einwilligung bedarf (Einwilligungsvorbehalt).** [2]**Gegen den freien Willen des Volljährigen darf ein Einwilligungsvorbehalt nicht angeordnet werden.** [3]**Die §§ 108 bis 113, 131 Absatz 2 und § 210 gelten entsprechend.**

(2) **Ein Einwilligungsvorbehalt kann sich nicht erstrecken**
1. **auf Willenserklärungen, die auf Eingehung einer Ehe gerichtet sind,**
2. **auf Verfügungen von Todes wegen,**
3. **auf die Anfechtung eines Erbvertrags,**
4. **auf die Aufhebung eines Erbvertrags durch Vertrag und**
5. **auf Willenserklärungen, zu denen ein beschränkt Geschäftsfähiger nach den Vorschriften dieses Buches und des Buches 5 nicht der Zustimmung seines gesetzlichen Vertreters bedarf.**

(3) [1]**Ist ein Einwilligungsvorbehalt angeordnet, so bedarf der Betreute dennoch nicht der Einwilligung seines Betreuers, wenn die Willenserklärung dem Betreuten lediglich einen rechtlichen Vorteil bringt.** [2]**Soweit das Gericht nichts anderes anordnet, gilt dies auch, wenn die Willenserklärung eine geringfügige Angelegenheit des täglichen Lebens betrifft.**

(4) **Auch für einen Minderjährigen, der das 17. Lebensjahr vollendet hat, kann das Betreuungsgericht einen Einwilligungsvorbehalt anordnen, wenn**

---

* Buch 4 Abschnitt 3 (§§ 1773–1888) neu gef. mWv 1.1.2023 durch Ges. v. 4.5.2021 (BGBl. I S. 882).

anzunehmen ist, dass ein solcher bei Eintritt der Volljährigkeit erforderlich wird.

§ 1826* Haftung des Betreuers

(1) [1]**Der Betreuer ist dem Betreuten für den aus einer Pflichtverletzung entstehenden Schaden verantwortlich.** [2]**Dies gilt nicht, wenn der Betreuer die Pflichtverletzung nicht zu vertreten hat.**

(2) **Sind für den Schaden mehrere Betreuer nebeneinander verantwortlich, so haften sie als Gesamtschuldner.**

(3) **Ist ein Betreuungsverein als Betreuer bestellt, so ist er dem Betreuten für ein Verschulden des Mitglieds oder des Mitarbeiters in gleicher Weise verantwortlich wie für ein Verschulden eines verfassungsmäßig berufenen Vertreters.**

Anmerkungen zu den §§ 1821–1826

Lit.: Bartels, Die große Reform: Primat der Wünsche des Betreuten – die neuen Vorschriften des Betreuungsrechts, FamRB 2021, 204.

1 **1. Tätigkeit des Betreuers.** § 1821 umschreibt die Pflichten des Betreuers; sie enthält „als die zentrale Norm des Betreuungsrechts den inhaltlichen Maßstab für jedes Handeln des Betreuers" und stellt sicher, „dass Wahrung und Verwirklichung der Selbstbestimmung der Betreuten im Mittelpunkt stehen" (BT-Drs. 19/24445, 249: „Magna Charta" für das gesamte rechtliche Betreuungswesen); sa → Vor § 1773 Rn. 12. **a) Pflichten des Betreuers.** Die Betreuung umfasst nur die rechtliche Tätigkeit für den Betreuten einschl. der dazu erforderlichen Willenserforschung (s. BT-Drs. 13/7158, 33), nicht jedoch rein tatsächliche Hilfeleistung oder persönliche Zuwendung, § 1821 I 1; Abgrenzung schwierig. Der Umfang der Aufgaben wird durch die Anordnung der Aufgabenbereiche begrenzt (§ 1815); dabei soll die Betreuertätigkeit nur in dem Maße ausgeübt werden, in dem sie erforderlich ist (s.
2 § 1821 I 1 u 2). Zum Primat der Unterstützung s. § 1821 I 2. **aa) Richtschnur** sind die **Wünsche des Betreuten** (§ 1821 II); ihnen hat der Betreuer bis zur Schranke des § 1821 III zu entsprechen (§ 1821 II 3). Gem. § 1821 II 2 sind die Wünsche des Betreuten festzustellen, auch solche, die vor der Bestellung des Betreuers geäußert wurden (s. § 1821 II 4). Sicherung entspr. Wünsche durch Ablieferungspflicht für Dokumente s. § 1816 II 4. Können die Wünsche des Betreuten nicht festgestellt werden oder ist ihnen nach § 1821 II Nr. 1 nicht zu entsprechen, hat der Betreuer gem. § 1821 IV den mutmaßlichen Willen des Betreuten zu ermitteln; vgl. dazu BGH FamRZ 2017, 748 [751]: „Der mutmaßliche Wille ist anhand konkreter Anhaltspunkte zu ermitteln insbesondere anhand früherer mündlicher oder schriftlicher Äußerungen". Führt dies zu keinem Ergebnis, soll auf die allg. Lebenserfahrung zurückzugreifen sein (BT-Drs. 19/24445, 254; krit. Schwab
3 FamRZ 2020, 1321 [1325]). **bb) Kontakt- und Besprechungspflicht,** s. § 1821 V. Als Richtschnur für Häufigkeit der Kontakte kann § 1790 III 2 dienen (BT-Drs. 19/24445, 255). Der Betreuer ist zudem verpflichtet, sich regelmäßig einen persönlichen Eindruck von dem Betreuten zu verschaffen. Zur Berichtspflicht s.
4 § 1863 III 3 Nr. 1. **cc)** Der Betreuer hat innerhalb seines Aufgabenkreises aktiv darauf hinzuwirken, dass die Fähigkeit des Betreuten, seine eigenen Angelegenheiten zu besorgen, wiederhergestellt oder verbessert wird (§ 1821 VI). **dd)** Zur Auskunfts-
5 pflicht des Betreuers ggü. Angehörigen § 1822 (→ Rn. 6). **b)** In einer **Betreuungsverfügung** können Bestimmungen für die Person des Betreuers (§ 1816 II 3) und die Amtsführung (vgl. § 1816 II 4) getroffen werden. Diese sind als „Wünsche" nach Maßgabe des § 1821 II 3 bindend, auch vorsorgliche Bestimmungen (§ 1821 II 4); wichtig, wenn der Betreute (später) nicht mehr äußerungsfähig ist.

2. Auskunftspflicht. a) Der Betreuer ist gem. § 1822 zur Auskunft über die persönlichen Lebensumstände des Betreuten verpflichtet (vgl. § 1790 IV). Auskunftsberechtigt sind nahestehende Angehörige (zB Kinder) sowie sonstige Vertrauenspersonen des Betreuten. Voraussetzung ist ein persönliches Näheverhältnis; gilt auch für Angehörige (BT-Drs. 19/24445, 257). Die Auskunft beschränkt sich auf die aktuellen Lebensumstände (zB Wohnsituation, allg. Gesundheitszustand), *nicht* detaillierte Auskünfte über Vermögensverhältnisse des Betreuten oder detaillierte Darlegung des Betreuerhandelns (BT-Drs. 19/24445, 257). Grenze: Wunsch oder mutmaßlicher Wille des Betreuten; Unzumutbarkeit für den Vormund (zB bei zu häufigen Auskunftsverlangen, Einzelfallentscheidung, s. BT-Drs. 19/24445, 257). **b)** Streitigkeiten bzgl. Geltendmachung und Gewährung von Auskunft behandelt das BetreuungsG im Rahmen aufsichtsrechtlicher Maßnahmen (BT-Drs. 19/24445, 257). Erteilt der Betreuer pflichtwidrig keine Auskunft, kann das BetreuungsG nach § 1862 III entspr. Weisungen erteilen. 6

3. Vertretungsmacht des Betreuers. Ges. Vertretungsmacht des Betreuers s. § 1823; Rechte und Pflichten aus RGeschäften des Betreuers im zugewiesenen Aufgabenkreis (§ 1815) treffen den Betreuten, § 164 I. Daneben bleibt der geschäftsfähige Betreute selbst handlungsfähig („Doppelzuständigkeit“, Schwab, FS Gernhuber, 1993, S. 683); bei kollidierenden RGeschäften gilt der Grundsatz der Priorität (Grüneberg/Götz § 1823 Rn. 6; BeckOK/Müller-Engels § 1823 Rn. 20). Im Innenverhältnis ist der Betreuer an die Einschränkungen des § 1821 gebunden; von der Vertretungsmacht nach § 1823 darf er nur im Rahmen des Erforderlichen Gebrauch machen (§ 1821 I 2). Eine Beschränkung seiner Vertretungsmacht im Außenverhältnis folgt daraus nicht (BT-Drs. 19/24445, 258; Grüneberg/Götz § 1823 Rn. 2); ggf. Haftung gem. § 1826 (Schwab FamRZ 2020, 1321 [1325]). Bei Handeln außerhalb des zugewiesenen Aufgabenkreises gelten §§ 177 ff. (Grüneberg/Götz § 1823 Rn. 8). 7

4. Vertretungsausschluss. a) Der Betreuer kann den Betreuten in den Fällen des § 1824 nicht vertreten. Die Regelung soll Interessenkollisionen zwischen Betreutem und Betreuer verhindern; abstrakte Gefährdung der Interessen des Betreuten in den geregelten Fällen reicht grds. aus (Grüneberg/Götz § 1824 Rn. 1; vgl. auch BGH NJW 1975, 1885 f.). Zu mehraktigen RGeschäften, bei denen Vertretungsverbot nur hinsichtlich eines Teils besteht, vgl. BGHZ 50, 8. **b) Einzelfälle in I. aa) Nr. 1** gilt nicht für Geschäfte, die dem Betreuten lediglich einen rechtlichen Vorteil bringen, vgl. BGH NJW 1975, 1885 [1886] (Grundstücksschenkung; nicht, wenn vermietet, BayObLG NJW 2003, 1129; OLG München ZEV 2020, 502 [503], nicht bei Vorbehalt eines Rücktrittsrechts, BayObLG NJW 2004, 2264, s ferner BGHZ 78, 28 [32] für Wohnungseigentum und dazu Jauernig JuS 1982, 576; Tiedtke DB 1977, 1065 für unentgeltliche Gesellschaftsbeteiligung); für die Erfüllung einer aus derartigen Geschäften begründeten Verbindlichkeit besteht die Vertretungssperre ohnehin nicht, Nr. 1 HS. 2. Anders jedoch Erfüllungssurrogate, zB Aufrechnung. **Ehegatte** iSd Nr. 1 ist nur der gegenwärtige Ehegatte (OLG Düsseldorf NJW 1965, 400); ebenso bei Lebenspartnerschaft. Verwandtschaft s. § 1589; Schwägerschaft sperrt nicht (OLG Hamm FamRZ 1965, 86 [87]). **bb) Nr. 2** gilt auch für Kündigung und Einziehung einer iSd Vorschrift gesicherten Forderung gegen den Betreuer, da sie zum Erlöschen von Forderung und Sicherheit führt, str. Ausdehnung auf andere Sicherheiten, zB Grundschuld str., s. BeckOK/Müller-Engels § 1824 Rn. 8 mwN. **cc) Nr. 3** gilt bei echten Streitverfahren einschl. solchen der freiwilligen Gerichtsbarkeit und in Familienstreitsachen (§ 112 FamFG). *Nicht* in Verwaltungsverfahren der freiwilligen Gerichtsbarkeit, zB im Erbscheinsverfahren (OLG Brandenburg FamRZ 2019, 1246 [1247]; BayObLG NJW 1961, 2309). – Nr. 3 hindert den Betreuer nicht, von Klageerhebung oder Stellung eines verfahrenseinleitenden Antrags namens des Betreuten gegen den Betreuer oder einen seiner Angehörigen abzusehen (OLG Hamm FamRZ 2021, 1586 [1587 f.]). **c) Insichgeschäfte, II.** S. Anm. zu § 181; rechtlich für Betreuten lediglich vorteil-

8 9 10 11 12 13

hafte Geschäfte fallen nicht unter das Verbot des Insichgeschäfts (BGHZ 94, 232 [235]); vgl. OLG Oldenburg NJW-RR 1988, 839 zur schenkweisen Übereignung eines vermieteten Grundstücks an Kinder; OLG Brandenburg NJW-RR 2014, 1045 zur schenkweisen Übertragung eines Grundstücks, wenn der zugrunde liegende Schenkungsvertrag einen Rücktrittsvorbehalt enthält (möglich); zum schenkweisen Erwerb einer Eigentumswohnung vgl. BGH NJW 2010, 3643; BGH FamRZ 2022, 1190 zum schenkweisen Erwerb eines Miteigentumsanteils an einem vermieteten Grundstück; OLG Dresden NJW 2016, 1027 zur Schenkung einer Photovoltaikanlage. Abschluss eines notariellen Erbteilsübertragungsvertrags selbst dann nicht lediglich rechtlich vorteilhaft, wenn der Betreute schon Mitglied der Erbengemeinschaft ist (vgl. OLG Frankfurt a.M. NJW-RR 2015, 842 [843]; s. zur Erbauseinandersetzung auch OLG München ZEV 2015, 530); zur Interessenkollision, falls der Betreuer des Erben auch Testamentsvollstrecker ist, LG Frankfurt a.M. RPfleger 1990, 207; falls Pflichtteilsansprüche des Betreuten gegen den Betreuer geltend
14 gemacht werden, BayObLG NJW-RR 2004, 1157 [1158]. **d) Rechtsfolgen. aa)** Für die nach § 1824 untersagten Geschäfte ist ein Ergänzungsbetreuer nach § 1817 V zu bestellen; Mitteilungspflicht des Betreuers gem. § 1864 II 2 Nr. 4. **bb)** Verstoß gg. § 1824 bewirkt Schwebezustand, §§ 177 ff.; genehmigen können der geschäftsfähige Betreute oder der Ergänzungsbetreuer (Grüneberg/Götz § 1824 Rn. 9). Eine **Gestattung** durch das BetreuungsG ist nicht möglich (Jürgens/Brosey § 1824 Rn. 19).

15 **5. Einwilligungsvorbehalt. a)** Das BetreuungsG kann unter den Voraussetzungen des § 1825 I 1 anordnen, dass der Betreute für Willenserklärungen im Aufgabenbereich des Betreuers dessen Einwilligung bedarf („Einwilligungsvorbehalt"). Berührt die Geschäftsfähigkeit des Betreuten nicht; Verhältnis zu § 105 s. Schreieder BtPrax 1996, 96. Voraussetzung ist eine erhebliche Gefahr für die Person oder das Vermögen des Betreuten (BGH FamRZ 2021, 1657 [1658]; FamRZ 2018, 1770 [1772]; FamRZ 2018, 625 f.; FamRZ 2016, 1070 [1071]: konkrete Anhaltspunkte für Vermögensgefährdung); geringfügige Schadensgefahren reichen nicht (vgl. LG Köln NJW 1993, 207 f.). Gg. den freien Willen des Betroffenen darf ein Einwilligungsvorbehalt nicht angeordnet werden (§ 1825 I 2). Die Anordnung eines Einwilligungsvorbehalts kann sich auch auf einen einzelnen Vermögensgegenstand oder eine bestimmte Art von Geschäften beschränken (BGH FamRZ 2021, 1737 [1738]; FamRZ 2016, 2088 [2089], Grundsatz der Erforderlichkeit). Einwilligungsvorbehalt als Disziplinierungsinstrument ist ausgeschlossen (BGH FamRZ 2015, 1793).
16 **b)** Folgen fehlender Einwilligung s. § 1825 I 3: Einwilligungsvorbehalt bewirkt aber Quasi-Beschränkung der Geschäftsfähigkeit (nur) für bestimmte Geschäftskreise (s. BGH FamRZ 2015, 1386); zur konkreten gegenständlichen und zeitlichen Beschränkung BayObLG BtPrax 1995, 143. Ausn. vom Einwilligungsvorbehalt s. § 1825 II (vor allem höchstpersönliche RGeschäfte, Katalog s. MüKo-BGB/Schneider § 1903 Rn. 27 f.) sowie III 1 (rechtlich vorteilhaft) und III 2 (geringfügige Angelegenheiten des täglichen Lebens, BGH FamRZ 2017, 474 [476]: Erwerb kleinerer Mengen Alkoholika). Sa § 1815 II. **c)** Einwilligungsvorbehalt für den Zeitpunkt des Eintritts der Volljährigkeit s. § 1825 IV.

17 **6. Haftung des Betreuers.** Haftung des Betreuers gem. § 1826 aus ges. Schuldverhältnis familienrechtlicher Prägung, die auch den Betreuungsverein als Betreuer treffen kann. **a) Voraussetzungen. aa)** Gem. § 1826 I haftet der Betreuer für den aus einer **schuldhaften Pflichtverletzung** entstandenen Schaden; Pflichten können sich aus § 2021, weiteren ges. Vorgaben (zB §§ 1838 ff.) sowie Anordnungen des BetreuungsG (§ 1862) oder Dritter (§ 1837 I) ergeben; zB.: Nichtverfolgung von Rentenansprüchen bei Aufgabenbereich „Vermögenssorge" (LG Berlin FamRZ 2002, 345 [346]). **bb)** Der Betreuer haftet grds. für Vorsatz und Fahrlässigkeit (§ 276 I). **cc)** Ist ein **Betreuungsverein** als Betreuer bestellt (§ 1818 I), haftet er gem.
18 § 1826 für ein Verschulden seiner Mitglieder oder Mitarbeiter. **b) Rechtsfolge:** Haftung auf Schadensersatz. Mehrere verantwortliche Betreuer haften gem. § 1826

II als Gesamtschuldner; Regress nach § 426. **c)** Die **Darlegungs- und Beweislast** für Pflichtverletzung, Schaden und Kausalität trägt der Betreute. Das Verschulden des Betreuers wird vermutet; § 1826 I 2 statuiert eine § 280 I 2 entspr. Beweislastumkehr. 19

Kapitel 2.* Personenangelegenheiten

§ 1827* Patientenverfügung; Behandlungswünsche oder mutmaßlicher Wille des Betreuten

(1) [1]**Hat ein einwilligungsfähiger Volljähriger für den Fall seiner Einwilligungsunfähigkeit schriftlich festgelegt, ob er in bestimmte, zum Zeitpunkt der Festlegung noch nicht unmittelbar bevorstehende Untersuchungen seines Gesundheitszustands, Heilbehandlungen oder ärztliche Eingriffe einwilligt oder sie untersagt (Patientenverfügung), prüft der Betreuer, ob diese Festlegungen auf die aktuelle Lebens- und Behandlungssituation des Betreuten zutreffen.** [2]**Ist dies der Fall, hat der Betreuer dem Willen des Betreuten Ausdruck und Geltung zu verschaffen.** [3]**Eine Patientenverfügung kann jederzeit formlos widerrufen werden.**

(2) [1]**Liegt keine Patientenverfügung vor oder treffen die Festlegungen einer Patientenverfügung nicht auf die aktuelle Lebens- und Behandlungssituation des Betreuten zu, hat der Betreuer die Behandlungswünsche oder den mutmaßlichen Willen des Betreuten festzustellen und auf dieser Grundlage zu entscheiden, ob er in eine ärztliche Maßnahme nach Absatz 1 einwilligt oder sie untersagt.** [2]**Der mutmaßliche Wille ist aufgrund konkreter Anhaltspunkte zu ermitteln.** [3]**Zu berücksichtigen sind insbesondere frühere Äußerungen, ethische oder religiöse Überzeugungen und sonstige persönliche Wertvorstellungen des Betreuten.**

(3) **Die Absätze 1 und 2 gelten unabhängig von Art und Stadium einer Erkrankung des Betreuten.**

(4) **Der Betreuer soll den Betreuten in geeigneten Fällen auf die Möglichkeit einer Patientenverfügung hinweisen und ihn auf dessen Wunsch bei der Errichtung einer Patientenverfügung unterstützen.**

(5) [1]**Niemand kann zur Errichtung einer Patientenverfügung verpflichtet werden.** [2]**Die Errichtung oder Vorlage einer Patientenverfügung darf nicht zur Bedingung eines Vertragsschlusses gemacht werden.**

(6) **Die Absätze 1 bis 3 gelten für Bevollmächtigte entsprechend.**

§ 1828* Gespräch zur Feststellung des Patientenwillens

(1) [1]**Der behandelnde Arzt prüft, welche ärztliche Maßnahme im Hinblick auf den Gesamtzustand und die Prognose des Patienten indiziert ist.** [2]**Er und der Betreuer erörtern diese Maßnahme unter Berücksichtigung des Patientenwillens als Grundlage für die nach § 1827 zu treffende Entscheidung.**

(2) **Bei der Feststellung des Patientenwillens nach § 1827 Absatz 1 oder der Behandlungswünsche oder des mutmaßlichen Willens nach § 1827 Absatz 2 soll nahen Angehörigen und sonstigen Vertrauenspersonen des**

---

* Buch 4 Abschnitt 3 (§§ 1773–1888) neu gef. mWv 1.1.2023 durch Ges. v. 4.5.2021 (BGBl. I S. 882).

* Buch 4 Abschnitt 3 (§§ 1773–1888) neu gef. mWv 1.1.2023 durch Ges. v. 4.5.2021 (BGBl. I S. 882).

Betreuten Gelegenheit zur Äußerung gegeben werden, sofern dies ohne erhebliche Verzögerung möglich ist.

(3) **Die Absätze 1 und 2 gelten für Bevollmächtigte entsprechend.**

§ 1829* Genehmigung des Betreuungsgerichts bei ärztlichen Maßnahmen

(1) **[1]Die Einwilligung des Betreuers in eine Untersuchung des Gesundheitszustands, eine Heilbehandlung oder einen ärztlichen Eingriff bedarf der Genehmigung des Betreuungsgerichts, wenn die begründete Gefahr besteht, dass der Betreute aufgrund der Maßnahme stirbt oder einen schweren und länger dauernden gesundheitlichen Schaden erleidet. [2]Ohne die Genehmigung darf die Maßnahme nur durchgeführt werden, wenn mit dem Aufschub Gefahr verbunden ist.**

(2) **Die Nichteinwilligung oder der Widerruf der Einwilligung des Betreuers in eine Untersuchung des Gesundheitszustands, eine Heilbehandlung oder einen ärztlichen Eingriff bedarf der Genehmigung des Betreuungsgerichts, wenn die Maßnahme medizinisch angezeigt ist und die begründete Gefahr besteht, dass der Betreute aufgrund des Unterbleibens oder des Abbruchs der Maßnahme stirbt oder einen schweren und länger dauernden gesundheitlichen Schaden erleidet.**

(3) **Die Genehmigung nach den Absätzen 1 und 2 ist zu erteilen, wenn die Einwilligung, die Nichteinwilligung oder der Widerruf der Einwilligung dem Willen des Betreuten entspricht.**

(4) **Eine Genehmigung nach den Absätzen 1 und 2 ist nicht erforderlich, wenn zwischen Betreuer und behandelndem Arzt Einvernehmen darüber besteht, dass die Erteilung, die Nichterteilung oder der Widerruf der Einwilligung dem nach § 1827 festgestellten Willen des Betreuten entspricht.**

(5) **Die Absätze 1 bis 4 gelten nach Maßgabe des § 1820 Absatz 2 Nummer 1 für einen Bevollmächtigten entsprechend.**

§ 1830* Sterilisation

(1) **Die Einwilligung eines Sterilisationsbetreuers in eine Sterilisation des Betreuten, in die dieser nicht selbst einwilligen kann, ist nur zulässig, wenn**

1. **die Sterilisation dem natürlichen Willen des Betreuten entspricht,**
2. **der Betreute auf Dauer einwilligungsunfähig bleiben wird,**
3. **anzunehmen ist, dass es ohne die Sterilisation zu einer Schwangerschaft kommen würde,**
4. **infolge dieser Schwangerschaft eine Gefahr für das Leben oder die Gefahr einer schwerwiegenden Beeinträchtigung des körperlichen oder seelischen Gesundheitszustands der Schwangeren zu erwarten wäre, die nicht auf zumutbare Weise abgewendet werden könnte, und**
5. **die Schwangerschaft nicht durch andere zumutbare Mittel verhindert werden kann.**

(2) **[1]Die Einwilligung bedarf der Genehmigung des Betreuungsgerichts. [2]Die Sterilisation darf erst zwei Wochen nach Wirksamkeit der Genehmigung durchgeführt werden. [3]Bei der Sterilisation ist stets der Methode der Vorzug zu geben, die eine Refertilisierung zulässt.**

---

* Buch 4 Abschnitt 3 (§§ 1773–1888) neu gef. mWv 1.1.2023 durch Ges. v. 4.5.2021 (BGBl. I S. 882).

§ 1831* Freiheitsentziehende Unterbringung und freiheitsentziehende Maßnahmen

(1) Eine Unterbringung des Betreuten durch den Betreuer, die mit Freiheitsentziehung verbunden ist, ist nur zulässig, solange sie erforderlich ist, weil
1. aufgrund einer psychischen Krankheit oder geistigen oder seelischen Behinderung des Betreuten die Gefahr besteht, dass er sich selbst tötet oder erheblichen gesundheitlichen Schaden zufügt, oder
2. zur Abwendung eines drohenden erheblichen gesundheitlichen Schadens eine Untersuchung des Gesundheitszustands, eine Heilbehandlung oder ein ärztlicher Eingriff notwendig ist, die Maßnahme ohne die Unterbringung des Betreuten nicht durchgeführt werden kann und der Betreute aufgrund einer psychischen Krankheit oder geistigen oder seelischen Behinderung die Notwendigkeit der Unterbringung nicht erkennen oder nicht nach dieser Einsicht handeln kann.

(2) [1]Die Unterbringung ist nur mit Genehmigung des Betreuungsgerichts zulässig. [2]Ohne die Genehmigung ist die Unterbringung nur zulässig, wenn mit dem Aufschub Gefahr verbunden ist; die Genehmigung ist unverzüglich nachzuholen.

(3) [1]Der Betreuer hat die Unterbringung zu beenden, wenn ihre Voraussetzungen weggefallen sind. [2]Er hat die Beendigung der Unterbringung dem Betreuungsgericht unverzüglich anzuzeigen.

(4) Die Absätze 1 bis 3 gelten entsprechend, wenn dem Betreuten, der sich in einem Krankenhaus, einem Heim oder einer sonstigen Einrichtung aufhält, durch mechanische Vorrichtungen, Medikamente oder auf andere Weise über einen längeren Zeitraum oder regelmäßig die Freiheit entzogen werden soll.

(5) Die Absätze 1 bis 4 gelten nach Maßgabe des § 1820 Absatz 2 Nummer 2 für einen Bevollmächtigten entsprechend.

§ 1832* Ärztliche Zwangsmaßnahmen

(1) [1]Widerspricht eine Untersuchung des Gesundheitszustands, eine Heilbehandlung oder ein ärztlicher Eingriff dem natürlichen Willen des Betreuten (ärztliche Zwangsmaßnahme), so kann der Betreuer in die ärztliche Zwangsmaßnahme nur einwilligen, wenn
1. die ärztliche Zwangsmaßnahme notwendig ist, um einen drohenden erheblichen gesundheitlichen Schaden vom Betreuten abzuwenden,
2. der Betreute aufgrund einer psychischen Krankheit oder einer geistigen oder seelischen Behinderung die Notwendigkeit der ärztlichen Maßnahme nicht erkennen oder nicht nach dieser Einsicht handeln kann,
3. die ärztliche Zwangsmaßnahme dem nach § 1827 zu beachtenden Willen des Betreuten entspricht,
4. zuvor ernsthaft, mit dem nötigen Zeitaufwand und ohne Ausübung unzulässigen Drucks versucht wurde, den Betreuten von der Notwendigkeit der ärztlichen Maßnahme zu überzeugen,
5. der drohende erhebliche gesundheitliche Schaden durch keine andere den Betreuten weniger belastende Maßnahme abgewendet werden kann,
6. der zu erwartende Nutzen der ärztlichen Zwangsmaßnahme die zu erwartenden Beeinträchtigungen deutlich überwiegt und

---

* Buch 4 Abschnitt 3 (§§ 1773–1888) neu gef. mWv 1.1.2023 durch Ges. v. 4.5.2021 (BGBl. I S. 882).

7. die ärztliche Zwangsmaßnahme im Rahmen eines stationären Aufenthalts in einem Krankenhaus, in dem die gebotene medizinische Versorgung des Betreuten einschließlich einer erforderlichen Nachbehandlung sichergestellt ist, durchgeführt wird.

[2]§ 1867 ist nur anwendbar, wenn der Betreuer an der Erfüllung seiner Pflichten verhindert ist.

(2) Die Einwilligung in die ärztliche Zwangsmaßnahme bedarf der Genehmigung des Betreuungsgerichts.

(3) [1]Der Betreuer hat die Einwilligung in die ärztliche Zwangsmaßnahme zu widerrufen, wenn ihre Voraussetzungen weggefallen sind. [2]Er hat den Widerruf dem Betreuungsgericht unverzüglich anzuzeigen.

(4) Kommt eine ärztliche Zwangsmaßnahme in Betracht, so gilt für die Verbringung des Betreuten gegen seinen natürlichen Willen zu einem stationären Aufenthalt in ein Krankenhaus § 1831 Absatz 1 Nummer 2, Absatz 2 und 3 Satz 1 entsprechend.

(5) Die Absätze 1 bis 4 gelten nach Maßgabe des § 1820 Absatz 2 Nummer 3 für einen Bevollmächtigten entsprechend.

§ 1833* Aufgabe von Wohnraum des Betreuten

(1) [1]Eine Aufgabe von Wohnraum, der vom Betreuten selbst genutzt wird, durch den Betreuer ist nur nach Maßgabe des § 1821 Absatz 2 bis 4 zulässig. [2]Eine Gefährdung im Sinne des § 1821 Absatz 3 Nummer 1 liegt insbesondere dann vor, wenn eine Finanzierung des Wohnraums trotz Ausschöpfung aller dem Betreuten zur Verfügung stehenden Ressourcen nicht möglich ist oder eine häusliche Versorgung trotz umfassender Zuhilfenahme aller ambulanten Dienste zu einer erheblichen gesundheitlichen Gefährdung des Betreuten führen würde.

(2) [1]Beabsichtigt der Betreuer, vom Betreuten selbst genutzten Wohnraum aufzugeben, so hat er dies unter Angabe der Gründe und der Sichtweise des Betreuten dem Betreuungsgericht unverzüglich anzuzeigen. [2]Ist mit einer Aufgabe des Wohnraums aus anderen Gründen zu rechnen, so hat der Betreuer auch dies sowie die von ihm beabsichtigten Maßnahmen dem Betreuungsgericht unverzüglich anzuzeigen, wenn sein Aufgabenkreis die entsprechende Angelegenheit umfasst.

(3) [1]Der Betreuer bedarf bei vom Betreuten selbst genutzten Wohnraum der Genehmigung des Betreuungsgerichts

1. zur Kündigung des Mietverhältnisses,
2. zu einer Willenserklärung, die auf die Aufhebung des Mietverhältnisses gerichtet ist,
3. zur Vermietung solchen Wohnraums und
4. zur Verfügung über ein Grundstück oder über ein Recht an einem Grundstück, sofern dies mit der Aufgabe des Wohnraums verbunden ist.

[2]Die §§ 1855 bis 1858 gelten entsprechend.

§ 1834* Bestimmung des Umgangs und des Aufenthalts des Betreuten

(1) Den Umgang des Betreuten mit anderen Personen darf der Betreuer mit Wirkung für und gegen Dritte nur bestimmen, wenn der Betreute dies wünscht oder ihm eine konkrete Gefährdung im Sinne des § 1821 Absatz 3 Nummer 1 droht.

---

* Buch 4 Abschnitt 3 (§§ 1773–1888) neu gef. mWv 1.1.2023 durch Ges. v. 4.5.2021 (BGBl. I S. 882).

(2) **Die Bestimmung des Aufenthalts umfasst das Recht, den Aufenthalt des Betreuten auch mit Wirkung für und gegen Dritte zu bestimmen und, falls erforderlich, die Herausgabe des Betreuten zu verlangen.**

(3) **Über Streitigkeiten, die eine Angelegenheit nach Absatz 1 oder 2 betreffen, entscheidet das Betreuungsgericht auf Antrag.**

Anmerkungen zu den §§ 1827–1834

§§ 1827–1834 regeln Angelegenheiten der Personensorge. **a) Bestimmungsbefugnisse** des Betreuers, zB Umgang (§ 1834 I), Aufenthaltsbestimmung (§ 1834 II, hierzu Sonnenfeld FamRZ 1995, 393). Zur **Unterbringung mit Freiheitsentziehung** s. § 1831; nur unter den in § 1831 I genannten Voraussetzungen zulässig (s. dazu BGH FamRZ 2017, 1342 [1343]; FamRZ 2019, 552 [553]); FamRZ 2022, 1648 [1649]; grds. nicht bei Alkoholismus (s. BGH FamRZ 2016, 1068; FamRZ 2016, 807; FamRZ 2015, 1017 [1018], dort auch zu Ausn.); auch Gefahr der Verwahrlosung als solche nicht ausreichend (BGH FamRZ 2019, 552 [554]). Zu unterbringungsähnlichen Maßnahmen iSv § 1831 IV s. BGH FamRZ 2015, 1707 [1708]; NJW 2015, 865. Zur betreuungsrechtlichen Einwilligung in **ärztliche Zwangsmaßnahmen** s. § 1832; nur zulässig, wenn die in § 1832 I 1 genannten Voraussetzungen kumulativ vorliegen (s. dazu BGH FamRZ 2021, 1739 [1740], strikte Beachtung des Verhältnismäßigkeitsgrundsatzes). Zur Notwendigkeit der Maßnahme iSd § 1832 I 1 Nr. 1 s. BGH FamRZ 2021, 1739 [1740 f.]. Gem. § 1832 I 1 Nr. 3 kann der Betreuer in die ärztliche Zwangsmaßnahme nur einwilligen, wenn diese dem nach § 1827 zu beachtenden Willen entspricht; liegen weder Patientenverfügung noch Behandlungswünsche vor und ist auch ein mutmaßliches Einverständnis nicht feststellbar (§ 1827 II), kann die ärztliche Zwangsmaßnahm dennoch genehmigt werden; sie ist dann unter den übrigen Voraussetzungen des § 1832 I 1 zulässig (BGH FamRZ 2020, 1868 [1869 f.]. Die Zwangsmaßnahme muss im Rahmen eines stationären Aufenthalts in einem Krankenhaus durchgeführt werden (§ 1832 I 1 Nr. 7). **Ambulante Zwangsbehandlungen** sind ausgeschlossen (s. BT-Drs. 18/11240, 2; sa Spickhoff, Medizinrecht, 4. Aufl. 2022, § 1832 Rn. 14; zum alten Recht: BGH NJW 2001, 888 [889 f.] [Dauermedikation mit Neuroleptika]). **b) Sterilisation** des einwilligungsunfähigen Betreuten s. §§ 1830, 1817 II; Minderjähriger s. jedoch § 1631c. **c) Genehmigung des BetreuungsG** als „doppelter Filter" (Gernhuber/Coester-Waltjen § 78 Rn. 8) erforderlich bei gefährlichen **Untersuchungen oder Heileingriffen,** § 1829 I 1 (Ausn: Gefahr § 1829 I 2). Einwilligung ist nur genehmigungsbedürftig, wenn von einer konkreten Möglichkeit des Schadenseintritts (Tod oder schwerer dauernder Gesundheitsschaden) auszugehen ist; nicht bei nicht völlig ausschließbaren Risiken (OLG Hamm NJW 2003, 2392 [2393] [Intubationsnarkose bei zahnärztlichem Eingriff]). Der Abbruch **lebenserhaltender Maßnahmen** bedarf grds. der Genehmigung des BetreuungsG (BGH NJW 2003, 1588 [1594]; NZFam 2014, 988 [989] [Widerruf der Einwilligung in künstliche Ernährung durch PEG-Magensonde]), § 1829 II. Nicht genehmigungsbedürftig ist ein Abbruch lebenserhaltender Maßnahmen jedoch, wenn der Betroffene einen entspr. Willen in einer wirksamen Patientenverfügung (§ 1827 I) niedergelegt hat und die Festlegungen auf die konkrete Lebens- und Behandlungssituation zutreffen (BGH FamRZ 2019, 236 [237 f.]; FamRZ 2017, 748 [749 f.]; NZFam 2014, 988 [989 ff.]; dazu Boemke NJW 2015, 378); die Genehmigung ist auch dann nicht erforderlich, wenn sich Betreuer und Arzt einig sind, dass die Erteilung, die Nichterteilung oder der Widerruf der Einwilligung dem nach § 1827 festgestellten Willen des Betreuten entspricht (§ 1829 IV), s. dazu BGH FamRZ 2017, 748 [750]; NZFam 2014, 988 [991] (dort auch zu einem Wechsel des behandelnden Arztes). Ein Pflegeheim kann dem Verlangen nicht den Heimvertrag oder die Gewissensfreiheit des Personals entgegenhalten (BGH NJW 2005, 2385 [2386]). Der Abbruch lebenserhaltender Maßnahmen nach dem tatsächlichen oder mutmaßlichen Willen des Betreuten setzt nicht voraus, dass die Grunderkrankung bereits

Margin numbers: 1 (beside "§§ 1827–1834 regeln…"), 2 (beside "jähriger s. jedoch § 1631c. c) Genehmigung…")

einen irreversibel tödlichen Verlauf genommen hat; gem. § 1827 III sind Art und Stadium der Erkrankung für die Verbindlichkeit des Patientenwillens unerheblich (BGH NZFam 2014, 988 [991]). Bei Zweifeln oder Besorgnis des Missbrauchs können die Beteiligten sowie jeder Dritte die rechtliche Grenze des Betreuerhandelns durch das BetreuungsG klären lassen (BGH NZFam 2014, 988 [990]). Zur Anwendung des § 1829 I–IV bei Bevollmächtigung s. § 1829 V, dazu BGH FamRZ 2016, 1671 [1673]. Bei Fehlen einer wirksamen Patientenverfügung bzw. Einvernehmen iSd § 1829 IV hat das BetreuungsG die Genehmigung zu erteilen, wenn die Nichteinwilligung oder der Widerruf der Einwilligung dem Willen des Betreuten entspricht, § 1829 III. Maßstab ist der individuelle Patientenwille, bei dessen Ermittlung die Kriterien des § 1827 II zu berücksichtigen sind (BGH FamRZ 2017, 748 [751]); zum Unterschied zwischen Behandlungswünschen und mutmaßlichem Willen des Betroffenen iSd § 1827 II s. BGH FamRZ 2017, 748 [751]; NZFam
3 2014, 988 [991 f.]. Genehmigung bei **Sterilisation,** § 1830 II (s. OLG Hamm NJW 2001, 1800); **Unterbringung** und **unterbringungsähnliche Maßnahmen,** § 1831 II 1, IV (Ausn. „Gefahr" II 2); Voraussetzungen § 1831 I, → Rn. 1. Fehlende Einsichtsfähigkeit iSd § 1831 I Nr. 2 s. OLG Düsseldorf FamRZ 1995, 118; „Erforderlichkeit" s. BayObLG FamRZ 1994, 1617 [1619] (Einfluss des Verfassungsgrundsatzes der Verhältnismäßigkeit). Freiheitsentziehende Unterbringung iSd § 1831 I, wenn der Betreute „gegen seinen Willen oder im Zustand der Willenlosigkeit in einem räumlich begrenzten Bereich eines geschlossenen Krankenhauses, einer anderen geschlossenen Einrichtung oder dem abgeschlossenen Teil einer solchen Einrichtung festgehalten, sein Aufenthalt stdg. Überwacht und die Kontaktaufnahme mit Personen außerhalb des Bereichs eingeschränkt wird", BGH NJW 2015, 865. Zu den Voraussetzungen einer unterbringungsähnlichen
4 Maßnahme iSd § 1831 IV s. BGH NJW 2015, 865 [866]. **d)** Aufgabe von **Wohnraum** des Betreuten, § 1833. **e)** S. ferner §§ 1484 II 3, 1491 III 2, 1492 III.

Kapitel 3.* Vermögensangelegenheiten

Unterkapitel 1.* Allgemeine Vorschriften

§ 1835* Vermögensverzeichnis

(1) [1]**Soweit die Verwaltung des Vermögens des Betreuten zum Aufgabenkreis des Betreuers gehört, hat er zum Zeitpunkt seiner Bestellung ein Verzeichnis über das Vermögen des Betreuten zu erstellen und dieses dem Betreuungsgericht mit der Versicherung der Richtigkeit und Vollständigkeit einzureichen.** [2]**Das Vermögensverzeichnis soll auch Angaben zu den regelmäßigen Einnahmen und Ausgaben des Betreuten enthalten.** [3]**Der Betreuer hat das Vermögensverzeichnis um dasjenige Vermögen zu ergänzen, das der Betreute später hinzuerwirbt.** [4]**Mehrere Betreuer haben das Vermögensverzeichnis gemeinsam zu erstellen, soweit sie das Vermögen gemeinsam verwalten.**

(2) **Der Betreuer hat seine Angaben im Vermögensverzeichnis in geeigneter Weise zu belegen.**

(3) **Soweit es für die ordnungsgemäße Erstellung des Vermögensverzeichnisses erforderlich und mit Rücksicht auf das Vermögen des Betreuten angemessen ist, kann der Betreuer die zuständige Betreuungsbehörde, einen zuständigen Beamten, einen Notar oder einen Sachverständigen zur Erstellung des Verzeichnisses hinzuziehen.**

* Buch 4 Abschnitt 3 (§§ 1773–1888) neu gef. mWv 1.1.2023 durch Ges. v. 4.5.2021 (BGBl. I S. 882).

(4) [1]**Bestehen nach den Umständen des Einzelfalls konkrete Anhaltspunkte dafür, dass die Kontrolle der Richtigkeit und Vollständigkeit des Vermögensverzeichnisses durch eine dritte Person zum Schutz des Vermögens des Betreuten oder zur Vermeidung von Rechtsstreitigkeiten erforderlich ist, kann das Betreuungsgericht eine dritte Person als Zeuge bei der Erstellung des Vermögensverzeichnisses, insbesondere bei einer Inaugenscheinnahme von Vermögensgegenständen, hinzuziehen.** [2]**Für die Erstattung der Aufwendungen der dritten Person sind die Vorschriften über die Entschädigung von Zeugen nach dem Justizvergütungs- und -entschädigungsgesetz anzuwenden.** [3]**Der Betreuer hat der dritten Person die Wahrnehmung ihrer Aufgaben zu ermöglichen.** [4]**Die dritte Person hat dem Betreuungsgericht über die Erstellung des Vermögensverzeichnisses und insbesondere das Ergebnis der Inaugenscheinnahme zu berichten.**

(5) **Ist das eingereichte Vermögensverzeichnis ungenügend, so kann das Betreuungsgericht anordnen, dass das Vermögensverzeichnis durch die zuständige Betreuungsbehörde oder einen Notar aufgenommen wird.**

(6) **Das Betreuungsgericht hat das Vermögensverzeichnis dem Betreuten zur Kenntnis zu geben, es sei denn, dadurch sind erhebliche Nachteile für dessen Gesundheit zu besorgen oder er ist offensichtlich nicht in der Lage, das Vermögensverzeichnis zur Kenntnis zu nehmen.**

1 **1. Allgemeines.** Gewährleistung der ordnungsgem. Vermögensverwaltung und ihrer Überwachung durch das BetreuungsG. Gilt nur für Betreuer, zu deren Aufgabenkreis die Verwaltung des Vermögens des Betreuten gehört (I 1).

2 **2. Inventarisierung. a)** Der Betreuer hat nur das Vermögen zu verzeichnen, das seiner Verwaltung unterliegt (BT-Drs. 19/24445, 265); zu mehreren Betreuern s. I 4. Zur Inventarisierung verpflichtet ist auch ein zum Betreuer bestellter Ehegatte, selbst wenn er mit dem Betreuten einen gemeinsamen Haushalt führt (BT-Drs. 19/24445, 265). Bei einem Betreuerwechsel trifft den neuen Betreuer gleichfalls eine Inventarisierungspflicht; soweit das alte Verzeichnis lückenlos erstellt wurde, kann jedoch eine Aktualisierung genügen (BT-Drs. 19/24445, 265). Nach I 2 soll das Verzeichnis auch Angaben zu regelmäßigen Einnahmen und Ausgaben des Betreuten enthalten. Nachträglich zuerworbenes Vermögen s. I 3; ebenso sind zuerworbene Einzelstücke zu behandeln. Bei Beteiligung des Betreuten an Gesamthand ist das gesamte Vermögen der Gesamthand unter Angabe des Anteils des Betreuten zu inventarisieren. Die Angaben im Vermögensverzeichnis sind zu belegen (II). Hinzuziehung von Dritten bei der Erstellung des Vermögensverzeichnisses s. III und IV.
3 **b) Stichtag** ist nach I 1 der Zeitpunkt der Bestellung des Betreuers, dh Zeitpunkt der Wirksamkeit des Bestellerbeschlusses gem. § 287 I, II FamFG. Das Vermögensverzeichnis ist gem. § 1863 I 3 dem Anfangsbericht beizufügen, der innerhalb von drei Monaten nach Bestellung übersandt werden soll (§ 1863 I 4); ist ein Anfangsbericht nicht zu erstellen (s. § 1863 II) kann das BetreuungsG iRd Aufsicht gem. § 1862 III 1 eine Frist bestimmen (BT-Drs. 19/24445, 265). **c)** Zur Befugnis des **BetreuungsG** bei ungenügendem Verzeichnis s. V. **d)** Bekanntgabe des Verzeichnisses an den Betreuten gem. VI.

§ 1836* Trennungsgebot; Verwendung des Vermögens für den Betreuer

(1) [1]**Der Betreuer hat das Vermögen des Betreuten getrennt von seinem eigenen Vermögen zu halten.** [2]**Dies gilt nicht für das bei Bestellung des Betreuers bestehende und das während der Betreuung hinzukommende**

* Buch 4 Abschnitt 3 (§§ 1773–1888) neu gef. mWv 1.1.2023 durch Ges. v. 4.5.2021 (BGBl. I S. 882).

gemeinschaftliche Vermögen des Betreuers und des Betreuten, wenn das Betreuungsgericht nichts anderes anordnet.

(2) [1]**Der Betreuer darf das Vermögen des Betreuten nicht für sich verwenden.** [2]**Dies gilt nicht, wenn die Betreuung ehrenamtlich geführt wird und zwischen dem Betreuten und dem Betreuer eine Vereinbarung über die Verwendung getroffen wurde.** [3]**Verwendungen nach Satz 2 sind unter Darlegung der Vereinbarung dem Betreuungsgericht anzuzeigen.**

(3) **Absatz 2 Satz 1 gilt nicht für Haushaltsgegenstände und das Verfügungsgeld im Sinne des § 1839, wenn der Betreuer mit dem Betreuten einen gemeinsamen Haushalt führt oder geführt hat und die Verwendung dem Wunsch oder mutmaßlichen Willen des Betreuten entspricht.**

1 **1. Trennungsgebot.** Der Betreuer hat das Vermögen des Betreuten strikt von seinem eigenen Vermögen zu trennen (I 1). Eine Ausn. gilt für das bei Bestellung des Betreuers bestehende und das während der Betreuung hinzukommende gemeinschaftliche Vermögen von Betreuer und Betreutem, sofern das BetreuungsG nichts anderes anordnet (I 2); Bsp: gemeinsames Depot, gemeinschaftliche Konten von Ehegatten (BT-Drs. 19/24445, 268).

2 **2. Verwendungsverbot.** Nach II 1 darf der Betreuer das Vermögen des Betreuten nicht für sich verwenden; Ausn. s. § 1836 II 2, III. Verboten sind auch unentgeltlicher Gebrauch von Sachen des Betreuten, unentgeltliche Nutzung seiner Arbeitskraft (Jürgens/Trautmann Rn. 9) oder Anlage von Vermögen des Betreuten in einer Gesellschaft, an der Betreuer beteiligt ist (Grüneberg/Götz Rn. 4). Ein wirtschaftlicher Vorteil für den Betreuten ist unerheblich. Bei Verstoß gegen II 1 ist Rechtsfolge nicht Nichtigkeit, sondern Haftung des Vormunds (§ 1826) und Einschreiten des BetreuungsG (§ 1862 III).

§ 1837* Vermögensverwaltung durch den Betreuer bei Erbschaft und Schenkung

(1) **Der Betreuer hat das Vermögen des Betreuten, das dieser von Todes wegen erwirbt, das ihm unentgeltlich durch Zuwendung auf den Todesfall oder unter Lebenden von einem Dritten zugewendet wird, nach den Anordnungen des Erblassers oder des Zuwendenden, soweit diese sich an den Betreuer richten, zu verwalten, wenn die Anordnungen von dem Erblasser durch letztwillige Verfügung oder von dem Dritten bei der Zuwendung getroffen worden sind.**

(2) [1]**Das Betreuungsgericht kann die Anordnungen des Erblassers oder des Zuwendenden aufheben, wenn ihre Befolgung das Vermögen des Betreuten erheblich gefährden würde.** [2]**Solange der Zuwendende lebt, ist zu einer Abweichung von den Anordnungen seine Zustimmung erforderlich und genügend.** [3]**Ist er zur Abgabe einer Erklärung dauerhaft außerstande oder ist sein Aufenthalt dauerhaft unbekannt, so kann das Betreuungsgericht unter Beachtung der Voraussetzungen von Satz 1 die Zustimmung ersetzen.**

1 **Verwaltung entspr. Anordnung.** Bindung des Ermessens des Betreuers bei der *Verwaltung der in I genannten* Vermögensteile, vgl. § 1638. Bei Verstoß des Betreuers gg. Anordnung evtl. Haftung aus § 1826.

---

* Buch 4 Abschnitt 3 (§§ 1773–1888) neu gef. mWv 1.1.2023 durch Ges. v. 4.5.2021 (BGBl. I S. 882).

Unterkapitel 2.* Verwaltung von Geld, Wertpapieren und Wertgegenständen

§ 1838* Pflichten des Betreuers in Vermögensangelegenheiten

(1) [1]**Der Betreuer hat die Vermögensangelegenheiten des Betreuten nach Maßgabe des § 1821 wahrzunehmen.** [2]**Es wird vermutet, dass eine Wahrnehmung der Vermögensangelegenheiten nach den §§ 1839 bis 1843 dem mutmaßlichen Willen des Betreuten nach § 1821 Absatz 4 entspricht, wenn keine hinreichenden konkreten Anhaltspunkte für einen hiervon abweichenden mutmaßlichen Willen bestehen.**

(2) [1]**Soweit die nach Absatz 1 Satz 1 gebotene Wahrnehmung der Vermögensangelegenheiten von den in den §§ 1839 bis 1843 festgelegten Grundsätzen abweicht, hat der Betreuer dies dem Betreuungsgericht unverzüglich unter Darlegung der Wünsche des Betreuten anzuzeigen.** [2]**Das Betreuungsgericht kann die Anwendung der §§ 1839 bis 1843 oder einzelner Vorschriften ausdrücklich anordnen, wenn andernfalls eine Gefährdung im Sinne des § 1821 Absatz 3 Nummer 1 zu besorgen wäre.**

a) aa) Die Vorschrift stellt in I 1 klar, dass § 1821 auch für Vermögensangelegenheiten gilt. Der Betreuer hat dementsprechend zunächst zu eruieren, ob der Betreute seine Vermögensangelegenheiten selbst besorgen kann oder ob er von seiner Vertretungsmacht nach § 1823 Gebrauch machen muss (Prinzip „Unterstützen vor Vertreten“, BT-Drs. 19/24445, 272). Handelt der Betreuer für den Betreuten, hat er gem. § 1821 II 3 den Wünschen des Betreuten bis zur Schranke des § 1821 III zu entsprechen (→ §§ 1821–1826 Rn. 2). Dies gilt auch dann, wenn die auf einem freien Willen beruhenden Wünsche wirtschaftlich unvernünftig sind (BT-Drs. 19/24445, 272). Hat der Betreuer in den Fällen des § 1821 IV den mutmaßlichen Willen des Betreuten zu ermitteln, wird in Ermangelung abweichender Anhaltspunkte vermutet, dass die Vermögensverwaltung nach Maßgabe der §§ 1838–1843 dem mutmaßlichen Willen des Betreuten entspricht (I 2). **bb)** Wird der Betreute selbst rechtswirksam tätig, hat sich der Betreuer auf Beratung zu beschränken; erkennt der Betreuer hierbei Risiken (zB Verschleudern von Geld) und bestehen Zweifel an der Fähigkeit zur freien Willensbildung, ist die Anordnung eines Einwilligungsvorbehalts (§ 1825) anzuregen. **b) Anzeigepflicht.** Weicht der Betreuer bei der Wahrnehmung der Vermögensangelegenheiten unter Berücksichtigung der (mutmaßlichen) Wünsche des Betreuten von §§ 1838–1843 ab, hat er dies unverzüglich dem BetreuungsG anzuzeigen (II 1). Die Regelung dient sowohl dem Schutz des Betreuten als auch der eigenen Absicherung (BT-Drs. 19/24445, 273). Das BetreuungsG kann die Anwendung der §§ 1839–1843 oder einzelner dieser Vorschriften anordnen, wenn andernfalls eine Gefährdung iSd § 1821 III Nr. 1 zu besorgen wäre (II 2). 1 2

§ 1839* Bereithaltung von Verfügungsgeld

(1) [1]**Geld des Betreuten, das der Betreuer für dessen Ausgaben benötigt (Verfügungsgeld), hat er auf einem Girokonto des Betreuten bei einem Kreditinstitut bereitzuhalten.** [2]**Ausgenommen ist Bargeld im Sinne § 1840 Absatz 2.**

(2) **Absatz 1 steht einer Bereithaltung von Verfügungsgeld auf einem gesonderten zur verzinslichen Anlage geeigneten Konto des Betreuten im Sinne von § 1841 Absatz 2 nicht entgegen.**

---

* Buch 4 Abschnitt 3 (§§ 1773–1888) neu gef. mWv 1.1.2023 durch Ges. v. 4.5.2021 (BGBl. I S. 882).

§ 1840* Bargeldloser Zahlungsverkehr

(1) **Der Betreuer hat den Zahlungsverkehr für den Betreuten bargeldlos unter Verwendung des gemäß § 1839 Absatz 1 Satz 1 zu unterhaltenden Girokontos durchzuführen.**

(2) **Von Absatz 1 sind ausgenommen**
1. im Geschäftsverkehr übliche Barzahlungen und
2. Auszahlungen an den Betreuten.

§ 1841* Anlagepflicht

(1) **Geld des Betreuten, das nicht für Ausgaben nach § 1839 benötigt wird, hat der Betreuer anzulegen (Anlagegeld).**

(2) **Der Betreuer soll das Anlagegeld auf einem zur verzinslichen Anlage geeigneten Konto des Betreuten bei einem Kreditinstitut (Anlagekonto) anlegen.**

§ 1842* Voraussetzungen für das Kreditinstitut

Das Kreditinstitut muss bei Anlagen nach den §§ 1839 und 1841 Absatz 2 einer für die jeweilige Anlage ausreichenden Sicherungseinrichtung angehören.

Anmerkungen zu den §§ 1839–1842

1 **1. Allgemeines.** Regelung der Verwaltung von Geldvermögen des Betreuten. Unterschieden wird zwischen sog. „Verfügungsgeld", das zur Bestreitung von Ausgaben benötigt wird (§ 1839 I 1) und sog. „Anlagegeld" (§ 1841 I), das verzinslich anzulegen ist.

2 **2. Verfügungsgeld. a)** Verfügungsgeld ist Geld des Betreuten, das der Betreuer für die laufenden Ausgaben des Betreuten benötigt (§ 1839 I 1), zB für Miete, Lebensmittel, Kleidung. Das Geld ist auf einem (bestehenden oder neu zu eröffnenden) Girokonto des Betreuten bereitzuhalten; das Konto kann online (auch bei einer Direktbank) geführt werden (BT-Drs. 19/24445, 274). Das Kreditinstitut muss einer für die Anlage ausreichenden Sicherungseinrichtung angehören (§ 1842); erfasst sind auch inländische öffentliche Sparkassen (BT-Drs. 19/24445, 276). Unzulässig ist Bereithaltung auf einem Anderkonto des Betreuers (BT-Drs. 19/24445, 274). **b)** Bargeld iSd § 1840 II muss nicht auf einem Girokonto bereitgehalten werden (§ 1839 I 2). **c)** § 1839 II stellt klar, dass der Betreuer Verfügungsgeld auch auf einem unversperrten gesonderten Konto des Betreuten iSd § 1841 II anlegen kann, das Verzinsung und schnelle Verfügbarkeit des Geldes ermöglicht, zB Anlage auf Tagesgeldkonto oder Sparkonto (BT-Drs. 19/24445, 274); sa § 1845 I 2.

3 **3. Bargeldloser Zahlungsverkehr. a)** Der Betreuer ist verpflichtet, den Zahlungsverkehr für den Betreuten (Zahlung an Dritte und von Dritten) bargeldlos unter Verwendung des gem. § 1839 I 1 zu unterhaltenden Girokontos (→ Rn. 2) durchzuführen (§ 1840 I). Andere Zahlungsmittel, etwa elektronische Bezahlverfahren („amazon pay", „Pay Pal" etc.), dürfen nicht verwendet werden (BT-Drs. 19/24445, 275). **b)** Von der Pflicht zum bargeldlosen Zahlungsverkehr ausgenommen sind nach § 1840 II im Geschäftsverkehr übliche oder vom Betreuten gewünschte *Barzahlungen (zB für Friseur, Pediküre)*; ebenso zulässig ist die Auszahlung von Bargeld an den Betreuten, sofern er dies wünscht.

4 **4. Anlagepflicht. a)** Der Betreuer ist gem. § 1841 I verpflichtet, Geld des Betreuten, das nicht für die Ausgaben nach § 1839 benötigt wird, anzulegen. Im Regelfall erfolgt die Anlegung auf einem zur verzinslichen Anlage geeigneten Konto

bei einem Kreditinstitut (s. § 1842, → Rn. 2), § 1841 II. Die Anlegung gem. § 1841 II ist genehmigungsfrei; der Betreuer hat sie lediglich anzuzeigen (§ 1846 I Nr. 2, II Nr. 2 u 5). Zur Sperrvereinbarung s. § 1845. Soll das Anlagegeld anders als in § 1841 II vorgesehen angelegt werden, bedarf der Betreuer der betreuungsgerichtlichen Genehmigung (§ 1848). Die Entscheidung über die Einordung als Verfügungs- oder Anlagegeld trifft der Betreuer nach pflichtgemäßem Ermessen (BT-Drs. 19/24445, 284). Zur Befreiung von den Beschränkungen nach §§ 1841, 1845, 1848 s. § 1860 I, IV. Abw. Anordnungen nach § 1837 gehen § 1841 ff. vor. **b)** Bei Verstoß § 1826, evtl. § 1862.

§ 1843* Depotverwahrung und Hinterlegung von Wertpapieren

(1) **Der Betreuer hat Wertpapiere des Betreuten im Sinne des § 1 Absatz 1 und 2 des Depotgesetzes bei einem Kreditinstitut in Einzel- oder Sammelverwahrung verwahren zu lassen.**

(2) **Sonstige Wertpapiere des Betreuten hat der Betreuer in einem Schließfach eines Kreditinstituts zu hinterlegen.**

(3) **Die Pflicht zur Depotverwahrung oder zur Hinterlegung besteht nicht, wenn diese nach den Umständen des Einzelfalls unter Berücksichtigung der Art der Wertpapiere zur Sicherung des Vermögens des Betreuten nicht geboten ist.**

§ 1844* Hinterlegung von Wertgegenständen auf Anordnung des Betreuungsgerichts

Das Betreuungsgericht kann anordnen, dass der Betreuer Wertgegenstände des Betreuten bei einer Hinterlegungsstelle oder einer anderen geeigneten Stelle hinterlegt, wenn dies zur Sicherung des Vermögens des Betreuten geboten ist.

Anmerkungen zu den §§ 1843, 1844

1. Allgemeines. Regelung der Verwahr- und Hinterlegungspflichten des Betreuers in Bezug auf Wertpapiere und Wertgegenstände des Betreuten. IE hat der Betreuer alle Wertpapiere des Betreuten bei einem Kreditinstitut in Verwahrung zu geben, sofern sie nicht ohnehin schon dort verwahrt sind (s. § 1843). Das BetreuungsG kann zudem die Hinterlegung von Wertgegenständen anordnen (§ 1844). 1

2. Wertpapiere. a) aa) Der Betreuer hat die in § 1 I DepotG genannten Wertpapiere bei einem Kreditinstitut in Einzel- oder Sammelverwahrung verwahren zu lassen (§ 1843 I). Zur Sperrvereinbarung mit dem Verwahrer § 1845 II 1. Die erstmalige Verwahrung im Depot ist dem BetreuungsG gem. § 1846 I Nr. 3, II Nr. 3 anzuzeigen. **bb)** Nicht depotfähige Wertpapiere hat der Betreuer gem. § 1843 II in einem Schließfach eines Kreditinstituts zu hinterlegen; dabei können Schließfächer auch bei mehreren Banken geführt werden (BT-Drs. 19/24445, 277). Zur Sperrvereinbarung mit dem Kreditinstitut § 1845 II 2. Die Hinterlegung der Wertpapiere 2
hat der Betreuer dem BetreuungsG gem. § 1846 I Nr. 3, II Nr. 3 anzuzeigen. **b)** Eine 3
Ausnahme von der Pflicht zur Depotverwahrung oder zur Hinterlegung macht III für den Fall, dass diese nach den Umständen des Einzelfalls zur Sicherung des Vermögens des Betreuten nicht geboten ist (zu Beispielen s. BT-Drs. 19/24445,
278). **c) Durchsetzung** der Verwahr- und Hinterlegungsverpflichtung durch 4

* Buch 4 Abschnitt 3 (§§ 1773–1888) neu gef. mWv 1.1.2023 durch Ges. v. 4.5.2021 (BGBl. I S. 882).

* Buch 4 Abschnitt 3 (§§ 1773–1888) neu gef. mWv 1.1.2023 durch Ges. v. 4.5.2021 (BGBl. I S. 882).

Zwangsmittel des BetreuungsG nach § 1862 III; evtl. Entlassung des Betreuers.
5 **d) Haftung** des Betreuers s. § 1826.

6 **3. Wertgegenstände.** Wertgegenstände (zB Gemälde, Schmuck) sind auf Anordnung des BetreuungsG bei einer Hinterlegungsstelle oder einer anderen geeigneten Stelle (zB Lagerhalle für Kunstgegenstände) zu hinterlegen, wenn dies zur Sicherung des Vermögens des Betreuten geboten ist (§ 1844). **a)** Gründe für Hinterlegung können zB in der Gefahr des Verlusts oder der Beschädigung liegen (etwa bei unzureichender Sicherung gegen Diebstahl; substanzschädigender Lagerung), aber auch aus der Unsicherheit der Verwahrung durch den Betreuer resultieren; Maßstab der Entscheidung ist § 1821 II–IV (BT-Drs. 19/24445, 278). Abw. Anordnung nach § 1837 I kann Hinterlegung ausschließen (BeckOGK/Kilian [1.11.2022] § 1844 Rn. 19). **b)** Nach § 1 II HintO war Hinterlegungsstelle das AG. Die HintO und die Verordnungen zur Durchführung der HintO wurden durch Ges. v. 23.11.2007 (BGBl. I 2614) mWv 1.12.2010 als Bundesrecht aufgehoben; das formelle Hinterlegungsrecht ist der Disposition der Länder überantwortet worden (BT-Drs. 16/5051, 35) – s. dazu die Auflistung bei Erman/Schulte-Bunert § 1844 Rn. 2. **c)** Zur Vereinbarung einer Herausgabesperre mit dem Hinterleger § 1845 II 2.

§ 1845* Sperrvereinbarung

(1) [1]**Für Geldanlagen des Betreuten im Sinne von § 1841 Absatz 2 hat der Betreuer mit dem Kreditinstitut zu vereinbaren, dass er über die Anlage nur mit Genehmigung des Betreuungsgerichts verfügen kann.** [2]**Anlagen von Verfügungsgeld gemäß § 1839 Absatz 2 bleiben unberührt.**

(2) [1]**Für Wertpapiere im Sinne von § 1843 Absatz 1 hat der Betreuer mit dem Verwahrer zu vereinbaren, dass er über die Wertpapiere und die Rechte aus dem Depotvertrag mit Ausnahme von Zinsen und Ausschüttungen nur mit Genehmigung des Betreuungsgerichts verfügen kann.** [2]**Der Betreuer hat mit dem Kreditinstitut zu vereinbaren, dass er die Öffnung des Schließfachs für Wertpapiere im Sinne des § 1843 Absatz 2 und die Herausgabe von nach § 1844 hinterlegten Wertgegenständen nur mit Genehmigung des Betreuungsgerichts verlangen kann.**

(3) [1]**Die Absätze 1 und 2 sind entsprechend anzuwenden, wenn ein Anlagekonto, ein Depot oder eine Hinterlegung des Betreuten bei der Bestellung des Betreuers unversperrt ist.** [2]**Der Betreuer hat dem Betreuungsgericht die Sperrvereinbarung anzuzeigen.**

1 **a) Anlagegeld. aa)** I 1 regelt die Pflicht zur Vereinbarung eines Sperrvermerks für Geldanlagen iSv § 1841 II. Die Anlage von Verfügungsgeld nach § 1839 II ist ausgenommen (I 2); der Betreuer soll hierüber genehmigungsfrei verfügen können. Die Entscheidung über die Einordung als Verfügungs- oder Anlagegeld trifft der Betreuer; dem Kreditinstitut obliegt insofern keine Prüfpflicht (BT-Drs. 19/24445, 279). **bb)** Die Sperrvereinbarung nach I 1 bildet ein rechtsgeschäftliches Verfügungsverbot (§ 137 S. 2) für das Kreditinstitut; eine Verfügung des Betreuers über die Geldanlage ohne Genehmigung des BetreuungsG ist unwirksam; die Bank kann nicht mit befreiender Wirkung leisten (BT-Drs. 19/24445, 279; Erman/Schulte-Bunert Rn. 9). Der Vereinbarung nach I 1 entspricht der Genehmigungs-
2 vorbehalt nach § 1849 I 1 Nr. 1 Alt. 1, III. **b) Wertpapiere und Wertgegenstände. aa)** Sperrvereinbarung gem. II 1 stellt wie Vereinbarung nach I 1 ein rechtsgeschäftliches Verfügungsverbot (§ 137 S. 2) für das Kreditinstitut dar. Zudem gilt der Genehmigungsvorbehalt nach § 1849 I 1 Nr. 1 Alt. 1 u 2, Nr. 2, III. **bb)** Bei Hinterlegung in Schließfach (§ 1843 II) beschränkt sich die Sperrabrede auf das Öffnungsverlangen, im Fall eines hinterlegten Wertgegenstands
3 (§ 1844) auf die Herausgabe, § 1845 II 2. **c) III** stellt klar, dass der Betreuer auch für bei seiner Bestellung vorgefundene Anlagekonten etc. Sperrabreden vereinba-

ren muss und dies anzuzeigen hat. **d)** Zur Befreiung s. §§ 1859 I 1 Nr. 1, 1860. 4
e) Haftung des Betreuers gem. § 1826. 5

Unterkapitel 3.* Anzeigepflichten

§ 1846* Anzeigepflichten bei der Geld- und Vermögensverwaltung

(1) **Der Betreuer hat dem Betreuungsgericht unverzüglich anzuzeigen, wenn er**
1. ein Girokonto für den Betreuten eröffnet,
2. ein Anlagekonto für den Betreuten eröffnet,
3. ein Depot eröffnet oder Wertpapiere des Betreuten hinterlegt,
4. Wertpapiere des Betreuten gemäß § 1843 Absatz 3 nicht in einem Depot verwahrt oder hinterlegt.

(2) **Die Anzeige hat insbesondere Angaben zu enthalten**
1. zur Höhe des Guthabens auf dem Girokonto nach Absatz 1 Nummer 1,
2. zu Höhe und Verzinsung der Anlage gemäß Absatz 1 Nummer 2 sowie ihrer Bestimmung als Anlage- oder Verfügungsgeld,
3. zu Art, Umfang und Wert der depotverwahrten oder hinterlegten Wertpapiere gemäß Absatz 1 Nummer 3 sowie zu den sich aus ihnen ergebenden Aufwendungen und Nutzungen,
4. zu den Gründen, aus denen der Betreuer die Depotverwahrung oder Hinterlegung gemäß Absatz 1 Nummer 4 für nicht geboten erachtet, und wie die Wertpapiere verwahrt werden sollen,
5. zur Sperrvereinbarung.

§ 1847* Anzeigepflicht für Erwerbsgeschäfte

Der Betreuer hat Beginn, Art und Umfang eines neuen Erwerbsgeschäfts im Namen des Betreuten und die Aufgabe eines bestehenden Erwerbsgeschäfts des Betreuten beim Betreuungsgericht anzuzeigen.

Anmerkungen zu den §§ 1846, 1847

1 **a)** § 1846 statuiert Anzeigepflichten, die dem BetreuungsG eine zeitnahe Aufsicht über die Geld- und Vermögensgeschäfte des Betreuers ermöglichen sollen (BT-Drs. 19/24445, 280). Unverzüglich anzuzeigen sind (1) Eröffnung eines Girokontos (I Nr. 1); (2) Eröffnung eines Anlagekontos (I Nr. 2); (3) Eröffnung eines Depots oder Hinterlegung von Wertpapieren (I Nr. 3) sowie (4) Absehen von einer Depotverwahrung oder Hinterlegung von Wertpapieren (I Nr. 4). § 1846 II Nr. 1–4 konkretisiert die Angaben, die in der Anzeige nach § 1846 I zu machen sind; hierdurch sowie durch die in II Nr. 5 geforderten Angaben zur Sperrvereinbarung soll das Gericht die notwendigen Informationen erhalten, um das nicht genehmigungspflichtige Handeln des Betreuers beaufsichtigen zu können (BT-Drs. 19/24445, 281). **b)** Anzeigepflicht besteht nach § 1847 auch für die Neuaufnahme und die Aufgabe eines bestehenden Erwerbsgeschäfts. Läuft die Neuaufnahme oder die Aufgabe den Wünschen oder dem mutmaßlichen Willen des Betreuten zuwider, kann das BetreuungsG Aufsichtsmaßnahmen nach § 1862 III ergreifen (BT-Drs. 19/24445, 281); zur Haftung des Betreuers s. § 1826.

---

* Buch 4 Abschnitt 3 (§§ 1773–1888) neu gef. mWv 1.1.2023 durch Ges. v. 4.5.2021 (BGBl. I S. 882).

* Buch 4 Abschnitt 3 (§§ 1773–1888) neu gef. mWv 1.1.2023 durch Ges. v. 4.5.2021 (BGBl. I S. 882).

Unterkapitel 4.* Genehmigungsbedürftige Rechtsgeschäfte

§ 1848* Genehmigung einer anderen Anlegung von Geld

Der Betreuer bedarf der Genehmigung des Betreuungsgerichts, wenn er Anlagegeld anders als auf einem Anlagekonto gemäß § 1841 Absatz 2 anlegt.

1 **a)** Soll das Anlagegeld anders als auf einem Anlagekonto gem. § 1841 II angelegt werden, ist die Anlegung nur wirksam, wenn das BetreuungsG sie genehmigt. **aa) Andere Anlagen** sind neben den in § 1807 I Nr. 1–4 aF [Fassung bis 31.12.2022] aufgeführten mündelsicheren Anlagen zB Aktien, Investmentfonds (LG Lübeck FamRZ 2016, 339, offener Immobilienfonds), Bausparverträge, ausl. Staatsanleihen, Darlehen an Familienangehörige (Jürgens/Trautmann Rn. 9), die Anlage bei einem Finanzdienstleistungsinstitut oder auch die Anlage in Sachwerten (LG Rottweil FamRZ 2017, 561: Silber- und Goldmünzen, Goldbarren) einschließlich Wertgegenständen (Schmuck, Kunstwerke); zum Erwerb von Immobilien s. § 1850 I Nr. 6. Genehmigungsbedürftig ist auch die Geldanlage bei einem Kreditinstitut, das keiner ausreichenden Sicherungseinrichtung iSd § 1842 angehört (BT-Drs. 19/24445, 282). Bei der Entscheidung über die Anlegung hat der Betreuer den Wünschen bzw. dem mutmaßlichen Willen des Betreuten Rechnung zu tragen (§§ 1838, 1821); s. → §§ 1821–1826 Rn. 2. Dies gilt auch dann, wenn die auf einem frei gebildeten Willen beruhende Anlageentscheidung des Betreuten nicht seinem objektiven wirtschaftlichen Interesse entspricht (BT-Drs. 19/19/24445, 271). Ist ein entspr. Wille nicht feststellbar, ist der individuelle mutmaßliche Wille des Betreuten zugrunde zu legen (BT-Drs. 19/19/24445, 254, 271), etwa unter Rückgriff auf fr. Äußerungen und Handlungen. Erst an letzter Stelle wird darauf abzustellen sein, was für einen Menschen in der konkreten Situation des Betreuten allg. üblich und
2 sinnvoll ist (BT-Drs. 19/19/24445, 254). **bb)** Nach BT-Drs. 19/24445, 282 soll der Betreuer vorbehaltlich der Wünsche/des Willens des Betreuten verpflichtet sein, auch bereits **vorgefundene andere Anlegungen** des Betreuten zur Sicherung
3 umzuwandeln. **cc) Genehmigung,** s. §§ 1855 ff.; das BetreuungsG hat gem. § 1862 I 2 den in § 1821 II–IV festgelegten Maßstab zu beachten. Entscheidung durch
4 Beschluss (§ 38 FamFG); Wirksamwerden § 40 II FamFG. **b) Haftung** des Betreuers s. § 1826. **c)** Zur **Befreiung** s. § 1860 I–III.

§ 1849* Genehmigung bei Verfügung über Rechte und Wertpapiere

(1) [1]**Der Betreuer bedarf der Genehmigung des Betreuungsgerichts zu einer Verfügung über**
1. **ein Recht, kraft dessen der Betreute eine Geldleistung oder die Leistung eines Wertpapiers verlangen kann,**
2. **ein Wertpapier des Betreuten,**
3. **einen hinterlegten Wertgegenstand des Betreuten.**

[2]**Das Gleiche gilt für die Eingehung der Verpflichtung zu einer solchen Verfügung.**

(2) [1]**Einer Genehmigung bedarf es nicht,**
1. **im Fall einer Geldleistung nach Absatz 1 Satz 1 Nummer 1, wenn der aus dem Recht folgende Zahlungsanspruch**
   a) **nicht mehr als 3 000 Euro beträgt,**
   b) **das Guthaben auf einem Girokonto des Betreuten betrifft,**
   c) **das Guthaben auf einem vom Betreuer für Verfügungsgeld ohne Sperrvereinbarung eröffneten Anlagekonto betrifft,**

---

* Buch 4 Abschnitt 3 (§§ 1773–1888) neu gef. mWv 1.1.2023 durch Ges. v. 4.5.2021 (BGBl. I S. 882).

d) zu den Nutzungen des Vermögens des Betreuten gehört oder
e) auf Nebenleistungen gerichtet ist,

2. im Fall von Absatz 1 Satz 1 Nummer 2, wenn die Verfügung über das Wertpapier
a) eine Nutzung des Vermögens des Betreuten darstellt,
b) eine Umschreibung des Wertpapiers auf den Namen des Betreuten darstellt,

3. im Fall einer Verfügung nach Absatz 1 Satz 1, wenn die Eingehung der Verpflichtung zu einer solchen Verfügung bereits durch das Betreuungsgericht genehmigt worden ist.

[2]**Satz 1 Nummer 2 gilt entsprechend für die Eingehung einer Verpflichtung zu einer solchen Verfügung.**

(3) [1]**Absatz 2 Nummer 1 Buchstabe a ist nicht anzuwenden auf eine Verfügung über einen sich aus einer Geldanlage ergebenden Zahlungsanspruch, soweit er einer Sperrvereinbarung unterliegt, sowie über den sich aus der Einlösung eines Wertpapiers ergebenden Zahlungsanspruch.** [2]**Absatz 2 Nummer 1 Buchstabe d ist nicht anzuwenden auf eine Verfügung über einen Zahlungsanspruch, der einer Sperrvereinbarung unterliegt und eine Kapitalnutzung betrifft.**

(4) **Die vorstehenden Absätze gelten entsprechend für die Annahme der Leistung.**

1. Allgemeines. I konkretisiert das Grundprinzip der „kontrollierten Kapitalanlage“ (vgl. Gernhuber/Coester-Waltjen § 74 Rn. 36) für Verfügungen des Betreuers über Geldleistungen, Wertpapiere und hinterlegte Wertgegenstände durch ihre Bindung an die Genehmigung des BetreuungsG; II lockert diese Bindung für die in der Regelung näher bezeichneten Fälle mit Rückausnahmen in III. Für die Annahme einer Leistung gelten I–III entspr. (IV). 1

2. Genehmigungsbedürftige Geschäfte. Genehmigungsbedürftig sind **Verfügungen** und die darauf gerichteten **Verpflichtungen,** I 2, über **a) Rechte,** kraft derer der Betreute eine **Geldleistung** verlangen kann (I 1 Nr. 1 Alt. 1), also zB Erlass, Verzicht, Kündigung (OLG Nürnberg FamRZ 2016, 1875 [1876]: Risiko-Lebensversicherung; OLG Hamm Rpfleger 1991, 56 [57]: Mietvertrag), Abtretung, Belastung, **nicht:** Mahnung; Prozessführung als solche; bei Schenkung bereits vereinbarte Rückgewähr als verzinsliches Darlehen (BayObLG NJW 1974, 1142 [1143]). Zur Annahme einer Geldleistung s. IV. – Ansprüche auf Sach-, Dienst- oder sonstige Leistungen (außer auf Geld oder Wertpapiere) sind von I 1 Nr. 1 nicht erfasst (BT-Drs. 19/24445, 283). **b) Rechte,** kraft derer der Betreute die **Leistung** 3 **eines Wertpapiers** verlangen kann (I 1 Nr. 1 Alt. 2), zB Kündigung eines Depotvertrags (bei unversperrtem Depot) und Übertragung der Rechte aus dem Depotvertrag auf Dritte. **c) Wertpapiere** (I 1 Nr. 2), zum Begriff → § 793 Rn. 5, beachte 4 §§ 1843, 1845. Genehmigungsbedürftig ist auch die Genehmigung der Verfügung eines Nichtberechtigten (RGZ 115, 153 [156]). **d) Wertgegenstände,** die gem. 5 § 1844 auf Anordnung des BetreuungsG hinterlegt wurden (I 1 Nr. 3).

3. Ausnahmen. a) II (abw. jedoch III); **aa)** beim Grenzbetrag nach II 1 Nr. 1a 6 entscheidet die Höhe des Gesamtbetrags, nicht der Einzelverfügung (BT-Drs. 19/24445, 284; OLG Köln WM 1994, 1560); zur Kündigung einer Risiko-Lebensversicherung s. OLG Nürnberg FamRZ 2016, 1875 [1876]; zu den Nutzungen iSv II 1 Nr. 1d zählen zB Mieten oder Zinsen (BT-Drs. 19/24445, 285); Nebenleistungen iSv II 1 Nr. 1e sind ua Erstattung von Kosten der Kündigung oder der Rechtsverfolgung (s. § 1813 I Nr. 5 aF); **bb)** nach II 1 Nr. 2a kann der Betreuer zB die Einlösung von Zins-, Renten- und Gewinnanteilscheinen genehmigungsfrei vornehmen (BT-Drs. 19/24445, 285); die Umschreibung von Wertpapieren (II 1 Nr. 2b) unterfällt lediglich der Mitteilungspflicht nach § 1846 I Nr. 4, II Nr. 4 (BT-Drs. 19/24445, 285); **cc)** II 1 Nr. 3 stellt klar, dass die betreuungsgerichtliche Genehmigung eines

7 nach I 1 genehmigungsbedürftigen Verpflichtungsgeschäfts auch die zur Erfüllung vorzunehmende Verfügung umfasst; **b)** ges. (§ 1859 I 1 Nr. 2, II) oder gerichtl. angeordnete (§ 1860) Befreiung.

8 **4. Annahme der Leistung.** Nach IV gelten I–III auch für die Annahme der Leistung (s. dazu BT-Drs. 19/24445, 286: Leistungsannahme ist keine Verfügung); Genehmigungsbedürftigkeit aber nur, wenn nicht schon das Verpflichtungsgeschäft genehmigt wurde, s. II Nr. 3.

9 **5. Erteilung der Genehmigung.** S. §§ 1855 ff.; das BetreuungsG hat den in § 1821 II–IV festgelegten Maßstab zu beachten, § 1862 I 2 (vgl. dazu → § 1848 Rn. 1).

10 **6. Fehlende Genehmigung. a)** Rechtsfolge: Unwirksamkeit des genehmigungsbedürftigen Geschäfts; nicht genehmigte Forderungseinziehung befreit Schuldner nicht (BGH NJW 2006, 430 [431]), uU auch bei Vorlage eines Legitimationspapiers iSv § 808 (OLG Karlsruhe NJW-RR 1999, 230 [231]); Kündigung einer Risiko-Lebensversicherung ist nach § 1858 unwirksam (OLG Nürnberg FamRZ 2016, 1875 [1876]). Der Leistende hat einen Bereicherungsanspruch gg. den Betreuten; Aufrechnung damit gg. Anspruch des Betreuten nicht möglich (vgl. Gernhuber/Coester-Waltjen § 74 Rn. 38, str). **b)** Haftung des Betreuers s. § 1826.

§ 1850* Genehmigung für Rechtsgeschäfte über Grundstücke und Schiffe

Der Betreuer bedarf der Genehmigung des Betreuungsgerichts

1. **zur Verfügung über ein Grundstück oder über ein Recht an einem Grundstück, sofern die Genehmigung nicht bereits nach § 1833 Absatz 3 Satz 1 Nummer 4 erforderlich ist,**
2. **zur Verfügung über eine Forderung, die auf Übertragung des Eigentums an einem Grundstück, auf Begründung oder Übertragung eines Rechts an einem Grundstück oder auf Befreiung eines Grundstücks von einem solchen Recht gerichtet ist,**
3. **zur Verfügung über ein eingetragenes Schiff oder Schiffsbauwerk oder über eine Forderung, die auf Übertragung des Eigentums an einem eingetragenen Schiff oder Schiffsbauwerk gerichtet ist,**
4. **zu einem Rechtsgeschäft, durch das der Betreute unentgeltlich Wohnungs- oder Teileigentum erwirbt,**
5. **zur Eingehung einer Verpflichtung zu einer der in den Nummern 1 bis 3 bezeichneten Verfügungen oder des in Nummer 4 bezeichneten Erwerbs sowie**
6. **zu einem Rechtsgeschäft, durch das der Betreute zum entgeltlichen Erwerb eines Grundstücks, eines eingetragenen Schiffes oder Schiffsbauwerks oder eines Rechts an einem Grundstück verpflichtet wird, sowie zur Verpflichtung zum entgeltlichen Erwerb einer Forderung auf Übertragung des Eigentums an einem Grundstück, an einem eingetragenen Schiff oder Schiffsbauwerk oder auf Übertragung eines Rechts an einem Grundstück.**

1 **1. Allgemeines.** Nach § 1850 ist die Vertretungsmacht des Betreuers beschränkt für RGeschäfte über Grundstücke und Schiffe; vgl. auch BGH FamRZ 2017, 245 [246] zu § 1821 Nr. 1 u 4 aF: Grundeigentum soll als bes. wertbeständige Vermögensform möglichst erhalten bleiben. Der Kreis der nach §§ 1850–1854 gebundenen Geschäfte kann nicht durch Analogie erweitert werden (BGH NJW 1983, 1780 [1781]).

2 **2. Einzelfälle. a)** Verfügung über die in Nr. 1–3 geregelten Rechte sowie Eingehung einer Verpflichtung zu den in Nr. 1–3 bezeichneten Verfügungen, Nr. 5. Auch

* Buch 4 Abschnitt 3 (§§ 1773–1888) neu gef. mWv 1.1.2023 durch Ges. v. 4.5.2021 (BGBl. I S. 882).

bei wirksamer Verpflichtung bleibt die Verfügung genehmigungsbedürftig, doch erstreckt sich die Genehmigung für die Verpflichtung regelmäßig auch auf die Verfügung (BayObLG Rpfleger 1985, 235). Auseinandersetzung einer Gesamthand, der die in Nr. 1–3 genannten Rechte zustehen, ist genehmigungsbedürftig (BGHZ 56, 275 [283]); Gleiches soll für die Veräußerung durch eine vermögensverwaltende GbR gelten, an der Betreuter beteiligt ist, selbst wenn schon der Beitritt genehmigt worden war (OLG Koblenz NJW 2003, 1401 [1402]; vgl. auch OLG Nürnberg NJW 2013, 82; dagegen mit guten Gründen Wertenbruch NJW 2015, 2150). **aa)** Nr. 1: Jede unmittel- 3
bare Einwirkung auf ein bestehendes Recht (hierzu Klüsener Rpfleger 1981, 461); als „Rechte an einem Grundstück" gelten auch Hypothek, Grundschulden und Rentenschulden (BT-Drs. 19/24445, 286); Beispiele: Eigentumsübertragung, Belastung (OLG Hamm FamRZ 2014, 492 [Grundschuld]); Zustimmung zur Verfügung eines Nichtberechtigten, des Ehegatten nach § 1365 I, des Vorerben; Verzicht auf Grundbuchberichtigung (RGZ 133, 259); Bewilligung einer Vormerkung (BeckOK/Kadelbach Rn. 6; str.); Auflassung aufgrund Rücktritts BayObLG FamRZ 1977, 141 [143]; Zustimmung zu Rangrücktritt oder Löschung eines Grundpfandrechts; nach OLG Hamm FamRZ 2016, 727 [728] auch Bewilligung der Eintragung einer Änderung der Gemeinschaftsordnung. **Nicht genehmigungsbedürftig:** Bewilligung einer Restkaufgeldhypothek 4
im Zusammenhang mit Grundstückskauf (dazu aber Nr. 5), RGZ 108, 356 [364]; Erwerb von Grundbesitz unter Nießbrauchsvorbehalt (BGHZ 24, 372 [375]; NJW 1983, 1780 [1781]; BGH FamRZ 2021, 951 [952]: genehmigungsfrei, wenn sich Belastung bei wirtschaftlicher Betrachtung als Teil des Erwerbsvorgangs darstellt; s. aber KG MDR 2020, 89: Eintragung eines Nießbrauchs genehmigungsbedürftig, wenn Eintragung erst nach Eigentumsumschreibung beantragt wird); Grundstückserwerb durch Testamentsvollstrecker (OLG Karlsruhe FamRZ 2015, 2086 [2087]); Übernahme bestehender Belastungen beim Erwerb (KG HRR 1932, 1305); Besitz- oder Gebrauchsüberlassung (vgl. RGZ 106, 109 [112]); Kündigung einer Hypothek durch Eigentümer (BGHZ 1, 294 [303]); Teilung nach § 8 WEG (KG MDR 2015, 269). **Str.:** Unterwerfung unter die sofortige Zwangsvollstreckung (s. Soergel/Zimmermann § 1821 aF Rn. 7); **bb)** Nr. 2: Abtretung des Anspruchs auf Auflassung aus Meistgebot 5
§ 81 II ZVG; Aufhebung eines Kauf- oder Schenkungsvertrages (OLG Karlsruhe FamRZ 1973, 378 [379]). **Nicht:** Abtretung von Herausgabeansprüchen. **b) Unent-** 6
geltlicher Erwerb von Wohnungs- oder Teileigentum (Nr. 4) sowie Eingehung einer Verpflichtung hierzu (Nr. 5); die Regelung behandelt einen Sonderfall des unentgeltlichen Erwerbs, der aufgrund seiner Haftungsfolgen (§ 9a IV WEG) für das Vermögen des Betreuten gefährlich sein kann (s. BT-Drs. 19/24445, 286). **c) Entgeltlicher** 7
Erwerb nach Nr. 6: Zur Genehmigungspflicht führt jede vom Betreuten zu erbringende Gegenleistung (OLG Hamm ZEV 2014, 556 [558]). Auch „Schenkung" unter Aufl., wenn Aufl. Gegenleistung darstellt; Ausübung von Vorkaufs- oder Wiederkaufsrecht; Tauschverpflichtung; Gebot in der Zwangsversteigerung. **Nicht:** Unentgeltlicher Erwerb eines Nachlassgrundstücks zu Alleineigentum (BayObLG NJW 1968, 941); Ankauf vom Testamentsvollstrecker aus Nachlassmitteln (RGZ 91, 69 [70]); Erwerb mit Belastung durch Nießbrauch oder ges. Eintritt in Miet- oder Pachtvertrag (BGH NJW 1983, 1780 [1781]; OLG Hamm ZEV 2014, 556 [558]; OLG Düsseldorf FamRZ 2017, 1217 [1219]). Genehmigungsbedürftig ist nur das schuldrechtliche Grundgeschäft, nicht aber das dingliche Erwerbsgeschäft (BayObLG NJW-RR 1990, 87).

§ 1851* Genehmigung für erbrechtliche Rechtsgeschäfte

Der Betreuer bedarf der Genehmigung des Betreuungsgerichts

1. **zur Ausschlagung einer Erbschaft oder eines Vermächtnisses, zum Verzicht auf die Geltendmachung eines Vermächtnisses oder Pflichtteilsanspruchs sowie zu einem Auseinandersetzungsvertrag,**

---

* Buch 4 Abschnitt 3 (§§ 1773–1888) neu gef. mWv 1.1.2023 durch Ges. v. 4.5.2021 (BGBl. I S. 882).

2. zu einem Rechtsgeschäft, durch das der Betreute zu einer Verfügung über eine ihm angefallene Erbschaft, über seinen künftigen gesetzlichen Erbteil oder seinen künftigen Pflichtteil verpflichtet wird,
3. zu einer Verfügung über den Anteil des Betreuten an einer Erbschaft oder zu einer Vereinbarung, mit der der Betreute aus der Erbengemeinschaft ausscheidet,
4. zu einer Anfechtung eines Erbvertrags für den geschäftsunfähigen Betreuten als Erblasser gemäß § 2282 Absatz 2,
5. zum Abschluss eines Vertrags mit dem Erblasser über die Aufhebung eines Erbvertrags oder einer einzelnen vertragsmäßigen Verfügung gemäß § 2290,
6. zu einer Zustimmung zur testamentarischen Aufhebung einer in einem Erbvertrag mit dem Erblasser geregelten vertragsmäßigen Anordnung eines Vermächtnisses, einer Auflage sowie einer Rechtswahl gemäß § 2291,
7. zur Aufhebung eines zwischen Ehegatten oder Lebenspartnern geschlossenen Erbvertrags durch gemeinschaftliches Testament der Ehegatten oder Lebenspartner gemäß § 2292,
8. zu einer Rücknahme eines mit dem Erblasser geschlossenen Erbvertrags, der nur Verfügungen von Todes wegen enthält, aus der amtlichen oder notariellen Verwahrung gemäß § 2300 Absatz 2,
9. zum Abschluss oder zur Aufhebung eines Erb- oder Pflichtteilsverzichtsvertrags gemäß §§ 2346, 2351 sowie zum Abschluss eines Zuwendungsverzichtsvertrags gemäß § 2352.

1 **1. Allgemeines.** Die Vorschrift fasst die Genehmigungserfordernisse für erbrechtliche RGeschäfte zusammen; weitere Fälle: §§ 1491 III, 1517 II.

2 **2. Einzelfälle. a)** Nr. 1: Ausschlagung der Erbschaft s. §§ 1942 ff., auch Nacherbschaft (§ 2142); Anfechtung der Annahme steht Ausschlagung gleich, § 1957 I; Ausschlagung eines Vermächtnisses s. §§ 2176, 2180; Verzicht auf die Geltendmachung eines Vermächtnisses, auch Teilverzicht (BT-Drs. 19/24445, 287); Auseinanderset-
3 zungsvertrag s. §§ 2042 ff. **b)** Nach Nr. 2 sind RGeschäfte genehmigungsbedürftig, durch die der Betreute zur Verfügung über eine ihm angefallene Erbschaft, über seinen künftigen gesetzlichen Erbteil oder seinen künftigen Pflichtteil verpflichtet wird, zB Erbschaftskauf (§§ 2371 ff.); Verpflichtung zur Bestellung eines Nieß-
4 brauchs (§ 1089); Vertrag über den Nachlass gem. § 311b V. **c)** Nr. 3 betrifft Verfügung über Erbanteil (§ 2033 I) und sog. Abschichtungsvereinbarung (→ § 2042
5 Rn. 1). **d)** Nr. 4–9 enthalten weitere, ursprünglich im Erbrecht geregelte Genehmigungstatbestände, die durch das Ges. zur Reform des Vormundschafts- und Betreuungsrechts v. 4.5.2021 (BGBl. I 882) der besseren Übersichtlichkeit halber in § 1851 zusammengefasst wurden.

§ 1852* Genehmigung für handels- und gesellschaftsrechtliche Rechtsgeschäfte

Der Betreuer bedarf der Genehmigung des Betreuungsgerichts
1. zu einer Verfügung und zur Eingehung der Verpflichtung zu einer solchen Verfügung, durch die der Betreute
a) ein Erwerbsgeschäft oder
b) einen Anteil an einer Personen- oder Kapitalgesellschaft, die ein Erwerbsgeschäft betreibt,
erwirbt oder veräußert,

* Buch 4 Abschnitt 3 (§§ 1773–1888) neu gef. mWv 1.1.2023 durch Ges. v. 4.5.2021 (BGBl. I S. 882).

2. zu einem Gesellschaftsvertrag, der zum Betrieb eines Erwerbsgeschäfts eingegangen wird, und
3. zur Erteilung einer Prokura.

1. Allgemeines. Die Vorschrift fasst die genehmigungspflichtigen RGeschäfte des Handels- und Gesellschaftsrechts zusammen. Der Erwerb von Aktien wird nicht von § 1852 erfasst; er gilt als Erwerb von Wertpapieren (BT-Drs. 19/24445, 288). 1

2. Zu Nr. 1. Nr. 1 lit. a unterwirft wg. der damit verbundenen Haftungsrisiken den Erwerb und die Veräußerung eines Erwerbsgeschäfts der Genehmigung des BetreuungsG. **Erwerbsgeschäft** ist jede regelmäßige, auf selbstständigen Erwerb gerichtete Tätigkeit (OLG Hamm ZEV 2016, 585; BayObLGZ 1995, 230 [234]). Erfasst ist auch die Tätigkeit von Freiberuflern (BeckOK/Kadelbach Rn. 3; aA für Arztpraxen RGZ 144, 1 [2]). Unerheblich ist die Rechtsform: Auch der Erwerb oder die Veräußerung von Anteilen an einer **Personen-** (GbR, OHG, KG) oder **Kapitalgesellschaft** (etwa GmbH), die ein Erwerbsgeschäft betreibt, ist genehmigungsbedürftig, Nr. 1 lit. b. Beteiligungen an rein vermögensverwaltenden Gesellschaften sollen dagegen nicht unter Nr. 1 lit. b fallen (OLG Bremen NZG 2008, 750 [751]; OLG München NZG 2009, 104 [105]). Jedoch kann ein Erwerbsgeschäft zu bejahen sein, wenn eine GbR über einen längeren Zeitraum mehrere Grundstücke verwaltet (BayObLGZ 1995, 230 [234]). Genehmigungsbedürftig ist nach Nr. 1 3
die „Verfügung" und die „Eingehung der Verpflichtung zu einer solchen Verfügung"; ausweislich der Gesetzesbegründung soll damit klargestellt werden, dass sich die Genehmigungspflicht auf das Verpflichtungsgeschäft bezieht (BT-Drs. 19/24445, 288); vgl. hierzu Grüneberg/Götz Rn. 2. Erfasst ist der **entgeltliche** ebenso wie der **unentgeltliche Erwerb.** Als Veräußerung anzusehen sein sollen auch die Belastung durch Nießbrauch oder Pfandrecht (Staudinger/Veit § 1822 aF Rn. 65; aA MüKo-BGB/Kroll-Ludwigs § 1822 aF Rn. 19). Genehmigungsbedürftig sind ferner Vereinbarungen über das Ausscheiden aus einer OHG oder KG gg. Abfindung (OLG Bremen NJW 2013, 2527 [2528]). Nicht erfasst ist ein Beschluss über die Auflösung einer Gesellschaft (BGH NJW 1970, 33).

3. Zu Nr. 2. Nach Nr. 2 genehmigungspflichtig ist der **Abschluss eines Gesellschaftsvertrags,** der zum Betrieb eines Erwerbsgeschäfts eingegangen wird. Erfasst wird damit nicht nur die Gründung einer Personengesellschaft, sondern im Hinblick auf die Gründerhaftung auch die Gründung einer Kapitalgesellschaft (Grüneberg/Götz Rn. 5). Genehmigungsbedürftig ist auch der **Beitritt** zu einer bestehenden 5 4
Personengesellschaft (BayObLG FamRZ 1990, 208; OLG Zweibrücken NJW-RR 2001, 145 [146]). Keine Rolle spielt der Anlass des Vertragsschlusses: Nr. 2 gilt auch beim Beitritt aufgrund Eintrittsklausel (Grüneberg/Götz Rn. 5) oder dann, wenn die Erbengemeinschaft die Fortführung des ererbten Handelsgeschäfts als OHG vereinbart hat (MüKo-BGB/Kroll-Ludwigs § 1822 aF Rn. 24). Nicht anwendbar ist Nr. 2 dagegen bei Änderungen des Gesellschaftsvertrags (Grüneberg/Götz Rn. 5; BGH NJW 1961, 724 [725]; NJW 1962, 2344 [2345]; aA Jürgens/Trautmann Rn. 12) und Vereinbarung einer stillen Gesellschaft, da der stille Gesellschafter nach § 230 I HGB nicht Mitinhaber des Erwerbsgeschäfts wird (sehr str., Gernhuber/Coester-Waltjen § 64 Rn. 64 mwN; diff. BGH JZ 1957, 382 bei atypischer Gestaltung).

4. Zu Nr. 3. Prokura s. §§ 48 ff. HGB. 6

§ 1853* Genehmigung bei Verträgen über wiederkehrende Leistungen

[1]Der Betreuer bedarf der Genehmigung des Betreuungsgerichts
1. zum Abschluss eines Miet- oder Pachtvertrags oder zu einem anderen Vertrag, durch den der Betreute zu wiederkehrenden Leistungen ver-

* Buch 4 Abschnitt 3 (§§ 1773–1888) neu gef. mWv 1.1.2023 durch Ges. v. 4.5.2021 (BGBl. I S. 882).

pflichtet wird, wenn das Vertragsverhältnis länger als vier Jahre dauern soll, und

2. zu einem Pachtvertrag über einen gewerblichen oder land- oder forstwirtschaftlichen Betrieb.

[2]Satz 1 Nummer 1 gilt nicht, wenn der Betreute das Vertragsverhältnis ohne eigene Nachteile vorzeitig kündigen kann.

1 **1. Allgemeines.** Die Vorschrift regelt die Genehmigungspflicht bei Verträgen über wiederkehrende Leistungen. Zur Vermietung von Wohnraum s. § 1833 III 1 Nr. 3.

2 **2. Einzelfälle. a) S. 1 Nr. 1: aa)** Erfasst sind sämtliche Verträge über wiederkehrende Leistungen, sofern das Vertragsverhältnis länger als vier Jahre dauern soll; hierzu zählen neben den beispielhaft genannten Miet- und Pachtverträgen zB auch Dienst- und Arbeitsverträge, Rentenverträge, Versicherungsverträge (vgl. OLG Hamm NJW-RR 1992, 1186: Kapitallebensversicherung; AG Hamburg NJW-RR 1994, 721); Abzahlungsgeschäfte (vgl. OLG Stuttgart NJW-RR 1996, 1288 [1289]: ratenweise Bezahlung einer Einlage); Unterhaltsvereinbarungen str. (s. KG NJW 1971, 434; Grüneberg/Götz Rn. 2; Odersky FamRZ 1971, 137 mwN). Verpflichtung zur Bereitstellung von Kfz-Einstellplätzen gg. Gestattung von Grenzbebauung steht Mietvertrag nicht gleich (BGH NJW 1974, 1134). **bb)** Nicht erforderlich ist eine Genehmigung nach S. 1 Nr. 1 jedoch, wenn das Vertragsverhältnis ohne Nach-
3 teile für den Betreuten vorzeitig gekündigt werden kann, **S. 2. b)** Pachtverträge über einen gewerblichen oder land- oder forstwirtschaftlichen Betrieb sind unabhängig von der Vertragsdauer genehmigungspflichtig, S. 1 Nr. 2.

§ 1854* Genehmigung für sonstige Rechtsgeschäfte

Der Betreuer bedarf der Genehmigung des Betreuungsgerichts

1. **zu einem Rechtsgeschäft, durch das der Betreute zu einer Verfügung über sein Vermögen im Ganzen verpflichtet wird,**
2. **zur Aufnahme von Geld auf den Kredit des Betreuten mit Ausnahme einer eingeräumten Überziehungsmöglichkeit für das auf einem Girokonto des Betreuten bei einem Kreditinstitut bereitzuhaltende Verfügungsgeld (§ 1839 Absatz 1),**
3. **zur Ausstellung einer Schuldverschreibung auf den Inhaber oder zur Eingehung einer Verbindlichkeit aus einem Wechsel oder einem anderen Papier, das durch Indossament übertragen werden kann,**
4. **zu einem Rechtsgeschäft, das auf Übernahme einer fremden Verbindlichkeit gerichtet ist,**
5. **zur Eingehung einer Bürgschaft,**
6. **zu einem Vergleich oder einer auf ein Schiedsverfahren gerichteten Vereinbarung, es sei denn, dass der Gegenstand des Streites oder der Ungewissheit in Geld schätzbar ist und den Wert von 6 000 Euro nicht übersteigt oder der Vergleich einem schriftlichen oder protokollierten gerichtlichen Vergleichsvorschlag entspricht,**
7. **zu einem Rechtsgeschäft, durch das die für eine Forderung des Betreuten bestehende Sicherheit aufgehoben oder gemindert oder die Verpflichtung dazu begründet wird, und**
8. **zu einer Schenkung oder unentgeltlichen Zuwendung, es sei denn, diese ist nach den Lebensverhältnissen des Betreuten angemessen oder als Gelegenheitsgeschenk üblich.**

1 **1. Allgemeines.** Die Vorschrift versammelt als Auffangregelung alle übrigen Genehmigungstatbestände.

* Buch 4 Abschnitt 3 (§§ 1773–1888) neu gef. mWv 1.1.2023 durch Ges. v. 4.5.2021 (BGBl. I S. 882).

2. Zu Nr. 1. Gesamtvermögensgeschäfte. Verpflichtung muss auf Übertragung des Gesamtvermögens entspr. § 311b III gerichtet sein (BGH FamRZ 1957, 121; aA Reinicke DNotZ 1957, 506); Anlehnung an Gesamtvermögensbegriff in § 1365 zB Gernhuber/Coester-Waltjen § 64 Rn. 56 mwN. 2

3. Zu Nr. 2. Entscheidend ist, ob der Betreute für die Rückzahlung einzustehen hat (OLG Hamm ZEV 2016, 585 [587]: Abschluss des Darlehensvertrags durch GbR, an der Mündel beteiligt ist); zB Darlehen; nicht aber Abzahlungskauf oder Stundung (Grüneberg/Götz Rn. 2). Ausdrücklich ausgenommen von der Genehmigungspflicht nach Nr. 2 ist die Möglichkeit, von dem Dispositionskredit auf einem Girokonto Gebrauch zu machen. 3

4. Zu Nr. 3. Schuldverschreibung auf den Inhaber s. § 793. 4

5. Zu Nr. 4. Erfasst sind lediglich Interzessionen mit subsidiärer Einstandspflicht und Regressmöglichkeit (BT-Drs. 19/24445, 289), weil deren Aussicht Anreiz zur Verpflichtung ist (RGZ 158, 210 [216]; OLG Köln FamRZ 2015, 1410); zB Schuldbeitritt/Schuldmitübernahme; Sicherungsübereignung für fremde Schuld; **nicht** aber befreiende Schuldübernahme ohne Regress (BT-Drs. 19/24445, 289 f.; BGHZ 107, 23 [26]; OLG Köln FamRZ 2015, 1410), hier ggf. aber Nr. 8; Tilgung fremder Schuld. Ausgenommen ist auch die Haftung für eine Verbindlichkeit, die sich nur als Nebenfolge eines anderen RGeschäfts ergibt (BT-Drs. 19/24445, 289). 5

6. Zu Nr. 5. Bürgschaft s. §§ 765 ff. 6

7. Zu Nr. 6. a) Vergleich s. § 779; auch Prozessvergleich, § 794 I Nr. 1 (RGZ 56, 333) und Anwaltsvergleich, § 796a; **b)** Schiedsvereinbarung s. §§ 1029 ff. ZPO; Vereinbarungen über die Besetzung des Schiedsgerichts und über das Schiedsverfahren als solches, nicht aber Schiedsgutachtenvereinbarung (BGH ZEV 2014, 311 [312]). 7

8. Zu Nr. 7. Obligatorische wie dingliche Geschäfte sind gebunden. Auch die Zustimmung des Betreuten als Nacherbe. Rangrücktritt oder Umwandlung von Sicherungshypothek in Verkehrshypothek bewirken „Minderung" der Sicherheit. 8

9. Zu Nr. 8. a) Schenkung s. § 516, nicht Verzicht auf ein wertlos gewordenes Wohnrecht durch Betreuer (BGH ZEV 2012, 371 [372]); auch gemischte Schenkungen (Jürgens/Trautmann Rn. 13; OLG Frankfurt a.M. NJOZ 2019, 404 [405]). – Nicht unter den Genehmigungsvorbehalt fallen Schenkungen, die nach den Lebensverhältnissen des Betreuten angemessen oder als Gelegenheitsgeschenk üblich sind (vgl. dazu BGH NJW-RR 2020, 449 [550]). Während ein übliches Gelegenheitsgeschenk eine entspr. Praxis des Betreuten voraussetzt, sind für die Angemessenheit objektive Kriterien heranzuziehen (BT-Drs. 19/24445, 291). **b) Genehmigung.** Das BetreuungsG hat den in § 1821 II–IV festgelegten Maßstab zu beachten, § 1862 I 2 (vgl. dazu → § 1848 Rn. 1). 9

Unterkapitel 5.* Genehmigungserklärung

§ 1855* Erklärung der Genehmigung

Das Betreuungsgericht kann die Genehmigung zu einem Rechtsgeschäft nur dem Betreuer gegenüber erklären.

§ 1856* Nachträgliche Genehmigung

(1) [1]**Schließt der Betreuer einen Vertrag ohne die erforderliche Genehmigung des Betreuungsgerichts, so hängt die Wirksamkeit des Vertrags von**

* Buch 4 Abschnitt 3 (§§ 1773–1888) neu gef. mWv 1.1.2023 durch Ges. v. 4.5.2021 (BGBl. I S. 882).

der nachträglichen Genehmigung des Betreuungsgerichts ab. [2]Die Genehmigung sowie deren Verweigerung wird dem anderen Teil gegenüber erst wirksam, wenn ihm die wirksam gewordene Genehmigung oder Verweigerung durch den Betreuer mitgeteilt wird.

(2) **Fordert der andere Teil den Betreuer zur Mitteilung darüber auf, ob die Genehmigung erteilt sei, so kann die Mitteilung der Genehmigung nur bis zum Ablauf des zweiten Monats nach dem Empfang der Aufforderung erfolgen; wird die Genehmigung nicht mitgeteilt, so gilt sie als verweigert.**

(3) **Soweit die Betreuung aufgehoben oder beendet ist, tritt die Genehmigung des Betreuten an die Stelle der Genehmigung des Betreuungsgerichts.**

§ 1857* Widerrufsrecht des Vertragspartners

Hat der Betreuer dem anderen Teil gegenüber wahrheitswidrig die Genehmigung des Betreuungsgerichts behauptet, so ist der andere Teil bis zur Mitteilung der nachträglichen Genehmigung des Betreuungsgerichts zum Widerruf berechtigt, es sei denn, dass ihm das Fehlen der Genehmigung bei dem Abschluss des Vertrags bekannt war.

§ 1858* Einseitiges Rechtsgeschäft

(1) **Ein einseitiges Rechtsgeschäft, das der Betreuer ohne die erforderliche Genehmigung des Betreuungsgerichts vornimmt, ist unwirksam.**

(2) **Nimmt der Betreuer mit Genehmigung des Betreuungsgerichts ein einseitiges Rechtsgeschäft einem anderen gegenüber vor, so ist das Rechtsgeschäft unwirksam, wenn der Betreuer die Genehmigung nicht vorlegt und der andere das Rechtsgeschäft aus diesem Grunde unverzüglich zurückweist.**

(3) **[1]Nimmt der Betreuer ein einseitiges Rechtsgeschäft gegenüber einem Gericht oder einer Behörde ohne die erforderliche Genehmigung des Betreuungsgerichts vor, so hängt die Wirksamkeit des Rechtsgeschäfts von der nachträglichen Genehmigung des Betreuungsgerichts ab. [2]Das Rechtsgeschäft wird mit Rechtskraft der Genehmigung wirksam. [3]Der Ablauf einer gesetzlichen Frist wird während der Dauer des Genehmigungsverfahrens gehemmt. [4]Die Hemmung endet mit Rechtskraft des Beschlusses über die Erteilung der Genehmigung. [5]Das Betreuungsgericht teilt dem Gericht oder der Behörde nach Rechtskraft des Beschlusses die Erteilung oder Versagung der Genehmigung mit.**

Anmerkungen zu den §§ 1855–1858

1 **1. Allgemeines. a)** Erteilung der Genehmigung des BetreuungsG und ihre Wirkung sind den §§ 108 ff., 177 ff. nachgebildet, doch kann abw. von § 182 I die Genehmigung nur ggü. dem Betreuer erteilt werden, § 1855, und ist von diesem dem Geschäftsgegner mitzuteilen, § 1856 I 2. Dem Betreuer bleibt also die Entscheidung, ob er von der Genehmigung Gebrauch machen will (RGZ 130, 148 [151]),
2 → Rn. 12. **b)** Genehmigung (oder ihre Verweigerung) ist gerichtl. Hoheitsakt; rechtsgeschäftlicher Einschlag und daraus folgende Anwendbarkeit der für Willenserklärungen geltenden Vorschriften, vor allem der §§ 116 ff., 157, 158 ff. (RGZ 85, 416 [421]), § 184 (RGZ 142, 59 [62]), ist str. (vgl. Erman/Schulte-Bunert § 1855 Rn. 5). Mit Wirksamwerden durch Mitteilung sollte jedenfalls Änderung oder Rücknahme der Genehmigung ausgeschlossen sein, § 48 III FamFG.

* Buch 4 Abschnitt 3 (§§ 1773–1888) neu gef. mWv 1.1.2023 durch Ges. v. 4.5.2021 (BGBl. I S. 882).

2. Zeitpunkt der Genehmigung. Bei einseitigem RGeschäft (s. § 1858) muss sie grds. vor der Vornahme (Ausn. einseitige RGeschäfte ggü. Gericht oder Behörde, § 1858 III), ansonsten kann sie auch nachträglich erteilt werden. 3

3. Form. Die Mitteilung der Genehmigung ist formfrei; beachte jedoch bei einseitigem RGeschäft § 1858 II. 4

4. Voraussetzungen. Der Genehmigungsmaßstab folgt aus § 1862 I 2 iVm § 1821 II–IV. Ein rechtlich unwirksames Geschäft, etwa bei Verstößen gg. § 181 oder § 134, darf nicht genehmigt werden. 5

5. Umfang und Inhalt. Die Genehmigung betrifft nur das dem BetreuungsG zur Prüfung unterbreitete Geschäft (RGZ 61, 205 [209]), nicht darüber hinaus getroffene Abreden (RGZ 132, 76 [78]). **Negativattest** (zum Rechtsschutzinteresse s. LG Mühlhausen FamRZ 2012, 1324 [1325]), dass Genehmigung nicht erforderlich sei, ist nicht Genehmigung (BGHZ 44, 325 [327 f.]). 6 7

6. Fehlende Genehmigung. a) Wirkung fehlender Genehmigung bei Verträgen s. § 1856 I 1; der Vertragspartner kann den Schwebezustand nach § 1856 II beenden. Zur Wirksamkeit eines Versicherungsvertrags während Schwebe s. AG Hamburg VersR 1985, 683. Bei wahrheitswidrig behaupteter Genehmigung s. § 1857. Verweigerung der Genehmigung bewirkt Nichtigkeit. **b)** Bei **einseitigem RGeschäft** s. § 1858; bei vorhandener Genehmigung kann vom anderen Teil Vorlage in schriftlicher Form verlangt werden, § 1855 II. Der Zeitpunkt, zu dem die Genehmigung beim einseitigen RGeschäft vorliegen muss (sofern nicht § 1858 III eingreift), ist Wirksamwerden des RGeschäfts. Einseitige RGeschäfte ggü. einem Gericht oder einer Behörde, die ohne Genehmigung vorgenommen werden (zB Erbausschlagung, Antrag auf Teilungsversteigerung), sind zunächst schwebend unwirksam (§ 1858 III 1); sie werden mit Rechtskraft der Genehmigung wirksam (§ 1858 III 2). Während der Dauer des Genehmigungsverfahrens ist der Ablauf ges. Fristen (zB Ausschlagungsfrist nach § 1944) gehemmt (§ 1858 III 3); es reicht daher aus, wenn die Genehmigung vor Fristablauf beantragt wird (BT-Drs. 19/24445, 292). Die Hemmung endet mit Rechtskraft des Genehmigungsbeschlusses (§ 1858 III 4). Anders als nach § 1858 II genügt es, wenn dem Gericht oder der Behörde gem. § 1858 III 5 vom BetreuungsG die Erteilung der rechtskräftigen Genehmigung mitgeteilt wird (BT-Drs. 19/24445, 292). – Gerichtlich oder behördlich gesetzte Fristen (zB vom Rechtspfleger eines Grundbuchamts) werden nicht nach § 1858 III 3 gehemmt; hier muss ggf. Fristverlängerung beantragt werden (BT-Drs. 19/24445, 292). **c)** Bei wg. fehlender oder verweigerter Genehmigung nichtigen Geschäften kann nur durch Neuvornahme und Genehmigung der erstrebte Erfolg bewirkt werden. **d)** Dritter hat wg. des nichtigen Geschäfts auch dann keine **Schadensersatzansprüche** gg. den Betreuer, wenn dieser dem Gericht die Umstände mitgeteilt hat, die zur Versagung der Genehmigung geführt haben (BGHZ 54, 71 [73 f.]). Schadensersatzpflicht des Betreuers jedoch im Falle des § 1857 möglich. 8 9 10 11

7. Mitteilung. Mitteilung der Genehmigung durch den Betreuer – § 1856 I 2 – ist nach hL RGeschäft des Betreuers im Namen des Betreuten, zu dessen Vornahme der Betreuer nicht verpflichtet ist (RGZ 132, 257 [261]; BayObLG FamRZ 1989, 1113 [1115]). § 162 I ist bei Zurückhalten der Mitteilung nicht anwendbar. Empfang und Mitteilung durch Bevollmächtigten sind möglich (BGHZ 19, 5 [9]). Kein Formerfordernis. **Verzicht** auf Mitteilung oder ihren Zugang ist nicht möglich (RGZ 121, 30 [36], str.). Nach BGHZ 15, 97 [100] soll ausreichen, dass der Dritte Kenntnis von der Genehmigung hat und der Betreuer zu erkennen gibt, dass er den Vertrag weiter billigt. Möglich ist auch Doppelbevollmächtigung zu Abgabe und Empfang der Mitteilung (BGHZ 19, 5 [9]; BGH FamRZ 2016, 296 [298 f.], dort auch zur Erkennbarkeit des Willens des Doppelbevollmächtigten). 12 13

Mitteilung nach § 1856 I 2 setzt wirksame (§ 40 II FamFG) Genehmigung voraus (KG FamRZ 2016, 324).

14 **8. Genehmigung durch (bislang) Betreuten.** Ist die Betreuung beendet oder im betroffenen Aufgabenbereich aufgehoben, entscheidet der (geschäftsfähige) Betroffene über den schwebend unwirksamen Vertrag (§ 1856 III); die Genehmigung ist formfrei. Nach Mitteilung der Versagung der Genehmigung kann der Betroffene selbst nicht mehr durch Genehmigung heilen, sondern Neuvornahme ist erforderlich. Nach **Tod** des **Betroffenen** keine Genehmigung durch BetreuungsG, sondern ggf. durch die Erben.

Unterkapitel 6.* Befreiungen

§ 1859* Gesetzliche Befreiungen

(1) [1]**Befreite Betreuer sind entbunden**
1. **von der Pflicht zur Sperrvereinbarung nach § 1845,**
2. **von den Beschränkungen nach § 1849 Absatz 1 Satz 1 Nummer 1 und 2, Satz 2 und**
3. **von der Pflicht zur Rechnungslegung nach § 1865.**

[2]**Sie haben dem Betreuungsgericht jährlich eine Übersicht über den Bestand des ihrer Verwaltung unterliegenden Vermögens des Betreuten (Vermögensübersicht) einzureichen.** [3]**Das Betreuungsgericht kann anordnen, dass die Vermögensübersicht in längeren, höchstens fünfjährigen Zeiträumen einzureichen ist.**

(2) [1]**Befreite Betreuer sind**
1. **Verwandte in gerader Linie,**
2. **Geschwister,**
3. **Ehegatten,**
4. **der Betreuungsverein oder ein Vereinsbetreuer,**
5. **die Betreuungsbehörde oder ein Behördenbetreuer.**

[2]**Das Betreuungsgericht kann andere als die in Satz 1 genannten Betreuer von den in Absatz 1 Satz 1 genannten Pflichten befreien, wenn der Betreute dies vor der Bestellung des Betreuers schriftlich verfügt hat.** [3]**Dies gilt nicht, wenn der Betreute erkennbar an diesem Wunsch nicht festhalten will.**

(3) **Das Betreuungsgericht hat die Befreiungen aufzuheben, wenn bei ihrer Fortgeltung eine Gefährdung im Sinne des § 1821 Absatz 3 Nummer 1 zu besorgen wäre.**

§ 1860* Befreiungen auf Anordnung des Gerichts

(1) **Das Betreuungsgericht kann den Betreuer auf dessen Antrag von den Beschränkungen nach den §§ 1841, 1845, 1848 und 1849 Absatz 1 Satz 1 Nummer 1 und 2 sowie Satz 2 ganz oder teilweise befreien, wenn der Wert des Vermögens des Betreuten ohne Berücksichtigung von Immobilien und Verbindlichkeiten 6 000 Euro nicht übersteigt.**

(2) **Das Betreuungsgericht kann den Betreuer auf dessen Antrag von den Beschränkungen nach den §§ 1848, 1849 Absatz 1 Satz 1 Nummer 1 und 2 sowie Satz 2 und nach § 1854 Nummer 2 bis 5 befreien, soweit mit der Vermögensverwaltung der Betrieb eines Erwerbsgeschäfts verbunden ist oder besondere Gründe der Vermögensverwaltung dies erfordern.**

---

* Buch 4 Abschnitt 3 (§§ 1773–1888) neu gef. mWv 1.1.2023 durch Ges. v. 4.5.2021 (BGBl. I S. 882).

(3) **Das Betreuungsgericht kann den Betreuer auf dessen Antrag von den Beschränkungen nach § 1845 Absatz 2, den §§ 1848 und 1849 Absatz 1 Satz 1 Nummer 1 und 2 sowie Satz 2 befreien, wenn ein Wertpapierdepot des Betreuten häufige Wertpapiergeschäfte erfordert und der Betreuer über hinreichende Kapitalmarktkenntnis und Erfahrung verfügt.**

(4) **Eine Befreiung gemäß den Absätzen 1 bis 3 kann das Betreuungsgericht nur anordnen, wenn eine Gefährdung im Sinne des § 1821 Absatz 3 Nummer 1 nicht zu besorgen ist.**

(5) **Das Betreuungsgericht hat eine Befreiung aufzuheben, wenn ihre Voraussetzungen nicht mehr vorliegen.**

Anmerkungen zu den §§ 1859, 1860

1. Allgemeines. Regelung der ges. und gerichtlichen Befreiungen des Betreuers 1
von den Pflichten und Beschränkungen im Rahmen der Vermögensverwaltung.

2. Ges. Befreiungen. a) aa) Die in § 1859 II 1 aufgeführten Personen 2
(→ Rn. 3) sind nach § 1859 I 1 von der Pflicht zur Sperrvereinbarung (§ 1845) und zur Rechnungslegung (§ 1865) einschl. der Erstellung einer Schlussrechnung (s. § 1872 V) sowie von den Beschränkungen nach § 1849 I 1 Nr. 1, 2 (nicht Nr. 3) und § 1849 I 2 befreit (krit. Horn ZEV 2020, 748 [751]). Weitere Befreiungen können nach Maßgabe des § 1860 auf Antrag angeordnet werden. **bb)** Die nach I 1 befreiten Betreuer haben dem BetreuungsG jährlich eine Vermögensübersicht einzureichen (§ 1859 I 2), wobei die Vorlagefrequenz auf bis zu fünf Jahre verlängert
werden kann (§ 1859 I 3). **b) Befreite Betreuer. aa)** Von Ges. wegen befreit sind 3
nach § 1859 II 1 Verwandte in gerader Linie, s. § 1589 I 1; (voll- und halbbürtige) sowie durch Adoption hinzugewonnene Geschwister (BT-Drs. 19/24445, 293); Ehegatten und eingetragene Lebenspartner (§ 21 LPartG); Betreuungsverein und Vereinsbetreuer; Betreuungsbehörde und Behördenbetreuer. **bb)** Nach § 1859 II 2, 3 können auch andere als die in § 1859 II 1 genannten Personen von den in § 1859 I 1 aufgeführten Pflichten befreit werden, sofern (1) der Betreute dies vor der Bestellung des Betreuers schriftlich verfügt hat und (2) nicht erkennbar ist, dass
der Betreute an diesem Wunsch nicht mehr festhalten möchte. **c)** Aufhebung der 4
Befreiung durch das BetreuungsG gem. § 1859 III. Keine Rückwirkung (Grüneberg/Götz § 1859 Rn. 4).

3. Gerichtlich angeordnete Befreiungen. Das BetreuungsG kann gem. § 1860 5
Befreiungen auf **Antrag** des Betreuers anordnen. **a)** Befreiung bei **geringem Vermögenswert** (§ 1860 I); von den genannten Beschränkungen kann der Betreuer ganz oder teilweise befreit werden. Die Befreiung ist aufzuheben, wenn das Vermö-
gen nachträglich die Wertgrenze von 6.000 Euro übersteigt, § 1860 V. **b)** Befreiung 6
von den in § 1860 II aufgeführten Beschränkungen, soweit mit der Vermögensverwaltung der **Betrieb eines Erwerbsgeschäfts** verbunden ist oder **bes. Gründe der Vermögensverwaltung** Befreiung erfordern, zB wenn im Zusammenhang mit umfangreichem Vermögen regelmäßige Vermögenszuflüsse und häufige Überweisungen verbunden sind (BT-Drs. 19/24445, 294). Die Befreiung kann auf Gruppen oder Teile von Geschäften beschränkt werden. Sie ist aufzuheben, wenn das Erwerbs-
geschäft aufgegeben wird, § 1860 V. **c)** Befreiung von den in § 1860 III aufgeführten 7
Beschränkungen, wenn ein **Wertpapierdepot** des Betreuten häufige Wertpapiergeschäfte erfordert und der Betreuer über hinreichende Kapitalmarktkenntnis und
Erfahrung verfügt. **d)** Eine Befreiung nach § 1860 I–III ist ausgeschlossen, wenn 8
eine **Gefährdung** des Vermögens des Betreuten iSd § 1821 III Nr. 1 zu besorgen ist, § 1860 IV. **e)** Das BetreuungsG hat die Befreiung wieder **aufzuheben,** wenn ihre Voraussetzungen nicht mehr vorliegen, § 1860 V (sa → Rn. 5, 6), was auch bei Widerruf des für eine Befreiung erforderlichen Antrags der Fall ist (BT-Drs. 19/24445, 295).

Untertitel 3.* Beratung und Aufsicht durch das Betreuungsgericht

§ 1861* Beratung; Verpflichtung des Betreuers

(1) **Das Betreuungsgericht berät den Betreuer über dessen Rechte und Pflichten bei der Wahrnehmung seiner Aufgaben.**

(2) [1]**Der ehrenamtliche Betreuer wird alsbald nach seiner Bestellung mündlich verpflichtet, über seine Aufgaben unterrichtet und auf Beratungs- und Unterstützungsangebote hingewiesen.** [2]**Das gilt nicht für solche ehrenamtlichen Betreuer, die mehr als eine Betreuung führen oder in den letzten zwei Jahren geführt haben.**

§ 1862* Aufsicht durch das Betreuungsgericht

(1) [1]**Das Betreuungsgericht führt über die gesamte Tätigkeit des Betreuers die Aufsicht.** [2]**Es hat dabei auf die Einhaltung der Pflichten des Betreuers zu achten und insbesondere bei Anordnungen nach Absatz 3, der Erteilung von Genehmigungen und einstweiligen Maßnahmen nach § 1867 den in § 1821 Absatz 2 bis 4 festgelegten Maßstab zu beachten.**

(2) **Das Betreuungsgericht hat den Betreuten persönlich anzuhören, wenn Anhaltspunkte dafür bestehen, dass der Betreuer pflichtwidrig den Wünschen des Betreuten nicht oder nicht in geeigneter Weise oder seinen Pflichten gegenüber dem Betreuten in anderer Weise nicht nachkommt, es sei denn, die persönliche Anhörung ist nicht geeignet oder nicht erforderlich, um die Pflichtwidrigkeit aufzuklären.**

(3) [1]**Das Betreuungsgericht hat gegen Pflichtwidrigkeiten des Betreuers durch geeignete Gebote und Verbote einzuschreiten.** [2]**Zur Befolgung seiner Anordnungen kann es den Betreuer durch die Festsetzung von Zwangsgeld anhalten.** [3]**Gegen die Betreuungsbehörde, einen Behördenbetreuer oder einen Betreuungsverein wird kein Zwangsgeld festgesetzt.**

(4) **Durch Landesrecht kann bestimmt werden, dass Vorschriften, welche die Aufsicht des Betreuungsgerichts in vermögensrechtlicher Hinsicht sowie beim Abschluss von Ausbildungs-, Dienst- oder Arbeitsverträgen betreffen, gegenüber der Betreuungsbehörde außer Anwendung bleiben.**

Anmerkungen zu den §§ 1861, 1862

1 **1. Beratung und Aufsicht.** Dem BetreuungsG obliegt die Beratung des Betreuers und die Aufsicht über dessen Tätigkeit. Die Wahrnehmung dieser Aufgaben orientiert sich an den Vorgaben des Art. 21 UN-BRK (→ Vor § 1773 Rn. 12). **a)** Nach § 1861 I **berät** das BetreuungsG den Betreuer über dessen Rechte und Pflichten bei der Wahrnehmung seiner Aufgaben; bei Bedarf hat die Beratung während der gesamten Betreuung zu erfolgen. Da der Betreuer sein Amt selbstständig führt, beschränkt sich die Beratung allerdings auf grds. Fragen der Amtsführung und der Einhaltung der Rechtspflichten (BT-Drs. 19/24445, 297); der Anspruch des Betreuers auf Beratung und Unterstützung durch die Betreuungsbehörde und die Betreuungsvereine (§§ 5 II; 15 I Nr. 4 BtOG) bleibt unberührt. Ein **ehrenamtlicher Betreuer** wird gem. § 1861 II 1 „alsbald" nach seiner Bestellung mündlich verpflichtet, über seine Aufgaben unterrichtet und auf Beratungs- und Unterstützungsangebote hingewiesen; Ausn. § 1861 II 2. Das Verpflichtungsgespräch ist für

* Buch 4 Abschnitt 3 (§§ 1773–1888) neu gef. mWv 1.1.2023 durch Ges. v. 4.5.2021 (BGBl. I S. 882).

* Buch 4 Abschnitt 3 (§§ 1773–1888) neu gef. mWv 1.1.2023 durch Ges. v. 4.5.2021 (BGBl. I S. 882).

ehrenamtliche Betreuer, die nicht unter § 1861 II 2 fallen, obligatorisch; es hat jedoch keine konstitutive Wirkung. **b)** Das BetreuungsG führt nach § 1862 I 1 über 2 die gesamte Tätigkeit des Betreuers die **Aufsicht;** dabei ist der in § 1821 II–IV festgelegte Maßstab zu beachten, § 1862 I 2. **c) Anhörungspflicht.** Das Betreu- 3 ungsG hat den Betreuten nach § 1862 II persönlich anzuhören, wenn Anhaltspunkte für eine Pflichtverletzung des Betreuers vorliegen; die Regelung nimmt jene Pflichten in Blick, die der Betreuer ggü. dem Betreuten einzuhalten hat, insbes. die Pflicht zur Berücksichtigung seiner Wünsche nach Maßgabe des § 1821 II–IV (BT-Drs. 19/24445, 299). **d) Befugnisse** des BetreuungsG bei **Pflichtwidrigkeiten** (vgl. dazu 4 → §§ 1821–1826 Rn. 17). **aa) Gebote** oder **Verbote** (§ 1862 III 1). **bb)** Festsetzung von **Zwangsgeld** nach § 1862 III 2, auch gg. Vereinsbetreuer, nicht aber gg. die Betreuungsbehörde, einen Behördenbetreuer oder einen Betreuungsverein. Voraussetzung ist **schuldhafte** Nichtbefolgung von Anordnungen, die aufgrund Pflichtwidrigkeiten ergangen sind (Grüneberg/Götz § 1862 Rn. 5, str.); vorherige Androhung ist nicht erforderlich (BT-Drs. 16/6308, 193; sa BeckOK/Kadelbach § 1862 Rn. 7). Da das Betreueramt mit dem Tod des Betreuers endet, kann gg. dessen Erben kein Zwangsgeld wg. Nichterstellung der Schlussrechnung festgesetzt werden (BGH FamRZ 2017, 1776 [1777]). **e) Freistellung nach § 1862 IV.** 5 Landesrecht kann die Betreuungsbehörde von der Aufsicht des BetreuungsG in den genannten Bereichen freistellen.

2. Aufsichtsbeginn und -ende. Beginn der Aufsicht mit der Bestellung des 6 Betreuers (§ 287 FamFG); **Ende** mit Beendigung des Amtes oder der Betreuung (§§ 1868, 1870); Pflicht zur Herausgabe von Vermögen und Unterlagen, Einreichung ordnungsgem. Schlussrechnung und Rückgabe der Bestellungsurkunde (§ 290 III FamFG) besteht auch noch nach Beendigung (§ 1872; § 290 III FamFG); ihre Einhaltung kann erzwungen werden (§ 1862 III).

§ 1863* Berichte über die persönlichen Verhältnisse des Betreuten

(1) [1]**Mit Übernahme der Betreuung hat der Betreuer einen Bericht über die persönlichen Verhältnisse (Anfangsbericht) zu erstellen.** [2]**Der Anfangsbericht hat insbesondere Angaben zu folgenden Sachverhalten zu enthalten:**
1. **persönliche Situation des Betreuten,**
2. **Ziele der Betreuung, bereits durchgeführte und beabsichtigte Maßnahmen, insbesondere im Hinblick auf § 1821 Absatz 6, und**
3. **Wünsche des Betreuten hinsichtlich der Betreuung.**

[3]**Sofern ein Vermögensverzeichnis gemäß § 1835 zu erstellen ist, ist dieses dem Anfangsbericht beizufügen.** [4]**Der Anfangsbericht soll dem Betreuungsgericht innerhalb von drei Monaten nach Bestellung des Betreuers übersandt werden.** [5]**Das Betreuungsgericht kann den Anfangsbericht mit dem Betreuten und dem Betreuer in einem persönlichen Gespräch erörtern.**

(2) [1]**Absatz 1 gilt nicht, wenn die Betreuung ehrenamtlich von einer Person mit einer familiären Beziehung oder persönlichen Bindung zum Betreuten geführt wird.** [2]**In diesem Fall führt das Betreuungsgericht mit dem Betreuten auf dessen Wunsch oder in anderen geeigneten Fällen ein Anfangsgespräch zur Ermittlung der Sachverhalte nach Absatz 1 Satz 2.** [3]**Der ehrenamtliche Betreuer soll an dem Gespräch teilnehmen.** [4]**Die Pflicht zur Erstellung eines Vermögensverzeichnisses gemäß § 1835 bleibt unberührt.**

(3) [1]**Der Betreuer hat dem Betreuungsgericht über die persönlichen Verhältnisse des Betreuten mindestens einmal jährlich zu berichten (Jahresbe-**

---

* Buch 4 Abschnitt 3 (§§ 1773–1888) neu gef. mWv 1.1.2023 durch Ges. v. 4.5.2021 (BGBl. I S. 882).

richt). [2]Er hat den Jahresbericht mit dem Betreuten zu besprechen, es sei denn, davon sind erhebliche Nachteile für die Gesundheit des Betreuten zu besorgen oder dieser ist offensichtlich nicht in der Lage, den Inhalt des Jahresberichts zur Kenntnis zu nehmen. [3]Der Jahresbericht hat insbesondere Angaben zu folgenden Sachverhalten zu enthalten:

1. **Art, Umfang und Anlass der persönlichen Kontakte zum Betreuten und der persönliche Eindruck vom Betreuten,**
2. **Umsetzung der bisherigen Betreuungsziele und Darstellung der bereits durchgeführten und beabsichtigten Maßnahmen, insbesondere solcher gegen den Willen des Betreuten,**
3. **Gründe für die weitere Erforderlichkeit der Betreuung und des Einwilligungsvorbehalts, insbesondere auch hinsichtlich des Umfangs,**
4. **bei einer beruflich geführten Betreuung die Mitteilung, ob die Betreuung zukünftig ehrenamtlich geführt werden kann, und**
5. **die Sichtweise des Betreuten zu den Sachverhalten nach den Nummern 1 bis 4.**

(4) **[1]Nach Beendigung der Betreuung hat der Betreuer einen abschließenden Bericht (Schlussbericht) zu erstellen, in dem die seit dem letzten Jahresbericht eingetretenen Änderungen der persönlichen Verhältnisse mitzuteilen sind. [2]Der Schlussbericht ist dem Betreuungsgericht zu übersenden. [3]Er hat Angaben zur Herausgabe des der Verwaltung des Betreuers unterliegenden Vermögens des Betreuten und aller im Rahmen der Betreuung erlangten Unterlagen zu enthalten.**

§ 1864* Auskunfts- und Mitteilungspflichten des Betreuers

(1) **Der Betreuer hat dem Betreuungsgericht auf dessen Verlangen jederzeit über die Führung der Betreuung und über die persönlichen und wirtschaftlichen Verhältnisse des Betreuten Auskunft zu erteilen.**

(2) **[1]Der Betreuer hat dem Betreuungsgericht wesentliche Änderungen der persönlichen und wirtschaftlichen Verhältnisse des Betreuten unverzüglich mitzuteilen. [2]Dies gilt auch für solche Umstände,**

1. **die eine Aufhebung der Betreuung oder des Einwilligungsvorbehalts ermöglichen,**
2. **die eine Einschränkung des Aufgabenkreises des Betreuers ermöglichen,**
3. **die die Erweiterung des Aufgabenkreises des Betreuers erfordern,**
4. **die die Bestellung eines weiteren Betreuers erfordern,**
5. **die die Anordnung eines Einwilligungsvorbehalts erfordern und**
6. **aus denen sich bei einer beruflich geführten Betreuung ergibt, dass die Betreuung zukünftig ehrenamtlich geführt werden kann.**

§ 1865* Rechnungslegung

(1) **Der Betreuer hat dem Betreuungsgericht über die Vermögensverwaltung Rechnung zu legen, soweit sein Aufgabenkreis die Vermögensverwaltung umfasst.**

(2) **[1]Die Rechnung ist jährlich zu legen. [2]Das Rechnungsjahr wird vom Betreuungsgericht bestimmt.**

(3) **[1]Die Rechnung soll eine geordnete Zusammenstellung der Einnahmen und Ausgaben enthalten und über den Ab- und Zugang des vom**

* Buch 4 Abschnitt 3 (§§ 1773–1888) neu gef. mWv 1.1.2023 durch Ges. v. 4.5.2021 (BGBl. I S. 882).

Betreuer verwalteten Vermögens Auskunft geben. [2]Das Betreuungsgericht kann Einzelheiten zur Erstellung der geordneten Zusammenstellung nach Satz 1 bestimmen. [3]Es kann in geeigneten Fällen auf die Vorlage von Belegen verzichten. [4]Verwaltet der Betreute im Rahmen des dem Betreuer übertragenen Aufgabenkreises einen Teil seines Vermögens selbst, so hat der Betreuer dies dem Betreuungsgericht mitzuteilen. [5]Der Betreuer hat die Richtigkeit dieser Mitteilung durch eine Erklärung des Betreuten nachzuweisen oder, falls eine solche nicht beigebracht werden kann, die Richtigkeit an Eides statt zu versichern.

(4) **[1]Wird vom Betreuten ein Erwerbsgeschäft mit kaufmännischer Buchführung betrieben, so genügt als Rechnung ein aus den Büchern gezogener Jahresabschluss. [2]Das Betreuungsgericht kann Vorlage der Bücher und sonstigen Belege verlangen.**

§ 1866* Prüfung der Rechnung durch das Betreuungsgericht

(1) **Das Betreuungsgericht hat die Rechnung sachlich und rechnerisch zu prüfen und, soweit erforderlich, ihre Berichtigung und Ergänzung durch den Betreuer herbeizuführen.**

(2) **[1]Die Möglichkeit der Geltendmachung streitig gebliebener Ansprüche zwischen Betreuer und Betreutem im Rechtsweg bleibt unberührt. [2]Die Ansprüche können schon vor der Beendigung der Betreuung geltend gemacht werden.**

Anmerkungen zu den §§ 1863–1866

Lit: Birkenfeld, Rechnungslegung und Rechnungsprüfung in Vormundschafts- und Nachlaßsachen, FamRZ 1976, 197.

a) § 1863 regelt die Verpflichtung des Betreuers zu **Berichten** über die persönlichen Verhältnisse des Betreuten. Die Vorschrift unterscheidet zwischen dem Anfangsbericht (§ 1863 I u II), dem Jahresbericht (§ 1863 III) und dem Schlussbericht (§ 1863 IV). Die Berichtspflichten bestehen nur ggü. dem BetreuungsG; § 1863 begründet keinen Anspruch des Betreuten (BT-Drs. 19/24445, 299). **aa)** Zum Inhalt des **Anfangsberichts** s. § 1863 I 1, 2; sofern ein Vermögensverzeichnis nach § 1835 zu erstellen ist, ist es dem Anfangsbericht beizufügen (§ 1863 I 3); Frist: drei Monate (§ 1863 I 4, „soll“) – Ausn. sind in begründeten Fällen möglich (s. BT-Drs. 19/24445, 301); persönliche Erörterung s. § 1863 I 5. Die **Pflicht** zur Erstellung des Anfangsberichts nach § 1863 I **entfällt,** wenn der Betreuer ehrenamtlich handelt und eine familiäre Beziehung oder persönliche Bindung zum Betreuten besteht, § 1863 II 1; in diesem Fall gelten § 1863 II 2–4. **bb)** Zum Inhalt des **Jahresberichts** („mind. einmal jährlich“) s. § 1863 III 1, 3; er ist gem. § 1863 III 2 mit dem Betreuten zu besprechen. **cc)** Nach Beendigung der Betreuung hat der Betreuer einen **Schlussbericht** zu erstellen; zum Inhalt s. IV. **b)** Der Betreuer ist dem BetreuungsG zudem nach Maßgabe des § 1864 I zur **Auskunft** verpflichtet; § 1864 II statuiert über die jährliche Berichtspflicht (§ 1863 III) hinaus zusätzliche **Informationspflichten** des Betreuers. **c)** § 1865 enthält die (jährlich zu erfüllende, s. II 1) Pflicht des Betreuers zur **Rechnungslegung;** zu Inhalt und Form s. § 1865 III. Betreibt der Betreute ein Erwerbsgeschäft mit kaufmännischer Buchführung, genügt ein aus den Büchern gezogener Jahresabschluss, § 1865 V. Der Rechnungslegungspflicht des Betreuers korrespondiert die Überprüfungspflicht des BetreuungsG, § 1866.

1 (Rn. 1 beginnt bei „a) § 1863 regelt…“); 2 (bei „b) Der Betreuer ist dem BetreuungsG…“); 3 (bei „c) § 1865 enthält…“)

* Buch 4 Abschnitt 3 (§§ 1773–1888) neu gef. mWv 1.1.2023 durch Ges. v. 4.5.2021 (BGBl. I S. 882).

§ 1867* Einstweilige Maßnahmen des Betreuungsgerichts

Bestehen dringende Gründe für die Annahme, dass die Voraussetzungen für die Bestellung eines Betreuers gegeben sind, und konnte ein Betreuer noch nicht bestellt werden oder ist der Betreuer an der Erfüllung seiner Pflichten gehindert, so hat das Betreuungsgericht die dringend erforderlichen Maßnahmen zu treffen.

1 **1. Allgemeines.** Schutz des Betroffenen vor Nachteilen aus zeitweiliger Hinderung des Betreuers oder Verzögerung seiner Bestellung. Die Regelung findet bei Verhinderung des Vormunds entspr. Anwendung, s. § 1802 II 3.

2 **2. Voraussetzungen. a) Verhinderung** des Betreuers, und zwar **aa) rechtliche,** zB bei Interessenkollision, oder **bb) tatsächliche,** zB Krankheit, Abwesenheit,
3 Freiheitsentzug; **b)** Betreuer ist **noch nicht bestellt,** es bestehen jedoch **dringende Gründe** für die Annahme, dass ein **Betreuer bestellt** werden wird. **c)** Maßnahmen müssen **dringend erforderlich** sein, dh ein Aufschub würde einen Nachteil für den Betreuten zur Folge haben (BT-Drs. 19/24445, 306). Eine einstweilige Unterbringung aufgrund § 1867 (§§ 312, 334 FamFG) kann auch ohne gleichzeitige Betreuerbestellung angeordnet werden, wenn das Gericht unverzüglich die Betreuerbestellung veranlasst (BGH NJW 2002, 1802). Die Anordnung ärztlicher Zwangsmaßnahmen (§ 1832 I 1) scheidet dagegen aus, wenn noch kein Betreuer bestellt ist; nach § 1832 I 2 ist § 1867 nur anwendbar, wenn ein bereits bestellter Betreuer verhindert ist (vgl auch BT-Drs. 17/11513, 7).

4 **3. Rechtsfolge. a)** Verpflichtung zum Tätigwerden; bei Verletzung § 839, Art. 34 GG. **b)** Das BetreuungsG entscheidet unter Berücksichtigung der Wünsche bzw. des mutmaßlichen Willens des Betroffenen nach pflichtgemäßem Ermessen
5 über die erforderliche vorläufige Maßnahme. **c)** Beendigung der vorläufigen Maßnahme nicht ipso iure mit Wegfall ihres Anlasses (aA OLG Hamm FamRZ 1964, 380 [381]); über die Änderung oder Aufhebung einer noch abänderbaren Maßnahme hat der Betreuer zu entscheiden (BeckOGK/Brilla [15.12.2022] Rn. 37).

Untertitel 4.* Beendigung, Aufhebung oder Änderung von Betreuung und Einwilligungsvorbehalt

§ 1868* Entlassung des Betreuers

(1) **[1]Das Betreuungsgericht hat den Betreuer zu entlassen, wenn dessen Eignung, die Angelegenheiten des Betreuten zu besorgen, nicht oder nicht mehr gewährleistet ist oder ein anderer wichtiger Grund für die Entlassung vorliegt. [2]Ein wichtiger Grund liegt auch vor, wenn der Betreuer eine erforderliche Abrechnung vorsätzlich falsch erteilt oder den erforderlichen persönlichen Kontakt zum Betreuten nicht gehalten hat.**

(2) **Das Betreuungsgericht hat den beruflichen Betreuer zu entlassen, wenn dessen Registrierung nach § 27 Absatz 1 und 2 des Betreuungsorganisationsgesetzes widerrufen oder zurückgenommen wurde.**

(3) **Das Betreuungsgericht soll den beruflichen Betreuer, den Betreuungsverein, den Behördenbetreuer oder die Betreuungsbehörde entlassen, wenn der Betreute zukünftig ehrenamtlich betreut werden kann.**

(4) **Das Betreuungsgericht entlässt den Betreuer auf dessen Verlangen, wenn nach dessen Bestellung Umstände eingetreten sind, aufgrund derer ihm die Führung der Betreuung nicht mehr zugemutet werden kann.**

---

* Buch 4 Abschnitt 3 (§§ 1773–1888) neu gef. mWv 1.1.2023 durch Ges. v. 4.5.2021 (BGBl. I S. 882).

(5) **Das Betreuungsgericht kann den Betreuer entlassen, wenn der Betreute eine mindestens gleich geeignete Person, die zur Übernahme der Betreuung bereit ist, als neuen Betreuer vorschlägt.**

(6) [1]**Der Vereinsbetreuer ist auch dann zu entlassen, wenn der Betreuungsverein dies beantragt.** [2]**Wünscht der Betreute die Fortführung der Betreuung durch den bisherigen Vereinsbetreuer, so kann das Betreuungsgericht statt der Entlassung des Vereinsbetreuers mit dessen Einverständnis feststellen, dass dieser die Betreuung künftig als Privatperson weiterführt.** [3]**Die Sätze 1 und 2 gelten für den Behördenbetreuer entsprechend.**

(7) [1]**Der Betreuungsverein oder die Betreuungsbehörde ist als Betreuer zu entlassen, sobald der Betreute durch eine oder mehrere natürliche Personen hinreichend betreut werden kann.** [2]**Dies gilt für den Betreuungsverein nicht, wenn der Wunsch des Betreuten dem entgegensteht.**

§ 1869* Bestellung eines neuen Betreuers

Mit der Entlassung des Betreuers oder nach dessen Tod ist ein neuer Betreuer zu bestellen.

§ 1870* Ende der Betreuung

Die Betreuung endet mit der Aufhebung der Betreuung durch das Betreuungsgericht oder mit dem Tod des Betreuten.

§ 1871* Aufhebung oder Änderung von Betreuung und Einwilligungsvorbehalt

(1) [1]**Die Betreuung ist aufzuheben, wenn ihre Voraussetzungen wegfallen.** [2]**Fallen die Voraussetzungen nur für einen Teil der Aufgabenbereiche des Betreuers weg, so ist dessen Aufgabenkreis einzuschränken.**

(2) [1]**Ist der Betreuer auf Antrag des Betreuten bestellt, so ist die Betreuung auf dessen Antrag wieder aufzuheben, es sei denn, die Aufrechterhaltung der Betreuung ist auch unter Berücksichtigung von § 1814 Absatz 2 erforderlich.** [2]**Dies gilt für die Einschränkung des Aufgabenkreises des Betreuers entsprechend.**

(3) [1]**Der Aufgabenkreis des Betreuers ist zu erweitern, wenn dies erforderlich wird.** [2]**Die Vorschriften über die Bestellung des Betreuers gelten hierfür entsprechend.**

(4) **Für den Einwilligungsvorbehalt gelten die Absätze 1 und 3 entsprechend.**

Anmerkungen zu den §§ 1868–1871

1. Allgemeines. Anders als bei der Begründung der Betreuung gilt bei der Entlassung des Betreuers das Einheitsprinzip (→ Vor § 1814 Rn. 4) nicht; Betreuung kann trotz Entlassung oder Tod des Betreuers fortdauern, vgl. § 1870. 1

2. Beendigungsgründe. a) Maßgebend für die Betreuung ist das **Erforderlichkeitsprinzip.** Die Betreuung hat dann zu enden, wenn ihre Voraussetzungen entfallen sind, § 1871 I (BGH FamRZ 2017, 473: entgegenstehender freier Wille des Betroffenen, § 1814 II). Für teilw. Wegfall → Rn. 12. **b) Entlassung** des Betreuers ist zwingend bei **mangelnder Eignung** oder bei Vorliegen eines **wichtigen Grundes,** 2 3

* Buch 4 Abschnitt 3 (§§ 1773–1888) neu gef. mWv 1.1.2023 durch Ges. v. 4.5.2021 (BGBl. I S. 882).

§ 1868 I. Mangelnde Eignung kann in der Person oder in den Verhältnissen des Betreuers begründet sein, zB mangelnde Sachkenntnis für Vermögensverwaltung, fehlender Einsatz, Untätigkeit, Krankheit oder Abwesenheit (BayObLG FamRZ 2005, 931: dadurch bedingte Abrechnungsfehler), aber auch in der Person des Betreuten, zB unüberwindliche Abneigung gg. Betreuer, die persönliche Betreuung iSd § 1816 I verhindert (BT-Drs. 11/4528, 153); nicht: Spannungen im Bereich der Vermögenssorge, BayObLG BtPrax 1994, 136. Wichtiger Grund liegt gem. § 1868 I 2 in der vorsätzlich falsch erteilten Abrechnung oder der Nichteinhaltung des persönlichen
4 Kontakts zum Betreuten. **c)** Ein **beruflicher Betreuer** ist zwingend zu entlassen, wenn dessen Registrierung nach § 27 I u II des BtOG widerrufen oder zurückgenommen wurde, § 1868 II; sofern die Eignung für das konkrete Betreuungsverfahren nicht entfallen ist, ggf. Weiterführung der Betreuung als ehrenamtlicher Betreuer (BT-
5 Drs. 19/24445, 306). **d)** Der berufliche Betreuer, der Betreuungsverein, der Behördenbetreuer oder die Betreuungsbehörde „sollen" entlassen werden, wenn der Betreute künftig ehrenamtlich betreut werden kann, § 1868 III; Grund: Subsidiarität der Berufsbetreuung. Dies kommt in Betracht, wenn zB ein Ehegatte oder naher Verwandter, der bish. nicht übernehmen konnte, jetzt zur Verfügung steht und geeignet ist. Verpflichtung zur Entlassung nur ggü. Betreutem (OLG Düsseldorf FamRZ
6 1995, 483), nicht ggü. Angehörigen. **e)** Entlassung wg. nachträglicher **Unzumutbarkeit** für den Betreuer kann auf Antrag des Betreuers erfolgen, § 1868 IV, zB wg. Umständen in der Person des Betreuten oder Betreuers wie familiäre, berufliche oder sonstige Verhältnisse, unzureichende Vergütung (BayObLG FamRZ 2002, 195 [196]), Verschlechterung des eigenen Gesundheitszustandes des Betreuers, fortgeschrittenes Alter, Verschlechterung von Verkehrsverbindungen, aber auch tiefgreifende Entfremdung vom Betreuten (BT-Drs. 11/4528, 153: hohe Anforderungen an Toleranz-
7 schwelle des Betreuers). **f)** BetreuungsG „kann" entlassen, wenn vom Betreuten eine mindestens gleich geeignete und bereite Person vorgeschlagen wird, § 1868 V (bloßes Einverständnis mit Betreuervorschlag nicht ausreichend, BayObLG FamRZ 2005, 751) – Wunsch des Betreuten ist stets zu berücksichtigen, s. § 1816 II (jedoch unverbindlich, wenn nicht auf eigenständiger und dauerhafter Willensbildung beruhend,
8 BayObLG FamRZ 2003, 1871). **g)** Entlassung des **Vereinsbetreuers** s. § 1868 VI – Verein entscheidet nicht, sondern kann nur beantragen. Fortführung nach § 1868 VI 2 als Privatperson ist möglich, wenn der Betreute dies wünscht. Gleiches gilt für
9 **Behördenbetreuer,** § 1868 VI 3. **h) Verein** oder **Behörde** sind als Betreuer zu entlassen, sobald natürliche Person als Betreuer zur Verfügung steht, § 1868 VII 1, sa § 291 FamFG zur regelmäßigen Überprüfung, ob natürliche Person(en) bestellt werden können. Eine Ausn. von der Entlassungspflicht besteht, wenn der Betreute
10 die Beibehaltung des Vereins als Betreuer wünscht, § 1868 VII 2. **i)** Für den Fall eines auf Antrag des Betreuten bestellten Betreuers ist auf Antrag des Betreuten die Betreuung aufzuheben, sofern nicht Fortführung von Amts wegen erforderlich ist, § 1871 II 1; dies gilt entspr. für die Einschränkung des Aufgabenkreises des Betreuers, § 1871 II 2.

11 **3. Folgen.** Im Falle der Entlassung eines Betreuers oder seines Todes ist ein neuer Betreuer zu bestellen, § 1869. Die Betreuung bleibt unberührt (→ Rn. 1). Der neu bestellte Betreuer rückt in die vom fr. Betreuer geschaffenen Rechtslagen ein; zB kann er von einer dem fr. Betreuer erteilten betreuungsgerichtl. Genehmigung Gebrauch machen (BeckOGK/Schmidt-Recla [1.1.2023] § 1869 Rn. 15); eine vom alten Betreuer beantragte Genehmigung ist dem neuen Betreuer mitzuteilen. Eilfälle: §§ 300 ff. FamFG. Nachfolgebetreuer ist zu entlassen, wenn Entlassung des Erstbetreuers auf Beschwerde hin aufgehoben wird (BayObLG FGPrax 1995, 197).

12 **4. Einschränkung und Erweiterung der Befugnisse. a)** Einschränkung des Aufgabenkreises, falls Voraussetzungen für einen Teil der Aufgaben weggefallen sind – Erforderlichkeitsprinzip, § 1871 I 2. **b)** Erweiterung des Aufgabenkreises, falls erforderlich, § 1871 III, zB Fortschreiten der Krankheit, Entstehung zusätzlicher Angelegenheiten des Betreuten durch Erbschaft usw. **c)** Einwilligungsvorbehalt –

s. § 1825 – kann entspr. § 1871 I aufgehoben werden, wenn seine Voraussetzungen weggefallen sind, oder entspr. § 1871 III eingeführt werden, falls dies erforderlich wird, § 1871 IV.

§ 1872* Herausgabe von Vermögen und Unterlagen; Schlussrechnungslegung

(1) **Endet die Betreuung, hat der Betreuer das seiner Verwaltung unterliegende Vermögen und alle im Rahmen der Betreuung erlangten Unterlagen an den Betreuten, dessen Erben oder sonstigen Berechtigten herauszugeben.**

(2) [1]**Eine Schlussrechnung über die Vermögensverwaltung hat der Betreuer nur zu erstellen, wenn der Berechtigte nach Absatz 1 dies verlangt.** [2]**Auf dieses Recht ist der Berechtigte durch den Betreuer vor Herausgabe der Unterlagen hinzuweisen.** [3]**Die Frist zur Geltendmachung des Anspruchs beträgt sechs Wochen nach Zugang des Hinweises.** [4]**Der Berechtigte hat dem Betreuungsgericht sein Verlangen gegenüber dem Betreuer mitzuteilen.**

(3) **Ist der Betreute sechs Monate nach Ende der Betreuung unbekannten Aufenthalts oder sind dessen Erben nach Ablauf dieser Frist unbekannt oder unbekannten Aufenthalts und ist auch kein sonstiger Berechtigter vorhanden, hat der Betreuer abweichend von Absatz 2 eine Schlussrechnung zu erstellen.**

(4) [1]**Bei einem Wechsel des Betreuers hat der bisherige Betreuer das seiner Verwaltung unterliegende Vermögen und alle im Rahmen der Betreuung erlangten Unterlagen an den neuen Betreuer herauszugeben.** [2]**Über die Verwaltung seit der letzten beim Betreuungsgericht eingereichten Rechnungslegung hat er Rechenschaft durch eine Schlussrechnung abzulegen.**

(5) [1]**War der Betreuer bei Beendigung seines Amtes gemäß § 1859 befreit, genügt zur Erfüllung der Verpflichtungen aus den Absätzen 2 und 4 Satz 2 die Erstellung einer Vermögensübersicht mit einer Übersicht über die Einnahmen und Ausgaben seit der letzten Vermögensübersicht.** [2]**Die Richtigkeit und Vollständigkeit der Vermögensübersicht ist an Eides statt zu versichern.**

§ 1873* Rechnungsprüfung

(1) [1]**Der Betreuer hat eine nach § 1872 von ihm zu erstellende Schlussrechnung oder Vermögensübersicht beim Betreuungsgericht einzureichen.** [2]**Das Betreuungsgericht übersendet diese an den Berechtigten, soweit dieser bekannt ist oder rechtlich vertreten wird und kein Fall des § 1872 Absatz 3 vorliegt.**

(2) [1]**Das Betreuungsgericht hat die Schlussrechnung oder die Vermögensübersicht sachlich und rechnerisch zu prüfen und, soweit erforderlich, ihre Ergänzung herbeizuführen.** [2]**Das Betreuungsgericht übersendet das Ergebnis seiner Prüfung nach Satz 1 an den Berechtigten.**

(3) [1]**Endet die Betreuung und liegt kein Fall des § 1872 Absatz 3 vor, so gilt Absatz 2 nur dann, wenn der Berechtigte binnen sechs Wochen nach Zugang der Schlussrechnung oder der Vermögensübersicht deren Prüfung verlangt.** [2]**Über dieses Recht ist der Berechtigte bei der Übersendung nach**

---

* Buch 4 Abschnitt 3 (§§ 1773–1888) neu gef. mWv 1.1.2023 durch Ges. v. 4.5.2021 (BGBl. I S. 882).

* Buch 4 Abschnitt 3 (§§ 1773–1888) neu gef. mWv 1.1.2023 durch Ges. v. 4.5.2021 (BGBl. I S. 882).

Absatz 1 Satz 2 zu belehren. [3]Nach Ablauf der Frist kann eine Prüfung durch das Betreuungsgericht nicht mehr verlangt werden.

§ 1874* Besorgung der Angelegenheiten des Betreuten nach Beendigung der Betreuung

(1) **[1]Der Betreuer darf die Besorgung der Angelegenheiten des Betreuten fortführen, bis er von der Beendigung der Betreuung Kenntnis erlangt oder diese kennen muss. [2]Ein Dritter kann sich auf diese Befugnis nicht berufen, wenn er bei der Vornahme des Rechtsgeschäfts die Beendigung kennt oder kennen muss.**

(2) **Endet die Betreuung durch den Tod des Betreuten, so hat der Betreuer im Rahmen des ihm übertragenen Aufgabenkreises die Angelegenheiten, die keinen Aufschub dulden, zu besorgen, bis der Erbe diese besorgen kann.**

Anmerkungen zu den §§ 1872–1874

1 **1. Allgemeines.** §§ 1872–1874 regeln die Abwicklung des beendeten Amtes eines Betreuers bis zum Erlöschen der Rechtsbeziehungen des Betreuers zum Betreuten durch Erfüllung aller Abwicklungspflichten. Der Betreuer darf und muss bestimmte Geschäfte abwickeln, unterliegt der Aufsicht des BetreuungsG und kann Vergütung bewilligt bekommen, Gernhuber/Coester-Waltjen § 75 Rn. 18 mwN. Verzicht und Entlastung durch neuen Betreuer str.

2 **2. Herausgabe von Vermögen und Unterlagen, § 1872 I. a)** Privatrechtliche Herausgabeverpflichtung des Betreuers ggü. dem Betreuten (dieser evtl. vertreten durch neuen Betreuer), dessen Erben oder sonstigen Berechtigten (zB Testamentsvollstrecker), die vor dem ProzessG durchzusetzen ist. Vermögen ist sofort herauszugeben, die Unterlagen erst nach Erstellung der Schlussrechnung bzw. wenn feststeht, dass eine solche nicht verlangt wird (BT-Drs. 19/24445, 502). Ist der Betreute mit anderen gesamtberechtigt, hat Herausgabe an alle Berechtigten zu erfolgen. Zurückbehaltungsrecht des Betreuers (§§ 273, 274) möglich. Vorlage eines Bestandsver-
3 zeichnisses s. § 260; Anspruch des Betreuers auf Quittungen s. § 368. **b)** Zum Betreuerwechsel s. § 1872 IV.

4 **3. Verpflichtung zur Schlussrechnungslegung, § 1872 II. a)** Besteht ggü. den Berechtigten nach § 1872 I; §§ 259, 260 gelten. Eine generelle Verpflichtung zur Schlussrechnungslegung besteht allerdings nicht; eine Schlussrechnung ist nur zu erstellen, wenn der Berechtigte nach § 1872 I dies ausdrücklich verlangt (§ 1872 II 1); Ausn.: § 1872 III. Zur Hinweispflicht des Betreuers s. § 1872 II 2; zur Frist § 1872 II 3. Durchsetzung vor dem ProzessG. Erzwingbar nach § 1862 III ist jedoch nur die Verpflichtung ggü. dem BetreuungsG nach § 1865. Zum Inhalt der Schluss-
5 rechnung s. RGZ 115, 368 [369 f.]. **b)** Zum Betreuerwechsel § 1872 IV. **c)** Für den „befreiten" Betreuer iSd § 1859 II besteht keine Verpflichtung zur umfassenden Schlussrechnungslegung; er erfüllt seine Verpflichtungen aus § 1872 II und IV 2 durch Erstellung einer Vermögensübersicht mit einer Übersicht über die Einnahmen und Ausgaben seit der letzten Vermögensübersicht, deren Richtigkeit und Vollstän-
6 digkeit er an Eides statt zu versichern hat, § 1872 V. **d)** Erfüllung der Pflicht zur Einreichung beim BetreuungsG gem. § 1873 I ist nach § 1862 III erzwingbar. Zur Prüfung der Schlussrechnung durch BetreuungsG s. § 1873 II und III.

7 **4. Rückgabe der Bestellungsurkunde. Verpflichtung** zur **Rückgabe** der Bestellungsurkunde und weiterer Unterlagen gem. § 290 III FamFG. Erzwingung der Rückgabe nach § 1862 III möglich.

8 **5. Fortführung von Geschäften, § 1874 I.** Zu unterscheiden ist das Dürfen des gutgl. Betreuers nach § 1874 I und die Verpflichtung zur Fortführung unaufschiebbarer Geschäfte nach § 1874 II. Insoweit bleibt Amtsführung Betreuertätigkeit,

es gelten also § 1826, Genehmigungspflichten und Genehmigungsmöglichkeiten (Grüneberg/Götz § 1874 Rn. 5). Außerhalb der Berechtigung nach § 1874 I gelten §§ 177 ff., 677 ff.

Untertitel 5* Vergütung und Aufwendungsersatz

§ 1875* Vergütung und Aufwendungsersatz

(1) Vergütung und Aufwendungsersatz des ehrenamtlichen Betreuers bestimmen sich nach den Vorschriften dieses Untertitels.

(2) Vergütung und Aufwendungsersatz des beruflichen Betreuers, des Betreuungsvereins, des Behördenbetreuers und der Betreuungsbehörde bestimmen sich nach dem Vormünder- und Betreuervergütungsgesetz.

§ 1876* Vergütung

[1]Dem ehrenamtlichen Betreuer steht grundsätzlich kein Anspruch auf Vergütung zu. [2]Das Betreuungsgericht kann ihm abweichend von Satz 1 eine angemessene Vergütung bewilligen, wenn
1. der Umfang oder die Schwierigkeit der Wahrnehmung der Angelegenheiten des Betreuten dies rechtfertigen und
2. der Betreute nicht mittellos ist.

§ 1877* Aufwendungsersatz

(1) [1]Macht der Betreuer zur Führung der Betreuung Aufwendungen, so kann er nach den für den Auftrag geltenden Vorschriften der §§ 669 und 670 vom Betreuten Vorschuss oder Ersatz verlangen. [2]Für den Ersatz von Fahrtkosten des Betreuers gilt die in § 5 des Justizvergütungs- und -entschädigungsgesetzes für Sachverständige getroffene Regelung entsprechend.

(2) [1]Zu den Aufwendungen gehören auch die Kosten einer angemessenen Versicherung gegen Schäden, die
1. dem Betreuten durch den Betreuer zugefügt werden können oder
2. die dem Betreuer dadurch entstehen können, dass er einem Dritten zum Ersatz eines durch die Führung der Betreuung verursachten Schadens verpflichtet ist.

[2]Kosten für die Haftpflichtversicherung des Halters eines Kraftfahrzeugs gehören nicht zu diesen Aufwendungen.

(3) Als Aufwendungen gelten auch solche Dienste des Betreuers, die zu seinem Gewerbe oder Beruf gehören.

(4) [1]Der Anspruch auf Aufwendungsersatz erlischt, wenn er nicht binnen 15 Monaten nach seiner Entstehung gerichtlich geltend gemacht wird. [2]Die Geltendmachung beim Betreuungsgericht gilt als Geltendmachung gegen den Betreuten. [3]Die Geltendmachung gegen den Betreuten gilt auch als Geltendmachung gegen die Staatskasse.

(5) [1]Das Betreuungsgericht kann eine von Absatz 4 Satz 1 abweichende kürzere oder längere Frist für das Erlöschen des Anspruchs bestimmen sowie diese gesetzte Frist auf Antrag verlängern. [2]Mit der Fristbestimmung

---

* Buch 4 Abschnitt 3 (§§ 1773–1888) neu gef. mWv 1.1.2023 durch Ges. v. 4.5.2021 (BGBl. I S. 882).

* Buch 4 Abschnitt 3 (§§ 1773–1888) neu gef. mWv 1.1.2023 durch Ges. v. 4.5.2021 (BGBl. I S. 882).

ist über das Erlöschen des Ersatzanspruchs bei Versäumung der Frist zu belehren. [3]Der Anspruch ist innerhalb der Frist zu beziffern.

§ 1878* Aufwandspauschale

(1) **[1]Zur Abgeltung seines Anspruchs auf Aufwendungsersatz kann der Betreuer für die Führung jeder Betreuung, für die er keine Vergütung erhält, vom Betreuten einen pauschalen Geldbetrag verlangen (Aufwandspauschale). [2]Dieser entspricht für ein Jahr dem Siebzehnfachen dessen, was einem Zeugen als Höchstbetrag der Entschädigung für eine Stunde versäumter Arbeitszeit (§ 22 des Justizvergütungs- und -entschädigungsgesetzes) gewährt werden kann. [3]Hat der Betreuer für solche Aufwendungen bereits Vorschuss oder Ersatz erhalten, so verringert sich die Aufwandspauschale entsprechend.**

(2) **[1]Sind mehrere Betreuer bestellt, kann jeder Betreuer den Anspruch auf Aufwandspauschale geltend machen. [2]In den Fällen der Bestellung eines Verhinderungsbetreuers nach § 1817 Absatz 4 kann jeder Betreuer den Anspruch auf Aufwandspauschale nur für den Zeitraum geltend machen, in dem er tatsächlich tätig geworden ist.**

(3) **[1]Die Aufwandspauschale ist jährlich zu zahlen, erstmals ein Jahr nach Bestellung des Betreuers. [2]Endet das Amt des Betreuers, ist die Aufwandspauschale anteilig nach den Monaten des bis zur Beendigung des Amtes laufenden Betreuungsjahres zu zahlen; ein angefangener Monat gilt als voller Monat.**

(4) **[1]Der Anspruch erlischt, wenn er nicht binnen sechs Monaten nach Ablauf des Jahres, in dem der Anspruch entstanden ist, gerichtlich geltend gemacht wird. [2]§ 1877 Absatz 4 Satz 2 und 3 gilt entsprechend. [3]Ist der Anspruch einmalig ausdrücklich gerichtlich geltend gemacht worden, so gilt in den Folgejahren die Einreichung des Jahresberichts jeweils als Antrag, es sei denn, der Betreuer verzichtet ausdrücklich auf eine weitere Geltendmachung.**

§ 1879* Zahlung aus der Staatskasse

Gilt der Betreute als mittellos im Sinne von § 1880, so kann der Betreuer den Vorschuss, den Aufwendungsersatz nach § 1877 oder die Aufwandspauschale nach § 1878 aus der Staatskasse verlangen.

§ 1880* Mittellosigkeit des Betreuten

(1) **Der Betreute gilt als mittellos, wenn er den Vorschuss, den Aufwendungsersatz oder die Aufwandspauschale aus seinem einzusetzenden Vermögen nicht, nur zum Teil oder nur in Raten aufbringen kann.**

(2) **Der Betreute hat sein Vermögen nach Maßgabe des § 90 des Zwölften Buches Sozialgesetzbuch einzusetzen.**

§ 1881* Gesetzlicher Forderungsübergang

[1]Soweit die Staatskasse den Betreuer befriedigt, gehen Ansprüche des Betreuers gegen den Betreuten auf die Staatskasse über. [2]Nach dem Tode des Betreuten haftet sein Erbe nur mit dem Wert des im Zeitpunkt des

* Buch 4 Abschnitt 3 (§§ 1773–1888) neu gef. mWv 1.1.2023 durch Ges. v. 4.5.2021 (BGBl. I S. 882).

Erbfalls vorhandenen Nachlasses; § 102 Absatz 3 und 4 des Zwölften Buches Sozialgesetzbuch gilt entsprechend, § 1880 Absatz 2 ist auf den Erben nicht anzuwenden.

Anmerkungen zu den §§ 1875–1881

1. Allgemeines. a) §§ 1876–1881 regeln die Ansprüche des ehrenamtlichen Betreuers auf Vergütung und Aufwendungsersatz. Vergütung und Aufwendungsersatz des beruflichen Betreuers, des Betreuungsvereins, des Behördenbetreuers und der Betreuungsbehörde richten sich nach den Vorschriften des VBVG (s. § 1875 II). 1
b) Die ehrenamtliche Betreuung wird grds. unentgeltlich geführt (§ 1876 S. 1); der Betreuer hat gegen den Betreuten grds. nur einen Vorschuss- und Aufwendungsersatzanspruch (§ 1877), der durch eine Aufwandspauschale abgegolten werden kann (§ 1878). 2

2. Vergütung. Das BetreuungsG kann dem ehrenamtlichen Betreuer bei nicht mittellosem Betreuten (s. § 1880) ausnahmsweise eine angemessene Vergütung bewilligen, § 1876 S. 2. Voraussetzung: Umfangreiche und schwierige Geschäfte. 3

3. Aufwendungsersatz. a) Voraussetzungen. aa) Ehrenamtlicher Betreuer, §§ 1875 I, 1877. **bb)** Freiwillige Vermögensopfer zum Zwecke der Führung der Betreuung; Maßstab: Wohl des Betreuten. Bsp: Auslagen, in eigenem Namen eingegangene Verbindlichkeiten (§ 257), angemessene Versicherungsprämien (§ 1877 II), berufliche oder gewerbliche Dienstleistungen, zB Arzt, Anwalt (BGH NJW-RR 2014, 1224), Handwerker (s. § 1877 III); **nicht:** sonstiger Einsatz der Arbeitskraft für Tätigkeiten, die jeder leisten kann; Leistungen Dritter, für die keine bes. Kenntnisse erforderlich sind (LG Memmingen FamRZ 1999, 459; krit. Bienwald FamRZ 1999, 1305); Schäden. 4
b) Rechtsfolgen. aa) Ges. (Bewilligung durch BetreuungsG nicht erforderlich), privatrechtlicher Anspruch auf Aufwendungsersatz und (auf Verlangen, § 669) Vorschuss (OLG München BeckRS 2017, 128172 Rn. 19); Fahrtkostenersatz nur nach Sachverständigenentschädigung gem. § 5 JVEG, § 1877 I 2. Sa § 256. Der Betreuer kann die erforderlichen Beträge aus dem Vermögen des Betreuten entnehmen, da Erfüllung einer Verbindlichkeit, s. § 1824 II iVm § 181 HS 2. **bb)** Schuldner ist der Betreute, § 1877 I 1. Ist er mittellos (§ 1880), die Staatskasse, § 1879. Leistet sie an den Betreuer, Legalzession, § 1881. Festsetzung durch das BetreuungsG gem. § 292 FamFG. 5
c) Erlöschen des Anspruchs, wenn er nicht binnen 15 Monaten gerichtl. geltend gemacht wird, § 1877 IV 1. Den Betreuer trifft also eine Obliegenheit zur gerichtl. Verfolgung. Der Antrag muss aufgeschlüsselt nachvollziehbare Angaben über Zeitaufwand sowie Art und Umfang der Aufwendungen enthalten (OLG Frankfurt a.M. FamRZ 2002, 193). Die Frist gilt auch für RA als Betreuer (OLG Schleswig NJW 2003, 1538 [1539]; sa BGH NJW 2012, 3307, Ansprüche des anwaltlichen Verfahrenspflegers nach dem RVG; FamRZ 2017, 231 [232 f.]; FamFG 2019, 1077 [1078], Verfahrensbeistandsvergütung: § 1835 I 3 aF analog; Fristbeginn: Aufnahme der Tätigkeit durch den Verfahrensbeistand). Abweichende Fristbestimmung ist möglich, § 1877 V. 6

4. Aufwandspauschale. a) Voraussetzungen. aa) Ehrenamtlicher Betreuer, §§ 1875 I, 1878. **bb)** Keine Vergütung nach § 1876. **cc)** Kein geleisteter Vorschuss bzw. Aufwendungsersatz, § 1878 I 3. 7
b) Rechtsfolgen. aa) Jährlich zu leistende (§ 1878 III 1; Ausn. gem. § 1878 III 2 bei Beendigung des Betreueramtes vor Ablauf des Betreuungsjahres), in der Höhe durch § 1878 I 2 iVm § 22 JVEG bestimmte pauschalierte Aufwandsentschädigung von zurzeit 425 Euro; Aufwendungen müssen nicht einzeln nachgewiesen werden. Sind mehrere Betreuer bestellt, kann jeder den Anspruch auf Aufwandspauschale geltend machen, § 1878 II 1; Ausn. § 1878 II 2 (Verhinderungsbetreuer). **bb)** Schuldner ist der Betreute; ist er mittellos (s. § 1880), die Staatskasse, § 1879; Legalzession s. § 1881. Festsetzung durch das BetreuungsG gem. § 292 FamFG. **cc)** Erlöschen s. § 1878 IV. 8

Titel 4.* Sonstige Pflegschaft

Vorbemerkungen

1 → Vor § 1809 Rn. 1

§ 1882* Pflegschaft für unbekannte Beteiligte

[1]Ist unbekannt oder ungewiss, wer bei einer Angelegenheit der Beteiligte ist, so kann dem Beteiligten für diese Angelegenheit, soweit eine Fürsorge erforderlich ist, ein Pfleger bestellt werden. [2]Insbesondere kann für einen Nacherben, der noch nicht gezeugt ist oder dessen Persönlichkeit erst durch ein künftiges Ereignis bestimmt wird, für die Zeit bis zum Eintritt der Nacherbfolge ein Pfleger bestellt werden.

Lit.: Beitzke, Pflegschaften für Handelsgesellschaften und juristische Personen, FS Ballerstedt, 1975, S. 185; Damrau, Pflegschaft für den unbekannten Testamentsvollstrecker, FS H. Lange, 1992, S. 797; Müller, Abwesenheits-, Nachlaßpflegschaft und Pflegschaft für unbekannte Beteiligte, NJW 1956, 652.

1 **1. Allgemeines. a) Personenpflegschaft** „für den, den es angeht", Bsp. in S. 2; Testamentsvollstrecker s. Damrau, FS H. Lange, 1992, S. 801. Auch für jur. Personen, nicht aber, wenn nur Organ oder Vertreter unbekannt oder verhindert ist. Keine Pflegschaft nach § 1882 für herrenlose Sachen (Grüneberg/Götz Rn. 3 [herrenlose Grundstücke], str.; vgl. auch BGH NJW-RR 2012, 1105); s. jedoch § 207 S. 1
2 Nr. 5, S. 2 BauGB für herrenloses Grundstück. **b)** Zur Abgrenzung von Nachlasspflegschaft, Abwesenheitspflegschaft und Pflegschaft für ein ungeborenes Kind s. MüKo-BGB/Schneider § 1913 aF Rn. 3–7; Müller, NJW 1956, 652.

3 **2. Voraussetzungen. a)** Beteiligter an Angelegenheit; Beteiligung muss rechtlicher Natur sein, auch künftige Berechtigung (S. 2) genügt; **b)** fehlender oder unsicherer Kenntnisstand über Person des Beteiligten; auch Ungewissheit aus Rechtsgründen möglich, s. OLG Düsseldorf OLGZ 1976, 385: rechtliche Ungewissheit über Person des Alleingesellschafters, sa OLG Bremen BB 2003, 1525: unbekannter Gesellschafter bei Umwandlung einer GmbH in GmbH & Co KG; **c)** Fürsorgebedürfnis; fehlt bei anderweitiger Vorsorge für den Unbekannten, zB regelmäßig bei Nachlasspflegschaft, -verwaltung, Testamentsvollstreckung.

4 **3. Wirkungskreis.** Ergibt sich aus Bestellungsakt, der am Fürsorgebedürfnis („soweit erforderlich") orientiert sein muss; Pfleger ist ges. Vertreter (BGH MDR 1968, 484).

5 **4. Auswahl.** S. § 1885; eine Berufung zur Pflegschaft gibt es nicht, doch wird zu Recht ein Vorzugsrecht der (künftigen) Eltern eines künftigen Nacherben in Anlehnung an die Wertung in § 1810 S. 1 sowie aus Art. 6 I, II GG vertreten, MüKo-BGB/Schneider § 1913 aF Rn. 17 mN der früher abw. hM.

6 **5. Verfahren.** Zuständigkeit s. §§ 341, 272 FamFG; betreuungsrechtliche Zuweisungssache nach § 340 Nr. 1 FamFG.

7 **6. Beendigung.** §§ 1886 II, 1887 II.

§ 1883* Pflegschaft für gesammeltes Vermögen

Ist durch öffentliche Sammlung Vermögen für einen vorübergehenden Zweck zusammengebracht worden, so kann zum Zwecke der Verwaltung

* Buch 4 Abschnitt 3 (§§ 1773–1888) neu gef. mWv 1.1.2023 durch Ges. v. 4.5.2021 (BGBl. I S. 882).

* Buch 4 Abschnitt 3 (§§ 1773–1888) neu gef. mWv 1.1.2023 durch Ges. v. 4.5.2021 (BGBl. I S. 882).

und Verwendung des Vermögens ein Pfleger bestellt werden, wenn die zu der Verwaltung und Verwendung berufenen Personen weggefallen sind.

Lit.: Laux, Sammelvermögen. Rechtsnatur und steuerliche Behandlung, JZ 1953, 214.

1. Allgemeines. Sachpflegschaft für ein Sammelvermögen, für dessen Verwaltung mangels eigener Rechtspersönlichkeit und wg. Wegfalls der verwaltungsbefugten Personen Sorge getragen werden muss. 1

2. Voraussetzungen. a) Sammelvermögen, dh durch öffentl. durchgeführte Sammlung zusammengebrachte Beiträge in Form von Geld und/oder Sachwerten, wobei diese Sammlung nur zu einem vorübergehenden Zweck, zB zur Unterstützung von Katastrophenopfern geschehen sein darf, nicht dagegen als laufende Trägerschaft einer Einrichtung oder eines Vorhabens dienen soll. Zur streitigen Zuordnung an Spender, Sammler oder Dritte s. Laux JZ 1953, 214. **b) Wegfall** der zur Verwaltung und Verwendung befugten Personen, also regelmäßig der Sammler, sei es durch Tod, Beendigung einer jur. Person, Aufgabe der Verwaltungstätigkeit, Geschäftsunfähigkeit. 2 3

3. Befugnisse des Pflegers. Werden in der Bestellungsverhandlung festgelegt; er ist Verwalter und Partei kraft Amtes (BGH LM Nr. 1). 4

4. Verfahren. Zuständigkeit s. §§ 341, 272 FamFG; betreuungsrechtliche Zuweisungssache nach § 340 Nr. 1 FamFG (vgl. BT-Drs. 16/6308, 276). 5

5. Beendigung. S. §§ 1886 II, 1887 II. 6

§ 1884* Abwesenheitspflegschaft

(1) [1]**Ein abwesender Volljähriger, dessen Aufenthalt unbekannt ist, erhält für seine Vermögensangelegenheiten, soweit sie der Fürsorge bedürfen, einen Abwesenheitspfleger.** [2]**Ein solcher Abwesenheitspfleger ist ihm insbesondere auch dann zu bestellen, wenn er durch Erteilung eines Auftrags oder einer Vollmacht Fürsorge getroffen hat, aber Umstände eingetreten sind, die zum Widerruf des Auftrags oder der Vollmacht Anlass geben.**

(2) **Das Gleiche gilt für einen Abwesenden, dessen Aufenthalt bekannt, der aber an der Rückkehr und der Besorgung seiner Vermögensangelegenheiten verhindert ist.**

1. Allgemeines. Personenpflegschaft, die Fürsorge für eine volljährige, natürliche Person ermöglichen soll, die infolge Abwesenheit ihre **Vermögensangelegenheiten** nicht selbst wahrnehmen kann. **a) Keine** Abwesenheitspflegschaft, wenn der Abwesende Vermögensangelegenheiten selbst besorgen kann, aber nicht will, oder wenn nicht vermögensrechtliche Interessen, zB Führung eines Kindschaftsverfahrens (OLG Koblenz FamRZ 1974, 222 [223]) oder eines Scheidungsverfahrens (RGZ 126, 261 [262]) wahrzunehmen sind; Pflegerbestellung ist in solchen Fällen nichtig. **b)** Wichtiger Fall ist Abwesenheitspflegschaft für Erben (vgl. OLG Frankfurt FamRZ 2016, 1502 [1503]: Erbe ist nach Annahme der Erbschaft unbekannten Aufenthalts); zum Verhältnis zur Nachlasspflegschaft s. → § 1960 Rn. 5 ff. 1 2 3

2. Voraussetzungen. a) Abwesenheit des Vermögensinhabers mit unbekanntem Aufenthalt, I 1, **oder** – bei bekanntem Aufenthalt – **Verhinderung** der Rückkehr und dadurch bewirkte Unmöglichkeit oder wesentliche Erschwerung der Besorgung seiner Vermögensangelegenheiten, II; Abwesenheit vom Ort, an dem die Vermögensangelegenheiten zu betreiben sind, nicht (nur) vom Wohnsitz (RGZ 98, 263 [265]; Strafhaft s. KG NJW-RR 1988, 838). „Unbekannt" iSv I ist der 4

* Buch 4 Abschnitt 3 (§§ 1773–1888) neu gef. mWv 1.1.2023 durch Ges. v. 4.5.2021 (BGBl. I S. 882).

Aufenthalt, wenn alle aufgrund der Amtsermittlungspflicht möglichen und erforder-
5 lichen Nachforschungen vergeblich bleiben. Auch bei Verschollenheit und Ablauf der Lebensvermutungsfrist – §§ 10, 9 III, IV VerschG – ist Anordnung zulässig; der Abwesenheitspfleger ist berechtigt, den Antrag zu stellen, den Abwesenden für tot zu erklären (BGHZ 18, 389 [395]). Stellt sich später der Tod heraus, bleiben Pflegschaft und Pflegerhandeln wirksam bis zur Aufhebung nach § 1886 I Nr. 2, bei Todeserklärung bis zum Zeitpunkt nach § 1887 I. Bis dahin Wirkungen für Erben, es sei denn, es handelt sich um nach diesem Zeitpunkt angefallenes Vermögen,
6 → Rn. 3. Speziell geregelter Fall einer verhinderten Besorgung s. I 2. **b) Fürsorgebedürfnis,** nach hM nur des Abwesenden (vgl. OLG Zweibrücken NJW-RR 1987, 584 [585]), wobei Nützlichkeit für Dritte Pflegerbestellung nicht ausschließt; weitergehend für Berücksichtigung von Drittinteressen Gernhuber/Coester-Waltjen § 77
7 Rn. 55. **Kein Fürsorgebedürfnis,** falls und soweit durch Auftrag und Bevollmächtigung die Angelegenheiten besorgt werden können, beachte jedoch I 2.

8 **3. Befugnisse des Pflegers.** Nur hinsichtlich Vermögensangelegenheiten (→ Rn. 1); sie werden iE im Bestellungsbeschluss umschrieben und sind („insoweit") am Fürsorgebedürfnis auszurichten. Bestellung ohne umschriebene Beschränkung bedeutet Befugnis zur Besorgung aller Vermögensangelegenheiten. Der Pfleger ist nach hM ges. Vertreter des Abwesenden (BGHZ 18, 389 [393]).

9 **4. Auswahl.** S. § 1885.

10 **5. Verfahren.** Örtl. Zuständigkeit s. §§ 341, 272 FamFG; betreuungsrechtliche Zuweisungssache, § 340 Nr. 1 FamFG.

11 **6. Beendigung.** S. §§ 1886, 1887 II.

§ 1885* Bestellung des sonstigen Pflegers

Das Betreuungsgericht oder im Falle der Nachlasspflegschaft das Nachlassgericht ordnet die Pflegschaft an, wählt einen geeigneten Pfleger aus und bestellt ihn, nachdem er sich zur Übernahme des Amtes bereit erklärt hat.

1 Die Vorschrift stellt klar, dass die sonstige Pflegschaft durch das BetreuungsG bzw. das NachlassG angeordnet wird; das Gericht wählt den Pfleger aus und bestellt ihn nach Bereiterklärung. Etwaige Wünsche zur Auswahl des Pflegers sind in die Entscheidung einzubeziehen; das Gericht ist an diese aber nicht gebunden (BT-Drs. 19/24445, 315).

§ 1886* Aufhebung der Pflegschaft

(1) **Die Pflegschaft für einen Abwesenden ist aufzuheben,**

1. **wenn der Abwesende an der Besorgung seiner Vermögensangelegenheiten nicht mehr verhindert ist.**
2. **wenn der Abwesende stirbt.**

(2) **Im Übrigen ist eine Pflegschaft aufzuheben, wenn der Grund für ihre Anordnung weggefallen ist.**

§ 1887* Ende der Pflegschaft kraft Gesetzes

(1) **Wird der Abwesende für tot erklärt oder wird seine Todeszeit nach den Vorschriften des Verschollenheitsgesetzes festgestellt, so endet die**

* Buch 4 Abschnitt 3 (§§ 1773–1888) neu gef. mWv 1.1.2023 durch Ges. v. 4.5.2021 (BGBl. I S. 882).

Pflegschaft mit der Rechtskraft des Beschlusses über die Todeserklärung oder die Feststellung der Todeszeit.

(2) **Im Übrigen endet die Pflegschaft zur Besorgung einer einzelnen Angelegenheit mit deren Erledigung.**

Anmerkungen zu den §§ 1886, 1887

1. Allgemeines. Pflegschaften enden entweder kraft Ges. oder infolge Aufhebung durch das BetreuungsG. Gemeinsames Merkmal der Beendigung kraft Ges. ist dabei die Eindeutigkeit und leichte Feststellbarkeit des Beendigungsgrundes. Von der Aufhebung der Pflegschaft ist die Entlassung des Pflegers zu unterscheiden, s. §§ 1888 I, 1868; trotz Ende der Pflegschaft keine Erledigung des Verfahrens auf Entlassung des Pflegers (BGHZ 65, 41 [45]). 1

2. Beendigung durch Aufhebung. a) Abwesenheitspflegschaft ist zwingend aufzuheben, wenn die Voraussetzungen des § 1886 I Nr. 1, zB Rückkehr des Abwesenden, oder Nr. 2 vorliegen. **b)** IÜ Aufhebung der Pflegschaft bei **Wegfall des Anordnungsgrundes,** insbes. des Fürsorgebedürfnisses. Im Fall der Pflegschaft für einen unbekannten Nacherben fällt das Fürsorgebedürfnis mit Eintritt des Nacherbfalls weg; bei Pflegschaft nach § 1882 mit Bekanntwerden des Beteiligten. **c)** Die Pflegschaft endet erst mit Rechtskraft des Aufhebungsbeschlusses (BT-Drs. 19/24445, 315). 2 3

3. Beendigung kraft Ges. a) Sie tritt regelmäßig mit dem Tod des Pfleglings ein (KG WM 1971, 871); Ausn. § 1886 I Nr. 2, beachte ferner § 1887 I. **b)** Todeserklärung eines abwesenden Pfleglings s. § 1887 I iVm §§ 2 f., 39 VerschG. **c)** Erledigung bestimmter einzelner Pflegeraufgaben s. § 1887 II; Bsp: Gesellschaftsvertrag vom BetreuungsG genehmigt; Rechtsstreit rechtskräftig abgeschlossen (BayObLG Rpfleger 1988, 105); Auseinandersetzungsplan für Nachlass wirksam festgestellt. § 1887 II gilt nicht, falls dem Pfleger ein Kreis von Angelegenheiten oder eine Pflegschaft ohne konkreten Wirkungskreis übertragen ist. 4 5

4. Verfahrensfragen. → § 1812 Rn. 6. 6

§ 1888* Anwendung des Betreuungsrechts

(1) **Die Vorschriften des Betreuungsrechts sind auf sonstige Pflegschaften entsprechend anwendbar, soweit sich nicht aus dem Gesetz ein anderes ergibt.**

(2) **[1]Die Ansprüche des berufsmäßig tätigen Pflegers auf Vergütung und Aufwendungsersatz richten sich nach den § § 1 bis 6 des Vormünder- und Betreuervergütungsgesetzes. [2]Sofern der Pflegling nicht mittellos ist, bestimmt sich die Höhe des Stundensatzes des Pflegers jedoch nach den für die Führung der Pflegschaftsgeschäfte nutzbaren Fachkenntnissen des Pflegers sowie nach dem Umfang und der Schwierigkeit der Pflegschaftsgeschäfte.**

1. Entsprechende Anwendung des BetreuungsR. a) I erklärt für sonstige Pflegschaften einschl. der Nachlasspflegschaft (§ 1960) das BetreuungsR für entspr. anwendbar. **b)** Die Verweisung bezieht sich ua auf die Vorschriften über **Vertretung und Haftung** (§§ 1823, 1824, 1826), die **Vermögenssorge und Aufsicht** (§§ 1835–1862, 1864–1867) sowie einige der Vorschriften über die **Beendigung** (§§ 1870–1874); grds. auch auf § 1821 (BT-Drs. 19/24445, 316). *Nicht* anwendbar sind §§ 1814–1820 und § 1871, da die §§ 1882 ff. insofern abschließende Sonderregelungen enthalten, sowie §§ 1822, 1825, 1827–1834 und § 1863. 1

* Buch 4 Abschnitt 3 (§§ 1773–1888) neu gef. mWv 1.1.2023 durch Ges. v. 4.5.2021 (BGBl. I S. 882).

2 **2. Vergütung und Aufwendungsersatz des Berufspflegers.** Der Pfleger wird grds. wie ein Betreuer vergütet und entschädigt. Für Berufspfleger verweist II 1 indes auf §§ 1–6 VBVG; II 2 ermöglicht Erhöhung des Stundensatzes.

§§ 1889–1921* *(nicht mehr belegt)*

Buch 5. Erbrecht

Vorbemerkungen

1. Erbrecht und Verfassung. Art. 14 I GG schützt das Erbrecht neben dem Eigentum und legt damit den Zusammenhang zwischen Privateigentum bzw Privatautonomie einerseits und Privaterbrecht andererseits offen. Der verfassungsrechtliche Schutz umfasst die Privaterbfolge (BVerfGE 67, 340; 99, 341 [350]), die Testierfreiheit (BVerfGE 99, 341 [350]; 67, 341; 58, 398; BVerfG NJW 2001, 141) und iVm Art. 6 I GG die Familienerbfolge (offen BVerfGE 67, 341). Der Gesetzgeber kann diese Grundprinzipien modifizieren, aber nicht gänzlich beseitigen. Verfassungswidrig wäre also ein reines Staatserbrecht (BVerfGE 67, 340) oder die gänzliche Abschaffung des Pflichtteilsrechts nächster Verwandter (BGHZ 98, 233; 109, 313; BVerfGE 112, 355; krit Leipold JZ 2010, 805 und → § 2303 Rn. 10; offen noch BVerfGE 67, 341; BVerfG NJW 2001, 141). Hingegen ist niemandem eine bestimmte Erbquote oder entfernteren Verwandten ein Erbrecht garantiert. Auch ist der Gesetzgeber nicht gehindert, die Pflichtteilsentziehung neu zu ordnen oder einzuschränken (BGH NJW 1989, 2055; hierzu Leipold JZ 1990, 702). Wenn der Gesetzgeber die Grenzlinien zwischen den verfassungsrechtlich geschützten Elementen neu zieht, muss er den Verhältnismäßigkeitsgrundsatz wahren (BVerfGE 91, 360; 99, 341 [352]; BVerfG NJW 2001, 142). Die Verfassung schafft gleichzeitig eine Einrichtungsgarantie und ein Grundrecht auf erbrechtlichen Erwerb und Testierfreiheit (BVerfGE 99, 349; 44, 17; 67, 340; BVerfG NJW 2000, 2496; BVerfG NJW 1998, 2964 – Kammer; BVerfG FamRZ 2009, 1040 – Kammer). Die ges Erbfolge hat insbes Art. 3 I GG (BVerfGE 58, 389; 67, 345), Art. 3 II GG (BVerfGE 15, 342) und Art. 6 V GG (BVerfGE 44, 18; 58, 389; 74, 33; sa BVerfG FamRZ 2009, 492 – Kammer) zu beachten. Sie muss aus obj Sicht dem Interesse eines verständigen Erblassers entsprechen (BVerfGE 91, 358 f.; krit Leipold JZ 1996, 288). Bei Ausgestaltung der Testierfreiheit muss der Gesetzgeber Art. 3 I und 3 III 2 GG beachten, und darf durch zu strenge Formvorschriften insbes Behinderte nicht benachteiligen (BVerfGE 99, 341 [352]; → § 2232 Rn. 2). Die Testierfreiheit kann eine Erbunfähigkeitsklausel decken, die an nicht standesgemäße Eheschließung in adeliger Familie anknüpft (BGHZ 140, 118 = NJW 1998, 566; BVerfG NJW 2000, 2495: trotz Art. 6 I, 3 III GG; dagegen BVerfG NJW 2004, 2010 f.: Vorrang der Eheschließungsfreiheit; → §§ 2074–2076 Rn. 4). Nach Auffassung der Mehrheit der Richter des 1. Senats des BVerfG ist das LPartG mit seinem eheähnlichen Erbrecht verfassungsgemäß (Art. 3, 6 I, 14 I GG; hierzu BVerfGE 105, 342 [352, 355]); die Problematik dieser Entscheidung hat sich durch das neue Gesetz zur Einführung des Rechts auf Eheschließung für Personen gleichen Geschlechts vom 20.7.2017 (BGBl. I Nr. 52, 2787; zum Recht auf Umwandlung der Partnerschaft in eine Ehe § 20a LPartG idF 2017) grundlegend verändert. Zu erbschaftsteuerlichen Verfassungsfragen → § 1924 Rn. 6, → § 1931 Rn. 5; sa die Zusammenstellung. weiterer verfassungsrechtlicher und unionsrechtlicher Streitfragen des Erbschaftsteuerrechts bei Holtz NJW 2016, 3750, 3755. *Lit:* Leipold AcP 180, 160; Haas ZEV 2000, 249; Röthel ErbR 09, 266; Horsch NVwZ 2010, 232; Mayer ErbR 10, 34 (70). Der Einfluss des *Europarechts* hat bisher vor allem im Nichtehelichenerbrecht Folgen gezeigt (zur grundsätzlichen Garantie des Familienerbrechts durch Art. 8 EMRK insbes EGMR NJW 1979, 2453; dazu Ritter NJW 2010, 1112 mwN; EGMR NJW-RR 2009, 1603; EMRG ZEV 2017, 507; dazu Leipold ZEV 2017, 489 ff.; ausf dazu → § 1924 Rn. 4). EGMR NJW 2019, 3699 geht davon aus, dass die *Anwendung des Rechts der Scharia*, das im Erbrecht Nichtmuslime massiv benachteiligt, in den Konventionsstaaten keine Anwendung finden kann (Art. 9 u. 14 EMRK). 1

2. Rechtsverhältnis zwischen Erblasser und Erbe vor dem Tod des Erblassers. Gem. dem Grundsatz der Testierfreiheit (vgl § 2302) kann der Erblasser 2 grundsätzlich die ges Erbfolge und letztwillige Verfügungen ändern. Deshalb hat der Erbe *keine rechtlich geschützte Anwartschaft* (sa BVerfGE 67, 341; 99, 349; BVerfG NJW 2000, 2496), sondern nur die tatsächliche Aussicht des Erbschaftserwerbs. Dies gilt grundsätzlich auch für Vertragserben bzw Vertragsvermächtnisnehmer (BGHZ 12, 118; 23, 259), weil Erbverträge oder gemeinschaftliche Testamente aufhebbar sind. Eine Anwartschaft befürwortet die hM nur für den Schlusserben des Erbvertrags bzw gemeinschaftlichen Testaments (vgl → § 2269 Rn. 6; → § 2286 Rn. 1) nach dem Tod eines Teils. Eine *Feststellungsklage,* die ein Erbrecht zum Gegenstand hat, ist folglich regelmäßig mangels eines Rechtsverhältnisses (§ 256 I ZPO) unzulässig (BGHZ 37, 145; sa OLG Karlsruhe FamRZ 1989, 1351; OLG Koblenz FamRZ 2003, 542). Ausnahmen gelten nur für die Anwartschaft des Schlusserben und die Feststellung des – grundsätzlich feststehenden – Pflichtteilsrechts (vgl → § 2303 Rn. 1). Ein Vertrag unter Lebenden ist die vorweggenommene Erbfolge (→ Vor § 2274 Rn. 3). Nach dem Tode des Erblassers kann ein Erbe eine Feststellungsklage erheben, falls sich ein anderer auf ein volles oder teilweises Erbrecht nach dem Erblasser beruft und damit als Erbprätendent geriert (BVerfG NJW-RR 2005, 1600, 1601; BGH ZEV 2010, 468; OLG Brandenburg ZEV 2010, 143; OLG Koblenz ZEV 2013, 557); im bloßen Bestreiten der Erbenstellung des Erben liegt keine Berühmung eigenen Erbrechts (OLG Köln ZEV 2018, 88 f.). Die Relativität des Prozessrechtsverhältnisses zwischen den Parteien als Erbprätendenten hindert das Gericht nicht daran, die Klage auf der Basis des von den Parteien beigebrachten Tatsachen und Beweismittel mit der Begründung abzuweisen, ein Dritter und nicht der Kläger sei Erbe des Nachlasses (OLG München NJW-RR 2021, 1306 Rn. 19 ff., 28 ff.).

3 **3. Internationales Erbrecht.** Mit Wirkung zum 17.8.2015 ist die EuErbVO in Kraft getreten und löst nunmehr für Erbfälle, bei denen der Erblasser am oder nach dem 17.8.2015 verstorben ist, das deutsche autonome internationale Erbrecht ab. Es gilt dann aber noch für Altfälle (OLG Köln ZEV 2018, 345; OLG Düsseldorf ZEV 2017, 204; OLG Schleswig NJW-RR 2016, 1229; sa → Einl. EuErbVO Rn. 1) und wird deswegen im Folgenden noch kurz erörtert. Die neue EuErbVO mit ihrem einheitlichen IPR für alle Mitgliedstaaten der EU außer Dänemark und Irland sowie dem früheren Mitgliedstaat Großbritannien ist gesondert abgedruckt und kommentiert (dazu Verordnung [EU] Nr. 650/2012 vom 4.7.2012 auf S. 2987 ff.); die drei Opt out – Staaten sind unter der EuErbVO Drittländer, im Verhältnis zu denen die übrigen EU-Mitgliedstaaten die EuErbVO anwenden (Art. 20 EuErbVO), die Drittstaaten aber ihr eigenes IPR im Verhältnis zu den EU-Mitgliedstaaten, so dass der Brexit insoweit an der britischen Stellung zur EuErbVO nichts verändert hat (zutreffend Ungerer NJW 2021, 1270 Rn. 24 ff.). Ausgewählte **Lit** zum deutschen autonomen internationalen Erbrecht: Siehr IPRax 1987, 4; Reinhart BWNotZ 1987, 97; Dörner DNotZ 1988, 67; Tiedemann RabelsZ 1991, 17; Lange ZEV 2000, 469; Lorenz DNotZ 1993, 148 – Deutschland/Schweiz; Lucht Rpfleger 1997, 133; Bestelmeyer Rpfleger 2010, 633 [646]; 2012, 673; Rauscher NJW 2014, 3619 [3622 f.]; ders NJW 2015, 3551 [3555]; Mankowski ZEV 2014, 121; zum internationalen Erbschaftsteuerrecht Schindhelm ZEV 1997, 8. Grundsätzlich bestimmt unter altem autonomen Recht die *Staatsangehörigkeit* des Erblassers das anwendbare Erbrecht (Art. 25 I EGBGB; BFH NZG 2019, 747: Herrschaftsbefugnisse des deutschen Erblassers über Stiftung liechtensteinischen Rechts), ausnahmsweise Sonderanknüpfung nach Sachbelegenheit (Art. 25 II, 3a II EGBGB; BGH NJW 1993, 1921; 1997, 521; 2000, 2421; 2004, 3560; BGH NJW-RR 2013, *201; OLG München Rpfleger 2009*, 456; FamRZ 2011, 1756; OLG Koblenz ZEV 2010, 262; OLG Saarbrücken BeckRS 2014, 06740; OLG Zweibrücken ZEV 1997, 512; hierzu Hohloch ZEV 1997, 469; OLG Köln NJW-RR 1997, 1091; ablehnend für Anteil an deutscher Erbengemeinschaft KG FamRZ 2012, 1515; zur irrigen Annahme einer Nachlassspaltung OLG Hamm Rpfleger 2012, 81; neuere Fälle zu Art. 25 EGBGB bei Rauscher NJW 2017, 3486, 3491; NJW 2019, 3486, 3490;

ferner OLG Köln ZEV 2018, 344); kein dingliches Vermächtnis an deutschem Grundstück (BGH NJW 1995, 58; s aber unten zum neuen Recht unter der EuErbVO Art. 20–28 Rn. 7). Bei Geltung des deutschen Erbstatuts gem Art. 25 I EGBGB muss auch die Ausschlagung einer Erbschaft beim nach deutschem Recht zuständigen Nachlassgericht erfolgen (OLG München ZEV 2019, 634 ff.; dazu Rauscher NRW 2020, 3632, Rn. 32, offengelassen die Geltung von Art. 11 I EGBGB für die Form; für Art. 11 I EGBGB OLG Schleswig ZEV 2015, 583; sa. → § 1945 Rn. 2). Rück- und Weiterverweisungen des fremden internationalen Erbrechts sind zu beachten (Art. 4 I EGBGB; BGH NJW 1986, 2192; OLG Düsseldorf ZEV 2017, 204 Rn. 15 ff.; OLG Köln NJW 1986, 2200 zum alten Recht; OLG Zweibrücken Rpfleger 1994, 466; OLG Köln FamRZ 2008, 1782). Ob im Nichtehelichenerbrecht eine wesentliche Schlechterstellung des nichtehelichen Kindes (Art. 6 V GG) durch fremdes Recht hinzunehmen ist, erscheint zweifelhaft (offen BGH NJW 1986, 2191; s aber für den Geltungsbereich der EMRK → § 1924 Rn. 4). Die Ordre-public-Widrigkeit (Art. 6 EGBGB) der Schlechterstellung von Frauen im ausländischen Erbrecht ist nicht an der abstrakten Regelung, sondern am konkreten Ergebnis zu messen (OLG Hamm FamRZ 1993, 111; fragwürdig OLG Düsseldorf FamRZ 2009, 1013, krit Bestelmeyer Rpfleger 2010, 646; neuere Verstoßfälle OLG München NJW-RR 2021, 138 Rn. 10 ff.; OLG Frankfurt a.M. ZEV 2011, 135; OLG München NJW-RR 2012, 1096; dazu Rauscher/Pabst NJW 2012, 3494; OLG Hamburg BeckRS 2021, 18770: Ausschluss der Testierfreiheit und der Einsetzung weiblicher Erben im Recht des Schulchan Aruch). Gleiches gilt für die Schlechterstellung aus Gründen der Religionszugehörigkeit, wobei hier dem Erblasserwillen erhebliche Bedeutung zukommt (OLG Hamm IPRax 2006, 483 f.; OLG Frankfurt a.M. ZEV 2011, 135). Allgemein ist zu beachten, inwieweit der Erblasser die fragwürdige ausländische gesetzliche Erbfolge im Rahmen seiner Testierfreiheit billigt (KG Rpfleger 2008, 423 = FamRZ 2008, 1564 mAnm von Rauscher). Vorzeitiger Erbausgleich folgt dem Erbstatut (BGH NJW 1986, 2192; 1996, 2096), ebenso das Pflichtteilsrecht (BGH NJW 1993, 1921; 1997, 521; zur Problematik des gespaltenen Nachlasses OLG Koblenz NJW-RR 2013, 784). Bei Geltung ausl. Erbrechts und deutschen Ehegüterrechts sollte die erhöhte Erbquote der §§ 1371 I, 1931 III grundsätzlich Berücksichtigung finden (zum alten Recht insbes BGH NJW 2015, 2185 Rn. 24 ff.; zust St. Lorenz NJW 2015, 2157; ähnlich OLG Schleswig NJW 2014, 88, str; zu seiner Fortgeltung für Altfälle OLG München NJW-RR 219, 1481; OLG Düsseldorf BeckRS 2019, 36066 im Verhältnis zu Dänemark bei fortgesetzter Gütergemeinschaft dänischen Rechts für die Frage der Ausstellung eines deutschen Fremdrechtserbscheins zur Eintragung von Rechtsänderungen an einem in Deutschland belegenen Grundstück; gegen Geltung deutschen Ehegüterrechts in einem türkischen Fall OLG Köln NJW 2014, 2290 [2291]; OLG Karlsruhe NJW-RR 2018, 713 Rn. 11 ff.; OLG Hamm NJW 2019, 2180 bei Fortgeltung des deutsch-türkischen Nachlassabkommens von 1929 gem Art. 75 I EuErbVO; sa → § 1931 Rn. 1; zum neuen Recht s EuErbVO, Einl. und Anm zu → Art. 1–3, 83 und 84 Rn. 2 mNw; zum Ganzen Mankowski ZEV 2014, 121). Die Qualifikation einer Verfügung als lebzeitig oder letztwillig (s § 2301) folgt dem Statut der lex fori (BGH NJW 2015, 623 Rn. 36; zum neuen Recht s EuErbVO Anm zu → Art. 1–3, 83, 84 Rn. 2). Für die Form letztwilliger Verfügung übernimmt Art. 26 EGBGB die Erleichterungen des Haager Übereinkommens von 1961 (zur Reichweite des Errichtungsstatuts bei der Bindungswirkung OLG Frankfurt a.M. FamRZ 2010, 677). Formprobleme können sich uU bei Anwendung fremden Rechts über Art. 3a II EGBGB (früher Art. 3 III EGBGB) ergeben (BGH NJW 2004, 3560 mAnm Looschelders IPRax 2005, 232). Zutreffend hält BGH NJW 2015, 2581 Rn. 12 ff. aus Gründen einer konsistenten Gesamtlösung die Geltung deutschen Rechts für eine Ehegatteninnengesellschaft an Grundstücken für vorzugswürdig, wenn auch für den ehelichen Güterstand deutsches Recht gilt (zu den Anforderungen an die Annahme einer Innengesellschaft. → § 705 Rn. 13). Zur internationalen

Zuständigkeit im Erbscheinsverfahren unter altem Recht → § 2353 Rn. 3; zum neuen Recht → EuErbVO Art. 62–73 Rn. 1–7.

4–10 **4. Erbrecht in den neuen Bundesländern (einschl. Ostberlin).** Zum Erbrecht in den sog neuen Bundesländer und dem Übergangsrecht gem EGBGB 235 wird auf die 15. Aufl. 2014 dieses Kommentars verwiesen.

11–17 **5. Besonderheiten des Erbrechts des ZGB.** Das Übergangsrecht für die sog neuen Bundesländer verweist teilweise auf befristet fortgeltendes Recht des ZGB DDR; auf die Darstellung in der 15. Aufl. 2014 dieses Kommentars wird verwiesen.

18 **6. Erbrechtsreformgesetze.** Durch das am 1.1.2010 in Kraft getretene *Gesetz zur Änderung des Erb- und Verjährungsrechts* (BGBl. 2009 I 3142) wurden die §§ 1936, 2057a, 2182, 2183, 2204, 2287, 2297, 2305, 2306, 2325, 2331a, 2332, 2333, 2336, 2352, 2376 geändert, die §§ 2234, 2235 wurden aufgehoben. Zur Reform: Baumann/Karsten RNotZ 2010, 95; Herzog/Lindner ErbR 2010, 176; Karsten RNotZ 2010, 357; Langenfeld NJW 2009, 3121; Lange DNotZ 2009, 732; Weidlich FamRZ 2009, 166; Kanzleiter DNotZ 2009, 805; 2010, 520; Meyer ZEV 2010, 2. Literatur zur anhaltenden Reformdiskussion: Röthel, Gutachten 68. DJT 2010; Referate Beckert, Lange, Frieser, Mayer, Verh. 68. DJT 2010, Bd. II 1, S. 9 ff.; Leipold JZ 2010, 802; Kroppenberg NJW 2010, 2609. Nach Art. 229 § 23 IV EGBGB gelten für Erbfälle seit dem 1.1.2010 die neuen Vorschriften, auch soweit sie an vor diesem Stichtag liegende Ereignisse anknüpfen. Da sonach für laufende Erbstreitigkeiten teilweise noch altes Recht gilt, sind diese Vorschriften und ihre Kommentierung teilweise noch berücksichtigt. Für die Verjährungsvorschriften ist die differenzierende Regelung von Art. 229 § 23 I–III EGBGB zu beachten (Günstigkeitsprinzip zugunsten des Gläubigers). Das am 17.8.2015 in Kraft getretene Gesetz zum Internationalen Erbrecht und zur Änderung von Vorschriften zum Erbschein sowie zur Änderung anderer Vorschriften vom 29.6.2015 (BGBl. 2015 I 1042) führt in seinem Art. 16 zu einigen wichtigen gesetzgeberischen Eingriffen in das BGB. In die Vorschriften der §§ 2270 III und 2278 II ist jeweils eingefügt worden „und die Wahl des anzuwendenden Erbrechts", so dass die Rechtswahl nach EuErbVO Art. 22 an der entstehenden Bindungswirkung in der erforderlichen Weise Teil hat; in gleichem Sinne §§ 1941 I, 2291 I 1 nF. Die §§ 2354–2359, 2361 II und III, 2364, 2368 I 2, 2369 sind aufgehoben, überwiegend wortgleiche oder entsprechende Regelungen finden sich nach Art. 11 des Reformgesetzes nunmehr in FamFG 352–352e, 353, 354 und zu einem kleinen Teil im neugefassten § 2363. Nach Art. 229 EGBGB gelten die verfahrensrechtlichen Änderungen aber nur für Fälle, in denen der Erblasser vor dem 17.8.2015 verstorben ist (Art. 15 Nr. 5 des ÄnderungsG; OLG Düsseldorf ZEV 2017, 204 Rn. 8). Wegen der vielen zunächst noch unter altem Recht abzuwickelnden Fälle sind die alten Vorschriften noch mit abgedruckt und kommentiert. Das Reformgesetz enthält ua in seinem Art. 1 das Internationale Erbrechtsverfahrensgesetz (IntErbRVG), das in seinen §§ 2–30 die verfahrensrechtlichen Vorschriften Art. 4–19 EuErbVO für das deutsche Recht umsetzt (s EuErbVO Anm zu → Art. 1–3, 83 und 84 Rn. 3) und in §§ 33–44 die Vorschriften der Art. 62–73 EuErbVO zum Europäischen Nachlasszeugnis (dazu EuErbVO Anm zu → Art. 62–74 Rn. 1 ff.; → Vor § 1922 Rn. 3). §§ 33–44 IntErbRVG sind nach EuErbVO Anm zu Art. 62–73 Rn. 7 abgedruckt.

19 **7. Auswirkungen des FamFG.** Das Gesetz zur Reform des Verfahrens in Familiensachen und in den Angelegenheiten der freiwilligen Gerichtsbarkeit (FGG-RG) *hat in seinem* Art. 1 *ein neues Gesetz* über das Verfahren in Familiensachen und in den Angelegenheiten der freiwilligen Gerichtsbarkeit geschaffen (FamFG). Es trat am 1.9.2009 in Kraft (Art. 112 I FGG-RG). Die Änderungen im Erbrecht (Art. 50 Nr. 55–70 FGG-RG) betrafen die §§ 1944, 1962, 1999, 2015, 2045, 2227, 2248, 2260, 2261, 2262, 2263a, 2264, 2273, 2275, 2282, 2290, 2300, 2300a, 2347, 2360, 2368, 2369. Teilweise wurden Vorschriften aufgehoben und durch Vorschriften des

FamFG ersetzt, teilweise wurden Vorschriften neu gefasst. Für Nachlassverfahren mit Einleitung vor dem 1.9.2009 gilt altes Recht, bei Einleitung ab dem 1.9.2009 gilt neues Recht (Art. 111 FGG-RG). Maßgeblich ist der Zeitpunkt der Antragstellung (KG FamRZ 2010, 2104; OLG Stuttgart FamRZ 2010, 674; → § 2353 Rn. 1). Die alten Vorschriften sind vorläufig noch teilweise mitberücksichtigt. Weitere Änderungen und Aufhebungen erfolgten ebenfalls zum 1.9.2009 durch das Gesetz zur Reform des Personenstandsrechts vom 19.2.2007 (BGBl. I 122). Geändert wurden §§ 2248 S. 1, 2249 V 1, 2300, aufgehoben wurden §§ 2249 IV, 2258a, 2258b, 2277. Zu den neueren Änderungen des FamFG durch das Gesetz zum Internationalen Erbrecht und zur Änderung von Vorschriften zum Erbschein sowie zur Änderung sonstiger Vorschriften vom 29.6.2015 → Rn. 18.

8. Auswirkungen des Gesetzes zur Reform des Vormundschafts- und Betreuungsrechts. Das Ges zur Reform des Vormundschafts- und Betreuungsrechts vom 4.5.2021 (BGBl. Nr. 21 S. 862 ff.) hat in Art. 1 Nr. 22–29 die §§ 1981, 2219, 2282, 2290, 2291, 2292, 2300, 2347, 2348 und 2351 geändert, wobei es sich meist um textliche Anpassungen an familienrechtliche Neuerungen handelt und nur in wenigen Fällen um inhaltliche erbrechtliche Änderungen. Diese Änderungen treten am 1.1.2023 in Kraft (Art. 16 I des Ges) und sind in Text und Kommentierung berücksichtigt; zur nachträglichen Änderung des § 2119 s. dort Rn. 1. Nachdem in Art. 229 § 54 EGBGB keine das Erbrecht betreffenden besonderen Übergangsvorschriften getroffen worden sind, ist davon auszugehen, dass für bis zum 31.12.2022 geschaffene erbrechtliche Tatbestände das alte Recht fort gilt und das neue Recht auf Erbfälle ab dem 1.1.2023 anzuwenden ist. Das alte Recht ist deshalb noch mitkommentiert. 20

Abschnitt 1. Erbfolge

§ 1922 Gesamtrechtsnachfolge

(1) **Mit dem Tode einer Person (Erbfall) geht deren Vermögen (Erbschaft) als Ganzes auf eine oder mehrere andere Personen (Erben) über.**

(2) **Auf den Anteil eines Miterben (Erbteil) finden die sich auf die Erbschaft beziehenden Vorschriften Anwendung.**

Lit: Leipold, Wandlungen in den Grundlagen des Erbrechts?, AcP 180, 160, 204. Zu Änderungen durch die Schuldrechtsreform Bambring, Die Auswirkungen der Schuldrechtsreform auf das Erbrecht, ZEV 2002, 137; Krug, Schuldrechtsmodernisierungsgesetz und Erbrecht, 2002; Sarres, Das neue Schuldrecht und erbrechtliche Auskunftsansprüche, ZEV 2002, 96; Schlichting, Schuldrechtsmodernisierung im Erbrecht, ZEV 2002, 478; Zimmermann, Kulturelle Prägung des Erbrechts? (Testamentsformen und gesetzliche Erbfolgeordnung), JZ 2016, 321; neuere Rechtsprechungsberichte: Bestelmeyer Rpfleger 2008, 552; 2010, 635; 2012, 666;2014, 641; 2016, 694; 2017, 674; 2018, 649; 2019, 679; Münch FamRZ 2009, 826; 2010, 1121; 2012, 1270; 2013, 1002; 2014, 1072; 2015, 981; 2016, 1413; 2017, 1105; Siebert NJW 2009, 1121; NJW2010, 657; NJW 2011, 897; NJW 2012, 3008; NJW 2013, 978; NJW 2013, 3013; NJW 2014, 1062; NJW 2014, 2918; NJW 2015, 1068; NJW 2015, 2855; NJW 2016, 1063; NJW 2016, 2927; NJW 2017, 1075; NJW 2017, 2881; NJW 2018, 1064 ff.; NJW 2018, 2931 ff.; NJW 2019, 1045 ff.; 2019, 2905 ff.; NJW 2020, 1190 ff.; NJW 2020, 2934 ff.; NJW 2021, 1066 ff.; NJW 2021, 2933 ff.; NJW 2022, 1069 ff.; NJW 2022, 2894 ff.

1. Grundsatz der Gesamtrechtsnachfolge und des Vonselbsterwerbs. 1
Nach diesen Grundsätzen treten der Erbe bzw die Miterben (§§ 2032 ff.) mit dem Tod des Erblassers in alle Rechte und Pflichten ein (BGHZ 32, 369; BayObLG FamRZ 2004, 1607; Muscheler Jura 1999, 234 [289]; str, ob der Übergang von Verbindlichkeiten nicht erst aus § 1967 I folgt, vgl Kipp/Coing § 91 II 2 mN). Zum Nachweis des Erbrechts ist ein Erbschein (§§ 2353 ff.) zwar ausreichend, aber nicht stets erforderlich, ein öffentliches Testament kann im Einzelfall genügen (BGH NJW

2005, 2780 für Bank als Schuldner einer Zahlung). Der Übergang des Vermögens als Ganzes schließt grundsätzlich Sondererbfolge an einzelnen Erbschaftsgegenständen aus; vgl aber die Ausnahmen → Rn. 14. Zur Einordnung einer Erbschaft als Vermögen oder Einkünfte eines Sozialgeldempfängers nach SGB II BSG NJW 2019, 3542.

2 **2. Vererbliche Rechtspositionen. a) Ansprüche** aus Vertrag oder Ges gehen auf den Erben über. Bsp: Ansprüche aus Sicherungsvertrag bei Sicherungsübereignung (OLG Saarbrücken FamRZ 2007, 1045); Ausgleichsansprüche gem § 89b HGB (BGH 24, 214; zur Anwendbarkeit des § 207 aF = § 211 nF BGH NJW 1979, 651); Ansprüche aus Hausratsversicherung (OLG Frankfurt a.M. VersR 1984, 1059) oder aus Lebens- bzw Unfalltodversicherung, sofern der Versicherungsnehmer keinen Bezugsberechtigten benennt (BGHZ 32, 46 [48]; BGH FamRZ 1996, 935) oder die Bezugsberechtigung widerruft (BGH NJW 1990, 256; 1996, 2230; dazu Kummer ZEV 1996, 264; BGH NJW 2011, 309; 2012, 1003: Sicherungsabtretung kein Widerruf, sondern Rangbestimmung mit der Folge wiederauflebenden Bezugsrechtes bei Rückabtretung); sa §§ 159 ff., 185 VVG und → § 2077 Rn. 8, → § 2311 Rn. 3; Ansprüche auf Auskehrung der Versicherungssumme gegen einen Versicherungsnehmer, der zugunsten des Erblassers als Gefahrperson (§§ 179 I, 44 ff. VVG) eine Insassenunfallversicherung abgeschlossen hat (BGHZ 32, 48 ff.); Anspruch auf Raten des lebzeitig kapitalisierten Ruhegeldes (BGH WM 1983, 43); einmalige schon entstandene Sozialhilfeansprüche (§§ 58 f. SGB I ; BVerwG NJW 1994, 2842; → Rn. 14); einmalige Sozialplanabfindungsansprüche (aA BAG NJW 1997, 2065, falls AN nach Abschluss des Aufhebungsvertrags, aber vor Beendigung des Arbeitsverhältnisses stirbt – abzulehnen; wie hier Compensis DB 1992, 888; str, ob für fortlaufende Ansprüche nicht §§ 56 ff. SGB I analog gelten); Blindengeldanspruch nach LandesblindenGes (OVG Schleswig NVwZ-RR 2009, 889); Beihilfeanspruch (BVerwG FamRZ 2010, 1437; VG Saarlouis ZEV 2016, 603 [LS] = BeckRS 2016, 51495: Beschränkung auf zu Lebzeiten des Erblassers entstandene Ansprüche); Anspruch auf Corona-Prämie (LAG Brandenburg COVuR 2022, 339); Schadenersatz aus Verzug mit im Zeitpunkt des Todes bereits bestehenden Urlaubsabgeltungsansprüchen (BAG NJW 1997, 2343; 2013, 1980 Rn. 18), aber nach Auffassung des EuGH zu Art. 7 RL 2003/88/EG (EuGH NJW 2014, 2414 ff.) entgegen der ursprünglichen Rechtsprechung des BAG (NJW 1997, 2343; NJW 2012, 634; NJW 2013, 1980 Rn. 11 ff.) auch Urlaubsabgeltungsansprüche aus im Zeitpunkt des Todes noch offenem Urlaubsanspruch; gesetzgeberische Versuche zur zeitlichen Begrenzung in Folgejahren (hierzu BAG NJW 2013, 1179; NJW 14, 413; NJW 2016, 1837 Rn. 17 ff.; Polzer/Kafka NJW 2015, 2289, 2291; Worm/Thelen NJW 2016, 1764) hat der EuGH auf Vorlage des BAG (NJW 2017, 1200 mit Einschränkungsversuchen; hierzu Gooren/Rudkowski NJW 2017, 1149) ebenso endgültig unterbunden (EuGH NJW 2019, 499 ff.) wie andere Versuche deutscher arbeitsrechtlicher Regelwerke, durch Fristenregelungen automatischen Verfall ohne Vorwarnung herbeizuführen (EuGH NJW 2019, 36 ff.; 2019, 495 ff.; zur neuen europarechtlich bestimmten Rechtslage Rudkowski NJW 2019, 476 ff.; zum Beidrehen des BAG im Rahmen entsprechender richtlinienkonformer Auslegung des deutschen Rechts BAG NJW 2019, 2046; 2019, 2049; 2019, 2052; 2020, 705 Rn. 13, 23; Zwickel NJW 2020, 131, 134 ff.); deliktische Ersatzansprüche, allerdings unter der Voraussetzung, dass der Schaden noch vor Eintritt des Erbfalls in der Person des Erblassers eintritt (BGH NJW 1962, 911; BGH LM Nr. 15 zu § 249 [Hd], sehr fragwürdig; s zum strafrechtlichen Klageerzwingungsverfahren unten → Rn. 8 und zum Schadensersatz aus Persönlichkeitsrechtsverletzung → Rn. 12); Bereicherungsanspruch gem § 812 I 2. Alt. 2 (Zweckverfehlung), auch wenn der Tod des Leistenden vor dem Leistungsempfänger den bezweckten Erfolg verhindert und die endgültige Zweckverfehlung erst bei gegenläufiger Verfügung oder beim späteren Tod des Leistungsempfängers feststeht (BGH NJW 2013, 2025 Rn. 12 ff.); Bereicherungsansprüche nach § 812 I 1 bei fehlendem Grundgeschäft (BGH NJW 2015, 623 Rn. 20,

42: fehlende wirksame Schenkung bei drittbegünstender Gestaltung einer Anstalt bzw Stiftung liechtensteinischen Rechts; → § 2301 Rn. 5 und 6); Schmerzensgeldanspruch des Erblassers (s § 253 II und BGH NJW 1995, 783: ohne Willensbekundung; zur – geringen – Höhe bei Ableben kurz nach dem Unfall s OLG Düsseldorf NJW 1997, 860; zum Schmerzensgeld nach Flugzeugunglücken Weller/Rentsch/Thomale NJW 2015, 1909, 1911; nunmehr das Hinterbliebenengeld gem → § 844 III; dazu Wagner NJW 2017, 2641 ff.); Anspruch auf Einsicht in Krankenpapiere zur Prüfung ärztlicher Haftung, soweit Schweigepflicht nicht entgegensteht (BGH NJW 1983, 2627; Giesen JZ 1984, 281; Hess ZEV 2006, 479; → Rn. 12); Bankguthaben mit dazugehörigen Auskunftsansprüchen (BGHZ 107, 108; Kuchinke JZ 1990, 652; zum Girokonto BGH NJW 1996, 191; BGH FamRZ 2000, 754) und forderungsbegründenden (pVV, vgl§§ 280 I, 241 II) vertraglichen Schutzpflichten der Bank (LG Kempten WM 1991, 71); Forderungen gem §§ 1371 II und III, 1378 I (vgl § 1378 III 1; sa BGH NJW 1995, 1832); §§ 2303 ff. (vgl § 2317 II); § 1934a aF (vgl § 1934b II aF; hierzu → § 1924 Rn. 3); Auskunftsansprüche (§ 666), soweit vom Erblasser nichts anderes bestimmt ist (BGH NJW-RR 1990, 131) einschließlich bestehenden Anspruchs auf Errichtung eines Bestandsverzeichnisses (OLG München ZEV 2018, 149); Recht des Meistbietenden auf den Zuschlag gem § 81 I ZVG (OLG Düsseldorf FamRZ 1996, 1440); Ansprüche nach dem VermG (BGHZ 131, 22; zur Kettenausschlagung BVerwG NJW 1994, 1233; 1998, 255; BVerfG NJW 1998, 2583; zur Abtretbarkeit eines Anspruchs nach dem AusgleichsleistungsG an den gesetzlichen Erben vor Ende der DDR BVerwG NJW-RR 2009, 729). Der Erbe erwirbt die Ansprüche grundsätzlich mit den Einwendungen und Einreden, die schon gegen den Erblasser bestanden (beispielhaft für Erlass und Verjährung OLG Hamm NJW-RR 2018, 390 Rn. 18 ff.). **b) Verbindlichkeiten.** 3
Der Erbe rückt in die Schuldnerstellung ein, zB in die Bürgschaftsverpflichtung (BGH LM Nr. 10) oder die Verleiherpflicht bei unentgeltl Wohnrecht (BGH NJW 1985, 1553). Auch geht die Pflicht über, Rechnung zu legen, Auskunft zu erteilen (BGH NJW 1985, 3069) und die eidesstattliche Versicherung abzugeben (BGH NJW 1988, 2729; OLG München OLGZ 1987, 226); ferner Pflicht zur Leistung von Unterhaltsleistung nach §§ 1586b und 1615l II 2 (BGH NJW 2019, 2392 Rn. 17 ff.: fiktive Fortschreibung des Bedarfs zum Zeitpunkt des Todeseintritts des Unterhaltspflichtigen -Verweis auf Beschränkung der Erbenhaftung gem § 780 ZPO; sa BFH NJW 1998, 1584: keine Abzugsfähigkeit des Geschiedenenunterhalts nach § 1586b als Sonderausgaben gem § 10 I Nr. 1 EStG; OLG Koblenz NJW 2003, 439: Haftung auch bei unselbstständiger Unterhaltsvereinbarung); Steuerschulden (§ 45 I AO; BFH DStR 2016, 2695 = NJW 2017, 688 [LS]; BFH DStR 2019, 2576; → § 1967 Rn. 1 mwN). Bei deliktischem Verhalten des Erblassers kann der Schaden auch erst nach seinem Tode entstanden sein (BGH NJW 1962, 911; vgl aber zum umgekehrten Fall → Rn. 2; str, ob die Privilegierung von vorsätzlichen Deliktsforderungen in der Verbraucherinsolvenz gem § 302 Nr. 1 InsO nur greift, wenn der Schuldner selbst vorsätzlich handelte u. nicht bloß der Erblasser: so LG Frankfurt/Oder NZI 2021, 400 Rn. 10 ff.). Verarmung des Schenkers nach dem Erbfall belastet den Erben aus § 528 I (BGH NJW 1991, 2558; → § 1967 Rn. 1). In dingliche Unterlassungspflichten tritt der Erbe nur ein, wenn der pflichtbegründende Störungstatbestand persönlichkeitsunabhängig war (s Brehm JZ 1972, 225). Übergangsfähige Zustandshaftung liegt bei baurechtlichen Abrissverfügungen vor (Ortloff JuS 1981, 574; → § 1967 Rn. 5). Der Erbe eines Betreuers tritt nicht in die Pflichten ein, die aus dem Amt folgen, wohl aber in die Abwicklungspflichten (BGH NJW 2017, 3596 Rn. 9 u 11). **c)** In **Anwartschaften** rückt der Erbe auf der Erwerberseite 4
und der Veräußererseite ein. Die antizipierte Abtretung von künftigen, erst nach dem Tode entstehenden Forderungen durch den Erblasser bindet den Erben deshalb ebenso wie eine dingliche Einigung gem § 873 II (BGHZ 32, 369; zur Berechtigung auf der Erwerberseite BGHZ 45, 351, 356; OLG München Rpfleger 2018, 367; hierzu Böttcher NJW 2019, 813; sa unten → Rn. 8). Vgl ferner §§ 130 II, 153, 2108 II. **d) Gestaltungsrechte,** die bereits dem Erblasser zugestanden haben, kann

der Erbe ausüben, zB Anfechtung gem § 119 (BGH NJW 1951, 308) oder Ausschlagung gem § 1952 I. **e) Herrschaftsrechte** und ähnliche Rechtspositionen, vgl insbes § 857, § 28 I UrhG, § 29 GeschmMG, § 6 PatG, § 13 III GebrMG, § 27 MarkenG. Beim sog **„digitalen Nachlass"** in Gestalt der Inhaberschaft des Erblassers an gespeicherter Daten war str, inwieweit insbes für Daten höchstpersönlichen Inhalts entgegen § 1922 in AGB oder Vertragsklauseln der Übergang auf nächste Familienangehörige oder der Untergang der Daten vereinbart werden kann und inwieweit insbes aus § 34 BDSG aF ein Auskunftsanspruch des Erben folgen konnte (zu diesen Fragen Martini JZ 2012, 1145; Herzog NJW 2013, 3745 ff. mN; teilw Deusch ZEV 2014, 2; Klas/Möhrke-Sobolewski NJW 2015, 3473). Das KG verwehrte in seiner nicht rechtskräftigen Entscheidung (KG ZEV 2017, 386) den Eltern eines minderjährigen verstorbenen Kindes den Zugang zu einem Facebook-Benutzerkonto unter Berufung vor allem auf Art. 10 GG und § 88 III TKG; dazu Deusch ZEV 2017, 399; Raude ZEV 2017, 433 mN. Der BGH (BGH NJW 2018, 3178 ff.; zur Vollstreckbarkeit BGH NJW 2021, 160 Rn. 10 ff., 25 ff.: Zugang zu Inhalten und dem Konto selbst) bejaht dann aber anders als das KG die grundsätzliche Vererblichkeit des digitalen Nachlasses, nämlich den Eintritt des Erben in den Nutzungsvertrag (Rn. 16 ff.), die Unwirksamkeit von AGB, die den Zugang der Erben voll ausschließen (Rn. 26 ff.), die Vereinbarkeit des Zugangs der Erben zum Persönlichkeitsbereich des Erblassers mit dem Persönlichkeitsrecht und insbesondere dem postmortalen Persönlichkeitsrecht des Erblassers in gleichem Umfang wie er auch bei Speicherung mit Mitteln der analogen Welt bestünde (Rn. 47 ff.), die Vereinbarkeit mit den Geheimhaltungsvorschriften des Telekommunikationsrechts (Rn. 54 ff.) sowie die Vereinbarkeit mit den Regeln der DS-GVO und damit dem gemeineuropäischen Datenschutzrechts (Rn. 64 ff.), dessen Anwendbarkeit aber letztlich offen bleibt. Die Entscheidung ist ein wichtiger Beitrag zur Integration der virtuellen Welt in die Rechtsregeln der analogen Welt, eine allgemeine Notwendigkeit, die zwar von Enthusiasten der neuen virtuellen Welt vor allem anfänglich kämpferisch geleugnet wurde, sich aber verstärkt durchzusetzt, nachdem klar zu werden beginnt, dass die menschliches Zusammenleben beherrschenden Werte in der virtuellen Welt letztlich nicht grundlegend anders sein können als in der realen Welt, weil die Menschen und die von ihnen bevorzugten Wertigkeiten durch die Digitalisierung sich nicht so grundlegend verändert haben, wie dies teilweise zunächst etwas realitätsfremd vorausgesetzt wurde (zustimmend Preuß NJW 2018, 3146 ff.). Auch **Kryptowährungen** verschaffen vererbliche Rechtspositionen, deren genaue Gestalt im Einzelfall von der Zuordnung des Datenbestandes abhängt (hierzu Amend-Traut/Hergenröder ZEV 2019, 113 ff.; im Ergebnis gleich Medler ZEV 2020, 262 ff.). **f) Vollmacht.** Eine dem Erblasser erteilte Vollmacht endet im Zweifel mit dem Tode, §§ 168, 673; zur Bevollmächtigung durch den Erblasser vgl → Vor § 2197

6 Rn. 2. **g) Unternehmen und Unternehmensbeteiligungen: aa) Einzelhandelsgeschäft** vgl § 22 HGB; ferner → § 1967 Rn. 6 und → § 2032 Rn. 4. Vererblich sind auch gewerbliche Unternehmen, die kein Handelsgewerbe sind (BGH LM Nr. 1 zu § 1922); anders, wenn das Unternehmen so stark persönlichkeitsgeprägt ist, dass es die Erben nicht fortführen können (BGH LM Nr. 7 zu § 1922). Nicht vererblich ist die Kaufmannseigenschaft, da sie an persönliche Merkmale anknüpft.

7 **bb) Anteile an Personengesellschaften,** vgl → § 2032 Rn. 5 ff., 10. **cc) Mitgliedschaften:** Aktien sind vererblich, ohne dass ein satzungsmäßiger Ausschluss möglich wäre, vgl auch → § 2032 Rn. 10. Für GmbH-Geschäftsanteile gilt § 15 I GmbHG (zum Stimmrecht bei nicht berichtigter Gesellschafterliste F.-H. Lange NJW 2016, 1852); nach hM kann Satzung die Fortdauer der Gesellschafterstellung der Erben ausschließen, falls sie gleichzeitig anderweitige Bestimmung trifft, zB Pflicht zur Übertragung auf Mitgesellschafter oder Dritte (BGHZ 92, 386); vgl → § 2032 Rn. 10, → § 2033 Rn. 3. S. iÜ § 77 GenG (hierzu OLG Frankfurt a.M.

8 OLGZ 1977, 303) und § 38 S. 1. **h) Verfahrensrechtliche Stellung des Erben.** In ein *Prozessrechtsverhältnis* rückt der Erbe ein (BGHZ 104, 4; BGH FamRZ 1993, 1311); wird eine Partei vom Prozessgegner allein beerbt, endet das Verfahren in der

Hauptsache von selbst, Fortsetzung zur Kostenentscheidung möglich (BGH NJW-RR 1999, 1152). Gerichtsstandsklauseln (§ 38 ZPO) binden den Erben, auch wenn er selbst nicht prorogationsfähig ist (Meyer-Lindemann JZ 1982, 592 gegen LG Trier NJW 1982, 286). Im Verfahren auf Restschuldbefreiung rückt der Erbe in das vom Erblasser bereits erworbene Recht auf Restschuldbefreiung ein (AG Leipzig BeckRS 2014, 03806; Pape NJW 2014, 832 [838] mwN; str). Den Erben treffen auch die prozessualen Lasten und Pflichten, die den vom Erblasser geschaffenen prozessualen Bedingungen entsprechen, falls er verklagt worden wäre (BGH ZEV 2019, 261 Rn. 11 und OLG Frankfurt ZEV 2018, 484 = BeckRS 2018, 13799 für sekundäre Beweislast). Bei einem Räumungsvollstreckungsverfahren kann der Titel gem §§ 750 II, 727 ZPO nur auf Rechtsnachfolger im Sinne der §§ 563, 563a umgeschrieben werden, wenn sie unmittelbaren Besitz an der Wohnung ausüben, Erbenbesitz (§ 857) genügt nicht (BGH NJW 2020, 3376 Rn. 28 ff.). Grundsätzlich ist anzunehmen, dass der Erbe in das vom Erblasser beantragte *Grundbuchberichtigungsverfahren* nach den Regeln der §§ 239, 246 ZPO eintritt; falls allerdings der verstorbene Erblasser seine Eintragung als Erbe des bisher eingetragenen Eigentümers betrieben hat und der Erbeserbe den Antrag nicht zurücknimmt oder für erledigt erklärt, muss der Antrag als nicht mehr begründet zurückgewiesen werden, weil das Grundbuch immer nur den Rechtszustand im Zeitpunkt der Eintragung dokumentieren darf (OLG München ZEV 2018, 167 = BeckRS 2018, 179). Der Erbe des Erwerbers rückt auch in die Position des Erblassers in einem laufenden Grundbuchverfahren insoweit ein, als die Eintragungsbewilligung des Veräußerers nach dem Tod des Erwerbers fortbesteht und der Erbe des Erwerbers seine Eintragung betreiben kann (OLG München Rpfleger 2018, 367 und Böttcher NJW 2019, 813 f.; sa oben → Rn. 4; zu teilw. anders zu beurteilenden ähnlichen Fallgestaltungen bei einem Auflassungsvermächtnis OLG Rostock NJW-RR 2019, 6; Böttcher NJW 2019, 2746, 2747; sa → § 2174 Rn. 1). Bei Veräußerungen und Belastungen ist der Erbe im *Grundbuchverfahren* insoweit begünstigt, als seine Voreintragung (§ 39 I GBO) regelmäßig nicht erforderlich ist (§ 40 GBO; gleich im Falle der Vormerkung und Grundstücksbelastung zusammen mit der Veräußerung OLG Celle ZEV 2019, 712 Rn. 17 ff.; OLG Stuttgart DNotZ 2019, 194 Rn. 13; OLG Köln ZEV 2018, 418; OLG Frankfurt ZEV 2017, 719; teilw. str., sa einschränkend OLG Köln BeckRS 2019, 35499 Rn. 12; nach Übertragung von Erbteilen sind sofort nach dem Erblasser berichtigend die neuen Inhaber der Erbteile einzutragen, KG ZEV 2019, 699; OLG Köln NJW-RR 2018, 392; OLG München ZEV 2018, 268, teilw. str., ob gem § 40 GBO; sa → § 2033 Rn. 5); zur transmortalen Vollmacht → § 2197 Rn. 2. Der Erbe ist allerdings nicht berechtigt, das vom Erblasser durch *Strafanzeige in Gang gesetzte Verfahren* gegen einen wegen Eigentums- oder Vermögensdelikten Beschuldigten durch einen Klageerzwingungsantrag fortzusetzen, weil er kein unmittelbar Verletzter ist (OLG Hamm ZEV 2019, 740; sa oben zu deliktischen Ersatzansprüchen → Rn. 2). Die Regelung der §§ 2339 I Nr. 1, 2340 ff. verdrängt im Falle strafrechtlicher Verurteilung die Vorschriften über Einziehung des Nachlasses (BGH NStZ-RR 20212, 207; sa § 2339 Rn. 5). Nach dem Erbfall können alle Beteiligten eines privatrechtlichen erbrechtlichen Konflikts ihren Rechtstreit nach allgemein geltenden Regeln (§§ 1030 ff. ZPO) durch Parteivereinbarung der *Schiedsgerichtsbarkeit* unterwerfen (BGH NJW 2017, 2115 Rn. 13 ff.). Jedoch kann der Erblasser in einer Schiedsklausel des Testaments für erbrechtliche Streitigkeiten schiedsgerichtliche Zuständigkeit nur anordnen, soweit das Erbrecht dem Erblasser Dispositionsfreiheit lässt (BGH NJW 2017, 2112 Rn. 12 ff.; 2017, 2115 Rn. 19 ff. unter Berufung auf § 1066 ZPO). Typische Fälle einer dem Erblasser entzogenen Verfügungsbefugnis sind insbesondere Entscheidungen über Pflichtteilsrechte (BGH NJW 2017, 2115 Rn. 27 ff.; zu Einzelheiten → § 2303 Rn. 1) oder Entscheidungen über die zwingenden Pflichten eines Testamentsvollstreckers (BGH NJW 2017, 2112 Rn. 11 ff.; dazu → § 2227 Rn. 3 mN). Schwierigere Grenzfälle entstehen, wo der Rechtstreit nur mittelbar in die durch zwingendes Recht geschützte Rechtsposition eines Erben oder Vermächtnisnehmers eingreift wie etwa bei Einsetzung eines

Schiedsgerichts zur Beurteilung erbvertraglich bindender Vermächtnisse (→ § 2289 Rn. 1) oder Streitigkeiten zwischen Erben (→ § 2050 Rn. 2) oder zwischen Erben und Vermächtnisnehmern (dazu → § 2174 Rn. 1), auch wenn das Pflichtteilsrecht bei abstrakter Betrachtungsweise (dazu BGH 2017, 2115 Rn. 31) mit hoher Wahrscheinlichkeit keine Rolle spielen kann. Bei Streitigkeiten über die Korrektheit der Erbenbestimmung durch Dritte nach vorgegebenen Kriterien (→ § 2065 Rn. 2) scheint die Möglichkeit einer Anordnung schiedsgerichtlicher Entscheidung im Streitfall nicht oder wenig bestritten zu sein (→ § 2065 Rn. 3; guter kurzer Gesamtüberblick bei Thomas/Putzo/Hüßtege, ZPO 43. Aufl. 2022, § 1066 Rn. 1).

9 **3. Konfusion und Konsolidation.** Vereinigung von Recht und Verbindlichkeit *(Konfusion)* in der Person des Erben führt zum Erlöschen (vgl §§ 425 II, 429 II). Die Vereinigung von Recht und Belastung *(Konsolidation)* bewirkt bei Grundstücken *kein* Erlöschen (§ 889), wohl aber bei Fahrnis (§§ 1063, 1256) und Rechten (§§ 1072, 1273 II, 1291). Ausnahmevorschriften: §§ 1976, 1991 II, 2143, 2175, 2377; zur Sachlage bei Testamentsvollstreckung vgl → § 2213 Rn. 4. Im Hinblick auf Rechte Dritter (Nießbraucher, Pfandgläubiger) sind Forderungen als fortbestehend zu betrachten (sa BGH NJW 1995, 2288; Vollkommer/Schwaiger JZ 1996, 633; → Rn. 13). Die akzessorische Vormerkung erlischt bei Konfusion des Auflassungsanspruchs (BGH NJW 1981, 448; zT krit Wacke NJW 1981, 1577). Aufgrund von Konfusion erlischt auch ein offener Einkommensteueranspruch, wenn der Fiskus gesetzlicher Erbe wird (BFHE 212, 398 f.). Kein Fall der Konfusion liegt vor, wenn der Inhaber eines schuldrechtlichen Vorkaufsrechts vor Zustandekommen des Kaufvertrages (§ 464 II) Erbe des Vorkaufsverpflichteten wird (BGH NJW 2000, 1033).

10 **4. Nichtvererbliche Rechtspositionen. a) Ges** Regelungen: §§ 38 S. 1, 40; § 1061 S. 1 (s aber BGH NJW 2106, 1953 Rn. 16 ff.: Rechtsnachfolge in aus dem Nießbrauch entfließende und bereits titulierte dingliche Ansprüche gegen Dritte zur Wahrnehmung der gesetzlichen Rückabwicklungspflichten gegenüber dem Eigentümer; krit Pohlmann NJW 2016, 1905; BGHZ 109, 113: Eintritt in Mietvertrag über nießbrauchbelastetes Grundstück); § 1090 II (pers Dienstbarkeit, vererblich uU Bestellungsanspruch: BGHZ 28, 102); § 473; § 520; § 759 I; §§ 1586, 1615 (Unterhaltsansprüche, anders Unterhaltspflichten gem § 1586b I; → Rn. 3); §§ 1587k II, 1587m aF entspr § 31 III VersAusglG; Beihilfeansprüche (BVerwG ZBR 1983, 106; OVG Saarlouis NVwZ 2008, 443; anders bei Festsetzung zu Leb-
11 zeiten, BVerwG ZBR 1990, 265). **b) Versicherungsvertragliche Ansprüche** bei Bezugsberechtigung Dritter auf den Todesfall (BGH JZ 1996, 204; BGH FamRZ 1996, 935), vgl → Rn. 2 und → § 2301 Rn. 6, 7. **c)** Der **Leichnam** gehört nicht zum Nachlass (zur Herrenlosigkeit des Leichnams und zum Eigentum an künstlichen Körperteilen OLG Hamburg NJW 2012, 1603). Über seine Widmung zur Anatomie entscheidet der Erblasserwille, dessen Kundgabe keiner erbrechtlichen Form bedarf; Sektionseinwilligung ist im Krankenhausaufnahmevertrag formularmäßig möglich (BGH NJW 1990, 2313 mablAnm Deutsch). Das TransplantationsG stellt für Organentnahme auf Hirntod, Erblasser- und hilfsweise Angehörigenwille ab (dazu Deutsch NJW 1998, 777; Walter FamRZ 1998, 201). Zur rechtlichen Zulässigkeit von Leichenversuchen Pluisch/Heifer NJW 1994, 2377. Vgl iÜ → Vor
12 § 90 Rn. 9 und → § 1968 Rn. 5. **d)** Das **Persönlichkeitsrecht** ist nicht vererblich, jedoch überdauert der Persönlichkeitsschutz in uU abgeschwächter Form die Rechtsfähigkeit ihres Subjekts, die mit dem Tode erlischt (BGHZ 15, 259; 50, 136; BVerfGE 30, 194; BVerfG NJW 2001, 2959), uU über 30 Jahre (BGHZ 107, 385 mAnm von Schack JZ 1990, 40). Die Wahrnehmung dieses Schutzes obliegt primär dem vom Erblasser bes Ermächtigten (BGHZ 107, 389), iÜ den nahen Angehörigen, wobei für die Reihenfolge §§ 194 II, 77 II StGB herangezogen werden können (BGHZ 50, 139 [140]; LG Bückeburg NJW 1977, 1066; sa BGH WRP 1984, 681: wissenschaftl Institution bei verstorbenem Wissenschaftler). Der Schutz ideeller Interessen des Verstorbenen umfasst vor allem den Schutz vor der Behauptung herabsetzender unwahrer Tatsachen wie z.B. die unzutreffende Wiedergabe von unterge-

schobenen Äußerungen, die nach Qualität und Quantität das Lebensbild eines Verstorbenen grob entstellen, grundsätzlich nicht aber den Schutz der Vertraulichkeit wie er zu Lebzeiten zuerkannt ist (BGH NJW 2022, 847 Rn. 22 ff., 123 ff.; BVerfG NJW 2023, 755). Der Schutz beschränkt sich auf Widerrufs- und Unterlassungsansprüche, Geldansprüche für immateriellen Schaden bleiben grundsätzlich ausgeschlossen (BGH NJW 2022, 868 Rn. 10 ff. (Kohl-Protokolle II); 2017, 3004 Rn. 12 ff.; 2014, 2871 Rn. 8 ff.; sa BGHZ 143, 214 = NJW 2000, 2198; BGH NJW 1974, 1371; BGHZ 165, 205 f. = NJW 2006, 606 f.; BGHZ 189, 65 = NJW 2011, 2296); dies gilt trotz § 253 II auch bei Anhängigkeit oder Rechtshängigkeit ohne rechtskräftige Entscheidung zu Lebzeiten des Erblassers (BGH NJW 2022, 868 Rn. 12 ff. mkritAnm Gsell; 2017, 3004). Besonderer Bildnisschutz besteht für Verstorbene in § 22 S. 3 und 4 KunstUrhG (BGH NJW 1996, 593). Jedoch erlaubt der unbefugte Eingriff in vermögenswerte Bestandteile des Persönlichkeitsrechts (Abbildung, Name) den Erben Ersatz materiellen Schadens, solange auch ideelle Interessen noch geschützt sind (BGHZ 143, 214 = NJW 2000, 2198; dazu BVerfG NJW 2006, 3409; BGHZ 165, 208 f. = NJW 2006, 607; zurückhaltend BGH NJW 2007, 684; Lit: Götting NJW 2001, 585; GRUR 2004, 801; Beuthien NJW 2003, 1220; Ahrens ZEV 2006, 237; Ludyga ZEV 2014, 334; vgl auch Rixen/Schüller/G. Wagner NJW 2021, 1702 ff. zum postmortalen Schutz vor „Aufarbeitungsberichten" über sexuelle Gewalt). Nicht vererblich ist nach hM der Gegendarstellungsanspruch (KG FamRZ 2007, 1130; OLG Stuttgart NJW-RR 1996, 599; OLG Hamburg AfP 1994, 322 – mE fehlsam, weil damit der Notwendigkeit raschen Schutzes der ideellen Interessen nicht Rechnung getragen ist!). Die Befugnis zur Entbindung von *beruflicher Geheimhaltungspflicht* ist unvererblich, soweit höchstpersönliche Angelegenheiten des Erblassers betroffen sind, der Geheimnisträger hat nach dem mutmaßlichen Erblasserwillen zu entscheiden (BGH NJW 1983, 2627 mAnm von Giesen JZ 1984, 281; BGHZ 91, 396; BAG NJW 2010, 1222; BayObLG NJW-RR 1991, 1287; OLG Köln ZEV 2018, 530 Rn. 8; OLG Karlsruhe NJW 2020, 162 ff.: Arzt; BayObLG NJW-RR 1991, 8: Steuerberater; LG Koblenz AnwBl 1983, 328; BayObLG NJW-RR 1991, 8; 1991, 1288 und OLG München ZEV 2019, 35: Anwalt; sa BGHZ 107, 109: Bank), es trifft ihn aber eine Begründungspflicht, so dass seine Entscheidung in gewissem Umfang gerichtl Nachprüfung unterliegt. Beziehen sich die anvertrauten Tatsachen dagegen nur auf vermögensrechtliche Interessen des Erblassers, geht die Entbindungsbefugnis auf die Erben über (OLG Stuttgart OLGZ 1983, 6). **e) Höchstpersönlichkeit** kraft Anspruchsinhalts kann Ver- **13**
erblichkeit ausschließen; zB Schenkungsrückforderung gem § 528 I, soweit Schenker nicht Sozialhilfe in Anspruch genommen hat (BGHZ 147, 292 f.; BGH NJW 1995, 2287 mwN; hierzu Kollhosser ZEV 1995, 391; 2001, 289; → Rn. 3); vertragl. Beschränkung von Auskunftsansprüchen (BGH NJW-RR 1990, 131); Befugnis zur Aufhebung des Erbverzichts (BGH JZ 1999, 147); nach dem GS des BFH auch der Verlustabzug nach § 10d EStG (BFHE 220, 129; dazu Staats ZErb 2008, 157; ähnlich zu § 2a EStG BFH DStR 2020, 1358; dazu Füssenich NJW 2020, 2517, 2518 f.) usw; zum Urlaubsabgeltungsanspruch und zur datenschutzrechtlichen Auskunft → Rn. 2. **f)** Familienrechte höchstpersönlicher Natur, zB das Recht zur Rücknahme eines Adoptionsantrags (BayObLG Rpfleger 1996, 108). **g)** Zum Patiententestament → §§ 1937–1941 Rn. 2. Beim postmortalen Einsichtsrecht in Patientenakten ist nach den Grundsätzen des postmortalen Persönlichkeitsschutzes (→ Rn. 12) zwischen Wahrnehmung vermögensrechtlicher und ideeller Interessen zu unterscheiden (s § 630g III 1 und 2; G. Müller ZEV 2014, 401); darüber hinaus bleibt der Ausschlussgrund gem § 630g III 3 zu beachten. **h)** Eine **Grabberechtigung** in einem öffentlichen Friedhof ist keine vererbliche Rechtsposition, vielmehr richten sich Ob und Wie der Nachfolge in die Grabberechtigung nach öffentlichem Satzungsrecht, wobei ein so bestimmter Rechtsnachfolger dem Erwerb des Nutzungsrechts zustimmen muss (VGH München NJW 2018, 1832 Rn. 11; zur stillschweigenden Zustimmung durch Bezahlung der Gebühren Rn. 17).

14 **5. Sondererbfolge.** Sie gilt für einzelne Erbschaftsgegenstände ausnahmsweise in folgenden Fällen: Anerbenrecht für die Hoferbfolge gem HöfeO 1, 4 (dazu Söbbecke ZEV 2006, 395; Bestelmeyer Rpfleger 2010, 633 [644 f.]; Graß ZEV 2017, 376; BGH NJW 2011, 2133; 2007, 663; BGH NJW-RR 2009, 1610; aufschlussreich der Sonderfall BGH FamRZ 2009, 325: zeitlich beschränkte Aufgabe der Hofeigenschaft zur Vermeidung der Anwendung höferechtlicher Vorschriften) oder nach Landesrecht; § 24 RHeimstG mit AVO v 19.7.1940 §§ 25 ff. für Erbfälle bis zur Aufhebung am 1.10.1993 (vgl Ehrenforth NJW 1993, 2083 mN); fällige laufende Sozialhilfeansprüche (§ 56 SGB I; BVerwG NJW 1994, 2843); §§ 563 ff.; Anteile an Personalgesellschaften, vgl → § 2032 Rn. 5 ff.; mietrechtliche Sonderrechtsnachfolge für Personen in Haushaltsgemeinschaft mit dem Erblasser (§§ 563, 563a; sa → § 1967 Rn. 3 zur Haftung für Nachlasserbenschulden u. oben Rn. 8 für Räumungsvollstreckung).

§ 1923 Erbfähigkeit

(1) **Erbe kann nur werden, wer zur Zeit des Erbfalls lebt.**

(2) **Wer zur Zeit des Erbfalls noch nicht lebte, aber bereits gezeugt war, gilt als vor dem Erbfall geboren.**

1 **Erbfähig** ist der natürliche Mensch, die juristische Person (arg § 2101 II), zB Stiftungen (OLG Zweibrücken NJW-RR 2000, 815 [817]; OLG München NJW-RR 2009, 1020: zu § 84 bei ausländischen Stiftungen), aber auch die OHG (§ 124 I HGB aF bzw § 105 II HGB nF ab 1.1.2024). Gesamthandsgemeinschaften werden nach traditioneller Lehre in Person der Gesamthänder als Träger des Sondervermögens Erbe; sofern man mit der neueren Auffassung zumindest für unternehmerisch tätige Außengesellschaften (Teil)Rechtsfähigkeit annimmt, erbt die BGB-Gesellschaft selbst (→ § 705 Rn. 1; überholt insoweit BayObLG FamRZ 1999, 170; dazu Scherer/Feick ZEV 2003, 341; künftig ab 1.1.2024 § 705 II u. III nF). Die Erbfähigkeit *endet* mit dem Tod, so dass nicht Erbe wird, wer vor oder mit dem Erblasser stirbt (OLG Köln NJW-RR 1992, 1481: Hirntod; sa OLG Hamm Rpfleger 1996, 28; BayObLG NJW-RR 1999, 1309: Gleichzeitigkeit als Zweifelsregel); vgl auch
2 → § 2108 Rn. 1–3; §§ 9–11, 44 VerschG sind gegebenenfalls zu beachten. Die **Erbfähigkeit des nasciturus** (E. Wolf, Das Erbrecht des ungeborenen Kindes, FS von Lübtow, 1991, 195) folgt aus der ges Fiktion gem Abs. II. Die Erbschaft fällt erst bei Geburt an (vgl → § 1942 Rn. 2); zur Bestellung eines Nachlasspflegers vgl → § 1960 Rn. 3. Bei Totgeburt gilt dasselbe wie beim Vorversterben des Erben (→ Rn. 1). Die Fiktion gilt auch für Vermächtnisnehmer (Hafner BWNotZ 1984, 67: Vermächtnis an Enkel; → § 2178 Rn. 1). Die Feststellungslast für die Einnistung der befruchteten Eizelle vor dem Tod des Erblassers trägt das später geborene Kind (OLG Köln BeckRS 2016, 13050). **Nicht erzeugte Personen** sind iZw Nacherben, vgl → § 2101 Rn. 1–4.

§ 1924 Gesetzliche Erben erster Ordnung

(1) **Gesetzliche Erben der ersten Ordnung sind die Abkömmlinge des Erblassers.**

(2) **Ein zur Zeit des Erbfalls lebender Abkömmling schließt die durch ihn mit dem Erblasser verwandten Abkömmlinge von der Erbfolge aus.**

(3) **An die Stelle eines zur Zeit des Erbfalls nicht mehr lebenden Abkömmlings *treten die durch* ihn mit dem Erblasser verwandten Abkömmlinge (Erbfolge nach Stämmen).**

(4) **Kinder erben zu gleichen Teilen.**

1 **1. Grundsatz.** Die Reihenfolge der Verwandten (BGH NJW 1989, 2198: Verwandtschaft im Rechtssinne), die bei ges Erbfolge zum Zuge kommen, richtet sich

nach Ordnungen, wobei Verwandte vorrangiger Ordnung die Verwandten nachfolgender Ordnungen ausschließen (§ 1930). Die Kategorisierung nach Ordnungen gem §§ 1924–1929 wird durch das Ehegattenerbrecht ergänzt (§ 1931). Bei Abkömmlingen ist grundsätzlich die rechtliche Mutterschaft oder Vaterschaft maßgeblich, nicht die biologische ohne vorausgehende Änderung und Anpassung der rechtlichen Abstammung in einem gesetzlich vorgesehenen Verfahren (für Vaterschaft OLG Rostock ZEV 2020, 122 = BeckRS 2019, 33909).

2. Abkömmlinge. Lit: Karcewski ZEV 2014, 641. **a)** Eheliche Kinder (§§ 1591, 2
1592 Nr. 1; zur Anfechtung der Vaterschaft durch die Mutter nach Scheidung gem § 1600 I Nr. 3 BGH NJW 2020, 2956 Rn. 9 ff.). Im Grundbuchverfahren ist der Nachweis, das einzige Kind seiner Eltern zu sein, durch eidesstattliche Versicherung (§ 29 I Satz 2 GBO) des noch lebenden Elternteils und erst im Falle des Todes beider Eltern durch eigene eidesstattliche Versicherung des Erben zu erbringen; bei fortbestehenden Bedenken bedarf es eines Erbscheins (§ 35 I 1 GBO), bei dessen Erteilung das Nachlassgericht weiterreichende Ermittlungen anstellen kann (OLG Frankfurt a.M. NJW-RR 2021, 870 Rn. 18 ff.). **b)** Vom Vater anerkannte Kinder (§§ 1591 Nr. 2, 1599 I; dazu OLG Düsseldorf ZEV 2017, 91[92]) und legitimierte Kinder alten Rechts (vgl §§ 1719 S. 1, 1736, 1733 II, 1740 f. aF; zum verfassungsrechtlichen Gebot der Gleichbehandlung unter altem Recht legitimierter Kinder im Übergangsrecht nach Art. 227 I, § 1719 aF EGBGB s BVerfG FamRZ 2009, 492 – Kammer). **c)** Adoptivkinder: Die Adoption *Minderjähriger* macht das Adoptivkind zum ehelichen Kind des bzw der Annehmenden (§ 1754) mit vollen erbrechtlichen Konsequenzen; die bisherigen Verwandtschaftsverhältnisse des Kindes erlöschen im Regelfall (§§ 1755–1756), wobei Erlöschen und ausnahmsweise Aufrechterhaltung systemkonforme erbrechtliche Folgen haben; vgl auch → § 1925 Rn. 2. Die Adoption *Volljähriger* hat demgegenüber eingeschränkte Wirkung (§ 1770, s aber auch § 1772): Das Adoptivkind erbt nicht von den aufsteigenden Verwandten des Annehmenden (§ 1770 I 1), wohl aber weiterhin von den leiblichen Verwandten (§ 1770 II; OLG Frankfurt a.M. Rpfleger 1995, 459); es wird auch von dem Annehmenden neben den leiblichen Verwandten beerbt (OLG Zweibrücken Rpfleger 1997, 24; zum Sonderfall der §§ 1756 II, 1772 I, 1767 II s BGH FamRZ 2010, 273). Übergangsrecht gem AdoptionsG 12 §§ 1–8 (Grüneberg (vormals Palandt)/Weidlich § 1924 Rn. 15; zu Art. 12 § 1 Nr. 1 AdoptionsG OLG Düsseldorf ZEV 2017, 91; zu Art. 12 § 2 AdoptionsG BVerfG ZEV 2003, 244: keine Verfassungswidrigkeit von AdoptionsG 12 § 2 II; zu Übergangsfällen bei bereits bestehender Volljährigkeit OLG Schleswig FamRZ 2012, 1005; OLG Hamm ZEV 2012, 318). Maßgebliches Qualifikationsstatut im IPR ist für die Adoption selbst das Adoptionsstatut, jedoch muss die Intensität der Folgen dem Erbstatut vergleichbar sein
(BGH NJW 1989, 2197; OLG Düsseldorf FamRZ 1998, 1627). **d) Nichteheliche** 3
Kinder der Mutter und des Vaters (zB aus nichtehelicher Lebensgemeinschaft, Diederichsen NJW 1983, 1020) sind gewöhnliche Abkömmlinge (§§ 1591, 1592 Nr. 2 und 3), so dass sie – Feststellung der Vaterschaft gem § 1592 Nr. 2 und 3 vorausgesetzt (BGHZ 85, 277; sa § 1934c aF) – ganz der Regel entspr von Mutter und Vater erben und beerbt werden (zum Pflichtteilsrecht eines Abkömmlings nach postmortaler Vaterschaftsfeststellung BGH NJW 2020, 395; sa → § 2303 Rn. 2, → § 2329 Rn. 5, → § 2332 Rn. 4). *Altes Recht:* Die gewöhnliche ges Erbfolge setzte aber § 1934a aF bis zum 30.6.1998 zugunsten des Erbersatzanspruchs außer Kraft, wenn sie zu Erbengemeinschaften geführt hätte, die nach damaliger Auffassung durch die nichteheliche Geburt für einzelne Mitglieder in unzumutbarer Weise vorbelastet gewesen wären. *Uraltes Recht:* gem Art. 12 § 10 NEhelG galt „uraltes" Recht ohne ges Erbfolge auf Grund nichtehelicher Verwandtschaft für Erbfälle vor dem 1.7.1970 und für vor dem 1.7.1949 geborene nichteheliche Kinder (zur Verfassungsmäßigkeit BVerfGE 44, 1; Bsp: BGH NJW 1977, 1338); das nichteheliche Kind hatte aber – anders als nach späterem und über den 30.6.1998 fortgeltendem Recht (§§ 1615, 1615a nF, vgl § 1615a aF; zur Reform durch das KindesunterhaltsG Weber NJW

1998, 1992) – Unterhaltsansprüche gegen die Erben (Art. 12 § 10 I 2, II 2 NEhelG, §§ 1708, 1712 aF; Johannsen WM 1979, 599). Zum Pflichtteilsrecht s § 2338a aF und 8. Aufl.; zum Recht der *neuen Bundesländer* → Vor § 1922 Rn. 6 und 11. Das am 1.4.1998 in Kraft getretene *ErbrechtsgleichstellungsG* v 16.12.1997 (BGBl. I 2968) hat durch ersatzlose Streichung der §§ 1934a–e, 2338a (hierzu 8. Aufl.) weithin die Gleichbehandlung ehelicher und nichtehelicher Kinder verwirklicht; lange umstritten war vor allem das Übergangsrecht, das für „Altfälle" und „Uraltfälle" die alte Rechtslage (mit Art. 12 § 10 NEhelG) vorsah (Art. 227 NEhelG); altes Nichtehelichenerbrecht galt fort, sofern vor dem 1.4.1998 der Erbfall eingetreten war oder eine wirksame Erbausgleichsvereinbarung getroffen oder der Erbausgleich rechtskräftig zuerkannt worden war (Art. 227 EGBGB); zur Reform Böhm NJW 1998, 1043; Zimmermann DNotZ 1998, 404; Schwab DNotZ 1998, 437; Bosch FamRZ 1996, 1; Hess FamRZ 1996, 781; Stürner JZ 1996, 749; Ebenroth/Frank ZEV 1996, 167; Radziwill/Steiger FamRZ 1997, 268; Rauscher ZEV 1998, 41. Der EGMR hat mit Urteil vom 28.5.2009 das „Uraltrecht" für menschenrechtswidrig erklärt (Art. 14 und 8 EMRK), soweit es vor dem 1.7.1949 geborene nichteheliche Kinder vom Erbrecht ausschließt (EGMR NJW-RR 2009, 1603; dazu Leipold ZEV 2009, 488 [492 f.]; Grötsch FamRZ 2010, 675). Durch Gesetz vom 12.4.2011 (BGBl. I 615) ist als Folge dieser Entscheidung der Erbrechtsausschluss für vor dem 1.7.1949 geborene nichteheliche Kinder aufgehoben worden, allerdings nur für Erbfälle ab dem 29.5.2009, dem Tag nach der Entscheidung des EGMR (krit Bestelmeyer Rpfleger 2010, 635 f.; zu Einzelheiten Leipold FPR 2011, 275 ff. mNw; zur DDR → Vor § 1922 Rn. 6). Nach BVerfG NJW 2013, 2103 und BGH NJW 2012, 231 sollen die Stichtagsdifferenzierung des Gesetzgebers und die zeitliche Begrenzung der Rückwirkung mit der Verfassung vereinbar sein (teilweise zweifelnd KG FamRZ 2010, 2104; OLG Stuttgart FamRZ 2010, 674; eher kritisch Krug ZEV 2011, 397; Reimann FamRZ 2012, 607; Überblick über die Gesamtentwicklung bei Bestelmeyer Rpfleger 2012, 361; Siebert NJW 2013, 3013). Die Entscheidung EGMR ZEV 2014, 491 = BeckRS 2013, 07656 (Fabris/Frankreich – Große Kammer) stellte aber auch für Deutschland die neue Stichtagsregelung in Frage (hierzu zutreffend Leipold ZEV 2014, 449; für Begrenzung auf Vertrauensschutztatbestände Karczewski ZEV 2014, 641 [645]). In einer neuen Entscheidung zum deutschen Übergangsrecht EGMR ZEV 2017, 507 (Wolter und Sarfert/Deutschland) hat der EGMR auch den verbliebenen letzten Überrest einer Differenzierung zu Ungunsten von vor dem 1.7.1949 geborenen nichtehelichen Kindern mit Erbfall vor dem 29.5.2009 für mit der EMRK unvereinbar erklärt. Mit seiner Entscheidung BGH ZEV 2017, 510 hat der BGH dem Monitum des EGMR zügig Rechnung getragen und im Wege einer teleologischen Erweiterung des Art. 5 Satz 2 des Zweiten Erbrechtsgleichstellungsgesetzes vom 12.4.2011 Abhilfe geschaffen; ausführlich zum wenig rühmlichen Gang der jüngeren Rechtsgeschichte und zu den Folgen für noch nicht rechtskräftig entschiedene offene Fälle, worunter auch Fälle mit bloßer, dem nichtehelichen Kind ungünstiger Erbscheinserteilung fallen, Leipold ZEV 2017, 489 ff. Schlechte Durchsetzungsaussichten wegen eines zu Gunsten der ehelichen Familie bestehenden Vertrauenstatbestandes bestehen vor allem dann, wenn der Erbfall vor dem 28.5.1979 liegt, also die absolute Verjährungsfrist von 30 Jahren (§ 199 III a) schon vor der oben erwähnten vertrauenszerstörenden Entscheidung EGMR NJW-RR 2009, 1603 vom 28.5.2009 verstrichen war (zur Angemessenheit dieser Regelung zumindest bei bestimmten Vertrauenstatbeständen OLG Köln ZEV 2019, 106 = BeckRS 2018, 34258). Zur Entschädigung in Diskriminierungsfällen BGH NJW-RR 2017, 1416 ff. (Wertersatz nach Art. 12 § 10 II 1 NEhelG ohne Zinsen oder Ersatz entgangener Nutzungen; keine Anwendung der §§ 2018, 2020, *2021, 818 II*, weil das nichteheliche Kind nicht Erbe und der Staat nicht Erbschaftsbesitzer war; zur Abgrenzung von BGH NJW 2016, 156 sa § 2021 Rn. 1); LG
4 Saarbrücken FamRZ 2010, 2106. **e) Kinder nach künstlicher Befruchtung und Leihmutterschaft.** Mutterschaftsvermutung zugunsten der gebärenden Mutter nach Eispende oder Embryotransfer (§ 1591; hierzu Quantius FamRZ 1998, 1145

[1150 ff.]; Gaul FamRZ 1997, 1441 [1463]); OLG Hamm NJW 2007, 3733; gem § 1600d IV nF kein Anfechtungsrecht des Kindes oder der Mutter und väterlicherseits nach einverständlicher und medizinisch zulässigerweise betreuter heterologer Insemination; zur außergesetzlichen heterologen Befruchtung früheren Rechts Coester-Waltjen FamRZ 1992, 371. Eine ausländische Entscheidung, die den Wunscheltern die rechtliche Stellung als Eltern zuweist, kann in Deutschland unter Umständen anerkannt werden, insbesondere wenn dies für das Wohl des Kindes geboten erscheint (BGH NJW-RR 2018, 1473 für eine Entscheidung aus Colorado, USA; BGH NJW 2015, 479 für eine Entscheidung aus Kalifornien, USA) mit entsprechenden erbrechtlichen Folgen (sa OLG Frankfurt a.M. NJW 2019, 1615 zur Adoption eines von einer Leihmutter in der Ukraine geborenen Kindes durch die genetische Mutter). Jedoch ist § 1592 Nr. 1 auf gleichgeschlechtliche Ehepaare nicht anwendbar (BGH NJW 2019, 153); str, KG FamRZ 2021, 854 (Vorlagebeschluss).

3. Rangfolge der Abkömmlinge. Der nähere Abkömmling schließt den entfernteren gem II von der Erbfolge aus (Linearsystem); der entferntere Abkömmling – nicht etwa die Erben des näheren Abkömmlings – tritt gem III an die Stelle des nicht mehr lebenden näheren Abkömmlings (Eintrittsrecht bei Erbfolge nach Stämmen). Entgegen dem Gesetzeswortlaut ist dieses Eintrittsrecht bei jedwedem Wegfall – also nicht nur Tod – des näheren Abkömmlings zu bejahen, also auch bei Ausschlagung (§ 1953), Enterbung (§ 1938; dazu BGH NJW 2011, 1879 – soweit sie sich nicht auf den ganzen Stamm erstreckt), Erbunwürdigkeit (§ 2344), Erbverzicht (§§ 2346, 2349). Bei gleichzeitigem Versterben von Erblasser und näherem Abkömmling ist III analog anzuwenden (OLG Naumburg NJW-RR 2003, 1015: Vermutung der Gleichzeitigkeit nach VerschG 11). Abkömmlinge können nach dem Tod des Verzichtenden den noch bestehenden Erbverzicht nicht durch einen Aufhebungsvertrag mit dem Erblasser beseitigen (BGH JZ 1999, 147 f.; → § 2346 Rn. 1). 5

4. Erbschaftsteuer. Kinder des Erblassers können seit dem 1.1.2009 einen Freibetrag von 400.000,– Euro (vorher 205.000,– Euro) geltend machen (§§ 15 I Nr. 2, 16 I Nr. 2 ErbStG); hinzu kommt die Steuerbefreiung für Hausrat bis zu 41.000,– Euro (§ 13 I Nr. 1a ErbStG) und für Kinder bis zum 27. Lebensjahr ein nach Alter gestaffelter Versorgungsfreibetrag, von dem aber der Kapitalwert erbschaftsteuerfreier Versorgungsbezüge abzusetzen ist (§ 17 II ErbStG). Die Bestimmung der einschlägigen erbschaftssteuerlichen Vorschriften und vor allem der Steuerklasse und der Freibeträge folgt bürgerlich rechtlichen Vorschriften, so dass ein während bestehender Ehe von einem Dritten gezeugtes Kind nach dem Tod des biologischen Vaters für eine von diesem anfallende Erbschaft nicht der Steuerklasse I, sondern nur die Steuerklasse III zugehört (BFH NJW 2020, 1165 ff.). Dass die Bewertung von *Grundbesitz* zu deutlichen Ermäßigungen gegenüber dem Verkehrswert führte (hierzu Geiß ZEV 1998, 13; im Einzelnen: bebaute Grundstücke [§ 146 BewertungsG] nach dem Ertragswert [12,5fache Jahresnettokaltmiete, Alterswertminderung 0,5 % pro Jahr bis maximal 25 %, 20 %iger Zuschlag bei Ein- und Zweifamilienhäusern, insgesamt idR gut 50 % des Verkehrswertes]; unbebaute Grundstücke mit 80 % des Bodenrichtwertes [§ 145 III BewertungsG]), hat BVerfGE 117, 1 (dazu Papier ErbR 2007, 134) für gleichheitswidrig erklärt und dem Gesetzgeber aufgegeben, bis zum 31.12.2008 eine Neuregelung zu schaffen. Ergebnis war das zum 1.1.2009 in Kraft getretene Erbschaftsteuerreformgesetz (BR-Drs. 888/08). Die Vergünstigungen bei der Bewertung von Grundbesitz fallen hierdurch weg (§§ 179, 182 ff. BewertungsG). Stattdessen wird aber gem § 13 I Nr. 4c ErbStG von den Kindern des Erblassers selbst genutztes Wohneigentum bis zu einer Fläche von 200 m^2 nun steuerfrei vererbt. Die Befreiung entfällt jedoch grundsätzlich rückwirkend, wenn der Erbe die Eigennutzung innerhalb der nächsten zehn Jahre aufgibt. Zur Vermietung für Wohnzwecke s § 13c ErbStG. Betriebsvermögen war nach der Neufassung des ErbStG durch das WachstumsbeschleunigungsG 2009 in besonderer Weise begünstigt, vor allem um die Zerschlagung von in personaler Verantwortung geführten kleinen und mittelständischen Unternehmen im Familien- 6 besitz und einen damit verbundenen Abbau von Arbeitsplätzen zu verhindern. Das BVerfG hat auf Vorlage des BFH (NJW 2012, 3680; dazu Schlarmann/Krappel NJW 2013, 267; Hannes ZEV 2012, 599) die Privilegierung des Betriebsvermögens (§§ 13a, 13b, 19 ErbStG) in Teilen wegen Verstoßes gegen Art. 3 I GGfür verfassungswidrig erklärt (BVerfG NJW 2015, 303 ff.; hierzu Crezelius ZEV 2015, 1; Hannes ZEV 2015, 7; Moes JZ 2017, 858; krit zum auf das Sozialstaatsprinzip abhebenden Sondervotum der Richter Gaier, Masing und Baer insbes Sachs NJW 2015, 601), vor allem soweit die Verschonung über den Bereich schutzwürdiger KMU hinausgriff, bei der Verschonung von KMU die Freistellung von der zu erhaltenden Lohnsumme der Beschäftigten zu großzügig handhabte und das Verwaltungsvermögen weithin in die Steuerverschonung einbezog. Die Neuregelung, die bis zum 30.6.2016 vorzunehmen war, nahm nur sehr zögerlich endgültige Gestalt an (s Plewka NJW 2015, 589 [592 f.]; Geck ZEV 2015, 129; Viskorf/Phillip ZEV 2015, 133). Die Reform (BGBl. 2016, 2464) führte vor allem zu einer Neugestaltung der §§ 13a, 13b, 13c, 28a ErbStG, wobei nunmehr die alte Regelung einige wesentliche Modifikationen erfahren hat (hierzu Holtz NJW 2016, 3750). Die Grundzüge der Neuregelung (zu den Auswirkungen der ErbStR 2019 Weber/Schwind ZEV 2019, 56 ff.; Brabender/Gräfe/Feund ZEV 2020, 79 ff.) gestalten sich wie folgt: Betriebsvermögen kann wie bisher bis zu 85% steuerfrei vererbt werden, Großvermögen von über 26 Millionen erfahren aber eine Sonderregelung (§ 13a I ErbStG). Begünstigungsfähiges Vermögen sind inländisches Betriebsvermögen, Mitunternehmeranteile sowie Anteile an Kapitalgesellschaften von mehr als 25% (§ 13b Nr. 1–3 ErbStG). Zum nicht begünstigungsfähigen Verwaltungsvermögen (§ 13b IV ErbStG) gehören insbesondere Dritten zur Nutzung überlassene Grundstücke (Ausnahme bei Lieferungsketten für eigene Erzeugnisse), Anteile an Kapitalgesellschaften von 25% und weniger, Gegenstände in Kunstsammlungen oder anderen Sammlungen sowie typischerweise private Luxusgegenstände (zB Yachten etc.), Finanzmittel soweit sie Schulden des Betriebs und 15% des gemeinen Unternehmenswertes übersteigen (Ausnahmen gem § 13b III, V und VII ErbStG sind ua Mittel für betriebliche Altersversorgung, Investitionsmittel der nächsten 2 Jahre, sog junges Verwaltungsvermögen der letzten 2 Jahre und 10% des Verwaltungsvermögens [„Kulanzgrenze"]). Bei mehrstufigen Strukturen erfolgt eine Verbundvermögensaufstellung zur Vermeidung eines steuersparenden Kaskadeneffektes (§ 13b IX ErbStG). Die Steuerverschonung von 85 % des Vermögens setzt ähnlich wie bisher voraus, dass der Betrieb in den nächsten fünf Jahren mindestens 400% der Ausgangslohnsumme an seine Mitarbeiter bezahlt (§ 13a III ErbStG), wobei er sich für Kleinunternehmen auf 250% bei zwischen 5 und 10 Beschäftigten und auf 300% bei zwischen 11 und 15 Beschäftigten ermäßigt. Die Steuerbefreiung kann sich bis auf 100% erhöhen, wenn der Steuerpflichtige in eine erhöhte Lohnsummenfrist von 7 Jahren einwilligt oder die Mindestlohnsumme erhöht (s zu Einzelheiten § 13a X ErbStG). Bei Großvermögen über 26 Millionen hat der Erbe die Wahl zwischen einem Abschmelzungsmodell, das für Vermögen zwischen 60 und 90 Millionen einen Abschlag vom Prozentsatz der Regelverschonung von 1% je 750 000 Euro an übersteigendem Wert festlegt (§ 13c ErbStG), und einem Erlassmodell, das in Härtefällen fehlender Fähigkeit zur Bezahlung der Regel – Erbschaftsteuer die Hälfte des verfügbaren, dh nicht begünstigten Gesamtvermögens des Erben (erworbenes und bereits vorhandenes Privatvermögen) der Besteuerung unterzieht (zu Einzelheiten § 28a ErbStG; hierzu Maier ZEV 2017, 10 ff.; zur Bedeutung von Familienstiftungen zur Erzielung steuerlich besserer Ergebnisse Theuffel/Werhan ZEV 2017, 17 ff.); zu weiteren anstehenden verfassungsrechtlichen und unionsrechtlichen Streitfragen des Erbrechts Holz NJW 2015, 3750, 3755. Der Steuersatz der Steuerklasse I, zu der außer den Kindern und dem Ehegatten auch Stiefkinder, Enkel und weitere Abkömmlinge sowie Eltern und Großeltern gehören, liegt zwischen 7 % und 30 %. So beträgt er nunmehr seit dem 1.1.2009 bei einem zu versteuernden Erwerb von 600.000,– Euro 15 % (§ 19 ErbStG). Für Betriebsvermögen, das nicht Steuerklasse I unterfällt, mildert ein besonderer Entlastungsbetrag (§ 19a ErbStG) die Besteuerung.

Guter Überblick zum Erbschaftsteuerrecht im allgemeinen bei MüKoBGB/Leipold Einl. Rn. 218 ff.; zu mit dem Erbanfall insgesamt zusammenhängenden steuerlichen Fragen Geck/Messner ZEV 2014, 413; 2014, 598; 2015, 91; zum koordinierten Ländererlass zur Erbschaftsteuerreform 2017 Geck ZEV 2017, 481 ff.; zur Besteuerung von Abfindungszahlungen an weichende Erbprätendenten und gesetzgeberischen Regelungsplänen Leidel ZEV 2017, 357. Ein Vorbehaltsnießbrauch des übertragenden künftigen Erblassers kann einer *einkommensteuerlich neutralen Übertragung* eines Gewerbebetriebs zu Lebzeiten entgegenstehen (zuletzt BFH NJW 2017, 2140; dazu Gräfe/Kraft ZEV 2017, 476). Rechtsverfolgungskosten des Erben für vermeintlich zum Nachlass gehörende Ansprüche des Erblassers sind als Nachlassregelungskosten erbschaftsteuerlich absetzbar (BFH NJW 2020, 1838); sa § 1922 Rn. 13. Durch Art. 19 und 20 des *Jahresssteuergesetzes 2022* (G v. 16.12.2022 BGBl. I 2294 Nr. 51) sind die Bewertungsvorschriften für Grundstücke, die nicht Betriebsgrundstücke sind (§§ 176 I, 99 BewertungsG), mit Wirkung für Erbfälle nach dem 31.12.2022 wesentlich verändert worden. Sie werden den Vorschriften der nach §§ 192 ff. BauGB erlassenen Immobilienwertermittlungsverordnung (ImmoWertVO) idF v. 14.7.2021 (BGBl. I S. 2805) angepasst (§ 177 BewertungsG). Für unbebaute Grundstücke gelten die nach der ImmoWertVO iVm § 196 BauGB von den Gutachterausschüssen festgelegten Bodenrichtwerte (§§ 178, 179 BewertungsG). Mit Ein- und Zweifamilienhäusern, Wohnungs- und Teileigentum bebaute Grundstücke werden ähnlich wie die unbebauten Grundstücke nach den von den Gutachterausschüssen mitgeteilten Vergleichspreisen bewertet (§§ 182 II, 183 BewertungsG), wenn entsprechende Vergleichszahlen vorliegen. Fehlen solche Vergleichswerte, werden Boden und Gebäude getrennt bewertet (§ 189 I BewertungsG), der Bodenwert wie bei unbebauten Grundstücken, das Gebäude nach dem sog. Sachwertverfahren unter Berücksichtigung von Regelherstellungskosten und Regionalfaktoren, Sachwertfaktoren sowie Altersminderungsfaktoren (§§ 189–191 mit Anlagen 22, 24 u. 25) – ein reichlich kompliziertes und streitanfälliges Verfahren. Mietwohngrundstücke und Geschäftsgrundstücke werden grundsätzlich nach dem Ertragswertverfahren bewertet, wobei der Bodenwert wie bei unbebauten Grundstücken bestimmt und der Gebäudewert nach seinem Ertrag festgestellt wird (§§ 182 III, 184 BewertungsG). Dabei errechnet sich der maßgebliche Reinertrag aus dem jährlichen Rohertrag in Gestalt des vertraglichen Nutzungsentgelts oder wie etwa bei Selbstnutzung des üblichen Entgelts unter Abzug des üblichen Liegenschaftszinssatzes und der Bewirtschaftungskosten (§§ 185 I u. II, 186–188). Aus dem Reinertrag ergibt sich anhand eines Vervielfältigers, der sich grob gesagt unter Berücksichtigung des Liegenschaftszinssatzes und der Restnutzungsdauer errechnet, der anzusetzende kapitalisierte Ertragswert (§ 185 III mit Anlage 22 BewertungsG). Im Einzelfall kann der Steuerpflichtige stets verlangen, einen gutachtlich festgestellten niedrigeren Wert zu Grunde zu legen (§ 198 BewertungsG). Nicht unberechtigt erscheint die Kritik, dass die neuen Bewertungsregeln zu einer deutlichen Erhöhung der Erbschaftsteuer führen und vor allem für Familien der Mittelschicht zusammen mit inflatorischer Entwicklung, Grundsteuererhöhungen und Verpflichtungen zu baulichen Umgestaltungen aus Gründen des Klimaschutzes nicht selten konfiskatorische Wirkungen entfalten könnten. Es steht zu hoffen, dass eine anstehende Erhöhung der Freibeträge eine gewisse Abhilfe schaffen und verfassungsrechtliche Auseinandersetzungen um die Vereinbarkeit der erbrechtlichen Gesamtkonzeption mit dem grundrechtrechtlichen Schutz des Erbrechts und der Familie ersparen könnte. Eine etwas leistungsfeindliche Gesamttendenz gerade gegenüber Angehörigen der Mittelschicht bleibt allerdings unverkennbar, weil auch die Möglichkeit der Weitergabe an Nachfahren und andere Familienmitglieder durchaus einen Leistungsanreiz bietet. Auch angesichts verbreiteter Regenerationsmüdigkeit gerade in der Mittelschicht handelt es sich um ein nicht sinnvolles gesellschaftspolitisches Signal (zum JahressteuerG 2022 Konrad ZEV 2023, 15 ff.).

5. Hoferbenordnung. Vgl HöfeO 5, 6 (dazu OLG Oldenburg FamRZ 2009, 645: formlos bindende Hoferbenbestimmung; OLG Hamm FamRZ 2010, 1376: 7

Verlobte des Erblassers kein geeigneter Hoferbe; OLG Oldenburg FamRZ 2010, 1277: notarieller Vertrag über streitige Hoferbfolge).

§ 1925 Gesetzliche Erben zweiter Ordnung

(1) **Gesetzliche Erben der zweiten Ordnung sind die Eltern des Erblassers und deren Abkömmlinge.**

(2) **Leben zur Zeit des Erbfalls die Eltern, so erben sie allein und zu gleichen Teilen.**

(3) **[1]Lebt zur Zeit des Erbfalls der Vater oder die Mutter nicht mehr, so treten an die Stelle des Verstorbenen dessen Abkömmlinge nach den für die Beerbung in der ersten Ordnung geltenden Vorschriften. [2]Sind Abkömmlinge nicht vorhanden, so erbt der überlebende Teil allein.**

(4) **In den Fällen des § 1756 sind das angenommene Kind und die Abkömmlinge der leiblichen Eltern oder des anderen Elternteils des Kindes im Verhältnis zueinander nicht Erben der zweiten Ordnung.**

1 **a)** Bei Wegfall beider Elternteile läuft die Erbfolge auf Vater- und Mutterseite ebenfalls getrennt, so dass halbbürtige Geschwister einen Erbteil und vollbürtige Geschwister zwei Erbteile erwerben (sehr str, vgl zu den Folgen → § 1951 Rn. 2). III findet auch auf die Erbfolge nach dem volljährig Adoptierten Anwendung, so dass an die Stelle leiblicher Elternteile deren Abkömmlinge treten (OLG Zweibrücken
2 Rpfleger 1997, 24). **b)** § 1756 löst in bestimmten Fällen der Minderjährigenadoption nur das Verwandtschaftsverhältnis zu den leiblichen Eltern bzw einem leiblichen Elternteil auf. In IV wird klargestellt, dass damit auch die Abkömmlinge der nichtverwandten Eltern nicht mehr Erben zweiter Ordnung sind; das schließt aber nicht aus, dass sie zB über gemeinsame Großeltern als Erben dritter Ordnung (§ 1926 III, IV) zum Zuge kommen; vgl auch → § 1924 Rn. 2. Die gleichen Grundsätze gelten auch umgekehrt für das Erbrecht des angenommenen Kindes (zum Ganzen Schmitt-Kammler FamRZ 1978, 570; Dieckmann FamRZ 1979, 393–395).

§ 1926 Gesetzliche Erben dritter Ordnung

(1) **Gesetzliche Erben der dritten Ordnung sind die Großeltern des Erblassers und deren Abkömmlinge.**

(2) **Leben zur Zeit des Erbfalls die Großeltern, so erben sie allein und zu gleichen Teilen.**

(3) **[1]Lebt zur Zeit des Erbfalls von einem Großelternpaar der Großvater oder die Großmutter nicht mehr, so treten an die Stelle des Verstorbenen dessen Abkömmlinge. [2]Sind Abkömmlinge nicht vorhanden, so fällt der Anteil des Verstorbenen dem anderen Teil des Großelternpaars und, wenn dieser nicht mehr lebt, dessen Abkömmlingen zu.**

(4) **Lebt zur Zeit des Erbfalls ein Großelternpaar nicht mehr und sind Abkömmlinge der Verstorbenen nicht vorhanden, so erben die anderen Großeltern oder ihre Abkömmlinge allein.**

(5) **Soweit Abkömmlinge an die Stelle ihrer Eltern oder ihrer Voreltern treten, finden die für die Beerbung in der ersten Ordnung geltenden Vorschriften Anwendung.**

1 Gleichberechtigte Abkömmlinge der nicht mehr lebenden Großeltern sind auch Halbgeschwister, so dass sich die Anteile nicht zu Gunsten des Stammes mit gemeinsamen Abkömmlingen verschiebt (OLG Düsseldorf FamRZ 2011, 760).

§ 1927 Mehrere Erbteile bei mehrfacher Verwandtschaft

[1]Wer in der ersten, der zweiten oder der dritten Ordnung verschiedenen Stämmen angehört, erhält den in jedem dieser Stämme ihm zufallenden Anteil. [2]Jeder Anteil gilt als besonderer Erbteil.

Die Vorschrift kann bei Verwandtenehe (zB Heirat zwischen Vetter und Base) oder Verwandtenadoption (vgl → § 1924 Rn. 2 und → § 1925 Rn. 2) praktisch werden; vgl auch → § 1925 Rn. 1. Die Bedeutung der Erbteilstrennung zeigt sich bei §§ 1951, 2007, ferner bei Ausgleichspflichten oder Belastungen, die nur einen Erbteil treffen. 1

§ 1928 Gesetzliche Erben vierter Ordnung

(1) **Gesetzliche Erben der vierten Ordnung sind die Urgroßeltern des Erblassers und deren Abkömmlinge.**

(2) **Leben zur Zeit des Erbfalls Urgroßeltern, so erben sie allein; mehrere erben zu gleichen Teilen, ohne Unterschied, ob sie derselben Linie oder verschiedenen Linien angehören.**

(3) **Leben zur Zeit des Erbfalls Urgroßeltern nicht mehr, so erbt von ihren Abkömmlingen derjenige, welcher mit dem Erblasser dem Grade nach am nächsten verwandt ist; mehrere gleich nahe Verwandte erben zu gleichen Teilen.**

Von der vierten Ordnung an fällt das Eintrittsrecht mit Erbfolge nach Stämmen weg: Es erben gem Abs. II die lebenden Urgroßeltern allein unter Ausschluss von Abkömmlingen verstorbener Urgroßeltern, iÜ Abkömmlinge nach Verwandtschaftsgrad (§ 1589 S. 3). AG Starnberg RPfleger 2003, 439 hält diese Regelung wg Verstoßes gegen Art. 3 und 14 GG für verfassungswidrig, allerdings ohne Vorlage zum BVerfG, weil es sich um vorkonstitutionelles Recht handele (dazu kritisch Leipold NJW 2003, 2657); mit guten Gründen für Verfassungsmäßigkeit OLG Frankfurt ZEV 2016, 666 (LS) = BeckRS 2016, 18010. 1

§ 1929 Fernere Ordnungen

(1) **Gesetzliche Erben der fünften Ordnung und der ferneren Ordnungen sind die entfernteren Voreltern des Erblassers und deren Abkömmlinge.**

(2) **Die Vorschrift des § 1928 Abs. 2, 3 findet entsprechende Anwendung.**

§ 1930 Rangfolge der Ordnungen

Ein Verwandter ist nicht zur Erbfolge berufen, solange ein Verwandter einer vorhergehenden Ordnung vorhanden ist.

a) Die Vorschrift gibt die **Grundregel** zur Reihenfolge der Ordnungen (vgl → § 1924 Rn. 1) und stellte dabei früher klar, dass auch Erbersatzanspruchsberechtigte die Verwandten fernerer Ordnungen ausschlossen (§ 1930 letzter Hs. aF). Bsp zum alten Recht: Erblasser war der verheiratete nichteheliche Vater; Erbin war die Ehefrau, erbersatzberechtigt in Höhe des halben Nachlasswertes (§§ 1934a I aF, 1931 I aF, 1371 I aF, 1924 I) das nichteheliche Kind, so dass die Eltern des Erblassers auch unter altem Recht nichts erbten. **b) Fälle des Nichtvorhandenseins:** §§ 1953, 1938, 2344, 2346 mit 2349, wobei aber stets der Eintritt von Erben der gleichen Ordnung zu prüfen ist. **c)** Zur *Reform* des Nichtehelichenrechts durch das ErbrechtsgleichstellungsG v 16.12.1997 (BGBl. I 2968) → § 1924 Rn. 3. 1

§ 1931 Gesetzliches Erbrecht des Ehegatten

(1) [1]**Der überlebende Ehegatte des Erblassers ist neben Verwandten der ersten Ordnung zu einem Viertel, neben Verwandten der zweiten Ordnung oder neben Großeltern zur Hälfte der Erbschaft als gesetzlicher Erbe berufen.** [2]**Treffen mit Großeltern Abkömmlinge von Großeltern zusammen, so erhält der Ehegatte auch von der anderen Hälfte den Anteil, der nach § 1926 den Abkömmlingen zufallen würde.**

(2) **Sind weder Verwandte der ersten oder der zweiten Ordnung noch Großeltern vorhanden, so erhält der überlebende Ehegatte die ganze Erbschaft.**

(3) **Die Vorschrift des § 1371 bleibt unberührt.**

(4) **Bestand beim Erbfall Gütertrennung und sind als gesetzliche Erben neben dem überlebenden Ehegatten ein oder zwei Kinder des Erblassers berufen, so erben der überlebende Ehegatte und jedes Kind zu gleichen Teilen; § 1924 Abs. 3 gilt auch in diesem Falle.**

Lit: Dieckmann FamRZ 1979, 390; Bosch FamRZ 1983, 227; Jung Rpfleger 1984, 165 (Reform); Herrler JA 2008, 450; Horn ZEV 2008, 417; Leipold NJW 2011, 1179 (Verfassungsmäßigkeit der Erbteilserhöhung trotz fehlenden Zugewinns); Mankowski ZEV 2014, 121 (§ 2271 im deutschen und europäischen IPR).

1 **1. Voraussetzungen des Ehegattenerbrechts. a)** Die **bestehende Ehe** zwischen verschieden- oder gleichgeschlechtlichen Ehegatten (§ 1353 I 1 idF 2017) ist Voraussetzung des Ehegattenerbrechts; es entfällt also bei Nichtehe, nichtig erklärter, aufgehobener und geschiedener Ehe (vgl zur Vorverlegung § 1933); kein Erbrecht bei nichtehelicher Lebensgemeinschaft (OLG Saarbrücken NJW 1979, 2050; OLG Frankfurt a.M. NJW 1982, 1885; Diederichsen NJW 1983, 1024; zur Reform Goetz FamRZ 1985, 987; vgl iÜ → § 705 Rn. 15 f.). Bei eingetragener Lebenspartnerschaft alten Rechts gilt § 10 LPartG; die Umwandlung in eine voll gleichgestellte Ehe zwischen Gleichgeschlechtlichen neuen Rechts regelt § 20a LPartG idF vom 28.7.2017 (BGBl. I Nr. 52, 2787; dazu Chr. Schmidt NJW 2017, 2227); zur Verfassungsmäßigkeit des LPartG alten Rechts → Vor § 1922 Rn. 1. **b) Internationale Fälle (Autonomes altes Recht).** „Hinkende" (dh nur nach ausländischem Recht wirksame, nach deutschem IPR und materiellem Recht unwirksame) Ehen können unter deutschem Erbrecht keine ges Erbfolge begründen (trotz BVerfGE 62, 323, wo für § 1264 aF RVO anders entschieden ist; krit Müller-Freienfels JZ 1983, 230). Bei Geltung deutschen Erbrechts (Art. 25 I EGBGB) muss entweder auch deutsches Güterrecht gelten (BGH NJW-RR 2013, 202 für Fall der Nachlassspaltung gem Art. 25 II EGBGB; OLG Hamm NJW-RR 2010, 1091 für Fall der Rückverweisung), damit § 1931 III und IV gelten, oder es muss der anzuwendende ausländische, anerkennungsfähige Güterstand (Art. 15 EGBGB) bei abstrakter Betrachtungsweise deutscher Zugewinngemeinschaft oder Gütertrennung vergleichbar sein, sollen § 1931 III oder § 1931 IV zur Anwendung kommen (OLG Düsseldorf Rpfleger 2010, 26). Bei Geltung ausländischen Erbrechts und deutschen Güterrechts soll eine Quotenerhöhung nach §§ 1931 III, 1371 greifen, falls das fremde Recht keine Erbquote kennt, die den Ausgleich des Güterstandes bereits mitberücksichtigt (BGH NJW 2015, 2185 Rn. 24 ff.: güterrechtliche Qualifikation des § 1371); soweit dies der Fall sein sollte, ist eine Anpassung bzw Angleichung vorzunehmen (BGH NJW 2015, 2185 Rn. 34 ff.; zust St. Lorenz NJW 2015, 2157; auch → Vor § 1922 Rn. 3 und zum **neuen europäischen IPR** EuGH NJW 2018, 1377 und → EuErbVO *Einl. u Anm zu* → Art. 1–3, 83, 84 Rn. 2); zum Fall deutschen Erbrechts und ausländischem wandelbarem Güterrechtsstatut OLG München NJW-RR 2011, 299; OLG Hamm NJW-RR 2010, 1091; zu deutsch-türkischen Erbfällen unter dem fortgeltenden Nachlassabkommen von 1929 (Art. 75 I EuErbVO) → Vor § 1922 Rn. 3; zur vorzugswürdigen Geltung deutschen Rechts für eine Ehegatteninnenge-

sellschaft bei Geltung deutschen Güterrechts BGH NJW 2015, 2581 Rn. 12 ff. und → Vor § 1922 Rn. 2.

2. Einfluss der Güterstände in Ehen gleichen oder verschiedenen Geschlechts (§ 1353 I 1). a) Ehegattenerbteil bei Gütergemeinschaft (§§ 1482 S. 2, 1483 I 3, II): Erbfolge gem Abs. I. *Bsp:* Geschwister des Erblassers leben: Ehegattenerbteil ½; alle Großeltern leben: Ehegattenerbteil ½; 2 Großväter leben neben 1 Abkömmling einer verstorbenen Großmutter: Ehegattenerbteil ⅝; keine Großeltern leben, sondern ihre Abkömmlinge: Ehegattenerbteil ¹⁄₁; ein Großelternteil lebt, keine Abkömmlinge der Großeltern: Ehegattenerbteil ½; ein Großelternteil lebt mit Abkömmlingen des andern Großelternpaares: Ehegattenerbteil ¾; (bei Altfällen – Erbfall vor dem 1.4.1998: ein nichteheliches Kind des Erblassers lebt: Ehegattenerbteil ¹⁄₁, aber Erbersatzanspruch in Höhe von ¾; zur Reform → § 1924 Rn. 3). 2
b) Ehegattenerbteil bei Gütertrennung (§ 1414): Sofern *keine* Kinder ges Erben sind oder wenn *mehr als zwei Kinder* Erben oder Erbersatzberechtigte alten Rechts sind, bewendet es bei Abs. I; sonst gilt Abs. IV mit Eintrittsrecht der Kindeskinder (zum Zweck der Vorschrift, die eine unangemessene Benachteiligung des Ehegatten gegenüber Kindern des Erblassers auch unter dem Gesichtspunkt des § 2057a verhindern soll, BGH NJW 2015, 2581 Rn. 19). *Bsp:* Ehegatte und ein eheliches Kind leben: Ehegattenerbteil ½; Ehegatte, ein eheliches und ein nichteheliches Kind leben: Ehegatte und Kinder erben zu je ⅓, (bei Altfällen – Erbfall vor 1.4.1998: Ehegatte und eheliches Kind erben zu je ½, Erbersatzanspruch in Höhe von ⅓); Ehegatte, 2 eheliche und 2 nichteheliche Kinder leben: Ehegatte ¼, Kinder je ³⁄₁₆, (bei Altfällen: Ehegatte ¼, eheliche Kinder je ⅜, Erbersatzanspruch zu je ⅙ – teilw str). *Übergangsrecht:* gem Art. 12 § 10 I 1 NEhelG gilt Abs. IV nicht für Erbfälle vor dem 1.7.1970; bei nichtehelichen Kindern vgl ferner → § 1924 Rn. 3. 3
c) Erhöhter Ehegattenerbteil bei Zugewinngemeinschaft (§§ 1371 I, 1931 III) *Bsp:* Ehegatte, ein Großelternteil mit Abkömmlingen des andern Großelternpaares leben: Ehegattenerbrecht ¹⁄₁, nämlich ¾ gem Abs. I (→ Rn. 2) und ¼ gem Abs. III (str, v. Olshausen FamRZ 1981, 633); Ehegatte und nichteheliches Kind leben: Ehegattenerbteil ½, nichteheliches Kind ½; Ehegatte, 1 eheliches und 1 nichteheliches Kind leben: Ehegatte ½, eheliches und nichteheliches Kind jeweils ¼. S. zur Reform des Nichtehelichenrechtes durch das ErbGleichG v 16.12.1997 (BGBl. I 2968) → § 1924 Rn. 3; zum Pflichtteilsrecht → § 2303 Rn. 4 ff.; zur Ehegatteninnengesellschaft und entspr Abwicklungsansprüchen → § 705 Rn. 13 f. 4

3. Steuerrecht. Vom Ehegattenerbteil ist auch bei der Erbfolge gem § 1371 I der Wert des Zugewinnausgleichs abzusetzen (§ 5 I ErbStG). Bei der Errechnung des fiktiven Zugewinnausgleichs sind ausstehende Pflichtteilsansprüche des erstversterbenden Ehegatten seinem Anfangsvermögen zuzurechnen (BFH NJW 2021, 342 Rn. 16), was den zu versteuernden Nachlasswert deutlich beeinflussen kann. Der Zugewinnausgleich selbst ist nicht erbschaftsteuerpflichtig (§ 5 II ErbStG). Zum Ehegattenfreibetrag von seit dem 1.1.2009 500.000,– Euro (§ 16 I Nr. 1 ErbStG) tritt der Versorgungsfreibetrag von 256.000,– Euro (§ 17 I ErbStG: Kürzung um Kapitalwert erbschaftsteuerfreier Versorgungsbezüge, dazu BFHE 183, 244 f.). Selbst genutztes Wohneigentum erbt der Ehegatte seit dem 1.1.2009 zudem steuerfrei (§ 13 I Nr. 4b ErbStG), wenn er die Eigennutzung für mindestens zehn Jahre aufrechterhält. Gemeinschaftliche Konten bzw Gemeinschaftsdepots („Undkonten" bzw „Oderkonten") fallen im Zweifel nur zur Hälfte in den steuerlichen Nachlass des erstverstorbenen Ehegatten. Vgl zur Steuerbefreiung für Hausrat, zur Bewertung von Grundstücken und zum Steuersatz → § 1924 Rn. 6. Der *nichteheliche Lebensgefährte* kann anders als der Ehegatte nicht Steuerklasse I beanspruchen, ebenso wenig den Freibetrag gem § 16 I Nr. 1 ErbStG oder den Versorgungsfreibetrag gem § 17 I ErbStG (BFH NJW 1983, 1080 – Ls.; BVerfG DB 1983, 2232; BVerfG NJW 1990, 1593, vgl BFH NJW 2001, 2655 zu § 3 Nr. 4 GrEStG). Der Erbe kann Zuwendungen für Pflegeleistungen des Lebensgefährten am Erblasser nicht als Erblasserschuld absetzen (§ 10 V Nr. 1 ErbStG; BFH NJW 1989, 1696). Der *Lebenspart-* 5 *ner* wird durch das Erbschaftsteuerreformgesetz (BR-Drs. 888/08) dem Ehegatten auch steuerlich gleichgestellt (vgl §§ 5, 13 I Nr. 4b, 16 I Nr. 1, 17 I ErbStG); zur verfassungsrechtlichen Notwendigkeit der Gleichstellung BVerfG NJW 2010, 2783 (zutreffend, soweit man zeitweise berufliche Zurückhaltung eines Eheteils bei klassischer Ehe um der Kindererziehung willen nicht mehr für sozialtypisch und förderungswürdig hält). Zur früheren Rechtslage s 12. Aufl. Das Gesetz zur Einführung des Rechts auf Eheschließung für Personen gleichen Geschlechts vom 20.7.2017 (BGBl. I Nr. 52, 2787) macht besondere erbschaftsteuerliche Regelungen für Ehegatten gleichen Geschlechts künftig überflüssig (sa § 20a LPartG idF 2017 zur Umwandlung von Lebenspartnerschaften in gleichgeschlechtliche Ehen).

4. Ehegattenerbrecht bei Hoferbfolge. Vgl §§ 5 Nr. 2, 6 II, 8 HöfeO (hierzu BGH NJW 1986, 2434), 14.

§ 1932 Voraus des Ehegatten

(1) [1]**Ist der überlebende Ehegatte neben Verwandten der zweiten Ordnung oder neben Großeltern gesetzlicher Erbe, so gebühren ihm außer dem Erbteil die zum ehelichen Haushalt gehörenden Gegenstände, soweit sie nicht Zubehör eines Grundstücks sind, und die Hochzeitsgeschenke als Voraus.** [2]**Ist der überlebende Ehegatte neben Verwandten der ersten Ordnung gesetzlicher Erbe, so gebühren ihm diese Gegenstände, soweit er sie zur Führung eines angemessenen Haushalts benötigt.**

(2) **Auf den Voraus sind die für Vermächtnisse geltenden Vorschriften anzuwenden.**

Lit: Eigel, Der Voraus des überlebenden Ehegatten, MittRhNotK 1983, 1.

1 **a) Voraussetzungen des Voraus** sind Bestehen der (verschieden- oder gleichgeschlechtlichen [§ 1353 I 1 idF 2017]) Ehe beim Erbfall; ges Erbschaft des Ehegatten (also keine testamentarische Erbfolge – BGHZ 73, 31 [35]; BGH NJW 1983, 2874 – und keine Ausschlagung des ges Erbteils, vgl auch → § 1948 Rn. 2). Im Falle eingetragener Lebenspartnerschaften findet § 10 I 3–5 LPartG Anwendung. **b)** Der Ehegatte **benötigt** Haushaltsgegenstände (vgl I 2), wenn ihm eigene Gegenstände dieser Art fehlen und eine Neubeschaffung nicht zumutbar erscheint. **c)** Gem. Abs. II besteht nur ein schuldrechtlicher Übertragungsanspruch gegen die Erben (§§ 2147, 2174); zur Anrechnung bei der Pflichtteilsberechnung vgl → § 2311 Rn. 10. **d)** Ähnlichen Zwecken dienen §§ 563 ff.

§ 1933 Ausschluss des Ehegattenerbrechts

[1]**Das Erbrecht des überlebenden Ehegatten sowie das Recht auf den Voraus ist ausgeschlossen, wenn zur Zeit des Todes des Erblassers die Voraussetzungen für die Scheidung der Ehe gegeben waren und der Erblasser die Scheidung beantragt oder ihr zugestimmt hatte.** [2]**Das Gleiche gilt, wenn der Erblasser berechtigt war, die Aufhebung der Ehe zu beantragen, und den Antrag gestellt hatte.** [3]**In diesen Fällen ist der Ehegatte nach Maßgabe der §§ 1569 bis 1586b unterhaltsberechtigt.**

Lit: Battes, Die Änderung erbrechtlicher Vorschriften im Zusammenhang mit der Reform des Scheidungsrechts, FamRZ 1977, 433; Dieckmann, Erbrechtliche Fragen familienrechtlicher Reformgesetze im Spiegel neuer Lehrbücher, FamRZ 1979, 389; Czubayko, Der Tod im Scheidungsverfahren, ZEV 2009, 551; Horndasch, Tod und Unterhalt, NJW 2015, 2168.

1 **1. Voraussetzungen und Wirkung. a) Voraussetzungen** des vorverlegten Ausschlusses der ges Erbfolge: **aa)** Antrag auf Scheidung durch den Erblasser (§ 124 FamFG), wobei Einreichung (§§ 124, 113 I 2 FamFG, § 167 ZPO analog) genügen

sollte (Soergel/Stein § 1933 Rn. 4; aA die hM: BGH NJW 1990, 2382; BayObLGZ 1990, 22; OLG Saarbrücken FamRZ 1983, 1274 zu § 2077); alternativ die Zustimmung des Erblassers zur Scheidung (§ 1566 I, § 134 FamFG) auf Antrag des überlebenden Ehegatten (BGH NJW 1990, 2382; 1995, 1083). Die Zustimmung ist Willenserklärung und zugleich Prozesshandlung, außergerichtliche Zustimmung reicht nicht aus (OLG Düsseldorf Rpfleger 2012, 150; BayObLG NJW-RR 1996, 651), wohl aber privatschriftliche (OLG Köln NJW 2013, 2831) oder sogar konkludente Zustimmung im Prozess (OLG Köln NJW-RR 2003, 656; Werner ZEV 2003, 327), ebenso die Zustimmung eines Betreuers in „Rechtsangelegenheiten" (OLG Celle NJW 2013, 2912 mN zu rechtsähnlichen Fällen). Dem Scheidungsantrag steht der Aufhebungsantrag (§ 1313; §§ 121 Nr. 2, 124, 113 I 2 FamFG, ZPO §§ 253, 261 ZPO) gleich. Bei langem Zuwarten trotz Vorliegens des Scheidungsgrundes kann Berufung auf § 1933 verwirkt sein (OLG Saarbrücken FamRZ 2011, 760; OLG Hamm NJW-RR 2021, 587: allerdings mit der Begründung, jahrelanges Zuwarten sei als Rücknahme des Scheidungsantrags zu werten; krit. Siebert NJW 2021, 2933 Rn. 1). Ein ausländisches Scheidungsverfahren kann die Voraussetzungen eines Ausschlusses erfüllen (OLG Stuttgart FamRZ 2012, 480; OLG Köln FGPrax 2014, 124; OLG Hamm FamRZ 2014, 1110; BeckRS 2014, 04744; dazu Rauscher NJW 2014, 3619 [3623]). **bb)** Vorliegen eines Scheidungsgrundes (§§ 1565–1568) bzw Vorliegen von Aufhebungsgründen (§§ 1314 f.). § 1565 II steht der Scheidung nicht entgegen, wenn todkrankem Erblasser Abwarten des Trennungsjahrs nicht zumutbar (OLG Koblenz ZEV 2007, 379 f.). Sofern sich der Antrag des Erblassers auf § 1566 I stützt, muss die Zustimmung des anderen Teils genügen; Einigung über Scheidungsfolgen (§ 133 I Nr. 2 FamFG, § 630 I Nr. 2 und 3 aF ZPO) ist nicht zu verlangen (OLG Frankfurt a.M. NJW-RR 1990, 136; allgemein OLG Stuttgart FamRZ 2012, 480, str, aA OLG Bremen FamRZ 1986, 833; OLG Schleswig NJW 1993, 1083; OLG Zweibrücken NJW 2001, 236); Gleiches gilt im Falle des Scheidungsantrags des überlebenden Ehegatten (OLG Stuttgart FamRZ 2012, 480; OLG Köln NJW 2013, 2831). Nach Eintritt des Erbfalls ist eine Rücknahme des Antrags durch einen Bevollmächtigten unerheblich (OLG Stuttgart NJW-RR 2007, 954). Die abstrakte Möglichkeit, dass der überlebende Ehegatte im Termin zur mündlichen Verhandlung den Antrag hätte zurücknehmen oder die Zustimmung widerrufen können, ist unerheblich; ebenso die abstrakte Möglichkeit, die Ehegatten hätten sich bis zur Rechtskraft eines Scheidungsurteils wieder versöhnt (OLG Rostock FamRZ 2011, 762) oder das einverständliche Ruhen des Verfahrens (OLG Düsseldorf ZEV 2018, 165); nicht aber eine tatsächliche Versöhnung (BGH ErbR 2008, 397 f.) oder die hohe Wahrscheinlichkeit einer Versöhnung, nachdem die Ehefrau einverständlich die Pflege des scheidungswilligen Ehemannes in den letzten Wochen seines Lebens bis zu seinem Tode übernommen hatte (OLG Düsseldorf NJW-RR 2020, 198; dazu Siede NJW 2020, 1263, 1264). **b)** Die **Wirkung** besteht im Fortfall des ges 2
Erbrechts und des Pflichtteilsrechts. Der Fortfall ist verfassungsrechtlich bedenklich, wenn er gem Satz 1 Alt. 1 einseitig den Scheidungsgegner trifft, während der Antragsteller erbberechtigt bleibt (Zopfs ZEV 1995, 309; aA OLG Koblenz ZEV 2007, 380; offen BVerfG FamRZ 1995, 536). Unberührt bleiben der Zugewinnausgleich (BGHZ 99, 304: Scheidungsantrag als Berechnungsstichtag) und der Unterhaltsanspruch, sofern er nach Scheidung bestehen würde (dazu Hornbach NJW 2015, 2168). Rücknahme des Scheidungsantrags vor Herz- und Kreislaufstillstand, aber nach Hirntod, ist unbeachtlich (OLG Frankfurt a.M. NJW 1997, 3099; hierzu krit Leipold JZ 1998, 661). **c) Parallelvorschriften** §§ 2077, 2268, 2279.

2. Prozessuales. Wer sich auf den Ausschluss des Ehegattenerbrechts beruft, trägt 3
zum einen die Feststellungslast dafür, dass der Erblasser die Scheidung beantragt bzw ihr zugestimmt oder den Aufhebungsantrag gestellt hat. Zum andern muss zu seinen Gunsten feststehen, dass ein Scheidungs- bzw Aufhebungsgrund vorlag (BGH NJW 1995, 1084; BayObLG FamRZ 1992, 1350; OLG Schleswig NJW 1993, 1083). Er kann sich dabei auf die Vermutungen des § 1566 stützen (OLG Bremen FamRZ

1986, 834), andernfalls muss das Scheitern der Ehe gem § 1565 I 2 festgestellt werden (OLG München NJW 2013, 3732 [3733]). Der überlebende Ehegatte trägt hingegen die Beweislast, dass die Ehe trotz Vorliegens eines Grundes wegen §§ 1568, 1315 nicht geschieden bzw aufgehoben worden wäre. Die Verfolgung der Unterhaltsansprüche nach §§ 1569–1586 b erfolgt in einem gesonderten Verfahren, wobei für rückständige Ansprüche die Frist des § 1585 b III zu beachten ist (OLG Düsseldorf NJW2019, 1534).

4 **3. Lebenspartnerschaft.** Für eingetragene Lebenspartnerschaften alten Rechts gilt die entsprechende Regelung des § 10 III LPartG; für die Ehe unter Gleichgeschlechtlichen nach dem Gesetz zur Einführung des Rechts auf Eheschließung für Personen gleichen Geschlechts vom 20.7.2017 (BGBl. I, Nr. 52, 2787) gilt § 1933 unmittelbar; s insbes Art. 1 Nr. 2 dieses Gesetzes mit seiner Neufassung des § 1353 I 1.

§ 1934 Erbrecht des verwandten Ehegatten

[1]Gehört der überlebende Ehegatte zu den erbberechtigten Verwandten, so erbt er zugleich als Verwandter. [2]Der Erbteil, der ihm auf Grund der Verwandtschaft zufällt, gilt als besonderer Erbteil.

1 Die Vorschrift entspricht § 1927. Ihre praktische Bedeutung ist gering.

§ 1935 Folgen der Erbteilserhöhung

Fällt ein gesetzlicher Erbe vor oder nach dem Erbfall weg und erhöht sich infolgedessen der Erbteil eines anderen gesetzlichen Erben, so gilt der Teil, um welchen sich der Erbteil erhöht, in Ansehung der Vermächtnisse und Auflagen, mit denen dieser Erbe oder der wegfallende Erbe beschwert ist, sowie in Ansehung der Ausgleichungspflicht als besonderer Erbteil.

1 **a)** Der **Erbteilserhöhung** bei ges Erbfolge entspricht die Anwachsung bei gewillkürter Erbfolge (§ 2094). **b) Wegfall:** vgl §§ 1923 I, 1933, 1938, 2346 vor dem Erbfall; §§ 1953, 2344, 1923 II (Totgeburt) nach dem Erbfall. **c) Erbteilstrennung** gilt nur hinsichtlich der genannten Belastungen, ansonsten handelt es sich um einheitliche Erbteile; vgl aber § 2007 S. 2. Parallelvorschrift bei testamentarischer Erbfolge ist insoweit § 2095.

§ 1936 Gesetzliches Erbrecht des Staates

[1]Ist zur Zeit des Erbfalls kein Verwandter, Ehegatte oder Lebenspartner des Erblassers vorhanden, erbt das Land, in dem der Erblasser zur Zeit des Erbfalls seinen letzten Wohnsitz oder, wenn ein solcher nicht feststellbar ist, seinen gewöhnlichen Aufenthalt hatte. [2]Im Übrigen erbt der Bund.

1 **1. Voraussetzungen und IPR.** Die praktischen Voraussetzungen des Staatserbrechts regeln §§ 1964–1966 (vgl auch → § 1922 Rn. 9 und → § 1942 Rn. 4). Zum IPR des Staatserbrechts Lorenz Rpfleger 1993, 433; Heckel, Das Fiskuserbrecht im Internationalen Privatrecht, 2006; zu einem Fall der Nachlassspaltung OLG München FamRZ 2011, 1756. Ein Verstoss gegen den ordre public kann vorliegen, wenn das fremde Staatserbrecht gesetzliche Erben verdrängt (KG ZEV *2011, 132*). Eine Enterbung aller Verwandten kann zum Fiskuserbrecht führen (OLG Hamm FamRZ 2012, 1091; → §§ 1937 ff. Rn. 4), ebenso die Sittenwidrigkeit einer letztwilligen Verfügung zugunsten eines Berufsbetreuers (OLG Celle NJW 2021, 1681 Rn. 79); zum Verfahren zur Feststellung des Staatserbrechtes OLG München NJW-RR 2011, 1379 (Bedeutung der Werthaltigkeit des Nachlasses); OLG Braun-

schweig BeckRS 2020, 32400 (Anforderungen an ausreichende vorausgehende Recherche); BeckRS 2020, 36391 (Notwendigkeit der öffentlichen Aufforderung gem § 1965 bei werthaltigem Nachlass); zum Beschwerdeverfahren BGH FamRZ 2012, 367; zur Pflicht zur Verzinsung im Falle eines erbrechtlichen Herausgabeanspruchs gegen den Staat nach fälschlicher Annahme eines gesetzlichen Erbrechts → § 2021 Rn. 1.

2. Alte Fassung. Bis zum 1.10.2010 (→ Vor § 1922 Rn. 18) galt folgende Fassung: 2

(1) [1]Ist zur Zeit des Erbfalls weder ein Verwandter, ein Lebenspartner noch ein Ehegatte des Erblassers vorhanden, so ist der Fiskus des Bundesstaats, dem der Erblasser zur Zeit des Todes angehört hat, gesetzlicher Erbe. [2]Hat der Erblasser mehreren Bundesstaaten angehört, so ist der Fiskus eines jeden dieser Staaten zu gleichem Anteil zur Erbfolge berufen.

(2) War der Erblasser ein Deutscher, der keinem Bundesstaat angehörte, so ist der Reichsfiskus gesetzlicher Erbe.

Das Staatserbrecht gebührte auch unter altem Recht den Bundesländern (VO vom 5.2.1934, RGBl. I 85 = BGBl. III 102–2 § 4).

§ 1937 Erbeinsetzung durch letztwillige Verfügung

Der Erblasser kann durch einseitige Verfügung von Todes wegen (Testament, letztwillige Verfügung) den Erben bestimmen.

§ 1938 Enterbung ohne Erbeinsetzung

Der Erblasser kann durch Testament einen Verwandten, den Ehegatten oder den Lebenspartner von der gesetzlichen Erbfolge ausschließen, ohne einen Erben einzusetzen.

§ 1939 Vermächtnis

Der Erblasser kann durch Testament einem anderen, ohne ihn als Erben einzusetzen, einen Vermögensvorteil zuwenden (Vermächtnis).

§ 1940 Auflage

Der Erblasser kann durch Testament den Erben oder einen Vermächtnisnehmer zu einer Leistung verpflichten, ohne einem anderen ein Recht auf die Leistung zuzuwenden (Auflage).

§ 1941 Erbvertrag

(1) **Der Erblasser kann durch Vertrag einen Erben einsetzen, Vermächtnisse und Auflagen anordnen sowie das anzuwendende Erbrecht wählen (Erbvertrag).**

(2) **Als Erbe (Vertragserbe) oder als Vermächtnisnehmer kann sowohl der andere Vertragschließende als ein Dritter bedacht werden.**

Anmerkungen zu den §§ 1937–1941

Lit: Adam, Möglichkeiten und Grenzen erbrechtlicher Verwirkungsklauseln, MDR 2007, 68; Horn, gestaltung eines Einzeltestaments, NJW 2016, 3500; Strothmann, Privatautonome Gestaltungsfreiheit im Recht der Verfügung von Todes wegen, Jura 1982, 349; Wacke, Rechtsfolgen testamentarischer Verwirkungsklauseln, DNotZ 1990, 403.

1. Zweck der allgemeinen Vorschriften zur gewillkürten Erbfolge. Die Vorschriften beinhalten die Grundsätze der gewillkürten Erbfolge und stellen damit 1

klar, dass die vom Ges als Regelfall behandelte ges Erbfolge (§§ 1924–1936) durch Erblasserwillen abdingbar ist. Die formellen Anforderungen an ein Testament müssen dabei beachtet werden (BayObLG FamRZ 2000, 853). Außer Erbeinsetzung (§ 1937), Enterbung (§ 1938), Vermächtnis (§ 1939) und Auflage (§ 1940) können letztwillige Verfügungen aber auch noch anderen Inhalt haben; vgl §§ 83 (hierzu BGHZ 70, 321), 2048, 2197, 2254, 2258, 2336, 2338; ferner §§ 332, 1638, 1639, 1640 II Nr. 2, 1777, 1782, 1803. Die entgeltliche Zuwendung eines Auflassungsanspruchs in einem Erbvertrag kann einen Vorkaufsfall gem § 463 begründen (BGH
2 NJW 1998, 2136 mN). Die sog **Patientenverfügung** ist keine letztwillige Verfügung, sondern die rechtsverbindliche Einwilligung in oder Untersagung von medizinischen Behandlungsformen für den Fall späterer Einwilligungsunfähigkeit. Seit dem 1.9.2009 ist sie durch das Betreuungsrechtsänderungsgesetz 2009 in den §§ 1901a–1901c geregelt (dazu §§ 1901a ff. mAnm; ferner Spickhoff FamRZ 2009, 1949; Höfling NJW 2009, 2849; G. Müller DNotZ 2010, 169; Rieger FamRZ 2010, 1601; Coeppicus NJW 2011, 2085; zur Bedeutung der Patientenverfügung beim Abbruch lebenserhaltender Maßnahmen BGH NJW 2014, 3572 ff.; hierzu Boemke NJW 2015, 378 ff.; BGH ZEV 2016, 649; dazuz G.Müller ZEV 2016, 605; BGH NJW 2017, 1737; dazu Boemke NJW 2017, 1706; G. Müller ZEV 2017, 335.

3 **2. Die einzelnen Vorschriften.** Sie tragen zur genauen Regelung wenig bei und haben mehr definitorische Bedeutung; es ist deshalb im Wesentlichen auf die ausführlichere Regelung der nachfolgenden Abschnitte zu verweisen. **a) Erbeinsetzung.** Vgl §§ 2087 ff., aber auch schon §§ 2064 ff.; ferner §§ 2100 ff.; zur Unwirksamkeit wegen Gesetzes – oder Sittenwidrigkeit → § 2077 Rn. 1 ff. Zur Zuwendung des Pflichtteils bzw Erbersatzanspruchs alten Rechts vgl → § 2304 Rn. 1 f.
4 **b) Enterbung.** Die Erbeinsetzung anderer wird meist (vgl § 2066) die Enterbung Erben schlüssig mitenthalten (BGH NJW-RR 2006, 949; BayObLG NJW-RR 1992, 840; OLG Stuttgart BWNotZ 1981, 143; zurückhaltend OLG München NJW-RR 2013, 330 für Enterbung eines nichtehelichen Kindes); § 1938 gestattet darüber hinaus die alleinige Enterbung im Sinne eines negativen Testaments (BayObLG NJW-RR 1996, 967: schlüssige Enterbung durch „Pflichtteilsentzug" bei nicht pflichtteilsberechtigtem gesetzl Erben; OLG Hamm FamRZ 2012, 1091: Enterbung aller Verwandten mit der Folge des Fiskuserbrechts). IZw wird sich die Enterbung nicht auf Abkömmlinge erstrecken (BGH NJW 2011, 1879; BGH LM Nr. 1 zu § 1937; BayObLG DNotZ 1990, 425 mAnm von Kuchinke), so dass sie anstelle des weggefallenen Erben eintreten (vgl § 1924 III); anders bei eindeutigem Willen zur Enterbung des ganzen Stammes (OLG Karlsruhe BWNotZ 1984, 69; → § 2069 Rn. 2). In einem Erbvertrag ist eine Enterbung nur als einseitige Verfügung mögl (OLG München NJW-RR 2006, 83; vgl → § 2278 Rn. 5). Der Enterbte hat ggf Pflichtteilsrecht gem §§ 2303 ff., jedoch ist vor allem bei – zur Enterbung nicht notwendiger – Angabe von Gründen Pflichtteilsentziehung (§§ 2333, 2336) zu prüfen. Unzutreffende Begründung kann zur Irrtumsanfechtung gem § 2078 II berechtigen (BGH NJW 1965, 584). Nachträgliche Pflichtteilsentziehung bzw -beschränkung ist nicht zwingend als Enterbung aufzufassen (BayObLG FamRZ 2000, 1459), sondern kann allein zur Vermeidung einer Ausschlagung durch den eingesetzten Erben gewollt sein. Eine Enterbung kann nur durch ein vor dem Erbfall eintretendes Ereignis bedingt sein und ist im Übrigen bedingungs- und
5 befristungsfeindlich (OLG Stuttgart NJW-RR 2017, 1353 Rn. 14). **c) Vermächtnis.** Vgl §§ 2147 ff., insbes § 2174. Wichtige Abgrenzungen: Erbeinsetzung – Vermächtnis, → § 2087 Rn. 1–3; Teilungsanordnung – Vorausvermächtnis, → § 2048 Rn. 4; Nacherbschaft – Nießbrauchvermächtnis, → § 2100 Rn. 3 ff.; Vermächtnis – Auflage, → Vor § 2147 Rn. 2. **d) Auflage.** Vgl §§ 2192 ff. **e) Erbvertrag.** Vgl *§§ 2274 ff.; zur Auslegung* → § 2084 Rn. 2; sa zur Neufassung → Vor § 1922 Rn. 18.

6 **3. Sonderfälle.** Zur Stellung des potentiellen Erben vor dem Erbfall: → Vor § 1922 Rn. 2; zum Vertrag unter Lebenden auf den Todesfall vgl § 2301; zur gewillkürten Erbfolge im Höferecht vgl §§ 7, 8, 16 HöfeO.

Abschnitt 2. Rechtliche Stellung des Erben

Titel 1. Annahme und Ausschlagung der Erbschaft, Fürsorge des Nachlassgerichts

§ 1942 Anfall und Ausschlagung der Erbschaft

(1) **Die Erbschaft geht auf den berufenen Erben unbeschadet des Rechts über, sie auszuschlagen (Anfall der Erbschaft).**

(2) **Der Fiskus kann die ihm als gesetzlichem Erben angefallene Erbschaft nicht ausschlagen.**

Lit: Heinemann, Erbschaftsausschlagung: neue Zuständigkeiten durch das FamFG, ZErb 2008, 293; Klinger/Becker, Die Ausschlagung in der anwaltlichen Praxis, NJW-Spezial 2006, 301; Lüke, Die ausgeschlagene Erbschaft, JuS 1978, 254; Pohl, Mängel der Erbschaftsannahme und -ausschlagung, AcP 177, 52; Siebert, Die taktische Ausschlagung, ZEV 2010, 454; Specks, Gefahren bei der Ausschlagung werthaltiger Erbschaften, ZErb 2007, 238; Walter, Annahme und Ausschlagung einer Erbschaft, ZEV 2008, 319; Weithase, Zurückweisung einer geringfügigen Erbschaft, Rpfleger 1988, 434.

1. Allgemeines. Die Vorschrift wiederholt inhaltlich § 1922 I, statuiert aber das Ausschlagungsrecht. „Berufen" ist der ges (§§ 1923 ff.) oder testamentarische (§ 1937) Erbe. 1

2. Erbschaftsanfall. Erbfall (§ 1922 I) und Erbschaftsanfall fallen regelmäßig zusammen. § 1942 I ist zwingendes Recht, der Erblasser kann den Anfall nicht aufschieben. Die Klausel, jemand werde Erbe, „falls er nicht ausschlägt", ändert daher nichts am sofortigen Anfall, insbes liegt kein Fall des § 2105 I vor. Zum Zusammenfallen bei Ausschlagung oder Erbunwürdigkeit vgl §§ 1953 II, 2344 II, zum Anfall des Vermächtnisses vgl § 2176. *Ausnahmen:* § 1923 II (der Anfall mit der Geburt wirkt aber auf den Zeitpunkt des Erbfalles zurück), § 2139, §§ 2177–2179. 2

3. Schwebezustand. Bis zur Annahme (§ 1943) ist der vorläufige Erbe während einer Überlegungsfrist (§ 1944) geschützt: §§ 211, 1958, 1995 II; §§ 239 V, 778 ZPO. Die Begünstigungsabsicht (§ 131 I Nr. 3, II InsO) des vorläufigen Erben muss sich der endgültige Erbe zurechnen lassen (BGH NJW 1969, 1349 zu § 30 Nr. 2 aF KO). 3

4. Erbpflicht des Fiskus. Damit eine Erbschaft nicht herrenlos wird, kann der Fiskus als Erbe iSd § 1936 nicht ausschlagen. Dafür hat er die Privilegien der §§ 1966, 2011, § 780 II ZPO. Er kann seine Haftung durch Nachlassverwaltung, Nachlassinsolvenzverfahren oder durch Einreden gemäß§§ 1990–1992 auf den Nachlass beschränken, falls eine freie Abwicklung unter Befriedigung der Gläubiger nicht möglich ist (BGH NJW 2019, 988 Rn. 11; sa § 1967 Rn. 5). 4

§ 1943 Annahme und Ausschlagung der Erbschaft

Der Erbe kann die Erbschaft nicht mehr ausschlagen, wenn er sie angenommen hat oder wenn die für die Ausschlagung vorgeschriebene Frist verstrichen ist; mit dem Ablauf der Frist gilt die Erbschaft als angenommen.

1. Rechtsnatur der Annahme. Die Annahme ist die formlose, nicht empfangsbedürftige Willenserklärung, Erbe sein zu wollen, und ein persönliches Gestaltungsrecht (zur Unpfändbarkeit OLG München NJW 2015, 2128). 1

2. Erklärung der Annahme. Sie kann erfolgen **a) ausdr:** zB durch Erklärung gegenüber einem Gläubiger, Miterben oder dem Nachlassgericht; **b) schlüssig:** zB 2 durch Stellung eines Erbscheinantrages (BayObLG NJW-RR 1999, 590), Erbschaftsverkauf, uU auch den Verkauf eines einzelnen Nachlassgegenstandes (BayObLG FamRZ 1988, 213; weitgehend OLG Oldenburg NJW-RR 1995, 141), Geltendmachung des Erbschaftsanspruchs, Entlastungserklärung als Miterbin gegenüber dem Betreuungsgericht für die Betreuerin eines anderen Miterbenanteils (OLG Celle ZEV 2022, 219 Rn. 17 m teilw krit Anm Hindahl) usw. Maßnahmen, die vor der Ausschlagung lediglich der angemessenen Nachlassfürsorge oder der Information über den Nachlass dienen sollen (zB Antrag auf Testamentseröffnung, evtl auch Verfügungen gem § 1959 II, BayObLGZ 4, 60; Erhebung einer Auskunftsklage, BayObLG Rpfleger 2005, 87), sollten nicht als Annahme missdeutet werden (OLG Celle OLGZ 1965, 30; OLG Köln OLGZ 1980, 235). Fehlender Annahmewillen bei obj schlüssigem Verhalten befreit den Fahrlässigen nicht von der Erklärungswirkung, uU Anfechtung gem §§ 119 I, 1954 (zT str, BayObLGZ 1983, 153). **Sonderfall:** Das Ablaufenlassen der Frist zur Ausschlagung gilt auf Grund ges Auslegungsregel als schlüssige Annahme (vgl auch § 1956).

3 **3. Stellvertretung und Annahmebefugnis.** Für Minderjährige gelten §§ 104 Nr. 1, 105 I, 111 S. 1, 1629 I 1, 1629a, und zwar auch für Annahme durch Fristablauf (arg § 1629a I 1: „auf Grund eines während der Minderjährigkeit erfolgten Erwerbs von Todes wegen"). Keine familiengerichtliche Genehmigung erforderlich (vgl zum alten VormundschaftsG BayObLG Rpfleger 1996, 455; OLG Koblenz FamRZ 2008, 1031; sa OLG München NJW-RR 2012, 138). Vertretungsberechtigt sind neben den Eltern Pfleger iSd §§ 1909–1911 aF nunmehr§§ 1882 ff. nF, Vormund (§§ 1773 ff. aF u. nF) und Betreuer (BGH NJW 2022, 1748 Rn. 15; OLG Saarbrücken Rpfleger 2011, 607; §§ 1896, 1902 aF nunmehr §§ 1814 ff., 1823 nF); Genehmigungserfordernis besteht bei Ausschlagung oder Anfechtung der Annahme, die gem § 1957 einer Ausschlagung gleichsteht (§ 1822 Nr. 2 aF nunmehr § 1851 Nr. 1 nF; zu § 1643 II aF nunmehr § 1643 I nF BGH NJW 2019, 1071 Rn. 22; 2020, 2959; KG ZEV 2012, 332 u OLG Hamm ZEV 2012, 380; → § 1945 Rn. 3). Hat das Familiengericht die Genehmigung zur Ausschlagung versagt und wird sie auf Beschwerde erteilt, so liegt die Entscheidung über die Ausschlagung nach wie vor beim Sorgerechtsinhaber, so dass die Haftung für Nachlassverbindlichkeiten bestehen bleibt, falls nicht tatsächlich fristgemäß ausgeschlagen wird (OLG Brandenburg ZEV 2021, 510; Koblenz ZEV 2014, 249). Keine Annahmebefugnis haben Testamentsvollstrecker und Nachlasspfleger (Soergel/Stein § 1943 Rn. 6; für den Nachlasspfleger BGH NJW 2022, 1748 u. § 1960 Rn. 8). Der Ausschluss elterlicher Vermögenssorge für vom Kind ererbtes Vermögen gem § 1638 I aF u. nF umfasst auch die Ausschlagung und führt ohne Pflegerbestellung zur Unwirksamkeit der Ausschlagung (BGH NJW 2016, 3032 Rn. 19 ff. mAnm Löhnig und Anm Muscheler ZEV 2017, 36 f.). Sondervorschriften: §§ 1432, 1455 Nr. 1; § 83 InsO (zur Höchstpersönlichkeit im Insolvenzfalle BGH NJW 2013, 693 u NJW 2013, 871; 2011, 2291; zur folgerichtigen Unanfechtbarkeit gem §§ 129 ff. InsO BGH NJW 2013, 693; NJW-RR 1992, 733).

§ 1944 Ausschlagungsfrist

(1) **Die Ausschlagung kann nur binnen sechs Wochen erfolgen.**

(2) **[1]Die Frist beginnt mit dem Zeitpunkt, in welchem der Erbe von dem Anfall und dem Grunde der Berufung Kenntnis erlangt. [2]Ist der Erbe durch Verfügung von Todes wegen berufen, beginnt die Frist nicht vor Bekanntgabe der Verfügung von Todes wegen durch das Nachlassgericht. [3]Auf den *Lauf der Frist* finden die für die Verjährung geltenden Vorschriften der §§ 206, 210 entsprechende Anwendung.**

(3) **Die Frist beträgt sechs Monate, wenn der Erblasser seinen letzten Wohnsitz nur im Ausland gehabt hat oder wenn sich der Erbe bei dem Beginn der Frist im Ausland aufhält.**

1. Kenntnis von Anfall und Berufungsgrund. a) Anfall: Kenntnis des Erbfalles und der Erbenstellung. Kenntnis der Erbenstellung ergibt sich regelmäßig aus Kenntnis der Verwandtschaftsverhältnisse (OLG Zweibrücken FamRZ 2006, 892) oder aus Kenntnis einer letztwilligen Verfügung. Notwendig ist die positive zuverlässige Kenntnis, die durch verständlichen Rechts- oder Tatsachenirrtum ausgeschlossen bleibt (BayObLG FamRZ 1994, 265; OLG Hamm OLGZ 1969, 288; BGH NJW-RR 2000, 1530; BGH LM Nr. 4 zu § 2306; OLG Zweibrücken Rpfleger 2006, 407 f.; OLG München NJW-RR 2006, 1669); bloßer Zugang einer Mitteilung steht Kenntnis nicht gleich (BayObLGZ 1968, 74; BGH Rpfleger 1968, 183). 1
b) Berufungsgrund: Kenntnis des Berufungsgrundes spielt nur eine Rolle, wenn zwar Erbenstellung, nicht aber ihr Grund feststeht, also zB bei Zweifeln des ges Erben über Vorliegen oder Wirksamkeit eines ihn ebenfalls berücksichtigenden Testaments (OLG Celle ZEV 2022, 374 = BeckRS 2022, 8582: Kenntnis der Familienverhältnisse bei ges Erbfolge und fehlenden Anzeichen für eine Enterbung; in diesem Sinne auch OLG Rostock NJW-RR 2012, 1356; OLG Schleswig ZEV 2016, 698); sa die ähnlichen Kriterien zur Kenntnis des Anfalls einer Erbschaft, das → Rn. 1 Gesagte gilt entspr. Unkenntnis eines Berufungsgrundes schadet nicht, wenn der Erbe auf jeden Fall ausschlagen wollte (BVerwG FamRZ 2010, 1250). **c) Fehlen voller Geschäftsfähigkeit:** Kenntnis der Vertreter entscheidend (BayObLGZ 1969, 18; Rpfleger 1984, 403; OLG Koblenz FamRZ 2008, 1031; sa OLG Hamburg MDR 1984, 54), also zB beider Elternteile (BGH NJW 2019, 1071; OLG Frankfurt a.M. BeckRS 2012, 16164; LG Freiburg BWNotZ 1993, 44), so dass die Frist mit erstmaliger Kenntnis des zuletzt Kenntnis nehmenden Elternteils beginnt (BGH NJW 2019, 1071 Rn. 13); bei gewillkürter Stellvertretung soll zwar § 166 I grundsätzlich nicht gelten (zweifelhaft!), jedoch soll die Kenntnis des Bevollmächtigten zuzurechnen sein, wenn die Vollmacht die Regelung des Erbfalls umfasst (OLG Schleswig ZEV 2009, 296; OLG Rostock FamRZ 2010, 1597; offen OLG München FamRZ 2008, 445; für analoge Anwendung OLG Celle FamRZ 2010, 836). Verweigert das Familiengericht dem Betreuer oder den Eltern von Minderjährigen die Genehmigung zur Ausschlagung (§§ 1908i, 1822 Nr. 2, § 1643 II), soll die Sittenwidrigkeit der Ausschlagung (§ 138 I) bei Werthaltigkeit des Nachlasses die Verweigerung rechtfertigen können (OLG Hamm Rpfleger 2009, 679). Die Rspr hielt bisher die Ausschlagung überwiegend für sittenwidrig, wenn sie dazu dienen soll, bei werthaltigem Nachlass die *Sozialhilfebedürftigkeit* zu erhalten (OLG Stuttgart NJW 2001, 3484; OLG Hamm Rpfleger 2009, 679; krit Bestelmeyer Rpfleger 2010, 637; offen OLG Köln Rpfleger 2010, 140 und für Einzelfallabwägung im Rahmen einer Genehmigung nach § 1643 II OLG Köln ZEV 2019, 77 Rn. 5); dieser Rechtsprechung ist in BGHZ 188, 96 Rn. 25 ff. = NJW 2011, 1586 deutlich widersprochen, so dass diese Rechtsprechung als aufzugeben zu betrachten ist (zum sog Behindertentestament → § 2077 Rn. 3). **d) Sonderfälle:** §§ 2142 I, 2180, 2306 I Hs. 2; die Frist für den nasciturus beginnt nicht vor der Geburt (vgl → § 1942 Rn. 2). 2

2. Bekanntgabe. § 1944 II 2 verweist auf § 348 FamFG. Die Ausschlagungsfrist läuft erst ab Kenntnis des Erben (s zum alten Recht BGHZ 112, 234). 3

3. Fristablauf. Vgl §§ 186 ff.; zur Dispositionsbefugnis des Erblassers OLG Stuttgart OLGZ 1974, 67 f.; bei Verzögerung einer familiengerichtlichen Entscheidung (§§ 1643 II, 1822 Nr. 2 aF bzw §§ 1643 I, 1851 Nr. 1 nF) gilt § 206, nicht § 1956 (OLG Frankfurt a.M. ZEV 2019, 21 Rn. 18; OLG Saarbrücken Rpfleger 2011, 607, hM); zu § 203 II aF BayObLGZ 1969, 18 [20]; 1983, 9 (anders bei irrig nicht beantragter Genehmigung!). Innerhalb der Frist kann die familien- bzw vormundschaftsgerichtliche Genehmigung nachgereicht werden (BayObLGZ 1983, 219); geschieht dies trotz bestehender Möglichkeit rechtzeitiger Nachreichung nicht, ist die Ausschlagungserklärung unwirksam (OLG Frankfurt a.M. ZEV 2019, 21 Rn. 22 ff.). Für das Verfahren der Genehmigung gilt § 151 I Nr. 1 FamFG; für eine 4 weitreichende Ermittlungspflicht gem § 26 FamFG OLG Brandenburg NJW-RR 2018, 1354 Rn. 8 ff. (Beiziehung der Nachlassakten, Überschuldungsprüfung).

5 **4. Auslandsregelung in Abs. 3.** Die verlängerte Frist trägt dem erschwerten Informationsfluss Rechnung. Fristverlängernder Aufenthalt des Erben im Ausland verlangt ein tatsächliches Verweilen mit einer gewissen Dauer, die zu einer Erschwernis notweniger Kommunikation und Information zu führen geeignet ist, weshalb ein Tagesausflug ins Ausland bei Fristbeginn nicht ausreicht (BGH NJW 2019, 1071 Rn. 17 ff.). Die Fristverlängerung gilt entspr vor dem Beitritt auch für frühere DDR und Ostberlin, falls Erbrecht des BGB gilt (OLG Dresden Rpfleger 1999, 492; OLG Brandenburg ZEV 2002, 285); zur Ausschlagung bei Geltung des ZGB-DDR vgl → Vor § 1922 Rn. 5, 15 (15. Aufl. 2014) und → § 1954 Rn. 1.

6 **5. Prozessuales.** Wer geltend macht, die Ausschlagungsfrist sei verstrichen, hat dies seinerseits zu beweisen (BGH NJW-RR 2000, 1530; Baumgärtel/Strieder II § 1944 Rn. 2; str). Der ausschlagende Erbe trägt jedoch die Beweislast für seine Behauptung, er sei nicht geschäftsfähig und der Lauf der Frist deshalb gehemmt gewesen (BGH NJW-RR 2000, 1530). Das Ausschlagungsrecht ist als solches nicht pfändbar (§ 851 I ZPO, § 399; LG Hildesheim FamRZ 2009, 1441 f.; sa BGH FamRZ 2005, 448 zur Unabtretbarkeit bei § 852 I ZPO). Die Wirksamkeit der Ausschlagung kann das NachlassG nur als vorgreifliche Rechtsfrage prüfen, idR nicht bei amtswegiger Erbenermittlung nach Landesrecht außerhalb des Erbscheinsverfahrens (OLG München Rpfleger 2010, 372).

7 **6. Reform.** Bis zum Inkrafttreten des FGG-Reformgesetzes (→ Vor § 1922 Rn. 19) am 1.9.2009 galt § 1944 II 2 mit folgendem Wortlaut: *Ist der Erbe durch Verfügung von Todes wegen berufen, so beginnt die Frist nicht vor der Verkündung der Verfügung.* Die Neufassung enthält keine sachliche Änderung.

§ 1945 Form der Ausschlagung

(1) **Die Ausschlagung erfolgt durch Erklärung gegenüber dem Nachlassgericht; die Erklärung ist zur Niederschrift des Nachlassgerichts oder in öffentlich beglaubigter Form abzugeben.**

(2) **Die Niederschrift des Nachlassgerichts wird nach den Vorschriften des Beurkundungsgesetzes errichtet.**

(3) [1]**Ein Bevollmächtigter bedarf einer öffentlich beglaubigten Vollmacht.** [2]**Die Vollmacht muss der Erklärung beigefügt oder innerhalb der Ausschlagungsfrist nachgebracht werden.**

1 **1. Rechtsnatur der Ausschlagung.** Die Ausschlagung ist die form- und empfangsbedürftige Willenserklärung, nicht Erbe sein zu wollen; zur Auslegung BayObLGZ 1967, 33 = NJW 1967, 1135; NJW-RR 1998, 798 (Ausschlagungserklärung nach griechischem Recht). **a) Form:** Niederschrift des NachlassG (Abs. II; insbes §§ 8 ff. BeurkG) oder öffentl Beglaubigung (§ 129; §§ 40, 63 BeurkG); zur Form bei Anwendbarkeit von DDR-Recht OLG Dresden ZEV 1997, 26 (notarielle Beglaubigung vor bundesdeutschem Notar); OLG Brandenburg FamRZ 1997, 1023 (notarielle Beglaubigung in Belgien); keine fristwahrende Ausschlagungserklärung in fremder Sprache (OLG Köln NJW-RR 2014, 1037). **b) Empfang:** Es gelten die Regeln über den Empfang und Zugang von Willenserklärungen, insbes § 130.
2 **c) Empfangszuständigkeit:** NachlassG, idR AG am ständigen Aufenthalt des Erblassers (§ 343 I FamFG, bis 17.8.2015 Wohnsitz des Erblassers, § 23a I Nr. 2, II Nr. 2 GVG, früher §§ 72, 73 FGG), in Baden-Württemberg früher der Notar (§§ 1, 38 bwLFGG aF); zur *internationalen Empfangszuständigkeit* ab dem 1.9.2009 s § 105 FamFG (dazu OLG Hamm NJW-RR 2011, 666; OLG München ZEV 2019, 634; sa → Vor § 1922 Rn. 3); zur alten Rechtslage BayObLG NJW-RR 1998, 800 (Erbfall unter griechischem Recht); zur Rechtslage ab dem 17.8.2015 Art. 4 ff.

EuErbVO. Empfang durch örtl unzuständiges AG ist hinreichend, falls es die Erklärung bearbeitet oder weiterreicht (für einen ähnlich gelagerten Fall BGHZ 36, 197; OLG Saarbrücken Rpfleger 2005, 198; sa BGH WM 1977, 1145 gegen KG OLGZ 1976, 167 bei früherer interlokaler Unzuständigkeit) und jedenfalls nicht zurückreicht. Nach § 344 VII FamFG ist seit dem 1.9.2009 auch das NachlassG am Wohnsitz des Ausschlagenden und seit dem 17.8.2015 nach Art 13 EuErbVO das Nachlassgericht seines gewöhnlichen Aufenthaltes zuständig (zB OLG Düsseldorf FGPrax 2019, 36; zur Rspr. des EuGH s. Art. 20–38 EuErbVO Rn. 5; zu Einzelheiten zu früherem Recht Bestelmeyer Rpfleger 2010, 637 mNw; Heinemann ZErb 2008, 293; zur Weiterleitung durch das Wohnsitzgericht an das NachlassG – Original oder Ausfertigung – OLG Hamm FamRZ 2012, 487; KG FamRZ 2011, 1984; OLG Celle Rpfleger 2010, 326; OLG Hamburg Rpfleger 2010, 373). Bei innerdeutscher Nachlassspaltung ist eine vor der Wiedervereinigung vor bundesdeutschen NachlassG erklärte Erbausschlagung grundsätzlich nicht für den abgespaltenen Nachlassteil wirksam (BGH NJW 1998, 227). Heilung interlokaler Unzuständigkeit kommt jedoch in Betracht, wenn Ausschlagung für den DDR-Nachlass schon vor dem 3.10.1990 gegenüber demjenigen bundesdeutschen NachlassG erfolgte, das nach dem Beitritt Zuständigkeit erlangte (KG NJW 1998, 243; zur Nachlassspaltung → Vor § 1922 Rn. 5). Das NachlassG muss außerhalb des Erbscheinverfahrens nicht über die Wirksamkeit der Ausschlagung entscheiden (BayObLG FamRZ 1985, 1291) und ist zu einer förmlichen Entscheidung auch nicht befugt (OLG München FamRZ 2010, 1112; → § 1944 Rn. 6). **d)** Keine Schenkung, folglich keine Gläubigeranfechtung (RGZ 54, 289).

2. Stellvertretung und Ausschlagungsbefugnis. a) Vertretung durch beide 3 Elternteile, auch bei Ausschluss von der Nachlassverwaltung (OLG Karlsruhe FamRZ 1965, 573). Eltern, Vormund, Betreuer und Pfleger bedürfen familien- bzw vormundschaftsgerichtlicher Genehmigung, §§ 1643 II aF nunmehr 1643 I nF, 1822 Nr. 2 aF nunmehr 1851 Nr. 1 nF, 1908i I, 1915 I aF nunmehr 1882 ff. 1888 nF (Bsp: BGH NJW 2019, 1071 Rn. 22; OLG Naumburg FamRZ 2007, 1047; OLG Hamm Rpfleger 2009, 679 = ZEV 2009, 471 f. mAnm Leipold; KG ZEV 2012, 332; OLG Hamm ZEV 2012, 380; OLG Brandenburg BeckRS 2014, 03335; OLG Koblenz NJW-RR 2014, 902: idR mangels Beschwer keine Beschwerde gem §§ 58, 59 FamFG gegen Erteilung; → § 1944 Rn. 2; BGH NJW 2020, 2959 Rn. 14 ff.: keine eigene Beschwerdeberechtigung des Betreuers im Verfahren über die erforderliche betreuungsgerichtliche Genehmigung für die Anfechtung einer Erbschaftsannahme oder Erbschaftsausschlagung); zur Verzögerung vgl → § 1944 Rn. 4. War die Ausschlagung schon ohne Genehmigung erklärt, empfiehlt sich nach rechtskräftiger Genehmigung vorsichtshalber ihre Wiederholung (OLG Koblenz NJW-RR 2014, 902 [903]). § 181 hindert Vertretung nicht, falls Eltern ersatzweise erben; uU Entzug gem §§ 1629 II, 1796 unter Pflegerbestellung (BayObLGZ 1983, 220; Coing NJW 1985, 6). Bei Ausschlagung der Ersatzerbschaft eines Kindes hinter seiner Mutter, die bereits ihrerseits ausgeschlagen hat, soll kein Genehmigungserfordernis bestehen (OLG Köln NJW-RR 2013, 11). Keine Ausschlagung durch Vorsorgebevollmächtigten nach Ableben des Erben (OLG Zweibrücken NJW 2008, 1007; abl Zimmer ZEV 2008, 194; Bestelmeyer Rpfleger 2008, 552). **b) Ausschlagungsbefugnis:** Es gelten die Regeln zur Annahmebefugnis, vgl → § 1943 Rn. 3; Zugewinngemeinschaft lässt Ausschlagungsbefugnis unberührt; zur fehlenden Annahme- und Ausschlagungsbefugnis des Nachlasspflegers § 1943 Rn. 3. u § 1960 Rn. 8.

3. Besonderheiten für neue Bundesländer. → Vor § 1922 Rn. 5, 15, 4 15. Aufl. 2014; ferner → § 1954 Rn. 1.

§ 1946 Zeitpunkt für Annahme oder Ausschlagung

Der Erbe kann die Erbschaft annehmen oder ausschlagen, sobald der Erbfall eingetreten ist.

1 Die Vorschrift stellt klar, **a)** dass nicht bereits vor dem Erbfall angenommen oder ausgeschlagen werden kann, obwohl Verträge zwischen Erben (§ 311b IV, V; Damrau ZEV 1995, 425) und Erbverzicht (§ 2346) möglich sind; **b)** dass nach dem Erbfall, aber vor dem Erbschaftsanfall (→ § 1942 Rn. 2) oder Beginn der Ausschlagungsfrist (→ § 1944 Rn. 1 f.) angenommen oder ausgeschlagen werden kann. Für den nasciturus können die gesetzlichen Vertreter schon vor seiner Geburt ausschlagen (OLG Stuttgart NJW 1993, 2250; OLG Oldenburg FamRZ 1994, 847; str, aA 7. Aufl.). Sondervorschrift: § 2142 I (BayObLGZ 1962, 239 [241]). Der Schlusserbe iSd Berliner Testaments (§ 2269) kann erst nach dem Tod des zweiten Ehegatten ausschlagen, da er ausschließlich als dessen Erbe eingesetzt ist (BGH NJW 1998, 543; aA OLG Düsseldorf FamRZ 1996, 1569 m. krit Anm Leipold; → § 2269 Rn. 6).

§ 1947 Bedingung und Zeitbestimmung

Die Annahme und die Ausschlagung können nicht unter einer Bedingung oder einer Zeitbestimmung erfolgen.

1 Zweck der Vorschrift ist Rechtsklarheit. Deshalb sind überflüssige Rechtsbedingungen unschädlich, zB Annahme für den Fall der Berufung. Ausschlagung zugunsten eines Dritten ist überflüssige Rechtsbedingung, falls dieser ohnehin erbt; andernfalls handelt es sich je nach Gewicht um eine schädliche Bedingung (BayObLGZ 1977, 168; Rpfleger 1982, 69) oder um ein bloßes unbeachtliches Motiv (KG JW 1933, 2067; OLG Hamm FamRZ 1998, 771 f.; sa BayObLG FamRZ 2005, 1128).

§ 1948 Mehrere Berufungsgründe

(1) **Wer durch Verfügung von Todes wegen als Erbe berufen ist, kann, wenn er ohne die Verfügung als gesetzlicher Erbe berufen sein würde, die Erbschaft als eingesetzter Erbe ausschlagen und als gesetzlicher Erbe annehmen.**

(2) **Wer durch Testament und durch Erbvertrag als Erbe berufen ist, kann die Erbschaft aus dem einen Berufungsgrund annehmen und aus dem anderen ausschlagen.**

1 **1. Gesetzliche Erbfolge als Voraussetzung.** Voraussetzung einer Annahme unter Ausschlagung ist Eintritt der ges Erbfolge nach der Ausschlagung, zB bei Einsetzung des ges Erben als testamentarischen Alleinerben. Sie entfällt in den Fällen der §§ 2069, 2094, 2096, 2102 I und ist praktisch selten erfüllt. Bei der Formulierung der Ausschlagung ist § 1949 II zu beachten.

2 **2. Vorteil der gesetzlichen Erbfolge.** Er kann liegen im Erhalt des Voraus (§ 1932) oder im Wegfall der Bindung nach § 2271 II, evtl auch in der Erlangung von Ausgleichsansprüchen (§ 2050), str. Die meisten Beschwerungen der testamentarischen Erbfolge bleiben auch bei ges Erbfolge bestehen; vgl hierzu § 2085, ferner §§ 2161, 2192.

3 **3. Wahlrecht.** Das Wahlrecht des Abs. II wird ebenfalls selten Vorteile bringen.

§ 1949 Irrtum über den Berufungsgrund

(1) **Die Annahme gilt als nicht erfolgt, wenn der Erbe über den Berufungsgrund im Irrtum war.**

(2) **Die Ausschlagung erstreckt sich im Zweifel auf alle Berufungsgründe, die dem Erben zur Zeit der Erklärung bekannt sind.**

1. Irrtum über den Berufungsgrund. Er ist das unbewusste Abweichen des konkret vorgestellten und des tatsächlichen Berufungsgrundes (zB fälschliche Annahme der Unwirksamkeit eines Testaments, BGH NJW 1997, 393); daher kein Irrtum bei Gleichgültigkeit gegenüber dem Berufungsgrund (BVerwG FamRZ 2010, 1250; OLG Karlsruhe ZEV 2007, 380) wie zB bei Ausschlagung aus „allen Berufungsgründen" (OLG Hamm FamRZ 2011, 1426). Die Vorschrift lässt die Anfechtungswirkung ohne Anfechtungserklärung eintreten. Schlüssige Annahme durch Fristablauf setzt Kenntnis des Berufungsgrundes voraus (§§ 1943, 1944 II 1), daher ist hier niemals § 1949 anwendbar. Entgegen der hM greift § 122 durch. 1

2. Ausschlagung unter Irrtum über den Berufungsgrund. Sie gilt als nicht erfolgt; gegen hM ist § 122 analog anwendbar. Abs. II enthält zugleich eine Auslegungsregel, falls alle Berufungsgründe bekannt sind (vgl → § 1948 Rn. 1). Bei Gleichgültigkeit gegenüber dem Berufungsgrund erstreckt sich die Ausschlagung auch auf die unbekannten Berufungsgründe und ist trotz Unkenntnis oder Irrtums wirksam (BVerwG FamRZ 2010, 1250; → § 1944 Rn. 2). 2

3. Irrtumsanfechtung. S. § 1954. 3

§ 1950 Teilannahme; Teilausschlagung

[1]Die Annahme und die Ausschlagung können nicht auf einen Teil der Erbschaft beschränkt werden. [2]Die Annahme oder Ausschlagung eines Teils ist unwirksam.

Die Vorschrift sichert den Grundsatz der Universalsukzession (§ 1922 I) gegen Unterlaufen durch Teilannahme bzw -ausschlagung. Derartige Willenserklärungen sind unwirksam, so dass gem § 1943 die ganze Erbschaft anfällt. Die Ausschlagung unter Vorbehalt des Pflichtteils intendiert keine dingliche Teilhaberschaft am Nachlass; sie ist nicht unter § 1950, sondern unter § 1947 zu subsumieren (str; OLG Hamm Rpfleger 1981, 402; Frohn Rpfleger 1982, 56; offen BayObLG Rpfleger 2005, 316; zum Ganzen Ivo ZEV 2002, 145). Angabe unrichtiger Motive bei Ausschlagung lässt Wirksamkeit nicht entfallen (BayObLGZ 1992, 64: Ausschlagung, weil „nur Grundbesitz in Dresden", obwohl Erbschaftsgegenstände auch in alten Bundesländern waren, ist wirksame Gesamtausschlagung und keine unwirksame Teilausschlagung; → Vor § 1922 Rn. 10, 15. Aufl. 2014). Sonderregeln: §§ 1371 (KG Rpfleger 1991, 23: keine selbstständige Ausschlagung der Erhöhung des Ehegattenerbteils nach § 1371 I), 1951, 1952 III, 2180 III; § 11 HöfeO. 1

§ 1951 Mehrere Erbteile

(1) **Wer zu mehreren Erbteilen berufen ist, kann, wenn die Berufung auf verschiedenen Gründen beruht, den einen Erbteil annehmen und den anderen ausschlagen.**

(2) **[1]Beruht die Berufung auf demselben Grund, so gilt die Annahme oder Ausschlagung des einen Erbteils auch für den anderen, selbst wenn der andere erst später anfällt. [2]Die Berufung beruht auf demselben Grund auch dann, wenn sie in verschiedenen Testamenten oder vertragsmäßig in verschiedenen zwischen denselben Personen geschlossenen Erbverträgen angeordnet ist.**

(3) **Setzt der Erblasser einen Erben auf mehrere Erbteile ein, so kann er ihm durch Verfügung von Todes wegen gestatten, den einen Erbteil anzunehmen und den anderen auszuschlagen.**

1. Mehrere Erbteile. §§ 1927, 1934, Koppelung von testamentarischer und ges Erbfolge, nicht dagegen bei §§ 1935, 2094, 2095. 1

2 **2. Verschiedene Gründe.** ZB mehrere ges Erbteile, Testament und Ges, Testament und Erbvertrag usw, nicht aber mehrere Testamente oder mehrere Erbverträge. Es gilt § 1949 II entspr

3 **3. Einheitlicher Berufungsgrund.** Hier gilt § 1950 S. 2 mit der Folge, dass gem §§ 1943, 1944 auch der ausgeschlagene Erbteil als angenommen gilt. Abs. II steht gem Abs. III zur Disposition des Erblassers. Zu den Anforderungen an deren Ausübung s KG NJW-RR 2005, 593.

§ 1952 Vererblichkeit des Ausschlagungsrechts

(1) **Das Recht des Erben, die Erbschaft auszuschlagen, ist vererblich.**

(2) **Stirbt der Erbe vor dem Ablauf der Ausschlagungsfrist, so endigt die Frist nicht vor dem Ablauf der für die Erbschaft des Erben vorgeschriebenen Ausschlagungsfrist.**

(3) **Von mehreren Erben des Erben kann jeder den seinem Erbteil entsprechenden Teil der Erbschaft ausschlagen.**

Lit: v. Lübtow, Die Vererblichkeit des Ausschlagungsrechts, JZ 1969, 502.

1 Der Erbeserbe kann beide Erbschaften annehmen oder ausschlagen, er kann die zweite annehmen und dann die erste ausschlagen; str, ob Annahme der ersten Erbschaft auch Annahme der zweiten Erbschaft mitumfasst. Die Erben des Vorerben können nach dem Eintritt des Nacherbfalles bei noch laufender Ausschlagungsfrist die Erbschaft ausschlagen, ohne Nacherben zu sein (BGHZ 44, 152 mAnm Bosch FamRZ 1965, 607). Die Ausschlagung durch einen von mehreren Erbeserben führt gem § 1953 II entweder zum Eintritt nach §§ 1924 III, 2069 (zB Heinrich/Heinrich Rpfleger 1999, 201) oder nach eher hM zur Anwachsung bei den Miterbeserben (Pentz Rpfleger 1999, 516; so auch OLG Hamm ZEV 2018, 424 = BeckRS 2918, 10105); bei gemeinsamer Ausschlagung gilt unstr § 1953 II (BayObLG NJW 1953, 1431). Eine rechtsgeschäftliche Übertragung des Ausschlagungsrechts ist nicht möglich (OLG Zweibrücken NJW-RR 2008, 240; dazu Keim ZErb 2008, 260).

§ 1953 Wirkung der Ausschlagung

(1) **Wird die Erbschaft ausgeschlagen, so gilt der Anfall an den Ausschlagenden als nicht erfolgt.**

(2) **Die Erbschaft fällt demjenigen an, welcher berufen sein würde, wenn der Ausschlagende zur Zeit des Erbfalls nicht gelebt hätte; der Anfall gilt als mit dem Erbfall erfolgt.**

(3) [1]**Das Nachlassgericht soll die Ausschlagung demjenigen mitteilen, welchem die Erbschaft infolge der Ausschlagung angefallen ist.** [2]**Es hat die Einsicht der Erklärung jedem zu gestatten, der ein rechtliches Interesse glaubhaft macht.**

1 **1. Fiktion des nicht erfolgten Anfalles.** Besitznahme durch vorläufigen Erben ist weder verbotene Eigenmacht (§ 858) noch Abhandenkommen (§ 935). Für die Interimsgeschäfte des vorläufigen Erben gilt § 1959; zur Anfechtung solcher Geschäfte in der Nachlassinsolvenz s BGH NJW 1969, 1349. Eine Rechtsnachfolge iSd § 265 ZPO findet nicht statt, so dass Urteile, die in Rechtsstreitigkeiten des vorläufigen Erben ergangen sind, den endgültigen Erben nicht binden (BGHZ 106, 365). Die Rückwirkung der Ausschlagung hat für Leistungen nach dem SGB XII zur Folge, dass das ausgeschlagene Erbe dem Sozialhilfeempfänger zur Deckung seines Bedarfs nicht zur Verfügung steht und Leistungen nach dem Tatsächlichkeitsprinzip zu gewähren sind (LSG Saarland ZEV 2022, 119 = BeckRS 2021, 34599).

2. Weitere Erbfolge. Vgl §§ 1924 III, 2069 f., 2142 II, 1935, 2094; zum Erbvertrag → § 2298 Rn. 3. 2

3. Pflichtteilsanspruch. Der Ausschlagende hat keinen Pflichtteilsanspruch, vgl aber §§ 1371 III, 2305 und 2306. 3

§ 1954 Anfechtungsfrist

(1) **Ist die Annahme oder die Ausschlagung anfechtbar, so kann die Anfechtung nur binnen sechs Wochen erfolgen.**

(2) [1]**Die Frist beginnt im Falle der Anfechtbarkeit wegen Drohung mit dem Zeitpunkt, in welchem die Zwangslage aufhört, in den übrigen Fällen mit dem Zeitpunkt, in welchem der Anfechtungsberechtigte von dem Anfechtungsgrund Kenntnis erlangt.** [2]**Auf den Lauf der Frist finden die für die Verjährung geltenden Vorschriften der §§ 206, 210, 211 entsprechende Anwendung.**

(3) **Die Frist beträgt sechs Monate, wenn der Erblasser seinen letzten Wohnsitz nur im Ausland gehabt hat oder wenn sich der Erbe bei dem Beginn der Frist im Ausland aufhält.**

(4) **Die Anfechtung ist ausgeschlossen, wenn seit der Annahme oder der Ausschlagung 30 Jahre verstrichen sind.**

1. Anfechtungsgründe. Sie richten sich nach §§ 119, 120, 123 (BGHZ 168, 210 Rn. 19; BGH NJW 2016, 2954 Rn. 11). Wie allgemein bei allen Anfechtungstatbeständen des § 119 darf der Anfechtende seinen Irrtum nicht dadurch veranlasst haben, dass er sich mit ihm zugänglichen Tatsachen überhaupt nicht näher auseinandergesetzt und somit in bewusster Unkenntnis näherer Umstände gehandelt hat (OLG Brandenburg ErbR 2019, 704 = BeckRS 2019, 16864; OLG Düsseldorf ErbR 2020, 46 = BeckRS 2019, 27666). *Beachtlicher Eigenschaftsirrtum* (§ 119 II): irrige Annahme einer Überschuldung (BGH NJW 2015, 2729 Rn. 12; RGZ 158, 53; BayObLG NJW-RR 1993, 781; s aber OLG Düsseldorf ZEV 2005, 255; NJW-RR 2009, 13; FamRZ 2011, 1171; OLG Stuttgart FamRZ 2009, 1183: Unbeachtlichkeit falscher Wertspekulation, zur Abgrenzung zwischen Irrtum über Überschuldung und Wertspekulation OLG Düsseldorf BeckRS 2020, 33799) bzw Unkenntnis von Überschuldung (OLG Zweibrücken ZEV 1996, 428; BayObLG NJW-RR 1999, 590; OLG Hamm Rpfleger 2009, 384); Belastung des Nachlasses mit einer wesentlichen Verbindlichkeit, deren rechtlicher Bestand ungeklärt ist (BGHZ 106, 363=NJW 1989, 2885; BGH FamRZ 1991, 55; ähnlich OLG Düsseldorf ZEV 2017, 262 bei Fehlbeurteilung eines Vermächtnisses); Irrtum über das Bestehen einer Beschränkung durch eine Nacherbfolge (BayObLG NJW-RR 1997, 74, im konkreten Fall verneint); Irrtum über Erbteilsquote (OLG Hamm NJW 1966, 1080; aA OLG Hamm ZEV 1998, 215 bei Irrtum über Höhe des Erbersatzanspruchs eines Mitberechtigten – fragwürdig); Unkenntnis der Berufung eines weiteren Miterben (BGH NJW 1997, 394 = BGH LM § 2087 Nr. 3 mzustAnm Leipold); Irrtum über Nachlasszugehörigkeit bestimmter Gegenstände (BayObLG NJW-RR 1998, 797; KG ZEV 2004, 283; OLG Düsseldorf ZEV 2017, 92 [Schmerzensgeldanspruch erheblicher Höhe]; Herrler NJW 2013, 1089). *Inhaltsirrtum* (§ 119 I): schlüssiges Annahmeverhalten in Unkenntnis des Ausschlagungsrechts (BayObLGZ 1983, 153); Annahme durch Verstreichenlassen der Frist zur Ausschlagung bei Irrtum über Bestehen, den Lauf oder die Rechtsfolgen des Fristablaufs (BGH NJW 2019, 1071 Rn. 20 ff.; 2015, 2729 Rn. 9; OLG Schleswig NJW-RR 2016, 330 Rn. 16 f.); Fehlvorstellung über eine nicht gegebene Anwachsung bei einem bestimmten Miterben (OLG Frankfurt a.M. ZEV 2017, 517 mAnm Kollmeyer ZEV 2017, 517 und Ivo ZEV 2017, 518) oder das Nachrücken von Ersatzvorerben (OLG Düsseldorf NJW-RR 1998, 150) oder über eigene Pflichtteilsansprüche nach Ausschlagung (OLG München FamRZ 2011, 274); Irrtum über Ausschlagung des gesamten Erbes bei 1

Nachlassspaltung (BayObLG NJW-RR 1998, 801); Irrtum über pflichtteilsrechtliche Folgen einer Ausschlagung bei Annahme (BGHZ 168, 218 f. mzustAnm Olzen/Schwarz JZ 2007, 420; Leipold ZEV 2006, 500 gegen BayObLG NJW-RR 1995, 906; BGH NJW 2016, 2954 Rn. 15 [zu § 2306 nF]; → § 2306 Rn. 5 und 8). *Unbeachtlich* dagegen bei ausdrücklich erklärter Annahme der Irrtum über das Bestehen einer Ausschlagungsmöglichkeit (BayObLGZ 1987, 356; BayObLG NJW-RR 1995, 906); der Irrtum über Person des Nächstberufenen (OLG Stuttgart OLGZ 1983, 306; OLG Düsseldorf ZEV 1997, 258; OLG München NJW 2010, 687; OLG Hamm Rpfleger 2011, 671; FGPrax 2022, 174; zT str, Soergel/Stein § 1954 Rn. 2; aA aber zutreffend insbes OLG Düsseldorf ZEV 2018, 85, 86; 2019, 469 Rn. 15 ff., 22 („lenkende Ausschlagung"); OLG Frankfurt ZEV 2017, 515 mzustAnm Ivo 518 und ablAnm Kollmeyer 517; wie hier MüKoBGB/Leipold, 8. Aufl. 2020, § 1954 Rn. 7; Staudinger/Otte, 2017, § 1954 Rn. 6); über späteren Wegfall der Überschuldung (LG Berlin NJW 1975, 2104; rechtsähnlich OLG Düsseldorf ErbR 2020, 46 = BeckRS 2019, 27666); über das Fehlen eines Leistungsverweigerungsrechts gegenüber Vermächtnisanspruch (BayObLG FGPrax 1998, 146); über Höhe der Erbschaftsteuer; über güterrechtliche Rechtsfolgen (D. Schwab JuS 1965, 437); über Bestand von Lastenausgleichsansprüchen (zweifelhaft, KG NJW 1969, 191); über weitere politische und rechtliche Entwicklung, auch soweit sie die Nachlassgegenstände unmittelbar betrifft (für Nachlassgegenstände in der früheren DDR KG FamRZ 1992, 613; OLG Frankfurt a.M. DtZ 1991, 301; BVerfG DtZ 1994, 312; Grunewald NJW 1991, 1212; anders uU bei Unkenntnis der Nachlasszugehörigkeit von DDR-Vermögen: KG DNotZ 1993, 409); bei Nachlassspaltung ist die Ausschlagung für den dem DDR-Erbrecht unterliegenden Nachlassteil unwirksam, ohne dass es auf eine Anfechtung ankommt, wenn die Erklärung nicht gem § 403 II ZGB, gegenüber einem staatlichen Notariat der DDR erfolgte: BayObLG NJW 1991, 1238; FamRZ 1995, 1090; KG FamRZ 1996, 1574; s aber KG Rpfleger 1996, 457 bei erst nach dem 2.10.1990 endender Ausschlagungsfrist; BayObLG NJW 2003, 216: Ausschlagung und Anfechtung nach dem 3.10.1990; KG NJW 1998, 243: Heilung interlokaler FamRZ 1968, 656; OLG Karlsruhe NJW-RR 1995, 1349). Unzuständigkeit, hierzu → § 1945 Rn. 2; → Vor § 1922 Rn. 5 und 15. Bei ges Stellvertretung gilt § 166.

2 **2. Anfechtungsberechtigung.** Sie ist mit Annahme- bzw Ausschlagungsbefugnis identisch, vgl → § 1943 Rn. 3; → § 1945 Rn. 3.

3 **3. Wirkung.** § 1957, nicht § 142 I. § 122 ist anwendbar.

4 **4. Fristlauf.** §§ 121, 124 sind voll durch § 1954 ersetzt. Kenntnis des Anfechtungsgrundes ist ausreichend, keine Kenntnis des Anfechtungsrechtes erforderlich (OLG Hamm Rpfleger 1985, 365; BayObLG NJW-RR 1993, 781). Diese Kenntnis setzt zuverlässiges Erfahren der in Betracht kommenden tatsächlichen oder rechtlichen anfechtungsbegründenden Umstände voraus, aufgrund dessen ein Handeln des Anfechtungsberechtigten zu erwarten ist (BGH NJW 2016, 2954 Rn. 26 f.) Für zu späteren Zeitpunkten bekannt gewordene Anfechtungsgründe laufen getrennte Anfechtungsfristen (OLG Düsseldorf ZEV 2016, 721 [LS] = BeckRS 2016, 19189). Die Kenntnis einer erstinstanzlichen nicht rechtskräftigen Entscheidung, welche von Sittenwidrigkeit (§ 138) lebzeitiger Vermögensübertragung ausgeht, kann spätere Anfechtung der Ausschlagung wegen Eigenschaftsirrtums ausschließen (BayObLG NJW-RR 1998, 797; str). Die Kenntnis des Bevollmächtigten (§ 10 FamFG) von der Versäumung der Ausschlagungsfrist (§ 1956) wird dem Ausschlagenden nach § 166 I analog zugerechnet (OLG Celle ZEV 2010, 366). Zur Hemmung der Frist bei Ausschlagungen nach Erbfällen in der früheren DDR → Vor § 1922 Rn. 15.

5 **5. Anfechtung der Anfechtungserklärung.** Sie folgt §§ 143, 119, 120, 123 (zum Irrtum über Überschuldung des Nachlasses BGH NJW 2015, 2729 Rn. 12) und führt zu deren Wegfall (§ 142 I); Fristen gem §§ 121, 124, *nicht* § 1954 (BGH

NJW 2015, 2729 Rn. 14 ff.; BayObLGZ 1980, 23 [27]); Form gem §§ 1955, 1945 analog (OLG Hamm NJW-RR 2009, 1666).

§ 1955 Form der Anfechtung

[1]Die Anfechtung der Annahme oder der Ausschlagung erfolgt durch Erklärung gegenüber dem Nachlassgericht. [2]Für die Erklärung gelten die Vorschriften des § 1945.

Die Vorschrift ist Spezialvorschrift zu § 143; s. iÜ → § 1945 Rn. 1 ff.; zur Form der Anfechtungserklärung insbesondere OLG Bamberg NJW-RR 2022, 727 Rn. 18: Übermittlung der als Papierurkunde erstellten notariell beglaubigten Anfechtungserklärung als pdf-Datei auch zur Fristwahrung nicht ausreichend – zweifelhaft!); zur Anfechtung der Anfechtungserklärung → § 1954 Rn. 5. 1

§ 1956 Anfechtung der Fristversäumung

Die Versäumung der Ausschlagungsfrist kann in gleicher Weise wie die Annahme angefochten werden.

Da das Ablaufenlassen der Ausschlagungsfrist schlüssige Annahmeerklärung ist (§ 1943), gelten alle Regeln zur Anfechtung der Annahme auch für diesen Fall (s § 1954). Bsp für Fälle beachtlichen Irrtums: Irrtum (§ 119 I) über Bedeutung des Fristablaufs bzw des Schweigens (BGH NJW 2015, 2729 Rn. 9; BGH NJW 2016, 2954 = ZEV 2016, 574 mAnm K. W. Lange und BGH ZEV 2006, 498 mAnm von Leipold [Irrtum über die Bedeutung des § 2306 nF und aF; sa → § 2306 Rn. 10]; OLG Hamm OLGZ 1985, 286 mN; BayObLG NJW-RR 1993, 781; OLG Zweibrücken Rpfleger 2006, 409; OLG Brandenburg BeckRS 2021, 38280); abzuheben ist dabei für die Beurteilung der Kausalität des Irrtums auf den Kenntnisstand des Betroffenen im Zeitpunkt des Ablaufs der Ausschlagungsfrist (BGH NJW 2015, 2729 Rn. 10; OLG Düsseldorf NJW-RR 2013, 842 Rn. 12; LG Bonn Rpfleger 1985, 148 m ablAnm Stein); Irrtum über vermeintlich bereits erfolgte Ausschlagung (OLG Jena FamRZ 2011, 1759; OLG Brandenburg BeckRS 2021, 38280) oder die Wirksamkeit einer ausdr Ausschlagung (zB fehlende gerichtl Genehmigung für den ausschlagenden ges Vertreter, BayObLGZ 1983, 13; Formmangel, § 1945, BayObLG Rpfleger 1994, 168 oder §§ 1947 ff.); iÜ → § 1944 Rn. 4. Die familiengerichtliche Genehmigung einer Ausschlagung in Vertretung eines minderjährigen Kindes umfasst auch die Anfechtung einer Fristversäumung (OLG Celle NJW-RR 2013, 582). Die fehlende Mitwirkung des Anfechtenden bei Feststellung des Anfechtungsgrundes geht nach allgemeinen Grundsätzen zu seinen Lasten (OLG Düsseldorf NJW-RR 2013, 842). 1

§ 1957 Wirkung der Anfechtung

(1) **Die Anfechtung der Annahme gilt als Ausschlagung, die Anfechtung der Ausschlagung gilt als Annahme.**

(2) **[1]Das Nachlassgericht soll die Anfechtung der Ausschlagung demjenigen mitteilen, welchem die Erbschaft infolge der Ausschlagung angefallen war. [2]Die Vorschrift des § 1953 Abs. 3 Satz 2 findet Anwendung.**

Zur Vereinfachung und Wahrung der Rechtsklarheit trifft das Ges eine von § 142 I abw Spezialregelung (Bsp: BGHZ 106, 364). § 1957 gilt auch im Falle des § 2142 I (BayObLGZ 1962, 239), nicht aber bei Anfechtung der Anfechtungserklärung (BGH NJW 2015, 2729 Rn. 17). 1

§ 1958 Gerichtliche Geltendmachung von Ansprüchen gegen den Erben

Vor der Annahme der Erbschaft kann ein Anspruch, der sich gegen den Nachlass richtet, nicht gegen den Erben gerichtlich geltend gemacht werden.

1 **1. Schutz vor Passivprozessen.** Die Vorschrift gewährt Schutz vor Passivprozessen, indem sie die Erbschaftsannahme zur von Amts wegen zu beachtenden Prozessvoraussetzung erhebt. Prozessuale Korrespondenzvorschriften: §§ 239 V, 778, 779 ZPO; Titelumschreibung (§ 727 ZPO) wegen Nachlassverbindlichkeit ist erst nach Annahme möglich. Entgegen hM (RGZ 60, 179) sollte generell ein Verfahren des einstw Rechtsschutzes zulässig sein.

2 **2. Abw. Vorschriften.** §§ 1960 III, 2213 II, § 316 InsO.

3 **3. Außergerichtliche Rechtsverfolgung.** §§ 1959 III, 1995 II, 2014, 211. Trotz Wirksamkeit der Mahnung jedoch kein Schuldnerverzug (§ 286 IV).

§ 1959 Geschäftsführung vor der Ausschlagung

(1) **Besorgt der Erbe vor der Ausschlagung erbschaftliche Geschäfte, so ist er demjenigen gegenüber, welcher Erbe wird, wie ein Geschäftsführer ohne Auftrag berechtigt und verpflichtet.**

(2) **Verfügt der Erbe vor der Ausschlagung über einen Nachlassgegenstand, so wird die Wirksamkeit der Verfügung durch die Ausschlagung nicht berührt, wenn die Verfügung nicht ohne Nachteil für den Nachlass verschoben werden konnte.**

(3) **Ein Rechtsgeschäft, das gegenüber dem Erben als solchem vorgenommen werden muss, bleibt, wenn es vor der Ausschlagung dem Ausschlagenden gegenüber vorgenommen wird, auch nach der Ausschlagung wirksam.**

1 **1. Geschäftsführungsbefugnis.** Sie bedingt Pflichtigkeit nach § 677, ggf auch Schadensersatzpflicht gegenüber endgültigem Erben (OLG Celle MDR 1970, 1012). Aufwendungsersatzanspruch (§ 683) ist Nachlassverbindlichkeit (§ 1967 II). Der vorläufige Erbe ist aber nicht Repräsentant gegenüber einer Versicherung des Erblassers (BGH LM Nr. 2 zu § 61 VVG).

2 **2. Unaufschiebbare Verfügungen.** Dies sind zB Zahlung der Beerdigungskosten (LAG Bln MDR 1985, 169), Veräußerung verderblicher Ware usw; nicht dagegen aktive Prozessführung. Verfügungsbefugnis ist keine Vertretungsbefugnis, daher keine schuldrechtliche Bindung des endgültigen Erben (str). IÜ gelten §§ 185 II, 932 ff., 892 f.

3 **3. Einseitige empfangsbedürftige RGeschäfte.** Gegenüber dem vorläufigen Erben sind dies zB Mahnung, Kündigung, Anfechtung, Genehmigung, Meldung nach § 1974 I.

4 **4. Abgrenzung.** Sie ist inbes gegenüber § 1978 und §§ 2018 ff. ist zu beachten.

§ 1960 Sicherung des Nachlasses; Nachlasspfleger

(1) [1]**Bis zur Annahme der Erbschaft hat das Nachlassgericht für die Sicherung des Nachlasses zu sorgen, soweit ein Bedürfnis besteht.** [2]**Das Gleiche gilt, wenn der Erbe unbekannt oder wenn ungewiss ist, ob er die Erbschaft angenommen hat.**

(2) **Das Nachlassgericht kann insbesondere die Anlegung von Siegeln, die Hinterlegung von Geld, Wertpapieren und Kostbarkeiten sowie die Aufnahme eines Nachlassverzeichnisses anordnen und für denjenigen, welcher Erbe wird, einen Pfleger (Nachlasspfleger) bestellen.**

(3) **Die Vorschrift des § 1958 findet auf den Nachlasspfleger keine Anwendung.**

1. Zuständiges Nachlassgericht. §§ 342 I , 343, 344 IV FamFG (früher §§ 72–75 FGG); § 23a II Nr. 2 GVG; gem §§ 3 Nr. 2c, 16 I Nr. 1, 14 Nr. 5 RPflG Rechtspflegeraufgabe (insbes für Nachlasspflegschaft bei Auslandsberührung früher str, BayObLG Rpfleger 1982, 423 mAnm Meyer-Stolte, zur inzwischen hM, vgl insbes für Nachlasspflegschaften im Falle von Nachlässen mit Auslandsberührung MüKoBGB/Leipold, 9. Aufl. 2022, § 1960 Rn. 13); früher in Baden-Württemberg: §§ 1 II, 38, 40 ff. bwLFGG aF (Notariate) iVm Art. 147 EGBGB aF; zur insoweit insgesamt unveränderten Rechtslage nach dem BTÄndG ab dem 1.1.2023 Zimmermann ZEV 2022, 580, 581. 1

2. Sicherungsbedürfnis. Es besteht bei Gefährdung des Nachlasswertes, regelmäßig also nicht bei Vertrauenswürdigkeit des vorläufigen Erben oder Testamentsvollstreckers (KG OLGZ 1973, 106; LG Stuttgart ZEV 2009, 396) oder gar feststehenden Erben (OLG Düsseldorf FamRZ 1995, 895) oder „missbrauchsfester" Nachlasszusammensetzung (KG FamRZ 2000, 445). Ein Sicherungsbedürfnis kann aber im Einzelfall selbst dann bestehen, wenn eine transmortale Vollmacht vorliegt und der Nachlass praktisch nur aus Geldanlagen besteht (OLG Frankfurt a.M. ZEV 2020, 95). Immer müssen konkrete Anhaltspunkte für ein Sicherungsbedürfnis dargetan sein, zB drohender Wertverlust, Diebstahl oder andere strafbare Handlungen, Unterlassung der Geltendmachung von Ansprüchen, Fehlen ordnungsmäßiger Verwaltung (OLG Düsseldorf NJW-RR 2020, 331 Rn. 12). 2

3. Ungewissheit über Person des Erben. Sie kann bestehen bei Erbschaft des nasciturus (§ 1923 II); in Altfällen auch vor Feststellung der nichtehelichen Vaterschaft, falls Erbberechtigte nach § 1934a I aF in Frage standen (OLG Stuttgart NJW 1975, 880; → § 1924 Rn. 3); bei Erbscheinseinziehung (BayObLGZ 1962, 307), uU schon bei wohlbegründetem Einziehungsantrag (BayObLGZ 1960, 407) ohne Rücksicht auf die Vermutung des § 2365; bei weitläufiger und verwickelter Erbfolge (BayObLG Rpfleger 1984, 102); wenn sich das NachlassG nicht ohne umfängliche Ermittlungen überzeugen kann, wer Erbe geworden ist (BGH NJW-RR 2013, 72; OLG Köln OLGZ 1989, 145; BayObLG Rpfleger 1990, 257; BayObLG FamRZ 1996, 308; OLG Hamm ZErb 2008, 209; OLG Brandenburg BeckRS 2020, 5441); es genügt jedoch bereits eine hohe Wahrscheinlichkeit, dass eine bestimmte Person Erbe geworden ist, um die Nachlasspflegschaft wieder aufzuheben (OLG München Rpfleger 2006, 18; OLG Frankfurt a.M. OLGR 2005, 442; OLG Karlsruhe NJW-RR 2010, 794); uU auch, wenn Anfechtungsklage wegen Erbunwürdigkeit ernsthaft angekündigt, aber im Hinblick auf laufende strafrechtliche Ermittlungen noch nicht erhoben ist (BayObLG NJW-RR 2002, 1159; bei Testamentsvollstreckung ausnahmsweise wegen trotzdem bestehender Unsicherheiten Nachlasspflegschaft, zB falls eine zweifelhafte Auswechslung des Testamentsvollstreckers vorausgegangen ist (BGH NJW-RR 2013, 72) oder falls die Erben unbekannt, aber anzuhören sind (OLG Düsseldorf FamRZ 2010, 1474; aA insoweit zu Recht Bestelmeyer FamRZ 2011, 145: Pflegerbestellung); bei begründetem Streit über Erbfolge und Testamentsvollsreckung nach Anfechtung eines Erbvertrages (BGH NJW-RR 2013, 72; OLG Frankfurt a.M. ZEV 2012, 147 mit Besonderheit der Anfechtung unter Vorbehalt gesonderter Einreichung der Anfechtungsurkunde – insoweit abw OLG Frankfurt a.M. ZEV 2012, 542); bei schwebendem Vaterschaftsfeststellungsverfahren und gleichzeitiger Ankündigung einer Anfechtung nach § 2079 (OLG Schleswig NJW-RR 2011, 1643); bei transmortaler oder postmortaler Vollmacht, falls trotzdem Gefahr missbräuchlicher Verfügungen besteht (BGH NJW-RR 2013, 74; OLG München ZEV 2018, 704: Feststellung des noch unbekannten Erben durch Nachlasspfleger nach erfolgtem Widerruf einer transmortalen Vollmacht; sa oben → Rn. 2). 3

4 **4. Fürsorgemaßnahmen des NachlassG.** Sie sind nur beispielhaft aufgezählt und unterliegen pflichtgemäßem richterlichen Ermessen (s OLG Koblenz Rpfleger 1985, 443); neben Nachlasspflegschaft (→ Rn. 5 ff.) zB Kontensperrung (KG Rpfleger 1982, 184), Hinterlegung von Geld (OLG Düsseldorf NJW-RR 2020, 331 Rn. 13 ff.: keine Teilnachlasspflegschaft zur Förderung geordneter Auseinandersetzung nach bereits erfolgter Hinterlegung des Guthabenbetrages eines von einem Miterben verwalteten Kontos); Nachforschung nach Testamenten (RGZ 69, 271); Anordnung der Begleichung von Beerdigungskosten aus Nachlassmitteln (§ 1846 aF) zur Vermeidung einer Nachlasspflegschaft gem § 1961 (Bestelmeyer Rpfleger 2011, 211 gegen OLG Dresden Rpfleger 2011, 35); keine Maßnahmen der Rechtsverteidigung, zB Antrag auf Eröffnung eines Nachlassinsolvenzverfahrens (BGH FamRZ 2009, 872: Bestellung eines Nachlasspflegers); zur Problematik der Nachlasspflege bei insolventen Nachlässen des unbekannten Erben J. Roth Rpfleger 2019, 495 ff. Für das Inventarverzeichnis gelten §§ 2001, 2010.

5 **5. Nachlasspflegschaft. a) Rechtszustand bis zum 31.12.2022. aa) Rechtsnatur:** Sonderfall der Pflegschaft iSd §§ 1909 ff. aF, so dass gem §§ 1915 I, 1897 aF die Vorschriften der §§ 1773 ff. aF entspr Anwendung finden. Der Nachlasspfleger kann bei pflichtwidrigem Verhalten gem §§ 1886, 1962, 1915 aF aus seinem Amt entlassen werden (OLG Frankfurt a.M. ZEV 2022, 448: erfolgreiche Beschwerde gem § 58 FamFG führt auch zur Aufhebung der im Entlassungsbescheid verfügten Bestellung eines Nachfolgers). Der Nachlasspfleger ist Vertreter des uU unbekannten Erben (§ 1793 aF; BGHZ 94, 314; BFH NJW 1982, 2576) bzw Miterben (OLG Düsseldorf FamRZ 1995, 895; sa OLG Dresden ZEV 2000, 402), im Innenverhältnis treffen ihn Fürsorge- und Treuepflichten entspr dem Sicherungszweck (vgl §§ 1793, 1833 aF); dementsprechend hat er gegen den Erben die Rechte eines Beauftragten (§§ 1835 f. aF); nach wohl überwiegender Auffassung gem §§ 340, 271–341 FamFG „betreuungsgerichtliche Zuweisungssache" mit Geltung insbes von §§ 276 ff.
6 FamFG (dazu Bestelmeyer Rpfleger 2010, 647 ff. mNw). **bb) Bestellung** erfolgt durch das NachlassG, vgl → Rn. 1; §§ 1779, 1789 aF (zum Erfordernis persönlicher Anwesenheit OLG Stuttgart NJW-RR 2011, 737), 1791 aF sind anwendbar. Ein Nachlassgläubiger kann idR wegen möglicher Interessenkollision nicht zum Nachlasspfleger bestellt werden (BayObLG NJW-RR 1992, 967; sa § 1779 II 1 aF). Fehlerhafte Bestellung bleibt bis zur Aufhebung der Pflegschaft wirksam; auch keine Beendigung durch bloße Erledigung wesentlicher Teile des Wirkungskreises (OLG Oldenburg FGPrax 1998, 108). Beschwerderecht bzgl Anordnung und Person (§ 59 FamFG; früher § 20 FGG) steht dem Erben bzw Erbprätendenten zu (LG Heidelberg NJW 1955, 469; zum Beteiligungsrecht gem § 7 II Nr. 2 FamFG OLG Bremen ZEV 2018, 25: Ersatz von Anwaltskosten), nicht aber dem Ersatz- oder Nacherben (zw), idR nicht dem Vermächtnisnehmer (OLG Düsseldorf BeckRS 2013, 18750, zw) oder Dritten (OLG Stuttgart BWNotZ 1971, 88; BayObLG NJW-RR 2001, 297; ZEV 2004, 460; OLG München NJW 2010, 2364: Bevollmächtigter des Erblassers); *Beschwerderecht* des Testamentsvollstreckers (KG OLGZ 1973, 106) nach hM nur gegen Anordnung, nicht gegen Person des Pflegers (zweifelhaft). Gegen Anordnung der Pflegschaft ist auch der Nachlasspfleger selbst beschwerdebefugt (OLG Frankfurt a.M. FamRZ 1994, 266). Beschwerderecht bei Ablehnung nach §§ 58, 59, 345 IV 1 Nr. 2 FamFG, bis zum 1.9.2009 nach §§ 75, 57 I Nr. 3 FGG (KG OLGZ 1971, 210); jedoch kein Beschwerderecht im Erbscheinerteilungsverfahren zugunsten des Erben, dessen Unsicherheit Grund für die Nachlasspflegschaft ist
7 (OLG Braunschweig NJW-RR 2020, 1333 Rn. 25). **cc) Gründe zur Bestellung:** Vgl zunächst → Rn. 2 und 3 und § 1961. Zulässig ist die Pflegerbestellung auch für unbekannten Nacherben (BGH RdL 68, 97), nicht aber für bisher unbekannte Erben von Mitgliedern einer Erbengemeinschaft, sog. Erbeserben (OLG Düsseldorf NJW-RR 2021, 200 Rn. 17). Davon zu unterscheiden ist der Fall, dass das Mitglied einer auseinanderzusetzenden Erbengemeinschaft stirbt und für unbekannte Mitglieder der untergeordneten Erbengemeinschaft nach dem verstorbenen Miterben zur

Erhaltung der Handlungsfähigkeit dieser untergeordneten Erbengemeinschaft ein Nachlasspfleger bestellt wird (OLG Braunschweig ZEV 2020, 34 Rn. 16). Partielles Sicherungsbedürfnis rechtfertigt nach hM die Anordnung der Teilnachlasspflegschaft, zB zur Verwaltung einzelner Nachlassgegenstände (KG NJW 1965, 1719); wegen der aus der Beschränkung folgenden Rechtsunsicherheit bedenklich. Unbedenklich ist die Pflegerbestellung für einen unbekannten Miterben, die nur einen ideellen Teil des Gesamtnachlasses erfasst (KG NJW 1971, 565; OLG Köln FamRZ 1989, 436; OLG Köln Rpfleger 2011, 158; OLG Düsseldorf FamRZ 1995, 895; OLG Schleswig ZErb 2014, 228; OLG Brandenburg ZEV 2019, 372 = BeckRS 2019, 6704: Verfolgung eines Anspruchs nach § 2039). Hingegen keine Pflegschaft für bekannten, aber abwesenden Erben (OLG Köln Rpfleger 2011, 158: Abwesenheitspflegschaft) oder für bekannte, aber zerstrittene Erben zur besseren Rechtsverfolgung (OLG Zweibrücken Rpfleger 1986, 433; OLG Düsseldorf FamRZ 1995, 895; ähnlich OLG Schleswig ZErb 2014, 228; OLG Köln NJW-RR 2020, 331 Rn. 12). Die Pflegerbestellung für den unbekannten Erben, der Gläubiger eines Grundpfandrechts ist, mit nachfolgender Löschungsklage hat keinen Vorrang gegenüber dem Aufgebotsverfahren nach § 1170 (BGH NJW 2014, 693 Rn. 15 ff.).

dd) Rechte und Pflichten: Vertretungsrecht (§ 1793 aF) nach außen hängt nicht 8
von Zweck- und Pflichtmäßigkeit des Handelns ab (BGHZ 49, 4), es ist wie bei Stellvertretung Innen- und Außenverhältnis zu unterscheiden. §§ 1795, 181 aF (RGZ 71, 162) sind ebenso zu beachten wie §§ 1802 ff. aF (zur Notwendigkeit der Bestellung eines Verfahrenspflegers, §§ 276 ff. FamFG, im Genehmigungsverfahren wegen §§ 40 II, 41 III FamFG OLG Hamm DNotZ 2011, 223; ausf Bestelmeyer Rpfleger 2011, 675; 10, 647 f.; aA Leipold ZEV 2011, 192), 1821 ff. aF (Genehmigungspflicht des NachlassG, § 1962), 1837 ff. aF (Aufsicht des NachlassG; BayObLG NJW-RR 1997, 326: kein Weisungsrecht; OLG München ZEV 2019, 267: kein Recht von Gläubigern auf Weisung an den Nachlasspfleger), 1886 aF (Entlassung als ultima ratio, BayObLGZ 1983, 59; OLG Frankfurt a. M. OLGR 2005, 406), 1890, 1892 aF (Herausgabe bei Beendigung unter Rechnungslegung; hierzu KG OLGZ 1977, 132; OLG Brandenburg NJW-RR 2008, 96). Die Vermögensfürsorge (§ 1793 aF) umfasst Recht und Pflicht zur Besitznahme, auch gegenüber dem Erbprätendenten (BGHZ 94, 314; BGH NJW 1972, 1752; BGH ZErb 2007, 385; BGH NJW 1983, 226; OLG Karlsruhe Rpfleger 2007, 608), dessen Erbrecht nicht rechtskräftig feststeht; aber keine Herausgabe von Wohnraum! (BGH NJW 1981, 2300). Der Nachlasspfleger kann ein Europäisches Nachlasszeugnis beantragen, das seine Rechtsstellung bescheinigt (OLG Schleswig NJW-RR 2018, 458: Analogie zum Nachlassverwalter nach Art. 65 I i.V.m. Art. 63 I EuErbVO), hingegen keinen Erbschein deutschen Rechts (sa → § 2353 Rn. 4). Auch Surrogate unterliegen der Herausgabe (BGH NJW 1983, 227; Dieckmann FamRZ 1983, 582). Der Pfleger kann zur Prozessverhütung Gläubiger befriedigen und hierzu Nachlassgegenstände veräußern (BGH DRiZ 1966, 395; OLG München Rpfleger 2010, 326); zur Auskunftspflicht gegen Gläubiger § 2012. Er kann Forderungen beitreiben, um öffentliche Schulden zu tilgen (aA OLG Stuttgart BWNotZ 1985, 71) und hat gegebenenfalls die Bankkonten des Erblassers zu führen (dazu Schulz/Schmitz ZEV 2015, 80). Weitere Rechte des Pflegers in § 455 II FamFG, § 317 InsO (zum Insolvenzantragsrecht BGH FamRZ 2011, 1293; 2007, 1648). Der Pfleger darf *nicht* die Erbschaft annehmen und ausschlagen (BGH NJW 2022, 1748 Rn. 7 ff., 9 ff. für Nachlass und Unternachlass durch Wahrnehmung eines im Nachlass befindlichen und gem § 1952 I ererbten Ausschlagungsrechts); den Nachlass auseinandersetzen, außer in bestimmten Ausnahmefällen (Auflösung der Wohnung als wesentlicher Bestand der Erbschaft: KG NJW-RR 2007, 1599; Pflegschaft für nur einen Miterben: KG NJW 1971, 565; KG OLGZ 1981, 151); über den Erbteil auf Grund Erbschaftsverkaufs verfügen; Erbschein beantragen (aber → § 2353 Rn. 4); Nachlassverwaltung beantragen (str); wohl aber kann er unstr Pflichtteilsansprüche befriedigen (OLG Schleswig FamRZ 2010, 1194; Haas ZEV 2009, 270). Angelegtes Kapital sollte der Nachlasspfleger nur umschichten, wenn besonders risikoträchtige Anlageformen hoher

Volatilität in Frage stehen (Termin- und Optionsgeschäfte oder Derivate), die mit der Werterhaltung als dem Hauptzweck der Nachlasspflegschaft unvereinbar erscheinen und die Bevorzugung konservativer und mündelsicherer Anlageformen nahelegen (OLG Düsseldorf NJW-RR 2019, 714 Rn. 17; OLG Braunschweig NJW-RR 2020, 710 für Depotwerte in Covid-Zeiten; zur Problematik treuhänderischer Konten des Nachlasspflegers allgemein Sonnenberg/Hauer Rpfleger 2020, 110 ff.). Dem Nachlasspfleger kann bei unbekannten Erben ein auf Schätzung beruhender Erbschaftsteuerbescheid zugestellt werden, er hat die festgesetzte Steuer zu entrichten (BFH NJW 2020, 3806 Rn. 18 ff.) und kann bei andauernder Abwesenheit der Erben wohl auch Rechtsmittel einlegen, wobei allerdings zu beachten bleibt, dass die Erben bei ungerechtfertigter Festsetzung bezahlter Steuer einen Erstattungsanspruch haben (BFH aaO Rn. 22). Der Nachlasspfleger unterliegt den Vorschriften der Geldwäschegesetzgebung und muss seine Identität gegenüber einer Bank des Erben gem
9 §§ 12, 13 GwG nachweisen (BGH NJW 2021, 2032, Rn. 21 ff.). **ee) Prozessführung:** aktiv und passiv (§§ 1960 III, 1958, 1961) als Vertreter des Erben oder in eigenem Namen (arg aus § 780 II ZPO; BGH NJW 1989, 2133; BGH FamRZ 2001, 155); vgl § 243 ZPO (hierzu BGH NJW 1995, 2171); allerdings ist eine Klage des Nachlasspflegers unbegründet, wenn ein Anspruch zwar nach seinem Vortrag, aber tatsächlich nicht zum Nachlass gehört (OLG Dresden ZEV 2019, 23 Rn. 3 ff.: Klage des Nachlasspflegers aus Lebensversicherung zu Gunsten der „Erben lt. Erbschein"; sa → § 2301 Rn. 5). §§ 325 ff., 727 ff. ZPO sind im Verhältnis Pfleger – Erbe allenfalls entspr anwendbar (str). Prozesskostenhilfe steht dem Erben zu, nicht dem Pfleger gem § 116 Nr. 1 ZPO (RGZ 50, 394); die Bedürftigkeitsprüfung erfolgt ausschließlich anhand des Nachlasswertes und nicht des Vermögens des – oft unbekannten – Erben (KG Rpfleger 1995, 357; BayObLG NJW-RR 2000, 1395; OLG Saarbrücken FamRZ 2010, 1358; sa BVerfG NJW-RR 1998, 1081). Der Nachlasspfleger ist selbst Partei, sofern er von Erbprätendenten Herausgabe verlangt (BGH NJW 1972, 1752; 1981, 2300; 1983, 227); iÜ gehört die prozessuale Feststellung des wahren Erben nicht zu seinen Befugnissen, wohl aber kann der Erbprätendent uU gegen den Nachlass auf Feststellung seines Erbrechts klagen (BGH NJW 1951, 559; 1983, 227). Der Nachlasspfleger kann eine Vaterschaftsfeststellung zu Lasten des Erben nicht mit Beschwerde gem § 59 I FamFG anfechten, insbes. wegen fehlender erheblicher Rechtsbeeinträchtigung (BGH NJW 2018, 1316 Rn. 12; gleich für
10 § 184 III FamFG BGH NJW 2017, 1480). **ff) Haftung:** gegenüber Erben nach § 1833 I aF (OLG Hamm NJW-RR 1995, 1159); Haftung gegenüber Gläubigern analog § 1985 II mit Vertreterstellung unvereinbar (str, vgl KG FamRZ 1975, 292); die Gläubiger müssen sich über § 278 an den Erben halten. Bei Nachlassinsolvenz sind Bereicherungsansprüche aus Handlungen des Nachlasspflegers Masseschulden
11 (BGHZ 94, 312). **gg) Vergütung** (Lit: Volpert NJW 2013, 1659): Wie bei Vormundschaft gilt der Grundsatz der Ehrenamtlichkeit (§§ 1915 I 1, 1836 I 1 aF; BVerfGE 54, 251). Seit dem 1.7.2005 regelt das VBVG, das zum 27.7.2019 novelliert worden ist (Felix Rpfleger 2019, 624 ff.), die Vergütung bei berufsmäßiger Nachlasspflegschaft (dazu Zimmermann ZEV 2005, 473). Gem § 1836 I 2 und 3 aF iVm § 1 VBVG aF erfolgt Festlegung durch Beschluss des Nachlassgerichts (zur Wahrung der Ausschlussfrist BGH NJW-RR 2013, 519; OLG Düsseldorf NJW-RR 2014, 1103; OLG Brandenburg Rpfleger 2011, 605; OLG Naumburg Rpfleger 2012, 319), falls berufsmäßige Nachlasspflege vorliegt, bei nicht berufsmäßiger Nachlasspflege gem § 1836 II aF, falls Nachlassvermögen und Geschäftsumfang eine Vergütung rechtfertigen. (§§ 1915 I 2, 1836 I aF; s BT-Drs. 15/4874, 27). Bei berufsmäßig geführter Pflegschaft (zu ihrer Feststellung OLG Naumburg NJW-RR 2011, 737) ist die Vergütung grundsätzlich nach Zeitaufwand und Stundensatz abgestuft entsprechend dem Schwierigkeitsgrad und unter Berücksichtigung der nutzbaren Fachkenntnisse des Nachlasspflegers abzurechnen (OLG Celle ZEV 2018, 165 = BeckRS 2018, 905; OLG Karlsruhe NJW 2015, 2051; OLG Düsseldorf NJW-RR 2014, 778 und ZEV 2020, 122 = BeckRS 2019, 35404; OLG Hamm NJW-RR 2011, 1091; OLG Hamm 2017, 328 Rn. 2); OLG Celle Rpfleger 2012, 257; OLG Bran-

denburg FamRZ 2011, 926; BayObLG NJW-RR 2000, 1395; KG FamRZ 2012, 818; FGPrax 2006, 264; OLG Zweibrücken Rpfleger 2008, 137; OLG Köln FGPrax 2021, 88: ca. 100,– bis 150,– Euro Bruttostundensatz bzw 75,– Euro netto als Untergrenze; aA OLG Dresden Rpfleger 2007, 547; OLG Schleswig FGPrax 2010, 139; 140: Orientierung an § 3 VBVG aF – idR zu niedrig (so deutlich OLG Frankfurt NJW-RR 2020, 1272; für den rechtsähnlichen Fall der Nachlassverwaltung BGH NJW 2018, 2960; dazu § 1987 Rn. 1), was sich eigentlich aus § 1915 I 2 auch deutlich ergibt; zum VBVG Dodegge NJW 2017, 2655 [2660]; Felix Rpfleger 2019, 624); über den Zeitaufwand ist Buch zu führen (OLG Düsseldorf NJW-RR 2014, 778; OLG Schleswig BeckRS 2014, 12002; gegen kleinliche Anforderungen OLG Hamm BeckRS 2020, 198763). Bereits erbrachte Leistungen können endgültig vor Beendigung der Pflegschaft abgerechnet werden, der Nachlasspfleger kann insoweit nicht auf Abschlagszahlungen (§ 3 IV VBVG aF) verwiesen werden (OLG Stuttgart NJW-RR 2018, 197). Es gilt § 1915 I 2 aF für vermögende Nachlässe und § 1836 I 3 aF iVm § 3 I VBVG aF für mittellose Nachlässe (BT-Drs. 15/4874, 27; Zimmermann ZEV 2005, 473 f.). § 1836 II aF ermöglicht auch bei ehrenamtlicher Pflegschaft eine pauschalierte Vergütung, sofern der Nachlass nicht mittellos ist. Bei mittellosem Nachlass erhält der nichtberufsmäßige Pfleger keine Vergütung. Eine Verzinsung der Nachlasspflegervergütung kommt nur nach den allg Regeln der §§ 288, 291 in Betracht (BayObLG FamRZ 2004, 1995; OLG Brandenburg FamRZ 2010, 592). Die Vergütung setzt das NachlassG durch Beschl fest (§§ 340, 292 I, 168 V aF iVm §§ 86, 95 FamFG; zur Begründungspflicht gem § 38 III 1 FamFG OLG Celle FGPrax 2018, 30; BeckRS 2017, 141725; OLG Düsseldorf BeckRS 2021, 34187: keine Zweckmäßigkeitskontrolle im Festsetzungsverfahren, nur Prüfung des sachlichen Bezugs zum Nachlass und zum angeordneten Wirkungskreis und Plausibilität des Zeitaufwands). Dabei ist die Antragsfrist nach VBVG § 2 S. 1 aF (15 Monate nach Entstehung) als Ausschlussfrist zu beachten (BGH NJW-RR 2013, 519; OLG Düsseldorf NJW-RR 2014, 1103 mit Ausführungen zur Wirkung einer Vereinbarung zwischen Nachlasspfleger und Erblasser über eine billige angemessene Vergütung nach Aufhebung der Nachlasspflegschaft). Die Auslagen, die der Erbe zu erstatten hat (§ 1835 I–III aF), muss der Pfleger nach hM einklagen (BayObLG Rpfleger 1984, 356; 91, 254); sie sind zwar grundsätzlich von der Vergütung zu unterscheiden (OLG Frankfurt a.M. NJW-RR 1993, 267), jedoch erlaubt nach anderer Auffassung der Wortlaut des § 168 I Nr. 1 FamFG aF die Festsetzung auch der Auslagen im fG-Verfahren (vgl dazu BGH NJW 2013, 1879 ff. für Betreuungsfälle). § 1835a I aF ermöglicht bei vergütungsloser Nachlasspflege pauschalierten Aufwendungsersatz. Der Einwand mangelhafter Geschäftsführung und damit der Verwirkung des Vergütungsanspruchs greift nur bei Vorsatz (RG 154, 117; vgl KG OLGZ 1988, 283 mN) oder leichtfertigen Verstößen des Nachlasspflegers gegen seine Treue- und Sorgfaltspflichten (OLG Frankfurt a.M. ZEV 2019, 304 = BeckRS 2019, 5929). Über Schadensersatzansprüche gegen den Nachlasspfleger wird im Verfahren nach §§ 340, 292 I, 168 FamFG aF (früher §§ 75, 56g FGG) nicht entschieden und ein dahingehender Einwand wird nur berücksichtigt, wenn der Umfang der Tätigkeit bei pflichtgemäßem Verhalten erheblich geringer wäre und strafbares Verhalten ohne Aufwand mitberücksichtigt werden kann (BGH NJW-RR 2012, 835; OLG Frankfurt ZEV 2019, 304 = BeckRS 2019, 5929; OLG Düsseldorf FamRZ 2011, 141; OLG Celle Rpfleger 2012, 30; KG FamRZ 2008, 82; sa OLG Zweibrücken NJW-RR 2008, 369; für Verweis des Einwands der beschränkter Erbenhaftung gem § 780 I ZPO in ein zivilprozessuales Erkenntnisverfahren OLG Hamm NJW-RR 2017, 328 – zweifelhaft!); keine Vergütung und kein Aufwendungsersatz für von Nachlasspflege nicht erfasste Tätigkeit (OLG Düsseldorf Rpfleger 2012, 444). Für die Vergütung haftet stets nur und unabhängig von der Antragstellung der Erbe (OLG Frankfurt a.M. NJW-RR 1993, 267; zur Haftungsbeschränkung und ihren Folgen OLG Düsseldorf BeckRS 2019, 35412); keine Vorschusspflicht des beantragenden Gläubigers (→ § 1961 Rn. 1), aber Vorschussrecht zur Vermeidung der Ablehnung seines Nachlasspflegschaftsantrages (Weithase Rpfle-

ger 1993, 143). Aus § 1836 I 3 aF iVm § 1 II 2 VBVG aF folgt bei Mittellosigkeit des Nachlasses (OLG Saarbrücken NJW-RR 2014, 1353; OLG Naumburg NJW-RR 2013, 1422: fehlendes verfügbares Aktivvermögen) im Zeitpunkt des Erbfalles die Einstandspflicht der Staatskasse. Bei überschuldetem, aber mit Aktivvermögen ausgestattetem Nachlass ist die Vergütung aus den Aktiva zu bestreiten (BGH BeckRS 2021, 19336; OLG Brandenburg FamRZ 2011, 926; aA Oldenburg FGPrax 2021, 132: Mittellosigkeit analog § 1835d Nr. 1 aF mit der Folge einer Abrechnung gem § 3 VBVG aF), Festsetzung gegen die Staatskasse erfolgt in diesen Fällen nur bei aus anderen Gründen bestehender Uneinbringlichkeit (zB Unverwertbarkeit der Aktiva: OLG Saarbrücken NJW-RR 2014, 1353 [1354]; OLG Naumburg NJW-RR 2011, 737). Bei Behindertentestamenten (→ § 2077 Rn. 3; → § 2100 Rn. 5) besteht das Aktivvermögen des Nachlasses im Vergütungsanspruch des Nachlasspflegers gegen den Erben, falls ihn das Testament nicht ausschließen wollte (so für den analogen Betreuungsfall BGH NJW 2013, 1879 Rn. 15 ff.; 2015, 1965 Rn. 15). Gegen die Festsetzung greift befristete Beschwerde (§§ 58 ff. FamFG; früher § 56g V 1 FGG) des echten oder behaupteten Erben, des Nachlassgläubigers (BayObLGZ 1958, 74; FamRZ 1986, 107; aA OLG Hamm FGPrax 2014, 165, str), des Erbschaftskäufers oder des Pflegers selbst. Eine Vergütungsvereinbarung zwischen Erbe und Nachlasspfleger kann im Festsetzungsverfahren bindende Wirkung nicht entfalten (OLG Celle Rpfleger 2012, 30), müsste also gegebenenfalls eingeklagt werden (Bestelmeyer Rpfleger 2012, 676; s aber OLG Düsseldorf NJW-RR 2014, 1103). Bedarf es einer Nachlasspflegschaft für den Erben des bei einem Verkehrsunfall getöteten Miterben, kann die Erbengemeinschaft den in Gestalt der Vergütung für den Nachlasspfleger entstandenen Schaden nicht beim Unfallgegner liquidieren, weil es sich um einen mittelbaren reinen Vermögensschaden handelt (so
12 OLG München ZEV 2021, 652 Rn. 15 ff.) **Anwaltsgebühren** des Rechtsanwaltspflegers sind nach § 1835 III aF iVm § 1 II RVG zu erstatten (OLG Bremen NJOZ 2021, 307; OLG München NJW-RR 2018, 1096; BayObLG FamRZ 1997, 185; aA für Steuerberater OLG Schleswig ZEV 1997, 202 mAnm Klingelhöffer: nur § 1836 aF), falls ein Laie in gleicher Lage einen Anwalt bemüht hätte (BGH NJW 2014, 865; 2013, 1879 Rn. 15 ff.; BGH NJW-RR 2015, 643; 2014, 1224 Rn. 11; OLG Köln ZEV 2018, 49 f.; OLG Schleswig NJW 2013, 3189; OLG Düsseldorf ZEV 2019, 43 = BeckRS 2018, 30023; sa BVerfG FamRZ 2000, 1280); keine Festsetzung nach § 11 RVG bzw früher § 19 BRAGO, sondern im FamFG-Verfahren zur Auslagenerstattung (entspr BGH NJW 2013, 1879 Rn. 15 ff.); aA für Prozessgebühren mit der wohl hM Grüneberg (vormals Palandt)/Weidlich § 1960 Rn. 28: keine Festsetzung nach § 168 I Nr. 2 FamFG aF oder § 11 RVG, sondern Klage gegen den Erben (ebenso OLG München NJW-RR 2018, 1096 Rn. 2 ff.); zum Ganzen guter Überblick bei Bestelmeyer Rpfleger 2019, 679 ff., 688 f.).

13 **b) Neues Recht der Nachlasspflegschaft ab 1.1.2023.** Lit.: Zimmermann ZEV 2022, 580 ff. **aa) Rechtsnatur u. anwendbares Recht.** Nachlasspflegschaft ist sonstige Pflegschaft nach § 1885 nF, für die gem § 1888 I nF das Betreuungsrecht entsprechende Anwendung findet mit der Folge eines Verweises auf §§ 1814–1881nF. Jedoch gilt für die Vergütung berufsmäßiger Nachlasspfleger wie bereits bisher Vormundschaftsrecht entsprechend (§ 1888 II nF iVm §§ 1–6 VBVG nF), bei ehrenamtlicher Betreuung hingegen gelten §§ 1875 ff. nF für Vergütung und Aufwendungsersatz. Trotz des großzügigen Pauschalverweises sind viele Vorschriften inhaltlich für die Nachlasspflegschaft ohne Bedeutung (zutreffend Zimmermann ZEV 2022, 581 mit einer konzisen Aufstellung unbrauchbarer verwiesener Vorschriften). Aus §§ 1888 I, 1823 nF folgt die Befugnis zur außergerichtlichen Vertretung und zur prozessualen Vertretung des oder der Erben (§§ 1853, 1854 nF) gem
14 § 53 ZPO nF. **bb) Auswahl und Bestellung.** Auswahl und Bestellung erfolgen gem §§ 1960, 1961 durch das Nachlassgericht in Beschlussform (§ 1885 nF); berufsmäßige Betreuung ist wegen notwendiger Sachkunde und Umfang der Tätigkeit der Regelfall (vgl § 1 VBVG nF), Ehrenamtlichkeit die Ausnahme, die Regeln des BtOG sind nicht anwendbar. Unklar ist, ob eine juristische Person Nachlasspfleger

sein kann, was angesichts der Bedeutung entsprechender anwaltlicher Berufsausübungsgesellschaften eher wünschenswert sein könnte (unklar §§ 1888 I, 1816, 1818 nF, abl Zimmermann ZEV 2022, 582). Nach §§ 1888 I, 1835 nF hat der Nachlasspfleger zu Beginn seiner Tätigkeit ein Nachlassverzeichnis zu errichten, wenn die Vermögensverwaltung zu seinem Aufgabenkreis gehört, was meist der Fall sein wird. Im Gegensatz zur alten Rechtslage muss er das Verzeichnis „in geeigneter Weise belegen" (§ 1835 IV nF), und das Nachlassgericht kann eine weitere Person als Zeugen hinzuziehen. **cc) Genehmigungspflichtige Geschäfte.** Der sehr gene- 15
relle Verweis auf §§ 1848–1854 nF erfordert eine Auswahl von Geschäften, die bei der Nachlasspflege eine Rolle spielen können: bestimmte Formen der Geldanlage (§§ 1848, 1841 II, 1842 nF), bestimmte Wertpapiergeschäfte (§ 1849 nF), Grundstücksgeschäfte (§ 1850 nF), erbrechtliche Geschäfte (§ 1851 nF) sowie handels- und gesellschaftsrechtliche Geschäfte (§ 1852 nF) und noch andere als nicht gefahrlos betrachtete genehmigungspflichtigen Geschäfte (§§ 1853, 1854 nF) wie zB bestimmte Vergleiche oder Schenkungen. Dem teilweise etwas sehr kleinteiligen Katalog der Genehmigungspflichten stehen aber auch bemerkenswerte Zugeständnisse gegenüber, welche dem Nachlasspfleger Spielräume schaffen: Inanspruchnahme eines für Girokonten banküblichen Überziehungskredits (§§ 1854 Nr. 2, 1839 I nF) und die Möglichkeit einer Befreiung von bestimmten Genehmigungserfordernissen bei geringeren Werten oder betriebstypischen Geschäften eines zum Nachlass gehörenden Unternehmens oder Wertpapierdepots (§ 1860 nF; hierzu krit Zimmermann ZEV 2022, 583 f.). Eine Erleichterung von Geldanlagen ergibt sich aus dem Verzicht auf „mündelsichere" Geldanlage, es genügt die Anlage bei einem Kreditinstitut mit „ausreichender Sicherungseinrichtung" (§§ 1841, 1842 nF). Etwas schwierig zu behandeln ist der Verweis auf § 1851 Nr. 1 u. 2 nF, der die Ausschlagung von Erbschaften unter Genehmigungspflicht stellt, also von einer grundsätzlichen Kompetenz des Nachlasspflegers zur Ausschlagung auszugehen scheint. Bekanntlich leugnet der BGH in einer neueren Entscheidung die Befugnis zur Annahme oder Ausschlagung einer Erbschaft durch den Nachlasspfleger (dazu oben → Rn. 8). Es bleibt abzuwarten, ob der BGH auch unter neuem Recht unter Berufung auf §§ 1960, 1952 (Pflegschaft „bis zur Annahme der Erbschaft", Höchstpersönlichkeit) bei seiner Ablehnung bleibt (zweifelnd Zimmermann ZEV 2022, 583), was eher anzunehmen ist, weil bei Erlass der neuesten Entscheidung das neue Recht der Nachlasspflegschaft schon verabschiedet war. **dd) Beendigung.** Gründe für eine 16
Beendigung der Nachlasspflegschaft sind: Entlassung wegen fehlender Eignung oder anderem wichtigen Grund (§§ 1888, 1868 I nF; die Gründe der Folgeabsätze sind für Nachlasspflege weithin nicht oder wenig einschlägig); Aufhebung bei Fortfall des Anordnungsgrundes (§ 1886 nF) oder Erledigung einzelner dem Nachlasspfleger übertragener Aufgaben (§ 1887 II nF). Die Schlussrechnung ist idR nur noch auf Verlangen des oder der Erben zu erteilen (§§ 1888, 1872 II nF), worauf das Nachlassgericht den oder die Erben hinzuweisen hat; Prüfung nur noch auf Verlangen des oder der Erben (§ 1873 III nF). **ee) Vergütung und Aufwendungsersatz.** Das 17
Festsetzungsverfahren in Nachlasspflegschaftsverfahren richtet sich unter neuem Recht nach §§ 340 Nr. 1, 168d, 292 FamFG nF iVm § 1962 BGB (so zutreffend Zimmermann ZEV 2022, 584). Bei berufsmäßigen Nachlasspflegern gelten gem § 1888 II 1 nF die § 1–6 VBVG idF des Art. 10 BtÄndG für die Festsetzung des Entgelts entsprechend mit einer teilweisen Ähnlichkeit zum in den letzten Jahren bereits geltenden Vergütungsrecht (oben → Rn. 11): bei mittellosem Nachlass Zahlungen der Staatskasse (§ 1880 nF iVm § 2 I VBVG nF) je nach Vorbildung in Höhe von 23,-, 29,50, bzw 39,- Euro Stundensatz zzgl 19% Umsatzsteuer (§ 3 I VBVG nF); bei nicht mittellosem Nachlass jedoch gem § 1888 II 2 nF iVm § 3 III 1 VBVG nF ein höherer Stundensatz, der sich nach Umfang und Schwierigkeit der Pflegschaftsgeschäfte und den für die Pflegschaft nutzbaren Fachkenntnissen des Nachlasspflegers richtet, also 100,- Euro oder mehr als Stundensatz (zum Streitstand über die angemessenen Höhe oben → Rn. 11); Aufwendungsersatz für Fahrtkosten uä (§ 1877 nF iVm § 4 I VBVG nF) und insbes. Aufwendungsersatz für geleistete

anwaltliche Dienste wie z.B. Anwaltskosten nach dem RVG (§ 1877 III nF iVm § 4 II VBVG nF) kann neben der sonstigen Vergütung verlangt werden – aber natürlich keine Doppelberechnung. Nicht klar entschieden ist die Streitfrage, ob die Festsetzung des Gerichts nur die Vergütung oder auch Auslagen umfasst, weil § 168d FamFG nF allgemein von Zahlungen spricht, während der entsprechend anwendbare § 292 I FamFG nF Aufwendungen nur erwähnt, soweit die Staatskasse belastet wird oder dem Betreuer die Vermögenssorge nicht zusteht, also Festsetzung durch das Nachlassgericht in den Regelfällen einer Nachlasspflege gerade ausschließt und den Nachlasspfleger im Streitfalle auf den Zivilprozess verweist. Im Interesse der Verfahrensökonomie erschiene die Festsetzung aller Zahlungen und damit auch von Aufwendungen durch das Nachlassgericht vorzugswürdig. Bei der selteneren nicht berufsmäßigen Nachlasspflege gibt es grundsätzlich keine Vergütung (§§ 1875 I, 1876 Satz 1 nF) und nur Ersatz von Aufwendungen (§ 1877 I, III nF), wobei bei mittellosem Nachlass der Pfleger zwischen einer Pauschale von 425,- Euro und Einzelaufstellung wählen kann (§ 1878 I nF).

§ 1961 Nachlasspflegschaft auf Antrag

Das Nachlassgericht hat in den Fällen des § 1960 Abs. 1 einen Nachlasspfleger zu bestellen, wenn die Bestellung zum Zwecke der gerichtlichen Geltendmachung eines Anspruchs, der sich gegen den Nachlass richtet, von dem Berechtigten beantragt wird.

1 Die Vorschrift sichert die Möglichkeit der Rechtsverfolgung bei Ungewissheit über den Erben (BGH NJW 2014, 2574 Rn. 10; KG NZM 2017, 823: Räumungsklage bei unbekanntem Erben; OLG Brandenburg BeckRS 2021, 10140: beim Antrag eines Gläubigers wegen zweifelhafter Erbschaftsannahme durch einen Erben ist Sicherungsbedürfnis des Nachlasses unerheblich; gleich OLG Bamberg NJW-RR 2022, 727 Rn. 25; OLG München NJOZ 2014, 927 Rn. 5); Korrespondenzvorschriften sind §§ 1960 III, 1958, ferner § 792 ZPO und § 17 ZVG (OLG Bamberg NJW-RR 2022, 727 Rn. 26: keine Ablehnung eines Antrags auf Bestellung eines Nachlasspflegers durch einen Vollstreckungsgläubiger unter Hinweis auf die Möglichkeit eines Erbschscheinerteilungsverfahrens gem § 792 ZPO bei Fehlen eines vollstreckbaren Titels oder anderen zu erwartenden Schwierigkeiten; LG Oldenburg Rpfleger 1982, 105). Der Anspruch ist nicht glaubhaft zu machen (BayObLG Rpfleger 1984, 102). Auch der Miterbe, der seinen Auseinandersetzungsanspruch (§ 2042) verfolgen will, kann Nachlasspflegschaft für den unbekannten Miterben beantragen (KG OLGZ 1981, 151; vgl OLGR Hamm 2008, 518; OLG Braunschweig FGPrax 2019, 270; zur Abgrenzung zur Bestellung gem § 1960 und der Möglichkeit der Umdeutung eines Antrags gem § 1961 in eine entsprechende Anregung OLG Düsseldorf ZEV 2019, 500 = BeckRS 2019, 12669); aber grundsätzlich keine Nachlasspflegschaft zur bloßen Förderung der Auseinandersetzung (OLG Düsseldorf NJW-RR 2020, 331 Rn. 16; sa § 1960 Rn. 4 und 7). Pflegerbestellung soll auch bei unzureichendem Nachlass ohne Kostenvorschuss des Gläubigers erfolgen müssen (OLG Dresden Rpfleger 2010, 215; OLG Hamm Rpfleger 2010, 268). Hat ein Gläubiger bereits vor dem Tode des Erblassers die Zwangsvollstreckung betrieben, richtet sich ihr Fortgang nach § 779 ZPO (hierzu OLG München NJW 2014, 3254 Rn. 10), eines Nachlasspflegers bedarf es nicht (OLG München NJW-RR 2014, 394 f.). Dem Nachlassgläubiger steht gegen die Aufhebung der Pflegschaft ein Beschwerderecht nach §§ 59, 58 FamFG (früher § 57 I Nr. 3 FGG) zu (OLG Hamm Rpfleger 1987, 416 zur Rechtslage vor dem FGG-RG; OLG Hamm ZErb 2010, 269 zur Rechtslage nach dem FamFG). Der Prozesspfleger ist voller Nachlasspfleger, außer er wird nur beschränkt für den Prozess bestellt (OLG München ZEV 2014, 169; → § 1960 Rn. 7). Beschwerderecht: → § 1960 Rn. 6. Sonderfälle: ZPO 779 II; AO 81; zur Frage internationaler Zuständigkeit deutscher Gerichte nach Art. 19 EuErbVO bei Maßnahmen nach § 1961 OLG Köln BeckRS 2019, 35495 (Erfüllung eines Vermächtnisses).

§ 1962 Zuständigkeit des Nachlassgerichts

Für die Nachlasspflegschaft tritt an die Stelle des Familiengerichts oder Betreuungsgerichts das Nachlassgericht.

1. Zuständigkeit. Vgl auch § 23a I 1 Nr. 2, II Nr. 2 GVG iVm §§ 340, 342 I 1
Nr. 2 FamFG (früher § 75 FGG); OLG Köln ZEV 2018, 49. Abgabe an das NachlassG am Wohnsitz des Pflegers oder der Belegenheit von Nachlassgrundstücken ist denkbar (§ 4 FamFG; zum alten Recht OLG Frankfurt a. M. Rpfleger 1993, 448). Keine Umdeutung einer familien- oder betreuungsgerichtlichen in eine nachlassgerichtliche Genehmigung (MüKoBGB/Leipold § 1962 Rn. 3).

2. Reform. Bis zum 1.9.2009 galt unter altem Recht *vormundschaftsgerichtliche* 2
Zuständigkeit.

§ 1963 Unterhalt der werdenden Mutter eines Erben

[1]Ist zur Zeit des Erbfalls die Geburt eines Erben zu erwarten, so kann die Mutter, falls sie außerstande ist, sich selbst zu unterhalten, bis zur Entbindung angemessenen Unterhalt aus dem Nachlass oder, wenn noch andere Personen als Erben berufen sind, aus dem Erbteil des Kindes verlangen. [2]Bei der Bemessung des Erbteils ist anzunehmen, dass nur ein Kind geboren wird.

Der nasciturus muss ges oder gewillkürter Erbe (§ 1923 II) sein, in Altfällen ist 1
auch der Erbersatzanspruch (§§ 1934a ff. aF) ausreichend (MüKoBGB/Leipold § 1963 Rn. 3; str; sa zu Reform und Fortfall → § 1924 Rn. 3). Einzelheiten: §§ 1602 I, 1610, 1612 I, III, 1614, wohl auch 1613 (str); § 850b I Nr. 2 ZPO ist zu beachten.

§ 1964 Erbvermutung für den Fiskus durch Feststellung

(1) **Wird der Erbe nicht innerhalb einer den Umständen entsprechenden Frist ermittelt, so hat das Nachlassgericht festzustellen, dass ein anderer Erbe als der Fiskus nicht vorhanden ist.**

(2) **Die Feststellung begründet die Vermutung, dass der Fiskus gesetzlicher Erbe sei.**

§ 1965 Öffentliche Aufforderung zur Anmeldung der Erbrechte

(1) **[1]Der Feststellung hat eine öffentliche Aufforderung zur Anmeldung der Erbrechte unter Bestimmung einer Anmeldungsfrist vorauszugehen; die Art der Bekanntmachung und die Dauer der Anmeldungsfrist bestimmen sich nach den für das Aufgebotsverfahren geltenden Vorschriften. [2]Die Aufforderung darf unterbleiben, wenn die Kosten dem Bestand des Nachlasses gegenüber unverhältnismäßig groß sind.**

(2) **[1]Ein Erbrecht bleibt unberücksichtigt, wenn nicht dem Nachlassgericht binnen drei Monaten nach dem Ablauf der Anmeldungsfrist nachgewiesen wird, dass das Erbrecht besteht oder dass es gegen den Fiskus im Wege der Klage geltend gemacht ist. [2]Ist eine öffentliche Aufforderung nicht ergangen, so beginnt die dreimonatige Frist mit der gerichtlichen Aufforderung, das Erbrecht oder die Erhebung der Klage nachzuweisen.**

§ 1966 Rechtsstellung des Fiskus vor Feststellung

Von dem Fiskus als gesetzlichem Erben und gegen den Fiskus als gesetzlichen Erben kann ein Recht erst geltend gemacht werden, nachdem von

dem Nachlassgericht festgestellt worden ist, dass ein anderer Erbe nicht vorhanden ist.

Anmerkungen zu den §§ 1964–1966

1 Die Vorschriften gelten nur im Falle des § 1936. Die Vermutung des § 1964 II ist widerlegbar, der Feststellungsbeschluss aufhebbar (§ 48 I FamFG; früher § 18 I FGG), falls das Erbscheinsverfahren oder streitige Verfahren rechtskräftig zu anderen Ergebnissen führt (MüKoBGB/Leipold § 1964 Rn. 9); Beschwerde gegen Feststellungsbeschluss gem §§ 58 ff. FamFG (zum Beschwerderecht des Fiskus und anderer Erbprätendenten BGH FamRZ 2012, 367; KG NJW-RR 2011, 587). Ein obsiegendes Urteil des Erbprätendenten bindet das NachlassG. Das Feststellungsverfahren ist auch bei fehlendem oder überschuldetem Nachlass durchzuführen (LG Düsseldorf Rpfleger 1981, 358; MüKoBGB/Leipold § 1965 Rn. 7; str). Das *Erbscheinsverfahren* steht selbstständig neben dem Feststellungsverfahren (BayObLGZ 1983, 204); der Feststellungsbeschluss ersetzt im Grundbuchverfahren nicht den Erbschein (OLG Frankfurt a.M. MDR 1984, 15; BayObLG NJW-RR 1989, 586; OLG Düsseldorf FGPrax 2020, 109; zweifelnd Siebert NJW 2020, 2934 Rn. 63). Lit: Frohn Rpfleger 1986, 37; Holl Rpfleger 2008, 285; Mayer ZEV 2010, 445.

Titel 2. Haftung des Erben für die Nachlassverbindlichkeiten

Vorbemerkungen

Lit: Behr, Zwangsvollstreckung in den Nachlass, Rpfleger 2002, 2; Börner, Das System der Erbenhaftung, JuS 1968, 53, 108; Fromm, Nachlassverwaltung: eine Bedrohung für mittelständische Unternehmen im Nachlass, ZEV 2006, 298; Harder/Müller-Freienfels, Grundzüge der Erbenhaftung, JuS 1980, 877; Hoepfner, Grundzüge der Erbenhaftung, Jura 1982, 169; Noack, Vollstreckung gegen Erben, JR 1969, 8; Roth, Die Eröffnungsgründe im Nachlassinsolvenzverfahren, ZInsO 2009, 2265; Rugullis, Nachlassverwaltung und Nachlassinsolvenzverfahren: ein Rechtsfolgenvergleich, ZEV 2007, 156; ders, Das Konkurrenzverhältnis zwischen Nachlassverwaltung und Nachlassinsolvenzverfahren, ZErb 2008, 35; Sick, Die Haftung des Erben nach § 1967 BGB und das Problem der Haftungsbeschränkung auf den Nachlass, ZErb 2010, 325; Schröder, Zum Übergang inhaltlich variabler Verpflichtungen auf den Erben, JZ 1978, 379.

1 **1. Grundsatz der Gesamtrechtsnachfolge.** Nach dem Grundsatz der Gesamtrechtsnachfolge (§ 1922 I) haftet der Erbe für Nachlassschulden (§ 1967). Mit dem Erbschaftsanfall entstehen indessen zwei Vermögensmassen gleicher Rechtsträgerschaft: das Eigenvermögen des Erben und der Nachlass. Das Ges muss deshalb über die Haftungsmasse entscheiden. Grundsätzlich haften für Nachlassschulden die Nachlassmasse und das Eigenvermögen **(Grundsatz der unbeschränkten Haftung).**

2 **2. Beschränkungsrecht.** Diese Haftung für reine Nachlassverbindlichkeiten (BGH NJW 2013, 3446 Rn. 6, 12: nicht Nachlasserbenschulden, → § 1967 Rn. 5) ist aber auf die Nachlassmasse beschränkbar in folgenden Fällen: Nachlassinsolvenz (§ 1975; §§ 315–331 InsO); Nachlassverwaltung (§§ 1975, 1981–1988); Nachlassinsolvenzplanverfahren (§§ 315 ff., 217 ff. InsO); Einrede der Dürftigkeit (§§ 1990–1992).

3 **3. Verlust des Beschränkungsrechtes.** Er tritt ein bei Versäumung der Inventarfrist (§ 1994 I 2); Inventaruntreue (§ 2005 I 1); Verweigerung der eidesstattlichen Versicherung (§ 2006 III).

4 **4. Überlegungsfrist.** Zur sachgerechten Wahrnehmung des Beschränkungsrechts gewähren §§ 2014–2017 eine Überlegungsfrist.

5 **5. Information.** Über den Stand der Aktiva und Passiva informieren Inventarverzeichnis (§§ 1993–2013) und Gläubigeraufgebot (§§ 1970–1974).

6. Ges Sonderfälle. §§ 2058–2063; 2144 f.; 2382 f.; zur Haftung für Geschäftsschulden vgl → § 1967 Rn. 6 ff.; § 1836e (Beschränkung der Haftung für Rückgriff wegen Kosten der Betreuung des Erben durch Staatskasse; dazu BGH NJW 2014, 3370). 6

7. Prozessuales. (Lit: K. Schmidt JR 1989, 45; Stein ZEV 1998, 178; Baur/Stürner/Bruns Rn. 20.1 ff.). Das Beschränkungsrecht (→ Rn. 2) muss verfahrensrechtlich – falls es das Prozessgericht nicht selbst berücksichtigt (vgl zu weiteren Einzelheiten auch → §§ 1970–1974 Rn. 4 und → §§ 1990, 1991 Rn. 7) – im Urteil gegen den Erben vorbehalten sein (§ 780 ZPO; BGH NJW 1954, 635; 2013, 3446 Rn. 6) und durch Abwehrklage (§ 785 ZPO) durchgesetzt werden (BGH NJW-RR 2010, 664 Rn. 7 f.; BAG NJW 2014, 413 Rn. 16). Der Antrag ist allein in der Tatsacheninstanz zulässig (BGH NJW 1962, 1250; BGH NJW-RR 2010, 664; OLG Celle FamRZ 2010, 1273: Zulässigkeit in der Berufungsinstanz), in der Revisionsinstanz nur, falls Erblasser erst nach der Tatsacheninstanz stirbt (BGHZ 17, 69; 54, 204; BAG NJW 2014, 413 Rn. 16); das Revisionsgericht kann den rechtzeitig gestellten, aber bisher unbeachteten Antrag ohne bes Rüge berücksichtigen (BGH NJW 1983, 2379). Auch bei rechtskräftiger Verurteilung des Erblassers muss die beschränkte Haftung nach zulässiger Titelumschreibung (§ 727 ZPO) vom Erben durch Abwehrklage geltend gemacht werden (§§ 781, 785 ZPO); der Erbe kann und muss nicht zur Erwirkung eines Vorbehalts Revision einlegen, falls Erblasser nach Tatsacheninstanz stirbt (BGHZ 54, 204). Gegen Steuerforderungen muss der Erbe ebenfalls im Zwangsvollstreckungsverfahren die beschränkte Erbenhaftung geltend machen (BFHE NJW 1993, 350). § 780 I ZPO gilt entspr auch im Kostenfestsetzungsverfahren gegen einen Erben, der das vom Erblasser als Kläger begonnene Verfahren fortführt, soweit Kosten der vorausgehenden Prozessführung durch den Erblasser als Nachlassverbindlichkeiten in Frage stehen (BAG NJW 2014, 413 Rn. 16 ff., 18), nicht aber soweit es sich um durch die Prozessführung des Erben selbst verursachte Kosten handelt, für die er als Schuldner von Nachlasserbenschulden unbeschränkbar haftet (→ Rn. 2 und → § 1967 Rn. 5); zur verfahrensrechtlichen Durchsetzung einer nach § 1975 beschränkten Haftung. für Steuerschulden BGH NJW 2016, 1839. Die *Rechtskraft* einer Verurteilung unter dem Vorbehalt beschränkter Haftung präjudiziert eine spätere Vollstreckgegenklage (§§ 780 ff., 785 ZPO) insoweit, als der Einwand einer Haftungsbeschränkung nicht mehr angegriffen werden kann (BGH NJW 2021, 701 ff. u. ausführlich §§ 1990, 1991 Rn. 7). 7

Untertitel 1. Nachlassverbindlichkeiten

§ 1967 Erbenhaftung, Nachlassverbindlichkeiten

(1) **Der Erbe haftet für die Nachlassverbindlichkeiten.**

(2) **Zu den Nachlassverbindlichkeiten gehören außer den vom Erblasser herrührenden Schulden die den Erben als solchen treffenden Verbindlichkeiten, insbesondere die Verbindlichkeiten aus Pflichtteilsrechten, Vermächtnissen und Auflagen.**

1. Arten der Nachlassverbindlichkeiten. a) Erblasserschulden, die vom Erblasser herrühren (§ 1967 II); zB Verbindlichkeiten aus unerlaubten Handlungen (BGH NJW 1987, 1013), auch wenn der Schaden erst nach dem Erbfall eintritt; Rückforderungsanspruch aus § 528 I bei Verarmung nach Erbfall (BGH NJW 1991, 2558); Steuerschulden (§ 45 AO; BFH BB 1983, 2243; BFH NJW 1993, 350; 2017, 688 [LS] = DStR 2016, 2695: Kirchensteuer als Sonderausgabe des zahlenden Erben; DStR 2019, 2576); Verpflichtung zur Erteilung einer Eintragungsbewilligung; Pflicht zur eidesstattlichen Versicherung gem § 260 II (keine überwiegend persönlichkeitsbezogene Pflicht, OLG München OLGZ 1987, 226; BGH NJW 1988, 2729); altenteilsvertragliche Pflegeverpflichtung, sofern die Parteien bei Abschluss 1

des Vertrages übereinstimmend davon ausgingen, dass auch andere Verwandte ggf pflegerisch tätig werden würden (OLG Hamm FamRZ 1999, 1055); Rückzahlung unzulässiger Entnahme aus Gesellschaftsvermögen (BGH LM Nr. 3 zu § 115 HGB aF); Haftung für Verpflichtung, die durch nach Tod eintretendes Ereignis bedingt war (BGH BB 1968, 152); Anspruch gegen Erblasser auf Zugewinnausgleich gem § 1371 II (OLG Celle NJW-RR 2021, 588); Auseinandersetzungsansprüche aus nichtehelicher Lebensgemeinschaft des Erblassers (→ § 705 Rn. 15 f.; Diederichsen NJW 1983, 1025); ges Verpflichtungen der §§ 1371 II, III; 1615l II 1;1586b (sa → § 1922 Rn. 3 mN); 1587e IV aF, jetzt § 31 III VersAusglG iVm § 1587; Betreuervergütung gem §§ 1908i, 1836 II aF bzw §§ 1885, 1888 II 1875 II nF iVm VBVG nF (BayObLG FamRZ 1996, 1173; BayObLG NJW-RR 1998, 657; sa § 1836e I 2 aF bzw §§ 1885, 1888, 1881nF und hierzu → Vor § 1967 Rn. 6) und Aufwendungsersatz gem §§ 1908i, 1835 aF bzw §§ 1885, 1888, 1877 nF (OLG Zweibrücken BtPrax 2010, 39); Verpflichtung zum *Aufwendungs*ersatz gem § 19 VI SGB XII – auch die Verpflichtung zum *Kosten*ersatz nach §§ 102 ff. SGB XII (LSG Hamburg BeckRS 2022, 10837), allerdings hier kraft Ges beschränkt, s SGB XII § 103 (s den
2 früheren §§ 92a II, 92c II BSHG, BVerwG 52, 22). **b) Erbfallschulden,** die mit dem Erbfall entstehen, zB vorzeitig (an den Erblasser) gezahlte Versorgungsbezüge oder Renten (aA MüKoBGB/Siegmann § 1967 Rn. 13; BVerwG MDR 1971, 784); ges geregelte Fälle: §§ 2303 ff. (BGHZ 80, 209 f. für § 2329), 1934b aF (für Altfälle, vgl → § 1924 Rn. 3); §§ 1967 II, 2174 u. 2194 (Vermächtnisse und Auflagen, BGH NJW 2021, 2115 Rn. 18 ff.), 1932, 1969, 1371 IV; 1963; 1968; §§ 9 I, 20 ErbStG (BFH NJW 2106, 2446 Rn. 11; NJW 2016, 1840=NZI 2016, 411 Rn. 12; NJW 1993, 350; OLG Naumburg FamRZ 2007, 1049; str; aA für Erbschaftsteuerschuld des Erben: OLG Hamm OLGZ 1990, 395; sa für den Fall der Vorerbschaft
3 → § 2100 Rn. 2). **c) Erbschaftsverwaltungsschulden,** die nach dem Erbfall bei Abwicklung des Nachlasses entstehen; Bsp: Kosten der Testamentseröffnung (§ 348 FamFG, früher § 2260), Vergütung des Testamentsvollstreckers (§ 2221, dort → § 2221 Rn. 4), der gerichtl Nachlasssicherung (§ 1960), der Erbauseinandersetzung, der Nachlasspflegschaft, eines Gläubigeraufgebotes (§§ 1970 ff.), einer Nachlassverwaltung oder -insolvenz; Schulden aus der Verwaltung durch Nachlasspfleger, -verwalter oder -insolvenzverwalter, und zwar sowohl Ansprüche dieser Personen als auch Dritter; Schulden aus der ordnungsgemäßen Verwaltung durch Testamentsvollstrecker (s § 2206 II; dazu BGH NJW 2013, 3446 Rn. 13; OLGR Koblenz 2008, 976; → § 2206 Rn. 1)); Steuerschulden aus der Tätigkeit eines Nachlassverwalters (BFH NJW 2016, 1839 Rn. 22 ff.; anders noch BGH NJW 1993, 350); Aufwendungsersatzansprüche des vorläufigen Erben (§ 1959 I); Wohngeldschulden, die aus Eigentümerbeschlüssen nach dem Erbfall herrühren, sofern Erbe die begründete Einrede der Dürftigkeit erhoben hat (BayObLG NJW-RR 2000, 306); Kosten der Verwaltung der Vorerbschaft für den Nacherben (KG FamRZ 2009, 1520); nicht dagegen die Kosten des Verfahrens zur Feststellung des Staatserbrechts (§§ 1964 f.), wenn schließlich ein privater Erbe ermittelt wird (KG FamRZ 1997, 969).

4 **2. Eigen- oder Erbenschulden.** Sie sind keine Nachlassschulden, sie bestehen unabhängig vom Erbfall und Erbschaftsanfall in der Person des Erben. Während für Nachlassschulden stets der Nachlass haftet und die Freistellung des Eigenvermögens des Erben in Frage steht (vgl Anm Vor § 1967), haftet für Eigenschulden stets das Eigenvermögen des Erben, und es stellt sich das Problem der Enthaftung des Nachlasses zugunsten der Nachlassgläubiger (§ 1984 II; §§ 784 II, 785 ZPO; § 321 InsO).

5 **3. Nachlasserbenschulden.** Sie sind gleichzeitig Erbschaftsverwaltungsschulden, also Nachlassschulden, und Erben- bzw Eigenschulden. Sie entstehen, falls der Erbe in eigenem Namen ein Geschäft zur Verwaltung des Nachlasses abschließt (BGHZ 32, 64; 38, 193; 110, 179 = NJW 1990, 1237; BGH NJW 2013, 934; NJW 2013, 3446 Rn. 14 ff.; NJW 2019, 988 Rn. 7 für Wohngeld einer zum Nachlass gehörenden Eigentumswohnung, die der Erbe bewohnt [anders im Falle des Staatser-

brechts, falls der Fiskus die Wohnung nicht für eigene Zwecke verwendet, sondern sich als Zwangserbe auf seine Ordnungsfunktion beschränkt, BGH NJW 2019, 988 Rn. 11 ff.]; BFH NJW 2016, 1839 Rn. 23 für Steuerschulden, die der Erbe bei der Verwaltung des Nachlasses verursacht; s aber teilw abweichend BGH NJW 2012, 316 f.; OLG Schleswig ZEV 2014, 33); bei der Geschäftsführung durch einen Miterben können die Grundsätze der Anscheinsvollmacht durchgreifen (BGH LM Nr. 2 zu § 2032). Eine Verbindlichkeit aus einem Dauerschuldverhältnis, welches der Erblasser begründet und das seinen Tod überdauert, ist Nachlassverbindlichkeit und nicht Nachlasserbenschuld, wenn der Erbe von frühestmöglicher Kündigungsmöglichkeit Gebrauch macht (BGH NJW 2013, 934); dies soll in Mietverhältnissen über Wohnraum auch gelten, wenn der die Wohnung nicht nutzende Erbe nicht umgehend nach § 564 Satz 2 kündigt, iÜ aber keine die Mietwohnung betreffende Verwaltungshandlungen vornimmt (BGH NJW-RR 2020, 6 ff. Rn. 24 ff.; dazu Herrlein NJW 2020, 2857 Rn. 15; BGH NZFam 2019, 955; sa KG NJW 2006, 2562; insoweit noch offen BGH NJW 2013, 934); erst wenn der Mietererbe sichtbar eine den Mietgegenstand betreffende Handlung vornimmt oder pflichtwidrig einer aus dem Mietvertrag folgenden Handlungspflicht nicht nachkommt, zB nach Mietende die Wohnung nicht pflichtgemäß (§§ 546, 985) räumt, entstehen Nachlasserbenschulden. Bei Fortführung eines Prozesses des Erblassers entstehen folgerichtig Nachlasserbenschulden (OLG Düsseldorf FamRZ 2010, 496). Der Anspruch auf Rückforderung von weitergezahlten Renten oder Versorgungsbezügen ist bereicherungsrechtliche Nachlasserbenschuld (BGHZ 71, 187; 73, 202; aA MüKoBGB/Siegmann § 1967 Rn. 13; AG Kassel NJW 1992, 586; → Rn. 2). Für die Nachlasserbenschuld haften stets und unbeschränkbar Nachlass (BGH NJW 2013, 3446 Rn. 6, 12) und Eigenvermögen (anders beim Staatserbrecht in Fällen bloßer Ordnungsfunktion des Zwangserben, BGH NJW 2019, 988 Rn. 11 ff.: Nachlassschuld mit Beschränkungsmöglichkeit). Der Erbe kann aber seine Aufwendungen aus dem Nachlass ersetzt verlangen (§ 1978 III). Er kann beim Geschäftsabschluss die Haftung auf den Nachlass beschränken (RGZ 146, 346; BGH BB 1968, 770). Öffentlich-rechtliche Pflichten können Nachlassschulden sein, wenn der Erbe in die durch Verwaltungsakt konkretisierte Pflichtenstellung des Erblassers einrückt (ablehnend für Zwangsgeldandrohungen wegen Höchstpersönlichkeit VG Gelsenkirchen FamRZ 2011, 759); sie sind Erbenschulden, wenn ein Verwaltungsakt erstmals gegenüber dem Erben erlassen wird (Joachim/Lange ZEV11, 53; für nach dem Erbfall entstandene öffentliche Abgaben Thüringen FamRZ 2009, 1866; VG Halle ZEV 2012, 92; VGH Mannheim NVwZ 2022, 514: Zweitwohnungsteuer der Mitglieder einer Erbengemeinschaft; SG München BeckRS 2022, 14324: Rücknahme einer Leistungsbewilligung nach dem Erbfall gegenüber allen Erben gem § 45 SGB X; sa → §§ 2058–2063 Rn. 1). Durch ein Einrücken des Erben als Zustandsstörer können indessen Nachlasserbenschulden entstehen (str; zum Ganzen Ossenbühl NJW 1968, 1992; Oldiges JA 1978, 541; → § 1922 Rn. 3).

4. Geschäftsschulden. Bei ihnen sind neben erbrechtlichen Vorschriften die 6
Sonderregeln des HGB zu beachten. **a) Einzelhandelsgeschäft,** § 27 HGB: Der das Geschäft fortführende Erbe kann durch Handelsregistereintragung nach § 25 II HGB die Haftung für Altschulden auf den Nachlass beschränken (KG DR 40, 2007, str). Nacherbe bzw endgültiger Erbe haften für Schulden aus der Geschäftsführungszeit des Vorerben bzw vorläufigen Erben sowohl aus § 1967 wie aus § 27 HGB (BGHZ 32, 64 [66]). Haftung des Erben gem § 27 HGB bei Fortführung durch bevollmächtigten Testamentsvollstrecker (hierzu BGHZ 12, 100; 35, 15). Während der Schwebezeit (§ 27 II HGB) entstehen Nachlasserbenschulden (BGH BB 1968, 770), für die der Erbe nach allg Grundsätzen die Haftung auf den Nachlass beschränken kann (s BGH NJW 1991, 845 und → Rn. 5). Die Fortführung durch ges Vertreter namens des minderjährigen Erben führte vor der Rechtsänderung durch das MinderjährigenhaftungsbeschränkungsG (BGBl. 1998 I 2487) jedenfalls für Neuschulden zur unbegrenzten Haftung des Minderjährigen (s BGHZ 92, 259);

die verfassungsrechtlichen Bedenken gegen die Verschuldung Minderjähriger durch Eltern (BVerfG NJW 1986, 1859) betrafen auch diesen Fall, so dass bis zur Neuregelung entspr §§ 1643 I, 1822 Nr. 3 aF (ab 1.1.2022 entsprechend §§ 1643 I, 1852 Nr. 1 lit a) familiengerichtl Genehmigung zur Fortführung erforderlich war (→ § 2032 Rn. 4) und in der Schwebezeit § 27 II HGB analog galt. Der *Reformgesetzgeber* hat im § 1629a eine Haftungsbeschränkung (§§ 1990, 1991) des Minderjährigen auf das Vermögen eingeführt, das bei Eintritt der Volljährigkeit vorhanden ist; eine Vermutung spricht für das Entstehen einer Schuld nach Eintritt der Volljährigkeit und für den Bestand des gegenwärtigen Vermögens bereits bei Eintritt der Volljährigkeit, falls der Volljährige das Handelsgeschäft nicht binnen drei Monaten einstellt (→ §§ 723–728 aF Rn. 17 bzw *§§ 721, 721a, 721a, 723–728b nF* Rn. 5;
7 → § 2032 Rn. 4). **b)** Bei **GbR** wird *unter altem Recht* die Gesellschaft durch Tod aufgelöst (§ 727 aF) und bei der **OHG** scheidet der verstorbene Gesellschafter aus (§ 131 III Nr. 1 HGB aF), falls der Gesellschaftsvertrag nichts anderes bestimmt (§ 727 I aF, § § 131 III HGB aF; dazu noch → §§ 723–728 aF Rn. 14). Bleibt der Erbe persönlich haftender Gesellschafter (§ 139 HGB aF), so haftet er für Altschulden persönlich ohne Beschränkungsmöglichkeit (BGH NJW 1982, 45; 1991, 845; zur BGB-Gesellschaft → §§ 738–740 aF Rn. 4). Wird der Erbe Kommanditist, so haftet er für Altschulden wie für gewöhnliche Nachlassverbindlichkeiten nur beschränkbar (§ 139 IV HGB aF); daneben besteht aber gewöhnliche Kommanditistenhaftung bis zur Höhe der Einlage (§§ 173, 171 HGB aF; str). Der ausgeschiedene Erbe haftet nur nach erbrechtlichen Grundsätzen beschränkbar (§ 139 IV HGB aF). Für die Haftungsfolgen ist es gleich, ob die erbbedingte Änderung während der Schwebezeit (§ 139 III HGB aF) nicht oder ohne entspr Vorbehalt eingetragen wurde (BGHZ 55, 272 f.). Bei Rechtsnachfolge in eine Liquidationsgesellschaft ist die Haftung beschränkbar (BGH NJW 1982, 45; 1995, 3315). Die Haftung des elterlich vertretenen minderjährigen Gesellschaftererben ist auf den Vermögensbestand bei Eintritt der Volljährigkeit beschränkbar (→ §§ 723–728 aF Rn. 17; → § 1967 Rn. 6). Lit: Börner AcP 166, 426; H. P. Westermann AcP 173, 24 (beide unter Berücksichtigung der §§ 2058–2062). *Unter neuem Recht* nach dem MoPeG hat der Gesetzgeber mit Wirkung zum 1.1.2024 das Recht der Nachfolge im Falle des Todes eines Gesellschafters weitgehend kodifiziert und dabei die von der Rechtsprechung und Vertragspraxis entwickelten Regeln im Wesentlichen übernommen; hierzu für GbR *§ 711 II nF (→ §§ 711, 713 nF* Rn. 2), *§§ 712, 712a,721a 723 I Nr. 1, III u 724 (→ §§ 712, 721a, 723–728b nF Rn. 4).* Wahlweise kann im Gesellschaftsvertrag aber die Auflösung der Gesellschaft vereinbart werden (*§ 730 nF* und dazu *§§ 729–734 nF* Rn. 2); damit ist das seitherige Regel-Ausnahmeprinzip entsprechend vertraglicher Praxis umgekehrt worden. Für die OHG gelten dieselben Regeln *(§ 105 III HGB nF)* in teilweise leicht modifizierter Form (*§§ 130 I Nr. 1, 131 f. HGB nF*). Der Schutz minderjähriger Gesellschafter ist entsprechend altem Recht (§ 723 I Satz 3 Nr. 2 u. Satz 4 aF) in *§ 725 IV nF* bzw *§ 132 IV HGB nF* geregelt (dazu → *§§ 712, 712a, 721a, 723–728b nF* Rn. 5); familiengerichtliche Genehmigungen nach
8 §§ 1643 I, 1852 Nr. 1 b, Nr. 2 nF ab 1.1.2023. **c) KG:** Die handelsrechtlich beschränkte Haftung des Kommanditisten (§§ 173, 171 f. HGB aF u. nF) erfasst für die nach Erbschaftsannahme begründeten Gesellschaftsschulden Nachlass und Eigenvermögen. Für die vor Annahme begründeten Altschulden muss dasselbe gelten, der Kommanditist kann also auch insoweit die Haftung nicht auf den Nachlass beschränken (BGHZ 108, 187, 196). § 176 II HGB aF u. nF ist auf den Erben eines eingetragenen Kommanditisten unanwendbar (BGHZ 108, 187, 197, str); idR aber anwendbar dann, wenn ein Nichtgesellschafter kraft Erbrechts den Gesellschaftsanteil eines persönlich haftenden Gesellschafters unter Umwandlung in eine Kommanditbeteiligung erwirbt und dies nicht eingetragen wird (BGHZ 66, 98, 100; str, falls Eintragung unverzüglich erfolgt). War der Erbe schon vor dem Erbfall Kommanditist, so ist Haftung als Erbe des Vollgesellschafters gem § 15 I HGB u § 128 HGB aF bzw *§§ 126 ff. HGB nF* und ihre Beschränkbarkeit gem § 139 HGB aF bzw § 131 HGB nF gegeben (BGH NJW 1991, 845). Beschränkbare Erbenhaftung (zB

§ 1990) für Einlageverpflichtung ist – wohl auch unter neuem Recht – bei Erbfolge in eine Liquidationsgesellschaft anzunehmen (BGH NJW 1995, 3314). Falls der einzige Kommanditist den einzigen Komplementär beerbt, entsteht ein Einzelhandelsgeschäft (vgl. künftig *§ 712a nF*, §§ 161 II, 105 III HGB aF u. nF, die Haftung des Erben folgt § 27 HGB (BGH NJW 1991, 845); bei Geschäftseinstellung haftet aber nicht nur der Nachlass für Altschulden, sondern das gesamte Gesellschaftsvermögen (BGH NJW 1991, 846). Mit dem Erbfall erwirbt der Träger einer als Erbin eingesetzten unselbständigen Stiftung den Kommanditanteil mit der Folge, dass die KG mit ihm als dem Erben fortgesetzt wird (OLG Düsseldorf NZG 2020, 222); zum Nießbrach am vererbten Kommanditanteil OLG Schleswig ZEV 2022, 555 = BeckRS 2021, 53243, dazu Hannes/Reich ZEV 2022, 517. Lit: Eckert JuS 1986, 126; Herf DB 1991, 2121; Marotzke ZHR 156, 17; Luttermann ZErb 2008, 139.

§ 1968 Beerdigungskosten

Der Erbe trägt die Kosten der Beerdigung des Erblassers.

Lit: Ahrens, Der Leichnam – rechtlich betrachtet, ErbR 2007, 146; Berger, Die Erstattung der Beerdigungskosten, Diss Köln, 1968; Balke, Die Erstattungsfähigkeit von Beerdigungskosten, SVR 2009, 132.

1. Besorgung der Bestattung durch Erben. Sofern der Alleinerbe oder die Miterben gemeinsam (§ 2038) die Beerdigung besorgen, haften sie den Vertragspartnern aus RGeschäft mit Nachlass und Eigenvermögen (Nachlasserbenschuld, → § 1967 Rn. 5); Allein- oder Miterben können gem § 844 I Regressansprüche gegen den Verletzer des Erblassers haben (Kampen NJW 2016, 1046); regresspflichtiger Schuldner kann auch ein Miterbe (BGH NJW 1962, 792) oder die Miterbengemeinschaft sein (OLG Frankfurt a.M. ZEV 2020, 357 Rn. 20). 1

2. Besorgung der Bestattung durch Dritte. Sonst ist *Anspruchsinhaber* der Träger der Totenfürsorge (→ Rn. 5), der die Beerdigung tatsächlich ausrichtet. Für andere Dritte gelten die allg Regeln, insbes §§ 677 f. (dazu BGH NJW 2012, 1648; Widmann FamRZ 1988, 352; 12, 617), wobei sich Ansprüche gegen den nach Landesrecht Bestattungspflichtigen richten (zu diesem OVG Lüneburg NJW 2003, 1268; BVerwG ZEV 2011, 91). Letztlich kostentragungspflichtige Schuldner nach § 1968 sind der Erbe bzw die Erben (OLG Koblenz NJW-RR 2022, 374 Rn. 2 ff.). Es handelt sich um *Erbfallschulden* (→ § 1967 Rn. 2). Eine Bank, die dem Bestattungspflichtigen oder dem Dritten die Kosten aus Guthaben des Erblassers erstattet, hat jedoch ihrerseits keinen aufrechnungsfähigen Erstattungsanspruch gegen den Erben (OLG Saarbrücken FamRZ 2001, 1487; ferner OLG Dresden ZEV 2010, 582). 2

3. Korrespondenzvorschriften. §§ 1615 II (hierzu LG Dortmund NJW-RR 1996, 775), 1615m, 1360a III, 1361 IV 3, 844 I; § 74 SGB XII (BSGE 104, 219; BSG NJW 2021, 1424 = BeckRS 2020, 3802; FamRZ 2020, 63 ff.; LSG Bayern ZEV 2022, 491 = BeckRS 2022, 6978; zum alten § 15 BSHG s BVerwG ZEV 1998, 151; NJW 2003, 3146); Landesrecht, zB bwBestattungsG §§ 30 ff. (hierzu VGH Mannheim NJW 1997, 3113). 3

4. Anspruchsinhalt. Kosten für eine Beerdigung und eines Grabmals, die nach Lebensstellung des Erblassers Brauch und Sitte ist (OLG Koblenz NJW-RR 2022, 374 Rn. 2–6); zB *nicht* Reisekosten von Angehörigen (vgl BGHZ 32, 72) oder Kosten eines Doppelgrabes (BGHZ 61, 238; s. aber OLG Frankfurt a.M. ZEV 2020, 357 Rn. 20 für die Kosten der Verlängerung eines Doppelgrabes für den zuletzt verstorbenen Ehegatten). Keine Beerdigungskosten sind die Grabpflegekosten (BGH NJW 2021, 2115 Rn. 13 ff.; OLG Oldenburg FamRZ 1992, 987; OLG Schleswig ZErb 2010, 90 f.; Märker MDR 1992, 217; Damrau ZEV 2004, 456). Der Erblasser kann aber ein Vermächtnis für Grabpflege anordnen und so einen 4

Anspruch gegen den Erben schaffen; denkbar auch Auflage an Erben (BGH NJW 2021, 2115, Rn. 18; OLG Saarbrücken FamRZ 2010, 1192) oder Grabpflegevertrag zu Lebzeiten (OLG Schleswig FamRZ 2010, 1194).

5 **5. Gestaltung der Beerdigung und des Grabmals.** Sie richtet sich primär nach dem *Erblasserwillen* (dazu Widmann FamRZ 2001, 74). Ist er nicht erkennbar, so liegt das *Totenfürsorgerecht* bei dem, den der Erblasser damit betraut, beim Fehlen solchen Willens bei den Angehörigen (BGH NJW-RR 2019, 727 Rn. 15 ff.; 1992, 834; BGH LM Nr. 2 zu § 1968 BGB; BGH NJW 2012, 1651 Rn. 10, 15 = ZEV 2012, 559). Insbes *können* Erbenstellung und Totenfürsorge zusammenfallen, sie *müssen* es aber nicht (LG Bonn Rpfleger 1993, 448); zu Streitigkeiten über Exhumierung und Umbettung OLG Karlsruhe NJW 2001, 2980; LG Gießen NJW-RR 1995, 265 mN; LG Leipzig FamRZ 2005, 1125; zur Duldung einer Exhumierung wegen DNA-Analyse (§ 372a ZPO) OLG München FamRZ 2001, 126; OLG Hamm FamRZ 2005, 1192). Die Totenfürsorge ist ein Recht im Sinne der §§ 823 I, 1004, so dass bei seiner Verletzung Ansprüche auf Unterlassung, Beseitigung und Schadensersatz bestehen können (BGH NJW-RR 2019, 727 Rn. 12 ff.). Lit: Karczewski ZEV 2017, 129.

6 **6. Steuern.** Beerdigungs- und Grabmalkosten sind erbschaftsteuerlich absetzbar gem § 10 V Nr. 3 ErbStG, ebenso Kapitalwert der Pflegekosten (§ 13 II BewG: 9,3-facher Jahresbetrag; sa BGH NJW 2021, 2115 Rn. 14). In Ausnahmefällen kommt einkommensteuerliche Berücksichtigung als außergewöhnliche Belastung in Frage (BFH NJW 2018. 2920 = BeckRS 2018, 8046; idR keine einkommensteuerliche Absetzbarkeit der Pflegekosten (BFH NJW 1989, 3303).

§ 1969 Dreißigster

(1) [1]**Der Erbe ist verpflichtet, Familienangehörigen des Erblassers, die zur Zeit des Todes des Erblassers zu dessen Hausstand gehören und von ihm Unterhalt bezogen haben, in den ersten 30 Tagen nach dem Eintritt des Erbfalls in demselben Umfang, wie der Erblasser es getan hat, Unterhalt zu gewähren und die Benutzung der Wohnung und der Haushaltsgegenstände zu gestatten.** [2]**Der Erblasser kann durch letztwillige Verfügung eine abweichende Anordnung treffen.**

(2) **Die Vorschriften über Vermächtnisse finden entsprechende Anwendung.**

Lit: van Venrooy, Zum Umgang mit dem „Dreißigsten" (§ 1969 Abs. 1 Satz 1 BGB), MDR 2010, 1030.

1 **1. Anspruchsinhaber.** Da Hausangestellte keinen Unterhalt beziehen, gilt § 1969 nicht für sie, wohl aber für den eingetragenen Lebenspartner (§ 11 I LPartG) und nach zweifelhafter hM für nichteheliche Lebensgefährten (so OLG Düsseldorf NJW 1983, 1566 mAnm von Bosch FamRZ 1983, 275; MüKoBGB/Siegmann § 1969 Rn. 2 mN; abl Steinert NJW 1986, 686).

2 **2. Unterfall eines Unterhaltsanspruchs.** Wegen des unterhaltsrechtlichen Charakters sind §§ 399, 400, §§ 850b I Nr. 2, II, 851 ZPO anwendbar, ebenso § 1613.

Untertitel 2. Aufgebot der Nachlassgläubiger

§ 1970 Anmeldung der Forderungen

Die Nachlassgläubiger können im Wege des Aufgebotsverfahrens zur Anmeldung ihrer Forderungen aufgefordert werden.

§ 1971 Nicht betroffene Gläubiger

[1]**Pfandgläubiger und Gläubiger, die im Insolvenzverfahren den Pfandgläubigern gleichstehen, sowie Gläubiger, die bei der Zwangsvollstreckung in das unbewegliche Vermögen ein Recht auf Befriedigung aus diesem Vermögen haben, werden, soweit es sich um die Befriedigung aus den ihnen haftenden Gegenständen handelt, durch das Aufgebot nicht betroffen. [2]Das Gleiche gilt von Gläubigern, deren Ansprüche durch eine Vormerkung gesichert sind oder denen im Insolvenzverfahren ein Aussonderungsrecht zusteht, in Ansehung des Gegenstands ihres Rechts.**

§ 1972 Nicht betroffene Rechte

Pflichtteilsrechte, Vermächtnisse und Auflagen werden durch das Aufgebot nicht betroffen, unbeschadet der Vorschrift des § 2060 Nr. 1.

§ 1973 Ausschluss von Nachlassgläubigern

(1) [1]**Der Erbe kann die Befriedigung eines im Aufgebotsverfahren ausgeschlossenen Nachlassgläubigers insoweit verweigern, als der Nachlass durch die Befriedigung der nicht ausgeschlossenen Gläubiger erschöpft wird. [2]Der Erbe hat jedoch den ausgeschlossenen Gläubiger vor den Verbindlichkeiten aus Pflichtteilsrechten, Vermächtnissen und Auflagen zu befriedigen, es sei denn, dass der Gläubiger seine Forderung erst nach der Berichtigung dieser Verbindlichkeiten geltend macht.**

(2) [1]**Einen Überschuss hat der Erbe zum Zwecke der Befriedigung des Gläubigers im Wege der Zwangsvollstreckung nach den Vorschriften über die Herausgabe einer ungerechtfertigten Bereicherung herauszugeben. [2]Er kann die Herausgabe der noch vorhandenen Nachlassgegenstände durch Zahlung des Wertes abwenden. [3]Die rechtskräftige Verurteilung des Erben zur Befriedigung eines ausgeschlossenen Gläubigers wirkt einem anderen Gläubiger gegenüber wie die Befriedigung.**

§ 1974 Verschweigungseinrede

(1) [1]**Ein Nachlassgläubiger, der seine Forderung später als fünf Jahre nach dem Erbfall dem Erben gegenüber geltend macht, steht einem ausgeschlossenen Gläubiger gleich, es sei denn, dass die Forderung dem Erben vor dem Ablauf der fünf Jahre bekannt geworden oder im Aufgebotsverfahren angemeldet worden ist. [2]Wird der Erblasser für tot erklärt oder wird seine Todeszeit nach den Vorschriften des Verschollenheitsgesetzes festgestellt, so beginnt die Frist nicht vor dem Eintritt der Rechtskraft des Beschlusses über die Todeserklärung oder die Feststellung der Todeszeit.**

(2) **Die dem Erben nach § 1973 Abs. 1 Satz 2 obliegende Verpflichtung tritt im Verhältnis von Verbindlichkeiten aus Pflichtteilsrechten, Vermächtnissen und Auflagen zueinander nur insoweit ein, als der Gläubiger im Falle des Nachlassinsolvenzverfahrens im Range vorgehen würde.**

(3) **Soweit ein Gläubiger nach § 1971 von dem Aufgebot nicht betroffen wird, finden die Vorschriften des Absatzes 1 auf ihn keine Anwendung.**

Anmerkungen zu den §§ 1970–1974

Lit: Klinger/Ruby, Das Aufgebot der Nachlassgläubiger – eine unbekannte Haftungsfalle, NJW-Spezial 2005, 61; Holzer, Das Aufgebot der Nachlassgläubiger nach dem FamFG, ZEV 2014, 583.

1 **1. Aufgebotsverfahren.** Es richtet sich nach §§ 454–464; 433–441 FamFG (dazu Holzer ZEV 2014, 583; früher §§ 989–1001, 946–959 ZPO). Bei Versäumung des Anmeldezeitpunktes im Aufgebotsverfahren gibt es keine Wiedereinsetzung (BGH NJW 2016, 3664 Rn. 21 ff. mAnm Heineman und Anm Waldner ZEV 2017, 40 f.).

2 **2. Zweck des Verfahrens.** Erbe, Nachlasspfleger, Nachlassverwalter oder Testamentsvollstrecker soll Überblick über die Passiva erhalten. Zu Anforderungen an die Glaubhaftmachung einer Nachlassforderung s KG ZEV 2005, 115.

3 **3. Unberührte Gläubiger.** Unberührt vom Aufgebotsverfahren bleiben die dinglichen Gläubiger (§ 1971) und Erbfallgläubiger (§ 1972).

4 **4. Wirkung des Ausschlussurteils.** Sie besteht in der Beschränkung der Haftungsmasse für ausgeschlossene Forderungen (§ 1973). Nur wenn nach Abzug nicht ausgeschlossener Forderungen und der Forderungen nach § 1971, ferner der befriedigten ausgeschlossenen Forderungen (vgl auch § 1973 II 3) noch etwas verbleibt, schuldet der Erbe Vollstreckungspreisgabe, wobei § 818 zu beachten ist. Bei Erschöpfung des Nachlasses erfolgt Abweisung als zurzeit unbegründet (str), da ja noch Nachlassgegenstände auftauchen können. Andernfalls ist der Erbe unter Vorbehalt (§ 780 I ZPO) zu verurteilen und muss die eingeschränkte Vollstreckungsmöglichkeit nach §§ 785, 767 ZPO geltend machen; vgl → Vor § 1967 Rn. 7.

5 **5. Rechtsbelfe des Erben während des Aufgebotsverfahrens.** Es gelten § 2015, §§ 782, 785 ZPO.

6 **6. Verschweigungseinrede.** Diese Einrede (§ 1974) stellt bisher unbekannte Forderungen, die erst nach 5 Jahren geltend gemacht werden, den ausgeschlossenen Forderungen gleich (hierzu BGH NJW 1989, 1226, 1230; ferner OLG Koblenz ZEV 2018, 423; sa → § 2018 Rn. 3). Zu § 1974 II s § 327 III InsO.

Untertitel 3. Beschränkung der Haftung des Erben

§ 1975 Nachlassverwaltung; Nachlassinsolvenz

Die Haftung des Erben für die Nachlassverbindlichkeiten beschränkt sich auf den Nachlass, wenn eine Nachlasspflegschaft zum Zwecke der Befriedigung der Nachlassgläubiger (Nachlassverwaltung) angeordnet oder das Nachlassinsolvenzverfahren eröffnet ist.

Lit: S Vor § 1967.

1 **1. Antragsrecht.** Das Antragsrecht für Nachlassverwaltung oder – insolvenz regeln § 1981, §§ 317, 318 InsO (OLG Koblenz Rpfleger 1989, 510: kein Antragsrecht des Erben nach Ausschlagung).

2 **2. Haftungsbeschränkung.** Sie besteht *während* dieser Verfahren. *Nach* ihrem Abschluss gilt bei Insolvenz § 1989, bei Verwaltung § 1990 analog (BGH NJW 1954, 635).

3 **3. Prozessuales.** Gegen Vollstreckungsmaßnahmen ist die Haftungsbeschränkung klagweise geltend zu machen (§§ 785, 784, 781 ZPO). Bei Klagen gegen den Erben muss der Erbe die Einrede der Haftungsbeschränkung erheben, das Gericht kann sie sachlich berücksichtigen (zB Klagabweisung wegen Nachlassaufzehrung) oder gem § 780 ZPO die Entscheidung über die Folgen der Beschränkung dem Vollstreckungsverfahren überlassen (vgl auch → Vor § 1967 Rn. 7).

§ 1976 Wirkung auf durch Vereinigung erloschene Rechtsverhältnisse

Ist die Nachlassverwaltung angeordnet oder das Nachlassinsolvenzverfahren eröffnet, so gelten die infolge des Erbfalls durch Vereinigung von Recht

und Verbindlichkeit oder von Recht und Belastung erloschenen Rechtsverhältnisse als nicht erloschen.

1. Beseitigung der Konfusion und Konsolidation. Anordnung der Nachlassverwaltung oder Eröffnung des Insolvenzverfahrens beseitigt rückwirkend Konsolidation und Konfusion (vgl → § 1922 Rn. 9). Der Erbe kann also Forderungen gegenüber dem Nachlassverwalter (§§ 1984, 1985 I) oder Insolvenzverwalter (§§ 80 I, 326 InsO) geltend machen, obwohl er Träger des Eigenvermögens und des Nachlasses ist (BGHZ 48, 219); der Erbe als Hypothekengläubiger (§§ 1177 II, 1197 I) kann wieder vollstrecken (§ 1984 II, § 49 InsO). Die Schuldnerstellung des Erben lebt neu auf, so dass er dem Nachlass wirksam eine Hypothek bestellen kann, wie überhaupt der Nachlassverwalter gegenüber dem Erben rechtsgeschäftlich neue Rechte begründen kann (hierzu BGH NJW-RR 1991, 684 für surrogierende Rgeschäfte; → §§ 1984, 1985 Rn. 4). Sofern ein Gesellschafter durch Mitgesellschafter beerbt wird und § 738, § 131 III Nr. 1 HGB aF bzw ab 1.1.2024 §§ 711 II, 712, 724, 728 nF u. §§ 130 I Nr. 1, 131, 135 HGB neu gelten, lässt § 1976 nur den Abfindungsanspruch aufleben, an der Anwachsung ändert sich nichts (hierzu RGZ 136, 99; offen BGH NJW 1991, 845); aA im Falle zweigliedriger Gesellschaft BGH BB 1978, 522; Soergel/Stein § 1976 Rn. 2: Fiktion des Fortbestandes; nach Ulmer JuS 1986, 858 (zu BGHZ 98, 57 bei Anordnung von Testamentsvollstreckung, näher → § 2205 Rn. 3) allerdings keine „relative Einmann-OHG" möglich, sondern fiktiver Fortbestand als Innengesellschaft; vgl → §§ 723–728 Rn. 14 u. ab 1.1.2024 §§ 712a, 728 nF. 1

2. Analoge Anwendung. Sie wird verneint (allerdings im Ergebnis ähnlich, BGHZ 48, 218; → § 2205 Rn. 1) bei Anordnung der Testamentsvollstreckung (sa MüKoBGB/Küpper § 1976 Rn. 8). Der Rechtsgedanke des § 1976 findet überall dort Anwendung, wo der Bestand des Nachlasses im Zeitpunkt des Erbfalls Berechnungsgrundlage für eine Forderung des Erben gegen den Nachlass (zB Pflichtteilsanspruch, BGHZ 98, 389; OLG Schleswig ZEV 2007, 277; OLG München ZEV 2019, 282 Rn. 15 ff. → § 2311 Rn. 3, 8) war. 2

§ 1977 Wirkung auf eine Aufrechnung

(1) **Hat ein Nachlassgläubiger vor der Anordnung der Nachlassverwaltung oder vor der Eröffnung des Nachlassinsolvenzverfahrens seine Forderung gegen eine nicht zum Nachlass gehörende Forderung des Erben ohne dessen Zustimmung aufgerechnet, so ist nach der Anordnung der Nachlassverwaltung oder der Eröffnung des Nachlassinsolvenzverfahrens die Aufrechnung als nicht erfolgt anzusehen.**

(2) **Das Gleiche gilt, wenn ein Gläubiger, der nicht Nachlassgläubiger ist, die ihm gegen den Erben zustehende Forderung gegen eine zum Nachlass gehörende Forderung aufgerechnet hat.**

1. Zweck. § 1977 führt den Trennungsgrundsatz im Falle der Aufrechnung durch. Aufrechnungen vor der Vermögenstrennung gelten deshalb als nicht erfolgt, die Forderungen als fortbestehend entgegen § 389. 1

2. Wirkungen des Eintritts der Vermögenstrennung. Mit dem Eintritt der Vermögenstrennung sind Nachlassforderungen bzw -schulden und Eigenschulden bzw -forderungen nicht mehr gegenseitig (§ 387), so dass es an der Aufrechnungslage fehlt (teilw str, Soergel/Stein § 1977 Rn. 7). Möglich bleibt die Aufrechnung zwischen Nachlassforderungen und Nachlassschulden (vgl §§ 94 ff. InsO, § 1984). 2

3. Aufrechnung vor Eintritt der Vermögenstrennung. Sie bleibt wirksam bei *Zustimmung des Erben,* gleichgültig, ob Forderung des Erben oder Nachlassforderung erloschen ist (RG LZ 1916, 1364; str). Im ersten Fall kann sich der Erbe gem 3

§ 1978 III, § 326 II InsO, am Nachlass schadlos halten, im zweiten Fall haftet er nach § 1978 I 1.

4 **4. Besonderheiten bei allg unbeschränkter Haftung.** Hier gilt § 1977 II entgegen dem Wortlaut des § 2013 I 1 fort. Bei unbeschränkter Haftung gegenüber einzelnen Nachlassgläubigern bleibt deren Recht, gegen Eigenforderungen des Erben aufzurechnen, bestehen; gem § 2013 II gilt im Verhältnis zu anderen Gläubigern § 1977 I, generell aber § 1977 II zum Schutz der Nachlassgläubiger.

§ 1978 Verantwortlichkeit des Erben für bisherige Verwaltung, Aufwendungsersatz

(1) [1]**Ist die Nachlassverwaltung angeordnet oder das Nachlassinsolvenzverfahren eröffnet, so ist der Erbe den Nachlassgläubigern für die bisherige Verwaltung des Nachlasses so verantwortlich, wie wenn er von der Annahme der Erbschaft an die Verwaltung für sie als Beauftragter zu führen gehabt hätte.** [2]**Auf die vor der Annahme der Erbschaft von dem Erben besorgten erbschaftlichen Geschäfte finden die Vorschriften über die Geschäftsführung ohne Auftrag entsprechende Anwendung.**

(2) **Die den Nachlassgläubigern nach Absatz 1 zustehenden Ansprüche gelten als zum Nachlass gehörend.**

(3) **Aufwendungen sind dem Erben aus dem Nachlass zu ersetzen, soweit er nach den Vorschriften über den Auftrag oder über die Geschäftsführung ohne Auftrag Ersatz verlangen könnte.**

1 **1. Haftung für die Zeit nach Erbschaftsannahme.** Der Erbe haftet den Nachlassgläubigern wie ein Beauftragter, §§ 662 ff. Er hat daher gem § 667 alles durch Geschäfte über Nachlassgegenstände Erworbene herauszugeben, also sowohl den Gegenwert als auch Forderungen auf einen Gegenwert. Auf ein Verschulden des Erben kommt es dabei nicht an (BGH ZEV 2008, 237). Der Erbe handelt weder als Vertreter des Nachlasses noch tritt entspr §§ 2019, 2111 Surrogation ein (zT str, s RGZ 134, 259; BGH LM Nr. 2 zu § 1978 BGB = NJW-RR 1989, 1227; Soergel/Stein § 1978 Rn. 4; wichtig wegen eines Aussonderungsrechtes in der Erbeninsolvenz!). gem § 1978 II gehören Herausgabe- und Ersatzansprüche zum Nachlass und sind vom Nachlass- bzw Insolvenzverwalter geltend zu machen (§ 1984, §§ 148, 159 InsO), § 323 InsO gibt wegen Aufwendungsersatzansprüchen (§ 1978 III, InsO § 324 I Nr. 1 InsO) kein Zurückbehaltungsrecht. Im Herausgabeprozess zwischen Insolvenzverwalter und Erbe ist das Gericht an den rechtskräftigen Eröffnungsbeschluss des Insolvenzgerichts selbst für den Fall der Fehlerhaftigkeit grundsätzlich gebunden, weil es sich um einen Hoheitsakt handelt, der nur auf Nichtigkeitsmängel nachgeprüft werden kann (BGH NJW 2014, 391 Rn. 12 ff.); der Erbe kann sich auch nicht gegen die Existenz der Forderung eines Nachlassgläubigers wenden, wenn diese Forderungen widerspruchslos zu Tabelle festgestellt ist (BGH NJW 2014, 391 Rn. 15 ff.).

2 **2. Haftung vor Erbschaftsannahme.** Hier gelten §§ 677 ff. ohne Pflicht zum Tätigwerden.

3 **3. Art der Haftung.** Der Erbe haftet persönlich und unbeschränkbar (RGZ 89, 408).

§ 1979 *Berichtigung* von Nachlassverbindlichkeiten

Die Berichtigung einer Nachlassverbindlichkeit durch den Erben müssen die Nachlassgläubiger als für Rechnung des Nachlasses erfolgt gelten lassen, wenn der Erbe den Umständen nach annehmen durfte, dass der Nachlass zur Berichtigung aller Nachlassverbindlichkeiten ausreiche.

1. Ersatzpflicht bei Erfüllung von Nachlassverbindlichkeiten. Die Vorschrift konkretisiert die nach § 1978 I bestehende Ersatzpflicht bei schlechter Verwaltung durch Berichtigung von Nachlassverbindlichkeiten aus Nachlassmitteln. Der Erbe haftet nicht, falls er angemessene Sorgfalt bei der Nachlassprüfung (vollständige Erfassung der Aktiva und Passiva, Bewertung, Aufzeichnung, uU Gläubigeraufgebot) dartut und beweist (s BGH NJW 1985, 140). Die Erbenhaftung reicht nur soweit, als den vor- und gleichrangigen Nachlassgläubigern bei insolvenzmäßiger Abwicklung auf Grund der vorzeitigen Zahlung ein Schaden entstanden ist (OLG Düsseldorf FamRZ 2000, 1332). 1

2. Aufwendungsersatz. Die Vorschrift regelt auch den *Aufwendungsersatzanspruch* (§ 1978 III) bei Befriedigung aus eigenen Mitteln: Er besteht bei Gutgläubigkeit und ist gegebenenfalls Masseschuld (§ 324 I Nr. 1 InsO). Bei fahrlässiger Fehleinschätzung besteht nur ein Bereicherungsanspruch (§§ 1978 III, 684); in der Insolvenz gilt § 326 II InsO (dazu OLG Düsseldorf FamRZ 2000, 1332). 2

3. Anfechtungsrechte. Neben die Ersatzpflicht des Erben treten die Anfechtungsrechte nach §§ 129 ff., 322 InsO; §§ 3–5 AnfG. 3

4. Ausschlagender Erbe. Für den ausschlagenden Erben gilt § 1978 überhaupt nicht; er haftet nur gem § 1959 dem endgültigen Erben (OLG Celle MDR 1970, 1012); → § 1980 Rn. 1 aE. 4

§ 1980 Antrag auf Eröffnung des Nachlassinsolvenzverfahrens

(1) [1]**Hat der Erbe von der Zahlungsunfähigkeit oder der Überschuldung des Nachlasses Kenntnis erlangt, so hat er unverzüglich die Eröffnung des Nachlassinsolvenzverfahrens zu beantragen.** [2]**Verletzt er diese Pflicht, so ist er den Gläubigern für den daraus entstehenden Schaden verantwortlich.** [3]**Bei der Bemessung der Zulänglichkeit des Nachlasses bleiben die Verbindlichkeiten aus Vermächtnissen und Auflagen außer Betracht.**

(2) [1]**Der Kenntnis der Zahlungsunfähigkeit oder der Überschuldung steht die auf Fahrlässigkeit beruhende Unkenntnis gleich.** [2]**Als Fahrlässigkeit gilt es insbesondere, wenn der Erbe das Aufgebot der Nachlassgläubiger nicht beantragt, obwohl er Grund hat, das Vorhandensein unbekannter Nachlassverbindlichkeiten anzunehmen; das Aufgebot ist nicht erforderlich, wenn die Kosten des Verfahrens dem Bestand des Nachlasses gegenüber unverhältnismäßig groß sind.**

Die Vorschrift modifiziert die Verwaltungspflichten des § 1978 I; folglich keine Pflicht vor Annahme der Erbschaft. Nach Annahme besteht die Pflicht des Erben, im Interesse der Gläubiger einen Insolvenzantrag zu stellen, auch dann, wenn wegen schwebenden Erbprätendentenstreits Nachlasspflegschaft angeordnet wurde (BGHZ 161, 285 f.; dazu Marotzke ZEV 2005, 111; anders bei Anfechtung der Versäumung der Ausschlagungsfrist durch den Erben, BGH FamRZ 2011, 1292). Vereinbarung mit Nachlassgläubigern befreit von Antragspflicht. Bei Nachlassverwaltung trifft die Pflicht den Verwalter (§§ 1985 II, 1980). Eine Pflicht des verwaltenden Testamentsvollstreckers zur Antragstellung besteht gegenüber den Nachlassgläubigern nicht (str, wie hier Uhlenbruck/Lüer, InsO, 13. Aufl. 2010, § 317 Rn. 7, 8), ebenso wenig eine Pflicht des Nachlasspflegers (BGHZ 161, 287; zum Antragsrecht s aber § 317 InsO; BGH FamRZ 2007, 1648; 11, 1293); eine andere Frage ist die Pflicht des Nachlasspflegers und Testamentsvollstreckers gegenüber dem Erben, dessen Interessen sie zu wahren haben (für den Nachlasspfleger bejahend BGHZ 161, 287). Eine vom Nachlasspfleger versäumte Antragstellung kann dem Erben auch nicht über §§ 278, 166 zugerechnet werden und einen Anspruch aus § 1980 I 2 begründen (BGHZ 161, 286 f.). Dasselbe muss dann für den Testamentsvollstrecker gelten. Stirbt ein Schuldner nach Eröffnung eines Insolvenzverfahrens, so wird dieses Verfah- 1 ren ohne Weiteres in das Nachlassinsolvenzverfahren übergeleitet und nimmt seinen Fortgang mit dem Erben als neuem Schuldner (BGHZ 175, 307 Rn. 6; BGH NJW 2014, 389 Rn. 12); Neugläubiger des Erblassers, die Forderungen nach Insolvenzeröffnung erworben haben (§ 38 InsO), sind dabei nach wie vor auf das insolvenzfreie Vermögen des Schuldners verwiesen (§§ 35, 36 InsO). Der Nachlassinsolvenzverwalter soll keinen Antrag auf Nachlassverwaltung des zu Lebzeiten des Erblassers und Schuldners insolvenzfreien Vermögens stellen können (OLG München NZI 2014, 527).

§ 1981 Anordnung der Nachlassverwaltung

(1) **Die Nachlassverwaltung ist von dem Nachlassgericht anzuordnen, wenn der Erbe die Anordnung beantragt.**

(2) **[1]Auf Antrag eines Nachlassgläubigers ist die Nachlassverwaltung anzuordnen, wenn Grund zu der Annahme besteht, dass die Befriedigung der Nachlassgläubiger aus dem Nachlass durch das Verhalten oder die Vermögenslage des Erben gefährdet wird. [2]Der Antrag kann nicht mehr gestellt werden, wenn seit der Annahme der Erbschaft zwei Jahre verstrichen sind.**

1 **1. Antrag des Erben.** Sondervorschriften in § 2062 für Miterben; § 317 InsO (Testamentsvollstrecker), § 318 InsO (Gütergemeinschaft) gelten entspr. Aus §§ 2144, 2383 folgt das Antragsrecht des Nacherben bzw Erbschaftskäufers; kein Antragsrecht des Nachlasspflegers iSd §§ 1960 f.; § 1981 I gilt auch für den Erbeserben (OLG Jena NJW-RR 2009, 304). Der Antrag ist an keine bes Voraussetzungen geknüpft; uU Rechtsmissbrauch bei Antragstellung aus Bequemlichkeit des Erben (LG Tübingen BWNotZ 1984, 168; zw!). § 1981 III ist durch Art. 1 Nr. 22 des Ges zur Reform des Vormundschafts- und Betreuungsrechts mit Wirkung zum 1.1.2023 (Art. 16 I des Reformgesetzes) aufgehoben worden. Bei subsidiärer Anwendung des Rechts der Vormundschaft für Pflegschaften bestand unter bis zum 31.12.2022 geltenden Recht eine Pflicht zur Übernahme (§§ 1975, 1915 aF, 1785 aF), die § 1981 III aF für die Nachlassverwaltung ausschloss; unter neuem Recht ab 1.1.2023 ist eine solche Pflicht bereits nach subsidiär anwendbarem Betreuungsrecht (§ 1975, §§ 1882 ff. nF) ausgeschlossen (§§ 1819, 1885 nF), so dass § 1981 III aF überflüssig ist.

2 **2. Antragsrecht des Nachlassgläubigers.** Es betrifft jedweden Gläubiger, also auch ausgeschlossene Gläubiger, Erbfallgläubiger wie Pflichtteilsberechtigte und Erbersatzberechtigte oder Miterbengläubiger (OLG Düsseldorf NJW-RR 2012, 843). Gefährdung der Befriedigung kann bei schlechter Vermögenslage nur eines Miterben vorliegen (BayObLGZ 1966, 75). Der Erbe muss sich das Verhalten des Testamentsvollstreckers nicht zurechnen lassen (str; → § 1980 Rn. 1). Mitwirkungsstreitigkeiten unter Miterben bei der Nachlassauseinandersetzung rechtfertigen idR keinen Antrag eines Gläubigermiterben auf Nachlassverwaltung (OLG Düsseldorf NJW-RR 2012, 843).

3 **3. Anordnung des NachlassG.** Zuständigkeit gem. §§ 342 I, 343 I FamFG; nach §§ 3 Nr. 2c, 16 I Nr. 1 RPflG Rechtspflegeraufgabe; Bekanntmachung an Beteiligte (§ 41 iVm § 345 IV FamFG; früher § 16 FGG), also auch an Erbe oder Nachlasspfleger des unbekannten Erben (BayObLGZ 1976, 167). Änderungsbefugnis und Beschwerderecht §§ 359, 48, 58 ff., 63 FamFG (früher §§ 18, 76, 22 FGG); dazu OLG Celle ZEV 2017, 95: Befugnis eines Erben für einen Abänderungsantrag, auch wenn er keinen Antrag auf Anordnung gestellt hatte); OLG Düsseldorf ZEV 2016, 701 (LS): Beschwerde gegen Aufhebung führt nicht zum Aufleben der Verwaltung, vielmehr ist neue Anordnung erforderlich.

§ 1982 Ablehnung der Anordnung der Nachlassverwaltung mangels Masse

Die Anordnung der Nachlassverwaltung kann abgelehnt werden, wenn eine den Kosten entsprechende Masse nicht vorhanden ist.

Kosten der Verwaltung: §§ 1983, 1987; § 24 Nr. 5 GNotKG iVm Nr. 12311 KV (dazu Bormann/Diehn/Sommerfeldt, GNotKG, Nr. 12311 KV Rn. 1) . Dem Erben bleibt § 1990 (OLG Düsseldorf Rpfleger 2000, 115), dem Gläubiger der Kostenvorschuss (LG Lüneburg Rpfleger 2009, 458: Rückzahlung aus später angereicherter Masse). 1

§ 1983 Bekanntmachung

Das Nachlassgericht hat die Anordnung der Nachlassverwaltung durch das für seine Bekanntmachungen bestimmte Blatt zu veröffentlichen.

Bekanntmachung hat keine konstitutive Wirkung; sie kann aber gem § 1984 I, §§ 81, 82 InsO Bedeutung erlangen. Von der Bekanntmachung zu unterscheiden ist die Eintragung der Verfügungsbeschränkung im Grundbuch (§ 1984 I, § 81 I InsO); Antragsrecht nur des Verwalters, nicht des Nachlassgerichts (str, Soergel/Stein 1983 Rn. 2). 1

§ 1984 Wirkung der Anordnung

(1) [1]**Mit der Anordnung der Nachlassverwaltung verliert der Erbe die Befugnis, den Nachlass zu verwalten und über ihn zu verfügen.** [2]**Die Vorschriften der §§ 81 und 82 der Insolvenzordnung finden entsprechende Anwendung.** [3]**Ein Anspruch, der sich gegen den Nachlass richtet, kann nur gegen den Nachlassverwalter geltend gemacht werden.**

(2) **Zwangsvollstreckungen und Arreste in den Nachlass zugunsten eines Gläubigers, der nicht Nachlassgläubiger ist, sind ausgeschlossen.**

§ 1985 Pflichten und Haftung des Nachlassverwalters

(1) **Der Nachlassverwalter hat den Nachlass zu verwalten und die Nachlassverbindlichkeiten aus dem Nachlass zu berichtigen.**

(2) [1]**Der Nachlassverwalter ist für die Verwaltung des Nachlasses auch den Nachlassgläubigern verantwortlich.** [2]**Die Vorschriften des § 1978 Abs. 2 und der §§ 1979, 1980 finden entsprechende Anwendung.**

Anmerkungen zu den §§ 1984, 1985

1. Stellung des Nachlassverwalters. Er ist nach hM *amtliches Organ* zur Verwaltung einer Vermögensmasse (RGZ 135, 307; 151, 62; KG FamRZ 2006, 559); das ist zwar mit §§ 1975, 1915 aF, 1793 aF bzw §§ 1885, 1888 I, 1823 nF ab 1.1.2023, die eher auf eine Vertreterposition weisen, kaum vereinbar, doch sollte es wegen der Parallele zum Insolvenzverwalter (§ 1984 I) bei der hM bleiben. 1

2. Pflegschaftsvorschriften. Die Pflegschaftsvorschriften (§§ 1975, 1915 aF, 1885 nF) finden sinngemäße Anwendung und verweisen im bis zum 31.12.2022 geltenden alten Recht auf Vormundschaftsrecht (§ 1915 aF) und nach neuem Recht insoweit auf Betreuungsrecht (§ 1888 I nF). Insbes gelten teilweise §§ 1779 aF (Ernennung; vgl aber §§ 1981 III, 1785 aF) und §§ 1814 ff. nF; §§ 1802 aF bzw 1835 nF (Verzeichnis des Nachlassvermögens); §§ 1840 f., 1890 aF bzw §§ 1846 f., 1861 ff., 1865 nF (Berichts- und Rechnungslegungspflicht); §§ 1821 ff. aF bzw 2

§§ 1848 ff. nF (Genehmigungspflicht auch bei volljährigen Erben); §§ 1837 aF bzw 1861 f. nF (Aufsichtsmaßnahmen, Versicherungsauflage – nicht mehr unter neuem Recht; dazu Zimmermann ZEV 2022, 582), §§ 1886 aF bzw 1868 f. nF (Entlassung, Bsp: OLG Karlsruhe NJW-RR 1989, 1095; Antragsrecht von Nachlassgläubigern ist str, verneinend OLG Frankfurt a. M. ZEV 1998, 263; OLG Karlsruhe 1962, 1975: Aufsicht des Nachlassgerichtes); unanwendbar dagegen §§ 1812, 1813 aF (str), die keine direkte Entsprechung im Betreuungsrecht haben, obwohl das Gericht mehrere Betreuer ernennen und auch gemeinsames Handeln anordnen kann (§ 1817 nF). Immer stellt sich die Frage, ob und inwieweit das Betreuungsrecht mit der dem Insolvenzverwalter ähnlichen Stellung des Nachlassverwalters im Einzelfall vereinbar ist.

3 **3. Gegenstand der Nachlassverwaltung.** Dies ist wie bei Insolvenz das gesamte der Zwangsvollstreckung unterliegende Vermögen des Erblassers (§§ 35, 36 InsO). Hierzu gehört der Anteil an einer Personengesellschaft als Teil des Nachlasses (BGHZ 98, 51), obwohl er getrennt vom übrigen Nachlass unmittelbar in das Privatvermögen des Gesellschafter-Erben fällt (Sondererbfolge, BGHZ 91, 136; hierzu Brox JZ 1984, 892). Der Nachlassverwalter kann allerdings nicht in die inneren Angelegenheiten der Gesellschaft eingreifen, er verwaltet lediglich die „Außenseite“ (so BGHZ 98, 57 für den Testamentsvollstrecker) des Gesellschaftsanteils: die mitgliedschaftlichen, höchstpersönlichen Rechte bleiben beim Erben (BGHZ 47, 293, hierzu Großfeld und Rohlff JZ 1967, 705; von Proff NJW 2018, 828, 829; BGH 98, 55; BayObLG WM 1991, 133; Beispiel: BayObLGZ 1988, 30), so auch das Verfügungsrecht über Gesellschaftsvermögen; der Verwalter verwaltet Gewinn- und Auseinandersetzungsansprüche und kann entspr § 135 HGB aF bzw 133 HGB nF, § 725 aF bzw 726 nF kündigen (str, s St./Marotzke Rn. 21). Für den Umfang des Verwaltungsrechts gilt das Surrogationsprinzip (BGHZ 46, 229 für Schadensersatzforderung nach Verlust eines Nachlassgegenstandes).

4 **4. Materiellrechtliche Befugnisse des Verwalters.** Er kann sich mit Wirkung gegen den Nachlass verpflichten und über Nachlassgegenstände verfügen (§§ 1985 I, 1975, §§ 1915, 1793 aF bzw 1885, 1821 I, 1823 nF); im Falle von Vor- und Nacherbschaft gilt § 2115 S. 2 analog (OLG Braunschweig OLGZ 1988, 394). Dementspr verliert der Erbe die Verwaltungs- und Verfügungsbefugnis (§ 1984 I, §§ 80–82 InsO). Gutgl Erwerb nach §§ 892, 893 ist möglich, falls Verfügungsbeschränkung nicht ins Grundbuch eingetragen ist. Dagegen kein gutgl Erwerb bei beweglichen Sachen, § 81 I 1 InsO lex specialis zu § 135 II; anders, wenn Erwerber ohne grobe Fahrlässigkeit über Zugehörigkeit zum Nachlass irrt, da sich § 81 I InsO nur auf Kenntnis der Verfügungsbeschränkung bezieht (str). § 82 InsO korrespondiert mit § 1983.

5 **5. Aufgabe des Verwalters.** Sie liegt in der Gläubigerbefriedigung. Dazu hat er den Nachlass in Besitz zu nehmen, ggf einen Herausgabetitel gegen den Erben zu erstreiten; denn der Anordnungsbeschluss des Nachlassgerichtes ist kein vollstreckbarer Titel (str), und das Gericht kann keinen Gerichtsvollzieher beauftragen (KG NJW 1958, 2071). Der Nachlassverwalter kann eine vom Erblasser erteilte Vollmacht wirksam widerrufen (KG NJW 1971, 566). Er kann ein Gläubigeraufgebot beantragen (§ 455 II FamFG; früher § 991 ZPO) und nach seinem Ermessen den Nachlass versilbern, nicht aber die Nachlassauseinandersetzung betreiben (BayObLGZ 25, 454); zum Insolvenzantrag vgl §§ 1985 II, 1980 (OLG Stuttgart OLGZ 1984, 304: Antragspflicht bei Massearmut). Bei mangelnder Masse kann Verwalter *Aufhebung der Verwaltung nach § 1988 II* beantragen. § 1973 (RGZ 61, 221) und § 1992 sind auch bei Nachlassverwaltung entsprechend anzuwenden.

6 **6. Haftung des Verwalters.** Die Haftung gegenüber dem Erben folgt aus § 1975, §§ 1915, 1833, 1834, 1839–1841 aF bzw 1885, 1888, 1826, 1838, 1839–1843, 1864, 1865 nF (vgl zur Haftung bei Wertanlagen BGH FamRZ 1975, 576).

Die Haftung gegenüber den Gläubigern regeln §§ 1985 II, 1978 II, 1979 (hierzu BGH NJW 1985, 140; → § 1979 Rn. 1), 1980.

7. Prozessuales. Im Prozess ist der Nachlassverwalter ges Prozessstandschafter und damit Partei kraft Amtes (RGZ 135, 307); Aufnahme unterbrochener Prozesse nach §§ 239, 241 III, 246 I ZPO. Der Erbe verliert die Prozessführungsbefugnis, Aktiv- und Passivprozesse sind unzulässig (zB OLGR Celle 2009, 776). Gewillkürte Prozessstandschaft des Erben (Ermächtigung durch Nachlassverwalter) soll zulässig sein (BGHZ 38, 281; dazu Bötticher JZ 1963, 582). Vollstreckungshandlungen der Eigengläubiger in den Nachlass (§ 1984 II) oder der Nachlassgläubiger in das Eigenvermögen (§ 1975) sind auf Abwehrklage (§ 785 ZPO) für unzulässig zu erklären (§§ 784 II bzw 780, 781, 784 I ZPO; OLG Frankfurt a.M. ZEV 1998, 192; hierzu Stein ZEV 1998, 178); vgl → § 1975 Rn. 3. Nachlassgläubiger können auf Grund eines Titels gegen den Erben nach Umschreibung auf den Verwalter gem §§ 727 I, 749 ZPO (str, Baur/Stürner/Bruns Rn. 17.16; Loritz ZZP 1995, 329) vollstrecken. 7

§ 1986 Herausgabe des Nachlasses

(1) **Der Nachlassverwalter darf den Nachlass dem Erben erst ausantworten, wenn die bekannten Nachlassverbindlichkeiten berichtigt sind.**

(2) [1]**Ist die Berichtigung einer Verbindlichkeit zur Zeit nicht ausführbar oder ist eine Verbindlichkeit streitig, so darf die Ausantwortung des Nachlasses nur erfolgen, wenn dem Gläubiger Sicherheit geleistet wird.** [2]**Für eine bedingte Forderung ist Sicherheitsleistung nicht erforderlich, wenn die Möglichkeit des Eintritts der Bedingung eine so entfernte ist, dass die Forderung einen gegenwärtigen Vermögenswert nicht hat.**

1. Aufhebung und Beendigung der Verwaltung. Gem § 1919 aF bzw 1871 nF ist Nachlassverwaltung *aufzuheben,* wenn der Grund für die Anordnung entfällt, also bei Befriedigung aller Gläubiger (BGH NJW-RR 2017, 1034 Rn. 9 ff.; Hamm ZEV 2017, 264) und jedenfalls dann, wenn ein am Ausgangsverfahren materiell Beteiligter wie zB ein Miterbe oder Alleinerbe einen entsprechenden Antrag stellt oder bei Erschöpfung (vgl auch § 1988 II); den Fall der nachfolgenden Insolvenz regelt § 1988 I. § 1986 gewährt **keinen Anspruch auf Herausgabe,** der erst nach Aufhebung oder Beendigung der Verwaltung entsteht, § 1890 aF bzw 1872 I nF. Er stellt nur klar, wann der Verwalter ohne Pflichtverletzung herausgeben kann (vgl §§ 1985 II 1, 1975, §§ 1915, 1833 I 1 aF bzw 1888 I, 1826 nF). An mehrere Miterben ist ohne Verteilung (vgl → §§ 1984, 1985 Rn. 5) gemeinsam herauszugeben. 1

2. Aufgebot. § 1986 I verlangt in Zweifelsfällen ein Aufgebot (§§ 1970 ff.). 2

3. Haftung des Erben. Nach Aufhebung vgl → § 1975 Rn. 2. Bis zur Aufhebung gilt auch nach Herausgabe § 1984 I; der Erbe hat dem Verwalter die Befriedigung zu ermöglichen, ggf durch Rückgabe. 3

§ 1987 Vergütung des Nachlassverwalters

Der Nachlassverwalter kann für die Führung seines Amts eine angemessene Vergütung verlangen.

Lit: Zimmermann, Probleme der Nachlassverwaltervergütung, ZEV 2007, 519.

1. Gesetzliche Regelung. Die Vorschrift des § 1987 gibt entgegen § 1975, §§ 1915, 1836 I 1 aF– anders als beim Nachlasspfleger (vgl → § 1960 Rn. 11) – einen uneingeschränkten **Vergütungsanspruch.** In der *Zeit bis zum 31.12.2022* waren Bemessungskriterien vor dem 1.1.1999 Nachlassmasse, Dauer und Schwierigkeit der Verwaltungsgeschäfte (s BayObLGZ 1972, 156; BayObLG Rpfleger 1

1985, 402). Für Verwaltungen nach dem 1.1.1999 galten die bei Nachlasspflege anwendbaren Bemessungskriterien (OLG München Rpfleger 2006, 405) und sind entsprechend der seit dem 1.7.2005 geltenden und in Einzelheiten geänderten Rechtslage (→ § 1960 Rn. 11) bei Nachlassverwaltung auf den Vergütungsanspruch entsprechend anzuwenden, so dass nach § 1915 I Satz 2 aF nicht die Stundensätze des § 3 VBVG aF gelten, sondern sie unter Berücksichtigung der nutzbaren Fachkenntnisse des Nachlasspflegers und der Schwierigkeit der Pflegschaft festzulegen sind (ausführlich BGH NJW 2018, 2960). Jedoch keine Anwendung der Ausschlussfrist des § 2 Satz 1 VBVG aF (sa OLG München Rpfleger 2006, 405; OLG Zweibrücken FamRZ 2007, 1191) und keine Einstandspflicht der Staatskasse bei Mittellosigkeit (KG Rpfleger 2006, 194; → § 1960 Rn. 11 aE). Wie bei der Nachlasspflegschaft erweisen sich die Zeithonorare nach den Stundensätzen des VBVG als zu niedrig, so dass nach pflichtgemäßem Ermessen höhere Stundensätze gelten müssen. Unter *neuem Recht ab 1.1.2023* richtet sich die als Vorbild genommene Vergütung für Nachlasspflege nach *§§ 1885, 1888 II nF*, sodass *§§ 1–6 VBVG nF* gelten, jedoch gem *§ 1888 II Satz 2 nF* mit der Maßgabe, dass sich bei berufsmäßiger Pflegschaft die Höhe der Stundenvergütung wie unter bisherigem Recht nach nutzbaren Fachkenntnissen und Umfang und Schwierigkeit der Pflegschaft richtet (→ § 1960 Rn. 17). Übertragen auf die Nachlassverwaltung bedeutet dies, dass BGH NJW 2018, 2960 auch unter neuem Pflegschaftsrecht unverändert fort gilt. **Aufwendungsersatzanspruch** gem §§ 1915 I, 1835, 1835a aF bzw *§§ 1885, 1888 I, 1877 nF*, §§ 670, 669. Beide Verbindlichkeiten sind Masseschulden gem § 324 I Nr. 4, 6 InsO.

2 **2. Festsetzung der Höhe.** Sie erfolgt durch NachlassG, §§ 1962, 1975; §§ 340, 292 I, 168 FamFG aF bis 31.12.2022 bzw *§§ 342 I, 168d, 292 nF* ab 1.1.2023 (früher §§ 56g, 76 FGG); Rechtspflegerzuständigkeit, §§ 3 Nr. 2c, 16 I Nr. 1, RPflG; (bis zum 1.9.2009: sofortige) Beschwerde gem § 58 FamFG (früher §§ 75, 56g V, VII FGG; dazu BayObLG NJW-RR 2001, 870; → § 1960 Rn. 11).

3 **3. Prozessuales.** Die Durchsetzung des Vergütungsanspruchs erfolgt aus dem Festsetzungsbeschluss (§§ 340, 292 I, 168 V aF iVm 86, 95 FamFG (früher § 56g VI FGG) bzw *§§ 342 I, 168d, 292 FamFG nF* ab 1.1.2023; über Aufwendungsersatz entscheidet im Streitfalle das gewöhnliche Prozessgericht (§§ 1975, 1915, 1835 aF, dazu § 1960 Rn. 11, bzw *§§ 168d, 292 FamFG nF*, dazu § 1960 Rn. 17).

§ 1988 Ende und Aufhebung der Nachlassverwaltung

(1) **Die Nachlassverwaltung endigt mit der Eröffnung des Nachlassinsolvenzverfahrens.**

(2) **Die Nachlassverwaltung kann aufgehoben werden, wenn sich ergibt, dass eine den Kosten entsprechende Masse nicht vorhanden ist.**

1 **1. Insolvenzeröffnung.** Mit ihr geht die Verfügungsbefugnis (§ 1984 I) auf den Insolvenzverwalter über (§ 80 I InsO); entgegen hM sind dann §§ 81, 82 InsO auf Nachlassverwalter anstelle des Schuldners anzuwenden.

2 **2. Aufhebung.** Vgl → § 1986 Rn. 1; kein Beschwerderecht des Verwalters (OLG Jena Rpfleger 1998, 427). Ein Beschwerderecht eines Nachlassgläubigers besteht auch dann, wenn die Nachlassverwaltung nicht auf seinen Antrag angeordnet wurde (OLG Hamm ZErb 2010, 272). Ein Prozess zwischen Nachlassverwalter und Alleinerbe endet bei Aufhebung durch Vereinigung der Parteistellungen (zu Einzelheiten BGH ZEV 2018, 393 mAnm Grau).

§ 1989 Erschöpfungseinrede des Erben

Ist das Nachlassinsolvenzverfahren durch Verteilung der Masse oder durch einen Insolvenzplan beendet, so findet auf die Haftung des Erben die Vorschrift des § 1973 entsprechende Anwendung.

1. Zwei Fälle der Haftungsbeschränkung. Die Haftungsbeschränkung des § 1975 wird in zwei Fällen der Beendigung des Insolvenzverfahrens fortgesetzt und präzisiert: **a)** Bei **Beendigung durch Verteilung der Masse** (§§ 187 ff. InsO) beschränkt sich die Haftung gegen nicht befriedigte Gläubiger (§ 201 InsO) nach §§ 1989, 1973. **b)** Bei **Insolvenzplanverfahren** (§§ 217 ff. InsO) haftet der Erbe den Beteiligten gem § 254 InsO unbeschränkt, falls – wie dies regelmäßig der Fall sein dürfte – im Insolvenzplan eine solche Haftung übernommen ist (str; § 1989 bejahend MüKoBGB/Küpper § 1989 Rn. 7; zum korrespondierenden alten Recht des Zwangsvergleichs §§ 173 ff., 193 aF KO). Gläubigern gem § 324 InsO und – entgegen dem Wortlaut des § 254 InsO (für die Vorgängerregelung des Zwangsvergleichs durch KO § 193 aF KO, str, s St./Marotzke § 1989 Rn. 18) – nicht am Insolvenzplanverfahren beteiligten Gläubigern haftet der Erbe nur gem §§ 1989, 1973. 1

2. Unanwendbarkeit. Die Vorschrift ist unanwendbar in den Fällen des § 2013 (vgl aber § 2000); §§ 26, 207, 212 ff. InsO. 2

§ 1990 Dürftigkeitseinrede des Erben

(1) [1]Ist die Anordnung der Nachlassverwaltung oder die Eröffnung des Nachlassinsolvenzverfahrens wegen Mangels einer den Kosten entsprechenden Masse nicht tunlich oder wird aus diesem Grunde die Nachlassverwaltung aufgehoben oder das Insolvenzverfahren eingestellt, so kann der Erbe die Befriedigung eines Nachlassgläubigers insoweit verweigern, als der Nachlass nicht ausreicht. [2]Der Erbe ist in diesem Falle verpflichtet, den Nachlass zum Zwecke der Befriedigung des Gläubigers im Wege der Zwangsvollstreckung herauszugeben.

(2) Das Recht des Erben wird nicht dadurch ausgeschlossen, dass der Gläubiger nach dem Eintritt des Erbfalls im Wege der Zwangsvollstreckung oder der Arrestvollziehung ein Pfandrecht oder eine Hypothek oder im Wege der einstweiligen Verfügung eine Vormerkung erlangt hat.

§ 1991 Folgen der Dürftigkeitseinrede

(1) Macht der Erbe von dem ihm nach § 1990 zustehenden Recht Gebrauch, so finden auf seine Verantwortlichkeit und den Ersatz seiner Aufwendungen die Vorschriften der §§ 1978, 1979 Anwendung.

(2) Die infolge des Erbfalls durch Vereinigung von Recht und Verbindlichkeit oder von Recht und Belastung erloschenen Rechtsverhältnisse gelten im Verhältnis zwischen dem Gläubiger und dem Erben als nicht erloschen.

(3) Die rechtskräftige Verurteilung des Erben zur Befriedigung eines Gläubigers wirkt einem anderen Gläubiger gegenüber wie die Befriedigung.

(4) Die Verbindlichkeiten aus Pflichtteilsrechten, Vermächtnissen und Auflagen hat der Erbe so zu berichtigen, wie sie im Falle des Insolvenzverfahrens zur Berichtigung kommen würden.

Anmerkungen zu den §§ 1990, 1991

1. Wesen der Einrede. Das Wesen der Dürftigkeitseinrede besteht in der Möglichkeit einer Haftungsbeschränkung ohne Nachlassverwaltung bzw -insolvenz (§ 1975). 1

2. Arten der Dürftigkeit. a) Dürftigkeit kraft Tatbestandswirkung. Es liegen Entscheidungen gem §§ 1982, 1988 II; §§ 26, 207 ff. InsO vor, die den Nach- 2 weis der Dürftigkeit ersparen (BGH LM Nr. 2 zu § 1982 BGB = NJW-RR 1989, 1227; sa AG Erfurt BeckRS 2022, 18742). **b) Tatsächliche Dürftigkeit.** Ohne entspr Entscheidungen sind die Voraussetzungen der Dürftigkeit gegeben und werden vom Schuldner dargetan und bewiesen (dazu OLG Koblenz NJW-RR 2006, 378).

3 **3. Voraussetzung der tatsächlichen Dürftigkeit.** Voraussetzung ist das Fehlen einer kostendeckenden Masse, maßgebender Zeitpunkt nicht der Erbfall, sondern der Zeitpunkt der Entscheidung über die Einrede (BGHZ 85, 280; sa BGH NJW 2013, 933 Rn. 19). Ansprüche gegen den Erben gem §§ 1991 I, 1978, 1979, 1991 II sind der Masse zuzurechnen (zB Anspruch aus Entnahme durch Erben gem §§ 1978 I, 667: BGH ZEV 2008, 237), ebenso anfechtbar veräußerte Gegenstände (LG Köln ZIP 1981, 1385). Nachlassgläubiger können solche Ansprüche gegen den Erben entweder der Klage des Erben entgegenhalten (§ 785 ZPO, → Rn. 7) oder selbst klagweise geltend machen (BGH NJW-RR 1989, 1226).

4 **4. Aufrechnung.** Die Aufrechnung eines Nachlassgläubigers gegen eine private Forderung des Erben ist im Falle des § 1990 ausgeschlossen (BGHZ 35, 327 f.).

5 **5. Reihenfolge zur Befriedigung.** Sie schreibt das Ges grundsätzlich nicht vor. Der Erbe kann daher zunächst seine Aufwendungsersatzansprüche (§§ 1991 I, 1978 III) oder seine Forderungen gem § 1991 II befriedigen (BGHZ 85, 287; BGH MDR 1985, 117 mN) und dabei selbst Gläubiger mit rechtskräftigen Titeln hintanstellen (RGZ 82, 278; 139, 202). Ausnahmen: **a) Gläubiger mit Titel** gehen Gläubigern ohne Titel vor (§ 1991 III). **b) Erbfallschulden** gem § 1991 IV sind nachrangig in der Reihenfolge Pflichtteilsrecht (einschließlich Ergänzungsanspruch gem § 2325; BGHZ 85, 280), Vermächtnisse und Auflagen (uU Erbersatzanspruch alten Rechts; vgl → § 1924 Rn. 3) zu befriedigen (§ 327 InsO). Bei falscher Reihenfolge haftet der Erbe gem §§ 1991 I, 1978 I; uU Bereicherungsanspruch des Erben aus § 813 I (OLG Stuttgart NJW-RR 1989, 1283).

6 **6. Entspr Anwendung nach Abschluss der Nachlassverwaltung.** Vgl → § 1975 Rn. 2; vgl iÜ §§ 1480, 1498, 1504, 2036 f., 2145.

7 **7. Prozessuales.** Bei der prozessualen Durchführung der Haftungsbeschränkung gibt es **drei Alternativen. a)** Der Erbe wird mit dem Vorbehalt des § 780 I ZPO verurteilt (BGH NJW 1991, 2840: Vorbehalt bei § 794 I Nr. 1 ZPO) und muss sich dann nach §§ 784 I, 785, 767 ZPO gegen die Vollstreckung in Gegenstände des Eigenvermögens wehren. **b)** Das Gericht beschränkt im Urteil die Vollstreckung auf bestimmte, noch vorhandene Nachlassgegenstände (unpraktisch). **c)** Der Erbe beweist die **Unzulänglichkeit** und erreicht damit völlige oder teilw Klagabweisung. Das Gericht kann je nach Sachlage eine Alternative auswählen (vgl RGZ 54, 413; BGH NJW 1954, 635; 1983, 2379; 1993, 1853; 2013, 933 Rn. 19; 2019, 2392 Rn. 52 ff.; keine Pflicht des Gerichts zur Wahrnehmung einer Möglichkeit zur Durchentscheidung, BGH NJW-RR 2017, 1040 Rn. 10 ff.); ein öffentl-rechtl Rückforderungsbescheid darf bei Dürftigkeit nicht ergehen (VGH Mannheim NJW 1986, 273). Die Dürftigkeitseinrede muss nicht unbedingt bereits im Feststellungsprozess erhoben werden (RG JW 1930, 2215; aA OLG Bamberg ZEV 1996, 463; offen BGH ZEV 1996, 465). Wird sie erst gegen die Kostenentscheidung erhoben, ist die Einrede aber unbeachtlich (BGH RVGreport 2004, 199). Im Betreuervergütungsverfahren genügt summarische Prüfung der Voraussetzungen der Dürftigkeit (BayObLGZ 1997, 335). Eine Abfindungsvereinbarung zwischen Erbe und Gläubiger kann einer späteren Geltendmachung der Dürftigkeitseinrede entgegenstehen (OLG Oldenburg NJW-RR 2007, 876). Entscheidet sich das Prozessgericht zur Wahrung der Dürftigkeitseinrede für eine Verurteilung unter Vorbehalt und erwächst diese Entscheidung in Rechtskraft, so steht damit rechtskräftig fest, dass die im Klagantrag geltend gemachten Forderungen Nachlassverbindlichkeiten sind und der Kläger gegen eine Vollstreckungsgegenklage bei Vollstreckung in das Eigenvermögen

des Erben nicht mehr vortragen kann, es handle sich um Nachlasserbenschulden oder reine Erbenschulden, für die das Eigenvermögen hafte (dazu § 1967 Rn. 5), weil die rechtskräftige Ausurteilung der Haftungsbeschränkung gerade diesen Einwand ausschließt und damit präjudizielle Wirkung für Folgeverfahren über denselben Anspruch hat (dazu BGH NJW 2021, 701 Rn. 15 ff., 22 ff., 31 ff. mAnm Tolani). Der Kläger muss sich deshalb mit Berufung gegen ein Urteil mit dem Vorbehalt beschränkter Haftung wehren, wenn ihm die Einordnung als Nachlassverbindlichkeit irrig erscheint.

8. Vollstreckungsmaßnahmen. Vollstreckungsmaßnahmen von Nachlassgläubigern (§ 1990 II) in das Eigenvermögen kann der Erbe analog §§ 784 I, 785 ZPO aufheben lassen; ebenso nach hM Maßnahmen, welche die Rangfolge des § 1991 IV beeinträchtigen würden. Maßnahmen der Erbengläubiger in den Nachlass sind analog § 784 II ZPO aufhebbar (str), weil der Haftungsbeschränkung die Trennung der Vermögensmassen entsprechen sollte. 8

§ 1992 Überschuldung durch Vermächtnisse und Auflagen

[1]Beruht die Überschuldung des Nachlasses auf Vermächtnissen und Auflagen, so ist der Erbe, auch wenn die Voraussetzungen des § 1990 nicht vorliegen, berechtigt, die Berichtigung dieser Verbindlichkeiten nach den Vorschriften der §§ 1990, 1991 zu bewirken. [2]Er kann die Herausgabe der noch vorhandenen Nachlassgegenstände durch Zahlung des Wertes abwenden.

1. Zweck. Bei Überschuldung durch Vermächtnisse und Auflagen soll der Erbe ohne Nachlassinsolvenz und dementspr ohne Dürftigkeit des Nachlasses die beschränkte Haftung des § 1990 herbeiführen können; das Ges versucht, die Insolvenz wegen Verbindlichkeiten aus Vermächtnissen und Auflagen entspr dem mutmaßlichen Erblasserwillen zu vermeiden (vgl § 1980 I 3, etwas anders jetzt §§ 14 I, 317, 327 III InsO); Vorschrift ist unanwendbar, wenn Nachlass ohnehin überschuldet ist (OLG München ZEV 1998, 100 mAnm von Weber; hM). 1

2. Prozessuales. Das Prozessgericht kann über die beschränkte Haftung mitentscheiden (vgl → §§ 1990, 1991 Rn. 7) und insbes eine teilw Befriedigung so gestalten, dass der Vermächtnisnehmer den vermachten Gegenstand gegen eine Ausgleichszahlung in natura erhält (BGH LM Nr. 1zu § 1992 BGB); das Einlösungsrecht des § 1992 S. 2 entfällt in diesem Falle. 2

Untertitel 4. Inventarerrichtung, unbeschränkte Haftung des Erben

§ 1993 Inventarerrichtung

Der Erbe ist berechtigt, ein Verzeichnis des Nachlasses (Inventar) bei dem Nachlassgericht einzureichen (Inventarerrichtung).

§ 1994 Inventarfrist

(1) **[1]Das Nachlassgericht hat dem Erben auf Antrag eines Nachlassgläubigers zur Errichtung des Inventars eine Frist (Inventarfrist) zu bestimmen. [2]Nach dem Ablauf der Frist haftet der Erbe für die Nachlassverbindlichkeiten unbeschränkt, wenn nicht vorher das Inventar errichtet wird.**

(2) **[1]Der Antragsteller hat seine Forderung glaubhaft zu machen. [2]Auf die Wirksamkeit der Fristbestimmung ist es ohne Einfluss, wenn die Forderung nicht besteht.**

§ 1995 Dauer der Frist

(1) [1]**Die Inventarfrist soll mindestens einen Monat, höchstens drei Monate betragen.** [2]**Sie beginnt mit der Zustellung des Beschlusses, durch den die Frist bestimmt wird.**

(2) **Wird die Frist vor der Annahme der Erbschaft bestimmt, so beginnt sie erst mit der Annahme der Erbschaft.**

(3) **Auf Antrag des Erben kann das Nachlassgericht die Frist nach seinem Ermessen verlängern.**

§ 1996 Bestimmung einer neuen Frist

(1) **War der Erbe ohne sein Verschulden verhindert, das Inventar rechtzeitig zu errichten, die nach den Umständen gerechtfertigte Verlängerung der Inventarfrist zu beantragen oder die in Absatz 2 bestimmte Frist von zwei Wochen einzuhalten, so hat ihm auf seinen Antrag das Nachlassgericht eine neue Inventarfrist zu bestimmen.**

(2) **Der Antrag muss binnen zwei Wochen nach der Beseitigung des Hindernisses und spätestens vor dem Ablauf eines Jahres nach dem Ende der zuerst bestimmten Frist gestellt werden.**

(3) **Vor der Entscheidung soll der Nachlassgläubiger, auf dessen Antrag die erste Frist bestimmt worden ist, wenn tunlich gehört werden.**

§ 1997 Hemmung des Fristablaufs

Auf den Lauf der Inventarfrist und der im § 1996 Abs. 2 bestimmten Frist von zwei Wochen finden die für die Verjährung geltenden Vorschriften des § 210 entsprechende Anwendung.

§ 1998 Tod des Erben vor Fristablauf

Stirbt der Erbe vor dem Ablauf der Inventarfrist oder der in § 1996 Abs. 2 bestimmten Frist von zwei Wochen, so endigt die Frist nicht vor dem Ablauf der für die Erbschaft des Erben vorgeschriebenen Ausschlagungsfrist.

§ 1999 Mitteilung an das Gericht

[1]**Steht der Erbe unter elterlicher Sorge oder unter Vormundschaft, so soll das Nachlassgericht dem Familiengericht von der Bestimmung der Inventarfrist Mitteilung machen.** [2]**Fällt die Nachlassangelegenheit in den Aufgabenkreis eines Betreuers des Erben, tritt an die Stelle des Familiengerichts das Betreuungsgericht.**

Reform. Infolge des FGG-RG (→ Vor § 1922 Rn. 19) ist § 1999 neu gefasst. Bis zum 1.9.2009 galt folgende Fassung:

In Satz 1 *„Vormundschaftsgericht"* statt Familiengericht; Satz 2 lautete: *„Dies gilt nicht, wenn die Nachlassangelegenheit in den Aufgabenkreis eines Betreuers des Erben fällt."* In diesem Falle war das Vormundschaftsgericht zuständig.

§ 2000 Unwirksamkeit der Fristbestimmung

[1]**Die Bestimmung einer Inventarfrist wird unwirksam, wenn eine Nachlassverwaltung angeordnet oder das Nachlassinsolvenzverfahren eröffnet**

wird. [2]Während der Dauer der Nachlassverwaltung oder des Nachlassinsolvenzverfahrens kann eine Inventarfrist nicht bestimmt werden. [3]Ist das Nachlassinsolvenzverfahren durch Verteilung der Masse oder durch einen Insolvenzplan beendet, so bedarf es zur Abwendung der unbeschränkten Haftung der Inventarerrichtung nicht.

§ 2001 Inhalt des Inventars

(1) **In dem Inventar sollen die bei dem Eintritt des Erbfalls vorhandenen Nachlassgegenstände und die Nachlassverbindlichkeiten vollständig angegeben werden.**

(2) **Das Inventar soll außerdem eine Beschreibung der Nachlassgegenstände, soweit eine solche zur Bestimmung des Wertes erforderlich ist, und die Angabe des Wertes enthalten.**

§ 2002 Aufnahme des Inventars durch den Erben

Der Erbe muss zu der Aufnahme des Inventars eine zuständige Behörde oder einen zuständigen Beamten oder Notar zuziehen.

§ 2003 Amtliche Aufnahme des Inventars

(1) **[1]Die amtliche Aufnahme des Inventars erfolgt auf Antrag des Erben durch einen vom Nachlassgericht beauftragten Notar. [2]Durch die Stellung des Antrags wird die Inventarfrist gewahrt.**

(2) **Der Erbe ist verpflichtet, die zur Aufnahme des Inventars erforderliche Auskunft zu erteilen.**

(3) **Das Inventar ist von dem Notar bei dem Nachlassgericht einzureichen.**

§ 2004 Bezugnahme auf ein vorhandenes Inventar

Befindet sich bei dem Nachlassgericht schon ein den Vorschriften der §§ 2002, 2003 entsprechendes Inventar, so genügt es, wenn der Erbe vor dem Ablauf der Inventarfrist dem Nachlassgericht gegenüber erklärt, dass das Inventar als von ihm eingereicht gelten soll.

§ 2005 Unbeschränkte Haftung des Erben bei Unrichtigkeit des Inventars

(1) **[1]Führt der Erbe absichtlich eine erhebliche Unvollständigkeit der im Inventar enthaltenen Angabe der Nachlassgegenstände herbei oder bewirkt er in der Absicht, die Nachlassgläubiger zu benachteiligen, die Aufnahme einer nicht bestehenden Nachlassverbindlichkeit, so haftet er für die Nachlassverbindlichkeiten unbeschränkt. [2]Das Gleiche gilt, wenn er im Falle des § 2003 die Erteilung der Auskunft verweigert oder absichtlich in erheblichem Maße verzögert.**

(2) **Ist die Angabe der Nachlassgegenstände unvollständig, ohne dass ein Fall des Absatzes 1 vorliegt, so kann dem Erben zur Ergänzung eine neue Inventarfrist bestimmt werden.**

§ 2006 Eidesstattliche Versicherung

(1) **Der Erbe hat auf Verlangen eines Nachlassgläubigers zu Protokoll des Nachlassgerichts an Eides statt zu versichern, dass er nach bestem Wissen**

die Nachlassgegenstände so vollständig angegeben habe, als er dazu imstande sei.

(2) Der Erbe kann vor der Abgabe der eidesstattlichen Versicherung das Inventar vervollständigen.

(3) [1]Verweigert der Erbe die Abgabe der eidesstattlichen Versicherung, so haftet er dem Gläubiger, der den Antrag gestellt hat, unbeschränkt. [2]Das Gleiche gilt, wenn er weder in dem Termin noch in einem auf Antrag des Gläubigers bestimmten neuen Termin erscheint, es sei denn, dass ein Grund vorliegt, durch den das Nichterscheinen in diesem Termin genügend entschuldigt wird.

(4) Eine wiederholte Abgabe der eidesstattlichen Versicherung kann derselbe Gläubiger oder ein anderer Gläubiger nur verlangen, wenn Grund zu der Annahme besteht, dass dem Erben nach der Abgabe der eidesstattlichen Versicherung weitere Nachlassgegenstände bekannt geworden sind.

§ 2007 Haftung bei mehreren Erbteilen

[1]Ist ein Erbe zu mehreren Erbteilen berufen, so bestimmt sich seine Haftung für die Nachlassverbindlichkeiten in Ansehung eines jeden der Erbteile so, wie wenn die Erbteile verschiedenen Erben gehörten. [2]In den Fällen der Anwachsung und des § 1935 gilt dies nur dann, wenn die Erbteile verschieden beschwert sind.

§ 2008 Inventar für eine zum Gesamtgut gehörende Erbschaft

(1) [1]Ist ein in Gütergemeinschaft lebender Ehegatte Erbe und gehört die Erbschaft zum Gesamtgut, so ist die Bestimmung der Inventarfrist nur wirksam, wenn sie auch dem anderen Ehegatten gegenüber erfolgt, sofern dieser das Gesamtgut allein oder mit seinem Ehegatten gemeinschaftlich verwaltet. [2]Solange die Frist diesem gegenüber nicht verstrichen ist, endet sie auch nicht dem Ehegatten gegenüber, der Erbe ist. [3]Die Errichtung des Inventars durch den anderen Ehegatten kommt dem Ehegatten, der Erbe ist, zustatten.

(2) Die Vorschriften des Absatzes 1 gelten auch nach der Beendigung der Gütergemeinschaft.

§ 2009 Wirkung der Inventarerrichtung

Ist das Inventar rechtzeitig errichtet worden, so wird im Verhältnis zwischen dem Erben und den Nachlassgläubigern vermutet, dass zur Zeit des Erbfalls weitere Nachlassgegenstände als die angegebenen nicht vorhanden gewesen seien.

§ 2010 Einsicht des Inventars

Das Nachlassgericht hat die Einsicht des Inventars jedem zu gestatten, der ein rechtliches Interesse glaubhaft macht.

§ 2011 Keine Inventarfrist für den Fiskus als Erben

[1]Dem Fiskus als gesetzlichem Erben kann eine Inventarfrist nicht bestimmt werden. [2]Der Fiskus ist den Nachlassgläubigern gegenüber verpflichtet, über den Bestand des Nachlasses Auskunft zu erteilen.

§ 2012 Keine Inventarfrist für den Nachlasspfleger und Nachlassverwalter

(1) [1]Einem nach den §§ 1960, 1961 bestellten Nachlasspfleger kann eine Inventarfrist nicht bestimmt werden. [2]Der Nachlasspfleger ist den Nachlassgläubigern gegenüber verpflichtet, über den Bestand des Nachlasses Auskunft zu erteilen. [3]Der Nachlasspfleger kann nicht auf die Beschränkung der Haftung des Erben verzichten.

(2) Diese Vorschriften gelten auch für den Nachlassverwalter.

§ 2013 Folgen der unbeschränkten Haftung des Erben

(1) [1]Haftet der Erbe für die Nachlassverbindlichkeiten unbeschränkt, so finden die Vorschriften der §§ 1973 bis 1975, 1977 bis 1980, 1989 bis 1992 keine Anwendung; der Erbe ist nicht berechtigt, die Anordnung einer Nachlassverwaltung zu beantragen. [2]Auf eine nach § 1973 oder nach § 1974 eingetretene Beschränkung der Haftung kann sich der Erbe jedoch berufen, wenn später der Fall des § 1994 Abs. 1 Satz 2 oder des § 2005 Abs. 1 eintritt.

(2) Die Vorschriften der §§ 1977 bis 1980 und das Recht des Erben, die Anordnung einer Nachlassverwaltung zu beantragen, werden nicht dadurch ausgeschlossen, dass der Erbe einzelnen Nachlassgläubigern gegenüber unbeschränkt haftet.

Anmerkungen zu den §§ 1993–2013

Lit: Weimar, Risiken bei der Inventarerrichtung für den Erben, MDR 1979, 726; van Venrooy, Zum Sinn eines Nachlaßinventars, AcP 186, 356; Siegmann, Die Auswirkungen des neuen Verjährungsrechts auf die Inventarfrist, ZEV 2003, 179; Schreinert, Das notarielle Nachlassverzeichnis, RNotZ 2008, 61.

1. Begriff. Inventar ist das Verzeichnis aller beim Erbfall vorhandenen Aktiva und Passiva des Nachlasses (§ 2001 I); §§ 1976, 1991 II sind dabei zu beachten. Nach Inventarerrichtung entstehende Nachlassverbindlichkeiten bleiben unberücksichtigt (BGHZ 32, 65). 1

2. Arten der Inventarerrichtung. a) Aufnahme und Einreichung durch den Erben (§ 1993) beim örtlichen NachlassG (§ 343 FamFG; früher § 73 FGG). Ein Privatinventar ist unzulässig, die Zuziehung einer Behörde, Amtsperson oder eines Notars ist notwendig (§ 2002). Sie haben die Stellung eines Beistandes, die Verantwortlichkeit des Erben besteht fort, der unterschreiben (RGZ 77, 246) und rechtzeitig einreichen (OLG Hamm NJW 1962, 53) muss (zum Umfang der Ermittlungs- und Erkundigungsobliegenheit des Erben OLG Hamm ZErb 2010, 245 f.). Zuständigkeit zur Beistandsleistung: § 20 BNotO. **b) Aufnahme nach Antrag beim NachlassG** (§ 2003), das einen Notar beauftragt; frühere Möglichkeit der Selbstvornahme oder Beauftragung einer Behörde oder Amtsperson zum 1.9.2013 entfallen (vgl EGBGB 147 aF und OLG München ZErb 2008, 318). Im Rahmen der Aufnahme des Inventars kann der Notar neben der Einholung von Auskünften des Erben auch zu eigenen Ermittlungen verpflichtet sein (BVerfG NJW 2016, 2943 Rn. 3; OLG Koblenz NJW 2014, 1972; OLG Saarbrücken FamRZ 2010, 2026; BGHZ 33, 373; → § 2314 Rn. 3). **c) Anerkennung** eines bereits vorliegenden Verzeichnisses (§ 2004); zB Inventar des Nachlassverwalters (§ 1802). **d)** Vom Nachlassinventar ist das **Verzeichnis über ererbtes Vermögen des Kindes** zu unterscheiden (§ 1640, § 356 I FamFG; früher § 74a FGG). 2

3. Inventarfrist. Sie soll den Erben, der nicht freiwillig ein Inventar errichtet (§ 1993), zur Errichtung zwingen (§ 1994). Sie ist auch nach Antrag des Erben gem § 2003 zulässig (OLG München ZErb 2008, 319); wegen §§ 2063, 1993 kein Antragsrecht des Miterben (KG OLGZ 1979, 276; sa OLG Düsseldorf NJW-RR 2014, 3

1476). Da bei Nachlasspflegschaft (§§ 1960 II, 1915, 1802), Nachlassverwaltung (§§ 1975, 1915, 1802) und Nachlassinsolvenz (§ 151 InsO) ohnehin entspr Verzeichnisse zu fertigen sind, entfällt hier die Obliegenheit des Erben (§§ 2000, 2012); dafür bestehen Auskunftspflichten (§ 2012 I 2, II) des Pflegers und Verwalters. Sonderregelung für Fiskus (§ 2011) als Erbe nach § 1936, weil er nicht ausschlagen kann, § 1942 II. Die Höchstgrenze für die Frist (§ 1995 I 1) gilt nicht bei Verlängerung gem § 1995 III (KG Rpfleger 1985, 193; OLG Düsseldorf Rpfleger 1997, 216); Fristablauf zeitigt keine unbeschränkte Haftung, wenn innerhalb der Frist ein den Umständen nach gerechtfertigter Verlängerungsantrag gestellt wird (OLG Düsseldorf Rpfleger 1997, 216). Vor Fristbestimmung muss dem Erben ausreichend Gehör gegeben werden (OLG Düsseldorf ZEV 2018, 423 f. = BeckRS 2018, 3989; BayObLG NJW-RR 1992, 1159). Verhinderung der Fristeinhaltung durch höhere Gewalt kann bei Fehlbehandlung durch amtliche Stellen vorliegen (BayObLG NJW-RR 1993, 780). Mit Wirkung zum 15.12.2004 wurde § 1996 I dahingehend erweitert, dass nicht nur bei höherer Gewalt, sondern bei jeder schuldlosen Fristversäumnis dem Erben eine neue Frist zu gewähren ist (s BT-Drs. 15/3653, 18). Zur Frist für die Einlegung einer Beschwerde gegen die Bestimmung einer Inventarfrist s § 360 FamFG.

4 **4. Inventaruntreue.** Sie (§ 2005 I) liegt nur bei absichtlicher Unvollständigkeit der Aktiva, Angabe nicht bestehender Passiva in Benachteiligungsabsicht oder verweigerter Auskunft vor, nicht also bei Unvollständigkeit der Passiva oder falscher Beschreibung (§ 2001 II). Während die Untreue nach § 2005 I die unbeschränkte Haftung auslöst, kann für andere Unvollständigkeiten auf Antrag eines Gläubigers (§ 1994 I) eine Ergänzungsfrist (§ 2005 II) gesetzt werden. Die Folgen der Inventaruntreue (§ 2013) bleiben von einer nachträglichen Vervollständigung (§ 2006 II) unberührt.

5 **5. Eidesstattliche Versicherung.** Die Versicherung auf Verlangen eines Nachlassgläubigers erfasst nur Nachlassaktiva (§ 2006 I). Sie ist (nicht erzwingbare) Obliegenheit des Erben (§ 2006 III); Verletzung führt zur unbeschränkbaren Haftung für die Forderung, die der Gläubiger im Antrag auf Offenbarungsversicherung benennt. Verfahren: § 361 FamFG (früher § 79 FGG), § 3 Nr. 2c RPflG.

6 **6. Wirkung des Inventars.** Die Wirkung (§ 2009) liegt allein in negativer Vermutung zwischen Erben und Nachlassgläubiger, dass weitere Nachlassgegenstände nicht vorhanden sind; Zugehörigkeit der aufgeführten Gegenstände wird nicht vermutet. Praktische Bedeutung der Vermutung zeigt sich bei §§ 1978; 1973, 1974; 1990, 1992. Inventaruntreue (§ 2005 I) beseitigt die Vermutungswirkung.

7 **7. Zwei Formen der unbeschränkbaren Haftung.** Nach § 2013 sind zu unterscheiden: **a) allg unbeschränkbare Haftung** gem §§ 1994 I 2, 2005 I und bei Verzicht. Der Erbe verliert jede Möglichkeit der Haftungsbeschränkung und die aufschiebenden Einreden, § 2016 I. § 1976 bleibt anwendbar. Das Recht, einen Insolvenzantrag zu stellen, erlischt nicht (§ 316 InsO). Ausnahmsweise bleiben dem Erben Ausschließungs- und Verschweigungseinrede (§§ 1973, 1974), falls diese schon vor Eintritt der Verfalltatbestände gegeben waren. **b) relativ unbeschränkbare Haftung** gem § 2006 III, bei Verlust des Vorbehalts (§ 780 I ZPO) und persönlich beschränktem Verzicht. Der Erbe hat über die im § 2013 II ausdr erwähnten Vorschriften hinaus gegenüber den übrigen Gläubigern alle Möglichkeiten der Haftungsbeschränkung; frühere Ausnahme § 113 I Nr. 3 aF VerglO; s jetzt aber § 316 InsO. **c)** Wegen **Aufrechnung** vgl → § 1977 Rn. 4.

Untertitel 5. Aufschiebende Einreden

§ 2014 Dreimonatseinrede

Der Erbe ist berechtigt, die Berichtigung einer Nachlassverbindlichkeit bis zum Ablauf der ersten drei Monate nach der Annahme der Erbschaft, jedoch nicht über die Errichtung des Inventars hinaus, zu verweigern.

1. Rechtsnatur. § 2014 wird durch §§ 305 I, 782 ZPO inhaltlich präzisiert. Da der Erbe verurteilt werden kann und das Urteil sogar eingeschränkt vollstreckbar ist, handelt es sich um keine materiellrechtliche Einrede mit Stundungswirkung, sondern um ein prozessuales Recht. Der Erbe kommt also in Verzug (RGZ 79, 204; str), die Verjährung läuft auch nach neuem Verjährungsrecht ungehemmt fort (vgl § 202 II aF und § 206 nF). Allein diese Auslegung ist interessengerecht: es soll nur während einer Schonfrist die endgültige Schmälerung des Nachlasses verhindert werden, darüber hinaus sollen die Gläubiger durch den Erbfall keine Nachteile treffen. 1

2. Berechtigte. Weigerungsberechtigt sind Erbe (vgl § 2016 I), Nachlasspfleger (§ 2017), Nachlassverwalter und Testamentsvollstrecker. 2

3. Einredefeste Ansprüche. Einredefest sind §§ 1963, 1969. 3

4. Zeit vor Annahme der Erbschaft. Geltung der § 1958, § 778 ZPO. 4

§ 2015 Einrede des Aufgebotsverfahrens

(1) **Hat der Erbe den Antrag auf Einleitung des Aufgebotsverfahrens der Nachlassgläubiger innerhalb eines Jahres nach der Annahme der Erbschaft gestellt und ist der Antrag zugelassen, so ist der Erbe berechtigt, die Berichtigung einer Nachlassverbindlichkeit bis zur Beendigung des Aufgebotsverfahrens zu verweigern.**

(2) ***(aufgehoben)***

(3) **Wird der Ausschließungsbeschluss erlassen oder der Antrag auf Erlass des Ausschließungsbeschlusses zurückgewiesen, so ist das Aufgebotsverfahren erst dann als beendet anzusehen, wenn der Beschluss rechtskräftig ist.**

1. Zweck. Die Vorschrift soll dem Erben die Möglichkeit gleichmäßiger Gläubigerbefriedigung gewähren. Der Aufgebotsantrag eines Miterben genügt (§ 460 FamFG; früher § 997 ZPO). Antragszulassung bedeutet Erlass des Aufgebots gem § 434 FamFG (früher § 947 ZPO). Das Aufgebotsverfahren endet durch Ausschließungsbeschluss (vor dem 1.9.2009: Ausschlussurteil) oder zurückweisenden Beschluss (§ 439 FamFG; früher § 952 ZPO). Beschwerde nach §§ 58 ff. FamFG Die Wirkung der Einrede entspricht § 2014. Der Aufgebotsbeschluss leidet an einem Verfahrensfehler und ist aufzuheben, wenn der Hinweis auf die Notwendigkeit einer Anmeldung etwaiger Ansprüche unterbleibt (OLG Braunschweig FGPrax 2022, 90). 1

2. Reform. Durch das FGG-ReformG (→ Vor § 1922 Rn. 19) wurde § 2015 II aufgehoben und III neu gefasst mit Wirkung zum 1.9.2009. Die alte Rechtslage ist unten im Kursivdruck wiedergegeben. Da mit der Überführung des Aufgebotsverfahrens in die freiwillige Gerichtsbarkeit ein Aufgebotsverfahren nur noch durch einen entsprechenden Beschluss oder die Rücknahme des Antrags beendet wird und die Durchführung eines Termins nicht mehr erforderlich ist, konnte II alt entfallen (vgl BT-Drs. 16/6308, 348). Die FGG-Reform führt zu einer generellen Anfechtbarkeit des Ausschließungsbeschlusses, nach § 63 FamFG besteht eine Beschwerdefrist von einem Monat. Damit bedarf es der ursprünglichen Verlängerung der Einrede des schwebenden Aufgebotsverfahrens in II aF nicht mehr. § 2015 II und III alt lauteten: 2

(2) Der Beendigung des Aufgebotsverfahrens steht es gleich, wenn der Erbe in dem Aufgebotstermin nicht erschienen ist und nicht binnen zwei Wochen die Bestimmung eines neuen Termins beantragt oder wenn er auch in dem neuen Termin nicht erscheint.

(3) Wird das Ausschlussurteil erlassen oder der Antrag auf Erlassung des Urteils zurückgewiesen, so ist das Verfahren nicht vor dem Ablauf einer mit der Verkündung der Entscheidung beginnenden Frist von zwei Wochen und nicht vor der Erledigung einer rechtzeitig eingelegten Beschwerde als beendigt anzusehen.

§ 2016 Ausschluss der Einreden bei unbeschränkter Erbenhaftung

(1) **Die Vorschriften der §§ 2014, 2015 finden keine Anwendung, wenn der Erbe unbeschränkt haftet.**

(2) **Das Gleiche gilt, soweit ein Gläubiger nach § 1971 von dem Aufgebot der Nachlassgläubiger nicht betroffen wird, mit der Maßgabe, dass ein erst nach dem Eintritt des Erbfalls im Wege der Zwangsvollstreckung oder der Arrestvollziehung erlangtes Recht sowie eine erst nach diesem Zeitpunkt im Wege der einstweiligen Verfügung erlangte Vormerkung außer Betracht bleibt.**

1 **1. Zweck.** Da die Einreden der §§ 2014, 2015 die beschränkte Haftung vorbereiten sollen, entfallen sie bei nicht beschränkbarer Haftung.

2 **2. Dingliche Gläubiger.** Sie werden durch keine Haftungsbeschränkung betroffen (vgl auch §§ 1971, 1974 III) und sind deshalb auch von den vorbereitenden Einreden freigestellt.

3 **3. Vollstreckungspfandrechte.** Wenn sie **nach dem Eintritt des Erbfalles** erlangt sind, werden von einer Haftungsbeschränkung betroffen (vgl § 321 InsO, § 1990 II) und unterfallen deshalb den §§ 2014, 2015.

§ 2017 Fristbeginn bei Nachlasspflegschaft

Wird vor der Annahme der Erbschaft zur Verwaltung des Nachlasses ein Nachlasspfleger bestellt, so beginnen die in § 2014 und in § 2015 Abs. 1 bestimmten Fristen mit der Bestellung.

1 Die Vorschrift stellt einerseits klar, dass sich auch der Nachlasspfleger auf §§ 2014, 2015 berufen kann; andererseits verlegt sie den Beginn des Fristenlaufs im Interesse der Nachlassgläubiger vor. Sie wird im Zusammenspiel mit §§ 1958, 1960 III, 1961, § 455 II FamFG (früher § 991 II ZPO) verständlich.

Titel 3. Erbschaftsanspruch

§ 2018 Herausgabepflicht des Erbschaftsbesitzers

Der Erbe kann von jedem, der auf Grund eines ihm in Wirklichkeit nicht zustehenden Erbrechts etwas aus der Erbschaft erlangt hat (Erbschaftsbesitzer), die Herausgabe des Erlangten verlangen.

Lit: Gursky, Zur Rechtsnatur des Erschaftsanspruchs, FS von Lübtow, 1991, S 211; Muscheler, Der Erbschaftsanspruch, ErbR 2009, 38, 76; Olzen, Der Erbschaftsanspruch, JuS 1989, 374; Richter, Das Verhältnis des Erbschaftsanspruches zum Eigentumsherausgabeanspruch aus prozessualer Sicht, JuS 2008, 97; Wendt, Die Bedeutung des Erbschaftsanspruchs, FS von Lübtow, 1991, S 229; Wieling, Hereditatis petitio und res iudicata, JZ 1986, 5.

1 **1. Anspruchsgläubiger.** Gläubiger ist der Erbe; für den Miterben gilt § 2039. Der Rechtsnachfolger des Miterben (§ 2033 I) tritt insoweit in die Stellung des Miterben ein, während der Erbschaftskäufer (§ 2371) sich den Anspruch eigens abtreten lassen muss (vgl § 2374). **Ges Prozessstandschaft** liegt vor bei Nachlassverwaltung (§ 1984), Insolvenz (§ 80 InsO) und Testamentsvollstreckung (§ 2212). Der **Nachlasspfleger** hat einen Herausgabeanspruch aus § 1960, auf den aber *§§ 2019 ff. anzuwenden sind* (→ § 1960 Rn. 8 f.). Der **Nacherbe** ist nach dem Nacherbfall aktivlegitimiert gegenüber Dritten; im Verhältnis zum Vorerben ist § 2130 Sonderregel mit Vorrang (zT str, Soergel/Dieckmann § 2018 Rn. 7).

2 **2. Anspruchsschuldner.** Schuldner ist der Erbschaftsbesitzer. **a) Erlangt** sein können Vermögensvorteile aller Art; zB Buchposition (BGH FamRZ 2004, 537),

Forderungen, Rechte und Sachen, Eigentum auf Grund Restitution nach VermG zugunsten des Scheinerben (s OLG Brandenburg ZEV 1997, 157), wobei es gleichgültig ist, ob der Erblasser Eigentümer oder Besitzer der Sachen war; Surrogation nach § 2019. **b) Aus dem Nachlass erlangt** sind zunächst Gegenstände, die *nach* dem Erbfall dem Nachlass entnommen sind. Ist jedoch ein behauptetes Erbrecht Anlass für das nicht gerechtfertigte Behalten von Vorteilen, die *vor* dem Erbfall erlangt wurden, soll ebenfalls § 2018 anwendbar sein: Verwandlung von Fremdbesitz in Eigenbesitz nach dem Erbfall (RGZ 81, 294; BGH NJW 1985, 3069); Verweigerung der Rückzahlung eines Erblasserdarlehens; Einlösungsbetrag des bereits vor dem Erbfall erlangten Blankoschecks (str, KG NJW 1970, 329). **c) Erbrechtsanma-** 3
ßung muss mit dem Erlangen verbunden sein; dabei genügt Anmaßung des Alleinerbrechts durch den Miterben (RGZ 81, 293; OLG Koblenz ZErb 2008, 168; s aber BGH FamRZ 2004, 537: Inbesitznahme allein ist keine Erbrechtsanmaßung). Anfängliche Erbrechtsanmaßung bleibt ausreichend, auch wenn später die Berufung auf einen anderen Erwerbsgrund hinzutritt (BGH FamRZ 1985, 693; BGH NJW 1985, 3069). Der Erbe des Erbschaftsbesitzers ist auch ohne eigene Anmaßung Anspruchsschuldner (BGH NJW 1985, 3069). *Nicht* unter § 2018 fallen: ausschlagender Erbe (§ 1959), Dieb (§§ 857 ff., 985), angeblicher Anspruchsgläubiger, Testamentsvollstrecker (RGZ 81, 151), Nachlasspfleger, Nachlassverwalter, Insolvenzverwalter; wohl aber der auf Grund wirksam angefochtenen Erbrechts (§§ 2078 f., 2281, 2340) besitzende vermeintliche Erbe (BGH NJW 1985, 3069; zT krit Dieckmann FamRZ 1985, 1247). Dem Anspruch aus § 2018 kann nach Gläubigeraufgebot (§ 1970 ff.) gegebenenfalls die Verschweigungseinrede (§ 1974) entgegengehalten werden; auch die Aufrechnung mit einer solchermaßen einredebehafteten Gegenforderung bleibt dann ausgeschlossen (OLG Koblenz ZEV 2018, 423 = BeckRS 2018, 12881).

3. Erbrechtlicher Gesamtanspruch. Auch bei Verfolgung des Gesamtan- 4
spruchs müssen die Nachlassgegenstände einzeln bezeichnet werden, § 253 II Nr. 2 ZPO (str); möglich ist Stufenklage auf Auskunft (§ 2027, § 254 ZPO) und Herausgabe (OLG Nürnberg OLGZ 1981, 115). Der Schuldner kann grundsätzlich gegen die Herausgabe auch einzelner Gegenstände Einwendungen und Einreden vorbringen (zB nachträglicher Kauf usw); ein Zurückbehaltungsrecht wegen eines Vermächtnisses oder Pflichtteilsrechtes wird jedoch verneint (BGHZ 120, 96 [103]; OLG Düsseldorf FamRZ 1992, 600; KG OLGZ 1974, 18; OLG Hamm MDR 1964, 151), weil der Erbschaftsanspruch die Einziehung des Nachlasses und damit der Haftungsmasse erst ermöglichen soll (str, vgl Dütz NJW 1967, 1105). Verjährung: § 197 I Nr. 1. Diese Verjährungsvorschrift gilt auch für surrogierende Ansprüche (BGH FamRZ 2004, 537; 2007, 1097). Zur Änderung der Nummerierung von Nr. 2 zu Nr. 1 in § 197 I → Vor § 1922 Rn. 18.

§ 2019 Unmittelbare Ersetzung

(1) **Als aus der Erbschaft erlangt gilt auch, was der Erbschaftsbesitzer durch Rechtsgeschäft mit Mitteln der Erbschaft erwirbt.**

(2) **Die Zugehörigkeit einer in solcher Weise erworbenen Forderung zur Erbschaft hat der Schuldner erst dann gegen sich gelten zu lassen, wenn er von der Zugehörigkeit Kenntnis erlangt; die Vorschriften der §§ 406 bis 408 finden entsprechende Anwendung.**

1. Surrogationsprinzip. Das Erworbene wird ohne Zwischenerwerb des Erb- 1
schaftsbesitzers Nachlassbestandteil (zB Zahlungsanspruch bei Veräußerung eines Nachlassgrundstückes, BGH NJW 1991, 842 = JZ 1991, 727 mAnm von Bork); § 894, § 22 GBO, § 771 ZPO, § 47 InsO kommen folglich zugunsten des Erben zur Anwendung. Kein Zwischenerwerb findet auch statt bei Kreditgeschäften, falls der Erbschaftsbesitzer erst nach Erhalt des Surrogationsgegenstandes die Gegenleis-

tung aus Nachlassmitteln erbringt (str, vgl Soergel/Dieckmann § 2019 Rn. 1). **Lit:** M. Wolf JuS 1975, 646 [710]; 1976, 32 [104]; Krebber FamRZ 2000, 197; Löhning JA 2003, 990; sa §§ 2041, 2111.

2 **2. Surrogationsfähigkeit.** Nicht surrogationsfähig sind höchstpersönliche Rechte (zB Nießbrauch) oder Rechte als Bestandteile von Grundstücken des Erbschaftsbesitzers (§ 96); im Vermögen des Erbschaftsbesitzers inkorporierte Vorteile (zB Schuldenzahlung mit Nachlassmitteln); hier Herausgabe nach §§ 2021, 818. Hingegen sind andere erworbene nichtübertragbare Rechte surrogationsfähig (BGH 109, 216 ff. für Kommanditanteil gegen BGH NJW 1977, 433; OLG Düsseldorf FamRZ 1992, 600 für Gesellschafterstellung durch Leistung einer Einlage aus Erbschaftsmitteln).

3 **3. RGeschäft mit Erbschaftsmitteln. a) Wirksamkeit** der Verfügung über Erbschaftsgegenstände ist gleichgültig; im Herausgabeverlangen des Ersatzgutes liegt aber die Genehmigung (§ 185), bedingt durch die tatsächliche Herausgabe (str, vgl Lüke/Göler JuS 1975, 381 f.). **b)** Bei **gemischter Finanzierung** entsteht Mitberechtigung nach Bruchteilen (zB § 1008) zwischen Erbe und Erbschaftsbesitzer. **c) Rechtsgeschäftlicher Erwerb** schließt ges Ersatzvorteile (zB Ansprüche aus Zerstörung, Beschädigung, Entziehung) von der Surrogation aus; hier gelten §§ 2021, 818 (str).

4 **4. Gutglaubensschutz.** Er besteht für den Schuldner der durch Surrogation erworbenen Forderung: er darf bis zur Kenntnis der Nachlasszugehörigkeit den Erbschaftsbesitzer als Gläubiger betrachten. § 404 (zB Einwendung von Sachmängeln) ist gegenüber dem Erben anwendbar.

§ 2020 Nutzungen und Früchte

Der Erbschaftsbesitzer hat dem Erben die gezogenen Nutzungen herauszugeben; die Verpflichtung zur Herausgabe erstreckt sich auch auf Früchte, an denen er das Eigentum erworben hat.

1 Die Vorschrift erfasst nur *gezogene* Nutzungen (§ 100), anders §§ 2023 II, 2024, 987 II. Für Früchte, an denen der Erbschaftsbesitzer gem § 955 Eigentum erworben hat, schafft Hs. 2 einen gesonderten schuldrechtlichen Herausgabeanspruch. Stets ist § 2021 zu beachten.

§ 2021 Herausgabepflicht nach Bereicherungsgrundsätzen

Soweit der Erbschaftsbesitzer zur Herausgabe außerstande ist, bestimmt sich seine Verpflichtung nach den Vorschriften über die Herausgabe einer ungerechtfertigten Bereicherung.

1 **1. Rechtsfolgenverweisung.** § 2021 enthält eine Rechtsfolgenverweisung (RGZ 81, 206; Olzen JuS 1989, 374) auf §§ 818, 822. Sie gilt nicht in Fällen verschärfter Haftung, §§ 2023–2025. Beweislast des Erbschaftsbesitzers (BGH NJW 1985, 3070). Aus § 2021 folgt die Pflicht des Staates, der zu Unrecht auf der Basis eines vermeintlichen gesetzlichen Erbrechts (§ 1936) eine Erbschaft in Besitz genommen hat, den Wert des Anspruchs zu verzinsen, ohne sich auf irgendeine Privilegierung berufen zu können (BGH NJW 2016, 156 Rn. 6 ff.; zur Abgrenzung vom Fall der Entschädigung für vom Gesetzgeber verwehrtes Erbrecht nichtehelicher Kinder BGH NJW-RR 2017, 1416 Rn. 10 ff., 20 ff.; sa → § 1924 Rn. 3).

2 **2. Unmöglichkeit der Herausgabe in natura.** Sie liegt vor bei Gebrauchsvorteilen, bei Untergang, Verbrauch oder Vermischung des Erbschaftsgegenstandes bzw seines Surrogates (§ 2019). Der auf Geldleistung gerichtete Erbschaftsanspruch wird

praktisch stets an § 2021 zu messen sein, so dass der Einwand der Entreicherung möglich ist.

3. Entreicherung. Sie kann liegen in Verschwendung von Werten, in Verwendungen des Erbschaftsbesitzers auf den Nachlass (arg § 2022 I); nach hL dagegen *nicht* in Aufwendungen zur Erlangung des Nachlasses (zB Erbscheinkosten, Prozesskosten, str). 3

§ 2022 Ersatz von Verwendungen und Aufwendungen

(1) [1]**Der Erbschaftsbesitzer ist zur Herausgabe der zur Erbschaft gehörenden Sachen nur gegen Ersatz aller Verwendungen verpflichtet, soweit nicht die Verwendungen durch Anrechnung auf die nach § 2021 herauszugebende Bereicherung gedeckt werden.** [2]**Die für den Eigentumsanspruch geltenden Vorschriften der §§ 1000 bis 1003 finden Anwendung.**

(2) **Zu den Verwendungen gehören auch die Aufwendungen, die der Erbschaftsbesitzer zur Bestreitung von Lasten der Erbschaft oder zur Berichtigung von Nachlassverbindlichkeiten macht.**

(3) **Soweit der Erbe für Aufwendungen, die nicht auf einzelne Sachen gemacht worden sind, insbesondere für die im Absatz 2 bezeichneten Aufwendungen, nach den allgemeinen Vorschriften in weiterem Umfang Ersatz zu leisten hat, bleibt der Anspruch des Erbschaftsbesitzers unberührt.**

1. Anwendungsbereich. Die Vorschrift gilt nicht in den Fällen der §§ 2023, 2024; ferner nicht bei bereicherungsrechtlicher Berücksichtigung der Verwendungen (§ 2021). Sie ist anwendbar, falls der Erbe aus § 2018 Grundbuchberichtigung oder gem § 2020 Hs. 2 Herausgabe der Früchte verlangt; ebenso beim Herausgabeanspruch des Nachlasspflegers (→ § 1960 Rn. 8). 1

2. Bedeutung. Die Bedeutung des § 2022 liegt in der Verbesserung der Position des Erbschaftsbesitzers, der anders als nach §§ 994 ff. Ersatz *aller,* also auch überflüssiger Verwendungen verlangen kann (BGH FamRZ 2004, 537). 2

3. Verwendungen. Der sehr weite Verwendungsbegriff (§ 2022 II) umfasst die Erfüllung von Nachlassverbindlichkeiten (OLG Düsseldorf FamRZ 1992, 602), insbes der Erbschaftsteuerschuld; *keine* Verwendung ist die eigene Arbeitsleistung ohne Verdienstausfall (KG OLGZ 1974, 19). 3

4. Rechte des Erbschaftsbesitzers. Zurückbehaltungsrecht (§ 1000); Aufwendungsersatzanspruch (§§ 1001 f.); Befriedigungsrecht (§ 1003); Wegnahmerecht analog §§ 997, 258. Kein Zurückbehaltungsrecht bei Vermächtnis- und Pflichtteilsansprüchen, vgl → § 2018 Rn. 4. 4

5. Vorbehalt weiterer Ansprüche. Er bezieht sich vor allem auf Bereicherungsansprüche. 5

§ 2023 Haftung bei Rechtshängigkeit, Nutzungen und Verwendungen

(1) **Hat der Erbschaftsbesitzer zur Erbschaft gehörende Sachen herauszugeben, so bestimmt sich von dem Eintritt der Rechtshängigkeit an der Anspruch des Erben auf Schadensersatz wegen Verschlechterung, Untergangs oder einer aus einem anderen Grund eintretenden Unmöglichkeit der Herausgabe nach den Vorschriften, die für das Verhältnis zwischen dem Eigentümer und dem Besitzer von dem Eintritt der Rechtshängigkeit des Eigentumsanspruchs an gelten.**

(2) **Das Gleiche gilt von dem Anspruch des Erben auf Herausgabe oder Vergütung von Nutzungen und von dem Anspruch des Erbschaftsbesitzers auf Ersatz von Verwendungen.**

1 **1. Haftungsverschärfung.** Die Haftungsverschärfung nach Rechtshängigkeit (§ 261 ZPO) zeigt sich im Verweis insbes auf §§ 989, 987 II; soweit bereits vor Rechtshängigkeit die Beschränkung auf Bereicherungshaftung eingetreten ist (§ 2021), gelten §§ 818 IV, 291, 292, 987 ff.

2 **2. Notwendige Verwendungen.** Sie sind nach GoA-Regeln zu ersetzen, § 994 II; sie müssen auf den Nachlass, nicht auf die konkret herauszugebende Sache gemacht sein (str, vgl Soergel/Dieckmann § 2023 Rn. 3); Verwendungsersatz für Erfüllung von Nachlassverbindlichkeiten nur bei Beachtung der §§ 1978, 1980, 1991.

§ 2024 Haftung bei Kenntnis

[1]Ist der Erbschaftsbesitzer bei dem Beginn des Erbschaftsbesitzes nicht in gutem Glauben, so haftet er so, wie wenn der Anspruch des Erben zu dieser Zeit rechtshängig geworden wäre. [2]Erfährt der Erbschaftsbesitzer später, dass er nicht Erbe ist, so haftet er in gleicher Weise von der Erlangung der Kenntnis an. [3]Eine weitergehende Haftung wegen Verzugs bleibt unberührt.

1 **1. Ursprüngliche Bösgläubigkeit.** Sie liegt vor bei positiver Kenntnis und grob fahrlässiger Unkenntnis.

2 **2. Nachträgliche Bösgläubigkeit.** Sie setzt stets positive Kenntnis voraus (RGZ 56, 317); Parallelregelung zu § 990.

3 **3. Weitergehende Verzugshaftung.** Sie ist die Zufallshaftung, § 287 S. 2.

§ 2025 Haftung bei unerlaubter Handlung

[1]Hat der Erbschaftsbesitzer einen Erbschaftsgegenstand durch eine Straftat oder eine zur Erbschaft gehörende Sache durch verbotene Eigenmacht erlangt, so haftet er nach den Vorschriften über den Schadensersatz wegen unerlaubter Handlungen. [2]Ein gutgläubiger Erbschaftsbesitzer haftet jedoch wegen verbotener Eigenmacht nach diesen Vorschriften nur, wenn der Erbe den Besitz der Sache bereits tatsächlich ergriffen hatte.

1 **1. Haftungsverschärfung.** Die verschärfte Haftung geht auf Naturalrestitution, §§ 823 ff., 249 ff.; Zufallshaftung gem § 848; Verwendungsersatzansprüche gem §§ 850, 994 ff.

2 **2. Einschränkung bei gutgl verbotener Eigenmacht.** Sie erklärt sich aus § 857: da der Erbe stets mit dem Erbfall Besitz erwirbt, wäre die verschärfte Haftung in allen Fällen verbotener Eigenmacht zu hart und bleibt auf Fälle tatsächlicher Sachherrschaft des Erben beschränkt.

3 **3. Verschulden.** Die deliktische Haftung setzt Verschulden voraus.

§ 2026 Keine Berufung auf Ersitzung

Der Erbschaftsbesitzer kann sich dem Erben gegenüber, solange nicht der Erbschaftsanspruch verjährt ist, nicht auf die Ersitzung einer Sache berufen, *die er als zur Erbschaft* gehörend im Besitz hat.

1 **1. Mobilien.** Bei beweglichen Sachen könnte die 10jährige Ersitzungsfrist (§ 937 I) die 30jährige Verjährungsfrist des Erbschaftsanspruchs (§ 197 I Nr. 1; Grüneberg (vormals Palandt)/Weidlich Rn. 8) unterlaufen. Deshalb bleibt die Ersitzung des Erbschaftsbesitzers während des Laufs der Verjährungsfrist gegenüber dem Erben

relativ unwirksam (Soergel/Dieckmann § 2026 Rn. 3, str; aA MüKoBGB/Helms § 2026 Rn. 7: schuldrechtlicher Übertragungsanspruch des Erben).

2. Immobilien. Hier sind Ersitzungsfrist (§ 900 I) und Verjährungsfrist (§ 197 I Nr. 1) gleich lang, so dass die Vorschrift nur in Ausnahmefällen (zB Fristenverschiebung durch unterschiedlichen Fristenlauf oder Hemmung) Bedeutung erlangen dürfte. 2

§ 2027 Auskunftspflicht des Erbschaftsbesitzers

(1) **Der Erbschaftsbesitzer ist verpflichtet, dem Erben über den Bestand der Erbschaft und über den Verbleib der Erbschaftsgegenstände Auskunft zu erteilen.**

(2) **Die gleiche Verpflichtung hat, wer, ohne Erbschaftsbesitzer zu sein, eine Sache aus dem Nachlass in Besitz nimmt, bevor der Erbe den Besitz tatsächlich ergriffen hat.**

1. Zweck und Umfang. Die Auskunftspflicht des Erbschaftsbesitzers ergänzt die Verpflichtung gem §§ 2018, 260. Sie betrifft den Aktivbestand, folglich nicht die Schulden (RGSt 71, 360) oder Schenkungen zu Lebzeiten (BGHZ 61, 182). Da über den Verbleib nicht mehr vorhandener Gegenstände Auskunft zu geben ist, kann sich die Auskunftspflicht zur Rechnungslegungspflicht steigern (§ 259); zum fließenden Übergang zwischen Auskunft und Rechnungslegung vgl Stürner, Die Aufklärungspflicht der Parteien des Zivilprozesses, 1976, S. 356 ff. Der Auskunftsanspruch ist nicht selbstständig übertragbar (OLG Karlsruhe FamRZ 1967, 692), wohl aber zusammen mit dem Erbschaftsanspruch (→ § 401 Rn. 3); auch der Erbe des Erbschaftsbesitzers ist auskunftspflichtig: kraft vererbter Auskunftspflicht über Vorgänge vor dem Erbfall und kraft eigener Auskunftspflicht über spätere Vorgänge (BGH NJW 1985, 3069 f.; zT krit Dieckmann FamRZ 1985, 1248). Der Auskunftsanspruch entfällt, falls Fortfall des Anspruchs gem §§ 2018 ff. feststeht; Beweislast des Schuldners (BGH NJW 1985, 3070). Zum Ganzen vgl Sarres ZEV 1998, 298; 08, 512; Lindenau/Anweiler NJW 2017, 3553. 1

2. Eidesstattliche Versicherung. Sie kann entsprechend §§ 259 II, 260 II verlangt werden; sie ist das Zwangsmittel zur Erzielung wahrer und vollständiger Angaben. Ausnahmsweise kann auf Ergänzung der Auskunft geklagt werden, wenn ganze Komplexe fehlen (RGZ 84, 44; ausführlich Stürner, Die Aufklärungspflicht der Parteien des Zivilprozesses, S. 351 ff.). 2

3. Verfahren. Die Auskunftsklage (Gerichtsstand § 27 ZPO: OLG Nürnberg OLGZ 1981, 115) bewirkt nicht die Rechtshängigkeit des Erbschaftsanspruchs, weshalb Stufenklage (§ 254 ZPO) zu empfehlen ist (vgl RGZ 115, 29); Vollstreckung gem § 888 ZPO (Stürner, Die Aufklärungspflicht der Parteien des Zivilprozesses, S. 340; OLG Koblenz NJW-RR 2005, 161). Freiwillige Abgabe der eidesstattlichen Versicherung nach § 410 FamFG (früher § 163 FGG), § 3 Nr. 1b. RPflG. Vollstreckung auf Klage gem § 889 ZPO; bei Richtigstellung vor Versicherung passt das Vollstreckungsgericht die Formel des Prozessgerichts an (str, vgl OLG Bamberg NJW 1969, 1304). 3

4. Auskunftspflicht des Besitzers von Nachlasssachen. Sie besteht unabhängig vom Grund des Eingriffs und von der Kenntnis der Nachlasszugehörigkeit (str). Wer Sachen an sich nimmt, die der Erblasser *Dritten* übergeben hatte, ist nicht auskunftspflichtig (BGH LM Nr. 1 zu § 1421). Ebensowenig, wer auf Grund eines bes, zur Auskunft verpflichtenden Rechtsverhältnisses besitzt, zB Nachlassverwalter, Nachlasspfleger oder verwaltender Miterbe (§§ 2038 I 2, 666 bzw 681; RGZ 81, 32; RG HRR 1932 Nr. 1928). Gerichtsstand: § 27 ZPO (OLG Nürnberg OLGZ 1981, 116). 4

5 **5. Allgemeiner Informationsanspruch.** Neben dem Anspruch aus § 2027 ist allerdings stets der allg Informationsanspruch *zwischen künftigen Prozessparteien* zu erwägen (sehr str, vgl Lindenau/Anweiler NJW 2017, 3553, 3556; Stürner, Die Aufklärungspflicht der Parteien des Zivilprozesses, S. 300 ff., 327 ff.).

§ 2028 Auskunftspflicht des Hausgenossen

(1) **Wer sich zur Zeit des Erbfalls mit dem Erblasser in häuslicher Gemeinschaft befunden hat, ist verpflichtet, dem Erben auf Verlangen Auskunft darüber zu erteilen, welche erbschaftlichen Geschäfte er geführt hat und was ihm über den Verbleib der Erbschaftsgegenstände bekannt ist.**

(2) **Besteht Grund zu der Annahme, dass die Auskunft nicht mit der erforderlichen Sorgfalt erteilt worden ist, so hat der Verpflichtete auf Verlangen des Erben zu Protokoll an Eides statt zu versichern, dass er seine Angaben nach bestem Wissen so vollständig gemacht habe, als er dazu imstande sei.**

(3) **Die Vorschriften des § 259 Abs. 3 und des § 261 finden Anwendung.**

1 **1. Rechtsgrund.** Grund der Auskunftspflicht des Hausgenossen ist der verführerische soziale Kontakt und die schlechte Informationslage des Erben, der zur Rechtsverfolgung bereits auf das vorprozessuale Zeugnis Dritter angewiesen ist.

2 **2. Weite Auslegung.** Die Vorschrift ist deshalb weit auszulegen. Sie erfasst jede Form engeren räumlichen und persönlichen Kontakts vor dem Tode und gilt auch für Gegenstände, die vor dem Tode weggeschafft wurden (vgl Lindenau/Anweiler NJW 2017, 3553, 3554). Beispiele: RGZ 80, 285 (längerer Besuch beim Erblasser); RG Warn 1922 Nr. 75 (Gastgeber des Erblassers); RG Recht 1913 Nr. 217 (Auskunft über zu Lebzeiten weggenommene Gegenstände); BGH LM Nr. 1 zu § 2027 (Erblasser als verköstigter Untermieter des Auskunftspflichtigen); BGH WM 1971, 443 (Auskunft über Verbleib angeblich zurückgezahlter Darlehen); LG Berlin FamRZ 1979, 503 (Auskunft der Lebensgefährtin über angeblich geschenkte Sparbücher). **Keine** Auskunftspflicht besteht über rechtlich eindeutig wirksame Schenkungen (RGZ 84, 206; BGH DB 1964, 1443), wobei sich allerdings die Frage stellt, wann die Wirksamkeit der Schenkung eindeutig feststeht.

3 **3. Miterben.** Die Pflicht des § 2028 trifft auch den Miterben (RGZ 81, 30; sa Klinger/Bornewasser NJW-Spezial 2004, 349).

4 **4. Eidesstattliche Versicherung.** Allg. Misstrauen und obj Unrichtigkeit sollen nicht schon die Pflicht des § 2028 II begründen (BGH DB 1964, 1443); doch ist idR obj Unrichtigkeit ein Indiz mangelhafter Sorgfalt. Verfahren: §§ 410 Nr. 1, 413 FamFG (früher § 163 FGG).

§ 2029 Haftung bei Einzelansprüchen des Erben

Die Haftung des Erbschaftsbesitzers bestimmt sich auch gegenüber den Ansprüchen, die dem Erben in Ansehung der einzelnen Erbschaftsgegenstände zustehen, nach den Vorschriften über den Erbschaftsanspruch.

1 Die Vorschrift stellt klar, dass der Erbschaftsbesitzer die Vorzüge der §§ 2018 ff. *nicht* verlieren kann, weil der Erbe Einzelansprüche geltend macht (§§ 985, 861, 823, 812). Allerdings muss der Erbschaftsbesitzer auch die Regelungen gegen sich gelten lassen, die ihn schlechter stellen als bei Einzelansprüchen (zB § 2020 statt § 993). Für Einzelklagen gilt § 27 ZPO nicht (OLG Nürnberg OLGZ 1981, 115; str). Lit: Magnus NJW 2017, 1201 ([1206]: Verhältnis der §§ 2018 ff. zu §§ 985 ff.).

§ 2030 Rechtsstellung des Erbschaftserwerbers

Wer die Erbschaft durch Vertrag von einem Erbschaftsbesitzer erwirbt, steht im Verhältnis zu dem Erben einem Erbschaftsbesitzer gleich.

1. Anwendungsbereich. Verkauf der Erbschaft (§ 2371) bei Erfüllung durch Einzelverfügungen; Veräußerung eines Erbteils (§ 2033). Die Vorschrift greift nicht ein bei Veräußerung einzelner Nachlassgegenstände. 1

2. Bedeutung. Der Erwerber haftet wie ein Erbschaftsbesitzer, ein gutgläubiger Erwerb der einzelnen Nachlassgegenstände (§§ 932 ff., 892 f., 2366 f.) ist ausgeschlossen; anders, wenn nur einzelne Nachlassgegenstände veräußert werden. §§ 2024 f. müssen in der Person des Erwerbers vorliegen. 2

3. Anspruchsschuldner. Der Erbe hat die Wahl, ob er gegen den Verkäufer bzw Veräußerer nach §§ 2018, 2019 oder den Erwerber nach §§ 2018, 2030 vorgehen will, der dann aus §§ 280 I, 283 gegen den Erstbesitzer vorgehen kann; zur teilw Beanspruchung beider Teile durch den Erben Soergel/Dieckmann § 2030 Rn. 5. 3

§ 2031 Herausgabeanspruch des für tot Erklärten

(1) [1]**Überlebt eine Person, die für tot erklärt oder deren Todeszeit nach den Vorschriften des Verschollenheitsgesetzes festgestellt ist, den Zeitpunkt, der als Zeitpunkt ihres Todes gilt, so kann sie die Herausgabe ihres Vermögens nach den für den Erbschaftsanspruch geltenden Vorschriften verlangen.** [2]**Solange sie noch lebt, wird die Verjährung ihres Anspruchs nicht vor dem Ablauf eines Jahres nach dem Zeitpunkt vollendet, in welchem sie von der Todeserklärung oder der Feststellung der Todeszeit Kenntnis erlangt.**

(2) **Das Gleiche gilt, wenn der Tod einer Person ohne Todeserklärung oder Feststellung der Todeszeit mit Unrecht angenommen worden ist.**

Der Scheintote kann den Anspruch nicht nur gegen den Erbschaftsbesitzer, sondern gegen jeden Eindringling in sein Vermögen geltend machen (str). 1

Titel 4. Mehrheit von Erben

Vorbemerkungen

1. Gesamthandsgemeinschaft. Die Miterbengemeinschaft ist neben der Personengesellschaft alten Rechts (str, → § 705 aF Rn. 1; sa *§ 705 nF* zum 1.1.2024 und dazu *§ 705 nF* Rn. 1) und der ehelichen Gütergemeinschaft die dritte Gesamthandsgemeinschaft des BGB. Anders als die beiden übrigen Gesamthandsgemeinschaften ist sie auf Abwicklung, nicht auf Fortbestand ausgerichtet (BGH NJW 2006, 3715; 02, 3389; BSG FamRZ 2010, 1077); deshalb wird ihr nicht ähnlich wie der GbR (dazu die Entscheidung BGHZ 146, 341 u → § 705 aF Rn. 1 u. *§ 705 nF* Rn. 1) und der Wohnungseigentümergemeinschaft (BGH NJW 2005, 2061 u der verunglückte § 10 WEG) Teilrechtsfähigkeit zugestanden (zur Diskussion Eberl-Borges, Heil, und Weipert ZEV 2002, 125; 2002, 296; 2002, 300; Ivo ZEV 2004, 499). Der Gesamthandscharakter kommt bes klar in §§ 2038–2040 zum Ausdruck, wird aber zB in §§ 2033 I, 2042 I deutlich durchbrochen. 1

2. Sondervorschriften. Zur Mehrheit von Erben existieren teilw bes Regelungen: **a) RHeimstG** §§ 19, 9, 24 aF mit AVO; aber → § 1922 Rn. 14. **b) Landwirtschaftliche Betriebe:** HöfeO idF v 26.7.1976 §§ 4, 12, 13, 15 V (Hoferbe und Erbe bilden keine Miterbengemeinschaft gem §§ 2032 ff.). Auch soweit Anerbenrecht nicht gilt und kraft *ges* Erbfolge (BGHZ 40, 60) eine Erbengemeinschaft gem §§ 2032 ff. entsteht, gestatten §§ 13–17, 33 GrdstVG die gerichtl Zuweisung des Betriebs an 2 einen Erben (hierzu BVerfGE 91, 346). Guter Überblick bei Grüneberg (vormals Palandt)/Weidlich § 2042 Rn. 24 ff. **c) Mietrecht:** §§ 563 ff. **d) Versteigerungsschutz:** § 180 II ZVG. **e) Bodenreformgrundstücke:** Für Grundeigentum aus der Bodenreform ist Art. 233 § 11 II 2 EGBGB zu beachten, der für den Fall des Versterbens des Begünstigten vor dem 16.3.1990 für das Grundstück das Entstehen einer Bruchteilsgemeinschaft zwischen den Erben anordnet mit der Konsequenz, dass das Grundstück aus dem Nachlass ausscheidet (vgl BGH WM 2001, 212). Der Ausschluss von Rechten nicht auffindbarer Miterben durch § 10 I 1 Nr. 7 EntschG ist mit Art. 14 I 1, 3 I GG vereinbar, wenn zumindest ein anderer Miterbe bekannt und aufgefunden ist (BVerfG ZEV 2010, 519 ff.; zweifelnd BVerwG NVwZ 2008, 432).

3 **3. Erbschaftsteuer.** Lit: Wälzholz ZEV 2017, 135 (Gestaltung nach der Reform 2016). **a) Grundsatz:** Jeder Miterbe wird mit dem Erbfall (§ 9 I Nr. 1 ErbStG) Steuerschuldner (§ 20 I ErbStG), wobei grundsätzlich die Erbquote seinen Anteil am Steuerwert des gesamten Nachlasses bestimmt (§ 39 II Nr. 2 AO). Bis zur Auseinandersetzung haftet der Nachlass für die Steuerschuld der Erbbeteiligten (§ 20
4 III ErbStG); gemeinsame Steuererklärung ist möglich (§ 31 IV ErbStG). **b)** Die **Erbquote** richtet sich nach dem Anteil am **Verkehrswert** des Nachlasses, nicht nach der steuerlichen Bewertung dessen, was der Miterbe auf Grund Teilungsanordnung oder Auseinandersetzungsvereinbarung tatsächlich erhält (BFH BB 1983, 2241; BFHE 167, 562). Diese Unterscheidung spielte unter **altem Recht** bis zum 1.1.2009 bei Grundstücken eine Rolle, weil sie mit einem niedrigeren Wert als dem Verkehrswert bewertet worden sind (→ § 1924 Rn. 6). Unter neuem Recht ab dem 1.1.2009 (§§ 179, 182 ff. BewertungsG), das den Verkehrswert der Besteuerung
5 zugrunde legt, ist die Unterscheidung nunmehr in aller Regel bedeutungslos. Für Altfälle s 13. Aufl. Vor §§ 2032 ff. Rn. 4 f.; zur steuerlichen Absetzbarkeit von Kosten der Erbauseinandersetzung gem § 10 V Nr. 3 ErbStG s BFH NJW 2010, 2543 (Kosten sachverständiger Grundstücksbewertung).

6 **4. Einkommensteuer.** Einkommensteuerlich ist die Auseinandersetzung kein Teil des Erwerbs durch Erbfall, sondern ein getrennter steuerlicher Erwerbsvorgang (BFH GS NJW 1991, 249). Im Rahmen der Auseinandersetzung geleistete Abfindungen oder Aufwendungen für den Erwerb eines Erbteils führen beim Leistenden grundsätzlich zu Anschaffungskosten (sa BFH ZEV 2001, 245), beim Empfänger zu einem Veräußerungserlös. Dies ist, falls es sich um Privatvermögen handelt, idR willkommen (Erhöhung des Absetzungsvolumens auf der Erwerberseite, auf der Veräußererseite meist – s aber §§ 17, 23 EstG, § 21 aF bzw 22 nF UmwStG – keine Einkommensteuerpflicht) – weniger jedoch, falls Betriebsvermögen betroffen ist (steuerbarer Veräußerungsgewinn gem § 16 EStG). Eine Möglichkeit zur steuerneutralen Unternehmensfortführung kann uU die Realteilung des Erblasservermögens bieten, weil sie, soweit sie sich innerhalb der Erbquote bewegt, keinen Anschaffungs- bzw Veräußerungsvorgang darstellt (aber: Einzelentnahmen vermeiden!). Weiter ist die Erbeinsetzung im Verhältnis der den Erben jeweils zugedachten (ungleichen) Vermögensmassen zu erwägen; zum Ausgleich ist der bevorzugte Miterbe mit einem Vermächtnis zu belasten. Alternative: Erbeinsetzung zu gleichen Teilen, Aussetzung eines Vorausvermächtnisses, das zwecks Gleichstellung mit einem Untervermächtnis zu belasten ist. Ausführlich das BMF-Schreiben vom 11.1.2006, BStBl. I 2006, 253 (m. zahlr. Nachw. und Gestaltungsvorschlägen; dazu Schütze StB 2006, 287; Schulze zur Wiesche StBp 2006, 260).

Untertitel 1. Rechtsverhältnis der Erben untereinander

§ 2032 Erbengemeinschaft

(1) **Hinterlässt der Erblasser mehrere Erben, so wird der Nachlass gemeinschaftliches Vermögen der Erben.**

(2) **Bis zur Auseinandersetzung gelten die Vorschriften der §§ 2033 bis 2041.**

Lit: Ahner, Die Rechtsstellung der Erbengemeinschaft in Prozess und Zwangsvollstreckung, 2008; Ann, Die Erbengemeinschaft, 2001; J. Blomeyer, Die Rechtsnatur der Gesamthand, JR 1971, 397; Grunewald, Die Rechtsfähigkeit der Erbengemeinschaft, AcP 197, 305; Kollmeyer, Unternehmensnachfolge und Geschwisterabfindung durch Bestimmungs- und Zweckvermächtnisse, NJW 2017, 3271; Reimann, Unternehmertestament und Gesellschaftsvertrag: Neue Risiken, neuer Gestaltungsbedarf, ZEV 2014, 521; sa Vor § 2032 Rn. 1.

1. Gesamthandsgemeinschaft. Der Nachlass geht als Ganzes (§ 1922 I) auf die Miterben über. Jeder ist am Gesamtnachlass berechtigt und dabei durch die Rechte der übrigen Gemeinschafter eingeschränkt. Die Erben können nur gemeinsam (§ 2040 I), nicht einzeln (§ 2033 II) über Nachlassgegenstände verfügen, es kann nur an alle gemeinsam geleistet werden (§ 2039), und die Verwaltung ist gemeinsam (§ 2038). An den Nachlassgegenständen entsteht gesamthänderische Inhaberschaft (Gesamthandseigentum, -forderung; dazu BGH NJW 2001, 2397). Zuteilende Bestimmungen des Erblassers bleiben ohne dingliche Wirkung und sind erst bei der Auseinandersetzung zu berücksichtigen (§§ 2150, 2048). Nicht die Erbengemeinschaft, nur ihre Mitglieder sind rechts- und parteifähig (ZPO 50 I; BGH NJW 2006, 3715; 02, 3389 = ZEV 2002, 504 mAnm von Marotzke; NJW 1989, 2134; BSG FamRZ 2010, 1077; aA Grunewald AcP 197, 305; Ann MittbayNot 03, 193; → Vor § 2032 Rn. 1). Die neue Rspr des BGH zur GbR und die Gestaltung des im Gefolge dieser Rechtsprechung neugefasste WEG sind nicht auf die Erbengemeinschaft übertragbar (BGH NJW 2006, 3715). Grundbucheintragung: § 47 GBO; Untererbengemeinschaften sind kenntlich zu machen (BayObLGZ 1990, 190). Miterben, die in ein Girovertragsverhältnis des Erblassers eintreten und das Girokonto für den eigenen Zahlungsverkehr fortführen, erlangen eine eigene persönliche Rechtsbeziehung zur Bank (BGH NJW 2000, 1258; → § 2139 Rn. 1 für Vorerben). Die Erbengemeinschaft endet mit der Vereinigung aller Miterbenanteile in der Person eines einzigen Miterben durch Hinzuerwerb (BGH NJW 2018, 3650 Rn. 12 ff., 14; sa → § 2042 Rn. 5). 1

2. Entstehung. Sie ist denkbar auf Grund ges Erbfolge oder durch Verfügung von Todes wegen. Ersatzerben oder Nacherben werden erst bei Eintritt des Ersatz- bzw Nacherbfalles Mitglieder der Gemeinschaft; keine Miterbengemeinschaft von Nacherben vor dem Nacherbfall (BGH NJW 1993, 1583; → § 2100 Rn. 7 f.) oder von Nacherben und Erben des Vorerben (BayObLG FamRZ 2005, 1280). 2

3. Übertragung von Rechten. Übertragungen durch die Erbengemeinschaft auf andere Rechtspersonen oder Rechtsgebilde bedürfen der gewöhnlichen Vertragsform. Wollen zB nur einige Miterben ein Handelsgeschäft, das zum Nachlass gehört, fortführen, so müssen sie eine Gesellschaft gründen und das Handelsgeschäft von der Erbengemeinschaft auf die neue Gesellschaft übertragen (BGH WM 1975, 1110). Zur Übertragung von Grundstückseigentum (direkt gem § 925; indirekt durch Anteilsübertragung, § 2033 I) → § 925 Rn. 2, 9; zu Bodenreformgrundstücken → Vor § 2032 Rn. 2. 3

4. Rechtsnachfolge der Gemeinschaft im Handels- und Gesellschaftsrecht. a) Einzelhandelsgeschäft: Die Erbengemeinschaft kann ein Einzelhandelsgeschäft zeitlich unbegrenzt (BGHZ 92, 262; hierzu K. Schmidt NJW 1985, 138, 1985; 2785; John JZ 1985, 246; KG NJW-RR 1999, 880) als werbendes Unternehmen fortführen und wird als Inhaberin im Handelsregister eingetragen (krit R. Fischer ZHR 144, 1; Johannsen FamRZ 1980, 1075 f.). Möglich ist die Fortführung unter der alten Firma mit oder ohne Nachfolgezusatz (§ 22 HGB) oder unter einer neuen Firma, die allerdings erkennbar machen muss, dass Inhaber Miteigentümer in gesamthänderischer Verbundenheit sind (vgl KG JFG 5, 209). Im Innenverhältnis gelten OHG-Regeln entsprechend (BGHZ 17, 299). Zur OHG wird die Erbengemeinschaft erst durch Abschluss eines Gesellschaftsvertrages – kein still- 4

schweigender Abschluss durch bloße längere Fortführung – und durch Übertragung der Unternehmensgüter, → Rn. 3 (BFH NJW 1988, 1343). Die Prokura eines Miterben erlischt mit dem Erbfall (BGH NJW 1959, 2116). Die Gemeinschaft kann kein Handelsgeschäft neu errichten (KG HRR 1932 Nr. 749), die Erwerber sämtlicher Gemeinschaftsanteile können das Handelsgeschäft nicht fortführen (KG FGPrax 1999, 27; str, s Keller ZEV 1999, 174). Fortführen durch Miterben und damit Haftung gem § 27 HGB (→ § 1967 Rn. 6) ist nur gegeben, wenn die Geschäftsführung gemeinsam erfolgt oder für alle durch einen stillschweigend oder ausdr bevollmächtigten Miterben (BGHZ 32, 67; BGH BB 1961, 1027). Die Fortführung durch ges Vertreter minderjähriger Miterben bedurfte bis zum Inkrafttreten der Neuregelung durch das MinderjährigenhaftungsbeschränkungsG am 1.1.1999 (BGBl. 1998 I 2487) familien- bzw vormundschaftsgerichtlicher Genehmigung (aA BGHZ 92, 265), → § 1822 aF Rn. 8. Entgegen § 1629 iVm § 1643 I aF konnten die Eltern den Minderjährigen nicht ohne weiteres über das ererbte Vermögen hinaus unbegrenzt verpflichten (BVerfGE 72, 155; krit Medicus AcP 192, 63). Bis zur verfassungskonformen Neuregelung hatte BGH NJW-RR 1987, 450 das Verfahren ausgesetzt. Die *Reform* 1999 beschränkte die Haftung des Minderjährigen auf das Vermögen bei Eintritt der Volljährigkeit (§ 1629a nF); falls der volljährig gewordene Erbe nicht binnen dreier Monate die Nachlassauseinandersetzung verlangt, gelten Vermutungen für das Entstehen einer Schuld nach Eintritt der Volljährigkeit und den Bestand des gegenwärtigen Vermögens bereits bei Eintritt der Voll-
5 jährigkeit (→ §§ 723–728 aF Rn. 17; → § 1967 Rn. 6). **b)** Bei **OHG oder KG** sind unter altem, bis zum 31.12.2023 geltenden Recht und unter dem ab 1.1.2024 geltenden neuen Recht verschiedene Fälle zu unterscheiden (BGH WM 1982, 1170): **aa) Auflösung** der OHG bei entspr gesellschaftsvertraglicher Gestaltung gem § 131 III 1 Nr. 1 HGB aF (unpraktisch) . Die Miterbengemeinschaft ist an der Abwicklung zu beteiligen (RGZ 106, 65). An einer Liquidationsgesellschaft bleiben die Erben als Erbengemeinschaft beteiligt (BGH NJW 1995, 3315: keine Sonderrechtsnachfolge). **bb) Fortsetzung durch die restlichen Gesellschafter** ohne die Erben ist gemäß § 131 III 1 Nr. 1 HGB aF gesetzlicher Regelfall für die OHG, nach § 177 HGB bedarf die Fortsetzung ohne die Erben des Kommanditisten vertraglicher Regelung. Der Erbengemeinschaft steht ein Abfindungsanspruch (§ 738 aF iVm § 105 III, 162 II HGB; dazu → §§ 738–740 aF Rn. 7 f.) als Gesamthandsforderung zu; zum gesellschaftsvertraglichen Ausschluss einer Abfindung vgl → § 2301 Rn. 3 und 6; → § 2311 Rn. 5; → § 2325 Rn. 5. Erbschaftsteuerpflichtigkeit der Gesellschaft bei Auseinanderfallen von Anwachsung (§ 738 I 1 aF) und Abfindungswert (BFH NJW 1993, 157). Unter *neuem Recht* findet eine Liquidation statt *(§§ 735–739 nF)*, an welcher der Erbe selbst bzw eine Erbengemeinschaft durch einen Vertreter (*§ 736 III nF*) zu beteiligen ist und die mit einer Verteilung verbleibender Vermö-
6 genswerte endet **cc) Erbrechtliche Nachfolge** . Der Gesellschaftsvertrag der OHG stellt den Gesellschaftsanteil vererblich und überlässt den Vollzug der Rechtsnachfolge dem Erbrecht (§ 139 HGB aF). Bei der KG entspricht diese Lösung für den Kommanditanteil (§ 171 HGB) dem Gesetz. Die Erbengemeinschaft wird nicht Gesellschafter, vielmehr wird jeder Miterbe mit einem seinem Erbteil entspr Gesellschaftsanteil Gesellschafter bzw Kommanditist (BGHZ 91, 135 f.; 98, 50 f.; BGH NJW 1999, 572; BGH Rpfleger 2012, 391; KG NZG 2000, 1167). Erbenden Komplementären gibt § 139 HGB die Option, mit den übrigen Gesellschaftern über eine Umwandlung ihres Anteils in einen Kommanditanteil zu verhandeln und im Falle eines Scheiterns aus der Gesellschaft gegen Abfindung auszuscheiden. Trotz *Sondererbfolge* gehören die Gewinn- und Auseinandersetzungsguthaben (vgl § 717 S. 2 aF) zum Nachlass (BGH JZ 1987, 880) und unterliegen damit dem Vollstreckungszugriff der Nachlassgläubiger. Die Mitgliedschaft ist von den vermögensrechtlichen Bezügen nicht selbstständig abspaltbar (aA BGH JZ 1987, 880), fällt also ebenfalls in den Nachlass (BGHZ 98, 48; sehr str vgl Flume NJW 1988, 161; Ulmer JZ 1987, 881; Marotzke JR 1988, 184); denn Voraussetzung zur Zwangsvollstreckung in das Auseinandersetzungsguthaben ist die Pfändung eines Gesellschaftsan-

teils und die Kündigung der Gesellschaft, § 725 aF. Das *neue, ab 1.1.2014 geltende Recht* kodifiziert im Wesentlichen diesen Rechtszustand (hierzu § 1967 Rn. 7 unter Hinweis auf *§§ 711 II, 712f., 721a, 723 I Nr. 1, III u. 724 nF und §§ 105 III, 130 I Nr. 1 u 131f. HGB nF*). Dem erwähnten § 717 aF entspricht *§ 711a nF* und dem § 725 aF *§ 726 nF*, wobei er aber allerdings die Pfändung des Gesellschaftsanteils gegenüber dem alten Rechtszustand erschwert (→ *§§ 712, 712a,721a, 723–728b nF* Rn. 6); zu Einzelheiten der KG unter neuem Recht § 1967 Rn. 8 mN.

7 **dd) Qualifizierte Nachfolgeklausel.** Es wird unter *altem Recht* nach dem Gesellschaftsvertrag nur ein Miterbe oder eine beschränkte Anzahl von Miterben Gesellschafter. Bei dieser Gestaltung erwirbt der gesellschaftsvertraglich zugelassene Miterbe den Anteil des Gesellschafters unmittelbar im Ganzen (BGHZ 68, 237 gegen BGHZ 22, 193 ff.; hierzu Reimann ZEV 2002, 487; P. Ulmer BB 1977, 805; H. P. Westermann JuS 1979, 761; Wiedemann JZ 1977, 689), mehrere zugelassene Miterben erwerben gleiche Teile im Wege der Einzelnachfolge (OLG München MDR 1981, 587). Die nicht zugelassenen Erben haben ohne bes gesellschaftsvertragliche Vereinbarung keinen Abfindungsanspruch gegen die Gesellschaft (str); die Ausgleichspflicht der Gesellschaftererben ist Auslegungsfrage, uU entspr Anwendung der §§ 2050 ff. (zu Einzelheiten des Streitstandes MüKoBGB/K. Schmidt § 139 Rn. 12; Baumbach/Hopt § 139 Rn. 14; Flume NJW 1988, 161; Tiedau NJW 1980, 2446; Marotzke AcP 184, 562; Ulmer NJW 1984, 1500), aber ohne § 2056 (str); zum Pflichtteilsanspruch vgl → § 2325 Rn. 5. Unter *neuem Recht* ab 1.1.2024 bleibt nach *§ 711 II nF* die Möglichkeit einer qualifizierten Nachfolgeklausel unverändert erhalten (hierzu *§§ 711, 713 nF* Rn. 2 unter Hinweis auf die Gesetzesbegründung BT-Drs. 19/27635 S. 145). Die erbenden Gesellschafter können nach *§ 724 nF* statt des Verbleibens in der Gesellschaft auch zwischen einer Umwandlung in Kommanditanteile und Ausscheiden wählen mit der Möglichkeit einer Haftungsbeschränkung für entstandene Verbindlichkeiten gem *§ 724 IV nF*, §§ 1975 ff. (ausführlich *§§ 712, 712a,721a, 723–728b nF* Rn. 4); zur KG s. § 1967 Rn. 8. Zur möglichen Haftung eines beurkundenden Notars für fehlende Abgleichung von Gesellschaftsvertrag und Testament s BGH ZEV 2002, 322. **ee) Eintrittsklausel.** Unter altem Recht kann 8
die Gesellschaft gem §§ 131 III 1 Nr. 1 HGB aF, § 738 aF iVm § 105 III HGB zwischen den übrigen Gesellschaftern fortgesetzt werden. Ein Dritter erwirbt durch Gesellschaftsvertrag unabhängig vom Erbrecht ein Eintrittsrecht auf den Todesfall (rechtsgeschäftliche Nachfolgeklausel); eine unwirksame *Zuwendung* eines Anteils durch RGeschäft unter Lebenden auf den Todesfall (unzulässige Verfügung zgDr) ist als Eintrittsklausel zu deuten. Die Eintrittsklausel schließt Abfindungsansprüche der weichenden Erben gegen die Gesellschafter (§ 738 I 2 aF) idR aus. IZw ist von einer erbrechtlichen Nachfolgeklausel auszugehen (oben Rn. → 7), selbst wenn der Gesellschaftsvertrag Nachfolger benennt, die teilw nicht Erbe werden und deshalb leer ausgehen (BGHZ 68, 233; BayObLG DNotZ 1981, 704). Sofern der durch erbrechtliche Nachfolgeklausel allein vorgesehene Nachfolger nicht Erbe, sondern nur Vermächtnisnehmer wird, kann auch ein gesellschaftsvertragliches Eintrittsrecht als Vermächtnisgegenstand Auslegungsergebnis sein (BGH NJW 1978, 264; OLG Frankfurt a.M. NJW-RR 1988, 1251; → § 2174 Rn. 3); zum Pflichtteilsergänzungsanspruch → § 2325 Rn. 5. Das ab 1.1.2024 geltende neue Recht lässt für gesellschaftsrechtliche Eintrittsklauseln Raum (*§§ 712, 721a, 728ff. nF*; dazu → *§§ 712, 712a,721a,723–728b nF* Rn. 1 u. → *§§ 711, 713 nF* Rn. 2) **ff) Ver-** 9
treterklausel. Die verbleibenden Gesellschaftererben dürfen nur gemeinschaftlich oder durch einen gemeinsamen Vertreter ihre Gesellschafterrechte wahrnehmen (BGHZ 46, 291 für Kommanditisten). Eine solche Regelung erscheint auch unter neuem Recht ab 1.1.2024 unbedenklich und ist vom Gesetzgeber für den Sonderfall der Liquidation sogar zwingend vorgesehen (*§ 736 III* nF; dazu *§§ 735–739 nF* Rn. 2; gleich *§ 144 III HGB neu*). **Lit:** Esch/Ulmer NJW 1984, 339, 1984; 1496; Rüthers AcP 168, 263; Marotzke AcP 184, 541 mN; Winkler ZErb 2006, 195; Hermanns ErbR 08, 69; Göhner ZJS 2010, 592; Wiedemann, Die Übertragung und Vererbung der Mitgliedschaft bei Handelsgesellschaften, 1965; Siegmann, Perso-

nengesellschaftsanteil und Erbrecht, 1991; für die Zulassung erbrechtlich bedingter Mehrfachbeteiligung an einer Personengesellschaft entgegen Rspr. und hM Kollmeyer NJW 2018, 3750 mN. **gg)** Zur Haftungsbeschränkung zugunsten des gesetzlich vertretenen **minderjährigen** Gesellschafters im gleich bleibenden alten und neuen Recht → §§ 723–728 aF Rn. 17, → § 1967 Rn. 7 u. *§ 725 IV nF* sowie
10 *§ 132 IV HGB nF* (sa → *§§ 712, 712a, 721a, 723–728b nF* Rn. 5). **c)** Für die **BGB-Gesellschaft** gilt das zur OHG Gesagte entspr (BGH NJW 1981, 750; BayObLGZ 1984, 225; guter Überblick zu den Nachfolgemodalitäten in BGH NJW-RR 2022, 1241 Rn. 16–18; NZG 2022, 1250 Rn. 13 ff.). Es besteht keine Antrags- oder Bewilligungsbefugnis aufgrund einer vermeintlich vererbten Buchposition der von nachrückenden Gesellschaftern verschiedenen Erben im Grundbuchberichtigungsverfahren bei Gesellschaftsgrundstücken, sondern eine grundbuchrechtliche Antrags- oder Bewilligungsbefugnis ausschließlich der nachrückenden Gesellschafter abhängig von der Art und Weise der Nachfolge in die GbR (zu Einzelheiten BGH NJW-RR 2022, 1241 Rn. 11 f.; sa OLG München ZEV 2017, 653; ferner → §§ 723–728 aF Rn. 14; zum Nachweis der Nachfolge durch Nachfolgeregelung im Gesellschaftsvertrag oder in einer Fortsetzungsvereinbarung BGH NJW-RR 2022, 1241, Rn. 21 ff.; OLG München NJW-RR 2019, 10 = BeckRS 2019, 14024; zu den Besonderheiten einer mit der Nachfolge in die Gesellschaft verbundenen Testamentsvollstreckung → § 2205 Rn. 3 am Ende); zur Einkommensteuer BFH ZEV 1998, 78; zur Erbschaftsteuer BFH/NV 2010, 42 f.; allg zur steuerlichen Behandlung Sistermann ZEV 1998, 166). Nachfolge in **Partnerschaftsgesellschaften:** s Heydn ZEV 1998, 161 (Steuerfragen s Sistermann ZEV 1998, 166). Der Tod des **stillen Gesellschafters** (§ 234 II HGB) führt zum Eintritt des Erben bzw der Erbengemeinschaft in seine Position (hierzu BGH NJW 1997, 3371; → § 398 Rn. 9; zur Unterbeteiligung Werner ZEV 2015, 194). **d) GmbH.** Die Miterben sind gesamthänderische Inhaber des Geschäftsanteils; Grundsatz der gemeinsamen Ausübung der Anteilsrechte und damit auch des Stimmrechts (§ 18 GmbHG; BGH WM 1969, 590). Der Gesellschaftsvertrag kann einzelne Miterben zur Übertragung auf allein nachfolgeberechtigte Miterben, andere Gesellschafter oder Dritte verpflichten (BGHZ 92, 386; Ivo ZEV 2006, 652; Promberger ZHR 150, 585; zur Erbschaftsteuer BFH NJW 1993, 158; zur Einkommensteuer Geuenich ZEV 1998, 62); sa Lagner/Heydel GmbHRdsch 2006, 291; → § 1922 Rn. 7; → § 2033 Rn. 3. **e) Aktiengesellschaft.** AktG § 69 AktG; Satzung kann Einzug gem §§ 237 ff. AktG vorsehen.

§ 2033 Verfügungsrecht des Miterben

(1) [1]**Jeder Miterbe kann über seinen Anteil an dem Nachlass verfügen.** [2]**Der Vertrag, durch den ein Miterbe über seinen Anteil verfügt, bedarf der notariellen Beurkundung.**

(2) **Über seinen Anteil an den einzelnen Nachlassgegenständen kann ein Miterbe nicht verfügen.**

Lit: Muscheler, Verfügung über den Erbteil, ZErb 2010, 40.

1 **1. Zulässiger Gegenstand der Verfügung.** Eine zulässige Verfügung kann nur den Anteil am Nachlass (dazu BGH NJW 2013, 871) oder einen Bruchteil dieses Anteils betreffen (BGH NJW 1963, 1610; BayObLG NJW-RR 1991, 1031), wobei dann beim Bruchteilserwerb zwischen Erwerber und Veräußerer eine Bruchteilsgemeinschaft hinsichtlich des Gesamthandsanteils entsteht (str; zur Veräußerung an Miterben → Rn. 5). Vereinigen sich alle Nachlassanteile in der Hand eines Miterben, so kann dieser ebenso wenig wie ein Alleinerbe über die Erbschaft als Ganzes verfügen (BGH LM Nr. 8 zu § 2033 BGB) oder einen früheren – nicht mehr existenten – Anteil rückübertragen (s aber BGH JZ 1992, 748: vollstreckungsmäßige Gleichstellung des Gläubigers des Anteilsveräußerers nach Anfechtung; hierzu Ger-

hardt JZ 1992, 724). Unzulässig ist die Verfügung über einen – rechtlich nicht existenten (RG 61, 76, str) – Anteil an einem Nachlassgegenstand (§ 2033 II); eine Genehmigung (§ 185 II) ist ausgeschlossen (RGZ 88, 27). Denkbar ist dagegen die schuldrechtliche Verpflichtung zur Übertragung eines Bruchteils an einem Nachlassgegenstand oder des ganzen Nachlassgegenstandes, da die Erfüllung nach Auseinandersetzung möglich sein kann (BGH LM Nr. 8 zu § 2033 BGB). Eine nach § 2033 II unzulässige Verfügung kann uU in einen Auseinandersetzungsvertrag umgedeutet werden (OLG Bremen OLGZ 1987, 10; OLG Koblenz OLGR 2005, 441). Selbst wenn der Nachlass nur noch aus einem Nachlassgegenstand besteht, bleibt lediglich die Verfügung des Miterben über den Erbteil zulässig (BGH NJW 1967, 201). Der Anteil an einer nicht auseinandergesetzten Erbengemeinschaft ist bewegliches Vermögen (BGHZ 146, 310; → Vor § 1922 Rn. 5). Eine Anteilsübertragung nach Auseinandersetzung ist nicht mehr möglich und bedarf zur Entfaltung gewollter Rechtsfolgen der Umdeutung in ein wirksames Rechtsgeschäft (OLG München FamRZ 2012, 231: Umdeutung in Verzicht gem § 1491).

2. Verfügungsbefugnis. Sie liegt allein beim Miterben, auch im Fall der Testamentsvollstreckung (BGH NJW 1984, 2467; zur Möglichkeit, dadurch die Ziele der Testamentsvollstreckung zu vereiteln, Kesseler NJW 2006, 2672) oder Verpfändung. Die Miterben eines Erbteils können hingegen nur gemeinsam (§ 2040 I) verfügen (RGZ 162, 397), der Erbe eines Erbteils bei Testamentsvollstreckung nur unter Mitwirkung des Vollstreckers (BGH NJW 1984, 2467). Der Erblasser kann die Verfügungsbefugnis nicht mit dinglicher Wirkung beschränken (§ 137). 2

3. Genehmigungspflichtigkeit. S. § 2 II Nr. 2 GrdstVG; §§ 1643 I, 1822 Nr. 1 u. 10 aF bis 31.12.2022 bzw §§ 1643 I u. III, 1851 Nr. 3, 1854 Nr. 4 nF ab 1.1.2023; uU § 1365 I (BGH NJW 1961, 1304); *nicht* aber Zustimmungspflicht gem § 12 WEG, wenn Wohnungseigentum zum Nachlass gehört (OLG Hamm OLGZ 1979, 423; anders bei Auflassung des Wohnungseigentums durch die Gemeinschaft an einen einzelnen Miterben: BayObLG MDR 1982, 496, → § 2042 Rn. 5); *keine* Genehmigung gem § 15 V GmbHG, wenn Geschäftsanteil Nachlassbestandteil ist (BGHZ 92, 393). 3

4. Form der Verfügung. Notarielle Beurkundung gem Abs. I 2; entspr Vorschrift für das Verpflichtungsgeschäft in §§ 2371, 2385 (BGH NJW 1986, 1813). Formmangel des Verpflichtungsgeschäftes ist nicht heilbar (BGH NJW 1967, 1128; str, aA Schlüter JuS 1969, 10). § 2033 I 2 gilt auch bei Erbteilsverfügung zum Zwecke der – selbst formfreien – Auseinandersetzung (→ § 2042 Rn. 5; sa BGH NJW 1986, 1813; zur umstrittenen Frage notwendiger Voreintragung der Erbengemeinschaft (§ 39 oder § 40 GBO Böttcher NJW 2020, 2604 Rn. 30 ff. mN zur uneinheitlichen Rspr.) sowie für unwiderrufliche Vollmacht zur Erbteilsübertragung (OLG Dresden und BGH ZEV 1996, 461 f. m abl Anm Keller); anders bei Verfügung über Nachlassgegenstände gem § 2040 (zum erbteilsverfügenden Auslegungsvergleich aber → § 2042 Rn. 6, → § 2385 Rn. 1). Berufung auf die Formnichtigkeit kann ausnahmsweise treuwidrig sein (BGH DRiZ 1969, 279). Bei Auseinandersetzung durch Anteilsübertragung (hierzu → § 2042 Rn. 1) besteht die Erbengemeinschaft im Falle der Formnichtigkeit fort mit der Folge möglicher Grundbuchberichtigung (BGH NJW-RR 2005, 808). Ein gerichtlicher Vergleich erfüllt grundsätzlich die Voraussetzungen gem Abs. I 2 (§ 127a); dies gilt auch im Falle des Beschlussvergleichs gem § 278 VI ZPO (BGH NJW 2017, 1946 ff. mAnm von Koch NJW 2017, 1950; zum Streitstand vor der Entscheidung des BGH statt vieler OLG Celle NJW 2013, 2979; Zempel NJW 2015, 2859 [2861]). 4

5. Wirkung der Verfügung. Der Erwerber tritt im Wege der Gesamtrechtsnachfolge in die Stellung des Veräußerers innerhalb der Miterbengemeinschaft ein und ist bei der Verwaltung, Auseinandersetzung und Ausgleichung wie der Miterbe zu behandeln (RGZ 60, 131; 83, 30; anders BGH NJW 1979, 1306 für § 13 HöfeO); das Grundbuch ist zu berichtigen (BGH NJW 1969, 92; BGH NJW-RR 2019, 5

970 Rn. 5; sa → § 1922 Rn. 8). Bei Anteilserwerb durch die übrigen Miterben erfolgt Anwachsung analog §§ 1935, 2094, sofern nicht Bruchteilserwerb ausdr vereinbart ist (BayObLG NJW 1981, 830; NJW-RR 1991, 1031); Abgrenzung zur Auseinandersetzung durch sog Abschichtung → § 2042 Rn. 1. Bei Veräußerung eines Bruchteils des Erbanteils (→ Rn. 1) an einen Miterben tritt ebenfalls Ab- und Anwachsung ein, also keine Untergemeinschaft nach Bruchteilen (BayObLG NJW-RR 1991, 1031, str, s OLG Jena BeckRS 2014, 14981; KG NJW-RR 1999, 880 [881, 882]). Der veräußernde Miterbe bleibt aber iÜ Erbe (BGHZ 56, 117; 86, 380; BGH NJW 1993, 726; aber → § 2034 Rn. 6) und ist zB im Erbschein aufzuführen (RGZ 64, 173). Der (Mit-)Besitz geht nicht analog § 857 auf den Erwerber über; denkbar ist der Besitzerwerb gem § 854 II oder § 870. Falls alle Miterben ihren Erbanteil auf mehrere Erwerber in Bruchteilsgemeinschaft übertragen, entsteht eine Bruchteilsgemeinschaft an allen Erbanteilen der fortbestehenden Erbengemeinschaft, und es bedarf der Auflassung eines Nachlassgrundstücks von der Erbengemeinschaft an die Bruchteilsgemeinschaft der Erwerber, um Miteigentum nach Bruchteilen am Grundstück entstehen zu lassen (BGH NJW 2016, 493 Rn. 6 ff.; zust Böttcher NJW 2016, 2782; sa → § 741 Rn. 2).

6 **6. Pfandrechte. a)** Form der **Verpfändung** bestimmen §§ 1274 I, 2033 I 2; keine Anzeige gem § 1280 (RGZ 84, 397). Eine Pfandrechtsbestellung, die das Tilgungsrecht des Schuldners ausschließt, ist unwirksam (BGHZ 23, 293). Der Pfandgläubiger erwirbt das Recht zur Mitwirkung bei der Verwaltung, der Verfügung und der Auseinandersetzung des Erbteils (RGZ 83, 30 f.; BGH NJW 1969, 1347). Da sich das Pfandrecht auf das Auseinandersetzungsguthaben (§ 2047) erstreckt, ist mit dem BGH ein Pfandrecht kraft Surrogation an den Gegenständen
7 zu bejahen, die an die Stelle des Erbteils treten (s §§ 1258, 1287). **b) Pfändung,** §§ 857 I, 859 II ZPO (Böttcher NJW 2020, 819 f.). Zustellung gem § 829 ZPO an die übrigen Miterben (RGZ 75, 180) oder den Testamentsvollstrecker (RGZ 86, 294). Der Vollstreckungsgläubiger kann nach Pfändung und Überweisung entweder Auseinandersetzung verlangen (§ 2042 I; hierzu OLG Köln NJW-RR 2014, 1415 [1416]) – auch bei Ausschluss durch den Erblasser (§ 2044) – oder die Versteigerung des Anteils betreiben (§ 844 I ZPO; hierzu BGH NJW-RR 2019, 970 Rn. 8 ff.; FamRZ 1999, 433; → § 2042 Rn. 9 und BGH NJW-RR 2019, 970 Rn. 8; OLG Köln NJW-RR 2014, 1416 zur Teilungsversteigerung eines Grundstücks im Rahmen der Auseinandersetzung). Die Veräußerung an einen Dritten bedarf jedoch eines besonderen gerichtlichen Beschlusses (§§ 844, 857 V, 859 II ZPO; BGH NJW-RR 2019, 970 Rn. 9 ff., 12); str, ob Veräußerung des Anteils zulässig ist, falls Nachlass nur aus einem Gegenstand besteht (OLG Naumburg NJOZ 2013, 812; zu Recht eher abl OLG Köln NJW-RR 2014, 1415 [1416]; wohl auch insoweit BGH NJW-RR 2019, 970 Rn. 12). Die Pfändung berechtigt aber nicht zur Mitwirkung bei der Verfügung über einen einzelnen Nachlassgegenstand gem § 2040 I, diese Befugnis bleibt beim Miterben (OLG Köln NJW-RR 2014, 1415 [1416]). Sofern die Miterbengemeinschaft dem Gläubiger eines Miterben ein Grundpfandrecht bestellt und so den Wert des Miterbenanteils mindert, kann der Insolvenzverwalter des Miterben vom Gläubiger gem §§ 129 ff., 143 InsO Wertersatz verlangen (BGHZ 72, 44 zu §§ 29 ff., 37 aF KO). Zur örtlichen und internationalen Zuständigkeit bei Pfändung eines Erbteils BayObLG ZEV 2019, 635 Rn. 12 ff. (§§ 828 II, 857 I,
8 859 II ZPO; teilw krit Leipold ZEV 2019, 639 ff. **c) Grundbucheintragung** der Verpfändung oder Pfändung ist möglich (RGZ 90, 233; sa BGH NJW 2019, 970), um den gutgläubigen Erwerb eines Grundstücks ohne Mitwirkung des Pfandrechtgläubigers (§ 2040) auszuschließen; Gleiches gilt für den Insolvenzvermerk bei Insolvenz eines Miterben (LG Duisburg Rpfleger 2006, 465).

§ 2034 Vorkaufsrecht gegenüber dem Verkäufer

(1) **Verkauft ein Miterbe seinen Anteil an einen Dritten, so sind die übrigen Miterben zum Vorkauf berechtigt.**

(2) [1]**Die Frist für die Ausübung des Vorkaufsrechts beträgt zwei Monate.** [2]**Das Vorkaufsrecht ist vererblich.**

Lit: Bartholomeyczik, Das Gesamthandsprinzip beim gesetzlichen Vorkaufsrecht der Miterben, FS Nipperdey, 1965, I 145; Diedenhofer, Das Vorkaufsrecht der Miterben, 1992 (Diss Augsburg); Herrler, Auswirkungen einer (vorweggenommenen) Erbfolge nach einem Miterben auf das Vorkaufsrecht nach § 2034 BGB, ZEV 2010, 72; Martinek/Ittenbach, Die Erbengemeinschaft und das Vorkaufsrecht in der Teilungsversteigerung, BB 1993, 519.

1. Anwendbarkeit der allg Vorschriften. §§ 463 ff. finden grundsätzlich Anwendung (BGH NJW 2016, 3233 Rn. 7; LM Nr. 3 zu §§ 504 ff. aF); insbes gilt § 471, so dass beim Verkauf durch den Insolvenzverwalter ein Vorkaufsrecht nicht besteht (BGH NJW 1977, 37). 1

2. Verkaufender Miterbe. Dies ist auch der einen Miterbenanteil im Erbgang erwerbende Erbeserbe (BGH NJW 2011, 1226; 1993, 726 mN), nicht aber der rechtsgeschäftliche Erwerber (hierzu → § 2037 Rn. 3; zur Problematik bei vorweggenommener Erbfolge Herrler ZEV 2011, 249). 2

3. Dritter. Auch wer bereits einen anderen Erbteil erworben hat, ist Dritter (BGHZ 56, 115; BGH NJW 1993, 726), nicht dagegen, wer mit Rücksicht auf die künftige Beerbung eines Miterben in die Gemeinschaft eingetreten ist (BGH LM Nr. 3 zu § 2034 BGB). 3

4. Verkauf. Dieses Tatbestandsmerkmal schließt die Anwendung auf Fälle von Tausch, Schenkung (BGH LM Nr. 3 zu § 1098), Sicherungsübereignung usw aus, ebenso auf den Fall der unwiderruflichen notariellen Verkaufsvollmacht (BGH DNotZ 1960, 551). Umgehungsgeschäfte, wie zB Hingabe des Erbteils gegen Darlehen (BGHZ 25, 174) oder Übertragung der Miterbenrechte gegen Entgelt (KG DR 43, 1108), sind wie ein Kauf zu behandeln; uU sind sie aber auch nichtig gem § 138 (BGH WM 1970, 1315). 4

5. Gegenstand des Kaufes. Der Erbanteil muss Gegenstand des Kaufes sein; daher besteht kein Vorkaufsrecht, wenn die Erben eines Miterben ihren Anteil am Miterbennachlass weiterveräußern, zu dem ua der Miterbenanteil des Erblassers gehört (BGH NJW 1975, 445). Ebensowenig liegt in der Zwangsversteigerung gem §§ 2042, 753, § 180 ZVG die Veräußerung eines Miterbenanteils (BGH NJW 1972, 1199). 5

6. Vorkaufsberechtigung. Die übrigen Miterben sind als Gesamthänder vorkaufsberechtigt (BGH WM 1979, 1067). Einzelne Miterben können gem § 472 S. 2 das Vorkaufsrecht für sich ausüben, wenn die übrigen Miterben verzichten, nicht aber gegen ihren Widerspruch (BGH LM Nr. 6 zu § 2034 BGB; BGH NJW 1982, 330; BGH NJW-RR 2009, 1174); unwirksame Ausübung durch einen Miterben führt zur Anwachsung bei den anderen Miterben (BGH NJW-RR 2009, 1174). Ausübung durch einen Miterben aufschiebend bedingt durch Einigung aller oder Verzicht der anderen Miterben ist denkbar (BGH NJW 1982, 330). Dem früheren Miterben, der seinen Anteil veräußert hat, steht kein Vorkaufsrecht zu (BGH NJW 2011, 1226; 93, 726; OLG Düsseldorf NJW 2013, 2764; sa BGHZ 86, 379; BGH NJW-RR 1990, 1283), weil er kein schutzwürdiges Interesse an personeller Geschlossenheit der Gemeinschaft mehr hat. Der Erbteilserwerber (§ 2033) ist ebenso wenig vorkaufsberechtigt (BGHZ 56, 118; BGH NJW 1993, 726; 2002, 821; 2011, 1226). Er wird es auch dann nicht, wenn er nach dem Erwerb des Erbteils Erbe des Veräußerers und damit Erbeserbe des Erblassers wird BGH NJW 2011, 1226; OLG Düsseldorf NJW 2013, 2764). Dem Miterben als Erwerber steht das Vorkaufsrecht nur bzgl seines alten Erbteils zu mit entspr Folgen für die Erwerbsquote (BGH NJW 1983, 2143). Die Berechtigung zur Ausübung hängt nicht vom Erfüllungsvermögen hinsichtlich des Kaufvertrages ab (BGH NJW 1972, 202); die gleichzeitige Ablehnung künftiger Erfüllung steht ihr aber entgegen (BGH WM 1962, 722). Die eigene Veräußerungsabsicht von Miterben, die das Vorkaufsrecht 6 ausüben, ist grundsätzlich unbeachtlich; anders wenn der begehrte Anteil bereits von diesen Miterben bindend an Dritte weiterverkauft ist (BGH NJW-RR 1990, 1282: teleologische Reduktion wegen fehlenden Interesses an persönlicher Geschlossenheit der Gemeinschaft). Die Vereinbarung des Ausschlusses einer Auseinandersetzung, die grundsätzlich nur schuldrechtliche Wirkung hat, kann idR nicht in ein vertragliches Vorkaufsrecht umgedeutet werden (OLG Düsseldorf NJW 2013, 2764 [2765]; → § 2044 Rn. 1). Lit: Ann ZEV 1994, 343.

7 **7. Wirkung des Vorkaufsrechts.** Es entsteht ein Anspruch auf Übertragung des Erbteils (BGH LM Nr. 1 zu § 2034 BGB; OLG Schleswig NJW-RR1992, 1160: §§ 280 I, III, 281, 323), nicht einzelner Nachlassgegenstände. Er richtet sich zunächst gegen den verkaufenden Miterben (BGHZ 6, 89), nach Übertragung auf den Käufer gilt § 2035 (BGH NJW 2016, 3233 Rn. 7). Gesamthandserwerb der Miterben (BayObLG NJW 1981, 830) entspr§§ 1935, 2094.

8. Genehmigungen. Es gelten §§ 1643 I, 1821 I Nr. 5 aF bis 31.12.2022 bzw §§ 1643 I, 1850 Nr. 6 nF ab 1.1.2023 bei Grundstück als Bestandteil des Nachlasses (MüKoBGB/Gergen § 2034 Rn. 29; Grüneberg (vormals Palandt)/Weidlich, § 2034 Rn. 6, str).

§ 2035 Vorkaufsrecht gegenüber dem Käufer

(1) [1]**Ist der verkaufte Anteil auf den Käufer übertragen, so können die Miterben das ihnen nach § 2034 dem Verkäufer gegenüber zustehende Vorkaufsrecht dem Käufer gegenüber ausüben.** [2]**Dem Verkäufer gegenüber erlischt das Vorkaufsrecht mit der Übertragung des Anteils.**

(2) **Der Verkäufer hat die Miterben von der Übertragung unverzüglich zu benachrichtigen.**

1 **1. Wirkung der Ausübung des Vorkaufsrechts gegenüber dem Käufer.** Zwischen dem Erbteilserwerber und den vorkaufsberechtigten Miterben entsteht ein ges Schuldverhältnis (BGHZ 6, 85; NJW 2016, 3233 Rn. 7), das den Erbteilserwerber zur Übertragung des Erbteils und die Miterben als Gesamtschuldner (§ 427) zur Kaufpreisrückzahlung bzw zur Freistellung von der Kaufpreiszahlung verpflichtet (BGHZ 6, 90; NJW 2016, 3233 Rn. 7; zum Schicksal einer überhöhten Maklerprovisionsvereinbarung BGH NJW 2016, 3233 Rn. 8 ff.); kein Rücktrittsrecht (§ 323) des Erbteilserwerbers bei Nichtleistung (BGHZ 15, 102: zu § 326 aF).

2 **2. Mitteilungspflichten.** Die Pflicht der §§ 2034, 469 und die Pflicht des § 2035 II sind zu unterscheiden; §§ 469 I 2 ist auf § 2035 II anzuwenden. Unterbleibt die Erklärung nach § 2035 II, so können die Miterben das Vorkaufsrecht fristwahrend gegenüber dem Verkäufer auch nach Übertragung ausüben, selbst wenn die Übertragung anderweitig bekannt ist (BGH WM 1979, 1067).

3 **3. Vertragswidrige Übertragung an Drittkäufer.** Wenn die Miterben das Vorkaufsrecht gem § 2034 ausgeübt haben und der Verkäufer trotzdem an den Drittkäufer überträgt, so haben die Miterben Schadensersatzansprüche (§§ 280 ff.) gegen den Verkäufer. Sie können aber auch den Vertrag auflösen (Rücktritt, § 323) und ihr Vorkaufsrecht analog § 2035 gegenüber dem Käufer ausüben, und zwar noch nach der Zweimonatsfrist gem § 2034 II 1; andernfalls stünden zuwartende Miterben besser als rasch zupackende (BGH NJW 2002, 821; OLG Schleswig NJW-RR 1992, 1160; MüKoBGB/Gergen Rn. 10).

§ 2036 Haftung des Erbteilkäufers

[1]**Mit der Übertragung des Anteils auf die Miterben wird der Käufer von der Haftung für die Nachlassverbindlichkeiten frei.** [2]**Seine Haftung bleibt jedoch bestehen, soweit er den Nachlassgläubigern nach den §§ 1978**

bis 1980 verantwortlich ist; die Vorschriften der §§ 1990, 1991 finden entsprechende Anwendung.

Die Vorschrift befreit den Erbteilskäufer von der Haftung aus §§ 2385, 2382, 2383. Die Haftung für Verwaltungshandlungen gegenüber den Nachlassgläubigern bleibt bestehen in den Fällen der Nachlassverwaltung, der Nachlassinsolvenz (§§ 1978–1980) und der Dürftigkeit (§§ 1990, 1991). 1

§ 2037 Weiterveräußerung des Erbteils

Überträgt der Käufer den Anteil auf einen anderen, so finden die Vorschriften der §§ 2033, 2035, 2036 entsprechende Anwendung.

1. Weiterveräußerung. Vorausgesetzt wird Weiterveräußerung, nicht wie in § 2034 Weiterverkauf. 1

2. Andere. Darunter fallen nicht Miterben (RGZ 170, 207). 2

3. Kein neues Vorkaufsrecht. Die Vorschrift schafft kein neues Vorkaufsrecht (BGHZ 56, 119), sondern erstreckt nur die Wirkungen des Vorkaufsrechts nach § 2034; daher kein neuer Fristlauf gem § 2034 II. 3

§ 2038 Gemeinschaftliche Verwaltung des Nachlasses

(1) [1]**Die Verwaltung des Nachlasses steht den Erben gemeinschaftlich zu.** [2]**Jeder Miterbe ist den anderen gegenüber verpflichtet, zu Maßregeln mitzuwirken, die zur ordnungsmäßigen Verwaltung erforderlich sind; die zur Erhaltung notwendigen Maßregeln kann jeder Miterbe ohne Mitwirkung der anderen treffen.**

(2) [1]**Die Vorschriften der §§ 743, 745, 746, 748 finden Anwendung.** [2]**Die Teilung der Früchte erfolgt erst bei der Auseinandersetzung.** [3]**Ist die Auseinandersetzung auf längere Zeit als ein Jahr ausgeschlossen, so kann jeder Miterbe am Schluss jedes Jahres die Teilung des Reinertrags verlangen.**

Lit: Bartholomeyczik, Willensbildung, Willenserklärung und das Gesamthandsprinzip in der Miterbengemeinschaft, FS Reinhardt, 1972, S 13; Eberl-Borges, Der blockierende Miterbe, ErbR 2008, 234; dies, Verfügungsgeschäfte der Erbengemeinschaft im Rahmen der Nachlassverwaltung, NJW 2006, 1313; Jülicher, Mehrheitsgrundsatz und Minderheitenschutz bei der Erbengemeinschaft, AcP 175, 143; Löhnig, Stimmrechtsverbote in der Erbengemeinschaft, FamRZ 2007, 1600; Stützel, Grenzen von Einzel- und Mehrheitsentscheidungen in der Erbengemeinschaft, NJW 2013, 3543; Wernecke, Die Aufwendungs- und Schadensersatzansprüche bei der Notgeschäftsführung des Miterben – eine Zusammenschau, AcP 193, 240.

1. Verwaltung. Sie umfasst alle Maßnahmen zur Erhaltung oder Vermehrung des Nachlasses, gleichgültig, ob es sich um Maßnahmen des Innenverhältnisses oder des Außenverhältnisses handelt. Nach außen gilt grundsätzlich das *Prinzip gesamthänderischen Selbsthandelns,* das nur ausnahmsweise von Fällen ges Stellvertretung (Vertretungsmacht des Notgeschäftsführers oder der Erbenmehrheit bei Maßnahmen ordnungsmäßiger Verwaltung) durchbrochen wird. § 2040 wiederholt diesen Grundsatz für Verfügungen. § 2040 verlangt indessen *nicht* Gemeinschaftlichkeit für Verfügungen der Notgeschäftsführung (§ 2038 I 2 Hs. 2) oder der Erbenmehrheit zur ordnungsmäßigen Verwaltung (§§ 2038 II 1, 745). Insoweit ist § 2038 Sondervorschrift zu § 2040 I (zutreffend Eberl-Borges NJW 2006, 1313 mNw; NJW 2020, 3137; gleich BGHZ 183, 136 ff. = NJW 2010, 765 für den Fall der Kündigung eines Mietverhältnisses durch Vermietererben; BGH NJW 2013, 167 für Forderungseinziehung durch einziehungsermächtigten Miterben; BGH NJW 2015, 1881 Rn. 18 für Darlehenskündigung; OLG Brandenburg NJW-RR 2012, 336 u OLG Frankfurt a.M. FamRZ 2012, 247 für Konten- bzw Darlehenskündigung; VGH Mannheim 1

NJW 2013, 889 [890] für Anfechtung einer drittbegünstigenden Baugenehmigung; s aber abl OLG Hamm ZEV 2014, 419 für Eigentümerzustimmung zur Löschung eines Grundpfandrechtes; OLG München ZEV 2018, 651 ff. für den Fall des Verkaufs eines von mehreren Nachlassgrundstücken); andernfalls müsste in diesen Fällen die Mitwirkung immer umständlich durch Klage erzwungen werden. Der BGH (BGHZ 183, 138 [140]; BGH NJW 2007, 151 f.) tendiert neuerdings zu einer Mittelmeinung, die Verfügungen als Maßnahmen ordnungsmäßiger Verwaltung mit Stimmrechtsmehrheit erlaubt, wenn Interessen der anderen Miterben nicht beeinträchtigt werden (aA aber früher BGHZ 38, 124; 56, 50; ferner BFH ZEV 2007, 281 mAnm von Werner; vgl auch → §§ 743–748 Rn. 12 ff.). Keine Verwaltungshandlungen sind Maßnahmen der Totenfürsorge (hierzu → § 1968 Rn. 5), ferner nicht der Widerruf einer Erblasservollmacht (BGHZ 30, 397), die jeder Miterbe mit Wirkung gegen sich alleine widerruft (instruktiv LG Aachen ZEV 2018, 519 Rn. 23: Widerruf einer Vollmacht durch einen Miterben und Rückzahlungsanspruch gegen die kontoführende Bank bei Zahlungen an Dritte auf der Basis der widerrufenen Vollmacht); zur fehlenden Prozessführungsbefugnis eines einzelnen Miterben im verwaltungsgerichtlichen Verfahren, falls Ausnahmen vom Grundsatz gesamthänderischen Selbsthandelns aller Miterben nicht gegeben sind, VGH München BeckRS 2020, 4572. Aus § 2038 I 2 Hs. 2 folgt die *passive Vertretungsbefugnis des einzelnen Miterben*, die Kündigung einer von der Erbengemeinschaft bewohnten Wohnung wirksam in Empfang zu nehmen (so mE zutreffend AG Frankfurt a.M. BeckRS 2021, 39248); allgemein wird von einer solchen passiven Vertretungsbefugnis beim Empfang von Willenserklärungen an die Erbengemeinschaft zumindest bei bereits bestehenden Vertragsbeziehungen auszugehen sein (str, wohl aA MüKoBGB/Gergen, 9. Aufl. 2022, § 2038 Rn. 28).

2 **2. Bsp für Verwaltungsmaßnahmen.** Hierzu zählen: Vergleich über Forderungen im Rahmen ihrer Einziehung (BGHZ 46, 280); Abschluss (BGHZ 56, 50) und Kündigung (BGH LM Nr. 1 zu § 2038 BGB) von Miet- oder Pachtverträgen; Begleichung laufender Verbindlichkeiten (BGH FamRZ 1965, 269); Anträge im Grundbuchverfahren (OLG Düsseldorf NJW 1956, 877); Baumaßnahmen (OLG Düsseldorf MDR 1947, 289) und Rechtsbehelfe gegen nachbarliche Baumaßnahmen (VGH Mannheim NJW 1992, 388); Nachfristsetzung zur Zahlung des Kaufpreises für einen Nachlassgegenstand (BGHZ 143, 46); Fortführung (BGHZ 30, 394) oder Einstellung eines Erwerbsgeschäfts; uU Grundstücksveräußerungen (BGHZ 164, 184 ff. = NJW 2006, 440; BGH FamRZ 1965, 269; hierzu H. Lange JuS 1967, 453).

3 **3. Ordnungsmäßige Verwaltung.** Sie umfasst Maßnahmen, die der Beschaffenheit der Nachlassgegenstände und dem obj Interesse aller Miterben entsprechen (vgl § 745) unter Ausschluss wesentlicher Veränderungen. **a) Maßnahmen ordnungsmäßiger Verwaltung:** Bestellung eines Fremdverwalters bei Unfähigkeit der Miterben (BGH NJW 1983, 2142); Benutzungsregelung für Nachlassgegenstände (BGH WM 1968, 1172; zur Eindeutigkeit eines Verlangens nach geänderter Nutzung einer bisher von einem Miterben genutzten Wohnung OLG Stuttgart ZEV 2019, 144; sa → § 745 Rn. 4), zB Unterbindung von Prostitution in Wohnraum (OLG Hamm NJW-RR 1992, 329); Verwahrung von Bargeldbeträgen oder Verwertung eines Fahrzeugs mit Verwahrung des Erlöses durch Miterben (OLG Saarbrücken ZEV 2018, 424 = BeckRS 2018, 9530); Berichtigung von Nachlassverbindlichkeiten (OLG Saarbrücken NJW-RR 2007, 1660); Forderungseinziehung (BGH NJW 2013, 167); Abschluss und Kündigung von Mietverhältnissen als Vermieter (BGHZ 183, 140 f. = NJW 2013, 167; 2010, 765; BGH ZEV 2010, 476; s aber LG Berlin ZEV 2016, 666 [Kündigung eines solventen Miterben ohne Möglichkeit einer Anschlussvermietung]), wohl nicht als Mieter (str, vgl → § 2040 Rn. 3 mwN); uU Veräußerung eines Grundstücks, soweit darin keine wesentliche Veränderung iSv §§ 745 III, 2038 II 1 liegt (BGHZ 164, 186 ff. = NJW 2006, 440 f.; hierzu Ann MittBayNot 2006, 247; Eberl-Borges NJW 2006, 1313; Muscheler ZEV 2006, 26;

OLG München ZEV 2018, 651; Eberl-Borges NJW 2020, 3237 ff.). **b) Stimmrecht** besteht im Verhältnis der Erbteilsgröße (§ 745 I 2; BGH NJW 2015, 1881 Rn. 18; 2013, 167; BayObLGZ 1963, 324). Ausschluss des Stimmrechts bei Interessenkollision, zB Abstimmung über Erfüllung der Forderung eines Miterben aus dem Nachlass (BGH WM 1973, 360; vgl auch BGH ZEV 2007, 487 und OLG Nürnberg JurBüro 2001, 52). Interessenkollision wird aber verneint für einen Miterben, der Mitglied des GmbH-Vertragspartners ist (BGHZ 56, 47), oder der als künftiger Verwalter über die Bedingungen des Verwaltungsvertrages abstimmt (Nipperdey AcP 143, 315); zweifelhaft, vgl → §§ 709–713 Rn. 22; zur Berechnung ausreichender Stimmenmehrheit bei Ausschluss durch Interessenkollision und im Falle abwesender oder nicht vertretener minderjähriger oder betreuter Miterben BVerfG NJW 2019, 2690 Rn. 27 ff. – Kammer (sa → §§ 743–748 Rn. 11). **c) Die Mitwirkungspflicht** 5 des Miterben ist angesichts des möglichen Mehrheitsbeschlusses (s hierzu Muscheler ZEV 1997, 169 [222]) von Bedeutung in Fällen notwendiger tatsächlicher Mitwirkung, die sich nicht in Zustimmung erschöpft, oder bei verfehlter Mehrheit. Sie kann im Klageweg erzwungen werden (BGHZ 6, 85); Klage nur gegen widersprechende Miterben notwendig (BGH FamRZ 1992, 50; → §§ 743–748 Rn. 3). Die Mitwirkungspflicht ersetzt aber im Außenverhältnis nie die verweigerte Mitwirkung (BGH NJW 1958, 2061). **d)** Zur **Vertretungsbefugnis** der Mehrheit und zur Frage der *Verfügungen* im Rahmen ordnungsmäßiger Verwaltung vgl → Rn. 1.

4. Notgeschäftsführung eines Miterben. Sie betrifft lediglich die Maßnahmen 6 ordnungsmäßiger Verwaltung (BGH NJW 1958, 2061); sie ist bei bedeutsamen Maßnahmen nur in Dringlichkeitsfällen zulässig, wenn die Stellungnahme bzw Zustimmung der übrigen Miterben nicht mehr eingeholt werden kann (BGHZ 6, 83; OLG Hamm OLGZ 1985, 226); zur Vertretungsbefugnis → Rn. 1. Bsp: Verkehrssicherungsmaßnahmen (BGH JZ 1953, 706); Rechtsbehelfe gegen Enteignung (VGH Kassel NJW 1958, 1203) oder Maßnahmen im Flurbereinigungsverfahren (BVerwG NJW 1965, 1546; 82, 1113); Klage gegen Planfeststellungsbeschluss (OVG Münster DVBl 2010, 1512) oder Baugenehmigung für beschwerende Maßnahmen von Gewicht auf dem Nachbargrundstück (VGH Mannheim NJW 2013, 889; urheberrechtlicher Wahrnehmungsvertrag (BGH MDR 1982, 641); Anfechtung eines Gesellschafterbeschlusses (BGHZ 108, 30); Anfechtung vermögensgesetzlicher Restitution eines Nachlassgegenstandes an einen Dritten (BVerwG NJW 1998, 552); *nicht* dagegen Wiederaufbau eines Gebäudes (BGH LM Nr. 14 zu § 1004) oder Abschluss eines langjährigen Mietvertrages (BGH NJW 1958, 2061); Mieterhöhungsverlangen (BGH ZEV 2008, 285); für Aufrechnung verneint in BGH NJW-RR 2005, 376. Auch bei Überschreitung des Notgeschäftsführungsrechts können Ansprüche gem §§ 677 ff., 812 ff. bestehen (BGH NJW 2021, 157 Rn. 9 ff. mit krit. Besprechung Frieser/Potthast NJW 2021, 124 ff.; BGH NJW 1987, 3001; vgl → §§ 743–748 Rn. 9).

5. Verwaltungsrecht kraft letztwilliger Verfügung. Es kann als Testaments- 7 vollstreckung dingliche Wirkung haben (§§ 2209, 2211), als Auflage zu Lasten der Miterben verstanden (RG HRR 1929 Nr. 500) oder als (Voraus-)Vermächtnis gedeutet (BGHZ 6, 78) werden, wobei in den beiden letzten Fällen nur schuldrechtliche Wirkungen eintreten. Stets ist Entzug aus wichtigem Grund möglich (BGHZ 6, 78).

6. Verteilung der Nutzungen. a) Früchte können entgegen II 2 nur durch 8 einstimmigen (nicht Mehrheits-)Beschluss vorzeitig verteilt werden (RGZ 81, 243). Der jährliche Reinertrag gem Abs. II 3 ist entspr der Erbquote zu verteilen, die allerdings Ausgleichungspflichten (§§ 2050 ff.) zu berücksichtigen hat (BGHZ 96, 179). **b) Gebrauch** und Nutzungsentgelt: → §§ 743–748 Rn. 2 ff.

7. Auskunftspflichten. Gesetzlich vorgesehen gem §§ 2027, 2028, 2057, uU 9 666, 681. Die hM verneint die allgemeine Auskunftspflicht zwischen Miterben (seit RGZ 81, 30; BGH FamRZ 1989, 377; OLG München FamRZ 2009, 1010 f.;

teilw. aA wohl OLG Saarbrücken BeckRS 2021, 44933; sa Wassermann JR 1990, 16; Sarres/Afraz ZEV 1995, 433; Bornewasser/Klinger NJW-Spezial 2004, 349); nach allg Grundsätzen (§ 242) ist sie nur zur Durchsetzung eines unzweifelhaft bestehenden Anspruchs zu bejahen (BGH FamRZ 1989, 377: Erbschaftsanspruch unter Miterben; sa Stürner, Die Aufklärungspflicht der Parteien des Zivilprozesses, 1976, S. 327 mN; → § 2314 Rn. 10). Jeder Miterbe kann sich aber selbst über Bestand und Wert des Nachlasses in Kenntnis setzen und dabei die Mitwirkung verlangen (sa BGHZ 61, 182; Lorenz JuS 1995, 569; ferner OLG Köln NJW-RR 1998, 438: Einsicht in Betreuungsakten eines Miterben gem § 13 FamFG; früher FGG 34). Gegen den vorsorgebevollmächtigten Miterben stehen der Erbengemeinschaft vor allem vertragliche Auskunftsansprüche aus Auftrag zu (dazu Kollmeyer NJW 2017, 1137; zur Abgrenzung von Gefälligkeitsverhältnissen im Verhältnis zwischen Erblasser und späterem Miterben OLG Brandenburg ErbR 2019, 521 = BeckRS 2019, 6705).

§ 2039 Nachlassforderungen

[1]Gehört ein Anspruch zum Nachlass, so kann der Verpflichtete nur an alle Erben gemeinschaftlich leisten und jeder Miterbe nur die Leistung an alle Erben fordern. [2]Jeder Miterbe kann verlangen, dass der Verpflichtete die zu leistende Sache für alle Erben hinterlegt oder, wenn sie sich nicht zur Hinterlegung eignet, an einen gerichtlich zu bestellenden Verwahrer abliefert.

Lit: A. Blomeyer, Einzelanspruch und gemeinschaftlicher Anspruch von Miterben und Miteigentümern, AcP 159, 385.

1 **1. Ansprüche.** Hierunter fallen nur Ansprüche gem § 194 I, also zB ein schuldrechtlicher Freistellungsanspruch (RGZ 158, 42); ein Unterlassungsanspruch (OLG Hamm NJW-RR 1992, 330); Anfechtungsanspruch nach dem AnfG; Grundbuchberichtigungsanspruch (BGHZ 44, 367; BGH NJW 1976, 1095; zur Geltendmachung durch einen Miterben trotz Testamentsvollstreckung OLG Stuttgart ZEV 2014, 97, zw., → § 2212 Rn. 1); Erbschaftsanspruch (§ 2018); Ersatzansprüche gem § 2041 sowie Schadensersatzansprüche gegen den beurkundenden Notar wegen Amtspflichtverletzung (BGH NJW 1987, 435); öffentl-rechtl Versorgungsansprüche (BVerfGE 17, 86); Beihilfeansprüche (BVerwG FamRZ 2010, 1436); Restitutionsanspruch nach VermG (BVerwG ZIP 1997, 941; BVerwG FamRZ 2009, 1828; BGH ZEV 2006, 28 mAnm Werner); Abfindungsanspruch nach § 13 HöfeO (BGH FamRZ 2007, 393); Anspruch auf Auseinandersetzung einer Gemeinschaft, der die Miterbengemeinschaft angehört (RGZ 108, 422); Anspruch auf Leistung an Bruchteilsgemeinschaft durch Hinterlegung (§ 432; → § 741 Rn. 6), sofern Erbengemeinschaft Bruchteilsgemeinschafter ist (BGH NJW 1983, 2021). *Keine* Ansprüche sind dagegen Gestaltungsrechte (BFH ZEV 2007, 281 mAnm Werner), zB Anfechtungsrecht nach §§ 119 ff. (BGH NJW 1951, 308) oder im Gesellschaftsrecht (BGHZ 108, 30; → § 2038 Rn. 6); Rücktritt (RGZ 107, 238); Kündigung (RGZ 65, 5); subj Recht auf Aufhebung eines Verwaltungsaktes (BVerwG NJW 1956, 1295; 1998, 552; VGH Mannheim NJW 2013, 889 für Anfechtung einer drittbegünstigenden Baugenehmigung). Die Wahrnehmung dieser Rechte unterfällt §§ 2038, 2040.

2 **2. Ansprüche des Nachlasses.** Dies sind idR nicht Ansprüche gegen Testamentsvollstrecker oder Nachlassverwalter; ebenso wenig Ansprüche der Vertragserben eines Erbvertrages oder Schlusserben eines gemeinschaftlichen Testaments gegen den vom Erblasser Beschenkten gem § 2287, welche die Miterben nicht gemeinschaftlich, sondern nur einzeln entsprechend ihrer Erbquote geltend machen können (BGH NJW 2021, 521 Rn. 12 ff.). Auf Herausgabeansprüche (zB § 1975, §§ 1890 aF bzw *§§ 1807, 1872 nF ab 1.1.2023*, § 1986) wendet die Rspr § 2039 analog an

(RGZ 150, 190); Ansprüche auf Rechnungslegung kann der Miterbe ebenfalls derart geltend machen, dass Leistung an alle Miterben verlangt wird (BGH NJW 1965, 396 für Testamentsvollstrecker).

3. Zweierlei Befugnisse des Miterben. a) Außergerichtliches Leistungsverlangen. Er kann mahnen und damit in Verzug setzen. **b) Prozessführungsbefugnis.** Er kann auf Leistung oder Feststellung klagen (BGH NJW 2016, 2652 Rn. 14; RGZ 75, 26) und die Zwangsvollstreckung betreiben (KG NJW 1957, 1154). Auch eine Vollstreckungsgegenklage gem § 767 ZPO kann er allein erheben (BGHZ 167, 152f. = NJW 2006, 1970), ebenso einen Antrag auf Festsetzung erstattungsfähiger Verfahrenskosten stellen (BGH NJW 2014, 1886). Die Rücknahme der Klage durch einen Miterben hat daher nicht die Folge, dass die Klage insgesamt unzulässig wird (BFH ZEV 2007, 282 f.). Gleiches gilt bei Vollstreckbarerklärung eines Schiedsspruchs (OLG Frankfurt a.M. FamRZ 2008, 1979). Er kann die durch Tod des Erblassers unterbrochenen Verfahren wiederaufnehmen (BGH FamRZ 1964, 360; BGH NJW-RR 2012, 8) und seitherige prozessuale Mängel durch Genehmigung heilen (BGHZ 23, 207). Der Miterbe handelt dabei in eigenem Namen als ges Prozessstandschafter (RGZ 149, 193; BGHZ 167, 152 = NJW 2006, 1970; BFHE 228, 141); dies ist sogar gegen den Widerspruch der übrigen Miterben möglich (BGH NJW 2014, 1886 Rn. 9; BVerwG FamRZ 2009, 1828; OLG Brandenburg BeckRS 2019, 20262); zum Missbrauchseinwand des Beklagten BGHZ 44, 367; zu weitgehend OLG Frankfurt a.M. FamRZ 2012, 1756). Zur Auslegung eines Antrags, in dem Miterbe Zahlung an sich selbst verlangt, s BGH NJW-RR 2005, 955. **c) Pfändung** des Miterbenanteils lässt die Befugnisse aus § 2039 unberührt (BGH NJW 1968, 2059; aA zT LG Mannheim WM 1986, 77 mAnm Bayer). 3

4. Leistungsempfänger. Dies ist die Gesamtheit der Miterben (BGH NJW 2014, 1886 Rn. 10; zum Sonderfall der Einziehungsermächtigung BGH NJW-RR 2005, 955; BGH NJW 2013, 166 [167]), auch bei Rechnungslegungsansprüchen (BGH NJW 1965, 396). Weil die Miterbengemeinschaft nicht Mitglied einer Personalgesellschaft sein kann, fällt der Anspruch auf Übertragung eines Gesellschaftsanteils nicht unter § 2039; vgl → § 2032 Rn. 5 ff. Die Arglisteinrede gegen einen einzelnen Erben gibt dem Schuldner kein Leistungsverweigerungsrecht, ebenso wenig ein Gegenanspruch gegen einzelne Erben (RGZ 132, 87; BGHZ 44, 370); anders, wenn ein Fehlverhalten sämtlicher Miterben vorliegt (RGZ 132, 86) oder wenn die übrigen Miterben der Rechtsverfolgung durch den arglistigen Miterben widersprechen (BGHZ 44, 372). 4

5. Miterben als Nachlassschuldner. Für sie gelten bei der Rechtsverfolgung grundsätzlich keine Besonderheiten (RGZ 65, 8; BGH LM Nr. 3 zu § 249 [Fa]; sa BGH NJW 2014, 1886 für prozessualen Kostenerstattungsanspruch gegen Miterben). Der Miterbenschuldner ist im Verfahren Beklagter bzw Antragsgegner, sein Widerspruch ist wie allgemein auch in diesem Falle unbeachtlich (→ Rn. 3 und BGH NJW 2014, 1886 Rn. 9); er kann gegen ein Verlangen nach § 2039 kein Zurückbehaltungsrecht wegen des Auseinandersetzungsguthabens ausüben; jedoch kann bei der Deckung der Schuld durch den Erbteil im Einzelfall Schikane bzw Arglist vorliegen (BGH WM 1971, 653; RGZ 65, 10; zum Ganzen Dütz NJW 1967, 1103). *Ausnahmsweise* kann der Miterbe vom Miterbenschuldner Leistung an sich selbst verlangen, so etwa, wenn er mit der Klage zugleich die Auseinandersetzung anstrebt und auf ihn ein ohne weiteres bestimmbarer Teil der Nachlassforderung entfällt (RG Warn 13 Nr. 236; BGH LM Nr. 4 zu § 2042; OLG Koblenz NJW-RR 2006, 1679). 5

6. Prozessuales. a) Das obsiegende **Leistungsurteil** schafft Rechtskraft auch für die Miterben (sehr str, aA BGHZ 92, 354 betr § 1011; BVerwG FamRZ 2009, 1828; wie hier BGH NJW 2014, 1886 Rn. 11; RoSchwab/Gottwald § 49 II 2, III 1), nicht jedoch das unterliegende Urteil, es sei denn, die anderen Erben haben der Prozessführung zugestimmt (BGH NJW 1985, 2825 betr § 1011); die Miterben 6

sind deshalb bei gemeinsamer Klage notwendige Streitgenossen, § 62 I Alt. 1 ZPO (Lange/Kuchinke § 43 III 4d; aA BVerwG FamRZ 2009, 1828; BFH FamRZ
7 1989, 977; BGHZ 92, 351: § 59 ZPO). **b) Feststellungsklagen** sind, sofern die Feststellung eines absoluten Rechts oder eines Rechtsverhältnisses begehrt wird, von allen Miterben zu erheben, § 62 I Alt. 2 ZPO (offen BGH NJW 1989, 2133); jedoch ist die Rechtskraft eines vorausgehenden Einzelverfahrens zu beachten (krit zu Recht Schilken NJW 1991, 281: kein identischer Streitgegenstand); keine notwendige Streitgenossenschaft bei Feststellungsprozess um Sparbuchinhaberschaft mit Drittem (BGH WM 1992, 1296; str, sa grundsätzlich RoSchwab/Gottwald § 49 III 1b [2]). **c)** Zum Kostenfestsetzungsverfahren s BGH NJW 2014, 1886 und → Rn. 3–5. **d)** Eine vollstreckbare Ausfertigung eines gemeinsamen vollstreckbaren Titels kann jeder Miterbe entweder in der Weise beantragen, dass eine Klausel (§§ 724, 725 ZPO) auf alle Miterben ausgestellt wird, die dann aber alle gemeinsam den Vollstreckungsantrag stellen müssen, oder aber nur auf den antragstellenden Miterben, der dann als alleiniger Vollstreckungsgläubiger entsprechend dem Titel durch die Vollstreckung eine Leistung an alle zu bewirken hat (BGH NJW 2021, 634 Rn. 14 ff. mzustAnm Würdinger; LG Neuruppin BeckRS 2021, 6910: Anspruch der Miterbengemeinschaft gegen einen Miterben).

§ 2040 Verfügung über Nachlassgegenstände, Aufrechnung

(1) **Die Erben können über einen Nachlassgegenstand nur gemeinschaftlich verfügen.**

(2) **Gegen eine zum Nachlass gehörende Forderung kann der Schuldner nicht eine ihm gegen einen einzelnen Miterben zustehende Forderung aufrechnen.**

1 **1. Gegenstand der Verfügung.** Dies sind hier nur einzelne Nachlassgegenstände, nicht der Erbteil insgesamt (§ 2033 I).

2 **2. Grundsatz gesamthänderischen Selbsthandelns.** Dieser Grundsatz wird durchbrochen in Fällen der Notgeschäftsführung und des Mehrheitsbeschlusses im Rahmen ordnungsmäßiger Verwaltung (§ 2038); hier handeln der Notgeschäftsführer und die beschließenden Erben auch bei Verfügungen als ges Vertreter der übrigen Miterben (str, → § 2038 Rn. 1). Gemeinschaftliche Verfügung erfordert zwar kein gleichzeitiges Handeln in einem Rechtsakt, aber doch Ergänzung der Einzelakte zu einer einheitlichen Verfügung (BGH NJW 1997, 1151: nicht ausreichend Zusammentreffen von Vollrechtsübertragung und bloßer Bevollmächtigung). Bei Veräußerung eines Nachlassgrundstücks an einen Dritten müssen entweder alle Miterben bei der Eigentumsübertragung mitwirken und alle grundbuchmäßigen Erklärungen der eingetragenen Miterben beigebracht werden oder es ist durch öffentliche Urkunden nachzuweisen, dass entweder ein Mehrheitsbeschluss im Rahmen ordnungsmäßiger Verwaltung vorliegt (§ 2038 II i.V.m. § 745 I) oder ein Fall der Notverwaltung (§ 2038 I 2, 2. HS) gegeben ist (OLG München ZEV 2018, 651 ff.; ausführlich Eberl-Borges NJW 2020, 3137 ff.). Nicht zu gesamthänderischem Selbsthandeln befähigt ist der Inhaber eines Pfändungspfandrechts am Miterbenanteil (→ § 2033 Rn. 7 mN).

3 **3. Verfügung.** Eine Verfügung ist jedes RGeschäft, durch das ein Recht unmittelbar übertragen, belastet, geändert oder aufgehoben wird. **Bsp:** Übereignung ins Alleineigentum eines Miterben (RG HRR 1929 Nr. 1831); Anerkenntnis (RG Gruch 46, 664); Rücktritt (RGZ 107, 238; 151, 312); Kündigung einer Forderung (RGZ 65, 5; BGH NJW 2015, 1881 Rn. 18: Darlehen); Anfechtung gem §§ 119 ff. (BGH NJW 1951, 308); Ermächtigung eines Dritten zur Verfügung (RGZ 67, 27); Aufrechnung mit einer Nachlassforderung (BGHZ 38, 124; BGH NJW-RR 2005, 376); Löschungsbewilligung für eine Reallast (BayObLGZ 1988, 231); Wahrnehmung von Rechten aus Verlagsvertrag (BGH NJW 1997, 1151). Nach neuer Rspr

des BGH (BGHZ 183, 134 = NJW 2010, 765; BGH NJW 2007, 151) ist die Kündigung eines Pacht- bzw Mietverhältnisses ebenfalls eine Verfügung; die vorher vertretene Ansicht (BGH LM Nr. 1 zu § 2038), hierbei handele es sich nur um eine Verwaltungshandlung, hat der BGH zu Recht ausdrücklich aufgegeben; in der Herausgabeklage liegt keine Verfügung, sie folgt § 2039 (str, aA LG Köln MDR 1972, 520). In der Kündigung durch die Pächter- bzw Mietererben (hierzu § 564; → Vor § 2032 Rn. 2, → § 1922 Rn. 14) ist idR eine Verfügung zu sehen, die allein nach Abs. I, nicht als mehrheitsfähige Verwaltungsmaßnahme nach §§ 2038 II 1, 745 I 1 (vgl → § 2038 Rn. 3) zu beurteilen ist. Bei einem Vergleich mit Widerrufsvorbehalt kann (Auslegung!) jeder Miterbe zum Widerruf berechtigt sein (BGHZ 46, 277).

4. Einwilligung der nicht mitwirkenden Miterben. Sie bedingt Wirksamkeit 4 (§ 185 I; RGZ 129, 284; BGH NJW 2015, 1881 Rn. 19), ebenso die Genehmigung (§ 185 II; BGHZ 19, 138; s aber für Kündigung §§ 182 III, 111 S. 2 u 3: BGH NJW 2015, 1881 Rn. 19); zum gleich zu lösenden Fall des § 185 II 1 Alt. 3 vgl BGH LM Nr. 19 zu § 105 HGB. Miterbende Eltern können bei der gemeinsamen Verfügung miterbende Kinder vertreten, solange keine Erbauseinandersetzung ansteht (OLG Frankfurt a.M. ZEV 2007, 580; OLG Jena NJW 1995, 3126; zu str Einzelheiten Mahlmann ZEV 2009, 320; → § 2042 Rn. 4); bei Verfügung über Grundstücke gelten allerdings §§ 1643 I, 1821 I Nr. 1 aF bzw *§§ 1643 I, 1850 Nr. 1 nF ab 1.1.2023*.

5. Ausschluss des Aufrechnungsrechtes. Er umfasst auch Zurückbehaltungs- 5 rechte (RGZ 132, 84). Ein als Gesamtschuldner verklagter Miterbe kann den Nachlassgläubiger einredeweise auf die Aufrechnung mit einer fälligen Forderung der Erbengemeinschaft verweisen (BGHZ 38, 122; einschränkend aber für ähnliche andere Fälle BGH NJW-RR 2005, 376).

§ 2041 Unmittelbare Ersetzung

[1]Was auf Grund eines zum Nachlass gehörenden Rechts oder als Ersatz für die Zerstörung, Beschädigung oder Entziehung eines Nachlassgegenstands oder durch ein Rechtsgeschäft erworben wird, das sich auf den Nachlass bezieht, gehört zum Nachlass. [2]Auf eine durch ein solches Rechtsgeschäft erworbene Forderung findet die Vorschrift des § 2019 Abs. 2 Anwendung.

1. Ersatzsurrogation. ZB Schadensersatzansprüche gegen Testamentsvollstre- 1 cker aus ungerechtfertigter Aufgabe eines zum Nachlass gehörenden Anspruchs in einem Vergleich (BGH NJW 1991, 842 = JZ 1991, 727 mAnm von Bork). Ersatzsurrogation sollte auch bei Lastenausgleichsansprüchen für die Zerstörung eines Grundstückes bejaht werden (vgl BGHZ 44, 336; aA aber BVerwGE 24, 89; 27, 86). Lit: Wieser FS Heinrich Lange, 1970, 325.

2. Rechtsgeschäftlicher Surrogation. Hier ist zu unterscheiden: **a) Bezie-** 2 **hungssurrogation.** Sie hängt vom Willen des Erwerbers ab, wobei zusätzlich ein objektiver Zusammenhang zum Nachlass gegeben sein muss (OLG Köln OLGZ 1965, 117; BGH WM 1999, 2412). Bsp: Ersteigerung eines Grundstücks zur Rettung einer Nachlasshypothek (RGZ 117, 264). **b) Mittelsurrogation:** Ohne Rücksicht auf den Willen des erwerbenden Miterben findet Surrogation statt, falls der Erwerb durch Nachlassmittel erfolgt (OLG Hamm ZEV 2001, 275). Bsp: Verpachtung eines Nachlassgrundstückes (BGH NJW 1968, 1824; str); Schadensersatzansprüche wegen Nicht- oder Schlechterfüllung (BGH NJW 1987, 434). Das Surrogationsprinzip erfährt auch in Fällen der Doppel- oder Kettensurrogation keine Einschränkung (BGH WM 1999, 2412). Lit: M. Wolf JuS 1975, 646 [710]; 1976, 32 [104]; Krebber FamRZ 2000, 197; Krug ZEV 1999, 381. Sa die Parallelproblematik bei §§ 2019, 2111.

§ 2042 Auseinandersetzung

(1) **Jeder Miterbe kann jederzeit die Auseinandersetzung verlangen, soweit sich nicht aus den §§ 2043 bis 2045 ein anderes ergibt.**

(2) **Die Vorschriften des § 749 Abs. 2, 3 und der §§ 750 bis 758 finden Anwendung.**

Lit: P. Becker, Zur Eintragungsfähigkeit der Erwerbsvormerkung bei der Erbauseinandersetzungsvereinbarung, Rpfleger 2020, 3 ff.; Eberl-Borges, Die Erbauseinandersetzung, 2000; Gottwald, Die Auseinandersetzung einer Miterbengemeinschaft – Eine Übersicht, ErbR 2007, 11; Krug, Die Erbteilungsklage, ErbR 2008, 62; Mayer, Teilung bricht Gesamthand – Praktische Fälle der Erbauseinandersetzung, MittBayNot 2010, 345; Reimann, Die steckengebliebene Erbauseinandersetzung, ZEV 2009, 120; K. Schmidt, Erbteilsabtretung, Miterbenabfindung und Anwachsung bei der Erbengemeinschaft, AcP 205, 305; Wesser, Beendigung gemeinschaftlicher Rechtszuständigkeit am Beispiel der Erbauseinandersetzung, AcP 204, 208.

1 **1. Recht auf Auseinandersetzung.** Es steht dem Miterben, dem Erbteilserwerber (KG OLG 14, 154) u dem Pfandrechtsgläubiger (RGZ 60, 126; 84, 396) entspr § 1258 II zu. Es kann *jederzeit* ausgeübt werden; zum Ausschluss vgl §§ 2043–2045. Zwar ist der Auseinandersetzungsanspruch nach §§ 2042 II, 758 grundsätzlich unverjährbar, seine Durchsetzung ist jedoch ausgeschlossen, wenn ein Miterbe im Besitz der Erbschaft und der Erbschaftsanspruch gegen ihn verjährt ist (OLG Jena FamRZ 2008, 643). Beim Ausschluss durch Vereinbarung der Miterben (BGH WM 1968, 1172) sind §§ 749 II, 750 ff. mit ihren bes Auflösungsgründen zu beachten (zu § 751 S. 2 BGHZ 181, 131 = NJW 2009, 2459; sa § 2044). Die Auseinandersetzung kann nach hM auf drei verschiedenen Wegen erfolgen (dazu auch BGH NJW 2013, 871): Teilung bzw Veräußerung von Nachlassgegenständen (→ Rn. 2 ff.), Übertragung von Erbteilen gem § 2033 I (BGHZ 86, 379) und die sog *Abschichtung* in Anlehnung an das Ausscheiden von BGB-Gesellschaftern (→ §§ 738–740 aF Rn. 5 ff. bzw *§§ 712, 712a, 721a, 723–728b* nF Rn. 3 u. 5), dh formfreies Ausscheiden von Miterben gegen Abfindung unter Verzicht auf Mitgliedschaftsrechte und gleichzeitiger Anwachsung analog §§ 1935, 2094, 2095 bei den verbleibenden Miterben (BGH NJW 1998, 1557; 2005, 285; 2011, 527; BFH NJW 1991, 251 f.; hierzu Damrau ZEV 1996, 361; Reimann ZEV 1998, 213; abl Kanzleiter ZEV 2012, 447; Keller ZEV 1998, 281; K. Schmidt AcP 205, 305; ablehnend zur gegenständlich beschränkten Abschichtung OLG Frankfurt a.M. ZEV 2019, 305 = BeckRS 2019, 6219; zur grundbuchrechtlichen Berichtigungsbewilligung des ausscheidenden Miterben OLG Zweibrücken FamRZ 2012, 1333; abl Bestelmeyer Rpfleger 2012, 679; zur entsprechenden Anwendung des § 40 GBO bei durch notariellen Vertrag [Anteilsübertragung zwischen zwei Miterben] erfolgter abgeschichteter Auseinandersetzung zur Vermeidung der Voreintragung der Erbengemeinschaft OLG Köln NJW-RR 2017, 392 Rn. 7 ff.). Im Falle einer Abschichtung über durch Ausscheiden anderer Erben mit der Folge der Anwachsung bei den verbleibenden Erben im Verhältnis ihrer Anteile, hier bei der Mutter und ihren beiden Kindern als Miterben, konnte nach Auffassung des KG (ZEV 2018, 648 ff.) die Mutter ihre beiden minderjährigen Kinder bei Abschluss der Vereinbarung wirksam vertreten, weil es an einem Interessenkonflikt fehlte (§§ 1629 II Satz 1 u 3, 1795 I u II iVm § 181, 1796 aF bzw ab 1.1.2023 *§§ 1629 II, 1824 I u II iVm § 181, § 1789 II Satz 3 u 4 nF)* und nicht ein zur Erbengemeinschaft gehörendes Grundstück (§§ 1643 I, 1821 I Nr. 1 aF bzw *§§ 1643 I, 1799 I, 1854 Nr. 1 nF ab 1.1.2023.*), sondern Mitgliedschaftsrechte an der Erbengemeinschaft Vertragsgegenstand waren (sa unten → Rn. 4). Ansprüche auf abgeschichtete Auseinandersetzung gem §§ 738 ff. aF bzw *§§ 712, 723, 725, 728 nF* ab 1.1.2024 verjähren nach KG BeckRS 2018, 33636 nach § 197 I Nr. 2 aF (familien- und erbrechtliche Ansprüche) in 30 Jahren, was unter neuem Recht eine Verjährung nach §§ 195, 199 mit sich brächte, falls man Ansprüche auf Auseinandersetzung bei Ausscheiden von Gemeinschaften nicht für unverjährbar hält *(zweifelhaft!).*

2. Auseinandersetzungsvertrag. Die Miterben können die Auseinandersetzung vertraglich regeln. **a) Form.** Der Vertrag bedarf nur der Form, soweit er schuldrechtliche Abreden enthält, die nach allg Grundsätzen formpflichtig sind, zB bei Verpflichtung zur Übertragung von Grundeigentum, § 311b I (BGH LM Nr. 22 zu § 242 [Ca]). **b)** Das **Abstraktionsprinzip** fordert die Unterscheidung zwischen Verpflichtung und Verfügung; die Auflassung ist auch notwendig, wenn Gesamthandseigentum in Bruchteilseigentum aller Miterben verwandelt werden soll (→ § 925 Rn. 9); generell besteht nach allgemeinen Regeln die Notwendigkeit einer Auflassung und Eintragung beim Erwerb durch einen Miterben (OLG München BeckRS 2016, 112583). Alleinberechtigung an einem Handelsgeschäft tritt ebenfalls erst mit dem dinglichen Vollzug des schuldrechtlichen Vertrages ein (BGH WM 1965, 1155). **c) Minderjährige** müssen gem § 181 grundsätzlich durch verschiedene ges Vertreter vertreten sein (RGZ 93, 334; BGH FamRZ 1968, 245; sa OLG Jena NJW 1995, 3127); auch wenn nur Gesamthands- in Bruchteilseigentum verwandelt wird (BGHZ 21, 229). Das VormundschaftsG/FamilienG kann nicht Insichgeschäfte gestatten (BGHZ 21, 234). Eine Ausnahme von § 181 soll nur gelten, wenn strikt gem §§ 2046 ff. auseinandergesetzt wird, da dann Erfüllung einer Verbindlichkeit vorliegt (RGZ 93, 336; OLG München NJW-RR 2015, 1222; Böttcher NJW 2016, 2782 [2783]; bei gemeinschaftlicher Verfügung eines Elternteils und des minderjährigen Kinds über ein erbengemeinschaftliches Grundstück ohne (vom Gesetz abweichende) Regelung der Auseinandersetzung kann hingegen mangels Interessenkonflikts der beteiligte Elternteil das Kind vertreten: OLG München NJW-RR 2015, 1222; OLG Hamm NJOZ 2014, 246). Die Genehmigungspflichten § 1643 I aF u. nF (Eltern) und § 1822 Nr. 2 aF bzw *§ 1799 nF ab 1.1.2023* (Vormund) bleiben aber zu beachten (hierzu Damrau ZEV 1994, 1; ferner § 364 FamFG, früher §§ 97 II, 88 FGG und BVerfG NJW 2000, 1709; OLG Schleswig NJW-RR 2001, 78; sa zur Abschichtung oben → Rn. 1); wichtig § 1629a IV! **d)** Ein **Ehegatte,** dessen wesentliches Vermögen der Erbteil ist, bedarf der Zustimmung gem §§ 1365 f. (BGHZ 35, 135); sie soll bei Realteilung nicht notwendig sein (LG München MDR 1970, 928). Vgl iÜ §§ 1423, 1424, 1450 I für den Fall, dass der Erbteil ins Gesamtgut fällt; § 1477 II 2 gilt für Erwerb durch Auseinandersetzung entspr (BGH ZEV 1998, 231). **e) Inhalt des Vertrages.** Es gilt der Grundsatz der Vertragsfreiheit (BFH FamRZ 1992, 1076; zur steuerlichen Behandlung → Vor § 2032 Rn. 3–6); Teilungsanordnungen des Erblassers (§ 2048) binden nur bei Auflagencharakter, ohne die Wirksamkeit dinglicher Rgeschäfte zu beeinflussen (vgl BGHZ 40, 117). Es kann der gesamte Nachlass gegen Abfindung auf einen Miterben übertragen werden (sa → § 2032 Rn. 1 und BGH NJW 2018, 3650 Rn. 14); nach hM keine Formpflicht gem § 2371, wohl aber – ggf – gem § 311b I und § 2033 I 2 (→ Rn. 1; → § 2033 Rn. 4; → § 2042 Rn. 2; → § 2385 Rn. 1). Begründung von Miteigentum an einem Nachlassgrundstück erfordert Auflassung an alle Miterben als Gemeinschafter (OLG Hamm MittRhNotK 96, 225). Auflassung von Wohnungseigentum an einen Miterben unterliegt § 12 WEG (BayObLG MDR 1982, 496), nicht aber Erbteilsübertragung bei Wohnungseigentum als Nachlassbestandteil (→ § 2033 Rn. 3). Hat der Auseinandersetzungsvertrag Vergleichscharakter, so ist bei Anfechtung (§§ 119 ff.) § 779 zu berücksichtigen. Zur Teilung von GmbH-Anteilen vgl § 18 GmbHG; Aktien sind unteilbar (§ 8 V AktG). → § 2032 Rn. 10. **f)** Für **gerichtl Vermittlung** der Auseinandersetzung: §§ 363 ff. FamFG, früher §§ 86 ff. FGG iVm Landesrecht (§ 487 FamFG, früher §§ 192, 193 FGG; dazu Zimmermann ZEV 2009, 374). **g)** Der **Vertrag über die Auslegung einer Verfügung von Todes wegen** ist von der Auseinandersetzung zu unterscheiden. Er schafft uU eine von der letztwilligen Verfügung abweichende Nachlassbeteiligung (§ 779) und unterliegt je nach Art der ausgelegten Anordnung (zutr Damrau JR 1986, 375) §§ 2385, 2371, 2033 I 2 (BGH NJW 1986, 1813; → § 2385 Rn. 1).

Randnummern: 2 (Auseinandersetzungsvertrag), 3 (b), 4 (c), 5 (d), 6 (f)

3. Gesetzliche Teilungsregeln. a) Inhalt: Sie enthalten die Bedingungen des Auseinandersetzungsvertrages, wie sie jeder Miterbe annehmen muss, falls keine 7

abw Vereinbarungen ausgehandelt sind und keine Anordnungen des Erblassers vorliegen; vgl §§ 2046 ff., 752 ff. Jeder Miterbe hat einen Anspruch auf Abschluss eines entspr Auseinandersetzungsvertrages; dieser Anspruch setzt aber *Teilungsreife* voraus (OLG Karlsruhe NJW 1974, 956; OLG Köln ZEV 2004, 508), an der es zB fehlt, wenn der Umfang des Nachlasses erst noch durch eidesstattliche Versicherung zu
8 klären ist (KG NJW 1961, 733); str. **b)** Der Anspruch ist durch **Auseinandersetzungsklage** zu verwirklichen (zum unbekannten Miterben → § 1961 Rn. 1). Der *Klageantrag* geht auf Abschluss eines bestimmten Vertrages, den der Kläger vorzulegen hat (Teilungsplan; dazu BGH NJW-RR 1996, 577; OLG Düsseldorf FamRZ 2000, 1049; OLG Jena FamRZ 2009, 458; OLG Koblenz BeckRS 2014, 04987) und der idR den gesamten Nachlass erfasst (OLG München NJW-RR 1991, 1097; → Rn. 10 f.). Der Klage kann grundsätzlich nur in vollem Umfang stattgegeben oder sie muss insgesamt abgewiesen werden; möglich ist jedoch die Verurteilung zu einem „minus", etwa zu einem geringeren als dem geforderten Geldbetrag (OLG Saarbrücken MDR 2010, 636). Das Gericht hat gem § 139 ZPO auf sachgerechte Antragstellung hinzuwirken (vgl RG Recht 36 Nr. 3138); Hilfsanträge sind zweckmäßig. Feststellungsklage über einzelne Streitpunkte zur Klärung von Grundlagen der Auseinandersetzung ist zulässig (BGH NJW-RR 1990, 1221; 1992, 364; 771). Mit der Klage auf Abgabe der Annahmeerklärung zum schuldrechtlichen Vertrag kann die Klage auf Abgabe der notwendigen Erklärungen zum dinglichen Vollzug verbunden werden; das Rechtsschutzbedürfnis besteht unabhängig von der Möglichkeit zur Teilungsversteigerung nachlasszugehörigen Grundbesitzes (OLG Köln NJW-RR 1997, 519); Vollstreckung gem § 894 ZPO. Die nachlassgerichtliche (§ 364 FamFG; früher § 97 II FGG) Genehmigung hat der Kläger – falls sie erforderlich ist (vgl § 1821 Nr. 1, 3; → Rn. 4) – während des Verfahrens beizubringen (KG NJW 1961, 733). Die Klage auf Zahlung einer bestimmten Summe ist nur bei entsprechender Teilungsanordnung des Erblassers zulässig (RG SeuffA 77 Nr. 149; OLG Frankfurt a.M. OLGZ 1977, 228) oder in leicht überschaubaren Fällen, etwa wenn ein Miterbe den gesamten Barüberschuss des Nachlasses in der Hand hat (Zusammenfassung von Auseinandersetzung und Erfüllung, vgl BGH NJW-RR 1989, 1206; BGH FamRZ 1989, 273; OLG Celle ZEV 2002, 363). Ein Anspruch auf Hinterlegung von Barbeträgen der Erbengemeinschaft in Händen einzelner Miterben als Maßnahme ordentlicher Verwaltung ist nicht gegeben, wenn feststeht, dass Rückgewähransprüche gegen einzelne Miterben durch Auseinandersetzungsansprüche dieser Miterben gedeckt wären (OLG Saarbrücken BeckRS 2018, 9530). Lebte der Erblasser in Zugewinngemeinschaft, so sind uU § 1383, § 264 FamFG, früher § 53a FGG zu beachten; zur Berücksichtigung von ausgleichungspflichtigen Vor-
9 empfängen → § 2055 Rn. 1 ff. **c)** Die **Auseinandersetzungsversteigerung** von Immobilien (§§ 180 ff. ZVG) bedarf keines Titels, die Versilberung bereitet die Teilung vor (→ §§ 749–758 Rn. 8; Baur/Stürner/Bruns Rn. 34.7); uU Verbot der Teilungsversteigerung durch testamentarische Auflage (BGH WM 1985, 175; → § 2048 Rn. 1) oder entsprechende Teilungsanordnung (OLG München RNotZ 2017, 107). Ein Miterbe kann keine Teilungsversteigerung beantragen, wenn die Auseinandersetzung dem Testamentsvollstrecker obliegt (BGH NJW 2009, 2358; dazu Kinderlen ZEV 2009, 392). Auch eine Teilungsanordnung, die ein Grundstück einem bestimmten Miterben zuweist, steht einer Teilungsversteigerung entgegen (OLG Oldenburg NJW-RR 2014, 782: ZPO 771 als Rechtsbehelf). Antragsrecht geht auf Gläubiger eines gepfändeten Miterbenanteils über (BGH FamRZ 1999, 433; → § 2033 Rn. 7); zur Auseinandersetzungsversteigerung von Mobilien vgl Damrau ZEV 2008, 216.

10 **4. Teilauseinandersetzung. a) Persönliche:** Einzelne Miterben scheiden vollständig aus, die Gesamthand besteht unter den verbleibenden Erben fort (BGH NJW 1998, 1557; BGH ZEV 2005, 22); anders, falls nur ein Miterbe verbleibt (BGH NJW 2011, 527; BGH NJW 2018, 3650 Rn. 14; sa → § 2032 Rn. 1 und oben → Rn. 5). Zulässig ist diese Form der Auseinandersetzung nur bei Einver-

ständnis aller Miterben (BGH NJW 1985, 52; OLG München NJW-RR 1991, 1097); sie bedarf deshalb entweder eines – gegebenenfalls formpflichtigen – Auseinandersetzungsvertrags (→ Rn. 2 ff.) oder einer – umstrittenen – formfreien sog Abschichtungsvereinbarung (→ Rn. 1). **b) Gegenständliche:** Einzelne Nachlass- 11 gegenstände scheiden aus der gesamthänderischen Bindung aus, für den übrigen Nachlass besteht die Gemeinschaft fort (Neustadt DNotZ 1965, 489); zulässig bei allseitigem Einverständnis (OLG Koblenz BeckRS 2014, 04987) oder ausnahmsweise ohne Einigung für den Fall, dass Nachlassverbindlichkeiten nicht mehr bestehen und berechtigte Belange der Gemeinschaft und einzelner Miterben nicht gefährdet sind (BGH NJW 1985, 52; BGH LM Nr. 4 zu § 2042 BGB; OLG München NJW-RR 1991, 1097; OLG Rostock FamRZ 2010, 329; OLG Oldenburg NJW-RR 2014, 782 [783]).

5. Testamentsvollstreckung. Hier gilt § 2204.

6. Wirkung der Auseinandersetzung. Diese liegt in der Beendigung der 12 Erbengemeinschaft. Auch bei Rücktritt vom Auseinandersetzungsvertrag wegen Verzugs des abfindungspflichtigen Miterben lebt die Gemeinschaft nicht mehr auf (BGH LM Nr. 2 zu § 326 [A]). Selbst die Rückübertragung auf die Erbengemeinschaft bei gegenständlicher Teilauseinandersetzung ist nicht möglich (OLG Köln OLGZ 1965, 117). Wird der Auseinandersetzungsvertrag angefochten, zB wegen Täuschung über Erbteilsverzicht eines Miterben, so kann sein dinglicher Vollzug bereicherungsrechtlich rückabgewickelt werden (OLG München FamRZ 2010, 1196).

7. Prozessuales. Vgl zur Auseinandersetzungsklage und -versteigerung 13 → Rn. 7 f.; Zuständigkeit gem § 27 I ZPO (besonderer Gerichtsstand des allg Erblassergerichtsstands im Todeszeitpunkt; BGH NJW 1992, 364); zum nachlassgerichtlichen Vermittlungsverfahren s. §§ 363 ff. FamFG; zur – nicht wirksam erneuerten – landesrechtlichen Übertragung des Vermittlungsverfahrens auf den Notar oder – wirksam – die Gemeinde (BW) s. § 487 FamFG und die landesrechtlichen Nachweise bei MüKoFamFG/Grziwotz § 487 Rn. 6 ff.; ferner Zimmermann ZEV 2009, 374.

§ 2043 Aufschub der Auseinandersetzung

(1) **Soweit die Erbteile wegen der zu erwartenden Geburt eines Miterben noch unbestimmt sind, ist die Auseinandersetzung bis zur Hebung der Unbestimmtheit ausgeschlossen.**

(2) **Das Gleiche gilt, soweit die Erbteile deshalb noch unbestimmt sind, weil die Entscheidung über einen Antrag auf Annahme als Kind, über die Aufhebung des Annahmeverhältnisses oder über die Anerkennung einer vom Erblasser errichteten Stiftung als rechtsfähig noch aussteht.**

Die Vorschrift gibt jedem Miterben das Recht, die Auseinandersetzung bis zur 1 Beendigung der Unbestimmtheit zu verweigern; Fristenlauf des § 1629a IV nF ist gehemmt. Die einverständlich vollzogene Auseinandersetzung ist zunächst wirksam. Schuldrechtlicher Vertrag und dingliche Vollzugsgeschäfte werden aber mit dem Hinzutreten eines weiteren Miterben schwebend unwirksam, der Miterbe kann jedoch genehmigen (§§ 177, 185 II). Sofern die Ungewissheit nur die Unterverteilung innerhalb eines Erbstammes betrifft, können die übrigen Miterben gleichwohl auseinandersetzen, da ja die Erbteile feststehen.

§ 2044 Ausschluss der Auseinandersetzung

(1) [1]**Der Erblasser kann durch letztwillige Verfügung die Auseinandersetzung in Ansehung des Nachlasses oder einzelner Nachlassgegenstände aus-**

schließen oder von der Einhaltung einer Kündigungsfrist abhängig machen. [2]Die Vorschriften des § 749 Abs. 2, 3, der §§ 750, 751 und des § 1010 Abs. 1 finden entsprechende Anwendung.

(2) **[1]Die Verfügung wird unwirksam, wenn 30 Jahre seit dem Eintritt des Erbfalls verstrichen sind. [2]Der Erblasser kann jedoch anordnen, dass die Verfügung bis zum Eintritt eines bestimmten Ereignisses in der Person eines Miterben oder, falls er eine Nacherbfolge oder ein Vermächtnis anordnet, bis zum Eintritt der Nacherbfolge oder bis zum Anfall des Vermächtnisses gelten soll. [3]Ist der Miterbe, in dessen Person das Ereignis eintreten soll, eine juristische Person, so bewendet es bei der dreißigjährigen Frist.**

Lit: Muscheler, Ausschluss der Erbauseinandersetzung durch den Erblasser, ZEV 2010, 340.

1 **1. Anwendungsbereich.** Auch bei ges Erbfolge kann ein Auseinandersetzungsverbot angeordnet werden (BayObLG NJW 1967, 1136). Eine Vereinbarung zwischen den Miterben, welche eine Auseinandersetzung ausschließt, hat grundsätzlich nur schuldrechtliche Wirkung (OLG Düsseldorf NJW 2013, 2764 [2765]).

2 **2. Rechtsnatur.** Das Auseinandersetzungsverbot kann als *Vermächtnis* (§ 2150) jedem Miterben das Recht zur Verweigerung der Auseinandersetzung geben; dann kann mit Zustimmung aller Miterben auseinandergesetzt werden. Falls nach dem Erblasserwillen die Miterben auch bei Einverständnis gebunden sein sollen, liegt ein rechtsgeschäftliches Veräußerungsverbot (§ 137) vor, das aber nur die verpflichtende Wirkung einer Auflage (§ 2194) entfaltet. Dingliche Verfügungen sind wirksam, sofern sie den allg Vorschriften genügen, also zB §§ 2040 I, 2205 S. 2, 2112 ff. (BGHZ 40, 115; 56, 275; BayObLG Rpfleger 1982, 468; teilw aA Kegel FS R. Lange, 1976, 927 ff.). Ein letztwilliges Auseinandersetzungsverbot ist gegenüber einem Gläubiger eines Miterben, der dessen Anteil gepfändet hat, nicht wirksam (BGHZ 181, 131 = NJW 2009, 2459; → § 2042 Rn. 1). Die testamentarische Anordnung des Erblassers, Grundbesitz nicht zu verkaufen und den Enkeln zu erhalten, kann als bloßes befristetes Auseinandersetzungsverbot oder als Regelung einer Nacherbfolge zu verstehen sein (OLG Köln ZEV 2018, 233 = BeckRS 2017, 135609). Im Rahmen einer Teilungsversteigerung (§§ 180, 181 ZVG) kann ein Miterbe das letztwillige Auseinandersetzungsverbot nach §§ 768, 771 ZPO geltend machen (OLG Köln ZEV 2018, 233). Ein Auseinandersetzungsverbot schließt eine Vorausvermächtnis zu Gunsten eines Miterben nicht aus (→ § 2150 Rn. 1)

3 **3. Anderweitige Regelungen der Auseinandersetzung.** Sie können in einer testamentarischen Erschwerung bestehen, zB Auseinandersetzung nur bei Mehrheitsbeschluss (RGZ 110, 273), oder von den Erben vereinbart werden (BGH WM 1968, 1172).

4 **4. Durchbrechungen des testamentarischen Ausschlusses.** Sie ergeben sich aus §§ 749 ff. und § 84 II 2 InsO.

§ 2045 Aufschub der Auseinandersetzung

[1]Jeder Miterbe kann verlangen, dass die Auseinandersetzung bis zur Beendigung des nach § 1970 zulässigen Aufgebotsverfahrens oder bis zum Ablauf der in § 2061 bestimmten Anmeldungsfrist aufgeschoben wird. [2]Ist der Antrag auf Einleitung des Aufgebotsverfahrens noch nicht gestellt oder die öffentliche Aufforderung nach § 2061 noch nicht erlassen, so kann der *Aufschub* nur verlangt werden, wenn unverzüglich der Antrag gestellt oder die Aufforderung erlassen wird.

1 **1. Zweck.** Die Vorschrift gewährt ein Weigerungsrecht zur Erwirkung anteiliger Haftung für Nachlassverbindlichkeiten nach der Auseinandersetzung, vgl §§ 2060 Nr. 1, 2061.

2. Reform. Infolge des FGG-RG (→ Vor § 1922 Rn. 19) wurde § 2045 S. 2 zum 1.9.2009 neu gefasst. Die vorherige Fassung von S. 2 lautete: *Ist das Aufgebot noch nicht beantragt* oder die öffentliche Aufforderung nach § 2061 noch nicht erlassen, etc. 2

§ 2046 Berichtigung der Nachlassverbindlichkeiten

(1) [1]**Aus dem Nachlass sind zunächst die Nachlassverbindlichkeiten zu berichtigen.** [2]**Ist eine Nachlassverbindlichkeit noch nicht fällig oder ist sie streitig, so ist das zur Berichtigung Erforderliche zurückzubehalten.**

(2) **Fällt eine Nachlassverbindlichkeit nur einigen Miterben zur Last, so können diese die Berichtigung nur aus dem verlangen, was ihnen bei der Auseinandersetzung zukommt.**

(3) **Zur Berichtigung ist der Nachlass, soweit erforderlich, in Geld umzusetzen.**

1. Bedeutung. Die Vorschrift ist lex specialis zu §§ 2042 II, 755 (s BGH NJW 1985, 52). Sie sichert dem Erben sein Leistungsverweigerungsrecht gem § 2059 (RG 95, 325). Sie regelt das Verhältnis unter den Miterben, nicht das Verhältnis zum Gläubiger (BGH NJW 1971, 2266; OLG Celle FamRZ 2003, 1224); hier gelten ausschließlich §§ 2058 ff. Zum Begriff der Nachlassverbindlichkeit s § 1967. 1

2. Abweichende Vereinbarungen. Zulässig sind abweichende Vereinbarungen der Miterben, ebenso eine abw Erblasseranordnung (§ 2048). Der Testamentsvollstrecker darf jedoch nicht eigenmächtig anders verfahren (RGZ 95, 329; sa → § 2216 Rn. 1). 2

3. Miterbengläubiger. Sie können wie andere Gläubiger schon vor Teilung Befriedigung verlangen, vgl → §§ 2058–2063 Rn. 9 iVm 2–8. Nur ausnahmsweise – zB bei Verwertungsschwierigkeiten oder gegenläufigen Forderungen aus einer Teilauseinandersetzung – können die Miterben die Befriedigung verweigern (vgl BGH LM Nr. 1 zu § 2046). Der Miterbengläubiger muss sich die auf seinen Erbteil entfallende Quote abziehen lassen. Zum Zurückbehaltungsrecht bei Pflichtverletzungen des Miterbengläubigers vgl Dütz NJW 1967, 1110. 3

4. Nachlassverbindlichkeiten nur einiger Miterben. Sie sind zB nichtgemeinschaftliche Vermächtnisse oder Auflagen. Auch sie sind vor der Teilung aus dem Auseinandersetzungsguthaben (§ 2047) zu tilgen (RGZ 95, 325). 4

§ 2047 Verteilung des Überschusses

(1) **Der nach der Berichtigung der Nachlassverbindlichkeiten verbleibende Überschuss gebührt den Erben nach dem Verhältnis der Erbteile.**

(2) **Schriftstücke, die sich auf die persönlichen Verhältnisse des Erblassers, auf dessen Familie oder auf den ganzen Nachlass beziehen, bleiben gemeinschaftlich.**

Anspruch auf Leistung des Auseinandersetzungsguthabens. Er geht primär auf Teilung in Natur gem § 752 (zB Aktien, BGHZ 96, 180; Wohnungseigentum bei Wohngrundstücken), ersatzweise auf Geldzahlung, §§ 2042 II, 753; der Anspruchsinhalt kann vertragl. .modifiziert werden. Die *Teilungsquote* muss ausgleichungspflichtige Vorempfänge berücksichtigen (BGHZ 96, 179); auch für die durch Ausgleichung verschobenen Teilungsquoten gilt primär Naturalteilung (BGHZ 96, 180). Zur Haftung der Miterben gegenüber übergangenem Miterben s OLG Dresden ZEV 1998, 308 mAnm von Ann (Teilschuldnerschaft entspr Erbquote). 1

§ 2048 Teilungsanordnungen des Erblassers

[1]Der Erblasser kann durch letztwillige Verfügung Anordnungen für die Auseinandersetzung treffen. [2]Er kann insbesondere anordnen, dass die Auseinandersetzung nach dem billigen Ermessen eines Dritten erfolgen soll. [3]Die von dem Dritten auf Grund der Anordnung getroffene Bestimmung ist für die Erben nicht verbindlich, wenn sie offenbar unbillig ist; die Bestimmung erfolgt in diesem Falle durch Urteil.

Lit: Gergen, Begünstigung und Begünstigungswille als Abgrenzung zwischen Vorausvermächtnis und Teilungsanordnung, Jura 2005, 185; Klinger/Roth, Abgrenzung von Teilungsanordnung und Vorausvermächtnis, NJW-Spezial 2008, 263; Kollmeyer, Unternehmensnachfolge und Geschwisterabfindung durch Bestimmungs- und Zweckvermächtnisse, NJW 2017, 3271; Loritz, Teilungsanordnung und Vorausvermächtnis, NJW 1988, 2697; Muscheler, Teilungsanordnung und Vorausvermächtnis, ErbR 2008, 105; Schlinker, Der Anspruch eines Miterben aus einer Teilungsanordnung auf Ausgleich, JR 2010, 93.

1 **1. Rechtsnatur.** Die Teilungsanordnung hat schuldrechtliche Wirkung für den Fall der Auseinandersetzung und lässt zunächst die Stellung der Miterben als Gesamthänder unberührt (BayObLG MDR 1982, 496; OLG München ZEV 2017, 114 [LS] = BeckRS 2016, 112582; BGH NJW 1981, 1839). Jeder Miterbe hat Anspruch auf den angeordneten Teilungsmodus (OLG Oldenburg NJW-RR 2014, 782); er geht den gesetzlichen Regeln über die Auseinandersetzung vor (BGH NJW 2002, 2712; OLG München FamRZ 2010, 758) Die Erben können einverständlich eine andere Aufteilung vereinbaren. Seltener ist mit der Teilungsanordnung eine Auflage verbunden (§ 2194), deren Einhaltung auch Nichterben überwachen; abw gemeinsame dingliche Geschäfte der Miterben (§ 2040) sind aber selbst in diesem Falle wirksam (BGHZ 40, 117); vgl auch → § 2044 Rn. 2.

2 **2. Inhalt. a)** Die Anordnung kann die Verwaltung oder die Auseinandersetzung betreffen, insbes volle Zuweisung von Nachlassgegenständen (zB BGHZ 82, 279; 86, 48; BGH NJW 1985, 52; BGH FamRZ 1985, 63) oder Zuweisung zur Nutzung und Bewirtschaftung (BGH LM Nr. 5a zu § 2048 BGB; sa BGH NJW 2002, 2712: Begründung von Wohnungseigentum). Es kann eine Ausgleichung (vgl § 2050) angeordnet werden oder die Begleichung einer Nachlassschuld aus dem Erbteil nur eines Miterben (BGH LM Nr. 2 zu § 138 [Cd] BGB); der Erblasser kann die Änderung des Gesellschaftsvertrages anordnen, wenn außer Erben keine weiteren Gesellschafter vorhanden sind oder der Gesellschaftsvertrag dies vorsieht (BGH NJW-RR 1990, 1446); stets bewendet es bei der schuldrechtlichen Wirkung im Innenverhält-
3 nis. **b) Dritter** iSd § 2048 S. 2 kann auch ein Miterbe sein (RGZ 110, 274); § 319 I 2 ist entsprechend anwendbar (str). Für den Streitfall kann der Erblasser auch ein schiedsrichterliches Verfahren (§ 1025 ff. ZPO) anordnen (RGZ 100, 76).

4 **3. Teilungsanordnung und Vorausvermächtnis.** Die Höhe des Erbteils kann unabhängig von der Zuweisung konkreter Nachlassgegenstände festgelegt sein oder aber erst durch das Wertverhältnis der Gegenstände bestimmt werden (→ § 2087 Rn. 2 f.; → § 2091 Rn. 1). Nur wenn Wortlaut und Auslegung einer Verfügung den gegenstandsunabhängigen Erbteil ergeben, wird die Abgrenzung von Teilungsanordnung und Vorausvermächtnis notwendig. Die Grundsätze zur Abgrenzung gelten unabhängig davon, wie der Miterbe, dem einzelne Gegenstände aus dem Nachlass zukommen sollen, zu bestimmen ist (BFH/NV 2009, 1654). Da eine Teilungsanordnung den Wert des Erbteils, so wie er sich aus der Erbquote ergibt, nicht verändern kann, liegt ein Vorausvermächtnis vor, wenn und soweit gegenüber dem Erbteil ein Mehrwert zugewendet werden soll (BGH NJW 1985, 52; BGH FamRZ 1987, 476; BGH NJW-RR 1990, 1221; BGH NJW 1998, 682; OLG Saarbrücken NJW-RR 2007, 1659 [1660]; OLG Hamburg ZEV 2017, 468 Rn. 29 f. mAnm von Litzenburger ZEV 2017, 460), der keiner Ausgleichszahlung unterliegt. Ein Vorausvermächtnis ist jedoch auch gegeben, wenn die Zuwendung den Wert der Beteiligung am Nachlass zwar unberührt lassen soll, aber ein von der Erbeinsetzung

unabhängiger Geltungsgrund für sie gewollt ist (BGH NJW 1995, 721: Bestätigung von BGHZ 36, 115 und gegen die Deutung von BGH FamRZ 1987, 476 als Aufgabe der älteren Rspr; sa BGH NJW-RR 1990, 1221). Bsp: Ein bestimmter Gegenstand soll einem Miterben auch für den Fall zugewendet werden, dass er das Erbe ausschlägt oder aus anderen Gründen nicht Erbe wird; Vorausvermächtnis trotz voller Anrechnung der Zuwendung auf den Erbteil (BGH NJW 1995, 721; Skibbe ZEV 1995, 145). Ob ein Mehrwert zugewendet werden soll oder für die Zuwendung ein von der Erbeinsetzung unabhängiger Geltungsgrund gewollt ist, muss durch Auslegung ermittelt werden (BGH NJW 1985, 52; BGH NJW-RR 1990, 392; BGH NJW 1995, 721). Wenn sich weder das eine noch das andere feststellen lässt, ist von einer Teilungsanordnung auszugehen (OLG Koblenz FamRZ 2006, 293 f.); ein Mehrwert des zugewiesenen Gegenstands ist dann auszugleichen (BGHZ 82, 279; BGH NJW-RR 1990, 392; 1990, 1221), ohne dass allerdings der Ausgleich aufschiebende Bedingung für die Wirksamkeit der Teilungsanordnung wäre (BGH NJW-RR 1996, 577; str, Kummer/Siegmann ZEV 1996, 47 [71]). Der Erblasser kann den Wert eines auszugleichenden Gegenstandes auch bindend durch Testament festlegen (OLG Frankfurt a.M. NJW-RR 2008, 533). Das Vermächtnis stellt den Miterben in vielen Punkten günstiger als die Auseinandersetzungsanordnung: Ausschlagungsrecht (§ 2180); Bindungswirkung bzw Schutz bei Erbvertrag oder gemeinschaftlichem Testament (§§ 2289–2291; 2270, 2271; 2288); besserer Rang (§§ 2046, 2047, 1991 IV; § 327 I Nr. 2 InsO); zur ErbSt insbes alten Rechts s 13. Aufl. Vor § 2032 Rn. 3 ff.

§ 2049 Übernahme eines Landguts

(1) **Hat der Erblasser angeordnet, dass einer der Miterben das Recht haben soll, ein zum Nachlass gehörendes Landgut zu übernehmen, so ist im Zweifel anzunehmen, dass das Landgut zu dem Ertragswert angesetzt werden soll.**

(2) **Der Ertragswert bestimmt sich nach dem Reinertrag, den das Landgut nach seiner bisherigen wirtschaftlichen Bestimmung bei ordnungsmäßiger Bewirtschaftung nachhaltig gewähren kann.**

Lit: Kronthaler, Landgut, Ertragswert und Bewertung im bürgerlichen Recht, 1991 (Diss Augsburg); Piltz, Bewertung landwirtschaftlicher Betriebe bei Erbfall, Schenkung und Scheidung, 1999.

1. Landgut. Zum Begriff → § 2312 Rn. 1. 1

2. Bedeutung und Inhalt der Bewertungsregel. Die Bewertungsregel soll 2 das öffentl Interesse an der Erhaltung leistungsfähiger bäuerlicher Höfe schützen (BVerfGE 67, 367). Der Ertragswert steht im Gegensatz zum Verkehrswert und liegt idR deutlich niedriger. Er ist konkret und individuell zu bestimmen (BVerfG NJW 1988, 2724). Die näheren Modalitäten der Ertragswertfeststellung (§ 2049 II) regelt gem Art. 137 EGBGB Landesrecht; gängig ist das Vielfache des jährlichen Reinertrages (zB das 18- oder 25fache). Vom Rohertrag absetzbar sind dabei als betriebliche Kosten auch fiktive Lohnkosten des Inhabers und mitarbeitender Familienmitglieder (OLG Celle ZEV 2009, 141). Mit § 2049 II, Art. 137 EGBGB nicht vereinbar ist eine Ertragswertberechnung, die weichende Miterben anhand der bisher niedrigeren steuerrechtlichen Bewertung abfindet (BVerfG NJW 1988, 2723; zur steuerrechtlichen Bewertung alten Rechts bis zum 1.1.2009 ausf → § 1924 Rn. 6). Bei Übernahme eines Bruchteils gilt die Auslegungsregel des § 2049 I nicht (vgl BGH NJW 1973, 995; BGH FamRZ 1977, 196); ebenso wenig, wenn der übernahmeberechtigte Miterbe den Hof nicht weiter bewirtschaften, sondern zB verpachten wird (arg BVerfGE 67, 368). § 16 I GrdstVG verweist für den Fall der gerichtl Zuweisung auf § 2049. Sa § 2312 und → Vor § 2032 Rn. 2.

3 **3. Höferechtliche Sondererbfoge.** Zur Berechnung des Abfindungsanspruchs bei höferechtlicher Sondererbfolge (vgl → Vor § 2032 Rn. 2) regelt § 12 II HöfeO die Bewertung.

§ 2050 Ausgleichungspflicht für Abkömmlinge als gesetzliche Erben

(1) **Abkömmlinge, die als gesetzliche Erben zur Erbfolge gelangen, sind verpflichtet, dasjenige, was sie von dem Erblasser bei dessen Lebzeiten als Ausstattung erhalten haben, bei der Auseinandersetzung untereinander zur Ausgleichung zu bringen, soweit nicht der Erblasser bei der Zuwendung ein anderes angeordnet hat.**

(2) **Zuschüsse, die zu dem Zwecke gegeben worden sind, als Einkünfte verwendet zu werden, sowie Aufwendungen für die Vorbildung zu einem Beruf sind insoweit zur Ausgleichung zu bringen, als sie das den Vermögensverhältnissen des Erblassers entsprechende Maß überstiegen haben.**

(3) **Andere Zuwendungen unter Lebenden sind zur Ausgleichung zu bringen, wenn der Erblasser bei der Zuwendung die Ausgleichung angeordnet hat.**

Lit: Fröhler, Erbausgleichung und Pflichtteilsanrechnung aufgrund Schenkung bzw Ausstattung, BWNotZ 2010, 94; Horn, Vorempfänge im Pflichtteilsrecht, NJW 2020, 2609 ff.; Kollmeyer, Unter Abkömmlingen ausgleichungspflichtige Zuwendungen, NJW 2022, 1152 ff.

1 **1. Bedeutung.** Das Ges stellt für bestimmte Zuwendungen des Erblassers die Vermutung auf, sie seien eine Vorausleistung auf den künftigen Erbteil (→ § 2053 Rn. 1).

2 **2. Rechtsnatur.** Die Ausgleichungspflicht ist kein Vermächtnis zugunsten der Ausgleichungsberechtigten, sondern sie stellt eine Berechnungsregel für den Fall der Auseinandersetzung dar (BGH FamRZ 1989, 175; vgl § 2055). Die Stellung des ausgleichungspflichtigen Miterben bleibt iÜ unberührt (§§ 2038 ff., 2058 ff.). Soweit der Erblasser Anrechnungsanordnungen über den Rahmen des § 2050 hinaus treffen will, kann dies nur in Form einer letztwilligen Verfügung geschehen (BGH FamRZ 2010, 27; → Rn. 6). Fraglich ist, ob in einer letztwilligen Verfügung wirksam schiedsgerichtliche Zuständigkeit für Streitigkeiten über Ausgleichsansprüche bestimmt werden kann (abl LG Duisburg ZEV 2022, 103 Rn. 16 ff. mit dem Argument, dass Ausgleichsansprüche unmittelbar die Bemessungsgrundlagen von Pflichtteilsansprüchen berühren können und deshalb nicht der einseitigen Disposition des Erblassers durch Entzug staatlichen Rechtsschutzes unterliegen; sa → § 1922 Rn. 8).

3 **3. Teilnehmer des Ausgleichs.** Teilnehmer eines Ausgleichs sind nur Abkömmlinge; also zB nicht Ehegatten, wohl aber Enkel des Erblassers. Sondervorschriften in §§ 2372, 2376 (Erbteilskäufer) und nach altem Nichtehelichenrecht in § 1934b III aF (→ § 1924 Rn. 3).

4 **4. Ausstattung.** Dieser Begriff ist in § 1624 I ges definiert. Die Ausstattung kann auch in einem zu Lebzeiten nicht mehr erfüllten Versprechen liegen; das Ausstattungsversprechen ist dann gleichzeitig Nachlassverbindlichkeit (BGHZ 44, 91; vgl → §§ 1624, 1625 Rn. 4). Die sog Aussteuer ist ein Unterfall der Ausstattung; soweit sie statt einer angemessenen Berufsausbildung gewährt wird, besteht keine Ausgleichungspflicht (BGH NJW 1982, 577; OLG Celle FamRZ 1965, 390).

5 **5. Zuschüsse und Aufwendungen zur beruflichen Vorbildung.** Zuschüsse in Rentenform fallen unter § 2050 II auch dann, wenn sie gleichzeitig Ausstattungen gem §§ 1624 I, 2050 I sind (RGZ 79, 267). Vorbildung zum Beruf ist nicht die allg Schulbildung, auch an höheren Schulen, sondern nur die darüber hinausgehende Ausbildung durch Studium, Lehre, Fachhochschule, Promotion etc (BGH NJW 1982, 577). Ob solche Zuschüsse, zB bei einem Zweitberuf, der ges Unterhalts-

pflicht unterfallen, ist gleichgültig (RGZ 114, 53). Das Übermaß richtet sich *allein* nach den Vermögensverhältnissen des Erblassers.

6. Andere Zuwendungen. Andere Zuwendungen, wie zB gemischte Schenkungen (RGZ 73, 377), sind nur bei ausdr oder stillschweigender *Anordnung* ausgleichungspflichtig. Die Anordnung hat vor oder mit der Zuwendung zu erfolgen (RGZ 67, 308), damit die Zuwendung abgelehnt werden kann. Zutr. sieht der BGH (LM Nr. 1 zu § 107 BGB) in ihr keinen Rechtsnachteil gem § 107 (vgl Stürner AcP 173, 439). Im Rahmen der §§ 2315 I, 2316 I ist ausschlaggebend, ob nach dem Willen des Erblassers nur eine zeitlich vorgezogene Zuwendung intendiert war (Ausgleichung gem §§ 2316 I, 2050 III) oder eine Enterbung mit bloßer Pflichtteilsberechtigung (Anrechnung gem § 2315 I) oder aber kumulativ beides (dazu BGHZ 183, 380 ff. = FamRZ 2010, 640 ff. mAnm von Löhnig; Kroppenberg JZ 2010, 741; Keim ZEV 2010, 192). Die nachträgliche Anordnung ist zB in Form eines Vermächtnisses zugunsten der übrigen Erben als Verfügung von Todes wegen möglich (BGH NJW 1982, 577). Will der Erblasser bei der Erbauseinandersetzung die Anrechnung von Vorempfängen über § 2050 hinaus erreichen, muss er dies ganz allg durch letztwillige Verfügung anordnen; verbindliche Anordnungen können nicht durch RGeschäft unter Lebenden getroffen werden (BGH FamRZ 2010, 27 mAnm von Leipold ZEV 2010, 34). Lit: Schindler ZEV 2006, 389; Enzensberger/Klinger NJW-Spezial 2006, 61; Bothe ZErb 2004, 368; Mayer ZErb 2007, 130. 6

7. Nachfolge im Gesellschaftsrecht. Bei der qualifizierten Nachfolgeklausel im OHG-Vertrag besteht uU eine Ausgleichungspflicht des Gesellschaftererben gegenüber den weichenden Erben analog §§ 2050 ff.; vgl → § 2032 Rn. 5 ff. 7

8. Reform. Folgende Änderung war im Rahmen der letzten Erbrechtsreform (→ Vor § 1922 Rn. 18) geplant: Dem § 2050 wird folgender Absatz angefügt: „(4) Der Erblasser kann nachträglich Anordnungen über die Ausgleichung oder den Ausschluss der Ausgleichung von Zuwendungen treffen. Die Anordnung erfolgt durch Verfügung von Todes wegen." Dieser Zusatz war überflüssig, weil er geltendem Recht entspricht (BGH FamRZ 2010, 27; → Rn. 2 und 6). 8

§ 2051 Ausgleichungspflicht bei Wegfall eines Abkömmlings

(1) **Fällt ein Abkömmling, der als Erbe zur Ausgleichung verpflichtet sein würde, vor oder nach dem Erbfall weg, so ist wegen der ihm gemachten Zuwendungen der an seine Stelle tretende Abkömmling zur Ausgleichung verpflichtet.**

(2) **Hat der Erblasser für den wegfallenden Abkömmling einen Ersatzerben eingesetzt, so ist im Zweifel anzunehmen, dass dieser nicht mehr erhalten soll, als der Abkömmling unter Berücksichtigung der Ausgleichungspflicht erhalten würde.**

Ggf. ist § 1935 zu beachten. 1

§ 2052 Ausgleichungspflicht für Abkömmlinge als gewillkürte Erben

Hat der Erblasser die Abkömmlinge auf dasjenige als Erben eingesetzt, was sie als gesetzliche Erben erhalten würden, oder hat er ihre Erbteile so bestimmt, dass sie zueinander in demselben Verhältnis stehen wie die gesetzlichen Erbteile, so ist im Zweifel anzunehmen, dass die Abkömmlinge nach den §§ 2050, 2051 zur Ausgleichung verpflichtet sein sollen.

Sofern nur ein Teil der Abkömmlinge entspr dem ges Erbteil eingesetzt ist, findet die Ausgleichung unter ihnen statt. Ob ein Vorausvermächtnis bei Einsetzung der ges Erben auf den Rest die Ausgleichung ausschließt, ist Auslegungsfrage (RGZ 90, 1

419). Beim gemeinschaftlichen Testament (§§ 2265 ff.) sind auch Zuwendungen des vorverstorbenen Ehegatten auszugleichen (BGHZ 88, 109; str).

§ 2053 Zuwendung an entfernteren oder angenommenen Abkömmling

(1) **Eine Zuwendung, die ein entfernterer Abkömmling vor dem Wegfall des ihn von der Erbfolge ausschließenden näheren Abkömmlings oder ein an die Stelle eines Abkömmlings als Ersatzerbe tretender Abkömmling von dem Erblasser erhalten hat, ist nicht zur Ausgleichung zu bringen, es sei denn, dass der Erblasser bei der Zuwendung die Ausgleichung angeordnet hat.**

(2) **Das Gleiche gilt, wenn ein Abkömmling, bevor er die rechtliche Stellung eines solchen erlangt hatte, eine Zuwendung von dem Erblasser erhalten hat.**

1 **1. Zweck und Inhalt.** Die Absicht des Erblassers, auf den Erbteil vorzuleisten, kann nicht vermutet werden, falls der entferntere Abkömmling im Zeitpunkt der Leistung nicht erben würde; anders, wenn der nähere Abkömmling im Leistungszeitpunkt bereits von der Erbfolge ausgeschlossen war (RGZ 149, 134). § 2053 II korrespondiert mit §§ 1741 ff.; die Korrespondenzvorschriften bei Legitimation nichtehelicher Kinder (§§ 1719, 1723 ff. aF) sind durch das KindschaftsreformG v 16.12.1997 (BGBl. I 2942) weggefallen.

2 **2. Reform.** Geplant war im Rahmen der letzten Erbrechtsreform (→ Vor § 1922 Rn. 18) folgende Änderung: Dem § 2053 I wird folgender Satz angefügt: „§ 2050 Abs. 4 gilt entsprechend.“ Mit Fortfall der Änderung in § 2050 (→ § 2050 Rn. 8) war auch dieses Vorhaben hinfällig.

§ 2054 Zuwendung aus dem Gesamtgut

(1) [1]**Eine Zuwendung, die aus dem Gesamtgut der Gütergemeinschaft erfolgt, gilt als von jedem der Ehegatten zur Hälfte gemacht.** [2]**Die Zuwendung gilt jedoch, wenn sie an einen Abkömmling erfolgt, der nur von einem der Ehegatten abstammt, oder wenn einer der Ehegatten wegen der Zuwendung zu dem Gesamtgut Ersatz zu leisten hat, als von diesem Ehegatten gemacht.**

(2) **Diese Vorschriften sind auf eine Zuwendung aus dem Gesamtgut der fortgesetzten Gütergemeinschaft entsprechend anzuwenden.**

1 Die Vorschrift will bei Gütergemeinschaft eine Auslegungsregel bzgl der Person des Leistenden schaffen. Gemeinsame Abkömmlinge müssen also regelmäßig zweimal – beim Tod jedes Ehegatten – ausgleichen.

§ 2055 Durchführung der Ausgleichung

(1) [1]**Bei der Auseinandersetzung wird jedem Miterben der Wert der Zuwendung, die er zur Ausgleichung zu bringen hat, auf seinen Erbteil angerechnet.** [2]**Der Wert der sämtlichen Zuwendungen, die zur Ausgleichung zu bringen sind, wird dem Nachlass hinzugerechnet, soweit dieser den Miterben zukommt, unter denen die Ausgleichung stattfindet.**

(2) ***Der Wert bestimmt sich* nach der Zeit, zu der die Zuwendung erfolgt ist.**

1 **1. Berechnungsbeispiel.** Teilungsmasse 30.000 Euro. Auseinandersetzungsguthaben des Ehegatten (§§ 1371 I, 1931 I, 2047 I): 15.000 Euro. Es verbleiben für die Söhne A und B 15.000 Euro. Vorempfang des A: 5.000 Euro. Erhöhte Teilungsmasse

(§ 2055 I 2): 20.000 Euro. A erhält 20.000 : 2 Euro – 5.000 Euro (§ 2055 I 1) = 5.000 Euro; B erhält 20.000 : 2 Euro = 10.000 Euro.

2. Bewertung und Durchführung. a) Der Nachlass ist zum Zeitpunkt des Erbfalles (*nicht* der Auseinandersetzung) zu bewerten (BGHZ 96, 181). Die Zuwendung ist zunächst gem Abs. II zu bewerten und dann entspr dem *Kaufkraftschwund* zwischen Zuwendungszeitpunkt und Erbfall umzurechnen (BGHZ 96, 180; 65, 77; Meincke AcP 178, 45). Formlose Wertfestsetzung durch den Erblasser bei der Zuwendung ist möglich (OLG Hamm MDR 1966, 330; zur dispositiven Wertbestimmung durch den Erblasser Ebenroth/Bacher/Lorz JZ 1991, 277). **b)** Der ausgleichungsberechtigte Miterbe hat keinen Anspruch auf Durchführung der Ausgleichung im Wege der Realteilung (OLG München NJW-RR 1991, 1098). Unterblieb die Ausgleichung bei einer Teilauseinandersetzung, ist sie bei der Restauseinandersetzung *voll* zu berücksichtigen mit der Folge einer verstärkten Abweichung von Erbquote und Teilungsquote; vor Restauseinandersetzung keine Klage aus § 812, wohl aber Feststellungsklage (BGH NJW-RR 1992, 771; → § 2042 Rn. 8). **c)** Die Verteilung der Darlegungs- und Beweislast bei Fragen der Bewertung hat §§ 2057, 242 zu berücksichtigen (BGHZ 183, 384 f.; OLG Frankfurt a.M. ErbR 2010, 236). 2

3 (Rn. 3 beginnt bei „b)")

§ 2056 Mehrempfang

[1]Hat ein Miterbe durch die Zuwendung mehr erhalten, als ihm bei der Auseinandersetzung zukommen würde, so ist er zur Herauszahlung des Mehrbetrags nicht verpflichtet. [2]Der Nachlass wird in einem solchen Falle unter den übrigen Erben in der Weise geteilt, dass der Wert der Zuwendung und der Erbteil des Miterben außer Ansatz bleiben.

1. Grundsatz. Die Ausgleichungspflicht führt zu keiner „Nachschusspflicht" des Miterben. 1

2. Berechnungsbeispiel. (Nach Grüneberg (vormals Palandt)/Weidlich § 2056 Rn. 2): Teilungsmasse 8.000 Euro. Miterben sind A zu ½, B und C zu je ¼. Vorausempfang des C: 4.000 Euro. Erhöhte Teilungsmasse: 12.000 Euro. C würde 3.000 Euro erhalten, folglich scheidet er aus. A und B teilen 8.000 Euro im Verhältnis 2 : 1. 2

3. Pflichtteilsberechnungen. § 2316 verweist auch auf § 2056 (vgl RGZ 77, 282). § 2056 greift hier aber erst ein, wenn der Vorempfang des ausgleichungspflichtigen ges Erben höher ist als dessen ges Erbteil bei Hinzurechnung aller Vorempfänge und der Schenkungen gem § 2325 (BGH NJW 1965, 1526; 1988, 822). 3

§ 2057 Auskunftspflicht

[1]Jeder Miterbe ist verpflichtet, den übrigen Erben auf Verlangen Auskunft über die Zuwendungen zu erteilen, die er nach den §§ 2050 bis 2053 zur Ausgleichung zu bringen hat. [2]Die Vorschriften der §§ 260, 261 über die Verpflichtung zur Abgabe der eidesstattlichen Versicherung finden entsprechende Anwendung.

1. Umfang, Rechtsnatur und Bedeutung. Die Auskunftspflicht erstreckt sich auf alle Zuwendungen, die *möglicherweise* unter § 2050 fallen (RGZ 73, 376; Sarres ZEV 2000, 349). Die materiellrechtliche Auskunftspflicht ist bei der Verteilung der Behauptungs- und Beweislast in Verfahren um Ausgleichungspflichten zu berücksichtigen (BGHZ 183, 384 f.); → § 2055 Rn. 3. Lit: Lindenau/Anweiler NJW 2017, 3553, 3554. Der Auskunftsanspruch des § 2057 dient insoweit der Vorbereitung der Auseinandersetzung der Miterbengemeinschaft, als die Ausgleichung der §§ 2050–2053 nur innerhalb der Auseinandersetzung erfolgen kann und es einen isolierten Anspruch auf Ausgleichung außerhalb dieses Verfahrens nicht gibt, für 1 den die Auskunft ein Hilfsanspruch sein könnte (hierzu § 2042 Rn. 8). Weil der Anspruch auf Auseinandersetzung *unverjährbar* ist (§§ 2042 II, 758; sa → § 2042 Rn. 1), muss allerdings der Hilfsanspruch nicht auch generell unverjährbar sein (a.A. Jaeger ZEV 2019, 26 f.; sa → § 2314 Rn. 8). Es erscheint indessen nicht einleuchtend, für § 2057 eine Verjährung entsprechend §§ 195, 199 I und IIIa anzunehmen und dabei auf den Erbfall und die ausreichende Kenntnis der Erbenstellung abzuheben (so aber OLG Stuttgart ZEV 2019, 25 ff.; ablehnend seit der 80. Aufl. nunmehr auch Grüneberg (vormals Palandt)/Weidlich § 2057 Rn. 2); denn für die Auseinandersetzung der Erbengemeinschaft gibt es ja gerade keine Zeitgrenze, und es ist wenig überzeugend, die vom Gesetzgeber unbegrenzt gewollte Auseinandersetzung nach Ablauf der Verjährungsfrist zu § 2057 nur noch in verstümmelter Form zu gewährleisten. Eine sinnvolle Lösung könnte darin bestehen, die Verjährung erst in dem Zeitpunkt beginnen zu lassen, in dem das Recht auf Anrechnung im Vorfeld einer geplanten Auseinandersetzung durch Feststellungsklage geltend gemacht werden könnte, um eine Verjährung zu unterbrechen (hierzu § 2042 Rn. 8). Damit wären auch Fälle sinnvoll gelöst, in denen eine Auseinandersetzung über viele Jahre unterbleiben muss, auch um die Position des überlebenden Elternteils in einer Erbengemeinschaft zu sichern, und die vorzeitige Klärung der Anrechnungsfrage unzumutbar sein kann, § 207 aber nicht hilft.

2 **2. Verfahren.** §§ 410 Nr. 1, 413 FamFG (früher §§ 163, 79 FGG); § 889 ZPO.

3 **3. Allgemeine Auskunftspflicht unter Miterben.** Vgl → § 2038 Rn. 9. Zur entspr Anwendung des § 2057 im Falle des § 2316 dort → § 2316 Rn. 1 und 2. Fraglich ist, ob ein umfassendes Einsichtsrecht eines Miterben in das Grundbuch (§ 12 GBO) auch bezüglich früherer Immobilien des Erblassers besteht, um zuverlässige Informationen über denkbare Ausgleichungspflichten von anderen Miterben zu erhalten (ablehnend OLG Saarbrücken FGPrax 2022, 13 – mE sehr fraglich).

§ 2057a Ausgleichungspflicht bei besonderen Leistungen eines Abkömmlings

(1) [1]**Ein Abkömmling, der durch Mitarbeit im Haushalt, Beruf oder Geschäft des Erblassers während längerer Zeit, durch erhebliche Geldleistungen oder in anderer Weise in besonderem Maße dazu beigetragen hat, dass das Vermögen des Erblassers erhalten oder vermehrt wurde, kann bei der Auseinandersetzung eine Ausgleichung unter den Abkömmlingen verlangen, die mit ihm als gesetzliche Erben zur Erbfolge gelangen; § 2052 gilt entsprechend.** [2]**Dies gilt auch für einen Abkömmling, der den Erblasser während längerer Zeit gepflegt hat.**

(2) [1]**Eine Ausgleichung kann nicht verlangt werden, wenn für die Leistungen ein angemessenes Entgelt gewährt oder vereinbart worden ist oder soweit dem Abkömmling wegen seiner Leistungen ein Anspruch aus anderem Rechtsgrund zusteht.** [2]**Der Ausgleichungspflicht steht es nicht entgegen, wenn die Leistungen nach den §§ 1619, 1620 erbracht worden sind.**

(3) **Die Ausgleichung ist so zu bemessen, wie es mit Rücksicht auf die Dauer und den Umfang der Leistungen und auf den Wert des Nachlasses der Billigkeit entspricht.**

(4) [1]**Bei der Auseinandersetzung wird der Ausgleichungsbetrag dem Erbteil des ausgleichungsberechtigten Miterben hinzugerechnet.** [2]**Sämtliche Ausgleichungsbeträge werden vom Werte des Nachlasses abgezogen, soweit dieser den Miterben zukommt, unter denen die Ausgleichung stattfindet.**

1 **1. Zweck.** Die Vorschrift schafft eine klare Rechtsgrundlage für den Ausgleich bes Leistungen eines Miterben zugunsten des Erblassers; früher mussten hierfür oft sehr verkrampft arbeits- oder gesellschaftsrechtliche Ansprüche konstruiert werden.

gem II ist die Ausgleichungspflicht aber subsidiär. Verdrängende Ansprüche können sich ergeben aus Vertrag (vgl auch § 612 II), §§ 677 ff., 812 ff.; sie sind dann Nachlassverbindlichkeiten (§ 1967).

2. Umfang der Leistung. Er darf nicht unerheblich gewesen sein und muss auf jeden Fall über die bloße Unterhaltspflicht (§§ 1601 ff.) hinausgehen (OLG Oldenburg FamRZ 1999, 1466); zur Bestimmung der Höhe des Ausgleichsanspruchs OLG Schleswig NJW-RR 2013, 205. 2

3. Erbersatzanspruch alten Rechts. Hier war § 2057a zu berücksichtigen (§ 1934b III aF; → § 1924 Rn. 3). 3

4. Berechnungsbeispiel. (§ 2057a IV): Teilungsmasse 15.000 Euro. Es erben A, B und C zu je ⅓. Ausgleichsbetrag des A: 3.000 Euro. Erniedrigte Teilungsmasse: 12.000 Euro (§ 2057a IV 2). Anteil B und C je 4.000 Euro. Anteil des A (§ 2057a IV 1) 7.000 Euro. 4

5. Prozessuales. Gerichtsstand für Feststellungsklage auf Berücksichtigung von Versorgungsleistungen gem § 27 I ZPO (BGH NJW 1992, 364; → § 2042 Rn. 8 und 13). 5

6. Reform und Neuauslegung des Abs. I 2. Der Regierungsentwurf des Gesetzes zur Reform des Erb- und Verjährungsrechts (→ Vor § 1922 Rn. 18) sah die Streichung von § 2057a I 2 vor. Eingefügt werden sollte dafür neu: „§ 2057b Ausgleichspflicht bei Pflegeleistungen eines gesetzlichen Erben (1) Ein gesetzlicher Erbe, der den Erblasser während längerer Zeit gepflegt hat, kann bei der Auseinandersetzung die Ausgleichung dieser Leistung verlangen. § 2052 und § 2057a Abs. 2 und 4 gelten entsprechend. (2) Die Höhe des Ausgleichsbetrags bemisst sich in der Regel nach den zurzeit des Erbfalls in § 36 Abs. 3 des Elften Buches Sozialgesetzbuch vorgesehenen Beträgen.“ Dieses Vorhaben kam nicht zur Ausführung. Stattdessen wurden in § 2057a I 2 die Worte „unter Verzicht auf berufliches Einkommen“ gestrichen (zur zeitlichen Geltung der Reform OLG Schleswig NJW-RR 2013, 205). Es ist nicht notwendig, dass die Pflegeleistung höchstpersönlich erbracht wird, bloße Finanzierung von Drittkräften reicht aus. Bei der Bewertung von höchstpersönlichen Pflegeleistungen empfiehlt sich die Anlehnung an den nicht Gesetz gewordenen § 2057b II (s aber BGH NJW 1993, 1198; 1988, 710; OLG Schleswig NJW-RR 2013, 205: Bewertung nach Billigkeit ohne Bewertung und Aufrechnung von Einzelposten; OLG Frankfurt a.M. ZEV 2020, 357 Rn. 21 ff.; OLG Schleswig NJW 2017, 1891 = BeckRS 2016, 115280: Leistungen gem § 14 SGB XI, Bewertung bloßer Anwesenheit, Beitrag zum Erhalt des Erblasservermögens, immaterielle Werte). Die Ausgleichung bleibt auf Abkömmlinge beschränkt und gilt weiterhin nur bei gesetzlicher Erbfolge aller Miterben (s aber § 2316 für die Pflichtteilsberechnung). Die Ausgleichungspflicht kann durch letztwillige Verfügung ausgeschlossen werden und findet dann auch bei der Pflichtteilsberechnung keine Berücksichtigung; der Ausschluss kann schlüssig erfolgen und Ergebnis der Testamentsauslegung sein, wenn der Erblasser den Ausgleichsberechtigten als Alleinerbe einsetzt (BGH NJW-RR 2021, 660 Rn. 15 ff., 19 ff.). Lit: Ludyga ZErb 2009, 289; Kollmeyer NJW 2017, 1849. 6

Untertitel 2. Rechtsverhältnis zwischen den Erben und den Nachlassgläubigern

§ 2058 Gesamtschuldnerische Haftung

Die Erben haften für die gemeinschaftlichen Nachlassverbindlichkeiten als Gesamtschuldner.

§ 2059 Haftung bis zur Teilung

(1) [1]Bis zur Teilung des Nachlasses kann jeder Miterbe die Berichtigung der Nachlassverbindlichkeiten aus dem Vermögen, das er außer seinem Anteil an dem Nachlass hat, verweigern. [2]Haftet er für eine Nachlassverbindlichkeit unbeschränkt, so steht ihm dieses Recht in Ansehung des seinem Erbteil entsprechenden Teils der Verbindlichkeit nicht zu.

(2) Das Recht der Nachlassgläubiger, die Befriedigung aus dem ungeteilten Nachlass von sämtlichen Miterben zu verlangen, bleibt unberührt.

§ 2060 Haftung nach der Teilung

Nach der Teilung des Nachlasses haftet jeder Miterbe nur für den seinem Erbteil entsprechenden Teil einer Nachlassverbindlichkeit:

1. wenn der Gläubiger im Aufgebotsverfahren ausgeschlossen ist; das Aufgebot erstreckt sich insoweit auch auf die in § 1972 bezeichneten Gläubiger sowie auf die Gläubiger, denen der Miterbe unbeschränkt haftet;
2. wenn der Gläubiger seine Forderung später als fünf Jahre nach dem in § 1974 Abs. 1 bestimmten Zeitpunkt geltend macht, es sei denn, dass die Forderung vor dem Ablauf der fünf Jahre dem Miterben bekannt geworden oder im Aufgebotsverfahren angemeldet worden ist; die Vorschrift findet keine Anwendung, soweit der Gläubiger nach § 1971 von dem Aufgebot nicht betroffen wird;
3. wenn das Nachlassinsolvenzverfahren eröffnet und durch Verteilung der Masse oder durch einen Insolvenzplan beendigt worden ist.

§ 2061 Aufgebot der Nachlassgläubiger

(1) [1]Jeder Miterbe kann die Nachlassgläubiger öffentlich auffordern, ihre Forderungen binnen sechs Monaten bei ihm oder bei dem Nachlassgericht anzumelden. [2]Ist die Aufforderung erfolgt, so haftet nach der Teilung jeder Miterbe nur für den seinem Erbteil entsprechenden Teil einer Forderung, soweit nicht vor dem Ablauf der Frist die Anmeldung erfolgt oder die Forderung ihm zur Zeit der Teilung bekannt ist.

(2) [1]Die Aufforderung ist durch den Bundesanzeiger und durch das für die Bekanntmachungen des Nachlassgerichts bestimmte Blatt zu veröffentlichen. [2]Die Frist beginnt mit der letzten Einrückung. [3]Die Kosten fallen dem Erben zur Last, der die Aufforderung erlässt.

§ 2062 Antrag auf Nachlassverwaltung

Die Anordnung einer Nachlassverwaltung kann von den Erben nur gemeinschaftlich beantragt werden; sie ist ausgeschlossen, wenn der Nachlass geteilt ist.

§ 2063 Errichtung eines Inventars, Haftungsbeschränkung

(1) Die Errichtung des Inventars durch einen Miterben kommt auch den *übrigen Erben* zustatten, soweit nicht ihre Haftung für die Nachlassverbindlichkeiten unbeschränkt ist.

(2) Ein Miterbe kann sich den übrigen Erben gegenüber auf die Beschränkung seiner Haftung auch dann berufen, wenn er den anderen Nachlassgläubigern gegenüber unbeschränkt haftet.

Anmerkungen zu den §§ 2058–2063

Lit: Bayer, Die Schuld- und Haftungsstruktur der Erbengemeinschaft, 1993 (Diss Augsburg); Riering, Gemeinschaftliche Schulden, 1991 (Diss Konstanz); sa Vor § 1967 und § 1967 Rn. 6 ff.

1. Systematische Stellung. Die §§ 2058–2063 sind der „Besondere Teil" zu 1
den §§ 1967–2017.

2. Unbeschränkte oder beschränkte Haftung. Die Antwort auf diese Frage 2
richtet sich grundsätzlich nach §§ 1967–2017 und zwar für jeden Miterben gesondert. Sofern Erbenschulden oder Erbschaftsverwaltungsschulden in Frage stehen, die nach dem Erbfall in der Person einzelner Miterben oder durch die Verwaltung des gemeinsamen Nachlasses entstehen, haften die einzelnen Miterben individuell oder neben dem Nachlass (dazu § 1967 Rn. 4 u. 5; interessanter Beispielsfall: VGH Mannheim NVwZ-RR 2022, 514: Haftung für Zweitwohnungssteuer; dazu auch § 1967 Rn. 5). Die §§ 2058 ff. enthalten die *Spezialvorschriften für Miterben:* **a) Nachlassverwaltung** (§ 1981) können nur alle Erben gemeinschaftlich beantragen (§ 2062); dies nur, falls die Teilung noch ansteht und *alle* Miterben noch nicht unbeschränkt haften (§ 2013 I). Jeder Miterbe kann sich frei entscheiden, weil keine Maßregel ordnungsmäßiger Verwaltung (§ 2038 I) ansteht (anders § 317 InsO). Ein bisher unbekannter und deshalb übergangener Miterbe kann gegen die Entscheidung Beschwerde einlegen, aber nur innerhalb der Frist des § 63 III Satz 1 FamFG, die aus Gründen der Rechtsicherheit nicht zeitlich unbegrenzt ab der Kenntnisnahme durch den unbekannten Miterben läuft, sondern fünf Monate nach Erlass des Beschlusses endet (OLG Brandenburg ZEV 2021, 237 Rn. 10). **b) Inventarerrichtung** (§§ 1993 ff.) durch einen Miterben gilt für alle Miterben (§ 2063 I), die nicht
schon unbeschränkt haften. **c) Beschränkbare Haftung des einzelnen Miterben** 3
bis zur Teilung ordnet § 2059 I 1 an (s BGH NJW 2014, 413 Rn. 15). Dieses Beschränkungsrecht besteht neben den allg Möglichkeiten der §§ 1967 ff. Auch für dieses dilatorische Beschränkungsrecht gelten §§ 780, 781, 785, 767 ZPO (vgl RGZ 71, 371; AG Kassel NJW 1992, 586). Der nach allg Vorschriften unbeschränkbar haftende Miterbe verliert dieses spezielle Beschränkungsrecht nur für den seiner Erbquote entspr Teil der Nachlassverbindlichkeit (§ 2059 I 2). Wann der Nachlass geteilt ist, richtet sich nach dem obj Gesamtbild (str; Soergel/Wolf § 2059 Rn. 2 mN). Die Zuweisung nur einzelner Gegenstände an Miterben bedeutet noch keine Teilung, wobei dann allerdings str ist, ob die Gläubiger auf die Pfändung der nachlasszugehörigen Ansprüche gem §§ 1978 II, 1991 I angewiesen sind (so RGZ 89, 407 f.; sa Soergel/Wolf § 2059 Rn. 2) oder ob sie bis zur endgültigen Teilung in die zugewiesenen Gegenstände als Nachlassbestandteile vollstrecken dürfen (so richtig MüKoBGB/Ann § 2059 Rn. 10 mwN). Haftungsmasse bei gem § 2059 I beschränkter Haftung ist entweder der pfändbare Erbteil (vgl → § 2033 Rn. 6 ff.) des Miterben bei einem Einzeltitel oder der Nachlass mit seinen einzelnen Gegen-
ständen bei Titel(n) gegen alle Miterben (§ 2059 II, § 747 ZPO). **d) Rechtsge-** 4
schäftliche Haftungsbeschränkung für Nachlasserbenschulden (vgl → § 1967 Rn. 5) durch den verwaltenden (§ 2038 I) Miterben ist bei erkennbarem Handeln nur für den Nachlass – auch stillschweigend – möglich (BGH BB 1968, 769).

3. Gesamtschuldnerische und anteilige Haftung der einzelnen Miterben. 5
Sie ist – da nur bei der Gemeinschaft fraglich – allein in den §§ 2058, 2060, 2061 geregelt. **a)** Grundsätzlich gilt vor und nach der Teilung **gesamtschuldnerische Haftung** (§ 2058). Die *Gemeinschaftlichkeit* der Verbindlichkeiten ist der Regelfall (Bsp: Haftung des Miterben für Abriss einer Giebelmauer durch Gemeinschaftsmitglieder aus §§ 1004, 922 S. 3; BGH NJW 1989, 2542). Ausnahmsweise betreffen zB Vermächtnisse oder Auflagen nur einen oder einzelne Miterben (vgl auch § 2046 II); für die betroffenen Miterben gilt die Gesamtschuldnerschaft des § 2058. Ein Miterbe hat ein Leistungsverweigerungsrecht, solange sich der Gläubiger durch Aufrechnung mit einer fälligen Forderung der Erbengemeinschaft befriedigen kann (BGHZ 38, 122; vgl → § 2040 Rn. 5). Im *Innenverhältnis* sind sich die Miterben

vor der Teilung zur Mitwirkung bei der Befriedigung aus dem Nachlass verpflichtet (§§ 2038 I, 2046); nach der Auseinandersetzung kann der in Anspruch genommene Erbe die Miterben im Verhältnis der Erbteile heranziehen (§ 426 I 1 Alt. 2, II), wobei im Falle der Ausgleichung (§§ 2050 ff.) der reale Ausgleichsbetrag die Quotelung bestimmen soll (§ 2056 S. 2!). Für Verjährung gelten §§ 195, 199 I, III a (zu str Einzelheiten Küpper ZEV 2010, 397; zum alten Recht und § 197 I Nr. 2 aF OLG
6 Oldenburg NJW 2009, 3586). **b)** Die **anteilige Haftung** tritt *ausnahmsweise* in den Sonderfällen der §§ 2060, 2061 *nach der Teilung* ein (BGH WM 1982, 102: keine Verwirkung gesamtschuldnerischer Haftung vor der Fünfjahresfrist gem § 2060 Nr. 2). Sie bestimmt sich nur nach der ideellen Erbquote, also nicht nach dem
7 Verhältnis der Auseinandersetzungsguthaben. Vgl auch § 2045. **c) Verknüpfung der Haftungsvarianten.** Ein Miterbe kann als Gesamtschuldner unbeschränkbar oder beschränkbar haften; die Beschränkung bezieht sich vor der Teilung auf seinen Erbteil (vgl § 2033 I 1), nach der Teilung auf den realiter bezogenen Auseinandersetzungsanteil. Er kann ferner anteilig unbeschränkbar oder beschränkbar haften; im Falle des § 2056 kann deshalb ein Gläubiger mit der ideellen Quote des zu Lebzeiten begünstigten Miterben ausfallen, wenn dieser die Haftung beschränkt.

8 **4. Die Haftung der Erben in ihrer Schuldnermehrheit mit dem ungeteilten Nachlass.** Sie ergibt sich aus § 2059 II, § 747 ZPO. Die Schuldnermehrheit kann *Gesamtschuld* sein: Aufgrund eines gegen alle Miterben einzeln oder als Gesamtschuldner gerichteten Titels („Gesamtschuldklage") wird in den ungeteilten Nachlass vollstreckt. Sie kann aber auch *gemeinschaftliche Schuld* sein, wenn gemeinschaftliches Zusammenwirken geschuldet ist: zB schulden die Miterben gemeinsame Mitwirkung bei einer Auflassung („Gesamthandsklage"; hierzu BGH NJW 1995, 59 f.; ähnlich OLG Naumburg NJW-RR 1998, 309). Ob Gesamt- oder gemeinschaftliche Schuld vorliegt, entscheidet die Rechtsnatur der Verbindlichkeit. Nach eher hM hat der Nachlassgläubiger die Wahl, ob er die Gesamtschuld- oder die Gesamthandsklage erhebt (BGH NJW 2014, 2574 Rn. 28 ff. mit Hinweis auf unterschiedliche Folgen für die Art der Streitgenossenschaft und die Ablaufhemmung gem § 211; BGH NJW-RR 1988, 710; OLG Karlsruhe NJW-RR 2005, 1317; → § 2332 Rn. 3). Dies gelte auch, wenn die Verbindlichkeit nur gemeinschaftlich erfüllbar ist, da jeder Erbe gesamtschuldnerisch die *Herbeiführung* schulde (BGH NJW 1963, 1612; StMarotzke § 2058, Rn. 29).

9 **5. Gläubiger-Miterbe.** Er kann schon vor der Teilung Gesamtschuldklage erheben (BGH NJW 1963, 1612; BGH NJW-RR 1988, 710), allerdings muss er die seinem Erbteil entspr Quote absetzen (OLG Düsseldorf MDR 1970, 766); auch die Möglichkeit der Gesamthandsklage ist zu bejahen (OLG Saarbrücken NJW-RR 2007, 1660: Klage auf Übereignung eines Nachlassgrundstücks an einen Miterben aus Vorausvermächtnis). Ebenso ist Gesamtschuldklage nach Teilung möglich (RGZ 150, 347; BGH NJW 1998, 682: Klage aus Vorausvermächtnis nach Teilungsversteigerung eines nachlasszugehörigen Grundstücks; BayObLG NJW 2004, 944). Gegenüber den Gläubiger-Miterben bleibt die Haftung stets beschränkbar (§ 2063 II; Buchholz JR 1990, 45); der Schuldner-Miterbe haftet aber nicht automatisch beschränkt, sondern muss wie sonst seine Beschränkungsrechte geltend machen. § 2063 II schließt § 185 II 1 für den Fall aus, dass der Erblasser als Nichtberechtigter ohne Zustimmung der berechtigten Miterben zugunsten eines Miterben verfügt (BGH LM Nr. 1 zu § 2113 BGB).

10 **6. Haftung für Geschäftsschulden.** Vgl → § 1967 Rn. 6 ff.

11 **7. Prozessuales. a) Gerichtsstand.** §§ 27, 28 ZPO (BayObLG NJW-RR 2004, 944: Klage eines Miterben als Nachlassgläubiger nach Teilung). **b) Klageart** vgl → Rn. 8. **c) Streitgenossenschaft:** Die Miterben sind bei Erhebung der Gesamtschuldklage einfache, bei Erhebung der Gesamthandsklage notwendige Streitgenossen. **d) Vollstreckung** in den ungeteilten Nachlass erfordert einen – nicht notwendig einheitlichen – Titel gegen alle Erben, § 747 ZPO. **e) Haftungsbeschränkung:**

vgl → Rn. 3; Aufgebot der Nachlassgläubiger gem § 2061 keine Nachlasssache nach §§ 342 I FamFG und kein Aufgebot nach §§ 433 ff. FamFG, deshalb keine Beschwerde nach §§ 59 ff. FamFG, sondern Rechtspflegererinnerung gem § 11 II RPflegerG (so OLG Köln ZEV 2017, 42 – eher zweifelhaft!).

Abschnitt 3. Testament

Titel 1. Allgemeine Vorschriften

§ 2064 Persönliche Errichtung

Der Erblasser kann ein Testament nur persönlich errichten.

1 Ausgeschlossen ist die Vertretung im Willen und in der Erklärung (BGHZ 15, 200). Folge eines Verstoßes ist unheilbare Nichtigkeit. Der Erblasser muss sich selbst über den Inhalt aller wesentlichen Teile seines letzten Willens schlüssig werden (BayObLG NJW 1999, 1120; zur Teleologie der Vorschrift Goebel DNotZ 2004, 104).

§ 2065 Bestimmung durch Dritte

(1) **Der Erblasser kann eine letztwillige Verfügung nicht in der Weise treffen, dass ein anderer zu bestimmen hat, ob sie gelten oder nicht gelten soll.**

(2) **Der Erblasser kann die Bestimmung der Person, die eine Zuwendung erhalten soll, sowie die Bestimmung des Gegenstands der Zuwendung nicht einem anderen überlassen.**

Lit: Brox, Die Bestimmung des Nacherben oder des Gegenstandes der Zuwendung durch den Vorerben, FS Bartholomeyczik, 1973, S 41; Goebel, Drittbestimmung des Unternehmensnachfolger-Erben?, DNotZ 2004, 101; Helms, Erbrechtliches Drittbestimmungsverbot und kautelarjuristische Praxis, ZEV 2007, 1; Karczewski, Erbrecht und die älter werdende Gesellschaft: Probleme des § 2065 BGB, ZEV 2018, 192 ff.; Keim, „Wer sich um mich kümmert, soll mein Erbe werden" – Belohnende letztwillige Zuwendungen und § 2065 BGB, ZEV 2014, 72; Klunzinger, Die erbrechtliche Ermächtigung zur Auswahl des Betriebsnachfolgers durch Dritte, BB 1970, 1197; Stiegeler, Die Nacherbeneinsetzung, abhängig vom Willen des Vorerben, BWNotZ 1986, 25; H. Westermann, Die Auswahl des Nachfolgers im frühzeitigen Unternehmertestament, FS Möhring, 1965, S 183.

1 **1. Keine Bestimmung über Gültigkeit durch Dritte.** In einer letztwilligen Verfügung kann der Erblasser die Bestimmung des Zuwendungsempfängers nicht der letztwilligen Verfügung eines Dritten überlassen (BGH NJW 1984, 47; BGH WM 1987, 564), im gemeinschaftlichen Testament kann der überlebende Teil nicht ermächtigt werden, Anordnungen mit Bezug auf den Nachlass des Erstversterbenden zu ändern (RGZ 79, 32). Daher kann der Erblasser nicht bestimmen, dass die Erben des Vorerben seine Nacherben sein sollen (OLG Oldenburg ZEV 2010, 636; OLG Hamm MDR 2007, 664; OLG Frankfurt a.M. ZEV 2001, 316 mAnm von Otte; Kanzleiter DNotZ 2001, 149; aA Ivo DNotZ 2002, 260). Möglich ist aber die Erbeinsetzung unter einer aufschiebenden oder auflösenden Bedingung. Deshalb kann der erstversterbende Ehegatte die Abkömmlinge unter der Bedingung zu Nacherben einsetzen, dass der überlebende Teil nicht anderweitig testiert (BGHZ 2, 35; 59, 220; OLG Hamm NJW-RR 2014, 1288 [1289]; OLG Stuttgart FamRZ 2005, 1865; OLG Oldenburg MDR 1991, 539; ebenso MüKoBGB/Leipold § 2065 Rn. 16; zutr krit Stiegeler, BWNotZ 1986, 25; offen BGH NJW 1982, 2052; sa OLG Hamm MDR 2007, 664 mAnm Ahrens ErbR 2008, 110) oder sogar, dass der überlebende Teil nicht lebzeitig anderweitig verfügt (OLG Hamm FamRZ 2000,

446 = ZEV 2000, 198 mAnm Loritz; ZEV 2019, 415 Rn. 7 f.). In diesen Fällen ist ein neu eingesetzter Erbe dann aber Erbe nach dem zum Vollerben gewordenen bedingt eingesetzten Vorerben (OLG Hamm NJW-RR 2014, 1288 [1289]). Zulässig soll es sein, die vom Erben des Erblassers zu bestimmenden Rechtsnachfolger als Ersatzerben (§ 2096) einzusetzen (so OLG Hamm NJW-RR 2019, 585 Rn. 15). Umstritten ist, ob § 2065 I auch verbietet, dass der wirksame Gebrauch der Freistellung von der Bindungswirkung des § 2270 von der Zustimmung Dritter, z.B. des Testamentsvollstreckers abhängig gemacht wird (so OLG Bremen ZEV 2018, 90 ff. Rn. 13 ff.; sa → § 2271 Rn. 7).

2 **2. Bestimmung der Person durch Dritte.** Eine verbotene Bestimmung soll nicht vorliegen, wenn der Dritte nach sachlichen Kriterien, zB Eignung zur Bewirtschaftung eines Landgutes (RGZ 159, 299; OLG Celle RdL 99, 328: Hof) oder Führung eines Unternehmens (OLG Köln OLGZ 1984, 299; Goebel DNotZ 2004, 101), auswählt und dabei Willkür ausgeschlossen bleibt (vgl BayObLG NJW-RR 1998, 729: keine Überlassung der freien Auswahl an Leiter eines Waisenhauses; BayObLG FamRZ 2005, 68: keine Auswahl des zur Bewirtschaftung des Grundbesitzes geeigneten Nacherben durch Vorerben; → § 2151 Rn. 1). Nach BGHZ 15, 202 darf der Dritte den Erben nicht bestimmen, sondern nur nach vorgegebenen Kriterien „bezeichnen" (sa BayObLG FamRZ 1981, 403; 2000, 1392 = NJW-RR 2000, 1174; OLG Hamm NJW-RR 1995, 1478; KG ZEV 1998, 182 mAnm von Wagner; Zawar DNotZ 1999, 685). Der bezeichnende Dritte muss aber benannt werden (BGH NJW 1965, 2201; BayObLG NJW 1999, 1121). Aus § 2065 lässt sich das *Gebot ausreichender Bestimmtheit* des Bedachten entnehmen, so dass eine Verfügung unwirksam ist, die auch nicht durch Auslegung gem § 2084 eine klare Bestimmung des Bedachten zulässt (BGH NJW 2022, 474 Rn. 15; OLG Braunschweig NJW-RR 2019, 583 Rn. 30 ff.; sa § 2247 Rn. 2 u. § 2084 Rn. 4). Bsp: unwirksame Erbenbestimmung bei Einsetzung der Personen, „welche die Beisetzung und die Grabpflege übernehmen" (BayObLG FamRZ 1992, 987; BayObLG NJW-RR 1993, 138; LG Magdeburg Rpfleger 1999, 493) oder den „Erblasser im Alter pflegen und beerdigen" (OLG Frankfurt a.M. FamRZ 1992, 226; ähnlich OLG München NJW 2013, 2977; OLG Köln FGPrax 2017, 41; OLG Braunschweig NJW-RR 2019, Rn. 32: Erbeinsetzung desjenigen, „der für mich aufpasst und nicht ins Heim steckt"; anders aber OLG Frankfurt a.M. NJW-RR 1995, 711 für den Fall, dass der Erblasser zu Lebzeiten die Pflegeperson noch selbst auswählt) oder „die (tätowierten) Hautpartien des Erblassers abziehen, konservieren und auf einen Rahmen spannen (lassen)" (KG ZEV 1998, 260; hierzu Wagner ZEV 1998, 255). Die Anweisung an den Testamentsvollstrecker, den gesamten Nachlass einer sozialen Bestimmung zuzuführen, ist unwirksam, kann aber in Erbeinsetzung unter Auflage umgedeutet werden (BayObLG FamRZ 2001, 317). Die Erbeinsetzung einer noch zu gründenden Stiftung kann ausreichend bestimmt sein, wenn bereits ein Satzungsentwurf vom Erblasser bei der zuständigen Behörde eingereicht war (OLG München ZEV 2017, 634 Rn. 58 ff.; sa → § 2084 Rn. 4 und → § 2247 Rn. 2; enger OLG Frankfurt a.M. FGPrax 2017, 270 bei bloß angegebener gemeinnütziger, mildtätiger oder sakralbaulicher Zweckbestimmung für Stadt des letzten Aufenthaltes des Erben).

3 **3. Dritte als Schiedsrichter.** Sie können für Auslegungs- oder Streitfragen eingesetzt werden (zB ob eine Bedingung oder Auflage erfüllt ist); ebenso der Testamentsvollstrecker (RGZ 100, 78; s aber → § 2227 Rn. 3), allerdings nicht zu Entscheidungen *über den Bestand seines eigenen* Amtes (BGHZ 41, 23). Lit: Werner ZEV 2011, 506; Kohler DNotZ 1962, 125.

4 **4. Bestimmung des Zeitpunktes der Nacherbfolge.** Sie kann keinem Dritten überlassen bleiben (BGHZ 15, 199; sa OLG Köln FamRZ 1995, 57 mAnm von Hermann S. 1396).

5. Ausnahmevorschriften. §§ 2048 S. 2, 2151 ff., 2192 f. (dazu OLG Köln NJW 2014, 2448), 2198–2200; § 14 III HöfeO (dazu BGHZ 45, 199). 5

§ 2066 Gesetzliche Erben des Erblassers

[1]Hat der Erblasser seine gesetzlichen Erben ohne nähere Bestimmung bedacht, so sind diejenigen, welche zur Zeit des Erbfalls seine gesetzlichen Erben sein würden, nach dem Verhältnis ihrer gesetzlichen Erbteile bedacht. [2]Ist die Zuwendung unter einer aufschiebenden Bedingung oder unter Bestimmung eines Anfangstermins gemacht und tritt die Bedingung oder der Termin erst nach dem Erbfall ein, so sind im Zweifel diejenigen als bedacht anzusehen, welche die gesetzlichen Erben sein würden, wenn der Erblasser zur Zeit des Eintritts der Bedingung oder des Termins gestorben wäre.

Lit: Tappmeier, Die erbrechtlichen Auslegungsvorschriften in der gerichtlichen Praxis, NJW 1988, 2714.

1. Ergänzungsregel. Die Ergänzungsvorschrift des Satz 1 gilt auch bei einem Rechtswechsel zwischen letztwilliger Verfügung und Erbfall; das durch die Rechtsänderung nach Errichtung der Verfügung begünstigte nichteheliche Kind ist folglich „ges Erbe" (OLG Stuttgart FamRZ 1973, 279). Unter altem Recht war str, ob damit auch das nichteheliche Kind Miterbe wurde oder – richtiger – nur den Anspruch aus § 1934a aF erhielt (dazu Soergel/Loritz § 2066 Rn. 17; Spellenberg FamRZ 1977, 190); behält nur für Altfälle Restbedeutung (→ § 1924 Rn. 3). Parallelvorschrift: § 160 II VVG = § 167 II VVG aF (hierzu Damrau FamRZ 1984, 443). 1

2. Auslegungsregel. Die Auslegungsregel des Satz 2 ist entspr anwendbar, wenn der Erblasser seine gesetzlichen Erben oder die ges Erben des Vorerben als Nacherben einsetzt (OLG Zweibrücken NJW-RR 1990, 1161; OLG Köln FamRZ 1970, 605; ähnlich BayObLG FamRZ 1986, 611). Maßgeblich sind die ges Bestimmungen und Verhältnisse bei Eintritt der Nacherbfolge (BayObLG NJW-RR 1991, 1096); → § 2104 Rn. 1. 2

3. Ermittelbarer abw Erblasserwille. Er geht den Vermutungen des § 2066 stets vor (RGZ 70, 391; BayObLG FamRZ 1986, 611); → § 2070 Rn. 1. 3

§ 2067 Verwandte des Erblassers

[1]Hat der Erblasser seine Verwandten oder seine nächsten Verwandten ohne nähere Bestimmung bedacht, so sind im Zweifel diejenigen Verwandten, welche zur Zeit des Erbfalls seine gesetzlichen Erben sein würden, als nach dem Verhältnis ihrer gesetzlichen Erbteile bedacht anzusehen. [2]Die Vorschrift des § 2066 Satz 2 findet Anwendung.

1. Verwandte. Nach § 1589 sind dies auch nichteheliche Kinder und Väter (vgl auch → § 2066 Rn. 1); analoge Anwendung bei Einsetzung einer Gruppe von Verwandten („Kinder der Geschwister", OLG Hamm Rpfleger 1986, 480; für „übrige Verwandte" BayObLG NJW 1992, 322; „Abkömmlinge", BayObLG Rpfleger 2001, 305 mAnm von Wegmann ZEV 2001, 442; „Angehörige" als Schlusserben, OLG München ZEV 2012, 367). → § 2091 Rn. 1. 1

2. Ehegatten. Sie sind nicht Verwandte iSv § 2067; jedoch kann eine am Erblasserwillen orientierte Auslegung zu einem Erbrecht des Ehegatten führen. 2

§ 2068 Kinder des Erblassers

Hat der Erblasser seine Kinder ohne nähere Bestimmung bedacht und ist ein Kind vor der Errichtung des Testaments mit Hinterlassung von

Abkömmlingen gestorben, so ist im Zweifel anzunehmen, dass die Abkömmlinge insoweit bedacht sind, als sie bei der gesetzlichen Erbfolge an die Stelle des Kindes treten würden.

1 Die Vorschrift stellt die Auslegungsregel auf, dass unter „Kind" auch der „Kindesstamm" zu verstehen ist, falls ein Kind schon *vor* Testamentserrichtung verstorben ist (sonst § 2069!). Die Kindeskinder rücken nach den Anteilen gem § 1924 III, IV ein; nichteheliche Kindeskinder erhielten nur unter Übergangsrecht (Art. 227 EGBGB; hierzu aber → § 1924 Rn. 3) ggf noch den entspr Ersatzanspruch. Ob Kindeskinder eines Dritten erben, falls allg dessen Kinder eingesetzt sind, ist nach allg Auslegungskriterien (vgl RGZ 134, 280; KG NJW-RR 1991, 394) zu ermitteln.

§ 2069 Abkömmlinge des Erblassers

Hat der Erblasser einen seiner Abkömmlinge bedacht und fällt dieser nach der Errichtung des Testaments weg, so ist im Zweifel anzunehmen, dass dessen Abkömmlinge insoweit bedacht sind, als sie bei der gesetzlichen Erbfolge an dessen Stelle treten würden.

1 **1. Vorrang individueller Testamentsauslegung.** Individuelle Auslegung geht der ges Auslegungsregel vor (BGHZ 33, 63; sa OLG Hamm OLGZ 1992, 23; BayObLGR 2005, 332); diese gilt also erst, falls ein tatsächlicher oder hypothetischer Erblasserwille nicht feststellbar ist (dazu OLG München NJW-RR 2009, 878 f.).

2 **2. Voraussetzungen und Inhalt der Auslegungsregel.** Die Auslegungsregel enthält eine stillschweigend erklärte Ersatzerbeneinsetzung für den Fall des **Wegfalls** eines Abkömmlings; begünstigt ist der Stamm des Abkömmlings, falls er bei gesetzl Erbfolge nach dem Erblasser – nicht nach dem weggefallenen Abkömmling! – nachrücken würde (BGH NJW 2002, 1126 und BayObLGR 2004, 173; für gemeinschaftliches Testament aber → § 2270 Rn. 5 und → Rn. 4). Dies gilt auch für nichteheliche Kinder des Abkömmlings (OLG Köln Rpfleger 1993, 404). Adoptivkinder des Abkömmlings gehören hierzu nur bei adoptionsbedingter Verwandtschaft (→ § 1924 Rn. 2) zum Erblasser (BayOblG Rpfleger 1985, 66). War der durch gemeinschaftliches Testament bedachte Abkömmling Stiefkind des zuletzt verstorbenen Erblassers, so kann der Eintritt der Stiefenkel in die testamentarische Erbfolge Auslegungsergebnis sein (BGH NJW-RR 2001, 1154; BayObLG NJW-RR 1991, 9; Rpfleger 2005, 26; sa OLG Frankfurt a.M. FGPrax 1998, 65; LG Berlin FamRZ 1994, 786). Typische Fälle des Wegfalls sind Tod und – *grundsätzlich* – Ausschlagung (BGHZ 33, 60) oder Erbverzicht (§ 2352) zugunsten der Abkömmlinge. *Kein Wegfall* liegt indessen bei rechtswirksamer Enterbung vor (BGH LM Nr. 4 zu § 2069 BGB), falls die Erstreckung auf die Abkömmlinge deutlich gewollt war.

3 **3. Doppelbegünstigung desselben Stammes.** Sie wird iZw allerdings nicht gewollt sein. Deshalb kommt § 2069 nicht zur Anwendung, wenn Erbverzicht gegen volle Abfindung erfolgte (BGH NJW 1974, 43; sa OLG München ZErb 2005, 379) oder wenn der Ausschlagende den Pflichtteil verlangt (BGHZ 33, 62; OLG Stuttgart OLGZ 1982, 271; OLG München ZErb 2006, 383; str).

4 **4. Konkurrenzprobleme. a) § 2074.** Stirbt der bedachte Abkömmling vor Bedingungseintritt, so treten gleichwohl gem § 2069 die Kindeskinder an seine Stelle (BGH NJW 1958, 22). **b) § 2096.** Ob im Testament benannte Ersatzerben iSd § 2096 den gem § 2069 zu Ersatzerben berufenen Abkömmlingen vorgehen, ist Auslegungsfrage (BayObLG FamRZ 1994, 785; hierzu Musielak ZEV 1995, 5; Muscheler JR 1995, 309). Wenn kein die Reichweite der Ersatzerben-Einsetzung einschränkender Erblasserwillen feststellbar ist, erben die ausdrücklich eingesetzten Ersatzerben (str). **c) § 2108 II 1.** Wenn der als Nacherbe eingesetzte Abkömmling vor dem Nacherbfall stirbt und Vererbung der Nacherbenanwartschaft nicht ausge-

schlossen ist (BGH NJW 1981, 2745; → § 2108 Rn. 2), ist durch Auslegung zu ermitteln, ob gem § 2069 die Abkömmlinge als ges Erben oder gem § 2108 II 1 die uU testamentarischen Erben Nacherbe werden; keine Vorschrift hat Vorrang (str). Wesentliches Kriterium kann dabei der Erblasserwille zur Fernhaltung familienfremder Personen sein (BGH NJW 1963, 1150; → § 2108 Rn. 3). **d) § 2270 II.** Eine Kumulation der Auslegungsregeln § 2069 und § 2270 II ist nicht möglich. § 2270 II ist auf Ersatzerben nur anwendbar, wenn sich Anhaltspunkte für einen solchen Willen der testierenden Ehegatten ergeben, nicht dagegen wenn die Erbenstellung allein auf § 2069 beruhen soll, vielmehr muss sich der Wille zur Einsetzung eines Ersatzerben (§ 2096) aus allgemein geltenden Regeln der Testamentsauslegung ergeben, was gleichermaßen für Abkömmlinge des ausgefallenen Erben als auch für andere Ersatzerben zu gelten hat (hierzu BGH NJW 2002, 1127; OLG Frankfurt a.M. NJW-RR 2022, 444 Rn. 29; OLG Köln ErbR 2019, 710; OLG Düsseldorf ZEV 2018, 140; OLG Hamm NJW-RR 2019, 585, Rn. 17; NJW-RR 2019, 718 Rn. 13; OLG München FamRZ 2010, 1848; 2008, 644 f.; OLG München ZErb 2010, 158 f.; OLG München ZEV 2017, 409; OLG Schleswig FamRZ 2011, 66; OLG Schleswig NJW-RR 2014, 73 [76]; anders noch BGH NJW 1983, 277; → Rn. 2 und → § 2270 Rn. 5).

5. Analoge Anwendung bei Wegfall Dritter. Sie scheidet aus (OLG Düssel- 5
dorf NJW-RR 2012, 1357; 2014, 1287 [1288]; OLG München ZEV 2016, 667 [LS] = BeckRS 2016, 13318); hier entscheidet allein der durch ergänzende Auslegung zu ermittelnde Erblasserwille, der sich auf eine derartige Ersatzerbeneinsetzung (§§ 2096 ff.) nachweislich richten muss (BGH NJW 1973, 242; BayObLGZ 1982, 159; BayObLG NJW 1988, 2744; BayObLG FamRZ 1991, 865; 2005, 69; 556; BayObLG NJW-RR 1992, 73; 1993, 459; 1997, 517; OLG Karlsruhe NJW-RR 1992, 1482; OLG Hamm FamRZ 1997, 122; OLG München NJW-RR 2013, 456; OLG München FamRZ 2011, 1693; 2011, 1818; OLG München ZEV 2007, 93; 2016, 667 [LS]; OLG Schleswig FamRZ 2012, 666; OLG Düsseldorf NJW-RR 2014, 1287 [1288]; BayObLG FamRZ 2001, 517 mAnm Hohloch JuS 2001, 712; OLG München NJW-RR 2017, 907: Abkömmling des Stiefsohnes eines und Sohn des anderen Ehegatten als Ersatzerbe). Eine ausreichende Andeutung im Testament kann schon die Einsetzung einer dem Erblasser nahe stehenden Person sein (BayObLG FamRZ 2000, 59; OLG München Rpfleger 2007, 649; zurückhaltend OLG München NJW-RR 2013, 456; KG ZEV 2020, 485 Rn. 12 ff.) oder die Gewissheit der Einsetzung einer Person als erste eines Stammes (eher strenge Maßstäbe bei OLG Düsseldorf NJW-RR 2014, 1287 [1288]).

§ 2070 Abkömmlinge eines Dritten

Hat der Erblasser die Abkömmlinge eines Dritten ohne nähere Bestimmung bedacht, so ist im Zweifel anzunehmen, dass diejenigen Abkömmlinge nicht bedacht sind, welche zur Zeit des Erbfalls oder, wenn die Zuwendung unter einer aufschiebenden Bedingung oder unter Bestimmung eines Anfangstermins gemacht ist und die Bedingung oder der Termin erst nach dem Erbfall eintritt, zur Zeit des Eintritts der Bedingung oder des Termins noch nicht gezeugt sind.

Die Vorschrift ist nur vor dem Hintergrund der §§ 1923, 2101 I, 2105 II, 2106 II 1
verständlich. Sie begründet die – widerlegbare – Auslegungsregel, dass der Erblasser an eine so komplizierte Erbfolge bei Erbeinsetzung von Abkömmlingen eines *Dritten* nicht gedacht habe. Die Vorschrift gilt *nicht* für Abkömmlinge eigener Kinder: hier entscheidet die Auslegung, ob nach dem Erbfall bzw Bedingungseintritt erzeugte Enkelkinder als Nacherben (§ 2101 I 1) eingesetzt sind (OLG Köln NJW-RR 1992, 1032).

§ 2071 Personengruppe

Hat der Erblasser ohne nähere Bestimmung eine Klasse von Personen oder Personen bedacht, die zu ihm in einem Dienst- oder Geschäftsverhältnis stehen, so ist im Zweifel anzunehmen, dass diejenigen bedacht sind, welche zur Zeit des Erbfalls der bezeichneten Klasse angehören oder in dem bezeichneten Verhältnis stehen.

1 Die Auslegungsregel gilt nicht, wenn der Erblasser auf den Zeitpunkt der letztwilligen Verfügung abhebt, was oft der Fall sein wird.

§ 2072 Die Armen

Hat der Erblasser die Armen ohne nähere Bestimmung bedacht, so ist im Zweifel anzunehmen, dass die öffentliche Armenkasse der Gemeinde, in deren Bezirk er seinen letzten Wohnsitz gehabt hat, unter der Auflage bedacht ist, das Zugewendete unter Arme zu verteilen.

1 „Öffentl Armenkasse" ist der Träger der örtl Sozialhilfe (§§ 3, 97 f. SGB XII); Analogie bei Zuwendungen an „sozial Schwache", „Behinderte" oder Begünstigung eines „sozialen Zwecks" wie Waisenhaus, Altenheim etc (OLG Hamm OLGZ 1984, 323), ebenso bei Zuwendung an „Kriegsbeschädigte" (KG NJW-RR 1993, 76). Sogar „ein Heim in München" soll ausreichen (BayObLG NJW-RR 2000, 1174 = FamRZ 2000, 1392). Die Auflage, für „wohltätige Zwecke" einen bestimmten Betrag auszugeben, ist kein Fall des § 2072 und betrifft folglich den Erben (sa BayObLG FamRZ 2001, 317 und → § 2065 Rn. 2).

§ 2073 Mehrdeutige Bezeichnung

Hat der Erblasser den Bedachten in einer Weise bezeichnet, die auf mehrere Personen passt, und lässt sich nicht ermitteln, wer von ihnen bedacht werden sollte, so gelten sie als zu gleichen Teilen bedacht.

1 Die Fiktion tritt erst ein, wenn die mehrdeutige Bezeichnung nicht durch Auslegung zu konkretisieren ist (zB AG Leipzig Rpfleger 1995, 22: „der Staat"; BayObLG NJW 1999, 1121: „die Kirche" bzw „die Stadtverwaltung"; OLG Celle NJW-RR 2003, 368: „der Tierschutzverein in C."). Sie soll nach BGH WM 1975, 737 ausgeschlossen sein, falls der Erblasser mit Sicherheit nur eine Person bedenken wollte (zweifelhaft). Auf wahlweise Erbeinsetzung ist § 2073 entspr anzuwenden (str, offen BayObLG NJW 1999, 1121; sa Spanke NJW 2005, 2947 zu alternativer Erbeinsetzung), ebenso bei nicht erschöpfender Aufzählung (BayObLG FamRZ 1990, 1275: gleiche Teile für alle).

§ 2074 Aufschiebende Bedingung

Hat der Erblasser eine letztwillige Zuwendung unter einer aufschiebenden Bedingung gemacht, so ist im Zweifel anzunehmen, dass die Zuwendung nur gelten soll, wenn der Bedachte den Eintritt der Bedingung erlebt.

§ 2075 Auflösende Bedingung

Hat der Erblasser eine letztwillige Zuwendung unter der Bedingung gemacht, dass der Bedachte während eines Zeitraums von unbestimmter Dauer etwas unterlässt oder fortgesetzt tut, so ist, wenn das Unterlassen oder das Tun lediglich in der Willkür des Bedachten liegt, im Zweifel anzunehmen, dass die Zuwendung von der auflösenden Bedingung abhängig

sein soll, dass der Bedachte die Handlung vornimmt oder das Tun unterlässt.

§ 2076 Bedingung zum Vorteil eines Dritten

Bezweckt die Bedingung, unter der eine letztwillige Zuwendung gemacht ist, den Vorteil eines Dritten, so gilt sie im Zweifel als eingetreten, wenn der Dritte die zum Eintritt der Bedingung erforderliche Mitwirkung verweigert.

Anmerkungen zu den §§ 2074–2076

Lit: Keuk, Der Erblasserwille post testamentum. Zur Unzulässigkeit der testamentarischen Potestativbedingung, FamRZ 1972, 9; Litzenburger, Unmöglichkeit und Ausfall der Bedingung bei erbrechtlichen Zuwendungen, ZEV 2008, 369; Wacke, Rechtsfolgen testamentarischer Verwirkungsklauseln, DNotZ 1990, 403; Wagner, Erbeinsetzung unter einer Potestativbedingung und § 2065 BGB, ZEV 1998, 255.

1. Wesen und Arten der Bedingung. a) Eine Bedingung liegt vor, wenn das künftige Ereignis obj und in der subj Vorstellung des Erblassers ungewiss ist. Ein Beweggrund („Sollte mir während meines Urlaubs etwas passieren", BayObLG MDR 1982, 145; BayObLG NJW-RR 2003, 659; OLG München NJW 2012, 2818) ist weder Bedingung noch Befristung. 1

2. Aufschiebende Bedingung (§ 158 I). Hier gilt § 2105 I; zum Verhältnis von § 2074 und § 2069 vgl → § 2069 Rn. 4. § 2074 ist lex specialis zu § 2108 II. 2

3. Auflösende Bedingung (§ 158 II). Der Erbe hat die Stellung eines – befreiten (BayObLGZ 1962, 57) – Vorerben (§ 2103); erst wenn die Bedingung nicht mehr eintreten kann, wird er Vollerbe. Nacherben sind – aufschiebend bedingt – die ges Erben (§ 2104). Mit einer *Wiederverheiratungsklausel* kann angeordnet werden, dass der überlebende Ehegatte zugleich auflösend bedingter Vollerbe und aufschiebend bedingter Vorerbe sein soll (BGHZ 96, 202 [204]; aA Zawar NJW 1988, 16; → § 2269 Rn. 7 f. mN). Weitere Bsp: Pflegeleistung (BayObLG NJW-RR 1998, 729); Hofbewirtschaftung (BayObLG FamRZ 1999, 59). 3

4. Unerlaubte Bedingungen. Sie führen – gleichviel ob aufschiebend oder auflösend – zur Unwirksamkeit der Gesamtverfügung. § 140 ist unanwendbar, weil die unbedingte Verfügung weitergehende Wirkung hat (str); Aufrechterhaltung über § 2084 ist allenfalls möglich, wenn nicht auszuschließen ist, dass der Erblasser die Bedingung nur insoweit, als gerade noch zulässig, aufstellen wollte. Sittenwidrig wäre zB Heirat einer bestimmten Person als Bedingung, nicht aber Verheiratung überhaupt. Die Bedingung einer „hausgesetzmäßigen" Ehe des adeligen Erben ist nicht sittenwidrig, wenn der Erblasser mit ihr ansonsten zulässige Ziele verfolgt (BGHZ 140, 132 mAnm Muscheler ZEV 1999, 151; BayObLGZ 1996, 204; aA OLG Stuttgart ZEV 1998, 185; OLG Stuttgart FamRZ 2005, 1865; zum Ganzen Goebel FamRZ 1997, 656; Otte ZEV 1998, 185; → Vor § 1922 Rn. 1; BVerfG NJW 2000, 2495; 2004, 2009 ff.). Nicht sittenwidrig soll das berechtigte Scheidungsbegehren des Erblassers als Bedingung sein (BGH LM Nr. 5 zu § 138 [Cd]). Zulässig ist die Bedingung für den Nacherbfall, dass der Lebensgefährte der Vorerbin in das zum Nachlass gehörende Haus eingelassen werde (BayObLG ZEV 2001, 189). Mit § 2302 vereinbar ist jene Bedingung, wonach der Bedachte seinerseits zugunsten des Testators oder eines Dritten letztwillig zu verfügen hat (BGH LM Nr. 1 zu § 533). Die **unmögliche** aufschiebende Bedingung führt uU zur Gesamtunwirksamkeit, falls Auslegung nicht das Bemühen um Herbeiführung der Bedingung genügen lässt (hierzu BayObLG FamRZ 1986, 606; OLG München OLGR 2005, 503; sa OLG Bamberg NJW-RR 2008, 1326); die unmögliche auflösende Bedingung ist unbeachtlich. 4

5 **5. Verwirkungsklauseln.** Sie sind ein Sonderfall der auflösenden Bedingung (§ 2075). Der bedachte Abkömmling wird auf den Pflichtteil gesetzt – bzw der Erbe entfällt –, falls er sich gegen den Erblasserwillen vergeht; wann nach dem Erblasserwillen ein strafbewehrtes Verhalten des Bedachten gegeben sein soll, ist durch Testamentsauslegung zu ermitteln (BGH NJW-RR 2009, 1456 f.: Nichterfüllung einer Auflage; dazu Kroppenberg ZEV 2009, 463). Wenn er in einem gemeinschaftlichen Testament als Schlusserbe eingesetzt ist, kann ein strafbewehrtes Vergehen insbes im Pflichtteilsverlangen nach dem Tod des erstversterbenden Ehegatten bestehen (BGH NJW 2006, 3064; dazu Purrucker ZEV 2007, 127; Keim NJW 2007, 977; Knauss FamRZ 2007, 435; OLG Stuttgart OLGZ 1968, 246; 1979, 52; BayObLGZ 1990, 60; BayObLG NJW-RR 2004, 655; OLG München ZEV 2006, 412; von Olshausen DNotZ 1979, 707; zur Frage, wann ein Verlangen des Pflichtteils vorliegt, s OLG München FamRZ 2008, 722 f.; OLG Düsseldorf FamRZ 2012, 331; anders uU im Falle einer sehr allgemein gehaltenen Verwirkungsklausel, OLG Frankfurt a.M. BeckRS 2014, 02334; großzügig KG BeckRS 2018, 9262: bloßes Verhandeln über freiwillige Zahlung, das mit Einigung über Zahlung auf künftigen Erbanspruch endet, löst keine Sanktion aus; → § 2269 Rn. 5). Die Verwirkung setzt böswillige Auflehnung gegen den Erblasserwillen voraus (BGH WM 1985, 175; OLG Celle ZEV 1996, 307 mAnm von Skibbe: Weigerung voller Vermächtniserfüllung wegen Pflichtteilsbeeinträchtigung; str; aA BayObLGZ 1990, 62 mwN; BayObLG FamRZ 2005, 66; OLG Stuttgart ZEV 1998, 228 mAnm von Kummer: bewusster Verstoß genügt; ähnlich OLG Köln ZEV 2019, 750 = BeckRS 2018, 25213: Verlangen nach Auskunft über Nachlasswert gepaart mit Geldforderungen ohne erfolgreiche Durchsetzung ausreichend; OLG Düsseldorf FamRZ 2011, 1175; OLG Frankfurt a.M. DNotZ 2011, 552, mablAnm Kanzleiter: steuerlich motivierte einverständliche Erfüllung durch Überlebenden; zurückhaltend OLG Frankfurt a.M. NJW-RR 2022, 729 Rn. 16 ff.; OLG Rostock NJW-RR 2015, 776: bloßes Auskunftsverlangen oder Aufforderung zur Vorlage eines Nachlassverzeichnisses nicht ausreichend bei Anordnung einer Verwirkung bei „Fordern“ des Pflichtteils, nicht aber bereits im Falle informatorischer Maßnahmen); sie greift auch ein, wenn der Pflichtteil zB wegen vorausgehenden Erlasses tatsächlich nicht mehr bestand (OLG München NJW-RR 2008, 1036) oder wenn der Pflichtteil nach verspäteter Kenntnis der Verwirkungsklausel weiterverfolgt wird (OLG Düsseldorf FamRZ 2011, 1175). Soll durch Testamentsanfechtung aus beachtlichen Gründen oder im Rahmen verständlicher Auslegungsstreitigkeiten nur der wahre Erblasserwille erforscht werden, so liegt kein Fall der Verwirkung vor (vgl Birk DNotZ 1972, 284 ff. mN; OLG Dresden NJW-RR 1999, 1165; OLG Braunschweig OLGZ 1977, 188; OLG München ZEV 2019, 33 Rn. 11 ff.; s aber das Gegenbeispiel OLG München NJW-RR 2011, 1164). Die Auslegung kann im Einzelfall auch auf die Zumutbarkeit eines bestimmten Verhaltens für den Bedachten abstellen (OLG Celle NZG 2000, 150: existenzgefährdendes Verlangen des Mietzinses für Schulgrundstück, wenn der Erblasser im Erbvertrag andere Sicherungen für den Erhalt des Schulbetriebs vorgesehen hatte). Ob im Verwirkungsfalle die Bindungswirkung einer Schlusserbeneinsetzung (§ 2271) entfällt (s BayObLGZ 1990, 60), gem § 2069 die Abkömmlinge des Verwirkenden oder gem § 2104 die ges Erben des Erblassers Nacherben werden, ist Auslegungsfrage (BayObLGZ 1962, 57); vgl aber auch → § 2069 Rn. 3 f. In der angeordneten Beschränkung auf den Pflichtteil liegt regelmäßig nur ein Verweis auf das Gesetz, kein Vermächtnis. Unwirksam ist eine Verwirkungsklausel bei Erbeinsetzung auf den Pflichtteil (BGH NJW 1993, 1005; → § 2306 Rn. 3). Sollen Stiefkinder des letztversterbenden Ehegatten nur den – in Wirklichkeit nicht existenten – Pflichtteil erhalten, falls sie beim Tod des leiblichen Elternteils den Pflichtteil fordern, so kann darin ein Vermächtnis in Höhe des vollen fiktiven Pflichtteils oder – wahrscheinlicher – in Höhe des Pflichtteils nach dem leiblichen Elternteil liegen (BGH NJW-RR 1991, 707; sa OLG Celle ZErb 2010, 86 f.). Im Grundbuchverfahren kann der Nachweis des Nichteintritts der Verwirkung entgegen §§ 29, 35 GBO auch gem

§ 2356 I 2 (zB eidesstattliche Versicherung) erbracht werden (KG NJW-RR 2012, 847).

6. Bedingung zum Vorteil eines Dritten. Eine Bedingung nach § 2076 liegt nicht vor bei Vermächtnis oder Auflage, weil hier Ansprüche (§§ 2147, 2192) bestehen. § 2076 ergänzt § 162. 6

§ 2077 Unwirksamkeit letztwilliger Verfügungen bei Auflösung der Ehe oder Verlobung

(1) [1]**Eine letztwillige Verfügung, durch die der Erblasser seinen Ehegatten bedacht hat, ist unwirksam, wenn die Ehe vor dem Tode des Erblassers aufgelöst worden ist.** [2]**Der Auflösung der Ehe steht es gleich, wenn zur Zeit des Todes des Erblassers die Voraussetzungen für die Scheidung der Ehe gegeben waren und der Erblasser die Scheidung beantragt oder ihr zugestimmt hatte.** [3]**Das Gleiche gilt, wenn der Erblasser zur Zeit seines Todes berechtigt war, die Aufhebung der Ehe zu beantragen, und den Antrag gestellt hatte.**

(2) **Eine letztwillige Verfügung, durch die der Erblasser seinen Verlobten bedacht hat, ist unwirksam, wenn das Verlöbnis vor dem Tode des Erblassers aufgelöst worden ist.**

(3) **Die Verfügung ist nicht unwirksam, wenn anzunehmen ist, dass der Erblasser sie auch für einen solchen Fall getroffen haben würde.**

Lit: Battes, Zur Wirksamkeit von Testamenten und Erbverträgen nach der Ehescheidung, JZ 1978, 733; Gebhardt, Der Zeitpunkt für die Beurteilung der Sittenwidrigkeit eines Testaments, Rpfleger 2008, 622; Gernhuber, Testierfreiheit, Sittenordnung und Familie, FamRZ 1960, 326; Kellermann, Die Auswirkungen der Scheidung auf das Ehegattenerbrecht, JuS 2004, 1071; Leipold, Testierverbote am Beispiel des § 14 HeimG und seiner landesrechtlichen Nachfolger, Hereditare – Jahrbuch für Erbrecht und Schenkungsrecht, 2013, 1; Ludyga, Vererben im betreuten Wohnen – Zur Bedeutung der „Landesheimgesetze" in der testamentarischen Gestaltungspraxis, ZEV 2014, 177; Otte, Die Nichtigkeit letztwilliger Verfügungen wegen Gesetzes- oder Sittenwidrigkeit, JA 1985, 192; Paal, Sittenwidrigkeit im Erbrecht, JZ 2005, 436; Schmoeckel, Der maßgebliche Zeitpunkt zur Bestimmung der Sittenwidrigkeit nach § 138 I BGB, AcP 197, 1, 64; Smid, Rechtliche Schranken der Testierfreiheit aus § 138 BGB, NJW 1990, 409; Thielmann, Sittenwidrige Verfügungen von Todes wegen, 1973.

1. Ergänzung allgemeiner Nichtigkeitsvorschriften. Die Vorschrift ergänzt die allg Nichtigkeitsvorschriften. **a)** Unwirksamkeit kann gegeben sein bei *Formverstößen* (§ 125) oder Verstößen gegen *zwingende erbrechtliche Vorschriften* (§ 134), zB Fehlen des Stiftungszwecks bei Einbringung des Nachlasses in eine zu gründende Stiftung (OLG Celle ZEV 2017, 295-LS); Einsetzung eines Altenheimträgers bei Kenntnis vertretungsberechtigter oder betreuender Heimmitarbeiter, § 14 I HeimG (verfassungsgemäß – BVerfG NJW 1998, 2964; s ferner BayObLG NJW 1992, 55; 1993, 1143; BayObLG NJW-RR 1998, 730 f.; BGH ZEV 1996, 145; BVerwG NJW 1990, 2268; → § 2301 Rn. 6); Verbotszweck ist die Verhinderung erbrechtlicher Verfügungen auf der Grundlage des durch die Heimunterbringung bestehenden Vertrauensverhältnisses, ein Zusammenhang, den der Gesetzgeber bis zum Beweis des Gegenteils vermutet (hierzu BGH NJW 1990, 1603 sowie KG ZEV 2018, 526 Rn. 27 ff.); entspr Anwendung bei Einsetzung anderer dem Heimträger oder den Mitarbeitern nahestehender Personen und Kenntnis des Heimträgers bzw seiner Mitarbeiter oder der dem Heimträger nahestehenden Person von der Zuwendung vor dem Todesfall (OLG München NJW-RR 2021, 1306 Rn. 24, 41 ff.; BayObLG NJW 2000, 1959, 1961; 2000, 1875; BayObLG NJW-RR 2001, 295; OLG Frankfurt a. M. NJW 2001, 1504 = ZEV 2001, 364 mAnm Rossak; OLG Düsseldorf FamRZ 1998, 192; Petersen DNotZ 2000, 379; zum Verstoß gegen entspr landesrechtliche Vorschriften OLG Frankfurt NJW 2015, 2351 und KG ZEV 2018, 526 sowie OLG Köln FGPrax 2019, 225: Gesetze der Länder über Selbstbestimmung 1

und Teilhabe in betreuten gemeinschaftlichen Wohnformen – Wohnteilhabegesetze [WTG]); *nicht* aber bei Zuwendungen durch Personen, die dem *Heimbewohner* nahe stehen, und wenn der Heimträger erst nach dem Tode des Erblassers von ihnen erfährt (BGH FamRZ 2012, 124; OLG Stuttgart FamRZ 2011, 408; teilw aA OLG München NJW 2006, 2642); auch reicht eine bloß potentielle mittelbare Begünstigung des Heimträgers idR nicht aus (BayObLG NJW 2000, 1961); keine analoge Anwendbarkeit auf Zuwendungen des Betreuten an Betreuer (BayObLG NJW 1998, 2369 und Müller ZEV 1998, 219; aA OLG Celle NJW 2021, 1681 Rn. 60 ff.); ebenso wenig bei erteilter Vorsorgevollmacht (BayObLG Rpfleger 2003, 131), bei privater Pflege (BayObLG NJW-RR 1998, 729; OLG Düsseldorf NJW 2001, 2338; LG Bonn NJW 1999, 2977) oder für Heime außerhalb der BRD (OLG Oldenburg FamRZ 1999, 1313); Erbeinsetzung entgegen § 42 BeamtStG, § 71 BBG, § 3 II TVÖD, § 78 II ZDG, § 19 SG (BVerwG NJW 1996, 2319; Battis JZ
2 1996, 856; Ebenroth/Koos ZEV 1996, 344; BayObLG NJW 1995, 3260). **b) Sittenwidrigkeit,** § 138. Da Testierfreiheit besteht, ist nicht jede Abweichung von den ges Regeln sittenwidrig, auch wenn in ihr eine bes Härte liegen mag. Das AGG findet gem § 19 IV AGG im Erbrecht keine Anwendung. Wirksam ist ein Testament, in dem der unverheiratete Erblasser seine Haushälterin unter Ausschluss ges Erben zur Alleinerbin (BGH LM Nr. 9 zu § 138 [Cd]) oder der kinderlose Witwer den behandelnden Arzt mit Frau einsetzt (BayObLG FamRZ 1985, 1085). Ebenfalls wirksam ist ein Testament, in dem ein Freund und Reisegefährte eingesetzt wird und die getrennt lebende Ehefrau sowie der Sohn auf den Pflichtteil beschränkt werden (BayObLG NJW 1987, 910) oder in dem die zweite Ehefrau Alleinerbin wird und die Kinder aus erster – mit der Alleinerbin gebrochener – Ehe nur den Pflichtteil erhalten (BGH DRiZ 1966, 397). Wirksam schließlich die Einsetzung eines jungen Mannes, dessen „väterlicher Freund" der Erblasser war, zu Lasten von Ehefrau und Schwester (OLG Frankfurt a.M. FamRZ 1992, 226). Zur testamentarischen Benachteiligung eines Adoptivkindes s aber EGMR NJW 2005, 875 mAnm
3 Staudinger ZEV 2005, 140. Zulässig ist ein *Behindertentestament,* mit dem der Erblasser zugunsten seines behinderten Kindes den Zugriff der Sozialbehörden auf den angemessenen Nachlass verhindert (BGH NJW 2020, 58 ff. Rn. 15 ff.; BGHZ 188, 99: Pflichtteilsverzicht; dazu Zimmer ZEV 2011, 258; Leipold ZEV 2011, 528; BGHZ 111, 36; BGH NJW 2013, 1879 Rn. 10, 19 ff.; BGH NJW-RR 2005, 369; 2006, 223: kombinierte Anordnung von Vor- u Nacherbschaft u Dauerverwaltung; OLG Hamm ZEV 2017, 158 [Vorerbschaft in Höhe des Pflichtteils mit Testamentsvollstreckung, Beschränkung auf Pflichtteil auch bei größerem Vermögen unschädlich]; BGH NJW 1990, 2055; 1994, 248; für Erbvertrag; OVG Bautzen NJW 1997, 2900; OLG Köln Rpfleger 2010, 140 f. für Testament und Erbverzicht; van de Loo NJW 1990, 2853; Krampe AcP 191, 526; Reimann DNotZ 1992, 245; Pieroth NJW 1993, 173; Nieder NJW 1994, 1264; Damrau ZEV 1998, 1; Ruby ZEV 2006, 66; Mensch BWNotZ 2009, 162 [166]; Dreher/Gömer NJW 2011, 1761; → § 2100 Rn. 5; → § 2209 Rn. 2 und → § 2346 Rn. 2; zum Wegfall der Schutzfunktion des Behindertentestaments durch Erbteilsübertragung LG Kassel ZEV 2014, 104 mAnm von Wirich und krit Bespr. Springmann ZEV 2014, 293; zur Sittenwidrigkeit einer Ausschlagung zur Erhaltung der Sozialhilfebedürftigkeit → § 1944 Rn. 2); zur Frage der Mittellosigkeit des Behinderten bei Vergütung des Betreuers BGH NJW-RR 2017, 770; 2017, 974; BGH NJW 2013, 1879; zur Wirkung des Bundesteilhabegesetzes auf das Recht des Behindertentestaments (§§ 135 ff. SGB IX nF zum 1.1.2020) Schneider ZEV 2019, 453 ff.; zur neueren Entwicklung Weidlich ZEV 2020, 136 ff.; zur Sittenwidrigkeit des *Bedürftigentestaments* SG Dortmund ZEV 2010, 54 mAnm von Keim; Wendt ZErb 2010, 45;
4 Dreher/Görner NJW 2011, 1761 [1765 f.]. Das sog *Mätressentestament,* das früher als sittenwidrig galt, wenn der verheiratete Erblasser seine Geliebte ausschließlich für geschlechtliche Hingabe belohnen oder sie zu weiterer Hingabe motivieren wollte (BGHZ 20, 73; 53, 376; BGH NJW 1984, 797; 1984, 2151; BAG NJW 1984, 1712; OLG Düsseldorf ZEV 1998, 28; stRspr), muss seit Inkrafttreten des

ProstG (hierzu Armbrüster NJW 2002, 2763) einer vorsichtigeren Beurteilung unterliegen. Denn wenn die Prostitutionsabrede im Rahmen gesetzlicher Vorgaben sittlich unbedenklich sein soll (zweifelhaft!), so kann auch die Motivation des Erblassers, Beischlaf zu belohnen, rechtlich für sich besehen Sittenwidrigkeit nicht begründen (so Deckenbrock/Dötsch ZFE 04, 114 mwN). Es bleibt aber die Abwägung zwischen dem Schutz von Ehe und Familie (Art. 6 I GG) und dem Recht auf Persönlichkeitsentfaltung (Art. 2 I GG), die Sittenwidrigkeit bei bestehender Ehe weiterhin begründen könnte und auch sollte. Anders, wenn neben diesem Motiv insbes bei langer Lebensgemeinschaft billigenswerte Beweggründe mitspielen (dazu OLG Düsseldorf FamRZ 2009, 545); dann kann bei teilbaren (→ § 139 Rn. 7) Zuwendungen Sittenwidrigkeit nur insoweit vorliegen, als das Ausmaß der Zuwendung durch billigenswerte Beweggründe nicht gedeckt ist. Dies hat dann zB zur Folge, dass neben der allein eingesetzten Geliebten Ehefrau und Kinder ges Erben zur Hälfte werden (BGHZ 52, 22; 53, 383); ein Vermächtnis an die Geliebte kann uU voll wirksam sein (BGH NJW 1983, 674 mAnm von Finger JZ 1983, 608: Darlehenserlass). Die gleichen Grundsätze sollten auch gelten, falls der unverheiratete Mann die verheiratete Geliebte einsetzt, selbst wenn der Ehemann den geschlechtlichen Beziehungen zugestimmt hat (BGH NJW 1968, 932). Testamente 5
zugunsten des *nichtehelichen Lebensgefährten* sind im Rahmen der beschriebenen Grenzen wirksam (s BGHZ 77, 59; 112, 262; Diederichsen NJW 1983, 1024; von Proff zu Irnich RNotZ 2008, 466 ff.; vgl iÜ → § 705 Rn. 15 f.); kein Schutz des Lebensgefährten vor Testamenten zugunsten „Drittgeliebter" (Liebl-Wachsmuth MDR 1983, 988). Die Erbeinsetzung *homosexueller Lebenspartner* durch verheiratete Erblasser ist nach den Grundsätzen des Geliebtentestaments sittenwidrig oder wirksam (OLG Frankfurt a.M. NJW-RR 1995, 266). Für die Erbeinsetzung des *eingetragenen Lebenspartners,* der ein gesetzliches Erbrecht hat (§ 10 LPartG), gelten die allg Regeln; Erbeinsetzung neuer Partner unter Bruch der eingetragenen Lebenspartnerschaft folgt den Regeln des Geliebtentestaments verheirateter Erblasser (str). *Tatsächliche Grundlage* für das Sittenwidrigkeitsurteil sind die Verhältnisse bei Testaments- 6
errichtung, wie sie den Erblasser motivieren (OLG Frankfurt a.M. NJW 1995, 266; BayObLGZ 1996, 204 m. krit Anm von Goebel FamRZ 1997, 656); führen erst nachträgliche Tatsachenänderungen zu missbilligenswerten Ergebnissen, so kann die Berufung auf das Testament treuwidrig sein (BGHZ 20, 74 f.; OLG Stuttgart ZEV 1998, 185 mAnm von Otte; offen BGHZ 140, 128; zum Streitstand Schmoeckel AcP 197, 1 ff.). Ändern sich zwischen Errichtung und gerichtl Beurteilung die *Bewertungskriterien,* so gelten die sittlichen Maßstäbe des Beurteilungszeitpunktes (OLG Hamm OLGZ 1979, 425: nichteheliches Kind als Alleinerbe trotz ehelicher Familie; BayObLGZ 1996, 204: Nacherbeneinsetzung unter der Bedingung „hausgesetzmäßiger Ehe"; teilw aA OLG Stuttgart ZEV 1998, 185: Nacherbschaft bei „standesgemäßer Heirat"; offen BGHZ 140, 128; → Vor § 1922 Rn. 1; → §§ 2074–2076 Rn. 4).

2. Unwirksamkeit bei bevorstehender oder vollzogener Auflösung von Ehe oder Verlöbnis. § 2077 enthält eine widerlegbare Nichtigkeitsregel (BGH FamRZ 1960, 28; OLG Rostock NJW 2021, 3665: dispositive Auslegungsregel), die den vermuteten wirklichen Willen des Erblassers berücksichtigt. Diese Regel kann widerlegt werden, wenn die Auslegung des Testaments den wirklichen Willen auf Fortgeltung ergibt oder wenn für den – nicht bedachten – Fall der Eheauflösung ein entspr hypothetischer Wille ermittelt werden kann (BGH FamRZ 1960, 29; BGH NJW 2004, 3113: zu Recht hohe Anforderungen); nicht genügend ist Erbeinsetzung während zur Scheidung führender Ehekrise (OLG Zweibrücken NJW-RR 1998, 942). Diese Grundsätze gelten auch, falls die letztwillige Verfügung schon vor der Eheschließung errichtet war (BGH FamRZ 1961, 366; BayObLG NJW-RR 1993, 12). Die Bedenkung der „Ehefrau" kann nicht ohne weiteres auf die zweite Frau umgedeutet werden (RGZ 134, 281; str). Die Unwirksamkeitsvoraussetzungen gem Abs. I decken sich mit § 1933 (dort → § 1933 Rn. 1); für den Antrag auf 7

Scheidung oder Aufhebung sollte ZPO 167 entspr gelten (aA die hM; → § 1933 Rn. 1); für Zustimmung gelten großzügigere Maßstäbe (BayObLG FamRZ 1997, 760: uU genügt Formulierung „Antragsgegnerin wird zustimmen" in einem Schriftsatz; OLG Köln NJW-RR 2003, 656: konkludente Zustimmung reicht aus). Die Neuregelung des Eheschließungsrechts im Jahre 1998 hat die Folgen der fehlerhaften Ehe durch Umwandlung der früheren Nichtigkeits- in Aufhebungsgründe vereinheitlicht (§ 1314) und die Aufhebungsklage durch ein Antragsverfahren ersetzt (§ 1313); § 2077 I ist dementspr angepasst; → § 1933 Rn. 1. Sondervorschrift: § 2268 für gemeinschaftliches Testament. Für nichteheliche Lebensgemeinschaften gilt Abs. II nicht (OLG Rostock NJW 2021, 3665 Rn. 24; BayObLG Rpfleger 1983, 440; BayObLG ZEV 2003, 328 mAnm von Leipold: fehlende Vergleichbarkeit mit Ehe und Verlöbnis trotz § 10 V LPartG); haben nichteheliche Lebenspartner nach Abschluss eines Erbvertrages die Ehe geschlossen und sich dann wieder scheiden lassen, findet für die Beurteilung der Erbeinsetzung im fortbestehenden Erbvertrag § 2084 Anwendung. Haben Eltern den Ehegatten ihres Kindes bedacht, so ist § 2077 nicht entsprechend anwendbar (BGH NJW 2003, 2095 = ZEV 2003, 284 mAnm von Leipold entgegen OLG Saarbrücken FamRZ 1994, 1205; sa Olzen JZ 2004, 99; zur geänderten Rechtsprechung bei lebzeitigen Zuwendungen BGH NJW 2010, 2202; 2012, 523). Ob die erbvertragliche Einsetzung gemeinsamer Kinder auch nach Scheidung der Ehegatten fortbestehen soll, ist durch Auslegung zu ermitteln (OLG München NJW-RR 2008, 1037 = ZEV 2008, 290 mAnm von Purru-
8 cker). Die Bezugsberechtigung bei *Lebensversicherungen* (§ 159 VVG) endet nicht analog § 2077 mit Eheauflösung vor dem Tod, sofern sie trotz Widerruflichkeit unwiderrufen bleibt (BGH NJW 1976, 290; BGH NJW-RR 2007, 977; aA Petersen AcP 204, 834; zum Zugangserfordernis BGH NJW 1993, 3133; → § 1922 Rn. 2 zur Sicherungsabtretung). Mit der Scheidung kann jedoch zugleich der rechtliche Grund für die Bezugsberechtigung entfallen, so dass der frühere Ehegatte um die Versicherungsleistung ungerechtfertigt bereichert ist (BGH NJW 1987, 3131; 1995, 1084). Im Falle einer unwiderruflichen Bezugsberechtigung „der Ehefrau" soll die Ehegattin im Zeitpunkt des Versicherungsfalls, nicht die geschiedene, berechtigt sein (BGH NJW 1981, 984). ME ist stets § 2077 zu beachten (ebenso MüKoBGB/Leipold § 2077 Rn. 31), die Fortgeltung für den neuen Ehegatten ist Auslegungsfrage (s Wrabetz FS v. Lübtow, 1991, 239; Tappmeier DNotZ 1987, 715; Völkel VersR 1992, 539). Entsprechende Anwendung des § 2077 I, III auf Lebenspartner nach § 10 V LPartG.

9 **3. Prozessuales.** Die Beweislast, dass der Erblasser die letztwillige Verfügung auch im Falle einer Auflösung der Ehe oder Verlobung getroffen hätte, trägt derjenige, der sich hierauf beruft (BGH FamRZ 1960, 28; BGH NJW 2004, 3113; BayObLG FamRZ 1987, 1199; BayObLG NJW-RR 1993, 13; BayObLG FamRZ 1995, 1088). Ebenso trägt ein als Verlobter letztwillig Bedachter die Feststellungslast, dass das Verlöbnis zum Zeitpunkt des Erbfalls noch bestand (BayObLG FamRZ 1987, 1199; aA OLG Stuttgart FGPrax 1997, 110). Zu den Scheidungs- und Aufhebungsvoraussetzungen → § 1933 Rn. 3. Im Erbscheinverfahren genügt die Vorlage einer öffentlich beurkundeten letztwilligen Verfügung zugunsten des überlebenden Ehegatten (§ 35 I Satz 2 GBO), ohne dass angesichts des Fehlens entsprechender konkreter Anhaltspunkte dargetan und belegt werden müsste, dass ein Fall des § 2077 I Satz 2 nicht vorliegt; dies gilt auch für den Fall, dass die letztwillige Verfügung unwirksam sein soll, wenn der überlebende Ehegatte einen Scheidungsantrag gestellt hat (BGH NJW-RR 2022, 657 Rn. 8 ff.).

10 **4. Verhältnis zum ZGB.** Zur Anwendung auf unter der Geltung des ZGB errichtete Testamente OLG Dresden ZEV 2010, 258 f.

§ 2078 Anfechtung wegen Irrtums oder Drohung

(1) **Eine letztwillige Verfügung kann angefochten werden, soweit der Erblasser über den Inhalt seiner Erklärung im Irrtum war oder eine Erklärung**

dieses Inhalts überhaupt nicht abgeben wollte und anzunehmen ist, dass er die Erklärung bei Kenntnis der Sachlage nicht abgegeben haben würde.

(2) **Das Gleiche gilt, soweit der Erblasser zu der Verfügung durch die irrige Annahme oder Erwartung des Eintritts oder Nichteintritts eines Umstands oder widerrechtlich durch Drohung bestimmt worden ist.**

(3) **Die Vorschrift des § 122 findet keine Anwendung.**

Lit: Keymer, Die Anfechtung nach § 2078 II BGB und die Lehre von der Geschäftsgrundlage, 1984; Krebber, Die Anfechtbarkeit des Erbvertrages wegen Motivirrtums, DNotZ 2003, 20; Nieder, Die Anfechtung von Verfügungen von Todes wegen, ZErb 1999, 42; Pohl, „Unbewußte Vorstellungen" als erbrechtlicher Anfechtungsgrund?, 1976; Schubert/Czub, Die Anfechtung letztwilliger Verfügungen, JA 1980, 257, 334.

1. Auslegung vor Anfechtung. Auslegung geht der Anfechtung nach allg Grundsätzen vor. Erst wenn gem §§ 133, 2084 der reale oder der hypothetische Wille ermittelt ist, darf Anfechtung geprüft werden (BGH LM Nr. 1 zu § 2100 BGB). Die Möglichkeit der ergänzenden Auslegung, die dem hypothetischen Willen Geltung verschafft (→ § 2084 Rn. 5), engt die praktische Bedeutung der Anfechtung wegen Motivirrtums ein; dies ist zu begrüßen, weil die Auslegung den Erblasserwillen verwirklicht, während die Anfechtung häufig ges Erbfolge auslöst. 1

2. Verhältnis zu allgemeinen Vorschriften. §§ 119, 123 werden durch die Sonderregeln der §§ 2078, 2079 verdrängt.

3. Erklärungs- und Inhaltsirrtum. Beide Irrtumsarten sind gleich unglücklich definiert wie in § 119 I. Sie sind wegen §§ 133, 2084 selten: Sind solche Irrtümer offenbar, lässt sich meist auch der reale oder hypothetische Wille ermitteln. Bsp für Inhaltsirrtum: Irrtum über Bindungswirkung letztwilliger Verfügung durch Erbvertrag (BayObLG NJW-RR 1997, 1028 → § 2281 Rn. 2; BayObLG FamRZ 2003, 261; BayObLG ZEV 2004, 467; OLG München FamRZ 2011, 1820: zweifelhaft bei Irrtum über Bindungswirkung wechselbezüglicher Verfügungen in gemeinschaftlichem Testament); der Erblasser glaubt, halbbürtige Abkömmlinge seien keine „ges Erben" (RGZ 70, 391), oder er irrt über die Bedeutung der Rücknahme aus amtlicher Verwahrung, § 2256 (BayObLG ZEV 2005, 481 f.); in der Rücknahme liegt ein anfechtbarer rechtsgeschäftlicher Widerrufstatbestand (vgl BGHZ 23, 211; KG NJW 1970, 612; BayObLG NJW-RR 1990, 1482; hM). 2

4. Motivirrtum. Er ist grundsätzlich in jeder Form beachtlich. „Irrige Annahme eines Umstandes" bezieht sich auf die Vergangenheit (zB Verheiratetsein der Erben, BayObLG Rpfleger 1984, 66; irrtumsbedingte Vorstellungen über Verschulden am Tod eines Sohnes, BayObLG Rpfleger 2002, 206; leibliche Abstammung des Sohnes des anderen Eheteils, OLG München FamRZ 2009, 1625), „Erwartung des Eintritts oder Nichteintritts eines Umstandes" auf die Zukunft. Die *Vorstellung über Künftiges* kann Entwicklungen aller Art betreffen: Irrtum des Erblassers über sein künftiges Verhältnis zu den politischen Ansichten des Enterbten (BGH LM Nr. 4 zu § 2078 BGB); Erwartung des Ausbleibens tiefgreifender Unstimmigkeiten mit dem Erben (BGH LM Nr. 8 zu § 2078 BGB; BGH FamRZ 1983, 898; BGH NJW-RR 2008, 747) sowie Fehlvorstellungen über einen Streit, mit dessen Beilegung der Erblasser nicht rechnete (OLG Köln FamRZ 1990, 1038); Erwartung harmonischer Ehe (BayObLG FamRZ 1990, 323; OLG Hamm OLGR 2005, 205); Wohlverhalten des Bedachten (BGH WM 1971, 1155); spätere Heirat des Erblassers (RGZ 148, 218); Zugehörigkeit des Erben zu einer religiösen Sekte mit einschlägigen vermögensmäßigen Folgen (OLG München NJW 1983, 2577 – zutr, aber wegen Art. 4 GG besserer Begründung wert!); Erhaltung eines Hofes als Betrieb ohne Rücksicht auf Person des Betreibers (OLG München ZEV 2017, 424). Grundsätzlich muss der 3
4 Erblasser sich *wirklich* eine Vorstellung gemacht haben, die hypothetische Vorstellung über Künftiges bleibt unberücksichtigt (OLG München NJW 2013, 3722 [3723 f.]). Diese Grenzziehung wird aber von der Rspr nicht scharf durchgehalten: wirkliche

Vorstellungen sind auch solche, die für den Erblasser ohne nähere Überlegung so selbstverständlich sind, dass er sie zwar nicht konkret im Bewusstsein hat, aber doch jederzeit abrufen und in sein Bewusstsein holen kann (BGH NJW-RR 1987, 1412; 08, 749 – „unbewusste Vorstellung") und die er deshalb selbstverständlich seiner Verfügung zugrunde legt (BGH FamRZ 1983, 899 mN; BayObLG FamRZ 1998, 1625; 84, 1271; 03, 708 [709]; OLG München ZEV 2007, 530; krit MüKoBGB/Leipold 27 f.). Die Unkenntnis anderer rechtlicher Gestaltungsmöglichkeiten stellt daher keinen Motivirrtum dar (BayObLG ZEV 2006, 211 f.). Auch Vorstellungen und Erwartungen, die der Erblasser rein hypothetisch von damals unbestimmten Umständen gehabt haben würde, reichen für die Anfechtung nicht aus (OLG München ZEV 2007, 530). Anfechtungsgrund können auch Umstände sein, die erst nach dem Erbfall eintreten (offen BGH NJW-RR 1987, 1413; abl MüKoBGB/Leipold § 2078 Rn. 35). Vorstellungen über künftige politische und rechtliche Entwicklungen, die den Nachlass unmittelbar betreffen, können deshalb beachtlicher Motivirrtum sein, auch soweit sie sich *nach* dem Erbfall als falsch erweisen (BGH FamRZ 1994, 307 – konkret verneinend; OLG Frankfurt a.M. DtZ 1993, 214; Meyer ZEV 1994, 12; aA Grunewald NJW 1991, 1211 für Entwicklung in der früheren DDR; → § 2084 Rn. 5; → Vor § 1922 Rn. 5, 7, 13 f.; → § 2303 Rn. 8). Kein Motivirrtum liegt natürlich vor, wenn sich der Erblasser bei seiner letztwilligen Verfügung nicht von den Gesichtspunkten leiten ließ, die nach Auffassung des Anfechtenden hätten ausschlaggebend sein sollen (OLG München ZErb 2008, 387 [392]; OLG München FamRZ 2009, 551).

5 **5. Kausalität zwischen Fehlvorstellung und Verfügung.** Sie liegt vor, wenn die Fehlvorstellung der bewegende Grund für die Verfügung des Erblassers war (BGH WM 1987, 1020; OLG Düsseldorf FamRZ 1997, 1506; BayObLG FamRZ 1997, 1437; OLG München ZEV 2007, 530; OLG München ZErb 2008, 392). Sie fehlt folglich, wenn der Erblasser nach Errichtung des Testaments die Verfügung vergisst und meint, er habe nie testiert (BGHZ 42, 332), oder wenn er irrtümlich wirksame Rücknahme annimmt (OLG Saarbrücken NJW-RR 1992, 587; → § 2256 Rn. 1; vgl aber OLG Frankfurt a.M. FamRZ 1997, 1433: Kausalität trotz Fehlvorstellung über Gegenstandslosigkeit wegen geänderter Umstände). Die Rspr hat Kausalität verneint bei Irrtum über steuerliche Folgen (OLG Hamburg MDR 1955, 291); bei Irrtum über das weitere Schicksal des Nachlasses (BGH LM Nr. 11 zu § 2078 BGB); bei Festhalten an der Verfügung nach Kenntnis des Irrtums (BayObLGZ 1971, 150; BayObLG NJW-RR 1995, 1098; 2002, 370; → § 2080 Rn. 4), sofern andere Umstände (Passivität, Scheu, Kosten etc) die Änderung nicht hindern (BayObLG FamRZ 1990, 213; 1040).

6 **6. Wirkung.** Die Wirkung der Anfechtung liegt in der Unwirksamkeit (§ 142 I), die alle vom Irrtum betroffenen Verfügungen erfasst (BGH NJW 1985, 2026; 86, 1813), nicht andere Teile des Testaments, § 2085 (OLG Köln NJW-RR 1992, 1357: Fortgeltung einer postmortalen Vollmacht). Das hat ges Erbfolge zur Folge, uU auch die Geltung früherer Verfügungen oder bisher unwirksamer (zB gem § 2271) späterer Verfügungen.

7 **7. Drohung und Täuschung.** Bei Drohung (Bsp: BayObLG FamRZ 1990, 211; KG FamRZ 2000, 912) oder Täuschung ist darüber hinaus § 2339 I Nr. 3 zu beachten. Zu politischen Drohungen in der früheren DDR → Vor § 1922 Rn. 15.

8 **8. Rechtsmissbrauch.** Zum missbräuchlichen Schaffen der Anfechtungsvoraussetzungen s BGHZ 4, 91 einerseits und BayObLG FamRZ 2000, 1053 andererseits.

9 **9. Prozessuales.** Der Beweis obliegt dem Anfechtenden (BayObLG FamRZ 1990, 211; 1990, 1040; OLG München ZEV 2007, 531; OLG München ZErb 2008, 392; OLG München ZEV 2017, 424). Anhaltspunkte für den Willensmangel müssen sich zwar *nicht* aus der Verfügung selbst ergeben (BGH NJW 1965, 584; BayObLG FamRZ 1990, 1040). Beim Motivirrtum sind jedoch strenge Anforde-

rungen zu stellen; so kann es gegen einen Motivirrtum sprechen, wenn der behauptete, aber nicht eingetretene Motivationsgrund für die letztwillige Verfügung noch nicht einmal andeutungsweise in der letztwilligen Verfügung bekundet wurde (OLG München ZEV 2007, 531). Den Anscheinsbeweis hält der BGH bei Vorgängen des Innenlebens für unzulässig (BGH LM Nr. 8 zu§ 2078 BGB). Eine objektiv unzutreffende Angabe des Erblassers in einem notariellen Testament („nicht verheiratet") ist nicht ausreichend als Nachweis dafür, dass er sich insoweit in einem Irrtum befand (OLG München NJW-RR 2008, 1112; → § 2079 Rn. 7).

10. Analogie. Keine entsprechende Anwendung auf Verträge zgDr, BGH NJW 10
2004, 767.

§ 2079 Anfechtung wegen Übergehung eines Pflichtteilsberechtigten

[1]Eine letztwillige Verfügung kann angefochten werden, wenn der Erblasser einen zur Zeit des Erbfalls vorhandenen Pflichtteilsberechtigten übergangen hat, dessen Vorhandensein ihm bei der Errichtung der Verfügung nicht bekannt war oder der erst nach der Errichtung geboren oder pflichtteilsberechtigt geworden ist. [2]Die Anfechtung ist ausgeschlossen, soweit anzunehmen ist, dass der Erblasser auch bei Kenntnis der Sachlage die Verfügung getroffen haben würde.

Lit: Jung, Die Testamentsanfechtung wegen „Übergehens" eines Pflichtteilsberechtigten, AcP 194, 42; Klühs, Anfechtung letztwilliger Verfügungen durch Minderjährige, ZErb 2010, 316; Tiedtke, Die Auswirkungen der Anfechtung eines Testaments durch den übergangenen Pflichtteilsberechtigten, JZ 1988, 649; Wintermantel, Anfechtung gem § 2079 BGB beim gemeinschaftlichen Testament, BWNotZ 1993, 120.

1. Zweck Unkenntnis. In Ergänzung des § 2078 begründet § 2079 die Vermu- 1
tung, dass die vorhandener oder künftiger Pflichtteilsberechtigter bestimmendes Motiv des Erblassers war (sa § 2281 I). Die Vermutung greift nur im Falle bereits erfolgter Anfechtung durch den Erblasser (BGH BeckRS 2014, 07483).

2. Nichteheliche Kinder. Sie können auch dann unter § 2079 S. 1 fallen, wenn 2
die Verfügung vor dem 1.7.1970 errichtet wurde (dazu Damrau BB 1970, 471 ff.; BGHZ 80, 204; zur Reform des Nichtehelichenrechts → § 1924 Rn. 3).

3. Übergehen. Es liegt vor, falls keine oder nur eine ganz geringfügige Zuwen- 3
dung gemacht wird. Wird nicht nur ganz Geringfügiges zugewendet, ist der Bedachte nicht übergangen, selbst wenn die Zuwendung in Unkenntnis des gegenwärtigen oder zukünftigen Pflichtteilsrechts erfolgte (BayObLGZ 1993, 395; OLG Karlsruhe ZEV 1995, 454 m. krit Anm Ebenroth; str).

4. Widerlegung der Vermutung. Die Vermutung ist widerlegt, falls der reale 4
Wille des Erblassers erkennbar ist, auch potentielle Pflichtteilsberechtigte enterben zu wollen (BGH NJW 1983, 2249; BayObLG FamRZ 1992, 988; OLG Düsseldorf FamRZ 1999, 122). IÜ ist der hypothetische Erblasserwille zzt. der letztwilligen Verfügung (BayObLGZ 1971, 151; 1990, 119; BayObLG NJW-RR 2001, 725; BGH NJW 1981, 1736; BGH LM Nr. 1 zu § 2079 BGB; OLG Brandenburg FamRZ 1998, 59) zu ermitteln; dies auch, soweit es um spätere Rechtsänderungen geht (BGH 80, 294: Nichtehelichenrecht). Dabei kann das Festhalten an der Verfügung nach Kenntnis des Pflichtteilsrechts wesentliches Indiz sein (BGHZ 80, 295; BayObLGZ 1980, 50; BayObLG FamRZ 1985, 535; 1992, 988). Nichtberücksichtigung der Lebensgefährtin bei Testamentserrichtung indiziert nicht ohne weiteres Willen zur Nichtberücksichtigung nach Heirat (BayObLG FamRZ 1983, 953; BayObLG NJW-RR 2005, 93).

5. Wirkung der Anfechtung. IdR hat die Anfechtung gem § 2079 **Nichtigkeit** 5
des ganzen Testaments zur Folge, weil die Berücksichtigung eines weiteren Erben

alle Erbteile verschieben würde (BayObLGZ 1971, 147; aA LG Darmstadt NJW-RR 1988, 262; Tiedtke JZ 1988, 649). Im Rahmen des § 2085 ist eine andere Bewertung denkbar (zum Ganzen Reinicke NJW 1971, 1961); zB hypothetischer Erblasserwille, dass der übergangene Pflichtteilsberechtigte seinen gesetzlichen Erbteil erhält und das Testament iU bestehen bleibt (OLG Düsseldorf FamRZ 1999, 122; OLG Hamm NJW-RR 1994, 462; Langenfeld ZEV 1994, 171).

6 **6. Arglisteinrede.** Hierzu BGH FamRZ 1970, 82 (Adoptionsvertrag zur Schaffung eines Anfechtungsgrundes, §§ 2281, 2079).

7 **7. Prozessuales.** Die Vermutung in S. 1 enthebt den übergangenen Pflichtteilsberechtigten von der Last, die Kausalität zwischen Irrtum und Verfügung beweisen zu müssen. Vielmehr obliegt es dem Anfechtungsgegner gem S. 2, die Vermutung zu widerlegen (BayObLG FamRZ 1985, 535; OLG Hamburg FamRZ 1990, 912; OLG Frankfurt a.M. NJW-RR 1995, 1350; OLG Düsseldorf FamRZ 1999, 1024). Die irrtümliche Angabe „nicht verheiratet" im notariellen Testament beweist nicht unbedingt die Unkenntnis der Existenz der pflichtteilsberechtigten Ehefrau (OLG München NJW-RR 2008, 1112; → § 2078 Rn. 9). Macht der eingesetzte Erbe geltend, die Nichtigkeit erfasse nicht das gesamte Testament, so hat er zu beweisen, dass der Erblasser die restlichen Verfügungen auch getroffen hätte, wenn er von der Existenz des Pflichtteilsberechtigten gewusst hätte (ähnlich Reinicke NJW 1971, 1964; aA LG Darmstadt NJW-RR 1988, 262; Tiedtke JZ 1988, 649).

§ 2080 Anfechtungsberechtigte

(1) **Zur Anfechtung ist derjenige berechtigt, welchem die Aufhebung der letztwilligen Verfügung unmittelbar zustatten kommen würde.**

(2) **Bezieht sich in den Fällen des § 2078 der Irrtum nur auf eine bestimmte Person und ist diese anfechtungsberechtigt oder würde sie anfechtungsberechtigt sein, wenn sie zur Zeit des Erbfalls gelebt hätte, so ist ein anderer zur Anfechtung nicht berechtigt.**

(3) **Im Falle des § 2079 steht das Anfechtungsrecht nur dem Pflichtteilsberechtigten zu.**

1 **1. Zweck.** Nach dem Zweck der Vorschrift sollen nur diejenigen anfechten können, die im Falle der Unwirksamkeit der Verfügung unmittelbar etwas erhalten würden, was sie sonst nicht erhielten (BGH NJW 1985, 2026). **Vorteil** ist neben der Erlangung eines Erbrechts oder dem Wegfall einer Beschwerung und Beschränkung auch ein Gestaltungsrecht (BGHZ 112, 229 [238]: Anfechtbarkeit der Ausschlagung gem § 2308). Der Erblasser selbst ist nicht zur Anfechtung berechtigt, da er jederzeit frei widerrufen kann (§§ 2253 ff.); wenn aber der Erblasser geschäftsunfähig und damit widerrufsunfähig ist, erscheint eine Selbstanfechtung durch den gesetzlichen Vertreter zu Lebzeiten vertretbar (Zimmer NJW 2007, 1713 f.; Lange ZEV 2008, 313); sa § 2282 II.

2 **2. Unmittelbarkeit des Vorteils.** Sie liegt allein vor, wenn nicht zuerst ein Dritter Nutznießer der Anfechtung wäre; ausnahmsweise ist allerdings anfechtungsberechtigt, wer durch einen anfechtungsberechtigten Erbunwürdigen ausgeschlossen wäre (sehr str).

3 **3. Anfechtungswirkung.** Die Anfechtung durch einen Anfechtungsberechtigten wirkt grundsätzlich absolut für und gegen alle (BGH NJW 1985, 2026), also
4 nicht nur zugunsten des Anfechtenden. **a)** Bei **personenbeschränktem Irrtum** sollen gem II Dritte aus dieser beschränkten Fehlmotivation *selbstständig* Vorteile nicht ziehen dürfen (BayObLG NJW-RR 2002, 728). **b) Bestätigung** durch den Anfechtungsberechtigten entspr § 144 ist möglich (sehr str), weil diese Vorschrift die Ausprägung des allg Verbots widersprüchlichen Verhaltens ist. Der Erblasser kann die Anfechtbarkeit seiner letztwilligen Verfügung beseitigen, indem er in einem

späteren Testament seinen Fortgeltungswillen in Bezug auf seine frühere Verfügung zum Ausdruck bringt; den Inhalt der anfechtbaren Verfügung muss er darin nicht ausdrücklich wiederholen (OLG Hamm FamRZ 1994, 1065).

4. Sondervorschriften. Beim Erbvertrag: § 2281.

§ 2081 Anfechtungserklärung

(1) **Die Anfechtung einer letztwilligen Verfügung, durch die ein Erbe eingesetzt, ein gesetzlicher Erbe von der Erbfolge ausgeschlossen, ein Testamentsvollstrecker ernannt oder eine Verfügung solcher Art aufgehoben wird, erfolgt durch Erklärung gegenüber dem Nachlassgericht.**

(2) [1]**Das Nachlassgericht soll die Anfechtungserklärung demjenigen mitteilen, welchem die angefochtene Verfügung unmittelbar zustatten kommt.** [2]**Es hat die Einsicht der Erklärung jedem zu gestatten, der ein rechtliches Interesse glaubhaft macht.**

(3) **Die Vorschrift des Absatzes 1 gilt auch für die Anfechtung einer letztwilligen Verfügung, durch die ein Recht für einen anderen nicht begründet wird, insbesondere für die Anfechtung einer Auflage.**

1. Anfechtung gegenüber dem NachlassG. Sie findet – abw von § 143 I und IV – nur in den angeführten Fällen statt; Angabe des Grundes ist nicht erforderlich (BayObLGZ 1990, 330; OLG Frankfurt a.M. FamRZ 1992, 226; aA Büdenbender AcP 210, 624 [632 ff.]), jedoch eindeutige Kundgabe des Anfechtungswillens. Auch wenn die Nachlasssache schon in der Beschwerdeinstanz anhängig ist, erfolgt die Anfechtungserklärung gegenüber dem NachlassG (BayObLGZ 1990, 330; OLG Frankfurt a.M. FamRZ 1992, 226). Soweit bereits ein Erbschein erteilt ist, hat das Gericht von Amts wegen die Voraussetzungen einer Einziehung (§ 2361) zu prüfen (KG NJW 1963, 766; OLG Köln FamRZ 1993, 1125; BayObLG FamRZ 1997, 1179). § 2081 III meint in erster Linie Auflagen, Teilungsverbot und Pflichtteilsentziehung oder -beschränkung. 1

2. Anfechtung gegenüber dem Anfechtungsgegner. Gemäß § 143 IV 1 erfolgt sie in allen übrigen Fällen, also bei Vermächtnis (KG FamRZ 1977, 273), rechtsbegründender Teilungsanordnung usw. Falls eine letztwillige Verfügung zB eine Erbeinsetzung und ein Vermächtnis enthält, muss doppelte Anfechtung erfolgen, sofern § 2085 nicht ohnehin zur Gesamtnichtigkeit führt (vgl BayObLGZ 1960, 490). Erfolgt die Anfechtung entgegen § 143 IV 1 gegenüber dem NachlassG, so geht sie dem Anfechtungsgegner mit der Mitteilung gem § 2081 II 1 zu. 2

3. Form. Eine besondere Form der Erklärung ist nicht erforderlich (BayObLGZ 1990, 121); Ausnahme: § 2282 III. Zur Anfechtung von Testamenten aus der früheren DDR → Vor § 1922 Rn. 5, 13 f. 3

§ 2082 Anfechtungsfrist

(1) **Die Anfechtung kann nur binnen Jahresfrist erfolgen.**

(2) [1]**Die Frist beginnt mit dem Zeitpunkt, in welchem der Anfechtungsberechtigte von dem Anfechtungsgrund Kenntnis erlangt.** [2]**Auf den Lauf der Frist finden die für die Verjährung geltenden Vorschriften der §§ 206, 210, 211 entsprechende Anwendung.**

(3) **Die Anfechtung ist ausgeschlossen, wenn seit dem Erbfall 30 Jahre verstrichen sind.**

1. Fristbeginn. Er setzt voraus: Erbfall, Kenntnis einer wirksamen letztwilligen Verfügung und der anfechtungsbegründenden Tatsachen (RGZ 132, 4; BayObLG NJW-RR 1990, 201; OLG München OLGR 2005, 504). 1

2 **2. Tatsachenirrtum.** Hier läuft die Frist nicht; unbeachtlich ist dagegen der Rechtsirrtum über das Anfechtungsrecht (OLG Hamm Rpfleger 1985, 365; BayObLGZ 1990, 99). Der Tatsachenirrtum kann auch auf falscher rechtlicher Beurteilung beruhen (BGH FamRZ 2011, 1224 [1225]); so etwa, wenn der Anfechtungsberechtigte die Verfügung irrtümlich für unwirksam hält. Ein schädlicher Rechtsirrtum ist zB gegeben, sofern der Berechtigte bei Kenntnis aller Umstände nicht weiß, dass er die Anfechtung erklären muss (zum Ganzen BGH FamRZ 1970, 79 mN; 2011, 1224 [1225]; OLG München NJW 2013, 3732 [3734]; BayObLG NJW-RR 1997, 1027 [1030]) oder über ihre Form irrt (OLG Hamm FamRZ 1994, 849).

3 **3. Mangel der ges Vertretung.** Ein Mangel gem §§ 2082 II, 210 I liegt auch im Falle des § 181 vor (RGZ 143, 354; hierzu Coing NJW 1985, 8).

4 **4. Unzuständigkeit des NachlassG.** Zur Fristwahrung bei Anfechtung gegenüber dem örtl oder früher interlokal **unzuständigen NachlassG** vgl → § 1945 Rn. 2 (entspr Johannsen WM 1979, 608).

§ 2083 Anfechtbarkeitseinrede

Ist eine letztwillige Verfügung, durch die eine Verpflichtung zu einer Leistung begründet wird, anfechtbar, so kann der Beschwerte die Leistung verweigern, auch wenn die Anfechtung nach § 2082 ausgeschlossen ist.

1 **a)** Die Vorschrift gewährt dem Beschwerten, der nicht mehr anfechten kann, ein
2 Leistungsverweigerungsrecht (vgl §§ 438 IV, V, 821, 853 etc). **b)** Der **Einredetatbestand** setzt eine anspruchsbegründende Verfügung voraus, zB Vermächtnis, Auflage;
3 nicht dagegen Teilungsanordnung (hM). Rückabwicklung gem §§ 813, 814. **c)** Der **Testamentsvollstrecker** kann die Einrede nur mit Zustimmung des beschwerten
4 Erben erheben (BGH NJW 1962, 1058). **d)** Die Vorschrift kommt nicht zur Anwendung, wenn die Anfechtung bereits an § 2285 scheitert (BGHZ 106, 362).

§ 2084 Auslegung zugunsten der Wirksamkeit

Lässt der Inhalt einer letztwilligen Verfügung verschiedene Auslegungen zu, so ist im Zweifel diejenige Auslegung vorzuziehen, bei welcher die Verfügung Erfolg haben kann.

Lit: Brox, Der BGH und die Andeutungstheorie, JA 1984, 549; Flume, Testamentsauslegung bei Falschbezeichnung, NJW 1983, 2007; Kapp, Die Auslegung von Testamenten, BB 1984, 2077; Keuk, Der Erblasserwille post testamentum und die Auslegung des Testaments, 1965; Kollmeyer, Umdeutung unwirksamer Verfügungen in gemeinschaftlichen Testamenten, NJW 2018, 662; Petersen, Die Auslegung von letztwilligen Verfügungen, Jura 2005, 597; Smid, Probleme bei der Auslegung letztwilliger Verfügungen, JuS 1987, 283; Stumpf, Erläuternde und ergänzende Auslegung letztwilliger Verfügungen im System privatautonomer Rechtsgestaltung, 1991; M. Wolf/Gangel, Der nicht formgerecht erklärte Erblasserwille und die Auslegungsfähigkeit eindeutiger testamentarischer Verfügungen, JuS 1983, 663; Werner, Die benigna interpretatio des § 2084 BGB, FS von Lübtow, 1991, S 265.

1 **1. Auslegung letztwilliger Verfügungen.** Sie richtet sich zunächst nach *allg Vorschriften;* sodann sind die Auslegungsregeln der §§ 2066–2076 zu berücksichtigen. § 2084 behandelt nur einen kleinen Problemkreis der Auslegungsproblematik, was oft nicht genügend beachtet wird. *Vertragliche Einigung* der Beteiligten über die Auslegung (§ 779) ist mit schuldrechtlicher Wirkung zulässig (dazu Selbherr ZErb 2005, 10; → *§ 2042* Rn. 6); aber bloß indizielle Bedeutung (BGH NJW 1986, 1812) und keine Bindung des Nachlassgerichts im Erbscheinverfahren (übertrieben OLG München FamRZ 2011, 65; → § 2358 Rn. 1).

2 **2. Allg. Auslegungsgrundsätze. a)** Der **Erblasserwille** ist beim Einzeltestament alleiniger Orientierungspunkt. Da die Erblassererklärung nicht empfangsbedürf-

tig ist, bedarf es keiner obj Sinndeutung im Sinne eines Vertrauensschutzes. Zentrale Auslegungsnorm ist folglich allein § 133 (BGHZ 86, 45; 80, 249; BGH FamRZ 1987, 476; BGH NJW 1993, 256; 2013, 1879 Rn. 24 ff.; NJW 2019, 2317, Rn. 15 mAnm Graf Wolfskeel v. Reichenberg). So kann zB die Zuwendung an ein Kind unter der Bedingung „Sollte meine Ehefrau sterben, so gilt folgendes" als dessen Einsetzung nur zum Ersatzerben, uU aber auch zum Nacherben auszulegen sein (OLG Hamm FamRZ 2007, 939). Nur bei Erbverträgen (BGH WM 1969, 1223; BayObLGZ 1995, 123; BayObLG FamRZ 1997, 125; BayObLG NJW-RR 1997, 835; 1997, 1028) oder wechselbezüglichen Verfügungen in gemeinschaftlichen Testamenten (BGHZ 112, 233; BGH NJW 1993, 256; BGH LM Nr. 7 zu § 242 [A] BGB; BayObLG FamRZ 1993, 367; 1997, 252; KG 2019, 108 = BeckRS 2018, 32120) ist gem §§ 157, 242 der Empfängerhorizont und der Wille des anderen Teils zu berücksichtigen (teilw aA für Beurteilung der Wechselbezüglichkeit anscheinend OLG Düsseldorf NJW-RR 2008, 238; OLG München FamRZ 2008, 729: §§ 133, 2084). Deshalb sind nach Auffassung des OLG Stuttgart bei gemeinschaftlichen Testamenten beim Gebrauch von Fachbegriffen abweichende Auslegungsergebnisse nur gerechtfertigt, wenn eindeutige Umstände mit hoher Sicherheit einen solchen Schluss zulassen (OLG Stuttgart FGPrax 2022, 180). Dies gilt auch für die Frage, ob erbvertraglich oder durch ein gemeinschaftliches Testament verfügt wurde (OLG Hamm OLGR 2005, 87). **b)** Die **Auslegungsbedürftigkeit** setzt Mehrdeutigkeit voraus, 3
wobei schon über die „Mehrdeutigkeit" Streit bestehen kann (vgl BayObLG FamRZ 1987, 209 mit OLG Karlsruhe NJW-RR 1988, 9 und OLG München NJW-RR 2008, 1327, OLG München ZEV 2018, 544, KG ZEV 2019, 108 und OLG Brandenburg ZEV 2019, 278 zu „gemeinsamer Tod" (nur gleichzeitiges Versterben oder Erbeinsetzung für jede zeitliche Reihenfolge?); OLG Düsseldorf ZEV 2017, 594; OLG Hamm FamRZ 2011, 1428; 2012, 64 sowie OLG Stuttgart FamRZ 1994, 852; OLG München NJW-RR 2008, 1328; OLG München ZEV 2011, 33 f. zu „gleichzeitig sterben"; ähnlich OLG Düsseldorf FamRZ 2012, 249; OLG Nürnberg FamRZ 2012, 1588; BayObLG FamRZ 1997, 250; ferner OLG München FamRZ 2008, 3413 zu „miteinander durch irgendein Ereignis sterben" mwN (zurückhaltend aber im Falle fehlender Anhaltpunkte im formpflichtigen Testament BGH NJW 2019, 2317 Rn. 16 ff., sa unten → Rn. 4); KG BeckRS 2018, 9285 zu „für den Fall, dass ich heute tödlich verunglücke" als unbedingte Erbeinsetzung; OLG Oldenburg NJW-RR 1993, 581 für Zuwendung an „Tierschutz"); Mehrdeutigkeit kann sich aus außerhalb des Testaments liegenden Umständen ergeben (BayObLG NJW-RR 1991, 7). Bei notariellen Urkunden mag eine Vermutung für die Identität von obj Erklärung und Erblasserverständnis sprechen (OLG Köln Rpfleger 1982, 424; BayObLG FamRZ 1996, 1038; OLG München NJW-RR 2011, 13), jedoch ist auch hier die Abweichung denkbar (BGH LM Nr. 1 zu § 2100 BGB; KG OLGZ 1987, 2; BayObLG NJW-RR 1997, 835). Zunächst eindeutige Erklärungen können angesichts äußerer Umstände mehrdeutig erscheinen und eine vom „klaren" Wortlaut abw Auslegung erheischen, zB bei falsa demonstratio (BGHZ 80, 246) oder ergänzender Auslegung (BGHZ 86, 41: Erbeinsetzung auf Surrogat eines Hofes; BGH FamRZ 1983, 382: adoptierter Neffe als „leiblicher Abkömmling"; BayObLG NJW-RR 1989, 837; ähnlich BayObLG FamRZ 1997, 1030: „verwalten" als Erbeinsetzung; OLG München ZEV 2019, 77: Lebensgefährtin als Erbin zur Verwaltung des Nachlasses für Kinder aus erster Ehe und aus Verbindung mit der Lebensgefährtin bei gleichzeitiger „Vollmacht" der Lebensgefährtin über alle Firmenkonten und Privatkonten als nicht befreite Vorerbin; umgekehrt OLG Saarbrücken NJW-RR 2019, 906: „Vermachen an Staat" zur Gewährleistung geordneter Verhältnisse der Familie als Anordnung der Testamentsvollstreckung und nicht als Erbeinsetzung; BayObLG ZEV 2004, 462: Zuwendung eines Grundstücks unter der Bedingung, dass der Begünstigte es bewohnt und verwaltet; BayObLG FamRZ 1989, 1119: Adoptivkind ausnahmsweise kein „Kind"; BayObLG NJW-RR 1992, 839: Adoptivkind als „leibliches" Kind?; OLG Düsseldorf ErbR 2019, 46 = BeckRS 2018, 26334: „unsere Kinder" in gemeinsamem Testament nur als gemeinsame Kinder; BayObLG NJW-FER 2000, 93: Nacherben-

einsetzung nur für Wiederverheiratung oder auch für Tod?; OLG München ZEV 2006, 456: Wendet ein in den USA lebender Deutscher seiner Ehefrau das dort genutzte Wohnhaus zu, kehren beide später aber dauerhaft in die BRD zurück und bewohnen hier gemeinsam ein Wohnhaus, kann dieses an die Stelle des früheren getreten sein); „Bargeld" kann, aber muss nicht leicht verfügbare Kontengelder umfassen (OLG München ZEV 2022, 462 Rn. 63 ff.; großzügig OLG Karlsruhe ZEV 2007, 380); zur Auslegung bei teilweise modifizierenden Folgetestamenten BayObLG NJW-RR 1997, 836; 98, 727; → § 2258 Rn. 2; bei Nacherbeneinsetzung → § 2100
4 Rn. 3 ff. **c) „Andeutungstheorie".** Es können zur Auslegung zwar nicht nur Tatsachen berücksichtigt werden, die sich aus der letztwilligen Verfügung unmittelbar bzw ausdr ergeben, sondern auch die äußeren Umstände vor und nach der Testamentserrichtung (BayObLG NJW 1999, 1121; 1988, 2742; BayObLG NJW-RR 1991, 7; 9; OLG Hamm RPfleger 2008, 139). Wegen der Formalisierung letztwilliger Verfügungen (→ § 2247 Rn. 2) muss die Auslegung aber stets in der förmlichen Erklärung einen – uU sehr entfernten – Anhalt finden (BGH NJW 2022, 474 Rn. 12, sa § 2065 Rn. 2, § 2247 Rn. 2; BGHZ 80, 244 [250]; 86, 47 mAnm Leipold JZ 1983, 711; BGHZ 94, 42 mAnm Kuchinke JZ 1985, 748; BGH NJW-RR 2002, 292; BGH NJW 2019, 2317 Rn. 16 ff.; BayObLG DNotZ 1990, 425 mAnm Kuchinke; OLG Hamm OLGZ 1992, 23; OLG München FamRZ 2011, 1693; OLG München ZEV 1998, 100 mAnm Weber; OLG Düsseldorf FamRZ 2012, 250; OLG Karlsruhe FamRZ 2000, 915; 2006, 1303; OLG München ZEV 2017, 634 Rn. 64: Satzungsentwurf für eine als Erbin eingesetzte noch nicht existente Stiftung); zu weitgehend bei der Auslegung OLG Hamm FamRZ 2011, 1428 (ablehnend insoweit auch BGH NJW 2019, 2317 Rn. 18; ähnlich OLG Brandenburg ZEV 2019, 278 Rn. 18 ff); OLG Karlsruhe NJW-RR 2011, 874. Formnichtige Verfügungen mögen zwar den „besseren" Willen des Erblassers zum Ausdruck bringen; sie bleiben aber auch dann unwirksam, wenn der Wille des Erblassers eindeutig feststeht (BGH NJW 2022, 474 Rn. 21; BGHZ 80, 242 [250]), und können allenfalls zur Auslegung anderer formwirksamer Verfügungen herangezogen werden (BayObLGZ 1981, 82; BayObLG
5 NJW-RR 2005, 526; OLG Hamburg ZEV 2017, 458 Rn. 26 ff.). **d) Berücksichtigung des hypothetischen Erblasserwillens** kann im Wege ergänzender Auslegung erfolgen. Hat der Erblasser regelungsbedürftige Punkte übersehen und so eine unbewusste, planwidrige Lücke (OLG München ZErb 2010, 217 f.) geschaffen oder ergeben sich nach dem Erbfall von ihm nicht vorhergesehene Änderungen (OLG München NJW-RR 2013, 330: Existenz nichtehelicher Kinder; BayObLG NJW-RR 1997, 1439: auch bei Fehlvorstellung über Verhältnisse bei Testamentserrichtung), so ist zu ermitteln, wie der Erblasser verfügt hätte, falls er die Regelungsbedürftigkeit eines Punktes oder die weitere Entwicklung der Verhältnisse erkannt hätte (BGHZ 22, 360; BGH LM Nr. 5 zu § 2084 BGB; BGH NJW-RR 2017, 1035 Rn. 14 ff.: nachfolgender, unvorhergesehener Vermögenserwerb, sa → § 2087 Rn. 2 und → § 2088 Rn. 2 ; OLG Karlsruhe OLGZ 1981, 407; OLG Düsseldorf FGPrax 1998, 107: Ernennung eines Ersatztestamentsvollstreckers bei Entlassung des ursprünglich Ernannten; BayObLG NJW-RR 1997, 1439; 2002, 370: Gegenstandslosigkeit einzelner Anordnungen; uU Ersuchen auf Benennung eines Testamentsvollstreckers durch das Nachlassgericht statt unwirksamer Bestellung eines bestimmten Testamentsvollstreckers: OLG Zweibrücken ZEV 2001, 27 mAnm Damrau; FamRZ 2006, 891; OLG Köln ZEV 2009, 243: Ersatzerbenstellung des Vermächtnisnehmers bei Erbausschlagung aller berufenen Erben und Ersatzerben; OLG München NJW-RR 2013, 330: fehlende Ursächlichkeit einer Fehlvorstellung über nichteheliche Nachkommen; OLG Düsseldorf ZEV 2017, 147: Träger eines Tierheims nach Trägerwechsel); OLG Frankfurt a.M. NJW-RR 2019, 394 Rn. 15 ff., 21 ff.: fortbestehende Erbeinsetzung der Enkelkinder bei sittenwidriger Bedingung sechsmaligen Besuchs im Jahr und deutlichem Begünstigungswillen zu Lasten des enterbten Sohnes; auch hier gilt nach hM indessen die „Andeutungstheorie" (BGHZ 86, 47; OLG München FamRZ 2011, 1693; BayObLG NJW 1988, 2745; BayObLG NJW-RR 1991, 9; 1991, 1096; BayObLGZ 1996, 221; NJW-RR 1997, 1439). Im Falle fehlgeschlagener Wahl fremden

Rechts können die unter fremdem Recht getroffenen Anordnungen bei der Auslegung von Bestimmungen unter deutschem Recht ergänzend herangezogen werden (BGH NJW-RR 2006, 948; OLG Düsseldorf ZEV 2017, 204 Rn. 25 ff.). Einsetzung zum Schlusserben (§§ 2265, 2269 I) für den Fall des gleichzeitigen Versterbens (KG Rpfleger 2006, 127) kann nicht in Einsetzung nach Letztversterbendem umgedeutet werden, wenn im Testament Anhaltspunkte hierfür völlig fehlen; bei Bestimmung einer Nacherbfolge im Falle gleichzeitigen Ablebens kann aber der Fall erfasst sein, dass beide kurz hintereinander sterben und der Letztversterbende zu einer Neuverfügung nicht in der Lage ist (OLG Rostock BeckRS 2022, 19815). Ergänzende Auslegung verdrängt Lehre vom Wegfall der Geschäftsgrundlage bei Pflichten aus Vermächtnis (BGH NJW 1993, 850; OLG Düsseldorf FamRZ 1996, 1303 mAnm Medicus ZEV 1996, 467; → § 2174 Rn. 2). Politische und rechtliche Änderungen, die den Nachlass unmittelbar betreffen, können im Rahmen dieser Maßstäbe Anlass ergänzender Auslegung sein, auch soweit sie nach dem Erbfall eintreten (zurückhaltend OLG Oldenburg DtZ 1992, 291; Grunewald NJW 1991, 1209 für frühere DDR; zutreffend OLG Frankfurt a. M. DtZ 1993, 216; BezG Meiningen DtZ 1993, 64; KG FamRZ 1995, 763; OLG Karlsruhe NZFam 2019, 1000 (Wegfall diskriminierender gesetzlicher Regelungen nach dem 2. Weltkrieg) → Vor § 1922 Rn. 5, 15; Wasmuth DNotZ 1992, 3; zur Anfechtung → § 2078 Rn. 3 f.). Erbeinsetzung erfasst idR den gesamten Nachlass, auch wenn der Erblasser zu Zeiten der DDR die Nachlassspaltung und ihre Folgen nicht voll erfassen konnte (KG DtZ 1996, 217; BayObLG 94, 723; 1995, 1089; BayObLG DtZ 1996, 214; OLG Hamm FamRZ 1995, 758; OLG Hamm Rpfleger 1997, 529: Widerrufstestament betr „sämtliches Geld" beschränkt sich auf bundesrepublikanisches Vermögen; Gottwald FamRZ 1994, 726; → Vor § 1922 Rn. 5). Eine ergänzende Auslegung im Sinne eines *Behindertentestaments* (dazu → § 2077 Rn. 3) bei späterer geistiger Behinderung eines als unbeschränkter Erbe eingesetzten Kindes ist nur denkbar, wenn sich aus der Verfügung die für diesen Fall gewollte Lösung wenigstens andeutungsweise ergibt (OLG Düsseldorf NJW-RR 2012, 391 für Erbvertrag; → Rn. 2).

3. Bedeutung des § 2084. Die *spezielle Regelung* des § 2084 erfasst nur Fälle 6
der Mehrdeutigkeit, in denen eine Auslegungsmodalität zur Unwirksamkeit führen würde oder sich nur schlecht verwirklichen ließe; sie ist praktisch kaum bedeutsam. Wird zB eine nicht rechtsfähige Gemeinschaft eingesetzt, so gelten die Mitglieder als Erben mit der Auflage, den Nachlass zu Gemeinschaftszwecken zu verwenden etc.

**4. Abgrenzung zwischen letztwilliger Verfügung und unverbindlicher 7
Erklärung.** Die Abgrenzung insbesondere zum Wunsch oder Vorentwurf erfolgt allein nach den Kriterien des § 133: es ist der Rechtsbindungswille zu ermitteln (OLG München NJW-RR 2013, 330). Es gibt keine Vermutung zugunsten der letztwilligen Verfügung, § 2084 ist unanwendbar (BGH LM Nr. 13 zu § 2084 BGB; BayObLGZ 1963, 60 f.; 1982, 59; KG NJW-RR 1991, 393; OLG Frankfurt a.M. VIZ 2001, 286: nachrichtliche „Schenkung" eines in der DDR belegenen Grundstücks an die Gemeinde; OLG Schleswig ZEV 2010, 48: handschriftlicher Brief; OLG München FamRZ 2011, 1757: Text in Lücken einer Buchungsbestätigung; OLG München NJW-RR 2013, 330: „Vollmacht"; OLG Braunschweig NJW-RR 2019, 583, Rn. 21 ff.: „Notizzetteltestament"). Steht dagegen der Rechtsbindungswille fest und ist nur fraglich, ob eine (unwirksame) Schenkung unter Lebenden oder eine (wirksame) letztwillige Verfügung vorliegt, so ist *entspr* § 2084 von einer (wirksamen) letztwilligen Verfügung auszugehen (BGH LM Nr. 3 zu § 2084 BGB) und umgekehrt (BGH FamRZ 1985, 695; BGH NJW 1984, 47; BGH FamRZ 2010, 460; ähnlich BayObLG FamRZ 2000, 853); → § 2247 Rn. 1.

5. Konversion. § 2084 gebietet eine Auslegung, die eine nachfolgende zusätzliche 8
Umdeutung vermeidet (BGH WM 1987, 565; sa das Bsp BayObLG NJW-RR 1998, 730: Testament trotz äußerer Gestaltungsmerkmale einer Vereinbarung). Steht jedoch

fest, dass der Erblasser das nichtige Geschäft wollte, so ist gem § 140 zu prüfen, ob er das in dem nichtigen Geschäft steckende wirksame Geschäft gewollt hätte, falls er die Nichtigkeit gekannt hätte. Bsp: Umdeutung einer eindeutig gewollten, aber formnichtigen Schenkung in ein handschriftliches Testament (KG RPfleger 09, 507: Vermächtnis bei Zuwendung von Einzelgegenständen aus größerem Gesamtvermögen); Umdeutung eines wegen § 2271 II nichtigen schulderlassenden Vermächtnisses in vollzogenen schenkweisen Erlass auf den Todesfall, § 2301 II (BGH NJW 1978, 423; abl Tiedtke NJW 1978, 2572); Umdeutung eines wegen § 1365 unwirksamen Kaufvertrags in Erbvertrag (BGH NJW 1980, 2351; hierzu Tiedtke FamRZ 1981, 1; BGH NJW 1994, 1787); Umdeutung eines Übergabevertrages in Erbvertrag (BGHZ 40, 218) oder einer Vereinbarung, ein Testament nicht zu ändern (OLG Stuttgart OLGZ 1989, 415) oder neu zu testieren (OLG Hamm FamRZ 1997, 581), in Erbvertrag; Umdeutung einer erbvertraglichen Verfügung in einem wegen Geschäftsunfähigkeit des einen Teils unwirksamen zweiseitigen Erbvertrag in eine testamentarische Verfügung (BayObLG FamRZ 1995, 1449); Umdeutung eines gemeinschaftlichen Testaments in ein Einzeltestament des testierfähigen Teils bei Testierunfähigkeit eines Teils (OLG München NJW-RR 2014, 1354 bei von Wechselbezüglichkeit unabhängigem Geltungswillen); Umdeutung des von einem Teil unterschriebenen Entwurfs eines gemeinschaftlichen Testaments in Einzeltestament (BGH NJW-RR 1987, 1410; BayObLG NJW-RR 1992, 333; BayObLG FamRZ 1995, 1449, ähnlich OLG Frankfurt a.M. NJW-RR 2012, 11; OLG Frankfurt a.M. FGPrax 1998, 145 mN: nur bei Geltungswillen unabhängig von Verfügungen des anderen Teils; ebenso OLG München NJW 2014, 2514 = NJW-RR 2014, 838; BayObLG NJW-RR 2003, 660; → § 2247 Rn. 1, → § 2265 Rn. 1 und → §§ 2266, 2267 Rn. 3); Umdeutung eines gemeinschaftlichen Testaments Verlobter in Einzeltestamente setzt Wahrung der Form voraus (OLG Düsseldorf FamRZ 1997, 518; ähnlich OLG Hamm ZEV 1996, 304 mablAnm Kanzleiter: keine Konversion unwirksamer wechselbezüglicher Verfügung bei Formnichtigkeit der Gegenverfügung; OLG Düsseldorf FamRZ 1997, 771). Die Grenze zur Auslegung ist praktisch oft fließend (dazu BayObLG FamRZ 2004, 1607).

§ 2085 Teilweise Unwirksamkeit

Die Unwirksamkeit einer von mehreren in einem Testament enthaltenen Verfügungen hat die Unwirksamkeit der übrigen Verfügungen nur zur Folge, wenn anzunehmen ist, dass der Erblasser diese ohne die unwirksame Verfügung nicht getroffen haben würde.

1 **1. Bedeutung.** Die Vorschrift kehrt die Beweislage des § 139 um (s BayObLG NJW-RR 1991, 8). Während in § 139 der Geschäftswille für den wirksamen Teil zu beweisen ist, muss gem § 2085 der *fehlende* Geschäftswille bewiesen werden (BGH LM Nr. 2 zu § 2085 BGB). Sie verwirklicht damit wie § 2084 den Grundsatz, dem Erblasserwillen möglichst Geltung zu verschaffen.

2 **2. Voraussetzungen.** Notwendig ist das **Vorliegen mehrerer Verfügungen** in *einem* Testament – nicht in verschiedenen (BayObLG FamRZ 2000, 1395; 2004, 1141). Das trifft zu bei Enterbung eines Pflichtteilsberechtigten und Erbeinsetzung eines Dritten (BGH LM Nr. 2 zu § 2085 BGB; sa OLG Zweibrücken FGPrax 1996, 152), bei Entziehung des Pflichtteils und des in einem früheren Testament zugewandten Erbteils (OLG Hamm NJW 1972, 2132), sowie bei Verfügung über mehrere Gegenstände, von denen einer nicht zum Vermögen des Erblassers gehört (BayObLG FamRZ 1989, 326), oder bei Erbeinsetzung unter gleichzeitiger Beschwerung mit unwirksamem Vermächtnis, dessen Höhe frei durch den Erben zu bestimmen ist (BayObLG NJW-RR 1999, 946); ebenso bei Anordnung der Testamentsvollstreckung unter gleichzeitiger Regelung der Verteilung des Nachlasses (OLG Karlsruhe FGPrax 2010, 241). Auch bei mehreren unwirksamen Verfügungen sollte § 2085 anwendbar sein (BayObLG FamRZ 2004, 312).

3. Wirksamkeit von Teilen einer einheitlichen Verfügung. Sie beurteilt sich ebenfalls nach § 2085, nicht nach § 139 (BGH NJW 1983, 278 mAnm von Stürner JZ 1983, 149; offen noch BGH LM Nr. 2 und 3 zu § 2085 BGB; BGHZ 52, 25). Die Teilwirksamkeit einer Verfügung erfordert ihre *Teilbarkeit*. So muss zB bei einem handschriftlichen Testament der formwirksame Teil für sich einen abgeschlossenen Sinn ergeben und der Erblasserwille darf einer teilweisen Geltung nicht entgegenstehen (OLG Köln NJW-RR 2014, 1035). Sie ist zB zu bejahen für die Testamentsvollstreckung bei mehreren Miterben BGH (LM Nr. 3 zu § 2085 BGBZ), im Falle des Mätressentestaments (BGH 52, 17; 53, 383; vgl → § 2077 Rn. 4) oder beim Geldvermächtnis (BGH NJW 1983, 278) bzw der Zuwendung von Kapitalvermögen (OLG Stuttgart ZEV 2003, 82); problematisch bei formnichtiger Wiederverheiratungsklausel (BayObLG FamRZ 2004, 1143 m. krit Anm Leipold); → § 2078 Rn. 6; zur vollen Unwirksamkeit bei unbestimmter Erbeinsetzung → § 2065 Rn. 2; zur Teilunwirksamkeit nach Anfechtung → § 2078 Rn. 6; → § 2079 Rn. 5. 3

4. Ungewissheit über Teile eines Testaments. Hier ist § 2085 unanwendbar; es gilt die Beweislastverteilung des § 139 (BGH LM Nr. 1 zu § 2085 BGB). 4

§ 2086 Ergänzungsvorbehalt

Ist einer letztwilligen Verfügung der Vorbehalt einer Ergänzung beigefügt, die Ergänzung aber unterblieben, so ist die Verfügung wirksam, sofern nicht anzunehmen ist, dass die Wirksamkeit von der Ergänzung abhängig sein sollte.

1. Bedeutung. Die Vorschrift kehrt die Vermutung des § 154 I 1 um. 1

2. Besonderheiten. Beim **unvollendeten oder unvollständigen Testament** gelten die Auslegungsregeln und § 2085. 2

3. Vorbehalt. Der Wille, ein Testament später zu ergänzen, muss zumindest konkludent zum Ausdruck kommen (OLG Stuttgart ZEV 2008, 436). 3

Titel 2. Erbeinsetzung

§ 2087 Zuwendung des Vermögens, eines Bruchteils oder einzelner Gegenstände

(1) **Hat der Erblasser sein Vermögen oder einen Bruchteil seines Vermögens dem Bedachten zugewendet, so ist die Verfügung als Erbeinsetzung anzusehen, auch wenn der Bedachte nicht als Erbe bezeichnet ist.**

(2) **Sind dem Bedachten nur einzelne Gegenstände zugewendet, so ist im Zweifel nicht anzunehmen, dass er Erbe sein soll, auch wenn er als Erbe bezeichnet ist.**

Lit: Klinger/Scheuber, Testamentsauslegung bei Zuwendung von Einzelgegenständen, NJW-Spezial 2008, 135; Otte, Läßt das Erbrecht des BGB eine Erbeinsetzung auf einzelne Gegenstände zu?, NJW 1987, 3164; Schrader, Erb- und Nacherbeneinsetzung auf einzelne Nachlaßgegenstände, NJW 1987, 117.

1. Auslegungsregel zu Gunsten einer Erbeinsetzung. § 2087 I enthält eine Auslegungsregel (str), nach welcher unabhängig von der Bezeichnung die Zuwendung eines Vermögensbruchteils als Erbeinsetzung gelten soll (zB „Restbetrag meines Vermögens", BayObLG FamRZ 1986, 605; sa 2006, 148; BGH NJW 2004, 3559); auch die Zuwendung von inländischem bzw auslandsbelegenem Vermögen kann Bruchteilszuwendung iSd I sein (BGH NJW 1997, 397 = LM Nr. 3 mAnm von Leipold). Der Erblasser kann aber durch abw Willenserklärung einen Vermögensbruchteil als Vermächtnis zuwenden (BGH NJW 1960, 1759; BGH LM Nr. 14 1 zu § 2084 BGB; BayObLG NJW-RR 1996, 1478; BayObLG FGPrax 1998, 109; hierzu Johannsen WM 1979, 605), indem er den Vermächtniswert als Quote des Nachlasses festlegt („Quotenvermächtnis“). Für die Berechnung des Nachlasswertes gelten grundsätzlich die gleichen Regeln wie beim Pflichtteilsanspruch gem § 2311, also insbes kein Abzug von Erbschaftssteuerschulden (entgegen OLG Naumburg ZEV 2007, 381; wie hier Bestelmeyer Rpfleger 2008, 598 f.; → § 2311 Rn. 9). Falls ein Abkömmling vertraglich auf den Erb- und Pflichtteil verzichtet hat und dann trotzdem bei Zuwendungen bestimmter Vermögenswerte als Erbe bezeichnet wird, ist eher von einem Vermächtnis auszugehen (OLG Saarbrücken ErbR 2019, 510 = BeckRS 2019, 4842).

2 **2. Auslegungsregel zu Gunsten eines Vermächtnisses.** § 2087 II definiert die Zuwendung einzelner Gegenstände als Vermächtnis (Bsp: BGH FamRZ 2010, 460 = ZEV 2010, 84 für Bezugsrecht an Fondanteilen; OLG Rostock ZEV 2022, 429 = BeckRS 2022, 2944; OLG Düsseldorf ZEV 2020, 123 = BeckRS 2019, 33579 für Nießbrauch an Firmenbeteiligung; OLG Köln Rpfleger 1982, 424; BayObLG Rpfleger 1980, 471; BayObLG NJW-RR 1993, 139; Bay ObLG FamRZ 1996, 1306). Auch hier kann sich aus dem eindeutig ermittelbaren Erblasserwillen eine abw Auslegung ergeben (BGH NJW-RR 2017, 1035 Rn. 27 ff., sa → § 2084 Rn. 5 und § → 2088 Rn. 2; OLG Köln FamRZ 1993, 735: Auslegungsregel, keine gesetzliche Vermutung; BayObLG FamRZ 1999, 1393), zB bei eindeutiger Wortwahl und Rechtskenntnissen des Erblassers (BayObLG FamRZ 1993, 1250). Falls der Erblasser in einzelnen Gegenständen oder sogar in einem einzigen Gegenstand den Hauptwert des Nachlasses sieht und den Zuwendungsempfänger ganz oder teilw in seine wirtschaftliche Position einrücken lassen will, wird Erbeinsetzung gewollt sein (BGH NJW-RR 2017, 1035 Rn. 27 ff.; FamRZ 1972, 563; OLG Saarbrücken NJW-RR 2022, 1021 Rn. 8 ff.; OLG Frankfurt a.M. NJW-RR 2022, 439 Rn. 61 ff.; OLG Düsseldorf ZEV 2017, 143; BayObLG FamRZ 2000, 1458; 2005, 1203; BayObLG NJW-RR 2001, 657; 2000, 1174; 1993, 139; OLG München ZEV 2016, 533; Hohloch JuS 2001, 713). Der Hauptwert muss nach Vorstellung des Erblassers auch noch im Zeitpunkt des Erbfalles wesentlicher Nachlasswert sein (BayObLG NJWE-FER 2001, 182; OLG München Rpfleger 2010, 513; OLG München FamRZ 2011, 68) und sollte nicht weniger als 80% des Gesamtnachlasses erfassen (OLG Frankfurt a.M. NJW-RR 2022, 439 Rn. 72); weiterer Erwerb zu Lebzeiten kann eine ergänzende Auslegung rechtfertigen (→ § 2084 Rn. 5), die zu einer Miterbengemeinschaft mit den gesetzlichen Erben (§ 2088) führen kann (OLG Düsseldorf ZEV 2017, 143 mAnm
3 von Otte ZEV 2017, 146). Die *Erbeinsetzung nach Vermögensgruppen* (zB Grundstücke, Mobilien etc) wird häufig nicht als Zuwendung einzelner Gegenstände, sondern als Zuwendung eines Vermögensbruchteils und damit als Erbeinsetzung anzusehen sein (BGH LM Nr. 12 zu § 2084 BGB; BGH NJW 1997, 393; vgl BayObLG NJW-RR 1990, 1230; 1997, 517; BayObLG Rpfleger 1997, 215; BayObLG FamRZ 2005, 1934; OLG München NJW-RR 2007, 1163; OLG München FamRZ 2010, 759 f.; OLG Brandenburg NJW-RR 2009, 14), was selbst dann richtig sein kann, wenn ein Erbe als „Haupterbe“ bezeichnet wird (KG ZEV 2018, 544 = BeckRS 2018, 1576). Dies gilt insbesondere auch, wenn der Erblasser in einem vorausgehenden widerrufenen Testament Erben nach gleichen Teilen eingesetzt und erst im zweiten Testament Gegenstände mit unterschiedlichen Werten zugewiesen hatte (OLG Stuttgart NJW-RR 2018, 904 Rn. 18 ff.: Erbeinsetzung nach Wertigkeit der zugewiesenen Gegenstände mit nicht wertverschiebender Teilungsanordnung gem § 2048). Die Zuweisung von Gegenständen hat dann gleichzeitig die Bedeutung einer Teilungsanordnung (§ 2048), uU auch eines Vorausvermächtnisses (OLG Köln Rpfleger 1992, 199; BayObLG NJW-RR 1993, 582; → § 2048 Rn. 4; ferner Emler NJW 1982, 87 zur Nacherbeneinsetzung für eine Vermögensgruppe; → § 2091 Rn. 1). Eine Entscheidung des Nachlassgerichts muss die Anwendung der Auslegungsregeln auch sorgfältig begründen (OLG München FGPrax 2017, 278).

§ 2088 Einsetzung auf Bruchteile

(1) **Hat der Erblasser nur einen Erben eingesetzt und die Einsetzung auf einen Bruchteil der Erbschaft beschränkt, so tritt in Ansehung des übrigen Teils die gesetzliche Erbfolge ein.**

(2) **Das Gleiche gilt, wenn der Erblasser mehrere Erben unter Beschränkung eines jeden auf einen Bruchteil eingesetzt hat und die Bruchteile das Ganze nicht erschöpfen.**

Die Vorschrift stellt klar, dass testamentarische und ges Erbfolge nebeneinander 1
möglich sind. Hat der Erblasser über einen Bruchteil durch letztwillige Verfügung verfügt, so ist es Auslegungsfrage, ob der testamentarische Bruchteilserbe auch noch gleichzeitig ges Erbe bzw Miterbe am Restnachlass (vgl § 1951) sein soll (BayObLGZ 1965, 166; BayObLG FamRZ 1998, 1335; 1999, 52); im Regelfall wird dies jedoch zu verneinen sein (hierzu zB OLG Düsseldorf ZEV 2017, 143. Beim Tod vorhandenes weiteres Vermögen fällt dagegen den Bruchteilserben zu, wenn der Erblasser den Nachlass mit der Zuweisung von Bruchteilen seines Vermögens vollständig verteilen wollte (BayObLG NJW-RR 1998, 1230; 2000, 889), es sei denn, der Wille des Erblassers zur Einsetzung eines Alleinerbens auch in solchem Falle ergibt sich aus besonderen Anhaltspunkten (BGH NJW-RR 2017, 1035 Rn. 25, sa → § 2084 Rn. 5 und → § 2087 Rn. 2). War das nichteheliche Kind neben der eingesetzten Ehefrau oder den eingesetzten ehelichen Abkömmlingen ges Erbe, so bewendete es unter altem Recht beim Erbersatzanspruch (§ 1934a aF; im Rahmen des Art. 227 EGBGB von Restbedeutung für Altfälle, zur Reform des Nichtehelichenrechts → § 1924 Rn. 3), die bruchteilseingesetzten Erben werden am freien Nachlassteil ges Erben (str; sa Spellenberg FamRZ 1977, 187). Zum Nebeneinander von Testamentserben und ges Erben beim teilnichtigen Mätressentestament vgl → § 2077 Rn. 4.

§ 2089 Erhöhung der Bruchteile

Sollen die eingesetzten Erben nach dem Willen des Erblassers die alleinigen Erben sein, so tritt, wenn jeder von ihnen auf einen Bruchteil der Erbschaft eingesetzt ist und die Bruchteile das Ganze nicht erschöpfen, eine verhältnismäßige Erhöhung der Bruchteile ein.

§ 2090 Minderung der Bruchteile

Ist jeder der eingesetzten Erben auf einen Bruchteil der Erbschaft eingesetzt und übersteigen die Bruchteile das Ganze, so tritt eine verhältnismäßige Minderung der Bruchteile ein.

Anmerkungen zu den §§ 2089, 2090

Die §§ 2089, 2090 unterstellen eine widersprüchliche Verfügung: der Erblasser 1
hat entweder zu wenig oder zu viel verteilt. Dieses Zuwenig oder Zuviel wird auf die eingesetzten Erben im Verhältnis ihrer testamentarischen Erbteile aufgeteilt. Im Falle des § 2089 muss dabei feststehen, dass keine Bruchteilseinsetzung gem § 2088 vorliegt (s BayObLG FamRZ 1990, 1279 bei Erbeinsetzung durch Zuwendung einzelner Vermögensgegenstände).

§ 2091 Unbestimmte Bruchteile

Sind mehrere Erben eingesetzt, ohne dass die Erbteile bestimmt sind, so sind sie zu gleichen Teilen eingesetzt, soweit sich nicht aus den §§ 2066 bis 2069 ein anderes ergibt.

1 Die Auslegungsregel ordnet iZw Beteiligung nach Kopfteilen an. Sie gilt nach hM auch dann, wenn die ges Erben nicht als solche (§ 2066), sondern einzeln namentlich benannt werden (dazu OLG Dresden FamRZ 2011, 403 in Abgrenzung zu § 2067). Sie gilt nicht, falls sich mit der Aufzählung der Erben eine Einteilung nach Stämmen verbindet (OLG Frankfurt a.M. FamRZ 1994, 327) oder falls sich aus pauschalen Angaben ausreichende Anhaltspunkte für eine bestimmte Aufteilung ergeben (übertrieben OLG Karlsruhe NJW-RR 2011, 874). Erbeinsetzung unter Zuweisung von Gegenständen kann Einsetzung zu gleichen bzw ges Teilen verbunden mit Teilungsanordnung oder Vorausvermächtnis bedeuten (BayObLG FamRZ 1985, 314; 1993, 1251; → § 2048 Rn. 4, → § 2087 Rn. 2 f.) oder aber Erbeinsetzung mit der Quote des Verkehrswertes der Gegenstände. Anhaltspunkte für die Einsetzung der Erben auf verschieden große Bruchteile stehen der Anwendung der Vorschrift stets entgegen (BayObLG NJW-RR 1990, 1419; 2000, 120).

§ 2092 Teilweise Einsetzung auf Bruchteile

(1) **Sind von mehreren Erben die einen auf Bruchteile, die anderen ohne Bruchteile eingesetzt, so erhalten die letzteren den freigebliebenen Teil der Erbschaft.**

(2) **Erschöpfen die bestimmten Bruchteile die Erbschaft, so tritt eine verhältnismäßige Minderung der Bruchteile in der Weise ein, dass jeder der ohne Bruchteile eingesetzten Erben so viel erhält wie der mit dem geringsten Bruchteil bedachte Erbe.**

1 Im Rahmen des § 2092 I kommt § 2091 zur Anwendung.

§ 2093 Gemeinschaftlicher Erbteil

Sind einige von mehreren Erben auf einen und denselben Bruchteil der Erbschaft eingesetzt (gemeinschaftlicher Erbteil), so finden in Ansehung des gemeinschaftlichen Erbteils die Vorschriften der §§ 2089 bis 2092 entsprechende Anwendung.

1 Der gemeinschaftliche Erbteil ist als große Ausnahme nur anzunehmen bei unzweifelhaftem Willen des Erblassers, zwischen einzelnen Erben eine engere Gemeinschaft als zu den übrigen herzustellen; sprachliche Verbindung oder Gesamtbezeichnung genügen nicht (BayObLGZ 1976, 125 f.; BayObLG FamRZ 1988, 215; BayObLG NJW-RR 1999, 1312).

§ 2094 Anwachsung

(1) [1]**Sind mehrere Erben in der Weise eingesetzt, dass sie die gesetzliche Erbfolge ausschließen, und fällt einer der Erben vor oder nach dem Eintritt des Erbfalls weg, so wächst dessen Erbteil den übrigen Erben nach dem Verhältnis ihrer Erbteile an.** [2]**Sind einige der Erben auf einen gemeinschaftlichen Erbteil eingesetzt, so tritt die Anwachsung zunächst unter ihnen ein.**

(2) **Ist durch die Erbeinsetzung nur über einen Teil der Erbschaft verfügt und findet in Ansehung des übrigen Teils die gesetzliche Erbfolge statt, so tritt die Anwachsung unter den eingesetzten Erben nur ein, soweit sie auf einen gemeinschaftlichen Erbteil eingesetzt sind.**

(3) ***Der Erblasser kann die*** **Anwachsung ausschließen.**

1 **1. Wegfall. a) vor dem Erbfall:** Tod (§ 1923 I); Erbverzicht (§ 2352). **b) nach dem Erbfall:** Ausschlagung (§ 1953); Erbunwürdigkeit (§ 2344); Tod vor Bedingungseintritt (§ 2074); Anfechtung (§ 2078); Unwirksamkeit gem § 2270 (BayObLG DNotZ 1993, 132).

2. Nichtigkeit der Erbeinsetzung. Sie bedingt keinen „Wegfall", weil der Benannte nie Erbe werden konnte; einschlägig ist § 2089 (str; aA KG NJW 1956, 1523). 2

3. Ausschluss der ges Erbfolge. Sie wird regelmäßig zu bejahen sein, falls kein Fall des § 2088 vorliegt. 3

4. Anwachsung. Grundsätzlich greift keine Anwachsung bei Ersatzerbeneinsetzung (§ 2099; zur Alternativität beider Gestaltungsformen OLG Düsseldorf ZEV 2018, 140; NJW-RR 2014, 1287; OLG Karlsruhe NJW-RR 1992, 1482; BayObLG DNotZ 1993, 133; OLG München FamRZ 2011, 1693) und damit auch bei Kindeskindern als Ersatzerben (§ 2069) oder bei Nacherbschaft, § 2102 I; zu Kindern als Ersatzerben nach Erben, die nicht Abkömmlinge sind, → § 2069 Rn. 5. Vorrang der Ersatzerbeneinsetzung ist vor allem anzunehmen, wenn eine Auslegung der letztwilligen Verfügung ergibt, dass der weggefallene Erbe weniger als Person und damit insbesondere um des guten persönlichen Verhältnisses zum Erblasser willen, sondern vielmehr als Repräsentant ihres Familienstammes bedacht worden ist (so zutreffend insbes OLG Düsseldorf ZEV 2021, 473 = BeckRS 2021, 1327; ZEV 2018, 140, Rn. 15 ff.; NJW-RR 2014, 1287, 1288; KG BeckRS 2021, 16980). 4

5. Parallelregelung. S. für die ges Erbfolge § 1935.

§ 2095 Angewachsener Erbteil

Der durch Anwachsung einem Erben anfallende Erbteil gilt in Ansehung der Vermächtnisse und Auflagen, mit denen dieser Erbe oder der wegfallende Erbe beschwert ist, sowie in Ansehung der Ausgleichungspflicht als besonderer Erbteil.

Parallelvorschrift zu § 1935. Die Vorschrift gewinnt für Vermächtnisse und Auflagen nur Bedeutung in Fällen verschiedener Beschwerung. Die Ausgleichspflicht kommt gem §§ 2052, 2051 in Betracht, wobei dann dem Miterben die Wohltat des § 2056 bei Überlastung des ursprünglichen oder angewachsenen Erbteils erhalten bleibt. 1

§ 2096 Ersatzerbe

Der Erblasser kann für den Fall, dass ein Erbe vor oder nach dem Eintritt des Erbfalls wegfällt, einen anderen als Erben einsetzen (Ersatzerbe).

Lit: Diederichsen, Ersatzerbfolge oder Nacherbfolge, NJW 1965, 671.

1. Begriff. Der Ersatzerbe wird bei Wegfall des Erben unmittelbarer Rechtsnachfolger des Erblassers. Der Nacherbe wird hingegen erst Erbe, nachdem zunächst ein anderer Erbe war. Rechtsunkundige können in ihrer Verfügung beide Begriffe verwechseln; es ist dann durch Auslegung zu ermitteln, was gemeint war (BGH LM Nr. 1 zu § 2100 BGB). 1

2. Ges geregelte Fälle der Ersatzerbschaft. §§ 2069, 2102. Zur Ersatzerbeneinsetzung kraft *ergänzender Testamentsauslegung* → § 2069 Rn. 5 mN. 2

3. Wegfall des Erstberufenen. Er liegt vor in den in → § 2094 Rn. 1 genannten Fällen, zusätzlich aber auch – hier unstr – bei anfänglicher Nichtigkeit der Einsetzung des Haupterben. Sofern der Erstberufene den Erbfall erlebt, tritt mit seinem Tod kein Wegfall ein, es sei denn, die Erben des Erstberufenen schlagen noch wirksam aus (§ 1952). 3

4. Stellung des Ersatzerben. a) Vor dem Erbfall hat der Ersatzerbe – wie jeder Erbe – keine rechtlich geschützte Position. Falls er vor dem Erbfall stirbt, 4 wird er nicht mehr Ersatzerbe (§ 1923 I), seine Abkömmlinge werden allenfalls gem § 2069 Ersatzerben. **b) Nach dem Erbfall, aber vor Wegfall des Erstberufenen** erwirbt der Ersatzerbe nach hM eine vererbliche Anwartschaft, so dass bei seinem Tod seine – ges oder testamentarischen – Erben Ersatzerben werden. Der Ersatzerbe besitzt aber keinerlei Einfluss auf den Nachlass und hat folglich bei der Nachlassverwaltung keinerlei Mitwirkungsrechte (RGZ 145, 319; BGHZ 40, 118); für die Verantwortlichkeit des ausschlagenden Erstberufenen gilt § 1959. Der Ersatzerbe ist allerdings im Erbschein aufzuführen (RGZ 142, 173) und kann ins Grundbuch eingetragen werden (hM, aber str). **c) Nach dem Erbfall und Wegfall des Erstberufenen** ist der Ersatzerbe rückwirkend auf den Zeitpunkt des Erbfalls Erbe (OLG Celle NdsRPfl 1949, 176).

5 **5. Ersatznacherbe.** Für ihn gilt alles zum Ersatzerben Gesagte entsprechend: Anwartschaft des Ersatznacherben nach dem Erbfall und vor dem Nacherbfall (BayObLG FamRZ 1992, 729; → § 2100 Rn. 7). Beim Tod des Nacherben vor dem Nacherbfall geht nach hM die Ersatzerbschaft der Erbfolge gem § 2108 II nicht ohne weiteres vor (vgl → § 2069 Rn. 4); jedenfalls tritt der Ersatzerbfall ein, falls die Erben des Nacherben ausschlagen. Auf die Nachlassverwaltung hat der Ersatznacherbe keinerlei Einfluss (RGZ 145, 319; BGHZ 40, 118; BayObLG NJW-RR 2005, 956).

§ 2097 Auslegungsregel bei Ersatzerben

Ist jemand für den Fall, dass der zunächst berufene Erbe nicht Erbe sein kann, oder für den Fall, dass er nicht Erbe sein will, als Ersatzerbe eingesetzt, so ist im Zweifel anzunehmen, dass er für beide Fälle eingesetzt ist.

1 Die Auslegungsregel versagt, falls der Erstberufene die Erbschaft zwar ausschlägt, aber gleichzeitig den Pflichtteil verlangt (OLG Frankfurt a.M. OLGZ 1971, 208; OLG Stuttgart OLGZ 1982, 271; OLG München OLGR 2006, 743; noch → § 2069 Rn. 3), sowie bei erbvertraglich auf bestimmte Fälle beschränkter Ersatzerbenberufung (BayObLG DNotZ 1990, 54).

§ 2098 Wechselseitige Einsetzung als Ersatzerben

(1) **Sind die Erben gegenseitig oder sind für einen von ihnen die übrigen als Ersatzerben eingesetzt, so ist im Zweifel anzunehmen, dass sie nach dem Verhältnis ihrer Erbteile als Ersatzerben eingesetzt sind.**

(2) **Sind die Erben gegenseitig als Ersatzerben eingesetzt, so gehen Erben, die auf einen gemeinschaftlichen Erbteil eingesetzt sind, im Zweifel als Ersatzerben für diesen Erbteil den anderen vor.**

1 Die Erhöhung der Anteile bei Ersatzberufung gem § 2098 erfolgt wie bei Anwachsung, allerdings mit dem Unterschied, dass die Ersatzerbteile *in jeder Hinsicht* als bes Erbteile zu behandeln sind (anders § 2095).

§ 2099 Ersatzerbe und Anwachsung

Das Recht des Ersatzerben geht dem Anwachsungsrecht vor.

1 Ges Fall des Ausschlusses der Anwachsung, § 2094 III (dazu BayObLG NJW-RR 2004, 158 sowie → § 2094 Rn. 4).

Titel 3. Einsetzung eines Nacherben

§ 2100 Nacherbe

Der Erblasser kann einen Erben in der Weise einsetzen, dass dieser erst Erbe wird, nachdem zunächst ein anderer Erbe geworden ist (Nacherbe).

Lit: Baur/Grunsky, Eine „Einmann-OHG", ZHR 133, 209; Becker/Klinger, Die Rechtsstellung des Nacherben bei Eintritt der Nacherbfolge, NJW-Spezial 2005, 445; Bestelmeyer, Kein Verzicht auf die Eintragung und keine isolierte Löschung des Nacherbenvermerks, RPfleger 2015, 177; Carle, Die Vor- und Nacherbschaft, ErbStB 2006, 257; Hadding, Zur Rechtsstellung des Vorerben von GmbH-Geschäftsanteilen, FS Bartholomeyczik, 1973, S 75; Haegele, Rechtsfragen zur Vor- und Nacherbschaft, Rpfleger 1971, 121; Hartmann, Die Beseitigung der Nacherbschaftsbeschränkung durch Geschäft zwischen Vor- und Nacherben, ZEV 2009, 107; Hefermehl, Vor- und Nacherbfolge bei Beteiligung an einer Personenhandelsgesellschaft, FS Westermann, 1974, S 223; Kessel, Eingriffe in die Vorerbschaft, MittRhNotK 1991, 137; Klinger/Roth, Abgrenzung der Vor- und Nacherbschaft zu verwandten Rechtsinstituten, NJW-Spezial 2009, 135; Kollmeyer, Verkauf von Grundbesitz durch den befreiten Vorerben, NJW 2022, 3543 ff.; Lange, Einverständliche Überführung von Nachlassgegenständen in das Eigenvermögen des Vorerben, AcP 212 (2012), 334; Michalski, Die Vor- und Nacherbschaft in einen OHG(KG)- und GmbH-Anteil, DB 1987 Beil Nr. 16; Olzen, Die Vor- und Nacherbschaft, Jura 01, 726; Petzold, Vorerbschaft und Nießbrauchsvermächtnis, BB 1975 Beil Nr. 6; Reimann, Die „rules against perpetuities" im deutschen Erbrecht, NJW 2007, 3034; ders, Die vorweggenommene Nacherbfolge, DNotZ 2007, 579; Settergren, Das Behindertentestament im Spannungsfeld zwischen Privatautonomie und sozialhilferechtlichem Nachrangprinzip, 1999; Strobel, Die trans- und postmortale Vollmacht zugunsten des Vorerben, NJW 2020, 502; Werkmüller, Bankrechtliche Probleme der Vor- und Nacherbschaft, ZEV 2004, 276; Zawar, Gedanken zum bedingten oder befristeten Rechtserwerb im Erbrecht, NJW 2007, 2353.

1. Wesen der Nacherbschaft. Vorerbe und Nacherbe sind Gesamtrechtsnach- 1
folger des Erblassers, der Nacherbe ist also nicht Erbe des Vorerben (BGHZ 3, 255; 37, 326; BFH NJW 2016, 2447 Rn. 9). Da indessen der Nacherbe erst mit dem Nacherbfall Erbe wird, besteht zwischen Vor- und Nacherbe keine Miterbengemeinschaft. Vom *Schlusserben* spricht man, wenn zwei Erblasser sich wechselseitig zu Vollerben einsetzen und darüber hinaus den Erben des Letztversterbenden bestimmen. Abgrenzung zum *Ersatzerben* vgl → § 2096 Rn. 1. Da Vor- und Nacherbschaft als Gesamtrechtsnachfolge in das Vermögen des Erblassers ausgestaltet sind, ist es nicht möglich, den Nachlass in Immobilien und andere Vermögensgegenstände aufzuspalten und für Immobilien Vor- und Nacherbschaft anzuordnen, für andere Vermögensgegenstände hingegen volle Erbschaft des Vorerben; der mit einer solchen unzulässigen Gestaltung verfolgte Zweck lässt sich vielmehr nur dadurch erreichen, dass insgesamt Vor- und Nacherbschaft angeordnet werden und dem Vorerben an Gegenständen, die nicht Immobiliarvermögen sind, Vorausvermächtnisse eingeräumt werden (OLG Düsseldorf ZEV 2017, 733 = BeckRS 2017, 130173).

2. Erbschaftsteuer. Erbschaftsteuerrechtlich (dazu Siebert BB 2010, 1252) wird 2
der Tatbestand der Nacherbschaft so behandelt, als würden zwei Erbfälle vorliegen: sowohl der Anfall beim Vorerben als auch der Anfall beim Nacherben gilt steuerrechtlich als Erbfall (§ 6 ErbStG). Die Besteuerung des Vorerben ohne Berücksichtigung seiner Beschränkung durch das Nacherbenrecht ist verfassungsgemäß (BFH NJW 2016, 2447 Rn. 8; BFH DStRE 2007, 174). Der Nacherbe kann die für sein Verhältnis zum Erblasser geltende Steuerklasse wählen, falls sie ihm günstiger ist. Falls der Nacherbfall nicht durch den Tod des Vorerben, sondern schon vorher auf Grund einer Bedingung eintritt, kann dem Nacherben die vom Vorerben geleistete Steuer teilweise angerechnet werden. Bei mehrfachem Erwerb desselben Vermögens durch Personen der Steuerklasse I (→ § 1924 Rn. 6) innerhalb von 10 Jahren gewährt § 27 ErbStG einen zeitlich gestaffelten Ermäßigungsbetrag; zur Zusammenrechnung mehrerer Erwerbe des Nacherben vom Vorerben innerhalb der Zehnjahresfrist s § 14 ErbStG und dazu BFH NJW-RR 2011, 297. Der Nacherbe haftet

gem §§ 1967, 2144 auch für die noch nicht beglichene Erbschaftsteuerschuld des Vorerben (BFH NJW 2106, 2447 Rn. 9 ff.), und zwar neben dem Vorerben bzw dem mit dem Nacherben nicht identischen Erben des Vorerben als Gesamtschuldner (§ 44 I AO). Weil jedoch im Innenverhältnis zwischen Vorerbe und Nacherbe der Nacherbe die Erbschaftsteuer des Vorerben zu tragen hat (§ 20 IV ErbStG), entspricht es pflichtgemäßem Ermessen der Finanzbehörde, den Nacherben mit der noch offenstehenden Erbschaftsteuer zu belasten, es sei denn, der Erbe des Vorerben hat bei der Herausgabe der Erbschaft (§ 2130) den Erbschaftssteuerbetrag einbehalten (BFH NJW 2016, 2447 Rn. 14 ff.); sa → § 1967 Rn. 2, 3 und 5). Der vom Erblasser entgegen § 2113 I u. II Beschenkte kann bei seiner Heranziehung zur Schenkungsteuer die Beträge absetzen (§§ 1 II, 10 V Nr. 3 Satz 1 ErbStG), die er zur Sicherung seines Erwerbs gegenüber dem Nacherben aufwenden muss (BFH NJW 2021, 3279; dazu Füssenich NJW 2022, 511 Rn. 24 ff.).

3 **3. Einsetzung als Nacherbe.** Sie kann nur durch letztwillige Verfügung erfolgen, auch in den Fällen der sog konstruktiven Nacherbfolge, bei der lediglich bes Auslegungsregeln eingreifen (§§ 2101, 2104 f.); in Testamenten bis zum 31.12.1975 angeordnete Nacherbfolge bleibt trotz späterer Nachlassspaltung auch für in der ehemaligen DDR belegenes Grundvermögen wirksam (BayObLG NJW 1998, 241; BayObLG NJW-RR 2001, 950; → Vor § 1922 Rn. 5, 7, 13, 15. Aufl. 2014). Nacherbeneinsetzung kann wegen Verstoßes gegen § 14 V HeimG unwirksam sein (OLG Düsseldorf ZEV 1998, 34 mAnm von Rossak: Kinder des Heimleiters; → § 2077 Rn. 1). Bei der *Auslegung* ist nicht der Wortlaut maßgeblich, sondern der Erblasserwille (BGH NJW 1993, 257; OLG Hamm FamRZ 2007, 939; BayObLG FamRZ 1996, 1578; 2000, 61; BayObLG NJW-RR 2002, 297; OLG Hamm NJW-RR 1997, 453: Möglichkeit befreiter Vorerbschaft ist mitzuberücksichtigen; hierzu krit Avenarius NJW 1997, 2740; KG NotBZ 2012, 174: Schlusserbeneinsetzung gemeinsamer Kinder trotz Bezeichnung als Nacherbe bei fehlendem Willen zur Vermögenstrennung; OLG Düsseldorf BeckRS 2014, 04632: Verkaufsverbot an Ehefrau und Anordnung der Überlassung an Sohn und Familie als Vorerbschaft; → § 2084 Rn. 2 und 3). Die Anordnung, die Erbschaft solle „auf unsere beiden Söhne … und auf ihre leiblichen Nachkommen zu gleichen Teilen zufallen" (BGH NJW 1993, 256) oder der erbende Sohn dürfe nur an seine Kinder weitervererben, kann Nacherbschaft der Enkelkinder bedeuten (BayObLG DNotZ 1983, 668; weitere Bsp: BayObLG FamRZ 1986, 608; BayObLG Rpfleger 1990, 209; BayObLG ZEV 1998, 146; OLG Zweibrücken FamRZ 1997, 1364; sa OLG Köln FamRZ 1990, 438: Nacherbschaft anstelle unzulässiger „Erbgemeinschaft"), dagegen grundsätzlich nicht die Einsetzung zu „Schluss- und Ersatzerben" (BayObLG Rpfleger 1998, 72). Mit den Begriffen „Ersatzerbe" (auch in notariell beurkundetem Testament, BGH LM Nr. 1 zu § 2100 BGB) oder „Nießbrauch" (BGH LM Nr. 2 zu § 2100 BGB) kann Vor- und Nacherbschaft gemeint sein (und umgekehrt, KG OLGZ 1987, 2), mit „gesamt Erbe nach beider Tod" Nacherbschaft (BayObLG
4 ZEV 1999, 398). Die Abgrenzung zum *Nießbrauchvermächtnis* hat sich vor allem daran zu orientieren, ob der Erblasser dem Begünstigten sofort die Verfügungsgewalt über den Nachlass zukommen lassen wollte – dann Vorerbschaft (BayObLG FamRZ 1981, 403) – oder ob der Begünstigte beim Erbfall auf die Einräumung einer Nutzungsposition durch Dritte angewiesen sein soll – dann Nießbrauchvermächtnis. Weniger ausschlaggebend ist der Umfang der Verfügungsbefugnis, der auch über §§ 2113 ff. hinaus durch Auflagen beschränkt werden kann (BGH LM Nr. 2 zu § 2100 BGB). Sofern allerdings „Nießbrauch und Verfügung" zugewendet werden, spricht vieles für Vorerbschaft (BayObLG OLGZ 43, 400). Soweit das Nießbrauchvermächtnis zu *günstigerer Erbschaftsbesteuerung* führt (*ein* Erbfall für zwei Personen mit doppelten Freibeträgen und niedrigeren Steuersätzen), kann dies gegen Vorerbschaft sprechen (BayObLG Rpfleger 1981, 64 f.); bei hohem Alter des Bedachten soll aber trotz ungünstiger steuerlicher Folgen die sofortige Begünstigung durch die Vorerbschaft, die das Warten auf Bestellung des Nießbrauchs vermeidet, die Gesamt-

beurteilung prägen (FG München EFG 2000, 279 f. – zweifelhaft!). Allerdings führte gem § 25 I ErbStG der *Ehegattennießbrauch* nicht zur steuerlichen Aufteilung des Nachlasses, so dass hier (wie gem § 25 aF ErbStG bis zum 1.9.1980 bei *jedem* Nießbrauch) Steuervorteile seltener waren (zum Ganzen Münch ZEV 1998, 8). § 25 ErbStG fiel im Zuge der Reform des Erbschaftssteuerrechts zum 1.1.2009 weg, da mit dem Ansatz des gemeinen Wertes für alle Gegenstände die Ursache dieses Abzugsverbots obsolet war (BT-Drs. 888/08); → § 1924 Rn. 6. *Alleinerbe* bzw 5
Haupterbe und Vorerbe sind keine Gegensätze (BayObLG FamRZ 1984, 1273; 1996, 1503; 2000, 984; OLG Oldenburg ZEV 2010, 636; s aber BayObLG NJW-RR 1997, 839: „Universalerbin" als Vollerbin), der Laie mag uU Allein- und Vollerbschaft verwechseln und bei Anordnung von Alleinerbschaft die Nacherbschaft ausschließen wollen (s BayObLG NJW 1966, 1223). Beim gemeinschaftlichen Testament gilt die Auslegungsregel des § 2269. Die Nacherbfolge kann auf einen Nachlassteil beschränkt werden (BayObLG NJW 1958, 1683; BGH NJW 1980, 1276). Beim sog *Behindertentestament* verhindern Vorerbschafts- u Vermächtniskonstruktionen sowie Dauervollstreckung und Erb- u Pflichtteilsverzicht den möglichen Zugriff des Sozialhilfeträgers (BGHZ 188, 99; 123, 368; 111, 36; BGH NJW 2013, 1879 Rn. 10, 19 ff.; 2020, 58 Rn. 12 ff.; ferner Grziwotz ZEV 2002, 409; Trilsch-Eckardt ZEV 2001, 229; Damrau ZEV 2001, 293 und Hartmann ZEV 2001, 89; Spall ZEV 2004, 345 sowie 2006, 344; Klinger/Ruby NJW-Spezial 2006, 109; Ruby ZEV 2006, 66; Kleensang RNotZ 2007, 22; May, Die Gestaltung von lebzeitigen und letztwilligen Verfügungen zu Gunsten eines sozialhilfebedürftigen/behinderten Abkömmlings, 2008; → § 2077 Rn. 3, → § 2209 Rn. 2 u → § 2346 Rn. 2). Ausschlagung nach § 2306 I Hs. 1 durch Ergänzungspfleger liegt meist nicht im Interesse des betreuten Behinderten (dazu OLG Köln ZEV 2008, 196 für § 2306 I 2 aF).

4. Bedingung und Befristung der Nacherbeneinsetzung. Sie sind möglich 6
(vgl §§ 2103–2106), wobei das Verhalten des Vorerben (zB Wiederverheiratung, → § 2269 Rn. 7; BayObLG FamRZ 1997, 1569: Gebäudeabriss; 2004, 1752: Bauverpflichtung; ferner → §§ 2074–2076 Rn. 3) oder des Nacherben Bedingung sein kann (zB standeswidrige Heirat; BayObLG FamRZ 1997, 707; 2000, 380; → Vor § 1922 Rn. 1; → §§ 2074–2076 Rn. 4). Zulässig ist nach hM auch die Bedingung, dass der Vorerbe nicht abweichend testiert (OLG Frankfurt a.M. Rpfleger 1997, 262; OLG Hamm ZEV 2019, 415 Rn. 4); vgl → § 2065 Rn. 1.

5. Rechtsstellung des Nacherben zwischen Erbfall und Nacherbfall. Der 7
Nacherbe erwirbt mit dem Erbfall ein gegenwärtiges, unentziehbares, regelmäßig vererbliches (§ 2108 II 1) und übertragbares Anwartschaftsrecht (BGHZ 37, 325; 57, 187; 87, 369; BGH NJW 2000, 3359; BayObLG FamRZ 1992, 729). Auf den Verkauf und die Veräußerung finden §§ 2371, 2385; 2033 entspr Anwendung (RGZ 101, 185). Zulässig ist auch der Erwerb durch den Vorerben (dazu Muscheler ZEV 2012, 289; OLG München NJW-RR 2018, 71 Rn. 22), der grundsätzlich zur Vollerbenstellung des bisherigen Vorerben führt (OLG Köln ZEV 2018, 138: Fortfall einer Angabe der Nacherbschaft im Erbschein), falls keine hinderlichen Besonderheiten wie zB eine weitere nachgeschaltete Nacherbschaft bestehen (zur gestaffelten Nacherbfolge → § 2109 Rn. 1) oder Ersatznacherben bestimmt sind (OLG München NJW-RR 2018, 71 Rn. 22; hierzu ausführlich zu verschiedenen denkbaren Folgewirkungen OLG Düsseldorf NJW-RR 2022, 948). Vom Erwerb der Anwartschaft ist die einverständliche Freigabe einzelner Erbschaftsgegenstände durch den Nacherben zu unterscheiden, die zum Ausscheiden der einzelnen Erbschaftsgegenstände aus dem Vorerbennachlass führt mit der Folge, dass sie im Nacherbfall dann auch nicht mehr zur Nacherbschaft gehören (hierzu BGH NJW-RR 2001, 218; OLG München NJW-RR 2018, 71 Rn. 14 ff., 22 ff. u. OLG Düsseldorf NJW-RR 2022, 948 Rn. 13 ff.: Veräußerung durch den Vorerben nach Erwerb der Nacherbenanwartschaft; BayObLG NJW-RR 2005, 956: Auseinandersetzungsvereinbarung; Keim DNotZ 2003, 822; Hartmann ZEV 2009, 107: Freigabe analog § 2217;

teilw krit Lange AcP 212 (2012), 334). Falls der Nachlass nur aus einem Gegenstand besteht, setzt dass OLG Düsseldorf (NJW-RR 2022, 948 Rn. 14; ZEV 2020, 550) die Veräußerung dieses Gegenstandes mit der Übertragung der Anwartschaft gleich (str.). Der Erwerber der Nacherbenanwartschaft rückt voll in die Stellung des Nacherben ein (OLG München NJW-RR 2018, 71 Rn. 28); im Nacherbfall wird er ohne Durchgangserwerb Gesamtrechtsnachfolger des Erblassers; §§ 177 I, 184 I gelten für die Übertragung der Anwartschaft auch bei zwischenzeitlichem Eintritt des Nacherbfalls (OLG Hamm ZEV 2017, 520). Der Erblasser kann die Übertragbarkeit wie die Vererblichkeit (§ 2108 II 1) ausschließen (RGZ 170, 168; str). Eine Übertragung lässt das Recht des eingesetzten Ersatznacherben unberührt, sofern nicht der Erblasser bestimmt, dass die angeordnete Ersatznacherbfolge unter der auflösenden Bedingung der Übertragung des Nacherbenanwartschaftsrechts stehen soll (OLG Schleswig ZEV 2010, 576 f.). Vor dem Nacherbfall besteht keine Erbengemeinschaft
8 der Nacherben (BGH NJW 1993, 1583; → § 2032 Rn. 2). Die *Pfändung* erfolgt nach §§ 857 I, 829 ZPO, wobei Drittschuldner nur ein etwa vorhandener Mitnacherbe, nicht aber der Vorerbe ist (aA LG Stuttgart ZEV 2010, 579). Schon vor dem Nacherbfall kann der Nacherbe die Unwirksamkeit benachteiligender Verfügungen grundsätzlich durch Feststellungsklage geltend machen (BGHZ 52, 271; → § 2113 Rn. 11), nicht aber die künftige Ausgleichungspflicht nach §§ 2050, 2055 unter (Mit-)Nacherben (OLG Karlsruhe NJW-RR 1990, 137). Pfändung ändert nichts am Ausschlagungsrecht des Nacherben (LG Hildesheim FamRZ 2009, 1440; → § 2142 Rn. 1).

9 **6. Grundbucheintragung.** Lit: Zimmer ZEV 2014, 526; Bestelmeyer RPfleger 15, 177. Die Eintragung des Nacherbenvermerks kann nur erfolgen, wenn der Vorerbe ebenfalls eingetragen wird (hierzu OLG Naumburg ZEV 2019, 700 und§ 51 GBO). Sie schützt den Nacherben vor einem Rechtsverlust durch gutgläubigen Dritterwerb auf Grund von Verfügungen des Vorerben selbst, aber auch als Folge einer Weiterveräußerung durch den Erwerber (OLG München NJW-RR 2018, 71). IdR ist namentliche Bezeichnung geboten, falls die Verfügung dies zulässt (BayObLGZ 1982, 255; LG Frankfurt a. M. Rpfleger 1984, 271 mAnm Grunsky); weitere Nacherben (vgl § 2109 I) sind einzutragen (OLG Hamm OLGZ 1975, 155), ebenso Ersatznacherben (zur Auslegung eines öffentlichen Testaments durch das Grundbuchamt OLG München FamRZ 2012, 1092). Verzicht (BayObLGZ 1989, 183) und Löschungsbewilligung bedürfen der Zustimmung aller Nacherben (OLG Hamm ZEV 2019, 415 Rn. 4; OLG Frankfurt a.M. NJW-RR 2018, 1480 Rn. 23 ff.: OLG München NJW-RR 2014, 1161; BayObLG Rpfleger 1982, 277: Ergänzungspfleger für unbekannte Nacherben; sa OLG Frankfurt a.M. RNotZ 2010, 584) und der Ersatz- oder bedingten Nacherben (OLG Düsseldorf BeckRS 2014, 04903; KG BeckRS 2012, 07125; OLG Rostock RNotZ 2016, 686; OLG Frankfurt a. M. OLGZ 1970, 443; OLG Braunschweig Rpfleger 1991, 204; anders nach wirksamer Veräußerung des Grundstücks durch befreiten Vorerben: BayObLG Rpfleger 1982, 467; → § 2113 Rn. 7; sa OLG Hamm NJW-RR 1997, 1095: fehlende Zustimmung nicht erzeugter Abkömmlinge einer 66-jährigen Vorerbin unschädlich, anders OLG Hamm ZEV 2016, 200 im Falle einer 59 Jahre alten Vorerbin [dazu Böttcher NJW 2017, 859 (860 f.)] und OLG München BeckRS 2019, 2133 bei männlichem Vorerben mit nicht auszuschließender Möglichkeit weiterer leiblicher Abkömmlinge; BayObLG NJW-RR 2005, 956: Übertragung des Eigentums an einem Nachlassgrundstück auf den Vorerben unter Mitwirkung des Nacherben ohne Zustimmung des Ersatznacherben; OLG München NJW-RR 2018, 71 Rn. 22 ff.: wirksame Übertragung des Eigentums am Nachlassgrundstück durch Vorerben ohne Zustimmung der Ersatznacherben nach Übertragung der Nacherbenanwartschaft an Vorerben; OLG Hamm NJW-RR 2014, 1288 [1289]: Zustimmung des Nacherben bei auflösend bedingter Nacherbschaft; → § 2065 Rn. 1). Auch die Veräußerung, Pfändung und Verpfändung des Nacherbenrechts ist eintragbar, um gutgl Erwerb zu verhindern (→ Rn. 11). Der Nacherbenvermerk

ist auch bei Surrogatgrundstücken (§ 2111) einzutragen (OLG München FGPrax 2012, 103). Wenn Nacherbfall nicht mehr eintreten kann, ist der Nacherbenvermerk wegen Unrichtigkeit des Grundbuchs zu löschen (§§ 22, 29 GBO; BayObLG FamRZ 1997, 710; 2000, 1185; → § 2113 Rn. 7). Grundsätzlich erfolgt kein Eintrag eines Amtswiderspruchs gegen einen Nacherbenvermerk, ausnahmsweise aber, wenn der Nacherbenvermerk die Möglichkeit einer befreiten Vorerbschaft offenlässt und damit gutgläubigen Erwerb ermöglichen könnte (LG Stuttgart NJW-RR 2008, 1463). Das Grundbuchamt ist bei der Eintragung des Nacherbenvermerks an den Inhalt eines bereits vorliegenden Erbscheins gebunden (dazu OLG Bremen FamRZ 2012, 335; OLG Köln Rpfleger 2012, 522; sehr weitgehend OLG München FamRZ 2012, 1174). Um bei Eintritt des Nacherbfalls gem § 29 I 2 GBO eine Eintragung auf Antrag des Nacherben zu ermöglichen, muss er dem Grundbuchamt einen eigenen Erbschein (→ § 2363 Rn. 3) vorlegen, weder ein Nacherbenvermerk noch ein dem Vorerben ausgestellter Erbschein genügen (OLG Zweibrücken NJW-Spezial 2011, 7; zur Grundbuchberichtigung gleich OLG München BeckRS 2014, 09789). Vor jeder Löschung des Nacherbenvermerks ist allen Nacherben vom Grundbuchamt rechtliches Gehör zu gewähren, minderjährigen Nacherben durch vertretungsberechtigte Eltern oder bei Vertretungsverboten (§§ 1626, 1629 II aF u. nF, §§ 1795,1796 aF bzw *§§ 1824, 1789 II Satz 3 u. 4 nF ab 1.1.2023)* wie auch beim unbekannten Nacherben durch einen Pfleger gem §§ 1909 aF bzw 1913 aF und *§§ 1882, 1884 nF ab 1.1.2023* (OLG Frankfurt a.M. NJW-RR 2018, 1480 Rn. 19 ff. zum Gehör, Rn. 23 ff. für unbekannten und Rn. 27 ff. für minderjährigen Nacherben).

7. Erbschein. Vgl § 2363 aF sowie § 352b I nF FamFG u → § 2363 nF Rn. 1. 10

8. Prozessuales. a) Erkenntnisverfahren: §§ 326, 242, 246 ZPO. Vor dem 11
Nacherbfall fehlt dem Nacherben die Klagebefugnis im verwaltungsprozessualen Verfahren (BVerwG NJW 1998, 770; 2001, 2417). **b) Zwangsvollstreckung:** § 773 ZPO, § 2115. Bei einer Grundstücksversteigerung (dazu Klawikowski Rpfleger 1998, 100) darf der Nacherbenvermerk nicht ins geringste Gebot aufgenommen werden (§ 44 ZVG), auch nicht nach Verpfändung der Anwartschaft des Nacherben (BGH NJW 2000, 3358; → § 2115 Rn. 2 und 3). **c) Insolvenz:** InsO 83 II.

§ 2101 Noch nicht gezeugter Nacherbe

(1) [1]**Ist eine zur Zeit des Erbfalls noch nicht gezeugte Person als Erbe eingesetzt, so ist im Zweifel anzunehmen, dass sie als Nacherbe eingesetzt ist.** [2]**Entspricht es nicht dem Willen des Erblassers, dass der Eingesetzte Nacherbe werden soll, so ist die Einsetzung unwirksam.**

(2) **Das Gleiche gilt von der Einsetzung einer juristischen Person, die erst nach dem Erbfall zur Entstehung gelangt; die Vorschrift des § 84 bleibt unberührt.**

a) Die Vorschrift ist **Auslegungsregel** für den Fall, dass der Erblasser mit der 1
fehlenden Zeugung im Zeitpunkt des Erbfalles rechnete (→ § 2070 Rn. 1); sie ist *Ergänzungsregel,* falls der Erblasser fest von der Zeugung ausging (zur Feststellungslast
für den Zeitpunkt der Zeugung → § 1923 Rn. 2). **b) Vorerben** sind die ges Erben, 2
§ 2105. Sofern geborene und noch nicht gezeugte Personen zu gleichen Teilen als Erben eingesetzt sind, sind die geborenen Personen Erben und auflösend bedingte Vorerben zugleich, ohne dass ein Miterbenanteil feststünde; der Inhalt des Erbscheins muss dies berücksichtigen (OLG Köln Rpfleger 1992, 391 mAnm von Eschelbach); zur Einsetzung einer im Zeitpunkt des Erbfalls noch nicht anerkannten Stiftung als
Nacherbe und des Stifters als Vorerbe KG ZEV 2021, 692 u. § 2106 Rn. 1. **c)** Der 3
Nacherbenvermerk im Grundbuch kann schon vor der Geburt erfolgen (RGZ
65, 279). **d) Pflegschaft** gem § 1913 Satz 2 aF bzw *§ 1882 Satz 2 nF ab 1.1.2023.* 4

§ 2102 Nacherbe und Ersatzerbe

(1) **Die Einsetzung als Nacherbe enthält im Zweifel auch die Einsetzung als Ersatzerbe.**

(2) **Ist zweifelhaft, ob jemand als Ersatzerbe oder als Nacherbe eingesetzt ist, so gilt er als Ersatzerbe.**

Lit: S § 2096.

1 **1. Auslegungsregel zu Gunsten der Einsetzung als Ersatzerbe.** Die Auslegungsregel des § 2102 I gilt nur iZw (BayObLG FamRZ 1992, 477; 2000, 985; BayObLG NJW-RR 2001, 953). Es ist zunächst zu ermitteln, ob der Erblasser den Erbschaftsanfall beim Nacherben nicht unter allen Umständen auf einen bestimmten Zeitpunkt hinausschieben oder von einem bestimmten Ereignis abhängig machen wollte. Ist dies der Fall, so tritt bei mehreren Vorerben Anwachsung (§ 2094), sonst zunächst ges Erbfolge (§ 2105 I) ein. Andernfalls tritt der Nacherbe als Ersatzerbe an die Stelle des Vorerben, wenn dieser zB ausschlägt (OLG München FamRZ 2012, 478); schlagen die Erben des Vorerben fristgemäß aus, so können sie Pflichtteilsansprüche und Zugewinnausgleichsansprüche des Vorerben gegen den Nachlass
2 und damit gegen den Ersatzerben geltend machen (BGHZ 44, 152). Haben sich **Ehegatten** in einem **gemeinschaftlichen Testament** gegenseitig als Vorerben und Dritte als Nacherben eingesetzt, kann dies Einsetzung der Dritten auf den Nachlass des längstlebenden Ehegatten als Ersatzerbe des erstverstorbenen Ehegatten bedeuten, sofern die Ehegatten über ihre beiden Erbfälle verbindlich verfügen wollten (BayObLG FamRZ 1992, 477; OLG Hamm Rpfleger 2005, 262 f.); lässt sich ein derartiger Wille nicht ermitteln, greift § 2102 I ein (BGH FamRZ 1987, 475; OLG Frankfurt a.M. NJW-RR 2012, 776; OLG Schleswig NJW-RR 2014, 73 [75]; OLG Celle FamRZ 2003, 887; OLG Karlsruhe NJW-RR 2003, 582; KG Rpfleger 1987, 110 gegen OLG Karlsruhe FamRZ 1970, 256; str, s Nehlsen-von Stryk DNotZ 1988, 147 mN; → § 2270 Rn. 3).

3 **2. Auslegungsregel gegen Nacherbeneinsetzung.** Die Auslegungsregel des § 2102 II geht davon aus, dass der Erblasser den Erben idR nicht durch Nacherbschaft beschränken will (s dazu OLG Hamm FGPrax 2007, 135). Auch hier muss aber zunächst der Erblasserwille erforscht werden; er kann ergeben, dass trotz des Ausdrucks „Ersatzerbe" Nacherbschaft gewollt war (→ § 2100 Rn. 3 ff.). Für eine Nacherbschaft kann die verbreitete Vorstellung sprechen, dass der Erbteil in der eigenen Familie bleiben soll (OLG Hamm Rpfleger 2008, 139). Aus § 2102 II folgt, dass im Zweifel der Ersatzerbe nicht auch Nacherbe sein soll (OLG Schleswig FamRZ 2011, 677).

4 **3. Ersatznacherbe.** Vgl → § 2096 Rn. 5.

§ 2103 Anordnung der Herausgabe der Erbschaft

Hat der Erblasser angeordnet, dass der Erbe mit dem Eintritt eines bestimmten Zeitpunkts oder Ereignisses die Erbschaft einem anderen herausgeben soll, so ist anzunehmen, dass der andere als Nacherbe eingesetzt ist.

1 **1. Voraussetzungen.** Die **Auslegungsregel** hat zwei Voraussetzungen: **a)** Anordnung der Herausgabe der Erbschaft oder eines Erbschaftsteils. **b)** Herausgabe erst eine gewisse Zeit nach dem Erbfall.

2 **2. Zweck der Vorschrift.** Er liegt in der Abgrenzung zum Vermächtnis, das sich auf einzelne Gegenstände oder uU auf eine Erbschaftsquote bezieht.

3 **3. Bestimmung des Zeitpunkts.** Diese darf der Erblasser nicht Dritten überlassen (BGHZ 15, 199).

§ 2104 Gesetzliche Erben als Nacherben

[1]Hat der Erblasser angeordnet, dass der Erbe nur bis zu dem Eintritt eines bestimmten Zeitpunkts oder Ereignisses Erbe sein soll, ohne zu bestimmen, wer alsdann die Erbschaft erhalten soll, so ist anzunehmen, dass als Nacherben diejenigen eingesetzt sind, welche die gesetzlichen Erben des Erblassers sein würden, wenn er zur Zeit des Eintritts des Zeitpunkts oder des Ereignisses gestorben wäre. [2]Der Fiskus gehört nicht zu den gesetzlichen Erben im Sinne dieser Vorschrift.

1. Erbeinsetzung mit zeitlicher Beschränkung. Die Ergänzungsregel (BayObLG NJW-RR 2002, 297, aA BGH LM Nr. 1 zu § 2104 BGB = NJW 1986, 1812: Auslegungsregel) gilt für den Fall, dass zwar Nacherbschaft letztwillig verfügt ist, aber die Person des Nacherben offen geblieben ist (sog *konstruktive Nacherbfolge*, s dazu Enzensberger/Roth NJW-Spezial 2008, 7). Falls der Erblasser seine „ges Erben" als Nacherben ausdr einsetzt, liegt ein Fall des § 2066 und idR kein Fall des § 2104 vor; → § 2066 Rn. 2. Überlässt der Erblasser entgegen § 2065 II dem Vorerben die Bestimmung des Nacherben, ist § 2104 analog anzuwenden, wenn feststeht, dass der Erblasser die Vor- und Nacherbschaft in jedem Falle wollte (OLG Hamm NJW-RR 1995, 1477; OLG Hamm MDR 2007, 663; OLG Oldenburg ZEV 2010, 636; aA bei abw bes Umständen: OLG Frankfurt a.M. FamRZ 2000, 1607 = ZEV 2001, 317 mAnm von Otte; kritisch MüKoBGB/Grunsky § 2014 Rn. 3a). § 2104 S. 1 und § 2106 I sind nebeneinander anwendbar, wenn weder die Person des Nacherben noch der Zeitpunkt des Eintritts der Nacherbfolge bestimmt sind (BayObLG FamRZ 1996, 1578). 1

2. Gesetzliche Erben als Nacherben. Die ges Erben im Zeitpunkt des Nacherbfalles werden Nacherben. Da sie im Zeitpunkt des Erbfalles noch nicht feststehen, erwerben die ges Erben im Zeitpunkt des Erbfalles auch kein vererbbares Anwartschaftsrecht (BayObLGZ 1966, 229; BayObLG Rpfleger 2001, 305). Für unbekannte Nacherben ist ein Pfleger zu bestellen (§ 1913 Satz 2 aF bzw *§ 1882 Satz 2 nF ab 1.1.2023)*, nicht dagegen für die potentiellen bekannten Nacherben (Kanzleiter DNotZ 1970, 331). 2

3. Wegfall des Nacherben vor dem Erbfall. a) Bei **Tod vor Erbfall** wird idR der Vorerbe Vollerbe (§§ 2108 I, 1923 I); uU § 2069 für Abkömmlinge (OLG Bremen NJW 1970, 1923). **b)** Bei **Anfechtung** der Nacherbeneinsetzung (§§ 2078 ff., 142 I) gilt ebenfalls Vollerbschaft des Vorerben (BGH LM Nr. 1 zu § 2104 BGB). **c) Analoge Anwendung** des § 2104, wenn Erblasser eindeutig und ohne Rücksicht auf die Person des Nacherben Nacherbschaft wollte; strenge Anforderungen (BGH LM Nr. 1 zu § 2104 BGB). 3

§ 2105 Gesetzliche Erben als Vorerben

(1) **Hat der Erblasser angeordnet, dass der eingesetzte Erbe die Erbschaft erst mit dem Eintritt eines bestimmten Zeitpunkts oder Ereignisses erhalten soll, ohne zu bestimmen, wer bis dahin Erbe sein soll, so sind die gesetzlichen Erben des Erblassers die Vorerben.**

(2) **Das Gleiche gilt, wenn die Persönlichkeit des Erben durch ein erst nach dem Erbfall eintretendes Ereignis bestimmt werden soll oder wenn die Einsetzung einer zur Zeit des Erbfalls noch nicht gezeugten Person oder einer zu dieser Zeit noch nicht entstandenen juristischen Person als Erbe nach § 2101 als Nacherbeinsetzung anzusehen ist.**

a) Die **Ergänzungsregel** will eine herrenlose Erbschaft bei unvollkommener 1
letztwilliger Verfügung verhindern (sog *konstruktive Vorerbschaft*). **b)** Der **fehlenden** 2
Vorerbeneinsetzung gem § 2105 I steht die nichtige gleich, falls die Nacherben-

einsetzung wirksam ist. Stirbt der Erblasser *nach* dem Eintritt der Bedingung und Befristung, so wird der Erbe sofort Vollerbe, § 2105 I findet keine Anwendung.

3 **c)** Von dem **obj unbestimmten Erben** des § 2105 II zu unterscheiden ist der bestimmte, aber unbekannte Erbe, der sofort erbt und für den ein Pfleger (§ 1960) zu bestellen ist. Zur gleichzeitigen Einsetzung bestimmter und unbestimmter Erben → § 2101 Rn. 2.

§ 2106 Eintritt der Nacherbfolge

(1) **Hat der Erblasser einen Nacherben eingesetzt, ohne den Zeitpunkt oder das Ereignis zu bestimmen, mit dem die Nacherbfolge eintreten soll, so fällt die Erbschaft dem Nacherben mit dem Tode des Vorerben an.**

(2) [1]**Ist die Einsetzung einer noch nicht gezeugten Person als Erbe nach § 2101 Abs. 1 als Nacherbeinsetzung anzusehen, so fällt die Erbschaft dem Nacherben mit dessen Geburt an.** [2]**Im Falle des § 2101 Abs. 2 tritt der Anfall mit der Entstehung der juristischen Person ein.**

1 Die Ergänzungsregel für den Fall mangelnder Zeitbestimmung greift auch ein, falls der Erblasser entgegen § 2065 (vgl BGHZ 15, 199) einem Dritten die Zeitbestimmung überlassen hat. Ist der nasciturus ausdr als Nacherbe eingesetzt, so ist es Auslegungsfrage, ob I oder II zu gelten hat (str). Problematisch ist Zeitpunkt der Nacherbfolge gem § 2106 II, wenn der Vorerbe vor Geburt des Nacherben wegfällt (dazu Damrau ZEV 2004, 19). Ist für den Fall, dass eine Stiftung im Zeitpunkt des Erbfalls noch nicht anerkannt ist, der Stifter zum Ersatzerben bestimmt, so kann eine Auslegung ergeben, dass der Stifter Vorerbe und die Stiftung mit ihrer Anerkennung Nacherbe gem § 2101 II Satz 2 wird (KG ZEV 2021, 692 Rn. 17 ff.); Eintragung im Grundbuch bei starkem Aufklärungsbedarf im Rahmen der Testamentsauslegung nach Zwischenverfügung des Grundbuchamtes erst aufgrund eines durch das Nachlassgericht in solchen Fällen notwendigerweise zu erteilenden Erbscheins (§ 35 I GBO; KG ZEV 2021, 692 Rn. 20).

§ 2107 Kinderloser Vorerbe

Hat der Erblasser einem Abkömmling, der zur Zeit der Errichtung der letztwilligen Verfügung keinen Abkömmling hat oder von dem der Erblasser zu dieser Zeit nicht weiß, dass er einen Abkömmling hat, für die Zeit nach dessen Tode einen Nacherben bestimmt, so ist anzunehmen, dass der Nacherbe nur für den Fall eingesetzt ist, dass der Abkömmling ohne Nachkommenschaft stirbt.

1 **1. Zweck.** Der Zweck der Vorschrift liegt darin, durch Ergänzungsregel Anfechtungen gem § 2078 überflüssig zu machen. Die Regel, der Erblasser wolle unbekannte oder später gezeugte Kindeskinder bzw später angenommene Adoptivkinder (OLG Stuttgart BWNotZ 1984, 22; BayObLG NJW-RR 1992, 839; anders bei Volljährigenadoption, BayObLGZ 1984, 246; → § 2069 Rn. 2) nicht benachteiligen, ist widerlegbar, soweit die Verfügung hierfür zumindest Anhaltspunkte enthält (BGH NJW 1981, 2743; OLG Nürnberg NJW-RR 2013, 331; BayObLG NJW-RR 1991, 1095 mN). Sie gilt nicht ohne weiteres für die Belastung des kinderlosen Abkömmlings mit Vermächtnissen auf seinen Todesfall (BGH NJW 1980, 1276). Gleichgültig ist, ob der Nacherbe familienfremder *Dritter oder selbst Abkömmling* des Erblassers ist (BGH NJW 1981, 2744; OLG Nürnberg NJW-RR 2013, 331).

2 **2. Rechtsfolgen.** Der Abkömmling hat auf Lebensdauer die Stellung eines Vorerben. Die Nacherbschaft des Dritten ist auflösend bedingt durch die Existenz (vgl auch § 1923 II) von Kindeskindern beim Tod des Vorerben. Falls Kindeskinder

vorhanden sind, wird der Abkömmling rückwirkend Vollerbe (BGH NJW 1981, 2744). Ob die Kindeskinder den Abkömmling beerben, ist unwesentlich.

3. Entspr Anwendung. Vgl für das Nachvermächtnis § 2191 II. 3

§ 2108 Erbfähigkeit; Vererblichkeit des Nacherbrechts

(1) **Die Vorschrift des § 1923 findet auf die Nacherbfolge entsprechende Anwendung.**

(2) [1]**Stirbt der eingesetzte Nacherbe vor dem Eintritt des Falles der Nacherbfolge, aber nach dem Eintritt des Erbfalls, so geht sein Recht auf seine Erben über, sofern nicht ein anderer Wille des Erblassers anzunehmen ist.** [2]**Ist der Nacherbe unter einer aufschiebenden Bedingung eingesetzt, so bewendet es bei der Vorschrift des § 2074.**

Lit: Haegele, Zur Vererblichkeit des Anwartschaftsrechts eines Nacherben, Rpfleger 1967, 161; Musielak, Zur Vererblichkeit des Anwartschaftsrechts eines Nacherben, ZEV 1995, 5; Tanck, Die Bestimmung des Ersatzerben bei Vor- und Nacherbschaft, ZErb 2008, 33.

1. Fallgruppen. Folgende Fallgruppen sind zu unterscheiden: **a)** Tod des Nacherben vor dem Erbfall: vgl → § 2104 Rn. 3. **b)** Geburt des Nacherben nach dem Erbfall, aber vor dem Nacherbfall: gem §§ 2108 I, 1923, 2139 fällt die Nacherbschaft dem Nacherben an, wobei es genügt, wenn er nasciturus (§ 1923 II) ist. **c)** Geburt des Nacherben nach dem Nacherbfall: entspr § 2101 I wird er zweiter Nacherbe, nachdem zunächst die ges Erben erste Nacherben waren (§ 2105 II). **d)** Tod des Nacherben nach dem Nacherbfall: es gilt gewöhnliche Erbfolge. **e)** Tod des Nacherben vor dem Nacherbfall, aber nach dem Erbfall: § 2108 II, vgl → Rn. 2–5 und schon → § 2100 Rn. 7 f. 1

2. Anwartschaft des Nacherben. Das Anwartschaftsrecht, das der Nacherbe nach dem Erbfall erwirbt, ist vererblich, falls nicht der Erblasser einen entgegenstehenden Willen hat, zB einen „Nachnacherben" bestimmt (BGH NJW 1981, 2745; BayObLG FamRZ 1997, 316). Der Nacherbe kann also über die Anwartschaft letztwillig verfügen oder die ges Erbfolge gelten lassen. Bei mehreren Nacherben geht die Vererblichkeit der Anwachsung (§ 2094 I) vor (RGZ 106, 357; OLG Stuttgart FamRZ 1994, 1553; BayObLG FamRZ 1996, 1240; sa LG Frankfurt a.M. Rpfleger 1984, 271 mAnm Grunsky). 2

3. Verhältnis von Vererblichkeit und Ersatznacherbschaft. Dieses Verhältnis, wie es aus §§ 2069, 2096 folgt, bestimmt sich nach dem realen oder hypothetischen Erblasserwillen (BayObLG FamRZ 1994, 784; hierzu Musielak ZEV 1995, 5; Muscheler JR 1995, 309). So muss in der ausdr Ersatzerbeneinsetzung (§ 2096) nicht ohne weiteres der Ausschluss der Vererblichkeit liegen, weil die Ersatzberufung für andere Fälle als den Tod vor dem Nacherbfall ihren Sinn behält (RGZ 142, 173; 169, 38; s aber OLG Braunschweig FamRZ 1995, 443: iZw Ausschluss der Vererblichkeit; str). Für die Anwendbarkeit des § 2069 ist zu prüfen, ob der Erblasser das Vermögen in der Familie halten wollte oder ob er zur Stärkung der Nacherbenstellung auch die Verfügung des Nacherben zugunsten Fremder in Kauf genommen hätte; die volle Verfügungsbefugnis des Nacherben nach dem Nacherbfall zwingt nicht stets zur Annahme der letzten Alt. Denkbar ist vor diesem Hintergrund auch die teilw, auf einen bestimmten Personenkreis beschränkte Vererblichkeit (zum Ganzen BGH NJW 1963, 1150; OLG Karlsruhe FamRZ 2000, 64; OLG Karlsruhe ZEV 2009, 35 f.: Ehefrau des kinderlosen Sohnes als Erbin des Nacherbenrechts; dazu Bestelmeyer Rpfleger 2010, 640). Vgl auch → § 2069 Rn. 4 und → § 2096 Rn. 5. 3

4. Bedingte Nacherbschaft. Bei aufschiebend bedingter Nacherbschaft muss der Nacherbe den Bedingungseintritt erleben; bei auflösend bedingter Nacherbschaft bleibt die Vererblichkeit bestehen, jedoch fällt auch die ererbte Nacherbschaft bei Bedingungseintritt fort (OLG Hamm OLGZ 1976, 187). 4

5 **5. Anwartschaftsrecht.** Zum Anwartschaftsrecht des Nacherben vgl → § 2100 Rn. 7 f.

§ 2109 Unwirksamwerden der Nacherbschaft

(1) [1]**Die Einsetzung eines Nacherben wird mit dem Ablauf von 30 Jahren nach dem Erbfall unwirksam, wenn nicht vorher der Fall der Nacherbfolge eingetreten ist.** [2]**Sie bleibt auch nach dieser Zeit wirksam,**

1. **wenn die Nacherbfolge für den Fall angeordnet ist, dass in der Person des Vorerben oder des Nacherben ein bestimmtes Ereignis eintritt, und derjenige, in dessen Person das Ereignis eintreten soll, zur Zeit des Erbfalls lebt,**
2. **wenn dem Vorerben oder einem Nacherben für den Fall, dass ihm ein Bruder oder eine Schwester geboren wird, der Bruder oder die Schwester als Nacherbe bestimmt ist.**

(2) **Ist der Vorerbe oder der Nacherbe, in dessen Person das Ereignis eintreten soll, eine juristische Person, so bewendet es bei der dreißigjährigen Frist.**

1 Die Vorschrift will fideikommissähnliche Bindungen verhindern (zur Unzulässigkeit OLG Köln FamRZ 1990, 439). Bsp: OLG Köln Rpfleger 2008, 259 = FamRZ 2008, 1783. Ereignisse im Sinne der Ausnahmevorschrift sind zB Verheiratung, Berufswahl, Erreichen eines bestimmten Alters; das Ereignis kann auch auf eigenem Handeln des Vor- oder Nacherben beruhen (vgl BGH NJW 1969, 1112). Für den Beziehungsgrad zur Person („in der Person") werden sich abstrakte Maßstäbe kaum aufstellen lassen. Der Fall des § 2106 I fällt stets unter § 2109 I 2 Nr. 1 (KG OLGZ 1976, 388; BayObLG NJW-RR 1990, 200 mN; OLG Frankfurt a.M. FamRZ 2004, 487; OLG Schleswig ZEV 2009, 298). Werden hintereinander jeweils auf den Todesfall des Vorerben zwei Nacherben eingesetzt („gestaffelte Nacherbfolge"), greift die Zeitgrenze ebenfalls; nach § 2109 I 2 Nr. 1 kann die 30-Jahresfrist allerdings überschritten werden, falls Vorerbe und erster Nacherbe im Zeitpunkt des Erbfalls leben (OLG Hamm Rpfleger 2011, 328 mit mE missverständlichem Ls.; OLG Hamburg FamRZ 1985, 539). Die analoge Anwendung der Vorschrift auf andere Fälle langfristiger erbrechtlicher Bindung (gesellschaftsrechtliche Nachfolgeklausel, Familienstiftung) ist erwägenswert (str).

§ 2110 Umfang des Nacherbrechts

(1) **Das Recht des Nacherben erstreckt sich im Zweifel auf einen Erbteil, der dem Vorerben infolge des Wegfalls eines Miterben anfällt.**

(2) **Das Recht des Nacherben erstreckt sich im Zweifel nicht auf ein dem Vorerben zugewendetes Vorausvermächtnis.**

1 Das Vorausvermächtnis zugunsten des alleinigen Vorerben befreit den Vorerben hinsichtlich des Vermächtnisgegenstandes von den Beschwernissen der Nacherbschaft; er ist insoweit Vollerbe. Eines Nacherbenvermerks im Grundbuch bedarf es hier daher nicht (LG Fulda Rpfleger 2005, 664; OLG München ZEV 2006, 457). Falls ein Handelsgeschäft Gegenstand des Vorausvermächtnisses ist, trifft die Haftung gem § 27 HGB folglich nicht den Nacherben, sondern die Erben des Vorerben (BGHZ 32, 60). Zur Behandlung im Erbschein → § 2363 aF Rn. 1 und 2 sowie → § 2363 nF Rn. 1 u § 352b I nF FamFG.

§ 2111 Unmittelbare Ersetzung

(1) [1]**Zur Erbschaft gehört, was der Vorerbe auf Grund eines zur Erbschaft gehörenden Rechts oder als Ersatz für die Zerstörung, Beschädigung oder**

Entziehung eines Erbschaftsgegenstands oder durch Rechtsgeschäft mit Mitteln der Erbschaft erwirbt, sofern nicht der Erwerb ihm als Nutzung gebührt. [2]Die Zugehörigkeit einer durch Rechtsgeschäft erworbenen Forderung zur Erbschaft hat der Schuldner erst dann gegen sich gelten zu lassen, wenn er von der Zugehörigkeit Kenntnis erlangt; die Vorschriften der §§ 406 bis 408 finden entsprechende Anwendung.

(2) **Zur Erbschaft gehört auch, was der Vorerbe dem Inventar eines erbschaftlichen Grundstücks einverleibt.**

1. Zweck. Die Vorschrift schützt den Bestand der Erbschaftssubstanz zugunsten des Nacherben. Gleichzeitig weist sie die während der Vorerbschaft anfallenden Nutzungen dem Vorerben zu. Sie regelt insoweit nur die Beziehung zwischen Vor- und Nacherbe (§§ 2139, 2130) und gilt nicht zugunsten der Nachlassgläubiger (s BGHZ 81, 12). 1

2. Surrogationsprinzip. a) Zuwachs auf Grund eines Rechts ist zB Verbindung und Vermischung (§§ 946 ff.), Ersitzung etc. **b) Ersatzvorteile** sind Versicherungsansprüche, Lastenausgleichsansprüche (BGHZ 44, 336; BGH NJW 1972, 1369; str), Enteignungsentschädigungen (BGH RdL 1956, 189). § 2111 findet analoge Anwendung, wenn einem Vorerben während der Vorerbschaft ein enteignetes Grundstück nach VermG zurückübertragen wird, welches ursprünglich im Eigentum des vor Inkrafttreten des VermG verstorbenen Erblassers stand (BGH ZEV 2010, 248 f.). **c) Rechtsgeschäftliche Mittelsurrogation** liegt vor, wenn der 3 Gegenwert aus der Erbschaft geleistet wurde (BGHZ 110, 178; BGH NJW 1985, 383). Dies gilt auch für den Erwerb höchstpersönlicher Rechte (BGHZ 109, 216 für Kommanditanteil; → § 2019 Rn. 2). Auch die noch ausstehende Forderung gegen den Geschäftspartner gehört bei Vorleistung des Vorerben zum Nachlass. Nachlassmittel sind nach hM auch Auseinandersetzungsguthaben, so dass der Auseinandersetzungserwerb der Surrogation unterfällt (BayObLGZ 1986, 213; OLG München FGPrax 2012, 103; BGH NJW-RR 2001, 218 mAnm Grunsky LM Nr. 11 zu § 2 III BGB). Der Surrogationserwerb hat dinglich Bestand, auch wenn die als Gegenleistung erfolgte Verfügung wegen Teilunentgeltlichkeit gem § 2113 II unwirksam ist; die Eigentümereintragung des Vorerben im Grundbuch kann nach Eintritt des Nacherbfalls allein auf Grund eines die Nacherbfolge ausweisenden Erbscheins auf den Nacherben berichtigt werden (OLG Hamm NJW-RR 2002, 1518). Tilgt der Mitvorerbe mit seinem Auseinandersetzungsguthaben seine Darlehensschuld gegenüber der Erbengemeinschaft, so gehört die an seinem Grundstück entstehende Eigentümergrundschuld zum Nachlass; dabei wird der Begriff des „rechtsgeschäftlichen Erwerbs“ weit ausgelegt, weil ja dieser Erwerb nur mittelbare Folge des die Hypothekenforderung tilgenden RGeschäfts ist und unmittelbar aus dem Gesetz folgt, §§ 1163, 1177 (zum Ganzen BGHZ 40, 122). Auch der Erwerb durch Zwangsversteigerungszuschlag fällt unter die Surrogation (BGH NJW 1993, 3199). Bei Teilfinanzierung mit Erbschaftsmitteln tritt Teilsurrogation ein (BGH NJW 1977, 1631; krit M. Wolf JuS 1981, 14). Der Vorerbe kann nicht über § 2111 hinaus freies Vermögen der Nachlassmasse mit dinglicher Wirkung zuweisen (BGHZ 40, 125). Ein vom Vorerben fortgeführtes Girokonto des Erblassers fällt dem Nacherben nur insoweit an, als Guthaben Nachlassgegenstände surrogieren; insbes kein Eintritt des Nacherben in das Girovertragsverhältnis (BGHZ 131, 63 ff.). **d)** Die 4 **Beweislast** für Surrogationsvorgänge trägt der Nacherbe voll (BGH NJW 1983, 2874). **e) Verfügungsbeschränkungen** (§§ 2112 ff.) richten sich nicht nach der Art des ursprünglichen Gegenstandes, sondern des Surrogates (LG Göttingen WM 1985, 1353; sa BayObLGZ 1986, 213). Ausnahme: Enteignungsentschädigung bei Grundstücken (BGH RdL 1956, 189).

3. Nutzungen. Alle Nutzungen (§ 100) gebühren dem Vorerben (BGH NJW 5 1983, 2875; BGH WM 1988, 126 mN; sa § 2133), soweit der Erblasser keine einschränkende testamentarische Regelung trifft (OLG München FamRZ 2010, 1200:

„Reinertragsklausel"). Der Vorerbe trägt deshalb die Fruchtziehungskosten (s § 102); die Verteilung bei Ende der Vorerbschaft richtet sich nach § 101. Nutzungen sind insbes Zinsen (BGHZ 81, 13), Dividenden und Gewinnanteile (BGHZ 78, 188; 109, 219; BFH ZEV 2001, 78 mAnm von Wachter), nicht aber neue Anteile bei Kapitalerhöhung. Unternehmensgewinn ist nach den Grundsätzen der kaufmännischen Handelsbilanz zu ermitteln (zur Gestaltungsfreiheit des Erblassers Baur JZ 1958, 465). Im Verhältnis zu Nachlassgläubigern fallen Nutzungen ins Nachlassvermögen.

6 **4. Gutglaubensschutz des Forderungsschuldners.** Vgl → § 2019 Rn. 4.

7 **5. Parallelvorschriften.** Parallelregelungen zu § 2111 sind §§ 2019, 2041. **Lit:** Krebber FamRZ 2000, 197; Krug ZEV 1999, 381; sa bei §§ 2019, 2041.

§ 2112 Verfügungsrecht des Vorerben

Der Vorerbe kann über die zur Erbschaft gehörenden Gegenstände verfügen, soweit sich nicht aus den Vorschriften der §§ 2113 bis 2115 ein anderes ergibt.

1 **1. Grundsatz der Verfügungsfreiheit des Vorerben.** Dieser Grundsatz ist allerdings durch §§ 2113 ff. beträchtlich beschränkt. Weitergehende letztwillige Beschränkungen haben als Auflage allein schuldrechtliche Wirkung (BGH LM Nr. 2 zu § 2100 BGB; vgl auch → § 2100 Rn. 3 ff.). Dingliche Wirkung lässt sich nur durch Verbindung der Vorerbschaft mit Testamentsvollstreckung (§ 2211) erreichen.

2 **2. Gegenstand der verbleibenden Verfügungsbefugnis.** Hierher gehören: Verfügung über Miterbenanteil des Vorerben (§ 2033), die das Recht des Nacherben unberührt lässt (BayObLG DNotZ 1983, 325); Vereinbarung der Gütergemeinschaft (BayObLGZ 1990, 115); entgeltliche Verfügungen über einen zum Nachlass gehörenden Erbteil oder Gesellschaftsanteil (vgl BGHZ 69, 50; 78, 182; hierzu Lutter ZGR 1982, 108), falls nicht Gegenstände gem § 2113 I Hauptbestandteil des Gesamthandsvermögens sind (str; → § 2113 Rn. 1); entgeltliche Verfügungen über Mobilien.

3 **3. Handlungsfreiheit.** Die Handlungsfreiheit des Vorerben ist weithin unbeschränkt. **a) Verpflichtungsgeschäfte** sind uneingeschränkt wirksam (BGH NJW 1969, 2045; 1986, 2823); den Nacherben verpflichten sie als Nachlassverbindlichkeit, zB als Erbschaftsverwaltungsschuld, allerdings nur, wenn sie in ordnungsmäßiger Verwaltung des Nachlasses (→ § 2120 Rn. 5) eingegangen wurden (BGHZ 32, 64;
4 110, 179; BGH NJW 1984, 367). **b)** Die **Fortführung eines Einzelhandelsgeschäftes** unterfällt der Entscheidung des Vorerben. Der fortführende Nacherbe haftet für alle Verbindlichkeiten (BGHZ 32, 66) gem §§ 25, 27 HGB; verweigert er die Fortführung, haftet er nur wie → Rn. 3. **c)** Der **Eintritt in eine Personengesellschaft** folgt den für Vollerben geltenden Grundsätzen (BGHZ 78, 181). Hat der Vorerbe als persönlich haftender Gesellschafter von seinem Recht Gebrauch gemacht, Kommanditist zu werden, dann kann der Nacherbe nicht mehr verlangen, persönlich haftender Gesellschafter zu werden (BGH NJW 1977, 1541; → § 2139 Rn. 1). Verfügungen über Gesellschaftsvermögen unterliegen nicht den §§ 2113 ff. (so andeutungsweise BGHZ 69, 50; ausdrücklich BayObLG ZEV 1996, 64 m abl Anm Kanzleiter; hierzu Schmid BWNotZ 1996, 144; sa OLG Köln NJW-RR 1987,
5 268; vgl → § 2113 Rn. 1). **d) Testierfreiheit.** Der Vorerbe kann frei testieren; seine Erben unterliegen den Beschränkungen des Nacherbenrechts. Die Testierfreiheit ist hinsichtlich der Vorerbschaft nur von Bedeutung, falls der Nacherbfall erst nach dem Tode des Vorerben eintritt, andernfalls (§ 2106 I) wird die Verfügung insoweit gegenstandslos (OLG Hamm DNotZ 1986, 555). Zur Nacherbeneinsetzung unter der Bedingung, dass der Vorerbe nicht anderweitig verfügt, vgl → § 2065 Rn. 1.

4. Vollmachten. a) Die **postmortale Vollmacht** an einen Dritten kann der Vorerbe widerrufen. Mit Eintritt des Nacherbfalles ist der Nacherbe widerrufsberechtigt, da ja nunmehr er vertreten wird. **b)** Die **postmortale Vollmacht des Vorerben** berechtigt nicht zur Vertretung des Nacherben, es sei denn, der Nacherbe willigt ein (KG NJW 1957, 755; gleich OLG München ZEV 2019, 533 Rn. 20 ff. mAnm Kollmeyer; aA OLG Stuttgart ZEV 2019, 530 Rn. 9 ff. mAnm Muscheler; str). **Lit:** Keim DNotZ 2008, 175; ders. ZEV 2020, 1 ff.; Strobel NJW 2020, 502 ff. 6

§ 2113 Verfügungen über Grundstücke, Schiffe und Schiffsbauwerke; Schenkungen

(1) **Die Verfügung des Vorerben über ein zur Erbschaft gehörendes Grundstück oder Recht an einem Grundstück oder über ein zur Erbschaft gehörendes eingetragenes Schiff oder Schiffsbauwerk ist im Falle des Eintritts der Nacherbfolge insoweit unwirksam, als sie das Recht des Nacherben vereiteln oder beeinträchtigen würde.**

(2) [1]**Das Gleiche gilt von der Verfügung über einen Erbschaftsgegenstand, die unentgeltlich oder zum Zwecke der Erfüllung eines von dem Vorerben erteilten Schenkungsversprechens erfolgt.** [2]**Ausgenommen sind Schenkungen, durch die einer sittlichen Pflicht oder einer auf den Anstand zu nehmenden Rücksicht entsprochen wird.**

(3) **Die Vorschriften zugunsten derjenigen, welche Rechte von einem Nichtberechtigten herleiten, finden entsprechende Anwendung.**

Lit: Keim, Die Vollmacht über den Tod hinaus bei Vor- und Nacherbschaft, DNotZ 2008, 175; ders, Befugnisse des Nacherbentestamentsvollstreckers bei Verfügungen über Nachlaßgegenstände, ZErb 2008, 5; Kollmeyer, Verkauf von Grundbesitz durch den befreiten Vorerben, NJW 2022, 3543 ff.; Maurer, Fragen des (Eigen-)Erwerbs von Nachlaßgegenständen durch den Vor- oder Nacherben, DNotZ 1981, 223; Najdecki, Teilungsversteigerung bei Vor- und Nacherbschaft, DNotZ 2007, 643; Paschke, Nacherbenschutz in der Vorerbengesellschaft, ZIP 1985, 129; Ricken, Die Verfügungsbefugnis des nicht befreiten Vorerben, AcP 202, 465; K. Schmidt, Nacherbenschutz bei Vorerbschaft an Gesamthandsanteilen, FamRZ 1976, 683, Wegmann, Dauerhaft wirksame Immobilienverfügungen des „nicht befreiten“ Vorerben mit Zustimmung des Nacherben ? ZEV 2022, 433 u. 500.

1. Verfügungen über Grundstücke oder Rechte an Grundstücken. a) Verfügungen sind die Übertragung, Belastung, Inhaltsänderung, die Übernahme einer öffentl-rechtl Baulast (VGH Mannheim NJW 1990, 269), ferner die Rechtsaufgabe (BGH NJW 1991, 842 = JZ 1991, 727 mAnm von Bork; BGH NJW 1999, 2037; OLG Frankfurt a.M. FamRZ 2010, 495), nicht aber bloß schuldrechtliche Verträge (BGH NJW 2016, 2652: Leihe [dazu Küpper ZEV 2017, 61 ff.]; zur Vermietung und Verpachtung → § 2135). **b) Nachlasszugehörigkeit.** Wenn der Gesamthandsanteil des Erblassers am ehelichen Gesamtgut in den Nachlass fällt (§ 1482), ist nur der Gesamthandsanteil Nachlassgegenstand, nicht aber das zum Gesamtgut gehörende Grundstück; der als Vorerbe eingesetzte Ehegatte kann deshalb ohne die Beschränkung des § 2113 über solche Grundstücke verfügen (BGHZ 26, 378; BGH NJW 1964, 768; 1976, 893 unter Aufgabe von BGH NJW 1970, 943), ebenso der Miterbe, der den Gesamthandsanteil des andern Miterben als dessen Vorerbe erwirbt (BGH NJW 1978, 698); dies gilt gerade auch dann, wenn der mehrgliedrigen Gesamthandsgemeinschaft nicht von der Nacherbschaft betroffene Dritte angehören (BGHZ 171, 352 ff. = NJW 2007, 2115 m zust Anm Keim und krit Anm Armbruster Rpfleger 2007, 385; OLG München FamRZ 2012, 1169: Nachlasszugehörigkeit des Surrogats nach Auseinandersetzung). Nachlasszugehörigkeit eines Gesellschaftsanteils führt nicht zur Nachlasszugehörigkeit des Gesellschaftsvermögens (vgl schon → § 2112 Rn. 4). Dagegen bleibt § 2113 auf einzelne Gegenstände anwendbar, wenn der schon mit der Vorerbschaft belastete Miterbe die anderen Miterbenanteile dazu erwirbt und die Nacherben nicht auf den Nacherbenvermerk im Grundbuch 1

verzichten (BGH NJW 2018, 3650 Rn. 15 ff.; OLG Saarbrücken FamRZ 2000, 124 mAnm Ludwig DNotZ 2000, 67; Schaub ZEV 2000, 28). Wenn ein Miterbe einen Gesamthands- und einen Miteigentumsanteil des anderen Miterben als Vorerbe erwirbt, bleibt es für den Miteigentumsanteil bei § 2113 und der Eintragung eines Nacherbenvermerks (BayObLG NJW-RR 2002, 1237). Die Verfügung des Vorerben über ein Grundstück, das zur ideellen Hälfte ihm selbst und zur anderen Hälfte zur Erbschaft gehört, kann trotz des Verstoßes gegen § 2113 insoweit wirksam sein, als über den nachlassfremden ideellen Bruchteil verfügt wird (BGH WM 1973, 41). Überträgt der Vorerbe ein Grundstück auf den Nacherben, so gehört ein dabei vereinbarter vormerkungsgesicherter Rückübereignungsanspruch zum Nachlass des Vorerben und nicht zum Erblassernachlass (OLG München ZEV 2012, 333 – frag-
2 würdig!). **c)** Die **Beeinträchtigung** des Nacherbenrechts liegt in der Rechtsbeeinträchtigung und hängt folglich nicht von der Äquivalenz des Gegenwertes ab. Sie ist ausgeschlossen, falls der Vorerbe Nachlassverbindlichkeiten oder Teilungsanordnungen erfüllt (BayObLGZ 74, 314; OLG Hamm NJW-RR 1995, 1290; OLG Düsseldorf ZEV 2003, 296; aA zB MüKoBGB/Grunsky § 2113 § 2113 Rn. 13; § 2120). Die Nachlassverbindlichkeit muss aber zweifelsfrei feststehen, da dem Grundbuchamt insofern eigene Ermittlungen verwehrt sind (BayObLG Rpfleger 2001, 408). **d) Rechtsfolge** ist absolute Unwirksamkeit, die aber zeitlich hinausgeschoben erst beim Nacherbfall eintritt (BGHZ 52, 270; BGH NJW 1985, 383); folglich auch keine Unrichtigkeit des Grundbuchs vor dem Nacherbfall (OLG München NJW-RR 2014, 8). Da die Bestellung eines Erbbaurechtes unter auflösender Bedingung unwirksam ist (§ 1 IV 1 ErbbauRG), kann der Vorerbe allein kein Erbbaurecht bestellen (BGHZ 52, 269; str). **Rückabwicklung** (BGH NJW 1985, 382) erfolgt gem §§ 894, 985 (OLG Oldenburg NJW-RR 2002, 728: keine Vormerkung!), wobei für die Zeit nach dem Nacherbfall für Nutzungen und Verwendungen §§ 987, 994 ff. gelten. Für die Zeit vor dem Nacherbfall hingegen § 2111 und §§ 2124–2126 zugunsten des Erwerbers analog, so dass er insoweit dem Vorerben gleichsteht; Zurückbehaltungsrecht wegen des Anspruchs auf Rückgewähr der
3 Gegenleistung (OLGR Bamberg 2009, 894). **e) Zustimmung des Nacherben** (§ 185 analog; anders OLG Hamm NJW 2016, 1103 Rn. 13 ff.: Freigabe analog § 2217 bzw § 32 III InsO; dazu Böttcher NJW 2017, 859 [862]) schließt künftige Unwirksamkeit aus (BGH NJW 2014, 1593 Rn. 11; BayObLG DNotZ 1998, 138; OLGHamm ZEV 2019, 415 Rn. 4); beim unbekannten Nacherben kann ein Abwesenheitspfleger zur Erteilung der Zustimmung bestellt werden (hierzu und zur Abgrenzung zwischen dem abstrakt bestimmten und unbekanntem Nacherben BGH NJW 2014, 1593 Rn. 12 ff.). Heilung nach § 185 II 1 Var. 3 setzt voraus, dass Nacherbe für die Nachlassverbindlichkeiten des Vorerben unbeschränkbar haftet (BayObLG DNotZ 1998, 141 mN). Zustimmung des Ersatznacherben ist entbehrlich (BGHZ 40, 119; BGH NJW 2014, 1593 Rn. 11; OLG Hamm NJW-RR 2016, 1103 Rn. 6 f.= NJW 2016, 3382; BayObLG DNotZ 1998, 140 mN; 1998, 207; 2005, 790; OLG Zweibrücken FamRZ 2011, 1430; vgl → § 2096 Rn. 5), nicht aber die des Nachnacherben (so wohl BGH NJW 2014, 1593 Rn. 11: bedingt eingesetzter Nacherbe; sa Böttcher NJW 2014, 2765 [2766]). Bei minderjährigen Nacherben gilt § 1821 I Nr. 1; der Vorerbe als ges Vertreter des Nacherben kann gegenüber dem Vertragspartner nicht zustimmen, §§ 1795 II, 181 (MüKoBGB/Grunsky § 2113 Rn. § 15; → § 181 Rn. 8; abw Ansicht nach BGHZ 77, 9 nicht mehr haltbar!).

4 **2. Unentgeltliche Verfügungen. a) Unentgeltlichkeit einer Verfügung** (zum Begriff der Verfügung → Rn. 1). Der Erblasser kann vom Verbot unentgeltlicher Verfügung nicht befreien (→ §§ 2136- 2138 Rn. 2; OLG Hamm ZEV 2019, 415 Rn. 4). Unentgeltlichkeit ist gegeben, wenn der Vorerbe obj ohne gleichwertige Gegenleistung Opfer aus der Erbmasse bringt – maßgebend für die Beurteilung ist der Zeitpunkt der Verfügung – und subj entweder die Ungleichwertigkeit der Gegenleistung erkennt oder doch bei ordnungsmäßiger Verwaltung erkennen muss

(BGH NJW 1984, 366; 1991, 842: Unentgeltlichkeit eines gerichtl Vergleichs; OLG München NJW-RR 2014, 1161; OLG Hamm FamRZ 1991, 114; BGH NJW 1992, 565: sog „unbenannte Zuwendung" an Ehegatten; OLG Hamm Rpfleger 1999, 387: es kommt nicht darauf an, ob eine andere Person mit mehr Verhandlungsgeschick oder Ausdauer beim Grundstücksverkauf einen höheren Preis erzielt hätte; OLG München FGPrax 2005, 194 mkritAnm Demharter: Grundstücksübertragung an eine Gesellschaft gegen Erhöhung des Kapitalanteils). Die Abfindung einer Gesellschaftsbeteiligung kann vollwertig sein, obwohl Firmenwert und schwebende Geschäfte nicht bes bewertet und stille Reserven pauschal abgegolten sind, insbes bei schwieriger Geschäftslage (BGH NJW 1984, 364). Teilw. Unentgeltlichkeit ist voller Unentgeltlichkeit gleichzusetzen (BGHZ 7, 279; BGH NJW 1985, 383). Erwirbt der Vorerbe selbst einen Erbschaftsgegenstand in sein von der Nacherbfolge freies Eigenvermögen, kann sein Verzicht auf Ersatzansprüche wegen außergewöhnlicher Erhaltungskosten des ererbten Gegenstands (§ 2124 II) als Entgelt anzusehen sein (BGH NJW 1994, 1153). Sofern die Gegenleistung nicht dem Nachlass, sondern dem freien Vermögen des Vorerben, eines Nacherben oder Dritten zufließt, ist von Unentgeltlichkeit auszugehen (BGHZ 7, 277; 69, 51; OLG München ZEV 2018, 300 = BeckRS 2018, 5112; sa unten → Rn. 7); anders, wenn der befreite Vorerbe die Gegenleistung zur Befreiung von einer Verbindlichkeit verwendet, die er im Rahmen ordnungsmäßiger Verwaltung eingehen musste (BGH NJW 1984, 367: persönliche Schuldübernahme für GmbH mit nachlasszugehörigem Hauptgeschäftsanteil); anderes gilt auch für die Verwendung der Gegenleistung zum Lebensunterhalt des Vorerben (BGH NJW 1955, 1354; 1977, 1540; 1977, 1632; OLG Celle NJW-RR 1992, 141), sofern nicht Teile der Gegenleistung mit dem Tode des Vorerben verfallen (zB Leibrente: OLG Hamm FamRZ 1991, 115). Beim Verzicht auf gesellschaftsvertragliche Rechte liegt Unentgeltlichkeit *nicht* vor, wenn alle Gesellschafter gleichmäßig belastende Änderungen hinnehmen müssen (BGHZ 78, 177; BGH NJW 1984, 365; Lutter ZGR 1982, 108) oder der Verzicht der Stärkung des Unternehmens dient, die letztlich auch dem betroffenen Gesellschaftsanteil nützt (BGH NJW 1981, 1562; 1984, 365). **b)** Die **Beeinträchtigung** liegt nicht – wie **5**
beim für Immobilien geltenden Verfügungsverbot – im Rechts- bzw Sachverlust; vielmehr ist zu prüfen, ob der Nacherbe beim Nacherbfall *wirtschaftlich* schlechter gestellt ist als ohne unentgeltliche Verfügung (BGHZ 7, 279; BGH NJW 1999, 2038: unverkäufliches Grundstück in der früheren DDR). Beschwert der Erblasser den Nacherben durch Vermächtnis, einer unentgeltlichen Verfügung zuzustimmen, so soll die Verfügung des Vorerben das Recht des Nacherben nicht beeinträchtigen (OLG Düsseldorf NJW-RR 2000, 376 = FamRZ 2000, 573 mkritAnm Wübben ZEV 2000, 30; Ludwig DNotZ 2001, 102) → §§ 2136–2138 Rn. 2. Zur Befriedigung von Nachlassverbindlichkeiten → Rn. 2. **c) Rechtsfolge,** → Rn. 2. Bei *teilw* **6**
unentgeltlicher Verfügung durch den Vorerben ist die Verfügung des Vorerben zwar insgesamt unwirksam (OLG München ZEV 2018, 424 = BeckRS 2018, 8893), der Erwerber hat aber wegen der Rückzahlung der von ihm erbrachten Gegenleistung ein Zurückbehaltungsrecht, auch wenn die Gegenleistung dem Vorerben persönlich zugeflossen war (BGH NJW 1985, 383 für befreiten Vorerben). Der Erwerber kann Rückgabe verweigern und Ausgleichszahlung anbieten (str). **d) Sittliche Pflicht** liegt zB vor beim Anerkenntnis eines verjährten Pflichtteilsanspruchs, wo der BGH allerdings schon die Schenkung verneint (BGH NJW 1973, 1691).

3. Grundbucheintragungen. a) Der **Nacherbenvermerk** (§ 51 GBO; **7**
→ § 2100 Rn. 9; Böttcher NJW 2014, 2765 [2767]) begründet keine Grundbuchsperre (OLG München NJW-RR 2014, 8 [9]; OLG Frankfurt a.M. FamRZ 2012, 745; RGZ 148, 392), denn die Verfügung ist ja bis zum Nacherbfall auf jeden Fall wirksam, und bei Befreiung sind entgeltliche Verfügungen endgültig wirksam (BayObLG Rpfleger 1982, 468); endgültig wirksam sind auch Verfügungen über Grundstücke einer Gesamthand (→ Rn. 1), der Nacherbenvermerk (Notwendigkeit str, verneinend OLG München ZIP 2011, 276) schützt hier für den Nacherbfall

„Tod des Vorerben" vor Verfügungen von dessen Erben (Ludwig Rpfleger 1987, 156 gegen OLG Köln NJW-RR 1987, 267; sa Jung Rpfleger 1995, 9; zum Nacherbenvermerk am Surrogat nach Auseinandersetzung OLG München FamRZ 2012, 1169). Da mit der Löschung eines Rechts auch der Nacherbenvermerk und damit jeder Schutz entfiele, ist die Zustimmung des Nacherben nötig (OLG Celle FamRZ 2011, 141 mit Erörterung der Ergänzungspflegschaft für weitere unbekannte Nacherben; RGZ 102, 338; aA MüKoBGB/Grunsky § 2113 Rn. 19; → § 2100 Rn. 9). Nach wirksamen entgeltlichen Verfügungen des befreiten Vorerben (dazu OLG Düsseldorf Rpfleger 2008, 299) bzw Verfügungen unter Zustimmung (→ Rn. 3) macht der Nacherbenvermerk das Grundbuch unrichtig und ist zu löschen (§ 22 GBO; BGH NJW 2014, 1593 Rn. 10 ff.; OLG Karlsruhe FGPrax 2022, 151; KG NJW-RR 1993, 269; OLG Düsseldorf NJW-RR 2009, 27; OLG Frankfurt a.M. FamRZ 2012, 743; OLG Düsseldorf NJOZ 2012, 1145 und OLG Bamberg MittBayNot 2015, 402: Gehör des Nacherben; dazu Böttcher NJW 2016, 844 [848]; OLG München ZEV 2017, 114-LS; OLG Hamm NJW-RR 2022, 1246 Rn. 10 ff.: Feststellung der Nacherben durch Grundbuchamt bei Verfügung unter Zustimmung), ebenso bei Erfüllung von Nachlassverbindlichkeiten (→ Rn. 2), falls Nachweise gem § 29 GBO erbracht sind (zu streng OLG Hamm Rpfleger 1984, 313; s aber OLG Hamm FamRZ 2005, 939; großzügig OLG Düsseldorf ZEV 2003, 296 mAnm Ivo: Nachweis eines Vermächtnisses auch durch privatschriftliches Testament; ebenso OLG Celle OLGR 2004, 489 mN); ein *Wirksamkeitsvermerk*, der bekundet, dass der Nacherbenvermerk ggü. einem Recht keine Unwirksamkeit iSd § 2113 anzeigt, ist zulässig (BayObLG DNotZ 1998, 207 mN; OLG München RNotZ 2016, 305; dazu Böttcher NJW 2017, 859 [861]). Das Grundbuchamt kann bei zweiseitigen RGeschäften mangels anderer Anhaltspunkte Entgeltlichkeit vermuten, bes grundbuchrichterliche Erforschungspflicht besteht nicht (BayObLG NJW 1956, 992; ähnlich BayObLG DNotZ 1989, 182; OLG Braunschweig Rpfleger 1991, 205; s aber OLG Hamm FamRZ 1991, 115; OLG Düsseldorf Rpfleger 2008, 300; OLG Frankfurt a.M. FamRZ 2012, 744; OLG München DNotZ 2012, 459; str, sa OLG Köln ZEV 2019, 107 = BeckRS 2018, 34257: Eintragung einer Auflassungsvormerkung bei nicht feststehender Unentgeltlichkeit, aber kein Wirksamkeitsvermerk bei bestehenden Anhaltspunkten für teilweise Unentgeltlichkeit; zum Ganzen ausführlich Böttcher NJW 2016, 844 [848]). Der Nachweis der Entgeltlichkeit bzw fehlender Unentgeltlichkeit im Rahmen der §§ 2113 II, 2136 wird oft nicht in Form des § 29 GBO geführt werden können, so dass auch Freibeweis oder Beweis anhand allgemeiner Erfahrungssätze denkbar erscheint (OLG München ZEV 2018, 300; ähnlich OLG Düsseldorf BeckRS 2021, 26368; sa oben → Rn. 4). Sofern der Vorerbe die Preisfindung beim Verkauf von Land an einem Wertgutachten des Gutachterausschusses orientiert, ist sein Ermessensspielraum bei der Preisfindung regelmäßig nicht missbräuchlich überschritten (OLG Stuttgart ZEV 2018, 424 = BeckRS 2018, 10901). Der Nacherbenvermerk erfasst auch den Ersatznacherben. Falls der Nacherbe – ggf nur mit Zustimmung des Ersatznacherben (→ § 2100 Rn. 9) – auf den Vermerk verzichtet, ist gutgl Erwerb (§ 892 I 2) durch Dritte möglich (zur unterschiedlichen Wirkung von Verzicht auf Nacherbenvermerk und Verzicht auf Nacherbenstellung OLG München ZEV 2017, 234-LS = BeckRS 2017, 101205). Falls Mitvorerben an einen einzelnen Mitvorerben veräußern, muss ein neuer Nacherbenvermerk zugunsten der Nacherben des neuen Alleineigentü-
8 mers angebracht werden (KG NJW-RR 1993, 269). **b) Eintragungen ohne vorherige Eintragung des Nacherbenvermerks.** Die Eintragung des Dritten gem § 40 GBO bei Verfügungen nach § 2113 I ist möglich bei Einwilligung des Nacherben (§ 29 GBO) u gegebenenfalls des Nachnacherben (OLG Zweibrücken FamRZ 2011, 1430), dessen Verzicht auf den Nacherbenvermerk (BayObLG NJW-RR 1989, 1096) oder bei befreiter Vorerbschaft (§§ 2113 II, 2136), wenn Entgeltlichkeit nachgewiesen ist (→ Rn. 7).

9 **4. Gutglaubensschutz.** Es gelten die §§ 892 I 2, 932 I 1 und II für die Tatsache der Nacherbschaft. Fehlt die Eintragung des Vorerben, so gibt es trotz fehlenden

Nacherbenvermerks keinen Schutz des guten Glaubens an die Vollerbschaft des Vorerben (BGH NJW 1970, 943).

5. Testamentsvollstreckung. Der Testamentsvollstrecker ist an § 2113 nicht gebunden, jedenfalls dann nicht, wenn er für Vor- und Nacherben eingesetzt ist (BGHZ 40, 119); im Falle einer auf den Vorerben beschränkten Einsetzung str. 10

6. Prozessuales. Der Nacherbe kann bereits vor dem Nacherbfall die künftige Unwirksamkeit (→ Rn. 2) der Vorerbenverfügung durch Feststellungsklage geltend machen (BGHZ 52, 271; OLG Oldenburg NJW-RR 2002, 728; VGH Mannheim NJW 1990, 268 für verwaltungsgerichtliches Verfahren). Er hat jedoch kein Beschwerderecht gegen eine betreuungsgerichtlich erteilte Genehmigung einer Rechtsaufgabe (§ 928), weil ihn die Unwirksamkeit bei Eintritt der Nacherbfolge ausreichend schützt (OLG Frankfurt a.M. FamRZ 2010, 495 f. – zweifelhaft!). 11

§ 2114 Verfügungen über Hypothekenforderungen, Grund- und Rentenschulden

[1]Gehört zur Erbschaft eine Hypothekenforderung, eine Grundschuld, eine Rentenschuld oder eine Schiffshypothekenforderung, so steht die Kündigung und die Einziehung dem Vorerben zu. [2]Der Vorerbe kann jedoch nur verlangen, dass das Kapital an ihn nach Beibringung der Einwilligung des Nacherben gezahlt oder dass es für ihn und den Nacherben hinterlegt wird. [3]Auf andere Verfügungen über die Hypothekenforderung, die Grundschuld, die Rentenschuld oder die Schiffshypothekenforderung findet die Vorschrift des § 2113 Anwendung.

Die Vorschrift bedeutet eine *Ausnahme* gegenüber § 2113 für die Fälle der Kündigung und Einziehung. Eine Einziehung liegt auch vor, falls der Schuldner ohne aktives Handeln des Vorerben (zB Kündigung) in Erfüllung seiner vertraglichen Pflicht zahlt. Zahlungen an den Vorerben ohne Einwilligung des Nacherben sind unwirksam (BGH FamRZ 1970, 193). 1

§ 2115 Zwangsvollstreckungsverfügungen gegen Vorerben

[1]Eine Verfügung über einen Erbschaftsgegenstand, die im Wege der Zwangsvollstreckung oder der Arrestvollziehung oder durch den Insolvenzverwalter erfolgt, ist im Falle des Eintritts der Nacherbfolge insoweit unwirksam, als sie das Recht des Nacherben vereiteln oder beeinträchtigen würde. [2]Die Verfügung ist unbeschränkt wirksam, wenn der Anspruch eines Nachlassgläubigers oder ein an einem Erbschaftsgegenstand bestehendes Recht geltend gemacht wird, das im Falle des Eintritts der Nacherbfolge dem Nacherben gegenüber wirksam ist.

Lit: Hofmann, Zu § 28 ZVG bei Nacherbschaft am Versteigerungsobjekt, Rpfleger 1999, 317; Klawikowski, Die Grundstücksversteigerung bei Vor- und Nacherbschaft, Rpfleger 1998, 100; Wessels, Zwangsvollstreckungsrechtliche Fragestellungen im Erbrecht, ZFE 2005, 191; M. Wolf, FS von Lübtow, 1991, S 325.

1. Schutzbereich. Der Schutzbereich der Vorschrift erfasst nur Vollstreckungsmaßnahmen zur Vollstreckung von Geldforderungen (§§ 803–871 ZPO) der Eigengläubiger des Vorerben; für § 894 ZPO gelten §§ 2112, 2113. 1

2. Verfahrensrechtliche Ergänzungsvorschriften. Hier sind § 773 ZPO und § 83 II InsO zu erwähnen. Der Schutz besteht zunächst nur im Verbot der Verwertung; die Vollstreckungspfandrechte sind als solche wirksam und werden erst mit dem Nacherbfall unwirksam, falls das Nacherbenrecht beeinträchtigt würde (Bsp: BGHZ 110, 178; BGH FamRZ 1993, 802). Mehrere Nacherben, die Widerspruch 2 aus § 773 ZPO erheben, sind keine notwendigen Streitgenossen (BGH FamRZ 1993, 803).

3 **3. Gutgl Erwerb.** Gutgl Erwerb durch Vollstreckungsmaßnahmen ist grundsätzlich ausgeschlossen; anders, wenn freihändig veräußert wird und der Erwerber damit rechtsgeschäftlich erwirbt. Beim Zuschlag im Wege öffentl Versteigerung erlöschen die Rechte des Nacherben (sa BGH NJW 2000, 3359 und → § 2100 Rn. 11: Keine Berücksichtigung des Nacherbenvermerks im geringsten Gebot gem § 44 ZVG). Der Nacherbe muss gem §§ 771, 773 ZPO klagen, falls Versteigerung entgegen §§ 51 GBO, 773 ZPO erfolgt; später nur Bereicherungsanspruch gegen vollstreckenden Gläubiger bzw Recht des Nacherben am Erlös, der noch nicht verteilt ist (§§ 37 Nr. 5, 92 ZVG; teilw str).

4 **4. Teilungsversteigerung.** Keine Vollstreckungsmaßnahme ist die Teilungsversteigerung (§§ 180 ff. ZVG; vgl Baur/Stürner/Bruns § 34 I 2 C aa, Rn. 34.6 ff.) im Rahmen der Auseinandersetzung durch die Mitvorerben (BayObLGZ 1965, 212; OLG Hamm NJW 1969, 516); am Erlös tritt Surrogation (§ 2111) ein.

5 **5. Unbeschränkt wirksame Vollstreckungsmaßnahmen.** Sie sind möglich zugunsten von Nachlassverbindlichkeiten und sind auch denkbar aus Verpflichtungen des Vorerben im Rahmen ordnungsmäßiger Verwaltung (BGHZ 110, 179; → § 2112 Rn. 3), welche der Nacherbe auch dinglich ermöglichen muss (s § 2120). S. 2 gilt analog für den Nachlassverwalter (OLG Braunschweig OLGZ 1988, 394; → §§ 1984, 1985 Rn. 4).

6 **6. Aufrechnung.** Eine Aufrechnung der Eigengläubiger des Vorerben gegen eine Nachlassforderung ist analog § 394 nicht möglich (RGZ 80, 30).

§ 2116 Hinterlegung von Wertpapieren

(1) [1]**Der Vorerbe hat auf Verlangen des Nacherben die zur Erbschaft gehörenden Inhaberpapiere nebst den Erneuerungsscheinen bei einer Hinterlegungsstelle mit der Bestimmung zu hinterlegen, dass die Herausgabe nur mit Zustimmung des Nacherben verlangt werden kann.** [2]**Die Hinterlegung von Inhaberpapieren, die nach § 92 zu den verbrauchbaren Sachen gehören, sowie von Zins-, Renten- oder Gewinnanteilscheinen kann nicht verlangt werden.** [3]**Den Inhaberpapieren stehen Orderpapiere gleich, die mit Blankoindossament versehen sind.**

(2) **Über die hinterlegten Papiere kann der Vorerbe nur mit Zustimmung des Nacherben verfügen.**

§ 2117 Umschreibung; Umwandlung

[1]**Der Vorerbe kann die Inhaberpapiere, statt sie nach § 2116 zu hinterlegen, auf seinen Namen mit der Bestimmung umschreiben lassen, dass er über sie nur mit Zustimmung des Nacherben verfügen kann.** [2]**Sind die Papiere vom Bund oder von einem Land ausgestellt, so kann er sie mit der gleichen Bestimmung in Buchforderungen gegen den Bund oder das Land umwandeln lassen.**

§ 2118 Sperrvermerk im Schuldbuch

Gehören zur Erbschaft Buchforderungen gegen den Bund oder ein Land, so ist der Vorerbe auf Verlangen des Nacherben verpflichtet, in das Schuldbuch den Vermerk eintragen zu lassen, dass er über die Forderungen nur mit Zustimmung des Nacherben verfügen kann.

Anmerkungen zu den §§ 2116–2118

Zu den Inhaberpapieren zählen *nicht* Sparbücher (§ 808). Hinterlegungsstellen sind die Amtsgerichte (→ Vor §§ 372 ff. Rn. 3) oder andere durch Landesrecht bestimmte Stellen. § 2116 I wurde durch das G v 8.12.2010 (BGBl. I 1864) mit Wirkung zum 15.12.2010 geändert. Dabei wurden die dort noch erwähnten überholten Zuständigkeiten zur Hinterlegung von Inhaberpapieren gestrichen. 1

§ 2119 Anlegung von Geld

Geld, das nach den Regeln einer ordnungsmäßigen Wirtschaft dauernd anzulegen ist, darf der Vorerbe nur *[nach den für die Anlegung von MündeLgeld geltenden Vorschriften]* **der Rechtsverordnung nach § 240a entsprechend anlegen.**

Der Wortlaut der Vorschrift ist durch Art. 1 Nr. 23 des Ges zur Reform des Vormundschafts- und Betreuungsrechts mit Wirkung zum 1.1.2023 (Art. 16 des Reformges) geändert worden. Der neue Wortlaut (Fettdruck) verweist auf den neuen § 240a, der mit Wirkung zum 1.1.2023 zusammen mit in einer Ausführungsverordnung (SiV), die ebenfalls zum 1.1.2023 in Kraft tritt (BGBl. I v. 8.11.2022, S. 1972), die Eignung von Wertpapieren und sicheren Forderungen für Sicherheitsleistungen und von Geldanlagen gem §§ 1079, 1288 I und 2119 regelt. Der alte Wortlaut (Kursivdruck)verweist auf §§ 1806, 1807 aF, nach hM aber nicht auf §§ 1809, 1810 aF (zu den alten Anlagevorschriften des Erbrechts: Coing, FS Kaufmann, 1972, S. 127). 1

§ 2120 Einwilligungspflicht des Nacherben

[1]Ist zur ordnungsmäßigen Verwaltung, insbesondere zur Berichtigung von Nachlassverbindlichkeiten, eine Verfügung erforderlich, die der Vorerbe nicht mit Wirkung gegen den Nacherben vornehmen kann, so ist der Nacherbe dem Vorerben gegenüber verpflichtet, seine Einwilligung zu der Verfügung zu erteilen. [2]Die Einwilligung ist auf Verlangen in öffentlich beglaubigter Form zu erklären. [3]Die Kosten der Beglaubigung fallen dem Vorerben zur Last.

1. Zweck. Er liegt in der Erweiterung der Verfügungsbefugnis gegenüber §§ 2113 ff. und im Schutz vor Ersatzansprüchen des Nacherben (§§ 2130 ff.). 1

2. Anwendungsbereich. Die erweiterte Anwendung der Vorschrift folgt aus ihrem Zweck: Der Vorerbe kann bereits zum Verpflichtungsgeschäft die Zustimmung verlangen, um die Ordnungsmäßigkeit der geplanten Verfügung und damit die Haftung auch des Nacherben für entstehende Nachlassverbindlichkeiten klarzustellen (RGZ 90, 96; → § 2112 Rn. 3). Ferner kann bereits bei zweifelhafter Rechtslage die Zustimmung verlangt werden, ohne dass ein Tatbestand der §§ 2113 ff. bereits feststeht. Auch bei befreiter Vorerbschaft (§ 2130) trifft den Nacherben eine Pflicht zur Zustimmung zu einer Grundstücksveräusserung, wenn der Erwerber aus Gründen der Rechtssicherheit dies verlangt (OLG Frankfurt a.M. FamRZ 2011, 1620). Eine Zustimmungspflicht kann auch bei Mietverträgen über Grundstücke oder Wohnungen gegeben sein, wenn zB eine Vermietung ohne eine solche Zustimmung wegen des Kündigungsrechts des Nacherben im Nacherbfall nicht sinnvoll möglich wäre, weil der Mieter diese Zustimmung verlangt (BGH NJW 1993, 1582; NJW 2015, 2650 Rn. 26; → § 2135 Rn. 1). 2

3. Empfänger der Zustimmungserklärung. Dies ist gem § 182 der Vorerbe oder der Partner des RGeschäfts (str); Anspruchsinhaber ist indessen allein der Vorerbe, der den Anspruch aber abtreten kann. 3

4 **4. Form.** S. § 2120 Satz 2; die Verpflichtung, einem Grundstückverkauf zuzustimmen, bedarf notarieller Beurkundung (BGH NJW 1972, 581).

5 **5. Ordnungsmäßige Verwaltung.** Eine ordnungsmäßige Verwaltung (§ 2038 I 2) liegt zB vor, wenn ein Nachlassgrundstück zur Vermeidung einer ungünstigeren Enteignung veräußert werden soll (BGH NJW 1972, 580), jedoch grundsätzlich nicht bei einer Kreditaufnahme zu Lasten des Nachlasses (BGHZ 110, 181; sa BGHZ 114, 27), es sei denn, die Interessen des Nacherben sind durch geeignete Sicherungen (Bestellung eines erfahrenen und zuverlässigen Treuhänders, Schutz vor Nachlassauszehrung durch Tilgung) geschützt (BGH NJW 1993, 1582; 1993, 3199). Die Erfüllung von Nachlassverbindlichkeiten bedarf nicht der Zustimmung (str, → § 2113 Rn. 2), § 2120 meint die evtl notwendigen Versilberungsgeschäfte. Darlegungslast des Vorerben (OLG Düsseldorf NJW-RR 1996, 905), der Nacherben zur Zustimmung auffordert.

§ 2121 Verzeichnis der Erbschaftsgegenstände

(1) [1]**Der Vorerbe hat dem Nacherben auf Verlangen ein Verzeichnis der zur Erbschaft gehörenden Gegenstände mitzuteilen.** [2]**Das Verzeichnis ist mit der Angabe des Tages der Aufnahme zu versehen und von dem Vorerben zu unterzeichnen; der Vorerbe hat auf Verlangen die Unterzeichnung öffentlich beglaubigen zu lassen.**

(2) **Der Nacherbe kann verlangen, dass er bei der Aufnahme des Verzeichnisses zugezogen wird.**

(3) **Der Vorerbe ist berechtigt und auf Verlangen des Nacherben verpflichtet, das Verzeichnis durch die zuständige Behörde oder durch einen zuständigen Beamten oder Notar aufnehmen zu lassen.**

(4) **Die Kosten der Aufnahme und der Beglaubigung fallen der Erbschaft zur Last.**

§ 2122 Feststellung des Zustands der Erbschaft

[1]**Der Vorerbe kann den Zustand der zur Erbschaft gehörenden Sachen auf seine Kosten durch Sachverständige feststellen lassen.** [2]**Das gleiche Recht steht dem Nacherben zu.**

§ 2123 Wirtschaftsplan

(1) [1]**Gehört ein Wald zur Erbschaft, so kann sowohl der Vorerbe als der Nacherbe verlangen, dass das Maß der Nutzung und die Art der wirtschaftlichen Behandlung durch einen Wirtschaftsplan festgestellt werden.** [2]**Tritt eine erhebliche Änderung der Umstände ein, so kann jeder Teil eine entsprechende Änderung des Wirtschaftsplans verlangen.** [3]**Die Kosten fallen der Erbschaft zur Last.**

(2) **Das Gleiche gilt, wenn ein Bergwerk oder eine andere auf Gewinnung von Bodenbestandteilen gerichtete Anlage zur Erbschaft gehört.**

Anmerkungen zu den §§ 2121–2123

1 Die Vorschriften bezwecken den Schutz des Vorerben vor Ersatzansprüchen ebenso wie den Schutz des Nacherben vor Unkenntnis über den Nachlass betr Vorgänge. Für den Inhalt des Verzeichnisses ist der Zeitpunkt der Errichtung maßgebend (RGZ 164, 208; OLG Karlsruhe NJW-RR 2017, 904: aber Angaben über Veränderungen seit Todesfall); es muss nur bis zum Eintritt des Nacherbfalles (RGZ 98, 25) und nur einmal errichtet werden. Hingegen kann die Zustandsfeststellung

mehrmals verlangt werden (vgl zum Verfahren §§ 410 Nr. 2, 411 II, 412 Nr. 2, 414 FamFG; früher § 164 FGG). Wegen § 2122 hat der pflichtteilsberechtigte Nacherbe keinen Anspruch gegen den Vorerben auf Wertermittlung analog § 2314 oder gem § 242 (BGH NJW 1981, 2051); → § 2314 Rn. 10; zum Verhältnis zwischen § 2121 und § 2127 → §§ 2127–2129 Rn. 1.

§ 2124 Erhaltungskosten

(1) **Der Vorerbe trägt dem Nacherben gegenüber die gewöhnlichen Erhaltungskosten.**

(2) **[1]Andere Aufwendungen, die der Vorerbe zum Zwecke der Erhaltung von Erbschaftsgegenständen den Umständen nach für erforderlich halten darf, kann er aus der Erbschaft bestreiten. [2]Bestreitet er sie aus seinem Vermögen, so ist der Nacherbe im Falle des Eintritts der Nacherbfolge zum Ersatz verpflichtet.**

§ 2125 Verwendungen; Wegnahmerecht

(1) **Macht der Vorerbe Verwendungen auf die Erbschaft, die nicht unter die Vorschrift des § 2124 fallen, so ist der Nacherbe im Falle des Eintritts der Nacherbfolge nach den Vorschriften über die Geschäftsführung ohne Auftrag zum Ersatz verpflichtet.**

(2) **Der Vorerbe ist berechtigt, eine Einrichtung, mit der er eine zur Erbschaft gehörende Sache versehen hat, wegzunehmen.**

§ 2126 Außerordentliche Lasten

[1]Der Vorerbe hat im Verhältnis zu dem Nacherben nicht die außerordentlichen Lasten zu tragen, die als auf den Stammwert der Erbschaftsgegenstände gelegt anzusehen sind. [2]Auf diese Lasten findet die Vorschrift des § 2124 Abs. 2 Anwendung.

Anmerkungen zu den §§ 2124–2126

Lit: de Leve, Aufwendungen des Vorerben – Erstattungspflicht des Nacherben, ZEV 2005, 16; Grunsky, Verpflichtung des Vorerben, Tilgungsleistungen aus den Nutzungen der Erbschaft zu erbringen, LMK 2004, 187.

1. Gewöhnliche Erhaltungskosten. Gewöhnliche Erhaltungskosten (§ 2124 I), 1
also zB normale Verschleißreparaturen (BGH NJW 1993, 3199; dazu Voit ZEV 1994, 138), die aus jährlichen Nutzungen zu decken sind, trägt der Vorerbe. Zu den **Fruchtziehungskosten** → § 2111 Rn. 5.

2. Außergewöhnliche Erhaltungskosten. Solche Kosten (§ 2124 II) betreffen 2
Verbesserungen oder Erneuerungen, die nach dem Maßstab einer ordentlichen Geschäftsführung für notwendig gehalten werden konnten und langfristig wertsteigernde Wirkung haben (BGH NJW 1993, 3199). Sie trägt der Nachlass.

3. Sonstige Verwendungen. Sonstige Verwendungen (§ 2125 I), zB Betriebser- 3
weiterungen, Luxusanschaffungen, sind nur erschwert nach GoA zu ersetzen. Zu den Verwendungen des *Vorvermächtnisnehmers* → § 2191 Rn. 2.

4. Ordentliche Lasten. Ordentliche Lasten, zB Steuer, Versicherung, trägt der 4
Vorerbe (§ 2124 I; BGH NJW 1985, 384).

5. Außergewöhnliche Lasten. Sie hat der Nachlass zu tragen, auch bei befreiter 5
Vorerbschaft (BGH NJW 1980, 2466); also zB Erschließungsbeiträge, Erbschaftsteuer (LG Bonn ZEV 2012, 321), Einkommensteuer aus Veräußerungsgewinn

(BGH NJW 1980, 2466) oder Tilgungsleistungen auf vom Erblasser an Nachlassgrundstücken bestellte Grundpfandrechte (BGH NJW 2004, 2982); anders, falls nach einem Vermächtnis der Vorerbe die Tilgung aus Nutzungen aufbringen soll.

6 **6. Beschränkung auf das Innenverhältnis.** §§ 2124 ff. regeln nur das Innenverhältnis zwischen Vor- und Nacherben und schränken nicht etwa die Haftung für Nachlassverbindlichkeiten gem § 1967 ein (dazu KG FamRZ 2009, 1520). Zur **analogen** Anwendung bei unwirksamem Erwerb vom Vorerben → § 2113 Rn. 2.

§ 2127 Auskunftsrecht des Nacherben

Der Nacherbe ist berechtigt, von dem Vorerben Auskunft über den Bestand der Erbschaft zu verlangen, wenn Grund zu der Annahme besteht, dass der Vorerbe durch seine Verwaltung die Rechte des Nacherben erheblich verletzt.

§ 2128 Sicherheitsleistung

(1) **Wird durch das Verhalten des Vorerben oder durch seine ungünstige Vermögenslage die Besorgnis einer erheblichen Verletzung der Rechte des Nacherben begründet, so kann der Nacherbe Sicherheitsleistung verlangen.**

(2) **Die für die Verpflichtung des Nießbrauchers zur Sicherheitsleistung geltende Vorschrift des § 1052 findet entsprechende Anwendung.**

§ 2129 Wirkung einer Entziehung der Verwaltung

(1) **Wird dem Vorerben die Verwaltung nach der Vorschrift des § 1052 entzogen, so verliert er das Recht, über Erbschaftsgegenstände zu verfügen.**

(2) [1]**Die Vorschriften zugunsten derjenigen, welche Rechte von einem Nichtberechtigten herleiten, finden entsprechende Anwendung.** [2]**Für die zur Erbschaft gehörenden Forderungen ist die Entziehung der Verwaltung dem Schuldner gegenüber erst wirksam, wenn er von der getroffenen Anordnung Kenntnis erlangt oder wenn ihm eine Mitteilung von der Anordnung zugestellt wird.** [3]**Das Gleiche gilt von der Aufhebung der Entziehung.**

Anmerkungen zu den §§ 2127–2129

1 Die Vorschriften gewähren dem Nacherben vorbeugenden Schutz vor der wirtschaftlichen Aushöhlung seines Nacherbenrechts; zum Auskunftsrecht s Sarres ZEV 2004, 56; iÜ → §§ 2121–2123 Rn. 1. Das Verwaltungs- und Verfügungsrecht des Verwalters entspricht dem des Vorerben, sowohl im Verhältnis zum Nacherben als auch im Verhältnis zu Dritten. Das Auskunftsrecht gem § 2127 ist inhaltlich identisch mit § 2121, so dass zur Vorbereitung von Ersatzansprüchen auch ohne Darlegung einer Gefahr nach § 2121 Auskunft verlangt werden kann, falls ein Verzeichnis bisher nicht existiert (OLG Karlsruhe NJW-RR 2017, 904).

§ 2130 Herausgabepflicht nach dem Eintritt der Nacherbfolge, Rechenschaftspflicht

(1) [1]**Der Vorerbe ist nach dem Eintritt der Nacherbfolge verpflichtet, dem Nacherben die Erbschaft in dem Zustand herauszugeben, der sich bei einer bis zur Herausgabe fortgesetzten ordnungsmäßigen Verwaltung ergibt.** [2]**Auf die Herausgabe eines landwirtschaftlichen Grundstücks findet die Vorschrift des § 596a, auf die Herausgabe eines Landguts finden die Vorschriften der §§ 596a, 596b entsprechende Anwendung.**

(2) **Der Vorerbe hat auf Verlangen Rechenschaft abzulegen.**

§ 2131 Umfang der Sorgfaltspflicht

Der Vorerbe hat dem Nacherben gegenüber in Ansehung der Verwaltung nur für diejenige Sorgfalt einzustehen, welche er in eigenen Angelegenheiten anzuwenden pflegt.

§ 2132 Keine Haftung für gewöhnliche Abnutzung

Veränderungen oder Verschlechterungen von Erbschaftssachen, die durch ordnungsmäßige Benutzung herbeigeführt werden, hat der Vorerbe nicht zu vertreten.

§ 2133 Ordnungswidrige oder übermäßige Fruchtziehung

Zieht der Vorerbe Früchte den Regeln einer ordnungsmäßigen Wirtschaft zuwider oder zieht er Früchte deshalb im Übermaß, weil dies infolge eines besonderen Ereignisses notwendig geworden ist, so gebührt ihm der Wert der Früchte nur insoweit, als durch den ordnungswidrigen oder den übermäßigen Fruchtbezug die ihm gebührenden Nutzungen beeinträchtigt werden und nicht der Wert der Früchte nach den Regeln einer ordnungsmäßigen Wirtschaft zur Wiederherstellung der Sache zu verwenden ist.

§ 2134 Eigennützige Verwendung

[1]Hat der Vorerbe einen Erbschaftsgegenstand für sich verwendet, so ist er nach dem Eintritt der Nacherbfolge dem Nacherben gegenüber zum Ersatz des Wertes verpflichtet. [2]Eine weitergehende Haftung wegen Verschuldens bleibt unberührt.

Anmerkungen zu den §§ 2130–2134

1 **1. Herausgabeanspruch des Nacherben.** Dieser ähnelt dem Erbschaftsanspruch (§ 2018) und umfasst alle Erbschaftsgegenstände, also auch Surrogate (§ 2111). Der Anspruch geht nicht auf Rechtsübertragung, da ja gem § 2139 der Nacherbe kraft Ges Rechtsinhaber wird (→ § 2139 Rn. 1). Verjährung: § 197 I Nr. 1.

2 **2. Erhaltungskosten, Verwendungen und Lasten.** Dafür gelten §§ 2124–2126 iVm § 103.

3 **3. Nutzungen.** Sie gebühren gem § 2111 dem Vorerben (vgl zum Eigentum § 953). § 2133 trifft eine ergänzende Regelung für Übermaßfrüchte; hier hat der Nacherbe uU einen Wertersatzanspruch.

4 **4. Verbrauchte Erbschaftsgegenstände.** Für diese besteht unabhängig vom Verschulden ebenfalls ein Wertersatzanspruch, der nur eingreift, falls der Gegenwert nicht durch Surrogation Erbschaftsgegenstand wurde (BGHZ 40, 124).

5 **5. Schadensersatzansprüche.** Diese entstehen aus schuldhafter Verletzung der Verwalterpflichten (§ 2130 I 1), wobei allerdings die Sorgfaltsmaßstäbe der §§ 2131, 2132 zu beachten sind.

6 **6. Informationspflichten des Vorerben.** Diese ergeben sich aus §§ 2130 I 1, 260 und §§ 2130 II, 259. Sie erstrecken sich auf die Rechnungsposten, die den Anspruch des Nacherben bestimmen. Der Nacherbe hat auch gegen den vom Vorerben Beschenkten analog §§ 2314, 2028 einen Auskunftsanspruch, falls die Auskunft zur Rechtsverfolgung erforderlich ist (vgl BGHZ 58, 237); noch → §§ 2121–2123 Rn. 1; jedoch kein Auskunftsanspruch bei Befreiung von § 2134 in Gestalt eines

Vorausvermächtnisses (OLG Karlsruhe ZEV 2017, 296-LS = BeckRS 2017, 104787).

§ 2135 Miet- und Pachtverhältnis bei der Nacherbfolge

Hat der Vorerbe ein zur Erbschaft gehörendes Grundstück oder eingetragenes Schiff vermietet oder verpachtet, so findet, wenn das Miet- oder Pachtverhältnis bei dem Eintritt der Nacherbfolge noch besteht, die Vorschrift des § 1056 entsprechende Anwendung.

1 Die Vorschrift statuiert durch den Verweis auf §§ 1056, 566 ff. den Grundsatz „Nacherbfolge bricht nicht Miete." Das Kündigungsrecht des Nacherben nach § 1056 II setzt bei im Zeitpunkt der Nacherbfolge noch bestehendem Mietverhältnis über Wohnraum ein berechtigtes Interesse des Nacherben an der Beendigung des Mietverhältnisses voraus (§§ 573d I, 573 I 1), der Ausschluss des Rechts des Vermieters zur ordentlichen Kündigung im Mietvertrag mit dem Vorerben steht jedoch einer Kündigung nicht entgegen (BGH NJW 2015, 2650 Rn. 17 ff., 24). Das Kündigungsrecht gilt nicht, wenn der Nacherbe dem Abschluss des Mietvertrages durch den Vorerben zugestimmt hat, wenn der Vertrag im Rahmen ordnungsmäßiger Verwaltung lag und der Nacherbe deshalb zustimmen musste (→ § 2120 Rn. 2) und allgemein, wenn der Nacherbe aus dem Vertragsschluss des Vorerben selbst persönlich verpflichtet ist (BGH NJW 2015, 2650 Rn. 25 ff.; OLG Frankfurt a.M. FamRZ 2011, 1693; sa W. Schneider NJW 2022, 438 Rn. 19). Die Vorschrift findet keine Anwendung auf Grundstücksleihe, so dass die mit dem Vorerben vereinbarte Leihe keine Wirkung gegenüber dem Nacherben entfaltet (BGH NJW 2016, 2652 Rn. 46).

§ 2136 Befreiung des Vorerben

Der Erblasser kann den Vorerben von den Beschränkungen und Verpflichtungen des § 2113 Abs. 1 und der §§ 2114, 2116 bis 2119, 2123, 2127 bis 2131, 2133, 2134 befreien.

§ 2137 Auslegungsregel für die Befreiung

(1) **Hat der Erblasser den Nacherben auf dasjenige eingesetzt, was von der Erbschaft bei dem Eintritt der Nacherbfolge übrig sein wird, so gilt die Befreiung von allen in § 2136 bezeichneten Beschränkungen und Verpflichtungen als angeordnet.**

(2) **Das Gleiche ist im Zweifel anzunehmen, wenn der Erblasser bestimmt hat, dass der Vorerbe zur freien Verfügung über die Erbschaft berechtigt sein soll.**

§ 2138 Beschränkte Herausgabepflicht

(1) [1]**Die Herausgabepflicht des Vorerben beschränkt sich in den Fällen des § 2137 auf die bei ihm noch vorhandenen Erbschaftsgegenstände.** [2]**Für Verwendungen auf Gegenstände, die er infolge dieser Beschränkung nicht herauszugeben hat, kann er nicht Ersatz verlangen.**

(2) **Hat der Vorerbe der Vorschrift des § 2113 Abs. 2 zuwider über einen Erbschaftsgegenstand verfügt oder hat er die Erbschaft in der Absicht, den Nacherben zu benachteiligen, vermindert, so ist er dem Nacherben zum Schadensersatz verpflichtet.**

Anmerkungen zu den §§ 2136–2138

Lit: Hölscher, Das aufschiebend bedingte Universalherausgabevermächtnis – Ausschluss bestimmter Personen von einer erbrechtlichen Partizipation am Nachlass –, ZEV 2009, 213; Mayer, Der superbefreite Vorerbe? – Möglichkeiten und Grenzen der Befreiung des Vorerben, ZEV 2000, 1.

1. Anordnung der Befreiung. Sie kann nur durch letztwillige Verfügung erfolgen (OLG Hamm NJW-RR 1997, 453); sie ist oft durch *Auslegung* zu ermitteln (BayObLG NJW-RR 2002, 297). Dabei muss stets das Gesamtbild für eine Befreiung sprechen (s BayObLG FamRZ 1981, 403; OLG Hamm FamRZ 2011, 405: Möglichkeit der Ersetzung von Grundbesitz; OLG Hamm FamRZ 2011, 1331: Verfügung über Nachlassvermögen nach freiem Ermessen; OLG Düsseldorf ZEV 2018, 660 ff. Rn. 30: besonderes persönliches Vertrauensverhältnis zum Erblasser mit Beratung in Finanzsachen, Bankvollmacht etc.); uU aufschiebend bedingte Befreiung (BayObLG FamRZ 1984, 1273: für den Fall der Not; OLG Karlsruhe FamRZ 2009, 1356: Pflichtteilsverlangen eines Abkömmlings). Die Einsetzung als „Alleinerbe" reicht alleine nicht aus, selbst wenn sich kinderlose Ehegatten wechselseitig einsetzen und Verwandte oder gar Dritte Nacherben werden sollen (BGH FamRZ 1970, 193; teilw aA jedoch OLG Hamm NJW-RR 1997, 453, dazu Avenarius NJW 1997, 2740; OLG Düsseldorf ZEV 1998, 229; OLG Karlsruhe ZEV 2006, 316). Dagegen spricht vieles für die Befreiung, wenn die Kinder des letztversterbenden Ehegatten für den Fall einer Wiederverheiratung Nacherben werden sollen (BGH FamRZ 1961, 275; offen gelassen in BGH RdL 69, 103; eher zurückhaltend OLG Köln ZEV 2017, 96; OLG München NJW-RR 2019, 203 für den abweichenden Fall der Erbeinsetzung eines eigenen Kindes und eines Kindes der zweiten Ehefrau als Nacherben). Zu weiteren Indizien für eine Befreiung des Vorerben s BayObLG FamRZ 2005, 67 f. Eine Ergänzungsregel enthält § 2137 I für die Einsetzung auf den Überrest (OLG Düsseldorf ZEV 2018, 660 ff. Rn. 25 ff.: Zuwendung „der Hinterlassenschaft aus meinem Erbe…nach meinem Ableben"); eine Auslegungsregel enthält § 2137 II, der auch schon beim Recht zur freien Verfügung über das wesentliche Nachlassgrundstück anzuwenden sein wird (vgl aber BayObLG FamRZ 2005, 481 f.). 1

2. Umfang der Befreiung. Er ist im Einzelfall durch Auslegung zu bestimmen (OLG Düsseldorf ZEV 2017, 234-LS: Verfügung über bewegliche Gegenstände) und darf das ges vorgesehene Maß nicht überschreiten; zwingend gelten also stets folgende Vorschriften: §§ 2111; 2113 II (BGHZ 7, 276; OLG Hamm ZEV 2019, 415 Rn. 4); 2115; 2121; 2122; 2138. Der Erblasser soll allerdings den Nacherben durch Vermächtnis beschweren können, bestimmten unentgeltlichen Verfügungen des Vorerben zuzustimmen, also über die Befreiung nach § 2136 hinaus (OLG Düsseldorf NJW-RR 2000, 376 = FamRZ 2000, 573 mAnm Wübben ZEV 2000, 30; Ludwig DNotZ 2001, 102; → § 2113 Rn. 5). IÜ kann der Erblasser durch Vorausvermächtnis (§ 2110 II) einzelne Gegenstände völlig den Bindungen der Nacherbschaft entziehen. Er kann dem Vorerben auch entgeltliche Verfügungen insbes über Immobilien (§ 2111) gestatten (OLG Hamm ZErb 2010, 273 mit sehr weitreichender Auslegung der letztwilligen Verfügung). *Weitere Beschränkungen* haben nur die Wirkung einer schuldrechtlichen Auflage, vgl → § 2100 Rn. 3 ff. 2

3. Rechtsstellung des befreiten Vorerben. Sie ist vor allem durch den Wegfall der Pflicht zur ordnungsmäßigen Verwaltung bestimmt. Es existiert insoweit nur das Verbot der Nachlassminderung in Benachteiligungsabsicht, dessen Verletzung zum Schadensersatz verpflichtet (§ 2138 II; Bsp: BGH NJW 1977, 1631); zur möglichen Benachteiligungsabsicht der Ehefrau, die als befreite Vorerbin über Gegenstände des ehelichen Gesamtgutes wirksam (vgl → § 2113 Rn. 1 ff.) unentgeltlich verfügt: BGHZ 26, 378. Es besteht keine Rechnungslegungspflicht (§§ 2136, 2130 II), wohl aber die Pflicht gem §§ 2138 I 1, 260 I (BGH NJW 1983, 2875). Verleihung eines Grundstücks oder anderer Gegenstände führt idR nicht zur Schadenseratzpflicht 3 gem § 2138 II, weil die Leihe den Nacherben nicht bindet (arg ex § 2135, BGH NJW 2016, 2652 Rn. 46 ff.).

4 **4. Rechte des Testamentsvollstreckers.** Sie bleiben von der Befreiung des Vorerben im Grundsatz unberührt (BayObLGZ 1958, 304; 1959, 128); die Befreiung hat aber uU Einfluss auf die Pflichten gegenüber dem Vorerben (BGH NJW 1990, 2056: Substanzzugriff).

5 **5. Bedingte Nacherbeneinsetzung.** Die Einsetzung als Nacherbe unter der Bedingung, dass der Vorerbe nicht anderweitig testiert, hat mit befreiter Vorerbschaft nichts zu tun (vgl → § 2065 Rn. 1).

§ 2139 Wirkung des Eintritts der Nacherbfolge

Mit dem Eintritt des Falles der Nacherbfolge hört der Vorerbe auf, Erbe zu sein, und fällt die Erbschaft dem Nacherben an.

1 **1. Anfall der Erbschaft beim Vorerben.** Mit dem Eintritt des Falles der Nacherbfolge hört der Vorerbe auf, Erbe zu sein und der Nachlass des Erblassers fällt dem Nacherben an, nicht das Vermögen des Vorerben. Der Nacherbe tritt kraft Ges in alle Rechte und Pflichten ohne rechtsgeschäftliche Übertragung ein (BFH NJW 2106, 2447 Rn. 9; OLG Celle NJW-RR 1992, 141 für Sparguthaben). Jedoch kein Eintritt des Nacherben in ein Giroverhältnis des Erblassers, das vom Vorerben fortgeführt wurde; ob ein zzt. des Nacherbfalls vorhandenes Konto-Guthaben zum Nachlass des Erblassers gehört, richtet sich nach § 2111 (BGH NJW 1996, 191; sa Everts ZErb 2004, 284). Rechtsnachfolge in Gesellschaftsanteile ist wie beim gewöhnlichen Erbfall nur möglich, soweit der Gesellschaftsvertrag dies zulässt (BGHZ 78, 181; 109, 219; → § 2032 Rn. 5 ff.); uU Anspruch des Nacherben auf Auseinandersetzungs- bzw Abfindungsguthaben gegen die Gesellschafter oder auf Herausgabe vermögensrechtlicher Vorteile (§ 2130) gegen den verbleibenden Vorerben (BGHZ 109, 219).

2 **2. Besitz.** Für den Besitz gelten grundsätzlich §§ 857, 870; sofern aber der Vorerbe unmittelbare tatsächliche Herrschaft erworben hat, muss der Nacherbe den Besitz gem § 854 I erwerben (arg § 2130 I).

3 **3. Grundbuch.** Das **Grundbuch** (§ 51 GBO) ist durch Eintragung des neuen Eigentümers und Löschung des Nacherbenvermerks zu berichtigen, §§ 22, 29, 82 GBO; → § 2363 Rn. 3.

4 **4. Fortbestehen von Vollmachten.** Vgl → § 2112 Rn. 6.

5 **5. Rechtsgeschäftliche Übertragung auf den Nacherben.** Vor dem Nacherbfall kann der Vorerbe die ganze Erbschaft gem §§ 2371, 2374 an den Nacherben verkaufen und Gegenstand für Gegenstand übertragen; für den Mitvorerbenanteil gelten §§ 2371, 2033.

§ 2140 Verfügungen des Vorerben nach Eintritt der Nacherbfolge

[1]Der Vorerbe ist auch nach dem Eintritt des Falles der Nacherbfolge zur Verfügung über Nachlassgegenstände in dem gleichen Umfang wie vorher berechtigt, bis er von dem Eintritt Kenntnis erlangt oder ihn kennen muss. [2]Ein Dritter kann sich auf diese Berechtigung nicht berufen, wenn er bei der Vornahme eines Rechtsgeschäfts den Eintritt kennt oder kennen muss.

1 **a)** Allgemeines. Vorerbe und Dritter sind gutgl: Wirksamkeit gem § 2140 S. 1.
2 **b)** Nur der Dritte, nicht aber der Vorerbe ist gutgl: kein Fall dieser Vorschrift, Wirksamkeit allenfalls nach §§ 892; 932, 2366. Entspr Anwendung der §§ 405–408, 412 zugunsten des Schuldners einer auf den Nacherben übergegangenen Forderung,

wobei bereits fahrlässige Unkenntnis des Nacherbfalls schadet (KG ZEV 2003, 110). **c)** Nur der Vorerbe, nicht der Dritte ist gutgl: Unwirksamkeit, aber keine Ersatzpflicht des Vorerben. 3

§ 2141 Unterhalt der werdenden Mutter eines Nacherben

Ist bei dem Eintritt des Falles der Nacherbfolge die Geburt eines Nacherben zu erwarten, so findet auf den Unterhaltsanspruch der Mutter die Vorschrift des § 1963 entsprechende Anwendung.

§ 2142 Ausschlagung der Nacherbschaft

(1) **Der Nacherbe kann die Erbschaft ausschlagen, sobald der Erbfall eingetreten ist.**

(2) **Schlägt der Nacherbe die Erbschaft aus, so verbleibt sie dem Vorerben, soweit nicht der Erblasser ein anderes bestimmt hat.**

1. Recht zur Annahme oder Ausschlagung. Es entsteht bereits vor dem Nacherbfall mit dem Erbfall (§§ 1946, 2142 I; → § 2269 Rn. 6: keine Geltung für Schlusserben!); bedeutsam insbes im Falle des § 2306 II wegen § 2332. Auch nach Pfändung der Anwartschaft des Nacherben liegt das Ausschlagungsrecht beim Nacherben selbst (LG Hildesheim FamRZ 2009, 1440; → § 2100 Rn. 8). 1

2. Beginn der Ausschlagungsfrist. Er bestimmt sich nach dem Nacherbfall (§§ 1944, 2139); dazu OLG München Rpfleger 2011, 274 (qualifizierte Kenntnis des Nacherbfalls). 2

3. Wirkung der Ausschlagung. Sie liegt im Rückfall an den Vorerben bzw dessen Erben. Die Einsetzung von Ersatznacherben (§ 2096) und die Auslegungsregel des § 2069 können zum Anfall der Nacherbschaft bei anderen Personen führen (OLG Zweibrücken OLGZ 1984, 3). Bei Einsetzung von Kindern des Erblassers als Nacherben und ihren Abkömmlingen als Ersatznacherben kann bei Ausschlagung der Erbschaft unter Geltendmachung des Pflichtteils durch die Nacherben iZw angenommen werden, dass auch ihre Abkömmlinge von der Erbschaft ausgeschlossen sind (OLG München FamRZ 2007, 769). Ein öffentliches Testament, das die Vor- und Nacherbschaft anordnet, reicht bei Ausschlagung der Nacherbschaft zur Berichtigung des Grundbuchs auch dann nicht aus, wenn gleichzeitig eine Niederschrift des Rechtspflegers über die fristgemäße Ausschlagung (§§ 1944, 1945) vorliegt, weil immer noch die Möglichkeit besteht, dass der Nacherbe wegen bereits erfolgter Annahme der Nacherbschaft gar nicht mehr ausschlagen kann (§ 1943); es obliegt deshalb dem Nachlassgericht im Erbscheinverfahren, den gesamten Sachverhalt zu erheben, so dass die Eintragung entgegen großzügigeren Entscheidungen in ähnlich gelagerten Fällen (sa → § 2100 Rn. 9; → § 2353 Rn. 1 und 14) hier nicht ohne Erbschein erfolgen kann (OLG Frankfurt, NJW-RR 2018, 902 Rn. 16). 3

§ 2143 Wiederaufleben erloschener Rechtsverhältnisse

Tritt die Nacherbfolge ein, so gelten die infolge des Erbfalls durch Vereinigung von Recht und Verbindlichkeit oder von Recht und Belastung erloschenen Rechtsverhältnisse als nicht erloschen.

a) Es handelt sich um ein **Wiederaufleben** ex nunc. Das Verhältnis zwischen Nacherbe und Vorerbe entspricht dem zwischen Erblasser und Vorerbe vor dem Erbfall; Verjährungshemmung analog § 205. Beide Teile können aber schon vor dem Nacherbfall Feststellungsklage erheben (BGH LM Nr. 5 zu § 2100 BGB). **b) Vermögenstrennung bereits vor dem Nacherbfall** gem § 1976 erübrigt die Anwen- 1 2 dung des § 2143 (BGHZ 48, 214), ebenso Testamentsvollstreckung (§§ 2205, 2211, 2214) an der Vorerbschaft (BGHZ 98, 57 für OHG-Anteil).

§ 2144 Haftung des Nacherben für Nachlassverbindlichkeiten

(1) **Die Vorschriften über die Beschränkung der Haftung des Erben für die Nachlassverbindlichkeiten gelten auch für den Nacherben; an die Stelle des Nachlasses tritt dasjenige, was der Nacherbe aus der Erbschaft erlangt, mit Einschluss der ihm gegen den Vorerben als solchen zustehenden Ansprüche.**

(2) **Das von dem Vorerben errichtete Inventar kommt auch dem Nacherben zustatten.**

(3) **Der Nacherbe kann sich dem Vorerben gegenüber auf die Beschränkung seiner Haftung auch dann berufen, wenn er den übrigen Nachlassgläubigern gegenüber unbeschränkt haftet.**

Lit: Börner, Das System der Erbenhaftung, JuS 1968, 108.

1 **1. Grundsatz.** Der Nacherbe haftet vom Nacherbfall an wie der Erbe (§§ 1967 ff.). Nachlassverbindlichkeiten, für die der Nacherbe haftet, sind außer den Erblasserschulden auch Erbfallschulden (BGH NJW1952, 102; BFH NJW 2106, 2447 Rn. 9; → § 1967 Rn. 2) und Erbschaftsverwaltungsschulden (→ § 1967 Rn. 3), also auch vom Vorerben im Rahmen ordnungsmäßiger Verwaltung begründete Verbindlichkeiten (BGHZ 32, 64; vgl auch → § 2112 Rn. 3 f.).

2 **2. Haftungsmasse.** Haftungsmasse ist nur der Nachlassbestand beim Nacherbfall unter Einschluss der Herausgabe- und Ersatzansprüche gegen den Vorerben (§§ 2130 ff., 2138).

3 **3. Haftungsbeschränkungsrechte.** Sie stehen dem Nacherben alle und ohne Rücksicht auf das Verhalten des Vorerben zu. Insolvenzverfahren, die vor dem Nacherbfall eröffnet worden sind, dauern fort; die Nachlassverwaltung unter den Voraussetzungen des § 1981 II auch in der Person des Nacherben, andernfalls ist sie auf Antrag aufzuheben. Das Nachlassinventar kommt dem Nacherben nur insoweit zugute, als es schon den Vorerben schützte; zum Aufgebot vgl § 461 FamFG (früher § 998 ZPO).

4 **4. Haftung gegenüber Vorerben.** Die *stets beschränkbare Haftung* gegenüber dem Vorerben betrifft Fälle der §§ 2124 ff., 2121 IV, 2143.

§ 2145 Haftung des Vorerben für Nachlassverbindlichkeiten

(1) [1]**Der Vorerbe haftet nach dem Eintritt der Nacherbfolge für die Nachlassverbindlichkeiten noch insoweit, als der Nacherbe nicht haftet.** [2]**Die Haftung bleibt auch für diejenigen Nachlassverbindlichkeiten bestehen, welche im Verhältnis zwischen dem Vorerben und dem Nacherben dem Vorerben zur Last fallen.**

(2) [1]**Der Vorerbe kann nach dem Eintritt der Nacherbfolge die Berichtigung der Nachlassverbindlichkeiten, sofern nicht seine Haftung unbeschränkt ist, insoweit verweigern, als dasjenige nicht ausreicht, was ihm von der Erbschaft gebührt.** [2]**Die Vorschriften der §§ 1990, 1991 finden entsprechende Anwendung.**

1 Die Vorschrift ist nicht glücklich formuliert. Der Vorerbe haftet nach dem Nach-
2 erbfall in folgenden Fällen: **a)** Für **Nachlasserbenschulden** (vgl → § 1967 Rn. 5)
3 haftet er unbeschränkt, da sie zugleich Eigenschulden sind. **b)** Die **unbeschränkte Haftung für Nachlassverbindlichkeiten** besteht nach hM nach dem Nacherbfall

fort. **c)** Die **beschränkbare oder bereits beschränkte Haftung** für Nachlassschulden endet mit dem Nacherbfall; bei vollstreckbaren Titeln gilt § 767 ZPO. Diese Grundregel kennt *zwei Ausnahmen:* **aa)** Forthaftung für Nachlassverbindlichkeiten, die im Verhältnis von Vor- und Nacherbe der Vorerbe zu tragen hat, also zB Lasten aus der Zeit der Vorerbschaft (§§ 2124 I, 103). **bb)** Forthaftung bei fehlender Haftung des Nacherben (zB allein dem Vorerben auferlegte Vermächtnisse oder Auflagen) oder bei nicht realisierbarer Haftung des Nacherben (zB Haftungsbeschränkung oder Zahlungsunfähigkeit des Nacherben). **d)** Die **ausnahmsweise Forthaftung** (oben aa und bb) kann der Vorerbe auf die ihm verbleibenden Nutzungen oder ihr Surrogat (§ 2111) beschränken (§ 2145 II), wobei dann §§ 1990, 1991 anzuwenden sind; § 780 ZPO ist zu beachten. Soweit Vorerbe bzw Erbe des Vorerben und Nacherbe nebeneinander haften, sind sie Gesamtschuldner (BFH NJW 2016, 2447 Rn. 10). 4 5

§ 2146 Anzeigepflicht des Vorerben gegenüber Nachlassgläubigern

(1) [1]**Der Vorerbe ist den Nachlassgläubigern gegenüber verpflichtet, den Eintritt der Nacherbfolge unverzüglich dem Nachlassgericht anzuzeigen.** [2]**Die Anzeige des Vorerben wird durch die Anzeige des Nacherben ersetzt.**

(2) **Das Nachlassgericht hat die Einsicht der Anzeige jedem zu gestatten, der ein rechtliches Interesse glaubhaft macht.**

Pflichtverletzung macht Nachlassgläubigern gegenüber schadensersatzpflichtig. 1

Titel 4. Vermächtnis

Vorbemerkungen

1. Begriff. S. § 1939. Der Vermögensvorteil kann in der Zuwendung eines Nachlassgegenstandes liegen, aber auch in jeder anderen vermögenswerten Leistung (zB Schulderlass, Rechtsaufgabe, Dienstleistung). Das Vermächtnis schafft keine dingliche Wirkung, sondern führt zu einem schuldrechtlichen Anspruch gegen den Beschwerten (§ 2174); zur europäischen Reform und der Anerkennung von Vindikationslegaten fremden Rechts → Vor § 1922 Rn. 3. 1

2. Abgrenzungen. a) Zur Erbeinsetzung vgl → § 2087 Rn. 1–3; s dort auch zum Quotenvermächtnis. **b)** Von Teilungsanordnung und Vorausvermächtnis (§ 2150) vgl → § 2048 Rn. 4. **c)** Von Nacherbschaft und Nießbrauchvermächtnis vgl → § 2100 Rn. 3 f. **d) Zur Auflage:** Der Vermächtnisnehmer hat einen Leistungsanspruch (§ 2174), nicht aber der Auflagenbegünstigte (§ 1940). Bsp: KG ZEV 1998, 306; hierzu Vorwerk ZEV 1998, 297. **e)** Zum Kauf: Entgeltliche Zuwendung eines Auflassungsanspruchs in „Erbvertrag" kann als kaufähnlicher Vertrag einen Vorkaufsfall gem § 463 auslösen (BGH NJW 1998, 2136; vgl → Vor § 2274 Rn. 1). 2

3. Steuerrecht. a) Erbschaftsteuerrecht. Mit dem Erbfall entsteht die Steuer*pflicht* des Vermächtnisnehmers (§§ 1 I Nr. 1, 3 I Nr. 1, 9 I Nr. 1 ErbStG), wobei der ungeteilte Nachlass mithaftet (§ 20 III ErbStG). Der Erbe kann den Vermächtniswert von dem zu versteuernden Nachlasswert absetzen (ErbStG 10 V Nr. 2); auch bei Vollzug unwirksamer Vermächtnisse (BFH NJW 1982, 407). Die Erbschaftsteuerpflicht des Vermächtnisnehmers entsteht bei Unwirksamkeit nicht mit dem Erbfall, sondern erst mit Erfüllung des formunwirksamen Verschaffungsvermächtnisses (BFHE 215, 560; allg dazu Kamps ErbStB 2008, 267). Abzugsfähig sind auch Kosten, die dem Erben im Zusammenhang mit der Erfüllung des Vermächtnisses entstehen (§ 10 V Nr. 3 ErbStG; BFH FamRZ 1996, 284). Wenn das Vermächtnis in der Zuwendung eines Grundstücks gegen Entgelt besteht, konnte unter altem Recht bis zum 31.12.2008 die Abgrenzung zwischen Grundstücksvermächtnis unter Auf- 3 lage bzw Untervermächtnis und Ankaufsvermächtnis (BGH NJW 2001, 2883) zu Bewertungsunterschieden führen (BFH FR 2001, 966; FG Düsseldorf ZEV 1999, 327 mAnm von Messner; dazu aber BFHE 222, 73 f.; 94 f.; Daragan ZErb 2008, 35: Aufgabe der Rspr vom Gestaltungsrecht als Erwerbsgegenstand; str; → § 1924 Rn. 6 und → Vor § 2032 Rn. 3–5; anders uU beim Übergang von Besitz und Lasten mit dem Erbfall: FG München EFG 1999, 1089; → § 2174 Rn. 1 und → § 2186 Rn. 1). Nach der Erbschaftsteuerreform zum 1.1.2009 (→ § 1924 Rn. 6) mit ihrer am Verkehrswert orientierten Grundstücksbewertung dürften sich diese Bewertungsfragen weithin erledigt haben. Zum Nießbrauchvermächtnis vgl → § 2100 Rn. 4, zum Vorausvermächtnis, 13. Aufl. Vor § 2032 Rn. 5. **Lit:** Schuhmann UVR 1999, 430; Everts ZErb 2004, 373; Piltz ZEV 2005, 469; Kanzleiter, FS Bambring, 2011, S. 225 (ErbSt u „Supervermächtnis"; → § 2156 Rn. 1). **b) Einkommensteuerrecht.** Aufwendungen zur Erfüllung von Vermächtniszuwendungen an gemeinnützige Einrichtungen sind weder beim Erben (BFH NJW 1994, 1175) noch beim Erblasser (BFH NJW 1997, 887) als Spenden nach § 10b I ErbStG abziehbar. Zinsen aus einem betagten Vermächtnisanspruch unterliegen idR der Einkommensteuer (BFH NJW 2016, 1406 Rn. 24 ff.).

4 **4. Vermächtnis und lebzeitige Schenkung.** Zur lebzeitigen Schenkung des Vermächtnisgegenstandes an den Bedachten → § 2169 Rn. 2.

§ 2147 Beschwerter

[1]Mit einem Vermächtnis kann der Erbe oder ein Vermächtnisnehmer beschwert werden. [2]Soweit nicht der Erblasser ein anderes bestimmt hat, ist der Erbe beschwert.

1 **1. Beschwerte.** Dies können sein der Erbe, der Vermächtnisnehmer, der gem § 2301 I Beschenkte, unter altem Recht der Erbersatzberechtigte (Soergel/Wolf § 2147 Rn. 15; str).

2 **2. Fehlende Eignung zur Beschwerung.** Nicht beschwert werden können der Auflagenbegünstigte vor Erhalt der Auflage; der Drittbegünstigte (§§ 331 f.); der Nacherbe vor Eintritt des Nacherbfalles, weil er bis dahin noch gar nicht Erbe ist (§§ 2100, 2139; BayObLG NJW 1967, 446); der Testamentsvollstrecker; der lediglich Pflichtteilsberechtigte oder zu Lebzeiten Beschenkte (BGH FamRZ 1985, 697).

§ 2148 Mehrere Beschwerte

Sind mehrere Erben oder mehrere Vermächtnisnehmer mit demselben Vermächtnis beschwert, so sind im Zweifel die Erben nach dem Verhältnis der Erbteile, die Vermächtnisnehmer nach dem Verhältnis des Wertes der Vermächtnisse beschwert.

1 **1. Gesamtschuldnerische Haftung.** Die Vorschrift setzt gesamtschuldnerische Haftung aller oder mehrerer Miterben bzw Vermächtnisnehmer voraus und regelt nur den Ausgleich im Innenverhältnis (MüKoBGB/Schlichting § 2148 Rn. 2; str).

2 **2. Zeitpunkt für die Wertfeststellung.** Maßgeblich ist der Zeitpunkt des Erbfalls.

§ 2149 *Vermächtnis an* die gesetzlichen Erben

[1]Hat der Erblasser bestimmt, dass dem eingesetzten Erben ein Erbschaftsgegenstand nicht zufallen soll, so gilt der Gegenstand als den gesetzlichen Erben vermacht. [2]Der Fiskus gehört nicht zu den gesetzlichen Erben im Sinne dieser Vorschrift.

Die Vorschrift entspricht § 2088. Bsp: OLG Stuttgart ZEV 2008, 434. Ob die ges Erben nur Vermächtnisnehmer oder Erben sein sollen, ist nach § 2087 zu entscheiden. 1

§ 2150 Vorausvermächtnis

Das einem Erben zugewendete Vermächtnis (Vorausvermächtnis) gilt als Vermächtnis auch insoweit, als der Erbe selbst beschwert ist.

1. Wesen. Die Besonderheit des Vorausvermächtnisses besteht darin, dass der Vermächtnisnehmer zugleich Erbe ist. Es ist zunächst aus dem Nachlass das Vermächtnis zu befriedigen (§ 2046 I 1), sodann erhält der begünstigte Miterbe bei der Teilung grundsätzlich den ungekürzten Bruchteil des Restnachlasses (Bsp: BGH NJW 1998, 682; BayObLG NJW-RR 1993, 581; OLG München NJW-RR 2007, 1162; OLG München ZEV 2017, 114 [LS] = BeckRS 2016, 112582; OLG Saarbrücken NJW-RR 2007, 1659). Der Erwerb des vermachten Gegenstandes durch einen Miterben in der Teilungsversteigerung soll den primären Vermächtnisanspruch unberührt lassen (BGH NJW 1998, 682), obwohl am Versteigerungserlös dingliche Surrogation (hierzu Baur/Stürner/Bruns Rn. 34.7 und 36.25) eintritt – fragwürdig. Ein Vorausvermächtnis ist auch dann möglich, wenn der Erblasser die Auseinandersetzung des Nachlasses zu Lebzeiten der Miterben ausgeschlossen hat (OLG München BWNotZ 2019, 41). 1

2. Sonderprobleme. a) Zur Abgrenzung zwischen Teilungsanordnung und 2
Vorausvermächtnis vgl → § 2048 Rn. 4, sowie Muscheler ErbR 2008, 105. **b)** Zum 3
Vorausvermächtnis des alleinigen Vorerben vgl → § 2110 Rn. 1. **c)** Zur **Durchset-** 4
zung des Vorausvermächtnisses während des Bestehens der Gemeinschaft vgl → §§ 2058–2063 Rn. 9 iVm → Rn. 2–8.

§ 2151 Bestimmungsrecht des Beschwerten oder eines Dritten bei mehreren Bedachten

(1) **Der Erblasser kann mehrere mit einem Vermächtnis in der Weise bedenken, dass der Beschwerte oder ein Dritter zu bestimmen hat, wer von den mehreren das Vermächtnis erhalten soll.**

(2) **Die Bestimmung des Beschwerten erfolgt durch Erklärung gegenüber demjenigen, welcher das Vermächtnis erhalten soll; die Bestimmung des Dritten erfolgt durch Erklärung gegenüber dem Beschwerten.**

(3) **[1]Kann der Beschwerte oder der Dritte die Bestimmung nicht treffen, so sind die Bedachten Gesamtgläubiger. [2]Das Gleiche gilt, wenn das Nachlassgericht dem Beschwerten oder dem Dritten auf Antrag eines der Beteiligten eine Frist zur Abgabe der Erklärung bestimmt hat und die Frist verstrichen ist, sofern nicht vorher die Erklärung erfolgt. [3]Der Bedachte, der das Vermächtnis erhält, ist im Zweifel nicht zur Teilung verpflichtet.**

1. Zweck. Die Vorschrift ist eine *Ausnahmeregelung* zu § 2065 II. Sie gestattet es, die Bestimmung des Berechtigten auch bei wertvolleren Gegenständen (zB Unternehmen; Langenfeld BWNotZ 1981, 52) einem Dritten zu überlassen (BayObLG NJW-RR 1998, 727: Auswahl von Waisenkindern durch Leiter des örtlichen Waisenhauses; → § 2065 Rn. 2); allerdings ist gem § 2087 zu prüfen, ob Erbeinsetzung – dann § 2065 II – oder Vermächtnis vorliegt (BayObLG NJW-RR 1993, 139; 1998, 729; OLG München ZEV 2018, 33, 34; sa Helms ZEV 2007, 1; Schlitt ZErb 2006, 226). 1

2. Voraussetzungen. Die Ausnahmeregel erfordert einen *beschränkten, leicht überschaubaren Kreis* von Auswahlpersonen, ganz allg gehaltene Kriterien genügen nicht (RGZ 96, 17); anders bei der Auflage (§ 2193). 2

3 **3. Gerichtliche Nachprüfung.** Die Bestimmung gem Abs. II ist grundsätzlich nach freiem Belieben zu treffen, sie muss nicht der Billigkeit entsprechen und unterliegt idR keiner gerichtl Kontrolle gem § 319; anders bei entspr Erblasserwillen (StOtte § 2152 Rn. 7; str).

4 **4. Gesamtgläubigerschaft und Fristbestimmung.** Die Gesamtgläubigerschaft gem Abs. III 1 kennt keine Ausgleichungspflicht (Abs. III 3, § 430). Fristsetzung gem Abs. III 2 setzt keine abschließende Klärung der Wirksamkeit des Testaments voraus, ebenso wenig der Verfristung oder Verjährung des Vermächtnisanspruches, vielmehr genügt es, wenn das Testament nicht offensichtlich unwirksam oder der Anspruch nicht offensichtlich verfristet bzw verjährt ist (OLG München ZEV 2018, 33, 34 betr. § 2155; OLG Stuttgart FamRZ 1996, 1175 betr § 2153 II 2).

§ 2152 Wahlweise Bedachte

Hat der Erblasser mehrere mit einem Vermächtnis in der Weise bedacht, dass nur der eine oder der andere das Vermächtnis erhalten soll, so ist anzunehmen, dass der Beschwerte bestimmen soll, wer von ihnen das Vermächtnis erhält.

§ 2153 Bestimmung der Anteile

(1) [1]**Der Erblasser kann mehrere mit einem Vermächtnis in der Weise bedenken, dass der Beschwerte oder ein Dritter zu bestimmen hat, was jeder von dem vermachten Gegenstand erhalten soll.** [2]**Die Bestimmung erfolgt nach § 2151 Abs. 2.**

(2) [1]**Kann der Beschwerte oder der Dritte die Bestimmung nicht treffen, so sind die Bedachten zu gleichen Teilen berechtigt.** [2]**Die Vorschrift des § 2151 Abs. 3 Satz 2 findet entsprechende Anwendung.**

§ 2154 Wahlvermächtnis

(1) [1]**Der Erblasser kann ein Vermächtnis in der Art anordnen, dass der Bedachte von mehreren Gegenständen nur den einen oder den anderen erhalten soll.** [2]**Ist in einem solchen Falle die Wahl einem Dritten übertragen, so erfolgt sie durch Erklärung gegenüber dem Beschwerten.**

(2) [1]**Kann der Dritte die Wahl nicht treffen, so geht das Wahlrecht auf den Beschwerten über.** [2]**Die Vorschrift des § 2151 Abs. 3 Satz 2 findet entsprechende Anwendung.**

1 Auf das Wahlvermächtnis (Beispiel: OLG München ZEV 2017, 114 [LS] = BeckRS 2016, 112582) finden primär §§ 262–265 Anwendung. In erster Linie im Sonderfall der Wahlübertragung auf einen Dritten greift die Vorschrift ein.

§ 2155 Gattungsvermächtnis

(1) **Hat der Erblasser die vermachte Sache nur der Gattung nach bestimmt, so ist eine den Verhältnissen des Bedachten entsprechende Sache zu leisten.**

(2) **Ist die Bestimmung der Sache dem Bedachten oder einem Dritten übertragen, so finden die nach § 2154 für die Wahl des Dritten geltenden Vorschriften Anwendung.**

(3) **Entspricht die von dem Bedachten oder dem Dritten getroffene Bestimmung den Verhältnissen des Bedachten offenbar nicht, so hat der**

Beschwerte so zu leisten, wie wenn der Erblasser über die Bestimmung der Sache keine Anordnung getroffen hätte.

a) § 2155 weicht von § 243 I ab. § 2169 I ist unanwendbar. Beispiel: OLG München ZEV 2018, 33, 34). **b)** Es werden nur körperliche, keine sonstigen Gegenstände erfasst (Soergel/Wolf § 2155 Rn. 2; str); für analoge Anwendung auf Wohnrecht zu Recht OLG Bremen ZEV 2001, 401. 1 2

§ 2156 Zweckvermächtnis

[1]Der Erblasser kann bei der Anordnung eines Vermächtnisses, dessen Zweck er bestimmt hat, die Bestimmung der Leistung dem billigen Ermessen des Beschwerten oder eines Dritten überlassen. [2]Auf ein solches Vermächtnis finden die Vorschriften der §§ 315 bis 319 entsprechende Anwendung.

Das Bestimmungsrecht erstreckt sich auf Gegenstand, Zeit und Bedingungen der Leistung, nicht dagegen auf die Person des Empfängers (vgl aber §§ 2151, 2152). Der Bedachte selbst kann nicht bestimmungsberechtigt sein (BGH NJW 1991, 1885; krit Kanzleiter DNotZ 1992, 511). Bsp: BGH NJW 1983, 278 mAnm von Stürner JZ 1983, 149: Abfindung für übergangenes Kind. Der Zweck muss so genau bezeichnet sein, dass sich aus dem dadurch bestimmten Grund der Zuwendung hinreichende Anhaltspunkte für die Ausübung des billigen Ermessens ergeben (BayObLG NJW-RR 1999, 947 mAnm von Mayer MittBayNot 1999, 447). Lit: Kanzleiter, FS Bambring, 2011, S. 225 (→ Vor § 2147 Rn. 3). 1

§ 2157 Gemeinschaftliches Vermächtnis

Ist mehreren derselbe Gegenstand vermacht, so finden die Vorschriften der §§ 2089 bis 2093 entsprechende Anwendung.

Mehrere Vermächtnisnehmer sind Teilgläubiger oder Gemeinschaftsteilhaber (§§ 741 ff.), nicht Gesamtgläubiger (§ 428); vgl → § 741 Rn. 5 f. 1

§ 2158 Anwachsung

(1) **[1]Ist mehreren derselbe Gegenstand vermacht, so wächst, wenn einer von ihnen vor oder nach dem Erbfall wegfällt, dessen Anteil den übrigen Bedachten nach dem Verhältnis ihrer Anteile an. [2]Dies gilt auch dann, wenn der Erblasser die Anteile der Bedachten bestimmt hat. [3]Sind einige der Bedachten zu demselben Anteil berufen, so tritt die Anwachsung zunächst unter ihnen ein.**

(2) **Der Erblasser kann die Anwachsung ausschließen.**

Parallelvorschrift zu § 2094. 1

§ 2159 Selbständigkeit der Anwachsung

Der durch Anwachsung einem Vermächtnisnehmer anfallende Anteil gilt in Ansehung der Vermächtnisse und Auflagen, mit denen dieser oder der wegfallende Vermächtnisnehmer beschwert ist, als besonderes Vermächtnis.

Parallelvorschrift zu § 2095. 1

§ 2160 Vorversterben des Bedachten

Ein Vermächtnis ist unwirksam, wenn der Bedachte zur Zeit des Erbfalls nicht mehr lebt.

1 **a)** Vermächtnisnehmer darf nicht vor dem Erbfall sterben, muss aber beim Erbfall nicht bereits leben oder gezeugt sein (vgl §§ 2162 ff.). Trotz Tod des Vermächtnisnehmers bleibt Vermächtnis wirksam in den Fällen der §§ 2069 (BayObLG NJW-
2 RR 1997, 517), 2190. **b)** § 2160 gilt entsprechend für jur Personen.

§ 2161 Wegfall des Beschwerten

[1]Ein Vermächtnis bleibt, sofern nicht ein anderer Wille des Erblassers anzunehmen ist, wirksam, wenn der Beschwerte nicht Erbe oder Vermächtnisnehmer wird. [2]Beschwert ist in diesem Falle derjenige, welchem der Wegfall des zunächst Beschwerten unmittelbar zustatten kommt.

1 Zum Wegfall vgl → § 2094 Rn. 1 und → § 2096 Rn. 3.

§ 2162 Dreißigjährige Frist für aufgeschobenes Vermächtnis

(1) **Ein Vermächtnis, das unter einer aufschiebenden Bedingung oder unter Bestimmung eines Anfangstermins angeordnet ist, wird mit dem Ablauf von 30 Jahren nach dem Erbfall unwirksam, wenn nicht vorher die Bedingung oder der Termin eingetreten ist.**

(2) **Ist der Bedachte zur Zeit des Erbfalls noch nicht gezeugt oder wird seine Persönlichkeit durch ein erst nach dem Erbfall eintretendes Ereignis bestimmt, so wird das Vermächtnis mit dem Ablauf von 30 Jahren nach dem Erbfall unwirksam, wenn nicht vorher der Bedachte gezeugt oder das Ereignis eingetreten ist, durch das seine Persönlichkeit bestimmt wird.**

§ 2163 Ausnahmen von der dreißigjährigen Frist

(1) **Das Vermächtnis bleibt in den Fällen des § 2162 auch nach dem Ablauf von 30 Jahren wirksam:**
1. **wenn es für den Fall angeordnet ist, dass in der Person des Beschwerten oder des Bedachten ein bestimmtes Ereignis eintritt, und derjenige, in dessen Person das Ereignis eintreten soll, zur Zeit des Erbfalls lebt,**
2. **wenn ein Erbe, ein Nacherbe oder ein Vermächtnisnehmer für den Fall, dass ihm ein Bruder oder eine Schwester geboren wird, mit einem Vermächtnis zugunsten des Bruders oder der Schwester beschwert ist.**

(2) **Ist der Beschwerte oder der Bedachte, in dessen Person das Ereignis eintreten soll, eine juristische Person, so bewendet es bei der dreißigjährigen Frist.**

Anmerkungen zu den §§ 2162, 2163

1 **a)** Für das **bedingte oder befristete Vermächtnis** gelten §§ 2074, 2177–2179. **b) Parallelvorschrift** ist § 2109 im Falle der Nacherbschaft. **c)** Das **Ereignis** (§ 2163 I Nr. 1) kann auf Willensentschließung beruhen (zB Heirat). Es braucht *nicht unmittelbar* die Stellung als Person zu berühren, genügend ist die Beeinflussung vermögensrechtlicher Verhältnisse (BGH NJW 1969, 1112: Konkurs; BayObLG NJW-RR 1991, 1097: Anfall des Erstvermächtnisses bei Nachvermächtnis). Nicht ausreichend sind Ereignisse in der Person eines Dritten, zB Tod des früher aus Vermächtnis begünstigten Nießbrauchers des Vermächtnisgegenstandes (BGH NJW-RR 1992, 644).

§ 2164 Erstreckung auf Zubehör und Ersatzansprüche

(1) **Das Vermächtnis einer Sache erstreckt sich im Zweifel auf das zur Zeit des Erbfalls vorhandene Zubehör.**

(2) **Hat der Erblasser wegen einer nach der Anordnung des Vermächtnisses erfolgten Beschädigung der Sache einen Anspruch auf Ersatz der Minderung des Wertes, so erstreckt sich im Zweifel das Vermächtnis auf diesen Anspruch.**

1. Zubehör. Vgl §§ 97, 98; § 2169 II ist zu beachten. 1

2. Anwendungsbereich. § 2164 II gilt bei Beschädigung, den Fall der Zerstörung regelt § 2169 III. Der „Ersatzanspruch" erfasst auch Gewährleistungsansprüche, nicht jedoch den Rücktritt gem § 437 I Nr. 2 (so zur Wandlung alten Rechts Staudinger/Otte § 2164 Rn. 8; str). Entsteht der Ersatzanspruch nach dem Erbfall, so gelten §§ 285, 2184. Dem Vermächtnisnehmer gebührt auch der Anspruch nach dem LAG, falls die Beschädigung vor Vermächtnisanfall erfolgte, der Ersatzanspruch aber erst in der Person des Erben entstand (BGH MDR 1972, 851). 2

§ 2165 Belastungen

(1) [1]**Ist ein zur Erbschaft gehörender Gegenstand vermacht, so kann der Vermächtnisnehmer im Zweifel nicht die Beseitigung der Rechte verlangen, mit denen der Gegenstand belastet ist.** [2]**Steht dem Erblasser ein Anspruch auf die Beseitigung zu, so erstreckt sich im Zweifel das Vermächtnis auf diesen Anspruch.**

(2) **Ruht auf einem vermachten Grundstück eine Hypothek, Grundschuld oder Rentenschuld, die dem Erblasser selbst zusteht, so ist aus den Umständen zu entnehmen, ob die Hypothek, Grundschuld oder Rentenschuld als mitvermacht zu gelten hat.**

Die Vorschrift ist *unanwendbar* bei ges Pfandrechten (§§ 562 ff., 647), beim Verschaffungsvermächtnis (§§ 2170, 2182), beim Gattungsvermächtnis (§§ 2155, 2182) und bei sicherungsübereigneten Gegenständen, die regelmäßig wie ein Verschaffungsvermächtnis zu behandeln sein werden; *Bsp* für abw Erblasserwillen (Abs. I 1): BGH NJW 1998, 682 (Vorausvermächtnis eines Gartenanteils eines belasteten Hausgrundstücks). *Eigentümerrechte* werden regelmäßig mitvermacht sein, falls sie noch auf den Gläubiger eingetragen sind. Ansprüche auf Rückübertragung einer Grundschuld nach Tilgung des Darlehens auf Grund Risikolebensversicherung gehören gem Abs. I 2 idR zum Grundstücksvermächtnis (BGH LM Nr. 1 zu§ 2165 BGB; sa BGH MDR 1980, 386). 1

§ 2166 Belastung mit einer Hypothek

(1) [1]**Ist ein vermachtes Grundstück, das zur Erbschaft gehört, mit einer Hypothek für eine Schuld des Erblassers oder für eine Schuld belastet, zu deren Berichtigung der Erblasser dem Schuldner gegenüber verpflichtet ist, so ist der Vermächtnisnehmer im Zweifel dem Erben gegenüber zur rechtzeitigen Befriedigung des Gläubigers insoweit verpflichtet, als die Schuld durch den Wert des Grundstücks gedeckt wird.** [2]**Der Wert bestimmt sich nach der Zeit, zu welcher das Eigentum auf den Vermächtnisnehmer übergeht; er wird unter Abzug der Belastungen berechnet, die der Hypothek im Range vorgehen.**

(2) **Ist dem Erblasser gegenüber ein Dritter zur Berichtigung der Schuld verpflichtet, so besteht die Verpflichtung des Vermächtnisnehmers im**

Zweifel nur insoweit, als der Erbe die Berichtigung nicht von dem Dritten erlangen kann.

(3) **Auf eine Hypothek der in § 1190 bezeichneten Art finden diese Vorschriften keine Anwendung.**

1 Die Vorschrift ist auf Grundschulden entspr anzuwenden, die zur Sicherung einer persönlichen Forderung dienen (BGH NJW 1963, 1612). Die Gleichbehandlung einer Grundschuld mit einer Höchstbetragshypothek (§ 2166 III) ist gerechtfertigt, wenn sie zur Sicherung eines Kreditverhältnisses in laufender Rechnung mit wechselndem Bestand der Schulden dient (BGHZ 37, 245 f.). Die Differenzierung zwischen gewöhnlichem Darlehen und Kontokorrentschuld erklärt sich aus der gesetzgeberischen Vorstellung, der Darlehensbetrag sei regelmäßig im belasteten Grundstück wertsteigernd angelegt, nicht aber laufende Kontokorrentkredite. **Lit:** Grunewald/Rizor ZEV 2008, 510.

§ 2167 Belastung mit einer Gesamthypothek

[1]Sind neben dem vermachten Grundstück andere zur Erbschaft gehörende Grundstücke mit der Hypothek belastet, so beschränkt sich die in § 2166 bestimmte Verpflichtung des Vermächtnisnehmers im Zweifel auf den Teil der Schuld, der dem Verhältnis des Wertes des vermachten Grundstücks zu dem Werte der sämtlichen Grundstücke entspricht. [2]Der Wert wird nach § 2166 Abs. 1 Satz 2 berechnet.

§ 2168 Belastung mit einer Gesamtgrundschuld

(1) **[1]Besteht an mehreren zur Erbschaft gehörenden Grundstücken eine Gesamtgrundschuld oder eine Gesamtrentenschuld und ist eines dieser Grundstücke vermacht, so ist der Vermächtnisnehmer im Zweifel dem Erben gegenüber zur Befriedigung des Gläubigers in Höhe des Teils der Grundschuld oder der Rentenschuld verpflichtet, der dem Verhältnis des Wertes des vermachten Grundstücks zu dem Wert der sämtlichen Grundstücke entspricht. [2]Der Wert wird nach § 2166 Abs. 1 Satz 2 berechnet.**

(2) **Ist neben dem vermachten Grundstück ein nicht zur Erbschaft gehörendes Grundstück mit einer Gesamtgrundschuld oder einer Gesamtrentenschuld belastet, so finden, wenn der Erblasser zur Zeit des Erbfalls gegenüber dem Eigentümer des anderen Grundstücks oder einem Rechtsvorgänger des Eigentümers zur Befriedigung des Gläubigers verpflichtet ist, die Vorschriften des § 2166 Abs. 1 und des § 2167 entsprechende Anwendung.**

Anmerkung zu den §§ 2167, 2168

1 Im Außenverhältnis zum Gesamtpfandrechtsgläubiger gilt § 1132.

§ 2168a Anwendung auf Schiffe, Schiffsbauwerke und Schiffshypotheken

§ 2165 Abs. 2, §§ 2166, 2167 gelten singgemäß für eingetragene Schiffe und Schiffsbauwerke und für Schiffshypotheken.

§ 2169 Vermächtnis fremder Gegenstände

(1) **Das Vermächtnis eines bestimmten Gegenstands ist unwirksam, soweit der Gegenstand zur Zeit des Erbfalls nicht zur Erbschaft gehört, es**

sei denn, dass der Gegenstand dem Bedachten auch für den Fall zugewendet sein soll, dass er nicht zur Erbschaft gehört.

(2) **Hat der Erblasser nur den Besitz der vermachten Sache, so gilt im Zweifel der Besitz als vermacht, es sei denn, dass er dem Bedachten keinen rechtlichen Vorteil gewährt.**

(3) **Steht dem Erblasser ein Anspruch auf Leistung des vermachten Gegenstands oder, falls der Gegenstand nach der Anordnung des Vermächtnisses untergegangen oder dem Erblasser entzogen worden ist, ein Anspruch auf Ersatz des Wertes zu, so gilt im Zweifel der Anspruch als vermacht.**

(4) **Zur Erbschaft gehört im Sinne des Absatzes 1 ein Gegenstand nicht, wenn der Erblasser zu dessen Veräußerung verpflichtet ist.**

1. Bedeutung. I enthält Vermutung gegen das Verschaffungsvermächtnis 1 (§ 2170) zugunsten der Unwirksamkeit; die Vermutung ist widerlegt bei qualifiziertem Zuwendungswillen des Erblassers, der aber das Bewusstsein fehlender Nachlasszugehörigkeit nicht zwingend voraussetzt (BGH NJW 1983, 937; BGH FamRZ 1984, 42; OLG München ZEV 1997, 336; OLG Oldenburg FamRZ 1999, 532; OLG Karlsruhe ErbR 2008, 298: Kenntnis des Erblassers, dass Grundstück in seinem Miteigentum steht, spricht weder dafür, noch dagegen, dass es sich bei daran eingeräumtem Wohnrecht um ein Verschaffungsvermächtnis handelt). Von der Unwirksamkeitsvermutung schaffen die Auslegungsregeln in Abs. II und Abs. III Ausnahmen.

2. Fehlende Nachlasszugehörigkeit. Sie liegt insbes vor bei Veräußerung oder 2 Verpflichtung zur Veräußerung (Abs. IV) durch den Erblasser, idR bei lebzeitiger Vorausleistung des Vermächtnisgegenstandes an den Bedachten (zT str, s Kuchinke JZ 1983, 483; ferner OLG München NJW-RR 1989, 1411: Lebzeitiger Rückfall in Erblasservermögen). Das gilt auch beim Vermächtnis auf Grund Erbvertrages oder gemeinschaftlichen Testaments (BGHZ 31, 17), welche die Verpflichtungs- bzw Verfügungsbefugnis des Erblassers grundsätzlich unberührt lassen. Schadensersatzansprüche aus einer schuldrechtlichen Verpflichtung des Erblassers gegenüber dem Bedachten, über Vermächtnisgegenstände nicht zu verfügen (§ 137 S. 2), sind unabhängig vom Vermächtnisanspruch zu beurteilen.

3. Surrogation. Die Surrogationsvorschrift des Abs. III ist eng auszulegen und 3 erfasst grundsätzlich nur den Leistungsanspruch und ges, jedoch idR nicht rechtsgeschäftliche Surrogate wie den Erlös des veräußerten Erbschaftsgegenstandes (OLG Rostock ZEV 2009, 625), es sei denn, ein entspr Erblasserwille ist durch Auslegung zu ermitteln (BGHZ§ 22, 357; 31, 22; BayObLG FamRZ 2005, 481).

4. Verschaffungsvermächtnis. Es kann vorliegen, falls der Erblasser ein zur 4 fortgesetzten Gütergemeinschaft gehörendes Grundstück vermacht (BGH NJW 1964, 2298; 1984, 732); uU beim Vermächtnis sicherungsübereigneter Gegenstände, sofern nicht bereits ein Rückübereignungsanspruch besteht (§ 2169 III); bei Gewinnvermächtnis (→ § 2174 Rn. 3) bzgl einer nicht zum Nachlass gehörenden Beteiligung (BGH NJW 1983, 937); bei Vermächtnis eines nicht zum Nachlass gehörenden Gesellschaftsanteils (BGH NJW 1983, 2377); bei Vermächtnis einer Lebensversicherungssumme (OLG Düsseldorf ZEV 1996, 142).

5. Beschädigung des Vermächtnisgegenstandes. Vgl § 2164. 5

§ 2170 Verschaffungsvermächtnis

(1) **Ist das Vermächtnis eines Gegenstands, der zur Zeit des Erbfalls nicht zur Erbschaft gehört, nach § 2169 Abs. 1 wirksam, so hat der Beschwerte den Gegenstand dem Bedachten zu verschaffen.**

(2) [1]**Ist der Beschwerte zur Verschaffung außerstande, so hat er den Wert zu entrichten.** [2]**Ist die Verschaffung nur mit unverhältnismäßigen Aufwendungen möglich, so kann sich der Beschwerte durch Entrichtung des Wertes befreien.**

1 Haftung beim Verschaffungsvermächtnis. **a)** Obj Unmöglichkeit: § 2171 (anfängliche), 275, 283 (nachträgliche; zB OLG Köln FamRZ 1998, 197; BGH ZEV 2005, 392). **b)** Subj Unmöglichkeit: § 2170 II ohne Rücksicht auf Vertretenmüssen; bei zu vertretendem Unvermögen konkurrieren §§ 280, 283, 2174, 249 ff. (BGH NJW 1984, 2571 unter altem Recht für Vermächtnis zur Aufnahme in OHG). **c)** Rechtsmängel: § 2182 II. **d)** Sachmängel: § 2183 beim Gattungsvermächtnis (§ 2155), sonst Haftungsfreiheit. **e)** Erbvertragliches Vermächtnis: vgl § 2288. **Lit:** Bühler DNotZ 1964, 581. Zur Verleitung zum Bruch der Vermächtnisverpflichtung → § 2174 Rn. 2. Zu erbschaftsteuerlichen Problemen s FG Köln ZErb 2005, 260 mAnm von Wachter MittBayNot 2006, 10; BFHE 215, 560 = ZEV 2007, 343 mAnm von Ebeling = MittBayNot 2008, 75 mAnm von Everts.

§ 2171 Unmöglichkeit, gesetzliches Verbot

(1) **Ein Vermächtnis, das auf eine zur Zeit des Erbfalls für jedermann unmögliche Leistung gerichtet ist oder gegen ein zu dieser Zeit bestehendes gesetzliches Verbot verstößt, ist unwirksam.**

(2) **Die Unmöglichkeit der Leistung steht der Gültigkeit des Vermächtnisses nicht entgegen, wenn die Unmöglichkeit behoben werden kann und das Vermächtnis für den Fall zugewendet ist, dass die Leistung möglich wird.**

(3) **Wird ein Vermächtnis, das auf eine unmögliche Leistung gerichtet ist, unter einer anderen aufschiebenden Bedingung oder unter Bestimmung eines Anfangstermins zugewendet, so ist das Vermächtnis gültig, wenn die Unmöglichkeit vor dem Eintritt der Bedingung oder des Termins behoben wird.**

1 **a)** Die Vorschrift ist durch das Gesetz zur Modernisierung des Schuldrechts neu
gefasst (BGBl. 2001 I 3138). Abs. I 2 aF ist weggefallen, Abs. II und Abs. III sind
2 neu eingefügt. **b) Anfängliche obj Unmöglichkeit** („für jedermann", sa § 275 I)
bestimmt sich nach dem Zeitpunkt des Erbfalls, genauer des Vermächtnisfalls
(§§ 2176 ff.). § 2169 III (bestehender Wertersatzanspruch) schließt Unwirksamkeit
3 aus. Abs. II und Abs. III entsprechen § 308 aF, der aufgehoben ist. **c)** Für andere
4 Leistungsstörungen → § 2170 Rn. 1. **d)** Die Vorschrift präzisiert den für die Beur-
teilung der **Gesetzeswidrigkeit** (§ 134) maßgeblichen Zeitpunkt. Zur abw Lösung
5 bei **Sittenwidrigkeit** (§ 138) → § 2077 Rn. 2 ff. **e)** Fehlen einer **behördlichen
Genehmigung** bewirkt schwebende Unwirksamkeit, ihre endgültige Versagung
nachträgliche Unmöglichkeit (BGHZ 37, 233 zum alten Recht); dazu → § 2170
Rn. 1.

§ 2172 Verbindung, Vermischung, Vermengung der vermachten Sache

(1) **Die Leistung einer vermachten Sache gilt auch dann als unmöglich, wenn die Sache mit einer anderen Sache in solcher Weise verbunden, vermischt oder vermengt worden ist, dass nach den §§ 946 bis 948 das Eigentum an der anderen Sache sich auf sie erstreckt oder Miteigentum eingetreten ist, oder wenn sie in solcher Weise verarbeitet oder umgebildet worden ist, dass nach § 950 derjenige, welcher die neue Sache hergestellt hat, Eigentümer geworden ist.**

(2) [1]**Ist die Verbindung, Vermischung oder Vermengung durch einen anderen als den Erblasser erfolgt und hat der Erblasser dadurch Miteigen-**

tum erworben, so gilt im Zweifel das Miteigentum als vermacht; steht dem Erblasser ein Recht zur Wegnahme der verbundenen Sache zu, so gilt im Zweifel dieses Recht als vermacht. [2]Im Falle der Verarbeitung oder Umbildung durch einen anderen als den Erblasser bewendet es bei der Vorschrift des § 2169 Abs. 3.

Die Vorschrift präzisiert die anfängliche Unmöglichkeit des § 2171 und enthält bes Surrogationsregeln. Die Testamentsauslegung kann zu weitergehender Surrogation führen. 1

§ 2173 Forderungsvermächtnis

[1]Hat der Erblasser eine ihm zustehende Forderung vermacht, so ist, wenn vor dem Erbfall die Leistung erfolgt und der geleistete Gegenstand noch in der Erbschaft vorhanden ist, im Zweifel anzunehmen, dass dem Bedachten dieser Gegenstand zugewendet sein soll. [2]War die Forderung auf die Zahlung einer Geldsumme gerichtet, so gilt im Zweifel die entsprechende Geldsumme als vermacht, auch wenn sich eine solche in der Erbschaft nicht vorfindet.

Die Vorschrift enthält Surrogationsregeln für den Fall des Vermächtnisses einer Forderung. Die Forderung selbst muss – wegen der nur schuldrechtlichen Wirkung des Vermächtnisses (§ 2174) – gem §§ 398 ff. an den Vermächtnisnehmer abgetreten werden. Bei vermachten Sparguthaben ist das Guthaben im Zeitpunkt des Erbfalles abzutreten (OLG Koblenz FamRZ 1998, 579). Besteht das Vermächtnis im Erlass einer Erblasserforderung, so ist der Anspruch auf Abschluss eines Erlassvertrages vermacht (BGH FamRZ 1964, 140). In der Zuwendung eines ohnehin bereits geschuldeten Gegenstandes bzw Betrages („Schuldvermächtnis") kann ein Schuldanerkenntnis liegen, uU kann dem Testament Schuldscheinfunktion (§ 371) zukommen (BGH NJW 1986, 2572). Wird eine Forderung aus einem Bankguthaben vermacht und das Guthaben auf ein anderes Konto des Erblassers überwiesen, so gilt entspr § 2173 S. 1 die neue Forderung als vermacht (OLG Oldenburg ZEV 2001, 277). Die Zuwendung eines Sparguthabens, von Bundesschatzbriefen oder Festgeldguthaben hat nicht notwendig zur Folge, dass der Vermächtnisnehmer auf das zum Zeitpunkt des Erbfalls noch vorhandene Guthaben bzw dessen wirtschaftliche Äquivalente beschränkt ist (OLG Karlsruhe NJW 2005, 1318). Vermacht der Erblasser Wertpapiere und ordnet gleichzeitig ihren Verkauf und die Auskehrung des Erlöses an die Vermächtnisnehmer an, so gilt ebenfalls § 2173 entsprechend (OLG Frankfurt a.M. BeckRS 2022, 8791 1

§ 2174 Vermächtnisanspruch

Durch das Vermächtnis wird für den Bedachten das Recht begründet, von dem Beschwerten die Leistung des vermachten Gegenstands zu fordern.

Lit: Baldus/Stremnitzer, Zur Vormerkungsfähigkeit künftiger Vermächtnisansprüche …, DNotZ 2006, 598; Horn, Das Vermächtnis in der Testamentsgestaltung, NJW 2018, 1000 ff.; Zawar, Der bedingte oder befristete Erwerb von Todes wegen, DNotZ 19 2086, 515; ders, Gedanken zum bedingten oder befristeten Rechtserwerb im Erbrecht, NJW 07, 2353.

1. Rechtsnatur. Das Vermächtnis ist ein schuldrechtlicher Anspruch. Die *Entstehung* regeln §§ 2176 ff. (hierzu BFH NJW 2016, 1406 Rn. 17); vor dem Erbfall besteht lediglich eine Hoffnung, aber keine gesicherte Anwartschaft (BGH NJW 1961, 1916; OLG München NJW-RR 1989, 1411). Deshalb kann der Vermächtnisanspruch zu Lebzeiten des Erblassers nicht vorwegerfüllt werden (OLG München NJW-RR 1989, 1411); auch ist der Vermächtnisnehmer im Erbscheinverfahren 1 nur ausnahmsweise zu beteiligen und beschwerdeberechtigt (verneinend BayObLG FamRZ 2004, 1819 f.; zur Beteiligung des Vermächtnisnehmers allgemein Kollmeyer NJW 2019, 2140; → sa zu § 345 I FamFG die Erl. § 2360 Rn. 1); geht der Anspruch auf Auflassung, ist eine Vormerkung nicht möglich (BGHZ 12, 117). Eine Vormerkung zu Lebzeiten setzt einen schuldrechtlichen Vertrag auf Übereignung im Todesfall voraus (zum Nebeneinander von schuldrechtlicher Verpflichtung und Erbvertrag vgl BGH LM Nr. 2 zu § 2288 BGB), der formpflichtig ist (§ 311b I); die zusätzlich zum Vermächtnis gegebene formfreie (BGH NJW 1963, 1602) Verpflichtung zur Nichtverfügung über den Vermächtnisgegenstand (BGH NJW 1959, 2252) löst bei Verstößen Schadensersatzpflicht aus (§ 137 S. 2), ist aber nicht vormerkungsfähig. Nach Entstehung ist der Vermächtnisanspruch vormerkungsfähig (OLG München NJW-RR 2018, 1418 Rn. 19 ff.), auch der bedingte (BayObLG Rpfleger 1981, 190) oder befristete (OLG Hamm MDR 1984, 402; aber → § 2177 Rn. 3). Auch wenn der Erblasser neben dem Grundstücksvermächtnis in einem Testament gem § 2247, über dessen Eröffnung eine öffentliche Urkunde existiert, die Auflassung bereits erklärt hat, bedarf es wegen ihrer Formnichtigkeit erneuter Auflassung und Eintragungsbewilligung durch die Erben (OLG Rostock NJW-RR 2019, 6 Rn. 18 ff.; sa → § 1922 Rn. 8). Wird der Anspruch nicht durch Arrest oder einstweilige Verfügung gesichert (so OLG München NJW-RR 2018, 1418 Rn. 19), so ergibt sich ein Anspruch auf Bewilligung einer Vormerkung nicht automatisch aus dem Vermächtnisanspruch, sondern muss dem Bedachten im Testament zugewandt worden sein (BGHZ 148, 191 = NJW 2001, 2884; aA MüKoBGB/Wacke § 885 Rn. 3), zB im Rahmen eines Ankaufvermächtnisses. Die Verfassungsbeschwerde gegen die Entscheidung über einen Anspruch auf Grundbuchberichtigung ist unzulässig, solange durch Fortsetzung eines parallelen Verfahrens über einen Anspruch aus § 2174 auf Übereignung des betroffenen Grundstücks an den Beschwerdeführer eine sachgemäße Bereinigung der Streitsache erfolgen kann (BVerfG NJW 2018, 3504 Rn. 11 ff.). Ausländische dingliche Vermächtnisse an deutschen Grundstücken („Vindikationslegat“) sind nach früher hM als schuldrechtliche Ansprüche zu deuten (BGH NJW 1995, 58; sa LG Köln BeckRS 2014, 14466 und → Vor § 1922 Rn. 3); siehe aber zur neuen Rechtslage unter der EuErbVO → Art. 20–28 EuErbVO Rn. 7. Der Gerichtsstand der Erbschaft (§ 27 I ZPO) umfasst nicht nur Klagen zur Durchsetzung des Vermächtnisanspruchs durch den Vermächtnisnehmer, sondern auch Streitigkeiten über Inhalt und Umfang des Anspruchs und damit auch Feststellungsklagen (OLG Schleswig NJW-RR 2022, 1235 Rn. 21 f.). Unklar ist, ob der Erblasser einseitig schiedsgerichtliche Zuständigkeit für Streitigkeiten zwischen Erbe und Vermächtnisnehmer anordnen kann, wenn sich die Möglichkeit einer Anwendbarkeit nicht dispositiver Vorschriften auf den Streitfall in keiner Weise andeutet (offen insoweit OLG München FamRZ 2018, 533; sa § 1922 Rn. 8).

2 **2. Anwendung allg Vorschriften.** Fälligkeit: §§ 271, 2181 (Bsp: LG Oldenburg ZErb 2010, 152: strenge Anforderungen an testamentarische schlüssige Bestimmung); Erfüllungsort: §§ 269, 270 (regelmäßig Erblasserwohnsitz); stellvertretendes Commodum: § 285 (zB Leistungsansprüche nach Entschädigungs- und Restitutionsrecht bei DDR- Grundstücken als Vermächtnisgegenstand; dazu BGH ZEV 2005, 391; BGH FamRZ 2005, 977; BGH DtZ 1996, 26; OLG Brandenburg FamRZ 2006, 65); Kosten: § 448 I analog, entgegen § 448 II trägt beim Grundstücksvermächtnis der Beschwerte die Umschreibungskosten (BGH NJW 1963, 1602); Annahmeverzug (§§ 293 ff.) ist erst nach Annahme (§ 2180) denkbar; Verjährung des Vermächtnisanspruches grundsätzlich nach§§ 195, 199 III a, bei Grund*stücksvermächtnissen aber nach* § 196 (OLG München NJW 2021, 2443 Rn. 20 ff.; NJW-RR 2018, Rn. 33; zweifelhaft, ob nicht doch besser § 199 III a); zur Unmöglichkeit → § 2170 Rn. 1, → § 2171 Rn. 2 (BGH NJW 1998, 682: Keine Unmöglichkeit bei Erwerb des vermachten Gegenstandes in der Teilungsversteigerung durch Miterben); Haftung eines Dritten (§ 826) bei Verleitung zum Bruch der Verpflichtung aus Vermächtnis (BGH NJW 1992, 2152); *keine* Anwendung der Lehre vom

Wegfall der Geschäftsgrundlage bzw des § 313 (dazu BGH NJW 1993, 850; OLG Düsseldorf FamRZ 1996, 1303 mAnm Medicus ZEV 1996, 467), sondern ergänzende Testamentsauslegung und volle Ausschöpfung der Nachlassmittel. Der Anspruch ist nach dem Erbfall grundsätzlich abtretbar (§ 2176), vor dem Erbfall erscheint dies zweifelhaft (ablehnend OLGR Saarbrücken 09, 110). Ob die Erfüllung eines Vermächtnisses auf Grundstücksübereignung durch mit dem Vermächtnis belastete sorgeberechtigte Eltern einer Ergänzungspflegschaft bedarf (§§ 1629 II 1 u 3, 1795 II, 1796 aF bzw *§§ 1824, 1789 II Satz 3 u 4 nF* ab 1.1.2023, § 181), hängt von der Art der aus dem Eigentumserwerb erwachsenden Verpflichtungen ab (dazu OLG München FamRZ 2011, 828 einerseits u OLG München NJW-RR 2012, 137 andererseits; ausführlich Jänicke/Braun NJW 2013, 2474 ff.; Böttcher NJW 2013, 2805 [2807 ff.]; Friedrich-Büttner/Wiese ZEV 2014, 513; zum lediglich rechtlichen Vorteil Stürner AcP 173, 402 ff.; grundsätzlich zustimmend zur vorgeschlagenen teleologischen Reduktion des § 107 durch wirtschaftliche Bewertung der mit einem Rechtsgeschäft verbundenen Rechtsnachteile BGHZ 161, 170 ff. [175 ff.]); davon zu unterscheiden ist die andere Frage, ob im Vollzug des Vermächtnisses in solchen Fällen die schlüssige Annahme des Vermächtnisses liegt (offen OLG München NJW-RR 2012, 138) und ob im Einzelfall aus der Annahme Genehmigungspflichten aus §§ 1643, 1821, 1822 aF bzw *§§ 1643, 1850–1854 nF* folgen können (im konkreten Fall verneinend OLG München NJW-RR 2012, 138; zum Ganzen Keim ZEV 2011, 660).

3. Gesellschaftsbeteiligungen. Der Gesellschaftsanteil an einer OHG oder KG kann nach Maßgabe des Gesellschaftsvertrages auf den Vermächtnisnehmer übertragen werden (BGH NJW 1983, 2376; OLG Hamm NJW-RR 1991, 838; → § 2032 Rn. 5 ff.). Stets denkbar ist ein „Gewinnvermächtnis“, das auf Auszahlung des Gewinnanteils geht (BGH NJW 1983, 937). Steht der Gesellschaftsvertrag einer Anteilsübertragung entgegen, so hat der Erbe die übertragbaren Rechte (Gewinnausschüttung, Auseinandersetzungsguthaben) abzutreten (BGH WM 1976, 251), bei verschuldeter Unmöglichkeit der Übertragung ist Wertersatz zu leisten (BGH NJW 1984, 2571; → § 2170 Rn. 1). Die Abtretung des auf Eintritt gerichteten Vermächtnisanspruchs muss gesellschaftsvertraglich vorgesehen sein oder die Zustimmung der Gesellschafter finden (§ 399; BGH LM Nr. 5 zu § 399 BGB). Für den GmbH-Anteil vgl § 15 III, V GmbHG. 3

4. Haftung. Zur Haftung für das Vermächtnis vgl §§ 1967 II; 1972, 2060; 1992; 2306; 2318; 2322, 2323; InsO 325, 327; § 2189; §§ 2186 ff. 4

5. Informationsanspruch. Er kann sich ergeben aus § 260, ferner aus § 2314 (BGHZ 28, 177); uU ist er mitvermacht (RGZ 129, 239). Nach zutr neuerer Auffassung folgt er aus allg Grundsätzen (§ 242; BGH NJW-RR 1991, 707; LG Köln NJW-RR 1990, 14; OLG Oldenburg NJW-RR 1990, 950: Auskunft des befreiten Vorerben) und geht je nach den Umständen des Einzelfalles auf Auskunft, Rechnungslegung oder sogar Wertermittlung (BGH NJW-RR 1991, 707; → § 2027 Rn. 1). 5

§ 2175 Wiederaufleben erloschener Rechtsverhältnisse

Hat der Erblasser eine ihm gegen den Erben zustehende Forderung oder hat er ein Recht vermacht, mit dem eine Sache oder ein Recht des Erben belastet ist, so gelten die infolge des Erbfalls durch Vereinigung von Recht und Verbindlichkeit oder von Recht und Belastung erloschenen Rechtsverhältnisse in Ansehung des Vermächtnisses als nicht erloschen.

Die Vorschrift will Unmöglichkeit der Vermächtnisleistung verhindern. Sie gilt entspr, falls am Vermächtnisgegenstand ein Recht des Erben besteht. 1

§ 2176 Anfall des Vermächtnisses

Die Forderung des Vermächtnisnehmers kommt, unbeschadet des Rechts, das Vermächtnis auszuschlagen, zur Entstehung (Anfall des Vermächtnisses) mit dem Erbfall.

1 **a)** Zur *Entstehung* des Vermächtnisanspruchs vgl → § 2174 Rn. 1; zur *Fälligkeit*
2 → § 2174 Rn. 2. **b)** Der **Wert eines Quotenvermächtnisses** bestimmt sich nach dem Zeitpunkt des Erbfalles (BGH NJW 1960, 1759); allerdings kann sich aus dem Erblasserwillen Abweichendes ergeben, insbes nach Geldentwertungen (BGH FamRZ 1974, 652). Der Vermächtnisnehmer des Quotenvermächtnisses ist entspr seiner Quote wertmäßig an den Nachlassverbindlichkeiten zu beteiligen (Schwenck MDR 1988, 545).

§ 2177 Anfall bei einer Bedingung oder Befristung

Ist das Vermächtnis unter einer aufschiebenden Bedingung oder unter Bestimmung eines Anfangstermins angeordnet und tritt die Bedingung oder der Termin erst nach dem Erbfall ein, so erfolgt der Anfall des Vermächtnisses mit dem Eintritt der Bedingung oder des Termins.

Lit: Zawar, Das Vermächtnis in der Kautelarjurisprudenz, dargestellt am aufschiebend bedingten und befristeten Vermächtnis, 1983.

1 **1. Entstehung der Vermächtnisforderung.** Sie ist beim aufschiebend bedingten Vermächtnis auf den Bedingungseintritt verlegt (Bsp: BayObLG FamRZ 1997, 1569; 1996, 1036). Durch Auslegung ist zu ermitteln, ob ein gewöhnliches Vermächtnis (§ 2176) mit späterer Fälligkeit oder ein bedingtes Vermächtnis gewollt ist (Bsp: OLG Bamberg NJW-RR 2008, 1325; BFH NJW 2016, 1406 Rn. 17). Der Vermächtnisnehmer muss nicht nur den Erbfall (§ 2160) noch erleben, sondern auch den Bedingungseintritt (§ 2074); § 2069 ist aber zu beachten (LM Nr. 1 zu § 2069). Beim befristeten Vermächtnis gilt § 2074 nicht.

2 **2. Anwartschaftsrecht.** Vgl § 2179.

3 **3. Vormerkungsfähigkeit.** Ein durch Vermächtnis zugewandter, aufschiebend befristeter Auflassungsanspruch ist *nach* dem Erbfall vormerkungsfähig (BGHZ 12, 115), ein durch den Eintritt des Nacherbfalls bedingter Anspruch nach dem Nacherbfall (OLG Schleswig NJW-RR 1993, 11 – fraglich! – besser: nach dem Erbfall). Aus den Umständen der testamentarischen Vermächtnisregelung kann sich hierbei außerhalb einstweiliger Maßnahmen ein Anspruch auf Bewilligung der Vormerkung ergeben (BGHZ 148, 191 = NJW 2001, 2884; str, wohl großzügiger OLG Hamm MDR 1984, 802; → § 2174 Rn. 1).

4 **4. Auflösende Bedingung oder Befristung.** Sie haben regelmäßig die Bedeutung eines Nachvermächtnisses (§ 2191; Sonderfall: Rückvermächtnis zugunsten des Erben, BayObLG Rpfleger 1981, 190); uU kann aber auch ein Ersatzvermächtnis (§ 2190) oder Wegfall des Vermächtnisses gewollt sein.

§ 2178 Anfall bei einem noch nicht erzeugten oder bestimmten Bedachten

Ist der Bedachte zur Zeit des Erbfalls noch nicht gezeugt oder wird *seine Persönlichkeit durch ein erst* nach dem Erbfall eintretendes Ereignis bestimmt, so erfolgt der Anfall des Vermächtnisses im ersteren Falle mit der Geburt, im letzteren Falle mit dem Eintritt des Ereignisses.

1 Sonderfall des § 2177. Für künftige jur Personen gilt die Vorschrift entspr, bei Erblasserstiftungen ist § 84 zu beachten. Wichtig sind die Fristen der §§ 2162, 2163.

Für den beim Erbfall bereits gezeugten, aber noch nicht geborenen Vermächtnisnehmer gilt § 1923 II entspr (Hafner BWNotZ 1984, 67; → § 1923 Rn. 2).

§ 2179 Schwebezeit

Für die Zeit zwischen dem Erbfall und dem Anfall des Vermächtnisses finden in den Fällen der §§ 2177, 2178 die Vorschriften Anwendung, die für den Fall gelten, dass eine Leistung unter einer aufschiebenden Bedingung geschuldet wird.

Der mit einem aufschiebend bedingten oder befristeten Vermächtnis Bedachte 1
erlangt während der Schwebezeit eine *rechtlich geschützte Anwartschaft* (OLG Oldenburg NJW-RR 1990, 650; Zawar DNotZ 1986, 523). Der Beschwerte haftet gem §§ 160 I, 285, 280 I 2 bereits vor Entstehung der Vermächtnisforderung (sa BGHZ 114, 21: Pflicht des Vorvermächtnisnehmers zur ordnungsmäßigen Verwaltung; vgl → § 2191 Rn. 2), er muss sich ggf § 162 I entgegenhalten lassen (OLG Stuttgart FamRZ 1981, 818: Adoption als treuwidrige Verhinderung kinderlosen Todes). Da § 161 nur für bedingte Verfügungen gilt, findet er auf die Vermächtnisanwartschaft keine Anwendung (str, vgl Bungeroth NJW 1967, 1357). Die Anwartschaft ist pfändbar und kann im Verfahren des einstw Rechtsschutzes (§§ 916 II, 936 ZPO) und in der Insolvenz (§ 191 I InsO) gesichert bzw berücksichtigt werden. Zum Ganzen BGH Nr. 28 zu § 1 VHG.

§ 2180 Annahme und Ausschlagung

(1) **Der Vermächtnisnehmer kann das Vermächtnis nicht mehr ausschlagen, wenn er es angenommen hat.**

(2) [1]**Die Annahme sowie die Ausschlagung des Vermächtnisses erfolgt durch Erklärung gegenüber dem Beschwerten.** [2]**Die Erklärung kann erst nach dem Eintritt des Erbfalls abgegeben werden; sie ist unwirksam, wenn sie unter einer Bedingung oder einer Zeitbestimmung abgegeben wird.**

(3) **Die für die Annahme und die Ausschlagung einer Erbschaft geltenden Vorschriften des § 1950, des § 1952 Abs. 1, 3 und des § 1953 Abs. 1, 2 finden entsprechende Anwendung.**

1. Annahme und Ausschlagung. Sie sind *formlose, empfangsbedürftige Willenser-* 1
klärungen, die auch stillschweigend abgegeben werden können (*Bsp:* BGH und OLG Stuttgart ZEV 1998, 24; OLG Köln FamRZ 2007, 169: keine wirksame konkludente Ausschlagung bei Geltendmachung eines Pflichtteilsanspruchs für Minderjährigen ohne Genehmigung des FamG); sie sind unwiderruflich (s BGH NJW 2001, 2884 für Annahme), aber anfechtbar (§§ 119 ff., 142 ff.; vgl aber auch § 2308). Eine Ausschlagungsfrist existiert nicht (BGH NJW 2011, 1354 für wechselbezügliches Vermächtnis gem § 2270; vgl aber § 2307 II). Die Ausschlagung bedingter oder befristeter Vermächtnisse kann schon vor Bedingungseintritt oder Fristverstreichen erklärt werden. Das gilt auch für Nachvermächtnisse (BGH NJW 2001, 521).

2. Ausschlagungsbefugnis. Vgl hierzu §§ 1432 I, 1455 Nr. 1, 1643 II, 1822 2
Nr. 2 aF, 1643 I u. III, 1851 Nr. 1 nF ab 1.1.2023; § 83 I 1 InsO. → § 1943 Rn. 3 u → § 1945 Rn. 3.

3. Wirkung der Ausschlagung. Die Ausschlagung bewirkt Erledigung des Ver- 3
mächtnisses, sofern nicht Fälle der §§ 2158, 2190, 2069 vorliegen.

4. Vermächtnisverzicht. Vgl hierzu § 2352. Die insolvenzrechtliche Versagung 4
der Restschuldbefreiung (§ 295 I Nr. 2 InsO) lässt sich nicht auf Nichtannahme, Ausschlagung oder Verzicht stützen, vielmehr erst auf Nichtabführung des hälftigen Wertes an den Treuhänder nach Annahme des Vermächtnisses (BGH NJW 2011,

2291; 2013, 871); auch eine insolvenzrechtlichen Anfechtung von Ausschlagung oder Verzicht ist wegen § 83 InsO ausgeschlossen (BGH NJW 2013, 693; 2013, 871; → § 1943 Rn. 3; → § 2346 Rn. 1).

§ 2181 Fälligkeit bei Beliebigkeit

Ist die Zeit der Erfüllung eines Vermächtnisses dem freien Belieben des Beschwerten überlassen, so wird die Leistung im Zweifel mit dem Tode des Beschwerten fällig.

1 Zur Abgrenzung von Bedingung und Fälligkeit vgl → § 2177 Rn. 1. Ausnahmevorschrift zu § 271, der regelmäßig eingreift, so dass Entstehung der Forderung und Fälligkeit meist zusammenfallen; → § 2174 Rn. 2.

§ 2182 Haftung für Rechtsmängel

(1) [1]**Ist ein nur der Gattung nach bestimmter Gegenstand vermacht, so hat der Beschwerte die gleichen Verpflichtungen wie ein Verkäufer nach den Vorschriften des § 433 Abs. 1 Satz 1, der §§ 436, 452 und 453.** [2]**Er hat den Gegenstand dem Vermächtnisnehmer frei von Rechtsmängeln im Sinne des § 435 zu verschaffen.** [3]**§ 444 findet entsprechende Anwendung.**

(2) **Dasselbe gilt im Zweifel, wenn ein bestimmter nicht zur Erbschaft gehörender Gegenstand vermacht ist, unbeschadet der sich aus dem § 2170 ergebenden Beschränkung der Haftung.**

(3) **Ist ein Grundstück Gegenstand des Vermächtnisses, so haftet der Beschwerte im Zweifel nicht für die Freiheit des Grundstücks von Grunddienstbarkeiten, beschränkten persönlichen Dienstbarkeiten und Reallasten.**

1 **1. Grundsätze der Rechtsmängelhaftung. a) Stückvermächtnis:** keine Haftung, vgl auch §§ 2165 ff. **b) Gattungsvermächtnis:** verkäufergleiche Haftung gem § 2182 I, III. **c) Verschaffungsvermächtnis:** verkäufergleiche Haftung mit der Beschränkung des § 2182 III und der Haftungsbeschränkung des § 2170 II.

2 **2. Reform.** Die Änderung durch das Gesetz zur Änderung des Erb- und Verjährungsrechts (→ Vor § 1922 Rn. 18) hat in der Überschrift „Gewährleistung" durch „Haftung" ersetzt und im Text „Sache" durch „Gegenstand" und damit eine überfällige terminologische Bereinigung vorgenommen.

§ 2183 Haftung für Sachmängel

[1]**Ist eine nur der Gattung nach bestimmte Sache vermacht, so kann der Vermächtnisnehmer, wenn die geleistete Sache mangelhaft ist, verlangen, dass ihm anstelle der mangelhaften Sache eine mangelfreie geliefert wird.** [2]**Hat der Beschwerte einen Sachmangel arglistig verschwiegen, so kann der Vermächtnisnehmer anstelle der Lieferung einer mangelfreien Sache Schadensersatz statt der Leistung verlangen, ohne dass er eine Frist zur Nacherfüllung setzen muss.** [3]**Auf diese Ansprüche finden die für die Sachmängelhaftung beim Kauf einer Sache geltenden Vorschriften entsprechende Anwendung.**

Lit: Amend, Schuldrechtsreform und Mängelhaftung beim Gattungsvermächtnis, ZEV 2002, 227.

1 **1. Grundsätze der Sachmängelhaftung. a) Stückvermächtnis:** keine Sachmängelhaftung; bei schuldhafter Beschädigung durch Beschwerten Schadensersatz aus §§ 280 I, 241 II oder gem §§ 2179, 160 I. **b) Gattungsvermächtnis:** verkäufer-

ähnliche Haftung gem § 2183. **c) Verschaffungsvermächtnis:** je nach Sachlage wie Stückvermächtnis oder Gattungsvermächtnis.

2. Reform. Das Gesetz zur Änderung des Erb- und Verjährungsrechts (→ Vor § 1922 Rn. 18) hat die Vorschrift terminologisch und inhaltlich an das reformierte Schuldrecht angepasst, was überfällig war. 2

§ 2184 Früchte; Nutzungen

[1]Ist ein bestimmter zur Erbschaft gehörender Gegenstand vermacht, so hat der Beschwerte dem Vermächtnisnehmer auch die seit dem Anfall des Vermächtnisses gezogenen Früchte sowie das sonst auf Grund des vermachten Rechts Erlangte herauszugeben. [2]Für Nutzungen, die nicht zu den Früchten gehören, hat der Beschwerte nicht Ersatz zu leisten.

Lit: Hardt, Wertpapiervermögen als Vermächtnis – zugleich eine Untersuchung über die Reichweite des § 2184 BGB, ZErb 2000, 103; Tiedtke/Peterek, Zurechnung von Einkünften, die zwischen Erbfall und Vermächtniserfüllung anfallen, ZEV 2007, 349.

1. Beschränkung der Herausgabe auf Früchte. Sie schließt Ersatz für tatsächliche Gebrauchsvorteile (§§ 2184 S. 2, 100 Hs. 2) aus. *Nicht gezogene Früchte* bleiben ebenfalls unberücksichtigt, es sei denn, eine Ersatzpflicht folgt aus §§ 286, 292. 1

2. Haftung für nicht mehr vorhandene Früchte. Sie folgt §§ 275 ff.; auch Eingriffskondiktion kann durchgreifen, falls bereichernder Verbrauch vorliegt. 2

3. Maßgebender Zeitpunkt. Nach dem Ges ist dies der Vermächtnisanfall; die Auslegung kann jedoch spätere Zeitpunkte als maßgebend ergeben, zB Fälligkeit (§ 2181) oder Ausübung des vermachten Übernahmerechts (BGH BWNotZ 1962, 259). 3

4. Beschränkter Anwendungsbereich. Die Vorschrift gilt *nicht* bei Verschaffungs- und Gattungsvermächtnis, wo es bei §§ 286, 292 sein Bewenden hat. 4

5. Erlangung auf Grund des Rechtes. Auf Grund des Rechtes erlangt sind zB weitere gem §§ 946, 947 II hinzuerworbene Gegenstände (vgl aber § 2172); für Ersatzansprüche gilt entweder § 285 unmittelbar oder über §§ 2164 II, 2169 III. 5

§ 2185 Ersatz von Verwendungen und Aufwendungen

Ist eine bestimmte zur Erbschaft gehörende Sache vermacht, so kann der Beschwerte für die nach dem Erbfall auf die Sache gemachten Verwendungen sowie für Aufwendungen, die er nach dem Erbfall zur Bestreitung von Lasten der Sache gemacht hat, Ersatz nach den Vorschriften verlangen, die für das Verhältnis zwischen dem Besitzer und dem Eigentümer gelten.

Lit: Schlichting, Der Verwendungsersatzanspruch des Vorvermächtnisnehmers gegen den Nachvermächtnisnehmer, ZEV 2000, 385.

Für **Verwendungen** verweist das Ges auf das Eigentümer-Besitzer-Verhältnis; Bösgläubigkeit bedeutet Kenntnis oder grob fahrlässige Unkenntnis der Rechte des Vermächtnisnehmers (BGHZ 114, 27 f. mAnm von Leipold JZ 1991, 990). Bei Lasten ist § 995 S. 2 zu beachten. 1

§ 2186 Fälligkeit eines Untervermächtnisses oder einer Auflage

Ist ein Vermächtnisnehmer mit einem Vermächtnis oder einer Auflage beschwert, so ist er zur Erfüllung erst dann verpflichtet, wenn er die Erfüllung des ihm zugewendeten Vermächtnisses zu verlangen berechtigt ist.

1 Das Untervermächtnis wird nicht vor dem Hauptvermächtnis fällig, wohl aber uU vor Annahme des Hauptvermächtnisses. Beim Anspruch auf ein Grundstück gegen Gegenleistung ist schwer abgrenzbar, ob ein Grundstücksvermächtnis mit Untervermächtnis an den Erben oder ein Ankaufsvermächtnis gegeben ist (BGHZ 148, 189 f. = NJW 2001, 2883; → § 2174 Rn. 1 und → Vor § 2147 Rn. 3).

§ 2187 Haftung des Hauptvermächtnisnehmers

(1) **Ein Vermächtnisnehmer, der mit einem Vermächtnis oder einer Auflage beschwert ist, kann die Erfüllung auch nach der Annahme des ihm zugewendeten Vermächtnisses insoweit verweigern, als dasjenige, was er aus dem Vermächtnis erhält, zur Erfüllung nicht ausreicht.**

(2) **Tritt nach § 2161 ein anderer an die Stelle des beschwerten Vermächtnisnehmers, so haftet er nicht weiter, als der Vermächtnisnehmer haften würde.**

(3) **Die für die Haftung des Erben geltende Vorschrift des § 1992 findet entsprechende Anwendung.**

1 Zur prozessualen Durchsetzung der beschränkten Haftung vgl § 786 ZPO.

§ 2188 Kürzung der Beschwerungen

Wird die einem Vermächtnisnehmer gebührende Leistung auf Grund der Beschränkung der Haftung des Erben, wegen eines Pflichtteilsanspruchs oder in Gemäßheit des § 2187 gekürzt, so kann der Vermächtnisnehmer, sofern nicht ein anderer Wille des Erblassers anzunehmen ist, die ihm auferlegten Beschwerungen verhältnismäßig kürzen.

1 *Kürzung* kann erfolgen gem §§ 1990 ff., 2187, 2318 I, 2322 ff., § 327 InsO. Bei unteilbaren Leistungen kann der Bedachte die Kürzung vergüten, andernfalls darf der Beschwerte den gekürzten Schätzungswert bezahlen (BGHZ 19, 309).

§ 2189 Anordnung eines Vorrangs

Der Erblasser kann für den Fall, dass die dem Erben oder einem Vermächtnisnehmer auferlegten Vermächtnisse und Auflagen auf Grund der Beschränkung der Haftung des Erben, wegen eines Pflichtteilsanspruchs oder in Gemäßheit der §§ 2187, 2188 gekürzt werden, durch Verfügung von Todes wegen anordnen, dass ein Vermächtnis oder eine Auflage den Vorrang vor den übrigen Beschwerungen haben soll.

1 Korrespondenzvorschrift ist § 327 II 2 InsO.

§ 2190 Ersatzvermächtnisnehmer

Hat der Erblasser für den Fall, dass der zunächst Bedachte das Vermächtnis nicht erwirbt, den Gegenstand des Vermächtnisses einem anderen zugewendet, so finden die für die Einsetzung eines Ersatzerben geltenden Vorschriften der §§ 2097 bis 2099 entsprechende Anwendung.

1 Neben den §§ 2097 ff. ist § 2069 zu beachten. Der Ersatzvermächtnisnehmer muss nur den Erbfall erleben (§§ 2160, 2178), nicht den Wegfall des eigentlichen Vermächtnisnehmers zB durch Tod oder Ausschlagung. Beim Ersatzvermächtnis wird der Bedachte *sofort* Vermächtnisnehmer, beim Nachvermächtnis dagegen erst nach dem zuerst Bedachten (OGH NJW 1950, 596).

§ 2191 Nachvermächtnisnehmer

(1) **Hat der Erblasser den vermachten Gegenstand von einem nach dem Anfall des Vermächtnisses eintretenden bestimmten Zeitpunkt oder Ereignis an einem Dritten zugewendet, so gilt der erste Vermächtnisnehmer als beschwert.**

(2) **Auf das Vermächtnis finden die für die Einsetzung eines Nacherben geltenden Vorschriften des § 2102, des § 2106 Abs. 1, des § 2107 und des § 2110 Abs. 1 entsprechende Anwendung.**

Lit: Baltzer, Das Vor- und Nachvermächtnis in der Kautelarjurisprudenz, 2007; Bengel, Rechtsfragen zum Vor- und Nachvermächtnis, NJW 1990, 1826; Hartmann, Das Vorvermächtnis mit Vorerbschaftswirkung, ZEV 2007, 458; Klinger/Mörtl, Das Vor- und Nachvermächtnis, NJW-Spezial 2009, 327; Maur, Die Rechtsstellung des Vorvermächtnisnehmers bei zugunsten des Nachvermächtnisnehmers eingetragener Vormerkung, NJW 1990, 1161; Muscheler, Das Vor- und Nachvermächtnis, AcP 208, 69; Watzek, Vor- und Nachvermächtnis, MittRhNotK 1999, 37; Werkmüller, Gestaltungsmöglichkeiten des Erblassers im Rahmen der Anordnung von Vor- und Nachvermächtnissen, ZEV 1999, 343.

1. Unterschied zwischen Untervermächtnis und Nachvermächtnis. Er liegt im zeitlichen Ablauf: das Untervermächtnis (§ 2147) entsteht gem §§ 2176, 2177 und wird gem § 2186 fällig, wobei dem Untervermächtnisnehmer der Gegenstand ohne Zwischennutzung durch den Hauptvermächtnisnehmer zustehen soll. Hingegen soll der Nachvermächtnisnehmer den Gegenstand erst nach dem Hauptvermächtnisnehmer erhalten. Vgl auch → § 2190 Rn. 1 zur *Abgrenzung zum Ersatzvermächtnis.* 1

2. Schutz des Nachvermächtnisnehmers. Er folgt aus § 2179 (BGH BWNotZ 1961, 265; BGHZ 114, 21: Pflicht des Vermächtnisnehmers zu ordnungsmäßiger Verwaltung; → § 2179 Rn. 1); der Vorvermächtnisnehmer ist in seiner Verfügungsbefugnis jedoch nicht beschränkt. Über die genannten Vorschriften hinaus sind die Regeln der Nacherbschaft auch nicht entspr anwendbar; so folgen Ansprüche auf Verwendungsersatz allein aus § 2185 (BGHZ 114, 16 mAnm von Leipold JZ 1991, 990). Der Auflassungsanspruch des Nachvermächtnisnehmers ist ab dem Erbfall *vormerkungsfähig* (BayObLG Rpfleger 1981, 190 für Rückvermächtnis an Erben; Maur NJW 1990, 1162). 2

3. Beispielsfall. Lehrreiches *Bsp* BGH bei Keßler DRiZ 1966, 398: Der Vermächtnisnehmer soll Gegenstände an Kinder „weitervererben“ und einem anderen Kind angemessenen Ausgleich gewähren; Auslegung des „Weitervererbens“ als Nachvermächtnis (§§ 2084, 2191), des Ausgleichsanspruchs als Untervermächtnis, das die Nachvermächtnisnehmer beschwert. Weiteres *Bsp:* OLG Frankfurt a.M. ZEV 1997, 295 mAnm Skibbe (Wirksamkeit des Nachvermächtnisses trotz lebzeitiger Übertragung des vermachten Gegenstandes an Vorvermächtnisnehmer). 3

4. Analogie. Zur Analogie zu §§ 2107, 2191 II beim Vermächtnis auf den Todesfall des erbenden Abkömmlings → § 2107 Rn. 1. 4

Titel 5. Auflage

Vorbemerkungen

Lit: Daragan, Die Auflage als erbschaftsteuerliches Gestaltungsmittel, DStR 1999, 393; Heeg, Alternativen zur Nacherbeneinsetzung: Ist die erbrechtliche Auflage ein geeignetes Instrument zur Erbschaft(steuer)planung?, DStR 2707, 89.

1. Begriff. Vgl die Legaldefinition § 1940. 1

2. Abgrenzungen. a) Vom **Vermächtnis** unterscheidet sich die Aufl. durch den fehlenden Erfüllungsanspruch des Bedachten (KG ZEV 1998, 306; → § 2194 2

Rn. 2); anders als das Vermächtnis muss die Aufl. überhaupt keine Zuwendung enthalten (zB Pflicht zur Grabpflege). **b)** Die **Zuwendung unter einer Bedingung** stellt ein Verhalten in das Belieben des Zuwendungsempfängers und macht die Zuwendung hiervon abhängig; bei der Aufl. fällt die Zuwendung sofort und endgültig an und es besteht eine Rechtspflicht zu entspr Verhalten (zur Abgrenzung vom bloßen Wunsch Ebenfeld ZEV 2004, 141). Eine Kombination von Auflage und Bedingung ist in der Weise möglich, dass eine letztwillige Zuwendung durch die Erfüllung einer Auflage auflösend bedingt ist (BGH NJW-RR 2009, 1455; → § 2076 Rn. 5).

3 **3. Inhalt.** Inhalt einer Aufl. kann jedes Tun oder Unterlassen sein; zB Grabpflege, Bestattung, Verwendung von Nachlassgegenständen, Unternehmensfortführung (BGH NJW-RR 2009, 1455), künftiges Verhalten des Bedachten, Regelung der Nachlassauseinandersetzung (→ § 2042 Rn. 9, → § 2048 Rn. 1). Zulässig ist insbes eine Aufl., die das Unterlassen von Verfügungen über Nachlassgegenstände (häufig Veräußerung von Nachlassgrundstücken, BayObLG FamRZ 1986, 608; sa BGH FamRZ 1985, 278) oder die vorherige Einholung der Zustimmung eines Dritten (OLG Köln FamRZ 1990, 1403) bestimmt. Die Verpflichtung zu einer bestimmten Verfügung von Todes wegen kann nicht Aufl. sein, vgl § 2302; uU Auslegung als Nachvermächtnis, vgl → § 2191 Rn. 3. Wohl aber können über §§ 2112 ff. hinaus Verhaltensmaßregeln als Aufl. angeordnet werden, hierzu → § 2112 Rn. 1. Bei nicht klagbaren oder nicht durchsetzbaren „Aufl" (Namensänderung, Heirat etc) wird oft eine bedingte Zuwendung gewollt sein (→ Rn. 2). Die Aufl. bleibt im *Erbschein* unerwähnt (KG HRR 1941, 327). *Analoge* Anwendung des § 526 ist vertretbar (RGZ 112, 213).

4 **4. Erbschaftsteuerrecht.** Die Steuerpflicht entsteht mit dem Erwerb auf Grund der Aufl. (§§ 3 II Nr. 2, 9 I Nr. 1d ErbStG). Der Beschwerte kann sie als Nachlassverbindlichkeit in Abzug bringen (§ 10 V Nr. 2 ErbStG), soweit sie nicht ihm selbst zugute kommt (§ 10 IX ErbStG). Aufl. zugunsten eines unbestimmten Personenkreises sind regelmäßig Zweckzuwendungen (§§ 8, 15 I, 20 I ErbStG); oft wird Steuerbefreiung gem § 13 I Nr. 17 ErbStG gegeben sein.

§ 2192 Anzuwendende Vorschriften

Auf eine Auflage finden die für letztwillige Zuwendungen geltenden Vorschriften der §§ 2065, 2147, 2148, 2154 bis 2156, 2161, 2171, 2181 entsprechende Anwendung.

1 Neben den erwähnten Vorschriften ist § 2170 anwendbar. Unanwendbar sind dagegen §§ 2180, 2307 (RG HRR 1928 Nr. 427). Weitere Regelungen zur Aufl. finden sich in §§ 2159, 2186–2189, 2318, 2322 f.

§ 2193 Bestimmung des Begünstigten, Vollziehungsfrist

(1) **Der Erblasser kann bei der Anordnung einer Auflage, deren Zweck er bestimmt hat, die Bestimmung der Person, an welche die Leistung erfolgen soll, dem Beschwerten oder einem Dritten überlassen.**

(2) **Steht die Bestimmung dem Beschwerten zu, so kann ihm, wenn er zur Vollziehung der Auflage rechtskräftig verurteilt ist, von dem Kläger eine angemessene Frist zur Vollziehung bestimmt werden; nach dem Ablauf der Frist ist der Kläger berechtigt, die Bestimmung zu treffen, wenn nicht die Vollziehung rechtzeitig erfolgt.**

(3) [1]**Steht die Bestimmung einem Dritten zu, so erfolgt sie durch Erklärung gegenüber dem Beschwerten.** [2]**Kann der Dritte die Bestimmung nicht treffen, so geht das Bestimmungsrecht auf den Beschwerten über.** [3]**Die**

Vorschrift des § 2151 Abs. 3 Satz 2 findet entsprechende Anwendung; zu den Beteiligten im Sinne dieser Vorschrift gehören der Beschwerte und diejenigen, welche die Vollziehung der Auflage zu verlangen berechtigt sind.

Die Bestimmung ist eine Ausnahmevorschrift zu § 2065 II und eine Erweiterung zu §§ 2192, 2156; sie ist weiter als § 2151 und gestattet es, Person und Leistungsinhalt der Drittbestimmung zu überlassen (s dazu OLG München NJW 2014, 2448 [2449 f.]). Die Auswahl durch den Dritten kann gerichtlich darauf überprüft werden, ob sie den vom Erblasser bestimmten Zweck offensichtlich verfehlt oder auf Arglist beruht (BGH NJW 1993, 2169). Umdeutung eines Vermächtnisses in eine entspr Aufl. ist denkbar (RGZ 96, 17 ff.). Die **Beweislast** für die Testamentswidrigkeit und damit Unwirksamkeit der Bestimmung des Auflagenbegünstigten und der Bestimmung des Inhalts des genauen Auflagenvollzugs trägt der Vollziehungsberechtigte (§ 2194), aber es besteht eine Substantiierungslast des anderen Teils (BGHZ 121, 364 f. = NJW 1993, 2170 f.). Der Erblasser kann zB dem Testamentsvollstrecker die Auswahl des Stiftungsträgers und die inhaltliche Fassung der Stiftungssatzung überlassen, wenn er den Stiftungszweck ausreichend genau bestimmt hat (OLG München NJW 2014, 2448). 1

§ 2194 Anspruch auf Vollziehung

[1]Die Vollziehung einer Auflage können der Erbe, der Miterbe und derjenige verlangen, welchem der Wegfall des mit der Auflage zunächst Beschwerten unmittelbar zustatten kommen würde. [2]Liegt die Vollziehung im öffentlichen Interesse, so kann auch die zuständige Behörde die Vollziehung verlangen.

1. Rechtsnatur. Es handelt sich um ein dem § 335 ähnliches, eigenes Recht auf Leistung der Aufl. Es ist nicht übertragbar und pfändbar, wohl aber vererblich. 1

2. Berechtigte. Neben den ausdr Genannten sind Berechtigte auch Personen, die der Erblasser bestimmt, und der Testamentsvollstrecker (§§ 2208 II, 2223; hierzu BayObLGZ 1986, 34), insbes wenn sich seine Aufgabe nur auf die Vollziehung der Aufl. beschränkt (OLG Köln FamRZ 1990, 1403); neben ihm bleibt entgegen § 2212 der Erbe Berechtigter. Ein Berechtigter kann auch zugleich Begünstigter sein (MüKoBGB/Schlichting § 2194 Rn. 3; OLG Karlsruhe ZEV 2004, 332 mAnm von Mayer; aA Vorwerk ZEV 1998, 297, str). 2

3. Zuständige Behörde. Sie bestimmt Landesrecht, s Soergel/Dieckmann § 2194 Rn. 5. 3

§ 2195 Verhältnis von Auflage und Zuwendung

Die Unwirksamkeit einer Auflage hat die Unwirksamkeit der unter der Auflage gemachten Zuwendung nur zur Folge, wenn anzunehmen ist, dass der Erblasser die Zuwendung nicht ohne die Auflage gemacht haben würde.

Die Vorschrift entspricht § 2085. Bevor Unmöglichkeit der Aufl. angenommen wird, muss allerdings entspr § 2084 geprüft werden, ob dem Erblasserwillen auch unter geänderten Umständen nicht durch eine andere Form der Vollziehung Geltung verschafft werden kann (BGHZ 42, 329). 1

§ 2196 Unmöglichkeit der Vollziehung

(1) **Wird die Vollziehung einer Auflage infolge eines von dem Beschwerten zu vertretenden Umstands unmöglich, so kann derjenige, welchem der**

Wegfall des zunächst Beschwerten unmittelbar zustatten kommen würde, die Herausgabe der Zuwendung nach den Vorschriften über die Herausgabe einer ungerechtfertigten Bereicherung insoweit fordern, als die Zuwendung zur Vollziehung der Auflage hätte verwendet werden müssen.

(2) **Das Gleiche gilt, wenn der Beschwerte zur Vollziehung einer Auflage, die nicht durch einen Dritten vollzogen werden kann, rechtskräftig verurteilt ist und die zulässigen Zwangsmittel erfolglos gegen ihn angewendet worden sind.**

1 **1. Berechtigter.** Im Sinne dieser Vorschrift Berechtigter ist nur derjenige, dem der Wegfall des zunächst Beschwerten unmittelbar zustatten kommt. Dies kann auch der Begünstigte (str; aA Soergel/Dieckmann § 2196 Rn. 3), nicht jedoch der Testamentsvollstrecker sein.

2 **2. Unverschuldete Unmöglichkeit.** Leistungsfreiheit gem § 275 I, Fortbestand der Zuwendung gem § 2195. Nach Vereinigung des Nachlasses mit dem Eigenvermögen des Erben kann der Erbe Unmöglichkeit der Erfüllung einer Auflage nicht mit dem Verbrauch aller Nachlassmittel begründen (OLG Schleswig ZEV 2018, 50); anders nach Haftungsbeschränkung gem §§ 1975 ff., die den Erfüllungsanspruch nach § 2194 mit erfasst.

3 **3. Verschuldete Unmöglichkeit.** Leistungsfreiheit gem § 275 I; Fortfall der Zuwendung, falls Erfüllbarkeit der Aufl. Bedingung war (vgl aber § 2195); ansonsten Bereicherungsanspruch des dem Beschwerten Nachrückenden (§§ 818, 819, 292). Der Unmöglichkeit nach I stehen Unerschwinglichkeit (§ 275 II) und Unzumutbarkeit (§ 275 III) gleich (str); zur selbständigen Verjährung des Bereicherungsanspruchs OLG Frankfurt a.M. BeckRS 2012, 25305 (str).

4 **4. Fehlschlagen der Vollstreckung.** Wenn eine Vollstreckung gem §§ 887, 888, 890 ZPO fehlschlägt, ist ein Bereicherungsanspruch des Wegfallbegünstigten gegeben, falls die Erfüllung der Auflage vermögenswerten Aufwand verursacht; der wegfallbegünstigte Gläubiger ist dann aber seinerseits zur Erfüllung der Auflage mit dem Erhaltenen verpflichtet.

Titel 6. Testamentsvollstrecker

Vorbemerkungen

Lit: Peter Becker, Regelungen für das Spannungsverhältnis von Testamentsvollstreckung und General- bzw Vorsorgevollmacht, ZEV 2018, 692 ff.; Bengel/Reimann, Handbuch der Testamentsvollstreckung, 3. Aufl. 2001; Damrau, Der Testamentsvollstrecker, JA 1984, 130; Glenk, Unterschätzt, aber effizient – Trans- und postmortale Vollmacht, NJW 2017, 452; Winkler, Der Testamentsvollstrecker, 22. Aufl 2016; Grunsky/Hohmann, Die Teilbarkeit des Testamentsvollstreckeramtes, ZEV 2005, 41; Grunsky/Theiss, Testamentsvollstreckung durch Banken, WM 2006, 1561; Kirnberger, Kapitalgesellschaften als Testamentsvollstrecker, Vorteile im Zivil- und Steuerrecht, ErbStB 2008, 212; Maluche, Auswirkungen des FamFG auf die Testamentsvollstreckung, ZEV 2010, 551; Merkel, Die Anordnung der Testamentsvollstreckung – Auswirkungen für eine postmortale Bankvollmacht?, WM 1987, 1001; Muscheler, Die Haftungsordnung der Testamentsvollstreckung, 1994; von Proff, (Nachlass)Insolvenz, Nachlassverwaltung und Testamentsvollstreckung an Personengesellschaftsanteilen, NJW 2018, 828 ff.; Reimann, Testamentsvollstreckung in der Wirtschaftsrechtspraxis, 1985; Schmucker, Testamentsvollstrecker und Erbe, 2002; Strobel, Die trans- und postmortale Vollmacht zugunsten des Vorerben, NJW 2020, 502 ff.; Zeuner, Zur Stellung des wirklichen und des vermeintlichen Testamentsvollstreckers gegenüber Nachlaß und Erben, FS Mühl, 1981, 721; Zimmer, Testamentsvollstreckung und transmortale Vollmacht, NJW 2022, 3392 ff.); W. Zimmermann, Die Testamentsvollstreckung, 5. Aufl 2019; ders, Die Testamentsvollstreckung im FamFG, ZErb 2009, 86.

1 **1. Rechtsstellung.** Der Testamentsvollstrecker ist nach hM *Träger eines privaten Amtes* (BGH NJW 1983, 40), das ihm vom Erblasser übertragen ist und das er kraft eigenen Rechts, also unabhängig vom Willen der Erben, aber doch – im Rahmen

der letztwilligen Anordnung – im Interesse der Erben ausübt. Er ist deshalb trotz seiner Verfügungs- und Verpflichtungsbefugnisse (§§ 2205, 2206) nicht Vertreter der Erben und führt Prozesse als „Partei kraft Amtes" im eigenen Namen (§§ 2212, 2213). Damit die materiellrechtlichen und prozessualen Folgen seines Handelns nicht ihn persönlich, sondern den Nachlass treffen, muss er stets den amtlichen Charakter seiner Tätigkeit kennzeichnen (Zusatz: „als Testamentsvollstrecker"). Die Rechtswirkungen einer Testamentsvollstreckung richten sich nach dem Erbstatut (früher Art. 25 I EGBGB; BayObLG NJW-RR 1990, 907; nunmehr Art. 29 EuErbVO, dazu → Vor § 1922 Rn. 3 mN). Der in Deutschland ansässige Testamentsvollstrecker erbringt seine Leistung umsatzsteuerlich im Inland, auch wenn die Erben im Ausland wohnen (BFHE 221, 433 = NJW-RR 2008, 1106; vgl EuGH NJW 2008, 975).

2. Vollmacht des Erblassers. Lit: Keim DNotZ 2008, 175; Seif AcP 200, 192; 2
Kroiß/Horn NJW 2013, 516, Grunewald ZEV 2014, 579; Langel NJW 2017, 3617, 3621 (Kosten); Sikora NJW 2018, 1572, 1575 f. (Kosten und Anwendungsvergleich mit dem öffentlichen Testament und Erbschein; sa → § 2353 Rn. 1). Die Vollmacht kann eine zu Lebzeiten erteilte Vollmacht sein, die nach dem Tode des Erblassers weitergilt (§§ 168 S. 1, 672 S. 1), sog **transmortale Vollmacht** (BGHZ 180, 191 für Kontovollmacht; Keim DNotZ 2008, 176); sie kann aber auch durch den Tod des Erblassers aufschiebend bedingt sein (§§ 167 I, 158 I), wobei Zugang nach dem Tod (zB als Bestandteil einer letztwilligen Verfügung) ausreicht (§ 130 II), sog **postmortale Vollmacht.** Der Bevollmächtigte ist *Vertreter* der Erben (BGHZ 87, 25 f.). Möglich ist die Koppelung von Testamentsvollstreckeramt und Generalvollmacht (OLG Köln NJW-RR 1992, 1357; OLG München DNotZ 2012, 303; OLG Nürnberg NJW-RR 2021, 876 Rn. 16). Der Generalbevollmächtigte unterliegt dann nicht den Beschränkungen der Testamentsvollstreckung (BGH NJW 1962, 171), kann also unter Umständen unentgeltlich verfügen, soweit dies der Auslegung beider Urkunden zu Erforschung des Willens des Erblassers entspricht (BGH NJW 2022, 3436 Rn. 24 ff. mBespr Zimmer NJW 2022, 3392 ff.; sa § 2224 Rn. 1). Die Erben sind durch ihr Widerrufsrecht (§ 168 S. 2) geschützt (vgl zur Miterbengemeinschaft → § 2038 Rn. 1 aE); auch die „unwiderrufliche" Vollmacht (s BGHZ 87, 25; BayObLG FamRZ 1990, 99; Kuchinke FamRZ 1984, 109) kann aus wichtigem Grund widerrufen werden. Die unwiderrufliche Generalvollmacht ist eine sittenwidrige Umgehung der Vorschriften über die Testamentsvollstreckung zur Knebelung der Erben; Umdeutung (§ 140) in eine widerrufliche Vollmacht ist denkbar, ebenso Umdeutung einer testamentarisch erteilten unwiderruflichen Vollmacht in Testamentsvollstreckung gem § 2208 (hierzu OLG Köln NJW-RR 1992, 1357). Die Erben können vollmachtslose Vertretung und unerlaubtes Selbstkontrahieren eines Vertreters des Erblassers genehmigen (OLG Hamm OLGZ 1979, 44). Postmortale Vollmacht unter Befreiung von § 181 ist grundsätzlich unbedenklich (BGH NJW 1969, 1245; OLG Köln NJW-RR 1992, 1357). Vollmachtsmissbrauch (hierzu Grunewald ZEV 2014, 579) ist bei erlaubtem Selbstkontrahieren nur ganz ausnahmsweise zu bejahen (BGH NJW 1995, 250: hohe Anforderungen an Evidenz des Missbrauchs). Transmortale Kontovollmacht berechtigt idR nicht zur Kontoumschreibung auf den bevollmächtigten Ehegatten (BGHZ 180, 191 = FamRZ 2009, 1053 mAnm Grziwotz = ZEV 2009, 308 mAnm Werkmüller). Der Bevollmächtigte muss bei Grundstücksgeschäften dem Grundbuchamt nicht die Erben namhaft machen, um eine zwischenzeitliche eigene Erbenstellung auszuschließen (OLG München BeckRS 2022, 11026; ZEV 2016, 656; NJW 2016, 3381 Rn. 20; OLG Schleswig ZEV 2015, 225; OLG Frankfurt a.M. DNotZ 2012, 140; OLG Frankfurt a.M. FamRZ 2012, 1676; LG Stuttgart ZEV 2008, 198); hingegen kann sich der Bevollmächtigte bei der Erteilung der Eintragungsbewilligung nicht widersprüchlich auf seine Vollmacht berufen, wenn er bei der Auflassung des Grundstücks ausdrücklich als Alleinerbe aufgetreten ist, vielmehr bedarf es dann gem § 35 GBO der Vorlage eines Erbscheins (OLG München NJW 2016, 3381 Rn. 17 ff.; OLG Hamm

DNotZ 2013, 689 ff.; zu Einzelheiten des Streitstandes Bestelmeyer Rpfleger 2012, 678 mwN; Zimmer NJW 2016, 3341; Reimann ZEV 2016, 661; Keim DNotZ 2013, 692; rechtsähnlich der Fall eines Insichgeschäfts des Bevollmächtigten zur Nießbrauchbestellung im Rahmen eines ihn begünstigenden Vermächtnisses (OLG Köln BeckRS 2019, 35499 Rn. 11 ff.: Unanwendbarkeit des § 40 GBO; sa § 1922 Rn. 8). Hingegen zeigte sich die überwiegende Rechtsprechung der OLG großzügig im Falle der Bestellung einer Finanzierungsgrundschuld durch den Inhaber einer transmortalen Vollmacht im Rahmen einer Grundstückstransaktion, letztlich mit der pragmatischen Begründung der Kostenersparnis und der kurzen Verweildauer des voreingetragenen Erben im Grundbuch, konstruktiv überwiegend unter Berufung auf § 40 I Satz 2, 2. Alt. GBO, der dem Nachlasspfleger die Voreintragung des Erben als des wahren Eigentümers erspart (OLG Celle ZEV 2019, 712 Rn. 17 ff.; OLG Köln ZEV 2018, 418, 419; OLG Frankfurt ZEV 2017, 719 Rn. 21; OLG Stuttgart DNotZ 2019, 194 Rn. 14 etc.); der neuerlichen Kritik (OLG Bremen NJW-RR 2022, 454 Rn. 12 ff.) ist allerdings zuzugeben, dass zu große Pragmatik im Umgang mit der Transparenz der Abfolge dinglicher Rechtsträgerschaft nicht angezeigt ist, zumal die vergleichbaren Ausnahmen des § 40 I u II GBO überwiegend für Inhaber privater Ämter mit besonderen öffentl-rechtl und aufsichtsrechtl sanktionierten Pflichten gelten, während der transmortal Bevollmächtigte nur den Interessen des Erblassers und seiner Erben verpflichtet ist. Zur „Ersetzung" des Erbscheins beim Erbennachweis sa → Vor § 2353 Rn. 1); anders als ein Testamentsvollstrecker (→ § 2205 Rn. 10) muss der transmortal Bevollmächtigte bei nicht voll geschäftsfähigen Erben aber familien-u vormundschafts- sowie betreuungsgerichtliche Genehmigungserfordernisse beachten (ausführlich Bestelmeyer Rpfleger 2012, 678 mwN, im Einzelnen str); zur Rechtsnachfolge des Erben im Grundbuchverfahren s. § 1922 Rn. 8.

3 **3. Erbschaftsteuer.** Der Testamentsvollstrecker hat die **Erbschaftsteuererklärung** abzugeben (§ 31 V ErbStG; zu Antragsrechten s Thietz-Bartram DB 1989, 798), allerdings nur für die Erben, außer wenn ausnahmsweise Testamentsvollstreckung auch für Vermächtnisse angeordnet ist (BFH NJW-RR 1999, 1595), und die Bezahlung der Steuerschulden sicherzustellen (§ 32 I 2, 3 ErbStG); sa §§ 34 III, 69 AO und zum Sonderfall der Abgabe für einen Erwerber BFH NJW 2014, 256 = ZEV 2013, 633. Der gem § 32 I 1 ErbStG dem Testamentsvollstrecker bekanntzugebende Erbschaftsteuerbescheid hat Wirkung gegenüber dem Erben (BFH NJW 1991, 3303; str), nicht aber zB gegenüber einem Vermächtnisnehmer oder Pflichtteilsberechtigten (BFH NJW 1991, 3302). Sein Amt soll den Testamentsvollstrecker nicht zur Anfechtung des Steuerbescheids berechtigen (BFH BB 1982, 602; unberücksichtigt geblieben in BGH ZEV 2000, 195: dem Testamentsvollstrecker kann nicht vorgeworfen werden, vorsorglich für Einspruchseinlegung gesorgt zu haben. Das Verhältnis zu §§ 2212, 2213 ist allerdings unklar, vgl Moench/Kien-Humbert DStR 1987, 40 mN; vgl ferner BFH BB 1989, 350; 88, 966). Der Testamentsvollstrecker hat aber den Erben zu unterrichten; ggf kann dem Erben Wiedereinsetzung (§ 110 AO) gewährt werden (BFH NJW 1991, 3303). Die Vergütung des Testamentsvollstreckers wird als abzugsfähig iSv § 10 V Nr. 3 ErbStG nur insoweit anerkannt, als sie für Nachlassabwicklung (§ 2203) und nicht für Dauerverwaltung (§ 2209) zu zahlen ist; in zu hoher Vergütung kann Vermächtnis des Erblassers (abzugsfähig gem § 10 V Nr. 2 ErbStG) oder Schenkung der Erben liegen. Die bürgerlich-rechtliche Einordnung als Vermächtnis hindert nicht, (auch) den über-
4 höhten Teil der Vergütung **einkommensteuerlich** als Einkünfte iSd EStG 18 anzusehen (BFH NJW 1991, 319 mN; str; nach BFH NJW 2005, 1968 stellt die Testamentsvollstreckervergütung steuerrechtlich kein Vermächtnis dar und unterliegt daher nicht der Besteuerung gem § 3 I Nr. 1 ErbStG, sondern nur der Einkommensteuer). Für den Vergütungsschuldner können die Gebühren einer Dauervollstreckung Werbungskosten oder Betriebsausgaben sein (BFH JZ 1979, 108; BFH NJW 1980, 1872); zu Auseinandersetzungskosten → Vor § 2032 Rn. 6. Die Vergütung

ist idR umsatzsteuerpflichtig (BFHE 215, 333 = ZEV 2007, 45; ausf Bestelmeyer Rpfleger 2008, 557). **Lit:** Siebert ZEV 2010, 121; Kirnberger, Steuerliche Aspekte der Testamentsvollstreckervergütung, FS Spiegelberger, 2009, 270 ff.; Herbst, Pflichten und Haftung des Testamentsvollstrecker s im steuerlichen Verfahren, ZEV 2022, 508.

§ 2197 Ernennung des Testamentsvollstreckers

(1) **Der Erblasser kann durch Testament einen oder mehrere Testamentsvollstrecker ernennen.**

(2) **Der Erblasser kann für den Fall, dass der ernannte Testamentsvollstrecker vor oder nach der Annahme des Amts wegfällt, einen anderen Testamentsvollstrecker ernennen.**

1. Ernennende letztwillige Verfügung. Sie kann sein ein Testament, ein Erbvertrag (einseitige Verfügung, §§ 2299, 2278 II) oder ein gemeinschaftliches Testament (einseitige Verfügung, § 2270 III). 1

2. Auslegung. Die Auslegung der ernennenden Erklärung folgt allg Grundsätzen (§ 133); zB Ernennung mit den Worten „Bevollmächtigter mit voller und alleiniger Verfügungsgewalt über den Nachlass“ (OLG Oldenburg Rpfleger 1965, 305; ähnlich BayObLGZ 1982, 59) oder „übernimmt die Verteilung aller Dinge“ (BayObLG FamRZ 1992, 1355). Beim gemeinschaftlichen Ehegattentestament wird die angeordnete Testamentsvollstreckung idR nicht den überlebenden alleinerbenden Ehegatten betreffen, sondern erst den Schlusserben; bei Anordnung für beide Erbfälle liegen zwei selbstständige Vollstreckungen vor, keine einheitliche fortgesetzte (BayObLGZ 1985, 239; 97, 1). Zustimmung Dritter zu RGeschäften kann auch Gegenstand einer Auflage sein (→ Vor § 2192 Rn. 3). Bei Geltung des deutschen Erbstatuts kann die Anordnung eines testamentary trust als Erbeinsetzung oder Vermächtnis zu Gunsten des beneficiary unter Ernennung des trustee als Testamentsvollstrecker auszulegen sein (OLG Schleswig BeckRS 2014, 17906; sa EuErbVO Anm zu Art. 20–38 Rn. 7). 2

3. Unwirksamkeit. Teilunwirksamkeit der Ernennung kann vorliegen, falls sie nur gegenüber einem Miterben unwirksam ist (zB nach § 2289), für andere Miterben aber ihren Sinn behält (BGH LM Nr. 3 zu § 2085 BGB). Die Ernennung kann gem §§ 134, 138 nichtig sein, zB wegen Eingriffs in die Glaubensfreiheit, wenn andere billigenswerte Motive des Erblassers nicht bestehen (OLG Düsseldorf NJW 1988, 2615; str). Falls eine Mutter neben ihrem minderjährigen Sohn Miterbin ist u die Wirksamkeit testamentarischer Ernennung der Mutter zum Testamentsvollstrecker zweifelhaft erscheint, muss bis zur Klärung für die Verwaltung des Miterbenanteils des Minderjährigen ein Ergänzungspfleger bestellt werden (OLG Köln ZEV 2012, 331). 3

4. Befähigung zur Testamentsvollstreckung. Grundsätzlich haben sie alle natürliche und jur Personen (arg aus §§ 2210 S. 3, 2163 II; sa → § 5 II Nr. 1 RDG); aber auch teilrechtsfähige Gemeinschaften wie Personengesellschaften und freiberufliche Partnerschaftsgesellschaften mit beschränkter Haftung (OLG Düsseldorf ZEV 2018, 485 = BeckRS 2018, 13957). Sie bleibt von gleichzeitiger Erbenstellung grundsätzlich unberührt; Unvereinbarkeit besteht nur dort, wo sich die Rechtsmacht des Testamentsvollstreckers und des Erben voll decken würden. Der Alleinerbe kann deshalb nicht alleiniger Testamentsvollstrecker sein (BayObLG FamRZ 2005, 555), es sei denn, die Testamentsvollstreckung beschränkt sich auf die sofortige Erfüllung eines Vermächtnisses und das NachlassG kann bei Pflichtverstößen einen anderen Testamentsvollstreckers bestellen (BGH MDR 2005, 690 f.). Der Alleinerbe kann auch Mitvollstrecker gem § 2224 sein (KG OLGZ 1967, 361; OLG Zweibrücken ZEV 2001, 27: keine Umdeutung in Mittestamentsvollstreckung und Ermächtigung 4 zur Benennung eines Mittestamentsvollstreckers, aber evtl konkludentes Ersuchen an das NachlassG, einen Testamentsvollstrecker gem § 2200 zu ernennen; m. zu Recht krit Anm Damrau); der Miterbe kann sowohl Alleinvollstrecker (vgl BGHZ 30, 67) als auch Mitvollstrecker sein (vgl § 2224 mit § 2038); auch können alle Miterben gemeinsam Mitvollstrecker sein (BayObLG Rpfleger 2001, 548: unterschiedliche Entscheidungsmechanismen bei Erbengemeinschaft und Mitvollstreckung, Möglichkeit der Entlassung des Testamentsvollstreckers nach § 2227). Der Nießbraucher kann ebenso wie der Vermächtnisnehmer (BayObLG FamRZ 1992, 1354) Testamentsvollstrecker sein, der einzige Vorerbe weder alleiniger Vorerbenvollstrecker (OLG Karlsruhe MDR 1981, 943; OLG Jena ZEV 2009, 245; s aber BGH MDR 2005, 690 f.) noch alleiniger Nacherbenvollstrecker gem § 2222 (str, zum Ganzen Rohlff DNotZ 1971, 518); wohl aber kann der Nacherbe bis zum Nacherbfall Testamentsvollstrecker des Vorerben sein (BGH NJW 1990, 2056). Eine Bank konnte ohne Erlaubnis nach dem RechtsberatungsG Testamentsvollstreckerin sein (BGH NJW 2005, 969 f.). Gleiches galt für den Steuerberater (BGH NJW 2005, 968). Nunmehr folgt aus § 5 II Nr. 1 RDG, dass Testamentsvollstreckung keine Rechtsdienstleistung ist (dazu Grunewald ZEV 2008, 257; 2010, 69). Den beurkundenden Notar schließen §§ 27, 7 BeurkG aus (sa Reimann FS von Lübtow, 1991, 317; s. aber BGH NJW 2022, 1450 Rn. 9 ff. mzustAnm Zimmer; gleich schon OLG Düsseldorf ZEV 2021, 512 Rn. 14 ff.; OLG Bremen NJW-RR 2016, 979 unter Aufgabe von OLG Bremen NJW-RR 2016, 76 = ZEV 2016, 273 mzustAnm Litzenberger: keine unzulässige Umgehung dieses Verbots, wenn die Ernennung in einem privatschriftlichen Testament erfolgt, das dem die notariellen Verfügung mit der Anordnung der Testamentsvollstreckung beurkundenden Notar nach der Beurkundung übergeben und zusammen mit der notariellen Verfügung [→ § 2231 Nr. 1] in amtliche Verwahrung gegeben wird; hierzu Hager/Müller-Teckhof NJW 2016, 1857 [1863]; ebenso OLG Köln NJW-RR 2018, 457 bei fehlender anschließender amtlicher Verwahrung des privatschriftlichen Testaments nach Übergabe an den gleichen Notar; s. ferner → § 2200 Rn. 2); hingegen soll der Notar die Ernennung eines Sozius auch dann beurkunden können, wenn eine Vergütungsbeteiligung besteht (BGHZ 134, 230 = NJW 1997, 946 = BGH LM BeurkG Nr. 60 mzustAnm Reithmann; abl Moritz JZ 1997, 953; vorzugswürdig die Gegenansicht OLG Oldenburg DNotZ 1990, 431 mAnm von Reimann; → § 2198 Rn. 1); keine grundsätzliche Inkompatibilität zwischen Testamentsvollstreckung und Ergänzungspflegschaft für minderjährigen Erben (OLG Hamm NJW-RR 2017, 909). BGH FamRZ 1954, 198 erklärt die Einsetzung der Geliebten für sittenwidrig; angesichts der neueren Rspr und Gesetzgebung in dieser Allgemeinheit fragwürdig (vgl → § 2077 Rn. 4 ff.). Das Tätigkeitsverbot des § 45 II Nr. 1 BRAO (keine Testamentsvollstreckung bei vorausgehender Tätigkeit für den Gegner in derselben Angelegenheit) soll dann nicht greifen, wenn der Erblasser den Testamentsvollstrecker in voller Kenntnis des Sachverhalts gewählt hat, weil die grundrechtlich geschützte Testierfreiheit stärker wiegt als das Verbot, das nur den nicht informierten Mandanten schützen soll (OLG Hamburg ZEV 2018, 708 Rn. 104 ff.); obwohl auf der Linie höchstrichterlicher Rechtsprechung, anwaltliche Inkompatibilitäten zur Disposition des Mandanten und seines Anwalts zu stellen, nicht unbedenklich (zur Grundfrage Stürner, FS 60 Jahre Bundesrechtsanwaltskammer, 2019, S. 273 ff., 351 ff.). Schließt ein Elternteil den geschiedenen Elternteil von der Verwaltung des gemeinsamen Kindern vererbten Vermögens durch letztwillige Verfügung aus (§ 1638 I aF u. nF ab 1.1.2023), so kann der vom verstorbenen Elternteil benannte Ergänzungspfleger (§§ 1776–1778 aF bzw *§§ 1809 ff. nF*) gleichzeitig auch Testamentsvollstrecker sein, falls nicht im Einzelfall konkrete Anhaltspunkte für Interessenkonflikte bestehen (OLG Brandenburg ZEV 2019, 151 mkritAnm Litzenburger; zu dieser Frage des „Geschiedenentestaments" ferner BGH ZEV 2008, 330 mAnm Muscheler; OLG Hamm FamRZ 2016, 1760; zum Vorliegen konkreter Anhaltspunkte für die Unfähigkeit zur Wahrung der Interessen eines Kindes im rechtsähnlichen Falle der Doppelrolle als Testamentsvollstrecker und alleinsorgeberechtigte Mutter OLG Köln ZEV 2019, 149).

5. Ersatzernennung. Vgl § 2197 II; Wegfall ist auch die Ablehnung (§ 2202 II) 5 oder Unwirksamkeit gem § 2201 (OLG Hamm FamRZ 2000, 487). Bei Wegfall beider vom Erblasser benannter Testamentsvollstrecker kann die Auslegung des Testaments zu einer Ernennung durch das Nachlassgericht führen, falls Gesichtspunkte ergänzender Auslegung dies zu rechtfertigen vermögen (OLG Düsseldorf ZEV 2018, 660 ff. Rn. 32 m. abl. Ergebnis – zweifelhaft!). Dies ist etwa dann anzunehmen, wenn für die Anordnung der Testamentsvollstreckung durch den Erblasser nicht die Person des Testamentsvollstreckers ausschlaggebend war, als vielmehr das Interesse an einer ordnungsgemäßen Nachlassabwicklung (OLG Hamburg FGPrax 2018, 283); sa → § 2200 Rn. 1. Die Unwirksamkeit einer Ernennung wegen Gesetzes- oder Sittenwidrigkeit oder Inkompatibilitäten (s. oben → Rn. 3 und 4) sowie nach § 2201 führt dazu, dass das Nachlassgericht den ernannten Testamentsvollstrecker auf erkennbare Mängel der Ernennung aufmerksam machen muss, wenn der Testamentsvollstrecker gegenüber dem Nachlassgericht die Annahme des Amtes erklärt (§ 2202). Falls der fehlerhaft Ernannte hierauf ablehnt, wird das Nachlassgericht entweder auf Annahme durch den ersatzweisen Testamentsvollstrecker (→ § 2197 II) diesem die Annahme des Amtes bestätigen oder bei Fehlen oder Wegfall eines ersatzweise bestellten Vollstreckers prüfen, ob der Erblasser ausdrücklich oder stillschweigend die Ernennung durch das Nachlassgericht angeordnet hat (→ § 2200 Rn. 1). Bei Ausstellung des Erbscheins muss das Nachlassgericht feststellen, ob eine Testamentsvollstreckung besteht oder noch besteht, damit die Ernennung eines Vollstreckers – nicht die genaue Person – im Erbschein als Verfügungsbeschränkung sichtbar wird (→ § 352b II FamFG; → sa § 2200 Rn. 5). Bei Ausstellung eines Testamentsvollstreckerzeugnisses (→ § 2368 Rn. 2) muss hingegen endgültig nicht nur die Testamentsvollstreckung, sondern auch die Person des Vollstreckers aufgeführt sein. Stets kann ein Testamentsvollstrecker auf Antrag entlassen werden, wenn sich später das Fehlen von Voraussetzungen einer Ernennung herausstellt (→ § 2227 Rn. 1). Man sieht, dass ein Testamentsvollstrecker hohe Risiken läuft, wenn er die notwendigen Voraussetzungen seiner Ernennung nicht sorgfältig prüft; ob die meist antragsabhängigen Kontrollbefugnisse des Nachlassgerichts immer ganz glücklich geregelt sind, ist eine andere Frage.

§ 2198 Bestimmung des Testamentsvollstreckers durch einen Dritten

(1) [1]**Der Erblasser kann die Bestimmung der Person des Testamentsvollstreckers einem Dritten überlassen.** [2]**Die Bestimmung erfolgt durch Erklärung gegenüber dem Nachlassgericht; die Erklärung ist in öffentlich beglaubigter Form abzugeben.**

(2) **Das Bestimmungsrecht des Dritten erlischt mit dem Ablauf einer ihm auf Antrag eines der Beteiligten von dem Nachlassgericht bestimmten Frist.**

1. Ernennungsberechtigter Dritter. Auch der Erbe kann ernennungsberech- 1 tigter Dritter sein (RGZ 92, 72; BayObLGZ 1985, 243). Die Beglaubigungskosten der Erklärung kann der Dritte analog § 2218 vom Erben zurückverlangen. Die Bestimmung durch den Dritten kann das Prozessgericht auch noch nach Ernennung und Zeugniserteilung durch das NachlassG nachprüfen (KG FamRZ 2010, 500 mAnm Reimann, str; → § 2200 Rn. 5). Eine testamentarische Anordnung, welche die Bestimmung durch den beurkundenden Notar als Dritten verfügt, ist unwirksam nach § 7 Nr. 1 BeurkG (BGH NJW 2013, 52; OLG Stuttgart ZEV 2012, 486); sa auch zur Beteiligung beurkundender Notare → § 2197 Rn. 4.

2. Beteiligte mit Befugnis zum Antrag auf Fristsetzung. Fristsetzung kön- 2 nen verlangen Erben, Mitvollstrecker, Pflichtteilsberechtigte, Vermächtnisnehmer (aA OLG Düsseldorf FGPrax 2022, 143; anders zumindest bei Vermächtniserfüllung durch Testamentsvollstrecker BGH NJW-RR 2013, 905, 906), Auflagenberechtigte und -begünstigte (str), Nachlassgläubiger (BGHZ 35, 299; str, offen BGH aaO 906). Nach Fristablauf entfällt die Vollstreckungsanordnung; jedoch kann für diesen Fall analog § 2197 II ein Ersatzmann bestimmt oder das NachlassG zur Ernennung befugt sein (§ 2200 I).

§ 2199 Ernennung eines Mitvollstreckers oder Nachfolgers

(1) **Der Erblasser kann den Testamentsvollstrecker ermächtigen, einen oder mehrere Mitvollstrecker zu ernennen.**

(2) **Der Erblasser kann den Testamentsvollstrecker ermächtigen, einen Nachfolger zu ernennen.**

(3) **Die Ernennung erfolgt nach § 2198 Abs. 1 Satz 2.**

Lit: Säcker, Die Bestimmung des Nachfolgers durch den Testamentsvollstrecker, ZEV 2006, 288; Knorr, Problemkreise bei der Nachfolge des Testamentsvollstreckers, NJW 2018, 2598 ff.

1 Die Vorschrift ist eng auszulegen; Ermächtigungen zur Abänderung einer letztwilligen Anordnung oder zur Weitergabe der Ernennungsbefugnis sind wegen § 2064 unwirksam (KG OLG 44, 100). Die Ernennung gem § 2199 II wird nach den Grundsätzen des § 130 wirksam, wobei im Zeitpunkt des Wirksamwerdens das Amt des Testamentsvollstreckers nicht beendet (§§ 2225, 2227) sein darf (vgl RGZ 170, 382); vor einer Entlassung ist einem Testamentsvollstrecker ggf daher Gelegenheit zu geben, von der Ermächtigung Gebrauch zu machen (OLG Hamm NJW-RR 2007, 878). Die Auslegung der testamentarischen Ermächtigung kann jedoch ergeben, dass sie nicht gelten soll, wenn der Testamentsvollstrecker wegen Pflichtverletzungen bei der Ausübung seines Amtes entlassen wird (OLG München ZErb 2008, 287: § 2200). Der Ernennende haftet für Auswahlverschulden nach §§ 2218 f.

§ 2200 Ernennung durch das Nachlassgericht

(1) **Hat der Erblasser in dem Testament das Nachlassgericht ersucht, einen Testamentsvollstrecker zu ernennen, so kann das Nachlassgericht die Ernennung vornehmen.**

(2) **Das Nachlassgericht soll vor der Ernennung die Beteiligten hören, wenn es ohne erhebliche Verzögerung und ohne unverhältnismäßige Kosten geschehen kann.**

1 **1. Ersuchen des Erblassers.** Es kann ausdr erfolgen oder im Wege ergänzender Auslegung zu ermitteln sein. Eine ergänzende Auslegung wird nahe liegen, wenn die Testamentsvollstreckung eindeutig gewollt ist und die vorgesehenen Ernennungsmodalitäten versagen (OLG Hamm OLGZ 1976, 21; OLG Hamm Rpfleger 1984, 317; BayObLG FamRZ 1988, 325; OLG Zweibrücken ZEV 2001, 27 mAnm von Damrau; OLG Zweibrücken Rpfleger 2006, 409 f.; BayObLG NJW-RR 2003, 225; OLG Zweibrücken Rpfleger 2006, 409; OLG München NJW 2009, 1153; OLG Düsseldorf ZEV 2018, 660 ff. Rn. 32 ff.: Ablehnung einer gerichtlichen ersatzweisen Ernennung trotz Neigung des Vorerben zur Geldverschwendung angesichts genauer, aber nicht genutzter Kenntnis des Erblassers von entsprechenden Möglichkeiten einer Ersatzernennung). Auch bei Fehlschlagen der vorgesehenen Testamentsvollstreckung liegt eine gerichtliche Ersatzernennung *fern, wenn die Erben* so zerstritten sind, dass eine vollständige Abwicklung nur bei gerichtlicher Auseinandersetzung möglich scheint (OLG Hamm Rpfleger 2001, 184); sa → § 2197 Rn. 5.

2 **2. Entscheidung über Ernennung.** Sie steht ebenso im **Ermessen** des Gerichts (OLG Hamm Rpfleger 1984, 317; OLG Zweibrücken NJW-RR 2013, 261: Fortfall

der Vollstreckung bei sachgerechter Verweigerung der Ernennung eines Ersatzvollstreckers) wie die Auswahl der Person (OLG Hamm FamRZ 2008, 1379), die Einigung der Beteiligten ist nicht bindend (uU fehlende Eignung bei absehbaren persönlichen Schwierigkeiten: BayObLGZ 1985, 243); kein Ausschluss des beurkundenden Testamentsnotars, falls er nicht selbst im Testament ernannt (hierzu → § 2197 Rn. 4), sondern die Ernennung dem Gericht überlassen ist (OLG Stuttgart OLGZ 1990, 14; sa → § 2197 RN. 4).

3. Prozessuales. a) Zur **Beteiligung** gem § 2200 II vgl → § 2198 Rn. 2; es 3
besteht aber keine Nachforschungspflicht des Gerichts. **b)** Die **Ernennung** ist **Richtersache,** § 16 I Nr. 2 RPflG, landesrechtlich kann Zuständigkeit des Rechtspflegers bestimmt sein (§ § 19 I Nr. 3 RPflG). Sie bedurfte unter Geltung des § 16 I FGG keiner Form (BayObLGZ 1985, 239) und wurde durch einfache Mitteilung an den Testamentsvollstrecker wirksam (KG OLGZ 1973, 38; str, offen BayObLGZ 1985, 239) . Nach § 38 FamFG (in Kraft seit 1.1.2009) bedarf die Ernennung eines förmlichen Beschlusses, der mit der Bekanntgabe an den Testamentsvollstrecker, für den der Beschluss im Wesentlichen bestimmt ist, wirksam (§ 40 I FamFG) wird und den Beteiligten nach außen bekanntzugeben (§ 41 I Satz 1 FamFG) oder bei entgegen ihrem Willen gefällter Entscheidung zuzustellen ist (§ 41 I Satz 2 FamFG). Eine Ernennung, welche die Praxis unter altem Recht des FGG einfach fortführt, ist zwar anfechtbar, aber nicht nichtig, soweit sie wie die Praxis unter altem Recht die rechtsstaatlichen Mindestanforderungen erfüllt (dazu OLG Frankfurt a.M. NJW-RR 2022, 1087 Rn. 37 ff., 46 ff.) Der Amtsbeginn richtet sich nach § 2202.
c) Rechtsmittel: Beschwerde (§ 58 FamFG; früher § 19 FGG). Beschwerdeberech- 4
tigt sind hinreichend betroffene (str) Beteiligte gem → § 2198 Rn. 2 (sa § 59 FamFG), also auch der übergangene Ersatztestamentsvollstrecker (OLG München NJW 2009, 2141), nicht aber der Inhaber eines nicht betroffenen Miterbenanteils (OLG Hamm NJW-RR 2009, 155, str); sofortige Beschwerde bei Ernennung mit Fristsetzung zur Annahme (§ 355 I FamFG; früher § 81 FGG); kein Beschwerderecht des ernannten Testamentsvollstreckers (vgl § 2202) oder abgelehnten Testamentsvollstreckers (OLG Karlsruhe NJW-RR 2015, 1489) oder gewöhnlicher Nachlassgläubiger (Düsseldorf FGPrax 2004, 32; aA Damrau ZEV 2004, 68; offen BayObLG FamRZ 2002, 641; sehr str.). **d) Aufhebung** der Ernennung ist nur auf Antrag gem § 2227 möglich, nicht von Amts wegen; zur Beschwerde → § 2227
Rn. 3. **e)** Die **Nachprüfung** der Ernennung durch das **Prozessgericht** ist nicht 5
möglich (LG Tübingen BeckRS 2019, 31583: keine Feststellungsklage zur Kontrolle der Rechtmäßigkeit einer Ernennung). Über das Vorliegen einer Beendigung der Testamentsvollstreckung nach Ausführung aller Aufgaben kann jedoch das Prozessgericht entscheiden (BGHZ 41, 23, 28); dies auch dann, wenn das NachlassG zu Unrecht einen neuen Vollstrecker ernannt hat. Im Erbscheinverfahren kann vom NachlassG ebenfalls nicht überprüft werden, ob der Testamentsvollstrecker zu Recht ernannt wurde oder entlassen werden müsste, wohl aber ob die Testamentsvollstreckung materiell besteht oder noch besteht (OLG München NJW 2009, 1153; KG ZEV 2010, 42; OLG Rostock FGPrax 2020, 41). Zur Bestimmung durch Dritte → § 2198 Rn. 1; sa → § 2197 Rn. 5.

§ 2201 Unwirksamkeit der Ernennung

Die Ernennung des Testamentsvollstreckers ist unwirksam, wenn er zu der Zeit, zu welcher er das Amt anzutreten hat, geschäftsunfähig oder in der Geschäftsfähigkeit beschränkt ist oder nach § 1814 ***(§ 1896 aF)*** **zur Besorgung seiner Vermögensangelegenheiten einen Betreuer erhalten hat.**

Vgl auch §§ 2225, 2227. Die vorläufige Bestellung eines Betreuers gem §§ 300 ff. 1
FamFG (früher §§ 69 f. FGG) steht der endgültigen gleich (vgl BayObLG Rpfleger 1995, 160); sa → § 2197 Rn. 5. § 1896 aF ist ab 1.1.2023 durch die Neufassung

des gesamten Abschnitts 3 des Familienrechts gem Art. 1 des Gesetzes zur Reform des Vormundschafts- und Betreuungsrecht fortgefallen und durch § 1814 nF ersetzt worden. Der Gesetzgeber hat in Art. 1 Nr. 22–29 des Reformgesetzes eine entsprechende Änderung des § 2201 zunächst nicht vorgenommen, der richtige Verweis ist erst später nachgeholt worden; berichtigend Art. 24 des Gesetzes zur Umsetzung der Umwandlungsrichtilinie, BGBl. I Nr. 51 v. 28.2.2023, S. 1 ff. Ab 1.1.2023 sollte gem § 30 I Satz 2 BtOG ein Betreuter nicht seinen Berufsbetreuer zum Testamentsvollstrecker ernennen, weil dieser berufsrechtlich nicht annehmen darf, wobei eine trotzdem erfolgte Annahme wirksam ist (hierzu MüKoBGB/Zimmermann § 2201 Rn. 4) und allenfalls eine spätere Kündigung (§ 2226) den Konflikt bereinigen kann, falls nicht die Betreuung aufgegeben wird oder sonst endet.

§ 2202 Annahme und Ablehnung des Amts

(1) **Das Amt des Testamentsvollstreckers beginnt mit dem Zeitpunkt, in welchem der Ernannte das Amt annimmt.**

(2) [1]**Die Annahme sowie die Ablehnung des Amts erfolgt durch Erklärung gegenüber dem Nachlassgericht.** [2]**Die Erklärung kann erst nach dem Eintritt des Erbfalls abgegeben werden; sie ist unwirksam, wenn sie unter einer Bedingung oder einer Zeitbestimmung abgegeben wird.**

(3) [1]**Das Nachlassgericht kann dem Ernannten auf Antrag eines der Beteiligten eine Frist zur Erklärung über die Annahme bestimmen.** [2]**Mit dem Ablauf der Frist gilt das Amt als abgelehnt, wenn nicht die Annahme vorher erklärt wird.**

1 **1. Annahmeerklärung.** Sie kann zwar erst nach dem Erbfall, aber schon vor Testamentseröffnung erfolgen. Sie erfolgt durch einfache schriftliche Erklärung, wobei eine konkludente Erklärung, zB durch Antrag auf Erteilung eines Testamentsvollstreckerzeugnisses (BGH WM 1961, 479), denkbar ist. Die Erklärung ist auch wirksam gegenüber dem Grundbuchamt als unselbstständiger Abteilung des zuständigen AG (LG Saarbrücken FamRZ 2009, 1252; gleich bei Annahmeerklärung gegenüber dem Grundbuchamt in notarieller Form wohl OLG München ZEV 2016, 439 [440]; sa → § 2205 Rn. 17 und → § 2368 Rn. 3); zur Bedeutung eines Annahmezeugnisses des Nachlassgerichts im Grundbuchverkehr OLG Hamm ZEV 2017, 235-LS = BeckRS 2017, 103965).

2 **2. Privatrechtliche Verpflichtung zur Annahme.** Sie kann bei Ablehnung Schadensersatzpflichten auslösen; Klage auf Annahme (§ 894 ZPO) schließt die hL wegen § 2226 S. 1 aus (str). Ein Anreiz zur Annahme kann durch bedingte letztwillige Zuwendung geschaffen werden. Eine Verpflichtung des Erblassers zur Ernennung scheitert an § 2302.

3 **3. Rechtsgeschäfte vor Annahme.** Sie folgen den Regeln der §§ 177, 180; für Verfügungen gilt § 185 II 1 Alt. 1, ebenso § 185 II 1 Alt. 2 (→ § 2211 Rn. 1 und 2; MüKoBGB/Zimmermann § 2202 Rn. 4; str, aA OLG Nürnberg ZEV 2017, 98 mablAnm von Zimmermann ZEV 2017, 100).

4 **4. Fristsetzung.** Auf Antrag eines Beteiligten vgl → § 2198 Rn. 2; zum Verfahren §§ 3 Nr. 2c, 11 RPflG; § 355 FamFG (früher § 81 I FGG).

§ 2203 Aufgabe des Testamentsvollstreckers

Der Testamentsvollstrecker hat die letztwilligen Verfügungen des Erblassers zur Ausführung zu bringen.

1 Die Vorschrift beschreibt den **Regelfall der Abwicklungsvollstreckung.** Die *Dauervollstreckung* (§ 2209) ist die Ausnahme. Die rechtlichen Befugnisse zur

Abwicklungsvollstreckung gewähren §§ 2204–2208, 2212, 2213. Das Verhältnis zum Erben regeln §§ 2215, 2219. Maßgebend für die Art der Verwaltung ist das objektive Interesse des Nachlasses, nicht die Vorstellung des Erben (OLG Köln ZEV 2017, 296-LS = BeckRS 2017, 106337). Bei *Auslegungsstreitigkeiten,* die den letzten Willen betreffen, ist der Testamentsvollstrecker nicht ohne weiteres zur authentischen Interpretation berufen (BayObLG FamRZ 1989, 669; vgl aber → § 2065 Rn. 3; dazu auch Storz ZEV 2009, 265); zu seiner Absicherung kann er Feststellungsklage (§ 256 I ZPO) erheben (OLG Frankfurt a.M. NJW-RR 2018, 329 Rn. 33 ff.). Die Nichtberücksichtigung von Vorempfängen entgegen den Anordnungen des Erblassers kann zu einer Schadensersatzpflicht des Testamentsvollstreckers führen (OLG München ZEV 2019, 738 = BeckRS 2019, 4418). Schließen Miterben eine Auseinandersetzung auf Dauer aus, so endet das Amt des allein zur Abwicklungsvollstreckung bestellten Testamentsvollstreckers (OLG Nürnberg FamRZ 2010, 1203 = WM 2010, 1286; → § 2225 Rn. 3).

§ 2204 Auseinandersetzung unter Miterben

(1) **Der Testamentsvollstrecker hat, wenn mehrere Erben vorhanden sind, die Auseinandersetzung unter ihnen nach Maßgabe der §§ 2042 bis 2057a zu bewirken.**

(2) **Der Testamentsvollstrecker hat die Erben über den Auseinandersetzungsplan vor der Ausführung zu hören.**

1. Pflicht des Testamentsvollstreckers zur Auseinandersetzung. Sie kann 1 von jedem Miterben eingeklagt werden (RGZ 100, 97). Recht und Pflicht zur Auseinandersetzung entfallen aber, falls die Miterben die Auseinandersetzung ausschließen und die Gemeinschaft fortführen wollen (§§ 2042, 749 II); die Auseinandersetzung der zunächst fortgeführten Gemeinschaft (zB gem § 749 II) ist Recht und Pflicht des Testamentsvollstreckers (str; zum Ganzen Storz ZEV 2011, 18). Die Verfügungsbefugnis des Testamentsvollstreckers (§ 2205 S. 2) bleibt grundsätzlich unabhängig von einer durch die Erben ausgeschlossenen Auseinandersetzungsbefugnis bestehen (zum Ende des Amtes wegen Aufgabenerledigung bei Ausschluss auf Dauer aber → § 2203 Rn. 1 und → § 2225 Rn. 3). Sofern der Erblasser die Auseinandersetzung ganz oder teilw ausschließt, hat der Testamentsvollstrecker weder Pflicht noch Befugnis zur Auseinandersetzung; seine alleinige Verfügungsbefugnis (§ 2205 S. 2) ist insoweit ebenfalls mit dinglicher Wirkung (BGH NJW 1984, 2465; krit Damrau JR 1985, 106) ausgeschlossen bzw beschränkt (§ 2208 I). Mit Zustimmung aller Erben sind aber seine Verfügungen gleichwohl wirksam (BGHZ 40, 115; 56, 275; BGH NJW 1984, 2465); denn gegenüber den Erben schließt § 137 S. 1 dingliche Wirkung des Auseinandersetzungsverbotes aus (→ § 2044 Rn. 2).

2. Auseinandersetzungsplan. Er muss den ges Vorschriften und den Teilungs- 2 anordnungen des Erblassers entsprechen (OLG München ZEV 2018, 614 = BeckRS 2018, 20681: Bindung auch bei abweichender Vereinbarung der Erben – sa → Rn. 1 bei Vereinbarung einer Abweichung zwischen allen Miterben und Testamentsvollstrecker); bei Streitigkeiten mit den Erben kann der Testamentsvollstrecker Feststellungsklage erheben, der Erbe Klage auf Teilung nach dem korrekten Plan. Soll die Auseinandersetzung nach billigem Ermessen erfolgen, so ist der Testamentsvollstrecker freier gestellt, § 319 I 1 und 2 Hs. 2 ist entspr anzuwenden (str). Der fehlerhafte Teilungsplan ist unverbindlich, sein Vollzug gibt der Miterbengemeinschaft Bereicherungsansprüche (§§ 2039, 812 I 1 Alt. 1). Da der Teilungsplan kein Vertrag ist, bedarf er auch bei minderjährigen Miterben keiner Zustimmung oder behördlichen Genehmigung; anders, falls er von Ges oder Erblasserwillen abw Vereinbarungen enthält (BGHZ 56, 283); beachte § 1629a IV.

3. Durchführung der Auseinandersetzung. a) Sie folgt den **ges Vorschrif- 3 ten** (§§ 2042 ff.). Zunächst sind die Nachlassverbindlichkeiten zu berichtigen bzw

entspr Mittel zurückzuhalten (BGHZ 51, 127). Entgegen §§ 2042 II, 753 kann aber der Testamentsvollstrecker gem § 2205 S. 2 durch freihändigen Verkauf versilbern.
4 **b)** Der **Vollzug** des Teilungsplans erfolgt durch gewöhnliche dingliche RGeschäfte (zB Auflassung und Eintragung, §§ 873, 925). Ist der Testamentsvollstrecker Miterbe, so sind ihm in Ermangelung einer ausdr Bestimmung des Erblassers regelmäßig jene Insichgeschäfte gestattet, die im Rahmen ordnungsmäßiger Verwaltung des Nachlasses liegen (BGHZ 30, 67). Soweit in Ausführung des Auseinandersetzungsplans der Minderjährige nur vorteilhaft erwirbt, bedarf er keiner Vertretung (§§ 181, 107) bzw ist das Insichgeschäft des Eltern-Testamentsvollstreckers auf jeden Fall erlaubt (§§ 1629 II Satz 1, 1795 II aF bzw *§§ 1629 II Satz 1, 1824 II nF ab 1.1.2023*, 181, 107); andernfalls wird entgegen dem BGH auch ohne Hinweis auf besondere Störungen des Eltern-Kind-Verhältnisses (BGH Rpfleger 2008, 421 mAnm von Zimmermann FamRZ 2008, 1156 und Muscheler ZEV 2008, 330; sa OLG Schleswig NJW-RR 2007, 1597) Pflegerbestellung (*§ 1909 aF bzw 1809 nF ab1.1.2023*) notwendig, selbst wenn der Erblasser den Testamentsvollstrecker von dem Selbstkontrahierungsverbot befreit hat (OLG Hamm FamRZ 1993, 1123), ggf schon zu verpflichtenden Vereinbarungen anlässlich der Errichtung des Teilungsplanes (vgl → Rn. 2 aE); s. aber → § 2042 Rn. 4.

5 **4. Reform.** Die Reform 2010 (→ Vor § 1922 Rn. 18) hat die Angabe „2056" in Abs. 1 durch „2057a" ersetzt.

§ 2205 Verwaltung des Nachlasses, Verfügungsbefugnis

[1]Der Testamentsvollstrecker hat den Nachlass zu verwalten. [2]Er ist insbesondere berechtigt, den Nachlass in Besitz zu nehmen und über die Nachlassgegenstände zu verfügen. [3]Zu unentgeltlichen Verfügungen ist er nur berechtigt, soweit sie einer sittlichen Pflicht oder einer auf den Anstand zu nehmenden Rücksicht entsprechen.

Lit: Dörrie, Reichweite der Kompetenzen des Testamentsvollstreckers an Gesellschaftsbeteiligungen, ZEV 1996, 370; Keim, Zweifel des Grundbuchamts an der Entgeltlichkeit von Verfügungen des Testamentsvollstreckers: Aktuelle Problemfälle, ZEV 2014, 648; Kollmeyer, Materielle Wirksamkeit und Grundbuchvollzug von Grundstücksverfügungen des Testamentsvollstreckers, NJW 2018, 2289 ff.; Lehmann, Die unbeschränkte Verfügungsbefugnis des Testamentsvollstreckers, AcP 188, 1; Lorz, Testamentsvollstreckung und Unternehmensrecht, 1995; Reimann, Unternehmertestament und Gesellschaftsvertrag: Neue Risiken, neuer Gestaltungsbedarf, ZEV 2014, 521; Schmitz, Erwerb von Nachlassgegenständen auf Grund eines Rechtsgeschäfts mit dem Testamentsvollstrecker, ErbR 2010, 306.

1 **1. Inhalt der Verwaltungsbefugnisse. a) Beitreibung von Nachlassforderungen;** dies auch, soweit sie dem Nachlass gegen den Erben zustehen. Zur Prozessführungsbefugnis § 2212. **b) Erfüllung von Nachlassverbindlichkeiten.** Zu beachten ist, dass im Falle der Testamentsvollstreckung zur Verwaltung Ansprüche des Erben gegen den Nachlass bestehen bleiben (BGHZ 48, 214). Der Testamentsvollstrecker kann eindeutige Zweckauflagen durch Verfügung über Nachlassgegenstände erfüllen (OLG München ZEV 2017, 325). Pflichtteilsansprüche können nicht ohne den Willen des Erben rechtsgeschäftlich anerkannt werden (BGHZ 51, 125), ebenso wenig Erbersatzansprüche alten Rechts (Art. 227 EGBGB); anders bei postmortaler Bevollmächtigung durch Erblasser (LG Stuttgart ZEV 2009, 396).
2 → § 2213 Rn. 3 und → § 1924 Rn. 3. **c)** Die **Fortführung eines Einzelhandelsgeschäftes** im Rahmen der Verwaltung ist nach Rspr (BGHZ 12, 100; 35, 13) und hM in *zweifacher* Weise denkbar: *Entweder* der Testamentsvollstrecker führt das Geschäft nach außen *in eigenem Namen* und eigener Haftung (gem HGB 25, nicht 27) fort, lässt sich persönlich ins Handelsregister eintragen und ist im Innenverhältnis Treuhänder (§§ 2216, 2218, 664 ff.) der Erben, wobei er kein Eigentum an Gegenständen des Betriebsvermögens erwirbt (BGH NJW 1975, 54), *oder* der Testamentsvollstrecker führt das Geschäft als *Vertreter* der Erben fort, die gem §§ 25, 27 HGB

haften und neben dem Testamentsvollstrecker (LG Konstanz NJW-RR 1990, 716) im Handelsregister einzutragen sind (vgl auch → § 2032 Rn. 4); in diesem Falle bedarf er einer Vollmacht der Erben, die aber ausdr oder stillschweigend Bedingung oder Auflage sein kann (BayObLG FamRZ 1986, 616). **Lit:** Baur, FS Dölle I, 1963, 249 („echte Testamentsvollstreckerlösung"); John BB 1980, 757; Brandner, FS Stimpel, 1985, 991; Weidlich NJW 2011, 641; B. Schneider NJW 2015, 1142.

d) Auch wenn der **OHG-Anteil** des Gesellschaftererben zum Nachlass gehört und 3
verwaltende Testamentsvollstreckung angeordnet ist (BGHZ 98, 48; vgl zu Einzelheiten → § 2032 Rn. 6 f.; zum neuen Recht nach dem MoPeG mit Wirkung zum 1.1.2024 *§§ 711 II, 724* nF, *§ 131 HGB nF* und → *§§ 711, 713 nF* Rn. 2), unterliegt die Wahrnehmung gesellschaftsvertraglicher Rechte nicht voller Verwaltung (BGHZ 98, 57 mAnm von Marotzke AcP 187, 223; BGH NJW 1998, 1314 mAnm von Ulmer JZ 1998, 468; OLG Hamm NJW-RR 2002, 729: Feststellungsklage auf Auflösung einer KG; OLG Düsseldorf FamRZ 2008, 1295). Denkbar ist volle Verwaltung im Abwicklungsstadium (BGHZ 98, 58), ferner beaufsichtigende Vollstreckung (BGHZ 98, 58 – unklar!; → § 2208 Rn. 2). Die Anordnung der Testamentsvollstreckung entfaltet volle Wirkung im Außenverhältnis. Sie führt zum Verlust der Verfügungsbefugnis des Gesellschaftererben und zur Haftungsbeschränkung für Eigengläubiger (§ 2214; BGHZ 98, 57). Der Testamentsvollstrecker kann über den seiner Verwaltung unterliegenden Geschäftsanteil zumindest dann verfügen, wenn er eine letztwillige Anordnung des Erblassers erfüllt (BGHZ 98, 48 [57]; KG FamRZ 2009, 1098). Unter die Testamentsvollstreckung fallen Auseinandersetzungsanspruch (BGH NJW 1981, 750; 1985, 1954; 1996, 1284 [1285]; 1998, 1313 [1314]; BGHZ 98, 58) und Gewinnansprüche, soweit sie nicht der persönlichen Leistung des Gesellschaftererben entfließen (unklare Abgrenzung, BGHZ 98, 56), und entsprechende vorbereitende Auskunftsansprüche (BGHZ 98, 48 [59]). Im Innenverhältnis lassen sich nach hM Verwaltungsbefugnisse des Testamentsvollstreckers nur über Ersatzlösungen erreichen. Falls es dem Gesellschaftsvertrag entspricht oder die Mitgesellschafter zustimmen, kann der Testamentsvollstrecker entweder in eigenem Namen als Treuhänder der Erben die Gesellschafterrechte ausüben (BGHZ 24, 106; BGH NJW 1981, 750; BFHE NJW 1995, 3407) oder als Bevollmächtigter der Gesellschaftererben, wobei die Vollmachterteilung Bedingung oder Auflage der letztwilligen Verfügung sein kann (statt vieler Lorz/Kirchdörfer, Unternehmensnachfolge, 2. Aufl. 2011, Kap. 5 Rn. 100 ff.; vgl aber BGH WM 1969, 492; BayObLG FamRZ 1986, 617; Emmerich ZHR 132, 314; str); keine Angaben hierüber im Testamentsvollstreckerzeugnis (BayObLGZ 1984, 229). Eintrittsrechte von Erben (vgl → § 2032 Rn. 8) unterliegen nicht der Verwaltung. Der Testamentsvollstrecker kann im Zusammenwirken mit dem Prokuristen nicht entgegen § 49 II HGB über Gesellschaftsgrundstücke verfügen (KG NJW 2021, 2810 Rn. 5) Für einen **BGB-Gesellschaftsanteil** gilt das zum OHG-Anteil Gesagte entspr (BGH NJW 1996, 1285 mAnm Lorz ZEV 1996, 112; sa KG FamRZ 2009, 1097; LG Leipzig ZEV 2009, 96; ausführlich neuerdings BGH NJW-RR 2022, 1241 Rn. 16 ff.; NZG 2022, 1250 Rn. 13 ff.: im Grundbuchberichtigungsverfahren bei Gesellschaftsgrundstücken stehen dem Testamentsvollstrecker immer nur die Befugnisse der nachrückenden Erben zu, wobei die Befugnisse der Erben und des Testamentsvollstreckers durch öffentlich beglaubigte Urkunden und gegebenenfalls eidesstattliche Versicherungen oder Erklärungen der nachrückenden Erben sowie anderer Beteiligter nachzuweisen sind; sa zu weiteren Einzelheiten → § 2032 Rn. 10; §§ 723–728 aF Rn. 14). **Lit:** Bommert BB 1984, 178; Marotzke JZ 1986, 457; Rehmann BB 1985, 297; Ulmer NJW 1984, 1496; JuS 1986, 856; Weidlich ZEV 1994, 205.

e) Der **Kommanditanteil** fällt unter die Verwaltung, falls die übrigen Gesellschafter der Testamentsvollstreckung zustimmen (BGHZ 201, 216 ff. = NZG 2014, 945 = ZIP 2014, 1422; dazu Heckschen/Strnad NZG 2014, 1201; B. Schneider NJW 2015, 1142; Reimann ZEV 2014, 666; BGHZ 108, 191 ff.; BGH NJW-RR 2012, 730 = Rpfleger 2012, 390; zum Ganzen noch Ulmer NJW 1990, 73; OLG Hamm NJW-RR 1991, 839: konkludente Zustimmung im Gesellschaftsvertrag). IÜ gelten gleiche Regeln wie 4

beim gewöhnlichen Gesellschaftsanteil (BFH NJW 1995, 3406 zur Treuhandlösung). Inwieweit der Testamentsvollstrecker den Gesellschafterwechsel zum Handelsregister anmelden kann, soll davon abhängen, ob er nur Auseinandersetzungsvollstrecker (§ 2204) oder Dauervollstrecker ist (§ 2209). Der Auseinandersetzungsvollstrecker ist nicht verpflichtet u. berechtigt, den durch Sondererbfolge eingetretenen Gesellschafterwechsel beim Handelsregister anzumelden, wohl aber der Dauervollstrecker (in diesem Sinne für Dauervollstreckung BGHZ 108, 190; für Auseinandersetzungsvollstreckung u Dauervollstreckung OLG Hamm FamRZ 2011, 1254; KG NJW-RR 1991, 835; OLG München ZEV 2009, 476). Eine Dauervollstreckung muss der Testamentsvollstrecker im Handelsregister eintragen lassen (BGH NJW-RR 2012, 730; dazu Beutel NZG 2014, 646; aA OLG München DNotZ 2012, 305; KG ZEV 1996, 67); damit wird die Haftungsbeschränkung gegenüber Eigengläubigern des erbenden Kommanditisten (§ 2214; für Gesellschaftsgläubiger dagegen §§ 171 ff. HGB) ebenso dokumentiert wie die Beschränkung der Rechte des Vollstreckers bei Grundlagengeschäften wie zB Haftsummenerhöhung. Der Erwerb eines Kommanditanteils für den Nachlass durch den Testamentsvollstrecker führt je nach Zulässigkeit einer Vollstreckung zur vollstreckungsunterworfenen oder -freien Kommanditistenstellung des(r) Erben (str, s OLG Hamburg DNotZ 1983, 381; Damrau DNotZ 1984, 660). **Lit:** Ulmer ZHR 1982, 555; Damrau NJW 1984, 2785 mN; Esch NJW 1981, 2222; 84, 339; Rosener/Bugge ZEV 2004, 30; Weidlich ZEV
5 1994, 205; Reimann ZEV 2014, 666; B. Schneider NJW 2015, 1142. **f) Rechte des stillen Gesellschafters** unterliegen der Verwaltung (str), nicht aber das Eintrittsrecht als stiller Gesellschafter (vgl BGH WM 1962, 1084). **g) Mitgliedschaftsrechte an Kapitalgesellschaften** fallen sämtlich (einschließlich Stimmrecht) unter die Verwaltung (für die GmbH BGHZ 201, 216 ff. = NZG 2014, 945 = ZIP 2014, 1422; BGHZ 108, 21 [23 ff.]; BGH NJW 1959, 1820; BayObLG NJW-RR 1991, 1254 für Rücknahme eines treuhänderisch verwalteten GmbH-Anteils), ebenso **Miteigentumsanteile** (BGH NJW 1983, 450). Jedoch kann die Satzung einer GmbH die Ausübung von Verwaltungsrechten durch den Testamentsvollstrecker ausschließen (OLG Frankfurt a.M. FamRZ 2009, 733; sa BGHZ 108, 21 ff.); keine Eintragung eines Vermerks im Handelsregister (BGH NJW 2015, 1303; krit zu Recht F.-H. Lange NJW 2016, 1852 [1853] s aber zum Kommanditanteil → Rn. 4).
6 **h)** Die **Empfangszuständigkeit** des Testamentsvollstreckers ist für alle Willenserklärungen gegeben, die den zu verwaltenden Nachlass bzw die Nachlassgegenstände
7 betreffen; zu Erbschaftsteuerbescheiden → Vor § 2197 Rn. 3. **i) Höchstpersönliche Rechte** stehen dem Erben zu, zB Annahme und Ausschlagung oder Erbverzicht (OLG Zweibrücken OLGZ 1980, 142), Ansprüche gem §§ 12, 2287 (BGHZ 78, 3) und nach dem VermG (BVerwG NJW 2006, 459), Ausübung eines Vorkaufsrechts des Erben gem § 473 (OLG Celle ZErb 2012, 173, str) usw. Die Anfechtung letztwilliger Verfügungen, die den Nachlass betreffen, steht dem Testamentsvollstrecker nur insoweit zu, als seine Rechte beeinträchtigt sind; die einsetzende Verfügung kann er nicht anfechten (arg § 2202). Er braucht die Zustimmung des Erben, um gegenüber der Leistungspflicht aus einer nicht rechtzeitig angefochtenen letztwilligen Verfügung die Einrede der Anfechtbarkeit zu erheben (BGH NJW 1962, 1058). Kein höchstpersönliches Recht ist der Anspruch aus HGB 89b. Auch der abtretbare und vererbliche (§ 2317 II) Pflichtteilsanspruch des Erblassers fällt grundsätzlich unter die Verwaltung, weil es sich um keinen höchstpersönlichen Anspruch im strengen Sinne handelt (BGH NJW 2015, 59 Rn. 8 ff.); der Erblasser kann über die Geltendmachung frei entscheiden, indem er den Pflichtteil von der Testamentsvollstreckung ausnimmt (§ 2208 I), zu Lebzeiten einen Verzicht vereinbart (§ 2346 II) oder einen Erlassvertrag abschließt (zum Ganzen BGH NJW 2015, 59 Rn. 9 ff.;
8 → § 2303 Rn. 8 und → § 2317 Rn. 3). **j) Surrogate** für Nachlassgegenstände fallen während der Testamentsvollstreckung entspr §§ 2019, 2041, 2111 in den Nachlass (BGH NJW 1991, 842; OLG Hamm ZEV 2001, 275 mAnm von Hohloch JuS 2001, 921; → § 2219 Rn. 2), scheiden aber mit einer Teilauseinandersetzung aus

dem Nachlass aus und unterliegen dann nicht mehr der Verwaltung (BayObLG FamRZ 1992, 604 mAnm von Damrau und Weidlich DNotZ 1993, 403).

2. Recht auf Besitznahme. Es ist schuldrechtlicher Natur, so dass der Testamentsvollstrecker erst mit Erlangung tatsächlicher Gewalt (§ 854) Besitzer wird; der Erbe ist dann mittelbarer Besitzer (§§ 868, 857). Beim Nießbrauchvermächtnis besteht uU nur mittelbarer Besitz des Testamentsvollstreckers (s BGH NJW 1986, 1107). 9

3. Verfügungsbefugnis. a) Umfang. Die Verfügungsbefugnis ist – von Unentgeltlichkeit abgesehen – grundsätzlich unbeschränkt. Der Erblasser kann sie aber gem § 2208 beschränken. Allerdings können sich Erbe und Testamentsvollstrecker gemeinsam über ein Verfügungsverbot hinwegsetzen (BGHZ 56, 275); soweit andere Begünstigte von der Verfügung betroffen sind (Vermächtnisnehmer), müssen aber auch diese zustimmen (OLG Zweibrücken Rpfleger 2001, 174 m. krit Anm von Winkler DNotZ 2001, 401: da nicht der Vermächtnisnehmer, sondern der Erbe Rechtsträger des Nachlassgegenstandes ist, soll es nur auf die Zustimmung des Erben ankommen); vgl zum Auseinandersetzungs- und Verfügungsverbot → § 2204 Rn. 1. Die Verfügungsbefugnis erfasst nur Nachlassgegenstände, nicht den Erbteil insgesamt (§ 2033), über den der Miterbe verfügt (BGH NJW 1984, 2465: anders bei mitererbten, nachlasszugehörigen Erbteilen!). Die Verfügungsbeschränkungen auf Grund Nacherbschaft (§§ 2113, 2114) berühren die Verfügungsbefugnis des Testamentsvollstreckers nicht, gleichgültig ob er für Vor- und Nacherbe (§ 2222) eingesetzt ist (BGHZ 40, 115; BayObLG FamRZ 1991, 985; OLG Düsseldorf FamRZ 2012, 1332; aA Bestelmeyer Rpfleger 2012, 671) oder nur für den Vorerben (OLG Karlsruhe MDR 1981, 943; KG NJW-RR 2022, 299 Rn. 9 ff; aA OLG München ZEV 2016, 325; wie hier SoeDamrau 58; str); anders bei Anordnung einer entsprechenden Beschränkung der Verfügungsbefugnis gem § 2208: KG NJW-RR 2022, 299 Rn. 8). Ehegüterrechtliche Beschränkungen (§§ 1365, 1423, 1424) des Erben sind für den Testamentsvollstrecker unbeachtlich, ebenso vormundschaftsgerichtliche oder familiengerichtliche Genehmigungserfordernisse bei minderjährigen Erben (BGH ZEV 2006, 262; OLG Hamm DNotZ 2011, 221); zur Wirksamkeit einer Verfügung vor Amtsantritt bei späterem Amtsantritt und späterer Erlangung der Verfügungsbefugnis s → § 2211 Rn. 1. 10
b) Eine **In-sich-Verfügung** (hierzu Böttcher NJW 2014, 978 [980 f.]) kann der Testamentsvollstrecker entspr § 181 vornehmen, wenn dies vom Erblasser gestattet ist – dies ist idR bei der Ernennung eines Miterben zum Testamentsvollstrecker anzunehmen – *und* dem Gebot ordnungsmäßiger Verwaltung des Nachlasses nicht widerspricht (BGHZ 30, 67; BGH NJW 1981, 1272; OLG Düsseldorf NJW 2014, 322; OLG Frankfurt a.M. NJW-RR 1998, 795; krit v. Lübtow JZ 1960, 151). Der Testamentsvollstrecker hat Gestattung zu beweisen, der Gegner Ordnungswidrigkeit. Genehmigung der Erben kann die schwebend unwirksame Verfügung heilen. Nach gleichen Grundsätzen kann der einen GmbH-Anteil verwaltende Testamentsvollstrecker bei seiner Bestellung zum GmbH-Geschäftsführer mitwirken (BGH 51, 209). Bei Maßnahmen ordnungsgemäßer Verwaltung kann unter strengen Voraussetzungen auch stillschweigende Gestattung anzunehmen sein (BGHZ 30, 67 [70]; OLG Düsseldorf NJW 2014, 322 [323]). Dass der Testamentsvollstrecker sich durch Insichverfügung sein Vermächtnis erfüllen kann, folgt direkt aus § 181 (OLG Düsseldorf NJW 2014, 322 [323]; BayObLG Rpfleger 1982, 344; sa OLG Hamm FamRZ 2011, 329: Identität von Testaments- u Vermächtnisvollstrecker). Entnahme von Auslagenersatz ohne entspr. Bestimmung des Erblassers, Vereinbarung mit der Erbengemeinschaft oder rechtskräftiges Urteil ist nicht ohne weiteres eine Pflichtverletzung (OLG München BeckRS 2017, 131722). Vgl auch → § 2204 Rn. 4; zu Verfügungen des späteren Testamentsvollstreckers oder Erben zwischen Erbschaftsanfall und Ernennung → § 2211 Rn. 1 und 2. 11
c) Unentgeltlichkeit (Müller WM 1982, 466) setzt voraus, dass aus dem Nachlass ein Wert hingegeben wird, ohne dass ihm eine obj gleichwertige Gegenleistung zufließt (OLG München DNotZ 2013, 873; ZEV 2017, 733 = 12

BeckRS 2017, 130676: Ausräumung von Zweifeln des GBA bei Zufluss an Vermächtnisnehmer; ZEV 2017, 733 = BeckRS 2017, 131385: Insichgeschäft des Testamentsvollstreckers, Vorlage eines Wertgutachtens zur Beurteilung möglicher Teilunentgeltlichkeit), und dass der Testamentsvollstrecker dies entweder weiß oder bei ordnungsmäßiger Verwaltung unter Berücksichtigung seiner künftigen Pflicht, die Erbschaft an den Erben herauszugeben, hätte erkennen müssen (BGHZ 57, 89 f.; → § 2113 Rn. 4); dies gilt auch für vergleichsweise gewährten Verzicht (BGH NJW 1991, 842; offen BGHZ 79, 73). § 2205 S. 3 setzt eine unmittelbare Einwirkung auf das Vermögen der Erben voraus (OLG Koblenz NJW-RR 2008, 965: nicht gegeben bei Anlage auf Treuhandkonto und späterer Veruntreuung). Im Zuge einer Erbauseinandersetzung ist Unentgeltlichkeit gegeben, wenn der Erbe wertmäßig mehr erhält, als ihm zusteht (OLG München ZEV 2014, 116 (Ls.); BayObLGZ 1986, 210). Die Erfüllung von Anordnungen des Erblassers ist nie unentgeltlich (OLG Düsseldorf NJW-RR 1987, 733; 1991, 1057 für Teilungsanordnung; KG OLGZ 1992, 139 für Auflage; OLG München FamRZ 2011, 329 für Teilungsanordnung oder [Voraus-] Vermächtnis). Der Testamentsvollstrecker kann mit Zustimmung der Erben und der Vermächtnisnehmer auch über den Rahmen von Pflicht- und Anstandsschenkungen hinaus unentgeltlich über Nachlassgegenstände verfügen (BGHZ 57, 84; LG Oldenburg Rpfleger 1981, 197; OLG Karlsruhe NJW-RR 2005, 1098 f.: Nachweis der Erbenstellung in der Form der §§ 35, 36 GBO; OLG München BeckRS 2017, 130676: Zustimmung aller Erben und Nacherben trotz Verstoßes gegen Erblasseranordnung; s aber KG OLGZ 1992, 139: keine Ersetzung der Zustimmung durch obj Interessenbewertung). Sogenannte „unbenannte Zuwendungen" an Ehegatten und eingetragene Lebenspartner sind als unentgeltlich zu behandeln (vgl BGH NJW 1992, 565). Wenn der Testamentsvollstrecker im Wege des erlaubten Insichgeschäfts (→ Rn. 11) einen Miteigentumsanteil an einem Grundstück an sich überträgt und bereits Inhaber aller anderen Miteigentumsanteile ist, so kann bei der Prüfung der Entgeltlichkeit kein Wertabschlag wegen der geringeren Marktfähigkeit des einzelnen Miteigentumsanteils erfolgen (BGH NJW 2016, 1517 = NJW-RR 2016, 457 = ZEV 2017, 44 mAnm Muscheler; sa → § 2311
13 Rn. 3 und BGH NJW 2015, 2336). Das Grundbuchamt (zum Testamentsvollstreckervermerk s § 52 GBO) hat Entgeltlichkeit von Amts wegen zu prüfen (OLG Frankfurt a.M. ZEV 2012, 325; guter Überblick bei Keim ZEV 2014, 648); ohne Bedeutung ist § 2205 S. 3, wenn lediglich eine Auflassungsvormerkung eingetragen werden soll (OLG Zweibrücken Rpfleger 2007, 194; OLG Frankfurt a.M. ZEV 2011, 535; offen OLG München Rpfleger 2012, 250; aA Bestelmeyer Rpfleger 2012, 680; Böttcher NJW 2013, 838 [841]; Keim ZEV 2014, 648 [649] mN). Bei Ungewissheit über die Wirksamkeit einer letztwilligen Anordnung soll wegen möglicher Rechtsgrundlosigkeit der Verfügung des Vollstreckers § 2205 S. 3 analoge Anwendung finden (OLG München FamRZ 2011, 326 – sehr zweifelhaft!). Der Nachweis unterliegt der freien Beweiswürdigung (BayObLG FamRZ 1989, 668; zur Feststellungslast OLG München Rpfleger 2012, 250). Er ist bei einfacher Beweisführung gem § 29 GBO zu erbringen (BayObLGZ 1986, 211); ist der Nachweis der Entgeltlichkeit in dieser Form nicht möglich, so genügt bei Fehlen begründeter Zweifel die Erläuterung des Geschäfts durch den Testamentsvollstrecker
14 (BGHZ 57, 95); keine amtswegige Beweisaufnahme! **d) Guten Glauben** an die Verfügungsbefugnis als Vollstrecker schützen §§ 2368 III, 2365, guten Glauben an Nachlasszugehörigkeit bzw Erbeneigentum § 932 (hierzu BGH NJW 1981, 1272); Bereicherungsanspruch gegen gutgläubig Beschenkten gem § 816 I 2 (OLG Hamm ZEV 2001, 275). Der gutgläubige Erwerb eines GmbH – Anteils vom Nichtberechtigten in GmbHG 16 III umfasst gerade nicht den Erwerb bei Nichtexistenz oder fehlender Verfügungsbefugnis und lastenfreien Erwerb (BGH NZG 2011, 1268; OLG München NZG 2011, 473), weshalb insoweit auch kein gutgläubiger Erwerb vom Testamentsvollstrecker möglich ist und deshalb eine Eintragung der Vollstreckung in die Gesellschafterliste (§ 40 I 1 GmbHG) des Handelsregisters entfallen soll (BGH NJW 2015, 1303; sa zum Kommanditanteil → § 2205 Rn. 4).

4. Rechtsgeschäftliche Änderung des Umfangs der Befugnisse. Der Testamentsvollstrecker kann sich nicht den Erben gegenüber wirksam verpflichten, nur Handlungen vorzunehmen, denen die Erben zugestimmt haben (BGHZ 25, 279). Hingegen kann die postmortale Generalvollmacht des Erblassers zu unbeschränkten Vertretungsbefugnissen führen (BGH NJW 1962, 1718); vgl → Vor § 2197 Rn. 2. 15

5. Beendigung der Verwaltungsbefugnis. Die Verwaltungsbefugnis endet mit der Testamentsvollstreckung (→ § 2225 Rn. 3). *Nachlassverwaltung und Nachlassinsolvenz* beendigen die Verwaltungsbefugnis des Testamentsvollstreckers für die Dauer des Verfahrens. In der *Insolvenz des Erben* fällt das vom Testamentsvollstrecker verwaltete Vermögen zwar in die Insolvenzmasse, bildet aber dort bis zum Ende der Testamentsvollstreckung eine Sondermasse (zu den Konsequenzen der Eröffnung des Insolvenzverfahrens über das Erbenvermögen im Einzelnen BGHZ 167, 352 = NJW 2006, 2698 mAnm Siegmann ZEV 2006, 408). Zu den Antragsrechten vgl → § 1981 Rn. 1. 16

6. Prozessuales. Der Nachweis der Verfügungsbefugnis beim Grundbuchamt kann erfolgen durch Testamentsvollstreckerzeugnis (§ 2368 BGB) und öffentliches Testament bzw privatschriftliches Testament in beglaubigter Abschrift, aus dem der Umfang der Verfügungsbefugnis hervorgeht (OLG München ZEV 2016, 667 = BeckRS 2016, 17433; sehr großzügig OLG Saarbrücken ZEV 2019, 306 = BeckRS 2019, 5306), aber auch durch öffentliches Testament oder privatschriftliches Testament in beglaubigter Abschrift in Verbindung mit einer öffentlichen Urkunde über die Annahme des Amtes als Testamentsvollstrecker (OLG München ZEV 2016, 439 [440], sa → § 2202 Rn. 1 und → § 2368 Rn. 3). Zur Beweislast bei In-sich-Verfügungen vgl → Rn. 11 sowie zur Beweisführung beim Grundbuchrichter OLG Düsseldorf NJW 2014, 322 [323]; zur Beweisführung hinsichtlich Unentgeltlichkeit vgl → Rn. 12 f. Die Prozessführungsbefugnis des Testamentsvollstreckers in Bezug auf Mitgliedsrechte in einer Personalgesellschaft ist begrenzt und erstreckt sich nicht auf Streitigkeiten über den Kreis der Gesellschafter (BGH NJW 1998, 1313 mAnm Ulmer JZ 1998, 468); → § 2212 Rn. 1 f. und → § 2213 Rn. 1 ff. 17

§ 2206 Eingehung von Verbindlichkeiten

(1) [1]**Der Testamentsvollstrecker ist berechtigt, Verbindlichkeiten für den Nachlass einzugehen, soweit die Eingehung zur ordnungsmäßigen Verwaltung erforderlich ist.** [2]**Die Verbindlichkeit zu einer Verfügung über einen Nachlassgegenstand kann der Testamentsvollstrecker für den Nachlass auch dann eingehen, wenn er zu der Verfügung berechtigt ist.**

(2) **Der Erbe ist verpflichtet, zur Eingehung solcher Verbindlichkeiten seine Einwilligung zu erteilen, unbeschadet des Rechts, die Beschränkung seiner Haftung für die Nachlassverbindlichkeiten geltend zu machen.**

1. Verpflichtungsbefugnis. Sie deckt sich zunächst einmal mit der Verfügungsbefugnis (Abs. I 2), die andernfalls sinnlos wäre. Darüber hinaus besteht sie aber im Rahmen der ordnungsmäßigen Verwaltung (§ 2216 I), wobei die Sicht des Dritten entscheidet (BGH NJW 1983, 40); darf der Vertragspartner in den Fällen des I annehmen, die Eingehung der Verbindlichkeit sei zur ordnungsmäßigen Verwaltung erforderlich, so ist das Geschäft wirksam. In den Fällen des Abs. I 2 führt pflichtwidriges Handeln nur zur Unwirksamkeit, wenn der Testamentsvollstrecker seine Vertretungsmacht missbraucht (BGH NJW-RR 1989, 642; sa BGH NJW 2000, 3781 [3783]: Provisionsversprechen an Testamentsvollstrecker nicht notwendig sittenwidrig gem § 138 I). Für die entstehenden Nachlassverbindlichkeiten (BGH NJW 2013, 3446 Rn. 13) gelten die allgemeinen Regeln der Haftungsbeschränkung (§§ 1975 ff., § 780 ZPO; → Vor § 1967 Rn. 2 und 7). Soweit der Testamentsvollstrecker im Rahmen der Verwaltung des Nachlasses eines minderjährigen Erben für den Nachlass ein Grundstück oder Wohnungseigentum erwirbt, bedarf der zu Grunde liegende 1

Kaufvertrag nach OLG Hamm NJW-RR 2015, 1097 keiner familiengerichtlichen Genehmigung, bei Verstoß gegen § 2206 ist der Nachlass nicht wirksam verpflichtet worden und der Kaufvertrag kann gegebenenfalls rückabgewickelt werden; auf die Wirksamkeit der Auflassung hat dies keinen Einfluss, weshalb das Grundbuchamt die Eintragung nicht ablehnen konnte (OLG Hamm NJW-RR 2015, 1097 Rn. 13; dazu Böttcher NJW 2017, 859 [860]). Der Testamentsvollstrecker haftet der Gegenpartei eines von ihm abgeschlossenen Verkaufs eines Nachlassgrundstücks idR nicht für das Wissen der Erben um offenbarungspflichtige Umstände unter dem Gesichtspunkt einer Organisationsverantwortung für die Weitergabe vertragserheblicher Umstände (BGH NJW-RR 2021, 1068 Rn. 17 ff.).

2 **2. Einwilligungspflicht des Erben.** Sie besteht nur bei ordnungsmäßiger Verwaltung und soll Schadensersatzansprüchen gem § 2219 vorbeugen (s BGH NJW 1991, 843).

3 **3. Heilung.** Zur Heilung fehlender Verpflichtungsbefugnis (insbes entspr § 177) Müller JZ 1981, 370.

§ 2207 Erweiterte Verpflichtungsbefugnis

[1]Der Erblasser kann anordnen, dass der Testamentsvollstrecker in der Eingehung von Verbindlichkeiten für den Nachlass nicht beschränkt sein soll. [2]Der Testamentsvollstrecker ist auch in einem solchen Falle zu einem Schenkungsversprechen nur nach Maßgabe des § 2205 Satz 3 berechtigt.

1 Vgl auch §§ 2209 S. 2, 2368 I 2. Im Verhältnis zum Erben (§ 2219) gilt der Maßstab des § 2206 I 1 fort. Bei der Testamentsvollstreckung für einen Erbteil (→ § 2208 Rn. 1) beschränkt sich die erweiterte Verpflichtungsbefugnis auf die entsprechende Wahrnehmung der Miterbenverwaltungsrechte (OLG Hamm Rpfleger 2011, 1622).

§ 2208 Beschränkung der Rechte des Testamentsvollstreckers, Ausführung durch den Erben

(1) **[1]Der Testamentsvollstrecker hat die in den §§ 2203 bis 2206 bestimmten Rechte nicht, soweit anzunehmen ist, dass sie ihm nach dem Willen des Erblassers nicht zustehen sollen. [2]Unterliegen der Verwaltung des Testamentsvollstreckers nur einzelne Nachlassgegenstände, so stehen ihm die in § 2205 Satz 2 bestimmten Befugnisse nur in Ansehung dieser Gegenstände zu.**

(2) **Hat der Testamentsvollstrecker Verfügungen des Erblassers nicht selbst zur Ausführung zu bringen, so kann er die Ausführung von dem Erben verlangen, sofern nicht ein anderer Wille des Erblassers anzunehmen ist.**

1 **1. Ges Typen der Beschränkung. a) Gegenständliche Beschränkung** (Abs. I 2); Bsp: Beschränkung auf Gesamthandsanteil, der zum Nachlass gehört (BayObLGZ 1982, 59). Davon zu unterscheiden ist die Testamentsvollstreckung für einen Erbteil, bei welcher der Vollstrecker die Rechte des Miterben in der Erbengemeinschaft wahrnimmt (vgl BGH NJW 1962, 912; OLG Hamm FamRZ 2011, 1621; Muscheler AcP 195, 35; → § 2197 Rn. 3; zur Testamentsvollstreckung in Teilerbteile zur Vermeidung von Pflichtteilsansprüchen Damrau ZEV 2022, 377). Auch gegenständliche Beschränkung wirkt dinglich (OLG Zweibrücken Rpfleger 2001, 174; Winkler DNotZ 2001, 401; → § 2205 Rn. 10). Sie ist im Erbschein
2 anzugeben (BayObLG NJW-RR 2005, 1247). **b) Beaufsichtigende Vollstreckung:** Der Testamentsvollstrecker hat nicht die Befugnisse gem §§ 2203–2206, sondern nur einen Anspruch gegen den Erben auf Vollzug der letztwilligen Verfü-

gung, den er in eigenem Namen einklagen kann (BayObLG FamRZ 1991, 987: Erfüllung eines Vermächtnisses; OLG Köln ZEV 2017, 521: kein Testamentsvollstreckervermerk im Erbschein); bei Niederlage Kostenersatz gem § 2218 I. Aus der beaufsichtigenden Vollstreckung eines OHG-Anteils kann Recht auf Einsicht in die Geschäftspapiere des Gesellschafters folgen (BGHZ 98, 59; → § 2205 Rn. 3). **c)** Verwaltungsvollstreckung (§ 2209 S. 1 Hs. 1), Nacherbenvollstreckung (§ 2222), Vermächtnisvollstreckung (§ 2223).

2. Gewillkürte Beschränkung. Sie kann nach Wahl des Erblassers alle Befugnisse betreffen, zB ein dinglich wirkendes Verfügungsverbot zu Auseinandersetzungszwecken aussprechen (s BGHZ 56, 278; BGH NJW 1984, 2465 mAnm Damrau JR 1985, 106; → § 2204 Rn. 1); voller Ausschluss der Auseinandersetzung aus dem Aufgabenbereich (OLG Brandenburg ZEV 2022, 413 Rn. 15 f.); Beschränkung auf Erfüllung angeordneter Vermächtnisse (OLG Brandenburg ZEV 2022, 413 Rn. 13 f.: auch bei hieraus folgender Befugnis zur Verwertung aller Nachlassgegenstände zum Zwecke der Erfüllung aller Vermächtnisse); in allen Fällen der Beschränkung Verkehrsschutz gem § 2368 I. In der Bestellung eines Nießbrauchs am Nachlass braucht noch keine Beschränkung zu liegen (vgl BGH LM Nr. 1 zu § 2203 BGB). 3

§ 2209 Dauervollstreckung

[1]Der Erblasser kann einem Testamentsvollstrecker die Verwaltung des Nachlasses übertragen, ohne ihm andere Aufgaben als die Verwaltung zuzuweisen; er kann auch anordnen, dass der Testamentsvollstrecker die Verwaltung nach der Erledigung der ihm sonst zugewiesenen Aufgaben fortzuführen hat. [2]Im Zweifel ist anzunehmen, dass einem solchen Testamentsvollstrecker die in § 2207 bezeichnete Ermächtigung erteilt ist.

1. Wesen der Verwaltungsvollstreckung. Es liegt in der Beschränkung des Aufgabenbereiches gegenüber §§ 2203, 2204: Der Testamentsvollstrecker hat nicht auseinanderzusetzen und nicht allg den Willen des Erblassers zu vollziehen. Vielmehr hat er nur die vom Erblasser umschriebenen Verwaltungsaufgaben, zu deren Erfüllung ihm die Befugnisse der §§ 2205, 2207 zustehen (OLG Bremen ZEV 2013, 335 zu § 2205 S. 2 BGB); § 2209 ist so besehen ein Spezialfall zu § 2208. Die Verwaltungsaufgabe kann zB in der Abwicklung von Pflichtteilsansprüchen (BayObLGZ 1956, 186) oder in der Mitwirkung bei der Verwaltung einer vom Erblasser begründeten Stiftung (BGHZ 41, 23) bestehen. 1

2. Arten der Verwaltungsvollstreckung. a) Eigentliche Verwaltungsvollstreckung, vgl → Rn. 1. **b) Dauervollstreckung:** Auf die gewöhnliche Tätigkeit des Testamentsvollstreckers (§§ 2203 ff.) folgt zusätzlich eine verwaltende Dauervollstreckung zur fürsorglichen Bevormundung des Erben; vgl auch §§ 2306 I, 2338 I 2. Sie kann auch im Rahmen eines Behindertentestaments (→ § 2077 Rn. 3; → § 2100 Rn. 5; → § 2346 Rn. 2) angeordnet sein (Bsp: OVG Münster ZEV 2009, 402; BGHZ 188, 99 mwN; BGH NJW 2020, 58 Rn. 16 f.; dazu Hager/Müller-Teckhof NJW 2020, 1857, 1860). Dauervollstreckung wird insbes gewollt sein, wenn zur Alleinerbschaft ohne weitere Maßgabe Testamentsvollstreckung tritt (BGH NJW 1983, 2248; BayObLG FamRZ 1992, 1356); hingegen idR keine stillschweigend angeordnete Dauervollstreckung nach Erledigung bes zugewiesener Aufgaben (OLG Hamburg FamRZ 1985, 539); bei Anordnung von Dauervollstreckung kann Ernennung eines Ersatzvollstreckers Auslegungsergebnis sein, wenn der ursprünglich Ernannte entlassen wird (OLG Düsseldorf FGPrax 1998, 107). Der Erbe kann zwar jährliche Rechnungslegung verlangen (§§ 2218 II, 2220), den Reinertrag des Vermögens aber nur im Rahmen des § 2216 oder bei bes Anordnung. Die Dauervollstreckung kann auch einen Vermächtnisgegenstand betreffen (OLG Hamm NJW-RR 1991, 838 für KG-Anteil; → § 2223 Rn. 1). Mit einer Stiftung von Todes wegen ist eine Dauervollstreckung zur Verwaltung des Nachlasses nicht zu vereinba- 2 ren, weil sie zur Eigenverantwortlichkeit des Stiftungsvorstandes in Widerspruch steht; der mit der Stiftungsgründung betraute Dauerverwalter muss deshalb das Stiftungsvermögen nach Gründung einer rechtsfähigen Stiftung aus seiner Verwaltung freigeben, (OLG Frankfurt a.M. DNotZ 2012, 217; aA Schewe ZEV 2012, 236; zum Ganzen Pauli ZEV 2012, 461; für insoweit automatisches Ende der Dauervollstreckung Bestelmeyer Rpfleger 2012, 671 mwN). Die Dauervollstreckung kann durch Eitritt einer Bedingung zeitlich begrenzt werden (OLG Düsseldorf Rpfleger 2011, 375; → § 2205 Rn. 16, → § 2225 Rn. 3 u → § 2368 Rn. 2).

§ 2210 Dreißigjährige Frist für die Dauervollstreckung

[1]Eine nach § 2209 getroffene Anordnung wird unwirksam, wenn seit dem Erbfall 30 Jahre verstrichen sind. [2]Der Erblasser kann jedoch anordnen, dass die Verwaltung bis zum Tode des Erben oder des Testamentsvollstreckers oder bis zum Eintritt eines anderen Ereignisses in der Person des einen oder des anderen fortdauern soll. [3]Die Vorschrift des § 2163 Abs. 2 findet entsprechende Anwendung.

1 Parallelvorschrift zu §§ 2044, 2109, 2162; sie gilt nicht bei Abwicklungsvollstreckung (zur Abgrenzung OLG Hamburg FamRZ 1985, 539). Nach Ansicht des BGH ist zur Vermeidung einer Umgehung der Zeitschranke über §§ 2199 II, 2210 S. 2 ein Nachfolger, bis zu dessen Tod die Testamentsvollstreckung fortdauern soll, vor Ablauf von 30 Jahren seit dem Erbfall zu ernennen (str; BGHZ 174, 346 mwN; KG ZEV 2008, 529 f.: Ernennung ersatzweiser Testamentsvollstrecker bei andauernder Testamentsvollstreckung nach Ablauf der 30-Jahresfrist). Sonderregelung in UrhG 28 II. Der Erblasser kann anordnen, dass die Dauerverwaltung auf Grund einstimmigen Beschlusses des Vollstreckerkollegiums früher enden darf (BayObLGZ 1976, 79 f.). Auch die Testamentsauslegung nach § 2084 kann ergeben, dass ein Fall des § 2010 S. 2 vorliegt (OLG Schleswig ZEV 2009, 296). Die bloße Dauervollstreckung für sich ist idR nicht sittenwidrig, sofern nicht bes Persönlichkeitsbeschränkungen hinzutreten (OLG Zweibrücken Rpfleger 1982, 106). Die Auslegung des § 2210 S. 2 anhand der Vorgaben des Erblasserwillens verletzt den Erben nicht ohne weiteres in seinem Grundrecht aus Art. 14 I 1 GG (BVerfG FamRZ 2009, 1040).

§ 2211 Verfügungsbeschränkung des Erben

(1) **Über einen der Verwaltung des Testamentsvollstreckers unterliegenden Nachlassgegenstand kann der Erbe nicht verfügen.**

(2) **Die Vorschriften zugunsten derjenigen, welche Rechte von einem Nichtberechtigten herleiten, finden entsprechende Anwendung.**

1 **1. Verfügungsbeschränkung des Erben.** Sie wird in ihrem Umfang von den Verfügungsbefugnissen des Testamentsvollstreckers bestimmt (§§ 2205, 2208, 2209; s aber für OHG-Anteil → § 2205 Rn. 3). Sie beginnt mit dem Erbfall, also bevor ein Vollstrecker im Amt (§ 2202 I) ist (BGHZ 25, 282; OLG Köln ZEV 2019, 123 = BeckRS 2019, 30561). Bsp: Verzicht auf Rechte aus Mietvertrag als Verfügung (BGH NJW 1983, 2249); Antrag eines Miterben auf Teilungsversteigerung als Verfügung, selbst wenn ein Gläubiger den Anteil des Miterben am Nachlass gepfändet hat (BGHZ 181, 130 = ZEV 2009, 391); Abtretung von Rückgewähransprüchen für Grundschulden im Rahmen eines Darlehensvertrags (KG BeckRS 2014, 06105). Die Verfügungen des Erben sind absolut unwirksam; Wirksamkeit kann gem § 185 eintreten (LG Oldenburg Rpfleger 1981, 197), wobei bei Wegfall der Vollstreckung § 185 II 1 Var. 2 gilt (BGH NJW 1983, 2249). Auch eine Verfügung des späteren Testamentsvollstreckers wird mit Ernennung analog § 185 II 1 Var. 2 wirksam (OLG München ZEV 2006, 173; LG Saarbrücken FamRZ 2009, 1253; aA OLG Nürnberg
2 ZEV 2017, 98; sa → § 2202 Rn. 3). *Schuldrechtliche Verpflichtungen* des Erben, die

zu Verfügungen über verwaltete Nachlassgegenstände verpflichten, binden den Testamentsvollstrecker nicht (BGHZ 25, 275); anders, soweit der Nachlass für Nachlassverwaltungsschulden und damit für Nachlasserbenschulden (→ § 1967 Rn. 5) beansprucht wird (KG FamRZ 2009, 1520 für Sanitäts- und Heizungsarbeiten an Nachlassgegenständen; aA Ruby/Schindler ZEV 2009, 529; Bestelmeyer Rpfleger 2010, 642). Zur gemeinschaftlichen Verfügung von Vollstrecker und Erben bei Verfügungsverbot des Erblassers vgl → § 2204 Rn. 1; → § 2205 Rn. 10 und → § 2208 Rn. 3.

2. Gutglaubensschutz und Testamentsvollstreckervermerk. Der Gutglau- 3
bensschutz des Geschäftspartners des Erben gem Abs. II kommt nur zum Zuge, falls Gutgläubigkeit hinsichtlich der Verfügungsbefugnis des Erben vorliegt; vgl §§ 932 ff., 892, 893, 1032, 1207, aber auch §§ 2364, 2366, 2205 (Besitznahme durch den Vollstrecker). Der Testamentsvollstreckervermerk (§ 52 GBO) verhindert gutgläubigen Erwerb im Grundstücksverkehr (zur Prüfungspflicht des Grundbuchamtes bei Eintragung u Löschung des Testamentsvollstreckervermerks OLG Düsseldorf FGPrax 2017, 35; OLG München NJW 2015, 2271; OLG München FamRZ 2009, 461; OLG München Rpfleger 2005, 661; Bestelmeyer Rpfleger 2012, 680); keine Eintragung bei einem Grundstück einer Personengesellschaft, von der Anteile in den Nachlass fallen (Bestelmeyer Rpfleger 2012, 680 mN). Der Vermerk nach § 52 GBO darf nicht ohne gleichzeitige Eintragung des Erben erfolgen, es sei denn, es ist ein Fall nicht notwendiger Voreintragung (§ 39 GBO) gem § 40 GBO gegeben (OLG Nürnberg NJW-RR 2021, 876 Rn. 15 f. mit Hinweis zur Unmöglichkeit redlichen Erwerbs vom Erben aufgrund einer post- oder transmortalen Vollmacht). Für den leistenden Schuldner gilt § 407 analog. Zum gutgl Erwerb vom Testamentsvollstrecker → § 2205 Rn. 14; zum Vermerk im Handelsregister → § 2205 Rn. 4 und 14 sowie BGH NJW 20151303 Rn. 14 gegen Beutel NZG 2014, 646 [648].

§ 2212 Gerichtliche Geltendmachung von der Testamentsvollstreckung unterliegenden Rechten

Ein der Verwaltung des Testamentsvollstreckers unterliegendes Recht kann nur von dem Testamentsvollstrecker gerichtlich geltend gemacht werden.

1. Aktive Prozessführungsbefugnis. Die aktive Prozessführungsbefugnis des 1
Testamentsvollstreckers (→ Vor § 2197 Rn. 1) richtet sich in ihrem Umfang nach der Verfügungsbefugnis (§§ 2205, 2208, 2211; BGHZ 31, 283 f.; BGH NJW 1998, 1313 mAnmvon Ulmer JZ 1998, 468: Rechtsstreitigkeiten über den Kreis der Gesellschafter bei nachlasszugehörigem OHG-Anteil ausgenommen). Der Erbe kann einen Anspruch gegen den Testamentsvollstrecker als Nachlassschuldner selbst geltend machen, da der Testamentsvollstrecker nicht mit sich selbst prozessieren kann (BGH NJW-RR 2003, 217; BGH NJW 2002, 3773: Geltendmachung durch den nachfolgenden Testamentsvollstrecker). Der Vollstrecker kann den Erben zur Prozessführung *ermächtigen* (BGHZ 38, 281); auch Freigabe des Anspruchs (§ 2217) ist denkbar. Ein Rechtsstreit über das *Erbrecht des wahren Erben* unterfällt der Prozessführungsbefugnis des Vollstreckers nur, wenn er in seiner Eigenschaft als Vollstrecker ein berechtigtes Interesse an der Feststellung hat (BGH WM 1987, 565; OLG Karlsruhe ZEV 2005, 256 mAnm von Otte). Fraglich ist, ob ein Miterbe trotz Testamentsvollstreckung Grundbuchberichtigung gem §§ 2039, 894 verlangen kann (so aber OLG Stuttgart ZEV 2014, 97). Bei fehlender ges Prozessführungsbefugnis (zB § 2287) ist gewillkürte Prozessstandschaft auch bei Ermächtigung des Testamentsvollstreckers ausgeschlossen (kein eigenes Rechtsschutzinteresse); jedoch wirkt die Klage verjährungshemmend, § 204 I Nr. 1 (zur Unterbrechung nach § 209 I aF BGHz 78, 5; aA Tiedtke JZ 1981, 429). **Lit:** Kessler DRiZ 1965, 195; 1967, 299. Zur Prozessaufnahme vgl → § 2213 Rn. 5.

2 **2. Urteilswirkungen.** Sie lassen das Eigenvermögen des Testamentsvollstreckers unberührt; sie erfassen auch den Erben (§§ 327, 728 II ZPO). Der Erbe kann uU einen Regressprozess gegen den Vollstrecker führen (§ 2219) und deshalb am Hauptprozess beteiligt werden (§§ 66 ff., 72 ff. ZPO). Bei Wegfall bzw Tod des Vollstreckers sind §§ 239, 241, 246 ZPO entspr anwendbar.

§ 2213 Gerichtliche Geltendmachung von Ansprüchen gegen den Nachlass

(1) [1]**Ein Anspruch, der sich gegen den Nachlass richtet, kann sowohl gegen den Erben als gegen den Testamentsvollstrecker gerichtlich geltend gemacht werden.** [2]**Steht dem Testamentsvollstrecker nicht die Verwaltung des Nachlasses zu, so ist die Geltendmachung nur gegen den Erben zulässig.** [3]**Ein Pflichtteilsanspruch kann, auch wenn dem Testamentsvollstrecker die Verwaltung des Nachlasses zusteht, nur gegen den Erben geltend gemacht werden.**

(2) **Die Vorschrift des § 1958 findet auf den Testamentsvollstrecker keine Anwendung.**

(3) **Ein Nachlassgläubiger, der seinen Anspruch gegen den Erben geltend macht, kann den Anspruch auch gegen den Testamentsvollstrecker dahin geltend machen, dass dieser die Zwangsvollstreckung in die seiner Verwaltung unterliegenden Nachlassgegenstände dulde.**

Lit: Garlichs, Passivprozesse des Testamentsvollstreckers, 1996 (Diss Konstanz); Garlichs/Mankel, Die passive Prozeßführungsbefugnis des Testamentsvollstreckers bei Teilverwaltung, MDR 1998, 511.

1 **1. Passive Prozessführungsbefugnis.** Hier (→ Vor § 2197 Rn. 1) ist zu unterscheiden: **a) Volle Verfügungs- und Verwaltungsbefugnis** des Testamentsvollstreckers: Erbe und Vollstrecker sind prozessführungsbefugt (§ 2213 I 1). Das vom Testamentsvollstrecker erstrittene Urteil wirkt für und gegen den Erben (§§ 327 II, 728 II ZPO), wobei dem Erben auch ohne Vorbehalt die Haftungsbeschränkungsmöglichkeit bleibt (§ 780 II ZPO). Hingegen bedarf es zur Vollstreckung aus einem gegen den Erben gerichteten Titel in den Nachlass (nicht in das Eigenvermögen!) zusätzlich eines Leistungs- oder Duldungstitels (§ 2213 III) gegen den Vollstrecker (§ 748 I ZPO). Praktikabel ist also die Klage gegen den Vollstrecker oder gegen Erbe
2 und Vollstrecker. **b) Teilw. Verwaltungs- und Verfügungsbefugnis** (§§ 2208 I 2, 2205 S. 2): Der Erbe ist prozessführungsbefugt, der Testamentsvollstrecker insoweit, als gem § 748 II ZPO gegen ihn ein Duldungstitel erforderlich ist; aA Garlichs/Mankel MDR 1998, 511: Klage gegen Testamentsvollstrecker, der gem § 2213 I 1 passiv prozessführungsbefugt sei, und Rechtskrafterstreckung auf den Erben (§§ 327 II, 728 II ZPO) sollen möglich sein. **c) Ausschluss der Verwaltungs- und Verfügungsbefugnis** (§§ 2208 II, 2213 I 2): Nur der Erbe ist prozessführungsbefugt.
3 **d) Pflichtteilsansprüche** (§ 2213 I 3): Der Erbe ist prozessführungsbefugt, der Vollstrecker nur im Rahmen der § 2213 III, § 748 III ZPO (LG Stuttgart ZEV 2009, 396: keine weitergehende testamentarische passive Prozessführungsbefugnis des Testamentsvollstreckers); zu den materiellrechtlichen Konsequenzen vgl → § 2205
4 Rn. 1. **e) Ansprüche des Erben** gegen den Nachlass, die bereits gegen den Erblasser bestanden und beim Erbfall nicht erlöschen (BGHZ 48, 220), sind gegen den Testamentsvollstrecker als Partei kraft Amtes zu richten. Schadensersatzansprüche (§ 2219) und Ansprüche auf Herausgabe nach Beendigung der Vollstreckung (§ 2218) richten sich gegen den Vollstrecker persönlich (BGH FamRZ 1988, 279 f.).
5 **Lit:** Kessler DRiZ 1965, 195; 1967, 299. **f)** Zur **Prozessaufnahme** nach dem Tod einer Partei sind im Passivprozess idR sowohl Erben als auch Testamentsvollstrecker berechtigt, §§ 239, 241, 243 ZPO; im Aktivprozess ist Aufnahme nur durch Testamentsvollstrecker möglich (BGH NJW 1988, 1390). In der Nachlassinsolvenz kann

der Testamentsvollstrecker neben dem Erben Forderungen im Prüfungstermin gem § 178 I InsO bestreiten (OLG Frankfurt a.M. ZEV 2014, 358).

2. Entscheidungen gegen den Erblasser. Sie können gem §§ 727, 749 ZPO auf den Erben bzw Testamentsvollstrecker umgeschrieben werden; vgl auch § 779 II ZPO bei begonnener Vollstreckung. 6

§ 2214 Gläubiger des Erben

Gläubiger des Erben, die nicht zu den Nachlassgläubigern gehören, können sich nicht an die der Verwaltung des Testamentsvollstreckers unterliegenden Nachlassgegenstände halten.

1. Grundgedanke. Die Eigengläubiger des Erben können nicht mehr Rechte haben als der Erbe selbst (§§ 2205, 2211; dazu BGH NJW 2013, 1879 Rn. 21). Die Beschränkung gilt mit dem Erbfall unabhängig vom Zeitpunkt der Ernennung bis zum Ende der Testamentsvollstreckung oder zu der Freigabe des Vollstreckungsgegenstandes (BGHZ 181, 129 f. = NJW 2009, 2459); dies gilt auch gegenüber Gläubigern, die einen Miterbenanteil gepfändet haben (s aber zur Möglichkeit der Auseinandersetzung → § 2042 Rn. 1 und → § 2044 Rn. 2). S. zu Nachlasserbenschulden → § 2211 Rn. 2 und zum **OHG-Anteil** → § 2205 Rn. 3. Dingliche Rechte sind nicht betroffen. § 2214 hindert nicht die Zwangsvollstreckung in den Erbteil des Miterben (Ensthaler Rpfleger 1988, 94; vgl → § 2033 Rn. 7). Wird über das Vermögen des Erben die Insolvenz eröffnet, fällt der unter Testamentsvollstreckung stehende Nachlass in die Insolvenzmasse, bildet aber eine Sondermasse, auf die nur der Nachlassgläubiger, nicht aber die Erbengläubiger Zugriff nehmen können (BGHZ 167, 352). 1

2. Rechtsbehelf. § 766 ZPO. 2

§ 2215 Nachlassverzeichnis

(1) **Der Testamentsvollstrecker hat dem Erben unverzüglich nach der Annahme des Amts ein Verzeichnis der seiner Verwaltung unterliegenden Nachlassgegenstände und der bekannten Nachlassverbindlichkeiten mitzuteilen und ihm die zur Aufnahme des Inventars sonst erforderliche Beihilfe zu leisten.**

(2) **Das Verzeichnis ist mit der Angabe des Tages der Aufnahme zu versehen und von dem Testamentsvollstrecker zu unterzeichnen; der Testamentsvollstrecker hat auf Verlangen die Unterzeichnung öffentlich beglaubigen zu lassen.**

(3) **Der Erbe kann verlangen, dass er bei der Aufnahme des Verzeichnisses zugezogen wird.**

(4) **Der Testamentsvollstrecker ist berechtigt und auf Verlangen des Erben verpflichtet, das Verzeichnis durch die zuständige Behörde oder durch einen zuständigen Beamten oder Notar aufnehmen zu lassen.**

(5) **Die Kosten der Aufnahme und der Beglaubigung fallen dem Nachlass zur Last.**

Das Testamentsvollstreckerinventar ist nur Grundlage des Rechtsverhältnisses zum Erben (§§ 2216, 2218, 2219); Fortfall der Verpflichtung des Testamentsvollstreckers mit wirksamer Kündigung seines Amtes (OLG Koblenz NJW-RR 1993, 462). Der Testamentsvollstrecker über den Erbteil eines Miterben ist auch während des Bestehens der Erbengemeinschaft verpflichtet, diesem Miterben ein Verzeichnis nach § 2215 I mitzuteilen (OLG München ZEV 2009, 295), kann den Miterben aber uU auf ein bereits für andere Miterben errichtetes Verzeichnis verweisen. 1

Ein Verzicht der Erben auf Erstellung des Nachlassverzeichnisses ist widerruflich (OLG Köln NJW-RR 2005, 95 f.). Um das Inventar zur Haftungsbeschränkung (§§ 1993 ff.) muss der Erbe ggf selbst besorgt sein, wobei ihn der Testamentsvollstrecker allerdings zu unterstützen hat. Bei Verletzung der Pflicht zur Erstellung eines Nachlassverzeichnisses kann die Verpflichtung zum Schadensersatz Anwaltskosten umfassen (OLG Koblenz FamRZ 2009, 817: Stundenhonorar).

§ 2216 Ordnungsmäßige Verwaltung des Nachlasses, Befolgung von Anordnungen

(1) **Der Testamentsvollstrecker ist zur ordnungsmäßigen Verwaltung des Nachlasses verpflichtet.**

(2) [1]**Anordnungen, die der Erblasser für die Verwaltung durch letztwillige Verfügung getroffen hat, sind von dem Testamentsvollstrecker zu befolgen.** [2]**Sie können jedoch auf Antrag des Testamentsvollstreckers oder eines anderen Beteiligten von dem Nachlassgericht außer Kraft gesetzt werden, wenn ihre Befolgung den Nachlass erheblich gefährden würde.** [3]**Das Gericht soll vor der Entscheidung, soweit tunlich, die Beteiligten hören.**

1 **1. Regeln ordnungsmäßiger Verwaltung. a)** Sie bestimmen sich grundsätzlich nach obj Kriterien, wobei aber dem Vollstrecker ein Ermessensspielraum belassen bleibt (BGHZ 25, 280 [283]; BGH FamRZ 1995, 479; aber → Rn. 2). Soweit der Testamentsvollstrecker eine Auseinandersetzung durchzuführen hat (§ 2204), muss er die Vorschriften der §§ 2042–2057a beachten und darf insbesondere nicht vor Berichtigung der Nachlassverbindlichkeiten (§ 2046) Aktivvermögen auf einen Miterben übertragen mit der Folge einer fortbestehenden Außenhaftung nicht berücksichtigter Miterben, denen der Testamentsvollstrecker dann auf Freistellung haftet (OLG Köln ZEV 2018, 425 = BeckRS 2018, 7842; sa → § 2046 Rn. 2). Der verwaltende Testamentsvollstrecker (§ 2205) hat das Vermögen zu bewahren und zu vermehren (vgl zur Ausübung von Aktienbezugsrechten BGH WM 1967, 27; zur Überwachung der GmbH-Geschäftsführung BGH NJW 1959, 1820, sa Klumpp ZEV 2006, 257; zur Umwandlung von Kapitalgesellschaften BayObLG NJW 1976, 1693; aber keine Pflicht zum Übererlös beim Verkauf von Nachlassgegenständen, BGH NJW-RR 1989, 643). Die Pflicht zur Vermögenswahrung wird jedenfalls dann verletzt, wenn der Testamentsvollstrecker ein Grundstück zur Hälfte seines Verkehrswertes versteigern lässt, ohne sich zuvor um eine bessere Verwertung durch freihändigen Verkauf nachhaltig zu bemühen (BGH NJW-RR 2001, 1369). An das Prinzip des „sichersten Wegs" ist der Vollstrecker bei der Anlage von Nachlassvermögen nicht gebunden (BGH NJW 1987, 1070). Unterliegt der Nachlass der Vor- und Nacherbfolge, so ist der Interessengegensatz zu berücksichtigen (BGH FamRZ 1988, 280); dem Vorerben gebühren die Nutzungen, dem Nacherben die Substanz (BGH WM 1986, 1096). Die Pflicht zur Vermögenswahrung verletzt überflüssige Prozessführung (BGH ZEV 2000, 196: Beauftragung eines Anwalts mit rein vorsorglichem Einspruch gegen 65 Erbschaftsteuerbescheide; OLG Karlsruhe NJW-RR 2005, 453: keine Verletzung bei Klage auf Feststellung, dass Dritter nicht Erbe geworden; → Vor § 2197 Rn. 3). Die Vermögenswahrungspflicht verlangt Kontrollmaßnahmen (BGH NJW-RR 1995, 577; BGH FamRZ 1999, 435). Zu den Anforderungen an die ordnungsmäßige Verwaltung, wenn der Nachlass im Ausland belegene Teile umfasst, vgl BayObLG ZEV 2005, 169.
2 **b) Anordnungen des Erblassers** (§ 2216 II 1) können weitere Richtlinien abgeben (BayObLG FamRZ 2000, 576); sie sind von bloßen Wünschen zu unterscheiden (BayObLGZ 1976, 77); keine Pflichtverletzung, falls Testamentsvollstrecker nach sorgfältiger Ermittlung einer vertretbaren Auslegung letztwilliger Verfügungen folgt und sie verwirklicht (BGH NJW-RR 1992, 775). Anordnungen des Erblassers begrenzen den Ermessensspielraum des Vollstreckers (BGH NJW 2013, 1879 Rn. 29), der im Rahmen ordnungsmäßiger Verwaltung (→ Rn. 1) besteht (zu den Rechtsbehelfen des Testa-

mentsvollstreckers bei Zweifeln an der Angemessenheit der Festsetzung einer Betreuervergütung im Rahmen der Anordnungen eines Behindertentestaments BGH NJW 2015, 1965 Rn. 12 ff.).

2. Verletzungen der Verwaltungspflicht. a) Es besteht ein **klagbarer Anspruch** des Erben (BGHZ 25, 283; BGH NJW 1983, 40 [41]; 13, 1879 Rn. 22; BGH FamRZ 1988, 280) und wohl auch des betroffenen Vermächtnisnehmers auf Pflichterfüllung (zur einstweiligen Anordnung → § 2227 Rn. 4). Erbe und Vermächtnisnehmer, nicht aber alle Nachlassgläubiger (BGHZ 57, 93 f.) haben uU Schadensersatzansprüche (§ 2219). Pflichtverletzung ist je nach Gewicht ein Entlassungsgrund (§ 2227). **b) Verfügungen** im Rahmen der Verfügungsbefugnis (§§ 2205 S. 2, 2208) sind auch bei Verletzung der Verwaltungspflichten wirksam (KG ZEV 2008, 531); → § 2204 Rn. 1, → § 2205 Rn. 10, → § 2208 Rn. 3. 3 4

3. Aufhebung von Erblasseranordnungen durch das Nachlassgericht. a) Aufhebungsgründe sind Nachlassgefährdung und – weitergehend – Gefährdung der Interessen der Nachlassbeteiligten. Bei veränderten Umständen kann eine Erblasseranordnung aber auch ohne weiteres modifiziert sein oder entfallen, wenn sich dies im Wege der ergänzenden Auslegung ergibt. Dann bedarf es nicht der Aufhebung (BayObLG NJW-RR 2000, 301). **b) Antragsberechtigt** sind Vollstrecker, Erbe, Vermächtnisnehmer, Auflageberechtigter, nicht aber andere Nachlassgläubiger (BGHZ 35, 300) oder Gläubiger eines Miterben, selbst wenn sie ein Pfändungspfandrecht am Miterbenanteil haben (BayObLG Rpfleger 1983, 112). **c) Verfahren:** Richtersache gem § 16 I Nr. 3 RPflG. Der Richter kann nur aufheben oder ablehnen, aber keine eigenen Anordnungen treffen (KG OLGZ 1971, 220). Beschwerde gem §§ 58, 59, 355 III FamFG (früher §§ 19, 20, 82 I FGG). 5 6

§ 2217 Überlassung von Nachlassgegenständen

(1) [1]**Der Testamentsvollstrecker hat Nachlassgegenstände, deren er zur Erfüllung seiner Obliegenheiten offenbar nicht bedarf, dem Erben auf Verlangen zur freien Verfügung zu überlassen.** [2]**Mit der Überlassung erlischt sein Recht zur Verwaltung der Gegenstände.**

(2) **Wegen Nachlassverbindlichkeiten, die nicht auf einem Vermächtnis oder einer Auflage beruhen, sowie wegen bedingter und betagter Vermächtnisse oder Auflagen kann der Testamentsvollstrecker die Überlassung der Gegenstände nicht verweigern, wenn der Erbe für die Berichtigung der Verbindlichkeiten oder für die Vollziehung der Vermächtnisse oder Auflagen Sicherheit leistet.**

Lit: Muscheler, Die Freigabe von Nachlaßgegenständen durch den Testamentsvollstrecker, ZEV 1996, 401.

1. Voraussetzungen der Freigabe. Sie bestimmen sich nach der Aufgabe des Testamentsvollstreckers. Besteht sie in der Auseinandersetzung (§ 2204) oder in einer Dauervollstreckung (§ 2209), so wird vorzeitige Freigabe regelmäßig nicht in Frage kommen; anders, wenn der Hauptzweck der Testamentsvollstreckung in der Sicherung eines Begünstigten liegt, sie aber aller Wahrscheinlichkeit nach nicht notwendig ist (OLG Köln ZEV 2000, 232) oder wenn bei Gründung einer rechtsfähigen Stiftung seitherige Nachlassgegenstände in das Stiftungsvermögen fallen (OLG Frankfurt a.M. DNotZ 2012, 217; → § 2209 Rn. 2 mwN). Die Herausgabe von Nutzungen an den Erben erfolgt im Rahmen des § 2216 (BGH Rpfleger 1986, 434; OLG Frankfurt a.M. ZEV 2016, 329; hierzu Muscheler ZEV 2017, 65 ff.; sa Reimann ZEV 2010, 8). 1

2. Freigabeanspruch. Die Erben haben einen Freigabeanspruch. Fehlen die Voraussetzungen des Freigabeanspruchs und hat sich der Vollstrecker hierüber geirrt, so besteht ein Bereicherungsanspruch gem § 812 I 1 Alt. 1 auf Wiederherstellung 2 des Verwaltungsrechts (BGHZ 12, 104; 24, 106; unzutreffend BayObLG FamRZ 1992, 605 m. krit Anm von Damrau).

3 **3. Dingliche Wirkung der Freigabe.** Sie zeigt sich im Erlöschen der Verfügungsbefugnis des Vollstreckers. Der Vermerk gem GBO 52 ist im Wege der Grundbuchberichtigung zu löschen (§§ 22, 29 GBO). Ein *Freigabeverbot* des Erblassers hat dingliche Wirkung (→ § 2208 Rn. 3) und ist vom Grundbuchamt zu beachten (AG Starnberg Rpfleger 1985, 57). Keine Freigabe liegt vor, wenn der Testamentsvollstrecker den Erben seinen OHG-Anteil freizügig verwalten lässt (BGH NJW 1986, 2434). Die Freigabeerklärung bedarf keiner bes Form (OLG München ZEV 2006, 174). Von der Freigabe zu unterscheiden ist die gemeinsame Verfügung von Vollstrecker und Erben zugunsten der Erben, vgl → § 2204 Rn. 1, → § 2205 Rn. 10 und 12. Bei Freigabe eines Grundstücks an die Miterben unter Eintragung der Miterben als Eigentümer verlangt § 35 GBO formgerechten Nachweis der Erbfolge (OLG München FamRZ 2012, 65).

§ 2218 Rechtsverhältnis zum Erben; Rechnungslegung

(1) **Auf das Rechtsverhältnis zwischen dem Testamentsvollstrecker und dem Erben finden die für den Auftrag geltenden Vorschriften der §§ 664, 666 bis 668, 670, des § 673 Satz 2 und des § 674 entsprechende Anwendung.**

(2) **Bei einer länger dauernden Verwaltung kann der Erbe jährlich Rechnungslegung verlangen.**

1 **1. Anwendbarkeit des Auftragsrechts.** Zwischen dem Erben und dem Testamentsvollstrecker besteht *kein* Vertragsverhältnis, es sind nur einzelne Auftragsvorschriften anwendbar. **Besonderheiten: a) § 664:** Der Vollstrecker kann eine widerrufliche Einzelvollmacht oder Generalvollmacht (str) erteilen, sofern der Erblasser nichts anderes anordnet (KG ZEV 2019, 27 Rn. 17 ff.), er kann aber nicht sein Vertrauensamt insgesamt übertragen, die Letztverantwortung muss bei ihm bleiben; eine Vollmacht erlischt mit dem Vollstreckeramt (OLG Düsseldorf Rpfleger 2001, 425; aA Muscheler ZEV 2008, 213; str, ob auf Person oder Amt als solches abzuhe-
2 ben ist; Winkler ZEV 2001, 282; → § 2225 Rn. 5). **b) § 666:** Eine Benachrichtigungspflicht ist nicht allg, sondern nur im Einzelfall (BGHZ 30, 73) bei bedeutenderen, schwierigen oder zweifelhaften Fragen zu bejahen (RGZ 130, 139); keinesfalls ist der Vollstrecker an Weisungen der Erben gebunden. Den Rechnungslegungsanspruch kann gem § 2039 jeder Miterbe geltend machen (BGH NJW 1965, 396); aus §§ 259 II, 260 II kann die Pflicht zu eidesstattlicher Versicherung folgen (BGH WM 1964, 950); dem Testamentsvollstrecker ist jedoch ein angemessener Zeitraum zuzubilligen (BayObLG Rpfleger 1998, 247). An einen nicht am Nachlass beteiligten Dritten kann der Anspruch während der laufenden Testamentsvollstreckung gem § 399 nicht abgetreten werden (OLG Köln FGPrax 2011, 31). Ein – umgekehrter – Auskunftsanspruch des Testamentsvollstreckers folgt uU aus allg Grundsätzen, § 242
3 (Ulmer JuS 1986, 861). **c) § 670:** Aufwendungen sind zB notwendige Prozesskosten (BGHZ 69, 241: Rechtsstreit um Vollstreckerzeugnis; BGH ZEV 2003, 413: Testamentsvollstrecker eines Miterbenanteils, der Nachlassforderung gegen einen Miterben erfolglos geltend macht, kann Prozesskosten von Miterben einschließlich des Prozessgegners verlangen) und auch die Gebühren des Anwalts, der gleichzeitig Testamentsvollstrecker ist, vgl § 1835 III aF bzw §§ 1808 II, 1877 III nF ab 1.1.2023 (RGZ 149, 121). Dieser darf nur dann Anwaltsgebühren verlangen, wenn ein anderer Testamentsvollstrecker sich zur Erledigung seiner Verpflichtungen ebenfalls eines Anwalts bedient hätte (OLG Frankfurt a.M. MDR 2000, 789; ähnlich OLG Karlsruhe NJW-RR 2005, 452). Der vermeintliche Testamentsvollstrecker kann allenfalls unmittelbar aus §§ 677, 683, 812 I Aufwendungsersatz verlangen (BGHZ 69, 239). Für Ansprüche aus § 2218 gilt die Regelverjährung gem §§ 195, 199, nachdem § 197 I Nr. 2 aF durch die *Reform* (→ Vor § 1922 Rn. 18) aufgehoben wurde (für

die Anwendung von § 197 I Nr. 2 aF nach alter Rechtslage BGH NJW 2007, 2174; str). Ob bei Dauervollstreckungen der Testamentsvollstrecker Nachlasserträge thesaurieren muss oder nach §§ 2218, 667 an die Erben herauszugeben hat, ist im Einzelnen streitig (hierzu Mylich ZEV 2019, 246 ff.; Schmidl ZEV 2019, 387 ff.).

2. Besondere Informationsrechte. Dem *Vermächtnisnehmer* steht ein Auskunftsanspruch zu, falls er dessen zur Durchsetzung seines Anspruchs bedarf (str, vgl auch § 260 I und BGH WM 1964, 950). Der *Nachfolger* des Testamentsvollstreckers hat die Ansprüche aus §§ 2218, 666, 667 (BGH NJW 1972, 1660) und somit Anspruch auf Herausgabe der Unterlagen seines Vorgängers. 4

§ 2219 Haftung des Testamentsvollstreckers

(1) **Verletzt der Testamentsvollstrecker die ihm obliegenden Verpflichtungen, so ist er, wenn ihm ein Verschulden zur Last fällt, für den daraus entstehenden Schaden dem Erben und, soweit ein Vermächtnis zu vollziehen ist, auch dem Vermächtnisnehmer verantwortlich.**

(2) **Mehrere Testamentsvollstrecker, denen ein Verschulden zur Last fällt, haften als Gesamtschuldner.**

1. Haftungsvoraussetzungen. Voraussetzung der Haftung ist eine schuldhafte (§§ 276, 278) Verletzung der Pflichten aus §§ 2216, 2218; zum Inhalt dieser Pflichten vgl → § 2216 Rn. 1 f., → § 2218 Rn. 1 ff. Der Erblasser kann von der Haftung nicht befreien (§ 2220), wohl aber kann der Erbe durch Entlastung (BGH DRiZ 1969, 281) den Anspruch verlieren; der Erbe muss sich ggf Mitverschulden entgegenhalten lassen (RGZ 138, 132). Beweislast für Pflichtverletzung, Verschulden und Schaden liegt beim Kläger (BGH ZEV 2001, 358; aA Reimann ZEV 2006, 186: Anwendung des § 280 I 2). Der Anspruch verjährt gem §§ 195, 199 nach 3 Jahren, nachdem § 197 I Nr. 2 aF durch die *Reform* (→ Vor § 1922 Rn. 18) aufgehoben wurde (für die Anwendung von § 197 I Nr. 2 aF nach alter Rechtslage BGH ZEV 2002, 499 mkritAnm Otte: §§ 195, 199 aF vorzugswürdig; aA auch OLG Karlsruhe ZEV 2006, 317 mAnm Baldus/Roland; ebenso Soergel/Damrau § 2219 Rn. 10). 1

2. Anspruchsgläubiger. Gläubiger können sein der Erbe oder Vermächtnisnehmer (BGH LM Nr. 1 zu § 2258 BGB), nicht aber die übrigen Nachlassgläubiger. Die Geltendmachung des Ersatzanspruchs, der dem Erben aus einer Pflichtverletzung eines früheren Testamentsvollstreckers erwachsen ist, steht dem neuen Testamentsvollstrecker zu, vgl §§ 2205, 2212, 2041 (BGH LM Nr. 4 zu § 2219 BGB; BGH NJW 1991, 842; BGH NJW-RR 1992, 775; BGH ZEV 2002, 499). 2

3. Haftung gegen Dritte. Der Vollstrecker haftet für eine von ihm bei der Verwaltung des Nachlasses begangene unerlaubte Handlung persönlich (BGH LM Nr. 1 zu § 823 BGB [Ad]); eine Haftung des Erben aus § 831 besteht nicht, keine analoge Anwendung des § 31 (str). Wohl aber haften die Erben im Rahmen von Schuldverhältnissen gem § 278 (RGZ 144, 402), wobei aber die Beschränkbarkeit der Haftung zu beachten ist. 3

§ 2220 Zwingendes Recht

Der Erblasser kann den Testamentsvollstrecker nicht von den ihm nach den §§ 2215, 2216, 2218, 2219 obliegenden Verpflichtungen befreien.

Zum Schutz des Erben kann der Erblasser nach hM über § 2220 hinaus nicht abbedingen § 2227 (RGZ 133, 135) und § 2205 S. 3 (RGZ DR 39, 776); vgl aber → § 2205 Rn. 12 ff., 15. 1

§ 2221 Vergütung des Testamentsvollstreckers

Der Testamentsvollstrecker kann für die Führung seines Amts eine angemessene Vergütung verlangen, sofern nicht der Erblasser ein anderes bestimmt hat.

1 **1. Höhe des Vergütungsanspruchs.** Lit: Glaser MDR 1983, 93; Hass/Lieb ZErb 2002, 202; Kraft, Die Vergütung des Testamentsvollstreckers: ein Vorschlag zur Modifikation der Zeitvergütung iSd § 2221 BGB, ZEV 2019, 678 ff.; Muscheler ZEV 2014, 646 (Abzug des Pflichtteilsanspruchs vom Bruttonachlass?); Reimann ZEV 1995, 57; DStR 2002, 2008; Voss/Targan ZErb 2007, 241. Der Vergütungsanspruch richtet sich nach dem Pflichtenkreis, dem Grad der Verantwortung, der Schwierigkeit der Aufgaben, der Dauer der Verwaltung und der Notwendigkeit spezieller Kenntnisse und Fertigkeiten; sie kann – volle Abwicklung mit Schuldentilgung vorausgesetzt – als Hundertsatz des Bruttonachlasswertes berechnet werden (LM Nr. 2). Praktikerrichtwert: 4 %–2 % (Degression bei höherem Nachlasswert); ausführlich OLG Köln NJW-RR 1994, 269; 1995, 202; teilw werden als Anhalt weiterhin die überkommenen „Richtlinien des Rheinpreußischen Notarvereins" herangezogen (dazu Reimann DNotZ 2001, 344; OLG Düsseldorf MittRhNotK 1996, 172) oder die Tabelle von Tschischgale (JurBüro 1965, 89; OLG Frankfurt a.M. MDR 2000, 789); zur „Neuen Rheinischen Tabelle" zB OLG Schleswig ZEV 2009, 628 ff. = FamRZ 2010, 762 ff. mAnm Eckelskemper RNotZ 2010, 242 inkl Überblick über die verschiedenen Tabellen; LG Freiburg ZEV 2018, 301 = BeckRS 2018, 258: Notwendigkeit besonderer Rechtfertigung hoher Zuschläge); bei zwei Testamentsvollstreckern gelten uU je 75 % des Richtwerts (OLG Karlsruhe ZEV 2001, 287 mit Besprechung der verschiedenen Tabellen). Für die Vergütung eines Erbteilvollstreckers s BGH ZEV 2005, 23 mAnm Haas/Lieb. **Steuer:** → Vor § 2197 Rn. 3 f.

2 **2. Entscheidung über die Höhe.** Sie kann der Erblasser testamentarisch verbindlich treffen (BGH WM 1969, 1410; BayObLG Rpfleger 1980, 153; LG München I ZEV 2007, 529; für Zuschläge OLG Köln ZEV 2008, 335), wobei bei unangemessener Höhe von einem Vermächtnis auszugehen sein wird (vgl aber → Vor § 2197 Rn. 4). Ohne letztwillige Anordnung entscheidet das Prozessgericht (BGH NJW 1957, 948) durch streitiges Urteil, falls sich Erbe und Vollstrecker nicht einigen können. Der Vollstrecker kann jedoch eine angemessene Vergütung selbst dem Nachlass entnehmen (BGH LM Nr. 3 zu § 2221 BGB), trägt dann aber das Risiko unzutreffender Festsetzung (→ § 2227 Rn. 1). Die Befugnis zur Versilberung von Sachwerten hängt vom Einzelfall ab, wird aber bei wertvolleren Gegenständen regelmäßig zu verneinen sein.

3 **3. Fälligkeit.** Sie tritt – ohne Vorschussrecht – ein mit dem Ende der Verwaltung, nur bei längerer Verwaltung jährlich; die Zahlung der Schlussvergütung können die Erben bis zur Rechnungslegung verweigern (BGH LM Nr. 1 zu § 2221 BGB).

4 **4. Rechtsnatur.** Die Vergütung ist **Nachlassverbindlichkeit** (→ § 1967 Rn. 3; zum Rang im Verhältnis zu anderen Nachlassverbindlichkeiten wie Vermächtnissen OLG München BeckRS 2022, 20761). Bei Testamentsvollstreckung, die auf einen Miterbenanteil beschränkt ist, handelt es sich um gemeinschaftliche Verwaltungskosten (§§ 2038, 748), die alle Miterben tragen (§§ 2046 I, 2058; BGH NJW 1997, 1362 = LM Nr. 7 zu § 2221 BGB mzustAnm M. Wolf).

5. Aufwendungsersatz. Vgl → § 2218 Rn. 3.

5 **6. Verwirkung.** Sie kann eintreten bei schweren vorsätzlichen oder grob fahrlässigen Pflichtverletzungen, nicht schon bei irriger Beurteilung der Sach- und Rechtslage (BGH DNotZ 1976, 559; 1980, 164; OLG Hamm ZEV 2014, 116 – Ls.). Allerdings kommt auch eine Minderung bei weniger grober Pflichtverletzung in Betracht (OLG Frankfurt a.M. MDR 2000, 789).

7. Prozessuales. Das Interesse des Testamentsvollstreckers am Streitgegenstand kann bei Kostenfestsetzung allenfalls mit 10 % des Nachlasswertes angesetzt werden (BGHZ 96, 35; ZEV 2000, 409). 6

§ 2222 Nacherbenvollstrecker

Der Erblasser kann einen Testamentsvollstrecker auch zu dem Zwecke ernennen, dass dieser bis zu dem Eintritt einer angeordneten Nacherbfolge die Rechte des Nacherben ausübt und dessen Pflichten erfüllt.

Lit: Keim, Befugnisse des Nacherbentestamentsvollstreckers bei Verfügungen über Nachlassgegenstände, ZErb 2008, 5.

Die Nacherbenvollstreckung ist ein Unterfall der Verwaltungsvollstreckung (vgl → § 2208 Rn. 2, § 2209); der Vollstrecker nimmt die den Nacherben während der Vorerbschaft betreffenden Rechte und Pflichten wahr (vgl insbes §§ 2113, 2114, 2116–2118, 2120–2123, 2127, 2128; BGHZ 127, 364); er kann nicht auf die Anwartschaft des Nacherben verzichten, wohl aber auf den Nacherbenvermerk (§ 51 GBO; BayObLG DNotZ 1990, 57). Die Testamentsvollstreckung nach eingetretener Nacherbfolge ist von der Nacherbenvollstreckung streng zu unterscheiden (BGH NJW 1986, 2431); → § 2197 Rn. 4. 1

§ 2223 Vermächtnisvollstrecker

Der Erblasser kann einen Testamentsvollstrecker auch zu dem Zwecke ernennen, dass dieser für die Ausführung der einem Vermächtnisnehmer auferlegten Beschwerungen sorgt.

Der **Vermächtnisvollstrecker** zieht die Vermächtnisforderung ein (§§ 2205, 2212), nimmt den Vermächtnisgegenstand in Besitz und verwaltet ihn (OLG München RPfleger 2013, 453; OLG Hamm NJW-RR 2011, 11 [12]: Entgegennahme der Auflassung, bei Zusammenfallen mit Nachlassvollstreckung sogar gem § 181, und Besitz am Grundstück; zurückhaltender OLG Frankfurt a.M. NJW-RR 2018, 198 Rn. 19 ff.: Erlaubnis zum Insichgeschäft Frage der Auslegung der letztwilligen Verfügung); verwaltet er ein Grundstück, ist ein Testamentsvollstreckervermerk eintragbar (§ 52 GBO, BayObLG NJW-RR 1990, 845); er hat Ansprüche aus Untervermächtnissen und Auflagen (s BayObLGZ 1986, 38) zu erfüllen und ist insoweit passiv prozessführungsbefugt (§ 2213). Der Erblasser kann ihm auch die dauernde Verwaltung eines Vermächtnisgegenstandes auftragen, → § 2209 Rn. 2 (BGHZ 13, 203; OLG Hamm NJW-RR 1991, 838). § 2223 regelt nur den Normalfall (§§ 2203, 2204), dass die Vermächtnisvollstreckung mit der Auseinandersetzung und Ausführung der letztwilligen Verfügung endet. 1

§ 2224 Mehrere Testamentsvollstrecker

(1) [1]**Mehrere Testamentsvollstrecker führen das Amt gemeinschaftlich; bei einer Meinungsverschiedenheit entscheidet das Nachlassgericht.** [2]**Fällt einer von ihnen weg, so führen die übrigen das Amt allein.** [3]**Der Erblasser kann abweichende Anordnungen treffen.**

(2) **Jeder Testamentsvollstrecker ist berechtigt, ohne Zustimmung der anderen Testamentsvollstrecker diejenigen Maßregeln zu treffen, welche zur Erhaltung eines der gemeinschaftlichen Verwaltung unterliegenden Nachlassgegenstands notwendig sind.**

Mehrere Testamentsvollstrecker führen – mangels abw Anordnungen des Erblassers – ihr Amt nach innen und außen gemeinschaftlich (BGH NJW 1967, 2401). 1

Die Entscheidung des NachlassG bei Streitigkeiten enthält richtigerweise nicht nur die Verpflichtung des betreffenden Vollstreckers zur Mitwirkung, sie ersetzt vielmehr seine Mitwirkung (str, aA Soergel/Damrau § 2224 Rn. 15). Die Kosten des Verfahrens nach I 1 Hs. 2 sind nicht gem §§ 2218 I, 670 zu erstatten, sondern bereits mit der Vergütung nach § 2221 abgegolten (BGH ZEV 2003, 413). Entgegen der Rspr (BGHZ 20, 264) ist auch für Streitigkeiten darüber, ob Amtshandlungen mit der letztwilligen Verfügung harmonieren, das NachlassG zuständig, nicht aber das Prozessgericht (str, vgl Baur JZ 1956, 495). Zum Beschwerderecht vgl insbes §§ 355 III, 59 FamFG (früher §§ 82, 20 FGG). Ein einzelner Testamentsvollstrecker kann gem § 2224 II ohne Mitwirkung der Mitvollstrecker auf Herausgabe eines vermeintlichen Nachlassgegenstandes an den Nachlass klagen (LG Heilbronn BeckRS 2021, 25717; zustimmend Sieber NJW 2022, 1068 Rn. 60; allgemein zu den Voraussetzungen einer Notmaßnahme eher zurückhaltend BGH NJW 2022, Rn. 22)); Lit.: Kretschmann ZEV 2022, 383. Gem § 2224 I 3 kann der Erblasser den Testamentsvollstreckern unterschiedliche Wirkungskreise zuweisen, wobei dann für die Ermittlung des Willens des Erblassers die allgemeinen Auslegungsregeln gelten, also neben dem Wortlaut auch außerhalb des Testaments liegende Umstände herangezogen werden können, soweit ihre Berücksichtigung dem Testament wenigstens andeutungsweise entspricht (BGH NJW 2022, 3436 Rn. 19–21). Soweit neben der Testamentsvollstreckung eine postmortale Vollmacht erteilt ist, kann nicht allgemein vom Vorrang der Vollmacht oder der Testamentsvollstreckung ausgegangen werden, vielmehr ist anhand beider Urkunden nach den Umständen des Einzelfalles zu entscheiden, ob bestimmte Befugnisse von der Testamentsvollstreckung oder der Vollmacht erfasst sein sollen (BGH NJW 2022, 3436 Rn. 24 ff.); sa Vor § 2197 Rn. 2.

§ 2225 Erlöschen des Amts des Testamentsvollstreckers

Das Amt des Testamentsvollstreckers erlischt, wenn er stirbt oder wenn ein Fall eintritt, in welchem die Ernennung nach § 2201 unwirksam sein würde.

1 **1. Erlöschen durch Tod.** In diesem Falle sind §§ 2218, 673 S. 2 vom Erben des Testamentsvollstreckers zu beachten.

2 **2. Nachlassverwaltung und -insolvenz.** Sie beendigen das Amt nicht, vgl aber → § 2205 Rn. 16.

3 **3. Weitere Erlöschensgründe.** Hier sind zu erwähnen: Erledigung der zugewiesenen Aufgabe (BGHZ 41, 23; OLG München ZEV 2019 273 Rn. 22 f.; Düsseldorf ZEV 2018, 614 = BeckRS 2018, 22623: Beendigung einer Abwicklungsvollstreckung; KG NJW-RR 2012, 1098; OLG Hamm NJW-RR 2002, 1301; OLG Nürnberg FamRZ 2010, 1203 = WM 2010, 1286: bei gegenständlich beschränkter Erledigung der Testamentsvollstreckung kann sich Erlöschen auf diesen Gegenstand beschränken); Fristablauf: § 2210; Eintritt eines im Testament benannten Ereignisses (OLG Düsseldorf Rpfleger 2011, 375). Mit dem Ende des Amtes erlischt die Verwaltungs- u Verfügungsbefugnis mit dinglicher Wirkung, weshalb ein beendendes Ereignis im Testamentsvollstreckerzeugnis zu vermerken ist (OLG Düsseldorf Rpfleger 2011, 376; aA Bestelmeyer Rpfleger 2012, 671 für den Fall bloßer Freigabeverpflichtung gem § 2217 – fraglich!). Vgl auch → § 2204 Rn. 1. Mit der Beendigung des Amtes wird zwar das Grundbuch mit seinem Vermerk über die Testamentsvollstreckung unrichtig, falls Beendigung des Amtes und der Testamentsvollstreckung zusammenfallen (s. unten → Rn. 4); jedoch keine Berichtigung nach § 22 GBO bei fehlendem Nachweis gem § 29 GBO, der nur selten zu erbringen sein wird (OLG München ZEV 2019, 273 Rn. 24 ff. (dazu Weidlich ZEV 2019, 275: öffentlich beglaubigte Freigabeerklärung des Testamentsvollstreckers als Alternative)

4 **4. Beendigung des Amtes und Beendigung der Testamentsvollstreckung.** Beendigung des Amtes ist nicht stets mit der Beendigung der Vollstreckung identisch

(OLG München NJW 2015, 2271 Rn. 14; OLG München Rpfleger 2005, 661); vgl §§ 2197 II, 2199 II, 2200, 2224 I 3; zur Fortsetzung einer Dauervollstreckung bei Geschäftsunfähigkeit, wenn die Vollstreckung mit dem Tode des Vollstreckers enden sollte, OLG Düsseldorf ZEV 2012, 484. Eine Unrichtigkeit des Grundbuchs, in dem die Testamentsvollstreckung vermerkt ist (§ 52 GBO), tritt erst mit der Beendigung der Vollstreckung selbst, nicht unbedingt mit der Beendigung des Amtes des einzelnen Vollstreckers ein (OLG Saarbrücken ZEV 2020, 97 zur Berichtigung nach § 22 GBO). Die Verwaltungsbefugnis des verfügenden Testamentsvollstreckers muss grundsätzlich bis zum vollen Vollzug einer Verfügung vorliegen, also bei Grundstücken bis zur Grundbucheintragung (OLG München NJW 2015, 2271 Rn. 8; Böttcher NJW 2016, 844 [847]) Auf das Erlöschen der Verwaltungsbefugnis eines Testamentsvollstreckers nach Beendigung seines Amtes ist jedoch § 878 entspr anzuwenden (str., wie hier Staudinger/Herrler, BGB, Bearb. 2018, § 878 Rn. 58; MüKo-BGB/Kohler, § 878 Rn. 11; LG Mönchengladbach RNotZ 2010, 540; offen OLG München NJW 2015, 2271 Rn. 10; ablehnend OLG Köln MittRhNotK 1981, 139, 140; tendenziell gleich ZEV 2020, 35 Rn. 17 ff.).

5. Ausscheiden des Testamentsvollstreckers und von ihm erteilte Vollmacht. Mit dem Ausscheiden des Testamentsvollstreckers endet auch eine von ihm erteilte Vollmacht (OLG Düsseldorf Rpfleger 2001, 425 = ZEV 2001, 282 m. krit Anmvon Winkler; str; → § 2218 Rn. 1). 5

6. Prozessuales. Der Streit, ob das Amt erloschen ist, ist durch das Prozessgericht zu entscheiden (BGHZ 41, 28), kann für das NachlassG aber Vorfrage sein (BayObLGZ 1988, 46; → § 2227 Rn. 4). Der Amtsnachfolger eines verstorbenen Testamentsvollstreckers tritt in dessen verfahrensrechtliche Stellung ein (OLG Zweibrücken NJW-RR 2000, 816), nicht dagegen seine Erben (BayObLG FamRZ 2001, 318). 6

§ 2226 Kündigung durch den Testamentsvollstrecker

[1]Der Testamentsvollstrecker kann das Amt jederzeit kündigen. [2]Die Kündigung erfolgt durch Erklärung gegenüber dem Nachlassgericht. [3]Die Vorschrift des § 671 Abs. 2, 3 findet entsprechende Anwendung.

Lit: Kühn, Entgeltliche Amtsbeendigungsvereinbarungen bei Dauertestamentsvollstreckung, ZErb 2009, 145; Muscheler, Pflicht des Testamentsvollstreckers zur Kündigung seines Amtes, NJW 2009, 2081; Reimann, Vereinbarungen zwischen Erben über die vorzeitige Beendigung der Testamentsvollstreckung, NJW 2005, 789; Werner, Wie man einen Testamentsvollstrecker los wird, ZEV 2010, 126.

Der Testamentsvollstrecker kann sich – außer im Falle entspr letztwilliger Anordnung – nicht rechtswirksam verpflichten, sein Amt jederzeit auf Verlangen eines Miterben niederzulegen, weil er dadurch in Abhängigkeit zu den Erben geraten würde (BGHZ 25, 281); hingegen kann er sich einklagbar verpflichten, sein Amt zu einem bestimmten Zeitpunkt niederzulegen (OLG Hamm FamRZ 2008, 1569). Eine Teilkündigung ist nur zulässig, soweit sie dem Erblasserwillen entspricht (OLG Hamm NJW-RR 1991, 838). Vgl auch → § 2205 Rn. 15. 1

§ 2227 Entlassung des Testamentsvollstreckers

Das Nachlassgericht kann den Testamentsvollstrecker auf Antrag eines der Beteiligten entlassen, wenn ein wichtiger Grund vorliegt; ein solcher Grund ist insbesondere grobe Pflichtverletzung oder Unfähigkeit zur ordnungsmäßigen Geschäftsführung.

Lit: Muscheler, Die Entlassung des Testamentsvollstreckers, AcP 197, 226.

1 **1. Entlassungsgründe.** Ernennung trotz fehlender Voraussetzungen kann wichtiger Grund zur Entlassung sein (BayObLG FamRZ 1987, 104), ebenso Darlehensgewährung an sich selbst (OLG Frankfurt a.M. NJW-RR 1998, 795). Hingegen ist idR persönliche Feindschaft zwischen Erbe und Vollstrecker kein ausreichender Grund (OLG Köln OLGZ 1969, 281), wohl aber uU obj Interessenwiderstreit (BayObLGZ 1988, 48; BayObLG NJW-RR 1991, 491; OLG Düsseldorf NJW-RR 2013, 331: Bedienung eigener Forderungen aus dem Nachlass in nicht nachprüfbarer und vom Erblasser nicht autorisierter Form), ein berechtigtes Misstrauen gegen die unparteiliche Amtsführung (OLG München Rpfleger 2008, 575) oder begründeter Verdacht eigener Bereicherung aus dem anvertrauten Vermögen (OLG Saarbrücken ZEV 2019, 29) bzw übermäßige Entnahmen für eine Vergütung (OLG Hamburg ZEV 2020, 38) oder schon die Vermischung des Erblasservermögens mit dem Eigenvermögen (OLG München NJW-RR 2020, 1084 Rn. 10). Vertritt der Testamentsvollstrecker in einer strittigen Rechtsfrage eine ihm günstige Auslegung, so rechtfertigt dies allein nicht seine Entlassung (BayObLGZ 2001, 170 f.). Wird dem Testamentsvollstrecker parteiisches Verhalten vorgeworfen, so ist es zu berücksichtigen, wenn die Erben ihm von vornherein nicht die Möglichkeit zur Aufnahme des Amtes zu ordnungsgemäßen Bedingungen gaben (OLG Düsseldorf FamRZ 2000, 192 mit unpräziser Formulierung). Selbst die heftige Ablehnung des Testamentsvollstreckers durch die Erben auf Grund dessen früherer Stellung als Prozessvertreter des Erblassers in einem Verfahren gegen sie, reicht alleine noch nicht aus (OLG Hamm Rpfleger 2001, 132). In der ungerechtfertigten Bevorzugung bzw Benachteiligung von Miterben kann eine grobe Pflichtverletzung liegen (BGHZ 25, 284; BayObLG FamRZ 2001, 54: zudem noch Auskunftsverweigerung; OLG Düsseldorf BeckRS 2021, 34186: Teilnahme an betrügerischer Manipulation zugunsten von Anteilen, die der Testamentsvollstreckung unterliegen), ebenso bei Verstoß gegen schuldrechtlich wirkende Anordnungen des Erblassers nach § 2216 (BayObLG NJW-RR 2000, 301: grobe Verletzung, da in bedeutender Entscheidung jede Absicherung nach § 2216 II 2 oder durch Anhörung des Erben unterlassen wurde; OLG Karlsruhe NJW-RR 2005, 527), ebenso in verspäteter Unterhaltszahlung, Verweigerung der Information gegenüber dem Erben (OLG Celle OLGZ 1978, 442 ff.; BayObLG FamRZ 1988, 436; BayObLG Rpfleger 2001, 550; s aber BayObLG Rpfleger 1998, 247: angemessene Frist zur Rechnungslegung) oder Täuschung über Werthaltigkeit des Nachlasses (OLG Naumburg FamRZ 2006, 972); Unfähigkeit zur ordnungsmäßigen Geschäftsführung (OLG Hamm NJW-RR 2007, 878); Ersteigerung eines Anwesens bei illiquidem Nachlass und ungesicherter Finanzierung (BayObLG Rpfleger 1998, 248), Errichtung eines fehlerhaften Nachlassverzeichnisses (OLG Hamm Rpfleger 1986, 16; OLGR Schleswig 06, 635); langfristiges Verschweigen eines wesentlichen Teils des Nachlasses (OLG Schleswig ZErb 2009, 36); verzögerte Erstellung des Nachlassverzeichnisses (OLG Köln FamRZ 1992, 723; OLG Schleswig FamRZ 2007, 307), unterlassene Übermittlung eines Nachlassverzeichnisses (BayObLG ZEV 1997, 381; vgl dagegen die abw Fallgestaltung OLG Zweibrücken FGPrax 1997, 109: keine ernstliche Gefährdung der Interessen des Erben), Erhöhung von Vermächtnissen (BayObLG FamRZ 1989, 668), Inanspruchnahme eines nicht bestehenden Vorkaufrechts (BayObLG FamRZ 2005, 935) oder der Entnahme viel zu hoher Vergütung (BayObLGZ 1985, 242; OLG Köln NJW-RR 1987, 1098; sa KG NJW-RR 2011, 511 f.). Allein in der Verzögerung des Verkaufs eines Nachlassgegenstandes zur Begleichung von Vermächtnissen entgegen der zeitlichen Erwartung des Erblassers liegt noch keine Pflichtverletzung, wenn vernünftige Gründe dafür sprechen (BayObLG FamRZ 2000, 1056: Erbe erklärte sich zur Begleichung der Vermächtnisse bereit), ebenso wenig in der Nichterfüllung vertraglicher Pflichten gegenüber den Erben (OLG Hamm ZEV 2008, 337); zur Kumulation verschiedener Verfehlungen: BayObLG FamRZ 2000, 194; 05, 937; OLG Rostock ZEV 2018, 749 = BeckRS 2018, 23525: Missachtung von Verwaltungsanordnungen des Erben und zögerliche Erfüllung eines Vermächtnisses. Überwiegende andere Gründe können aber uU für die Beibehaltung des Amtes sprechen

(BayObLGZ 1988, 51; KG FamRZ 2011, 1254), zB auch Kostengründe, wenn der Nachlass sowieso fast abgewickelt ist. Negative Umstände, die dem Erblasser bei Einsetzung bekannt waren, rechtfertigen regelmäßig keine Entlassung (s OLG Düsseldorf ZEV 2017, 235-LS = BeckRS 2017, 103227).

2. Antragsberechtigung. Antragsberechtigt sind Erben, Erbeserben (BayObLG FamRZ 1998, 325), Mitvollstrecker, Vermächtnisnehmer, Auflagenberechtigte, Pflichtteilsberechtigte (BayObLGZ 1997, 1; KG NJW-RR 2002, 439; 2005, 810; aA Muscheler ZErb 2009, 54; Bestelmeyer Rpfleger 2010, 641), nicht aber gewöhnliche Nachlassgläubiger (BGHZ 35, 296; OLG Hamm BeckRS 2018, 14878) bzw Erbteilspfandgläubiger (LG Stuttgart BWNotZ 1992, 59), Eltern minderjähriger Erben, denen nach § 1638 die Vermögenssorge entzogen ist (BGHZ 106, 99; OLG Schleswig NJW-RR 2007, 1597; aA Baur DNotZ 1965, 484) oder ein aus dem Amt entlassener Testamentsvollstrecker (OLG München NJW-RR 2011, 1092; OLG Köln NJW-RR 1987, 1098), ebenso wenig der Erbschaftskäufer (OLG Köln FGPrax 2011, 30). Auch ein Miterbe, dessen Erbteil von einer angeordneten Erbteilvollstreckung nicht unmittelbar betroffen ist, ist antragsberechtigt, weil die Tätigkeit als Testamentsvollstrecker für einen Miterben auch die Rechte der anderen Miterben intensiv berührt und sie ein berechtigtes Interesse an der ordnungsgemäßen Amtsführung des Vollstreckers über einen anderen Miterbenanteil haben (so schon als obiter dictum BGH NJW 1997, 1362, 1363; nunmehr auch OLG München NJW-RR 2020, 1084 Rn. 4 unter Aufgabe der Gegenabsicht vertreten in OLG München Rpfleger 2006, 19 m. krit Anm von Reimann ZEV 2006, 32; für ein Antragsrecht bereits auch OLG Hamm ZErb 2009, 299 für den Fall der Gefährdung künftiger geordneter Auseinandersetzung). 2

3. Prozessuales. Richtersache, § 16 I Nr. 5 RPflG; Beschwerde gem §§ 58 f. FamFG (früher §§ 20, 81 II FGG); beschwerdeberechtigt ist auch der entlassene Testamentsvollstrecker (KG OLGZ 1992, 139). Alle erforderlichen Ermittlungen sind von Amts wegen vorzunehmen (BayObLGZ 1988, 48; § 26 FamFG). Dem Testamentsvollstrecker ist vor der Entlassung grundsätzlich Gehör zu gewähren (Art. 103 I GG; BayObLG Rpfleger 1998, 246). Das Nachlassgericht muss sein Ermessen bei der Entlassung fehlerfrei ausüben und in seiner Entscheidung die tragenden Entlassungsgründe ausreichend detailliert darlegen, wobei das Beschwerdegericht die Entscheidung mit eigener Begründung bestätigen kann (OLG Düsseldorf ZEV 2018, 485 = BeckRS 2018, 13957). Endet die Testamentsvollstreckung während des Beschwerdeverfahrens durch Erledigung aller Aufgaben einer Abwicklungsvollstreckung (→ § 2225 Rn. 3 und 4), so endet auch das Beschwerdeverfahren durch Erledigung (OLG Düsseldorf ZEV 2018, 614 = BeckRS 2018, 22623), idR mit einer Kostenentscheidung und ohne Feststellung einer Verletzung der Rechte des Testamentsvollstreckers (§ 62 I FamFG). Im Beschwerdeverfahren kann die Anhörung Beteiligter durch einen beauftragten Richter erfolgen (BayObLG FamRZ 1987, 102). Das Gericht der Rechtsbeschwerde (§ 133 GVG iVm §§ 70 ff. FamFG; früher §§ 28 f. FGG) kann die Würdigung der tatsächlichen Umstände grundsätzlich nicht nachprüfen (OLG Köln OLGZ 1988, 27 zu §§ 27 ff. FGG). Der Erblasser kann die Entlassung nicht testamentarisch einem *Schiedsgericht* übertragen (BGH NJW 2017, 2112; dazu Keim NJW 2017, 2652 [2654]; RGZ 133, 135; OLG Karlsruhe FamRZ 2010, 150; aA Muscheler ZEV 2009, 317; allgemein zur Reichweite schiedsgerichtlicher Kompetenz im Erbrecht Lange ZEV 2017, 1 ff.; von Bary ZEV 2019, 317 ff.); generell liegen die Grenzen möglicher schiedsgerichtlicher Kompetenz dort, wo die Beurteilung zwingender Pflichten des Testamentsvollstreckers zu beurteilen sind, wie sie § 2220 festlegt (in diesem Sinne BGH NJW 2019, 857 Rn. 20 ff.); hingegen sollen Erben und Testamentsvollstrecker einen Schiedsvertrag über streitige gegen den Nachlass gerichtete Ansprüche schließen können (Soergel/Damrau § 2227 Rn. 1; in diesem Sinne wohl auch BGH NJW 2017, 2115 Rn. 17 ff. für den Fall des Streits um einen Pflichtteilsanspruch; hierzu → § 2303 Rn. 1). Jedenfalls sind aber allgemeine in der Schiedsgerichtsbarkeit geltende grund- 3 sätzliche rechtsstaatliche Anforderungen zu beachten, insbesondere das Gebot schiedsrichterlicher Neutralität in Gestalt des Verbots des Richtens in eigener Sache, so dass der Testamentsvollstrecker keinesfalls gleichzeitig als Schiedsrichter fungieren kann (BGH NJW 2019, 857 Rn. 24 ff.). Wenn das Amt des Testamentsvollstreckers durch Aufgabenerledigung beendet ist, tritt Erledigung des Entlassungsverfahrens ein (OLG Hamm NJW-RR 2002, 1300; OLG München FamRZ 2008, 190). Die Rechtskraft einer Entscheidung über Entlassung erfasst nicht die Frage, ob Vollstreckung angeordnet war (OLG Düsseldorf FGPrax 1998, 107). Auch wenn bereits ein Entlassungsantrag gestellt ist, muss auf Antrag noch ein Testamentsvollstreckerzeugnis erteilt werden (OLG München Rpfleger 2010, 427). Der Geschäftswert eines Entlassungsverfahrens richtet sich nach dem Wert des Nettonachlasses für den antragstellenden Erben bzw Miterben (OLG Düsseldorf BeckRS 2012, 22444).

4 **4. Umfang nachlassgerichtlicher Eingriffsbefugnisse.** Aufhebung der Vollstreckung als solcher ist dem NachlassG verwehrt, vgl aber § 2216 II 2, ebenso grundsätzlich ein vorläufiger Eingriff in Amtshandlungen des Testamentsvollstreckers (OLG Köln OLGZ 1987, 282; OLG Schleswig ZErb 2010, 148; OLG Hamm ZErb 2010, 263; aA Zimmermann ZEV 2010, 368 ff. unter Hinweis auf §§ 49 ff. FamFG). Der Rechtsanspruch auf ordnungsmäßige Verwaltung ist im Zivilprozess durchzusetzen (vgl → § 2216 Rn. 3), ggf im einstweiligen Verfahren (§§ 935 ff. ZPO). Nach Einleitung des Entlassungsverfahrens erscheint allerdings das Verfahren nach §§ 49 ff. FamFG unter neuem Recht vorzugswürdig (Bestelmeyer Rpfleger 2010, 641). Wenn die Entscheidung über die Entlassung des Testamentsvollstreckers formell rechtskräftig geworden ist (dazu OLG Saarbrücken NJW-RR 2018, 774 Rn. 7) kommt eine „Wiedereinsetzung" in das Amt nicht mehr in Betracht, auch wenn der alte Entlassungsgrund nicht mehr bestehen sollte – letztlich eine Folge der beschränkten materiellen Rechtkraft der Entscheidung; denkbar ist aber eine Neuernennung, die jedoch allgemeinen Regeln folgt und auch nach Fortfall des Entlassungsgrundes keinesfalls selbstverständlich erscheint und neuer Prüfung aller gegebenen Umstände bedarf (OLG Saarbrücken NJW-RR 2018, 774 Rn. 8 f.; in gleichem Sinne einer Neuüberlegung OLG Düsseldorf ZEV 2018, 485 = BeckRS 2018, 13957).

5 **5. Reform.** § 2227 II aF ist aufgehoben im Zuge des FGG-Reformgesetzes zum 1.9.2009 (→ Vor § 1922 Rn. 19), seine Funktion erfüllt § 345 IV 1 Nr. 2 FamFG.

§ 2228 Akteneinsicht

Das Nachlassgericht hat die Einsicht der nach § 2198 Abs. 1 Satz 2, § 2199 Abs. 3, § 2202 Abs. 2, § 2226 Satz 2 abgegebenen Erklärungen jedem zu gestatten, der ein rechtliches Interesse glaubhaft macht.

1 Vgl auch §§ 13, 357 II FamFG (früher §§ 78, 85 FGG).

Titel 7. Errichtung und Aufhebung eines Testaments

§ 2229 Testierfähigkeit Minderjähriger, Testierunfähigkeit

(1) **Ein Minderjähriger kann ein Testament erst errichten, wenn er das 16. Lebensjahr vollendet hat.**

(2) **Der Minderjährige bedarf zur Errichtung eines Testaments nicht der Zustimmung seines gesetzlichen Vertreters.**

(3) **(weggefallen)**

(4) **Wer wegen krankhafter Störung der Geistestätigkeit, wegen Geistesschwäche oder wegen Bewusstseinsstörung nicht in der Lage ist, die Bedeu-**

tung einer von ihm abgegebenen Willenserklärung einzusehen und nach dieser Einsicht zu handeln, kann ein Testament nicht errichten.

1. Minderjährigkeit. Es handelt sich um eine Spezialregelung zu §§ 106 ff. (zur Verfassungsmäßigkeit BVerfG NJW 1999, 1853); §§ 2233 I, 2247 IV mit ihren Beschränkungen sind aber zu beachten; zum Übergangsrecht der *neuen Bundesländer* → Vor § 1922 Rn. 7, 11 ff. 1

2. Betreuung. Der Betreute ist testierfähig (§ 1903 II aF bzw *§ 1825 II nF ab 1.1.2023*), falls kein Fall des § 2229 IV vorliegt, der folglich von zentraler Bedeutung ist. Anders als der Minderjährige (§§ 2233 I, 2247 IV) kann der Betreute sich aller ges Testamentsformen bedienen (krit Dieckmann JZ 1988, 794 ff.; Hahn FamRZ 1991, 27 f.). Das Übergangsrecht zur Rechtsänderung des Behindertenrechts durch das *Betreuungsgesetz* vom 12.9.1990 (BGBl. I 2002) war in Art. 9 des Ges geregelt; das Betreuungsgesetz trat am 24.4.2006 außer Kraft; zum alten Recht und Übergangsrecht s 13. Aufl. Rn. 2–4; ferner Hahn FamRZ 1991, 29. 2 3

3. Testierunfähigkeit wegen Krankheit (IV). Lit: Cording ZEV 2010, 23 [115]; Wetterling ErbR 2010, 345; Schmoeckel NJW 2016, 433 (Demenzkranke); W. Baumann ZEV 2020, 193 ff. (relative Testierfähigkeit). Damit die Voraussetzungen der Testierfähigkeit erfüllt sind, darf der Erblasser nicht nur eine allg Vorstellung von der Tatsache der Testamentserrichtung und vom Inhalt der Verfügung haben; vielmehr muss er in der Lage sein, sich über die Tragweite der Anordnungen, insbes über ihre Auswirkungen auf die persönlichen und wirtschaftlichen Verhältnisse der Betroffenen, und über die Gründe der Verfügungen ein klares Urteil zu bilden und nach diesem Urteil frei von Einflüssen etwaiger interessierter Dritter zu handeln (BGH FamRZ 1958, 128; 1984, 1003; OLG Celle NJW 2021, 1681 Rn. 30; OLG Brandenburg BeckRS 2022, 1768; BayObLG NJW-RR 1990, 203; 1996, 457; BayObLG FamRZ 2004, 1822 f.; 2006, 68; OLG Hamm FamRZ 2004, 661; OLG Frankfurt a.M. NJW-RR 1998, 870 mN; OLG München ZErb 2007, 460; zu den Anforderungen an entspr Sachverständigengutachten OLG Celle FamRZ 2007, 417; OLG Rostock ZErb 2009, 332). Bloße Psychopathie (querulatorische Veranlagung, Hassgefühle etc) bedingt idR keine Testierunfähigkeit (BayObLG FamRZ 1992, 724; 1996, 1110; BayObLG NJW 1192, 249), wohl aber paranoide Wahnvorstellung im Hinblick auf potentielle Testamentserben (BayObLG FamRZ 2000, 701; 2005, 658; BayObLG Rpfleger 2002, 206 mit Abgrenzung zu § 2078 II; OLG Celle NJW-RR 2003, 1094) sowie partielle Wahnvorstellungen, welche die Motive für die Errichtung einer letztwilligen Verfügung entscheidend beeinflussen (sehr weitgehend insoweit OLG Frankfurt a.M. ZEV 2018, 301 = BeckRS 126066) oder chronisch-progrediente Demenz (OLG Hamm BeckRS 2017, 140093: fehlende Einsicht in Tragweite einer letztwilligen Verfügung bei fortgeschrittener Demenzerkrankung vom Alzheimertyp; OLG München ZEV 2013, 504: keine luziden Intervalle; OLG Hamm FamRZ 2018, 1032 sowie Düsseldorf FamRZ 2015, 2088; Hamburg ErbR 2019, 36: Testierunfähigkeit bei mittelschwerer Demenz nur grobe Faustregel mit Notwendigkeit einer Kontrolle konkreter Auswirkungen auf kognitive Funktionen, Persönlichkeit und ihr Wertegefühl; sa Cording ZEV 2010, 115 ff.); besteht indessen kein Anhaltspunkt für entsprechende ärztliche Feststellungen zu Lebzeiten des Erblassers, hat das Nachlassgericht keinen Anlass für entsprechende amtswegige Ermittlungen (OLG Düsseldorf NJW-RR 2014, 262; ähnlich OLG Brandenburg RNotZ 2014, 321). Bei notarieller Errichtung muss volle Testierfähigkeit aber nur bei den Angaben für den Notar vorliegen. Im Zeitpunkt der mündlichen Genehmigung des vom Notar weisungsgemäß erstellten Testaments reicht es aus, wenn der Erblasser noch allg die Bedeutung des Testaments erkennen und sich frei entschließen kann; die Fähigkeit zur autonomen Inhaltsbestimmung und Formulierung kann getrübt sein, zB durch einen zwischenzeitlichen Schlaganfall (BGHZ 30, 294). Partielle Testierunfähigkeit ist – anders als partielle Geschäftsunfähigkeit (→ § 104 Rn. 7) – nicht möglich (zutreffend BayObLG NJW 1992, 248; aA Humm ZEV 2022, 253 4 5 6

u. 7. Aufl. mit BayObLG Rpfleger 1984, 467: Eifersuchtswahn). Auch kommt es nicht darauf an, ob die konkrete letztwillige Verfügung ihrem Inhalt nach bes einfach oder schwierig ist (zuletzt OLG München ZErb 2007, 460).

7 **4. Beweislast.** Im Rechtsstreit trägt für *Testierunfähigkeit* grundsätzlich die *volle Feststellungslast,* wer sich auf sie beruft (dazu Schmoeckel NJW 2016, 433 [438] für Demenzkranke; BayObLG FamRZ 1990, 801; 1996, 1439; 2005, 555; BayObLG NJW-RR 2003, 299; OLG Frankfurt a.M. NJW-RR 1998, 870 mN; OLG Oldenburg FamRZ 2000, 834 und OLG Hamm FamRZ 2004, 661: auch wenn der Testierende unter Betreuung steht, sa unten → vor Rn. 8; OLG Frankfurt a.M. ZEV 2018, 485 = BeckRS 2018, 13079: intensive Auseinandersetzung eines Gutachtens mit dem Schweregrad bei vaskuläre Demenz erforderlich); umgekehrt liegt die Feststellungslast, wenn sich jemand auf Wirksamkeit eines undatierten Testaments oder Zusatzes beruft und der Erblasser jedenfalls in einem Teil des in Frage kommenden Zeitraums testierunfähig war (OLG Jena ZEV 2005, 345; BayObLG NJW-RR 2003, 299; 1996, 1160 m abl Anm von Jerschke ZEV 1996, 392); an einem selbstständigen Beweisverfahren (§ 485 ZPO) zur Klärung der Testierfähigkeit im Zeitpunkt der Testamentserrichtung hat der enterbte gesetzliche Erbe zu Lebzeiten des künftigen Erblassers kein schutzwürdiges Interesse (OLG Frankfurt a.M. NJW-RR 1997, 581). Ein Gericht verletzt Art. 103 I GG, wenn es auf die behauptete Testierunfähigkeit überhaupt nicht eingeht (BGH ZEV 2010, 364). IdR ist für Verneinung der Testierfähigkeit ein nervenfachärztliches Gutachten notwendig (BGH FamRZ 1984, 1004; OLG Hamm FamRZ 1989, 439; 2004, 661; BayObLG NJW-RR 1991, 1100; 1991, 1288; BayObLG ZEV 1998, 230; OLG Frankfurt a.M. ZEV 2018, 301 = BeckRS 2017, 126066; OLG München NJW-RR 2020, 199 Rn. 14 mN: Fachärzte für Psychiatrie). Die Hinzuziehung eines Sachverständigen liegt bei anfänglicher Bejahung der Testierfähigkeit stärker im pflichtgemäßen Ermessen des Gerichts (BayObLG NJW-RR 1990, 1420; BayObLG ZEV 2005, 481: nur bei konkretem Anlass zu Zweifeln erforderlich). Medizinisch vorgebildete Zeugen, die den Erblasser gekannt oder betreut haben, können die Würdigung des Gutachtens uU maßgeblich beeinflussen (BayObLG FamRZ 1985, 743 [746]; BayObLG NJW-RR 1991, 1100); Testierfähigkeit ist vom Gericht so lange anzunehmen, als es von der Testierunfähigkeit nicht völlig überzeugt ist (BayObLG NJW 1992, 249; BayObLG NJW-RR 1990, 203; BayObLG FamRZ 1992, 724; 1988, 1100; 1987, 1199; 2005, 841; OLG München ZEV 2017, 148 [Fall Gurlitt]; OLG Frankfurt a.M. NJW-RR 1996, 1159; 1998, 870; OLG Hamm FamRZ 2004, 661; sa OLG Brandenburg BeckRS 2014, 06935; zu den Anforderungen an die Überzeugungsbildung OLG Köln NJW-RR 1991, 1286; BayObLG NJW-RR 1991, 1287; BayObLG ZEV 1998, 230; BayObLG FamRZ 2004, 1822). Bei Testierunfähigkeit in der Zeit vor und nach Testamentserrichtung spricht erster Anschein für Testierunfähigkeit (Hamm FamRZ 2014, 1817; BayObLGZ 1979, 266; OLG Frankfurt a.M. NJW-RR 1998, 870 f.; zur Erschütterung OLG Köln NJW-RR 1991, 1412); Voraussetzung dieses Anscheinsbeweises ist, dass das Gericht von anhaltender Testierunfähigkeit im Zeitraum vor und nach Testamentserrichtung überzeugt ist (OLG Celle NJW 2021, 1681 Rn. 49 f., BayObLG FamRZ 1999, 820; BayObLG ZEV 2005, 348); ähnlich bei ungewissem Testierzeitpunkt, wenn Testierunfähigkeit für einen Teil des in Frage kommenden Zeitraumes feststeht (BayObLG NJW-RR 1996, 1160 m abl Anm von Jerschke ZEV 1996, 392; sa BayObLG FamRZ 2005, 310: Anlass zu weiteren Ermittlungen). „Lichte Intervalle“ hat zu beweisen, wer sich auf sie beruft (BGH NJW 1988, 3011; BayObLG NJW-RR 1991, 1100; BayObLG FamRZ 2006, 68; 1994, 1137; 1990, 801; 1985, 741; aber → Rn. 5). Gebrechlichkeitspflegschaft alten Rechts bzw entsprechende Betreuung neuen Rechts ist für sich besehen kein Indiz für Testierunfähigkeit (BayObLG NJW-RR 1990, 203; BayObLG FamRZ 1988, 1099; OLG Hamm FamRZ 2004, 661:
8 keine Änderung der Feststellungslast). Beim notariellen Testament mag die Feststellung der Geschäftsfähigkeit gem §§ 28, 11 BeurkG beweismäßig gegen die Testier-

unfähigkeit sprechen; ebenso wenig wie Zweifeln des Notars (§§ 11 I 2, 28 BeurkG) kommt indessen einem solchen Vermerk endgültiger Beweiswert zu (BayObLGZ 1979, 263; BayObLG FamRZ 2005, 660; OLG Düsseldorf FGPrax 2018, 252). Die Ablehnung (§ 11 I 1 BeurkG) ist ultima ratio. Die Ermittlung von Testierunfähigkeit im Erbscheinsverfahren behandelt → § 2358 Rn. 2 f. Zu Aussageverweigerungsrechten freier Berufe im Erbschaftsprozess → § 1922 Rn. 12. Es wird jedoch oft davon auszugehen sein, dass die Klärung der Testierfähigkeit eines Erblassers in seinem persönlichen posthumen Interesse liegt und der mutmaßliche Wille des Erblassers einer Entbindung von der Schweigepflicht günstig sein wird, so dass behandelnde Ärzte sich in der Regel nicht auf ihre ärztliche Schweigepflicht werden berufen können (so OLG Köln ZEV 2018, 530 Rn. 8 ff.). Lit: Horn, Prüfung der Wirksamkeit von Testamenten und Erbverträgen, NJW 2017, 2392. In der Rechtsprechung der Instanzgerichte setzt sich teilweise auch im streitigen Zivilprozess eine abgemilderte Form gerichtlicher Amtsermittlung durch, wie sie im Erbscheinverfahren gilt; dieser Tendenz ist allerdings für das streitige Verfahren zu widersprechen, vor allem sollten Anknüpfungstatsachen einem Gutachten nur zu Grunde gelegt werden, wenn sie unstreitig oder tatsächlich nach Beweisaufnahme unter Herrschaft der Verhandlungsmaxime erwiesen sind. Mit der Vermehrung der Zahl demenzkranker sehr alter Menschen sollte keine Lockerung der Beweisanforderungen an Testierunfähigkeit einhergehen, die dem hohen verfassungsrechtlichen Gewicht menschlicher Selbstbestimmung, wie sie in der Testierfähigkeit zum Ausdruck kommt (dazu BVerfG NJW 1999, 1853), nicht mehr gerecht wird. Es sind deshalb im Zweifel alle Beweismittel und angebotenen Zeugenaussagen auszuschöpfen, auch wenn bereits Gutachten vorliegen, welche die unter Beweis gestellten Tatsachen entweder nicht berücksichtigen konnten oder streitige Tatsachen ohne vollständige Auswertung aller Zeugenaussagen als feststehend zu Grunde legten, immer rechtzeitigen Vortrag der Parteien unterstellt (zutreffend OLG Dresden BeckRS 2019, 7448 zur Vernehmung des Hausarztes; weniger überzeugend OLG Köln BeckRS 2019, 13403; zu Recht kritisch Siebert NJW 2019, 2905). Im Zweifel ist deshalb für die Testierfähigkeit zu entscheiden, was vor allem auch dann zu beachten ist, wenn Zeugen mit eher gelegentlichem Kontakt zum Erblasser nach längerem zeitlichen Abstand etwas segmenthafte und episodische Tatsachenschilderungen geben, die nicht unbedingt für die Gesamtverfassung einer Persönlichkeit charakteristisch sein müssen. Insbesondere die Feststellung krankhafter Störungen der Geistestätigkeit nach dem Tode des Erblassers, die auf der Basis erst nachträglich gesammelten Materials erfolgt, sollte nur ausnahmsweise und bei einer Begutachtung wirklich erlaubender reichhaltiger Materiallage mit größter Vorsicht erfolgen (OLG München BeckRS 2021, 17097).

§ 2230 *(weggefallen)*

§ 2231 Ordentliche Testamente

Ein Testament kann in ordentlicher Form errichtet werden
1. zur Niederschrift eines Notars,
2. durch eine vom Erblasser nach § 2247 abgegebene Erklärung.

1. Testamentsformen. Die Vorschrift gliedert die Formen des Testaments: 1
a) Ordentliche Testamente: öffentl (§§ 2232 f.) und eigenhändige (§ 2247). **b) Außerordentliche Testamente:** Bürgermeistertestament (§ 2249), Dreizeugentestament (§ 2250), Seetestament (§ 2251), Konsulartestament (§§ 10, 11 KonsG). Lit; Zimmermann, Kulturelle Prägung des Erbrechts? (Testamentsfolge und gesetzliche Erbfolgeordnung), JZ 2016, 319; Langel NJW 2017, 3617 (Kosten).

2. Rechtsänderungen. Die Formgültigkeit einer letztwilligen Verfügung 2
bestimmt sich nach dem zur Zeit ihrer Errichtung geltenden Recht (BGH NJW

1958, 547); zu den zahlreichen Rechtsänderungen s Soergel/Mayer Vor § 2229 Rn. 1 ff.; zu Auslandsfällen → Vor § 1922 Rn. 3; zum Übergangsrecht der *neuen Bundesländer* → Vor § 1922 Rn. 7, 11 ff.

3 **3. Formlose Hoferbenbestimmung.** Vgl §§ 6 I Nr. 1 und 2, 7 II HöfeO; OLG Oldenburg Rpfleger 1984, 13; OLG Oldenburg NJW-RR 2002, 1371: Nutzungsüberlassung nach abw testamentarischer Hoferbenbestimmung wirkt grundsätzlich nicht als vorrangige formlose Hoferbenbestimmung.

§ 2232 Öffentliches Testament

[1]Zur Niederschrift eines Notars wird ein Testament errichtet, indem der Erblasser dem Notar seinen letzten Willen erklärt oder ihm eine Schrift mit der Erklärung übergibt, dass die Schrift seinen letzten Willen enthalte. [2]Der Erblasser kann die Schrift offen oder verschlossen übergeben; sie braucht nicht von ihm geschrieben zu sein.

1 **1. Formzweck des öffentl Testaments.** S. §§ 2232, 2233, §§ 1 ff., 6 f., 8 ff., 22 ff., 27 ff. BeurkG: Selbstständigkeit der Willensbildung des Erblassers; Warnfunktion; Vermeidung von Streitigkeiten (BGHZ 80, 251; BayObLG FamRZ 2001, 773). Das Testament ist öffentl Urkunde iSv § 415 ZPO und als solche auch vom Grundbuchamt zu beachten (BGH NJW 2013, 3716 Rn. 37; OLG Frankfurt a.M. NJW-RR 1990, 717; → § 2353 Rn. 14). Zu den formbedingten Grenzen einer Testamentsauslegung → § 2084 Rn. 4 f. § 3 BeurkG enthält Mitwirkungsverbote für den Notar (Eylmann NJW 1998, 2929; Harder/Schmidt DNotZ 1999, 949).

2 **2. Arten der Errichtung. a) Erklärung** vor dem Notar. Der Erblasser kann seinen Willen durch das verständlich gesprochene Wort oder durch Gebärden oder Zeichen erklären. Die Neufassung der Vorschrift verzichtet auf das Erfordernis mündlicher Erklärung (überholt deshalb BGHZ 2, 172; OLG Hamm FamRZ 1994, 993 m. krit Anmvon Baumann). Anlass zur Gesetzesänderung war eine Entscheidung des BVerfG zur Testamentserrichtung durch schreibunfähige Taubstumme, die nach altem Recht unmöglich war (BVerfGE 99, 341 = NJW 1999, 1853; Rossak DNotZ 1999, 416; Rohlfing/Mittenzwei FamRZ 2000, 654; → Vor § 1922 Rn. 1). Es genügt auch das jeweils gesprochene „Ja" (auch ein schwer verständliches: BayObLG NJW-RR 2000, 456), wenn der Notar zuvor den nach Angaben Dritter gefertigten Testamentsentwurf abschnittsweise vorliest (vgl BGHZ 37, 79 [84 f.]). Das stumme Selbstlesen des fremd entworfenen Testaments mit der mündlichen Erklärung „Ja" (OLG Hamm DNotZ 1989, 584 mAnm von Burkart) dürfte nunmehr ebenfalls ausreichen. Bei der eigenhändigen Unterschrift der Niederschrift (§ 13 I 1 BeurkG) ist unschädliche Schreibhilfe vom Handführen ohne Schreibwillen zu unterscheiden (BGH NJW 1981, 1901; BayObLG FamRZ 1985, 1286); bei Schreibunfähigkeit gilt § 25 BeurkG (hierzu BayObLGZ 1984, 141). Es muss sichergestellt sein, dass mit der Unterschrift die gesamte Urkunde gebilligt wird – somit keine vorherige Blankounterschrift möglich (OLG Hamm FamRZ 2001, 383). Da Unterzeichnung mit dem Familiennamen ausreichend ist (BGH DNotZ 2003, 269), schadet eine Unterschrift mit falschem Vornamen nicht (OLG Köln FGPrax 2010, 81 f.). Auch die sehr eingeschränkte Identifizierungswirkung einer krankheitsbedingt bloß einer Paraphe ähnlichen Unterschrift reicht aus, weil die Identität des Testierenden anders als beim eigenhändigen Testament bei notarieller Beurkundung in anderer Weise festgestellt wird (§ 10 BeurkG) und es deshalb Funktion der Unterzeich*nung in erster Linie* ist, durch den geäußerten Willen zur Unterschrift den billigenden Abschluss des Textes zu dokumentieren (OLG Köln NJW 2020, 2120 Rn. 10). Sonderfälle: Sprachunkundige, §§ 16, 32 BeurkG; Sprach- und/oder Hörbehinderte, §§ 22–24 BeurkG. Stets – auch bei schreibunfähigen Taubstummen – besteht die Möglichkeit der Testamentserrichtung gem § 2232, §§ 22–25 BeurkG unter Hinzuziehung einer Vertrauensperson, die sich mit dem Behinderten zu ver-

ständigen vermag (BayObLG DNotZ 1998, 214; OLG Hamm FamRZ 2001, 381; BVerfGE 99, 341 [359]; Rossak DNotZ 1999, 416; Rohlfing/Mittenzwei FamRZ 2000, 654; → Vor § 1922 Rn. 1). **b) Übergabe einer Schrift** an den Notar. Die 3
Schrift kann von einem Dritten, zB Notar, entworfen sein (vgl BGHZ 37, 85), der Erblasser muss aber den Inhalt kennen; das folgt schon aus § 2064 (str, aA Soergel/ Mayer § 2232 Rn. 17; zur Anwendung dieser Form der Beurkundung in Covid – Zeiten Hager/Müller-Teckhof NJW 2020, 1857 f.). **c) Zum alten Recht** bis zum 1.8.2002 → § 2232 aF Rn. 2, 9. Aufl. 1999. **d) Verwahrung** gem § 34 I 4 BeurkG, §§ 342 f., 346 ff. FamFG; zum zentralen Testamentsregister → § 2248 Rn. 3.

3. Prozessvergleich. Er ersetzt zwar grundsätzlich notarielle Beurkundung 4
(§ 127a). Die Testamentserrichtung als einseitiges RGeschäft kann jedoch ihrem Inhalt nach nicht Bestandteil eines Vergleiches sein und folglich auch nicht als solcher beurkundet werden; zudem kann es im Einzelfall an der persönlichen Abgabe fehlen (BGH FamRZ 1960, 30). Hingegen kann ein Erb- oder Erbverzichtsvertrag bei persönlicher Anwesenheit in Vergleichsform geschlossen werden (BGHZ 14, 388; OLG Köln OLGZ 1970, 115).

4. Kosten. Sikora NJW 2018, 1572, 1573 für notarielle Beurkundung und amtliche Verwahrung. 5

§ 2233 Sonderfälle

(1) **Ist der Erblasser minderjährig, so kann er das Testament nur durch eine Erklärung gegenüber dem Notar oder durch Übergabe einer offenen Schrift errichten.**

(2) **Ist der Erblasser nach seinen Angaben oder nach der Überzeugung des Notars nicht im Stande, Geschriebenes zu lesen, so kann er das Testament nur durch eine Erklärung gegenüber dem Notar errichten.**

1. Minderjährige. Vgl → § 2229 Rn. 1. 1

2. Lesensunfähige. Vgl §§ 22, 29 BeurkG (Bsp: BayObLG NJW-RR 1997, 2
1438: fehlendes inhaltliches Verständnis; BayObLG Rpfleger 1999, 396: Blinde ohne Kenntnis der Blindenschrift). Nichtigkeit als Folge der Missachtung dieser Mussvorschrift tritt nach hM nur ein, wenn dem Notar die Leseunfähigkeit bekannt war.

3. Mehrfachbehinderung. → § 2232 Rn. 2; → Vor § 1922 Rn. 1. 3

4. Sprachbehinderte Erblasser. Die Regelung über sprachbehinderte Erblasser 4
ist zum 1.8.2002 entfallen (Abs. 3 aF), weil § 2232 nunmehr jedwede Form der Erklärung – auch die stillschweigende bzw schlüssige – genügen lässt.

§§ 2234 bis 2246 *(weggefallen)*

§ 2247 Eigenhändiges Testament

(1) **Der Erblasser kann ein Testament durch eine eigenhändig geschriebene und unterschriebene Erklärung errichten.**

(2) **Der Erblasser soll in der Erklärung angeben, zu welcher Zeit (Tag, Monat und Jahr) und an welchem Orte er sie niedergeschrieben hat.**

(3) [1]**Die Unterschrift soll den Vornamen und den Familiennamen des Erblassers enthalten.** [2]**Unterschreibt der Erblasser in anderer Weise und reicht diese Unterzeichnung zur Feststellung der Urheberschaft des Erblassers und der Ernstlichkeit seiner Erklärung aus, so steht eine solche Unterzeichnung der Gültigkeit des Testaments nicht entgegen.**

(4) **Wer minderjährig ist oder Geschriebenes nicht zu lesen vermag, kann ein Testament nicht nach obigen Vorschriften errichten.**

(5) [1]**Enthält ein nach Absatz 1 errichtetes Testament keine Angabe über die Zeit der Errichtung und ergeben sich hieraus Zweifel über seine Gültigkeit, so ist das Testament nur dann als gültig anzusehen, wenn sich die notwendigen Feststellungen über die Zeit der Errichtung anderweit treffen lassen.** [2]**Dasselbe gilt entsprechend für ein Testament, das keine Angabe über den Ort der Errichtung enthält.**

Lit: Burkart, Das eigenhändige Testament nach § 2247 BGB – Seine Problematik und seine Zukunft, FS von Lübtow, 1991, S 253; Görgens, Überlegungen zur Weiterentwicklung des § 2247 BGB, JR 1979, 357; Grundmann, Zu Formfreiheit und Formzwang bei privatschriftlichen Testamenten, AcP 187, 429. Goldkamp, Sicherung der Verfügung von Todes wegen, NJW 2020, 2762 ff.; Horn, Unklare Testamente im Mandat, NJW 2021, 1860 ff.

1 **1. Testierwille.** Er muss zwar nicht ausdr durch die Bezeichnung „Testament" erklärt werden, er muss sich aber eindeutig aus den Gesamtumständen ergeben (BayObLG FamRZ 1990, 672; 1989, 1124; 2000, 853; 2003, 1787; 2005, 309; 2005, 657), § 2084 ist insoweit unanwendbar (vgl dort → § 2084 Rn. 7). Bei eindeutigem, an § 133 zu messendem Testierwillen können sowohl ein Brief (BGH NJW 1985, 969; BGH WM 1976, 744; BayObLG FamRZ 1990, 672;20 01, 944; KG FamRZ 2004, 738 f.; OLG Schleswig ZEV 2010, 49) als auch ein mit „Entwurf" (BayObLGZ 1970, 173; BayObLG NJW-RR 1992, 332 und BayObLG FamRZ 2004, 225: Entwurf eines gemeinsamen Testaments; ähnlich OLG Frankfurt a.M. NJW-RR 2012, 11; BeckRS 2019, 21533 im konkreten Fall abl); → § 2084 Rn. 8 und → §§ 2266, 2267 Rn. 3) oder „Vollmacht" (BayObLGZ 1982, 59; zur Abgrenzung sa BayObLG FamRZ 2000, 1539) überschriebenes Schriftstück ein Testament darstellen, ebenso eine auf der Rückseite eines gebrauchten Briefumschlages niedergelegte Erklärung (BayObLG FamRZ 1992, 226; 1992, 1206). Es sind strenge Anforderungen an den Nachweis des Testierwillens zu stellen, wenn die Form des Schriftstücks nicht für ein Testament üblich ist (OLG Karlsruhe FGPrax 2010, 24; ähnlich OLG Braunschweig NJW-RR 2019, 583 Rn. 21 ff.: „Zetteltestament"; OLG München NJW 2020, 1080 = NJW-RR 2020, 329; anders bei zwei im wesentlichen identischen formgerechten Urkunden gem § 2247: OLG München NJW-RR 2020, 776 Rn. 12 ff.). Der Testierwille fehlt, wenn in dem Schriftstück nur über eine anderweitige Verfügung von Todes wegen berichtet wird (OLG Köln Rpfleger 1995, 505), oder wenn auf einem Notizzettel die eigenhändig geschriebene und unterschriebene Aufforderung steht, „anliegende" Unterlagen dem Notar zu geben, „damit der Erbschein für Dich ausgestellt werden kann" (OLG München NJW-RR 2009, 17 f. = FamRZ 2009, 373). Zu den formbedingten Grenzen der Testamentsauslegung → § 2084 Rn. 4 f. Bsp für Leseunfähigkeit gem IV BayObLG NJW-RR 1997, 1438 (Rindenblindheit).

2 **2. Eigenhändigkeit des Schriftstücks.** Sie soll unabhängig von einem im konkreten Fall bestehenden Fälschungsrisiko generell und präventiv die Möglichkeit einer Echtheitskontrolle auf Grund der individuellen Züge des Erblassers sicherstellen (BGH NJW 2022, 474 Rn. 21; BGHZ 80, 246; BayObLG FamRZ 1990, 442). Mechanische Schrift, vollinhaltliche Bezugnahme auf maschinengeschriebene Schriftstücke (BGH NJW 2022, 474 Rn. 12: sog. „testamentum mysticum"; sa Fervers ZEV 2021, 444; BayObLGZ 1979, 218; BayObLG NJW-RR 1990, 1481; 1991, 1353; OLG Hamm FamRZ 2006, 1484); anders bei Bezugnahme zwecks Erläuterung testamentarischer Bestimmungen: BGH NJW 2022, 474 Rn. 12 (Erfüllung der Anforderungen der sog „Andeutungstheorie", → § 2084 Rn. 4; OLG Zweibrücken FamRZ 1989, 900; sehr weitgehend OLG Hamm NJW 2003, 2392 und OLG München ZEV 2017, Rn. 64, sa → § 2065 Rn. 2; zur Bezugnahme als Auslegungskriterium → § 2084 Rn. 4), auf Pfeildiagramme (OLG Frankfurt a.M. ZEV 2013, 334) oder auf ein durch Rücknahme aus amtlicher Verwahrung unwirk-

sames Testament (s BGH Rpfleger 1980, 337; sa § 2256). Unterzeichnung eines von einem ermächtigten Dritten niedergeschriebenen Testaments (BayObLG FamRZ 1990, 1040; 441; BayObLG NJW-RR 1991, 1353) sowie Niederschrift mit geführter Hand bedingen deshalb Unwirksamkeit (OLG Zweibrücken ZEV 2003, 368: maschinengeschriebene Einfügung; s aber BGH NJW 1981, 1900 mit Abgrenzung zur zulässigen „Schreibhilfe"; ferner BayObLG NJW 1999, 1119; BayObLG NJW-RR 2002, 232; OLG Hamm ZEV 2013, 42: Notwendigkeit unbeeinflusster Schreibleistung des Erblassers; OLG Köln BeckRS 2017, 127730: Eigenhändigkeit bei entstellter Schrift eines nach Schlaganfall links schreibenden Erblassers gegeben); wohl aber genügt die nach gründlicher Prüfung als echt erkannte Blaupause bzw Durchschrift dem Eigenhändigkeitserfordernis (BGHZ 47, 68; BayObLG FamRZ 1986, 1044; BayObLG Rpfleger 1993, 405; hierzu Werner DNotZ 1972, 6; Muscheler NJW 2017, 3078), ebenso Kurzschrift (vgl BayObLGZ 1979, 239) oder Bezugnahme auf eine andere formgerechte letztwillige Verfügung (BGH NJW 2022, 474 Rn. 12; OLG Frankfurt a.M. NJW-RR 2002, 7), zB auch ein vom anderen Ehegatten geschriebenes und von beiden Ehegatten unterschriebenes gemeinschaftliches Testament (§ 2267). Bei einer solchen Bezugnahme ist es nicht erforderlich, dass das verweisende Testament selbst isoliert verständlich bleibt und die Bezugnahme lediglich der Erläuterung dient, es reicht aus, wenn sich die Gesamtverständlichkeit erst aus beiden Urkunden ergibt (BGH ZEV 2010, 365). Auch die eigenhändige Ergänzung der Fotokopie eines eigenhändig geschriebenen unvollständigen Textes ist formwirksam (OLG Karlsruhe NJW-RR 2003, 653; OLG München NJW-RR 2006, 11). Die Niederschrift muss lesbar und aus sich heraus entzifferbar sein (OLG Hamm NJW-RR 1991, 1352; KG FGPrax 1998, 111; BayObLG Rpfleger 2001, 181; autonome Entzifferbarkeit sehr fragwürdig!).

3. Unterschrift. Sie muss gem Abs. III nur in einer ausreichenden Identitätsbe- 3
zeichnung bestehen, so dass Vorname, Kosename, Familienbezeichnungen („Eure Mutter") und selbst auch sonst verwendete Abkürzungen (zB „F. M.") genügen (OLG Celle NJW 1977, 1690; str), nicht aber das Wort „persönlich" nach Selbstbenennung im Urkundentext (BayObLGZ 1979, 205) oder D.O. bei nachträglichen Ergänzungen (OLG Celle ZEV 2011, 47 – etwas streng!; zur Identifizierungsfunktion der Unterschrift OLG Köln NJW 2020, 2120 Rn. 10 aE). Mitunterschrift Dritter ist idR unschädlich (BayObLG FamRZ 1997, 1029; BayObLG NJW-RR 1998, 729: kein Wille zum Abschluss eines Erbvertrags bei Mitunterschrift des Erben).

4. Räumlicher Abschluss des Textes. Die Unterschrift muss den Text räum- 4
lich abschließen. Daran fehlt es, wenn sich der Erblasser nur im Texteingang selbst benennt (BayObLG NJW 1969, 797; BayObLG FamRZ 1988, 1212; 1985, 1286) oder die Unterschrift bloß auf dem Umschlag steht (OLG Düsseldorf NJW 1972, 260: „Testament. Nach meinem Tod unter Zeugen zu öffnen. Unterschrift"). Anders soll zu entscheiden sein, wenn die Unterschrift auf dem Umschlag (Bsp: „Testament" auf der Vorderseite, „Unterschrift" auf der Rückseite des Umschlags; BayObLGZ 1982, 131; BayObLG FamRZ 1988, 1212; ähnlich OLG Braunschweig ZEV 2012, 40) oder dem „unselbstständigen" Begleitschreiben (BayObLG NJW-RR 1991, 1222) die Erklärung inhaltlich fortsetzt („innerer Zusammenhang"; BayObLG ZEV 2003, 26: keine Fortsetzung bei bloßer Kennzeichnung des Umschlagsinhalts); teilw kaum klar abgrenzbare Unterscheidungen! Wirksame Unterschrift soll bei offenem Umschlag mit jederzeit aufhebbarer Verbindung zum Schriftstück (OLG Hamm Rpfleger 1986, 387) fehlen; bei mehreren Einzelblättern mit nur einer Unterschrift muss durch Nummerierung oder fortlaufenden Text ein Zusammenhang erkennbar sein (OLG Köln NJW-RR 2014, 1035 [1036]; OLG Hamm DNotZ 2011, 702; OLG Hamm ZErb 2013, 14; LG München I FamRZ 2004, 1905; BGH NJW 1974, 1083: unzweifelhafter textlicher Zusammenhang; OLG Naumburg NJW-RR 2022, Rn. 17 ff.: Unterschrift auf beiliegendem Einzelblatt ohne äußerliche oder inhaltliche Kennzeichnung eines Zusammenhangs nicht ausreichend). Ausreichend

ist jedoch eine aus Platzmangel neben dem Text angebrachte Unterschrift (BayObLG FamRZ 1986, 729; OLG Köln Rpfleger 2000, 163). Ist weder unter noch neben dem Text genügend Raum, kann die Unterschrift wirksam über dem Text geleistet werden („Oberschrift"; OLG Celle ZEV 2012, 41; OLG Celle NJW 1996, 2938). Ein wegen bloßer „Oberschrift" zunächst unwirksames Testament kann durch Unterschrift im Rahmen späterer Ergänzung insgesamt wirksam werden (BayObLG FamRZ 2005, 1013).

5 **5. Nachträgliche Ergänzungen.** Sie brauchen nicht bes unterzeichnet zu sein, wenn sie nach dem feststellbaren Erblasserwillen von der früheren Unterschrift gedeckt sein sollen und das räumliche Erscheinungsbild der Urkunde nicht entgegensteht; zB Zufügung auf der ursprünglich freien rechten Seite eines gefalteten Blattes, auf dessen linker Seite der Urtext steht (BGH NJW 1974, 1083; ähnlich BayObLG FamRZ 1985, 537; 2005, 1013 f.; OLG Frankfurt a.M. NJW-RR 1995, 711); Einfügung der Anordnung einer Dauervollstreckung auf der Rückseite des Blattes, das Testamentsvollstreckung behandelt (OLG Düsseldorf NJW-RR 2021, 522 Rn. 13 ff.); Streichung des Namens eines Erben und Ersatz durch einen anderen (BayObLG NJW-RR 2003, 298). Dies gilt auch, wenn ein Dritter vom Erblasser selbst geschriebene Worte im Beisein und mit Billigung des Erblassers auswechselt oder der Erblasser den Text über der Unterschrift 17 Jahre später völlig austauscht (BayObLG Rpfleger 1984, 468; ähnlich BayObLG FamRZ 1999, 1392) oder wenn der Erblasser selbst ein früher von ihm geschriebenes Testament textlich überarbeitet und ergänzt (OLG Brandenburg BeckRS 2021, 14873). Die Maßstäbe der Rspr schwanken allerdings: so soll eine nachträgliche Erbeinsetzung über der Testamentsüberschrift der alle ges Erben enterbenden Verfügung nicht durch die Unterschrift des negativen Testaments gedeckt sein (BayObLG NJW 1975, 314); ebenso wenig soll Zufügung eines neuen Blatts in einem Ringbuch (OLG Hamm Rpfleger 1982, 474) oder nicht unterschriebenes post scriptum ausreichen (OLG München Rpfleger 2012, 27; BayObLG FamRZ 2004, 1141 mAnm von Leipold); anders bei Ergänzungen eines sonst unvollständigen Textes oder bei Verweis auf die spätere Ergänzung im Text (OLG München NJW-RR 2011, 156; OLG München Rpfleger 2012, 28 mwN; OLG Karlsruhe FamRZ 2012, 400). Formunwirksam soll ebenfalls die Einsetzung von Erben allein mit der Formulierung „siehe Liste" – ohne weitere Angaben zur Person der Erben – sein, wenn die räumlich im Anschluss an das unterschriebene Testament abgefasste „Liste" nicht unterschrieben ist (OLG München NJW-RR 2011, 156). Wenn der unterschriebene Urtext keine letztwillige Verfügung enthält (zB Beerdigungsanordnungen), so ist die hinzugefügte letztwillige Anordnung unwirksam (OLG Hamm Rpfleger 1984, 468). Ergänzungen auf einer Fotokopie des Originaltestaments bedürfen besonderer Unterschrift (Köln ZEV 2021, 123 = BeckRS 2020, 24208; OLG München NJW-RR 2011, 1644) Ein ausreichender inhaltlicher Zusammenhang zweier handgeschriebener Urkunden, die erst im Zusammenhang eine ausreichende Vollständigkeit bewirken, können aber ein wirksames Testament darstellen, wenn jede Urkunde die korrekte Form des § 2247 wahrt und die vorausgehende Urkunde, die der Erblasser auf der Grundlage einer Kopie zur ergänzenden zweiten Urkunde verarbeitet, wenigstens bei Errichtung der letzten Urkunde noch im Original vorhanden war (OLG Nürnberg ZEV 2021, 96; anders der Fall OLG Köln NJW-RR 2021, 11: fehlender klarer inhaltlicher Zusammenhang im Sinne einer Vollständigkeit, wobei eine Urkunde nicht unterschrieben war und nur auf derselben Tischplatte lag wie die andere unterschriebene Ersturkunde). Existieren zwei Urkunden ohne ausdrücklichen Widerruf in einer der Urkunden nebeneinander und besteht kein inhaltlicher Widerspruch, können beide Testamente nebeneinander gelten (OLG Saarbrücken BeckRS 2020, 26833). **Lit:** Stumpf FamRZ 1992, 1131.

6 **6. Beweislastfragen.** Die Beweislast für den testamentarischen Charakter einer Erklärung (BayObLG FamRZ 1989, 1124; s aber BayObLG FamRZ 1992, 724), alle Formgültigkeitsvoraussetzungen und die Echtheit (BayObLG FamRZ 1992,

1207; 1988, 97; 1985, 838; OLG Hamm Rpfleger 2008, 29) trägt die Partei, die sich auf das Testament beruft (zum Nachweis der Existenz eines Testaments, dessen Urkunde bzw Originalurkunde nicht vorliegt, s BayObLG FamRZ 2003, 1787 f.; 2005, 138; OLG München Rpfleger 2012, 27; OLG München NJW-RR 2009, 305; OLG Schleswig NJW-RR 2014, 73 [74]; OLG Naumburg BeckRS 2013, 14046; OLG Hamburg ZEV 2019, 175 =BeckRS 2019, 1406; OLG Brandenburg ErbR 2020, 2020, 113 = BeckRS 2019, 20956). Eigenhändige Zeit- und Ortsangaben haben als Angaben des Erblassers die Vermutung der Richtigkeit für sich (BayObLG FamRZ 1991, 237; 1992, 724; 2001, 1329; OLG München ZEV 2010, 50 f.). Wird diese Vermutung widerlegt, so bleibt das Testament grundsätzlich gültig, da diese Angaben nicht zum notwendigen Testamentsinhalt gehören (BayObLG FamRZ 2001, 1329 für Datumsangabe). Falls aber Zeitangaben fehlen, die das zeitliche Verhältnis zu einem anderen vorliegenden Testament klarstellen können (§ 2258), so ist dem Testament die Wirksamkeit zu versagen, falls sich die zeitliche Reihenfolge nicht anderweitig feststellen lässt (OLG Braunschweig NJW-RR 2019, 583 Rn. 18 ff.) oder der genaue Zeitpunkt der Errichtung beim feststehender Testierunfähigkeit zu einem ungewissen Zeitpunkt (OLG Hamburg BeckRS 2020, 13839). *Leseunfähigkeit des Erblassers* (§ 2247 IV) als Sonderfall der Testierunfähigkeit (→ § 2229 Rn. 5 f.) hat zu beweisen, wer sich auf sie beruft (BGH ZEV 2022, 19 Rn. 4: Annahme der Lesefähigkeit bei Scheitern vollen Beweises der Leseunfähigkeit; BayObLG FamRZ 1990, 801; 1987, 1200; 1985, 743: Cerebralsklerose); im streitigen Verfahren ist das rechtliche Gehör verletzt, wenn das Gericht einen Beweisantritt mit einem Zeugen übergeht, der im Detail die mangelnde Sehkraft des Erblassers zur Zeit der streitigen letztwilligen Verfügung anhand konkreter Beispiele darzutun bereit ist (BGH aaO Rn. 5 ff.) Die gerichtlichen Ermittlungen müssen im FG-Verfahren alle zulässigen Beweismittel ausschöpfen (§ 26 FamFG; früher § 12 FGG; BayObLG FamRZ 1989, 1124; 1988, 96; BayObLG NJW-RR 2002, 726). → § 2358 Rn. 2 f.

7. Kosten. Vgl. Sikora NJW 2018, 1572 f. für Kosten eines anwaltlichen Testa- 7
mentsentwurfs (BGH NJW 2018, 1479) und Kosten amtlicher Verwahrung.

§ 2248 Verwahrung des eigenhändigen Testaments

Ein nach § 2247 errichtetes Testament ist auf Verlangen des Erblassers in besondere amtliche Verwahrung zu nehmen.

1. Fakultative Verwahrung. Diese macht das Testament gem § 2247 nicht zum 1
öffentl Testament (OLG Schleswig FGPrax 2021, 254).

2. Verfahrensrecht. Die **Verwahrung** regeln §§ 342 I Nr. 1, 344 I Nr. 3, 346 f. 2
FamFG; zum alten Recht vor dem 1.9.2009 (→ Vor § 1922 Rn. 19) s 13. Aufl. Rn. 2. Zuständig ist nunmehr jedes AG (Rechtspflegersache gem § 3 Nr. 2c RPflG), in Baden-Württemberg früher bis 31.12.2017 die Notariate (§§ 1 II, 38, 40 ff. LFGG aF); zur Verwahrung von Erbverträgen s → § 2300 Rn. 1 und 2.

3. Zentrales Testamentsregister. Seit 1.12.2012 besteht ein von der Bundesno- 3
tarkammer geführtes *zentrales Testamentsregister,* in dem neben Verfügungen von Todes wegen auch alle anderen erbfolgerelevanten Urkunden registriert sind (§§ 78 II S. 1 Nr. 2, 78c BNotO). Das zuständige Standesamt hat der Registerbehörde Todesfälle mitzuteilen, die dann das zur Verwahrung zuständige Nachlassgericht (§ 34 I 4 BeurkG, §§ 342 f., 346 ff. FamFG) oder bei bestimmten Erbverträgen das verwahrende Notariat (s§ 34 III BeurkG) benachrichtigt (§ 78e BNotO). Zur Mitteilung erbfolgerelevanter Urkunden an die Registerbehörde sind die beurkundenden oder verwahrenden Notare (§ 34a BeurkG) oder – wie im Falle in Verwahrung genommener privatschriftlicher Testamente – die verwahrenden Gerichte verpflichtet (§ 347 FamFG). Das benachrichtigte verwahrende Notariat liefert die Urkunde über die Erbfolge beim Nachlassgericht ab (§ 2259); zum *elektronischen*

Urkundenarchiv, das andere notarielle Urkunden speichert und in Erbfällen autorisierten Behörden rasche und zuverlässige Information über weitere mit dem Erbfall zusammenhängende beurkundete Vorgänge oder verwahrte Urkunden ermöglicht, §§ 78h ff. BNotO.

4 **4. Kosten:** Sikora NJW 2018, 1572, 1573.

§ 2249 Nottestament vor dem Bürgermeister

(1) [1]**Ist zu besorgen, dass der Erblasser früher sterben werde, als die Errichtung eines Testaments vor einem Notar möglich ist, so kann er das Testament zur Niederschrift des Bürgermeisters der Gemeinde, in der er sich aufhält, errichten.** [2]**Der Bürgermeister muss zu der Beurkundung zwei Zeugen zuziehen.** [3]**Als Zeuge kann nicht zugezogen werden, wer in dem zu beurkundenden Testament bedacht oder zum Testamentsvollstrecker ernannt wird; die Vorschriften der §§ 7 und 27 des Beurkundungsgesetzes gelten entsprechend.** [4]**Für die Errichtung gelten die Vorschriften der §§ 2232, 2233 sowie die Vorschriften der §§ 2, 4, 5 Abs. 1, §§ 6 bis 10, 11 Abs. 1 Satz 2, Abs. 2, § 13 Abs. 1, 3, §§ 16, 17, 23, 24, 26 Abs. 1 Nr. 3, 4, Abs. 2, §§ 27, 28, 30, 32, 34, 35 des Beurkundungsgesetzes; der Bürgermeister tritt an die Stelle des Notars.** [5]**Die Niederschrift muss auch von den Zeugen unterschrieben werden.** [6]**Vermag der Erblasser nach seinen Angaben oder nach der Überzeugung des Bürgermeisters seinen Namen nicht zu schreiben, so wird die Unterschrift des Erblassers durch die Feststellung dieser Angabe oder Überzeugung in der Niederschrift ersetzt.**

(2) [1]**Die Besorgnis, dass die Errichtung eines Testaments vor einem Notar nicht mehr möglich sein werde, soll in der Niederschrift festgestellt werden.** [2]**Der Gültigkeit des Testaments steht nicht entgegen, dass die Besorgnis nicht begründet war.**

(3) [1]**Der Bürgermeister soll den Erblasser darauf hinweisen, dass das Testament seine Gültigkeit verliert, wenn der Erblasser den Ablauf der in § 2252 Abs. 1, 2 vorgesehenen Frist überlebt.** [2]**Er soll in der Niederschrift feststellen, dass dieser Hinweis gegeben ist.**

(4) ***(aufgehoben)***

(5) [1]**Das Testament kann auch vor demjenigen errichtet werden, der nach den gesetzlichen Vorschriften zur Vertretung des Bürgermeisters befugt ist.** [2]**Der Vertreter soll in der Niederschrift angeben, worauf sich seine Vertretungsbefugnis stützt.**

(6) **Sind bei Abfassung der Niederschrift über die Errichtung des in den vorstehenden Absätzen vorgesehenen Testaments Formfehler unterlaufen, ist aber dennoch mit Sicherheit anzunehmen, dass das Testament eine zuverlässige Wiedergabe der Erklärung des Erblassers enthält, so steht der Formverstoß der Wirksamkeit der Beurkundung nicht entgegen.**

1 **1. Rechtsnatur.** Das Bürgermeistertestament steht – obwohl außerordentliches Testament (→ § 2231 Rn. 1) – dem öffentl Testament gleich.

2 **2. Amtshaftung.** Gegenüber der Amtshaftung für Pflichtverletzungen des Bürgermeisters (Art. 34 GG, § 839) kann nicht fahrlässiges Selbstverschulden des Erblassers oder seines Beraters eingewendet werden, falls der Erbe des nichtigen Testaments *Schadensersatz verlangt* (BGH NJW 1956, 260). In öffentl Krankenhäusern trifft den Träger die Pflicht, organisatorische Maßnahmen zu treffen, um einem Patienten die Errichtung eines Bürgermeistertestaments oder eines anderen formwirksamen Testaments zu ermöglichen (BGH NJW 1958, 2107; weitergehend BGH NJW 1989, 2945). Ein Ortsvorsteher löst Amtshaftung aus, wenn er bei einem handschriftlichen Testament, bei dem Schreibender und Unterschreibender nicht übereinstim-

men, die Identität des Unterschreibenden amtlich bestätigt, auch wenn er auf die fehlende Beurkundungskompetenz hinweist (OLG Karlsruhe FamRZ 2011, 844).

3. Unerheblichkeit von Formverstößen gegen zwingendes Recht. Sie liegt nur vor (Abs. VI), falls sie bei *Abfassung der Niederschrift* unterlaufen. Zur Vermeidung einer unnötigen Formenstrenge ist dieses Merkmal zwar weit auszulegen (BGHZ 37, 88; BayObLG FamRZ 1996, 763). Trotzdem sind von unerheblichen Fehlern bei der Niederschrift (zB § 9 BeurkG) andere erhebliche Errichtungsmängel zu unterscheiden, zB das Fehlen der Verlesung und Genehmigung (BGHZ 54, 97 [101]; 115, 174; BayObLGZ 1979, 236) oder der – vollziehbaren (vgl Abs. I 6) – Unterschrift des Erblassers unter der verlesenen Urkunde, vgl § 13 I BeurkG (BGHZ 115, 175). Bloße sinngemäße Wiedergabe statt Verlesung genügt nicht, auch die Vorlegung nach § 13 I 4 BeurkG kann die unterlassene Verlesung nicht heilen (LG Nürnberg-Fürth ZErb 2008, 922). Hingegen soll die fehlende Beurkundung des Verlesens und Unterschreibens (§ 13 I Satz 2 BeurkG) als solche nicht zur Unwirksamkeit führen, wenn die Beteiligten die Niederschrift eigenhändig unterschrieben haben und die Vermutung des § 13 I Satz 3 BeurkG greift (OLG Düsseldorf NJW-RR 2020, 837). Die mit Formfehlern behaftete Unterschrift anderer Mitwirkender soll unschädlich sein, wenn sonst keine weiteren Mängel vorliegen (so für § 2249 KG NJW 1966 in einer Entscheidung zu § 2250, 1661; ferner OLG Köln Rpfleger 1994, 65; BayObLGZ 1990, 298 zur „Oberschrift" der Zeugen), falls wenigstens der Erblasser unterschrieben hat. Als Niederschrift kann auch ein vorbereitetes Schriftstück genügen, das der Erblasser nach mündlicher Erklärung seines letzten Willens dem Bürgermeister übergibt, wenn es nach Vorlesen und Genehmigung vom Erblasser, dem Bürgermeister und den Zeugen unterschrieben wird (BayObLG FamRZ 1996, 763). 3

4. Besorgnis vorzeitigen Ablebens. Vgl → § 2250 Rn. 2. 4

5. Reform. Seit dem 1.9.2009 ist Abs. 4, der die etwas obsolete Zuständigkeit des „Gutsvorstehers" behandelte, aufgehoben (→ Vor § 1922 Rn. 19). In Abs. 5 S. 1 ist der „Gutsvorsteher" ebenfalls gestrichen. 5

§ 2250 Nottestament vor drei Zeugen

(1) **Wer sich an einem Orte aufhält, der infolge außerordentlicher Umstände dergestalt abgesperrt ist, dass die Errichtung eines Testaments vor einem Notar nicht möglich oder erheblich erschwert ist, kann das Testament in der durch § 2249 bestimmten Form oder durch mündliche Erklärung vor drei Zeugen errichten.**

(2) **Wer sich in so naher Todesgefahr befindet, dass voraussichtlich auch die Errichtung eines Testaments nach § 2249 nicht mehr möglich ist, kann das Testament durch mündliche Erklärung vor drei Zeugen errichten.**

(3) **[1]Wird das Testament durch mündliche Erklärung vor drei Zeugen errichtet, so muss hierüber eine Niederschrift aufgenommen werden. [2]Auf die Zeugen sind die Vorschriften des § 6 Abs. 1 Nr. 1 bis 3, der §§ 7, 26 Abs. 2 Nr. 2 bis 5 und des § 27 des Beurkundungsgesetzes; auf die Niederschrift sind die Vorschriften der §§ 8 bis 10, 11 Abs. 1 Satz 2, Abs. 2, § 13 Abs. 1, 3 Satz 1, §§ 23, 28 des Beurkundungsgesetzes sowie die Vorschriften des § 2249 Abs. 1 Satz 5, 6, Abs. 2, 6 entsprechend anzuwenden. [3]Die Niederschrift kann außer in der deutschen auch in einer anderen Sprache aufgenommen werden. [4]Der Erblasser und die Zeugen müssen der Sprache der Niederschrift hinreichend kundig sein; dies soll in der Niederschrift festgestellt werden, wenn sie in einer anderen als der deutschen Sprache aufgenommen wird.**

1 **1. Voraussetzungen des Dreizeugentestaments.** Sie müssen nicht tatsächlich vorliegen. Es genügt, wenn bei allen drei Zeugen eine entspr Überzeugung besteht, die sich aus dem pflichtgemäßen Ermessen der Zeugen rechtfertigt (BGHZ 3, 372).

2 **2. Besorgnis naher Todesgefahr.** Ihr ist die Besorgnis des nahen Eintritts einer vermutlich bis zum Tode des Erblassers währenden Testierunfähigkeit gleichzusetzen (BGHZ 3, 372). Allein die körperliche Schwäche, welche die Errichtung eines eigenhändigen Testaments unmöglich macht, ist nicht ausreichend, falls man einen Notar rufen konnte (KG BeckRS 2022, 19304; OLG München NJW 2010, 685 = ZEV 2009, 468), vielmehr muss die Gefahr bestehen, dass der Tod vor Eintreffen eines Notars eintritt (OLG Hamm FGPrax 2017, 131; OLG Düsseldorf NJW-RR 2017, 905). Pandemiebedingte Kontaktbeschränkungen (Covid) rechtfertigen bei entsprechender Isolation des Erblassers zwar die Errichtung eines Nottestamentes, erlauben aber keine Ausnahme von der Notwendigkeit der ständigen Anwesenheit dreier Zeugen (OLG Düsseldorf NJW-RR 2022, 298 Rn. 10 f.).

3 **3. Beurkundungsfunktion der Zeugen.** Sie müssen während der ganzen Errichtung zugegen sein (BGHZ 54, 89). Dabei genügt zufällige Anwesenheit nicht, vielmehr müssen sie die Absicht und das Bewusstsein ihrer gemeinsamen Mitwirkung und Verantwortung bei der Testamentserrichtung gehabt haben (BGH NJW 1972, 202; OLG Stuttgart FamRZ 2004, 1605; OLG Köln ZEV 2017, 595). Mehr als drei Zeugen sind unschädlich, auch wenn ein Zeuge ausgeschlossen (§§ 7, 27 BeurkG) ist (BGHZ 115, 176 gegen OLG Frankfurt a.M. Rpfleger 1981, 303 und 7. Aufl.). Die Mitwirkung eines geistesschwachen Zeugen führt nicht zur Unwirksamkeit (OLG Hamm FamRZ 1991, 1111: § 26 II Nr. 3 BeurkG als Sollvorschrift), wohl aber die Mitwirkung eines befangenen Zeugen (§ 7 Nr. 3 BeurkG) zur Unwirksamkeit des betroffenen Verfügungsteils (OLG Köln ZEV 2017, 595; BayObLG NJW-RR 1996, 9). Fehlende Beurkundung der Anwesenheit der Zeugen und fehlende Unterschriften sollen ebenfalls nicht schaden, falls ihre Anwesenheit feststeht (insoweit sehr weitgehend KG NJW 1966, 1661).

4 **4. Formverstöße.** Vgl → § 2249 Rn. 3. Unterschrift eines Zeugen unter Kurzschrift-Niederschrift im Todeszeitpunkt ist erforderlich und ausreichend (BayObLGZ 1979, 240), falls Erblasser nicht unterschreiben kann. Bei vorheriger Fertigung eines Nottestamententwurfs können die mündliche Erklärung des letzten Willens sowie die Genehmigung der Niederschrift in einer Äußerung zusammengefasst werden (OLG Zweibrücken Rpfleger 1987, 23; OLG Düsseldorf FamRZ 2001, 1253).

5 **5. Rechtsnatur.** Das Dreizeugentestament ist kein öffentl Testament, sondern Privaturkunde (str).

§ 2251 Nottestament auf See

Wer sich während einer Seereise an Bord eines deutschen Schiffes außerhalb eines inländischen Hafens befindet, kann ein Testament durch mündliche Erklärung vor drei Zeugen nach § 2250 Abs. 3 errichten.

1 Das Seetestament ist eine Privaturkunde.

§ 2252 Gültigkeitsdauer der Nottestamente

(1) **Ein nach § 2249, § 2250 oder § 2251 errichtetes Testament gilt als nicht errichtet, wenn seit der Errichtung drei Monate verstrichen sind und der Erblasser noch lebt.**

(2) **Beginn und Lauf der Frist sind gehemmt, solange der Erblasser außerstande ist, ein Testament vor einem Notar zu errichten.**

(3) **Tritt im Falle des § 2251 der Erblasser vor dem Ablauf der Frist eine neue Seereise an, so wird die Frist mit der Wirkung unterbrochen, dass nach Beendigung der neuen Reise die volle Frist von neuem zu laufen beginnt.**

(4) **Wird der Erblasser nach dem Ablauf der Frist für tot erklärt oder wird seine Todeszeit nach den Vorschriften des Verschollenheitsgesetzes festgestellt, so behält das Testament seine Kraft, wenn die Frist zu der Zeit, zu welcher der Erblasser nach den vorhandenen Nachrichten noch gelebt hat, noch nicht verstrichen war.**

Die zeitliche Gültigkeitsschranke entspricht dem nur vorläufigen Charakter der Nottestamente, die oft unvorbereitet und ohne genaue Überlegung abgefasst werden. 1

§ 2253 Widerruf eines Testaments

Der Erblasser kann ein Testament sowie eine einzelne in einem Testament enthaltene Verfügung jederzeit widerrufen.

Lit: v. Lübtow, Zur Lehre vom Widerruf des Testaments, NJW 1968, 1849.

1. Grundsatz der freien Widerruflichkeit. Er folgt aus dem Charakter des Testaments als nicht empfangsbedürftiger Willenserklärung. Die Widerrufsmöglichkeiten regeln §§ 2254, 2255, 2256, 2258 abschließend. Der Widerruf ist in all seinen Formen anfechtbar gem § 2078 (BayObLGZ 1960, 490). Der Widerruf wirkt ex nunc; er hindert nicht die Heranziehung des ungültigen Testaments zur Auslegung späterer Testamente, falls sie durch Auslegung einen eigenständigen Sinn zumindest andeutungsweise ergeben (§§ 2084, 133) und das widerrufende Testament nur zum besseren Verständnis herangezogen werden muss und auch herangezogen werden darf (OLG Frankfurt a.M. NJW-RR 2022, 225 Rn. 51 ff., 64 ff.; sa → § 2084 Rn. 4 u. → § 2256 Rn. 1). 1

2. Widerruf bei Betreuung. Der Betreute ist grundsätzlich testierfähig (→ § 2229 Rn. 2 f.) und kann folglich widerrufen außer im Falle konkret vorliegender Testierunfähigkeit (§ 2229 IV; Hahn FamRZ 1991, 28); zum Widerruf vor der Rechtsänderung durch das Betreuungsgesetz seit dem 1.1.1992 und zum Übergangsrecht → § 2253 Rn. 2, 13. Aufl. und hier → § 2229 Rn. 3. 2

3. Widerruf in den neuen Bundesländern. → Vor § 1922 Rn. 7, 11 ff., 15. Aufl. 2014. 3

§ 2254 Widerruf durch Testament

Der Widerruf erfolgt durch Testament.

1. Form des Widerrufs. Sie erfordert nur allg ein Testament, so dass das Wider*rufstestament nicht* die Form des widerrufenen Testaments zu haben braucht (OLG Köln OLGZ 1968, 325). Ein handschriftlicher Widerrufsvermerk auf beim Erblasser verbliebenem Entwurf genügt zum Widerruf des darauf basierenden, einem Dritten übergebenen Originals (BayObLG Rpfleger 1996, 1110). 1

2. Auslegungsbedürftigkeit einer Erklärung. Sie steht ihrer Qualifizierung als Widerruf nicht entgegen (BayObLGZ 1956, 385). Ein späteres Testament, das zum früheren nicht notwendigerweise in Widerspruch steht (§ 2258 I), kann deshalb als Widerruf ausgelegt werden, falls der Erblasser in Kenntnis der früheren Verfügung die Erbfolge abschließend regeln will (BayObLG NJW-RR 1991, 645; 1990, 1480; 1990, 202; BayObLG NJW 1965, 1276; BGH NJW 1981, 2745; → § 2258 Rn. 2). Ebenso ist die ergänzende Auslegung eines Vermerks auf einer Testamentsabschrift 2 möglich, der erst in Verbindung mit der Abschrift als Widerruf zu verstehen ist (BGH NJW 1966, 201); allerdings muss der Vermerk § 2247 entsprechen. Der als Nachtrag bezeichnete und auf der Rückseite des Testaments angebrachte Vermerk legt die Vermutung nahe, dass dieses lediglich ergänzt werden sollte (BayObLG NJW-RR 1990, 202). Vermächtnisanordnungen im späteren Testament verbunden mit dem Hinweis, man wolle jetzt keine Erbeinsetzung treffen, sind nicht notwendig als Aufhebung früherer Erbeinsetzung auszulegen (OLG München FamRZ 2011, 403).

§ 2255 Widerruf durch Vernichtung oder Veränderungen

[1]Ein Testament kann auch dadurch widerrufen werden, dass der Erblasser in der Absicht, es aufzuheben, die Testamentsurkunde vernichtet oder an ihr Veränderungen vornimmt, durch die der Wille, eine schriftliche Willenserklärung aufzuheben, ausgedrückt zu werden pflegt. [2]Hat der Erblasser die Testamentsurkunde vernichtet oder in der bezeichneten Weise verändert, so wird vermutet, dass er die Aufhebung des Testaments beabsichtigt habe.

1 **1. Rechtsnatur.** Es handelt sich um den ges geregelten Fall einer konkludenten Widerrufserklärung. Deshalb müssen die Voraussetzungen des § 2229 vorliegen. Der konkludente Widerruf kann zwar nicht widerrufen (§ 2257), wohl aber angefochten werden (§ 2078).

2 **2. Anwendungsbereich.** Der Anwendungsbereich der Vorschrift betrifft regelmäßig nur privatschriftliche Testamente, da öffentl Testamente amtlich verwahrt werden.

3 **3. Widerrufshandlung.** Schwieriger zu beurteilen als das klare Merkmal „Vernichtung" ist der Begriff der Veränderung. Klare Fälle sind Durch- bzw deutliches Einreißen (BayObLGZ 1983, 204; BayObLG NJW-RR 1996, 1113; zur Notwendigkeitn klarer Abgrenzung von zufälliger Beschädigung insbesondere bei „Zetteltestamenten" OLG München NJW 2020, 1080 = NJW-RR 2020, 329), Durchstreichen (BayObLG NJW-RR 2005, 526; aA aber OLG Düsseldorf ZEV 2017, 734: Streichung des einzigen eingesetzten Erben ohne nachfolgende neue Erbeinsetzung als Fortgeltung des alten Testaments bis zur Neubestimmung eines neuen Erben – sehr weitgehend!), Zerknüllen (BayObLGZ 1980, 97) oder der Vermerk „Ungültig" bzw „Aufgehoben" auf dem Text; es genügt auch der Vermerk über oder unter dem Text (str). Nicht ausreichend ist dagegen ein Vermerk auf dem Testamentsumschlag, der den Anforderungen des § 2254 nicht entspricht (str). Keinesfalls reichen Öffnen oder Beschädigung des Umschlages aus (BGH NJW 1959, 2114). Die Vernichtung eines Testaments bedeutet nicht zwangsläufig den Widerruf anderer, im Wesentlichen gleich lautender Testamente (BayObLG NJW-RR 1990, 1481; OLG München FamRZ 2008, 645).

4 **4. Aufhebungswille des Erblassers.** Er wird nur *vermutet*, falls er selbst gehandelt hat; erster Anschein spricht für Selbsthandeln, wenn bis zuletzt Erblassergewahrsam bestanden hat (BayObLGZ 1983, 208; s aber für den Fall leichter Zugänglichkeit für Dritte OLG Düsseldorf BeckRS 2016, 110184). Keine Vermutung des Aufhebungswillens, wenn Veränderungen nur an einer Durchschrift des Testaments vorgenommen wurden (KG Rpfleger 1995, 417) oder wenn der Erblasser bei der Vernichtung von einer Aufhebung durch ein anderes Testament fälschlich ausgegangen ist (OLG Hamm NJW-RR 2002, 223); die Vermutung kann als widerlegt angesehen werden, wenn Teilstreichungen nur der Vorbereitung eines inhaltsgleichen neuen Testaments dienten (BayObLG NJW-RR 1997, 1302). Die Übergabe des zerrissenen Testaments an einen Dritten, der die Stücke wieder zusammenfügt, widerlegt die Vermutung nicht (BayObLG NJW-RR 1990, 1481). Es wird nicht vermutet, ein nicht auffindbares Testament sei vom Erblasser vernichtet (OLG Frankfurt a.M.

BeckRS 2021, 17995; OLG Düsseldorf FamRZ 2019, 1100; KG ZEV 2018, 678 = BeckRS 2018, 24823; BayObLG Rpfleger 1980, 60 mN; 2003, 433; BayObLG FamRZ 1989, 1234; BayObLG NJW-RR 1992, 1358; OLG Zweibrücken FamRZ 2001, 1313; OLG Köln NJW-RR 2019, 71; ZEV 2017, 114 [LS] = BeckRS 2016, 20866); beweisbelastet ist hier derjenige, der aus der Unauffindbarkeit eine für ihn günstige Rechtsfolge herleitet (OLG Schleswig FamRZ 2012, 904; OLG Zweibrücken NJW-RR 1987, 1158 mAnm von Hohloch JuS 1987, 994). Strenge Anforderungen sind an den Beweis des Inhalts eines unauffindbaren Testaments zu stellen (OLG Schleswig FamRZ 2012, 903 mNw; BayObLG Rpfleger 1985, 194; BayObLG NJW-RR 1992, 653; BayObLG FamRZ 2003, 1787 f.; 2005, 139; OLG Hamburg BeckRS 2016, 15994). Wenn festgestellt ist, dass einer Kopie ein originales handgeschriebenes Testament zugrunde liegt und sich eine Vernichtung des Originals durch den Erblasser in Widerrufsabsicht nicht belegen lässt, kann einem Antrag der gesetzlichen Erben auf Erteilung eines Erbscheins nicht statt gegeben werden (OLG Düsseldorf NJW-RR 2021, 734). Vielmehr kann in solchen Ausnahmefällen die Kopie Gegenstand eines Eröffnungsverfahrens sein (OLG München NJW-RR 2021, 586).

5. Teilweiser Widerruf. Er ist möglich und kann zB durch teilw Streichung 5
erfolgen. Wer sein Erbrecht auf ein offensichtlich unvollständiges oder nachträglich verändertes Testament stützt, trägt die materielle Feststellungslast dafür, dass die Urheberschaft für die Veränderung beim Erblasser liegt (OLG Hamm ZErb 2008, 46 f. = FamRZ 2008, 928). Soweit im Teilwiderruf eine mittelbare positive letztwillige Verfügung enthalten ist, sind die entspr Formen einzuhalten; fehlen sie, so ist die Streichung wirksam, nicht aber die Neuverfügung (zT str, s Soergel/Mayer § 2255 Rn. 9 mN). Bsp: Von den zu gleichen Teilen eingesetzten Erben A, B, C streicht der Erblasser den C. Der Widerruf der Erbeinsetzung des C ist wirksam, nicht aber sind A und B wirksam zu ½ neu eingesetzt. Hier können nur §§ 2088 II, 2089 helfen (vgl BayObLG NJW-RR 2003, 151 f.).

6. Vernichtung durch Dritte. Sie hat auf den Bestand ebenso wenig Einfluss 6
wie Verlust oder Unauffindbarkeit (BayObLG NJW-RR 1992, 653; 1992, 1358; BayObLG FamRZ 1996, 1306). Beweisbelastet für den Inhalt ist, wer sich auf ihn beruft (BayObLG Rpfleger 1980, 60; 1985, 194; BayObLG FamRZ 1986, 1045; noch → Rn. 4); hat der Verfahrensgegner vernichtet, so sind die Grundsätze der Beweisvereitelung zu beachten. Die Vernichtung durch Dritte im Auftrag und mit Willen des Erblassers steht dem Widerruf durch eigene Vernichtung gleich (BayObLG FamRZ 1992, 1350), muss aber zur Wirksamkeit des Widerrufs noch zu Lebzeiten des Erblassers erfolgen (OLG München Rpfleger 2011, 513). Der Erblasser kann den vermeintlichen Untergang nicht wirksam formlos billigen (BGH LM Nr. 1 zu § 1960 BGB), ebenso wenig die ohne seinen Auftrag erfolgte Vernichtung durch Dritte (BGH NJW-RR 1990, 516), sondern muss stets selbst nach §§ 2254, 2258 widerrufen. Bei Teilvernichtung gilt § 2085 auch nicht entspr Doch soll nach hM der feststellbare Teil Bestand haben, wenn trotz des Teilverlusts ein diesbezüglicher Wille des Erblassers erkennbar ist und der feststellbare Teil durch die Unbestimmtheit der vernichteten Verfügungen nicht wesentlich berührt wird (BGH LM Nr. 1 zu § 2085 BGB). Zur Ersetzung vgl § 46 BeurkG.

7. Gemeinschaftliche Testamente. Sie kann jeder Teil nach § 2255 widerru- 7
fen, soweit einseitige Verfügungen getroffen sind. Auf wechselbezügliche Verfügungen ist § 2255 unanwendbar, es sei denn, der andere Teil willigt vorher ein (BayObLG MDR 1981, 933; OLG München NZFam 2020, 37: gemeinsame Vernichtung); nachträgliche Genehmigung ist nicht genügend, der andere Teil muss dann selbst widerrufen (§§ 2254, 2258), str. Ist dem Längstlebenden ein Widerrufsrecht eingeräumt, so ist dessen Ausübung nur mittels Testament möglich (OLG Stuttgart OLGZ 1986, 264; OLG Hamm FamRZ 1996, 825; → § 2271 Rn. 8).

§ 2256 Widerruf durch Rücknahme des Testaments aus der amtlichen Verwahrung

(1) [1]**Ein vor einem Notar oder nach § 2249 errichtetes Testament gilt als widerrufen, wenn die in amtliche Verwahrung genommene Urkunde dem Erblasser zurückgegeben wird.** [2]**Die zurückgebende Stelle soll den Erblasser über die in Satz 1 vorgesehene Folge der Rückgabe belehren, dies auf der Urkunde vermerken und aktenkundig machen, dass beides geschehen ist.**

(2) [1]**Der Erblasser kann die Rückgabe jederzeit verlangen.** [2]**Das Testament darf nur an den Erblasser persönlich zurückgegeben werden.**

(3) **Die Vorschriften des Absatzes 2 gelten auch für ein nach § 2248 hinterlegtes Testament; die Rückgabe ist auf die Wirksamkeit des Testaments ohne Einfluss.**

1 **1. Rechtsnatur.** Lit: Merle AcP 171, 486. Die Rücknahme verlangt als unwiderlegliche Fiktion des Widerrufs Testierfähigkeit (BGHZ 23, 211; OLG Köln NJW-RR 2013, 1421); vgl auch → § 2255 Rn. 1. Die Widerrufswirkung tritt unabhängig vom Widerrufswillen des Erblassers und selbst bei einer Verletzung der notariellen Belehrungspflichten ein (BayObLG ZErb 2005, 167). Sie ist nicht wie eine testamentarische Willenserklärung auslegungsfähig und kann deshalb auch selbst keine Rücknahmewirkung auf andere testamentarische Verfügungen entfalten (OLG Frankfurt a.M. 2022, 225 Rn. 61 ff.; sa → § 2253 Rn. 1). Sie ist aber gem § 2078 anfechtbar; die irrtümliche Vorstellung des Erblassers, er könne die Rücknahmewirkung durch gegenteilige testamentarische Verfügung aufheben, berechtigt zur Anfechtung der Rücknahme nach § 2078 II (KG NJW 1970, 612; sa BayObLG NJW-RR 1990, 1481; BayObLG ZEV 2005, 481 und → § 2078 Rn. 2).

2 **2. Gesetzliche Voraussetzungen.** Sie sind streng zu beachten. Die Widerrufswirkung tritt deshalb nicht ein, wenn der Notar das noch nicht zur amtlichen Verwahrung gegebene Testament zurückgibt (BGH NJW 1959, 2113), wenn der Erblasser nur bei Gericht Einblick nimmt, wenn der Erblasser Rückgabe nicht verlangt hat oder wenn das Testament Dritten übergeben wird (OLG Saarbrücken NJW-RR 1992, 586: Aushändigung an Bevollmächtigten). § 2300 II gilt nur für Erbverträge, nicht aber für gemeinschaftliche Testamente (OLG Karlsruhe NJW-RR 2022, 589 Rn. 15).

§ 2257 Widerruf des Widerrufs

Wird der durch Testament erfolgte Widerruf einer letztwilligen Verfügung widerrufen, so ist im Zweifel die Verfügung wirksam, wie wenn sie nicht widerrufen worden wäre.

1 **1. Anwendungsbereich.** Die Vorschrift erfasst nur den Fall des § 2254, nicht aber §§ 2255 und 2256 (BayObLGZ 1973, 35; BayObLG NJW-RR 1990, 1481; zweifelnd KG NJW 1970, 612). Das vernichtete oder zurückgenommene Testament muss formgerecht neu errichtet werden, wobei zB bei einem wieder zusammengeklebten handschriftlichen Testament neues Datum und neue Unterschrift genügen, nicht jedoch bloßer Widerruf oder bloßes Zusammenkleben (BayObLG NJW-RR 1996, 1094 mAnm von Hohmann ZEV 1996, 271). Ähnlich kann der Erblasser das widerrufene und noch existierende handschriftliche Testament durch Zusätze und Unterschrift neu in Kraft setzen, weil die Errichtung gem § 2247 zeitliche Einheit nicht verlangt (BayObLG NJW-RR 1992, 1225).

2 **2. Wirkung.** Die Wirkung testamentarischen Widerrufs des Widerrufs liegt im Wiederaufleben des alten Testaments ex tunc (vgl § 2258 II); anders („im Zweifel"), falls der Widerruf mit neuen Anordnungen gepaart ist oder wenn sonst abweichender Erblasserwille feststellbar ist (BayObLG ZEV 1996, 275; BayObLG FamRZ

2005, 559; OLG Zweibrücken NJW-RR 2003, 873; OLG Köln Rpfleger 2006, 323). Lit: Klunzinger DNotZ 1974, 278.

§ 2258 Widerruf durch ein späteres Testament

(1) **Durch die Errichtung eines Testaments wird ein früheres Testament insoweit aufgehoben, als das spätere Testament mit dem früheren in Widerspruch steht.**

(2) **Wird das spätere Testament widerrufen, so ist im Zweifel das frühere Testament in gleicher Weise wirksam, wie wenn es nicht aufgehoben worden wäre.**

1. Rechtsnatur. Die Aufhebung nach § 2258 ist kein rechtsgeschäftlicher Widerruf, sondern folgt kraft Ges aus einem Widerspruch der späteren zur früheren Verfügung von Todes wegen (BGH NJW 1987, 902). Neben rechtsgeschäftlichem Widerruf gem §§ 2253, 2254 ist für § 2258 kein Raum, so dass bei rechtsgeschäftlichem vollen Widerruf Wirkungen des alten Testaments nicht fortleben, auch wenn die neue Verfügung der alten Verfügung nur teilweise widerspricht (BayObLG FamRZ 1993, 605). 1

2. Inhaltlicher Widerspruch zu einer früheren Verfügung. Er kann auch bestehen, wenn der Erblasser die frühere Verfügung bei Errichtung der späteren Verfügung überhaupt nicht mitbedacht hat. Trotz obj Vereinbarkeit existiert ein Widerspruch, wenn nach dem durch Auslegung ermittelten Erblasserwillen die spätere Verfügung ausschließliche und alleinige Geltung haben sollte (BGH LM Nr. 1 zu § 2258 BGB; BGH NJW 1981, 2745; 1986, 2572; BayObLG NJW-RR 2003, 660; 1997, 837; 1991, 645; 1990, 203; BayObLG FamRZ 2003, 1780; 2000, 1539; 1997, 248; 1997, 1244; 1992, 607; 1989, 442; OLG Köln NJW-RR 1992, 1419; OLG München ZErb 2010, 298 f.; → § 2254 Rn. 2), uU nur in einem Teilbereich (BGH NJW 1985, 969; BGH NJW-RR 1992, 775). Falls das Ersttestament drei Miterben einsetzt und das Zweittestament die Einsetzung zweier Erben widerruft, ist Alleinerbschaft auf Grund des Ersttestaments gegeben (BayObLG NJW-RR 1987, 267). Zum Fall fehlender Feststellbarkeit der zeitlichen Reihenfolge zweier Testamente → § 2247 Rn. 6 2

3. Aufhebung der Widerrufswirkung. Sie erfolgt durch Widerruf des späteren Testaments in den Formen der §§ 2254–2256 bzw durch Anfechtung eines Erbvertrages oder einer bindend gewordenen wechselbezüglichen Verfügung iSv § 2270 nach den Vorschriften der §§ 2281, 2078 f. (BayObLG ZEV 1999, 397); dabei kann entgegen der Auslegungsregel ausnahmsweise der Wille bestehen, das frühere Testament mit dem späteren aufzuheben (OLG Hamm Rpfleger 1983, 401; OLG Köln Rpfleger 2006, 322). Gleichzeitige Testamente mit widersprechendem Inhalt heben sich insoweit wechselseitig auf (KG NJW-RR 1991, 392; BayObLG Rpfleger 2003, 31; BayObLG FamRZ 2005, 483). Das frühere Testament wird nicht wieder wirksam, wenn das spätere nur wirkungslos bleibt, weil zB der eingesetzte Erbe ausschlägt oder vor dem Erblasser verstirbt (BayObLG FamRZ 1996, 827). Wenn der Erblasser ein notarielles Testament durch ein handschriftliches Testament aufhebt und später das notarielle Testament nochmals unterschreibt, so liegt wegen Formverfehlung weder ein Widerruf des handschriftlichen Testaments vor noch die formwirksame Errichtung eines neuen Testaments (OLG München ZEV 2022, 150 Rn. 7 f.). 3

§§ 2258a, 2258b *(aufgehoben) Amtliche Verwahrung*

§§ 2258a, 2258b mit ihrer Regelung amtlicher Verwahrung wurden durch das PstRG mit Wirkung zum 1.1.2009 aufgehoben. An ihre Stelle traten zunächst §§ 73 1

IV f., 82a FGG, ab dem 1.9.2009 die inhaltsgleichen §§ 342 I Nr. 1, 344 I Nr. 3, 346 FamFG. Zuständig ist bei notariellen Testamenten das AG im Bezirk des öffentlichen Notars (§ 344 I 1 Nr. 1 FamFG), beim Bürgermeistertestament das AG des Gemeindebezirks (§ 344 I 1 Nr. 2 FamFG) oder auf Verlangen des Erblassers bindend jedes andere AG (§ 344 I 2 FamFG; dazu OLG Brandenburg ZEV 2008, 288); zum privatschriftlichen Testament → § 2248 Rn. 2. Rechtspflegerzuständigkeit gem § 3 Nr. 2c RPflG, in Baden-Württemberg bis 31.12.2017 notarielle Zuständigkeit gem LFGG §§ 1 I und II, 38, 46 III, 48 III LFGG aF. Über die verwahrten letztwilligen Verfügungen wurden früher die Personenstandsbehörden benachrichtigt (§ 347 FamFG aF; dazu MKZPO/Muscheler FamFG § 347 Rn. 1 ff.). Seit 1.1.2012 existiert ein zentrales Testamentregister bei der Bundesnotarkammer; dazu Diehn NJW 2011, 481; → § 2248 Rn. 3.

§ 2259 Ablieferungspflicht

(1) **Wer ein Testament, das nicht in besondere amtliche Verwahrung gebracht ist, im Besitz hat, ist verpflichtet, es unverzüglich, nachdem er von dem Tode des Erblassers Kenntnis erlangt hat, an das Nachlassgericht abzuliefern.**

(2) [1]**Befindet sich ein Testament bei einer anderen Behörde als einem Gericht in amtlicher Verwahrung, so ist es nach dem Tode des Erblassers an das Nachlassgericht abzuliefern.** [2]**Das Nachlassgericht hat, wenn es von dem Testament Kenntnis erlangt, die Ablieferung zu veranlassen.**

1 **1. Ablieferungspflichtige.** Zum zentralen Testamentsregister und seinem behördlichen Abwicklungsmechanismus → § 2248 Rn. 3. Ablieferungspflichtig ist im Übrigen grundsätzlich nur der unmittelbare Besitzer (BayObLG FamRZ 1988, 659; sa Soergel/Mayer § 2259 Rn. 7).

2 **2. Ablieferungspflichtige Urkunden.** Ablieferungspflichtig sind auch ungültige oder widerrufene Testamentsurkunden, ferner Schriftstücke mit zweifelhafter Testamentsqualität (BayObLG Rpfleger 1984, 18). Die bürgerlichrechtliche Pflicht ist strafrechtlich geschützt (§ 274 I Nr. 1 StGB). § 2259 ist zudem Schutzgesetz iSd § 823 II. Bei Verletzung der Ablieferungspflicht kann daher ein Schadensersatzanspruch der Nachlassbeteiligten bestehen (OLG Brandenburg ZEV 2008, 287); ggf Kostentragungspflicht gem § 81 I 1 FamFG (LG Duisburg FamRZ 2008, 2136 zu § 13a I 1 FGG aF). Keine Ablieferungspflicht besteht für eine Mehrzahl unbestimmter Schriftstücke zur Prüfung ihres Inhalts (BayObLG FamRZ 1988, 659; sehr zweifelhaft, weil mit §§ 26, 27 FamFG bzw § 12 FGG aF schwer vereinbar!). Das NachlassG kann auf Antrag oder von Amts wegen die Herausgabe verfügen oder betreiben (§§ 358, 35 FamFG; früher §§ 83, 33 FGG; hierzu BayObLG FamRZ 1988, 659). Daneben soll Klage „der Beteiligten" auf Herausgabe an das NachlassG möglich sein (Soergel/Mayer § 2259 Rn. 14 mN); mE fehlt es für ein solches Verfahren an der Anspruchsqualität der Norm, spätestens aber am Rechtsschutzinteresse. Sa § 78b III BnotO mit seiner Aufzählung von Urkunden, die im zentralen Testamentsregister zu registrieren sind (vgl → § 2248 Rn. 3).

§ 2260 *(aufgehoben) Eröffnung des Testaments durch das Nachlassgericht*

1 *Die Vorschrift* über das Verfahren zur Eröffnung von Testamenten durch das NachlassG wurde durch das FGG-RG (→ Vor § 1922 Rn. 19) mit Wirkung zum 1.9.2009 aufgehoben. An ihre Stelle trat § 348 FamFG, der die Bestimmung eines Termins zur Testamentseröffnung mit Ladung der ges Erben und sonst Beteiligten in das Ermessen des Gerichts stellt und idR das schriftliche Verfahren vorzuziehen scheint. Im Rahmen eines Eröffnungsverfahrens ist die Prüfung des verwahrten

Schriftstücks durch das Nachlassgericht allein auf die summarische Prüfung des Vorliegens einer letztwilligen Verfügung beschränkt ohne jede Prüfung des Regelungsinhalts (OLG München NJW- RR 2022, 10 Rn. 5 ff.). Zur alten Rechtslage 13. Aufl. Rn. 1. Zu den Kosten: Sikora NJW 2018, 1573.

§ 2261 *(aufgehoben) Eröffnung durch ein anderes Gericht*

Die Vorschrift über die Eröffnung durch ein anderes Verwahrungsgericht als das NachlassG wurde durch das FGG-RG (→ Vor § 1922 Rn. 19) mit Wirkung zum 1.9.2009 aufgehoben. An ihre Stelle traten ohne sachliche Änderung die §§ 344 VI, 350 FamFG. Wenn ein anderes Gericht als das regelmäßig zuständige NachlassG (→ §§ 2258a, 2258b Rn. 1) das Testament verwahrt (zB § 344 I 2 FamFG: Wunsch des Erblassers), findet die Eröffnung vor diesem Gericht statt, mit Mitteilungspflichten an das regelmäßig zuständige NachlassG. Zum alten Recht s 13. Aufl. Rn. 1 und 2. **1**

§ 2262 *(aufgehoben) Benachrichtigung der Beteiligten*

Die Vorschrift über die Benachrichtigung der Beteiligten nach Testamentseröffnung wurde durch das FGG-RG (→ Vor § 1922 Rn. 19) mit Wirkung zum 1.9.2009 aufgehoben. An ihre Stelle trat ohne inhaltliche Änderung § 348 III FamFG. Zur alten Rechtslage 13. Aufl. Rn. 1. Das NachlassG hat ggf die Beteiligten (Erben, Vor- und Nacherben, Ersatzerben, Vermächtnisnehmer, Testamentsvollstrecker, Auflagenbegünstigte, gesetzliche Erben als potentiell Pflichtteilsberechtigte [OLG Hamm ZEV 2017, 47: Recht auf Akteneinsicht]) zu ermitteln; entferntere Möglichkeit einer Beteiligung genügt für die Benachrichtigung nicht (BayObLGZ 1979, 340: ungewisser Kreis von Vermächtnisnehmern). Die Pflicht zur *Erbenermittlung* kann sich generell aus Landesrecht ergeben; zB § 41 bwLFGG, § 37 Bay. AGGVG; sa § 82a S. 2 GBO. Gewerbliche Erbenermittlung wurde teilweise als erlaubnispflichtig gem Art. 1 § 1 RBerG aF betrachtet (BGH NJW 1989, 2125; EGMR NJW 2001, 1555: Versagung keine Verletzung von Eigentumsrechten einer Bank; s aber BVerfG ZEV 2003, 119: bloße Sachverhaltsaufklärung durch Erbenermittler im Hinblick auf Rückübertragungsansprüche nach dem VermG keine unzulässige Rechtsberatung); nach § 5 I RDG handelt es sich nun um eine erlaubnisfreie Nebenleistung. **1**

§ 2263 Nichtigkeit eines Eröffnungsverbots

Eine Anordnung des Erblassers, durch die er verbietet, das Testament alsbald nach seinem Tode zu eröffnen, ist nichtig.

Die Vorschrift verbietet auch Beschränkungen der in § 2259, §§ 348 III, 357 I FamFG (früher §§ 2262, 2264) vorgesehenen Regelungen. IdR *keine* Nichtigkeit der gesamten Verfügung (LG Freiburg BWNotZ 1982, 115). Ein absolutes Eröffnungsverbot kann als Widerruf des Testaments zu werten sein (MüKoBGB/Hagena § 2263 Rn. 3; str). **1**

§ 2263a *(aufgehoben) Eröffnungsfrist für Testamente*

Die Vorschrift über die obligatorische Testamentseröffnung bzw Erblasserermittlung nach 30 Jahren Verwahrung wurde durch das FGG-RG (→ Vor § 1922 Rn. 19) mit Wirkung zum 1.9.2009 aufgehoben. An ihre Stelle trat inhaltsgleich § 351 FamFG (dazu Kordel DNotZ 2009, 644). **1**

§ 2264 *(aufgehoben) Einsichtnahme in eröffnete Testamente*

1 Die Vorschrift zum Einsichtsrecht nach Testamentseröffnung wurde durch das FGG-RG (→ Vor § 1922 Rn. 19) mit Wirkung zum 1.9.2009 aufgehoben. An ihre Stelle trat § 357 I FamFG. Neueres Beispiel: OLG Düsseldorf ZEV 2017, 43 (beschränktes Einsichtsrecht des Vermächtnisnehmers, weitergehendes rechtliches Interesse bei begründeter Möglichkeit einer Auslegung als Erbeinsetzung).

Titel 8. Gemeinschaftliches Testament

Lit: Battes, Gemeinschaftliches Testament und Ehegattenerbvertrag als Gestaltungsmittel für die Vermögensordnung der Familie, 1974; Horn, Zehn Optimierungsmöglichkeiten für das Berliner Testament, NJW 2013, 2166; Jakobs, Gemeinschaftliches Testament und Wechselbezüglichkeit letztwilliger Verfügungen, FS Bosch, 1976, 447; Kapp, Gemeinschaftliches Testament in zivilrechtlicher und erbschaftsteuerlicher Sicht, BB 1980, 689; M. Klein, Das Gemeinschaftliche Testament: Form und Bindung, 2015; Langenfeld, Freiheit oder Bindung beim gemeinschaftlichen Testament oder Erbvertrag von Ehegatten?, NJW 1987, 1577; ders, Das Ehegattentestament, 1994; Lehmann, Die Zukunft des deutschen gemeinschaftlichen Testaments in Europa, ZEV 2007, 193; Peißinger, Das gemeinschaftliche Testament, Rpfleger 1995, 325; Pfeiffer, Das gemeinschaftliche Ehegattentestament, FamRZ 1993, 1266; v Proff, Das gemeinschaftliche Testament von Nichtehegatten, ZErb 2008, 254; Wacke, Gemeinschaftliche Testamente von Verlobten, FamRZ 2001, 457 (dazu Kanzleiter FamRZ 2001, 1198).

§ 2265 Errichtung durch Ehegatten

Ein gemeinschaftliches Testament kann nur von Ehegatten errichtet werden.

1 Das gemeinschaftliche Testament setzt **gültige Eheschließung** voraus (BayObLG FamRZ 1990, 1284: freier Nachweis, keine Anwendung des § 2356). Das **gemeinschaftliche Testament von Nichtehegatten** – also auch von Partnern einer nichtehelichen Lebensgemeinschaft (BVerfG NJW 1989, 1986; Diederichsen NJW 1983, 1020) – ist grundsätzlich nichtig, auch keine Heilung durch spätere Heirat (str, s Wacke FamRZ 2001, 459; Kanzleiter FamRZ 2001, 1198), jedoch kann es die Voraussetzungen eines oder zweier Einzeltestamente erfüllen und entspr umgedeutet (§ 140) werden (OLG Düsseldorf FamRZ 1997, 518; BayObLG Rpfleger 2001, 425). Dies ist für **nicht** wechselbezügliche Verfügungen unbestritten (BGH NJW-RR 1987, 1410; BayObLG FamRZ 1993, 1370). Bei wechselbezüglichen Verfügungen ist eine Umdeutung möglich, sofern sie sich nur in ihrer Wirksamkeit wechselseitig bedingen; soll der überlebende Teil gebunden sein, entfällt idR eine Umdeutung, weil dieses Ergebnis – anders als die wechselseitige Bedingung der Wirksamkeit – durch Einzeltestamente nicht erreichbar ist (str). Für die grundsätzliche Umdeutbarkeit auch wechselbezüglicher Verfügungen unter diesen Voraussetzungen OLG Düsseldorf FamRZ 2012, 1587; OLG München NJW-RR 2014, 838; 2010, 1383 mAnm von Zimmer ZEV 2010, 472 ff.; BayObLG NJW-RR 2003, 660; KG NJW 1972, 2133; OLG Frankfurt a.M. MDR 1976, 667; OLG Frankfurt a.M. FamRZ 1979, 347; OLG Braunschweig NJW-RR 2005, 1028; aA OLG Hamm Rpfleger 1996, 458; zum Ganzen Kanzleiter DNotZ 1973, 133; Kollmeyer NJW 2018, 662; → § 2084 Rn. 8. Zum gemeinschaftlichen Testament in den *neuen Bundesländern* → Vor § 1922 Rn. 7, 11 ff., 15. Aufl. 2014. §§ 2266–2273 gelten für *gleichgeschlechtliche Ehen* gem § 1353 I 1 idF 2017 (Gesetz zur Einführung des Rechts auf Eheschließung für Personen gleichen Geschlechts vom 20.7.2017, BGBl. I Nr. 52, 2787, Art. 1 Nr. 2) unmittelbar und für *eingetragene Lebenspartner alten Rechts* entsprechend (§ 10 IV LPartG; zur Umwandlung in gleichgeschlechtliche Ehen § 20a LPartG idF 2017).

§ 2266 Gemeinschaftliches Nottestament

Ein gemeinschaftliches Testament kann nach den §§ 2249, 2250 auch dann errichtet werden, wenn die dort vorgesehenen Voraussetzungen nur bei einem der Ehegatten vorliegen.

§ 2267 Gemeinschaftliches eigenhändiges Testament

[1]Zur Errichtung eines gemeinschaftlichen Testaments nach § 2247 genügt es, wenn einer der Ehegatten das Testament in der dort vorgeschriebenen Form errichtet und der andere Ehegatte die gemeinschaftliche Erklärung eigenhändig mitunterzeichnet. [2]Der mitunterzeichnende Ehegatte soll hierbei angeben, zu welcher Zeit (Tag, Monat und Jahr) und an welchem Orte er seine Unterschrift beigefügt hat.

Anmerkungen zu den §§ 2266, 2267

1. Gemeinschaftliches öffentliches Testament. Es wird regelmäßig in einem einheitlichen Errichtungsakt bzw einer Beurkundung errichtet werden. Das schließt nicht aus, dass die Eheleute verschiedene Arten der Errichtung gem § 2232 wählen, also zB der eine seine Schrift übergibt, der andere mündlich seinen Willen erklärt; § 2233 ist dahin anzuwenden, dass der andere Teil sich insoweit anzupassen hat, als es zur Information und Willensbildung des unmittelbar betroffenen Ehegatten notwendig ist (zB keine Übergabe einer verschlossenen Schrift durch den Ehegatten des Minderjährigen, da andernfalls der Notar nicht belehren kann). Denkbar ist aber auch die Errichtung in getrennten öffentlichen Testamenten, sofern nur beide Urkunden durch entsprechende Gestaltung oder ausdrückliche Erklärung die Gemeinschaftlichkeit klar zum Ausdruck bringen (OLG Hamm ZEV 2018, 93 Rn. 13 ff. für späteres, abänderndes und gemeinsames Testament gem § 2258 mit wechselbezüglicher Verfügung; sa § 2270 Rn. 1). 1

2. Gemeinschaftliches eigenhändiges Testament. a) Es kann zunächst einmal in einer **gemeinsamen Urkunde** errichtet werden. Der gemeinsame Testierwille kann sich in diesem Falle ergeben aus der gemeinsamen Unterschrift der von einem Teil geschriebenen Verfügungen (§ 2267 S. 1; Bsp: BayObLGZ 1981, 84; BayObLG FamRZ 2004, 1238 f.: Mitunterzeichnung einer in Ich-Form verfassten Vergütung; Gegenbeispiele: OLG Hamm NJW-RR 1993, 269: keine Blankounterschrift; BayObLG FamRZ 2004, 1141 m. krit Anmvon Leipold: nicht unterschriebene Wiederverheiratungsklausel; OLG München ZEV 2018, 110: Mitwirkung beider Ehegatten bei der Niederschrift für sich allein kein zwingendes Indiz für beiderseitigen Testierwillen) oder aus der gemeinsamen Unterschrift der von jedem Teil selbst geschriebenen Verfügungen. Jedoch müssen in jedem Falle Verfügungen beider Eheleute in der Urkunde enthalten sein, Verfügungen nur eines Teils reichen nicht aus, auch wenn der andere Teil mit unterschreibt (OLG Düsseldorf ZEV 2017, 178 [LS] = BeckRS 2016, 114439), wobei sich allerdings die Frage erhebt, ob eine entsprechende Auslegung nicht trotz des engeren Wortlautes im Einzelfall zu einer Verfügung des mitunterschreibenden anderen Teils führen kann (insoweit uU zu streng OLG Düsseldorf ZEV 2017, 178). Nachträgliche eigenhändige Ergänzungen nur eines Ehegatten sind auch ohne erneute Unterschrift wirksam, wenn sie mit Billigung des anderen vorgenommen werden und äußerlich von den vorhandenen Unterschriften erfasst sind (OLG München ErbR 2010, 56; BeckRS 2018, 10915). Unschädlich ist die zeitlich stark verspätete Unterschrift eines Eheteils bei fortbestehendem gemeinsamen Testierwillen (OLG München FamRZ 2012, 581) oder das fehlende Datum bei einer Unterschrift bei feststehendem gemeinsamen Testierwillen (OLG Düsseldorf FGPrax 2017, 128). Unterschreibt jeder Ehegatte nur die von ihm geschriebene Verfügung, so kann der gemeinsame Testierwille aus der Einheit des Papierbogens iVm anderen Umständen (zB Identität von Zeit und Ort) folgen 2

(OLG Zweibrücken Rpfleger 2000, 551). Unwirksamkeit soll aber vorliegen, wenn ein Teil beide Verfügungen schreibt, jedoch jeder Teil nur seine Verfügung unterschreibt, weil dann die Form der §§ 2267, 2247 nicht gewahrt sei (BGH NJW 1958, 547; aA aber angesichts dieser sehr spitzfindigen Unterscheidungen zu Recht OLG Celle NJW 1957, 876). Zwei gemeinsame Urkunden verschiedenen Datums sind gem § 2258 I zu beurteilen (BayObLG Rpfleger 1983, 402; BayObLG FamRZ 1986, 392: getrennte gemeinsame Urkunden über Allein- und Schlusserbeneinsetzung gem § 2269).
3 **b)** Bei **Fehlen einer gemeinsamen Urkunde** kann sich der gemeinsame Testierwille aus ausdr Bezugnahme ergeben; sonst muss der Wille zum gemeinsamen Testieren aus beiden Einzeltestamenten nach außen erkennbar sein, Umstände außerhalb der Urkunden genügen für sich allein nicht (BGHZ 9, 114; OLG Frankfurt a.M. OLGZ 1978, 268 f.; OLG Hamm OLGZ 1979, 266; BayObLG NJW-RR 1992, 1356; 1993, 1157; OLG Zweibrücken ZEV 2002, 414). Volle inhaltliche Entsprechung, Identität von Ort und Zeit und Verwahrung in einem gemeinsamen verschlossenen Umschlag reichen hiernach nicht aus (OLG Köln OLGZ 1968, 321; BayObLG FamRZ 1991, 1486; für Widerruf OLG Braunschweig ZEV 2007, 178; zu Recht krit Lange/Kuchinke § 24 III 2). Der Gebrauch der Worte „wir", „unser" und „gemeinsam" ist Anhaltspunkt für einen gemeinsamen Testierwillen (BayObLG FamRZ 1995, 1447). Der Wille zum gemeinschaftlichen Testieren kann sich auch aus einer entspr Bezugnahme in einem später in der Form d. § 2267 errichteten Nachtrag ergeben (OLG München ZEV 2008, 486 f.). Er kann insbesondere auch aus einem gemeinsamen späteren und abändernden Testament folgen (§ 2258) und Wechselbezüglichkeit aufrechterhalten oder neu begründen (OLG Schleswig BeckRS 2018, 16426: zeitlicher Abstand von 20,5 Monaten störe den notwendigen zeitlichen Zusammenhang; dazu für den entsprechenden Fall öffentlichen Testaments insbesondere OLG Hamm ZEV 2018, 93 Rn. 13 ff. mN; sa → § 2270 Rn. 1). Der nur vom Errichtenden (§ 2267 S. 1) unterschriebene Entwurf eines gemeinschaftlichen Testaments – auch zweier nichtehelicher Lebensgefährten (→ § 2265 Rn. 1) – kann in ein Einzeltestament umgedeutet (§ 140) werden (BGH NJW-RR 1987, 1410; OLG München NJW-RR 2014, 838; BayObLG FamRZ 1991, 112; BayObLG NJW-RR 2003, 660; 1992, 333: nur bei Alleingeltungswillen!; ähnlich OLG Frankfurt a.M. NJW-RR 2012, 11; → § 2084 Rn. 5, → § 2247 Rn. 1); bei Erbeinsetzungen iSv § 2269 I wird jedoch eine Aufrechterhaltung des Testaments als alleinige Vollerbeneinsetzung des anderen Ehegatten regelmäßig ausscheiden (BayObLG NJW-RR 2000, 1534; gleich Berneith ZEV 2019, 241 ff. mN). Zur Auslegung → § 2077 Rn. 5; → § 2084 Rn. 3 und 4 (zu einem Fall des § 2267 neuerdings BGH NJW 2019, 2317). Der Verweis auf ein formgerechtes gemeinschaftliches Testament in einem anderen handschriftlichen Testament führt zur Wirksamkeit der so getroffenen Anordnung unabhängig davon, ob der Verweis selbst den Voraussetzungen der sog. Andeutungstheorie (s. § 2084 Rn. 4) gerecht wird (BGH NJW 2022, 474 Rn. 12).

§ 2268 Wirkung der Ehenichtigkeit oder -auflösung

(1) **Ein gemeinschaftliches Testament ist in den Fällen des § 2077 seinem ganzen Inhalt nach unwirksam.**

(2) **Wird die Ehe vor dem Tode eines der Ehegatten aufgelöst oder liegen die Voraussetzungen des § 2077 Abs. 1 Satz 2 oder 3 vor, so bleiben die Verfügungen insoweit wirksam, als anzunehmen ist, dass sie auch für diesen Fall getroffen sein würden.**

Lit: Kanzleiter, Keine wechselbezüglichen Verfügungen in gemeinschaftlichen Testamenten nach der Ehescheidung!, ZEV 2005, 181; Köster, Das Schicksal des gemeinschaftlichen Testaments nach Auflösung der Ehe: Probleme des § 2268, JuS 2005, 407; Muscheler, Der Einfluß der Eheauflösung auf das gemeinschaftliche Testament, DNotZ 1994, 733; Schlitt, Das Erbrecht in der Ehekrise, ZEV 2005, 96.

Die Regel des Abs. I enthält eine widerlegbare Nichtigkeitsregel (→ § 2077 Rn. 7; sa KG NotBZ 2013, 33 f. für gleichlautende Scheidungsklausel). Bei geschiedener, scheidbarer oder aufhebbarer Ehe gibt es die Möglichkeit des Beweises fortbestehenden Testierwillens. Er wird bei Einzelanordnungen eher bestehen als bei gegenseitigen bzw wechselseitigen Verfügungen (s OLG Stuttgart OLGZ 1976, 17; OLG Hamm NJW-RR 1992, 331); auch bei wechselbezüglichen Verfügungen kann er sich aber aus der Person des Bedachten ergeben, zB bei gemeinschaftlichen Kindern (BayObLG NJW-RR 1993, 1158). gem II fortgeltende wechselbezügliche Verfügungen behalten auch nach Scheidung ihre Wechselbezüglichkeit und können nicht gem § 2271 I 2 einseitig aufgehoben werden (BGHZ 160, 33 = NJW 2004, 3113 gegen Muscheler DNotZ 1994, 733; krit Kanzleiter ZEV 2005. 181; teilw aA LG München I ZEV 2008, 537). Gegen fortbestehenden Testierwillen spricht ein kurz nach der Trennung errichtetes Testament, in dem der Ehemann statt der Ehefrau die Tochter als Erbin einsetzt (OLG Oldenburg ZEV 2019, 108 = BeckRS 2018, 30214). Bei Erneuerung der Ehe geschiedener Ehegatten bleibt das Testament wirksam (aA OLG Hamm ZEV 2011, 165; KG FamRZ 1968, 217 und BayObLG NJW 1996, 133, das aber im Wege der Auslegung durch Ermittlung des hypothetischen Willens der Ehegatten zur Weitergeltung des Testaments gelangt; ähnlich LG Berlin FamRZ 2008, 2065: Weitergeltung bei Scheidung auf Grund rassistischen Drucks der NS-Zeit). Die bloße Aussetzung des Scheidungsverfahrens, um in einem Mediationsverfahren über die Fortsetzung der Ehe zu sprechen, steht nicht einem Widerruf der Zustimmung zur Scheidung gleich (OLG Oldenburg ZEV 2019, 108 = BeckRS 2018, 30214). Die Vorschrift gilt bei Aufhebung der eingetragenen Lebenspartnerschaft (§ 15 LPartG) entsprechend (§ 10 IV LPartG; → § 2077 Rn. 8). 1

§ 2269 Gegenseitige Einsetzung

(1) **Haben die Ehegatten in einem gemeinschaftlichen Testament, durch das sie sich gegenseitig als Erben einsetzen, bestimmt, dass nach dem Tode des Überlebenden der beiderseitige Nachlass an einen Dritten fallen soll, so ist im Zweifel anzunehmen, dass der Dritte für den gesamten Nachlass als Erbe des zuletzt versterbenden Ehegatten eingesetzt ist.**

(2) **Haben die Ehegatten in einem solchen Testament ein Vermächtnis angeordnet, das nach dem Tode des Überlebenden erfüllt werden soll, so ist im Zweifel anzunehmen, dass das Vermächtnis dem Bedachten erst mit dem Tode des Überlebenden anfallen soll.**

1. Ausgangslage. Neuere Lit: Kanzleiter ZEV 2014, 225. Die Ehegatten, die ihr Vermögen zunächst dem überlebenden Teil und dann einem Dritten (zB Abkömmlingen) zufallen lassen wollen, haben drei verschiedene grundsätzliche Möglichkeiten: **a)** Der überlebende Ehegatte kann **Vorerbe** und der Dritte **Nacherbe** sein mit der Folge, dass beim überlebenden Teil Vorerbschaftsmasse und Eigenvermögen zu unterscheiden sind und dass der Dritte beide Ehegatten als Nacherbe und Erbe beerbt. Vgl zur Nacherbschaft → § 2100 Rn. 1 ff. **b)** Der überlebende Ehegatte wird **Vollerbe,** so dass nur eine Vermögensmasse aus Erbmasse und Eigenvermögen entsteht, die auf den Dritten als **Schlusserben** weitervererbt wird (BayObLG NJW-RR 1991, 968); zur Abgrenzung einer Schlusserbengemeinschaft von Vermächtnisnehmern → § 2087 Rn. 2, 3; → § 2088 Rn. 1 (BayObLG NJW-RR 1998, 1230). **c)** Der Dritte (zB Abkömmlinge) wird **Vollerbe** des erstversterbenden Ehegatten, dem überlebenden Ehegatten steht ein **Nießbrauchvermächtnis** am Nachlass zu; vgl hierzu → § 2100 Rn. 3 ff. 1

2. Inhalt der Auslegungsregel. Die Vorschrift ist Auslegungsregel (BGH WM 1973, 41; BayObLG NJW-RR 1992, 201) zugunsten der Vollerbschaft des überlebenden Ehegatten; es handelt sich um keine ges Vermutung. Es ist zuerst immer 2 der Wille der Eheleute nach § 133 zu erforschen, ehe die Auslegungsregel greift (OLG Köln BeckRS 2014, 08904). Rechtfertigender Grund der Auslegungsregel ist die Erwägung, dass die Eheleute iZw ihr Vermögen als Einheit über den Tod hinaus erhalten wollen (RGZ 113, 240; BayObLGZ 1966, 417; BayObLG FamRZ 1996, 1503; OLG Düsseldorf FamRZ 1996, 1568; KG NotBZ 2012, 174). Zur Auslegung gemeinschaftlicher Testamente → § 2084 Rn. 2 und → § 2100 Rn. 3 ff.

3 **3. Voraussetzungen der Auslegungsregel. a) Gegenseitige Erbeinsetzung** der Ehegatten muss nicht notwendig wechselbezüglich (§ 2270) sein. Sie ist nicht gegeben bei Miterbschaft Dritter. **b)** Die **Erbeinsetzung Dritter** kann bei Abkömmlingen Auslegungsergebnis sein (OLG Hamm FamRZ 2011, 1333), sie muss nicht ausdr erfolgen. Eine solche Auslegung liegt für beiderseits (BayObLG FamRZ 1988, 879) pflichtteilsberechtigte Abkömmlinge nahe, wenn diese auf Grund einer Strafklausel auch vom letztversterbenden Ehegatten nur den Pflichtteil erhalten sollen, falls sie ihn vom erstversterbenden Teil verlangen (OLG München NJW-RR 2013, 203; BayObLGZ 1959, 203; 1960, 219; OLG Saarbrücken NJW-RR 1994, 844 gegen OLG Saarbrücken NJW-RR 1992, 841), zwingend ist sie aber nicht (OLG München NJW-RR 2013, 203; OLG Celle MDR 2003, 813; OLG Hamm NJW-RR 2004, 1522). Auch die Anordnung der Teilung unter den Abkömmlingen nach fortgesetzter Gütergemeinschaft (§ 1483) kann deren Schluss-
4 erbeneinsetzung bedeuten (BayObLGZ 1986, 246). **c)** Nur bei **Zweifeln** über den Erblasserwillen, die eine Auslegung nicht beseitigen kann, greift die Auslegungsregel ein (BGHZ 22, 366; BayObLG NJW-RR 1992, 201; OLG Düsseldorf FamRZ 1996, 1568). Ein abw Wille ist uU anzunehmen, wenn im öffentl Testament die Begriffe Vor- und Nacherbe verwendet werden (RGZ 160, 109), obgleich stets der Erblasserwille und nicht die Auffassung des Notars zu gelten hat (BGH LM Nr. 1 zu § 2100 BGB). Haben sich Eheleute im eigenhändigen Testament zu „Vorerben" eingesetzt und bestimmt, beiderseitige Verwandte oder Abkömmlinge sollten „Nacherben" sein, so können trotzdem Zweifel verbleiben, ob tatsächlich Nacherbschaft iSd §§ 2100 ff. gewollt ist (BGH NJW 1983, 278 mAnm von Stürner JZ 1983, 149; OLG Karlsruhe OLGZ 1969, 495; ähnlich OLG Frankfurt a.M. OLGZ 1972, 122; OLG Düsseldorf FamRZ 1996, 1568 mAnm Leipold; KG NotBZ 2012, 174; s aber BayObLG NJW-RR 1992, 201). Vermögenslosigkeit eines Ehegatten ist kein zwingendes Indiz für den Willen zur Nacherbschaft (BayObLG NJW 1966, 1223; BGH NJW 1983, 278), solange keine Anzeichen für den Willen zur Verfügungsbeschränkung des weniger vermögenden überlebenden Teils bestehen (Stürner JZ 1983, 149). Nacherbeneinsetzung kann aber gewollt sein, falls ein Ehegatte für den zweiten Erbfall Anordnungen betr Grundstück in seinem Alleineigentum getroffen hat (BayObLG FamRZ 1996, 1502). *Kein Fall* des § 2269 liegt uU vor, wenn Ehegatten bei Gütergemeinschaft den Abkömmlingen Gegenstände aus dem Gesamtgut zuwenden (BayObLG FamRZ 1988, 542); ebenfalls nicht bei Erbeinsetzung eines Dritten für den Fall gleichzeitigen Versterbens (KG FamRZ 1968, 217; KG Rpfleger 2006, 127; BayObLGZ 1986, 431; OLG Karlsruhe OLGZ 1988, 26; OLG Schleswig NJW-RR 2004, 368; OLG Düsseldorf FamRZ 2004, 1754), es sei denn, der Tod erfolgt in kurzem Abstand (OLG München ZEV 2011, 31; BayObLGZ 1981, 85 ff.; OLG Stuttgart OLGZ 1982, 311; OLG Stuttgart FamRZ 1994, 852) oder die Umstände (zB fehlende Testierfähigkeit des überlebenden Ehegatten, OLG München ZEV 2022, 21 Rn. 22 ff.) sprechen für eine solche Auslegung (BayObLGZ 1979, 432; BayObLG Rpfleger 1983, 402; OLG München ZEV 2012, 367: „nach unserem Ableben" oder „nach unserem Tode"; OLG München FamRZ 1988, 879; 1990, 564; OLG Frankfurt a.M. FGPrax 1998, 110: „Sollten wir zugleich versterben"; ähnlich BayObLG FGPrax 2000, 70; 2000, 149; zur Abgrenzung BayObLG FamRZ 2004, 1236 f.; zu derartigen Regelungen Keim ZEV 2005, 10 u ausführlichere Nw → § 2084 Rn. 3). Allein die Erbeinsetzung gemeinsamer Kinder als Schlusserben beider Ehegatten bei fehlender ausdrücklicher Erbeinsetzung des überlebenden Ehegatten führt nicht zur Annahme stillschweigender wechselseitiger

Erbeinsetzung gem § 2269, wenn sich dies nicht aus anderen Umständen und andeutungsweise aus dem Testament entnehmen lässt (OLG München FGPrax 2019, 280).

4. Der pflichtteilsberechtigte Schlusserbe. Er kann nach dem ersten Erbfall seinen Pflichtteil verlangen; § 2306 I ist weder unmittelbar noch entspr anzuwenden. Zum Schutz des überlebenden Ehegatten ist eine **Verwirkungsklausel** möglich, die Teil der wechselbezüglichen Schlusserbeneinsetzung ist (BayObLG ZEV 2004, 204 mkritAnm Ivo) und den pflichtteilsfordernden Schlusserben auch für den zweiten Erbfall auf den Pflichtteil setzt (OLG Zweibrücken FamRZ 1999, 468; zur Geltendmachung des Pflichtteils durch den Sozialhilfeträger bei Verwirkungsklausel s BGH NJW-RR 2006, 223, aber auch BGHZ 188, 96 [105]; OLG Frankfurt a.M. ZEV 2004, 24). Sie kann auch noch nach Annahme der Schlusserbschaft eingreifen, wenn die Verjährung des Pflichtteilsanspruchs aus dem ersten Erbfall schon eingetreten ist (BGH NJW 2006, 3064; str; → § 2076 Rn. 5). Der Pflichtteilsberechtigte erhält im Verwirkungsfalle allerdings den Pflichtteil aus der Vermögensmasse des erstversterbenden Ehegatten idR zweimal; um die übrigen Abkömmlinge gleichzustellen, kann ihnen für diesen Fall ein Vermächtnis am ersten Nachlass gewährt werden, das bis zum Schlusserbfall gestundet ist. Zur Auslegung von Verwirkungsklauseln vgl → §§ 2074–2076 Rn. 5. Die Auslegung kann auch ergeben, dass der Pflichtteil auf den Erbteil der Schlusserbschaft anzurechnen ist (BayObLGZ 1960, 218; OLG Braunschweig OLGZ 1977, 186; weiteres Bsp OLG Schleswig ZEV 1997, 331; eine Rückzahlung wirkt sich auf eine bereits eingetretene Verwirkung nicht aus (BayObLG ZEV 2004, 204). Besteht die Strafklausel gegen den gesetzlichen Schlusserben in einer durch die Geltendmachung des Pflichtteils bedingten Enterbung, so kann nur ein Pflichtteilsverlangen auf den Tod des Erstversterbenden vor dem Tod des Letztversterbenden zum Ausschluss der gesetzlichen Erbfolge führen, weil eine aufschiebend bedingte Enterbung insoweit nicht möglich ist (OLG Stuttgart NJW-RR 2017, 1353 Rn. 14; sa § 1937–1941 Rn. 4). Die Eintragung des von den Schlusserben erwerbenden Käufers ohne Voreintragung der Schlusserben (§ 40 I GBO) verlangt einen lückenlosen Nachweis der Erbfolge (§ 35 I GBO) durch einen Erbschein oder die Vorlage der öffentlich beurkundeten letztwilligen Verfügung verbunden mit der eidesstattlichen Versicherung aller Schlusserben, dass nach dem Tod des erstversterbenden Ehegatten keiner den Pflichtteil gefordert oder – gegebenenfalls – die letztwillige enterbende Verfügung angefochten hat (OLG Saarbrücken NJW-RR 2022, 443 Rn. 8 ff.). **Lit:** Lübbert NJW 1988, 2706; Mayer ZEV 1995, 136; Sarres ZEV 2004, 407; Fischer ZEV 2005, 189. 5

5. Rechtsstellung des Schlusserben. Der Schlusserbe erwirbt nach dem ersten Erbfall eine **Anwartschaft** (str), die ihn zur Feststellungsklage berechtigt, falls der überlebende Ehegatte entgegen § 2271 II verfügt oder das Testament anficht (vgl BGHZ 37, 331). Er kann aber gem § 311b IV, V über die Anwartschaft nicht verfügen (BGHZ 37, 323); sie ist auch nicht vererblich, jedoch treten unter den Voraussetzungen des § 2069 seine Abkömmlinge ein (dazu → § 2069 Rn. 2); wenn der ausgefallene Schlusserbe nur vom erstverstorbenen Ehegatten abstammt (BGH NJW-RR 2001, 1154), kann die Einsetzung seiner Abkömmlinge Auslegungsergebnis sein. Abkömmlinge des Schlusserben können vor ihrer Erzeugung als Nacherben eingesetzt werden (BayObLG FamRZ 1983, 839; zur Abgrenzung einer Einsetzung des Schlusserben als Vollerben von einer gestuften Nacherbfolgeanordnung s OLG Karlsruhe FamRZ 1999, 1535). Da der Schlusserbe ausschließlich den letztversterbenden Ehegatten beerbt, kann er erst nach dem zweiten Erbfall ausschlagen (BGH NJW 1998, 543; aA Vorinstanz OLG Düsseldorf FamRZ 1996, 1569 mkritAnm Leipold; → § 1946 Rn. 1). 6

6. Wiederverheiratung. Lit: Buchholz, Erbfolge und Wiederverheiratung, 1986; Otte AcP 187, 603; Leipold FamRZ 1988, 352; Zawar NJW 1988, 16; Dippel AcP 177, 349; Wilhelm NJW 1990, 2857; Meier-Kraut NJW 1992, 143. **a)** Soll bei Wiederverheiratung des überlebenden Teils der Nachlass an die Abkömmlinge 7

fallen oder ist für diesen Fall die Auseinandersetzung mit den Abkömmlingen angeordnet, so ist von einer **bedingten Nacherbschaft** auszugehen (RGZ 156, 172; BayObLGZ 1966, 227; BGH NJW 1983, 278). Der Ehegatte ist auflösend bedingter Vollerbe und aufschiebend bedingter – regelmäßig befreiter (BGH FamRZ 1961, 275) – Vorerbe (BGHZ 96, 204; Stürner JZ 1983, 149 [150]; str, s die Nw bei Leipold FamRZ 1988, 353; ferner → §§ 2074–2076 Rn. 3). Bei Bedingungseintritt gelten für Verfügungen §§ 2113 II, 161 II, zwischen Vor- und Nacherben ist iZw § 159 zu beachten. Letztwillige Verfügungen des Überlebenden werden gegenstandslos, soweit sie Gegenstände der Nacherbschaft betreffen. Die Bindungswirkung des gemeinsamen Testaments entfällt, iZw wird auch ohne Widerrufstestament die Erbeinsetzung der gemeinsamen Abkömmlinge gegenstandslos sein und der ges Erbfolge weichen (KG FamRZ 1968, 331; OLG Hamm FamRZ 1995, 250; Bay-
8 ObLG NJW-RR 2002, 367; offen BGH WM 1985, 1179). **b)** Häufig wird den Abkömmlingen für den Fall der Wiederverheiratung ein **Vermächtnis** – uU in Höhe der ges Erbteile – zugewendet; hier ist und bleibt der überlebende Ehegatte Vollerbe (OLG München FamRZ 2011, 65). IZw gewinnt er bei Bedingungseintritt auch bei dieser Gestaltung die volle Testierfreiheit zurück (OLG Köln FamRZ 1976, 552). **c)** Die **Verfassungsmäßigkeit** von Wiederverheiratungsklauseln verlangt korrekte Einzelfallabwägung zwischen Testierfreiheit des Erblassers (Art. 14 I GG) und Eheschließungsfreiheit (Art. 6 I GG) des Überlebenden (vgl BVerfG NJW 2004, 2009 ff.). Klauseln, die mangels einer Ausgleichsregelung oder wegen akuten Liquiditätsbedarfs hohen wirtschaftlichen Druck ausüben, kann danach über §§ 138, 242 die Wirkung versagt sein (dazu Scheuren-Brandes ZEV 2005, 185).

9 **7. Erbschaftsteuer.** Für die Berechnung der Erbschaftsteuer gilt der Schlusserbe kraft bindender oder unveränderter (BFH NJW 1983, 415; anders bei einer auch nur teilw Änderung: BFH DStR 1991, 33) Verfügung gem § 15 III ErbStG im Umfang des noch vorhandenen Vermögens des Vorverstorbenen als dessen Erbe, falls sich hieraus bei unterschiedlichem Verwandtschaftsgrad eine günstigere Steuerklasse ergibt. Infolge der Neufassung durch das ErbStRG zum 1.1.2009 wird dies allerdings nur noch auf Antrag berücksichtigt. Bei gleichem Verwandtschaftsgrad (Regelfall) gilt er auch steuerrechtlich allein als Erbe des letztverstorbenen Ehegatten. Der Freibetrag wird dem Schlusserben stets nur einmal gewährt; der Schlusserbe sollte deshalb schon beim ersten Erbfall so weit bedacht sein, dass der Freibetrag in Bezug auf den erstverstorbenen Teil ebenfalls ausgeschöpft ist. Bei mehrfachem Erwerb desselben Vermögens durch Personen der Steuerklasse I (→ § 1924 Rn. 6) innerhalb von 10 Jahren gewährt § 27 ErbStG einen zeitlich gestaffelten Ermäßigungsbetrag (zum Ganzen Mayer ZEV 1998, 50; Kaeser ZEV 1998, 210; Langenfeld JuS 2002, 351).

10 **8. Auslegungsregel für Vermächtnisse.** Abs. II enthält eine ges Auslegungsregel gegen das beim ersten Erbfall angefallene, aber bis zum zweiten Erbfall gestundete Vermächtnis; bedeutsam insbes wegen § 2160. Die Vorschrift gilt bei jedem Zweifel am entgegenstehenden Erblasserwillen (BGH LM Nr. 5 zu § 2269 BGB; BGH NJW 1983, 278 mAnm von Stürner JZ 1983, 149).

§ 2270 Wechselbezügliche Verfügungen

(1) **Haben die Ehegatten in einem gemeinschaftlichen Testament Verfügungen getroffen, von denen anzunehmen ist, dass die Verfügung des einen nicht ohne die Verfügung des anderen getroffen sein würde, so hat die Nichtigkeit oder der Widerruf der einen Verfügung die Unwirksamkeit der anderen zur Folge.**

(2) **Ein solches Verhältnis der Verfügungen zueinander ist im Zweifel anzunehmen, wenn sich die Ehegatten gegenseitig bedenken oder wenn dem einen Ehegatten von dem anderen eine Zuwendung gemacht und für**

den Fall des Überlebens des Bedachten eine Verfügung zugunsten einer Person getroffen wird, die mit dem anderen Ehegatten verwandt ist oder ihm sonst nahe steht.

(3) **Auf andere Verfügungen als Erbeinsetzungen, Vermächtnisse, Auflagen und die Wahl des anzuwendenden Erbrechts findet Absatz 1 keine Anwendung.**

Lit: Buchholz, „Einseitige Korrespektivität", Rpfleger 1990, 45; Horn, Ansprüche des beeinträchtigten Vertragserben – Durchsetzung und Abwehr, NJW 2019, 1123 ff.; Kegel, Zur Bindung an das gemeinschaftliche Testament im deutschen IPR, FS Jahrreiß, 1964, S 143; Knollmeyer, Umdeutung unwirksamer Verfügungen in gemeinschaftlichen Testamenten, NJW 2018, 662 ff.; H. Lange, Bindung des Erblassers an seine Verfügungen, NJW 1963, 1571; Langenfeld, Freiheit oder Bindung beim gemeinschaftlichen Testament oder Erbvertrag von Ehegatten, NJW 1987, 1577; Sammet/Graf Wolffskeel von Reichenberg, Wechselbezügliche Verfügungen Minderjähriger und das Gesetz zur Bekämpfung von Kinderehen, ZEV 2019, 510 ff.; Musielak, Die Bindung an wechselbezügliche Verfügungen im gemeinschaftlichen Testament, ZErb 2008, 189; Steiner, Keine Anwendbarkeit des § 2270 II BGB auf allein mit der Auslegungsregel des § 2069 BGB ermittelte Ersatzerben – BGHZ 149, 363, JuS 2003, 1054.

1. Wechselbezüglichkeit. Sie liegt vor, wenn ein „Zusammenhang des Motivs" 1
besteht und eine Verfügung mit der anderen „stehen und fallen" soll (RGZ 116, 149; OLG Frankfurt a.M. NJW-RR 2012, 777; OLG Düsseldorf BeckRS 2012, 04247; OLG München NJW-RR 2013, 204); sie setzt Testierfähigkeit beider Ehegatten voraus (BayObLG FamRZ 1996, 1037: uU Aufrechterhaltung der Verfügungen des Testierfähigen als einseitige Verfügungen). Maßgeblich ist der **Erblasserwille** zur Zeit der Testamentserrichtung (BGHZ 112, 233; OLG München NJW-RR 2013, 204), der durch Auslegung zu ermitteln ist (vgl → § 2084 Rn. 4 f., zur ergänzenden Auslegung BayObLG ZEV 2003, 283; zur Bedeutung der Verwirkungsklausel (→ § 2074–2076 Rn. 5 sowie → § 2269 Rn. 5) für als Nacherben eingesetzte gemeinsame Söhne OLG Düsseldorf BeckRS 2019, 35409; sa unten → Rn. 3). Wechselbezüglichkeit bezüglich der Einsetzung von Ersatzerben setzt durch Auslegung ermittelten Willen zur Ersatzerbeneinsetzung voraus, der sich nicht auf die Auslegungsregel des § 2269 stützt (hierzu § 2269 Rn. 4 zum Verbot kumulierter Anwendung der §§ 2270 II und 2069 mN). Wechselbezüglichkeit kann stillschweigend angeordnet sein (BayObLG FamRZ 1993, 366; OLG Saarbrücken NJW 2018, 957 Rn. 15), fehlende wechselseitige Bedenkung von Ehegatten (BayObLG NJW-RR 1991, 1288) oder Verwandtschaft bzw Schwägerschaft eines eingesetzten Dritten (BayObLG NJW-RR 1992, 1224) sind für entsprechenden Erblasserwillen zunächst nicht maßgeblich, sondern erst im Rahmen der Auslegungsregel gem II. Die Auslegung setzt regelmäßig eine Klärung des genauen Inhalts der Verfügung voraus (BGH LM Nr. 2 zu § 2270 BGB), wobei Wechselbezüglichkeit für jede einzelne Verfügung eines Testaments gesondert zu beurteilen ist (BGH NJW-RR 1987, 1410; BayObLG NJW 1993, 1158; OLG München NJW-RR 2013, 204; OLG München FamRZ 1999, 1538; OLG Frankfurt a.M. FGPrax 1997, 189; OLG Frankfurt a.M. NJW-RR 2012, 777). Die Ehegatten können über die Wechselbezüglichkeit und ihr Ausmaß frei bestimmen (BGHZ 30, 265 [266]); denkbar ist deshalb auch die bloß einseitige Abhängigkeit einer Verfügung (BayObLG FamRZ 1986, 606 mN; OLG München BeckRS 2016, 20125). Die Wechselbezüglichkeit bei Einsetzung zweier Schlusserben kann Anwachsung gem § 2094 I umfassen (OLG Nürnberg FGPrax 2017, 183). Wechselbezüglichkeit ist auch durch Ergänzung eines früheren Erbvertrags oder gemeinschaftlichen Testaments herstellbar (BayObLGZ 1987, 27; BayObLG FamRZ 1999, 1538; BayObLG DNotZ 1994, 794 mAnm Musielak; OLG Saarbrücken FamRZ 1990, 1286; OLG Frankfurt a.M. FamRZ 1996, 1039; OLG Hamm ZEV 2018, 93 Rn. 13 ff.: späteres abänderndes gemeinsames Testament, sa → §§ 2266, 2267 Rn. 1 und 2).

2. Voraussetzungen und Inhalt der Auslegungsregel. Die Auslegungsregel 2
nach II erleichtert den Beweis der Wechselbezüglichkeit unter folgenden Vorausset-

zungen: **a) Verbleibende Zweifel** sind gegeben, wenn nach der Auslegung weder Wechselbezüglichkeit noch Unabhängigkeit feststehen (BGH NJW-RR 1987, 1410; OLG München FamRZ 2011, 1819; OLG München BeckRS 2016, 20125; OLG Saarbrücken FamRZ 1990, 1286; BayObLG FamRZ 1997, 1241; OLG Hamm FamRZ 2001, 1648; OLG Koblenz ZErb 2007, 155; KG Rpfleger 2006, 127 für „gemeinsames Versterben"; → § 2084 Rn. 3). Nach den Grundsätzen der „Andeutungstheorie" (vgl → § 2084 Rn. 4) können ergänzend Umstände außerhalb des Testaments herangezogen werden, zB Vermögenslosigkeit eines Teils (BayObLG FamRZ 1984, 1155 bei Schlusserbeneinsetzung, einschr OLG Hamm NJW-RR 1995, 777, wenn Vermögen gemeinsam erarbeitet wurde; ähnlich BayObLG FamRZ 1995, 251; OLG Brandenburg FamRZ 1999, 1541), Zuwendungen während der Ehe, bes Dankesschuld, Äußerungen des überlebenden Ehegatten (BayObLG Rpfleger 1982, 285) usw. Die freie Verfügungsbefugnis des überlebenden Ehegatten über seinen Nachlass in Gestalt eines Änderungsvorbehalts kann (BGH FamRZ 1956, 83; BayObLGZ 1987, 28; OLG Zweibrücken ZEV 2004, 153 f.; OLG Hamm FamRZ 2007, 678), muss aber nicht gegen die Wechselbezüglichkeit sprechen (BGH NJW 1987, 901; OLG Hamm FamRZ 2011, 1172 zum beschränkten Änderungsvorbehalt); denn immerhin hat die Wechselbezüglichkeit bis zum 1. Erbfall die Wirkung des § 2271 I, ist also keineswegs sinnlos (OLG Stuttgart NJW-
3 RR 1986, 632). **b)** Der **Inhalt der gemeinsamen Verfügung** muss entweder in wechselseitiger Begünstigung der Ehegatten bestehen (Erbeinsetzung, Vermächtnis, Auflage) oder in der Berücksichtigung eines Verwandten oder Nahestehenden des vorversterbenden Ehegatten als Schlusserbe nach dem überlebenden Teil (OLG Nürnberg NJW 2013, 2909 [2910]; OLG München FamRZ 2011, 1819). Sofern Verwandte des Mannes und der Frau als Schlusserben eingesetzt sind, besteht sonach Wechselbezüglichkeit zwischen den Erbeinsetzungen der Ehegatten und Wechselbezüglichkeit zwischen der Erbeinsetzung des überlebenden Teils einerseits und der Erbeinsetzung der Verwandten des vorverstorbenen Teils andererseits (BayObLG NJW-RR 1992, 516; 1992, 1224; BayObLG FamRZ 1997, 1241; OLG Frankfurt a.M. NJW-RR 2012, 778; OLG Saarbrücken NJW 2018, 957 Rn. 15; OLG München NJW-RR 2013, 202; OLG Düsseldorf NJW-RR 2022, 1018 Rn. 19 ff.; BeckRS 2019, 35409); hingegen ist die Erbeinsetzung der Verwandten des überlebenden Teils nicht ohne weiteres von der Wechselbezüglichkeit erfasst (BGH LM Nr. 2 zu § 2270 BGB; BayObLG FamRZ 1984, 1155; 1985, 1289; OLG Köln FamRZ 1996, 310; OLG Frankfurt a.M. FGPrax 1997, 189; OLG Karlsruhe Rpfleger 2007, 202; OLG Hamm FamRZ 2010, 1201; OLG Nürnberg ZEV 2010, 411), so dass der überlebende Teil insoweit iZw neu testieren kann (OLG Brandenburg FamRZ 1999, 1541; teilw anders aber OLG Düsseldorf ZErb 2008, 23: Pflicht zur Prüfung einer möglichen Wechselbezüglichkeit zwischen den jeweiligen Schlusserbeneinsetzungen, auch wenn Schlusserbe einem Ehegatten näher steht als dem anderen; OLG Schleswig FamRZ 2012, 402: Bindungswirkung einer Ersatzerbeneinsetzung eines Verwandten des überlebenden Teils; sa → § 2069 Rn. 4). Sofern sich beide Ehegatten wechselseitig als alleinige Erben einsetzen, aber nach dem Tode des Letztversterbenden entsprechend den ursprünglichen Ehegattenvermögen anteilig ein Verwandter des jeweiligen Ehegatten Erbe werden soll, der als Erbe eingesetzte Verwandte des überlebenden Teils aber vor dessen Tod verstirbt, spricht vieles dafür, dass der überlebende Teil in diesem Falle einen anderen ihm nahestehenden Schlusserben bestimmen kann (OLG Düsseldorf ZEV 2018, 850 = BeckRS 2018, 23266). Setzen Ehegatten ohne wechselseitige Erbeinsetzung ihren einzigen Sohn jeweils zum Alleinerben ein, soll im Zweifel keine Wechselbezüglichkeit vorliegen (Bay-*ObLG ZEV 1996, 188;* krit Leipold JZ 1998, 709). Jedoch kann die Erbeinsetzung gemeinsamer Kinder als wechselbezüglich aufzufassen sein (OLG Hamm FamRZ 2011, 1333; 2011, 1172; OLG Hamm Rpfleger 2002, 151; OLG München FamRZ 2011, 679; KG NotBZ 2012, 174), insbesondere, wenn die jeweilige Verfügung mit einer wechselseitigen Erbeneinsetzung u einer Wiederverheiratungsklausel (BGH NJW 2002, 1126) oder mit einem beiderseitigen Erb- und Pflichtteilsverzicht der

Ehegatten verbunden ist (OLG Hamm Rpfleger 2001, 71). Ein beschränkter Änderungsvorbehalt („eines oder beide Kinder") steht einer Wechselbezüglichkeit nicht ohne weiteres entgegen (OLG Hamm FamRZ 2011, 1172). Adoptivkinder sind Verwandte (KG FamRZ 1983, 98 mit Bemerkungen zum Übergangsrecht). Ob Schwägerschaft, Stiefkindschaft oder bewährte Freundschaft unter „nahe stehende" Personen fallen, ist nach strengen Maßstäben im Einzelfall zu entscheiden (BayObLG Rpfleger 1983, 155; BayObLG FamRZ 1984, 1155; 1985, 1289; 1991, 1234; KG ZEV 2018, 678 = BeckRS 2018, 24854; FamRZ 1993, 1253; OLG Koblenz ZErb 2007, 156; OLG München ZErb 2008, 237); jur Personen fallen nicht darunter (offen BayObLG FamRZ 1986, 606; aA für die Stiftung, die dem Willen des Stifters dienen und sein Lebenswerk weiterführen soll, OLG München NJW-RR 2000, 526). Bestimmen Eheleute mit gemeinsamen Abkömmlingen für jeden Erbfall ges Erbfolge, so kann darin durchaus ebenfalls eine wechselseitige Verfügung gesehen werden (vgl OLG Stuttgart FamRZ 1977, 274). Auch kann eine Sanktionsklausel gegen die pflichtteilsberechtigten gemeinschaftlichen Kinder der Ehegatten uU als bindende Schlusserbeneinsetzung auszulegen sein (OLG Frankfurt a.M. OLGR 2001, 289; OLG München NJW-RR 2013, 202; OLG München ZEV 2017, 115 [LS] = BeckRS 2016, 21400; OLG Düsseldorf NJW-RR 2014, 837). Wenn sich beide Ehegatten als Alleinerben einsetzen und nach ihrer beider Tod die gesetzliche Erbfolge gelten soll, so kann dies eine bindende wechselseitige Verfügung sein, falls die gemeinsamen gesetzlichen Erben oder die schon lebenden gesetzlichen Erben jedes Ehegatten gemeint sein sollen; es kann aber auch sein, dass die gesetzlichen Erben jedes überlebenden Ehegatten gemeint sind, also zB die zweite Ehefrau oder der zweite Ehemann sollen miterben dürfen, so dass sich die Frage stellt, ob überhaupt keine Bindungswirkung gewollt ist oder allenfalls eine eingeschränkte (zur Deutung als Freistellung von der Bindung OLG Düsseldorf ZEV 2021, 513 m. teilw. krit. Anm. Keim zur Art u. Weise der Auslegung; sa → § 2271 Rn. 8).

3. Eignung zur Wechselbezüglichkeit. Sie haben nur Erbeinsetzung, Vermächtnis und Auflage sowie die Rechtswahl (→ Vor § 1922 Rn. 18), also **nicht** Erbverzicht (BGHZ 30, 265), Pflichtteilsentziehung, Teilungsanordnung (BGHZ 82, 277; BayObLG FamRZ 1988, 661), Testamentsvollstreckerernennung (KG OLGZ 1977, 391; OLG Hamm ZEV 2001, 271), Enterbung (BayObLG NJW-RR 1992, 1356), testamentarischer Widerruf einer Alleinerbeneinsetzung des anderen Ehegatten (OLG München ZEV 2017, 541, 542) usw; hier bleibt nur § 2078. 4

4. Wirkung der Wechselbezüglichkeit. Sie besteht in der Unwirksamkeit der Verfügung bei Widerruf oder Nichtigkeit (zB wegen Anfechtung) sowie Ausschlagung (§ 2271 II 1; dazu BGH NJW 2011, 1355) der korrespondierenden Verfügung. Das Schicksal nicht wechselbezüglicher Verfügungen richtet sich nach § 2085. Beim Wegfall des aus einer wechselbezüglichen Verfügung Begünstigten gilt nicht ohne weiteres I, vielmehr ist der Erblasserwille durch Auslegung zu ermitteln (OLG Hamm NJW-RR 2014, 781), wobei die Geltung ges Auslegungsregeln im Einzelnen umstritten ist (s einerseits BGHZ 149, 367 ff. = NJW 2002, 1126; OLG München FamRZ 2010, 1846; OLG Schleswig FamRZ 2011, 66; OLG Hamm FGPrax 2003, 271; sa OLG Hamm NJW-RR 2014, 781; BayObLG ZEV 2004, 245 mAnm von Keim: keine volle Geltung der Vermutung gem § 2069, hierzu Leipold JZ 2002, 895 und → § 2069 Rn. 4; aA noch BGH NJW 1983, 277 mAnm Stürner JZ 1983, 147; andererseits obiter OLG Hamm Rpfleger 2005, 264; OLG Karlsruhe NJW-RR 2003, 584; OLG Celle FamRZ 2003, 888: bei Trennungslösung Rückgriff auf § 2102 I). S. iÜ § 2271. 5

§ 2271 Widerruf wechselbezüglicher Verfügungen

(1) [1]**Der Widerruf einer Verfügung, die mit einer Verfügung des anderen Ehegatten in dem in § 2270 bezeichneten Verhältnis steht, erfolgt bei Lebzeiten der Ehegatten nach der für den Rücktritt von einem Erbvertrag**

geltenden Vorschrift des § 2296. [2]Durch eine neue Verfügung von Todes wegen kann ein Ehegatte bei Lebzeiten des anderen seine Verfügung nicht einseitig aufheben.

(2) **[1]Das Recht zum Widerruf erlischt mit dem Tode des anderen Ehegatten; der Überlebende kann jedoch seine Verfügung aufheben, wenn er das ihm Zugewendete ausschlägt. [2]Auch nach der Annahme der Zuwendung ist der Überlebende zur Aufhebung nach Maßgabe des § 2294 und des § 2336 berechtigt.**

(3) **Ist ein pflichtteilsberechtigter Abkömmling der Ehegatten oder eines der Ehegatten bedacht, so findet die Vorschrift des § 2289 Abs. 2 entsprechende Anwendung.**

Lit: A. Eickelberg, Die Anforderungen an den Widerruf beim gemeinschaftlichen Testament, ZEV 2019, 557 ff.; Helms, Der Widerruf und die Anfechtung wechselbezüglicher Verfügungen bei Geschäfts- und Testierunfähigkeit, DNotZ 2003, 104; Iversen, Die Selbstanfechtung beim gemeinschaftlichen Testament, ZEV 2004, 55; Kuchinke, Beeinträchtigende Anordnungen des an seine Verfügungen gebundenen Erblassers, FS von Lübtow, 1991, S 283; Vollmer, Gemeinschaftliches Testament und Erbvertrag bei nachträglicher Geschäftsunfähigkeit – Lösungswege bei bindenden Verfügungen, ZErb 2007, 235; Zimmer, Der Widerruf wechselbezüglicher Verfügungen bei Geschäftsunfähgkeit des Widerrufsgegners, ZEV 2007, 159.

1 **1. Rechtslage bei Lebzeiten beider Ehegatten. a) Gemeinsame Aufhebung** der wechselbezüglichen Verfügungen kann erfolgen durch gemeinschaftliches Widerrufstestament (§ 2254) oder widersprechendes Testament (§ 2258; BayObLG FamRZ 1997, 1244), durch Erbvertrag (§ 2289 I 1), durch Rücknahme aus der Verwahrung (§ 2272), durch gemeinschaftliche Vernichtung oder Änderung
2 (§ 2255) und analog § 2291 (str). **b) Einseitiger Widerruf** durch einen Ehegatten ist ohne weiteres möglich, bedarf aber der notariellen Beurkundung (§ 2296 II 2; keine amtliche Verwahrung, OLG Brandenburg FGPrax 2021, 25). Dem anderen Teil muss die Urschrift oder Ausfertigung der Widerrufserklärung zugehen, der Zugang einer beglaubigten Abschrift genügt nicht (BGHZ 31, 5; 36, 201; BGH NJW 1981, 2300; zu § 132 I s OLG Zweibrücken ZEV 2005, 484). Der Widerruf gegenüber einem geschäftsunfähigen Ehepartner wird durch die Aushändigung der notariell beurkundeten Widerrufserklärung an einen von diesem mit General- bzw Vorsorgevollmacht bestellten rechtsgeschäftlichen Vertreter bzw für diesen bestellten Betreuer oder Ersatzbetreuer wirksam (§ 131; zutreffend OLG Nürnberg NJW 2013, 2909 [2910]; LG Leipzig FamRZ 2010, 403; hierzu Keim ZEV 2010, 358; tendenziell gleich BGH NJW 2021, 1455 Rn. 15 f., sa § 2296 Rn. 1; zur Bestellung eines Ergänzungspflegers AG München NJW 2011, 618). Die Erklärung kann nach dem Tode des Erklärenden zugehen, § 130 II; dagegen ist ein Widerruf unwirksam, der auf bes Weisung des Widerrufenden erst nach seinem Tode dem überlebenden Ehegatten übermittelt wird (BGHZ 9, 233; hierzu Dilcher JuS 1961, 20; A. Roth NJW 1992, 791; sa OLG Nürnberg NJW 2013, 2909 [2910]), weil dadurch der Zweck von I unterlaufen würde. Es reicht auch nicht aus, dass zu Lebzeiten die beglaubigte Abschrift und erst nach dem Tode die Ausfertigung zur Heilung des Mangels zugestellt wird (BGHZ 48, 374), es sei denn, die Ausfertigung war zu Lebzeiten des Empfängers auf dem Weg (OLG Hamm NJW-RR 1991, 1481). Ist die öffentl Zustellung (§ 132 II) erschlichen, so bleibt sie zwar wirksam, der Berufung auf den Widerruf kann jedoch der Arglisteinwand entgegenstehen (BGHZ 64,
3 5). **c) Einseitige Änderungen durch letztwillige Verfügung** bleiben insoweit möglich, als nur einseitige Verfügungen betroffen sind oder der überlebende Ehegatte besser gestellt wird als in der wechselbezüglichen Verfügung des gemeinschaftlichen Testaments (BGHZ 30, 261). **d) Anfechtung** des Testaments ist wegen der
4 Widerrufsmöglichkeit ausgeschlossen; hingegen ist der Widerruf selbst als Sonder-
5 form der Verfügung von Todes wegen nach § 2078 anfechtbar. **e) Verfügungen unter Lebenden** kann jeder Ehegatte grundsätzlich uneingeschränkt treffen, den anderen Teil schützt das Widerrufsrecht (I 1); § 2287 ist unanwendbar (BGHZ 87,

24); keine Mitteilungspflicht in Form des § 2296! Ausnahme: Verträge gem § 331 (Speth NJW 1985, 463; str).

2. Rechtslage nach dem Tode eines Ehegatten. a) Die **Bindungswirkung** 6
verbietet dem überlebenden Teil **letztwillige Verfügungen,** die wechselbezügliche Zuwendungen an den Dritten schmälern, also zB auch die Belastung des Schlusserben mit einem Vermächtnis (BGH FamRZ 1969, 208) oder einer neuangeordneten Testamentsvollstreckung oder Nacherbschaft (OLG Schleswig NJW-RR 2013, 906; KG OLGZ 1977, 392; OLG Köln FamRZ 1990, 1403; BayObLG FamRZ 1991, 113; OLG Schleswig BeckRS 2019, 30637: Austausch der Person des Testamentsvollstreckers als denkbare Beeinträchtigung des Schlusserbens); die sittliche Pflicht zu einer schmälernden letztwilligen Verfügung ändert an ihrer Unwirksamkeit nichts (BGH NJW 1978, 423; vgl aber → § 2084 Rn. 8). Da die Bindung gegenüber dem erstverstorbenen Ehegatten besteht, führt die Zustimmung des bedachten Dritten nicht zur Wirksamkeit der gegenläufigen Verfügung (BGH LM Nr. 7 zu § 2271 BGB; OLG Hamm OLGZ 1982, 272: Erbverzichtsvertrag, § 2352; → Rn. 9).
b) Befreiung von der Bindungswirkung besteht in folgenden Fällen: **aa) Ausschlagung** durch den überlebenden Ehegatten. Der ges Erbteil muss grundsätzlich nicht mit ausgeschlagen werden (§ 1948 I); eine andere Beurteilung ist aber angebracht, wenn die Bindungswirkung nach dem Willen der Eheleute gerade die Einsetzung auf den ges Erbteil erfassen sollte oder bei gleicher Größe von gesetzl u testament Erbteil (so KG OLGZ 1991, 9; str, hierzu Tiedtke FamRZ 1991, 1259; offen BGH NJW 2011, 1354). Nach der Ausschlagung kann der überlebende Ehegatte neu testieren (§§ 2253 ff.; dazu BGH NJW 2011, 1354; Lustig ZEV 2009, 140); aber keine wiederauflebende Wirksamkeit der wechselbezüglichen Verfügung des verstorbenen Teils bei Widerruf der neuen Verfügung (BGH NJW 2011, 1355). 7
bb) Die **Freistellungsklausel** kann den überlebenden Ehegatten zur ganz oder teilw (BGH FamRZ 1973, 189) freien Verfügung ermächtigen und damit die ges Bindungswirkung abbedingen (BGHZ 2, 37; OLG Karlsruhe FamRZ 2012, 401; OLG Schleswig ZEV 1997, 331 mAnm Lübbert); eine Klausel des Inhalts, dass nach dem letztversterbenden Ehegatten die gesetzliche Erbfolge gelten solle, kann uU als Freistellung gedeutet werden (OLG Düsseldorf ZEV 2021, 513; sa → § 2270 Rn. 3). Der Widerruf erfolgt durch Testament (OLG Stuttgart NJW-RR 1986, 632: §§ 2254, 2297, kein bloßer Ungültigkeitsvermerk, → § 2255 Rn. 7) und kann konkludent erfolgen (OLG Köln NJW-RR 1992, 1419); er beseitigt grundsätzlich die wechselbezügliche Verfügung des vorverstorbenen Ehegatten (§ 2270 I), jedoch wird die Auslegung häufig einen gegenläufigen Willen der Erblasser ergeben (vgl auch → § 2270 Rn. 2). Der Widerruf nach Freistellung muss keinen Grund nennen, § 2336 II ist unanwendbar (OLG Köln NJW-RR 1992, 1419). Die Freistellung ist durch Auslegung zu ermitteln (OLG Hamm NJW-RR 1995, 777: ausbleibende Leistungen des Bedachten), wobei ergänzende Auslegung zur freien Verfügung über Neuerwerb nach Testamentserrichtung führen kann (OLG München FamRZ 2011, 1819 f.; OLG Zweibrücken NJW-RR 1992, 588). Bei Änderung gemeinsamer Berufung von gemeinsamen Kindern (OLG Hamm Rpfleger 2002, 151) oder Dritter gelten für stillschweigende Freistellung strenge Maßstäbe (BayObLG FamRZ 1991, 1488). Das bloße Fehlen eines Hinweises auf die Bindungswirkung nach dem Tod des Erstversterbenden ist für sich besehen kein Indiz für eine stillschweigende Freistellung (OLG Stuttgart ZEV 2019, 45 = BeckRS 2018, 30334). Angeordnete freie Verfügung über den Nachlass des Erstversterbenden kann auch nur lebzeitige Verfügungen (OLG Schleswig NJW-RR 2014, 965; BayObLG FamRZ 1985, 210) betreffen. Die Freistellung von der Bindungswirkung wechselseitiger Verfügungen soll nach umstrittener Auffassung trotz § 2065 von der Zustimmung eines Dritten wie z.B. des Testamentsvollstreckers abhängig gemacht werden können (OLG Bremen ZEV 2018, 90 Rn. 13 ff.; zu Recht kritisch Graf Wolffskeel ZEV 2018, 92 f.**cc)** Grund zur **Pflichtteilsentziehung** (Abs. II 2, §§ 2294, 2336; Beispiel: OLG Saarbrücken NJW 2018, 957 Rn. 16 ff.-verneint; sa § 2333 Rn. 1 und 2; 8

§ 2336 Rn. 2) oder bei Abkömmlingen zur **Pflichtteilsbeschränkung** in guter Absicht (Abs. III, §§ 2289 II, 2338; Bsp: OLG Köln MDR 1983, 318: *drohende* Überschuldung nicht ausreichend). Nachträgliche Verzeihung führt aber anders als bei § 2337 S. 2 nicht zur Unwirksamkeit eines erfolgten Widerrufs (KG FamRZ
9 2011, 681), weil auf § 2337 allgemein nicht verwiesen ist. **dd) Gegenstandslosigkeit** der wechselbezüglichen Verfügung stellt die Testierfreiheit ebenfalls wieder her, also zB Wegfall durch Tod (OLG Frankfurt a.M. NJW-RR 1995, 265), Erbunwürdigkeit, Erbverzicht (OLG Köln FamRZ 1983, 838 mAnm von Brems S. 1278; BayObLG FamRZ 2001, 320) usw; in den Fällen der §§ 2069, 2094 bleibt die
10 Bindungswirkung bestehen (OLG Hamm OLGZ 1982, 272). **c) Verfügungen unter Lebenden** sind grundsätzlich uneingeschränkt wirksam (BGHZ 59, 343; zur Ausnahme im Höferecht OLGR Celle 2005, 114 f.). §§ 2286–2288 gelten entspr (BGHZ 82, 274; 59, 348; 26, 279; BGH NJW-RR 2012, 207; OLG Schleswig ZEV 1997, 331 mAnm von Lübbert). § 2287 gilt aber nur für bindend gewordene Verfügungen (BGH NJW 2017, 329 Rn. 7; BGH NJW-RR 2012, 207; OLG Frankfurt a.M. FamRZ 2010, 152) und nur, soweit keine Vorbehaltsklausel lebzeitige Verfügungen dennoch zulässt. Nichtigkeit kann sich aus § 138 I bei Hinzutreten bes Umstände ergeben (BGHZ 59, 351). Der überlebende Ehegatte kann insbes durch RGeschäfte zu seinen Lebzeiten die Verfügung des Testaments vorwegnehmen und dabei einen ihm verbliebenen Spielraum ausschöpfen (BGHZ 82, 274; → § 2287
11 Rn. 2). **d) Anfechtung. aa)** Der **überlebende Ehegatte** kann seine eigenen wechselbezüglichen Verfügungen anfechten **(Selbstanfechtung);** es gelten §§ 2281–2285 mit §§ 2078, 2079 entspr (BGHZ 37, 331; BGH FamRZ 1970, 80; LG Frankfurt a.M. ZErb 2010, 125; zweifelnd OLG München FamRZ 2012, 581; 2011, 1820 bei irriger Vorstellung über freie Widerruflichkeit). Die Anfechtungserklärung bedarf der Form des § 2282 III. Die Frist des § 2283 beginnt nicht vor dem Tod des Erstversterbenden; vgl iÜ → § 2082 Rn. 1–3. Der Schlusserbe kann gegen die Anfechtungswirkung Feststellungsklage erheben (vgl → § 2269 Rn. 6). **Verfügungen des erstverstorbenen Teils** kann der Überlebende nach §§ 2078, 2080–2082 anfechten. Regelfolge der Anfechtung ist die Unwirksamkeit der wechselbezüglichen Verfügungen, § 2270 I; ausnahmsweise soll bei entspr hypothetischem Erblasserwillen Fortgeltung möglich sein (OLG Hamm NJW 1972, 1088).
12 **bb) Dritte** können **nach dem Tod des ersten Ehegatten** dessen Verfügungen nach §§ 2078 ff. anfechten, zB adoptierte Kinder (BGH FamRZ 1970, 79). An den Nachweis eines Irrtums des Erstverstorbenen über die Bindungswirkung wechselbezüglicher Verfügungen sind – falls man hierin überhaupt einen Inhaltsirrtum sieht (str, s BayObLG FamRZ 2003, 261) – strenge Anforderungen zu stellen (BayObLG FamRZ 2003, 261; BayObLG ZEV 2004, 467). Da der erstversterbende Erblasser mit Rücksicht auf sein breites Widerrufsrecht (§§ 2271 I, 2296) kein Anfechtungsrecht hatte, kann § 2285 auch nicht zur entspr Anwendung kommen (BGH NJW 2016, 2566 Rn. 14 ff. mAnm Kollmeyer; dazu Kanzleiter DNotZ 2016, 803; Wellenhofer JuS 2017, 72; Soergel/Wolf § 2271 Rn. 38; Staudinger/Kanzleiter § 2271 Rn. 67; aA LG Karlsruhe NJW 1958, 714; obiter auch BayObLG ZEV 2004, 153); hat der Erblasser trotz Kenntnis des späteren Anfechtungsgrundes nicht widerrufen,
13 können die Anfechtungstatbestände ausgeschlossen sein, vgl → § 2078 Rn. 5. **Verfügungen des überlebenden Ehegatten** können Dritte erst nach seinem Tode anfechten (KG FamRZ 1968, 219), §§ 2078 ff., zB Anfechtung durch den pflichtteilsberechtigten neuen Ehegatten des überlebenden Teils (RGZ 132, 1). Für wechselbezügliche Verfügungen des überlebenden Teils gilt aber § 2285 entspr, sofern das Selbstanfechtungsrecht des Erblassers verlorengegangen war (OLG Hamm OLGZ 1971, 313; BayObLG NJW-RR 1989, 588); anders bei einseitigen Verfügungen (BGH FamRZ 1956, 83). Die Wirkung der Anfechtung bestimmt sich nach §§ 2085, 2270 I. Freie Verfügungsbefugnis kann aus einem Zuwendungsverzicht des Schlusserben gegenüber dem überlebenden Ehegatten folgen (s § 2352 Rn. 1; sa oben → Rn. 6 und 9).

3. Rechtslage nach dem Tode beider Ehegatten. Eine den überlebenden Ehegatten bindende Schlusserbeinsetzung in einem gemeinschaftlichen Testament wird nicht dadurch hinfällig und ein späteres widersprechendes Testament des Überlebenden nicht dadurch wirksam, dass nach dem Tode des zuletzt verstorbenen Ehegatten diejenigen, die dieser in dem jüngeren Testament bedacht hat, als seine Erben die ihm von dem zuerst verstorbenen Ehegatten hinterlassene Erbschaft formgerecht ausschlagen (RGRK/Johannsen § 2271 Rn. 27). Das Recht auszuschlagen kann nicht aus einer Verfügung hergeleitet werden, die zunächst unwirksam ist und allenfalls infolge der Ausschlagung wirksam werden könnte (OLG Zweibrücken FamRZ 2005, 556; RGZ 95, 218 f.). 14

4. Neue Bundesländer. Zur Bindungswirkung des gemeinschaftlichen Testaments in den neuen Bundesländern → Vor § 1922 Rn. 7, 11 ff., 15. Aufl. 2014. 15

§ 2272 Rücknahme aus amtlicher Verwahrung

Ein gemeinschaftliches Testament kann nach § 2256 nur von beiden Ehegatten zurückgenommen werden.

Die Vorschrift schützt den anderen Teil vor einseitiger Aufhebung. Von der Rücknahme ist die Einsicht zu unterscheiden, die jeder Ehegatte für sich vornehmen darf. 1

§ 2273 *(aufgehoben) Eröffnung von gemeinschaftlichen Testmenten*

Die Vorschrift mit ihrer Regelung der Eröffnung eines gemeinschaftlichen Testaments wurde durch das FGG-RG (→ Vor § 1922 Rn. 19) mit Wirkung zum 1.9.2009 aufgehoben. An ihre Stelle trat § 349 FamFG (dazu OLG Hamm NJW-RR 2012, 1030). Gem § 344 II FamFG ist für die Wiederverwahrung eines gemeinschaftlichen Testaments nach Eröffnung das NachlassG zuständig, soweit nicht der überlebende Ehegatte oder Lebenspartner die Verwahrung bei einem anderen AG verlangt. Für die Zuständigkeit zur Eröffnung und Bekanntmachung eines gemeinschaftlichen Testaments gelten die allgemeinen Vorschriften (§§ 343 f., 348 FamFG). Wenn der Erblasser nicht in Inland, sondern im nicht europäischen Ausland lebte, ist für die Bekanntgabe eines bereits eröffneten gemeinschaftlichen Testaments das Nachlassgericht des letzten Aufenthalts des Erblassers gem §§ 105, 348 III, 344 VI, 343 II FamFG trotz des letzten Wohnsitzes und Aufenthaltes des Erblassers in Thailand zuständig. Die auch im Verhältnis zu Drittstaaten geltende EuErbVO (Art. 20 EuErbVO) gilt nicht für gerichtliche Maßnahmen, die wie die bloße Bekanntmachung keine Entscheidung über den gesamten Nachlass iSd Art. 3 I lit. g u. 4 EuErbVO darstellen, so dass die Zuständigkeitsvorschriften der EuErbVO gar nicht greifen, und angesichts der im Verhältnis zu Thailand insoweit bestehenden Schwierigkeiten einer Bekanntmachung auch die Notzuständigkeit deutscher Gerichte nach Art. 11 EuErbVO gegeben wäre (so OLG Frankfurt a.M. NJW-RR 2020, 954 Rn. 11 ff., 19 ff.). 1

Abschnitt 4. Erbvertrag

Vorbemerkungen

Lit: Battes, Gemeinschaftliches Testament und Ehegattenerbvertrag als Gestaltungsmittel für die Vermögensordnung der Familie, 1974; Höfer, Der Rücktritt vom Erbvertrag, BWNotZ 1984, 113; Horn, Prüfung der Wirksamkeit von Testamenten und Erbverträgen NJW 2017, 2392; Kapp, Der Erbvertrag in zivilrechtlicher und erbschaftsteuerlicher Sicht, BB 1980, 845; Keller, Aufhebung, Änderung und Ergänzung eines Erbvertrags durch die Vertragspartner, ZEV

2004, 93; Kornexl, Gibt es einen Nachtrag zum Erbvertrag?, ZEV 2003, 62 (dazu Lehmann ZEV 2003, 234; Replik Kornexl ZEV 2003, 235); Langenfeld, Freiheit oder Bindung beim gemeinschaftlichen Testament oder Erbvertrag von Ehegatten?, NJW 1987, 1577; Nolting, Der Erbvertrag, JA 1993, 129; Rothe, Erbvertrag und Synallagma, 2008; Tzschaschel, Erbverträge, 1986; Wolf, Freiheit und Bindung beim gemeinschaftlichen Testament und Erbvertrag, FS Musielak, 2004, 693.

1 **1. Wesen.** Im Erbvertrag verfügen ein oder mehrere Erblasser bindend zugunsten des Vertragsgegners oder eines Dritten; er ist also Vertrag und Verfügung von Todes wegen zugleich. Er eignet sich insbes zur Sicherung der Erbfolge hinter nichtehelichen Lebensgefährten (Diederichsen NJW 1983, 1020). Ein als Erbvertrag bezeichnetes RGeschäft kann als kaufähnlicher Vertrag einen Vorkaufsfall iSd § 463 = § 504 aF begründen (BGH NJW 1998, 2136 mN). Vgl zur Bindungswirkung → § 2278 Rn. 1 ff., → § 2286 Rn. 1.

2 **2. Begriffe. a)** Im **einseitigen Erbvertrag** trifft nur ein Teil vertragsmäßige Verfügungen (§ 2278), der andere Teil nimmt die Erklärung an, trifft uU einseitige Verfügungen (§ 2299) oder verpflichtet sich unter Lebenden. **b)** Beim **zweiseitigen Erbvertrag** treffen beide Teile vertragsmäßige Verfügungen; vgl auch → § 2278 Rn. 4. **c)** Der **Erbverzichtsvertrag** als Sonderfall des Erbvertrages unterliegt den
3 besonderen Regeln der §§ 2346 ff. **d)** Als **vorweggenommene Erbfolge** werden RGeschäfte unter Lebenden bezeichnet, die typischerweise eine Schenkung (§§ 516 ff., 2301 II) enthalten (zB BGHZ 113, 310: „Gleichstellungsgelder" bei ungleicher Übertragung an Kinder und Bewertungsfehler). Möglich ist aber auch die Verbindung einer schuldrechtlichen Verpflichtung zur Leistung unter Lebenden mit einem Erbverzichtsvertrag. Ausführlich zu Übergabe- und Hofübergabeverträgen Soergel/Wolf Vor § 2274, Rn. 21, 22; zur *einkommensteuerlichen* Behandlung der vorweggenommenen Erbfolge s BFH (GS) NJW 1991, 254; BFH DStR 2003, 1696; 2003, 1700; Groh DB 1990, 2187; Meincke NJW 1991, 201; 1993, 976; Mundt DStR 1991, 698; Märkle/Franz BB 1991 Beil. 5; Söffing NJW 1997, 303; Spiegelberger DStR 2004, 1105; Geck ZEV 2005, 196; ferner das BMF-Schreiben vom 13.1.1993, NJW 1993, 977–992 (mit zahlreichen Nachweisen und Gestaltungsvorschlägen!). **Lit:** Olzen, Die vorweggenommene Erbfolge, 1984; Reiff, Vorweggenommene Erbfolge und Pflichtteilsergänzung, NJW 1992, 2857; Kollhosser, Aktuelle Fragen der vorweggenommenen Erbfolge, AcP 194, 231; Mayer, Die Rückforderung der vorweggenommenen Erbfolge, DNotZ 1996, 604; Waldner, Vorweggenomme Erbfolge für die notarielle und anwaltliche Praxis, 2004.

4 **3. Unwirksamkeit und Auslegung.** Zur Nichtigkeit von Erbverträgen gem § 138 I vgl BVerfG NJW 2004, 2008 (Ebenbürtigkeitsklausel und Eheschließungsfreiheit); BGHZ 50, 70 (Ausnutzung einer psychischen Zwangslage des Erblassers); ferner → § 2077 Rn. 3 (Unterlaufen des Nachrangs der Sozialhilfe bei behinderten Erben) und → § 2286 Rn. 3; zur Umdeutung (§ 140) *in* Erbverträge vgl → § 2084 Rn. 8; zur Auslegung → § 2084 Rn. 2 u → § 2278 Rn. 1.

5 **4. Erbschaftsteuer.** Die erbvertragliche Zuwendung ist steuerpflichtig (§ 3 I Nr. 1 ErbStG); jedoch kann der vertraglich Begünstigte Zuwendungen absetzen (§ 10 V Nr. 3 ErbStG), die er zu Lebzeiten des Erblassers als Gegenleistung für die vertragliche Begünstigung erbracht hat (BFH DB 1984, 331; 85, 580). Zur Verfassungsmäßigkeit der Erbschaftsbesteuerung bei Fehlschlag der vorweggenommenen Erbfolge auf Grund Vorversterbens des Beschenkten s BVerfG NJW 1998, 743. Der vom Erblasser unter Verstoß gegen § 2287 Beschenkte kann bei seiner Heranziehung zur Schenkungsteuer den Betrag gem §§ 1 II, 10 V Nr. 3 Satz 1 ErbStG absetzen, den er zur Sicherung seines Erwerbs gegen Herausgabeansprüche aufwenden musste (BFH NJW 2021, 3279; dazu Füssenich NJW 2022, 511 Rn. 24 ff.).

6 **5. Neue Bundesländer.** Erbverträge in den neuen Bundesländern → Vor § 1922 Rn. 5, 14 aE, 15. Aufl. 2014.

§ 2274 Persönlicher Abschluss

Der Erblasser kann einen Erbvertrag nur persönlich schließen.

Höchstpersönlichkeit gilt auch in den Fällen der §§ 2282, 2284, 2290, 2296. 1
Sie betrifft stets nur den Erblasser, nicht den Vertragsgegner, der nicht letztwillig verfügt. Wird der Erbvertrag in Form eines gerichtlichen Vergleichs geschlossen, genügt die Genehmigung durch den Prozessbevollmächtigten nicht. Der Erblasser muss den Vergleich persönlich genehmigen (OLG Düsseldorf ZEV 2007, 95 mAnm von Damrau).

§ 2275 Voraussetzungen

Einen Erbvertrag kann als Erblasser nur schließen, wer unbeschränkt geschäftsfähig ist.

1. Persönliche Voraussetzungen. a) Erbverträge beschränkt geschäftsfähiger 1
oder geschäftsunfähiger **Erblasser** sind nichtig, die Mitwirkung des ges Vertreters nützt nichts (vgl § 2274); das gilt auch für die Ausübung eines vorbehaltenen Rücktrittsrechts durch den Erblasser (BayObLG FamRZ 1996, 969). Die Geschäftsunfähigkeit muss zur vollen Überzeugung des Gerichts feststehen (→ § 2229 Rn. 7); stellt das Beschwerdegericht auf Testierfähigkeit statt auf Geschäftsfähigkeit ab, kann die Entscheidung dennoch richtig sein (BayObLG NJW-RR 1996, 1289; BayObLG FamRZ 2002, 63 f.). **b)** Die frühere Sonderregelung in Abs. II u. III aF für **Eheleute als Erblasser** bzw Verlobte oder verlobte künftige Lebenspartner erfasste die – seltenen – Fälle des § 106 (zu den Einzelheiten → § 2275 Rn. 1, 16. Aufl.). Sie ist durch Art. 1 Nr. 22 des Gesetzes zur Bekämpfung von Kinderehen v 17.7.2017, BGBl. I 2429, in Kraft ab 18.7.2017, aufgehoben worden (dazu D. Schwab FamRZ 2017, 1369, 1373; Sammet/Graf Wolffskeel von Reichenberg ZEV 2019, 510 ff.). Alte Erbverträge bleiben wirksam, sofern nicht anderweitige Unwirksamkeitsgründe vorliegen. **c)** Für den **Vertragsgegner,** der nicht Erblasser ist, gelten grundsätzlich
§§ 104 ff. **d) Nachträgliche Genehmigung** des Vertrages nach dem Tod des letzt- 2
willig verfügenden anderen Teils ist für alle Formen der Genehmigung (ges Vertreter, volljährig gewordener Vertragsteil, Vormundschafts- bzw Familiengericht) ausgeschlossen, weil mit dem Tod des Erblassers die Erbfolge feststehen muss (BGH NJW 1978, 1159; zweifelnd BayObLG NJW 1960, 578).

2. Reform. Die Änderung in Abs. II aF („Familiengericht" statt „Vormund- 3
schaftsgericht") beruhte auf Art. 50 Nr. 63 FGG-RG. Sie galt seit 1.9.2009 (→ Vor § 1922 Rn. 19). Zum Gesetz zur Bekämpfung von Kinderehen → Rn. 1.

§ 2276 Form

(1) [1]**Ein Erbvertrag kann nur zur Niederschrift eines Notars bei gleichzeitiger Anwesenheit beider Teile geschlossen werden.** [2]**Die Vorschriften des § 2231 Nr. 1 und der §§ 2232, 2233 sind anzuwenden; was nach diesen Vorschriften für den Erblasser gilt, gilt für jeden der Vertragschließenden.**

(2) **Für einen Erbvertrag zwischen Ehegatten oder zwischen Verlobten, der mit einem Ehevertrag in derselben Urkunde verbunden wird, genügt die für den Ehevertrag vorgeschriebene Form.**

1. Formerfordernisse. a) Gleichzeitige **Anwesenheit** beider Teile bedeutet nur 1
für den verfügenden Teil **persönliche** Anwesenheit; die ges Vertreter eines minderjährigen Erblassers (§ 2275 II, III) brauchen nicht anwesend zu sein. **b)** Die Form der Erklärungen (§§ 2232, 2233) muss nicht bei beiden Parteien identisch sein; der andere Teil hat sich aber insoweit anzupassen, als dies zur notwendigen Information des Vertragspartners unabdingbar ist (vgl → §§ 2266, 2267 Rn. 1). Iü ist § 2233 auf

den nicht verfügenden Vertragspartner nur insoweit anzuwenden, als seine Voraussetzungen in der Person des Vertragspartners vorliegen. Die Auslegung der Urkunde kann stillschweigende Annahmeerklärung ergeben (OLG Frankfurt a.M. OLGZ 1980, 404). **c)** Für das **Beurkundungsverfahren** gelten §§ 2–5, 6–13, 16–18, 22–26, 27 ff. BeurkG; zur Verbringung in besondere amtliche Verwahrung § 34 BeurkG (OLG Brandenburg FGPrax 2021, 25: keine Verwahrungspflicht für Aufhebungsvertrag gem § 2290), §§ 342 f., 346 ff. FamFG; zum zentralen Testamentsregister → § 2248 Rn. 3. **d)** Der **Prozessvergleich** ersetzt die Form des § 2276, auch in Verfahren der freiwilligen Gerichtsbarkeit nach dem FamFG (BGHZ 14, 386 zum früheren FGG); in Verfahren mit Anwaltszwang müssen die Anwälte mitwirken (vgl BGH NJW 1980, 2309; OLG Düsseldorf NJW 2007, 1290 mAnm von Damrau ZEV 2007, 95). § 2274 bleibt jedoch unberührt (s Kommentierung zu § 2274). **e)** Zu **formbedingten Auslegungsgrenzen** → § 2084 Rn. 4, 5.

2 **2. Ehe- und Erbvertrag.** Die Formerleichterung gem Abs. II iVm § 1410 bietet nach neuem Recht gegenüber Abs. I kaum Vorteile und ist deshalb praktisch bedeutungslos. § 2274 bleibt anwendbar. Für das Beurkundungsverfahren gelten §§ 2–5, 6–13, 16–18, 22–26 BeurkG. Die Unwirksamkeit eines Vertrages kann gem § 139 auch den anderen Vertrag erfassen (OLG Stuttgart FamRZ 1987, 1034); ges Rücktritt vom Erbvertrag (§§ 2294, 2295) führt aber nicht zur Unwirksamkeit der ehevertraglich vereinbarten Gütergemeinschaft (BGHZ 29, 132).

3 **3. Erbvertrag und andere Verträge.** Der inhaltliche Zusammenhang zwischen einem Erbvertrag und einem anderen Vertrag (Rentenversprechen, Adoptionsvertrag, Erbverzicht, usw) führt iGgs zur rechtlichen Einheit (hierzu → § 2348 Rn. 1) nicht zur erbvertraglichen Formpflicht des anderen Vertrags (BGHZ 36, 70; WM 1977, 689; OLG Köln NJW-RR 1996, 327; Kanzleiter NJW 1997, 217). Hingegen soll § 139 bei inhaltlicher Abhängigkeit des Erbvertrages entspr anwendbar sein (BGHZ 50, 72; str). Der andere Vertrag muss jeweils seiner Formpflicht genügen. Ein Erbvertrag kann die Stiftung von Todes wegen (vgl § 83) mit einem Stiftungsgeschäft des Überlebenden verbinden (BGHZ 70, 322).

§ 2277 *(aufgehoben) Besondere amtliche Verwahrung*

1 Die Vorschrift über die Erteilung eines Hinterlegungsscheins für die Vertragsparteien ist zum 1.9.2009 durch §§ 344 III, 346 III FamFG ersetzt (zur Reform → § 1922 Rn. 19). In Baden-Württemberg galt bis 31.12.2017 notarielle Zuständigkeit (§§ 1 II, 46 III 1 LFGG aF). Eine inhaltliche Änderung ist durch das FamFG nicht erfolgt. Bei Ausschluss der besonderen amtlichen Verwahrung verbleibt der Originalvertrag beim beurkundenden Notar (§ 34 III BeurkG). Zur Wirkung einer Rücknahme s § 2300.

§ 2278 Zulässige vertragsmäßige Verfügungen

(1) **In einem Erbvertrag kann jeder der Vertragschließenden vertragsmäßige Verfügungen von Todes wegen treffen.**

(2) **Andere Verfügungen als Erbeinsetzungen, Vermächtnisse, Auflagen und die Wahl des anzuwendenden Erbrechts können vertragsmäßig nicht getroffen werden.**

Lit: Buchholz, Zur bindenden Wirkung des Erbvertrags, FamRZ 1987, 440; Gerken, Die Entstehung der Bindungswirkung beim Erbvertrg, BWNotZ 1992, 93; Nolting, Inhalt, Ermittlung und Grenzen der Bindung beim Erbvertrag, 1985; Siebert, Die Bindungswirkung des Erbvertrags, FS Hedemann, 1958, S. 237.

1 **1. Vertragsmäßige Verfügungen. a) Wesen.** Der Erblasser ist an vertragsmäßige Verfügungen auf Grund der vertraglichen Einigung gebunden, vgl §§ 2290 ff.

Ob eine solche Bindung vorliegt, ergibt sich aus ausdr Bezeichnung (BayObLGZ 1961, 210) oder durch Auslegung des einverständlichen Parteiwillens (§§ 133, 157; BGH FamRZ 2011, 1225: Maßgeblichkeit des Zeitpunktes des Vertragsschlusses); dabei keine Geltung der Auslegungsregel des § 2069 (OLG München FamRZ 2012, 398; → § 2069 Rn. 4 u → § 2270 Rn. 5). Zuwendungen an Vertragsbeteiligte werden regelmäßig als vertragsmäßige Verfügungen zu betrachten sein (BGHZ 26, 208; hierzu Coing NJW 1958, 689; OLG Hamm NJW-RR 2005, 451 f.), zB gegenseitige Erbeinsetzung (OLG Hamm NJW 1974, 1774); Vermächtnis an übernahmeberechtigten Miterben (BGHZ 36, 120) oder Vermächtnis und Erbverzicht (BGHZ 106, 361). Bei Zuwendungen an Dritte (§ 1941 II) ist das Interesse des Vertragspartners an einer Bindung ausschlaggebendes Kriterium, so dass zB bei wechselseitiger Erbeinsetzung der Ehegatten wohl die Berücksichtigung der Verwandten des Erstversterbenden vertragsmäßig sein wird (BayObLG DNotZ 1990, 813; BayObLG NJW-RR 2003, 294; OLG Zweibrücken NJW-RR 1998, 941), nicht aber Zuwendungen an Verwandte des überlebenden Teils (BGH LM Nr. 4 zu § 2278 BGB; anders bei abw Erblasserwillen: BayObLG Rpfleger 1983, 71; → § 2270 Rn. 3). Zuwendungen an eine Familienstiftung (so BGH NJW 1978, 944) werden häufig vertragsmäßig sein. In der in einem Ehevertrag nach fortgesetzter Gütergemeinschaft (§ 1483) angeordneten Teilung unter den Abkömmlingen kann deren vertragsmäßige Einsetzung als Schlusserben liegen (BayObLGZ 1986, 246). Verwirkungsklauseln für gemeinsame Kinder, die den Pflichtteil nach dem Erstversterbenden verlangen (→ §§ 2074–2076 Rn. 5; → § 2269 Rn. 5), oder Wiederverheiratungsklauseln (→ § 2269 Rn. 7 f.) lassen nicht den zwingenden Schluss auf stillschweigende bindende Schlusserbeneinsetzung zu (OLG Saarbrücken NJW-RR 1992, 841). **b)** Der 2
Vorbehalt anderweitiger Verfügung (hierzu Hülsmeier NJW 1986, 3115; Mayer DNotZ 1990, 755; Weiler DNotZ 1994, 427; Keim ZEV 2005, 365; krit Lehmann NotBZ 2004, 210 mwN; → § 2293 Rn. 2) im Erbvertrag ist grundsätzlich zulässig (BayObLG FamRZ 2000, 1252), jedoch muss stets mindestens eine endgültig bindende Verfügung verbleiben, da andernfalls kein Erbvertrag vorliegen würde (BGHZ 26, 208; BGH NJW 1982, 442 f.; BayObLG NJW-RR 1997, 1028 mN; OLG Stuttgart BWNotZ 2000, 19; ZEV 2003, 81). Ausreichend ist dabei, dass die Änderung nur unter bestimmten Voraussetzungen möglich oder inhaltlich beschränkt ist (OLG München ZErb 2007, 61; OLG München FamRZ 2009, 549; Musielak ZEV 2007, 245; Keim NJW 2009, 818; sehr weitgehend!). Denkbar ist zB der Vorbehalt, den Vertragserben mit Vermächtnissen oder Auflagen zu belasten (zB BayObLG FamRZ 1992, 725), einen namentlich bestimmten Testamentsvollstrecker zu ernennen (OLG Stuttgart OLGZ 1979, 49), die Erbquote der Vertragserben zu ändern (BGH WM 1986, 1222; OLG Koblenz DNotZ 1998, 218: Änderung aus „triftigen Gründen"; s aber OLG Düsseldorf ZEV 2007, 275: die Befugnis zur Änderung der Erbquoten umfasst nicht ohne weiteres das Recht, die Erbquote eines Erben auf Null zu setzen) oder über „eigenes", nicht ererbtes Vermögen frei zu verfügen (BayObLG FamRZ 1991, 1359). Wohl aber kann volle Enterbung der als Schlusserben bedachten Abkömmlinge in Extremfällen Auslegungsergebnis sein (OLG München FamRZ 2009, 550: volle Aufkündigung der Beziehung zur überlebenden Mutter). Auch ein stillschweigender Vorbehalt ist möglich (BayObLG Rpfleger 1995, 250). **c)** Zum **numerus clausus** vertragsmäßiger Verfügungen vgl Abs. II 3
nF (→ Vor § 1922 Rn. 18) und § 1941; dabei kann die Abgrenzung zwischen Teilungsanordnung und Vermächtnis entscheidend sein (BGH NJW 1982, 442; → § 2048 Rn. 4). **d) Wechselbezüglichkeit** und Vertragsmäßigkeit sind zu unter- 4
scheiden (vgl § 2298 III). **e)** Eine **schuldrechtliche Verpflichtung** entsteht aus erbvertraglicher Bindung nicht, so dass weder für den Vertragspartner noch für begünstigte Dritte (BGHZ 12, 119) ein vormerkungsfähiger Anspruch zu Lebzeiten des Erblassers gegeben ist; vgl aber auch → § 2286 Rn. 1–5. Allerdings kann ein im Erbvertrag enthaltenes Verbot zur Verfügung über Immobilien zu Lebzeiten als schuldrechtlich wirkendes Veräußerungsverbot (Verpflichtung, nicht zu verfügen,

§ 137 Satz 2) auszulegen sein, das bei Verstößen zum Schadensersatz verpflichtet (hierzu OLG Saarbrücken ZEV 2020, 98; sa → § 2286 Rn. 4).

5 **2. Einseitige Verfügungen.** Beispiel: Enterbung ohne Erbeinsetzung (OLG München NJW-RR 2006, 83). Sie unterliegen ohne Beschränkung den allg Vorschriften, § 2299.

6 **3. Verbindung mit Rechtsgeschäften unter Lebenden.** Vgl → § 2276 Rn. 3 und → § 2295 Rn. 1.

7 **4. Reform.** Geplant war folgende Ergänzung durch das G zur Änderung des Erb- und Verjährungsrechts (→ Vor § 1922 Rn. 18): „§ 2278 Abs. 2 wird wie folgt gefasst: ‚(2) Andere Verfügungen als 1. Erbeinsetzungen, 2. Vermächtnisse, 3. Auflagen und 4. Anordnungen nach den §§ 2050, 2053 und 2314 können vertragsmäßig nicht getroffen werden.'" Diese Erweiterung des Abs. 2 wurde nicht Gesetz.

§ 2279 Vertragsmäßige Zuwendungen und Auflagen; Anwendung von § 2077

(1) **Auf vertragsmäßige Zuwendungen und Auflagen finden die für letztwillige Zuwendungen und Auflagen geltenden Vorschriften entsprechende Anwendung.**

(2) **Die Vorschrift des § 2077 gilt für einen Erbvertrag zwischen Ehegatten, Lebenspartnern oder Verlobten auch insoweit, als ein Dritter bedacht ist.**

1 **1. Entsprechend anzuwendende Vorschriften.** §§ 1937–1959, 2069 (OLG Celle BeckRS 2012, 23193), 2094, 2095, 2176–2179; §§ 1942 ff., 2180; §§ 2065–2077, 2084–2093, wobei § 2298 dem § 2085 vorgeht; §§ 2096–2099, 2100–2146, 2147–2191 (für § 2169 ausführlich BGHZ 31, 17); §§ 2192–2196. **Unanwendbar** §§ 2265–2268.

2 **2. Ehegatten- bzw Verlobtenerbvertrag.** Hier ist zu unterscheiden: **a)** Die Unwirksamkeit der **Verfügung zugunsten des überlebenden Ehegatten** folgt aus §§ 2077, 2279 I (zB OLG Saarbrücken Rpfleger 1991, 504); die vertragsmäßige wechselbezügliche Verfügung des überlebenden Teils ist unwirksam gem § 2298.
3 **b)** Die **Verfügung des vorversterbenden Ehegatten zugunsten eines Dritten** ist gem Abs. II nach den Regeln des § 2077 unwirksam (zB OLG München ZEV 2008, 290 mAnm Purrucker; → § 2077 Rn. 7; für nichteheliche Lebenspartner s § 2077 Rn. 7); für die vertragsmäßige Verfügung des überlebenden Teils gilt § 2298 (OLG Hamm FamRZ 1994, 994). **c) Erblasser gem § 2077** ist stets nur der vorversterbende Ehegatte (OLG Hamm FamRZ 1965, 78); der überlebende Teil ist bei Nichtigkeit oder später bekannt gewordenen Eheverfehlungen auf § 2281
4 beschränkt. **d)** Die **Widerlegbarkeit** der Unwirksamkeitsvermutung bzw Dispositivität der Auslegungsregel folgt aus § 2077 III (vgl BGH FamRZ 1961, 366; OLG Stuttgart OLGZ 1976, 17; BayObLG FamRZ 1997, 126); vgl auch § 2298 III und → § 2077 Rn. 9.

§ 2280 Anwendung von § 2269

Haben Ehegatten oder Lebenspartner in einem Erbvertrag, durch den sie sich gegenseitig als Erben einsetzen, bestimmt, dass nach dem Tode des Überlebenden der beiderseitige Nachlass an einen Dritten fallen soll, oder ein Vermächtnis angeordnet, das nach dem Tode des Überlebenden zu erfüllen ist, so findet die Vorschrift des § 2269 entsprechende Anwendung.

1 **a)** Vgl → § 2269 Rn. 1 ff. **b)** Die **Beteiligung von als Schlusserben eingesetzten Kindern** am Erbvertrag kann als Verzichtsvertrag (§§ 2346, 2348) des

Inhalts auszulegen sein, dass die beteiligten Schlusserben auf den Pflichtteilsanspruch nach dem Tod des erstversterbenden Ehegatten verzichten (BGHZ 22, 368; → § 2346 Rn. 2).

§ 2281 Anfechtung durch den Erblasser

(1) **Der Erbvertrag kann auf Grund der §§ 2078, 2079 auch von dem Erblasser angefochten werden; zur Anfechtung auf Grund des § 2079 ist erforderlich, dass der Pflichtteilsberechtigte zur Zeit der Anfechtung vorhanden ist.**

(2) [1]**Soll nach dem Tode des anderen Vertragschließenden eine zugunsten eines Dritten getroffene Verfügung von dem Erblasser angefochten werden, so ist die Anfechtung dem Nachlassgericht gegenüber zu erklären.** [2]**Das Nachlassgericht soll die Erklärung dem Dritten mitteilen.**

Lit: Krebber, Die Anfechtbarkeit des Erbvertrages wegen Motivirrtums – Ein Beitrag zum Verständnis des Erbvertrages –, DNotZ 2003, 20; Rohlfing/Mittenzwei, Der Erklärungsgegner bei der Anfechtung eines Erbvertrags oder gemeinschaftlichen Testaments, ZEV 2003, 49.

1. Anfechtungsberechtigte und Anfechtungserklärung. a) Der Erblasser selbst kann ein Testament nicht anfechten, weil Widerrufsmöglichkeit gegeben ist (§§ 2253 ff.; aber → § 2080 Rn. 1); § 2080 bestimmt den Kreis der Anfechtungsberechtigten. Weil vertragsmäßige Verfügungen binden (§§ 2289 ff.), gesteht I dem Erblasser insoweit ebenfalls ein Anfechtungsrecht zu (hierzu Veit NJW 1993, 1553); bei einseitigen Verfügungen bewendet es mit der Widerrufsmöglichkeit (§§ 2299 II 1, 2253 ff.). Das Anfechtungsrecht des Erblassers ist entspr § 2079 S. 2 erbvertraglich verzichtbar (BGH NJW 1983, 2249; Bengel DNotZ 1984, 137; zum Verzicht in einem gemeinschaftlichen Testament BayObLG FamRZ 2000, 1331). Für die Auslegung der Anfechtungserklärung gelten die Grundsätze der §§ 133, 2084 (BGH NJW-RR 2013, 73). **b)** Der **Vertragsgegner** kann nach §§ 119, 123 die eigenen Willenserklärungen anfechten, soweit er nicht selbst letztwillig verfügt hat; die Erklärung des verfügenden anderen Teils kann er nur nach §§ 2080, 2082 anfechten. **c)** Die **Auslegung** der Anfechtungserklärung muss sich gem §§ 133, 2084 am zu erforschenden Willen des Erblassers orientieren, das Gericht kann dabei ergänzend außerhalb der Urkunde liegende Umstände heranziehen (BGH NJW 2013, 3306 Rn. 11 ff.); zur notariellen Form s § 2282 III und → § 2282 Rn. 1. 1

2. Anfechtungsgründe. a) Vgl **§ 2078.** Beachtlicher Irrtum kann sein der Irrtum über die erbvertragliche Bindungswirkung (OLG Hamm OLGZ 1966, 498; BayObLG NJW-RR 1997, 1028; OLG Frankfurt a.M. ZEV 1997, 422; s aber zum Fristenlauf gem § 2283 II BGH FamRZ 2011, 1224 u → § 2283 Rn. 1); Fehlvorstellung über den erbvertraglichen Ausschluss des Anfechtungsrechts (BayObLG NJW-RR 1997, 1030); die Erwartung des Abbaus bestehender persönlicher Unstimmigkeiten mit der Vertragspartei (BGH WM 1973, 974) oder des harmonischen Fortgangs der Ehe (BayObLG FamRZ 1983, 1275; sa OLGR Hamm 2005, 205: Erwartung, es werde zu keinem Scheidungsverfahren kommen); Irrtum über leibliche Abstammung des Sohnes des anderen Ehegatten (OLG München FamRZ 2009, 1625 f.); unerwartete Nicht- oder Schlechterfüllung der vereinbarten Gegenleistung (offen BGH NJW 2011, 226 für Ausbleiben der Betreuungsleistung; OLG Hamm DNotZ 1977, 756; vgl auch → § 2295 Rn. 1). Maßgebend sind die konkreten subj Vorstellungen des später anfechtenden Erblassers, nicht die Maßstäbe eines verständigen Dritten (BGH WM 1983, 568; BayObLG FamRZ 2000, 1053; 2004, 1070). **b) § 2079** wird insoweit modifiziert, als der Pflichtteilsberechtigte nur den Anfechtungszeitpunkt und nicht den Erbfall erleben muss. Ein Anfechtungsgrund besteht auch, wenn ihn der Erblasser durch Heirat oder Adoption selbst schafft; nur bes Umstände (§§ 226, 138) führen zur Nichtigkeit der Anfechtung (BGH FamRZ 1970, 79). 2 3

4 **3. Anfechtungsgegner. a)** Bei **Lebzeiten des Vertragsgegners** stets der Vertragsgegner (§ 143 II), falls ein Vertragsteil anficht. **b)** Nach dem **Tode des Erblassers aa)** falls Dritte (§ 2080) anfechten, vgl → § 2081 Rn. 1 f.; **bb)** falls der andere Vertragsteil anficht, um Verfügungen zgDr zu beseitigen (§ 2080), vgl → § 2081 Rn. 1 f. Verfügungen zu seinen Gunsten kann er nicht anfechten, sondern nur ausschlagen; **cc)** falls der andere Vertragsteil anficht, um *eigene* Verfügungen zgDr zu beseitigen, gem Abs. II das für den Erstverstorbenen zuständige NachlassG (§ 343 FamFG; früher § 73 FGG). Eigene Verfügungen zugunsten des Erstverstorbenen
5 sind gegenstandslos. **c)** Nach dem **Tode eines nicht verfügenden Vertragspartners** gilt → Rn. 4 (b, cc). Dritte können erst nach dem Tode auch des Erblassers anfechten (§§ 2078 ff.).

6 **4. Wirkung.** Sie liegt in der Nichtigkeit der angefochtenen Erklärung (§ 142 I). Für die übrigen letztwilligen Verfügungen gilt § 2085, für vertragsmäßige Verfügungen § 2298. Soweit nur Willenserklärungen angefochten werden, die keine Verfügung enthalten, können die letztwilligen Verfügungen uU als Testament (§ 140) aufrechtzuerhalten sein. § 122 ist anwendbar (Mankowski ZEV 1998, 46; aA OLG München ZEV 1998, 70 f.). Vgl auch → § 2276 Rn. 3.

7 **5. Gemeinschaftliches Testament.** Vgl → § 2271 Rn. 11 ff.

§ 2282 Vertretung, Form der Anfechtung

(1) **Die Anfechtung kann nicht durch einen Vertreter des Erblassers erfolgen.**

(2) **Für einen geschäftsunfähigen Erblasser kann sein Betreuer den Erbvertrag anfechten.**

(3) **Die Anfechtungserklärung bedarf der notariellen Beurkundung.**

1 **a)** Vgl zur Genehmigung gem Abs. II § 3 Nr. 2c RPflG. Die Formpflicht gem Abs. III gilt nur für den Erblasser, nicht für Dritte gem § 2080 (→ § 2081 Rn. 3); sie erstreckt sich nur auf die Anfechtungserklärung selbst, nicht auf die Begebung der notariellen Erklärung bzw ihren Zugang (BGH NJW 2013, 3306 Rn. 16 ff.: Begebungsnachweis durch Privaturkunde gem § 416 ZPO). Urschrift oder Ausfertigung, nicht bloß beglaubigte Abschrift müssen zugehen (BayObLGZ 1963, 260; sa BGH NJW 2013, 3306). § 2282 II kann nicht auf Fälle rechtsgeschäftlicher Vertretung analog Anwendung finden (OLG Brandenburg ZEV 2020, Rn. 24 f. mzu-
2 stAnm Zimmer für umfassende Vorsorgevollmacht). **b) Textgeschichte.** Infolge des FGG-RG (→ Vor § 1922 Rn. 19) wurde Abs. II mit Wirkung zum 1.9.2009 neu gefasst. Die damals neu geregelte Zuständigkeit des Familien- und Betreuungsgerichts wurde dabei berücksichtigt. Durch Art. 1 Nr. 23 des Gesetzes zur Bekämpfung von Kinderehen (→ § 2275 Rn. 1) wurde Abs. I 2 aF zum 18.7.2017 ersatzlos aufgehoben und Abs. II angepasst und neu gefasst (zum alten Recht § 2282, 16. Aufl.). Art. 1 Nr. 24 des Gesetzes zur Reform des Vormundschafts- und Betreuungsrechts hat den 2. Halbs. zum 1.1.2023 (Art. 16 des Reformgesetzes) ersatzlos gestrichen; es gelten §§ 1815, 1823, 1825 II Nr. 3 nF iVm § 2282 II neu.

§ 2283 Anfechtungsfrist

(1) **Die Anfechtung durch den Erblasser kann nur binnen Jahresfrist erfolgen.**

(2) [1]**Die Frist beginnt im Falle der Anfechtbarkeit wegen Drohung mit dem Zeitpunkt, in welchem die Zwangslage aufhört, in den übrigen Fällen mit dem Zeitpunkt, in welchem der Erblasser von dem Anfechtungsgrund Kenntnis erlangt.** [2]**Auf den Lauf der Frist finden die für die Verjährung geltenden Vorschriften der §§ 206, 210 entsprechende Anwendung.**

(3) **Hat im Falle des § 2282 Abs. 2 der gesetzliche Vertreter den Erbvertrag nicht rechtzeitig angefochten, so kann nach dem Wegfall der Geschäftsunfähigkeit der Erblasser selbst den Erbvertrag in gleicher Weise anfechten, wie wenn er ohne gesetzlichen Vertreter gewesen wäre.**

1. Geltungsbereich. § 2283 gilt nur für den Erblasser, iÜ gelten §§ 2082 bzw 1
121, 124, vgl hierzu → § 2281 Rn. 1.

2. Kenntnis des Anfechtungsgrundes. Sie bedeutet Gewissheit über alle für die Anfechtung wesentlichen Tatumstände (BGH NJW 2011, 226: sichere und überzeugte Kenntnis ohne übertriebene Anforderungen; BGH FamRZ 2011, 1225 f.). Irrtum über das Anfechtungsrecht bei voller Kenntnis des Anfechtungstatbestandes (zB Annahme der Unwirksamkeit des Vertrags infolge des Anfechtungsgrundes) hindert den Fristlauf nicht (BGH FamRZ 1970, 79; ähnlich BGH FamRZ 2011, 1225 f.; BayObLG NJW-RR 1991, 455; OLG Frankfurt a.M. ZEV 2000, 106: unbeachtlicher Irrtum über das Entfallen der Bindungswirkung mit Wiederverheiratung; LG Frankfurt a.M. ZErb 2010, 125: unbeachtlicher Irrtum über Anfechtungsrecht bei weiteren Pflichtteilsberechtigten). Wohl aber fehlt es an der Kenntnis des Anfechtungstatbestandes, falls Tatumstände auf Grund Rechtsirrtums falsch bewertet werden, zB irrige Annahme der Unwirksamkeit wegen bereits erfolgter Anfechtung (KG FamRZ 1968, 218; s aber OLG Hamm FamRZ 1994, 851), irrige Beurteilung der Wirksamkeit eines Widerrufs (OLG Köln OLGZ 1967, 496), irrige Annahme der Hinfälligkeit einer Schlusserbeneinsetzung nach Eheschließung (BayObLG NJW-RR 1992, 1224); → § 2281 Rn. 1 und → § 2082 Rn. 1 f.

§ 2284 Bestätigung

Die Bestätigung eines anfechtbaren Erbvertrags kann nur durch den Erblasser persönlich erfolgen.

Die **nicht** empfangsbedürftige Willenserklärung kann schlüssig und formlos 1
(§ 144 II) abgegeben werden (aA Bengel DNotZ 1984, 134). Art. 1 Nr. 26 des Gesetzes zur Bekämpfung von Kinderehen (→ § 2275 Rn. 1) hat § 2284 Satz 2 zum 18.7.2107 aufgehoben (zum alten Recht § 2284, 16. Aufl.).

§ 2285 Anfechtung durch Dritte

Die in § 2080 bezeichneten Personen können den Erbvertrag auf Grund der §§ 2078, 2079 nicht mehr anfechten, wenn das Anfechtungsrecht des Erblassers zur Zeit des Erbfalls erloschen ist.

Erlöschen des Anfechtungsrechtes des Erblassers kann erfolgen durch Fristversäum- 1
nis (§ 2283; BayObLG NJW-RR 1992, 1224) oder Bestätigung (§ 2284). Dem das Anfechtungsrecht verneinenden Feststellungsurteil gegen den Erblasser sollte nicht über entspr Anwendung des § 2285 Rechtskraft gegen Dritte zuerkannt werden; offengelassen in BGHZ 4, 93, wo das Anfechtungsrecht Dritter auf weitere zusätzliche Anfechtungsgründe gestützt wird (str, vgl Soergel/Wolf § 2285 Rn. 2 mN). Die *Beweislast* trägt, wer sich auf das Erlöschen des Anfechtungsrechts beruft (OLG Stuttgart OLGZ 1982, 315; OLG Düsseldorf FamRZ 2007, 1272). Zur Unanwendbarkeit der Vorschrift beim gemeinschaftlichen Testament nach dem Tod des ersten Gatten → § 2271 Rn. 12.

§ 2286 Verfügungen unter Lebenden

Durch den Erbvertrag wird das Recht des Erblassers, über sein Vermögen durch Rechtsgeschäft unter Lebenden zu verfügen, nicht beschränkt.

Lit: Dilcher, Die Grenzen erbrechtlicher Bindung zwischen Verfügungsfreiheit und Aushöhlungsnichtigkeit, Jura 1988, 72; Kohler, Erblasserfreiheit oder Vertragserbenschutz und § 826 BGB, FamRZ 1990, 464; Krebber, Die Sicherung erbrechtlicher Erwerbsaussichten im Lichte erbrechtlicher Prinzipien, AcP 204, 149; Speckmann, Aushöhlungsnichtigkeit und § 2287 BGB bei Erbvertrag und gemeinschaftlichem Testament, NJW 1974, 341; Stöcker, Erbenschutz zu Lebzeiten des Erblassers bei der Betriebsnachfolge in Familienunternehmen und Höfe, WM 1980, 482; Teichmann, Die „Aushöhlung" erbrechtlicher Bindungen als methodisches Problem, MDR 1972, 1; Wilsch, Grundbucheinsichtsrechte von Vertragserben und Pflichtteilsberechtigten, ZEV 2014, 589.

1 **1. Grundsatz der freien Verfügungsbefugnis.** Er gilt für Rechtsgeschäfte unter Lebenden (BGHZ 31, 15; Dilcher Jura 1987, 16) u ist der zutr positivrechtliche Ausgangspunkt für alle Erwägungen, die Stellung der im Erbvertrag Begünstigten gegen gegenläufige Verfügungen des noch lebenden Erblassers zu sichern. Da aus dem Erbvertrag selbst keinerlei schuldrechtliche Ansprüche folgen, ist es auch nicht möglich, die Wirkung solcher Verfügungen durch entspr dingliche Vormerkungen (§ 883) zu beeinträchtigen (BGHZ 12, 117); vgl → § 2278 Rn. 4. Das „Anwartschaftsrecht" des Bedachten – falls man von einem solchen überhaupt reden will (vgl schon → § 2269 Rn. 6) – gewährt allenfalls das Recht, die Fortgeltung einer erbvertraglichen Verfügung durch Feststellungsurteil klären zu lassen, falls sie – zB wegen Anfechtung – zweifelhaft geworden ist (vgl hierzu BGHZ 37, 332; OLG Düsseldorf FamRZ 1995, 59). Entgegen verbreiteter Auffassung (grundlegend OLG Stuttgart RPfleger 70, 92) sollte dem Vertragserben nicht in jedem Falle das berechtigte Interesse an einer Grundbucheinsicht abgesprochen werden (dazu zutreffend Wilsch ZEV 2014, 589).

2 **2. Grenzen der freien Verfügungsbefugnis.** Sie sind von diesem Ansatz aus folgendermaßen zu ziehen: **a) Nichtigkeit gem § 134** wegen Umgehung der §§ 2290 ff. ist abzulehnen, weil § 2286 diese Möglichkeit ja gerade gewähren will
3 (BGHZ 59, 346). **b) Nichtigkeit** gem § 138 I folgt konsequent nicht aus einer Umgehung der §§ 2290 ff., sondern sie kann nur bei bes weiteren Umständen vorliegen, zB bei anstößigem Zusammenwirken zur Hintergehung des vertragsmäßig
4 Bedachten (BGHZ 59, 343 [348 und 351]; 108, 79). **c)** Eine **schuldrechtliche Verpflichtung** des Erblassers, nicht zu Lebzeiten zu verfügen, ist nach § 137 S. 2 zulässig (BGHZ 12, 122; 31, 18; 59, 350); sie bedarf auch bei Grundstücken keiner Form (BGH FamRZ 1967, 470) und unterliegt bei getrennter Vereinbarung nicht erbvertraglicher Formpflicht (BGH FamRZ 1967, 470; vgl auch BGH WM 1977, 689, → § 2276 Rn. 3), kann also uU stillschweigend vereinbart sein. Die **Schadensersatzpflicht des Erblassers** geht auf die Erben oder den Vermögensübernehmer alten Rechts gem § 419 aF (BGHZ 59, 352; § 419 ist am 1.1.1999 außer Kraft getreten, vgl → § 419 Rn. 1) über. Der Anspruch auf Unterlassung einer Verfügung ist nicht vormerkungsfähig (BGHZ 12, 122); vormerkungsfähig ist nur ein (zusätzlicher) schuldrechtlicher Anspruch gegen den Erblasser auf dingliche Rechtsänderung, der auch bedingt (Bsp: BayObLG FamRZ 1989, 322; OLG Düsseldorf Rpfleger 2003, 290: bei abredewidriger Verfügung über das Grundstück) oder künftig sein
5 kann (§ 883). **d)** Vgl iÜ **§ 2287.** Er regelt den Schutz des Vertragserben vor einem Missbrauch der fortbestehenden Verfügungsgewalt des Erblassers *abschließend* (BGHZ 108, 78 mAnm Schubert JR 1990, 159; BGH NJW 1991, 1952; krit Kohler FamRZ 1990, 464), so dass insbes § 826 insoweit nicht anwendbar ist.

6 **3. Vollzogene Rechtsgeschäfte unter Lebenden auf den Todesfall.** Sie folgen §§ 2301 II, 331 und fallen nicht unter § 2289 I 2 (BGHZ 66, 14), sind also auch bei erbvertraglicher Bindung nach allg Regeln wirksam.

§ 2287 Den Vertragserben beeinträchtigende Schenkungen

(1) **Hat der Erblasser in der Absicht, den Vertragserben zu beeinträchtigen, eine Schenkung gemacht, so kann der Vertragserbe, nachdem ihm die**

Erbschaft angefallen ist, von dem Beschenkten die Herausgabe des Geschenks nach den Vorschriften über die Herausgabe einer ungerechtfertigten Bereicherung fordern.

(2) **Die Verjährungsfrist des Anspruchs beginnt mit dem Erbfall.**

Lit: Beisenherz, „Berechtigte Erberwartung" des Vertragserben, Anwachsung und Ausschlagung, ZEV 2005, 8; Ivo, Die Zustimmung zur erbvertragswidrigen lebzeitigen Verfügung, ZEV 2005, 101; Schindler, Pflichtteilsverzicht und Pflichtteilsverzichtsaufhebungsvertrag – oder: die enttäuschten Schlußerben, DNotZ 2004, 824; Spellenberg, Verbotene Schenkungen gebundener Erblasser in der Rechtsprechung, NJW 1986, 2531.

1. Anspruchsvoraussetzungen. a) Schenkung ist das Schenkungsversprechen 1
(§ 518) und die vollzogene Schenkung, ferner die vollzogene Schenkung auf den Todesfall, § 2301 II (BGHZ 66, 15); das bloße Schenkungsversprechen auf den Todesfall ist ohnehin unwirksam, § 2301 I. Ausreichend ist auch die sog **gemischte** Schenkung (BGH NJW 2017, 329 Rn. 8 ff.), die bei Einigung über teilw Unentgeltlichkeit vorliegt zB bei ungleichwertigem Tausch (OLG Köln NJW-RR 1996, 327), nicht schon beim Verkauf unter Wert (zB Gesellschaftseintritt gegen Nominalwert, BGHZ 97, 194; krit Kuchinke JZ 1987, 253). Bei *grobem* Missverhältnis von Leistung und Gegenleistung spricht allerdings eine Vermutung für die Einigung über die teilw Unentgeltlichkeit (BGHZ 82, 281; → § 2325 Rn. 3). Ein Erbverzicht ist keine die Schenkung ausschließende Gegenleistung (BGH NJW 1990, 2064; → § 2325 Rn. 6). Die sog unbenannte Zuwendung unter Ehegatten ist Schenkung iSd §§ 2287, 2288, 2325 (BGHZ 116, 170 = BGH LM Nr. 20 zu § 2287 BGB mAnm von Hohloch; BGH NJW-RR 1996, 133; hierzu Kues FamRZ 1992, 924; Klingelhöffer NJW 1993, 1097; Draschka DNotZ 1993, 100; Langenfeld ZEV 1994, 129), insbes wenn sie unterhaltsrechtlich nicht geboten ist. Keine Schenkung ist dagegen die angemessene Alterssicherung des anderen Eheteils (dazu BGHZ 116, 173; BGH NJW 1972, 580; → § 2325 Rn. 4) und dementsprechend auch – selbst bei langer Dauer – die Einräumung eines unentgeltlichen schuldrechtlichen Wohnrechts (zuletzt BGH ZEV 2008, 192 mN; hierzu Frieser ErbR 2008, 34 ff.). Zur Feststellung sog gemischter Schenkungen ist der Wert eines vorbehaltenen Nießbrauch ebenso wie der Wert zu erbringender Pflegeleistungen des Beschenkten vom Wert des geschenkten Gegenstandes abzusetzen, um auf diese Weise den Wert der Schenkung zu bestimmen und festzustellen, ob überhaupt und in welcher genauen Höhe eine unentgeltliche Leistung in Frage stehen kann; dabei ist der Wert von Nutzungsrechten und Dauerleistungen entsprechend den Regeln des steuerlichen Bewertungsrechts (§ 14 BewG mit Anlagen) zu bestimmen (BGH NJW 2017, 329 Rn. 10–12). Erst wenn sich insoweit eine unentgeltliche Vermögenszuwendung ergibt, ist Raum für die Prüfung der weiteren Tatbestandsmerkmale, nämlich die Beeinträchtigung des Vertragserben und die Benachteiligungsabsicht (BGH NJW2017, 329 Rn. 6 und 13 ff.; hierzu die Anm von Keim NJW 2017, 331). Maßgeblicher Zeitpunkt der Bewertung ist nicht der Erbfall, sondern die Zeit der Zuwendung, wobei ein eventueller Kaufkraftschwund zu berücksichtigen ist (BGH NJW 2017, 329
Rn. 16; BGHZ 82, 274 [278 f.]). **b) Obj Beeinträchtigung des Vertragserben.** 2
Sie fehlt, wenn der Erblasser die verschenkten Gegenstände dem Beschenkten trotz des Erbvertrages durch Verfügung von Todes wegen hätte zukommen lassen können (BGHZ 82, 278; BGH FamRZ 1989, 175), zB beim erbvertraglichen Vorbehalt abw Verfügung (BGH NJW 1983, 2378; BGH WM 1986, 1222; OLG München ZEV 2005, 62; → § 2278 Rn. 2), oder wenn Zugewinnausgleich und Pflichtteilsansprüche des beschenkten Ehegatten gleiche Ergebnisse gezeitigt hätten (BGHZ 116, 175). Keine Beeinträchtigung liegt ferner vor bei Ausgleichungsanordnung (§§ 2052, 2050 III) zu Lasten des beschenkten vertraglichen Mitschlusserben (BGH FamRZ 1989, 175 mAnm von Musielak); ebenso wenig nach OLG Köln ZEV 1997, 423 mabl Anmvon Skibbe bei Vorausvermächtnis des weggeschenkten Grundstücks
zugunsten des beeinträchtigten Miterben (zweifelhaft!). **c) Benachteiligungsab-** 3
sicht durch Missbrauch des verbliebenen Rechts zu lebzeitigen Verfügungen

(BGHZ 88, 282). Sie liegt idR vor, wenn kein lebzeitiges Eigeninteresse des Erblassers erkennbar ist (zB Altersversorgung, sittliche Pflicht, Erhaltung eines Unternehmens), die Verfügung es vielmehr ersichtlich darauf anlegt, dass anstelle des Vertragserben ein anderer das wesentliche Erblasservermögen ohne angemessenes Äquivalent erhält (BGHZ 59, 350, stRspr, zuletzt BGHZ 83, 46; 97, 188; 116, 176; BGH NJW2017, 329 Rn. 13 ff.; 1992, 2630; BGH ZEV 2005, 479; BGH NJW-RR 2012, 207; dazu Löhnig FamRZ 2012, 118; ferner OLG Koblenz OLGZ 1991, 235; OLG Koblenz NJW-RR 2005, 883; OLG Köln NJW-RR 1992, 200; OLG Köln ZEV 2000, 106; OLG Celle FamRZ 2006, 1876: neuer Ehegatte des Erblassers; OLG Hamm ZEV 2018, 93 Rn. 27 ff.: Überwiegen des Willens zur Korrektur früherer Verfügung auf Grund eines Sinneswandels). Unerheblich ist, ob die Schenkungsabsicht oder die Benachteiligungsabsicht überwiegende Motivationskraft hat, weil beide Absichten praktisch oft nicht zu trennen sein werden (BGHZ 88, 271). Das lebzeitige Eigeninteresse muss idR durch geänderte Sachlage nach Abschluss des Erbvertrags bedingt sein (BGHZ 77, 268; 83, 46; BGH NJW 1984, 732; OLG Frankfurt a.M. NJW-RR 1991, 1159; hierzu Waltermann JuS 1993, 276; OLG Celle FamRZ 2003, 1973); jedoch schließt die in einem Erbvertrag enthaltene Pflegeversicherung des Vertragserben ein lebzeitiges Eigeninteresse des Erblassers, sich einer anderen Hilfsperson zu bedienen, nicht aus (BGHR BGB § 2287 I Eigeninteresse 4). Die Benachteiligungsabsicht kann auch bei fehlendem Eigeninteresse zu verneinen sein, zB wenn die Schenkung die Pflege des Vertragserben sichern soll (BGH NJW-RR 1987, 2). Nicht ausreichend ist der Wille, für Gleichbehandlung der Abkömmlinge zu sorgen (BGH ZEV 2006, 312). Keine missbräuchliche Schenkung liegt vor, wenn der Erblasser den Erbvertrag anfechten könnte und innerhalb der Anfechtungsfrist Schenkungen zum Nachteil des Vertragserben vornimmt (BGH ZEV 2006, 505) oder bei bloßen Anstandsschenkungen (sehr großzügig OLG Düsseldorf ZEV 2017, 328). **d) Anfall** beim Vertragserben fehlt bei Ausschlagung, § 1953. Vor dem Erbfall besteht kein Anspruch. **e) Abdingbarkeit** der §§ 2287, 2288 ist nach OLG Köln ZEV 2003, 77 mAnm von Mayer gegeben (sa OLG München ZEV 2005, 62; str, s Soergel/Wolf § 2287 Rn. 1 mN).

4 **2. Inhalt des Anspruchs. a)** Herausgabe gem §§ 818–822 bei vollzogener Schenkung (z.B. OLG Hamm BeckRS 2017, 140433: Rückabwicklung der Schenkung eines Wiesengrundstücks durch Erblasser). Der pflichtteilsberechtigte Beschenkte darf die Schenkung bis zur Höhe des fiktiven Erbteils behalten (BGHZ 88, 272); dies gilt sogar dann, wenn er auf sein Erbe verzichtet hat (arg § 2351; BGHZ 77, 269), allerdings unter Abzug des für den Erbverzicht erlangten Entgelts (BGHZ 77, 271). Auch der Wert eines Vermächtnisses an den Beschenkten kann einbehalten werden (BGHZ 97, 194). Von mehreren beeinträchtigenden Zuwendungen sind jüngere vor älteren dem Herausgabeanspruch ausgesetzt (BGH NJW-RR 1996, 133: Grundsatz der Posteriorität). Kenntnis der Beeinträchtigungsabsicht
5 wirkt haftungsverschärfend, § 819. **b)** Befreiung von Erfüllung des Schenkungsversprechens (Bereicherungseinrede gem § 821 gegen Erfüllungsanspruch des Beschenkten). **c)** Bei gemischter Schenkung Herausgabe Zug um Zug gegen Ausgleichszahlung nur bei Überwiegen der Unentgeltlichkeit, sonst Wertausgleich; gleiche Abwägung erfolgt zwischen herauszugebendem Schenkungswert und Pflichtteils- bzw Vermächtniswert (BGHZ 77, 272; 82, 279; 88, 272; BGH ZEV 2006,
6 506). **d)** Ein **vorbereitender Auskunftsanspruch** des Vertragserben hinsichtlich Bestehen und Umfang seines Rechts (nicht aber bzgl eventueller Gegenrechte: OLG Zweibrücken NJW-RR 2004, 1727) ist zu bejahen, falls für die Voraussetzungen des § 2287 greifbare Anhaltspunkte dargetan sind; so BGHZ 97, 192 (krit Anm Kuchinke JZ 1987, 253): § 242 (ebenso OLG Celle FamRZ 2003, 1972; s aber BGHZ 97, 193; OLG Düsseldorf ZEV 2012, 156: kein Wertermittlungsanspruch, sehr zweifelhaft!); Winkler v. Mohrenfels NJW 1987, 2558: § 2028 analog; sa Stürner, Die Aufklärungspflicht der Parteien des Zivilprozesses, 1976, S. 319/320; Lindenau/Anweiler NJW 2017, 3553, 3557.

3. Parteien des Anspruchs. a) Gläubiger des Anspruchs ist der Vertragserbe, bei mehreren Vertragserben entgegen § 2039 verhältnismäßig jeder Vertragserbe (BGH LM Nr. 4 zu § 2278 BGB; BGH NJW 1989, 2391) bzw der durch Teilungsanordnung gegenständlich begünstigte Miterbe (OLG Frankfurt a.M. NJW-RR 1991, 1159). Der Anspruch gehört nicht zum Nachlass (OLG Frankfurt a.M. NJW-RR 1991, 1159), unterliegt also auch nicht der Testamentsvollstreckung; jedoch Verjährungshemmung bei Klage des ermächtigten Testamentsvollstreckers (BGHZ 78, 3 zum alten Recht; krit Tiedtke DB 1981, 1317). Der *Anspruchsverzicht* bedarf der Form des § 2348 (BGHZ 108, 255); zur ggf. notwendigen familien- oder betreuungsgerichtlichen Genehmigung s. → BGHZ 83, 50 u. §§ 2347, 2352. **b) Schuldner** ist der Beschenkte, unter den Voraussetzungen des § 822 aber der begünstigte Dritte (BGH NJW 2014, 782 Rn. 17 ff.); s aber für Vermächtnisnehmer § 2288. **c)** Die **Verjährungsfrist** nach II gilt für alle aus der Schenkung resultierenden Ansprüche, auch solche auf Herausgabe gezogener Nutzungen (OLG Köln ErbBStG 00, 138). 7

4. Anwendungsbereich. Zur entspr Anwendung beim *gemeinschaftlichen Testament* → § 2271 Rn. 5, 10; zum Verhältnis zu § 826 → § 2286 Rn. 5. 8

5. Prozessuales. Grundsätzliche Darlegungs- und Beweislast des Vertragserben für Schenkung und fehlendes lebzeitiges Eigeninteresse; aber Darlegungslast des Beschenkten für nähere Umstände der Zuwendung (BGHZ 97, 192; OLG Köln NJW-RR 1992, 200; OLG Celle FamRZ 2003, 1973; Baumgärtel/Schmitz § 2287 Rn. 6; zum Auskunftsanspruch → Rn. 6). Eine Feststellungsklage des Vertragserben zu Lebzeiten des Erblassers, die den Anspruch aus § 2287 I zum Gegenstand hat, ist regelmäßig mangels Feststellungsinteresses (§ 256 I ZPO) unzulässig (OLG München FamRZ 1996, 253; OLGR Schleswig 2003, 89 gegen OLG Koblenz MDR 1987, 935). 9

6. Verjährung. Nach dem G zur Änderung des Erb- u Verjährungsrechts (→ Vor § 1922 Rn. 18) beschränkt sich Abs. II darauf, den Beginn der regelmäßigen dreijährigen Verjährung (§ 195) entgegen § 199 auf den Erbfall vorzuverlegen. Die Neufassung trat zum 1.1.2010 in Kraft (Übergangsrecht: Art. 229 § 23 II EGBGB). Die Regelverjährung des § 195 gilt trotz § 196 auch bei Grundstücksschenkungen (Schindler/Walter ZEV 2017, 7 ff.–zweifelhaft). 10

§ 2288 Beeinträchtigung des Vermächtnisnehmers

(1) **Hat der Erblasser den Gegenstand eines vertragsmäßig angeordneten Vermächtnisses in der Absicht, den Bedachten zu beeinträchtigen, zerstört, beiseite geschafft oder beschädigt, so tritt, soweit der Erbe dadurch außerstande gesetzt ist, die Leistung zu bewirken, an die Stelle des Gegenstands der Wert.**

(2) [1]**Hat der Erblasser den Gegenstand in der Absicht, den Bedachten zu beeinträchtigen, veräußert oder belastet, so ist der Erbe verpflichtet, dem Bedachten den Gegenstand zu verschaffen oder die Belastung zu beseitigen; auf diese Verpflichtung findet die Vorschrift des § 2170 Abs. 2 entsprechende Anwendung.** [2]**Ist die Veräußerung oder die Belastung schenkweise erfolgt, so steht dem Bedachten, soweit er Ersatz nicht von dem Erben erlangen kann, der im § 2287 bestimmte Anspruch gegen den Beschenkten zu.**

Der **Zweck** der Vorschrift besteht darin, dem Vermächtnisnehmer des Erbvertrages über §§ 2165, 2169, 2170 ff. hinaus weitergehenden Schutz zu gewähren. Zur Abdingbarkeit → § 2287 Rn. 3. **a)** Beeinträchtigungsabsicht: → § 2287 Rn. 3 (BGH NJW 1984, 732; 1994, 317; BGH NJW-RR 1998, 577). **b) Anspruchsschuldner** sind primär nur der bzw die **beschwerten** Erben bzw Miterben; denn 1

die Haftung aus § 2288 reicht nicht weiter als die Haftung für das Vermächtnis selbst (Soergel/Wolf § 2288 Rn. 3; str, aA MüKoBGB/Musielak § 2288 Rn. 9). **c)** Der **Veräußerung** gem Abs. II gleichgestellt ist wegen § 2169 IV die Verpflichtung zur
2 Veräußerung (BGHZ 31, 23). **d)** Die **Ersatzhaftung des Beschenkten** greift durch, falls der Wertersatzanspruch gegen den Erben (Abs. II 1 Hs. 2, § 2170 II 1) nicht durchsetzbar ist (beschränkte Haftung, Zahlungsunfähigkeit usw). Dies kann bei der Vereitelung von Geld- oder Gattungsvermächtnissen bedeutsam sein (s BGHZ 111, 138). **e)** Der vermächtnisbelastete Vertragserbe hat gegen den Beschenkten keinen Herausgabeanspruch aus § 2287 (OLG Frankfurt a.M. NJW-RR 1991, 1159), der ihm die Erfüllung des Vermächtnisses erleichtern könnte.

§ 2289 Wirkung des Erbvertrags auf letztwillige Verfügungen; Anwendung von § 2338

(1) [1]**Durch den Erbvertrag wird eine frühere letztwillige Verfügung des Erblassers aufgehoben, soweit sie das Recht des vertragsmäßig Bedachten beeinträchtigen würde.** [2]**In dem gleichen Umfang ist eine spätere Verfügung von Todes wegen unwirksam, unbeschadet der Vorschrift des § 2297.**

(2) **Ist der Bedachte ein pflichtteilsberechtigter Abkömmling des Erblassers, so kann der Erblasser durch eine spätere letztwillige Verfügung die nach § 2338 zulässigen Anordnungen treffen.**

Lit: Ivo, Die Zustimmung zur erbvertragswidrigen Verfügung von Todes wegen, ZEV 2003, 58; Keim, Änderungsvorbehalte in Ehegattenerbverträgen, NJW 2009, 818; Kuchinke, Beeinträchtigende Anordnungen des an seine Verfügungen gebundenen Erblassers, FS von Lübtow, 1991, S 283.

1 **1. Beeinträchtigung des Rechtes des vertragsmäßig Bedachten.** Sie liegt vor: **a)** Bei jeder schmälernden oder belastenden Veränderung der vertraglichen Rechtsposition durch die anderweitige Verfügung (BGH NJW 2011, 1735; vgl § 2258), mag die anderweitige Verfügung den Bedachten auch wirtschaftlich besser stellen, zB unbelasteter Bruchteilserbe statt Vorerbe und Vermächtnisnehmer (BGHZ 26, 212); zur Rechtslage beim gemeinschaftlichen Testament vgl → § 2271 Rn. 3. Die einseitige testamentarische Anordnung der Testamentsvollstreckung ist grundsätzlich eine erhebliche Beeinträchtigung (OLG München FamRZ 2009, 461 = ZEV 2008, 340; BGH NJW 1962, 912). Ob die nachträgliche Auswechselung des Testamentsvollstreckers eine Beeinträchtigung des Vertragserben darstellt und daher nach § 2289 I 2 unwirksam ist, bestimmt sich nach den Umständen des Einzelfalls (abl für den Regelfall BGH NJW 2011, 1735 f.; BGH NJW-RR 2013, 73; krit Muscheler/Metzler DNotZ 2011, 779; aA KG FamRZ 2010, 500 mAnm von Reimann = ZEV 2010, 40: Dritter statt erbvertraglicher Bedachter als Beeinträchtigung; sa OLG Hamm ZEV 2001, 271 mAnm von Reimann zur Parallelproblematik beim gemeinschaftlichen Testament). Ein Widerspruch liegt auch in der Einsetzung eines Schiedsrichters zwischen vertraglich bedachten Vermächtnisnehmern (OLG Hamm NJW-RR 1991, 456) oder in der nachträglichen testamentarischen Anordnung der Anrechnung einer erbvertraglichen Zuwendung auf den Pflichtteil (OLG München ZEV 2008, 345 f.) sowie in einer nachträglichen Auflage mit einem Verkaufs- und Veräußerungsverbot für ein dem Nachlass zugehöriges Grundstück (OLG
2 Frankfurt a.M. NJW-RR 2018, 329 Rn. 40 ff.). **b)** Die bloße **wirtschaftliche Schlechterstellung** soll hingegen nicht ausreichen (BGH NJW 2011, 1735; str, aA 16. Aufl.).

3 **2. Wirkungen des Erbvertrages. a)** Die **Aufhebungswirkung** gegenüber früheren Verfügungen gilt nicht gegenüber Verfügungen gem §§ 2271, 2289 I 2 mit abw Partnern. Sie entfällt bei Erbvertragsaufhebung, Rücktritt, Unwirksamkeit oder Gegenstandslosigkeit des Erbvertrags (Tod, Ausschlagung, Erbunwürdigkeit), es sei denn, dem gegenstandslosen Erbvertrag ist absoluter Widerrufswille zu entnehmen

(hierzu BGH NJW 2004, 3558; OLG Celle ZEV 2018, 425 = BeckRS 2018, 7843; OLG Zweibrücken FamRZ 1999, 1545). Für einseitige Anordnungen im Erbvertrag gelten allein §§ 2299, 2258, so dass es hier nur auf den Widerspruch (→ Rn. 1) ankommt. **b)** Die **Bindungswirkung** des Erbvertrags entfällt bei Aufhebung, 4 neuem formwirksamem Erbvertrag (BayObLG Rpfleger 1993, 449), Rücktritt, Gegenstandslosigkeit (zB infolge wirksamen Erbverzichts des Bedachten: BayObLG FamRZ 2001, 319, oder Zuwendungsverzichts gem §§ 2352 Satz 2 u 3 iVm § 2349 für den Vertragserben und seine Abkömmlinge: OLG Düsseldorf NJW-RR 2020, 777 Rn. 18; OLG Köln NJW-RR 2021, 1164 Rn. 10 f.; sa → § 2352 Rn. 2), Unwirksamkeit (OLG Zweibrücken OLGZ 1990, 136) und beim **Vorbehalt anderweitiger Verfügung** (vgl → § 2278 Rn. 2). Der Vorbehalt muss sich zumindest schlüssig aus dem Erbvertrag ergeben, formlose nachträgliche Zustimmung des Vertragspartners bzw Bedachten genügt nicht (BGHZ 108, 254). Der Vorbehalt, den Nachlass unter den Schlusserben durch Vorausvermächtnisse und Teilungsanordnungen zu verteilen, deckt nicht ein den gesamten Nachlass umfassendes Vorausvermächtnis zugunsten eines einzigen Schlusserben (OLG Stuttgart ZEV 2003, 81). Der Vorbehalt darf den Erbvertrag nicht seines eigentlichen Wesens entkleiden; insbes müssen die Verfügungsmöglichkeiten hinreichend beschränkt sein (sehr weitgehend OLG München DNotZ 2009, 138 = FamRZ 2009, 547). Ein dem älteren Erbvertrag zuwiderlaufender zweiter Erbvertrag wird mit dem Fortfall des Erstvertrages wirksam (OLG Zweibrücken OLGZ 1990, 136 [137]). Ein dem Erbvertrag zuwiderlaufendes späteres Testament tritt mit dem Wegfall der Bindungswirkung des Erbvertrags in Kraft: OLG Düsseldorf NJW-RR 2020, 777 Rn. 18: Zuwendungsverzicht gem § 2352; sa → § 2352 Rn. 2). Zur Bindungswirkung bei Wiederverheiratungsklauseln vgl → § 2269 Rn. 7 f. und OLG Zweibrücken OLGZ 1973, 217. Erblasserirrtum über die Bindungswirkung kann zur Anfechtung gem § 2078 berechtigen (BayObLG NJW-RR 1997, 1027). **c) Gleichzeitige einseitige** 5 **Anordnungen** im Erbvertrag sind auch bei Disharmonie jedenfalls dann wirksam, wenn der Vertragspartner sie kannte (OLG Hamm OLGZ 1976, 24).

3. Gesetzlicher Änderungsvorbehalt. Er ist gem Abs. II ist unverzichtbar. 6

4. Hofübergabevertrag und Erbvertrag. S. § 8 HöfeO und hierzu OLG 7 Hamm BeckRS 2012, 10181; ferner Soergel/Wolf § 2289 Rn. 8.

§ 2290 Aufhebung durch Vertrag

(1) [1]**Ein Erbvertrag sowie eine einzelne vertragsmäßige Verfügung kann durch Vertrag von den Personen aufgehoben werden, die den Erbvertrag geschlossen haben.** [2]**Nach dem Tode einer dieser Personen kann die Aufhebung nicht mehr erfolgen.**

(2) **Der Erblasser kann den Vertrag nur persönlich schließen.**

(3) Ist für den anderen Teil ein Betreuer bestellt und wird die Aufhebung vom Aufgabenkreis des Betreuers erfasst, ist die Genehmigung des Betreuungsgerichts erforderlich.

(4) (3) **Der Vertrag bedarf der in § 2276 für den Erbvertrag vorgeschriebenen Form.**

1. Grundsätze. a) Form: vgl → § 2276 Rn. 1 (OLG Brandenburg FGPrax 1 2021, 25). **b)** Ein **Erbverzichtsvertrag** zwischen **zwei** Erbvertragsparteien ist ausgeschlossen (OLG Stuttgart OLGZ 1979, 130), hingegen zulässig bei **mehreren** Vertragsparteien, falls die verfügende und die bedachte Partei kontrahieren (so trotz § 2352 S. 2 zu Recht OLG Hamm FamRZ 2012, 1172 f.; schon vorher BayObLG NJW 1965, 1552; BayObLGZ 1974, 401). **c)** Vgl zu Abs. III aF (Kursivdruck) § 3 2 Nr. 2b RPflG. Diese Vorschrift ist mit Wirkung zum 1.1.2023 durch das Gesetz zur Reform des Vormundschafts- und Betreuungsrecht aufgehoben worden. (Art. 16 des Reformgesetzes). Es gelten die allgemeinen Vorschriften des Betreuungsrechts

(*§§ 1815, 1823, 1825 II Nr. 2 nF*). Der alte IV ist nunmehr III (Fettdruck). **d) Aufhebungswirkung** kann auf Fortfall der Bindung beschränkt werden; für einseitige Verfügungen vgl § 2299 III. Die Aufhebung unterliegt nicht der Anfechtung gem §§ 129 ff. InsO (dazu BGH NJW 2013, 692 [694]; → § 1943 Rn. 3; → § 2180 Rn. 2; → § 2317 Rn. 3; → § 2347 Rn. 1). **e)** Bei **Beseitigung** des Aufhebungsvertrages (zB Anfechtung) gelten §§ 2279 I, 2257.

3 **2. Reform.** Infolge des FGG-RG (→ Vor § 1922 Rn. 19) wurde Abs. III mit Wirkung zum 1.9.2009 neu gefasst und an die Zuständigkeitsordnung des FamFG angepasst. Durch Art. 1 Nr. 24 des Gesetzes zur Bekämpfung von Kinderehen (→ § 2275 Rn. 1) sind Abs. II 2 aF und Abs. III 1 und 2 aF zum 18.7.2017 aufgehoben worden, und der Abs. III 3 aF ist mit angepasstem Wortlaut zu Abs III nF geworden (zum alten Recht § 2290, 16. Aufl.); zu seiner neuerlichen Aufhebung → oben Rn. 2.

§ 2291 Aufhebung durch Testament

(1) [1]**Eine vertragsmäßige Verfügung, durch die ein Vermächtnis oder eine Auflage angeordnet sowie eine Rechtswahl getroffen ist, kann von dem Erblasser durch Testament aufgehoben werden.** [2]**Zur Wirksamkeit der Aufhebung ist die Zustimmung des anderen Vertragschließenden erforderlich.** *(; die Vorschrift des § 2290 Abs. 3 findet Anwendung.)*

(2) **Die Zustimmungserklärung bedarf der notariellen Beurkundung; die Zustimmung ist unwiderruflich.**

1 Die **erleichterte Aufhebung** gilt nicht für Erbeinsetzungen; sie ist auch durch privatschriftliches Testament möglich und erspart gleichzeitige persönliche Anwesenheit. Zur Neuregelung bezügl der Rechtswahl → Vor § 1922 Rn. 18. Abs. 1 Satz 2, 2. Halbs. ist zum 1.1.2023 aufgehoben (Kursivdruck); zu den Gründen und zum neuen Recht → § 2290 Rn. 2.

§ 2292 Aufhebung durch gemeinschaftliches Testament

Ein zwischen Ehegatten oder Lebenspartnern geschlossener Erbvertrag kann auch durch ein gemeinschaftliches Testament der Ehegatten oder Lebenspartner aufgehoben werden. *(; die Vorschrift des § 2290 Abs. 3 findet Anwendung)*

1 **a)** Das gemeinschaftliche Testament kann den Erbvertrag ganz oder zT aufheben oder modifizieren (Bsp: BGH NJW 1987, 901; BayObLGZ 1987, 27; BayObLG NJW-RR 2003, 658). Die aufhebenden Ehegatten müssen bei Abschluss des Erbvertrages nicht verheiratet gewesen sein (OLG Köln FamRZ 1974, 51). **b)** Beide Ehegatten müssen voll testierfähig sein (BayObLG NJW-RR 1996, 457); bei beschränkter Geschäftsfähigkeit beachte §§ 2233 I, 2247 IV und bisher § 2290 III im Falle der Betreuung. Diese Vorschrift ist zum 1.1.2023 aufgehoben (Kursivdruck), zu den
2 Gründen und zum neuen Recht s. → § 2290 Rn. 2). **c)** Für Widerruf **einseitiger Verfügungen** im Erbvertrag (→ § 2278 Rn. 1) genügt ein gewöhnliches Testament, § 2299 II 1 (BayObLG FamRZ 1992, 607).

§ 2293 Rücktritt bei Vorbehalt

Der Erblasser kann von dem Erbvertrag zurücktreten, wenn er sich den Rücktritt im Vertrag vorbehalten hat.

Lit: Van Venrooy, § 2293 BGB und die Theorie des Erbvertrags, JZ 1987, 10; Zimmer, Rücktritt vom Erbvertrag bei Testier- und Geschäftsunfähigkeit, NJW 2021, 1434

1. Grundsätze. a) Der **Rücktrittsvorbehalt** des Erblassers kann unbeschränkt 1
oder beschränkt, bedingt oder befristet sein; der Erblasser kann einen globalen Vorbehalt auch nur teilw ausnützen. Praktisch bedeutsam ist der Rücktrittsvorbehalt bei Nicht- oder Schlechterfüllung der Gegenleistung durch den Vertragserben. Der Erblasser muss nur die allg umschriebene Gegenleistung abmahnen (BGH LM Nr. 118 zu § 242 BGB [C d]), nicht die ausreichend konkretisierte (BGH NJW 1981, 2300; zum notwendigen Inhalt der Abmahnung s OLG Düsseldorf NJW-RR 1995, 142). Der Rücktritt ist nicht bei Geschäftsunfähigkeit des anderen Vertragsteils ausgeschlossen, Erklärung gegenüber Vorsorgebevollmächtigtem ist ohne Bestellung eines Betreuers ist ausreichend (BGH NJW 2021, 1455 Rn. 13 ff., 21 ff. **b)** Im 2
Unterschied zum Vorbehalt anderweitiger Verfügung (vgl → § 2278 Rn. 2) ist der Erblasser ohne Rücktritt vertraglich gebunden (zur Abgrenzung: BayObLG FamRZ 1989, 1354). **c)** Zum Rücktritt bei Koppelung von Ehe- und Erbvertrag vgl → § 2276 Rn. 2. **d)** Ges Rücktrittsgründe und Form vgl §§ 2294–2297, zum Rücktritt beim zweiseitigen Erbvertrag § 2298 II.

2. Rücktritt des nicht verfügenden Teils. Er ist nur bei vertraglichem Vorbe- 3
halt (§ 346 I 1) möglich. Der Erblasser kann dann gem § 2295 oder auf Grund eigenen vertraglichen Vorbehalts zurücktreten.

3. Bedingte Zuwendung des Erblassers. Sie ist vom Rücktrittsvorbehalt zu 4
unterscheiden; die Bedingung (zB Erbringung der Gegenleistung) kann sich durch Auslegung ergeben (OLG Hamm DNotZ 1977, 754 mN; BayObLG NJW-RR 1997, 1027); vgl auch → § 2346 Rn. 5.

§ 2294 Rücktritt bei Verfehlungen des Bedachten

Der Erblasser kann von einer vertragsmäßigen Verfügung zurücktreten, wenn sich der Bedachte einer Verfehlung schuldig macht, die den Erblasser zur Entziehung des Pflichtteils berechtigt oder, falls der Bedachte nicht zu den Pflichtteilsberechtigten gehört, zu der Entziehung berechtigen würde, wenn der Bedachte ein Abkömmling des Erblassers wäre.

1. Rücktrittsgrund. Der ges Rücktrittsgrund verweist auf § 2333 (OLG Köln 1
BeckRS 2017, 124540: nicht ausreichend einfache Untreue bei Verwaltung von Konten des Erblassers). Die Verzeihung (§ 2337 S. 1; sa → § 2337 Rn. 1) vernichtet den Rücktrittsgrund, nicht aber den bereits erfolgten Rücktritt. Der Rücktritt erfolgt entweder nach § 2296, wenn der andere Teil noch lebt, oder nach dessen Tod nach § 2297 durch Testament unter Beachtung der § 2336 II und III (dazu z.B. OLG Saarbrücken NJW 2018, 957 Rn. 16 ff.; sa → § 2336 Rn. 2). Liegen die Verfehlungen vor Vertragserrichtung, kann der Erblasser nur anfechten (§§ 2281, 2078).

2. Prozessuales. Anders als in § 2297 ist § 2336 II und III nicht anzuwenden, 2
weil der andere Teil noch lebt. Der Erblasser trägt die Beweislast für obj und subj Merkmale der Entziehungstatbestände, für Rechtfertigungs- und Entschuldigungsgründe der Bedachte (BGH FamRZ 1985, 920; anders bei § 2336 III: → § 2336 Rn. 4).

§ 2295 Rücktritt bei Aufhebung der Gegenverpflichtung

Der Erblasser kann von einer vertragsmäßigen Verfügung zurücktreten, wenn die Verfügung mit Rücksicht auf eine rechtsgeschäftliche Verpflichtung des Bedachten, dem Erblasser für dessen Lebenszeit wiederkehrende Leistungen zu entrichten, insbesondere Unterhalt zu gewähren, getroffen ist und die Verpflichtung vor dem Tode des Erblassers aufgehoben wird.

1 **a) Inhaltliche Zweckverbindung** von Erbvertrag und Verpflichtung zu wiederkehrender Leistung (Unterhalt, Pflege, Rente usw) genügt, rechtliche Einheit ist entbehrlich. Jedoch reicht das bloße zeitliche Zusammenfallen des Abschlusses des Erbvertrages und eines gesonderten Überlassungsvertrags mit Unterhaltsverpflichtung für eine Zweckbindung nicht aus (OLG München FamRZ 2009, 1624 = ZEV 2009, 345 mAnm von Keim). **b) Aufhebung** der Verpflichtung liegt vor bei Unmöglichkeit (§ 275 I; dazu BGH NJW 2011, 225), Nichtigkeit (zB infolge Anfechtung), Umwandlung in ein Rückgewährschuldverhältnis infolge Rücktritts gem § 323 (BGH NJW 2011, 224) oder vertraglicher Aufhebung (dazu § 2290). Die Aufhebung muss zumindest einen Beweggrund für den Rücktritt darstellen, was nicht anzunehmen ist, wenn der Erblasser die Aufhebung der Verpflichtung selbst bestreitet (OLG München FamRZ 2009, 1625 = ZEV 2009, 345). Nichterfüllung oder Schlechterfüllung sind nach hM ungenügend, sie gewähren zunächst einmal nur ein Anfechtungsrecht (vgl → § 2281 Rn. 2); anders, wenn der Erblasser den Pflegevertrag wegen Nichterfüllung kündigt (OLG Karlsruhe NJW-RR 1997, 709) oder von einem verbundenen gegenseitigen Vertrag unter Lebenden gem § 323 I zurücktritt. **c) Erbrachte Leistungen** kann der Gegner gem § 812 I 2 Alt. 1 zurückverlangen.

§ 2296 Vertretung, Form des Rücktritts

(1) **Der Rücktritt kann nicht durch einen Vertreter erfolgen.**

(2) **[1]Der Rücktritt erfolgt durch Erklärung gegenüber dem anderen Vertragschließenden. [2]Die Erklärung bedarf der notariellen Beurkundung.**

1 Vgl → § 2271 Rn. 2. Bei mehrseitigem Erbvertrag muss Rücktritt gegenüber allen Vertragspartnern erfolgen (BGH FamRZ 1985, 921). Notarielle Beurkundung ist auch bei kombiniertem Ehe- und Erbvertrag unabdingbar (OLG Hamm DNotZ 1999, 142 [144 f.]; krit Kanzleiter DNotZ 1999, 122; keine Pflicht zur amtlichen Verwahrung gem § 34 BeurkG: OLG Brandenburg FGPrax 2021, 25). Ist der Erklärungsgegner geschäftsunfähig, genügt Aushändigung der Widerrufserklärung an einen bestellten Vertreter wie Eltern, Vormund oder Betreuer (BGH NJW 2021, 1455 Rn. 21; LG Leipzig ZErb 2009, 360) oder aber einen rechtsgeschäftlich für Fragen der Personen- und Vermögenssorge Bevollmächtigten wie insbesondere einen Vorsorgebevollmächtigten (BGH NJW 2021, 1455 Rn. 21 ff. mN; sa § 2271 Rn. 2). Art. 1 Nr. 26 des Gesetzes zur Bekämpfung von Kinderehen (→ § 2275 Rn. 1) hat Abs. I 2 zum 18.7.2017 aufgehoben (zum alten Recht → § 2296, 16. Aufl.).

§ 2297 Rücktritt durch Testament

[1]Soweit der Erblasser zum Rücktritt berechtigt ist, kann er nach dem Tode des anderen Vertragschließenden die vertragsmäßige Verfügung durch Testament aufheben. [2]In den Fällen des § 2294 findet die Vorschrift des § 2336 Abs. 2 und 3 entsprechende Anwendung.

1 **a)** Änderung der Rücktrittsform des § 2296 nach dem Tod des Vertragsgegners: Testament mit erweiterter Begründungspflicht gem § 2336 II und III (OLG Saarbrücken NJW 2018, 957 Rn. 16 ff.). Verzeihung (§ 2337 S. 1) beseitigt nur den Rücktrittsgrund, nicht den bereits erfolgten testamentarischen Rücktritt (vgl auch → § 2294 Rn. 1). Beim zweiseitigen Erbvertrag gilt § 2298 II 2 und 3.
2 **b)** Das Gesetz zur Änderung des Erb- und Verjährungsrechts (→ Vor § 1922 Rn. 18) hat die Vorschrift an den geänderten § 2336 angepasst (→ § 2336 Rn. 5).

§ 2298 Gegenseitiger Erbvertrag

(1) **Sind in einem Erbvertrag von beiden Teilen vertragsmäßige Verfügungen getroffen, so hat die Nichtigkeit einer dieser Verfügungen die Unwirksamkeit des ganzen Vertrags zur Folge.**

(2) [1]**Ist in einem solchen Vertrag der Rücktritt vorbehalten, so wird durch den Rücktritt eines der Vertragschließenden der ganze Vertrag aufgehoben.** [2]**Das Rücktrittsrecht erlischt mit dem Tode des anderen Vertragschließenden.** [3]**Der Überlebende kann jedoch, wenn er das ihm durch den Vertrag Zugewendete ausschlägt, seine Verfügung durch Testament aufheben.**

(3) **Die Vorschriften des Absatzes 1 und des Absatzes 2 Sätze 1 und 2 finden keine Anwendung, wenn ein anderer Wille der Vertragschließenden anzunehmen ist.**

1. Wechselbezüglichkeit. a) Grundregel: Bei zweiseitigen Erbverträgen (vgl → Vor § 2274 Rn. 2) führt Nichtigkeit – nicht aber Gegenstandslosigkeit – einer vertragsmäßigen Verfügung zur Nichtigkeit des Gesamtvertrages und damit auch der vertragsmäßigen Verfügung des andern Teils. Das Ges vermutet widerlegbar (vgl Abs. III) bei vertragsmäßigen Verfügungen beider Teile die Wechselbezüglichkeit (vgl → § 2278 Rn. 4). **b) Auslegung** gem Abs. III kann nicht nur fehlende Wechselbezüglichkeit ergeben, sondern auch **aa)** bei Unwirksamkeit der wechselbezüglichen Verfügungen die Fortgeltung vertragsmäßiger nicht wechselbezüglicher Verfügungen und **bb)** bei Unwirksamkeit vertragsmäßiger Verfügungen die Fortgeltung einseitiger Verfügungen (sa §§ 2299 II iVm 2085). 1 2

2. Rücktritt. a) Der **gewillkürte Rücktritt** führt gem Abs. II 1 iZw (vgl Abs. III) zur Aufhebung des Gesamtvertrages; sofern allerdings nur für **eine** vertragsmäßige Verfügung der Rücktritt vorbehalten war, ist ihr Ausschluss von der Wechselbezüglichkeit wahrscheinlich. Abs. II 2 und 3 sind abdingbar, so dass völliger Ausschluss des Rücktritts nach dem Tod eines Teils oder fortbestehende freie Rücktrittsmöglichkeit durch Testament vereinbart werden können (BayObLG FamRZ 1994, 196). Falls der überlebende Teil ausschlägt (Abs. II 3), bleibt die Schlusserbeneinsetzung durch den erstverstorbenen Teil wirksam, sodass nicht gesetzliche Erbfolge eintritt (OLG Düsseldorf FamRZ 2007, 1359; → § 1953 Rn. 2). Das Schicksal einseitiger Verfügungen regelt § 2299 III. **b)** Beim **ges Rücktritt** sollen §§ 2279 I, 2085 gelten (Staudinger/Kanzleiter § 2298 Rn. 12; offen OLG München NJW-RR 2006, 82 f.), jedoch ist die analoge Anwendung von Abs I und III vorzuziehen; aber keine Geltung von Abs. II bzw II 2 (OLG München FamRZ 2009, 1623). 3

§ 2299 Einseitige Verfügungen

(1) **Jeder der Vertragschließenden kann in dem Erbvertrag einseitig jede Verfügung treffen, die durch Testament getroffen werden kann.**

(2) [1]**Für eine Verfügung dieser Art gilt das Gleiche, wie wenn sie durch Testament getroffen worden wäre.** [2]**Die Verfügung kann auch in einem Vertrag aufgehoben werden, durch den eine vertragsmäßige Verfügung aufgehoben wird.**

(3) **Wird der Erbvertrag durch Ausübung des Rücktrittsrechts oder durch Vertrag aufgehoben, so tritt die Verfügung außer Kraft, sofern nicht ein anderer Wille des Erblassers anzunehmen ist.**

a) Abgrenzung von Vertragsmäßigkeit und Einseitigkeit vgl → § 2278 Rn. 1. **b) Testierfähigkeit** richtet sich nach §§ 2299 II 1, 2229, 2233 I, 2247 IV; § 2275 II, III ist unanwendbar. Sa zum Widerruf → § 2292 Rn. 2. 1

§ 2300 Anwendung der §§ 2259 und 2263; Rücknahme aus der amtlichen oder notariellen Verwahrung

(1) **Die §§ 2259 und 2263 sind auf den Erbvertrag entsprechend anzuwenden.**

(2) [1]**Ein Erbvertrag, der nur Verfügungen von Todes wegen enthält, kann aus der amtlichen oder notariellen Verwahrung zurückgenommen und den Vertragsschließenden zurückgegeben werden.** [2]**Die Rückgabe kann nur an alle Vertragsschließenden gemeinschaftlich erfolgen; § 2290 Absatz 1 Satz 2 und Absatz 2 gilt entsprechend.** *(; die Vorschtift des §§ 2290 Abs. 1 Satz 2, Abs. 2 und 3 findet Anwendung.)* [3]**Wird ein Erbvertrag nach den Sätzen 1 und 2 zurückgenommen, gilt § 2256 Abs. 1 entsprechend.**

1 **1. Verwahrung und Eröffnung. a)** Zur **besonderen amtlichen Verwahrung** vgl §§ 344, 346 ff. FamFG. Bei Verwahrung durch den Notar (§ 34 III BeurkG) haben Gesamtrechtsnachfolger der Vertragsparteien auch vor Eröffnung gem § 51 BeurkG einen Anspruch auf Erteilung von Abschriften, soweit die Parteien nichts anderes bestimmt haben (OLG Karlsruhe ZEV 2007, 591). **b) Eröffnung: aa)** Bei Verwahrung durch den Notar (§ 34 III BeurkG) liefert der Notar den Erbvertrag beim NachlassG ab (§ 2259), das gem §§ 348 ff. FamFG eröffnet und den Vertrag zu den Akten nimmt. **bb)** Bei bes amtlicher Verwahrung ist gem §§ 349 II–IV, 350 FamFG zu verfahren. Der Verweis auf § 2290 Abs. 3 (Kursivdruck) ist zum 1.1.2023 aufgehoben; dazu und zum neuen Recht → § 2290 Rn. 2.

2 **2. Rücknahme.** Erbverträge können gem II wie gemeinschaftliche Testamente (§§ 2272, 2256 I) aus amtlicher oder notarieller Verwahrung zurückgenommen werden, falls sie nur Verfügungen von Todes wegen enthalten (hierzu OLG Karlsruhe NJW-RR 2022, 589 Rn. 12 ff.; Keim ZEV 2003, 55; zur entsprechenden Einordnung einer Anordnung nach § 1638 I für den Fall des erbrechtlichen Rechtserwerbs OLG Hamm NJW 2015, 1187). Die Rücknahme hat Widerrufswirkung, weshalb bei Erbverträgen die Voraussetzungen der Vertragsaufhebung (§ 2290 I 2, II und III) vorliegen müssen. Die Herausgabe an die Vertragsparteien verhindert die oft unerwünschte Bekanntmachung eines aufgehobenen Erbvertrages an die späteren Erben (s § 34 III BeurkG). Die Aufhebungswirkung des § 2256 I entfällt, wenn der Erbvertrag neben Verfügungen von Todes wegen noch ein anderes Rechtsgeschäft umfasst (DNotI-Report 2010, 40); jedoch keine Anwendung des § 2300 II auf die Rücknahme gemeinschaftlicher Testamente (OLG Karlsruhe NJW-RR 2022, Rn. 12; sa § 2256 Rn. 2).

3 **3. Reform.** Abs. 1 wurde durch das PStRG mit Wirkung zum 1.1.2009 geändert (→ §§ 2258a, 2258b Rn. 1). Infolge des FGG-RG (→ Vor § 1922 Rn. 18) gilt ab 1.9.2009 die Neufassung des Abs. I. Ferner sind §§ 344, 346 ff. FamFG für die besondere amtliche Verwahrung zu beachten, für die Eröffnung §§ 348 ff. FamFG; → § 2260 Rn. 1, → § 2261 Rn. 1, → § 2262 Rn. 3, → § 2263a Rn. 1, → § 2273 Rn. 1; zur Änderung zum 1.1.2023 → oben Rn. 1

§ 2300a *(aufgehoben) Eröffnungsfrist bei Erbverträgen*

1 Die Vorschrift zur obligatorischen Testamentseröffnung bzw Erbenermittlung binnen 50 Jahren entfiel infolge Art. 50 Nr. 67 FGG-RG (→ Vor § 1922 Rn. 19) mit Wirkung zum 1.9.2009. An ihre Stelle trat § 351 S. 1 FamFG mit einer für Testamente und Erbverträge einheitlichen Frist von 30 Jahren; → § 2263a Rn. 1.

§ 2301 Schenkungsversprechen von Todes wegen

(1) [1]**Auf ein Schenkungsversprechen, welches unter der Bedingung erteilt wird, dass der Beschenkte den Schenker überlebt, finden die Vorschriften**

über Verfügungen von Todes wegen Anwendung. [2]**Das Gleiche gilt für ein schenkweise unter dieser Bedingung erteiltes Schuldversprechen oder Schuldanerkenntnis der in den §§ 780, 781 bezeichneten Art.**

(2) **Vollzieht der Schenker die Schenkung durch Leistung des zugewendeten Gegenstands, so finden die Vorschriften über Schenkungen unter Lebenden Anwendung.**

Lit: Bühler, Die Rspr des BGH zur Drittbegünstigung im Todesfall, NJW 1976, 1727 (krit Harder-Welter NJW 1977, 1139); Damrau, Zuwendungen unter Lebenden auf den Todesfall, JurA 1970, 716; Hager, Neuere Tendenzen beim Vertrag zugunsten Dritter auf den Todesfall, FS v. Caemmerer, 1977, S 127; Harder, Zuwendungen unter Lebenden auf den Todesfall, 1968; Kegel, Zur Schenkung von Todes wegen, 1972; Kümpel, Konto und Depot zugunsten Dritter auf den Todesfall, WM 1977, 1186; Olzen, Lebzeitige und letztwillige Rechtsgeschäfte, Jura 1987, 16; Wacke, Donner et retenir ne vaut – Kein Schenkungsvollzug ohne Aushändigung, AcP 201, 256.

1. Arten. a) Es sind drei **Arten erbrechtskonkurrierender Schenkung** zu 1
unterscheiden: unbedingte, erst im Todesfall fällige Schenkung (→ Rn. 8); Schenkung unter der Bedingung des Überlebens des Beschenkten ohne Vollzug (→ Rn. 9); Schenkung unter der Überlebensbedingung mit Vollzug (→ Rn. 4 ff.);
nur die beiden letzten Arten behandelt § 2301. **b) Zweck und grundsätzlicher** 2
Anwendungsbereich: Die Bedingung, dass der Beschenkte den Schenker überlebt, muss nicht ausdr erklärt sein; sie ist vielfach gewollt, wenn der Erblasser die versprochene Zuwendung gerade der Person des Versprechensempfängers zukommen lassen wollte (BGHZ 99, 101; OLG Hamm NJW-RR 2000, 1389 [1390]; vgl → Rn. 8; für Auslegungsregel in diesem Sinne Leipold JZ 1987, 363 und Bork JZ 1988, 1063; dagegen BGH LM Nr. 12 zu § 2301 BGB = NJW 1988, 2732: § 2084 analog). Eine Schenkung an eine juristische Person unter der Bedingung ihres Überlebens stellt keine „echte" Überlebensbedingung dar, so dass regelmäßig eine unbedingte Schenkung anzunehmen sein wird, die erst mit dem Tode des Erblassers fällig ist und deshalb nicht erbrechtlichen Vorschriften, sondern dem Schenkungsrecht unterliegt (BGH NJW 2020, 617 Rn. 9 und 11; 1985, 1553, 1554; sa unten → Rn. 8). Schenkungen unter Überlebensbedingung werden von den Vorschriften des Erbrechts nur freigestellt, wenn ihr Vollzug das Vermögen des Erblassers noch zu Lebzeiten sofort und unmittelbar mindert. Dadurch soll ein Unterlaufen erbrechtlicher Formvorschriften verhindert und der Rechtsverkehr vor einer Aushöhlung des Nachlassvermögens geschützt werden; wirksame Schenkungen beschränken Nachlassgläubiger auf § 4 AnfG, § 134 InsO; Pflichtteilsberechtigte auf §§ 2325, 2329;
Vertragserben auf § 2287. Entspr diesem Schutzzweck gilt die Vorschrift von vornhe- 3
rein nicht bei entgeltlichen RGeschäften auf den Todesfall (BGHZ 8, 31), zB wenn *alle* Gesellschafter einer OHG für den Fall ihres Todes auf Abfindungsansprüche der Erben verzichten (BGHZ 22, 194) oder wenn der im Todesfall übernahmeberechtigte Mitgesellschafter die Abfindung der Erben übernimmt (BGH NJW 1959, 1433); immer entscheidet über die Entgeltlichkeit aber das Gesamtbild des Gesellschaftsvertrags (→ § 2113 Rn. 4, → § 2325 Rn. 5). Zuwendungsversprechen als „Dankesschuld" an die langjährige Lebensgefährtin sind idR Schenkung, nicht Gegenleistung für Dienste (OLG Düsseldorf OLGZ 1978, 324). Ein vom Erblasser eingeräumtes unentgeltliches Wohnrecht auf Lebenszeit ist Leihe, nicht Schenkung (BGH NJW 1985, 1553); anders uU bei faktischer Substanzweggabe (unklar!).

2. Vollzogene überlebensbedingte Schenkung. Sie stellt gem II vom Erb- 4
recht frei, ferner heilt der Vollzug den schenkungsrechtlichen Formmangel, § 518 II. **a)** Die **Voraussetzungen des Vollzuges** sind umstritten (zur Rspr des RG Kipp/Coing § 81 I 3). Vollzug sind zunächst die perfekten dinglichen Erfüllungsgeschäfte (vgl §§ 397, 398, 873, 925, 929 ff.). Aber auch soweit die dinglichen Geschäfte zulässigerweise unter der Bedingung des Vorversterbens des Schenkers stehen, ist Vollzug gegeben, weil der Erwerber eine weithin geschützte Anwartschaft erworben hat (vgl § 161), die das Vermögen des Erblassers schon zu Lebzeiten mindert (BGHZ

8, 31; BGH NJW 1978, 424; verallgemeinerungsfähig insoweit BGH NJW 1970, 942; 1970, 1639; 1974, 2320; Leipold ErbR Rn. 571; zur Auflassungsanwartschaft nach Vormerkung OLG Hamm NJW-RR 2000, 1390 und → Rn. 4 aE). Str ist, ob bereits die Abgabe der zum Erfüllungsgeschäft notwendigen Willenserklärung durch den Erblasser genügt, die dem Vertragspartner nach dem Tode zugeht und dann von ihm angenommen wird (§§ 130 II, 153); dabei ist vor allem an Fälle zu denken, in denen sich der Erblasser eines Erklärungsboten bedient (vgl RGZ 83, 223 – „Bonifatiusfall"; hierzu Martinek/Röhrborn JuS 1994, 473 [564]). Gegen den endgültigen Abfluss aus dem Vermögen des Erblassers spricht die Möglichkeit des Widerrufs (§ 130 I 2); für den Vollzug spricht der Zweck der §§ 130 II, 153, über den Tod des Erklärenden hinweg Verfügungsgeschäfte unter Lebenden zu ermöglichen. Der letzte Gesichtspunkt gibt den Ausschlag (idS verallgemeinerungsfähig BGH NJW 1970, 942; 1970, 1639; 1974, 2320; sa OLG Düsseldorf FamRZ 1997, 63; Soergel/Wolf § 2301 Rn. 18 f.; aA Kipp/Coing § 81 III 1c); RGZ 83, 223, wo ein Bote nach dem Tode des Erblassers die Übereignungserklärung übermittelte und den zu schenkenden Gegenstand übergab, wäre also nach heutiger Auffassung im Sinne des Vollzugs zu entscheiden. Nicht mehr ausreichend sind Vollmacht und Auftrag, das Erfüllungsgeschäft zu vollziehen, weil hier auf Erblasserseite zu Lebzeiten noch nicht alle zum Vollzug nötigen Erklärungen vorliegen (BGHZ 87, 25; hierzu Kuchinke FamRZ 1984, 109; BGH LM Nr. 12 zu § 2301 BGB = NJW 1988, 2732; hierzu Bork JZ 1988, 1060 [1061]; OLG Düsseldorf FamRZ 1997, 63). Hingegen soll die Verfügung unter der Doppelbedingung des Überlebens des Beschenkten und des unterbliebenen lebzeitigen Widerrufs ausreichen (s BGH FamRZ 1985, 696; BGH NJW-RR 1989, 1282; zu weitgehend!); ebenso die lebzeitige Einrichtung eines Oder-Kontos (BGH NJW-RR 1986, 1134; → §§ 428–430 Rn. 3) oder die Auflassungsvormerkung bei gleichzeitiger Verpflichtung zur Nichtverfügung (OLG Hamm NJW-RR 2000, 1390; fragwürdig!). Nicht ausreichend ist jedoch eine perfekte dingliche Übertragung, wenn sie zugunsten einer zwar rechtsfähigen und wirksam begründeten, auf Grund Scheingeschäfts aber aufhebbaren Stiftung erfolgte (OLG Stuttgart ZErb 2010, 1 = ZEV 2010, 265 = ZStV 2010, 103); das Übertragene gehört dann weiterhin zum Vermögen des Erblassers.

5 **b) Verträge zugunsten Dritter auf den Todesfall. aa) Grundregeln.** Der Dritte erwirbt auf den Todesfall eine Forderung (§§ 328, 331) oder ähnliche Rechtsposition (BGH NJW 2015, 623 Rn. 20, 41: destinatärähnliche Stellung bei einer Anstalt oder Stiftung liechtensteinischen Rechts). Weil Erblasser und Versprechender noch zu Lebzeiten durch ihre Willenserklärungen die Forderung bedingt zum Entstehen bringen, ist der Forderungserwerb vollzogen iSd §§ 2301 II, 518 II (s aber BGH NJW 2010, 3234; OLG Saarbrücken NJW-RR 2013, 75: Möglichkeit eines Widerrufsvorbehaltes). Damit unterliegen weder Deckungs- noch Valutaverhältnis dem Erbrecht (BGH NJW-RR 2018, 518 Rn. 15 ff.; zum maßgeblichen jeweiligen Statut für beide Verhältnisse bei Auslandsbezug BGH NJW 2015, 623 Rn. 35 ff.); eine Anfechtung im Valutaverhältnis ist nur gem §§ 119 ff., nicht gem §§ 2078 f. möglich (BGHZ 157, 85 ff. m. krit Anmvon Leipold ZEV 2004, 121; gleich BGH NJW 2008, 2703). Auch wenn im Verhältnis zwischen Erblasser und Drittem eine Schenkung vorliegt, bedarf der Vertrag zwischen Erblasser und Versprechendem nicht der Form des § 518 I. Die Schenkung zwischen Erblasser und Drittem kommt entweder schon zu Lebzeiten zustande, falls das Angebot dem Dritten zu Lebzeiten zugeht und – oft stillschweigend – angenommen wird; oder sie kommt nach dem Tode zustande, falls der Versprechende dem Dritten die Willenserklärung des Erblassers zugehen lässt und dieser sie – uU gem § 151 – annimmt (§§ 130 I 2, 153; dazu BGH NJW-RR 2018, 518 Rn. 17; OLG Dresden ZEV 2019, 23 Rn. 9 ff.). Im letzten Falle kann aber der Erbe das Angebot gem § 130 I 2 widerrufen oder auch den Versprechenden als Erklärungsboten anweisen, die Erklärung nicht weiterzugeben, so dass sie mangels Zugangs nie wirksam wird (BGH NJW 2008, 2703 f.; OLG Dresden ZEV 2019, 23 Rn. 9 ff.: Widerruf durch Nachlasspfleger im Falle unbekannter Erben); ein Widerruf vor Zugang des Angebots ist auch durch ein

Testament möglich, das ausdrücklich oder stillschweigend über das gesamte Vermögen des Erblassers einschließlich der ins Auge gefassten Schenkung auf den Todesfall verfügt (BGH NJW-RR 2018, 518 Rn. 19 ff.). Ohne Schenkungsvertrag ist die Forderung des Dritten dem Bereicherungsanspruch des Erben gem § 812 I 1 Alt. 1 ausgesetzt (s BGH NJW 2015, 623 Rn. 42; OLG Saarbrücken NJW-RR 2022, 1045 Rn. 12 ff.); zum Vermächtnis als Valutaverhältnis beim Vertrag zu Gunsten Dritter auf den Todesfall Strobel ZEV 2019, 505 ff. AGB können für den Widerruf der Drittbegünstigung, der durch den Erblasser oder Erben als Versprechensempfänger vor Zugang des Schenkungsangebots gegenüber dem begünstigten Dritten wirksam erfolgen kann, Schriftlichkeit festlegen (OLG Dresden NJW-RR 2021, 1573 Rn. 35 ff.: kein Verstoß gegen §§ 307, 309 Nr. 13 aF). **bb) Einzelfälle,** welche die 6
Rspr nach den ausgeführten Grundregeln behandelt hat: Versicherungsvertrag auf den Todesfall (RGZ 128, 189; BGH JZ 1996, 204; BGH FamRZ 1996, 935; BGHZ 128, 132 ff. = NJW 1995, 1084 – Bezugsberechtigung als unbenannte Zuwendung unter Ehegatten – Wegfall der Geschäftsgrundlage; BGH NJW-RR 2019, 1049 – Auslegung der Bezugsberechtigung des „überlebenden Ehegatten"; BGH NJW 2008, 2702 ff.; 2011, 309: Sicherungsabtretung der Bezugsberechtigung kein Widerruf; vgl § 159 f. VVG und → § 2077 Rn. 7 f.; OLG Dresden ZEV 2019, 23 Rn. 4 ff.: „Erben lt. Erbschein" als Bezugsberechtigte einer Lebensversicherung; zur Notwendigkeit der Einwilligung der versicherten Person bei Änderungen der Bezugsberechtigung BGH NJW 2020, 154 Rn. 22 ff. zu § 159 VVG f. aF; nunmehr §§ 159, 160 VVG nF); Anspruch des Dritten auf Übereignung von Wertpapieren (BGHZ 41, 95; BGH NJW-RR 2018, 518 Rn. 20 ff.: Wertpapierdepot); Anspruch des Dritten gegen eine Bank auf Auszahlung eines Geldbetrages (BGHZ 157, 79; BGH NJW 1975, 382; 1984, 481; s aber OLG Karlsruhe ZEV 1996, 146 mAnm Rossak: Nichtigkeit gem § 14 HeimG; ähnlich der Fall OLG Celle NJOZ 2013, 881 und dazu krit Maier-Reimer NJW 2013, 2405; vgl auch → § 2077 Rn. 1); Sparbuch auf Namen eines Dritten (BGHZ 46, 198; ähnlich BGHZ 66, 8; OLG Koblenz NJW-RR 1995, 1074; OLG Düsseldorf FamRZ 2001, 1102; OLG Köln ZEV 1996, 434: miterfasst werden uU Rechte aus Sparbrief, der aus Sparkonto bezahlt und dessen Erträge dem Konto gutgebracht werden sollen); Bausparvertrag mit Drittbegünstigungsklausel (BGH NJW 1965, 1913). Denkbar erscheint nach der Rspr auch die unentgeltliche Zuwendung eines gesellschaftsvertraglichen Eintrittsrechtes auf den Todesfall (vgl BGHZ 68, 233; hierzu → § 2032 Rn. 8 mN) und – umgekehrt – der unentgeltliche gesellschaftsvertragliche Ausschluss von Abfindungsansprüchen bei Ausscheiden der Erben (OLG Köln ZEV 1997, 210; hierzu Siegmann ZEV 1997, 182); ähnlich die Zuwendung einer destinatärähnlichen Begünstigung bei einer Anstalt oder Stiftung liechtensteinischen Rechts (BGH NJW 2015, 623 ff.). **cc) Gegenstand der unentgeltlichen Zuwendung** iSv § 4 AnfG, 7
§ 134 InsO ist beim Versicherungsvertrag auf den Todesfall die ausgezahlte Versicherungsleistung (BGHZ 156, 350), im Sinne von §§ 2325, 2329, 2287 der Wert der Versicherung im Zeitpunkt des Todes des Erblassers, also in aller Regel der Rückkaufswert im Todeszeitpunkt (BGHZ 185, 252 = NJW 2010, 3232 gegen BGHZ 7, 134 = NJW 1952, 1173 und BGH FamRZ 1976, 616: vom Erblasser bezahlte Prämien); → § 2325 Rn. 7.

3. Unbedingte Schenkung. Die unbedingte Schenkung, die erst im Todesfalle 8
fällig wird, fällt nicht unter I; die Erben des Beschenkten erben den Anspruch, falls der Schenker den Beschenkten überlebt (BGHZ 8, 31; 31, 20; BGH NJW 1984, 47; 1985, 1553; 2020, 617 Rn. 9 und 11). Hier kann Heilung (§ 518 II) durch Schenkungsvollzug erfolgen, den ein Bevollmächtigter auf Grund postmortaler Vollmacht oder der Beschenkte auf Grund postmortaler Vollmacht im Wege des Insichgeschäfts (§ 181) nach dem Tode des Schenkers tätigt (BGHZ 99, 99 mN, mAnm Leipold JZ 1987, 363; Bork JZ 1988, 1059 [1060]; BGH NJW 1995, 953; → Vor § 2197 Rn. 1 f.). Die Erben sind durch die Möglichkeit des Widerrufs der Vollmacht geschützt (BGH NJW 1995, 953).

9 **4. Nicht zu Lebzeiten vollzogene überlebensbedingte Schenkungen.** Sie sind nicht nachträglich heilbar, wenn sie formlos erfolgen (BGHZ 99, 100 = NJW 1987, 840; BGH NJW 1988, 2732; 1995, 953). gem I finden **erbrechtliche Formvorschriften** Anwendung, also regelmäßig §§ 2274 ff. (OLG München FamRZ 2011, 1757), bei Ehegatten auch §§ 2265 ff. (aA OLG Celle MDR 2004, 337: Form des § 2247 genügt); Umdeutung der Schenkung in ein Testament ist denkbar (OLG Frankfurt a.M. IPrax 2014, 447: „donation entre époux" in „institution contractuelle" als Erbeisetzung). Die **Wirkung** eines formwirksamen Schenkungsversprechens ist genau dieselbe wie bei letztwilligen Verfügungen. Der Vollzug eines gem § 2301 I formnichtigen überlebensbedingten Schenkungsversprechens nach dem Tod des Erblassers auf Grund postmortaler Vollmacht unterliegt grundsätzlich bereicherungsrechtlicher Rückabwicklung; jedoch kann im Vollzug die formlose, aber heilbare Neuvornahme auch der Schenkung durch den Bevollmächtigten liegen (§§ 518 II, 164 ff.). Die Erben schützt wiederum ihre Widerrufsmöglichkeit (zur Problematik schlüssigen Widerrufs BGH NJW 1995, 953; zum Ganzen Leipold ErbR Rn. 572 ff.).

10 **5. Steuer.** Zur Steuerpflicht von Schenkungen unter Lebenden vgl §§ 1 I Nr. 2, 7, 9 I, 10 II, 14 ErbStG; zur abweichenden Abgrenzung der Schenkung auf den Todesfall zur Schenkung unter Lebenden im Erbschaft- und SchenkungsteuerR BFH NJW 1991, 3300. Der Schenker ist neben dem Erwerber Steuerschuldner (§ 20 I ErbStG) und anzeigepflichtig (§ 30 I, II ErbStG), soweit nicht notarielle Beurkundung vorliegt (§ 30 III ErbStG, § 8 ErbStDV).

§ 2302 Unbeschränkbare Testierfreiheit

Ein Vertrag, durch den sich jemand verpflichtet, eine Verfügung von Todes wegen zu errichten oder nicht zu errichten, aufzuheben oder nicht aufzuheben, ist nichtig.

Lit: Battes, Der erbrechtliche Verpflichtungsvertrag im System des Deutschen Zivilrechts, AcP 178, 337.

1 **a)** Der **Schutz der Testierfreiheit** gilt all ihren Erscheinungsformen. Unter die Vorschrift fallen deshalb sowohl Verpflichtungen zu einer bestimmten Form als auch zu einem bestimmten Inhalt ebenso wie Verpflichtungen zur Unterlassung bestimmter Anordnungen; sie ist entsprechend anzuwenden auf einseitige Verpflichtungen des Erblassers (BayObLG Rpfleger 2001, 181). Eine Verpflichtung zur Nichtaufhebung bedeutet zB der Ausschluss der Rechte aus §§ 2271 II 2, 2290–2292, 2294–2295 (BGH NJW 1959, 625). **Keine** Verletzung der Testierfreiheit liegt dagegen vor, wenn eine bestimmte letztwillige Verfügung zur Bedingung einer Zuwendung gemacht wird (BGH NJW 1977, 950 mN); ebenso wenig verstößt die Verpflichtung zur Erbausschlagung gegen § 2302, sie ist aber als Erbverzichtsvertrag
2 formpflichtig (§ 2348). **b) Unwirksamkeit** der Verpflichtung schließt – anders als bei § 137 – Schadensersatzansprüche aus (BGH NJW 1967, 1126); vgl auch § 344. Jedoch kann die Erwartung einer entspr Verfügung Geschäftsgrundlage eines ande-
3 ren RGeschäfts unter Lebenden sein (BGH NJW 1977, 950). **c) Umdeutung** nichtiger Verpflichtungen ist gem § 140 möglich: erbvertragliche Verpflichtung des Überlebenden zur Erbeinsetzung der Kinder in Erbeinsetzung (OLG Hamm JMBlNRW 60, 125); Auflage zur Erbeinsetzung der Kinder in Anordnung von Vor- und Nacherbschaft (OLG Hamm NJW 1974, 60) bzw Nachvermächtnis zugunsten der Kinder (BGH DRiZ 1966, 398; hierzu → § 2191 Rn. 3); Verpflichtung zum Abschluss eines Erbvertrages in Vertrag zgDr (BGH LM Nr. 3 zu § 140 BGB); Verpflichtung zur Erbeinsetzung gegen Dienstleistung in gewöhnlichen Dienstvertrag, § 612 II (BGH FamRZ 1965, 318); Verpflichtung, ein Testament nicht zu ändern, in Erbvertrag (OLG Stuttgart NJW 1989, 2700).

Abschnitt 5. Pflichtteil

§ 2303 Pflichtteilsberechtigte; Höhe des Pflichtteils

(1) [1]**Ist ein Abkömmling des Erblassers durch Verfügung von Todes wegen von der Erbfolge ausgeschlossen, so kann er von dem Erben den Pflichtteil verlangen.** [2]**Der Pflichtteil besteht in der Hälfte des Wertes des gesetzlichen Erbteils.**

(2) [1]**Das gleiche Recht steht den Eltern und dem Ehegatten des Erblassers zu, wenn sie durch Verfügung von Todes wegen von der Erbfolge ausgeschlossen sind.** [2]**Die Vorschrift des § 1371 bleibt unberührt.**

Lit: Frömgen, Das Verhältnis zwischen Lebensversicherung und Pflichtteil, 2004; Gruber, Pflichtteilsrecht und Nachlaßspaltung, ZEV 2001, 463; Haas, Ist das Pflichtteilsrecht verfassungswidrig?, ZEV 2000, 249; Horn, Die Regulierung von Pflichtteilsansprüchen, NJW 2016, 1359; Joachim, Pflichtteilsrecht, 2. Aufl 2010; Klingelhöffer, Pflichtteilsrecht, 3. Aufl 2009; Leipold, Die neue Lebenspartnerschaft aus erbrechtlicher Sicht, insbesondere bei zusätzlicher Eheschließung, ZEV 2001, 218; Martiny, Gutachten A zum 64. DJT, 2002, A 61 ff. (dazu Fuchs JZ 2002, 785; Klingelhöffer ZEV 2002, 293; Lipp NJW 2002, 2201); Merkle, Pflichtteilsrecht und Pflichtteilsverzicht im Internationalen Erbrecht, 2008; Oechsler, Pflichtteil und Unternehmensnachfolge von Todes wegen, AcP 200, 603; Otte, Um die Zukunft des Pflichtteilsrechts, ZEV 1994, 193; ders, Das Pflichtteilsrecht – Verfassungsrechtsprechung und Rechtspolitik, AcP 202, 317; Schindler, Pflichtteilsverzicht und Pflichtteilsverzichtsaufhebungsvertrag – oder: die enttäuschten Schlußerben, DNotZ 2004, 824; Winkler, Unternehmensnachfolge und Pflichtteilsrecht – Wege zur Minimierung des Störfaktors „Pflichtteilsansprüche“, ZEV 2005, 89.

Reformlit: Baumann/Karsten, Die Reform des Erbrechts und verjährungsrechtlicher Vorschriften, RNotZ 2010, 95; Bonefeld/Lange/Tanck, Die geplante Reform des Pflichtteilsrechts, ZErb 2007, 292; Dutta, Grenzen der Vertragsfreiheit im Pflichtteilsrecht, AcP 209, 760; Horn, Verbesserungen der Pflichtteilsreform in der Unternehmensnachfolge, ZErb 2008, 411; Keim, Neues Recht in niedriger Dosierung: Das Gesetz zur Änderung des Erb- und Verjährungsrechts und seine Bedeutung für den Notar, MittBayNot 2010, 85; ders, Die Reform des Erb- und Verjährungsrechts und ihre Auswirkungen auf die Gestaltungspraxis, ZEV 2008, 161; ders, Testamentsgestaltung bei „missratenen“ Kindern – neue Möglichkeiten durch die geplanten Änderungen im Pflichtteilsrecht?, NJW 2008, 2072; Kroppenberg, Ist unser Erbrecht noch zeitgemäß? – Überlegungen zum zivilrechtlichen Gutachten des 68. Deutschen Juristentags in Berlin, NJW 2010, 2609; Lange, Das Gesetz zur Reform des Erb- und Verjährungsrechts, DNotZ 2009, 732; Langenfeld, Das Gesetz zur Änderung des Erb- und Verjährungsrechts – Inhalt und Praxisfolgen, NJW 2009, 3121; Leipold, Ist unser Erbrecht noch zeitgemäß? – Gedankensplitter zu einem großen Thema, JZ 2010, 802; Mayer, Die Auswirkungen der Erbrechtsreform auf die Kautelarpraxis, ZEV 2010, 2; Reich, Neue Stundungsgründe für Pflichtteilsansprüche, FPR 2008, 555; Röthel, Was bringt die Pflichtteilsreform für Stiftungen?, ZEV 2008, 112; dies, Ist unser Erbrecht noch zeitgemäß? Gutachten 68. DJT 2010; Schneider, Das Arrestverfahren im Pflichtteilsprozess, NJW 2010, 3401; Tanck, Reformfragen des Pflichtteilsrechts, ZErb 2007, 63; sa unten Rn. 10.

1. Pflichtteilsrecht und Pflichtteilsanspruch. Sie sind zu unterscheiden 1 (BGHZ 28, 177; BayObLG NJW-RR 1991, 395): Der Pflichtteilsanspruch (§ 2317) ist nur **eine** Folge des Pflichtteilsrechts, das darüber hinaus andere zahlreiche Rechtswirkungen hat: **a) vor dem Erbfall** vgl §§ 311b IV 2, V, 2346 I 2, 2281. Das Bestehen des Pflichtteilrechtsverhältnisses kann Gegenstand einer Feststellungsklage sowohl seitens des künftigen Erblassers (RGZ 92, 1; BGH NJW 1974, 1085; s aber BGH NJW-RR 1990, 130 für Fortsetzung nach dem Erbfall) als auch seitens des Pflichtteilsberechtigten (BGHZ 158, 226 = NJW 2004, 1874; dazu Kummer ZEV 2004, 274; s. aber OLG Celle BeckRS 2022, 7187: fehlendes Rechtsschutzinteresse für Unwirksamkeit eines Pflichtteilsentzugs nach Erbfall) sein; → § 2333 Rn. 1. Vor dem Erbfall soll aber kein berechtigtes Interesse für einen Einblick ins Grundbuch bestehen (OLG München NJW-RR 2018, 1353 Rn. 15 f.; OLG München NJOZ 2013, 2081, zw!), wohl aber nach dem Tod des Erblassers (OLG Karlsruhe ZEV

2013, 621; OLG Düsseldorf FGPrax 2014, 151; zum Ganzen Wilsch ZEV 2014, 589 [592 f.]). Auch nach dem Tod des Erblassers bedarf es der substantiierten Darlegung eines berechtigten Interesses, das vor allem nach langem Zeitablauf fehlen kann (OLG München NJW-RR 2018, 1353 Rn. 17 ff.) **b) nach dem Erbfall** vgl §§ 2305–2307; 2314; 2317; 2318, 2319; 2325 ff. Ein Unterhaltsberechtigter (§§ 1601 ff.) hat keinen klagbaren Anspruch auf Geltendmachung eines Pflichtteilsanspruchs durch den Unterhaltsverpflichteten, wohl aber kann die versäumte Realisierung von Vermögenswerten bei der Bemessung des Unterhalts berücksichtigt werden (BGH NJW 2013, 530). Grundsätzlich kann ein Jobcenter nicht verlangen, dass der durch Berliner Testament enterbte Abkömmling seinen Pflichtteilsanspruch geltend macht, es sei denn, freies Vermögen erlaubt dem überlebenden Eheteil ohne Schwierigkeiten die Befriedigung (SG Mainz BeckRS 2016, 72896 [Ausnahme zweifelhaft!]) Zur Pfändung und zum Insolvenzbeschlag → § 2317 Rn. 3. Der Pflichtteilsanspruch kann zwar jedenfalls nach seiner Entstehung durch Vereinbarung zwischen dem Erben und dem Pflichtteilsberechtigten einer *Schiedsvereinbarung* unterworfen werden („materiellrechtliche Regelungskompetenz" der Beteiligten; hierzu umfassend Lange ZEV 2017, 1 ff.), jedoch kann für Streitigkeiten über den Pflichtteilsanspruch testamentarisch ein Schiedsgerichtsverfahren nicht angeordnet werden (BGH NJW 2017, 2115 Rn. 14 ff., 22 ff. mit Bemerkungen zur ausnahmsweisen Treuwidrigkeit einer Berufung auf die mangelnde Schiedsfähigkeit Rn. 32 ff.; zustimmend Keim NJW 2017, 2652; Lange ZEV 2017, 1 [2 und 5 f.]; teilw krit Geimer ZEV 2017, 421; OLG München ZEV 2018, 97 f. mit zust. Anm. Burchard; etwas mäßigend LG München II ZEV 2017, 274: kein schiedsgerichtlicher Eingriff in den Wesensgehalt des Pflichtteilsrechts). Die Verjährung des Pflichtteilsanspruchs folgt §§ 195, 199 I (dazu BGH NJW 2019, 1219 Rn. 9). Sie wird nicht durch die Auskunftsklage aus § 2314 unterbrochen, wenn nicht gleichzeitig Stufenklage auf Auskunft und Zahlung erhoben ist (BGH NJW 2019, 1219 Rn. 12 mit Bemerkungen zum Anerkenntnis eines Pflichtteilsanspruchs gem §§ 203, 212 I Nr. 1 Rn. 13 und 14 ff.). Wird ein Abwesenheitspfleger (§ 1911 aF nunmehr § 1884 nF) zur Geltendmachung des Pflichtteils gegen den Erben bestellt, so steht dem Erben gegen eine entsprechende gerichtliche Anordnung kein Beschwerderecht nach § 59 FamFG zu (BGH NJW-RR 2021, 944).

2 **2. Pflichtteilsberechtigte. a)** Abkömmlinge, vgl aber § 2309; Eltern; Ehegatten verschiedenen und gleichen Geschlechts (hierzu § 1353 I 1 idF des Art. 1 Nr. 2 des Gesetzes zur Einführung des Rechts auf Eheschließung für Personen gleichen Geschlechts vom 28.7.2017 (BGBl. I Nr. 52, 2787); eingetragene Lebenspartner alten Rechts (§ 10 VI LPartG; zur Verfassungsmäßigkeit des LPartG → Vor § 1922 Rn. 1; zur Umwandlung in eine gleichgeschlechtliche Ehe neuen Rechts § 20a LPartG nF). Da ein Erblasser durch Stellung des Scheidungsantrages nach § 1933 das Erbrecht des Ehegatten ausschließen könnte, muss das Pflichtteilsverlangen auch dann nicht treuwidrig sein, wenn die Scheidungsvoraussetzungen vorliegen (OLG Schleswig OLGR 2000, 243: mehr als 50-jährige Trennung ohne Scheidungsantrag). **b)** Bei **Annahme an Kindes Statt** ergibt sich aus §§ 1754, 1767 II, 1770, 1772 die erbrechtliche Gleichstellung mit Abkömmlingen; genauer → § 1924 Rn. 2 und Art. 12 AdoptionsG (Übergangsrecht). **c)** Bei **Nichtehelichkeit** galt früher § 2338a aF, der für Altfälle Restbedeutung behält, inzwischen aber volle erbrechtliche Gleichstellung (zu Einzelheiten und übergangsrechtlichen Einzelfragen → § 1924 Rn. 3; OLG Dresden ZEV 2010, 261 zum Pflichtteil eines in der DDR geborenen nichtehelichen Abkömmlings). **d)** Bei **Legitimation** nach altem Recht (§§ 1719–1740g aF aufgehoben durch KindschaftsreformG v 16.12.1997, BGBl. I 2942) gibt es keine pflichtteilsrechtlichen Besonderheiten; zum Übergangsrecht Art. 12 § 10 NEhelG.

3 **3. Ausschluss von der Erbfolge.** Sie liegt vor bei ausdr oder stillschweigender Enterbung (§ 1938; zur Auslegung einer Enterbung unter falschem fremden Recht OLG Köln ZEV 2014, 497), zu der auch die Einsetzung als bloßer Ersatzerbe gehört.

§ 2338a aF stellte die Entziehung des Erbersatzanspruchs alten Rechts der Enterbung gleich; zur Streichung → § 1924 Rn. 3. Ausnahmsweise gewähren §§ 2306 ff. und § 1371 III bei Ausschlagung einen Pflichtteilsanspruch. Geltendmachung des Pflichtteilsanspruchs und Testamentsanfechtung durch Enterbten schließen sich nicht aus (LG Heidelberg NJW-RR 1991, 969).

4. Inhalt. Inhalt des Pflichtteilsrechts ist der halbe ges Erbteil. Weil jedoch bei 4
der Pflichtteilsberechnung nicht sämtliche Nachlassverbindlichkeiten, sondern nur die Erblasserschulden abgesetzt werden (vgl → § 2311 Rn. 9 ff.), kann der Pflichtteils*anspruch* weit mehr als die Hälfte des gesetzlichen Erbes betragen, uU dieses sogar übersteigen (BGH NJW 1988, 137). **a)** Bei **Zugewinngemeinschaft** zwischen 5
Eheleuten oder Lebenspartnern (§ 6 S. 1 LPartG; gem § 6 S. 2 LPartG gelten § 1363 II u §§ 1364–1390 entsprechend) ist zu unterscheiden: Der sog **kleine Pflichtteil** berechnet sich aus dem nicht erhöhten ges Erbteil (§§ 1931 I, II; 2303 I 2) und kann neben dem Zugewinnausgleich bei Ausschlagung (§ 1371 III) und für den Fall verlangt werden, dass der Ehegatte weder Erbe noch Vermächtnisnehmer ist (§ 1371 II). Der Ehegatte kann im Falle des § 1371 II **nicht** anstelle von Zuge- 6
winnausgleich und kleinem Pflichtteil den sog **großen Pflichtteil** verlangen, der aus dem erhöhten ges Erbteil zu errechnen wäre, §§ 1371 I; 1931 I, II; 2303 I 2 (BGHZ 42, 182; BGH NJW 1982, 2497). Der sog große Pflichtteil wird für den überlebenden Ehegatten nur praktisch, wenn er als Erbe oder Vermächtnisnehmer eingesetzt ist und trotzdem Pflichtteilsansprüche hat (§§ 2305–2307, §§ 2325, 2329), ferner im Rahmen der §§ 2318, 2319, 2328. Der Pflichtteil der Abkömmlinge des erstverstorbenen Ehegatten ist unter Berücksichtigung des erhöhten ges Erbteils (§ 1371 I) zu berechnen, falls nicht die Fälle der § 1371 II und III vorliegen (BGHZ 37, 58; BGH NJW 1982, 2497; hierzu Wolfsteiner und Dieckmann DNotZ 1983, 190; 1983, 630). Zahlungsklage auf den großen Pflichtteil hemmt nicht die Verjährung für den Zugewinnausgleichsanspruch gem § 1371 II (BGH NJW 1983, 388: keine Unterbrechung nach altem Recht). **b)** Bei **Gütertrennung** muss die Pflicht- 7
teilsberechnung § 1931 IV berücksichtigen (dazu Hölscher NJW 2016, 3057 [3060]); eine entsprechende Regelung giltbei Vermögenstrennung der eingetragenen Lebenspartner (§ 10 II LPartG). **c)** Den **Unterhaltsanspruch des geschiedenen Ehegatten** im Erbfalle begrenzt § 1586b auf den unabhängig von §§ 1371, 1931 IV berechneten Pflichtteil (BGH NJW 2001, 828: Berücksichtigung fiktiver Pflichtteilergänzungsansprüche). Ausschluss durch Pflichtteilsverzicht ist möglich (Dieckmann NJW 1980, 2777). Für eingetragene Lebenspartner gilt § 16 LPartG iVm § 1586b.

5. Beseitigung des Pflichtteilsanspruchs. Sie ist möglich (s BGH NJW 2015, 8
59 Rn. 11) durch Erlassvertrag (§ 397) nach seiner Entstehung (KG OLGZ 1976, 193) oder durch Erbverzichtsvertrag (§ 2346) vor dem Todesfall; unterscheide: bloße Nichtgeltendmachung (unanfechtbar gem §§ 3, 4 AnfG; so BGH NJW 1997, 2384 für § 3 AnfG; hierzu Klumpp ZEV 1998, 123; Keim ZEV 1998, 127; bei Nichtgeltendmachung keine Stundung der Kosten eines Insolvenzverfahrens gem § 4a InsO, so LG Koblenz Rpfleger 2004, 650; → § 2317 Rn. 3). UU Wegfall der Geschäftsgrundlage (§ 313) oder einschränkende Auslegung bei Pflichtteilsvereinbarung über Nachlass mit DDR-Grundvermögen (OLG Frankfurt a.M. DtZ 1993, 27; BGH NJW 1993, 2177; → § 2313 Rn. 1).

6. Erbschaftsteuerpflicht des Pflichtteilsberechtigten. Sie entsteht mit der 9
Geltendmachung des Anspruchs (§ 9 I Nr. 1b ErbStG) und setzt nicht die Bezifferung des Anspruchs voraus (BFH ZEV 2006, 514). Für die Steuerberechnung war schon unter altem Recht der Verkehrswert und nicht die günstigere Grundstücksbewertung (→ § 1924 Rn. 6) anzusetzen, wenn an Erfüllungs statt ein Grundstück übertragen wurde (BFH ZEV 1999, 34 mAnm von Daragan; anders noch BFH BB 1982, 911; BGH NJW 1989, 2912); ab 1.1.2009 ist unter neuem Recht ohnehin stets vom Verkehrswert auszugehen. Ein Grundstückserwerb zur Erfüllung eines auf

Geld gerichteten Pflichtteils- oder Pflichtteilsergänzungsanspruchs „an Erfüllung statt“ ist nicht nach § 3 Nr. 2 S. 1 GrEStG 1983 von der Grunderwerbsteuer befreit (BFH ZEV 2002, 425; anders noch BFHE 134, 370). Vereinbarungen über Pflichtteilsansprüche sind erbschaftsteuerlich uU empfehlenswert (Dressler NJW 1997, 2848).

10 **7. Verfassungslage und Reformüberlegungen.** Das Pflichtteilsrecht ist nach derzeitigem – durchaus fragwürdigem – Verständnis nicht nur mit Art. 14 I, 6 GG, vereinbar (BVerfG NJW 2001, 141; → Vor § 1922 Rn. 1 mN) und damit **verfassungsgemäß,** sondern, jdf bzgl der Kinder, selbst durch Art. 14 I 1, 6 I GG geschützt (BVerfG NJW 2005, 1563 f.). Es ist aber in mancher Hinsicht rechtspolitisch überholt und weiterhin **reformbedürftig** (Henrich DNotZ 2001, 551; Dauner-Lieb DNotZ 2001, 460; Schröder DNotZ 2001, 465; Strätz FamRZ 1998, 1553; weitere Lit → vor Rn. 1). Die Reform zum 1.1.2010 (→ Vor § 1922 Rn. 18) hat viele Fragen offen gelassen und blieb vielfach hinter den Reformnotwendigkeiten zurück.

§ 2304 Auslegungsregel

Die Zuwendung des Pflichtteils ist im Zweifel nicht als Erbeinsetzung anzusehen.

1 **a)** Die Zuwendung des Pflichtteils lässt drei Alternativen der Auslegung: Erbeinsetzung auf Pflichtteilsquote; Enterbung (§ 1938) unter Verweis auf Pflichtteilsanspruch; Vermächtnis in Höhe des Pflichtteils (Anwendbarkeit der §§ 2307, 2180). § 2304 stellt eine Auslegungsregel gegen die Erbeinsetzung auf. Die Abgrenzung von Vermächtnis und Enterbung soll davon abhängen, ob der Erblasser gewähren oder aberkennen will (vgl SoeDieckmann § 2304 Rn. 3; sa BGH NJW 2004, 3559); iZw sollte man den Verweis auf den Pflichtteil nicht als Vermächtnis auslegen (s aber zum Pflichtteil für Stiefkinder BGH NJW-RR 1991, 706; → §§ 2074–2076 Rn. 5).

2 **b)** Gem. § 2338a aF galt § 2304 auch für den nichtehelichen Abkömmling, der auf den Pflichtteil verwiesen wird (zu Reform des Nichtehelichenrechts und Übergangsrecht → § 1924 Rn. 3); analog § 2304 wird in Altfällen im Verweis auf den Erbersatzanspruch iZw weder Erbeinsetzung noch Vermächtnis zu sehen sein.

3 **c) Zugewinngemeinschaft: aa)** Zuwendung des „kleinen“ Pflichtteils ist regelmäßig weder Erbeinsetzung noch Vermächtnis, es gilt also § 1371 II; ist sie ausnahmsweise Vermächtnis, so kann der Ehegatte ausschlagen (§ 1371 III) oder den Restanspruch zum „großen“ Pflichtteil (§§ 2305, 2307 I 2) verlangen. **bb)** Zuwendung des „großen“ Pflichtteils ist regelmäßig Vermächtnis; s Ferid NJW 1960, 121; Bohnen NJW 1970, 1531.

§ 2305 Zusatzpflichtteil

[1]Ist einem Pflichtteilsberechtigten ein Erbteil hinterlassen, der geringer ist als die Hälfte des gesetzlichen Erbteils, so kann der Pflichtteilsberechtigte von den Miterben als Pflichtteil den Wert des an der Hälfte fehlenden Teils verlangen. [2]Bei der Berechnung des Wertes bleiben Beschränkungen und Beschwerungen der in § 2306 bezeichneten Art außer Betracht.

1 **1. Inhalt. a)** Der Pflichtteilsrestanspruch besteht nicht nur bei Annahme der Erbschaft, sondern in Höhe des Ergänzungsbetrags auch bei Ausschlagung (BGH NJW 1973, 996; → § 2325 Rn. 1). Bei der Zugewinngemeinschaft kann Ergänzung zum „großen“ Pflichtteil verlangt werden, bei Ausschlagung gilt aber § 1371 III (vgl → § 2303 Rn. 5 f.). **b)** Der Erbersatzberechtigte hat einen Restanspruch bis zur Höhe seines Pflichtteils; zur Reform → § 1924 Rn. 3. **c)** Zum **Vergleichswert** von Pflichtteil und hinterlassenem Erbteil vgl → § 2306 Rn. 1. Die Bewertung des für den Ergänzungspflichtteil maßgeblichen Nachlasswertes folgt § 2311 (dazu der

Beispielsfall BGH NJW 2021, 2115 Rn. 19 für Nachlassverbindlichkeiten wie Vermächtnisse oder Auflagen; sa § 2311 Rn. 9).

2. Reform. Durch die Reform (→ Vor § 1922 Rn. 18) ist zum 1.1.2010 der 2
neue Satz 2 angefügt worden und gilt für seit diesem Zeitpunkt eingetretene Erbfälle (Art. 229 § 23 IV EGBGB). Er trägt der Tatsache Rechnung, dass auch in § 2306 kein Wegfall der dort bezeichneten Beschwernisse mehr vorgesehen ist, wenn der Erbteil den Pflichtteil nicht übersteigt und nicht ausgeschlagen wird.

§ 2306 Beschränkungen und Beschwerungen

(1) **Ist ein als Erbe berufener Pflichtteilsberechtigter durch die Einsetzung eines Nacherben, die Ernennung eines Testamentsvollstreckers oder eine Teilungsanordnung beschränkt oder ist er mit einem Vermächtnis oder einer Auflage beschwert, so kann er den Pflichtteil verlangen, wenn er den Erbteil ausschlägt; die Ausschlagungsfrist beginnt erst, wenn der Pflichtteilsberechtigte von der Beschränkung oder der Beschwerung Kenntnis erlangt.**

(2) **Einer Beschränkung der Erbeinsetzung steht es gleich, wenn der Pflichtteilsberechtigte als Nacherbe eingesetzt ist.**

Lit: Bartsch, Zur Frage der Höhe von Pflichtteilsergänzungsansprüchen des mit einem Vermächtnis beschwerten Miterben, ZErb 2009, 71; Horn, Ausschlagung durch den pflichtteilsberechtigten Erben, NJW 2017, 1083; de Leve, Die Ausschlagung nach § 2306 BGB – Was hat sich geändert und was ist zu beachten?, ZEV 2010, 184; hierzu Sachs, Noch einmal: Die Ausschlagung nach § 2306 BGB – Was hat sich geändert und was ist zu beachten?, ZEV 2010, 556 (mAnm von de Leve); Schindler, Die Anwendung des § 2306 BGB nach altem und neuem Recht unter besonderer Berücksichtigung der Werttheorie, ZEV 2008, 125, 187.

I. Alte Fassung

Bis zum 1.1.2010 hatte § 2306 I folgende Fassung, die auch noch für Erbfälle bis zu diesem Zeitpunkt gilt (Art. 229 § 23 IV EGBGB):

[1]Ist ein als Erbe berufener Pflichtteilsberechtigter durch die Einsetzung eines Nacherben, die Ernennung eines Testamentsvollstreckers oder eine Teilungsanordnung beschränkt oder ist er mit einem Vermächtnis oder einer Auflage beschwert, so gilt die Beschränkung oder die Beschwerung als nicht angeordnet, wenn der ihm hinterlassene Erbteil die Hälfte des gesetzlichen Erbteils nicht übersteigt. [2]Ist der hinterlassene Erbteil größer, so kann der Pflichtteilsberechtigte den Pflichtteil verlangen, wenn er den Erbteil ausschlägt; die Ausschlagungsfrist beginnt erst, wenn der Pflichtteilsberechtigte von der Beschränkung oder der Beschwerung Kenntnis erlangt.

Da die Kommentierung dieser **Altfassung** von fortdauernder Bedeutung für Altfälle ist, bleibt sie im Folgenden abgedruckt.

1. Gleich großer oder kleinerer hinterlassener Erbteil. Ist der hinterlassene 1
Erbteil **gleich groß** oder **kleiner** als der Pflichtteil, gilt folgendes: **a)** Beim **Wertvergleich** ist die halbe ges Erbquote mit dem quotenmäßigen Anteil des hinterlassenen Erbteils am Gesamtnachlass zu vergleichen („Quotentheorie"; hM, s OLG Köln ZEV 1997, 298 mkritAnm von Klingelhöffer; zuletzt OLG Zweibrücken ZEV 2007, 98; zur Gefahr für den Pflichtteilsergänzungsanspruch: OLG Düsseldorf ZEV 2001, 109), wobei Belastungen des hinterlassenen Erbteils unberücksichtigt bleiben (BGHZ 19, 310 [311]). Nur wenn der Pflichtteil wegen §§ 2315, 2316 mit dem halben ges Erbteil nicht übereinstimmt, ist der tatsächliche Wert des Pflichtteils mit dem Wert des hinterlassenen Erbteils (ohne Beschränkungen und Beschwerungen) zu vergleichen. Bei Zugewinngemeinschaft gilt der „große" Pflichtteil, vgl
→ § 2303 Rn. 5 f. **b)** Die **Belastungen** sind in Abs. I 1 und II **erschöpfend** aufge- 2
zählt. Das bedeutet einerseits, dass Einsetzung als Ersatzerbe, bedingter Nacherbe oder Schlusserbe (§ 2269) als schlichte Enterbung zu behandeln sind (§ 2303 I);

andererseits, dass Beschränkungen gem §§ 1418 II Nr. 2, 1638 (Damrau ZEV 1998,
3 90), 2333 ff., 2338 außer Betracht bleiben. **c)** Die **Wirkung** besteht im unmittelbaren Wegfall der Belastung; der Nacherbe gem Abs. II ist also Voll- bzw Miterbe, ein anders lautender Erbschein ist unrichtig (missverständlich OLG Schleswig NJW 1961, 1930). Wenn allerdings Sondererbfolge in einen Gesellschaftsanteil angeordnet ist (→ § 2032 Rn. 5 ff.), kommt diese besondere Teilungsanordnung nicht in Wegfall (OLG Hamm NJW-RR 1991, 839; hierzu Reimann FamRZ 1992, 113). Soweit eine Teilungsanordnung die Erbquote bestimmt, bleibt sie trotz Fortfalls ihrer zuweisenden Wirkung bestehen (BGH FamRZ 1990, 398). Wenn der Wegfall der belastenden Anordnung nicht zur Berücksichtigung in Pflichtteilshöhe führt, kann ein Anspruch aus § 2305 bestehen (BGH FamRZ 1990, 398), bei Zugewinngemeinschaft bleibt ein Vorgehen gem § 1371 III (Zugewinnausgleich mit „kleinem" Pflichtteil) denkbar. Ausschlagung führt sonst nicht zum Pflichtteilsanspruch, ein etwaiger Pflichtteilsrestanspruch besteht fort (OLG Hamm OLGZ 1982, 42; → § 2305 Rn. 1). Bei Erbeinsetzung auf den Pflichtteil ist eine Verwirkungsklausel („cautela socini") unwirksam (BGH NJW 1993, 1005; → §§ 2074–2076 Rn. 5).

4 **2. Größerer hinterlassener Erbteil.** Ist der hinterlassene Erbteil **größer** als der Pflichtteil, gelten folgende Überlegungen: **a) Wert:** → Rn. 1 f. Bei Erbteil gem Abs. I 1 und Vermächtnis gilt Abs. I 1 nach Vermächtnisausschlagung (BGHZ 80, 263); keine Gesamtausschlagung gem Abs. I 2; Doppelausschlagung bei Erbteil gem Abs. I 2 und Vorausvermächtnis (OLG Düsseldorf ZEV 1996, 72); zu möglichen Folgen einer Ausschlagung unter dem Vorbehalt, gem § 2306 den Pflichtteil erlangen zu können, s BayObLG Rpfleger 2005, 316. Zeitpunkt der Wertberechnung bei Nacherbschaft gem Abs. II ist der Erbfall, nicht der Nacherbfall (OLG Schleswig
5 NJW 1961, 1930). **b)** Für den **Beginn der Ausschlagungsfrist** gilt zunächst → § 1944 Rn. 1–4. Der pflichtteilsberechtigte Erbe muss zusätzlich Kenntnis von den entscheidenden Berechnungsfaktoren haben, auch in den Fällen §§ 2315, 2316 (RGZ 113, 45; zu eng BayObLGZ 1959, 77 bei rechtlicher Ungewissheit über Anrechnungspflicht). Bei Nacherbschaft gem II beginnt die Ausschlagungsfrist nicht vor dem Nacherbfall. Die *irrige* Annahme von Beschränkungen und Beschwerungen nach I 1 schiebt die Ausschlagungsfrist nicht auf (BGHZ 112, 229). Die irrige Vorstellung des unter Beschwerungen als Alleinerbe eingesetzten Pflichtteilsberechtigten, er dürfe die Erbschaft nicht ausschlagen, um seinen Anspruch auf den Pflichtteil nicht zu verlieren, rechtfertigt die Anfechtung einer auf dieser Vorstellung beruhenden Annahme der Erbschaft gem § 119 I (BGH NJW 2006, 3355 mAnm von Leipold ZEV 2006, 500; → § 1954 Rn. 1). Eine Annahme vor Kenntnis der Beschränkung/Beschwerung und damit vor Beginn der Ausschlagungsfrist kann
6 gem § 119 II angefochten werden (OLG Hamm ZEV 2004, 286). **c) Rechtsfolgen.** Der Erbe kann die Erbschaft belastet annehmen (BGH FamRZ 1985, 1025) oder ausschlagen (BGHZ 106, 359 [365]) und den Pflichtteil verlangen. Auch der Alleinerbe hat dieses Wahlrecht (OLG Karlsruhe NJW-RR 2008, 317). Ein Anspruch aus § 2305 und Ausschlagungsrecht gem § 2306 I 2 schließen sich aus (OLG Celle ZEV 2003, 366; vgl auch → § 2303 Rn. 5: „kleiner" Pflichtteil und Zugewinnausgleich; zum Ganzen Schlitt ZEV 1998, 216).

7 **3. Erbersatzanspruch.** Zum alten Rechts → § 2306 Rn. 7, 13. Aufl.

II. Neufassung

8 Die seit 1.1.2010 geltende **Neufassung,** die für alle Erbfälle seit diesem Zeitpunkt gilt (Art. 229 § 23 IV EGBGB), vermeidet die Kompliziertheiten und Unsicherheiten des Wertvergleichs und der Bewertung sowie die Differenzierung zwischen Erbteilen, die kleiner oder größer sind als der Pflichtteil, und führt bei den erwähnten Beschränkungen oder Beschwerungen allgemein und stets das Wahlrecht zwischen Ausschlagung mit Pflichtteilsanspruch und Annahme der Erbschaft mit Beschränkungen und Beschwerungen ein (zu verbleibenden „schwierigen" Fällen K. W.

Lange ZEV 2022, 313). Auch unter neuem Recht berechtigt aber die Fehlvorstellung über das Schicksal des Pflichtteilanspruchs zur Anfechtung wegen Irrtums (BGH NJW 2016, 2954 Rn. 16 ff.; zum alten und neuen Recht ausführlicher → § 1954 Rn. 1; zum Anspruch aus § 2314 nach Ausschlagung BGH NJW 2023, 452 mAnm Keim).

1. Belastungen. Diese sind wie bei der alten Fassung in § 2306 I abschließend aufgezählt; zu den Folgen bei anderen Fallgestaltungen → Rn. 2. 9

2. Beginn der Ausschlagungsfrist. Hier gilt zunächst → § 1944 Rn. 1–4. Auch die überkommene Rechtsprechung zum **Irrtum** behält Gültigkeit (→ Rn. 5), soweit sie nicht den Irrtum über Wertberechnungsverfahren betrifft. 10

§ 2307 Zuwendung eines Vermächtnisses

(1) [1]**Ist ein Pflichtteilsberechtigter mit einem Vermächtnis bedacht, so kann er den Pflichtteil verlangen, wenn er das Vermächtnis ausschlägt.** [2]**Schlägt er nicht aus, so steht ihm ein Recht auf den Pflichtteil nicht zu, soweit der Wert des Vermächtnisses reicht; bei der Berechnung des Wertes bleiben Beschränkungen und Beschwerungen der in § 2306 bezeichneten Art außer Betracht.**

(2) [1]**Der mit dem Vermächtnis beschwerte Erbe kann den Pflichtteilsberechtigten unter Bestimmung einer angemessenen Frist zur Erklärung über die Annahme des Vermächtnisses auffordern.** [2]**Mit dem Ablauf der Frist gilt das Vermächtnis als ausgeschlagen, wenn nicht vorher die Annahme erklärt wird.**

Lit: Biebl, Pflichtteil und Vermächtnis kumulativ – Auswirkungen auf das Vermächtniskürzungsrecht des Erben, ZErb 2010, 99.

1. Die Alternativen. Der pflichtteilsberechtigte Vermächtnisnehmer hat zwei Möglichkeiten: **a)** Ausschlagung des Vermächtnisses (§ 2180) bei vollem Pflichtteilsanspruch; im Falle der Zugewinngemeinschaft gilt § 1371 II (nur „kleiner" Pflichtteil und Zugewinnausgleich; s BGH NJW 1984, 2935). **b)** Annahme des Vermächtnisses und Geltendmachung des Pflichtteilsrestanspruchs (§ 2305; hierzu OLG Oldenburg NJW 1991, 988: Anrechnung auch eines aufschiebend bedingten Vermächtnisses auf den Pflichtteil; OLG Karlsruhe Justiz 1962, 152; Schlitt NJW 1992, 28: spätere Anrechnung des empfangenen Pflichtteils auf das Vermächtnis; offengelassen von BGH NJW 2001, 520, wo nicht der Erbe, sondern ein Dritter vermächtnisbelastet war). Der Pflichtteilsrestanspruch berechnet sich bei Zugewinngemeinschaft nach dem „großen" Pflichtteil (→ § 2303 Rn. 6). Für den Erbersatzanspruchsberechtigten galt früher Gleiches (vgl auch → § 2304 Rn. 2). Es ist aber durch Auslegung zu ermitteln, ob der Erblasser das Vermächtnis zusätzlich zum ges Erbersatzanspruch, in Anrechnung auf den Erbersatzanspruch oder anstatt des Erbersatzanspruchs zuwenden wollte (BGH NJW 1979, 917). Zum Fortfall des Erbersatzanspruchs → § 1924 Rn. 3. 1 2

2. Besondere Fälle. Bei **Kumulation von Erbteil und Vermächtnis,** die beide unbelastet sind, kann der Erbe das Vermächtnis ausschlagen und den Zusatzpflichtteil nach § 2305 verlangen oder aber den Erbteil ausschlagen und den Zusatzpflichtteil verlangen (→ § 2305 Rn. 1), auf den aber entspr § 2307 I 2 das Vermächtnis anzurechnen ist. Ist der Erbteil belastet, so kann der Erbe ausschlagen und den Pflichtteil verlangen (§ 2306 I), wobei aber das angenommene Vermächtnis ebenfalls anzurechnen ist (§ 2307 I 2). Bei **Zugewinngemeinschaft** kann der Ehegatte **a)** beides annehmen und Ergänzung zum „großen" Pflichtteil verlangen; **b)** beides ausschlagen und gem § 1371 III vorgehen; **c)** Vermächtnis oder Erbschaft ausschlagen und Ergänzung gem § 2305 oder § 2307 I 2 zum „großen" Pflichtteil verlangen (vgl Braga FamRZ 1957, 339 und BGH FamRZ 1976, 334). Das Gleiche gilt für 3 den eingetragenen Lebenspartner alten Rechts (§§ 6 S. 1, 10 I und VI LPartG). **d)** § 2307 II hat den Zeck, dem mit einem Vermächtnis beschwerten Erben Klarheit darüber zu verschaffen, ob er dem mit einem Vermächtnis bedachten Pflichtteilsberechtigten das Vermächtnis oder den Pflichtteil schuldet. Er kommt deshalb mit seiner Ausschlagungsfiktion nach seinem Satz 2 nicht zur Anwendung, wenn der mit einem Vorausvermächtnis bedachte Miterbe die Erbschaft bereits angenommen hat, weil er damit seinen Pflichtteilsanspruch verliert und nur noch das Vorausvermächtnis geltend machen kann (OLG München NJW-RR 2018, 1417 Rn. 24 ff.).

4 **3. Mehrere mit demselben Vermächtnis beschwerte Miterben.** Sie können das Recht zur Fristsetzung nur gemeinsam ausüben (OLG München FamRZ 1987, 752).

5 **4. Korrespondenzvorschriften.** Vgl § 2321, § 327 II InsO; zu Genehmigungserfordernissen bei Vertretung Minderjähriger OLG Köln FamRZ 2007, 169; seit 1.1.2023 sind insbesondere *§§ 1643 I, 1851 Nr. 1 nF* zu beachten.

§ 2308 Anfechtung der Ausschlagung

(1) **Hat ein Pflichtteilsberechtigter, der als Erbe oder als Vermächtnisnehmer in der in § 2306 bezeichneten Art beschränkt oder beschwert ist, die Erbschaft oder das Vermächtnis ausgeschlagen, so kann er die Ausschlagung anfechten, wenn die Beschränkung oder die Beschwerung zur Zeit der Ausschlagung weggefallen und der Wegfall ihm nicht bekannt war.**

(2) [1]**Auf die Anfechtung der Ausschlagung eines Vermächtnisses finden die für die Anfechtung der Ausschlagung einer Erbschaft geltenden Vorschriften entsprechende Anwendung.** [2]**Die Anfechtung erfolgt durch Erklärung gegenüber dem Beschwerten.**

1 Da Anfechtung der Ausschlagung grundsätzlich nur gem §§ 119 ff. möglich ist (vgl → § 1954 Rn. 1, aber auch § 1949), erweitert Abs. I die Anfechtungsgründe um den Motivirrtum über bestehende Belastungen; andernfalls könnten nach der irrtümlichen Ausschlagung weder Erbteil bzw Vermächtnis noch Pflichtteil (vgl → § 2303 Rn. 3) verlangt werden. Für Erbfälle bis zum 1.1.2010 findet § 2308 I entspr Anwendung, falls in Rechtsirrtum über den Inhalt des damaligen unübersichtlichen § 2306 I ausgeschlagen ist (OLG Hamm OLGZ 1982, 41 zu § 2306 aF). Anfechtung greift auch bei Irrtum über künftigen Wegfall von Belastungen, zB durch Testamentsanfechtung (BGHZ 112, 229, str; → § 2080 Rn. 1).

§ 2309 Pflichtteilsrecht der Eltern und entfernteren Abkömmlinge

Entferntere Abkömmlinge und die Eltern des Erblassers sind insoweit nicht pflichtteilsberechtigt, als ein Abkömmling, der sie im Falle der gesetzlichen Erbfolge ausschließen würde, den Pflichtteil verlangen kann oder das ihm Hinterlassene annimmt.

1 Lit: Lange ZEV 2015, 69 m. umfassenden Nw. Es gilt entspr den Regeln bei ges Erbfolge (§§ 1924 II, III, 1930) der Grundsatz, dass kein Stamm zwei Pflichtteile oder Zuwendungen und Pflichtteile erhalten soll (BGH NJW 2011, 1880 f.; 2012, 3098). Eltern und entferntere Abkömmlinge des Erblassers können danach unter zwei Voraussetzungen den Pflichtteil verlangen (BGH NJW 2011, 1878; dazu zu Unrecht krit Bestelmeyer Rpfleger 672 mN): **a)** Verlust des Pflichtteilsrechts durch den Abkömmling (vgl §§ 1953, 2333, 2344, 2346; zum Verlust durch Verzicht BGH NJW 2012, 3097); **b)** eigener Pflichtteilsanspruch gem §§ 2303, 2305 ff. (OLG Köln FamRZ 2000, 195), also zB nicht im Falle des § 2069 oder des § 2349 (zu § 2349 Hs. 2 BGH NJW 2012, 3097). Bsp: Der Abkömmling hat zum Erbteil einen Restanspruch gem § 2305; er schlägt den Erbteil aus. Der Erblasser hat die Enkel gem

§ 2096 enterbt. Die Enkel sind pflichtteilsberechtigt, müssen sich aber den fortbestehenden Restanspruch (→ § 2305 Rn. 1) anrechnen lassen, auch wenn ihn der Vater nicht beansprucht. Anrechnungspflichtiges Hinterlassen gem § 2309 Hs. 2 liegt nicht vor, wenn der Erblasser den verzichtenden näheren Abkömmling des einzigen Kindesstammes gleichwohl zum Erben einsetzt und er die Erbschaft annimmt, weil in diesem Falle der Zweck dieser Vorschrift, Doppelbegünstigung eines von mehreren Kinderstämmen zu vermeiden, nicht betroffen ist (BGH NJW 2012, 3099: teleologische Reduktion). Ein entgeltlicher Pflichtteilsverzicht steht der Annahme des Hinterlassenen gleich (OLG Celle NJW 1999, 1874 mkritAnm von Mayer ZEV 1998, 433; Pentz NJW 1999, 1835). Zum Pflichtteilsrecht des entfernteren Abkömmlings gehört auch gegebenenfalls der Pflichtteilsergänzungsanspruch gegen den Beschenkten (Beispielsfall: OLG Hamm ZEV 2018, 211 Rn. 28 ff.) Bei nichtehelichen Abkömmlingen ist § 1934e aF nur noch für Altfälle zu beachten; zur Streichung → § 1924 Rn. 3.

§ 2310 Feststellung des Erbteils für die Berechnung des Pflichtteils

[1]Bei der Feststellung des für die Berechnung des Pflichtteils maßgebenden Erbteils werden diejenigen mitgezählt, welche durch letztwillige Verfügung von der Erbfolge ausgeschlossen sind oder die Erbschaft ausgeschlagen haben oder für erbunwürdig erklärt sind. [2]Wer durch Erbverzicht von der gesetzlichen Erbfolge ausgeschlossen ist, wird nicht mitgezählt.

a) Der **Erbverzicht** eines ges Erben (§ 2346 I) wirkt für die übrigen pflichtteiler- 1
höhend, weil mit dem Erbverzicht regelmäßig eine Nachlassminderung in Höhe der Gegenleistung verbunden sein wird (ausführlich BGH NJW 2009, 1144 und → § 2315 Rn. 6). Hingegen bleibt der bloße Pflichtteilsverzicht (§ 2346 II) außer Betracht (BGH NJW 1982, 2497; 2002, 673), ebenso der Verzicht unter Vorbehalt
des Pflichtteils (Soergel/Dieckmann § 2310 Rn. 11; → § 2346 Rn. 2). **b)** Der 2
Erbersatzanspruchsberechtigte alten Rechts ist bei der Pflichtteilsberechnung wie jeder ges Erbe zu berücksichtigen, bei Berechnung **seines** Pflichtteils gelten keine Besonderheiten (§ 2338a aF iVm Art. 227 EGBGB); anders bei vorzeitigem Erbausgleich (§ 1934e aF), der wie ein Verzicht zu behandeln ist. Hingegen findet § 2310 bei der Berechnung des Erbersatzanspruchs keine Anwendung (vgl §§ 1935, 1934b II aF). Zum Fortfall von Erbersatzanspruch und vorzeitigem Erbausgleich sowie zum Übergangsrecht → § 1924 Rn. 3.

§ 2311 Wert des Nachlasses

(1) **[1]Der Berechnung des Pflichtteils wird der Bestand und der Wert des Nachlasses zur Zeit des Erbfalls zugrunde gelegt. [2]Bei der Berechnung des Pflichtteils eines Abkömmlings und der Eltern des Erblassers bleibt der dem überlebenden Ehegatten gebührende Voraus außer Ansatz.**

(2) **[1]Der Wert ist, soweit erforderlich, durch Schätzung zu ermitteln. [2]Eine vom Erblasser getroffene Wertbestimmung ist nicht maßgebend.**

Lit: de Leve, Erbschaften und Vermächtnisse als Nachlassbestandteile bei der Pflichtteilsberechnung – Was passiert bei einer Ausschlagung?, ZEV 2010, 75; Iversen, Gesellschaftsvertragliche Abfindungsklauseln und pflichtteilsrechtliche Nachlassbewertung – Vorschläge für die Praxis, NJW 2010, 183.

1. Maßgeblicher Bewertungszeitpunkt. Dies ist der Erbfall (BGH FamRZ 1
1996, 936 für Lebensversicherungssumme), so dass spätere Veränderungen unberücksichtigt bleiben (BGHZ 7, 135; OLG Naumburg NJW-RR 2008, 318; sa BGH NJW 2013, 1086 Rn. 12; 2001, 2713). Künftige Umstände können allerdings ausnahmsweise die Bewertung im Erbfallzeitpunkt beeinflussen, zB kann die Bewertung

eines ertraglosen Unternehmens davon abhängen, ob Fortführung oder Liquidation geplant ist (BGH NJW 1973, 509).

2 **2. Bestimmung des Aktivwertes. a) Wertbestimmungen des Erblassers** sind gem Abs. II 2 unmaßgeblich, können aber als Pflichtteilsentziehung (§§ 2333 ff.,
3 2336) oder bei Begünstigungsabsicht als Vermächtnis auszulegen sein. **b)** Maßgeblich ist der **gemeine Wert** eines Nachlassgegenstandes, den er allg in der Hand eines jeden Erben haben würde. Ansprüche aus einer Lebensversicherung sind einzurechnen, soweit fremde Bezugsrechte widerrufen sind und stattdessen eine Sicherungsabtretung an einen Darlehensgläubiger erfolgt ist (BGH NJW 1996, 2230; sa zum Wiederaufleben des Bezugsrechtes bei Rückübertragung der Sicherheit BGH NJW 2011, 307 und 2012, 1003; → § 1922 Rn. 2). Schulden des Erben gegenüber dem Erblasser kommen in Ansatz (BGH FamRZ 1982, 54 f.; → § 1976 Rn. 2). Liebhaberwerte bleiben außer Betracht. Regelmäßig wird der Verkaufswert dem gemeinen Wert entsprechen (BGH NJW 1987, 1262; BGH NJW-RR 1991, 900; zur Rückrechnung bei Verkauf nach Erbfall BGH NJW-RR 1993, 131; 1993, 834; sa OLG Brandenburg NJW-Spezial 2008, 264: Orientierung an einem bald nach dem Erbfall tatsächlich erzielten Verkaufspreis; in diesem Sinn auch BGH NJW 2011, 1004 = ZEV 2011, 29; NJW 2022, 192 Rn. 11; sa § 2314 Rn. 6), nur in Ausnahmefällen, zB beim Fehlen eines freien Marktes, wird der „wahre innere Wert" zu ermitteln sein (BGHZ 13, 47 für ein dem Preisstopp unterfallendes Grundstück; BGH NJW 2015, 2336 Rn. 12 ff.: halber Verkehrswert eines hälftigen Miteigentumsanteils an einem Grundstück mangels Marktes mit deutlichem Abschlag, sofern der Erbe nicht bereits Inhaber der anderen Eigentumshälfte ist); er richtet sich idR unabhängig von zufälligen Marktgegebenheiten stärker am Sachwert (zB Herstellungskosten) und Ertragswert aus (BGH LM Nr. 5 zu § 2311 BGB; zum tatrichterlichen Ermessen bei der Wahl der Wertermittlungsmethode bei Grundstücken OLG Brandenburg ZEV 2019, 442 = BeckRS 2019, 4954). Bei Aktien gilt der Börsenkurs, sofern er am Stichtag nicht extrem hoch oder tief lag (str, vgl Veith NJW 1963, 1521), bei Aktienpaketen uU der „innere" Wert. Ähnlich ist bei GmbH-Anteilen vom Verkaufswert, in Ausnahmefällen (zB Familien-GmbH) vom „inneren" Wert auszugehen (vgl Däubler, Die Vererbung des Gesellschaftsanteils bei der GmbH, 1965,
4 § 9). **c)** Bei **Handelsunternehmen,** die fortgeführt werden sollen, darf nicht der Liquidationswert angesetzt werden; vielmehr ist der Gesamtwert aus Substanzwert (Reproduktionswert; dazu BGH DNotZ 1992, 526) und Ertragswert zu erschätzen (BGH NJW 1973, 509; 1982, 575; 1985, 192) und kann im Einzelfall höher oder niedriger liegen als der Liquidationswert (BGH NJW 1982, 2441 zu § 1376; BGH NJW-RR 1986, 1068 zu § 1477). Bei Betriebsaufgabe ertragloser Unternehmen gilt der Liquidationswert (BGH NJW 1982, 2498), iÜ kann sich die Schätzung an einem späteren Verkaufserlös orientieren (BGH NJW 1982, 2498). Ertragssteuern und andere Unkosten einer Aufgabe oder Veräußerung können den Unternehmenswert mindern (BGH NJW 1972, 1269; 1982, 2498). Zu den wertbestimmenden Faktoren eines Unternehmens gehört sein „good will" (BGHZ 75, 199 für § 1376).
5 **d)** Die Bewertung des **Anteils an einer Personalgesellschaft** hat zu unterscheiden: **aa)** Beim **RGeschäft unter Lebenden auf den Todesfall,** das entweder einem Mitgesellschafter auf den Todesfall gesellschaftsvertraglich ein Übernahmerecht gewährt oder Dritten ein Eintrittsrecht (vgl auch → § 2301 Rn. 1 ff., 6) gehört der Anteil nicht zum Nachlass und unterliegt keiner Bewertung, es ergeben sich allenfalls Ansprüche gem §§ 2325 ff. (vgl BGH NJW 1970, 1638; 1981, 1956).
6 **bb)** Bei **erbrechtlicher Nachfolgeklausel,** nach der die Gesellschaft mit einem oder *mehreren* Erben fortzusetzen ist (vgl → § 2032 Rn. 6 f.), gehört der durch Sondererbfolge erworbene Gesellschaftsanteil (BGHZ 68, 237) zum Nachlass (Soergel/Dieckmann § 2311 Rn. 6, 27; s BGH NJW 1983, 2377). **cc)** Bei Ausscheiden durch Tod (§ 131 III 1 Nr. 1 HGB aF bzw *§ 130 I Nr. 1 HGB nF zum 1.1.2024*) oder Auflösung, die bei Handelsgesellschaften nur auf Grund gesellschaftsvertraglicher Sonderregel in Betracht kommt (§ 131 III HGB aF: „mangels abweichender

vertraglicher Bestimmung"; ähnlich *§ 130 I HGB nF* zum 1.1.2024), gehört das Abfindungs- bzw Auseinandersetzungsguthaben (§ 105 III HGB, §§ 733 II, 734, 738 I 2 aF bzw *§ 135 HGB nF zum 1.1.2024; für die GbR §§ 723 Nr. 1, 728 nF zum 1.1.2024*) zum Aktivnachlass. **dd)** Soweit Erben Gesellschafter werden, für den 7
Fall ihres Ausscheidens aber **gesellschaftsvertragliche Abfindungsklauseln** eine Abfindung unter Beteiligungswert vorsehen, stellt sich das Problem der Bewertung nach dem Vollwert oder dem vertraglichen Abfindungswert. Die Lit vertritt alle Ansichten (Bratke ZEV 2000, 16; Eiselt NJW 1981, 2447 mN): Vollwert oder Klauselwert als endgültiger Wert; Vollwert oder Klauselwert als vorläufiger Wert – uU mit Ausgleichsanspruch gem § 2313 I bei endgültiger Wertrealisierung; Zwischenwert. Berechnungsgrundlage ist der Vollwert; die beschränkte Abfindung kann sich im Einzelfall wertmindernd auswirken, jedoch nur im Falle ihrer Aktualisierung wertbestimmend (BGHZ 75, 201 zu § 1376); uU hat der Schuldner ein Leistungsverweigerungsrecht, falls er zur Anspruchserfüllung die beschränkte Abfindung realisieren muss. Für Pflichtteilsgläubiger sind § 134 InsO, § 4 AnfG überlegenswert. Die Abfindungsklausel kann gegen § 139 V, II HGB aF bzw *§ 131 V, II HGB nF ab 1.1.2024* verstoßen, falls sie dem Erben die Entscheidung für das Ausscheiden wirtschaftlich unmöglich macht (→ §§ 738–740 Rn. 7 f. bzw *§§ 712, 712a, 721a, 723-728b nF* Rn. 4 ab 1.1.2024; → § 1375 Rn. 5).

3. Nachlasspassiva. Sie sind zunächst insoweit abzuziehen, als sie auch bei ges 8
Erbfolge angefallen wären. **a) Absetzbar** sind folglich: Erblasserschulden (vgl → § 1967 Rn. 1), also zB Forderungen gegen den Erblasser (auch des Erben, BGHZ 98, 389; OLG Schleswig ZEV 2007, 277 u → § 1976 Rn. 2, sowie gesicherte Forderungen, BGH NJW 1996, 2230), dingliche Belastungen von Gegenständen (zB Nießbrauch; sa OLG München ZEV 2019, 282 Rn. 15 ff.: durch Konsolidation erloschener Nießbrauch der Erbin bleibt absetzbar, → § 1976 Rn. 2), Steuern oder andere öffentl Abgaben zu Lasten des Erblassers (bei gemeinsamer Veranlagung von Erblasser und Alleinerbe allerdings nur der auf den Erblasser im Innenverhältnis entfallende Teil, BGHZ 73, 36), Ansprüche auf Zugewinnausgleich (BGHZ 37, 64); Erbschaftsverwaltungsschulden zur Sicherung und Feststellung des Nachlasses, also zB Nachlassverwaltung, Nachlasspflegschaft, Inventarerrichtung, Aufgebot, Beerdigungskosten (hierzu OLG Schleswig FamRZ 2010, 1194 = ZEV 2010, 197), teilw – soweit sie andere Sicherungsmaßnahmen erspart – Testamentsvollstreckung (BGHZ 95, 228). Die Bewertung wiederkehrender Verbindlichkeiten richtet sich nach dem Kapitalwert (vgl BGHZ 14, 373; BGH NJW 1964, 1416; zur Bewertung eines Nießbrauchs an einem Grundstück OLG München ZEV 2019, 282 Rn. 19 ff.). **b) Nicht absetzbar** sind die testamentsspezifischen Sonderkosten, also 9
zB idR Testamentsvollstreckung (BGHZ 95, 228) und Kosten der letztwilligen Verfügung wie Gebühren für Testamentseröffnung und Erbschein (OLG Schleswig FamRZ 2010, 1194 = ZEV 2010, 197); ferner alle gleich- oder nachrangigen Verbindlichkeiten (§ 327 I InsO), also Pflichtteilsansprüche (OLG Koblenz ZEV 2020, 730 = BeckRS 2020, 21006), Vermächtnisse u. Auflagen (BGH NJW 2021, 2115 Rn. 19; 2014, 3370; 1988, 137), Erbersatzanspruch alten Rechts (anders der bereits vor dem Tod entstandene Anspruch gem § 1934d aF – fortgefallen, vgl → § 1924 Rn. 3); Verbindlichkeiten, die in der Person der Erben entstehen, wie Nachlassteilungskosten, Erbschaftsteuer oder Erbschaftsteuererklärungskosten (OLG Düsseldorf FamRZ 1999, 1465) und Grabpflegekosten (OLG Schleswig FamRZ 2010, 1194 = ZEV 2010, 197). **c)** Der **Voraus** wird gem Abs. I 2 abgezogen, aber 10
nur wenn seine Voraussetzungen (§ 1932) vorliegen, also nicht bei Alleinerbschaft des Ehegatten (BGHZ 73, 31 [35]); kein Abzug beim Ehegattenpflichtteil. **d)** Weil 11
bei der Pflichtteilsberechnung nicht sämtliche Nachlassverbindlichkeiten abgesetzt werden, kann der Pflichtteilsanspruch weit mehr als die Hälfte des gesetzlichen Erbes betragen, uU dieses sogar übersteigen (BGH NJW 1988, 137).

4. Prozessuales. Der Pflichtteilsberechtigte trägt die Beweislast für Grund und 12
Höhe des Anspruchs. Er muss das Nichtbestehen substantiiert dargelegter Nachlass-

verbindlichkeiten beweisen (BGH FamRZ 2010, 892 = ZEV 2010, 312); → § 2314 Rn. 3 aE.

§ 2312 Wert eines Landguts

(1) [1]**Hat der Erblasser angeordnet oder ist nach § 2049 anzunehmen, dass einer von mehreren Erben das Recht haben soll, ein zum Nachlass gehörendes Landgut zu dem Ertragswert zu übernehmen, so ist, wenn von dem Recht Gebrauch gemacht wird, der Ertragswert auch für die Berechnung des Pflichtteils maßgebend.** [2]**Hat der Erblasser einen anderen Übernahmepreis bestimmt, so ist dieser maßgebend, wenn er den Ertragswert erreicht und den Schätzungswert nicht übersteigt.**

(2) **Hinterlässt der Erblasser nur einen Erben, so kann er anordnen, dass der Berechnung des Pflichtteils der Ertragswert oder ein nach Absatz 1 Satz 2 bestimmter Wert zugrunde gelegt werden soll.**

(3) **Diese Vorschriften finden nur Anwendung, wenn der Erbe, der das Landgut erwirbt, zu den in § 2303 bezeichneten pflichtteilsberechtigten Personen gehört.**

Lit: Kegel, Zum Pflichtteil vom Großgrundbesitz, FS E. Cohn, 1975, S 85; Ruby, Landwirtschaftserbrecht: Das Landgut im BGB, ZEV 2007, 263; Weber, Gedanken zum Ertragswertprinzip des § 2312 BGB, BWNotZ 1992, 14.

1 **1. Inhalt der Bewertungsregeln. a)** Ein **Landgut** ist eine Besitzung, die zum selbstständigen und dauernden Betrieb der Landwirtschaft, Viehzucht oder Forstwirtschaft geeignet und bestimmt ist und die einen erheblichen Teil zum Lebensunterhalt des Inhabers beiträgt (BGHZ 98, 377; BGH NJW-RR 1992, 770: Nebenerwerbsstelle; BGH FamRZ 2008, 141 mit OLG München FamRZ 2009, 1439 mAnm von Kempfler ZEV 2010, 415: Mindestgewinn bei Nebenerwerbsstelle; OLG München NJW-RR 2003, 1519: nicht bei Pferdepension, weil keine Landwirtschaft iS einer Urproduktion; OLG Oldenburg FamRZ 1992, 726: Gartenanbau; OLG Oldenburg RdL 2000, 12: Beweislast bei zeitweiliger Stilllegung). Der Eigentümer kann durch „Widmung" im Rahmen der Verkehrsauffassung festlegen, dass auch Bauland zum Landgut gehört (BGHZ 98, 386). Grundstücke, die praktisch baureif sind und ohne Gefahr für die Lebensfähigkeit des Hofes aus diesem herausgelöst werden können, sind gesondert gem § 2311 zu bewerten
2 (BGHZ 98, 388; ähnlich BGH NJW-RR 1992, 66 für Kiesabbaugebiet). **b)** Zu den **Begriffen** Gemeiner Wert bzw Verkehrswert und Ertragswert vgl → § 2311 Rn. 3; → § 2049 Rn. 2. **Verfassungsrechtliche Grenzen** der Ertragswertbe-
3 rechnung sind auch im Pflichtteilsrecht zu beachten (→ § 2049 Rn. 2). **c)** Nach dem **Zweck** der Vorschrift soll die bei Übernahme gem § 2049 geltende Vergünstigung abw von § 2311 auch bei Pflichtteilsberechnung gelten. Eine konkrete Gefahr für die Agrarstruktur wird dabei nicht vorausgesetzt. Der die benachteiligten Erben schützende verfassungsrechtliche Gleichheitssatz gebietet jedoch eine teleologische Reduktion, sofern das betreffende Landgut ohnehin nicht als Einheit fortgeführt werden kann oder nicht mehr lebensfähig ist (BGHZ 98, 388; BGH NJW-RR 1992, 66). Die Norm kann aber angewendet werden, wenn ein pflichtteilsberechtigter Erbe das Anwesen zwar nicht selbst bewirtschaften kann, es aber für einen pflichtteilsberechtigten Familienangehörigen als Wirtschaftseinheit erhalten möchte (BGH NJW-RR 1992, 770; BayObLG FamRZ 1989, 541). Die Anordnung durch den Erblasser kann Auslegungsergebnis sein (s BGH FamRZ
4 1983, 1221). **d)** § 2312 ist auch anwendbar bei §§ 2325 ff. (BGH LM Nr. 5 zu § 2325 BGB), wenn seine Voraussetzungen beim Erbfall vorliegen (BGH NJW 1995, 1352; Aufgabe von BGH NJW 1964, 1416). § 2312 II ist außerdem entsprechend anwendbar, wenn ein Landgut zum Nachlass gehört und der Erblasser ein Geldvermächtnis zum Ausgleich des gesetzlichen Pflichtteils zugesprochen hat

(BGH ZEV 2008, 40; OLG München ZEV 2007, 276). **e)** Zur Übernahme eines Bruchteils vgl → § 2049 Rn. 2.

2. Wertansatz bei höferechtlicher Sondererbfolge. Vgl § 12 II, X HöfeO (hierzu BVerfG 67, 329).

§ 2313 Ansatz bedingter, ungewisser oder unsicherer Rechte; Feststellungspflicht des Erben

(1) [1]**Bei der Feststellung des Wertes des Nachlasses bleiben Rechte und Verbindlichkeiten, die von einer aufschiebenden Bedingung abhängig sind, außer Ansatz.** [2]**Rechte und Verbindlichkeiten, die von einer auflösenden Bedingung abhängig sind, kommen als unbedingte in Ansatz.** [3]**Tritt die Bedingung ein, so hat die der veränderten Rechtslage entsprechende Ausgleichung zu erfolgen.**

(2) [1]**Für ungewisse oder unsichere Rechte sowie für zweifelhafte Verbindlichkeiten gilt das Gleiche wie für Rechte und Verbindlichkeiten, die von einer aufschiebenden Bedingung abhängig sind.** [2]**Der Erbe ist dem Pflichtteilsberechtigten gegenüber verpflichtet, für die Feststellung eines ungewissen und für die Verfolgung eines unsicheren Rechts zu sorgen, soweit es einer ordnungsmäßigen Verwaltung entspricht.**

Lit: Pentz, Berechnung des Nachlaßwertes bei Pflichtteilsausgleich nach § 2313 BGB, MDR 1999, 144.

1 Die Voraussetzungen (Bedingung, Ungewissheit oder Unsicherheit) müssen beim Erbfall **und** bei Geltendmachung des Pflichtteilsanspruchs vorliegen, arg ex I 2 (BGHZ 3, 396; 87, 371). Bei einheitlicher Geschäftsbeziehung mit gegenseitigen Forderungen, die von Zeit zu Zeit miteinander verrechnet werden, besteht Gewissheit über eine Forderung bzw Schuld des Erblassers und damit des Nachlasses nur, wenn das Bestehen bzw Nichtbestehen einer entspr Gegenforderung geklärt ist (BGHZ 7, 141 f.). Bürgschaftsverbindlichkeiten bleiben so lange außer Acht, solange Ob und Höhe der Inanspruchnahme offen sind (OLG Köln ZEV 2004, 156); Gleiches gilt für Grundpfandrechte (BGH NJW 2011, 606). Freigabe eines Grundstücks in der früheren DDR bzw Entschädigungsleistung (OLG Koblenz DtZ 1993, 254) kann Neuberechnung des Pflichtteilsanspruchs gem Abs. II iVm I 3 analog verlangen (OLG München DtZ 1993, 153; OLG Koblenz DtZ 1993, 254; BGHZ 123, 76 = NJW 1993, 2177), wobei ausschließlich das BGB gilt (BGH NJW 1993, 2177; differenzierend Casimir DtZ 1993, 362; de Leve DtZ 1994, 270; zur Geltung des ZGB bei Nachlassspaltung → Vor § 1922 Rn. 5); anders außerhalb des Anwendungsbereichs des VermG, soweit ausschließlich vereinigungsbedingter Wertzuwachs in Frage steht (OLG Köln NJW 1998, 240 – fragwürdig). Der ermittelte Wert ist auf den Zeitpunkt des Erbfalls zurückzurechnen (BGH NJW 1993, 2177; aA Dressler DtZ 1993, 233; krit v. Olshausen DtZ 1993, 333 und Dieckmann ZEV 1994, 198). Die Verjährung beginnt erst mit dem Entstehen des neuen Anspruchs (BGH NJW 1993, 2177; 2013, 1086 Rn. 13 ff.; KG ZEV 2000, 504; BGH ZEV 2004, 377: bei Leistungen nach dem VermG mit dessen Inkrafttreten; BGH FamRZ 1977, 129; anders bei bloßer Neubewertung des Nachlasses und seiner Gegenstände auf Grund besserer Kenntnis, BGH NJW 2013, 1086 Rn. 14; zT str, → § 2332 Rn. 1). Zum Anteil an einer Personalgesellschaft mit Abfindungsklausel vgl → § 2311 Rn. 7. **Befristete** Rechte und Verbindlichkeiten sind zu schätzen, § 2311 II 1 (BGH JR 1980, 103; s § 41 II, 46 InsO). Keine entspr Anwendung bei Errechnung des Zugewinns (BGHZ 87, 367). Die Ungewissheit von Forderungen gegen den Nachlass hat der Erbe zu tragen und den Anspruch ohne ihre Berücksichtigung auszugleichen; gegebenenfalls Rückforderung nach § 2313 I Satz 3 (OLG Koblenz NJW-RR 2020, 1274

§ 2314 Auskunftspflicht des Erben

(1) [1]**Ist der Pflichtteilsberechtigte nicht Erbe, so hat ihm der Erbe auf Verlangen über den Bestand des Nachlasses Auskunft zu erteilen.** [2]**Der Pflichtteilsberechtigte kann verlangen, dass er bei der Aufnahme des ihm nach § 260 vorzulegenden Verzeichnisses der Nachlassgegenstände zugezogen und dass der Wert der Nachlassgegenstände ermittelt wird.** [3]**Er kann auch verlangen, dass das Verzeichnis durch die zuständige Behörde oder durch einen zuständigen Beamten oder Notar aufgenommen wird.**

(2) **Die Kosten fallen dem Nachlass zur Last.**

Lit: van der Auwera, Die Rechte des Pflichtteilsberechtigten im Rahmen seines Auskunftsanspruchs nach § 2314 BGB, ZEV 2008, 359; Baumgärtel, Das Verhältnis der Beweislastverteilung im Pflichtteilsrecht zu den Auskunfts- und Wertermittlungsansprüchen dieses Rechtsgebiets, FS Hübner, 1984, S 395; Braun, Form, Inhalt und Verfahren beim Nachlassverzeichnis gem § 2314 I S 3 BGB, MittBayNot 2008, 351; Coing und Kempfler, Der Auskunftsanspruch des Pflichtteilsberechtigten im Falle der Pflichtteilsergänzung, NJW 1970, 729; 1970, 1533; ders, Zur Auslegung des § 2314 BGB, NJW 1983, 1298; Damrau, Der Anspruch auf Berichtigung und Ergänzung des Bestandsverzeichnisses (§ 2314 BGB), ZEV 2009, 274; Dieckmann, Zum Auskunfts- und Wertermittlungsanspruch des Pflichtteilsberechtigten, NJW 1988, 1809; Horn, Auskunftsrechte des Erben gegen den Pflichtteilsberechtigten, NJW 2016, 2150; K. W. Lange, Das notarielle Nachlassverzeichnis nach § 2314 I 3 BGB im Spannungsfeld zwischen Rechtsanwälten, Notaren und Gerichten, ZEV 2020, 253 ff.; Lindenau/Anweiler, Auskunftspflichten im Erbrecht, NJW 2017, 3553, 3555; Regenfus, Die Behandlung ungeklärter Sachverhalte im Pflichtteilsrecht, ZEV 2019, 181 ff.; ders., Die verfrühte Klage auf Auskunft und Wertermittlung, ZEV 2020, 8 ff.; Sarres, Auskunftsansprüche des Pflichtteilsberechtigten, ZEV 1998, 4; ders, Erbrechtliche Auskunftsansprüche aus Treu und Glauben (§ 242 BGB), ZEV 2001, 225; ders, Das neue Schuldrecht und erbrechtliche Auskunftsansprüche, ZEV 2002, 96;Schönenberg-Wessel, Der Pflichtteilsanspruch und das (notarielle) Nachlassverzeichnis NJW 2021, 2633; Stürner, Die Aufklärungspflicht der Parteien des Zivilprozesses, 1976, §§ 19 II, 20 IV 3, 21; Tegelkamp/Krüger, Anwesenheitsrechte bei der Erstellung des Nachlassverzeichnisses nach § 2314 I S 2 Alt 1 BGB, ZErb 2011, 33; Winkler v. Mohrenfels, Die Auskunfts- und Wertermittlungspflicht des vom Erblasser Beschenkten, NJW 1987, 2557; Zimmer, Der Auskunftsanspruch über den fiktiven Nachlass, NJW 2015, 1; ders., Pflichten des Notars beim notariellen Nachlassverzeichnis, NJW 2019, 186 ff..

1 **1. Unmittelbarer Anwendungsbereich. a) Voraussetzung** des Auskunftsanspruchs ist nur das Pflichtteilsrecht, nicht ein Pflichtteilsanspruch, zu dessen Beurteilung die Auskunft ja gerade dienen soll (BGHZ 28, 177; BGH NJW 1981, 2052; 2002, 2469); deshalb steht dem pflichtteilsberechtigten Vermächtnisnehmer ein Auskunftsanspruch zu, ohne dass er ausschlägt oder ein Restanspruch feststeht (§§ 2307, 2305; OLG Köln NJW-RR 1992, 8; OLG Oldenburg NJW-RR 1993, 782; OLG Düsseldorf FamRZ 1995, 1236; einschränkend OLG Karlsruhe BeckRS 2014, 13785: kein Auskunftsrecht bei noch nicht ausgeschlagener Nacherbschaft des Pflichtteilsberechtigten, zw.; OLG Celle ZEV 2006, 557: kein Auskunftsrecht für den Miterben, der durch Ausschlagung die Stellung eines pflichtteilsergänzungsberechtigten Nichtmehr-Erben wählt; aA zutreffend BGH NJW 2023, 452 Rn. 18 ff.). Hingegen hindert die berechtigte Pflichtteilsentziehung das Entstehen des Auskunftsanspruchs (OLG Hamm NJW 1983, 1067). Dem pflichtteilsberechtigten Miterben steht nach hM kein Auskunftsanspruch aus § 2314 zu, weil er sich selbst informieren kann (→ § 2038 Rn. 9 zum allgemeinen Auskunftsanspruch u
2 → Rn. 10 zum Fall des Ergänzungsanspruchs). **b)** Der **Umfang** des Informationsanspruchs bestimmt sich aus seinem Zweck, die Berechnungsfaktoren des Pflichtteilsanspruchs offenzulegen (vgl BGHZ 33, 374; OLG Brandenburg FamRZ 1998, 179). *Hierzu* gehören als **reale Nachlassaktiva** die vorhandenen Nachlassgegenstände, also zB auch Bereicherungsansprüche aus *rechtsgrundloser* Schenkung von Begünstigungen als Destinatäre einer Anstalt oder Stiftung liechtensteinischen Rechts (BGH NJW 2015, 623 Rn. 20, 42; zur Vorinstanz OLG Koblenz ZEV 2014, 361; → § 1922 Rn. 4 und § 2301 Rn. 5 und 6); als **fiktive Nachlassaktiva** ausgleichungspflichtige Zuwendungen (§ 2316) und Schenkungen (§ 2325; BGH

NJW 2015, 623 Rn. 20, 43 ff.: wirksame Schenkung von Begünstigungen als Destinatäre einer liechtensteinischen Anstalt oder Stiftung, → § 2301 Rn. 5 und 6; BGHZ 82, 136; 89, 27; OLG München NJW 2013, 2690 [2691]; OLG Karlsruhe FamRZ 2000, 917; OLG Düsseldorf FamRZ 1999, 1546: konkrete Anhaltspunkte für eine Schenkung reichen aus; s aber OLG München FamRZ 2004, 821 und OLG Celle NJW-RR 2005, 1374: verfolgt Stufenklage nur Pflichtteils-, nicht Pflichtteilsergänzungsanspruch, folgt aus Auskunftstitel nicht ohne Weiteres Verpflichtung zur Auskunft auch über Schenkungen), wobei beim plausiblen Verdacht verschleierter gemischter Schenkungen alle Veräußerungen offenzulegen sind (BGHZ 89, 27 mN, stRspr; sa OLG Frankfurt a.M. BeckRS 2012, 20979; teilw krit Zimmer NJW 2015, 1 mit allerdings fragwürdigen Thesen zu den Grundsätzen prozessualer Sachaufklärung); endlich die Verbindlichkeiten als **Nachlasspassiva.** Maßgeblicher **Zeitpunkt** für die Auskunft ist der Erbfall (§ 2311; hierzu OLG München DtZ 1993, 153). **c) Formen der Information: aa)** Auskunft durch 3 Vorlage eines schriftlichen **Bestandsverzeichnisses** (§ 260 I); eigenhändige Unterschrift des Erben ist nicht erforderlich (OLG Nürnberg OLGR 2005, 276; OLG Brandenburg ErbR 2020, 801; str, aA noch OLG Brandenburg ZErb 2004, 133 mN). Das Verlangen nach Zuziehung (Abs. I 2) oder Aufnahme durch eine Amtsperson (Abs. I 3) ist auch noch nachträglich möglich (BGHZ 33, 378; BGH NJW 2012, 2731; OLG Oldenburg NJW-RR 1993, 782; OLG Oldenburg FamRZ 2000, 62; OLG Karlsruhe NJW-RR 2007, 881 – Pflicht zur Vorlage eines notariellen Nachlassverzeichnisses besteht auch, wenn bereits ein privatschriftliches Verzeichnis erstellt wurde; OLG Naumburg NJW-RR 2008, 318; s aber OLG Köln NJW-RR 1992, 8; OLG Schleswig ZEV 2011, 31: Dürftigkeitseinrede gegenüber Anspruch auf Erstellung eines notariellen Nachlassverzeichnisses zulässig; anders bei Kostentragung durch den Pflichtteilsberechtigten: OLG München ZEV 2017, 460). Auch bei *Aufnahme durch eine Amtsperson,* (also idR durch einen *Notar*), die bezüglich des Nachlassbestandes eine selbständige Prüfungs- und Ermittlungspflicht trifft (BVerfG NJW 2016, 2943 Rn. 3; BGH NJW 2021, 2187 Rn. 8; 2019, 231; OLG Celle DNotZ 2003, 62; OLG Koblenz NJW 2014, 1972; LG Schwerin ZEV 2012, 425; → §§ 1993–2013 Rn. 2), besteht eine Mitwirkungspflicht des Verpflichteten (BGH NJW 2021, 2187 Rn. 9; zur Mühewaltung bei Vereinbarung eines notariellen Termins OLG Koblenz NJOZ 2020, 1302), die er entsprechend den Gegebenheiten des Einzelfalles entweder durch einen vorbereitenden Termin beim Notar oder seine persönliche Anwesenheit bei der Aufnahme des Verzeichnisses zu erfüllen hat (für notarielles Ermessen bei der Verfahrensgestaltung insoweit BGH NJW 2019, 231 Rn. 26 ff., 32; für Anwesenheit als Regelfall OLG Koblenz ZEV 2007, 493; krit. zur Offenheit des BGH Zimmer NJW 2019, 186, 187 f.); in Fällen gesundheitlicher Unfähigkeit des Auskunftsverpflichteten (strenge Maßstäbe u. Zwangsgeld, s. OLG Frankfurt a.M. NJW-RR 2020, 1072) kann auch die Mitwirkung eines mit Einzelheiten vertrauten Dritten in Frage kommen (OLG Zweibrücken ErbR 2015, 346, 347 f. und insoweit eher zustimmend BGH NJW 2019, 231 Rn. 29). Es besteht grundsätzlich Anwesenheitsrecht des Pflichtteilsberechtigten einschließlich eines Vertreters oder Beistandes (KG NJW 1996, 2312; OLG München ZEV 2017, 460 Rn. 27; sa BGH NJW 2019, 231 Rn. 24; OLG München ZEV 2021, 580: Erzwingung setzt Titulierung im Rahmen der Auskunftsklage voraus; OLG Frankfurt a.M. BeckRS 2021, 32546: Terminvorschläge des Notars ausreichend); trotzdem sind Kosten der Teilnahme eines Verkehrsanwalts keine erstattungsfähigen Prozesskosten (OLG München Rpfleger 1997, 453). Für die Vollständigkeit des Verzeichnisses bleibt allerdings trotz der Zuziehung des Notars der verpflichtete Erbe verantwortlich (BGH NJW 2019, 231 Rn. 14; OLG Koblenz ZEV 2018, 413 Rn. 13 ff.; OLG Celle NJW-RR 2021, 73), die Anwesenheit des Notars soll und kann nur einen höheren Grad an Richtigkeit durch entsprechende Hinweise an den Erben gewährleisten (deshalb kein privates Nachlassverzeichnis nach Verurteilung zu einem notariellen Verzeichnis: OLG Celle NJW-RR 2022, 876 Rn. 14 ff.; BGH NJW 1961, 602), aber keinesfalls soll es die Plichten des Erben unter das Niveau einer reinen

Privatauskunft drücken (mzustAnm Weidlich ZEV 2018, 414, 415; zur Verantwortlichkeit für Verzögerungen durch den Notar OLG Brandenburg BeckRS 2019, 712). Das amtliche Verzeichnis gem Abs. I 3 kann im Einzelfall weitergehende Angaben enthalten („fiktive" Nachlassaktiva) als das Inventar gem § 2001, wird sich aber ansonsten inhaltlich und verfahrensmäßig mit dem Inventar decken (BGHZ 33, 377). Bei den fiktiven Nachlassaktiva ist zweifelhaft, ob sie eine dem Zehnjahreszeitraum des § 2325 III Satz 3 entsprechende Kontennachschau durch den Notar verlangen (so tendenziell BVerfG ZEV 2016, 578 Rn. 3; BGH NJW 2021, 2187 Rn. 11; OLG Koblenz ZEV 2014, 308; 2018, 413 Rn. 17; OLG Düsseldorf ZEV 2019, 90 Rn. 17 mAnm K. W. Lange) oder ob sich die Inventarisierung nur auf fiktive Nachlassaktiva erstreckt, für die der Pflichtteilsberechtigte substantiierte Anhaltspunkte vorgetragen hat (eher in diesem Sinne OLG Hamburg ErbR 2018, 92, 95; Dresden FamRZ 2018, 69; Weidlich ZEV 2018, 414, 415 mN); die letzte Ansicht verdient im Ausgangspunkt den Vorzug, obwohl bei Entdeckung einer Unregelmäßigkeit auf Grund substantiierten Vortrags ausreichende Anhaltspunkte für eine weiterreichende Kontrolle gegeben sein mögen (zutreffend OLG Düsseldorf ErbR 2019, 772, soweit es auf den Einzelfall abhebt). Eine Bewertung einzelner Gegenstände ist nicht Aufgabe des Notars, Auskunft mit Hilfe eines Notars und Wertermittlung durch einen Sachverständigen sind im Ausgangspunkt streng zu unterscheiden (insoweit zutreffend Düsseldorf ErbR 2019, 772), obwohl sich mit der Auswahl der im Verzeichnis individuell benannten Gegenstände eine gewisse Vorbewertung verbindet, soll das Verzeichnis nicht ins Sinnlose ausufern. Zuständigkeit vgl § 20 I BNotO, in Baden-Württemberg bis 31.12.2017 § 41 V bwLFGG; zur landesrechtlich begründeten wahlweisen Zuständigkeit des AG vgl OLG Hamm
4 OLGZ 1977, 257. **bb) Vorlage von Urkunden und Belegen** hält die Rspr nicht allg (arg § 259 I), wohl ausnahmsweise aber dann für notwendig, wenn zB ein Unternehmen zum Nachlass gehört, das nur auf Grund der Geschäftsunterlagen (Bilanzen, Gewinn- und Verlustrechnung, Geschäftsbücher usw) zu schätzen ist (BGH NJW 1975, 1776; 1986, 128; BGHZ 75, 198 zu § 1379; OLG München NJW-RR 2021, 1376 Rn. 18 ff.; OLG Köln BeckRS 2014, 13072; OLG Zweibrücken FamRZ 1987, 1198; OLG Düsseldorf FamRZ 1997, 59; sa Bartsch ZEV 2004, 176). Die Aufgabe dieser Einschränkung ist ernsthaft zu erwägen, soweit auch in anderen Fällen eine Vergewisserung anhand leicht beschaffbarer Urkunden über fortlaufende Verwaltung wirtschaftlicher Werte sinnvoll erscheint, falls beispielsweise unentgeltliche Geldleistungen aus Mitteln der Erbschaft an Dritte in Frage stehen, die über Bankkonten zu erfolgen pflegen (Horn NJW 2016, 2150, 2151; aA OLG Koblenz ZEV 2010, 262, 263; OLG Düsseldorf ZEV 2019, 90 Rn. 14 ff.; Weidlich ZEV
5 2018, 414, 415). **cc) Verpflichtung über das eigene Wissen hinaus.** Der auskunftsverpflichtete Erbe muss sich die notwendigen Kenntnisse soweit möglich verschaffen (BGHZ 89, 28) und uU Auskünfte bei Dritten einholen, zB bei einer Bank (hierzu BGHZ 107, 109; Kuchinke JZ 1990, 653) oder bei Kunstauktionshäusern (OLG Köln NJW 2006, 625). Der Erbe kann seinen Auskunftsanspruch gegen Dritte auch an den Pflichtteilsberechtigten abtreten (BGHZ 107, 110; OLG Bremen OLGR 2001, 201: Verpflichtung zur Abtretung nur bei Verweigerung der zumutba-
6 ren Kenntnisverschaffung durch den Erben). **dd) Wertermittlung durch einen Sachverständigen** (I 2), der unabhängig und unparteiisch (OLG Köln ZEV 2018, 412) und fachlich geeignet, aber nicht öffentlich bestellt und vereidigt sein muss (BGH NJW 2022, 192 Rn. 12; zur Schätzung eines Grundstückswerts durch ein hessisches Ortsgericht OLG Frankfurt a.M. ZEV 2022, 91 m. zu Recht krit. Anm Oster) kann der Pflichtteilsberechtigte auf Kosten des Nachlasses (II) verlangen, wenn – wie zB bei Unternehmen (BGHZ 80, 276; BGH NJW 1975, 258; zT abw BGHZ 84, 35 für § 1379; OLG Düsseldorf FamRZ 1997, 59) – auf Grund der Informationen und Unterlagen eine einfache Schätzung nicht möglich ist. Der beim Verkauf eines Grundstücks nach dem Erbfall erzielte Verkaufspreis ist zwar für die maßgebliche Bestimmung des gemeinen Werts im Zeitpunkt des Erbfalls bei notwendiger Rückrechnung ein wichtiger Gesichtspunkt, weil der Verkaufswert regel-

mäßig dem gemeinen Wert entspricht (hierzu die Rspr. → § 2311 Rn. 3 u. BGH NJW 2022, 192 Rn. 11), jedoch können besondere Umstände des Einzelfalles wie sehr stark divergierende Bewertungen in Privatgutachten, daraus resultierende Unsicherheiten bei der Einschätzung eines Prozessrisikos oder eine lediglich anteilige Nachlasszugehörigkeit ein neues Bewertungsgutachten sinnvoll erscheinen lassen, auch weil seine Kosten vom Erben zu tragen sind und der Pflichtteilsberechtigte die Kosten eines selbst eingeholten Gutachtens nicht notwendigerweise im Prozessfalle erstattet bekäme (BGH NJW 2022, 192 Rn. 8 ff., 12). Wertermittlung ist bei fiktiven Nachlassaktiva auf Kosten des Nachlasses nur geschuldet, wenn Nachlasszugehörigkeit (zB gemischte Schenkung des Erblassers, § 2325) feststeht (BGH NJW 2019, 234 Rn. 24; BGHZ 89, 30; 107, 202; hierzu Dieckmann FamRZ 1984, 880; 1989, 857); anders bei dürftigem Nachlass (BGHZ 107, 202 = NJW 1989, 2887). Wertermittlung auf Kosten des Informationsberechtigten kann schon bei begründeten Anhaltspunkten für fiktive Nachlasszugehörigkeit verlangt werden (BGH NJW 1986, 128; hierzu Dieckmann FamRZ 1986, 258). Die Beauftragung eines Sachverständigen obliegt dem Erben als dem Schuldner des Wertermittlungsanspruchs (BGH NJW 2019, 234 Rn. 23), und es erfolgt keine Kostenerstattung gem § 2314 bei eigenmächtiger Vornahme durch den Informationsberechtigten (OLG Karlsruhe NJW-RR 1990. 394), aber uU Kostenerstattung für Privatgutachten des Pflichtteilsberechtigten oder Erben außerhalb des § 2314 bei Obsiegen im Verfahren über den Pflichtteilsanspruch im Rahmen des § 91 ZPO, falls es sich insoweit um notwenige Kosten handelt (OLG Köln ZEV 2018, 412), oder nach §§ 677 ff. (LG Arnsberg BeckRS 2021, 29201, zw!). Der Antrag, den Erben zur Ermittlung des Werts der Nachlassgegenstände durch das Gutachten eines Sachverständigen zu verurteilen, muss neben dem Antrag auf Auskunft gesondert gestellt werden (BGHZ 89, 28; BGH NJW 2012, 3200) und muss die zu bewertenden Gegenstände konkret bezeichnen (OLG Köln ZEV 2008, 385 mkritAnm Damrau). Schätzgutachten zur eigenen Information des Erben sind nicht herauszugeben (BGH FamRZ 1965, 135). Bei verschiedenen möglichen Bewertungsmethoden muss sich das Gutachten mit allen auseinandersetzen (KG KGR 1999, 90). Die Erstellung des Nachlassverzeichnisses durch einen RA kann nicht verlangt werden, entstehende Kosten fallen nicht unter Abs. II. **ee) Eidesstattliche Versicherung** gem § 260 II ist die Regelfolge 7
unsorgfältiger bzw unvollständiger Information (OLG München BeckRS 2016, 12910; BayObLG BeckRS 2020, 12342: Festsetzung der Zwangsmittel nach § 889 II ZPO durch das zuständige Amtsgericht als Vollstreckungsgericht); nur ausnahmsweise besteht ein Anspruch auf **Ergänzung der Auskunft,** wenn nämlich – insbes irrtümlich (BGH LM Nr. 1 zu § 260 BGB) – ganze Tatsachen- oder Datenkomplexe fehlen (OLG Hamm ZEV 2020, 295 Rn. 6 ff., 9 ff.; OLG Oldenburg NJW-RR 1992, 777; OLG Bremen OLGR 2000, 162: Unvollständigkeit; OLG Brandenburg BeckRS 2021, 29159) oder auch wenn der Erbe beim Kontenabruf bei einer ausländischen Bank durch den Notar nicht mitgewirkt hat und deshalb das Nachlassverzeichnis insoweit unvollständig geblieben ist (BGH NJW 2020, 2187 Rn. 10 f.; sa OLG Hamm ZEV 2020, 295 Rn. 11 ff. zur Wiederholung bei fehlender aktiver Mitwirkung des Notars trotz beantragter Zuziehung zur Errichtung des Nachlassverzeichnisses). Eine eidesstattliche Erklärung umfasst gegebenenfalls auch die Pflicht zur Versicherung des Erben, dass alle Angaben im notariellen Nachlassverzeichnis von ihm insoweit nachgeprüft sind, wie es seinen Möglichkeiten bei sorgfältiger Nachforschung entspricht, und nicht nur die im Nachlassverzeichnis als vom Erben stammend aufgeführten Informationen (BGH NJW 2022, 695 Rn. 9 ff., 14 ff., 19 ff.). Dabei ist die Formel der eidesstattliche Versicherung gem § 261 an eine etwaige Notwendigkeit ergänzender oder berichtigender Angaben anzupassen (BGH aaO Rn. 28 ff.); die Voraussetzung für die Verpflichtung zur Abgabe einer Versicherung in Gestalt nicht sorgfältiger Informationsbemühens ist anhand des gesamten Verhaltens im Zusammenhang mit dem ganzen Auskunftsverfahren zu beurteilen (BGH aaO Rn. 33 ff.). **d) Verjährung** §§ 195, 199. Die Verjährung der 8
Hauptansprüche gem §§ 2303, 2325, 2329 folgt überwiegend, aber nicht immer

gleichen Regeln, so dass ein Auseinanderfallen in selteneren Fällen denkbar erscheint. Sind die Hauptansprüche früher verjährt, so wird – von bestimmten selteneren Ausnahmenfällen abgesehen (z.B. Regressprozess gegen Anwalt) das Informationsinteresse und damit der Auskunftsanspruch entfallen (BGH NJW 2019, 234 Rn. 11; 1995, 1157; 1985, 384; BGHZ 103, 333, 334; 108, 393, 399; hierzu Dieckmann FamRZ 1985, 589; OLG Köln NJW-RR 1992, 8). Die Hemmung der Verjährung durch Klageerhebung auf Auskunft durch schriftliches Bestandsverzeichnis hemmt auch die Verjährung des Anspruchs auf Auskunft durch Vorlage eines notariellen Bestandsverzeichnisses, weil es sich zwar nicht um den gleichen Streitgegenstand, aber doch um wesensgleiche Anspruchsgrundlagen mit einem einheitliches Rechtsschutzziel handelt (BGH NJW 2019, 234 Rn. 15 ff.); jedoch gilt der Gleichlauf hinsichtlich der Hemmung nach Auffassung des BGH nicht für den Wertermittlungsanspruch (§ 2314 I 2, Hs. 2), weil Wesensgleichheit mit den Ansprüchen auf Auskunft durch schriftliches oder notarielles Bestandsverzeichnis angesichts der Tatsache nicht besteht, dass bei der Wertermittlung nicht das Wissen des Erben in Frage steht, sondern Gelegenheit zur objektiven Wertermittlung und auch die Nachlasszugehörigkeit des Gegenstandes der Wertermittlung bereits feststehen muss (BGH NJW 2019, 234 Rn. 21 ff.); insgesamt eine sehr scharfsinnige und nicht unkomplizierte Differenzierung; grundsätzlich zur Problematik verjährender Informationsansprüche Ulrici NJW 2018, 2001 ff.; sa → § 2325 Rn. 10 zur Hemmung
9 der Verjährung bei Pflichtteils- und Pflichtteilsergänzungsansprüchen. **e) Ersatzanspruchsberechtigte** alten Rechts hatten einen Auskunftsanspruch gem §§ 1934b II aF, 2314 (BGH FamRZ 1977, 389), bei Enterbung gem §§ 2338a S. 2 aF, 2314; zum Fortfall des Erbersatzanspruchs → § 1924 Rn. 3.

10 **2. Auskunft in ähnlichen Fällen.** Auskunftsanspruch – kein Wertermittlungsanspruch (BGHZ 107, 203; 108, 396; BGH NJW-RR 2014, 1102 Rn. 10) – des pflichtteilsberechtigten Nichterben gegen den Beschenkten (BGHZ 55, 378; 89, 27; 107, 203); des Nacherben gegen den vom Vorerben Beschenkten (BGHZ 58, 237); des pflichtteilsberechtigten Erben gegen den Beschenkten (BGHZ 61, 180; BGH NJW 1986, 127: mit Wertermittlung, allerdings auf eigene Kosten; BGHZ 108, 393; OLG München FamRZ 2009, 1011; → Rn. 6), wobei der Pflichtteilsergänzungsanspruch hierfür noch nicht dem Grunde nach feststehen muss (BGH NJW 1993, 2737); des Vertragserben gegen den Beschenkten (BGH NJW 1986, 1755; aA noch BGHZ 18, 67). Dabei wird der Auskunftsanspruch zunehmend weniger auf Analogie gestützt, als vielmehr aus § 242 hergeleitet für den Fall, dass der Berechtigte sich die erforderlichen Kenntnisse über einen plausiblen Anspruch nicht selbst zumutbar verschaffen kann und der andere Teil unschwer Auskunft zu geben vermag (BGH NJW 1986, 128; auch der Auskunftsanspruch des Nacherben gegen den Vorerben über Schenkungen und unentgeltliche Zuwendungen des Erblassers besteht nur nach § 242, OLG Celle ZEV 2006, 361); zum Inhalt → Rn. 1 ff. IÜ → § 2038 Rn. 9; → §§ 2121–2123 Rn. 1; § 2316 Rn. 2; § 2327 Rn. 3. Recht auf Grundbucheinsicht gem § 12 GBO kann sich auf das Pflichtteilsverhältnis stützen (OLG Düsseldorf FamRZ 2011, 1165; zur zeitlichen Schranke OLG München FamRZ 2011, 1164; zum Fall eines denkbaren Pflichtteilsergänzungsanspruches OLG München FamRZ 2012, 147); sa Sarres ZEV 12, 294.

11 **3. Prozessuales.** Lit: Sarres ZEV 2015, 75 und ZEV 2015, 205. *Stufenklage*, § 254 ZPO (OLG Naumburg NJW-RR 2008, 318), hemmt anders als die einfache Auskunftsklage auch die Verjährung des Pflichtteilsanspruchs (§ 204 I Nr. 1; BGH NJW 2019, 1219 Rn. 12 mAnm Keim; BGH NJW 1975, 1409 f.; OLG Düsseldorf FamRZ 1999, 1098; OLG Düsseldorf OLGR 1999, 242 mAnm Bartsch ZErb 1999, 72; OLG Koblenz ZEV 2002, 502: jeweils zur Unterbrechung nach § 209 I aF; sa → § 2303 Rn. 1) und löst wegen des Zahlungsanspruchs Verzug aus (BGHZ 80, 276); aber keine Hemmung der Verjährung des Wertermittlungsanspruchs gem § 2314 I 2 durch Stufenklage allein auf Auskunft (BGH NJW 2019, 234 Rn. 23 f.; OLG München ZEV 2017, 23-LS = BeckRS 2017, 103967). Die Verjährungshem-

mung durch Stufenklage tritt auch ein, wenn der ausschlagungsbefugte Nacherbe noch nicht ausgeschlagen hat (OLG Schleswig ZErb 2003, 296). Die Beschwer des zur Auskunft Verurteilten bemisst sich nach dem Aufwand der Erteilung (BGHZ 128, 89 f.; BGH ZEV 1998, 142 mAnm Hagena ZEV 1998, 131). *Zwangsvollstreckung*: Enthält ein Auskunftstitel zulässigerweise keine Angaben über Art und Weise der Auskunft, so hat der Gläubiger diese Angaben im Vollstreckungsantrag nachzuholen (OLG Hamburg FamRZ 1988, 1213; aA OLG München FamRZ 2004, 821 für Schenkungen, → Rn. 2). Die Vollstreckung erfolgt für schriftliches und notarielles Bestandsverzeichnis gem § 888 ZPO (BGH NJW 2019, 231 Rn. 9 ff., 13 ff.; OLG Hamburg FamRZ 1988, 1213; OLG Brandenburg FamRZ 1998, 179; für notarielles Nachlassverzeichnis OLG Nürnberg FamRZ 2010, 584; OLG Düsseldorf ZEV 2017, 101: gegebenenfalls Erzwingung notarieller Mitwirkung durch Auskunftspflichtigen gem § 15 II BNotO; teilw krit Schneider ZEV 2017, 102); wenn und soweit das Verzeichnis erschöpfend anhand von Unterlagen auch von Dritten erstellt werden kann, sollte allerdings § 887 ZPO zur Anwendung kommen können; für Zuziehung eines Sachverständigen § 887 ZPO (aA und wohl auch hier für § 888 ZPO aber wohl BGH NJW 2022, 393 Rn. 57 ff.; ferner OLG Frankfurt a.M. OLGZ 1987, 480; OLG Karlsruhe NJW-RR 1990, 394); für eidesstattliche Versicherung § 889 ZPO. Freiwillige Abgabe der Versicherung gem §§ 410, 411 FamFG (früher §§ 163, 79 FGG). Bei Prozessunfähigkeit und fehlender Steuerungs- und Einsichtsfähigkeit des Erben kann weder gegen ihn noch seinen Vertreter Zwangshaft (§ 888 ZPO) angeordnet werden, wohl aber kann ein Zwangsgeld gegen den Erben verhängt werden, falls die Auskunft durch einen Bevollmächtigten schriftlich anhand von Unterlagen gegeben werden kann und sie folglich dem prozessunfähigen Erben nicht unmöglich ist, weil er durch seinen Vertreter einen Bevollmächtigten beauftragen kann (BGH NJW 2022, 393 Rn. 44 ff., 57 ff., 68 ff.; teilw. krit. Damrau ZEV 2022, 121). Im Prozess um die Höhe des Pflichtteilsanspruchs gibt es keine Beweislastumkehr bei schuldhafter Verletzung der Auskunftspflicht durch Erben (BGH FamRZ 2010, 895 = ZEV 2010, 312; sehr fragwürdig!). Nach Bezifferung des Zahlungsantrags auf Grund der unter eidesstattlicher Versicherung erteilten Auskunft soll kein Antrag auf Wertermittlung gem § 2314 I 2 mehr zulässig sein (LG Waldshut-Tiengen ZEV 2016, 723 [LS] = BeckRS 2016, 18875 – zweifelhaft!).

§ 2315 Anrechnung von Zuwendungen auf den Pflichtteil

(1) **Der Pflichtteilsberechtigte hat sich auf den Pflichtteil anrechnen zu lassen, was ihm von dem Erblasser durch Rechtsgeschäft unter Lebenden mit der Bestimmung zugewendet worden ist, dass es auf den Pflichtteil angerechnet werden soll.**

(2) [1]**Der Wert der Zuwendung wird bei der Bestimmung des Pflichtteils dem Nachlass hinzugerechnet.** [2]**Der Wert bestimmt sich nach der Zeit, zu welcher die Zuwendung erfolgt ist.**

(3) **Ist der Pflichtteilsberechtigte ein Abkömmling des Erblassers, so findet die Vorschrift des § 2051 Abs. 1 entsprechende Anwendung.**

Lit: Everts, Vorweggenommene Erbfolge, Ausgleichung, Anrechnung und der BGH – zugleich ein Plädoyer für die Ausstattung – und zugleich Anmerkung zu BGH, Urteil vom 27.1.2010, IV ZR 91/09, MittBayNot 2011, 107; Horn, Vorempfänge im Pflichtteilsrecht, NJW 2020, 2609; Speckbrock, Keine nachträgliche Anrechnung gem § 2315 BGB, Rpfleger 2010, 17; Wall, Die „Flucht in die Pflichtteilsergänzung" durch Vertrag zugunsten Dritter auf den Todesfall – eine Strategie zur Anrechnung auf den Pflichtteil?, ZErb 2011, 10.

1. Inhalt der Norm. a) Die **Anrechnungsbestimmung** ist eine empfangsbedürftige Willenserklärung (OLG Düsseldorf ZEV 1994, 173), die – ausdr oder stillschweigend (OLG München ZEV 2019, 611 = BeckRS 2019, 1266; bloßes Stillschweigen des Erklärenden allein reicht nicht aus, OLG Köln ZEV 2008, 244) – vor oder bei der Zuwendung abzugeben ist (OLG Koblenz OLGR 2006, 592; 1

BeckRS 2020, 141298); Bsp: Anspruchserlass unter Anrechnung auf den Pflichtteil, BGH WM 1983, 824). Der Erblasser muss zum Ausdruck bringen, dass er für den Fall der Enterbung den Leistungsempfänger zeitlich vorgezogen unter Anrechnung auf den einschließlich der Zuwendung zu berechnenden Pflichtteil befriedigen will (BGHZ 183, 376 ff. = FamRZ 2010, 641 mAnm von Löhnig). Die Anrechungsbestimmung kann nachher nicht mehr erfolgen, auch nicht testamentarisch (→ § 2050 Rn. 6); es bleiben dann nur §§ 2346 II, 2348 (BGH FamRZ 2010, 27 = ZEV 2010, 33 mAnm von Leipold). Anders als bei § 2315 I soll bei der Ausgleichungspflicht gem § 2316 I der Wert der Zuwendung vom Erbteil abgezogen und dann auf der Basis des geminderten Erbteils der Pflichtteil berechnet werden (BGHZ 183, 376 ff. = FamRZ 2010, 641 ff.), wobei § 2316 IV eine Kombination aus Anrechnung und Ausgleichung erlaubt. Eine Auslegung muss ergeben, ob der Erblasser § 2315 I, § 2316 I oder beides kombiniert (§ 2316 IV) intendiert (BGHZ 183, 376 ff. = FamRZ 2010, 641 mAnm Löhnig = JZ 2010, 739 mAnm Kroppenberg = ZEV
2 2010, 190 mAnm Keim). **b) Anrechnungsverfahren:** Der Wert der Zuwendung wird dem Nachlasswert zugerechnet und aus der Summe der Pflichtteil als Bruchteil bestimmt; vom so errechneten Pflichtteil wird die Zuwendung abgezogen (Abs. II 1). Bei mehreren pflichtteilsberechtigten Empfängern verschieden hoher Zuwendungen erfolgt genau die gleiche Berechnung für jeden Empfänger völlig unabhängig von allen anderen. Beim Zeitwert der Zuwendung (Abs. II 2) muss der Kaufkraftschwund des Geldes anhand des Lebenshaltungskostenindex berücksichtigt werden, da nur so die wirtschaftliche Gleichbehandlung aller Beteiligten erreicht wird (BGHZ 65, 77; BGH WM 1983, 824). Eine Änderung des Bewertungsstichtages durch letztwillige Verfügung muss die Voraussetzungen eines Erbverzichts erfüllen (§§ 2346 ff.), falls sie zu Lasten des Berechtigten erfolgt (dazu BVerfG FamRZ 2006, 927; OLG Nürnberg ZEV 2006, 361). Die Erben trifft die Darlegungs- und Beweislast für den Wert der Zuwendung, jedoch hat der Pflichtteilsberechtigte im Rahmen seiner Auskunftspflichten (§§ 2057, 242) substantiiert zu bestreiten bzw zu entgegnen (BGHZ 183, 376 [384]). Die Anrechnung erfolgt immer nur für Zuwendungen des Erblassers, dessen Tod den Pflichtteilsanspruch auslöst (→ § 2317 Rn. 1), so dass beim gemeinschaftlichen Testament gem § 2269 für pflichtteilsberechtigte Abkömmlinge beim letzten Erbfall eine Zusammenrechnung der Zuwendungen beider Elternteile nicht erfolgen kann (OLG Koblenz FamRZ 2011, 147). Zum Auskunftsanspruch des pflichtteilsberechtigten Erben (→ § 2316 Rn. 2).

3 **2. Reform.** Im Rahmen der jüngsten Reform des Erbrechts (→ Vor § 1922 Rn. 18) war folgende Anfügung in § 2315 I vorgesehen: *„Gleiches gilt, wenn der Erblasser die Anrechnung nachträglich bestimmt hat. Der Erblasser kann seine Anordnungen über die Anrechnung nachträglich ändern. Nachträgliche Anordnungen erfolgen durch Verfügung von Todes wegen.“* (dazu Muscheler ZEV 2008, 105; Keim ZEV 2008, 161). Dieser Vorschlag ist nicht verwirklicht worden, so dass es für nachträgliche Bestimmungen bei §§ 2346 II, 2348 verbleibt (→ Rn. 1).

§ 2316 Ausgleichungspflicht

(1) [1]**Der Pflichtteil eines Abkömmlings bestimmt sich, wenn mehrere Abkömmlinge vorhanden sind und unter ihnen im Falle der gesetzlichen Erbfolge eine Zuwendung des Erblassers oder Leistungen der in § 2057a bezeichneten Art zur Ausgleichung zu bringen sein würden, nach demjenigen, was auf den gesetzlichen Erbteil unter Berücksichtigung der Ausgleichungspflichten bei der Teilung entfallen würde.** [2]**Ein Abkömmling, der durch Erbverzicht von der gesetzlichen Erbfolge ausgeschlossen ist, bleibt bei der Berechnung außer Betracht.**

(2) **Ist der Pflichtteilsberechtigte Erbe und beträgt der Pflichtteil nach Absatz 1 mehr als der Wert des hinterlassenen Erbteils, so kann der Pflichtteilsberechtigte von den Miterben den Mehrbetrag als Pflichtteil verlangen,**

auch wenn der hinterlassene Erbteil die Hälfte des gesetzlichen Erbteils erreicht oder übersteigt.

(3) **Eine Zuwendung der in § 2050 Abs. 1 bezeichneten Art kann der Erblasser nicht zum Nachteil eines Pflichtteilsberechtigten von der Berücksichtigung ausschließen.**

(4) **Ist eine nach Absatz 1 zu berücksichtigende Zuwendung zugleich nach § 2315 auf den Pflichtteil anzurechnen, so kommt sie auf diesen nur mit der Hälfte des Wertes zur Anrechnung.**

Lit: Fröhler, Erbausgleichung und Pflichtteilsanrechnung aufgrund Schenkung bzw Ausstattung, BWNotZ 2010, 1994; Horn, Auskunftsrechte des Erben gegen den Pflichtteilsberechtigten, NJW 2016, 2150.

1. Inhalt der Norm. a) Berechnungsverfahren. Es ist zunächst gem §§ 2055–2057a der ges Erbteil zu errechnen (→ § 2055 Rn. 1 ff.; → § 2057a Rn. 4) und dann zu halbieren (dazu BGHZ 183, 376 [380] = FamRZ 2010, 641; → § 2315 Rn. 1); insbes sind §§ 2056, 2057 (zum Auskunftsanspruch OLG München NJW 2013, 2690 [2691]) anw (→ § 2056 Rn. 3). III gilt auch für § 2050 II, der § 2050 I nur ergänzt. Der Erblasser kann eine Ausgleichung nach § 2057a ausschließen, die dann auch bei der Pflichtteilsberechnung unberücksichtigt bleibt (BGH NJW-RR 2021, 660 Rn. 19 ff.; sa § 2057a Rn. 6 mN). **b)** Der **Pflichtteilsrestanspruch** (§ 2305) richtet sich gem II nach dem durch die Ausgleichung erhöhten Pflichtteil. 1
c) Beim **Zusammentreffen** von Ausgleichungs- und Anrechnungspflicht (BGHZ 183, 376 [380]; → § 2315 Rn. 1) in derselben Zuwendung ist gem IV vom Pflichtteil (Errechnung vgl → Rn. 1) die halbierte Zuwendung abzuziehen, um eine Doppelanrechnung zu vermeiden. **d)** I soll nicht nur zugunsten des pflichtteilsberechtigten nichterbenden Abkömmlings gelten, sondern auch zugunsten des als **Alleinerben** eingesetzten Abkömmlings gegenüber Pflichtteilsansprüchen (BGH NJW 1993, 1197 gegen OLG Stuttgart DNotZ 1989, 184 und 7. Aufl.; wie der BGH auch OLG Schleswig NJW-RR 2013, 205; sa Cieslar DNotZ 1989, 185). **e)** Ein **Auskunftsanspruch des Alleinerben** gegen Pflichtteilsberechtigte entspr § 2057 und § 242 über ausgleichspflichtige (§ 2316) und anrechnungsfähige Zuwendungen (§ 2315) oder Schenkungen (→ § 2327 Rn. 3) wird inzwischen überwiegend bejaht (RGZ 73, 372 [376]; BGH NJW 2010, 3020 Rn. 28; OLG Koblenz ZEV 2016, 206 [207] mAnm Schindler; OLG Nürnberg NJW 1957, 1482; aA im Sonderfall einer Widerklage OLG München NJW 2013, 2690 [2691]; ausführlich Horn NJW 2016, 2150 [2151]); sa → § 2314 Rn. 10 zur umstrittenen Analogiefähigkeit des § 2314). 2

2. Reform. Die in der jüngsten Erbrechtsreform (→ Vor § 1922 Rn. 18) geplante Anfügung in § 2316 I: „Die Sätze 1 und 2 gelten entsprechend für die Pflichtteilsberechtigten bei der Ausgleichung von Pflegeleistungen nach § 2057b“ hat sich erübrigt, weil § 2057b nicht Gesetz wurde; → § 2057a Rn. 6. 3

§ 2317 Entstehung und Übertragbarkeit des Pflichtteilsanspruchs

(1) **Der Anspruch auf den Pflichtteil entsteht mit dem Erbfall.**

(2) **Der Anspruch ist vererblich und übertragbar.**

Lit: Doering-Striening/Horn, Der Übergang von Pflichtteilsansprüchen von Sozialhilfebeziehern, NJW 2013, 1276; Ponzer, Pfändung und Überweisung des Pflichtteilsanspruchs, Rpfleger 2019, 673 ff.; Wälzholz, Die (zeitliche) Geltendmachung von Pflichtteilsansprüchen – Zivil- und steuerrechtliche Überlegungen aus Anlass aktueller Rechtsprechung, ZEV 2007, 162.

a) Zur Unterscheidung von Pflichtteilsrecht und Pflichtteilsanspruch → § 2303 Rn. 1. Der Pflichtteilsanspruch entsteht mit dem Erbfall, auch im Falle der §§ 2306 I, 2307 I (str, arg § 2332 II). Beim gemeinschaftlichen Testament gem § 2269 gibt 1

es für die gemeinsamen Abkömmlinge pflichtteilsrechtlich zwei getrennte Erbfälle (OLG Koblenz FamRZ 2011, 146). Auch unbezifferte Mahnung begründet Verzug (BGHZ 80, 276; → § 2314 Rn. 11). **b)** Entstehungshindernisse (§§ 2346, 1934e aF – weggefallen, → § 1924 Rn. 3) sind vom Erlass der entstandenen Forderung durch formlosen Vertrag (§ 397) zu unterscheiden; vgl zum Erlassvertrag §§ 1643 II, 1822 Nr. 2, 1432 I, 1455 Nr. 2. Ausschlagung des Anspruchs analog § 2180 ist nicht
2 möglich (Soergel/Dieckmann § 2317 Rn. 5). **c)** Auf der **Gläubigerseite** kann der zum Alleinerben berufene Ehegatte die pflichtteilsberechtigten Kinder vertreten, weil §§ 1629 II, 1795 II, 181 grds nicht die Entscheidung über die Geltendmachung von Ansprüchen betreffen (vgl BayObLGZ 1963, 132); Abhilfe allenfalls gem §§ 1629 II 3, 1796 II. Der Sozialhilfeträger, auf den ein Pflichtteilsanspruch gem § 93 SGB XII (früher § 90 BSHG) übergegangen ist, kann diesen grds ohne Einschränkung geltend machen (BGH FamRZ 2005, 450; s aber zum Verzicht des Pflichtteilsberechtigten → § 2346 Rn. 2). Auf **Schuldnerseite** sind bei Testamentsvollstreckung § 2213 I 3, III, § 748 III ZPO zu beachten; zur Rechtslage bei Testamentsvollstreckung und Insolvenz des Erben OLG Köln ZIP 2005, 452; BGH ZEV 2011, 87. **d)** Zum **Rang** des Pflichtteilsanspruchs vgl §§ 1973, 1991 IV, § 327 I u II InsO; als Erblasserschuld gehen Ansprüche gem § 1371 II, III dem Pflichtteilsan-
3 spruch vor. **e) Pfändung** ist rangwahrend mit Entstehung möglich, aber Verwertungsaufschub gem § 852 I ZPO (BGHZ 123, 186 f.; BGH NJW 2015, 59 Rn. 13 f.; 1997, 2384; BGH NJW-RR 2009, 997 = Rpfleger 2009, 393 = ZEV 2009, 247 mAnm Musielak; OLG Brandenburg FamRZ 1999, 1436; hierzu Kuchinke NJW 1994, 1769); nach LG Tier ZEV 2018, 486 = BeckRS 2018, 16138 keine Pfändung vor dem Erbfall. Unterlassen der Geltendmachung des Pflichtteilsanspruchs ist nicht gem §§ 3, 4 AnfG anfechtbar (BGH NJW 1997, 2384 für § 3 AnfG aF; hierzu Klumpp ZEV 1998, 123; Keim ZEV 1998, 127); zum Schicksal des Anspruchs in der **Insolvenz** des pflichtteilsberechtigten Gläubigers s BGH NJW 2015, 59 Rn. 15; 2013, 693; 2011, 1448 (nur vorläufiger Insolvenzmassebestandteil bei Insolvenz des Pflichtteilsberechtigten) und BGH NJW-RR 2009, 632 = Rpfleger 2009, 265 und BGH Rpfleger 2009, 586 (Nichtgeltendmachung keine Obliegenheitsverletzung im Rahmen der Restschuldbefreiung), ferner Horn/Selker ZEV 2017, 439 ff. mN. **f)** Die Vererblichkeit beginnt mit der Anspruchsentstehung (vgl → Rn. 1); Abs. II ist lex specialis zu § 400; zur Besteuerung des mit dem Erbfall erworbenen Pflichtteilsanspruches unabhängig von seiner Geltendmachung BFHE 256, 381= ZEV 2017, 283; dazu Piewka NJW 2017, 2515 (2519). **g)** Zur Berücksichtigung beim Unterhaltsanspruch BGH NJW 1982, 2772. **h) Verjährung** des Anspruchs gem §§ 195, 199 (sa § 2332 II).

§ 2318 Pflichtteilslast bei Vermächtnissen und Auflagen

(1) [1]**Der Erbe kann die Erfüllung eines ihm auferlegten Vermächtnisses soweit verweigern, dass die Pflichtteilslast von ihm und dem Vermächtnisnehmer verhältnismäßig getragen wird.** [2]**Das Gleiche gilt von einer Auflage.**

(2) **Einem pflichtteilsberechtigten Vermächtnisnehmer gegenüber ist die Kürzung nur soweit zulässig, dass ihm der Pflichtteil verbleibt.**

(3) **Ist der Erbe selbst pflichtteilsberechtigt, so kann er wegen der Pflichtteilslast das Vermächtnis und die Auflage soweit kürzen, dass ihm sein eigener Pflichtteil verbleibt.**

1 ***1. Leistungsverweigerungsrecht des Erben gegenüber dem Vermächtnisnehmer.*** Dieses bietet den Ausgleich für die Nichtabsetzbarkeit von Vermächtnissen bei der Pflichtteilsberechnung (vgl → § 2311 Rn. 9). Berechnungsbsp: Nachlass 10.000 Euro, Vermächtnis 2.000 Euro, Pflichtteil 2.500 Euro; der Erbe trägt 8/10, der Vermächtnisnehmer 2/10, so dass ein Leistungsverweigerungsrecht in Höhe von 500 Euro besteht. Rückabwicklung gem § 813 I (KG FamRZ 1977, 269).

2. Ausnahmen. Die einschränkenden (Abs. II) und erweiternden (Abs. III) Ausnahmen sind gem § 2324 nicht abänderbar. Ist der pflichtteilsberechtigte Erbe nur mit einem Vermächtnis belastet, gilt allein § 2306 I; die Kürzungsmöglichkeit ergibt sich erst, wenn eine Pflichtteilslast hinzutritt und es der Erbe versäumt hat, sich durch Ausschlagung gem § 2306 I zu befreien (dazu unter altem Recht vor dem 1.1.2010 BGHZ 95, 222; hierzu Kuchinke JZ 1986, 90; v. Olshausen FamRZ 1986, 524). Abs. III, der natürlich auch bei Pflichtteilslasten wegen nichtehelicher Abkömmlinge Anwendung findet (so schon BGH NJW 1988, 137 unter dem alten § 1934a, → § 1924 Rn. 3), gilt für Alleinerben und Miterben (BGHZ 95, 222; hierzu v. Olshausen FamRZ 1986, 524) und geht Abs. II vor (zum Ganzen Schlitt ZEV 1998, 91). Sa § 2322. 2

3. Pflichtteilsberechnung bei Zugewinngemeinschaft und Ausgleichsgemeinschaft. Vgl → § 2303 Rn. 5 f.

§ 2319 Pflichtteilsberechtigter Miterbe

[1]Ist einer von mehreren Erben selbst pflichtteilsberechtigt, so kann er nach der Teilung die Befriedigung eines anderen Pflichtteilsberechtigten soweit verweigern, dass ihm sein eigener Pflichtteil verbleibt. [2]Für den Ausfall haften die übrigen Erben.

a) Im **Außenverhältnis** (Miterbe-Pflichtteilsberechtigter) gelten bis zur Teilung §§ 2058, 2059 I 1, nach der Teilung §§ 2058, 2060 (vgl → §§ 2058–2063 Rn. 1–8). § 2319 gewährt ein **Leistungsverweigerungsrecht gegenüber dem Pflichtteilsberechtigten** nach Teilung; zur Pflichtteilsberechnung bei Zugewinngemeinschaft vgl → § 2303 Rn. 5 f. Die Ausfallhaftung der Miterben richtet sich nach §§ 2058, 2060 ff., 2319. **b)** Im **Innenverhältnis** erfolgt der Ausgleich gem §§ 2058, 426, wobei § 2319 analog gilt (BGHZ 95, 222). **c)** § 2319 gem § 2324 nicht abänderbar. 1

§ 2320 Pflichtteilslast des an die Stelle des Pflichtteilsberechtigten getretenen Erben

(1) **Wer anstelle des Pflichtteilsberechtigten gesetzlicher Erbe wird, hat im Verhältnis zu Miterben die Pflichtteilslast und, wenn der Pflichtteilsberechtigte ein ihm zugewendetes Vermächtnis annimmt, das Vermächtnis in Höhe des erlangten Vorteils zu tragen.**

(2) **Das Gleiche gilt im Zweifel von demjenigen, welchem der Erblasser den Erbteil des Pflichtteilsberechtigten durch Verfügung von Todes wegen zugewendet hat.**

Die Vorschrift regelt nur das **Innenverhältnis der Miterben** untereinander, im Außenverhältnis zum Pflichtteilsberechtigten und Vermächtnisnehmer gelten §§ 2058 ff.; sie ist sonach Sondervorschrift zu §§ 2038 II, 748; 2046 II; 2047 I, 2148. Ges Erbenstellung anstelle des Pflichtteilsberechtigten kann vorliegen bei Enterbung (§ 1938), Ausschlagung gem § 2306 I oder Verzicht unter Pflichtteilsvorbehalt; ob dabei Erbteilserhöhung (§ 1935) oder Neuberufung vorliegt, ist gleichgültig. Gewillkürte Erbenstellung anstelle des Pflichtteilsberechtigten gem II ist anzunehmen bei bewusster und gewollter Ersetzung eines Pflichtteilsberechtigten durch Zuwendung des gleichen Betrages, den dieser als ges Erbe bekommen hätte (BGH NJW 1983, 2378). Als Vorteil erlangt gilt der Wert des Erbteils unabhängig vom Wert einer Zuwendung, die ohne Aufrücken angefallen wäre (BGH NJW 1983, 2379: Nacherbe als Ersatzerbe des ausschlagenden Vorerben; hierzu Dieckmann FamRZ 1983, 1015). → § 2321 Rn. 1. 1

§ 2321 Pflichtteilslast bei Vermächtnisausschlagung

Schlägt der Pflichtteilsberechtigte ein ihm zugewendetes Vermächtnis aus, so hat im Verhältnis der Erben und der Vermächtnisnehmer zueinander derjenige, welchem die Ausschlagung zustatten kommt, die Pflichtteilslast in Höhe des erlangten Vorteils zu tragen.

1 Bei Ausschlagung des Vermächtnisses gem § 2307 I 1 bleibt im Innenverhältnis der vermächtnisbelastete Erbe oder Vermächtnisnehmer dem pflichtteilsbelasteten Erben bis zur Höhe des Ausschlagungsvorteils (idR Vermächtnishöhe) ausgleichspflichtig. Bei Annahme des Vermächtnisses gilt § 2320.

§ 2322 Kürzung von Vermächtnissen und Auflagen

Ist eine von dem Pflichtteilsberechtigten ausgeschlagene Erbschaft oder ein von ihm ausgeschlagenes Vermächtnis mit einem Vermächtnis oder einer Auflage beschwert, so kann derjenige, welchem die Ausschlagung zustatten kommt, das Vermächtnis oder die Auflage soweit kürzen, dass ihm der zur Deckung der Pflichtteilslast erforderliche Betrag verbleibt.

1 Nach der Ausschlagung gem §§ 2306 I, 2307 I ist der Nächstberufene mit Pflichtteilsansprüchen des Ausschlagenden uU neben Vermächtnissen bzw Auflagen belastet. § 2322 wahrt den Vorrang des Pflichtteilsberechtigten, indem er dem Nächstberufenen ein Kürzungsrecht zur Deckung des Pflichtteilsanspruchs gibt; dem Nächstberufenen nützt die Vorschrift bei unbeschränkter Haftung. § 2322 geht dem weitergehenden Kürzungsrecht gem § 2318 vor (BGH NJW 1983, 2379). Beim Vermächtnis eines Gegenstandes muss der Vermächtnisnehmer den Kürzungsbetrag als Ausgleich zahlen, andernfalls erhält er nur den gekürzten Geldbetrag (BGHZ 19, 311). Beim Vermächtnis des Nießbrauchs an einer Erbschaft darf der Erbe zur Befriedigung des Pflichtteilsberechtigten nicht gem §§ 1089, 1087 vorgehen, er ist vielmehr auf die Rechte des § 2322 beschränkt (BGHZ 19, 312).

§ 2323 Nicht pflichtteilsbelasteter Erbe

Der Erbe kann die Erfüllung eines Vermächtnisses oder einer Auflage auf Grund des § 2318 Abs. 1 insoweit nicht verweigern, als er die Pflichtteilslast nach den §§ 2320 bis 2322 nicht zu tragen hat.

1 Das Leistungsverweigerungsrecht des vermächtnis- und pflichtteilsbelasteten Erben (§ 2318 I) ist insoweit eingeschränkt, als er sich gem §§ 2320–2322 erholen kann.

§ 2324 Abweichende Anordnungen des Erblassers hinsichtlich der Pflichtteilslast

Der Erblasser kann durch Verfügung von Todes wegen die Pflichtteilslast im Verhältnis der Erben zueinander einzelnen Erben auferlegen und von den Vorschriften des § 2318 Abs. 1 und der §§ 2320 bis 2323 abweichende Anordnungen treffen.

1 Die Vorschrift gestattet dem Erblasser nur die vom Ges abw Umverteilung der Pflichtteilslasten im Innenverhältnis (Bsp: BGH MDR 1981, 474: Ausschluss des Vermächtniskürzungsrechts); iÜ ist das Pflichtteilsrecht zwingendes Recht, auch soweit es den eigenen Pflichtteil des Erben oder Vermächtnisnehmers betrifft. Für abw Anordnung im Wege ergänzender Auslegung gelten strenge Maßstäbe (BGH NJW 1983, 2379).

§ 2325 Pflichtteilsergänzungsanspruch bei Schenkungen

(1) Hat der Erblasser einem Dritten eine Schenkung gemacht, so kann der Pflichtteilsberechtigte als Ergänzung des Pflichtteils den Betrag verlangen, um den sich der Pflichtteil erhöht, wenn der verschenkte Gegenstand dem Nachlass hinzugerechnet wird.

(2) [1]Eine verbrauchbare Sache kommt mit dem Werte in Ansatz, den sie zur Zeit der Schenkung hatte. [2]Ein anderer Gegenstand kommt mit dem Werte in Ansatz, den er zur Zeit des Erbfalls hat; hatte er zur Zeit der Schenkung einen geringeren Wert, so wird nur dieser in Ansatz gebracht.

(3) [1]Die Schenkung wird innerhalb des ersten Jahres vor dem Erbfall in vollem Umfang, innerhalb jedes weiteren Jahres vor dem Erbfall um jeweils ein Zehntel weniger berücksichtigt. [2]Sind zehn Jahre seit der Leistung des verschenkten Gegenstandes verstrichen, bleibt die Schenkung unberücksichtigt. [3]Ist die Schenkung an den Ehegatten erfolgt, so beginnt die Frist nicht vor der Auflösung der Ehe.

Lit: Adam, Die Berücksichtigung steuerlicher Aspekte im Rahmen der Pflichtteilsergänzung des § 2325 BGB, ZEV 2017, 125; Behmer, Neues zur Zehnjahresfrist beim Pflichtteilsergänzungsanspruch?, FamRZ 1999, 1254; Bertelmeyer, Pflichtteilsergänzungsansprüche im Hinblick auf verschenktes Auslandsvermögen bei eingetretener oder fiktiver pflichtteilsfeindlicher Nachlaßspaltung?, ZEV 2004, 359; Derleder, Die Verfassungswidrigkeit der Zurücksetzung des Ehegatten durch die Regelung der Pflichtteilsergänzung nach § 2325 Abs. 3 S 3, ZEV 2014, 8; Dieckmann, Wertveränderungen des Nachlasses, Pflichtteil – Pflichtteilsergänzung – Anfechtung, FS Beitzke, 1979, S 399; Gerken, Pflichtteilsergänzungsansprüche, Rpfleger 1991, 443; Hasse, Lebensversicherung und Pflichtteilsergänzung, VersR 2009, 733; Hayler, Bestandaufnahme ehebedingter Zuwendungen im Bereich der Pflichtteilsergänzung (§§ 2325, 2329 BGB) – Vertragsgestaltung durch doppelten Güterstandswechsel?, DNotZ 2000, 681; Horn, Ehegattenzuwendungen im Pflichtteilsergänzungsrecht, NJW 2020, 1124 ff.; Keim, Entgeltlicher Vertrag oder belohnende Schenkung? – Pflichtteilsergänzung bei belohnenden Zuwendungen, FamRZ 2004, 1081; ders., Pflichtteilsergänzungsanprüche des zweiten Ehegatten gegen die erstehelichen Kinder des Erblassers, NJW 2016, 1617; Kornexl, Die Schenkung an den Ehegatten in der Pflichtteilsergänzung: Teleologische Reduktion des § 2325 BGB bei Rückabwicklung, Rückschenkung und Weiterschenkung, ZEV 2003, 196; Löhnig, Unbegrenzte Zuwendungen im Bereich der Pflichtteilsergänzung, NJW 2018, 1435 ff.; Mayer, Es kommt auf die Sekunde an – Zum Pflichtteilsrecht bei Lebensversicherungen, DNotZ 2011, 89; Reiff, Nießbrauch und Pflichtteilsergänzung, ZEV 1998, 241; Schönenberg-Wessel, Der fiktive Nachlass – Pflichtteilsergänzungsansprüche und notarielles Nachlassverzeichnis, NJW 2019, 1481 ff.; Siebert, Grenze und Schutzbereich des Pflichtteilsergänzungsanspruchs, NJW 2006, 2948; Sturm/Sturm, Zur Ausgleichung beim Pflichtteilsergänzungsanspruch nach § 2325 BGB, FS von Lübtow, 1991, S 291; Tiedtke, Die Voraussetzungen des Pflichtteilsergänzungsanspruchs, DNotZ 1998, 85; Trappe, Die Pro-Rata-Regelung bei der Pflichtteilsergänzung, ZEV 2010, 388; J. Weber, Beseitigung fristschädlicher Schenkungen im Pflichtteilergänzungsrecht: anything goes oder rien ne va plus?, ZEV 2017, 117; Weidlich, Ehegattenzuwendung und Pflichtteilsergänzung in der Zugewinngemeinschaft, ZEV 2014, 345; Zeranski, Ausschluss der Ansprüche auf Pflichtteilsergänzung und Schenkungsrückforderung wegen Fristablaufs, NJW 2017, 1345; Zimmer, Der Auskunftsanspruch über den „fiktiven Nachlass", NJW 2015, 1.

1 **1. Parteien. a) Gläubiger** des Pflichtteilsergänzungsanspruchs ist der Pflichtteilsberechtigte unabhängig vom Bestehen des ordentlichen Pflichtteilsanspruchs (arg § 2326), also zB auch bei Ausschlagung der Erbfolge (BGH LM Nr. 2 § 2325 BGB; BGH NJW 1973, 995; OLG Hamm FamRZ 2011, 594); vgl hierzu auch → § 2305 Rn. 1 und → § 2326 Rn. 1. Der Anspruch setzte nach früherer Rechtsprechung voraus, dass zur Zeit der Schenkung das rechtliche Verhältnis bereits bestand, das den Pflichtteilsanspruch begründet (nicht der Pflichtteilsanspruch selbst; verfehlt LG Dortmund ZEV 1999, 30 mkritAnm von Otte, Bestelmeyer FamRZ 1999, 1468), also zB die Ehe für den Anspruch des Ehegatten, Ehe oder Zeugung für den Anspruch der Abkömmlinge (BGHZ 59, 216; BGH NJW 1997, 2676 mN = BGH LM Nr. 29 zu § 2325 BGB mAnm von Kuchinke; str, vgl Soergel/Dieckmann § 2325 Rn. 3; Keller ZEV 2000, 268; Reinicke NJW 1973, 597). Diese Rechtspre-

chung hat der BGH später für nach der Schenkung geborenen Kinder zu Recht aufgegeben, sodass es nunmehr genügt, wenn die Pflichtteilsberechtigung der Kinder im Zeitpunkt des Erbfalles besteht (BGH NJW 2012, 2730); die bisher noch offen gelassene Frage, ob beim Pflichtteilsergänzungsanspruch des zweiten Ehegatten gegen die ersteehelichen Kinder gleich zu verfahren sei, müsste eigentlich gleich entschieden werden (ausführlich Keim NJW 2016, 1617 mit dem Vorschlag, dabei aus §§ 2230 Alt. 2, 1624 folgende Begrenzungen zu beachten). Erfasst werden für Erbfälle nach dem Beitritt der neuen Bundesländer auch Schenkungen innerhalb der 10-Jahres-Frist zu DDR-Zeiten (BGH NJW 2001, 2398 = BGH LM Nr. 30 zu § 2325 BGB mAnm Leipold; Kuchinke JZ 2001, 1089; OLG Jena OLGR 1999, 383; OLG Dresden NJW 1999, 3345 mAnm Kuchinke DNotZ 1999, 829; Pentz ZEV 1999, 497; dagegen zumindest für § 2329 anders OLG Jena OLG-NL 1999, 110). Für die Beurteilung als Schenkung kommt es dabei auf die Wertverhältnisse bei Vollzug des Vertrages an, Wertsteigerungen nach der deutschen Einigung bleiben
2 außer Betracht (BGH NJW 2002, 2470: Grundstück). **b) Schuldner** ist der Erbe, der sich beschränkte Haftung vorbehalten kann (§ 780 ZPO; BGH WM 1983, 824). Bei begründeter Dürftigkeitseinrede (§§ 1990, 1991 IV) des nicht unbeschränkt haftenden Erben kann das Gericht die Klage abweisen (BGH LM Nr. 2 und 6 zu § 2325 BGB; BGH NJW 1974, 1327; 1983, 1486; BGH ZEV 2000, 274; → Vor § 1967 Rn. 2, → §§ 1990, 1991 Rn. 7).

3 **2. Schenkung.** Eine Schenkung gem § 516 erfordert Einigung über die Unentgeltlichkeit, die bei nachträglicher Entgeltlichkeit später wieder entfallen kann (BGH FamRZ 2007, 814 = ZEV 2007, 326 mAnm Kornexl). Dabei ist Gegenstand einer Schenkung im Sinne des § 2325 nur der Wert, um den der Beschenkte aus dem Vermögen des Schenkers heraus bereichert ist, es ist also eine Bereicherung des Beschenkten immer nur insoweit Gegenstand des Anspruchs, als sie auf einer Entreicherung des schenkenden Erblassers beruht (BGH NJW 2018, 1475 Rn. 18; BGHZ 185, 252 = NJW 2010, 3232 Rn. 26.). **a)** Bei **gemischten Schenkungen** muss eine Einigung über die teilw Unentgeltlichkeit vorliegen; bei grobem Missverhältnis von Leistung und Gegenleistung spricht aber eine tatsächliche Vermutung für eine solche Einigung (BGHZ 59, 136; 88, 111; BGH NJW 1981, 1956; 2458; 1982, 2498; BGH FamRZ 1989, 274; OLG Oldenburg NJW-RR 1992, 778; OLG Oldenburg FamRZ 2007, 1691; OLG Koblenz NJW-RR 2002, 513; OLG Koblenz OLGR 2005, 116; OLG Bamberg FamRZ 2008, 1031; OLG Brandenburg NJW
4 2008, 2720; OLG Brandenburg FamRZ 2010, 933). **b) Ausstattungen** sind gem § 1624 I nur bei Übermaß Schenkungen, ansonsten gelten für sie ausschließlich §§ 2050 ff., 2316 (zum Zusammentreffen von Schenkungen und ausgleichspflichtigen Ausstattungen vgl BGH NJW 1965, 1526 = BGH LM Nr. 5 zu § 2325 BGB; ferner → § 2056 Rn. 3). Sog **unbenannte Zuwendungen** unter Ehegatten (dazu Daragan ZErb 2008, 2) sind grundsätzlich Schenkungen iSd § 2325 (BGHZ 116, 170 = NJW 1992, 564; BGH NJW 2018, 1475 Rn. 14; dazu Löhnig NJW 2018, 1435; OLG Koblenz NJW-RR 2002, 512; OLG Schleswig ZEV 2014, 260 mit Bespr. Weidlich ZEV 2014, 345; zu verneinen aber bei angemessener Altersversorgung: BGH NJW 2018, 1475 Rn. 22; BGHZ 116, 167 = NJW 1992, 564; OLG Schleswig FamRZ 2011, 506: Altersversorgungsnießbrauch; OLG Stuttgart FamRZ 2011, 1823: Privatrentenversicherung; BGHZ 116, 167: Lebensversicherung, gleich LG Konstanz ZEV 2016, 705[wegen Widerruflichkeit wechselseitiger Begünstigung im entschiedenen Fall verneint]; zur Berechnung des Wertes einer geschenkten Lebensversicherung unten → Rn. 7; ferner zur Schenkung noch → § 2287 Rn. 1 *mN und* → § 516 Rn. 20). Zinszahlungen auf Darlehen des anderen Eheteils für das gemeinsam bewohnte Gebäude, die nicht aus besonderen Rechtsgründen geschuldet sind (Unterhalt als Beitrag zu Wohnkosten, Ausgleich unter Gesamtschuldnern) und deshalb unentgeltlich erfolgen, können unbenannte Zuwendungen sein (BGH NJW 2018, 1475 Rn. 19 ff.; zur Wertberechnung sa → unten Rn. 7) Gleiches gilt für unbenannte Zuwendungen in der nichtehelichen Lebensgemein-

schaft (OLG Düsseldorf NJW-RR 1997, 1499; LG Konstanz ZEV 2016, 705) und eingetragenen Lebenspartnerschaft alten Rechts. In der Begründung einer Gütergemeinschaft liegt hingegen nur ausnahmsweise eine Schenkung, soweit die Zuwendung nicht oder nicht nur der Begründung ehelicher Vermögensordnung dienen sollte (BGHZ 116, 178). Übergang von der Zugewinngemeinschaft zur Gütertrennung führt zu Ergänzungsansprüchen nur insoweit, als die Ausgleichszahlungen tatsächlich geschuldeten Zugewinnausgleich übersteigen (OLG Oldenburg FamRZ 1996, 1506: keine rückwirkende Vereinbarung von Zugewinngemeinschaft). Rückabwicklungsforderungen bzw Ausgleichsansprüche des Erblassers fallen in den Nachlass und sind bei seiner Bewertung zu berücksichtigen (§ 2311). Auf die Vermögensausstattung im Rahmen einer Stiftungserrichtung ist § 2325 analog anzuwenden (LG Baden-Baden ZEV 1999, 152 mAnm Rawert; OLG Karlsruhe ZEV 2004, 471), direkt anwendbar sind §§ 2325, 2329 auf endgültige unentgeltliche Zuwendungen an Stiftungen in Form von Zustiftungen, freien oder gebundenen Spenden (BGH NJW 2015, 623 Rn. 43 ff.; BGHZ 157, 184 = NJW 2004, 1383, „Stiftung Dresdner Frauenkirche", gegen OLG Dresden ZEV 2002, 415 mkritAnm Muscheler und Rawert NJW 2002, 3151; zum Ganzen Damrau ZEV 2010, 12; Speckbrock Rpfleger 2009, 597; Lange ZErb 2010, 137). **c)** Die **Nachfolge in den Anteil** 5
einer Personengesellschaft kann Schenkung auf den Todesfall sein, wenn ein Gesellschafter gesellschaftsvertraglich zur entschädigungslosen Übernahme berechtigt ist (BGH NJW 1981, 1956; KG DNotZ 1978, 109) oder wenn ein unentgeltliches Eintrittsrecht auf den Todesfall für Nichtgesellschafter gesellschaftsvertraglich geschaffen wird; dies kann durchaus auch dann der Fall sein, wenn bei einer solchen Gestaltung Wohl und Fortbestand der Gesellschaft und nicht allein der Wille zur Begünstigung des Übernehmenden das Gesamtbild prägen (BGH NJW 2020, 2396 Rn. 19 ff. = ZEV 2020, 420). Dagegen liegt idR keine Unentgeltlichkeit vor, wenn *alle* Gesellschafter bei gleichen Risiken Fortsetzung im Todesfalle ohne Abfindungsansprüche vereinbaren (BGHZ 22, 194; BGH NJW 1981, 1956, 1957; 2020, 2396 Rn. 17) oder bei entgeltlichem Eintrittsrecht (BGH NJW 1959, 1433); → § 2301 Rn. 1 ff. und Soergel/Dieckmann § 2325 Rn. 25 ff. Wenn bei zweigliedriger Gesellschaft nach dem Tode eines Gesellschafters der Anteil des Erstversterbenden dem überlebenden Teil ohne Abfindungsanspruch der Erben anwachsen soll, kann darin eine Schenkung liegen, falls nicht der Unternehmenserhalt Hauptzweck dieser Vereinbarung ist (BGH NJW 2020, 2396 = ZEV 2020, 420 mAnm Hölscher; krit Grunewald ZEV 2021, 66; Hager/Müller-Teckhof NJW 2021, 1919 Rn. 10). Bei erbrechtlicher Nachfolge fällt der Anteil in den Nachlass iSd Pflichtteilsrechts (BGH NJW 1983, 2377) und wird beim ordentlichen Pflichtteil berücksichtigt (ähnlich bei unentgeltlicher Zuwendung einer destinatärähnlichen Stellung bei einer Anstalt oder Stiftung liechtensteinischen Rechts (BGH NJW 2015, 623 Rn. 44 ff.; hierzu Rauscher NJW 2015, 3551[3557]); Scherer/Bregulla-Weber NJW 2016, 383); → § 2301 Rn. 3, 6; → § 2311 Rn. 5 ff.; → § 2032 Rn. 5 ff. **d)** Zum unentgeltlichen Vertrag zgDr auf den Todesfall vgl → § 2301 Rn. 5 f. **e) Abfindungen in** 6
Erbverzichtsverträgen können als teilweise unentgeltlich der Pflichtteilsergänzung unterliegen, soweit sie den Wert des gesetzlichen Erbteils des abgefundenen Erben übersteigen; bei der Beurteilung der Angemessenheit der Abfindung gelten die Grundsätze der gemischten Schenkung mit ihrer Vermutung zugunsten einer Schenkung bei einem deutlichen objektiven Missverhältnis (BGH NJW 2009, 1143 ff. mAnm Zimmer = ZEV 2009, 78 mAnm Schindler; BGH NJW 2016, 324 Rn. 15 [bestätigendes obiter Dictum]; hierzu von Proff NJW 2016, 539). Bei Ausgewogenheit der Abfindung wird der Abfluss aus dem Erblasservermögen durch die Erbteilsberechnungsregel des § 2310 S. 2 kompensiert (dazu schon Dieckmann FamRZ 1986, 259 gegen BGH NJW 1986, 129; Rheinbay ZEV 2000, 279). Da beim Pflichtteilsverzicht § 2310 S. 2 gerade nicht gilt (→ § 2310 Rn. 1), muss es hier bei der Anwendung des § 2325 bleiben (zutreffend Zimmer NJW 2009, 1146), wobei der Wert des Pflichtteils Vergleichsmaßstab ist. Nichtgeltendmachung des Pflichtteils

durch Vorerbe ist keine Schenkung an Nacherben (BGH NJW 2002, 672); zum Verhältnis von Schenkung und Erbverzicht ferner → § 2346 Rn. 5.

7 **3. Berechnungsverfahren. a)** Bsp: Nachlass 18.000 Euro, Schenkung 4.000 Euro, Pflichtteilsquote ¼, Ergänzungsanspruch 1.000 Euro. **b) Wertberechnung:** Es gelten zunächst die allg Bewertungsgrundsätze; vgl → § 2311 Rn. 2 ff., → § 2312 Rn. 1 ff. Erlass einer Geldforderung steht der Schenkung verbrauchbarer Sachen gleich (Abs. II 1; BGHZ 98, 235). Der Wertvergleich gem Abs II 2 („Niederstwertprinzip") muss den Kaufkraftschwund berücksichtigen (BGHZ 85, 282; 65, 75; BGH NJW-RR 1996, 707; OLG Koblenz FamRZ 2006, 1791); dies auch, wenn die Schenkung vor dem Erbfall nicht vollzogen ist und nur ein Erfüllungsanspruch besteht (s BGHZ 85, 283; einschränkend OLG Oldenburg ZErb 2008, 119: keine Berücksichtigung des Kaufkraftschwundes bei in der Vergangenheit erbrachten Dienstleistungen). Zur Bestimmung des Bewertungsstichtags bleiben vom Erblasser vorbehaltene Nutzungen außer Betracht (BGHZ 118, 49; 125, 397; BGH ZEV 2003, 417; 2006, 266 f.). Bei Grundstücken ist das Eintragungsdatum maßgebend (BGHZ 102, 292; OLG Jena OLG-NL 110: bei unverschuldeter extremer Eintragungsverzögerung kann auf Eintragung nach normalem Geschäftsgang abgestellt werden; str). Bei gemischter Schenkung gilt das Niederstwertprinzip für den Überschuss aus Leistung und Gegenleistung (BGHZ 89, 33). Verbleiben dem Schenker die Nutzungen, ist Gegenstand der Schenkung nur die Differenz zwischen Sach- und kapitalisiertem Nutzungswert (BGHZ 118, 49; 125, 397; BGH NJW 1992, 2888; BGH NJW-RR 1990, 1159; 1996, 707; OLG Koblenz NJW-RR 2002, 513; Reiff FamRZ 1992, 802; Dingerdissen JZ 1993, 402; Mayer FamRZ 1994, 739; anders OLG Oldenburg NJW-RR 1999, 734 mAnm von Pentz ZEV 1999, 355: keine Kapitalisierung bei kurzer tatsächlicher Nutzung; zweifelhaft, dagegen OLG Celle ZEV 2003, 84). Auch versprochene Pflegeleistungen oder Renten sind zu kapitalisieren (OLG Celle FamRZ 2009, 462; OLG Schleswig ZEV 2009, 81). Vom geschenkten Gegenstand ist nur der Wert anzusetzen, der endgültig zum Schenkervermögen gehört (BGH Rpfleger 2002, 79, 80: nur Vorerbschaft am Gegenstand führt zur Ergänzung nur des Werts der Nutzungen). Zur Bewertung eines geschenkten Nießbrauchs Reiff ZEV 1998, 241 und OLG Koblenz ZEV 2002, 460 mAnm von Kornexl (Pflegeverpflichtung und Nießbrauch an einer an Dritten übertragenen Eigentumswohnung zugunsten der Alleinerbin). Bei einer Lebensversicherung war lange umstritten, ob der Schenkungsgegenstand die auf Grund des Todesfalls ausgekehrten Versicherungsleistungen (OLG Düsseldorf ZEV 2008, 292 in Übertragung von BGHZ 156, 350, die zu einer insolvenzrechtlichen Fragestellung ergangen ist; OLG Oldenburg ZErb 2010, 119) oder die zuvor aufgewendeten Versicherungsprämien sind (BGH NJW 1995, 3113; OLG Stuttgart ZEV 2008, 145); nach neuerer Rspr des BGH soll es dagegen weder auf die ausgekehrten Versicherungsleistungen noch auf die gezahlten Prämien ankommen, sondern auf den Wert, den der Erblasser durch Verwertung des Versicherungsvertrages zuletzt selbst noch hätte realisieren können (in der Regel also der Rückkaufswert; BGHZ 185, 252; krit Walker FamRZ 2010, 1249; Bestelmeyer Rpfleger 2010, 643 f.; zust Olzen/Metzmacher JZ 2011, 322; zum Ganzen Herrler ZEV 2010, 333; Rudy ZErb 2010, 351; ders VersR 2010, 895; Wall ZErb 2011, 10; → § 2301 Rn. 7). Sofern bei Ausgleich von Zinszahlungen für einen Gegenstand des Ehepartners eine unbenannte Zuwendung vorliegt (BGH NJW 2018, 1475 Rn. 13 ff., sa → oben Rn. 4), ist der beim Zugewinnausgleich bereits berücksichtigte Wertzuwachs bei Berechnung der Höhe der Zuwendung in Ansatz zu bringen (BGH NJW 2018, 1475 Rn. 10 ff.). **c)** Zur Quote bei **Zugewinngemeinschaft** vgl → § 2303 Rn. 5 f.

8 **4. Gestaffelte Fristen.** Die nunmehr gestaffelten Fristen (dazu Trappe ZEV 2010, 388) gem Abs. III beginnen, wenn das Geschenk aus dem Vermögen des Erblassers wirtschaftlich ausgegliedert wird (BGHZ 98, 232; 102, 292). Bei Grundstücken frühestens mit der Umschreibung im Grundbuch (BGHZ 102, 292; 125, 398; aA Behmer FamRZ 1999, 1254). Weiternutzung des Geschenks durch den

Erblasser auf Grund vorbehaltenen dinglichen Rechts oder schuldrechtlicher Vereinbarung (dazu Gehse RNotZ 2009, 361) hindert Fristbeginn (BGH NJW 2016, 2955 Rn. 9 f.; BGHZ 125, 398 f.: Schenkung unter Nießbrauchsvorbehalt; hierzu Draschka Rpfleger 1995, 71; 1992, 419 [437]; OLG Düsseldorf FamRZ 1999, 1546; OLG München ZEV 2008, 480; krit Reiff NJW 1995, 1136); vorbehaltenes Teilnutzungsrecht ist uU unschädlich (BGH NJW 2016, 2957 Rn. 12 ff.; OLG Oldenburg FamRZ 2007, 1691; OLG Düsseldorf FamRZ 1997, 1114: Erdgeschosswohnung; OLG Celle OLGR 2003, 371: Wohnrecht an Teil des Hausgrundstücks; OLG Karlsruhe ZEV 2008, 244; sa OLG Bremen NJW 2005, 1726: „spürbarer Vermögensverlust" bei ex-ante-Betrachtung); zu weitgehend OLG Düsseldorf ZEV 2008, 525 (Rückübereignungsanspruch bei Veräußerung oder Belastung des geschenkten Grundstücks schließt Leistung gem Abs. III 2 aus); zum nachträglichen Verzicht Blum/Melwitz ZEV 2010, 57. Schenkungen an Ehegatten unterfallen einer wesentlich schärferen Haftung, die jedoch nicht gegen Art. 6 I oder Art. 3 I GG verstößt (BVerfG NJW 2019 1434 = BeckRS 2018, 34220 (Kammer) zum neuen Recht; dazu Piekenbrock NJW 2020, 371 ff.; BVerfG NJW 1991, 217 (Kammer) zum alten Recht; OLG Celle FamRZ 1989, 1012; Otte FS von Lübtow, 1991, 305; zu Recht aA Derleder ZEV 2014, 8). Auf voreheliche Schenkungen an den späteren Ehegatten kann Abs. III 3 nicht analog angewendet werden (OLG Düsseldorf NJW 1996, 3156 mAnm von Pentz NJW 1997, 2033; Dieckmann FamRZ 1995, 189; v. Olshausen FamRZ 1995, 717; aA OLG Zweibrücken FamRZ 1994, 1492). Zur Verjährung s §§ 195, 199 und § 2332 nF Erl. I sowie → § 2332 aF Rn. 1 mN; zum Übergangsrecht Art. 229 § 23 I und II EGBGB.

5. Auskunftsanspruch. Vgl → § 2314 Rn. 1 ff., 10 mN. 9

6. Prozessuales. Der Pflichtteilsberechtigte muss beweisen, dass der Gegenstand ohne die Schenkung Bestandteil des Nachlasses geworden wäre (BGHZ 89, 29). Er trägt die Beweislast für den Wert der Leistung und der Gegenleistung wie auch für den subjektiven Tatbestand der Schenkung (BGH FamRZ 1981, 765); zur Vermutung bei grobem Missverhältnis → Rn. 3. Doch hat der Gegner behauptete Unentgeltlichkeit substantiiert zu bestreiten, wenn der Pflichtteilsberechtigte ansonsten in unüberwindliche Beweisnot gerät (BGH NJW-RR 1996, 706; NJW 2018. 1475 Rn. 23). Ist der Anspruchsinhaber selbst Miterbe, kann er den Anspruch nur im Rahmen einer Erbauseinandersetzung geltend machen, wozu der Bestand des gesamten Nachlasses darzulegen wäre (BGH ZEV 2007, 280). Klage auf Feststellung der Pflichtteilsberechtigung hemmt nicht die Verjährung des Pflichtteilsergänzungsanspruchs gegen denselben Beklagten, soweit im Prozess zu einer beeinträchtigenden Schenkung nichts vorgetragen ist (BGH NJW 2019, 234 Rn. 13; BGHZ 132, 240 = BGH LM Nr. 84 zu § 209 BGB mAnm Leipold für Unterbrechung nach altem Recht) Dies soll aber wegen der Wesensgleichheit von Pflichtteilsanspruch und Pflichtteilsergänzungsanspruch (BGH NJW 1972, 760, 761) anders sein, wenn die klagweise Geltendmachung des Pflichtteils vor dem Pflichtteilsergänzungsanspruch sich auf einen Sachverhalt stützt, der die Schenkung an den Beklagten bereits mit umfasst und im umgekehrten Fall vorheriger klagweisen Geltendmachung des *Pflichtteilsergänzungs*anspruchs, insbesondere wenn die mit der ersten Klage verbundene Stufenklage den Gesamtsachverhalt erfasst (so BGH NJW 2019, 234 Rn. 13 ff.); wegen eines Streitgegenstandsverständnisses, das den Sachverhalt nicht zur Eingrenzung des vom Antrag erfassten Gegenstandes nutzt, sondern zu seiner Erweiterung, sehr fragwürdig!; sa → § 2314 Rn. 8 zur Hemmung bei Informationsansprüchen; → § 2329 Rn. 5 und → § 2332 Rn. 4 zur Verjährung und Hemmung bei Ansprüchen gegen den Beschenkten. 10

7. Reform. Die Reform des Erbrechts (→ Vor § 1922 Rn. 18) hat zum 1.1.2010 die gestaffelten Fristen des Abs. III eingeführt. Für Erbfälle vor diesem Zeitpunkt gilt die alte Regelung mit ihrer einheitlichen Zehnjahresfrist (Art. 229 § 23 IV EGBGB). 11

§ 2326 Ergänzung über die Hälfte des gesetzlichen Erbteils

[1]Der Pflichtteilsberechtigte kann die Ergänzung des Pflichtteils auch dann verlangen, wenn ihm die Hälfte des gesetzlichen Erbteils hinterlassen ist. [2]Ist dem Pflichtteilsberechtigten mehr als die Hälfte hinterlassen, so ist der Anspruch ausgeschlossen, soweit der Wert des mehr Hinterlassenen reicht.

1 Die Vorschrift stellt klar, dass § 2325 auch eingreift, wenn der Pflichtteilsberechtigte Erbe oder Vermächtnisnehmer in Höhe des ordentlichen Pflichtteils ist (vgl schon → § 2325 Rn. 1). Die Anrechnung der Mehrzuwendung gem S. 2 (hierzu BGH FamRZ 1989, 274) gilt auch bei Ausschlagung; sie entfällt aber, wenn wegen Belastungen der Mehrzuwendung ausgeschlagen ist, arg § 2306 I (str).

§ 2327 Beschenkter Pflichtteilsberechtigter

(1) **[1]Hat der Pflichtteilsberechtigte selbst ein Geschenk von dem Erblasser erhalten, so ist das Geschenk in gleicher Weise wie das dem Dritten gemachte Geschenk dem Nachlass hinzuzurechnen und zugleich dem Pflichtteilsberechtigten auf die Ergänzung anzurechnen. [2]Ein nach § 2315 anzurechnendes Geschenk ist auf den Gesamtbetrag des Pflichtteils und der Ergänzung anzurechnen.**

(2) **Ist der Pflichtteilsberechtigte ein Abkömmling des Erblassers, so findet die Vorschrift des § 2051 Abs. 1 entsprechende Anwendung.**

1 **1. Schenkungen an den Ergänzungsberechtigten.** Diese sind zeitlich unbegrenzt zu berücksichtigen (*Beispiel:* OLG Oldenburg ZEV 1998, 143), § 2325 III gilt nicht (BGHZ 108, 393 = NJW 1990, 180, 181; BGH NJW 1997, 2676; OLG Koblenz OLGR 2005, 115). Hingegen bleiben Geschenke des Ehegatten des Erblassers außer Betracht, auch beim Berliner Testament (BGHZ 88, 102; hierzu Kuchinke JZ 1984, 96; Dieckmann FamRZ 1983, 1104); gem II anrechnungspflichtigen Geschenken an Vorfahren des Ergänzungsberechtigten stehen Geschenke an seinen Ehegatten nicht gleich. Entsprechendes gilt für den Lebenspartner. Eine Anrechnung nach § 2327 setzt voraus, dass außer dem Abkömmling ein Dritter ein Geschenk erhalten hat (OLG München ZEV 2019, 611 = BeckRS 2019. 1266 für den Fall der §§ 2325, 2327 II, 2051 I).

2 **2. Anrechnung.** Die Anrechnung ist auch bei übersteigender Zuwendung auf den Ergänzungspflichtteil beschränkt und erfasst idR nicht den ordentlichen Pflichtteil; anders gem I 2 nur bei Schenkungen iSd § 2315.

3 **3. Auskunftsanspruch.** Der Erbe hat einen **Auskunftsanspruch** gegen den Ergänzungsberechtigten über Schenkungen des Erblassers (BGH NJW 1964, 1414; 1981, 2051 [2052]; BGHZ 108, 395 [399]; grundsätzlich wohl auch Köln ZEV 2014, 660 {662]; sa Horn NJW 2016, 2150 [2151/2152] mwN.; → § 2316 Rn. 2).

§ 2328 Selbst pflichtteilsberechtigter Erbe

Ist der Erbe selbst pflichtteilsberechtigt, so kann er die Ergänzung des Pflichtteils soweit verweigern, dass ihm sein eigener Pflichtteil mit Einschluss dessen verbleibt, was ihm zur Ergänzung des Pflichtteils gebühren würde.

1 Das **Leistungsverweigerungsrecht** (s BGH FamRZ 1989, 275; OLG Koblenz ZEV 2010, 195) des Erben (auch des Alleinerben) betrifft nur den Ergänzungsanspruch gem § 2325, nicht den ordentlichen Pflichtteil. Wertänderungen des Nachlasses zwischen Erbfall und Anspruchserfüllung sind mindestens bei erheblichen

Schwankungen zu berücksichtigen (BGHZ 85, 284 ff.); uU wertmäßige Vollstreckungsbeschränkung in der Urteilsformel (arg BGHZ 85, 287). Gegenüber dem Unterhaltsanspruch eines geschiedenen Ehegatten, der in seinem Umfang auf den fiktiven Pflichtteilsanspruch beschränkt ist (§ 1586b I 3), kann sich der pflichtteilsberechtigte Erbe nicht auf § 2328 berufen (BGH NJW 2007, 3208). **Lit:** Schindler ZEV 2010, 558.

§ 2329 Anspruch gegen den Beschenkten

(1) [1]**Soweit der Erbe zur Ergänzung des Pflichtteils nicht verpflichtet ist, kann der Pflichtteilsberechtigte von dem Beschenkten die Herausgabe des Geschenks zum Zwecke der Befriedigung wegen des fehlenden Betrags nach den Vorschriften über die Herausgabe einer ungerechtfertigten Bereicherung fordern.** [2]**Ist der Pflichtteilsberechtigte der alleinige Erbe, so steht ihm das gleiche Recht zu.**

(2) **Der Beschenkte kann die Herausgabe durch Zahlung des fehlenden Betrags abwenden.**

(3) **Unter mehreren Beschenkten haftet der früher Beschenkte nur insoweit, als der später Beschenkte nicht verpflichtet ist.**

Lit: Lenz/Riegel, Die Geltendmachung von Pflichtteilsergänzungsansprüchen gegen den vom Erblasser Beschenkten, ZErb 2002, 4; Pentz, Haftung des Beschenkten nach § 2329 BGB, MDR 1998, 132; Theiss/Boger, Möglichkeiten der Vorbeugung gegen Ansprüche aus §§ 2325, 2329 BGB wegen Abfindungen für Erb- bzw Pflichtteilsansprüche, ZEV 2006, 143; s iÜ § 2325.

1. Anspruchsvoraussetzungen. a) Gläubiger ist der **ergänzungsberechtigte** 1
(§ 2325) Pflichtteilsberechtigte (BGHZ 59, 216; BGH NJW 1997, 2676 und für die Zeitgrenze gem § 2325 III BGH NJW 1974, 2320), auch wenn er erst nach dem Erbfall nach rückwirkender Feststellung der Vaterschaft zum Kreis der Pflichtteilsberechtigten zählt (BGH NJW 2020, 395 Rn. 14). gem I 2 ist auch der pflichtteilsberechtigte Alleinerbe aktivlegitimiert, dessen Nachlass den ergänzten Pflichtteil nicht deckt; entspr anzuwenden bei Erbenmehrheit zugunsten des einzelnen Miterben (BGHZ 80, 205; BGH NJW 2020, 395 Rn. 20). Auf das Verhältnis zwischen dem geschiedenen Ehegatten und dem diesen gem § 1586b unterhaltspflichtigen Erben des Erblassers ist § 2329 weder direkt noch analog anwendbar (OLG Koblenz ZEV 2003, 113 mAnm Klingelhöffer – zw!). **b) Fortfall der Erbenhaftung** gem 2
§ 2325 kann vorliegen bei beschränkter Haftung (BGHZ 80, 209; BGH NJW 1986, 1610; → § 2325 Rn. 2), bei Leistungsverweigerung gem § 2328 (dazu OLG Hamm FamRZ 2011, 595), nicht aber bei reiner Zahlungsunfähigkeit des unbeschränkt haftenden Erben (OLG Schleswig OLGR 1999, 368; anders die 9. Aufl.; str) oder bei Eintritt der Verjährung des Anspruchs des Pflichtteilsberechtigten gegen den beschenkten Erben (sa → unten Rn. 5). **c) Schuldner** ist der Beschenkte bzw 3
seine Erben (BGHZ 80, 205); die Schenkung des Erblassers kann nach dem Erbfall vollzogen sein (BGHZ 85, 283). Sofern der Beschenkte Erbe oder Miterbe ist, haftet er zunächst gem § 2325 und subsidiär (vgl → Rn. 2) gem § 2329 (BGHZ 88, 112; BGH LM Nr. 2 zu § 2225 BGB; BGH NJW 2020, 395 Rn. 14). Ein Ausgleich nach §§ 2288, 2287 geht dem Anspruch nach § 2329 I vor (BGHZ 111, 142; → § 2288 Rn. 2). Die Reihenfolge gem Abs. III bestimmt sich nach dem Vollzug (vgl → § 2325 Rn. 8) der Schenkungen (OLG Hamm NJW 1969, 2148; abw bei Vollzug nach Erbfall BGHZ 85, 284). Der Gläubiger kann gegen alle Beschenkten gleichzeitig Leistungsklage erheben, da die Anspruchshöhe nicht vom Vollstreckungserfolg beim später Beschenkten abhängt; bei Bezifferungsschwierigkeiten soll aber trotzdem Feststellungsklage gegen früher Beschenkte möglich sein (BGHZ 17, 336). Wenn der ergänzungspflichtige Beschenkte den geschenkten Gegenstand weiterverschenkt, haftet der Weiterbeschenkte nach §§ 2329 I 1, 822 (OLG Hamm FamRZ 2011, 595). **d) Inhalt** des Anspruchs ist Geldzahlung bei Geldgeschenken 4

oder bereicherungsrechtlicher Werthaftung, ansonsten Duldung der Zwangsvollstreckung in die Geschenkgegenstände bis zur Höhe des Fehlbetrages (BGHZ 88, 112; BGH LM Nr. 2 zu § 2325 BGB; BGHZ 107, 203; 108, 396; BGH NJW 1990, 2064; zur Art und Weise der Vollstreckung BGH NJW 2013, 3786). Zahlungen zur Abwendung des Herausgabeanspruchs gem Abs. II führen nicht gem § 29 I Nr. 2 ErbStG zum Erlöschen der Erbschaftsteuer, sind jedoch gem §§ 10 V Nr. 2, 1 II ErbStG erwerbsmindernd zu berücksichtigen (BFHE 204, 299 = NJW 2004, 1198; BFH ZEV 2005, 446). Der Schuldner kann die Haftung gem § 2328 beschränken; dabei sind nachträgliche Wertänderungen der Schenkungen zu berücksichtigen (→ § 2328 Rn. 1). Das Reihenfolgeprinzip des Abs. III soll auch gelten, wenn ein Beschenkter mehrere Geschenke erhalten hat (OLG Celle ZEV 2014, 54 (Ls.).

5 **e)** Die **Verjährung** (Verjährungsfrist: 3 Jahre gem § 195; Fristbeginn gem § 2332 I) wird auch durch Klage gegen dieselbe Partei aus § 2325 gehemmt (BGH NJW 1974, 1327; 1983, 389; BGHZ 107, 203: zu § 209 aF); Feststellungsklage zur Verjährungshemmung ist zulässig (OLG Düsseldorf FamRZ 1996, 445); erleichterter Fristbeginn gem § 2332 I gilt auch zugunsten des beschenkten Erben bzw Miterben (so zu § 2332 II aF: BGH NJW 1986, 1610 mN; OLG Bremen OLGR 1999, 173; für § 2332 I aF OLG Zweibrücken NJW 1977, 1825; offen LM Nr. 3 zu § 2332). Hat der Pflichtteilsberechtigte gegen den beschenkten Erben Ansprüche aus § 2325 u § 2329 und lässt er die Verjährungsfrist für § 2325 verstreichen, so kann er sich nicht mehr auf § 2329 berufen, weil Verjährung kein Fortfall der Verpflichtung im Sinne des § 2329 ist (zutreffend LG Stuttgart ZEV 2018, 751 = BeckRS 2018, 15468; sa § 2332 Rn. 4). Die Verjährungsfrist von drei Jahren gilt auch im Falle postmortaler Vaterschaftsfeststellung (§§ 1593 Nr. 3, 1600d), ohne dass eine Hemmung (§§ 205, 206) wegen der bestehenden Rechtsausübungssperre (§ 1600d V nF, 1600dIV aF) bis zur Rechtskraft eines Feststellungsurteils geltend gemacht werden könnte (so BGH NJW 2020, 395 Rn. 19 ff., 28 ff.; der dieses Ergebnis auch für verfassungsgemäß hält; dazu zustimmend Piekenbrock NJW 2020, 371 ff. mit der Einschränkung, dass bei Erhebung der Feststellungsklage vor Verjährungseintritt eine Hemmung analog § 211 eintreten sollte). Ob sich dieses Ergebnis trotz der Rechtsprechung der EGMR zur Gleichstellung nichtehelicher Kinder (→ § 1924 Rn. 3) in allen Fällen halten lässt, erscheint zweifelhaft (sa → § 2332 Rn. 4).

6 **2. Auskunftsanspruch.** Zum Auskunftsanspruch gegen den Beschenkten vgl → § 2314 Rn. 10; zum Auskunftsanspruch des Beschenkten gegen den Ergänzungsberechtigten vgl → § 2327 Rn. 3.

§ 2330 Anstandsschenkungen

Die Vorschriften der §§ 2325 bis 2329 finden keine Anwendung auf Schenkungen, durch die einer sittlichen Pflicht oder einer auf den Anstand zu nehmenden Rücksicht entsprochen wird.

1 **a) Anstandsschenkungen** sind kleinere Zuwendungen zu besonderen Tagen oder Anlässen (BGH NJW 1984, 2940). **b)** Die **sittliche Pflicht** ist durch Wertung der Einzelfallumstände festzustellen (zusf. OLG Karlsruhe OLGZ 1990, 458; OLG Koblenz FamRZ 2006, 1790). Sie rechtfertigt in Ausnahmefällen die Zuwendung höherwertiger Güter (zB Grundstück, Lebensversicherung, Rente, Wohnrecht usw), insbes bei Unterstützung in Notlage, Unterhaltssicherung für Verwandte, Sicherung der Altersversorgung für Ehegatten oder nichteheliche Lebensgefährten (BGH NJW 1984, 2940 mN; dazu Horn NJW 2020, 1124, 1125; OLG Karlsruhe OLGZ 1990, 460), Belohnung treuer Dienste (BGH NJW 1981, 2459; aA BGH NJW 1986, 1926 für § 534; OLG Naumburg FamRZ 2001, 1407 zu § 2330). Es kommt nicht allein auf Gründe für die Dankbarkeit des Schenkers an, sondern wesentlich auch darauf, ob Gesichtspunkte der Versorgung des Beschenkten das Ausbleiben einer solchen Belohnung sittlich anstößig erscheinen ließen (BGH ZEV 2006, 506). Die

sittliche Pflicht kann auch gegenüber einem fremden Dritten bestehen (OLG Frankfurt a.M. OLGR 1999, 301: vorherige Schenkung des Dritten an den Erblasser). **c)** Übersteigt eine Schenkung das durch den Anstand gebotene Maß, ist nur der 2
Mehrbetrag ergänzungspflichtig (BGH LM Nr. 2 zu § 2330 BGB; BGH NJW 1981, 2459; OLG Karlsruhe OLGZ 1990, 462). Der Auskunftsanspruch des Pflichtteilsberechtigten (vgl → § 2314 Rn. 10 u 2) umfasst auch Anstandsschenkungen (BGH LM Nr. 5 zu § 2314 BGB). **d)** Zur **ehebedingten Zuwendung** → § 2325 Rn. 4; zu Zuwendungen an Kinder aus erster Ehe im Falle eines Pflichtteilergänzungsanspruchs des zweiten Ehegatten → § 2325 Rn. 1.

§ 2331 Zuwendungen aus dem Gesamtgut

(1) [1]**Eine Zuwendung, die aus dem Gesamtgut der Gütergemeinschaft erfolgt, gilt als von jedem der Ehegatten zur Hälfte gemacht.** [2]**Die Zuwendung gilt jedoch, wenn sie an einen Abkömmling, der nur von einem der Ehegatten abstammt, oder an eine Person, von der nur einer der Ehegatten abstammt, erfolgt, oder wenn einer der Ehegatten wegen der Zuwendung zu dem Gesamtgut Ersatz zu leisten hat, als von diesem Ehegatten gemacht.**

(2) **Diese Vorschriften sind auf eine Zuwendung aus dem Gesamtgut der fortgesetzten Gütergemeinschaft entsprechend anzuwenden.**

Parallelvorschrift zu § 2054. Die Auslegungsregel gilt im Rahmen der Berechnung 1
des ordentlichen Pflichtteils und des Ergänzungspflichtteils.

§ 2331a Stundung

(1) [1]**Der Erbe kann Stundung des Pflichtteils verlangen, wenn die sofortige Erfüllung des gesamten Anspruchs für den Erben wegen der Art der Nachlassgegenstände eine unbillige Härte wäre, insbesondere wenn sie ihn zur Aufgabe des Familienheims oder zur Veräußerung eines Wirtschaftsguts zwingen würde, das für den Erben und seine Familie die wirtschaftliche Lebensgrundlage bildet.** [2]**Die Interessen des Pflichtteilsberechtigten sind angemessen zu berücksichtigen.**

(2) [1]**Für die Entscheidung über eine Stundung ist, wenn der Anspruch nicht bestritten wird, das Nachlassgericht zuständig.** [2]**§ 1382 Abs. 2 bis 6 gilt entsprechend; an die Stelle des Familiengerichts tritt das Nachlassgericht.**

1. Anspruchsinhalt. a) Antragsberechtigt ist jeder Erbe (nicht nur wie nach 1
§ 2331a I aF der pflichtteilsberechtigte Erbe), der Nachlasspfleger, Nachlassverwalter und Nachlassinsolvenzverwalter, nicht aber der Testamentsvollstrecker (arg § 2213 I 3). **b)** Ungewöhnliche Härte gem Abs. I 1 ist nur ausnahmsweise anzunehmen; auch wenn sie vorliegt, müssen die Interessen des Schuldners überwiegen (zB OLG Dresden OLG-NL 1999, 168: 70-jähriger Erbe müsste sein Wohnhaus verkaufen, um den abgesicherten Pflichtteilsberechtigten befriedigen zu können). Ein günstiges, über dem Schätzwert liegendes Kaufangebot für eine Nachlassimmobilie steht einer dem Pflichtteilsschuldner günstigen Abwägung nicht grundsätzlich entgegen (BGH BeckRS 2018, 31670 für den Fall des Bestreitens eines solchen Angebots durch den Pflichtteilsschuldner). Soweit feststeht, dass der Schuldner den Pflichtteilsanspruch ohnehin nicht erfüllen kann, kommt eine Stundung nicht in Betracht (OLG Rostock BeckRS 2019, 12546 **c)** Mehrere Miterben: Nach Auseinandersetzung kann 2
der gesamtschuldnerischen oder anteiligen Haftung (§§ 2058, 2060 f.) nur der Miterbe die Stundungseinrede entgegenhalten, der in seiner Person ihre Voraussetzungen erfüllt. Vor Auseinandersetzung greift regelmäßig nur die gesamthänderische Haftung mit dem Nachlass (§ 2059 II) oder die gesamtschuldnerische Haftung mit dem Nachlassanteil ein (§§ 2058, 2059 I 1); soweit hier die Anspruchsverwirklichung den stundungsberechtigten Miterben stets mittreffen müsste, wirkt die Stundungs-

einrede für alle Miterben (teilw aA Soergel/Dieckmann § 2331a Rn. 4, 9 mN; zum Ganzen auch Klingelhöffer ZEV 1998, 121).

3 **2. Prozessuales.** Das Verfahren regeln §§ 362, 264 FamFG (früher §§ 83a, 53a FGG), § 1382 V (dazu OLG Karlsruhe FamRZ 2004, 661) und VI, die Stundungsmodalitäten § 1382 II–IV. Örtl Zuständigkeit: § 343 FamFG (früher § 73 FGG). Rechtspflegersache gem § 3 Nr. 2c RPflG. Rechtsmittel: §§ 58 ff. FamFG (früher § 60 I Nr. 6 FGG), § 11 I RPflG.

4 **3. Reform.** → Vor § 1922 Rn. 18. Sie hat zum 1.1.2010 die Voraussetzungen einer Stundung abgesenkt und das Antragsrecht auf jeden Erben ausgedehnt, unabhängig von einem bestehenden Pflichtteilsrecht. **Lit:** Reich FPR 08, 555; Lange DNotZ 2007, 84.

§ 2332 Verjährung

(1) **Die Verjährungsfrist des dem Pflichtteilsberechtigten nach § 2329 gegen den Beschenkten zustehenden Anspruchs beginnt mit dem Erbfall.**

(2) **Die Verjährung des Pflichtteilsanspruchs und des Anspruchs nach § 2329 wird nicht dadurch gehemmt, dass die Ansprüche erst nach der Ausschlagung der Erbschaft oder eines Vermächtnisses geltend gemacht werden können.**

I. Alte und neue Fassung

Die Vorschrift ist zum 1.1.2010 (→ Vor § 1922 Rn. 18) neu gefasst worden. Grundsätzlich folgt die Verjährung der Pflichtteilsansprüche nunmehr §§ 195, 199, 211 (Ablaufhemmung). Die Regelverjährung der Ansprüche aus §§ 2317, 2325 von drei Jahren (§ 195) beginnt danach mit dem Schluss des Jahres des Erbfalls (§§ 199 I Nr. 1, 2317), soweit ausreichende Kenntnisnahme von allen anspruchsbegründenden Umständen vorliegt (§ 199 I Nr. 2), bei absoluter Verjährung von 30 Jahren (§ 199 III a). Der Erbe des Anspruchsinhabers tritt in den bereits in Gang gesetzten Lauf der Verjährung ein (BGH NJW 2014, 2492 für Pflichtteilsanspruch). § 2332 nF enthält nur noch Ausnahmen und Modifikationen dieser Grundsätze (→ Rn. 4). Für Erbfälle vor dem 1.1.2010 behält § 2332 aF noch Bedeutung (zur komplizierten Übergangsregelung Art. 229 § 23 I–III EGBGB). Inhaltlich weichen §§ 195, 199 I und III a nur wenig von § 2332 I aF ab. Die Kommentierung zum **alten Rechtszustand** bleibt deshalb noch von Interesse und ist zusammen mit dem alten Gesetzestext im Folgenden abgedruckt.

§ 2332 aF *Verjährung in Kraft bis 21.12.2009*

(1) Der Pflichtteilsanspruch verjährt in drei Jahren von dem Zeitpunkt an, in weichem der Pflichtteilsberechtigte von dem Eintritt des Erbfalls und von der ihn beeinträchlichendem Verfügung Kenntnis erlangt, ohne Rücksicht auf diese Kenntnis in 30 Jahren von dem Eintritt des Erballs an.

(2) Der nach § 2329 dem Pflichtteilsberechtigten gegen den Beschenkten zustehende Anspruch verjährt in drei Jahren von dem Eintritt des Erbfalls an.

(3) Die Verjährung wird nicht dadurch gehemmt, dass die Ansprüche erst nach der Ausschlagung der Erbschaft oder eines Vermächtnisses geltend gemacht werden können.

1 **1. Verjährung nach altem Recht.** Die Verjährungsfristen gelten nur für §§ 2303 ff., also zB nicht für Mängelansprüche bzgl einer zur Abgeltung des Pflichtteilsanspruchs erhaltenen Sache (BGH NJW 1974, 363). **a) Kenntnis gem I** betrifft zunächst den **Erbfall;** dies auch bei Nacherbschaft, so dass die Verjährung gegenüber Vor- und Nacherben einheitlich läuft (vgl OLG Koblenz OLGR 2005, 117). **Beein-**

trächtigende Verfügung ist zunächst die enterbende oder beschränkende letztwillige Verfügung (OLG Karlsruhe NJW-RR 2007, 884: Berücksichtigung von Ausstattungen gem §§ 2050 ff.), wobei positive Kenntnis ihres wesentlichen Inhalts durch überzeugende mündliche Mitteilung (BGH LM Nr. 1 zu § 2332 BGB) oder Ablehnung einer Erbscheinserteilung (BGH NJW 1984, 2936) genügt. Nach zuverlässig erlangter Kenntnis von der Verfügung kann sich der Pflichtteilsberechtigte nicht auf Vergessen berufen (OLG Düsseldorf OLGR 2000, 332). Berechtigte Zweifel an der Wirksamkeit einer Verfügung bzw ein Irrtum hierüber können Kenntnis ausschließen (RGZ 140, 75; OLG Rostock FamRZ 2011, 1431; OLG Düsseldorf FamRZ 1992, 1224; KG FamRZ 2007, 682), auch wenn sie erst durch spätere Entdeckung einer die Enterbung anscheinend wiederaufhebenden Verfügung entstehen (BGH FamRZ 1985, 1022 mAnm von Dieckmann S. 1124; → § 1944 Rn. 1, → § 2082 Rn. 2 und → § 2283 Rn. 1). Das Gleiche gilt für einen nicht völlig von der Hand zu weisenden Irrtum über die Bedeutung der Verfügung für den Erbfall (BGH NJW 2000, 289 mAnm von Hohloch JuS 2000, 607: „gleichzeitiger Tod" bei halbstündigem Zeitunterschied?). Kenntnis des Pflichtteilsberechtigten besteht aber nicht erst bei endgültig sicherer Klärung der Rechtslage (dazu OLG Düsseldorf ZEV 2008, 347; KG FamRZ 2007, 682). Auf die Kenntnis von Zusammensetzung und Wert des Nachlasses kommt es nicht an (BGH NJW 2013, 1087: keine Anwendung des Rechtsgedankens des § 2313 II 1 iVm Abs. I 1 u 3), ebensowenig auf die Kenntnis der Person des oder der Erben (BGH NJW 2014, 2574 Rn. 9–11 unter Hinweis auf § 2332 III aF und § 1961). Beim Ergänzungsanspruch (§ 2325) ist zusätzlich die Schenkung Verfügung gem Abs. I (BGHZ 103, 333; BGH NJW 2013, 1086 Rn. 18; OLG Koblenz ZEV 2002, 502); auch hier entfällt Kenntnis bei plausiblen Zweifeln an der rechtlichen Wirksamkeit (BGH LM Nr. 3 zu § 2332 BGB). Erfährt der Pflichtteilsberechtigte zuerst von der Schenkung, dann von der letztwilligen Verfügung, so beginnt die Verjährung für ordentlichen Pflichtteil und Ergänzungspflichtteil einheitlich mit Kenntnis der letztwilligen Verfügung (BGH LM Nr. 4 zu § 2332 BGB; BGHZ 95, 80; OLG Düsseldorf FamRZ 1992, 1224); anders bei umgekehrter Reihenfolge (BGHZ 103, 333): Verjährung des ordentlichen Pflichtteils ab Kenntnis der letztwilligen Verfügung, des Ergänzungspflichtteils ab Kenntnis der Schenkung (str). Unkenntnis der Pflichtteilsquote wegen § 1371 III kann Kenntnis der Beeinträchtigung ausschließen, nicht aber Zweifel über die Höhe von Verbindlichkeiten (vgl aber BGH FamRZ 1977, 128) oder der Irrtum über das Ausmaß der Beeinträchtigung (BGH NJW 1995, 1157). Keinen Einfluss auf den Verjährungsbeginn hat jedoch ein Irrtum über das Bestehen des Pflichtteilrechts (OLG Koblenz OLGR 2004, 663: vermeintlich wirksamer Verzicht auf Pflichtteilsansprüche). Kenntnis der ges Vertreter entscheidet bei nicht voll Geschäftsfähigen (OLG Hamburg MDR 1984, 54). Abw. von Abs. I beginnt die Verjährung für Ansprüche, die auf Grund späterer gesetzlicher Regelung erst entstehen, nicht vor dem Inkrafttreten der Neuregelung (BGH FamRZ 1977, 129: Lastenausgleichsansprüche; BGHZ 123, 76; BGH ZEV 1996, 117; 2004, 377; KG ZEV 2000, 504: Entschädigungsansprüche nach VermG; hierzu auch OLG Düsseldorf NJW-RR 1998, 1157: Verjährungsbeginn nicht erst mit Bestandskraft des Restitutionsbescheides; str; aA Casimir DtZ 1993, 234). Sind Enterbung und Entstehung des Pflichtteilsanspruches bedingt, dann beginnt die Verjährung erst mit Bedingungseintritt (OLG Celle OLGR 2001, 161). **b)** Zur erleichterten Verjährung gem II 2
→ § 2329 Rn. 5. **c)** Zum Verjährungsbeginn bei bedingten Rechten als Nachlassbestandteil → § 2313 Rn. 1.

2. Hemmung und Neubeginn. a) Ein Anerkenntnis gem § 212 I Nr. 1 kann 3
in der Erklärung liegen, Auskunft und ihr entspr Befriedigung gewähren zu wollen (BGH NJW 2014, 2574 Rn. 13; 2012, 3229; 1975, 1409; BGH FamRZ 1985, 1021). Das Anerkenntnis des Vorerben wirkt gegen den Nacherben (BGH LM Nr. 5 zu § 2332 BGB), nicht hingegen das Anerkenntnis des Testamentsvollstreckers gegen den Erben, arg § 2213 I 3 (BGHZ 51, 129). Auskunftsklage (OLG Koblenz ZEV

2002, 502), Klage auf Feststellung der Pflichtteilsberechtigung oder ein Erbscheinverfahren, in dem um die Erbenstellung – und damit im Ergebnis auch um daraus folgende Pflichtteilsansprüche – gestritten wird (OLG Düsseldorf ZEV 2008, 347), hemmen nicht die Verjährung des Ergänzungsanspruchs (BGHZ 132, 240 = BGH LM Nr. 84 zu § 209 BGB mAnm von Leipold). Zur Hemmung durch Klageerhebung → § 2303 Rn. 6, → § 2314 Rn. 11, → § 2329 Rn. 5. Die Verjährung war zu Zeiten der DDR nicht schon deswegen gehemmt, weil der Berechtigte in der Bundesrepublik lebte und in der DDR mit Treuhandverwaltung zu rechnen war (BGH JZ 1996, 971 mAnm von Rauscher; → Vor § 1922 Rn. 12). Die Ablaufhemmung gem § 211 (zu ihrem Zweck BGH NJW 2014, 2492 Rn. 16) läuft für jeden Miterben vom Zeitpunkt seiner Annahme der Erbschaft (BGH NJW 2014, 2574 Rn. 21 ff. unter Berufung vor allem auf §§ 2058, 425 II im Falle einer Gesamtschuldklage; → §§ 2058–2063 Rn. 8) **b)** Die Verjährung der Pflichtteilsansprüche Minderjähriger gegen ihre Eltern ist bis zum Eintritt in die Volljährigkeit nach § 207 gehemmt (BayObLG FamRZ 1989, 541 zu § 204 aF). **c)** Abs. III aF korrespondiert mit §§ 2306 I aF, 2307, vgl → § 2306 Rn. 5.

II. Neufassung

4 Die neugefasste Vorschrift des § 2332 enthält nur noch Sonderregeln zu §§ 195, 199 I und III a. Zunächst einmal bewendet es nach Abs. I wie schon unter altem Recht für den Verjährungsbeginn des Pflichtteilergänzungsanspruchs gegen den Beschenkten beim Erbfall, was gegenüber § 199 I eine deutliche Verkürzung im Sinne der Rechtsklarheit für den Beschenkten bedeutet. Dies gilt auch, wenn der Beschenkte Erbe oder Miterbe ist (so schon zum alten Recht BGH NJW 1986, 1610; → Rn. 2 und → § 2329 Rn. 5). An die Kenntnis gem § 199 I dürfen keine übertriebenen Anforderungen gestellt werden; es reicht, wenn dem Gläubiger die Erhebung einer Klage oder Stufenklage trotz verbleibender Restrisiken zumutbar erscheint (OLG München ZEV 2019, 661 = BeckRS 2019, 18737; großzügiger OLG München BeckRS 2021, 3540: keine Kenntnis bei Annahme der Unwirksamkeit aufgrund Tatsachen- oder Rechtsirrtums, erst Kenntnis ab nachlassgerichtlicher Bejahung der Wirksamkeit). Ein Pflichtteilsberechtigter kann sich gegenüber dem Beschenkten Erben nicht auf § 2329 berufen, wenn er seinerseits seinen Anspruch aus § 2325 hat verjähren lassen (zutreffend LG Stuttgart ZEV 2018, 751, sa → § 2329 Rn. 2 und 5). Nach überwiegender Meinung soll die Rechtsausübungssperre bei nicht festgestellter Vaterschaft (§ 1600d IV aF bzw V nF) nicht zu einem späteren Verjährungsbeginn führen (für § 2329 und dem insoweit gleichen § 2332 aF BGH NJW 2020, 395; schon vorher gleich OLG Düsseldorf ZEV 2018, 143 mN; wegen Art. 6 V GG zumindest sehr fragwürdig; a.A. Hamm NJW-RR 1986, 165; sa → § 2329 Rn. 5 mN). Die Hemmungsregel des Abs. II entspricht ebenfalls altem Recht und korrespondiert mit §§ 2306, 2307. Erhebt der Pflichtteilsberechtigte aus § 2329 nach einer Klage auf Duldung der Zwangsvollstreckung in das geschenkte Grundstück (zum Anspruchsinhalt → § 2329 Rn. 4) auch Zahlungsklage, so hemmt die Duldungsklage nicht die Verjährung der Zahlungsklage (BGH NJW 2010, 998 Rn. 57 ff. zu § 2332 II aF, nunmehr § 2332 I). § 196 ist auch bei Grundstücksschenkungen für die Verjährung des Anspruchs aus § 2329 auf Geldzahlung ohne Bedeutung (Schindler/Walter ZEV 2017, 7 ff. [9]).

III. Verjährung des Auskunftsanspruchs

5 Hierzu → § 2314 Rn. 8.

§ 2333 Entziehung des Pflichtteils

(1) **Der Erblasser kann einem Abkömmling den Pflichtteil entziehen, wenn der Abkömmling**

1. **dem Erblasser, dem Ehegatten des Erblassers, einem anderen Abkömmling oder einer dem Erblasser ähnlich nahe stehenden Person nach dem Leben trachtet,**
2. **sich eines Verbrechens oder eines schweren vorsätzlichen Vergehens gegen eine der in Nummer 1 bezeichneten Personen schuldig macht,**
3. **die ihm dem Erblasser gegenüber gesetzlich obliegende Unterhaltspflicht böswillig verletzt oder**
4. **wegen einer vorsätzlichen Straftat zu einer Freiheitsstrafe von mindestens einem Jahr ohne Bewährung rechtskräftig verurteilt wird und die Teilhabe des Abkömmlings am Nachlass deshalb für den Erblasser unzumutbar ist. Gleiches gilt, wenn die Unterbringung des Abkömmlings in einem psychiatrischen Krankenhaus oder in einer Entziehungsanstalt wegen einer ähnlich schwerwiegenden vorsätzlichen Tat rechtskräftig angeordnet wird.**

(2) **Absatz 1 gilt entsprechend für die Entziehung des Eltern- oder Ehegattenpflichtteils.**

Lit: Bowitz, Zur Verfassungsmäßigkeit der Bestimmungen über die Pflichtteilsentziehung, JZ 1980, 304; ders, Die Pflichtteilsentziehung im Spiegel der neueren Rechtsprechung, ZErb 2008, 59; Gotthardt, Zur Entziehung des Pflichtteils eines Abkömmlings wegen Führens eines ehrlosen oder unsittlichen Lebenswandels, FamRZ 1987, 757; Kummer, Klage des Pflichtteilsberechtigten auf Feststellung der Unwirksamkeit des Pflichtteilsentzugs, ZEV 2004, 274; K. W. Lange, Die Pflichtteilsentziehung gegenüber Abkömmlingen de lege lata und de lege ferenda, AcP 204, 804; ders, Die Pflichtteilsentziehung im Spiegel der neueren Rechtsprechung, ZErb 2008, 59; Leisner, Pflichtteilsentziehungsgründe nach §§ 2333 ff. BGB verfassungswidrig?, NJW 2001, 126.

Reformliteratur: Bonefeld/Lange/Tanck, Die geplante Reform des Pflichtteilsrechts, ZErb 2007, 292; Hauck, Irrungen und Wirrungen bei den neuen strafbarkeitsgestützten Pflichtteilsentziehungsgründen, NJW 2010, 903; Karsten, Die Erbrechtsreform in der Kautelarpraxis, RNotZ 2010, 357; Kroiß, Die Reform des Pflichtteilsentziehungsrechts – Der Wegfall des Entziehungsgrundes des „ehrlosen und unsittlichen Lebenswandels", FPR 2008, 543.

1. Alte und neue Fassung. Die Vorschrift ist durch die Erbrechtsreform (→ Vor 1 § 1922 Rn. 18) zum 1.1.2010 neu gefasst worden. Identisch geblieben sind inhaltlich § 2333 I Nr. 1 sowie Nr. 3 alt und Nr. 2 neu (dazu LG Stuttgart NJW-RR 2012, 778) mit der Erweiterung auf dem Erblasser ähnlich nahe stehende Personen. Dieselbe Identität gilt für die Verletzung der Unterhaltspflicht in Nr. 4 alt und Nr. 3 neu. Abgeschafft sind die körperliche Misshandlung in Nr. 2 alt und der unsittliche oder ehrlose Lebenswandel in Nr. 5 alt. Der neue Entziehungsgrund in Nr. 4 neu formalisiert das Fehlverhalten strafrechtlich (OLG Nürnberg NJW-RR 2012, 1225) und verlangt eine besondere Beziehung der Tat zum Erblasser im Sinne einer Unzumutbarkeit (weit ausgelegt durch LG Stuttgart NJW-RR 2012, 779). Nachdem die alte Fassung für Erbfälle vor dem 1.1.2010 noch Geltung hat (Art. 229 § 23 IV EGBGB) und die Entziehungsgründe Nr. 1–3 neu mit Nr. 1, 3 und 4 alt mehr oder weniger identisch sind, wird die Kommentierung zur **alten Fassung** noch mit abgedruckt.

§ 2333 aF *Entziehung des Pflichtteils eines Abkömmlings*

Der Erblasser kann einem Abkömmling den Pflichtteil entziehen:

1. *wenn der Abkömmling dem Erblasser, dem Ehegatten oder einem anderen Abkömmling des Erblassers nach dem Leben trachtet.*
2. *wenn der Abkömmling sich einer vorsätzlichen körperlichen Misshandlung des Erblassers oder des Ehegatten des Erblassers schuldig macht, im Falle der Misshandlung des Ehegatten jedoch nur, wenn der Abkömmling von diesem abstammt,*
3. *wenn der Abkömmling sich eines Verbrechens oder eines schweren vorsätzlichen Vergehens gegen den Erblasser oder dessen Ehegatten schuldig macht,*

4. *wenn der Abkömmling die ihm dem Erblasser gegenüber gesetzlich obliegende Unterhaltspflicht böswillig verletzt,*
5. *wenn der Abkömmling einen ehrlosen oder unsittlichen Lebenswandel wider den Willen der Erblassers führt.*

a) Die Pflichtteilsentziehung kann ausdr oder konkludent (OLG Köln ZEV 1996, 430; OLG Hamm ZEV 2018, 211 Rn. 40 f.: Erwähnung des § 2333 und seiner Gründe als Grundlage der „Enterbung"), ganz oder teilw erfolgen, → § 2306 Rn. 2. Erforderlich ist aber, dass der Erblasser fassbar und unverwechselbar die Tatsachen festlegt, auf Grund derer eine Pflichtteilsentziehung erfolgt (BGH NJW 1985, 1555; OLG Hamm NJW-RR 2007, 1237). Das Ges zählt die Gründe erschöpfend auf (BGH NJW 1974, 1085). Noch zu Lebzeiten des Erblassers kann das Pflichtteilsrecht bzw die Pflichtteilsentziehung Gegenstand einer Feststellungsklage des Erblassers oder des Pflichtteilsberechtigten sein (BGH NJW 1974, 1085; BGHZ 158, 226; dazu Kummer ZEV 2004, 274); mit dem Erbfall idR Fortfall des Feststellungsinteresses (BGH NJW-RR 1990, 130 für Feststellungsinteresse der Erben; BGH NJW-RR 1993, 391 und OLG Frankfurt a.M. OLGR 2005, 300 für Feststellungsinteresse des Pflichtteilsberechtigten). Das verfassungsrechtliche Übermaßverbot fordert eine konkrete Abwägung der Vorwürfe mit dem Gewicht der Pflichtteilsentziehung (BGHZ 109, 312). Die Rspr zeigt
2 eine restriktive Tendenz, die teilw übertrieben wirkt. **b) Körperliche Misshandlung,** Nr. 2, erfordert zugleich eine „schwere Pietätsverletzung" (BGHZ 109, 311; mAnm Leipold JZ 1990, 700). Körperliche Misshandlung liegt nicht vor, wenn seelische Misshandlung sich nicht auf körperliches Wohlbefinden auswirkt (BGH NJW 1977, 339). Unter **schwere vorsätzliche Vergehen,** Nr. 3, können auch Beleidigungen (OLG Hamburg NJW 1988, 978; LG Stuttgart NJW-RR 2012, 778) oder Verfehlungen gegen Eigentum und Vermögen des Erblassers fallen (BGH NJW 2011, 1878 [1881]: Veruntreuung von Geldern; OLG Stuttgart ZEV 2019, 284 Rn. 6 ff.: Diebstahl von Bargeld), wenn sie nach Natur und Begehungsweise eine grobe Missachtung des Eltern-Kind-Verhältnisses und damit eine bes Kränkung des Erblassers bedeuten (mit sehr strengen Maßstäben BGH NJW 1974, 1085; OLG Celle Rpfleger 1992, 523; LG Hannover Rpfleger 1992, 253; LG Mosbach NJW-RR 2014, 708). Für Nr. 1–3 ist zwar Verschulden erforderlich, nicht aber strafrechtliche Schuld; vielmehr genügt die Fähigkeit zur Unrechtseinsicht (BVerfG NJW 2005, 1566 zu Nr. 1). Bei böswilliger **Verletzung der Unterhaltspflicht** soll Pflegeverweigerung im Krankheitsfalle ebensowenig ausreichen wie allgemein bloße Leistungsverweigerung, vielmehr muss eine verwerf-
3 liche Gesinnung hinzutreten (OLG Frankfurt a.M. BeckRS 2014, 02334). **c)** Bei der Frage, ob ein **ehrloser unsittlicher Lebenswandel,** Nr. 5, geführt wird, sind die sittlichen Maßstäbe des Erblassers zu berücksichtigen, jedoch ist eine Einbeziehung der allgemeinen gesellschaftlichen Wertvorstellungen unerlässlich (OLG Hamburg NJW 1988, 978). Ehrloser unsittlicher Lebenswandel kann danach in fortgesetzten Ehebrüchen bzw Eheverfehlungen zu erblicken sein (OLG Hamm NJW 1983, 1067; krit Kanzleiter DNotZ 1984, 22), nicht aber in Homosexualität (OLG Hamburg NJW 1988, 978) oder in vorehelicher Geschlechtsgemeinschaft (BGH LM Nr. 1 zu § 2333 BGB). Ehebruchmotivierter Mord soll nur bei unmittelbarer Beeinträchtigung der Familienehre ausreichen (BGHZ 76, 118; sa OLG Köln ZEV 2008, 383), was bei ausgegliederten nichtehelichen Kindern selten vorliegen wird (krit Tiedtke JZ 1980, 717; sa 8. Aufl. § 1934d Rn. 3). Auch bei ehrlosem Lebenswandel ist Verschulden des Abkömmlings Voraussetzung (OLG Hamburg NJW 1988, 978; str), das zB bei Trunksucht
4 fehlen kann (OLG Düsseldorf NJW 1968, 945). **d)** Vgl zu weiteren Auswirkungen des Entziehungsrechts §§ 2294, 2271 II. **e)** Die **Verfassungsmäßigkeit** der rigiden Beschränkung der Pflichtteilsentziehung ist für die Nr. 1 u 2 bestätigt (BVerfGE 112, 357 = NJW 2005, 1565 mAnm von Otte JZ 2005, 1007, Schöpflin FamRZ 2005, 2025; offen lassend noch BVerfG NJW 2001, 142 mkritAnm

von Leisner NJW 2001, 126; Mayer ZEV 2000, 447; → Vor § 1922 Rn. 1 und → § 2303 Rn. 10 sowie → § 2339 Rn. 1). **f)** Der eingetragene **Lebenspartner** ist dem Ehegatten gleichgestellt (§ 10 VI LPartG).

2. Entziehungsgründe der Neufassung. a) Sie bringen gegenüber der alten 5
Kommentierung zur Lebensnachstellung (Nr. 1 neu und alt) sowie zum Verbrechen und vorsätzlichen Vergehen (Nr. 2 neu und Nr. 3 alt, z. B. gefährliche Körperverletzung des Erblassers, OLG München ZEV 2018, 211 Rn. 44) und zur Unterhaltspflichtverletzung (Nr. 3 neu und Nr. 4 alt) als wesentliche Änderung nur die Einbeziehung der „ähnlich nahe stehenden Person" (Nr. 1 und 2). Diese Erweiterung soll den Entziehungsgrund gewandelten familiären Strukturen anpassen und zB Geschwister der Abkömmlinge, Stiefkinder, nichteheliche Lebensgemeinschafter und ihre Abkömmlinge mitumfassen, zumindest soweit eine häusliche oder familiäre Gemeinschaft besteht. **b)** Der neue Entziehungsgrund in Nr. 4 6
knüpft zunächst an das objektive Kriterium der rechtskräftigen Verurteilung zu einer vorsätzlichen Straftat an, ohne dass die Art der Tat näher spezifiziert sein soll (zB schwerer Betrug, sexueller Missbrauch von Kindern, Drogendelikte etc). Dabei muss die Strafe ohne Bewährung verhängt sein, wobei der Entziehungsgrund auch unter neuem Recht wiederum sehr eng ausgelegt wird (→ Rn. 1 zum alten Recht), so dass die unter Bewährung verhängte Strafe auch dann nicht zur Entziehung nach Nr. 4 Satz 1 reicht, wenn die Strafaussetzung wegen Fehlverhaltens widerrufen worden ist (so in der Tat OLG Saarbrücken NJW 2018, 957 Rn. 19). Unzumutbarkeit verlangt einen deutlichen Widerspruch zu den vom Erblasser oder in der familiären Gemeinschaft des Erblassers gelebten Werten (dazu OLG Oldenburg ZEV 2021, 62 bei Straftaten nach §§ 249, 250 I StGB). Sie entfällt bei Tatbeteiligung des Erblassers, wohl aber nicht ohne Weiteres bei eigenen weiter zurückliegenden ähnlichen Verfehlungen. Die Verfehlung muss vor dem Erbfall und der letztwilligen Verfügung liegen, nicht aber die rechtskräftige Verurteilung (s § 2336 II 2). **c)** Der neue Abs. 2 ersetzt die §§ 2334, 2335 aF und stellt die 7
Entziehung des Eltern- und Ehegattenpflichtteils gleich; dazu → § 2334 Rn. 1 und → § 2335 Rn. 1.

§ 2334 *(aufgehoben) Entziehung des Enternpflichtteils*

1 Die Vorschrift ist durch die Erbrechtsreform (→ Vor § 1922 Rn. 18) mit Wirkung zum 1.1.2010 aufgehoben worden. Die Entziehung des Elternpflichtteils ist nunmehr in § 2333 II entsprechend der Entziehung des Pflichtteils der Abkömmlinge geregelt. Das neue Recht gilt für Erbfälle ab dem 1.1.2010 (Art. 229 § 23 IV EGBGB).

§ 2335 *(aufgehoben) Entziehung des Ehegattenpflichtteils*

1 Die Vorschrift ist durch die Erbrechtsreform (→ Vor § 1922 Rn. 18) mit Wirkung zum 1.1.2010 aufgehoben worden. Die Entziehung des Ehegattenpflichtteils ist nunmehr in § 2333 II entsprechend der Entziehung des Pflichtteils der Abkömmlinge geregelt. Das neue Recht gilt für Erbfälle ab dem 1.1.2010 (Art. 229 § 23 IV EGBGB). Der Erblasser kann zusätzlich durch Scheidungs- oder Aufhebungsklage bzw Zustimmung zur Scheidung gem § 1933 das gesetzliche Erbrecht und damit auch das Pflichtteilsrecht ausschließen. Gleichstellung des eingetragenen Lebenspartners alten Rechts in § 10 III und VI 2 LPartG. Für gleichgeschlechtliche Ehegatten neuen Rechts (§ 1353 I 1 idF vom 20.7.2017, BGBl. I Nr. 52. 2787) gilt § 2333 II unmittelbar.

§ 2336 Form, Beweislast, Unwirksamwerden

(1) **Die Entziehung des Pflichtteils erfolgt durch letztwillige Verfügung.**

(2) [1]**Der Grund der Entziehung muss zur Zeit der Errichtung bestehen und in der Verfügung angegeben werden.** [2]**Für eine Entziehung nach § 2333 Absatz 1 Nummer 4 muss zur Zeit der Errichtung die Tat begangen sein und der Grund für die Unzumutbarkeit vorliegen; beides muss in der Verfügung angegeben werden.**

(3) **Der Beweis des Grundes liegt demjenigen ob, welcher die Entziehung geltend macht.**

1 **1. Voraussetzungen einer Entziehung. a)** Die **Entziehung** kann durch Testament, gemeinschaftliches Testament oder Erbvertrag erfolgen, allerdings stets nur als einseitige Verfügung (zur Umdeutung vertragsmäßiger Entziehung in eine einseitige
2 Verfügung BGH FamRZ 1961, 437). **b)** Die Erklärung muss die **betroffene Person** und den **Grund** enthalten, wobei je nach Einzelfall der Sachverhaltskern genügen kann (LG Stuttgart NJW-RR 2012, 779: geringe Anforderungen bei schwerem Sexualdelikt), insbesondere bei weniger gewichtigen Entziehungsgründen aber genauer eingrenzende Angaben notwendig sein können (deutlich OLG Saarbrücken NJW 2018, 957 Rn. 21 ff. mN; LG Mosbach NJW-RR 2014, 708 [709]), die dem Richter die Nachprüfung der Grundlagen einer Willensbildung des Erblassers erlauben (BGH NJW 1985, 1554); Einzelumstände sind bedeutungslos, sofern der Entziehungswille nicht auf ihnen beruht (BGH LM Nr. 1 zu § 2336 BGB). Die Formerfordernisse letztwilliger Anordnung setzen einer Auslegung unter Heranziehung außerurkundlicher Umstände die allgemein geltenden Grenzen (BGHZ 94, 41; hierzu Kuchinke JZ 1985, 748; Schubert JR 1986, 26; zur Andeutungstheorie
3 → § 2084 Rn. 4). Unzulässig ist die Entziehung für künftige Fälle. **c)** Die **gleichzeitige Enterbung** wird gem § 2085 ebenfalls unwirksam sein, falls das Nichtvorliegen des Entziehungsgrundes erwiesen ist; bleibt hingegen das Vorliegen zweifelhaft oder hat der Erblasser über sein Entziehungsrecht geirrt, ist die Enterbung wirksam und eine Anfechtung gem §§ 2078 II, 2080 nicht Erfolg versprechend. **d) Umgehung der Formpflicht** durch Annahme einer Verwirkung nach allgemeinen Regeln widerspricht ihrem Zweck, den Entzug des verfassungsmäßig garantierten Pflichtteilsrechts (sa → Vor § 1922 Rn. 1) nur unter eindeutig feststellbaren Voraussetzungen zuzulassen, wie sie sowohl für die Entziehung des Pflichtteils (§§ 2333 ff.) durch den Erblasser als auch für die nach dem Erbfall durch Anfechtungsklage geltend zu machende Erbunwürdigkeit (§§ 2339 ff.) gelten (im Ergebnis zutreffend OLG Nürnberg ZEV 2018, 234 = BeckRS 2018, 2099). **e)** Auf **Pflichtteilsentziehungen zu DDR-Zeiten** sind die Formvorschriften des § 2336 aF anwendbar, wenn der Erbfall nach dem Beitritt erfolgte (OLG Dresden ZEV 1999, 274; fragwürdige Schlussfolgerung aus Art. 235 EGBGB!).

4 **2. Prozessuales.** Die Beweislast für die obj und subj Merkmale des Grundes trifft gem Abs. III den Erben bzw Beschenkten (§ 2329). Für das Nichtvorliegen von Rechtfertigungs- und Entschuldigungsgründen bei Tatbeständen ohne rechtskräftige Verurteilung ist er ebenfalls beweisbelastet (BGH FamRZ 1985, 920; BGH NJW-RR 1986, 372; aber → § 2294 Rn. 2), fraglich jedoch, ob auch für die Zurechnungsfähigkeit (BGHZ 102, 230; verneinend LG Ravensburg ZErb 2008, 120 zu § 2333 Nr. 2 aF; vgl → § 2339 Rn. 2). Der Enterbte hatte im Falle der Nr. 5 aF (ehrloser oder unsittlicher Lebenswandel) den Beweis für eine Besserung gem Abs. IV aF zu erbringen.

5 **3. Reform.** Die Erbrechtsreform (→ Vor § 1922 Rn. 18) hat die Vorschrift an den geänderten § 2333 angepasst. Abs. IV alt mit seiner Besserungsklausel konnte entfallen, weil der Entziehungsgrund des ehrlosen oder unsittlichen Lebenswandels nach § 2333 Nr. 5 in der Neufassung des § 2333 I nicht mehr berücksichtigt ist. Die neugefasste Vorschrift gilt für Erbfälle ab dem 1.1.2010, jedoch auch für Ereig-

nisse und Verfügungen vor dieser Zeit (Art. 229 § 23 IV EGBGB; Palandt/Weidlich, 79. Aufl. Rn. 4).

§ 2337 Verzeihung

[1]Das Recht zur Entziehung des Pflichtteils erlischt durch Verzeihung. [2]Eine Verfügung, durch die der Erblasser die Entziehung angeordnet hat, wird durch die Verzeihung unwirksam.

Verzeihung ist keine Willenserklärung, sondern als Realakt die Kundgabe des Entschlusses, aus den erfahrenen Kränkungen nichts mehr herleiten und darüber hinweggehen zu wollen (BGH NJW 1974, 1085), also das Verletzende der Kränkung als nicht mehr existent zu betrachten (BGH NJW 1984, 2090: vergeben, aber nicht notwendig vergessen). Sie ist auch formlos, zB durch schlüssige Handlung, möglich (OLG Hamm NJW-RR 2007, 1237; OLG Saarbrücken NJW 2018, 957 Rn. 23: Unterlassung von Strafanzeigen; OLG Stuttgart ZEV 2019, 284 Rn. 14 ff.: Bewohnung des Untergeschosses im Haus des dementen Erblassers nach mehr als zehn Jahren seit dem Diebstahl keine Verzeihung)). Die Wiederherstellung einer dem Eltern-Kind-Verhältnis entspr liebevollen Beziehung ist nicht erforderlich (BGH LM Nr. 1 zu § 2337 BGB; OLG Nürnberg NJW-RR 2012, 1225). Ein nachträglicher Sinneswandel hebt die Verzeihungswirkung nicht auf, so dass das Recht zur Entziehung nicht neu entsteht (OLG Nürnberg NJW-RR 2012, 1226). Haben Ehegatten ihrem Sohn im gemeinschaftlichen Testament den Pflichtteil wirksam entzogen und verzeiht der überlebende Elternteil, so erwirbt der Sohn den Pflichtteilsanspruch nach dem Überlebenden auch insoweit, als das Vermögen aus dem Nachlass des Erstverstorbenen stammt (OLG Hamm MDR 1997, 844 mzustAnm Finzel). Ob auch die Enterbung durch Verzeihung unwirksam wird, ist Einzelfallproblem (§ 2085). **1**

§ 2338 Pflichtteilsbeschränkung

(1) **[1]Hat sich ein Abkömmling in solchem Maße der Verschwendung ergeben oder ist er in solchem Maße überschuldet, dass sein späterer Erwerb erheblich gefährdet wird, so kann der Erblasser das Pflichtteilsrecht des Abkömmlings durch die Anordnung beschränken, dass nach dem Tode des Abkömmlings dessen gesetzliche Erben das ihm Hinterlassene oder den ihm gebührenden Pflichtteil als Nacherben oder als Nachvermächtnisnehmer nach dem Verhältnis ihrer gesetzlichen Erbteile erhalten sollen. [2]Der Erblasser kann auch für die Lebenszeit des Abkömmlings die Verwaltung einem Testamentsvollstrecker übertragen; der Abkömmling hat in einem solchen Falle Anspruch auf den jährlichen Reinertrag.**

(2) **[1]Auf Anordnungen dieser Art findet die Vorschrift des § 2336 Abs. 1 bis 3 entsprechende Anwendung. [2]Die Anordnungen sind unwirksam, wenn zur Zeit des Erbfalls der Abkömmling sich dauernd von dem verschwenderischen Leben abgewendet hat oder die den Grund der Anordnung bildende Überschuldung nicht mehr besteht.**

Lit: Baumann, Die Pflichtteilsbeschränkung „in guter Absicht", ZEV 1996, 121; Keller, Die Beschränkung des Pflichtteils in guter Absicht, § 2338 BGB, NotBZ 2000, 253.

a) Die Beschränkungen wegen Verschwendung oder Überschuldung sollen den Abkömmling und seine ges Erben schützen und lassen deshalb nach dem Abkömmling nur eine § 2066 entspr Gestaltung zu; andernfalls (Zuwendung an Freunde, abw Quoten) gelten §§ 2306, 2307 ohne jede Besonderheit. **1**
b) Die **Nacherbeneinsetzung** schützt den Abkömmling vor sich selbst (§§ 2112 ff.) und vor dem Zugriff der Gläubiger (§ 2115); § 863 ZPO ergänzt diesen Schutz für Nutzungen (vgl § 2111 **2**

S. 1). Die angeordneten Beschränkungen gelten unabhängig von der Höhe der Zuwendung in allen Fällen des Pflichtteilserwerbs. **c)** Die Schutzwirkung der **Testamentsvollstreckung,** die alleine oder neben der Nacherbschaft angeordnet werden kann, zeigt sich vor allem in den Vorschriften der §§ 2211, 2214, § 863 ZPO; ihre wirksame Anordnung setzt die Darlegung eines ausreichenden Kernsachverhalts im Testament voraus (OLG Düsseldorf FamRZ 2011, 1824). Wenn der Erblasser auch den Reinertrag der Vollstreckung unterwirft, hat der Abkömmling die Rechte aus §§ 2306, 2307; schlägt er nicht aus, so liegt ein wirksames Verbot gem § 135 I vor, kein unwirksames Verbot gem § 137 S. 1 (OLG Bremen FamRZ 1984, 213; zT aA Soergel/Dieckmann § 2338 Rn. 18).

Abschnitt 6. Erbunwürdigkeit

§ 2339 Gründe für Erbunwürdigkeit

(1) **Erbunwürdig ist:**

1. **wer den Erblasser vorsätzlich und widerrechtlich getötet oder zu töten versucht oder in einen Zustand versetzt hat, infolge dessen der Erblasser bis zu seinem Tode unfähig war, eine Verfügung von Todes wegen zu errichten oder aufzuheben,**
2. **wer den Erblasser vorsätzlich und widerrechtlich verhindert hat, eine Verfügung von Todes wegen zu errichten oder aufzuheben,**
3. **wer den Erblasser durch arglistige Täuschung oder widerrechtlich durch Drohung bestimmt hat, eine Verfügung von Todes wegen zu errichten oder aufzuheben,**
4. **wer sich in Ansehung einer Verfügung des Erblassers von Todes wegen einer Straftat nach den §§ 267, 271 bis 274 des Strafgesetzbuchs schuldig gemacht hat.**

(2) **Die Erbunwürdigkeit tritt in den Fällen des Absatzes 1 Nr. 3, 4 nicht ein, wenn vor dem Eintritt des Erbfalls die Verfügung, zu deren Errichtung der Erblasser bestimmt oder in Ansehung deren die Straftat begangen worden ist, unwirksam geworden ist, oder die Verfügung, zu deren Aufhebung er bestimmt worden ist, unwirksam geworden sein würde.**

Lit: Holtmeyer, Aktuelle Praxisprobleme des Erbunwürdigkeitsrechts, ZErb 2010, 6; Muscheler, Erbunwürdigkeitsgründe und Erbunwürdigkeitsklage, ZEV 2009, 101; ders, Grundlagen der Erbunwürdigkeit, ZEV 2009, 58.

1 **1. Die Tatbestände.** Nr. 1 erfasst §§ 211, 212, uU 227 StGB in allen Beteiligungsformen (BGH NJW 2015, 1382: versuchter Totschlag an einer an Alzheimer erkrankten und sondenernährten Ehefrau), bei Tötung des Vorerben gilt § 162 II entsprechend (BGH NJW 1968, 2052). Eine Einziehung des Nachlasses des von den Erben getöteten Erblassers gem § 73 I StGB ist ausgeschlossen, weil in diesem Falle die Rechtslage bezüglich des Nachlasses durch §§ 2339 I Nr. 1, 2340 ff. abschließend geregelt ist (BGH NStZ-RR 2020, 477). Nr. 2 kann durch Handeln (Vortäuschen der Testamentsvernichtung zur Verhinderung seines Widerrufs, BGH NJW-RR 1990, 516) oder durch Unterlassen begangen werden, falls eine Handlungspflicht besteht (zB Auftrag zur Testamentsvernichtung, § 2255). Wie bei § 2333 kommt es nicht auf strafrechtliche Schuld an; die Fähigkeit zur Unrechtseinsicht genügt (→ § 2333 Rn. 2; offen gelassen von BVerfGE 112, 359 ff. = NJW 2005, 1566; für Schuldfähigkeit nunmehr BGH NJW 2015, 1382 Rn. 20 ff. mit Abgrenzung gegen BVerfGE 112, 332 [359]). Die Merkmale von Nr. 3 entsprechen § 123 I, so dass auch Täuschen durch Schweigen denkbar ist; erbunwürdig ist deshalb ein Ehegatte, der ein andauerndes ehewidriges Verhältnis verschweigt, obwohl ihn der andere Teil bekanntermaßen nur auf die Beteuerung seiner ehelichen Treue bedenkt

(BGHZ 49, 158). Unter den Tatbestand der Nr. 4 iVm § 267 StGB fällt nicht das Gebrauchmachen von einem Testament, das der Erblasser zwar selbst unterschrieben, aber entgegen § 2247 nicht selbst geschrieben hat, weil es an einer Täuschung über die Urheberschaft der Erklärung fehlt, wenn sich der unterschreibende Erblasser mit seiner Unterschrift die fremde Erklärung zu eigen macht (OLG Hamm ZEV 2016, 644; aA OLG Düsseldorf NJW 1966, 749). Entgegen der hM (BGH NJW 1970, 198; OLG Stuttgart ZEV 1999, 188 mAnm von Kuchinke ZEV 1999, 317; s dazu BGH ZEV 2008, 479) erfüllt eine Fälschung nicht die Voraussetzungen gem Nr. 4, wenn sie der Verwirklichung des Erblasserwillens nachweislich dienen sollte; denn Nr. 4 schützt nicht die Redlichkeit im Rechtsverkehr, sondern den Erblasserwillen (vgl auch II). Das Urkundendelikt muss die letztwillige Verfügung als solche betreffen, bloßer Zusammenhang mit der Verfügung genügt nicht (OLG Rostock FamRZ 2011, 1430). Der nachträglichen Unwirksamkeit gem II steht anfängliche Unwirksamkeit gleich (str).

2. Prozessuales. An ein strafgerichtliches Urteil ist der Zivilrichter nicht gebunden, er muss sich jedoch mit ihm auseinandersetzen (BGH NJW-RR 2005, 1024 f. = MDR 2005, 1114). Für das Vorliegen eines Erbunwürdigkeitsgrundes trägt die Beweislast, wer sich darauf beruft (BGH NJW-RR 1990, 516). Hingegen hat der Erbe zu beweisen, dass seine Haftung wegen Unzurechnungsfähigkeit ausgeschlossen war (BGHZ 102, 230; OLG Düsseldorf OLGR 2000, 182); → § 2342 Rn. 1. 2

§ 2340 Geltendmachung der Erbunwürdigkeit durch Anfechtung

(1) **Die Erbunwürdigkeit wird durch Anfechtung des Erbschaftserwerbs geltend gemacht.**

(2) [1]**Die Anfechtung ist erst nach dem Anfall der Erbschaft zulässig.** [2]**Einem Nacherben gegenüber kann die Anfechtung erfolgen, sobald die Erbschaft dem Vorerben angefallen ist.**

(3) **Die Anfechtung kann nur innerhalb der in § 2082 bestimmten Fristen erfolgen.**

Die einjährige (§ 2082 I) Anfechtungsfrist beginnt, wenn der Anfechtende zuverlässige Kenntnis des Erbunwürdigkeitsgrundes im Sinne seiner Beweisbarkeit erlangt, so dass eine Klageerhebung zumutbar ist (BayObLG NJW-RR 2002, 1160; OLG Düsseldorf OLGR 2000, 182: bei begründeten Zweifeln an der Schuldfähigkeit des Täters darf der Anfechtende auf Erkenntnisse im Strafverfahren warten; sa OLG Koblenz FamRZ 2005, 1206: Fristbeginn mit Verkündung des Strafurteils). Bei einer Testamentsfälschung genügt Kenntnis von der Fälschung und des Fälschers als des Anfechtungsgegners (BGH NJW 1989, 3214). Der Fristlauf beginnt aber frühestens mit dem Erbfall. 1

§ 2341 Anfechtungsberechtigte

Anfechtungsberechtigt ist jeder, dem der Wegfall des Erbunwürdigen, sei es auch nur bei dem Wegfall eines anderen, zustatten kommt.

Für das Anfechtungsrecht genügt anders als bei § 2080 (vgl → § 2080 Rn. 2) auch der mittelbare Vorteil (zB Abkömmling der ges Erben bei Unwürdigkeit des Testamentserben); der Vorteil muss aber in der Erbenstellung bestehen, also kein Anfechtungsrecht der Vermächtnisnehmer, Auflagenbegünstigten, Gläubiger usw. 1

§ 2342 Anfechtungsklage

(1) [1]**Die Anfechtung erfolgt durch Erhebung der Anfechtungsklage.** [2]**Die Klage ist darauf zu richten, dass der Erbe für erbunwürdig erklärt wird.**

(2) **Die Wirkung der Anfechtung tritt erst mit der Rechtskraft des Urteils ein.**

1 **a)** Anfechtung erfolgt nur durch **Gestaltungsklage** gegen den Erbunwürdigen; die Anfechtbarkeit kann folglich im Erbscheinsverfahren nicht einredeweise berücksichtigt werden (BayObLGZ 1973, 257). Die Erbunwürdigkeitsklage ist nicht ausgeschlossen, wenn der Erbunwürdige die Erbschaft bereits ausgeschlagen hat (KG FamRZ 1989, 675), weil die Ausschlagung zB durch Anfechtung wieder wegfallen kann. Zulässig ist die Verbindung der Gestaltungsklage mit der Herausgabeklage gem § 2018 (str) oder mit der Leistungs- bzw Feststellungsklage nach Anfechtung gem §§ 2078, 2081 (BGH FamRZ 1968, 153; BGH NJW-RR 2013, 9). Der Beklagte kann gem § 307 ZPO anerkennen (LG Köln NJW 1977, 1783; zuletzt OLG Jena ZEV 2008, 479; aA LG Aachen NJW-RR 1988, 263; differenzierend nach Drittbetroffenheit KG FamRZ 1989, 675). Es gelten die Dispositions- u Verhandlungsmaxime (so tendenziell BGH NJW-RR 2013, 9); jedoch sind an die Annahme eines unzulässigen Ausforschungsbeweises strengste Anforderungen zu
2 stellen (BGH NJW-RR 2013, 9 [10] für Mordverdacht). **b)** Die **Wirkung** des stattgebenden Urteils kommt allen Anfechtungsberechtigten zugute (BGH NJW 1970, 197), bei Klagabweisung bewendet es hingegen bei der Rechtskraft inter partes. **c)** Der **Streitwert** richtet sich nach dem Wert der Nachlassbeteiligung des Beklagten, auch wenn der obsiegende Kläger nur einen Bruchteil erhielte (BGH NJW 1970, 197).

§ 2343 Verzeihung

Die Anfechtung ist ausgeschlossen, wenn der Erblasser dem Erbunwürdigen verziehen hat.

1 Vgl zur Verzeihung → § 2337 Rn. 1; Bsp: BGH ZEV 2008, 479.

§ 2344 Wirkung der Erbunwürdigerklärung

(1) **Ist ein Erbe für erbunwürdig erklärt, so gilt der Anfall an ihn als nicht erfolgt.**

(2) **Die Erbschaft fällt demjenigen an, welcher berufen sein würde, wenn der Erbunwürdige zur Zeit des Erbfalls nicht gelebt hätte; der Anfall gilt als mit dem Eintritt des Erbfalls erfolgt.**

1 **a)** Gegenüber dem Erben haftet der Erbunwürdige gem §§ 2018 ff., 677 ff. **b)** Gegenüber Dritten gilt § 1959 II und III nicht. ZgDr können §§ 407, 932 ff., 891 ff., 2366 ff. durchgreifen; bei beweglichen Sachen liegt Abhandenkommen nicht vor (sa Soergel/Damrau § 2344 Rn. 3).

§ 2345 Vermächtnisunwürdigkeit; Pflichtteilsunwürdigkeit

(1) [1]**Hat sich ein Vermächtnisnehmer einer der in § 2339 Abs. 1 bezeichneten Verfehlungen schuldig gemacht, so ist der Anspruch aus dem Vermächtnis anfechtbar.** [2]**Die Vorschriften der §§ 2082, 2083, 2339 Abs. 2 und der §§ 2341, 2343 finden Anwendung.**

(2) **Das Gleiche gilt für einen Pflichtteilsanspruch, wenn der Pflichtteilsberechtigte sich einer solchen Verfehlung schuldig gemacht hat.**

1 **1. Inhalt.** Schuldrechtliche Ansprüche des Erbunwürdigen (§§ 2147 ff., 2174; 2303 ff., 2317; 1934a, 1934b II aF, zur Aufhebung → § 1924 Rn. 3; ferner §§ 1932, 1969) werden durch Anfechtungserklärung des Anfechtungsberechtigten (§ 2341) gegenüber dem Erbunwürdigen (§ 143 I, IV 1) unwirksam (§ 142 I); diese Anfecht-

barkeit kann auch noch nach Ablauf der Anfechtungsfrist einredeweise geltend gemacht werden (arg Abs. I 2, § 2083; vgl für Pflichtteilsunwürdigkeit OLG Hamm ZEV 2016, 644 [645]). Einer Anfechtungsklage bedarf es nicht, weil Abs. I Satz 2 nur auf §§ 2341, 2343 und nicht auf § 2342 verweist (OLG Hamm ZEV 2016, 644 [645]). §§ 2190, 2069, 2158 f., 2309 modifizieren die Wirkung des § 142 I.

2. Verfassungmäßigkeit. Der in §§ 2345 II, 2339 I Nr. 1 normierte Pflichtteilsunwürdigkeitsgrund ist verfassungsgemäß (BVerfGE 112, 357 = NJW 2005, 1565, → § 2333 Rn. 4).

Abschnitt 7. Erbverzicht

§ 2346 Wirkung des Erbverzichts, Beschränkungsmöglichkeit

(1) [1]**Verwandte sowie der Ehegatte des Erblassers können durch Vertrag mit dem Erblasser auf ihr gesetzliches Erbrecht verzichten.** [2]**Der Verzichtende ist von der gesetzlichen Erbfolge ausgeschlossen, wie wenn er zur Zeit des Erbfalls nicht mehr lebte; er hat kein Pflichtteilsrecht.**

(2) **Der Verzicht kann auf das Pflichtteilsrecht beschränkt werden.**

Lit: Damrau, Der Erbverzicht als Mittel zweckmäßiger Vorsorge für den Todesfall, 1966; Dieterlen, Die vertragliche Verpflichtung zur Ausschlagung einer Erbschaft, 1997; Ebenroth/Fuhrmann, Konkurrenzen zwischen Vermächtnis- und Pflichtteilsansprüchen bei erbvertraglicher Unternehmensnachfolge, BB 1989, 2049; Edenfeld, Die Stellung weichender Erben beim Erbverzicht, ZEV 1997, 134; Ivo, Der Verzicht auf Abfindungs- und Nachabfindungsansprüche gem §§ 12, 13 HöfeO, ZEV 2004, 316; K.W. Lange, Der Erlass des Pflichtteilsanspruchs ZEV 2022, 557; Lange/Horn, Die Anfechtung von Erb- und Pflichtteilsverzichtsverträgen, ZEV 2019, 381 ff.; Mayer, Unwirksame Folgen aus Pflichtteilsverzicht, ZEV 2007, 556; von Proff, Pflichtteilserlass und Pflichtteilsverzicht von Sozialhilfeempfängern, ZErb 2010, 26; ders., Abfindungsvereinbarungen bei Erb- und/oder Pflichtteilsverzichten – eine Schenkung? NJW 2016, 539; Quantius, Die Aufhebung des Erbverzichts, 2001; Riering, Der Erbverzicht im Internationalen Privatrecht, ZEV 1998, 248; Röthel, Verzicht auf den Kindespflichtteil: Plädoyer für mehr Wachsamkeit, NJW 2012, 337; Schotten, Das Kausalgeschäft zum Erbverzicht, DNotZ 1998, 163; Zimmer, Störungen beim Erb- und Pflichtteilsverzichtsvertrag, NJW 2017, 513.

1. Verfügungsgeschäft. a) Der Erbverzicht ist ein *abstraktes erbrechtliches Verfügungsgeschäft* (BGHZ 37, 327). **b) Parteien.** Verzichten können Verwandte, Ehegatten, Verlobte (arg § 2347 I), Adoptivkinder bzw -eltern (§§ 1754, 1770); bei nach altem Recht Erbersatzanspruchsberechtigten ist der Erbverzicht vom Erbausgleich gem §§ 1934d, 1934e aF zu unterscheiden (zur Reform → § 1924 Rn. 3). Vertragsgegner ist der künftige Erblasser; Erb- sowie Pflichtteilsverzicht (II) sind nur bei Vertragsschluss zu Lebzeiten des Erblassers wirksam (BGH NJW 1997, 521; abl Muscheler JZ 1997, 853; Schubeit JR 1997, 426; zust Pentz JZ 1998, 88); ein Erbverzicht kann nach dem Tod des Erblassers nicht mehr aufgehoben werden (BGHZ 139, 119 = ZEV 1998, 305 mAnm von Siegmann ZEV 1998, 383; Muscheler ZEV 1999, 49; Pentz JZ 1999, 146; Hohloch JuS 1999, 82; → § 1924 Rn. 5 aE; zur Anfechtung → Rn. 6); auch eine Rückabwicklung wegen Fehlens bzw Wegfalls der Geschäftsgrundlage (§ 313 gilt direkt nur im Schuldrecht) oder gem § 812 I 2 Alt. 2 soll nicht möglich sein (BGH NJW 1999, 789). Verträge zwischen künftigen ges Erben gem § 311b V haben nur schuldrechtliche Wirkung. Der Erbverzicht kann ebenso wenig wie die Ausschlagung (InsO 83 I) nach InsO 129 ff. angefochten werden (BGH NJW 2013, 692 Rn. 12). **c)** Der Erbverzicht **umfasst** grundsätzlich den ges Erbteil und somit auch erst künftig erworbenes Erblasservermögen (LG Coburg FamRZ 2009, 461) oder Nachabfindungsansprüche gem § 13 HöfeO (BGHZ 134, 152 m. krit Anm Kuchinke JZ 1998, 141); ferner den Pflichtteil (Abs. I 2), wobei allerdings das Pflichtteilsrecht vertraglich vorbehalten werden kann (hM). Er wirkt nur zwischen den Vertragsparteien und bezieht sich ausschließlich

(Randnummern: 1 neben „1. Verfügungsgeschäft“, 2 neben „c) Der Erbverzicht umfasst“)

auf den Erbfall des Vertragspartners (BayObLG FamRZ 2005, 1782; OLG Frankfurt a.M. FamRZ 1995, 1451). Grundvermögen in der ehem. DDR wird grundsätzlich erfasst (OLG Düsseldorf FGPrax 1998, 58; AG Dülmen FamRZ 2001, 1254; praktisch wichtige Ausnahme: Nachlassspaltung, vgl → Vor § 1922 Rn. 4–10 mit Verweis auf 15. Aufl. 2004, Vor § 1922 Rn. 5). Der Verzichtende kann trotzdem testamentarischer Erbe werden (BGHZ 30, 267; BGH NJW 2011, 1878; 2012, 3097; sa § 2352). Ein Verzicht auf *künftige* letztwillige Zuwendungen ist unwirksam (BayObLG Rpfleger 1987, 374; → § 2352 Rn. 1). Die *Auslegung* des Erbverzichtsvertrags folgt §§ 133, 157 (BayObLG Rpfleger 1984, 191; OLG Schleswig ZEV 1998, 30 mAnm von Mankowski). Eine Abfindungserklärung bei Rechtsübertragungen unter Lebenden ist nicht notwendig Erbverzicht, inbes wegen künftigen Erblasservermögens (BayObLG Rpfleger 1984, 191; OLG Hamm FamRZ 1996, 1176). Die Schlusserben eines Erbvertrages gem § 2280 können als Vertragsbeteiligte schlüssig auf ihr Pflichtteilsrecht verzichten (BGHZ 22, 368; vgl → § 2280 Rn. 1); ebenso die Ehegatten, die in einem gemeinschaftlichen Testament Abkömmlinge als Erben des erstversterbenden Teils einsetzen (BGH NJW 1977, 1728; OLG Koblenz FamRZ 2011, 147; hierzu Habermann JuS 1979, 169). Der Verzicht nur auf den Pflichtteil (II) gewährt dem Erblasser ungebundene Testierfreiheit; macht er von ihr keinen Gebrauch, bewendet es bei der ges Erbfolge (BayObLG MDR 1981, 673). Der Verzicht kann nicht **beschränkt** sein auf einzelne Nachlassgegenstände, wohl aber auf rechnerische Teile des Nachlasses bzw Pflichtteils (Weirich DNotZ 1986, 11; Jordan Rpfleger 1985, 7; zu eng Schopp Rpfleger 1984, 175), ferner die Befugnis zu Beschränkungen und Beschwerungen enthalten (s Coing JZ 1960, 209; Fette NJW 1970, 743). Erbverzicht für den Fall der Scheidung oder des Getrenntlebens gilt nicht bei Wiederheirat nach Scheidung (OLG Düsseldorf NJW-RR 2017, 1094 Rn. 15). Pflichtteilsverzicht des später geschiedenen Ehegatten stellt den Erben aus Unterhaltsansprüchen (§ 1586b) haftungsfrei (Dieckmann NJW 1980, 2777; aA Grziwotz FamRZ 1991, 1258; Pentz FamRZ 1998, 1344; dagegen jeweils Dieckmann FamRZ 1992, 633 und 99, 1029; dagegen wiederum Schmitz FamRZ 1999, 1569). Der Pflichtteilsverzicht eines behinderten Sozialhilfeempfängers ist grundsätzlich nicht sittenwidrig (BGH NJW 2011, 1586; dazu Dreher/Görner NJW 2011, 1761; → § 2077 Rn. 3; → § 2100 Rn. 5; → § 2209 Rn. 2; zur Anwendbarkeit der auf den Erbverzicht geltenden Grundsätze auf einen entsprechenden Erlassvertrag nach dem Erbfall OLG Hamm ZEV 2022, 94 Rn. 20 ff.; sa Lange ZEV 2022,
3 557 ff.). **d) Zugewinngemeinschaft:** Der nichtbedachte und verzichtende Ehegatte hat nur den Ausgleichsanspruch, ebenso der ausschlagende und verzichtende Ehegatte (§ 1371 III Hs. 2). Bei Pflichtteilsvorbehalt hat der bedachte Ehegatte Rest- bzw Ergänzungsansprüche auf den großen Pflichtteil, er kann ferner nach § 1371 III Ausgleich und kleinen Pflichtteil verlangen; für den nichtbedachten Ehegatten gilt bei Pflichtteilsvorbehalt § 1371 II. Beim reinen Pflichtteilsverzicht gem II kann ges Erbfolge gem § 1371 I vorliegen, sonst bleibt nur die Wahl zwischen Annahme der Zuwendung und Ausgleich jeweils ohne jeden Pflichtteilsanspruch. **e)** Die *eingetragenen Lebenspartner alten Rechts* nach dem LPartG leben ohne abw Vereinbarung im Güterstand der Zugewinngemeinschaft, für sie gelten die gleichen Regelungen (§§ 6, 10 VI LPartG). Auf die *gleichgeschlechtlichen Ehegatten neuen Rechts* (§ 1353 I 1 idF des Gesetzes zur Einführung des Rechts auf Eheschließung für Personen gleichen Geschlechts vom 20.7.2017, BGBl. I Nr. 52, 2787, Art. 1 Nr. 2) findet § 2346 unmittelbar Anwendung (zur Umwandlung der Lebenspartnerschaft in eine gleichgeschlechtliche Ehe → § 20a LPartG idF 2017). **f)** Enthält ein **Ehevertrag,** der Scheidungsfolgen regelt, gleichzeitig einen Erb- und Pflichtteilsverzicht, so hängt vom Einzelfall ab, ob die Nichtigkeit der Scheidungsfolgenregelung (§ 138 I) auch den Verzicht erfasst (sehr zurückhaltend OLG München ZEV 2008, 571; aA LG Ravensburg ZEV 2008, 598).

4 **2. Schuldrechtliches Grundgeschäft. a)** Dem abstrakten Erbverzicht liegt ein *schuldrechtliches Grundgeschäft* zugrunde (vgl BGHZ 37, 327; 134, 152; Schotten

DNotZ 1998, 163). Es ist nach bisheriger, vom BGH nicht bestätigter Rechtsprechung formpflichtig, arg § 2348 (OLG Köln DNotZ 2011, 344; Kipp/Coing § 82 VI d; Damrau NJW 1984, 1163; aA Kuchinke NJW 1983, 2358; offen BGH NJW-RR 2012, 334 mN); der formgültige Erbverzicht heilt den Formmangel (Damrau NJW 1984, 1164; aA Kuchinke NJW 1983, 2360; offen BGH NJW-RR 2012, 334). Nach § 2348 idF mit Geltung ab 1.1.2023 ist wohl von einer Klarstellung dahin auszugehen, dass die Formpflicht nur das abstrakte erbrechtliche Rechtsgeschäft nach § 2346 erfassen soll u. nicht das schuldrechtliche Grundgeschäft sa § 2348 Rn. 2). Der abstrakte Verzicht des Erben ist keine Gegenleistung für lebzeitige Zuwendungen des Erblassers iSd Gläubiger- und Insolvenzanfechtung (BGHZ 113, 397; aA 7. Aufl.; sa BVerfG NJW 1991, 2695). **b) Leistungsstörungen bei zwei-** 5
seitigem Grundgeschäft können auf verschiedene Weise bewältigt werden: **aa)** Die Erfüllung durch den anderen Teil kann **Bedingung** des Erbverzichts bzw des gegenläufigen Verfügungsgeschäftes sein (vgl BGHZ 37, 327); ähnlich will eine Mindermeinung dem Verzichtenden bei Leistungsstörungen Rücktrittsrechte analog §§ 2293 ff. gewähren (vgl BayObLG NJW 1958, 344). **bb)** IÜ bieten sich die **schuldrechtlichen Leistungsstörungsregeln** (§§ 320 ff.) an. Sofern der Erblasser nicht leistet, kann der Verzichtende gem § 323 Aufhebung des Verzichts verlangen (§ 2351). Bei ausbleibendem Verzicht können der Erblasser bzw seine Erben nach §§ 281, 323 vorgehen; Leistungen auf einen unwirksamen Schuldvertrag sind kondizierbar, § 812 I 1 Alt. 1 oder I 2 Alt. 2 (vgl zum Ganzen Lange/Kuchinke § 7 V mN); ebenso Leistungen nach Aufhebung des Vertragsverhältnisses (BGH NJW 1980, 2309). **c)** Zur **Schenkung** bei Abfindung unter Erbverzicht und Pflichtteilsergänzung vgl → § 2325 Rn. 6. Der BGH rechtfertigt den vollen Widerruf der in der Abfindungszahlung liegenden Schenkung bei Vermögensverfall des künftigen Erblassers (→ § 528) oder grobem Undank des abgefundenen Erben (→ § 530; BGH NJW 2016, 324 Rn. 18 f.); er geht dabei in überzeugender Folgenabwägung von einer differenzierenden Betrachtung für Fälle eines Schenkungswiderrufs, einer vollstreckungsrechtlichen Anfechtung (BGH NJW 1991, 1610) und einer Pflichtteilsergänzung aus (BGH NJW 2016, 324 Rn. 11 f., 13 ff.,20; zum Ganzen von Proff NJW 2016, 539). **d)** Die **Anfechtung** aus § 119 erfasst idR nur den schuld- 6
rechtlichen Vertrag und führt zur Rückabwicklung (§§ 142 I, 812 I 1), die aber nur vor dem Erbfall möglich sein soll (str, s OLG Koblenz NJW-RR 1993, 709; OLG Schleswig ZEV 1998, 30 mAnm Mankowski; OLG Celle NJW-RR 2003, 1450; Schotten DNotZ 1998, 171). Die Anfechtung aus § 123 I gilt idR dem schuldrechtlichen Vertrag *und* dem abstrakten Verzicht (aA offenbar OLG Koblenz NJW-RR 1993, 709; wie hier Soergel/Damrau § 2346 Rn. 20), wobei auch hier Unwirksamkeit des Verzichts nach dem Erbfall teilw verneint wird (BayObLG ZEV 2006, 210, zu Recht kritisch Leipold ZEV 2006, 213 f.); jedenfalls Anspruch des Getäuschten aus § 826 als Nachlassverbindlichkeit (vgl OLG Koblenz NJW-RR 1993, 709). **Sittenwidrigkeit** (§ 138 I) kann bei krasser Übervorteilung gegeben sein (BGH NJW 2011, 1586; OLG Hamm NJW 2017, 576 mAnm Everts ZEV 2017, 166; OLG Düsseldorf NJW-RR 2013, 966; OLG München FamRZ 2007, 418); dabei gehen die Entscheidungen offenbar davon aus (ähnlich LG Nürnberg-Fürth BeckRS 2018, 2099), dass wegen des Verknüpfungswillens der Beteiligten (§ 139) mit dem schuldrechtlichen Vertrag auch der dingliche Verzicht unwirksam sein soll – angesichts der häufigen Wirkung des Verzichts auf die erbrechtliche Stellung Dritter in dieser Allgemeinheit eher zweifelhaft. **e) Wegfall der Geschäftsgrundlage** nach 7
§ 313 mit der Folge der Vertragsanpassung ist denkbar (Soergel/Damrau § 2346 Rn. 20; sa BGHZ 113, 314; 134, 152 = NJW 1997, 653; OLG Hamm ZEV 2000, 509 mAnm Kuchinke: für wertlos gehaltenes Ostvermögen LG Coburg FamRZ 2009, 462; str). Rücktritt als Folge der Anpassung des zugrunde liegenden Kausalgeschäftes ist nach Eintritt des Erbfalles aber ausgeschlossen (BGH ZEV 1999, 63 mAnm Skibbe ZEV 1999, 106; Langenfeld LM Nr. 5 zu § 2352 BGB); zum Wegfall der Geschäftsgrundlage bei Vereinbarungen über entstandene Pflichtteilsansprüche nach dem Erbfall → § 2303 Rn. 8.

8 **3. Steuerrecht.** Die für einen Erbverzicht gewährte Abfindung gilt als **steuerpflichtige Schenkung** (§ 7 I Nr. 5 ErbStG) bzw als unentgeltliche Zuwendung, so dass bei Besteuerung nach dem ErbStG ein Abzug in Höhe des Werts des Pflichtteils nicht vorgenommen wird. Dies gilt auch, wenn in einem einheitlichen Geschäft die vorweggenommene Erbfolge und eine Erbauseinandersetzung geregelt werden (BFH ZEV 2001, 449). Zahlt der künftige Erbe die Abfindung, so ist maßgeblich für die Besteuerung des Abfindungsbetrags die zwischen den beiden Erben bestehenden Steuerklasse (BFH NJW 2017, 2783; dazu Böing ZEV 2017, 534). Auf die Möglichkeit der Sittenwidrigkeit des Verzichts gem § 138 (→ oben Rn. 5) und mögliche steuerliche Folgen verweist BFH BeckRS 2020, 33270).

§ 2347 Persönliche Anforderungen, Vertretung

[1]Der Erblasser kann den Vertrag nach § 2346 nur persönlich schließen; ist er in der Geschäftsfähigkeit beschränkt, so bedarf er nicht der Zustimmung seines gesetzlichen Vertreters. [2]Ist der Erblasser geschäftsunfähig, so kann der Vertrag durch den gesetzlichen Vertreter geschlossen werden.

§ 2347 aF *in Kraft bis 31.12.2022*

(1) [1]Zu dem Erbverzicht ist, wenn der Verzichtende unter Vormundschaft steht, die Genehmigung des Familiengerichts erforderlich; steht er unter elterlicher Sorge, so gilt das Gleiche. [2]Für den Verzicht durch den Betreuer ist die Genehmigung des Betreuungsgerichts erforderlich.

(2) [1]Der Erblasser kann den Vertrag nur persönlich schließen; ist er in der Geschäftsfähigkeit beschänkt, so bedarf er nicht der Zustimmung seines gesetzlichen Vertreters. [2]Ist der Erblasser geschäftsunfähig, so kann der Vertrag durch den gesetzlichen Vertreter geschlossen werden; die Genehmigung des Familiengerichts oder Betreuungsgerichts ist in gleichem Umfang wie nach Absatz 1 erforderlich.

1 **1. Tatbestände. a)** Nach altem, bis zum 31.12.2022 geltenden Recht (→ Rn. 4) wird der **Verzichtende** gem I 1 entweder von Eltern oder Vormund vertreten oder er handelt mit Zustimmung (§§ 107 ff.) dieser Personen selbst; für das nichteheliche Kind s. § 1626a; zur familiengerichtlichen Genehmigungspflicht §§ 1643 I (Verpflichtungsgeschäft) u II (Pflichtteilsverzicht), 1822 Nr. 1 u 2 aF; Rechtspflegersache gem § 3 Nr. 2a RPflG. Eine Genehmigung gem I 1 ist aber unter altem Recht nicht notwendig, wenn durch schuldrechtliches RGeschäft Nachteile für das Erb- bzw Pflichtteilsrecht eines Minderjährigen zu befürchten sind, zB Erwerb von Erbschaftsgegenständen unter großen Belastungen (BGHZ 24, 372). Beim **Betreuten** gem I 2 bedarf unter altem Recht die Vertretung durch den Betreuer (§ 1902 aF) der Genehmigung, wobei die Verzichtserklärung in den Aufgabenbereich des Betreuers fallen muss (§ 1896 II aF). Der geschäftsfähige Betreute kann ohne gerichtliche Genehmigung verzichten, der geschäftsunfähige bedarf der Vertretung (§ 104 Nr. 2) und damit gem I 2 aF der Genehmigung. Im Insolvenzfalle ist der Verzicht des Schuldners nicht nach §§ 129 ff. InsO anfechtbar (§ 83 InsO u hierzu BGH NJW 2013, 693; → § 1943 Rn. 3). Unter *neuem Recht* gelten für den nicht oder beschränkt geschäftsfähigen Verzichtenden §§ 1629, 1643 nF, 1851nF; §§ 1789, 1799
2 1851 nF, für den betreuten Verzichtenden §§ 1815, 1825, 1851 nF. **b)** Für den **Erblasser** gilt unter *altem und neuen Recht* grundsätzlich **Höchstpersönlichkeit** (OLG Düsseldorf FamRZ 2011, 1762; OLG Düsseldorf NJW-RR 2002, 584), die beim Vergleich im Anwaltsprozess mit der Form (§§ 2348, 127a) gewahrt ist, wenn Anwalt und Erblasser die Erklärung abgeben (BayObLG NJW 1965, 1276). II 1 Hs. 2 aF wiederholt § 107. II 2 aF ordnet bei Geschäftsunfähigkeit Stellvertretung und gerichtliche Genehmigung an. II aF ist auf das schuldrechtliche Grundgeschäft unanw (str, so aber wohl BGHZ 37, 328). Unter *neuem Recht* bedarf gem § 2347 Satz 1, Halbs. 2 der beschränkt geschäftsfähige Erblasser keiner Zustimmung seiner gesetzlichen Vertreter – eine sehr weitreichende Vorschrift, die aber vor dem Hinter-

grund der Tatsache relativiert wird, dass für das schuldrechtliche Grundgeschäft die allgemeinen Vertretungsregeln gelten, §§ 107, 1629, 1643 nF; §§ 1789, 1799 nF; §§ 1815, 1825 nF und gegebenenfalls §§ 1850 ff. nF. **c)** Eine **gerichtliche Genehmigung** muss – wohl auch unter neuem Recht – zu Lebzeiten des Erblassers vorliegen (BGH NJW 1978, 1159; vgl auch → § 2275 Rn. 2). **d)** Bei **Gütergemeinschaft** vgl §§ 1432 I 2, 1455 Nr. 2. **e)** Bei Zweifeln an der **Geschäftsfähigkeit** ist Erklärung sowohl des Erblassers als auch des Betreuers empfehlenswert (BayObLG ZEV 2001, 190). 3

2. Reform. Infolge des FGG-RG (→ Vor § 1922 Rn. 19) wurde § 2347 zum 1.9.2009 neu gefasst. Die Neufassung berücksichtigt die Neuordnung der freiwilligen Gerichtsbarkeit im FamFG. Art. 1 Nr. 25 des Gesetzes zur Bekämpfung von Kinderehen (→ hierzu § 2275 Rn. 1) hat Abs. I 1, Hs. 2 zum 18.7.2017 insoweit aufgehoben, als er für Ehegatten oder Verlobte eine Genehmigung des Familiengerichts nicht verlangte (zum alten Recht → § 2347, 16. Aufl.). § 2347 ist durch Art. 1 Nr. 28 des Gesetzes zur Reform der Vormundschafts- und Betreuungsrechts zum 1.1.2023 (Art. 16 I des Reformgesetzes) neu gefasst worden (alte Fassung Kursivdruck). I aF ist ersatzlos gestrichen, es gelten die allgemeinen Vorschriften des neuen Betreuungs- und Vormundschaftsrechts (→ Rn. 1); II ist inhaltlich dem neuen Betreuungs- und Vormundschaftsrecht angepasst und nunmehr in dieser neuen Fassung einziger Absatz der Vorschrift; zur Neukommentierung → Rn. 2). 4

§ 2348 Form

Der Vertrag nach § 2346 bedarf der notariellen Beurkundung.

§ 2348 aF *in Kraft bis 31.12.2022*

Der Erbverzichtsvertrag bedarf der notariellen Beurkundung.

Lit: Keim, Der stillschweigende Erbverzicht – sachgerechte Auslegung oder unzulässige Unterstellung?, ZEV 2001, 1; Keller, Die Form des Erbverzichts, ZEV 2005, 229.

a) Alte Fassung (Kursivdruck). Die **Formpflicht** gilt nach überwiegender Auffassung auch für eine Verpflichtung auf Erbverzicht (vgl → § 2346 Rn. 4; zuletzt OLG Köln DNotZ 2011, 344; offen BGH NJW-RR 2012, 334), ebenso für die schuldrechtliche Verpflichtung zu Lebzeiten des Erblassers, einen Pflichtteilsanspruch nicht geltend zu machen (KG OLGZ 1974, 263). Sofern der Vollzug der Gegenleistung Bedingung des Erbverzichts ist, unterliegt auch dieses Vollzugsgeschäft (zB Übertragung eines Gesellschaftsanteils) der Formpflicht (aA aber BGH NJW-RR 2012, 334, allerdings mit unrichtiger Wiedergabe der hier in der 14. Aufl. vertretenen Auffassung, die gegenüber der 13. Aufl. verändert war); für die Verpflichtung zur Gegenleistung im zugrunde liegenden schuldrechtlichen Vertrag gilt das Gleiche (offen BGH NJW-RR 2012, 334). Auch durch notariell beurkundetes gemeinschaftliches Testament kann der Erbverzichtsvertrag (sogar stillschweigend) formgültig geschlossen werden (OLG Düsseldorf OLGR 2000, 332). Eine Heilung des Verzichtsvertrags analog § 313 S. 2 aF bzw § 311b I 2 nF bei Mitvereinbarung von später vollzogenen Grundstücksübertragungen ist nicht möglich (OLG Düsseldorf NJW-RR 2002, 584). Zu Leistungsstörungen beim Erbverzicht im gemeinschaftlichen Testament und Erbvertrag vgl → § 2346 Rn. 2; zum Erbverzicht durch Prozessvergleich vgl → § 2347 Rn. 2. Die **§§ 128, 152** sind anwendbar, nicht aber § 351 FamFG (früher § 2300a; dazu dort → § 2300a Rn. 1). **b) Neufassung** (Fettdruck) **und ihre Folgen.** § 2348 nF ist im Rahmen des Gesetzes zur Reform des Vormundschafts- und Betreuungsrechts (Art. 1 Nr. 28) zum 1.1.2023 (Art. 16 I des Reformgesetzes) inhaltlich einschneidend geändert worden. § 2348 nF stellt nunmehr klar, dass die Formpflicht nur für den dinglichen erbrechtlichen Vertrag gilt, 1 2 so dass sich die seitherige Zurückhaltung des BGH in dieser Frage im Sinne einer gesetzgeberischen Verneinung erbrechtlicher Formpflicht umsetzt. Ob diese Entscheidung besonders weise ist, mag dahinstehen. Die Warnfunktion des § 2348 verliert aber dadurch etwas an Effizienz, weil zwar meist, aber durchaus nicht immer schuldrechtliche und dinglich wirkende Vereinbarung zeitlich zusammenfallen. Immerhin besteht bei Fällen gesetzlicher Vertretung des Verzichtenden bereits bei schuldrechtlicher Verpflichtung (§ 1851 Nr. 2 nF) eine gerichtliche Genehmigungspflicht.

§ 2349 Erstreckung auf Abkömmlinge

Verzichtet ein Abkömmling oder ein Seitenverwandter des Erblassers auf das gesetzliche Erbrecht, so erstreckt sich die Wirkung des Verzichts auf seine Abkömmlinge, sofern nicht ein anderes bestimmt wird.

Lit: Lange ZEV 2015, 69 m. umfassenden Nw.

1 Die Erstreckung des Verzichts tritt mit und ohne Abfindung ein; sie gilt auch beim bloßen Pflichtteilsverzicht gem § 2346 II (Baumgärtel DNotZ 1959, 65). Zur anderweitigen Bestimmung BGH NJW 2012, 3097 (→ § 2209 Rn. 1); zur Erstreckung des Verzichts bei testamentarischer Zuwendung auf Abkömmlinge vgl → § 2352 Rn. 2.

§ 2350 Verzicht zugunsten eines anderen

(1) **Verzichtet jemand zugunsten eines anderen auf das gesetzliche Erbrecht, so ist im Zweifel anzunehmen, dass der Verzicht nur für den Fall gelten soll, dass der andere Erbe wird.**

(2) **Verzichtet ein Abkömmling des Erblassers auf das gesetzliche Erbrecht, so ist im Zweifel anzunehmen, dass der Verzicht nur zugunsten der anderen Abkömmlinge und des Ehegatten oder Lebenspartners des Erblassers gelten soll.**

1 Die Auslegungsregel gem Abs. I (dazu BGH NJW 2008, 298) erklärt den Verzicht zgDr zum **bedingten** Verzicht; sie gilt auch, wenn der Verzicht auf den Pflichtteil einem bestimmten Dritten als Belasteten zugute kommen soll, ferner bei § 2352 (BGH NJW 1974, 44; OLG Hamm OLGZ 1982, 272). Abs. II gibt widerlegliche Vermutung für die Begünstigungsabsicht des verzichtenden Abkömmlings. Verzicht zugunsten eines Abkömmlings verschafft ihm den vollen Erbteil des Verzichtenden (str, Mindermeinung: nur Erbteil, der bei Fortfall des Verzichtenden anfiele; s Soergel/Damrau § 2350 Rn. 3; jedenfalls aber kein Zuwachs bei Nichtbegünstigten, OLG Oldenburg NJW-RR 1992, 778).

§ 2351 Aufhebung des Erbverzichts

Auf einen Vertrag, durch den ein Erbverzicht aufgehoben wird, findet die Vorschrift des § 2348 und in Ansehung des Erblassers auch die Vorschrift des § 2347 Satz 1 erster Halbsatz, Satz 2 Anwendung.

1 Der Aufhebungsvertrag kann nicht durch eine aufhebende einseitige letztwillige Verfügung des Erblassers ersetzt werden (BGHZ 30, 267); wer auf seinen ges Erbteil verzichtet hat, kann aber dennoch testamentarischer Erbe werden (vgl → § 2346 Rn. 2). Vertragl Aufhebung kann nach hM nur zu Lebzeiten von Erblasser *und* Verzichtendem erfolgen (BGH ZEV 1998, 304; aA Vorinstanz OLG München ZEV 1997, 299: Vertrag mit Erben des Verzichtenden). Die klare sprachliche Fassung des Verweises auf § 2347 II aF in § 2351 aF beseitigte den missglückten früheren

Mitverweis auf § 2247 II 1 Hs. 2 (hierzu Hahn FamRZ 1991, 29); sa → § 2287 Rn. 4.

Reform. Die jüngste Neufassung erfolgt gem Art. 1 Nr. 29 des Gesetzes zur Reform des Vormundschafts- und Betreuungsrechts und tritt zum 1.1.2023 (Art. 16 I des Reformgesetzes) in Kraft. Inhaltlich passt er den Verweis auf § 2347 nF dem Wegfall des § 2147 I aF an (s § 2147 Rn. 2 u. 4). 2

§ 2352 Verzicht auf Zuwendungen

[1]Wer durch Testament als Erbe eingesetzt oder mit einem Vermächtnis bedacht ist, kann durch Vertrag mit dem Erblasser auf die Zuwendung verzichten. [2]Das Gleiche gilt für eine Zuwendung, die in einem Erbvertrag einem Dritten gemacht ist. [3]Die Vorschriften der §§ 2347 bis 2349 finden Anwendung.

Lit: Mayer, Zweckloser Zuwendungsverzicht?, ZEV 1996, 127; Mittenzwei, Die Aufhebung des Zuwendungsverzichts, ZEV 2004, 488; Weidlich, Gestaltungsalternativen zum zwecklosen Zuwendungsverzicht, ZEV 2007, 463.

1. Bedeutung und Inhalt. a) Die **Bedeutung** des Verzichts auf testamentarische Zuwendung zeigt sich angesichts freier Widerrufsmöglichkeit (§§ 2253 ff.) des Testaments vor allem bei bindenden wechselbezüglichen Verfügungen gem § 2271 II (OLG Hamm OLGZ 1982, 272; BayObLG FamRZ 1983, 837; OLG Oldenburg BeckRS 2019, 33905: kein Verzicht auf einzelne Nachlassgegenstände, sa → § 2346 Rn. 2 und allgemein → § 2271 Rn. 6, 9) oder bei nachträglicher Geschäftsunfähigkeit (§§ 2229 IV, 2347 II 2 aF) des Erblassers. Die Einschränkung des Erbverzichts beim **Erbvertrag** gem S. 2 erklärt sich aus der Möglichkeit des Aufhebungsvertrages zwischen Erbvertragsparteien; vgl aber → § 2290 Rn. 1; zur Möglichkeit der Aufhebung des Verzichts analog § 2351 BGH ZEV 2008, 237 mAnm von Kornexl. Ein Verzicht auf *künftige* testamentarische oder erbvertragliche Zuwendungen ist unwirksam (BayObLG Rpfleger 1987, 374). Der Verzicht auf den gesetzlichen Erbteil kann aber eine bereits erfolgte testamentarische Einsetzung auf den gesetzlichen Erbteil mitumfassen (OLG Celle FamRZ 2011, 1535). 1
b) Der Verzicht erstreckte sich unter altem, für Erbfälle vor dem 1.1.2010 geltenden Recht nicht auf **Abkömmlinge,** weil S. 3 § 2349 nicht für anwendbar erklärte (BayObLG Rpfleger 1984, 65; 1988, 97; OLG Köln FamRZ 1990, 99 f.; OLG Frankfurt a.M. DNotZ 1998, 223 mN und Anmvon Kanzleiter; hierzu abl Schotten Rpfleger 1998, 113), folglich §§ 2069, 2096 zum Zuge kamen (zu § 2069 vgl OLG München Rpfleger 2005, 669), die Stellung der Abkömmlinge also Auslegungsfrage war (zuletzt OLG Hamm FamRZ 2009, 2122; → § 2069 Rn. 3; aA Schotten ZEV 1997, 1: § 2349 analog). Unter neuem Recht führt der ausdrückliche Verweis auf § 2349 iZw zum Ausschluss auch der Abkömmlinge (OLG Köln NJW-RR 2021, 1164 Rn. 10 f.: maßgeblich ist das neue Recht für Erbfälle seit dem 1.1.2010 jedenfalls für nach dem Stichtag geschlossene Zuwendungsverzichtsverträge auch bei vor dem Stichtag geschlossenen Erbverträgen, sa § 2289 Rn. 4; zur Auslegung von notariellen Verfügungen unter altem Recht nach Inkrafttreten der Neuregelung im Sinne einer Nichterstreckung auf Abkömmlinge OLG Schleswig NJW-RR 2014, 1356 = ZEV 2014, 425; ähnlich OLG Düsseldorf FGPrax 2016, 275). **c)** Der Verzicht gem § 2346 umfasst nicht den Verzicht gem § 2352 und umgekehrt, andere Auslegung aber möglich (OLG Frankfurt a.M. Rpfleger 1994, 24; OLG Karlsruhe FamRZ 2002, 1519; OLG Düsseldorf NJW-RR 2020, 777 Rn. 21 ff.), vgl auch → § 2346 Rn. 2 und → § 2351 Rn. 1. 2
d) Umdeutung eines gem § 311b IV nichtigen Vertrages über die Übertragung eines testamentarischen Erbteils in einen bedingten Erbverzichtsvertrag (→ § 2350 Rn. 1) ist möglich (BGH NJW 1974, 44). 3

2. Reform. Die letzte, am 1.1.2010 in Kraft getretene Reform (→ Vor § 1922 Rn. 18) hat den Verweis in Satz 3 um § 2349 ergänzt (zur Reform Kanzleiter DNotZ 2009, 805; ders FS Werner, 2009, 508). 4

Abschnitt 8. Erbschein

§ 2353 Zuständigkeit des Nachlassgerichts, Antrag

Das Nachlassgericht hat dem Erben auf Antrag ein Zeugnis über sein Erbrecht und, wenn er nur zu einem Teil der Erbschaft berufen ist, über die Größe des Erbteils zu erteilen (Erbschein).

Lit: Dörner/Hertel/Lagarde/Riering, Auf dem Weg zu einem europäischen Internationalen Erb- und Erbverfahrensrecht, IPRax 2005, 1; Hohloch, Gleichlaufzuständigkeit und Testamentsauslegung bei Nachlaßspaltung, ZEV 1997, 469; Kammerlohr, Grundzüge der Freiwilligen Gerichtsbarkeit anhand des Erbscheinsverfahrens, JA 2003, 143; dies, Das Rechtsmittel der Beschwerde im Erbscheinsverfahren, JA 2003, 580; Köster, Vor- und Nacherbschaft im Erbscheinsverfahren, Rpfleger 2000, 90; Kollmeyer, Antrag auf Erteilung eines quotenlosen Erbscheins durch einen Miterben, NJW 2021, 1136; Kroiß, Das neue Nachlaßverfahrensrecht, ZErb 2008, 300; Kroiß/Horn, Erbenlegitimation ohne Erbschein, NJW 2013, 516; Kuchinke, Grundfragen des Erbscheinsverfahrens usw, Jura 1981, 281; Luttermann, Zur Grundbuchordnung: Erbscheine, Nacherben(gemeinschaft) und Europäisches Nachlasszeugnis, JZ 2017, 439; Schaal, Internationale Zuständigkeit deutscher Nachlaßgerichte nach der geplanten FGG-Reform, BWNotZ 2007, 154; J. Schmidt, Erbnachweis in Deutschland ab 2015: Erbschein vs. Europäisches Nachlasszeugnis, ZEV 2014, 389; Zimmermann, Das Erbscheinsverfahren und seine Ausgestaltung, ZEV 1995, 275.

1 **1. Begriff und maßgebliche Rechtsvorschriften.** Der Erbschein ist ein auf Antrag erteiltes Zeugnis über erbrechtliche Verhältnisse. Zum Nachweis des Erbrechts ist der Erbschein zwar regelmäßig ausreichend, aber *nicht stets erforderlich*, ein öffentliches Testament kann im Einzelfall genügen (BGH NJW 2005, 2780 für Bank als Schuldner einer Zahlung); insbesondere sind AGB gem § 307 III Nr. 1 unwirksam, wenn sie einen Erbennachweis von der Vorlage eines Erbscheins abhängig machen und andere Nachweismöglichkeiten ohne Einzelfallprüfung ausschließen oder einschränken (BGH NJW 2013, 3716 Rn. 30 ff.; dazu Günther NJW 2013, 3681 ff.; J. Hager/Müller-Teckhof NJW 2014, 1918 [1919 f.]; Keim ZEV 2014, 277). Ein privatschriftliches und gerichtlich eröffnetes Testament (→ §§ 2231 Nr. 2, 2247, 2259) kann gegenüber einer Bank die Erbenstellung ebenfalls in ausreichender Form nachweisen, wenn nach den Umständen des Einzelfalles vernünftige Zweifel an der Wirksamkeit der eindeutigen Verfügung nicht bestehen (BGH NJW 2016., 2409 Rn. 25 ff. mAnm Kroiß). Die Folgeentscheidungen unterer Instanzen sind nicht einheitlich. Bei Ausstellung eines Erbscheins auf notariellen Rat ohne faktische Notwendigkeit kann Niederschlagung der Notarkosten wegen unrichtiger Sachbehandlung erfolgen (LG Münster ZEV 2017, 522; zum Grundbuchverfahren allgemein → Rn. 14; zu seinen Kosten nach einem Erbfall mit und ohne Erbschein Sikora NJW 2018, 1574 f.). Banken, die einen Erbschein verlangen, finden im Einzelfall Verständnis (LG Augsburg ErbR 2020, 133), teilweise wird Schadensersatz zugesprochen (LG Memmingen ZEV 2019, 717: Erbscheinverlangen trotz Vorlage einer Vorsorgevollmacht). Die entstehende Unsicherheit sollte durch das Institut des Erbscheins gerade vermieden werden; vielleicht sind die Gebühren für seine Ausstellung zu hoch. Das **Recht des Erbscheinverfahrens** ist zunächst mit dem Inkrafttreten des FamFG zum 1.9.2009 geändert worden; maßgeblich für die Geltung des damals geänderten Rechts war der Zeitpunkt der Antragstellung (FGG-RG 111 I; KG FamRZ 2010, 2104; OLG Stuttgart FamRZ 2010, 674; → Vor § 1922 Rn. 19). Das für vor dem 1.9.2009 eingeleitete Verfahren geltende Recht ist soweit zweckmäßig noch mitkommentiert. Die Vorschriften zum Erbscheinverfahren sind zum 17.8.2015 für alle Verfahren noch einmal geändert worden, die ab dem 17.8.2015 verstorbenen Erblassern gelten. Die Änderungen betreffen die Übertragung verfahrensrechtlicher Vorschriften zum Erbschein vom BGB in das FamFG, §§ 352–354 FamFG, (→ Vor § 1922 Rn. 18) und die Anpassung der §§ 343 ff. FamFG an das neue IntErbRVG (→ Vor § 1922 Rn. 18). Auch insoweit

bleibt wegen noch laufender Verfahren das alte Recht soweit zweckmäßig miterwähnt. Neben den Erbschein tritt ab dem 17.8.2015 das Europäische Nachlasszeugnis (ENZ), das ohne besondere Anerkennungsvoraussetzungen Geltung in den meisten Staaten der EU beansprucht, sich allerdings in den Wirkungen vom Erbschein unterscheidet, sodass wohl auch beide Zeugnisse nebeneinander beantragt werden können (s EuErbVO Anm zu Art. 62–74 Rn. 1 ff.). Das Verfahren zur Erteilung des ENZ ist in der EuErbVO und in den §§ 33–44 IntErbRVG geregelt (s EuErbVO Anhang nach Anm zu Art. 62–74).

2. Zuständigkeit. a) Sachlich: AmtsG (§ 23a I Nr. 2 iVm II Nr. 2 GVG; früher § 72 FGG), in BW bis 31.12.2017 noch Notariate (Art. 147 EGBGB, §§ 1 I, II, 38 bwLFGG); für ENZ § 34 IV IntErbRVG. **Funktionell:** Rechtspfleger, soweit kein Fall testamentarischer Erbfolge vorliegt oder die Anwendung ausländischen Rechts in Betracht kommt u in bestimmten Fällen keine Übertragung auf den Rechtspfleger erfolgt (§§ 3 Nr. 2c, 16 I Nr. 6, III Nr. 1 RPflG, Rechtslage ab dem 1.9.2009 und gleichbleibend nach dem 17.8.2015, s zum FGG-RG und weiteren Rechtsänderungen → Vor § 1922 Rn. 18, 19; vor diesem Zeitpunkt Zuständigkeit des Richters in Fällen testamentarischer Erbfolge oder des § 2369); gleich für das ENZ §§ 3 Nr. 2i, 16 II, III 1 Nr. 2 RPflG mit Befugnis zur Übertragung auf den Rechtspfleger in bestimmten Fällen. **b) Örtlich:** § 343 FamFG aF (früher § 73 FGG) (bei Erbfällen vor 17.8.2015 Wohnsitz des Erblassers im Zeitpunkt des Erbfalles), später § 343 I, II FamFG nF (gewöhnlicher Aufenthalt oder der letzte gewöhnliche Aufenthalt); gem § 2 III FamFG (früher § 7 FGG) ist der vom örtl unzuständigen Gericht erteilte Erbschein wirksam, kann aber gem § 2361 eingezogen werden; → § 2361 Rn. 2. Verweisung an das zuständige Gericht muss von Amts wegen erfolgen (KG NJW-RR 2012, 459, § 3 FamFG); für ENZ s EuErbVO Anm zu Art. 62–73 Rn. 2 (§ 34 IntErbRVG iVm Art. 64 EuErbVO: gewöhnlicher Aufenthalt, Prorogation). 2

c) International: Nach **alter Rechtslage** (bis zum 1.9.2009) galt: deutsche Zuständigkeit nach stRspr grundsätzlich nur bei Anwendbarkeit deutschen Erbrechts, sog Gleichlaufgrundsatz (zB BayObLGZ 1996, 165: keine Zuständigkeit deutscher NachlassG für abgespaltenes Grundvermögen in Rumänien; ähnlich für südafrikanischen Grundbesitz OLG Zweibrücken ZEV 1997, 512 mAnm von Hohloch); keine Änderung durch das IPR-Ges (BayObLGZ 1986, 466; BayObLG NJW-RR 1991, 1099); im Schrifttum wurde dagegen zunehmend eine analoge Anwendung der Regeln über die örtliche Zuständigkeit befürwortet (St./Dörner EGBGB Art. 25 Rn. 835 ff.). Dieser sog Eigenrechtserbschein war nach der Gleichlauflehre auch zu erteilen, soweit deutsches Recht kraft Rückverweisung oder bei Nachlassspaltung (→ Vor § 1922 Rn. 3) anzuwenden war (BayObLGZ 1980, 47; BayObLG Rpfleger 1982, 381; OLG Köln NJW 1986, 2200; BayObLG ZEV 2001, 488), ggf gegenständlich beschränkt (BayObLG DNotZ 1984, 47; BayObLG Rpfleger 1990, 422; 97, 69; KG OLGZ 1984, 428; krit Weithase Rpfleger 1985, 267). Ausnahmen vom Gleichlaufgrundsatz waren der gegenständlich beschränkte Fremdrechtserbschein gem § 2369 aF bis zum 1.9.2009 (ausländisches Erbrecht bei inländischen Nachlassgegenständen, zB BayObLGZ 1980, 280; BayObLG NJW-RR 1998, 798; OLG Zweibrücken NJW-RR 2002, 154) und die Beerbung Deutscher nach ausländischem Recht, falls Rechtsverweigerung drohte (OLG Zweibrücken OLGZ 1985, 413 – in concreto verneinend) oder Fürsorgeerwägungen dies rechtfertigten (hierher gehört wohl der Sonderfall BayObLG NJW 1961, 1970 – Sudetendeutsche; im Einzelnen vieles str). Feststellungen ausländischer Nachlassbehörden banden das deutsche NachlassG nicht (BayObLG NJW-RR 1991, 1099). Die angeführten Grundsätze galten für die Erbscheinerteilung, für andere Tätigkeiten des NachlassG (zB Sicherungsmaßnahmen) wurden weitergehende Durchbrechungen des Gleichlaufgrundsatzes praktiziert (**Lit:** Berenbrok, Internationale Nachlassabwicklung, 1989; Firsching ZZP 1995, 129; Edenfeld, Der deutsche Erbschein nach ausländischem Erblasser, ZEV 2000, 482; Riering, Internationales Nachlassverfahrensrecht, MittBayNot 1999, 519). **Neues Recht:** Mit dem FGG-Reformgesetz und dem 3

ErbrechtsänderungsG 2015 (→ Vor § 1922 Rn. 18, 19) folgt die int. Zuständigkeit ab dem 1.9.2009 und über den 17.8.2015 hinaus der örtlichen Zuständigkeit (§ 105 FamFG; dazu OLG Brandenburg NJW-RR 2012, 10; OLG Hamm FamRZ 2011, 1535), der Gleichlaufgrundsatz wird aufgegeben, auf die Anwendbarkeit deutschen Erbrechts kommt es nicht mehr an (vgl aber bis zum 17.8.2015 § 2369 I nF und später FamFG § 352c FamFG zur Möglichkeit eines auf die im Inland befindlichen Gegenstände beschränkten Erbscheins). Die allgemeine deutsche internationale Zuständigkeit unter autonomem Recht zu bestimmende örtliche Zuständigkeit, die wegen des Universalitätsprinzips des Art. 20 EuErbVO noch von eher komplementärer Bedeutung ist (Art. 2 EuErbVO), knüpft an den gewöhnlichen Aufenthalt im Zeitpunkt des Todes an (§ 343 I FamFG) bzw an den letzten gewöhnlichen Aufenthalt im Inland (§ 343 II FamFG; zur Unerheblichkeit der Zeitspanne zwischen Tod und letztem Aufenthalt KG FGPrax 2017, 277), fehlt beides, ist das AG Schöneberg in Berlin zuständig, falls der Erblasser Deutscher ist und sich Nachlassgegenstände im Inland befinden (§ 343 III FamFG; hierzu OLG München ZEV 2018, 346; zum Streitstand um die Bindungswirkung einer Entscheidung des AG Schöneberg über die Zuständigkeit OLG Hamm ZEV 2019, 353 einerseits und OLG Karlsruhe ZEV 2019, 478 Rn. 10 ff.). Zuständigkeitsregelungen in int. Abkommen sind und waren vorrangig. Für die Zuständigkeit zur Erteilung eines Europäischen Nachlasszeugnisses (ENZ) gelten die allgemeinen Zuständigkeitsregeln der EuErbVO (Art. 64 EuErbVO: idR gewöhnlicher Aufenthalt oder Prorogation), paralleler deutscher Erbschein, dessen Voraussetzungen und Wirkungen vom Recht der EuErbVO teilweise abweichen, allenfalls bei gleichzeitiger deutscher Zuständigkeit für ein ENZ unter den Vorschriften der EuErbVO (zur verdrängenden Zuständigkeit nach der EuErbVO EuGH NJW 2018, 2061; zu Einzelheiten und Steitfragen → EuErbVO Anm zu Art. 62–73 Rn. 2 u 7). **d)** Zur früheren **interlokalen Zuständigkeit** s 15. Aufl. 2014, Vor § 1922 Rn. 8 f.

4 **3. Antrag. a) Antragsberechtigte:** Erbe bzw Miterbe (für gemeinschaftlichen Erbschein und Teilerbschein); Vorerbe bis Eintritt des Nacherbfalles; Nacherbe nach Eintritt des Nacherbfalles (BGH FamRZ 1980, 563; KG FamRZ 1996, 1573), davor ist er antragsberechtigt weder für einen Erbschein für sich noch für den Vorerben, vielmehr ist er auf die Befugnis beschränkt, die Einziehung eines die Vorerbschaft nicht ausweisenden unrichtigen Erbscheines betreiben zu können (BayObLG NJW-RR 1999, 805 f.; BayObLG FamRZ 2004, 1408; → § 2361 Rn. 9 und 10); Erbeserbe nach zweitem Erbfall auf Namen des ersten Erben (BayObLGZ 1951, 690); Testamentsvollstrecker (LG Kiel NJW 1976, 2351); Nachlassverwalter; Nachlassinsolvenzverwalter; Abwesenheitspfleger gem § 1911; Erbteilserwerber gem § 2033 auf Namen des Miterben; Erbschaftskäufer gem §§ 2371 ff. auf Namen des Erben (str); Erbengläubiger gem §§ 792, 896 ZPO (BayObLG NJW-RR 2002, 440). Kein Antragsrecht des Nachlasspflegers (OLG Braunschweig NJW-RR 2020, 1333, es sei denn, es geht um ein anderes Nachlassverfahren, sa BayObLG Rpfleger 1991, 21; ferner → § 1960 Rn. 8 zum Europäischen Nachlasszeugnis), der Vermächtnisnehmer (BayObLG FamRZ 2000, 1232) oder Pflichtteilsberechtigten; keine Vertretungsbefugnis eines Erbenermittlers nach § 10 II, III FamFG (dazu BVerfG NJW 2010, 3291) oder Inkassounternehmens, das einen gem § 792 ZPO antragsberechtigten Gläubiger vertreten will (§§ 10 II, III FamFG); zum Antragsrecht des vollstreckungswilligen Nachlassgläubigers s § 792 ZPO (hierzu OLG München
5 NJW 2014, 3254). **b) Inhalt des Antrags:** Vgl zunächst §§ 352 ff. FamFG nF und §§ 2354–2356 (→ Vor § 1922 Rn. 18, 19). Der Antragsteller muss in dem formlosen Antrag (OLG Köln FamRZ 2010, 1013; s aber § 2356) die nach §§ 352, 352a FamFG nF bzw §§ 2354–2356 aF erforderlichen Angaben machen, darüber hinaus trifft ihn keine Ermittlungspflicht (KG NJW-RR 2005, 1677). Der Antrag muss sich auf einen bestimmten, dem Erbschein zu gebenden Inhalt richten (dazu Hilger BWNotZ 1992, 113; OLG Düsseldorf NJW-RR 2014, 395: kein Hilfsantrag für den Fall der Annahme gesetzlicher Erbfolge durch das Nachlassgericht, zw.!). Das

NachlassG kann nur dem Antrag, so wie er gestellt ist, stattgeben oder ihn abweisen, es darf keinen Erbschein anderen als des beantragten Inhalts erteilen (Sachsen-Anhalt FamRZ 2007, 1132; BayObLGZ 1973, 28; OLG Hamm NJW 1968, 1682; BayObLG FamRZ 2004, 1405; BayObLG NJW-RR 2001, 952: unbeschränkter statt des beantragten gegenständlich beschränkten); Haupt- und Hilfsanträge sind zulässig (RGZ 156, 172), bei Bedenken kann ein Hinweis (§ 28 II FamFG) zu Antragsänderung auffordern (hierzu zum alten Recht OLG Köln NJW-RR 1992, 1418: richterliche Hinweispflicht). Der antragslose oder antragswidrige Erbschein ist einzuziehen (BayObLGZ 1970, 109; BGHZ 30, 223; 40, 54), § 2361, falls nicht in nachträglicher Genehmigung eine Antragstellung zu sehen ist (zu großzügig aber BayObLG Rpfleger 1990, 75: konkludente Genehmigung durch Entgegennahme des Erbscheins). Wesentliche Punkte inhaltlicher Bestimmtheit: Erblasser; Erbe; Berufungsgrund (BayObLG NJW-RR 1996, 1160; Alternativität bei inhaltsgleichem Erbschein unschädlich, vgl BayObLGZ 1973, 29; Verwandtschaft iSd § 1589 für gesetzliche Erbfolge maßgeblich, wegen § 1599 keine inzidente Vaterschaftsprüfung: OLG Frankfurt a.M. ZEV 2017, 113 [LS] = BeckRS 2016, 110985); Erbquote (sa § 352a FamFG nF, § 2357 aF; teilw aA OLG Düsseldorf DNotZ 1978, 683; str., ob ein Miterbe ohne Mitwirkung der anderen Miterben einen quotenlosen Erbschein beantragen kann: dagegen OLG München NJW-RR 2019, 971 Rn. 6; OLG Bremen NJW 20121, 1171; dafür OLG Düsseldorf NJW-RR 2020, 388; dazu Kollmeyer NJW 2021, 1136); Nacherbschaft (§ 352b I FamFG nF; § 2363 aF); Testamentsvollstreckung (§ 352b II FamFG nF, § 2364 aF); unbeschränkter oder gegenständlich beschränkter Erbschein, vgl § 352c FamFG nF, § 2369 aF (OLG Hamm NJW 1968, 1682 zum alten Recht vor 1.9.2009); zum ENZ s EuErbVO Anm zu Art. 62–73 Rn. 3 und 4. **c) Rechtsschutzbedürfnis** kann ausnahmsweise 6 fehlen, wenn der Erbschein ohne jedes Bedürfnis im Hinblick auf irgendeine Rechtsfolge beantragt ist (BayObLG Rpfleger 1990, 512 mN), wenn keine Anhaltspunkte für das Vorhandensein von Nachlassgegenständen bestehen, die von dem Erbschein erfasst werden sollen (KG NJW-RR 2007, 7), oder wenn ein anzuerkennender ausländischer Erbschein vorliegt (KG OLGZ 1985, 179); bloßer Zeitablauf unschädlich, da Erteilungsverfahren keine Ausschlussfrist kennt (BayObLG FamRZ 1986, 1152; bei Tod vor dem 1.1.1900 ist Erbscheinsantrag allerdings unzulässig, Art. 213 EGBGB, BayObLG FamRZ 1990, 101).

4. Inhalt des Erbscheins. a) Arten: Alleinerbschein (§ 2353 Alt. 1); Teilerb- 7 schein (§ 2353 Alt. 2); gemeinschaftlicher Erbschein (s § 352a FamFG nF, § 2357 aF), als gemeinschaftlicher Teilerbschein auch nur für eine Gruppe von Miterben; Gruppenerbschein (äußere Zusammenfassung von Teilerbscheinen auf Antrag aller benannten Erben); Sammelerbschein (äußere Zusammenfassung mehrerer Erbscheine bei mehrfachem Erbgang); gegenständlich beschränkter Erbschein (s § 352c FamFG nF, § 2369 aF). **b) Notwendige Angaben:** Vgl zunächst § 352b FamFG 8 nF, §§ 2363, 2364 aF; ferner: Name und Todestag des Erblassers; Name des Erben bzw der Miterben; Erbquote (OLG Frankfurt a.M. NJW-RR 2022, 800 Rn. 21 ff. u. OLG München NJW-RR 2019, 971: Quotenloser Erbschein gem § 352a II 2 FamFG bei Verzicht aller Miterben auf Quotenangabe; aA OLG Düsseldorf NJW-RR 2020, 388: Verzicht des Antragstellers ausreichend). Maßgeblich ist allein der Zeitpunkt des Erbfalls, so dass spätere Ereignisse (zB Erbteilsveräußerung; Übertragung des Nacherben-Anwartschaftsrechts zwischen Erbfall und Nacherbfall; → § 2363 Rn. 3) nicht zu berücksichtigen sind; jedoch ist der spätere Wegfall von Verfügungsbeschränkungen (Nacherbschaft, Testamentsvollstreckung) zu beachten (hM). **Nicht anzugeben** sind idR Berufungsgrund (BGH NJW 2021, 3727 Rn. 10 ff., s. aber Rn. 13: Angabe im Erbscheinantrag gem§ 352 FamFG), Vermächtnisse (BayObLG Rpfleger 1996, 455), Auflagen, Erbersatzansprüche (inzwischen fortgefallen, → § 1924 Rn. 3), Pflichtteilsrechte, Teilungsanordnungen, Sondererbfolge in Gesellschaftsanteil (BayObLGZ 1987, 152). Wird nicht Anzugebendes in den Erbschein aufgenommen, so ist der Erbschein nicht als unrichtig einzuziehen, sondern entsprechend § 319 I ZPO zu berichtigen (LG Koblenz Rpfleger 2000, 502: Berufungsgrund). Zum sehr detaillierten Inhalt des ENZ s Art. 68 EuErbVO und EuErbVO Anm zu Art. 62–73 Rn. 4; zur Verwendung maschinell aufgedrückter Dienstsiegel bei Erstellung von Ausfertigungen von Erbscheinen OLG Nürnberg BeckRS 2018, 18193; zum – bisher soweit ersichtlich noch nicht gängigen – Erbschein in Gestalt einer elektronischen Urkunde § 14 III FamFG iVm. §§ 130b, 298 ZPO; zum Erbscheinsantrag in Form einer elektronisch beglaubigten Abschrift OLG Oldenburg NJW-RR 2019, 908).

9 **5. Verfahren.** Im Erbscheinverfahren gilt fakultative Mündlichkeit, sowohl beim AG als auch beim OLG im Beschwerdeverfahren (§§ 32, 68 III 2 FamFG; OLG Schleswig NJW-RR 2010, 1596, str). **a)** Bei **Ablehnung der Erteilung** des Erbscheins ist über den Wortlaut von § 59 II FamFG (früher § 20 II FGG) hinaus Beschwerderecht der Antragsberechtigten (vgl → Rn. 4) gegeben, ohne dass tatsächlich ein Antrag des Beschwerdeführers vorliegen muss (BayObLGZ 1963, 64; KG Rpfleger 1990, 366 mN; jeweils zu § 20 FGG; OLG Köln FGPrax 2010, 194 zu §§ 59, 352 FamFG); § 59 I FamFG (früher § 20 I FGG) verlangt Rechtsbeeinträchtigung (OLG Hamm ZEV 2017, 519; für Fälle mit Auslandsberührung näher BayObLG NJW 1988, 2745). Bei Rechtspflegersachen (vgl → Rn. 2) ebenfalls Beschwerde, § 11 I RPflG. Das Beschwerdegericht (nach FGG-Reform ab dem 1.1.2009 Zuständigkeit des OLG, § 119 I Nr. 1b GVG) kann die Beschwerde zurückweisen oder das NachlassG anweisen, den beim NachlassG beantragten (BayObLG FamRZ 1990, 649) Erbschein zu erteilen (vgl § 69 I 1 FamFG). Hiergegen ist die Rechtsbeschwerde (§§ 70 ff. FamFG, Zuständigkeit BGH: § 133 GVG nF; früher nach §§ 27 ff. FGG: weitere Beschwerde) mit dem Ziel der Aufhebung der Anordnung gegeben, solange der Erbschein noch nicht erteilt ist (BayObLG FamRZ 2000, 1232). Die Antragsrücknahme kann als verfahrensgestaltende Erklärung weder
10 widerrufen noch angefochten werden (OLG Köln OLGR 2000, 195). **b)** Der **Anordnungsbeschluss** kann bis zur Erteilung des Erbscheins mit Beschwerde angefochten werden (vgl § 352 III FamFG aF bzw § 352e III FamFG nF); Erteilung liegt erst in der Aushändigung der Urschrift oder Ausfertigung des Erbscheins (BayObLG NJW 1960, 1722; BayObLG FamRZ 2004, 1405; aA OLG Stuttgart
11 BWNotZ 1993, 65). **c)** Nach **Erteilung des Erbscheins,** die unter neuem reformierten Recht im Streitfalle eigentlich schwerlich noch erfolgen kann (§ 352 I und II FamFG aF bzw § 352e I und II FamFG nF; → Rn. 12 unten), ist nur noch möglich die Beschwerde mit dem Ziel der Anweisung an das NachlassG zur Einziehung (BayObLGZ 1980, 98; OLG Zweibrücken OLGZ 1984, 5; dazu § 352 III FamFG aF bzw § 352e III FamFG nF); sie steht wahlweise neben dem Antrag an das NachlassG auf Einziehung gem § 2361 (vgl KG OLGZ 1971, 215; MüKoZPO/J. Mayer FamFG § 352 Rn. 22; OLG München ZEV 2017, 331: nicht nach formeller Rechtskraft der bewilligenden Entscheidung). Daneben besteht trotz § 352 III FamFG aF bzw § 352e III FamFG nF die Möglichkeit eines Antrages auf Erteilung eines Erbscheins mit einem anderen Inhalt, da der Erbschein nicht in materielle Rechtskraft erwächst (→ Rn. 13). Beschwerdeberechtigt gem § 59 I FamFG (früher F§ 20 I FGG) ist jeder Erbprätendent (BayObLG FamRZ 1988, 1321 bzgl Testamentsvollstreckerzeugnis), auch der Antragsteller (KG NJW 1960, 1158; BGH 47, 64) ohne formelle Beschwer, jeder im Erbschein als Erbe angegebene (BayObLG FamRZ 1984, 1269), ferner jeder durch einen unrichtigen Erbschein beeinträchtigte Dritte (→ § 2361 Rn. 9); nicht zB der Eigenerbe des Vorerben bei Erbscheinerteilung für die Nacherbschaft (OLG Hamm ZEV 2017, 519), der Pflichtteilsberechtigte (*OLG Hamm Rpfleger* 1984, 273; → Rn. 4) oder Inhaber eines Erbersatzanspruchs alten Rechts (LG Stuttgart BWNotZ 1993, 68 für Vorbescheid; zur Reform des Nichtehelichenrechts → § 1924 Rn. 3). Der Kreis der durch die *Amtspflichten* des NachlassG geschützten Personen ist analog zu bestimmen (BGH NJW 1992, 1759; → § 2361 Rn. 8). Die Prüfungskompetenz des Beschwerdegerichts gilt jedoch in vollem Umfang allen Gesichtspunkten denkbarer Unrichtigkeit ohne Beschränkung

auf das Beschwerderecht und die Beschwer des Beschwerdeführers (BGH NJW 2016, 960 Rn. 15 ff.) Zum *Einsichtsrecht* in Nachlassakten gem § 13 FamFG (früher §§ 78, 34 FGG) s BayObLG NJW-RR 1997, 771 (Nachlassgläubiger); BayObLG NJW-RR 1998, 294 (zwecks Vorbereitung eines strafrechtlichen Wiederaufnahmeverfahrens); OLG Hamm NJW-RR 2011, 87 (regelmäßig nicht Erbenermittler ohne Beteiligtenvollmacht; anders bei Vollmacht des Nachlasspflegers: KGRpfleger 2011, 376). Versendung von Nachlassakten an anwaltliche Vertreter kann wegen Gefahr des Verlustes von Originalurkunden verweigert werden (OLG Düsseldorf FamRZ 2009, 1081). **d) Bis zum 1.9.2009** galt (→ Vor § 1922 Rn. 19): Ein **Vorbescheid** 12
(Zimmermann JuS 1984, 635; Pentz MDR 1990, 586; NJW 1996, 2559; Lukoschek ZEV 1999, 1) des Inhalts, der beantragte Erbschein werde beim Ausbleiben der Beschwerde binnen einer bestimmten Frist erteilt, war nach hM in zweifelhaften Fällen zulässig, um die Gefahren eines unrichtigen Erbscheins (§§ 2366 f.) zu bannen (BGHZ 20, 257; BayObLGZ 1980, 45; BayObLG FamRZ 1992, 1205). Die im Vorbescheid angegebene Frist schränkte die einfache Beschwerde gegen den Vorbescheid zeitlich nicht ein (BayObLG FamRZ 2002, 200). Vorbescheid sollte auch dann zulässig sein, wenn er nicht dem gestellten, aber einem zu erwartenden Antrag entsprach (BayObLGZ 1963, 20). Unzulässig war jedenfalls ein Vorbescheid über Vorfragen (OLG Köln NJW-RR 1991, 1285), über die beabsichtigte Zurückweisung des Antrags (OLG Hamm NJW 1974, 1827; OLG Köln NJW-RR 1991, 1285; KG Rpfleger 1996, 456) oder die beabsichtigte Erbscheinseinziehung (BayObLGZ 1994, 176; OLG Hamm NJW-RR 1995, 1415) oder die beabsichtigte Erteilung eines Erbscheins, der dem Antrag oder zu erwartenden Antrag nicht entsprach (s BayObLG FamRZ 1990, 1404, das jedoch in Antragsablehnung umdeutet), oder wenn ein Erbscheinsantrag ganz fehlte (BayObLGZ 1994, 73; s aber BayObLGZ 1997, 200; 1997, 343: Mangel wird durch nachträgliche Antragstellung geheilt); → § 2200 Rn. 3. Der Vorbescheid konnte, aber musste nicht gegenläufige Erbscheinsanträge Dritter mitbescheiden (BayObLG NJW-RR 1993, 12; 1992, 1223; 1991, 1287). RechtsmittelG konnte auf Beschwerde (BayObLG FamRZ 1992, 1205; KG FamRZ 1996, 1573) Vorbescheid aufheben, nicht aber Erbscheinsanträge abweisen (BayObLGZ 1981, 69; BayObLG NJW-RR 1992, 1225; BayObLG FamRZ 1986, 604; OLG Frankfurt a.M. Rpfleger 1997, 263); nach Erbscheinerteilung Umdeutung der Beschwerde in Einziehungsantrag (OLG Köln NJW-RR 1992, 1418; OLG Hamm FamRZ 2003, 1504; OLG Stuttgart FamRZ 2005, 1864). Die Beschwerde gegen einen unzulässigen Vorbescheid war nicht statthaft (OLG Hamm NJW-RR 1995, 1415; KG Rpfleger 1996, 456; aA BayObLG NJW-RR 1994, 590; BayObLGZ 1997, 343: jedenfalls bei heilbarem Unzulässigkeitsgrund). Die sachliche Entscheidung des Beschwerdegerichts entfaltete auch dann Bindungswirkung, wenn es nicht förmlich an die erste Instanz zurückverwies (OLG Karlsruhe Rpfleger 1988, 315). Die Beschwerde konnte im Erbscheinserteilungs- oder -einziehungsverfahren wiederholt werden, obwohl sie gegen den Vorbescheid als unbegründet zurückgewiesen worden war (OLG Saarbrücken FGPrax 1997, 31). Das Gericht der weiteren Beschwerde alten Rechts war auf den vom Antrag bestimmten Gegenstand der Erstbeschwerde beschränkt (OLG Hamm FamRZ 2003, 1504). **Rechtsänderung ab dem 1.9.2009 und über 17.8.2015 hinaus** durch FGG-RG und ErbrechtsänderungsG 2015 (→ Vor § 1922 Rn. 18, 19): Für Erbscheinerteilungsverfahren nach vor dem 15.8.2015 verstorbenen Erblassern gelten BGB und FamFG in der vor diesem Zeitpunkt geltenden Fassung (Art. 229 § 36 EGBGB; OLG Düsseldorf ZEV 2017, 204 Rn. 8), wobei die Rechtslage nach dem 15.8.2015 für das Verfahren nur sehr geringfügige Änderungen brachte. Nunmehr ergeht wie schon seit 2009 vor Erteilung des Erbscheins in jedem Fall ein Beschluss, der bereits mit Erlass wirksam wird und keine Bekanntgabe voraussetzt, § 352 I FamFG aF bzw § 352e I FamFG nF. Widerspricht der Beschluss aber dem erklärten Willen eines der Beteiligten (s § 345 FamFG), so ist er bekanntzugeben, die sofortige Wirksamkeit auszusetzen und die Erteilung des Erbscheins bis zur formellen Rechtskraft des Beschlusses (§§ 58 ff., 63, 45 FamFG) zurückzustellen, § 352 II FamFG aF bzw § 352e FamFG

nF (zum Missbrauch des Widerspruchs Terner ZEV 2014, 184). Mit der Neuregelung entfällt nach dem Willen des Gesetzgebers das Institut des Vorbescheids (vgl. OLG Düsseldorf ZEV 2019, 44 = BeckRS 2018, 26335); sie entspricht sehr alten
13 Anregungen (F. Baur NJW 1955, 1073; 12. Voraufl. Rn. 12). **e)** Ein **Vergleich** mit verfahrensbeendigender Wirkung kann mangels Verfügungsbefugnis nicht über den Inhalt des Erbscheins geschlossen werden, wohl aber über die Antragsrücknahme (OLG Stuttgart OLGZ 1984, 131; s aber BayObLGZ 1997, 217: kein Vollstreckungstitel iSd § 794 I Nr. 1 ZPO bei Abfindungsvereinbarung; sehr str) oder die Ausübung sonstiger Verfahrensrechte (KG FamRZ 2004, 836: Verpflichtung, gegen erteilten Erbschein nicht vorzugehen); → § 2358 Rn. 1. **f)** Nach hM vor der Neuregelung im FamFG entfaltete die Entscheidung über einen Erbscheinsantrag **keine materielle Rechtskraft** (BGHZ 47, 66; BayObLG ZEV 2003, 370 für Einziehungsantrag). Die Neuregelung in § 48 I FamFG geht bei Entscheidungen mit Dauerwirkung von materieller Rechtskraft aus, lässt aber bei nachträglichen Änderungen der Sach- und Rechtslage auch Änderungen der Entscheidung zu. Aus § 2361 ergibt sich indessen, dass diese zeitliche Beschränkung im Erbscheinverfahren Geltung nicht beanspruchen kann und es an einer Dauerwirkung des Beschlusses über die Erbscheinerteilung gerade fehlt (MüKoZPO/Ulrici FamFG § 48 Rn. 6 mit eher formaler Begründung). Nach formell rechtskräftiger Zurückweisung des Erbscheinsantrags kann daher ein neuer Antrag gestellt werden, allerdings wird in der Regel das Rechtsschutzbedürfnis fehlen (KG FamRZ 2000, 577 = ZEV 1999, 500 mAnm von Zimmermann; anders bei rechtlich zweifelhafter, 30 Jahre zurückliegender Entscheidung eines Stadtbezirksgerichtes in der ehemaligen DDR). Zum Verfahren bei Erteilung eines ENZ s §§ 33 ff. IntErbRVG und Art. 65–69, 71, 72 f. EuErbVO (dazu ausführlicher EuErbVO Anm zu Art. 62–73 Rn. 3 und 5 sowie den Text der §§ 33 ff. IntErbRVG im Anhang nach EuErbVO). Der Bundesrat hatte vorgeschlagen, bei § 39 IntErbRVG (Beschluss über Erbscheinserteilung) eine dem§ 352e FamFG entsprechende Regelung vorzusehen (BR-Drs. 644/14 Nr. 8).

14 **6. Sonderfälle. a) Grundbucheintragung,** §§ 35–37, 83 GBO (sa Kroiß/Horn NJW 2013, 516). Der Erbschein reicht als Erbfolgenachweis grundsätzlich aus (hierzu OLG Frankfurt a.M. OLGZ 1981, 30; OLG Köln Rpfleger 1992, 342; OLG Hamm NJW-RR 1997, 1095; KG NJW-RR 1997, 1094: inländischer Erbschein vorbehaltlich zwischenstaatlichen abw Rechts). Das Grundbuchamt ist an die Beurteilung der Gültigkeit der Verfügung u ihre Auslegung durch das Nachlassgericht im Erbschein gebunden, sofern nicht neue Tatsachen zu Zweifeln führen (OLG Bremen FamRZ 2012, 335; OLG München FamRZ 2012, 1174). In diesem Falle hat ein Hinweis an das Nachlassgericht zu erfolgen, das dann über eine Einziehung (§ 2361) in eigener Verantwortung entscheidet (sa OLG München FGPrax 2017, 12 für den Fall zu erwartender Einziehung). Eine zum Nachweis der Erbfolge geeignete öffentliche Urkunde ist auch das notarielle Testament (BGH NJW 2013, 3716 Rn. 37), das vom GBA selbstständig auszulegen ist (OLG Hamm RNotZ 2013, 633; OLG München FamRZ 2012, 1092; 2009, 460). Lassen sich bestehende Zweifel nicht klären, muss das GBA einen Erbschein verlangen (BGH NJW 2013, 3716 Rn. 37; OLG München NJW-RR 2016, 1233 Rn. 17 [für den Fall auslegungsfähiger konkurrierender öffentlicher und privatschriftlicher Testamente; nach OLG München ZEV 2017, 45 anders, wenn im Wesentlichen nur die Anwendbarkeit der Zweifelsregel des § 2270 II in Frage steht – eine der Rechtsklarheit wenig dienliche Differenzierung; ähnlich beim Erbvertrag für die Frage des Fortbestands der Bindungswirkung der Erbeinsetzung OLG München NJW-RR 2017, 1362]; OLG Hamm RNotZ 2013, 633; OLG Düsseldorf BeckRS 2012, 12833; Lange ZEV 2009, 371; neuerer Überblick bei Böhringer ZEV 2017, 68; sa → § 2142 Rn. 3 bei Ausschlagung durch einen Nacherben). Ein privatschriftliches Testament (§ 2247) steht auch dann einer öffentlichen Urkunde über die Erbfolge nicht gleich, wenn es in amtliche Verwahrung gegeben war (§ 2248)

und eine Urkunde über die nachlassgerichtliche Eröffnung vorliegt, weil damit keine öffentliche Urkunde beigebracht ist, die eine Erbfolge inhaltlich dokumentiert (OLG München NJW-RR 2018, 1423 Rn. 16 ff.), so dass eine Grundbuchberichtigung die Vorlage eines Erbscheins voraussetzt (§§ 22, 35 I 1 GBO). Unspezifizierte Vermutungen bestehender Testierunfähigkeit reichen nicht aus, um die Notwendigkeit für die Vorlage eines Erbscheins zu begründen (OLG Oldenburg BeckRS 2016, 112066). Umstritten ist, inwieweit das GBA durch eigene Ermittlungen Zweifel ausräumen darf, zB bei Ersatzerbenbestimmung (OLG Celle ZEV 2010, 95; OLG München ZEV 2016, 532 und OLG Hamm ZEV 2017, 455[Ersatzerbe nach Ausschlagung]). Dies gilt vor allem, wenn es um negative Tatsachen geht wie zB Nichtexistenz weiterer Kinder (OLG München FamRZ 2012, 1248) oder die Nichtausübung eines Widerrufs- oder Rücktrittsrechts (OLG München FamRZ 2012, 1007). Hier ist die Frage einer überhaupt bestehenden Ermittlungspflicht (zurückhaltend Braun MittBayNot 2012, 294; OLG München BeckRS 2012, 14109)) von der Frage zu trennen, ob Zweifel durch eine eidesstattliche Versicherung des Antragstellers im Grundbuchverfahren beseitigt werden dürfen (dafür OLG Hamm FamRZ 2012, 485; KG NJW-RR 2012, 847; aA OLG Frankfurt a.M. FamRZ 2012, 1591). Die Rpr macht von § 35 III GBO nur sehr zurückhaltenden Gebrauch (OLG München NJW-RR 2014, 1114). Bei Berichtigung nach § 22 I GBO wegen fehlender Identität zwischen der im Grundbuch eingetragenen Person und dem im Erbschein benannten Erblasser ist § 29 I GBO zu beachten (OLG München ZEV 2016, 668 [LS]) Umstritten ist, ob eine notariell beurkundete post- bzw transmortale Vollmacht gegenüber dem Grundbuchamt als „Ersatz" für einen Erbschein ausreicht; dazu → § 2197 Rn. 2. Strenge und teilweise etwas übertriebene Anforderungen an die Grundbucheinsicht eines in einem Testament eingesetzten Erben vor Erbscheinerteilung stellt das OLG München (NJW-RR 2018, 335): Vorlage einer öffentlichen notariellen Urkunde mit Eröffnungsbeschluss, plausible Darlegung eines besonderen Grundes (z.B. Überlegungen zur Ausschlagung), letztendliche Verweigerung der Einsicht und Abwarten der Erbscheinerteilung bei aktenkundigen Zweifeln an Testierfähigkeit (sa OLG Düsseldorf FGPrax 2015, 199 und Düsseldorf FGPrax 2014, 151: Anforderungen an Erb- und Pflichtteilsberechtigten); zur Rechtsnachfolge des Erben in ein laufendes, vom Erblasser beantragtes Grundbuchberichtigungsverfahren → § 1922 Rn. 8. Die Neufassung des § 35 GBO durch das ErbrechtsänderungsG 2015 (→ Vor § 1922 Rn. 18, 19) berücksichtigt das ENZ als grundbuchverfahrensrechtliche Beweisurkunde neben dem Erbschein. Eingezogene Erbscheine sind keine beweiskräftige öffentliche Urkunden im Grundbuchverfahren (BGH NJW 2021, 858 Rn. 11 ff.; sa § 2361 Rn. 9) **b)** Das **Hoffolgezeugnis** (vgl § 18 II 3 **15**
HöfeO) bezeugt bei höferechtlicher Sondererbfolge, wer Hoferbe ist (zum Anwendungsbereich und verfahrensrechtlichen Besonderheiten Soergel/Zimmermann § 2353 Rn. 16). Der Erbschein über das hoffreie Vermögen muss die Aussonderung des Hofvermögens deutlich machen (s Steffen RdL 1982, 144; zur Zuständigkeit der Landwirtschaftsgerichte für die Erbscheinerteilung gem § 18 II HöfeO OLG Brandenburg FGPrax 2021, 174). **c)** Zum Erbschein bei Lastenausgleichs-, Rückerstattungs- und Entschädigungsansprüchen s Soergel/Zimmermann § 2353 Rn. 10–15, 62, 63. **d)** Zum Nachweis der Rechtsnachfolge gegenüber dem **Handelsregister** gem § 12 II 2 HGB ist grundsätzlich ein Erbschein erforderlich und ausreichend (OLG Köln NZG 2005, 38: Zeugnis über Dauertestamentsvollstreckung genügt nicht). Möglich ist auch der Nachweis der Erbfolge durch Vorlage einer notariellen letztwilligen Verfügung mit Eröffnungsniederschrift, was jedoch nicht ausreicht, wenn Auslegungsbedürftigkeit die Berücksichtigung von außerhalb der Urkunde liegenden Umständen verlangt (KG NZG 2018, 1150).

7. Kosten des Erbscheins oder europäischen Nachlasszeugnisses: Sikora NJW 2018, 1572, 1574; zum europäischen Nachlasszeugnis im Übrigen → Rn. 1 a.E., ferner → EuErbVO Anm zu Art. 62–74 Rn. 1 ff. **16**

§ 2354 *(aufgehoben) entspricht § 352 Abs. 1 FamFG Angaben im Antrag auf Erteilung eines Erbscheins*

(1) [1]Wer die Erteilung eines Erbscheins als gesetzlicher Erbe beantragt, hat anzugeben:
1. den Zeitpunkt des Todes des Erblassers,
2. den letzten gewöhnlichen Aufenthalt und die Staatsangehörigkeit des Erblassers,
3. das Verhältnis, auf dem sein Erbrecht beruht,
4. ob und welche Personen vorhanden sind oder vorhanden waren, durch die er von der Erbfolge ausgeschlossen oder sein Erbteil gemindert werden würde,
5. ob und welche Verfügungen des Erblassers von Todes wegen vorhanden sind,
6. ob ein Rechtsstreit über sein Erbrecht anhängig ist,
7. dass er die Erbschaft angenommen hat,
8. die Größe seines Erbteils.
[2]Ist eine Person weggefallen, durch die der Antragsteller von der Erbfolge ausgeschlossen oder sein Erbteil gemindert werden würde, so hat der Antragsteller anzugeben, in welcher Weise die Person weggefallen ist.

1 Die Vorschrift des § 2354 wurde zum 17.8.2015 aufgehoben, gilt aber für Erbscheinsverfahren nach einem Erblasser fort, der vor dem 17.8.2015 verstorben ist (→ § 1922 Rn. 18 mN). Der neugefasste § 352 Abs. 1 FamFG enthält die nunmehr gültige Regelung der Antragserfordernisse und entspricht um wenige Ergänzungen verändert dem aufgehobenen § 2354 aF., die Ergänzungen gegenüber dem § 2354 aF sind fett gedruckt. Weil der aufgehobene § 2354 für Altfälle fort gilt und die Vorschriften des BGB zum Erbschein ohne Kenntnis der korrespondierenden Vorschriften des FamFG teilweise nur schwer verständlich sind, ist eine gleichzeitige Kommentierung des § 2354 alt und des § 352 Abs. 1 FamFG neu vorgenommen. Vgl. zum notwendigen Antragsinhalt zunächst → § 2353 Rn. 5; keine pauschale Bezugnahme auf andere Verfahren (LG Bonn Rpfleger 1985, 30). Unter Verhältnisse gem Abs. I Nr. 2 § 2354 alt bzw § 352 Satz 1 Nr. 3 neu fällt auch der Güterstand (vgl § 2356 II bzw § 352 Abs. 3 FamFG) und der Grad der Verwandtschaft (OLG Schleswig FamRZ 2010, 930). Der Wegfall erbausschließender oder erbmindernder Personen (§ 2354 I Nr. 3, II alt bzw § 352 Satz 1 Nr. 4 FamFG neu) kann bedingt sein durch Tod oder gem §§ 1933, 1934e (aF), 1938, 1953, 2344, 2346. Auch offenbar unwirksame Testamente sind gem § 2354 Abs. I Nr. 4 alt bzw § 352 Satz 1 Nr. 5 neu anzugeben. Zur Erbschaftsannahme durch Antragstellung vgl → § 1943 Rn. 2.

§ 2355 *(aufgehoben) entspricht § 352 Abs. 2 FamFG Angaben im Antrag auf Erteilung eines Erbscheins*

Wer die Erteilung eines Erbscheins auf Grund einer Verfügung von Todes wegen beantragt, hat
1. die Verfügung zu bezeichnen, auf der sein Erbrecht beruht,
2. anzugeben, ob und welche sonstigen Verfügungen des Erblassers von Todes wegen vorhanden sind und
3. die in [§ 352] Abs. 1 Satz 1, 2 und 6 bis 8 sowie Satz 2 [§ 2354 Abs. 1 Nr. 1, 5 Abs. 2] vorgeschriebenen Angaben zu machen.

1 Die Vorschrift des § 2355 wurde zum 17.8.2015 aufgehoben, gilt aber für Erbscheinsverfahren nach einem Erblasser fort, der vor dem 17.8.2015 verstorben ist (→ § 1922 Rn. 18 mN). Der neugefasste § 352 II FamFG enthält die nunmehr geltende Regelung der Antragserfordernisse im Falle gewillkürter Erbfolge und entspricht nur geringverändert dem §§ 2355 aF. Die Darstellung trägt der Geltung des § 2355 aF für Altfälle Rechnung und berücksichtigt gleichzeitig die Neuregelung des § 353 II FamFG mit ihren geringfügigen Änderungen und Ergänzungen, die sich aus dem in eckigen Klammern gedruckten Paragraphenangaben in Nr. 3 ergeben.

§ 2356 *(aufgehoben) entspricht § 352 Abs. 3 FamFG Nachweis der Richtigkeit*

[1]Der Antragsteller hat die Richtigkeit der Angaben nach [§ 352] Absatz 1 Satz 1 Nr. 1 und 3 sowie Satz 2 [in Gemäßheit des § 2354 Abs. 1 und 2, Abs. 2 gemachten Angaben] durch öffentliche Urkunden nachzuweisen und im Falle des [§ 352 Absatzes. 2] [§ 2355] die Urkunde vorzulegen, auf der sein Erbrecht beruht. [2]Sind die Urkunden nicht oder nur mit unverhältnismäßigen Schwierigkeiten zu beschaffen, so genügt die Angabe anderer Beweismittel. [3]Zum Nachweis, dass der Erblasser zum Zeitpunkt seines Todes im Güterstand der Zugewinngemeinschaft gelebt hat, und zum Nachweis der übrigen nach den [§ 352 FamFG] Abs. 1 und 2 [§§ 2354. 2355 alt) erforderlichen Angaben hat der Antragsteller vor Gericht oder vor einem Notar an Eides statt zu versichern, dass ihm nichts bekannt sei, was der Richtigkeit seiner Angaben entgegensteht. Das Nachlassgericht kann dem Antragsteller die Versicherung erlassen, wenn es sie für nicht erforderlich hält.

1. Öffentl. Urkunden. Zunächst → § 2355 Rn. 1 zum zeitlichen Geltungsbe- 1
reich der Vorschrift des § 2356 und ihrer Ersetzung durch FamFG § 352 III FamFG nF. mit Ausnahme des Fortfalls des Inhalts des § 2356 III, dessen Geltung sich der Sache nach bereits aus § 29 FamFG ergibt (zu offenkundigen Tatsachen s MüKoZPO/Ulrici, 3. Aufl. 2018, FamFG § 29 Rn. 6 mN). Für Altfälle unter Geltung des § 2356 und für Fälle unter dem § 352 III FamFG ist der im Wesentlichen gleiche Text beider Vorschriften abgedruckt und Abweichungen sind in eckigen Klammern angezeigt. Urkunden gem § 2356 I aF bzw § 352 III Satz 1 FamFG sind vor allen Dingen Personenstandsurkunden (§ 55 PStG); ihre Beweiskraft ergibt sich aus § 54 PStG, Unrichtigkeitsbeweis ist im Erbscheinsverfahren zulässig (BayObLGZ 1981, 43; 1981, 173; zur Beweiskraft beglaubigter Fotokopien BayObLG Rpfleger 1983, 354; → Rn. 3). Urkunden aus der Zeit vor dem Inkrafttreten der Neufassung des PStG v 8.8.1957 haben entspr ihrer jeweiligen Funktion ähnliche Beweiskraft. Regelmäßig werden also Sterbeurkunde, Geburts- bzw Abstammungsurkunde und – im Falle des Ehegattenerbrechts (BayObLG FamRZ 1990, 1284) – Heiratsurkunde vorzulegen sein; andere uU vorlagepflichtige Urkunden: Todeserklärungs- bzw Todeszeitfeststellungsbeschluss (§§ 23, 44 VerschG), vorzeitiger Erbausgleich alten Rechts (§§ 1934d und e aF; zur Aufhebung → § 1924 Rn. 3), Ausschlagungserklärung (§ 1945), Erbunwürdigkeitsurteil (§ 2342), Verzichtsvertrag (§ 2348), Scheidungs- bzw Aufhebungsurteil.

2. Eidesstattliche Versicherung. Zuständigkeit: Wahlweise Notar (§§ 1 II, 38 2
BeurkG) oder NachlassG bzw ersuchtes Gericht (str, Soergel/Zimmermann § 2356 Rn. 15); Rechtspflegersache gem § 3 Nr. 1 f. und 2c RPflG. Verpflichtet ist nicht etwa der Erbe, sondern der Antragsteller, also zB der Testamentsvollstrecker (LG Kiel NJW 1976, 2351) oder der nach § 792 ZPO antragstellende Gläubiger (LG Leipzig Rpfleger 2008, 655; str, zum Erlass gem § 2356 II 2 aF bzw § 352 III Satz 4 FamFG LG Kassel FamRZ 2010, 1017); Höchstpersönlichkeit (LG Kassel FamRZ 2010, 1017), uU Abgabe durch gesetzlichen Vertreter (LG Bonn Rpfleger 1985, 30: Gebrechlichkeitspfleger alten Rechts oder Betreuer gem §§ 1896 ff.) oder Vorsorgebevollmächtigten (OLG Celle NJW-RR 2018, 1031 ff.), wobei in allen solchen Fällen aber eine Erklärung über eigenes Wissen abgegeben wird und keine Erklärung in Vertretung der betreuten Person. Versicherung des Ehegatten kann bei Ehegattenerbrecht auch hinsichtlich des Ausschlusses gem § 1933 verlangt werden, nötigenfalls sogar bei notariell beurkundetem Erbscheinsantrag (OLG Braunschweig Rpfleger 1990, 462; zurückhaltend OLG Hamm NJW-RR 1992, 1483). Nichteintritt der Voraussetzungen einer Verwirkungsklausel (→ §§ 2074–2076 Rn. 5) kann durch eidesstattliche Versicherung erbracht werden (KG NJW-RR 2012, 848; → § 2353 Rn. 14). Neben der Versicherung gem § 2356 II 1 aF bzw § 352 III Satz 3 kann grundsätzlich keine weitere nach §§ 358, 95 FamFG, § 883 II ZPO (früher § 83 II FGG) oder §§ 29 f., 35 FamFG verlangt werden (dazu unter altem Recht BayObLGZ 1977, 59). Beschwerde gegen Anforderung ist zulässig (KG OLGZ 1967, 248; str). Fremdsprachige Versicherung soll zulässig sein, wenn bei den Beteiligten

ausreichende Fremdsprachenkenntnisse bestehen (OLG München NJW 2014, 3254 Rn. 22 f., zw.). Weigerung des Antragstellers rechtfertigt Verwerfung des Antrags als unzulässig (OLG Frankfurt a.M. Rpfleger 1996, 511). Erlassen (§ 2356 II 2 aF bzw § 352 III Satz 4 FamFG) formgerechter Versicherung ist Ermessensentscheidung (Zimmermann ZErb 2008, 151), es kommt in Betracht bei „eidesstattlicher Versicherung" vor ausländischem Notar (OLG München ZEV 2006, 118); keine Beschwerde (§ 58 FamFG) gegen Versagung eines Erlasses formgerechter Versicherung (OLG Schleswig NJW-RR 2014, 1039).

3 **3. Andere Beweismittel.** Dies sind zB Zeugenbeweis (idR kein Beweisangebot von Zeugen, die nicht vorlegbares Testament nicht gesehen haben, OLG München MDR 2010, 1123), eidesstattliche Versicherung Dritter bei Undurchführbarkeit einer Vernehmung (OLG Schleswig NJW-RR 2013, 1166, str) oder bei Vorliegen weiterer Indizien (BayObLG Rpfleger 2003, 432: kanadischer Anwalt, der wortgetreue Abschrift eines in seiner Kanzlei errichteten Testaments vorlegt; OLG Schleswig FamRZ 2011, 1336; 2010, 930: fehlender urkundlicher Abstammungsnachweis), Abschriften, Fotokopien (BayObLG NJW-RR 1992, 1358; 2002, 726; OLG Köln NJW-RR 1993, 970; BayObLG FamRZ 2001, 1327; BayObLG FamRZ 2001, 945 bei Unauffindbarkeit einer Testamentsurschrift; OLG Schleswig NJW-RR 2014, 73 [74]). Es gelten hohe Beweisanforderungen (BayObLG FamRZ 2005, 139; 2005, 1866; OLG München FamRZ 2008, 1378; KG DNotZ 2007, 393; zuletzt OLG München MDR 2010, 1123; OLG Schleswig NJW-RR 2014, 73 [74]). Die Unverhältnismäßigkeit bestimmt sich nach den dem Antragsteller zumutbaren Anstrengungen, nicht nach dem Umfang des Nachlasses (OLG Schleswig NJW-RR 2013, 1166; LG Rostock FamRZ 2004, 1519). **Offenkundig** gem § 2356 III aF bzw § 29 FamFG sind nur Tatsachen, von denen das NachlassG überzeugt ist, ein hoher Wahrscheinlichkeitsgrad reicht nicht (OLG Schleswig FamRZ 2001, 584).

§ 2357 *(aufgehoben) Gemeinschaftlicher Erbschein*

1 Die Vorschrift wurde zum 17.8.2015 aufgehoben, findet aber noch in Erbscheinsverfahren nach Erblassern Anwendung, die vor dem 17.8.2015 verstorben sind (→ § 1922 Rn. 18 mN). § 352a FamFG nF ersetzt die alte BGB-Vorschrift fast wortgleich, erlaubt allerdings in § 352a II S. 2 FamFG den gemeinsamen Verzicht aller Antragsteller auf Angabe der Erbteile. Für Altfälle und das Verständnis der ersetzenden Regelungen des FamFG bleibt die Kommentierung der Vorschrift vorläufig von Bedeutung. **a)** Vgl zu den Erbscheinsarten → § 2353 Rn. 7. **b)** Erbschaftsannahme liegt beim Antragsteller im Antrag (vgl → § 1943 Rn. 2), ansonsten ist sie nachzuweisen (vgl → § 2356 Rn. 3). **c)** Die Mitwirkung bei der Versicherung gem Abs. IV kann der Antragsteller von den übrigen Miterben gem § 2038 I 2
2 verlangen. **d)** Bei unausräumbaren Zweifeln an der Erbquote kann das Gericht einen vorläufigen Erbschein ohne Erbquote (Feststehen aller Miterben) oder einen Erbschein mit Mindestquoten (Ungewissheit über endgültige Miterbenzahl) erteilen (str, OLG Düsseldorf DNotZ 1978, 683; OLG Hamm Rpfleger 1969, 299; str, sa § 2353 Rn. 8). **e)** Zum Rechtsbehelf bei Ablehnung vgl → § 2353 Rn. 9.

§ 2358 *(aufgehoben) Ermittlungen des Nachlassgerichts*

Vorbemerkung zum zeitlichen Geltungsbereich. Die Vorschrift ist zum 17.8.2015 aufgehoben worden, gilt aber noch für Erbscheinsverfahren nach Erblassern fort, die vor dem 17.8.2015 verstorben sind (→ § 1922 Rn. 18 mN). § 2358 II aF ist durch die gleichlautende Vorschrift § 352d FamFG nF ersetzt; § 2358 I ist nach der Inkorporation des Erbscheinsverfahrens in das FamFG angesichts der allgemeinen

Vorschriften § 26 FamFG (Amtsermittlung) und § 29 FamFG (Beweiserhebung) überflüssig. Für Altfälle und das Verständnis der ersetzenden Regelungen des FamFG bleibt die Kommentierung von § 2358 aF noch von Bedeutung.

1. Rechtliche Prüfung. Sie erfasst alle prozessualen und materiellrechtlichen Voraussetzungen der Erbscheinserteilung: Zuständigkeit (vgl → § 2353 Rn. 2 f.), Staatsangehörigkeit und Testierfähigkeit des Erblassers, Vorliegen einer letztwilligen Verfügung, Echtheit (BayObLG Rpfleger 1998, 161), Auslegung und Sinn des Testaments (BayObLG NJW-RR 1999, 947: Verpflichtung zur Anhörung des beurkundenden Notars, wenn auf Grund besonderer Umstände nahe liegt, dass dieser sich an die Beurkundung erinnert; BayObLG ZEV 2001, 484 und BayObLG NJW-RR 2003, 367: beratender Anwalt; abw Erblasserwille gem § 2077 III: BayObLG NJW-RR 1997, 9; ein für die *Beteiligten* verbindlicher Auslegungsvertrag – zur Form → § 2385 Rn. 1 – hat für das *NachlassG,* solange Drittinteressen nicht berührt werden, immerhin indizielle Bedeutung, BGH NJW 1986, 1812; irreführend OLG München FamRZ 2011, 65; OLG Frankfurt a.M. OLGZ 1990, 15; zur Bedeutung eines gemeinsamen Antrags OLG Oldenburg ZEV 2010, 634), Güterstand bei Ehegatten, Ausschlagung, erbrechtliche Bindungen durch Erbvertrag und gemeinschaftliches Testament, Aufhebung letztwilliger Verfügungen. Auch die Wirksamkeit einer Testamentsanfechtung (§§ 2080, 2078 f.) ist im Erbscheinsverfahren zu beurteilen, das NachlassG darf nicht auf den Prozessweg verweisen (KG NJW 1963, 767). Dagegen ist Aussetzung möglich bei bereits anhängigem Rechtsstreit über das Erbrecht (KG FamRZ 1968, 219; sa § 21 I 1 FamFG), nicht aber umgekehrt Aussetzung des streitigen Verfahrens wegen anhängigen Erbscheinsverfahrens (KG OLGZ 1975, 355). Vergleiche zeitigen nur schuldrechtl Wirkungen (→ § 2353 Rn. 13). Zur Erbunwürdigkeit vgl → § 2342 Rn. 1. 1

2. Tatsachenermittlung. a) Für die Tatsachenermittlung gilt der **Untersuchungsgrundsatz** (§ 26 FamFG; früher § 12 FGG). Dies bedeutet aber nicht, dass das Gericht allen nur denkbaren Möglichkeiten von Amts wegen nachgehen müsste. Die Aufklärungspflicht des Gerichts reicht nur soweit, als das Vorbringen der Beteiligten oder der Sachverhalt als solcher bei sorgfältiger Überlegung sich aufdrängender Gestaltungsmöglichkeiten dazu Anlass gibt (BGHZ 40, 57; OLG Brandenburg BeckRS 2022, 1768; BayObLG NJW-RR 1991, 1287; 1997, 837; OLG Köln NJW-RR 1991, 1285; OLG Hamm NJW-RR 1992, 1484; sa MüKoZPO/Ulrici § 26 FamFG Rn. 10 ff.); zur fehlenden weiteren Ermittlungspflicht bei unwesentlichen Zweifeln an der Echtheit eines Testaments BayObLG Rpfleger 1998, 161, bei Zweifelsfällen OLG Bamberg NJW.-RR 2022, 1232 Rn. 24; BeckRS 2019, 18688; OLG Düsseldorf BeckRS 2022, 2013, 13095; bei unrichtigen Personenstandsurkunden BayObLGZ 1981, 42; 1981, 176; BayObLG FamRZ 1992, 118; → § 2356 Rn. 1; bei behaupteter Testierunfähigkeit OLG Düsseldorf NJW-RR 2014, 262; 2012, 1100; OLG Bamberg ZErb 2012, 212; OLG Frankfurt a.M. DNotZ 1998, 216; OLG Frankfurt a.M. NJW-RR 1998, 870; OLG München ZEV 2017, 148 (beschränkte Verwertbarkeit eines psychiatrischen Gutachtens aus einem Betreuungsverfahren); OLG München NJW-RR 2020, 199 Rn. 14 (grundsätzliche Notwendigkeit eines Gutachters mit fachärztlicher Ausbildung für Psychiatrie); vgl → § 2229 Rn. 5 ff.; bei fremdsprachigem Testament BayObLG NJW-RR 1997, 201 mAnm Hohloch JuS 1997, 849; bei Prüfung der Echtheit einer Unterschrift unter einem privatschriftlichen Testament OLG Düsseldorf FGPrax 2014, 31. Die Beteiligten trifft keine Ermittlungspflicht (KG ZEV 2006, 75) oder Beweisführungslast. § 27 FamFG und insbes §§ 2354–2356 beinhalten aber Mitwirkungspflichten, deren grundlose Missachtung das Gericht zumindest nach Hinweis weiterer Nachforschungen enthebt (OLG Köln Rpfleger 1981, 65; BayObLG NJW-RR 1993, 460; 2002, 727; OLG Frankfurt a.M. Rpfleger 1996, 512; sa OLG Karlsruhe NotBZ 2006, 103: Weigerung, früheren Anwalt von Verschwiegenheitspflicht zu befreien, kann Beweisvereitelung sein; sa MüKoZPO/Ulrici FamFG § 27 Rn. 8 ff.). 2

3 **b)** Die **materielle Beweislast** verteilt das Risiko der Unaufklärbarkeit nach erschöpfender

Sachverhaltsermittlung (BayObLG FamRZ 1985, 838; OLG Hamm NJW-RR 2008, 21); es gilt der Beweis des ersten Anscheins (OLG Frankfurt a.M. NJW-RR 1998, 870 mN). Der ein Erbrecht beanspruchende Beteiligte trägt das Beweisrisiko für die erbrechtsbegründenden Tatbestandsmerkmale (zB Vorliegen und Echtheit eines Testaments, OLG Zweibrücken NJW-RR 1987, 1158; OLG Köln NJW-RR 2004, 1016; → § 2247 Rn. 6, → § 2255 Rn. 4; Einnistung der Eizelle vor dem Tod des Erblassers im Falle des § 1923 II, OLG Köln BeckRS 2016, 13050; → § 1923 Rn. 2, → § 2101 Rn. 1); die widersprechenden Beteiligten tragen das Beweisrisiko erbrechtshindernder oder erbrechtsvernichtender Tatsachen, zB Anfechtung (KG NJW 1963, 768), Testierunfähigkeit (→ § 2229 Rn. 7 f.), Ausschlagung, Widerruf durch Vernichtung (OLG Frankfurt a.M. OLGZ 1978, 271; OLG Zweibrücken NJW-RR 1987, 1158; → § 2255 Rn. 4), Erbverzicht usw. **c) Beweisverfahren** gem §§ 29 ff. FamFG (früher § 15 FGG). Zur Sachverhaltsermittlung im Verfahren zur Erteilung eines ENZ s EuErbVO Anm zu Art. 62–73 Rn. 3 (Untersuchungsgrundsatz mit Mitwirkungspflichten). Zum Umfang der richterlichen Prüfungspflicht im Beschwerdeverfahren → § 2353 Rn. 11.

4 **3. Öffentl. Aufforderung.** Sie erfolgt gem Abs. II, §§ 353d, 435–437 FamFG (früher §§ 948–950 ZPO) und hat keine Ausschlusswirkung; nicht angemeldete Erbrechte bleiben aber zunächst unberücksichtigt (zur Wirkungslosigkeit eines Verfahrens bei fehlerhafter Bezeichnung der Aufgeforderten OLG Karlsruhe BWNotZ 2013, 182). Die Aufforderung erscheint beim begründeten Verdacht zweckmäßig, dass anderweitige, unbekannte Erben das Erbrecht des Antragstellers mindern oder ausschließen (zur Ausübung pflichtgemäßen Ermessens KG ZEV 2020, 246 = BeckRS 2020, 1630; OLG Hamm NJW-RR 2020, 890); sie kann aber unterbleiben, wenn das NachlassG keine Zweifel an der Existenz einer vorrangig erbberechtigten Person hat (OLG Frankfurt a.M. Rpfleger 1987, 203). Die Aufforderung führt nicht zur Entbehrlichkeit nachlassgerichtlicher Ermittlungen (KG FamRZ 2011, 1337). Keine Beschwerde bei Ablehnung öffentl Aufforderung (LG Frankfurt a.M. Rpfleger 1984, 191).

5 **4. Landesrechtl Pflicht des NachlassG zur Erbenermittlung.** Vgl Art. 37 BayAG GVG; § 40 bwLFGG. Sie führt nicht zu einer förmlichen Entscheidung und ist vom Erbscheinsverfahren zu unterscheiden (BayObLG Rpfleger 1985, 363).

§ 2359 *(aufgehoben) Voraussetzungen der Erteilung des Erbscheins*

Vorbemerkung zum zeitlichen Geltungsbereich. Die Vorschrift wurde zum 17.8.2015 aufgehoben, gilt aber für Erbscheinsverfahren nach Erblassern fort, die vor dem 17.8.2015 verstorben sind (→ § 1922 Rn. 18 mN). § 2359 aF wird durch den wortgleichen § 352e I S. 1 FamFG nF ersetzt; in seinen übrigen Teilen übernimmt § 352e FamFG nF im Wesentlichen die Vorschrift des § 352 FamFG aF (→ § 2353 Rn. 12). Die Kommentierung von § 2359 aF ist für Altfälle und das Verständnis der ersetzenden Regelungen des FamFG noch von Bedeutung.

1 **1. Folgen richterlicher Überzeugungsbildung.** Die Folgen richterlicher Überzeugungsbildung für die Erteilung des Erbscheins sind verschieden je nachdem, ob verbleibende Zweifel erbrechtsbegründende oder erbrechtshindernde bzw -vernichtende Tatsachen betreffen (vgl → § 2358 Rn. 3): Im ersten Fall ist der Erbschein zu verweigern, im letzten Fall hingegen zu erteilen.

2 ***2. Nachlassgericht und Prozessgericht.*** Lit: Zimmermann ZEV 2010, 457. **a)** Eine **Bindung des NachlassG** an rechtskräftige Urteile des Prozessgerichts über das Erbrecht eines Beteiligten ist in den Grenzen der subjektiven Rechtskraft grundsätzlich zu bejahen (BGH NJW 2016, 2512 Rn. 15 ff.; KG FamRZ 1996, 1575; BayObLG FamRZ 1999, 334). Jedoch kann das NachlassG einem Dritten den Erbschein erteilen, der am streitigen Vorprozess nicht beteiligt war. Kommen dage-

gen nur die beiden Parteien des Vorprozesses als Erben in Frage, darf der Erbschein nur dem obsiegenden Beteiligten erteilt werden: Andernfalls könnte dieser sofort gem § 2362 I Herausgabe verlangen und sich ggf im Parteienprozess auf die Präjudizialität des früheren Urteils berufen. Ausnahmsweise kann der Erbschein auch in diesem Falle abw erteilt werden, wenn der Berufung auf das frühere Prozessurteil die Arglisteinrede entgegensteht (BGH NJW 2016, 2512 Rn. 25 ff.; NJW 1951, 759). **b)** Das **Prozessgericht** ist in keinem Fall an die Entscheidung des NachlassG im Erbscheinsverfahren gebunden, vgl aber § 2365; s für das ENZ EuErbVO Anm zu Art. 62–73 Rn. 6.

3. Bindung an den Antrag. Vgl → § 2353 Rn. 5, zur Beschwerde → § 2353 3 Rn. 9 ff., zum Vergleich → § 2353 Rn. 13.

§ 2360 *(aufgehoben) Verfahrensbeteiligte und rechtliches Gehör*

§ 2360 ist mit Inkrafttreten des FamFG zum 1.9.2009 (→ Vor § 1922 Rn. 19) 1 aufgehoben worden. Die Regelung über die Beteiligten und ihr Gehör finden sich nunmehr ausführlich in §§ 345, 27, 28, 30 IV, 33 f., 37 II FamFG (sa § 348 FamFG). § 345 I Nr. 3 FamFG (Beteiligung der Gegner eines anhängigen streitigen Verfahrens) entspricht voll § 2360 I aF und § 345 I Nr. 4 FamFG verallgemeinert den Grundgedanken der Beteiligung der durch Unwirksamkeit Begünstigten gegenüber dem § 2360 II aF. Schon unter altem Recht erforderte das **rechtliche Gehör** (Art. 103 I GG) zunächst, dass allen „geborenen" Beteiligten Gelegenheit zur Information, Äußerung und Antragstellung gegeben wurde. „Kann"-Beteiligte, die von der Entscheidung in ihren Rechten betroffen sein konnten, durften auf jeden Fall aus eigenem Entschluss am Verfahren mit allen Rechten teilnehmen (nunmehr § 345 I 2 FamFG; sog „Beiziehungsverfahren"; dazu OLG München NJW-RR 2017, 71: Beteiligung bereits bei nicht gänzlichem fernliegen eines Erbrechts; hierzu Kollmeyer NJW 2019, 2140 ff. insbesondere für Beteiligung von Vermächtnisnehmern). Die Vorschrift des § 2360 I, II verpflichtete das NachlassG in zwei Fällen (anhängiger Rechtsstreit, Privattestament), die materiell Betroffenen hinzuziehen (nunmehr § 345 Nr. 3 und 4 FamFG); im Hinblick auf Art. 103 I GG war die Soll-Vorschrift als Muss-Vorschrift zu interpretieren (BayObLGZ 1960, 432; OLG Köln NJW 1962, 1729). Die überwiegende Meinung (OLG Karlsruhe ZEV 2006, 75; OLG Köln NJW 1962, 1729; Westphal Rpfleger 1983, 213) entnahm darüber hinaus Art. 103 I GG unmittelbar eine Anhörungspflicht gegenüber allen – also auch durch öffentl Urkunde – Enterbten (aA KG NJW 1963, 880; von BGHZ 40, 54 insoweit nicht beschieden; nunmehr § 345 I Nr. 4 FamFG). Im Ergebnis bringt die neue Rechtslage mehr textliche Klarheit, aber keine großen inhaltlichen Änderungen. Die „Kann"-Bestimmung des § 345 I 1 FamFG wird vor dem Hintergrund des Art. 103 I GG oft eine Ermessensübung im Sinne obligatorischer Beteiligung erzwingen.

§ 2361 Einziehung oder Kraftloserklärung des unrichtigen Erbscheins

[1]Ergibt sich, dass der erteilte Erbschein unrichtig ist, so hat ihn das Nachlassgericht einzuziehen. [2]Mit der Einziehung wird der Erbschein kraftlos.

Vorbemerkung zum zeitlichen Geltungsbereich. § 2361 II und III wurden zum 17.8.2015 aufgehoben, gelten aber für Erbscheinsverfahren nach Erblassern fort, die vor dem 17.8.2015 verstorben sind (→ § 1922 Rn. 18 mN; dazu OLG Düsseldorf NJW-RR 2020, 777 Rn. 15 f.). § 2361 II aF wird in dem FamFG angepasster Form in § 353 I FamFG nF übernommen, § 353 I und II FamFG aF werden zu § 353 II und III FamFG nF, § 353 III FamFG aF wird aufgehoben und durch § 353 I 4 FamFG nF ersetzt. Die Kommentierung des § 2361 II und III ist für Altfälle und das Verständnis der ersetzenden Regelungen des FamFG von Bedeutung.

1 **1. Voraussetzungen einer Einziehung. a) Ursprüngliche oder nachträgliche Unrichtigkeit** kann auf ursprünglicher falscher rechtlicher Würdigung oder tatsächlichen Irrtümern oder neuen Tatsachen beruhen (zur Rechtskraftproblematik → § 2353 Rn. 13). Der Erbschein ist einzuziehen, wenn er – falls jetzt über die Erteilung zu entscheiden wäre – nicht (mehr) erteilt werden dürfte (BGHZ 40, 57; BayObLG FamRZ 1989, 441 mN). Bsp: Nichtigkeit des Testaments gem § 7 HessG über Betreuungs- und Pflegeleistungen (OLG Frankfurt NJW 2015, 2351); falsche Testamentsauslegung (BayObLG NJW-RR 1997, 839: keine Bindung an Auslegung im Erteilungsverfahren), Übersehen eines Testaments, Ausschlagung oder Anfechtung (BayObLG FamRZ 1997, 1179); Fortfall der Testamentsvollstreckung (→ § 2364 Rn. 2); keine Angabe wirksamer Nacherbfolge (BayObLG FamRZ 1993, 1371; 1996, 1503), Eintritt des Nacherbfalls bzgl für Vorerben erteilten Erbschein (OLG Köln FamRZ 2003, 1786; → § 2363 Rn. 3). Die letztinstanzlich bestätigte Weigerung des NachlassG, einen Erbschein einzuziehen, hindert nicht, den Erbschein in neuem Einziehungsverfahren auch aus bisher erörterten Gründen erneut zu prüfen (BayObLG ZEV 2003, 369). Kein Einziehungsgrund ist der Verlust von Unterlagen, die bei Erteilung mit hoher Wahrscheinlichkeit vorlagen (LG Berlin
2 FamRZ 2008, 2065). **b) Verfahrensmängel** führen bei unzulässigem Verfahren zur Einziehbarkeit, also zB bei antragloser oder antragswidriger Erteilung (vgl → § 2353 Rn. 5); bei Unzuständigkeit des Gerichtes (BGH NJW 1963, 1972 [1973]; BayObLGZ 1981, 148; OLG Hamm OLGZ 1972, 352 [353]; OLG Zweibrücken ZEV 2001, 489: sogar bei inhaltlicher Richtigkeit; str, einschr für unklare Rechtslage BGH Rpfleger 1976, 174; → § 2353 Rn. 2); bei Erteilung durch Justizbeamten, der nicht mit Rechtspflegeraufgaben betraut ist (OLG Frankfurt a.M. NJW 1968, 1289; zT krit Weiß Rpfleger 1984, 389); bei Erteilung durch Rechtspfleger, wenn Richter gem § 16 I Nr. 6 RPflG zuständig war (KG FamRZ 2004, 1903: auch wenn ges Erbfolge mit testamentarischer übereinstimmt); nicht jedoch, wenn Rechtspfleger Erbschein auf Grund gesetzlicher Erbfolge nach deutschem Recht erteilt hat, obwohl Richterzuständigkeit gegeben war, weil ein Beteiligter testamentarische Erbfolge behauptet hatte (BayObLG Rpfleger 1997, 370). Hingegen bleiben Verstöße beim Verfahrensablauf unschädlich, falls sie keine sachlichen Konsequenzen haben, zB Verletzung des rechtlichen Gehörs (BGH NJW 1963, 1972 [1973]),
3 falsche eidesstattliche Versicherung (OLG Hamm OLGZ 1967, 77). **c) Berichtigungen** oder **Ergänzungen** des Erbscheins sind nur bei Bestandteilen zulässig, die am öffentl Glauben nicht teilnehmen (OLG Hamm OLGZ 1983, 60; BayObLG Rpfleger 1990, 74; LG Koblenz Rpfleger 2000, 502); ansonsten bleibt nur Einzie-
4 hung und Neuerteilung. **d) Zeitablauf** hindert die Erbscheinseinziehung auch dann nicht, wenn sie nur auf abw Testamentsauslegung und nicht auf neuen oder neu entdeckten Tatsachen beruht (BGHZ 47, 58; BayObLGZ 1981, 147 f.; BayObLG FamRZ 1989, 99: 28 Jahre; BayObLG Rpfleger 1990, 165; OLG Köln FamRZ 2003, 1785); schon die fortbestehende Möglichkeit eines streitigen Verfahrens über das Erbrecht schließt Berufung auf Verwirkung aus.

5 **2. Verfahren.** Vgl ab dem 1.9.2009 § 353 FamFG aF bzw § 353 II und III FamFG nF. **a)** Einleitung auf Antrag oder von Amts wegen bei Kenntnisnahme aus anderem Anlass (BGH NJW 2016, 960 Rn. 19). **b)** Nach dem **Untersuchungsgrundsatz** (§ 26 FamFG; früher § 12 FGG) muss das Gericht vor der Anordnung der Einziehung den Sachverhalt voll aufklären; es darf nicht ohne genaue Sachverhaltsaufklärung schon bei bloßen Zweifeln die Einziehung anordnen (s BGHZ 40, 58; OLG Zweibrücken OLGZ 1984, 10). Nach Durchführung der gebotenen Ermittlungen genügt es für die Einziehungsanordnung, dass die gem § 352e I 1 FamFG nF, § 2359 aF erforderliche Überzeugung des Gerichts über einen bloßen Zweifel hinaus erschüttert ist (BayObLG FamRZ 1989, 441; BayObLG Rpfleger 1988, 414 mN).
6 **c) Vorläufige Einziehung:** Eine einstw Anordnung des NachlassG war nach früherer Rechtslage ges nicht möglich (BGHZ 40, 59; str). Die einstw Anordnung des Beschwerdegerichts (§ 24 III FGG) oder des Prozessgerichts konnte nur die Verwah-

rung des Erbscheins beim NachlassG erzwingen (krit Schopp Rpfleger 1983, 264), die aber Kraftlosigkeit nicht zur Folge hatte und damit gutgl Erwerb nicht verhindern konnte (BGHZ 40, 60; 33, 317; OLG Köln OLGZ 1990, 303; vgl aber Lindacher NJW 1974, 20). Für Verfahren ab dem **1.9.2009** sehen §§ 49, 50 ff. FamFG allg die Möglichkeit einer einstweiligen Anordnung vor, was auch vorläufige Einziehung ermöglichen sollte (str, aA Grüneberg (vormals Palandt)/Weidlich § 2361 Rn. 8; OLG Saarbrücken Rpfleger 2012, 261: weiterhin nur Sicherstellung; Keidel/Zimmermann § 353 Rn. 4: zusätzlich Verfügungsverbot an Erbscheinserben). **d) Zuständigkeit** liegt beim erbscheinerteilenden NachlassG (OLG Hamm OLGZ 7 1972, 353; BayObLGZ 1981, 147), vgl → § 2353 Rn. 2; Richtersache im Falle des § 16 Nr. 7 RPflG. **e) Vollzug** der Einziehung durch Ablieferung der Urschrift bzw sämtlicher Ausfertigungen (OLG Düsseldorf FamRZ 2011, 1980; ggf Zwangsmaßnahmen gem §§ 86, 95 I FamFG iVm § 883 ZPO oder §§ 86, 95 IV FamFG iVm § 888 ZPO (früher § 33 FGG). Befindet sich der Erbschein schon beim Nachlassgericht, so wird die Einziehung durch die Einziehungsanordnung und deren Bekanntgabe vollendet (BayObLG NJW-RR 2001, 950). **f)** Unrichtige Erbscheine können 8 **Amtshaftungsansprüche** auslösen (BGHZ 117, 301; BGH NJW 1992, 2758; zum geschützten Personenkreis → § 2353 Rn. 11). **g)** Zur Zuständigkeit nach dem Beitritt der **neuen Bundesländer** s 15. Aufl. 2014, Vor § 1922 Rn. 8 f.

3. Beschwerde. a) Gegen **Ablehnung** ist beschwerdeberechtigt (§§ 58, 59 I 9 FamFG; früher §§ 19, 20 I FGG), wer durch einen unrichtigen oder unvollständigen Erbschein infolge des öffentl Glaubens in seinen Rechten beeinträchtigt würde; entspr Behauptung genügt (BayObLG FamRZ 1990, 1037); zB der Nacherbe bei Fehlen des Nacherbenvermerks (§ 352b I FamFG nF bzw § 2363 I aF; BayObLG FamRZ 1996, 1577; KG FamRZ 2004, 836), es sei denn, es steht bereits fest, dass dem Antragsteller kein potientiell beeinträchtigtes Recht zusteht (BayObLG NJW-RR 2002, 876; KG Rpfleger 2005, 261 f.) oder unrichtigen Angaben zur Nacherbschaft (BayObLGZ 1960, 407; nicht aber der Erbe des Vorerben, der den Erblasser *nicht* beerbt, bzgl unrichtiger Wiedergabe der Erbenstellung des Vorerben, OLG Hamm FamRZ 1986, 612); der Gläubiger mit Vollstreckungstitel (OLG Hamm Rpfleger 1977, 306; vgl aber BayObLGZ 1957, 360); der im Erbschein genannte Erbe (BGHZ 30, 263; BayObLGZ 1981, 147; KG FamRZ 2004, 1903) und dessen Erbe (BayObLG ZEV 2003, 288); nicht der Vermächtnisnehmer oder der Pflichtteilsberechtigte (BayObLG FamRZ 1991, 1483; → § 2365 Rn. 2). **b)** Gegen die 10 **Einziehung** sind gem §§ 58, 59 I FamFG (früher §§ 19, 20 I FGG) alle beschwerdeberechtigt, die einen Erbschein hätten beantragen können (vgl → § 2353 Rn. 4), auch wenn sie selbst keinen Antrag gestellt haben (BGHZ 30, 222 [223]); der Testamentsvollstrecker auch dann, wenn er die Erbauseinandersetzung bereits durchgeführt hat (OLG Hamm Rpfleger 1993, 347), nicht der Nacherbe gegen Einziehung des Erbscheins des Vorerben (OLG Karlsruhe FamRZ 2009, 1356). Da die vollzogene Einziehung nicht rückgängig gemacht werden kann, hat die Beschwerde das Ziel, das NachlassG zur Neuerteilung des eingezogenen Erbscheins anzuweisen (BGHZ 40, 56; BayObLGZ 1980, 72 [73]; BayObLG FamRZ 1989, 441; BayObLG NJW-RR 2001, 950; sa OLG Köln Rpfleger 1986, 761). Hierzu nun § 353 II FamFG: bei eingezogenem Erbschein Beschwerde nur iVm Antrag auf Neuerteilung (beachte aber § 353 II 2 FamFG). **c)** Zum Verhältnis zwischen Beschwerde gegen Erbscheinserteilung und Einziehungsverfahren vgl → § 2353 Rn. 11. Das Grundbuchamt kann auf Grund der Fotokopie eines eingezogenen Erbscheins, dessen Einziehung durch Beschluss dem GBA bekannt war, auch dann keine Eintragung vornehmen, wenn gute Gründe für die inhaltliche Richtigkeit des Erbscheins sprechen und er aus anderen Gründen eingezogen wurde, weil das GBA für solche Überprüfungen nicht zuständig ist, sondern allein das Nachlassgericht (BGH NJW 2021, 858 Rn. 12 ff.; sa 2353 Rn. 14).

4. Kraftloserklärung. Kraftloserklärung gem § 2361 II aF bzw § 353 I FamFG 11 nF wird notwendig, wenn die Einziehung durch Ablieferung gem S. 2 nF bzw I 2 aF misslingt (vgl → Rn. 7). gem § 353 I 4 FamFG nF bzw § 353 III FamFG aF ist Beschwerde nach öffentl Bekanntmachung unzulässig (früher § 84 S. 1 FGG: generelle Unzulässigkeit); sie kann aber erhoben werden mit dem Ziel, einen gleich lautenden Erbschein neu zu erteilen (str), vgl → Rn. 10.

§ 2362 Herausgabe- und Auskunftsanspruch des wirklichen Erben

(1) **Der wirkliche Erbe kann von dem Besitzer eines unrichtigen Erbscheins die Herausgabe an das Nachlassgericht verlangen.**

(2) **Derjenige, welchem ein unrichtiger Erbschein erteilt worden ist, hat dem wirklichen Erben über den Bestand der Erbschaft und über den Verbleib der Erbschaftsgegenstände Auskunft zu erteilen.**

1 Der wirkliche Erbe hat einen materiellrechtlichen Herausgabeanspruch gegen den erbscheinbesitzenden Scheinerben; Vollstreckung: § 883 ZPO. Er muss sein Erbrecht beweisen, doch gilt ebenso wenig wie im Erbscheinsverfahren die Vermutung gem § 2365. Herausgabe an das NachlassG hat Einziehungswirkung, § 2361 I 2. Gem II besteht auch ohne Erbschaftsbesitz (§ 2027) ein Auskunftsanspruch. UU kann dem Herausgabeanspruch die Abrede entgegenstehen, sich nicht auf das Erbrecht berufen zu wollen (Johannsen WM 1979, 636).

§ 2363 Herausgabeanspruch des Nacherben und des Testamentsvollstreckers

Dem Nacherben sowie dem Testamentsvollstrecker steht das in § 2362 Absatz 1 bestimmte Recht zu.

1 Vorbemerkung zum zeitlichen Geltungsbereich. Die Neufassung des § 2363 trat zum 17.8.2015 in Kraft, § 2363 aF wurde zum gleichen Zeitpunkt aufgehoben, gilt aber für Erbscheinsverfahren nach Erblassern fort, die vor dem 17.8.2015 verstorben sind (→ § 1922 Rn. 18). § 2363 I aF ist durch den wortgleichen § 352b I FamFG nF ersetzt. Die Neufassung des § 2363 vereinigt die Regelung des § 2363 II aF und die Regelung des § 2364 II aF. Die Kommentierungen der Vorschriften der §§ 2363, 2364 aF sind für Altfälle und das Verständnis der ersetzenden Regelungen des FamFG von Bedeutung, soweit sie §§ 2363 II, 2364 II aF betreffen auch für § 2363 nF; s also zu § 2363 nF die Bemerkungen → § 2363 aF Rn. 2 und → § 2364 Rn. 3.

§ 2363 aF *Inhalt des Erbscheins für den Vorerben in Kraft bis 16.8.2015*

(1) [1]In dem Erbschein, der einem Vorerben erteilt wird, ist anzugeben, dass eine Nacherbfolge angeordnet ist, unter welchen Voraussetzungen sie eintritt und wer der Nacherbe ist. [2]Hat der Erblasser den Nacherben auf dasjenige eingesetzt, was von der Erbschaft bei dem Eintritt der Nacherfolge übrig sein wird, oder hat er bestimmt, dass der Vorerbe zur freien Verfügung über die Erbschaft berechtigt sein soll, so ist auch dies anzugeben.

(2) Dem Nacherben steht das in § 2362 Abs. 1 bestimmte Recht zu.

Lit: Technau, Der Erbschein bei Vor- und Nacherbfolge, BWNotZ 1984, 63; Köster, Vor- und Nacherbschaft im Erbscheinsverfahren, Rpfleger 2000, 90; 2000, 133.

1 **1. Erbschein des Vorerben.** S. zum zeitlichen Geltungsbereich von § 2363 I aF die Bemerkungen → § 2363 nF Rn. 1. **a)** Die ges **Inhaltsbestimmung** des Nacherbenvermerks erfasst nach hM folgende Zweifelsfälle: weitere Nacherben und Ersatznacherben (OLG Hamm OLGZ 1975, 156; OLG Köln NJW-RR 1992, 1417 für künftige Abkömmlinge als Nacherben; BayObLG FamRZ 1991, 1116 für künftige gesetzliche Erben als Nacherben); Nichtvererblichkeit entgegen § 2108 II 1

(OLG Köln NJW 1955, 635), Vorausvermächtnis des alleinigen Vorerben (OLG München NJW-RR 2014, 1417: gegenständliche Bestimmung ohne Angabe des Wertanteils genügt; wohl weitergehend BayObLGZ 1965, 465; → § 2110 Rn. 1); ggf Befreiungen von einzelnen oder allen Beschränkungen (OLG Bremen ZEV 2005, 26); Nacherbenvollstrecker (§ 2222). Die Nacherbschaft bleibt unerwähnt, wenn sie bereits gegenstandslos ist (vgl → § 2104 Rn. 3, → § 2108 Rn. 4); → § 2353 Rn. 8. Fehlen die Angaben nach Satz 1 oder sind sie zu unbestimmt, so ist der Erbschein unrichtig und einzuziehen (BayObLG FamRZ 2001, 876: Nacherbschaft „für den Fall näher beschriebener Umstände"). **b) Antrags-** und 2 **Beschwerderecht** vgl → § 2353 Rn. 4, 11, → § 2361 Rn. 9; **Anspruch** des Nacherben gem Abs. II auf Herausgabe eines unrichtigen Erbscheins an das NachlassG auch gegen den Vorerben.

2. Erbschein des Nacherben. Mit Eintritt des Nacherbfalls wird der Erbschein 3 des Vorerben unrichtig und ist einzuziehen (OLG Köln Rpfleger 1984, 102; FamRZ 2003, 1786; BayObLG Rpfleger 1985, 183); ebenso, wenn vor Eintritt des Nacherbfalls der Nacherbe stirbt und das Nacherbenrecht auf seine Erben übergeht, § 2108 II 1 (BayObLG FamRZ 1988, 542). Im Erbschein des Nacherben ist der Zeitpunkt des Nacherbfalles anzugeben (→ § 2353 Rn. 4), ebenso wegen § 2110 II ein Vorausvermächtnis des Vorerben (OLG München NJW-RR 2014, 1417; zum Inhalt → Rn. 1). Übertragungen der Nacherbenanwartschaft (→ § 2100 Rn. 7 f.) lassen Erbscheinsinhalt unberührt (OLG Düsseldorf OLGZ 1991, 134; BayObLG NJW-RR 1992, 200; OLG Braunschweig OLGR 2004, 415). Grundbuchberichtigung gem § 22 GBO nur bei Vorlage des Erbscheins über die Nacherbschaft, Erbschein des Vorerben mit Nacherbenvermerk und Sterbeurkunde des Vorerben reichen nicht aus (BGHZ 84, 196; → § 2139 Rn. 3).

3. Grundbuchverfahren. Vgl §§ 35, 51 GBO (hierzu OLG Hamm NJW-RR 4 1997, 647 mwN) und → § 2113 Rn. 7 f.

§ 2364 *(aufgehoben) Angabe des Testamentsvollstreckers, Herausgabeanspruch des Testamentsvollstreckers*

Vorbemerkung zur zeitlichen Geltung der Vorschrift. § 2364 wurde zum 17.8.1015 aufgehoben. § 2364 I aF wurde zu diesem Zeitpunkt durch den wortgleichen § 352b II FamFG nF ersetzt, § 2364 II aF durch den wortgleichen § 2363 Alt. 2 nF. § 2364 aF gilt aber noch für Erbscheinsverfahren nach Erblassern fort, die vor dem 17.8.2015 verstorben sind (→ § 1922 Rn. 18). Die Kommentierungen sind also für diese Altfälle, das Verständnis der ersetzenden Regelungen des FamFG und teilweise für § 2363 nF von Bedeutung.

a) Der Vermerk enthält typischerweise nur die Tatsache der Testamentsvollstre- 1 ckung und ihren Umfang (LG Mönchengladbach Rpfleger 1982, 382; BayObLG FamRZ 2006, 148), um auf die Verfügungsbeschränkung des Erben aufmerksam zu machen; keine Angabe des Namens des Testamentsvollstreckers; wohl aber Beschränkung der Testamentsvollstreckung auf einen Nachlassgegenstand (BayObLG NJW-RR 2005, 1245). Er unterbleibt bei rein beaufsichtigender Vollstreckung (vgl → § 2208 Rn. 2; BayObLG FamRZ 1991, 988; Köln ZEV 2017, 521), bei Begrenzung auf einen vom Erbschein nicht erfassten Miterbenanteil, bei aufschiebend bedingter Vollstreckung, bei Nachlassspaltung im Erbschein hinsichtlich des DDR-belegenen Nachlasses (KG Rpfleger 1996, 111; → Vor § 1922 Rn. 5 und 8 ff.). **b)** Der **Erbschein** ist als **unrichtig** einzuziehen bei fehlendem Vollstreckervermerk 2 (zB auch mit Eintritt der aufschiebenden Bedingung) und bei Wegfall der Vollstreckung (OLG Hamm OLGZ 1983, 59), nicht bei Wegfall des Vollstreckers! **c)** Zum 3 **Antrags-** und **Beschwerderecht** vgl → § 2353 Rn. 4, 9, 12; → § 2361 Rn. 9 f. **d)** Der **Herausgabeanspruch** insbes bei fehlendem Vollstreckervermerk richtet sich auch gegen den Erben. **e)** Vgl auch § 52 GBO.

§ 2365 Vermutung der Richtigkeit des Erbscheins

Es wird vermutet, dass demjenigen, welcher in dem Erbschein als Erbe bezeichnet ist, das in dem Erbschein angegebene Erbrecht zustehe und dass er nicht durch andere als die angegebenen Anordnungen beschränkt sei.

1 **1. Inhalt der Vermutung.** Die Vermutung erstreckt sich positiv auf Erbrecht und Erbquote; negativ auf das Fehlen nicht benannter Nacherbfolge oder Testamentsvollstreckung (§§ 2363, 2364). Sie erfasst also weder das Fehlen anderer Beschwerungen (Vermächtnisse, Insolvenz, Erbteilsveräußerung) noch die positive Garantie des Bestehens angegebener Beschränkungen (str). Sie erstreckt sich bei einer ausschließlich nach deutschem Recht zu beurteilenden Erbfolge auch nicht auf eine unzulässigerweise in den Erbschein aufgenommene Beschränkung der Angaben auf das Inlandsvermögen (BayObLG Rpfleger 1990, 74). Sie beginnt mit der Erteilung des Erbscheins (vgl → § 2353 Rn. 10) und dauert bis zur Ablieferung beim NachlassG (§ 2361 I 2, vgl → § 2361 Rn. 7 und → § 2362 Rn. 1) oder Kraftloserklärung (§ 2361 II); sie besteht unabhängig davon, ob der Erbschein vorgelegt und dem Rechtsverkehr bekannt ist, wird allerdings durch zwei sich widersprechende Erbscheine aufgehoben (BGHZ 33, 317; zu Recht krit Herminghausen NJW 1986, 571), ebenso durch ein dem Erbschein inhaltlich widersprechendes Testamentsvollstreckerzeugnis (BGH FamRZ 1990, 1111) im Umfang des Widerspruchs.

2 **2. Wirkung.** Für und gegen den Erbscheinserben spricht eine Rechtsvermutung, die im Prozess analog § 292 ZPO nur durch den Gegenteilsbeweis zu widerlegen ist; der Schuldner einer Nachlassforderung müsste also ggf den Gegenteilsbeweis gegen den Erbscheinserben führen, der Erbscheinserbe müsste sich gegen einen Nachlassgläubiger durch den Gegenteilsbeweis wehren. Im Rechtsstreit zwischen Erbprätendenten nach Erteilung eines Erbscheins ist eine Feststellungsklage im zivilprozessualen Erkenntnisverfahren zulässig (BGH FamRZ 2010, 1068; OLG Brandenburg FamRZ 2009, 1610; zur hieraus folgenden Subsidiarität einer Verfassungsbeschwerde nach Ausschöpfung aller Rechtsbehelfe im Erbscheinsverfahren BVerfG ZEV 2017, 48 – zweifelhaft angesichts unterschiedlicher Drittwirkung). In einem solchen Rechtsstreit gilt § 2365 nicht, ebenso wenig, wenn der Testamentsvollstrecker das Erbrecht des Erbscheinserben bestreitet (BGH WM 1987, 565). Genau wie im Erbscheinsverfahren (vgl → § 2358 Rn. 3; → § 2359 Rn. 1; → § 2361 Rn. 5) oder beim Rechtsstreit gem § 2362 ist jeder Teil unabhängig vom Erbschein mit den ihm günstigen Tatsachen beweisbelastet; andernfalls wäre die Beweislast je nach Verfahrensart verschieden verteilt (BGHZ 47, 66; BGH NJW 1983, 674; BGH WM 1987, 565 mN; sa OLG Köln FamRZ 1991, 1483 für Rechtsverfolgung des Vermächtnisnehmers; zur Verwertung der Erkenntnisse des Nachlassgerichts im Zivilprozess BWStGH NJW 2015, 1869). Die Rechtskraft des streitigen Verfahrens wirkt natürlich nur inter partes (BGH FamRZ 2010, 1070). Im Grundbuchverkehr vgl § 35 I 1 GBO; keine Nachprüfungsbefugnis des Grundbuchamts (s aber OLG Köln ZEV 2011, 193; eher krit Zimmer NJW 2014, 337 [341]), aber Fortfall seiner Bindung bei Kenntnis der Unrichtigkeit (problematisch LG Freiburg Rpfleger 1981, 146 mAnm von Meyer-Stolte); bei öffentl Testament kann im Falle von Zweifeln ein Erbschein verlangt werden (§ 35 I 2 GBO; dazu OLG Schleswig Rpfleger 2006, 643 m. Bespr. Peißinger Rpfleger 2007, 195). Es besteht Nachprüfungsbefugnis und -pflicht der Finanzbehörden und Finanzgerichte bei Berechnung der Erbschaftsteuer, wenn gewichtige Gründe gegen die Richtigkeit des Erbscheins sprechen (BFH NJW 1996, 2119). Verwaltungsgerichte dürfen dagegen solange von der Richtigkeit des Erbscheins ausgehen, wie dieser noch nicht eingezogen ist (BVerwG VIZ 2001, 367). Zur teilw abw Vermutungswirkung des ENZ s → Art. 69 I, II und V EuErbVO und EuErbVO Anm zu Art. 62–73 Rn. 6.

§ 2366 Öffentlicher Glaube des Erbscheins

Erwirbt jemand von demjenigen, welcher in einem Erbschein als Erbe bezeichnet ist, durch Rechtsgeschäft einen Erbschaftsgegenstand, ein Recht an einem solchen Gegenstand oder die Befreiung von einem zur Erbschaft gehörenden Recht, so gilt zu seinen Gunsten der Inhalt des Erbscheins, soweit die Vermutung des § 2365 reicht, als richtig, es sei denn, dass er die Unrichtigkeit kennt oder weiß, dass das Nachlassgericht die Rückgabe des Erbscheins wegen Unrichtigkeit verlangt hat.

Lit: Medicus, Besitz, Grundbuch und Erbschein als Rechtsscheinsträger, Jura 2001, 294; Parodi, Die Maßgeblichkeit der Kenntnis vom Erbschein für einen gutgläubigen Erwerb einer beweglichen Sache nach § 2366 BGB, AcP 185, 362; Wiegand, Der öffentliche Glaube des Erbscheins, JuS 1975, 283.

1 **1. Voraussetzungen des öffentl Glaubens. a)** Nach hM besteht die Gutglaubenswirkung nur im Umfang der Vermutungswirkung, also zB nicht bei zwei widersprechenden Erbscheinen (BGHZ 33, 317), str, → § 2365 Rn. 1. Ebenso wenig wie zur Entfaltung der Vermutungswirkung gem § 2365 muss der Erbschein vorgelegt werden; die einstweilige Verwahrung beim NachlassG kann deshalb gutgl Erwerb nicht verhindern (vgl → § 2361 Rn. 6). 2 **b)** Nur **Verfügungsgeschäfte** sind geschützt, *nicht* aber Zwangsvollstreckungsakte oder der Erwerb kraft G. Diese Geschäfte müssen sich auf Erbschaftsgegenstände beziehen, also kein gutgl Erwerb eines Erbteils (§ 2033 I). Ebenso muss ein Verkehrsgeschäft vorliegen, weshalb ein Miterbe nicht von der Erbengemeinschaft gutgl erwerben kann (BGH NJW 2015, 1881 Rn. 12 ff.); zum Erwerb von Gesellschaftsanteilen vgl Schreiner NJW 1978, 923. 3 **c)** Der Erwerbsmangel muss gerade im **Irrtum über die Erbenstellung** des Erbscheinserben liegen; keine Rechtsscheinwirkung tritt deshalb ein beim Irrtum über die Zugehörigkeit zum Nachlass (vgl aber → Rn. 5) oder beim Irrtum über die Verfügungsbefugnis wegen Anteilsveräußerung (BGH WM 1963, 219). 4 **d) Positive Kenntnis** der Unrichtigkeit setzt voraus, dass aus der Tatsachenkenntnis die richtigen rechtlichen Schlüsse gezogen werden; bei Anfechtbarkeit von Testamenten gilt § 142 II. Maßgebender Zeitpunkt ist der vollendete Erwerb (anders § 892 II), so dass bei Grundstücksrechten bis zur Eintragung Gutgläubigkeit vorliegen muss, wobei die Existenz eines Erbscheins im Zeitpunkt der Umschreibung ausreicht (BGH WM 1971, 54). Zur teilw abw Gutglaubenswirkung des ENZ s Art. 69 IV EuErbVO sowie → EuErbVO Anm zu Art. 62–73 Rn. 6.

5 **2. Verknüpfung mit anderen Gutglaubensvorschriften.** Sie führt zu einer Erweiterung des Rechtsscheintatbestandes. **a)** §§ 892 f. erlauben iVm § 2366 den gutgl Erwerb an nachlassfremden Grundstücken vom Scheinerben. Sofern allerdings der Scheinerbe bereits eingetragen ist, gelten nur §§ 892 f. **b)** §§ 932 ff. erlauben iVm § 2366 den gutgl Erwerb nachlassfremder beweglicher Sachen vom Scheinerben, wobei Besitznahme und Übergabe durch den Erbscheinserben kein Abhandenkommen gem §§ 935 I, 857 darstellen (Baur/Stürner, Sachenrecht, 18. Aufl. 2009, § 8 Rn. 3).

§ 2367 Leistung an Erbscheinserben

Die Vorschrift des § 2366 findet entsprechende Anwendung, wenn an denjenigen, welcher in einem Erbschein als Erbe bezeichnet ist, auf Grund eines zur Erbschaft gehörenden Rechts eine Leistung bewirkt oder wenn zwischen ihm und einem anderen in Ansehung eines solchen Rechts ein nicht unter die Vorschrift des § 2366 fallendes Rechtsgeschäft vorgenommen wird, das eine Verfügung über das Recht enthält.

1 **a)** Die Leistung an den Erbscheinserben befreit (s aber zu anderen Formen des Nachweises der Erbenstellung → § 2353 Rn. 1); der Erbscheinserbe haftet dem

wahren Erben gem § 816 II, bei Bösgläubigkeit auch aus §§ 667, 687 II, 826. Zur Gutglaubenswsirkung des ENZ s Art. 69 III EuErbVO und → EuErbVO Anm zu Art. 62–73 Rn. 6. **b) Gleichgestellte RGeschäfte mit Verfügungscharakter** sind zB Aufrechnung, Kündigung (zum Erfordernis des Verkehrsgeschäftes BGH NJW 2015, 1881), Vormerkung (BGHZ 57, 342), uU Gesellschaftsbeschlüsse unter Mitwirkung des Scheinerben (vgl Schreiner NJW 1978, 921 f.), niemals aber Verpflichtungsgeschäfte oder Prozesshandlungen.

§ 2368 Testamentsvollstreckerzeugnis

[1]Einem Testamentsvollstrecker hat das Nachlassgericht auf Antrag ein Zeugnis über die Ernennung zu erteilen. [2]Die Vorschriften über den Erbschein finden auf das Zeugnis entsprechende Anwendung; mit der Beendigung des Amts des Testamentsvollstreckers wird das Zeugnis kraftlos.

1 **1. Erteilung und Funktion.** Zum zeitlichen Geltungsbereich der Vorschrift zuerst → Rn. 5. **a)** Antragsberechtigt sind Testamentsvollstrecker (auch bei Vorliegen eines Entlassungsantrages, OLG München NJW-RR 2010, 1381 und nach Entlassung, OLG Stuttgart OLGZ 1979, 387) und Nachlassgläubiger gem §§ 792, 896 ZPO, nicht aber der Erbe (OLG Hamm NJW 1974, 505, str; dagegen mit überzeugenden Gründen Lange/Kuchinke § 39 VIII Fn. 272). Vgl zur Bestimmtheit des Antrags → § 2353 Rn. 5, zur Zuständigkeit → § 2353 Rn. 2; zum Beschwerdeverfahren → § 2353 Rn. 9 ff., zur Einziehung § 2361aF und nF sowie § 353 I FamFG nF (s Vorb. § 2361 und → Rn. 5); zur neu geregelten Beteiligung §§ 7 I, 345 III FamFG (Testamentsvollstrecker, Mitvollstrecker, Erbe). Richtersache gem § 16 I Nr. 6 RPflG; Vorbescheid (→ § 2353 Rn. 12) nach bis zum 1.9.2009 geltender Rechtslage zulässig (BayObLGZ 1986, 469 – anders bei Ernennung, → § 2200 Rn. 3); nunmehr gelten §§ 354, 352 FamFG aF und nF (Art. 11 Nr. 4 und 6 ErbrechtsänderungsG 2015, → Vor § 1922 Rn. 18, 19; und → Rn. 5) – Vorbescheid
2 nicht mehr zulässig. **b) Inhalt:** Name des Erblassers und des Testamentsvollstreckers; Abweichungen von der ges Verfügungsbefugnis (Abs. I 2, §§ 2208–2210, 2222–2224 I 3; vgl BayObLGZ 1990, 87; BayObLG FamRZ 1992, 1356; OLG Hamm Rpfleger 2011, 1621: Erbteilsvollstreckung; KG NJW-RR 1991, 836; OLG Zweibrücken FGPrax 1998, 26: Dauervollstreckung; OLG Düsseldorf Rpfleger 2011, 375: auflösende Bedingung bei Dauervollstreckung) bzw Verpflichtungsbefugnis (§ 2207). Nicht anzugeben sind Verwaltungsanordnungen (vgl → § 2216 Rn. 2), welche die Verfügungs- und Verpflichtungsbefugnis unberührt lassen, oder eine Befreiung vom Verbot des Selbstkontrahierens (OLG Hamm FamRZ 2005, 71). Beim Bestehen der Regelbefugnisse (§§ 2203–2206) sind weitere Angaben entbehr-
3 lich und müssen unterbleiben (OLG Hamm FamRZ 2005, 71). **c)** Die **Vermutung** gem Abs: III, § 2365 gilt der Wirksamkeit der Testamentsvollstreckung, dem Fehlen nicht angegebener (aber nicht dem Bestehen angegebener) Beschränkungen (BGH ZEV 2017, 165 mAnm von Muscheler ZEV 2017, 157: gutgläubiger Erwerb eines dinglichen Vorkaufsrechts bei fehlendem Hinweis auf Beschränkung der Verfügungsbefugnis; BayObLG FamRZ 1991, 985), dem Bestehen angegebener (aber nicht dem Fehlen nicht angegebener) Erweiterungen (KG NJW-RR 1991, 836); zur Rechtsscheinwirkung Joachim ZEV 2017, 499 ff. Sie gilt *nicht* der Nachlasszugehörigkeit (BGH NJW 1981, 1272; → § 2205 Rn. 14) und *endet* bei Kraftlosigkeit. Sie besteht nicht, soweit ein inhaltlich widersprechendes Zeugnis bzw widersprechender Erbschein erteilt ist (vgl BGH FamRZ 1990, 1111). Das Zeugnis bindet nicht im *Streit mehrerer Prätendenten* auf das Testamentsvollstreckeramt, wenn ein Erbe dem im Zeugnis genannten Testamentsvollstrecker das Amt str macht (BGH WM 1987, 565; vgl § 2365 Rn. 2) oder wenn vom Prozessgericht die Wirksamkeit der Drittbestimmung gem § 2198 überprüft wird (KG FamRZ 2010, 500; → § 2198 Rn. 1). Der **öffentl Glaube** betrifft Verfügungsgeschäfte und Verpflichtungsgeschäfte, nicht aber Geschäfte mit dem Erben (BGHZ 41, 30), weil sie keine Verkehrsgeschäfte

sind. Das Zeugnis legt den Umfang der Testamentsvollstreckung für das *Grundbuchamt* bindend fest, es sei denn, neue Tatsachen ergeben seine Unrichtigkeit und Einziehungsbedürftigkeit (BayObLG FamRZ 1991, 985 mN; BayObLG ZEV 2006, 174 mAnmvon Zimmermann; OLG München RPfleger 2005, 661: Feststellung der Beendigung der Testamentsvollstreckung durch Grundbuchamt); das GBA kann ggf Vorlage verlangen (OLG München ZEV 2008, 340). Das sog. Annahmezeugnis des Nachlassgerichts entfaltet keine Gutglaubenswirkung und steht dem Testamentsvollstreckerzeugnis nicht gleich, sondern hat nur Beweiswirkung bezüglich der Annahme des Amtes (OLG Braunschweig ErbR 2019, 380 = BeckRS 2019, 1311; sa § 2202 Rn. 1 und § 2205 Rn. 17 zur Beweiswirkung zusammen mit dem öffentlichen Testament bzw der beglaubigten Abschrift eines privatschriftlichen Testaments im Grundbuchverkehr). **d)** Das **unrichtige Zeugnis** ist durch Einziehung oder 4
Kraftloserklärung (§ 2361 I, II) unwirksam zu machen (BGHZ 40, 54; BayObLG FamRZ 1991, 988; vgl → § 2361 Rn. 1 ff., 5 ff.); Berichtigung kommt nicht in Betracht (OLG Zweibrücken FGPrax 1998, 26; OLG Zweibrücken ZEV 2001, 27). Sofern das anfänglich richtige Zeugnis erst durch Beendigung des Amtes unrichtig wird, ordnet Abs. III Hs. 2 automatische Kraftlosigkeit (OLG Köln Rpfleger 1986, 261) und damit Unwirksamkeit (vgl → Rn. 3) an; zu den Beendigungsgründen vgl → § 2225 Rn. 1–4. Der Geschäftspartner des Vollstreckers sollte sich also stets über die Fortdauer des Amtes gesondert vergewissern, was das Zeugnis stark entwertet. Das gem Abs. III Hs. 2 aF und gem S. 2 nF (→ Rn. 5) kraftlose Zeugnis ist gem § 2362 I dem Nachlassgericht herauszugeben (teilw str; s OLG Köln Rpfleger 1986, 261). **e)** Vgl auch §§ 35 II, 40 II GBO. **f) Beschwerdebefugt** ist der Testamentsvollstrecker (vgl OLG Hamm FamRZ 2005, 70) sowie jeder mögliche Erbe, solange nicht feststeht, dass er nicht Erbe geworden ist (KG NJW-RR 2000, 1608 mAnm Krug FGPrax 2001, 26).

2. Reformen und zeitliche Geltung. § 2368 II aF ist im Zuge der FGG- 5
Reform (→ Vor § 1922 Rn. 19) zum 1.9.2009 entfallen. Die Vorschrift war nach der Begründung des Reg-E im Hinblick auf die Regelungen des § 345 FamFG entbehrlich. § 2368 I 2 wurde zum 17.8.2015 aufgehoben und durch den wortgleichen § 354 II FamFG nF ersetzt, gilt aber noch für Erbscheinsverfahren nach Erblassern fort, die vor dem 17.8.2015 verstorben sind (→ § 1922 Rn. 18 mN; OLG Düsseldorf ZEV 2017, 204 Rn. 8). § 2368 nF hat nur noch zwei Sätze, nämlich S. 1, der mit § 2368 I 1 aF identisch ist, und S. 2, der den Text des § 2368 III aF übernimmt. § 2368 I und III aF gilt noch für Altfälle, die Kommentierung zu § 2368 I 1 aF und § 2368 III aF gilt für § 2368 S. 1 und 2 nF. Die Kommentierung zu § 2368 I 2 kann auch zum Verständnis der ersetzenden Regelung des FamFG beitragen. Zum ENZ als Testamentsvollstreckerzeugnis Art. 69 EuErbVO und → EuErbVO Anm zu Art. 62–69 Rn. 4 und 6.

3. Kosten. Zu den Kosten des Testamentsvollstreckerzeugnisses Sikora NJW 6
2018, 1572, 1575.

§ 2369 *(aufgehoben) Gegenständlich beschränkter Erbschein*

1. Allgemeines und zeitliche Geltung. Vgl zunächst zur int. Zuständigkeit 1
→ § 2353 Rn. 3. Die Vorschrift wurde zum 17.8.2015 aufgehoben, gilt aber für Erbscheinsverfahren nach Erblassern fort, die vor dem 17.8.2015 verstorben sind (→ § 1922 Rn. 18). § 2369 aF wird durch den wortgleichen § 352c I FamFG ersetzt, wobei § 352c II FamFG noch weitergehende klarstellende Regeln zur Belegenheit von Nachlassgegenständen aufstellt. Die Kommentierung hat noch für Altfälle Bedeutung, aber auch für die Anwendung des § 352c I FamFG.

2. Altes Recht (bis zum 1.9.2009; zum FGG-RG → Vor § 1922 Rn. 19). Nach 2
dem sog Gleichlaufgrundsatz (→ § 2353 Rn. 3) fehlte grundsätzlich deutsche int. Zuständigkeit, wenn ausländisches Erbrecht galt und kein int. Abkommen deutsche

Zuständigkeit anordnete; ausnahmsweise gab es jedoch für inlandsbelegene Nachlassgegenstände den gegenständlich beschränkten Erbschein, der die Erbfolge nach fremdem Recht bezeugte (Fremdrechtserbschein).

3 **3. Bis zum 17.8.2015 geltendes Recht und Neues Recht.** Mit der Aufgabe des Gleichlaufgrundsatzes (vgl → § 2353 Rn. 3) entfiel das Bedürfnis nach Erteilung eines Fremdrechtserbscheins trotz Unzuständigkeit auf Grund der Anwendbarkeit ausländischen Rechts; die entspr Regelung in § 2369 I aF bis 1.9.2009 konnte deshalb aufgehoben werden. Durch die Formulierung des § 2369 I in der bis 17.8.2015 geltenden Fassung und nach § 352c FamFG nF kann aber auch nach veränderter Rechtslage der Antrag auf Erbscheinerteilung auf im Inland belegene Nachlassgegenstände beschränkt werden; insbes dann sinnvoll, wenn Erbschein ohnehin nur für im Inland belegenen Nachlass benötigt wird oder unter bis zum 17.8.2015 geltenden Recht bei Nachlassspaltung, da idR Verfahrensbeschleunigung durch Beschränkung (vgl Begr Reg-E, BT-Drs. 16/9733; dazu OLG Brandenburg NJW-RR 2012, 10; Schaal BWNotZ 2007, 154); zu nach dem 17.8.2015 verbleibenden Fällen der Nachlassspaltung s → EuErbVO Anm zu Art. 20–38 Rn. 3.

4 **4. Inhalt und Zuständigkeit beim Fremdenrechtserbschein bis 1.9.2009.** Der Erbschein muss angeben, ob und welches ausländische Recht der Erbfolge zugrunde liegt (BayObLGZ 1961, 4); keine Angabe dinglicher Vermächtnisse fremden Rechts (OLG Köln NJW 1983, 525 mN; OLG Hamm FamRZ 1993, 116; KG Rpfleger 2008, 423), wohl aber ausländischer Testamentsvollstreckung (BGH NJW 1963, 46; BayObLG 90, 51; hierzu Roth IPRax 1991, 322). Auch beim beschränkten Testamentsvollstreckerzeugnis (§ 2368 III aF) ist der Ernennung und Entlassung ausländisches materielles Recht zugrundezulegen. Zur ordre-public-Kontrolle durch das NachlassG Hamm ZEV 2005, 436 mAnm Lorenz; OLG Frankfurt a.M. ZEV 2011, 135; → Vor § 1922 Rn. 3. *Örtliche Zuständigkeit* für Fremdrechtserbschein nach altem Recht: § 73 III FGG (Nachlassgericht der Belegenheit der Nachlassgegenstände); hierzu BayObLG FamRZ 1991, 725 (Anspruch aus § 10 HäftlingshilfeG); BayObLG FamRZ 1991, 992; 1992, 1352; 1993, 368 (Anspruch nach dem LAG); bei Forderungen gegen öffentl Hand Gericht des Sitzes der zuständigen Behörde.

§ 2370 Öffentlicher Glaube bei Todeserklärung

(1) **Hat eine Person, die für tot erklärt oder deren Todeszeit nach den Vorschriften des Verschollenheitsgesetzes festgestellt ist, den Zeitpunkt überlebt, der als Zeitpunkt ihres Todes gilt, oder ist sie vor diesem Zeitpunkt gestorben, so gilt derjenige, welcher auf Grund der Todeserklärung oder der Feststellung der Todeszeit Erbe sein würde, in Ansehung der in den §§ 2366, 2367 bezeichneten Rechtsgeschäfte zugunsten des Dritten auch ohne Erteilung eines Erbscheins als Erbe, es sei denn, dass der Dritte die Unrichtigkeit der Todeserklärung oder der Feststellung der Todeszeit kennt oder weiß, dass sie aufgehoben worden sind.**

(2) [1]**Ist ein Erbschein erteilt worden, so stehen demjenigen, der für tot erklärt oder dessen Todeszeit nach den Vorschriften des Verschollenheitsgesetzes festgestellt ist, wenn er noch lebt, die in § 2362 bestimmten Rechte zu.** [2]**Die gleichen Rechte hat eine Person, deren Tod ohne Todeserklärung oder Feststellung der Todeszeit mit Unrecht angenommen worden ist.**

1 Vgl §§ 9, 44 VerschG.

Abschnitt 9. Erbschaftskauf

Lit: Krause, Praktische Fragen des Erbschaftskaufs, ErbR 2007, 2; Muscheler, Der Erbschaftskauf, RNotZ 2009, 65.

§ 2371 Form

Ein Vertrag, durch den der Erbe die ihm angefallene Erbschaft verkauft, bedarf der notariellen Beurkundung.

1. Formpflichtiger Erbschaftskauf. Er liegt vor beim Kauf der gesamten Erbschaft, eines Miterbenanteils (OLG Saarbrücken NJW 2020, 3179 Rn. 16, der Anwartschaft des Nacherben (vgl → § 2100 Rn. 7 f.), des Bruchteils einer Erbschaft, der kein Erbteil ist. Sofern ein einzelner Kaufgegenstand ganz oder nahezu ganz die Erbschaft ausmacht, liegt Erbschaftskauf nur vor, wenn ausdr Erbschaftskauf vereinbart ist oder doch der Käufer um die Zusammensetzung der Erbschaft weiß (BGH LM Nr. 2 zu § 2382 BGB; OLG Saarbrücken NJW 2020, 3179 Rn. 16). 1

2. Keine Heilung. Der **Vollzug** des Erfüllungsgeschäftes bewirkt **keine Heilung** des formnichtigen Kaufvertrages, auch nicht die Übertragung des Miterbenanteils gem § 2033 I (BGH NJW 1967, 1131; aA aber Habscheid FamRZ 1968, 13; Schlüter JuS 1969, 10; Keller ZEV 1995, 427; → § 2346 Rn. 4). 2

3. Umfang der Formpflicht. Die Formpflicht erfasst alle Vertragsabreden; formlose Nebenabreden führen uU zur Gesamtnichtigkeit, §§ 125, 139 (BGH NJW 1967, 1129; BGH ZEV 2005, 204). 3

§ 2372 Dem Käufer zustehende Vorteile

Die Vorteile, welche sich aus dem Wegfall eines Vermächtnisses oder einer Auflage oder aus der Ausgleichungspflicht eines Miterben ergeben, gebühren dem Käufer.

§ 2373 Dem Verkäufer verbleibende Teile

[1]Ein Erbteil, der dem Verkäufer nach dem Abschluss des Kaufs durch Nacherbfolge oder infolge des Wegfalls eines Miterben anfällt, sowie ein dem Verkäufer zugewendetes Vorausvermächtnis ist im Zweifel nicht als mitverkauft anzusehen. [2]Das Gleiche gilt von Familienpapieren und Familienbildern.

§ 2374 Herausgabepflicht

Der Verkäufer ist verpflichtet, dem Käufer die zur Zeit des Verkaufs vorhandenen Erbschaftsgegenstände mit Einschluss dessen herauszugeben, was er vor dem Verkauf auf Grund eines zur Erbschaft gehörenden Rechts oder als Ersatz für die Zerstörung, Beschädigung oder Entziehung eines Erbschaftsgegenstands oder durch ein Rechtsgeschäft erlangt hat, das sich auf die Erbschaft bezog.

Die Vorschrift ergänzt § 433 I: Der Verkäufer schuldet zunächst Übereignung und Übergabe jeder Sache bzw Rechtsverschaffung, beim Erbteilsverkauf also Veräußerung gem § 2033 I; zusätzlich schuldet er aber Herausgabe der Surrogate. Vgl zur rechtsgeschäftlichen Surrogation → § 2041 Rn. 2. 1

§ 2375 Ersatzpflicht

(1) **[1]Hat der Verkäufer vor dem Verkauf einen Erbschaftsgegenstand verbraucht, unentgeltlich veräußert oder unentgeltlich belastet, so ist er verpflichtet, dem Käufer den Wert des verbrauchten oder veräußerten Gegenstands, im Falle der Belastung die Wertminderung zu ersetzen. [2]Die**

Ersatzpflicht tritt nicht ein, wenn der Käufer den Verbrauch oder die unentgeltliche Verfügung bei dem Abschluss des Kaufs kennt.

(2) **Im Übrigen kann der Käufer wegen Verschlechterung, Untergangs oder einer aus einem anderen Grunde eingetretenen Unmöglichkeit der Herausgabe eines Erbschaftsgegenstands nicht Ersatz verlangen.**

1 Die Haftungsregeln gelten nur für Veränderungen *vor* dem Verkauf, ab Kaufabschluss sind §§ 433 ff. maßgebend, vgl aber §§ 2376, 2380.

§ 2376 Haftung des Verkäufers

(1) **Die Haftung des Verkäufers für Rechtsmängel beschränkt sich darauf, dass ihm das Erbrecht zusteht, dass es nicht durch das Recht eines Nacherben oder durch die Ernennung eines Testamentsvollstreckers beschränkt ist, dass nicht Vermächtnisse, Auflagen, Pflichtteilslasten, Ausgleichungspflichten oder Teilungsanordnungen bestehen und dass nicht unbeschränkte Haftung gegenüber den Nachlassgläubigern oder einzelnen von ihnen eingetreten ist.**

(2) **Für Sachmängel eines zur Erbschaft gehörenden Gegenstands haftet der Verkäufer nicht, es sei denn, dass er einen Mangel arglistig verschwiegen oder eine Garantie für die Beschaffenheit des Gegenstands übernommen hat.**

1 **1. Inhalt.** Die Vorschrift schließt Sachmängelhaftung (§ 434) – bis auf Fälle des § 442 I 2 (Arglist) und des § 443 (Garantie) – aus und präzisiert die Rechtsmängelhaftung (§ 435). Die Liste schädlicher Belastungen ist um Ansprüche gem §§ 1932, 1969 zu ergänzen (str). Für Ansprüche aus § 1371 II und III ist dies streitig geblieben, weil sie nach wie vor nicht ausdrücklich erwähnt sind, allerdings nach ihrer Systematik Ausgleichungspflichten gleichstehen. § 442 ist insgesamt zu beachten.

2 **2. Reform.** Die Neufassung der Vorschrift im Rahmen der Erbrechtsreform von 2010 (→ Vor § 1922 Rn. 18) leistet vor allem die Anpassung an die Terminologie und Systematik der Schuldrechtsreform; sie bringt sachlich wenig Neues und hat nicht alle Streitfragen endgültig geklärt.

§ 2377 Wiederaufleben erloschener Rechtsverhältnisse

[1]**Die infolge des Erbfalls durch Vereinigung von Recht und Verbindlichkeit oder von Recht und Belastung erloschenen Rechtsverhältnisse gelten im Verhältnis zwischen dem Käufer und dem Verkäufer als nicht erloschen.** [2]**Erforderlichenfalls ist ein solches Rechtsverhältnis wiederherzustellen.**

§ 2378 Nachlassverbindlichkeiten

(1) **Der Käufer ist dem Verkäufer gegenüber verpflichtet, die Nachlassverbindlichkeiten zu erfüllen, soweit nicht der Verkäufer nach § 2376 dafür haftet, dass sie nicht bestehen.**

(2) **Hat der Verkäufer vor dem Verkauf eine Nachlassverbindlichkeit erfüllt, so kann er von dem Käufer Ersatz verlangen.**

1 Vgl zur Haftung des Käufers gegenüber Nachlassgläubigern §§ 2382 f. Aus §§ 2378 I, 2379 Satz 3 kann nicht gefolgert werden, dass Erbschaftssteuerschulden keine Nachlassverbindlichkeiten seien (BGH NJW 2016, 1840=NZI 2016, 411 Rn. 14 gegen RGZ 172, 147); sa → § 1967 Rn. 2.

§ 2379 Nutzungen und Lasten vor Verkauf

[1]Dem Verkäufer verbleiben die auf die Zeit vor dem Verkauf fallenden Nutzungen. [2]Er trägt für diese Zeit die Lasten, mit Einschluss der Zinsen der Nachlassverbindlichkeiten. [3]Den Käufer treffen jedoch die von der Erbschaft zu entrichtenden Abgaben sowie die außerordentlichen Lasten, welche als auf den Stammwert der Erbschaftsgegenstände gelegt anzusehen sind.

§ 2380 Gefahrübergang, Nutzungen und Lasten nach Verkauf

[1]Der Käufer trägt von dem Abschluss des Kaufs an die Gefahr des zufälligen Untergangs und einer zufälligen Verschlechterung der Erbschaftsgegenstände. [2]Von diesem Zeitpunkt an gebühren ihm die Nutzungen und trägt er die Lasten.

Sondervorschrift zu § 446. 1

§ 2381 Ersatz von Verwendungen und Aufwendungen

(1) **Der Käufer hat dem Verkäufer die notwendigen Verwendungen zu ersetzen, die der Verkäufer vor dem Verkauf auf die Erbschaft gemacht hat.**

(2) **Für andere vor dem Verkauf gemachte Aufwendungen hat der Käufer insoweit Ersatz zu leisten, als durch sie der Wert der Erbschaft zur Zeit des Verkaufs erhöht ist.**

§ 2382 Haftung des Käufers gegenüber Nachlassgläubigern

(1) **[1]Der Käufer haftet von dem Abschluss des Kaufs an den Nachlassgläubigern, unbeschadet der Fortdauer der Haftung des Verkäufers. [2]Dies gilt auch von den Verbindlichkeiten, zu deren Erfüllung der Käufer dem Verkäufer gegenüber nach den §§ 2378, 2379 nicht verpflichtet ist.**

(2) **Die Haftung des Käufers den Gläubigern gegenüber kann nicht durch Vereinbarung zwischen dem Käufer und dem Verkäufer ausgeschlossen oder beschränkt werden.**

Verkäufer und Käufer haften Nachlassgläubigern als Gesamtschuldner (§§ 1967 1
bzw 2058–2063, 421 ff.). Zu den Nachlassverbindlichkeiten in diesem Sinne gehören auch Nachlasserbenschulden (vgl → § 1967 Rn. 5) und – ohne Rücksicht auf ihre fragwürdige Kategorisierung als Nachlasserbenschulden – Verbindlichkeiten der Erbengemeinschaft aus einem schuldrechtlichen Erbauseinandersetzungsvertrag gegenüber Miterben (BGHZ 38, 193 [194]). Die Käufer treten beim Lauf der Verjährung in die Rechtsstellung der Verkäufer ein (BGH NJW 2014, 2574 Rn. 26). Vgl zum Begriff des Erbschaftskaufes → § 2371 Rn. 1.

§ 2383 Umfang der Haftung des Käufers

(1) **[1]Für die Haftung des Käufers gelten die Vorschriften über die Beschränkung der Haftung des Erben. [2]Er haftet unbeschränkt, soweit der Verkäufer zur Zeit des Verkaufs unbeschränkt haftet. [3]Beschränkt sich die Haftung des Käufers auf die Erbschaft, so gelten seine Ansprüche aus dem Kauf als zur Erbschaft gehörend.**

(2) **Die Errichtung des Inventars durch den Verkäufer oder den Käufer kommt auch dem anderen Teil zustatten, es sei denn, dass dieser unbeschränkt haftet.**

1 Der Möglichkeit erbenmäßiger Haftungsbeschränkung entsprechen Antragsrechte des Erbschaftskäufers: § 463 FamFG (früher § 1000 ZPO) für das Aufgebot gem §§ 1970 ff.; § 330 I InsO für die Nachlassinsolvenz (§ 1975) und dementspr die Nachlassverwaltung (vgl auch → § 1981 Rn. 1); §§ 330 I, 217 ff. InsO für das Insolvenzplanverfahren. Aus Abs. II folgt die Möglichkeit der Inventarerrichtung.

§ 2384 Anzeigepflicht des Verkäufers gegenüber Nachlassgläubigern, Einsichtsrecht

(1) [1]**Der Verkäufer ist den Nachlassgläubigern gegenüber verpflichtet, den Verkauf der Erbschaft und den Namen des Käufers unverzüglich dem Nachlassgericht anzuzeigen.** [2]**Die Anzeige des Verkäufers wird durch die Anzeige des Käufers ersetzt.**

(2) **Das Nachlassgericht hat die Einsicht der Anzeige jedem zu gestatten, der ein rechtliches Interesse glaubhaft macht.**

1 Pflichtverletzung macht schadensersatzpflichtig.

§ 2385 Anwendung auf ähnliche Verträge

(1) **Die Vorschriften über den Erbschaftskauf finden entsprechende Anwendung auf den Kauf einer von dem Verkäufer durch Vertrag erworbenen Erbschaft sowie auf andere Verträge, die auf die Veräußerung einer dem Veräußerer angefallenen oder anderweit von ihm erworbenen Erbschaft gerichtet sind.**

(2) [1]**Im Falle einer Schenkung ist der Schenker nicht verpflichtet, für die vor der Schenkung verbrauchten oder unentgeltlich veräußerten Erbschaftsgegenstände oder für eine vor der Schenkung unentgeltlich vorgenommene Belastung dieser Gegenstände Ersatz zu leisten.** [2]**Die in § 2376 bestimmte Verpflichtung zur Gewährleistung wegen eines Mangels im Recht trifft den Schenker nicht; hat der Schenker den Mangel arglistig verschwiegen, so ist er verpflichtet, dem Beschenkten den daraus entstehenden Schaden zu ersetzen.**

1 Vgl zunächst die ergänzenden Vorschriften § 463 II FamFG (früher § 1000 II ZPO) und § 330 III InsO. Unter die Vorschrift fallen außer dem Weiterverkauf zB Schenkung, Tausch, Vergleiche zwischen streitenden Erbprätendenten, Auslegungsverträge zwischen Miterben (BGH NJW 1986, 1813 mAnm von Damrau JR 1986, 375, der zutr nach der Art der ausgelegten Anordnung differenziert; sa OLG Oldenburg FamRZ 2010, 1278 und → § 2042 Rn. 6), Erbschaftskauf auf Grund eines entspr Vermächtnisses für den Käufer. Überträgt ein Miterbe seinen Erbanteil an einen Dritten (§ 2033 I) zur Sicherung eines Darlehensanspruchs in Höhe des Erbteilswerts, so ist das schuldrechtliche Grundverhältnis Erbschaftskauf, wenn Darlehensrückzahlung und Erbteilsrückübertragung praktisch für immer ausgeschlossen bleiben (BGHZ 25, 174). **Nicht** unter § 2385 fallen Auseinandersetzungsverträge (→ § 2042 Rn. 5), uU gilt § 2033 I 2.

Verordnung (EG) Nr. 593/2008 des Europäischen Parlaments und des Rates vom 17. Juni 2008 über das auf vertragliche Schuldverhältnisse anzuwendende Recht (Rom I)

(ABl. Nr. L 177, S. 6, ber. 2009 Nr. L 309, S. 87)
Celex-Nr. 3 2008 R 0593

I. Vorbemerkungen

Lit.: Kommentare, Handbücher: Calliess/Renner (Hrsg.), Rome regulations, 3. Aufl. 2020; Ferrari/Kieninger/Mankowski/Otte/Saenger/Schulze/Staudinger, Internationales Vertragsrecht, 3. Aufl. 2018 (zit: Internationales Vertragsrecht); Hüßtege/Mansel (Hrsg.), Rom-Verordnungen, 3. Aufl. 2019 (Nomos Kommentar VI); Magnus/Mankowski, Rome I Regulation, 2. Aufl. 2017; Plender/Wilderspin, The European private international law of obligations, London, 5. Aufl. 2019; Rauscher, Europäisches Zivilprozess- und Kollisionsrecht (EuZPR/EuIPR Band III: Rom I-VO, Rom II-VO), 4. Aufl. 2016; Reithmann/Martiny, Internationales Vertragsrecht, 9. Aufl. 2021; ferner Kommentierungen zum BGB.

Lehrbücher mit aktueller Darstellung der Rom I-VO: Bach/Huber, Internationales Privat- und Prozessrecht, 2. Aufl. 2022; Brödermann/Rosengarten, Internationales Privat- und Zivilverfahrensrecht, 8. Aufl. 2019, 2. Teil B; Ferrari/Kieninger/Mankowski/et al., Internationales Vertragsrecht, 3. Aufl. 2018; Rösler, Internationales Privat- und Zivilverfahrensrecht, 6. Aufl. 2022, Teil 2; Junker, Internationales Privatrecht, 4. Aufl. 2021, § 9 I 2; Koch/Magnus/Winkler von Mohrenfels, IPR und Rechtsvergleichung, 4. Aufl. 2010, § 5; Köhler, Examinatorium Internationales Privatrecht, 2. Aufl. 2020, Abschnitt C; Rauscher, Internationales Privatrecht, 5. Aufl. 2017, § 10 B; M. Stürner, Europäisches Vertragsrecht: Institutionelle und methodische Grundlagen, materielles Recht, Kollisionsrecht, 2021, §§ 29–33.

Sonstige Schriften: Leible/Unberath (Hrsg.), Brauchen wir eine Rom 0-Verordnung?, 2013, 241; Nehne, Methodik und allgemeine Lehren des europäischen internationalen Privatrechts, 2012; Nordmeier, Verordnung über das auf vertragliche Schuldverhältnisse anzuwendende Recht (Rom I), in: Gebauer/Wiedmann (Hrsg.), Europäisches Zivilrecht, 3. Aufl. 2021, 1675; Ferrari/Leible (Hrsg.), Rome I Regulation. The Law Applicable to Contractual Obligations in Europe, 2009, 17.

Jährliche Berichte zum Europäischen Kollisionsrecht einschließlich zur Rom I-VO und der einschlägigen Rechtsprechung des EuGH: Mansel/Thorn/Wagner, Europäisches Kollisionsrecht 2021, IPRax 2022, 97; usw.

1. Rechtsnatur, Entstehung, Inkrafttreten, Übergangsrecht, Auslegung. 1
Die Rom I-VO (Text der Verordnung s. unten) ist **Unionsrecht.** Sie schafft einheitliche Kollisionsnormen (kollisionsrechtliche **loi uniforme, Art. 2**) für alle EU-Mitgliedstaaten mit Ausnahme Dänemarks (→ Rn. 7). Die Rom I-VO **gilt** nach Art. 288 II AEUV **unmittelbar** und verdrängt daher das mitgliedstaatliche autonome internationale Vertragsrecht. Der Hinweis auf den Verordnungsvorrang in Art. 3 Nr. 1 lit. b EGBGB ist deshalb rein deklaratorisch. **Art. 46b** (Verbraucherverträge), **46c EGBGB** (Versicherungsverträge) sind nur infolge der Öffnungsklausel des **Art. 23** (s. Erwägungsgrund 40) der Rom I-VO anwendbar (→ Rn. 39). Verhältnis zu **Staatsverträgen** regeln Art. 24–26, die nationalem (auch staatsvertraglichem) Recht nach Art. 288 II AEUV vorgehen. Grundsatz: Staatsvertrag hat im Verhältnis zu Drittstaaten vor Rom I-VO Vorrang. Sind allein EU-Staaten am Staatsvertrag beteiligt, geht die Rom I-VO vor, EVÜ wird durch Rom I-VO abgelöst (nicht im Verhältnis zu Dänemark, s. Art. 24, 1 IV 1, bereits → Vor § 241 BGB
Rn. 13). Die deutschen und anderen mitgliedstaatlichen Gerichte haben die Rom 2
I-VO nicht allein in Binnenmarktfällen, sondern auf **alle grenzüberschreitenden schuldvertraglichen Streitigkeiten** anzuwenden, die vor ihnen verhandelt wer-

den. Die Rom I-VO gilt damit unabhängig davon, ob ihre Kollisionsnormen in concreto das Recht eines Mitgliedstaats berufen oder eines anderen Staats (Drittstaats) **(Art. 2).** Nichtmitgliedstaatliche Gerichte haben die Rom I-VO allein nach Maßgabe ihres eigenen Kollisionsrechts zu beachten, etwa falls dieses auf das internationale Schuldvertragsrecht eines Mitgliedstaats verweisen, also eine Gesamtverweisung aussprechen sollte (oft sind Verweisungen des internationalen Vertragsrechts
3 von Nicht-EU-Staaten aber Sachnormverweisungen, zu **Art. 20** → Rn. 23). Die Rom I-VO gilt **intertemporal** für Schuldverträge, die ab dem **17.12.2009** abgeschlossen wurden **(Art. 28).** Dazu, dass das anwendbare Schuldvertragsrecht für Verträge, die davor abgeschlossen wurden, durch Art. 27–34 EGBGB aF und andere spezielle Verweisungsnormen bestimmt wird, → Vor § 241 BGB Rn. 13. Dort auch dazu, dass diese Normen auf dem EVÜ beruhen, das aber den deutschen Normen nicht vorging. Ein vor dem Stichtag begründetes vertragliches Dauerschuldverhältnis fällt nur dann in den Anwendungsbereich der Verordnung, wenn es nach dem Stichtag von den Vertragsparteien in einem solchen Umfang geändert wurde, dass die Änderungen einem Neuabschluss gleich kommt (EuGH 18.10.2016 – C-135/15 – Griechenland ./. Nikiforidis, NJW 2017, 141 = IPRax 2018, 207 mAnm W.-H. Roth, IPRax 2018, 177; dazu Siehr, IPRax 2018, 44 zur Folgeentscheidung
4 des BAG IPRax 2018, 86). Es soll gleichgültig sein, in welchem Mitgliedstaat ein Gerichtsverfahren geführt wird. Stets soll dasselbe Recht zur Anwendung berufen sein; so dass das materiell-rechtliche Ergebnis eines Vertragsrechtsstreits innerhalb der EU identisch ist. Dieses **Verordnungsziel** wird durch die Vereinheitlichung des Kollisionsrechts in der EU mittels der Rom I-VO erreicht (Erwägungsgrund 6).
5 Dieses Verordnungsziel verlangt, dass die Normen der Verordnung durch die mitgliedstaatlichen Gerichte einheitlich ausgelegt werden. Daher dürfen sie bei der Auslegung der VO nicht auf das nationale Begriffsverständnis ihres jeweiligen Rechts am Gerichtsort (lex fori) rekurrieren, sondern müssen die Rom I-VO völlig unabhängig davon aus sich heraus auslegen **(verordnungsautonome Auslegung).** Die VO ist „im Licht der Entstehungsgeschichte, der Ziele und der Systematik dieser Verordnung auszulegen" (so zur EuGVVO EuGH IPRax 2009, 509 Rn. 20; allgemein zur autonomen Auslegung Hess IPRax 2006, 348, 351 f.). Ausgangspunkt ist der jeweilige Normtext. Die Fassungen in den verschiedenen Amtssprachen der EU sind gleichrangig zu beachten. Die Erwägungsgründe zur Rom I-VO sind heranzuziehen. Systematik und Regelungszusammenhang der VO wie der auslegungsbedürftigen Norm, ihre Normgeschichte und die Materialien der Normgebung sind zu bedenken. Hinsichtlich der Materialien kann auch – mutatis mutandis – auf den Bericht zu den entsprechenden Vorgängernormen des EVÜ von Mario Giuliano und Paul Lagarde (ABl. 1980 C 282, 1 ff., → Rn. 32) zurückgegriffen werden. Soweit es sachlich angezeigt ist, sind die Normen parallel zu den entsprechenden Vorschriften der Rom II-VO und der EuGVVO auszulegen (s. Erwägungsgrund 7, ebenso 24). Doch sind bei der Parallelisierung des internationalen Verfahrens- und des internationalen Privatrechts stets die Besonderheiten beider Rechtsgebiete zu bedenken. Eine schlichte Übertragung der Ergebnisse ohne kritische Überprüfung, ob auch die gesetzgeberischen Interessenbewertungen in den jeweiligen Normzusammenhängen gleichgerichtet sind, ist nicht zulässig. So sucht das Verweisungsrecht nach der engsten Verbindung, das Verfahrensrecht will die Justizgewährung garantieren. Für die kohärente Begriffsbildung ist auch das sonstige Unionsrecht zu berücksichtigen, ohne dass ihm per se der Vorrang zukäme (s. EuGH IPRax 2009, 509 Rn. 33). Mehrfach verweisen die Erwägungsgründe (17, 18, 24, 26, 27, 30, 31, 39, 40) ausdrücklich auf für die Begriffsbildung relevante Rechtsquellen des Unionsrechts. Da die allgemeinen Grundsätze der Auslegung des Unionsrechts gelten, sind die Ziele und der Aufbau der Verordnung „und die sich aus der Gesamtheit der nationalen Rechtssysteme ergebenden allgemeinen Grundsätze" (EuGH BeckRS 2004, 71542 unter 3 zum EuGVÜ) für die Auslegung maßgeblich. Bei der teleologischen Auslegung einer Vorschrift der Rom I-VO hat diejenige Auslegungsvariante den Vorrang, welche den effet utile der Vorschrift sichert. Sie

ist daher so auszulegen, dass die Norm auch die sogenannte praktische Wirksamkeit erzielt, also den Normzweck verwirklicht. Die Bedeutung der Rechtsvergleichung ist bei der Verordnungsauslegung ebenso begrenzt wie die des nationalen Rechts. Deshalb ist auch der Draft Common Frame of Reference (DCFR, → Vor § 241 BGB Rn. 12) (noch?) keine eigenständige Auslegungsquelle der Rom I-VO. Rechtsvergleichung, nationale Rechte und DCFR können nur Hinweise auf ein allgemeines mögliches Begriffsverständnis im Sinne der „allgemeinen Grundsätze" geben. Zur Sicherung der unionsweiten einheitlichen Auslegung des Unionsrechts 6 können nationale Gerichte entscheidungserhebliche offene Auslegungsfragen der Rom I-VO dem **EuGH** nach Art. 267 AEUV (zum Vorabentscheidungsverfahren s. Mächtle JuS 2015, 314) vorlegen; letztinstanzliche Gerichte müssen vorlegen (Art. 267 III AEUV). Eine Vorlage ist ausgeschlossen, wenn die Auslegungsfrage bereits Gegenstand einer Auslegung durch den EuGH war (acte éclairé) oder die richtige Anwendung des Unionsrechts derart offenkundig ist, dass für einen vernünftigen Zweifel keinerlei Raum bleibt (acte clair) (EuGH BeckEuRS 82, 9797021 Rn. 21; s. ferner BVerfG BeckRS 2015, 42139 Rn. 23 ff.; NZA 2013, 164, 166). Verletzen letztinstanzliche Gerichte ihre **Vorlagepflicht,** so wird auch das Recht auf den gesetzlichen Richter verletzt (Art. 101 I 2 GG) (s. BVerfG NJW 2015, 1294 Rn. 22; BeckRS 2015, 42139 Rn. 23 ff.; NZA 2013, 164, 166).

2. Kompetenz, Anwendungsbereich. a) Räumlicher Anwendungsbereich. Die **Kompetenz** der Europäischen Union zum Erlass der Rom I-VO beruht auf Art. 81 II 2 lit. c AEUV (= Art. 65 lit. b EGV). Sie gilt in allen Mitgliedstaaten bis auf **Dänemark** als loi uniforme (→ Rn. 1). 7

Die Republik Irland – wie vor dem Ausscheiden aus der Europäischen Union auch das Vereinigte Königreich von Großbritannien und Nordirland – hat sich in dem Protokoll Nr. 22 (s. Erwägungsgrund 44) bei jedem auf Art. 81 AEUV gestützten Rechtsakt vorbehalten, zu entscheiden, ob er sie binden soll (sog **opt in**-Verfahren). Irland hat Entsprechendes für die Rom I-VO erklärt. Seine Gerichte haben die Rom I-VO anzuwenden. Das gilt nicht für die Gerichte Dänemarks, das sich nach Protokoll Nr. 21 (s. Erwägungsgrund 46) nicht an Rechtsakten nach Art. 81 AEUV beteiligt. Im Verhältnis zu Dänemark gilt das EVÜ fort (→ Rn. 1). Soweit Mitgliedstaaten 8 über **besondere,** insbes. nichteuropäische **Hoheitsgebiete** verfügen, haben deren dort angesiedelte Gerichte die Rom I-VO nur anzuwenden, sofern das Unionsrecht für diese Hoheitsgebiete gilt. Wann das der Fall ist, bestimmen Art. 349, 355 AEUV. So gilt die Rom I-VO etwa für die französischen überseeischen Gebiete Guadeloupe, Französisch-Guayana, Martinique, Réunion, Saint-Martin, die portugiesischen Gebiete der Azoren, Madeira und die spanischen Kanarischen Inseln (Art. 355 I AEUV), nicht aber für die französischen Gebiete Neu-Kaledonien, Französisch-Polynesien, Französische Süd- und Antarktisgebiete, Mayotte, Wallis und Futuna, Saint-Pierre und Miquelon, nicht für die Niederländischen Antillen und Aruba (Art. 355 II AEUV iVm Anhang II). **b) Sachlicher Anwendungsbereich.** Die Rom I-VO 9 ist nur in **Zivil- und Handelssachen (Art. 1 I)** anzuwenden. Da die Qualifikation von öffentlichen und privatrechtlichen Streitigkeiten in den Mitgliedstaaten sehr unterschiedlich erfolgt und teilweise die Unterscheidung sogar fehlt, ist die verordnungsautonome **Qualifikation** (→ Rn. 5) hier bes. bedeutsam. Der EuGH hat ein weites Verständnis von Zivil- und Handelssachen, ohne diese beiden weiter zu unterscheiden. Nur bei Streitigkeiten über genuin hoheitliche Befugnisse in einem Über- und Unterordnungsverhältnis hat er bislang keine Zivil- und Handelssache angenommen (für das europäische Prozessrecht s. insbes. EuGH BeckEuRS 1976, 53721 – LTU ./. Eurocontrol; s. aber zu wachsenden Unklarheiten hinsichtlich des Rückgriffs auf nationales Recht in der EuGH-Rechtsprechung Kohler IPRax 2015, 52 zu EuGH IPRax 2015, 84 – The Commissioners for Her Majesty's Revenue & Customs ./. Sunico ApS e. a.; Lund IPRax 2014, 140 zu EuGH IPRax 2014, 167 – Land Berlin ./. Ellen Mirjam Sapir ua). Die Rom I-VO ist nur auf Rechtsfragen **vertraglicher** 10 **Schuldverhältnisse** anzuwenden. Sie erfasst damit nur Verpflichtungsgeschäfte. Ver-

fügungen werden durch die Rom I-VO nicht geregelt. Eine Ausnahme bildet die Forderungsabtretung, s. Art. 14 (Umfang des Anwendungsbereichs der Norm ist str., s. Kieninger IPRax 2012, 289; EuGH hat nunmehr direkte und analoge Anwendbarkeit auf Drittwirkungen einer Forderungsabtretung bei Mehrfachabtretung durch denselben Gläubiger nacheinander ausgeschlossen: EuGH NJW 2019, 3368 mAnm Kieninger, 3353; nach OLG Düsseldorf BeckRS 2018, 26389 Rn. 59: analoge Anwendung Art. 14 auf Abtretung einer Deliktsforderung. Rom I-VO beruht auf dem **Trennungsprinzip** (zu diesem → Vor § 854 BGB Rn. 12). Nur die Verpflichtung zur Herbeiführung einer dinglichen Rechtsänderung wird von ihr kollisionsrechtlich erfasst, nicht aber die Änderung der dinglichen Rechtslage (Verfügungswirkung) selbst; diese unterliegt bei Sachen dem Sachstatut der Art. 43–46 EGBGB (näher dazu Staudinger/Mansel Art. 43 EGBGB Rn. 217 f.). Daher meinen **Art. 4 I lit. c** und **Art. 11 V** („Verträge, die ein dingliches Recht an unbeweglichen Sachen […] zum Gegenstand haben") nur schuldrechtliche Verpflichtungsgeschäfte zur Verfügung über eine unbewegliche Sache (Kauf, Tausch, Schenkung; Verträge, die zur Begründung bzw. Verfügung über dingliche Grundstückssicherheiten verpflichten), nicht aber das Verfü-
11 gungsgeschäft selbst; dieses richtet sich nach Art. 43, 11 EGBGB. Der Begriff des vertraglichen Schuldverhältnisses ist **verordnungsautonom** in Abstimmung mit dem des außervertraglichen Schuldverhältnisses iSv Art. 1 I Rom II-VO auszulegen. Vertraglich ist ein Schuldverhältnis, wenn es von mindestens einer Partei freiwillig eingegangen wurde und der freie Wille auf die Eingehung einer Verpflichtung zu einem Tun oder Unterlassen gerichtet war (so für das EuGVÜ: EuGH BeckRS 2004, 75771 Rn. 15 – Handte ./. TMCS). Daher sind auch unter Kontrahierungszwang begründete Schuldverträge und einseitige Schuldverhältnisse wie zB die Auslobung (→ § 657 BGB Rn. 1) eingeschlossen (s. NK-BGB/Leible Art. 1 Rn. 8 mN). Zum Qualifikationsstreit bei § 661a BGB → § 661a BGB Rn. 3 mN. Die Rom I-VO greift auch, wenn der Vertrag nicht zustande gekommen sein sollte, wie schon Art. 12 I lit. e
12 (Vertragsnichtigkeit, → Rn. 43) zeigt. **Art. 1 II** nimmt bestimmte Materien explizit aus dem Anwendungsbereich der Rom I-VO aus. Diese **Ausnahmen** betreffen teilweise Fragen der allgemeinen Rechtsgeschäftslehre (Rechtsfähigkeit, Geschäftsfähigkeit etc, Vertretung) und des Personenrechts (Personenstand, Gesellschaftsrecht), teilweise werden rechtsgeschäftliche Schuldverhältnisse bestimmter Regelungsbereiche ausgenommen (Familien- oder Güterrecht, bestimmte Versicherungsverträge, Trusts, Verpflichtungen aus Wechsel, Scheck, handelbaren Wertpapieren). Allerdings regelt das Vertragsstatut, *ob* eine **Stellvertretung** zulässig ist. Art. 1 II **lit. f** nimmt ausschließlich die organisatorischen Aspekte der Gesellschaften, Vereine und juristischen Personen vom Anwendungsbereich der Rom I-VO aus (EuGH NJW 2019, 2991, 2993 Rn. 33). Die Vorschrift schließt Vertrag über eine stille Beteiligung an einer Auslandsgesellschaft als nur interne Unternehmensbeteiligung (BGH NJW 2004, 3706, noch zu Art. 37 I Nr. 2 EGBGB aF) und vertragliche Pflichten nicht aus, die ihren Ursprung in einem Treuhandvertrag über die Verwaltung einer Beteiligung an einer Kommanditgesellschaft haben (EuGH IPRax 2020, 246 Rn. 41). Art. 1 II **lit. i** schließt Schuldverhältnisse aus Verhandlungen vor Abschluss eines Vertrages **(culpa in contrahendo)** aus dem Anwendungsbereich der VO aus. Sie fallen in den Anwendungsbereich von **Art. 12 Rom II-VO** (s. Rom I-VO Erwägungsgrund 10). Die cic wird damit für Zwecke des Unionsrechts als nicht rechtsgeschäftliches, also als gesetzliches Schuldverhältnis qualifiziert (so bereits zum europäischen Zuständigkeitsrecht EuGH IPRax 2003, 143 – Taconi ./. HWS; zum deutschen Recht s. Krebs, Sonderverbindung und außerdeliktische Schutzpflichten, 2000, 561 ff.).

13 **3. Aufbau, *Inhalt*.** Die Rom I-VO enthält in ihren Art. 3–4 **allgemeine** (→ Rn. 14 ff.) und Art. 5–8 **spezielle Kollisionsnormen** für bestimmte Vertragstypen (→ Rn. 30 ff.), sodann Hilfsnormen, die den **Anwendungsbereich** des Vertragsstatuts (Art. 12, 18, → Rn. 40 ff.) bzw. seine **Durchbrechung** (Art. 9; → Rn. 53) bestimmen. Art. 10, 11, 13 gehören zur **allgemeinen Rechtsgeschäftslehre** und regeln das auf Abschluss, Form und Verkehrsschutz anwendbare

Vertragsrecht (→ Rn. 44 ff.). Das auf bestimmte Sonderfragen des **allgemeinen Teils des Schuldrechts** anwendbare Recht bestimmen die Art. 14, 15 (rechtsgeschäftlicher bzw. gesetzlicher Forderungsübergang), 16 (Schuldnermehrheit), 17 (Aufrechnung). Materiellrechtliche **Beweisfragen** behandelt Art. 18 (→ Rn. 45). Normen des **Allgemeinen Teils des Kollisionsrechts** (→ Rn. 58) sind die Art. 19 (gewöhnlicher Aufenthalt), Art. 20 (Sachnormverweisung), Art. 21 (ordre public), Art. 22 (Unteranknüpfung bei Mehrrechtsstaaten). Die abschließenden Vorschriften befassen sich mit der **Rechtsquellenkollision,** also der Frage, wieweit anderes Gemeinschaftsrecht (Art. 23), Staatsverträge (Art. 24 ff., → Rn. 1) oder früheres Recht (Art. 28 f., → Rn. 3) die Rom I-VO verdrängen.

4. Rechtswahl und allgemeine Kollisionsnorm. a) Rechtswahl (Art. 3). Ein **14**
Grundprinzip des internationalen Vertragsrechts ist die freie Rechtswahl (Erwägungsgrund 11: einer „der Ecksteine des Systems der Kollisionsnormen"; grundlegende Analyse bei Basedow RabelsZ 75 (2011) 32; s. ferner Mansel, Parteiautonomie, 241, 245, 261 ff.). Sie ist ein unbestrittener Ausfluss der allgemeinen Vertragsfreiheit (Mansel, Parteiautonomie, 241, 256). Die Rechtswahl trifft eine **subjektive** Anknüpfung an eine bestimmte Rechtsordnung (subjektiv bestimmtes Vertragsstatut). Sie dient der Rechtssicherheit, indem sie die Planbarkeit des Anknüpfungsvorgangs ermöglicht. Greift sie nicht ein, bedarf es der **objektiven** Anknüpfung nach Art. 4 ff. (objektiv bestimmtes Vertragsstatut). Sie erlaubt den Vertragsparteien eine flexible Gestaltung ihrer Rechtsbeziehungen. Die Rechtswahl gestaltet die Rechtslage, denn sie beruft ein anderes Recht zur Anwendung als das, was ohne Wahl herangezogen würde. Sie hat damit keine Verpflichtungs-, sondern eine **Verfügungswirkung** (Mansel,
Parteiautonomie, 241, 246, 266 mN). Die Rechtswahl im Sinne der Rom I-VO ist **15**
ein zweiseitiges **Rechtsgeschäft** (dazu Mansel, Parteiautonomie, 241, 266 f. mN). Sie verlangt ein **Erklärungsbewusstsein** im Sinne eines kollisionsrechtlichen Gestaltungswillens (BGH NJW-RR 2000, 1002, 1004; NJW 2009, 1205, 1206; OLG Düsseldorf NJW-RR 2009, 1380; Mansel, Parteiautonomie, 241, 277). Zustandekommen (Erklärungskonsens) und materielle Wirksamkeit der **Rechtswahlabrede** richten sich entsprechend **Art. 3 V, 10** (zu Art. 10 → Rn. 44) nach dem hypothetischen Vertragsstatut, also dem Recht, das gelten würde, wenn die Rechtswahlabrede wirksam wäre. Zur AGB-Kontrolle s. LG Ulm BeckRS 2017, 125129 Rn. 112 ff. (Unwirksamkeit einer Rechtswahl in einem Kapitalanlagevertrag); LG Hamburg IPRax 2015, 348, dazu Pfeiffer IPRax 2015, 320; EuGH – Verein für Konsumenteninformation ./. Amazon EU Sàrl, NJW 2016, 2727; Solomon, ZVglRWiss 115 (2016) 586, 593 ff. Die Form der Rechtswahl richtet sich nach den durch **Art. 11** berufenen Rechten (Art. 3 V); **Art. 13** gilt über Art. 3 V entsprechend für den Verkehrsschutz vor einer Rechts-, Geschäfts- oder Handlungsunfähigkeit der Vertragsparteien. Die Wahl des anwendbaren Vertragsrechts kann **ausdrücklich** erfolgen. Sie kann auch **konkludent** erklärt werden (Art. 3 I), etwa durch Bezugnahme auf Vorschriften einer bestimmten Rechtsordnung (BAG NZA 2017, 502, 506 Rn. 45; BGH NJW 2004, 3706, 3708; NJW-RR 2000, 1002, 1004 mN; OLG Saarbrücken, 11.6.2015 – 4 U 109/14, Rn. 27–31; für sehr zurückhaltende Annahme einer konkludenten Rechtswahl: Solomon ZVglRWiss 115 [2016], 586, 590 f.), durch Orientierung an bestimmten national verortbaren Klauselwerken wie VOB oder DIN-Normen (BGH NJW-RR 1999, 813) oder AGB unter Verwendung der Begrifflichkeiten einer bestimmten Rechtsordnung (BGH NJW 2004, 3706, 3708); zu Anzeichen einer stillschweigenden Rechtswahl s. Mankowski IPRax 2015, 309, 311 ff. Auch eine zuvor zwischen den Parteien etablierte Vertragspraxis, die immer auf einer bestimmten Rechtsordnung aufbaute, kann eine stillschweigende Rechtswahl anzeigen. Nach Erwägungsgrund 12 kann auch die Vereinbarung eines ausschließlichen Gerichtsstands einen Hinweis auf die konkludente Wahl des Rechts des Gerichtsstaats als Vertragsstatut sein; dieser Umstand ist allerdings kein allein ausreichendes Rechtswahlindiz. Von geringerem, nur unterstützendem Indizwert sind Vertragssprache, Ort des Vertragsschlusses (s. BAG NZA 2017, 78, 80 Rn. 25 f.; NZA 2017, 502, 506 Rn. 43 f.; dazu im Rahmen der Bestimmung der

engeren Verbindung → Rn. 30) und die im Vertrag vereinbarte Währung für die Vergütung (aA BAG NZA 2017, 78, 80 Rn. 27; NZA 2017, 502, 506 Rn. 46: „deutliches Indiz"), denn die allein devisenbezogenen Gründe können bei der Währungsauswahl leitend sein. Eine konkludente Rechtswahl liegt im Zweifelsfall nicht vor, denn sie muss nach **Art. 3 I 2** „eindeutig" sein. Art. 3 I 2 ist damit eine kollisionsrechtliche Sachnorm, die eine **Auslegungsregel** statuiert (Mansel, Parteiautonomie, 241, 275).

16 Die Rechtswahl kann für den ganzen Vertrag oder für Teile des Vertrags **(Teilrechtswahl)** vorgenommen werden **(Art. 3 I 3),** und zwar je nach Parteiwillen rückwirkend oder nur mit Wirkung ex nunc (Ferrari Intern Vertragsrecht Art. 3 Rn. 45 mN). Eine Atomisierung der Rechtswahl ist unzulässig, die Teilrechtswahl ist allein für abspaltbare Rechtsfragen zulässig; abspaltbar sind alle bestimmten, funktional zusammengehörenden Rechtsfragen, jedenfalls alle in Art. 12 I lit. a–e genannten Regelungsbereiche. Eine Teilrechtswahl verursacht regelmäßig durch die erforderliche Koordination unterschiedlicher Vertragsrechtsordnungen **Anpassungsprobleme** (zur Anpassung s. Henssler/Mansel FS Horn, 2006, 403 ff. unter III 4). Anpassungslösungen sind nicht immer klar vorhersehbar. Sie sind daher selten rechtspraktisch zu empfehlen. Sie können aber genutzt werden, um für die betreffende isolierte Rechtsfrage geltende materiellrechtlich zwingende Vorschriften des ansonsten anwendbaren Rechts zu umgehen (Ferrari Intern Vertragsrecht Art. 3 Rn. 38), sofern diese nicht zugleich international zwingende Eingriffsnormen iSv Art. 9 (→ Rn. 53 ff.) sind. – Wählen Vertragsparteien in einer Abrede für verschiedene, unterschiedlichen Kollisionsnormen zugeordnete Anknüpfungsgegenstände das anwendbare Recht, kann man von einer **verbundenen Rechtswahl** sprechen. Beispiel: In einem Anlagenbauvertrag wählen die Parteien nach Art. 3 das Vertrags- und nach Art. 14 Rom II-VO das Deliktsstatut. Hier unterliegt jeder Anknüpfungsgegenstand seiner eigenen Kollisionsnorm. Wird – wie regelmäßig – dasselbe materielle Recht gewählt, beurteilt sich die Frage, ob die Nichtigkeit einer Rechtswahlerklärung, etwa für das Deliktsstatut, auch zu einer Nichtigkeit der anderen Wahlerklärung, zB für das Vertragsstatut, führt, nach dem einheitlichen Rechtswahlstatut. Sind unterschiedliche Rechte gewählt, muss das Statut bestimmt werden, nach welchem die Frage der Gesamtnichtigkeit der Rechtswahl zu entscheiden ist (s. bereits Mansel, Parteiautonomie, 241, 275 m. Hinweis auf Henrich FS Pintens, 2012, 701, 710). Das sollte nach dem jeweiligen Statut erfolgen, also entscheidet zB bei Nichtigkeit der Wahl des Vertragsstatuts das Deliktsstatut über Nichtigkeit der damit verbundenen Wahl des Deliktsstatuts infolge Gesamtnichtigkeit und umgekehrt.

17 Keine kollisionsrechtliche Teilrechtswahl ist etwa die Wahl nur eines bestimmten Gesetzes eines Staates oder eines für ihn geltenden Staatsvertrags. Eine solche isolierte **Wahl ausgesuchter Rechtsquellen** wäre nicht als kollisionsrechtliche Wahl, sondern als materiellrechtliche Abrede im Rahmen des dispositiven Gesetzesrechts des nach Art. 3, 4 ff. bestimmten Vertragsstatuts zu behandeln. In diesem Rahmen kann dann auch ein **nichtstaatliches Regelwerk** zu Anwendung berufen werden **(materiellrechtliche Verweisung),** also zB der DCFR (→ Rn. 5), die Principles of European Contract Law, sog. Lando-Principles (deutsche Übersetzung von von Bar/Zimmermann (Hrsg.), Grundregeln des Europäischen Vertragsrechts, Teile I und II, 2002), die Unidroit Principles on International Commercial Contracts (1994, 2010, s. Vogenauer ZEuP 2013, 7) oder etwa **religiöses Recht** wie der Codex Iuris Canonici der katholischen Kirche, die Gesetzesregeln von Thora und Talmud (dazu Schnapp JZ 1998, 1153) bzw. die Gesetzesregeln des Koran und der Scharia (Busch NJ 2011, 102, 104 ff.). Zu deren Geltung mittels staatlicher Verweisung → Rn. 20.

18 Eine Rechtswahl **nach Vertragsschluss** ist zulässig, sei es als erstmalige, sei es als zweite, die erste Wahl abändernde Rechtswahl **(Art. 3 II 1).** Berufen sich die Vertragsparteien in einem Vertragsrechtsstreit vorprozessual oder **im Prozess** auf eine bestimmte Rechtsordnung, so kann darin nur eine stillschweigende Rechtswahl gesehen werden, wenn sie sich dabei der Wählbarkeit des Vertragsstatuts bewusst waren (weiter BAG NZA 2017, 78, 80 Rn. 28; NZA 2017, 502, 506 Rn. 45; IPRax 2015, 562, 563 Rn. 20; BGH, NJW 2004, 3706, 3708). Beide müssen kollisionsrechtlichen Gestaltungswillen im Moment der Wahl besitzen (→ Rn. 15). Parteiidentität (BAG

NJW 2016, 2285) bzw. Zustimmung beider Parteien ist erforderlich. Handeln ihre (Prozess-)Vertreter, so benötigen sie ausreichende **Vertretungsmacht** für eine kollisionsrechtliche Rechtswahl. Eine Vollmacht zur Abgabe materiellrechtlicher Erklärungen dürfte regelmäßig entsprechend auszulegen sein, gestaltet die kollisionsrechtliche Rechtswahl doch auch die materiellrechtliche Rechtslage. Eine Vollmacht allein zur Vornahme von Prozesshandlungen (Prozessvollmacht) würde daher für eine Rechtswahlerklärung nicht ausreichend sein. Durch eine nachträgliche Rechtswahl kann ein **19**
bisher **formgültiges** Rechtsgeschäft nicht infolge eines Wechsels des Geschäftsstatuts iSv Art. 11 I Alt. 1 (→ Rn. 47) formunwirksam werden **(Art. 3 II 2 Alt. 1).** Haben Dritte aufgrund des Vertrags Rechte erlangt (zB eine Schutzwirkung zu ihren Gunsten), bleiben diese von einem Wechsel des anwendbaren Vertragsrechts infolge nachträglicher Rechtswahl „unberührt" **(Art. 3 II 2 Alt. 2).** Das bedeutet, sie bleiben mindestens erhalten. Das neugewählte Vertragsstatut kann nur weitergehende **Drittrechte** einräumen. Konstruktiv kann dies so bewältigt werden, dass man Art. 3 II 2 Alt. 2 als alternative Anknüpfung an das alte und das neue Vertragsstatut nur für den Punkt der Drittrechte versteht; anzuwenden ist dasjenige, das dem Dritten den weitergehenden Drittschutz gewährt. Dabei ist eine Gesamtbetrachtung anzustellen (keine Rosinenpickerei). Gewählt werden kann nur das **geltende** (str., s. Nehne **20**
253 f. mN) **Recht eines Staates;** damit ist das Recht gemeint, welches ein Staat als anwendbar beruft (Umkehrschluss aus Erwägungsgrund 13 und 14). Es wird die gesamte Rechtsordnung gewählt, unter Einschluss des für die Gerichte dieses Staates anzuwendenden staatsvertraglichen Rechts oder bei Wahl des Rechts eines Unionsstaats auch des Unionsrechts, etwa das in EU-Verordnungen gesetzte Recht (zur Wahl einzelner Rechtsquellen einer staatlichen Rechtsordnung → Rn. 17). Nichtstaatliches Recht (dazu → Rn. 17) kann nicht kollisionsrechtlich gewählt werden. Es kann nur mittels eines staatlichen Anwendungsbefehls zur Anwendung gelangen. Verweist eine staatliche Rechtsordnung (zB das Recht Israels, Syriens oder des Irans) bei sogenannter personaler Rechtsspaltung (→ Rn. 58) auf **Regelwerke von nichtstaatlichen Religionsgemeinschaften** (→ Rn. 17), gelangen diese nur durch die Wahl des Rechts eines solchen Staates mit eigenem Anwendungsbefehl zur Anwendung. Die Rechtswahl der sog. **lex mercatoria,** der lex sportiva oder lex technica (s. Röthel JZ 2007, 755), also nicht staatlich gesetzter, frei sich in der privaten Schiedsgerichtsbarkeit entwickelnder, mehr oder weniger präziser Regelungskonzepte (K. P. Berger, The Creeping Codification of the New Lex Mercatoria, 2010) ist nicht zugelassen (zur deren Berücksichtigung durch Schiedsgerichte s. § 1051 III, IV ZPO). Die **Rechts-** **21**
wahl ist **frei;** es kann das Recht eines Staates gewählt werden, zu welchem der Vertrag gar keine Verbindungen hat (neutrales, **beziehungsloses Recht**). **Grenzen** der Rechtswahlfreiheit (dazu Maultzsch RabelsZ 75 (2011) 60 ff.) ergeben sich jedoch zum einen bei reinen **Inlands- bzw Binnenmarktfällen:** Eine Rechtswahl soll bei fehlendem Auslandsbezug den Parteien nicht ermöglichen, sich von zwingendem Recht des objektiv bestimmten Vertragsstatuts (→ Rn. 14) zu befreien (→ Rn. 16). Daher bleibt nach **Art. 3 III** das nichtdispositive Recht des Staates anwendbar, zu welchem allein der Sachverhalt Verbindungen hat und welches daher nach Art. 4 ff. das objektive Vertragsstatut bildet. Die bloße Wahl eines fremden Gerichtsstands, Rechts (s. Erwägungsgrund 15) oder Schiedsorts schafft keinen insoweit relevanten Auslandsbezug (s. dazu EuGH IPRax 2018, 422 mAnm krit. Thole, 388. In reinen Inlandsfällen verdoppelt daher die Wahl eines anderen Rechts die durch nicht dispositives Recht gesetzten Belastungen. Wenn zB nach der Schuldrechtsreform 2002 vereinzelt anwaltlich geraten wurde, in reinen Inlandsfällen das schweizerische Recht zu wählen, um dem reformierten deutschen Schuldrecht auszuweichen, so war dies ein unzutreffender Rat. Denn auf diese Weise war sowohl das deutsche (über Art. 3 III), zB § 475 BGB, wie das schweizerische (über Art. 3 I) zwingende Recht anzuwenden. Hat ein Sachverhalt nur Bezug zum Unionsgebiet (einschließlich Dänemark, s. Art. 1 IV 2) setzt **Art. 3 IV** das Unionsrecht (ggf in der Umsetzung durch den Gerichtsstaat) gegen das zum Vertragsstatut gewählte Recht eines Drittstaats durch. Neben Art. 3 III und IV tritt noch Art. 9, → Rn. 53. Zum anderen werden besondere Grenzen der **22**

Rechtswahl auch zum **Schutz von Verbrauchern (Art. 6 II)** und **Arbeitnehmern (Art. 8 I)** vorgesehen. Denn die zwingenden Bestimmungen des objektiven Vertragsstatuts (Art. 6 I, 8 II–IV) sind auch dann anzuwenden, wenn sie den Verbraucher bzw. Arbeitnehmer schützen und günstiger für ihn sind als die entsprechenden Vorschriften des gewählten Vertragsstatuts (EuGH NZA 2021, 1357; dazu Abbo Junker EuZA 2022, 64). Für **Beförderungs-** und **Versicherungsverträge** sehen die **Art. 5 und**
23 **7** besondere Einschränkungen der Rechtswahl vor. Die Rechtswahl nach der Rom I-VO beruft das materielle Recht der gewählten Rechtsordnung, verweist damit nicht auf das internationale Privatrecht des gewählten Rechts. Es liegt insoweit eine **Sachnormverweisung** vor (**Art. 20** → Rn. 2, 58). In reinen Binnenmarktfällen wäre eine Gesamtverweisung auch sinnlos, weil die Rom I-VO in den Mitgliedstaaten (bis auf Dänemark) das jeweilige autonome internationale Vertragsrecht verdrängt
24 (→ Rn. 1, 7). **b) Allgemeine Kollisionsnorm (Art. 4).** Greift keine Rechtswahl nach Art. 3 ein, ist das Vertragsstatut durch eine **objektive Anknüpfung** (→ Rn. 14) zu bestimmen. Zuerst sind die Kollisionsnormen für besondere Vertragstypen zu prüfen, → Rn. 31 ff.; ist ihr Tatbestand nicht erfüllt, so ist dann die allgemeine Kollisionsnorm des Art. 4 heranzuziehen. **Anknüpfungszeitpunkt** der Art. 4 f. ist der Zeitpunkt des Vertragsschlusses (**Art. 19 III** für den Anknüpfungspunkt des gewöhnlichen Aufenthaltsorts). **Struktur:** Art. 4 kennt spezielle Anknüpfungen für bestimmte Vertragstypen (I, → Rn. 27), dann eine subsidiäre allgemeine Anknüpfungsnorm (II, → Rn. 28). Von den Anknüpfungen nach I und II kann aber über die Ausweichklausel des III (→ Rn. 30) abgewichen werden. Ist der Tatbestand weder von I noch II erfüllt, enthält IV (→ Rn. 29) eine
25 Auffanganknüpfung. Ein wichtiger Anknüpfungspunkt der verschiedenen Vorschriften des Art. 4 (wie auch der besonderen Kollisionsnormen, → Rn. 31 ff.) ist der **gewöhnliche Aufenthalt.** Dieser Begriff ist verordnungsautonom auszulegen. Er wird partiell in **Art. 19** definiert. Art. 19 I UAbs. 2 bestimmt für **natürliche Vertragsparteien,** die den Vertrag im Rahmen ihrer **beruflichen** (gewerblich oder freiberuflich) **Tätigkeit** abschließen, den Ort ihrer beruflichen Hauptniederlassung zum gewöhnlichen Aufenthalt im Rahmen der Rom I-VO. Für **Privatpersonen** als Vertragsparteien fehlt eine Legaldefinition des gewöhnlichen Aufenthalts. Der EuGH hat in Entscheidungen zum europäischen Zuständigkeitsrecht einen gewöhnlichen Aufenthalt eines Menschen an dem Ort angenommen, welcher „der Ausdruck einer gewissen sozialen und familiären Integration [der Person] ist. Hierfür sind insbesondere die Dauer, die Regelmäßigkeit und die Umstände des Aufenthalts […] sowie die Gründe für diesen Aufenthalt und den Umzug der Familie in diesen Staat, die Staatsangehörigkeit [der Anknüpfungsperson], die Sprachkenntnisse sowie die familiären und sozialen Bindungen […] in dem betreffenden Staat zu berücksichtigen" (EuGH IPRax 2011, 76; 2015, 239 Rn. 50 ff.; dazu Pirrung IPRax 2015, 207; zu Recht kritisch mit Blick auf die Staatsangehörigkeit als Indiz Pirrung IPRax 2011, 50, 53). Die Entscheidungen ergingen zum gewöhnlichen Aufenthalt eines Kindes im Rahmen der EuEheVO. Sie können aber – mutatis mutandis – verallgemeinert werden (ebenso → Art. 20–38 EuErbVO Rn. 1). Das Wort „gewöhnlich" zeigt an, dass der Aufenthalt eine gewisse Beständigkeit oder Regelmäßigkeit haben muss (EuGH IPRax 2012, 340 Rn. 44). Es sind alle tatsächlichen Umstände des Einzelfalls in einer Gesamtabwägung zu berücksichtigen. Dabei bedarf es neben der körperlichen Anwesenheit der Person auch anderer Faktoren, die darauf hindeuten, „dass es sich nicht nur um eine vorübergehende oder gelegentliche Anwesenheit handelt und dass der Aufenthalt Ausdruck einer gewissen Integration in ein *soziales und familiäres* Umfeld ist" (EuGH IPRax 2015, 239 Rn. 51 mN). Es kommt daher auf den **sozialen Daseinsmittelpunkt** der Person an (für eine stärkere Betonung des Willensmoments s. M. Weller, Der „gewöhnliche Aufenthalt", 293 ff.; damit fände aber eine Annäherung des Begriffs zu dem des domicile
26 statt. Beide Begriffe werden aber in den EU-Verordnungen unterschieden). Eine **juristische Person,** ein Zusammenschluss von Personen in einem Verein, einer

Gesellschaft, einem Verband, hat keinen sozialen Daseinsmittelpunkt. Daher benennt Art. 19 I UAbs. 1, II den Ort der **Hauptverwaltung. Art. 4 I** sieht für bestimmte Vertragstypen in den lit. a–h besondere Anknüpfungspunkte vor. Für Kaufverträge über bewegliche Sachen, Dienstverträge und Miet- wie Pachtverträge, Vertriebs- und Franchiseverträge wird dabei auf den gewöhnlichen Aufenthalt einer der Vertragsparteien abgestellt. Die genannten Vertragstypen sind verordnungsautonom zu bestimmen, ein Rückgriff auf die Begrifflichkeiten der jeweiligen lex fori ist daher nicht zulässig. Der Begriff des **Dienstleistungsvertrags** (Art. 4 I **lit. b** und **Art. 6 IV lit. a**) ist parallel zu Art. 5 EuGVVO aF (jetzt Art. 7 EuGVVO) auszulegen (Erwägungsgrund 17). Er umfasst alle Schuldverträge, bei denen sich mindestens eine Partei zu der Vornahme einer Tätigkeit verpflichtet. Daher sind auch Werkverträge iSd BGB Dienstleistungsverträge iSd Rom I-VO (KG BeckRS 2017, 123592 Rn. 3 zu einem VIP-Weltmeisterschaftszuschauervertrag; OLG München, BeckRS 2018, 174 zur charakteristischen Leistung des Werkunternehmers). Eine Zahlungsverpflichtung, die sich aus einer Entscheidung der Hauptversammlung der Miteigentümer eines Wohngebäudes ergibt und sich auf die Ausgaben für die Instandhaltung der gemeinschaftlichen Bereiche dieses Gebäudes bezieht, ist über Art. 4 I lit. b, nicht lit. c anzuknüpfen (EuGH NJW 2019, 2991, 2994 Rn. 41 f.). Streitig ist, ob die Verträge nur dann unter Art. 4 I lit. b und Art. 6 IV lit. a zu qualifizieren sind, wenn sie **entgeltlich** sind. Für eine Ansicht (s. zB NK-BGB/Leible Art. 4 Rn. 29; Grüneberg/Thorn Art. 4 Rn. 8; EuZPR EuIPR/Thorn Art. 4 Rn. 35, 98; Köhler, Examinatorium IPR, Rn. 178) fallen allein entgeltliche Rechtsgeschäfte (EuGH EuZW 2014, 181 Rn. 39 ff.: Gewährung geldwerten wirtschaftlichen Vorteile genügt dazu) unter den Begriff. Denn Dienstleistung iSv Art. 7 Nr. 1 lit. b EuGVVO Spiegelstrich 2 sei nur die entgeltliche Dienstleistung (noch zu Art. 5 Nr. 1 lit. b Spiegelstrich 2 EuGVVO aF s. EuGH IPRax 2009, 509 – Falco Privatstiftung; zu diesem Aspekt sa Metzger IPRax 2010, 420). Nach dieser Auffassung wird ein Beratungsvertrag, für den kein Entgelt geschuldet wird, nicht von Art. 7 Nr. 1 lit. b Spiegelstrich 2 EuGVVO (noch zu Art. 5 Nr. 1 lit. b Spiegelstrich 2 EuGVVO aF s. OLG Saarbrücken NJOZ 2011, 1867) und auch nicht von Art. 4 I lit. b geregelt. Die überwiegende Ansicht (s. zB Calliess, Rome Regulations, Art. 4 Rn. 21; HK/Staudinger Art. 4 Rn. 4; MüKo-BGB/Martiny Art. 4 Rn. 45; Staudinger/Magnus Art. 4 Rn. 40; wohl auch BeckOK BGB/Spickhoff Art. 4 Rn. 10 [„Entgeltlichkeit […] nicht zwingende Voraussetzung"]) sieht auch unentgeltliche Dienstleistungsverträge wie den Auftrag iSv § 662 BGB oder unentgeltliche Informationsverträge (→ § 675 BGB Rn. 13 ff.) erfasst. Für sie spricht, dass der Wortlaut des Art. 4 I lit. b keine Differenzierung nach Entgeltlichkeit zulässt. Nach Erwägungsgrund 17 *sollte* zwar insoweit eine parallele Auslegung von Rom I-VO und EuGVVO vorgenommen werden. Das bedeutet jedoch keine sklavische Parallelität. Die kollisionsrechtlichen Interessen verlangen insoweit keine Differenzierung von Dienstleistungsverträgen nach Entgeltlichkeit. Allerdings sind entsprechende **Abgrenzungsschwierigkeiten** im Rahmen des Art. 4 im Ergebnis oft ohne Auswirkung, da lit. b in vertypter Weise und II generell auf den gewöhnlichen Aufenthalt bzw. auf die Niederlassung als Ersatzanknüpfung für den gewöhnlichen Aufenthaltsort der Partei (s. Art. 19) abstellen, welche die charakteristische Leistung erbringt. Sie kommen daher regelmäßig zu demselben Anknüpfungsergebnis. Die Sonderkollisionsnormen für **Beförderungs-, Arbeits- und Verbraucherdienstleistungsverträge** der Art. 5, 6, 8 gehen Art. 4 vor. **Subsidiäre Anknüpfung (II):** Liegt kein Vertrag iSv Art. 4 I lit. a–h vor oder ist ein gemischter Vertrag gegeben, der Elemente aus dem Anwendungsbereich von mehr als einem der in lit. a–h genannten beinhaltet, so ist nach Art. 4 II das Recht des gewöhnlichen Aufenthalts der Partei (→ Rn. 25 f.) anzuwenden, welche die für den Vertrag **charakteristische Leistung** zu erbringen hat. Das ist grundsätzlich die Partei, welche die Vertragsleistung schuldet, die keine Leistung in Geld ist, also eine Sach- oder Dienstleistung (Nichtgeldleistung) ist. Die charakteristische

Randnummern: 27 (neben „benennt Art. 19 I UAbs. 1 …"), 28 (neben „cherdienstleistungsverträge … Subsidiäre")

Leistung gibt dem Vertrag sein Gepräge und differenziert ihn von anderen Vertragstypen (so zu der insoweit identischen Vorgängernorm des Art. 28 II EGBGB: BAG NZA 2004, 58, 63 m. umfangreichen Nachweisen). Die anknüpfungsrelevante Frage, wo der gewöhnliche Aufenthalt der Partei belegen ist, welche die charakteristische Leistung zu erbringen hat, darf nicht mit der für die Anknüpfung nach II irrelevanten Frage, wo die charakteristische Leistung selbst zu erbringen ist, vermengt werden. Denn es kommt nicht darauf an, wo die charakteristische Leistung vorgenommen wird oder auf welchem Gebiet sie sich auswirkt. Bei einem **gemischten Vertrag** (Erwägungsgrund 19: Bündel von Rechten und Verpflichtungen, die mehr als einer der spezifizierten Vertragsarten zugeordnet werden können), kommt es auf die Verpflichtung an, die den Vertragsschwerpunkt bildet (Erwägungsgrund 19). Fehlt er, so gilt IV (→ Rn. 29). **Beispiele:** Bei einem Vertrag mit einem Fotografen erbringt dieser die charakteristische Leistung (BGH NJW 2015, 1690 Rn. 43), bei einem Erbensuchvertrag der Erbensucher (LG München I IPRax 2014, 438); einem Anwaltsvertrag der Anwalt (OLG München BeckRS 2013, 18009), einer Bürgschaft der Bürge (LG Frankfurt a. M. BeckRS 2013, 22781). – Bei einem Vertrag mit dem Inhalt einer strafbewehrten Unterlassungserklärung, in welchem sich der Betreiber einer Internetsuchmaschine verpflichtet, bestimmte Suchbegriffe zu sperren, soll nach LG Köln (BeckRS 2013, 10876) eine charakteristische Leistung fehlen (abzulehnen; charakteristisch ist das Unterlassen. Dass bei internetrelevanten Tätigkeiten diese nicht an einem bestimmten Ort zu unterlassen sind, ist für die Bestimmung der
29 charakteristischen Leistung irrelevant). **Ausweichklausel (III):** Kann das anzuwendende Recht nach I (→ Rn. 27) oder II (→ Rn. 28) bestimmt werden, so kann der Rechtsanwender dennoch ein anderes Recht als Vertragsstatut anwenden, wenn sich aus der Gesamtheit der Umstände ergibt, dass der Vertrag eine **offensichtlich engere Verbindung** zu einem anderen Staat aufweist. Diese Ausweichklausel soll der Typisierung der Anknüpfung in I und II Rechnung tragen. Im Verhältnis zur Anknüpfung nach IV erübrigt sich das, weil III und IV beides Anknüpfungen auf der Grundlage einer Gesamtabwägung im Einzelfall sind, es also nicht denkbar ist, dass der Anknüpfungsvorgang nach beiden Absätzen zu unterschiedlichen Ergebnissen führte. Im Verhältnis zu I und II ist III mit großer Zurückhaltung anzuwenden (Normtext: „offensichtlich"), denn nur eine typisierte Anknüpfung kann die von der Verordnung erstrebte Rechtssicherheit (zu diesem Ziel s. Erwägungsgrund 6) gewährleisten. III setzt voraus, dass Gesamtumstände zu einem anderen als dem nach I, II ermittelten Recht führen, „die an Gewicht den von der Vermutung verwendeten Anknüpfungspunkt deutlich übertreffen, und sich ein anderes Zentrum des Leistungsaustauschs **eindeutig** ermitteln lässt" (BGH IPRax 2005, 342 mAnm Unberath 208). Die Verwendung einer bestimmten Vertragssprache oder der Ort des Vertragsschlusses allein würden nicht ausreichen, um eine engere Verbindung nach III zu etablieren, insbes. bei der Verwendung „einer Verkehrssprache (Lingua franca), die allein in 56 Ländern der Erde Amtssprache ist (wenn auch nicht immer die einzige)", s. OLG Brandenburg BeckRS 2012, 21918 (zum Englischen). III soll auch die **akzessorische Anknüpfung** eines Vertrags an einen anderen Vertrag ermöglichen (Erwägungsgrund 20: Es sollte „berücksichtigt werden, ob der betreffende Vertrag in einer sehr engen Verbindung zu einem oder mehreren anderen Verträgen steht."). **Beispiel:** Ein Vertrag zwischen einem in Deutschland ansässigen Fotografen und einer Gesellschaft mit Sitz in Frankreich über die Fertigung von Lichtbildern eines in Frankreich belegenen Hotels weist grundsätzlich die engeren Verbindungen iSv III zu Frankreich auf (BGH NJW 2015, 1690 Rn. 43, noch zu Art. 28 V EGBGB
30 aF; sa EuGH IPRax 2015, 559, Rn. 49 f. zu einem Speditionsvertrag.). **Auffanganknüpfung (IV):** Kann das anzuwendende Recht nicht nach I (→ Rn. 27) oder II (→ Rn. 28) bestimmt werden, so unterliegt der Vertrag nach IV dem Recht des Staates, zu dem er die **engste Verbindung** aufweist. Zur Bestimmung der engsten Verbindung sind alle Umstände des Einzelfalls abzuwägen, die auf

eine Lokalisierung des Vertrages in dem Geltungsbereich einer bestimmten Rechtsordnung hindeuten. Es soll nach Erwägungsgrund 21 auch berücksichtigt werden, ob der betreffende Vertrag in einer sehr engen Verbindung zu einem oder mehreren anderen Verträgen steht (**akzessorische Anknüpfung,** → Rn. 29 zur Parallelabwägung bei III). Zu Recht wird darauf hingewiesen, dass die gleichen Kriterien, die auf eine stillschweigende Rechtswahl hindeuten (→ Rn. 15), auch für die Gesamtabwägung nach IV bedeutsam sein können; der Unterschied zwischen beiden Anknüpfungen liegt in Konstellationen des IV nur in der Annahme des Vorliegens eines Rechtswahlwillens oder nicht; in der Praxis ist die Grenzziehung hier schwierig (Grüneberg/Thorn Art. 4 Rn. 30; Staudinger/Magnus Art. 4 Rn. 148). Das LG Köln (BeckRS 2013, 10876; kritisch dazu → Rn. 28) siedelt einen Vertrag über die Unterlassung bestimmter internetrelevanter Tätigkeiten in dem Staat an, „für dessen Territorium ausweislich der in der Abmahnung genannten **URL Schutz** begehrt wird, […], ohne dass es darauf ankäme, von wo aus [der Verpflichtete] agiert". Zur Vertragsübernahme s. Selke IPRax 2013, 205, 214.

5. Besondere Kollisionsnormen (Art. 5–8). Spezielle Anknüpfungen bestehen für Beförderungs- **(Art. 5),** bestimmte Versicherungs- **(Art. 7),** Individualarbeits- (**Art. 8;** zu Rechtswahl und Günstigkeitsvergleich s. Mankowski IPRax 2015, 309) und Verbraucherverträge **(Art. 6). Verbraucher** iSv **Art. 6** ist eine **natürliche Person** in den Sachverhaltszusammenhängen, in welchen sie den Vertrag nicht zu beruflichen oder gewerblichen Zwecken abschließt (str., was bei gemischter Motivation gilt, zB wenn gekaufter PC beruflich und privat genutzt wird, dazu Ferrari/Staudinger Art. 6 Rn. 22 mN: mehr als nur marginale unternehmerische Zwecke führen zur Unternehmereigenschaft). Unterscheidungskriterium ist der Zweck des Vertragsschlusses (Gewinnerzielungsabsicht). Anlage von Privatvermögen ist dennoch privat veranlasst (zum EGBGB bei Börsentermingeschäft s. OLG Köln EWiR 1998, 455 mAnm Mankowski; OLG Düsseldorf NJW-RR 1994, 1132; zur internationalen Zuständigkeit s. OLG Köln IPRspr 2003, Nr. 137, 434 Rn. 18; OLG Hamburg IPRax 2005, 251, dazu Heiderhoff 230); nur Anlage mit eigener professioneller Verwaltungsstruktur fällt aus dem Anwendungsbereich des Art. 6 (s. Staudinger/Magnus Art. 6 Rn. 42). **Unternehmer** ist, wer den Vertrag zu beruflichen oder gewerblichen Zwecken abschließt. **Vertrag** iSv Art. 6 kann jeder Vertrag sein, zB auch der Anwalts-, Behandlungs-, Treuhandvertrag etc. Nicht vorausgesetzt wird, dass **Vertragstypus** durch die lex fori oder lex causae als sogenannter Verbrauchervertrag gesondert geregelt ist (zum Anwendungsbereich des durch Art. 6 berufenen Rechts → Rn. 34, 36). Einschränkung der Anwendbarkeit des Art. 6 in **IV;** Dienstleistungsvertrag iSv IV lit. a → Rn. 27, Vertrag iSv IV lit. c → Rn. 10. IV lit. a erfasst nicht einen Treuhandvertrag, aufgrund dessen die dem Verbraucher geschuldeten Dienstleistungen in dem Staat, in dem er seinen gewöhnlichen Aufenthalt hat, vom Gebiet eines anderen Staates aus, d. h. aus der Ferne, zu erbringen sind (EuGH BeckRS 2019, 23104 Rn. 54). Nach Normtext („unbeschadet") gilt Art. 6 nicht für Beförderungs- und Versicherungsverträge (Art. 5 und 7 sind speziell, s. Erwägungsgrund 32). Ebensowenig ist ein **Individualarbeitsvertrag** erfasst, denn er wird zu beruflichen Zwecken des AN (Gewinnerzielungsabsicht) abgeschlossen. Weil ein Individualarbeitsvertrag daher bereits begrifflich aus dem Anwendungsbereich des Art. 6 fällt, bedarf es keiner speziellen Regelung, wie sie Art. 6 hinsichtlich Art. 5, 7 trifft. Ob Verträge, die zur **Ermöglichung der unselbständigen beruflichen Tätigkeit** geschlossen werden (Kauf von Arbeitskleidung, eigenem Arbeitsgerät wie zB Messerset bei einem angestellten Koch, etc) als die eines Verbrauchers zu qualifizieren sind, wird wegen der angenommenen geschäftlichen Unerfahrenheit von Arbeitnehmern überwiegend bejaht (s. Staudinger/Magnus Art. 6 Rn. 44 mN zum Streitstand). Diese Begründung erscheint zweifelhaft, da Norm auf den Zweck der Tätigkeit abstellt, unabhängig vom geschäftlichen Erfahrungshorizont der Person. Er wird bei einem Kleinstgewerbetreibenden typischerweise auch beschränkt

Randnummern: 31 (bei „5. Besondere Kollisionsnormen"), 32 (bei „Verbraucher iSv Art. 6"), 33 (bei „Vertrag iSv Art. 6")

sein, ohne dass dieser wie ein Verbraucher behandelt würde. Für die hM spricht zwar der Bericht Giuliano/Lagarde zum EVÜ (S. 23, Fundstelle → Rn. 5), der im entsprechenden Zusammenhang „traders, manufacturers or persons in the exercise of a profession (doctors, for example) who buy equipment or obtain services for that trade profession," (S. 23 der deutschen Fassung: „Kaufleute, Industrielle oder freiberuflich tätige Personen [z. B. Ärzte]") als Unternehmer ansieht. Gegen die hM ist jedoch einzuwenden, dass nach dem bei der Auslegung des Art. 6 zu berücksichtigenden europäischen Sekundärrecht (→ Rn. 5) kein Verbraucher ist, wer zu Zwecken der unselbstständigen Berufstätigkeit den Vertrag abschließt (s. Bülow/Artz NJW 2000, 2049, 2050; dazu NK-BGB/Leible Art. 6 Rn. 23). Zudem weist der fehlende Vorbehalt zugunsten des Art. 8 im Normtext des Art. 6 (s. oben) in die gleiche Richtung.

34 **Art. 6** setzt eine **besondere Vertragsabschlusssituation** voraus, bei welcher der Unternehmer den Verbraucher zu einem grenzüberschreitenden Vertragsabschluss veranlasst, sei es, weil er im Staat des gewöhnlichen Aufenthalts (→ Rn. 25 f.) des Verbrauchers seine vertragsbezogene berufliche oder gewerbliche Tätigkeit ausübt **(I lit. a),** sei es, weil er sie auch auf den Aufenthaltsstaat des Verbrauchers ausrichtet **(I lit. b).** Begibt sich der Verbraucher in das Ausland und schließt er dort einen Vertrag ab, so ist er weniger schutzwürdig, als wenn er erst durch den Unternehmer in eine Vertragsabschlusssituation gebracht wird, die grenzüberschreitend ist. Art. 6 soll durch die Berufung des Aufenthaltsrechts des Verbrauchers (flankiert von einer Aufenthaltszuständigkeit nach Art. 17 ff. EuGVVO) auch dazu beitragen, die Kosten des Rechtstreits, der oft einen geringen Streitwert hat, für ihn dadurch gering zu halten (Erwägungsgrund 24), dass lex fori und lex contractus identisch sind und ihm beide vertraut sind, weil er am Gerichtsort lebt. Nach Erwägungsgrund 24 S. 3 Hs. 2 („und tatsächlich ein Vertragsabschluss im Fernabsatz erfolgt ist") und 25 S. 2 („Vertragsschluss auf solche Tätigkeiten zurückzuführen ist") bedarf es einer **Kausalität** zwischen dem Vertragsabschluss durch den Verbraucher und der unternehmerischen Tätigkeit des Ausübens (→ Rn. 35) bzw. Ausrichtens (→ Rn. 36) (so die hM, s. Rühl IPRax 2014, 41, 43 f.; Ferrari/Staudinger Art. 6 Rn. 63, beide mit umfassenden Nachweisen; ferner NK-BGB/Leible Art. 6 Rn. 60; Grüneberg/Thorn Art. 6 Rn. 6; aA BeckOK BGB/Spickhoff Art. 6 Rn. 27 mwN). Der EuGH hat in einer methodisch unsicheren (s. Rühl IPRax 2014, 41, 43; Staudinger juris – die Monatszeitschrift 2014, 229, 230 f.) Entscheidung zum Verbrauchergerichtsstand nach Art. 15 I lit. c EuGVVO aF (= Art. 17 I lit. c EuGVVO) in der Rechtssache C-218/12 (Lokman Emrek ./. Vlado Sabranovic) entschieden, dass es keines Kausalzusammenhangs zwischen dem Ausrichten der Unternehmertätigkeit auf den Staat des Verbraucheraufenthaltes und dem Vertragsabschluss durch den Verbraucher bedürfe. Die Zuständigkeitsnorm und Art. 6 I lit. c sind insoweit identisch. Daraus wird nun wegen des Gebots paralleler Auslegung (Erwägungsgrund 7) für Art. 6 auch ein Verzicht auf die Kausalitätsbedingung geschlossen (MüKo-BGB/Martiny Art. 6 Rn. 52; AG Braunschweig 8.1.2014 – 118 C 3557/13 juris Rn. 12; Schultheiß EWiR 2014, 944, 945). Allerdings ist es kein blind zu befolgendes Gebot (→ Rn. 5), auch sprechen die zitierten Erwägungsgründe gegen die Übertragung der Emrek-Entscheidung auf Art. 6. Die Frage sollte dem EuGH vorlegt werden (Art. 267 AEUV), so zu Recht Staudinger juris – die Monatszeitschrift 2014, 229, 234. Ein letztinstanzliches Gericht hat sie vorzulegen.

35 **Ausüben** iSv **I lit. a** (ausführlich Staudinger/Magnus Art. 6 Rn. 106 ff.) meint *insbes.* den Vertragsabschluss unter Anwesenden oder das Erbringen der angebotenen Leistung im Staat des gewöhnlichen Verbraucheraufenthalts (s. Ferrari/Staudinger Art. 6 Rn. 46); nicht ausreichend wäre aber zB allein der bloße Zugang einer im Ausland abgesendeten Ware und deren Übereignung im Verbraucherstaat. Denn hier wird weder die vertragsbezogene Leistungshandlung des Unternehmers noch der Vertragsabschluss durch den Unternehmer direkt im Verbraucherstaat vorgenommen. Ausreichend aber Abholung des Verbrauchers im Verbraucherstaat und Verbringen über die Grenze (zB im Rahmen einer Ausflugsfahrt) durch den Unternehmer oder unter seiner organisatorischen Mitwirkung, um dort den Vertrag anzu-

bahnen und abzuschließen (s. LG Tübingen IPRax 2006, 477, dazu Hohloch JuS 2005, 954 ff., s. aber Mankowski FS Tuğrul Ansay, 189 ff.; offen OLG Frankfurt a. M. NJW-RR 2007, 1357). Ausüben liegt auch vor, wenn Unternehmer dem Kunden die Einzahlung bzw. Inlandsüberweisung des geschuldeten Betrags auf ein im Verbraucheraufenthaltsstaat geführtes Verrechnungskonto (Nostro-Konto) eröffnet, denn darin liegt ein Teil der Vertragsabwicklung, also der Ausübung (aM [Ausrichten] MüKo-BGB/Martiny Art. 6 Rn. 40; ähnlich zum Zuständigkeitsrecht der EuGVVO BGH IPRax 2013, 164 mAnm Thole 136; Unterschied ist im Ergebnis bedeutungslos für Art. 6 I). Die Tatbestandsvariante des **Ausrichtens** iSv **I lit. b** 36
ist deutlich weiter als die des Ausübens. Sie ist daher ein Auffangtatbestand. Die Abgrenzung zwischen beiden Alternativen erfolgt daher in der Praxis oft nicht. Ausrichten ist *jedenfalls* (Einzelheiten str., s. MüKo-BGB/Martiny Art. 6 Rn. 39 ff.; NK-BGB/Leible Art. 6 Rn. 53 ff. mN; sa AG Würzburg NJW-RR 2015, 1149) dann erfüllt, wenn der Unternehmer seine Absatz- und Vermarktungsaktivität (Werbung, invitatio ad offerendum, eigenes Vertragsangebot) auch auf den Staat des gewöhnlichen Aufenthaltsorts des Verbrauchers in irgendeiner Form (zB Anruf, Brief, E-Mail, Wurfsendung, Zeitung, TV, Teleshopping, Radio, Internet, Werbebanner etc) mit dem Ziel der Herbeiführung eines Vertragsschlusses ausweitet. Ausrichten auch, wenn Verbraucher mittels einer durch ein drittes Unternehmen organisierten Reise in das Land des Verkäufers gezielt in dessen Verkaufslokal geführt wird und Verkäufer auf Verkäufe an Personen aus dem Aufenthaltsstaat des Verbrauchers ausgerichtet ist, zB Deutsch als Verhandlungs- und Vertragssprache, Preisangaben in Währung des Aufenthaltslands etc (AG Würzburg NJW-RR 2015, 1149). Zum Ausrichten durch Verwendung von Internetseiten s. ausführlich Rühl GPR 2013, 122 ff.; Mankowski IPRax 2012, 144 ff., zur Übertragung der verfahrensrechtlichen Grundsätze des EuGH zum Verbrauchergerichtsstand der EuGVVO (EuGH – C-585/08 und C-144/09, – Peter Pammer ./. Reederei Karl Schlüter GmbH & Co. KG; Hotel Alpenhof GesmbH ./. Oliver Heller IPRax 2012, 160) auf das internationale Vertragsrecht s. Rühl GPR 2013, 122 ff.; ferner Mankowski IPRax 2012, 144, 156; zu einer neueren Entscheidung des EuGH (→ Rn. 34) krit. Rühl IPRax 2014, 41, 43. Ein Vertrag, der zwar selbst nicht die situativen Voraussetzungen 37
des Art. 6 I erfüllt, kann dennoch als Verbrauchervertrag qualifiziert werden, wenn er als Folgevertrag die Erfüllung eines zuvor geschlossenen Verbrauchervertrages sicherstellen soll (so zur EuGVVO EuGH IPRax 2016, 583 – Hobohm, siehe auch Mansel/Thorn/Wagner, IPRax 2017, 1, 17). Ist der Tatbestand des Art. 6 nicht erfüllt, gelten die allgemeinen Vorschriften der Art. 3, 4 ohne Einschränkung (Art. 6 IV). Ist er hingegen erfüllt, so ist danach zu unterscheiden, ob die Parteien eine Rechtswahl getroffen haben oder nicht. Als **Rechtsfolge** sieht **Art. 6 I** vor, dass beim Fehlen einer Rechtswahl **(objektive Anknüpfung)** das Recht des Staates, in welchem der Verbraucher bei Vertragsabschluss seinen gewöhnlichen Aufenthalt hatte, das Vertragsstatut bildet. Das Aufenthaltsrecht ist umfassend im Anwendungsbereich des Vertragsstatut (→ Rn. 40) anzuwenden, nicht nur auf spezifische Verbraucherrechtsfragen und nicht nur spezielle verbraucherschützende Normen. Die allgemeine Kollisionsnorm des Art. 4 wird verdrängt. Hingegen bleibt nach Art. **6** 38
II 1 eine **Rechtswahl nach Art. 3** wirksam, allerdings muss nach Art. 6 II **2** dem Verbraucher der Schutz des nicht dispositiven Rechts an seinem gewöhnlichen Aufenthalt erhalten bleiben. Eine Rechtswahlklausel in AGB zugunsten des Rechts am Sitz des Verwenders ist missbräuchlich, sofern sie für den Verbraucher den Eindruck erweckt, auf den Vertrag sei ausschließlich das Recht dieses Mitgliedstaats anwendbar (EuGH – Verein für Konsumenteninformation ./. Amazon EU Sàrl, NJW 2016, 2727). Im Rahmen des Art. 5 II soll das nicht gelten (OLG Frankfurt a. M. IPRax 2019, 241 mAnm Mankowski, 208). Es kommt zu einer **alternativen Anknüpfung** (NK-BGB/Leible Art. 6 Rn. 67) an das zwingende Vertragsrecht der gewählten Rechtsordnung und des Verbraucheraufenthaltsrechts. Nach dem Normtext ist das gesamte nicht abdingbare Recht beider Rechtsordnungen zu vergleichen und das dem Verbraucher günstigere Recht anzuwenden. Eine Beschränkung auf spezifisches

materielles Verbraucherrecht besteht nach dem Normtext nicht (bereits → Rn. 35). Dem Verbraucher soll der Schutz der ganzen Rechtsordnung erhalten bleiben. Der Begriff des Schutzes ist verordnungsautonom auszulegen (MüKo-BGB/Martiny Art. 6 Rn. 62 spricht noch vom „Begriff der ‚zwingenden Schutzbestimmungen'"). Es ist durch das Gericht von Amts wegen ein **Günstigkeitsvergleich** in Bezug auf das Rechtsschutzbegehren des Verbrauchers durchzuführen. Funktional verbundene Normen sind **nicht isoliert** zu betrachten (NK-BGB/Leible Art. 6 Rn. 71 f.). Es könnte daher zB nicht die Verjährungsfrist der einen und die Regelung des Verjährungsbeginns der anderen Rechtsordnung entnommen werden. Doch soll die Anspruchsgrundlage der einen mit der gesamten Verjährungsregelung der anderen Rechtsordnung kombiniert werden können (nur zu letzterem Staudinger juris – Die Monatszeitschrift 2014, 229, 234). Man wird aber wohl je nach Rechtsordnung danach differenzieren müssen, wie eng funktional verschränkt die Anspruchsgrund-
39 lage mit der Verjährungsregelung ist. Mit Art. 6 II 2 können nur solche zwingenden Normen durchgesetzt werden, die unter das **Vertragsstatut** fallen. Bei Wahl des Rechts eines Drittstaats ist **Art. 46b EGBGB** bereits nach dem Normtext des **Art. 23** vorrangig (→ Rn. 1; str., aA NK-BGB/Leible Art. 6 Rn. 13 mN), soweit er Regelungen trifft. Die Frage der Wirksamkeit der in Art. 46b EGBGB vorausgesetzten Rechtswahl wird durch Art. 46b EGBGB nicht geregelt. Insoweit gilt Art. 3. Allerdings setzt Art. 46b EGBGB die von ihm umzusetzenden Richtlinien-Kollisionsnormen unvollkommen um, weil er abw. von diesen keinen Günstigkeitsvergleich vorsieht. Das zu beurteilen, ist eine Aufgabe des EuGH im Vorlageverfahren nach Art. 267 AEUV. Sollte das Fehlen eines Günstigkeitsvergleichs zu einem geringeren Schutzniveau für den Verbraucher führen als nach den Richtlinien-Kollisionsnormen iSv Art. 46b EGBGB, dann müsste ein letztinstanzliches mitgliedstaatliches Gericht ein Vorlageverfahren anstrengen. Im Wege der richtlinienkonformen Auslegung des Art. 46b EGBGB lässt sich der Umsetzungsfehler wegen des klaren Normtextes aufgrund der Francovich-Rspr. des EuGH (bestätigt durch EuGH BeckRS 2018, 17516: Keine Missachtung der nationalen Norm, vielmehr Staatshaftung) nicht korrigieren (str., so aber Staudinger/Magnus Art. 6 Rn. 33 mN zum Streitstand). Dies wird aber wohl selten entscheidungserheblich sein. – International zwingendes Eingriffsrecht findet auch über **Art. 9** Anwendung (→ Rn. 53 ff.). Die Schutzkonzepte von Art. 6 (Verbraucherschutz) und Art. 9 (Gemeinwohlschutz) sind unterschiedlich. Selten verfolgt eine Sachnorm beide Schutzziele. Daher ist nur ausnahmsweise mit der gleichzeitigen Anwendbarkeit der Normen zu rechnen. Da die Schutzziele unterschiedlich sind, sind die Normen nebeneinander anwendbar (sehr str.; zum Verhältnis der Art. 6 II, 9 vertiefend Staudinger/Magnus Art. 6 Rn. 34 f. mN zum Streitstand). Bei – kaum denkbaren – Schutzkonflikten ist eine Anpassung (zur Anpassung → Rn. 16) vorzunehmen.

40 **6. Anwendungsbereich und Durchbrechung des Vertragsstatuts (Art. 9–13). a) Anwendungsbereich des Vertragsstatuts (Art. 10, 12). Art. 12** bestimmt den Anwendungsbereich des Vertragsstatuts **(Geschäftsstatuts),** also dessen **Anknüpfungsgegenstand,** gleich, welche Kollisionsnorm (Art. 3–8) es zur Anwendung beruft (zu Art. 6 → Rn. 35). Art. 12 beruft gesamtes Vertragsrecht und Recht der Rechtsgeschäftslehre zur Anwendung, sofern keine anderen Regelungen spezieller sind (zu Art. 11, → Rn. 47 ff.; zu Art. 13 → Rn. 15, zu Art. 10 II → Rn. 44, zu 12 II). **Art. 12 I** lit. a–e nennen als wichtige Bereiche des Vertragsstatuts nicht abschließend („insbesondere") die Regelungsfelder **Auslegung (lit. a),** Voraussetzung und Folgen der **Erfüllung (lit. b)** und Erfüllungssurrogate, es sei denn, es greifen spezielle Kollisionsnormen ein: Erfüllung durch **Abtretung** untersteht **Art. 14,** durch **Aufrechnung Art. 17,** durch **Übereignung Art. 43–46 EGBGB.** Vertragsstatut ist auch auf Zahlung anwendbar, die Dritter zur Erfüllung der vertraglichen Zahlungsverpflichtung einer Vertragspartei leistet, wenn diese Zahlung im Rahmen eines Insolvenzverfahrens als Handlung, die die Gesamtheit der Gläubiger benachteiligt, angefochten wird (EuGH IPRax 2022, 383; dazu erhellend

Thole IPRax 2022, 351, 353 f.). – **Art. 12 II** erlaubt es dem Gericht, für die Art und Weise der Erfüllung (zB Leistungserbringung an Feiertagen) und die Reaktionspflichten bzw. -obliegenheiten des Gläubigers bei Schlecht- oder Nichterfüllung (zB Bestehen von Rügeobliegenheiten) das Recht des Staates, in welchem der Erfüllungserfolg (Erfüllungsrecht) zu bewirken ist, „zu berücksichtigen". Dies kann einmal auf der materiellrechtlichen Ebene des anzuwendenden Vertragsrechts erfolgen mit den Mitteln der sogenannten Datumtheorie (nur darauf abstellend zB Nordmeier Kapitel 37 Rn. 106). Hier werden Auslegungsspielräume des Vertragsstatuts mit Blick auf die Regelungen des Erfüllungsrechts ausgefüllt. Doch genügt diese rein materiellrechtliche Erklärung des Art. 12 II nicht, um etwa die Anwendung der gesetzlichen Rügepflichten und deren Sanktionsfolgen (zB § 377 HGB) zu erklären. Daher ordnet Art. 12 II insoweit auch die selektive Anwendung des Erfüllungsrechts an (str., wie hier, ausführlich Staudinger/Magnus Art. 12 Rn. 91 ff. mN). Um beide Rechtsfolgen (materiellrechtliche Berücksichtigung und kollisionsrechtlichen Verweisungsbefehl) zu erfassen, spricht Art. 12 II von „berücksichtigen". Art. 12 **I lit. c** 41
nennt ferner **Leistungsstörungs-** und **Schadensrecht** (soweit nicht prozessuale Schätzungsmöglichkeiten wie in § 287 ZPO bestehen, diese richten sich nach der lex fori). Auch das Bestehen von vertraglichen **Neben-, Schutz- und Rücksichtnahmepflichten** und die Folgen ihrer Verletzung durch eine der Vertragsparteien (Pflichtverletzung iSv § 280 BGB) unterstehen dem Vertragsstatut. Ob daraus resultierende Schadensersatzansprüche wegen Verletzung des Integritätsinteresses unter das Vertragsstatut fallen, ist umstritten. Nach **einer Ansicht** regelt das Vertragsstatut nur die Ansprüche wegen Verletzung des **Äquivalenzinteresses** (Leistungserwartungen); danach untersteht nur die Verletzung von Haupt- und *leistungssichernden* Nebenpflichten dem Vertragsstatut. Soweit es um die Verletzung bereits bestehender Rechtspositionen **(Integritätsinteresse)** geht, soll hingegen das Deliktsstatut gelten (BeckOGK/Paulus Art. 1 Rn. 35; MüKo-BGB/Spellenberg Art. 12 Rn. 59, 82; Ferrari/Ferrari Int. Vertragsrecht Art. 12 Rn. 35, die dort in Fn. 198 gegebenen Nachweise betreffen, aber überwiegend nicht die hier relevante Haftung von Vertragsparteien wegen Pflichtverletzung, sondern die culpa in contrahendo oder die Haftung von Nichtvertragspartnern wie Verhandlungsgehilfen, Vertretern oder Sachwaltern [zu diesen s. Mansel FS Schlosser, 2005, 545 ff.]). Für diese Ansicht könnte die rechtspolitische Wertung des Erwägungsgrundes 30 zu Art. 12 Rom II-VO herangezogen werden. Für die culpa in contrahendo wird dort differenziert; sie ist zwar generell als deliktisch zu qualifizieren. Für sie gilt deshalb die Rom I-VO nicht (→ Rn. 12). Art. 12 Rom II-VO soll nach dem genannten Erwägungsgrund nur auf die Verletzung des Äquivalenzinteresses anzuwenden sein, wobei die Norm vorrangig vertragsakzessorisch anknüpft. Eine Verletzung des Integritätsinteresses soll hingegen dem allgemeinen Deliktsstatut unterfallen (bei einem deutschen Deliktsstatut wären neben den deliktischen Vorschriften der §§ 823 ff. BGB wegen der verordnungsautonomen Qualifikation auch die §§ 280, 241 II BGB berufen, vgl. BeckOGK/Paulus Art. 1 Rn. 35). Das Deliktsstatut wird durch Art. 4 III 1 Rom II-VO allerdings auch regelmäßig vertragsakzessorisch bestimmt, so dass beide Anknüpfungen regelmäßig zu demselben Recht führen. Die wohl überwiegende **andere Ansicht** (Staudinger/Magnus Art. 12 Rn. 44 mN; Grüneberg/Thorn Art. 12 Rn. 7; wohl auch alle Autoren, welche Differenzierung nicht treffen) will auch hinsichtlich der Verletzung des **Integritätsinteresses** durch Pflichtverletzung das Vertragsstatut anwenden (für die Verletzung paralleler deliktischer Pflichten gilt das Deliktsstatut). Ihr ist zuzustimmen, denn der Normtext und die Erwägungsgründe des Art. 12 I lit. c differenzieren nicht nach Art der Pflichten. Gegen eine parallele Anknüpfung zu derjenigen der cic spricht, dass dort die Pflichtverletzung vor Vertragsschluss erfolgt, bei der Pflichtverletzung hingegen bei Ausführung des Vertrags. Es kommen deshalb bei der Pflichtverletzung vertragliche Haftungsmodifikationen in Betracht, die es rechtfertigen, das Vertragsstatut umfassend auf den Ersatz des Äquivalenz- und Integritätsinteresses anzuwenden. Deliktsrechtschutz wird daneben nach dem Deliktsstatut gewährt. Zum Problem der **Anspruchskonkur-** 42

renz s. NK-BGB/Lehmann Art. 4 Rom II-VO Rn. 48 ff.; BeckOK BGB/Spick-
43 hoff Art. 4 Rn. 4 Rom II-VO. Unter **Art. 12 I lit. d** fallen **Verjährung,** Verwir-
kung, Ausschlussfristen, Verfristung, alle Arten des **Erlöschens** (zur Erfüllung
→ Rn. 40). **Art. 12 I lit. e** unterstellt die Folgen der Nichtigkeit ebenso dem
Vertragsstatut, somit auch die **Rückabwicklung** nichtiger Verträge, gleich aus wel-
chem Grund sie nichtig sind (Normtext: „Folgen der Nichtigkeit"). Damit umfasst
das Vertragsstatut insoweit auch die bereicherungsrechtliche Rückabwicklung;
Art. 12 I lit. e ist daher speziell zum Bereicherungsstatut iSv **Art. 10 Rom II-VO**
(BGH BeckRS 2018, 15308 Rn. 27), allerdings ist die Konkurrenzfrage wegen der
vertragsakzessorischen Anknüpfung des Bereicherungsstatuts selten praktisch (s. dazu
Sendmeyer IPRax 2010, 500). **Ausnahmen** von dem Anwendungsbereich des Ver-
44 tragsstatuts ergeben sich aus **Art. 1 II** (→ Rn. 12). **Zustandekommen und Wirk-
samkeit** des Vertrags untersteht nach **Art. 10 I** dem (hypothetischen) Vertragsstatut,
insbes. Fragen des Erklärungskonsenses, der Bindung an Vertragsofferte, der Abgabe
und des Zugangs von Vertragserklärungen. Einbeziehung von **AGB** einer Partei,
auch wenn darin eine Rechtswahl getroffen wird, untersteht nach Art. 10 I dem
Vertragsstatut (OLG Düsseldorf BeckRS 2018, 27405; OLG Hamburg BeckRS
2014, 06734). **Art. 10 II** dient **Verkehrsschutz** der Vertragsparteien. Partei kann
sich für die Frage, *ob* sie eine Vertragsschlusserklärung abgegeben hat, **kumulativ**
auf Vertragsstatut und das Recht des Staates ihres gewöhnlichen Aufenthaltsortes
berufen, wenn sie geltend machen will, dass aus ihrem Verhalten nicht auf ihren
Willen zum Vertragsabschluss geschlossen werden kann. Voraussetzung dazu ist, dass
es im konkreten Einzelfall („aus den Umständen […] nicht gerechtfertigt") unbillig
erscheint, dass die Partei nach einem ihr fremden Recht rechtsgeschäftlich gebunden
werden soll, mit dessen Geltung sie vor Vertragsabschluss noch nicht zu rechnen
brauchte, weshalb sie ihr Verhalten nicht nach diesen fremden rechtsgeschäftlichen
Verhaltensregeln ausrichten musste (so OLG Hamburg BeckRS 2014, 06734 im
Anschluss an die Rspr. zu Art. 31 II EGBGB aF, s. BGH NJW 1997, 1697, 1700).
Der Schluss auf eine Vertragszustimmung der Partei nach dem Vertragsstatut
erscheint für die konkrete Partei im Verhältnis zum Erklärungsempfänger insbes. als
unbillig, wenn die rechtliche Grundlage dieses Schlusses im Vergleich mit dem (ihr
typischerweise vertrauteren) Recht des Staates ihres gewöhnlichen Aufenthaltsortes
für die Partei *überraschend* ist. Kennt das Aufenthaltsrecht das Erfordernis eines rechts-
geschäftlichen Erklärungsbewusstseins für die Wirksamkeit einer Vertragserklärung
(oder für die Unanfechtbarkeit wie zB das deutsche Recht), so stellt Art. 10 II sicher,
dass die Partei sich darauf berufen kann. Ihre Hauptanwendungsfälle hat die Norm
bei der Bewertung von Schweigen als Willenserklärung, etwa bei der Einbeziehung
von AGB oder kaufmännischen Bestätigungsschreiben (OLG Hamburg BeckRS
2014, 06734; BGH NJW 1997, 1697, 1700). **Art. 13** schützt den Rechtsverkehr
vor unbekannten Regelungen zur Geschäftsfähigkeit etc einer Vertragspartei
45 (→ Rn. 15). Gesetzliche Vermutungen und **Beweislastregeln** unterstehen dem
Vertragsstatut **(Art. 18 I).** Das **Beweisverfahren** richtet sich nach der lex fori,
damit entscheidet sie auch über die zulässigen **Beweisarten** (Beweismittel) (Art. 18
II Alt. 1), unter den Voraussetzungen des Art. 18 II Alt. 2 sind auch Beweismittel des
46 Formstatuts (Art. 11, → Rn. 46 ff.) zugelassen. **b) Teilfragen, insbes. Formstatut
(Art. 11).** Art. 1 II nimmt bestimmte, rechtsgeschäftliche Regelungsbereiche wie
das Vertretungsrecht, die Rechts- und Geschäftsfähigkeit (aber → Rn. 44 am Ende)
aus dem Anwendungsbereich des Vertragsstatuts aus. Für sie gilt das autonome inter-
nationale Privatrecht der lex fori, für deutsche Gerichte also das deutsche Kollisions-
47 recht (einschließlich der jeweils geltenden Staatsverträge). Art. 11 enthält eine Son-
derkollisionsnorm für die Formgültigkeit des Vertrags. **Art. 11 I** sieht eine
alternative Anknüpfung vor. Der Vertrag ist formgültig, wenn entweder die
Formvorschriften des Vertragsstatuts **(Geschäftsstatuts)** oder die des **Ortsrechts**
48 erfüllt sind. Ortsrecht ist das Recht des Staates, in dem der Vertrag geschlossen wird.
Kennt es die Art des Geschäfts nicht, besteht eine sogenannte **Formenleere.** Das
bedeutet nicht Formlosigkeit und damit Formgültigkeit, sondern den Ausfall der

Ortsform. Die Formgültigkeit kann dann allein nach dem Geschäftsstatut beurteilt werden (KG IPRax 1994, 217 zum EGBGB). Aufgrund der alternativen Anknüpfung gilt ein **favor negotii.** Das Gesetz begünstigt die Formwirksamkeit eines Vertrags. Dies ist auch sachgerecht. Da die Geschäftsform in den einzelnen Rechtsordnungen sehr unterschiedlich sein kann, müssen sich die Vertragsparteien auch auf den Rat erreichbarer, weil ortsansässiger Urkundspersonen (Notare etc) verlassen können. Art. 11 **II** enthält eine Erweiterung der Alternativanknüpfung bei **Distanzverträgen;** Art. 11 **III** regelt das Formstatut **einseitiger Rechtsgeschäfte.** Art. 11 **IV** sieht zum **Schutz des Verbrauchers** bei Verträgen iSv Art. 6 I, II die alleinige Geltung des Vertragsstatuts (Form des Rechts am gewöhnlichen Aufenthaltsort des Verbrauchers) vor. Die Formgültigkeit von gesellschaftsrechtlichen Rechtsgeschäften ist nicht nach dem durch Art. 11 berufenen Recht zu beurteilen, sondern nach dem von dem deutschen autonomen Kollisionsrecht berufenen Recht, denn die Rom I-VO ist nicht auf gesellschaftsrechtliche Fragen anzuwenden **(Art. 1 II lit. f).**
Art. 11 V hat faktisch einen kleinen Anwendungsbereich. Die Norm erfasst 49
bestimmte **Verpflichtungsgeschäfte über Grundstück**srechte (dazu → Rn. 10), -miete oder -pacht. Sie beruft unter engen Bedingungen als Formstatut die Formvorschriften des Rechts am Belegenheitsort des entsprechenden Grundstücks (lex rei sitae). Art. 11 I, II werden durch V nur verdrängt, wenn das Belegenheitsrecht international (V lit. a, s. dazu im Rahmen von Art. 9 → Rn. 53) zwingende (V lit. b) Formvorschriften für diese Verträge vorsieht. Das ist selten der Fall. Zu nennen sind etwa Art. 119 III 2 schweizerisches IPR-G (bei in der Schweiz belegenen Grundstücken bedarf der Kaufvertrag der Form iSd schweizerischen Rechts, s. NK-BGB/Bischoff Art. 11 Rn. 37), § 568 BGB (Staudinger/Winkler v. Mohrenfels Art. 11 Rn. 145 mN). **Qualifikation:** Das Formstatut erfasst nur Formvorschriften. 50
Ob eine Norm eine Formvorschrift oder eine Norm der materiellen Wirksamkeit eines Rechtsgeschäfts ist, ist **verordnungsautonom** zu bestimmen. Formvorschriften sind alle Normen, welche die **äußeren Modalitäten der Abgabe** einer rechtserheblichen Erklärung definieren, deren Einhaltung erst zu ihrer Formgültigkeit führt. Typische Formvorschriften regeln, ob zur Formgültigkeit Schriftform, elektronische Form, Textform, öffentl. Beglaubigung, notarielle Beurkundung, gerichtl. Vergleich, sonstige Mitwirkung einer Urkundsperson oder von Zeugen, Siegelung, Mündlichkeit, Handschriftlichkeit bzw. Eigenhändigkeit, Höchstpersönlichkeit, gleichzeitige Anwesenheit beider Vertragspartner etc (→ § 125 BGB Rn. 1; Staudinger/Winkler v. Mohrenfels Art. 11 Rn. 43 ff.) erforderlich bzw. genügend ist. Materiellrechtliche Wirksamkeitsvoraussetzungen betreffen den **Inhalt der Erklärung,** ihre Empfangsbedürftigkeit und ihren Zugang oder auch Erklärungsfristen. Sie berühren nicht den äußeren Erklärungstatbestand. Bei der **Abgrenzung** sind 51
die **Normzwecke** zu bedenken. Hauptfunktionen der Form sind (→ § 125 BGB Rn. 1) Schutz vor unbedachten Willenserklärungen (Warnfunktion); Klarstellung, leichte Beweisbarkeit von Abschluss und Inhalt eines RGeschäfts (Klarstellungs- und Beweisfunktion); Belehrung der Beteiligten, insbes. durch Einschaltung eines Notars (Belehrungsfunktion). Nach § 10 **KonsularG** können deutsche Konsularbeamte im 52
Ausland Urkunden beurkunden. Diese Urkunden stehen den von einem deutschen Notar im Inland aufgenommenen beurkundeten Urkunden gleich (s. noch BGH *IPRax 2000,* 29). **c) Durchbrechung mittels Eingriffsnormen (Art. 9).** Neben 53
dem Vertragsstatut können über Art. 9 Eingriffsnormen (ordre public positif) zur Anwendung berufen werden. **Art. 9 I** definiert die Eingriffsnorm im Anschluss an die Begrifflichkeiten des EuGH in der Rechtssache Arblade (EuGH EuZW 2000, 88). Eine Eingriffsnorm iSv Art. 9 I ist eine Norm, die (1) auch Sachverhalte im Anwendungsbereich der Rom I-VO sachlich erfassen kann, (2) der Verwirklichung von **Gemeinwohlinteressen** (zumindest auch, s. BGH NJW 2015, 1690 Rn. 47; BAG IPRax 2003, 262 mAnm Franzen 239, 242 zu der Vorgängernorm Art. 34 EGBGB aF) dient, und (3) **international zwingend** ist, also von einem Gericht des Erlassstaates (Gerichtsstaats, Erfüllungsstaats) stets – unabhängig von jeder Verweisungsnorm – angewendet werden soll. In diesem dritten Erfordernis liegt eine

Kollisionsnorm (→ Rn. 54), die selten ausdrücklich formuliert ist (s. zB § 130 II GWB, §§ 449 III, 451h III, 466 IV HGB), meist erst durch Normanalyse festgestellt werden muss. Entscheidend ist (so BGH NJW 2015, 1690 Rn. 47 zur Vorgängernorm Art. 34 aF EGBGB), ob die Vorschrift beansprucht, „einen Sachverhalt mit Auslandsberührung ohne Rücksicht auf das jeweilige Vertragsstatut zu regeln. Fehlt eine ausdrückliche gesetzliche Regelung des **allumfassenden Geltungsanspruchs** einer Norm, so ist im Wege der Auslegung zu ermitteln, ob sie nach ihrem Sinn und Zweck ohne Rücksicht auf das nach den sonstigen Kollisionsnormen anzuwendende Recht eines anderen Staates international gelten soll." Im Zweifel ist das zu verneinen, denn Eingriffsnormen setzen „das differenzierte, allseitige Anknüpfungssystem" der Rom I-VO partiell außer Kraft. Deshalb ist Zurückhaltung geboten (BGH NJW 2015, 1690 Rn. 47). Als Ausnahmeregelung ist Art. 9 Rom I-VO eng auszulegen (EuGH 18.10.2016 – C-135/15 – Griechenland ./. Nikiforidis, NJW 2017, 141, 143 Rn. 44 = IPRax 2018, 207 mAnm W.-H. Roth IPRax 2018, 177; dazu Siehr IPRax 2018, 44 zur Folgeentscheidung des BAG IPRax 2018, 86; zur BAG-Vorlage s. ausf. Thomale EuZA 9 [2016], 116 ff.). § 31 V UrhG ist keine international zwingende Regelung (BGH NJW 2015, 1690 Rn. 47); § 18 I BEEG ist keine Eingriffsnorm, wenn der die Elternzeit beanspruchende AN seinen gewöhnlichen Arbeitsort nicht im Inland hat (BAG RIW 2020, 702 mAnm Mankowski); die Mindestsatzregelung des § 4 HOAI aber schon (BGH NJW 2003, 2020 zu Art. 34 aF EGBGB); ebenso die Mindestlohnvorschriften (BAG NJW 2022, 415, 417 Rn. 23 ff.). Zu weiteren Beispielen s. Grüneberg/Thorn Art. 9 Rn. 7 ff. mN; kein Eingriffsrecht ist das allgemeine arbeitsrechtliche Kündigungsrecht (s. Mankowski IPRax 2015, 317, str.). **COVID-19-bedingte Vorschriften zur Seuchenbekämpfung** und Eindämmung der Infektionsrisiken sind regelmäßig Eingriffsnor-
54 men (Weller/Lieberknecht/Habrich, NJW 2020, 1017, 1017). Eingriffsnormen enthalten autonome spezielle einseitige Kollisionsnormen (→ Rn. 53). Art. 9 lässt sie den Vorrang des Verordnungskollisionsrechts der Rom I-VO (Art. 288 II AEUV)
55 überwinden (s. Mansel FS Roth, 2015, 377, 378 f.: **Öffnungsnorm**). Nach **Art. 9 II** sind **Eingriffsnormen** der **lex fori** anzuwenden. Eingriffsnormen des **Erfüllungsstaats,** in welchem die Vertragspflichten erfüllt werden (sollen) (Erfüllungsstaat, Erfüllungsrecht), „kann" nach **Art. 9 III** im Einzelfall bei der Anwendung des Vertragsstatuts Wirkungen verliehen werden oder sie können nach Ermessen des erkennenden Gerichts angewandt werden (s. Giuliano/Lagarde, ABl. 1980 Nr. C 282, 1, 26; LG München I BeckRS 2015, 15096; str., aA öst. OGH NZA-RR 2017, 180; s. zum Streit Freitag IPRax 2009, 109, 114 f.). Eine ungeschriebene **Voraussetzung** für die Anwendung von Eingriffsnorm iSv Art. 9 II, III ist eine ausreichende **Inlandsbeziehung** des Sachverhalts zum jeweiligen Erlassstaat (Gerichtsstaat, Erfüllungsstaat), die umso intensiver zu sein hat, je stärker die Eingriffsnorm in die reguläre Rechtsanwendung eingreift (dazu NK-BGB/Doehner
56 Art. 9 Rn. 24 ff. mN). Nach streitiger Ansicht sind auch Eingriffsnormen des **Vertragsstatuts** anzuwenden (sehr str., s. Mansel FS Roth, 2015, 377, 380 f. mN; Roth FS Kühne, 2009, 859, 869; Generalanwalt Szpunar, BeckRS 2016, 80665 Rn. 76; aA Grüneberg/Thorn Art. 9 Rn. 15; Staudinger/Sturm/Sturm Einl. IPR Rn. 50 ff.
57 mN). Eingriffsnormen von **Drittstaaten** (weder Gerichtsstaat, Staat des Vertragsstatuts, noch Erfüllungsstaat) können nicht als Rechtsnorm angewendet werden. Es können vielmehr nur ihre faktischen Auswirkungen als tatsächliche Umstände im Rahmen des Auslegungsspielraums der Normen des Vertragsstatuts berücksichtigt werden, insbes. im Rahmen von Generalklauseln des anwendbaren materiellen Rechts (str., wie hier EuGH 18.10.2016 – C-135/15 – Griechenland ./. Nikiforidis, NJW 2017, 141, 143 Rn. 50 ff.; IPRax 2018, 207 mAnm W.-H. Roth, IPRax 2018, 177; dazu Siehr, IPRax 2018, 44 zur Folgeentscheidung des BAG IPRax 2018, 86; LG München I BeckRS 2015, 15096; zuvor BGHZ 59, 82, 85; zum alten Recht schon von Bar/Mankowski, Internationales Privatrecht Bd. I, 2. Aufl. 2003, § 4 Rn. 122 ff.; Freitag IPRax 2009, 109). Art. 9 II, III Rom I-VO entfalten daher nur insoweit **keine Sperrwirkung** (EuGH 18.10.2016 – C-135/15 – Grie-

chenland ./. Nikiforidis, NJW 2017, 141, 143 Rn. 50f.). Es besteht auch **kein** aus dem Grundsatz der loyalen Zusammenarbeit (Art. 4 III EUV) abzuleitendes **primärrechtliches Gebot zur Beachtung** der Eingriffsnormen anderer Mitgliedstaaten (EuGH 18.10.2016 – C-135/15 – Griechenland ./. Nikiforidis, NJW 2017, 141, 143f. Rn. 53 = IPRax 2018, 207 mit insoweit abl. Anm. W.-H. Roth, IPRax 2018, 177).

7. Fragen des allgemeinen Teils des IPR (Art. 20–22). Fragen des allgemeinen Teils des internationalen Vertragsrechts sind in Art. 10–22 geregelt. **Art. 20** bestimmt, dass die Verweisungen der Rom I-VO reine **Sachnormverweisungen** sind (→ Rn. 23). **Art. 21** statuiert einen **ordre public-Vorbehalt,** der die Versagung der Anwendung von Vorschriften des berufenen Vertragsstatuts gestattet (ordre public négatif). Der ordre public wird ausgefüllt durch das EU-Primärrecht, einschließlich der Europäischen Grundrechte-Charta und den Grundfreiheiten des Unionsrechts, ferner durch die EMRK (hierzu Grüneberg/Thorn Art. 21 Rn. 4) und das GG (Bsp.: Grüneberg/Thorn Art. 21 Rn. 5). Die **Unteranknüpfung** für das Recht eines **territorialen Mehrrechtsstaats** (zB Spanien, Mexiko, USA, Vereinigtes Königreich) regelt Art. 22 I. Eine **personale Rechtsspaltung** ist im internationalen Vertragsrecht selten (s. aber zB das religiös gespaltene ägyptische, iranische, irakische, israelische Recht). Die interpersonale Unteranknüpfung ist in der Rom I-VO nicht ausdrücklich geregelt. Man wird zuerst die Unteranknüpfung nach der lex causae in Betracht ziehen, hilfsweise auf die engste Verbindung des Sachverhalts zu einer der Teilrechtsordnungen abstellen. 58

II. Verordnungstext

Das europäische Parlament und der Rat der europäischen Union – gestützt auf den Vertrag zur Gründung der Europäischen Gemeinschaft,[1] insbesondere auf Artikel 61[2] Buchstabe c und Artikel 67[3] Absatz 5, zweiter Gedankenstrich,

auf Vorschlag der Kommission,

nach Stellungnahme des Europäischen Wirtschafts- und Sozialausschusses,[4]

gemäß dem Verfahren des Artikels 251 des Vertrags[5, 6],

in Erwägung nachstehender Gründe:

(1) **Die Gemeinschaft hat sich zum Ziel gesetzt, einen Raum der Freiheit, der Sicherheit und des Rechts zu erhalten und weiterzuentwickeln. Zur schrittweisen Schaffung dieses Raums muss die Gemeinschaft im Bereich der justiziellen Zusammenarbeit in Zivilsachen, die einen grenzüberschreitenden Bezug aufweisen, Maßnahmen erlassen, soweit sie für das reibungslose Funktionieren des Binnenmarkts erforderlich sind.**

(2) **Nach Artikel 65[7] Buchstabe b des Vertrags schließen diese Maßnahmen solche ein, die die Vereinbarkeit der in den Mitgliedstaaten geltenden**

---

[1] Nunmehr Vertrag über die Arbeitsweise der Europäischen Union durch Vertrag von Lissabon v 13.12.2007 (ABl. C 306, 1).

[2] Nunmehr Art. 61 AEUV (ersetzt durch Art. 29 EUV aF) durch Vertrag von Lissabon v 13.12.2007 (ABl. 2007 C 306, 1).

[3] Aufgehoben durch Vertrag von Lissabon v 13.12.2007 (ABl. 2007 C 306, 1).

[4] *Amtl. Anm:* ABl. C 318 vom 23.12.2006, S. 56.

[5] Nunmehr Art. 294 AEUV durch Vertrag von Lissabon v 13.12.2007 (ABl. 2007 C 306, 1).

[6] *Amtl. Anm:* Stellungnahme des Europäischen Parlaments vom 29. November 2007 (ABl Nr C 297E/149 vom 20.11.2008) und Beschluss des Rates vom 5. Juni 2008.

[7] Nunmehr Art. 81 AEUV durch Vertrag von Lissabon v 13.12.2007 (ABl. 2007 C 306, 1).

Kollisionsnormen und Vorschriften zur Vermeidung von Kompetenzkonflikten fördern.

(3) **Auf seiner Tagung vom 15. und 16. Oktober 1999 in Tampere hat der Europäische Rat den Grundsatz der gegenseitigen Anerkennung von Urteilen und anderen Entscheidungen von Justizbehörden als Eckstein der justiziellen Zusammenarbeit in Zivilsachen unterstützt und den Rat und die Kommission ersucht, ein Maßnahmenprogramm zur Umsetzung dieses Grundsatzes anzunehmen.**

(4) **Der Rat hat am 30. November 2000 ein gemeinsames Maßnahmenprogramm der Kommission und des Rates zur Umsetzung des Grundsatzes der gegenseitigen Anerkennung gerichtlicher Entscheidungen in Zivil- und Handelssachen verabschiedet.[8] Nach dem Programm können Maßnahmen zur Harmonisierung der Kollisionsnormen dazu beitragen, die gegenseitige Anerkennung gerichtlicher Entscheidungen zu vereinfachen.**

(5) **In dem vom Europäischen Rat am 5. November 2004 angenommenen Haager Programm[9] wurde dazu aufgerufen, die Beratungen über die Regelung der Kollisionsnormen für vertragliche Schuldverhältnisse („Rom I") energisch voranzutreiben.**

(6) **Um den Ausgang von Rechtsstreitigkeiten vorhersehbarer zu machen und die Sicherheit in Bezug auf das anzuwendende Recht sowie den freien Verkehr gerichtlicher Entscheidungen zu fördern, müssen die in den Mitgliedstaaten geltenden Kollisionsnormen im Interesse eines reibungslos funktionierenden Binnenmarkts unabhängig von dem Staat, in dem sich das Gericht befindet, bei dem der Anspruch geltend gemacht wird, dasselbe Recht bestimmen.**

(7) **Der materielle Anwendungsbereich und die Bestimmungen dieser Verordnung sollten mit der Verordnung (EG) Nr. 44/2001 des Rates vom 22. Dezember 2000 über die gerichtliche Zuständigkeit und die Anerkennung und Vollstreckung von Entscheidungen in Zivil- und Handelssachen („Brüssel I")[10] und der Verordnung (EG) Nr. 864/2007 des Europäischen Parlaments und des Rates vom 11. Juli 2007 über das auf außervertragliche Schuldverhältnisse anzuwendende Recht („Rom II")[11] im Einklang stehen.**

(8) **Familienverhältnisse sollten die Verwandtschaft in gerader Linie, die Ehe, die Schwägerschaft und die Verwandtschaft in der Seitenlinie umfassen. Die Bezugnahme in Artikel 1 Absatz 2 auf Verhältnisse, die mit der Ehe oder anderen Familienverhältnissen vergleichbare Wirkungen entfalten, sollte nach dem Recht des Mitgliedstaats, in dem sich das angerufene Gericht befindet, ausgelegt werden.**

(9) **Unter Schuldverhältnisse aus Wechseln, Schecks, Eigenwechseln und anderen handelbaren Wertpapieren sollten auch Konnossemente fallen, soweit die Schuldverhältnisse aus dem Konnossement aus dessen Handelbarkeit entstehen.**

(10) **Schuldverhältnisse, die aus Verhandlungen vor Abschluss eines Vertrags entstehen, fallen unter Artikel 12 der Verordnung (EG) Nr. 864/2007. Sie sollten daher vom Anwendungsbereich dieser Verordnung ausgenommen werden.**

(11) **Die freie Rechtswahl der Parteien sollte einer der Ecksteine des Systems der Kollisionsnormen im Bereich der vertraglichen Schuldverhältnisse sein.**

---

[8] *Amtl. Anm:* ABl. C 12 vom 15.1.2001, S. 1.

[9] *Amtl. Anm:* ABl. C 53 vom 3.3.2005, S. 1.

[10] *Amtl. Anm:* ABl. L 12 vom 16.1.2001, S. 1. Zuletzt geändert durch die Verordnung (EG) Nr. 1791/2006 (ABl. L 363 vom 20.12.2006, S. 1).

[11] *Amtl. Anm:* ABl. L 199 vom 31.7.2007, S. 40.

(12) Eine Vereinbarung zwischen den Parteien, dass ausschließlich ein Gericht oder mehrere Gerichte eines Mitgliedstaats für Streitigkeiten aus einem Vertrag zuständig sein sollen, sollte bei der Feststellung, ob eine Rechtswahl eindeutig getroffen wurde, einer der zu berücksichtigenden Faktoren sein.

(13) Diese Verordnung hindert die Parteien nicht daran, in ihrem Vertrag auf ein nichtstaatliches Regelwerk oder ein internationales Übereinkommen Bezug zu nehmen.

(14) Sollte die Gemeinschaft in einem geeigneten Rechtsakt Regeln des materiellen Vertragsrechts, einschließlich vertragsrechtlicher Standardbestimmungen, festlegen, so kann in einem solchen Rechtsakt vorgesehen werden, dass die Parteien entscheiden können, diese Regeln anzuwenden.

(15) Wurde eine Rechtswahl getroffen und sind alle anderen Elemente des Sachverhalts in einem anderen als demjenigen Staat belegen, dessen Recht gewählt wurde, so sollte die Rechtswahl nicht die Anwendung derjenigen Bestimmungen des Rechts dieses anderen Staates berühren, von denen nicht durch Vereinbarung abgewichen werden kann. Diese Regel sollte unabhängig davon angewandt werden, ob die Rechtswahl zusammen mit einer Gerichtsstandsvereinbarung getroffen wurde oder nicht. Obwohl keine inhaltliche Änderung gegenüber Artikel 3 Absatz 3 des Übereinkommens von 1980 über das auf vertragliche Schuldverhältnisse anzuwendende Recht[12] („Übereinkommen von Rom") beabsichtigt ist, ist der Wortlaut der vorliegenden Verordnung so weit wie möglich an Artikel 14 der Verordnung (EG) Nr. 864/2007 angeglichen.

(16) Die Kollisionsnormen sollten ein hohes Maß an Berechenbarkeit aufweisen, um zum allgemeinen Ziel dieser Verordnung, nämlich zur Rechtssicherheit im europäischen Rechtsraum, beizutragen. Dennoch sollten die Gerichte über ein gewisses Ermessen verfügen, um das Recht bestimmen zu können, das zu dem Sachverhalt die engste Verbindung aufweist.

(17) Soweit es das mangels einer Rechtswahl anzuwendende Recht betrifft, sollten die Begriffe „Erbringung von Dienstleistungen" und „Verkauf beweglicher Sachen" so ausgelegt werden wie bei der Anwendung von Artikel 5 der Verordnung (EG) Nr. 44/2001, soweit der Verkauf beweglicher Sachen und die Erbringung von Dienstleistungen unter jene Verordnung fallen. Franchiseverträge und Vertriebsverträge sind zwar Dienstleistungsverträge, unterliegen jedoch besonderen Regeln.

(18) Hinsichtlich des mangels einer Rechtswahl anzuwendenden Rechts sollten unter multilateralen Systemen solche Systeme verstanden werden, in denen Handel betrieben wird, wie die geregelten Märkte und multilateralen Handelssysteme im Sinne des Artikels 4 der Richtlinie 2004/39/EG des Europäischen Parlaments und des Rates vom 21. April 2004 über Märkte für Finanzinstrumente,[13] und zwar ungeachtet dessen, ob sie sich auf eine zentrale Gegenpartei stützen oder nicht.

(19) Wurde keine Rechtswahl getroffen, so sollte das anzuwendende Recht nach der für die Vertragsart spezifizierten Regel bestimmt werden. Kann der Vertrag nicht einer der spezifizierten Vertragsarten zugeordnet werden oder sind die Bestandteile des Vertrags durch mehr als eine der spezifizierten Vertragsarten abgedeckt, so sollte der Vertrag dem Recht des Staates unterliegen, in dem die Partei, welche die für den

---

[12] *Amtl. Anm:* ABl. C 334 vom 30.12.2005, S. 1.

[13] *Amtl. Anm:* ABl. L 145 vom 30.4.2004, S. 1. Zuletzt geändert durch die Richtlinie 2008/10/EG (ABl. L 76 vom 19.3.2008, S. 33).

Vertrag charakteristische Leistung zu erbringen hat, ihren gewöhnlichen Aufenthalt hat. Besteht ein Vertrag aus einem Bündel von Rechten und Verpflichtungen, die mehr als einer der spezifizierten Vertragsarten zugeordnet werden können, so sollte die charakteristische Leistung des Vertrags nach ihrem Schwerpunkt bestimmt werden.

(20) Weist ein Vertrag eine offensichtlich engere Verbindung zu einem anderen als dem in Artikel 4 Absätze 1 und 2 genannten Staat auf, so sollte eine Ausweichklausel vorsehen, dass das Recht dieses anderen Staats anzuwenden ist. Zur Bestimmung dieses Staates sollte unter anderem berücksichtigt werden, ob der betreffende Vertrag in einer sehr engen Verbindung zu einem oder mehreren anderen Verträgen steht.

(21) Kann das bei Fehlen einer Rechtswahl anzuwendende Recht weder aufgrund der Zuordnung des Vertrags zu einer der spezifizierten Vertragsarten noch als das Recht des Staates bestimmt werden, in dem die Partei, die die für den Vertrag charakteristische Leistung zu erbringen hat, ihren gewöhnlichen Aufenthalt hat, so sollte der Vertrag dem Recht des Staates unterliegen, zu dem er die engste Verbindung aufweist. Bei der Bestimmung dieses Staates sollte unter anderem berücksichtigt werden, ob der betreffende Vertrag in einer sehr engen Verbindung zu einem oder mehreren anderen Verträgen steht.

(22) In Bezug auf die Auslegung von „Güterbeförderungsverträgen" ist keine inhaltliche Abweichung von Artikel 4 Absatz 4 Satz 3 des Übereinkommens von Rom beabsichtigt. Folglich sollten als Güterbeförderungsverträge auch Charterverträge für eine einzige Reise und andere Verträge gelten, die in der Hauptsache der Güterbeförderung dienen. Für die Zwecke dieser Verordnung sollten der Begriff „Absender" eine Person bezeichnen, die mit dem Beförderer einen Beförderungsvertrag abschließt, und der Begriff „Beförderer" die Vertragspartei, die sich zur Beförderung der Güter verpflichtet, unabhängig davon, ob sie die Beförderung selbst durchführt.

(23) Bei Verträgen, bei denen die eine Partei als schwächer angesehen wird, sollte die schwächere Partei durch Kollisionsnormen geschützt werden, die für sie günstiger sind als die allgemeinen Regeln.

(24) Insbesondere bei Verbraucherverträgen sollte die Kollisionsnorm es ermöglichen, die Kosten für die Beilegung von Rechtsstreitigkeiten zu senken, die häufig einen geringen Streitwert haben, und der Entwicklung des Fernabsatzes Rechnung zu tragen. Um die Übereinstimmung mit der Verordnung (EG) Nr. 44/2001 zu wahren, ist zum einen als Voraussetzung für die Anwendung der Verbraucherschutznorm auf das Kriterium der ausgerichteten Tätigkeit zu verweisen und zum anderen auf die Notwendigkeit, dass dieses Kriterium in der Verordnung (EG) Nr. 44/2001 und der vorliegenden Verordnung einheitlich ausgelegt wird, wobei zu beachten ist, dass eine gemeinsame Erklärung des Rates und der Kommission zu Artikel 15 der Verordnung (EG) Nr. 44/2001 ausführt, „dass es für die Anwendung von Artikel 15 Absatz 1 Buchstabe c nicht ausreicht, dass ein Unternehmen seine Tätigkeiten auf den Mitgliedstaat, in dem der Verbraucher seinen Wohnsitz hat, oder auf mehrere Staaten – einschließlich des betreffenden Mitgliedstaats –, ausrichtet, sondern dass im Rahmen dieser Tätigkeiten auch ein Vertrag geschlossen worden sein muss." Des Weiteren heißt es in dieser Erklärung, „dass die Zugänglichkeit einer Website allein nicht ausreicht, um die Anwendbarkeit von Artikel 15 zu begründen; vielmehr ist erforderlich, dass diese Website auch den Vertragsabschluss im Fernabsatz anbietet und dass tatsächlich ein Vertragsabschluss im Fernabsatz erfolgt ist, mit welchem Mittel auch

immer. Dabei sind auf einer Website die benutzte Sprache oder die Währung nicht von Bedeutung."

(25) **Die Verbraucher sollten dann durch Regelungen des Staates ihres gewöhnlichen Aufenthalts geschützt werden, von denen nicht durch Vereinbarung abgewichen werden kann, wenn der Vertragsschluss darauf zurückzuführen ist, dass der Unternehmer in diesem bestimmten Staat eine berufliche oder gewerbliche Tätigkeit ausübt. Der gleiche Schutz sollte gewährleistet sein, wenn ein Unternehmer zwar keine beruflichen oder gewerblichen Tätigkeiten in dem Staat, in dem der Verbraucher seinen gewöhnlichen Aufenthalt hat, ausübt, seine Tätigkeiten aber – unabhängig von der Art und Weise, in der dies geschieht – auf diesen Staat oder auf mehrere Staaten, einschließlich dieses Staates, ausrichtet und der Vertragsschluss auf solche Tätigkeiten zurückzuführen ist.**

(26) **Für die Zwecke dieser Verordnung sollten Finanzdienstleistungen wie Wertpapierdienstleistungen und Anlagetätigkeiten und Nebendienstleistungen nach Anhang I Abschnitt A und Abschnitt B der Richtlinie 2004/39/EG, die ein Unternehmer für einen Verbraucher erbringt, sowie Verträge über den Verkauf von Anteilen an Organismen für gemeinsame Anlagen in Wertpapieren, selbst wenn sie nicht unter die Richtlinie 85/611/EWG des Rates vom 20. Dezember 1985 zur Koordinierung der Rechts- und Verwaltungsvorschriften betreffend bestimmte Organismen für gemeinsame Anlagen in Wertpapieren (OGAW)[14] fallen, Artikel 6 der vorliegenden Verordnung unterliegen. Daher sollten, wenn die Bedingungen für die Ausgabe oder das öffentliche Angebot bezüglich übertragbarer Wertpapiere oder die Zeichnung oder der Rückkauf von Anteilen an Organismen für gemeinsame Anlagen in Wertpapieren erwähnt werden, darunter alle Aspekte fallen, durch die sich der Emittent bzw. Anbieter gegenüber dem Verbraucher verpflichtet, nicht aber diejenigen Aspekte, die mit der Erbringung von Finanzdienstleistungen im Zusammenhang stehen.**

(27) **Es sollten verschiedene Ausnahmen von der allgemeinen Kollisionsnorm für Verbraucherverträge vorgesehen werden. Eine solche Ausnahme, bei der die allgemeinen Regeln nicht gelten, sollten Verträge sein, die ein dingliches Recht an unbeweglichen Sachen oder die Miete oder Pacht unbeweglicher Sachen zum Gegenstand haben, mit Ausnahme von Verträgen über Teilzeitnutzungsrechte an Immobilien im Sinne der Richtlinie 94/47/EG des Europäischen Parlaments und des Rates vom 26. Oktober 1994 zum Schutz der Erwerber im Hinblick auf bestimmte Aspekte von Verträgen über den Erwerb von Teilzeitnutzungsrechten an Immobilien.[15]**

(28) **Es muss sichergestellt werden, dass Rechte und Verpflichtungen, die ein Finanzinstrument begründen, nicht der allgemeinen Regel für Verbraucherverträge unterliegen, da dies dazu führen könnte, dass für jedes der ausgegebenen Instrumente ein anderes Recht anzuwenden wäre, wodurch ihr Wesen verändert würde und ihr fungibler Handel und ihr fungibles Angebot verhindert würden. Entsprechend sollte auf das Vertragsverhältnis zwischen dem Emittenten bzw. dem Anbieter und dem Verbraucher bei Ausgabe oder Angebot solcher Instrumente nicht notwendigerweise die Anwendung des Rechts des Staates des gewöhnlichen Aufenthalts des Verbrauchers zwingend vorgeschrieben sein, da die Einheitlichkeit der Bedingungen einer Ausgabe oder eines**

---

[14] *Amtl. Anm:* ABl. L 375 vom 31.12.1985, S. 3. Zuletzt geändert durch die Richtlinie 2008/18/EG des Europäischen Parlaments und des Rates (ABl. L 76 vom 19.3.2008, S. 42).

[15] *Amtl. Anm:* ABl. L 280 vom 29.10.1994, S. 83.

Angebots sichergestellt werden muss. Gleiches sollte bei den multilateralen Systemen, die von Artikel 4 Absatz 1 Buchstabe h erfasst werden, gelten, in Bezug auf die gewährleistet sein sollte, dass das Recht des Staates des gewöhnlichen Aufenthalts des Verbrauchers nicht die Regeln berührt, die auf innerhalb solcher Systeme oder mit dem Betreiber solcher Systeme geschlossene Verträge anzuwenden sind.

(29) **Werden für die Zwecke dieser Verordnung Rechte und Verpflichtungen, durch die die Bedingungen für die Ausgabe, das öffentliche Angebot oder das öffentliche Übernahmeangebot bezüglich übertragbarer Wertpapiere festgelegt werden, oder die Zeichnung oder der Rückkauf von Anteilen an Organismen für gemeinsame Anlagen in Wertpapieren genannt, so sollten darunter auch die Bedingungen für die Zuteilung von Wertpapieren oder Anteilen, für die Rechte im Falle einer Überzeichnung, für Ziehungsrechte und ähnliche Fälle im Zusammenhang mit dem Angebot sowie die in den Artikeln 10, 11, 12 und 13 geregelten Fälle fallen, so dass sichergestellt ist, dass alle relevanten Vertragsaspekte eines Angebots, durch das sich der Emittent bzw. Anbieter gegenüber dem Verbraucher verpflichtet, einem einzigen Recht unterliegen.**

(30) **Für die Zwecke dieser Verordnung bezeichnen die Begriffe „Finanzinstrumente" und „übertragbare Wertpapiere" diejenigen Instrumente, die in Artikel 4 der Richtlinie 2004/39/EG genannt sind.**

(31) **Die Abwicklung einer förmlichen Vereinbarung, die als ein System im Sinne von Artikel 2 Buchstabe a der Richtlinie 98/26/EG des Europäischen Parlaments und des Rates vom 19. Mai 1998 über die Wirksamkeit von Abrechnungen in Zahlungs- sowie Wertpapierliefer- und -abrechnungssystemen[16] ausgestaltet ist, sollte von dieser Verordnung unberührt bleiben.**

(32) **Wegen der Besonderheit von Beförderungsverträgen und Versicherungsverträgen sollten besondere Vorschriften ein angemessenes Schutzniveau für zu befördernde Personen und Versicherungsnehmer gewährleisten. Deshalb sollte Artikel 6 nicht im Zusammenhang mit diesen besonderen Verträgen gelten.**

(33) **Deckt ein Versicherungsvertrag, der kein Großrisiko deckt, mehr als ein Risiko, von denen mindestens eines in einem Mitgliedstaat und mindestens eines in einem dritten Staat belegen ist, so sollten die besonderen Regelungen für Versicherungsverträge in dieser Verordnung nur für die Risiken gelten, die in dem betreffenden Mitgliedstaat bzw. den betreffenden Mitgliedstaaten belegen sind.**

(34) **Die Kollisionsnorm für Individualarbeitsverträge sollte die Anwendung von Eingriffsnormen des Staates, in den der Arbeitnehmer im Einklang mit der Richtlinie 96/71/EG des Europäischen Parlaments und des Rates vom 16. Dezember 1996 über die Entsendung von Arbeitnehmern im Rahmen der Erbringung von Dienstleistungen[17] entsandt wird, unberührt lassen.**

(35) **Den Arbeitnehmern sollte nicht der Schutz entzogen werden, der ihnen durch Bestimmungen gewährt wird, von denen nicht oder nur zu ihrem Vorteil durch Vereinbarung abgewichen werden darf.**

(36) **Bezogen auf Individualarbeitsverträge sollte die Erbringung der Arbeitsleistung in einem anderen Staat als vorübergehend gelten, wenn von dem Arbeitnehmer erwartet wird, dass er nach seinem Arbeitseinsatz im Ausland seine Arbeit im Herkunftsstaat wieder aufnimmt. Der Abschluss eines neuen Arbeitsvertrags mit dem ursprünglichen Arbeit-**

---

[16] *Amtl. Anm:* ABl. L 166 vom 11.6.1998, S. 45.

[17] *Amtl. Anm:* ABl. L 18 vom 21.1.1997, S. 1.

geber oder einem Arbeitgeber, der zur selben Unternehmensgruppe gehört wie der ursprüngliche Arbeitgeber, sollte nicht ausschließen, dass der Arbeitnehmer als seine Arbeit vorübergehend in einem anderen Staat verrichtend gilt.

(37) **Gründe des öffentlichen Interesses rechtfertigen es, dass die Gerichte der Mitgliedstaaten unter außergewöhnlichen Umständen die Vorbehaltsklausel („ordre public“) und Eingriffsnormen anwenden können. Der Begriff „Eingriffsnormen“ sollte von dem Begriff „Bestimmungen, von denen nicht durch Vereinbarung abgewichen werden kann“, unterschieden und enger ausgelegt werden.**

(38) **Im Zusammenhang mit der Übertragung der Forderung sollte mit dem Begriff „Verhältnis“ klargestellt werden, dass Artikel 14 Absatz 1 auch auf die dinglichen Aspekte des Vertrags zwischen Zedent und Zessionar anwendbar ist, wenn eine Rechtsordnung dingliche und schuldrechtliche Aspekte trennt. Allerdings sollte mit dem Begriff „Verhältnis“ nicht jedes beliebige möglicherweise zwischen dem Zedenten und dem Zessionar bestehende Verhältnis gemeint sein. Insbesondere sollte sich der Begriff nicht auf die der Übertragung einer Forderung vorgelagerten Fragen erstrecken. Vielmehr sollte er sich ausschließlich auf die Aspekte beschränken, die für die betreffende Übertragung einer Forderung unmittelbar von Bedeutung sind.**

(39) **Aus Gründen der Rechtssicherheit sollte der Begriff „gewöhnlicher Aufenthalt“, insbesondere im Hinblick auf Gesellschaften, Vereine und juristische Personen, eindeutig definiert werden. Im Unterschied zu Artikel 60 Absatz 1 der Verordnung (EG) Nr. 44/2001, der drei Kriterien zur Wahl stellt, sollte sich die Kollisionsnorm auf ein einziges Kriterium beschränken, da es für die Parteien andernfalls nicht möglich wäre, vorherzusehen, welches Recht auf ihren Fall anwendbar ist.**

(40) **Die Aufteilung der Kollisionsnormen auf zahlreiche Rechtsakte sowie Unterschiede zwischen diesen Normen sollten vermieden werden. Diese Verordnung sollte jedoch die Möglichkeit der Aufnahme von Kollisionsnormen für vertragliche Schuldverhältnisse in Vorschriften des Gemeinschaftsrechts über besondere Gegenstände nicht ausschließen.**

Diese Verordnung sollte die Anwendung anderer Rechtsakte nicht ausschließen, die Bestimmungen enthalten, die zum reibungslosen Funktionieren des Binnenmarkts beitragen sollen, soweit sie nicht in Verbindung mit dem Recht angewendet werden können, auf das die Regeln dieser Verordnung verweisen. Die Anwendung der Vorschriften im anzuwendenden Recht, die durch die Bestimmungen dieser Verordnung berufen wurden, sollte nicht die Freiheit des Waren- und Dienstleistungsverkehrs, wie sie in den Rechtsinstrumenten der Gemeinschaft wie der Richtlinie 2000/31/EG des Europäischen Parlaments und des Rates vom 8. Juni 2000 über bestimmte rechtliche Aspekte der Dienste der Informationsgesellschaft, insbesondere des elektronischen Geschäftsverkehrs, im Binnenmarkt („Richtlinie über den elektronischen Geschäftsverkehr“)[18] ausgestaltet ist, beschränken.

(41) **Um die internationalen Verpflichtungen, die die Mitgliedstaaten eingegangen sind, zu wahren, darf sich die Verordnung nicht auf internationale Übereinkommen auswirken, denen ein oder mehrere Mitgliedstaaten zum Zeitpunkt der Annahme dieser Verordnung angehören. Um den Zugang zu den Rechtsakten zu erleichtern, sollte die Kommission anhand der Angaben der Mitgliedstaaten ein Verzeichnis der**

[18] *Amtl. Anm:* ABl. L 178 vom 17.7.2000, S. 1.

betreffenden Übereinkommen im *Amtsblatt der Europäischen Union* veröffentlichen.

(42) Die Kommission wird dem Europäischen Parlament und dem Rat einen Vorschlag unterbreiten, nach welchen Verfahren und unter welchen Bedingungen die Mitgliedstaaten in Einzel- und Ausnahmefällen in eigenem Namen Übereinkünfte mit Drittländern über sektorspezifische Fragen aushandeln und abschließen dürfen, die Bestimmungen über das auf vertragliche Schuldverhältnisse anzuwendende Recht enthalten.

(43) Da das Ziel dieser Verordnung auf Ebene der Mitgliedstaaten nicht ausreichend verwirklicht werden kann und daher wegen des Umfangs und der Wirkungen der Verordnung besser auf Gemeinschaftsebene zu verwirklichen ist, kann die Gemeinschaft im Einklang mit dem in Artikel 5 des Vertrags[19] niedergelegten Subsidiaritätsprinzip tätig werden. Entsprechend dem ebenfalls in diesem Artikel festgelegten Grundsatz der Verhältnismäßigkeit geht diese Verordnung nicht über das zur Erreichung ihres Ziels erforderliche Maß hinaus.

(44) Gemäß Artikel 3 des Protokolls über die Position des Vereinigten Königreichs und Irlands im Anhang zum Vertrag über die Europäische Union und im Anhang zum Vertrag zur Gründung der Europäischen Gemeinschaft beteiligt sich Irland an der Annahme und Anwendung dieser Verordnung.

(45) Gemäß den Artikeln 1 und 2 und unbeschadet des Artikels 4 des Protokolls über die Position des Vereinigten Königreichs und Irlands im Anhang zum Vertrag über die Europäische Union und zum Vertrag zur Gründung der Europäischen Gemeinschaft beteiligt sich das Vereinigte Königreich nicht an der Annahme dieser Verordnung, die für das Vereinigte Königreich nicht bindend oder anwendbar ist.

(46) Gemäß den Artikeln 1 und 2 des Protokolls über die Position Dänemarks im Anhang zum Vertrag über die Europäische Union und dem Vertrag zur Gründung der Europäischen Gemeinschaft beteiligt sich Dänemark nicht an der Annahme dieser Verordnung, die für Dänemark nicht bindend oder anwendbar ist –

haben folgende Verordnung erlassen

Kap. I. Anwendungsbereich

Art. 1 Anwendungsbereich

(1) Diese Verordnung gilt für vertragliche Schuldverhältnisse in Zivil- und Handelssachen, die eine Verbindung zum Recht verschiedener Staaten aufweisen.

Sie gilt insbesondere nicht für Steuer- und Zollsachen sowie verwaltungsrechtliche Angelegenheiten.

(2) Vom Anwendungsbereich dieser Verordnung ausgenommen sind:

a) der Personenstand sowie die Rechts-, Geschäfts- und Handlungsfähigkeit von natürlichen Personen, unbeschadet des Artikels 13;

b) Schuldverhältnisse aus einem Familienverhältnis oder aus Verhältnissen, die nach dem auf diese Verhältnisse anzuwendenden Recht vergleichbare Wirkungen entfalten, einschließlich der Unterhaltspflichten;

c) Schuldverhältnisse aus ehelichen Güterständen, aus Güterständen aufgrund von Verhältnissen, die nach dem auf diese Verhältnisse anzuwen-

[19] Nunmehr Art. 5 EUV durch Vertrag von Lissabon v 13.12.2007 (ABl. 2007 C 306, 1).

denden Recht mit der Ehe vergleichbare Wirkungen entfalten, und aus Testamenten und Erbrecht;

d) Verpflichtungen aus Wechseln, Schecks, Eigenwechseln und anderen handelbaren Wertpapieren, soweit die Verpflichtungen aus diesen anderen Wertpapieren aus deren Handelbarkeit entstehen;

e) Schieds- und Gerichtsstandsvereinbarungen;

f) Fragen betreffend das Gesellschaftsrecht, das Vereinsrecht und das Recht der juristischen Personen, wie die Errichtung durch Eintragung oder auf andere Weise, die Rechts- und Handlungsfähigkeit, die innere Verfassung und die Auflösung von Gesellschaften, Vereinen und juristischen Personen sowie die persönliche Haftung der Gesellschafter und der Organe für die Verbindlichkeiten einer Gesellschaft, eines Vereins oder einer juristischen Person;

g) die Frage, ob ein Vertreter die Person, für deren Rechnung er zu handeln vorgibt, Dritten gegenüber verpflichten kann, oder ob ein Organ einer Gesellschaft, eines Vereins oder einer anderen juristischen Person diese Gesellschaft, diesen Verein oder diese juristische Person gegenüber Dritten verpflichten kann;

h) die Gründung von „Trusts" sowie die dadurch geschaffenen Rechtsbeziehungen zwischen den Verfügenden, den Treuhändern und den Begünstigten;

i) Schuldverhältnisse aus Verhandlungen vor Abschluss eines Vertrags;

j) Versicherungsverträge aus von anderen Einrichtungen als den in Artikel 2 der Richtlinie 2002/83/EG des Europäischen Parlaments und des Rates vom 5. November 2002 über Lebensversicherungen[1] genannten Unternehmen durchgeführten Geschäften, deren Zweck darin besteht, den unselbstständig oder selbstständig tätigen Arbeitskräften eines Unternehmens oder einer Unternehmensgruppe oder den Angehörigen eines Berufes oder einer Berufsgruppe im Todes- oder Erlebensfall oder bei Arbeitseinstellung oder bei Minderung der Erwerbstätigkeit oder bei arbeitsbedingter Krankheit oder Arbeitsunfällen Leistungen zu gewähren.

(3) **Diese Verordnung gilt unbeschadet des Artikels 18 nicht für den Beweis und das Verfahren.**

(4) **[1]Im Sinne dieser Verordnung bezeichnet der Begriff „Mitgliedstaat" die Mitgliedstaaten, auf die diese Verordnung anwendbar ist. [2]In Artikel 3 Absatz 4 und Artikel 7 bezeichnet der Begriff jedoch alle Mitgliedstaaten.**

Art. 2 Universelle Anwendung

Das nach dieser Verordnung bezeichnete Recht ist auch dann anzuwenden, wenn es nicht das Recht eines Mitgliedstaats ist.

Kap. II. Einheitliche Kollisionsnormen

Art. 3 Freie Rechtswahl

(1) **[1]Der Vertrag unterliegt dem von den Parteien gewählten Recht. [2]Die Rechtswahl muss ausdrücklich erfolgen oder sich eindeutig aus den Bestimmungen des Vertrags oder aus den Umständen des Falles ergeben. [3]Die**

[1] Amtl. Anm.: ABl. L 345 vom 19.12.2002, S. 1. Zuletzt geändert durch die Richtlinie 2008/19/EG (ABl. L 76 vom 19.3.2008, S. 44).

Parteien können die Rechtswahl für ihren ganzen Vertrag oder nur für einen Teil desselben treffen.

(2) [1]**Die Parteien können jederzeit vereinbaren, dass der Vertrag nach einem anderen Recht zu beurteilen ist als dem, das zuvor entweder aufgrund einer früheren Rechtswahl nach diesem Artikel oder aufgrund anderer Vorschriften dieser Verordnung für ihn maßgebend war.** [2]**Die Formgültigkeit des Vertrags im Sinne des Artikels 11 und Rechte Dritter werden durch eine nach Vertragsschluss erfolgende Änderung der Bestimmung des anzuwendenden Rechts nicht berührt.**

(3) **Sind alle anderen Elemente des Sachverhalts zum Zeitpunkt der Rechtswahl in einem anderen als demjenigen Staat belegen, dessen Recht gewählt wurde, so berührt die Rechtswahl der Parteien nicht die Anwendung derjenigen Bestimmungen des Rechts dieses anderen Staates, von denen nicht durch Vereinbarung abgewichen werden kann.**

(4) **Sind alle anderen Elemente des Sachverhalts zum Zeitpunkt der Rechtswahl in einem oder mehreren Mitgliedstaaten belegen, so berührt die Wahl des Rechts eines Drittstaats durch die Parteien nicht die Anwendung der Bestimmungen des Gemeinschaftsrechts – gegebenenfalls in der von dem Mitgliedstaat des angerufenen Gerichts umgesetzten Form –, von denen nicht durch Vereinbarung abgewichen werden kann.**

(5) **Auf das Zustandekommen und die Wirksamkeit der Einigung der Parteien über das anzuwendende Recht finden die Artikel 10, 11 und 13 Anwendung.**

Art. 4 Mangels Rechtswahl anzuwendendes Recht

(1) **Soweit die Parteien keine Rechtswahl gemäß Artikel 3 getroffen haben, bestimmt sich das auf den Vertrag anzuwendende Recht unbeschadet der Artikel 5 bis 8 wie folgt:**

a) Kaufverträge über bewegliche Sachen unterliegen dem Recht des Staates, in dem der Verkäufer seinen gewöhnlichen Aufenthalt hat.

b) Dienstleistungsverträge unterliegen dem Recht des Staates, in dem der Dienstleister seinen gewöhnlichen Aufenthalt hat.

c) Verträge, die ein dingliches Recht an unbeweglichen Sachen sowie die Miete oder Pacht unbeweglicher Sachen zum Gegenstand haben, unterliegen dem Recht des Staates, in dem die unbewegliche Sache belegen ist.

d) Ungeachtet des Buchstabens c unterliegt die Miete oder Pacht unbeweglicher Sachen für höchstens sechs aufeinander folgende Monate zum vorübergehenden privaten Gebrauch dem Recht des Staates, in dem der Vermieter oder Verpächter seinen gewöhnlichen Aufenthalt hat, sofern der Mieter oder Pächter eine natürliche Person ist und seinen gewöhnlichen Aufenthalt in demselben Staat hat.

e) Franchiseverträge unterliegen dem Recht des Staates, in dem der Franchisenehmer seinen gewöhnlichen Aufenthalt hat.

f) Vertriebsverträge unterliegen dem Recht des Staates, in dem der Vertriebshändler seinen gewöhnlichen Aufenthalt hat.

g) Verträge über den Kauf beweglicher Sachen durch Versteigerung unterliegen dem Recht des Staates, in dem die Versteigerung abgehalten wird, sofern der Ort der Versteigerung bestimmt werden kann.

h) Verträge, die innerhalb eines multilateralen Systems geschlossen werden, das die Interessen einer Vielzahl Dritter am Kauf und Verkauf von Finanzinstrumenten im Sinne von Artikel 4 Absatz 1 Nummer 17 der Richtlinie 2004/39/EG nach nicht diskretionären Regeln und nach Maß-

gabe eines einzigen Rechts zusammenführt oder das Zusammenführen fördert, unterliegen diesem Recht.

(2) **Fällt der Vertrag nicht unter Absatz 1 oder sind die Bestandteile des Vertrags durch mehr als einen der Buchstaben a bis h des Absatzes 1 abgedeckt, so unterliegt der Vertrag dem Recht des Staates, in dem die Partei, welche die für den Vertrag charakteristische Leistung zu erbringen hat, ihren gewöhnlichen Aufenthalt hat.**

(3) **Ergibt sich aus der Gesamtheit der Umstände, dass der Vertrag eine offensichtlich engere Verbindung zu einem anderen als dem nach Absatz 1 oder 2 bestimmten Staat aufweist, so ist das Recht dieses anderen Staates anzuwenden.**

(4) **Kann das anzuwendende Recht nicht nach Absatz 1 oder 2 bestimmt werden, so unterliegt der Vertrag dem Recht des Staates, zu dem er die engste Verbindung aufweist.**

Art. 5 Beförderungsverträge

(1) **[1]Soweit die Parteien in Bezug auf einen Vertrag über die Beförderung von Gütern keine Rechtswahl nach Artikel 3 getroffen haben, ist das Recht des Staates anzuwenden, in dem der Beförderer seinen gewöhnlichen Aufenthalt hat, sofern sich in diesem Staat auch der Übernahmeort oder der Ablieferungsort oder der gewöhnliche Aufenthalt des Absenders befindet. [2]Sind diese Voraussetzungen nicht erfüllt, so ist das Recht des Staates des von den Parteien vereinbarten Ablieferungsorts anzuwenden.**

(2) **[1]Soweit die Parteien in Bezug auf einen Vertrag über die Beförderung von Personen keine Rechtswahl nach Unterabsatz 2 getroffen haben, ist das anzuwendende Recht das Recht des Staates, in dem die zu befördernde Person ihren gewöhnlichen Aufenthalt hat, sofern sich in diesem Staat auch der Abgangsort oder der Bestimmungsort befindet. [2]Sind diese Voraussetzungen nicht erfüllt, so ist das Recht des Staates anzuwenden, in dem der Beförderer seinen gewöhnlichen Aufenthalt hat.**

Als auf einen Vertrag über die Beförderung von Personen anzuwendendes Recht können die Parteien im Einklang mit Artikel 3 nur das Recht des Staates wählen,

a) in dem die zu befördernde Person ihren gewöhnlichen Aufenthalt hat oder
b) in dem der Beförderer seinen gewöhnlichen Aufenthalt hat oder
c) in dem der Beförderer seine Hauptverwaltung hat oder
d) in dem sich der Abgangsort befindet oder
e) in dem sich der Bestimmungsort befindet.

(3) **Ergibt sich aus der Gesamtheit der Umstände, dass der Vertrag im Falle fehlender Rechtswahl eine offensichtlich engere Verbindung zu einem anderen als dem nach Absatz 1 oder 2 bestimmten Staat aufweist, so ist das Recht dieses anderen Staates anzuwenden.**

Art. 6 Verbraucherverträge

(1) **Unbeschadet der Artikel 5 und 7 unterliegt ein Vertrag, den eine natürliche Person zu einem Zweck, der nicht ihrer beruflichen oder gewerblichen Tätigkeit zugerechnet werden kann („Verbraucher"), mit einer anderen Person geschlossen hat, die in Ausübung ihrer beruflichen oder gewerblichen Tätigkeit handelt („Unternehmer"), dem Recht des Staates, in dem der Verbraucher seinen gewöhnlichen Aufenthalt hat, sofern der Unternehmer**

a) seine berufliche oder gewerbliche Tätigkeit in dem Staat ausübt, in dem der Verbraucher seinen gewöhnlichen Aufenthalt hat, oder
b) eine solche Tätigkeit auf irgendeiner Weise auf diesen Staat oder auf mehrere Staaten, einschließlich dieses Staates, ausrichtet
und der Vertrag in den Bereich dieser Tätigkeit fällt.

(2) [1]**Ungeachtet des Absatzes 1 können die Parteien das auf einen Vertrag, der die Anforderungen des Absatzes 1 erfüllt, anzuwendende Recht nach Artikel 3 wählen.** [2]**Die Rechtswahl darf jedoch nicht dazu führen, dass dem Verbraucher der Schutz entzogen wird, der ihm durch diejenigen Bestimmungen gewährt wird, von denen nach dem Recht, das nach Absatz 1 mangels einer Rechtswahl anzuwenden wäre, nicht durch Vereinbarung abgewichen werden darf.**

(3) **Sind die Anforderungen des Absatzes 1 Buchstabe a oder b nicht erfüllt, so gelten für die Bestimmung des auf einen Vertrag zwischen einem Verbraucher und einem Unternehmer anzuwendenden Rechts die Artikel 3 und 4.**

(4) **Die Absätze 1 und 2 gelten nicht für:**
a) Verträge über die Erbringung von Dienstleistungen, wenn die dem Verbraucher geschuldeten Dienstleistungen ausschließlich in einem anderen als dem Staat erbracht werden müssen, in dem der Verbraucher seinen gewöhnlichen Aufenthalt hat;
b) Beförderungsverträge mit Ausnahme von Pauschalreiseverträgen im Sinne der Richtlinie 90/314/EWG des Rates vom 13. Juni 1990 über Pauschalreisen;[1]
c) Verträge, die ein dingliches Recht an unbeweglichen Sachen oder die Miete oder Pacht unbeweglicher Sachen zum Gegenstand haben, mit Ausnahme der Verträge über Teilzeitnutzungsrechte an Immobilien im Sinne der Richtlinie 94/47/EG;
d) Rechte und Pflichten im Zusammenhang mit einem Finanzinstrument sowie Rechte und Pflichten, durch die die Bedingungen für die Ausgabe oder das öffentliche Angebot und öffentliche Übernahmeangebote bezüglich übertragbarer Wertpapiere und die Zeichnung oder den Rückkauf von Anteilen an Organismen für gemeinsame Anlagen in Wertpapieren festgelegt werden, sofern es sich dabei nicht um die Erbringung von Finanzdienstleistungen handelt;
e) Verträge, die innerhalb der Art von Systemen geschlossen werden, auf die Artikel 4 Absatz 1 Buchstabe h Anwendung findet.

Art. 7 Versicherungsverträge

(1) [1]**Dieser Artikel gilt für Verträge nach Absatz 2, unabhängig davon, ob das gedeckte Risiko in einem Mitgliedstaat belegen ist, und für alle anderen Versicherungsverträge, durch die Risiken gedeckt werden, die im Gebiet der Mitgliedstaaten belegen sind.** [2]**Er gilt nicht für Rückversicherungsverträge.**

(2) **Versicherungsverträge, die Großrisiken im Sinne von Artikel 5 Buchstabe d der Ersten Richtlinie 73/239/EWG des Rates vom 24. Juli 1973 zur Koordinierung der Rechts- und Verwaltungsvorschriften betreffend die Aufnahme und Ausübung der Tätigkeit der Direktversicherung (mit Ausnahme der Lebensversicherung)**[1] **decken, unterliegen dem von den Parteien nach Artikel 3 der vorliegenden Verordnung gewählten Recht.**

[1] Amtl. Anm.: ABl. L 158 vom 23.6.1990, S. 59.
[1] Amtl. Anm.: ABl. L 228 vom 16.8.1973, S. 3. Zuletzt geändert durch die Richtlinie 2005/68/EG des Europäischen Parlaments und des Rates (ABl. L 323 vom 9.12.2006, S. 1).

[1]Soweit die Parteien keine Rechtswahl getroffen haben, unterliegt der Versicherungsvertrag dem Recht des Staats, in dem der Versicherer seinen gewöhnlichen Aufenthalt hat. [2]Ergibt sich aus der Gesamtheit der Umstände, dass der Vertrag eine offensichtlich engere Verbindung zu einem anderen Staat aufweist, ist das Recht dieses anderen Staates anzuwenden.

(3) **Für Versicherungsverträge, die nicht unter Absatz 2 fallen, dürfen die Parteien nur die folgenden Rechte im Einklang mit Artikel 3 wählen:**
a) das Recht eines jeden Mitgliedstaats, in dem zum Zeitpunkt des Vertragsschlusses das Risiko belegen ist;
b) das Recht des Staates, in dem der Versicherungsnehmer seinen gewöhnlichen Aufenthalt hat;
c) bei Lebensversicherungen das Recht des Mitgliedstaats, dessen Staatsangehörigkeit der Versicherungsnehmer besitzt;
d) für Versicherungsverträge, bei denen sich die gedeckten Risiken auf Schadensfälle beschränken, die in einem anderen Mitgliedstaat als dem Mitgliedstaat, in dem das Risiko belegen ist, eintreten können, das Recht jenes Mitgliedstaats;
e) wenn der Versicherungsnehmer eines Vertrags im Sinne dieses Absatzes eine gewerbliche oder industrielle Tätigkeit ausübt oder freiberuflich tätig ist und der Versicherungsvertrag zwei oder mehr Risiken abdeckt, die mit dieser Tätigkeit in Zusammenhang stehen und in unterschiedlichen Mitgliedstaaten belegen sind, das Recht eines betroffenen Mitgliedstaats oder das Recht des Staates des gewöhnlichen Aufenthalts des Versicherungsnehmers.

Räumen in den Fällen nach den Buchstaben a, b oder e die betreffenden Mitgliedstaaten eine größere Wahlfreiheit bezüglich des auf den Versicherungsvertrag anwendbaren Rechts ein, so können die Parteien hiervon Gebrauch machen.

Soweit die Parteien keine Rechtswahl gemäß diesem Absatz getroffen haben unterliegt der Vertrag dem Recht des Mitgliedstaats, in dem zum Zeitpunkt des Vertragsschlusses das Risiko belegen ist.

(4) **Die folgenden zusätzlichen Regelungen gelten für Versicherungsverträge über Risiken, für die ein Mitgliedstaat eine Versicherungspflicht vorschreibt:**
a) Der Versicherungsvertrag genügt der Versicherungspflicht nur, wenn er den von dem die Versicherungspflicht auferlegenden Mitgliedstaat vorgeschriebenen besonderen Bestimmungen für diese Versicherung entspricht. Widerspricht sich das Recht des Mitgliedstaats, in dem das Risiko belegen ist, und dasjenige des Mitgliedstaats, der die Versicherungspflicht vorschreibt, so hat das letztere Vorrang.
b) Ein Mitgliedstaat kann abweichend von den Absätzen 2 und 3 vorschreiben, dass auf den Versicherungsvertrag das Recht des Mitgliedstaats anzuwenden ist, der die Versicherungspflicht vorschreibt.

(5) **Deckt der Vertrag in mehr als einem Mitgliedstaat belegene Risiken, so ist für die Zwecke von Absatz 3 Unterabsatz 3 und Absatz 4 der Vertrag als aus mehreren Verträgen bestehend anzusehen, von denen sich jeder auf jeweils nur einen Mitgliedstaat bezieht.**

(6) **Für die Zwecke dieses Artikels bestimmt sich der Staat, in dem das Risiko belegen ist, nach Artikel 2 Buchstabe d der Zweiten Richtlinie 88/357/EWG des Rates vom 22. Juni 1988 zur Koordinierung der Rechts- und Verwaltungsvorschriften für die Direktversicherung (mit Ausnahme der Lebensversicherung) und zur Erleichterung der tatsächlichen Ausübung des freien Dienstleistungsverkehrs,[2] und bei Lebensversicherungen ist der Staat,**

[2] Amtl. Anm.: ABl. L 172 vom 4.7.1988, S. 1. Zuletzt geändert durch die Richtlinie 2005/14/EG des Europäischen Parlaments und des Rates (ABl. L 149 vom 11.6.2005, S. 14).

in dem das Risiko belegen ist, der Staat der Verpflichtung im Sinne von Artikel 1 Absatz 1 Buchstabe g der Richtlinie 2002/83/EG.

Art. 8 Individualarbeitsverträge

(1) [1]**Individualarbeitsverträge unterliegen dem von den Parteien nach Artikel 3 gewählten Recht.** [2]**Die Rechtswahl der Parteien darf jedoch nicht dazu führen, dass dem Arbeitnehmer der Schutz entzogen wird, der ihm durch Bestimmungen gewährt wird, von denen nach dem Recht, das nach den Absätzen 2, 3 und 4 des vorliegenden Artikels mangels einer Rechtswahl anzuwenden wäre, nicht durch Vereinbarung abgewichen werden darf.**

(2) [1]**Soweit das auf den Arbeitsvertrag anzuwendende Recht nicht durch Rechtswahl bestimmt ist, unterliegt der Arbeitsvertrag dem Recht des Staates, in dem oder andernfalls von dem aus der Arbeitnehmer in Erfüllung des Vertrags gewöhnlich seine Arbeit verrichtet.** [2]**Der Staat, in dem die Arbeit gewöhnlich verrichtet wird, wechselt nicht, wenn der Arbeitnehmer seine Arbeit vorübergehend in einem anderen Staat verrichtet.**

(3) **Kann das anzuwendende Recht nicht nach Absatz 2 bestimmt werden, so unterliegt der Vertrag dem Recht des Staates, in dem sich die Niederlassung befindet, die den Arbeitnehmer eingestellt hat.**

(4) **Ergibt sich aus der Gesamtheit der Umstände, dass der Vertrag eine engere Verbindung zu einem anderen als dem in Absatz 2 oder 3 bezeichneten Staat aufweist, ist das Recht dieses anderen Staates anzuwenden.**

Art. 9 Eingriffsnormen

(1) **Eine Eingriffsnorm ist eine zwingende Vorschrift, deren Einhaltung von einem Staat als so entscheidend für die Wahrung seines öffentlichen Interesses, insbesondere seiner politischen, sozialen oder wirtschaftlichen Organisation, angesehen wird, dass sie ungeachtet des nach Maßgabe dieser Verordnung auf den Vertrag anzuwendenden Rechts auf alle Sachverhalte anzuwenden ist, die in ihren Anwendungsbereich fallen.**

(2) **Diese Verordnung berührt nicht die Anwendung der Eingriffsnormen des Rechts des angerufenen Gerichts.**

(3) [1]**Den Eingriffsnormen des Staates, in dem die durch den Vertrag begründeten Verpflichtungen erfüllt werden sollen oder erfüllt worden sind, kann Wirkung verliehen werden, soweit diese Eingriffsnormen die Erfüllung des Vertrags unrechtmäßig werden lassen.** [2]**Bei der Entscheidung, ob diesen Eingriffsnormen Wirkung zu verleihen ist, werden Art und Zweck dieser Normen sowie die Folgen berücksichtigt, die sich aus ihrer Anwendung oder Nichtanwendung ergeben würden.**

Art. 10 Einigung und materielle Wirksamkeit

(1) **Das Zustandekommen und die Wirksamkeit des Vertrags oder einer seiner Bestimmungen beurteilen sich nach dem Recht, das nach dieser Verordnung anzuwenden wäre, wenn der Vertrag oder die Bestimmung wirksam wäre.**

(2) **Ergibt sich jedoch aus den Umständen, dass es nicht gerechtfertigt wäre, die Wirkung des Verhaltens einer Partei nach dem in Absatz 1 bezeichneten Recht zu bestimmen, so kann sich diese Partei für die Behauptung, sie habe dem Vertrag nicht zugestimmt, auf das Recht des Staates ihres gewöhnlichen Aufenthalts berufen.**

Art. 11 Form

(1) **Ein Vertrag, der zwischen Personen geschlossen wird, die oder deren Vertreter sich zum Zeitpunkt des Vertragsschlusses in demselben Staat befinden, ist formgültig, wenn er die Formerfordernisse des auf ihn nach dieser Verordnung anzuwendenden materiellen Rechts oder die Formerfordernisse des Rechts des Staates, in dem er geschlossen wird, erfüllt.**

(2) **Ein Vertrag, der zwischen Personen geschlossen wird, die oder deren Vertreter sich zum Zeitpunkt des Vertragsschlusses in verschiedenen Staaten befinden, ist formgültig, wenn er die Formerfordernisse des auf ihn nach dieser Verordnung anzuwendenden materiellen Rechts oder die Formerfordernisse des Rechts eines der Staaten, in denen sich eine der Vertragsparteien oder ihr Vertreter zum Zeitpunkt des Vertragsschlusses befindet, oder die Formerfordernisse des Rechts des Staates, in dem eine der Vertragsparteien zu diesem Zeitpunkt ihren gewöhnlichen Aufenthalt hatte, erfüllt.**

(3) **Ein einseitiges Rechtsgeschäft, das sich auf einen geschlossenen oder zu schließenden Vertrag bezieht, ist formgültig, wenn es die Formerfordernisse des materiellen Rechts, das nach dieser Verordnung auf den Vertrag anzuwenden ist oder anzuwenden wäre, oder die Formerfordernisse des Rechts des Staates erfüllt, in dem dieses Rechtsgeschäft vorgenommen worden ist oder in dem die Person, die das Rechtsgeschäft vorgenommen hat, zu diesem Zeitpunkt ihren gewöhnlichen Aufenthalt hatte.**

(4) [1]**Die Absätze 1, 2 und 3 des vorliegenden Artikels gelten nicht für Verträge, die in den Anwendungsbereich von Artikel 6 fallen.** [2]**Für die Form dieser Verträge ist das Recht des Staates maßgebend, in dem der Verbraucher seinen gewöhnlichen Aufenthalt hat.**

(5) **Abweichend von den Absätzen 1 bis 4 unterliegen Verträge, die ein dingliches Recht an einer unbeweglichen Sache oder die Miete oder Pacht einer unbeweglichen Sache zum Gegenstand haben, den Formvorschriften des Staates, in dem die unbewegliche Sache belegen ist, sofern diese Vorschriften nach dem Recht dieses Staates**

a) **unabhängig davon gelten, in welchem Staat der Vertrag geschlossen wird oder welchem Recht dieser Vertrag unterliegt, und**
b) **von ihnen nicht durch Vereinbarung abgewichen werden darf.**

Art. 12 Geltungsbereich des anzuwendenden Rechts

(1) **Das nach dieser Verordnung auf einen Vertrag anzuwendende Recht ist insbesondere maßgebend für**

a) **seine Auslegung,**
b) **die Erfüllung der durch ihn begründeten Verpflichtungen,**
c) **die Folgen der vollständigen oder teilweisen Nichterfüllung dieser Verpflichtungen, in den Grenzen der dem angerufenen Gericht durch sein Prozessrecht eingeräumten Befugnisse, einschließlich der Schadensbemessung, soweit diese nach Rechtsnormen erfolgt,**
d) **die verschiedenen Arten des Erlöschens der Verpflichtungen sowie die Verjährung und die Rechtsverluste, die sich aus dem Ablauf einer Frist ergeben,**
e) **die Folgen der Nichtigkeit des Vertrags.**

(2) **In Bezug auf die Art und Weise der Erfüllung und die vom Gläubiger im Falle mangelhafter Erfüllung zu treffenden Maßnahmen ist das Recht des Staates, in dem die Erfüllung erfolgt, zu berücksichtigen.**

Art. 13 Rechts-, Geschäfts- und Handlungsunfähigkeit

Bei einem zwischen Personen, die sich in demselben Staat befinden, geschlossenen Vertrag kann sich eine natürliche Person, die nach dem Recht dieses Staates rechts-, geschäfts- und handlungsfähig wäre, nur dann auf ihre sich nach dem Recht eines anderen Staates ergebende Rechts-, Geschäfts- und Handlungsunfähigkeit berufen, wenn die andere Vertragspartei bei Vertragsschluss diese Rechts-, Geschäfts- und Handlungsunfähigkeit kannte oder infolge von Fahrlässigkeit nicht kannte.

Art. 14 Übertragung der Forderung

(1) **Das Verhältnis zwischen Zedent und Zessionar aus der Übertragung einer Forderung gegen eine andere Person („Schuldner") unterliegt dem Recht, das nach dieser Verordnung auf den Vertrag zwischen Zedent und Zessionar anzuwenden ist.**

(2) **Das Recht, dem die übertragene Forderung unterliegt, bestimmt ihre Übertragbarkeit, das Verhältnis zwischen Zessionar und Schuldner, die Voraussetzungen, unter denen die Übertragung dem Schuldner entgegengehalten werden kann, und die befreiende Wirkung einer Leistung durch den Schuldner.**

(3) **Der Begriff „Übertragung" in diesem Artikel umfasst die vollkommene Übertragung von Forderungen, die Übertragung von Forderungen zu Sicherungszwecken sowie von Pfandrechten oder anderen Sicherungsrechten an Forderungen.**

Art. 15 Gesetzlicher Forderungsübergang

Hat eine Person („Gläubiger") eine vertragliche Forderung gegen eine andere Person („Schuldner") und ist ein Dritter verpflichtet, den Gläubiger zu befriedigen, oder hat er den Gläubiger aufgrund dieser Verpflichtung befriedigt, so bestimmt das für die Verpflichtung des Dritten gegenüber dem Gläubiger maßgebende Recht, ob und in welchem Umfang der Dritte die Forderung des Gläubigers gegen den Schuldner nach dem für deren Beziehung maßgebenden Recht geltend zu machen berechtigt ist.

Art. 16 Mehrfache Haftung

[1]**Hat ein Gläubiger eine Forderung gegen mehrere für dieselbe Forderung haftende Schuldner und ist er von einem der Schuldner ganz oder teilweise befriedigt worden, so ist für das Recht dieses Schuldners, von den übrigen Schuldnern Ausgleich zu verlangen, das Recht maßgebend, das auf die Verpflichtung dieses Schuldners gegenüber dem Gläubiger anzuwenden ist.** [2]**Die übrigen Schuldner sind berechtigt, diesem Schuldner diejenigen Verteidigungsmittel entgegenzuhalten, die ihnen gegenüber dem Gläubiger zugestanden haben, soweit dies gemäß dem auf ihre Verpflichtung gegenüber dem Gläubiger anzuwendenden Recht zulässig wäre.**

Art. 17 Aufrechnung

Ist das Recht zur Aufrechnung nicht vertraglich vereinbart, so gilt für die Aufrechnung das Recht, dem die Forderung unterliegt, gegen die aufgerechnet wird.

Art. 18 Beweis

(1) Das nach dieser Verordnung für das vertragliche Schuldverhältnis maßgebende Recht ist insoweit anzuwenden, als es für vertragliche Schuldverhältnisse gesetzliche Vermutungen aufstellt oder die Beweislast verteilt.

(2) Zum Beweis eines Rechtsgeschäfts sind alle Beweisarten des Rechts des angerufenen Gerichts oder eines der in Artikel 11 bezeichneten Rechte, nach denen das Rechtsgeschäft formgültig ist, zulässig, sofern der Beweis in dieser Art vor dem angerufenen Gericht erbracht werden kann.

Kap. III. Sonstige Vorschriften

Art. 19 Gewöhnlicher Aufenthalt

(1) Für die Zwecke dieser Verordnung ist der Ort des gewöhnlichen Aufenthalts von Gesellschaften, Vereinen und juristischen Personen der Ort ihrer Hauptverwaltung.

Der gewöhnliche Aufenthalt einer natürlichen Person, die im Rahmen der Ausübung ihrer beruflichen Tätigkeit handelt, ist der Ort ihrer Hauptniederlassung.

(2) Wird der Vertrag im Rahmen des Betriebs einer Zweigniederlassung, Agentur oder sonstigen Niederlassung geschlossen oder ist für die Erfüllung gemäß dem Vertrag eine solche Zweigniederlassung, Agentur oder sonstige Niederlassung verantwortlich, so steht der Ort des gewöhnlichen Aufenthalts dem Ort gleich, an dem sich die Zweigniederlassung, Agentur oder sonstige Niederlassung befindet.

(3) Für die Bestimmung des gewöhnlichen Aufenthalts ist der Zeitpunkt des Vertragsschlusses maßgebend.

Art. 20 Ausschluss der Rück- und Weiterverweisung

Unter dem nach dieser Verordnung anzuwendenden Recht eines Staates sind die in diesem Staat geltenden Rechtsnormen unter Ausschluss derjenigen des Internationalen Privatrechts zu verstehen, soweit in dieser Verordnung nichts anderes bestimmt ist.

Art. 21 Öffentliche Ordnung im Staat des angerufenen Gerichts

Die Anwendung einer Vorschrift des nach dieser Verordnung bezeichneten Rechts kann nur versagt werden, wenn ihre Anwendung mit der öffentlichen Ordnung („ordre public") des Staates des angerufenen Gerichts offensichtlich unvereinbar ist.

Art. 22 Staaten ohne einheitliche Rechtsordnung

(1) Umfasst ein Staat mehrere Gebietseinheiten, von denen jede eigene Rechtsnormen für vertragliche Schuldverhältnisse hat, so gilt für die Bestimmung des nach dieser Verordnung anzuwendenden Rechts jede Gebietseinheit als Staat.

(2) Ein Mitgliedstaat, in dem verschiedene Gebietseinheiten ihre eigenen Rechtsnormen für vertragliche Schuldverhältnisse haben, ist nicht verpflichtet, diese Verordnung auf Kollisionen zwischen den Rechtsordnungen dieser Gebietseinheiten anzuwenden.

Art. 23 Verhältnis zu anderen Gemeinschaftsrechtsakten

Mit Ausnahme von Artikel 7 berührt diese Verordnung nicht die Anwendung von Vorschriften des Gemeinschaftsrechts, die in besonderen Bereichen Kollisionsnormen für vertragliche Schuldverhältnisse enthalten.

Art. 24 Beziehung zum Übereinkommen von Rom

(1) **Diese Verordnung tritt in den Mitgliedstaaten an die Stelle des Übereinkommens von Rom, außer hinsichtlich der Hoheitsgebiete der Mitgliedstaaten, die in den territorialen Anwendungsbereich dieses Übereinkommens fallen und für die aufgrund der Anwendung von Artikel 299 des Vertrags[1] diese Verordnung nicht gilt.**

(2) **Soweit diese Verordnung die Bestimmungen des Übereinkommens von Rom ersetzt, gelten Bezugnahmen auf dieses Übereinkommen als Bezugnahmen auf diese Verordnung.**

Art. 25 Verhältnis zu bestehenden internationalen Übereinkommen

(1) **Diese Verordnung berührt nicht die Anwendung der internationalen Übereinkommen, denen ein oder mehrere Mitgliedstaaten zum Zeitpunkt der Annahme dieser Verordnung angehören und die Kollisionsnormen für vertragliche Schuldverhältnisse enthalten.**

(2) **Diese Verordnung hat jedoch in den Beziehungen zwischen den Mitgliedstaaten Vorrang vor den ausschließlich zwischen zwei oder mehreren Mitgliedstaaten geschlossenen Übereinkommen, soweit diese Bereiche betreffen, die in dieser Verordnung geregelt sind.**

Art. 26[1] Verzeichnis der Übereinkommen

(1) **[1]Die Mitgliedstaaten übermitteln der Kommission bis spätestens 17. Juni 2009 die Übereinkommen nach Artikel 25 Absatz 1. [2]Kündigen die Mitgliedstaaten nach diesem Stichtag eines dieser Übereinkommen, so setzen sie die Kommission davon in Kenntnis.**

(2) **Die Kommission veröffentlicht im *Amtsblatt der Europäischen Union* innerhalb von sechs Monaten nach Erhalt der in Absatz 1 genannten Übermittlung**
a) ein Verzeichnis der in Absatz 1 genannten Übereinkommen;
b) die in Absatz 1 genannten Kündigungen.

Art. 27 Überprüfungsklausel

(1) **[1]Die Kommission legt dem Europäischen Parlament, dem Rat und dem Europäischen Wirtschafts- und Sozialausschuss bis spätestens 17. Juni 2013 einen Bericht über die Anwendung dieser Verordnung vor. [2]Diesem Bericht werden gegebenenfalls Vorschläge zur Änderung der Verordnung beigefügt. [3]Der Bericht umfasst:**
a) eine Untersuchung über das auf Versicherungsverträge anzuwendende Recht und eine Abschätzung der Folgen etwaiger einzuführender Bestimmungen und

---

[1] Nunmehr Art. 349 AEUV durch Vertrag von Lissabon v. 13.12.2007 (ABl. 2007 C 306, 1).

[1] Inkrafttreten des Art. 26 gemäß Art. 29 II am 17.6.2009.

b) eine Bewertung der Anwendung von Artikel 6, insbesondere hinsichtlich der Kohärenz des Gemeinschaftsrechts im Bereich des Verbraucherschutzes.

(2) [1]**Die Kommission legt dem Europäischen Parlament, dem Rat und dem Europäischen Wirtschafts- und Sozialausschuss bis 17. Juni 2010 einen Bericht über die Frage vor, ob die Übertragung einer Forderung Dritten entgegengehalten werden kann, und über den Rang dieser Forderung gegenüber einem Recht einer anderen Person.** [2]**Dem Bericht wird gegebenenfalls ein Vorschlag zur Änderung dieser Verordnung sowie eine Folgenabschätzung der einzuführenden Bestimmungen beigefügt.**

Art. 28 Zeitliche Anwendbarkeit

Diese Verordnung wird auf Verträge angewandt, die ab dem 17. Dezember 2009 geschlossen werden.

Kap. IV. Schlussbestimmungen

Art. 29 Inkrafttreten und Anwendbarkeit

Diese Verordnung tritt am zwanzigsten Tag nach ihrer Veröffentlichung[1] **im *Amtsblatt der Europäischen Union* in Kraft.**

Sie gilt ab 17. Dezember 2009, mit Ausnahme des Artikels 26, der ab dem 17. Juni 2009 gilt.

Diese Verordnung ist in allen ihren Teilen verbindlich und gilt[2] **gemäß dem Vertrag zur Gründung der Europäischen Gemeinschaft**[3] **unmittelbar in den Mitgliedstaaten.**

---

[1] Veröffentlicht am 4.7.2008.

[2] Zum Geltungsbereich siehe ua Entscheidung 2009/26/EG v. 22.12.2008 (ABl. 2009 L 10, 22).

[3] Nunmehr Vertrag über die Arbeitsweise der Europäischen Union durch Vertrag von Lissabon v. 13.12.2007 (ABl. 2007 C 306, 1).

Verordnung (EG) Nr. 864/2007 des europäischen Parlaments und des Rates vom 11. Juli 2007 über das auf außervertragliche Schuldverhältnisse anzuwendende Recht (Rom II)

(ABl. L 199 v 31.7.2007, S. 40); berichtigt durch ABl. L 310 v 9.11.2012, S. 52 (864/2007)

I. Vorbemerkung

Lit.: Bouwmann, Besonderheiten bei der Regulierung von internationalen Verkehrsunfällen, NJW 2018, 1866; Chatzinerantzis/Appel, Haftung für den Klimawandel, NJW 2019, 881; Eckert, Die Auslegung und Reichweite des Art. 17 Rom II-VO – Zur Bedeutung privater Standards im Wintersport als local data am Beispiel der FIS-Verhaltensregeln, GPR 2015, 303; Einsele, Internationales Prospekthaftungsrecht: Kollisionsrechtlicher Anlegerschutz nach der Rom II-Verordnung, ZEuP 2012, 23; Freitag, Ausländische Eingriffsnormen vor deutschen Gerichten, NJW 2018, 430; Gebauer, Legalzession zwischen Vertrags- und Deliktsstatut – Zum Quotenvorrecht des Geschädigten gegenüber dem inländischen Vollkaskoversicherer bei Klagen gegen den ausländischen Haftpflichtversicherer im Inland, IPRax 2015, 331; Gomille, Die Informationshaftung im europäischen Kollisionsrecht, JZ 2017, 289; Hohloch, Die „Bereichsausnahmen" der Rom II-VO: Zum Internationalen Privatrecht in und um Art. 1 Abs. 1 Rom II-VO, IPRax 2012, 110; Junker, Culpa in contrahendo im Internationalen Privat- und Prozessrecht, FS Stürner, 2013, 1043; Kieninger, Das internationale Privat- und Verfahrensrecht der Klimahaftung, IPRax 2022, 1; Mankowski, Ausgewählte Einzelfragen zur Rom II-VO: Internationales Umwelthaftungsrecht, internationales Kartellrecht, renvoi, Parteiautonomie, IPRax 2010, 389; Meyle, Reine Vermögensschäden im Europäischen internationalen Deliktskollisionsrecht, Zuständigkeit und anwendbares Recht, 2021; Müller-Hoff/Oehm, Eine Alternative zur Haftung nach dem Sorgfaltspflichtengesetz? ZEuP 2022, 142; Nehne, Die internationale Geschäftsführung ohne Auftrag nach der Rom II-Verordnung: Anknüpfungsgegenstand und Anknüpfungspunkte, IPRax 2012, 136; Rentsch, Tatort- und Aufenthaltsanknüpfung im internationalen Deliktsrecht – Art. 4 Abs. 3 Rom II-VO bei nachträglichem Aufenthaltswechsel des Geschädigten, GPR 2015, 191; Rühl/Knauer, Zivilrechtlicher Menschenrechtsschutz? Das deutsche Lieferkettengesetz und die Hoffnung auf den europäischen Gesetzgeber, JZ 2022, 105; Schaub, Streuschäden im deutschen und europäischen Recht, JZ 2011, 13; Wais, Kollektiver Rechtsschutz und das auf unerlaubte Handlungen anwendbare Recht, IPRax 2022, 141; Spickhoff, Kein Tatortgerichtsstand bei Betrug in Europa, NJW 2020, 3759; Wurmnest, Die Rom II-VO in der deutschen Rechtspraxis – Bestandsaufnahme und Reformüberlegungen, ZVglRWiss. 115 (2016), 624.

1. Bedeutung. Die Rom II-Verordnung ersetzt EGBGB Art. 38–42 seit dem 11.1.2009 und schafft damit einheitliches Kollisionsrecht für die Mitgliedstaaten der EU für alle außervertraglichen Schuldverhältnisse (Delikt, Bereicherungsrecht, GoA) in Ergänzung zur Rom I-Verordnung und EuErbVO (Überblick der Entwicklung bei Martiny ZEuP 2015, 838 und Rauscher NJW 2016, 3493, 3498 ff.). Vom bish deutschen IPR weicht sie im Deliktsrecht teilweise ab (→ Rn. 5) und enthält zahlreiche Sonderkollisionsnormen für einzelne Deliktstypen: Produkthaftung (Art. 5), unlauterer Wettbewerb und Kartellrecht (Art. 6), Umweltschäden (Art. 7), Immaterialgüterrecht (Art. 8), Arbeitskampfmaßnahmen (Art. 9). Die Kollisionsregeln zum Bereicherungsrecht (Art. 10) und zur GoA (Art. 11) weichen hingegen kaum vom bish deutschen Recht ab (Grüneberg/Thorn Vorb. Rn. 4). 1

2. Anwendungsbereich. a) In **zeitlicher** Hinsicht gilt die Rom II-Verordnung seit dem 11.1.2009 für alle Ansprüche aus außervertraglichen Schuldverhältnissen, welche ab diesem Zeitpunkt entstanden sind (s. Art. 31, 32, hierzu EuGH NJW 2012, 441; aA Glöckner IPRax 2009, 124), entscheidend ist – wegen Art. 4 I, 7 – 2

die Vornahme der schädigenden Handlung (Grüneberg/Thorn Art. 31, 32 Rn. 1; EuGH BeckRS 2021, 5299 Rn. 57 „schädigendes Ereignis"). Für Altfälle gelten
3 weiterhin die Vorschriften des EGBGB. **b) Räumlicher und sachlicher Anwendungsbereich.** Die Rom II-Verordnung ist wie die Rom I-Verordnung **allseitiges Kollisionsrecht,** dh sie gilt unabhängig davon, ob das berufende Recht das eines Mitgliedstaates ist (Art. 3, zu Mehrrechtsstaaten Art. 25; Dänemark wendet die Rom II-Verordnung selbst nicht an, weil sie für Dänemark nicht gilt, Verweis auf dänisches Recht ist aber wegen Art. 3 unschädlich; sa BGH BeckRS 2021, 23483). Der **sachliche Anwendungsbereich** folgt aus Art. 1. Der Begriff der **Zivil- und Handelssache** folgt demjenigen der EuGVVO Art. 1. Der **Ausnahmekatalog** erfasst in Art. 1 lit. g vor allem Persönlichkeitsrechtsverletzungen, die ausgenommen wurden, da angesichts der unterschiedlichen verfassungsrechtlichen Implikationen zum Schutz von Presse und Medien in den Mitgliedstaaten eine Einigung nicht möglich war (zu Bemühungen des Europäischen Parlaments, die Lücke doch noch zu schließen Grüneberg/Thorn Vorb. Rn. 5; zur Anwendung von Art. 40 EGBGB noch BGH NJW 2017, 3004; BGHZ 217, 350; OLG Karlsruhe MMR 2017, 487). Die Abgrenzung des **außervertraglichen Schuldverhältnisses** (Begriff s. Art. 2, autonome Auslegung, Erwägungsgrund 11) zu vertraglichen Schuldverhältnissen muss in Einklang mit der Rom I-Verordnung erfolgen (Erwägungsgrund 7). Fälle des **Verschuldens bei Vertragsschluss** (**cic** – Begriff autonom auszulegen [Erwägungsgrund 30] – erfasst nur Schädigungen, die unmittelbar mit Vertragsverhandlungen zusammenhängen, wie die Verletzung von Aufklärungs- u Informationspflichten) fallen in den Anwendungsbereich der Rom II-Verordnung und werden damit als nichtvertraglich qualifiziert. Art. 12 verweist jedoch vorbehaltlich Rechtswahl nach Art. 14 auf das hypothetische Vertragsstatut (Rechtswahl oder objektive Anknüpfung nach Rom I-Verordnung). Für Personen- und Sachschäden, die anlässlich v Vertragshandlungen durch Verletzung von Schutzpflichten verursacht werden, gilt die deliktische Regel des Art. 4 (Erwägungsgrund 30). Für Sachwalter- u Prospekthaftung, Eigenhaftung von Vertretern u Verhandlungsgehilfen passt Art. 12 besser (Hein ZEuP 2009, 12; Junker RIW 2010, 261; Grüneberg/Thorn Art. 12 Rn. 2). **Verträge mit Schutzwirkung f. Dritte** sollten wie cic behandelt werden (str, für Anwendung Rom II-Verordnung Dutta IPRax 2009, 294; Grüneberg/Thorn Art. 1 Rn. 5); ebenso Ansprüche aus **Gewinnzusagen,** die keinen Vertragsschluss voraussetzen (wie hier PWW/Schaub Art. 2 Rn. 1; nach aA vertragliche Qualifikation, BeckOK/Spickhoff Art. 1 Rn. 9). Auch Ansprüche aus **Eigentümer-Besitzer-Verhältnis** und **Nachbarrecht** sind außervertragliche (PWW/Schaub Art. 2 Rn. 1). Die **Rückabwicklung nichtiger Verträge** fällt hingegen nicht unter Art. 10, sondern unter die Rom I-Verordnung (BeckOK/Spickhoff Art. 1 Rn. 9; Grüneberg/Thorn Art. 1 Rn. 2, Rom I-Verordnung Art. 13 I lit. e).

4 **3. Überblick über die inhaltlichen Regelungen. a) Gemeinsamkeiten.** Art. 14 ermöglicht für den gesamten Anwendungsbereich der Verordnung (Ausnahme Art. 6 IV u 8 III) als Ausdruck der Parteiautonomie eine **Rechtswahl** der Parteien, die jedoch stark eingeschränkt ist gegenüber derjenigen bei vertraglichen Rechtsverhältnissen und wenig praktische Bedeutung entfaltet. **Teilrechtswahl** ist im Umkehrschluss aus Rom I-Verordnung Art. 3 I 3 nicht möglich (str, f. großzügige Handhabung BeckOK/Spickhoff Art. 14 Rn. 2; differenzierend Grüneberg/Thorn Art. 14 Rn. 4). Rechtswahl muss grundsätzlich nachträglich erfolgen (Ausnahme: vorherige Rechtswahl nach Art. 14 I lit. b für Parteien, die kommerzieller Tätigkeit nachgehen; praktische Bedeutung für die Aufhebung der akzessorischen Anknüpfung *deliktischer Ansprüche* an Vertrag, die sonst nach Art. 4 III greift). Die Rechtswahl muss grundsätzlich **ausdrücklich** erfolgen bzw bei konkludenter Wahl sind sichere Anhaltspunkte zu fordern (Art. 14 I 2), insbes ist Erklärungsbewusstsein der Parteien notwendig (daher Zurückhaltung bei bloßer Erörterung des Rechtsstreits vor Gericht nach lex fori, s. Grüneberg/Thorn Art. 14 Rn. 6). Die Wirksamkeit der Wahl und ihr Zustandekommen beurteilt sich nach dem **gewählten Recht**

(BeckOK/Spickhoff Art. 14 Rn. 3; Kadner Graziano RabelsZ 2009, 13). Art. 15–26 enthalten wichtige gemeinsame Vorschriften: Art. 15 bestimmt den Verweisungsumfang, Art. 24 stellt klar, dass alle Verweisungen der Verordnung **Sachnormverweisungen** unter Ausschluss von Rück- und Weiterverweisungen sind. Art. 16 sichert, dass sich die **Eingriffsnormen der lex fori** auch gegenüber anderem Recht durchsetzen und durchbricht den Grundsatz einheitlicher Anknüpfung. Eine Regelung über ausländische Eingriffsnormen enthält die Rom II-Verordnung im Gegensatz zur Rom I-Verordnung Art. 9 nicht. Nach hM soll das deren Berücksichtigung, insbes von Eingriffsnormen der lex causae, nicht hindern (PWW/Remin Art. 16 Rn. 4). Für den Begriff kann auf die Definition in Rom I-Verordnung Art. 9 I verwiesen werden. Art. 26 enthält demgegenüber einen allgemeinen **ordre public-Vorbehalt,** der die Anwendung ausländischen Rechts in Ausnahmefällen sperrt und von Amts wegen zur berücksichtigen ist (hM, s. Leible RIW 2008, 263; Grüneberg/Thorn Art. 26 Rn. 1). Der ordre public richtet sich nach nationalem Recht – allerdings in den vom EuGH überwachten Grenzen der Vorgaben von EU-Recht. Er greift nur dann ein, wenn das Ergebnis der Rechtsanwendung im einzelnen Fall „unerträglich und nicht hinnehmbar" ist (MüKoBGB/von Heyn, Internationales Privatrecht I, Art. 6 Rn. 13). Praktische Bedeutung kann er insbes haben für Nichtanwendung von Schadensersatzvorschriften, die nicht-kompensatorischen Ersatz vorsehen, wie die US-amerikanischen punitive damages Regeln (s. vormals ausdrücklich Art. 40 EGBGB, nun Erwägungsgrund 32). Dabei ist im Einzelfall zu prüfen und ggf in Rechnung zu stellen, dass auch das deutsche Recht über die reine Kompensation hinaus bisweilen eine präventive Funktion des Schadensrechts durchaus akzeptiert (str, Einzelheiten bei MüKoBGB/Wagner Vorb. §§ 823 ff. Rn. 43–50; zur kollisionsrechtlichen Behandlung der Haftung deutscher Unternehmen für Menschenrechtsverletzungen im Ausland s. Weller/Kaller/Schulz AcP 216, 387 ff.; Müller-Hoff/Oehm ZEuP 2022, 142; Kieninger IPRax 2022, 1; Rühl/Knauer JZ 2022, 105); eine einjährige (hier konkret pakistanische) Verjährungsfrist für deliktische Ansprüche unabhängig von Tat- und Täterkenntnis ist nicht ordre public-widrig (OLG Hamm NJW-RR 2019, 3527 [effektive Rechtswahrnehmung war im konkreten Fall möglich]).

b) Haftung aus unerlaubter Handlung (Art. 4–9). aa) Grundregel. Für die deliktische Haftung enthält die Rom II-Verordnung in Art. 4 die Grundregel, die durch Sonderregelungen für einzelne Deliktstypen in Art. 5–9 ergänzt wird. Art. 4 enthält nicht mehr die aus EGBGB Art. 40 bekannte Ubiquitätsregel (dies gilt auch weiterhin für die internationale Zuständigkeit, Art. 7 Nr. 2 EuGVVO) mit dem Günstigkeitsprinzip, sondern knüpft allein an den **Erfolgsort** an (Art. 4 I; weiterhin: gemeinsamer Aufenthalt der Beteiligten im Zeitpunkt des schädigenden Ereignisses [II, hierzu OLG München NVZ 2016, 53; OLG Nürnberg NJW-RR 2017, 663 – Schiffskollision in Adria] bzw Ausweichklausel in III). Der EuGH betont dabei den Gleichlauf mit der Rechtsprechung zu Art. 7 Nr. 2 EuGVVO (EuGH BeckRS 2022, 3895 Rn. 60). Erfolgsort ist der Ort, an dem der Primärschaden – in deutscher Terminologie im Falle der Verletzung absoluter Rechtsgüter die Rechtsgutsverletzung – eintritt. **Folgeschäden** oder indirekte Schadensfolgen (zB Vermögensschaden in Form von Reparatur- oder Behandlungskosten, Verdienstausfall etc, als bloße indirekte Schadensfolge einer Rechtsgutsverletzung, aber auch das Angehörigenschmerzensgeld bei Tod oder Verletzung einer nahestehenden Person, EuGH NJW 2016, 466 mkritAnm Staudinger NJW 2016, 468, abl Mankowski JZ 2016, 310) sind irrelevant (EuGH BeckRS 2022, 3895 Rn. 58). Im VW-Dieselskandal ist der Schaden der Käufer von manipulierten Dieselfahrzeugen Primarschaden, ungeachtet etwaiger theoretischer Schäden bei Importeur und Vertragshändler (Stadler, in Zinner/Reiffenstein, Hindernisse bei der kollektiven Verbraucherrechtsdurchsetzung, Wien 2019, 1 ff.; ebenso GA Sanchez-Bordona C-343/19 BeckRS 2020, 4840 Rn. 35 ff.). Bei **reinen Vermögensschäden** kann die Bestimmung des Erfolgsortes schwierig sein, wenn kein abgrenzbarer Teil des Vermögens betroffen ist (zB bestimmtes Konto; zur entsprechenden Problematik bei Art. 7 Nr. 2 EuGVVO Stad- 5 ler, FS Geimer, 2017, 715 ff. und Musielak/Voit/Stadler ZPO Art. 7 EuGVVO Rn. 19c-h; ausführlich Meyle aaO [Lit]) zum kollisionsrechtlichen Gleichlauf Zaprianos GPR 2016, 251, 254). Str ist insbesondere das auf **Prospekthaftungs**ansprüche anwendbare Recht, s. von Hein JZ 2015, 949; Wendelstein GPR 2016, 140), wobei eine deliktische Qualifikation als Fall der cic über Art. 12 Rom II naheliegt (so auch Gomille JZ 2017, 289), letztlich aber wie die vertragliche Einordnung zum Vertragsstatut führt. Für die Bestimmung des Erfolgsortes für den Vermögensschaden wird zum Teil im Zweifel auf die Zentrale der Vermögensverwaltung zurückgegriffen, die oft mit dem gewöhnlichen Aufenthalt des Geschädigten übereinstimmt (Grüneberg/Thorn Art. 4 Rn. 9; PWW/Schaub Rn. 7; ebenso Gomille JZ 2017, 289 für Prospekthaftung), was jedoch zu unerwünschten Diskrepanzen zu Art. 7 Nr. 2 EuGVVO führen kann, da der EuGH insoweit eine Vermögenszentrale am Wohnsitz oder Aufenthalt des Geschädigten als Erfolgsort regelmäßig verneint und stattdessen versucht, die betroffenen Vermögensteile (zB Bankkonten) konkret zu lokalisieren. Eine neuere Tendenz in der EuGH Rspr zur internationalen Zuständigkeit geht dahin, den Erfolgsort bei reinen Vermögensschäden dort zu verorten, wo die vermögensschädigende Handlung (zB Abschluss eines unerwünschten Vertrages) stattfand (zum Ganzen Stadler, in Zinner/Reiffenstein, Hindernisse bei der kollektiven Verbraucherrechtsdurchsetzung, Wien 2019, 1 ff.; EuGH NJW 2016, 2167 – Universal Music; EuGH NJW 2019, 351 – Löber; EuGH NJW 2020, 2869 [VW-Dieselfall] mAnm Stadler/Krüger IPRax 2020, 512; so auch GA Sanchez-Bordona C-343/19 BeckRS 2020, 4840 Rn. 74). Dies scheint auch für das Kollisionsrecht der richtige Ansatz (für Belegenheit des betroffenen Vermögenswertes auch MüKoBGB/Junker Rn. 21; HK-BGB/Dörner Rn. 5; NK-BGB/Lehmann Rn. 115). Im **Kapitalmarktrecht** gilt für die Haftung wegen unterlassener ad hoc-Mitteilungen das Emittentenstatut (OLG Stuttgart BeckRS 2019, 26188 mNw). Bei **Distanz- oder Streudelikten** mit Primärschäden in mehreren Staaten kommt die sog **Mosaiktheorie** zur Anwendung, dh es gilt das jeweilige Erfolgsortrecht nur für die dort eingetretene Schädigung bzw Rechtsgutsverletzung. Da Persönlichkeitsrechtsverletzungen vom Anwendungsbereich ausgenommen sind, ist bei deren Verletzung über das Internet weiterhin nationales Kollisionsrecht anwendbar (zB Art. 40 EGBGB, vgl Grüneberg/Thorn EGBGB Art. 40 Rn. 10). Die Mosaiktheorie korrespondiert – allerdings zunehmend mit Durchbrechungen – mit der hM zur Bestimmung der internationalen Zuständigkeit nach Art. 7 Nr. 2 EuGVVO (hierzu Musielak/Voit/Stadler ZPO Art. 7 EuGVVO Rn. 20; zum erwünschten Auslegungseinklang zwischen EuGVVO und Rom II-Verordnung s. Erwägungsgrund 7; bezüglich der internationalen Zuständigkeit für **Kartellschadensersatzklagen** nimmt der EuGH (JZ 2015, 1163) allerdings kein Mosaikprinzip mehr an, in gewisser Weise bestätigend aber EuGH JZ 2018, 91 mAnm Stadler S. 94 (zur Frage, inwieweit Gerichtsstandsklauseln auch Kartellschadensersatzansprüche erfassen: EuGH JZ 2015, 1163; EuGH JZ 2019, 139 mAnm Mankowski). Die internationale Zuständigkeit eines am Erfolgsort angerufenen Gerichts beschränkt sich auf die dort eingetretenen Schäden, der Gesamtschaden kann nur am Handlungsort (Art. 7 Nr. 2 EuGVVO) bzw im allgemeinen Gerichtsstand des Beklagten (Art. 4 EuGVVO) geltend gemacht werden. Die **Ausweichklausel** in Art. 4 III kann insbes zu **vertragsakzessorischer Anknüpfung** führen (was die Parteien durch Rechtswahl nach Art. 14 I b verhindern können). Sie kann aber auch etwa bei der Prospekthaftung zur Anwendung des für die Prospektpflicht maßgeblichen (Kapitalmarkt) Rechts führen (str, s. Freitag WM 2015, 1165; von Hein JZ 2015, 949 mNw). Für Kapitalmarktdelikte (§§ 37b, 37c kann über III auf des Emittentenstatut zurückgegriffen werden (so LG Stuttgart WM 2017, 1451). Nach richtiger Ansicht erlaubt sie auch die Berücksichtigung nachträglicher Veränderungen (zB Schadensverlagerung ins Ausland durch Aufenthaltsortwechsel des Geschädigten, hierzu Rentsch GPR 2015, 191); auch Berücksichtigung familienrechtlicher Sonderverhältnisse kommt in Betracht (OLG Nürnberg BeckRS 2018, 29617 Rn. 26). Bei **Massenunfällen** könnte die Ausweichklausel zur Anwendung eines einheitlichen Deliktsstatuts (Unfallort) genutzt werden. Damit ist jedoch Zurückhaltung geboten, da das Zusammentreffen am Unfallort nicht notwendigerweise eine engere Beziehung bedeutet und die sonst gegebene Ungleichbehandlung der Geschädigten sachlich gerechtfertigt sein kann (befürwortend BeckOK/Spickhoff Rn. 17, 20; Wais IPRax 2022, 141 (für Anknüpfung aller Ansprüche an Ort der einheitlichen schädigenden Handlung bei Verletzungen im Anwendungsbereich der RL 2020/1828); aA zu Recht Grüneberg/Thorn Art. 4 Rn. 14; zur Haftung nach Flugzeugunglücken, insbes auf Schmerzensgeld Weller/Rentsch NJW 2015, 1909). Zur Anwendung von Sicherheits- und Verhaltensregeln am Handlungsort s. Art. 17 (hierzu Wagner IPRax 2008, 1). Für **Straßenverkehrsunfälle** hat gem Art. 28 I das Haager Übereinkommen über das auf Straßenverkehrsunfälle anwendbare Recht vom 4.5.1971 Vorrang; zu Fragen der Kraftfahrzeughaftpflicht s. die Kraftfahrzeug-Haftpflichtversicherungsrichtlinie (RL 2009/103/EG, hierzu Riedmeyer/Bouwmann NJW 2015, 2614). Der hier häufig relevante Anscheinsbeweis ist verfahrensrechtlich zu qualifizieren (LG Saarbrücken NJW 2015, 2823; sa Zwickel IPRax 2015, 531 ff.). Für den Innenausgleich zwischen zwei Versicherern ist ebenfalls auf das Deliktsstatut abzustellen (OLG Celle BeckRS 2020, 953). **bb) Sonderanknüpfungen.** Art. 5–9 sollen durch Sonderanknüpfungen den Besonderheiten der jeweiligen Haftungskonstellation Rechnung tragen und die Einzelfallgerechtigkeit erhöhen (die gleiche Funktion erfüllen die Ausweichklauseln der Art. 4 III, 5 II). **α)** Für die **Produkthaftung (Art. 5)** ergibt sich die vergleichsweise komplizierte, siebenteilige Anknüpfungsleiter in **I** aus dem Bestreben, die Produktsicherheit zu erhöhen, der berechtigten Sicherheitserwartung des Geschädigten Rechnung zu tragen, ohne den Hersteller gleichzeitig den Risiken einer unvorhersehbaren Haftung auszusetzten. Vorrang hat gem Art. 28 I das Haager Übereinkommen über das auf die Produkthaftpflicht anzuwendende Recht. Der Begriff des **Produkts** kann nach überwiegender Ansicht anhand von Produkthaftungs-RL Art. 2 ausgelegt werden, gleiches gilt für das **Inverkehrbringen:** Produkthaftungs-RL Art. 7 lit. a (zum Begriff: EuGH NJW 2006, 825; OLG Frankfurt BeckRS 2021, 47710 [Übergabe an selbständigen Zwischenhändler]). Auf die Ausweichklausel des Art. 5 II wird man insbes bei Schädigung außenstehender Dritter **(bystanders)** zurückkommen, da I auf den unmittelbaren Produktbenutzer ausgerichtet ist. Hier kann über **II** uU vorzugswürdig auf den Erfolgsort abgestellt werden (so etwa Leible/Lehmann RIW 2007, 728; Grüneberg/Thorn Art. 5 Rn. 13). 6

β) Für **Wettbewerbsverletzungen** (iSv Lauterkeitsrecht und Kartellrecht) stellt 7 **Art. 6 I** zunächst auf das Recht des **betroffenen Marktes** ab (zu Abgrenzung von Art. 4 s. Köhler, FS Coester-Waltjen, 2015, 501; zum temporalen Anwendungsbereich BGH MMR 2017, 394); entscheidend ist der Ort der wettbewerblichen Interessenkollision (BGH GRUR 2016, 513). Bei Streudelikten gilt wiederum das Mosaikprinzip → Rn. 5; Mankowski RIW 2008, 188; aber Einschränkung in Art. 6 III lit. b bei Kartellrechtsverstößen). Besteht die Wettbewerbsverletzung wie im Dieselskandal im Vertrieb fehlerhafter Produkte, liegt der Erfolgsort in jedem Mitgliedsstaat, in dem das Produkt vertrieben wird (EuGH BeckRS 2020, 2869 Rn. 39). Art. 6 I findet auch Anwendung auf Verbands-Unterlassungsklagen wegen unzulässiger AGB-Klauseln (EuGH NJW 2016, 2727; LG Frankfurt BeckRS 2020, 8648), soweit es allerdings um die Beurteilung konkreter Vertragsklauseln geht, kommt das nach der Rom I-Verordnung anzuwendende Recht zur Anwendung (sa Stadler VuR 2010, 83 zu BGH EuZW 2009, 907; OLG München VuR 2019, 429). Der Schutzzweck (Interessen der Marktgegenseite bzw anderer Markteilnehmer) verbietet die Zulässigkeit einer Rechtswahl (Art. 6 IV). Für das Verhältnis zur **E-commerce-RL** und dem dort in Art. 6 niedergelegten Herkunftslandprinzip gilt, dass letzteres keine kollisionsrechtliche Sonderanknüpfung bezweckt, sondern ein sachrechtliches Beschränkungsverbot (so EuGH NJW 2012, 137; BGH RIW 2017, 601; NJW 2012, 2197; Grundmann RabelsZ 2002, 268 ff.; Grüneberg/Thorn Art. 6 Rn. 15). Richtet sich die Wettbewerbsverletzung nur gegen **einen bestimmten Konkurrenten** gilt nach Art. 6 II die Grundregel des Art. 4; Bsp: Ausspionieren von Betriebs- und Geschäftsgeheimnissen, Bestechung (str, ob insoweit dann Rechtswahl

nach Art. 14 wieder möglich, befürwortend Wagner IPRax 2008, 8; Leible/Lehmann RIW 2007, 730; BeckOK/Spickhoff Rn. 8; aA PWW/Schaub Art. 6 Rn. 6 mN; Hein RabelsZ 2009, 500); Anwendung von II verneint von BGH MMR 2017, 394 für Automatisierungssoftware für Online-Spiel, das Wettbewerber, aber auch Spieler tangiert). Fälle, in denen tatsächlich „ausschließlich" Interessen des Konkurrenten betroffen sind und keinerlei Drittinteressen anderen Marktteilnehmer, dürften aber die Ausnahme sein; daher insoweit keine strenge Auslegung (so auch Lindacher
8 GRUR Int. 2008, 457 f.; PWW/Schaub Art. 6 Rn. 5). **γ)** Für **Umweltschädigungen (Art. 7)** wurde in Abweichung von der sonstigen Erfolgsortanknüpfung am Ubiquitätsprinzip festgehalten und dem Geschädigten ein **Wahlrecht** eingeräumt (Erwägungsgrund 25 zur bes Relevanz des Handlungsortes im Umweltrecht); der Günstigkeitsvergleich obliegt dem Geschädigten, nicht dem Gericht. Die Wahl kann konkludent erfolgen. Eine Ausweichklausel aufgrund engerer Verbindung fehlt. Staatsvertragliche Regelungen haben auch hier aufgrund von Art. 28 Vorrang. Zur
9 Anwendung bei Klimaklagen s. Kieninger IPRax 2022, 1. **δ) Art. 8** stützt sich für **Rechte des geistigen Eigentums** (Urheberrecht, verwandte Schutzrechte und gewerbliche Schutzrechte) auf das **Schutzlandprinzip (I),** dessen Geltung jedoch nur für staatlich verliehene und damit territorial beschränkte Schutzrechte unstreitig war. Die Anknüpfung lässt weder Rechtswahl zu (III; zu Recht krit PWW/Schaub Art. 8 Rn. 6) noch ein Ausweichen auf Recht mit engerer Verbindung. Eine Sonderregelung trifft II für **unionsweite Schutzrechte** (zB Gemeinschaftsmarke) und stellt auf das Recht des Handlungsortes ab. Werbung und Angebot von sog „Buddy Bots" für das World-of-Warcraft-Computerspiel in Deutschland führt zur Anwendung deutschen Markenrechts (BGH MMR 2017, 394). Bei Verletzungshandlungen in mehreren Mitgliedstaaten ist nicht auf jede einzelne abzustellen, sondern im Wege einer Gesamtwürdigung der Ort der „ursprünglichen Verletzungshandlung" zu bestimmen (EuGH BeckRS 2017, 126271 Rn. 98, 103 [im konkreten Fall Ort, an dem der Prozess der Veröffentlichung eines Web-Angebotes in Gang gesetzt worden
10 ist]). **ε)** Für die deliktischen Schadensfolgen von **Arbeitskampfmaßnahmen** soll Art. 9 vor allem die Anwendung ausländischen Rechts auf inländische Streikmaßnahmen verhindern (Wagner IPRax 2008, 10). Auf eine autonome Begriffsbestimmung von „Arbeitskampfmaßnahmen" wurde angesichts der völlig unterschiedlichen Ansätze in den Mitgliedstaaten verzichtet, es gilt nationales Recht (Erwägungsgrund 27). Str ist die Bestimmung des **Ortes der Arbeitskampfmaßnahme** bei Berührung zu mehreren Staaten wie etwa Pilotenstreik (Leible/Lehmann RIW 2007, 731: Bestimmung von Schwerpunkt notw) oder Streik an Bord von Schiffen. Die hM knüpft für letzteres an das Heimatrecht des Schiffes (RGZ 138, 246; Heinze RabelsZ 2010, 786; Grüneberg/Thorn Art. 9 Rn. 3 [Flagge]; denkbar wäre auch, auf das Recht des Heimathafens oder des Hafens, in dem Arbeitskampf stattfindet, abzustellen (Grüneberg/Thorn Art. 9 Rn. 3 mwN). Art. 14 lässt **Direktklagen gegen den Versicherer** zu, wenn sie nach den dort genannten Rechtsordnungen zulässig sind. Die Vorschrift bestimmt hingegen nicht das für die Verpflichtung des Versicherers oder Versicherungsnehmers anwendbare Recht. Der EuGH betont zu Recht die Alternativität in Art. 14 und lässt die Direktklage zu, wenn sie sich aus dem auf das außervertragliche Schuldverhältnis anwendbaren Recht ergibt – auf das auf den Versicherungsvertrag anzuwendende Recht kommt es dann nicht mehr an (EuGH NJW 2016, 385). Zum Innenausgleich zwischen Haftpflichtversicherern bei Unfall in Deutschland s. Art. 19, 20 iVm Art. 7 IV lit b Rom I VO, hierzu BGH BeckRS 2021, 5499; OLG Karlsruhe BeckRS 2021, 23249; OLG Stuttgart BeckRS 2021, 41769; sa OLG Saarbrücken BeckRS 2021, 4179; OLG Schleswig BeckRS 2021, 4179 je zu Subsidiaritätsklauseln; zu Regressansprüchen gegen Fahrer, BGH BeckRS 2020, 5998 (zu Art. 46d EGBGB).

11 **c) Bereicherungsrecht (Art. 10).** Die Vorschrift unterscheidet nicht wie das deutsche Recht zwischen Leistungs- und Eingriffskondiktion. Da auf die **Rückabwicklung nichtiger Verträge** aber die Rom I-Verordnung zur Anwendung kommt, bleibt für Leistungskondiktionen nur ein enger Anwendungsbereich außer-

halb von Verträgen, etwa bei unterhaltsrechtlichen oder erbrechtlichen Schuldverhältnissen (Leible/Lehmann RIW 2007, 732) bzw einseitigen Versprechen (Grüneberg/Thorn Art. 10 Rn. 7). Art. 10 I enthält – vorbehaltlich Rechtswahl nach Art. 14 – eine **akzessorische Anknüpfung** zu dem gegebenenfalls bestehenden Rechtsverhältnis, hilfsweise gilt das Recht des gemeinsamen gewöhnlichen Aufenthaltes der Parteien (Art. 10 II, Def f. juristische Personen in Art. 23) bzw das Recht des Bereicherungseintritts (Art. 10 III, OLG München BeckRS 2018, 174). **Eingriffskondiktionen** fallen unter Art. 10 I und sind somit deliktsakzessorisch anzuknüpfen (Grüneberg/Thorn Art. 10 Rn. 8; aA PWW/Fehrenbacher Art. 10 Rn. 5; Wagner IPRax 2008, 11; MüKoBGB/Junker Art. 10 Rn. 19, weil Eingriff und unerl Handlung zeitlich meist zusammenfallen und daher kein „bestehendes" Schuldverhältnis existiert [idR wird über Art. 4 I aber ohnehin Gleichlauf erzielt]). Die Ausweichklausel in IV hat angesichts der ohnehin akzessorischen Anknüpfung in I geringe Bedeutung.

d) GoA (Art. 11). Art. 11 sieht eine Anknüpfungsleiter vor, die vorbehaltlich 12
Rechtswahl nach Art. 14 auf akzessorische Anknüpfung an das Rechtsverhältnis der Parteien (I), gemeinsamen gewöhnlichen Aufenthalt der Parteien (II) im Zeitpunkt des schadensbegründenden Ereignisses (bzw Vornahme von Aufwendungen [Wagner IPRax 2008, 1]) und Geschäftsführungsort (III) abstellt. IV enthält wiederum eine Ausweichklausel zugunsten des Rechts mit einer offensichtlich engeren Verbindung. Ein **vertragsakzessorische** Anknüpfung gem I hat keine große praktische Bedeutung, da der Tatbestand der GoA regelmäßig – nicht nur im deutschen Recht – gerade voraussetzt, dass die Geschäftsführung nicht auf einer vertraglichen Beziehung beruht. Sie ist nur dort möglich, wo die Geschäftsführung zwar in Verbindung mit einem Vertrag steht, aber über die damit begründeten Pflichten hinausgeht (f. Treuhand OLG Frankfurt a. M. IPRspr 88, Nr. 13). Als **ges Schuldverhältnisse** iSv I kommen jedoch sachenrechtliche Gemeinschaftsverhältnisse (Miteigentum) oder familienrechtliche Beziehungen in Betracht (Grüneberg/Thorn Art. 11 Rn. 5). Verteilt sich der Geschäftsführungsort auf mehrere Staaten, ist es sachgerecht, auf die erste relevante Handlung abzustellen (so auch PWW/Fehrenbacher Art. 11 Rn. 4; s. auch OLG Köln BeckRS 2018, 33096 f. Verzollungshandlung an der Grenze). Für die **Tilgung fremder Verbindlichkeiten** knüpft die hM über Art. 11 IV an das Statut der getilgten Verbindlichkeit ab (Wagner IPRax 2008, 12; PWW/Fehrenbacher Art. 11 Rn. 6; Grüneberg/Thorn Art. 11 Rn. 6 mwN).

II. Verordnungstext

Das europäische Parlament und der Rat der europäischen Union –

gestützt auf den Vertrag zur Gründung der Europäischen Gemeinschaft, insbesondere auf Artikel 61 Buchstabe c und Artikel 67,

auf Vorschlag der Kommission,

nach Stellungnahme des Europäischen Wirtschafts- und Sozialausschusses,

gemäß dem Verfahren des Artikels 251 des Vertrags, aufgrund des vom Vermittlungsausschuss am 25. Juni 2007 gebilligten gemeinsamen Entwurfs,

in Erwägung nachstehender Gründe:

(1) **Die Gemeinschaft hat sich zum Ziel gesetzt, einen Raum der Freiheit, der Sicherheit und des Rechts zu erhalten und weiterzuentwickeln. Zur schrittweisen Schaffung eines solchen Raums muss die Gemeinschaft im Bereich der justiziellen Zusammenarbeit in Zivilsachen, die einen grenzüberschreitenden Bezug aufweisen, Maßnahmen erlassen, soweit sie für das reibungslose Funktionieren des Binnenmarkts erforderlich sind.**

(2) **Nach Artikel 65 Buchstabe b des Vertrags schließen diese Maßnahmen auch solche ein, die die Vereinbarkeit der in den Mitgliedstaaten gel-**

tenden Kollisionsnormen und Vorschriften zur Vermeidung von Kompetenzkonflikten fördern.

(3) Auf seiner Tagung vom 15. und 16. Oktober 1999 in Tampere hat der Europäische Rat den Grundsatz der gegenseitigen Anerkennung von Urteilen und anderen Entscheidungen von Justizbehörden als Eckstein der justiziellen Zusammenarbeit in Zivilsachen unterstützt und den Rat und die Kommission ersucht, ein Maßnahmenprogramm zur Umsetzung dieses Grundsatzes anzunehmen.

(4) Der Rat hat am 30. November 2000 ein gemeinsames Maßnahmenprogramm der Kommission und des Rates zur Umsetzung des Grundsatzes der gegenseitigen Anerkennung gerichtlicher Entscheidungen in Zivil- und Handelssachen angenommen. Nach dem Programm können Maßnahmen zur Harmonisierung der Kollisionsnormen dazu beitragen, die gegenseitige Anerkennung gerichtlicher Entscheidungen zu vereinfachen.

(5) In dem vom Europäischen Rat am 5. November 2004 angenommenen Haager Programm wurde dazu aufgerufen, die Beratungen über die Regelung der Kollisionsnormen für außervertragliche Schuldverhältnisse („Rom II“) energisch voranzutreiben.

(6) Um den Ausgang von Rechtsstreitigkeiten vorhersehbarer zu machen und die Sicherheit in Bezug auf das anzuwendende Recht sowie den freien Verkehr gerichtlicher Entscheidungen zu fördern, müssen die in den Mitgliedstaaten geltenden Kollisionsnormen im Interesse eines reibungslos funktionierenden Binnenmarkts unabhängig von dem Staat, in dem sich das Gericht befindet, bei dem der Anspruch geltend gemacht wird, dieselben Verweisungen zur Bestimmung des anzuwendenden Rechts vorsehen.

(7) Der materielle Anwendungsbereich und die Bestimmungen dieser Verordnung sollten mit der Verordnung (EG) Nr. 44/2001 des Rates vom 22. Dezember 2000 über die gerichtliche Zuständigkeit und die Anerkennung und Vollstreckung von Entscheidungen in Zivil- und Handelssachen (Brüssel I) und den Instrumenten, die das auf vertragliche Schuldverhältnisse anzuwendende Recht zum Gegenstand haben, in Einklang stehen.

(8) Diese Verordnung ist unabhängig von der Art des angerufenen Gerichts anwendbar.

(9) Forderungen aufgrund von „acta iure imperii“ sollten sich auch auf Forderungen gegen im Namen des Staates handelnde Bedienstete und auf die Haftung für Handlungen öffentlicher Stellen erstrecken, einschließlich der Haftung amtlich ernannter öffentlicher Bediensteter. Sie sollten daher vom Anwendungsbereich dieser Verordnung ausgenommen werden.

(10) Familienverhältnisse sollten die Verwandtschaft in gerader Linie, die Ehe, die Schwägerschaft und die Verwandtschaft in der Seitenlinie umfassen. Die Bezugnahme in Artikel 1 Absatz 2 auf Verhältnisse, die mit der Ehe oder anderen Familienverhältnissen vergleichbare Wirkungen entfalten, sollte nach dem Recht des Mitgliedstaats, in dem sich das angerufene Gericht befindet, ausgelegt werden.

(11) Der Begriff des außervertraglichen Schuldverhältnisses ist von Mitgliedstaat zu Mitgliedstaat verschieden definiert. Im Sinne dieser Verordnung sollte der Begriff des außervertraglichen Schuldverhältnisses daher als autonomer Begriff verstanden werden. Die in dieser Verordnung enthaltenen Regeln des Kollisionsrechts sollten auch für außervertragliche Schuldverhältnisse aus Gefährdungshaftung gelten.

(12) Das anzuwendende Recht sollte auch für die Frage gelten, wer für eine unerlaubte Handlung haftbar gemacht werden kann.

(13) **Wettbewerbsverzerrungen im Verhältnis zwischen Wettbewerbern aus der Gemeinschaft sind vermeidbar, wenn einheitliche Bestimmungen unabhängig von dem durch sie bezeichneten Recht angewandt werden.**

(14) **Das Erfordernis der Rechtssicherheit und die Notwendigkeit, in jedem Einzelfall Recht zu sprechen, sind wesentliche Anforderungen an einen Rechtsraum. Diese Verordnung bestimmt die Anknüpfungskriterien, die zur Erreichung dieser Ziele am besten geeignet sind. Deshalb sieht diese Verordnung neben einer allgemeinen Regel Sonderregeln und, in bestimmten Fällen, eine „Ausweichklausel" vor, die ein Abweichen von diesen Regeln erlaubt, wenn sich aus der Gesamtheit der Umstände ergibt, dass die unerlaubte Handlung eine offensichtlich engere Verbindung mit einem anderen Staat aufweist. Diese Gesamtregelung schafft einen flexiblen Rahmen kollisionsrechtlicher Regelungen. Sie ermöglicht es dem angerufenen Gericht gleichfalls, Einzelfälle in einer angemessenen Weise zu behandeln.**

(15) **Zwar wird in nahezu allen Mitgliedstaaten bei außervertraglichen Schuldverhältnissen grundsätzlich von der lex loci delicti commissi ausgegangen, doch wird dieser Grundsatz in der Praxis unterschiedlich angewandt, wenn sich Sachverhaltselemente des Falles über mehrere Staaten erstrecken. Dies führt zu Unsicherheit in Bezug auf das anzuwendende Recht.**

(16) **Einheitliche Bestimmungen sollten die Vorhersehbarkeit gerichtlicher Entscheidungen verbessern und einen angemessenen Interessenausgleich zwischen Personen, deren Haftung geltend gemacht wird, und Geschädigten gewährleisten. Die Anknüpfung an den Staat, in dem der Schaden selbst eingetreten ist (lex loci damni), schafft einen gerechten Ausgleich zwischen den Interessen der Person, deren Haftung geltend gemacht wird, und der Person, die geschädigt wurde, und entspricht der modernen Konzeption der zivilrechtlichen Haftung und der Entwicklung der Gefährdungshaftung.**

(17) **Das anzuwendende Recht sollte das Recht des Staates sein, in dem der Schaden eintritt, und zwar unabhängig von dem Staat oder den Staaten, in dem bzw denen die indirekten Folgen auftreten könnten. Daher sollte bei Personen- oder Sachschäden der Staat, in dem der Schaden eintritt, der Staat sein, in dem die Verletzung erlitten beziehungsweise die Sache beschädigt wurde.**

(18) **Als allgemeine Regel in dieser Verordnung sollte die „lex loci damni" nach Artikel 4 Absatz 1 gelten. Artikel 4 Absatz 2 sollte als Ausnahme von dieser allgemeinen Regel verstanden werden; durch diese Ausnahme wird eine besondere Anknüpfung für Fälle geschaffen, in denen die Parteien ihren gewöhnlichen Aufenthalt in demselben Staat haben. Artikel 4 Absatz 3 sollte als „Ausweichklausel" zu Artikel 4 Absätze 1 und 2 betrachtet werden, wenn sich aus der Gesamtheit der Umstände ergibt, dass die unerlaubte Handlung eine offensichtlich engere Verbindung mit einem anderen Staat aufweist.**

(19) **Für besondere unerlaubte Handlungen, bei denen die allgemeine Kollisionsnorm nicht zu einem angemessenen Interessenausgleich führt, sollten besondere Bestimmungen vorgesehen werden.**

(20) **Die Kollisionsnorm für die Produkthaftung sollte für eine gerechte Verteilung der Risiken einer modernen, hochtechnisierten Gesellschaft sorgen, die Gesundheit der Verbraucher schützen, Innovationsanreize geben, einen unverfälschten Wettbewerb gewährleisten und den Handel erleichtern. Die Schaffung einer Anknüpfungsleiter stellt, zusammen mit einer Vorhersehbarkeitsklausel, im Hinblick auf diese Ziele eine ausgewogene Lösung dar. Als erstes Element ist das Recht des**

Staates zu berücksichtigen, in dem die geschädigte Person beim Eintritt des Schadens ihren gewöhnlichen Aufenthalt hatte, sofern das Produkt in diesem Staat in den Verkehr gebracht wurde. Die weiteren Elemente der Anknüpfungsleiter kommen zur Anwendung, wenn das Produkt nicht in diesem Staat in Verkehr gebracht wurde, unbeschadet von Artikel 4 Absatz 2 und der Möglichkeit einer offensichtlich engeren Verbindung mit einem anderen Staat.

(21) **Die Sonderregel nach Artikel 6 stellt keine Ausnahme von der allgemeinen Regel nach Artikel 4 Absatz 1 dar, sondern vielmehr eine Präzisierung derselben. Im Bereich des unlauteren Wettbewerbs sollte die Kollisionsnorm die Wettbewerber, die Verbraucher und die Öffentlichkeit schützen und das reibungslose Funktionieren der Marktwirtschaft sicherstellen. Durch eine Anknüpfung an das Recht des Staates, in dessen Gebiet die Wettbewerbsbeziehungen oder die kollektiven Interessen der Verbraucher beeinträchtigt worden sind oder beeinträchtigt zu werden drohen, können diese Ziele im Allgemeinen erreicht werden.**

(22) **Außervertragliche Schuldverhältnisse, die aus einem den Wettbewerb einschränkenden Verhalten nach Artikel 6 Absatz 3 entstanden sind, sollten sich auf Verstöße sowohl gegen nationale als auch gegen gemeinschaftliche Wettbewerbsvorschriften erstrecken. Auf solche außervertraglichen Schuldverhältnisse sollte das Recht des Staates anzuwenden sein, in dessen Gebiet sich die Einschränkung auswirkt oder auszuwirken droht. Wird der Markt in mehr als einem Staat beeinträchtigt oder wahrscheinlich beeinträchtigt, so sollte der Geschädigte seinen Anspruch unter bestimmten Umständen auf das Recht des Mitgliedstaats des angerufenen Gerichts stützen können.**

(23) **Für die Zwecke dieser Verordnung sollte der Begriff der Einschränkung des Wettbewerbs Verbote von Vereinbarungen zwischen Unternehmen, Beschlüssen von Unternehmensvereinigungen und abgestimmten Verhaltensweisen, die eine Verhinderung, Einschränkung oder Verfälschung des Wettbewerbs in einem Mitgliedstaat oder innerhalb des Binnenmarktes bezwecken oder bewirken, sowie das Verbot der missbräuchlichen Ausnutzung einer beherrschenden Stellung in einem Mitgliedstaat oder innerhalb des Binnenmarktes erfassen, sofern solche Vereinbarungen, Beschlüsse, abgestimmte Verhaltensweisen oder Missbräuche nach den Artikeln 81 und 82 des Vertrags oder dem Recht eines Mitgliedstaats verboten sind.**

(24) **„Umweltschaden" sollte eine nachteilige Veränderung einer natürlichen Ressource, wie Wasser, Boden oder Luft, eine Beeinträchtigung einer Funktion, die eine natürliche Ressource zum Nutzen einer anderen natürlichen Ressource oder der Öffentlichkeit erfüllt, oder eine Beeinträchtigung der Variabilität unter lebenden Organismen umfassen.**

(25) **Im Falle von Umweltschäden rechtfertigt Artikel 174 des Vertrags, wonach ein hohes Schutzniveau erreicht werden sollte, und der auf den Grundsätzen der Vorsorge und Vorbeugung, auf dem Grundsatz, Umweltbeeinträchtigungen vorrangig an ihrem Ursprung zu bekämpfen, sowie auf dem Verursacherprinzip beruht, in vollem Umfang die Anwendung des Grundsatzes der Begünstigung des Geschädigten. Die Frage, wann der Geschädigte die Wahl des anzuwendenden Rechts zu treffen hat, sollte nach dem Recht des Mitgliedstaats des angerufenen Gerichts entschieden werden.**

(26) **Bei einer Verletzung von Rechten des geistigen Eigentums gilt es, den allgemein anerkannten Grundsatz der lex loci protectionis zu wahren. Im Sinne dieser Verordnung sollte der Ausdruck „Rechte des geistigen**

Eigentums" dahin interpretiert werden, dass er beispielsweise Urheberrechte, verwandte Schutzrechte, das Schutzrecht sui generis für Datenbanken und gewerbliche Schutzrechte umfasst.

(27) **Die exakte Definition des Begriffs „Arbeitskampfmaßnahmen", beispielsweise Streikaktionen oder Aussperrung, ist von Mitgliedstaat zu Mitgliedstaat verschieden und unterliegt den innerstaatlichen Vorschriften der einzelnen Mitgliedstaaten. Daher wird in dieser Verordnung grundsätzlich davon ausgegangen, dass das Recht des Staates anzuwenden ist, in dem die Arbeitskampfmaßnahmen ergriffen wurden, mit dem Ziel, die Rechte und Pflichten der Arbeitnehmer und der Arbeitgeber zu schützen.**

(28) **Die Sonderbestimmung für Arbeitskampfmaßnahmen nach Artikel 9 lässt die Bedingungen für die Durchführung solcher Maßnahmen nach nationalem Recht und die im Recht der Mitgliedstaaten vorgesehene Rechtsstellung der Gewerkschaften oder der repräsentativen Arbeitnehmerorganisationen unberührt.**

(29) **Für Schäden, die aufgrund einer anderen Handlung als aus unerlaubter Handlung, wie ungerechtfertigter Bereicherung, Geschäftsführung ohne Auftrag oder Verschulden bei Vertragsverhandlungen, entstanden sind, sollten Sonderbestimmungen vorgesehen werden.**

(30) **Der Begriff des Verschuldens bei Vertragsverhandlungen ist für die Zwecke dieser Verordnung als autonomer Begriff zu verstehen und sollte daher nicht zwangsläufig im Sinne des nationalen Rechts ausgelegt werden. Er sollte die Verletzung der Offenlegungspflicht und den Abbruch von Vertragsverhandlungen einschließen. Artikel 12 gilt nur für außervertragliche Schuldverhältnisse, die in unmittelbarem Zusammenhang mit den Verhandlungen vor Abschluss eines Vertrags stehen. So sollten in den Fällen, in denen einer Person während der Vertragsverhandlungen ein Personenschaden zugefügt wird, Artikel 4 oder andere einschlägige Bestimmungen dieser Verordnung zur Anwendung gelangen.**

(31) **Um den Grundsatz der Parteiautonomie zu achten und die Rechtssicherheit zu verbessern, sollten die Parteien das auf ein außervertragliches Schuldverhältnis anzuwendende Recht wählen können. Die Rechtswahl sollte ausdrücklich erfolgen oder sich mit hinreichender Sicherheit aus den Umständen des Falles ergeben. Bei der Prüfung, ob eine solche Rechtswahl vorliegt, hat das Gericht den Willen der Parteien zu achten. Die Möglichkeit der Rechtswahl sollte zum Schutz der schwächeren Partei mit bestimmten Bedingungen versehen werden.**

(32) **Gründe des öffentlichen Interesses rechtfertigen es, dass die Gerichte der Mitgliedstaaten unter außergewöhnlichen Umständen die Vorbehaltsklausel (ordre public) und Eingriffsnormen anwenden können. Insbesondere kann die Anwendung einer Norm des nach dieser Verordnung bezeichneten Rechts, die zur Folge haben würde, dass ein unangemessener, über den Ausgleich des entstandenen Schadens hinausgehender Schadensersatz mit abschreckender Wirkung oder Strafschadensersatz zugesprochen werden könnte, je nach der Rechtsordnung des Mitgliedstaats des angerufenen Gerichts als mit der öffentlichen Ordnung („ordre public") dieses Staates unvereinbar angesehen werden.**

(33) **Gemäß den geltenden nationalen Bestimmungen über den Schadensersatz für Opfer von Straßenverkehrsunfällen sollte das befasste Gericht bei der Schadensberechnung für Personenschäden in Fällen, in denen sich der Unfall in einem anderem Staat als dem des gewöhnlichen Aufenthalts des Opfers ereignet, alle relevanten tatsächlichen Umstände des jeweiligen Opfers berücksichtigen, insbesondere ein-**

schließlich tatsächlicher Verluste und Kosten für Nachsorge und medizinische Versorgung.

(34) Zur Wahrung eines angemessenen Interessenausgleichs zwischen den Parteien müssen, soweit dies angemessen ist, die Sicherheits- und Verhaltensregeln des Staates, in dem die schädigende Handlung begangen wurde, selbst dann beachtet werden, wenn auf das außervertragliche Schuldverhältnis das Recht eines anderen Staates anzuwenden ist. Der Begriff „Sicherheits- und Verhaltensregeln" ist in dem Sinne auszulegen, dass er sich auf alle Vorschriften bezieht, die in Zusammenhang mit Sicherheit und Verhalten stehen, einschließlich beispielsweise der Straßenverkehrssicherheit im Falle eines Unfalls.

(35) Die Aufteilung der Kollisionsnormen auf zahlreiche Rechtsakte sowie Unterschiede zwischen diesen Normen sollten vermieden werden. Diese Verordnung schließt jedoch die Möglichkeit der Aufnahme von Kollisionsnormen für außervertragliche Schuldverhältnisse in Vorschriften des Gemeinschaftsrechts in Bezug auf besondere Gegenstände nicht aus.

Diese Verordnung sollte die Anwendung anderer Rechtsakte nicht ausschließen, die Bestimmungen enthalten, die zum reibungslosen Funktionieren des Binnenmarkts beitragen sollen, soweit sie nicht in Verbindung mit dem Recht angewendet werden können, auf das die Regeln dieser Verordnung verweisen. Die Anwendung der Vorschriften im anzuwendenden Recht, die durch die Bestimmungen dieser Verordnung berufen wurden, sollte nicht die Freiheit des Waren- und Dienstleistungsverkehrs, wie sie in den Rechtsinstrumenten der Gemeinschaft wie der Richtlinie 2000/31/EG des Europäischen Parlaments und des Rates vom 8.6.2000 über bestimmte rechtliche Aspekte der Dienste der Informationsgesellschaft, insbesondere des elektronischen Geschäftsverkehrs, im Binnenmarkt („Richtlinie über den elektronischen Geschäftsverkehr") ausgestaltet ist, beschränken.

(36) Um die internationalen Verpflichtungen, die die Mitgliedstaaten eingegangen sind, zu wahren, darf sich die Verordnung nicht auf internationale Übereinkommen auswirken, denen ein oder mehrere Mitgliedstaaten zum Zeitpunkt der Annahme dieser Verordnung angehören. Um den Zugang zu den Rechtsakten zu erleichtern, sollte die Kommission anhand der Angaben der Mitgliedstaaten ein Verzeichnis der betreffenden Übereinkommen im Amtsblatt der Europäischen Union veröffentlichen.

(37) Die Kommission wird dem Europäischen Parlament und dem Rat einen Vorschlag unterbreiten, nach welchen Verfahren und unter welchen Bedingungen die Mitgliedstaaten in Einzel- und Ausnahmefällen in eigenem Namen Übereinkünfte mit Drittländern über sektorspezifische Fragen aushandeln und abschließen dürfen, die Bestimmungen über das auf außervertragliche Schuldverhältnisse anzuwendende Recht enthalten.

(38) Da das Ziel dieser Verordnung auf Ebene der Mitgliedstaaten nicht ausreichend verwirklicht werden kann und daher wegen des Umfangs und der Wirkungen der Verordnung besser auf Gemeinschaftsebene zu verwirklichen ist, kann die Gemeinschaft im Einklang mit dem in Artikel 5 des Vertrags niedergelegten Subsidiaritätsprinzip tätig werden. Entsprechend dem ebenfalls in diesem Artikel festgelegten Grundsatz der Verhältnismäßigkeit geht diese Verordnung nicht über das für die Erreichung dieses Ziels erforderliche Maß hinaus.

(39) Gemäß Artikel 3 des Protokolls über die Position des Vereinigten Königreichs und Irlands im Anhang zum Vertrag über die Europäische Union und im Anhang zum Vertrag zur Gründung der Europäischen

Gemeinschaft beteiligen sich das Vereinigte Königreich und Irland an der Annahme und Anwendung dieser Verordnung.

(40) **Gemäß den Artikeln 1 und 2 des dem Vertrag über die Europäische Union und dem Vertrag zur Gründung der Europäischen Gemeinschaft beigefügten Protokolls über die Position Dänemarks beteiligt sich Dänemark nicht an der Annahme dieser Verordnung, die für Dänemark nicht bindend oder anwendbar ist –**

haben folgende Verordnung erlassen:

Kapitel I. Anwendungsbereich

Art. 1 Anwendungsbereich

(1) **Diese Verordnung gilt für außervertragliche Schuldverhältnisse in Zivil- und Handelssachen, die eine Verbindung zum Recht verschiedener Staaten aufweisen. Sie gilt insbesondere nicht für Steuer- und Zollsachen, verwaltungsrechtliche Angelegenheiten oder die Haftung des Staates für Handlungen oder Unterlassungen im Rahmen der Ausübung hoheitlicher Rechte („acta iure imperii“).**

(2) **Vom Anwendungsbereich dieser Verordnung ausgenommen sind**

a) außervertragliche Schuldverhältnisse aus einem Familienverhältnis oder aus Verhältnissen, die nach dem auf diese Verhältnisse anzuwendenden Recht vergleichbare Wirkungen entfalten, einschließlich der Unterhaltspflichten;

b) außervertragliche Schuldverhältnisse aus ehelichen Güterständen, aus Güterständen aufgrund von Verhältnissen, die nach dem auf diese Verhältnisse anzuwendenden Recht mit der Ehe vergleichbare Wirkungen entfalten, und aus Testamenten und Erbrecht;

c) außervertragliche Schuldverhältnisse aus Wechseln, Schecks, Eigenwechseln und anderen handelbaren Wertpapieren, sofern die Verpflichtungen aus diesen anderen Wertpapieren aus deren Handelbarkeit entstehen;

d) außervertragliche Schuldverhältnisse, die sich aus dem Gesellschaftsrecht, dem Vereinsrecht und dem Recht der juristischen Personen ergeben, wie die Errichtung durch Eintragung oder auf andere Weise, die Rechts- und Handlungsfähigkeit, die innere Verfassung und die Auflösung von Gesellschaften, Vereinen und juristischen Personen, die persönliche Haftung der Gesellschafter und der Organe für die Verbindlichkeiten einer Gesellschaft, eines Vereins oder einer juristischen Person sowie die persönliche Haftung der Rechnungsprüfer gegenüber einer Gesellschaft oder ihren Gesellschaftern bei der Pflichtprüfung der Rechnungslegungsunterlagen;

e) außervertragliche Schuldverhältnisse aus den Beziehungen zwischen den Verfügenden, den Treuhändern und den Begünstigten eines durch Rechtsgeschäft errichteten „Trusts“;

f) außervertragliche Schuldverhältnisse, die sich aus Schäden durch Kernenergie ergeben;

g) außervertragliche Schuldverhältnisse aus der Verletzung der Privatsphäre oder der Persönlichkeitsrechte, einschließlich der Verleumdung.

(3) **Diese Verordnung gilt unbeschadet der Artikel 21 und 22 nicht für den Beweis und das Verfahren.**

(4) **Im Sinne dieser Verordnung bezeichnet der Begriff „Mitgliedstaat“ jeden Mitgliedstaat mit Ausnahme Dänemarks.**

Art. 2 Außervertragliche Schuldverhältnisse

(1) Im Sinne dieser Verordnung umfasst der Begriff des Schadens sämtliche Folgen einer unerlaubten Handlung, einer ungerechtfertigten Bereicherung, einer Geschäftsführung ohne Auftrag („Negotiorum gestio") oder eines Verschuldens bei Vertragsverhandlungen („Culpa in contrahendo").

(2) Diese Verordnung gilt auch für außervertragliche Schuldverhältnisse, deren Entstehen wahrscheinlich ist.

(3) Sämtliche Bezugnahmen in dieser Verordnung auf
a) ein schadensbegründendes Ereignis gelten auch für schadensbegründende Ereignisse, deren Eintritt wahrscheinlich ist, und
b) einen Schaden gelten auch für Schäden, deren Eintritt wahrscheinlich ist.

Art. 3 Universelle Anwendung

Das nach dieser Verordnung bezeichnete Recht ist auch dann anzuwenden, wenn es nicht das Recht eines Mitgliedstaats ist.

Kapitel II. Unerlaubte Handlungen

Art. 4 Allgemeine Kollisionsnorm

(1) Soweit in dieser Verordnung nichts anderes vorgesehen ist, ist auf ein außervertragliches Schuldverhältnis aus unerlaubter Handlung das Recht des Staates anzuwenden, in dem der Schaden eintritt, unabhängig davon, in welchem Staat das schadensbegründende Ereignis oder indirekte Schadensfolgen eingetreten sind.

(2) Haben jedoch die Person, deren Haftung geltend gemacht wird, und die Person, die geschädigt wurde, zum Zeitpunkt des Schadenseintritts ihren gewöhnlichen Aufenthalt in demselben Staat, so unterliegt die unerlaubte Handlung dem Recht dieses Staates.

(3) Ergibt sich aus der Gesamtheit der Umstände, dass die unerlaubte Handlung eine offensichtlich engere Verbindung mit einem anderen als dem in den Absätzen 1 oder 2 bezeichneten Staat aufweist, so ist das Recht dieses anderen Staates anzuwenden. Eine offensichtlich engere Verbindung mit einem anderen Staat könnte sich insbesondere aus einem bereits bestehenden Rechtsverhältnis zwischen den Parteien – wie einem Vertrag – ergeben, das mit der betreffenden unerlaubten Handlung in enger Verbindung steht.

Art. 5 Produkthaftung

(1) Unbeschadet des Artikels 4 Absatz 2 ist auf ein außervertragliches Schuldverhältnis im Falle eines Schadens durch ein Produkt folgendes Recht anzuwenden:
a) das Recht des Staates, in dem die geschädigte Person beim Eintritt des Schadens ihren gewöhnlichen Aufenthalt hatte, sofern das Produkt in diesem Staat in Verkehr gebracht wurde, oder anderenfalls
b) das Recht des Staates, in dem das Produkt erworben wurde, falls das Produkt in diesem Staat in Verkehr gebracht wurde, oder anderenfalls
c) das Recht des Staates, in dem der Schaden eingetreten ist, falls das Produkt in diesem Staat in Verkehr gebracht wurde.

Jedoch ist das Recht des Staates anzuwenden, in dem die Person, deren Haftung geltend gemacht wird, ihren gewöhnlichen Aufenthalt hat, wenn sie das Inverkehrbringen des Produkts oder eines gleichartigen Produkts in dem Staat, dessen Recht nach den Buchstaben a, b oder c anzuwenden ist, vernünftigerweise nicht voraussehen konnte.

(2) **Ergibt sich aus der Gesamtheit der Umstände, dass die unerlaubte Handlung eine offensichtlich engere Verbindung mit einem anderen als dem in Absatz 1 bezeichneten Staat aufweist, so ist das Recht dieses anderen Staates anzuwenden. Eine offensichtlich engere Verbindung mit einem anderen Staat könnte sich insbesondere aus einem bereits bestehenden Rechtsverhältnis zwischen den Parteien – wie einem Vertrag – ergeben, das mit der betreffenden unerlaubten Handlung in enger Verbindung steht.**

Art. 6 Unlauterer Wettbewerb und den freien Wettbewerb einschränkendes Verhalten

(1) **Auf außervertragliche Schuldverhältnisse aus unlauterem Wettbewerbsverhalten ist das Recht des Staates anzuwenden, in dessen Gebiet die Wettbewerbsbeziehungen oder die kollektiven Interessen der Verbraucher beeinträchtigt worden sind oder wahrscheinlich beeinträchtigt werden.**

(2) **Beeinträchtigt ein unlauteres Wettbewerbsverhalten ausschließlich die Interessen eines bestimmten Wettbewerbers, ist Artikel 4 anwendbar.**

(3)

a) **Auf außervertragliche Schuldverhältnisse aus einem den Wettbewerb einschränkenden Verhalten ist das Recht des Staates anzuwenden, dessen Markt beeinträchtigt ist oder wahrscheinlich beeinträchtigt wird.**

b) **Wird der Markt in mehr als einem Staat beeinträchtigt oder wahrscheinlich beeinträchtigt, so kann ein Geschädigter, der vor einem Gericht im Mitgliedstaat des Wohnsitzes des Beklagten klagt, seinen Anspruch auf das Recht des Mitgliedstaats des angerufenen Gerichts stützen, sofern der Markt in diesem Mitgliedstaat zu den Märkten gehört, die unmittelbar und wesentlich durch das den Wettbewerb einschränkende Verhalten beeinträchtigt sind, das das außervertragliche Schuldverhältnis begründet, auf welches sich der Anspruch stützt; klagt der Kläger gemäß den geltenden Regeln über die gerichtliche Zuständigkeit vor diesem Gericht gegen mehr als einen Beklagten, so kann er seinen Anspruch nur dann auf das Recht dieses Gerichts stützen, wenn das den Wettbewerb einschränkende Verhalten, auf das sich der Anspruch gegen jeden dieser Beklagten stützt, auch den Markt im Mitgliedstaat dieses Gerichts unmittelbar und wesentlich beeinträchtigt.**

(4) **Von dem nach diesem Artikel anzuwendenden Recht kann nicht durch eine Vereinbarung gemäß Artikel 14 abgewichen werden.**

Art. 7 Umweltschädigung

Auf außervertragliche Schuldverhältnisse aus einer Umweltschädigung oder einem aus einer solchen Schädigung herrührenden Personen- oder Sachschaden ist das nach Artikel 4 Absatz 1 geltende Recht anzuwenden, es sei denn, der Geschädigte hat sich dazu entschieden, seinen Anspruch auf das Recht des Staates zu stützen, in dem das schadensbegründende Ereignis eingetreten ist.

Art. 8 Verletzung von Rechten des geistigen Eigentums

(1) **Auf außervertragliche Schuldverhältnisse aus einer Verletzung von Rechten des geistigen Eigentums ist das Recht des Staates anzuwenden, für den der Schutz beansprucht wird.**

(2) **Bei außervertraglichen Schuldverhältnissen aus einer Verletzung von gemeinschaftsweit einheitlichen Rechten des geistigen Eigentums ist auf Fragen, die nicht unter den einschlägigen Rechtsakt der Gemeinschaft fallen, das Recht des Staates anzuwenden, in dem die Verletzung begangen wurde.**

(3) **Von dem nach diesem Artikel anzuwendenden Recht kann nicht durch eine Vereinbarung nach Artikel 14 abgewichen werden.**

Art. 9 Arbeitskampfmaßnahmen

Unbeschadet des Artikels 4 Absatz 2 ist auf außervertragliche Schuldverhältnisse in Bezug auf die Haftung einer Person in ihrer Eigenschaft als Arbeitnehmer oder Arbeitgeber oder der Organisationen, die deren berufliche Interessen vertreten, für Schäden, die aus bevorstehenden oder durchgeführten Arbeitskampfmaßnahmen entstanden sind, das Recht des Staates anzuwenden, in dem die Arbeitskampfmaßnahme erfolgen soll oder erfolgt ist.

Kapitel III. Ungerechtfertigte Bereicherung, Geschäftsführung ohne Auftrag und Verschulden bei Vertragsverhandlungen

Art. 10 Ungerechtfertigte Bereicherung

(1) **Knüpft ein außervertragliches Schuldverhältnis aus ungerechtfertigter Bereicherung, einschließlich von Zahlungen auf eine nicht bestehende Schuld, an ein zwischen den Parteien bestehendes Rechtsverhältnis – wie einen Vertrag oder eine unerlaubte Handlung – an, das eine enge Verbindung mit dieser ungerechtfertigten Bereicherung aufweist, so ist das Recht anzuwenden, dem dieses Rechtsverhältnis unterliegt.**

(2) **Kann das anzuwendende Recht nicht nach Absatz 1 bestimmt werden und haben die Parteien zum Zeitpunkt des Eintritts des Ereignisses, das die ungerechtfertigte Bereicherung zur Folge hat, ihren gewöhnlichen Aufenthalt in demselben Staat, so ist das Recht dieses Staates anzuwenden.**

(3) **Kann das anzuwendende Recht nicht nach den Absätzen 1 oder 2 bestimmt werden, so ist das Recht des Staates anzuwenden, in dem die ungerechtfertigte Bereicherung eingetreten ist.**

(4) **Ergibt sich aus der Gesamtheit der Umstände, dass das außervertragliche Schuldverhältnis aus ungerechtfertigter Bereicherung eine offensichtlich engere Verbindung mit einem anderen als dem in den Absätzen 1, 2 und 3 bezeichneten Staat aufweist, so ist das Recht dieses anderen Staates anzuwenden.**

Art. 11 Geschäftsführung ohne Auftrag

(1) **Knüpft ein außervertragliches Schuldverhältnis aus Geschäftsführung ohne Auftrag an ein zwischen den Parteien bestehendes Rechtsverhältnis – wie einen Vertrag oder eine unerlaubte Handlung – an, das eine enge Ver-**

bindung mit dieser Geschäftsführung ohne Auftrag aufweist, so ist das Recht anzuwenden, dem dieses Rechtsverhältnis unterliegt.

(2) **Kann das anzuwendende Recht nicht nach Absatz 1 bestimmt werden und haben die Parteien zum Zeitpunkt des Eintritts des schadensbegründenden Ereignisses ihren gewöhnlichen Aufenthalt in demselben Staat, so ist das Recht dieses Staates anzuwenden.**

(3) **Kann das anzuwendende Recht nicht nach den Absätzen 1 oder 2 bestimmt werden, so ist das Recht des Staates anzuwenden, in dem die Geschäftsführung erfolgt ist.**

(4) **Ergibt sich aus der Gesamtheit der Umstände, dass das außervertragliche Schuldverhältnis aus Geschäftsführung ohne Auftrag eine offensichtlich engere Verbindung mit einem anderen als dem in den Absätzen 1, 2 und 3 bezeichneten Staat aufweist, so ist das Recht dieses anderen Staates anzuwenden.**

Art. 12 Verschulden bei Vertragsverhandlungen

(1) **Auf außervertragliche Schuldverhältnisse aus Verhandlungen vor Abschluss eines Vertrags, unabhängig davon, ob der Vertrag tatsächlich geschlossen wurde oder nicht, ist das Recht anzuwenden, das auf den Vertrag anzuwenden ist oder anzuwenden gewesen wäre, wenn er geschlossen worden wäre.**

(2) **Kann das anzuwendende Recht nicht nach Absatz 1 bestimmt werden, so ist das anzuwendende Recht**

a) **das Recht des Staates, in dem der Schaden eingetreten ist, unabhängig davon, in welchem Staat das schadensbegründende Ereignis oder indirekte Schadensfolgen eingetreten sind, oder,**
b) **wenn die Parteien zum Zeitpunkt des Eintritts des schadensbegründenden Ereignisses ihren gewöhnlichen Aufenthalt in demselben Staat haben, das Recht dieses Staates, oder,**
c) **wenn sich aus der Gesamtheit der Umstände ergibt, dass das außervertragliche Schuldverhältnis aus Verhandlungen vor Abschluss eines Vertrags eine offensichtlich engere Verbindung mit einem anderen als dem in den Buchstaben a oder b bezeichneten Staat aufweist, das Recht dieses anderen Staates.**

Art. 13 Anwendbarkeit des Artikels 8

Auf außervertragliche Schuldverhältnisse aus einer Verletzung von Rechten des geistigen Eigentums ist für die Zwecke dieses Kapitels Artikel 8 anzuwenden.

Kapitel IV. Freie Rechtswahl

Art. 14 Freie Rechtswahl

(1) **Die Parteien können das Recht wählen, dem das außervertragliche Schuldverhältnis unterliegen soll:**

a) **durch eine Vereinbarung nach Eintritt des schadensbegründenden Ereignisses;**
oder

b) wenn alle Parteien einer kommerziellen Tätigkeit nachgehen, auch durch eine vor Eintritt des schadensbegründenden Ereignisses frei ausgehandelte Vereinbarung.
Die Rechtswahl muss ausdrücklich erfolgen oder sich mit hinreichender Sicherheit aus den Umständen des Falles ergeben und lässt Rechte Dritter unberührt.

(2) **Sind alle Elemente des Sachverhalts zum Zeitpunkt des Eintritts des schadensbegründenden Ereignisses in einem anderen als demjenigen Staat belegen, dessen Recht gewählt wurde, so berührt die Rechtswahl der Parteien nicht die Anwendung derjenigen Bestimmungen des Rechts dieses anderen Staates, von denen nicht durch Vereinbarung abgewichen werden kann.**

(3) **Sind alle Elemente des Sachverhalts zum Zeitpunkt des Eintritts des schadensbegründenden Ereignisses in einem oder mehreren Mitgliedstaaten belegen, so berührt die Wahl des Rechts eines Drittstaats durch die Parteien nicht die Anwendung – gegebenenfalls in der von dem Mitgliedstaat des angerufenen Gerichts umgesetzten Form – der Bestimmungen des Gemeinschaftsrechts, von denen nicht durch Vereinbarung abgewichen werden kann.**

Kapitel V. Gemeinsame Vorschriften

Art. 15 Geltungsbereich des anzuwendenden Rechts

Das nach dieser Verordnung auf außervertragliche Schuldverhältnisse anzuwendende Recht ist insbesondere maßgebend für
a) den Grund und den Umfang der Haftung einschließlich der Bestimmung der Personen, die für ihre Handlungen haftbar gemacht werden können;
b) die Haftungsausschlussgründe sowie jede Beschränkung oder Teilung der Haftung;
c) das Vorliegen, die Art und die Bemessung des Schadens oder der geforderten Wiedergutmachung;
d) die Maßnahmen, die ein Gericht innerhalb der Grenzen seiner verfahrensrechtlichen Befugnisse zur Vorbeugung, zur Beendigung oder zum Ersatz des Schadens anordnen kann;
e) die Übertragbarkeit, einschließlich der Vererbbarkeit, des Anspruchs auf Schadenersatz oder Wiedergutmachung;
f) die Personen, die Anspruch auf Ersatz eines persönlich erlittenen Schadens haben;
g) die Haftung für die von einem anderen begangenen Handlungen;
h) die Bedingungen für das Erlöschen von Verpflichtungen und die Vorschriften über die Verjährung und die Rechtsverluste, einschließlich der Vorschriften über den Beginn, die Unterbrechung und die Hemmung der Verjährungsfristen und der Fristen für den Rechtsverlust.

Art. 16 Eingriffsnormen

Diese Verordnung berührt nicht die Anwendung der nach dem Recht des Staates des angerufenen Gerichts geltenden Vorschriften, die ohne Rücksicht auf das für das außervertragliche Schuldverhältnis maßgebende Recht den Sachverhalt zwingend regeln.

Art. 17 Sicherheits- und Verhaltensregeln

Bei der Beurteilung des Verhaltens der Person, deren Haftung geltend gemacht wird, sind faktisch und soweit angemessen die Sicherheits- und Verhaltensregeln zu berücksichtigen, die an dem Ort und zu dem Zeitpunkt des haftungsbegründenden Ereignisses in Kraft sind.

Art. 18 Direktklage gegen den Versicherer des Haftenden

Der Geschädigte kann seinen Anspruch direkt gegen den Versicherer des Haftenden geltend machen, wenn dies nach dem auf das außervertragliche Schuldverhältnis oder nach dem auf den Versicherungsvertrag anzuwendenden Recht vorgesehen ist.

Art. 19 Gesetzlicher Forderungsübergang

Hat eine Person („der Gläubiger") aufgrund eines außervertraglichen Schuldverhältnisses eine Forderung gegen eine andere Person („den Schuldner") und hat ein Dritter die Verpflichtung, den Gläubiger zu befriedigen, oder befriedigt er den Gläubiger aufgrund dieser Verpflichtung, so bestimmt das für die Verpflichtung des Dritten gegenüber dem Gläubiger maßgebende Recht, ob und in welchem Umfang der Dritte die Forderung des Gläubigers gegen den Schuldner nach dem für deren Beziehungen maßgebenden Recht geltend zu machen berechtigt ist.

Art. 20 Mehrfache Haftung

Hat ein Gläubiger eine Forderung gegen mehrere für dieselbe Forderung haftende Schuldner und ist er von einem der Schuldner vollständig oder teilweise befriedigt worden, so bestimmt sich der Anspruch dieses Schuldners auf Ausgleich durch die anderen Schuldner nach dem Recht, das auf die Verpflichtung dieses Schuldners gegenüber dem Gläubiger aus dem außervertraglichen Schuldverhältnis anzuwenden ist.

Art. 21 Form

Eine einseitige Rechtshandlung, die ein außervertragliches Schuldverhältnis betrifft, ist formgültig, wenn sie die Formerfordernisse des für das betreffende außervertragliche Schuldverhältnis maßgebenden Rechts oder des Rechts des Staates, in dem sie vorgenommen wurde, erfüllt.

Art. 22 Beweis

(1) **Das nach dieser Verordnung für das außervertragliche Schuldverhältnis maßgebende Recht ist insoweit anzuwenden, als es für außervertragliche Schuldverhältnisse gesetzliche Vermutungen aufstellt oder die Beweislast verteilt.**

(2) **Zum Beweis einer Rechtshandlung sind alle Beweisarten des Rechts des angerufenen Gerichts oder eines der in Artikel 21 bezeichneten Rechte, nach denen die Rechtshandlung formgültig ist, zulässig, sofern der Beweis in dieser Art vor dem angerufenen Gericht erbracht werden kann.**

Kapitel VI. Sonstige Vorschriften

Art. 23 Gewöhnlicher Aufenthalt

(1) **Für die Zwecke dieser Verordnung ist der Ort des gewöhnlichen Aufenthalts von Gesellschaften, Vereinen und juristischen Personen der Ort ihrer Hauptverwaltung.**

Wenn jedoch das schadensbegründende Ereignis oder der Schaden aus dem Betrieb einer Zweigniederlassung, einer Agentur oder einer sonstigen Niederlassung herrührt, steht dem Ort des gewöhnlichen Aufenthalts der Ort gleich, an dem sich diese Zweigniederlassung, Agentur oder sonstige Niederlassung befindet.

(2) **Im Sinne dieser Verordnung ist der gewöhnliche Aufenthalt einer natürlichen Person, die im Rahmen der Ausübung ihrer beruflichen Tätigkeit handelt, der Ort ihrer Hauptniederlassung.**

Art. 24 Ausschluss der Rück- und Weiterverweisung

Unter dem nach dieser Verordnung anzuwendenden Recht eines Staates sind die in diesem Staat geltenden Rechtsnormen unter Ausschluss derjenigen des Internationalen Privatrechts zu verstehen.

Art. 25 Staaten ohne einheitliche Rechtsordnung

(1) **Umfasst ein Staat mehrere Gebietseinheiten, von denen jede für außervertragliche Schuldverhältnisse ihre eigenen Rechtsnormen hat, so gilt für die Bestimmung des nach dieser Verordnung anzuwendenden Rechts jede Gebietseinheit als Staat.**

(2) **Ein Mitgliedstaat, in dem verschiedene Gebietseinheiten ihre eigenen Rechtsnormen für außervertragliche Schuldverhältnisse haben, ist nicht verpflichtet, diese Verordnung auf Kollisionen zwischen den Rechtsordnungen dieser Gebietseinheiten anzuwenden.**

Art. 26 Öffentliche Ordnung im Staat des angerufenen Gerichts

Die Anwendung einer Vorschrift des nach dieser Verordnung bezeichneten Rechts kann nur versagt werden, wenn ihre Anwendung mit der öffentlichen Ordnung („ordre public") des Staates des angerufenen Gerichts offensichtlich unvereinbar ist.

Art. 27 Verhältnis zu anderen Gemeinschaftsrechtsakten

Diese Verordnung berührt nicht die Anwendung von Vorschriften des Gemeinschaftsrechts, die für besondere Gegenstände Kollisionsnormen für außervertragliche Schuldverhältnisse enthalten.

Art. 28 Verhältnis zu bestehenden internationalen Übereinkommen

(1) **Diese Verordnung berührt nicht die Anwendung der internationalen Übereinkommen, denen ein oder mehrere Mitgliedstaaten zum Zeitpunkt der Annahme dieser Verordnung angehören und die Kollisionsnormen für außervertragliche Schuldverhältnisse enthalten.**

(2) Diese Verordnung hat jedoch in den Beziehungen zwischen den Mitgliedstaaten Vorrang vor den ausschließlich zwischen zwei oder mehreren Mitgliedstaaten geschlossenen Übereinkommen, soweit diese Bereiche betreffen, die in dieser Verordnung geregelt sind.

Kapitel VII. Schlussbestimmungen

Art. 29 Verzeichnis der Übereinkommen

(1) Die Mitgliedstaaten übermitteln der Kommission spätestens 11. Juli 2008 die Übereinkommen gemäß Artikel 28 Absatz 1. Kündigen die Mitgliedstaaten nach diesem Stichtag eines dieser Übereinkommen, so setzen sie die Kommission davon in Kenntnis.

(2) Die Kommission veröffentlicht im Amtsblatt der Europäischen Union innerhalb von sechs Monaten nach deren Erhalt
i) ein Verzeichnis der in Absatz 1 genannten Übereinkommen;
ii) die in Absatz 1 genannten Kündigungen.

Art. 30 Überprüfungsklausel

(1) Die Kommission legt dem Europäischen Parlament, dem Rat und dem Europäischen Wirtschafts- und Sozialausschuss bis spätestens 20. August 2011 einen Bericht über die Anwendung dieser Verordnung vor. Diesem Bericht werden gegebenenfalls Vorschläge zur Anpassung der Verordnung beigefügt. Der Bericht umfasst:
i) eine Untersuchung über Auswirkungen der Art und Weise, in der mit ausländischem Recht in den verschiedenen Rechtsordnungen umgegangen wird, und darüber, inwieweit die Gerichte in den Mitgliedstaaten ausländisches Recht aufgrund dieser Verordnung in der Praxis anwenden;
ii) eine Untersuchung der Auswirkungen von Artikel 28 der vorliegenden Verordnung im Hinblick auf das Haager Übereinkommen vom 4. Mai 1971 über das auf Verkehrsunfälle anzuwendende Recht.

(2) Die Kommission legt dem Europäischen Parlament, dem Rat und dem Europäischen Wirtschafts- und Sozialausschuss bis spätestens 31. Dezember 2008 eine Untersuchung zum Bereich des auf außervertragliche Schuldverhältnisse aus der Verletzung der Privatsphäre oder der Persönlichkeitsrechte anzuwendenden Rechts vor, wobei die Regeln über die Pressefreiheit und die Meinungsfreiheit in den Medien sowie die kollisionsrechtlichen Aspekte im Zusammenhang mit der Richtlinie 95/46/EG des Europäischen Parlaments und des Rates vom 24. Oktober 1995 zum Schutz natürlicher Personen bei der Verarbeitung personenbezogener Daten und zum freien Datenverkehr zu berücksichtigen sind.

Art. 31 Zeitliche Anwendbarkeit

Diese Verordnung wird auf schadensbegründende Ereignisse angewandt, die nach ihrem Inkrafttreten eintreten.

Art. 32 Zeitpunkt des Beginns der Anwendung

Diese Verordnung gilt ab dem 11. Januar 2009, mit Ausnahme des Artikels 29, der ab dem 11. Juli 2008 gilt.

Diese Verordnung ist in allen ihren Teilen verbindlich und gilt gemäß dem Vertrag zur Gründung der Europäischen Gemeinschaft unmittelbar in den Mitgliedstaaten.

Verordnung (EU) Nr. 1259/2010 des Rates vom 20. Dezember 2010 zur Durchführung einer Verstärkten Zusammenarbeit im Bereich des auf die Ehescheidung und Trennung ohne Auflösung des Ehebandes anzuwendenden Rechts (Rom III)

(ABl. Nr. L 343, S. 10)

Vorbemerkungen

Lit.: Althammer, Das europäische Scheidungskollisionsrecht der Rom III-VO unter Berücksichtigung aktueller deutscher Judikatur, NZFam 2015, 9; ders., Brüssel IIa/Rom III, 2014; Antomo, Privatscheidungen und der neue Art. 17 Abs. 2 EGBGB: Rom III-VO à la berlinoise, StAZ 2019, 33; dies., Ausländische Privatscheidungen im Standesamt, StAZ 2020, 33; Gruber, Scheidung auf Europäisch – die Rom III-Verordnung, IPRax 2012, 381; Hau, Zur Durchführung der Rom III-VO in Deutschland, FamRZ 2013, 249; Helms, Konkludente Wahl des auf die Ehescheidung anwendbaren Rechts?, IPRax 2014, 334; Hemler, Gerichtliche Trennungsfeststellung und Art. 10 Var. 1 Rom III-VO, GPR 2020, 290; Hilbig-Lugani, Parteiautonomie im Zusammenspiel des neueren Europäischen Kollisionsrechts, DNotZ 2017, 739; Mörsdorf-Schulte, Europäisches Internationales Scheidungsrecht (Rom III), RabelsZ 77 (2013), 786; Rieländer, Die Verdrängung der scheidungsfeindlichen lex causae durch die lex fori kraft Art. 10 Var. 1 Rom III-VO, IPRax 2021, 159; Schall/Weber, Die vorsorgende Wahl des Scheidungsstatuts nach der Rom III-VO, IPRax 2014, 381; Schlürmann, Art. 17 Abs. 2 EGBGB n.F. als überschießende Anwendung der Rom III-VO – das neue Kollisionsrecht für Privatscheidungen nach Sahyouni, FamRZ 2019, 1035; Stürner, Die Rom III-VO – ein neues Scheidungskollisionsrecht, Jura 2012, 708; Wall, Intertemporales Scheidungskollisionsrecht nach „Sahyouni", FamRZ 2020, 1704; Weller/Hauber/Schulz, Gleichstellung im Internationalen Scheidungsrecht – talaq und get im Lichte des Art. 10 Rom III-VO, IPRax 2016, 123; Winkler von Mohrenfels, Die Rom III-VO, ZEuP 2013, 699; ders., Die Rom III- und Brüssel IIa-Verordnungen in der deutschen Rechtspraxis, ZVglRWiss 2016, 650; Ziereis/Zwirlein, Das Verhältnis von Art. 17 Abs. 2 EGBGB zur Rom III-Verordnung, IPRax 2016, 103.

1. Entstehung und Geltungsbereich. Die Verordnung (EU) Nr. 1259/2010 (sog. Rom III-VO) vereinheitlicht für die teilnehmenden Mitgliedstaaten das internationale Scheidungsrecht. Nachdem das ursprüngliche Vorhaben einer Implementierung der Kollisionsnormen in die Verordnung (EG) Nr. 2201/2003 (sog. Brüssel IIa-VO oder EuEheVO, ABl. 2003 L 338, 1) an der nach Art. 81 III 2 AEUV erforderlichen Einstimmigkeit im Rat gescheitert war, gingen einige Mitgliedstaaten den Weg über das Verfahren der **„Verstärkten Zusammenarbeit"** (Art. 20 EUV, Art. 326 ff. AEUV), an dessen Ende der Erlass der Rom III-VO stand, s. dazu NK-BGB/Gruber Vor Art. 1 Rn. 22 ff. Die Verordnung ist gem. Art. 21 I am 30.12.2010 *in Kraft* getreten; sie findet seit dem 21.6.2012 nach Maßgabe der Übergangsbestimmungen des Art. 18 Anwendung in Belgien, Bulgarien, Deutschland, Frankreich, Italien, Lettland, Luxemburg, Malta, Österreich, Portugal, Rumänien, Slowenien, Spanien und Ungarn. Nachträglich beigetreten sind Litauen (Anwendungsbeginn: 22.5.2014), Griechenland (Anwendungsbeginn: 29.7.2015) und Estland (Anwendungsbeginn: 11.2.2018); zur Möglichkeit des nachträglichen Beitritts s. Art. 331 I AEUV. Die Rom III-VO gilt in den teilnehmenden Mitgliedstaaten unmittelbar (s. Schlussformel der Rom III-VO; vgl. auch Art. 288 II AEUV). Sie ist loi uniforme (s. Art. 4); von den Gerichten der Verordnungsstaaten ist sie daher auch dann anzuwenden, wenn kein Bezug zu einem weiteren Verordnungsstaat besteht (s. ÖstOGH 29.1.2015 – 6Ob206/14h). 1

2 **2. Autonomes IPR und Staatsverträge. a)** In Reaktion auf die Geltung der Rom III-VO wurde Art. 17 EGBGB durch Ges. v. 23.1.2013 (BGBl. I 101) geändert. Die Norm enthielt in ihrer ab 29.1.2013 gültigen Fassung nur noch ergänzende Regelungen und in Art. 17 III EGBGB aF (seit 21.12.2018: Art. 17 IV EGBGB) das IPR des Versorgungsausgleichs. Für Ehescheidungen, die nicht in den Anwendungsbereich der Rom III-VO fallen, hat der Gesetzgeber durch Ges. v. 17.12.2018 (BGBl. I 2573) in Art. 17 II EGBGB nachträglich eine Auffangregelung eingefügt (→ Art. 1–4 Rn. 2). Art. 46e EGBGB (bis 30.6.2018: Art. 46d EGBGB) enthält besondere Vorschriften für die Rechtswahl. Die Norm dient der **Durchführung der Rom III-VO;** sie macht Gebrauch von der in Art. 5 III und 7 II-IV eröffneten Möglichkeit, ergänzende Regelungen für die parteiautonome Bestimmung des
3 Scheidungs- oder Trennungsstatuts zu statuieren. **b)** Bestehende **int. Übereinkommen** zwischen Verordnungsstaaten und nicht teilnehmenden Mitgliedstaaten bzw. Drittstaaten bleiben von der Rom III-VO unberührt, Art. 19. Für die Bundesrepublik Deutschland besitzt dies Bedeutung nur im Hinblick auf Art. 8 III des deutsch-iranischen Niederlassungsabkommens v. 17.2.1929 (RGBl. 1930 II 1002; BGBl. 1955 II 829). Das Abkommen geht der Rom III-VO vor (Art. 19 I), sa OLG Frankfurt FamRZ 2020, 665; OLG Hamm FamRZ 2013, 1481; dies gilt auch für Art. 10 und 12, dh die *ordre public*-Kontrolle erfolgt hier weiterhin nach Art. 6 EGBGB (Erman/Stürner Art. 19 Rom III Rn. 1; aA NK-BGB/Nordmeier Art. 19 Rn. 7; sa MüKo-BGB/Winkler von Mohrenfels Art. 19 Rn. 1).

4 **3. Verfahrensrecht.** Die Rom III-VO regelt ausschließlich das IPR der Ehescheidung und Trennung ohne Auflösung des Ehebandes; Vorschriften zum internationalen Verfahrensrecht sieht die Verordnung nicht vor. Vereinheitlichtes Verfahrensrecht findet sich in der Verordnung (EU) 2019/1111 (sog. **Brüssel IIb-VO,** ABl. 2019 L 178, 1), die ua die Zuständigkeit und die Anerkennung und Vollstreckung von Entscheidungen in Ehesachen regelt. Die Brüssel IIb-VO hat mWv 1.8.2022 die Brüssel IIa-VO (→ Rn. 1) ersetzt (Art. 104 I Brüssel IIb-VO). Die Rom III-VO lässt die Anwendung der Brüssel IIb-VO (wie zuvor der Brüssel IIa-VO) unberührt (Art. 2 Rom III-VO; Art. 104 II Brüssel IIb-VO). Zum autonomen deutschen internationalen Verfahrensrecht s. §§ 98 ff. FamFG (Zuständigkeit) und §§ 107, 108 FamFG (Anerkennung), zu Staatsverträgen Jayme/Hausmann, Internationales Privat- und Verfahrensrecht, 21. Aufl. 2022.

5 **4. Auslegung.** Die Rom III-VO ist **verordnungsautonom** auszulegen; nach EuGH erfolgt die Auslegung der Verordnung „unter Berücksichtigung nicht nur ihres Wortlauts, sondern auch ihres Zusammenhangs und der Ziele, die mit der Regelung, zu der sie gehört, verfolgt werden" (EuGH NJW 2018, 447 [448] – Sahyouni); s. zur autonomen Auslegung auch → Vorb. Rom I-VO Rn. 5.

Kap. I. Anwendungsbereich, Verhältnis zur Verordnung (EG) Nr. 2201/2003, Begriffsbestimmungen und universelle Anwendung

Art. 1 Anwendungsbereich

(1) **Diese Verordnung gilt für die Ehescheidung und die Trennung ohne Auflösung des Ehebandes in Fällen, die eine Verbindung zum Recht verschiedener Staaten aufweisen.**

(2) **Diese Verordnung gilt nicht für die folgenden Regelungsgegenstände, auch wenn diese sich nur als Vorfragen im Zusammenhang mit einem Verfahren betreffend die Ehescheidung oder Trennung ohne Auflösung des Ehebandes stellen:**
a) die Rechts- und Handlungsfähigkeit natürlicher Personen,

b) das Bestehen, die Gültigkeit oder die Anerkennung einer Ehe,
c) die Ungültigerklärung einer Ehe,
d) die Namen der Ehegatten,
e) die vermögensrechtlichen Folgen der Ehe,
f) die elterliche Verantwortung,
g) Unterhaltspflichten,
h) Trusts und Erbschaften.

Art. 2 Verhältnis zur Verordnung (EG) Nr. 2201/2003

Diese Verordnung lässt die Anwendung der Verordnung (EG) Nr. 2201/2003 unberührt.

Art. 3 Begriffsbestimmungen

Für die Zwecke dieser Verordnung bezeichnet der Begriff:
1. **„teilnehmender Mitgliedstaat" einen Mitgliedstaat, der auf der Grundlage des Beschlusses 2010/405/EU des Rates vom 12. Juli 2010 oder auf der Grundlage eines gemäß Artikel 331 Absatz 1 Unterabsatz 2 oder 3 des Vertrags über die Arbeitsweise der Europäischen Union angenommenen Beschlusses an der Verstärkten Zusammenarbeit im Bereich des auf die Ehescheidung und Trennung ohne Auflösung des Ehebandes anzuwendenden Rechts teilnimmt;**
2. **„Gericht" alle Behörden der teilnehmenden Mitgliedstaaten, die für Rechtssachen zuständig sind, die in den Anwendungsbereich dieser Verordnung fallen.**

Art. 4 Universelle Anwendung

Das nach dieser Verordnung bezeichnete Recht ist auch dann anzuwenden, wenn es nicht das Recht eines teilnehmenden Mitgliedstaats ist.

Anmerkungen zu den Art. 1–4

1. Anwendungsbereich. a) Sachlicher Anwendungsbereich. Die Verordnung gilt für die Ehescheidung und die Trennung ohne Auflösung des Ehebandes (Art. 1 I); ausdrücklich nicht erfasst ist die Ungültigerklärung der Ehe (s. Art. 1 II lit. c). Bei der Bestimmung des sachlichen Anwendungsbereichs ist nach Möglichkeit Einklang mit der Brüssel IIa-VO/Brüssel IIb-VO (→ Vor Art. 1 Rn. 4) zu erzielen (vgl. Erwägungsgrund 10 I 1; sa EuGH NJW 2018, 447 [448 f.] – Sahyouni). **aa) Ehescheidung.** Gemeint ist Auflösung des Ehebandes mit Wirkung *ex nunc* aufgrund von Umständen, die nach Eingehung der Ehe eingetreten sind (vgl. Erwägungsgrund 10 II 1; Mörsdorf-Schulte RabelsZ 77 (2013), 786 [803 f.]; Grüneberg/Thorn Art. 1 Rn. 2); der Begriff der Ungültigerklärung der Ehe erfasst in Abgrenzung zur Scheidung die Aufhebung der Ehe aufgrund von Mängeln bei ihrer *Eingehung*, wobei es keine Rolle spielt, ob die Ungültigerklärung *ex nunc* oder *ex tunc* wirkt (s. dazu ÖstOGH 19.6.2013 – 7Ob92/13z: Nichtigerklärung der Ehe; KG FamRZ 2022, 1017; im deutschen Recht: §§ 1313 ff. BGB). Ehescheidung iSd Art. 1 I bezieht sich nicht nur auf die Scheidung durch richterliche Entscheidung; als „Gericht" iSd Verordnung gelten alle von Art. 3 Nr. 2 bezeichneten Behörden (s. dazu PWW/Martiny Art. 1 Rn. 2). **(1)** Intrikat ist die Anwendbarkeit der Rom III-VO auf sog. **Privatscheidungen** (zB Verstoßung nach islamischem Recht [talâq]; zur Unterscheidung zwischen Privat- und Verfahrensscheidung s. Helms, in: Scheidung ohne Gericht?, Dutta ua (Hrsg.), 2017, S. 337 [343 ff.]). Dabei besteht noch Einigkeit, dass bei Scheidung durch deutsche Gerichte (zum gerichtlichen

Scheidungsmonopol s. Art. 17 III EGBGB) die Rom III-VO auch dann anzuwenden ist, wenn das verwiesene Recht lediglich eine Privatscheidung kennt (s. nur NK-BGB/Gruber Art. 1 Rn. 66; Winkler von Mohrenfels ZEuP 2013, 699 [704] [mwBsp]). Probleme bereitet die Anerkennung von im Ausland vollzogenen Privatscheidungen. Um über die Wirksamkeit derartiger Scheidungen im Inland befinden zu können, ist das (aus der Sicht des deutschen Rechts) maßgebliche Scheidungsstatut zu bestimmen (s. BeckOK/Heiderhoff Art. 17 EGBGB Rn. 27, 43 ff.). Dies gilt auch dann, wenn ein Anerkennungsverfahren nach § 107 FamFG durchzuführen ist (zum Anerkennungsmonopol der Landesjustizverwaltung s. Helms, in: Scheidung ohne Gericht?, Dutta ua (Hrsg.), 2017, S. 337 [338 f.]; Antomo StAZ 2020, 33 [34 ff.]; zum „Heimatstaatenprivileg" in § 107 I 2 FamFG BGH IPRax 2022, 57 [58 f.]; FamRZ 2019, 371; Wall StAZ 2020, 44). Der deutsche Gesetzgeber ging ursprünglich davon aus, dass auch auf die Anerkennung ausländischer Privatscheidungen die Regelungen der Rom III-VO Anwendung finden würden (BT-Drs. 17/11049, 8); die Scheidungskollisionsnorm des Art. 17 I EGBGB aF sollte danach nur noch für Altfälle heranzuziehen sein. Dies entsprach auch der überwiegenden Auffassung im deutschen Schrifttum (Nachw. in Jauernig[17]/Budzikiewicz Rn. 2). Der EuGH hat anders entschieden: Die Rom III-VO erfasse nur Ehescheidungen, die „entweder von einem staatlichen Gericht oder von einer öffentlichen Behörde bzw. unter deren Kontrolle ausgesprochen werden" (EuGH NJW 2018, 447 [449] – Sahyouni). Die betreffende Vorlagefrage bezog sich auf eine im Ausland (Syrien) durch einseitige Erklärung eines Ehegatten vor einem geistlichen Gericht bewirkte Ehescheidung; eine solche Scheidung fällt nach EuGH nicht in den sachlichen Anwendungsbereich der Rom III-VO (EuGH NJW 2018, 447 [449] – Sahyouni). Die Entscheidung besitzt für alle Auslandsscheidungen Bedeutung, die weder durch ein Gericht (oder eine Behörde) ausgesprochen noch unter deren Kontrolle vollzogen worden sind. Betroffen sind dabei nicht nur Privatscheidungen nach drittstaatlichem Recht. In jüngerer Zeit haben auch einige EU-Mitgliedstaaten außergerichtliche Scheidungen eingeführt (s. zu den entsprechenden Regelungen im italienischen, spanischen und französischen Recht Henrich, in: Scheidung ohne Gericht?, Dutta ua (Hrsg.), 2017, S. 361 ff.; zum griechischen Recht Kontogeorgou NZFam 2018, 385). Ob es sich bei Letzteren um Privatscheidungen handelt, richtet sich danach, ob eine „Entscheidung" iSd Art. **30 ff. Brüssel IIb-VO** bzw. (für Altfälle) der Art. 21 ff. Brüssel IIa-VO (→ Vor Art. 1 Rn. 4) vorliegt. Bejahendenfalls kann eine Entscheidungsanerkennung erfolgen (vgl. [zur Brüssel IIb-VO] Antomo, in: Neue Impulse im europäischen Familienkollisionsrecht, Budzikiewicz ua (Hrsg.), 2021, S. 81 [125 f.]; Flindt NZFam 2022, 669 [680 f.]; [zur Brüssel IIa-VO] Henrich, in: Scheidung ohne Gericht?, Dutta ua (Hrsg.), 2017, S. 361 [362 f.]). Der EuGH hat in seinem Urteil v. 15.11.2022 in TB (Rs. C-646/20) ausgeführt, dass Scheidungsvereinbarungen, „die von einem Gericht oder einer nicht gerichtlichen Behörde nach einer Prüfung in der Sache nach dem nationalen Recht und nach dem nationalen Verfahren gebilligt wurden" als Entscheidungen iSd Art. 2 Nr. 4 Brüssel IIa-VO bzw. des Art. 2 I Brüssel IIb-VO anzusehen sind (EuGH NJW 2023, 143 [146] mit krit. Anm. Dutta FamRZ 2023, 16); eine Privatscheidung nach italienischem Recht soll diese Voraussetzungen erfüllen (EuGH aaO, Anerkennung nach Art. 21 I Brüssel IIa-VO). Für andere außergerichtliche Scheidungsformen in den Mitgliedstaaten ist jeweils anhand der angeführten Kriterien zu prüfen, ob eine „Entscheidung" vorliegt. Sollte dies nicht der Fall sein, besteht im Anwendungsbereich der Brüssel IIb-VO neuerdings die Möglichkeit der Anerkennung nach **Art. 64 ff. Brüssel IIb-VO** (Antomo aaO [125 f.]: „Auffangfunktion für „andere" Vereinbarungen"); zur Unterscheidung zw. „Entscheidung" (Art. 30 ff. Brüssel IIb-VO) und „Vereinbarung" (Art. 64 ff. Brüssel IIb-VO) s. Antomo aaO [124 ff.]; Flindt NZFam 2022, 669 [680 f.]. Die Regelungen in Art. 64 ff. Brüssel IIb-VO haben in der Brüssel IIa-VO keine Entsprechung. Für Altfälle (s. Art. 100 Brüssel IIb-VO) kommt daher bei Scheidungen, die nicht unter Art. 21 ff. Brüssel IIa-VO fallen, nur eine **kollisionsrechtliche Anerkennung** in Betracht. Eine im Schrifttum erwogene (analoge)

Anwendung des Art. 46 Brüssel IIa-VO auf Privatscheidungen (Mayer StAZ 2020, 193 [198]) scheidet nach zutr. Ansicht aus (NK-BGB/Gruber Art. 1 EheVO 2003 Rn. 14; sa BeckOK/Heiderhoff Art. 17 EGBGB Rn. 32). Da die Rom III-VO nach EuGH auf Auslandsprivatscheidungen keine Anwendung findet, stellt sich bei einer kollisionsrechtlichen Anerkennung die Frage des anwendbaren Rechts. Der deutsche Gesetzgeber hat in Reaktion auf die Entscheidung des EuGH in der Rechtssache Sahyouni in Art. 17 II EGBGB eine Auffangregelung eingefügt (→ Vor Art. 1 Rn. 2); s. dazu auch Schlürmann FamRZ 2019, 1035. Für Scheidungen, die nicht in den sachlichen Anwendungsbereich der Rom III-VO fallen, wird auf die Kollisionsnormen der Rom III-VO verwiesen, allerdings mit Modifikationen (s. dazu BeckOK/Heiderhoff Art. 17 EGBGB Rn. 46 ff.). Der neue Art. 17 II EGBGB ist am 21.12.2018 in Kraft getreten; die Regelung soll ausweislich der Gesetzesbegründung jedoch rückwirkend für alle Privatscheidungen gelten, die nach Geltungsbeginn der Rom III-VO (21.6.2012, s. Art. 21 II) erfolgt sind (BT-Drs 19/4852, 39; ebenso OLG Stuttgart FamRZ 2019, 1532 [1533]; BeckOK/Heiderhoff Art. 17 EGBGB Rn. 4, 45, 156; s. dagegen BGH IPRax 2022, 57 [60]; Antomo StAZ 2020, 33 [38]: Geltung erst ab 29.1.2013 [= Aufhebung des Art. 17 I EGBGB aF], davor Art. 17 I EGBGB aF; Wall StAZ 2020, 68 [74 f.]; FamRZ 2020, 1704 [1709 ff.]: Geltung erst ab 21.12.2018, davor Art. 17 I EGBGB aF [analog]); für ältere Scheidungen bleibt es bei der Anknüpfung nach Art. 17 I EGBGB aF (s. BT-Drs 19/4852, 39; OLG Düsseldorf FamRZ 2018, 1657 [1658]). Zu beachten ist, dass die Art. 64 ff. Brüssel IIb-VO der autonomen Vorschrift in Art. 17 II EGBGB vorgehen (Mansel/Thorn/Wagner IPRax 2020, 97 [106]). **(2) Scheidung gleich- 3**
geschlechtlicher Ehen. Keine Anwendung findet die Rom III-VO auf die Auflösung eingetragener Lebenspartnerschaften (Gruber IPRax 2012, 381 [383]; Grüneberg/Thorn Art. 1 Rn. 4); s. dazu Art. 17b I EGBGB. Ob eine gleichgeschlechtliche *Ehe* unter den Ehebegriff der Verordnung fällt, ist umstr.: Im Schrifttum wird – insbes. unter Hinweis auf Art. 13 Var. 2 – die Ansicht vertreten, der verordnungsautonom auszulegende Begriff der Ehe erfasse auch die gleichgeschlechtliche Ehe (Mankowski IPRax 2017, 541 [547]; Calliess/Wiese, Rome Regulations, Art. 1 Rome III Rn. 11; NK-BGB/Gruber Art. 1 Rn. 21 ff. mwN); andere lehnen im Hinblick auf das enge Begriffsverständnis iRd Brüssel IIa-VO/Brüssel IIb-VO (→ Vor Art. 1 Rn. 4) eine Ausweitung des Ehebegriffs ab (so Mörsdorf-Schulte RabelsZ 77 (2013), 786 [802]), zT wird die Entscheidung über die Anwendbarkeit der Rom III-VO auf die Verordnungsstaaten übertragen (Hau FamRZ 2013, 249 [250 f.]; Helms FamRZ 2011, 1765 [1766]). Den Vertretern eines weiten Begriffsverständnisses ist zuzugeben, dass die Erläuterung in Erwägungsgrund 26 II 1 („eine *solche* Ehe nicht vorgesehen ist") für eine Bezugnahme des Art. 13 Var. 2 auf die gleichgeschlechtliche Ehe spricht (aA Rauscher/Rauscher EuZPR/EuIPR Art. 1 Brüssel IIa-VO Rn. 5 [hinkende Ehen]). Das iRd Brüssel IIa-VO/Brüssel IIb-VO herrschende enge Begriffsverständnis der Ehe und die nach Erwägungsgrund 10 I 1 anzustrebende Parallelität der sachlichen Anwendungsbereiche der IZVR- und IPR-Verordnungen (→ Rn. 1) stehen dem nicht notw. entgegen; letztlich ist der Gleichklang bereits in Bezug auf die Ungültigerklärung der Ehe (→ Rn. 1) durchbrochen. IÜ steigt die Zahl derer, die den Ehebegriff der Brüssel IIa-VO/Brüssel IIb-VO auch auf die gleichgeschlechtliche Ehe erstrecken wollen (zum Meinungsstand s. die Nachw. bei Mankowski IPRax 2017, 541 [546]; von Hein, in: Europa als Taktgeber für das Internationale Familienrecht, Budzikiewicz ua (Hrsg.), 2022, S. 99 [105 ff.]). Allerdings sind Verordnungsstaaten, in deren Recht die gleichgeschlechtliche Ehe unbekannt ist, nicht verpflichtet, die Scheidung in Anwendung der Rom III-VO auszusprechen (s. Art. 13 Var. 2). Der deutsche Gesetzgeber hat in Art. 17b IV 1 EGBGB einen Verweis auf die Rom III-VO aufgenommen, der sowohl Paare erfasst, die demselben Geschlecht angehören, als auch Paare, von denen zumindest ein Ehegatte weder dem weiblichen noch dem männlichen Geschlecht angehört. Ob es sich dabei lediglich um einen deklaratorischen Hinweis handelt (so NK-BGB/Gruber Art. 1 Rn. 27), hängt von dem (str.) Ehebegriff der Rom III-

VO ab. Wird das Scheidungsstatut (direkt oder über Art. 17b IV 1 EGBGB) nach Maßgabe der Rom III-VO bestimmt, ist das Bestehen der (zu scheidenden) Ehe als Vorfrage zu behandeln (s. dazu → Rn. 5); zu den Folgen, wenn das Scheidungsstatut die gleichgeschlechtliche Ehe nicht kennt, s. NK-BGB/Budzikiewicz Art. 10 Rn. 10 ff. In den teilnehmenden Mitgliedstaaten (→ Vor Art. 1 Rn. 1) ist die Ehe zwischen gleichgeschlechtlichen Partnern bislang in Belgien, Deutschland, Frank-
4 reich, Luxemburg, Malta, Österreich, Portugal und Spanien vorgesehen. **bb) Trennung ohne Auflösung des Ehebandes.** Der Begriff umfasst zunächst die – vor allem im romanischen Rechtskreis bekannte – gerichtlich (bzw. behördlich) ausgesprochene Trennung, die zur Lockerung des Ehebandes führt, ohne die Ehe aufzulösen (vgl. Erwägungsgrund 10 II 1; NK-BGB/Gruber Art. 1 Rn. 7 mit Bsp.), ebenso die (zB im italienischen Recht vorgesehene) gerichtliche Bestätigung einer einvernehmlichen Trennung (Johannsen/Henrich/Althammer/Gössl Anh. zu Art. 17 EGBGB („Rom III") Rn. 86a). Obwohl im deutschen Recht unbekannt, kann die Trennung ohne Auflösung des Ehebandes auch durch ein deutsches Gericht (vgl. Art. 17 III EGBGB) ausgesprochen werden, sofern das verwiesene (fremde) Recht
5 die Rechtsfigur kennt (Grüneberg/Thorn Art. 1 Rn. 2). **cc) Negativkatalog.** Nicht vom Anwendungsbereich der Rom III-VO umfasst sind die in Art. 1 II aufgeführten Regelungsgegenstände, auch wenn diese sich als Vorfragen im Zusammenhang mit einem Ehescheidungs- oder Trennungsverfahren stellen sollten. Dies schließt die für eine Ehescheidung oder Trennung wesentliche Vorfrage des Bestehens einer Ehe ein (Art. 1 II lit. b; Erwägungsgrund 10 III). Nach hM ist im Inland weiterhin eine **selbständige Vorfragenanknüpfung** vorzunehmen, dh das Bestehen der (zu scheidenden) Ehe richtet sich nach dem gem. Art. 13, 11 EGBGB berufenen Recht (BeckOK/Heiderhoff Art. 1 Rn. 39; NK-BGB/Gruber Vor Art. 1 Rn. 67 ff. mwN; aA Grüneberg/Thorn Art. 1 Rn. 8 [unselbständige Vorfragenanknüpfung iRd Rom III-VO]) bzw. für die in Art. 17b IV 1 EGBGB genannten Ehen nach dem Registerstatut, Art. 17b IV 1 iVm I 1 EGBGB (Mankowski IPRax 2017, 541 [547]; NK-BGB/Gruber Art. 1 Rn. 28 f.). Zur Ungültigerklärung einer Ehe (Art. 1 II lit. c) → Rn. 1. Ausgenommen aus dem Anwendungsbereich ist auch der Name der Ehegatten (Art. 1 II lit. d; Anknüpfung nach Art. 10 EGBGB) sowie das Scheidungsfolgenrecht (vgl. Art. 1 II lit. e–g; Erwägungsgrund 10 III); zu den Unterhaltspflichten sa die Kommentierung zu Art. 15 EuUnthVO. Die erbrechtlichen Folgen einer Scheidung (zB §§ 2077, 2268 BGB, vgl. auch § 1933 BGB) richten sich nach dem Erbstatut (vgl. Art. 1 II lit. h; Anknüpfung nach EuErbVO
6 bzw. für Erbfälle vor dem 17.8.2015: Art. 25, 26 EGBGB aF). **b) Räumlicher Anwendungsbereich.** Die Rom III-VO gilt nur in den teilnehmenden Mitgliedstaaten (→ Vor Art. 1 Rn. 1; zum Begriff s. Art. 3 Nr. 1). Voraussetzung ist nach Art. 1 I eine Verbindung zum Recht verschiedener Staaten, wobei ein Bezug zu einem nicht teilnehmenden Mitgliedstaat oder einem Drittstaat genügt (vgl. → Vor Art. 1 Rn. 1; sa OLG Hamm FamRZ 2013, 217; OLG Jena NJW 2015, 2270). Auslandsbezug iSd Art. 1 I besteht jedenfalls bei ausländischem gewöhnlichen Aufenthalt oder ausländischer Staatsangehörigkeit zumindest eines Ehegatten zum Zeitpunkt der Anrufung des Gerichts (vgl. die Anknüpfungspunkte in Art. 5 und 8; zum Zeitpunkt der Anrufung des Gerichts s. Art. 17 Brüssel IIb-VO), Grüneberg/Thorn Art. 1 Rn. 5; sa OLG München NJW 2014, 1893 [1894] (Staatsangehörigkeit). Haben die Parteien eine Rechtswahlvereinbarung getroffen (vgl. Art. 5), genügt es, wenn ein Auslandsbezug zum Zeitpunkt der Rechtswahl vorlag (Gruber IPRax 2012, 384); nach hM steht den Parteien auch bei einem reinen Inlandssachverhalt eine Rechtswahl offen, sofern die Voraussetzungen des Art. 1 I jedenfalls zu einem späteren Zeitpunkt eintreten (Schall/Weber IPRax 2014, 381 [382 f.] mwN). **c) Zeitlicher Anwendungsbereich:** s. Anm. zu Art. 18.

7 **2. Reichweite der Verweisung.** Anders als zB in Art. 12 Rom I-VO und Art. 15 Rom II-VO fehlt eine die Reichweite der Verweisung konkretisierende Regelung. Erfasst sind nach Erwägungsgrund 24 jedenfalls die Zulässigkeit der

Scheidung (vgl. auch Art. 10), nach Erwägungsgrund 10 II 2 die Gründe der Scheidung bzw. Trennung; allg. befindet das Scheidungs- bzw. Trennungsstatut über die **materiellen Voraussetzungen** der Scheidung/Trennung (statt Vieler NK-BGB/Gruber Art. 1 Rn. 41 ff.; sa Erwägungsgrund 9 [„umfassenden Rechtsrahmen"]), hierzu zählen insbes. die Scheidungsgründe, etwa ein Scheitern der Ehe (vgl. § 1565 BGB), Trennungsfristen (s. dazu NK-BGB/Gruber Art. 1 Rn. 43; vgl. auch EuGH IPRax 2021, 174 [175 f.] zur Trennung ohne Auflösung des Ehebandes als Scheidungsvoraussetzung nach italienischem Recht), Verstoßung (vgl. OLG Hamm IPRax 2014, 349 [354]), Verschulden des anderen Ehegatten, auch die Notwendigkeit der Aufnahme eines Schuldausspruchs in den Entscheidungstenor (Johannsen/Henrich/Althammer/Gössl Anh. zu Art. 17 EGBGB („Rom III") Rn. 81; Grüneberg/Thorn Art. 1 Rn. 6; MüKo-BGB/Winkler von Mohrenfels Vor Art. 1 Rn. 21 ff.: Schuldausspruch im Tenor eines inländischen Scheidungsbeschlusses möglich). Verfahrensrechtlich zu qualifizieren ist dagegen grds. ein Sühneversuch oder die Beteiligung der Staatsanwaltschaft; maßgeblich ist hier das Verfahrensrecht des angerufenen Gerichts (*lex fori*), Johannsen/Henrich/Althammer/Gössl Anh. zu Art. 17 EGBGB („Rom III") Rn. 80; NK-BGB/Gruber Art. 1 Rn. 49 ff. Vgl. iÜ auch den Negativkatalog in Art. 1 II und dazu → Rn. 5.

Kap. II. Einheitliche Vorschriften zur Bestimmung des auf die Ehescheidung und Trennung ohne Auflösung des Ehebandes anzuwendenden Rechts

Art. 5 Rechtswahl der Parteien

(1) **Die Ehegatten können das auf die Ehescheidung oder die Trennung ohne Auflösung des Ehebandes anzuwendende Recht durch Vereinbarung bestimmen, sofern es sich dabei um das Recht eines der folgenden Staaten handelt:**
a) **das Recht des Staates, in dem die Ehegatten zum Zeitpunkt der Rechtswahl ihren gewöhnlichen Aufenthalt haben, oder**
b) **das Recht des Staates, in dem die Ehegatten zuletzt ihren gewöhnlichen Aufenthalt hatten, sofern einer von ihnen zum Zeitpunkt der Rechtswahl dort noch seinen gewöhnlichen Aufenthalt hat, oder**
c) **das Recht des Staates, dessen Staatsangehörigkeit einer der Ehegatten zum Zeitpunkt der Rechtswahl besitzt, oder**
d) **das Recht des Staates des angerufenen Gerichts.**

(2) **Unbeschadet des Absatzes 3 kann eine Rechtswahlvereinbarung jederzeit, spätestens jedoch zum Zeitpunkt der Anrufung des Gerichts, geschlossen oder geändert werden.**

(3) [1]**Sieht das Recht des Staates des angerufenen Gerichts dies vor, so können die Ehegatten die Rechtswahl vor Gericht auch im Laufe des Verfahrens vornehmen.** [2]**In diesem Fall nimmt das Gericht die Rechtswahl im Einklang mit dem Recht des Staates des angerufenen Gerichts zu Protokoll.**

Art. 6 Einigung und materielle Wirksamkeit

(1) **Das Zustandekommen und die Wirksamkeit einer Rechtswahlvereinbarung oder einer ihrer Bestimmungen bestimmen sich nach dem Recht, das nach dieser Verordnung anzuwenden wäre, wenn die Vereinbarung oder die Bestimmung wirksam wäre.**

(2) **Ergibt sich jedoch aus den Umständen, dass es nicht gerechtfertigt wäre, die Wirkung des Verhaltens eines Ehegatten nach dem in Absatz 1**

bezeichneten Recht zu bestimmen, so kann sich dieser Ehegatte für die Behauptung, er habe der Vereinbarung nicht zugestimmt, auf das Recht des Staates berufen, in dem er zum Zeitpunkt der Anrufung des Gerichts seinen gewöhnlichen Aufenthalt hat.

Art. 7 Formgültigkeit

(1) [1]**Die Rechtswahlvereinbarung nach Artikel 5 Absätze 1 und 2 bedarf der Schriftform, der Datierung sowie der Unterzeichnung durch beide Ehegatten.** [2]**Elektronische Übermittlungen, die eine dauerhafte Aufzeichnung der Vereinbarung ermöglichen, erfüllen die Schriftform.**

(2) **Sieht jedoch das Recht des teilnehmenden Mitgliedstaats, in dem beide Ehegatten zum Zeitpunkt der Rechtswahl ihren gewöhnlichen Aufenthalt hatten, zusätzliche Formvorschriften für solche Vereinbarungen vor, so sind diese Formvorschriften anzuwenden.**

(3) **Haben die Ehegatten zum Zeitpunkt der Rechtswahl ihren gewöhnlichen Aufenthalt in verschiedenen teilnehmenden Mitgliedstaaten und sieht das Recht beider Staaten unterschiedliche Formvorschriften vor, so ist die Vereinbarung formgültig, wenn sie den Vorschriften des Rechts eines dieser Mitgliedstaaten genügt.**

(4) **Hat zum Zeitpunkt der Rechtswahl nur einer der Ehegatten seinen gewöhnlichen Aufenthalt in einem teilnehmenden Mitgliedstaat und sind in diesem Staat zusätzliche Formanforderungen für diese Art der Rechtswahl vorgesehen, so sind diese Formanforderungen anzuwenden.**

Art. 8 In Ermangelung einer Rechtswahl anzuwendendes Recht

Mangels einer Rechtswahl gemäß Artikel 5 unterliegen die Ehescheidung und die Trennung ohne Auflösung des Ehebandes:

a) dem Recht des Staates, in dem die Ehegatten zum Zeitpunkt der Anrufung des Gerichts ihren gewöhnlichen Aufenthalt haben, oder anderenfalls

b) dem Recht des Staates, in dem die Ehegatten zuletzt ihren gewöhnlichen Aufenthalt hatten, sofern dieser nicht vor mehr als einem Jahr vor Anrufung des Gerichts endete und einer der Ehegatten zum Zeitpunkt der Anrufung des Gerichts dort noch seinen gewöhnlichen Aufenthalt hat, oder anderenfalls

c) dem Recht des Staates, dessen Staatsangehörigkeit beide Ehegatten zum Zeitpunkt der Anrufung des Gerichts besitzen, oder anderenfalls

d) dem Recht des Staates des angerufenen Gerichts.

Art. 9 Umwandlung einer Trennung ohne Auflösung des Ehebandes in eine Ehescheidung

(1) **Bei Umwandlung einer Trennung ohne Auflösung des Ehebandes in eine Ehescheidung ist das auf die Ehescheidung anzuwendende Recht das Recht, das auf die Trennung ohne Auflösung des Ehebandes angewendet wurde, sofern die Parteien nicht gemäß Artikel 5 etwas anderes vereinbart haben.**

(2) **Sieht das Recht, das auf die Trennung ohne Auflösung des Ehebandes angewendet wurde, jedoch keine Umwandlung der Trennung ohne Auflösung des Ehebandes in eine Ehescheidung vor, so findet Artikel 8 Anwendung, sofern die Parteien nicht gemäß Artikel 5 etwas anderes vereinbart haben.**

Art. 10 Anwendung des Rechts des Staates des angerufenen Gerichts

Sieht das nach Artikel 5 oder Artikel 8 anzuwendende Recht eine Ehescheidung nicht vor oder gewährt es einem der Ehegatten aufgrund seiner Geschlechtszugehörigkeit keinen gleichberechtigten Zugang zur Ehescheidung oder Trennung ohne Auflösung des Ehebandes, so ist das Recht des Staates des angerufenen Gerichts anzuwenden.

Art. 11 Ausschluss der Rück- und Weiterverweisung

Unter dem nach dieser Verordnung anzuwendenden Recht eines Staates sind die in diesem Staat geltenden Rechtsnormen unter Ausschluss derjenigen des Internationalen Privatrechts zu verstehen.

Art. 12 Öffentliche Ordnung (*Ordre public*)

Die Anwendung einer Vorschrift des nach dieser Verordnung bezeichneten Rechts kann nur versagt werden, wenn ihre Anwendung mit der öffentlichen Ordnung (*Ordre public*) des Staates des angerufenen Gerichts offensichtlich unvereinbar ist.

Art. 13 Unterschiede beim nationalen Recht

Nach dieser Verordnung sind die Gerichte eines teilnehmenden Mitgliedstaats, nach dessen Recht die Ehescheidung nicht vorgesehen ist oder die betreffende Ehe für die Zwecke des Scheidungsverfahrens nicht als gültig angesehen wird, nicht verpflichtet, eine Ehescheidung in Anwendung dieser Verordnung auszusprechen.

Art. 14 Staaten mit zwei oder mehr Rechtssystemen – Kollisionen hinsichtlich der Gebiete

Umfasst ein Staat mehrere Gebietseinheiten, von denen jede ihr eigenes Rechtssystem oder ihr eigenes Regelwerk für die in dieser Verordnung geregelten Angelegenheiten hat, so gilt Folgendes:

a) Jede Bezugnahme auf das Recht dieses Staates ist für die Bestimmung des nach dieser Verordnung anzuwendenden Rechts als Bezugnahme auf das in der betreffenden Gebietseinheit geltende Recht zu verstehen;

b) jede Bezugnahme auf den gewöhnlichen Aufenthalt in diesem Staat ist als Bezugnahme auf den gewöhnlichen Aufenthalt in einer Gebietseinheit zu verstehen;

c) jede Bezugnahme auf die Staatsangehörigkeit betrifft die durch das Recht dieses Staates bezeichnete Gebietseinheit oder, mangels einschlägiger Vorschriften, die durch die Parteien gewählte Gebietseinheit oder, mangels einer Wahlmöglichkeit, die Gebietseinheit, zu der der Ehegatte oder die Ehegatten die engste Verbindung hat bzw. haben.

Art. 15 Staaten mit zwei oder mehr Rechtssystemen – Kollisionen hinsichtlich der betroffenen Personengruppen

[1]In Bezug auf einen Staat, der für die in dieser Verordnung geregelten Angelegenheiten zwei oder mehr Rechtssysteme oder Regelwerke hat, die für verschiedene Personengruppen gelten, ist jede Bezugnahme auf das Recht des betreffenden Staates als Bezugnahme auf das Rechtssystem zu verstehen, das durch die in diesem Staat in Kraft befindlichen Vorschriften

bestimmt wird. [2]Mangels solcher Regeln ist das Rechtssystem oder das Regelwerk anzuwenden, zu dem der Ehegatte oder die Ehegatten die engste Verbindung hat bzw. haben.

Art. 16 Nichtanwendung dieser Verordnung auf innerstaatliche Kollisionen

Ein teilnehmender Mitgliedstaat, in dem verschiedene Rechtssysteme oder Regelwerke für die in dieser Verordnung geregelten Angelegenheiten gelten, ist nicht verpflichtet, diese Verordnung auf Kollisionen anzuwenden, die allein zwischen diesen verschiedenen Rechtssystemen oder Regelwerken auftreten.

Anmerkungen zu den Art. 5–16

1 **1. Anknüpfung. a) Rechtswahl.** Die Rom III-VO eröffnet den Ehegatten die Möglichkeit, das Scheidungs- bzw. Trennungsstatut zu wählen, s. Art. 5–7. Die objektive Anknüpfung nach Art. 8 (→ Rn. 8 f.) kommt nur dann zum Tragen, wenn es an einer wirksamen Rechtswahl fehlt. Intention des Verordnungsgebers ist es, in Zeiten erhöhter Mobilität der Bürger die erforderliche Flexibilität zu gewährleisten und für mehr Rechtssicherheit zu sorgen (s. Erwägungsgrund 15). Allerdings soll das gewählte Recht einen besonderen Bezug zu den Ehegatten haben (vgl. Erwägungsgrund 14 und 16); der Kreis wählbarer Rechte ist daher auf die in Art. 5
2 I aufgeführten Optionen begrenzt. **aa) Wählbare Rechte. (1)** Wählen können die Ehegatten zunächst das Recht des Staates, in dem sie zum Zeitpunkt der Rechtswahl ihren **gewöhnlichen Aufenthalt** haben (Art. 5 I lit. a) oder in dem sie ihren gewöhnlichen Aufenthalt zuletzt hatten, sofern einer von ihnen zum Zeitpunkt der Rechtswahl dort weiterhin seinen gewöhnlichen Aufenthalt hat (Art. 5 I lit. b). Die Ehegatten können damit an einem Recht festhalten, das bei objektiver Anknüpfung gem. Art. 8 nach einem Aufenthaltswechsel (uU) keine Anwendung mehr fände (vgl. Schall/Weber IPRax 2014, 381 [382]; Johannsen/Henrich/Althammer/Gössl Anh. zu Art. 17 EGBGB („Rom III") Rn. 47). Der autonom auszulegende Begriff des gewöhnlichen Aufenthalts entspricht demjenigen in Art. 3 I lit. a Brüssel IIa-VO bzw. Art 3 lit. a Brüssel IIb-VO (Gruber IPRax 2012, 381 [385]; aA Helms FamRZ 2011, 1765 [1769 f.]). Abzustellen ist auf den tatsächlichen Lebensmittelpunkt (NK-BGB/Lugani Art. 5 Rn. 53 mwN); dabei können grds. die vom EuGH zu Art. 8 I Brüssel IIa-VO aufgeführten Kriterien herangezogen werden (vgl. EuGH NJW 2021, 3771 [3774]), dh (in einer Gesamtbetrachtung) Dauer, Regelmäßigkeit und Umstände des Aufenthalts, Gründe für den Aufenthalt, Staatsangehörigkeit der Ehegatten, Sprachkenntnisse, familiäre und soziale Bindungen (EuGH IPRax 2011, 76 Rn. 37 ff.; vgl. dazu auch Budzikiewicz, in: Migration und IPR, Budzikiewicz ua (Hrsg.), 2018, S. 96 [107 ff.]). Nicht erforderlich ist ein Zusammenleben der Ehegatten; gewöhnlicher Aufenthalt in demselben Staat genügt (NK-BGB/Lugani Art. 5 Rn. 45 mwN). Das gem. Art. 5 I lit. a oder b gewählte Recht kann auch dasjenige eines nicht teilnehmenden Mitgliedstaats oder eines Drittstaats sein (s. Art. 4); Bedeutung besitzt die Rechtswahl aber nur, wenn das (spätere) Scheidungsverfahren in einem Verordnungsstaat durchgeführt wird; nicht teilnehmende Mitgliedstaaten oder Drittstaaten berücksichtigen die Rom III-VO nur, wenn das eigene Kollisionsrecht dies bestimmt (zB bei einer Gesamtverweisung auf das internationale Scheidungsrecht eines teilnehmenden Mitgliedstaats). Bei **Mehrrechtsstaaten** mit territorialer Rechtsspaltung (zB USA, Kanada, Australien) ist Art. 14 heranzuziehen; eine Rechtswahl gem. Art. 5 I lit. a oder b (Wahl einer Teilrechtsordnung) ist danach nur möglich, wenn die Ehegatten gewöhnlichen Aufenthalt in derselben Gebietseinheit haben bzw. hatten, s. Art. 14 lit. b (Grüneberg/Thorn Art. 14 Rn. 1). Bei personaler Rechtsspaltung ist das anzuwendende Recht nach Maßgabe des Art. 15 zu bestimmen, dh primär Anwendung des interpersonalen

Privatrechts des Mehrrechtsstaates, hilfsweise Bestimmung des Rechtssystems bzw. des Regelwerks, zu dem der Ehegatte oder die Ehegatten die engste Verbindung haben. **(2)** Nach Art. 5 I lit. c können die Ehegatten alternativ auch das Recht des 3
Staates wählen, dessen **Staatsangehörigkeit** einer von ihnen zum Zeitpunkt der Rechtswahl besitzt. Wie bei mehrfacher Staatsangehörigkeit zu verfahren ist, lässt die Regelung offen. Nach Erwägungsgrund 22 soll auf innerstaatliches Recht zurückzugreifen sein, wobei die allg. Grundsätze der EU zu achten sind; im Inland wäre danach bei Mehrstaatigkeit auf die effektive, bei „auch-deutschen Mehrstaatern" auf die deutsche Staatsangehörigkeit abzustellen (s. Art. 5 I EGBGB). Die hM weist allerdings zu Recht darauf hin, dass jedenfalls ein pauschaler Vorrang der deutschen Staatsangehörigkeit (Art. 5 I 2 EGBGB) weder den Grundsätzen der EU entsprechen dürfte (Gruber IPRax 2012, 386; Grüneberg/Thorn Art. 5 Rn. 4) noch die mit der Rechtswahl angestrebte Rechtssicherheit bietet (Helms FamRZ 2011, 1765 [1770 f.]). Im Schrifttum wird daher zT dafür votiert, auch bei deutsch-ausländischen Mehrstaatern gem. Art. 5 I 1 EGBGB stets auf die effektive Staatsangehörigkeit abzustellen (BeckOK/Heiderhoff Art. 5 Rn. 10; enger Gruber IPRax 2012, 386: Unanwendbarkeit von Art. 5 I 2 EGBGB, wenn die weitere Staatsangehörigkeit diejenige eines anderen Mitgliedstaats ist). Die wohl überwiegende Ansicht lehnt iRd Art. 5 I lit. c allerdings einen Rückgriff auf Art. 5 I EGBGB vollständig ab und gestattet die Wahl jedes Heimatrechts unabhängig von der Effektivität der Staatsangehörigkeit (so überzeugend Hau FamRZ 2013, 249 [252]; Helms FamRZ 2011, 1765 [1770 f.]; NK-BGB/Lugani Art. 5 Rn. 60 mwN); vgl. zur Zuständigkeit gem. Art. 3 I lit. b Brüssel IIa-VO (jetzt Art. 3 lit. b Brüssel IIb-VO) auch EuGH IPRax 2010, 66 – Hadadi. Zur Bestimmung des Scheidungsstatuts bei Wahl des Rechts eines Mehrrechtsstaats mit territorialer oder personaler Rechtsspaltung s. Art. 14 lit. c und Art. 15 (vgl. → Rn. 2). Zur Anwendbarkeit von Art. 5 I lit. c bei Staatenlosen und Flüchtlingen vgl. Gruber IPRax 2012, 386. **(3)** Nach Art. 5 I lit. d steht den Parteien schließlich auch die Wahl der ***lex fori*** offen. Die Rechtswahlvereinbarung kann ungeachtet der deutschen Sprachfassung („angerufenen Gerichts") schon vor Anrufung des Gerichts geschlossen werden, vgl. Art. 5 II (Gruber IPRax 2012, 386; Grüneberg/Thorn Art. 5 Rn. 5). Allerdings muss feststehen, welche Rechtsordnung gewählt werden soll; eine „floating choice of law" dergestalt, dass die noch nicht konkretisierte *lex fori* rein prospektiv gewählt wird, ist angesichts des in Erwägungsgrund 18 formulierten Desiderats der vollen Kenntnis der Rechtsfolgen unzulässig (Helms FamRZ 2011, 1765 [1768]; Gruber IPRax 2012, 386; aA NK-BGB/Lugani Art. 5 Rn. 64 ff.; vgl. auch Rösler RabelsZ 78 (2014), 155 [170]).
bb) Zeitpunkt. Eine Rechtswahlvereinbarung kann gem. Art. 5 II jederzeit, spätes- 4
tens aber zum Zeitpunkt der Anrufung des Gerichts (vgl. Art. 17 Brüssel IIb-VO) geschlossen oder geändert werden; die Rechtswahl steht den Parteien schon vor Eheschließung (zB in einem Ehevertrag) offen (NK-BGB/Lugani Art. 5 Rn. 73; Schall/Weber IPRax 2014, 381 [383]; vgl. auch OLG Hamm IPRax 2014, 349 Rn. 50 [bei Eheschließung]). Zum erforderlichen Auslandsbezug bei Vornahme einer Rechtswahl s. → Anm. zu Art. 1–4 Rn. 6. Wird ein deutsches Gericht angerufen, können die Ehegatten die Rechtswahl auch noch im Laufe des Verfahrens bis zum Schluss der mündlichen Verhandlung im ersten Rechtszug vornehmen (Art. 5 III 1 iVm Art. 46e II 1 EGBGB, vgl. auch → Vor Art. 1 Rn. 2); das Gericht nimmt die Rechtswahl in diesem Fall gem. Art. 5 III 2 iVm Art. 46e II 2 EGBGB und § 127a BGB zu Protokoll. **cc) Einigung und materielle Wirksamkeit.** 5
(1) Zustandekommen und materielle Wirksamkeit der Rechtswahlvereinbarung richten sich gem. Art. 6 I nach dem gewählten Recht; die Regelung findet ein Vorbild in Art. 10 I Rom I-VO. Eine besondere richterliche Inhaltskontrolle, wie sie in Art. 15 EuUntVO iVm Art. 8 V HUntProt vorgesehen ist, erfolgt iRd Rom III-VO nicht; sie ist mangels klarer Prüfungskriterien auch nicht aus Erwägungsgrund 18 abzuleiten, demzufolge beide Ehegatten die „Rechtswahl in voller Sachkenntnis treffen" (Gruber IPRax 2012, 386 f. [rechtspolitisches Desiderat]; Grüneberg/Thorn Art. 6 Rn. 1 [Unbestimmtheit des Kriteriums]; Schall/Weber IPRax

2014, 381 [385 f.]). Ob eine Inhaltskontrolle nach Maßgabe des nationalen Rechts als Frage der „materiellen Wirksamkeit" erfolgen kann, ist str. (dafür Hausmann IntEuFamR A Rn. 394; NK-BGB/Lugani Art. 6 Rn. 6 f.; aA Hau FamRZ 2013,
6 249 [252]). **(2)** Art. 6 II entspricht im Wesentlichen Art. 10 II Rom I-VO, stellt allerdings abweichend nicht auf den gewöhnlichen Aufenthalt im Zeitpunkt der Rechtswahl, sondern auf die Anrufung des Gerichts ab (zu Recht krit. Gruber IPRax 2012, 387). Der Anwendungsbereich der Regelung ist unklar (vgl. MüKo-BGB/Winkler von Mohrenfels Art. 6 Rn. 8; Grüneberg/Thorn Art. 6 Rn. 2; sa die Überlegungen bei NK-BGB/Lugani Art. 6 Rn. 13 f.). Praktische Relevanz wird ihr zT in Bezug auf eine **konkludente Wahl** des Trennungs- bzw. Scheidungsstatuts zugesprochen (NK-BGB/Lugani Art. 5 Rn. 14; Art. 6 Rn. 14); hier könne Art. 6 II Schutz vor überraschender Bindung bieten. Zu Recht wird jedoch darauf hingewiesen, dass einer konkludenten Zustimmungserklärung schon deshalb keine Wirkung zukommen kann, weil die formalen Anforderungen des Art. 7 I (→ Rn. 7) bzw. des Art. 5 III 2 (→ Rn. 4) nicht erfüllt sind (MüKo-BGB/Winkler von Mohrenfels Art. 6 Rn. 4, 8; Grüneberg/Thorn Art. 6 Rn. 2; sa Rauscher/Helms EuZPR/EuIPR Art. 5 Rn. 64; aA BeckOK/Heiderhoff Art. 5 Rn. 15 [„in eindeutigen Fällen"]; Hausmann IntEuFamR A Rn. 366 [„sofern die Form nach Art 7 gewahrt ist"]; Gruber IPRax 2014, 53 [56]; iE auch OLG Hamm IPRax 2014, 349
7 mit krit. Anm. Helms IPRax 2014, 334). **dd) Form.** **(1)** Eine Rechtswahlvereinbarung muss nach Art. 7 I 1 schriftlich (nicht notw. handschriftlich) vorgenommen werden, datiert und unterschrieben sein. Elektronische Übermittlung (zB per E-Mail) erfüllt die Schriftform, sofern dauerhafte Aufzeichnung möglich ist (Art. 7 I 2); mit Blick auf die nach S. 1 erforderliche Unterzeichnung wird hier allerdings eine qualifizierte elektronische Signatur iSd Richtlinie 1999/93/EG (ABl. 2000 L 13, 12) zu fordern sein (Rauscher/Helms EuZPR/EuIPR Art. 7 Rn. 11; Grüneberg/Thorn Art. 7 Rn. 2; NK-BGB/Lugani Art. 7 Rn. 9; aA BeckOK/Heiderhoff Art. 7 Rn. 3 [auch signiertes und eingescanntes Dokument]). Zur Protokollierung einer Rechtswahl nach Anrufung des Gerichts (vgl. Art. 5 III 2) s. → Rn. 4. **(2)** Die teilnehmenden Mitgliedstaaten haben gem. Art. 7 II–IV die Möglichkeit, zusätzliche (strengere) Formvorschriften zu statuieren. Der deutsche Gesetzgeber hat hiervon in Art. 46e I EGBGB Gebrauch gemacht: Soweit zumindest ein Ehegatte zum Zeitpunkt der Rechtswahl seinen gewöhnlichen Aufenthalt im Inland hat, ist die Vereinbarung notariell zu beurkunden (vgl. Hau FamRZ 2013, 249 [252]; Grüneberg/Thorn Art. 7 Rn. 3). Haben die Ehegatten ihren gewöhnlichen Aufenthalt in verschiedenen Verordnungsstaaten, kommt jedoch gem. Art. 7 III das Recht zum Tragen, das im Hinblick auf die Form die geringeren Anforderungen stellt (Grüneberg/Thorn Art. 7 Rn. 4; krit. MüKo-BGB/Winkler von Mohrenfels Art. 7 Rn. 6); dies gilt auch dann, wenn einer der Ehegatten seinen gewöhnlichen Aufenthalt in
8 Deutschland hat (Hau FamRZ 2013, 249 [252]). **b) Objektive Anknüpfung.** Fehlt es an einer wirksamen Rechtswahl, richtet sich das Trennungs- bzw. Scheidungsstatut grds. nach Art. 8. Für die Umwandlung einer Ehetrennung in eine Scheidung
9 sieht Art. 9 eine Sonderregelung vor (→ Rn. 10). **aa) Grundsatz.** Nach Art. 8 erfolgt die objektive Anknüpfung anhand einer vierstufigen Anknüpfungsleiter. Dabei gilt eine strikte Anknüpfungshierarchie: **(1)** Nach Art. 8 lit. a findet primär das Recht des Staates Anwendung, in dem die Ehegatten zum Zeitpunkt der Anrufung des Gerichts (vgl. Art. 17 Brüssel IIb-VO) ihren **gewöhnlichen Aufenthalt** haben (vgl. OLG München NJW 2014, 1893). Zum Begriff des gewöhnlichen Aufenthalts → Rn. 2. Wie iRd Art. 5 I lit. a ist (eheliches) Zusammenleben nicht erforderlich; gewöhnlicher Aufenthalt der Ehegatten in demselben Staat (bzw. bei Mehrrechtsstaaten: derselben Gebietseinheit, Art. 14 lit. b) genügt, vgl. → Rn. 2. Hält sich ein Ehegatte regelmäßig in verschiedenen Staaten auf (zB als Grenzpendler), ist die Begründung mehrerer gewöhnlicher Aufenthalte gleichwohl ausgeschlossen. Zu Art. 3 Brüssel IIa-VO/Brüssel IIb-VO hat der EuGH entschieden, dass ein Ehegatte zu einem bestimmten Zeitpunkt stets nur einen einzigen gewöhnlichen Aufenthalt haben kann (EuGH NJW 2021, 3771 [3772 ff.]); die vorgebrachten

Argumente tragen iE auch iRd Art. 8 lit. a, b (Mankowski NJW 2021, 3775; s. auch BeckOK/Heiderhoff Art. 5 Rn. 7). **(2)** Fehlt es aktuell an einem gemeinsamen gewöhnlichen Aufenthalt, ist nach Art. 8 lit. b hilfsweise das Recht des Staates berufen, in dem die Ehegatten zuletzt ihren gewöhnlichen Aufenthalt hatten, sofern einer der Ehegatten zum Zeitpunkt der Anrufung des Gerichts dort weiterhin seinen gewöhnlichen Aufenthalt hat *und* die Beendigung des gemeinsamen gewöhnlichen Aufenthalts nicht länger als ein Jahr zurückliegt (krit. Gruber IPRax 2012, 387). **(3)** Sind auch diese Voraussetzungen nicht erfüllt, verweist Art. 8 lit. c auf das Recht des Staates, dessen **Staatsangehörigkeit** beide Ehegatten zum Zeitpunkt der Anrufung des Gerichts besitzen. Bei Mehrstaatigkeit sollte – anders als iRd Art. 5 I lit. c (→ Rn. 3) – auf die effektive Staatsangehörigkeit (vgl. Art. 5 I 1 EGBGB) abgestellt werden (Rauscher/Helms EuZPR/EuIPR Art. 8 Rn. 37; Grüneberg/Thorn Art. 8 Rn. 4; NK-BGB/Lugani Art. 8 Rn. 23; aA Mörsdorf-Schulte RabelsZ 77 (2013), 786 [808 ff.]: Verzicht auf die Effektivität); dadurch wird gewährleistet, dass die Ehegatten – wie in Erwägungsgrund 21 gefordert – einen engen Bezug zu dem anzuwendenden Recht haben (Grüneberg/Thorn Art. 8 Rn. 4). Auf Art. 5 I 2 EGBGB ist bei „auch-deutschen Mehrstaatern" ebenso wenig Rückgriff zu nehmen wie iRd Art. 5 I lit. c, vgl. → Rn. 3 (Grüneberg/Thorn Art. 8 Rn. 4; NK-BGB/Lugani Art. 8 Rn. 22 mwN; aA BGH IPRax 2022, 57 [60 ff.] [zu Art. 17 II EGBGB iVm Art. 8 lit. c]: Eigenrechtsvorrang jedenfalls im Verhältnis zu drittstaatlicher Staatsangehörigkeit, zust. Henrich IPRax 2022, 37 [38]; krit. Heiderhoff JZ 2021, 260 [262 f.]). Zur Anknüpfung bei Staatenlosen und Flüchtlingen s. Grüneberg/Thorn Art. 8 Rn. 4; NK-BGB/Lugani Art. 8 Rn. 24; vgl. dazu auch Budzikiewicz StAZ 2017, 289. **(4)** Fehlt es auch an einem gemeinsamen Heimatrecht, ist an letzter Stelle die ***lex fori*** zur Anwendung berufen (Art. 8 lit. d), krit. dazu Gruber IPRax 2012, 388. **(5)** Zur Bestimmung des Trennungs- bzw. Scheidungsstatuts bei Verweisung auf das Recht eines **Mehrrechtsstaats** mit territorialer oder personaler Rechtsspaltung s. Art. 14 und Art. 15 (vgl. → Rn. 2). **bb) Umwandlungsstatut.** 10
(1) Streben die Ehegatten die Umwandlung einer Trennung in eine Ehescheidung an, ist nach Art. 9 I das auf die Trennung angewandte Recht auch für die Scheidung maßgeblich. Auf diese Weise wird ein Statutenwechsel verhindert (s. NK-BGB/Budzikiewicz Art. 9 Rn. 1). Anwendung findet die Regelung unstr. bei formeller Umwandlung eines Trennungsausspruchs in eine Ehescheidung (zB nach französischem oder portugiesischem Recht); sie sollte aber auch dann herangezogen werden, wenn die Trennung (lediglich) als materielle Voraussetzung für eine nachfolgende Scheidung dient, wie etwa im italienischen (vgl. OLG Stuttgart FamRZ 2013, 1803), türkischen (vgl. OLG Nürnberg FamRZ 2014, 835) oder niederländischen Recht (NK-BGB/Budzikiewicz Art. 9 Rn. 5, str.). **(2)** Der Begriff der Trennung entspricht demjenigen in Art. 1 I (→ Anm. zu Art. 1–4 Rn. 4). Erfasst ist sowohl die gerichtlich ausgesprochene Trennung als auch die gerichtlich bestätigte (einvernehmliche) Trennung (NK-BGB/Budzikiewicz Art. 9 Rn. 7, str.). **(3)** Die Anwendung des Art. 9 setzt nicht voraus, dass die Trennung durch ein Gericht desselben Staates ausgesprochen bzw. bestätigt wurde, in dem nunmehr die Umwandlung begehrt wird. Soll eine im Ausland ergangene Trennungsentscheidung im Inland umgewandelt werden, muss die Entscheidung jedoch anerkennungsfähig sein (s. dazu NK-BGB/Budzikiewicz Art. 9 Rn. 9 ff.). **(4)** Anwendung findet nach Art. 9 I das Recht, das der Trennungsentscheidung tatsächlich zugrunde lag (Grüneberg/Thorn Art. 9 Rn. 1); unerheblich ist, ob das Trennungsstatut zutr. bestimmt wurde (NK-BGB/Budzikiewicz Art. 9 Rn. 14). Sieht das auf die Trennung angewendete Recht eine Umwandlung nicht vor, ist das Scheidungsstatut nach Art. 8 zu bestimmen (s. Art. 9 II). Eine Rechtswahl der Parteien geht der Anknüpfung nach Art. 9 I und II vor.

2. Fragen des allgemeinen Teils. a) Renvoi. Nach Art. 11 umfasst das nach 11
den Kollisionsnormen der Rom III-VO berufene Recht eines Staates ausschließlich die dort geltenden Sachnormen (sog. Sachnormverweisung); eine Rück- oder Wei-

terverweisung ist ausgeschlossen. Dies gilt sowohl bei objektiver Anknüpfung als auch im Fall der Rechtswahl (NK-BGB/Budzikiewicz Art. 11 Rn. 8 f., 10).

12 **b) Ordre public.** Die Rom III-VO enthält in Art. 12 eine allg. ordre public-Klausel. Hinzu tritt mit Art. 10 ein spezieller ordre public-Vorbehalt, der in seinem Anwendungsbereich der allg. Regelung des Art. 12 vorgeht. **aa)** Nach Art. 10 ist die Anwendung des gem. Art. 5 oder Art. 8 berufenen Rechts ausgeschlossen, wenn dieses entweder die Ehescheidung nicht vorsieht (Art. 10 Var. 1) oder aber einem der Ehegatten aufgrund seiner Geschlechtszugehörigkeit keinen gleichberechtigten Zugang zur Ehescheidung oder -trennung gewährt (Art. 10 Var. 2). An die Stelle des nach Art. 5 oder Art. 8 anzuwendenden Rechts soll in diesen Fällen die *lex fori* treten. **(1) Scheidungsfeindliches Recht.** Art. 10 Var. 1 nimmt diejenigen Rechtsordnungen in Blick, denen eine *Ehescheidung* (nicht Trennung!) generell unbekannt ist (zB Vatikanstaat), EuGH IPRax 2021, 174 [175 f.]. Keine Anwendung findet die Regelung, wenn nur die konkrete Ehe (noch) nicht oder nicht mehr geschieden werden kann (vgl. NK-BGB/Budzikiewicz Art. 10 Rn. 7; sa EuGH IPRax 2021, 174 [175 f.]: ein lediglich „strengeres" Scheidungsstatut genügt nicht); dann ggf. aber ein Fall des Art. 12 (s. dazu Rieländer IPRax 2021, 159 [162]). **(2) Diskriminierung aufgrund der Geschlechtszugehörigkeit.** Art. 10 Var. 2 bezieht sich auf die Rechtsordnungen, die unterschiedliche Scheidungs- oder Trennungsvoraussetzungen statuieren, je nachdem, ob der Mann oder die Frau die Scheidung/Trennung begehrt. Dies gilt insbes. für das islamische Recht. Umstr. ist, ob Art. 10 Var. 2 bereits dann zum Tragen kommt, wenn das nach Art. 5 oder Art. 8 berufene Recht abstrakt betrachtet diskriminierende Regelungen enthält (so MüKo-BGB/Winkler von Mohrenfels Art. 10 Rn. 3 ff., 14 f.; ders. ZEuP 2013, 699 [714 f.]; OLG Nürnberg FamRZ 2022, 1019), oder ob zu fordern ist, dass sich die Ungleichbehandlung auch im Einzelfall für einen der Ehegatten nachteilig auswirkt. Überzeugender erscheint es letztlich, die Norm als spezielle ordre public-Klausel zu begreifen und nur dann heranzuziehen, wenn der diskriminierte Ehegatte durch die Anwendung des Trennungs- oder Scheidungsstatuts auch tatsächlich benachteiligt ist (s. dazu NK-BGB/Budzikiewicz Art. 10 Rn. 25 ff.). Dem EuGH lag die Frage auf Vorlage des OLG München (NZFam 2016, 790) zur Vorabentscheidung vor; mangels Erheblichkeit im betreffenden Fall blieb sie jedoch unbeantwortet (EuGH NJW 2018, 447 [449] – Sahyouni; der Generalanwalt [NZFam 2017, 997] hatte sich für ein weites Verständnis des Art. 10 Var. 2 ausgesprochen). **bb)** Für den ordre public-Vorbehalt des Art. 12 bleibt neben Art. 10 nur ein geringer Anwendungsbereich. In Betracht kommen insbes. Fälle nicht geschlechtsbezogener Diskriminierung (etwa aufgrund der Religionszugehörigkeit oder der ethnischen Herkunft). Liegen die Voraussetzungen des Art. 12 vor, kann die Anwendung des berufenen Trennungs- oder Scheidungsstatuts versagt werden.

Kap. III. Sonstige Bestimmungen

Art. 17[1] Informationen der teilnehmenden Mitgliedstaaten

(1) **Die teilnehmenden Mitgliedstaaten teilen bis spätestens zum 21. September 2011 der Kommission ihre nationalen Bestimmungen, soweit vorhanden, betreffend Folgendes mit:**

a) die Formvorschriften für Rechtswahlvereinbarungen gemäß Artikel 7 Absätze 2 bis 4, und

b) die Möglichkeit, das anzuwendende Recht gemäß Artikel 5 Absatz 3 zu bestimmen.

Die teilnehmenden Mitgliedstaaten teilen der Kommission alle späteren Änderungen dieser Bestimmungen mit.

[1] Art. 17 gilt ab dem 21.6.2011 gem. Art. 21 II.

(2) **Die Kommission macht die nach Absatz 1 übermittelten Informationen auf geeignetem Wege, insbesondere auf der Website des Europäischen Justiziellen Netzes für Zivil- und Handelssachen, öffentlich zugänglich.**

Art. 18 Übergangsbestimmungen

(1) **Diese Verordnung gilt nur für gerichtliche Verfahren und für Vereinbarungen nach Artikel 5, die ab dem 21. Juni 2012 eingeleitet beziehungsweise geschlossen wurden.**

Eine Rechtswahlvereinbarung, die vor dem 21. Juni 2012 geschlossen wurde, ist ebenfalls wirksam, sofern sie die Voraussetzungen nach den Artikeln 6 und 7 erfüllt.

(2) **Diese Verordnung lässt Rechtswahlvereinbarungen unberührt, die nach dem Recht eines teilnehmenden Mitgliedstaats geschlossen wurden, dessen Gerichtsbarkeit vor dem 21. Juni 2012 angerufen wurde.**

Regelung des **zeitlichen Anwendungsbereichs. a)** Die Rom III-VO gilt gem. 1
Art. 18 I 1 für gerichtliche Verfahren (vgl. Art. 3 Nr. 2) und Rechtswahlvereinbarungen nach Art. 5, die ab dem 21.6.2012 eingeleitet bzw. geschlossen wurden; für nachträglich beigetretene Staaten (→ Vor Art. 1 Rn. 1) ist der im Kommissionsbeschluss angegebene Zeitpunkt des Geltungsbeginns (vgl. Art. 21 S. 3) maßgeblich. Verfahrenseinleitung erfolgt mit Anrufung des Gerichts, s. Art. 16 Brüssel IIa-VO/Art. 17 Brüssel IIb-VO (Helms FamRZ 2011, 1765 [1767]; Grüneberg/Thorn Rn. 1); ein vor dem Stichtag gestellter Verfahrenskostenhilfeantrag führt nach hM nicht zur Verfahrenseinleitung iSd I 1 (Grüneberg/Thorn Rn. 1; OLG Stuttgart NJW 2013, 398; sa OLG Hamm IPRax 2014, 349 [353]; aA NK-BGB/Nordmeier Rn. 6 mwN). **b)** Zur Anwendbarkeit der Rom III-VO auf Rechtswahlvereinbarun- 2
gen, die vor dem Stichtag geschlossen wurden s. I 2 (vgl. dazu OLG Hamm IPRax 2014, 349 [353]); str. ist, ob neben den in I 2 aufgeführten Art. 6 und 7 auch der nicht genannte Art. 5 heranzuziehen ist (so Gruber IPRax 2012, 384 Fn. 46; Grüneberg/Thorn Rn. 1: Redaktionsversehen; iE auch OLG Hamm IPRax 2014, 349 [353]; aA NK-BGB/Nordmeier Rn. 9). **c)** Wurde das Verfahren in einem teil- 3
nehmenden Mitgliedstaat (→ Vor Art. 1 Rn. 1) vor dem Stichtag eingeleitet, ist eine Rechtswahlvereinbarung, die dem Recht dieses Mitgliedstaats in der bei Verfahrenseinleitung geltenden Fassung entspricht, auch dann wirksam, wenn sie am oder nach dem Stichtag geschlossen wurde (Art. 18 II), NK-BGB/Nordmeier Rn. 10; Grüneberg/Thorn Rn. 1.

Art. 19 Verhältnis zu bestehenden internationalen Übereinkommen

(1) **Unbeschadet der Verpflichtungen der teilnehmenden Mitgliedstaaten gemäß Artikel 351 des Vertrags über die Arbeitsweise der Europäischen Union lässt diese Verordnung die Anwendung internationaler Übereinkommen unberührt, denen ein oder mehrere teilnehmende Mitgliedstaaten zum Zeitpunkt der Annahme dieser Verordnung oder zum Zeitpunkt der Annahme des Beschlusses gemäß Artikel 331 Absatz 1 Unterabsatz 2 oder 3 des Vertrags über die Arbeitsweise der Europäischen Union angehören und die Kollisionsnormen für Ehescheidung oder Trennung ohne Auflösung des Ehebandes enthalten.**

(2) **Diese Verordnung hat jedoch im Verhältnis zwischen den teilnehmenden Mitgliedstaaten Vorrang vor ausschließlich zwischen zwei oder mehreren von ihnen geschlossenen Übereinkommen, soweit diese Bereiche betreffen, die in dieser Verordnung geregelt sind.**

→ Vor Art. 1 Rn. 3.

Art. 20 Revisionsklausel

(1) [1]**Die Kommission legt dem Europäischen Parlament, dem Rat und dem Europäischen Wirtschafts- und Sozialausschuss spätestens zum 31. Dezember 2015 und danach alle fünf Jahre einen Bericht über die Anwendung dieser Verordnung vor.** [2]**Dem Bericht werden gegebenenfalls Vorschläge zur Anpassung dieser Verordnung beigefügt.**

(2) **Die teilnehmenden Mitgliedstaaten übermitteln der Kommission zu diesem Zweck sachdienliche Angaben betreffend die Anwendung dieser Verordnung durch ihre Gerichte.**

Kap. IV. Schlussbestimmungen

Art. 21 Inkrafttreten und Geltungsbeginn

Diese Verordnung tritt am Tag nach ihrer Veröffentlichung[1] **im *Amtsblatt der Europäischen Union* in Kraft.**

Sie gilt ab dem 21. Juni 2012, mit Ausnahme des Artikels 17, der ab dem 21. Juni 2011 gilt.

Für diejenigen teilnehmenden Mitgliedstaaten, die aufgrund eines nach Artikel 331 Absatz 1 Unterabsatz 2 oder Unterabsatz 3 des Vertrags über die Arbeitsweise der Europäischen Union angenommenen Beschlusses an der Verstärkten Zusammenarbeit teilnehmen, gilt diese Verordnung ab dem in dem betreffenden Beschluss angegebenen Tag.[2]

1 → Vor Art. 1 Rn. 1.

[Schlussformel]

Diese Verordnung ist in allen ihren Teilen verbindlich und gilt gemäß den Verträgen unmittelbar in den teilnehmenden Mitgliedstaaten.

---

[1] Veröffentlicht am 29.12.2010.

[2] Die Verordnung tritt

in Litauen am 23.11.2012 in Kraft. Sie gilt für Litauen ab dem 22.5.2014; vgl. hierzu Art. 4 des Beschl. v. 21.11.2012 (ABl. 2012 L 323, 18).

in Griechenland am 29.1.2014 in Kraft. Sie gilt für Griechenland ab dem 29.7.2015; vgl. hierzu Art. 4 des Beschl. v. 27.1.2014 (ABl. 2014 L 23, 41).

in Estland am 12.8.2016 in Kraft. Sie gilt für Estland ab dem 11.2.2018; vgl. hierzu Art. 4 des Beschl. v. 10.8.2016 (ABl. 2016 L 216, 23).

Verordnung (EG) Nr. 4/2009 des Rates vom 18. Dezember 2008 über die Zuständigkeit, das anwendbare Recht, die Anerkennung und Vollstreckung von Entscheidungen und die Zusammenarbeit in Unterhaltssachen[1] (EG-UntVO)

(ABl. 2009 Nr. L 7 S. 1, ber. ABl. 2011 Nr. L 131 S. 26, ABl. 2013 Nr. L 8 S. 19 und ABl. Nr. L 281 S. 29)
Celex-Nr. 3 2009 R 0004
(Auszug)

Kapitel III Anwendbares Recht

Art. 15 Bestimmung des anwendbaren Rechts

Das auf Unterhaltspflichten anwendbare Recht bestimmt sich für die Mitgliedstaaten, die durch das Haager Protokoll vom 23. November 2007 über das auf Unterhaltspflichten anzuwendende Recht (nachstehend „Haager Protokoll von 2007" genannt) gebunden sind, nach jenem Protokoll.

Internationales Unterhaltsrecht

Lit.: Andrae, Der Unterhaltsregress öffentlicher Einrichtungen nach der EuUntVO, dem HUÜ 2007 und dem HUP, FPR 2013, 38; Beißel/Heiderhoff, Die engere Verbindung der Ehe nach Art. 5 HUP, IPRax 2022, 256; Finger, Die Europäische Unterhaltsverordnung und das Haager Unterhaltsprotokoll, FuR 2014, 82; Hau, Die Europäische Unterhaltsverordnung und das Haager Unterhaltsprotokoll in der deutschen Rechtspraxis, ZVglRWiss 2016, 672; Henrich, Im Labyrinth des internationalen Unterhaltsrechts, FamRZ 2015, 1761; Klinkhammer, Abänderung ausländischer Unterhaltstitel im Fall des Statutenwechsels und Möglichkeiten der dauerhaften Absicherung, in: Neue Impulse im europäischen Familienkollisionsrecht, Budzikiewicz ua (Hrsg.), 2021, S. 163; Martiny, Auskunft und Auskunftsanspruch beim deutsch-österreichischen Unterhaltsregress, IPRax 2020, 166; Yassari, Der Grundsatz der engsten Verbindung im internationalen Unterhaltsrecht, NJW 2022, 2372.

1. EuUnthVO. a) Verweisung auf das HUntProt. Seit dem 18.6.2011 findet in den EU-Mitgliedstaaten (*opt in* des Vereinigten Königreichs; zu den Folgen des Brexit vgl. Terhechte NJW 2020, 425; Rupp, in: Europa als Taktgeber für das Internationale Familienrecht, Budzikiewicz ua (Hrsg.), 2022, S. 175 [187 ff.]) die Verordnung (EG) Nr. 4/2009 über die Zuständigkeit, das anwendbare Recht, die Anerkennung und Vollstreckung von Entscheidungen und die Zusammenarbeit in Unterhaltssachen (sog. EuUnthVO) Anwendung; zur Stellung Dänemarks, das die Verordnung in Teilen anwendet, vgl. ABl. 2009 L 149, 80 und Verordnung (EU) 2015/228 (ABl. 2015 L 49, 1) Erwägungsgrund 4. Art. 15 EuUnthVO befasst sich mit der Bestimmung des auf Unterhaltspflichten anwendbaren Rechts. Die Regelung enthält jedoch selbst keine Kollisionsnormen, sondern verweist auf das Haager Protokoll v. 23.11.2007 über das auf Unterhaltspflichten anzuwendende Recht (HUntProt). Das HUntProt ist am 1.8.2013 für die EU und Serbien völkerrechtlich in Kraft getreten; in den EU-Mitgliedstaaten (ausgenommen Dänemark und das 1

[1] Für das Vereinigte Königreich tritt diese Verordnung ab dem 1.7.2009 in Kraft. Art. 2 II, Art. 47 III, Art. 71, 72 und 73 gelten ab dem 18.9.2010.

Vereinigte Königreich [Beitritt nur zur EuUnthVO!]) findet es aber schon seit dem 18.6.2011 Anwendung (s. Art. 4 des Ratsbeschlusses v. 30.11.2009, ABl. 2009 L 331, 17). Entsprechend wurde Art. 18 EGBGB zum 18.6.2011 aufgehoben (BGBl. I 898). Das HUntProt ist loi uniforme (s. Art. 2 HUntProt); es ist daher auch dann anzuwenden, wenn das verwiesene Recht dasjenige eines Nichtvertragsstaats ist (KG JAmt 2013, 483; Öst OGH 26.9.2012 – 7Ob116/12b; sa BGH NZFam 2020, 477
2 [478]: Bezüge zu einem weiteren Vertragsstaat sind nicht gefordert). **b) Verhältnis zu den Haager Unterhaltsübereinkommen 1956 und 1973.** Nach Art. 69 EuUnthVO hat das HUntProt im Verhältnis zwischen den (durch dieses gebundenen, vgl. → Rn. 1) Mitgliedstaaten Vorrang vor den Haager Unterhaltsübereinkommen über Unterhaltspflichten von 1956 und 1973 (Abdruck bei Jayme/Hausmann, Internationales Privat- und Verfahrensrecht, 21. Aufl. 2022); im Verhältnis zwischen den Vertragsstaaten ersetzt das HUntProt seit seinem Inkrafttreten (→ Rn. 1) gem. Art. 18 HUntProt die Übereinkommen von 1956 und 1973 (s. MüKo-BGB/Staudinger Einl. UnthProt Rn. 15). Gegenüber den nicht durch das HUntProt gebundenen Vertragsstaaten bleiben beide älteren Übereinkommen jedoch in Kraft (vgl. dazu Grüneberg/Thorn Art. 18 HUntProt Rn. 54 ff.; OLG Karlsruhe FamRZ 2017,
3 1491 [1492] [Türkei]; offen gelassen BGH NJW 2013, 2662 [Schweiz]). **c) Verhältnis zu anderen int. Abkommen.** Das HUntProt lässt int. Abkommen zwischen Vertragsstaaten und Nichtvertragsstaaten, die Bestimmungen über die in dem Protokoll geregelten Materien enthalten, unberührt (Art. 19 I HUntProt). Für die Bundesrepublik Deutschland besitzt dies Bedeutung im Hinblick auf Art. 8 III des deutsch-iranischen Niederlassungsabkommens v. 17.2.1929 (RGBl. 1930 II 1002; BGBl. 1955 II 829); das Abkommen geht dem HUntProt vor (s. MüKo-BGB/Staudinger Einl. UnthProt Rn. 18 ff.).

4 **2. HUntProt (Vorbemerkung). a) Anwendungsbereich. aa)** Das HUntProt ist **sachlich** anwendbar auf gesetzliche Unterhaltspflichten, die sich aus Beziehungen der Familie, Verwandtschaft, Ehe oder Schwägerschaft ergeben; dies schließt Unterhaltspflichten gegenüber einem Kind ein, unabhängig davon, ob die Eltern verheiratet sind (Art. 1 I). Erfasst sind auch Unterhaltsansprüche der nicht miteinander verheirateten Eltern gegeneinander aus Anlass der Geburt eines gemeinsamen Kindes (zB aus § 1615l BGB, vgl. dazu BGH FamRZ 2011, 98; ferner MüKo-BGB/Staudinger Art. 1 UnthProt Rn. 23). Zum **Geltungsbereich** des nach Maßgabe der Bestimmungen des HUntProt berufenen Rechts s. Art. 11; die nicht abschließende Aufzählung bezieht auch Regressansprüche öffentlicher Einrichtungen in den Anwendungsbereich des Protokolls ein (s. dazu Andrae FPR 2013, 38); zur Qualifikation des Auskunftsanspruchs gegen den Unterhaltsschuldner s. Martiny IPRax 2020, 166 [167 f.]. *Nicht* in den Anwendungsbereich des HUntProt fallen **Vorfragen,** die sich im Zusammenhang mit der Zuerkennung eines Unterhaltsanspruchs stellen können (zB wirksame Eheschließung, Abstammung des Kindes). Ob derartige Vorfragen selbständig oder unselbständig anzuknüpfen sind, ist str.: Während zT unter Hinweis auf den staatsvertraglichen Charakter des HUntProt für eine unselbständige Anknüpfung votiert wird (zB Grüneberg/Thorn Art. 1 HUntProt Rn. 9 mwN; OLG Hamm BeckRS 2016, 126169; offen gelassen BGH FamRZ 2017, 1682 [1683]) treten andere für eine selbständige Anknüpfung ein (so etwa NK-BGB/Gruber Art. 1 HUntProt Rn. 35 mwN). **bb)** Zum **räumlichen** Anwendungsbereich → Rn. 1. **cc)** Das HUntProt ist als **loi uniforme** ausgestaltet; von den Gerichten der Vertragsstaaten ist es auch dann anzuwenden, wenn kein Bezug zu einem weiteren Vertragsstaat besteht (s. BGH NJW 2022, 2403 [2404]; FamRZ 2020, 918 [919]; ÖstOGH FamRZ 2018, 342 [344]; BeckRS 2016, 81214; vgl. auch EuGH FamRZ 2022, 1029 [1032]). Die Anwendbarkeit des HUntProt setzt insbes. nicht voraus, dass der Anspruchsteller die Staatsangehörigkeit eines Vertragsstaats besitzt oder seinen gewöhnlichen Aufenthalt in einem der Vertragsstaaten hat; gem. Art. 2 findet das HUntProt auch dann Anwendung, wenn die Kollisionsnormen zum Recht eines Nichtvertragsstaats führen, etwa weil der Unterhaltsberech-

tigte seinen gewöhnlichen Aufenthalt in einem Nichtvertragsstaat hat (vgl. Art. 3), sa → Rn. 5. **dd) Zeitlicher Anwendungsbereich.** Gem. Art. 22 findet das HUntProt keine Anwendung auf Unterhalt, der in einem Vertragsstaat für einen Zeitraum vor Inkrafttreten des Protokolls (vgl. → Rn. 1) verlangt wird; für künftige Vertragsstaaten gilt jeweils der Zeitpunkt des Inkrafttretens in dem betreffenden Staat (MüKo-BGB/Staudinger Art. 22 UnthProt Rn. 1). Nach Art. 5 des Ratsbeschlusses v. 30.11.2009 (ABl. 2009 L 331, 17) ist das Protokoll allerdings in den EU-Mitgliedstaaten ungeachtet des Art. 22 auch auf solche Unterhaltsforderungen anzuwenden, die in einem Mitgliedstaat für einen Zeitraum *vor* dem 18.6.2011 geltend gemacht werden, sofern die Einleitung des Verfahrens, die Billigung oder der Abschluss des gerichtlichen Vergleichs oder die Ausstellung der öffentlichen Urkunde ab dem 18.6.2011 erfolgt ist (s. dazu OLG Celle IPRspr 2012, 200; krit. NK-BGB/Gruber Art. 22 HUntProt Rn. 3). **b) Anknüpfung. aa) Grundsatz.** Sofern das anwend- **5** bare Recht weder gem. Art. 7 oder Art. 8 gewählt wurde (→ Rn. 10) noch eine der Sonderregelungen der Art. 4 (→ Rn. 6) bzw. Art. 5 (→ Rn. 7) eingreift, ist für Unterhaltspflichten das Recht des Staates maßgebend, in dem die berechtigte Person ihren **gewöhnlichen Aufenthalt** hat (Art. 3 I). Der Begriff des gewöhnlichen Aufenthalts ist im HUntProt nicht legaldefiniert; er ist autonom auszulegen. Abzustellen ist auf den Ort, an dem sich unter Berücksichtigung des familiären und sozialen Umfelds tatsächlich der gewöhnliche Lebensmittelpunkt des Unterhaltsberechtigten befindet (EuGH FamRZ 2022, 1029 [1032 f.]); vgl. dazu auch → Anm. zu Art. 5–16 Rom III-VO Rn. 2. Dies gilt auch bei Minderjährigen. Sollte ein Minderjähriger an seinen aktuellen Aufenthaltsort widerrechtlich verbracht worden sein oder an dem Ort widerrechtlich zurückgehalten werden, schließt dies die Begründung eines neuen gewöhnlichen Aufenthalts nicht aus; die widerrechtliche Verbringung oder Zurückhaltung ist nach EuGH nur im Rahmen einer Gesamtschau aller Umstände zu berücksichtigen (EuGH FamRZ 2022, 1029 [1033]). Maßgeblicher Zeitpunkt für die Bestimmung des gewöhnlichen Aufenthalts ist grds. derjenige, zu dem über den geltend gemachten Anspruch zu befinden ist (EuGH FamRZ 2022, 1029 [1033]). Wechselt der Unterhaltsberechtigte den gewöhnlichen Aufenthalt, kommt es gem. Art. 3 II zu einem Statutenwechsel; mit der Begründung des neuen gewöhnlichen Aufenthalts ist *ex nunc* das dort geltende Recht anzuwenden (Wandelbarkeit des Unterhaltsstatuts; s. dazu BGH NJW 2015, 694 [697]: Abänderung einer ausländischen Entscheidung zum Kindesunterhalt; ÖstOGH 29.8.2013 – 1Ob125/13h; 22.2.2017 – 3Ob234/16g: Statutenwechsel im anhängigen Verfahren). **bb) Sonderregelungen. (1)** Art. 4 statuiert zugunsten der in Abs. 1 genann- **6** ten Personen eine Sonderanknüpfung. Danach gilt: Hat der Anspruchsteller nach dem gem. Art. 3 I berufenen Recht (vgl. → Rn. 5) keinen Anspruch auf Unterhalt, so ist subsidiär das am Ort des angerufenen Gerichts geltende Recht (*lex fori*) heranzuziehen (**Art. 4 II**), s. dazu EuGH IPRax 2019, 430 [432 ff.]; gewährt auch die *lex fori* keinen Unterhaltsanspruch, so ist hilfsweise auf das gemeinsame Heimatrecht (soweit vorhanden) abzustellen (Art. 4 IV; zur Anknüpfung bei Mehrstaatern s. Grüneberg/Thorn Art. 4 HUntProt Rn. 18); eine weitere Hilfsanknüpfung ist nicht vorgesehen. **Art. 4 III 1** statuiert demgegenüber eine Abweichung von der Regelanknüpfung: Hat der Berechtigte die zuständige Behörde des Staates angerufen, in dem der Verpflichtete seinen gewöhnlichen Aufenthalt hat, soll primär die *lex fori* berufen sein (s. EuGH NJW 2018, 3433 [3434]; IPRax 2019, 430 [433]); nur wenn nach Maßgabe der *lex fori* keine Unterhaltspflicht besteht, ist hilfsweise nach Art. 3 I anzuknüpfen (Art. 4 III 2); (erst) an letzter Stelle ist auch in diesem Fall das gemeinsame Heimatrecht maßgeblich (Art. 4 IV). Wie der EuGH (NJW 2018, 3433 [3435]) klargestellt hat, ist die Anknüpfung nach Art. 4 III 1 an zwei Voraussetzungen gebunden: (1) Anrufung der Behörde des Staates, in dem der Verpflichtete seinen gewöhnlichen Aufenthalt hat; (2) Antragstellung durch den Berechtigten. Art. 4 III betrifft dementsprechend nur Fälle, in denen der Anspruchsteller seine Rechte aktiv verfolgt; die Bestimmung gilt nicht für einen späteren Antrag des Verpflichteten gegen den Berechtigten auf Herabsetzung des rechtskräftig festgesetzten Unterhalts-

beitrags (EuGH NJW 2018, 3433 [3435]). Bei rügeloser Einlassung iSd Art. 5 EuUnthVO hat der Berechtigte die zuständige Stelle nicht „angerufen" (EuGH NJW 2018, 3433 [3435]). Zur Anwendbarkeit des Art. 4 III, wenn der Anspruchsteller erst während des Verfahrens seinen gewöhnlichen Aufenthalt ins Ausland verlegt,
7 s. ÖstOGH 22.2.2017 – 3Ob234/16g. **(2)** Art. 5 sieht für die **Unterhaltspflicht zwischen Ehegatten,** früheren Ehegatten und Personen, deren Ehe für ungültig erklärt wurde, eine besondere Regelung vor. Danach findet Art. 3 I (→ Rn. 5) keine Anwendung, wenn eine der Parteien sich gegen die dort statuierte Anknüpfung wendet *und* das Recht eines anderen Staates (insbes. des letzten gemeinsamen gewöhnlichen Aufenthalts [Art. 5 S. 1], zum Begriff → Rn. 5) zu der fraglichen Ehe eine engere Verbindung aufweist; anzuwenden ist dann das Recht dieses Staates. Ob eine engere Verbindung besteht, ist Frage des Einzelfalls. Der letzte gemeinsame gewöhnliche Aufenthalt ist nur beispielhaft genannt („insbes."); ihm kommt wesentliche, aber nicht notwendig ausschlaggebende Bedeutung zu. Weitere Kriterien können zB ein früherer gemeinsamer gewöhnlicher Aufenthalt, eine gemeinsame Staatsangehörigkeit, der Eheschließungsort, der Ort der Trennung oder der Scheidung sein (BGH NJW 2022, 2403 [2405]; ÖstOGH 22.9.2020 – 4Ob114/20y; NK-BGB/Bach Art. 5 HUntProt Rn. 14 f.; sa AG Flensburg IPRax 2022, 289 [290] mAnm Beißel/Heiderhoff IPRax 2022, 256, das [iE nicht überzeugend] auf einen früheren gemeinsamen gewöhnlichen Aufenthalt abstellt). Vor oder nach der Eheschließung liegende Umstände sind nicht einzubeziehen (OLG Karlsruhe FamRZ 2021, 1030 [1032]; ÖstOGH 22.9.2020 – 4Ob114/20y; Staudinger/Mankowski Art. 5 HUntProt Rn. 35 f.). Art. 5 ist als Einrede konzipiert (BGH NJW 2022, 2403 [2404]; 2013, 2662 [2665]; Grüneberg/Thorn Art. 5 HUntProt Rn. 21: keine Beachtung von Amts wegen); wird sie nicht erhoben, bleibt es bei der Anknüpfung nach Art. 3 I. Dasselbe gilt, wenn die Einrede zwar erhoben wird, sich aber keine engere Verbindung zu einer anderen Rechtsordnung feststellen lässt (BGH NJW 2022, 2403 [2404] mwN). Die Darlegungs- und Beweislast für eine engere Verbindung trägt derjenige, der die Einrede erhebt (OLG Karlsruhe FamRZ 2021, 1030 [1032]; ÖstOGH 10.12.2020 – 3Ob58/20f; Staudinger/Mankowski Art. 5 HUnt-
8 Prot Rn. 19). **(3)** Personen, die gem. dem nach Art. 3 I (→ Rn. 5) bzw. Art. 4 (→ Rn. 6) bestimmten Recht zum Unterhalt verpflichtet sind, steht (außer bei Unterhaltspflichten gegenüber einem Kind) die **Einrede nach Art. 6** zu. Danach kann sich der Verpflichtete darauf berufen, dass weder nach dem Recht an seinem gewöhnlichen Aufenthalt noch nach dem gemeinsamen Heimatrecht eine Unterhaltspflicht gegenüber dem Anspruchsteller besteht (zB keine Unterhaltsverpflich-
9 tung zwischen Geschwistern). **(4)** Hat eine öffentliche Aufgaben wahrnehmende Einrichtung (zB Sozialbehörde, Unterhaltsvorschusskasse, Gemeinde; s. BeckOGK/Wurmnest [1.6.2022] Art. 10 HUntProt Rn. 9; BeckOK/Heiderhoff Art. 10 HUntProt Rn. 2) an Stelle des Unterhaltsschuldners Leistungen an den Unterhaltsberechtigten erbracht, richtet sich die Frage nach der Entstehung eines **Erstattungsanspruchs** nach dem Recht, dem die Einrichtung untersteht (Art. 10; vgl. auch ÖstOGH IPRax 2020, 155 mAnm Martiny IPRax 2020, 166); über den Umfang der Erstattungspflicht entscheidet das Unterhaltsstatut (Art. 11 lit. f). Auf Erstattungsansprüche Privater findet Art. 10 keine Anwendung (BeckOK/Heiderhoff Art. 10 HUntProt Rn. 4; NK-BGB/Gruber Art. 11 HUntProt Rn. 12).

10 **cc) Rechtswahl.** Das HUntProt eröffnet den Parteien gem. Art. 7 und Art. 8 die Möglichkeit, das anzuwendende Recht zu wählen. **(1)** Gem. Art. 7 kann für ein (bestimmtes) **einzelnes Verfahren** die *lex fori* gewählt werden. Die Wahl muss ausdrücklich erfolgen (s. Art. 7 I; Grüneberg/Thorn Art. 7 HUntProt Rn. 26: keine stillschweigende Rechtswahl); erfolgt sie *vor* Einleitung des Verfahrens, sind die Formvorgaben des Art. 7 II einzuhalten. **(2)** Unabhängig von einem konkreten Verfahren können die Parteien das Unterhaltsstatut nach Maßgabe des Art. 8 wählen. Die **Rechtswahloptionen** sind allerdings auf die in Art. 8 I aufgeführten Alternativen **beschränkt.** Ausgeschlossen ist eine Rechtswahl für die in Art. 8 III benannten Unterhaltspflichten (Unterhaltsansprüche Minderjähriger und schutzbedürftiger

Erwachsener); hier bleibt nur die Möglichkeit der Rechtswahl nach Art. 7 (Grüneberg/Thorn Art. 8 HUntProt Rn. 29). Da Art. 8 (anders als Art. 7 I) keine ausdrückliche Rechtswahl verlangt, ist davon auszugehen, dass diese auch **konkludent** erfolgen kann (Staudinger/Mankowski Art. 8 HUntProt Rn. 16; Grüneberg/Thorn Art. 8 HUntProt Rn. 31; BeckOGK/Yassari [1.12.2020] Art. 8 HUntProt Rn. 12; wohl auch BGH NJW 2022, 2403 [2404]). Allein aus dem Betreiben des Scheidungsverfahrens in einem bestimmten Staat ist aber noch nicht auf die Wahl der *lex fori* zu schließen (OLG Karlsruhe FamRZ 2021, 1030 [1031]). IÜ setzt eine wirksame Rechtswahl die Einhaltung der **Formvorgaben** des Art. 8 II voraus. Zustandekommen und materielle Wirksamkeit der Rechtswahlvereinbarung unterliegen dem gewählten Recht (Grüneberg/Thorn Art. 8 HUntProt Rn. 31; NK-BGB/Bach Art. 8 HUntProt Rn. 23 mwN). Nicht in den Anwendungsbereich des gewählten Rechts fällt die Frage, ob der Unterhaltsberechtigte auf seinen Unterhaltsanspruch wirksam verzichten kann; insoweit ist auf das Recht des Staates abzustellen, in dem der Betreffende im Zeitpunkt der Rechtswahl seinen gewöhnlichen Aufenthalt hat (Art. 8 IV); s. dazu Mansel, in: Brauchen wir eine Rom 0-Verordnung?, Leible/Unberath (Hrsg.), 2013, S. 241 [281]. Eine besondere **Inhaltskontrolle** statuiert Art. 8 V; danach ist das von den Parteien gewählte Recht nicht anzuwenden, wenn die Anwendung für eine der Parteien (Berechtigter oder Verpflichteter) offensichtlich unbillige oder unangemessene Folgen hätte, es sei denn, die Parteien waren sich dieser Folgen vollständig im Klaren. Vergleichsmaßstab für die Inhaltskontrolle ist das objektiv bestimmte Unterhaltsstatut (Staudinger/Mankowski Art. 8 HUntProt
Rn. 85; NK-BGB/Bach Art. 8 HUntProt Rn. 39). **dd) Renvoi.** Nach Art. 12 **11**
umfasst das nach den Kollisionsnormen des HUntProt berufene Recht eines Staates ausschließlich die dort geltenden Sachnormen (sog. Sachnormverweisung); eine
Rück- oder Weiterverweisung ist ausgeschlossen. **ee) Ordre public.** Das HUntProt **12**
enthält in Art. 13 die übliche ordre public-Klausel. Ergänzend findet sich in Art. 14 eine Sachnorm, der zufolge unabhängig von dem nach Maßgabe des HUntProt bestimmten Unterhaltsstatut bei der Bemessung des Unterhaltsbetrags (ua) die Bedürfnisse des Unterhaltsberechtigten und die wirtschaftlichen Verhältnisse des Verpflichteten zu berücksichtigen sind (s. dazu Grüneberg/Thorn Art. 14 HUntProt Rn. 49 mit Bsp. aus der Rspr.). **ff)** Zum Vorgehen bei der Berufung eines Rechts mit territorialer oder personaler Rechtsspaltung s. Art. 16 und 17.

Protokoll über das auf Unterhaltspflichten anzuwendende Recht[1] (HUntProt)

Vom 23. November 2007
(ABl. 2009 Nr. L 331 S. 19)
Celex-Nr. 2 2009 A 1216 (02)

Art. 1 Anwendungsbereich

(1) **Dieses Protokoll bestimmt das auf solche Unterhaltspflichten anzuwendende Recht, die sich aus Beziehungen der Familie, Verwandtschaft, Ehe oder Schwägerschaft ergeben, einschließlich der Unterhaltspflichten gegenüber einem Kind, ungeachtet des Zivilstands[1] seiner Eltern.**

(2) **Die in Anwendung dieses Protokolls ergangenen Entscheidungen lassen die Frage des Bestehens einer der in Absatz 1 genannten Beziehungen unberührt.**

Art. 2 Universelle Anwendung

Dieses Protokoll ist auch anzuwenden, wenn das darin bezeichnete Recht dasjenige eines Nichtvertragsstaats ist.

Art. 3 Allgemeine Regel in Bezug auf das anzuwendende Recht

(1) **Soweit in diesem Protokoll nichts anderes bestimmt ist, ist für Unterhaltspflichten das Recht des Staates maßgebend, in dem die berechtigte Person ihren gewöhnlichen Aufenthalt hat.**

(2) **Wechselt die berechtigte Person ihren gewöhnlichen Aufenthalt, so ist vom Zeitpunkt des Aufenthaltswechsels an das Recht des Staates des neuen gewöhnlichen Aufenthalts anzuwenden.**

Art. 4 Besondere Regeln zugunsten bestimmter berechtigter Personen

(1) **Die folgenden Bestimmungen sind anzuwenden in Bezug auf Unterhaltspflichten**

a) **der Eltern gegenüber ihren Kindern,**
b) **anderer Personen als der Eltern gegenüber Personen, die das 21. Lebensjahr noch nicht vollendet haben, mit Ausnahme der Unterhaltspflichten aus den in Artikel 5 genannten Beziehungen, und**
c) **der Kinder gegenüber ihren Eltern.**

(2) **Kann die berechtigte Person nach dem in Artikel 3 vorgesehenen Recht von der verpflichteten Person keinen Unterhalt erhalten, so ist das am Ort des angerufenen Gerichts geltende Recht anzuwenden.**

(3) [1]**Hat die berechtigte Person die zuständige Behörde des Staates angerufen, in dem die verpflichtete Person ihren gewöhnlichen Aufenthalt hat,**

---

[1] Zwischen Deutschland, Österreich und der Schweiz abgestimmte deutsche Übersetzung (Übersetzungskonferenz in Bern vom 16. und 17.7.2008).

[1] DE, AT: Familienstands.

so ist ungeachtet des Artikels 3 das am Ort des angerufenen Gerichts geltende Recht anzuwenden. [2]Kann die berechtigte Person jedoch nach diesem Recht von der verpflichteten Person keinen Unterhalt erhalten, so ist das Recht des Staates des gewöhnlichen Aufenthalts der berechtigten Person anzuwenden.

(4) Kann die berechtigte Person nach dem in Artikel 3 und in den Absätzen 2 und 3 vorgesehenen Recht von der verpflichteten Person keinen Unterhalt erhalten, so ist gegebenenfalls das Recht des Staates anzuwenden, dem die berechtigte und die verpflichtete Person gemeinsam angehören.

Art. 5 Besondere Regel in Bezug auf Ehegatten und frühere Ehegatten

[1]In Bezug auf Unterhaltspflichten zwischen Ehegatten, früheren Ehegatten oder Personen, deren Ehe für ungültig erklärt wurde, findet Artikel 3 keine Anwendung, wenn eine der Parteien sich dagegen wendet und das Recht eines anderen Staates, insbesondere des Staates ihres letzten gemeinsamen gewöhnlichen Aufenthalts, zu der betreffenden Ehe eine engere Verbindung aufweist. [2]In diesem Fall ist das Recht dieses anderen Staates anzuwenden.

Art. 6 Besondere Mittel zur Verteidigung

Außer bei Unterhaltspflichten gegenüber einem Kind, die sich aus einer Eltern-Kind-Beziehung ergeben, und den in Artikel 5 vorgesehenen Unterhaltspflichten kann die verpflichtete Person dem Anspruch der berechtigten Person entgegenhalten, dass für sie weder nach dem Recht des Staates des gewöhnlichen Aufenthalts der verpflichteten Person noch gegebenenfalls nach dem Recht des Staates, dem die Parteien gemeinsam angehören, eine solche Pflicht besteht.

Art. 7 Wahl des anzuwendenden Rechts für die Zwecke eines einzelnen Verfahrens

(1) Ungeachtet der Artikel 3 bis 6 können die berechtigte und die verpflichtete Person allein für die Zwecke eines einzelnen Verfahrens in einem bestimmten Staat ausdrücklich das Recht dieses Staates als das auf eine Unterhaltspflicht anzuwendende Recht bestimmen.

(2) Erfolgt die Rechtswahl vor der Einleitung des Verfahrens, so geschieht dies durch eine von beiden Parteien unterschriebene Vereinbarung in Schriftform oder erfasst auf einem Datenträger, dessen Inhalt für eine spätere Einsichtnahme zugänglich ist.

Art. 8 Wahl des anzuwendenden Rechts

(1) Ungeachtet der Artikel 3–6 können die berechtigte und die verpflichtete Person jederzeit eine der folgenden Rechtsordnungen als das auf eine Unterhaltspflicht anzuwendende Recht bestimmen:

a) das Recht eines Staates, dem eine der Parteien im Zeitpunkt der Rechtswahl angehört;
b) das Recht des Staates, in dem eine der Parteien im Zeitpunkt der Rechtswahl ihren gewöhnlichen Aufenthalt hat;
c) das Recht, das die Parteien als das auf ihren Güterstand anzuwendende Recht bestimmt haben, oder das tatsächlich darauf angewandte Recht;
d) das Recht, das die Parteien als das auf ihre Ehescheidung oder Trennung ohne Auflösung der Ehe anzuwendende Recht bestimmt haben, oder

das tatsächlich auf diese Ehescheidung oder Trennung angewandte Recht.

(2) **Eine solche Vereinbarung ist schriftlich zu erstellen oder auf einem Datenträger zu erfassen, dessen Inhalt für eine spätere Einsichtnahme zugänglich ist, und von beiden Parteien zu unterschreiben.**

(3) **Absatz 1 findet keine Anwendung auf Unterhaltspflichten betreffend eine Person, die das 18. Lebensjahr noch nicht vollendet hat, oder einen Erwachsenen, der aufgrund einer Beeinträchtigung oder der Unzulänglichkeit seiner persönlichen Fähigkeiten nicht in der Lage ist, seine Interessen zu schützen.**

(4) **Ungeachtet des von den Parteien nach Absatz 1 bestimmten Rechts ist das Recht des Staates, in dem die berechtigte Person im Zeitpunkt der Rechtswahl ihren gewöhnlichen Aufenthalt hat, dafür massgebend, ob die berechtigte Person auf ihren Unterhaltsanspruch verzichten kann.**

(5) **Das von den Parteien bestimmte Recht ist nicht anzuwenden, wenn seine Anwendung für eine der Parteien offensichtlich unbillige oder unangemessene Folgen hätte, es sei denn, dass die Parteien im Zeitpunkt der Rechtswahl umfassend unterrichtet und sich der Folgen ihrer Wahl vollständig bewusst waren.**

Art. 9 „Wohnsitz" anstelle von „Staatsangehörigkeit"

Ein Staat, der den Begriff des „Wohnsitzes" als Anknüpfungspunkt in Familiensachen kennt, kann das Ständige Büro der Haager Konferenz für Internationales Privatrecht davon unterrichten, dass für die Zwecke der Fälle, die seinen Behörden vorgelegt werden, in Artikel 4 der Satzteil „dem die berechtigte und die verpflichtete Person gemeinsam angehören" durch „in dem die berechtigte und die verpflichtete Person gemeinsam ihren Wohnsitz haben" und in Artikel 6 der Satzteil „dem die Parteien gemeinsam angehören" durch „in dem die Parteien gemeinsam ihren Wohnsitz haben" ersetzt wird, wobei „Wohnsitz" so zu verstehen ist, wie es in dem betreffenden Staat definiert wird.

Art. 10 Öffentliche Aufgaben wahrnehmende Einrichtungen

Für das Recht einer öffentliche Aufgaben wahrnehmenden Einrichtung, die Erstattung einer der berechtigten Person anstelle von Unterhalt erbrachten Leistung zu verlangen, ist das Recht maßgebend, dem diese Einrichtung untersteht.

Art. 11 Geltungsbereich des anzuwendenden Rechts

Das auf die Unterhaltspflicht anzuwendende Recht bestimmt insbesondere,
a) ob, in welchem Umfang und von wem die berechtigte Person Unterhalt verlangen kann;
b) in welchem Umfang die berechtigte Person Unterhalt für die Vergangenheit verlangen kann;
c) die Grundlage für die Berechnung des Unterhaltsbetrags und für die Indexierung;
d) wer zur Einleitung des Unterhaltsverfahrens berechtigt ist, unter Ausschluss von Fragen der Prozessfähigkeit und der Vertretung im Verfahren;

e) die Verjährungsfristen oder die für die Einleitung eines Verfahrens geltenden Fristen;
f) den Umfang der Erstattungspflicht der verpflichteten Person, wenn eine öffentliche Aufgaben wahrnehmende Einrichtung die Erstattung der der berechtigten Person anstelle von Unterhalt erbrachten Leistungen verlangt.

Art. 12 Ausschluss der Rückverweisung

Der Begriff „Recht" im Sinne dieses Protokolls bedeutet das in einem Staat geltende Recht mit Ausnahme des Kollisionsrechts.

Art. 13 Öffentliche Ordnung (ordre public)

Von der Anwendung des nach diesem Protokoll bestimmten Rechts darf nur abgesehen werden, soweit seine Wirkungen der öffentlichen Ordnung (ordre public) des Staates des angerufenen Gerichts offensichtlich widersprechen.

Art. 14 Bemessung des Unterhaltsbetrags

Bei der Bemessung des Unterhaltsbetrags sind die Bedürfnisse der berechtigten Person und die wirtschaftlichen Verhältnisse der verpflichteten Person sowie etwaige der berechtigten Person anstelle einer regelmäßigen Unterhaltszahlung geleistete Entschädigungen zu berücksichtigen, selbst wenn das anzuwendende Recht etwas anderes bestimmt.

Art. 15 Nichtanwendung des Protokolls auf innerstaatliche Kollisionen

(1) Ein Vertragsstaat, in dem verschiedene Rechtssysteme oder Regelwerke für Unterhaltspflichten gelten, ist nicht verpflichtet, die Regeln dieses Protokolls auf Kollisionen anzuwenden, die allein zwischen diesen verschiedenen Rechtssystemen oder Regelwerken bestehen.

(2) Dieser Artikel ist nicht anzuwenden auf Organisationen der regionalen Wirtschaftsintegration.

Art. 16 In räumlicher Hinsicht nicht einheitliche Rechtssysteme

(1) Gelten in einem Staat in verschiedenen Gebietseinheiten zwei oder mehr Rechtssysteme oder Regelwerke in Bezug auf in diesem Protokoll geregelte Angelegenheiten, so ist
a) jede Bezugnahme auf das Recht eines Staates gegebenenfalls als Bezugnahme auf das in der betreffenden Gebietseinheit geltende Recht zu verstehen;
b) jede Bezugnahme auf die zuständigen Behörden oder die öffentliche Aufgaben wahrnehmenden Einrichtungen dieses Staates gegebenenfalls als Bezugnahme auf die zuständigen Behörden oder die öffentliche Aufgaben wahrnehmenden Einrichtungen zu verstehen, die befugt sind, in der betreffenden Gebietseinheit tätig zu werden;
c) jede Bezugnahme auf den gewöhnlichen Aufenthalt in diesem Staat gegebenenfalls als Bezugnahme auf den gewöhnlichen Aufenthalt in der betreffenden Gebietseinheit zu verstehen;
d) jede Bezugnahme auf den Staat, dem die Parteien gemeinsam angehören, als Bezugnahme auf die vom Recht dieses Staates bestimmte

Gebietseinheit oder mangels einschlägiger Vorschriften als Bezugnahme auf die Gebietseinheit zu verstehen, zu der die Unterhaltspflicht die engste Verbindung aufweist;

e) jede Bezugnahme auf den Staat, dem eine Partei angehört, als Bezugnahme auf die vom Recht dieses Staates bestimmte Gebietseinheit oder mangels einschlägiger Vorschriften als Bezugnahme auf die Gebietseinheit zu verstehen, zu der die Person die engste Verbindung aufweist.

(2) Hat ein Staat zwei oder mehr Gebietseinheiten mit eigenen Rechtssystemen oder Regelwerken für die in diesem Protokoll geregelten Angelegenheiten, so gilt zur Bestimmung des nach diesem Protokoll anzuwendenden Rechts Folgendes:

a) Sind in diesem Staat Vorschriften in Kraft, die das Recht einer bestimmten Gebietseinheit für anwendbar erklären, so ist das Recht dieser Einheit anzuwenden;

b) fehlen solche Vorschriften, so ist das Recht der in Absatz 1 bestimmten Gebietseinheit anzuwenden.

(3) Dieser Artikel ist nicht anzuwenden auf Organisationen der regionalen Wirtschaftsintegration.

Art. 17 Hinsichtlich der betroffenen Personengruppen nicht einheitliche Rechtssysteme

Hat ein Staat für in diesem Protokoll geregelte Angelegenheiten zwei oder mehr Rechtssysteme oder Regelwerke, die für verschiedene Personengruppen gelten, so ist zur Bestimmung des nach dem Protokoll anzuwendenden Rechts jede Bezugnahme auf das Recht des betreffenden Staates als Bezugnahme auf das Rechtssystem zu verstehen, das durch die in diesem Staat in Kraft befindlichen Vorschriften bestimmt wird.

Art. 18 Koordinierung mit den früheren Haager Übereinkommen über Unterhaltspflichten

Im Verhältnis zwischen den Vertragsstaaten ersetzt dieses Protokoll das Haager Übereinkommen vom 2. Oktober 1973 über das auf Unterhaltspflichten anzuwendende Recht und das Haager Übereinkommen vom 24. Oktober 1956 über das auf Unterhaltsverpflichtungen gegenüber Kindern anzuwendende Recht.

Art. 19 Koordinierung mit anderen Übereinkünften

(1) Dieses Protokoll lässt internationale Übereinkünfte unberührt, denen Vertragsstaaten als Vertragsparteien angehören oder angehören werden und die Bestimmungen über im Protokoll geregelte Angelegenheiten enthalten, sofern die durch eine solche Übereinkunft gebundenen Staaten keine gegenteilige Erklärung abgeben.

(2) Absatz 1 gilt auch für Einheitsrecht, das auf besonderen Verbindungen insbesondere regionaler Art zwischen den betroffenen Staaten beruht.

Art. 20 Einheitliche Auslegung

Bei der Auslegung dieses Protokolls ist seinem internationalen Charakter und der Notwendigkeit, seine einheitliche Anwendung zu fördern, Rechnung zu tragen.

Art. 21 Prüfung der praktischen Durchführung des Protokolls

(1) **Der Generalsekretär der Haager Konferenz für Internationales Privatrecht beruft erforderlichenfalls eine Spezialkommission zur Prüfung der praktischen Durchführung dieses Protokolls ein.**

(2) **Zu diesem Zweck arbeiten die Vertragsstaaten mit dem Ständigen Büro der Haager Konferenz für Internationales Privatrecht bei der Sammlung der Rechtsprechung zur Anwendung dieses Protokolls zusammen.**

Art. 22 Übergangsbestimmungen

Dieses Protokoll findet keine Anwendung auf Unterhalt, der in einem Vertragsstaat für einen Zeitraum vor Inkrafttreten des Protokolls in diesem Staat verlangt wird.

Art. 23–30 *(nicht abgedruckt)*

Verordnung (EU) Nr. 650/2012 des Europäischen Parlaments und des Rates vom 4. Juli 2012 über die Zuständigkeit, das anzuwendende Recht, die Anerkennung und Vollstreckung von Entscheidungen und die Annahme und Vollstreckung öffentlicher Urkunden in Erbsachen sowie zur Einführung eines Europäischen Nachlasszeugnisses (EuErbVO)

vom 4. Juli 2012
(ABl EU Nr C 44, S 148, ber 2014 Nr L 41 S 16)
(Auszug)

Kap. I. Anwendungsbereich und Begriffsbestimmungen

Art. 1 Anwendungsbereich

(1) [1]**Diese Verordnung ist auf die Rechtsnachfolge von Todes wegen anzuwenden.** [2]**Sie gilt nicht für Steuer- und Zollsachen sowie verwaltungsrechtliche Angelegenheiten.**

(2) **Vom Anwendungsbereich dieser Verordnung ausgenommen sind:**

a) **der Personenstand sowie Familienverhältnisse und Verhältnisse, die nach dem auf diese Verhältnisse anzuwendenden Recht vergleichbare Wirkungen entfalten;**
b) **die Rechts-, Geschäfts- und Handlungsfähigkeit von natürlichen Personen, unbeschadet des Artikels 23 Absatz 2 Buchstabe c und des Artikels 26;**
c) **Fragen betreffend die Verschollenheit oder die Abwesenheit einer natürlichen Person oder die Todesvermutung;**
d) **Fragen des ehelichen Güterrechts sowie des Güterrechts aufgrund von Verhältnissen, die nach dem auf diese Verhältnisse anzuwendenden Recht mit der Ehe vergleichbare Wirkungen entfalten;**
e) **Unterhaltspflichten außer derjenigen, die mit dem Tod entstehen;**
f) **die Formgültigkeit mündlicher Verfügungen von Todes wegen;**
g) **Rechte und Vermögenswerte, die auf andere Weise als durch Rechtsnachfolge von Todes wegen begründet oder übertragen werden, wie unentgeltliche Zuwendungen, Miteigentum mit Anwachsungsrecht des Überlebenden (joint tenancy), Rentenpläne, Versicherungsverträge und ähnliche Vereinbarungen, unbeschadet des Artikels 23 Absatz 2 Buchstabe i;**
h) **Fragen des Gesellschaftsrechts, des Vereinsrechts und des Rechts der juristischen Personen, wie Klauseln im Errichtungsakt oder in der Satzung einer Gesellschaft, eines Vereins oder einer juristischen Person, die das Schicksal der Anteile verstorbener Gesellschafter beziehungsweise Mitglieder regeln;**
i) **die Auflösung, das Erlöschen und die Verschmelzung von Gesellschaften, Vereinen oder juristischen Personen;**
j) **die Errichtung, Funktionsweise und Auflösung eines Trusts;**

k) die Art der dinglichen Rechte und
l) jede Eintragung von Rechten an beweglichen oder unbeweglichen Vermögensgegenständen in einem Register, einschließlich der gesetzlichen Voraussetzungen für eine solche Eintragung, sowie die Wirkungen der Eintragung oder der fehlenden Eintragung solcher Rechte in einem Register.

Art. 2 Zuständigkeit in Erbsachen innerhalb der Mitgliedstaaten

Diese Verordnung berührt nicht die innerstaatlichen Zuständigkeiten der Behörden der Mitgliedstaaten in Erbsachen.

Art. 3 Begriffsbestimmungen

(1) Für die Zwecke dieser Verordnung bezeichnet der Ausdruck
a) „Rechtsnachfolge von Todes wegen" jede Form des Übergangs von Vermögenswerten, Rechten und Pflichten von Todes wegen, sei es im Wege der gewillkürten Erbfolge durch eine Verfügung von Todes wegen oder im Wege der gesetzlichen Erbfolge;
b) „Erbvertrag" eine Vereinbarung, einschließlich einer Vereinbarung aufgrund gegenseitiger Testamente, die mit oder ohne Gegenleistung Rechte am künftigen Nachlass oder künftigen Nachlässen einer oder mehrerer an dieser Vereinbarung beteiligter Personen begründet, ändert oder entzieht;
c) „gemeinschaftliches Testament" ein von zwei oder mehr Personen in einer einzigen Urkunde errichtetes Testament;
d) „Verfügung von Todes wegen" ein Testament, ein gemeinschaftliches Testament oder einen Erbvertrag;
e) „Ursprungsmitgliedstaat" den Mitgliedstaat, in dem die Entscheidung ergangen, der gerichtliche Vergleich gebilligt oder geschlossen, die öffentliche Urkunde errichtet oder das Europäische Nachlasszeugnis ausgestellt worden ist;
f) „Vollstreckungsmitgliedstaat" den Mitgliedstaat, in dem die Vollstreckbarerklärung oder Vollstreckung der Entscheidung, des gerichtlichen Vergleichs oder der öffentlichen Urkunde betrieben wird;
g) „Entscheidung" jede von einem Gericht eines Mitgliedstaats in einer Erbsache erlassene Entscheidung ungeachtet ihrer Bezeichnung einschließlich des Kostenfestsetzungsbeschlusses eines Gerichtsbediensteten;
h) „gerichtlicher Vergleich" einen von einem Gericht gebilligten oder vor einem Gericht im Laufe eines Verfahrens geschlossenen Vergleich in einer Erbsache;
i) „öffentliche Urkunde" ein Schriftstück in Erbsachen, das als öffentliche Urkunde in einem Mitgliedstaat förmlich errichtet oder eingetragen worden ist und dessen Beweiskraft
   i) sich auf die Unterschrift und den Inhalt der öffentlichen Urkunde bezieht und
   ii) durch eine Behörde oder eine andere vom Ursprungsmitgliedstaat hierzu ermächtigte Stelle festgestellt worden ist.

(2) Im Sinne dieser Verordnung bezeichnet der Begriff „Gericht" jedes Gericht und alle sonstigen Behörden und Angehörigen von Rechtsberufen mit Zuständigkeiten in Erbsachen, die gerichtliche Funktionen ausüben oder in Ausübung einer Befugnisübertragung durch ein Gericht oder unter der Aufsicht eines Gerichts handeln, sofern diese anderen Behörden und Angehörigen von Rechtsberufen ihre Unparteilichkeit und das Recht der

Parteien auf rechtliches Gehör gewährleisten und ihre Entscheidungen nach dem Recht des Mitgliedstaats, in dem sie tätig sind,

a) vor einem Gericht angefochten oder von einem Gericht nachgeprüft werden können und

b) vergleichbare Rechtskraft und Rechtswirkung haben wie eine Entscheidung eines Gerichts in der gleichen Sache.

Die Mitgliedstaaten teilen der Kommission nach Artikel 79 die in Absatz 1 genannten sonstigen Behörden und Angehörigen von Rechtsberufen mit.

Art. 83 Übergangsbestimmungen

(1) **Diese Verordnung findet auf die Rechtsnachfolge von Personen Anwendung, die am 17. August 2015 oder danach verstorben sind.**

(2) **Hatte der Erblasser das auf seine Rechtsnachfolge von Todes wegen anzuwendende Recht vor dem 17. August 2015 gewählt, so ist diese Rechtswahl wirksam, wenn sie die Voraussetzungen des Kapitels III erfüllt oder wenn sie nach den zum Zeitpunkt der Rechtswahl geltenden Vorschriften des Internationalen Privatrechts in dem Staat, in dem der Erblasser seinen gewöhnlichen Aufenthalt hatte, oder in einem Staat, dessen Staatsangehörigkeit er besaß, wirksam ist.**

(3) **Eine vor dem 17. August 2015 errichtete Verfügung von Todes wegen ist zulässig sowie materiell und formell wirksam, wenn sie die Voraussetzungen des Kapitels III erfüllt oder wenn sie nach den zum Zeitpunkt der Errichtung der Verfügung geltenden Vorschriften des Internationalen Privatrechts in dem Staat, in dem der Erblasser seinen gewöhnlichen Aufenthalt hatte, oder in einem Staat, dessen Staatsangehörigkeit er besaß, oder in dem Mitgliedstaat, dessen Behörde mit der Erbsache befasst ist, zulässig sowie materiell und formell wirksam ist.**

(4) **Wurde eine Verfügung von Todes wegen vor dem 17. August 2015 nach dem Recht errichtet, welches der Erblasser gemäß dieser Verordnung hätte wählen können, so gilt dieses Recht als das auf die Rechtsfolge von Todes wegen anzuwendende gewählte Recht.**

Art. 84 Inkrafttreten

Diese Verordnung tritt am zwanzigsten Tag nach ihrer Veröffentlichung im *Amtsblatt der Europäischen Union* in Kraft.

Sie gilt ab dem 17. August 2015, mit Ausnahme der Artikel 77 und 78, die ab dem 16. November 2014 gelten, und der Artikel 79, 80 und 81, die ab dem 5. Juli 2012 gelten.

Diese Verordnung ist in allen ihren Teilen verbindlich und gilt gemäß den Verträgen unmittelbar in den Mitgliedstaaten.

Ausgewählte Lit zur EuErbVO: Buschbaum/Simon, EuErbVO: das Europäische Nachlasszeugnis, ZEV 2012, 525; Buschbaum/Kohler, Vereinheitlichung des Erbkollisionsrechts in Europa. GPR 2010, 106, 162; Dörner, EuErbVO: Die Verordnung zum internationalen Erb- und Erbverfahrensrecht ist in Kraft!, ZEV 2012, 505; ders, Erbauseinandersetzung und Bestellung eines Minderjährigenpflegers nach Inkrafttreten der EuErbVO, ZEV 2016, 118; Dutta, Das neue internationale Erbrecht der Europäischen Union, FamRZ 2013, 4; ders, Das neue internationale Erbrechtsverfahrensgesetz, ZEV 2015, 493; Dutta/Herrler (Hrsg.), Die Europäische Erbrechtsverordnung, 2014; Lehmann, Erhöhter Druck auf Erbvertrag, gemeinschaftliches Testament sowie Vor- und Nacherbfolge durch die EuErbVO, ZEV 2015, 309; Leipold, Die internationale Zuständigkeit für die Ausschlagung der Erbschaft nach EuErbVO und IntErbRVG, ZEV 2015, 553; Lipp/Münch (Hrsg.), Die neue europäische Erbrechtsverordnung, 2016 (mit Beiträgen von Lipp, Reinhartz, Münch, Kroll-Ludwigs, Eule, Dutta und Hertel); Kleinschmidt, Optionales Erbrecht: Das Europäische Nachlasszeugnis als Herausforderung an das Kollisionsrecht, RabelsZ 77 (2013), 723; Mankowski, Das Verhältnis zwischen der EuErbVO und den neuen Verordnungen zum internationalen Güterrecht, ZEV 2016, 479; Max Plank Institut, Comments on the European Commission's Proposal for a Regulation…in Matters of Succession and the Creation of a European Certificate of Succession, RabelsZ 74 (2010), 522; Schauer/Scheuba (Hrsg.), Europäische Erbrechtsverordnung, 2012; Simon/Buschbaum, Die neue EU-Erbrechtsverordnung, NJW 2012, 2393; R. Wagner, Die aktuelle deutsche Rechtsprechung zur EuErbVO, ZEV 2020, 204 ff.; Werkmüller, Verträge zugunsten Dritter auf den Todesfall im Lichte der EuErbVO..., ZEV 2016, 123; Zimmer/Oppermann, Geschäftsunfähigkeit, „Demenztourismus" und gewöhnlicher Aufenthalt nach der EuErbVO am Beispiel der Schweiz, ZEV 2016, 126.

Einleitung und Anmerkungen zu Art. 1–3, 83 und 84

1 **1. Rechtsnatur, Entstehung, Inkrafttreten und Übergangsrecht.** Die EuErbVO ist als Rechtsakt im Sinne von Art. 288 II AEUV in den Mitgliedstaaten unmittelbar anwendbar (Art. 84 III EuErbVO), auch wenn vor allem die verfahrensrechtlichen Vorschriften einer Ausführungsgesetzgebung bedürfen, die der deutsche Gesetzgeber im Gesetz zum Internationalen Erbrecht und zur Änderung von Vorschriften zum Erbschein sowie zur Änderung von sonstigen Vorschriften vom 29.6.2015 (BGBl. 2015 I 1042) geschaffen hat (dazu Lehmann ZEV 2015, 138; ders zum Referentenentwurf ZEV 2014, 232). Nach längeren intensiven Vorarbeiten (dazu Dörner/Lagarde, Rechtsvergleichende Studie der erbrechtlichen Regelungen des IZPR und IPR der Mitgliedstaaten der EU, 2002; MPI Hamburg RabelsZ 2010, 522; Wagner DNotZ 2010, 506; Simon/Buschbaum NJW 2012, 2393; Leipold JZ 2010, 802 [808 ff.];) ist die Verordnung am 27.7.2012 im Amtsblatt der EU veröffentlicht worden; sie trat gem Art. 84 I am 16.8.2012 in Kraft und findet auf Erbfälle Anwendung, wenn der Erblasser am oder nach dem 17.8.2015 verstorben ist (Art. 83 I EuErbVO). Für zeitlich frühere Erbfälle gilt das alte deutsche autonome IPR (OLG Düsseldorf ZEV 2017, 204 Rn. 14; OLG Schleswig NJW-RR 2016, 1229: Art. 25, 26 EGBGB; dazu → Vor § 1922 Rn. 3). Jedoch gilt für die Voraussetzungen einer wirksamen Rechtswahl und die Zulässigkeit und Wirksamkeit einer Verfügung schon vorher alternativ das der Wirksamkeit des Testaments günstigere Kollisionsrecht (Art. 83 II und III EuErbVO; hierzu Eule ZEV 2017, 207 [208) in seiner zu Recht krit Anm zu OLG Düsseldorf ZEV 2017, 204). Darüber hinaus wird eine Rechtswahl auf der Basis des Art. 22 EuErbVO fingiert, wenn der Erblasser vor dem 17.8.2015 unter dem Recht seiner Staatsangehörigkeit bei abweichendem gewöhnlichen Aufenthalt eine letztwillige Verfügung errichtet hat (Art. 83 IV), also zB in einem Staat, der an den gewöhnlichen Aufenthalt als Erbstatut angeknüpft hat, ohne Rechtswahl nach dem Recht seiner Staatsangehörigkeit testiert haben sollte. In zwei ausführlich begründeten Entscheidungen bestätigte der BGH die Unbedenklichkeit der rückwirkend anwendbaren Rechtswahlregel für den Fall eines Erbvertrags (BGH NJW 2019, 3449 ff.; hierzu Mankowski ZEV 2019, 541 ff.; ferner BGH NJW 2021, 1159 Rn. 11 ff. m. Anm. Zimmermann; sa als Vorinstanz OLG München ZEV 2021, 28). Die Entscheidung EuGH ZEV 2021, 717 subsumiert unter den Begriff des Erbvertrages (Art 3 I lit. b EuErbVO) auch Schenkungen auf den Todesfall, die folglich in den Anwendungsbereich der EuErbVO fallen (sa unten → Rn. 2). Dabei lehnt er die Anwendung des Art. (83 II EuErbVO) mit seiner günstigen Rechtswahlvorschrift für Verfügungen vor dem 17.8.2015 ab, wenn sie nicht den gesamten Erwerb von Todes wegen erfasst, sondern nur bestimmte Vermögenwerte (EuGH aaO Rn. 37 ff.; zu Folgeerwägungen J.P.Schmidt ZEV 2021, 719 Rn. 4 u. 5)

2. Anwendungsbereich. a) Sachlicher Anwendungsbereich. Der *sachliche* Anwendungsbereich umfasst die Bestimmung des Statuts jedweder Rechtsnachfolge von Todes wegen auf Grund gewillkürter oder gesetzlicher Erbfolge (Art. 1 I EuErbVO), aber auch des Statuts des Pflichtteilsrechts (argumentum ex Art. 23 II lit. h EuErbVO; zu seiner Heranziehung bei der Bestimmung des Anwendungsbereiches Dutta FamRZ 2013, 5). Der Katalog des Art. 1 II EuErbVO mit seiner Abgrenzung gegenüber wichtigen Nachbargebieten des Erbrechts (Personenstandsrecht, eheliches Güterrecht, Unterhaltsrecht, Geschäfte unter Lebenden auf den Todesfall, Gesellschaftsrecht, Trustrecht, Sachenrecht) kann nicht alle Zweifelsfälle befriedigend erfassen. Dies zeigt sich unter anderem einmal bei der Abgrenzung von Güterrecht und Erbrecht im Falle des § 1371, wo die eher hM Art. 1 II lit. d iVm Art. 23 II lit. b EuErbVO im Sinne einer Zuordnung zum Güterrecht las (statt vieler Dörner ZEV 2012, 505 [507]; Dutta FamRZ 2013, 9) und sich dabei allerdings weder auf eine klare Regelung der am 29.1.2019 in Kraft tretenden EuGüVO (KG ZEV 2017, 209, Rn. 23) noch auf eine klare bisherige höchstrichterliche Rechtsprechung stützen konnte (vgl EuGH 27.2.1997 – C – 220/95, Slg. 1997, I-1147 Rn. 22 ff. – van den Boogaard: fallabhängig; zum alten autonomen Recht BGH NJW-RR 2013, 201 mN: offen; für güterrechtliche Qualifikation aber BGH NJW 2015, 2185). Auf Vorlage (KG ZEV 2017, 209) zieht allerdings der EuGH die volle Geltung der EuErbVO vor (EuGH NJW 2018, 1377 Rn. 40 ff.; sa Anm zu Art. 62–73 Rn. 4; hierzu Dörner ZEV 2019, 309 ff., 312 f.). Zum anderen zeigen sich Abgrenzungsschwierigkeiten bei den verschiedenen Formen überlebensbedingter Schenkung (dazu → § 2301 Rn. 1 ff.), wo trotz Art. 1 II lit. g EuErbVO unter Hinweis auf das weite Verständnis des Erbvertrages (Art. 3 I lit. b EuErbVO) eine Bestimmung des anwendbaren Sachrechts unter dem Erbstatut als Qualifikationsstatut für möglich gehalten wird (in diesem Sinne zumindest teilweise Dörner ZEV 2012, 505 [508]; Dutta FamRZ 2013, 4 [5 und 10]), obwohl gerade auch vor dem Hintergrund der erwähnten Vorschriften der EuErbVO eine Unterscheidung zwischen zu Lebzeiten vom künftigen Erblasser voll vollzogenen Zuwendungen (Schenkungsstatut) und nicht lebzeitig voll vollzogenen Zuwendungen (Erbstatut) sinnvoll sein könnte. Der EuGH scheint nun aber in seiner Grundsatzentscheidung auf Vorlage des österreichischen OGH allerdings tatsächlich nicht von einer Unterscheidung auszugehen, die wie das deutsche Recht an den vollen Vollzug des vom künftigen Erblasser geschuldeten Leistungsverhaltens anknüpft, sondern an den Eintritt des Leistungserfolgs, also etwa des vollen Eigentumsübergangs zu Lebzeiten – dann Schenkungsrecht nach Art. 1 II lit. g – oder erst mit dem Ableben des künftigen Erblassers – dann Art. 3 I lit. b EuErbVO (dazu EuGH, Urteil v. 9.9.2021 – C-277/20, UM, ZEV 2021, 717 Rn. 30 ff.), wobei er wie in seiner Entscheidung zur Einheitlichkeit des ENZ (EuGH, Urteil v. 21.6.2018, Oberle, C – 20/17; dazu Art. 62–73 Rn. 7) sich auf den Grundsatz der Einheitlichkeit der Erbfolge beruft, wie ihn ErwG 9 zur EuErbVO betont (sa die teilw krit Anm v. J. P. Schmidt ZEV 2021, 719 Rn. 3 u. 6). Jedenfalls bewendet es auch bei lebzeitig voll vollzogenen unentgeltlichen Zuwendungen für die Ausgleichung und Anrechnung zweifelsfrei beim Erbstatut (Art. 23 II lit. i EuErbVO). Zur gesellschaftsrechtlichen Nachfolge im Todesfall s Anm zu Art. 20–38 Rn. 6; zum Vindikationslegat s Anm zu Art. 20–38 Rn. 7; → Vor § 1922 Rn. 3. **b) Räumlicher Anwendungsbereich.** Beim *räumlichen* 3
Anwendungsbereich ist zunächst zu beachten, dass die EuErbVO als „loi uniforme" des IPR im Verhältnis zu allen Staaten Geltung beansprucht und damit das alte nationale autonome IPR auch im Verhältnis zu *Drittstaaten* voll ablöst (Art. 20 EuErbVO). Darin liegt einmal mehr eine grundsätzlich begrüßenswerte Entscheidung gegen ein zweispuriges Kollisionsrecht. Allerdings gilt die EuErbVO nicht in allen *Mitgliedstaaten* der EU; vielmehr haben Dänemark, Irland und schon früher vor dem Brexit Großbritannien gestützt auf ihre Protokollvorbehalte (Art. 1 und 2 der Protokolle Nr. 21 und 22 zu EUV und AEUV) der Geltung in ihren Staaten nicht zugestimmt. Sie sind deshalb insoweit wie Drittstaaten zu behandeln. Dies bedeutet, dass diese Staaten ihr nationales autonomes IPR im Verhältnis zu den

Mitgliedstaaten weiterhin anwenden, wohingegen in den übrigen Mitgliedstaaten im Verhältnis zu den drei Protokollstaaten das gemeinsame IPR der EuErbVO gilt (zur Problematik Richters ZEV 2012, 576; Süß ZEuP 2013, 725 [734]; zu deutsch-israelischen Erbfällen Reich/Assan ZEV 2015, 145; zu deutsch-amerikanischen Erbfällen Büdding/Tolani ZEV 2019, 613 ff.); zur Weiter- und Rückverweisung Anm zu Art. 20–38 Rn. 7). Die Zuständigkeit deutscher Gerichte für die Bekanntmachung eines gemeinschaftlichen und in Deutschland bereits eröffneten Testaments eines zuletzt in Thailand lebenden Erblassers bejaht OLG Frankfurt a.M. NJW-RR 2020, 954; dazu ausführlich bei § 2273 (aufgehoben) Rn. 1. Das OLG Köln ZEV 2021, 95 wendet auf die Maßnahmen, welche im Rahmen einer Nachlasspflege für in Deutschland belegene Nachlassgegenstände eines Erblassers mit letztem gewöhnlichen Aufenthalt in Brasilien und unbekannten Erben notwendig sind, deutsches Recht an, obwohl nach Art. 20, 21 I EuErbVO für die Erbfolge brasilianisches Recht gilt, letztlich unter Berufung auf Art. 24 III EuErbVO für vorläufige Maßregeln (ausführlich Zimmermann Rpfleger 2021, 2 ff., 3).

4 **3. Aufbau und Inhalt.** Die EuErbVO enthält in ihren Art. 4–19, 39–61 Regelungen zum erbrechtlichen internationalen Verfahrensrecht (Zuständigkeit, zur diesbezüglichen Anknüpfung von Vorfragen Volmer ZEV 2014, 129, zur Pflicht nationaler Gerichte, von Amts wegen alle in Frage kommenden Zuständigkeitsvorschriften in Betracht zu ziehen EuGH ZEV 2022, 536 Rn. 24 ff. für Art. 10 im Verhältnis zu Art. 4; Anerkennung und Vollstreckung in Erbrechtssachen) und in ihren Art. 20–38 Vorschriften zum erbrechtlichen Internationalen Privatrecht. Einen besonderen Abschnitt bilden die Regelungen der Art. 62–73 zum europäischen Nachlasszeugnis, das in Fällen mit Auslandsberührung wahlweise oder kumulativ neben nationale Nachlasszeugnisse tritt und keiner besonderen Anerkennung in den Mitgliedstaaten der EU bedarf, um seine Beweiswirkung zu entfalten. Die Frage, ob ein von polnischen Notaren ausgestelltes Nachlasszeugnis eine gerichtliche Entscheidung nach Art. 3 I lit. g ist oder eine öffentliche Urkunde gemäß Art. 3 I lit. i, hat der EuGH zu Recht im letzteren Sinne entschieden (EuGH NJW 2019, 2293 Rn. 50 ff.); ein solches Nachlasszeugnis unterliegt deshalb Art. 3 II, 59 I Satz 2, 81 II, und entfaltet in den anderen EU-Staaten dieselbe Wirkung wie in Polen. Die Wirkung eines europäischen Nachlasszeugnisses hängt davon ab, dass Polen ein Verfahren nach Art. 59 II, 79 betreibt, das zur Gleichstellung notarieller und gerichtlicher Entscheidungen führt (sa EuGH EuZW 2017, 689 für Kroatien; NJW 2021, 2947 Rn. 46 ff. für Litauen). Hier abgedruckt und kurz kommentiert werden die wichtigsten Vorschriften zum IPR und zum europäischen Nachlasszeugnis, ferner sind die Vorschriften der bereits erwähnten Art. 1–3, 83, 84 EuErbVO wiedergegeben.

Kap. II. Zuständigkeit

(nicht abgedruckt)

Kap. III. Anzuwendendes Recht

Art. 20 Universelle Anwendung

Das nach dieser Verordnung bezeichnete Recht ist auch dann anzuwenden, wenn es nicht das Recht eines Mitgliedstaats ist.

Art. 21 Allgemeine Kollisionsnorm

(1) **Sofern in dieser Verordnung nichts anderes vorgesehen ist, unterliegt die gesamte Rechtsnachfolge von Todes wegen dem Recht des Staates, in**

dem der Erblasser im Zeitpunkt seines Todes seinen gewöhnlichen Aufenthalt hatte.

(2) **Ergibt sich ausnahmsweise aus der Gesamtheit der Umstände, dass der Erblasser im Zeitpunkt seines Todes eine offensichtlich engere Verbindung zu einem anderen als dem Staat hatte, dessen Recht nach Absatz 1 anzuwenden wäre, so ist auf die Rechtsnachfolge von Todes wegen das Recht dieses anderen Staates anzuwenden.**

Art. 22 Rechtswahl

(1) **Eine Person kann für die Rechtsnachfolge von Todes wegen das Recht des Staates wählen, dem sie im Zeitpunkt der Rechtswahl oder im Zeitpunkt ihres Todes angehört.**

Eine Person, die mehrere Staatsangehörigkeiten besitzt, kann das Recht eines der Staaten wählen, denen sie im Zeitpunkt der Rechtswahl oder im Zeitpunkt ihres Todes angehört.

(2) **Die Rechtswahl muss ausdrücklich in einer Erklärung in Form einer Verfügung von Todes wegen erfolgen oder sich aus den Bestimmungen einer solchen Verfügung ergeben.**

(3) **Die materielle Wirksamkeit der Rechtshandlung, durch die die Rechtswahl vorgenommen wird, unterliegt dem gewählten Recht.**

(4) **Die Änderung oder der Widerruf der Rechtswahl muss den Formvorschriften für die Änderung oder den Widerruf einer Verfügung von Todes wegen entsprechen.**

Art. 23 Reichweite des anzuwendenden Rechts

(1) **Dem nach Artikel 21 oder Artikel 22 bezeichneten Recht unterliegt die gesamte Rechtsnachfolge von Todes wegen.**

(2) **Diesem Recht unterliegen insbesondere:**

a) die Gründe für den Eintritt des Erbfalls sowie dessen Zeitpunkt und Ort;

b) die Berufung der Berechtigten, die Bestimmung ihrer jeweiligen Anteile und etwaiger ihnen vom Erblasser auferlegter Pflichten sowie die Bestimmung sonstiger Rechte an dem Nachlass, einschließlich der Nachlassansprüche des überlebenden Ehegatten oder Lebenspartners;

c) die Erbfähigkeit;

d) die Enterbung und die Erbunwürdigkeit;

e) der Übergang der zum Nachlass gehörenden Vermögenswerte, Rechte und Pflichten auf die Erben und gegebenenfalls die Vermächtnisnehmer, einschließlich der Bedingungen für die Annahme oder die Ausschlagung der Erbschaft oder eines Vermächtnisses und deren Wirkungen;

f) die Rechte der Erben, Testamentsvollstrecker und anderer Nachlassverwalter, insbesondere im Hinblick auf die Veräußerung von Vermögen und die Befriedigung der Gläubiger, unbeschadet der Befugnisse nach Artikel 29 Absätze 2 und 3;

g) die Haftung für die Nachlassverbindlichkeiten;

h) der verfügbare Teil des Nachlasses, die Pflichtteile und andere Beschränkungen der Testierfreiheit sowie etwaige Ansprüche von Personen, die dem Erblasser nahe stehen, gegen den Nachlass oder gegen den Erben;

i) die Ausgleichung und Anrechnung unentgeltlicher Zuwendungen bei der Bestimmung der Anteile der einzelnen Berechtigten und

j) die Teilung des Nachlasses.

Art. 24 Verfügungen von Todes wegen außer Erbverträgen

(1) **Die Zulässigkeit und die materielle Wirksamkeit einer Verfügung von Todes wegen mit Ausnahme eines Erbvertrags unterliegen dem Recht, das nach dieser Verordnung auf die Rechtsnachfolge von Todes wegen anzuwenden wäre, wenn die Person, die die Verfügung errichtet hat, zu diesem Zeitpunkt verstorben wäre.**

(2) **Ungeachtet des Absatzes 1 kann eine Person für die Zulässigkeit und die materielle Wirksamkeit ihrer Verfügung von Todes wegen das Recht wählen, das sie nach Artikel 22 unter den darin genannten Bedingungen hätte wählen können.**

(3) [1]**Absatz 1 gilt für die Änderung oder den Widerruf einer Verfügung von Todes wegen mit Ausnahme eines Erbvertrags entsprechend.** [2]**Bei Rechtswahl nach Absatz 2 unterliegt die Änderung oder der Widerruf dem gewählten Recht.**

Art. 25 Erbverträge

(1) **Die Zulässigkeit, die materielle Wirksamkeit und die Bindungswirkungen eines Erbvertrags, der den Nachlass einer einzigen Person betrifft, einschließlich der Voraussetzungen für seine Auflösung, unterliegen dem Recht, das nach dieser Verordnung auf die Rechtsnachfolge von Todes wegen anzuwenden wäre, wenn diese Person zu dem Zeitpunkt verstorben wäre, in dem der Erbvertrag geschlossen wurde.**

(2) **Ein Erbvertrag, der den Nachlass mehrerer Personen betrifft, ist nur zulässig, wenn er nach jedem der Rechte zulässig ist, die nach dieser Verordnung auf die Rechtsnachfolge der einzelnen beteiligten Personen anzuwenden wären, wenn sie zu dem Zeitpunkt verstorben wären, in dem der Erbvertrag geschlossen wurde.**

Die materielle Wirksamkeit und die Bindungswirkungen eines Erbvertrags, der nach Absatz 1 zulässig ist, einschließlich der Voraussetzungen für seine Auflösung, unterliegen demjenigen unter den in Absatz 1 genannten Rechten, zu dem er die engste Verbindung hat.

(3) **Ungeachtet der Absätze 1 und 2 können die Parteien für die Zulässigkeit, die materielle Wirksamkeit und die Bindungswirkungen ihres Erbvertrags, einschließlich der Voraussetzungen für seine Auflösung, das Recht wählen, das die Person oder eine der Personen, deren Nachlass betroffen ist, nach Artikel 22 unter den darin genannten Bedingungen hätte wählen können.**

Art. 26 Materielle Wirksamkeit einer Verfügung von Todes wegen

(1) **Zur materiellen Wirksamkeit im Sinne der Artikel 24 und 25 gehören:**

a) **die Testierfähigkeit der Person, die die Verfügung von Todes wegen errichtet;**

b) **die besonderen Gründe, aufgrund deren die Person, die die Verfügung errichtet, nicht zugunsten bestimmter Personen verfügen darf oder aufgrund deren eine Person kein Nachlassvermögen vom Erblasser erhalten darf;**

c) **die Zulässigkeit der Stellvertretung bei der Errichtung einer Verfügung von Todes wegen;**

d) **die Auslegung der Verfügung;**

e) **Täuschung, Nötigung, Irrtum und alle sonstigen Fragen in Bezug auf Willensmängel oder Testierwillen der Person, die die Verfügung errichtet.**

(2) **Hat eine Person nach dem nach Artikel 24 oder 25 anzuwendenden Recht die Testierfähigkeit erlangt, so beeinträchtigt ein späterer Wechsel des anzuwendenden Rechts nicht ihre Fähigkeit zur Änderung oder zum Widerruf der Verfügung.**

Art. 27 Formgültigkeit einer schriftlichen Verfügung von Todes wegen

(1) **Eine schriftliche Verfügung von Todes wegen ist hinsichtlich ihrer Form wirksam, wenn diese:**
a) dem Recht des Staates entspricht, in dem die Verfügung errichtet oder der Erbvertrag geschlossen wurde,
b) dem Recht eines Staates entspricht, dem der Erblasser oder mindestens eine der Personen, deren Rechtsnachfolge von Todes wegen durch einen Erbvertrag betroffen ist, entweder im Zeitpunkt der Errichtung der Verfügung bzw. des Abschlusses des Erbvertrags oder im Zeitpunkt des Todes angehörte,
c) dem Recht eines Staates entspricht, in dem der Erblasser oder mindestens eine der Personen, deren Rechtsnachfolge von Todes wegen durch einen Erbvertrag betroffen ist, entweder im Zeitpunkt der Errichtung der Verfügung oder des Abschlusses des Erbvertrags oder im Zeitpunkt des Todes den Wohnsitz hatte,
d) dem Recht des Staates entspricht, in dem der Erblasser oder mindestens eine der Personen, deren Rechtsnachfolge von Todes wegen durch einen Erbvertrag betroffen ist, entweder im Zeitpunkt der Errichtung der Verfügung oder des Abschlusses des Erbvertrags oder im Zeitpunkt des Todes seinen/ihren gewöhnlichen Aufenthalt hatte, oder
e) dem Recht des Staates entspricht, in dem sich unbewegliches Vermögen befindet, soweit es sich um dieses handelt.
Ob der Erblasser oder eine der Personen, deren Rechtsnachfolge von Todes wegen durch einen Erbvertrag betroffen ist, in einem bestimmten Staat ihren Wohnsitz hatte, regelt das in diesem Staat geltende Recht.

(2) [1]**Absatz 1 ist auch auf Verfügungen von Todes wegen anzuwenden, durch die eine frühere Verfügung geändert oder widerrufen wird.** [2]**Die Änderung oder der Widerruf ist hinsichtlich ihrer Form auch dann gültig, wenn sie den Formerfordernissen einer der Rechtsordnungen entsprechen, nach denen die geänderte oder widerrufene Verfügung von Todes wegen nach Absatz 1 gültig war.**

(3) [1]**Für die Zwecke dieses Artikels werden Rechtsvorschriften, welche die für Verfügungen von Todes wegen zugelassenen Formen mit Beziehung auf das Alter, die Staatsangehörigkeit oder andere persönliche Eigenschaften des Erblassers oder der Personen, deren Rechtsnachfolge von Todes wegen durch einen Erbvertrag betroffen ist, beschränken, als zur Form gehörend angesehen.** [2]**Das Gleiche gilt für Eigenschaften, welche die für die Gültigkeit einer Verfügung von Todes wegen erforderlichen Zeugen besitzen müssen.**

Art. 28 Formgültigkeit einer Annahme- oder Ausschlagungserklärung

Eine Erklärung über die Annahme oder die Ausschlagung der Erbschaft, eines Vermächtnisses oder eines Pflichtteils oder eine Erklärung zur Begrenzung der Haftung des Erklärenden ist hinsichtlich ihrer Form wirksam, wenn diese den Formerfordernissen entspricht
a) des nach den Artikeln 21 oder 22 auf die Rechtsnachfolge von Todes wegen anzuwendenden Rechts oder

b) des Rechts des Staates, in dem der Erklärende seinen gewöhnlichen Aufenthalt hat.

Art. 29 Besondere Regelungen für die Bestellung und die Befugnisse eines Nachlassverwalters in bestimmten Situationen

(1) Ist die Bestellung eines Verwalters nach dem Recht des Mitgliedstaats, dessen Gerichte nach dieser Verordnung für die Entscheidungen in der Erbsache zuständig sind, verpflichtend oder auf Antrag verpflichtend und ist das auf die Rechtsnachfolge von Todes wegen anzuwendende Recht ausländisches Recht, können die Gerichte dieses Mitgliedstaats, wenn sie angerufen werden, einen oder mehrere Nachlassverwalter nach ihrem eigenen Recht unter den in diesem Artikel festgelegten Bedingungen bestellen. [1]Der/die nach diesem Absatz bestellte(n) Verwalter ist/sind berechtigt, das Testament des Erblassers zu vollstrecken und/oder den Nachlass nach dem auf die Rechtsnachfolge von Todes wegen anzuwendenden Recht zu verwalten. [2]Sieht dieses Recht nicht vor, dass eine Person Nachlassverwalter ist, die kein Berechtigter ist, können die Gerichte des Mitgliedstaats, in dem der Verwalter bestellt werden muss, einen Fremdverwalter nach ihrem eigenen Recht bestellen, wenn dieses Recht dies so vorsieht und es einen schwerwiegenden Interessenskonflikt zwischen den Berechtigten oder zwischen den Berechtigten und den Nachlassgläubigern oder anderen Personen, die für die Verbindlichkeiten des Erblassers gebürgt haben, oder Uneinigkeit zwischen den Berechtigten über die Verwaltung des Nachlasses gibt oder wenn es sich um einen aufgrund der Art der Vermögenswerte schwer zu verwaltenden Nachlasses handelt.

Der/die nach diesem Absatz bestellte(n) Verwalter ist/sind die einzige(n) Person(en), die befugt ist/sind, die in den Absätzen 2 oder 3 genannten Befugnisse auszuüben.

(2) [1]Die nach Absatz 1 bestellte(n) Person(en) üben die Befugnisse zur Verwaltung des Nachlasses aus, die sie nach dem auf die Rechtsnachfolge von Todes wegen anzuwendenden Recht ausüben dürfen. [2]Das bestellende Gericht kann in seiner Entscheidung besondere Bedingungen für die Ausübung dieser Befugnisse im Einklang mit dem auf die Rechtsnachfolge von Todes wegen anzuwendenden Recht festlegen.

Sieht das auf die Rechtsnachfolge von Todes wegen anzuwendende Recht keine hinreichenden Befugnisse vor, um das Nachlassvermögen zu erhalten oder die Rechte der Nachlassgläubiger oder anderer Personen zu schützen, die für die Verbindlichkeiten des Erblassers gebürgt haben, so kann das bestellende Gericht beschließen, es dem/den Nachlassverwalter(n) zu gestatten, ergänzend diejenigen Befugnisse, die hierfür in seinem eigenen Recht vorgesehen sind, auszuüben und in seiner Entscheidung besondere Bedingungen für die Ausübung dieser Befugnisse im Einklang mit diesem Recht festlegen.

Bei der Ausübung solcher ergänzenden Befugnisse hält/halten der/die Verwalter das auf die Rechtsnachfolge von Todes wegen anzuwendende Recht in Bezug auf den Übergang des Eigentums an dem Nachlassvermögen, die Haftung für die Nachlassverbindlichkeiten, die Rechte der Berechtigten, gegebenenfalls einschließlich des Rechts, die Erbschaft anzunehmen oder auszuschlagen, und gegebenenfalls die Befugnisse des Vollstreckers des Testaments des Erblassers ein.

(3) Ungeachtet des Absatzes 2 kann das nach Absatz 1 einen oder mehrere Verwalter bestellende Gericht ausnahmsweise, wenn das auf die Rechtsnachfolge von Todes wegen anzuwendende Recht das Recht eines Drittstaats ist, beschließen, diesen Verwaltern alle Verwaltungsbefugnisse zu

übertragen, die in dem Recht des Mitgliedstaats vorgesehen sind, in dem sie bestellt werden.

Bei der Ausübung dieser Befugnisse respektieren die Nachlassverwalter jedoch insbesondere die Bestimmung der Berechtigten und ihrer Nachlassansprüche, einschließlich ihres Anspruchs auf einen Pflichtteil oder ihres Anspruchs gegen den Nachlass oder gegenüber den Erben nach dem auf die Rechtsnachfolge von Todes wegen anzuwendenden Recht.

Art. 30 Besondere Regelungen mit Beschränkungen, die die Rechtsnachfolge von Todes wegen in Bezug auf bestimmte Vermögenswerte betreffen oder Auswirkungen auf sie haben

Besondere Regelungen im Recht eines Staates, in dem sich bestimmte unbewegliche Sachen, Unternehmen oder andere besondere Arten von Vermögenswerten befinden, die die Rechtsnachfolge von Todes wegen in Bezug auf jene Vermögenswerte aus wirtschaftlichen, familiären oder sozialen Erwägungen beschränken oder berühren, finden auf die Rechtsnachfolge von Todes wegen Anwendung, soweit sie nach dem Recht dieses Staates unabhängig von dem auf die Rechtsnachfolge von Todes wegen anzuwendenden Recht anzuwenden sind.

Art. 31 Anpassung dinglicher Rechte

Macht eine Person ein dingliches Recht geltend, das ihr nach dem auf die Rechtsnachfolge von Todes wegen anzuwendenden Recht zusteht, und kennt das Recht des Mitgliedstaats, in dem das Recht geltend gemacht wird, das betreffende dingliche Recht nicht, so ist dieses Recht soweit erforderlich und möglich an das in der Rechtsordnung dieses Mitgliedstaats am ehesten vergleichbare Recht anzupassen, wobei die mit dem besagten dinglichen Recht verfolgten Ziele und Interessen und die mit ihm verbundenen Wirkungen zu berücksichtigen sind.

Art. 32 Kommorienten

Sterben zwei oder mehr Personen, deren jeweilige Rechtsnachfolge von Todes wegen verschiedenen Rechten unterliegt, unter Umständen, unter denen die Reihenfolge ihres Todes ungewiss ist, und regeln diese Rechte diesen Sachverhalt unterschiedlich oder gar nicht, so hat keine der verstorbenen Personen Anspruch auf den Nachlass des oder der anderen.

Art. 33 Erbenloser Nachlass

Ist nach dem nach dieser Verordnung auf die Rechtsnachfolge von Todes wegen anzuwendenden Recht weder ein durch Verfügung von Todes wegen eingesetzter Erbe oder Vermächtnisnehmer für die Nachlassgegenstände noch eine natürliche Person als gesetzlicher Erbe vorhanden, so berührt die Anwendung dieses Rechts nicht das Recht eines Mitgliedstaates oder einer von diesem Mitgliedstaat für diesen Zweck bestimmten Einrichtung, sich das im Hoheitsgebiet dieses Mitgliedstaates belegene Nachlassvermögen anzueignen, vorausgesetzt, die Gläubiger sind berechtigt, aus dem gesamten Nachlass Befriedigung ihrer Forderungen zu suchen.

Art. 34 Rück- und Weiterverweisung

(1) **Unter dem nach dieser Verordnung anzuwendenden Recht eines Drittstaats sind die in diesem Staat geltenden Rechtsvorschriften ein-**

schließlich derjenigen seines Internationalen Privatrechts zu verstehen, soweit diese zurück- oder weiterverweisen auf:
a) das Recht eines Mitgliedstaats oder
b) das Recht eines anderen Drittstaats, der sein eigenes Recht anwenden würde.

(2) **Rück- und Weiterverweisungen durch die in Artikel 21 Absatz 2, Artikel 22, Artikel 27, Artikel 28 Buchstabe b und Artikel 30 genannten Rechtsordnungen sind nicht zu beachten.**

Art. 35 Öffentliche Ordnung (ordre public)

Die Anwendung einer Vorschrift des nach dieser Verordnung bezeichneten Rechts eines Staates darf nur versagt werden, wenn ihre Anwendung mit der öffentlichen Ordnung (ordre public) des Staates des angerufenen Gerichts offensichtlich unvereinbar ist.

Art. 36–38 *(nicht abgedruckt)*

Anmerkungen zu Art. 20–38

1 **1. Die allgemeine Kollisionsnorm und die Rechtswahl. a) Die allgemeine Kollisionsnorm.** Es ist bereits ausgeführt, dass die Kollisionsnormen der Art. 21 ff. nicht nur das gegenüber Mitgliedstaaten maßgebliche Erbrechtsstatut bestimmen, sondern universale Geltung auch im Verhältnis zu Drittstaaten beanspruchen (Art. 20; dazu → Einl. Rn. 3). Das maßgebliche Erbrechtsstatut richtet sich gemäß Art. 21 I nach dem gewöhnlichen Aufenthalt des Erblassers im Zeitpunkt seines Todes. Die Anknüpfung an den gewöhnlichen Aufenthalt, die der Gesetzgeber zur Sicherung des Gleichlaufs von gerichtlicher Zuständigkeit und Erbrechtsstatut auch für die gerichtliche Zuständigkeit gewählt hat (Art. 4), macht die Entwicklung von Kriterien zur Auslegung dieses unbestimmten Rechtsbegriffs notwendig. Dabei kann zunächst auf Kriterien zurückgegriffen werden, die der EuGH auf dem Gebiete des Zuständigkeitsrechts entwickelt hat: Dauer des Aufenthaltes, Regelmäßigkeit und Umstände des Aufenthaltes, Gründe des Aufenthaltes, Staatsangehörigkeit (sic!), Sprachkenntnisse, familiäre und soziale Bindungen (EuGH 2.4.2009 – C – 523/07 (A), Slg. 2009, I-2805 Rn. 39: europäisches Kindschaftsverfahrensrecht nach der EheVO). Ausschlaggebend ist aber stets das Gesamtbild der Umstände des Einzelfalles (EuGH Slg. 2009. I-2805 Rn. 37 ff.; gleich EuGH NJW 2021, 2947 Rn. 33 ff.), das auf eine besonders enge und feste Bindung zum betreffenden Staat (Erwägungsgrund 23 S. 2 und 3) und eine Stabilität dieser Beziehung (Erwägungsgrund 24) schließen lassen muss, was vor allem bei wirtschaftlich oder beruflich bedingten häufigeren Wechseln oder im Falle von Pendlern besondere Bedeutung hat (dazu KG NJW-RR 2016, 1100; Wagner NJW 2017, 3755, 3757; ferner OLG München FGPrax 2017, 134; OLG Düsseldorf FGPrax 2017, 36; OLG Hamburg FGPrax 2017, 129; dazu Rauscher NJW 2017, 3486, 3490), aber auch in Fällen krankheitsbedingter oder anderer in der Persönlichkeitssphäre liegenden Gründe für einen häufigeren Wechsel des Aufenthaltes zwischen zwei verschiedenen Staaten (dazu OLG Hamm ZEV 2020, 634 Rn. 4 ff.: ärztliche Behandlung; 2020, 636. Rn. 19 ff.: ehe- und lebenspartnerschaftlich bedingte Wechsel; KG FGPrax 2020, 279: Hospizaufenthalt am Lebensende; zweifelhaft OLG Düsseldorf FGPrax 2021, 27: überwiegender *Aufenthalt in* einem Staat bei Vereinsengagement und Mietwohnung im Herkunftsstaat). Die Ausweichklausel des Art. 21 II erlaubt ausnahmsweise die Bestimmung des Rechts eines anderen Staates zum maßgeblichen Statut, wenn zu diesem Staat offensichtlich engere Beziehungen bestehen als zum Recht des Aufenthaltsstaates im Zeitpunkt des Todes, insbesondere etwa bei kurz vor dem Tode erfolgtem Wechsel des Aufenthaltes; dies kann zu einem Auseinanderfallen

von Gerichtsstand und anwendbarem Recht führen, weil Art. 4 eine solche Ausweichklausel nicht enthält (dazu Dörner ZEV 2012, 505 [511]; Dutta FamRZ 2013, 4 [8]; kritisch zur Ausweichklausel Wilke RIW 2012, 601 [605]; Kohler/Pintens FamRZ 2012, 1425 [1427]). **b) Rechtswahl.** Die erbrechtliche Rechtswahl (grund- 2
legend Dutta RabelsZ 1973 (2009), 547 [569 ff.]) des Art. 22 I erlaubt – nicht zuletzt auch ein Zugeständnis an die vielfach anzutreffende Tradition der Anknüpfung des Erbstatuts an die Staatsangehörigkeit – nur die Wahl des Rechts der Staatsangehörigkeit oder einer von mehreren Staatsangehörigkeiten im Zeitpunkt der Rechtswahl oder des Todes (hierzu Leitzen ZEV 2013, 128; Magnus IPrax 2013, 393). Sie kann dabei dem Recht eines Mitgliedstaates oder Drittstaates gelten. Diese Beschränkung soll insbesondere auch verhindern, dass ohne eine ausreichende Beziehung des Erblassers zum gewählten Recht zwingende Vorschriften des nach Art. 21 geltenden Erbstatuts, wie etwa sein Pflichtteilsrecht, durch völlig freie Rechtswahl ausgehebelt werden können (Wagner DNotZ 2010, 506 [515]; mE zu Unrecht kritisch etwa Wilke RIW 2012, 601 [606]; Burandt/Rojahn/Burandt, Erbrecht, 2. Aufl. 2014, EuErbVO Art. 22 Rn. 3). Der Erblasser kann das Statut des Pflichtteilsrechts somit nur durch Veränderung des gewöhnlichen Aufenthaltes oder den Erwerb einer seinem Vorhaben günstigeren Staatsangehörigkeit beeinflussen – eine durchaus hohe Hürde, die eine weitergehende Identifikation mit dem gewählten Staat verlangt. Die Rechtswahl kann ausdrücklich oder konkludent erfolgen (Art. 22 II), also zB durch Bezugnahme auf einzelne Rechtsvorschriften oder den Gebrauch bestimmter Begriffe (sa Art. 83 IV und → Einl. Rn. 1; ferner ausführlich BGH NJW 2021, 1159 Rn. 17 ff. zu den unionsautonomen Kriterien schlüssiger Rechtswahl). Die Wirksamkeit der durch eine Verfügung von Todes wegen vorzunehmenden Rechtswahl richtet sich nach dem gewählten Recht (Art. 22 II und III), ebenso die Wirksamkeit von Änderungen oder des Widerrufs der Rechtswahl durch Verfügung von Todes wegen. **c) Grundsatz der Nachlasseinheit.** Das nach Art. 21, 22 geltende 3
Erbrechtsstatut bestimmt gemäß Art. 23 I grundsätzlich das gesamte Schicksal des Nachlasses (zum Erbschaftserwerb J.P. Schmidt ZEV 2014, 455). Die Generalklausel des Art. 23 I wird durch eine Aufzählung wichtiger einzelner Rechtsgebiete in Abs. II zur weiteren Klarstellung ergänzt. Diese Rechtsgebiete können sich teilweise mit den in Art. 1 II vom Anwendungsbereich der EuErbVO ausgeschlossenen Rechtsgebieten überschneiden, so dass dann eine genaue Abgrenzung des Anwendungsbereichs der EuErbVO Schwierigkeiten bereiten kann, so zB in den Fällen des güterrechtlichen Zugewinnausgleichs (§ 1371) im Todesfall oder der lebzeitigen Schenkung auf den Todesfall (zu beiden Fallgruppen → Einl. Rn. 1). Auch die Abgrenzung von Sachenrechtsstatut und Erbrechtsstatut (Art. 1 II lit. k und Art. 23 II lit. e) kann Probleme aufwerfen, wie etwa Art. 31 zeigt (hierzu → Rn. 7). Eine Nachlassspaltung, wie sie beispielsweise Art. 25 II EGBGB zwischen Immobilien und dem übrigen Nachlass kannte, ist künftig grundsätzlich ausgeschlossen und nur noch in ganz besonderen Fällen denkbar, zB im Falle der Weiterverweisung durch drittstaatliches Recht (Art. 34 I; hierzu Burandt/Rojahn/Burandt, Erbrecht, 2. Aufl. 2014, EuErbVO Art. 34 Rn. 1; für die USA Frank/Leithold ZEV 2014, 462; für China OLG Frankfurt a.M. FGPrax 2021, 31 = BeckRS 2020, 27072; für Thailand OLG Hamm ZEV 2021, 694 Rn. 18 f.) oder als Folge des Vorrangs von Staatsverträgen gemäß Art. 75.

2. Sonderanknüpfungen. Die Art. 24–30, 32 und 33 enthalten Regeln über 4
Sonderanknüpfungen, die kurz erläutert werden sollen, soweit sie nicht ohne weiteres aus sich heraus verständlich sind. **a) Statut der Zulässigkeit, Wirksamkeit und Bindungswirkung der Verfügungen von Todes wegen.** Art. 24 regelt das sog Errichtungsstatut für einfache Testamente und für gemeinschaftliche Testamente, soweit keine wechselseitigen Verfügungen getroffen sind (Art. 3 I lit. c), str; zwar gehören zu den in Art. 24 genannten Verfügungen von Todes wegen Testamente, gemeinschaftliche Testamente und Erbverträge (Art. 3 I lit. b), jedoch werden Erbverträge in Art. 25 gesondert geregelt, wobei gegenseitige Testamente mit Bindungs-

wirkung für die Zukunft ebenfalls unter Erbverträge im Sinne der EuErbVO fallen (Art. 3 I lit. b). Angesichts der unklaren und nach unterschiedlichen formellen und materiellen Kriterien erfolgenden Einordnung des gemeinschaftlichen Testaments in Art. 3 I lit. b und c (krit Leipold ZEV 2014, 139; Wilke RIW 2012, 601 [606]; Nordmeier ZEV 2012, 513 [514 f.]; Dutta FamRZ 2013, 4 [9]) empfiehlt sich bei jeder Art bindender Wechselbezüglichkeit die Unterwerfung des gemeinschaftlichen Testaments unter das für Zulässigkeit, Wirksamkeit und Bindungswirkung von Erbverträgen geltende Statut des Art. 25 (Kanzleiter ZEV 2014, 225; Leipold ZEV 2014, 139 [141]; Grüneberg (vormals Palandt)/Thorn Rn. 3) oder notfalls von vorneherein ein Ausweichen auf den Erbvertrag. Der BGH hat in inzwischen klargestellt, dass für das gemeinschaftliche Testament die Bindungswirkung sich gemäß Art. 3 lit. b, 22 II, 25 EuErbVO bestimmt, wenn die im Ausland lebenden deutschen Erblasser sich durch schlüssige Rechtswahl für deutsches Sachrecht entschieden haben (BGH NJW 2021, 1159 Rn. 9 ff. im Gefolge von BGH NJW 2019, 3449 Rn. 12 ff.). Zweck der Sonderanknüpfung für die Zulässigkeit und die materielle Wirksamkeit von Testamenten in Art. 24 ist es, insoweit Rechtssicherheit bereits im Zeitpunkt der Errichtung zu schaffen, weil nach den allgemeinen Regeln des Art. 21 die Zulässigkeit und Wirksamkeit erst im Zeitpunkt des Todesfalls und damit zu spät zuverlässig beurteilt werden könnten (Dutta FamRZ 2013, 4 [9]). Maßgeblich ist deshalb das Statut, das beim hypothetischen Tod des Erblassers im Zeitpunkt der Errichtung nach Art. Art. 21 gälte (Art. 24 I) oder das durch Rechtswahl entsprechend Art. 22 wirksam bestimmt wird (Art. 24 II). Beim Erbvertrag und gemeinschaftlichen Testament mit wechselbezüglichen Verfügungen ist zu unterscheiden: Betrifft die Verfügung von Todes wegen nur den Nachlass einer beteiligten Person, so gilt wie in Art. 24 I für Zulässigkeit und Wirksamkeit das Statut, das beim hypothetischen Tod dieser Person im Zeitpunkt der Errichtung der Verfügung gemäß Art. 21 zur Anwendung käme (Art. 25 I). Betrifft die Verfügung den Nachlass mehrerer Personen, muss die Zulässigkeitskontrolle für jede Person unter dem so für sie bestimmten Statut positiv ausfallen (Art. 25 II); Wirksamkeit und Bindungswirkung unterliegen unter mehreren Zulässigkeitsstatuten dem Statut, zu dem der Erbvertrag die engste Verbindung hat. Teilweise wird bei der Bestimmung der engsten Verbindung wesentlich auf den Abschlussort abgehoben (Simon/Buschbaum NJW 2012, 2393 [2396]; Buschbaum/Kohler GPR 10, 106 [113]; Grüneberg (vormals Palandt)/Thorn Rn. 6); auch können gewöhnlicher Aufenthalt und Staatsangehörigkeit der Vertragspartner eine enge Verbindung indizieren. Art. 25 III lässt die gemeinsame Rechtswahl zu, die aber entsprechend Art. 22 erfolgen und nur dem Statut der Staatsangehörigkeit einer Partei gelten kann, deren Nachlass betroffen ist. Immer bleibt zu beachten, dass es in Art. 24 und 25 nur um das Statut für Zulässigkeit, Wirksamkeit und Bindungswirkung geht, im Übrigen aber das Erbstatut nach Art. 21 und 22 zu bestimmen ist. Art. 26 enthält eine Aufzählung der Voraussetzungen materieller Wirksamkeit, die vom Statut der Art. 24 und 25 erfasst sind; sie ist nicht in strengem Sinne abschließend (Nordmeier ZEV 2013, 117; zustimmend Grüneberg (vormals Palandt)/Thorn Rn. 1). Der Pflichtteilsverzicht wird zwar überwiegend als Erbvertrag eingeordnet, jedoch spricht auch vieles dafür, solche Verzichte nach dem allgemeinen Erbstatut anzuknüpfen (hierzu De Barros Fritz
5 ZEV 2020, 199 ff.). **b) Formstatut.** Art. 27 I enthält eine Aufzählung zahlreicher Formstatute verschiedener Anknüpfung (Grundsatz des favor testamenti), die bei *schriftlichen* Verfügungen von Todes wegen eine wirksame Verfügung erlauben (Errichtungsort, Staatsangehörigkeit, Wohnsitz, gewöhnlicher Aufenthalt, Lage des Immobiliarvermögens als eine Anknüpfung für die sehr seltenen Fälle getrennter Verfügung und entsprechender Nachlassspaltung; dazu → Rn. 7). Art. 27 III stellt in Abgrenzung zu Art. 26 I die Grenzziehung zwischen Elementen formeller und materieller Wirksamkeit klar, die unterschiedlichen Statuten unterfallen können (Art. 27 I einerseits und Art. 24, 25 andererseits). Art. 27 I entspricht weithin, aber nicht völlig dem Haager Testamentsformübereinkommen, das nach Art. 75 I in seinem Anwendungsbereich Vorrang vor Art. 27 hat. Hinzu kommt, dass Deutsch-

land dieses Übereinkommen in Art. 26 I-IV EGBGB umgesetzt und dabei erweiternde Bestimmungen getroffen hat (insbesondere zB Art. 26 I Nr. 5, IV, V EGBGB). Ferner ist der Anwendungsbereich des Übereinkommens und der EuErbVO verschieden: das Übereinkommen gilt nicht für Erbverträge, sondern nur für Testamente einschl. gemeinschaftlicher Testamente, wohingegen die EuErbVO Erbverträge erfasst. Die EuErbVO gilt nicht für die Form mündlicher Verfügungen (Art. 1 II lit. f und Art. 27 I), wohl aber das Übereinkommen. Aus dieser unglücklichen Gemengelage folgt für Deutschland: Die Form schriftlicher Erbverträge richtet sich stets nach Art. 27. Mündliche Verfügungen (hierzu Dörner ZEV 2012, 505 [511]) unterliegen der Statutenbestimmung des Haager Übereinkommens, im Falle von Erbverträgen nationalem Kollisionsrecht gem Art. 26 IV EGBGB. Art. 26 EGBGB bleibt für Testamente und gemeinschaftliche Testamente anwendbar, soweit er sich mit dem Haager Übereinkommen deckt, wird im Übrigen aber von Art. 27 verdrängt. Für Annahme und Ausschlagung oder haftungsbeschränkende Erklärungen verweist Art. 28 entweder auf das allgemeine Erbstatut der Art. 21, 22 oder das Recht des gewöhnlichen Aufenthaltes des Erklärenden. Dabei ist Art. 28 zusammen mit Art. 13 zu lesen, der neben den allgemeinen Zuständigkeitsvorschriften der Art. 4–11 in Nachlasssachen ua für die Fälle der Annahme und Ausschlagung der Erbschaft einen alternativen weiteren Gerichtsstand in Gestalt des gewöhnlichen Aufenthaltes vorsieht, so dass ein Gleichlauf zwischen gerichtlicher Zuständigkeit des Staates des gewöhnlichen Aufenthaltes und des auf die Form der Annahme oder Ausschlagung anwendbaren Rechts entsteht (EuGH, Urteil v. 2.6.2022 – C-617/20 auf Vorlage des OLG Bremen ZEV 2022, 521 Rn. 36–40); soweit diese Form erfüllt ist und die Parteien dem im Übrigen für Nachlasssachen zuständigen Gericht von der Erklärung Mitteilung machen, muss dieses Gericht seiner Entscheidung die erfolgte Erklärung zugrunde legen, wenn sie am nach Art. 13 zuständigen Gericht fristgerecht abgegeben worden ist (EuGH aaO Rn. 41–50 m. zustimmender u. klarstellender Anm. v. Leipold); zur gerichtlichen Zuständigkeit der Genehmigung einer Ausschlagung der Eltern für das minderjährige Kind EuGH NJW 2018, 1741).

c) Besondere Einzelfälle der Sonderanknüpfung. *Art. 30* behandelt nationale Sondernormen, welche die Erbfolge in bestimmte Vermögenswerte aus wirtschaftlichen, familiären oder sozialen Erwägungen abweichend gestalten, was in der EU insbesondere im Bereich des Landwirtschaftsrechts verbreitet ist (in Deutschland HöfeO 4 ff.); er sichert die an die Belegenheit solcher Vermögenswerte geknüpfte Geltung der Sonderregeln abweichend vom sonst geltenden Erbstatut, was zu einer Nachlassspaltung führen kann. Nicht unter Art. 30 fallen gesellschaftsrechtlich bedingte Formen einer Sondernachfolge (dazu Art. 1 I lit. h–j und → Einl. Rn. 2), weil gesellschaftsrechtliche Nachfolge auf den Todesfall von der EuErbVO gerade nicht erfasst ist und insoweit das Gesellschaftsstatut gilt (dazu Dutta RabelsZ 1973 (2009), 727 [735 ff.]; Leitzen ZEV 2012, 520 [522]; s aber Reimann ZEV 2014, 521 [525 f.]). Die nicht abgedruckten *Art. 32, 33* behandeln die selteneren Kollisionsfälle bei ungewisser Reihenfolge des Todes mehrerer Personen (Kommorienten) und des Staatserbrechts. Der nicht abgedruckte *Art. 29* gilt dem Kollisionsrecht verpflichtender Verwalterbestellung, wie sie das common law kennt (executor), ist aber wegen des fehlenden Opt in zur EuErbVO von Irland und Großbritannien wohl nur für Nachlässe in Malta oder Zypern von Belang und deshalb praktisch weniger bedeutsam. 6

3. Fragen des allgemeinen Teils des IPR. Fragen des allgemeinen Teils des erbrechtlichen IPR sind in dem Art. 31, 34, 35 ff. geregelt. *Art. 31* enthält eine *Angleichungsvorschrift*, die den Widerspruch glätten soll, der darin besteht, dass Art. 1 II lit. k und l Regelungen über die Art der dinglichen Rechte und ihrer Registrierung von der Geltung der Verordnung ausschließt, aber Art. 23 II lit. e den Übergang der zum Nachlass gehörenden Rechte der Verordnung unterwirft. Beim Vindikationslegat lässt sich argumentieren, es schaffe kein neues dingliches Recht, sondern regele nur den Übergang von Eigentum, der sich folglich nach dem Erbstatut voll- 7 ziehe (Dutta FamRZ 2013, 4 [12]; Grüneberg (vormals Palandt)/Thorn Rn. 2; J.P. Schmidt ZEV 2014, 133), so dass bei Übergang kraft Gesetzes dem deutschen Recht als maßgeblichem Statut nur die Eintragung und Herausgabe verbliebe, oder man müsste sich auf den Standpunkt stellen, dass bereits das Vindikationslegat selbst ein dingliches Recht im Sinne des Art. 1 II lit. k schaffe und deshalb eine Angleichung nach Art. 31 zu erfolgen habe, die zu einem- nach dem Tod des Erblassers durch Vormerkung sicherbares – Damnationslegat mit nachfolgender Übertragung des dinglichen Rechts führen müsste (so etwa Dörner ZEV 2012, 505 [509]; Hertel DNotZ 2012, 688 [690]; Simon/Buschbaum NJW 2012, 2393 [2394, 2397]; Kohler/Pintens FamRZ 2012, 1425); die differenzierende systematische Logik spricht für die erste Lösung, obwohl sich in der deutschen Literatur eine Mehrheit für die „Umdeutung" in ein Damnationslegat abzuzeichnen begann (dazu die Nw bei Grüneberg (vormals Palandt)/Weidlich Anh. §§ 2353 ff. Art. 62, 63 EuErbVO Rn. 7); im Sinne der ersten Lösung endgültig EuGH NJW 2017, 3767 Rn. 46 ff. u 60 ff. (dazu noch → Art. 62–73 EuErbVO Rn. 4; zur Vorlage an den EuGH [Rs. C-218/16] durch ein polnisches Bezirksgericht Krzymuski ZEV 2016, 497; voll auf der Linie des EuGH nunmehr zu Recht OLG Saarbrücken ZEV 2019, 640 Rn. 6 ff.; mkritAnm Leitzen insoweit als die Begründung allgemein die dingliche Wirkung von erbrechtlichen Anordnungen im fremden Recht als in Deutschland anerkennungsfähig befürworten sollte). Etwas anders mögen die Dinge liegen, wenn das in Deutschland liegende Vermögen unter maltesischem Erbstatut letztwillig in einen trust eingebracht wird; im Wege der Angleichung könnten hier je nach Sachlage Vor- und Nacherbschaft in Frage kommen (Dutta FamRZ 2013, 4 [12] für life interest bei trust zu Gunsten des überlebenden Ehegatten nach englischem Intestaterbrecht), uU auch eine verwaltende Testamentsvollstreckung (→ § 2197 Rn. 2). *Art. 34* behandelt die *Rück- und Weiterverweisung* und geht dabei zu Recht davon aus, dass es unter den Mitgliedstaaten, in denen die EuErbVO gilt, im Anwendungsbereich dieser Verordnung zu keiner Rück- oder Weiterverweisung kommen kann, weil dieses gemeineuropäische erbrechtliche IPR immer auf das Sachrecht des anderen Mitgliedstaates verweist. Die Vorschrift schafft aber eine Ausnahme für den Fall, dass die Verordnung auf ein drittstaatliches Statut verweist und das drittstaatliche IPR auf das Recht desselben oder eines anderen Mitgliedstaates oder eines anderen annahmebereiten Drittstaates verweist (zum Verhältnis zu den USA Frank/Leithold ZEV 2014, 462). Zu beachten ist, dass Dänemark, Irland und Großbritannien auch insoweit als Drittstaaten zu betrachten sind (dazu → Einl. Rn. 3). Wie alle VOen der EU zum IPR und IZPR enthält auch die EuErbVO in *Art. 35* den üblichen *ordre public-Vorbehalt*, der die Versagung der Anwendung von Vorschriften des an sich geltenden Erbstatuts erlaubt. Grundlage für die Bestimmung des ordre public (hierzu Palandt/Thorn Rn. 1) sind EU-rechtliche Vorgaben wie das Diskriminierungsverbot (Art. 18 AEUV), die Grundfreiheiten des AEUV, die Grundrechte der europäischen Grundrechte-Charta, uU auch andere europarechtliche Grundprinzipien wie der effet utile (zweifelhaft!); ferner nationale Grundrechte und Verfassungsprinzipien. Wichtige mögliche Fälle eines Verstoßes: Benachteiligung von Erben durch das Erbstatut wegen des Geschlechts, der Religionsverschiedenheit, nichtehelicher Abstammung oder bloßen Adoptionsverhältnisses; Versagung jedweden Pflichtteilsanspruches von Kindern durch Erbstatut (zum verfassungsrechtlichen Schutz des Pflichtteilsrechts BVerfG NJW 2005, 1561; zum ordre public-Verstoß Mansel/Thorn/Wagner IPrax 2013, 1 [7]; zweifelnd Simon/Buschbaum NJW 2012, 2393 [2395]; s. aber nunmehr BGH NJW 2022, 2547 Rn. 9 ff., 13 ff., 29 ff. mAnm Windeknecht: voller Ausschluss des Pflichtteilsrechts nach englischem Recht bei hinreichendem Inlandsbezug des Sachverhalts zu Deutschland als ordre public – Verstoß; sa weithin gleich insoweit OGH Österreich BeckRS 2021, 15308 ebenfalls zum englischen Recht); Verweigerung gesetzlichen Erbrechts bei eingetragener Lebenspartnerschaft durch das Erbstatut im Falle ausreichenden Bezugs zum Forum (Coester ZEV 2013, 115 [117]). Die nicht abgedruckten *Art. 36–38* enthalten Vorschriften für Staaten mit mehreren Rechtssystemen.

Kap. IV. Anerkennung. Vollstreckbarkeit und Vollstreckung von Entscheidungen

(nicht abgedruckt)

Kap. V. Öffentliche Urkunden und gerichtliche Vergleiche

(nicht abgedruckt)

Kap. VI. Europäisches Nachlasszeugnis

Art. 62 Einführung eines Europäischen Nachlasszeugnisses

(1) **Mit dieser Verordnung wird ein Europäisches Nachlasszeugnis (im Folgenden „Zeugnis") eingeführt, das zur Verwendung in einem anderen Mitgliedstaat ausgestellt wird und die in Artikel 69 aufgeführten Wirkungen entfaltet.**

(2) **Die Verwendung des Zeugnisses ist nicht verpflichtend.**

(3) [1]**Das Zeugnis tritt nicht an die Stelle der innerstaatlichen Schriftstücke, die in den Mitgliedstaaten zu ähnlichen Zwecken verwendet werden.** [2]**Nach seiner Ausstellung zur Verwendung in einem anderen Mitgliedstaat entfaltet das Zeugnis die in Artikel 69 aufgeführten Wirkungen jedoch auch in dem Mitgliedstaat, dessen Behörden es nach diesem Kapitel ausgestellt haben.**

Art. 63 Zweck des Zeugnisses

(1) **Das Zeugnis ist zur Verwendung durch Erben, durch Vermächtnisnehmer mit unmittelbarer Berechtigung am Nachlass und durch Testamentsvollstrecker oder Nachlassverwalter bestimmt, die sich in einem anderen Mitgliedstaat auf ihre Rechtsstellung berufen oder ihre Rechte als Erben oder Vermächtnisnehmer oder ihre Befugnisse als Testamentsvollstrecker oder Nachlassverwalter ausüben müssen.**

(2) **Das Zeugnis kann insbesondere als Nachweis für einen oder mehrere der folgenden speziellen Aspekte verwendet werden:**

a) die Rechtsstellung und/oder die Rechte jedes Erben oder gegebenenfalls Vermächtnisnehmers, der im Zeugnis genannt wird, und seinen jeweiligen Anteil am Nachlass;

b) die Zuweisung eines bestimmten Vermögenswerts oder bestimmter Vermögenswerte des Nachlasses an die in dem Zeugnis als Erbe(n) oder gegebenenfalls als Vermächtnisnehmer genannte(n) Person(en);

c) die Befugnisse der in dem Zeugnis genannten Person zur Vollstreckung des Testaments oder Verwaltung des Nachlasses.

Art. 64 Zuständigkeit für die Erteilung des Zeugnisses

[1]**Das Zeugnis wird in dem Mitgliedstaat ausgestellt, dessen Gerichte nach den Artikeln 4, 7, 10 oder 11 zuständig sind.** [2]**Ausstellungsbehörde ist**

a) ein Gericht im Sinne des Artikels 3 Absatz 2 oder

b) eine andere Behörde, die nach innerstaatlichem Recht für Erbsachen zuständig ist.

Art. 65 Antrag auf Ausstellung eines Zeugnisses

(1) **Das Zeugnis wird auf Antrag jeder in Artikel 63 Absatz 1 genannten Person (im Folgenden „Antragsteller") ausgestellt.**

(2) **Für die Vorlage eines Antrags kann der Antragsteller das nach dem Beratungsverfahren nach Artikel 81 Absatz 2 erstellte Formblatt verwenden.**

(3) **Der Antrag muss die nachstehend aufgeführten Angaben enthalten, soweit sie dem Antragsteller bekannt sind und von der Ausstellungsbehörde zur Beschreibung des Sachverhalts, dessen Bestätigung der Antragsteller begehrt, benötigt werden; dem Antrag sind alle einschlägigen Schriftstücke beizufügen, und zwar entweder in Urschrift oder in Form einer Abschrift, die die erforderlichen Voraussetzungen für ihre Beweiskraft erfüllt, unbeschadet des Artikels 66 Absatz 2:**

a) Angaben zum Erblasser: Name (gegebenenfalls Geburtsname), Vorname(n), Geschlecht, Geburtsdatum und -ort, Personenstand, Staatsangehörigkeit, Identifikationsnummer (sofern vorhanden), Anschrift im Zeitpunkt seines Todes, Todesdatum und -ort;

b) Angaben zum Antragsteller: Name (gegebenenfalls Geburtsname), Vorname(n), Geschlecht, Geburtsdatum und -ort, Personenstand, Staatsangehörigkeit, Identifikationsnummer (sofern vorhanden), Anschrift und etwaiges Verwandtschafts- oder Schwägerschaftsverhältnis zum Erblasser;

c) Angaben zum etwaigen Vertreter des Antragstellers: Name (gegebenenfalls Geburtsname), Vorname(n), Anschrift und Nachweis der Vertretungsmacht;

d) Angaben zum Ehegatten oder Partner des Erblassers und gegebenenfalls zu(m) ehemaligen Ehegatten oder Partner(n): Name (gegebenenfalls Geburtsname), Vorname(n), Geschlecht, Geburtsdatum und -ort, Personenstand, Staatsangehörigkeit, Identifikationsnummer (sofern vorhanden) und Anschrift;

e) Angaben zu sonstigen möglichen Berechtigten aufgrund einer Verfügung von Todes wegen und/oder nach gesetzlicher Erbfolge: Name und Vorname(n) oder Name der Körperschaft, Identifikationsnummer (sofern vorhanden) und Anschrift;

f) den beabsichtigten Zweck des Zeugnisses nach Artikel 63;

g) Kontaktangaben des Gerichts oder der sonstigen zuständigen Behörde, das oder die mit der Erbsache als solcher befasst ist oder war, sofern zutreffend;

h) den Sachverhalt, auf den der Antragsteller gegebenenfalls die von ihm geltend gemachte Berechtigung am Nachlass und/oder sein Recht zur Vollstreckung des Testaments des Erblassers und/oder das Recht zur Verwaltung von dessen Nachlass gründet;

i) eine Angabe darüber, ob der Erblasser eine Verfügung von Todes wegen errichtet hatte; falls weder die Urschrift noch eine Abschrift beigefügt ist, eine Angabe darüber, wo sich die Urschrift befindet;

j) eine Angabe darüber, ob der Erblasser einen Ehevertrag oder einen Vertrag in Bezug auf ein Verhältnis, das mit der Ehe vergleichbare Wirkungen entfaltet, geschlossen hatte; falls weder die Urschrift noch eine Abschrift des Vertrags beigefügt ist, eine Angabe darüber, wo sich die Urschrift befindet;

k) eine Angabe darüber, ob einer der Berechtigten eine Erklärung über die Annahme oder die Ausschlagung der Erbschaft abgegeben hat;

l) eine Erklärung des Inhalts, dass nach bestem Wissen des Antragstellers kein Rechtsstreit in Bezug auf den zu bescheinigenden Sachverhalt anhängig ist;

m) sonstige vom Antragsteller für die Ausstellung des Zeugnisses für nützlich erachtete Angaben.

Art. 66 Prüfung des Antrags

(1) [1]**Nach Eingang des Antrags überprüft die Ausstellungsbehörde die vom Antragsteller übermittelten Angaben, Erklärungen, Schriftstücke und sonstigen Nachweise.** [2]**Sie führt von Amts wegen die für diese Überprüfung erforderlichen Nachforschungen durch, soweit ihr eigenes Recht dies vorsieht oder zulässt, oder fordert den Antragsteller auf, weitere Nachweise vorzulegen, die sie für erforderlich erachtet.**

(2) **Konnte der Antragsteller keine Abschriften der einschlägigen Schriftstücke vorlegen, die die für ihre Beweiskraft erforderlichen Voraussetzungen erfüllen, so kann die Ausstellungsbehörde entscheiden, dass sie Nachweise in anderer Form akzeptiert.**

(3) **Die Ausstellungsbehörde kann – soweit ihr eigenes Recht dies vorsieht und unter den dort festgelegten Bedingungen – verlangen, dass Erklärungen unter Eid oder durch eidesstattliche Versicherung abgegeben werden.**

(4) [1]**Die Ausstellungsbehörde unternimmt alle erforderlichen Schritte, um die Berechtigten von der Beantragung eines Zeugnisses zu unterrichten.** [2]**Sie hört, falls dies für die Feststellung des zu bescheinigenden Sachverhalts erforderlich ist, jeden Beteiligten, Testamentsvollstrecker oder Nachlassverwalter und gibt durch öffentliche Bekanntmachung anderen möglichen Berechtigten Gelegenheit, ihre Rechte geltend zu machen.**

(5) **Für die Zwecke dieses Artikels stellt die zuständige Behörde eines Mitgliedstaats der Ausstellungsbehörde eines anderen Mitgliedstaats auf Ersuchen die Angaben zur Verfügung, die insbesondere im Grundbuch, in Personenstandsregistern und in Registern enthalten sind, in denen Urkunden oder Tatsachen erfasst werden, die für die Rechtsnachfolge von Todes wegen oder den ehelichen Güterstand oder einen vergleichbaren Güterstand des Erblassers erheblich sind, sofern die zuständige Behörde nach innerstaatlichem Recht befugt wäre, diese Angaben einer anderen inländischen Behörde zur Verfügung zu stellen.**

Art. 67 Ausstellung des Zeugnisses

(1) [1]**Die Ausstellungsbehörde stellt das Zeugnis unverzüglich nach dem in diesem Kapitel festgelegten Verfahren aus, wenn der zu bescheinigende Sachverhalt nach dem auf die Rechtsnachfolge von Todes wegen anzuwendenden Recht oder jedem anderen auf einen spezifischen Sachverhalt anzuwendenden Recht feststeht.** [2]**Sie verwendet das nach dem Beratungsverfahren nach Artikel 81 Absatz 2 erstellte Formblatt.**

Die Ausstellungsbehörde stellt das Zeugnis insbesondere nicht aus,

a) wenn Einwände gegen den zu bescheinigenden Sachverhalt anhängig sind oder

b) wenn das Zeugnis mit einer Entscheidung zum selben Sachverhalt nicht vereinbar wäre.

(2) **Die Ausstellungsbehörde unternimmt alle erforderlichen Schritte, um die Berechtigten von der Ausstellung des Zeugnisses zu unterrichten.**

Art. 68 Inhalt des Nachlasszeugnisses

Das Zeugnis enthält folgende Angaben, soweit dies für die Zwecke, zu denen es ausgestellt wird, erforderlich ist:

a) die Bezeichnung und die Anschrift der Ausstellungsbehörde;
b) das Aktenzeichen;
c) die Umstände, aus denen die Ausstellungsbehörde ihre Zuständigkeit für die Ausstellung des Zeugnisses herleitet;
d) das Ausstellungsdatum;
e) Angaben zum Antragsteller: Name (gegebenenfalls Geburtsname), Vorname(n), Geschlecht, Geburtsdatum und -ort, Personenstand, Staatsangehörigkeit, Identifikationsnummer (sofern vorhanden), Anschrift und etwaiges Verwandtschafts- oder Schwägerschaftsverhältnis zum Erblasser;
f) Angaben zum Erblasser: Name (gegebenenfalls Geburtsname), Vorname(n), Geschlecht, Geburtsdatum und -ort, Personenstand, Staatsangehörigkeit, Identifikationsnummer (sofern vorhanden), Anschrift im Zeitpunkt seines Todes, Todesdatum und -ort;
g) Angaben zu den Berechtigten: Name (gegebenenfalls Geburtsname), Vorname(n) und Identifikationsnummer (sofern vorhanden);
h) Angaben zu einem vom Erblasser geschlossenen Ehevertrag oder, sofern zutreffend, einem vom Erblasser geschlossenen Vertrag im Zusammenhang mit einem Verhältnis, das nach dem auf dieses Verhältnis anwendbaren Recht mit der Ehe vergleichbare Wirkungen entfaltet, und Angaben zum ehelichen Güterstand oder einem vergleichbaren Güterstand;
i) das auf die Rechtsnachfolge von Todes wegen anzuwendende Recht sowie die Umstände, auf deren Grundlage das anzuwendende Recht bestimmt wurde;
j) Angaben darüber, ob für die Rechtsnachfolge von Todes wegen die gewillkürte oder die gesetzliche Erbfolge gilt, einschließlich Angaben zu den Umständen, aus denen sich die Rechte und/oder Befugnisse der Erben, Vermächtnisnehmer, Testamentsvollstrecker oder Nachlassverwalter herleiten;
k) sofern zutreffend, in Bezug auf jeden Berechtigten Angaben über die Art der Annahme oder der Ausschlagung der Erbschaft;
l) den Erbteil jedes Erben und gegebenenfalls das Verzeichnis der Rechte und/oder Vermögenswerte, die einem bestimmten Erben zustehen;
m) das Verzeichnis der Rechte und/oder Vermögenswerte, die einem bestimmten Vermächtnisnehmer zustehen;
n) die Beschränkungen ihrer Rechte, denen die Erben und gegebenenfalls die Vermächtnisnehmer nach dem auf die Rechtsnachfolge von Todes wegen anzuwendenden Recht und/oder nach Maßgabe der Verfügung von Todes wegen unterliegen;
o) die Befugnisse des Testamentsvollstreckers und/oder des Nachlassverwalters und die Beschränkungen dieser Befugnisse nach dem auf die Rechtsnachfolge von Todes wegen anzuwendenden Recht und/oder nach Maßgabe der Verfügung von Todes wegen.

Art. 69 Wirkungen des Zeugnisses

(1) **Das Zeugnis entfaltet seine Wirkungen in allen Mitgliedstaaten, ohne dass es eines besonderen Verfahrens bedarf.**

(2) [1]**Es wird vermutet, dass das Zeugnis die Sachverhalte, die nach dem auf die Rechtsnachfolge von Todes wegen anzuwendenden Recht oder einem anderen auf spezifische Sachverhalte anzuwendenden Recht festgestellt wurden, zutreffend ausweist.** [2]**Es wird vermutet, dass die Person, die im Zeugnis als Erbe, Vermächtnisnehmer, Testamentsvollstrecker oder Nachlassverwalter genannt ist, die in dem Zeugnis genannte Rechtsstellung**

und/oder die in dem Zeugnis aufgeführten Rechte oder Befugnisse hat und dass diese Rechte oder Befugnisse keinen anderen als den im Zeugnis aufgeführten Bedingungen und/oder Beschränkungen unterliegen.

(3) **Wer auf der Grundlage der in dem Zeugnis enthaltenen Angaben einer Person Zahlungen leistet oder Vermögenswerte übergibt, die in dem Zeugnis als zur Entgegennahme derselben berechtigt bezeichnet wird, gilt als Person, die an einen zur Entgegennahme der Zahlungen oder Vermögenswerte Berechtigten geleistet hat, es sei denn, er wusste, dass das Zeugnis inhaltlich unrichtig ist, oder ihm war dies infolge grober Fahrlässigkeit nicht bekannt.**

(4) **Verfügt eine Person, die in dem Zeugnis als zur Verfügung über Nachlassvermögen berechtigt bezeichnet wird, über Nachlassvermögen zugunsten eines anderen, so gilt dieser andere, falls er auf der Grundlage der in dem Zeugnis enthaltenen Angaben handelt, als Person, die von einem zur Verfügung über das betreffende Vermögen Berechtigten erworben hat, es sei denn, er wusste, dass das Zeugnis inhaltlich unrichtig ist, oder ihm war dies infolge grober Fahrlässigkeit nicht bekannt.**

(5) **Das Zeugnis stellt ein wirksames Schriftstück für die Eintragung des Nachlassvermögens in das einschlägige Register eines Mitgliedstaats dar, unbeschadet des Artikels 1 Absatz 2 Buchstaben k und l.**

Art. 70 Beglaubigte Abschriften des Zeugnisses

(1) **Die Ausstellungsbehörde bewahrt die Urschrift des Zeugnisses auf und stellt dem Antragsteller und jeder anderen Person, die ein berechtigtes Interesse nachweist, eine oder mehrere beglaubigte Abschriften aus.**

(2) **Die Ausstellungsbehörde führt für die Zwecke des Artikels 71 Absatz 3 und des Artikels 73 Absatz 2 ein Verzeichnis der Personen, denen beglaubigte Abschriften nach Absatz 1 ausgestellt wurden.**

(3) **[1]Die beglaubigten Abschriften sind für einen begrenzten Zeitraum von sechs Monaten gültig, der in der beglaubigten Abschrift jeweils durch ein Ablaufdatum angegeben wird. [2]In ordnungsgemäß begründeten Ausnahmefällen kann die Ausstellungsbehörde abweichend davon eine längere Gültigkeitsfrist beschließen. [3]Nach Ablauf dieses Zeitraums muss jede Person, die sich im Besitz einer beglaubigten Abschrift befindet, bei der Ausstellungsbehörde eine Verlängerung der Gültigkeitsfrist der beglaubigten Abschrift oder eine neue beglaubigte Abschrift beantragen, um das Zeugnis zu den in Artikel 63 angegebenen Zwecken verwenden zu können.**

Art. 71 Berichtigung, Änderung oder Widerruf des Zeugnisses

(1) **Die Ausstellungsbehörde berichtigt das Zeugnis im Falle eines Schreibfehlers auf Verlangen jedweder Person, die ein berechtigtes Interesse nachweist, oder von Amts wegen.**

(2) **Die Ausstellungsbehörde ändert oder widerruft das Zeugnis auf Verlangen jedweder Person, die ein berechtigtes Interesse nachweist, oder, soweit dies nach innerstaatlichem Recht möglich ist, von Amts wegen, wenn feststeht, dass das Zeugnis oder einzelne Teile des Zeugnisses inhaltlich unrichtig sind.**

(3) **Die Ausstellungsbehörde unterrichtet unverzüglich alle Personen, denen beglaubigte Abschriften des Zeugnisses gemäß Artikel 70 Absatz 1 ausgestellt wurden, über eine Berichtigung, eine Änderung oder einen Widerruf des Zeugnisses.**

Art. 72 Rechtsbehelfe

(1) **Entscheidungen, die die Ausstellungsbehörde nach Artikel 67 getroffen hat, können von einer Person, die berechtigt ist, ein Zeugnis zu beantragen, angefochten werden.**

Entscheidungen, die die Ausstellungsbehörde nach Artikel 71 und Artikel 73 Absatz 1 Buchstabe a getroffen hat, können von einer Person, die ein berechtigtes Interesse nachweist, angefochten werden.

Der Rechtsbehelf ist bei einem Gericht des Mitgliedstaats der Ausstellungsbehörde nach dem Recht dieses Staates einzulegen.

(2) **Führt eine Anfechtungsklage nach Absatz 1 zu der Feststellung, dass das ausgestellte Zeugnis nicht den Tatsachen entspricht, so ändert die zuständige Behörde das Zeugnis oder widerruft es oder sorgt dafür, dass die Ausstellungsbehörde das Zeugnis berichtigt, ändert oder widerruft.**

Führt eine Anfechtungsklage nach Absatz 1 zu der Feststellung, dass die Versagung der Ausstellung nicht gerechtfertigt war, so stellen die zuständigen Justizbehörden das Zeugnis aus oder stellen sicher, dass die Ausstellungsbehörde den Fall erneut prüft und eine neue Entscheidung trifft.

Art. 73 Aussetzung der Wirkungen des Zeugnisses

(1) **Die Wirkungen des Zeugnisses können ausgesetzt werden**

a) **von der Ausstellungsbehörde auf Verlangen einer Person, die ein berechtigtes Interesse nachweist, bis zur Änderung oder zum Widerruf des Zeugnisses nach Artikel 71 oder**

b) **von dem Rechtsmittelgericht auf Antrag einer Person, die berechtigt ist, eine von der Ausstellungsbehörde nach Artikel 72 getroffene Entscheidung anzufechten, während der Anhängigkeit des Rechtsbehelfs.**

(2) **Die Ausstellungsbehörde oder gegebenenfalls das Rechtsmittelgericht unterrichtet unverzüglich alle Personen, denen beglaubigte Abschriften des Zeugnisses nach Artikel 70 Absatz 1 ausgestellt worden sind, über eine Aussetzung der Wirkungen des Zeugnisses.**

Während der Aussetzung der Wirkungen des Zeugnisses dürfen keine weiteren beglaubigten Abschriften des Zeugnisses ausgestellt werden.

Anmerkungen zu Art. 62–73

1 **1. Zweck und Funktion.** Das europäische Nachlasszeugnis (ENZ) soll es den Bürgern der EU ermöglichen, ihre Rechtsstellung als Erben, Inhaber eines Vindikationslegats (s Anm zu Art. 20–38 Rn. 7), Testamentsvollstrecker oder Nachlassverwalter in allen Mitgliedstaaten mit Ausnahme von Großbritannien, Irland und Dänemark (→ Einl. Rn. 3) mit einheitlicher Wirkung nachzuweisen (Art. 62 I, 63 I, 69 I). Es entfaltet Legitimations- und Gutglaubenswirkung (Art. 69 II und III). Es tritt neben den Erbschein als mitgliedstaatliche Urkunde, ersetzt ihn also nicht zwingend, sondern *kann* in allen Mitgliedstaaten und damit auch im ausstellenden Mitgliedstaat an Stelle oder auch neben einer entsprechenden mitgliedstaatlichen Urkunde, zB dem deutschen Erbschein, verwendet werden (Art. 62 II und III; ausf zum Verhältnis ENZ und Erbschein → Rn. 7).

2 **2. Zuständigkeit.** Die *internationale* Zuständigkeit für die Ausstellung des ENZ *folgt den Vorschriften* zum streitigen Verfahren (Art. 64 S. 1), also Art. 4 (Staat des gewöhnlichen Aufenthalts des Erblassers im Todeszeitpunkt), Art. 7 iVm Art. 5 (Prorogation von Gerichten des Staates des gem Art. 22 vereinbarten Erbstatuts, s Anm zu Art. 20–38 Rn. 2), Art. 10 (bei gewöhnlichem Aufenthalt des Erblassers im Todeszeitpunkt in einem Drittstaat die Gerichte der mitgliedstaatlichen Belegenheit des Nachlasses, falls Staatsangehörigkeit dieses Mitgliedstaates oder vorherge-

hender Aufenthalt in diesem Staat gegeben sind; dazu EuGH, 7.4.2022 – C-645/20 ZEV 2022, 536 Rn. 24 ff.), Art. 11 (forum necessitatis bei an sich gegebener drittstaatlicher Zuständigkeit). Das OLG Hamm NJW 2018, 2061verlangt für den gewöhnlichen Aufenthalt des Erblassers als subjektives Element den Bleibewillen (hierzu bei kurzem Aufenthalt bis zum Todesfall OLG Celle FGPrax 2019, 271; OLG Köln FGPrax 2020, 38), an dem es fehlt, wenn der Erblasser im Zeitpunkt seines Todes die deutliche Absicht hatte, in das Land seiner ursprünglichen Herkunft – hier Deutschland – zurückzukehren; ähnlich für Grenzpendler zwischen Deutschland und Polen KG NJW-RR 2016, 1100 Rn. 7 ff. Die Zuständigkeitsvorschriften der Art 4 ff. EuErbVO sind dabei von Amts wegen zu beachten, soweit der vorgetragene Sachverhalt hierzu Anlass gibt (EuGH aaO ZEV 2022, 536 Rn. 26 ff. unter Berufung auf die Gleichwertigkeit der Zuständigkeitsvorschiften u. Art. 15 EuErbVO). Die sachliche und örtliche Zuständigkeit deutscher Gerichte regelt § 34 IntErbRVG 2015: *sachlich* zuständig ist das Amtsgericht als NachlassG (Abs. IV); *örtlich* zuständig ist das Gericht der vorherigen internationalen Gerichtsstandsvereinbarung gem Art. 7 (Abs. I) oder der entsprechenden ad-hoc-Prorogation (Abs. II), oder das Gericht des gewöhnlichen oder letzten gewöhnlichen Aufenthalts in Deutschland und hilfsweise das AG Schöneberg (Abs. III); zur Frage einer wirksamen Unzuständigkeitserklärung eines niederländischen Notars mit der Folge deutscher Zuständigkeit gemäß Art. 6 lit. a, 7 lit. a, 22, 83 Abs. 2, 4 EuErbVO zutreffend OLG Köln ZEV 2020, 230 mAnm. Eule = BeckRS 2019, 35492 (im konkreten Fall ablehnend). Es besteht nur eine stark *beschränkte Zuständigkeit des Rechtspflegers* im Falle gesetzlicher Erbfolge unter deutschem Recht (RpflG § 3 Nr. 2i, 16 II und III Nr. 2). Zu den Voraussetzungen der Zuständigkeit von anderen Behörden als Gerichten wie z.B. Notaren zur wirksamen Ausstellung eines ENZ in anderen EU-Staaten → Art. 1–3, 83, 84 Rn. 4

3. Verfahren. Ausstellung erfolgt nur auf *Antrag* (Art. 65 I), wobei Erben, dingliche Vermächtnisnehmer, Testamentsvollstrecker und Nachlassverwalter antragsberechtigt sind (Art. 63 I; OLG Frankfurt a.M. NJW-RR 2021, 730 Rn. 12 ff.: auch Nachlassinsolvenzverwalter, str), nicht aber Nachlassgläubiger, anders als unter deutschem Recht (§§ 792, 896 ZPO, → § 2353 Rn. 4) auch nicht Inhaber eines Vollstreckungstitels (Grüneberg (vormals Palandt)/Weidlich Anh. §§ 2353 ff., Art. 62, 63 Rn. 4 EuErbVO, str); sie können nur eine beglaubigte Abschrift des auf Antrag der anderen Antragsberechtigten ausgestellten ENZ verlangen (Art. 70 I; insoweit für Gläubiger ohne Titel gleich § 357 II FamFG). Zur Korrektur dieser Fehlleistung des europäischen Gesetzgebers ist der Gläubiger auf einen Anspruch auf Antragstellung unter dem Statut des maßgeblichen Schuldverhältnisses verwiesen (bejahend für das deutsche Recht Grüneberg (vormals Palandt)/Weidlich Anh §§ 2353 ff., Art. 62, 63 EuErbVO Rn. 4), falls man nicht doch trotz kompetenzrechtlicher Bedenken für den Gläubiger mit Titel rein vollstreckungsrechtlich anknüpft und §§ 792, 896 ZPO anwendet. Für den Antrag existiert ein Formblatt (Art. 65 II), das sich am Inhalt des Art. 65 III orientiert (s Formblatt IV in Anhang 4 der VO (EU)1329/2014 zur Festlegung der Formblätter nach Maßgabe der EuErbVO v 9.12.2014 [ABl. L 359, 30]), der die Details des Antragsinhalts aufzählt. Auf Vorlage des OLG Köln (ZEV 2018, 341 mAnm Dörner) hat der EuGH die Frage zwingender oder nur fakultativer Benutzung des Formblattes im letzteren Sinne entschieden (EuGH ZEV 2019, 350 ff.), eine gut gemeinte Entscheidung, die aber die Zusammenarbeit zwischen Gerichten völlig unterschiedlicher Kultur verwaltungsmäßiger Erledigung nicht gerade erleichtern wird. Eine Besonderheit sind die notwendigen Angaben zum Zweck des Nachlasszeugnisses (Art. 65 III lit. f iVm Art. 63; → Rn. 1). Der Antragsteller muss seine Angaben auch weithin durch Urkunden belegen, die in Deutschland oft öffentliche Urkunden sein werden und die in Urschrift oder Abschrift beizufügen sind (Art. 65 II); das Nachlassgericht bzw die entscheidende Behörde (Art. 64; in BW bis 31.12.2017 das Notariat, §§ 1 I, II, 38 LFGG, Art. 147 GG) kann andere Formen des Nachweises zulassen (Art. 66 II), 3 falls solche Urkunden fehlen. Das gerichtliche bzw behördliche *Verfahren* zur Erteilung des ENZ verweist weithin auf das nationale Recht: Antragsverfahren mit Parteidisposition bei gerichtlicher Hinweispflicht zur Sachdienlichkeit eines Antrag (§ 35 I IntErbRVG, §§ 23 I, 28 II FamFG); Schriftlichkeit des Antrags bzw Erklärung zur Niederschrift bei der Geschäftsstelle (Art. 65 II, §§ 36 I, 35 I IntErbRVG, § 25 I FamFG); grundsätzlich eidesstattliche Versicherung über Richtigkeit des Antrags (Art. 66 III, IntErbRVG 36 II); Untersuchungsgrundsatz mit Mitwirkungspflichten des Antragstellers (Art. 66 I; IntErbRVG 35 I, FamFG 26, 27); Amtshilfepflicht unter Behörden der Mitgliedstaaten (Art. 66 V); rechtliches Gehör für die materiell Betroffenen mit Beteiligungsmöglichkeit (Art. 66 IV; IntErbRVG 35 III, FamFG 435–437; IntErbRVG 37); fakultative Mündlichkeit (IntErbRVG 35 I, FamFG 32 I); Entscheidung durch Ausstellung der Urschrift des ENZ in Gestalt einer Formblattes (Art. 67 I 2, IntErbRVG 39 I 2; s Formblatt V in Anhang 5 der VO (EU) 1329/2014 zur Festlegung der Formblätter nach Maßgabe der EuErbVO v 9.12.2014 (ABl. EU Nr. L 359, S. 30) und Erteilung einer beglaubigten Abschrift (Art. 70, IntErbRVG 39 I 2) an den Antragsteller; Ablehnung der Ausstellung (insbes Art. 67 I 3) durch Beschluss (IntErbRVG 39 I 3); Benachrichtigung der Beteiligten (Art. 67 II; IntErbRVG 40); Wirksamkeit der Entscheidung mit Übergabe im Zeitpunkt der Übergabe an die Geschäftsstelle, der auf der Urkunde zu vermerken ist (Art. 68 I lit. d; IntErbRVG 41); Befristung der Gültigkeitsdauer der beglaubigten Abschrift auf sechs Monate mit der Möglichkeit einer Verlängerung auf Antrag (Art. 70 III; IntErbRVG 39 I 2, 42; sa unten → Rn. 6); Beschwerde zum OLG mit der Möglichkeit der Aussetzung der Wirkungen des ENZ (Art. 72; IntErbRVG 43 und Art. 73 I lit. b); Rechtsbeschwerde zum BGH (IntErbRVG 44).

4 **4. Inhalt des ENZ.** Art. 68 enthält eine sehr detaillierte und eher abschreckende Auflistung der im ENZ notwendigen Angaben: formelle Angaben (Art. 68 lit. a–g), Angaben zu den rechtlichen Grundlagen der im ENZ ausgewiesenen erbrechtlichen Rechtspositionen (Art. 68 lit. h–k), Angaben über Erbquoten und Vermächtnisse und gegebenenfalls die von ihnen erfassten Vermögenswerte sowie über erbrechtliche Beschränkungen und Befugnisse von Testamentsvollstreckern und Nachlassverwaltern (Art. 68 lit. l–o). Die Gestaltung des Inhalts des ENZ wirft für das deutsche Recht einige Probleme auf, die auf bereits teilweise erwähnten Disharmonien des deutschen Rechts mit der EuErbVO beruhen (→ Einl. Rn. 2; Anm zu → Art. 20–38 Rn. 3 und 7). Zunächst verlangt Art. 68 lit. h Angaben zum *ehelichen Güterstand*, obwohl Art. 1 II lit. d dieses Rechtsgebiet von der Anwendung der EuErbVO ausschließt (→ Einl. Rn. 2); Erwägungsgrund 12 der VO erlaubt dann allerdings die Berücksichtigung der Beendigung des Güterstandes bei der Bestimmung des Erbteils (für Deutschland §§ 1371, 1931) nach Art. 68 lit. l. Teile der Literatur gingen deshalb von einer Anteilsbestimmung im ENZ unter voller Berücksichtigung des Ehegüterrechts aus (ausführlich Kleinschmidt RabelsZ 1977 (2013), 723 ff. [752 ff.] mN, der das Problem durch erbrechtliche Qualifikation des § 1371 lösen wollte), andere begriffen die Erbquotenbestimmung im Hinblick auf den güterrechtlichen Anteil als rein deklaratorisch mit der Folge einer insoweit eingeschränkten Wirkung des ENZ (Dörner ZEV 2013, 505 [508]; wohl auch Dutta FamRZ 2013, 4 [14 f.]). Praktisch brauchbar erschien nur die erste Auffassung, die bis zum Inkrafttreten der EuGüVO am 29.1.2019 allerdings nur bei einer Bestimmung des ehegüterrechtlichen Statuts nach dem IPR des Forumsstaates rechtsstaatlich vertretbar war (allgemein zur Problematik der Anknüpfung von Vorfragen Kleinschmidt RabelsZ 213 (2013), 723 ff. [764 ff.], der dann jedoch zur unselbständigen Anknüpfung neigt; ähnlich Dutta FamRZ 2013, 4 [13, 15]). Der Vorlagebeschluss KG ZEV 2017, 209 stellte die Frage nach der grundsätzlichen Geltung der EuErbVO für § 1371, die das KG skeptisch beurteilte, sowie nach der vollwertigen Aufnahme des erhöhten gesetzlichen Erbteils in das ENZ und hilfsweise die Fragen vollwertiger Aufnahme bei räumlich beschränkter Geltung des ENZ oder bei Geltung gleichen nationalen Ehegüter- und Erbrechts, um mit der Frage rein informatorischer Aufnahme güter-

rechtlich bedingter Erhöhung zu schließen (dazu Dörner ZEV 2017, 211; IPrax 2017, 81); für volle Geltung der EuErbVO dann allerdings sehr kurz angebunden der EuGH NJW 2018, 1377 Rn. 40 ff. (mit krit. Bespr. J. Weber NJW 2018, 1356 und mAnm von Formasier FamRZ 2018, 634 ff.; grundsätzlich zum Verhältnis EuErbVO und EuGüVO Dörner ZEV 2019, 309 ff.; neuere Entscheidungen zur Problematik des § 1371 im internationalen Erbrecht nach Inkrafttreten und Geltung der EuErbVO für den Streitfall zeigen Unsicherheiten bei Anwendung der §§ 1371, 1931; dazu OLG Frankfurt Rpfleger 2021, 168; AG Stuttgart-Bad Cannststatt Rpfleger 2021, 428). *Dinglich wirkende Teilungsanordnungen und Vindikationslegate* sollten entgegen der wohl überwiegenden Meinung in der Literatur (s Anm zu Art. 20–38 Rn. 7) nicht einer umdeutenden Anpassung (Art. 31) in vollzugsbedürftige schuldrechtliche Ansprüche unterliegen, sondern als Formen voll anerkennungsfähiger Sondererbfolge betrachtet werden (ausführlich Kleinschmidt RabelsZ 213 (2013), 723 ff. [759 ff.]), so dass das ENZ bei Grundstücken Grundlage einer Grundbuchberichtigung sein könnte (Art. 69 V); in diesem Sinne EuGH NJW 2017, 3767 Rn. 46 ff. u 60 ff.; dazu R. Wagner NJW 2017, 3755, 3757; Dorth ZEV 2018, 11; Weber DNotZ 2018, 16 iKG NJW-RR 2023, 80 für Grundstückszuweisung in dinglich wirkender Nachlassteilung italienischen Rechts. Dies ist allerdings nicht der Fall, wenn in einem österreichischen ENZ, das die Rechtsnachfolge einer Erbengemeinschaft ausweist, ein in Deutschland belegenes Grundstück auf Grund einer Teilungsanordnung einem einzelnen Miterben zugewiesen ist, weil das österreichische Recht dingliche Teilungsanordnungen gar nicht kennt und die Angabe im ENZ nur der nach österreichischen Recht zu einer Umschreibung im Grundbuch nach einer Erbteilung notwendigen Zuordnung dient und an der Bindungswirkung des ENZ für deutsche Gerichte und Behörden nicht teil hat (OLG München NJW-RR 2020, 468 Rn. 30 ff., 46 ff.; rechtsähnlich OLG München FGPrax 2020, 265 in einem italienischen Fall zur Abgrenzung von Vindikationslegat und Teilungsanordnung; sa unten Rn. 5).

5. Unrichtiges ENZ. Zu Berichtigungen, Änderungen und Widerruf Art. 71 und IntErbRVG 38, 39 I 3; zur Aussetzung der Wirkung Art. 73 I lit. a, II. Eine Beschwerde auf Änderung bzw. Berichtigung (Art. 71 EuErbVO) kann nur Erfolg haben, wenn sich das ENZ als fehlerhaft erweist; dies ist nicht der Fall, wenn ein nach deutschem Recht vererbtes Grundstück in Österreich im ENZ nicht mit Angaben versehen ist, die eine Umschreibung in Österreich erleichtern sollen, weil das anwendbare deutsche Erbrecht nur die Gesamtrechtsnachfolge kennt und keine Nachfolge in einzelne Gegenstände, die deshalb im ENZ auch nicht urkundlich dokumentiert werden kann (Art. 68 lit. l i.V.m. Art. 63 II EuErbVO, OLG München NJW-RR 2017, 1288 Rn. 6 ff.; in gleichem Sinne auch OLG Nürnberg NJW-RR 2018, 393 Rn. 13; zur Aufhebung der Eintragungsblockade OGH ErbR 2018, 23; 2018, 737; 2019, 164; hierzu Steiner ZEV 2019, 325 ff.; einen polnischen Parallelfall behandelt OLG Düsseldorf NJW-RR 2021, 263, sa oben Rn. 4 zum umgekehrten Fall eines österreichischen ENZ mit entsprechenden Vermerken). 5

6. Wirkungen des ENZ. Es ist zwischen der Legitimations- und Beweiswirkung einerseits und der Gutglaubenswirkung andererseits zu unterscheiden (→ Rn. 1). Die *Legitimations- und Beweiswirkung* begründet unmittelbar ohne weiteres Verfahren (Art. 69 I) die widerlegliche Vermutung der Richtigkeit und Vollständigkeit des Inhalts des ENZ (Art. 69 II): Rechtsstellung als Erbe (OLG München FGPrax 2020, 265: Widerlegung aufgrund rechtsgeschäftlichen Erwerbs nach dem Tode des Erblassers), Vermächtnisnehmer, Testamentsvollstrecker oder Nachlassverwalter mit entsprechenden Befugnissen und nur den genannten Bedingungen und Beschränkungen. Sie erlaubt deshalb die Verwendung des ENZ als Grundlage von Registereintragungen (Art. 69 V), insbesondere auch als Grundlage von Grundbucheintragungen (Dutta FamRZ 2013, 4 [15]; sa oben → Rn. 5) und Eintragungen im Handelsregister. Zu beachten ist aber die fehlende Beweiswirkung nach Ablauf der Geltungsdauer der beglaubigten Abschrift des ENZ gemäß Art. 70 III EuErbVO 6

(KG NJW-RR 2019, 1413: Ablauf der Geltungsdauer nach Antragstellung, aber vor Vollzug der Eintragung im Grundbuch; in dieser Schärfe angesichts der Weigerung zur analogen Anwendung des § 878 nicht ohne gesamteuropäisches Konfliktpotential!; sa oben → Rn. 3 und → § 2225 Rn. 4). Falls die beglaubigte Abschrift mit dem Vermerk „unbefristet" versehen ist, soll sie trotz des Verstoßes gegen Art. 70 III für die Dauer von sechs Monaten ab Ausstellungsdatum gültig sein und innerhalb der Sechsmonatsfrist bei ihrer erstmaligen Vorlage die Wirkungen des Art. 69 entfalten. (EuGH NJW 2021, 2421 Rn. 26 ff.). Die Vermutung gilt nicht im zivilprozessualen Verfahren zwischen Erbanwärtern um die Erbfolge (Volmer ZEV 2014, 129). Die *Gutglaubenswirkung* in Art. 69 III, IV entfaltet gegenüber allen im ENZ als Erben, Vermächtnisnehmer, Testamentsvollstrecker oder Nachlassverwalter aufgelisteten Personen Wirkung, auch wenn sie die Ausstellung nicht selbst beantragt haben (EuGH NJW 2021, 2421 Rn. 38 ff.); dies gilt nicht bei positiver Kenntnis der Unrichtigkeit und anders als beim Erbschein (§ 2366) auch nicht bei grobfahrlässiger Unkenntnis der Unrichtigkeit. Die Verfügung muss zudem – wiederum anders als im deutschen Recht (BGHZ 33, 314 [317]) – auf der Grundlage und damit in Kenntnis des Inhalts des ENZ erfolgt sein, soll der Gutglaubensschutz greifen (Schmidt ZEV 2014, 389; für Vorlage des ENZ als Schutzvoraussetzung etwas weitgehend wie andere Volmer Rpfleger 2013, 421 [431]; sa Grüneberg (vormals Palandt)/Weidlich Anh. §§ 2353 ff. Art. 69 EuErbVO Rn. 2 mN). Aus dem Erfordernis einer an die Kenntnis des ENZ konkret gebundenen Gutgläubigkeit wird zT gefolgert, dass auch sich widersprechenden ENZ Gutglaubenswirkung zukomme (str und sehr weitgehend; zum Streitstand Grüneberg(vormals)Palandt/Weidlich §§ 2353 ff. Art. 69 EuErbVO Rn. 2 mN); ähnlich wird der Fortbestand der Gutglaubenswirkung bis zur Einziehung im Falle der Berichtigung oder des Widerrufs und der Aussetzung vertreten (Schmidt ZEV 2014, 389; aA mE zu Recht Volmer Rpfleger 2013, 432). Fraglich bleibt, ob vor allem in Sondererbfolgefällen (→ Rn. 4) bei Benennung von Gegenständen im ENZ ihre Zugehörigkeit zum Nachlass (ablehnend OLG München 2017, 580; OLG Nürnberg ZEV 2017, 579) der Gutglaubenswirkung unterfällt, was aber dem Zweck des ENZ als Zeugnis über die Erbfolge nicht entspricht und deshalb abzulehnen ist (ausf Kleinschmidt RabelsZ 213 (2013), 723 ff. [777]; Dorsel ZErb 2014, 212 [216]; str). Eine Bescheinigung nach Art. 46 III lit. b EuErbVO iVm Anhang 1 DVO (EU) Nr. 1329/2014, welche die Bestandskraft des Erbscheins und seines Inhalts bestätigen soll, kann nicht ausgestellt werden, weil diese Vorschrift vollstreckbare Entscheidungen voraussetzt, während das ENZ nur Legitimations- und Gutglaubenswirkung entfaltet (OLG Köln ZEV 2022, 231 Rn. 8 f.).

7 **7. Verhältnis von ENZ und nationalem Erbschein.** Nach Art. 62 III 1 ersetzt das ENZ nicht obligatorisch den deutschen Erbschein (s insbes J. Schmidt ZEV 2014, 389), sondern tritt neben den Erbschein als Alternative (→ Rn. 1). Auch wenn in Deutschland ein ENZ ausgestellt werden kann oder wird (zur internationalen und örtlichen Zuständigkeit → Rn. 2), das auch im Inland verwendet werden kann (Art. 62 III 2), ist angesichts der unterschiedlichen Wirkungen des ENZ und des Erbscheins (→ Rn. 6) das Rechtsschutzinteresse für die Erteilung eines deutschen Erbscheins grundsätzlich trotzdem gegeben (Buschbaum/Simon ZEV 2012, 525; dies. NJW 2012, 2393 [2397]). Allerdings kann ein deutsches Nachlassgericht den Erbschein nur erteilen, wenn deutsche internationale Zuständigkeit besteht, die sich nach nationalem IZPR (Art. 2, zw.) und damit nach § 105 FamFG richtet, der wiederum auf § 343 nF FamFG verweist, so dass der gewöhnliche Inlandsaufenthalt *im Todesfall* (§ 343 I nF FamFG) und im Falle seines Fehlens der letzte gewöhnliche Aufenthalt im Inland (§ 343 II nF FamFG) die internationale und örtliche Zuständigkeit bestimmen (BegrRegEntw BR Drs. 644/14, S. 68). Damit wird grundsätzlich im Falle der gleichzeitigen Ausstellung eines ENZ und eines Erbscheins durch deutsche Gerichte ein weitgehender Zuständigkeitsgleichlauf hergestellt, der widersprüchliche Entscheidungen vermeidet. Soweit ausländische Gerichte allgemein in

Erbsachen und in ENZ – Verfahren international zuständig sind (Art. 64, 4 ff.), verbleibt für Entscheidungen deutscher Gerichte nach vorzugswürdiger Auffassung kein Raum, auch nicht für Entscheidungen über Erbscheine (teilw unklar und str, Volmer ZEV 2014, 129; Dörner ZEV 2012, 505 [512]; Leipold ZEV 2017, 216 ff.). Diese Lösung stellt indessen der zu einem späten Zeitpunkt des Gesetzgebungsverfahrens eingefügte § 343 III FamFG in Frage, weil er bei fehlendem Inlandsaufenthalt im Zeitpunkt des Todesfalls des Erblassers und fehlendem letzten Aufenthalt in Fällen deutscher Staatsangehörigkeit des Erblassers oder der Belegenheit von Nachlassgegenständen im Inland deutsche Zuständigkeit bestimmt und damit eine Erbscheinerteilung durch deutsche Nachlassgerichte zulässt, was insbesondere die Erteilung eines gegenständlich beschränkten deutschen (Fremdenrechts)Erbscheins neben dem ENZ ermöglichen könnte. KG ZEV 2017, 213 hält nunmehr nach ausführlicher Diskussion des Meinungsstreites (KG ZEV 2017, 213 Rn. 16 f. mit umfassenden Nw) deutsche Parallelzuständigkeit für gegeben und legt die Frage ausschließlicher Zuständigkeitsregelung durch die EuErbVO dem EuGH zur Entscheidung vor. Mit Leipold (ZEV 2017, 216 ff. mwN) ist indessen davon auszugehen, dass die EuErbVO auch die Zuständigkeit für die Erbscheinerteilung abschließend regelt und eine parallele deutsche Erbscheinerteilung folglich nur in Frage kommen kann, wenn deutsche Gerichte nach den Vorschriften der EuErbVO hierfür zuständig sind (in diesem Sinne die abschließende Entscheidung EuGH NJW 2018, 2309 insbes. Rn. 59). Nur auf diese Weise lassen sich widersprüchliche Entscheidungen und weitere Komplikationen im Anwendungsbereich des ohnehin schwer praktikablen Regelwerkes vermeiden, das mehr und mehr zu einem Tummelfeld für scharfsinnige internationalprivatrechtliche Systemlogik geworden zu sein scheint. Die Zuständigkeit deutscher Gerichte für die Bekanntmachung eines gemeinschaftlichen und in Deutschland bereits eröffneten Testaments eines zuletzt in Thailand lebenden Erblassers bejaht OLG Frankfurt a.M. NJW-RR 2020, 954; dazu ausführlich bei *§ 2273 (aufgehoben)* Rn. 1.

Anhang: §§ 33–44 des Internationalen Erbrechtsverfahrensgesetzes v 29.6.2015 (BGBl. 2015 I 1042 [1049 ff.]). Zusammen mit der EuErbVO tritt das Internationale Erbrechtsverfahrensgesetz in Kraft (→ Vor § 1922 Rn. 18), das in seinem Abschnitt 5 die Verfahrensvorschriften zum Europäischen Nachlasszeugnis enthält (hierzu Döbereiner NJW 2015, 2449 [2450, 2452]). Nachdem im nationalen Erbrecht die Vorschriften zum Erbscheinverfahren wegen ihres engen Zusammenhangs mit den Vorschriften des materiellen Rechts weithin mit kommentiert sind und die Kommentierung der EuErbVO und des Europäischen Nachlasszeugnisses vielfach auf die verfahrensrechtlichen Vorschriften Bezug nimmt, erfolgt im Folgenden ein auszugsweiser Abdruck dieser Vorschriften:

Abschnitt 5. Europäisches Nachlasszeugnis

§ 33 Anwendungsbereich. Dieser Abschnitt gilt für Verfahren über

1. **die Ausstellung, Berichtigung, Änderung oder den Widerruf eines Europäischen Nachlasszeugnisses,**
2. **die Erteilung einer beglaubigten Abschrift eines Europäischen Nachlasszeugnisses oder die Verlängerung der Gültigkeitsfrist einer beglaubigten Abschrift und**
3. **die Aussetzung der Wirkungen eines Europäischen Nachlasszeugnisses.**

§ 34 Örtliche und sachliche Zuständigkeit. (1) Das Gericht, das die Verfahrensparteien in der Gerichtsstandsvereinbarung bezeichnet haben, ist örtlich ausschließlich zuständig, sofern sich die internationale Zuständigkeit der deutschen Gerichte aus den folgenden Vorschriften der Verordnung (EU) Nr. 650/2012 ergibt:

1. **Artikel 64 Satz 1 in Verbindung mit Artikel 7 Buchstabe a in Verbindung mit Artikel 6 Buchstabe b Alternative 1 und mit Artikel 5 Absatz 1 Alternative 1 der Verordnung (EU) Nr. 650/2012 oder**
2. **Artikel 64 Satz 1 in Verbindung mit Artikel 7 Buchstabe b Alternative 1 in Verbindung mit Artikel 5 Absatz 1 Alternative 1 der Verordnung (EU) Nr. 650/2012.**

(2) Ergibt sich die internationale Zuständigkeit der deutschen Gerichte aus Artikel 64 Satz 1 in Verbindung mit Artikel 7 Buchstabe c der Verordnung (EU) Nr. 650/

2012, ist das Gericht örtlich ausschließlich zuständig, dessen Zuständigkeit die Verfahrensparteien ausdrücklich anerkannt haben.

(3) [1]Ergibt sich die internationale Zuständigkeit der deutschen Gerichte aus anderen, in Artikel 64 Satz 1 der Verordnung (EU) Nr. 650/2012 genannten Vorschriften dieser Verordnung, ist das Gericht örtlich ausschließlich zuständig, in dessen Bezirk der Erblasser im Zeitpunkt seines Todes seinen gewöhnlichen Aufenthalt hatte. [2]Hatte der Erblasser im Zeitpunkt seines Todes seinen gewöhnlichen Aufenthalt nicht im Inland, ist das Gericht örtlich ausschließlich zuständig, in dessen Bezirk der Erblasser seinen letzten gewöhnlichen Aufenthalt im Inland hatte. [3]Hatte der Erblasser keinen gewöhnlichen Aufenthalt im Inland, ist das Amtsgericht Schöneberg in Berlin örtlich ausschließlich zuständig. [4]Das Amtsgericht Schöneberg in Berlin kann die Sache aus wichtigem Grund an ein anderes Nachlassgericht verweisen.

(4) [1]Sachlich zuständig ist ausschließlich das Amtsgericht. [2]Das Amtsgericht entscheidet als Nachlassgericht. [3]Sind nach landesgesetzlichen Vorschriften für die Aufgabe des Nachlassgerichts andere Stellen als Gerichte zuständig, so sind diese sachlich ausschließlich zuständig.

§ 35 Allgemeine Verfahrensvorschriften. (1) Soweit sich aus der Verordnung (EU) Nr. 650/2012 und den Vorschriften dieses Abschnitts nichts anderes ergibt, ist das Gesetz über das Verfahren in Familiensachen und in den Angelegenheiten der freiwilligen Gerichtsbarkeit anzuwenden.

(2) Ist ein Antrag entgegen § 184 Satz 1 des Gerichtsverfassungsgesetzes nicht in deutscher Sprache abgefasst, so kann das Gericht der antragstellenden Person aufgeben, eine Übersetzung des Antrags beizubringen, deren Richtigkeit von einer in einem Mitgliedstaat der Europäischen Union oder in einem anderen Vertragsstaat des Abkommens über den Europäischen Wirtschaftsraum hierzu befugten Person bestätigt worden ist.

(3) Für die Unterrichtung der Berechtigten durch öffentliche Bekanntmachung nach Artikel 66 Absatz 4 der Verordnung (EU) Nr. 650/2012 gelten die §§ 435 bis 437 des Gesetzes über das Verfahren in Familiensachen und in den Angelegenheiten der freiwilligen Gerichtsbarkeit entsprechend.

§ 36 Ausstellung eines Europäischen Nachlasszeugnisses. (1) Der Antrag auf Ausstellung des Europäischen Nachlasszeugnisses richtet sich nach Artikel 65 der Verordnung (EU) Nr. 650/2012.

(2) [1]Der Antragsteller hat vor Gericht oder vor einem Notar an Eides statt zu versichern, dass ihm nichts bekannt sei, was der Richtigkeit seiner Angaben zur Ausstellung des Europäischen Nachlasszeugnisses (Artikel 66 Absatz 3 der Verordnung (EU) Nr. 650/2012) entgegensteht. [2]Das Nachlassgericht kann dem Antragsteller die Versicherung erlassen, wenn es sie für nicht erforderlich hält.

§ 37 Beteiligte. (1) [1]In Verfahren über die Ausstellung eines Europäischen Nachlasszeugnisses ist der Antragsteller Beteiligter. [2]Als weitere Beteiligte können hinzugezogen werden

1. **die gesetzlichen Erben,**
2. **diejenigen, die nach dem Inhalt einer vorliegenden Verfügung von Todes wegen als Erben in Betracht kommen,**
3. **diejenigen, die im Fall der Unwirksamkeit der Verfügung von Todes wegen Erben sein würden,**
4. **die Vermächtnisnehmer mit unmittelbarer Berechtigung am Nachlass,**
5. **der Testamentsvollstrecker oder der Nachlassverwalter,**
6. **sonstige Personen mit einem berechtigten Interesse.**

[3]Auf ihren Antrag sind sie zu beteiligen.

(2) [1]In Verfahren über die Berichtigung, die Änderung, den Widerruf und die Aussetzung der Wirkungen eines Europäischen Nachlasszeugnisses ist der Antragsteller Beteiligter. [2]Sonstige Personen mit einem berechtigten Interesse können als weitere Beteiligte hinzugezogen werden. [3]Auf ihren Antrag sind sie zu beteiligen.

(3) In Verfahren über die Erteilung einer beglaubigten Abschrift eines Europäischen Nachlasszeugnisses oder die Verlängerung der Gültigkeitsfrist einer beglaubigten Abschrift ist der Antragsteller Beteiligter.

§ 38 Änderung oder Widerruf eines Europäischen Nachlasszeugnisses. [1]Das Gericht hat ein unrichtiges Europäisches Nachlasszeugnis auf Antrag zu ändern oder zu widerrufen. [2]Der Widerruf hat auch von Amts wegen zu erfolgen. [3]Das Gericht hat über die Kosten des Verfahrens zu entscheiden.

§ 39 Art der Entscheidung. (1) [1]Liegen die Voraussetzungen für die Ausstellung eines Europäischen Nachlasszeugnisses vor, entscheidet das Gericht durch Ausstellung der Urschrift eines Europäischen Nachlasszeugnisses. [2]Liegen die Voraussetzungen für die Erteilung einer beglaubigten Abschrift oder für die Verlängerung der Gültigkeitsfrist einer beglaubigten Abschrift vor, entscheidet das Gericht durch Erteilung einer beglaubigten Abschrift oder durch Verlängerung der Gültigkeitsfrist einer beglaubigten Abschrift. [3]Im Übrigen entscheidet das Gericht durch Beschluss.

(2) Für die Ausstellung eines Europäischen Nachlasszeugnisses und die Erteilung einer beglaubigten Abschrift ist das Formblatt nach Artikel 67 Absatz 1 Satz 2 in Verbindung mit Artikel 81 Absatz 2 der Verordnung (EU) Nr. 650/2012 zu verwenden.

§ 40 Bekanntgabe der Entscheidung. Entscheidungen nach § 39 Absatz 1 Satz 1 und 2 werden dem Antragsteller durch Übersendung einer beglaubigten Abschrift bekannt gegeben. Weiteren Beteiligten wird die Entscheidung nach § 39 Absatz 1 Satz 1 durch Übersendung einer einfachen Abschrift des ausgestellten Europäischen Nachlasszeugnisses bekannt gegeben.

§ 41 Wirksamwerden. [1]Die Entscheidung wird wirksam, wenn sie der Geschäftsstelle zum Zweck der Bekanntgabe übergeben wird. [2]Der Zeitpunkt ihrer Wirksamkeit ist auf der Entscheidung zu vermerken.

§ 42 Gültigkeitsfrist der beglaubigten Abschrift eines Europäischen Nachlasszeugnisses. [1]Die Gültigkeitsfrist einer beglaubigten Abschrift eines Europäischen Nachlasszeugnisses beginnt mit ihrer Erteilung. [2]Für die Berechnung der Gültigkeitsfrist gelten die Vorschriften des Bürgerlichen Gesetzbuchs, soweit sich nicht aus der Verordnung (EWG, EURATOM) Nr. 1182/71 des Rates vom 3. Juni 1971 zur Festlegung der Regeln für die Fristen, Daten und Termine etwas anderes ergibt.

§ 43 Beschwerde. (1) [1]Gegen die Entscheidung in Verfahren nach § 33 Nummer 1 und 3 findet die Beschwerde zum Oberlandesgericht statt. [2]§ 61 des Gesetzes über das Verfahren in Familiensachen und in den Angelegenheiten der freiwilligen Gerichtsbarkeit ist nicht anzuwenden. [3]Die Beschwerde ist bei dem Gericht einzulegen, dessen Entscheidung angefochten wird.

(2) Beschwerdeberechtigt sind
1. in den Verfahren nach § 33 Nr. 1, sofern das Verfahren die Ausstellung eines Europäischen Nachlasszeugnisses betrifft, die Erben, die Vermächtnisnehmer mit unmittelbarer Berechtigung am Nachlass und die Testamentsvollstrecker oder die Nachlassverwalter;
2. in den übrigen Verfahren nach § 33 Nr. 1 sowie in den Verfahren nach § 33 Nr. 3 diejenigen Personen, die ein berechtigtes Interesse nachweisen.

(3) Die Beschwerde ist einzulegen
1. innerhalb eines Monats, wenn der Beschwerdeführer seinen gewöhnlichen Aufenthalt im Inland hat;
2. innerhalb von zwei Monaten, wenn der Beschwerdeführer seinen gewöhnlichen Aufenthalt im Ausland hat.

Die Frist beginnt jeweils mit dem Tag der Bekanntgabe der Entscheidung.

(4) Die Beschwerde ist den anderen Beteiligten bekannt zu geben.

(5) [1]Hält das Beschwerdegericht die Beschwerde gegen die Ausstellung des Europäischen Nachlasszeugnisses für begründet, so ändert oder widerruft es das Zeugnis oder weist das Ausgangsgericht an, das Zeugnis zu berichtigen, zu ändern oder zu widerrufen. [2]Hält das Beschwerdegericht die Beschwerde gegen die Ablehnung der Ausstellung des Europäischen Nachlasszeugnisses für begründet, so stellt es das Nachlasszeugnis aus oder verweist die Sache unter Aufhebung des angefochtenen Beschlusses zur erneuten Prüfung und Entscheidung an das Ausgangsgericht zurück. [3]Stellt das Beschwerdegericht das Nachlasszeugnis aus und lässt es die Rechtsbeschwerde nicht zu, gilt § 39 Absatz 1 Satz 1 entsprechend. [4]Bei allen sonstigen Beschwerdeentscheidungen nach diesem Absatz sowie nach Absatz 1 Satz 1 gilt im Übrigen § 69 des Gesetzes über das Verfahren in Familiensachen und in den Angelegenheiten der freiwilligen Gerichtsbarkeit.

§ 44 Rechtsbeschwerde. [1]Die Rechtsbeschwerde zum Bundesgerichtshof ist statthaft, wenn sie das Beschwerdegericht zugelassen hat. [2]Die Zulassungsgründe bestimmen sich nach § 70 Absatz 2 des Gesetzes über das Verfahren in Familiensachen und in den Angelegenheiten der freiwilligen Gerichtsbarkeit. [3]§ 43 Absatz 3 gilt entsprechend.

Sachverzeichnis

Fette Zahlen = §§; magere Zahlen = Randnummern